DICTIONNAIRE DE FRANÇAIS

35 000 MOTS POUR APPRENDRE ET MAÎTRISER LA LANGUE FRANÇAISE

17 Rue du Montparnasse 75298 Paris cedex 06

Direction : Jean Dubois

Rédaction : René Lagane, Georges Niobey, Didier Casalis,
Jacqueline Casalis, Henri Meschonnic;
avec la collaboration de : Christine Ouvrard, Claude Kannas.

Les Éditeurs remercient A. Archambault et J.-C. Corbeil pour leur contribution.

Le présent volume appartient à la dernière édition
(revue et corrigée) de cet ouvrage

Distributeur exclusif au Canada : les Éditions Françaises Inc.

ISBN 2-03-320222-4

Avant-propos

Par sa nouvelle conception, le **Dictionnaire de français** veut répondre à la fois aux nécessités actuelles de l'enseignement du français et à l'intérêt de chacun pour l'étude de la langue.

Dictionnaire approfondi de la langue française, cet ouvrage, avec son lexique de 35 000 mots présentés dans l'ordre alphabétique strict et les très nombreuses acceptions, locutions et expressions qui s'y rattachent, offre une information complète sur l'utilisation de la langue.

- Les *différents sens* d'un même mot sont mis en évidence par la présentation typographique.
- Les *locutions* sont, dans chaque article et après chaque sens principal, disposées par ordre alphabétique.
- La *prononciation* est indiquée systématiquement après chaque mot d'entrée, ce qui est indispensable pour ce type de dictionnaire dont l'usage s'est répandu à l'étranger et dans le monde francophone.
- Les *étymologies* ainsi que le tableau des préfixes et suffixes permettent de découvrir l'origine des mots du français et de comprendre la formation des mots savants.
- La *description* des mots, de la *syntaxe* des verbes et des adjectifs en particulier, la richesse des *exemples* qui illustrent ces emplois permettent de comprendre et de maîtriser le fonctionnement de la langue.
- Les *synonymes* et les *contraires* qui jouent un rôle essentiel dans la définition des emplois d'un terme sont indiqués après chaque phrase-exemple, mettant ainsi en évidence les relations entre les mots et les nuances sémantiques.
- Les *niveaux* ou *registres de langue* qui font maintenant partie de toute description du français sont notés par les marques stylistiques — FAMILIER, SOUTENU, LITTÉRAIRE, POPULAIRE, ARGOT — permettant ainsi de décrire, de reconnaître et de maîtriser les différentes situations de communication.
- Les *informations grammaticales* (accords, conjugaisons, classes grammaticales, dérivations suffixales, etc.) sont regroupées en tableaux dans l'introduction. Une liste des principaux *proverbes* y est jointe.

Outil précieux tant pour la pédagogie du français que pour la production de textes écrits, le **Dictionnaire de français** est aussi, pour tous, un dictionnaire très commode de consultation sur la langue française.

Les Éditeurs.

Tableaux de grammaire et conjugaisons

Articles

	article défini (déterminé)		**article indéfini** (indéterminé)		**absence d'article** (neutralisation de l'opposition déterminé-indéterminé)
le, l' **la, l'**	Valeur de détermination : *Le premier lundi du mois. Il est le plus grand* (superlatif). *Donne-moi la clef. Manquer la correspondance du train. Le vase est fêlé. Il vient le mardi.* Valeur démonstrative : *Je viens dans l'instant même. Cela s'est passé le 9 août. De la sorte, vous n'obtiendrez rien.* Valeur possessive : *Le bras droit me fait mal.* Valeur distributive : *Tissu à tant le mètre. Le lundi, il revenait de sa maison de campagne. Deux fois la semaine.*	**un** **une**	Valeur d'indétermination : *J'habite un hôtel meublé. Vous viendrez un mardi du mois. Nous avons eu un mois de décembre pluvieux. C'est un sous-préfet. Acheter une machine à écrire. Elle est pour lui une mère.* Valeur affective (mépris ou admiration) : *Il a parlé avec un enthousiasme! En voilà un imbécile!*		Les possessifs, les démonstratifs, les numéraux, les interrogatifs et certains indéfinis excluent l'article : *Bruxelles, grand centre de la Belgique* (apposition). *Venez mardi : vous me verrez* (date). *Faire grâce* (loc. v.). *À bon chat, bon rat* (maxime). *Tu n'as rien compris, camarade* (apostrophe). *Père, mère, enfants, tous étaient là* (énumération). *Il est sous-préfet* (attribut). *Blanc comme neige* (comparaison); après, *sans, en, sous*, etc. : *Sans argent, en été, sous abri;* avec *par* (valeur distributive) : *Rangez vos papiers par tas.*
les	*J'achète un livre pour les enfants. Ils partent dans les huit jours* (durée). Valeur possessive : *Chacune avait les yeux fixés sur lui. L'auteur du «Cid». Le locataire de l'appartement.*	**des**	*Pour des enfants, cela sera excellent. Il reste des semaines sans écrire* (durée indéterminée). Valeur possessive : *Avoir des espérances.*		
du **de la** **de l'**	*Venir du Gabon. Que penses-tu de la pièce? Le propriétaire de l'auto.*	**d'un** **d'une**	*Le livre d'un grand écrivain. Je m'aperçois d'un grave danger. La réparation d'une montre.*	**de**	Avec une négation : *Je n'ai plus d'espoir. Pas d'argent.* Précédé d'un adj. : *J'ai de grandes satisfactions :* avec une négation : *Je n'ai plus de sous. Manquer de flair. Les comédies de Molière* (nom propre). *Poste de télévision. Table de marbre* (valeur d'adjectif).
des	*La foule des badauds* (compl. de collectif). *Les toits des maisons.*	**des**	*L'avis des gens incompétents ne m'intéresse pas.*	**de**	*Une foule de badauds* (compl. de collectif). *Manquer de ressources.*
au **à la** **à l'**	*Vous reviendrez au printemps. Au revoir! Avez-vous pensé à la commission que vous devez faire? Je suis allé à l'adresse indiquée. À la légère.*	**à un** **à une**	*À un de ces jours! Rêver à un héritage. Rendez-vous à une station de métro.*	**à**	*Un moulin à café. Aller à pied, à cheval. Un avion à réaction. À dessein, à merveille.*
aux	*Je ne vois personne aux alentours. Songez aux amies!*	**à des**	*Il se trouve à des kilomètres d'ici.*	**à**	*Homme à femmes. Patins à roulettes.*

Remarques.

I. PARTITIFS. Les formes *du, de la, de l'*, des peuvent être aussi des articles partitifs (indiquant à une certaine quantité de) : *Prends encore du jambon. Je mange de la confiture à quatre heures. Sers-nous de la soupe* (différent de *Sers-nous la soupe*). *Mange des épinards. Il reste du pain sur la table.*

II. NOMS PROPRES. L'article défini se place devant les noms propres géographiques *(la France)*, sauf lorsqu'ils sont compléments *(les régions de France)*, devant les noms propres de peuples *(les Français)*, les noms désignant une firme, un journal, etc. *(le Monde)*, devant les noms de personnes accompagnés d'un adjectif *(le célèbre Lamartine)*, les noms de personnes au pluriel *(les Durand)*.

III. OMISSION DANS LES COORDINATIONS. La répétition de l'article est normale dans les coordinations, sauf quand les deux termes coordonnés correspondent à un contenu unique : *Les enfants et les parents. Les officiers, sous-officiers et soldats* (= l'armée dans sa totalité). *Ingénieur des Ponts et Chaussées. École des arts et métiers.*

Classes grammaticales

nom (ou **substantif**)	Mot susceptible de porter les marques du genre et du nombre et constituant un élément de base de la phrase *(groupe nominal)*. Indique une substance, une action, etc., par opposition au verbe, à l'adjectif, etc.	*La* TABLE *est mise. Les* ENFANTS *sont sortis. La* VENDEUSE *nous a servis aimablement.*
verbe	Mot susceptible de porter les marques de personne, de nombre et de temps, et constituant un élément de base de la phrase *(groupe verbal)*. Indique un procès ou un état.	*Le téléphone* SONNAIT. *Les passants* COURENT *dans la rue.*
adjectif qualificatif	Mot susceptible de porter les marques (genre et nombre) du nom avec lequel il constitue un élément éventuel du groupe nominal, ou avec lequel il est en relation par le verbe *être* (verbe copule) ou des verbes comme *devenir, rester, sembler,* etc. Indique une qualité de l'être ou de l'objet désigné par le nom ou le pronom.	*Une aventure* EXTRAORDINAIRE *lui était arrivée. Le temps est* GRIS. *Cela paraît* FACILE. *Un tissu* ROUGE *et* OR.
adverbe	**1.** Mot invariable portant ou non des marques morphologiques propres (adverbes en *-ment*) et susceptible d'entrer soit dans le groupe verbal, soit dans le groupe nominal avec l'adjectif. On distingue les adverbes de manière, de lieu, de temps, de quantité, etc.	*Il avance* LENTEMENT. *J'ai* BEAUCOUP *travaillé. Ce* TRÈS *beau cadeau m'a fait plaisir. Il court* VITE. *Il mange* TRÈS *peu.*
	2. Mot faisant partie d'une classe limitée et utilisée comme élément du groupe verbal ou nominal, surtout pour exprimer la négation, l'affirmation, la quantité, pour indiquer l'interrogation ou pour marquer une liaison.	*Il* NE *m'a* PAS *vu. « Est-il venu ? — * OUI. » EST-CE QU'*il est venu ? Des leçons* PAS *sues. Boire* TROP *d'eau. Il s'est encore trompé ;* POURTANT *je l'avais prévenu.*
préposition	Mot invariable qui, avec un nom, un pronom, un gérondif, un infinitif, constitue un groupe nominal complément de verbe, de nom, d'adjectif ou de phrase.	*Le livre* DE *mon fils. Il manque* DE *bonté.*
conjonction	Mot invariable qui sert à lier deux mots, deux propositions *(conj. de coordination)*, une proposition à une autre dont elle dépend *(conj. de subordination)*.	*Il n'avait pas pu venir* CAR *son train avait eu du retard. Il n'avait pas pu venir* PARCE QUE *son train avait eu du retard.*
interjection	Mot invariable qui exprime une émotion, un ordre ou un bruit. Situé hors de l'énoncé.	OH ! *le magnifique tableau !* HÉ ! *vous, là-bas, approchez !*
déterminant (article, adjectif possessif, démonstratif, relatif, interrogatif, exclamatif, indéfini, numéral)	Mot indiquant le genre et le nombre du nom et éventuellement un autre rapport : celui de la détermination *(article)*, celui qui existe entre le locuteur ou le possesseur et un groupe du nom de la phrase *(adj. possessif)*, celui de la situation *(adj. démonstratif)*, celui de la pluralité, de l'identité, de l'indétermination, etc. *(adj. indéfini)* ; l'*adjectif interrogatif* (ou *exclamatif*) fait porter l'interrogation (ou l'exclamation) sur un groupe du nom ; l'*adjectif relatif* (rare) réunit une proposition à une autre par la répétition d'un groupe nominal, précédé du relatif. Les *adjectifs numéraux* se substituent ou s'ajoutent aux articles en ajoutant la référence au nombre.	LA *porte de la maison fait face à la route.* *Il a vendu* SA *maison.* CETTE *pendule retarde.* *En* CERTAINES *circonstances, il faut être prudent.* *De* QUEL *pays êtes-vous originaire ?* QUEL *beau livre !* *Les témoins sont arrivés,* LESQUELS *témoins étaient apeurés.* *Attends* DEUX *minutes.*
pronom	Mot qui se substitue au nom (à une proposition, à un adjectif) dans les phrases et qui comporte éventuellement l'indication d'un autre rapport. Les *noms* et *pronoms personnels* indiquent un rapport avec les locuteurs. Les *pronoms possessifs*, les *pronoms démonstratifs* et les *pronoms indéfinis* indiquent le même rapport que les adjectifs correspondants. Les *pronoms relatifs* réunissent deux propositions (le groupe nominal [sujet, objet, complément] de la deuxième proposition, identique à un groupe nominal de la première proposition, étant remplacé par un pronom). Les *pronoms interrogatifs* présentent une interrogation portant sur un groupe du nom ou une phrase à venir.	IL *écoute le concert à la radio.* *C'est mon livre, ce n'est pas* LE TIEN. *Il regarda* CELUI *qui s'avançait.* PERSONNE *n'est venu.* *Les abricots* QUE *tu as cueillis ne sont pas mûrs.* *De* QUOI *parlez-vous ?*

Féminin

I. Dans la *langue parlée :*

1. Les mots terminés par une voyelle dans la langue parlée et écrite ont un féminin identique au masculin dans la langue parlée, l'e muet écrit ne se prononçant pas.

un ami/une amie [ami]/[ami] ; *vu/vue* [vy]/[vy] ; *aimé/aimée* [eme]/[eme] ; *aigu/aiguë* [egy]/[egy].

2. Le féminin peut s'opposer au masculin par la présence d'une consonne finale, avec ou sans variation de la voyelle.

mort/morte [mɔr]/[mɔrt] ; *épais/épaisse* [epɛ]/[epɛs] ; *secret/secrète* [səkrɛ]/[səkrɛt] ; *long/longue* [lɔ̃]/[lɔ̃g] ; *favori/favorite* [favori]/[favorit] ; *faux/fausse* [fo]/[fos] ; *fermier/fermière* [fɛrmje]/[fɛrmjɛr].

3. Le féminin des mots se terminant par une voyelle nasale se fait par voyelle + consonne nasale.

baron/baronne [barɔ̃]/[barɔn] ; *lion/lionne* [ljɔ̃]/[ljɔn] ; *cousin/cousine* [kuzɛ̃]/[kuzin] ; *ancien/ancienne* [ɑ̃sjɛ̃]/[ɑ̃sjɛn] ; *paysan/paysanne* [peizɑ̃]/[peizan] ; *bénin/bénigne* [benɛ̃]/[beniɲ].

4. Les mots en [œr] et [ø] ont le plus souvent un féminin en [øz]. Quelques mots en [tœr] ont un féminin en [tris] ; quelques autres en [œr] ont un féminin en [(ə)rɛs].

menteur/menteuse [mɑ̃tœr]/[mɑ̃tøz] ; *vendeur/vendeuse* [vɑ̃dœr]/[vɑ̃døz] ; *peureux/peureuse* [pørø]/[pørøz] ; *acteur/actrice* [aktœr]/[aktris] ; *vengeur/vengeresse* [vɑ̃ʒœr]/[vɑ̃ʒrɛs].

5. Les féminins des mots terminés par [o] et [u], écrits *-eau* et *-ou* (sauf *flou* et *hindou*), sont en [ɛl] et [ɔl].

nouveau/nouvelle [nuvo]/[nuvɛl] ; *jumeau/jumelle* [ʒymo]/[ʒymɛl] ; *mou/molle* [mu]/[mɔl] ; *fou/folle* [fu]/[fɔl].

6. Les mots terminés en [f] ont un féminin en [v].

bref/brève [brɛf]/[brɛv] ; *vif/vive* [vif]/[viv].

7. De très rares mots ont un féminin en [ɛs].

prince/princesse [prɛ̃s]/[prɛ̃sɛs].

II. Dans la *langue écrite :*

1. En règle générale, un e est ajouté au masculin : ainsi les mots en *-ain*, en *-in*, en *-at*, en *-an* (sauf rares exceptions), en *-al*, en *-ais*, en *-ois*, etc., de même que les adjectifs en *-eur* suivants : *antérieur, extérieur, inférieur, majeur, meilleur, mineur, postérieur.*

un élu/une élue ; un candidat/une candidate ; grand/grande ; hardi/hardie ; un cousin/une cousine ; un châtelain/une châtelaine ; partisan/partisane ; français/française ; obéissant/obéissante ; mis/mise ; écrit/écrite ; idiot/idiote ; direct/directe ; meilleur/meilleure ; fini/finie.

2. Les mots déjà terminés par un e gardent la même forme au féminin.

large, jaune, rouge, artiste.

3. Les mots terminés par *-er* ont un féminin en *-ère.*

fermier/fermière ; léger/légère ; dernier/dernière ; boulanger/boulangère.

4. Les mots terminés en *-et*, en *-el*, en *-il*, en *-ul*, en *-on*, en *-ien*, en *-s* doublent la consonne finale, ainsi que *paysan, Jean, chat* et les adjectifs en *-ot : boulot, maigriot, pâlot, sot, vieillot.* Les adjectifs *inquiet, complet, incomplet, secret, discret, indiscret, replet* ont un féminin en *-ète.*

muet/muette ; Gabriel/Gabrielle ; cruel/cruelle ; pareil/pareille ; nul/nulle ; baron/baronne ; lion/lionne ; bon/bonne ; gardien/gardienne ; ancien/ancienne ; épais/épaisse ; gros/grosse ; las/lasse ; bas/basse ; chat/chatte ; pâlot/pâlotte ; sot/sotte ; inquiet/inquiète ; secret/secrète.

5. Les mots en *-eau* et *-ou* (sauf *flou* et *hindou*) ont leur féminin en *-elle* et *-olle.*

jumeau/jumelle ; nouveau/nouvelle ; beau/belle ; mou/molle ; fou/folle (mais *flou/floue ; hindou/hindoue*).

6. Les mots terminés en *-oux*, en *-eur*, en *-eux* ont leur féminin en *-se* (sauf *roux* et *doux*). Quelques mots en *-teur* ont un féminin en *-trice ;* quelques mots en *-eur*, un féminin en *-eresse ;* quelques mots ont un féminin en *-esse.*

jaloux/jalouse ; trompeur/trompeuse ; chanteur/chanteuse (mais *roux/rousse ; doux/douce*) ; *acteur/actrice ; évocateur/évocatrice ; vengeur/vengeresse ; pécheur/pécheresse ; prince/princesse ; traître/traîtresse.*

7. Les mots terminés en *-f* ont leur féminin en *-ve.*

bref/brève ; vif/vive ; veuf/veuve.

8. Certains noms ont un féminin qui est en réalité un autre mot. Certains mots présentent un féminin différent avec des lettres supplémentaires.

père/mère ; frère/sœur ; oncle/tante ; lièvre/hase ; bouc/chèvre ; jars/oie ; bénin/bénigne ; long/longue ; favori/favorite ; turc/turque ; tiers/tierce ; coi/coite ; frais/fraîche ; faux/fausse ; aigu/aiguë.

Fonctions grammaticales

sujet	nom	*Les* ARBRES *perdent leurs feuilles en automne.*	Le sujet détermine l'accord du verbe ; il désigne l'être ou la chose qui fait l'action ou qui est dans l'état qu'indique le verbe.
	pronom	ELLE *n'est pas venue.* QUI *vous l'a dit ?*	
	infinitif	PROMETTRE *est facile,* TENIR *est difficile.*	
attribut (du sujet ou du compl.)	nom	*Il semblait un* HOMME *heureux.* *Il a été élu* DÉPUTÉ.	L'attribut indique la qualité reconnue au sujet ou à l'objet par l'intermédiaire du verbe.
	adjectif	*Il était* MALHEUREUX. *Il le voyait* DÉSESPÉRÉ.	
	pronom	*Il était* CELUI *que je cherchais.* QUE *deviens-tu ?*	
	infinitif	*Votre devoir est de* TRAVAILLER.	

complément d'objet direct ou **indirect**	nom pronom infinitif	*Je répare ma* BICYCLETTE. *Il a échappé à son* ADVERSAIRE. *Je* LE *crois sur parole. À* QUI *doit-on obéir? Je m'*EN *souviendrai. Il a renoncé à* POURSUIVRE *son agresseur. Il aurait aimé vous* SECONDER.	Le complément d'objet appartient au groupe verbal; il est construit sans préposition (objet direct) ou avec une préposition (objet indirect) et désigne l'être ou la chose sur lesquels s'exerce l'action exprimée par le verbe.
épithète	adjectif	*L'appartement avait une cuisine* BASSE *et* SOMBRE.	L'épithète se joint directement à un nom pour indiquer une qualité.
apposition	nom adjectif	*Racine, l'*AUTEUR *de «Bérénice». Vous, les* ÉLÈVES *de cette classe.* INTELLIGENT, *Georges savait faire face à la situation.*	L'apposition indique la définition d'un nom, parfois avec une valeur explicative.
apostrophe	nom pronom	ANDRÉ, *viens à table.* VOUS, *approchez.*	L'apostrophe désigne la personne qu'on interpelle.
complément du nom	nom pronom infinitif	*Les doigts de la* MAIN. *Il raconta l'accident* DONT *il avait été témoin. Il fut retenu par la crainte de la* BLESSER.	Le complément du nom, introduit par une préposition, joue le rôle d'un déterminant, d'un adj., d'une phrase.
complément de l'adjectif ou **de l'adverbe**	nom pronom infinitif	*Il est loyal envers ses* AMIS. *Contrairement à son* HABITUDE. *Je vous donne un travail* DONT *vous me semblez capable. C'est un ouvrage fort délicat à* FAIRE.	Le complément de l'adjectif ou de l'adverbe, introduit par une préposition, joue le même rôle que le complément d'un verbe.
complément d'objet secondaire ou **complément d'attribution**	nom pronom	*Il donne un livre à son* AMI. *Il impose son autorité à sa* FAMILLE. *Je l'ai informé de votre* DÉCISION. *Il* NOUS *raconte de belles histoires. À* QUI *fit-il part de la triste nouvelle?*	Le complément d'objet secondaire, introduit par *à* ou *de* se trouve après un verbe ayant déjà un complément d'objet direct.
complément d'agent	nom pronom	*Il fut heurté par un* PASSANT. *Il est compris de* TOUS.	Le complément d'agent d'un verbe passif correspond au sujet de la phrase active.
complément circonstanciel	nom pronom infinitif	*Entrez dans le* BUREAU (lieu). *Il est sorti à* CINQ HEURES (temps). *Il travaille avec* ARDEUR (manière). *Le coupon mesure* DIX MÈTRES (mesure). *Il est parti en vacances avec son* FRÈRE (accompagnement). *Il est mort d'un* CANCER (cause). *Il est venu sans* LUI (privation). *Avec* QUOI *a-t-il écrit?* (instrument). *Il travaille pour* TOI (but). *Il ne sait que faire pour le* SATISFAIRE (but).	Le complément circonstanciel indique dans quelle circonstance s'accomplit l'action marquée par le verbe (lieu, temps, manière, mesure, accompagnement, privation, cause, but, prix, moyen, etc.), il est soit complément du verbe (*aller* À PARIS), soit complément de phrase (LA SEMAINE DERNIÈRE *Paul n'était pas à son bureau*).
détermination	article possessif démonstratif indéfini relatif interrogatif exclamatif numéral	*Servez-nous* LE *thé.* *Il a vendu* SA *maison.* CETTE *histoire est invraisemblable.* *Je reviendrai un* AUTRE *jour.* PLUSIEURS *personnes ont été les témoins de l'accident.* *Ils ont entendu les témoins,* LESQUELS *témoins ont confirmé...* *De* QUELLE *province êtes-vous?* QUELLE *peur j'ai eue!* *Prenez la* TROISIÈME *rue à gauche.*	Les déterminants précisent certaines valeurs, certains aspects du nom qu'ils accompagnent (art. défini, adj. possessif, démonstratif, etc.).
relation	conjonction préposition	*Mon neveu* ET *ma nièce sont partis en vacances.* QUAND *il sera là, dites-le-moi.* *Aucun* DE *ses amis n'est venu. Il a été blessé* À *la tête.*	Les conjonctions établissent un rapport entre des termes de même fonction (conj. de coordination), ou relient une proposition à une autre (conj. de subordination). Les prépositions établissent un rapport de dépendance entre un mot et un autre.
modification	adverbe	*Il répondit* TRÈS *poliment. Il est* FORT *discret. Il agit* BIEN. *Il a bu* TROP *de vin.*	L'adverbe modifie le sens d'un adjectif, d'un verbe, d'un adverbe ou d'un nom.

Participe et adjectif verbal

1. valeur de verbe

FORMES et EMPLOIS	EXEMPLES
1. Participe présent invariable ou participe passé avec ou sans auxiliaire *-étant* ou *ayant,* variable selon des conditions étudiées plus loin; tous deux équivalent à une proposition subordonnée complément circonstanciel de temps, de condition, de cause ou relative. (Appartient à la langue écrite; la langue parlée préfère le gérondif ou la proposition subordonnée.)	*Appelant un de ses amis à son aide, il s'efforça de soulever le rocher. Les personnes ayant des renseignements à demander pourront s'adresser ici. Appliqués à leur travail, ils doivent réussir. Il ne put comprendre ce qui se passait, étant étourdi par le choc. Ayant oublié sa clef, il ne pouvait rentrer chez lui.*

1. valeur de verbe

FORMES et EMPLOIS	EXEMPLES
2. Gérondif : forme simple en *-ant* invariable, ou forme composée variable sous conditions avec auxiliaire *(ayant, étant)*, précédée de la préposition *en* et équivalant à une proposition subordonnée de temps, de condition, etc., à un complément de manière.	*Ils défilèrent dans la rue en chantant* (manière). *Il lisait le journal tout en mangeant* (temps). *En prenant l'escabeau vous atteindrez le compteur* (condition). *Il est parti en ayant fini son travail.*

2. valeur d'adjectif

FORMES et EMPLOIS	EXEMPLES
1. Adjectif verbal en *-ant* variable : sans modification de l'orthographe; avec modification de l'orthographe; — modification de la forme du radical; — modification de la forme de la désinence.	*Vous avez des enfants très obéissants. C'est une rue passante.* *Des paroles provocantes* (participe *provoquant*). *Une course fatigante* (participe *fatigant*). *Place vacante* (participe *vaquant*). *Capitaine navigant* (participe *naviguant*). *Des personnes négligentes* (participe *négligeant*).
2. Adjectif verbal en *-é, -i, -u, -is, -(i)t* (sans auxiliaire) variable.	*C'est une femme dissimulée et hypocrite. Un garçon étourdi, mais intelligent. Un jeune homme bien mis. Une soirée très courue. Une personne bien faite.*

Accord du participe passé

RÈGLES D'ACCORD	EXEMPLES
1. Conjugué avec *être :* le participe passé s'accorde en genre et en nombre avec le sujet du verbe.	*La villa a été louée pour les vacances. Les feuilles sont tombées. Nos amis sont venus hier. Les rues sont bien éclairées.*
2. Conjugué avec *avoir :* le participe passé des temps composés des verbes actifs s'accorde en genre et en nombre avec le complément d'objet direct lorsque ce complément le précède.	*Vous avez pris la bonne route;* mais : *La bonne route que vous avez prise. Vous aviez envoyé une lettre : je l'ai bien reçue.*
3. Conjugué avec *avoir* suivi d'un infinitif : le participe passé s'accorde avec le pronom qui précède si celui-ci est objet direct du participe, mais il reste invariable lorsque le pronom est objet direct de l'infinitif.	*La cantatrice que j'ai entendue chanter* (= j'ai entendu la cantatrice chanter); mais : *L'histoire que j'ai entendu raconter* (= j'ai entendu raconter une histoire).
4. Conjugué avec *avoir* et précédé de *en :* le participe passé reste invariable, sauf lorsque *en* est précédé d'un adverbe de quantité.	*J'ai cueilli des fraises dans le jardin et j'en ai mangé. Autant d'ennemis il a attaqués, autant il en a vaincus.*
5. Conjugué avec *avoir* et précédé de *l'* représentant une proposition : le participe passé reste invariable.	*La journée fut plus belle qu'on ne l'avait prévu.*
6. Conjugué avec *avoir* et les verbes comme *courir, valoir, peser, vivre, coûter,* etc. : le participe passé s'accorde avec le complément d'objet des emplois transitifs de ces verbes.	*Les dangers que j'ai courus. Les efforts que ce travail m'a coûtés;* mais : *Les cent francs que ce livre m'a coûté* (*que* est complément de prix). *Les jours heureux qu'elle a vécus ici;* mais : *Les mois qu'il a vécu* (*que* est complément de temps).
7. Conjugué avec *avoir* et un verbe impersonnel : le participe passé reste invariable.	*Les deux jours qu'il a neigé. Les accidents nombreux qu'il y a eu cet été. La chaleur qu'il a fait.*
8. Conjugué avec *avoir* et une expression collective comme complément d'objet direct placé avant : le participe passé s'accorde soit avec le mot collectif, soit avec le mot complément du terme collectif.	*Le grand nombre de succès que vous avez remporté* (ou *remportés*). *Le peu d'attention que vous avez apporté* (ou *apportée*) *à cette affaire.*
9. Conjugué avec *être* et une forme pronominale : le participe passé s'accorde avec le sujet du verbe, sauf dans les cas suivants :	*Ils se sont aperçus de leur erreur. Ils se sont lavés. Ils se sont battus. Elle s'est regardée dans la glace.*
a) lorsque le verbe est suivi d'un complément d'objet direct (il y a accord lorsque ce complément précède);	*Ils se sont lavé les mains. Ils se sont écrit des lettres;* mais : *Les mains qu'ils se sont lavées. Les lettres qu'ils se sont écrites.*
b) lorsque le verbe pronominal réfléchi ou réciproque est, à la forme active, un verbe transitif indirect, ou un verbe admettant un complément d'attribution introduit par à.	*Ils se sont nui* (nuire à quelqu'un). *Ils se sont écrit* (écrire à quelqu'un).

Pluriel : langue parlée

CATÉGORIES	VARIATIONS	EXEMPLES
1. Noms et **adjectifs.**	En général sans variation, sauf : — [al]/[o] (à l'exception d'une dizaine de termes); — [aj]/[o] (catégorie restreinte à quelques mots); — consonne/zéro (quelques mots).	*ami/amis* [ami]/[ami] *signal/signaux* [siɲal]/[siɲo] *travail/travaux* [travaj]/[travo] *œuf/œufs* [œf]/[ø] *bœuf/bœufs* [bœf]/[bø]
2. Déterminants (articles, adjectifs possessifs, démonstratifs, indéfinis, interrogatifs).	Les plus fréquents varient selon l'alternance zéro/[ɛ] ou [e]	*le/les* [lə]/[lɛ] *mon/mes* [mɔ̃]/[mɛ] *un/des* [œ̃]/[dɛ] *ce/ces* [sə]/[sɛ]
	Les autres sont sans variation.	*leur/leurs* [lœr]/[lœr] *quelque/quelques* [kɛlk]/[kɛlk]
3. Pronoms personnels.	Invariables comme sujets atones, ils présentent comme compléments une variation.	*il/ils* [il]/[il] *le/les* [lə]/[lɛ] *lui/leur* [lɥi]/[lœr]
4. Verbes.	Les verbes en *-er* ne présentent pas de variation à l'indicatif et au subjonctif présents (3ᵉ pers.). L'ensemble des verbes est invariable à l'imparfait (3ᵉ pers.). Dans les autres cas, on connaît les alternances :	*il mange/ils mangent* [mɑ̃ʒ]/[mɑ̃ʒ] *il était/ils étaient* [etɛ]/[etɛ]
	a) [a]/[ɔ̃] (au futur en particulier);	*il a/ils ont* [a]/[ɔ̃] *il fera/ils feront* [fəra]/[fərɔ̃]
	b) [ɛ]/[ɔ̃];	*il est/ils sont* [ɛ]/[sɔ̃] *il fait/ils font* [fɛ]/[fɔ̃]
	c) nasale/voyelle + nasale; *d*) double variation vocalique et consonnatique	*il tient/ils tiennent* [tjɛ̃]/[tjɛn] *il résout/ils résolvent* [rezu]/[rezɔlv]

Pluriel : langue écrite

CATÉGORIES	VARIATIONS	EXEMPLES
1. Noms et **adjectifs :** *a*) *simples* (un mot)	• Les mots simples prennent un *s* au pluriel, sauf ceux qui sont terminés en *-eau, -au* et *-eu,* qui prennent un *x,* et ceux qui se terminent par *-s, -x,* et *-z,* qui restent invariables.	*ennui/ennuis; grand/grands; nouveau/nouveaux; beau/beaux; étau/étaux; pieu/pieux; hébreu/hébreux; bois/bois; voix/voix; nez/nez;*
	• Quelques mots en *-au* et *-eu* ont un *s* au pluriel *(landau, sarrau, bleu, pneu).*	*landau/landaus; bleu/bleus*
	• Les noms et les adjectifs en *-al* ont le pluriel en *-aux,* sauf *bal, cal, carnaval, cérémonial, chacal, choral, festival, pal, récital, régal, santal,* et *banal, bancal, final, naval, natal, fatal, glacial, tonal.*	*festival/festivals; fatal/fatals*
	• Les noms *bail, corail, émail, soupirail, travail, vantail, vitrail* ont le pluriel en *-aux.*	*corail/coraux; travail/travaux*
	• Les noms *bijou, caillou, chou, genou, hibou, joujou* et *pou* prennent un *x.*	*hibou/hiboux*
	• Certains noms ont un double pluriel à fonction différente ou un pluriel irrégulier.	*ciel/cieux/ciels; aïeul/aïeux/aïeuls; œil/yeux/œils-de-bœuf*
	• Les noms employés comme adjectifs de couleur restent invariables (sauf *mauve, rose* et *pourpre*).	*chemises marron; rubans orange soies roses*
b) *composés* (plusieurs mots)	• Les noms composés d'un adjectif et d'un nom ou de deux noms en apposition, les adjectifs composés formés de deux adjectifs prennent la marque du pluriel (*s* ou *x* suivant les cas) sur les deux composants. (→ GRAND-MÈRE, GRAND-PÈRE à leur ordre.)	*un coffre-fort/des coffres-forts; un chou-fleur/des choux-fleurs des enfants sourds-muets*
	• Les noms composés de deux verbes, d'une phrase, de prépositions ou d'adverbes et les adjectifs de couleur composés restent invariables.	*un laissez-passer/des laissez-passer; un va-et-vient/des va-et-vient; des gants gris perle; des costumes bleu foncé*
	• Les noms composés d'un nom et de son complément introduit ou non par *de* ne prennent la marque du pluriel que sur le premier élément.	*un chef-d'œuvre/des chefs-d'œuvre; un timbre-poste/des timbres-poste*

CATÉGORIES	VARIATIONS	EXEMPLES
b) *composés* (plusieurs mots)	• Lorsqu'ils sont formés d'une préposition et de son complément, ce dernier prend la marque du pluriel.	*un avant-poste/des avant-postes; un en-tête/des en-têtes*
	• Les noms composés d'un verbe et de son complément sont le plus souvent invariables; les exceptions sont nombreuses. La répartition des deux groupes n'obéit à aucune considération logique; il est utile, en ce cas, de se reporter au mot. (→ en particulier les composés de *garde-*, *essuie-*, etc.)	*un abat-jour/des abat-jour; un cache-col/des cache-col* *un tire-bouchon/des tire-bouchons; un chauffe-bain/des chauffe-bains*
	• Les adjectifs composés d'une préposition, d'un adverbe ou d'un radical en *-i* ou *-o* et d'un adjectif ne comportent de marque du pluriel que sur le second élément.	*un mot sous-entendu/des mots sous-entendus; un enfant nouveau-né/des enfants nouveau-nés; une aventure tragi-comique/des aventures tragi-comiques; un traité franco-allemand/des accords franco-allemands*
2. Déterminants et **pronoms.**	• Ils sont caractérisés par la présence d'un *s* à la forme du pluriel.	*le/les; un/des; mon/mes; ce/ces; quelqu'un/quelques-uns; tout/tous; il/ils; le, la/les*
	• Les pronoms personnels compléments indirects et toniques sont différents au singulier et au pluriel de la 3e personne.	*lui/leur; lui/eux*
	• Les pronoms *qui, que, quoi, dont, où* restent invariables.	
3. Verbes.	• À la 3e personne, le pluriel se marque par la désinence *-(e)nt.*	*il boit/ils boivent* *il chante/ils chantent* *il mentait/ils mentaient*
	• À la 1re et à la 2e personne du pluriel, les désinences sont *-ons* et *-ez*, et, au passé simple, *-mes* et *-tes.*	*nous chantons, vous chantez; nous vîmes, vous vîtes*

Pronoms et adjectifs démonstratifs

pronoms		adjectifs	
	Avec *de* suivi d'un substantif, d'un infinitif, d'un adverbe; avec un relatif; avec un participe adjectif (fam.).		Se réfèrent à un mot déjà cité ou à qqn, qqch; ils peuvent être employés avec une valeur péjorative ou emphatique.
celui m.	*Nous prendrons le train de cinq heures; celui de huit heures arrive trop tard. J'ai été retenu par celui dont je t'avais parlé.*	**ce** m. (+ consonne)	*Ce soir nous irons au concert. Ce courage! vous avez vu!* (emphatique).
		cet m. (+ voyelle)	*Ah! cet enfant! il nous fera mourir!* (emphatique).
ceux m. pl.	*Les pneus arrière sont usés, mais ceux de devant sont encore en bon état. Ses sentiments ne sont pas ceux d'un ingrat.*	**ces** m. pl.	*Que me veulent ces individus?* (péjor.) *Ah! ces levers de soleil!* (admiratif).
celle f.	*Sa passion pour la chasse égale celle qu'il a pour le jeu. Cette inondation est-elle aussi grave que celle provoquée par le Rhône?*	**cette** f.	*Cette histoire est très drôle. Avec cette tête, vous devez être malade* (péjor.). *Cette réponse ne satisfait personne.*
celles f. pl.	*Vous joindrez à ces notes celles envoyées par nos correspondants.*	**ces** f. pl.	*Ces mésaventures m'ont ému. Ces dames ont bien dîné?*
	Avec *-ci* se réfèrent à ce qui est proche ou à ce qui va être dit.		Avec *-ci* désignent ce qui est actuel, proche ou ce qui va être dit.
celui-ci m.	*Je voudrais changer d'appartement, celui-ci est trop petit.*	**ce ... -ci** m.	*J'ai été malade ce mois-ci.*
		cet ... -ci m.	*Cet enfant-ci n'est pas bien portant.*
ceux-ci m. pl.	*Il faudra remplacer les meubles, ceux-ci sont vraiment démodés.*	**ces ... -ci** m. pl.	*Ces arbres-ci sont presque centenaires. Ces costumes-ci sont plus chers.*
celle-ci f.	*Choisissez une cravate; celle-ci est fort jolie; celle-là est plus simple.*	**cette ... -ci** f.	*Cette idée-ci est très raisonnable, à côté du projet précédent. Je préfère cette voiture-ci à cette automobile-là.*

celles-ci f. pl.	*Vous avez entendu ces histoires-là; alors écoutez celles-ci.*	**ces ... -ci** f. pl.	*J'ai été fort occupé toutes ces semaines-ci.*
	Avec -là, se réfèrent à ce qui est loin ou à ce qui a été dit. En fait, ce sont les formes les plus courantes.		Avec -là, désignent ce qui est loin ou ce qui a été dit.
celui-là m.	*C'est un bon roman, mais je préfère celui-là.*	**ce ... -là** m.	*Ce roman-là est bien meilleur que celui-ci.*
		cet ... -là m.	*Regardez cet immeuble-là, tout neuf, un peu plus loin que cette maison-ci.*
ceux-là m. pl.	*Ah! ceux-là, quand ils auront fini de bavarder!*	**ces ... -là** m. pl.	*Ces murs-là ont besoin d'être repeints.*
celle-là f.	*Je ne vois pas ma brosse à dents; celle-là n'est pas la mienne. Ah! celle-là est bien bonne!*	**cette ... -là** f.	*Cette histoire-là me paraît incroyable. Il avait, cette semaine-là, acheté un costume neuf.*
celles-là f. pl.	*Parmi les voitures exposées, il fit remarquer que celles-là, qu'il n'avait jamais vues, étaient plus confortables.*	**ces ... -là** f. pl.	*Ces huîtres-là ne sont pas fraîches.*

Pronoms personnels

A. Les pronoms personnels de la 1re et de la 2e personne

FONCTION		SINGULIER atones	SINGULIER toniques	PLURIEL atones	PLURIEL toniques
sujet	1re pers.	**je, j'** *JE travaille.* *J'arrive.* *Ai-JE tort?*	**moi** *MOI aussi, j'ai vu ce film.* *Il court aussi vite que MOI.* *Georges et MOI nous travaillons.*	**nous** *Toi et moi, NOUS sommes persuadés de son innocence.* *Lui et moi, NOUS en sommes bien convaincus.*	**nous** *NOUS aussi, nous irons au cinéma.* *Travaillez comme NOUS.*
	2e pers.	**tu, t'** *TU m'amuses.* *Dors-TU?* *Qui as-TU rencontré?* *T'arrives?* (fam.).	**toi** *TOI, tu mens.* *Ton frère et TOI serez punis.* *Il a plus de soucis que TOI.*	**vous** *Vous deux* [tu + tu], *VOUS avez bien répondu.* *Toi et lui, puissiez-VOUS réussir!*	**vous** *VOUS aussi, vous irez au cinéma.* *Ils font comme VOUS.*
Sans préposition : complément d'objet direct, complément d'objet indirect ou complément d'attribution	1re pers.	**me, m'** *Il ME voit.* *Il M'appelle.* *On ME parle.* *Il M'a offert une fleur.*	**moi** *Regardez-MOI.* *Je ne me compte pas dans le nombre, MOI.*	**nous** *Il NOUS voit.* *Il NOUS offre des fleurs.* *Cela NOUS plaît.*	**nous** *Offrons-NOUS des vacances.*
	2e pers.	**te, t'** *Je TE remercie.* *Nous T'aiderons.* *Cette région TE plaira.*	**toi** *Regarde-TOI.* *Nous t'inviterons, TOI.* *Donne-TOI un coup de peigne.*	**vous** *On VOUS regarde.* *On VOUS parle.*	**vous** *Regardez-VOUS.*
Après préposition : complément d'objet indirect ou d'attribution, complément circonstanciel, complément d'adjectif	1re pers.		**moi** *On parle de MOI.* *C'est à MOI qu'on a donné ce livre. Je reste chez MOI.* *On est fier de MOI.*	**nous** *Il pense à NOUS.* *C'est gentil pour NOUS.* *Elle travaille pour NOUS.*	
	2e pers.		**toi** *On parle de TOI.* *Je reste avec TOI.* *On est fier de TOI.*	**vous** *C'est à VOUS qu'il dédiera son livre.* *Restez chez VOUS.* *On est content de VOUS.*	
attribut du sujet	1re pers.		**moi** *Le roi, c'est MOI.*		**nous** *C'est NOUS.*
	2e pers.		**toi** *C'est TOI.*		**vous** *C'est VOUS.*

REM. Les pronoms NOUS et VOUS peuvent désigner un singulier; c'est le cas pour le *nous* de majesté ou de modestie : NOUS, *préfet de X., décidons que...* NOUS (= l'auteur = *je*) *avons rédigé cet ouvrage avec conscience;* et pour le VOUS de politesse : *Où êtes-VOUS allé en vacances?* (= 2e pers. du singulier). Le verbe s'accorde en nombre avec le sujet, mais l'adjectif attribut ou le participe restent au singulier.

B. Les pronoms personnels de la 3e personne

Les pronoms masculins, féminins et neutres

FONCTION	NOMBRE	GENRE	atones	toniques
sujet ou, pour les toniques seulement, attribut du sujet	sing.	m. neutre	**il** IL *a vu ce film. Est-*IL *arrivé?* *Ne comprendra-t-*IL *pas?* IL *faut partir.*	**lui** *Georges,* LUI, *a vu ce film. Elle est arrivée et* LUI *aussi.* LUI *seul comprendra. Mais* LUI, *qui vous a vu, vous a reconnu. C'est* LUI.
		f.	**elle** ELLE *aime regarder les vitrines.* *Qu'a-t-*ELLE *encore imaginé?*	**elle** *Il est plus grand qu'*ELLE. ELLE *seule ne viendra pas. Ce n'est pas* ELLE, *la coupable.*
	pl.	m.	**ils** ILS *parlent sans cesse. Que sont-*ILS *devenus?*	**eux** *Il court aussi vite qu'*EUX. *Ce sont* EUX.
		f.	**elles** ELLES *ne m'ont pas vu. Qu'ont-*ELLES *fait hier?*	**elles** *Je cours aussi vite qu'*ELLES. Ce sont ELLES.
complément d'objet direct non réfléchi	sing.	m.	**le** *Je* LE rendrai (= ce livre) à *Paul.*	**lui** *On n'admire que* LUI *ici. Je te félicite et* LUI *aussi d'avoir réussi.*
		neutre	**l'** *Il ment, je* LE *sais, je* L'*ai compris* (= je sais cela, j'ai compris cela [valeur d'un neutre]).	
		f.	**la, l'** *Je* LA *rendrai* (= cette petite somme) *dès que je pourrai.*	**elle** *Je n'ai aperçu ni* ELLE *ni son mari.*
	pl.	m.	**les** *Je ne* LES *ai pas rencontrés hier* (= les Durand).	**eux** *On ne les a retrouvés ni* EUX *ni leur bateau.*
		f.	*Il* LES *a cueillies* (= ces fleurs) *dans le pré.* LES *avez-vous brûlées* (= ces lettres)?	**elles** *Nous les avons saluées,* ELLES *et leur mère.*
complément d'objet direct réfléchi	sing. pl.	m. f.	**se, s'** *Il* S'*est blessé au doigt.* *Elle* SE *regarde dans la glace.*	**soi-même, lui-même, elle-même** *Il faut s'aider* SOI-MÊME *avant d'appeler les autres* (sujet indéterminé). *Il (elle) doit s'aider* LUI-MÊME (ELLE-MÊME) *avant d'appeler les autres* (sujet déterminé).
complément non réfléchi précédé des prép. à ou *de*	sing.	m.	**lui** *Je* LUI *rendrai* (= à Paul).	**lui** *Pensez à* LUI. *À* LUI, *on peut tout dire.*
		f.	*Dites-*LUI (= à Odile) *de venir.*	**elle** *Est-ce à* LUI *ou à* ELLE *que vous vous êtes adressé?*
	pl.	m.	**leur** *Je ne* LEUR *ai pas prêté* (= à mes amis) *ce livre.*	**eux** *C'est à* EUX *qu'il faut vous adresser.*
		f.	LEUR *as-tu envoyé* (= à tes tantes) *des fleurs?*	**elles** *À* ELLES *aussi vous l'avez dit.*
complément précédé de la prép. à réfléchi	sing. pl.	m. f.	**se, s'** *Ils* SE *sont nui. Elle* SE *l'est offert* (= ce livre) *pour sa fête. Ils* SE *sont envoyé des lettres menaçantes.*	**soi, lui, elle** *On ne pense qu'à* SOI (sujet indéterminé). *Il ne pense qu'à* LUI (sujet déterminé). *Elle ne pense qu'à* ELLE.
complément précédé d'une préposition autre que à, ou complément de l'adjectif	sing.	m.		**lui, soi** *Je suis parti sans* LUI. *Il est maître de* LUI. *Il faut rester maître de* SOI (sujet indéterminé). *Il vaut mieux l'avoir avec* SOI *que contre* SOI.
		f.		**elle, elle-même** *Sans* ELLE, *il était perdu. Le chien s'assit près d'*ELLE. *Elle est maîtresse d'*ELLE-MÊME.
	pl.	m.		**eux** *Il s'élança sur* EUX. *Il est arrivé avant* EUX.
		f.		**elles** *Il a parlé pour* ELLES *avec chaleur.*

C. Le pronom on

Pronom de la 3e personne du singulier, il désigne toujours des *humains* (= n'importe qui, tout le monde) et remplit toujours la fonction de sujet. ON peut être substitué avec diverses valeurs de style aux différents pronoms personnels sujets :

> ON *fait ce qu'on peut* (= je).
> *Alors,* ON *fait l'intéressant* (= tu, vous).
> *Que pensera-t-*ON *demain d'un tel scandale ?* (= ils, les gens, tout le monde).
> *Si* ON *me demande, prévenez-moi* (= quelqu'un, il).

On s'emploie très souvent dans la langue familière à la place de *nous.* Dans ce cas, le verbe reste au singulier, mais l'adjectif attribut ou le participe (avec *être*) peuvent se mettre au pluriel masculin ou féminin, selon les cas :

> ON *est arrivés en retard.*

Les pronoms réfléchis correspondant à *on* sont pour la forme atone SE : ON *s'amuse bien,* et, pour la forme tonique, SOI ou NOUS : ON *ne doit pas penser seulement à* SOI. ON *ne juge que par* SOI-MÊME. ON *n'aime pas que les gens se moquent de* NOUS.
La forme L'ON s'emploie parfois dans la langue soignée, en particulier après *si, ou, et,* etc., pour éviter un hiatus.

D. Place du pronom atone

1. Pronom sujet :
a) Avant le verbe dans les phrases affirmatives ou négatives, sauf lorsqu'elles commencent par *du moins, peut-être, au moins, en vain, aussi, à peine, ainsi* ou lorsque ce sont des incises :

> IL *n'y est pas allé. C'est sa faute, dit-*IL. *Peut-être trouvera-t-*IL *un appui;*

b) Après le verbe dans les phrases interrogatives ou exclamatives directes :

> *Que lui a-t-*IL *dit ? Puisse-t-*IL *guérir vite !*

2. Pronom objet direct non réfléchi :
a) Avant le verbe à tous les modes (sauf l'impératif) et dans tous les types de phrases :

> verbe : *Je* LE *crois sans peine.*
> verbe + auxiliaire : *Je* L'*ai reconnu tout de suite.*
> verbe + négation : *Il ne* L'*a jamais vu.*
> verbe + réfléchi : *Il se* LE *dit. Je me* LE *suis toujours dit;*

b) Après le verbe à l'impératif, mais l'ordre est inversé lorsque l'impératif est négatif :

> *Surveille-*LE. *Ne* LE *tourmentez pas.*

3. Pronom objet indirect non réfléchi :
a) Avant le verbe à tous les modes (sauf l'impératif) et dans tous les types de phrases; entre le pronom objet direct et le verbe :

> *Il* LUI *a offert un livre.* LUI *obéit-il ?;*

b) Après le verbe et l'objet direct à l'impératif; l'ordre est inversé à l'impératif négatif :

> *Obéissez-*LUI. *Dites-le-*LUI. *Ne le* LUI *dites pas.*

4. Pronom réfléchi : le réfléchi atone est toujours avant le verbe :

> *Il* SE *flatte de réussir. S'est-il servi de ce stylo ?*

Pronoms et adjectifs possessifs

POSSESSEUR	POSSÉDÉ	ADJECTIF		PRONOM	souvent en opposition avec un autre poss.
je	masc. sing.	**mon**	*Mon livre est sur la table* (= qui est à moi : possession). *Mon voyage en Corse* (= que j'ai fait : sujet de l'action).	**le mien**	*Ce livre n'est pas le mien. Ton temps est aussi précieux que le mien.*
	fém. sing.	**ma** (devant consonne) **mon** (devant voyelle)	*Ma montre est arrêtée* (possession). *À ma vue, tous se taisent* (= en me voyant : objet de l'action). *Il est venu à mon aide* (= m'aider : objet de l'action).	**la mienne**	*Je ne vois pas ta brosse à dents; je n'aperçois que la mienne.*
	masc., fém. plur.	**mes**	*Mes amis m'ont accompagné* (= les amis que j'ai). *Mes mains sont couvertes d'engelures.*	**les miens** **les miennes**	*Vos soucis sont grands : les miens sont encore plus sérieux. Tes propositions ne sont pas raisonnables; écoute les miennes.*
nous (on fam.)	masc., fém. sing.	**notre**	*Notre procès est venu devant le tribunal correctionnel* (= le procès que nous avons). *Notre Jean-Claude est déjà là* (valeur affective). *Il a perdu notre confiance* (possession).	**le nôtre** **la nôtre**	*Votre appartement est grand, le nôtre est tout petit* (= celui que nous habitons). *Votre voiture est de la même marque que la nôtre.*
	masc., fém. plur.	**nos**	*Nos enfants sont tous heureux* (possession). *On ne voit plus nos amies.*	**les nôtres**	*Les enfants des voisins commencèrent à jouer avec les nôtres. Soyez des nôtres demain* (= parmi nos invités).

POSSESSEUR	POSSÉDÉ	ADJECTIF		PRONOM	souvent en opposition avec un autre poss.
tu	masc. sing.	**ton**	*Ton départ nous a surpris* (tu es parti : sujet de l'action).	**le tien**	*Mon devoir d'algèbre est plus difficile que le tien.*
	fém. sing.	**ta** (devant consonne) **ton** (devant voyelle)	*Ta chemise est sale* (possession). *C'est donc cela, ta petite plage tranquille ?* *Tu as raté ton épreuve.*	**la tienne**	*Laisse ma bicyclette et prends la tienne.*
	masc., fém. plur.	**tes**	*Tes reproches sont sans objet. Je n'ai pas pris tes cravates !*	**les tiens** **les tiennes**	*Tiens, voilà mes ciseaux, ils coupent mieux que les tiens. On se passerait de réflexions comme les tiennes.*
vous	masc., fém. sing.	**votre**	*Prenez-vous votre café ?* (= que vous prenez habituellement). *Votre erreur a été de ne pas avouer tout de suite* (= l'erreur que vous avez commise : sujet de l'action).	**le vôtre** **la vôtre**	*Mon droit est incontestable, je n'en dirai pas autant du vôtre. À la vôtre, chers amis* (fam. ; = à votre santé).
	masc., fém. plur.	**vos**	*Buvons à vos succès futurs. Vos remarques me sont très précieuses* (= celles que vous me faites).	**les vôtres**	*Je retrouve mes notes, mais où sont passées les vôtres ?*
il, elle, on	masc. sing.	**son**	*Son pays est là-bas, près de la mer* (= le pays où il est né : origine). *Cela sent son homme malhonnête* (péjor.). *Chacun va de son côté.*	**le sien**	*On demanda les passeports, chacun présenta le sien. Chacun doit y mettre du sien* (= participer à l'œuvre commune).
	fém. sing.	**sa** (devant consonne) **son** (devant voyelle)	*Sa voiture est garée dans le jardin* (possession). *On a le droit d'avoir son opinion.*	**la sienne**	*Nous avions perdu notre lampe ; il nous a prêté la sienne.*
	masc., fém. plur.	**ses**	*Il parla de ses chevaux* (possession). *Ne dérange pas ses affaires.*	**les siens** **les siennes**	*Tu préfères les articles de Paul ou les miens ? — Les siens. Il est entouré de l'affection des siens. Ton frère a encore fait des siennes* (= fait ses sottises habituelles).
ils, elles	masc., fém. sing.	**leur**	*Leur fils est malade* (= le fils qu'ils ont). *Ils n'ont pas retrouvé leur chemin. Ils vont chacun de leur côté.*	**le leur** **la leur**	*Vous n'avez pas votre parapluie ? Prenez le leur en attendant. Ma maison est bien modeste, mais la leur est magnifique.*
	masc., fém. plur.	**leurs**	*Leurs désirs sont irréalisables. Ils n'ont pas manqué à leurs promesses* (= à celles qu'ils ont faites).	**les leurs**	*Ils sont entourés de l'affection des leurs* (= de leurs proches parents).

REMARQUE : On emploie parfois les formes *mien, tien, sien, nôtre, vôtre* (pronom possessif sans article) comme attributs : *Cette opinion est mienne* (= c'est mon opinion). *Considérez cet argent comme vôtre* (= comme le vôtre). On emploie très rarement les formes du pronom possessif comme adjectifs épithètes (style archaïque) : *Un mien cousin.*

Verbe

FORME OU VOIX	SENS OU FONCTION		EXEMPLES
actif Se dit d'un verbe qui présente un système de formes simples et un système de formes composées, avec *avoir* ou *être*. (Les verbes *transitifs* sont toujours conjugués avec *avoir*, les verbes *intransitifs* avec *avoir* ou *être*.)	**transitif** (admet un complément d'objet)	**direct** (direct)	*Écouter la radio. Allumer le gaz. Lire un livre. Fermer la porte. Prendre l'autobus. Pousser un cri.*
		indirect (indirect)	*Obéir à la loi. Pardonner à un adversaire. Nuire à un ennemi. Hériter de son oncle.*
	transitif employé **intransitivement** ou **absolument** sans complément d'objet		*« Que fait-il en ce moment ? — Il lit. » Vous devriez cesser de fumer, de boire.*
	intransitif (n'admet pas de complément d'objet)		*Il marche. Il est venu. J'arrive à Paris* (compl. de lieu). *Il devient habile* (attribut).
	intransitif employé **transitivement** avec un sens différent		*Descendre un avion. Courir un risque. Monte la valise jusqu'ici. Tomber la veste* (fam.).

FORME OU VOIX	SENS OU FONCTION	EXEMPLES
passif Se dit d'un verbe transitif qui présente un système de formes composées avec *être* correspondant aux formes simples de l'actif. (Les formes composées comportent un double auxiliaire : *avoir* + *être*.)	Se caractérise, par rapport au transitif actif, par une permutation entre l'objet (devenant *sujet*) et le sujet (devenant *complément d'agent*).	*Il est blessé par votre reproche* (= votre reproche le blesse). *La branche est cassée par le vent* (= le vent casse la branche). *Il a été effrayé par les cris* (= les cris l'ont effrayé).
pronominal Se dit d'un verbe qui présente un système de formes où un pronom, placé avant la forme verbale et après le sujet, répète la personne de ce sujet. (Les formes composées comportent l'auxiliaire *être*.)	**réfléchi** (où le pronom dit *réfléchi* remplit la même fonction que l'objet direct du verbe actif transitif [*pronominaux transitifs directs* ou *indirects*])	*Il se lave. Je me blesse à la main. Tu te prends la tête à deux mains* (= tu prends ta tête).
	réciproque (où le pronom complément peut, aux trois personnes du pluriel, être complété par *les uns les autres* ou *l'un l'autre* [*pronominaux transitifs directs* ou *indirects*])	*Ils se regardaient sans rire (l'un l'autre). Vous vous êtes battus encore entre vous. Nous nous sommes écrit de longues lettres.*
	spécifique (où le pronom complément ne remplit pas d'autre fonction que de créer une forme qui s'oppose à la forme active, ou existe même en l'absence de forme active ; la valeur de cette forme peut être passive, intransitive ou même transitive). [On appelle aussi ces verbes *pronominaux proprement dits* ou *essentiellement pronominaux.*]	*Je ne me suis aperçu de rien* (valeur transitive). *Il s'est trouvé sans appui* (valeur intransitive). *Il se contente de t'approuver. L'avion s'abîme dans les flots* (valeur intransitive). *Les légumes se vendent cher* (valeur passive). *Cela se voit parfois* (valeur passive).

conjugaisons

AVOIR [avwar]

indicatif présent

j'	ai	[ɛ]
tu	as	[a]
il	a	[a]
nous	avons	[avɔ̃]
vous	avez	[ave]
ils	ont	[ɔ̃]

subjonctif présent

j'	aie	[ɛ]
tu	aies	[ɛ]
il	ait	[ɛ]
nous	ayons	[ejɔ̃]
vous	ayez	[eje]
ils	aient	[ɛ]

indicatif imparfait

j'	avais	[avɛ]
tu	avais	[avɛ]
il	avait	[avɛ]
nous	avions	[avjɔ̃]
vous	aviez	[avje]
ils	avaient	[avɛ]

subjonctif imparfait

j'	eusse	[ys]
tu	eusses	[ys]
il	eût	[y]
nous	eussions	[ysjɔ̃]
vous	eussiez	[ysje]
ils	eussent	[ys]

indicatif passé simple

j'	eus	[y]
tu	eus	[y]
il	eut	[y]
nous	eûmes	[ym]
vous	eûtes	[yt]
ils	eurent	[yr]

conditionnel présent

j'	aurais	[ɔrɛ]
tu	aurais	[ɔrɛ]
il	aurait	[ɔrɛ]
nous	aurions	[ɔrjɔ̃]
vous	auriez	[ɔrje]
ils	auraient	[ɔrɛ]

indicatif futur

j'	aurai	[ɔre]
tu	auras	[ɔra]
il	aura	[ɔra]
nous	aurons	[ɔrɔ̃]
vous	aurez	[ɔre]
ils	auront	[ɔrɔ̃]

• L'impératif a les formes du subjonctif sans pronom personnel : *aie, ayons, ayez.*
• Les temps composés du verbe sont formés avec le verbe *avoir* et le participe passé *eu, eue* [y] : *j'ai eu, j'avais eu, j'aurai eu, j'aurais eu, j'eus eu, j'aie eu, j'eusse eu.*
• Le participe présent est *ayant* [ejɑ̃].

ÊTRE [ɛtr]

indicatif présent

je	suis	[sɥi]
tu	es	[ɛ]
il	est	[ɛ]
nous	sommes	[sɔm]
vous	êtes	[ɛt]
ils	sont	[sɔ̃]

subjonctif présent

je	sois	[swa]
tu	sois	[swa]
il	soit	[swa]
nous	soyons	[swajɔ̃]
vous	soyez	[swaje]
ils	soient	[swa]

indicatif imparfait

j'	étais	[etɛ]
tu	étais	[etɛ]
il	était	[etɛ]
nous	étions	[etjɔ̃]
vous	étiez	[etje]
ils	étaient	[etɛ]

subjonctif imparfait

je	fusse	[fys]
tu	fusses	[fys]
il	fût	[fy]
nous	fussions	[fysjɔ̃]
vous	fussiez	[fysje]
ils	fussent	[fys]

indicatif passé simple

je	fus	[fy]
tu	fus	[fy]
il	fut	[fy]
nous	fûmes	[fym]
vous	fûtes	[fyt]
ils	furent	[fyr]

conditionnel présent

je	serais	[sərɛ]
tu	serais	[sərɛ]
il	serait	[sərɛ]
nous	serions	[sərjɔ̃]
vous	seriez	[sərje]
ils	seraient	[sərɛ]

indicatif futur

je	serai	[səre]
tu	seras	[səra]
il	sera	[səra]
nous	serons	[sərɔ̃]
vous	serez	[səre]
ils	seront	[sərɔ̃]

• L'impératif a les formes *sois, soyons, soyez.*
• Les temps composés sont formés avec le verbe *avoir* et le participe *été* [ete] : *j'ai été, j'avais été, j'aurai été, j'aurais été, j'eus été, j'aie été, j'eusse été.*
• Le participe présent est *étant* [etɑ̃].

AIMER [eme]

indicatif présent

j'	aime	[ɛm]
tu	aimes	[ɛm]
il	aime	[ɛm]
nous	aimons	[emɔ̃]
vous	aimez	[eme]
ils	aiment	[ɛm]

subjonctif présent

j'	aime	[ɛm]
tu	aimes	[ɛm]
il	aime	[ɛm]
nous	aimions	[emjɔ̃]
vous	aimiez	[emje]
ils	aiment	[ɛm]

indicatif imparfait

j'	aimais	[ɛmɛ]
tu	aimais	[ɛmɛ]
il	aimait	[ɛmɛ]
nous	aimions	[emjɔ̃]
vous	aimiez	[emje]
ils	aimaient	[ɛmɛ]

subjonctif imparfait

j'	aimasse	[emas]
tu	aimasses	[emas]
il	aimât	[emɑ]
nous	aimassions	[emasjɔ̃]
vous	aimassiez	[emasje]
ils	aimassent	[emas]

indicatif passé simple

j'	aimai	[eme]
tu	aimas	[ema]
il	aima	[ema]
nous	aimâmes	[emam]
vous	aimâtes	[emat]
ils	aimèrent	[emɛr]

conditionnel présent

j'	aimerais	[ɛmrɛ]
tu	aimerais	[ɛmrɛ]
il	aimerait	[ɛmrɛ]
nous	aimerions	[emərjɔ̃]
vous	aimeriez	[emərje]
ils	aimeraient	[ɛmrɛ]

indicatif futur

j'	aimerai	[ɛmre]
tu	aimeras	[ɛmra]
il	aimera	[ɛmra]
nous	aimerons	[ɛmrɔ̃]
vous	aimerez	[ɛmre]
ils	aimeront	[ɛmrɔ̃]

• L'impératif a les formes *aime, aimons, aimez;* la deuxième pers. du sing. prend *s* devant *en* et *y* (*parles-en; vas-y*).
• Les temps composés et le passif sont formés avec l'auxiliaire *avoir* ou *être* et le participe passé *aimé, -e* [eme].
• Le participe présent et adjectif verbal est : *aimant, aimante* [emɑ̃, -ɑ̃t].

FINIR [finir]

indicatif présent

je	finis	[fini]
tu	finis	[fini]
il	finit	[fini]
nous	finissons	[finisɔ̃]
vous	finissez	[finise]
ils	finissent	[finis]

subjonctif présent

je	finisse	[finis]
tu	finisses	[finis]
il	finisse	[finis]
nous	finissions	[finisjɔ̃]
vous	finissiez	[finisje]
ils	finissent	[finis]

indicatif imparfait

je	finissais	[finisɛ]
tu	finissais	[finisɛ]
il	finissait	[finisɛ]
nous	finissions	[finisjɔ̃]
vous	finissiez	[finisje]
ils	finissaient	[finisɛ]

subjonctif imparfait

je	finisse	[finis]
tu	finisses	[finis]
il	finît	[fini]
nous	finissions	[finisjɔ̃]
vous	finissiez	[finisje]
ils	finissent	[finis]

indicatif passé simple

je	finis	[fini]
tu	finis	[fini]
il	finit	[fini]
nous	finîmes	[finim]
vous	finîtes	[finit]
ils	finirent	[finir]

conditionnel présent

je	finirais	[finirɛ]
tu	finirais	[finirɛ]
il	finirait	[finirɛ]
nous	finirions	[finirjɔ̃]
vous	finiriez	[finirje]
ils	finiraient	[finirɛ]

indicatif futur

je	finirai	[finire]
tu	finiras	[finira]
il	finira	[finira]
nous	finirons	[finirɔ̃]
vous	finirez	[finire]
ils	finiront	[finirɔ̃]

• L'impératif a les formes *finis, finissons, finissez.*
• Les temps composés et le passif sont formés avec l'auxiliaire *avoir* ou *être* et le participe passé *fini, -e* [fini].
• Le participe présent et adjectif verbal est : *finissant, finissante* [finisɑ̃, -ɑ̃t].

Verbes du 1er groupe (en *-er*)

			1		2		3		4	
Inf.	présent		**placer**		**manger**		**nettoyer***		**payer**	
Ind.	présent	je	place	[plas]	mange	[mɑ̃ʒ]	nettoie	[netwa]	paie / paye	[pɛ / pɛj]
Ind.	présent	tu	places	[plas]	manges	[mɑ̃ʒ]	nettoies	[netwa]	paies / payes	[pɛ / pɛj]
Ind.	présent	il	place	[plas]	mange	[mɑ̃ʒ]	nettoie	[netwa]	paie / paye	[pɛ / pɛj]
Ind.	présent	ns	plaçons	[plasɔ̃]	mangeons	[mɑ̃ʒɔ̃]	nettoyons	[netwajɔ̃]	payons	[pejɔ̃]
Ind.	présent	ils	placent	[plas]	mangent	[mɑ̃ʒ]	nettoient	[netwa]	paient / payent	[pɛ / pɛj]
Ind.	imparfait	je	plaçais	[plasɛ]	mangeais	[mɑ̃ʒɛ]	nettoyais	[netwajɛ]	payais	[pejɛ]
Ind.	passé s.	je	plaçai	[plase]	mangeai	[mɑ̃ʒe]	nettoyai	[netwaje]	payai	[peje]
Ind.	futur	je	placerai	[plasre]	mangerai	[mɑ̃ʒre]	nettoierai	[netware]	paierai / payerai	[pɛre / pejre]
Cond.	présent	je	placerais	[plasrɛ]	mangerais	[mɑ̃ʒrɛ]	nettoierais	[netwarɛ]	paierais / payerais	[pɛrɛ / pejrɛ]
Subj.	présent	je	place	[plas]	mange	[mɑ̃ʒ]	nettoie	[netwa]	paie / paye	[pɛ / pɛj]
Subj.	présent	il	place	[plas]	mange	[mɑ̃ʒ]	nettoie	[netwa]	paie / paye	[pɛ / pɛj]
Subj.	présent	ns	placions	[plasjɔ̃]	mangions	[mɑ̃ʒjɔ̃]	nettoyions	[netwajɔ̃]	payions	[pejɔ̃]
Subj.	présent	ils	placent	[plas]	mangent	[mɑ̃ʒ]	nettoient	[netwa]	paient / payent	[pɛ / pɛj]
Subj.	imparfait	il	plaçât	[plasɑ]	mangeât	[mɑ̃ʒɑ]	nettoyât	[netwajɑ]	payât	[pejɑ]
Impératif			place	[plas]	mange	[mɑ̃ʒ]	nettoie	[netwa]	paie / paye	[pɛ / pɛj]
			plaçons	[plasɔ̃]	mangeons	[mɑ̃ʒɔ̃]	nettoyons	[netwajɔ̃]	payons	[pejɔ̃]
Participes			plaçant	[plasɑ̃]	mangeant	[mɑ̃ʒɑ̃]	nettoyant	[netwajɑ̃]	payant	[pejɑ̃]
			placé	[plase]	mangé	[mɑ̃ʒe]	nettoyé	[netwaje]	payé	[peje]

* De même les verbes en *-uyer* [-ɥi-]/[-ɥij-].

			5		6		7		8	
Inf.	présent		**peler***		**appeler**		**acheter****		**jeter**	
Ind.	présent	j(e)	pèle	[pɛl]	appelle	[apɛl]	achète	[aʃɛt]	jette	[ʒɛt]
Ind.	présent	tu	pèles	[pɛl]	appelles	[apɛl]	achètes	[aʃɛt]	jettes	[ʒɛt]
Ind.	présent	il	pèle	[pɛl]	appelle	[apɛl]	achète	[aʃɛt]	jette	[ʒɛt]
Ind.	présent	ns	pelons	[pəlɔ̃]	appelons	[aplɔ̃]	achetons	[aʃtɔ̃]	jetons	[ʒətɔ̃]
Ind.	présent	ils	pèlent	[pɛl]	appellent	[apɛl]	achètent	[aʃɛt]	jettent	[ʒɛt]
Ind.	imparfait	j(e)	pelais	[pəlɛ]	appelais	[aplɛ]	achetais	[aʃtɛ]	jetais	[ʒətɛ]
Ind.	passé s.	j(e)	pelai	[pəle]	appelai	[aple]	achetai	[aʃte]	jetai	[ʒəte]
Ind.	futur	j(e)	pèlerai	[pɛlre]	appellerai	[apɛlre]	achèterai	[aʃɛtre]	jetterai	[ʒɛtre]
Cond.	présent	j(e)	pèlerais	[pɛlrɛ]	appellerais	[apɛlrɛ]	achèterais	[aʃɛtrɛ]	jetterais	[ʒɛtrɛ]
Subj.	présent	j(e)	pèle	[pɛl]	appelle	[apɛl]	achète	[aʃɛt]	jette	[ʒɛt]
Subj.	présent	il	pèle	[pɛl]	appelle	[apɛl]	achète	[aʃɛt]	jette	[ʒɛt]
Subj.	présent	nous	pelions	[pəljɔ̃]	appelions	[apəljɔ̃]	achetions	[aʃtjɔ̃]	jetions	[ʒətjɔ̃]
Subj.	présent	ils	pèlent	[pɛl]	appellent	[apɛl]	achètent	[aʃɛt]	jettent	[ʒɛt]
Subj.	imparfait	il	pelât	[pəlɑ]	appelât	[aplɑ]	achetât	[aʃtɑ]	jetât	[ʒətɑ]
Impératif			pèle	[pɛl]	appelle	[apɛl]	achète	[aʃɛt]	jette	[ʒɛt]
			pelons	[pəlɔ̃]	appelons	[aplɔ̃]	achetons	[aʃtɔ̃]	jetons	[ʒətɔ̃]
Participes			pelant	[pəlɑ̃]	appelant	[aplɑ̃]	achetant	[aʃtɑ̃]	jetant	[ʒətɑ̃]
			pelé	[pəle]	appelé	[aple]	acheté	[aʃte]	jeté	[ʒəte]

* De même *ciseler, congeler, déceler, démanteler, écarteler, geler, marteler, modeler, receler;* ** de même *corseter, crocheter, fureter, haleter, racheter.*

			9		10		11		12	
Inf.	présent		**semer***		**révéler**		**envoyer**		**aller***	
Ind.	présent	j(e)	sème	[sɛm]	révèle	[revɛl]	envoie	[ɑ̃vwa]	vais	[vɛ]
Ind.	présent	tu	sèmes	[sɛm]	révèles	[revɛl]	envoies	[ɑ̃vwa]	vas	[va]
Ind.	présent	il	sème	[sɛm]	révèle	[revɛl]	envoie	[ɑ̃vwa]	va	[va]
Ind.	présent	ns	semons	[səmɔ̃]	révélons	[revelɔ̃]	envoyons	[ɑ̃vwajɔ̃]	allons	[alɔ̃]
Ind.	présent	ils	sèment	[sɛm]	révèlent	[revɛl]	envoient	[ɑ̃vwa]	vont	[vɔ̃]
Ind.	imparfait	j(e)	semais	[səmɛ]	révélais	[revelɛ]	envoyais	[ɑ̃vwajɛ]	allais	[alɛ]
Ind.	passé s.	j(e)	semai	[səme]	révélai	[revele]	envoyai	[ɑ̃vwaje]	allai	[ale]
Ind.	futur	j(e)	sèmerai	[sɛmre]	révélerai	[revɛlre]	enverrai	[ɑ̃vere]	irai	[ire]
Cond.	présent	j(e)	sèmerais	[sɛmrɛ]	révélerais	[revɛlrɛ]	enverrais	[ɑ̃verɛ]	irais	[irɛ]
Subj.	présent	j(e)	sème	[sɛm]	révèle	[revɛl]	envoie	[ɑ̃vwa]	aille	[aj]
Subj.	présent	il	sème	[sɛm]	révèle	[revɛl]	envoie	[ɑ̃vwa]	aille	[aj]
Subj.	présent	ns	semions	[səmjɔ̃]	révélions	[reveljɔ̃]	envoyions	[ɑ̃vwajɔ̃]	allions	[aljɔ̃]
Subj.	présent	ils	sèment	[sɛm]	révèlent	[revɛl]	envoient	[ɑ̃vwa]	aillent	[aj]
Subj.	imparfait	il	semât	[səmɑ]	révélât	[revelɑ]	envoyât	[ɑ̃vwajɑ]	allât	[alɑ]
Impératif			sème	[sɛm]	révèle	[revɛl]	envoie	[ɑ̃vwa]	va	[va]
			semons	[səmɔ̃]	révélons	[revelɔ̃]	envoyons	[ɑ̃vwajɔ̃]	allons	[alɔ̃]
Participes			semant	[səmɑ̃]	révélant	[revelɑ̃]	envoyant	[ɑ̃vwajɑ̃]	allant	[alɑ̃]
			semé	[səme]	révélé	[revele]	envoyé	[ɑ̃vwaje]	allé	[ale]

* Aux temps composés, on dit *je suis allé* ou *j'ai été.*

Verbes du 2e groupe (en *-ir*).

			13		14	15	
Inf.	présent		**haïr**		**fleurir**	**bénir***	
Ind.	présent	je	hais	[ɛ]	Le verbe [flœrir] est régulier	bénis	[beni]
Ind.	présent	tu	hais	[ɛ]	sur *finir;* la forme [flor-]	bénis	[beni]
Ind.	présent	il	hait	[ɛ]	n'existe au sens fig. que	bénit	[beni]
Ind.	présent	ns	haïssons	[aisɔ̃]	pour *florissant,* il *florissait.*	bénissons	[benisɔ̃]
Ind.	présent	ils	haïssent	[ais]		bénissent	[benis]
Ind.	imparfait	je	haïssais	[aisɛ]		bénissais	[benisɛ]
Ind.	passé s.	je	haïs	[ai]		bénis	[beni]
Ind.	futur	je	haïrai	[aire]		bénirai	[benire]
Cond.	présent	je	haïrais	[airɛ]		bénirais	[benirɛ]
Subj.	présent	je	haïsse	[ais]		bénisse	[benis]
Subj.	présent	il	haïsse	[ais]		bénisse	[benis]
Subj.	présent	ns	haïssions	[aisjɔ̃]		bénissions	[benisjɔ̃]
Subj.	présent	ils	haïssent	[ais]		bénissent	[benis]
Subj.	imparfait	il	haït	[ai]		bénît	[beni]
Impératif			hais	[ɛ]		bénis	[beni]
			haïssons	[aisɔ̃]		bénissons	[benisɔ̃]
Participes			haïssant	[aisɑ̃]		bénissant	[benisɑ̃]
			haï	[ai]		béni	[beni]

* Le participe passé est *bénit, bénite,* dans «pain bénit» et «eau bénite».

Verbes du 3e groupe.

Ces verbes dont les infinitifs sont en *-ir,* en *oir,* ou en *-re,* et qui forment une catégorie fermée, ont une conjugaison qui repose souvent en langue parlée sur des variations du radical.

			16		17		18		19	
Inf.	présent		**ouvrir***		**fuir****		**dormir**		**mentir*****	
Ind.	présent	j(e)	ouvre	[uvr]	fuis	[fɥi]	dors	[dɔr]	mens	[mɑ̃]
Ind.	présent	tu	ouvres	[uvr]	fuis	[fɥi]	dors	[dɔr]	mens	[mɑ̃]
Ind.	présent	il	ouvre	[uvr]	fuit	[fɥi]	dort	[dɔr]	ment	[mɑ̃]
Ind.	présent	ns	ouvrons	[uvrɔ̃]	fuyons	[fɥijɔ̃]	dormons	[dɔrmɔ̃]	mentons	[mɑ̃tɔ̃]
Ind.	présent	ils	ouvrent	[uvr]	fuient	[fɥi]	dorment	[dɔrm]	mentent	[mɑ̃t]
Ind.	imparfait	j(e)	ouvrais	[uvrɛ]	fuyais	[fɥijɛ]	dormais	[dɔrmɛ]	mentais	[mɑ̃tɛ]
Ind.	passé s.	j(e)	ouvris	[uvri]	fuis	[fɥi]	dormis	[dɔrmi]	mentis	[mɑ̃ti]
Ind.	futur	j(e)	ouvrirai	[uvrire]	fuirai	[fɥire]	dormirai	[dɔrmire]	mentirai	[mɑ̃tire]
Cond.	présent	j(e)	ouvrirais	[uvrirɛ]	fuirais	[fɥirɛ]	dormirais	[dɔrmirɛ]	mentirais	[mɑ̃tirɛ]
Subj.	présent	j(e)	ouvre	[uvr]	fuie	[fɥi]	dorme	[dɔrm]	mente	[mɑ̃t]
Subj.	présent	il	ouvre	[uvr]	fuie	[fɥi]	dorme	[dɔrm]	mente	[mɑ̃t]
Subj.	présent	ns	ouvrions	[uvrijɔ̃]	fuyions	[fɥijɔ̃]	dormions	[dɔrmjɔ̃]	mentions	[mɑ̃tjɔ̃]
Subj.	présent	ils	ouvrent	[uvr]	fuient	[fɥi]	dorment	[dɔrm]	mentent	[mɑ̃t]
Subj.	imparfait	il	ouvrît	[uvri]	fuît	[fɥi]	dormît	[dɔrmi]	mentît	[mɑ̃ti]
Impératif			ouvre	[uvr]	fuis	[fɥi]	dors	[dɔr]	mens	[mɑ̃]
			ouvrons	[uvrɔ̃]	fuyons	[fɥijɔ̃]	dormons	[dɔrmɔ̃]	mentons	[mɑ̃tɔ̃]
Participes			ouvrant	[uvrɑ̃]	fuyant	[fɥijɑ̃]	dormant	[dɔrmɑ̃]	mentant	[mɑ̃tɑ̃]
			ouvert	[uvɛr]	fui	[fɥi]	dormi	[dɔrmi]	menti	[mɑ̃ti]

* De même *offrir, souffrir, couvrir;* ** de même *s'enfuir;* *** de même *sentir, ressentir, se repentir.*

			20		21		22		23	
Inf.	présent		**servir**		**acquérir***		**tenir****		**assaillir*****	
Ind.	présent	j(e)	sers	[sɛr]	acquiers	[akjɛr]	tiens	[tjɛ̃]	assaille	[asaj]
Ind.	présent	tu	sers	[sɛr]	acquiers	[akjɛr]	tiens	[tjɛ̃]	assailles	[asaj]
Ind.	présent	il	sert	[sɛr]	acquiert	[akjɛr]	tient	[tjɛ̃]	assaille	[asaj]
Ind.	présent	ns	servons	[sɛrvɔ̃]	acquérons	[akerɔ̃]	tenons	[tənɔ̃]	assaillons	[asajɔ̃]
Ind.	présent	ils	servent	[sɛrv]	acquièrent	[akjɛr]	tiennent	[tjɛn]	assaillent	[asaj]
Ind.	imparfait	j(e)	servais	[sɛrvɛ]	acquérais	[akerɛ]	tenais	[tənɛ]	assaillais	[asajɛ]
Ind.	passé s.	j(e)	servis	[sɛrvi]	acquis	[aki]	tins	[tɛ̃]	assaillis	[asaji]
Ind.	passé s.	ns	servîmes	[sɛrvim]	acquîmes	[akim]	tînmes	[tɛ̃m]	assaillîmes	[asajim]
Ind.	futur	j(e)	servirai	[sɛrvire]	acquerrai	[akɛrre]	tiendrai	[tjɛ̃dre]	assaillirai	[asajire]
Cond.	présent	j(e)	servirais	[sɛrvirɛ]	acquerrais	[akɛrrɛ]	tiendrais	[tjɛ̃drɛ]	assaillirais	[asajirɛ]
Subj.	présent	j(e)	serve	[sɛrv]	acquière	[akjɛr]	tienne	[tjɛn]	assaille	[asaj]
Subj.	présent	il	serve	[sɛrv]	acquière	[akjɛr]	tienne	[tjɛn]	assaille	[asaj]
Subj.	présent	ns	servions	[sɛrvjɔ̃]	acquérions	[akerjɔ̃]	tenions	[tənjɔ̃]	assaillions	[asajɔ̃]
Subj.	présent	ils	servent	[sɛrv]	acquièrent	[akjɛr]	tiennent	[tjɛn]	assaillent	[asaj]
Subj.	imparfait	il	servît	[sɛrvi]	acquît	[aki]	tînt	[tɛ̃]	assaillît	[asaji]
Impératif			sers	[sɛr]	acquiers	[akjɛr]	tiens	[tjɛ̃]	assaille	[asaj]
			servons	[sɛrvɔ̃]	acquérons	[akerɔ̃]	tenons	[tənɔ̃]	assaillons	[asajɔ̃]
Participes			servant	[sɛrvɑ̃]	acquérant	[akerɑ̃]	tenant	[tənɑ̃]	assaillant	[asajɑ̃]
			servi	[sɛrvi]	acquis	[aki]	tenu	[təny]	assailli	[asaji]

* De même *conquérir, requérir, s'enquérir;* ** de même *venir, convenir;* *** de même *défaillir, tressaillir.*

			24		25		26		27	
Inf.	présent		**cueillir***		**mourir**		**partir****		**vêtir**	
Ind.	présent	je	cueille	[kœj]	meurs	[mœr]	pars	[par]	vêts	[vɛ]
Ind.	présent	tu	cueilles	[kœj]	meurs	[mœr]	pars	[par]	vêts	[vɛ]
Ind.	présent	il	cueille	[kœj]	meurt	[mœr]	part	[par]	vêt	[vɛ]
Ind.	présent	ns	cueillons	[køjɔ̃]	mourons	[murɔ̃]	partons	[partɔ̃]	vêtons	[vetɔ̃]
Ind.	présent	ils	cueillent	[kœj]	meurent	[mœr]	partent	[part]	vêtent	[vɛt]
Ind.	imparfait	je	cueillais	[kœjɛ]	mourais	[murɛ]	partais	[partɛ]	vêtais	[vetɛ]
Ind.	passé s.	je	cueillis	[køji]	mourus	[mury]	partis	[parti]	vêtis	[veti]
Ind.	futur	je	cueillerai	[kœjre]	mourrai	[murre]	partirai	[partire]	vêtirai	[vetire]
Cond.	présent	je	cueillerais	[kœjrɛ]	mourrais	[murrɛ]	partirais	[partirɛ]	vêtirais	[vetirɛ]
Subj.	présent	je	cueille	[kœj]	meure	[mœr]	parte	[part]	vête	[vɛt]
Subj.	présent	il	cueille	[kœj]	meure	[mœr]	parte	[part]	vête	[vɛt]
Subj.	présent	ns	cueillions	[køjɔ̃]	mourions	[murjɔ̃]	partions	[partjɔ̃]	vêtions	[vetjɔ̃]
Subj.	présent	ils	cueillent	[kœj]	meurent	[mœr]	partent	[part]	vêtent	[vɛt]
Subj.	imparfait	il	cueillît	[køji]	mourût	[mury]	partît	[parti]	vêtît	[veti]
Impératif			cueille	[kœj]	meurs	[mœr]	pars	[par]	vêts	[vɛ]
			cueillons	[køjɔ̃]	mourons	[murɔ̃]	partons	[partɔ̃]	vêtons	[vetɔ̃]
Participes			cueillant	[køjɑ̃]	mourant	[murɑ̃]	partant	[partɑ̃]	vêtant	[vetɑ̃]
			cueilli	[køji]	mort	[mɔr]	parti	[parti]	vêtu	[vety]

* Et ses composés ; ** et ses composés sauf *répartir* (sur *finir*).

			28		29		30		31	
Inf.	présent		**sortir***		**courir**		**faillir**		**bouillir**	
Ind.	présent	je	sors	[sɔr]	cours	[kur]	*inusité*		bous	[bu]
Ind.	présent	tu	sors	[sɔr]	cours	[kur]	*inusité*		bous	[bu]
Ind.	présent	il	sort	[sɔr]	court	[kur]	*inusité*		bout	[bu]
Ind.	présent	ns	sortons	[sɔrtɔ̃]	courons	[kurɔ̃]	*inusité*		bouillons	[bujɔ̃]
Ind.	présent	ils	sortent	[sɔrt]	courent	[kur]	*inusité*		bouillent	[buj]
Ind.	imparfait	je	sortais	[sɔrtɛ]	courais	[kurɛ]	*inusité*		bouillais	[bujɛ]
Ind.	passé s.	je	sortis	[sɔrti]	courus	[kury]	faillis	[faji]	bouillis	[buji]
Ind.	futur	je	sortirai	[sɔrtire]	courrai	[kurre]	faillirai	[fajire]	bouillirai	[bujire]
Cond.	présent	je	sortirais	[sɔrtirɛ]	courrais	[kurrɛ]	faillirais	[fajirɛ]	bouillirais	[bujirɛ]
Subj.	présent	je	sorte	[sɔrt]	coure	[kur]	*inusité*		bouille	[buj]
Subj.	présent	il	sorte	[sɔrt]	coure	[kur]	*inusité*		bouille	[buj]
Subj.	présent	ns	sortions	[sɔrtjɔ̃]	courions	[kurjɔ̃]	*inusité*		bouillions	[bujɔ̃]
Subj.	présent	ils	sortent	[sɔrt]	courent	[kur]	*inusité*		bouillent	[buj]
Subj.	imparfait	il	sortît	[sɔrti]	courût	[kury]	*inusité*		bouillît	[buji]
Impératif			sors	[sɔr]	cours	[kur]	*inusité*		bous	[bu]
			sortons	[sɔrtɔ̃]	courons	[kurɔ̃]	*inusité*		bouillons	[bujɔ̃]
Participes			sortant	[sɔrtɑ̃]	courant	[kurɑ̃]	*inusité*		bouillant	[bujɑ̃]
			sorti	[sɔrti]	couru	[kury]	failli	[faji]	bouilli	[buji]

* Et ses composés sauf *assortir* (sur *finir*).

			32		33		34		35	
Inf.	présent		**gésir**		**saillir***		**recevoir****		**devoir**	
Ind.	présent	je	gis	[ʒi]	*inusité*		reçois	[rəswa]	dois	[dwa]
Ind.	présent	tu	gis	[ʒi]	*inusité*		reçois	[rəswa]	dois	[dwa]
Ind.	présent	il	gît	[ʒi]	saille	[saj]	reçoit	[rəswa]	doit	[dwa]
Ind.	présent	ns	gisons	[ʒizɔ̃]	*inusité*		recevons	[rəsəvɔ̃]	devons	[dəvɔ̃]
Ind.	présent	ils	gisent	[ʒiz]	saillent	[saj]	reçoivent	[rəswav]	doivent	[dwav]
Ind.	imparfait	je	gisais	[ʒizɛ]	*inusité*		recevais	[rəsəvɛ]	devais	[dəvɛ]
Ind.	imparfait	il	gisait	[ʒizɛ]	saillait	[sajɛ]	recevait	[rəsəvɛ]	devait	[dəvɛ]
Ind.	passé s.	je	*inusité*		*inusité*		reçus	[rəsy]	dus	[dy]
Ind.	futur	je	*inusité*		*inusité*		recevrai	[rəsəvre]	devrai	[dəvre]
Ind.	futur	il	*inusité*		saillera	[sajra]	recevra	[rəsəvra]	devra	[dəvra]
Cond.	présent	je	*inusité*		*inusité*		recevrais	[rəsəvrɛ]	devrais	[dəvrɛ]
Cond.	présent	il	*inusité*		saillerait	[sajrɛ]	recevrait	[rəsəvrɛ]	devrait	[dəvrɛ]
Subj.	présent	je	*inusité*		*inusité*		reçoive	[rəswav]	doive	[dwav]
Subj.	présent	il	*inusité*		saille	[saj]	reçoive	[rəswav]	doive	[dwav]
Subj.	présent	ns	*inusité*		*inusité*		recevions	[rəsəvjɔ̃]	devions	[dəvjɔ̃]
Subj.	présent	ils	*inusité*		saillent	[saj]	reçoivent	[rəswav]	doivent	[dwav]
Subj.	imparfait	il	*inusité*		*inusité*		reçût	[rəsy]	dût	[dy]
Impératif			*inusité*		*inusité*		reçois	[rəswa]	*inusité*	
			inusité		*inusité*		recevons	[rəsəvɔ̃]	*inusité*	
Participes			gisant	[ʒizɑ̃]	saillant	[sajɑ̃]	recevant	[rəsəvɑ̃]	devant	[dəvɑ̃]
			inusité		sailli	[saji]	reçu	[rəsy]	dû, due	[dy]
									dus, dues	

* Au sens de « être en saillie » ; ** de même *décevoir, percevoir, apercevoir, concevoir.*

			36		37		38		39	
Inf.	présent		**mouvoir***		**vouloir**		**pouvoir**		**savoir**	
Ind.	présent	je	meus	[mø]	veux	[vø]	peux/puis	[pø/pɥi]	sais	[sɛ]
Ind.	présent	tu	meus	[mø]	veux	[vø]	peux	[pø]	sais	[sɛ]
Ind.	présent	il	meut	[mø]	veut	[vø]	peut	[pø]	sait	[sɛ]
Ind.	présent	ns	mouvons	[muvɔ̃]	voulons	[vulɔ̃]	pouvons	[puvɔ̃]	savons	[savɔ̃]
Ind.	présent	ils	meuvent	[mœv]	veulent	[vœl]	peuvent	[pœv]	savent	[sav]
Ind.	imparfait	je	mouvais	[muvɛ]	voulais	[vulɛ]	pouvais	[puvɛ]	savais	[savɛ]
Ind.	imparfait	il	mouvait	[muvɛ]	voulait	[vulɛ]	pouvait	[puvɛ]	savait	[savɛ]
Ind.	passé s.	je	mus	[my]	voulus	[vuly]	pus	[py]	sus	[sy]
Ind.	futur	je	mouvrai	[muvre]	voudrai	[vudre]	pourrai	[pure]	saurai	[sore]
Ind.	futur	il	mouvra	[muvra]	voudra	[vudra]	pourra	[pura]	saura	[sora]
Cond.	présent	je	mouvrais	[muvrɛ]	voudrais	[vudrɛ]	pourrais	[purɛ]	saurais	[sorɛ]
Cond.	présent	il	mouvrait	[muvrɛ]	voudrait	[vudrɛ]	pourrait	[purɛ]	saurait	[sorɛ]
Subj.	présent	je	meuve	[mœv]	veuille	[vœj]	puisse	[pɥis]	sache	[saʃ]
Subj.	présent	il	meuve	[mœv]	veuille	[vœj]	puisse	[pɥis]	sache	[saʃ]
Subj.	présent	ns	mouvions	[muvjɔ̃]	voulions	[vuljɔ̃]	puissions	[pɥisjɔ̃]	sachions	[saʃjɔ̃]
Subj.	présent	ils	meuvent	[mœv]	veuillent	[vœj]	puissent	[pɥis]	sachent	[saʃ]
Subj.	imparfait	il	mût	[my]	voulût	[vuly]	pût	[py]	sût	[sy]
Impératif			meus	[mø]	veuille	[vœj]	*inusité*		sache	[saʃ]
			mouvons	[muvɔ̃]	veuillons	[vœjɔ̃]	*inusité*		sachons	[saʃɔ̃]
Participes			mouvant	[muvɑ̃]	voulant	[vulɑ̃]	pouvant	[puvɑ̃]	sachant	[saʃɑ̃]
			mû, mue	[my]	voulu	[vuly]	pu	[py]	su	[sy]
			mus, mues							

* Et ses composés, mais *ému* et *promu* n'ont pas d'accent circonflexe.

			40		41		42		43	
Inf.	présent		**valoir***		**voir**		**prévoir**		**pourvoir**	
Ind.	présent	je	vaux	[vo]	vois	[vwa]	prévois	[prevwa]	pourvois	[purvwa]
Ind.	présent	tu	vaux	[vo]	vois	[vwa]	prévois	[prevwa]	pourvois	[purvwa]
Ind.	présent	il	vaut	[vo]	voit	[vwa]	prévoit	[prevwa]	pourvoit	[purvwa]
Ind.	présent	ns	valons	[valɔ̃]	voyons	[vwajɔ̃]	prévoyons	[prevwajɔ̃]	pourvoyons	[purvwajɔ̃]
Ind.	présent	ils	valent	[val]	voient	[vwa]	prévoient	[prevwa]	pourvoient	[purvwa]
Ind.	imparfait	je	valais	[valɛ]	voyais	[vwajɛ]	prévoyais	[prevwajɛ]	pourvoyais	[purvwajɛ]
Ind.	passé s.	je	valus	[valy]	vis	[vi]	prévis	[previ]	pourvus	[purvy]
Ind.	futur	je	vaudrai	[vodre]	verrai	[vere]	prévoirai	[prevware]	pourvoirai	[purvware]
Cond.	présent	je	vaudrais	[vodrɛ]	verrais	[verɛ]	prévoirais	[prevwarɛ]	pourvoirais	[purvwarɛ]
Subj.	présent	je	vaille	[vaj]	voie	[vwa]	prévoie	[prevwa]	pourvoie	[purvwa]
Subj.	présent	il	vaille	[vaj]	voie	[vwa]	prévoie	[prevwa]	pourvoie	[purvwa]
Subj.	présent	ns	valions	[valjɔ̃]	voyions	[vwajɔ̃]	prévoyions	[prevwajɔ̃]	pourvoyions	[purvwajɔ̃]
Subj.	présent	ils	vaillent	[vaj]	voient	[vwa]	prévoient	[prevwa]	pourvoient	[purvwa]
Subj.	imparfait	il	valût	[valy]	vît	[vi]	prévît	[previ]	pourvût	[purvy]
Impératif			*inusité*		vois	[vwa]	prévois	[prevwa]	pourvois	[purvwa]
			inusité		voyons	[vwajɔ̃]	prévoyons	[prevwajɔ̃]	pourvoyons	[purvwajɔ̃]
Participes			valant	[valɑ̃]	voyant	[vwajɑ̃]	prévoyant	[prevwajɑ̃]	pourvoyant	[purvwajɑ̃]
			valu	[valy]	vu	[vy]	prévu	[prevy]	pourvu	[purvy]

* Et ses composés, mais *prévaloir* fait au subj. présent *prévale*.

			44		45		46		47	
Inf.	présent		**asseoir**		**surseoir**		**seoir**		**pleuvoir**	
Ind.	présent	j(e)	assieds / assois	[asje / aswa]	sursois	[syrswa]	*inusité*			
Ind.	présent	tu	assieds / assois	[asje / aswa]	sursois	[syrswa]	*inusité*			
Ind.	présent	il	assied / assoit	[asje / aswa]	sursoit	[syrswa]	sied	[sje]	pleut	[plø]
Ind.	présent	ns	asseyons / assoyons	[asejɔ̃ / aswajɔ̃]	sursoyons	[syrswajɔ̃]	*inusité*			
Ind.	présent	ils	asseyent / assoient	[asɛj / aswa]	sursoient	[syrswa]	siéent	[sje]	pleuvent	[pløv]
Ind.	imparfait	il	asseyait / assoyait	[asejɛ / aswajɛ]	sursoyait	[syrswajɛ]	seyait	[sejɛ]	pleuvait	[pløvɛ]
Ind.	passé s.	il	assit / assit	[asi / asi]	sursit	[syrsi]	*inusité*		plut	[ply]
Ind.	futur	il	assiéra / assoira	[asjera / aswara]	surseoira	[syrswara]	siéra	[sjera]	pleuvra	[pløvra]
Cond.	présent	il	assiérait / assoirait	[asjerɛ / aswarɛ]	surseoirait	[syrswarɛ]	siérait	[sjerɛ]	pleuvrait	[pløvrɛ]
Subj.	présent	j(e)	asseye / assoie	[asɛj / aswa]	sursoie	[syrswa]	*inusité*			
Subj.	présent	il	asseye / assoie	[asɛj / aswa]	sursoie	[syrswa]	siée	[sje]	pleuve	[pløv]
Subj.	présent	ns	asseyions / assoyions	[asejɔ̃ / aswajɔ̃]	sursoyions	[syrswajɔ̃]	*inusité*			
Subj.	présent	ils	asseyent / assoient	[asɛj / aswa]	sursoient	[syrswa]	*inusité*		pleuvent	[pløv]
Subj.	imparfait	il	assît / assît	[asi / asi]	sursît	[syrsi]	*inusité*		plût	[ply]
Impératif			assieds / assois	[asje / aswa]	sursois	[syrswa]	*inusité*			
			asseyons / assoyons	[asejɔ̃ / aswajɔ̃]	sursoyons	[syrswzajɔ̃]	*inusité*			
Participes			asseyant / assoyant	[asejɑ̃ / aswajɑ̃]	sursoyant	[syrswajɑ̃]	seyant	[sejɑ̃]	pleuvant	[pløvɑ̃]
			assis / assis	[asi / asi]	sursis	[syrsi]	sis	[si]	plu	[ply]

			48		49		50		51	
Inf.	présent		**falloir**		**déchoir***		**tendre****		**fondre*****	
Ind.	présent	je			déchois	[deʃwa]	tends	[tã]	fonds	[fɔ̃]
Ind.	présent	tu			déchois	[deʃwa]	tends	[tã]	fonds	[fɔ̃]
Ind.	présent	il	faut	[fo]	déchoit	[deʃwa]	tend	[tã]	fond	[fɔ̃]
Ind.	présent	ns			déchoyons	[deʃwajɔ̃]	tendons	[tãdɔ̃]	fondons	[fɔ̃dɔ̃]
Ind.	présent	ils			déchoient	[deʃwa]	tendent	[tãd]	fondent	[fɔ̃d]
Ind.	imparfait	je			*inusité*		tendais	[tãdɛ]	fondais	[fɔ̃dɛ]
Ind.	imparfait	il	fallait	[falɛ]	*inusité*		tendait	[tãdɛ]	fondait	[fɔ̃dɛ]
Ind.	passé s.	je			déchus	[deʃy]	tendis	[tãdi]	fondis	[fɔ̃di]
Ind.	passé s.	il	fallut	[faly]	déchut	[deʃy]	tendit	[tãdi]	fondit	[fɔ̃di]
Ind.	futur	je			déchoirai	[deʃware]	tendrai	[tãdre]	fondrai	[fɔ̃dre]
Ind.	futur	il	faudra	[fodra]	déchoira	[deʃwara]	tendra	[tãdra]	fondra	[fɔ̃dra]
Cond.	présent	je			déchoirais	[deʃware]	tendrais	[tãdrɛ]	fondrais	[fɔ̃drɛ]
Cond.	présent	il	faudrait	[fodrɛ]	déchoirait	[deʃwarɛ]	tendrait	[tãdrɛ]	fondrait	[fɔ̃drɛ]
Subj.	présent	je			déchoie	[deʃwa]	tende	[tãd]	fonde	[fɔ̃d]
Subj.	présent	il	faille	[faj]	déchoie	[deʃwa]	tende	[tãd]	fonde	[fɔ̃d]
Subj.	présent	ns			déchoyions	[deʃwajɔ̃]	tendions	[tãdjɔ̃]	fondions	[fɔ̃djɔ̃]
Subj.	présent	ils			déchoient	[deʃwa]	tendent	[tãd]	fondent	[fɔ̃d]
Subj.	imparfait	il	fallût	[faly]	déchût	[deʃy]	tendît	[tãdi]	fondît	[fɔ̃di]
Impératif					*inusité*		tends	[tã]	fonds	[fɔ̃]
					inusité		tendons	[tãdɔ̃]	fondons	[fɔ̃dɔ̃]
Participes					*inusité*		tendant	[tãdã]	fondant	[fɔ̃dã]
			fallu	[faly]	déchu	[deʃy]	tendu	[tãdy]	fondu	[fɔ̃dy]

* «échoir» : futur *il écherra;* participe *échéant;* «choir» : futur *il choira* ou *cherra;* ** de même *vendre, rendre, épandre, défendre, descendre, fendre, pendre, répandre;* *** de même *répondre, tondre* et *sourdre* (défectif) : ind. prés. et subj. prés. 3e pers., *il sourd, ils sourdent; qu'il sourde, qu'ils sourdent.*

			52		53		54		55	
Inf.	présent		**mordre***		**rompre**		**prendre**		**craindre****	
Ind.	présent	je	mords	[mɔr]	romps	[rɔ̃]	prends	[prã]	crains	[krɛ̃]
Ind.	présent	tu	mords	[mɔr]	romps	[rɔ̃]	prends	[prã]	crains	[krɛ̃]
Ind.	présent	il	mord	[mɔr]	rompt	[rɔ̃]	prend	[prã]	craint	[krɛ̃]
Ind.	présent	ns	mordons	[mɔrdɔ̃]	rompons	[rɔ̃pɔ̃]	prenons	[prənɔ̃]	craignons	[krɛɲɔ̃]
Ind.	présent	ils	mordent	[mɔrd]	rompent	[rɔ̃p]	prennent	[prɛn]	craignent	[krɛɲ]
Ind.	imparfait	je	mordais	[mɔrdɛ]	rompais	[rɔ̃pɛ]	prenais	[prənɛ]	craignais	[krɛɲɛ]
Ind.	passé s.	je	mordis	[mɔrdi]	rompis	[rɔ̃pi]	pris	[pri]	craignis	[krɛɲi]
Ind.	futur	je	mordrai	[mɔrdre]	romprai	[rɔ̃pre]	prendrai	[prãdre]	craindrai	[krɛ̃dre]
Cond.	présent	je	mordrais	[mɔrdrɛ]	romprais	[rɔ̃prɛ]	prendrais	[prãdrɛ]	craindrais	[krɛ̃drɛ]
Subj.	présent	je	morde	[mɔrd]	rompe	[rɔ̃p]	prenne	[prɛn]	craigne	[krɛɲ]
Subj.	présent	il	morde	[mɔrd]	rompe	[rɔ̃p]	prenne	[prɛn]	craigne	[krɛɲ]
Subj.	présent	ns	mordions	[mɔrdjɔ̃]	rompions	[rɔ̃pjɔ̃]	prenions	[prənjɔ̃]	craignions	[krɛɲɔ̃]
Subj.	présent	ils	mordent	[mɔrd]	rompent	[rɔ̃p]	prennent	[prɛn]	craignent	[krɛɲ]
Subj.	imparfait	il	mordît	[mɔrdi]	rompît	[rɔ̃pi]	prît	[pri]	craignît	[krɛɲi]
Impératif			mords	[mɔr]	romps	[rɔ̃]	prends	[prã]	crains	[krɛ̃]
			mordons	[mɔrdɔ̃]	rompons	[rɔ̃pɔ̃]	prenons	[prenɔ̃]	craignons	[krɛɲɔ̃]
Participes			mordant	[mɔrdã]	rompant	[rɔ̃pã]	prenant	[prənã]	craignant	[krɛɲã]
			mordu	[mɔrdy]	rompu	[rɔ̃py]	pris	[pri]	craint	[krɛ̃]

* De même *perdre;* ** de même les verbes en *-eindre.*

			56		57		58		59	
Inf.	présent		**battre**		**mettre**		**moudre**		**coudre**	
Ind.	présent	je	bats	[ba]	mets	[mɛ]	mouds	[mu]	couds	[ku]
Ind.	présent	tu	bats	[ba]	mets	[mɛ]	mouds	[mu]	couds	[ku]
Ind.	présent	il	bat	[ba]	met	[mɛ]	moud	[mu]	coud	[ku]
Ind.	présent	ns	battons	[batɔ̃]	mettons	[metɔ̃]	moulons	[mulɔ̃]	cousons	[kuzɔ̃]
Ind.	présent	ils	battent	[bat]	mettent	[mɛt]	moulent	[mul]	cousent	[kuz]
Ind.	imparfait	je	battais	[batɛ]	mettais	[metɛ]	moulais	[mulɛ]	cousais	[kuzɛ]
Ind.	passé s.	je	battis	[bati]	mis	[mi]	moulus	[muly]	cousis	[kuzi]
Ind.	futur	je	battrai	[batre]	mettrai	[metre]	moudrai	[mudre]	coudrai	[kudre]
Cond.	présent	je	battrais	[batrɛ]	mettrais	[metrɛ]	moudrais	[mudrɛ]	coudrais	[kudrɛ]
Subj.	présent	je	batte	[bat]	mette	[mɛt]	moule	[mul]	couse	[kuz]
Subj.	présent	il	batte	[bat]	mette	[mɛt]	moule	[mul]	couse	[kuz]
Subj.	présent	ns	battions	[batjɔ̃]	mettions	[metjɔ̃]	moulions	[muljɔ̃]	cousions	[kuzjɔ̃]
Subj.	présent	ils	battent	[bat]	mettent	[mɛt]	moulent	[mul]	cousent	[kuz]
Subj.	imparfait	il	battît	[bati]	mît	[mit]	moulût	[muly]	cousît	[kuzi]
Impératif			bats	[ba]	mets	[mɛ]	mouds	[mu]	couds	[ku]
			battons	[batɔ̃]	mettons	[metɔ̃]	moulons	[mulɔ̃]	cousons	[kuzɔ̃]
Participes			battant	[batã]	mettant	[metã]	moulant	[mulã]	cousant	[kuzã]
			battu	[baty]	mis	[mi]	moulu	[muly]	cousu	[kuzy]

			60		61		62		63	
Inf.	présent		**absoudre***		**résoudre**		**suivre**		**vivre**	
Ind.	présent	j(e)	absous	[apsu]	résous	[rezu]	suis	[sɥi]	vis	[vi]
Ind.	présent	tu	absous	[apsu]	résous	[rezu]	suis	[sɥi]	vis	[vi
Ind.	présent	il	absout	[apsu]	résout	[rezu]	suit	[sɥi]	vit	[vi]
Ind.	présent	ns	absolvons	[apsɔlvɔ̃]	résolvons	rezɔlvɔ̃]	suivons	[suivɔ̃]	vivons	[vivɔ̃]
Ind.	présent	ils	absolvent	[apsɔlv]	résolvent	[rezɔlv]	suivent	[sɥiv]	vivent	[viv]
Ind.	imparfait	j(e)	absolvais	[apsɔlvɛ]	résolvais	[rezolvɛ]	suivais	[sɥivɛ]	vivais	[vivɛ]
Ind.	passé s.	je	*inusité*		résolus	[rezɔly]	suivis	[sɥivi]	vécus	[veky]
Ind.	futur	j(e)	absoudrai	[apsudre]	résoudrai	[rezudre]	suivrai	[sɥivre]	vivrai	[vivre]
Cond.	présent	j(e)	absoudrais	[apsudrɛ]	résoudrais	[rezudrɛ]	suivrais	[suivrɛ]	vivrais	[vivrɛ]
Subj.	présent	j(e)	absolve	[apsɔlv]	résolve	[rezɔlv]	suive	[sɥiv]	vive	[viv]
Subj.	présent	il	absolve	[apsɔlv]	résolve	[rezɔlv]	suive	[sɥiv]	vive	[viv]
Subj.	présent	ns	absolvions	[apsɔlvjɔ̃]	résolvions	[rezɔlvjɔ̃]	suivions	[sɥivjɔ̃]	vivions	[vivjɔ̃]
Subj.	présent	ils	absolvent	[apsɔlv]	résolvent	[rezɔlv]	suivent	[sɥiv]	vivent	[viv]
Subj.	imparfait	il	*inusité*		résolût	[rezɔly]	suivît	[sɥivi]	vécût	[veky]
Impératif			absous	[apsu]	résous	[rezu]	suis	[sɥi]	vis	[vi]
			absolvons	[apsɔlvɔ̃]	résolvons	[rezɔlvɔ̃]	suivons	[sɥivɔ̃]	vivons	[vivɔ̃]
Participes			absolvant	[apsɔlvɑ̃]	résolvant	[rezɔlvɑ̃]	suivant	[sɥivɑ̃]	vivant	[vivɑ̃]
			absous, oute	[apsu, -ut]	résolu	[rezɔly]	suivi	[sɥivi]	vécu	[veky]

* De même *dissoudre*.

			64		65		66		67	
Inf.	présent		**paraître**		**naître**		**croître**		**rire**	
Ind.	présent	je	parais	[parɛ]	nais	[nɛ]	croîs	[krwa]	ris	[ri]
Ind.	présent	tu	parais	[parɛ]	nais	[nɛ]	croîs	[krwa]	ris	[ri]
Ind.	présent	il	paraît	[parɛ]	naît	[nɛ]	croît	[krwa]	rit	[ri]
Ind.	présent	ns	paraissons	[paresɔ̃]	naissons	[nesɔ̃]	croissons	[krwasɔ̃]	rions	[rijɔ̃]
Ind.	présent	ils	paraissent	[parɛs]	naissent	[nɛs]	croissent	[krwas]	rient	[ri]
Ind.	imparfait	je	paraissais	[parɛsɛ]	naissais	[nɛsɛ]	croissais	[krwasɛ]	riais	[rijɛ]
Ind.	passé s.	je	parus	[pary]	naquis	[naki]	crûs	[kry]	ris	[ri]
Ind.	futur	je	paraîtrai	[parɛtre]	naîtrai	[netre]	croîtrai	[krwatre]	rirai	[rire]
Cond.	présent	je	paraîtrais	[parɛtrɛ]	naîtrais	[nɛtrɛ]	croîtrais	[kwratrɛ]	rirais	[rirɛ]
Subj.	présent	je	paraisse	[parɛs]	naisse	[nɛs]	croisse	[krwas]	rie	[ri]
Subj.	présent	il	paraisse	[parɛs]	naisse	[nɛs]	croisse	[krwas]	rie	[ri]
Subj.	présent	ns	paraissions	[paresjɔ̃]	naissions	[nesjɔ̃]	croissions	[krasjɔ̃]	riions	[rijɔ̃]
Subj.	présent	ils	paraissent	[parɛs]	naissent	[nɛs]	croissent	[krwas]	rient	[ri]
Subj.	imparfait	il	parût	[pary]	naquît	[naki]	crût	[kry]	rît	[ri]
Impératif			parais	[parɛ]	nais	[nɛ]	croîs	[krwa]	ris	[ri]
			paraissons	[paresɔ̃]	naissons	[nesɔ̃]	croissons	[krwasɔ̃]	rions	[rijɔ̃]
Participes			paraissant	[paresɑ̃]	naissant	[nesɑ̃]	croissant	[krwasɑ̃]	riant	[rijɑ̃]
			paru	[pary]	né	[ne]	crû, crue, crus, crues	[kry]	ri	[ri]

			68		69		70		71	
Inf.	présent		**conclure***		**nuire**		**conduire**		**écrire**	
Ind.	présent	j(e)	conclus	[kɔ̃kly]	nuis	[nɥi]	conduis	[kɔ̃dɥi]	écris	[ekri]
Ind.	présent	tu	conclus	[kɔ̃kly]	nuis	[nɥi]	conduis	[kɔ̃dɥi]	écris	[ekri]
Ind.	présent	il	conclut	[kɔ̃kly]	nuit	[nɥi]	conduit	[kɔ̃dɥi]	écrit	[ekri]
Ind.	présent	ns	concluons	[kɔ̃klyɔ̃]	nuisons	[nɥizɔ̃]	conduisons	[kɔ̃dɥizɔ̃]	écrivons	[ekrivɔ̃]
Ind.	présent	ils	concluent	[kɔ̃kly]	nuisent	[nɥiz]	conduisent	[kɔ̃dɥiz]	écrivent	[ekriv]
Ind.	imparfait	j(e)	concluais	[kɔ̃klyɛ]	nuisais	[nɥizɛ]	conduisais	[kɔ̃dɥizɛ]	écrivais	[ekrivɛ]
Ind.	passé s.	j(e)	conclus	[kɔ̃kly]	nuisis	[nɥizi]	conduisis	[kɔ̃dɥizi]	écrivis	[ekrivi]
Ind.	futur	j(e)	conclurai	[kɔ̃klyre]	nuirai	[nɥire]	conduirai	[kɔ̃dɥire]	écrirai	[ekrire]
Cond.	présent	j(e)	conclurais	[kɔ̃klyrɛ]	nuirais	[nɥirɛ]	conduirais	[kɔ̃dɥirɛ]	écrirais	[ekrirɛ]
Subj.	présent	j(e)	conclue	[kɔ̃kly]	nuise	[nɥiz]	conduise	[kɔ̃dɥiz]	écrive	[ekriv]
Subj.	présent	il	conclue	[kɔ̃kly]	nuise	[nɥiz]	conduise	[kɔ̃dɥiz]	écrive	[ekriv]
Subj.	présent	ns	concluions	[kɔ̃klyjɔ̃]	nuisions	[nɥizjɔ̃]	conduisions	[kɔ̃dɥizjɔ̃]	écrivions	[ekrivjɔ̃]
Subj.	présent	ils	concluent	[kɔ̃kly]	nuisent	]nɥiz]	conduisent	[kɔ̃dɥiz]	écivent	[ekriv]
Subj.	imparfait	il	conclût	[kɔ̃kly]	nuisît	[nɥizi]	conduisît	[kɔ̃dɥizi]	écrivît	[ekrivi]
Impératif			conclus	[kɔ̃kly]	nuis	[nɥi]	conduis	[kɔ̃dɥi]	écris	[ekri]
			concluons	[kɔ̃klyɔ̃]	nuisons	[nɥizɔ̃]	conduisons	[kɔ̃dɥizɔ̃]	écrivons	[ekrivɔ̃]
Participes			concluant	[kɔ̃klyɑ̃]	nuisant	[nɥizɑ̃]	conduisant	[kɔ̃dɥzɑ̃]	écrivant	[ekrivɑ̃]
			conclu	[kɔ̃kly]	nui	[nɥi]	conduit	[kɔ̃dɥi]	écrit	[ekri]

* Et *exclure, inclure,* sauf *inclus, incluse* (part. passé).

			72		73		74		75	
Inf.	présent		**suffire***		**lire**		**croire**		**boire**	
Ind.	présent	je	suffis	[syfi]	lis	[li]	crois	[krwa]	bois	[bwa]
Ind.	présent	tu	suffis	[syfi]	lis	[li]	crois	[krwa]	bois	[bwa]
Ind.	présent	il	suffit	[syfi]	lit	[li]	croit	[krwa]	boit	[bwa]
Ind.	présent	ns	suffisons	[syfizɔ̃]	lisons	[lizɔ̃]	croyons	[krwajɔ̃]	buvons	[byvɔ̃]
Ind.	présent	vs	suffisez	[syfize]	lisez	[lize]	croyez	[krwaje]	buvez	[byve]
Ind.	présent	ils	suffisent	[syfiz]	lisent	[liz]	croient	[krwa]	boivent	[bwav]
Ind.	imparfait	je	suffisais	[syfizɛ]	lisais	[lizɛ]	croyais	[krwajɛ]	buvais	[byvɛ]
Ind.	passé s.	je	suffis	[syfi]	lus	[ly]	crus	[kry]	bus	[by]
Ind.	futur	je	suffirai	[syfire]	lirai	[lire]	croirai	[krware]	boirai	[bware]
Cond.	présent	je	suffirais	[syfirɛ]	lirais	[lirɛ]	croirais	[krwarɛ]	boirais	[bwarɛ]
Subj.	présent	je	suffise	[syfiz]	lise	[liz]	croie	[krwa]	boive	[bwav]
Subj.	présent	il	suffise	[syfiz]	lise	[liz]	croie	[krwa]	boive	[bwav]
Subj.	présent	ns	suffisions	[syfizjɔ̃]	lisions	[lizjɔ̃]	croyions	[krwajɔ̃]	buvions	[byvjɔ̃]
Subj.	présent	ils	suffisent	[syfiz]	lisent	[liz]	croient	[krwa]	boivent	[bwav]
Subj.	imparfait	il	suffît	[syfi]	lût	[ly]	crût	[kry]	bût	[by]
Impératif			suffis	[syfi]	lis	[li]	crois	[krwa]	bois	[bwa]
			suffisons	[syfizɔ̃]	lisons	[lizɔ̃]	croyons	[krwajɔ̃]	buvons	[byvɔ̃]
			suffisez	[syfize]	lisez	[lize]	croyez	[krwaje]	buvez	[byve]
Participes			suffisant	[syfizɑ̃]	lisant	[lizɑ̃]	croyant	[krwajɑ̃]	buvant	[byvɑ̃]
			suffi	[syfi]	lu	[ly]	cru	[kry]	bu	[by]

* Et *dire, redire*, mais *vous dites, redites* (ind. présent et impératif), *contredire, prédire, médire, confire*, mais les part. passés sont *dit, redit, contredit, prédit, médit, confit.*

			76		77		78		79	
Inf.	présent		**faire**		**plaire**		**taire**		**extraire***	
Ind.	présent	j(e)	fais	[fɛ]	plais	[plɛ]	tais	[tɛ]	extrais	[ɛkstrɛ]
Ind.	présent	tu	fais	[fɛ]	plais	[plɛ]	tais	[tɛ]	extrais	[ɛkstrɛ]
Ind.	présent	il	fait	[fɛ]	plaît	[plɛ]	tait	[tɛ]	extrait	[ɛkstrɛ]
Ind.	présent	ns	faisons	[fəzɔ̃]	plaisons	[plezɔ̃]	taisons	[tezɔ̃]	extrayons	[ɛkstrejɔ̃]
Ind.	présent	vs	faites	[fɛt]	plaisez	[pleze]	taisez	[teze]	extrayez	[ɛkstreje]
Ind.	présent	ils	font	[fɔ̃]	plaisent	[plɛz]	taisent	[tɛz]	extraient	[ɛkstrɛ]
Ind.	imparfait	j(e)	faisais	[fəzɛ]	plaisais	[plɛzɛ]	taisais	[tɛzɛ]	extrayais	[ɛkstrɛjɛ]
Ind.	passé s.	j(e)	fis	[fi]	plus	[ply]	tus	[ty]	*inusité*	
Ind.	futur	j(e)	ferai	[fəre]	plairai	[plere]	tairai	[tere]	extrairai	[ɛkstrere]
Cond.	présent	j(e)	ferais	[fərɛ]	plairais	[plɛrɛ]	tairais	[tɛrɛ]	extrairais	[ɛkstrɛrɛ]
Subj.	présent	j(e)	fasse	[fas]	plaise	[plɛz]	taise	[tɛz]	extraie	[ɛkstrɛ]
Subj.	présent	il	fasse	[fas]	plaise	[plɛz]	taise	[tɛz]	extraie	[ɛkstrɛ]
Subj.	présent	ns	fassions	[fasjɔ̃]	plaisions	[plezjɔ̃]	taisions	[tezjɔ̃]	extrayions	[ɛkstrejɔ̃]
Subj.	présent	ils	fassent	[fas]	plaisent	[plɛz]	taisent	[tɛz]	extraient	[ɛkstrɛ]
Subj.	imparfait	il	fît	[fi]	plût	[ply]	tût	[ty]	*inusité*	
Impératif			fais	[fɛ]	plais	[plɛ]	tais	[tɛ]	extrais	[ɛkstrɛ]
			faisons	[fəzɔ̃]	plaisons	[plezɔ̃]	taisons	[tezɔ̃]	extrayons	[ɛkstrejɔ̃]
			faites	[fɛt]	plaisez	[pleze]	taisez	[teze]	extrayez	[ɛkstrɛje]
Participes			faisant	[fəzɑ̃]	plaisant	[plezɑ̃]	taisant	[tezɑ̃]	extrayant	[ɛkstrejɑ̃]
			fait	[fɛ]	plu	[ply]	tu	[ty]	extrait	[ɛkstrɛ]

* De même *traire, abstraire, braire* (3e pers.), *soustraire, distraire.*

			80		81		82		83		84	
Inf.	présent		**repaître***		**clore****		**oindre*****		**frire**		**vaincre**	
Ind.	présent	j(e)	repais	[rəpɛ]	clos	[klo]	oins	[wɛ̃]	fris	[fri]	vaincs	[vɛ̃]
Ind.	présent	tu	repais	[rəpɛ]	clos	[klo]	oins	[wɛ̃]	fris	[fri]	vaincs	[vɛ̃]
Ind.	présent	il	repaît	[rəpɛ]	clôt	[klo]	oint	[wɛ̃]	frit	[fri]	vainc	[vɛ̃]
Ind.	présent	ns	repaissons	[rəpesɔ̃]	closons	[klozɔ̃]	oignons	[waɲɔ̃]	*inusité*		vainquons	[vɛ̃kɔ̃]
Ind.	présent	ils	repaissent	[rəpɛs]	closent	[kloz]	oignent	[waɲ]	*inusité*		vainquent	[vɛ̃k]
Ind.	imparfait	j(e)	repaissais	[rəpɛsɛ]	*inusité*		oignais	[waɲɛ]	*inusité*		vainquais	[vɛ̃kɛ]
Ind.	passé s.	j(e)	repus	[rəpy]	*inusité*		oignis	[waɲi]	*inusité*		vainquis	[vɛ̃ki]
Ind.	futur	j(e)	repaîtrai	[rəpetre]	clorai	[klore]	oindrai	[wɛ̃dre]	frirai	[frire]	vaincrai	[vɛ̃kre]
Cond.	présent	j(e)	repaîtrais	[rəpɛtrɛ]	clorais	[klorɛ]	oindrais	[wɛ̃drɛ]	frirais	[frirɛ]	vaincrais	[vɛ̃krɛ]
Subj.	présent	j(e)	repaisse	[rəpɛs]	close	[kloz]	oigne	[waɲ]	*inusité*		vainque	[vɛ̃k]
Subj.	présent	il	repaisse	[rəpɛs]	close		oigne	[waɲ]	*inusité*		vainque	[vɛ̃k]
Subj.	présent	ns	repaîssions	[rəpesjɔ̃]	closions	[klozjɔ̃]	oignions	[waɲɔ̃]	*inusité*		vainquions	[vɛ̃kjɔ̃]
Subj.	présent	ils	repaissent	[rəpɛs]	closent	[kloz]	oignent	[waɲ]	*inusité*		vainquent	[vɛ̃k]
Subj.	imparfait	il	repût	[rəpy]	*inusité*		oignît	[waɲi]	*inusité*		vainquît	[vɛ̃ki]
Impératif			repais	[rəpɛ]	clos	[klo]	oins	[wɛ̃]	fris	[fri]	vaincs	[vɛ̃]
			repaissons	[rəpesɔ̃]	closons	[klozɔ̃]	oignons	[waɲɔ̃]	*inusité*		vainquons	[vɛ̃kɔ̃]
Participes			repaissant	[rəpesɑ̃]	*inusité*		oignant	[waɲɑ̃]	*inusité*		vainquant	[vɛ̃kɔ̃]
			repu	[rəpy]	clos	[klo]	oint	[wɛ̃]	frit	[fri]	vaincu	[vɛ̃ky]

* De même *paître*, sauf passé simple et part. passé, *inusités ;* ** de même *enclore, éclore ;* *** de même *poindre* (impers.).

suffixes et préfixes

suffixes

Les *suffixes,* placés après le radical, sont utilisés pour passer d'un type de phrase à un autre, sans variation de sens, ou d'un mot à un autre terme de même catégorie, avec changement de sens. Le même suffixe peut servir à plusieurs usages.

• 1. Transformation d'un verbe en un substantif (nom d'action ou d'état).

-age	*arroser le jardin*	*l'arrosage du jardin*
-issage	*l'avion atterrit*	*l'atterrissage de l'avion*
-ment	*remembrer une propriété*	*le remembrement de la propriété*
-issement	*ses enfants s'assagissent*	*l'assagissement de ses enfants*
-(i)tion	*punir un coupable*	*la punition du coupable*
-(a)tion	*les prix augmentent*	*l'augmentation des prix*
-ure	*lire un roman*	*la lecture d'un roman*
suffixe zéro	*reporter un rendez-vous*	*le report d'un rendez-vous*
(déverbal)	*la troupe marche*	*la marche de la troupe*

• 2. Transformation d'un adjectif en un substantif (nom de qualité, de système, d'état).

-(i)té	*le malade est docile*	*la docilité du malade*
-(e)té	*la pièce est propre*	*la propreté de la pièce*
-ie	*les hommes sont fous*	*la folie des hommes*
-erie	*le procédé est fourbe*	*la fourberie du procédé*
	son discours est pédant	*le pédantisme de son discours*
-isme	*cette construction est archaïque*	*l'archaïsme de cette construction*
	ses conceptions sont pessimistes	*le pessimisme de ses conceptions*
-eur	*ses joues sont pâles*	*la pâleur de ses joues*
(féminin)	*cette analyse est profonde*	*la profondeur de cette analyse*
-ance	*sa tenue est élégante*	*l'élégance de sa tenue*
-ence	*ses propos sont incohérents*	*l'incohérence de ses propos*
-ise	*cet homme est sot*	*la sottise de cet homme*
-esse	*sa constitution est robuste*	*la robustesse de sa constitution*
-(i)tude	*les parents sont inquiets*	*l'inquiétude des parents*

• 3. Transformation d'un verbe (et de son sujet) en un substantif (nom d'agent ou d'instrument; nom de personne exerçant un métier).

-eur	*personne qui moissonne*	*un moissonneur*
(masculin)	*appareil qui bat (les mélanges)*	*un batteur*
-ateur, -teur	*personne qui décore (les appartements)*	*un décorateur*
-trice	*machine qui perfore (les cartes)*	*une perforatrice*
-euse	*machine qui arrose (les rues)*	*une arroseuse*
-ier, -ière	*personne qui cuisine*	*un (une) cuisinier(-ère)*
	avion qui bombarde	*un bombardier*
-ant	*personne qui milite*	*un militant*
-ante	*machine qui imprime*	*une imprimante*
-aire	*personne qui signe une lettre*	*le signataire d'une lettre*
-oir	*appareil qui ferme (un sac)*	*un fermoir*
-oire	*ustensile qui passe une substance*	*une passoire*
-iste	*personne qui anesthésie*	*un anesthésiste*

• 4. Transformation d'un substantif en un adjectif (dans les types de phrases : nom + complément de nom; *avoir* + nom; etc.).

-al, -ale	*une douleur de (à) l'abdomen*	*une douleur abdominale*
-el, -elle	*le voyage du président*	*le voyage présidentiel*
-ien, -ienne	*la politique de l'Autriche*	*la politique autrichienne*
-ais, -aise	*le vin des Charentes*	*le vin charentais*
-in, -ine	*les poètes d'Alexandrie*	*les poètes alexandrins*
-ois, -oise	*l'industrie de Grenoble*	*l'industrie grenobloise*
-ain, -aine	*le commerce de l'Amérique*	*le commerce américain*
-if, -ive	*elle a de l'attention*	*elle est attentive*
-oire	*le choc de l'opération*	*le choc opératoire*
-aire	*le budget a un déficit*	*le budget est déficitaire*
-eux, -euse	*il a le cafard*	*il est cafardeux*
-ant, -ante	*elle a du charme*	*elle est charmante*
-ier, -ière	*il fait des dépenses*	*il est dépensier*
-ique	*il a de l'ironie*	*il est ironique*
-u, -ue	*il a une barbe*	*il est barbu*
-é, -ée	*il a son domicile à Paris*	*il est domicilié à Paris*
	petit déjeuner au cacao	*petit déjeuner cacaoté*
-esque	*une œuvre de titan*	*une œuvre titanesque*

• 5. Transformation d'un verbe en un adjectif (équivalence entre un groupe verbal avec *pouvoir* et le verbe *être* suivi d'un adjectif).

-able	*cette proposition peut être acceptée*	*cette proposition est acceptable*
in[...]able	*on ne peut croire cette histoire*	*cette histoire est incroyable*
-ible	*l'issue peut en être prévue*	*l'issue est prévisible*

• 6. Transformation d'un adjectif en un verbe (équivalence entre *rendre, faire,* suivis d'un adjectif, et le verbe).

-iser	*rendre uniformes les tarifs*	*uniformiser les tarifs*
-ifier	*faire plus simple un exposé*	*simplifier un exposé*
suffixe zéro	*rendre une feuille noire*	*noircir une feuille*
	rendre épais un mélange	*épaissir un mélange*

Cette transformation peut se faire au moyen de préfixes.

a...	*rendre plus grande une pièce*	*agrandir une pièce*
é...	*faire plus large un trou*	*élargir un trou*

• 7. Transformation de l'adjectif en un verbe (équivalence entre *devenir,* suivi d'un adjectif, et le verbe). Cette transformation se fait en général avec le suffixe zéro.

	devenir grand	*grandir*
suffixe zéro	*devenir rouge*	*rougir*
	devenir bleu	*bleuir*

• 8. Transformation d'un substantif en un verbe (*faire,* ou autre, suivi d'un substantif, équivalent du verbe). Elle se fait au moyen du suffixe zéro.

	la réforme de l'État	*réformer l'État*
	le supplice d'un condamné	*supplicier un condamné*
suffixe zéro	*le programme d'un spectacle*	*programmer un spectacle*
	se servir du téléphone	*téléphoner*
	donner des armes à une troupe	*armer une troupe*

Transformation d'un adjectif en adverbe.

-ment	*une expression vulgaire*	*s'exprimer vulgairement*
même forme	*une voix fausse*	*chanter faux*

• 9. Transformation d'un substantif en un autre substantif, d'un adjectif en un autre adjectif, avec variation de sens (elle se fait dans les deux sens).

— / -ier	groupe/personne	*il fait partie d'une équipe*	*un équipier*
-eur / -orat	personne/métier	*il est professeur*	*exercer le professorat*
— / -at		*il est interprète*	*il fait de l'interprétariat*
-ie / -ien		*il fait de la chirurgie*	*il est chirurgien*
-ique / -ien		*il fait de l'électronique*	*il est électronicien*
-erie / -ier		*il tient une charcuterie*	*il est charcutier*
— / -aire	objet/commerce	*il vend des disques*	*il est disquaire*
— / -iste		*il fait des affiches*	*il est affichiste*
— / -ier		*il fait des serrures*	*il est serrurier*
— / -ier	fruit/arbre	*arbre qui porte des abricots*	*abricotier*
— / -aie	arbre/collection d'arbres	*groupe de chênes*	*une chênaie*
— / -ée	objet/contenu	*le contenu d'une assiette*	*une assiettée*
— / -iste	nom/disciple	*disciple d'Hébert*	*hébertiste*
— / -ette (-et)	terme neutre/plus petit	*une petite maison*	*une maisonnette*
-eur / -ard	terme neutre/péjoratif	*un mauvais chauffeur*	*un chauffard*
— / -aud		*un homme lourd*	*un lourdaud*
— / -âtre	terme neutre/atténuatif	*une lueur rouge*	*rougeâtre*

préfixes

Les préfixes, qui ne modifient pas la classe des mots, établissent un rapport entre le terme simple et le terme préfixé.

• Préfixes des verbes portant sur l'action.

dé- (dés-)	privatif	*dépoétiser*, enlever le caractère poétique *déshabituer*, enlever l'habitude
en-	factitif	*engraisser*, faire devenir gras
entre-	réciproque	*s'entr'égorger, s'entretuer*
re-, ré-, r-	réitératif, répétition	*refaire*, faire de nouveau, une seconde fois *réimprimer*, imprimer de nouveau *rajuster*, ajuster de nouveau

• Préfixes privatifs et intensifs.

in- (il-, im-, ir-)	privatifs	*inaltérable, illisible* *immangeable, irréel*
a-, an-		*apolitique, anormal*
sans-		*sans-abri*
archi-	intensifs	*archifou, archisot*
extra-		*extra-fin, extra-souple*
hyper-		*hypersensible, hypertension*
super-		*supermarché, supercarburant*
sur-		*surabondant, suralimentation*
ultra-		*ultracolonialiste, ultra-court*

• Préfixes indiquant un rapport de position (espace, hiérarchie ou temps).

après-	postériorité	*après-demain, après-guerre*
post-		*postface, postscolaire*
avant-	antériorité	*avant-hier, avant-guerre*
pré-		*préétabli, préhistoire*
anté-		*antédiluvien*
co-, con-	simultanéité	*co-auteur, concitoyen*
hors-	position	*hors-jeu*
outre-	au-delà de	*outremer*
entre-	réunion, position	*entre-deux, entre-deux-guerres*
inter-	au milieu	*interocéanique*
extra-	hors de	*extra-territorialité*
intra-	au-dedans de	*intramusculaire*
ex-	qui a cessé d'être	*ex-député, ex-sénateur*
trans-	à travers	*transsibérien, transocéanique*
vice-	à la place de	*vice-amiral*

• Préfixes indiquant la sympathie, l'hostilité, l'opposition ou la négation.

anti-	hostilité, opposition	*antidémocratique*
	protection	*antituberculeux*
contre-	réaction	*contre-attaque*
mal-	négation	*malcommode*
non-	négation, refus	*non-violence*
pro-	partisan	*procommuniste*

éléments grecs et latins

servant de préfixes ou entrant dans la composition de mots français

aéro-	air	*aérodynamique*
agr(o)-	champ	*agronome*
-algie	douleur	*névralgie*
anthropo-	homme	*anthropologie*
archéo-	ancien	*archéologie*
-archie, -arque	le pouvoir, qui a le pouvoir	*monarchie, monarque*
auto-	de soi-même	*autobiographique*
biblio-	livre	*bibliothèque*
bio-	vie	*biologie*
bi, bis-	deux	*bicyclette*
cardi(o)-	cœur	*cardiaque*
centi-	centième	*centimètre*
-cide	qui tue	*homicide*
chrono-	temps	*chronomètre*
cosmo-, -cosme	monde	*cosmogonie, microcosme*
-crate, -cratie	qui a le pouvoir, le pouvoir	*technocrate, autocratie*
déca-	dix	*décamètre*
dém(o)-	peuple	*démocrate*
équi-	égal	*équivalent*
géo-	terre	*géographie*
-gène	qui engendre	*pathogène*
-gone	angle	*polygone*
-gramme	un écrit	*télégramme*
graph(o)-, -graphie	écrire ou décrire, enregistrer	*graphologie, télégraphe, géographe*
hect(o)	cent	*hectolitre*
hétéro-	autre	*hétérogène*
hexa-	six	*hexagone*
hippo-	cheval	*hippodrome*
hom(é)o-	semblable	*homéopathie*
hydr(o)-	eau	*hydrater*
hypo-	sous	*hypodermique*
icon(o)-	image	*iconoclaste*
idé(o)-	idée	*idéologie*
iso-	égal	*isobare*
-logie, -logue, -logiste	science et spécialiste	*psychologie, stomatologiste*
macro-	grand	*macroscopique*
méga-	grand	*mégalithe*
métr(o)-, -mètre, -métrie	mesure	*métronome, géomètre*
mi-	la moitié	*mi-temps*
micro-	petit	*microscope*
mono-	seul	*monothéisme*
morpho-, -morphe	forme	*morphologie, amorphe*
multi-	nombreux	*multinational*
néo-	nouveau	*néologisme*
octa-, octo-	huit	*octogone*
omni-	tout	*omniscient*
ortho-	droit	*orthographe*
path(o)-	souffrance, maladie	*pathologie*
penta-	cinq	*pentagone*
-phage, -phagie	manger	*anthropophage*
phil(o)-, -phile, -philie	qui aime	*philanthrope, bibliophile*
-phobe, -phobie	qui déteste	*xénophobe*
phon(o), -phone	voix, son	*phonétique, téléphone*
photo-	lumière	*photographie*
pluri-	plusieurs	*pluridisciplinaire*
poly-	nombreux	*polycopier*
pro-	en avant	*projeter*
psych(o)-	esprit	*psychologie*
radi(o)-	rayon	*radiographie*
rétro-	en retour	*rétroviseur*
-scope, -scopie	qui voit, vision	*télescope*
semi-	à moitié	*semi-aride*
somat(o)-	corps	*psychosomatique*
sub-	sous	*subconscient*
télé-	loin	*téléguider*
tétra-	quatre	*tétragone*
théo-	dieu	*théologie*
therm(o)-	chaleur	*thermostat*
tri-	trois	*triangle*
ultra-	au-delà	*ultrason*
uni-	un	*unilatéral*
-vore	qui se nourrit	*omnivore*

alphabet phonétique

	SONS DU LANGAGE	NOTATION PHONÉTIQUE	EXEMPLES
voyelles orales	*a* antérieur	[a]	*lac, cave, agate, il plongea*
	a postérieur	[ɑ]	*tas, vase, bâton, âme*
	e fermé	[e]	*année, pays, désobéir*
	e ouvert	[ɛ]	*bec, poète, blême, Noël, il peigne, il aime*
	i bref ou long	[i]	*île, ville, épître*
	o ouvert long ou bref	[ɔ]	*note, robe, Paul*
	o fermé bref ou long	[o]	*drôle, aube, agneau, sot, pôle*
	ou	[u]	*outil, mou, pour, goût, août*
	u	[y]	*usage, luth, mur, il eut*
	eu ouvert bref ou long	[œ]	*peuple, bouvreuil, bœuf*
	eu fermé bref ou long	[ø]	*émeute, jeûne, aveu, nœud*
	e	[ə]	*me, grelotter, je serai*
voyelles nasales	e nasalisé ouvert	[ɛ̃]	*limbe, instinct, main, saint, dessein, lymphe, syncope*
	a nasalisé ouvert	[ɑ̃]	*champ, ange, emballer, ennui, vengeance*
	o nasalisé	[ɔ̃]	*plomb, ongle, mon*
	œ nasalisé	[œ̃]	*parfum, aucun, brun, à jeun*
semi-voyelles ou semi-consonnes	*y*	[j]	*yeux, lieu, fermier, liane, piller*
	u	[ɥ]	*lui, nuit, suivre, buée, sua*
	ou	[w]	*oui, ouest, moi, squale*
consonnes	occlusive labiale sourde	[p]	*prendre, apporter, stop*
	occlusive bilabiale sonore	[b]	*bateau, combler, aborder, abbé, snob*
	occlusive dentale sonore	[d]	*dalle, addition, cadenas*
	occlusive dentale sourde	[t]	*train, théâtre, vendetta*
	occlusive palatale sourde	[k]	*coq, quatre, carte, kilo, squelette, accabler, bacchante, chrome, chlore*
	occlusive palatale sonore	[g]	*guêpe, diagnostic, garder, gondole*
	fricative labio-dentale sourde	[f]	*fable, physique, Fez, chef*
	fricative labio-dentale sonore	[v]	*voir, wagon, aviver, révolte*
	fricative sifflante sourde	[s]	*savant, science, cela, façon, patience*
	fricative sifflante sonore	[z]	*zèle, azur, réseau, rasade*
	fricative chuintante sonore	[ʒ]	*jabot, déjouer, jongleur, âgé, gigot*
	fricative chuintante sourde	[ʃ]	*charrue, échec, schéma, shah*
	liquide latérale	[l]	*lier, pal, intelligence, illettré, calcul*
	liquide (vibrante)	[r]	*rare, arracher, âpre, sabre*
	nasale labiale	[m]	*amas, mât, drame, grammaire*
	nasale dentale	[n]	*nager, naine, neuf, dictionnaire*
	nasale dentale mouillée	[ɲ]	*agneau, peigner, baigner, besogne*

La lettre *h* ne se prononce pas et ne comporte aucune aspiration. Le *h* dit « aspiré » empêche les liaisons (il est précédé d'un astérisque [*] dans le dictionnaire.

abréviations

abrév.	abréviation
adj.	adjectif
adjectiv.	adjectivement
admin.	administratif
adv.	adverbe
all.	allemand
alphab.	alphabétique
altér.	altération
amér.	américain
anc.	ancien
anc. fr.	ancien français
ancienn.	anciennement
angl.	anglais
ar.	arabe
arg.	argot
art.	article
auj.	aujourd'hui
autref.	autrefois
auxil.	auxiliaire
c.	conjugaison
cardin.	cardinal
compl.	complément
cond.	conditionnel
conj.	conjonction
contr.	contraire
déf.	défini
dém.	démonstratif
dial.	dialectal
dimin.	diminutif
dir.	direct
dr.	droit
ellipt.	elliptiquement
esp.	espagnol
ex.	exemple
exclam.	exclamatif
express.	expression
f. ou *fém.*	féminin
fam.	familier, familièrement
fr.	français
frq.	francique (= parler germanique des Francs)
gaul.	gaulois
géogr.	géographique
germ.	germanique
gr.	grec
hébr.	hébreu
i.	intransitif
imp. ou *imparf.*	imparfait
impér.	impératif
impers.	impersonnel
incert.	incertaine
ind.	indicatif, indirect
indéf.	indéfini
inf.	infinitif
interj.	interjection
interr.	interrogatif
inv.	invariable
ironiq.	ironique
it.	italien
jap.	japonais
jurid.	juridique
lat.	latin
ling.	linguistique
litt.	littéraire
loc.	locution
loc. adj.	locution adjective
loc. adv.	locution adverbiale
loc. div.	locutions diverses
loc. prép.	locution prépositive
loc. v.	locution verbale
m. ou *masc.*	masculin
majusc.	majuscule
math.	mathématiques
méd.	médecine ou médical
mil.	militaire
minusc.	minuscule
mus.	musique
myth.	mythologique
n.	nom
n. pr.	nom propre
néerl.	néerlandais
norm.	normand
norv.	norvégien
num.	numéral
onomat.	onomatopée
ordin.	ordinal
orig.	origine
p.	page
par oppos. à	par opposition
part.	participe
partic.	particulier
pass.	passif
péjor.	péjoratif ou péjorativement
pers.	personne ou personnel
philos.	philosophie
pl. ou *plur.*	pluriel
pop.	populaire
portug.	portugais
poss.	possessif
pr.	pronominal
prép.	préposition
prés.	présent
pron.	pronom
prop.	proposition
prov.	provençal
qqch	quelque chose
qqpart	quelque part
qqn	quelqu'un
rel.	relatif
relig.	religion ou religieux
scand.	scandinave
scientif.	scientifique
scol.	scolaire
seulem.	seulement
signif.	signifiant
simplem.	simplement
sing.	singulier
subj.	subjonctif
substantiv.	substantivement
superl.	superlatif
symb.	symbole
syn.	synonyme
t.	transitif
techn.	technique
triv.	trivial
v.	verbe
var.	variante
voc.	vocabulaire
→	voir
↑	(syn. ou contr.) plus fort
↓	(syn. ou contr.) moins fort

Proverbes

À bon chat, bon rat, se dit quand celui qui attaque trouve un antagoniste capable de lui résister.
Abondance de biens ne nuit pas, on accepte encore, par mesure de prévoyance, une chose dont on a déjà une quantité suffisante.
À bon vin point d'enseigne, ce qui est bon se recommande de soi-même.
À chaque jour suffit sa peine, supportons les maux d'aujourd'hui sans penser par avance à ceux que peut nous réserver l'avenir.
À cœur vaillant rien d'impossible, avec du courage, on vient à bout de tout.
À la Sainte-Luce, les jours croissent du saut d'une puce, les jours commencent à croître un peu à la Sainte-Luce (autref. 13 décembre, auj. 23 décembre).
À l'impossible nul n'est tenu, on ne peut exiger de quelqu'un ce qu'il lui est impossible de faire.
À l'œuvre on connaît l'ouvrier (ou **l'artisan**), c'est par la valeur de l'ouvrage qu'on juge celui qui l'a fait.
À père avare, enfant prodigue; à femme avare, galant escroc, un défaut, un vice fait naître autour de soi, par réaction, le défaut, le vice contraire.
L'appétit vient en mangeant, plus on a, plus on veut avoir.
Après la pluie, le beau temps, la joie succède souvent à la tristesse, le bonheur au malheur.
À quelque chose malheur est bon, les événements fâcheux peuvent procurer quelque avantage, ne fût-ce qu'en donnant de l'expérience.
L'argent n'a pas d'odeur, certains ne se soucient guère de la manière dont ils gagnent de l'argent, pourvu qu'ils en gagnent.
À tout seigneur, tout honneur, il faut rendre honneur à chacun suivant son rang.
Au royaume des aveugles, les borgnes sont rois, avec un mérite, un savoir médiocre, on brille au milieu des sots et des ignorants.
Autant en emporte le vent, se dit en parlant de promesses auxquelles on n'ajoute pas foi, ou qui ne se sont pas réalisées.
Autres temps, autres mœurs, les mœurs changent d'une époque à l'autre.
Aux grands maux les grands remèdes, il faut prendre des décisions énergiques contre les maux graves et dangereux.
Avec un (ou **des**) **si on mettrait Paris en bouteille,** avec des hypothèses, tout devient possible.
Bien faire, et laisser dire (ou **laisser braire**), il faut faire son devoir sans se préoccuper des critiques.
Bien mal acquis ne profite jamais, on ne peut jouir en paix du bien obtenu par des voies illégitimes.
Bon chien chasse de race, on hérite généralement les qualités de sa famille.
Bonne renommée vaut mieux que ceinture dorée, mieux vaut jouir de l'estime publique que d'être riche.
Les bons comptes font les bons amis, pour rester amis, il faut s'acquitter exactement de ce que l'on se doit l'un à l'autre.
Ce que femme veut, Dieu le veut, les femmes en viennent toujours à leurs fins.
C'est en forgeant qu'on devient forgeron, à force de s'exercer à une chose, on y devient habile.
C'est le ton qui fait la chanson, c'est la manière dont on dit les choses qui marque l'intention véritable.
C'est l'hôpital qui se moque de la charité, se dit de celui qui raille la misère d'autrui, bien qu'il soit lui-même aussi misérable.
Chacun pour soi et Dieu pour tous, laissons à Dieu le soin de s'occuper des autres.
Charbonnier est maître chez soi, le maître de maison est libre d'agir comme il l'entend dans sa propre demeure.
Charité bien ordonnée commence par soi-même, avant de songer aux autres, il faut songer à soi.
Chat échaudé craint l'eau froide, on redoute même l'apparence de ce qui vous a déjà nui.
Les chiens aboient, la caravane passe (prov. arabe), qui est sûr de sa voie ne s'en laisse pas détourner par la désapprobation la plus bruyante.
Chose promise, chose due, on est obligé de faire ce qu'on a promis.
Cœur qui soupire n'a pas ce qu'il désire, les soupirs que l'on pousse prouvent qu'on n'est pas satisfait.
Comme on connaît les saints, on les honore, on traite chacun selon son caractère.
Comme on fait son lit, on se couche, il faut s'attendre, en bien ou en mal, à ce qu'on s'est préparé à soi-même par sa conduite.
Comparaison n'est pas raison, une comparaison ne prouve rien.
Les conseilleurs ne sont pas les payeurs, défions-nous parfois des conseilleurs; ni leur personne ni leur bourse ne courent le risque qu'ils conseillent.
Les cordonniers sont les plus mal chaussés, on néglige souvent les avantages qu'on a, de par sa condition, à sa portée.
Dans le doute, abstiens-toi, maxime qui s'applique au doute pratique comme au doute purement spéculatif.
De deux maux, il faut choisir le moindre, adage que l'on prête à Socrate, qui aurait ainsi expliqué pourquoi il avait pris une femme de très petite taille.
Déshabiller (saint) Pierre pour habiller (saint) Paul, faire une dette pour en acquitter une autre; se tirer d'une difficulté en s'en créant une nouvelle.
Dis-moi qui tu hantes, je te dirai qui tu es, on juge une personne d'après la société qu'elle fréquente.
L'eau va à la rivière, l'argent va aux riches.
En avril, n'ôte pas un fil; en mai, fais ce qu'il te plaît, on ne doit pas mettre des vêtements légers en avril; on le peut en mai.
L'enfer est pavé de bonnes intentions, les bonnes intentions ne suffisent pas si elles ne sont pas réalisées ou n'aboutissent qu'à des résultats fâcheux.
Entre l'arbre et l'écorce il ne faut pas mettre le doigt, il ne faut pas intervenir dans une dispute entre proches.
Erreur n'est pas compte, tant que subsiste une erreur, un compte n'est pas définitif.
L'exception confirme la règle, cela même qui est reconnu comme exception constate une règle, puisque, sans la règle, point d'exception.
La faim chasse le loup du bois, la nécessité contraint les hommes à faire des choses qui ne sont pas de leur goût.
Fais ce que dois, advienne que pourra, fais ton devoir, sans t'inquiéter de ce qui pourra en résulter.
Faute de grives, on mange des merles, à défaut de mieux, il faut se contenter de ce qu'on a.
La fête passée, adieu le saint, une fois une satisfaction obtenue, on oublie qui l'a procurée.
La fin justifie les moyens, principe d'après lequel le but excuserait les actions coupables commises pour l'atteindre.
La fortune vient en dormant, le plus sûr moyen de s'enrichir est d'attendre passivement un heureux coup du sort.

Des goûts et des couleurs on ne discute pas, chacun est libre d'avoir ses préférences.
L'habit ne fait pas le moine, ce n'est pas sur l'extérieur qu'il faut juger les gens.
L'habitude est une seconde nature, l'habitude nous fait agir aussi spontanément qu'un instinct naturel.
Il faut battre le fer pendant qu'il est chaud, il faut pousser activement une affaire qui est en bonne voie.
Il faut que jeunesse se passe, on doit excuser les fautes que la légèreté et l'inexpérience font commettre à la jeunesse.
Il faut qu'une porte soit ouverte ou fermée, il faut prendre un parti dans un sens ou dans un autre.
Il faut rendre à César ce qui appartient à César, et à Dieu ce qui appartient à Dieu, il faut rendre à chacun ce qui lui est dû.
Il faut tourner sa langue sept fois dans sa bouche avant de parler, avant de parler, de se prononcer, il faut mûrement réfléchir.
Il ne faut jurer de rien, il ne faut jamais affirmer qu'on ne fera pas telle chose ou qu'elle n'arrivera jamais.
Il ne faut pas dire : Fontaine, je ne boirai pas de ton eau, nul ne peut assurer qu'il ne recourra jamais à une personne ou à une chose.
Il n'est pire aveugle que celui qui ne veut pas voir, ou **Il n'est pire sourd que celui qui ne veut pas entendre,** le parti pris ferme l'esprit à tout éclaircissement.
Il n'est pire eau que l'eau qui dort, ce sont souvent les personnes d'apparence inoffensive dont il faut le plus se méfier.
Il n'y a pas de fumée sans feu, derrière les apparences, les on-dit, il y a toujours quelque réalité.
Il n'y a pas de sot métier, toutes les professions sont bonnes.
Il n'y a que la vérité qui blesse, les reproches vraiment pénibles sont ceux que l'on a mérités.
Il n'y a que le premier pas qui coûte, le plus difficile en toute chose est de commencer.
Il vaut mieux aller au boulanger (ou **au moulin**) **qu'au médecin,** maladie coûte plus cher encore que dépense pour la nourriture.
Il vaut mieux avoir affaire à Dieu qu'à ses saints, il vaut mieux s'adresser directement au patron qu'aux subalternes.
Il vaut mieux tenir que courir, la possession vaut mieux que l'espérance.
Il y a loin de la coupe aux lèvres, il peut arriver bien des événements entre un désir et sa réalisation.
Le jeu ne vaut pas la chandelle, la chose ne vaut pas la peine qu'on se donne pour l'obtenir.
Les jours se suivent et ne se ressemblent pas, les circonstances varient avec le temps.
Loin des yeux, loin du cœur, l'absence détruit ou affaiblit les affections.
Les loups ne se mangent pas entre eux, les méchants ne cherchent pas à se nuire.
Mauvaise herbe pousse toujours, se dit pour expliquer la croissance rapide d'un enfant de mauvais caractère.
Mettre la charrue devant (ou **avant**) **les bœufs,** commencer par où l'on devrait finir.
Le mieux est l'ennemi du bien, on court le risque de gâter ce qui est bien en voulant obtenir mieux.
Mieux vaut tard que jamais, il vaut mieux, en certains cas, agir tard que ne pas agir du tout.
Les murs ont des oreilles, dans un entretien confidentiel, il faut se défier de ce qui vous entoure.
Nécessité fait loi, dans un besoin ou un péril extrême, on peut se soustraire à toutes les obligations conventionnelles.
Ne fais pas à autrui ce que tu ne voudrais pas qu'on te fît, règle de conduite qui est le fondement d'une morale élémentaire.
N'éveillez pas le chat qui dort, il ne faut pas réveiller une fâcheuse affaire, une menace assoupie.
Noël au balcon, Pâques au tison, si le temps est beau à Noël, il fera froid à Pâques.
La nuit porte conseil, la nuit est propre à nous inspirer de sages réflexions.
La nuit, tous les chats sont gris, on ne peut pas bien, de nuit, distinguer les personnes et les choses.
Nul n'est prophète en son pays, personne n'est apprécié à sa vraie valeur là où il vit habituellement.
L'occasion fait le larron, l'occasion fait faire des choses répréhensibles auxquelles on n'aurait pas songé.
Œil pour œil, dent pour dent, loi du talion.
L'oisiveté est mère (ou **la mère**) **de tous les vices,** n'avoir rien à faire, c'est s'exposer aux tentations.
On ne fait pas d'omelette sans casser des œufs, on n'arrive pas à un résultat sans peine ni sacrifices.
On ne prête qu'aux riches, on ne rend des services qu'à ceux qui sont en état de les récompenser; on attribue volontiers certains actes à ceux qui sont habitués à les faire.
On reconnaît l'arbre à ses fruits, c'est à ses actes qu'on connaît la valeur d'un homme.
Paris ne s'est pas fait en un jour, rien ne peut se faire sans le temps voulu.
Pas de nouvelles, bonnes nouvelles, sans nouvelles de quelqu'un, on peut conjecturer qu'il ne lui est rien arrivé de fâcheux.
Pauvreté n'est pas vice, il n'y a pas de honte à être pauvre.
Péché avoué est à demi pardonné, celui qui avoue son péché obtient plus aisément l'indulgence.
Petit à petit, l'oiseau fait son nid, à force de persévérance, on vient à bout d'une entreprise.
Petite pluie abat grand vent, souvent, peu de chose suffit pour calmer une grande colère.
Les petits ruisseaux font les grandes rivières, les petits profits accumulés finissent par faire de gros bénéfices.
Pierre qui roule n'amasse pas mousse, on ne s'enrichit pas en changeant souvent d'état, de pays.
Plaie d'argent n'est pas mortelle, les pertes d'argent peuvent toujours se réparer.
La pluie du matin réjouit ou **n'arrête pas le pèlerin,** la pluie du matin est souvent la promesse d'une belle journée.
La plus belle fille du monde ne peut donner que ce qu'elle a, nul ne peut donner ce qu'il n'a pas.
Plus on est de fous, plus on rit, la gaieté devient plus vive avec le nombre des joyeux compagnons.
Prudence est mère de sûreté, c'est en étant prudent qu'on évite tout danger.
Quand le chat n'est pas là, les souris dansent, quand maîtres ou chefs sont absents, écoliers ou subordonnés mettent à profit leur liberté.
Quand on veut noyer son chien, on dit qu'il a la rage (ou **la gale**), quand on en veut à quelqu'un, on l'accuse faussement.
Qui a bu boira, on ne se corrige jamais d'un défaut devenu une habitude.
Qui aime bien châtie bien, un amour véritable est celui qui ne craint pas d'user d'une sage sévérité.
Qui donne aux pauvres prête à Dieu, celui qui fait la charité en sera récompensé dans la vie future.
Qui dort dîne, le sommeil tient lieu de dîner.
Qui ne dit mot consent, ne pas élever d'objection, c'est donner son adhésion.
Qui ne risque rien n'a rien, un succès ne peut s'obtenir sans quelque risque.
Qui paie ses dettes s'enrichit, en payant ses dettes, on assure ou augmente son crédit.
Qui peut le plus peut le moins, celui qui est capable de faire une chose difficile, coûteuse, etc., peut à plus forte raison faire une chose plus facile, moins coûteuse, etc.
Qui sème le vent récolte la tempête, celui qui produit des causes de désordre ne peut s'étonner de ce qui en découle.

Qui se ressemble s'assemble, ceux qui ont les mêmes penchants se recherchent mutuellement.
Qui s'y frotte s'y pique, celui qui s'y risque s'en repent.
Qui trop embrasse mal étreint, qui entreprend trop de choses à la fois n'en réussit aucune.
Qui va à la chasse perd sa place, qui quitte sa place doit s'attendre à la trouver occupée à son retour.
Qui veut aller loin ménage sa monture, il faut ménager ses forces, ses ressources, etc., si l'on veut tenir, durer longtemps.
Qui veut la fin veut les moyens, qui veut une chose ne doit pas reculer devant les moyens qu'elle réclame.
Qui vole un œuf vole un bœuf, qui commet un vol minime se montre par là capable d'en commettre un plus considérable.
Rira bien qui rira le dernier, qui se moque d'autrui risque d'être raillé à son tour si les circonstances changent.
Si jeunesse savait, si vieillesse pouvait, les jeunes manquent d'expériences, les vieillards de force.
Le soleil luit (ou **brille**) **pour tout le monde,** chacun a droit aux choses que la nature a départies à tous.
Tant va la cruche à l'eau qu'à la fin elle se casse (ou **qu'enfin elle se brise**) tout finit par s'user; à force de braver un danger, on finit par y succomber; à force de faire la même faute, on finit par en pâtir.
Tel est pris qui croyait prendre, on subit souvent le mal qu'on a voulu faire à autrui.
Tel père, tel fils, le plus souvent, le fils tient de son père.
Le temps, c'est de l'argent, traduction de l'adage anglais *Time is money,* le temps bien employé est un profit.
Tous les chemins mènent à Rome, il y a bien des moyens d'arriver au but.
Tous les goûts sont dans la nature, se dit à propos d'une personne qui a des goûts singuliers.
Toute peine mérite salaire, chacun doit être récompensé de sa peine, quelque petite qu'elle ait été.
Tout est bien qui finit bien, se dit d'une entreprise qui réussit après qu'on a craint le contraire.
Toute vérité n'est pas bonne à dire, il n'est pas toujours bon de dire ce que l'on sait, même si cela est vrai.
Tout nouveau tout beau, la nouveauté a toujours un attrait particulier.
Tout vient à point à qui sait attendre, avec du temps et de la patience, on réussit, on obtient ce que l'on désire.
Un clou chasse l'autre, se dit en parlant de personnes ou de choses qui succèdent à d'autres et les font oublier.
Un de perdu, dix de retrouvés, la personne, la chose perdue est très facile à remplacer.
Une fois n'est pas coutume, un acte isolé n'entraîne à rien; on peut fermer les yeux sur un acte isolé.
Une hirondelle ne fait pas le printemps, on ne peut rien conclure d'un seul cas, d'un seul fait.
Un homme averti en vaut deux, quand on a été prévenu de ce que l'on doit craindre, on se tient doublement sur ses gardes.
Un tiens vaut mieux que deux tu l'auras, posséder peu, mais sûrement, vaut mieux qu'espérer beaucoup, sans certitude.
Ventre affamé n'a point d'oreilles, l'homme pressé par la faim est sourd à toute parole.
Le vin est tiré, il faut le boire, l'affaire étant engagée, il faut en accepter les suites, même fâcheuses.
Vouloir, c'est pouvoir, on réussit lorsqu'on a la ferme volonté de réussir.

a

a [a] n. m. **1.** Première lettre de l'alphabet notant la voyelle orale [a] comme dans *lac* et [ɑ] comme dans *pâte.* — **2.** *De* A *à* Z, *depuis* A *jusqu'à* Z, du début à la fin : *Il connaît le règlement depuis* A *jusqu'à* Z. ‖ *Prouver par* A + B, démontrer de façon rigoureuse, comme en mathématiques : *Elle me prouva par* a + b *que j'avais tort.*

à [a] prép. Peut se combiner avec *le* et *les* (articles) : *au* (à le), *aux* (à les). Indique : **1.** Lieu où on est, où on va, point d'arrivée, localisation (compl. de n., de v. et d'adj.) : *Il se trouve à Lyon. Elle est allée à Bordeaux. Elle habite à Paris. Il va à la campagne, au théâtre. L'arrivée à la gare. Sa naissance à Paris. Avoir mal à la tête.* — **2.** Date, moment précis, point d'arrivée, durée : *Il viendra à six heures, à cinq heures précises. Perdre toute chance au départ. Le renvoi à huitaine. Des bons à cinq ans. Louable à l'année. À la veille de Pâques. Travailler du matin au soir.* — **3.** Distribution, évaluation : *Faire du cent à l'heure. Être payé au mois. Travailler aux pièces.* — **4.** Appartenance (limité à être et au pron. pers. compl. du n., ou pop.) : *Ce livre est à Lise. C'est une amie à moi. Ceci est à nous. Il a une manière bien à lui d'agir.* — **5.** Objet secondaire de certains verbes : *J'ai donné un livre à ton frère. Elle a confié un secret à un ami. Emprunter de l'argent à un ami.* — **6.** Compl. de transitifs indirects avec à (+ n.) : *Il obéit à son père (l'obéissance aux parents). Il manque à sa parole. Résister à l'ennemi (la résistance à l'ennemi). Elle est fidèle à sa parole. Il rêve à son avenir. Il demande à sortir. Elle aime à aller au cinéma.* — **7.** Moyen : *Pêcher à la ligne. La pêche au lancer. Aller à bicyclette. Marcher à l'électricité. Examiner à la loupe.* — **8.** Cause, agent (emploi limité) : *Manteau mangé aux mites. Livre mangé aux vers. Ceci est visible à l'œil nu.* — **9.** Manière : *Marcher au pas. Aller à l'aveuglette. Dormir à poings fermés. Vendre à perte. À dire vrai.* — **10.** Caractérisation (équivalent d'un adj.); matière, contenu, convenance, etc. : *Un avion à réaction. Un moteur à essence. Un homard à l'américaine. Casque à pointe. Machine à vapeur. Manger à sa faim. Boire à volonté. Avoir du pain à discrétion.* — **11.** Destination (emploi général) : *Tasse à thé. Donner à boire. Travail à refaire. Elle est de taille à riposter. Il n'est bon à rien. L'aptitude à une fonction. Elle est prête à partir.* — **12.** Attribut (emploi limité) : *Prendre à partie. Je les prends à témoin de ma sincérité.*

abaissement [abɛsmɑ̃] n. m. **1.** Action d'abaisser qqch : *L'abaissement d'un store, d'un mur. L'abaissement du pouvoir d'achat* (syn. BAISSE, DIMINUTION). — **2.** *Litt.* Action d'abaisser qqn; fait d'être avili : *Tant d'abaissement m'indigne* (syn. ↑ AVILISSEMENT).

abaisser [abese] v. t. (de *baisser*). **1.** *Abaisser un objet,* le faire descendre à un niveau inférieur ou en diminuer la hauteur (souvent remplacé par *baisser* à l'actif) : *Abaisser une manette* (contr. LEVER). *Abaisser un talus. Le mur a été abaissé* (syn. DIMINUER; contr. RELEVER). — **2.** *Abaisser qqch,* en diminuer l'importance ou la valeur (souvent remplacé par *baisser* ou *diminuer*) : *Abaisser une taxe. Les impôts ont été abaissés* (syn. ALLÉGER). *Abaisser le niveau des études* (= les rendre moins fortes). *Abaissez vos prétentions* (syn. DIMINUER). *L'hygiène a abaissé le taux de mortalité* (contr. ACCROÎTRE, RELEVER). — **3.** *Abaisser une perpendiculaire à une droite,* la mener d'un point à cette droite. — **4.** *Abaisser qqn,* le réduire à un état humiliant; lui faire perdre sa dignité (litt., plus souvent *rabaisser*) : *Il cherche à abaisser ses adversaires* (syn. FAIRE DÉCHOIR, ↑ AVILIR). *La douleur abaisse plus qu'elle ne grandit l'homme* (syn. ↑ DÉGRADER, RAVALER). ◆ ***s'abaisser*** v. pr. **1.** (sujet qqch) Descendre à un niveau inférieur : *Le rideau s'abaisse, le spectacle est fini* (syn. SE BAISSER; contr. SE LEVER); perdre de son ampleur, de sa force : *Le taux de production s'est abaissé ce mois-ci* (contr. SE RELEVER). [Plus souvent en ce sens *baisser.*] — **2.** (sujet qqn) *S'abaisser à qqch, à* (+ *inf.*), perdre de sa dignité, de sa fierté, de son élévation morale en agissant de telle ou telle façon : *Elle s'abaisse à lui adresser la parole. Il s'abaisse à s'excuser pour une faute qu'il n'a pas commise. Tu t'abaisses à de pareils procédés!* (syn. soutenu SE COMMETTRE); sans compl. avec à : *S'abaisser par lâcheté* (syn. ↑ S'AVILIR).

abandon [abɑ̃dɔ̃] n. m. (de l'anc. fr. *à bandon,* au pouvoir de). **1.** Action d'abandonner : *Faire abandon de ses biens* (syn. CESSION). *L'abandon d'un enfant entre les mains de l'Assistance publique. L'abandon d'une région par ses habitants. Abandon de poste* (syn. DÉSERTION). *L'abandon de ses projets* (syn. RENONCIATION, REJET). — **2.** Laisser-aller ou absence de réserve, d'effort dans la façon de se comporter : *Attitude pleine d'abandon* (syn. NATUREL, DÉTACHEMENT). *Parler avec abandon* (= avec une confiance totale, sans réserve). — **3.** *Laisser qqn, qqch à l'abandon,* négliger de s'en occuper ou de le protéger : *Laisser sa maison à l'abandon. Laisser ses enfants à l'abandon. Laisser ses affaires à l'abandon* (= dans le désordre).

abandonner [abɑ̃dɔne] v. t. (de *abandon*). **1.** *Abandonner un lieu,* s'en retirer de façon définitive : *Elle abandonne Paris pour se fixer en province* (syn. QUITTER, S'EN ALLER DE). *Les locataires ont abandonné cette maison qui tombait en ruine* (syn. DÉMÉNAGER DE); avec une idée de défaite : *Les ennemis ont dû abandonner la ville occupée quelque temps avant.* — **2.** *Abandonner une situation sociale,* cesser de l'occuper : *Abandonner ses fonctions au ministère. Abandonner l'enseignement pour entrer dans l'industrie privée* (syn. RENONCER À); avec une idée de renonciation : *Abandonner son poste* (syn. DÉSERTER). *Il a abandonné le pouvoir après sept ans de règne* (syn. QUITTER; contr. REPRENDRE). — **3.** *Abandonner qqch,* cesser de s'en occuper, de s'y intéresser ou d'y prendre part : *Elle a abandonné ses projets* (syn. SE DÉTACHER DE, RENONCER À). *Il a abandonné l'affaire sans regret* (syn. ↓ SE DÉSINTÉRESSER DE); et, avec une idée de renoncement, de défaite ou de lâcheté : *Abandonner la lutte* (= renoncer à lutter). *Il a beaucoup abandonné de ses prétentions* (syn. RABATTRE). *Abandonner le terrain* (= s'enfuir); sans compl. : *Le boxeur abandonna au troisième round.* — **4.** *Abandonner qqch à qqn,* le laisser définitivement à sa discrétion ou en son pouvoir : *Elle a abandonné ses biens à ses enfants* (syn. ↓DONNER). *Il abandonne toujours aux autres le soin de décider pour lui* (syn. LAISSER). — **5.** *Abandonner qqn,* le laisser dans la situation où il se trouve sans lui venir en aide : *Il abandonne un ami dans le besoin* (syn. fam. LAISSER TOMBER, LÂCHER). *Abandonner un amant, une maîtresse* (syn. ROMPRE AVEC, SE SÉPARER DE); et, au pass. : *Rester abandonné de tous* (syn. DÉLAISSÉ); (sujet qqch) : *Ses forces l'abandonnent* (syn. TRAHIR, MANQUER). ◆ ***s'abandonner*** v. pr. **1.** (sans compl.) *Litt.* Cesser de lutter : *Dès sa retraite, elle s'est abandonnée; maintenant, elle végète. Brisé par la douleur, il s'abandonna* (= il se confia librement). — **2.** *S'abandonner à un sentiment, à un défaut,* se laisser dominer par eux : *S'abandonner à sa facilité naturelle. Il s'abandonne à la paresse. Je m'abandonne au désespoir* (= je me laisse aller).

abasourdir [abazurdir] v. t. (de l'anc. fr. *basourdir,* tuer). **1.** Étourdir qqn à l'extrême par un grand bruit : *Je suis abasourdie par le bruit des travaux dans la rue* (syn. ↑ABRUTIR). *Cet enfant m'abasourdit avec ses cris continuels* (syn. ↓ÉTOURDIR). — **2.** Provoquer chez qqn un sentiment voisin de la stupeur : *La nouvelle de sa mort m'abasourdit* (syn. ↑CONSTERNER). *Une réponse aussi stupide m'abasourdit* (syn. ↓ACCABLER, STUPÉFIER).

abasourdissant, e [abazurdisɑ̃] adj. Qui abasourdit : *Un bruit abasourdissant. Une nouvelle abasourdissante* (= stupéfiante).

abâtardir (s') [abɑtardir] v. pr., **être abâtardi** v. pass. (de *bâtard* 1). *Litt.* Dégénérer, perdre ses qualités originelles : *Cette doctrine généreuse s'est abâtardie à la longue.*

abat-jour [abaʒur] n. m. inv. (de *abattre* et *jour*). Dispositif en tissu, en papier, en porcelaine, etc., qui sert à rabattre la lumière d'une lampe.

abats [aba] n. m. pl. Parties des animaux de boucherie (pieds, rognons, cœur, poumons, foie, etc.) qui ne sont pas considérées comme des viandes.

abattage [abataʒ] n. m. **1.** Action de jeter bas, de faire tomber : *L'abattage des arbres.* — **2.** Action de tuer des animaux de boucherie : *L'abattage des bœufs.* — **3.** Fam. *Avoir de l'abattage,* avoir de l'entrain, avoir une activité débordante (syn. BRIO, DYNAMISME).

abattant [abatɑ̃] n. m. Partie d'un meuble qu'on peut relever ou abaisser : *Un secrétaire à abattant.*

abattement [abatmɑ̃] n. m. **1.** Déduction faite sur une somme à payer (surtout en matière fiscale) : *Un abattement de 10 % pour frais professionnels.* — **2.** Diminution considérable des forces physiques ou morales : *Cette maladie l'a laissée dans un profond abattement* (syn. ACCABLEMENT). *La mort de son fils l'a jetée dans un grand abattement* (syn. DÉMORALISATION, DÉSESPOIR).

abattis [abati] n. m. pl. **1.** Parties d'une volaille (pattes, tête, cou, ailerons, cœur, foie, gésier) qui ne sont pas considérées comme des viandes. — **2.** *Pop.* Bras et jambes : *Il a de drôles d'abattis* (= des membres très longs). *Numérote tes abattis* (= fais attention à être prêt pour la lutte).

abattoir [abatwar] n. m. Établissement où on abat les animaux destinés à la boucherie.

abattre [abatr] v. t. (bas lat. *abattere*) [c. **56**]. **1.** *Abattre qqch* (en général dressé en hauteur), le jeter bas, le faire tomber : *Le bûcheron abattit le chêne à coups de hache* (syn. COUPER). *Les ouvriers abattent le mur* (syn. DÉMOLIR). *Abattre un avion* (= le détruire, l'envoyer au sol). *Abattre les angles aigus d'une pierre* (syn. RETRANCHER, ENLEVER); le diriger vers le bas, l'abaisser : *Abattre le canon de son fusil avant de franchir un fossé;* le faire retomber : *La pluie abat le vent, la poussière.* — **2.** *Abattre du travail,* en faire une grande quantité : *Elle était en retard, mais en quelques heures elle a abattu un travail considérable.* — **3.** *Abattre une carte,* la jouer en la tirant de son jeu et en la mettant sur la table. ‖ *Abattre ses cartes, son jeu,* les montrer à ses adversaires pour indiquer que l'issue (bonne ou mauvaise) ne fait pas de doute; dévoiler ses intentions avec netteté, pour emporter la décision : *En fin de compte, elle abattit son jeu et découvrit ses arrière-pensées.* — **4.** *Abattre un animal,* le tuer à coups de feu ou en le frappant : *Le chasseur a abattu trois perdrix dans l'après-midi. Abattre un bœuf* (= l'assommer dans un abattoir). — **5.** *Abattre qqn,* le tuer (alors qu'il est généralement sans défense) : *Les terroristes ont abattu un otage. Abattre un bandit;* ruiner son autorité, sa puissance : *Abattre un adversaire politique.* — **6.** (sujet qqch) *Abattre qqn, ses forces, son courage, son énergie,* lui ôter ses forces physiques ou morales : *Cette forte fièvre l'abat* (syn. ÉPUISER). *La captivité a abattu ses forces. Cette catastrophe l'abattit* (syn. ↑ANÉANTIR, ATTERRER). *Ne vous laissez pas abattre par un échec* (syn. DÉMORALISER; contr. RÉCONFORTER). *Cette défaite abattit leur courage.* ◆ ***s'abattre*** v. pr. **1.** (sujet qqch, qqn) Être jeté bas, renversé, etc. : *La maison s'abattit sous les bombes* (syn. S'ÉCROULER). *L'arbre s'est abattu* (syn. TOMBER). *Frappé d'une balle, le policier s'abattit dans la rue* (syn. S'ÉCROULER, S'AFFAISSER). — **2.** (sujet un animal, qqch) *S'abattre sur qqch, qqn,* tomber sur eux comme un agresseur, un élément hostile : *Les corbeaux s'abattent sur la charogne* (syn. TOMBER SUR). *L'aigle s'abat sur sa proie* (syn. FONDRE SUR). *Les injures s'abattaient sur eux* (syn. PLEUVOIR SUR). *La pluie s'abattait sur les promeneurs. Les ordres s'abattent sur les soldats.*

abattu, e [abaty] adj. Qui est démoralisé : *Après cet accident, elle est très abattue* (syn. ↓DÉCOURAGÉ, ↑PROSTRÉ, ↑ANÉANTI).

abbaye [abɛi] n. f. Monastère.

abbé [abe] n. m. (lat. *abbas*). **1.** Appellation d'un prêtre catholique : *L'abbé Dupont. Monsieur l'abbé Durand. Monsieur l'abbé, on vous demande.* (On dit plus couramment *Père : Le Père Dupont. Père, on vous demande.*) — **2.** Chef d'un monastère appelé *abbaye* (en ce sens, fém. ABBESSE).

a b c [abese] n. m. Premiers éléments d'une science, d'une technique, base élémentaire d'une activité (avec l'art. déf.) : *Je vous recommande la politesse envers le client, c'est l'a b c du métier.*

abcès [apsɛ] n. m. (lat. *abscessus,* corruption). **1.** Amas de pus : *Avoir un abcès à la gorge.* — **2.** *Crever l'abcès,* résoudre avec décision et énergie une situation confuse et malsaine : *Le laisser-aller est trop grand dans ce service, il faut crever l'abcès.*

abdication [abdikasjɔ̃] n. f. Action d'abdiquer : *L'abdication de Louis-Philippe. Il y a chez elle une sorte d'abdication devant la vie* (syn. DÉMISSION).

abdiquer [abdike] v. t. (lat. *abdicare*). **1.** *Abdiquer (le pouvoir),* renoncer à l'autorité souveraine dans le cadre d'une monarchie absolue : *Abdiquer le trône, l'Empire;* sans compl. : *Charles X abdiqua à la suite de la révolution de 1830* (contr. MONTER SUR LE TRÔNE). — **2.** *Abdiquer (ce qui vous appartient),* renoncer à conserver ce qui vous est propre, ce qui est jugé essentiel, renoncer à agir : *Abdiquer sa dignité d'être humain* (contr. GARDER). *Il avait abdiqué toute prétention à commander;* sans compl. : *En dépit d'échecs répétés, elle se refusait à abdiquer* (syn. CAPITULER). *C'est un homme fini, il a complètement abdiqué* (contr. RÉAGIR).

abdomen [abdɔmɛn] n. m. (mot lat.). **1.** Chez l'homme, région inférieure du tronc contenant les intestins (techn.) : *Recevoir un coup dans l'abdomen* (syn. usuel VENTRE). — **2.** Chez les insectes, partie postérieure du corps : *L'abdomen de la guêpe contient le dard.*

abdominal, e, aux [abdɔminal] adj. Relatif à l'abdomen : *Avoir de violentes douleurs abdominales.*

abdominaux [abdɔmino] n. m. pl. **1.** Muscles du ventre. — **2.** Exercices pour renforcer ces muscles : *Faire des abdominaux.*

abeille [abɛj] n. f. (lat. *apicula*). Insecte qu'on élève dans une ruche et qui produit du miel et de la cire : *Un essaim d'abeilles. L'élevage des abeilles s'appelle l'apiculture.*

aberrant, e [abɛrɑ̃] adj. (du lat. *aberrare,* s'écarter). **1.** Qui s'écarte du bon sens, de la logique (soutenu) : *Vouloir tout faire vous-même, mais c'est aberrant!* (= c'est de la folie). *Une idée aberrante* (syn. ABSURDE). — **2.** Qui s'écarte de la norme, du cas général : *Un phénomène aberrant n'infirme pas la loi générale.*

aberration [abɛrasjɔ̃] n. f. Erreur de jugement allant toujours jusqu'à l'absurdité : *Par quelle aberration avez-vous pu faire cela?* (syn. AVEUGLEMENT).

abêtir [abɛtir] v. t. Litt. *Abêtir qqn,* le rendre bête, stupide : *Le travail monotone a fini par l'abêtir* (syn. usuel ABRUTIR). *Il est abêti par ses tâches journalières.* ◆ ***s'abêtir*** v. pr. Devenir bête, abruti : *Sans que tu en aies conscience, tu t'abêtis dans l'inaction* (syn. S'ABRUTIR).

abêtissant, e [abɛtisɑ̃] adj. *Litt.* Qui abêtit, abrutit : *Un travail abêtissant qui n'enrichit pas l'esprit.*

abêtissement [abɛtismɑ̃] n. m. *Litt.* État de qqn qui est abêti (syn. usuel ABRUTISSEMENT).

abhorrer [abɔre] v. t. (lat. *abhorrere*). Avoir en horreur (soutenu) : *J'abhorre le mensonge et la déloyauté* (syn. EXÉCRER, ↓DÉTESTER).

abîme [abim] n. m. (gr. *abussos,* sans fond). **1.** Gouffre d'une très grande profondeur : *Les abîmes sous-marins (fosses marines) sont appelés des «abysses» par les géographes. Les spéléologues ont découvert un nouvel abîme.* — **2.** Ce qui divise ou sépare profondément (soutenu); désastre, ruine : *Il y a un abîme entre eux. Un abîme s'est creusé entre le père et le fils. Elle est maintenant au bord de l'abîme. Après ces échecs, il est au fond de l'abîme.* — **3.** *Un abîme de,* une immensité de : *Cet homme est un abîme d'égoïsme* (= un très grand égoïste). *Un abîme de science* (= une personne très savante).

abîmer [abime] v. t. (de *abîme*). Causer des dommages à qqch : *Le transport a abîmé le colis* (syn. ↑DÉTÉRIORER; fam. ESQUINTER). *L'humidité a abîmé le papier peint de la chambre* (syn. ENDOMMAGER, ↑GÂCHER). *Le chat abîme tout. J'ai les yeux abîmés par la lumière* (= fatigués). ◆ ***s'abîmer*** v. pr. **1.** (sujet qqch) Se détériorer : *C'est un tissu fragile, il s'abîme facilement.* — **2.** (sujet qqn) *S'abîmer les mains, les yeux,* etc., les mettre en mauvais état : *Tu t'abîmes les yeux à force de lire dans l'obscurité.* — **3.** *Litt.* (sujet qqch) S'enfoncer : *L'avion s'est abîmé dans les flots.* — **4.** *Litt.* (sujet qqn) Se plonger (dans des réflexions), se perdre (dans un rêve) : *S'abîmer dans ses pensées. S'abîmer dans une profonde rêverie.*

abject, e [abʒɛkt] adj. (lat. *abjectus,* rejeté). Qui suscite le dégoût, le mépris, par sa bassesse (soutenu) : *Avoir une conduite abjecte envers quelqu'un* (syn. usuel IGNOBLE). *C'est un être abject* (syn. RÉPUGNANT).

abjection [abʒɛksjɔ̃] n. f. *Litt.* État de qqn qui s'est abaissé jusqu'à être méprisé : *Être au dernier degré de l'abjection* (= abaissement). *Vivre dans l'abjection* (= dégradation).

abjuration [abʒyrasjɔ̃] n. f. Action d'abjurer une religion, une opinion : *L'abjuration d'Henri IV en 1593.*

abjurer [abʒyre] v. t. (lat. *abjurare,* nier par serment). **1.** *Abjurer (une religion),* l'abandonner solennellement. — **2.** *Abjurer (ses opinions, ses erreurs),* y renoncer publiquement (syn. RENIER, SE RÉTRACTER).

ablatif [ablatif] n. m. (lat. *ablativus* [*casus*], cas marquant l'origine). Dans les langues à déclinaison, cas marquant l'éloignement, l'origine, etc.

ablation [ablasjɔ̃] n. f. (du lat. *ablatus,* enlevé). *Ablation d'un organe du corps, d'une tumeur,* son enlèvement par voie chirurgicale : *Procéder à l'ablation d'un rein malade.*

ablette [ablɛt] n. f. (du lat. *albulus,* blanchâtre). Poisson d'eau douce abondant dans les lacs alpins.

ablutions [ablysjɔ̃] n. f. pl. (du lat. *abluere,* laver). *Faire ses ablutions,* se laver (soutenu ou ironiq.) : *Quelques campeuses faisaient déjà leurs ablutions matinales.*

abnégation [abnegasjɔ̃] n. f. (du lat. *abnegare,* nier). Renoncement total, au bénéfice d'autrui, à ce qui est pour soi l'essentiel : *Malgré sa maladie et par abnégation, il a continué sa tâche quotidienne* (syn. ↓DÉVOUEMENT).

aboiement [abwamɑ̃] n. m. Cri du chien : *Être réveillé par les aboiements du chien.*

abois [abwa] n. m. pl. (de *aboyer*). *Être aux abois,* être dans une situation désespérée, être réduit à la dernière extrémité : *Il a perdu de grosses sommes à la Bourse, il ne peut plus payer, il est aux abois.* (Se dit en vénerie d'un cerf qui s'arrête devant les chiens, ne pouvant plus leur échapper.)

abolir [abɔlir] v. t. (lat. *abolere*). *Abolir une loi, une peine,* l'annuler, la supprimer (syn. ABROGER) : *Abolir la peine de mort.*

abolition [abɔlisjɔ̃] n. f. Action d'abolir : *Réclamer l'abolition de la peine de mort* (syn. ABROGATION, SUPPRESSION).

abolitionnisme [abɔlisjɔnism] n. m. Attitude de ceux qui réclamaient l'abolition de l'esclavage, de la peine de mort.

abolitionniste [abɔlisjɔnist] adj. et n. Qui relève de l'abolitionnisme : *Une campagne abolitionniste.*

abominable [abɔminabl] adj. (lat. *abominabilis*) [avant ou après le n.] **1.** Qui provoque l'horreur, la répulsion : *Commettre un crime abominable* (syn. ATROCE). *Un chantage abominable* (syn. MONSTRUEUX). *Il a eu pour lui des paroles abominables* (syn. HORRIBLE). *Une abominable odeur de putréfaction* (syn. ÉPOUVANTABLE). — **2.** Très mauvais : *Il fait un temps abominable* (syn. AFFREUX).

abominablement [abɔminabləmɑ̃] adv. **1.** Très mal : *Chanter abominablement.* — **2.** Marque l'intensité : *Cela coûte abominablement cher* (syn. TRÈS, EXTRÊMEMENT).

abomination [abɔminasjɔ̃] n. f. Litt. *Avoir qqn, qqch en abomination,* le détester au plus haut point. ‖ *Dire des abominations,* dire des choses horribles, des paroles grossières ou blasphématoires. ‖ *L'abomination de la désolation,* le comble de l'horreur.

abondamment [abɔ̃damɑ̃] adv. De façon abondante : *Il pleut abondamment* (syn. ↓BEAUCOUP). *Il mange abondamment tous les soirs* (syn. COPIEUSEMENT). *Les magasins sont abondamment pourvus* (contr. PAUVREMENT). *Elle a abondamment traité la question* (syn. AMPLEMENT).

abondance [abɔ̃dɑ̃s] n. f. **1.** *Une abondance de,* une grande quantité ou un grand nombre de : *Nous avons eu une abondance de légumes cet été* (syn. PROFUSION; contr. PÉNURIE). *Il y a abondance de poissons dans cette rivière. L'abondance des récoltes dépasse les prévisions. Abondance de mauvaises nouvelles ce matin* (contr. MANQUE). — **2.** (sans compl.) Ressources importantes qui donnent la prospérité : *Elle a vécu dans l'abondance* (syn. RICHESSE, OPULENCE). *Ce sont des années d'abondance* (syn. FERTILITÉ). — **3.** *Corne d'abondance,* ornement représentant une corne qui regorge de fruits et de fleurs; le symbole de la richesse et de la prospérité. ‖ *En abondance,* en grande quantité : *Ses larmes coulaient en abondance* (syn. ↑ À FLOTS). *Elle a trouvé des fautes en abondance* (syn. ↑ À FOISON; fam. EN PAGAILLE). ‖ Litt. *Parler d'abondance,* sans préparation, de mémoire. ‖ *Parler avec abondance,* s'exprimer avec une grande facilité, avec une richesse particulière de mots.

abondant, e [abɔ̃dɑ̃] adj. En grande quantité ou dont l'importance est considérable : *Fruits et légumes abondants sur le marché* (syn. ↓ COURANT; contr. RARE). *La récolte a été abondante* (syn. RICHE). *Un repas abondant* (syn. COPIEUX, ↑ PLANTUREUX).

abonder [abɔ̃de] v. i. (lat. *abundare,* affluer) [sujet qqch] *Abonder (qqpart),* être en grand nombre ou en grande quantité : *Le gibier abonde cet automne* (syn. ↑ PULLULER; contr. MANQUER). *Les fruits abondent sur le marché* (contr. ÊTRE RARE). *Les expressions recherchées abondent dans ses écrits* (syn. ↑ FOISONNER). ◆ v. t. ind. **1.** (sujet qqch) *Abonder en qqch,* le posséder ou le produire en grande quantité : *La région abonde en fruits* (syn. REGORGER DE). *Ce livre abonde en anecdotes* (syn. ÊTRE PRODIGUE DE). — **2.** (sujet qqn) *Abonder dans le sens de qqn,* se ranger pleinement à son avis : *Vous avez raison, j'abonde dans votre sens.*

abonné, e [abɔne] n. Personne qui a un abonnement : *Les abonnés du Théâtre-Français. Une mesure qui concerne tous les abonnés du gaz.*

abonnement [abɔnmɑ̃] n. m. Convention passée avec un service public ou une maison commerciale, pour l'usage habituel de ce service, la fourniture régulière d'un produit : *Renouveler son abonnement à un journal, à la S. N. C. F. Prendre un abonnement au théâtre.*

abonner [abɔne] v. t. (de l'anc. fr. *bodne,* borne). *Abonner qqn,* lui prendre un abonnement : *Abonnez-la à votre revue.* ◆ ***s'abonner*** v. pr. Prendre un abonnement : *Je me suis abonnée à un hebdomadaire.*

abord [abɔr] n. m. (de *aborder*). **1.** Manière dont on accueille les autres (+ adj., surtout dans *avoir un abord...* et *être d'un abord...* [soutenu]) : *Avoir un abord sévère. Il est d'un abord facile et aimable.* — **2.** *Au premier abord, de prime abord* (soutenu), si on s'en tient à un premier examen : *Au premier abord, je ne suis pas hostile à ce projet, mais il faudra l'examiner plus à fond* (syn. SUR LE COUP, À PREMIÈRE VUE). ‖ *D'abord, tout d'abord,* indique une première partie, un commencement, etc., qui s'oppose généralement à ce qui suit (indiqué par *puis, ensuite, après quoi,* etc.) : *Mettons-nous d'abord à l'œuvre, ensuite nous verrons mieux les difficultés* (syn. AU PRÉALABLE). *Il fut tout d'abord extrêmement mécontent, puis il se calma* (syn. EN PREMIER LIEU). ‖ Litt. *Dès l'abord,* indique le point de départ : *Dès l'abord, l'entreprise me parut difficile* (syn. usuels DÈS LE DÉBUT, DÈS LE COMMENCEMENT). ◆ ***abords*** n. m. pl. *Les abords d'un lieu,* ses environs immédiats : *Les abords de Paris sont encombrés de voitures* (syn. LES ACCÈS). *Les abords de cette ville sont très pittoresques* (syn. LES ALENTOURS).

abordable [abɔrdabl] adj. **1.** Qu'on peut atteindre, approcher : *Une côte peu abordable* (syn. ACCESSIBLE, HOSPITALIER). *Une personne facilement abordable* (syn. ACCESSIBLE). — **2.** Qui est à la portée du pouvoir d'achat : *Des articles d'un prix abordable* (syn. RAISONNABLE). *Des légumes abordables* (= dont le prix est accessible à tous).

abordage [abɔrdaʒ] n. m. Fait d'aborder un rivage; fait de heurter ou d'attaquer un navire : *L'abordage est difficile au milieu de ces rochers. Le navire a coulé à la suite d'un abordage. Prendre un navire à l'abordage* (= d'assaut). *Un sabre d'abordage.*

aborder [abɔrde] v. i. (du frq. *bord,* bord d'un navire) [sujet un bateau, un navigateur] *Aborder (qqpart),* arriver au rivage, au port, atteindre la terre : *Aborder dans une île déserte, sur une petite île* (syn. ACCOSTER). *Aborder sur la côte bretonne. Le bateau aborde en Chine, au Brésil* (contr. APPAREILLER, QUITTER). ◆ v. t. **1.** (sujet qqn, un véhicule) *Aborder un virage,* s'engager dans un tournant, une courbe de la route : *Il a abordé le virage à grande vitesse.* — **2.** *Aborder un navire,* le heurter accidentellement : *Un cargo norvégien a abordé un pétrolier libérien dans la Manche;* le prendre d'assaut : *Les pirates abordèrent le petit navire et le coulèrent.* — **3.** (sujet qqn) *Aborder qqn,* s'approcher de lui pour lui parler : *Un étranger m'a abordée pour me demander son chemin* (syn. ACCOSTER). — **4.** (sujet qqn) *Aborder qqch,* commencer à l'entreprendre, y faire face : *Aborder un problème difficile* (syn. AFFRONTER, S'ATTAQUER À). *Elle a abordé le cinéma après une première saison théâtrale. Aborder la vie avec réalisme.*

aborigène [abɔriʒɛn] n. et adj. (lat. *aborigenes,* premiers habitants). Originaire du pays où il vit, par oppos. à ceux qui viennent s'y établir : *Les aborigènes sont appelés d'une manière plus usuelle «indigènes» ou «autochtones». Une population aborigène.*

abouchement [abuʃmɑ̃] n. m. Fait d'aboucher deux choses.

aboucher [abuʃe] v. t. (de *bouche*). *Aboucher deux tuyaux, des tubes,* les joindre bout à bout pour qu'ils communiquent, les souder l'un à l'autre (techn.). ◆ ***s'aboucher*** v. pr. (sujet qqn) *S'aboucher avec qqn,* se mettre en rapport avec lui, souvent pour une affaire suspecte, pour une intrigue, etc. : *Il s'est abouché directement avec le fournisseur en espérant se passer de l'intermédiaire* (syn. NÉGOCIER). *Ils se sont abouchés avec un receleur pour la vente des objets volés.*

aboutir [abutir] v. t. ind. (de *bout*). **1.** (sujet qqch) *Aboutir à un lieu, qqpart,* y toucher par une extrémité : *La rue du Bac commence à la Seine et aboutit à la rue de Sèvres* (on dit aussi *aboutit rue de Sèvres*). *Le sentier aboutit au village* (syn. FINIR À, SE TERMINER À). *Ce chemin aboutit près de la mairie.* — **2.** (sujet qqch) *Aboutir à qqch, à* (+ *inf.*), avoir une conclusion, un résultat par une série de conséquences : *Ma démarche n'a abouti à rien. Tous vos prétextes aboutissent à ne rien faire;* et, sans compl., avoir un résultat heureux, une issue favorable : *Les pourparlers ont abouti* (syn. RÉUSSIR; contr. ÉCHOUER). *Mes démarches ont abouti.* — **3.** (sujet qqn) Terminer heureusement qqch : *Elle a abouti à une conclusion intéressante;* sans compl. : *Après un long travail fastidieux, j'ai enfin abouti.*

aboutissants [abutisɑ̃] n. m. pl. *Les tenants et les aboutissants* → TENANT.

aboutissement [abutismɑ̃] n. m. **1.** Fait de finir qqpart : *Cette rue est l'aboutissement de la route de Poitiers* (syn. FIN). — **2.** Fait d'aboutir, de se terminer : *Et quel a été l'aboutissement de vos démarches?* (syn. RÉSULTAT, POINT FINAL). *C'est l'aboutissement de toutes mes recherches* (syn. TERME, ↑ COURONNEMENT).

aboyer [abwaje] v. i. (lat. pop. *abbaudiare*) [c. 3]. **1.** (sujet un chien) Émettre des cris d'appel, de menace, etc. : *Chaque fois que le facteur se présente à la grille, le chien aboie de fureur. Le chien de garde aboie après les visiteurs.* — **2.** *Fam.* (sujet qqn) Crier, articuler avec violence : *Ce n'est pas la peine d'aboyer comme ça : j'ai compris!*

abracadabrant, e [abrakadabrɑ̃] adj. (de *abracadabra*, mot gr.). Se dit de qqch qui provoque l'étonnement par son étrangeté ou son incohérence : *C'est une idée abracadabrante que de commencer un roman par la fin* (syn. ↓ BIZARRE ; fam. FARFELU). *Elle raconte une histoire abracadabrante pour justifier son absence* (syn. INCROYABLE).

abrégé [abreʒe] n. m. **1.** Forme réduite d'un écrit plus long ou d'un ensemble plus vaste : *Ces quelques pages ne sont qu'un abrégé de ce que j'ai écrit dans un gros ouvrage* (syn. RÉDUCTION). — **2.** Ouvrage contenant le résumé d'une science, d'un livre d'études : *Un abrégé de géométrie* (syn. PRÉCIS). *La candidate révise son cours dans un abrégé* (syn. RÉSUMÉ). — **3.** *En abrégé*, en peu de mots : *Voilà, en abrégé, le récit de leur querelle* (syn. SOMMAIREMENT, EN BREF, BRIÈVEMENT ; soutenu SUCCINCTEMENT).

abrègement [abrɛʒmɑ̃] n. m. Action d'abréger ; fait d'être abrégé : *Il se plaint de l'abrègement des vacances* (contr. ALLONGEMENT).

abréger [abreʒe] v. t. (du lat. *brevis*, bref) [c. **2** et **10**] (sujet qqn, qqch) *Abréger qqch*, en diminuer la longueur, la durée : *Abréger un texte trop long* (syn. RACCOURCIR). *Abrégez votre exposé* (syn. ÉCOURTER ; contr. ALLONGER). *Le mauvais temps a abrégé notre séjour à la campagne* (syn. RÉDUIRE). *Il savait abréger les trop longues soirées par des anecdotes* (= les faire paraître moins longues). *Cette petite route abrège la distance qui nous sépare du village.*

abreuver [abrøve] v. t. (du lat. *bibere*, boire). **1.** Faire boire des animaux domestiques (chevaux, bœufs, etc.) : *Apporter des seaux d'eau pour abreuver le bétail.* — **2.** *Terre, sol abreuvés d'eau*, pleins d'eau (au point qu'ils ne peuvent plus l'absorber). — **3.** Litt. *Abreuver qqn d'injures, de coups*, l'injurier, le battre jusqu'à l'accablement : *Ses adversaires politiques l'abreuvaient d'injures.* ◆ ***s'abreuver*** v. pr. (sujet un animal) Boire : *Le cheval s'abreuve à la mare.*

abreuvoir [abrøvwar] n. m. Lieu où les bestiaux vont boire.

abréviation [abrevjasjɔ̃] n. f. (de *abréger*). Réduction d'un mot à une suite plus courte d'éléments (premières syllabes), ou réduction d'un composé à ses initiales : *« Métro », « S. N. C. F. », « S. M. I. C. » sont des abréviations de « chemins de fer métropolitain », de « Société nationale des chemins de fer français », de « salaire minimum interprofessionnel de croissance ».*

abri [abri] n. m. (de l'anc. fr. *abrier*, abriter). **1.** Lieu où on peut se mettre à couvert de la pluie, du soleil, etc. : *Gagner un abri en montagne* (syn. REFUGE). *Construire un abri provisoire pour garer sa voiture* ; endroit qui a été aménagé pour servir de refuge en cas de bombardement, d'incendie, etc. : *Certaines stations de métro ont servi d'abris pendant la guerre.* — **2.** *À l'abri*, à couvert des intempéries : *Pendant l'orage, il s'est mis à l'abri dans une cabane* (= s'est réfugié, abrité) ; en sûreté, hors de danger : *La menace de guerre s'est éloignée, nous sommes maintenant à l'abri* (syn. HORS D'ATTEINTE) ; avec *de* + n. : *Cette maison est construite à l'abri du vent. Elle est à l'abri du besoin* (= elle a de quoi vivre). *Je suis à l'abri de pareilles erreurs* (= je ne peux les commettre).

Abribus [abribys] n. m. (nom déposé) Édicule destiné à abriter les personnes qui attendent un autobus.

abricot [abriko] n. m. (ar. *al-barqūq*). Fruit jaune-orangé de l'abricotier, cultivé surtout dans le sud de la France. ◆ adj. inv. De la couleur de l'abricot : *Une robe abricot.*

abricoté, e [abrikɔte] adj. **1.** *Pêche abricotée*, qui tient de l'abricot. — **2.** *Gâteau abricoté*, recouvert de marmelade d'abricots.

abricotier [abrikɔtje] n. m. Arbre dont le fruit est l'abricot.

abriter [abrite] v. t. Mettre à l'abri (souvent pass. et pr.) : *Je me suis abritée sous le porche pendant l'averse* (syn. PROTÉGER). *Le versant de la colline abrité des vents du nord* (syn. PRÉSERVER ; contr. EXPOSER). *Cette maison abrite plusieurs familles* (= leur sert d'habitation).

abrogation [abrɔgasjɔ̃] n. f. Action d'abroger ; fait d'être abrogé : *Voter l'abrogation d'une loi* (syn. ABOLITION, ANNULATION).

abroger [abrɔʒe] v. t. (lat. *abrogare*) [c. **2**] *Abroger une loi, un décret, un arrêt*, les annuler, les supprimer : *On abrogea les dispositions contraires à la loi nouvelle* (syn. ABOLIR).

abrupt, e [abrypt] adj. (lat. *abruptus*). **1.** Se dit d'une pente, d'une montagne, coupées droit, d'un chemin dont la montée est difficile : *Pente abrupte* (syn. ESCARPÉ). *Un chemin abrupt au flanc de la montagne* (syn. ↓ RAIDE). — **2.** Dont l'abord est rude, brutal : *Il a une manière abrupte de vous recevoir* (syn. ↓ BRUSQUE).

abruptement [abryptəmɑ̃] adv. De façon abrupte, brutale : *Elle aborda abruptement la question.*

abruti, e [abryti] n. *Fam.* Personne stupide : *Ce sont tous des abrutis, on ne peut rien leur faire comprendre* (syn. IMBÉCILE, IDIOT).

abrutir [abrytir] v. t. (de *brute*) [sujet qqn, qqch] *Abrutir qqn*, le rendre incapable de rien comprendre, de rien sentir ; le mettre dans un état de torpeur ou d'accablement : *L'alcool l'abrutissait et lui faisait perdre toute volonté* (syn. moins fréquent HÉBÉTER). *Il l'abrutit d'un flot de paroles* (syn. ↓ ABASOURDIR) ; surtout pass. : *Être abruti par une migraine.* ◆ ***s'abrutir*** v. pr. (sujet qqn) *S'abrutir de travail*, s'exténuer par un travail excessif.

abrutissant, e [abrytisɑ̃] adj. Qui abrutit : *Travail abrutissant. La vie abrutissante de Paris.*

abrutissement [abrytismɑ̃] n. m. Action d'abrutir ; fait de s'abrutir : *L'abrutissement, conséquence de la monotonie de son existence.*

abscisse [apsis] n. f. (lat. *abscissa*, coupée). Coordonnée horizontale caractérisant un point dans un plan (math.) [contr. ORDONNÉE].

absence [apsɑ̃s] n. f. **1.** Fait d'être absent d'un lieu : *Son absence a été remarquée. S'excuser de son absence. Une absence pour cause de maladie. Son absence de Paris se prolongera jusqu'à la semaine prochaine* (contr. PRÉSENCE). *Pendant son absence, j'ai pu repeindre sa chambre. En l'absence du chef de service, son adjointe signe les circulaires.* — **2.** Fait de manquer, de faire défaut : *Ce roman témoigne d'une absence totale de goût* (syn. MANQUE). *Ses travaux dénotent une absence regrettable de rigueur scientifique* (syn. CARENCE, DÉFAUT). *En l'absence de preuves, il a été relâché* (= faute de, par manque de). — **3.** Perte de mémoire, d'attention : *J'ai des absences de mémoire* (syn. fam. TROU ; DÉFAILLANCE). *Depuis son accident, elle a souvent des absences* (= des pertes momentanées de la conscience, des moments d'inattention).

absent, e [apsɑ̃] adj. et n. (lat. *absens*). Se dit de qqn qui n'est pas présent dans un lieu où il devrait être normalement, où il se trouve habituellement, où il travaille d'ordinaire (sans compl. introduit par *de*) : *La directrice est absente aujourd'hui ; revenez demain. Il a été absent la semaine dernière pour cause de maladie. Faire l'appel d'une classe afin de compter les absents* (contr. PRÉSENT). *Il est souvent absent en classe* (= il manque). ◆ adj. **1.** *Absent de qqpart*, se dit de qqn qui n'est pas présent dans un lieu : *Elle est absente de Paris en ce moment* (= elle n'est pas à Paris). *J'étais absente de la précédente réunion* (= je n'étais pas à la réunion).

Être absent de son bureau, de son usine. — **2.** *Absent (de qqn, de qqch),* se dit de qqch qui fait défaut : *La sincérité est absente chez lui. La précision est absente de ce rapport* (syn. MANQUER À). *L'humour est absent de cette assemblée.* — **3.** (sans compl.) Qui montre une grande distraction; absorbé dans une réflexion profonde : *Il vous parlait toujours d'un air absent sans écouter vos réponses* (syn. DISTRAIT).

absentéisme [apsɑ̃teism] n. m. Absence fréquente et non motivée du lieu de travail : *On ne compte pas dans l'absentéisme les congés médicalement ou légalement prescrits* (contr. ASSIDUITÉ).

absentéiste [apsɑ̃teist] adj. et n. Qui relève de l'absentéisme : *L'hiver, la proportion des absentéistes a tendance à augmenter.*

absenter (s') [apsɑ̃te] v. pr. (sujet qqn) *S'absenter (d'un lieu),* quitter un lieu où on est habituellement, où on se trouve en ce moment : *Je m'absente pour quelques instants; prenez les communications téléphoniques à ma place* (syn. SORTIR). *Je m'absenterai de Paris du 3 au 12 février.*

abside [apsid] n. f. (gr. *apsis, -idos,* voûte). Extrémité en demi-cercle du chœur d'une église.

absolu, e [apsɔly] adj. (lat. *absolutus,* achevé). **1.** Qui ne comporte aucune restriction, aucune atténuation ni aucune exception : *Il a pour tous ceux qui l'entourent un mépris absolu* (syn. TOTAL). *Elle est dans l'impossibilité absolue de quitter sa chambre* (syn. COMPLET). *J'avais en elle une confiance absolue* (syn. ENTIER, PLEIN; contr. RELATIF). *Vous donnez à ses paroles un sens trop absolu* (= sans nuance); parfois avant un n. : *Ne m'appelez qu'en cas d'absolue nécessité* (syn. IMPÉRIEUX). — **2.** Qui s'inspire de principes rigoureux, sans tenir compte des circonstances : *Vous voyez tout d'une manière absolue* (contr. RELATIF) — **3.** *Arme absolue,* d'une efficacité telle qu'il n'existe pas de parade contre elle. — **4.** Qui ne supporte aucune opposition, aucune contradiction, qui ne fait aucune concession : *Il est trop absolu dans ses jugements* (syn. DOGMATIQUE, ENTIER). *Elle prend pour me parler un ton bien absolu* (syn. AUTORITAIRE, IMPÉRIEUX). *Il a un caractère absolu; il n'admettra aucun compromis* (syn. INTRANSIGEANT). *C'est un ordre absolu* (= qui ne souffre aucune discussion). — **5.** Se dit d'un chef d'État qui ne connaît pour limite à l'exercice de son autorité que la loi fixée par lui-même; se dit aussi de son pouvoir : *Louis XIV fut un monarque absolu. Un pouvoir absolu* (= sans contrôle; syn. SOUVERAIN). *La royauté d'Ancien Régime fut une monarchie absolue.* — **6.** En grammaire, se dit d'une forme syntaxique qui n'est pas dépendante grammaticalement d'un autre terme : *Les propositions participiales sont en français des constructions absolues, puisque aucun des mots qui les forment ne joue de rôle dans la proposition principale. Un verbe transitif est pris dans un sens absolu quand il est employé sans complément d'objet* (ex. : *il mange du pain* [transitif]; *il mange* [pris dans un sens absolu]). *Le superlatif absolu* (ex. *très juste*) *ne comporte pas de complément* (contr. SUPERLATIF RELATIF). ◆ ***absolu*** n. m. **1.** Ce qui est à l'origine de tout; le parfait : *Être à la recherche de l'absolu.* — **2.** *Dans l'absolu,* sans tenir compte des contingences, des circonstances : *Dans l'absolu, vous avez raison.*

absolument [apsɔlymɑ̃] adv. **1.** D'une manière qui n'admet aucune restriction ni réserve : *Je dois absolument aller le voir cette semaine* (syn. DE TOUTE NÉCESSITÉ, SANS FAUTE, À TOUT PRIX). — **2.** Exprime une intensité très grande : *C'est absolument faux* (syn. COMPLÈTEMENT, TOTALEMENT, ENTIÈREMENT). *Nous sommes absolument du même avis* (syn. TOUT À FAIT). *Ceci s'oppose absolument à ce que vous avez dit précédemment* (syn. RADICALEMENT). *Il n'y a absolument personne.* — **3.** Assurément, certainement (en guise de réponse) : *Tu prétends prouver le contraire? — Absolument.* — **4.** *Verbe, adjectif,* etc., *employé absolument,* sans complément.

absolution [apsɔlysjɔ̃] n. f. (de *absoudre*). Action de pardonner un péché; fait d'être pardonné : *Le pénitent reçoit l'absolution de ses fautes.*

absolutisme [apsɔlytism] n. m. (de *absolu*). Régime politique dans lequel le chef de l'État concentre en lui tous les pouvoirs, sans admettre d'autres contrôles que ceux que lui-même a institués (syn. AUTOCRATIE, ↑TOTALITARISME; péjor. DESPOTISME, TYRANNIE).

absolutiste [apsɔlytist] adj. et n. Qui relève de l'absolutisme : *Théories absolutistes.*

absorbant, e [apsɔrbɑ̃] adj. **1.** Qui absorbe, fait disparaître un liquide : *Un tissu absorbant.* — **2.** Qui accapare, occupe entièrement : *Avoir un travail absorbant.*

absorber [apsɔrbe] v. t. (lat. *absorbere,* avaler). **1.** (sujet qqch) *Absorber un liquide,* le laisser pénétrer en soi en le retenant ou en le faisant disparaître : *L'éponge absorbe l'eau* (syn. S'IMBIBER DE; contr. REJETER). *Le buvard absorbe l'encre* (syn. S'IMPRÉGNER DE). — **2.** (sujet qqn, un animal) *Absorber des aliments,* les consommer, s'en nourrir : *Elle absorbe une quantité impressionnante de nourriture* (syn. MANGER OU BOIRE). — **3.** (sujet qqch) *Absorber qqch,* le faire disparaître, l'épuiser ou le neutraliser : *L'achat de l'appartement a absorbé toutes leurs économies* (syn. ↑ENGLOUTIR). *Le noir absorbe la lumière.* — **4.** (sujet qqch) *Absorber qqn, ses pensées, son temps,* etc., les occuper entièrement et fortement : *Ce travail l'absorbe complètement, absorbe toute son activité* (syn. RETENIR, ↑ACCAPARER). ◆ ***s'absorber*** v. pr. S'occuper entièrement à qqch : *Elle s'absorbe dans la rédaction de son roman, dans la lecture de son journal* (syn. ↑SE PLONGER; litt. ↑S'ABÎMER).

absorption [apsɔrpsjɔ̃] n. f. Action d'absorber un liquide, un aliment, etc. : *L'absorption d'une dose massive de somnifère.*

absoudre [apsudr] v. t. (lat. *absolvere* [c. **60**]. **1.** *Absoudre qqn,* le déclarer innocent (jurid.); chez les catholiques, remettre les péchés au pénitent. — **2.** *Absoudre la faute de qqn,* la lui pardonner, l'en excuser.

abstenir (s') [apstənir] v. pr. (lat. *abstinere*) [c. **22**] (sujet qqn) **1.** *S'abstenir de qqch (abstrait), de* (+ *inf.*), l'éviter volontairement, y renoncer : *Il s'est abstenu de tout commentaire* (syn. SE GARDER DE). *Elle s'abstint de le critiquer. Ils se sont abstenus de participer à la course.* — **2.** *S'abstenir d'un aliment,* s'interdire d'en user : *Abstenez-vous de café jusqu'à nouvel ordre* (syn. SE PRIVER DE). — **3.** (sans compl.) Ne pas se prononcer et, en particulier, ne pas prendre part, volontairement, à un vote ou à une délibération, en refuser la responsabilité : *Dans le doute, abstiens-toi. S'abstenir aux élections législatives.*

abstention [apstɑ̃sjɔ̃] n. f. Fait de s'abstenir, de ne pas se prononcer; absence de vote : *Le nombre des abstentions, dans ce scrutin, atteint près du quart des électeurs.*

abstentionnisme [apstɑ̃sjɔnism] n. m. Non-participation d'une partie du corps électoral à un vote.

abstentionniste [apstɑ̃sjɔnist] n. Personne qui s'abstient à une élection : *Les abstentionnistes sont plus nombreux aux élections partielles qu'aux élections générales.*

abstinence [apstinɑ̃s] n. f. Action de se priver de certains aliments pour des raisons religieuses ou de certains plaisirs : *Le vendredi saint est pour les catho-*

liques un jour d'abstinence (= où on s'abstient de viande).

abstinent, e [apstinɑ̃] adj. et n. Qui s'abstient des plaisirs sexuels ou de certains aliments (syn. TEMPÉRANT).

abstraction [apstraksjɔ̃] n. f. **1.** Action d'abstraire; idée ou raisonnement, résultat de cette opération : *Sans abstraction, il n'est pas de science. La noirceur est une abstraction* (syn. CONCEPT, NOTION). — **2.** *Péjor.* Conception ou idée sans contact avec la réalité, issue de la pure imagination : *C'est une pure citadine : le monde rural est pour elle une abstraction. Il se laissait aller à développer des abstractions extraordinaires* (syn. UTOPIE). *Ce personnage de comédie est une pure abstraction* (= est parfaitement irréel). — **3.** *Faire abstraction de qqch,* ne pas en tenir compte : *Dans vos projets d'avenir, vous faites abstraction de tous les incidents imprévisibles* (syn. ÉCARTER, EXCLURE; contr. FAIRE ENTRER EN LIGNE DE COMPTE). *Faites un moment abstraction de vos goûts personnels* (syn. LAISSER DE CÔTÉ, ÉLIMINER). *Abstraction faite des deux semaines où je ne serai pas à Paris, vous pourrez me joindre tous les jours.*

abstraire [apstrɛr] v. t. (lat. *abstrahere,* détourner) [c. 79; surtout à l'inf. et aux temps composés] *Abstraire qqch de qqch,* isoler un élément d'un ensemble, afin de le considérer indépendamment des autres : *Abstraire de la masse sonore une phrase mélodique.* ◆ ***s'abstraire*** v. pr. (sujet qqn) *S'abstraire de qqch,* s'isoler du monde extérieur, du milieu dans lequel on se trouve, du cadre habituel de ses occupations, pour réfléchir ou rêver : *Elle ne pouvait s'abstraire du spectacle affreux qu'elle avait sous les yeux* (syn. SE DÉTACHER). *Pour comprendre un fait historique, il faut s'abstraire de l'époque où on vit.*

abstrait, e [apstrɛ] adj. **1.** Se dit d'une qualité considérée en elle-même, indépendamment de l'objet *(concret)* dont elle est un des caractères, de sa représentation, ou de tout ce qui dépasse le particulier pour atteindre le général : *La couleur et la grandeur sont des qualités abstraites. La bonté, la haine et la fraternité sont des idées abstraites* (= concept). *Les noms abstraits, comme «blancheur» et «politesse», désignent en grammaire une qualité ou une manière d'être* (contr. CONCRET). — **2.** Difficile à comprendre à cause de la généralité de son expression : *Je suivais mal son raisonnement abstrait* (syn. SUBTIL; contr. CLAIR). *C'est un écrivain abstrait, un théoricien* (syn. litt. ABSCONS, ABSTRUS). *L'art abstrait utilise les lignes et les masses pour traduire l'idée* (contr. FIGURATIF). ◆ ***abstrait*** n. m. Ce qui est considéré en soi, indépendamment de l'objet dont il est une qualité : *Ne restez pas dans l'abstrait, donnez des exemples.*

abstraitement [apstrɛtmɑ̃] adv. De façon abstraite : *Raisonner abstraitement, indépendamment de la réalité* (contr. CONCRÈTEMENT).

abstrus, e [apstry] adj. (lat. *abstrusus*). *Litt.* Difficile à comprendre (syn. ↓OBSCUR, ABSTRAIT).

absurde [apsyrd] adj. (lat. *absurdus,* discordant) [avant ou après le n.] **1.** *Idée, discours absurde,* contraire à la logique, à la raison, à ce qu'attend le sens commun : *Tu tiens des raisonnements absurdes* (syn. ABERRANT, INSENSÉ; contr. JUDICIEUX, FONDÉ, LOGIQUE). *Avec ce verglas, il est absurde de vouloir circuler en voiture* (syn. DÉRAISONNABLE, ↑FOU). *Ce projet est absurde, il ne tient pas compte des réalités* (syn. ↑EXTRAVAGANT, SAUGRENU; contr. RAISONNABLE). *Ses propos sur la situation politique sont absurdes* (syn. STUPIDE; contr. JUSTE). — **2.** *Personne absurde,* qui manque de logique, de suite dans les idées, qui agit contre les usages ou les principes considérés comme rationnels : *Vous êtes absurde de vous obstiner après tant d'échecs* (syn. IDIOT, RIDICULE, STUPIDE, ↑FOU; contr. SAGE, RAISONNABLE). *C'est un être absurde, qui ne sait jamais ce qu'il veut* (syn. EXTRAVAGANT; contr. POSÉ, SENSÉ). ◆ n. m. **1.** Ce qui est contraire à la raison, à la logique : *Ses paradoxes vont jusqu'à l'absurde.* — **2.** *Démonstration par l'absurde,* démonstration de la vérité d'une proposition par la preuve que sa négation conduit à une contradiction.

absurdité [apsyrdite] n. f. **1.** Manque de logique : *L'absurdité de sa conduite* (syn. STUPIDITÉ). *L'absurdité de ses propos* (syn. ILLOGISME). *L'absurdité de la mode* (syn. EXTRAVAGANCE). *Ce garçon a montré toute son absurdité dans cette affaire* (syn. SOTTISE). — **2.** Propos ou conduite déraisonnable : *Elle ne cesse de dire des absurdités. C'est une absurdité de laisser échapper une telle occasion* (syn. STUPIDITÉ, ↑IDIOTIE).

abus [aby] n. m. (lat. *abusus,* utilisation). **1.** Mauvais emploi, usage excessif de qqch : *Abus d'autorité* (= excès de pouvoir). *Abus de la force. L'abus des médicaments peut entraîner certains troubles. Commettre un abus de confiance* (= tromper la confiance de qqn). — **2.** (sans compl.) Injustice sociale, qui s'est établie par habitude, par coutume : *Tenter de réprimer des abus. Les syndicats protestaient contre cet abus.* — **3.** Fam. *Il y a de l'abus,* c'est exagéré.

abuser [abyze] v. t. ind. (sujet qqn) **1.** *Abuser de qqch,* en user mal, et, plus souvent, en user avec excès : *Il abuse de sa force envers les plus faibles. Tu abuses de la situation pour m'imposer tes conditions. Elle abuse de ta complaisance. Le ministre avait abusé de son autorité* (= avait outrepassé ses droits); sans compl. : *Je suis patiente, mais il ne faut pas abuser* (syn. DÉPASSER LA MESURE). *Laisse-les tranquilles, tu abuses* (syn. EXAGÉRER). — **2.** *Abuser de qqn,* user avec excès de sa bonté, de sa patience, etc. : *Il est paresseux et abuse de tous ceux qui l'entourent en leur faisant faire son travail.* — **3.** *Abuser d'une femme,* la violer. ◆ v. t. *Litt.* (sujet qqn, qqch) *Abuser qqn,* le tromper par de faux prétextes, l'égarer en lui faisant illusion : *Ne crois pas m'abuser par tes mensonges continuels.* ◆ ***s'abuser*** v. pr. (sujet qqn) Se tromper soi-même (soutenu) : *Il s'abuse étrangement sur ses capacités* (syn. SE FAIRE ILLUSION). *Il y a de cela cinq ans, si je ne m'abuse* (= sauf erreur).

abusif, ive [abyzif] adj. **1.** Qui constitue un abus : *Privilège abusif.* — **2.** *Parents abusifs,* qui abusent de leur emprise sur leurs enfants.

abusivement [abyzivmɑ̃] adv. De façon abusive : *Il se pare abusivement du titre d'ingénieur.*

abyssal, e, aux [abisal] adj. Qui relève des abysses : *La faune abyssale.*

abysse [abis] n. m. (gr. *abussos,* sans fond). Grande profondeur du sol sous-marin (surtout pl.) : *Des abysses de plus de 3000 m* (syn. FOSSE).

acabit [akabi] n. m. (du prov. *cabir*). Péjor. et fam. *De cet acabit, du même acabit,* de cette nature, du même caractère : *Nous ne voulons plus avoir affaire à des gens du même acabit.*

acacia [akasja] n. m. (gr. *akakia*). **1.** Autre nom du *mimosa.* — **2.** Arbre aux branches épineuses, à fleurs blanches, en grappes, appelé aussi ROBINIER.

académicien, enne [akademisjɛ̃] n. Membre de l'Académie française.

académie [akademi] n. f. (gr. *Akadêmia*). **1.** Nom donné à certaines sociétés scientifiques, littéraires ou artistiques (souvent avec majusc.) : *Académie des sciences, d'agriculture, de marine, de pharmacie;* sans adj. ni compl., l'Académie française : *Conformément à ses statuts, l'Académie a poursuivi la rédaction d'un dictionnaire : la première édition est de 1694, la dernière fut publiée en 1932.* — **2.** *Académie de dessin, de peinture, de danse, d'architecture,* écoles publiques où un maître enseigne, selon ses méthodes propres, la pratique de ces arts. — **3.** Représentation peinte ou dessinée d'un modèle nu, servant d'exercice dans les académies de dessin ou formant des études préparatoires à l'exécution de tableaux achevés : *Dessiner des académies.* — **4.** Circonscription universitaire de la France; bureaux et services administratifs qui la concernent : *L'académie de Grenoble s'étend sur plusieurs départements. Passer à l'académie pour un renseignement.*

académique [akademik] adj. **1.** Qui relève d'une académie, de l'Académie française : *Séance, discours académique.* — **2.** Qui relève d'un exercice propre à une académie de dessin : *Une figure académique.* — **3.** *Péjor.* Se dit d'un style, d'une œuvre, d'un artiste qui se conforment sans aucune originalité à une tradition littéraire ou artistique : *Un roman d'un style académique. Un peintre académique.* — **4.** Relatif à l'académie, circonscription universitaire : *L'inspection académique assure le contrôle administratif du personnel des établissements du premier et du second degré, et de l'enseignement technique.*

académisme [akademism] n. m. Conformisme littéraire ou artistique : *Plusieurs films du festival étaient d'un académisme désolant.*

acajou [akaʒu] n. m. (portug. *acaju*). Arbre d'Amérique et d'Afrique, dont le bois rougeâtre est utilisé dans la fabrication des meubles.

acariâtre [akarjɑtr] adj. (de *saint Acaire*, qui passait pour guérir les fous). Dont l'humeur, le caractère est difficile à supporter : *Être en butte aux récriminations de voisins acariâtres* (syn. usuel HARGNEUX; ↓ GRINCHEUX). *Une humeur acariâtre.*

accablant, e [akablɑ̃] adj. Qui accable : *Une preuve accablante de culpabilité* (syn. ÉCRASANT). *La chaleur est accablante. Le poids accablant des soucis* (syn. INTOLÉRABLE).

accablement [akabləmɑ̃] n. m. État de qqn qui est écrasé par la fatigue, la chaleur, la douleur, l'émotion, etc. : *Son accablement devant la mort de sa femme faisait peine à voir* (syn. ABATTEMENT, ↑ PROSTRATION; contr. SOULAGEMENT).

accabler [akable] v. t. (du norm. *cabler*, abattre). *Accabler qqn (de qqch)*, le faire succomber sous la douleur, sous une charge excessive, sous la peine physique ou morale; le priver de toute réaction par un choc moral : *Le départ de sa meilleure amie l'accable* (contr. SOULAGER). *Ce deuil cruel l'accable* (syn. ABATTRE). *La chaleur accablait les touristes peu habitués à ce climat* (syn. ÉPUISER). *Il fut accablé d'injures* (syn. ABREUVER). *La déposition du témoin accable l'accusé* (syn. CONFONDRE, ↓ CHARGER). *L'enfant accablait son père de questions* (syn. FATIGUER, ↓ IMPORTUNER). *Le paysan était accablé de dettes* (syn. ÉCRASER).

accalmie [akalmi] n. f. (de *calme*). **1.** Calme momentané du vent, de la mer, de la pluie : *Une accalmie pendant la tempête, pendant un orage* (syn. ÉCLAIRCIE). *Profiter d'une accalmie pour rentrer en courant.* — **2.** Cessation momentanée d'une activité, d'une agitation, d'une crise, d'un état de maladie : *Il y a une accalmie dans sa fièvre. Accalmie sur le front après la bataille. N'avoir pas un instant d'accalmie dans sa journée* (syn. RÉPIT, TRANQUILLITÉ). *La crise connaît quelque accalmie* (syn. APAISEMENT).

accaparement [akaparmɑ̃] n. m. Action d'accaparer, de garder pour soi, d'occuper exclusivement : *Pendant la Révolution, on condamnait les commerçants pour accaparement* (= stockage illicite).

accaparer [akapare] v. t. (de l'it. *caparra*, arrhes). **1.** (sujet qqn) *Accaparer qqch*, amasser et retenir des biens de consommation, pour profiter de leur rareté momentanée et les revendre fort cher : *Accaparer sur le marché tous les stocks d'étain pour maintenir les prix* (syn. MONOPOLISER). *Pendant la guerre, certains accaparaient les pommes de terre pour les revendre au marché noir.* — **2.** (sujet qqn) Prendre et garder qqch pour soi sans le partager avec d'autres : *Accaparer toute la banquette d'un compartiment* (syn. ENVAHIR, OCCUPER). *À table, il accapare la conversation. Cet élève accapare les places de premier* (syn. fam. TRUSTER, COLLECTIONNER). — **3.** (sujet qqn, qqch) *Accaparer qqn*, l'occuper exclusivement en ne lui permettant aucune distraction : *Le client accaparait le vendeur depuis une demi-heure. Elle était furieuse contre les amis de son mari, qui l'accaparaient sans cesse. Ce travail minutieux l'accapare depuis des semaines*; souvent pass. : *Il était accaparé toute la journée par des visites continuelles.*

accapareur, euse [akaparœr] n. Personne qui accapare qqch : *Elle a pris tous les romans de la bibliothèque : quelle accapareuse!*

accéder [aksede] v. t. ind. (lat. *accedere*) [c. **10**] (sujet qqn) **1.** *Accéder à un lieu*, pénétrer dans ce lieu, l'atteindre : *Il accède péniblement au sommet de la montagne* (syn. PARVENIR). *Par ce petit chemin, on accède directement à la ferme.* — **2.** *Accéder à qqch*, parvenir avec plus ou moins de difficulté à un état jugé supérieur à celui qu'on occupe, à une dignité : *Louis XIV accéda au trône en 1643* (syn. MONTER SUR). *Accéder à de hautes fonctions* (syn. ATTEINDRE À). *Un peuple qui accède à l'indépendance.* — **3.** *Accéder à qqch*, donner son accord, son assentiment : *L'inspectrice a accédé à ma demande de mutation* (syn. ACCEPTER; contr. S'OPPOSER À, REJETER). *Il est trop bon d'accéder à tous tes désirs* (syn. SE RENDRE, ACQUIESCER; contr. REPOUSSER).

accélérateur [akseleratœr] n. m. Organe qui commande l'alimentation d'un moteur d'automobile et qui est actionné par une pédale sur laquelle appuie le conducteur; cette pédale elle-même : *Appuyer à fond sur l'accélérateur* (syn. fam. CHAMPIGNON).

accélération [akselerasjɔ̃] n. f. Fait d'accélérer qqch, de devenir plus rapide : *L'accélération de la voiture fut très brutale* (contr. RALENTISSEMENT). *L'accélération des battements du cœur devint inquiétante. L'accélération de l'histoire* (= la cadence plus rapide à laquelle se succèdent les événements politiques au XXe s.).

accéléré, e [akselere] adj. Devenu très rapide : *Aller à vitesse accélérée. On marchait au pas accéléré. La chute accélérée de ses cheveux a abouti à une calvitie totale.*

accélérer [akselere] v. t. (lat. *accelerare*) [c. **10**]. **1.** Augmenter la vitesse d'un corps en mouvement, le rythme de fonctionnement d'un moteur, d'un organe, etc. : *La pente accélère la vitesse du cycliste. Le mécanicien accélère le moteur. Accélérons le pas* (syn. PRESSER). *Ce médicament accélère les battements du cœur.* — **2.** Exécuter plus rapidement une action : *Accélérez vos préparatifs.* — **3.** Rendre plus rapide une évolution : *Cette émeute accéléra la fin du régime* (syn. HÂTER). *Une nouvelle attaque accéléra sa déchéance.* ◆ v. i. Donner au véhicule qu'on conduit ou à sa propre marche une vitesse plus grande : *Elle accéléra soudain pour doubler le véhicule* (contr. FREINER, RALENTIR). *Accélérez au milieu du virage. Tu es en retard dans ton travail : accélère un peu* (= va un peu plus vite). ◆ ***s'accélérer*** v. pr. (sujet qqch) Devenir plus rapide : *La vitesse du véhicule s'accélérait dangereusement* (syn. S'ACCROÎTRE; contr. DIMINUER). *Le pouls s'accélère* (contr. RALENTIR). *Le progrès s'accélère. L'inflation s'accélérait* (contr. SE MODÉRER).

accent [aksɑ̃] n. m. (lat. *accentus*, intonation). **1.** Élévation ou abaissement de la voix sur une syllabe, en hauteur ou en intensité : *En anglais, certains mots* *se distinguent seulement par la place de l'accent.* — **2.** Ensemble des intonations, prononciations qui forment le caractère propre de la langue parlée dans un pays, dans un milieu déterminé : *L'accent bourguignon se caractérise en particulier par un* r *roulé. Avoir un fort accent faubourien.* — **3.** Inflexion particulière de la voix qui traduit une émotion, un sentiment : *Elle fut sensible à l'accent de détresse que l'on sentait dans ses paroles. Cet accent d'ironie me déplaît. Faire entendre des accents pitoyables.* — **4.** Signe graphique qui se met, en français, sur une voyelle pour indiquer que son timbre est différent de celui de la voyelle non accentuée *(ê, é, è, â, ô),* ou pour éviter des homonymies (*a* verbe et *à* préposition) : *En français, on distingue l'accent aigu, qui va de droite à gauche* (é), *l'accent grave, de gauche à droite* (è), *et l'accent circonflexe, qui combine les deux* (ê). — **5.** *Mettre l'accent, faire porter l'accent sur qqch,* lui donner du relief, le faire ressortir : *On a mis l'accent sur la nécessité des réformes* (syn. INSISTER). *Le ministre, dans son exposé, fit porter l'accent sur la situation économique* (syn. SOULIGNER).

accentuation [aksɑ̃tɥasjɔ̃] n. f. **1.** Action d'accentuer, de mettre un accent; ensemble des accents : *L'accentuation du texte est défectueuse.* — **2.** Fait d'accentuer qqch, de devenir plus fort : *L'accentuation de la hausse des prix entraîne des revendications de la part des salariés.*

accentuer [aksɑ̃tɥe] v. t. **1.** *Accentuer une syllabe,* lui faire porter les caractéristiques de l'accent. ‖ *Accentuer une lettre, un texte,* mettre les accents graphiques : *Accentuez vos lettres, vous êtes difficile à lire.* ‖ *Accentuer ses mots, ses phrases,* les prononcer en accroissant l'intensité ou l'expressivité : *Accentuer ses phrases pour retenir l'attention* (syn. ↑MARTELER). — **2.** *Accentuer qqch,* le rendre plus fort, plus intense : *La barbe accentue la tristesse de sa physionomie* (syn. ACCROÎTRE, ACCUSER). *D'un cerne noir, elle accentua les traits du visage qu'elle était en train de peindre* (syn. SOULIGNER). ◆ ***s'accentuer*** v. pr. (sujet qqch) Devenir plus fort : *La crue de la Seine s'est accentuée. Le froid s'accentue* (contr. DIMINUER, S'ATTÉNUER).

acceptable [aksɛptabl] adj. Qui peut être accepté : *Cette offre est finalement très acceptable. Un travail acceptable* (syn. PASSABLE, HONNÊTE).

acceptation [aksɛptasjɔ̃] n. f. Fait d'accepter qqch, d'y consentir : *Les nouvelles propositions faites rendaient l'acceptation britannique peu probable* (syn. CONSENTEMENT; contr. REFUS). *L'acceptation du risque fait partie de l'aventure elle-même.*

accepter [aksɛpte] v. t. (lat. *acceptare*). **1.** *Accepter qqch,* consentir à prendre ou à recevoir ce qui est offert ou proposé : *Accepter avec plaisir le cadeau qu'on vous offre* (contr. REFUSER). *Accepter une invitation à déjeuner* (contr. DÉCLINER). *Accepter les reproches bienveillants d'une amie* (syn. TOLÉRER). *Il accepte son sort avec résignation* (syn. SE RÉSIGNER À, SUPPORTER). *Tu acceptes tout sans rien vérifier* (syn. ACQUIESCER À). *Acceptez mes hommages* (syn. AGRÉER). *J'accepte le défi que vous me lancez. Elle accepte ses responsabilités* (syn. PRENDRE). *Il n'accepte pas facilement la discussion. Il n'accepte aucune critique. J'accepte le risque d'échouer si mes calculs ne sont pas exacts.* — **2.** *Accepter qqn,* le recevoir, lui faire bon accueil au sein d'un groupe : *On l'a acceptée dans le cercle familial* (syn. ADMETTRE). — **3.** *Accepter de* (+ *inf.*), se déclarer prêt à faire telle ou telle chose : *Acceptez de venir à la maison demain* (syn. CONSENTIR À).

acception [aksɛpsjɔ̃] n. f. (lat. *acceptio*). **1.** Sens d'un mot de la langue : *Chaque terme a une ou plusieurs acceptions; ainsi, l'adjectif* cher *signifie «à prix élevé»* (la vie est CHÈRE), *ou «tendrement aimé»* (sa CHÈRE épouse). *Prenez ce mot dans son acception la plus large.* — **2.** *Dans toute l'acception du mot,* au sens précis du mot employé, sans aucune restriction : *Ce sont des vues utopiques, dans toute l'acception du terme* (syn. ABSOLUMENT, À LA LETTRE).

accès [aksɛ] n. m. (lat. *accessus,* arrivée). **1.** Facilité plus ou moins grande d'atteindre un lieu, d'y pénétrer : *L'île est d'un accès difficile* (syn. ABORD). *L'accès du musée est interdit après seize heures* (syn. ENTRÉE). — **2.** Facilité plus ou moins grande de comprendre qqch : *Ce livre de mathématiques est d'accès facile* (syn. COMPRÉHENSION). — **3.** Chemin, voie quelconque, etc., qui permet d'aller vers un lieu ou d'y entrer : *La police surveille tous les accès de la maison* (= les entrées et les sorties). *Les accès de Paris sont embouteillés le dimanche soir* (on dit aussi VOIE D'ACCÈS). — **4.** *Avoir accès auprès* (ou *près*) *de qqn,* avoir la possibilité de l'approcher : *Avez-vous accès auprès du ministre?* ‖ *Donner accès (à un emploi),* offrir le moyen, le droit d'exercer telle ou telle profession : *Cet examen donne accès à la carrière d'ingénieur; donner accès (à un lieu),* permettre de l'atteindre : *La porte du jardin donne directement accès sur la plage.* — **5.** *Accès de fièvre,* forte élévation de la température de l'organisme, se produisant à intervalles réguliers ou irréguliers (syn. ↓POUSSÉE); se dit aussi d'une situation critique, mais peu durable : *L'Afrique a connu de violents accès de fièvre.* — **6.** *Accès de colère, de jalousie,* etc., mouvement violent et passager, provoqué par la colère, la jalousie, etc. : *Il était sujet à des accès de jalousie* (syn. BOUFFÉE, CRISE). — **7.** *Par accès,* de façon irrégulière : *Ses névralgies reviennent par accès.*

accessible [aksɛsibl] adj. **1.** Se dit d'un lieu qu'on peut atteindre : *Le sommet de cette montagne est accessible même à des alpinistes débutants.* — **2.** Se dit de qqch qu'on peut comprendre : *L'exposé était difficilement accessible aux assistants* (syn. INTELLIGIBLE; contr. OBSCUR, INCOMPRÉHENSIBLE). *La musique moderne est-elle accessible à tous?* — **3.** Se dit de qqn qu'on peut contacter ou toucher facilement : *C'est une personne accessible; vous pouvez aller la trouver en toute confiance* (syn. ABORDABLE). *Il est peu accessible à la pitié* (syn. SENSIBLE).

accession [aksɛsjɔ̃] n. f. Fait d'accéder à qqch, d'y parvenir : *L'accession au trône de Louis XV* (syn. AVÈNEMENT). *L'accession à la propriété. L'accession à l'indépendance des pays africains est un fait accompli.*

accessit [aksɛsit] n. m. (mot lat. signif. *il s'est approché*). Distinction scolaire accordée à ceux qui n'ont pas été jugés dignes d'un prix, mais qui en ont été les plus proches.

1. accessoire [aksɛswar] adj. (du lat. *accedere,* ajouter). Qui s'ajoute, qui complète ou accompagne une chose principale; subordonné ou inférieur à qqch : *Retrancher d'un développement les idées accessoires* (syn. SECONDAIRE; contr. ESSENTIEL, CAPITAL). *Ces remarques ne présentent qu'un intérêt accessoire* (contr. PRIMORDIAL). *Au prix de la chambre s'ajoutent quelques frais accessoires* (syn. SUPPLÉMENTAIRE). *Cette solution n'est pas seulement économique, elle présente l'avantage accessoire d'être rapide* (syn. INCIDENT; contr. IMPORTANT). ◆ n. m. Ce qui est secondaire : *Laissons de côté l'accessoire pour en venir au principal.*

2. accessoire [aksɛswar] n. m. **1.** Pièce, outil, objet qui ne font pas partie d'une machine, d'un instrument, mais qui servent à son fonctionnement : *Les accessoires d'automobile sont la manivelle, le cric, etc. Acheter un aspirateur avec ses accessoires.* — **2.** *Accessoires de théâtre, de cinéma,* objets, meubles utilisés au cours d'une représentation théâtrale, d'un film.

accessoirement [aksɛswarmɑ̃] adv. De façon accessoire, secondaire : *Ce livre s'adresse principalement aux étudiants et accessoirement au grand public. Accessoirement nous ferons appel à sa collaboration pour cet ouvrage* (= éventuellement). *On pourrait accessoirement mettre une prise de courant dans la cuisine* (syn. EN PLUS).

accessoiriste [aksɛswarist] n. **1.** Marchand d'accessoires pour automobiles. — **2.** Personne qui a la charge des accessoires au théâtre, au cinéma.

accident [aksidɑ̃] n. m. (du lat. *accidere*, survenir). **1.** Événement malheureux, entraînant des dommages matériels ou corporels (souvent + compl. ou adj.) : *Elle a été victime d'un accident de la circulation. On a annoncé à la radio un accident d'avion* (syn. ↑CATASTROPHE AÉRIENNE). *Un accident de chemin de fer. Cet accident de montagne a coûté la vie à un alpiniste. Les accidents du travail sont encore trop fréquents. L'opération chirurgicale a entraîné plusieurs accidents secondaires* (syn. COMPLICATION). — **2.** Événement fortuit qui vient rompre fâcheusement le cours régulier de qqch : *Les divers accidents de l'existence* (syn. LES HAUTS ET LES BAS, LES INCIDENTS, LES VICISSITUDES). *On ne compte plus les accidents de sa carrière politique.* — **3.** *Par accident*, par le fait du hasard : *Si par accident vous la rencontrez, vous lui ferez toutes mes amitiés* (syn. FORTUITEMENT, PAR OCCASION). — **4.** *Accident de terrain*, inégalité du terrain, du sol.

accidenté, e [aksidɑ̃te] adj. et n. Qui a subi un accident : *Une voiture accidentée. Secourir un accidenté de la route. Verser une rente à des accidentés du travail.* ◆ adj. **1.** Qui a connu des vicissitudes : *Une vie accidentée* (syn. AGITÉ, MOUVEMENTÉ). — **2.** Qui présente de nombreuses montées et descentes; très varié dans son relief : *La route est accidentée : prenez quelques précautions. La voiture peut rouler même sur terrain accidenté* (syn. MOUVEMENTÉ).

accidentel, elle [aksidɑ̃tɛl] adj. **1.** Dû à un accident : *On apprend la mort accidentelle d'une vedette de cinéma.* — **2.** Dû au hasard : *Notre première rencontre sur la plage fut purement accidentelle. Son absence est accidentelle; elle est généralement à son bureau le lundi* (syn. OCCASIONNEL, INHABITUEL). *J'ai été le témoin accidentel de leur querelle* (syn. IMPRÉVU, FORTUIT).

accidentellement [aksidɑ̃tɛlmɑ̃] adv. **1.** Dans un accident : *Il est mort accidentellement l'année dernière.* — **2.** Par hasard : *En parcourant votre manuscrit, je suis tombée accidentellement sur ce détail* (syn. FORTUITEMENT).

accidenter [aksidɑ̃te] v. t. *Accidenter qqn, qqch*, lui causer un dommage : *Ralentis : tu as failli accidenter une cycliste.*

acclamation [aklamasjɔ̃] n. f. **1.** Clameur de joie ou d'enthousiasme (souvent pl.) : *Être salué par les acclamations de la foule* (syn. ↓APPLAUDISSEMENT, ↓BRAVOS; contr. HUÉES, SIFFLETS). *Le bruit des acclamations arrive jusqu'à nous* (syn. OVATION, VIVAT). — **2.** *Voter, adopter par acclamation*, unanimement, sans recourir à un scrutin : *L'affichage du discours fut voté par acclamation.*

acclamer [aklame] v. t. (du lat. *clamare*, crier). *Acclamer qqn, qqch*, le saluer par de vifs cris d'approbation : *La foule acclame le vainqueur* (syn. ↓APPLAUDIR; contr. SIFFLER; soutenu CONSPUER). *Elle fut acclamée à la fin de son discours* (contr. HUER).

acclimatement [aklimatmɑ̃] ou **acclimatation** [aklimatasjɔ̃] n. f. Fait d'acclimater un être vivant : *L'acclimatement de ces fauves est difficile. L'acclimatation à un milieu.*

acclimater [aklimate] v. t. **1.** *Acclimater un être vivant, un organisme*, l'adapter à un nouveau milieu biologique : *Il réussit à acclimater en France de jeunes panthères. Acclimater dans un jardin des environs de Paris quelques plantes alpestres.* — **2.** *Acclimater qqn*, l'adapter à un nouveau genre de vie, à une activité différente de celle qu'il exerçait jusqu'alors : *Son enfance campagnarde n'était pas faite pour l'acclimater à la vie monotone du bureau* (syn. HABITUER, ACCOUTUMER). ◆ ***s'acclimater*** v. pr. S'adapter à un milieu différent : *Le petit paysan commençait à s'acclimater à la vie du lycée* (syn. S'ACCOUTUMER, SE FAIRE). *Cet usage s'est très vite acclimaté en France* (syn. S'ÉTABLIR, S'IMPLANTER).

accointances [akwɛ̃tɑ̃s] n. f. pl. (du lat. *cognitus*, connu). *Avoir des accointances avec qqn*, avoir avec lui des relations d'affaires, d'amitié, etc. (souvent péjor.).

accolade [akɔlad] n. f. (de *accoler*). **I.** Marque d'amitié entre hommes, qui consiste à se tenir mutuellement entre les bras et, en particulier, geste de celui qui remet officiellement une décoration à un autre : *Le général lui épingla la Légion d'honneur et lui donna l'accolade. Recevoir l'accolade.*
— **II.** Signe graphique ({) utilisé pour réunir plusieurs lignes, plusieurs groupes, etc : *Mettre des accolades.*

accoler [akɔle] v. t. (de *col*, cou). *Accoler une chose à une autre*, les mettre ensemble, faire figurer la première à côté de la seconde, de façon qu'elles forment un tout : *Sur la même affiche on avait accolé au nom de la vedette ceux d'artistes sans talent. Il a accolé la particule à son nom afin de s'anoblir* (syn. AJOUTER, ADJOINDRE).

accommodant, e [akɔmɔdɑ̃] adj. Avec qui on s'entend sans peine : *Elle s'est montrée très accommodante dans cette affaire* (syn. ARRANGEANT, CONCILIANT).

accommodation [akɔmɔdasjɔ̃] n. f. Adaptation au milieu (scientif.).

accommodement [akɔmɔdmɑ̃] n. m. Conciliation visant à terminer un différend : *Rechercher un accommodement entre la direction et les syndicats* (syn. COMPROMIS, TRANSACTION).

accommoder [akɔmɔde] v. t. (lat. *accommodare*). **1.** *Accommoder une chose à une autre, avec une autre*, la disposer ou la modifier de manière qu'elle s'adapte à l'autre, qu'elle lui convienne (soutenu) : *Accommoder ses paroles aux circonstances* (syn. usuel ADAPTER). — **2.** *Accommoder un aliment*, le préparer selon un mode particulier : *Accommoder une salade* (syn. ASSAISONNER). *Accommoder de la viande en ragoût* (syn. PRÉPARER). ◆ ***s'accommoder*** v. pr. **1.** *S'accommoder de qqch*, s'en satisfaire, s'en contenter (soutenu) : *Il a dû s'accommoder de cette chambre d'hôtel inconfortable. C'est une personne conciliante, qui s'accommode de tout* (syn. ACCEPTER, ADMETTRE). — **2.** *S'accommoder à qqch*, se mettre en accord avec qqch, s'y adapter : *S'accommoder à de nouvelles conditions d'existence* (syn. S'HABITUER).

accompagnateur, trice [akɔ̃paɲatœr] n. **1.** Personne qui accompagne et guide un groupe de voyageurs, de spectateurs, etc. : *Le billet est valable pour dix enfants et un accompagnateur.* — **2.** Personne qui accompagne un chanteur ou un instrumentiste.

accompagnement [akɔ̃paɲmɑ̃] n. m. **1.** Action, fait d'accompagner : *L'accompagnement des enfants est assuré par les monitrices* (syn. ESCORTE). — **2.** En musique, partie accessoire destinée à soutenir le chant ou l'instrument principal.

accompagner [akɔ̃paɲe] v. t. (de l'anc. fr. *compain*, compagnon). **1.** *Accompagner qqn*, être présent auprès de lui; aller à la suite de qqn, d'un groupe, etc. : *Pouvez-vous m'accompagner à la gare?* (syn. VENIR AVEC).

La vedette de cinéma fut accompagnée d'une foule d'admirateurs jusqu'à son hôtel (syn. ESCORTER). *Il est toujours accompagné de gardes du corps* (syn. FLANQUER). *Accompagner un ami à sa dernière demeure* (= suivre son convoi funèbre). *Tous mes vœux vous accompagnent* (= je vous souhaite de réussir). — **2.** *Accompagner une chose d'une autre,* l'y ajouter, l'y joindre : *Elle accompagna sa réponse d'un sourire bienveillant* (syn. ASSORTIR). — **3.** *Accompagner un chanteur, un soliste,* se dit du musicien qui soutient le chant avec un instrument. ◆ ***s'accompagner*** v. pr. (sujet qqch) *S'accompagner de qqch,* l'avoir comme élément associé : *Cette phrase s'accompagne d'un geste de menace* (syn. ÊTRE SUIVI DE). *L'expansion économique devrait toujours s'accompagner d'un accroissement du niveau de vie.*

accompli, e [akɔ̃pli] adj. **1.** Entièrement achevé : *Elle a vingt ans accomplis.* — **2.** Parfait en son genre : *C'est un diplomate accompli* (syn. CONSOMMÉ). *Un modèle accompli de toutes les vertus* (syn. IDÉAL). *C'est une maîtresse de maison accomplie* (syn. MODÈLE). — **3.** *Fait accompli,* chose, événement sur lequel on ne peut revenir, qui ne permet plus à un projet contraire de se réaliser : *Être mis devant le fait accompli.* ◆ ***accompli*** n. m. En linguistique, forme verbale exprimant qu'une action est considérée par le locuteur comme achevée (syn. PERFECTIF).

accomplir [akɔ̃plir] v. t. (du lat. *complere,* remplir) [sujet qqn] *Accomplir qqch,* l'exécuter, le réaliser soi-même de manière complète : *Accomplissez ce qui vous a été commandé* (syn. FAIRE). *Tu as accompli une mauvaise action en lui cachant la réalité* (syn. COMMETTRE, ↑PERPÉTRER). *Il a accompli un geste en ta faveur. Accomplir son devoir* (syn. S'ACQUITTER DE). *Il accomplit toutes ses volontés* (syn. SE PLIER À). *Il n'a pas jusqu'à maintenant accompli de grandes choses* (syn. RÉALISER). *A-t-il accompli son service militaire?* (syn. usuel FAIRE). ◆ ***s'accomplir*** v. pr. (sujet qqch) Se produire : *La volonté de Dieu s'est accomplie* (syn. SE RÉALISER). *Une transformation totale s'est accomplie dans ce domaine* (syn. AVOIR LIEU).

accomplissement [akɔ̃plismɑ̃] n. m. Action d'accomplir; fait d'être accompli : *Souhaiter l'accomplissement des projets, des souhaits de ses amis* (syn. RÉALISATION).

accord [akɔr] n. m. (de *accorder*). **1.** Conformité de sentiments, de désirs entre des personnes : *L'accord ne règne pas toujours au sein de leur ménage* (syn. CONCORDE, ENTENTE; contr. DÉSUNION, MÉSENTENTE). — **2.** Convention passée entre des États ou entre des particuliers : *Les divers pays conclurent un accord sur l'arrêt des expériences atomiques* (syn. TRAITÉ). *Les syndicats et le directeur ont signé un accord de salaires* (syn. CONVENTION). *Les pourparlers aboutirent à un accord* (syn. PACTE). — **3.** *D'accord,* exprime la conformité totale de sentiments : *Je suis d'accord avec toi sur ce point. D'accord pour ce soir, je serai à l'heure! Oui, oui, d'accord* (syn. ASSURÉMENT). ‖ *D'un commun accord,* tout le monde étant du même avis (syn. UNANIMEMENT). ‖ *Mettre d'accord des adversaires,* venir en arbitre pour les concilier. ‖ *Se mettre d'accord,* parvenir au même avis, aux mêmes sentiments. ‖ *Tomber d'accord,* se retrouver du même avis. — **4.** Rapport harmonieux entre des choses : *Il faut qu'il y ait accord entre la musique et les paroles* (syn. HARMONIE). *Mettre en accord la couleur des tentures et celle des meubles. L'architecture de la maison est en accord avec le paysage* (= s'accorde, s'harmonise avec). — **5.** En grammaire, rapport de forme établi entre plusieurs mots : *Il y a accord en nombre entre le verbe et le sujet, en genre entre l'adjectif et le nom auquel il se rapporte. L'accord des participes passés.* — **6.** Union de sons formant une harmonie : *Plaquer un accord sur le piano.* — **7.** Consentement donné à une action : *Je ne puis rien faire sans l'accord de mes associés. Demandez d'abord l'accord de vos parents. Puis-je espérer votre accord?* (syn. APPROBATION).

accordéon [akɔrdeɔ̃] n. m. (all. *Akkordion*). **1.** Instrument de musique populaire portatif, dont les languettes de métal sont mises en vibration par un soufflet, et muni de touches. — **2.** Fam. *En accordéon,* qui présente des plis comparables à ceux d'un soufflet d'accordéon : *Son pantalon est en accordéon.*

accordéoniste [akɔrdeɔnist] n. Joueur d'accordéon.

accorder [akɔrde] v. t. (bas lat. *accordare,* de *cor,* cœur) [sujet qqn] **1.** *Accorder des choses,* les mettre en conformité, en harmonie : *Il a accordé le coloris des coussins avec celui de la tapisserie. On accorde le verbe avec le sujet.* — **2.** *Accorder qqch (à qqn),* consentir à le (lui) donner : *Accorder la grâce d'un condamné* (= le gracier). *Accorder au personnel une gratification exceptionnelle* (syn. DONNER, OCTROYER). *Vous m'accorderez que je n'avais pas tort* (syn. AVOUER, CONCÉDER, RECONNAÎTRE). — **3.** *Accorder un instrument de musique,* régler la justesse de ses sons en rapport avec le diapason. ◆ ***s'accorder*** v. pr. **1.** (sujet qqn) Se mettre d'accord : *Ils se sont accordés pour m'accuser. Tous s'accordent à la regretter.* — **2.** Être mis en accord, en rapport de forme : *Le participe passé conjugué avec le verbe «être» s'accorde généralement en genre et en nombre avec le sujet.*

accordeur [akɔrdœr] n. m. Celui qui accorde les instruments de musique.

accorte [akɔrt] adj. f. (it. *accorto,* avisé) [avant ou après le n.] Litt. *Servante, jeune fille,* etc., *accorte,* d'une vivacité agréable, d'un abord gracieux et aimable : *Dans cette auberge, une accorte serveuse s'empressait auprès des clients* (syn. AVENANTE).

accostage [akɔstaʒ] n. m. Action d'accoster : *L'accostage du quai est impossible avec la houle.*

accoster [akɔste] v. t. (de l'anc. fr. *coste,* côte). **1.** (sujet un navire) *Accoster (un quai, un bateau),* venir se placer le long d'un quai, près d'un autre navire, etc. : *Le remorqueur tente d'accoster le cargo en détresse* (syn. ABORDER). *Le paquebot accosta à l'entrée de la rade.* — **2.** (sujet qqn) *Accoster qqn,* aller près de lui pour lui parler : *Un passant l'accosta pour lui demander l'heure* (syn. ABORDER).

accotement [akɔtmɑ̃] n. m. Partie latérale d'une route, entre la chaussée et le fossé : *Il est interdit de stationner sur les accotements* (syn. BAS-CÔTÉ).

accoter [akɔte] v. t. (de *côté*). *Accoter qqch à (contre) qqch,* appuyer une chose par un de ses côtés contre une autre (techn.) : *Accotez l'échelle contre le mur, pour que nous montions au grenier.* ◆ ***s'accoter*** v. pr. (sujet qqn) S'appuyer contre qqch : *Le chasseur s'accota à un arbre pour tirer.*

accouchement [akuʃmɑ̃] n. m. Action d'accoucher, de mettre au monde : *Femme qui a eu un accouchement difficile.*

accoucher [akuʃe] v. t. ind. (de *couche*). **1.** *Accoucher d'un enfant,* le mettre au monde : *Elle a accouché d'un garçon, d'une fille, de jumeaux* (syn. litt. ENFANTER); sans compl. : *Elle a accouché dans une clinique parisienne.* — **2.** Fam. *Accoucher d'un roman, d'une pièce,* etc., les publier, les écrire. — **3.** *Accouche!,* formule fam. de la conversation par laquelle on somme son interlocuteur de dire ce qu'il n'ose pas dire.

accoucheur, euse [akuʃœr] n. Médecin spécialiste des accouchements.

accouder (s') [akude] v. pr., **être accoudé** v. pass. Poser ses coudes sur qqch dont on se sert comme appui : *Elle s'accoude au parapet pour regarder. Il reste des heures accoudé à la fenêtre.*

accoudoir [akudwar] n. m. Appui pour s'accouder : *Les accoudoirs ou les «bras» d'un fauteuil. L'accoudoir «vide-poches» d'une porte de voiture. L'accoudoir central du siège arrière de la voiture est mobile* (syn. APPUI-BRAS).

accouplement [akupləmɑ̃] n. m. Union sexuelle du mâle et de la femelle.

accoupler [akuple] v. t. *Accoupler des choses,* les réunir par deux, les rapprocher : *Vous avez accouplé dans cette phrase deux expressions contradictoires. La locomotive a huit roues accouplées* (syn. JUMELÉ). ◆ ***s'accoupler*** v. pr. (sujet des animaux) S'unir.

accourir [akurir] v. i. (lat. *accurere*) [c. **29**; auxil. *être*]. Venir, arriver en hâte, rapidement : *Elle accourut vers lui pour l'embrasser* (syn. SE PRÉCIPITER). *Les assaillants étaient accourus de toutes parts.*

accoutrement [akutrəmɑ̃] n. m. Habillement ridicule, hétéroclite : *Être vêtu d'un accoutrement original pour une fête costumée.*

accoutrer [akutre] v. t. (du lat. *consutura,* couture). *Accoutrer qqn,* l'habiller de façon ridicule, bizarre ou hétéroclite (surtout pass.) : *Il est grotesquement accoutré d'un habit trop court.* ◆ ***s'accoutrer*** v. pr. S'habiller de façon ridicule : *Elle s'accoutre toujours d'une manière étonnante* (syn. fam. S'ATTIFER, S'AFFUBLER).

accoutumance [akutymɑ̃s] n. f. Adaptation de l'organisme humain à de nouvelles conditions d'existence (climat, nourriture), à une nouvelle situation : *Après quelques semaines dans ce climat humide et chaud, il se produit une certaine accoutumance* (syn. ADAPTATION; plus précis ACCLIMATEMENT).

accoutumé, e [akutyme] adj. Dont on a l'habitude : *Faire sa promenade accoutumée* (syn. usuel HABITUEL). ◆ n. f. *Comme à l'accoutumée,* comme d'habitude (soutenu).

accoutumer [akutyme] v. t. (de *coutume*). **1.** *Accoutumer qqn à qqch,* à (+ *inf.*), le disposer à le supporter, à l'accepter, à le faire (surtout pass.) : *Il faut peu à peu l'accoutumer à votre présence* (syn. usuel HABITUER). *Cet enfant est accoutumé à faire tous ses caprices* (= est habitué). — **2.** Litt. *Avoir accoutumé de* (+ *inf.*), avoir l'habitude de. ◆ ***s'accoutumer*** v. pr. (sujet qqn) Prendre l'habitude de : *On s'accoutume à n'importe quelle nourriture* (= on s'adapte à).

accréditer [akredite] v. t. (de *crédit*). **1.** *Accréditer un bruit, une nouvelle,* les rendre dignes de foi : *Les journaux ont accrédité la nouvelle d'une révolte militaire.* — **2.** *Accréditer un ambassadeur auprès d'un chef d'État, d'un gouvernement,* lui donner l'autorité nécessaire pour représenter les intérêts de son pays auprès d'eux. ◆ ***s'accréditer*** v. pr. Devenir plus crédible : *Le bruit de sa démission s'accrédite peu à peu.*

accroc [akro] n. m. (de *accrocher*). **1.** Déchirure faite par qqch de pointu (clou, épine) : *Faire un accroc à sa veste. Il ne sait pas raccommoder les accrocs de son pantalon.* — **2.** Incident malheureux qui crée des difficultés, des embarras, qui fait tache : *Notre voyage en Italie s'est déroulé sans le moindre accroc* (syn. INCIDENT, CONTRETEMPS). *Un accroc aux règlements* (syn. ENTORSE).

accrochage [akrɔʃaʒ] n. m. **1.** Action d'accrocher, d'attacher : *L'accrochage d'une pancarte, des wagons.* — **2.** Action de heurter un véhicule, de se disputer avec qqn, d'engager un combat vif et de peu de durée : *L'accident est un simple accrochage entre une voiture et un cycliste* (syn. HEURT). *J'ai eu un accrochage avec mes voisins* (syn. DISPUTE, QUERELLE). *On signalait de sérieux accrochages dans la région frontalière* (syn. COMBAT).

accrocher [akrɔʃe] v. t. (de *croc*). **1.** (sujet qqn) *Accrocher une chose à une autre,* l'y attacher par un clou, un crochet, etc. : *Accrocher un tableau dans son salon* (syn. SUSPENDRE; contr. DÉCROCHER). *Accrocher ses vêtements au porte-manteau* (syn. PENDRE). *On a accroché un wagon supplémentaire au train.* — **2.** (sujet qqn) Fam. *Accrocher un avantage, un bénéfice, etc.,* réussir à l'obtenir, à s'en saisir rapidement : *Le représentant de commerce a réussi à accrocher l'affaire. J'ai accroché quelques phrases au vol* (syn. SAISIR). — **3.** *Accrocher une idée,* la fixer dans son esprit. — **4.** Fam. *Accrocher qqn,* l'arrêter dans sa marche, en le retardant : *J'ai été accrochée au sortir du bureau par un raseur.* — **5.** *Accrocher qqn,* retenir son attention : *Le titre du journal accrochait les passants.* — **6.** (sujet qqn, qqch) *Accrocher sa jupe, sa manche, ses bas, etc.,* y faire une déchirure en les prenant à quelque aspérité : *Un clou dépassait du banc; il a accroché son pantalon.* — **7.** *Accrocher une voiture, un cycliste, etc.,* les heurter légèrement avec son véhicule : *Au carrefour, elle a accroché une camionnette avec sa 2 CV.* — **8.** *Accrocher un objet,* le bousculer, le déplacer, le faire tomber involontairement : *Il a accroché le vase avec la manche de sa veste et l'a cassé.* — **9.** *Accrocher une troupe,* engager contre elle un combat vif et inopiné : *La colonne fut accrochée au sortir du défilé par de petits détachements.* ◆ ***s'accrocher*** v. pr. **1.** (sujet qqn) *S'accrocher à qqch,* s'y retenir : *S'accrocher aux aspérités du rocher* (syn. SE CRAMPONNER). *Il s'accroche à l'espoir de la voir arriver par le train suivant.* — **2.** Pop. *Tu peux te l'accrocher,* tu peux être sûr que tu ne l'auras pas (syn. TU PEUX EN FAIRE TON DEUIL). — **3.** (sujet qqn) *S'accrocher à qqn,* le suivre de façon importune, tenir à lui : *Sa maîtresse ne l'aime plus, mais lui s'accroche à elle.* — **4.** Fam. Faire preuve de persévérance pour parvenir à qqch : *Les autres ne sont pas de mon niveau, il va falloir que je m'accroche pour suivre!* — **5.** Fam. *S'accrocher avec qqn,* se disputer avec lui : *Il s'est accroché avec une de ses collègues.*

accrocheur, euse [akrɔʃœr] adj. et n. Qui montre une grande ténacité dans ce qu'il entreprend : *Un garçon accrocheur, qu'un échec ne décourage jamais* (syn. TENACE; contr. MOU). ◆ adj. Qui retient l'attention : *Un titre accrocheur.*

accroire [akrwar] v. t. (lat. *accredere*). *Faire, en faire accroire à qqn,* lui faire croire ce qui n'est pas, abuser de sa confiance (soutenu) : *Vous voudriez m'en faire accroire, mais je ne suis pas dupe.*

accroissement [akrwasmɑ̃] n. m. Fait d'accroître, de s'accroître : *L'accroissement de la production industrielle est subordonné à l'importance des investissements* (syn. AUGMENTATION; contr. DIMINUTION). *Réclamer un accroissement du pouvoir d'achat* (syn. PROGRESSION, ÉLÉVATION). *La publication de ce roman a provoqué un accroissement de l'intérêt qu'on portait à ces nouvelles tendances littéraires* (syn. REGAIN, REDOUBLEMENT; contr. AMOINDRISSEMENT, PERTE, BAISSE).

accroître [akrwɑtr] v. t. (lat. *accrescere*) [c. **64**] (sujet qqn, qqch) *Accroître qqch,* le rendre plus grand, plus intense : *Il a accru sa propriété par l'achat de plusieurs fermes. Le réarmement accroît les possibilités de guerre* (syn. AUGMENTER; contr. DIMINUER). *Il s'agit d'accroître le bien-être d'une large partie de la population* (syn. DÉVELOPPER). *Ce nouveau malheur a accru son désespoir.* ◆ ***s'accroître*** v. pr. (sujet qqch) Devenir plus grand, plus fort : *Sa popularité s'accroît de jour en jour* (syn. CROÎTRE, SE RENFORCER, AUGMENTER). *Le taux d'inflation s'était sérieusement accru* (contr. SE RÉDUIRE). *Son irritation s'accroît devant ces difficultés* (contr. DÉCROÎTRE).

accroupir (s') [akrupir] v. pr., **être accroupi** v. pass. (de *croupe*) [sujet qqn] S'asseoir ou être assis sur les talons : *L'enfant s'accroupit pour ramasser ses billes. Position accroupie* (= celle d'une personne accroupie).

accru, e [akry] adj. (de *accroître*). Plus grand : *Obtenir des responsabilités accrues. Préconiser une décentralisation accrue.*

accu [aky] n. m. → ACCUMULATEUR.

accueil [akœj] n. m. **1.** Action d'accueillir : *Réserver un accueil glacial à de nouvelles propositions. Elle reçut à son retour un accueil chaleureux. Les malheureux ont été hébergés dans un centre d'accueil* (= lieu où on reçoit les réfugiés, les sinistrés). *Prendre des mesures d'accueil pour venir en aide aux réfugiés.* — **2.** Lieu où on accueille : *Rendez-vous à 10 h à l'accueil.*

accueillant, e [akœjɑ̃] adj. Qui fait bon accueil : *Une maison accueillante* (= où on est bien reçu). *Une famille accueillante* (= qui reçoit bien).

accueillir [akœjir] v. t. (de *cueillir*) [c. **24**]. **1.** *Accueillir qqn* (en général + adv. ou compl. de manière), le recevoir bien ou mal : *Accueillir les visiteurs avec le sourire. On accueillit assez froidement la nouvelle venue* (syn. RECEVOIR). *Le chef d'État a été accueilli à Orly par le président lui-même* (= reçu officiellement). *L'actrice fut accueillie à la sortie du théâtre par une foule enthousiaste. La patrouille de police fut accueillie par des coups de feu.* — **2.** *Accueillir qqch (demande, nouvelle,* etc.) [+ adv. ou compl. de manière], l'apprendre ou le recevoir en manifestant une certaine attitude : *On a accueilli avec émotion l'annonce de l'attentat* (syn. APPRENDRE). *La nouvelle a été accueillie avec une grande satisfaction. Il accueillit favorablement cette demande. Elle n'a pas accueilli cette proposition sans hésitation.*

acculer [akyle] v. t. (de *cul*). **1.** *Acculer qqn, un animal,* le pousser dans un endroit où il ne peut plus reculer : *Il se vit acculer au mur, sans espoir de fuite.* — **2.** *Acculer qqn à qqch,* le mettre dans l'impossibilité de s'y soustraire, d'y échapper : *Cette exigence nouvelle accula ses adversaires à un choix difficile* (syn. ↓POUSSER). *De nombreux petits commerçants sont acculés à la faillite* (syn. RÉDUIRE).

accumulateur [akymylatœr] ou **accu** [aky] n. m. Appareil destiné à emmagasiner l'énergie électrique : *Charger, décharger ses accus.*

accumulation [akymylasjɔ̃] n. f. Action d'accumuler; fait de s'accumuler : *L'accumulation des marchandises dans les entrepôts, du fait de la grève* (syn. AMONCELLEMENT, ENTASSEMENT). *L'accumulation des preuves emporta la décision du jury.*

accumuler [akymyle] v. t. (lat. *accumulare*). *Accumuler des choses,* les mettre en tas, les réunir en un ensemble important : *Accumuler du charbon sur le carreau des mines* (syn. ENTASSER). *Accumuler de la terre pour faire les parterres d'un jardin* (syn. AMONCELER; contr. RÉPANDRE). *Accumuler des notes en vue de la rédaction d'un ouvrage* (syn. AMASSER, RASSEMBLER, RÉUNIR). *Dans cet ouvrage, il accumule les erreurs* (= il en commet beaucoup). ◆ ***s'accumuler*** v. pr. (sujet qqch) Constituer un tas, un ensemble important : *Le sable s'est accumulé au fond du lac. Les journaux s'accumulent sur ma table* (syn. S'ENTASSER). *Les charges se sont accumulées sur l'accusée. Les nuages s'accumulent à l'horizon.*

accusateur, trice [akyzatœr] adj. et n. Qui accuse qqn : *On dressa le bilan accusateur des conséquences de son imprévoyance. D'accusateur, le témoin fit figure d'accusé lorsque l'avocat l'interrogea.*

accusatif [akyzatif] n. m. (lat. *accusativus*). Dans les langues à déclinaison, cas indiquant l'objet direct ou le but d'un mouvement.

accusation [akyzasjɔ̃] n. f. **1.** Action en justice par laquelle on accuse une personne d'un délit : *Le procureur renonce à l'accusation. Les chefs d'accusation sont graves* (syn. INCULPATION). *Le greffier lut l'acte d'accusation.* — **2.** Reproche fait pour une action jugée mauvaise : *Qui a porté contre moi de telles accusations? Être l'objet d'une accusation infamante* (syn. ↓IMPUTATION). *Cette accusation de paresse est injustifiée.*

accusé, e [akyze] adj. Qui est marqué, accentué : *Une tendance nettement accusée vers la hausse des prix. Les traits accusés d'un visage* (syn. MARQUÉ). ◆ n. Personne donnée comme coupable d'un délit : *Le juge reçoit l'accusé dans son cabinet* (syn. INCULPÉ). *L'accusée a-t-elle été acquittée ou condamnée?* ◆ n. m. *Accusé de réception,* avis informant qu'un envoi a été reçu par le destinataire.

accuser [akyze] v. t. (lat. *accusare*). **1.** (sujet qqn, qqch) *Accuser qqn de qqch* ou *de* (+ *inf.*), le présenter comme coupable d'une faute ou d'un délit, l'en rendre responsable : *Les habitants du village l'accusaient du vol commis à la mairie. Tout l'accuse* (contr. DISCULPER, INNOCENTER). *Elle est accusée d'avoir renversé un piéton. Le juge d'instruction l'accusa de meurtre* (syn. INCULPER). — **2.** (sujet qqn) *Accuser qqch,* faire retomber sur cette chose la responsabilité d'un fait : *Accuser les intempéries des difficultés de ravitaillement dans les grandes villes* (syn. ↓IMPUTER À). — **3.** (sujet qqch) *Accuser qqch,* le mettre en relief, le faire ressortir par rapport à ce qui l'entoure : *La lumière rasante accuse les traits du visage* (syn. ACCENTUER). *Le rapprochement des deux copies accuse la différence de valeur* (syn. SOULIGNER). *Les rides accusent son âge* (syn. INDIQUER). ◆ ***s'accuser*** v. pr. **1.** *S'accuser de qqch* ou *de* (+ *inf.*), s'en reconnaître coupable : *S'accuser de ses fautes* (syn. SE CONFESSER). *Elle s'accuse d'avoir abandonné trop vite. S'accuser d'un crime.* — **2.** Devenir plus marqué : *Son mauvais caractère s'accuse avec l'âge* (syn. S'ACCENTUER; contr. S'ATTÉNUER).

acerbe [asɛrb] adj. (lat. *acerbus*). *Paroles, écrits, ton acerbes,* de caractère désagréable et d'intention blessante ou vexante : *Elle se répandait en propos acerbes sur mon compte. Répliquer d'un ton acerbe* (syn. AIGRE). *Être en butte aux critiques acerbes de l'opposition* (syn. DUR, MORDANT).

acéré, e [asere] adj. (de *acier*). **1.** Se dit de qqch (lame, couteau, dent, etc.) qui est très tranchant, très aigu : *La lame acérée d'un couteau* (syn. AIGUISÉ). — **2.** *Esprit acéré, raillerie acérée,* d'une vivacité blessante (syn. CAUSTIQUE, MORDANT).

acétone [asetɔn] n. f. (du lat. *acetum,* vinaigre). Liquide incolore, inflammable, utilisé comme solvant.

achalandé, e [aʃalɑ̃de] adj. (de *chaland* au sens ancien de «client»). **1.** Fourni en marchandises : *Librairie bien achalandée* (syn. APPROVISIONNÉ). — **2.** Qui a des clients (vieilli).

acharné, e [aʃarne] adj. (de l'anc. fr. *charn,* chair). Qui témoigne d'une grande ardeur, d'une opiniâtreté que rien ne peut briser : *Nos adversaires les plus acharnés* (syn. TENACE). *Un combat acharné* (syn. ↑ENRAGÉ, FURIEUX). *Elle est arrivée à cette situation par un travail acharné* (syn. OPINIÂTRE).

acharnement [aʃarnəmɑ̃] n. m. Fait de s'acharner à qqch ou contre qqn : *Les défenseurs de la ville combattaient avec acharnement* (syn. ↑RAGE). *Tu montres dans ta haine un acharnement extraordinaire* (syn. OBSTINATION, TÉNACITÉ). *Son acharnement au travail* (syn. OPINIÂTRETÉ, ↓ARDEUR).

acharner (s') [aʃarne] v. pr. 1. (sujet qqn) *S'acharner contre, sur qqn,* le poursuivre ou l'attaquer avec violence et obstination : *Ne t'acharne pas contre ce pauvre bougre* (syn. PERSÉCUTER). *Il sent son ennemi faiblir et il s'acharne sur lui.* — 2. (sujet qqn) *S'acharner à qqch, à* (+ *inf.*), lutter avec ténacité pour acquérir, continuer son effort pour obtenir qqch : *Il s'acharnait à découvrir l'explication du mystère* (syn. S'OBSTINER, ↓ S'ATTACHER). *Il s'acharne au jeu.*

achat [aʃa] n. m. 1. Action d'acheter, d'acquérir comme bien : *L'achat d'une voiture représente pour nous un gros sacrifice d'argent* (syn. ACQUISITION). *Le pouvoir d'achat effectif du salarié dépend du rapport entre les prix et les salaires. Achat ferme, à crédit. La différence entre le prix d'achat et le prix de vente est élevée.* — 2. Objet acheté : *Un cabas rempli des achats faits au marché.*

acheminement [aʃminmɑ̃] n. m. Action d'acheminer; fait d'être acheminé : *L'acheminement du courrier est assuré quotidiennement.*

acheminer [aʃmine] v. t. (de *chemin*) [sujet qqn, qqch] *Acheminer qqch, qqn,* les diriger vers un but ou un résultat précis; les conduire à une destination fixée à l'avance : *On achemine la correspondance de Paris vers les villes de province. On a acheminé rapidement ces médicaments par avion* (syn. TRANSPORTER). *Acheminer un train supplémentaire sur Lyon* (syn. ENVOYER). *L'abus de l'alcool l'achemine vers la déchéance* (syn. CONDUIRE). ◆ ***s'acheminer*** v. pr. 1. (sujet qqn) Se diriger vers un lieu : *Il alluma une cigarette et s'achemina vers le petit bois.* — 2. (sujet qqch) Aller vers un résultat : *Les pourparlers engagés s'acheminent vers leur conclusion.*

acheter [aʃte] v. t. (bas lat. *accaptare*) [c. 7] (sujet qqn) 1. *Acheter un objet, un droit à qqn* (vendeur ou qqn à qui on destine ce qui a été payé), l'obtenir contre un paiement : *Acheter un livre à un libraire. Acheter des jouets à ses enfants. Acheter une voiture* (syn. ACQUÉRIR). *Achetez français!* (= des objets fabriqués en France). — 2. *Acheter qqch* (+ *adv.* ou *compl.*), l'obtenir au prix d'une privation, d'une peine : *Acheter très cher le bonheur. Acheter sa liberté par de lourds sacrifices.* — 3. *Acheter qqn,* payer sa complicité ou ses faveurs : *Il acheta de faux témoins pour confirmer son alibi* (syn. SOUDOYER). *Il acheta quelques fonctionnaires subalternes en pensant enlever ainsi la commande de l'État* (syn. CORROMPRE). *Acheter le silence d'un témoin.*

acheteur, euse [aʃtœr] n. 1. Personne qui achète (syn. CLIENT, ACQUÉREUR). — 2. Personne qui, dans une entreprise commerciale, a pour métier de faire les achats aux négociants en gros.

achevé, e [aʃve] adj. *D'un ridicule achevé,* grotesque, très comique : *Cette réflexion est d'un ridicule achevé.*

achèvement [aʃɛvmɑ̃] n. m. Action de mener à bonne fin, de terminer : *L'achèvement de l'immeuble demandera encore six mois.*

achever [aʃve] v. t. (de l'anc. fr. *chef,* fin) [c. 9]. 1. (sujet qqn) *Achever qqch,* le mener à bonne fin, finir ce qui a été commencé : *Achever rapidement son repas* (syn. TERMINER; contr. COMMENCER). *Il acheva son discours au milieu des applaudissements. La présidente achève la mise au point de la déclaration qu'elle fera demain* (syn. ↑ PARACHEVER). *Il achève ses jours dans une maison de retraite;* sans compl. : *À peine avait-elle achevé que tous applaudirent.* — 2. (sujet qqn) *Achever qqn, un animal,* lui porter le dernier coup qui amène la mort : *Les assaillants achevaient les blessés. Achever un vieux chien malade.* — 3. (sujet qqch) *Achever qqn,* le perdre complètement, finir de l'accabler, de le décourager : *Cette grippe, après tout ce travail, m'a achevée* (syn. ↑ ANÉANTIR). ◆ ***s'achever*** v. pr. Se terminer : *Ainsi s'achèvent nos émissions de la soirée.*

achoppement [aʃɔpmɑ̃] n. m. *Pierre d'achoppement,* ce qui cause de l'embarras ou de la difficulté : *La question des tarifs agricoles a été pendant longtemps la pierre d'achoppement des discussions* (syn. OBSTACLE).

achopper [aʃɔpe] v. i. (de l'anc. fr. *choper,* buter) [sujet qqn, une action] *Achopper sur qqch,* être arrêté par une difficulté, un obstacle (soutenu) : *Elle achoppe toujours sur les problèmes de géométrie. Les négociations achoppèrent sur un différend mineur.*

1. acide [asid] adj. (lat. *acidus*). 1. D'une saveur piquante : *Les fruits encore verts sont acides* (syn. AIGRE; contr. DOUX, SUCRÉ). — 2. Qui marque de la méchanceté, du dénigrement ironique : *Des chroniques théâtrales acides* (syn. ACERBE; contr. DOUX, AIMABLE). *Adresser une remarque acide à quelqu'un* (syn. MORDANT, AIGRE, CAUSTIQUE).

2. acide [asid] n. m. Composé chimique : *L'acide sulfurique est communément appelé «vitriol».*

acidité [asidite] n. f. 1. Saveur aigre, piquante : *L'acidité d'un citron. L'acidité de ses répliques le fait craindre de tous* (syn. CAUSTICITÉ). — 2. Qualité de ce qui contient une substance acide : *L'acidité du suc gastrique.*

acidulé, e [asidyle] adj. Dont la saveur est légèrement acide : *Bonbons acidulés.*

acier [asje] n. m. (du lat. *acies,* pointe). 1. Alliage métallique très dur, composé de fer et de carbone : *Des aciers laminés. Un acier inoxydable. Un regard bleu d'acier* (= qui a des reflets bleutés comme l'acier). — 2. *D'acier,* qui a une vigueur, une force, une résistance, une fermeté exceptionnelles : *Il a des muscles d'acier.*

aciérie [asjeri] n. f. Usine où on fabrique de l'acier.

acné [akne] n. f. (gr. *akmê,* pointe). Affection de la peau, visible en particulier sur le visage : *Acné juvénile.*

acolyte [akɔlit] n. m. (gr. *akolouthos,* serviteur). *Péjor.* Aide et compagnon habituel de qqn à qui il est subordonné, son complice : *Tous les membres de la bande sont sous les verrous : le chef comme les acolytes.*

acompte [akɔ̃t] n. m. Paiement partiel, à valoir sur une somme due : *Demander un acompte sur son salaire mensuel* (syn. AVANCE). *Verser un acompte lors de la commande d'une voiture* (syn. PROVISION, ARRHES).

acoquiner (s') [akɔkine] v. pr., **être acoquiné** v. pass. (de *coquin*). *S'acoquiner, être acoquiné à, avec qqn,* avoir de mauvaises fréquentations; prendre pour complice : *Pour cette entreprise douteuse, elle s'est acoquinée avec un homme d'affaires véreux.*

à-côté [akote] n. m. (pl. *à-côtés*) 1. Ce qui ne se rapporte que de loin au sujet principal : *C'est un à-côté de la question; revenez à l'essentiel* (= c'est en marge de). *Les à-côtés d'une course cycliste fournissent un grand nombre d'articles de journaux.* — 2. Ce qu'on gagne, en dehors de son salaire régulier, par une activité secondaire; dépenses qui viennent en supplément (surtout pl.) : *Se faire quelques à-côtés, le samedi, par de petits travaux. Il faut prévoir les réparations et les petits à-côtés imprévus.*

à-coup [aku] n. m. (pl. *à-coups*) 1. Arrêt brusque, suivi d'une reprise brutale, d'un mouvement qui devrait être continu : *Le moteur eut quelques à-coups, puis s'arrêta* (syn. RATÉ). *L'économie du pays subit quelques sérieux à-coups* (syn. SECOUSSE). — 2. *Par à-coups,* de façon discontinue, par intermittence : *Il travaille par à-coups, sans persévérance dans l'effort* (syn. PAR SACCADES). ‖ *Sans à-coups,* sans changement de rythme, de vitesse de mouvement; sans incident important : *La voiture a marché parfaitement, sans à-coups* (syn. SANS HEURT). *La séance se déroule sans à-coups.*

acoustique [akustik] adj. (gr. *akoustikos,* qui concerne l'ouïe). Relatif au son : *Phénomène acoustique.* ◆ n. f. Qualité d'une salle, d'un théâtre, etc., favorable ou non à la perception des sons par les auditeurs : *La mauvaise acoustique d'une salle de cinéma nuit au spectacle.*

acquéreur [akerœr] n. m. Personne qui devient propriétaire d'un bien : *J'ai trouvé un acquéreur pour ma voiture. Aucun acquéreur ne s'est présenté pour l'appartement. L'État s'est rendu acquéreur du tableau.*

acquérir [akerir] v. t. (lat. *acquirere*) [c. **21**]. **1.** (sujet qqn) Devenir propriétaire d'un bien quelconque par achat, échange ou succession (soutenu) : *Acquérir une maison de campagne* (syn. ACHETER). *Cette voiture d'occasion a été acquise dans de bonnes conditions. Acquérir une propriété par voie d'héritage.* — **2.** (sujet qqn, qqch) Réussir à obtenir, à avoir pour soi : *Acquérir l'habitude de traiter des affaires* (syn. PRENDRE). *Elle a acquis la célébrité avec son dernier film* (contr. PERDRE). *L'avocat a acquis la preuve de l'innocence de sa cliente* (syn. OBTENIR). *Tu as acquis une solide expérience en la matière* (syn. GAGNER). *Ce timbre acquiert de la valeur.* — **3.** *Être acquis à qqn,* lui être entièrement dévoué : *Vous pouvez compter sur moi, je vous suis tout acquis.* ‖ *Être acquis à une idée,* y être gagné : *Elle est maintenant acquise à notre projet.* ◆ ***s'acquérir*** v. pr. **1.** (sujet qqn) Obtenir pour soi : *Il s'est acquis de solides amitiés.* — **2.** (sujet qqch) Être gagné : *L'expérience s'acquiert avec l'âge* (syn. S'OBTENIR).

acquiescement [akjɛsmɑ̃] n. m. Fait d'acquiescer, de donner son accord : *Le ministre refusa son acquiescement à l'augmentation des salaires* (syn. ACCEPTATION, ACCORD). *Un signe d'acquiescement* (syn. APPROBATION).

acquiescer [akjese] v. i. (lat. *acquiescere*) [c. **1**] (sujet qqn) Se ranger à l'avis de l'interlocuteur (soutenu) : *Elle acquiesce d'un signe de tête* (syn. DIRE OUI, ACCEPTER; contr. REFUSER). ◆ v. t. ind. *Acquiescer à qqch,* y donner son accord, son approbation : *J'acquiesce à vos propositions. Acquiescez à ma prière* (syn. CONSENTIR; contr. S'OPPOSER).

acquis, e [aki] adj. (de *acquérir*). Obtenu : *Les résultats acquis sont prometteurs. Tenir un point pour acquis* (= le considérer comme obtenu). *Défendre les droits acquis* (= les droits obtenus par une catégorie professionnelle d'après son statut). ◆ ***acquis*** n. m. *Avoir un acquis, avoir de l'acquis,* posséder un ensemble important de connaissances, dues à l'expérience ou à l'étude (syn. DU SAVOIR).

acquisition [akizisjɔ̃] n. f. Action d'acquérir; ce qu'on a obtenu par paiement : *Faire l'acquisition d'un aspirateur* (syn. ACHAT; contr. VENTE). *La lente acquisition des connaissances. Au retour de la salle des ventes, il nous a montré ses acquisitions.*

acquit [aki] n. m. (de *acquitter*). **1.** Quittance, décharge délivrée à celui qui a fourni qqch. — **2.** *Pour acquit,* formule portée par le créancier sur un chèque, une facture, etc., pour attester qu'il en a reçu le paiement. — **3.** *Par acquit de conscience,* pour n'avoir ensuite aucun remords (se dit quand on fait qqch sans en attendre de résultats).

acquittement [akitmɑ̃] n. m. **1.** Action de déclarer innocent par décision de justice : *L'acquittement des accusés fut accueilli par le public avec satisfaction.* — **2.** Action de payer ce qui est dû : *L'acquittement d'une dette* (syn. REMBOURSEMENT).

acquitter [akite] v. t. (de *quitte*) [sujet qqn] **1.** *Acquitter qqn,* le déclarer par jugement innocent du crime ou du délit dont il est accusé : *Le jury acquitta l'accusé. Elle fut acquittée à l'issue de débats passionnés.* — **2.** *Acquitter une facture, des droits,* etc., payer la somme indiquée, se libérer d'une obligation financière : *Acquitter la facture d'électricité* (syn. PAYER). *Acquitter une note d'hôtel* (syn. RÉGLER). *Acquitter ses impôts.* ◆ ***s'acquitter*** v. pr. *S'acquitter de qqch,* faire ce qu'on doit, ce à quoi on s'est engagé, etc. : *Elle s'acquitte parfaitement de ses obligations* (syn. SATISFAIRE À). *S'acquitter de ses fonctions* (syn. REMPLIR). *S'acquitter de ses dettes* (= s'en libérer; syn. REMBOURSER). *S'acquitter de ses engagements* (= y faire face).

âcre [ɑkr] adj. (lat. *acer*). **1.** Dont la saveur ou l'odeur est forte et irritante : *Une fumée âcre. Fruits verts qui ont une saveur âcre.* — **2.** *Litt.* Qui a un caractère agressif et violent : *Elle lui répliqua d'un ton âcre* (syn. ACERBE, ÂPRE).

âcreté [ɑkrəte] n. f. Qualité de ce qui est âcre : *L'âcreté d'un fruit. L'âcreté de ses propos.*

acrimonie [akrimɔni] n. f. (du lat. *acer,* âcre). *Litt.* Caractère agressif de qqn qui se manifeste dans l'humeur ou le langage : *Exprimer ses griefs avec acrimonie* (syn. usuel AIGREUR; contr. AFFABILITÉ). *Elle lui a parlé sans acrimonie de son absence* (= avec douceur).

acrobate [akrɔbat] n. (du gr. *akrobatein,* marcher sur la pointe des pieds). **1.** Artiste de cirque, de music-hall, qui fait des excercices d'équilibre, des sauts périlleux, etc. : *Les acrobates exécutèrent une pyramide humaine;* se dit aussi de celui qui se livre à des prouesses du même ordre : *Regardez-le grimper à l'arbre; cet enfant est un véritable acrobate.* — **2.** Personne employant des procédés habiles et risqués : *Un acrobate de la finance.*

acrobatie [akrɔbasi] n. f. **1.** Exercice exécuté par l'acrobate, ou prouesse du même ordre : *Les clowns se livrèrent sur la piste à des acrobaties comiques. L'aviateur effectua quelques acrobaties aériennes.* — **2.** Procédé habile, compliqué, dangereux ou malhonnête : *Elle rétablit son budget par quelques acrobaties dont elle a le secret* (syn. fam. TOUR DE PASSE-PASSE).

acrobatique [akrɔbatik] adj. Qui relève de l'acrobatie : *Ils exécutèrent un numéro acrobatique à quinze mètres du sol. Il sauva la balle de match par un coup acrobatique. Le redressement acrobatique d'une situation.*

acronyme [akrɔnim] n. m. Sigle qui se prononce comme un mot ordinaire : *C. A. P. E. S.* [kapɛs] *est un acronyme.*

acrylique [akrilik] n. m. Textile artificiel.

1. acte [akt] n. m. (lat. *actum,* chose faite). **1.** Manifestation, réalisation de la volonté, considérée dans ses conséquences ou dans son but : *Les actes doivent suivre les paroles. On juge les hommes sur leurs actes. Il s'agit maintenant de passer aux actes. Traduire en acte les engagements pris à l'égard de ses électeurs* (= les réaliser, les tenir). *Les actes du gouvernement, du pouvoir* (syn. DÉCISION). *Préméditer son acte* (syn. ACTION); (+ compl. du n. sans art.) : *Un acte de bravoure* (= un exploit). *Un acte de générosité. Un acte de foi* (= action qui traduit une adhésion confiante, la confiance dans l'avenir). *Un acte de bonne volonté. Ce crime est un acte de folie* (syn. GESTE). *Acte de faiblesse* (syn. TRAIT). *Un acte de guerre, d'agression;* (+ adj.) : *Un acte méritoire. Un acte terroriste a été commis* (syn. ACTION). *C'est de votre part un acte inamical* (syn. GESTE). — **2.** *Faire acte de* (+ *n. sans art.*), donner une preuve concrète de : *Faire acte d'énergie* (= se montrer énergique). *Faire acte d'hostilité à l'égard d'un pays. Le chef de service doit faire acte d'autorité. Faire acte* *de candidature* (= se présenter comme candidat). *Faire acte de présence* (= paraître en un lieu en n'y restant que quelques instants). — **3.** Écrit, texte constatant un fait, indiquant une convention passée entre plusieurs personnes : *Le greffier lut l'acte d'accusation* (= le texte où sont énumérés les motifs de l'accusation). *Le tribunal conclut à la validité de l'acte de succession* (= testament). *Signer un acte devant notaire. Passer un acte de vente. Les actes de l'état civil sont les actes de naissance, de mariage et de décès.* — **4.** *Demander acte*, faire constater : *Je vous demande acte que nous avons attiré votre attention depuis longtemps sur ce danger.* ‖ *Donner acte*, reconnaître légalement ou ouvertement que le fait existe, qu'on est informé : *Je vous donne acte que vos promesses ont été remplies.* ‖ *Prendre acte*, déclarer qu'on se prévaudra par la suite du fait constaté : *L'Assemblée prit acte de la déclaration ministérielle. Je prends acte que vous acceptez aujourd'hui l'ensemble de nos propositions.* ◆ ***actes*** n. m. pl. Mémoires des sociétés savantes, des congrès, etc.

2. acte [akt] n. m. (lat. *actus*, représentation scénique). **1.** Chacune des parties d'une pièce de théâtre, correspondant à une péripétie ou à un groupe de péripéties, et qui, à la représentation, est marquée par un baisser de rideau : *Les tragédies classiques ont cinq actes. Une comédie en un acte ouvre en général le spectacle.* — **2.** *Le premier acte (d'un événement)*, le premier épisode qui laisse prévoir des conséquences ultérieures : *Cette conférence diplomatique ne fut que le premier acte d'un conflit qui devait durer plus de dix ans.* ‖ *Le dernier acte*, la fin d'une série d'événements, leur conclusion : *Le dernier acte de la guerre se joua en Extrême-Orient.*

acteur, trice [aktœr] n. (lat. *actor*). **1.** Personne dont la profession est de jouer des rôles au théâtre, au cinéma ou qui les joue occasionnellement : *Les acteurs de la pièce furent remarquables* (syn. COMÉDIEN). — 2. Personne qui, dans un événement, prend une part déterminante à l'action : *En cette occasion, je n'ai pas été un acteur, mais un simple spectateur.*

1. actif, ive [aktif] adj. (lat. *activus*).
— **I. 1.** Qui est plein d'activité et d'énergie : *Elle est restée active malgré son âge* (contr. INACTIF). *C'est un homme actif que rien ne fatigue* (syn. TRAVAILLEUR, ↑ÉNERGIQUE; contr. APATHIQUE, INDOLENT). *Militante active d'un parti politique* (syn. ZÉLÉ; contr. MOU). — 2. Qui témoigne de la force, de l'énergie, de la violence; qui se manifeste par des résultats : *La participation active des diverses classes sociales à l'expansion économique* (contr. PASSIF). *Mener une vie active* (contr. NONCHALANT, OISIF, DÉSŒUVRÉ). *Un remède actif* (syn. EFFICACE). *Une perturbation peu active traverse la France* (= qui ne se manifeste que par de petites pluies). *Les méthodes actives dans l'enseignement* (= celles où l'élève doit participer de façon agissante à son instruction). — **3.** *Armée active* (ou *active* n. f.), ensemble des forces militaires présentes sous les drapeaux : *Les officiers d'active sont des officiers qui font leur carrière dans l'armée* (contr. RÉSERVE). ‖ *Entrer dans une phase active*, arriver à la question essentielle : *La conférence internationale entre dans sa phase active* (syn. ENTRER DANS LE VIF DU SUJET). ‖ *Prendre une part active à qqch*, y participer de façon efficace : *Prendre une part active à l'élaboration d'un ouvrage, aux luttes politiques.*

— **II.** adj. et n. m. Se dit du système des formes simples et composées d'un verbe, par oppos. au *passif* et au *pronominal*.

2. actif [aktif] n. m. **1.** Ce qu'on possède (fin.) : *L'actif de la société se compose d'immeubles, de matériel et de marchandises* (contr. PASSIF). — **2.** *À son actif*, au nombre de ses succès, de ses avantages, de ses actions : *Il a mis à son actif la réalisation de plusieurs cités ouvrières. Cette bande compte à son actif plusieurs agressions.*

actinie [aktini] n. f. (gr. *aktis, -inos*, rayon). Animal marin fixé aux rochers littoraux (nom usuel ANÉMONE DE MER).

action [aksjɔ̃] n. f. (lat. *actio*, de *agere*, agir).
— **I. 1.** Manifestation matérielle de la volonté humaine dans un domaine déterminé (souvent + adj. ou compl. du n. sans art.) : *Les motifs de son action restent obscurs. L'action courageuse des sauveteurs a permis de limiter l'étendue du désastre. Par une action audacieuse, elle a empêché un drame* (syn. ACTE). *Il a attiré l'attention sur lui par une action d'éclat* (= un exploit). *Accomplir une bonne action. Action de grâces* (= témoignage de reconnaissance). *Un homme d'action* (= entreprenant). *Elle a une liberté d'action très réduite* (= une possibilité d'agir); *l'action* peut être celle d'un groupe humain, d'une profession, d'une classe sociale, etc. : *L'action du gouvernement s'est exercée sur les prix. Mener une action d'ensemble, une action concertée qui s'oppose à l'action individuelle. L'entreprise dispose d'importants moyens d'action* (= des moyens d'agir efficacement). *Les fonctionnaires ont fixé la date de leur journée d'action* (= le jour où ils feront connaître publiquement, par des manifestations, leurs revendications). *Un parti détermine son programme d'action* (= ses buts). *L'action sanitaire et sociale de la Sécurité sociale. Condamner l'action des agitateurs. L'espoir est dans une action décisive de l'État. Un comité d'action réunit en un groupe limité des personnes responsables, décidées à agir en vue d'intérêts communs.* — **2.** Ensemble des événements qui constituent la trame d'un roman, d'une œuvre dramatique : *L'action de ce film se passe au Moyen Âge.* — **3.** Progression dramatique, péripéties d'une œuvre littéraire : *Roman qui manque d'action.* — **4.** *Action des corps physiques, des éléments, des idées*, etc., manière dont ils agissent sur d'autres : *L'action du vent a brisé la cime du peuplier. Sous l'action de pluies diluviennes, les torrents ont grossi soudainement* (= sous l'effet de). *L'action du médicament a été très brutale.* — **5.** *Champ d'action*, domaine où s'exerce l'activité de qqn. ‖ *Être en action*, être en train d'agir, de participer à une entreprise projetée auparavant : *Des équipes sont déjà en action pour réparer les voies endommagées.* ‖ *Mettre en action*, réaliser ce qui n'était encore qu'une idée, une intention. ‖ *Passer à l'action*, prendre une attitude offensive.

— **II.** Exercice d'un droit en justice : *Intenter une action* (= déposer une plainte contre qqn). *Introduire une action en justice.*

— **III.** Titre représentant les droits d'un associé dans certaines sociétés (fin.) : *Action au porteur. Acheter, vendre des actions.*

actionnaire [aksjɔnɛr] n. Qui possède une ou plusieurs actions dans une société financière ou commerciale.

actionner [aksjɔne] v. t. (de *action*). *Actionner qqch*, le mettre en mouvement : *Actionner la manivelle pour faire partir un moteur. Le moulin à café est actionné par un petit moteur électrique. Actionner la sonnette de la grille* (syn. AGITER). *Ce câble amène le courant qui actionne les meules* (syn. FAIRE FONCTIONNER).

activement [aktivmɑ̃] adv. De façon active, énergique : *L'enquête se poursuit activement* (contr. MOLLEMENT). *Rechercher activement une personne disparue. Mener activement les préparatifs d'une action militaire.*

activer [aktive] v. t. (de *actif*). *Activer qqn, qqch*, le rendre plus rapide dans l'action, en hâter l'achèvement ou la conclusion : *L'incendie était activé par un violent mistral. Activer des préparatifs* (syn. ACCÉLÉRER). *Activer les travaux* (syn. HÂTER; contr. RALENTIR); à l'impér., sans compl. : *Allons, activez un peu, le train n'attend pas* (syn. SE PRESSER). ◆ ***s'activer*** v. pr. Travailler activement ; se hâter : *Des ouvriers s'activent dans le chantier* (syn. S'AFFAIRER).

activisme [aktivism] n. m. Attitude politique de ceux qui visent à l'action directe et violente, en dehors des règles démocratiques.

activiste [aktivist] adj. et n. Qui fait preuve d'activisme : *L'attentat a été revendiqué par un groupe d'activistes.*

activité [aktivite] n. f. (de *actif*). **1.** Ensemble des phénomènes par lesquels se manifestent une certaine forme de vie, un fonctionnement, un processus : *L'activité physique, intellectuelle. Une zone d'activité volcanique.* — **2.** Promptitude, vivacité ou énergie dans l'action de qqn (ou de son esprit), dans sa conduite ; animation constatée qqpart : *Elle fait preuve d'une activité débordante* (syn. ZÈLE ; contr. APATHIE, INACTIVITÉ). *On assiste à une intense activité diplomatique. L'activité de la rue. On constate une activité insolite dans les bureaux.* — **3.** Domaine dont s'occupe qqn, une entreprise, etc. ; ensemble des actes de qqn, d'une nation, d'une industrie, etc., qui intéressent un champ d'action déterminé : *Activité professionnelle. Se disperser dans de nombreuses activités. Sa sphère d'activité est très étendue. Industrie qui étend ses activités à l'étranger. Réduire ses activités à cause d'une maladie. Des activités subversives. Rapport d'activité* (= sur l'ensemble de l'action d'un syndicat, d'un parti, d'une organisation professionnelle, etc.). *Des activités de plein air. Cesser toute activité. L'activité théâtrale est particulièrement variée cet hiver.* — **4.** *En activité,* se dit d'un fonctionnaire en service (contr. EN RETRAITE), ou d'un commerce, etc., en fonctionnement : *Maintenir un officier en activité au-delà de la limite d'âge.*

actualisation [aktɥalizasjɔ̃] n. f. Action d'actualiser ; fait d'être actualisé.

actualiser [aktɥalize] v. t. Adapter au monde présent : *Actualiser les manuels scolaires.*

actualité [aktɥalite] n. f. **1.** Qualité de ce qui est actuel, de ce qui convient au moment présent : *L'actualité des problèmes agricoles. L'actualité d'un roman.* — **2.** Ensemble des circonstances, des événements présents, intéressant un domaine particulier de l'activité humaine : *L'actualité universitaire, politique, médicale, économique et sociale, sportive. Les relations économiques avec l'Afrique sont d'actualité* (syn. À L'ORDRE DU JOUR). *Un sujet d'actualité* (= qui convient à l'époque présente). *L'actualité quotidienne* (= les événements du jour). ◆ ***actualités*** n. f. pl. Courte présentation en images des principaux événements du moment : *Les actualités télévisées.*

actuel, elle [aktɥɛl] adj. (lat. *actualis*) [après ou, plus rarement, avant le n.] **1.** (épithète) Qui existe ou se produit dans le moment présent : *Dans les circonstances actuelles, il convient d'économiser l'énergie* (syn. PRÉSENT). *La mode actuelle impose des couleurs ternes. Sous le régime actuel ou sous l'actuel régime. Dans l'état actuel des choses.* — **2.** (épithète ou attribut) Qui convient particulièrement au moment présent : *La question des prix est très actuelle. Le sujet très actuel de son roman.*

actuellement [aktɥɛlmɑ̃] adv. Dans la période présente, en ce moment : *Ma voiture est actuellement en réparation* (syn. POUR LE MOMENT). *Actuellement, ce livre est épuisé* (syn. PRÉSENTEMENT). *Le cinéma est actuellement concurrencé par la télévision* (syn. DE NOS JOURS, AUJOURD'HUI).

acuité [akɥite] n. f. (du lat. *acutus,* aigu). Qualité de ce qui est aigu, vif : *L'acuité d'une douleur, d'une crise. L'acuité visuelle. L'acuité d'un son.*

acuponcteur, trice ou **acupuncteur, trice** [akypɔ̃ktœr] n. Qui pratique l'acuponcture.

acuponcture ou **acupuncture** [akypɔ̃ktyr] n. f. (lat. *acus,* aiguille, et *punctura,* piqûre). Traitement médical d'origine chinoise, qui consiste à piquer des aiguilles en certains points du corps.

adage [adaʒ] n. m. (lat. *adagium*). Formule sentencieuse, empruntée en général au droit coutumier : *L'adage se distingue du proverbe par son caractère juridique* (ex. : *Nul n'est censé ignorer la loi*).

adagio [adadʒjo] n. m. (mot it.). Morceau de musique exécuté dans un tempo lent.

adaptable [adaptabl] adj. Qui peut s'adapter, être adapté : *Un accessoire adaptable à tous les modèles de voitures.*

1. adaptateur, trice [adaptatœr] n. Personne qui adapte une œuvre littéraire au cinéma ou au théâtre : *Les scénaristes se font souvent les adaptateurs de romans célèbres.*

2. adaptateur [adaptatœr] n. m. Dispositif permettant d'adapter un appareil : *Un adaptateur pour prises de courant américaines.*

adaptation [adaptasjɔ̃] n. f. Action d'adapter, fait de s'adapter : *L'adaptation d'un plan de fabrication aux nécessités économiques* (syn. HARMONISATION). *L'adaptation d'un roman à la scène. Ce film est une adaptation d'un roman de Marguerite Duras. Il faut faire un effort d'adaptation* (= pour s'adapter à la situation). *L'adaptation de végétaux, d'animaux à un nouveau milieu* (syn. ACCLIMATEMENT).

adapter [adapte] v. t. (lat. *adaptare*). **1.** *Adapter un objet à un autre,* les joindre, les rattacher de manière à obtenir un dispositif : *Adapter un robinet au tuyau d'arrivée d'eau* (syn. AJUSTER). *Adapter un nouveau carburateur à un moteur d'automobile.* — **2.** *Adapter une chose à une autre,* la disposer par rapport à l'autre (considérée comme immuable) de façon à les mettre toutes deux en accord ou à obtenir un ensemble harmonieux ou cohérent : *Adapter la musique aux paroles* (syn. APPROPRIER). *Adapter l'Administration à ses tâches nouvelles. Adapter sa conduite aux circonstances* (syn. CONFORMER). — **3.** *Adapter une œuvre littéraire,* la transformer afin de la rendre convenable à une nouvelle destination : *Adapter un roman au cinéma* (= l'arranger de manière à en faire le sujet d'un film). ◆ ***s'adapter*** v. pr. Se conformer, s'ajuster : *Le robinet s'adapte bien au tuyau* (syn. CONVENIR). *Je dois m'adapter à ma nouvelle existence* (syn. SE FAIRE À, S'ACCOMMODER DE). *S'adapter au public* (= se conformer à ses goûts). *Elle s'adapte aux circonstances.*

additif [aditif] n. m. **1.** Petite addition faite à un texte écrit (jurid.) : *On a voté un additif au budget.* — **2.** Corps ajouté à une substance pour l'améliorer.

addition [adisjɔ̃] n. f. (lat. *additio,* de *addere,* ajouter) **1.** Action d'ajouter une chose à une autre ; ce qui est ajouté (surtout quand il s'agit d'écrits, de lettres, de textes) : *Addition d'un «s» au pluriel des noms* (syn. ADJONCTION ; contr. RETRANCHEMENT, SUPPRESSION). *Faire une addition de quelques lignes à un article de journal* (syn. ADDITIF, AJOUT). — **2.** Opération arithmétique consistant à ajouter un nombre à un autre : *Faire, vérifier une addition* (contr. SOUSTRACTION). — **3.** Note des dépenses faites au café, au restaurant, à l'hôtel, etc. : *Demander l'addition à la servante. Régler, payer une addition.*

additionnel, elle [adisjɔnɛl] adj. Qui s'ajoute : *Assemblée qui vote un article additionnel.*

additionner [adisjɔne] v. t. **1.** Ajouter qqch, une quantité quelconque à une autre : *Des produits chimiques ont été additionnés aux aliments* (syn. AJOUTER). *Vin additionné d'eau* (syn. ÉTENDU). — **2.** Faire l'addition de deux quantités, de deux nombres. ◆ ***s'additionner*** v. pr. Se cumuler : *Toutes ces complications s'additionnent pour rendre la situation inextricable.*

adduction [adyksjɔ̃] n. f. (du lat. *adducere,* amener). *Adduction d'eau, de gaz, de pétrole,* action de conduire ce liquide ou ce fluide d'un lieu à un autre.

adepte [adɛpt] n. (lat. *adeptus,* qui a atteint). Membre d'une secte religieuse; partisan convaincu d'une doctrine politique, scientifique, religieuse : *Un parti qui fait des adeptes* (syn. usuel ADHÉRENT). *Les adeptes d'une religion. Les adeptes de la poésie moderne* (syn. DÉFENSEUR). *C'est un adepte attardé du stoïcisme* (syn. TENANT; contr. ADVERSAIRE).

adéquat, e [adekwa] adj. (lat. *adaequatus,* rendu égal). *Adéquat (à qqch),* parfaitement adapté à son objet; qui correspond exactement à ce qu'on attend : *L'expression ne paraît pas adéquate à la situation* (syn. APPROPRIÉ, CONVENABLE). *Une définition parfaitement adéquate.*

adéquation [adekwasjɔ̃] n. f. Adaptation parfaite à qqch.

adhérence [aderɑ̃s] n. f. État de qqch qui adhère fortement à qqch d'autre : *L'adhérence du timbre à l'enveloppe. L'adhérence des pneus diminue sur sol mouillé.*

1. adhérent, e [aderɑ̃] adj. Qui colle à qqch : *Ce sparadrap est très adhérent.*

2. adhérent, e [aderɑ̃] n. Membre d'une organisation : *Envoyer une circulaire aux adhérents d'un syndicat. Recruter de nouveaux adhérents.*

adhérer [adere] v. t. ind. (lat. *adhaerere*) [c. **10**]. **1.** (sujet qqch) *Adhérer à qqch,* y être fixé ou maintenu par contact de façon telle qu'il est difficile d'en être séparé, décollé : *La viande, mise à feu trop vif, adhérait au fond de la poêle. Elle pose avec minutie le papier peint, afin que celui-ci adhère bien au mur* (syn. COLLER); sans compl. : *La nouvelle suspension permet à cette voiture d'adhérer mieux dans les virages* (= de mieux tenir la route). — **2.** (sujet qqn) *Adhérer à une organisation,* y entrer, s'y inscrire comme membre : *Adhérer à un parti politique* (syn. ENTRER DANS); sans compl. : *Il a cessé d'adhérer depuis deux ans.* — **3.** *Adhérer à une opinion,* se ranger à cet avis, partager cette opinion : *J'adhère à ce que vous avez dit* (syn. SE RALLIER À, APPROUVER, SOUSCRIRE À).

adhésif, ive [adezif] adj. et n. m. Se dit d'une bande de toile, de papier, etc., enduite d'un produit qui colle sans être préalablement mouillé : *Pansement adhésif.*

adhésion [adezjɔ̃] n. f. Action d'adhérer à une organisation, une opinion : *Remplir son bulletin d'adhésion. Adhésion d'un pays à un pacte. Donner son adhésion à un projet* (syn. ACCORD, APPROBATION). *Recueillir une large adhésion auprès de l'opinion publique.*

ad hoc [adɔk] loc. adj. (mots lat. signif. *pour cela*). Qui convient à une situation précise (soutenu) : *Il s'agit, en cette occasion, de trouver les arguments ad hoc* (syn. ironiq. IDOINE). *On créa à l'O. N. U. une commission ad hoc pour régler ce différend.*

adieu! [adjø] interj. (de à *Dieu*). **1.** Formule de salut employée quand on quitte qqn pour un temps assez long ou définitivement : *Adieu! Je pars pour toujours;* se dit parfois quand on se sépare de qqch : *Les vacances sont finies. Adieu les longues promenades dans la montagne!* — **2.** *Dire adieu à qqn, à qqch,* prendre congé de cette personne, renoncer à qqch : *Je ne vous dis pas adieu; nous nous reverrons demain. Lorsqu'elle accepta ce travail, elle dit adieu à sa tranquillité.* ◆ ***adieu*** n. m. (souvent pl.) Fait de dire adieu : *Faire ses adieux à sa famille avant de partir.*

adipeux, euse [adipø] adj. (lat. *adeps, -ipis,* graisse). **1.** Qui contient de la graisse (anat.) : *Tissu adipeux.* — **2.** *Péjor.* Se dit de qqn bouffi de graisse : *L'homme était déplaisant avec son visage adipeux* (contr. MAIGRE).

adjacent, e [adʒasɑ̃] adj. (lat. *adjacens,* situé auprès). **1.** *Rue, pays,* etc., *adjacents,* situés auprès d'un autre : *Une grande rue, avec ses ruelles adjacentes* (syn. VOISIN). — **2.** *Angles adjacents,* qui ont un côté commun (géométrie).

1. adjectif [adʒɛktif] n. m. (trad. du gr. *epithêton,* ajouté à). **1.** Mot qui qualifie le nom *(adjectif qualificatif)* ou qui le détermine *(adjectif possessif, démonstratif, numéral, indéfini).* — **2.** *Adjectif verbal,* forme adjective du participe en *-ant.*

2. adjectif, ive [adʒɛktif] ou **adjectival, e, aux** [adʒɛktival] adj. Qui relève de l'adjectif : *Les adjectifs composés «bleu foncé», «noir de jais» sont des locutions adjectives.*

adjectivement [adʒɛktivmɑ̃] adv. En fonction d'adjectif : *Un nom employé adjectivement.*

adjoindre [adʒwɛ̃dr] v. t. (lat. *adjungere*) [c. **55**]. **1.** *Adjoindre une chose à une autre,* la lui associer, la lui mettre en plus : *Adjoindre un réservoir spécial à une voiture de course* (syn. AJOUTER). — **2.** *Adjoindre qqn à un autre,* le lui donner comme aide : *On m'a adjoint une secrétaire pour assurer le courrier.* ◆ ***s'adjoindre*** v. pr. *S'adjoindre qqn,* se faire aider par lui : *Je me suis adjoint une collaboratrice pour achever ce travail* (syn. S'ATTACHER).

adjoint, e [adʒwɛ̃] n. Personne associée à une autre pour assurer un travail : *Les adjoints d'enseignement, d'économat, etc.*

adjonction [adʒɔ̃ksjɔ̃] n. f. Action d'adjoindre, d'associer qqch à qqch d'autre : *L'architecte décida l'adjonction d'un garage à la maison. Il faut faire une petite adjonction à ce texte* (syn. ADDITION).

adjudant [adʒydɑ̃] n. m. (esp. *ayudante*). Sous-officier du grade immédiatement supérieur à celui de sergent-chef.

adjudant-chef [adʒydɑ̃ʃɛf] n. m. (pl. *adjudants-chefs*) Sous-officier immédiatement supérieur à l'adjudant.

adjudication [adʒydikasjɔ̃] n. f. Action d'attribuer un bien ou un marché : *L'adjudication des travaux de voirie à un entrepreneur* (syn. ATTRIBUTION).

adjuger [adʒyʒe] v. t. (lat. *adjudicare*) [c. **2**]. **1.** *Adjuger qqch,* en parlant d'une autorité de justice, l'accorder après décision légale : *Le commissaire-priseur adjuge le tableau au plus offrant.* — **2.** *Adjuger qqch à qqn,* lui attribuer un avantage (en parlant d'un supérieur à un subordonné, d'un jury, d'une assemblée, etc.) : *Le prix lui fut adjugé à l'unanimité des présents* (syn. DÉCERNER). ◆ ***s'adjuger*** v. pr. *S'adjuger qqch,* s'en emparer comme d'un droit, de façon arbitraire : *Il s'adjugea la meilleure part du gâteau* (syn. S'APPROPRIER).

adjuration [adʒyrasjɔ̃] n. f. Action d'adjurer : *Elle céda aux adjurations de ses amies* (syn. SUPPLICATION, ↓PRIÈRE).

adjurer [adʒyre] v. t. (lat. *adjurare*). *Adjurer qqn de* (+ *inf.*), le supplier avec insistance de dire ou de faire qqch : *Je vous adjure de ne pas vous laisser emporter par le premier mouvement* (syn. CONJURER, IMPLORER, SUPPLIER). *On l'adjura de renoncer à son projet. Le juge l'adjura de dire la vérité.*

admettre [admɛtr] v. t. (lat. *admittere*) [c. **57**]. **1.** *Admettre qqn, un animal qqpart,* le laisser entrer dans un local, dans un lieu, dans un groupe ou une organisation : *Admettre des voyageurs en surnombre dans un autobus. Les chiens ne sont pas admis dans* *le magasin. Il l'a admis parmi ses intimes. Admettre dans un parti.* — **2.** *Admettre qqn,* le recevoir dans une école, une classe; le considérer comme ayant satisfait aux épreuves d'un examen (souvent pass.) : *Le jury n'a admis qu'un nombre limité de candidats. Être admis en bon rang à l'École polytechnique. Sont admises définitivement dans la classe supérieure les élèves suivantes...* — **3.** (sujet qqn) *Admettre qqch, admettre que* (+ *subj.* ou + *ind.*), reconnaître ou considérer comme vrai, comme valable, comme exact : *J'admets vos raisons. Je veux bien admettre que vous n'ayez pu faire autrement. Il est admis aujourd'hui que l'âge de la Terre est de plus de quatre milliards d'années.* — **4.** *Admettons, admettez que, en admettant que,* formules introduisant une hypothèse provisoire, nécessaire pour la suite du raisonnement : *Admettons que je fasse cette concession, qu'est-ce que vous m'offrez en contrepartie?* (syn. SUPPOSER). — **5.** (sujet qqn, qqch) Être capable de supporter, d'accepter ou de recevoir, de comprendre, de contenir : *Le règlement n'admet aucune exception* (syn. COMPORTER). *Son ton n'admettait aucune réplique* (syn. TOLÉRER, PERMETTRE). *Je n'admets aucune défaillance* (syn. SOUFFRIR). *Ce poème de Rimbaud admet plusieurs interprétations.*

administrateur, trice [administratœr] n. Personne qui administre, gère des affaires publiques ou privées : *Une administratrice de sociétés. L'administrateur de la Comédie-Française. Le corps des administrateurs civils.*

administratif, ive [administratif] adj. Qui relève de l'administration : *Prendre des dispositions, des mesures administratives. Les services administratifs. La capitale administrative d'une région. La cité administrative* (= où sont rassemblés les ministères, organismes officiels, etc.).

administration [administrasjɔ̃] n. f. **1.** Action d'administrer les affaires publiques ou une entreprise privée : *Confier l'administration de l'usine à un directeur capable* (syn. GESTION). — **2.** Service public destiné à satisfaire les besoins de la collectivité : *L'administration communale. Administration locale. L'administration des Douanes.* — **3.** (avec majusc. et sans compl.) Ensemble des services de l'État : *Les rouages de l'Administration. Faire carrière dans l'Administration.* — **4.** Action de donner, de fournir : *L'administration de médicaments ne semble pas indiquée dans le cas présent.*

administrativement [administrativmɑ̃] adv. Selon les règles de l'Administration : *Être administrativement responsable. Être interné administrativement* (= par décision administrative).

administré, e [administre] n. Personne dépendant d'une administration : *Le maire doit défendre les intérêts de ses administrés.*

administrer [administre] v. t. (lat. *administrare*). **1.** (sujet qqn) Diriger ou surveiller les affaires qui sont de sa responsabilité ou de son ressort : *Administrer une grande entreprise* (syn. GÉRER). *Le préfet et le conseil général administrent le département. Administrer les finances d'un État* (syn. DIRIGER). *Administrer les biens d'un mineur.* — **2.** Donner, fournir (dans quelques express.) : *Administrer un remède* (= l'appliquer). *Administrer des coups* (= frapper). *Administrer une preuve* (jurid.; = la présenter, la produire).

admirable [admirabl] adj. Digne d'admiration : *Un admirable effort de redressement économique. Une œuvre admirable qui ne donne prise à aucune critique* (syn. INCOMPARABLE). *Des fresques admirables* (syn. SUPERBE, MERVEILLEUX); ironiq. : *Voilà une réponse admirable!*

admirablement [admirabləmɑ̃] adv. De façon admirable : *Sculptures antiques admirablement conservées. Une femme admirablement faite* (syn. MERVEILLEUSEMENT).

admirateur, trice [admiratœr] n. Personne qui admire, s'extasie, manifeste un sentiment de respect : *Elle décourageait les admirateurs qui s'empressaient autour d'elle* (syn. ↑ADORATEUR).

admiratif, ive [admiratif] adj. Qui manifeste un sentiment d'admiration : *Cette conclusion fut accompagnée d'un murmure admiratif. Elle est très admirative pour tout ce qu'il dit ou ce qu'il fait.*

admiration [admirasjɔ̃] n. f. Action d'admirer : *Spectacle qui excite l'admiration* (syn. ↑ÉMERVEILLEMENT, ↑RAVISSEMENT). *Je suis pénétrée d'admiration pour le talent de ce peintre. Ce discours improvisé souleva d'admiration l'auditoire* (syn. ENTHOUSIASME). *Il force l'admiration par son courage* (contr. MÉPRIS, HORREUR).

admirer [admire] v. t. (lat. *admirari*). **1.** *Admirer qqn, qqch,* le regarder avec un sentiment de respect pour sa beauté ou ses qualités morales : *Admirer le portail de la cathédrale de Chartres* (syn. ↑S'EXTASIER DEVANT, S'ENTHOUSIASMER DEVANT). *On le craignait et on l'admirait, mais on ne l'aimait pas* (contr. MÉPRISER). *Assise sur la terrasse, elle admire le coucher du soleil derrière la montagne;* parfois ironiq. : *J'admire la désinvolture avec laquelle il vous a reçu.* — **2.** *Admirer que* (+ *subj.*), *qqn de* (+ *inf.*), considérer avec un étonnement ironique : *J'admire que vous restiez impassible devant tant de sottises* (syn. S'ÉTONNER). *Je vous admire de rester impassible.*

admissibilité [admisibilite] n. f. Qualité de qqn qui est admissible à un examen : *Afficher la liste d'admissibilité.*

admissible [admisibl] adj. et n. (lat. *admissus,* admis). Qui, après avoir subi avec succès les épreuves écrites d'un examen ou d'un concours, est admis à passer les épreuves orales qui fixeront son classement final : *Être admissible à l'École normale* (contr. REFUSÉ; fam. RECALÉ). ◆ adj. Susceptible d'être admis (surtout en phrase négative ou interrogative) : *Une telle erreur n'est pas admissible* (syn. TOLÉRABLE, EXCUSABLE).

admission [admisjɔ̃] n. f. **1.** Action d'admettre dans un groupe, un lieu : *L'admission des républiques africaines aux Nations unies. Formuler une demande d'admission.* — **2.** Action de recevoir dans une école, à un concours, un examen : *Liste d'admission à un concours. Se féliciter de son admission à Polytechnique* (contr. ÉCHEC).

admonestation [admɔnɛstasjɔ̃] n. f. Action d'admonester : *Il se moque des admonestations paternelles* (syn. RÉPRIMANDE, SEMONCE).

admonester [admɔnɛste] v. t. (du lat. *admonere,* avertir). *Admonester qqn,* lui faire une remontrance sévère, lui adresser un blâme solennel (soutenu) : *Le juge a admonesté le prévenu* (syn. RÉPRIMANDER, MORIGÉNER).

adolescence [adɔlɛsɑ̃s] n. f. Période de la vie où l'on est adolescent : *L'âge critique de l'adolescence.*

adolescent, e [adɔlɛsɑ̃] n. (lat. *adolescens*). Garçon, fille qui a entre quatorze et dix-huit ans environ : *Des livres pour adolescents* (syn. JEUNE).

adonner (s') [adɔne] v. pr. (du lat. *donare*) [sujet qqn] *S'adonner à qqch,* s'y attacher avec constance ou avec ardeur : *Maintenant que je suis à la retraite, je puis m'adonner à mes lectures favorites* (syn. SE CONSACRER). *Elle s'adonne uniquement à l'étude* (syn. S'APPLIQUER; contr. SE DÉTOURNER DE). *Depuis ce grand malheur, il s'adonne à la boisson.*

adopter [adɔpte] v. t. (lat. *adoptare,* choisir). **1.** (sujet qqn) *Adopter un enfant,* le prendre légalement pour fils ou fille, ou le traiter comme tel : *Ils ont adopté* *un enfant de l'Assistance publique. Après cet accident, Marie fut adoptée par un couple ami de la famille.* — 2. (sujet qqn) *Adopter qqch,* faire sienne une conduite, une façon de voir, une doctrine, une mode, etc. : *Adopter une attitude réservée, désinvolte,* etc. (syn. PRENDRE). *Il a adopté un point de vue très différent du vôtre* (syn. SE RANGER À). *Les couturiers ont adopté le mauve pour la mode de cette année* (syn. CHOISIR). — 3. (sujet une assemblée) *Adopter une loi, un projet de loi,* etc., les approuver, les voter : *Le texte proposé a été adopté. Adopter une motion à mains levées* (syn. VOTER).

adoptif, ive [adɔptif] adj. 1. Qu'on a adopté : *Fils adoptif, fille adoptive. La France est sa patrie adoptive* (syn. D'ADOPTION). — 2. Qui a adopté qqn comme enfant : *Il passe ses vacances dans sa famille adoptive.*

adoption [adɔpsjɔ̃] n. f. 1. Action d'adopter un enfant : *L'adoption d'un deuxième enfant les a contraints à déménager.* — 2. *Patrie, pays d'adoption,* pays dont on n'est pas originaire, mais où on a choisi de résider; se dit aussi avec un nom ethnique : *Une Parisienne d'adoption.* — 3. Action d'adopter une doctrine, une mode ou une loi : *L'adoption par un pays d'un procédé de télévision en couleurs. L'adoption du projet de loi a demandé des heures de discussion.*

adorable [adɔrabl] adj. (avant ou après le n.) Dont le charme ou l'agrément est extrême : *Elle a un sourire adorable* (syn. RAVISSANT, ↓CHARMANT; contr. LAID). *Vous avez là un enfant adorable* (contr. INSUPPORTABLE). *Il habite une adorable petite maison dans la vallée* (syn. DÉLICIEUX, ↓GENTIL).

adorateur, trice [adɔratœr] n. Personne qui adore, honore d'un culte ou aime passionnément : *Ils se considèrent comme les adorateurs du vrai Dieu. La foule de ses adorateurs l'accueillit avec enthousiasme* (syn. ↓ADMIRATEUR).

adoration [adɔrasjɔ̃] n. f. Action d'adorer : *L'Adoration des Mages a servi de sujet à de nombreux tableaux. Le peuple avait voué à ce dictateur une sorte d'adoration mystique* (syn. DÉVOTION, ↓ATTACHEMENT). *Il est en adoration devant elle. L'adoration des enfants pour leur mère* (syn. ↓AMOUR).

adorer [adɔre] v. t. (lat. *adorare,* prier). 1. Honorer d'un culte divin : *Adorer le feu. Adorer l'empereur de Rome comme un dieu. Adorer le Dieu des chrétiens.* — 2. *Adorer qqn, qqch,* aimer passionnément qqn, avoir un goût très vif pour qqch : *Elle est adorée de ses filles* (syn. ↓AIMER). *Il adore sa femme et il est adoré d'elle* (contr. HAÏR). *J'adore le chocolat* (syn. ↓APPRÉCIER). *Il adore la musique de Mozart* (contr. DÉTESTER).

adosser [adose] v. t. 1. *Adosser une chose contre, à une autre,* la placer contre une autre qui lui sert d'appui ou d'abri (souvent pass. sans agent) : *Adosser une armoire contre la cloison. Maison adossée à une colline.* — 2. (sujet qqn) *Être adossé à, contre qqch,* avoir le dos appuyé contre qqch : *Il resta adossé à la palissade en faisant face à ses adversaires.* ◆ ***s'adosser*** v. pr. S'appuyer contre qqch : *S'adosser à un mur pour allumer une cigarette. Le château s'adossait au flanc du coteau.*

adoucir [adusir] v. t. 1. *Adoucir qqch, qqn,* en atténuer la dureté, l'aigreur, la brutalité : *Mettez un peu de sucre pour adoucir l'amertume de ce médicament. Ce savon adoucit la peau. Adoucir la condamnation de l'accusé* (syn. DIMINUER; contr. AGGRAVER). *Peut-être cette lettre adoucira-t-elle votre chagrin* (syn. ALLÉGER, ATTÉNUER). *Ce second article adoucit un peu la dureté de ses critiques* (syn. TEMPÉRER, CORRIGER, MITIGER). — 2. *Adoucir l'eau,* la débarrasser des sels calcaires qu'elle peut renfermer. ◆ ***s'adoucir*** v. pr. Devenir plus doux : *La pente s'adoucit près du sommet* (syn. S'ATTÉNUER, FAIBLIR). *Le temps s'est adouci* (syn. ↑SE RADOUCIR; contr. SE REFROIDIR). *Son caractère ne s'est pas adouci avec les années* (contr. S'AIGRIR, SE DURCIR).

adoucissant, e [adusisɑ̃] adj. et n. m. Qui adoucit : *Un produit adoucissant pour la peau.*

adoucissement [adusismɑ̃] n. m. Fait d'adoucir, de s'adoucir : *Un adoucissement des conditions d'internement* (syn. HUMANISATION). *L'adoucissement de la température* (syn. ↑RADOUCISSEMENT; contr. REFROIDISSEMENT). *Apportez quelques adoucissements à vos reproches* (syn. ATTÉNUATION; contr. AGGRAVATION).

adoucisseur [adusisœr] n. m. Appareil pour adoucir l'eau.

ad patres [adpatrɛs] adv. (mots lat. signif. *vers les ancêtres*). *Fam.* À la mort : *Aller ad patres. Envoyer ad patres.*

1. adresse [adrɛs] n. f. (de *adresser*). 1. Indication du domicile de qqn : *Ajouter une adresse dans son carnet. Partir sans laisser d'adresse. On nous a donné l'adresse d'un hôtel excellent. Libeller correctement une adresse.* — 2. Écrit présenté par une assemblée au chef de l'État : *Le maire lut une adresse du conseil municipal à son illustre visiteur.* — 3. *À l'adresse de qqn,* à son intention : *Lire un communiqué à l'adresse des auditeurs de la région parisienne.*

2. adresse [adrɛs] n. f. (de l'anc. fr. *adrece,* bonne direction). Habileté physique ou intellectuelle : *L'adresse d'un prestidigitateur. Rattraper avec adresse un verre qui allait tomber* (syn. DEXTÉRITÉ). *Il use d'adresse pour éviter de faire un travail* (syn. RUSE). *Elle est d'une adresse remarquable à berner tous ceux qui l'approchent* (syn. FINESSE, SUBTILITÉ). *L'adresse avec laquelle elle éludait les difficultés était extraordinaire* (syn. INGÉNIOSITÉ). *Il avait l'adresse de ne heurter personne* (syn. INTELLIGENCE).

adresser [adrɛse] v. t. (de *dresser*). 1. *Adresser qqch à qqn,* le lui faire parvenir, l'envoyer à son domicile : *J'ai adressé un colis à ma fille* (syn. ENVOYER, EXPÉDIER). *Adresser un faire-part de mariage à tous ses amis. Adresser un message au commandant d'un navire.* — 2. *Adresser qqn à qqn, à un organisme,* lui demander de se rendre auprès de lui, d'avoir recours à lui : *Son médecin habituel adressa la malade à un spécialiste. L'employé de la poste l'adressa à un autre guichet.* — 3. *Adresser un blâme, un compliment, des injures,* etc., équivaut au v. BLÂMER, COMPLIMENTER, INJURIER, etc. : *Adresser un regard* (= regarder). *Adresser un reproche* (= reprocher). *Adresser des questions* (= questionner). *Adresser la parole à qqn* (= lui parler). ◆ ***s'adresser*** v. pr. 1. (sujet qqn) *S'adresser à qqn, à un organisme,* se rendre auprès de lui, aller le trouver pour quelque service : *Adressez-vous à la concierge. Il faut vous adresser directement au ministère pour obtenir ce renseignement.* — 2. (sujet qqch) *S'adresser à qqn,* lui être destiné : *Ces mots ne s'adressent pas à vous* (syn. CONCERNER). *Un argument qui s'adresse au cœur, non à la raison* (syn. FAIRE APPEL).

adroit, e [adrwa] adj. (de *droit*) [avant ou, plus souvent, après le n.] 1. Qui fait preuve d'habileté physique ou intellectuelle : *Elle est adroite de ses mains* (syn. HABILE; contr. GAUCHE, MALADROIT). *Il se montre à la chasse un tireur adroit. Elle était adroite; elle évita la discussion* (syn. FIN, INTELLIGENT). *Être adroit au billard. Ma fille est adroite en couture. D'un geste adroit, il lança la fléchette au centre de la cible.* — 2. Qui manifeste de la part de qqn de l'intelligence, de la subtilité : *Mener une politique adroite* (syn. HABILE, SOUPLE). *Le stratagème était adroit; je m'y suis laissé prendre* (syn. INGÉNIEUX; contr. LOURD). *Éviter l'écueil par une adroite manœuvre.*

adroitement [adrwatmɑ̃] adv. De façon adroite : *Il sut adroitement se tirer de cette affaire dangereuse* (syn. HABILEMENT; contr. MALADROITEMENT). *Elle répondit adroitement qu'elle n'avait rien entendu.*

adulateur, trice [adylatœr] n. *Litt.* Qui flatte bassement : *Les louanges de ses adulateurs lui avaient tourné la tête.*

adulation [adylasjɔ̃] n. f. *Litt.* Flatterie excessive : *Il se comportait sans adulation envers ses supérieurs.*

aduler [adyle] v. t. (lat. *adulari*). *Aduler qqn,* le flatter avec exagération, lui témoigner des sentiments d'adoration (souvent pass.) : *Arriviste sans scrupule, il a adulé tous les pouvoirs* (syn. ENCENSER). *Elle était entourée d'admirateurs, adulée sans mesure.*

adulte [adylt] adj. (du lat. *adolescere,* grandir). Se dit de qqn, d'un animal, d'un végétal qui est parvenu au terme de sa croissance : *Un ours adulte qui joue avec ses oursons. Être arrivé à l'âge adulte.* ◆ n. Par oppos. aux enfants et aux adolescents, personne de plus de dix-huit ans : *Ce film est réservé aux adultes.*

1. adultère [adyltɛr] n. m. (lat. *adulterium*). Acte qui consiste, pour un des époux, à entretenir des relations sexuelles en dehors du mariage.

2. adultère [adyltɛr] adj. Qui commet un adultère, qui relève de l'adultère : *Entretenir des relations adultères. Une femme adultère.*

adultérin, e [adylterɛ̃] adj. *Enfant adultérin,* issu de relations sexuelles hors du mariage (admin.; syn. BÂTARD).

advenir [advənir] v. i. (lat. *advenire*) [c. **22**; auxil. *être*] *Il advient,* il arrive, il se produit (soutenu) : *Quoi qu'il advienne, nous devons continuer son œuvre* (syn. SURVENIR, ARRIVER). *On a vu ce qu'il est advenu du régime après sa mort. Que peut-il advenir d'un pareil projet?* (syn. RÉSULTER). *Advienne que pourra!* (= peu importe ce qui va arriver).

adventice [advɑ̃tis] adj. (lat. *adventicius,* qui vient du dehors). Qui vient accidentellement se joindre au principal (admin.) : *Certaines circonstances adventices laissent à penser que l'événement ne s'est pas produit tel que le témoin le relate* (syn. ACCESSOIRE).

adverbe [advɛrb] n. m. (lat. *ad,* auprès de, et *verbum,* verbe). Mot invariable qui joue le rôle de compl. circonstanciel ou indique le degré, la quantité d'un verbe, d'un adjectif, d'un autre adverbe, ou encore qui sert d'élément de liaison.

adverbial, e, aux [advɛrbjal] adj. Qui relève de l'adverbe : *«Côte à côte», «au fur et à mesure» sont des locutions adverbiales.*

adverbialement [advɛrbjalmɑ̃] adv. De façon adverbiale : *L'adjectif «haut» est employé adverbialement* (ou *comme adverbe) dans la phrase «parler haut».*

adversaire [advɛrsɛr] n. (lat. *adversarius*). Personne opposée à une autre sur le plan politique, idéologique, économique, juridique, dans un combat ou dans un jeu : *Nous avons affaire à un adversaire politique courtois, mais résolu* (contr. ALLIÉ). *Nos adversaires ont emporté au bridge la première manche* (contr. PARTENAIRE). *Cette réplique réduisit au silence ses adversaires* (syn. CONTRADICTEUR; contr. DÉFENSEUR). *Elle l'emporta facilement sur toutes ses adversaires dans cette course* (syn. CONCURRENT).

adverse [advɛrs] adj. (lat. *adversus,* qui est en face). Opposé à qqn, à un groupe de personnes, à une nation : *Les forces adverses sont restées sur leurs positions* (syn. HOSTILE; contr. AMI). *Le parti adverse a pris le pouvoir à la faveur de nouvelles élections* (contr. ALLIÉ). *La partie adverse a pour elle de sérieux arguments* (jurid.; = l'adversaire dans un procès).

adversité [advɛrsite] n. f. (lat. *adversitas*). Sort contraire, circonstances malheureuses (deuil, misère, etc.) indépendantes de la volonté de celui qui les subit (au sing. et avec l'art. déf. ou un dém.) : *Dans cette adversité, son courage ne fléchit pas* (syn. MALHEUR, DISGRÂCE). *Faire face à l'adversité avec détermination* (syn. INFORTUNE; contr. BONHEUR).

aérateur [aeratœr] n. m. Appareil destiné à renouveler rapidement l'air d'un local.

aération [aerasjɔ̃] n. f. Action d'aérer : *Un conduit d'aération* (= qui sert à amener de l'air).

aéré, e [aere] adj. *Un bureau bien aéré* (= qui a une bonne ventilation). *Chambre mal aérée* (= où l'air n'est pas renouvelé). *Un tissu aéré a une trame qui n'est pas serrée. Un centre aéré* (= qui accueille les enfants des écoles maternelles et primaires, pendant les vacances).

aérer [aere] v. t. (du lat. *aer,* air) [c. **10**] **1.** *Aérer un lieu (clos),* en renouveler l'air vicié : *Aérer la chambre tous les matins en ouvrant largement les fenêtres* (syn. VENTILER); *aérer un objet,* le mettre à l'air afin de faire disparaître une odeur : *Aérer un lit en retournant le matelas.* — **2.** *Aérer qqch,* rendre un ensemble moins dense, moins lourd : *On pourra aérer la présentation en disposant ces conjugaisons sous forme de tableaux* (syn. ÉCLAIRCIR; contr. ALOURDIR). *Aérer un exposé par des anecdotes* (syn. ALLÉGER). ◆ ***s'aérer*** v. pr. (sujet qqn) Sortir d'une atmosphère viciée pour respirer un air sain : *Il est allé s'aérer quelques jours à la campagne* (syn. PRENDRE L'AIR, S'OXYGÉNER).

aérien, enne [aerjɛ̃] adj. **1.** Relatif à l'air, qui se trouve dans l'air : *Câble aérien. Le métro aérien* (= qui circule en l'air et non sous terre). — **2.** *Démarche aérienne,* d'une légèreté extrême. — **3.** Relatif aux avions : *Base aérienne* (= où sont basés les avions). *Les forces maritimes et aériennes. Transports aériens* (= par avion). *Violer l'espace aérien d'un pays. Le trafic aérien est en augmentation. Pour porter secours aux victimes du tremblement de terre, on a établi un pont aérien* (= une liaison par avions avec ce lieu inaccessible par d'autres moyens).

aéro-club [aerɔklœb] n. m. (pl. *aéro-clubs*). Centre de formation et d'entraînement pour les pilotes de l'aviation civile et les parachutistes sportifs.

aérodrome [aerɔdrom] n. m. (*aéro-* et gr. *dromos,* course). Terrain aménagé pour le décollage et l'atterrissage des avions : *Installer un aérodrome de fortune pour permettre l'arrivée de secours rapides.*

aérodynamique [aerɔdinamik] adj. (*aéro-* et *dunamis,* puissance). Dont le profil offre la moindre résistance à l'air : *La carrosserie aérodynamique d'une voiture de course.*

aérogare [aerɔgar] n. f. Ensemble de bâtiments réservés aux voyageurs des lignes aériennes et à leurs bagages : *L'aérogare des Invalides à Paris permet de desservir les aéroports d'Orly et de Roissy.*

aéroglisseur [aerɔglisœr] n. m. Véhicule qui glisse sur un coussin d'air insufflé au-dessous de lui.

aéromodélisme [aerɔmɔdelism] n. m. Technique de la construction des modèles réduits d'avions.

aéronautique [aerɔnotik] adj. Relatif à l'aviation : *Les constructions aéronautiques. Une usine aéronautique.* ◆ n. f. Ensemble des techniques intéressant l'aviation : *École d'aéronautique. Ingénieur de l'aéronautique.*

aéronaval, e, als [aerɔnaval] adj. Relatif à la fois à la marine et à l'aviation : *Forces aéronavales. Une bataille aéronavale.* ◆ ***aéronavale*** n. f. Ensemble des forces aériennes de la marine militaire : *Un appareil de l'aéronavale.*

aéronef [aerɔnɛf] n. m. (*aéro-* et anc. fr. *nef,* navire). Tout appareil capable d'évoluer dans les airs.

aérophagie [aerɔfaʒi] n. f. (*aéro-* et gr. *phagein,*

manger). Déglutition involontaire de l'air qui s'accumule dans l'estomac (méd.).

aéroplane [aerɔplan] n. m. Syn. vieilli ou ironiq. de AVION.

aéroport [aerɔpɔr] n. m. Ensemble des installations (pistes, halls pour les voyageurs, etc.) aménagées pour le trafic des lignes aériennes : *Paris a comme aéroports Orly et Roissy.*

aéroporté, e [aerɔpɔrte] adj. Transporté au moyen d'avions, d'hélicoptères : *Troupes aéroportées.*

aérosol [aerɔsɔl] n. m. Dispersion en particules très fines d'un liquide ou d'une solution dans un gaz ; bombe servant à ce mode de transmission.

aérospatial, e, aux [aerɔspasjal] adj. Relatif à la fois à l'aéronautique et à l'astronautique. ◆ ***aérospatiale*** n. f. Industrie aérospatiale.

affabilité [afabilite] n. f. Caractère affable ; attitude polie : *Recevoir des invités avec affabilité et prévenance* (syn. CIVILITÉ, POLITESSE, COURTOISIE ; contr. IMPOLITESSE, ↑ GOUJATERIE).

affable [afabl] adj. (lat. *affabilis,* d'un abord facile). Qui manifeste de la politesse, de la bienveillance dans sa façon d'accueillir autrui : *Se montrer affable avec des visiteurs* (syn. ACCUEILLANT, AIMABLE, POLI, COURTOIS ; contr. IMPOLI, DÉSAGRÉABLE, REVÊCHE). *Répondre d'un ton affable.*

affabuler [afabyle] v. i. (de *fable*). Présenter des faits de manière fantaisiste ou même mensongère : *Je ne le crois qu'à demi car il a tendance à affabuler.*

affadir [afadir] v. t. **1.** *Affadir un plat, un mets,* le rendre fade, sans saveur : *C'est dommage, il y a trop d'eau, ça affadit la soupe* (contr. RELEVER). — **2.** *Affadir un style, une histoire,* etc., en affaiblir le piquant, la vigueur, etc. : *Ces longues digressions affadissent cette histoire qui aurait pu être pittoresque.* ◆ ***s'affadir*** v. pr. Devenir fade ; perdre de sa saveur : *Ces critiques se sont affadies avec le temps* (contr. S'AIGRIR).

affaiblir [afɛblir] v. t. **1.** *Affaiblir qqn,* diminuer progressivement son activité, son énergie (souvent pass.) : *La fièvre avait affaibli la malade. Il sortait de l'épreuve affaibli, presque brisé* (syn. ABATTRE). — **2.** *Affaiblir qqch (abstrait),* en diminuer peu à peu l'intensité, la force : *Les doubles fenêtres affaiblissent le bruit de la rue* (contr. RENFORCER). *Les continuelles crises politiques affaiblissent l'autorité de l'État* (syn. DIMINUER ; contr. ACCROÎTRE). ◆ ***s'affaiblir*** v. pr. Devenir faible : *Sa vue s'est affaiblie, elle peut à peine lire. L'intérêt que je lui porte s'est affaibli* (syn. BAISSER, DIMINUER).

affaiblissement [afɛblismɑ̃] n. m. Diminution de force, d'intensité : *L'affaiblissement du malade est de plus en plus grand. Les divisions internes entraînent un affaiblissement de ce parti* (syn. ↑ DÉCLIN).

affaire [afɛr] n. f. (de à et *faire*). **1.** Ce dont on s'occupe, ce qui regarde ou concerne qqn, ce qui lui cause des difficultés ou ce qui lui convient : *J'ai à régler deux ou trois affaires urgentes, et je suis à vous* (syn. QUESTION). *C'est mon affaire (ce sont mes affaires) et non la tienne* (= cela me regarde). *C'est une autre affaire* (= cela change tout). *Voilà qui n'est pas une petite affaire* (= cela n'est pas facile). *Ne vous mêlez pas des affaires des autres* (syn. fam. HISTOIRE). *On peut lui confier ce travail, elle connaît son affaire* (= elle est compétente). *Le temps ne fait rien à l'affaire* (= n'améliore pas l'entreprise). *La belle affaire!* (= ce n'est pas si difficile). — **2.** *(L') affaire de qqch,* ce qui en dépend : *C'est l'affaire de quelques heures ; je vous enverrai l'article dactylographié dès demain. La peinture est affaire de goût* (syn. QUESTION DE). — **3.** Terme vague désignant un procès, un scandale, un crime : *Le juge d'instruction instruisit rapidement l'affaire. Le tribunal a été saisi de l'affaire. L'affaire Dreyfus. Une affaire de vol, de mœurs. Son affaire est claire* (= il est sûr de sa condamnation). — **4.** *Avoir affaire à qqn,* être en rapport avec lui, avoir à lui parler. ‖ *Tu auras affaire à moi* (ton de menace), cela t'attirera des ennuis de ma part. ‖ *Être à son affaire,* se plaire à ce qu'on fait : *Il est à son affaire quand il s'agit de réparer un poste de radio.* ‖ *Faire l'affaire,* convenir, être propre à la situation, à ce qui est prévu : *Ce morceau de ficelle fera l'affaire, le paquet n'est pas gros* (syn. ÊTRE ADÉQUAT). ‖ *Faire son affaire de qqch,* le prendre sur soi, s'en charger : *Je fais mon affaire de les persuader ; ne vous inquiétez pas.* ‖ Pop. *Faire son affaire à qqn,* lui régler son compte, l'attaquer afin de satisfaire sa vengeance. ‖ *Se tirer d'affaire,* sortir d'une situation dangereuse, d'une difficulté. — **5.** Entreprise industrielle ou commerciale : *Il a une grosse affaire de pâtes alimentaires dans la banlieue parisienne.* — **6.** Marché ou transaction commerciale : *Elle a fait de belles (bonnes) affaires. Conclure une affaire dans des conditions satisfaisantes. Avez-vous fait affaire avec lui?* (= conclu le marché). ◆ ***affaires*** n. f. pl. **1.** Intérêts publics ou privés : *Les affaires de l'État. Le Parlement discutera à la rentrée des affaires étrangères.* — **2.** Vêtements, objets usuels, etc. : *Elle pose ses affaires chaque soir sur une chaise. Range tes affaires. Il perd toujours ses affaires.* — **3.** Activité d'ordre commercial, industriel ou financier : *Les affaires ne vont pas. Être dans les affaires. Un agent d'affaires s'occupe de gérer les capitaux et tient un cabinet d'affaires. Un homme d'affaires* (= un financier ou qqn qui s'occupe d'affaires commerciales). *Ce commerçant fait un gros chiffre d'affaires* (= le montant total de ses ventes annuelles est élevé).

affairé, e [afɛre] adj. Qui a ou paraît avoir beaucoup d'occupations, d'activités : *Il a toujours l'air affairé.*

affairement [afɛrmɑ̃] n. m. Fait de s'affairer, d'être affairé : *L'affairement tient lieu chez elle de véritable travail.*

affairer (s') [afɛre] v. pr. (sujet qqn) Montrer une grande activité : *Les infirmières s'affairaient auprès du blessé* (syn. S'EMPRESSER).

affairisme [afɛrism] n. m. *Péjor.* Utilisation de relations politiques pour favoriser ses propres affaires commerciales ou industrielles.

affairiste [afɛrist] n. *Péjor.* Personne qui fait preuve d'affairisme : *À la tête de cette escroquerie, il y a un affairiste sans scrupule* (syn. fam. COMBINARD).

affaissement [afɛsmɑ̃] n. m. Fait de s'affaisser, d'être affaissé : *Par suite d'un affaissement de terrain, on dut évacuer quelques maisons du village* (syn. ÉBOULEMENT, TASSEMENT). *On s'inquiéta de cet affaissement de son intelligence* (syn. DIMINUTION).

affaisser [afɛse] v. t. (de *faix*). Faire plier sous le poids, faire se tasser : *Les fortes pluies de ces jours derniers ont affaissé la route.* ◆ ***s'affaisser*** v. pr. ou **être affaissé** v. pass. **1.** (sujet qqch) Plier, s'enfoncer sous le poids : *Le plancher s'est légèrement affaissé* (contr. SE RELEVER). *Le sol est affaissé* (syn. ÊTRE CREUSÉ). — **2.** (sujet qqn) Ne plus se tenir debout, droit : *Frappée d'une congestion, elle s'affaissa sur le trottoir* (syn. S'ÉCROULER).

affaler (s') [afale] v. pr., **être affalé** v. pass. (néerl. *afhalen,* tirer en bas). *Fam.* (sujet qqn) Se laisser tomber par fatigue : *Cette longue marche m'avait éreinté ; je n'avais qu'une pensée, m'affaler sur une chaise* (syn. S'EFFONDRER). *Il reste des soirées entières affalé dans un fauteuil, sans rien faire* (syn. AVACHI).

affamer [afame] v. t. *Affamer qqn,* le faire souffrir de la faim (souvent pass.) : *En mettant le blocus devant la ville, l'armée tentait d'affamer les assiégés. Elle est rentrée affamée de sa promenade.*

affameur [afamœr] n. m. Celui qui, en accaparant les produits alimentaires, crée une situation de disette.

1. affectation [afɛktasjɔ̃] n. f. Action d'affecter; fait d'être affecté : *L'affectation d'une part importante du budget à la construction de nouveaux logements. Sa nomination comme professeur porte affectation au lycée d'Amiens.*

2. affectation n. f. Manque de naturel dans l'expression ou l'attitude (souvent sans adj. ni compl.) : *Il y a de l'affectation dans tout ce qu'il fait* (syn. RECHERCHE, POSE; contr. NATUREL, SIMPLICITÉ). *Parler avec affectation* (syn. PRÉCIOSITÉ). *S'habiller sans affectation* (syn. PRÉTENTION). *On remarque dans son attitude une affectation de bonhomie.*

affecté, e [afɛkte] adj. Qui manque de naturel : *Elle a une prononciation affectée* (syn. RECHERCHÉ, PRÉCIEUX; contr. SIMPLE, NATUREL). *Il parle d'un ton affecté qui marque son mépris* (syn. PRÉTENTIEUX). *C'est une personne affectée, dont la conversation est toujours ennuyeuse* (syn. MANIÉRÉ). *Il montre une douceur affectée* (syn. COMPASSÉ, CONTRAINT). *Elle témoigne une joie affectée* (syn. FORCÉ).

1. affecter [afɛkte] v. t. (de l'anc. fr. *afaitier,* préparer) [sujet qqn] **1.** *Affecter qqch à qqn* ou *à qqch,* le destiner à qqn, à un usage déterminé (admin. ou fin.) : *Affecter une part de ses revenus à l'entretien de l'immeuble* (syn. CONSACRER). *Affecter une résidence à un fonctionnaire* (syn. ASSIGNER). *Affecter les nouveaux bâtiments à des bureaux ministériels.* — **2.** *Affecter qqn à un poste,* le désigner pour occuper ce poste (admin.) : *Affecter une recrue à un centre d'instruction. Se faire affecter à un service d'intendance.* — **3.** *Affecter une quantité d'un coefficient, d'un signe,* etc., donner à cette quantité ce coefficient, ce signe (scientif.) : *Affecter un nombre du signe moins.*

2. affecter [afɛkte] v. t. (lat. *affectare,* feindre). **1.** (sujet qqn) *Affecter un sentiment, une attitude,* faire paraître des sentiments que l'on n'éprouve pas; se conduire d'une façon qui n'est pas conforme à sa nature ou à sa situation réelle : *Elle affecte une joie dont l'exagération cache mal le caractère hypocrite* (syn. AFFICHER). *Ses anciens adversaires affectaient par bienséance d'être émus de sa disparition* (syn. FAIRE SEMBLANT). *Il affectait pour elle une tendresse qu'il n'éprouvait pas* (syn. SIMULER). *Tu affectes de grands airs pour te donner de l'importance.* — **2.** (sujet qqch) *Affecter une forme* (+ *adj.* ou *de* + *n.*), avoir telle ou telle forme : *La capsule de la fusée affecte la forme sphérique* (ou *la forme d'une sphère*). *La roche affecte une forme curieuse.*

3. affecter [afɛkte] v. t. (du lat. *affectus,* sentiment) [sujet qqch] *Affecter qqn,* provoquer chez lui une émotion pénible, lui causer une douleur morale (souvent avec un adv.) : *La maladie de sa femme l'a sérieusement affecté* (syn. TOUCHER, FRAPPER). *J'ai été très affectée par la nouvelle de ce décès subit* (syn. ÉMOUVOIR, PEINER, ATTRISTER). *J'ai perdu son amitié et j'en suis fort affecté* (syn. PEINER).

affectif, ive [afɛktif] adj. (du lat. *affectus,* sentiment). Qui relève du sentiment et non de la raison (soutenu) : *Une réaction purement affective* (syn. ÉMOTIONNEL, SENTIMENTAL; contr. RATIONNEL).

affection [afɛksjɔ̃] n. f. (lat. *affectio*).
— **I.** Sentiment de tendresse ou d'amitié de qqn à l'égard d'un autre : *L'affection d'une mère pour ses enfants. Il a pour elle une affection sincère. Prendre quelqu'un en affection* (= avoir de l'amitié, de l'amour pour lui). *Gagner, perdre l'affection de ses proches. Être lié par une affection réciproque. Je suis fidèle dans mes affections.*
— **II.** Altération de la santé, sans considération des causes (méd.) : *Il souffre d'une affection chronique de la gorge* (syn. MALADIE).

affectionner [afɛksjɔne] v. t. *Affectionner qqn, qqch,* marquer de l'amitié pour qqn, du goût pour qqch : *Affectionner son enfant* (syn. CHÉRIR). *Affectionner les cartes* (= être joueur). *Les livres que j'affectionne le plus sont les romans policiers* (syn. AIMER; contr. DÉTESTER).

affectivité [afɛktivite] n. f. (de *affectif*). Ensemble des sentiments, par oppos. à ce qui dépend du raisonnement (syn. SENSIBILITÉ).

affectueusement [afɛktɥøzmɑ̃] adv. De façon affectueuse : *Embrasser affectueusement* (contr. FROIDEMENT). *Il regarde affectueusement son jeune enfant faire ses premiers pas* (syn. TENDREMENT).

affectueux, euse [afɛktɥø] adj. (du lat. *affectus,* sentiment) [avant ou, plus souvent, après le n.] Qui témoigne un sentiment tendre à l'égard de qqn : *Je vous adresse mon souvenir affectueux. Enfant affectueux envers ses parents. Faire part de ses sentiments affectueux* (syn. TENDRE). *Un sourire affectueux* (syn. BON; contr. MALVEILLANT). *Une affectueuse sollicitude.*

afférent, e [aferɑ̃] adj. (de l'anc. fr. *aferir,* convenir). Se dit de ce qui se rattache à qqch (admin.) : *Le Conseil des ministres a discuté des importations et des questions afférentes* (syn. ANNEXE). *Les devoirs afférents à sa charge.*

affermir [afɛrmir] v. t. (du lat. *firmus,* ferme). *Affermir qqch (abstrait),* en assurer la solidité, le rendre ferme, stable : *La paix a été affermie par un accord sur le désarmement* (syn. CONSOLIDER; contr. AFFAIBLIR). *Elle toussa légèrement pour affermir sa voix. Les difficultés ont affermi sa résolution* (syn. CONFIRMER; contr. ÉBRANLER). ◆ ***s'affermir*** v. pr. (sujet qqch) Devenir plus solide : *Sa santé s'est affermie depuis son séjour à la montagne* (syn. SE FORTIFIER). *L'autorité du ministre s'affermit de jour en jour* (syn. SE RENFORCER).

affermissement [afɛrmismɑ̃] n. m. Fait d'affermir, de s'affermir : *L'affermissement du pouvoir de l'État* (contr. AFFAIBLISSEMENT).

affichage [afiʃaʒ] n. m. **1.** Action d'afficher : *L'affichage privé est interdit sur les murs des édifices publics.* — **2.** Visualisation de données par un procédé électronique : *L'affichage de l'heure, du jour sur une montre.*

affiche [afiʃ] n. f. **1.** Feuille imprimée, appliquée sur un mur, pour annoncer qqch aux passants ou au public : *Poser une affiche sur le mur de la mairie. Coller, placarder une affiche.* — **2.** *Être tête d'affiche,* jouer le rôle principal dans une pièce de théâtre. ‖ *Mettre une pièce de théâtre à l'affiche,* annoncer sa représentation : *La Comédie-Française a mis à l'affiche une pièce de Claudel.* ‖ *Quitter l'affiche,* se dit d'une pièce qui cesse d'être représentée. ‖ *Tenir l'affiche,* être représenté longtemps : *Une comédie de boulevard tient l'affiche parfois deux ou trois ans.* ‖ *Tête d'affiche,* acteur principal.

afficher [afiʃe] v. t. (à et *ficher*). **1.** Annoncer par affiches, poser l'affiche qui annonce : *Afficher une vente aux enchères. Afficher une pièce de théâtre* (= en annoncer la représentation). *Afficher une vedette au programme;* sans compl. : *Défense d'afficher* (= interdiction de poser des affiches). — **2.** *Afficher une qualité, un désir,* etc., en faire étalage, les montrer avec ostentation : *Afficher un savoir tout récent. Afficher des prétentions exagérées.* ◆ ***s'afficher*** v. pr. (sujet qqn) **1.** Se montrer avec ostentation : *Il s'affiche dans les endroits à la mode.* — **2.** *S'afficher avec une femme,* se montrer ostensiblement avec elle.

affichette [afiʃɛt] n. f. Petite affiche.

afficheur [afiʃœr] n. m. Personne qui pose des affiches : *Les afficheurs sont au service d'offices publicitaires.*

affichiste [afiʃist] n. Artiste en affiches publicitaires : *Les affichistes sont les artistes qui créent les affiches.*

affilage [afilaʒ] n. m. Action d'affiler : *L'affilage d'un rasoir.*

affilée (d') [afile] adv. (de *file*). Sans interruption : *Elle a parlé une heure d'affilée* (syn. SANS DISCONTINUER). *Travailler douze heures d'affilée* (syn. DE SUITE).

affiler [afile] v. t. (de *fil*). *Affiler un couteau, une hache,* etc., les rendre tranchants (syn. AFFÛTER, AIGUISER).

affiliation [afiljasjɔ̃] n. f. Action d'affilier; fait d'être affilié : *Son affiliation au club lui permet de bénéficier des installations sportives* (syn. ADHÉSION).

affilié, e [afilje] n. Personne qui appartient à une organisation : *La liste des affiliés d'un club* (syn. ADHÉRENT, MEMBRE).

affilier [afilje] v. t. (du lat. *filius,* fils). *Affilier qqn, un groupe (à qqch),* les faire entrer dans une association, un parti, une société (souvent pass.) : *Un ami l'affilia à la franc-maçonnerie. Un syndicat affilié à une confédération générale.* ◆ ***s'affilier*** v. pr. Entrer comme membre dans une organisation : *Elle s'est affiliée à un parti révolutionnaire* (syn. usuel ADHÉRER). *S'affilier au Racing Club de France* (syn. S'INSCRIRE).

affinage [afinaʒ] n. m. Action d'affiner un métal, un produit.

affinement [afinmɑ̃] n. m. Fait d'être rendu plus fin, plus délicat : *L'affinement et l'approfondissement de ses manières de juger.*

affiner [afine] v. t. (de *fin*). **1.** *Affiner qqch (métal, produit),* le purifier par élimination des impuretés, des éléments étrangers, etc. : *Affiner du cuivre, du verre, du sucre.* — **2.** *Affiner l'esprit, le goût,* etc., *de qqn,* le rendre plus fin, plus délicat : *L'élargissement de ses connaissances a nuancé ses jugements et affiné son esprit.* ◆ ***s'affiner*** v. pr. Devenir plus fin : *Depuis son arrivée à Paris, son goût s'est affiné.*

affinité [afinite] n. f. (lat. *affinitas,* parenté). Conformité naturelle de caractère, de goûts, de sentiments, etc., entre deux ou plusieurs personnes; ressemblance entre plusieurs choses : *Il y a entre eux une véritable affinité intellectuelle : leurs jugements se ressemblent* (contr. ANTAGONISME). *Il existe une affinité entre la peinture et la musique* (syn. PARENTÉ, ANALOGIE).

affirmatif, ive [afirmatif] adj. Qui manifeste, exprime une approbation : *Un geste affirmatif. Une réponse affirmative* (contr. NÉGATIF). *Elle est affirmative : elle viendra à la réunion.* ◆ ***affirmatif*** adv. *Fam.* Oui.

affirmation [afirmasjɔ̃] n. f. Action d'affirmer : *Son discours renferme une nouvelle affirmation des principes qui l'ont toujours guidé* (syn. PROCLAMATION). *Personne ne fut convaincu par de telles affirmations* (syn. ASSURANCE, DÉCLARATION).

affirmative [afirmativ] n. f. Réponse par laquelle on assure que qqch est vrai, est approuvé : *Pencher pour l'affirmative. Dans l'affirmative, vous passerez au bureau pour signer l'acte définitif* (= en cas d'acceptation).

affirmativement [afirmativmɑ̃] adv. De façon affirmative : *Répondre affirmativement à une demande* (syn. POSITIVEMENT; contr. NÉGATIVEMENT).

affirmer [afirme] v. t. (lat. *affirmare*). **1.** *Affirmer qqch, affirmer que* (+ *ind.*), soutenir fermement que qqch est vrai : *Je n'affirme rien, mais je crois l'avoir aperçu dans le métro* (syn. SOUTENIR). *Il affirme que tu es responsable de l'erreur commise* (syn. ASSURER, PRÉTENDRE). *J'affirme la réalité de ce que j'avance* (syn. CERTIFIER, GARANTIR). *Continuez-vous d'affirmer sur l'honneur que vous ignoriez toute l'affaire?* (syn. PROCLAMER, PROTESTER). — **2.** *Affirmer qqch (abstrait),* le manifester clairement aux yeux de tous : *Il cherche à affirmer son autorité* (syn. MONTRER, PROUVER). ◆ ***s'affirmer*** v. pr. Devenir plus manifeste, plus fort : *Sa personnalité s'affirme de jour en jour* (syn. S'AFFERMIR, SE RENFORCER).

affixe [afiks] n. m. (lat. *affixus,* fixé à). Élément significatif placé avant un mot *(préfixe)* ou après *(suffixe)* pour constituer un nouveau terme différent par le sens ou le rôle grammatical.

affleurement [aflœrmɑ̃] n. m. Fait d'affleurer : *L'affleurement de la roche.*

affleurer [aflœre] v. t. et v. i. (de *à fleur de*). *Affleurer qqch* ou *à qqch,* être ou arriver au même niveau : *Le fleuve est en crue; l'eau affleure les berges. Le rocher affleure à peine à la surface du sol.*

affliction [afliksjɔ̃] n. f. Chagrin profond (soutenu) : *Ce malheur inattendu plongea son entourage dans l'affliction* (syn. DOULEUR, PEINE).

affligeant, e [afliʒɑ̃] adj. Qui afflige : *J'ai appris la nouvelle affligeante de son échec à l'examen* (syn. DÉSOLANT). *Ce film est affligeant* (syn. LAMENTABLE).

affliger [afliʒe] v. t. (lat. *affligere,* accabler) [c. 2]. **1.** *Affliger qqn,* lui causer un profond chagrin : *Sa mort a affligé tous ceux qui le connaissaient* (syn. PEINER, ATTRISTER). *Le spectacle de sa déchéance m'afflige profondément* (syn. DÉSOLER, NAVRER, ↑ATTERRER). — **2.** *Être affligé d'une maladie, d'un défaut,* etc., en être atteint, frappé de façon durable : *Elle était affligée d'un rhumatisme chronique, d'une mauvaise mémoire.* ◆ ***s'affliger*** v. pr. (sujet qqn) Éprouver du chagrin : *Je m'afflige de ne pouvoir vous aider dans une pareille occasion.*

affluence [aflyɑ̃s] n. f. Grand nombre de personnes se rassemblant en un même lieu : *L'affluence à l'entrée du stade est importante. Aux heures d'affluence, on attend parfois l'autobus une demi-heure* (syn. PRESSE). *L'exposition a attiré une grande affluence* (syn. FOULE).

affluent [aflyɑ̃] n. m. (lat. *affluens*). Cours d'eau qui se jette dans un autre.

affluer [aflye] v. i. (lat. *affluere*). **1.** (sujet un liquide, surtout le sang) Couler en abondance vers un point : *Dans ses moments de colère, le sang lui afflue au visage et il devient tout rouge.* — **2.** (sujet des personnes ou des choses) Se porter en même temps vers un lieu : *La foule afflue dans le métro dès six heures du soir. Les volontaires affluaient de toutes parts* (syn. ACCOURIR). *Dès le lendemain de la catastrophe, les dons affluaient de toutes les régions au profit des sinistrés* (syn. ARRIVER).

afflux [afly] n. m. **1.** Action d'affluer, en parlant d'un liquide : *Le bandage trop serré empêche l'afflux du sang dans le membre blessé* (syn. CIRCULATION). — **2.** (avec un compl.) Arrivée d'un grand nombre de personnes, de choses, en un même endroit : *Un afflux de clients remplit la boutique. L'afflux des capitaux est considérable* (syn. ARRIVÉE).

affolant, e [afɔlɑ̃] adj. Qui bouleverse, effraie : *Le coût de la vie monte sans cesse : c'est affolant* (syn. ↓INQUIÉTANT).

affolement [afɔlmɑ̃] n. m. Fait de s'affoler, d'être affolé : *L'affolement qu'il manifeste est hors de proportion avec l'événement* (syn. ↓DÉSARROI; contr. CALME). *Elle se sentit gagnée par l'affolement de ceux qui l'entouraient* (syn. TERREUR, FRAYEUR, PANIQUE).

affoler [afɔle] v. t. (de l'anc. fr. *fol,* fou). *Affoler qqn,* lui faire perdre son sang-froid, créer chez lui une émotion violente, un sentiment de peur, etc. (souvent pass.) : *La nouvelle semble l'affoler* (syn. ↓BOULEVERSER;

contr. CALMER). *Ta façon de conduire m'affole; tu finiras par avoir un accident* (syn. ↑TERRIFIER, EFFRAYER). *Les gens furent affolés par la perspective de la guerre civile* (syn. ÉPOUVANTER). *En voyant le taureau, l'enfant fut affolé* (syn. ↓PRIS DE PEUR). ◆ ***s'affoler*** v. pr. Perdre son sang-froid, être pris de peur : *La mère s'affola en constatant la disparition de son fils* (syn. PERDRE LA TÊTE). *Ne vous affolez pas; nous allons retrouver votre portefeuille* (syn. ↓S'INQUIÉTER, ↓SE TOURMENTER).

affranchir [afrɑ̃ʃir] v. t. (de *franc*).
— **I. 1.** *Affranchir qqn, un pays,* etc., *de qqch,* le rendre libre, indépendant de toute contrainte, servitude, etc. : *Il est affranchi des obligations pénibles d'un horaire de travail très strict* (syn. LIBÉRER). *Il faut affranchir le pays de la domination étrangère. Les revenus de cet emprunt d'État étaient affranchis de toute taxe* (syn. EXONÉRER). — **2.** Pop. *Affranchir qqn,* le renseigner sur ce qui est considéré comme secret : *Il n'a pas l'air de connaître la combine; affranchissons-le.* ◆ ***s'affranchir*** v. pr. Se libérer de sa dépendance : *Il s'est enfin affranchi de cette timidité* (syn. SE DÉBARRASSER). *On ne peut s'affranchir ainsi des lois de son pays* (syn. SE SOUSTRAIRE À).
— **II.** *Affranchir une lettre, un paquet,* etc., en payer le port en mettant un timbre ou une marque postale.

affranchissement [afrɑ̃ʃismɑ̃] n. m.
— **I.** Action de rendre libre, indépendant : *L'affranchissement de la femme au XXe siècle* (syn. ÉMANCIPATION). *L'affranchissement des nations colonisées.*
— **II.** Action de payer le port d'une lettre, d'un paquet.

affres [afr] n. f. pl. (anc. prov. *afre*). Litt. *Les affres de la mort,* l'angoisse de l'agonie, des derniers moments de la vie. || Litt. *Les affres de l'incertitude, du désespoir,* etc., la douleur morale ressentie au moment d'un choix décisif, d'un deuil, etc. : *Être en proie aux affres du doute.*

affrètement [afrɛtmɑ̃] n. m. Action d'affréter : *Contrat d'affrètement* (= de location).

affréter [afrete] v. t. (de *fret*) [c. **10**] *Affréter un navire, un avion, un car,* le prendre en location pour un voyage et un temps déterminés (techn.).

affréteur [afretœr] n. m. Personne qui loue un navire, un avion : *L'affréteur prend en location le navire, l'avion ou le car.*

affreusement [afrøzmɑ̃] adv. De façon affreuse : *Il est affreusement défiguré. Je suis affreusement en retard* (syn. TRÈS, EXTRÊMEMENT).

affreux, euse [afrø] adj. (de *affres*) [avant ou après le n.]. **1.** Dont la laideur physique ou morale provoque la peur, la répulsion, l'indignation, etc. : *Son visage, couvert de pustules, est affreux à voir* (syn. ↑HIDEUX, ↑MONSTRUEUX). *Elle porte des robes d'un goût affreux. Un affreux bonhomme* (syn. DÉGOÛTANT, ↑VICIEUX). — **2.** Qui cause une violente douleur, la peur ou un vif désagrément : *J'ai été le témoin d'un affreux accident* (syn. ÉPOUVANTABLE). *Elle avait une affreuse blessure au cou* (syn. ATROCE). *J'ai fait un cauchemar affreux cette nuit* (syn. TERRIBLE). *C'est affreux de la laisser là sans secours* (syn. HORRIBLE, ↑EFFROYABLE). *Le temps est affreux; il pleut à torrents* (contr. ↓BEAU).

affriolant, e [afrijɔlɑ̃] adj. Qui séduit, qui tente : *Il la trouvait très affriolante* (syn. SÉDUISANT, DÉSIRABLE). *Ce voyage n'a rien d'affriolant* (syn. ATTIRANT, PLAISANT).

affrioler [afrijɔle] v. t. (de l'anc. fr. *friolet,* gourmand). *Affrioler qqn,* l'attirer par qqch de séduisant, d'alléchant (surtout pass.) : *Il est affriolé par l'idée d'aller passer ses vacances sur la Côte d'Azur* (syn. TENTER, ↓CHARMER).

affront [afrɔ̃] n. m. (de *affronter*). Acte ou parole témoignant publiquement du mépris : *Il a subi l'affront de se voir interdire l'entrée de la maison* (syn. OUTRAGE, INSULTE, INJURE, VEXATION). *Vous lui avez fait là un affront qu'elle ne supportera pas* (syn. CAMOUFLET, HUMILIATION). *Je dévorai cet affront sans rien dire* (syn. MORTIFICATION).

affrontement [afrɔ̃tmɑ̃] n. m. Action de s'affronter; heurt : *L'affrontement des doctrines, des points de vue. Un affrontement violent.*

affronter [afrɔ̃te] v. t. (de *front*). *Affronter qqn, qqch,* s'opposer à eux avec courage : *Le navire affronte la tempête* (syn. FAIRE FACE À). *Elle a affronté de grands dangers* (syn. COURIR). *Affronter sans peur des adversaires nombreux* ◆ ***s'affronter*** v. pr. Lutter l'un contre l'autre : *Les deux empires s'affronteront en un combat qui les ruinera tous les deux* (syn. SE COMBATTRE, SE HEURTER).

affubler [afyble] v. t. (du lat. *fibula,* agrafe). Péjor. *Affubler qqn,* l'habiller de façon ridicule ou bizarre : *Elle était affublée d'une affreuse robe verte* (syn. ACCOUTRER); lui attribuer qqch qui le ridiculise : *Affubler quelqu'un d'un sobriquet.* ◆ ***s'affubler*** v. pr. S'habiller de façon ridicule : *Il s'affublait toujours de vêtements trop voyants* (syn. fam. S'ATTIFER).

affût [afy] n. m. (de *affûter*).
— **I. 1.** Endroit où on se place pour attendre le gibier : *Il choisit un bon affût pour tirer les faisans.* — **2.** *Se mettre à l'affût,* attendre qqn derrière un endroit dissimulé, pour l'observer ou l'attaquer : *Mettez-vous à l'affût derrière cette porte et surveillez la sortie du café.* — **3.** *Être à l'affût de qqch,* attendre le moment favorable pour s'en emparer; guetter son apparition : *Ce journaliste est toujours à l'affût d'une nouvelle sensationnelle. Elle est toujours à l'affût d'idées nouvelles.*
— **II.** Support d'un canon, servant à le déplacer et à le pointer.

affûtage [afytaʒ] n. m. Action d'affûter (syn. AFFILAGE).

affûter [afyte] v. t. (de *fût*). Aiguiser un outil, le rendre tranchant : *Affûter un couteau* (syn. AFFILER).

aficionado [afisjɔnado] n. m. (mot esp.) Amateur de courses de taureaux.

afin de [afɛ̃] prép., **afin que** conj. (de à et *fin*) *Afin de* (+ *inf.*), *afin que* (+ *subj.*) indiquent l'intention dans laquelle on fait qqch, le but vers lequel on tend (soutenu) [syn. usuel POUR et POUR QUE] : *Je suis un régime afin de maigrir* (syn. DANS LE DESSEIN, L'INTENTION DE; fam. DANS LE BUT DE). *Il paya immédiatement la totalité de la somme afin de ne rien lui devoir. Afin qu'on ne vous oublie pas, téléphonez à la fin de la semaine.*

a fortiori [afɔrsjɔri] adv. (mots lat.). À plus forte raison (soutenu) : *Je ne suis pas capable de savoir si je serai prêt à la fin de la semaine; a fortiori, je ne puis vous donner une réponse positive pour les vacances prochaines.*

africain, e [afrikɛ̃] adj. et n. D'Afrique et en particulier d'Afrique noire : *Les chefs d'État africains se sont réunis à Dakar. Les Africains souhaitaient une décolonisation totale.*

africanisation [afrikanizasjɔ̃] n. f. Action d'africaniser.

africaniser [afrikanize] v. t. **1.** Donner un caractère spécifiquement africain : *Africaniser l'enseignement.* — **2.** Substituer des Africains aux fonctionnaires d'origine européenne : *Africaniser l'Administration.*

africanisme [afrikanism] n. m. Particularité linguistique propre au français parlé en Afrique.

agaçant, e [agasɑ̃] adj. Qui agace : *Son rire aigu est particulièrement agaçant* (syn. ÉNERVANT, IRRITANT). *Le crissement agaçant de la craie sur le tableau* (syn. DÉSAGRÉABLE).

agacement [agasmɑ̃] n. m. Action d'agacer; fait d'être agacé : *Ces critiques provoquaient visiblement l'agacement de celle qui en était l'objet* (syn. IMPATIENCE, ÉNERVEMENT, IRRITATION, ↑EXASPÉRATION).

agacer [agase] v. t. (du lat. *acies,* tranchant) [c. **1**]. **1.** *Agacer qqn,* lui causer une légère irritation allant jusqu'à un début de colère : *Je suis agacée par ce bruit continuel* (syn. ÉNERVER, ↑EXASPÉRER). *Il ne cesse pas d'agacer sa sœur* (syn. TAQUINER; fam. EMBÊTER). *Vous m'agacez avec vos bavardages continuels* (syn. IMPATIENTER). — **2.** *Agacer qqn,* chercher à attirer son attention par quelque coquetterie, pour lui plaire ou le séduire : *Ne l'agace pas constamment par tes minauderies* (syn. fam. AGUICHER).

agacerie [agasri] n. f. Attitude coquette par laquelle on cherche à séduire : *Elle multipliait les agaceries pour attirer ses regards* (syn. COQUETTERIE).

agami [agami] n. m. (mot de la langue des Caraïbes). Oiseau d'Amérique du Sud, de la taille d'un coq, à plumage noir avec des reflets bleus et verts.

agapes [agap] n. f. pl. (gr. *agapê,* amour). Repas entre amis (soutenu) : *Fêter un anniversaire par de joyeuses agapes* (syn. ↑FESTIN, BANQUET).

agate [agat] n. f. (gr. *Akhatês,* nom d'une rivière de Sicile). Roche dure et de couleurs variées.

agave [agav] ou **agavé** [agave] n. m. Plante décorative originaire de l'Amérique centrale, dont les feuilles fournissent des fibres textiles. (L'*agave* est souvent appelé ALOÈS.)

âge [ɑʒ] n. m. (lat. *aetas*). **1.** Temps écoulé depuis la naissance; période déterminée de la vie : *Quel âge a-t-il? Quel est son âge? Elle est morte à l'âge de soixante ans. Un homme entre deux âges* (= ni jeune ni vieux). *Il paraît dans la force de l'âge* (= la maturité). *Elle fait son âge* (= elle ne paraît ni plus vieille ni plus jeune qu'elle n'est). *Il y a une grande différence d'âge entre elle et son mari. Un homme d'un certain âge, aux cheveux grisonnants. Ils sont du même âge. Une femme sans âge* (= dont rien n'indique l'âge). *À votre âge, il faut prendre certaines précautions. L'âge moyen de cette classe est de quinze ans. Il n'a pas encore atteint l'âge de raison* (= sept ans, âge où les enfants sont capables de se conformer aux lois morales élémentaires). *Être à l'âge mûr* (= celui où les facultés physiques et intellectuelles sont à leur plus haut développement). *Âge mental* (= niveau intellectuel). *Le troisième âge* (= la période entre 60 et 75 ans). *Le quatrième âge* (= la vieillesse après 75 ans). — **2.** (sans qualificatif et avec l'art. déf.) La vieillesse : *Courbé par l'âge. L'âge a marqué les traits de son visage. Il est vieux avant l'âge.* — **3.** Époque, durée déterminée pendant laquelle une chose existe (emploi limité) : *L'âge du bronze. L'âge d'or. Les premiers âges de l'humanité.*

âgé, e [ɑʒe] adj. **1.** *Être âgé (de* + n. de nombre + *ans),* avoir un certain nombre d'années, un certain âge : *Il est âgé de trente ans;* sans compl. : *Elle est moins âgée que moi.* — **2.** Vieux : *Des places assises sont réservées aux personnes âgées dans les transports en commun* (= aux vieillards).

agence [aʒɑ̃s] n. f. Entreprise commerciale, bureau d'une administration où on s'occupe de différentes affaires; succursale d'une banque : *L'agence d'informations a démenti la nouvelle. Prendre un billet d'avion dans une agence de voyages. À l'agence de la banque, on peut retirer de l'argent.*

agencement [aʒɑ̃smɑ̃] n. m. Action d'agencer; fait d'être combiné, ajusté : *L'agencement des pièces d'un appartement* (syn. DISTRIBUTION). *L'agencement très moderne de leur salle de bains* (syn. AMÉNAGEMENT). *L'agencement d'une phrase* (syn. ARRANGEMENT, COMPOSITION).

agencer [aʒɑ̃se] v. t. (de l'anc. fr. *gent,* joli) [c. **1**] *Agencer qqch,* le disposer de façon qu'il soit adapté à sa destination le combiner avec d'autres pour former un tout harmonieux (souvent pass.) : *Agencer les éléments d'une bibliothèque démontable* (syn. AJUSTER, COMBINER). *Cette phrase est mal agencée* (syn. COMPOSER, ORDONNER). *Leur appartement est bien agencé; toutes les pièces donnent sur le couloir d'entrée* (syn. CONCEVOIR, DISTRIBUER). *Agencer l'intrigue d'une pièce de théâtre pour ménager des effets de surprise* (syn. ARRANGER). ◆ ***s'agencer*** v. pr. (sujet qqch) Se combiner : *Les pièces du jeu de construction s'agencent parfaitement.*

agenda [aʒɛ̃da] n. m. (mot lat. signif. *ce qui doit être fait*). Registre ou petit carnet qui contient pour chaque jour une feuille ou une partie de feuille, et sur lequel on inscrit au jour le jour ce que l'on doit faire : *Je prends note du rendez-vous sur mon agenda.*

agenouillement [aʒnujmɑ̃] n. m. *Litt.* Fait de s'agenouiller, d'être agenouillé : *L'agenouillement des fidèles à l'église.*

agenouiller (s') [aʒnuje] v. pr., **être agenouillé** v. pass. (sujet qqn) **1.** Se mettre à genoux : *S'agenouiller pour nettoyer le parquet. S'agenouiller à l'église sur un prie-Dieu. Agenouillée près d'un pilier, elle semblait perdue dans sa méditation.* — **2.** Prendre une attitude de soumission aveugle devant une autorité quelconque (soutenu) : *Un peuple envahi qui refuse de s'agenouiller devant le pouvoir de l'occupant.*

agent [aʒɑ̃] n. m. (lat. *agens,* celui qui agit). **1.** Celui qui est chargé d'une mission par une société, un gouvernement, un particulier (avec un compl. du n. ou un adj.) : *Traiter ses adversaires politiques d'agents de l'ennemi. S'en remettre pour la suite à des agents d'exécution. Méfiez-vous des agents provocateurs qui vous entraîneraient à des actes inconsidérés. L'agent de liaison assure les transmissions ou les communications entre plusieurs personnes. Un agent d'assurance* (= représentant local d'une compagnie d'assurances). *Les agents de l'Administration* (syn. FONCTIONNAIRE). — **2.** *Agent (de police),* fonctionnaire de police d'une grande ville (syn. GARDIEN DE LA PAIX). — **3.** Tout phénomène physique qui a une action déterminante (scientif.) : *Les agents atmosphériques.* — **4.** *Complément d'agent,* complément du verbe passif introduit par les prép. *par* ou *de* et représentant le sujet de la phrase active correspondante : *Le vainqueur est acclamé par la foule* (= la foule acclame le vainqueur).

agglomérat [aglɔmera] n. m. Ensemble de minéraux agglomérés (minéralogie).

agglomération [aglɔmerasjɔ̃] n. f. **1.** Fait de s'agglomérer, d'être aggloméré : *Certaines roches résultent de l'agglomération de graviers, de sable, etc.* — **2.** Groupe d'habitations constituant un village ou une ville, considéré indépendamment des limites administratives : *Le train traverse plusieurs petites agglomérations avant d'atteindre Dijon. L'agglomération parisienne comprend Paris et sa banlieue.*

aggloméré [aglɔmere] n. m. Matériau de construction obtenu par agglomération de particules minérales ou végétales.

agglomérer [aglɔmere] v. t. (lat. *agglomerare*) [c. **10**] *Agglomérer qqch,* réunir en une masse compacte des éléments divers; mettre qqch en un tas compact : *Agglomérer du sable et du ciment* (syn. MÊLER). *Le vent a aggloméré la neige contre les murs de la maison* (syn. ACCUMULER). ◆ ***s'agglomérer*** v. pr. Se réunir en un tout compact : *Les mouches s'agglomeraient au bord du pot de confitures* (syn. S'AGGLUTINER). *Les nouveaux venus se sont agglomérés dans les banlieues du nord et de l'est de la ville* (syn. SE RASSEMBLER, SE GROUPER, S'ENTASSER).

agglutiner [aglytine] v. t. (lat. *agglutinare*). *Agglutiner des choses,* les réunir en une masse compacte (surtout pass.) : *La chaleur avait agglutiné les bonbons dans le sachet* (syn. COLLER). *Le rocher était couvert de moules agglutinées les unes contre les autres* (syn. TASSER). ◆ ***s'agglutiner*** v. pr. (sujet être animé) Se coller à, contre qqch : *Une foule de curieux s'agglutinait aux grilles. Les mouches viennent s'agglutiner contre la paroi du bocal de confitures.*

aggravant, e [agravɑ̃] adj. Qui rend plus grave : *Sa conduite antérieure a constitué une circonstance aggravante.*

aggravation [agravasjɔ̃] n. f. Fait d'aggraver, de s'aggraver : *L'aggravation des gelées est prévue pour demain. L'aggravation des impôts* (syn. ACCROISSEMENT ; contr. ALLÉGEMENT). *L'aggravation du conflit entre les deux nations* (syn. EXASPÉRATION). *On prévoit une aggravation du chômage* (syn. RECRUDESCENCE).

aggraver [agrave] v. t. *Aggraver qqch,* le rendre plus difficile à supporter ou plus grave : *Vos excuses ne serviraient qu'à aggraver sa colère* (syn. RENFORCER, ACCROÎTRE). *N'aggravez pas votre cas par une nouvelle incorrection. Le tribunal aggrava la peine qui avait été infligée à l'accusée. Le froid a aggravé les difficultés des mal-logés* (syn. AUGMENTER ; contr. ADOUCIR). ◆ ***s'aggraver*** v. pr. Devenir plus grave : *L'état du malade s'est brusquement aggravé dans la nuit* (syn. EMPIRER). *La situation internationale s'est aggravée* (syn. SE DÉTÉRIORER).

agile [aʒil] adj. (lat. *agilis*). **1.** Qui a de la souplesse, de l'aisance et de la rapidité dans les mouvements : *Un enfant agile comme un singe* (syn. VIF, LESTE). *Marcher d'un pas agile* (syn. ALERTE, LÉGER ; contr. PESANT). *Saisir d'une main agile le verre qui allait tomber* (syn. RAPIDE, PROMPT ; contr. LENT). *Ses jambes n'étaient plus agiles comme à vingt ans* (syn. SOUPLE ; contr. LOURD, ENGOURDI). — **2.** Capable de comprendre vite : *Un esprit agile, toujours tourné vers les nouveautés* (syn. SOUPLE).

agilité [aʒilite] n. f. Qualité de qqn, de son comportement qui est agile : *L'agilité des doigts courant sur les touches du piano* (syn. ↑VIRTUOSITÉ). *Admirer l'agilité d'un acrobate* (syn. SOUPLESSE, LÉGÈRETÉ, VIVACITÉ). *Il y a dans son raisonnement plus d'agilité que de profondeur* (syn. DEXTÉRITÉ, HABILETÉ ; contr. GAUCHERIE).

agio [aʒjo] n. m. (mot it.). Ensemble des frais retenus par une banque pour les opérations bancaires (fin.).

agir [aʒir] v. i. (lat. *agere,* faire). **1.** (sujet qqn) Faire qqch : *Elle n'a même plus la force d'agir* (syn. ENTREPRENDRE). *Ne restez pas inerte, agissez* (syn. PASSER À L'ACTION, TRAVAILLER). — **2.** *Agir sur qqn,* exercer sur lui une influence, faire pression sur lui. ‖ *Agir auprès de qqn,* faire des démarches auprès de lui pour obtenir qqch : *Il faudrait essayer d'agir directement auprès du ministre* (syn. S'EMPLOYER, INTERVENIR). ‖ *Faire agir,* mettre en action : *Quels sont les mobiles qui les font agir ?* — **3.** *Agir en, comme* (+ *n.*), *agir* (+ *adv.*), se conduire de telle ou telle façon : *Vous avez agi en honnête homme* (syn. SE COMPORTER). *Ils agissent librement, en toute liberté. Vous avez mal agi.* — **4.** (sujet qqch) *Agir (sur qqn, qqch),* exercer une action sur qqn ou sur qqch, en déterminer le développement : *Les remèdes n'agissent plus sur la malade* (syn. OPÉRER). *Laisser agir la nature. Le poison agit lentement.* ◆ ***s'agir*** v. pr. **1.** *Il s'agit de* (+ *n.*), il est question de : *Il s'est agi de vous au cours de la réunion. De quoi s'agit-il ?* — **2.** *Il s'agit de* (+ *inf.*), il convient, il est nécessaire de : *Il s'agit de s'entendre : Vous acceptez, oui ou non ?* (syn. IL FAUT). *Il ne s'agit plus de tergiverser.* — **3.** *S'agissant de qqn, qqch,* pour ce qui est de : *S'agissant d'elle, vous pouvez avoir toute confiance* (= en ce qui la concerne). *S'agissant de la circulation, des mesures seront prises* (syn. AU SUJET DE).

agissant, e [aʒisɑ̃] adj. Qui a une action puissante, une grande activité : *Une foi agissante* (syn. VIVANT). *La communauté protestante de la ville forme une minorité agissante* (syn. INFLUENT, ↓ACTIF).

agissement [aʒismɑ̃] n. m. Action coupable commise pour parvenir à des fins blâmables (souvent pl.) : *Condamner les agissements qui ont abouti à son éviction de la présidence* (syn. MANŒUVRES ; fam. MANIGANCES). *Les journaux ont relaté abondamment les agissements de l'escroc* (syn. MENÉES).

agitateur [aʒitatœr] n. m. Celui qui cherche à provoquer des troubles sociaux ou politiques : *Le gouvernement dénonça les agitateurs qui auraient été à l'origine de l'émeute* (syn. MENEUR).

agitation [aʒitasjɔ̃] n. f. **1.** Mouvement irrégulier ou désordonné de qqch ou de qqn : *L'agitation de la mer. L'agitation des feuilles. Il est étourdi par l'agitation de toute cette foule* (syn. MOUVEMENT). *Je suis réveillé dès cinq heures par l'agitation qui règne dans la maison* (syn. BRUIT, ↑REMUE-MÉNAGE). *Il y a chez lui plus d'agitation que d'activité réelle* (syn. TURBULENCE). — **2.** Trouble profond, psychologique, social ou politique, qui s'extériorise : *L'agitation de son esprit se manifestait par le mouvement fébrile de ses mains* (syn. ÉMOTION, ↑BOULEVERSEMENT). *L'agitation du malade ne se calme pas : sa fièvre monte* (syn. EXCITATION). *L'agitation ne cessait pas dans les régions de l'intérieur du pays* (syn. TROUBLES, ↑SOULÈVEMENT). *L'agitation avait gagné les centres ouvriers* (syn. EFFERVESCENCE).

agité, e [aʒite] adj. et n. Qui manifeste des sentiments violents, un trouble profond pouvant aller jusqu'à la folie, une excitation qui se marque par des mouvements rapides : *C'est un agité et un excité, toujours prêt aux solutions extrêmes. Avoir le sommeil agité* (syn. FIÉVREUX, TOURMENTÉ).

agiter [aʒite] v. t. (lat. *agitare,* pousser). **1.** (sujet qqch, qqn) *Agiter qqch, un objet,* le remuer vivement en tous sens : *La brise agite doucement les feuilles des arbres. Agiter le flacon avant de verser le liquide* (syn. SECOUER). *Les enfants agitaient de petits drapeaux au passage du président* (syn. BRANDIR). *Elle agita le bras pour faire signe à l'automobiliste de s'arrêter. Le chien agite la queue en signe de contentement* (syn. REMUER). — **2.** (sujet qqn) *Agiter une menace,* présenter qqch comme un danger imminent : *Il agita la menace de sa démission* — **3.** *Agiter une question, un problème,* etc., les discuter avec d'autres personnes : *On a agité la question de savoir si elle devait poser sa candidature* (syn. SOULEVER). — **4.** (sujet qqch) *Agiter qqn,* lui causer une vive inquiétude, une émotion ou une peine profonde ; l'exciter facilement : *On sentait que ce retard l'agitait, l'inquiétait même* (syn. REMUER, PRÉOCCUPER, BOULEVERSER). *Les souvenirs l'agitaient, le poursuivaient* (syn. ÉMOUVOIR). *Il est agité par une violente colère* (syn. ↑TRANSPORTER). *Tous ces discours agitaient l'auditoire* (syn. EXCITER). ◆ ***s'agiter*** v. pr. Remuer vivement : *Cesse de t'agiter ainsi sur ta chaise* (syn. REMUER, BOUGER ; fam. SE TRÉMOUSSER). *La mer commence à s'agiter* (= la tempête se lève). *Les branches s'agitent. Le peuple s'agite.*

agneau [aɲo] n. m. (lat. *agnellus*). **1.** Petit de la brebis — **2.** Chair de cet animal : *Des côtelettes d'agneau. Manger de l'agneau rôti.* — **3.** *Doux comme un agneau,* d'une grande douceur.

agonie [agɔni] n. f. (gr. *agônia,* combat). **1.** Moment de la vie qui précède immédiatement la mort et où l'organisme lutte contre cette dernière : *Elle est à l'agonie* (= à la dernière extrémité). *Les râles de l'agonie.* — **2.** Lente disparition de qqch (régime politique, en partic.) : *Quelques soubresauts sanglants marquèrent l'agonie de cette monarchie.*

agonir [agɔnir] v. t. (anc. fr. *ahonnir,* faire honte). *Agonir qqn d'injures, de sottises,* le couvrir, l'accabler d'injures : *Il m'a agoni de sottises parce que je l'avais bousculé.*

agonisant, e [agɔnizɑ̃] adj. et n. Moribond, mourant.

agoniser [agɔnize] v. i. Être à l'agonie : *L'accident venait d'avoir lieu; un blessé agonisait sur le bas-côté. Le régime agonisait dans l'indifférence générale* (syn. S'ÉTEINDRE, DÉCLINER).

agouti [aguti] n. m. (mot du Brésil). Rongeur d'Amérique du Sud.

agrafe [agraf] n. f. (de l'anc. fr. *grafe,* crochet). Crochet de métal ou broche qu'on utilise pour joindre les bords opposés d'un vêtement, pour attacher des feuilles, etc.

agrafer [agrafe] v. t. 1. *Agrafer qqch,* l'attacher avec une agrafe : *Agrafer sa ceinture. Agrafer une robe.* — 2. Fam. *Agrafer qqn,* l'appréhender : *Le malfaiteur s'est fait agrafer par la police.*

agrafeuse [agraføz] n. f. Appareil servant à fixer avec des agrafes.

agraire [agrɛr] adj. (du lat. *ager,* champ). Qui concerne la terre et en partic. la propriété du sol : *La réforme agraire consiste à répartir les grandes propriétés entre les petits exploitants.*

agrammatical, e, aux [agramatikal] adj. Se dit d'une forme qui n'est pas conforme aux règles de la grammaire.

agrammaticalité [agramatikalite] n. f. Caractère d'une phrase, d'une forme agrammaticale.

agrandir [agrɑ̃dir] v. t. *Agrandir qqch,* le rendre plus grand : *Il a agrandi la propriété par l'achat d'une nouvelle ferme. Faire agrandir une maison en ajoutant une aile. Agrandir la scène d'un théâtre par des décors en perspective* (= faire paraître plus grand). *Faire agrandir une photographie* (= lui donner un format plus grand que celui du négatif; contr. RÉDUIRE). *En t'intéressant à ces nouveaux domaines, tu agrandis le cercle de tes connaissances* (syn. ACCROÎTRE, ÉTENDRE; contr. RESTREINDRE). ◆ ***s'agrandir*** v. pr. Devenir plus grand : *Le Havre s'est agrandi considérablement ces dernières années. Un commerçant qui s'est agrandi* (= qui a développé son affaire, agrandi son magasin).

agrandissement [agrɑ̃dismɑ̃] n. m. Action d'agrandir, de s'agrandir : *Les agrandissements successifs de l'Empire romain* (syn. ACCROISSEMENT; contr. AMOINDRISSEMENT). *Les nouveaux agrandissements d'un magasin. Un agrandissement photographique.*

agrandisseur [agrɑ̃disœr] n. m. Appareil utilisé pour tirer des épreuves photographiques agrandies d'un cliché.

agréable [agreabl] adj. (de *agréer*) [avant ou après le n.] 1. Qui fait plaisir, qui procure une sensation de joie, de bien-être, de satisfaction, etc. : *Nous avons fait une agréable promenade dans les environs. Un parfum agréable* (syn. ↑ DÉLICIEUX). *Il m'est agréable de vous recevoir chez moi. Passer une soirée agréable au théâtre* (contr. ENNUYEUX). *Cette fraîcheur matinale est très agréable* (contr. DÉSAGRÉABLE). *Qu'est-ce que c'est comme tissu ? Il est très agréable au toucher.* — 2. Qui provoque un sentiment de sympathie par sa douceur, son charme, sa gaieté, etc. : *Vous verrez, c'est un garçon agréable* (syn. AFFABLE, AIMABLE, ↑ CHARMANT; contr. IMPORTUN). *Elle a une conversation très agréable* (contr. DÉPLAISANT). *Elle n'est pas belle, mais elle a un visage agréable* (syn. GENTIL, ↑ JOLI).

agréablement [agreabləmɑ̃] adv. De façon agréable : *Voilà une nouvelle qui nous surprend agréablement. La soirée s'est passée très agréablement.*

agréé, e [agree] adj. Qui a reçu l'agrément d'une autorité officielle : *N'achetez qu'un modèle agréé* (= officiellement admis comme valable).

agréer [agree] v. t. (de *gré*). 1. *Agréer qqch,* consentir à le recevoir, à l'accepter (dans des formules de politesse, ou admin.) : *Veuillez agréer mes respects, mes hommages, mes sentiments distingués* (en fin de lettre). *Le ministre a agréé votre demande* (syn. ADMETTRE). *Agréez cette marque de reconnaissance* (syn. RECEVOIR). — 2. *Se faire agréer dans un groupe, un milieu,* s'y faire recevoir (soutenu) : *Elle s'est fait agréer dans le milieu de la haute finance.* ◆ v. t. ind. (sujet qqch) *Agréer à qqn,* être à sa convenance, lui plaire (soutenu) : *Ce projet d'un long voyage à l'étranger lui agréait particulièrement* (syn. CONVENIR; contr. DÉPLAIRE).

agrégat [agrega] n. m. (de *agréger*). Assemblage de parties disparates qui sont réunies en un tout : *Son livre est un agrégat informe de réflexions et d'anecdotes.*

agrégation [agregasjɔ̃] n. f. (bas lat. *aggregatio*). Concours de recrutement qui permet aux candidats reçus d'être professeurs dans l'enseignement secondaire ou, en droit, en médecine et en pharmacie, d'enseigner à l'université.

agrégé, e [agreʒe] adj. et n. Reçu au concours d'agrégation.

agréger [agreʒe] v. t. (lat. *aggregare,* réunion) [c. 2 et 10]. 1. *Agréger qqch,* réunir en un tout des particules, des matières quelconques : *La glaise a agrégé les graviers en une masse compacte.* — 2. *Agréger qqn,* l'admettre dans un groupe constitué : *Agréger quelques éléments jeunes à la direction d'un parti* (syn. INTÉGRER, INCORPORER). ◆ ***s'agréger*** v. pr. Se joindre à un ensemble : *Quelques passants s'étaient agrégés au groupe des manifestants.*

agrément [agremɑ̃] n. m. (de *agréer*). 1. Qualité qui rend qqn ou qqch agréable, qui en fait le charme; ce charme lui-même (souvent pl.) : *Trouver de l'agrément dans un séjour à la mer* (syn. PLAISIR). *Je suis charmée par l'agrément de sa conversation* (syn. GRÂCE). *L'agrément de son visage* (syn. ATTRAIT, SÉDUCTION). *Profiter autant que l'on peut des agréments de la vie. Les arts d'agrément* (= la danse, le dessin, la musique). — 2. Consentement donné par un supérieur à un subordonné, dont l'action est ainsi approuvée (soutenu) : *Je n'ai rien fait sans son agrément* (syn. ACCORD, APPROBATION). *Il sollicite votre agrément avant d'entreprendre ces démarches* (syn. AUTORISATION). *Demander l'agrément des membres de la famille pour vendre une propriété* (contr. REFUS).

agrémenter [agremɑ̃te] v. t. *Agrémenter qqch de qqch,* lui ajouter un ornement, un attrait, une qualité (souvent pass.) : *Elle agrémente toujours ses récits de détails piquants* (syn. ENJOLIVER, RELEVER). *Une conversation agrémentée de réflexions ironiques* (syn. ÉMAILLER). *Le salon était agrémenté de tentures du plus bel effet* (syn. ORNER, ↓ GARNIR).

agrès [agrɛ] n. m. pl. (du scand. *greida,* équiper). 1. Appareils utilisés pour certains exercices de gymnastique (anneaux, trapèze, corde lisse, etc.). — 2. Ensemble des poulies, voiles, vergues et cordages constituant la mâture d'un navire.

agresser [agrɛse] v. t. (lat. *aggredi,* attaquer). Commettre une agression sur qqn (surtout pass.) : *Un passant a été agressé dans le quartier cette nuit* (syn. ATTAQUER).

agresseur [agrɛsœr] n. m. et adj. Qui commet une agression : *Je n'ai pas pu donner le signalement de* *mes agresseurs. Le pays agresseur a été condamné par l'O. N. U.* (= qui a attaqué).

agressif, ive [agrɛsif] adj. Qui est naturellement porté à attaquer (en paroles, en actes) : *Tenir un discours agressif* (syn. MENAÇANT, BELLIQUEUX). *Avoir une attitude agressive* (syn. PROVOCANT). *Un voisin agressif* (syn. ↓ QUERELLEUR).

agression [agrɛsjɔ̃] n. f. Attaque brutale et soudaine contre qqn ou un pays, sans qu'il y ait eu provocation (soutenu ou admin.) : *Être victime d'une agression nocturne dans une rue déserte* (syn. usuel ATTAQUE). *Commettre une odieuse agression. Condamner l'acte d'agression commis à l'égard de la Pologne.*

agressivité [agrɛsivite] n. f. Tendance à se livrer à des actes hostiles : *Faire preuve d'agressivité envers quelqu'un* (syn. MALVEILLANCE). *Les ennemis firent preuve d'agressivité* (syn. COMBATIVITÉ).

agreste [agrɛst] adj. (lat. *agrestis*). *Litt.* Qui appartient à la campagne : *Paysage agreste, calme et reposant* (syn. CHAMPÊTRE). *Mener une vie agreste* (syn. RUSTIQUE).

agricole [agrikɔl] adj. (lat. *agricola,* laboureur). Qui relève de l'agriculture : *La population agricole* (= les agriculteurs). *Les produits agricoles* (= de l'agriculture).

agriculteur, trice [agrikyltœr] n. Personne qui cultive la terre, élève des animaux destinés à l'alimentation : *Les agriculteurs de l'ouest de la France* (syn. CULTIVATEUR, EXPLOITANT AGRICOLE).

agriculture [agrikyltyr] n. f. (lat. *agricultura*). Activité économique ayant pour objet d'obtenir les végétaux utiles à l'homme, et en partic. ceux qui sont destinés à son alimentation (syn. CULTURE).

agripper [agripe] v. t. (de l'anc. fr. *gripper,* saisir). Saisir vivement et fermement : *Agrippez le crampon d'acier pour vous hisser sur la plate-forme.* ◆ ***s'agripper*** v. pr. *S'agripper à qqch* ou *qqn,* s'y retenir vivement, solidement : *Il avait le vertige et s'agrippait à la rambarde* (syn. ↓ SE CRAMPONNER). *L'enfant, qui ne savait pas nager, s'agrippait à son père* (syn. SE RACCROCHER).

agro-alimentaire [agroalimɑ̃tɛr] adj. Se dit des industries qui transforment les matières premières agricoles en produits alimentaires.

agronome [agrɔnɔm] n. et adj. (gr. *agros,* champ et *nomos,* loi). Personne qui pratique l'agronomie.

agronomie [agrɔnɔmi] n. f. Science ayant pour objet l'agriculture.

agronomique [agrɔnɔmik] adj. Qui relève de l'agronomie : *L'Institut national agronomique forme des ingénieurs agronomes.*

agrumes [agrym] n. m. pl. (it. *agrume*). Collectif désignant les oranges, les citrons et les fruits voisins.

aguerrir [agɛrir] v. t. (de *guerre*). *Aguerrir qqn,* l'habituer à soutenir des combats, des épreuves difficiles ou pénibles (souvent pass.) : *Envoyer des troupes aguerries dans une base militaire* (syn. ENTRAÎNER). *Ces âpres discussions l'ont aguerri.* ◆ ***s'aguerrir*** v. pr. Devenir plus dur, plus habitué à la lutte : *Elle s'est aguerrie au froid pendant ses séjours dans les pays nordiques* (syn. S'ENDURCIR).

aguets (aux) [agɛ] adv. (de l'anc. fr. *agait,* guet). *Être, rester aux aguets,* être, rester attentif, pour surprendre ou n'être pas surpris (soutenu) : *Le chasseur resta aux aguets derrière la haie* (syn. À L'AFFÛT). *Elle était aux aguets, attentive au moindre bruit* (syn. AUX ÉCOUTES).

aguichant, e [agiʃɑ̃] adj. Qui aguiche : *Un sourire aguichant* (syn. ↑ PROVOCANT).

aguicher [agiʃe] v. t. (de l'anc. fr. *guiche,* ruse) [sujet une femme] *Aguicher qqn,* l'exciter par des coquetteries, des manières provocantes : *Elle cherche à aguicher ses collègues de bureau par des toilettes provocantes.*

aguicheur, euse [agiʃœr] adj. et n. Qui aguiche.

ah! [a] interj. **1.** Exprime la joie, la douleur, la colère, la pitié, l'admiration, l'impatience, etc. : *Ah! quel plaisir de vous rencontrer! Ah! je vous plains sincèrement! Ah! que vous êtes stupide!* — **2.** Renforce une négation, une affirmation : *Ah! non, tu ne me feras pas croire ça!* — **3.** Redoublé, marque une interruption due à la surprise ou une interpellation ironique : *Ah ah! je vous y prends!* — **4.** Entre dans des loc. exprimant l'étonnement *(ah bah!),* le désappointement *(ah bien oui!),* la protestation *(ah mais!),* l'impatience *(ah ça!).*

ahuri, e [ayri] adj. et n. Qui a une attitude d'effarement, de grand étonnement : *Rester ahuri devant un spectacle insolite* (syn. ↑ INTERDIT). *Un grand garçon gauche avec un air d'ahuri. Range-toi donc, ahuri!* (syn. IDIOT).

ahurir [ayrir] v. t. (de *hure*). *Ahurir qqn,* le frapper d'un grand étonnement : *Son insouciance m'ahurit* (syn. ↑ EFFARER, ↓ ÉTONNER). *Une pareille réponse avait de quoi vous ahurir* (syn. MÉDUSER, ↓ TROUBLER).

ahurissant, e [ayrisɑ̃] adj. Qui ahurit : *Une nouvelle ahurissante* (syn. STUPÉFIANT).

ahurissement [ayrismɑ̃] n. m. État de qqn qui est ahuri : *Son visage exprimait un ahurissement tel que nous avons éclaté de rire* (syn. STUPÉFACTION, ↑ EFFAREMENT, ↓ TROUBLE).

aï [ai] n. m. (mot du Brésil). Mammifère arboricole d'Amérique du Sud, à mouvements lents (syn. PARESSEUX).

1. aide [ɛd] n. f. **1.** Appui qu'on apporte à qqn pour faire qqch : *Je lui offre mon aide pour le sortir d'affaire* (syn. CONCOURS). *Prêtez-lui votre aide* (syn. ASSISTANCE, MAIN-FORTE). *Elle y est parvenue sans aucune aide. Demander de l'aide. Avoir besoin d'aide* (syn. SECOURS). *Remercier un ami de son aide* (syn. SOUTIEN). *Venir en aide à une famille dans la détresse* (= la secourir financièrement). *La malheureuse, entraînée par le courant, appelait à l'aide.* — **2.** *À l'aide de,* au moyen de : *Pénétrer dans le grenier à l'aide d'une échelle. Vous ferez votre devoir à l'aide du dictionnaire.*

2. aide [ɛd] n. Personne qui joint ses efforts à ceux d'une autre pour l'assister dans un travail (souvent précisé par un terme joint par un trait d'union) : *Entourée de ses aides, elle surveillait l'expérience. Des aides-comptables. Un aide-électricien.*

aide-mémoire [ɛdmemwar] n. m. inv. Abrégé donnant l'essentiel d'une matière, en vue de la préparation d'un examen.

aider [ɛde] v. t. (lat. *adjutare*). *Aider qqn à* (+ *inf.*), *dans* (+ *n.*), joindre ses efforts aux siens afin d'agir dans une circonstance donnée : *Je l'ai aidé à porter ses bagages à la gare. Il a besoin d'être aidé dans ce travail* (syn. SECONDER, SECOURIR, ÉPAULER). *Il se fait aider dans son courrier par une secrétaire. Les entreprises ont dû être aidées par l'État* (syn. SUBVENTIONNER, SOUTENIR). *Le temps aidant, sa douleur finira par s'atténuer* (= avec le temps); permettre : *Tiens, prends ces cachets, ça t'aidera à dormir.* ◆ v. t. ind. *Aider à qqch,* le faciliter : *Ces notes aident à la compréhension du texte* (syn. CONTRIBUER À, FAVORISER). ◆ ***s'aider*** v. pr. *S'aider de qqch,* s'en servir, en tirer parti : *Il s'aide uniquement de ses mains pour grimper à la corde. S'aider d'un dictionnaire pour traduire un texte.*

aïe! [aj] interj. Traduit une douleur ou un désagrément léger et subit (souvent répété) : *Aïe! fais donc attention, tu m'as marché sur le pied. Aïe! aïe! c'est ennuyeux, il va falloir recommencer.*

aïeul, e [ajœl] n. (lat. *avus*) [pl. *aïeuls*]. Grand-père ou grand-mère paternels ou maternels (souvent l'arrière-grand-père ou l'arrière-grand-mère) : *Ses aïeuls habitaient un petit village du Centre. L'aïeule entourée de ses petits-enfants.*

aïeux [ajø] n. m. pl. (de *aïeul*). Ancêtres lointains, ceux qui ont précédé les générations actuelles dans l'histoire : *Nos aïeux ont fait la révolution de 1789* (syn. ANCÊTRES).

aigle [ɛgl] n. m. ou f. [pour la femelle] (lat. *aquila*). **1.** Grand oiseau de proie : *L'aigle tournoie autour de sa proie. L'aigle inquiète restait auprès de son aire.* — **2.** Fam. *Ce n'est pas un aigle,* c'est un homme d'intelligence médiocre. ◆ n. f. Enseigne constituée par la figure d'un aigle, et qui servit d'emblème national à Rome *(les aigles romaines)* et, en France, à Napoléon Ier *(les aigles napoléoniennes).*

aiglefin ou **églefin** [ɛgləfɛ̃] n. m. (anc. néerl. *schelvisch*). Petite morue qui, séchée, fournit le haddock.

aiglon [ɛglɔ̃] n. m. Petit de l'aigle.

aigre [ɛgr] adj. (lat. *acer,* piquant). **1.** (après le n.) Qui produit au goût une sensation piquante, désagréable; se dit du goût lui-même : *Les fruits sont encore verts et un peu aigres* (syn. ÂCRE; contr. DOUX, SUCRÉ). *Un petit vin aigre* (syn. ACIDE). *J'aime le goût aigre du petit-lait* (syn. SUR). — **2.** (après le n.) Qui produit une sensation désagréable par sa vivacité (en parlant du vent) ou par son caractère aigu (en parlant d'un bruit) : *Un petit vent aigre* (syn. FROID, CUISANT). *On entendait la voix aigre d'un surveillant dans le couloir* (syn. CRIARD). *Le grincement aigre d'une porte sur ses gonds* (syn. ↑PERÇANT). — **3.** (avant ou, plus souvent, après le n.) Qui blesse par sa vivacité, son mordant, son amertume : *Ses aigres remontrances m'exaspéraient* (syn. AMER). *Il est toujours aigre dans ses critiques* (syn. ÂPRE, MALVEILLANT, AGRESSIF). ◆ n. m. Fam. *Tourner à l'aigre,* devenir aigre : *Leur discussion amicale tourna à l'aigre quand il fut question d'argent.*

aigre-doux, ce [ɛgrədu] adj. (pl. *aigre-doux, -ces*). Où se mêlent les sensations de doux et d'amer : *De petites cerises aigres-douces. On entendit un échange de paroles aigres-douces.*

aigrefin [ɛgrəfɛ̃] n. m. (orig. incert.). Individu qui vit d'escroqueries (soutenu) [syn. ESCROC].

aigrelet, ette [ɛgrəlɛ] adj. Légèrement aigre, acide : *Un vin aigrelet. Une voix aigrelette.*

aigrement [ɛgrəmɑ̃] adv. De façon aigre : *Répliquer aigrement à un contradicteur.*

aigrette [ɛgrɛt] n. f. (du prov. *aigron,* héron). Faisceau de plumes qui surmonte la tête de quelques oiseaux (comme le héron) ou dont on orne certaines coiffures.

aigreur [ɛgrœr] n. f. **1.** Saveur aigre, désagréable : *L'aigreur d'une pomme verte* (syn. ACIDITÉ). — **2.** Caractère blessant ou amer : *L'aigreur de ses critiques me blessa profondément* (syn. ANIMOSITÉ, ÂCRETÉ). *Répondre avec aigreur à des reproches* (syn. ACRIMONIE, AMERTUME, COLÈRE). — **3.** *Aigreurs d'estomac,* sensations de brûlure.

aigri, e [ɛgri] adj. et n. Qui est devenu amer : *Un aigri qui ne sait que critiquer.*

aigrir [ɛgrir] v. t. Rendre aigre (souvent pass.) : *Ce vin est aigri. Ses déceptions ont aigri son caractère* (= l'ont rendu irritable, amer). ◆ v. i. ou ***s'aigrir*** v. pr. Devenir aigre : *Par ce temps d'orage, le lait aigrit facilement* (syn. TOURNER). *Il s'aigrit en vieillissant* (= il devient irritable et méchant).

aigu, ë [egy] adj. (lat. *acutus,* pointu). **1.** *Objet aigu,* terminé en pointe ou par un tranchant (soutenu) : *Une flèche aiguë* (syn. POINTU). *Avoir des dents aiguës. La lame aiguë d'un couteau* (syn. TRANCHANT; contr. ÉMOUSSÉ). *Le bec aigu d'un oiseau. Les ongles aigus d'un vautour* (syn. ACÉRÉ). — **2.** *Angle aigu,* angle inférieur à 90° (contr. OBTUS). — **3.** Se dit de ce qui fait souffrir, qui est à son paroxysme : *Avoir des douleurs aiguës. Souffrir de coliques aiguës* (syn. VIOLENT, ↓VIF). *Maladie aiguë* (= à évolution rapide; contr. CHRONIQUE). — **4.** Dont la violence, poussée à l'extrême, offre un danger : *État de tension aiguë* (contr. LATENT). *Une crise aiguë dans les relations internationales. Le conflit aigu entre les puissances s'est apaisé.* — **5.** D'une grande lucidité (avec un n. syn. de ESPRIT) : *Avoir une intelligence aiguë* (syn. PÉNÉTRANT, SUBTIL, INCISIF). *Avoir un sens aigu des responsabilités* (= en avoir pleinement conscience). — **6.** *Son aigu,* dont la hauteur peut avoir qqch de désagréable : *Pousser des cris aigus* (syn. STRIDENT, ↑SURAIGU). *Parler d'une voix aiguë* (syn. péjor. AIGRE). *Des notes aiguës* (contr. GRAVE). — **7.** *Accent aigu* → ACCENT. ◆ ***aigu*** n. m. Son élevé dans l'échelle musicale : *Ce haut-parleur rend bien les aigus. Passer du grave à l'aigu.*

aigue-marine [ɛgmarin] n. f. (prov. *aiga marina,* eau de mer) [pl. *aigues-marines*]. Pierre fine transparente, d'un bleu vert.

aiguillage [egɥijaʒ] n. m. (de *aiguiller*). Appareil destiné à relier deux voies de chemin de fer à une seule, située dans leur prolongement, et dont la manœuvre permet d'acheminer un train sur l'une ou l'autre des voies.

aiguille [egɥij] n. f. (du lat. *acus,* pointu). **1.** Petite tige d'acier pointue, dont la tête est percée d'un trou (chas) dans lequel on passe du fil, de la soie, etc., pour coudre, broder : *Enfiler une aiguille.* — **2.** Tige en plastique, en métal, etc., qui sert à divers usages techniques : *L'aiguille à tricoter est employée pour faire des ouvrages de tricot. Les aiguilles d'une horloge indiquent l'heure. L'aiguille de la seringue s'est cassée.* — **3.** Relief, construction qui se termine d'une manière effilée : *L'aiguille du Midi* (syn. PIC). *L'aiguille d'un clocher.* — **4.** Feuilles fines et linéaires de pins, de sapins.

aiguiller [egɥije] v. t. *Aiguiller qqn, qqch,* le diriger vers un lieu, un but : *Elle aiguilla la conversation sur son prochain voyage. Les enquêteurs furent aiguillés dans leurs recherches par un important témoignage* (syn. ORIENTER). *Je me suis retrouvée sur un mauvais quai; l'employé m'avait mal aiguillée.*

aiguilleur [egɥijœr] n. m. **1.** Employé chargé de la manœuvre de l'aiguillage. — **2.** *Aiguilleur du ciel,* contrôleur du trafic aérien.

aiguillon [egɥijɔ̃] n. m. **1.** Dard des abeilles, des guêpes. — **2.** Ce qui incite à l'action (soutenu) : *L'argent est le seul aiguillon de son activité.*

aiguillonner [egɥijɔne] v. t. Inciter à l'action (souvent pass.) : *Elle est aiguillonnée par la curiosité* (syn. usuel STIMULER).

aiguisage [egizaʒ] n. m. Action d'aiguiser : *L'aiguisage d'un outil.*

aiguiser [egize] v. t. (du lat. *acutus,* aigu). **1.** *Aiguiser un instrument, un outil,* etc., les rendre tranchants : *Les ciseaux ont besoin d'être aiguisés, il faut les donner au repasseur.* — **2.** *Aiguiser une sensation, un sentiment, un jugement,* les rendre plus vifs : *Ces petits gâteaux salés aiguisent l'appétit* (syn. STIMULER, EXCITER). *Le contact avec ce milieu cultivé a aiguisé son jugement* (syn. AFFINER).

aïkido [aikido] n. m. (mot jap.). Art martial japonais proche du judo et du jiu-jitsu.

ail [aj] n. m. (lat. *allium*) [pl. *ails* ou *aulx*]. Plante dont le bulbe est utilisé comme condiment : *Une pointe, une gousse d'ail.*

aile [ɛl] n. f. (lat. *ala*). **1.** Membre des oiseaux, des insectes, etc., dont ils se servent pour voler : *L'aigle* *déploie ses ailes. Le coq bat des ailes. Manger une aile de poulet* (= la partie charnue de ce membre). — **2.** Ce qui est contigu ou adhérent au corps principal de qqch : *Les deux ailes du château sont d'une époque plus récente. L'aile droite de la voiture est enfoncée. Les ailes du moulin à vent. L'aile gauche de l'armée s'est repliée.* — **3.** Litt. *Les ailes de l'imagination, de la foi, de la gloire,* etc., les élans de l'imagination, de la foi, de la gloire qui entraînent. — **4.** Fam. *Battre de l'aile,* être en difficulté, avoir perdu de sa force : *L'entreprise bat de l'aile* (= est en mauvaise situation financière). ‖ *Donner des ailes à qqn,* le faire courir rapidement : *La peur lui donna des ailes et elle s'enfuit sans demander son reste.* ‖ *D'un coup d'aile,* sans s'arrêter, sans se poser : *L'avion relie d'un coup d'aile Paris à Tokyo.*

ailé, e [ɛle] adj. Qui a des ailes : *Insecte ailé.*

aileron [ɛlrɔ̃] n. m. **1.** Extrémité de l'aile : *Les ailerons d'un poulet.* — **2.** Qqch dont la forme rappelle celle d'une petite aile : *Les ailerons d'un avion* (= volets placés à l'arrière des ailes, permettant l'inclinaison ou le redressement de l'appareil). *Les ailerons d'un requin* (= ses nageoires).

ailette [ɛlɛt] n. f. Désigne divers objets qui ont la forme d'une petite aile : *Bombe à ailettes. Radiateurs à ailettes* (= à lames saillantes favorisant le refroidissement).

ailier [ɛlje] n. m. (de *aile*). Joueur d'une équipe de football, de handball, etc., qui joue à une extrémité de la ligne des avants.

ailler [aje] v. t. Garnir ou frotter d'ail : *Ailler un gigot.*

ailleurs [ajœr] adv. (lat. pop. [*in*] *aliore* [*loco*], [dans] un autre [lieu]). **1.** En un autre lieu que celui où on est ou dont il est question : *Le libraire du quartier n'a pas ce livre; allons ailleurs. Ces conserves de crabe ne sont pas fabriquées en France; elles viennent d'ailleurs* (= de l'étranger). *Vous trouverez cet article ailleurs que dans ce magasin* (= en un autre endroit). *Votre échec ne vient pas de vous-même, mais d'ailleurs* (= d'une autre cause). — **2.** *D'ailleurs,* en considérant les choses d'un autre point de vue, sous d'autres rapports : *Je ne connais pas l'auteur de cette musique, fort belle d'ailleurs* (syn. DU RESTE; litt. AU DEMEURANT). *C'était d'ailleurs une forte tête* (syn. PAR AILLEURS); avec une valeur d'opposition, de concession (syn. QUOI QU'IL EN SOIT) : *Il ne pleut pas, et d'ailleurs, si le temps se gâte, nous irons au cinéma* (syn. AU RESTE). *Je ne suis pas coupable, et quand d'ailleurs cela serait, je n'ai pas de comptes à vous rendre.* ‖ *Par ailleurs,* en d'autres circonstances : *Cette méthode scientifique, qui par ailleurs a donné de si remarquables résultats, se montre ici inefficace;* en considérant les choses d'un autre point de vue, pour un autre motif (soutenu) : *Je l'ai trouvé très abattu, et par ailleurs irrité de cette pitié qui l'entourait* (syn. EN OUTRE, AU SURPLUS).

ailloli ou **aïoli** [ajɔli] n. m. (mot prov.). Mayonnaise à l'ail.

aimable [ɛmabl] adj. (lat. *amabilis*). **1.** (après le n.) Qui cherche à plaire : *Elle est aimable avec tout le monde* (syn. POLI, AFFABLE; contr. IMPOLI, DÉSAGRÉABLE). *Adresser à un invité quelques paroles aimables* (syn. COURTOIS). *Soyez assez aimable pour me passer le sel* (syn. OBLIGEANT, GENTIL). — **2.** (après ou avant le n.) Attrayant, qui procure du plaisir : *Une maison située dans une aimable vallée* (syn. AGRÉABLE). *C'est un roman aimable, mais sans grande originalité* (syn. GENTIL). — **3.** *C'est une aimable plaisanterie,* ce n'est pas sérieux, c'est ridicule.

aimablement [ɛmabləmɑ̃] adv. De façon aimable, courtoise : *Recevoir aimablement des visiteurs* (syn. POLIMENT, COURTOISEMENT). *Refuser aimablement une invitation.*

1. aimant, e [ɛmɑ̃] adj. Porté à aimer : *Elle a une nature aimante* (syn. AFFECTUEUX, TENDRE).

2. aimant [ɛmɑ̃] n. m. (gr. *adamas,* diamant). Morceau d'acier qui attire le fer.

aimantation [ɛmɑ̃tasjɔ̃] n. f. Action d'aimanter; fait d'être aimanté.

aimanter [ɛmɑ̃te] v. t. Communiquer à un corps la propriété de l'aimant : *Aimanter la lame de son couteau en la frottant sur un aimant* (= la rendre magnétique). *L'aiguille aimantée d'une boussole indique le Nord.*

aimé, e [ɛme] adj. Qui est objet d'affection, d'amour : *La femme aimée.* (→ AMANT.)

aimer [ɛme] v. t. (lat. *amare*). **1.** (sujet qqn) *Aimer qqn,* éprouver pour lui un sentiment d'affection, de l'amour : *Aimer sa mère, son pays, ses amis. Il est passionnément aimé de sa femme* (syn. CHÉRIR; contr. DÉTESTER, HAÏR); sans compl. : *Il est un temps pour aimer.* — **2.** *Aimer un animal,* avoir pour lui de l'attachement. — **3.** *Aimer qqch,* le trouver agréable, à son goût : *Il aime une tasse de café dans l'après-midi* (syn. ↑ RAFFOLER DE). *Il n'aime pas les carottes. Aimer la peinture moderne* (syn. GOÛTER, S'INTÉRESSER À; contr. ↑ ABHORRER, ↑ EXÉCRER). *J'aime sa manière de juger* (syn. APPRÉCIER). *Aimer une région* (= s'y plaire). *Aimer le risque.* — **4.** *Plante qui aime le soleil, l'eau,* etc., qui se développe bien au soleil, qui a besoin d'eau, etc. — **5.** *Aimer* (+ *inf.*), *aimer à* (+ *inf.,* moins fréquent), *aimer que* (+ *subj.*), avoir du plaisir à, à ce que : *Aimer aller au théâtre chaque semaine. J'aime à penser que vous n'êtes pas dupe de ses histoires* (= j'espère). *Elle aime que l'on soit heureux autour d'elle.* — **6.** *Aimer mieux qqch* (ou *inf.*) *que* (+ *subj.*), préférer : *il aime mieux rester chez lui le dimanche que de respirer l'essence sur les routes.*

aine [ɛn] n. f. (bas lat. *inguinem*). Partie du corps entre le haut de la cuisse et le bas-ventre.

aîné, e [ɛne] adj. et n. (anc. fr. *ainz,* avant, et *né*). Né le premier (parmi les enfants d'une famille) ou le plus âgé (parmi les membres d'un groupe) : *Ma fille aînée s'est mariée. Il est mon aîné de trois ans* (= plus âgé que moi de trois ans). *Les principes de nos aînés ne peuvent plus s'appliquer dans ce domaine* (syn. DEVANCIER, ANCIEN). [→ CADET, PUÎNÉ.]

aînesse [ɛnɛs] n. f. *Droit d'aînesse,* droit résultant de la priorité d'âge.

ainsi [ɛ̃si] adv. (de *si,* lat. *sic*). **1.** Reprend ou annonce un énoncé (= de cette sorte, de cette manière) : *Il commença à parler ainsi : «Messieurs, [...]». Ainsi fit-elle* (*ainsi* en tête de phrase entraîne l'inversion du sujet). *Ainsi finit cette belle histoire. C'est ainsi que la chose s'est passée* (syn. DE CETTE FAÇON; fam. COMME ÇA; contr. AUTREMENT). *Pierre est ainsi; il faut le prendre comme il est* (= il a ce caractère). *Puisqu'il en est ainsi, je retire ce que j'ai dit* (= la situation étant ce qu'elle est; fam. *puisque c'est comme ça*). *S'il en est ainsi, je ne comprends pas votre attitude* (= cela étant); fam. *Ne t'agite donc pas ainsi* (syn. DE LA SORTE); introduit la formule qui finit les prières chrétiennes : *Ainsi soit-il* (syn. AMEN). — **2.** Introduit le second terme d'une comparaison en résumant la première proposition, qui commence par *comme* ou *de même que* (soutenu) : *Comme un baume adoucit une blessure, ainsi ces paroles apaisaient sa douleur* (syn. DE MÊME). — **3.** A la valeur d'une conclusion (en ce sens, en tête de phrase, n'entraîne pas l'inversion du sujet dans la langue courante; souvent renforcé par *donc*) : *Ce que vous gagnez d'un côté, vous le perdez de l'autre : ainsi l'affaire est sans intérêt* (syn. EN CONSÉQUENCE). *Ainsi vous regarderez l'avenir avec confiance* (syn. PAR CONSÉQUENT). *Ainsi donc vous ne pouvez pas venir?* (syn. fam. ALORS, COMME ÇA). — **4.** *Pour ainsi dire,* atténue le sens d'un terme : *Après ce but malheureux, notre équipe s'est pour ainsi dire effondrée* (= on pourrait presque le dire ; syn. AUTANT DIRE). *Elle est pour ainsi dire l'âme de ce mouvement* (syn. EN QUELQUE SORTE ; fam. COMME QUI DIRAIT). — **5.** *Ainsi que*, introduit une proposition comparative (le plus souvent sans verbe) : *Il restait immobile ainsi qu'une statue* (syn. COMME, DE MÊME QUE) ; une proposition consécutive (dans ce cas, *ainsi* et *que* peuvent être disjoints) : *Son caractère est ainsi fait que le moindre reproche la blesse profondément* (syn. DE TELLE MANIÈRE QUE) ; équivaut à *et* (le verbe prenant ou non la marque du pl.) : *Sa mère, ainsi que son père d'ailleurs, a connu cette mésaventure. Sa patience ainsi que sa modestie étaient connues de tous.*

aïoli → AILLOLI.

1. air [ɛr] n. m. (lat. *aer*, mot gr.). **1.** Gaz qui forme l'atmosphère, qui emplit l'espace situé autour et au-dessus de nous : *L'homme a réussi à vaincre la pesanteur en s'élevant dans l'air. Mettre à l'air les draps d'un lit* (= aérer). *Regarder en l'air* (= lever la tête pour voir ce qui est au-dessus de soi). *L'air retentissait de ses cris.* — **2.** Vent, en général léger ; mouvement de l'air qui circule : *Il y a un peu d'air ce matin. Parfois, un souffle d'air vient tempérer la chaleur étouffante. Un brusque courant d'air fit voler les feuilles. Donnez un peu d'air dans la pièce* (= aérez). — **3.** Milieu constitué par un groupe social : *Elle ne supporte pas l'air de la province. Aller respirer l'air du pays natal.* — **4.** (sujet qqch) *Être dans l'air*, se répandre, se communiquer facilement : *La grippe est dans l'air ; les malades sont nombreux. Ces idées étaient dans l'air et je n'ai aucun mérite à les avoir exprimées.* ‖ *Être en l'air*, être en désordre : *Tous les papiers sur son bureau sont en l'air, comme si on avait fouillé.* ‖ Fam. *Fiche* (pop. *foutre*) *en l'air*, jeter, se débarrasser de : *J'ai fichu en l'air l'emballage.* ‖ *Parler, agir en l'air*, n'importe comment, sans réfléchir (syn. À LA LÉGÈRE). ‖ *Paroles, promesses en l'air*, qui sont sans fondement. ‖ *Prendre l'air*, aller se promener, sortir de chez soi ou d'une ville pour ne pas rester dans une atmosphère viciée : *J'ai mal à la tête, je vais prendre l'air quelques instants. Dimanche, nous irons prendre l'air dans la forêt de Fontainebleau.* ‖ *Vivre de l'air du temps*, n'avoir aucune ressource matérielle.

2. air [ɛr] n. m. (du précéd.). **1.** Aspect extérieur de qqn, son allure, les traits de son visage : *Répondre d'un air décidé* (syn. MANIÈRE, FAÇON). *Il prend de grands airs avec nous* (= des manières hautaines). *Elle a grand air* (= elle en impose ; syn. ALLURE). *Il a un air de noblesse, de distinction. Je lui trouve un drôle d'air* (= une mine, une allure inquiétante). *Sous son air timide, elle cache un grand orgueil* (syn. DEHORS, ASPECT, APPARENCE). *Ils ont tous un air de famille* (= ils se ressemblent). *Cette personne a un faux air de quelqu'un que je connais* (= elle lui ressemble vaguement). — **2.** *Avoir l'air* (+ *adj.* ou *adv.*), paraître : *Elle a l'air intelligente* ou *intelligent. C'est un monsieur qui a l'air très comme il faut. Ces fruits ont l'air bons.* (L'accord se fait toujours avec un n. de chose, et le plus souvent [mais non obligatoirement] avec un n. de pers.) — **3.** *Avoir l'air de* (+ *inf.*), donner l'impression de : *Ce problème n'a pas l'air d'être bien difficile* (syn. SEMBLER). *Elle a eu l'air de ne pas s'en apercevoir* (syn. FAIRE SEMBLANT, PARAÎTRE). *Ça m'a tout l'air d'être une plaisanterie* (= je crois bien que c'est). — **4.** *Avoir l'air de qqn, qqch*, ressembler à qqn, qqch : *Il a l'air d'un paysan endimanché. Sa maison a l'air d'un château. Vous croyez ce qu'il nous a dit ? Ça m'a bien l'air d'un mensonge* (= ça me fait l'effet de). ‖ *N'avoir l'air de rien*, n'avoir pas bel aspect : *Ces poires n'ont l'air de rien, mais elles sont excellentes* (= elles ne paient pas de mine) ; ne pas se faire remarquer : *Il n'a l'air de rien, mais il pense à tout* (= il ne fait semblant de rien) ; paraître facile, simple : *Ce travail n'a l'air de rien, mais il n'est pas à la portée du premier venu.* ‖ *Sans en avoir l'air*, en dépit de l'apparence, bien qu'il n'y paraisse pas : *Sans en avoir l'air, il fait beaucoup de travail.*

3. air [ɛr] n. m. (it. *aria*). Suite de notes accompagnant des paroles destinées à être chantées ; cette musique et les paroles ; mélodie instrumentale : *Elle chanta le grand air de « la Tosca ». Il siffle un air populaire. Un air à la mode* (syn. CHANSON). *Les violons jouèrent un air de danse du XVIIe s.*

airain [ɛrɛ̃] n. m. (lat. *aes, aeris*). Syn. litt. de BRONZE.

aire [ɛr] n. f. (lat. *area*, surface unie). **1.** Surface plane, de terre battue ou cimentée, qui servait à battre au fléau ou à rouler les récoltes de céréales. — **2.** Nid des grands oiseaux de proie, comme l'aigle ou le vautour. — **3.** *Aire de repos*, terrain situé en bordure d'une autoroute, permettant aux automobilistes de se détendre. — **4.** Domaine où s'étend l'action de qqn : *Étendre son aire d'influence* (syn. SPHÈRE, ZONE).

airelle [ɛrɛl] n. f. (mot prov.). Arbrisseau des montagnes, à baies rouges ou noires rafraîchissantes ; son fruit.

aisance [ɛzɑ̃s] n. f. (de *aise*). **1.** Facilité dans la manière de se conduire, de parler, etc. : *Il a soulevé l'armoire avec aisance. Elle s'exprime avec une rare aisance. Il y a chez lui beaucoup d'aisance, presque de la désinvolture* (syn. ASSURANCE). — **2.** Situation de fortune qui permet de vivre dans le confort : *Son aisance ne date que de la dernière guerre* (syn. PROSPÉRITÉ, ↑RICHESSE ; contr. GÊNE). — **3.** *Cabinets, lieux d'aisances*, endroits où on satisfait ses besoins naturels.

1. aise [ɛz] n. f. (du lat. *adjacere*, être situé auprès). **1.** Litt. *Frémir, rougir d'aise*, de contentement. ‖ *Se pâmer d'aise*, être ravi, savourer son bonheur. — **2.** *À l'aise, à mon (ton, son, notre, votre, leur) aise*, sans éprouver de gêne ni de contrainte : *Je me trouve à mon aise dans ce grand fauteuil. Elle n'est embarrassée par rien et se trouve à son aise dans tous les milieux ;* avec assez d'argent pour vivre sans difficulté (+ *n.* ou v. *être*) : *Un commerçant très à l'aise lui a avancé la somme nécessaire. Elle a eu une jeunesse difficile, mais elle est maintenant à son aise.* — **3.** *Être mal à son aise, mal à l'aise*, avoir un sentiment de gêne en face d'une situation déterminée ; avoir une indisposition. (→ MALAISE.) ‖ *Mettre qqn à l'aise* ou *à son aise*, faire en sorte qu'il perde son embarras ou sa timidité. ‖ *Se mettre à son aise ou à l'aise*, se débarrasser de vêtements superflus ou gênants : *Il fait chaud ici, mettez-vous à votre aise : enlevez votre veste.* ‖ *En parler à son aise*, s'exprimer avec indifférence sur ce qui cause des soucis aux autres. ‖ *En prendre à son aise*, ne pas se donner beaucoup de peine pour faire qqch ; agir selon son envie : *Il en prend vraiment à son aise avec les engagements qu'il a souscrits.* — **4.** *Aimer ses aises*, aimer le confort, ce qui rend la vie commode et facile. ‖ *Prendre, avoir ses aises*, s'installer confortablement, jouir du confort.

2. aise [ɛz] adj. *Être bien aise de* (+ *inf.*) ou *que* (+ *subj.*), être très heureux de ou que : *Je suis bien aise de vous voir à nouveau en bonne santé* (syn. ÊTRE CONTENT). *Je suis bien aise que vous soyez venu.*

aisé, e [ɛze] adj. **1.** Qu'on fait sans peine : *C'est un jeu très simple et qu'il est aisé aux enfants de comprendre* (syn. FACILE ; contr. PÉNIBLE, DIFFICILE). *Un livre aisé à consulter. La manœuvre de ces petits bateaux à moteur est très aisée* (contr. MALAISÉ). — **2.** Qui n'a rien de gêné, qui ne marque aucun embarras, aucune contrainte : *Elle parle d'un ton aisé, sans affectation* (syn. NATUREL). *Ce roman est très agréable à lire, le style en est aisé* (syn. COULANT, SIMPLE). — **3.** Qui a suffisamment d'argent pour vivre largement : *Un industriel aisé. Il appartient à une bourgeoisie très aisée.*

aisément [ɛzemɑ̃] adv. De façon aisée : *Elle comprend aisément les explications qu'on lui donne* (syn. FACILEMENT). *Cet héritage lui permet de vivre aisément* (syn. CONFORTABLEMENT).

aisselle [ɛsɛl] n. f. (lat. *axilla*). Creux au-dessous de l'épaule, entre l'extrémité supérieure du bras et le thorax.

ajonc [aʒɔ̃] n. m. (d'*ajou*, mot de l'Ouest). Arbrisseau épineux à fleurs jaunes.

ajouré, e [aʒure] adj. Où on a ménagé des ouvertures, des vides, dans une intention esthétique : *La flèche ajourée de la cathédrale. Une dentelle ajourée. Un drap ajouré* (= qui a des jours).

ajournement [aʒurnəmɑ̃] n. m. Action d'ajourner; fait d'être ajourné : *L'ajournement de notre voyage en Italie nous a beaucoup ennuyés* (syn. REMISE). *Ces ajournements successifs ont pu faire croire que vous ne vouliez prendre aucune décision* (syn. ATERMOIEMENT). *L'ajournement du procès est inattendu* (syn. RENVOI).

ajourner [aʒurne] v. t. **1.** *Ajourner qqch*, le renvoyer à un autre jour, à un autre moment, à un temps indéterminé : *On a ajourné la décision touchant l'augmentation des salaires* (syn. DIFFÉRER, RETARDER). *La session de l'Assemblée nationale a été ajournée d'une semaine* (syn. RECULER). *La réalisation de ces grands travaux a été ajournée à l'automne prochain* (syn. RENVOYER). *Ajourner un rendez-vous au vendredi suivant* (syn. REMETTRE, REPORTER). — **2.** *Ajourner qqn (candidat, conscrit)*, le renvoyer à une autre session d'examen, au prochain conseil de révision (admin.) : *Liste des candidats ajournés* (syn. fam. RECALER, COLLER; usuel REFUSER).

ajout [aʒu] n. m. Ce qu'on ajoute, notamment à un texte (syn. ADDITION, RAJOUT).

ajouter [aʒute] v. t. (anc. fr. *ajoster*, mettre auprès). **1.** *Ajouter qqch*, le mettre avec d'autres choses, le mettre en plus de ce qui est : *Ajoutez du sel; il en manque un peu. Ajouter un paragraphe à la rédaction* (syn. ADJOINDRE). *Ajouter un nombre à un autre.* (→ ADDITION.) — **2.** *Ajouter (un mot), ajouter que (+ ind.)*, dire en plus de ce qui a été dit précédemment : *Elle ajoute quelques mots pour remercier l'assistance. Nous avons passé de très bonnes vacances; ajoutez que le temps a été exceptionnel.* — **3.** *Ajouter foi à qqch*, le croire : *Peut-on ajouter foi à ces rumeurs?* ◆ v. t. ind. *Ajouter à qqch*, en augmenter la valeur, la quantité, etc. : *Le mauvais temps ajoute encore aux difficultés de la circulation.* ◆ ***s'ajouter*** v. pr. Venir en plus : *Ce nouveau contretemps s'ajoute à tous nos ennuis précédents.*

ajustage [aʒystaʒ] n. m. Travail de celui qui façonne des pièces mécaniques.

ajustement [aʒystəmɑ̃] n. m. Action d'ajuster; fait d'être ajusté : *Le projet de loi a subi quelques derniers ajustements* (syn. ARRANGEMENT, RETOUCHE).

ajuster [aʒyste] v. t. (de *juste*). **1.** *Ajuster une chose à une autre*, l'adapter avec soin et exactement : *Elle ajusta soigneusement le couvercle pour éviter que le liquide ne se renverse. Le tailleur ajuste un veston à la carrure de son client. Il ajusta un air à ces paroles un peu désuètes.* — **2.** *Ajuster qqch*, l'arranger de manière qu'il soit disposé avec soin (vieilli) : *Elle ajusta un peu sa coiffure avant d'entrer dans le salon* (syn. ORDONNER). — **3.** *Ajuster des choses*, les mettre en accord, en harmonie, en conformité : *Elles s'efforcent d'ajuster des principes différents* (syn. CONCILIER, ACCORDER). — **4.** *Ajuster un être animé, qqch*, les prendre pour cibles, avec une arme à feu : *Le chasseur ajusta le lièvre avant de tirer* (syn. VISER). *Il a bien ajusté son coup.* ◆ ***s'ajuster*** v. pr. S'adapter soigneusement : *Ces deux pièces de bois s'ajustent très exactement* (syn. ALLER BIEN, S'EMBOÎTER).

ajusteur [aʒystœr] n. m. Ouvrier qui réalise des pièces mécaniques.

alambic [alɑ̃bik] n. m. (ar. *al anbīq*). Appareil pour distiller.

alambiqué, e [alɑ̃bike] adj. (de *alambic*). Qui pousse la subtilité et le raffinement de l'expression jusqu'à devenir obscur (soutenu) : *Il ne peut pas écrire simplement; ses phrases sont alambiquées* (syn. CONTOURNÉ; contr. SIMPLE, NATUREL).

alanguir [alɑ̃gir] v. t. (de *languir*). **1.** *Alanguir qqn*, abattre son énergie, le rendre mou (souvent pass.) : *Cette chaleur lourde et humide m'alanguit* (syn. AFFAIBLIR, AMOLLIR). *Être alangui par la fièvre.* — **2.** *Alanguir un récit*, le rendre trop lent, lui ôter sa vigueur : *Des descriptions qui alanguissent le récit.* ◆ ***s'alanguir*** v. pr. (sujet qqn) Perdre de sa force.

alanguissement [alɑ̃gismɑ̃] n. m. Fait de s'alanguir, d'être alangui : *Je sentais une sorte d'alanguissement qui me rendait incapable de toute décision* (syn. LANGUEUR, AMOLLISSEMENT).

alarmant, e [alarmɑ̃] adj. Qui alarme : *Les nouvelles venues de la région sinistrée sont alarmantes. L'état du blessé reste alarmant* (syn. INQUIÉTANT; contr. RASSURANT).

alarme [alarm] n. f. (it. *all'arme*, aux armes!). **1.** Signal qui prévient d'un danger très proche : *Un incendie vient d'éclater : la sirène donne l'alarme. Tirer la poignée du signal d'alarme, dans un compartiment, pour faire arrêter le train.* — **2.** Inquiétude causée par l'approche d'un danger : *L'épidémie de typhoïde jeta l'alarme dans la petite cité* (syn. EFFROI, INQUIÉTUDE). *Ce n'était qu'une fausse alarme, il n'y a rien de grave* (syn. ALERTE). *L'absence de nouvelles m'a tenu en alarme jusqu'au soir* (= m'a causé du souci, de l'émoi).

alarmer [alarme] v. t. *Alarmer qqn*, lui causer de l'inquiétude, de la peur : *La rupture des négociations alarma l'opinion publique* (syn. ÉMOUVOIR, INQUIÉTER). *Le bruit de pas dans le jardin nous alarmait* (syn. ↓INTRIGUER). ◆ ***s'alarmer*** v. pr. *S'alarmer (de qqch)*, s'en inquiéter : *Je me suis alarmée en vain de son retard* (syn. S'EFFRAYER).

alarmiste [alarmist] adj. et n. Qui répand des nouvelles propres à inquiéter; pessimiste : *Des propos alarmistes.*

albanais, e [albanɛ] adj. et n. D'Albanie. ◆ ***albanais*** n. m. Langue indo-européenne parlée en Albanie.

albâtre [albɑtr] n. m. (lat. *alabastrum*). **1.** Pierre blanche et translucide, dont on fait des objets d'art (vases, vasques, etc.). — **2.** Litt. *Peau, cou d'albâtre*, d'une blancheur très pure.

albatros [albatros] n. m. (du portug. *alcatraz*). Oiseau des mers australes, très vorace.

albinos [albinos] adj. et n. (du lat. *albus*, blanc). Atteint d'une anomalie congénitale consistant dans la diminution ou l'absence de la matière colorante de la peau et des poils, qui sont d'un blanc mat, tandis que les yeux sont rougeâtres.

album [albɔm] n. m. (lat. *album*, liste). Cahier cartonné ou relié, destiné à recevoir des collections de timbres, de cartes postales, des photographies, des dessins, des disques, ou livre comprenant un grand nombre d'illustrations : *Sa collection de timbres est rangée dans quatre albums.*

albumine [albymin] n. f. (bas lat. *albumen, -inis*, blanc d'œuf). Substance contenant de l'azote, qui forme le blanc de l'œuf et qui est aussi présente dans le sang.

alchimie [alʃimi] n. f. (ar. *al-kīmiyā'*). Chimie du Moyen Âge, qui se donnait pour but la découverte de la pierre philosophale.

alchimiste [alʃimist] n. m. Celui qui pratiquait l'alchimie.

alcool [alkɔl] n. m. (ar. *al-kuhl*). **1.** Liquide obtenu par la distillation du vin, de la betterave, de la pomme de terre, etc. : *L'alcool a des usages pharmaceutiques, ménagers et alimentaires.* — **2.** Toute boisson à base de ce liquide : *Prendrez-vous un alcool après le café?*

alcoolémie [alkɔlemi] n. f. Présence d'alcool dans le sang : *Taux, degré d'alcoolémie.*

alcoolique [alkɔlik] adj. et n. Qui boit habituellement et avec excès des boissons contenant de l'alcool : *Il y a des services spéciaux, dans quelques hôpitaux, pour la désintoxication des alcooliques.* ◆ adj. Qui contient de l'alcool : *Boisson alcoolique.*

alcoolisé, e [alkɔlize] adj. Auquel on a ajouté de l'alcool : *Une bière peu alcoolisée.*

alcooliser (s') [alkɔlize] v. pr. Prendre avec excès des boissons alcoolisées.

alcoolisme [alkɔlism] n. m. Abus de la consommation d'alcool : *Il a sombré rapidement dans l'alcoolisme* (syn. IVROGNERIE).

Alcotest [alkɔtɛst] (nom déposé) ou **alcootest** n. m. Appareil évaluant l'imprégnation en alcool de l'organisme de qqn.

alcôve [alkov] n. f. (ar. *al-qubba,* petite chambre). **1.** Enfoncement dans le mur d'une chambre, où sont installés un ou plusieurs lits. — **2.** *Secrets d'alcôve,* liaisons amoureuses tenues secrètes (soutenu).

aléa [alea] n. m. (lat. *alea,* coup de dé). Événement qui dépend du hasard; éventualité presque toujours défavorable (le plus souvent pl.) : *Cet inconvénient compte parmi les aléas du métier* (syn. RISQUE). *Pendant quinze jours, la négociation entre les diplomates subit bien des aléas* (= des hauts et des bas).

aléatoire [aleatwar] adj. (lat. *aleatorius,* relatif au jeu). Qui dépend d'un événement incertain : *Les gains à la Bourse sont fort aléatoires* (syn. HASARDEUX; contr. SÛR). *J'espère que la route sera excellente jusqu'à Paris; mais, en janvier, c'est aléatoire* (syn. INCERTAIN; contr. ASSURÉ, CERTAIN).

alentour [alɑ̃tur] adv. (de *à l'entour*). Dans les environs, dans un espace situé tout autour (après un v. ou un n.) : *L'appareil s'est abattu dans un champ; les débris sont dispersés sur cent mètres alentour. J'admirais le château et je voyais alentour les écuries du même style* (syn. AUTOUR, À PROXIMITÉ). *La maison était isolée : la plaine déserte s'étendait tout alentour.*

alentours [alɑ̃tur] n. m. pl. **1.** Ce qui environne un lieu ou un thème : *Les alentours de la ville sont très pittoresques* (syn. LES ENVIRONS, LES ABORDS). *Avant d'aborder la question, je voudrais en explorer les alentours* (syn. À-CÔTÉ). — **2.** *Aux alentours de,* indique une approximation dans l'espace ou le temps : *Sauf incident, nous serons ce soir aux alentours d'Avignon* (syn. DU CÔTÉ DE, DANS LE VOISINAGE DE). *Je passerai vous prendre aux alentours de huit heures* (syn. VERS; fam. SUR LES).

1. alerte [alɛrt] n. f. (it. *all'erta,* sur la hauteur!). **1.** Menace d'un danger qui survient soudainement : *Ce n'était qu'une angine, mais l'alerte a été chaude. Nous avons cru qu'il y avait le feu; c'était une fausse alerte. La foudre est tombée très près; l'alerte a été vive* (syn. FRAYEUR, CRAINTE). *À la première alerte, nous appellerons le docteur* (syn. MENACE). — **2.** Signal qui avertit d'un danger imminent, en particulier en temps de guerre, qui prévient d'un bombardement, d'une attaque; durée pendant laquelle ce danger persiste : *Le trouble qu'elle montra nous donna l'alerte* (= éveilla notre attention). *Les sirènes donnèrent l'alerte. Le veilleur de nuit entendit la sonnerie d'alerte* (syn. usuel ALARME). *Ce jour-là, il y avait eu trois alertes aériennes.* ◆ ***alerte!*** interj. Avertit d'un danger imminent et donne l'ordre de se tenir sur ses gardes : *Alerte! le surveillant est au bout du couloir.*

2. alerte [alɛrt] adj. Dont la vivacité ou l'agilité manifeste la souplesse ou la promptitude des réflexes : *D'un bond alerte, il esquiva le coup* (syn. AGILE, VIF, RAPIDE; contr. LENT). *Mes jambes restent alertes; je n'ai aucun rhumatisme* (contr. ANKYLOSÉ, ENGOURDI, PESANT). *Le vieillard était encore alerte* (syn. ↑ FRINGANT, LESTE; contr. LOURD). *Son esprit restait alerte malgré son âge* (syn. ÉVEILLÉ; contr. ENDORMI, INERTE). *Elle écrit d'un style alerte* (syn. VIF).

alertement [alɛrtəmɑ̃] adv. De façon alerte, agile : *Je grimpai alertement les marches du grand escalier.*

alerter [alɛrte] v. t. *Alerter qqn,* l'avertir de se tenir prêt à agir, le prévenir d'un danger : *Il y a une fuite d'eau, alerte les voisins. Son travail est vraiment mauvais; il faut alerter ses parents* (syn. INFORMER).

alevin [alvɛ̃] n. m. (du lat. *allevare,* élever). Jeune poisson qui sert à repeupler les rivières.

alexandrin [alɛksɑ̃drɛ̃] n. m. (du *Roman d'Alexandre,* poème fr. du XIIe s.; en vers de 12 syllabes). Vers français de douze syllabes. Ex. :
Ô ra/ge ô dé/ses/poir ô vieil/les/se en/ne/mie
1 2 3 4 5 6 7 8 9 10 11 12

alezan, e [alzɑ̃] adj. et n. (esp. *alazan*). Se dit d'un cheval dont la robe et les crins sont de couleur fauve.

alfa [alfa] n. m. (ar. *halfā*). Herbe cultivée en Afrique, et dont on se sert dans la fabrication du papier, des cordages, des espadrilles, etc.

algarade [algarad] n. f. (ar. *al-ghāra,* attaque). Échange de propos agressifs : *Elle a eu une algarade avec un de ses voisins qui l'empêchait de dormir* (syn. DISCUSSION, QUERELLE).

algèbre [alʒɛbr] n. f. (ar. *al-djabr,* réduction). Science du calcul des grandeurs et des lois des nombres.

algébrique [alʒebrik] adj. Relatif à l'algèbre : *Faire des calculs algébriques. Formules algébriques.*

algérien, enne [alʒerjɛ̃] adj. et n. D'Algérie.

algorithme [algɔritm] n. m. (d'*al-Khārezmi,* nom d'un médecin ar.). Processus de calcul, formule mathématique permettant d'obtenir un résultat déterminé.

algue [alg] n. f. (lat. *alga*). Végétal qui vit dans l'eau de mer ou dans l'eau douce.

alias [aljas] adv. (mot lat. signif. *ailleurs*). Autrement dit (précède un pseudonyme ou un surnom, très connu, d'une personne dont on vient de donner le nom) : *Jean-Baptiste Poquelin, alias Molière. Aurore Dupin, baronne Dudevant, alias George Sand.*

alibi [alibi] n. m. (mot. lat. signif. *ailleurs*). **1.** Moyen de défense tiré du fait qu'on se trouvait au moment d'un crime ou d'un délit dans un lieu autre que celui où il a été commis : *Elle n'a pu fournir aucun alibi. Son alibi ne tient pas.* — **2.** Excuse quelconque, prétexte : *Il cherche des alibis pour échapper à ses responsabilités.*

aliénant, e [aljenɑ̃] adj. Qui aliène qqn : *Un travail aliénant.*

aliénation [aljenasjɔ̃] n. f. **1.** *Aliénation mentale,* syn. de FOLIE. — **2.** Action d'aliéner qqch, qqn; fait d'être aliéné : *Souffrir de l'aliénation de sa liberté et de son travail. L'aliénation de l'homme par l'argent.*

aliéné, e [aljene] n. (lat. *alienatus*). Malade mental dont l'état nécessite l'internement : *Asile d'aliénés* (syn. FOU).

aliéner [aljene] v. t. (lat. *alienare,* rendre autre) [c. **10**]. **1.** *Aliéner un bien,* le céder, par un acte officiel, à une autre personne (jurid.) : *Ils ont aliéné leur petite* *maison de campagne contre une rente viagère.* **2.** *Aliéner qqch (abstrait),* l'abandonner volontairement : *Renoncer à créer des industries de base, c'est aliéner l'indépendance nationale. Le peuple a parfois aliéné ses libertés entre les mains d'un dictateur.* — **3.** *Aliéner qqn,* le soumettre à des contraintes telles qu'il se détourne de la conscience de ses vrais problèmes. ◆ ***s'aliéner*** v. pr. (sujet qqn) *S'aliéner qqn,* le perdre en l'éloignant de soi : *Par sa négligence, il s'est aliéné toutes les sympathies déjà acquises* (syn. PERDRE).

alignement [aliɲmɑ̃] n. m. **1.** Disposition sur une ligne droite : *Sortir de l'alignement* (syn. FILE). *L'alignement parfait des allées.* — **2.** *Être, se mettre à l'alignement,* être, se mettre sur la même ligne, dans le prolongement de la même ligne : *Les maisons de la rue ne sont pas à l'alignement.*

aligner [aliɲe] v. t. **1.** *Aligner des choses, des personnes,* les mettre sur une ligne (souvent pass.) : *Les élèves étaient alignés les uns derrière les autres* (= en file). — **2.** *Aligner des choses,* les présenter en ordre, en liste : *Elle aligne des chiffres à l'appui de sa démonstration. Aligner des preuves.* — **3.** *Aligner une chose sur une autre,* l'adapter à celle-ci : *Aligner le cours du franc sur celui du mark. Aligner sa conduite sur celle de ses adversaires.* — **4.** Pop. *Les aligner,* verser de l'argent. ◆ ***s'aligner*** v. pr. **1.** Être rangé ou se ranger sur la même ligne : *Les livres s'alignent sur les rayons de la bibliothèque.* — **2.** (sujet qqn) S'adapter, se conformer à : *S'aligner sur la position officielle d'un parti.* — **3.** Pop. *Il peut toujours s'aligner!,* formule de défi (= il est incapable de soutenir la comparaison).

aliment [alimɑ̃] n. m. (du lat. *alere,* nourrir). **1.** Ce qui peut être digéré et servir de nourriture aux hommes ou aux animaux : *La digestion des aliments. Conserver des aliments dans un réfrigérateur. Préparer des aliments. Les aliments du bétail. Faire cuire les aliments. Elle a pu prendre quelques aliments liquides.* — **2.** *Fournir, donner un aliment à qqch,* servir à l'entretenir, lui donner matière : *Voilà qui donnera encore un aliment à sa mauvaise humeur.*

alimentaire [alimɑ̃tɛr] adj. **1.** Qui sert à l'alimentation, à la nourriture, à l'entretien : *Les rations alimentaires des détenus ont été augmentées. Une pension alimentaire a été versée à la femme et aux enfants. Son régime alimentaire est très sévère. Pâtes alimentaires* (= nouilles, macaroni, vermicelle, etc.). — **2.** *Littérature alimentaire,* écrits faits dans un dessein purement lucratif.

alimentation [alimɑ̃tasjɔ̃] n. f. Action d'alimenter; ce qui sert à alimenter : *L'alimentation du bétail. Les bases de l'alimentation humaine ont été profondément modifiées. Supprimer toute alimentation carnée* (syn. NOURRITURE). *L'alimentation en combustible des grandes villes est menacée par l'hiver rigoureux* (syn. FOURNITURE). *Ici, les magasins d'alimentation sont ouverts le lundi. Le commerce d'alimentation s'est développé* (= la vente des produits alimentaires).

alimenter [alimɑ̃te] v. t. **1.** *Alimenter qqn, un animal,* lui fournir des aliments : *Alimenter un malade avec des bouillons* (syn. NOURRIR, SUSTENTER). — **2.** *Alimenter qqch,* le pourvoir en approvisionnements, lui fournir ce qui est nécessaire à son fonctionnement : *Alimenter les marchés en viande congelée* (syn. RAVITAILLER). *Le barrage alimente en eau les villes voisines* (syn. FOURNIR). *La région est alimentée en électricité par une centrale thermique. Alimenter le feu.* — **3.** *Alimenter la conversation, un discours,* etc., leur donner matière, servir à les entretenir : *Ce scandale financier alimentait la conversation. Les démêlés conjugaux des vedettes alimentent les colonnes de certains journaux.* ◆ ***s'alimenter*** v. pr. *S'alimenter de qqch,* se nourrir de : *Il ne s'alimente que de fruits;* sans compl. : *Elle s'alimente de nouveau* (= prend des aliments).

alinéa [alinea] n. m. (lat. *a linea,* en s'écartant de la ligne). Ligne d'un texte écrite ou imprimée en retrait par rapport aux autres lignes et annonçant le commencement d'un paragraphe; le passage compris entre deux retraits : *Allez à la ligne et commencez un nouvel alinéa* (syn. PARAGRAPHE).

aliter [alite] v. t. *Aliter qqn,* le forcer à garder le lit, par suite de maladie ou d'infirmité (souvent pass.) : *Une mauvaise grippe l'avait alité pendant quinze jours. À la suite de cet accident, elle était restée alitée trois mois.* ◆ ***s'aliter*** v. pr. Garder le lit par suite d'une maladie : *Il s'était alité en novembre pour ne plus se relever.*

alizé [alize] adj. et n. m. (de l'anc. fr. *alis,* uni, régulier). Se dit des vents réguliers qui soufflent toute l'année vers l'ouest entre les tropiques.

allaitement [alɛtmɑ̃] n. m. Action d'allaiter.

allaiter [alɛte] v. t. Nourrir de lait un enfant ou un animal nouveau-né : *Allaiter un enfant au sein.*

allant [alɑ̃] n. m. (de *aller*). Ardeur mise à faire qqch : *Il a perdu l'allant de sa jeunesse* (syn. ENTRAIN). *Quand on a de l'allant, on est capable d'entraîner les autres* (syn. DYNAMISME, ACTIVITÉ; contr. APATHIE, MOLLESSE).

alléchant, e [aleʃɑ̃] adj. Qui allèche : *Elle nous sert un entremets alléchant* (syn. APPÉTISSANT). *Cette perspective n'a rien d'alléchant* (syn. ATTIRANT). *Une proposition alléchante* (syn. ATTRAYANT).

allécher [aleʃe] v. t. (lat. *allectare*) [c. **10**] *Allécher qqn,* l'attirer en flattant son goût, son odorat, ou en lui laissant espérer quelque avantage (souvent pass.) : *Il l'a alléché en lui faisant miroiter un gain plus élevé.*

allée [ale] n. f. (de *aller*). **1.** Chemin bordé d'arbres, de haies ou de plates-bandes, et qui sert de lieu de promenade ou d'accès dans un parc, un jardin, un bois, etc. : *Les allées du Luxembourg sont pleines d'enfants le mercredi après-midi. Une grande allée de tilleuls mène jusqu'à la villa.* — **2.** Passage entre des rangées de chaises, de bancs : *S'avancer par l'allée centrale.* — **3.** *Allées et venues,* ensemble de démarches, de trajets effectués en tous sens par une ou plusieurs personnes : *J'ai perdu toute la matinée en allées et venues pour obtenir mon passeport* (syn. DÉMARCHES).

allégation [alegasjɔ̃] n. f. Action d'alléguer : *Les allégations de la prévenue seront vérifiées* (syn. DIRE, DÉCLARATION). *Ses allégations se sont révélées fausses* (syn. AFFIRMATION, ASSERTION).

allégement [alɛʒmɑ̃] n. m. Action de rendre plus léger, d'alléger : *L'allégement des charges de l'État* (syn. DIMINUTION; contr. ACCROISSEMENT).

alléger [aleʒe] v. t. (c. **10**) *Alléger qqch,* le rendre plus léger, moins lourd : *Le toit de la voiture est trop chargé; allégez-le d'une valise* (syn. DÉLESTER). *Alléger les petits contribuables* (syn. DÉGREVER). *Ces mots de consolation ne sauraient alléger sa peine* (syn. CALMER, SOULAGER, APAISER).

allégorie [alegɔri] n. f. (gr. *allêgoria*). Expression d'une idée par une image, un tableau, un être vivant qui en est le symbole : *L'allégorie de la justice est représentée par une femme tenant en ses mains une balance.*

allégorique [alegɔrik] adj. Qui relève de l'allégorie : *Les fables sont des récits allégoriques.*

allègre [alɛgr] adj. (lat. *alacer,* vif). Qui manifeste un entrain joyeux (soutenu) : *Une vieille dame encore allègre. Marcher d'un pas allègre* (syn. ALERTE).

allègrement [alɛgrəmɑ̃] adv. De façon allègre : *Au début, nous marchions allègrement, mais la fatigue est vite venue* (syn. JOYEUSEMENT, GAIEMENT).

allégresse [alegrɛs] n. f. Joie très vive, accompagnée de manifestations extérieures : *L'annonce de la paix fut suivie d'une allégresse générale* (syn. ↓ JOIE ; litt. LIESSE).

allegretto [alegrɛto] adv. (mot it.). Moins vite qu'allegro. ◆ ***allégretto*** n. m. Morceau exécuté allegretto.

allegro [alegro] adv. (mot it.). Indication musicale invitant à exécuter un mouvement vivement et gaiement. ◆ ***allégro*** n. m. Morceau de musique exécuté allegro.

alléguer [alege] v. t. (lat. *allegare*) [c. **10**] *Alléguer un texte, un fait, une autorité,* les mettre en avant pour les prendre comme justification ou comme appui : *Il allègue les témoignages de ses devanciers pour donner du poids à son propre ouvrage* (syn. INVOQUER, SE PRÉVALOIR DE). *Quelle excuse pourras-tu alléguer ? Il n'allègue que des prétextes* (syn. PRODUIRE, FOURNIR).

allemand, e [almɑ̃] adj. et n. (germ. *Alamann*). D'Allemagne. ◆ ***allemand*** n. m. Langue germanique parlée en Allemagne, en Autriche, en Suisse alémanique, au Luxembourg.

1. aller [ale] v. i. (lat. *ambulare*) [c. **12** ; auxil. *être*]. **1.** (sujet être animé) *Aller qqpart, aller* (+ *inf.* ou *à* + *n. d'action*) [+ compl. de moyen, de manière], se mouvoir d'un lieu vers un autre (terme du mouvement, but) : *Aller chez une amie. Aller aux urnes* (= voter). *Elle va à son travail. Ils allaient à la guerre. Aller à la pêche, à la chasse, à la baignade. Aller aux renseignements* (= se renseigner). *Il va à Paris. Quand y est-elle allée ? Comment ira-t-il à son bureau avec ce verglas sur la route ? Aller en train, à pied, en voiture, à* (ou *en*) *bicyclette, à* (ou *en*) *vélo ;* suivi d'une prép. ou d'un adv. : *Aller contre* (= s'opposer à), *aller en avant* (= progresser), *aller en bas* (= descendre), *aller autour* (= entourer), *aller dedans* (= pénétrer), *aller vers* (= se diriger). *Aller de l'avant* (= continuer malgré les obstacles). — **2.** (sujet qqch) Se diriger vers, aboutir à : *La route va jusqu'à Valenciennes* (syn. CONDUIRE). *Le sentier va à la rivière* (syn. MENER). *Une réflexion comme celle-là va loin* (= a de grandes conséquences). *Cette affaire est allée à l'échec.* — **3.** (sujet qqn) *Aller bien, mal, mieux,* etc., syn. de SE PORTER : *Comment allez-vous ? ;* (sujet qqch) être dans un certain état de fonctionnement : *Cette horloge va mal* (syn. MARCHER). *Le poste de radio va mal en ce moment* (syn. FONCTIONNER). *Le commerce allait mieux depuis la fin de la guerre.* — **4.** (sujet qqch) *Aller à qqn* (en général + *adv.*), être en accord, en harmonie : *Cette robe lui va admirablement* (syn. litt. LUI SIED). *Ce chapeau vous va* (syn. CONVENIR). *Ceci me va* (syn. PLAIRE). — **5.** (sujet qqch) *Aller à qqch* (en général + *adv.*), être adapté à, convenir à : *La clef va à la serrure* (syn. S'ADAPTER À) ; (sujet qqch, qqn) *aller (avec qqch, qqn) : Ce fauteuil va bien avec le reste du mobilier. Ces deux couleurs vont bien ensemble* (syn. S'ACCORDER). — **6.** *Aller* (+ *inf.*) au présent ou à l'imparfait, exprime un futur proche : *Je vais prendre le train ce soir. Il allait se fâcher quand je suis intervenue ;* renforce un impér. négatif, un souhait négatif : *N'allez pas croire cela. Pourvu qu'il n'aille pas acheter une nouvelle voiture !* — **7.** (sujet qqn) *Laisser aller* (+ *n.*), ne pas se soucier de, ne pas retenir : *Elle laisse aller son ménage, ses affaires. Il laissait tout aller* (syn. NÉGLIGER ; contr. S'ATTACHER À). — **8.** (sujet qqn) *Se laisser aller à,* laisser libre cours à, ne pas se retenir de : *Elle se laisse aller à la joie* (syn. S'ABANDONNER). *Il se laisse aller à lui adresser quelques critiques ;* sans compl., être découragé, sans volonté : *Depuis la mort de sa femme, il se laisse aller.* — **9.** *Aller* + part. en *-ant,* avec ou sans la prép. *en,* exprime la progression : *Son travail ira en s'améliorant* (= il s'améliorera). [Le participe seul *(le bruit va croissant)* est de la langue soutenue.] — **10.** *Aller sur* (+ *numéral*), être sur le point d'atteindre : *Elle va sur ses quarante ans* (= elle approche de). — **11.** *Ne pas aller sans,* être inséparable de : *Une nombreuse famille ne va pas sans soucis de toute sorte.* — **12.** *Il y va de (qqn, qqch),* qqn ou qqch sont en cause, sont totalement engagés : *Dans cette affaire, il y va de votre honneur* (syn. IL S'AGIT DE). ‖ *Fam.* (sujet qqn) *Y aller de,* s'exécuter en donnant qqch, entreprendre spontanément : *Chacun a dû y aller de sa contribution. Il y va de sa petite chanson à la fin du repas.* ‖ (sujet qqn) *Y aller* (+ *adv.*), parler, agir d'une certaine manière : *Allez-y doucement avec lui, il est très sensible. Allez-y de bon cœur. Elle y va fort* (fam. ; = elle exagère). ‖ *Comme vous y allez !,* vous êtes trop impatient, vous ne considérez pas assez les difficultés : *Vous me demandez si mon travail est fini ? Comme vous y allez !* — **13.** *Il en va de* (+ comparaison), la situation est à ce point de vue comparable : *Il en va de cette affaire comme de l'autre* (= tout se passe comme précédemment). *Il n'en va pas de même pour cette autre question* (= c'est tout différent). — **14.** *Allons !, allez !, allons donc !, allez donc !,* interj. qui marquent la stimulation, l'incrédulité ou l'impatience : *Allons ! décide-toi ! Allons donc ! ce n'est pas vrai. Allons, cesse de t'agiter.* ‖ *Ça va tout seul, de soi, sans dire,* c'est incontestable, évident, nécessaire. ‖ *Ça va comme ça !, ça va très bien !, ça va !,* expressions fam. pour intimer à qqn l'ordre de se taire ou de changer de comportement. ‖ *Va pour,* admettons : *Eh bien soit : va pour des vacances en Corse !* ‖ *Va donc !,* interj. pop. précédant généralement une injure : *Va donc, eh feignant !* ◆ ***s'en aller*** v. pr. **1.** *S'en aller* (+ compl. de lieu, de manière, de moyen), quitter un lieu, s'en éloigner : *Elle s'en va en Angleterre à Pâques. Il s'en est allé furieux* (syn. PARTIR) ; et, fam. : *Je me suis en allé dès que j'ai vu que je la gênais.* — **2.** (sujet qqn) *S'en aller* (+ *adv.*), mourir ; (sujet qqch) disparaître : *Le malade s'en va doucement. Les années s'en vont et ne reviennent pas. La tache s'en ira avec ce détachant. Le projet s'en est allé en fumée* (syn. SE DISSIPER). — **3.** *S'en aller* (+ *inf.*), au présent ou à l'imparfait, indique l'intention d'accomplir prochainement l'action (surtout à la 1re pers.) : *Je m'en vais vous jouer un tour de ma façon.*

2. aller [ale] n. m. **1.** Titre de transport permettant seulement de faire un trajet dans un sens : *Prendre un aller pour Tours.* — **2.** Voyage d'un endroit à un autre (par oppos. au *retour*) : *J'ai fait l'aller à pied, mais je suis revenu par l'autobus.* — **3.** *Aller et retour,* billet double, permettant de faire en sens inverse le voyage d'aller : *Prendre un aller et retour pour Versailles ;* action d'aller et de revenir : *Je ne fais qu'un aller et retour de la maison au boulanger.*

allergie [alɛrʒi] n. f. (du gr. *allos,* autre, et *ergon,* action). Réaction excessive de l'organisme d'un individu sensibilisé à une substance.

allergique [alɛrʒik] adj. **1.** Se dit d'un organisme sensibilisé à l'atteinte de qqch : *Être allergique à certaines poussières.* — **2.** Se dit de qqn qui supporte mal qqch, qui y est réfractaire : *Elle est allergique au téléphone* (= elle ne l'aime pas), *à la vie moderne* (= elle ne peut s'y faire).

alliage [aljaʒ] n. m. (de *allier*). Produit métallique résultant de la combinaison de plusieurs métaux : *Les alliages légers entrent dans la fabrication des avions.*

alliance [aljɑ̃s] n. f. **1.** Union contractée entre plusieurs États : *Conclure un traité, un pacte d'alliance. Cette entrevue des deux chefs d'État scella l'alliance des deux nations* (syn. ENTENTE, ACCORD). — **2.** Accord entre des personnes ou des choses : *Il a fait alliance avec mes pires ennemis* (= il s'est allié). *L'alliance de la science et du progrès social* (syn. UNION). — **3.** Union par le mariage ; parenté qui en résulte : *L'alliance de ces deux familles remonte à trois générations. Cousine par alliance.* — **4.** Bague symbolisant le mariage et que les époux passent à leur doigt.

allié, e [alje] adj. et n. **1.** Qui a conclu un traité d'union : *La victoire des puissances alliées sur l'Allemagne en 1945. Une conférence avec des alliés sur la défense commune* (syn. PARTENAIRE). — **2.** Qui aide, secourt : *J'ai trouvé en elle une alliée sûre pour faire aboutir mes projets* (syn. AUXILIAIRE, APPUI).

allier [alje] v. t. (lat. *alligare*). **1.** Combiner intimement des métaux : *Allier le cuivre et l'étain. Allier l'or avec l'argent.* — **2.** Unir par un engagement mutuel (mariage, traité, etc.) : *Être allié à une famille noble. La nécessité a allié deux pays que leur culture et leur histoire ont tant de fois séparés* (syn. ASSOCIER). — **3.** *Allier une chose à (avec) une autre,* les réunir en un tout, les associer étroitement : *Elle allie la beauté à de grandes qualités de cœur* (syn. JOINDRE). *Il sait allier la fermeté avec une bienveillance souriante* (syn. MÊLER, UNIR, MARIER). ◆ ***s'allier*** v. pr. **1.** S'unir (à une famille) par le mariage : *Il s'est allié à une des plus anciennes familles de la ville.* — **2.** Être en accord : *Ces deux couleurs s'allient très mal ensemble* (syn. S'ACCORDER, S'ASSORTIR, S'HARMONISER).

alligator [aligatɔr] n. m. (mot angl., de l'esp. *lagarto*, lézard). Crocodile d'Amérique.

allitération [aliterasjɔ̃] n. f. (du lat. *ad.*, vers, et *littera*, lettre). Répétition des mêmes sonorités. (Ex. : *Pour qui sont ces serpents qui sifflent sur vos têtes?*)

allô! [alo] interj. servant d'appel, précédant la conversation téléphonique : *Allô! 45 44 38 17?*

allocataire [alɔkatɛr] n. Personne qui reçoit une allocation : *La Caisse des allocations familiales verse des indemnités aux allocataires.*

allocation [alɔkasjɔ̃] n. f. (de *allouer*). Prestation en argent ou en nature : *Toucher les allocations familiales* (= sommes versées pour charges de famille). *Verser une allocation aux gens âgés.*

allocution [alɔkysjɔ̃] n. f. (du lat. *alloqui*, haranguer). Discours de peu d'étendue et sans solennité : *Prononcer une brève allocution à la fin de la cérémonie. On annonce une allocution télévisée du Premier ministre* (syn. ENTRETIEN).

allonge [alɔ̃ʒ] n. f. **1.** Longueur des bras d'un boxeur. — **2.** Fam. *Avoir une bonne allonge,* avoir une grande détente du bras.

allongé, e [alɔ̃ʒe] adj. *Mine, figure allongée,* qui exprime la déconvenue.

allongement [alɔ̃ʒmɑ̃] n. m. Action d'allonger; fait d'être allongé : *L'allongement d'une jupe* (contr. RACCOURCISSEMENT). *La déviation de la route aboutit à un allongement de la distance entre les deux villes* (syn. ACCROISSEMENT). *L'allongement des jours est très sensible en mai. L'allongement de la durée des vacances.*

allonger [alɔ̃ʒe] v. t. (c. 2). **1.** *Allonger qqch,* le rendre ou le faire paraître plus long : *Allonger une robe* (syn. RALLONGER). *Ce détour allonge notre itinéraire* (contr. RACCOURCIR). *Il ne faut pas allonger votre texte* (syn. AUGMENTER; contr. DIMINUER). *Elle allongeait inutilement l'entrevue* (syn. PROLONGER; contr. ÉCOURTER). — **2.** *Allonger une partie du corps,* la tendre : *Allonger le bras pour prendre un livre* (syn. ÉTIRER). *Allonger les jambes sur la chaise* (syn. ÉTENDRE). — **3.** Fam. *Allonger un coup,* donner un coup qui suppose une extension des membres : *Il lui a allongé un coup de poing sur la figure* (syn. ENVOYER, ↑ASSÉNER). ‖ *Allonger le pas,* se hâter : *Quand il l'aperçut, il allongea le pas pour l'éviter* (syn. ACCÉLÉRER). ‖ *Allonger une sauce,* y ajouter du bouillon, de l'eau ou du lait. ‖ Fam. *Allonger la sauce,* se répandre en développements inutiles. ‖ Fam. *Allonger une somme,* la donner : *Allonger un pourboire au coiffeur.* ‖ *Allonger le visage, le nez, la figure,* marquer son désappointement ou sa surprise par sa physionomie (souvent part. passé). ◆ v. i. *Les jours allongent,* ils deviennent plus longs (contr. RACCOURCIR). ◆ ***s'allonger*** v. pr. **1.** (sujet qqch) Devenir ou paraître plus long; être étendu en longueur : *La route s'allonge toute droite devant nous. À cette nouvelle, son visage s'allongea* (= montra de la déception). — **2.** (sujet qqn) S'étendre de tout son long : *Elle s'est allongée sur le lit, écrasée de fatigue.*

allouer [alwe] v. t. (bas lat. *allocare*). *Allouer qqch à qqn,* lui attribuer une somme d'argent, une gratification en nature (admin.) : *On vous allouera une indemnité pour frais de déplacement* (syn. ACCORDER, ATTRIBUER, OCTROYER).

allumage [alymaʒ] n. m. **1.** Action d'allumer, de donner de la lumière : *Le système d'allumage est défectueux.* — **2.** Action de mettre le feu : *L'allumage d'une pipe, d'un feu.* — **3.** Dispositif assurant l'inflammation du mélange gazeux dans un moteur à explosion : *Avoir une panne d'allumage.*

allume-cigares [alymsigar] n. m. inv. Dans une automobile, dispositif destiné à allumer les cigarettes ou les cigares.

allume-gaz [alymgaz] n. m. inv. Petit instrument permettant d'allumer un appareil fonctionnant au gaz.

allumer [alyme] v. t. (lat. *luminare*, éclairer). **1.** *Allumer qqch,* le rendre lumineux, le faire fonctionner pour donner de la lumière : *Allumer la lampe du salon. Allumer l'électricité. Allumer les phares d'une voiture;* sans compl. : *Allume, on n'y voit rien ici.* — **2.** *Allumer une pièce, un lieu,* y répandre la lumière : *Le bureau est allumé, il est rentré chez lui* (syn. ÉCLAIRER). — **3.** *Allumer la télévision, le chauffage,* les faire fonctionner. — **4.** *Allumer qqch,* y mettre le feu : *Il allume une cigarette. Mettre des papiers et du petit bois dans la cheminée pour allumer des bûches* (syn. ENFLAMMER). ‖ *Allumer un feu, un incendie,* le produire : *Des campeurs imprudents ont allumé un incendie dans la forêt.* — **5.** Litt. *Allumer la guerre,* la provoquer, la susciter. — **6.** *Fam.* (sujet une femme) *Allumer qqn,* l'aguicher. ◆ ***s'allumer*** v. pr. **1.** Donner de la lumière : *La lampe s'allume quand on ouvre le réfrigérateur.* — **2.** Prendre feu : *Du bois humide qui s'allume mal.* — **3.** *Litt.* Commencer : *La guerre s'est allumée en Afrique.*

allumette [alymɛt] n. f. Petite tige de bois imprégnée de matière inflammable par frottement : *Acheter une boîte d'allumettes. Craquer une allumette contre le frottoir.*

allumeuse [alymøz] n. f. *Fam.* Femme aguichante.

allure [alyr] n. f. (de *aller*). **1.** *Allure de qqn, d'un animal, d'un véhicule,* façon plus ou moins rapide qu'il a de se mouvoir, de marcher, d'agir : *L'allure rapide d'un cheval. Le peloton des coureurs maintint son allure jusqu'au terme de l'étape. Le train traversa la gare à une allure réduite* (syn. VITESSE). *Elle a lu cette liste à toute allure* (= très vite, à toute vitesse). *À cette allure, vous n'aurez pas fini avant ce soir ce que je vous ai demandé.* — **2.** Manière de marcher, de se conduire, de se présenter : *Une allure digne* (syn. ATTITUDE). *Cet individu a une allure louche, une drôle d'allure* (syn. AIR). *La plaie a une vilaine allure* (syn. ASPECT). — **3.** (sujet qqn) *Avoir de l'allure,* avoir de l'élégance et de la distinction : *Il a de l'allure sous l'uniforme;* (sujet qqch) sortir du commun, du banal : *Cette manière de refuser tout passe-droit avait de l'allure en comparaison des compromissions des autres* (syn. ↑PANACHE).

allusif, ive [alyzif] adj. Qui contient une allusion, présenté sous forme d'allusion : *Ses reproches étaient allusifs, car elle était trop timide pour les faire d'une manière explicite.*

allusion [alyzjɔ̃] n. f. (du lat. *aludere*, badiner). Mot, phrase, parole par lesquels on évoque l'idée de qqn, de qqch sans en parler de façon précise : *Je n'ai pas* *saisi l'allusion voilée à ses opinions de jadis* (syn. SOUS-ENTENDU). *À quoi faites-vous allusion! Il crut découvrir dans ces paroles vagues une allusion personnelle à sa situation difficile.*

alluvions [alyvjɔ̃] n. f. pl. (lat. *ad,* vers, et *luere,* laver). Dépôt fait des graviers, du sable, de la boue, etc., que laisse un cours d'eau quand sa vitesse ne lui permet plus de les emporter.

almanach [almana] n. m. (ar. *al-manākh*). Calendrier donnant les divisions de l'année, les fêtes, le cours de la Lune, et éventuellement d'autres notions diverses sur les sciences, les arts ou les lettres, ainsi que des conseils, généralement sous la forme de dictons, de récits, de recettes de cuisine, etc.

aloès [alɔɛs] n. m. (gr. *aloê*). Plante grasse, cultivée surtout en Afrique, dont les feuilles contiennent un suc amer employé en pharmacie et en teinturerie.

aloi [alwa] n. m. (de l'anc. fr. *aloier,* allier). *De bon, de mauvais aloi,* qui a une bonne ou une mauvaise réputation, une bonne ou une mauvaise qualité : *Dans ces réunions, il règne une gaieté de bon aloi. Faire une plaisanterie de mauvais aloi* (syn. DE MAUVAIS GOÛT).

alors [alɔr] adv. (de *lors*). Marque : **1.** un moment précis dans le temps : *Je me souviens de l'avoir vue : elle avait alors vingt ans. Jusqu'alors, il n'avait pas dit un mot.* — **2.** une relation de cause à conséquence : *Elle restait indécise; alors j'avançai d'autres arguments.* — **3.** l'indignation, l'impatience, etc. : *Alors, tu viens? Ça alors, il est encore absent? Et alors, que peux-tu ajouter? Alors là! qu'est-ce qui t'a pris?* — **4.** *Non mais alors,* marque l'indignation : *Les mains dans vos poches? Non mais alors à qui vous croyez parler?* ‖ *Et alors, et puis alors,* cela ne change rien : il n'y a pas lieu d'en déduire les conclusions : *Tu es championne de natation, et alors?* (syn. ET PUIS APRÈS). ◆ ***alors que*** conj. Suivi de l'ind., marque un rapport d'opposition : *Alors qu'il pleut à torrent, tu restes, là, planté à attendre;* un rapport de temps : *Je l'ai connue alors que j'étais étudiante.* ◆ ***alors même que*** conj. Suivi du cond., marque l'opposition : *Alors même que vous insisteriez, je ne vous communiquerais pas ce document.*

alouette [alwɛt] n. f. (lat. *alauda*). Petit oiseau à plumage brunâtre, très commun en France.

alourdir [alurdir] v. t. *Alourdir qqch,* le rendre lourd, pesant : *Le manteau est alourdi par la pluie* (syn. APPESANTIR). *Ces nouvelles dépenses alourdissent la charge de l'État* (contr. ALLÉGER). ◆ ***s'alourdir*** v. pr. Devenir lourd, pesant : *Sa taille s'est alourdie* (syn. S'ÉPAISSIR). *Ses paupières s'alourdissaient et le sommeil le gagnait.*

alourdissement [alurdismɑ̃] n. m. Action d'alourdir, de s'alourdir : *L'alourdissement des impôts* (syn. AGGRAVATION, ↑ SURCHARGE).

alpaga [alpaga] n. m. (esp. *alpaca*). **1.** Ruminant voisin du lama, domestiqué en Amérique du Sud pour sa longue fourrure laineuse. — **2.** Étoffe formée de laine fine.

alpage [alpaʒ] n. m. (de *Alpes*). Prairie naturelle dans les hautes montagnes, au-dessus de la zone des forêts.

alpestre [alpɛstr] adj. (it. *alpestre*). Relatif aux Alpes : *Les sites alpestres.*

alphabet [alfabɛ] n. m. (de *alpha* et *bêta,* les deux premières lettres de l'alphabet grec). Ensemble des signes graphiques servant à transcrire une langue, énumérés le plus souvent dans un ordre conventionnel : *L'alphabet latin est le plus communément utilisé, à côté de l'alphabet cyrillique (russe, bulgare), de l'alphabet grec, etc. Réciter son alphabet* (= prononcer la série conventionnelle des noms des lettres d'un alphabet).

alphabétique [alfabetik] adj. Relatif à l'alphabet : *Index, répertoire, dictionnaire, table, catalogue alphabétique* (= organisés selon l'ordre conventionnel des lettres). *Une liste établie par ordre alphabétique. Le français, le russe, le grec ont une écriture alphabétique* (= qui note chaque son par un signe graphique) *par opposition à l'écriture syllabique* (= où un signe transcrit une syllabe).

alphabétisation [alfabetizasjɔ̃] n. f. Action d'alphabétiser : *L'alphabétisation est un des problèmes essentiels des pays en voie de développement.*

alphabétiser [alfabetize] v. t. Apprendre à lire et à écrire à un groupe, une population : *Alphabétiser des travailleurs immigrés.*

alphanumérique [alfanymerik] adj. Se dit d'un classement établi à la fois sur la série des lettres de l'alphabet et sur la série des chiffres.

alpin, e [alpɛ̃] adj. **1.** Relatif aux Alpes, aux montagnes. — **2.** *Chasseur alpin,* fantassin des troupes de montagne. ‖ *Ski alpin,* ski pratiqué sur des pentes raides (descente, slalom), par oppos. au *ski de fond,* au *ski de randonnée* et au *ski nordique* (courses de fond, saut).

alpinisme [alpinism] n. m. (de *alpin*). Sport consistant à faire des ascensions en montagne.

alpiniste [alpinist] n. Personne qui pratique l'alpinisme : *Une cordée d'alpinistes.*

altération [alterasjɔ̃] n. f. **1.** Action d'altérer, d'abîmer; fait d'être défiguré : *Le texte a subi des altérations* (syn. DÉFORMATION, DÉNATURATION). *L'altération des traits du visage* (syn. ↑ BOULEVERSEMENT, ↑ DÉCOMPOSITION). — **2.** Signe employé en musique pour modifier le son d'une note d'un demi-ton : *Le dièse, le bémol sont des altérations.*

altercation [altɛrkasjɔ̃] n. f. (lat. *altercatio*). Querelle violente, soudaine, mais en général de peu de durée : *Une altercation s'éleva entre deux consommateurs* (syn. ↓ DISPUTE, ↑ RIXE). *On entendait les bruits d'une altercation dans le bureau voisin* (syn. QUERELLE, ↓ DISCUSSION).

alter ego [altɛrego] n. m. inv. (mots lat. signif. *un autre moi*). Personne en qui on a mis toute sa confiance et qu'on charge d'agir à sa place en toute circonstance : *Son secrétaire est son alter ego; il connaît tous les détails de ses affaires.*

altérer [altere] v. t. (du lat. *alter,* autre) [c. **10**]. **1.** *Altérer qqn, un animal,* lui donner soif (souvent pass.) : *Cette longue marche sous le soleil nous a altérées* (syn. ASSOIFFER). *Le promeneur altéré s'est assis à la terrasse d'un café.* — **2.** Litt. *Être altéré de sang,* être d'une cruauté sanguinaire. — **3.** *Altérer qqch,* en modifier l'état normal, provoquer un changement dans son aspect, dans sa valeur (en général pour aboutir à un état plus mauvais) : *L'humidité altère les plâtres du mur* (syn. ABÎMER). *Ce témoignage altère gravement la vérité* (syn. DÉGUISER, DÉFIGURER, DÉNATURER). *Le soleil altère les couleurs. Rien n'a pu altérer les sentiments que je lui porte* (syn. AFFECTER). ◆ ***s'altérer*** v. pr. S'abîmer; se modifier en mal : *Sa santé s'est gravement altérée ces derniers mois* (= est compromise). *Sa physionomie s'altéra quand je lui fis part de cette nouvelle* (syn. SE TROUBLER, ↑ SE DÉCOMPOSER).

alternance [altɛrnɑ̃s] n. f. Succession régulière : *L'alternance des pluies orageuses et des éclaircies continuera pendant toute la journée. Un régime politique qui ne permet pas l'alternance politique* (= le changement de parti au pouvoir à la suite d'élections).

alternatif, ive [altɛrnatif] adj. **1.** Qui se répète à des moments plus ou moins espacés; qui se reproduit avec plus ou moins de régularité : *Le mouvement alternatif du pendule.* — **2.** *Courant alternatif,* courant électrique qui change périodiquement de sens (contr. CONTINU).

alternative [altɛrnativ] n. f. **1.** Succession d'états qui reviennent plus ou moins régulièrement : *On passe par des alternatives de froid et de chaud. Des alternatives de violentes colères et de périodes d'abattement.* — **2.** Choix entre deux partis possibles : *Je me trouve dans la fâcheuse alternative de refuser et de le blesser, ou d'accepter, ce qui est pour moi un surcroît d'ennuis* (syn. DILEMME). *Il n'y a pas d'alternative : il faut continuer.*

alternativement [altɛrnativmɑ̃] adv. Tour à tour : *La vice-présidence revient alternativement aux divers groupes de l'Assemblée* (syn. À TOUR DE RÔLE).

alterné, e [altɛrne] adj. Qui alterne : *Le mouvement alterné des rames.*

alterner [altɛrne] v. t. (lat. *alternare*). *Alterner des choses,* faire succéder régulièrement des choses opposées, de manière à varier : *Alterner les cultures pour éviter l'épuisement des sols. Elle alternait les réflexions les plus profondes avec de simples boutades.* ◆ v. i. Se succéder régulièrement : *Les périodes d'activité intense alternent avec de longs moments d'inaction. Ils alternent au volant de la voiture* (syn. SE RELAYER, SE REMPLACER).

altesse [altɛs] n. f. (it. *altezza*). Titre d'honneur donné à un prince ou à une princesse : *Son Altesse la princesse X est venue en France.*

altier, ère [altje] adj. (it. *altiero*). *Litt.* Qui montre un orgueil noble ou méprisant : *Il est d'un caractère altier et il supporte mal la contradiction* (syn. FIER, HAUTAIN; contr. MODESTE).

altimètre [altimɛtr] n. m. (lat. *altus,* haut, et gr. *metron,* mesure). Appareil servant à mesurer l'altitude.

altitude [altityd] n. f. (lat. *altitudo,* hauteur). Élévation, hauteur au-dessus du niveau de la mer : *L'avion prend de l'altitude* (= monte), *perd de l'altitude* (= descend); *il est à l'altitude de 5 000 m. Le mont Blanc est à près de 5 000 m d'altitude.*

alto [alto] n. m. (mot it.). Instrument à cordes, intermédiaire entre le violon et le violoncelle.

altruisme [altrɥism] n. m. (du lat. *alter,* autre). *Litt.* Souci désintéressé du bien d'autrui : *Faire preuve d'altruisme* (syn. GÉNÉROSITÉ; contr. ÉGOÏSME).

altruiste [altrɥist] adj. et n. Qui relève de l'altruisme : *Manifester des sentiments altruistes* (syn. GÉNÉREUX; contr. ÉGOÏSTE).

aluminium [alyminjɔm] n. m. (du lat. *alumen, -inis,* alun). Métal blanc, léger, malléable, dont les emplois industriels sont très variés.

alunir [alynir] v. i. Arriver sur la Lune : *La fusée passa à côté de la Lune, au lieu d'alunir.*

alunissage [alynisaʒ] n. m. Fait d'alunir : *L'alunissage de la fusée fut contrôlé depuis la Terre.*

alvéole [alveɔl] n. f. [parfois masc.] (lat. *alveolus*). **1.** Cellule d'une abeille : *Les alvéoles d'une ruche.* — **2.** Cavité qui rappelle la forme de cette cellule : *L'alvéole d'une dent.*

amabilité [amabilite] n. f. **1.** Fait d'être aimable : *Être plein d'amabilité* (syn. POLITESSE, CIVILITÉ). *L'amabilité de son accueil* (syn. COURTOISIE, GENTILLESSE; contr. GROSSIÈRETÉ). *Faire assaut d'amabilité* (syn. PRÉVENANCE). — **2.** Marque de politesse, de prévenance (souvent pl.) : *Faire des amabilités à quelqu'un.*

amadouer [amadwe] v. t. (du prov. *amadou,* amoureux). *Amadouer qqn,* le rendre favorable par des flatteries ou une attitude adroite : *Elle cherche à amadouer le gardien* (syn. GAGNER).

amaigrir [amɛgrir] v. t. *Amaigrir qqn,* le rendre maigre (surtout pass.) : *Il sortit de l'hôpital très amaigri. Ce long séjour dans les pays chauds l'avait considérablement amaigri.* ◆ ***s'amaigrir*** v. pr. Devenir maigre : *Il vieillit; ses joues s'amaigrissent, des rides apparaissent* (syn. MAIGRIR).

amaigrissant, e [amɛgrisɑ̃] adj. Qui rend maigre : *Régime amaigrissant* (= pour maigrir).

amaigrissement [amɛgrismɑ̃] n. m. Fait d'amaigrir, de devenir maigre : *En me pesant, j'ai constaté un amaigrissement inquiétant.*

amalgame [amalgam] n. m. (lat. *amalgama*). Mélange d'éléments divers et souvent opposés dont on fait un tout : *Un extraordinaire amalgame de gens venus de tous les horizons* (syn. RÉUNION, ASSEMBLAGE).

amalgamer [amalgame] v. t. Faire l'amalgame d'éléments divers : *L'auteur a amalgamé plusieurs légendes en un seul récit* (syn. FONDRE, COMBINER).

amande [amɑ̃d] n. f. (lat. *amygdala*). Graine comestible, fruit de l'amandier, enfermée dans une coque dure : *Les amandes douces servent en pâtisserie.*

amandier [amɑ̃dje] n. m. Arbre cultivé pour ses graines ou amandes.

amanite [amanit] n. f. (gr. *amanitês*). Champignon dont certaines espèces sont dangereuses.

amant [amɑ̃] n. m. (de *aimer*). Celui qui a des relations sexuelles avec une femme à qui il n'est pas marié (fém. MAÎTRESSE). ◆ ***amants*** n. m. pl. Ceux qui s'aiment, ont des relations intimes en dehors du mariage.

amarrage [amaraʒ] n. m. Action d'amarrer : *L'amarrage des skis sur le toit de la voiture.*

amarre [amar] n. f. (du néerl. *aanmar[r]en*). Câble servant à maintenir un bateau à un point fixe : *Sous la tempête, le navire a rompu ses amarres.*

amarrer [amare] v. t. *Amarrer qqch,* le maintenir au moyen d'amarres, de liens : *Amarrer un navire à quai. Amarrer solidement une malle sur la galerie de la voiture* (syn. ATTACHER, ARRIMER).

amas [amɑ] n. m. Ensemble considérable et confus de choses accumulées, d'objets apportés successivement et mis en tas : *Il ne reste de la ville qu'un amas de ruines* (syn. MONCEAU). *Il y a sur son bureau un amas de paperasses* (syn. ENTASSEMENT, ACCUMULATION). *La voiture n'est plus qu'un amas de ferraille* (syn. TAS). *Son livre est un amas de citations* (syn. FATRAS). *Débiter un amas de sottises* (syn. MASSE, QUANTITÉ).

amasser [amase] v. t. *Amasser des choses,* les réunir en un tout formant une masse importante : *Amasser des provisions* (syn. METTRE EN RÉSERVE). *Amasser des livres* (syn. ENTASSER, EMPILER). *Amasser sou à sou de l'argent* (contr. DILAPIDER, GASPILLER). *Il amasse des documents pour son nouveau film* (syn. RAMASSER, RECUEILLIR). *Elle a amassé dans sa tête une quantité d'anecdotes* (syn. EMMAGASINER). ◆ ***s'amasser*** v. pr. S'accumuler, se réunir en tas : *Les preuves s'amassent contre elle* (syn. S'AMONCELER, S'ENTASSER). *La foule s'amasse autour de l'agent de police* (syn. SE GROUPER).

amateur [amatœr] adj. et n. m. (lat. *amator,* celui qui aime). **1.** Qui s'intéresse à un art ou à une science pour son plaisir : *Quelques musiciens amateurs formaient l'orchestre. Il a pour le dessin un joli talent d'amateur.* — **2.** Qui pratique un sport sans en faire une profession : *Un combat de boxe entre amateurs* (contr. PROFESSIONNEL). *Une équipe amateur.* — **3.** *Péjor.* Qui manque de zèle ou de compétence : *Il n'a aucun sérieux; c'est un amateur sans talent. Travailler en amateur* (syn. DILETTANTE, FANTAISISTE). — **4.** *Amateur de qqch,* qui manifeste un certain désir de faire qqch, une certaine inclination pour qqch : *Grand amateur de cinéma, il est toutes les semaines au ciné-club. Elle n'est pas* amateur de café. — **5.** *Fam.* Disposé à acheter : *Si tu n'achètes pas ce tableau, moi je suis amateur.*

amateurisme [amatœrism] n. m. **1.** Qualité d'amateur, de non-professionnel : *L'amateurisme est de règle dans l'athlétisme* (contr. PROFESSIONNALISME). — **2.** Manque de compétence, de zèle : *On critique autour de lui son amateurisme et sa paresse* (syn. DILETTANTISME).

amazone [amazon] n. f. (du gr. *Amazôn,* femme guerrière de la mythologie). **1.** Femme qui monte à cheval. — **2.** *Monter en amazone,* monter un cheval en mettant les deux jambes du même côté.

ambages (sans) [ɑ̃baʒ] adv. (lat. *ambages,* détours). De façon franche et précise, directe : *Vous pouvez avoir confiance; exprimez-vous sans ambages* (syn. SANS DÉTOURS, FRANCHEMENT).

ambassade [ɑ̃basad] n. f. (it. *ambasciata*). **1.** Représentation diplomatique d'un État auprès d'un autre; lieu où sont établis les bureaux de cette représentation : *La crise diplomatique a entraîné le rappel des ambassades de ces deux États. Se rendre à une réception donnée à l'ambassade.* — **2.** *Aller, se rendre en ambassade auprès de qqn,* venir auprès de lui chargé d'une mission.

ambassadeur, drice [ɑ̃basadœr] n. **1.** Représentant d'un État auprès d'une puissance étrangère (au fém., parfois femme d'un ambassadeur). — **2.** Personne chargée d'une mission, d'un message, qui représente d'une manière quelconque le pays d'où elle vient : *Dans leur tournée en Amérique du Sud, les comédiens ont été les ambassadeurs du théâtre français.*

ambiance [ɑ̃bjɑ̃s] n. f. **1.** Atmosphère qui existe autour de qqn; réaction d'ensemble d'une assemblée : *Dès le début de son exposé, on sentit que l'ambiance était mauvaise, que les auditeurs étaient mal disposés* (syn. ATMOSPHÈRE, CLIMAT). — **2.** Humeur gaie, entrain joyeux : *Cette soirée manquait d'ambiance.*

ambiant, e [ɑ̃bjɑ̃] adj. (du lat. *ambire,* entourer). Qui entoure de tous côtés le milieu dans lequel on vit : *La température ambiante est très douce. Il est difficile de résister à l'influence ambiante.*

ambidextre [ɑ̃bidɛkstr] adj. et n. (lat. *ambo,* deux, et *dexter,* droit). Qui se sert également bien des deux mains (par oppos. au *droitier* et au *gaucher*).

ambigu, ë [ɑ̃bigy] adj. (lat. *ambiguus*). Dont le sens n'est pas précis; qui laisse dans le doute, dans l'incertitude, volontairement ou non : *Je lui ai demandé son opinion; elle m'a répondu en termes ambigus* (syn. ↑ÉNIGMATIQUE, ↑SIBYLLIN). *Dans toute cette affaire, sa conduite est restée ambiguë* (syn. ÉQUIVOQUE; contr. NET). *Il y a dans son regard quelque chose d'ambigu, de trouble* (syn. LOUCHE).

ambiguïté [ɑ̃bigɥite] n. f. Défaut de ce qui est ambigu : *L'ambiguïté de sa réponse nous a laissés perplexes. Parlez sans ambiguïté* (syn. OBSCURITÉ; contr. CLARTÉ).

ambitieusement [ɑ̃bisjøzmɑ̃] adv. De façon ambitieuse.

ambitieux, euse [ɑ̃bisjø] adj. et n. Qui témoigne du désir d'obtenir ce qui est jugé supérieur; qui vise à dépasser ce qui est habituel : *Cet ambitieux a tout sacrifié pour de vains honneurs* (syn. ARRIVISTE; contr. MODESTE). ◆ adj. Qui cherche à éblouir; qui témoigne d'une prétention excessive : *Parler de génie est bien ambitieux dans son cas* (syn. PRÉTENTIEUX).

ambition [ɑ̃bisjɔ̃] n. f. (lat. *ambitio*). **1.** Désir ardent de gloire, d'honneurs, de faveurs, de tout ce qui élève socialement, intellectuellement, etc. : *Un homme dévoré d'ambition. Elle avait pour ses enfants des ambitions élevées* (syn. PRÉTENTION, VISÉE). — **2.** *Ambition de qqch,* désir ardent de le posséder, d'y parvenir : *Sa seule ambition est de s'assurer une retraite confortable* (syn. DÉSIR, BUT). *Elle met son ambition à réaliser parfaitement ce dont elle est chargée.*

ambitionner [ɑ̃bisjɔne] v. t. *Ambitionner qqch,* le rechercher avec ardeur, parce qu'on le juge supérieur, avantageux : *Il ambitionne une nomination au Conseil d'État* (syn. VISER À). *J'ambitionne l'honneur de travailler avec vous* (syn. ASPIRER À).

ambivalent, e [ɑ̃bivalɑ̃, -ɑ̃t] adj. Qui a deux valeurs, deux significations opposées : *Un sentiment ambivalent fait d'amour et de haine.*

amble [ɑ̃bl] n. m. (du lat. *ambulare,* marcher). Allure d'un quadrupède qui se déplace en levant en même temps les deux jambes du même côté : *L'éléphant, la girafe, le chameau vont l'amble.*

ambre [ɑ̃br] n. m. (ar. *al-'anbar*). Substance parfumée fournie par le cachalot *(ambre gris),* ou résine fossile *(ambre jaune).*

ambré, e [ɑ̃bre] adj. *Eau de toilette, savon,* etc., *ambré,* qui a le parfum de l'ambre gris.

ambulance [ɑ̃bylɑ̃s] n. f. (de *ambulant*). Voiture destinée au transport des malades ou des blessés.

ambulancier, ère [ɑ̃bylɑ̃sje] n. Conducteur, conductrice d'une ambulance.

ambulant, e [ɑ̃bylɑ̃] adj. (du lat. *ambulare,* marcher). *Comédiens ambulants,* troupe qui donne des représentations de ville en ville, aux diverses étapes de sa tournée. ‖ *Marchand ambulant,* qui transporte avec lui une marchandise qu'il vend en allant d'un lieu à autre, à l'intérieur d'une commune (syn. COLPORTEUR). ‖ *C'est un cadavre ambulant,* qqn de maigre, dont l'état maladif peut laisser prévoir une fin prochaine. ‖ *Vente ambulante,* vente (dans le train) de boissons, fruits, sandwichs.

âme [ɑm] n. f. (lat. *anima,* souffle, vie). **1.** Sur le plan religieux, principe d'existence, de pensée, de vie (souvent opposé au *corps*) : *Croire en l'immortalité de l'âme. Que Dieu ait son âme! La séparation de l'âme et du corps au moment de la mort.* — **2.** *Litt.* Personne vivante (ordinairement pl.) : *Un village de trois cents âmes* (syn. HABITANT). *Avoir charge d'âmes* (= être responsable de la vie ou du salut d'un certain nombre de personnes). — **3.** Personne considérée sur le plan des qualités intellectuelles ou morales, des sentiments ou des passions : *Avoir une âme généreuse* (syn. ESPRIT, CŒUR). *Les bonnes âmes ont été scandalisées de son cynisme* (= les personnes compatissantes, vertueuses). — **4.** Ce qui caractérise la vie ou le comportement de qqn, d'une collectivité : *Il a une âme de pionnier. Une cité sans âme* (syn. CARACTÈRE, PERSONNALITÉ). — **5.** Personne qui anime : *Être l'âme d'un parti* (syn. ANIMATEUR, CHEVILLE OUVRIÈRE). — **6.** *Âme sœur,* personne qui a les mêmes goûts, les mêmes sentiments qu'une autre. ‖ *Dans l'âme,* d'une manière essentielle : *Elle est joueuse dans l'âme.* ‖ *De toute son âme,* de toutes ses forces. ‖ *En mon (ton, son) âme et conscience,* en toute honnêteté, pureté de sentiments; en se laissant guider par la seule justice. ‖ Litt. *État d'âme,* impression ressentie, sentiment éprouvé : *Quel a pu être son état d'âme en écoutant une pareille déclaration!; fam.* et *péjor.* Scrupule de conscience remettant en question une ligne d'action : *Au cours du congrès, plusieurs militantes ont exposé leurs états d'âme.* ‖ *Être comme une âme en peine,* ne savoir comment s'occuper ou tromper son inquiétude. ‖ *Force, grandeur d'âme,* énergie, volonté, noblesse du caractère. ‖ Litt. *Rendre l'âme,* mourir.

amélioration [ameljɔrasjɔ̃] n. f. Action d'améliorer; fait de s'améliorer : *L'amélioration des rapports entre deux États. Les améliorations apportées à l'immeuble* (syn. EMBELLISSEMENT; contr. DÉGRADATION).

améliorer [ameljɔre] v. t. (du lat. *melior,* meilleur). *Améliorer qqn, qqch,* le rendre meilleur : *Améliorer le rendement d'une terre. L'augmentation des salaires a amélioré le sort des mineurs* (contr. AGGRAVER). *Améliorer les circuits de distribution* (syn. PERFECTIONNER). ◆ ***s'améliorer*** v. pr. Devenir meilleur : *Le climat international s'est amélioré* (contr. SE DÉTÉRIORER). *Son caractère ne s'améliore guère* (syn. S'ARRANGER). *Ma santé ne s'est pas améliorée* (syn. ALLER MIEUX).

amen [amɛn] n. m. inv. (mot hébreu signif. *ainsi soit-il*). Fam. *Dire amen,* marquer par son attitude ou ses paroles qu'on approuve entièrement ce qui est dit ou fait : *Il ne sait que dire amen à tout ce qui est proposé.* (*Amen* est le mot par lequel les chrétiens terminent une prière.)

aménagement [amenaʒmɑ̃] n. m. **1.** Action d'aménager; disposition nouvelle, remaniement : *Il demanda quelques aménagements fiscaux* (syn. ALLÉGEMENT). *J'ai été voir les nouveaux aménagements du musée du Louvre* (syn. ARRANGEMENT). — **2.** *Aménagement du territoire,* meilleure répartition possible des activités sur l'ensemble du pays, en fonction des ressources naturelles.

aménager [amenaʒe] v. t. (de *ménage*) [c. 2] *Aménager qqch,* le disposer pour son usage personnel, de façon que cela puisse être bien utilisé : *Elle a fini d'aménager son appartement* (syn. ARRANGER).

amende [amɑ̃d] n. f. (de *amender*). **1.** Peine pécuniaire édictée par la loi en matière civile, pénale ou fiscale : *Être condamné à un an de prison et à 5 000 francs d'amende. Payer une amende.* — **2.** *Être mis à l'amende, être à l'amende,* se voir infliger une petite punition pour une légère infraction aux règles d'une société dont on fait librement partie, d'un jeu. ‖ *Faire amende honorable,* reconnaître publiquement ses torts devant un supérieur, une autorité, etc., et s'en excuser.

amendement [amɑ̃dmɑ̃] n. m. Action d'amender une loi : *La discussion des amendements se poursuivit au cours d'une séance de nuit.*

amender [amɑ̃de] v. t. (lat. *emendare,* corriger). **1.** *Amender un texte de loi,* le modifier quand il est soumis à l'approbation d'une assemblée disposant de pouvoirs législatifs : *L'Assemblée amenda la loi en votant certaines des modifications proposées par l'opposition.* — **2.** *Amender qqn, qqch,* le faire devenir meilleur (soutenu ou techn.) : *La prison ne l'a guère amendé; il vit toujours de vols et d'escroqueries. Amender une terre par des engrais.* ◆ ***s'amender*** v. pr. Devenir meilleur : *Cet élève dissipé et paresseux s'est sérieusement amendé au cours du dernier trimestre* (syn. SE CORRIGER, S'AMÉLIORER).

amène [amɛn] adj. (lat. *amoenus,* agréable). Se dit de propos courtois et aimables (souvent ironiq., pour désigner des paroles en désaccord avec les sentiments) : *Chaque fois qu'elles se rencontraient, elles échangeaient quelques propos amènes.*

amener [amne] v. t. (de *mener*) [c. 9]. **1.** (sujet qqn) *Amener qqn,* le faire venir avec soi : *Il nous amènera ce soir au théâtre* (syn. EMMENER). *Je vous amène un visiteur.* — **2.** *Amener qqch, qqn,* le porter jusqu'à un endroit : *Le train amène le charbon à Paris* (syn. ACHEMINER). *Le pétrole est amené par des conduits jusqu'à la raffinerie. Le taxi vous amènera directement à la gare* (syn. CONDUIRE). *Amène le journal que j'ai laissé dans le bureau* (fam.; syn. APPORTER). *Qu'est-ce qui vous amène?* (= qu'est-ce qui provoque votre venue?). — **3.** Préparer : *Cette comparaison a été bien amenée* (syn. PRÉSENTER). — **4.** Tirer à soi : *Amener une truite de plusieurs livres.* — **5.** Faire descendre : *Amener les couleurs* (= le drapeau). *Amener une embarcation à la mer.* — **6.** (sujet qqch) Avoir pour conséquence : *La vitesse des voitures et la maladresse des conducteurs amènent de nombreux accidents* (syn. CAUSER, PROVOQUER). — **7.** *Amener qqn à* (+ *inf.*), le pousser à (faire) : *Les circonstances nouvelles ont amené le gouvernement à reprendre les négociations* (syn. ENGAGER). *Elle a été amenée peu à peu à modifier sa manière de penser* (contr. DÉTOURNER DE). — **8.** *Amener qqn, qqch à un but,* les diriger vers ce but, les y conduire : *J'ai été amené à cette opinion par divers témoignages* (syn. ENTRAÎNER). *La technique a été amenée à un haut degré de perfectionnement* (syn. PORTER, POUSSER). — **9.** *Amener la conversation sur un sujet,* la faire venir sur ce sujet.

aménité [amenite] n. f. (de *amène*). *Sans aménité,* sans courtoisie ni amabilité (soutenu) : *Vous traitez vos subordonnés sans aménité* (syn. AVEC DURETÉ, RUDESSE). ‖ *Se dire des aménités,* échanger des paroles blessantes (ironiq.).

amenuisement [amənɥizmɑ̃] n. m. Fait de s'amenuiser : *L'amenuisement progressif du rendement, d'une taxe* (syn. DIMINUTION).

amenuiser [amənɥize] v. t. (du lat. *minutus,* petit). *Amenuiser qqch (abstrait),* le rendre ou le faire paraître plus petit, moins important : *Chaque jour qui s'écoule amenuise les chances de réussite* (syn. DIMINUER, RÉDUIRE). ◆ ***s'amenuiser*** v. pr. (sujet qqch) Devenir plus petit; se réduire : *Les recettes s'amenuisent. L'espoir de le retrouver vivant s'amenuise peu à peu* (syn. DIMINUER; contr. S'ACCROÎTRE).

amer, ère [amɛr] adj. (lat. *amarus*). **1.** (après le n.) Désagréable et rude au goût : *Des prunelles amères* (syn. ÂPRE). *Cette orange n'est pas sucrée; j'en ai la bouche amère.* — **2.** (parfois avant le n.) Se dit de qqn qui ressent une cruelle déception, de qqch dont la brutalité, la dureté apporte de la douleur, de la peine : *J'ai subi une amère déconvenue* (syn. CRUEL, DOULOUREUX). *En voyant son nouvel échec, il eut un sourire amer* (syn. SARCASTIQUE). *Elle m'adressa d'amers reproches* (syn. DUR). *La réalité est amère* (syn. PÉNIBLE; contr. DOUX).

amèrement [amɛrmɑ̃] adv. De façon douloureuse, avec amertume : *Je regrette amèrement de lui avoir fait confiance* (syn. BEAUCOUP, VIVEMENT).

américain, e [amerikɛ̃] adj. et n. **1.** D'Amérique, et, souvent, des États-Unis d'Amérique : *Les touristes américains sont venus en foule cette année en Italie. Conversations diplomatiques entre Américains et Anglais. Un Américain du Sud* (ou *Sud-Américain*), *du Nord* (ou *Nord-Américain*). — **2.** *Enchères à l'américaine,* celles qui permettent l'acquisition de l'objet par le dernier enchérisseur et non par le plus fort enchérisseur. ◆ ***américain*** n. m. Parler anglais des États-Unis : *L'américain, ou anglo-américain, se distingue de l'anglais par son système phonétique et par certaines particularités morphologiques et lexicales.*

américanisation [amerikanizasjɔ̃] n. f. Action d'américaniser, de s'américaniser : *L'américanisation progressive des grandes villes européennes.*

américaniser [amerikanize] v. t. Marquer du caractère américain, des mœurs américaines : *L'influence économique des États-Unis a américanisé le comportement des hommes d'affaires de l'Europe occidentale.*

américanisme [amerikanism] n. m. **1.** Particularité linguistique de l'anglais d'Amérique. — **2.** Penchant à imiter la conduite et les manières des Américains du Nord.

amérindien, enne [amerɛ̃djɛ̃] adj. et n. Se dit des Indiens d'Amérique : *Le tupi est une langue amérindienne du Brésil.*

amerrir [amerir] v. i. (sujet un avion, un hydravion,

etc.) Se poser à la surface de l'eau : *Les hydravions pouvaient amerrir sur l'étang de Berre.*

amerrissage [amerisaʒ] n. m. Action d'amerrir : *L'avion fut contraint à un amerrissage forcé près de la côte.*

amertume [amɛrtym] n. f. (lat. *amaritudo*). **1.** Caractère amer, âpre au goût : *Mettez du sucre pour atténuer l'amertume du café.* — **2.** Caractère amer, douloureux : *Cette séparation lui causa une grande amertume* (syn. TRISTESSE, DÉCEPTION). *Il constatait avec amertume l'ingratitude de son protégé.*

améthyste [ametist] n. f. (gr. *amethustos*, pierre qui préserve de l'ivresse). Pierre fine, variété violette de quartz.

ameublement [amœbləmɑ̃] n. m. Ensemble des meubles et objets qui garnissent ou décorent une maison, un appartement, une pièce : *Acheter un tissu d'ameublement pour recouvrir ses fauteuils* (= destiné aux meubles, à la décoration). *J'admirais l'ameublement Louis XV du château* (syn. MOBILIER).

ameuter [amøte] v. t. (de *meute*). *Ameuter des gens*, les rassembler en foule, pour provoquer des désordres ou les exciter contre qqn, attirer leur attention en provoquant un émoi : *Les cris ameutèrent les passants. Il ameutait tout le voisinage par ses querelles continuelles.* ◆ ***s'ameuter*** v. pr. Se rassembler en s'excitant contre qqn : *La foule s'est ameutée pour empêcher cette arrestation* (syn. ATTROUPER, ↑ DÉCHAÎNER).

ami, e [ami] n. (lat. *amicus*). **1.** Personne avec qui on est lié par un sentiment d'affection, de cordialité (distinct de l'amour), par une affinité de sentiments : *Il vient en ami, non en adversaire. Ce sont de grands amis, des amis intimes. Vous êtes l'amie de la maison, de la famille. Retrouver un ami d'enfance, de collège ou de régiment* (syn. CAMARADE ; fam. COPAIN). — **2.** Celui, celle qui aime d'amour une autre personne (l'amant ou la maîtresse) : *Il a une petite amie.* — **3.** Personne portée vers qqch par un goût assez vif, une passion : *Elle a fondé une société des amis de la musique.* — **4.** *Faux ami*, mot qui a la même forme qu'un mot d'une autre langue, mais qui n'a pas le même sens : *L'anglais «eventually», qui signifie «en fin de compte» et non «éventuellement», est un faux ami.* ◆ adj. **1.** Lié par l'affection, la tendresse, les goûts, les intérêts, etc. : *Je suis très ami avec son père. Il est ami de la précision. Les peuples amis* (syn. ALLIÉ). — **2.** Qui témoigne ou annonce de l'affection, qui est accueillant : *Elle a été aidée par une main amie et secourable. Il est agréable de se trouver au milieu de visages amis. Être reçu dans une maison amie.*

amiable [amjabl] adj. (bas lat. *amicabilis*). **1.** Se dit de qqch qui concilie des intérêts opposés, sans intervention de la justice : *Un accord amiable fut conclu, qui mit fin à leurs différends.* — **2.** *À l'amiable*, par consentement mutuel : *Le partage de la succession se fit à l'amiable.*

amiante [amjɑ̃t] n. m. (gr. *amiantos*, incorruptible). Produit naturel dont les fibres servent à faire des tissus ou des matériaux incombustibles.

amibe [amib] n. f. Animal unicellulaire des eaux douces ou salées, dont une espèce parasite l'intestin humain.

amical, e, aux [amikal] adj. **1.** (avant ou après le n.) Inspiré par un sentiment d'amitié : *Il nous adresse ses amicales pensées* (syn. CORDIAL). *Je lui fis quelques reproches amicaux* (contr. MALVEILLANT). — **2.** (après le n.) Se dit de qqn qui montre de l'affection : *Elle se montra fort amicale au cours de l'entrevue* (contr. HOSTILE).

amicale [amikal] n. f. Association de personnes d'un même établissement, d'une même profession, d'une même activité.

amicalement [amikalmɑ̃] adv. De façon amicale : *j'ai répondu amicalement à ses demandes.*

amidon [amidɔ̃] n. m. (gr. *amulon*, qui n'est pas moulu). Substance de réserve dans les plantes, ou substance synthétique qui a les mêmes propriétés, et dont on se sert pour l'alimentation, la pharmacie, pour empeser le linge, etc.

amidonnage [amidɔnaʒ] n. m. Action d'amidonner : *L'amidonnage du linge.*

amidonner [amidɔne] v. t. Enduire d'amidon : *Amidonner du linge* (syn. EMPESER).

amincir [amɛ̃sir] v. t. **1.** *Amincir qqch, qqn*, en diminuer l'épaisseur ou la grosseur : *Amincir une planche en la rabotant. Sa figure est tout amincie par la maladie.* (→ ÉMINCER.) — **2.** *Amincir qqn*, le faire paraître moins gros : *Cette robe l'amincit.* ◆ ***s'amincir*** v. pr. (sujet qqch, qqn) Devenir moins épais, moins gros.

amincissant, e [amɛ̃sisɑ̃] adj. Qui permet de mincir ou fait paraître plus mince.

amincissement [amɛ̃sismɑ̃] n. m. Fait d'amincir, de s'amincir (contr. ÉPAISSISSEMENT).

amiral [amiral] n. m. (ar. *amīr al bahr*, prince de la mer) [pl. *amiraux*]. Officier général de la marine militaire : *Le grade d'amiral correspond à celui de général d'armée.*

amitié [amitje] n. f. Sentiment d'affection entre deux êtres : *Ils ont lié entre eux une solide amitié* (contr. INIMITIÉ, HOSTILITÉ). *La directrice de l'école l'a prise en amitié et s'efforce de l'encourager. Fais-nous l'amitié de venir dîner à la maison. Il vous fait ses amitiés* (formule de politesse).

ammoniac [amonjak] n. m. (gr. *ammôniakon*). Gaz très piquant composé d'azote et d'hydrogène et qui est utilisé notamment comme agent réfrigérant.

ammoniaque [amonjak] n. f. Solution aqueuse d'ammoniac.

amnésie [amnezi] n. f. (gr. *amnêsia*, oubli). Perte totale ou partielle de la mémoire.

amnésique [amnezik] adj. et n. Atteint d'amnésie : *Il est devenu amnésique à la suite d'un accident.*

amniotique [amnjɔtik] adj. *Liquide amniotique*, liquide dans lequel baigne le fœtus pendant la grossesse.

amnistie [amnisti] n. f. (gr. *amnêstia*, pardon). Acte du pouvoir décidant de supprimer un fait punissable et, en conséquence, d'effacer les condamnations antérieures ou d'empêcher les poursuites : *Les lois d'amnistie, votées en France par le pouvoir législatif, se distinguent de la grâce, qui dépend de la présidence de la République.*

amnistier [amnistje] v. t. Accorder une amnistie, faire bénéficier d'une amnistie : *Les Communards furent amnistiés neuf ans après les événements.*

amocher [amɔʃe] v. t. Pop. *Amocher qqch, qqn*, l'abîmer, le blesser : *J'ai amoché l'aile de la voiture contre la porte du garage* (syn. fam. ESQUINTER).

amoindrir [amwɛ̃drir] v. t. (de *moindre*). *Amoindrir qqn, qqch*, en diminuer la force ou la valeur : *Cette maladie a amoindri sa résistance physique* (contr. ACCROÎTRE). *Le goût du jeu avait sérieusement amoindri son petit capital* (syn. ENTAMER, RÉDUIRE). *Ses échecs avaient amoindri son autorité* (syn. DIMINUER ; contr. RENFORCER). ◆ ***s'amoindrir*** v. pr. Devenir plus faible ; perdre de sa force : *Ses forces s'amoindrissent peu à peu avec l'âge* (syn. DÉCROÎTRE, DIMINUER).

amoindrissement [amwɛ̃drismɑ̃] n. m. Action

d'amoindrir; fait de s'amoindrir. *L'amoindrissement de ses facultés était sensible* (syn. AFFAIBLISSEMENT).

amollir [amɔlir] v. t. *Amollir qqn, qqch,* le rendre mou : *La chaleur amollit le bitume de la route. L'inactivité avait amolli son énergie* (syn. AFFAIBLIR; contr. FORTIFIER). ◆ ***s'amollir*** v. pr. Devenir mou : *Sous le coup de l'émotion, elle sentit ses jambes s'amollir. Sa volonté s'était amollie avec l'âge* (syn. S'ÉMOUSSER).

amollissant, e [amɔlisɑ̃] adj. Qui amollit : *Un climat amollissant, chaud et humide* (contr. TONIQUE).

amollissement [amɔlismɑ̃] n. m. Fait de s'amollir.

amonceler [amɔ̃sle] v. t. (de *monceau*) [c. 6] *Amonceler des choses,* les mettre en tas, les réunir en grand nombre : *On amoncelait les bottes de paille dans la grange. Elle amoncelle les documents* (syn. AMASSER; contr. DISPERSER, ÉPARPILLER). ◆ ***s'amonceler*** v. pr. (sujet qqch) Former un tas : *Les livres s'amoncellent sur sa table* (syn. S'ENTASSER). *Les preuves s'amoncellent* (syn. S'ACCUMULER).

amoncellement [amɔ̃sɛlmɑ̃] n. m. Accumulation : *Des amoncellements de rochers descendent vers la mer* (syn. ENTASSEMENT).

amont [amɔ̃] n. m. (*à mont,* vers le haut). 1. Partie d'un cours d'eau comprise entre un point déterminé et sa source (contr. AVAL). — 2. *En amont (de),* plus près de la source par rapport à un point fixé : *Allez pêcher plus en amont, vous trouverez des truites. Paris est en amont des Andelys sur la Seine.* ◆ adj. inv. Se dit du ski ou du côté du skieur le plus proche du sommet de la montagne.

amoral, e, aux [amɔral] adj. Étranger à toute conception visant à faire une distinction universelle entre le bien et le mal : *Ce n'est pas un être pervers, mais il est amoral.*

amoralisme [amɔralism] n. m. Conception amorale de l'existence : *L'amoralisme d'A. Gide.*

amorçage [amɔrsaʒ] n. m. 1. Action de mettre en fonctionnement : *L'amorçage d'une pompe.* — 2. Action de mettre une amorce.

amorce [amɔrs] n. f. (de l'anc. fr. *amordre,* mordre). 1. Ce qui est utilisé pour attirer les poissons (mouche, ver de terre, etc.). — 2. Ce qui est tout au début, au commencement; phase initiale : *Cette visite de l'ambassadeur au ministère des Affaires étrangères est une amorce de négociation entre les deux États.* — 3. Ce qui sert à produire l'explosion d'une charge de poudre : *Le percuteur frappe l'amorce de la cartouche.* — 4. Petite quantité de poudre enfermée dans du papier et qui donne une légère explosion quand on la frappe : *Des enfants qui jouent avec des pistolets à amorces.*

amorcer [amɔrse] v. t. (c. 1) 1. Attirer un poisson avec une amorce; mettre une amorce à un hameçon : *Le pêcheur amorce les goujons dans la rivière* (syn. APPÂTER). *Il prend une mouche et amorce son hameçon.* — 2. *Amorcer qqch (abstrait),* commencer à l'effectuer, à le réaliser : *Il amorça de très loin le virage afin de perdre le moins possible de vitesse. J'amorçais un geste de refus* (syn. ÉBAUCHER, ESQUISSER). — 3. *Amorcer une pompe, un siphon,* les mettre en état de fonctionner en faisant un appel d'eau. — 4. Munir d'une amorce : *L'obus est encore amorcé, il y a danger d'explosion.* ◆ ***s'amorcer*** v. pr. Commencer à se réaliser : *Une très dure montée s'amorce à la sortie du village* (syn. COMMENCER, DÉBUTER). *Un grave conflit s'amorce entre ces deux pays.*

amorphe [amɔrf] adj. (gr. *amorphos,* sans forme). Qui a un caractère mou, qui n'a pas de personnalité accusée ni de réactions promptes ou énergiques : *C'est une élève bien gentille, mais qui reste amorphe en classe* (syn. INDOLENT, ATONE; contr. VIF). *Un être amorphe, sans volonté, qui accepte toutes les rebuffades* (syn. APATHIQUE, MOU; contr. ÉNERGIQUE).

amorti [amɔrti] n. m. Au tennis, balle très courte placée près du filet.

amortir [amɔrtir] v. t. (du lat. *mortuus,* mort). 1. *Amortir qqch,* en affaiblir l'effet, la force, la violence : *Son épaisse chevelure a amorti le coup. Le tapis amortit le bruit des pas* (contr. AUGMENTER, AMPLIFIER). *Le freinage brusque amortit la violence du choc* (syn. ATTÉNUER). *La sympathie de ses amies amortit un peu sa douleur* (syn. APAISER, CALMER). — 2. *Amortir une dette,* la rembourser. — 3. *Amortir une chose achetée,* reconstituer progressivement le capital en se remboursant des sommes avancées pour l'achat d'un outillage, d'une voiture, etc., par l'usage qui en est fait : *Un représentant de commerce doit pouvoir amortir rapidement sa voiture.* ◆ ***s'amortir*** v. pr. Perdre de sa force : *Avec le temps, sa colère s'est amortie* (syn. S'ÉMOUSSER).

amortissement [amɔrtismɑ̃] n. m. Action d'amortir, de rembourser : *L'amortissement de la dette. L'amortissement de son appartement demandera des années.*

amortisseur [amɔrtisœr] n. m. Dispositif servant à amortir la violence d'un choc, l'intensité d'un son, la trépidation d'une machine.

amour [amur] n. m. (lat. *amor*). 1. Élan physique ou sentimental qui porte un sexe vers l'autre, un être humain vers un autre : *Elle lui inspire un amour violent* (syn. PASSION). *Il lui fit sa déclaration d'amour. Les plaisirs de l'amour. Faire l'amour* (pop.; = accomplir l'acte sexuel). *L'amour libre n'est sanctionné par aucune cérémonie religieuse ou civile. La saison des amours* (= la période durant laquelle les animaux s'accouplent). — 2. Dévotion d'un être humain envers qqn, une divinité, etc. : *L'amour de Dieu.* — 3. Goût vif pour qqch : *L'amour de la paix, de la musique, de la liberté, de la patrie.* — 4. Liaison existant entre deux êtres : *Se souvenir avec mélancolie de ses amours de jeunesse.* — 5. Personne aimée (dans les interpellations) : *Mon amour, notre séparation m'est cruelle.* — 6. (avec majusc.) Représentation du dieu mythologique symbolisant l'amour : *De petits Amours joufflus ornaient le plafond de la salle.* — 7. Fam. *Un amour de* (+ *n*), très joli, beau, adorable, etc. : *C'est un amour d'enfant. Elle porte un amour de petit chapeau.* ‖ *Pour l'amour de Dieu!,* interj. appelant la pitié. (REM. *Amour* n'est fém., au pl., que dans la langue litt.) [→ AIMER.]

amouracher (s') [amuraʃe] v. pr. *S'amouracher de qqn,* avoir pour lui une passion soudaine et passagère : *Il s'est amouraché de sa secrétaire* (syn. S'ÉPRENDRE). *Elle s'est amourachée de ce grand dadais* (syn. fam. SE TOQUER).

amourette [amurɛt] n. f. Amour sans conséquence : *Perdre son temps en amourettes fugitives* (syn. FLIRT).

amoureusement [amurøzmɑ̃] adv. Avec amour : *Il regarde amoureusement sa fiancée.*

amoureux, euse [amurø] adj. et n. Qui éprouve de l'amour pour qqn; qui est passionné pour qqch : *Il est follement amoureux d'une jeune fille rencontrée au bal* (syn. ÉPRIS). *Elle est tombée amoureuse. Je suis amoureux de belle peinture* (syn. ↓AMATEUR). *C'est son amoureux du moment* (= celui qui lui fait la cour).

amour-propre [amurprɔpr] n. m. (pl. *amours-propres*). Opinion avantageuse qu'on a de soi-même et qu'on souhaite donner aux autres : *Une blessure d'amour-propre* (= une vexation, une humiliation). *Il faut piquer son amour-propre pour obtenir de lui quelque résultat* (syn. FIERTÉ). *Elle n'a aucun amour-propre et se moque de l'opinion des autres* (syn. DIGNITÉ).

amovible [amɔvibl] adj. (du lat. *amovere,* écarter). Se dit de qqch (objet) qui peut être enlevé de la place où il se trouve, qui peut être séparé d'autre chose : *La doublure amovible d'un imperméable.*

ampère [ɑ̃pɛr] n. m. (de *Ampère,* n. d'un physicien). Unité d'intensité des courants électriques.

amphibie [ɑ̃fibi] adj. (gr. *amphi,* des deux côtés, et *bios,* vie). **1.** *Animal amphibie,* qui peut vivre soit à l'air, soit dans l'eau : *Les crabes et les grenouilles sont amphibies.* — **2.** *Véhicule amphibie,* qui peut être utilisé sur terre ou sur l'eau.

amphithéâtre ou, fam., **amphi** [ɑ̃fi(teɑtr)] n. m. (gr. *amphi,* autour, et *theatron,* théâtre). **1.** Dans une université ou une école, grande salle garnie de gradins où les professeurs donnent leurs cours : *Les salles de sciences des lycées sont souvent des amphithéâtres.* — **2.** *En amphithéâtre,* qui présente la forme d'un vaste plan circulaire, avec un étagement de gradins : *Collines qui s'élèvent en amphithéâtre autour de la ville.* — **3.** À Rome, édifice circulaire à gradins où avaient lieu les jeux du cirque.

amphore [ɑ̃fɔr] n. f. (lat. *amphora*). Vase antique pansu à col rétréci.

ample [ɑ̃pl] adj. (lat. *amplus*) [après ou, plus souvent, avant le n.] **1.** D'une largeur, d'une quantité, d'une surface, d'une importance qui dépasse de beaucoup la moyenne : *Un manteau avec d'amples manches flottantes* (syn. GRAND). *Elle portait une jupe ample* (contr. ÉTROIT). *Les mouvements amples d'une valse lente. Sa voix ample et grave dominait l'auditoire* (syn. SONORE). *Faire une ample provision de souvenirs pendant un voyage* (syn. LARGE; contr. MINCE, MAIGRE). *Elle a des vues amples et souvent profondes* (syn. VASTE; contr. ÉTRIQUÉ). — **2.** *Jusqu'à plus ample informé,* jusqu'à ce qu'on ait recueilli plus d'informations.

amplement [ɑ̃pləmɑ̃] adv. Avec ampleur : *Je gagne amplement ma vie* (syn. ↓ BIEN). *C'est amplement suffisant* (syn. GRANDEMENT). *Il a amplement satisfait à toutes les épreuves* (syn. LARGEMENT). *Je vous écrirai plus amplement la semaine prochaine* (syn. LONGUEMENT).

ampleur [ɑ̃plœr] n. f. Qualité de ce qui est ample : *La veste manque d'ampleur aux épaules* (syn. LARGEUR). *L'ampleur des moyens mis en œuvre permet d'espérer un prompt succès* (syn. MASSE). *Manifestation d'une ampleur exceptionnelle* (syn. IMPORTANCE). *L'ampleur des dégâts causés par l'incendie. L'ampleur de ses connaissances nous a surpris* (syn. ÉTENDUE).

amplificateur ou **ampli** [ɑ̃pli(fikatœr)] n. m. Élément d'une chaîne qui précède les haut-parleurs.

amplification [ɑ̃plifikasjɔ̃] n. f. Action d'amplifier, de s'amplifier : *On a noté cette année-là une amplification des mouvements revendicatifs* (syn. EXTENSION, DÉVELOPPEMENT).

amplifier [ɑ̃plifje] v. t. (de *ample*). *Amplifier qqch,* en augmenter la quantité, le volume, l'étendue, l'importance : *Il faut amplifier les échanges commerciaux entre nos deux pays* (syn. ACCROÎTRE; contr. DIMINUER, RESTREINDRE). *Les journaux amplifièrent le scandale* (syn. GROSSIR; contr. ÉTOUFFER). ◆ ***s'amplifier*** v. pr. Augmenter en quantité, en importance, en force : *Les mouvements de l'embarcation s'amplifièrent au point qu'elle se retourna* (syn. AUGMENTER). *Le recul de ces valeurs à la Bourse s'amplifie* (syn. S'ACCENTUER).

amplitude [ɑ̃plityd] n. f. Distance entre des points extrêmes : *L'amplitude des températures diurnes et nocturnes peut être considérable dans les déserts. Mesurer l'amplitude des mouvements d'un pendule.*

ampli-tuner [ɑ̃plitynɛr] n. m. (pl. *amplis-tuners*). Élément d'une chaîne haute fidélité groupant un amplificateur et un tuner.

ampoule [ɑ̃pul] n. f. (lat. *ampulla,* petit flacon). **1.** Petit tube de verre contenant un médicament liquide; le contenu lui-même. — **2.** Partie en verre d'une lampe électrique; la lampe elle-même. — **3.** Petite boursouflure bénigne de l'épiderme, consécutive à un frottement prolongé.

ampoulé, e [ɑ̃pule] adj. (de l'anc. v. *ampouler,* gonfler). Se dit de propos (ou d'un style) prétentieux et sans profondeur : *Tenir un discours ampoulé* (syn. BOURSOUFLÉ, ENFLÉ, EMPHATIQUE; contr. SOBRE, SIMPLE).

amputation [ɑ̃pytasjɔ̃] n. f. Action d'amputer : *L'amputation d'un bras, d'un texte trop long.*

amputé, e [ɑ̃pyte] n. Personne qui a subi une amputation : *Un amputé des deux bras.*

amputer [ɑ̃pyte] v. t. (lat. *amputare*). **1.** *Amputer un membre,* l'enlever par une opération chirurgicale : *Il fallut lui amputer la jambe jusqu'au-dessus du genou* (syn. COUPER); *amputer qqn,* lui enlever un membre (souvent pass.) : *Elle a dû être amputée de la main droite.* — **2.** *Amputer un texte,* en enlever un passage : *Amputer de quelques lignes un chapitre pour faciliter la mise en pages. Amputer le budget des dépenses non productives.*

amulette [amylɛt] n. f. (lat. *amuletum*). Petit objet qu'on porte sur soi, et auquel on attribue le pouvoir d'écarter les maladies, les accidents, etc. (syn. PORTE-BONHEUR; fam. GRI-GRI).

amusant, e [amyzɑ̃] adj. Qui amuse : *Je vais vous montrer un jeu amusant* (syn. DISTRAYANT; contr. ENNUYEUX). *Ce qu'il y a d'amusant dans cette histoire, c'est que personne ne s'aperçut de la méprise* (syn. DRÔLE, COMIQUE). *C'est un convive amusant, qui a toujours des anecdotes à raconter* (syn. GAI, SPIRITUEL; contr. ASSOMMANT, RASEUR).

amuse-gueule [amyzgøl] n. m. (pl. inv. ou *amuse-gueules*). *Fam.* Petit gâteau salé.

amusement [amyzmɑ̃] n. m. Action d'amuser, de distraire : *Les cartes sont pour elle un amusement* (syn. DISTRACTION, DIVERTISSEMENT). *Leur dispute sur de pareilles futilités faisait l'amusement des assistants* (syn. JOIE, ↑ HILARITÉ).

amuser [amyze] v. t. (de *muser*). **1.** (sujet qqn, qqch) *Amuser qqn,* lui procurer de la gaieté, de la joie, du plaisir : *Le cirque amuse les enfants* (syn. ↓ DISTRAIRE, ↓ DIVERTIR). *Cette visite ne m'amuse guère* (syn. RÉJOUIR). — **2.** *Litt.* (sujet qqn) *Amuser qqn,* lui faire perdre son temps : *N'essayez pas de nous amuser : il nous faut une réponse nette* (syn. ENDORMIR). ◆ ***s'amuser*** v. pr. **1.** (sujet qqn, un animal) *S'amuser à, de, avec qqch,* à (+ *inf.*), y prendre du plaisir : *Nous nous sommes beaucoup amusés à ce spectacle. Elle s'est amusée à mes dépens. Le chat s'amuse avec la souris. Les enfants s'amusent à lancer la balle contre le mur* (syn. JOUER). *Il s'amuse au lieu de travailler. Elle est très joueuse : elle s'amuse d'un rien.* — **2.** (sujet qqn) Perdre son temps en futilités : *Ne vous amusez pas en chemin; revenez au plus vite* (syn. TRAÎNER; fam. LAMBINER; litt. MUSARDER). *Il ne s'agit pas de s'amuser maintenant.*

amusette [amyzɛt] n. f. *Fam.* Distraction sans portée, bagatelle.

amuseur, euse [amyzœr] n. Celui, celle qui amuse (souvent péjor.) : *On ne peut dire qu'il est auteur de comédies, c'est tout au plus un amuseur* (syn. CLOWN, BOUFFON).

amygdale [amidal] n. f. (gr. *amugdalê,* amande). Organe en forme d'amande, situé de chaque côté de la gorge.

an [ɑ̃] n. m. (lat. *annus*). **1.** Temps que met la Terre pour faire un tour autour du Soleil et qui est employé comme mesure de la durée. a) Accompagné d'un adj. numéral cardinal sans article, indique une durée de douze mois complets, sans précision absolue sur le début de cette période : *Après deux ans de stage, elle s'est installée. En deux ans, tout fut fini. Il a vingt ans de maison. Depuis dix ans, je l'ai rencontré une ou deux fois. Le travail dura un an. Voilà cinq ans qu'il est parti à l'étranger. Un an après, elle tomba malade;* b) avec un numéral cardinal sans article, indique l'âge : *Un enfant de neuf ans. Il est âgé de trente ans. Elle a soixante ans;* c) avec un numéral cardinal placé après et avec l'article défini, indique la date : *L'an 250 de Rome. L'an I de la République. L'an mille. L'an 329 de notre ère. En l'an de grâce 1964. Je m'en soucie comme de l'an quarante* (fam. ; = cela m'est complètement indifférent). — **2.** Sans numéral et avec article défini, espace de douze mois compté à partir du 1er janvier : *Le jour de l'an est le premier jour de l'année* (on dit aussi LE PREMIER DE L'AN, LE NOUVEL AN). *Tous les ans, il passe ses vacances dans les Alpes. L'an dernier, l'an prochain, l'an passé.* — **3.** *Bon an mal an,* d'une façon habituelle, que l'année soit bonne ou mauvaise; en moyenne : *Bon an mal an, le bénéfice est satisfaisant.* || *Par an,* indique que l'action se répète chaque espace de douze mois : *Verser tant par an pour son loyer.*

anacarde [anakard] n. m. Fruit tropical appelé aussi NOIX DE CAJOU, produit par l'*anacardier.*

anachronique [anakrɔnik] adj. Entaché, marqué d'anachronisme : *Elle n'a plus de contact avec le monde présent, et ses opinions sont anachroniques* (syn. PÉRIMÉ; contr. D'ACTUALITÉ). *Il sort le dimanche dans une voiture d'avant-guerre d'une ligne anachronique* (syn. DÉMODÉ; contr. DERNIER CRI). *Il y a quelque chose d'anachronique dans le fait de s'insurger contre les progrès scientifiques* (syn. DÉSUET; contr. MODERNE).

anachronisme [anakrɔnism] n. m. (gr. *ana,* en arrière, et *khronos,* temps). **1.** Manquement à la chronologie consistant à situer, par erreur ou volontairement, un fait, un événement à une époque qui n'est pas la sienne : *L'anachronisme le plus commun consiste à attribuer aux siècles passés la psychologie de notre temps.* — **2.** *Péjor.* Ce qui appartient à une autre époque que celle où on vit; ce qui manifeste un retard par rapport aux mœurs actuelles : *Le port du haut-de-forme est un anachronisme. Exclure le cinéma du domaine de l'art est un anachronisme.*

anagramme [anagram] n. f. (gr. *anagramma,* renversement de lettres). Mot formé au moyen de lettres d'un autre mot disposées dans un ordre différent : *«Navire» est une anagramme de «avenir».*

analeptique [analɛptik] adj. et n. m. Se dit des médicaments ou des aliments qui stimulent et redonnent des forces.

analgésie [analʒezi] n. f. (du gr. *algos,* douleur). Suppression de la sensibilité à la douleur.

analgésique [analʒezik] adj. et n. m. Qui produit l'analgésie : *Un produit analgésique. La morphine est un analgésique* (syn. CALMANT).

analogie [analɔʒi] n. f. (gr. *analogia*). Rapport de ressemblance établi entre des choses ou entre des personnes : *Il y a entre elles une analogie de caractère* (syn. AFFINITÉ). *Les deux organisations présentent une analogie de structure* (syn. SIMILITUDE). *Il n'y a pas la moindre analogie entre ces différentes situations. En raisonnant par analogie, on peut découvrir les causes de ce phénomène* (= en considérant les rapports existant entre les choses).

analogique [analɔʒik] adj. Fondé sur l'analogie : *Un dictionnaire analogique rassemble des mots selon les rapports de sens qu'ils ont entre eux.*

analogiquement [analɔʒikmɑ̃] adv. De façon analogique.

analogue [analɔg] adj. *Analogue (à qqch),* qui offre de la ressemblance avec qqch d'autre : *C'est une aventure analogue à celle-ci qui m'est arrivée* (syn. SEMBLABLE, PAREIL, COMPARABLE). *Remplacer un mot par un autre de sens analogue* (syn. VOISIN). *J'ai à son égard des sentiments analogues aux vôtres* (syn. PROCHE DE; contr. OPPOSÉ, CONTRAIRE).

analphabète [analfabɛt] adj. et n. (de *alphabet*). Qui ne sait ni lire ni écrire.

analphabétisme [analfabetism] n. m. Absence de toute instruction : *Mener campagne contre l'analphabétisme.*

analysable [analizabl] adj. Qui peut être analysé : *Un ouvrage aussi dense n'est guère analysable.*

analyse [analiz] n. f. (gr. *analusis,* décomposition). **1.** Examen fait en vue d'isoler, de séparer les éléments qui constituent un corps, de discerner les diverses parties d'un tout : *Faire une analyse du sang, des analyses médicales. Procéder à l'analyse d'un composé chimique* (contr. SYNTHÈSE). *Faire une analyse minutieuse des intentions de l'auteur. Que vous a appris l'analyse des documents qui vous ont été soumis?* (syn. ÉTUDE). *Faire l'analyse d'un ouvrage scientifique* (= le résumer). *L'analyse grammaticale est un exercice scolaire qui consiste à décomposer la proposition en ses éléments grammaticaux et à en déterminer la fonction.* — **2.** *En dernière analyse,* tout bien examiné, en fin de compte : *En dernière analyse, ce plan se réduit à une seule idée.*

analyser [analize] v. t. *Analyser qqch,* le soumettre à une analyse : *Analyser les urines. Analyser un roman* (syn. RÉSUMER). *Il ne cherche pas à analyser ses sentiments. Les experts analysent les résultats du scrutin* (syn. ÉTUDIER, EXAMINER). *Analyser une phrase* (syn. DÉCOMPOSER).

analytique [analitik] adj. **1.** Qui contient ou qui constitue une analyse : *Compte rendu analytique des séances d'un comité, d'une assemblée.* — **2.** Qui procède par analyse : *Un esprit analytique s'oppose à un esprit de synthèse.*

ananas [anana(s)] n. m. (mot esp.). Fruit d'une plante cultivée en Amérique et en Afrique, et appelée du même nom.

anarchie [anarʃi] n. f. (gr. *anarkhia,* absence de commandement). **1.** Situation d'un pays caractérisée par l'absence d'un gouvernement disposant de l'autorité nécessaire et par un conflit désordonné entre des forces politiques, économiques ou sociales antagonistes : *Une succession de crises gouvernementales avait amené le pays à l'anarchie.* — **2.** État de fait caractérisé par le désordre, la confusion et l'absence de direction, de règles : *Il mit de l'ordre dans une administration où il n'y avait plus qu'anarchie* (syn. PAGAILLE). *L'anarchie économique. L'anarchie des esprits* (= la confusion intellectuelle).

anarchique [anarʃik] adj. Qui relève de l'anarchie, du désordre : *L'état anarchique d'un pays, d'une économie. Vivre d'une manière anarchique* (syn. DÉSORDONNÉ).

anarchisant, e [anarʃizɑ̃] adj. Qui a des tendances anarchistes.

anarchisme [anarʃism] n. m. Doctrine politique préconisant la suppression de l'État et de ses organismes en dehors de toute condition historique.

anarchiste [anarʃist] adj. et n. **1.** Qui relève de l'anarchie : *La fédération syndicale anarchiste.* — **2.** Qui se caractérise par l'absence d'ordre, d'organisation ou de conformisme : *Nous vivions en bohèmes et en anarchistes.*

anathème [anatɛm] n. m. (gr. *anathêma,* malédiction). **1.** Condamnation publique qui manifeste une totale réprobation d'un acte, d'une opinion sur le plan moral (surtout sing.) : *Jeter, lancer, brandir l'anathème contre les doctrines nouvelles.* — **2.** Excommunication solennelle (relig.).

anatomie [anatɔmi] n. f. (gr. *anatomia,* dissection). **1.** Science qui décrit la structure des organes des êtres organisés : *Un cours d'anatomie animale et d'anatomie végétale. L'anatomie comparée.* — **2.** Cette structure elle-même : *Étudier l'anatomie du ver.* — **3.** Forme extérieure du corps, considéré sous son aspect athlétique ou esthétique : *Avoir une belle anatomie.*

anatomique [anatɔmik] adj. Relatif à l'anatomie : *Étude anatomique de l'oursin.*

ancestral, e, aux [ɑ̃sɛstral] adj. Relatif aux ancêtres : *Dans ce pays, les familles ont gardé les mœurs ancestrales* (syn. ↓ANCIEN).

ancêtre [ɑ̃sɛtr] n. (lat. *antecessor,* prédécesseur) [surtout masc.] **1.** Ascendant plus éloigné que le père (souvent au pl. pour désigner l'ensemble de ceux de qui on descend ou de ceux qui ont vécu avant nous) : *Nos deux familles sont apparentées : nous avons un ancêtre commun* (syn. AÏEUL). *Mes ancêtres sont originaires de l'Auvergne* (syn. ASCENDANT). *Les histoires de France ont longtemps commencé par la formule : Nos ancêtres les Gaulois* (syn. AÏEUX). — **2.** Celui qui a été l'initiateur lointain d'une doctrine, d'un mouvement littéraire : *Cyrano de Bergerac apparaît comme un des ancêtres des romanciers de science-fiction.* — **3.** *L'ancêtre de qqch,* ce qui a été la première forme d'une machine, d'un objet qui a subi ensuite de profondes transformations : *La draisienne fut, au XIXe s., l'ancêtre de la bicyclette.*

anche [ɑ̃ʃ] n. f. (frq. *ankja,* tuyau). Languette dont les vibrations produisent les sons dans certains instruments à vent (clarinette, hautbois, etc.).

anchois [ɑ̃ʃwa] n. m. (esp. *anchoa*). Petit poisson très commun en Méditerranée, généralement consommé en hors-d'œuvre après conservation dans la saumure.

ancien, enne [ɑ̃sjɛ̃] adj. (du lat. *ante,* avant). **1.** (après ou, plus rarement, avant le n.) Qui existe depuis longtemps : *Bibliothèque qui contient des livres anciens. Le village possède une église fort ancienne* (syn. VIEUX). *Une amitié ancienne. Les logements anciens ont des loyers moins élevés. Selon l'ancien usage. Les plus anciennes familles de la région. Une ancienne coutume.* — **2.** (après le n.) Qui appartient à une époque éloignée dans le temps : *Les langues anciennes* (= celles qui ont été parlées dans l'Antiquité). *Les temps anciens* (= autrefois); plus rarement avant le n : *Dans l'ancien temps.* — **3.** (avant le n.) Qui a cessé d'exercer une fonction, qui n'a plus l'état ou la qualité indiquée par le nom : *Le discours de l'ancien ministre a été fort remarqué* (= ex-ministre). *Cet écrivain n'a jamais repris son ancien métier de professeur. Association des anciens élèves d'un lycée.* ◆ n. Celui, celle qui en a précédé d'autres dans une fonction, un travail, un service, une école, dans la vie : *Prendre conseil auprès d'un ancien.* ◆ ***ancien*** n. m. **1.** (souvent avec majusc. et pl.) Personnage ou écrivain de l'Antiquité grecque ou romaine. — **2.** Objets, meubles appartenant au style d'une époque révolue : *Préférer l'ancien au moderne.*

anciennement [ɑ̃sjɛnmɑ̃] adv. Dans une époque reculée : *Cette maison a été anciennement celle de P.-L. Courier* (syn. AUTREFOIS). *J'ai habité anciennement Toulouse* (syn. JADIS).

ancienneté [ɑ̃sjɛnte] n. f. **1.** État de ce qui est ancien, vieux : *L'ancienneté de ces sculptures est attestée par des documents* (syn. ANTIQUITÉ). — **2.** Temps passé dans une fonction, un grade, à partir du jour où on y a été nommé : *Avoir vingt ans d'ancienneté dans un emploi.*

ancrage [ɑ̃kraʒ] n. m. Action d'ancrer : *L'ancrage d'une bouée. Vérifier l'ancrage d'un câble dans le sol* (syn. FIXATION).

ancre [ɑ̃kr] n. f. (gr. *ankura*). Lourde pièce d'acier à deux ou plusieurs becs, retenue par une chaîne, qui, jetée au fond de l'eau, sert à retenir un bateau : *Le navire a jeté l'ancre en face de l'île* (= a mouillé). *Les chalutiers ont levé l'ancre de très bonne heure* (= ont pris la mer).

ancrer [ɑ̃kre] v. t. **1.** *Ancrer un bateau,* le fixer avec une ancre : *Le capitaine a ordonné d'ancrer le navire dans la rade;* sans compl. : *Où êtes-vous ancré?* (= avez-vous jeté l'ancre). — **2.** *Ancrer une idée dans l'esprit de qqn,* la lui inculquer : *Il a réussi à lui ancrer dans la tête qu'il était grand temps d'agir* (= lui enfoncer dans la tête); souvent pass. : *Quand elle a une idée ancrée dans l'esprit, on ne peut rien faire pour l'en dissuader* (= elle a une idée dans la tête).

andante [ɑ̃dɑ̃t] adv. (mot it.). Modérément, en musique. ◆ n. m. Morceau de musique exécuté dans un tempo modéré.

andantino [ɑ̃dɑ̃tino] adv. (mot it.). Plus vif que l'andante. ◆ n. m. Morceau joué dans ce mouvement.

andouille [ɑ̃duj] n. f. (du mot. *inducere,* introduire). **1.** Charcuterie préparée à partir de l'appareil digestif du porc, cuit, épicé et présenté dans un boyau. — **2.** *Pop.* Maladroit (mot injurieux) : *Espèce d'andouille! fais donc attention* (syn. fam. IMBÉCILE).

andouillette [ɑ̃dujɛt] n. f. Charcuterie cuite faite d'intestins de porc présentés dans un boyau.

âne [ɑn] n. m. (lat. *asinus*). **1.** Animal domestique voisin du cheval, mais plus petit et pourvu de longues oreilles : *Transporter le ravitaillement du camp à dos d'âne.* — **2.** Homme dont l'ignorance s'accompagne d'un entêtement stupide : *C'est un âne; il ne connaît rien.*

anéantir [aneɑ̃tir] v. t. (de *néant*). **1.** *Anéantir qqch,* le détruire complètement : *La grêle a anéanti la récolte de raisin. Le petit détachement fut anéanti par l'ennemi* (syn. EXTERMINER). *Ce refus brutal anéantit tous nos espoirs* (syn. RUINER). — **2.** *Anéantir qqn,* le mettre dans un état d'abattement, de fatigue, de désespoir, etc. (surtout pass.) : *Cette longue marche au soleil m'a anéanti* (syn. BRISER). *Elle restait anéantie par l'annonce de cette catastrophe* (syn. ABATTRE, PROSTRER, ACCABLER). ◆ ***s'anéantir*** v. pr. Être détruit : *Les espérances que nous avions mises en lui se sont anéanties* (syn. S'EFFONDRER, S'ÉCROULER, ↓DISPARAÎTRE).

anéantissement [aneɑ̃tismɑ̃] n. m. Action d'anéantir; fait d'être anéanti : *Les armes atomiques peuvent aboutir à l'anéantissement du monde* (syn. FIN, DESTRUCTION). *L'anéantissement des illusions* (syn. RUINE, ÉCROULEMENT). *Ce régime vise à l'anéantissement de la dignité humaine* (syn. ÉTOUFFEMENT, ANNIHILATION).

anecdote [anɛkdɔt] n. f. (gr. *anekdota,* choses inédites). Bref récit d'un fait curieux, historique ou non, destiné à illustrer un détail et qui ne touche pas à l'essentiel : *Elle avait à sa disposition, pour les repas entre amis, une collection d'anecdotes plaisantes* (syn. HISTORIETTE).

anecdotique [anɛkdɔtik] adj. **1.** Qui ne touche pas à l'essentiel : *Ce détail a un intérêt anecdotique : il plaira, mais il n'explique rien.* — **2.** *Histoire anecdotique,* présentée comme une suite d'anecdotes : *Elle écrivit une histoire anecdotique de Louis XIV.*

anémie [anemi] n. f. (du gr. *haima,* sang). État maladif, révélé par un affaiblissement progressif et causé par une diminution des globules rouges dans le sang.

anémier [anemje] v. t. *Anémier qqn,* le rendre anémique, l'affaiblir (surtout part. passé) : *Elle est restée très anémiée après sa maladie.*

anémique [anemik] adj. Qui est dans un état d'anémie : *Envoyer à la montagne un enfant anémique et souffreteux.*

anémone [anemɔn] n. f. (gr. *anemônê*). **1.** Plante sauvage ou cultivée pour ses fleurs décoratives. — **2.** *Anémone de mer,* nom usuel de l'*actinie.*

ânerie [ɑnri] n. f. Parole ou conduite qui montre une grande ignorance ou une complète stupidité : *Dire une ânerie* (syn. BÊTISE, BOURDE). *Il a fait une ânerie en remettant à plus tard sa décision* (syn. SOTTISE).

ânesse [ɑnɛs] n. f. Femelle de l'âne.

anesthésie [anɛstezi] n. f. (gr. *anaisthêsia,* insensibilité). Insensibilité à la douleur, provoquée artificiellement par l'emploi de substances ou de gaz.

anesthésier [anɛstezje] v. t. Provoquer l'anesthésie : *Anesthésier un malade avant l'opération* (syn. ENDORMIR; contr. RÉVEILLER).

anesthésique [anɛstezik] adj. et n. m. Qui provoque l'anesthésie : *Substances anesthésiques.*

anesthésiste [anɛstezist] n. Médecin qui pratique une anesthésie.

anévrisme [anevrism] n. m. (gr. *aneurusma,* dilatation). Dilatation anormale d'une artère.

anfractuosité [ɑ̃fraktɥozite] n. f. (du lat. *anfractus,* sinuosité). *Anfractuosité de rocher, de la côte, de la glace,* etc., cavité nettement accusée dans la roche ou en montagne : *Grimper en s'aidant des anfractuosités de la paroi* (syn. RENFONCEMENT). *Tomber dans une anfractuosité du glacier* (syn. CREVASSE).

ange [ɑ̃ʒ] n. m. (gr. *aggelos,* messager). **1.** Dans certaines religions, être spirituel intermédiaire entre Dieu et l'homme : *La peinture représente un ange avec des ailes blanches sur un fond d'azur.* — **2.** Personne douée au plus haut degré d'une qualité : *C'est un ange de patience et de bonté. Tu as une patience d'ange* (= extraordinaire). *C'est un ange!* (= un enfant charmant). — **3.** *Être le bon ange, le mauvais ange de qqn,* être celui qui le protège et le guide dans la bonne voie, ou celui qui lui donne de mauvais conseils, qui l'entraîne dans de mauvais chemins. ‖ *Être aux anges,* être dans une joie extraordinaire : *Elle est aux anges dès qu'on parle de sa fille.* ‖ *Un ange passe,* se dit quand la conversation est interrompue par un silence embarrassé.

1. angélique [ɑ̃ʒelik] adj. (de *ange*). Qui appartient à un ange : *Une patience angélique.*

2. angélique [ɑ̃ʒelik] n. f. (gr. *aggelikos*). Plante aromatique utilisée en confiserie.

angelot [ɑ̃ʒlo] n. m. Petit ange.

angélus [ɑ̃ʒelys] n. m. (mot lat.). Son de la cloche des églises ou des couvents qui se fait entendre le matin, à midi et le soir, pour indiquer aux chrétiens l'heure d'une prière en l'honneur de l'Incarnation du Christ : *On entendit sonner l'angélus.*

angine [ɑ̃ʒin] n. f. (du lat. *angere,* serrer). Inflammation de la gorge.

anglais, e [ɑ̃glɛ] adj. et n. (de *Angles,* n. d'un peuple germanique). **1.** De l'Angleterre, des îles Britanniques : *Les côtes anglaises. Elle a épousé un Anglais.* — **2.** *Pommes à l'anglaise,* pommes de terre cuites à la vapeur. ◆ ***anglais*** n. m. Langue anglaise : *L'anglais est la langue de civilisation de la Grande-Bretagne et des États-Unis.*

anglaises [ɑ̃glɛz] n. f. pl. Boucles de cheveux, longues et roulées en spirale.

angle [ɑ̃gl] n. m. (lat. *angulus*). **1.** Saillie formée par deux droites ou deux surfaces qui se coupent : *Le mur fait un angle à peu de distance de la rivière* (syn. COUDE). *Se cogner contre l'angle de la table. L'angle de la maison* (syn. ENCOIGNURE). *Un agent en faction à l'angle de la rue* (= là où la rue fait un angle avec une autre; syn. COIN). — **2.** Figure géométrique formée par deux demi-droites issues d'un même point : *Un losange comporte quatre angles égaux deux à deux.* — **3.** *Sous l'angle de,* dans une certaine perspective, en se plaçant à un certain point de vue : *Considérée sous cet angle, la question paraît simple.* — **4.** *Angle mort,* zone qui ne peut être atteinte par le tir ou qui ne peut être vu d'un endroit donné.

anglican, e [ɑ̃glikɑ̃] adj. et n. (angl. *anglican*). Qui appartient à l'anglicanisme : *Le clergé anglican.*

anglicanisme [ɑ̃glikanism] n. m. Forme de protestantisme qui est la religion officielle de l'Angleterre.

angliciser [ɑ̃glisize] v. t. *Angliciser un mot, son mode de vie,* etc., leur donner un aspect anglais.

anglicisme [ɑ̃glisism] n. m. Emprunt à la langue anglaise : *Le français possède de nombreux anglicismes intégrés à la langue, souvent depuis le XVIII*e *s. : dans le domaine politique (budget, socialisme, amendement), dans celui des sports (football, rugby, handicap), dans celui des techniques (rail, tunnel, radar), dans celui de la mode (pull-over), etc.*

angliciste [ɑ̃glisist] n. Spécialiste de langue et de civilisation anglaises.

anglomanie [ɑ̃glɔmani] n. f. Imitation servile des manières de parler, de penser des Anglais.

anglophile [ɑ̃glɔfil] adj. et n. Qui aime ou admire les Anglais.

anglophobe [ɑ̃glɔfɔb] adj. et n. Qui ressent de l'aversion pour les Anglais.

anglophone [ɑ̃glɔfɔn] adj. et n. Qui parle anglais.

anglo-saxon, onne [ɑ̃glɔsaksɔ̃] adj. et n. Qui appartient à la communauté culturelle et linguistique anglaise.

angoissant, e [ɑ̃gwasɑ̃] adj. Qui angoisse : *La situation des sinistrés est devenue angoissante.*

angoisse [ɑ̃gwas] n. f. (lat. *angustia,* resserrement). Sentiment de grande inquiétude qui s'accompagne d'un malaise physique (oppression, palpitation, etc.) : *Je suis étreint par l'angoisse* (syn. ↓PEUR, ↑ÉPOUVANTE). *L'angoisse la saisit à la gorge. Nous avons passé une nuit d'angoisse à attendre* (syn. ↓ANXIÉTÉ; contr. TRANQUILLITÉ).

angoissé, e [ɑ̃gwase] adj. et n. Qui éprouve ou montre de l'angoisse : *Pousser un cri angoissé* (= d'effroi). *C'est une perpétuelle angoissée.*

angoisser [ɑ̃gwase] v. t. Causer de l'angoisse à qqn : *L'avenir m'angoisse* (syn. ↑ÉPOUVANTER).

angolais, e [ɑ̃gɔlɛ] adj. et n. D'Angola.

angora [ɑ̃gɔra] adj. et n. m. (de la ville d'*Angora,* auj. Ankara). **1.** Se dit d'animaux (chat, lapin, chèvre) à poils longs et soyeux : *Une chatte angora.* — **2.** *Laine angora* ou *angora,* laine faite avec ces poils : *Un pull en angora.*

anguille [ɑ̃gij] n. f. (lat. *anguilla,* petit serpent). **1.** Poisson allongé comme un serpent, qui vit dans les cours d'eau et se reproduit dans la mer (connu pour sa rapidité et sa peau glissante) : *Je n'ai pas pu la retenir, elle m'a filé dans les doigts comme une anguille.* — **2.** *Il y a anguille sous roche,* il y a qqch de secret dont on soupçonne l'existence.

angulaire [ɑ̃gylɛr] adj. (lat. *angularis*). **1.** *Distance angulaire de deux points,* angle formé par les droites qui les joignent à l'œil de l'observateur. — **2.** *Pierre* *angulaire,* pierre d'angle qui assure la solidité d'un édifice; élément essentiel, fondamental : *La présidence de la République est la pierre angulaire du régime.*

anguleux, euse [ɑ̃gylø] adj. Qui présente un ou plusieurs angles aigus : *Des rochers anguleux. Un visage anguleux* (= dont les traits sont fortement marqués).

anicroche [anikrɔʃ] n. f. (de *croche*). *Fam.* Petit obstacle qui empêche la réalisation d'une affaire et crée un ennui passager : *Nous avons fait le voyage d'une traite sans la moindre anicroche* (syn. INCIDENT).

1. animal, e, aux [animal] adj. (lat. *animalis,* être animé). Qui relève de l'animal : *La chaleur animale* (= celle qui est fournie par les animaux eux-mêmes). *Le règne animal* (= l'ensemble des animaux).

2. animal [animal] n. m. (lat. *animal*) [pl. *animaux*]. **1.** Être vivant, doué de sensibilité et de mouvement (scientif.) : *L'homme est un animal.* — **2.** Être animé privé de raisonnement et de langage (par oppos. à *homme*) : *Les chiens, les chats sont des animaux.* — **3.** Individu (souvent injurieux) : *Cet animal-là est incapable d'être à l'heure.*

animalcule [animalkyl] n. m. Animal très petit qu'on ne peut voir qu'au microscope.

animalier [animalje] adj. et n. m. **1.** Qui vise à la représentation des animaux : *Un sculpteur animalier.* — **2.** *Parc animalier,* petit zoo.

animalité [animalite] n. f. Ensemble des caractères propres à l'animal (par oppos. aux facultés humaines) : *L'alcoolisme libère chez lui les instincts de l'animalité* (syn. BESTIALITÉ).

animateur, trice [animatœr] n. Personne qui donne de l'entrain, du mouvement à une réunion, à un spectacle, etc. : *L'animateur d'un club sportif* (syn. L'ÂME). *L'animatrice d'un spectacle de variétés* (syn. PRÉSENTATEUR). *Sa fougue et son esprit en font un animateur incomparable* (syn. fam. BOUTE-EN-TRAIN).

animation [animasjɔ̃] n. f. **1.** Mouvement, activité se manifestant au sein d'une collectivité : *L'animation des rues le samedi soir. La nouvelle provoqua une brusque animation dans les salles de rédaction des journaux. Organiser l'animation culturelle dans un nouvel ensemble immobilier.* — **2.** Mouvement vif, ardent : *Discuter avec animation* (syn. VIVACITÉ, CHALEUR). *L'animation du visage de celui qui parle* (syn. ↑EXALTATION). — **3.** *Film d'animation,* qui donne l'impression de mouvement par une succession de photographies de dessins *(dessins animés)* ou d'objets pris dans des positions différentes.

animé, e [anime] adj. **1.** Plein d'activité, de mouvement : *Les rues de cette ville sont très animées le soir. Une lutte animée* (syn. ACHARNÉ). *La conversation fut animée* (syn. VIF, ARDENT). — **2.** *Être animé,* être vivant. — **3.** Se dit, en linguistique, des termes qui désignent des êtres vivants (*père, chien,* etc.).

animer [anime] v. t. (lat. *animare*). **1.** *Animer qqch,* lui donner de la vie, du mouvement, de la vivacité : *Animer la conversation. La roue était animée d'un mouvement très rapide. Le vin anime un peu ses joues* (syn. ILLUMINER). *Le désir anime son regard* (syn. FAIRE BRILLER). — **2.** *Animer qqn,* le pousser à agir, inspirer les mobiles de son action (souvent pass.) : *Elle animait le coureur de la voix et du geste* (syn. ENCOURAGER, STIMULER). *Il était animé d'une haine atroce, d'une colère terrible* (syn. MOUVOIR). *La foi qui l'anime est respectable* (syn. INSPIRER, CONDUIRE). *Je suis animée du désir de bien faire* (= je brûle du désir). ◆ ***s'animer*** v. pr. (sujet qqch, qqn) Prendre vie; prendre de l'éclat, de la vivacité : *Les rues commencent à s'animer vers dix heures. Ses yeux s'animent dès qu'il la voit.*

animosité [animozite] n. f. (du lat. *animus,* courage). Désir persistant de nuire à qqn, qui se manifeste souvent par de l'emportement : *Je n'ai aucune animosité à votre égard* (syn. ANTIPATHIE, RESSENTIMENT, MALVEILLANCE; contr. SYMPATHIE, BIENVEILLANCE). *Il a agi sans animosité* (syn. ↑HAINE). *Elle répliqua avec animosité qu'elle n'était pas responsable de cet accident* (syn. ↑COLÈRE, ↑VIOLENCE).

anis [ani] n. m. (gr. *anison*). Plante aromatique dont on se sert pour préparer certaines boissons alcoolisées *(anisette)* ou non *(tisanes à l'anis).*

ankylose [ɑ̃kiloz] n. f. (gr. *agkulôsis,* courbure). Diminution plus ou moins complète de la liberté de mouvement d'une articulation : *Le rhumatisme a provoqué une ankylose du genou droit.*

ankyloser [ɑ̃kiloze] v. t. Diminuer la liberté de mouvement d'une articulation, provoquer un engourdissement (souvent pass.) : *J'étais mal assis sur le rebord de ma chaise et ma jambe est tout ankylosée* (= engourdie). ◆ ***s'ankyloser*** v. pr. **1.** Devenir engourdi, ankylosé : *Son genou s'ankylose.* — **2.** (sujet qqn) S'engourdir dans l'inaction, perdre son dynamisme : *Vous vous ankylosez dans votre train-train!*

annales [anal] n. f. pl. (lat. *annales*). Histoire d'un pays rédigée année par année : *Dans les annales du second Empire, on trouve plus d'un scandale financier* (syn. CHRONIQUES).

anneau [ano] n. m. (lat. *anulus*). **1.** Cercle en métal, en bois, qui sert à retenir un objet : *Une chaîne est faite d'anneaux. Les anneaux du rideau sont passés sur une tringle.* — **2.** Petit cercle en métal que l'on porte au doigt : *L'anneau de mariage est plus souvent appelé «alliance».* ◆ ***anneaux*** n. m. pl. Agrès de gymnastique, composé de deux cercles de métal fixés à l'extrémité de deux cordes suspendues au portique.

année [ane] n. f. (de *an*). **1.** Période correspondant au temps que met la Terre à faire sa révolution autour du Soleil. *a)* Accompagné d'un adj. numéral cardinal, ou avec un adverbe de quantité, indique un espace de douze mois complets : *Il s'est passé deux années sans hiver rigoureux. Elle est restée dans cet emploi deux années complètes. Je n'ai pas encore eu une année, une seule année sans difficultés financières. La qualité du vin est variable d'une année à l'autre. Les difficultés s'accroissent d'année en année. Il y a bien des années que nous nous sommes vus. Les revenus d'une année; b)* avec un numéral ordinal, indique un espace de temps écoulé depuis la naissance : *Il est dans sa vingtième année. Elle est entrée dans sa soixantième année; c)* avec un numéral cardinal placé après et avec article défini, indique une date (litt.) : *En l'année 1930 de notre ère; d)* avec un numéral ordinal et avec article défini, indique une date relative au moment où on situe l'action : *C'est la troisième année qu'elle est en Guinée.* — **2.** Sans numéral, espace de douze mois, durée (période en cours) : *Au commencement de l'année. L'année scolaire va de la mi-septembre au début de juillet; l'année universitaire de la mi-octobre à la fin de juin. L'année théâtrale correspond à la période qui s'étend de l'ouverture des théâtres* (en automne) *à la clôture* (au début de l'été). *L'année cinématographique. Chaque année, il se rend en Corse. L'année a été dure. L'année dernière, l'année prochaine, l'année passée. L'année débute bien. Ses années de service militaire.* — **3.** *Souhaiter la bonne année,* adresser à qqn ses vœux à l'occasion du 1er janvier *(vœux de nouvel an).*

annexe [anɛks] n. f. et adj. (lat. *annexus,* attaché à). Ce qui se rattache à qqch de plus important (bâtiment, document, etc.) : *Être logé à l'annexe de l'hôtel. Les pièces annexes du rapport sont jointes au dossier que je vous ai remis.*

annexer [anɛkse] v. t. (de *annexe*). *Annexer qqch à qqch,* le faire entrer dans une unité déjà existante, dans un ensemble : *Il a annexé une ferme voisine à sa propriété* (syn. RÉUNIR). *Il faut annexer un acte de naissance à votre demande d'inscription à l'examen* (syn. JOINDRE). *Nice a été annexée à la France au XIXe s.* (syn. INCORPORER, RATTACHER). ◆ ***s'annexer*** v. pr. **1.** *S'annexer qqn,* se l'attacher de façon exclusive. — **2.** Fam. *S'annexer qqch,* se l'attribuer : *Elle s'est annexé la meilleure part.*

annexion [anɛksjɔ̃] n. f. Action d'annexer; fait d'être annexé : *L'annexion de l'Autriche par l'Allemagne en 1938* (syn. RATTACHEMENT).

annexionnisme [anɛksjɔnism] n. m. Politique visant à l'annexion de territoires ou pays.

annexionniste [anɛksjɔnist] adj. et n. Qui pratique l'annexionnisme.

annihilation [aniilasjɔ̃] n. f. Action d'annihiler; fait d'être annihilé : *L'annihilation de ses efforts* (syn. ANÉANTISSEMENT).

annihiler [aniile] v. t. (du lat. *nihil,* rien). **1.** *Annihiler qqch,* le détruire complètement : *Cette crise économique annihila les résultats acquis sur le plan industriel. La résistance de nos adversaires a été pratiquement annihilée* (syn. ANÉANTIR, PARALYSER). — **2.** *Annihiler qqn,* réduire à rien sa volonté, sa personnalité.

anniversaire [anivɛrsɛr] adj. (lat. *anniversarius,* annuel). Qui rappelle le souvenir d'un événement arrivé à pareille date une ou plusieurs années auparavant : *La cérémonie anniversaire de l'armistice de 1918 s'est déroulée à l'Arc de triomphe. Le jour anniversaire de leur mariage, il lui offrit une bague.* ◆ n. m. Retour annuel d'un jour marqué par quelque événement, et en particulier du jour de la naissance : *C'est l'anniversaire de ma fille. Manger le gâteau d'anniversaire* (= fait pour célébrer cette date de naissance). *Le 11 novembre est l'anniversaire de l'armistice de 1918.*

annonce [anɔ̃s] n. f. **1.** Action d'annoncer, de faire savoir ou d'être le signe : *L'annonce de son départ m'a surprise* (syn. AVIS, NOUVELLE). *Cette douce matinée est déjà l'annonce des vacances* (syn. PRÉLUDE). *Ce regard dur est l'annonce d'un homme autoritaire* (syn. INDICE, MARQUE). *On vit dans cet incident l'annonce d'événements graves* (syn. PRÉSAGE, SIGNE). — **2.** Avis donné au public par voie d'affiche, par la radio, par l'insertion dans un journal : *Faire insérer une annonce dans un journal du soir. Les annonces publicitaires. Les petites annonces des journaux contiennent de nombreuses demandes d'emploi.*

annoncer [anɔ̃se] v. t. (du lat. *nuntius,* messager) [c. **1**]. **1.** (sujet qqn, qqch) *Annoncer qqch, que* (+ *ind.*), le faire savoir : *Je vais vous annoncer une bonne nouvelle* (syn. APPRENDRE). *On annonce la sortie d'une nouvelle voiture* (syn. COMMUNIQUER). *Elle lui annonça par lettre qu'elle était dans l'impossibilité de partir* (syn. AVISER, AVERTIR). *Il a annoncé sa décision irrévocable de démissionner* (syn. PUBLIER, PROCLAMER). *La radio vient d'annoncer l'arrivée à Paris du Premier ministre de Grande-Bretagne. Le journal annonce des incendies de forêt dans le Var* (syn. SIGNALER). — **2.** (sujet qqn) *Annoncer qqn,* faire savoir qu'il est arrivé et demande à être reçu. — **3.** (sujet qqch) *Annoncer qqch,* en être le signe certain : *Ce léger tremblement de mains annonçait chez lui une violente colère* (syn. MARQUER). *Ces nuages noirs annoncent la pluie* (syn. PRÉSAGER). *La sonnerie annonce la fin de la journée de travail* (syn. PRÉVENIR DE). *Cette belle journée annonce l'été* (syn. litt. PRÉLUDER À). ◆ ***s'annoncer*** v. pr. (sujet qqch) Se présenter d'une certaine façon : *Le printemps s'annonce bien, la végétation est en avance.*

annonceur, euse [anɔ̃sœr] n. Personne ou entreprise qui paie une émission publicitaire à la radio, à la télévision ou l'insertion d'un avis dans un journal.

annonciateur, trice [anɔ̃sjatœr] adj. Qui annonce, qui indique : *Les canards sauvages annonciateurs de l'hiver.*

annotation [anɔtasjɔ̃] n. f. Remarque sur un texte : *Lire les annotations portées en marge d'un devoir.*

annoter [anɔte] v. t. (lat. *annotare*). *Annoter un texte,* faire sur lui des remarques critiques ou explicatives : *J'ai annoté en marge le rapport qui m'a été adressé. Le libraire me vendit une édition de Proust annotée de la main d'un critique célèbre* (syn. COMMENTER).

annuaire [anɥɛr] n. m. (du lat. *annuus,* annuel). Recueil paraissant chaque année et contenant des renseignements (commerciaux, administratifs, scientifiques, etc.) sur les événements de l'année précédente, des indications sur l'état du personnel, sur les abonnés d'un service public, sur les membres d'une société, etc.

annuel, elle [anɥɛl] adj. Qui revient tous les ans : *Les pensions annuelles des invalides de guerre vont être relevées. Demain aura lieu la fête annuelle du lycée. Le budget annuel de la commune* (= pour un an).

annuellement [anɥɛlmɑ̃] adv. Chaque année : *Annuellement, des milliers de tonnes de primeurs viennent de l'Algérie et du Maroc* (syn. PAR AN).

annuité [anɥite] n. f. Paiement annuel d'une pension, d'une dette, etc.

annulaire [anylɛr] n. m. (du lat. *anulus,* anneau). Quatrième doigt de la main, auquel on met d'ordinaire l'anneau de mariage.

annulation [anylasjɔ̃] n. f. Action d'annuler; fait d'être annulé : *La non-observation d'une des clauses du contrat entraîne son annulation. L'annulation d'une élection* (syn. INVALIDATION).

annuler [anyle] v. t. (du lat. *nullus,* nul). *Annuler qqch,* le rendre ou le déclarer sans effet, le supprimer : *Cet incident imprévu m'oblige à annuler tous mes engagements. Annuler une commande* (syn. RÉSILIER). *Nous sommes dans l'obligation d'annuler notre invitation* (syn. DÉCOMMANDER).

anoblir [anɔblir] v. t. *Anoblir qqn,* lui conférer un titre de noblesse : *Le roi anoblissait souvent ses ministres.* ◆ ***s'anoblir*** v. pr. Devenir noble : *Il s'était anobli en ajoutant une particule à son nom.*

anoblissement [anɔblismɑ̃] n. m. Action d'anoblir, d'être anobli.

anode [anɔd] n. f. (gr. *ana,* en haut, et *hodos,* route). Électrode d'entrée du courant, chargée positivement.

anodin, e [anɔdɛ̃] adj. (du gr. *odunê,* douleur). **1.** Qui ne présente aucun danger ou qui n'a aucune importance : *Sa blessure à la main est anodine; elle guérira très vite* (syn. BÉNIN, LÉGER; contr. GRAVE). *Tenir des propos anodins sur le compte d'une collègue* (= sans méchanceté). *Elle n'a fait sur ce roman qu'une critique anodine* (syn. INSIGNIFIANT). — **2.** Qui n'a ni personnalité ni originalité : *Ses collègues de bureau lui semblaient des personnages anodins* (syn. FALOT).

anomalie [anɔmali] n. f. (gr. *anômalia,* désaccord). Ce qui s'écarte de la norme, de l'habitude, du bon sens, de ce qui est admis en général : *Cette anomalie de son écriture révèle une grande émotivité* (syn. ÉTRANGETÉ, BIZARRERIE, IRRÉGULARITÉ; contr. RÉGULARITÉ). *Son visage présente de curieuses anomalies* (syn. PARTICULARITÉ).

ânon [ɑnɔ̃] n. m. Jeune âne.

ânonnement [anɔnmɑ̃] n. m. Action d'ânonner.

ânonner [anɔne] v. t. (de *ânon*). *Ânonner un texte,* le réciter ou le lire avec peine, en détachant chaque syllabe et sans intonation expressive : *L'élève ânonnait sa leçon.*

anonymat [anɔnima] n. m. Caractère anonyme : *Le dénonciateur a préféré garder l'anonymat* (= ne pas se déclarer l'auteur de cet acte).

anonyme [anɔnim] adj. (gr. *anônumos,* sans nom). 1. Se dit de qqn dont on ignore le nom, ou d'écrits dont l'auteur est ou reste volontairement inconnu : *Écrivain anonyme. Correspondante anonyme. Elle aimait se promener sur les boulevards au milieu de la foule anonyme* (= des passants inconnus). *Je n'attache aucune importance à ces lettres anonymes.* — 2. Se dit d'un objet sans originalité, sans personnalité : *Son appartement est plein de ces meubles anonymes que l'on trouve partout.* ◆ n. Personne ou ouvrage anonyme.

anonymement [anɔnimmɑ̃] adv. De façon anonyme : *Répondre anonymement.*

anophèle [anɔfɛl] n. m. (gr. *anôphelês,* nuisible). Moustique qui transmet le microbe du paludisme.

anorak [anɔrak] n. m. (mot esquimau). Veste de sport, imperméable et à capuchon.

anorexie [anɔrɛksi] n. f. (du gr. *orexis,* appétit). Refus passif ou actif de nourriture.

anormal, e, aux [anɔrmal] adj. Contraire à l'ordre habituel; qui s'écarte des règles ou des usages établis, de la raison ou du bon sens : *Ce mauvais temps est anormal pour la saison* (syn. INHABITUEL, EXCEPTIONNEL). *Il est dans un état anormal* (syn. INSOLITE). *Il est anormal que cela soit passé inaperçu* (syn. SURPRENANT, ÉTONNANT). ◆ adj. et n. Dont le développement intellectuel ou l'état affectif ou mental présente un grand déséquilibre : *Clinique pour enfants anormaux. Seul un anormal a pu commettre un pareil crime* (syn. DÉSÉQUILIBRÉ, FOU).

anormalement [anɔrmalmɑ̃] adv. De façon anormale : *La température est anormalement basse pour un mois d'octobre* (syn. EXCEPTIONNELLEMENT).

anse [ɑ̃s] n. f. (lat. *ansa*). 1. Partie, généralement recourbée, par laquelle on prend une tasse, un panier. — 2. Ce qui a la forme d'un arc (techn.) : *Anse intestinale.* — 3. En géographie, petite baie : *Se baigner dans une anse à l'abri de la foule des baigneurs.* — 4. *Faire sauter* ou *danser l'anse du panier,* en parlant d'un domestique, majorer le prix des achats effectués pour les besoins d'une maison, pour en tirer un bénéfice.

antagonisme [ɑ̃tagɔnism] n. m. (gr. *antagônisma*). Lutte vive et permanente entre des personnes, entre des groupes sociaux, etc. : *L'antagonisme de classe* (syn. LUTTE; contr. COOPÉRATION). *Un violent antagonisme dressait les anciennes amies l'une contre l'autre* (syn. RIVALITÉ, OPPOSITION).

antagoniste [ɑ̃tagɔnist] ou **antagonique** [ɑ̃tagɔnik] adj. Qui agit en sens contraire : *Les forces antagonistes* (syn. RIVAL, HOSTILE, OPPOSÉ). ◆ ***antagoniste*** n. Qui lutte avec un autre : *Sur le ring, les antagonistes paraissaient épuisés* (syn. ADVERSAIRE). *La police sépara les antagonistes* (syn. COMBATTANT).

antan (d') [ɑ̃tɑ̃] loc. adj. (lat. *ante annum,* l'année d'avant). *Litt.* Du temps passé : *Oublions les querelles d'antan* (syn. D'AUTREFOIS, DE JADIS; contr. ACTUEL). *Nous parcourons ces vieilles rues du Paris d'antan* (syn. ANCIEN; contr. MODERNE).

antarctique [ɑ̃tarktik] adj. (gr. *antarktikos*). Relatif au pôle Sud : *Le continent antarctique.*

antécédent [ɑ̃tesedɑ̃] n. m. (du lat. *antecedere,* précéder). Nom ou pronom auquel le pronom relatif se substitue dans la formation d'une relative : *Dans la phrase : «J'ai lu le livre que tu m'as prêté», le pronom relatif «que» a pour antécédent «livre».* ◆ ***antécédents*** n. m. pl. 1. *Les antécédents de qqn,* ses actes antérieurs, qui permettent de comprendre ou de juger sa conduite présente (admin.) : *Les antécédents de l'accusé étaient mauvais.* — 2. *Les antécédents de qqch,* ce qui l'a précédé, qui en est la cause, l'origine : *Il est nécessaire de remonter plus haut et de connaître les antécédents de cette affaire.*

antédiluvien, enne [ɑ̃tedilyvjɛ̃] adj. (du lat. *ante,* avant, et *diluvium,* déluge). *Fam.* Qui n'appartient plus à son temps, passé de mode : *Il avait gardé une voiture antédiluvienne* (syn. ↓ANACHRONIQUE). *Mais ce sont là des idées antédiluviennes : il faut être de son temps* (syn. ↓DÉMODÉ). [*Antédiluvien* se disait de la période qui a précédé le Déluge.]

antenne [ɑ̃tɛn] n. f. (lat. *antemna*). 1. Conducteur métallique qui permet d'émettre ou de recevoir les ondes électromagnétiques (émission de radio, de télévision, etc.); ces émissions elles-mêmes : *L'antenne de la télévision est installée au sommet de la tour Eiffel. Nous avons pris l'antenne de Radio-Milan* (= écouté les émissions de). *Être à l'antenne* (= être prêt à émettre ou à recevoir l'émission). *Un reporter qui rend l'antenne au studio* (= qui cesse son reportage et laisse le studio poursuivre l'émission). — 2. *Avoir des antennes qqpart,* y avoir des sources de renseignements. ‖ *Avoir des antennes,* être doué d'une intuition qui permet de deviner les choses. — 3. Organe allongé situé sur la tête de certains insectes et crustacés : *Les antennes d'un papillon.* — 4. Poste avancé fonctionnant en liaison avec un centre : *Une antenne chirurgicale. Une antenne de police.*

antéposé, e [ɑ̃tepoze] adj. Se dit, en linguistique, d'un mot, d'un morphème placé avant un autre et dont il dépend : *L'adjectif antéposé est moins fréquent en français que l'adjectif postposé.*

antérieur, e [ɑ̃terjœr] adj. (lat. *anterior*). 1. Placé à l'avant de qqch : *La partie antérieure du pont du navire* (syn. AVANT; contr. ARRIÈRE). *Les pattes antérieures du chien* (contr. POSTÉRIEUR). — 2. *Antérieur à qqch,* qui précède dans le temps : *C'est un événement déjà lointain, antérieur à notre mariage* (contr. POSTÉRIEUR). *Il n'est pas possible de rétablir l'état de choses antérieur* (syn. PREMIER). — 3. Se dit, en grammaire, des temps passés des verbes indiquant une action qui en précède une autre : *Futur antérieur, passé antérieur.*

antérieurement [ɑ̃terjœrmɑ̃] adv. À une époque antérieure : *Les ailes du château sont du XVIIIe s.; mais le corps principal a été construit antérieurement* (syn. AVANT; contr. POSTÉRIEUREMENT, ULTÉRIEUREMENT).

antériorité [ɑ̃terjɔrite] n. f. Priorité de date : *L'antériorité de ses travaux relativement aux vôtres est incontestable.*

anthologie [ɑ̃tɔlɔʒi] n. f. (du gr. *anthos,* fleur, et *legein,* choisir). Recueil de morceaux choisis d'œuvres littéraires ou musicales.

anthracite [ɑ̃trasit] n. m. (gr. *anthrax, -akos,* charbon). Variété de houille. ◆ adj. inv. Couleur gris foncé : *Un manteau anthracite.*

anthropoïde [ɑ̃trɔpɔid] adj. et n. (de *anthropo-* et gr. *eidos,* forme). Se dit des singes qui sont les plus proches de l'homme, comme les chimpanzés et les gorilles.

anthropologie [ɑ̃trɔpɔlɔʒi] n. f. (de *anthropo-* et gr. *logos,* science). Science de l'homme.

anthropologique [ɑ̃trɔpɔlɔʒik] adj. Relatif à l'anthropologie.

anthropologue [ɑ̃trɔpɔlɔg] n. Spécialiste d'anthropologie.

anthropométrie [ɑ̃trɔpɔmetri] n. f. (de *anthropo-* et gr. *metron,* mesure). Technique de mesure des différentes parties du corps humain, spécialement en vue d'identifier les criminels.

anthropométrique [ɑ̃trɔpɔmetrik] adj. Qui relève de l'anthropométrie. *Les fiches anthropométriques de la police criminelle.*

anthropomorphisme [ɑ̃trɔpɔmɔrfism] n. m. (de *anthropo-* et gr. *morphê,* forme). **1.** Représentation de Dieu sous les traits d'un être humain. — **2.** Tendance à attribuer aux animaux des sentiments humains, des pensées humaines.

anthropophage [ɑ̃trɔpɔfaʒ] adj. et n. (de *anthropo-* et gr. *phagein,* manger). Qui se nourrit de chair humaine : *Il existait encore à la fin du XIX*e *s. des tribus anthropophages en Afrique centrale* (syn. CANNIBALE).

anthropophagie [ɑ̃trɔpɔfaʒi] n. f. Syn. de CANNIBALISME.

anti- [ɑ̃ti], préfixe (gr. *anti,* contre) indiquant l'hostilité, l'opposition ou la défense (contre), et entrant dans la composition de noms (*antigel, antirouille, antivol,* etc.) ou d'adjectifs (*anticlérical, antiparlementaire,* etc.).

antiaérien, enne [ɑ̃tiaerjɛ̃] adj. Qui combat les attaques d'avions ou d'engins aériens : *Défense antiaérienne.*

antialcoolique [ɑ̃tialkɔlik] adj. Qui combat l'abus de l'alcool : *Une campagne antialcoolique.*

antialcoolisme [ɑ̃tialkɔlism] n. m. Lutte contre l'alcoolisme.

antiatomique [ɑ̃tiatɔmik] adj. Qui protège des radiations nocives dégagées par l'explosion de projectiles atomiques : *Abri antiatomique.*

antibiotique [ɑ̃tibjɔtik] n. m. Corps ou substance qui empêchent la multiplication de certains microbes.

antibrouillard [ɑ̃tibrujar] adj. inv. *Phare antibrouillard,* qui permet de voir à travers le brouillard.

antibruit [ɑ̃tibrɥi] adj. inv. Contre le bruit : *Construire un mur antibruit le long de l'autoroute.*

anticancéreux, euse [ɑ̃tikɑ̃serø] adj. Propre à lutter contre le cancer.

anticapitaliste [ɑ̃tikapitalist] adj. et n. Hostile au système capitaliste.

anticasseurs [ɑ̃tikasœr] adj. inv. *Loi anticasseurs,* loi destinée à réprimer les auteurs de déprédations, voies de fait, violences exercées lors d'une manifestation sur la voie publique.

antichambre [ɑ̃tiʃɑ̃br] n. f. (it. *anticamera*). **1.** Vestibule d'un appartement; pièce qui sert de salle d'attente dans un bureau, un cabinet ministériel, etc. — **2.** *Courir les antichambres,* aller chez l'un et l'autre pour solliciter une faveur, une place. ‖ *Faire antichambre,* attendre que qqn veuille bien vous recevoir.

antichar [ɑ̃tiʃar] adj. Qui s'oppose aux chars : *Obstacle antichar. Canons antichars.*

anticipation [ɑ̃tisipasjɔ̃] n. f. Action d'anticiper : *Régler ses dettes par anticipation* (= avant terme; syn. PAR AVANCE).

anticipé, e [ɑ̃tisipe] adj. Qui anticipe sur le moment prévu : *Des paiements anticipés* (= faits avant la date fixée). *Je suis surprise par votre retour anticipé* (= en avance).

anticiper [ɑ̃tisipe] v. t. ind. (lat. *anticipare,* devancer). *Anticiper sur qqch,* commencer de le faire avant le moment prévu ou fixé; considérer des événements comme ayant eu lieu avant qu'ils se produisent : *Elle anticipe sur l'avenir* (syn. DEVANCER); sans compl. : *N'anticipe pas; cela arrivera bien assez tôt.* ◆ v. t. *Anticiper un paiement,* le faire avant la date prévue.

anticlérical, e, aux [ɑ̃tiklerikal] adj. et n. Opposé à l'influence du clergé dans les affaires publiques, dans l'enseignement, etc.

anticléricalisme [ɑ̃tiklerikalism] n. m. Attitude, doctrine anticléricale : *L'anticléricalisme en France au XIX*e *s.*

anticoagulant, e [ɑ̃tikɔagylɑ̃] adj. et n. m. Qui empêche le sang de coaguler : *Prescrire un anticoagulant à un cardiaque.*

anticolonialisme [ɑ̃tikɔlɔnjalism] n. m. Hostilité au colonialisme : *L'anticolonialisme est une attitude qui s'oppose à l'exploitation coloniale.*

anticolonialiste [ɑ̃tikɔlɔnjalist] adj. et n. Qui appartient à l'anticolonialisme : *Une politique anticolonialiste.*

anticommunisme [ɑ̃tikɔmynism] n. m. Hostilité au communisme : *L'anticommunisme était la base théorique de l'alliance entre le III*e *Reich, l'Italie et le Japon en 1936.*

anticommuniste [ɑ̃tikɔmynist] adj. et n. Opposé au communisme.

anticonceptionnel, elle [ɑ̃tikɔ̃sɛpsjɔnɛl] adj. *Produit anticonceptionnel,* dont l'usage empêche la fécondation (syn. CONTRACEPTIF).

anticonformisme [ɑ̃tikɔ̃fɔrmism] n. m. Syn. de NON-CONFORMISME.

anticonformiste [ɑ̃tikɔ̃fɔrmist] adj. et n. Qui fait preuve de non-conformisme.

anticonstitutionnel, elle [ɑ̃tikɔ̃stitysjɔnɛl] adj. Contraire à la Constitution.

anticonstitutionnellement [ɑ̃tikɔ̃stitusjɔnɛlmɑ̃] adv. De façon anticonstitutionnelle.

anticorps [ɑ̃tikɔr] n. m. Substance défensive engendrée par l'organisme quand s'y trouve introduite une substance étrangère.

anticyclone [ɑ̃tisiklon] n. m. Centre de hautes pressions atmosphériques.

antidater [ɑ̃tidate] v. t. *Antidater un document,* lui mettre une date antérieure à celle de sa rédaction.

antidémocratique [ɑ̃tidemɔkratik] adj. Opposé à la démocratie.

antidépresseur [ɑ̃tideprɛsœr] n. m. Médicament utilisé contre la dépression.

antidérapant, e [ɑ̃tiderapɑ̃] adj. Qui empêche tout dérapage : *Munir sa voiture de pneus antidérapants.*

antidiphtérique [ɑ̃tidifterik] adj. Propre à combattre la diphtérie : *Sérum antidiphtérique.*

antidopage [ɑ̃tidɔpaʒ] adj. Qui s'oppose au dopage : *Un contrôle antidopage.*

antidote [ɑ̃tidɔt] n. m. (gr. *antidotos,* donné contre). **1.** Médicament destiné à combattre les effets d'un poison. — **2.** Remède à une douleur morale, un ennui : *Le cinéma est pour moi un antidote à la fatigue* (syn. DÉRIVATIF).

antienne [ɑ̃tjɛn] n. f. (gr. *antiphônos,* qui répond). **1.** Discours répété sans cesse, d'une manière lassante (soutenu) [syn. usuel REFRAIN]. — **2.** Refrain chanté avant et après un psaume.

antifasciste [ɑ̃tifaʃist] adj. et n. Qui est contre le fascisme.

antigang [ɑ̃tigɑ̃g] adj. inv. *Brigade antigang,* unité de police constituée spécialement pour la lutte contre la grande criminalité (hold-up, enlèvements, etc.).

antigel [ɑ̃tiʒɛl] adj. inv. et n. m. Produit qu'on incorpore à l'eau pour l'empêcher de geler : *Mettre de l'antigel dans un radiateur.*

antiglisse [ɑ̃tiglis] adj. inv. Se dit de vêtements de ski conçus pour éviter au skieur de glisser sur la pente en cas de chute.

antigouvernemental, e, aux [ɑ̃tiguvɛrnəmɑ̃tal] adj. Hostile au gouvernement : *Campagne de presse antigouvernementale.*

antihausse [ɑ̃tios] adj. inv. *Plan, mesure antihausse,* destinés à lutter contre la hausse des prix.

antihéros [ɑ̃tiero] n. m. Personnage d'une œuvre littéraire (nouveau roman), cinématographique, etc., n'ayant aucune des caractéristiques du héros traditionnel.

antihygiénique [ɑ̃tiiʒjenik] adj. Contraire à l'hygiène : *Il est antihygiénique de dormir toutes fenêtres fermées.*

anti-impérialisme [ɑ̃tiɛ̃perjalism] n. m. Attitude ou doctrine fondée sur l'opposition à l'impérialisme.

anti-impérialiste [ɑ̃tiɛ̃perjalist] adj. et n. Opposé à l'impérialisme.

anti-inflammatoire [ɑ̃tiɛ̃flamatwar] adj. et n. m. Qui lutte contre l'inflammation : *L'aspirine est un médicament anti-inflammatoire.*

antilope [ɑ̃tilɔp] n. f. (angl. *antelope*). Ruminant sauvage d'assez grande taille, vivant en Afrique et en Asie.

antimilitarisme [ɑ̃timilitarism] n. m. Hostilité à l'égard des institutions militaires : *L'antimilitarisme est une hostilité à l'égard de l'armée, de son existence et de son état d'esprit.*

antimilitariste [ɑ̃timilitɑrist] adj. et n. Opposé aux institutions militaires.

antimite [ɑ̃timit] n. m. et adj. Produit contre les mites.

antinomie [ɑ̃tinɔmi] n. f. (*anti-* et gr. *nomos,* loi). Contradiction entre deux propositions, deux idées.

antinomique [ɑ̃tinɔmik] adj. Qui relève de l'antinomie.

antinucléaire [ɑ̃tinykleɛr] adj. et n. Hostile à l'emploi de l'énergie nucléaire.

antiparasite [ɑ̃tiparazit] adj. et n. m. Qui s'oppose aux perturbations affectant la réception des émissions de radio ou de télévision : *Mettre un dispositif antiparasite pour empêcher les perturbations dans son récepteur de radio.*

antiparasiter [ɑ̃tiparazite] v. t. Munir d'un dispositif antiparasite : *Antiparasiter une voiture.*

antiparlementaire [ɑ̃tiparləmɑ̃tɛr] adj. Hostile aux institutions parlementaires : *Discours antiparlementaire.*

antiparlementarisme [ɑ̃tiparləmɑ̃tarism] n. m. Hostilité au parlement : *L'antiparlementarisme est une hostilité à l'égard du régime parlementaire.*

antipathie [ɑ̃tipati] n. f. (*anti-* et gr. *pathos,* passion). Hostilité instinctive à l'égard de qqn : *J'éprouve une profonde antipathie pour ce garçon prétentieux* (syn. AVERSION, ↑HAINE; contr. SYMPATHIE, ↑AFFECTION). *Il y a entre les deux peuples une vieille antipathie* (syn. INIMITIÉ; contr. AMITIÉ).

antipathique [ɑ̃tipatik] adj. Qui inspire l'antipathie : *J'avoue qu'elle ne m'est nullement antipathique* (contr. SYMPATHIQUE). *Un visage dur, froid, antipathique* (syn. DÉSAGRÉABLE; contr. AIMABLE).

antipelliculaire [ɑ̃tipelikylɛr] adj. Qui combat la présence de pellicules sur le cuir chevelu.

antiphrase [ɑ̃tifraz] n. f. (*anti-* et gr. *phrasis,* parole). Manière de s'exprimer qui consiste à dire le contraire de ce qu'on pense (souvent par ironie) : *Dire à un paresseux : j'admire votre courage, c'est parler par antiphrase.*

antipode [ɑ̃tipɔd] n. m. (*anti-* et gr. *pous, podos,* pied). **1.** (pl.) Lieu très éloigné par rapport à celui où on est : *Faire un voyage aux antipodes.* — **2.** *Être à l'antipode de, aux antipodes de qqch, de qqn,* en être à l'opposé, en être très loin : *Vous êtes à l'antipode de ma pensée. Les négociations sont encore très difficiles, car les deux parties sont aux antipodes l'une de l'autre.*

antipodiste [ɑ̃tipɔdist] n. Acrobate qui, couché sur le dos, jongle avec ses pieds.

antipoison [ɑ̃tipwazɔ̃] adj. inv. *Centre antipoison,* service médical prenant en charge les malades qui ont subi un empoisonnement.

antipoliomyélitique [ɑ̃tipɔljɔmjelitik] adj. Qui combat la poliomyélite : *Vaccin antipoliomyélitique.*

antiquaille [ɑ̃tikaj] n. f. *Péjor.* Objet ancien de peu de valeur : *Ce salon est un bric-à-brac encombré d'antiquailles de toutes sortes* (syn. VIEILLERIE).

antiquaire [ɑ̃tikɛr] n. Personne qui vend des objets anciens (meubles, vases, médailles, etc.).

antique [ɑ̃tik] adj. (lat. *antiquus*). **1.** (après le n.) Qui date de la période gréco-romaine : *Des vases et des statuettes antiques furent retrouvés au cours des fouilles. Civilisation antique. L'Italie antique.* — **2.** (avant ou après le n.) Très vieux, passé de mode (ironiq. ou litt.) : *Conduire une voiture antique* (syn. DÉMODÉ, VÉTUSTE). *Une antique et vénérable coutume.*

antiquité [ɑ̃tikite] n. f. **1.** (avec majusc.) Civilisations gréco-romaines ou celles qui remontent avant la naissance du Christ : *L'Antiquité égyptienne. L'Antiquité est au programme d'histoire des collèges.* — **2.** Caractère de ce qui est très ancien : *L'antiquité de cette statue ne saurait être mise en doute* (syn. ANCIENNETÉ). *De toute antiquité* (= depuis toujours). — **3.** Objet d'art remontant à l'époque gréco-romaine ou à une époque ancienne (souvent pl.) : *Le musée des antiquités de la ville.*

antirabique [ɑ̃tirabik] adj. Qui combat la rage : *Vaccin antirabique.*

antiraciste [ɑ̃tirasist] adj. et n. Hostile au racisme.

antiréglementaire [ɑ̃tireglәmɑ̃tɛr] adj. Contraire au règlement : *Une décision antiréglementaire.*

antireligieux, euse [ɑ̃tirəliʒjø] adj. Hostile à la religion : *Tenir des propos antireligieux.*

antirides [ɑ̃tirid] adj. inv. et n. m. Qui agit contre les rides : *Une crème antirides.*

antirouille [ɑ̃tiruj] adj. Qui combat la rouille, qui l'empêche : *Produit antirouille.*

antisèche [ɑ̃tisɛʃ] n. m. ou f. *Fam.* Répertoire de notes qu'un élève utilise en fraude à un examen.

antisémite [ɑ̃tisemit] adj. et n. Hostile aux juifs.

antisémitisme [ɑ̃tisemitism] n. m. Attitude d'hostilité systématique à l'égard des juifs.

antisepsie [ɑ̃tisɛpsi] n. f. Ensemble des procédés employés pour combattre les infections causées par les microbes.

antiseptique [ɑ̃tisɛptik] adj. et n. m. (*anti-* et gr. *sêpsis,* putréfaction). Qui prévient ou arrête l'infection : *Un pansement antiseptique.*

antisocial, e, aux [ɑ̃tisɔsjal] adj. Contraire aux intérêts des travailleurs : *Prendre des mesures antisociales* (= hostiles au bien-être du peuple).

antitabac [ɑ̃titaba] adj. Qui lutte contre l'usage du tabac : *Campagne antitabac.*

antitétanique [ɑ̃titetanik] adj. Contre le tétanos : *Vaccin, piqûre antitétanique.*

antithèse [ɑ̃titɛz] n. f. (gr. *antithesis,* opposition). **1.** Opposition faite, dans la même phrase, entre deux expressions ou deux mots exprimant des idées absolument contraires : *Ainsi dans ce vers de Nerval : «Respecte dans la bête un esprit agissant», «bête» et «esprit» forment une antithèse.* — **2.** Qqn ou qqch qui est l'opposé, l'inverse d'un autre (soutenu) : *Elle est vraiment l'antithèse de sa sœur.*

antithétique [ɑ̃titetik] adj. Qui constitue une antithèse : *Vos positions sont antithétiques* (= inconciliables).

antituberculeux, euse [ɑ̃titybɛrkylø] adj. Contre la tuberculose : *Sérum antituberculeux. Timbres antituberculeux* (= dont le produit de la vente aide à combattre la tuberculose).

antivariolique [ɑ̃tivarjɔlik] adj. Contre la variole : *Vaccin antivariolique.*

antivenimeux, euse [ɑ̃tivənimø] adj. Propre à combattre l'effet toxique d'un venin.

antivol [ɑ̃tivɔl] n. m. et adj. Dispositif destiné à empêcher le vol.

antonyme [ɑ̃tɔnim] n. m. (*anti-* et gr. *onuma,* nom). Mot dont le sens est opposé à celui d'un autre : *Les adjectifs «vrai» et «faux» sont des antonymes* (syn. CONTRAIRE; contr. SYNONYME).

antonymie [ɑ̃tɔnimi] n. f. Caractère des mots antonymes : *Entre «arriver» et «partir», il y a une relation d'antonymie.*

antre [ɑ̃tr] n. m. (gr. *antron*). Litt. *L'antre d'une bête,* la cavité naturelle profonde qui peut lui servir d'abri ou de repaire : *L'antre du lion.*

anus [anys] n. m. (mot lat.). Orifice du rectum.

anxiété [ɑ̃ksjete] n. f. Sentiment d'inquiétude ou d'insécurité : *Notre anxiété redoubla : on ne le voyait pas rentrer* (syn. CRAINTE, INQUIÉTUDE, ↑ANGOISSE).

anxieusement [ɑ̃ksjøzmɑ̃] adv. Avec anxiété : *Rester anxieusement à l'écoute des dernières nouvelles de la catastrophe.*

anxieux, euse [ɑ̃ksjø] adj. et n. (lat. *anxiosus*). **1.** Qui éprouve (ou manifeste) un sentiment de grande inquiétude, dû à l'attente ou à l'incertitude : *Je suis anxieuse de l'avenir* (syn. ↓SOUCIEUX). *Son attente se faisait de plus en plus anxieuse* (contr. SEREIN, TRANQUILLE). *Un homme nerveux, un anxieux prompt à s'inquiéter* (syn. TOURMENTÉ). — **2.** *Anxieux de* (+ *inf.*), extrêmement désireux de : *Il est anxieux de la revoir après tant d'années de séparation.*

aorte [aɔrt] n. f. (gr. *aortê,* veine). Artère qui est le tronc commun de toutes les artères portant le sang oxygéné dans les diverses parties du corps.

août [u(t)] n. m. (lat. *augustus*). **1.** Huitième mois de l'année. — **2.** *Le Quinze-Août,* fête légale en l'honneur de l'assomption de la Vierge Marie.

aoûtat [auta] n. m. (de *août*). Larve d'un petit insecte, vivant sous la peau et causant de vives démangeaisons.

aoûtien, enne [ausjɛ̃] n. *Fam.* Personne qui prend ses vacances au mois d'août.

apache [apaʃ] n. m. Dans une grande ville, individu aux allures suspectes, toujours prêt à faire un mauvais coup (vieilli) : *Ces deux types aux allures d'apaches ne m'inspirent pas confiance* (syn. VOYOU).

apaisant, e [apɛzɑ̃] adj. Qui apaise, calme : *Il s'entremit entre les adversaires et leur adressa quelques paroles apaisantes.*

apaisement [apɛzmɑ̃] n. m. Action d'apaiser, de s'apaiser : *Le gouvernement a donné des apaisements en ce qui concerne les impôts* (= a rassuré l'opinion).

apaiser [apɛze] v. t. (de *paix*). **1.** *Apaiser qqn,* le ramener à des sentiments de calme, de paix : *Elle cherchait à m'apaiser en protestant de sa bonne foi* (syn. RADOUCIR, AMADOUER). *On apaisa le peuple par de vagues promesses* (syn. CALMER; contr. EXASPÉRER, EXCITER). — **2.** *Apaiser qqch,* mettre fin à un mouvement, satisfaire un sentiment, un désir : *Cette somme d'argent apaisa ses scrupules de conscience* (syn. FLÉCHIR). *Apaiser sa soif* (syn. ÉTANCHER). *Tâchez d'apaiser votre faim avec quelques fruits* (syn. CALMER). ◆ ***s'apaiser*** v. pr. Devenir calme; perdre de sa violence : *La tempête s'apaise* (syn. DÉCROÎTRE, TOMBER). *Sa colère s'est apaisée* (syn. SE CALMER).

apanage [apanaʒ] n. m. (de l'anc. fr. *apaner,* doter). **1.** Portion de domaine donnée par les souverains à leurs fils cadets ou à leurs frères, et revenant à la Couronne après extinction des descendants mâles. — **2.** *Être l'apanage de qqn, d'un groupe,* lui appartenir en propre : *La culture ne devrait pas être l'apanage d'une élite. Les rhumatismes sont l'apanage de la vieillesse.* ‖ *Avoir l'apanage de qqch,* être seul à en jouir : *Ne croyez pas avoir l'apanage de la sagesse* (syn. AVOIR L'EXCLUSIVITÉ, LE MONOPOLE DE).

aparté [aparte] n. m. (lat. *a parte,* à part). **1.** Entretien assez bref que deux personnes tiennent en particulier pour ne pas être entendues des autres : *Ils n'ont pas cessé de faire des apartés pendant toute la conférence* (syn. fam. MESSE BASSE). — **2.** *En aparté,* en confidence : *Il m'a raconté en aparté sa dernière aventure* (syn. EN CATIMINI, EN TÊTE À TÊTE).

apartheid [apartɛd] n. m. Ségrégation systématique des gens de couleur : *La politique d'apartheid de l'Afrique du Sud.*

apathie [apati] n. f. (gr. *apatheia,* insensibilité). Manque permanent de réaction dû à une absence de volonté, d'énergie ou de sensibilité : *Secouez un peu votre apathie* (syn. MOLLESSE). *On s'étonnait de l'apathie du gouvernement devant ces menées subversives* (syn. FAIBLESSE; contr. ÉNERGIE).

apathique [apatik] adj. et n. Qui manifeste de l'apathie : *Un élève apathique qui ne pose jamais de questions* (syn. INDOLENT, MOU, NONCHALANT). *Elle a un caractère apathique* (contr. ACTIF, ÉNERGIQUE, DYNAMIQUE).

apatride [apatrid] n. et adj. (de *patrie*). Personne qui a perdu sa nationalité, sans en acquérir légalement une autre : *Nombre d'exilés politiques sont des apatrides.*

apercevoir [apɛrsəvwar] v. t. (de *percevoir*) [c. **34**] *Apercevoir qqn, qqch,* voir, après quelque recherche, qqn ou qqch que l'éloignement, la petitesse ou d'autres raisons empêchent de découvrir d'emblée (sens proche de *voir*) : *Apercevoir une lumière, la nuit, sur la montagne. Il me semble l'avoir aperçu ce matin dans le métro. Son intelligence lui fait apercevoir ce qui échappe aux autres* (syn. SAISIR, DÉCOUVRIR, DEVINER). ◆ ***s'apercevoir*** v. pr. (sujet qqn) *S'apercevoir de qqch* ou *que* (+ *ind.*), en prendre conscience, remarquer que : *Je ne me suis pas aperçu que l'heure était déjà avancée* (syn. REMARQUER, SE RENDRE COMPTE). *Elle s'est aperçue de mon trouble et s'en inquiète* (syn. VOIR).

aperçu [apɛrsy] n. m. Vue générale, le plus souvent schématique : *Ce résumé vous donnera un aperçu du livre* (syn. IDÉE). *Un aperçu sommaire sur l'histoire d'un pays* (syn. VUE). *Elle a souvent des aperçus originaux, mais elle ne domine pas encore la question* (syn. INTUITION).

1. apéritif, ive [aperitif] adj. (du lat. *aperire,* ouvrir). Qui stimule l'appétit : *Boisson, liqueur apéritive.*

2. apéritif [aperitif] n. m. Boisson, alcoolisée ou non, qu'on prend avant le repas, sous prétexte de stimuler l'appétit : *Prendre un apéritif. Offrir l'apéritif à un ami* (contr. DIGESTIF).

apéro [apero] n. m. Abrév. fam. de APÉRITIF n. m. : *Qui est-ce qui paye l'apéro?*

apesanteur [apəzɑ̃tœr] n. f. Absence de pesanteur : *Des astronautes en état d'apesanteur.*

à-peu-près [apøprɛ] n. m. inv. Ce qui approche d'une exactitude, d'une justesse, d'une perfection accessibles : *Il se contente toujours d'à-peu-près.*

apeuré, e [apœre] adj. Saisi d'une peur très vive et dont la cause est légère : *L'enfant apeuré se mit à pleurer.*

aphasie [afazi] n. f. (gr. *aphasia,* mutisme). Trouble du langage, dû à une lésion du cerveau.

aphasique [afazik] adj. et n. Atteint d'aphasie.

aphone [afɔn] adj. (du gr. *phonê,* voix). Qui n'a plus de voix ou dont la voix est chuchotée : *L'angine l'a rendu presque aphone. J'étais aphone à force d'avoir hurlé* (= sans voix).

aphorisme [afɔrism] n. m. (gr. *aphorismos,* définition). Maxime concise à valeur très générale : *«Prudence est mère de sûreté» est un aphorisme* (syn. PROVERBE).

aphrodisiaque [afrɔdizjak] adj. et n. m. (de *Aphrodite*). Se dit de certaines substances qui excitent le désir sexuel.

aphte [aft] n. m. (du gr. *aptein,* brûler). Petite lésion qui siège sur les gencives ou à l'intérieur des joues.

aphteuse [aftøz] adj. f. *Fièvre aphteuse,* maladie, due à un virus, atteignant les bestiaux (bœuf, vache, porc, mouton).

à-pic [apik] n. m. inv. Falaise, rocher tombant à pic.

apicole [apikɔl] adj. (lat. *apis,* abeille, et *colere,* cultiver). Relatif à l'apiculture : *La production apicole de la région.*

apiculteur, trice [apikyltœr] n. Personne qui pratique l'apiculture.

apiculture [apikyltyr] n. f. Élevage des abeilles et production du miel, de la cire, etc.

apitoiement [apitwamɑ̃] n. m. Fait de s'apitoyer : *Une mendiante qui provoque l'apitoiement des passants* (syn. PITIÉ, COMPASSION).

apitoyer [apitwaje] v. t. (de *pitié*) [c. 3] *Apitoyer qqn sur qqn, qqch,* appeler sur eux sa pitié, sa sympathie attendrie : *J'ai essayé de l'apitoyer sur le sort de ces malheureux* (syn. ATTENDRIR). *Ces marques de désespoir auraient apitoyé le cœur le plus insensible* (syn. ÉMOUVOIR, TOUCHER). ◆ ***s'apitoyer*** v. pr. *S'apitoyer sur qqn, qqch,* être pris d'un sentiment de pitié pour eux : *Elle s'apitoya sur ces orphelins.*

aplanir [aplanir] v. t. (du lat. *planus,* uni). **1.** *Aplanir une surface,* la rendre unie alors qu'elle était inégale : *Aplanir un terrain pour y installer un court de tennis* (syn. NIVELER). — **2.** *Aplanir qqch,* en diminuer la rudesse, supprimer ce qui fait obstacle : *Les difficultés sont aplanies; l'affaire est faite* (syn. SUPPRIMER). ◆ ***s'aplanir*** v. pr. Devenir sans difficulté, sans obstacle : *Tout s'est aplani après une longue et franche discussion.*

aplanissement [aplanismɑ̃] n. m. Fait d'être aplani, de s'aplanir : *L'aplanissement des difficultés* (syn. SUPPRESSION).

aplatir [aplatir] v. t. **1.** *Aplatir qqch,* le rendre plat ou le briser par un choc : *Aplatir une tige de fer à coups de marteau. Le nez aplati d'un boxeur. Aplatir sa voiture contre un platane* (syn. ÉCRASER). — **2.** Fam. *Aplatir qqn,* le vaincre, le réduire à néant par la force : *L'ennemi a été aplati* (syn. ↓BATTRE). *Il a aplati par sa réponse tous ses contradicteurs* (syn. RÉDUIRE AU SILENCE, CONFONDRE). *Je me sens aplatie par la chaleur* (syn. ÉCRASER, ACCABLER, ↑ANÉANTIR). ◆ ***s'aplatir*** v. pr. **1.** (sujet qqn) Allonger son corps sur le sol : *Il s'aplatit dans le fossé pour échapper à la mitraille* (syn. SE PLAQUER). — **2.** (sujet qqch) Heurter avec violence, s'écraser : *L'auto dérapa et vint s'aplatir contre le mur.* — **3.** Fam. *S'aplatir devant qqn,* s'humilier devant lui : *Il n'a aucun sens de la dignité et s'aplatit devant ses supérieurs.*

aplatissement [aplatismɑ̃] n. m. Action d'aplatir, fait de s'aplatir : *L'aplatissement de la Terre aux deux pôles;* et fam. : *L'aplatissement des armées ennemies* (syn. DÉROUTE, ÉCRASEMENT).

aplomb [aplɔ̃] n. m. (de *à plomb,* à la perpendiculaire). **1.** État d'équilibre, de stabilité : *Cette statue manque d'aplomb.* — **2.** *D'aplomb,* en équilibre : *Il fait très chaud sous cette véranda, le soleil tombe d'aplomb* (= perpendiculairement). *L'armoire n'est pas posée d'aplomb : elle risque de tomber. Il a trop bu et ne tient pas d'aplomb sur ses jambes. Je ne suis pas d'aplomb, je dois avoir de la fièvre* (syn. BIEN PORTANT). — **3.** Confiance absolue en soi-même, allant parfois jusqu'à l'effronterie : *Tu gardes un aplomb admirable au milieu de cette agitation* (syn. SANG-FROID). *Il est venu avec aplomb me demander de l'argent* (syn. AUDACE, ↓ASSURANCE; fam. TOUPET; contr. TIMIDITÉ, RÉSERVE).

apnée [apne] n. f. Suspension, volontaire ou non, de la respiration : *Plonger en apnée* (= sans bouteille).

apocalypse [apɔkalips] n. f. (gr. *apokalupsis,* révélation). Événement épouvantable, catastrophe dont l'étendue et la gravité sont comparables à la fin du monde : *Les dévastations du séisme sont extraordinaires : un paysage d'apocalypse.* (L'*Apocalypse* est le livre du Nouveau Testament où saint Jean fait état de révélations qui embrassent la totalité des temps.)

apocalyptique [apɔkaliptik] adj. Catastrophique : *La vision de cette ville détruite était apocalyptique* (syn. ÉPOUVANTABLE).

apocryphe [apɔkrif] adj. (gr. *apokruphos,* tenu secret). Se dit d'un texte faussement attribué à un auteur : *Certains dialogues de Platon sont apocryphes* (contr. AUTHENTIQUE).

apogée [apɔʒe] n. m. (gr. *apogeios,* éloigné de la Terre). **1.** Point de l'orbite d'un astre ou d'un satellite effectuant autour de la Terre un mouvement de révolution, et où ce corps se trouve à sa plus grande distance de la Terre. — **2.** Le plus haut degré qu'on puisse atteindre : *Il est maintenant à l'apogée des honneurs* (syn. SOMMET, FAÎTE). *L'Empire romain, à son apogée, dominait tout le Bassin méditerranéen.*

apolitique [apɔlitik] adj. Qui se refuse à prendre une position politique; qui se place hors des partis politiques : *La grève était apolitique, uniquement revendicative.*

apolitisme [apɔlitism] n. m. Attitude apolitique : *L'apolitisme du mouvement est douteux.*

apollon [apɔlɔ̃] n. m. (de *Apollon,* dieu grec). Homme dont la beauté évoque la beauté idéale fixée par les règles de la sculpture antique (ironiq.).

apologie [apɔlɔʒi] n. f. (gr. *apologia,* défense). *L'apologie de qqn, de sa conduite,* l'éloge ou la justification qu'on fait d'eux par un écrit ou par des paroles (surtout avec *faire*) : *Le journal a été condamné pour avoir fait l'apologie du crime* (syn. PANÉGYRIQUE).

apologiste [apɔlɔʒist] n. Personne qui fait l'apologie de qqn, de qqch : *Se faire l'apologiste d'une cause* (syn. DÉFENSEUR, AVOCAT).

apologue [apɔlɔg] n. m. (gr. *apologos,* récit). Récit en prose ou en vers qui a une intention moralisatrice (syn. FABLE).

apoplectique [apɔplɛktik] adj. Se dit de qqn (de son

visage) prédisposé à l'apoplexie : *Un gros homme congestionné, apoplectique.*

apoplexie [apɔplɛksi] n. f. (du gr. *apoplêttein,* renverser). Perte soudaine de connaissance, causée par un trouble circulatoire; congestion cérébrale : *À la fin du repas, elle est tombée, frappée d'apoplexie.*

apostasie [apɔstazi] n. f. (gr. *apostasis,* abandon). Renonciation publique à une religion, à une doctrine ou à un parti (relig. ou litt.) : *Tout abandon des idées de sa jeunesse lui aurait semblé une apostasie, un reniement.*

apostasier [apɔstazje] v. i. et t. Faire acte d'apostasie.

apostat, e [apɔsta] adj. et n. Qui a apostasié.

a posteriori [apɔsterjɔri] adv. (mots lat. signif. *en partant de ce qui vient après*). En se fondant sur l'expérience, sur les faits constatés; en considérant les résultats : *On ne s'aperçoit trop souvent qu'a posteriori de ses erreurs* (contr. A PRIORI).

apostolat [apɔstɔla] n. m. (du gr. *apostolos,* apôtre). Mission d'un apôtre ou d'un propagandiste : *L'enseignement est pour lui un apostolat. Elle cherche à convaincre, et il y a chez elle un goût de l'apostolat* (syn. PROSÉLYTISME).

apostolique [apɔstɔlik] adj. Qui relève des Apôtres : *Le rôle apostolique d'un missionnaire.*

1. apostrophe [apɔstrɔf] n. f. (gr. *apostrophê,* action de se retourner). **1.** Manière de s'adresser brusquement, parfois brutalement, à qqn ou à une chose personnifiée : *Elle fut interrompue dans son discours par une apostrophe ironique.* — **2.** *Mot mis en apostrophe,* se dit de la fonction d'un mot par laquelle on s'adresse directement à une personne ou à une chose personnifiée.

2. apostrophe [apɔstrɔf] n. f. (gr. *apostrophos*). Signe graphique de l'élision ('). [L'apostrophe est employée avec les mots *le, la, je, me, te, se, ne, de, que,* ce devant un mot commençant par une voyelle ou un *h* muet; avec *si* devant *il;* avec *lorsque, puisque, quoique* devant *il, elle, en, on, un, une;* avec *quelque* devant *un, une;* etc.]

apostropher [apɔstrɔfe] v. t. *Apostropher qqn,* s'adresser à lui brusquement, parfois de façon brutale, impolie : *Il a été emmené au poste pour avoir apostrophé un agent.*

apothéose [apɔteoz] n. f. (gr. *apotheôsis*). **1.** Honneur extraordinaire rendu à qqn et couronnant une suite de succès : *Sa réception à l'Académie fut pour cette romancière une apothéose* (syn. CONSÉCRATION). — **2.** Manifestation la plus brillante qui clôture une série : *Ce concert a été l'apothéose du festival* (syn. BOUQUET).

apothicaire [apɔtikɛr] n. m. (du gr. *apothêkê,* magasin). **1.** Appellation anc. du *pharmacien.* — **2.** *Compte d'apothicaire,* facture dont le détail, exagérément complexe et minutieux, est difficile à vérifier et laisse présumer un montant majoré.

apôtre [apotr] n. m. (gr. *apostolos,* envoyé de Dieu). **1.** Nom donné aux douze disciples (avec majusc.) de Jésus et à ceux (sans majusc.) qui ont porté les premiers l'Évangile dans un pays : *Saint Boniface fut un des apôtres de la Germanie.* — **2.** *Se faire l'apôtre d'une doctrine, d'une opinion,* en être le propagandiste ardent. — **3.** Péjor. *Faire le bon apôtre,* se dit de qqn qui, sous des dehors de bonhomie, tente de duper, de tromper.

apparaître [aparɛtr] v. i. (lat. *apparere*) [c. **64**; auxil. *être*]. **1.** *Apparaître à qqn (+ attribut),* se présenter à lui sous tel ou tel aspect : *Ces chansons du début du siècle nous apparaissent aujourd'hui bien démodées* (syn. SEMBLER, PARAÎTRE). — **2.** *Il apparaît que* (+ *ind.* quand la principale est positive, et + *subj.* quand elle est négative ou interrogative), on constate, on reconnaît que : *Il apparaît, d'après l'enquête, que le crime a été commis par un des familiers de la maison. Il n'apparaît pas que tous aient compris* (= il ne semble pas). — **3.** (sujet qqch, qqn) Se montrer brusquement, d'une manière inattendue : *Les montagnes sortirent de la brume et apparurent sous le soleil* (syn. SE DÉCOUVRIR, SE DÉTACHER). *Le jour n'apparaît pas encore* (syn. SE LEVER, LUIRE; contr. DISPARAÎTRE). *Une voiture apparut brusquement sur la gauche* (syn. SURGIR, SURVENIR). *Elle n'a fait qu'apparaître un moment au salon* (syn. VENIR). *La vérité apparaîtra un jour ou l'autre* (syn. SE FAIRE JOUR).

apparat [apara] n. m. (lat. *apparatus,* préparatif). *Avec apparat, en grand apparat,* avec un grand déploiement de faste : *La réception de la nouvelle académicienne s'est faite en grand apparat* (= en grande pompe; syn. AVEC SOLENNITÉ, AVEC ÉCLAT; contr. EN TOUTE SIMPLICITÉ). ‖ *D'apparat,* qui se fait avec solennité, qui s'accompagne de luxe, d'ostentation : *Discours d'apparat* (= solennel). *Dîner d'apparat. Habit d'apparat* (= revêtu pour les cérémonies solennelles).

appareil [aparɛj] n. m. (du lat. *apparare,* préparer). **1.** Groupe de pièces disposées pour fonctionner ensemble; dispositif (+ adj. ou compl.) : *Un aspirateur est un appareil électrique. Le magnétophone est un appareil enregistreur.* — **2.** Ensemble d'organes qui assurent une fonction du corps : *L'appareil digestif.* — **3.** (sans adj.) Téléphone : *Qui est à l'appareil?;* avion : *Un appareil de transport s'est écrasé à l'atterrissage;* dentier, prothèse : *Porter un appareil.* — **4.** Ensemble des organismes constituant un syndicat, un parti, etc. : *L'appareil du parti a été renouvelé. L'appareil syndical.* — **5.** *Dans le plus simple appareil,* nu.

appareillage [aparɛjaʒ] n. m.
— **I.** *Appareillage électrique,* ensemble des appareils employés dans les installations électriques.
— **II.** Ensemble des manœuvres à exécuter pour qu'un navire quitte le port.

1. appareiller [aparɛje] v. i. (lat. *apparare,* préparer). *Navire qui appareille,* qui quitte le port et prend sa route.

2. appareiller [aparɛje] v. t. (de *pareil*). *Appareiller des objets (pareils),* les grouper pour former un ensemble : *Appareiller des couverts* (contr. DÉPAREILLER).

apparemment [aparamɑ̃] adv. À en juger par l'extérieur; selon ce qui apparaît : *Apparemment, rien n'était changé entre eux; mais leur amour avait disparu. Vous ne saviez rien, apparemment, de cette affaire* (syn. SELON TOUTE APPARENCE).

apparence [aparɑ̃s] n. f. (du lat. *apparere,* apparaître). **1.** Aspect extérieur qui répond plus ou moins à la réalité : *La maison a une apparence misérable. Il ne faut pas se fier aux apparences. Sous une apparence de bonhomie souriante, elle cache une réelle dureté* (syn. EXTÉRIEUR, DEHORS; contr. RÉALITÉ, FOND). *Malgré les apparences, la situation économique est excellente. Il a sauvé les apparences* (= il n'a rien montré qui puisse entacher sa réputation). — **2.** *En apparence,* à en juger par l'extérieur : *En apparence, il n'est pas ému, mais la blessure d'amour-propre est en réalité profonde.* ‖ *Selon toute apparence,* d'une manière vraisemblable, d'après ce qu'on sait effectivement.

apparent, e [aparɑ̃] adj. **1.** Qui apparaît clairement; visible à tous : *Il porte ses décorations de manière apparente* (syn. OSTENSIBLE; contr. DISCRET). *Sans raison apparente, il nous a quittés* (syn. VISIBLE). — **2.** Dont l'aspect ne correspond pas à la réalité : *les contradictions apparentes de son raisonnement* (syn. SUPERFICIEL). *Une politesse apparente qui cache une hostilité réelle* (syn. TROMPEUR).

apparenter (s') [aparɑ̃te] v. pr., **être apparenté** v. pass. **1.** (sujet qqn) *Être apparenté, s'apparenter à qqn, à une famille,* être parent de qqn, d'une famille, s'allier à une famille par le mariage : *Il est apparenté à une famille de petits nobles bretons.* — **2.** (sujet qqch) *Être apparenté, s'apparenter à qqch,* présenter des traits communs avec qqch : *Cette critique littéraire s'apparente à la dissection du chirurgien.* — **3.** (sujet qqn) *Être apparenté à un groupe,* avoir une attitude politique proche de celle d'un groupement, d'un parti déterminé : *Un député qui est apparenté au parti socialiste.*

apparentement [aparɑ̃tmɑ̃] n. m. Fait de s'apparenter, d'être apparenté.

appariement [aparimɑ̃] n. m. Action d'apparier.

apparier [aparje] v. t. *Apparier des objets,* les assortir par paires (techn.) : *Apparier des gants. Ces bas ne sont pas appariés* (contr. DÉPAREILLER).

appariteur [aparitœr] n. m. (lat. *apparitor*). Huissier attaché à une université.

apparition [aparisjɔ̃] n. f. **1.** Action, pour qqn, de paraître en un lieu; fait, pour qqch, d'être visible, de se manifester : *Elle n'a fait qu'une brève apparition à l'heure du repas. L'apparition de la fièvre fut suivie d'une éruption de boutons* (syn. COMMENCEMENT, DÉBUT; contr. DISPARITION). *L'apparition de nouvelles tendances en peinture* (syn. NAISSANCE). *Une nouvelle étoile a fait son apparition dans le ciel.* — **2.** Manifestation d'un être surnaturel, d'un fantôme.

appartement [apartəmɑ̃] n. m. (it. *appartamento*). Local d'habitation, composé de plusieurs pièces contiguës, dans un immeuble qui comporte plusieurs de ces locaux.

appartenance [apartənɑ̃s] n. f. Fait, pour une personne, d'appartenir à un groupe politique, social, etc. : *L'appartenance à la classe ouvrière, à la religion juive, etc.*

appartenir [apartənir] v. t. ind. (du lat. *pertinere,* se rattacher à) [c. **22**]. **1.** (sujet qqch) *Appartenir à qqn,* être sa propriété; être à sa disposition : *Ce château a appartenu à un gros industriel. Ce stylo vous appartient-il?* (= est-il à vous?). — **2.** (sujet qqn, qqch) Faire partie de : *Elle appartient au corps des fonctionnaires de l'État. Appartenir à une vieille famille bretonne. Cela n'appartient pas à mon sujet* (syn. CONCERNER). *Ce livre appartient au genre des essais philosophiques* (syn. RELEVER DE). — **3.** *Il appartient à qqn de* (+ *inf.*), il est de son devoir, de son droit de (faire) : *Il ne vous appartient pas de lui reprocher ce que vous-même avez fait dans votre jeunesse.* ◆ ***s'appartenir*** v. pr. (sujet qqn) *Ne pas s'appartenir,* ne pas être libre d'agir comme on l'entend : *Elle est occupée toute la journée et pratiquement elle ne s'appartient plus.*

appas [apɑ] n. m. pl. (variante de *appât*). Beautés de la femme qui séduisent, attirent ou excitent le désir sexuel (litt. ou ironiq.) : *Elle a des appas qui ne laissent pas insensible* (syn. ATTRAITS, CHARMES, SEX-APPEAL).

appât [apɑ] n. m. (du lat. *pastus,* nourriture). **1.** Ce dont on se sert pour attirer le poisson, le gibier, et qui est fixé sur le piège lui-même : *Pêcher avec un asticot comme appât.* — **2.** *L'appât de qqch,* ce qui excite qqn à faire qqch : *L'appât du gain faisait briller ses yeux de convoitise* (syn. DÉSIR). *L'appât d'une récompense peut amener un complice à dénoncer l'assassin* (syn. ATTRAIT).

appâter [apɑte] v. t. (de *appât*). **1.** *Appâter un gibier, un poisson,* les attirer par un appât : *Appâter des goujons* (syn. AMORCER). — **2.** *Appâter des volailles,* les faire manger de force une pâtée destinée à les engraisser : *Appâter des oies* (syn. GAVER). — **3.** *Appâter qqn,* l'attirer par qqch d'alléchant : *Elle cherche à l'appâter par des promesses extraordinaires* (syn. SÉDUIRE).

appauvrir [apovrir] v. t. **1.** *Appauvrir qqn, un groupe,* lui faire perdre de ses ressources, de ses richesses (contr. ENRICHIR). — **2.** *Appauvrir qqch,* en diminuer la production, l'énergie, la vigueur : *Ce mode de culture intensive a appauvri la terre* (syn. ↑RENDRE INFERTILE, ↑STÉRILISER). *Le pays est sorti appauvri de la guerre* (syn. ↑RUINER, ↑ÉPUISER, ↑ÉCRASER). ◆ ***s'appauvrir*** v. pr. Devenir pauvre; perdre de sa richesse : *La région, privée d'industries, s'appauvrissait.*

appauvrissement [apovrismɑ̃] n. m. Fait d'appauvrir, de s'appauvrir : *L'appauvrissement d'une classe sociale. L'appauvrissement d'une terre* (syn. ↑RUINE, ↑ÉPUISEMENT). *L'appauvrissement de la langue.* (→ PAUPÉRISME.)

appeau [apo] n. m. Petit instrument avec lequel le chasseur imite le cri des animaux pour les attirer.

appel [apɛl] n. m. **1.** Action d'appeler, de faire venir, agir : *Recevoir un appel pressant* (syn. INVITATION). *Un appel à l'aide, au secours. Je ne sais pas résister à l'appel du plaisir* (syn. ATTRAIT, ATTIRANCE). *L'appel de la conscience* (syn. CRI). *L'appel à l'autorité internationale* (syn. RECOURS). *Cette décision est sans appel* (= définitive). *Un appel à la révolte* (syn. EXCITATION). — **2.** *Un appel téléphonique,* un coup de téléphone. ‖ Fam. *Un appel du pied,* une invite. ‖ *Des appels de fonds,* des demandes de versements d'argent. ‖ *Faire appel à qqn, qqch,* invoquer leur intervention : *Je fais appel à votre bonté, à votre sagesse* (syn. SOLLICITER). — **3.** *Faire l'appel,* vérifier la présence de personnes dans un groupe (classe, section, etc.) en prononçant leurs noms.

appelé [aple] n. m. Soldat convoqué pour faire son service militaire.

appeler [aple] v. t. (lat. *appellare*) [c. **6**]. **1.** *Appeler qqn, un animal,* les faire venir, attirer leur attention, les engager à agir, par un cri, un geste, etc., ou par un message, un ordre : *Appeler de loin une amie que l'on reconnaît dans la rue* (syn. HÉLER). *Appeler son chien. Le médecin a été appelé par téléphone. Appeler les voisins au secours, à l'aide. On a appelé la police. Il a été appelé à comparaître devant le tribunal* (syn. CITER). *Elle est appelée à témoigner au procès. Être appelé sous les drapeaux* (= être incorporé dans l'armée). *Appeler le peuple aux armes* (= le soulever). — **2.** *Appeler qqn à une fonction,* l'y désigner : *Le général est appelé à un nouveau commandement* (syn. NOMMER). *Être appelé à de hautes fonctions. Ses grandes qualités l'appellent à prendre la direction de l'entreprise.* — **3.** (sujet qqch) *Appeler (qqch),* rendre nécessaire, entraîner comme conséquence : *La situation financière appelle une solution urgente* (syn. RÉCLAMER). *Cette injure appelle une réponse* (syn. ↑EXIGER). *Un coup en appelle un autre* (syn. ENTRAÎNER). *Cet exploit est appelé à passer à la postérité* (syn. DESTINER). — **4.** *En appeler à qqn, qqch,* s'en remettre à : *J'en appelle à votre discrétion pour oublier ce qui a été dit. J'en appelle à votre témoignage* (syn. INVOQUER). — **5.** *En appeler de qqch,* refuser d'admettre comme définitif : *J'en appelle de la condamnation qu'on a prononcée. Elle en appelle de votre décision.* — **6.** *Appeler l'attention de qqn sur qqch,* l'engager à réfléchir, à prendre en considération qqch (syn. ATTIRER). — **7.** *Appeler qqn, qqch* (+ attribut ou compl. de manière), lui donner un nom, une qualification : *On l'appela Anne* (syn. PRÉNOMMER). *Comment l'appelle-t-on?* (syn. NOMMER). *J'appelle cela une stupidité* (syn. QUALIFIER). *Il faut appeler les choses par leur nom* (= ne pas chercher à atténuer la réalité). — **8.** *Appeler qqn,* vérifier sa présence en prononçant son nom : *Appeler les élèves d'une classe* (syn. FAIRE L'APPEL DE). *On a appelé son nom, mais* *elle n'était pas là.* ◆ ***s'appeler*** v. pr. **1.** Avoir comme nom : *Il s'appelle André* (syn. SE NOMMER). — **2.** *Voilà qui s'appelle parler,* voilà une manière franche et vigoureuse de s'exprimer.

appellation [apɛlasjɔ̃] n. f. (lat. *appellatio*). Nom donné à qqch ou qualificatif appliqué à qqn : *Ce vin est d'appellation contrôlée* (= d'un lieu de récolte vérifié). *L'appellation choisie pour le produit lui paraît bonne* (syn. NOM, DÉNOMINATION). *Une appellation injurieuse* (syn. MOT).

appendice [apɛ̃dis] n. m. (lat. *appendix,* qui est suspendu). **1.** Prolongement d'une partie principale : *On distinguait une sorte d'appendice à la ferme, un petit hangar* (syn. DÉPENDANCE). — **2.** Ensemble de remarques, de notes ou de textes qui, n'ayant pu trouver place dans le corps d'un livre, ont été mis à la fin comme compléments : *Grouper dans l'appendice le détail des statistiques.* — **3.** Organe présentant une forme allongée et étroite : *Appendice nasal* (syn. ironiq. de NEZ); en particulier, chez l'homme, partie du gros intestin (cæcum), en doigt de gant : *Le chirurgien lui a enlevé l'appendice.*

appendicite [apɛ̃disit] n. f. Inflammation de l'appendice intestinal.

appentis [apɑ̃ti] n. m. (du lat. *appendere,* suspendre). Petit bâtiment adossé à une maison, à un garage, à un mur, etc., et qui sert à abriter des outils, un véhicule, etc.

appesantir [apəzɑ̃tir] v. t. (de *pesant*). *Appesantir qqn, qqch,* le rendre moins rapide, moins vif : *L'âge appesantit sa démarche* (syn. ALOURDIR, ENGOURDIR). ◆ ***s'appesantir*** v. pr. **1.** (sujet qqch) Devenir plus lourd, plus pesant, plus dur : *Je sentais ma tête s'appesantir sous l'effet du vin* (syn. S'ALOURDIR). *La domination coloniale s'est appesantie pendant des siècles sur l'Afrique.* — **2.** (sujet qqn) *S'appesantir sur qqch,* s'y attarder, insister dessus : *Il ne faut pas s'appesantir sur le sujet. Ne vous appesantissez pas sur les détails* (= ne vous y arrêtez pas).

appesantissement [apəzɑ̃tismɑ̃] n. m. Fait de s'appesantir.

appétissant, e [apetisɑ̃] adj. **1.** Qui excite le désir de manger : *Les plats que l'on sert à la cantine sont copieux et appétissants* (syn. ENGAGEANT). — **2.** *Une femme appétissante,* dont la fraîcheur et dont les formes provoquent une attirance sexuelle (syn. AFFRIOLANT, SEXY).

appétit [apeti] n. m. (lat. *appetitus,* désir). **1.** Désir par lequel se manifeste le besoin de manger : *J'ai perdu l'appétit. Ce récit m'a coupé l'appétit. Cette promenade m'a mise en appétit, m'a donné de l'appétit, a aiguisé mon appétit. Nous avons mangé de bon appétit. Bon appétit!* (= souhait adressé à qqn avant le repas). — **2.** *Rester sur son appétit,* rester sur sa faim.

applaudir [aplodir] v. t. (lat. *applaudere*). *Applaudir qqn, qqch,* les louer ou les approuver en battant des mains, en frappant des pieds, etc., lors d'une représentation, d'un discours, etc. : *Les spectateurs applaudirent les acteurs à la fin de la représentation* (contr. SIFFLER). *L'assemblée, debout, applaudit l'orateur* (syn. ACCLAMER; contr. HUER). *La chanson fut applaudie;* sans compl. : *Ils ont applaudi à tout rompre.* ◆ v. t. ind. *Applaudir à qqch,* l'approuver entièrement : *Les journaux ont applaudi à cette initiative* (syn. SE RÉJOUIR DE). *J'applaudis à votre projet d'agrandissement de l'usine* (syn. SE FÉLICITER DE).

applaudissement [aplodismɑ̃] n. m. Action d'applaudir; cri d'approbation (souvent pl.) : *Le théâtre croulait sous les applaudissements. Un tonnerre d'applaudissements* (syn. ACCLAMATIONS). *Arracher des applaudissements à un public difficile* (contr. HUÉES, SIFFLETS).

applicable [aplikabl] adj. Qui peut s'appliquer : *La loi est applicable aux mineurs dans ce cas.*

application [aplikasjɔ̃] n. f. **1.** Action d'appliquer une matière, un objet sur qqch : *L'application de papier peint sur le mur* (syn. POSE). — **2.** Action de mettre en pratique : *L'application des décisions prises par le congrès* (syn. MISE EN PRATIQUE). *Les applications pratiques de cette découverte sont innombrables* (syn. UTILISATION). — **3.** Attention soutenue : *L'application des enfants quand ils font leurs devoirs* (syn. ASSIDUITÉ). *Travailler avec application* (syn. ZÈLE).

applique [aplik] n. f. Objet fixé au mur de façon permanente, en particulier pour servir à l'éclairage de la pièce.

appliqué, e [aplike] adj. Attentif à son travail : *Un élève appliqué* (syn. STUDIEUX, TRAVAILLEUR). *Il n'est pas appliqué en classe* (syn. ASSIDU).

appliquer [aplike] v. t. (lat. *applicare*). **1.** *Appliquer qqch (objet, matière) sur, contre, à qqch,* mettre cette chose sur une autre de manière qu'elle y adhère, la poser, la plaquer contre ou sur qqch : *Appliquer une couche de peinture sur une porte* (syn. PASSER, ÉTENDRE). *Appliquer une échelle contre un mur. On lui a appliqué des ventouses sur le dos. Je vais lui appliquer ma main sur la figure* (syn. fam. FLANQUER, COLLER). — **2.** *Appliquer qqch* (à *qqch,* à [+ *inf.*]), mettre en pratique un procédé, une théorie; faire porter une action sur qqch ou sur qqn : *Appliquez les théorèmes que vous connaissez à ce problème. Elle a appliqué dans son travail une méthode rigoureuse* (syn. UTILISER). *Il faut appliquer la loi dans toute sa rigueur. Appliquer tous ses soins à exécuter fidèlement les ordres reçus. Appliquer une peine rigoureuse à un accusé* (syn. INFLIGER). *La surveillante se vit appliquer un surnom ridicule* (syn. DONNER). ◆ ***s'appliquer*** v. pr. **1.** (sujet qqch) Plaquer, étendre une matière : *Cet enduit s'applique bien sur le plafond.* — **2.** (sujet qqch) Être adapté : *Ce jugement s'applique parfaitement à son cas* (syn. CONVENIR, CORRESPONDRE). — **3.** (sujet qqn) *S'appliquer à qqch,* à (+ *inf.*), porter beaucoup de soin, d'attention à qqch : *S'appliquer à son travail* (syn. S'ADONNER, SE CONSACRER). *Je m'applique à garder tout mon calme* (syn. S'ATTACHER).

appoint [apwɛ̃] n. m. **1.** *Donner, faire l'appoint,* compléter une somme en petite monnaie : *La cliente a donné l'appoint.* — **2.** (+ n. ou adj.) Aide complémentaire, appui : *Ils nous ont fourni l'appoint de leurs bras vigoureux pour sortir la voiture du fossé* (syn. CONCOURS). *L'entrée des États-Unis dans la guerre constitua pour les Alliés un appoint décisif.* — **3.** *D'appoint,* qui vient en complément, s'ajoute au principal : *Salaire d'appoint.*

appointements [apwɛ̃tmɑ̃] n. m. pl. Rémunération fixe : *Ses appointements sont insuffisants* (syn. TRAITEMENT [d'un fonctionnaire], SALAIRE [d'un ouvrier]).

appointer [apwɛ̃te] v. t. (de *point*). *Appointer un employé,* lui verser un salaire déterminé, en échange d'un travail régulier : *Elle est appointée au mois* (syn. RÉMUNÉRER).

apport [apɔr] n. m. Action d'apporter qqch (abstrait ou argent); ce qui est apporté : *La société a demandé à ses actionnaires de nouveaux apports d'argent liquide. Nous avons besoin de l'apport de votre expérience* (syn. CONCOURS, CONTRIBUTION). *L'apport de la civilisation romaine.*

apporter [apɔrte] v. t. (lat. *apportare*). **1.** (sujet qqn, un véhicule, etc.) *Apporter qqch,* le porter à un endroit, le porter avec soi : *Le plombier a apporté ses outils pour réparer la fuite d'eau* (syn. fam. AMENER). *L'avion* a apporté ces fleurs dans la journée (syn. TRANSPORTER). — **2.** (sujet qqn) Syn. de DONNER : *Apporter de l'argent dans une affaire. Cet enfant vous apporte beaucoup de satisfaction* (syn. PROCURER). *Elle nous apporte des nouvelles de votre fils* (syn. DONNER). *Apporter du soin à exécuter un travail commandé* (syn. METTRE). *Il apporte des obstacles à notre projet. Elle n'apporte aucune preuve à ce qu'elle avance* (syn. FOURNIR, ALLÉGUER). — **3.** (sujet qqch) *Apporter qqch,* produire un résultat : *Ces cachets m'apportent un soulagement* (syn. PROCURER). *Cette découverte apportera un changement profond dans nos habitudes* (syn. ENTRAÎNER, CAUSER).

apposé, e [apoze] adj. Se dit d'un terme mis en apposition.

apposer [apoze] v. t. (de *poser*). *Apposer qqch (objet),* le mettre sur un autre pour qu'il y reste fixé (admin.) : *Dans la nuit, on a apposé des affiches appelant à une manifestation* (syn. COLLER). *Apposez votre signature au bas de ce document* (syn. METTRE, INSCRIRE). *Apposer les scellés sur la porte de l'appartement* (syn. usuel POSER).

apposition [apozisjɔ̃] n. f. (lat. *appositio*). **1.** Action d'apposer : *L'apposition du cachet de la poste sur le timbre d'une lettre.* — **2.** *Mot mis en apposition,* mot ou groupe de mots qui, placé à côté d'un nom ou d'un pronom, lui sert d'épithète en le précisant.

appréciable [apresjabl] adj. Qui ne peut être négligé : *Y a-t-il des changements appréciables depuis mon départ?* (syn. NOTABLE). *Obtenir des résultats appréciables dans son travail* (syn. ↑IMPORTANT).

appréciation [apresjasjɔ̃] n. f. **1.** Action de déterminer la valeur de (sens 1 du v.) : *L'appréciation de la distance de freinage dépend de la vitesse du véhicule* (syn. ESTIMATION). — **2.** Jugement intellectuel ou moral qui suit un examen critique : *Son appréciation de la situation s'est révélée fausse* (syn. JUGEMENT SUR). *Porter sur un élève des appréciations favorables* (syn. OBSERVATION, AVIS).

apprécier [apresje] v. t. (du lat. *pretium,* prix). **1.** *Apprécier qqch,* en estimer la valeur, l'importance, selon son jugement personnel : *Les marins ont l'habitude d'apprécier les distances. Comment apprécier l'importance de l'événement dont nous ignorons les premières conséquences* (syn. SAISIR, DISCERNER). — **2.** *Apprécier qqn, qqch,* en reconnaître l'importance, les estimer à leur juste valeur : *On l'apprécie pour sa discrétion. Les services que tu rends sont appréciés. Apprécier la qualité d'un vin* (syn. GOÛTER; litt. PRISER). *J'apprécie les bons repas* (syn. AIMER). — **3.** *Ne pas apprécier qqch,* le juger défavorablement, ne pas l'aimer : *Je n'apprécie pas ce genre de plaisanterie.*

appréhender [apreɑ̃de] v. t. (lat. *apprehendere,* saisir).

— **I.** *Appréhender qqn,* procéder à son arrestation (admin.) : *Les inspecteurs l'ont appréhendé au moment où il s'enfuyait* (syn. fam. PINCER). *L'escroc a été appréhendé à son domicile* (syn. usuel ARRÊTER; contr. RELÂCHER).

— **II.** *Appréhender qqch, appréhender de* (+ *inf.*), ou *que* (+ *subj.* et négation *ne*), s'inquiéter d'avance d'un danger possible, d'un malheur éventuel (soutenu) : *J'appréhende un départ fait dans de telles conditions* (syn. ↑REDOUTER). *Elle appréhendait de laisser les enfants seuls à la maison* (syn. CRAINDRE). *J'appréhende qu'il ne soit trop tard* (syn. usuel AVOIR PEUR).

appréhension [apreɑ̃sjɔ̃] n. f. Fait d'appréhender, de s'inquiéter à l'avance : *Il éprouve une certaine appréhension avant les examens* (syn. INQUIÉTUDE, ↑ANXIÉTÉ). *Ne pas cacher ses appréhensions devant les difficultés* (syn. CRAINTE). *J'envisage l'avenir avec appréhension* (syn. ↑ANGOISSE).

apprendre [aprɑ̃dr] v. t. et t. ind. (lat. *apprehendere,* saisir, comprendre) [c. **54**]. **1.** *Apprendre qqch, apprendre que* (+ *ind.*), *à* (+ *inf.*), acquérir une connaissance, recevoir une information que l'on ignorait : *J'apprends l'anglais* (syn. ÉTUDIER). *Il a appris à dessiner. Apprendre un métier. J'ai appris la nouvelle de sa mort. Il a appris beaucoup au cours de ses voyages. Avez-vous appris que son voyage a été retardé?* — **2.** *Apprendre qqch à qqn, apprendre à qqn que* (+ *ind.*), *à* (+ *inf.*), lui faire acquérir la connaissance de qqch : *La police lui a appris la mort accidentelle de son mari* (syn. INFORMER DE). *Elle m'a appris qu'elle était reçue à son examen. Apprendre à compter à un petit enfant* (syn. MONTRER). *Je vous apprendrai à me répondre ainsi!* (= je vous punirai de votre insolence). *Ça t'apprendra à vivre!* (= cela te servira de leçon).

apprenti, e [aprɑ̃ti] n. **1.** Jeune homme, jeune fille qui apprend un métier sous la direction d'un moniteur, d'un instructeur, d'un contremaître, d'un artisan, etc. : *Un apprenti menuisier. Les jeunes apprenties d'un atelier de couture.* — **2.** Personne qui manque d'habileté dans ce qu'elle fait : *Ce roman est le travail d'un apprenti* (syn. DÉBUTANT, NOVICE). — **3.** *Un apprenti sorcier,* celui qui, par imprudence, est la cause d'événements dangereux dont il n'est plus le maître.

apprentissage [aprɑ̃tisaʒ] n. m. **1.** Formation professionnelle; temps pendant lequel on est apprenti : *Mettre son fils en apprentissage chez un charcutier. L'apprentissage peut durer plusieurs années.* — **2.** *Faire l'apprentissage de qqch,* en acquérir la connaissance : *Faire l'apprentissage de son métier de comédien dans une petite troupe de province* (syn. APPRENDRE). *J'ai fait l'apprentissage de la vie dans des conditions très pénibles.*

apprêt [aprɛ] n. m. Substance avec laquelle on prépare les étoffes, les cuirs, etc.

apprêté, e [aprɛte] adj. Se dit d'une façon de se conduire ou d'écrire trop étudiée, trop travaillée : *Style apprêté* (syn. AFFECTÉ; contr. SOBRE, SIMPLE).

apprêter [aprɛte] v. t. (du lat. *praesto,* à la portée de). **1.** *Apprêter un repas, un aliment,* le préparer : *Elle est en train d'apprêter le dîner. Apprêter du gibier* (syn. ACCOMMODER). — **2.** *Apprêter un cuir, une peau, du papier, une étoffe,* etc., lui donner de l'éclat, de la consistance au moyen d'un produit particulier nommé *apprêt.* ◆ ***s'apprêter*** v. pr. *S'apprêter à* (+ *inf.*), se disposer à faire, se mettre en état d'accomplir, avoir l'intention de faire : *Elle s'apprête à partir pour l'Afrique, à aller au théâtre* (syn. SE PRÉPARER, SE DISPOSER). — **2.** *S'apprêter (pour qqch),* s'habiller, se maquiller en vue de : *Elle s'apprête pour le dîner, pour le bal* (syn. SE PARER).

apprivoisement [aprivwazmɑ̃] n. m. Action d'apprivoiser; domestication.

apprivoiser [aprivwaze] v. t. (du lat. *privatus,* domestique). **1.** *Apprivoiser un animal,* le rendre moins farouche, moins sauvage, en faire un animal domestique : *Apprivoiser un faucon pour la chasse* (syn. plus précis DRESSER). *Apprivoiser un hérisson.* — **2.** *Apprivoiser qqn,* le rendre plus docile, plus doux, plus aimable ou plus sociable : *Sa douceur a fini par apprivoiser cet enfant si timide. J'ai réussi à apprivoiser cet homme brutal* (syn. HUMANISER, AMADOUER).◆ ***s'apprivoiser*** v. pr. Devenir moins sauvage : *Ce jeune poulain s'est rapidement apprivoisé. Cette brute a fini par s'apprivoiser et par m'adresser la parole* (syn. S'ADOUCIR).

approbateur, trice [aprɔbatœr] n. et adj. Qui approuve : *Je trouvais toujours en lui un approbateur complaisant* (syn. FLATTEUR). *Des sourires approbateurs suivirent ses paroles* (syn. FAVORABLE; contr. RÉPROBATEUR).

approbatif, ive [aprɔbatif] adj. Qui exprime l'approbation : *Elle m'a fait un petit signe approbatif.*

approbation [aprɔbasjɔ̃] n. f. (lat. *approbatio*). Action d'approuver; accord : *Manifester, donner son approbation* (syn. ASSENTIMENT). *Exprimer une approbation enthousiaste* (syn. ADHÉSION, ACQUIESCEMENT; contr. DÉSACCORD). *L'approbation du préfet est nécessaire pour la tenue d'une réunion publique* (syn. AUTORISATION, AGRÉMENT). *Approbation de la loi par les députés* (syn. VOTE).

approchable [aprɔʃabl] adj. Se dit de qqn qu'on peut aborder (avec une négation) : *Aujourd'hui, elle est de mauvaise humeur : elle n'est pas approchable.*

approchant [aprɔʃɑ̃] adj. m. *Quelque chose, rien d'approchant,* qqch, rien qui ressemble, qui ait du rapport avec ce dont on vient de parler : *Je n'ai plus le tissu dont vous me parlez; mais voici quelque chose d'approchant* (syn. ANALOGUE, ÉQUIVALENT).

approche [aprɔʃ] n. f. **1.** Mouvement par lequel qqn, un groupe, un véhicule s'avance vers qqn ou vers qqch; proximité d'une période, d'un événement (en particulier dans à *l'approche de*) : *L'approche du surveillant a dispersé les élèves* (syn. ARRIVÉE, VENUE). *À l'approche de la voiture, elle marcha sur le bas-côté de la route. L'approche de l'hiver se fait déjà sentir. À l'approche du danger, tout le monde s'enfuit.* — **2.** Manière d'aborder un sujet, un problème : *L'approche mathématique de travaux linguistiques* (syn. DÉMARCHE). *Cet ouvrage est simplement une approche de la question.* ◆ ***approches*** n. f. pl. Voies et lieux qui permettent d'accéder à une ville, qui sont à proximité d'un endroit quelconque : *Les approches de la côte sont rendues difficiles par les récifs* (syn. ABORDS). *Aux approches de la frontière, on rencontra un barrage de police* (= dans les parages de). *Aux approches de la mer, l'air devient plus vif;* ce qui annonce une saison, un moment décisif : *On remarque les vols d'oiseaux migrateurs aux approches du printemps* (syn. ARRIVÉE). *Sentir les approches de la mort* (syn. PROXIMITÉ).

approché, e [aprɔʃe] adj. Proche de ce qui est exact : *Se faire une idée approchée de la question* (= se faire une petite idée [fam.]). *C'est un calcul très approché* (syn. APPROXIMATIF).

approcher [aprɔʃe] v. t. (du lat. *propre,* près de). **1.** *Approcher un objet,* le mettre très près de qqn ou qqch; réduire sa distance à qqn, qqch d'autre (souvent remplacé par *rapprocher*) : *Approche l'escabeau pour que je puisse enlever la lampe* (syn. AVANCER). *Approcher la tasse de ses lèvres* (contr. REPOUSSER). *Approchons la table de la fenêtre* (contr. ÉLOIGNER). — **2.** *Approcher qqn,* s'avancer près de lui; avoir constamment accès auprès de lui; être en relations suivies avec lui : *Il a pu approcher le président et lui serrer la main. Dans cette assemblée, il approchait des savants réputés* (syn. CÔTOYER, FRÉQUENTER). ◆ v. t. ind. *Approcher de qqch,* n'en être pas loin, être près de l'atteindre : *Elle approche du but qu'elle s'est fixé* (syn. TOUCHER À). *Ses ennuis approchent de leur terme. Tu approches de la vérité.* ◆ v. i. **1.** (sujet qqch) Être proche dans le temps : *La nuit approche, il ne faut pas tarder à partir.* — **2.** (sujet qqn) Venir près de qqn : *Approche, j'ai deux mots à te dire* (syn. AVANCER). ◆ ***s'approcher*** v. pr. *S'approcher de qqn, de qqch,* arriver près d'eux : *Nous approchons de la gare. Le navire s'approche de la côte* (syn. ARRIVER À). *Elle s'est approchée de lui sans crainte.*

approfondi, e [aprɔfɔ̃di] adj. Qui a été examiné profondément : *Il a des connaissances approfondies en matière scientifique* (syn. POUSSÉ; contr. SUPERFICIEL). *Procéder à une étude approfondie de la question* (syn. MINUTIEUX).

approfondir [aprɔfɔ̃dir] v. t. **1.** *Approfondir un trou, une cavité,* etc., les creuser afin de les rendre plus profonds : *Approfondir l'entrée du chenal* (syn. CREUSER). — **2.** *Approfondir qqch* (science, caractère, etc.), les examiner plus avant afin d'en avoir une plus grande connaissance : *Il faut approfondir la question* (syn. ↓ÉTUDIER). *J'ai essayé d'approfondir son caractère, mais il me reste inexplicable* (syn. PÉNÉTRER). *Approfondissons ce mystère* (= examinons-le afin de l'éclaircir); sans compl. : *J'ai regardé très vite, sans approfondir* (= superficiellement). — **3.** *Approfondir un désaccord, une haine, une amitié,* les rendre plus intenses, les accroître : *Cet événement a approfondi leur hostilité réciproque.* ◆ ***s'approfondir*** v. pr. **1.** (sujet qqch) Devenir plus profond : *La crevasse s'est approfondie.* — **2.** (sujet qqch) Devenir plus profond, plus obscur : *Le mystère s'approfondit* (syn. S'ÉPAISSIR).

approfondissement [aprɔfɔ̃dismɑ̃] n. m. **1.** Action de creuser plus profond : *L'approfondissement d'un puits.* — **2.** Action d'examiner plus profondément : *L'approfondissement d'un problème* (syn. EXAMEN, ↑ÉTUDE). *L'approfondissement de ses propres connaissances* (syn. DÉVELOPPEMENT). *L'approfondissement de leurs désaccords.*

appropriation [aprɔprijasjɔ̃] n. f. **1.** Action d'approprier : *L'appropriation du style au sujet traité* (syn. CONVENANCE, ADAPTATION). — **2.** Action de s'approprier : *L'appropriation du sol par le premier occupant.*

approprier [aprɔprije] v. t. (du lat. *proprius,* propre). *Approprier qqch à qqch,* le rendre propre à une destination précise (surtout pass.) : *Approprier les médicaments à l'état général du malade* (syn. usuel ADAPTER). *Son discours est approprié aux circonstances* (syn. CONFORMER, ACCORDER). ◆ ***s'approprier*** v. pr. *S'approprier qqch,* en faire sa propriété, le plus souvent sans droit : *Qui s'est approprié le livre que j'avais sur mon bureau?* (syn. S'ADJUGER, S'EMPARER DE). *Les pouvoirs qu'un dictateur s'est appropriés par la force* (syn. S'OCTROYER, S'ARROGER). *Elle s'est approprié la découverte d'un autre* (syn. DÉROBER).

approuver [apruve] v. t. (lat. *approbare*). **1.** *Approuver qqn (de + inf.),* lui donner raison, être de son avis : *Je vous approuve d'avoir refusé de céder aux menaces* (syn. LOUER, FÉLICITER). *Elle se sentait approuvée par toutes ses amies* (syn. SOUTENIR). — **2.** *Approuver qqch,* le considérer comme bon, louable, conforme à la vérité : *Il a approuvé les propos que j'ai tenus* (syn. ↑APPLAUDIR À). *J'approuve votre choix* (syn. APPRÉCIER). — **3.** *Approuver qqch,* l'autoriser par une décision administrative, juridique, etc. : *Le Sénat a approuvé le projet de budget* (syn. VOTER). *Le nouveau médicament a été approuvé par une commission.*

approvisionnement [aprɔvizjɔnmɑ̃] n. m. Action d'approvisionner, de s'approvisionner; provisions, fourniture : *Les approvisionnements en légumes sont abondants ce matin à Rungis.*

approvisionner [aprɔvizjɔne] v. t. (de *provision*). *Approvisionner qqn, qqch,* le munir du nécessaire : *Les épiciers du quartier sont bien approvisionnés. Approvisionner son compte en banque afin de faire face à ses engagements* (= y mettre de l'argent). ◆ ***s'approvisionner*** v. pr. (sujet qqn) Faire ses provisions : *La ménagère vient s'approvisionner au marché.*

approximatif, ive [aprɔksimatif] adj. Fait par approximation : *Ces calculs sont très approximatifs* (syn. VAGUE, IMPRÉCIS; contr. EXACT, RIGOUREUX). *Une évaluation approximative des dégâts* (syn. APPROCHÉ).

approximation [aprɔksimasjɔ̃] n. f. (du lat. *proximus,* très proche). Ce qui s'approche de la vérité, de la réalité, sans présenter une exactitude rigoureuse : *La dépense prévue n'est qu'une approximation. Chercher* *la solution d'un problème par approximations successives* (syn. ESSAI, TÂTONNEMENT).

approximativement [aprɔksimativmɑ̃] adv. De façon approximative : *On peut estimer approximativement à un million le coût de l'opération* (syn. À PEU PRÈS).

appui [apɥi] n. m. **1.** Ce qui sert à soutenir, ou à maintenir la solidité, la stabilité : *L'appui d'une fenêtre. Il trouve appui (prend appui) sur un rocher. Il fallut construire un mur d'appui pour empêcher l'éboulement* (syn. SOUTÈNEMENT). *Mettez l'oreiller comme appui pour soutenir sa tête.* — **2.** Aide donnée à qqn : *Je lui ai fourni des appuis solides* (syn. PROTECTION). *Je compte sur votre appui* (syn. SOUTIEN). *Se ménager des appuis* (syn. CONCOURS). — **3.** *À l'appui (de),* pour servir de confirmation à, pour soutenir : *Il formula une protestation et fournit des témoignages à l'appui. À l'appui de ses dires, elle présenta des documents* (= pour prouver).

appui-bras [apɥibra] n. m. (pl. *appuis-bras*). Dans une voiture, support placé sur la porte ou au milieu du siège arrière, permettant d'appuyer un bras (syn. ACCOUDOIR).

appui-tête [apɥitɛt] n. m. (pl. *appuis-tête*). Dispositif adapté au dossier d'un siège de voiture, à un fauteuil de dentiste, de coiffeur, etc., et destiné à soutenir la tête (syn. REPOSE-TÊTE).

appuyer [apɥije] v. t. (du lat. *podium,* support) [c. 3]. **1.** *Appuyer qqch,* le soutenir au moyen d'un objet qui en assure la stabilité, le placer contre un autre objet qui lui sert de support : *Appuyer un mur branlant avec des contreforts* (syn. ÉTAYER, SOUTENIR). *Appuyer une échelle contre un arbre* (syn. POSER). — **2.** *Appuyer qqch (sur, contre,* etc.), le faire peser avec plus ou moins de force sur : *Appuie ton épaule contre la mienne. N'appuie pas tes coudes sur la table. Appuyer le pied sur l'accélérateur. Appuyer un revolver sur la poitrine* (syn. POSER, PLACER). *Appuyer son genou sur un adversaire à terre* (syn. METTRE). *Il appuya ses lèvres sur les siennes* (syn. PRESSER). *Appuyer son regard sur qqn* (= le regarder avec insistance). *Appuyer les mots pour se faire comprendre* (syn. ACCENTUER). — **3.** *Appuyer qqn, son attitude,* le soutenir de son crédit, de son autorité, etc. : *Elle appuya sa déclaration de preuves évidentes* (syn. ÉTAYER). *Les divers groupes de l'Assemblée appuient cette proposition de loi* (syn. SOUTENIR). *Il appuie la candidate de toute son influence* (syn. PATRONNER, PROTÉGER). ◆ v. t. ind. **1.** *Appuyer sur, contre qqch,* peser dessus, s'en servir comme d'un support : *L'armoire n'appuie pas contre le mur. Un des pieds de la chaise n'appuie pas sur le sol. Elle appuie sur le frein. Elle appuya sur le mot «nécessaire»* (syn. INSISTER). *Appuyer sur un argument. Il appuie lourdement sur les erreurs commises* (syn. SOULIGNER). — **2.** (sujet qqn, un véhicule) Se porter dans une direction donnée : *Appuyez sur votre droite pour laisser passer la voiture. Appuyez à gauche pour tourner.* ◆ ***s'appuyer*** v. pr. **1.** *S'appuyer sur qqch, qqn,* s'en servir comme d'un support, comme d'un soutien : *S'appuyer sur la rampe du balcon* (syn. S'ACCOUDER). *Je m'appuie sur une documentation solide* (syn. SE BASER). *Je m'appuie sur son autorité. Il s'appuie entièrement sur vous* (syn. SE REPOSER, COMPTER). — **2.** Pop. *S'appuyer qqch, de* (+ *inf.*), le faire contre son gré : *Il s'est appuyé tout le travail des absents. Je me suis appuyé de venir jusqu'ici.*

âpre [ɑpr] adj. (lat. *asper*). **1.** (après le n.) Qui produit une sensation désagréable par son goût, sa sonorité, sa rudesse : *Des poires encore vertes, âpres et même amères* (syn. ÂCRE). *La voix âpre d'un homme en colère* (syn. RUDE). *Il souffle un vent âpre.* — **2.** (avant ou après le n.) Qui présente un caractère de violence et de dureté : *Les partis se livrent une lutte âpre pour la possession du pouvoir* (syn. SÉVÈRE, VIOLENT). *Une âpre discussion s'éleva entre elles* (syn. RUDE; contr. COURTOIS). — **3.** *Âpre au gain,* avide de faire des bénéfices, des profits; très attaché à l'argent (syn. CUPIDE).

âprement [ɑprəmɑ̃] adv. De façon âpre, violente : *Se défendre âprement* (syn. FAROUCHEMENT). *Je blâme âprement sa désinvolture* (syn. DUREMENT).

après [aprɛ] prép. et adv. (bas lat. *ad pressum,* auprès de). Indique : **1.** Postériorité dans le temps : *Un an après sa mort, on l'avait complètement oublié. Elle est arrivée bien après moi. Ne vous décidez qu'après mûre réflexion. N'allez pas trop vite; il sera trop tard après pour regretter* (syn. ENSUITE). *Après bien des difficultés, il réussit. Après le repas, nous irons au cinéma. Et que ferez-vous après? Vingt ans après, la guerre recommença;* comme compl. du n. : *La minute d'après, il sortit* (syn. SUIVANT). *La semaine d'après, elle fut malade.* — **2.** Postériorité de situation dans l'espace, dans le cours d'un mouvement réel ou figuré : *La maison est juste après l'église* (en partant d'ici). *Allez jusqu'à l'angle de la rue, après vous verrez la rivière* (syn. ET PUIS, ENSUITE). *Elle traîne après elle deux enfants* (= derrière elle); comme compl. du n. : *Vous le trouverez à la maison d'après.* — **3.** Infériorité de rang : *Dans la hiérarchie des grades, le lieutenant vient après* (derrière) *le capitaine. L'amusement passe après le travail. Qui mettez-vous après?* — **4.** Hostilité ou attachement, contact immédiat avec (prép. ou adv. avec un nombre limité de v.) [généralement fam.] : *Les chiens aboient après le facteur. Il crie après les enfants. Pourquoi toujours crier après? Elle est furieuse après son mari. Il grimpe après l'arbre. Il est après son travail* (= il s'en occupe sans cesse). *Il est toujours après. On attend après lui* (= on désire sa venue). *Il court après elle. Il demande après lui.* — **5.** *Après cela,* ensuite. ‖ *Après coup,* une fois la chose faite, trop tard : *Après coup, elle a regretté d'être venue.* ‖ *Après tout,* tout bien considéré. ‖ *Ci-après,* un peu après; un peu plus loin. ‖ *Et (puis) après!,* cela ne change rien, il n'y a pas lieu d'en déduire des conclusions : *Tu as déchiré ma lettre, et puis après!* ‖ *D'après,* prép. (conformément à, selon le modèle de) : *Il peint d'après nature. D'après ses dires, il n'était pas chez lui à cette heure. D'après vous, quel est le coupable?* (syn. SELON, POUR). *On peut juger de l'ensemble d'après ce spécimen* (syn. PAR, SUR). ◆ prép. (+ inf. passé), ***après que*** conj. (+ ind. ou subj.) [postériorité dans le temps] : *Après avoir souri, elle lui pardonna. Bien des années après qu'ils furent partis, on reconstruisit la maison.*

après-demain [aprɛdmɛ̃] adv. Le second jour après aujourd'hui : *Nous sommes dimanche : je reviendrai après-demain mardi.* (On dit fam. APRÈS APRÈS-DEMAIN pour le jour d'après.)

après-guerre [aprɛgɛr] n. m. ou f. (pl. *après-guerres*). Période qui suit une guerre : *La France a connu deux après-guerres depuis 1900, l'un après l'armistice de 1918, l'autre après la capitulation allemande de 1945.*

après-midi [aprɛmidi] n. m. ou f. inv. Partie de la journée comprise entre midi et la tombée de la nuit : *Passer ses après-midi au cinéma.*

après-rasage [aprɛrazaʒ] n. m. inv. Produit de toilette rafraîchissant que les hommes utilisent après s'être rasés.

après-ski [aprɛski] n. m. (pl. *après-skis*). Chaussure qu'on met aux sports d'hiver, quand on ne fait pas de ski.

après-vente [aprɛvɑ̃t] adj. inv. *Service après-vente,* service d'une entreprise commerciale, chargé d'assurer la mise en marche, l'entretien et la réparation d'un appareil, d'un véhicule, etc., acheté dans cette entreprise.

âpreté [ɑprəte] n. f. **1.** Caractère âpre, dur : *L'âpreté de l'hiver* (syn. RIGUEUR). — **2.** Caractère violent, farouche : *Soutenir des revendications avec âpreté* (syn. ACHARNEMENT ; contr. MODÉRATION).

a priori [aprijɔri] adv. (mots lat. signif. *en partant de ce qui est avant*). En partant de données, de principes antérieurs à l'expérience, aux faits examinés, d'après un système préalablement posé comme intangible : *Le témoignage de son adversaire est a priori sujet à caution* (syn. PAR PRINCIPE). *Il est dangereux de condamner a priori cette expérience économique* (contr. A POSTERIORI); sans connaissance préalable de la personne ou des faits : *Vous pouvez me faire part de vos projets de modernisation : a priori, je ne suis pas hostile.* ◆ n. m. inv. Préjugé : *Cette théorie repose sur un a priori.*

apriorisme [aprijɔrism] n. m. Raisonnement a priori : *Il se méfiait d'un apriorisme étroit.*

à-propos [aprɔpo] n. m. Ce qui vient juste au moment et dans les circonstances qui conviennent : *Répondre avec à-propos* (syn. PERTINENCE). *Faire preuve d'à-propos* (syn. PRÉSENCE D'ESPRIT). *Elle a l'esprit d'à-propos et elle sait faire face à n'importe quelle situation* (= esprit de repartie).

apte [apt] adj. (lat. *aptus*). *Apte à qqch, à* (+ *inf.*), qui a les qualités, les dispositions requises pour qqch : *Il est trop individualiste pour être apte à un travail en équipe. Cet élève a été jugé parfaitement apte à suivre la classe* (syn. CAPABLE DE).

aptitude [aptityd] n. f. Disposition naturelle : *Elle a une grande aptitude à s'adapter à n'importe quel milieu* (syn. CAPACITÉ). *Manifester des aptitudes pour les sciences* (syn. PRÉDISPOSITION).

aquaplaning [akwaplaniŋ] n. m. (mot angl.). Dérapage d'une automobile provoqué par l'existence d'une mince pellicule d'eau entre la chaussée et les pneus.

aquarelle [akwarɛl] n. f. (de l'it. *acqua*, eau). Peinture faite avec des couleurs délayées dans l'eau, donnant un aspect léger et transparent (par oppos. à la *gouache*); tableau ainsi fait : *Peindre à l'aquarelle. Les aquarelles de Delacroix.*

aquarelliste [akwarɛlist] n. Peintre d'aquarelles : *Le peintre Seurat fut un remarquable aquarelliste.*

aquarium [akwarjɔm] n. m. (mot lat. signif. *réservoir*). **1.** Réservoir d'eau douce ou d'eau de mer dans lequel on entretient des plantes aquatiques, des poissons, etc. : *On maintient les aquariums à une température constante.* — **2.** Local où on a réuni, pour les besoins scientifiques, de nombreux aquariums et où le public est admis : *L'aquarium du Trocadéro à Paris.*

aquatique [akwatik] adj. (du lat. *aqua*, eau). *Plante, animal aquatique*, qui pousse, qui vit dans l'eau douce ou sur le bord des marais et des rivières : *Les algues sont des plantes aquatiques. Le flamant rose est un oiseau aquatique.*

aqueduc [akdyk] n. m. (lat. *aquae ductus*, conduite d'eau). Canal qui capte l'eau potable et la conduit d'un lieu à un autre : *Les aqueducs peuvent être souterrains ou aériens.*

aqueux, euse [akø] adj. (lat. *aquosus*). **1.** Qui contient de l'eau. — **2.** *Solution aqueuse*, dont l'eau est le solvant.

aquilin [akilɛ̃] adj. m. (du lat. *aquila*, aigle). *Nez aquilin*, nez recourbé en bec d'aigle (syn. NEZ BOURBONIEN).

ara [ara] n. m. Grand perroquet d'Amazonie.

arabe [arab] adj. et n. (lat. *arabus*). Qui parle la langue arabe ; originaire ou habitant de l'Arabie Saoudite. ◆ n. m. Langue sémitique dont les dialectes parlés diffèrent sensiblement, mais dont la forme écrite est commune.

arabesque [arabɛsk] n. f. (it. *arabesco*). **1.** *Litt.* Ornement peint ou sculpté formé de lignes sinueuses et entrelacées : *Multiplier les arabesques dans sa signature.* — **2.** Sinuosités et entrelacs tracés avec un certain souci de décoration.

arabisant, e [arabizɑ̃] n. Spécialiste de la langue ou de la civilisation arabes.

arabiser [arabize] v. t. Donner un caractère arabe : *Arabiser l'enseignement, c'est substituer l'arabe à la langue en usage.*

arable [arabl] adj. (du lat. *arare*, labourer). *Terre arable*, partie superficielle du sol, propre à la culture : *On ne trouvait de terres arables qu'au fond de la vallée* (syn. CULTIVABLE, LABOURABLE).

arabophone [arabɔfɔn] adj. et n. Qui parle arabe.

arachide [araʃid] n. f. (gr. *arakhidna*). Plante africaine dont les graines, appelées *cacahuètes*, fournissent de l'huile ou se mangent grillées.

araignée [areɲe] n. f. (lat. *aranea*). **1.** Petit animal articulé, à quatre paires de pattes, dont les espèces communes en France construisent des *toiles*, pièges pour des insectes. — **2.** Fam. *Avoir une araignée au plafond*, avoir l'esprit dérangé, être un peu fou.

araser [araze] v. t. (de *ras*). User un relief, une surface jusqu'à disparition des saillies : *Un massif arasé par l'érosion* (syn. APLANIR).

aratoire [aratwar] adj. (du lat. *arare*, labourer). Se dit d'un outil servant à la culture des terres (techn.) : *La charrue est un instrument aratoire.*

arbalète [arbalɛt] n. f. (lat. *arcuballista*, baliste à arc). Arme du Moyen Âge, faite d'un arc d'acier monté sur un fût.

arbalétrier [arbaletrije] n. m. Celui qui était armé d'une arbalète.

arbitrage [arbitraʒ] n. m. Action d'arbitrer : *L'arbitrage du match a été impartial.*

arbitraire [arbitrɛr] adj. **1.** Se dit de ce qui n'est pas fondé sur la raison, qui ne répond pas à une nécessité logique : *Faute d'une documentation suffisante, nous avons dû faire un choix arbitraire* (syn. GRATUIT). *Donnons à x une valeur arbitraire* (syn. CONVENTIONNEL). *Les mots sont des signes arbitraires* (= il n'y a pas de lien naturel entre leur forme et leur sens). — **2.** Se dit d'une décision prise sans aucune considération de justice, d'équité : *Les arrestations arbitraires se multiplient* (syn. INJUSTIFIÉ). *La détention arbitraire d'un suspect* (syn. IRRÉGULIER). *Imposer un pouvoir arbitraire* (syn. DESPOTIQUE). ◆ n. m. Autorité qui n'est soumise à aucune règle : *La presse subit le règne de l'arbitraire* (BON PLAISIR).

arbitrairement [arbitrɛrmɑ̃] adv. De façon arbitraire : *Un symbole choisi arbitrairement* (syn. CONVENTIONNELLEMENT).

1. arbitre [arbitr] n. m. (lat. *arbiter*). **1.** Celui qui est choisi pour régler un différend, pour veiller à la régularité d'épreuves sportives : *On la prit pour arbitre dans cette querelle. L'arbitre siffle une faute.* — **2.** Celui qui dispose du sort des autres et règle à son gré leur activité : *Ce groupe politique est devenu l'arbitre de la situation* (syn. MAÎTRE).

2. arbitre [arbitr] n. m. (lat. *arbitrium*). *Libre arbitre*, faculté qu'a la volonté de se déterminer librement : *Il n'a plus son libre arbitre : il agit sous la contrainte.*

arbitrer [arbitre] v. t. Juger comme arbitre : *Arbitrer un match. Arbitrer un conflit.*

arborer [arbɔre] v. t. (it. *arborare*, dresser un mât). **1.** *Arborer un drapeau*, le monter en haut d'un mât, le mettre sur la façade d'une maison, etc. — **2.** *Arborer un insigne, un chapeau*, etc., le porter d'une manière apparente, avec fierté. — **3.** (sujet un journal) *Arborer un titre, une manchette,* etc., avoir un titre, une manchette en gros caractères pour appeler l'attention sur un événement important. — **4.** *Arborer un sourire,* laisser voir sa joie, sa satisfaction.

arborescent, e [arbɔrɛsɑ̃] adj. (lat. *arborescens*). Qui a la forme, le caractère ou les dimensions d'un arbre : *Une fougère arborescente.*

arboricole [arbɔrikɔl] adj. Qui vit dans les arbres.

arboriculteur, trice [arbɔrikyltœr] n. Personne qui cultive les arbres.

arboriculture [arbɔrikyltyr] n. f. Culture des arbres.

arbre [arbr] n. m. (lat. *arbor*). **1.** Plante dont la tige, ou tronc, chargée de branches, peut atteindre de grandes dimensions : *Abattre un arbre. Les arbres donnent de l'ombre. Le vent arrache les feuilles des arbres.* — **2.** *Arbre de Noël* → NOËL. ‖ *Arbre généalogique* → GÉNÉALOGIQUE. — **3.** Axe destiné à transmettre le mouvement d'une machine (techn., souvent + adj. ou compl. : *arbre moteur*).

arbrisseau [arbriso] n. m. Syn. litt. de ARBUSTE.

arbuste [arbyst] n. m. Petit arbre, ramifié dès la base et de faible hauteur : *Planter quelques arbustes le long de l'allée du jardin.*

arc [ark] n. m. (lat. *arcus*). **1.** Arme formée d'une baguette de bois ou de métal qu'on courbe au moyen d'une corde tendue avec effort, et avec laquelle on lance des flèches : *Une tireuse à l'arc.* — **2.** *Arc de cercle,* portion de cercle comprise entre deux points : *La déviation de la route décrit un arc de cercle autour de la ville* (syn. COURBE). — **3.** En architecture, voûte (l'adj. ou le compl. indique la forme) : *Arc en ogive. Arc en plein cintre.* — **4.** *Arc de triomphe,* monument en forme d'arc, élevé en l'honneur de qqn ou pour commémorer un événement.

arcade [arkad] n. f. (it. *arcata*). **1.** Galerie couverte, soutenue par des piliers et des colonnes (surtout pl.) : *Les arcades de la rue de Rivoli à Paris.* — **2.** *Arcade sourcilière* → SOURCILIÈRE.

arcanes [arkan] n. m. pl. (lat. *arcanus,* secret). Litt. *Les arcanes d'une science, d'une technique,* les secrets, les mystères qu'elles présentent pour le profane : *Elle se retrouvait facilement dans les arcanes de la classification zoologique.*

arc-boutant [arkbutɑ̃] n. m. (pl. *arcs-boutants*). Demi-arc qui, à l'extérieur d'un édifice gothique, sert à neutraliser la poussée des voûtes sur la croisée d'ogives, en la reportant sur des contreforts.

arc-bouter (s') [arkbute] v. pr., **être arc-bouté** v. pass. (de *arc* et anc. fr. *bouter,* pousser) [sujet qqn] *S'arc-bouter, être arc-bouté sur, à, contre qqch (concret),* y prendre appui pour exercer une traction ou une pesée plus forte ou offrir une résistance plus grande à la poussée : *Il s'arc-boute au sol pour arracher la racine. Les pieds arc-boutés au mur, il retenait la porte* (syn. APPUYÉ, ADOSSÉ).

arceau [arso] n. m. (de *arc*). Arc en forme de demi-cercle; objet qui a cette forme : *Les arceaux d'une voûte. Les arceaux d'un jeu de croquet.*

arc-en-ciel [arkɑ̃sjɛl] n. m. (pl. *arcs-en-ciel* [arkɑ̃sjɛl]) Phénomène météorologique en forme d'arc lumineux, présentant les sept couleurs du spectre (violet, indigo, bleu, vert, jaune, orangé, rouge) : *Les arcs-en-ciel sont visibles souvent après une averse, et semblent ainsi annoncer le beau temps.*

archaïque [arkaik] adj. Qui relève d'une époque passée : *Les formes les plus archaïques de la civilisation* (syn. PRIMITIF). *Les structures archaïques de l'agriculture de certaines régions* (syn. ANCIEN, PÉRIMÉ; contr. MODERNE, RÉNOVÉ).

archaïsant, e [arkaizɑ̃] adj. Qui affecte l'archaïsme : *Le style archaïsant des «Mémoires» de Saint-Simon.*

archaïsme [arkaism] n. m. (du gr. *arkhaios,* ancien). **1.** Caractère d'une forme de langue (mot, construction, etc.) ou d'un procédé qui appartiennent à une époque antérieure à celle où ils sont employés; ce mot ou cette construction : *Cet écrivain considère l'archaïsme comme une marque de distinction* (contr. NÉOLOGISME). *Une construction comme «je ne le peux prévoir» est un archaïsme de syntaxe.* — **2.** Caractère de ce qui date d'une autre époque; désuet ou périmé : *L'archaïsme de ses procédés de fabrication a provoqué la ruine de cette industrie.*

archange [arkɑ̃ʒ] n. m. Ange d'un rang supérieur.

1. arche [arʃ] n. f. (lat. *arcus*). **1.** Voûte en forme d'arc, que supportent les piles d'un pont.

2. arche [arʃ] n. f. (lat. *arca,* coffre). *L'arche de Noé,* selon la Bible, grand bateau que Noé construisit par ordre de Dieu pour se sauver du Déluge, ainsi que sa famille et toutes sortes d'animaux.

archéologie [arkeɔlɔʒi] n. f. (gr. *arkhaios,* ancien, et *logos,* science). Étude des civilisations passées grâce aux monuments et objets qui en subsistent.

archéologique [arkeɔlɔʒik] adj. Relatif à l'archéologie.

archéologue [arkeɔlɔg] n. Spécialiste d'archéologie.

archer [arʃe] n. m. Tireur à l'arc.

archet [arʃɛ] n. m. (de *arc*). Baguette sur laquelle est tendue une mèche de crins, et qui sert à faire vibrer les cordes des violons, violoncelles, etc.

archétype [arketip] n. m. (gr. *arkhetupos,* modèle primitif). Image, modèle primitifs.

archevêque [arʃəvɛk] n. m. Évêque d'une province ecclésiastique qui comprend plusieurs diocèses et dont le siège porte le titre d'*archevêché* (n. m.).

archi- [arʃi], préfixe (du gr. *arkhein,* commander) entrant dans la composition d'adjectifs, familiers et souvent péjoratifs, pour exprimer l'idée de superlatif *(archifou, archimillionnaire)* ou une idée de supériorité hiérarchique (en ce sens, il n'est plus productif).

archiduc [arʃidyk] n. m. Titre que prenaient les princes de la maison d'Autriche (hist.).

archiduchesse [arʃidyʃɛs] n. f. **1.** Femme d'un archiduc. — **2.** Titre donné aux filles et aux sœurs des empereurs d'Autriche.

archipel [arʃipɛl] n. m. (it. *arcipelago*). Ensemble d'îles disposées en groupe à l'intérieur d'une surface maritime définie : *Les îles de la mer Égée forment un archipel.*

architecte [arʃitɛkt] n. (gr. *arkhitektôn,* maître constructeur). Personne qui réalise les plans d'édifices de tous ordres et en dirige l'exécution.

architectural, e, aux [arʃitɛktyral] adj. Qui relève de l'architecture, de ses effets : *La remarquable disposition architecturale du palais de l'Unesco.*

architecture [arʃitɛktyr] n. f. **1.** Art et manière de construire les édifices : *La cathédrale de Chartres, merveille de l'architecture gothique.* — **2.** Disposition de l'édifice : *L'architecture majestueuse des temples de la Grèce.* — **3.** Structure ou construction complexe : *L'architecture savante d'un roman de Marguerite Yourcenar.*

architecturer [arʃitɛktyre] v. t. Construire, agencer avec rigueur.

archivage [arʃivaʒ] n. m. Action d'archiver.

archiver [arʃive] v. t. Mettre dans des archives.

archives [arʃiv] n. f. pl. (gr. *arkheia*). Ensemble de documents (pièces manuscrites, imprimés, etc.) qui provienent d'une collectivité, d'une famille ou d'un individu : *Les archives de la Ville de Paris ont disparu dans l'incendie de l'Hôtel de Ville, en 1871. Le service des archives d'une entreprise.*

archiviste [arʃivist] n. Personne qui a la garde des archives.

arçon [arsɔ̃] n. m. (du lat. *arcus,* arc). Partie avant ou arrière de la selle (surtout pl.) : *Vider les arçons* (= tomber de cheval). *Rester ferme sur ses arçons* (= se tenir bien en selle).

arctique [arktik] adj. (gr. *arktikos,* du nord). Relatif au pôle Nord : *Expédition arctique* (= vers les régions proches du pôle). *Faune arctique* (= celle du Grand Nord).

ardemment [ardamɑ̃] adv. Avec ardeur, passion, fougue : *Je souhaite ardemment votre retour.*

ardent, e [ardɑ̃] adj. (du lat. *ardere,* brûler). **1.** Qui chauffe (soutenu) : *Le soleil est ardent à midi* (syn. CHAUD, BRÛLANT). — **2.** Qui cause une sensation de chaleur : *Être en proie à une fièvre ardente* (syn. VIF). *Une soif ardente.* — **3.** Se dit de qqch qui a un caractère de violence, de force, de passion : *Mener une lutte ardente contre les abus* (syn. ACHARNÉ). *Il a d'ardentes convictions* (syn. PASSIONNÉ). *Adresser une ardente prière à un protecteur.* — **4.** Se dit de qqn plein de fougue : *Être ardent dans la discussion* (syn. FOUGUEUX; contr. ENDORMI). — **5.** *Ardent à qqch,* qui s'y porte, s'y adonne avec ardeur : *Il est ardent au travail. Être ardent au combat* (syn. PRÊT À, EMPRESSÉ À).

ardeur [ardœr] n. f. (lat. *ardor*). **1.** Chaleur extrême (soutenu) : *L'ardeur du soleil est telle qu'on ne peut pas sortir.* — **2.** Force qui porte à faire qqch : *Elle a conservé encore toute l'ardeur de sa jeunesse* (syn. DYNAMISME, FOUGUE). *Tu ne montres aucune ardeur au travail* (syn. EMPRESSEMENT). *L'ardeur des combattants a faibli* (syn. IMPÉTUOSITÉ). *Il essaya de réveiller l'ardeur des manifestants* (syn. ENTHOUSIASME).

ardoise [ardwaz] n. f. (mot gaul.). **1.** Schiste noirâtre qui peut se diviser en feuilles minces, utilisées pour la couverture des maisons, la fabrication de crayons, de tablettes pour écrire, etc. : *Les épiciers portent encore parfois sur des ardoises les comptes de leurs clients.* — **2.** Pop. *Avoir une ardoise chez un commerçant,* acheter chez lui à crédit ou lui devoir de l'argent.

ardoisière [ardwazjɛr] n. f. Carrière d'ardoise.

ardu, e [ardy] adj. (lat. *arduus*). Se dit d'un travail qu'il est difficile de mener à bien, d'un problème qu'il n'est pas aisé de résoudre : *Une tâche ardue* (syn. PÉNIBLE; ↓MALAISÉ). *La question est ardue et exige de la réflexion* (syn. DUR; contr. FACILE, AISÉ).

are [ar] n. m. (lat. *area,* surface). Unité de mesure des surfaces agraires (symb. a), équivalant à l'aire d'un carré de 10 m de côté.

arène [arɛn] n. f. (lat. *arena,* sable). **1.** Espace sablé situé au centre des amphithéâtres romains et où les gladiateurs livraient leurs combats. — **2.** Terrain où se livrent les luttes politiques, littéraires : *Un nouveau parti apparaît sur l'arène politique.* ◆ **arènes** n. f. pl. **1.** Amphithéâtre antique : *Les arènes de Nîmes.* — **2.** Édifice de construction analogue aménagé pour les courses de taureaux : *Les arènes de Bayonne.*

aréopage [areɔpaʒ] n. m. (gr. *Areios pagos,* colline d'Arès). *Litt.* Assemblée, groupe de personnes éminentes, écrivains, savants, juristes, etc. : *Un aréopage de critiques se réunit pour attribuer un prix littéraire.*

arête [arɛt] n. f. (lat. *arista,* épi). **1.** Os mince et pointu qui se trouve chez presque tous les poissons. — **2.** Angle saillant, en particulier d'un rocher; ligne d'intersection de deux versants montagneux : *Grimper le long de l'arête rocheuse. L'arête du nez. L'arête d'un toit* (syn. FAÎTE).

argent [arʒɑ̃] n. m. (lat. *argentum*). **1.** Métal précieux, brillant et inoxydable, qui, mêlé à du cuivre, sert en particulier à faire des pièces de monnaie. — **2.** Litt. *D'argent,* qui a l'éclat, la blancheur du métal : *Les reflets d'argent de l'étang sous la lune* (syn. ARGENTÉ). — **3.** Toute monnaie, de quelque métal ou nature qu'elle soit (billet, pièces, etc.), qui sert de numéraire : *Je n'ai pas d'argent sur moi, pouvez-vous me prêter cent francs? Argent de poche* (= somme destinée à de petites dépenses personnelles). *C'est un homme (une femme) d'argent* (= intéressé). *Elle a de l'argent* (= elle est riche). *Nous en voulons pour notre argent* (= il faut que l'achat réponde à ce que nous en attendons). *Il en a pour son argent* (= en proportion de ce qu'il a déboursé ou de sa peine). *Elle fait argent de tout* (= elle tourne toutes les circonstances à son profit immédiat). *L'argent n'a pas d'odeur* (= peu importe d'où il vient). *Payer en argent frais* (= en billets et non pas en actions ou en obligations). *Les puissances d'argent dominent la vie politique* (= les groupements financiers, les banques).

argenté, e [arʒɑ̃te] adj. **1.** *Litt.* Qui a la couleur ou l'éclat de l'argent (métal) : *Les flots argentés. Il est très fier de sa barbe d'un gris argenté* (= mêlé de blanc). — **2.** Fam. *N'être pas argenté,* avoir peu d'argent (monnaie).

argenter [arʒɑ̃te] v. t. Recouvrir d'argent (métal) : *Des cuillers de métal argenté.*

argenterie [arʒɑ̃tri] n. f. Vaisselle, couverts en argent : *La maîtresse de maison sortit l'argenterie pour le mariage de sa fille.*

argentier [arʒɑ̃tje] n. m. *Le grand argentier,* le ministre des Finances (ironiq.).

argentin, e [arʒɑ̃tɛ̃] adj. Litt. *Son argentin,* clair comme celui d'une pièce d'argent qu'on fait sonner.

argile [arʒil] n. f. (lat. *argilla*). **1.** Terre glaise, molle et grasse, qui, imbibée d'eau, constitue une pâte dont se servent en particulier les sculpteurs. — **2.** *Colosse aux pieds d'argile,* dont la puissance apparente repose sur des bases fragiles.

argileux, euse [arʒilø] adj. Relatif à l'argile : *Terrain argileux.*

argot [argo] n. m. (orig. obscure). **1.** Ensemble de termes, de locutions ou de formes grammaticales dont usent les gens d'un même groupe social ou professionnel, et par lesquels ils se distinguent des autres groupes : *Argot scolaire* (= des écoliers). *Argot militaire. Argot des typographes.* — **2.** Langue populaire en général : *Employer des mots d'argot. Parler argot.*

argotique [argɔtik] adj. Relatif à l'argot : *Certains termes argotiques ont pu passer dans la langue courante.*

arguer [argɥe] v. t. (lat. *arguere,* prouver) [l'e muet et l'*i* qui suivent le radical peuvent prendre un tréma : *Il arguë, nous arguïons*] Litt. *Arguer de qqch, arguer que* (+ *ind.*), en déduire une conséquence, prétexter que : *Arguer de son ancienneté pour obtenir un avancement* (syn. SE PRÉVALOIR DE, FAIRE ÉTAT DE). *Elle argue qu'elle a de lourdes charges familiales pour demander une augmentation* (syn. FAIRE VALOIR).

argument [argymɑ̃] n. m. (lat. *argumentum*). **1.** Preuve, raisonnement apportés à l'appui d'une affirmation : *Développer des arguments convaincants* (syn. RAISON). *Appuyer son affirmation d'arguments très clairs* (syn. DÉMONSTRATION). *Il tire argument de sa mauvaise santé pour abandonner toute activité* (= il prétexte). *Invoquer un argument d'ordre moral. C'est un argument sans réplique.* — **2.** Abrégé d'une pièce de théâtre, d'un ouvrage littéraire, etc. : *Le programme donnait l'argument de la comédie.*

argumentation [argymɑ̃tasjɔ̃] n. f. Ensemble des raisonnements étayant une affirmation, une thèse : *Être sensible à la force d'une argumentation.*

argumenter [argymɑ̃te] v. i. Présenter une série d'arguments : *Il argumente sans cesse avec des contradicteurs* (syn. DISCUTER).

argutie [argysi] n. f. (lat. *argutia,* subtilité). Raisonnement d'une subtilité excessive, dont on use en général pour dissimuler le vide de la pensée ou l'absence de preuve : *Les avocats multiplièrent les arguties juridiques pour retarder le procès* (syn. non péjor. ARGUMENT). *Une distinction qui apparaît comme une argutie aux yeux des non-spécialistes* (syn. FINESSE).

aria [arja] n. f. (mot it.). Air, mélodie; grand air dans l'opéra.

aride [arid] adj. (lat. *aridus*). 1. Se dit d'un sol qui, faute d'humidité, ne peut rien produire : *La terre aride est craquelée de place en place* (syn. SEC). *Des étendues arides, couvertes de sel, s'étendent à peu de distance de Djibouti* (syn. DÉSERTIQUE, INCULTE). — 2. *Litt.* Qui manque de sensibilité, d'imagination : *Les épreuves et les déceptions avaient rendu son cœur aride. Un esprit aride.* — 3. Dépourvu de charme, d'agrément : *Il a traité ce sujet aride avec une rare conscience* (syn. INGRAT).

aridité [aridite] n. f. 1. Caractère aride, sec : *L'aridité du sol empêche toute culture* (syn. SÉCHERESSE). — 2. Caractère rebutant par la difficulté : *L'aridité de la matière traitée par le livre ne le rebute pas.*

aristocrate [aristɔcrat] n. 1. Membre de la classe des nobles, des privilégiés (souvent péjor.) : *Les aristocrates détenaient encore, au XIXe s., une grande partie de la propriété foncière* (syn. NOBLE; péjor. HOBEREAU). — 2. Personne qui a de la distinction, qui a des manières, des qualités mondaines : *À son élégance et à son langage recherché, on sent chez lui l'aristocrate* (syn. HOMME DU MONDE).

aristocratie [aristɔkrasi] n. f. (gr. *aristokrateia,* gouvernement des meilleurs). 1. Classe des nobles : *L'aristocratie, déchue de sa puissance ancienne, tenta, à la mort de Louis XIV, de reconquérir une partie de son pouvoir* (syn. NOBLESSE; contr. ROTURIERS, BOURGEOISIE). — 2. *Litt.* Élite scientifique ou artistique : *Il croyait appartenir à une nouvelle aristocratie, celle de la science.*

aristocratique [aristɔkratik] adj. Qui relève de l'aristocratie (non péjor.) : *Elle a des manières aristocratiques* (syn. DISTINGUÉ, RAFFINÉ; contr. VULGAIRE).

arithmétique [aritmetik] n. f. (gr. *arithmêtikê,* science des nombres). Partie des mathématiques qui étudie les propriétés des nombres; art de calculer, de compter : *L'addition, la soustraction, la multiplication et la division sont les quatre opérations élémentaires de l'arithmétique.* ◆ adj. Fondé sur l'arithmétique : *Faire des opérations arithmétiques.*

arlequin, e [arləkɛ̃] n. (de l'anc. fr. *Hellequin,* n. d'un diable). Personne déguisée d'un costume fait de losanges ou de triangles de toutes les couleurs, reproduisant celui d'Arlequin, personnage de la comédie italienne.

armateur [armatœr] n. m. Celui qui prend à son compte l'équipement d'un navire.

armature [armatyr] n. f. (lat. *armatura*). 1. Assemblage, dispositif rigide qui maintient ensemble ou renforce les différentes parties d'un tout. — 2. Ce qui sert de base, de soutien à une organisation quelconque : *L'armature d'un parti politique.*

arme [arm] n. f. (lat. *arma,* armes). 1. Tout ce qui sert à attaquer ou à se défendre (instrument, moyen technique, argument, etc.) : *Manier une arme. Une arme à feu* (= fusil, revolver, etc.). *Une arme blanche* (= couteau, baïonnette, etc.). *L'arme psychologique vise à la démoralisation de l'adversaire. L'ennemi mit bas les armes, déposa les armes, rendit les armes* (= se rendit). *Une troupe de soldats en armes. Tu as usé contre moi de l'arme de la calomnie.* — 2. Pop. *Passer l'arme à gauche,* mourir. ◆ ***armes*** n. f. pl. 1. Profession militaire; la guerre (dans quelques express.) : *La carrière des armes. Il est sous les armes* (= il est à l'armée). *Des frères d'armes* (= de combat). — 2. Symboles formant le blason d'une famille, d'une ville, etc. : *Les armes de la Ville de Paris.* — 3. *Donner, fournir des armes contre soi,* donner soi-même des raisons, des arguments, des moyens à ses adversaires. ‖ *Faire ses premières armes,* débuter dans une carrière : *J'ai fait mes premières armes dans un petit journal de province.* ‖ *Par les armes,* par la violence, au moyen de la force militaire. ‖ *Passer qqn par les armes,* le fusiller. ‖ *Porter les armes contre,* faire la guerre à : *Porter les armes contre ses propres concitoyens.* ‖ *Prendre les armes,* se soulever, partir pour combattre. ‖ *Présenter les armes,* se dit d'un soldat qui salue selon des modalités précises. ‖ *Prise d'armes,* cérémonie militaire à laquelle participe la troupe en armes. ‖ *Tourner les armes contre qqn,* le combattre après avoir été son allié ou son ami. ‖ *Troupe en armes,* équipée d'armes.

armé, e [arme] adj. Pourvu d'un renforcement de métal : *Le béton armé.*

armée [arme] n. f. 1. Forces militaires d'un pays ou d'un groupe de pays : *Les partisans n'appartenaient pas à l'armée régulière. Être aux armées* (= en opérations militaires). *La zone des armées* (= zone de combat). *Armée de terre, de mer, de l'air* (= les troupes terrestres, la marine, l'aviation). — 2. (au sing. avec art. déf.) Métier militaire : *Un journal condamné pour injures envers l'armée. Nous nous sommes connus à l'armée* (= dans la vie militaire). — 3. Grande unité militaire : *Une armée comporte plusieurs corps d'armée, qui comprennent chacun plusieurs régiments.* — 4. *Une armée de* (+ *n. pl.*), une grande foule : *Une armée de paysans, en 1789, donna l'assaut aux châteaux* (syn. TROUPE, ↑ MASSE). *Une armée de moustiques les assaillit pendant la traversée des marais* (syn. QUANTITÉ, MULTITUDE).

armement [arməmɑ̃] n. m. 1. Action de munir d'armes : *L'armement des volontaires.* — 2. Ensemble des armes, des moyens d'attaque et de défense d'une troupe, d'un pays, d'un soldat; préparatifs de guerre : *Dépenser des sommes importantes pour des armements vite périmés. La course aux armements. L'armement individuel du fantassin.* — 3. Action d'équiper pour naviguer : *L'armement d'un navire* (= le matériel et l'équipage).

arménien, enne [armenjɛ̃] adj. et n. D'Arménie. ◆ ***arménien*** n. m. Langue des Arméniens.

armer [arme] v. t. (lat. *armare*). 1. *Armer qqn, un pays,* les fournir d'armes, de moyens d'attaque, de défense : *Armer des milices ouvrières. Attention, il est armé* (= il a une arme). — 2. *Armer qqch,* le garnir d'armes, d'une arme : *Armer une place, une forteresse. Une canne armée d'une pointe de fer.* — 3. *Armer une arme à feu,* l'enclencher pour qu'elle soit prête à tirer. — 4. *Armer qqn de qqch,* lui donner qqch comme moyen de défense, de protection (souvent pass.) : *Il faut armer le gouvernement de pouvoirs exceptionnels* (syn. DOTER, MUNIR). *Elle est armée de sa seule bonne volonté. Je suis bien armée contre toutes les objections qu'on peut me présenter.* — 5. *Forces armées,* ensemble des moyens militaires d'un pays, des armées. — 6. *Armer un navire,* l'équiper de ce qui est utile pour naviguer et lui fournir un équipage. — 7. *Armer un appareil,* tendre le ressort qui en assure le fonctionnement : *Armer un appareil photo, une caméra.* ◆ ***s'armer*** v. pr. 1. *S'armer de qqch (arme),* se munir d'une arme, prendre des armes pour combattre : *Il* *s'arma d'un bâton pour faire face à son adversaire.* — **2.** *S'armer de qqch (abstrait),* se munir de ce qui peut être utile pour faire face à un événement désagréable, etc. : *Armez-vous de patience, de courage.*

armistice [armistis] n. m. (du lat. *arma,* armes, et *sistere,* arrêter). Interruption momentanée des hostilités après accord entre les belligérants.

armoire [armwar] n. f. (lat. *armarium*). Grand meuble en bois ou en métal fermé de portes et servant à ranger les objets domestiques, le linge, etc.

armoiries [armwari] n. f. pl. (de l'anc. fr. *armoier,* orner d'armes héraldiques). Emblème en couleurs, propre à une famille : *La fleur de lis entre dans les armoiries de la maison de France.*

armorié, e [armɔrje] adj. Décoré d'armoiries : *Vaisselle armoriée.*

armure [armyr] n. f. (lat. *armatura*). Ensemble de pièces métalliques (casque, cuirasse, etc.) qui protégeait l'homme de guerre de la fin du Moyen Âge au XVIIe s.

armurerie [armyr(ə)ri] n. f. Magasin, atelier, activité de l'armurier.

armurier [armyrje] n. m. Personne qui vend ou répare des armes à feu.

arnaque [arnak] n. f. *Fam.* Escroquerie, tromperie : *Monter une arnaque.*

arnica [arnika] n. m. ou f. (du gr. *ptarein,* éternuer). Plante de montagne, à fleurs jaunes, dont on extrait une teinture utile en cas de contusion.

aromate [arɔmat] n. m. Substance qui répand une odeur agréable : *Une pommade faite d'aromates.*

aromatique [arɔmatik] adj. Qui dégage un parfum : *La lavande est une plante aromatique* (syn. ODORIFÉRANT).

aromatisé, e [arɔmatize] adj. Parfumé avec une substance aromatique : *Un chocolat aromatisé.*

arôme [arom] n. m. (gr. *arôma,* parfum). Odeur agréable qui se dégage d'une fleur, d'un vin, etc. : *L'arôme d'un bouquet d'œillets* (syn. PARFUM). *Ce bordeaux a un arôme incomparable* (syn. BOUQUET). *L'arôme d'une tasse de café, d'un civet de lièvre* (syn. FUMET).

arpège [arpɛʒ] n. m. (it. *arpeggio,* jeu de harpe). Exécution successive des notes d'un accord.

arpent [arpɑ̃] n. m. (gaul. *arepennis*). Anc. mesure agraire, qui n'est plus utilisée que dans quelques express., avec le sens de « surface peu étendue » : *Un champ de quelques arpents.*

arpenter [arpɑ̃te] v. t. Parcourir à grands pas : *J'arpentai longtemps les allées du jardin.*

arpenteur [arpɑ̃tœr] n. m. Professionnel qui effectue des relèvements de terrains et des calculs de surfaces.

arquer [arke] v. t. Courber en arc (surtout part. passé) : *Avoir les jambes arquées.*

arrachage [araʃaʒ] n. m. Action d'arracher : *L'arrachage des betteraves.*

arraché (à l') [araʃe] adv. Avec un effort violent : *Le concurrent a remporté la victoire à l'arraché.*

arrachement [araʃmɑ̃] n. m. Action de se détacher avec peine : *Leur séparation fut un véritable arrachement* (syn. DÉCHIREMENT).

arrache-pied (d') [araʃpje] adv. Avec acharnement : *Travailler d'arrache-pied.*

arracher [araʃe] v. t. (lat. *eradicare,* déraciner). **1.** *Arracher qqch (concret),* enlever avec effort ce qui tient à qqch, ce qui est enfoncé en terre, ce qui est accroché, enfoui, etc. : *Arracher les pommes de terre. Arracher les mauvaises herbes. Arracher une dent* (syn. EXTRAIRE, EXTIRPER). *Arracher un clou avec une tenaille.* — **2.** *Arracher qqch,* l'obtenir avec peine : *Arracher une augmentation de salaire. Je lui arrachai la promesse de m'écrire plus souvent* (syn. SOUTIRER). *Arracher la victoire à l'ennemi* (syn. ENLEVER). *Ce spectacle vous arrache des larmes* (syn. TIRER). — **3.** *Arracher qqn d'un endroit, d'un état,* l'en faire sortir de force, l'en retirer avec effort : *La sonnerie du réveil m'arracha du lit, du sommeil.* — **4.** *Arracher qqn à qqch,* l'en détacher avec peine, l'enlever à : *Qui pourra l'arracher à ses habitudes ?* (syn. DÉTACHER, DÉTOURNER DE). *Cette réflexion l'arracha à sa torpeur* (syn. TIRER, SOUSTRAIRE). *La mort l'a arraché à l'affection des siens* (syn. ↓ ENLEVER, ↓ ÔTER). ◆ ***s'arracher*** v. pr. **1.** Fam. *S'arracher les cheveux,* être désespéré de ne rien pouvoir faire ; être en face d'une situation compliquée. — **2.** *S'arracher de, à qqch,* se tirer avec effort hors d'un lieu, d'un état : *S'arracher de son lit, de sa torpeur. S'arracher au sommeil, au charme d'une conversation.* — **3.** *S'arracher qqn, qqch,* se disputer la présence de qqn, la possession de qqch.

arracheur [araʃœr] n. m. *Mentir comme un arracheur de dents,* avec impudence, effrontément.

arraisonnement [arɛzɔnmɑ̃] n. m. Fait d'arraisonner.

arraisonner [arɛzone] v. t. (du lat. *ratio,* compte). *Arraisonner un navire, un avion,* en contrôler la nationalité, la cargaison, la destination, etc.

arrangeant, e [arɑ̃ʒɑ̃] adj. De caractère facile, prêt à la conciliation : *Il est agréable d'avoir affaire à lui, car il est finalement très arrangeant* (syn. ACCOMMODANT).

arrangement [arɑ̃ʒmɑ̃] n. m. **1.** Action d'arranger ; manière dont qqch est arrangé : *L'arrangement des mots dans une phrase* (syn. DISPOSITION, ORDRE). *Modifier l'arrangement d'une pièce* (syn. INSTALLATION), *d'une coiffure* (syn. ORDONNANCEMENT). *Arrangement d'une partition pour le piano* (syn. ADAPTATION). — **2.** Accord conclu entre particuliers, entre États, etc. : *Un arrangement est intervenu entre la direction et les grévistes* (syn. COMPROMIS).

arranger [arɑ̃ʒe] v. t. (de *rang*) [c. 2] **1.** (sujet qqn) *Arranger qqch,* le disposer de façon convenable, le mettre ou le remettre en état : *Arranger sa coiffure. Arranger son appartement* (syn. INSTALLER). *Arranger sa vie pour n'avoir aucun souci* (syn. ORGANISER, RÉGLER). *Arranger une entrevue entre deux personnes* (syn. MÉNAGER). *Arranger un pique-nique* (syn. PRÉPARER). *Faire arranger sa montre* (syn. RÉPARER). *Arranger une pièce de théâtre pour les besoins de la mise en scène* (syn. ADAPTER). — **2.** (sujet qqn) *Arranger qqch,* le régler de façon à supprimer un différend, une difficulté : *Je vais vous arranger votre affaire.* — **3.** *Fam.* (sujet qqn) *Arranger qqn,* dire du mal de lui ou lui donner des coups. — **4.** (sujet qqch) *Arranger qqn,* lui être adapté, lui convenir : *Cela m'arrange qu'il y ait un train de bonne heure le matin* (syn. CONVENIR À). *Il est difficile d'arranger tout le monde* (syn. SATISFAIRE). ◆ ***s'arranger*** v. pr. **1.** Se mettre d'accord : *Les deux adversaires se sont finalement arrangés à l'amiable.* — **2.** (sujet qqch) Finir bien : *Vos affaires se sont arrangées comme vous le vouliez. Cela s'arrangera* (= cela ira mieux). — **3.** *S'arranger pour* (+ *inf.*), prendre ses dispositions pour : *Arrangez-vous pour avoir fini avant cinq heures.* — **4.** *S'arranger de qqch,* s'en satisfaire : *Ne vous inquiétez pas, je m'en arrangerai.*

arrestation [arɛstasjɔ̃] n. f. Action d'arrêter, d'appréhender qqn : *La police avait procédé à l'arrestation d'un criminel* (contr. MISE EN LIBERTÉ ; soutenu ÉLARGISSEMENT). *Être en état d'arrestation.*

arrêt [arɛ] n. m.

— **I. 1.** Action d'arrêter ou de s'arrêter : *L'arrêt de la maladie. L'arrêt des hostilités, des pourparlers* (syn. INTERRUPTION). *Un arrêt de travail* (= une grève). *Le*

taxi est à l'arrêt en bas de l'immeuble (syn. EN STATIONNEMENT). *L'expansion économique a subi un temps d'arrêt* (syn. PAUSE). *Couteau à cran d'arrêt.* — **2.** Station où s'arrête régulièrement un véhicule de transport en commun : *Un arrêt d'autobus* (syn. STATION). *Ne descendez pas, ce n'est pas l'arrêt.* — **3.** *Rester, tomber en arrêt devant qqch,* s'arrêter soudain devant qqch qui vous étonne : *On resta en arrêt devant ce spectacle insolite.* — **4.** *Sans arrêt,* de façon continue : *Travailler, parler sans arrêt.*
— **II. 1.** Décision de justice prise après délibération : *Le tribunal a rendu son arrêt* (syn. JUGEMENT). — **2.** *Mandat, maison d'arrêt* → MANDAT, MAISON. ◆ ***arrêts*** n. m. pl. Punition infligée à un officier, à un sous-officier : *Être aux arrêts. Mettre aux arrêts.*

arrêté [arɛte] n. m. Décision administrative : *Le maire a publié un arrêté interdisant le stationnement des voitures sur la place. Un arrêté préfectoral, ministériel.*

arrêter [arɛte] v. t. (lat. *restare,* rester).
— **I. 1.** *Arrêter qqn, qqch,* les empêcher d'avancer, les maintenir fixes, immobiles (souvent pass.) : *J'avais arrêté ma voiture dans la rue voisine. Arrêter un passant pour lui demander l'heure. La file des camions est arrêtée par un barrage* (syn. STOPPER, IMMOBILISER). *Rien ne l'arrête* (syn. REBUTER). — **2.** *Arrêter qqch,* interrompre une action, l'empêcher de se dérouler normalement ; en suspendre le cours : *Arrêter une fabrication excédentaire. On n'arrête pas le progrès* (syn. RETENIR). *Le trafic ferroviaire est complètement arrêté* (syn. SUSPENDRE). *Arrêter un compte à la date du 31 décembre* (syn. RÉGLER). — **3.** *Arrêter ses soupçons sur qqn,* le soupçonner : *Sur qui arrêtez-vous vos soupçons?* ◆ v. i. ou ***s'arrêter*** v. pr. **1.** Cesser d'avancer, d'agir, de parler : *Arrête près du carrefour. Dites au chauffeur de s'arrêter ou d'arrêter. Arrête-toi un peu et repose-toi.* — **2.** *Arrêter de* (+ *inf.*), cesser de faire : *Arrête* (ou *arrête-toi*) *de lire. Il n'arrête pas de parler.* ◆ ***s'arrêter*** v. pr., **être arrêté** v. pass. **1.** (sujet un mécanisme) Cesser de fonctionner : *Ma montre est arrêtée, j'ai oublié de la remonter hier soir. La pendule s'arrête continuellement.* — **2.** (sujet qqn) *S'arrêter qqpart,* y rester plus ou moins longtemps : *Il s'est arrêté au café pour prendre un rafraîchissement* (syn. S'ATTARDER). — **3.** (sujet qqn) *S'arrêter à qqch,* s'y maintenir après réflexion : *Elle s'est arrêtée finalement à notre projet initial;* y faire attention : *Il ne faut pas vous arrêter à des détails.*
— **II.** *Arrêter qqn,* le faire et le retenir prisonnier : *La police a arrêté le voleur* (syn. APPRÉHENDER).
— **III.** *Arrêter qqch,* le déterminer d'une façon définitive : *Arrêter le jour d'une réunion* (syn. FIXER). *Avoir une idée bien arrêtée sur le sujet. Arrêter son choix sur un lieu de vacances.*

arrhes [ar] n. f. pl. (lat. *arrha,* gage). Somme d'argent que l'acheteur remet au vendeur comme avance sur le prix d'achat : *Verser des arrhes. Exiger des arrhes lors de la vente d'un terrain.*

arrière [arjɛr] n. m. (lat. *ad retro,* en arrière). **1.** Partie d'un véhicule opposée à l'avant : *Le tuyau d'échappement débouche à l'arrière de la voiture* (= à la partie postérieure). *Le gouvernail est à l'arrière du bateau* (syn. POUPE; contr. AVANT, PROUE). — **2.** Joueur placé derrière les autres au football, au rugby, etc., et qui a surtout un rôle de défense (contr. AVANT). — **3.** Territoire ou population qui se trouve hors de la zone des combats : *Le ravitaillement venait difficilement de l'arrière* (contr. FRONT). (pl.) Zone opposée à celle qui fait face à l'ennemi, à l'adversaire, et où on a la possibilité de se retirer : *Protéger ses arrières contre une incursion ennemie.* — **4.** *En arrière,* dans le sens opposé à la marche : *Faire un pas en arrière. Se renverser en arrière. Rester en arrière de la colonne. En arrière, tout le monde!* (= reculez). ◆ adj. inv. Qui est à l'arrière, qui va vers l'arrière : *Les roues arrière d'une voiture. La marche arrière.*

arrière-ban [arjɛrbɑ̃] n. m. *Le ban et l'arrière-ban* → BAN.

arriéré, e [arjere] adj. et n. (de *arrière*). Dont le développement intellectuel et matériel, le degré d'instruction sont anormalement bas : *Une école spécialisée dans l'éducation des enfants arriérés, des arriérés* (syn. DÉBILE MENTAL). *Les régions arriérées et dépeuplées.* ◆ adj. Qui appartient à une époque périmée, démodée : *Il a des idées arriérées.* ◆ ***arriéré*** n. m. Ce qui reste dû d'une somme qu'on s'est engagé à payer à une date précise : *Rembourser l'arriéré.*

arrière-boutique [arjɛrbutik] n. f. (pl. *arrière-boutiques*). Pièce située derrière le local même de la boutique.

arrière-cour [arjɛrkur] n. f. (pl. *arrière-cours*). Petite cour servant de dégagement.

arrière-garde [arjɛrgard] n. f. (pl. *arrière-gardes*). **1.** Éléments qu'une troupe détache derrière elle afin de se protéger : *L'arrière-garde de l'armée de Charlemagne fut anéantie au col de Roncevaux.* — **2.** *Mener un combat d'arrière-garde,* défendre une cause qu'on sait perdue en raison du mouvement général des idées et des événements.

arrière-goût [arjɛrgu] n. m. (pl. *arrière-goûts*). **1.** Goût qui revient dans la bouche après qu'on a avalé certaines boissons ou certains aliments, et qui est très différent de celui qu'on a d'abord eu : *Ce vin a un arrière-goût amer.* — **2.** Souvenir vague qui subsiste chez qqn après un événement, une épreuve de sa vie : *Toute cette amitié disparue me laissait un arrière-goût d'amertume.*

arrière-grand-mère [arjɛrgrɑ̃mɛr] n. f. (pl. *arrière-grand-mères*). Mère du grand-père ou de la grand-mère.

arrière-grand-oncle [arjɛrgrɑ̃tɔ̃kl] n. m. (pl. *arrière-grands-oncles*). Frère de l'arrière-grand-père ou de l'arrière-grand-mère.

arrière-grand-père [arjɛrgrɑ̃pɛr] n. m. (pl. *arrière-grands-pères*). Père du grand-père ou de la grand-mère.

arrière-grands-parents [arjɛrgrɑ̃parɑ̃] n. m. pl. Parents du grand-père ou de la grand-mère.

arrière-grand-tante [arjɛrgrɑ̃tɑ̃t] n. f. (pl. *arrière-grand-tantes*). Sœur de l'arrière-grand-père ou de l'arrière-grand-mère.

arrière-pays [arjɛrpei] n. m. inv. Intérieur d'une région (par oppos. au bord de la mer, au port) : *La côte est rocheuse et âpre, mais l'arrière-pays est verdoyant.*

arrière-pensée [arjɛrpɑ̃se] n. f. (pl. *arrière-pensées*). Intention, pensée qu'on ne manifeste pas, mais qui est à l'origine de l'action présente : *J'ai agi sans arrière-pensée* (= sans dessein malveillant ; syn. CALCUL). *Accepter une proposition sans arrière-pensée* (syn. RÉTICENCE). *La sympathie soudaine qu'elle nous manifeste cache sans doute des arrière-pensées.*

arrière-petit-fils [arjɛrpətifis] n. m., **arrière-petite-fille** [arjɛrpətitfij] n. f. (pl. *arrière-petits-fils, -petites-filles*). Fils, fille du petit-fils, de la petite-fille.

arrière-petits-enfants [arjɛrpətizɑ̃fɑ̃] n. m. pl. Les enfants du petit-fils, de la petite-fille.

arrière-plan [arjɛrplɑ̃] n. m. (pl. *arrière-plans*). **1.** Ce qui, dans la perspective, est le plus éloigné de l'œil du spectateur : *Les montagnes enneigées forment un arrière-plan où se détachent les chalets de bois.* — **2.** Ce qui, dans une situation, reste dans l'ombre, ou a une importance secondaire : *Il y a dans leur rivalité un arrière-plan de jalousie. Le projet de traité est passé à* *l'arrière-plan des préoccupations diplomatiques* (syn. SECOND PLAN).

arrière-saison [arjɛrsɛzɔ̃] n. f. (pl. *arrière-saisons*). Fin de l'automne ou commencement de l'hiver : *Fruits et légumes de l'arrière-saison.*

arrière-train [arjɛrtrɛ̃] n. m. (pl. *arrière-trains*). **1.** Syn. de TRAIN DE DERRIÈRE : *Le chien posa son arrière-train près de la chaise de son maître.* — **2.** *Fam.* Postérieur : *Donner un coup de pied dans l'arrière-train* (syn. FESSES).

arrimage [arimaʒ] n. m. Action d'arrimer.

arrimer [arime] v. t. (de l'anc. angl. *rimen,* arranger). *Arrimer qqch,* fixer solidement la charge d'un navire, des colis dans un wagon, dans un camion, etc. : *Le chargement est mal arrimé et risque de tomber du camion.*

arrivage [arivaʒ] n. m. Action de parvenir à destination, en parlant de marchandises : *Les arrivages de légumes à Rungis sont insuffisants.*

arrivant, e [arivɑ̃] n. Personne qui arrive en un endroit déterminé : *Les premiers arrivants ont pris les meilleures places.*

arrivé, e [arive] n. Personne qui est parvenue en un endroit : *Les derniers arrivés n'ont pas pu entrer au stade.* ◆ adj. Qui a obtenu une situation sociale aisée, conforme à ses désirs.

arrivée [arive] n. f. Action d'arriver; moment ou endroit où arrive qqn, qqch : *Attendre l'arrivée du courrier. On signale l'arrivée du train* (syn. APPROCHE). *L'arrivée des coureurs au sommet du col. L'arrivée d'essence. L'arrivée est marquée par une ligne blanche au sol.*

arriver [arive] v. i. (bas lat. *arripare,* toucher à la rive) [auxil. *être*] **1.** (sujet qqch) Se produire, avoir lieu : *Il lui est arrivé une aventure extraordinaire* (syn. ADVENIR). *Un malheur n'arrive jamais seul* (syn. SURVENIR). *Il croit que c'est arrivé* (fam.; = il montre trop de confiance). — **2.** *Il arrive que* (+ *subj.*), il advient que : *Il arrive que le mois d'août soit pluvieux.* — **3.** (sujet qqn, qqch) Parvenir au lieu de destination, au terme de sa route, etc. : *Arriver à Paris. Le train arrive en gare. Arriver le premier. Il est arrivé mal à propos. Arriver en auto. Le courrier est arrivé. Des cris arrivaient jusqu'à lui. Arriver au terme de son existence;* parvenir à un certain état : *Elle est arrivée à un âge où il faut se reposer.* — **4.** (sans compl.) [sujet qqn] Parvenir à un état social jugé supérieur : *Je voulais arriver et je travaillais en conséquence* (syn. RÉUSSIR). — **5.** (sujet qqn) *Arriver à qqch, à* (+ *inf.*), réussir à l'obtenir, y parvenir : *Elle est arrivée à ses fins* (= elle a réussi dans son entreprise). *Je suis arrivée à le convaincre.* — **6.** *En arriver à* (+ *inf.*), aller jusqu'à, être dans un état d'esprit tel que : *J'en arrive à me demander si tu penses ce que tu dis* (syn. EN VENIR À).

arrivisme [arivism] n. m. Désir de réussir à tout prix.

arriviste [arivist] n. et adj. Qui fait preuve d'arrivisme : *Le pouvoir est entre les mains de quelques politiciens arrivistes.*

arrogance [arɔgɑ̃s] n. f. Fierté méprisante : *Faire preuve d'arrogance dans son comportement* (syn. ORGUEIL, MORGUE). *Elle croit, avec de l'arrogance, cacher ses propres faiblesses* (syn. SUFFISANCE, HAUTEUR; contr. MODESTIE).

arrogant, e [arɔgɑ̃] adj. (du lat. *arrogare,* revendiquer). Qui manifeste un orgueil blessant à l'égard des autres : *Sa réserve le fait passer pour arrogant et méprisant* (syn. FIER). *Je me suis froissée de ses paroles arrogantes* (syn. IMPERTINENT; contr. DÉFÉRENT). *Il prit un ton arrogant pour s'adresser à ses subordonnés* (syn. SUPÉRIEUR, HAUTAIN; contr. FAMILIER).

arroger (s') [arɔʒe] v. pr. (lat. *arrogare,* réclamer pour soi) [c. 2]. Litt. *S'arroger qqch,* s'attribuer une qualité ou un pouvoir sans y avoir droit : *S'arroger un titre de noblesse* (syn. USURPER). *Elle s'est arrogé le droit de critiquer les faits et gestes de chacun. S'arroger tous les pouvoirs de l'État* (syn. S'APPROPRIER).

arrondi, e [arɔ̃di] adj. Qui a une forme ronde : *Des chaussures à bout arrondi.* ◆ ***arrondi*** n. m. Partie arrondie de qqch : *Refaire l'arrondi d'une jupe.*

arrondir [arɔ̃dir] v. t. **1.** *Arrondir qqch (concret),* lui donner une forme ronde ou courbe, en supprimant les angles : *Arrondir l'ourlet d'une jupe qui n'est pas droit.* — **2.** *Arrondir qqch (abstrait),* augmenter la surface ou la valeur de qqch, pour constituer un tout complet : *Arrondir son capital par une spéculation heureuse. Arrondir sa propriété* (syn. AGRANDIR). *Arrondir une somme, un résultat* (= ajouter des unités ou des décimales pour obtenir un chiffre rond, approximatif, mais plus simple). — **3.** *Arrondir les angles,* diminuer les causes de conflit, de dissentiment entre plusieurs personnes. ‖ *Arrondir ses phrases,* les rendre plus harmonieuses. ◆ ***s'arrondir*** v. pr. Devenir plus ample ou plus rond : *Son domaine s'est arrondi aux dépens des voisins* (syn. S'AGRANDIR). *Ma taille s'arrondit* (= je prends de l'embonpoint).

arrondissement [arɔ̃dismɑ̃] n. m. Subdivision administrative des départements, des grandes villes : *L'arrondissement de Cholet, en Maine-et-Loire. Paris est divisé en vingt arrondissements.*

arrosage [arozaʒ] n. m. Action d'arroser : *L'arrosage du jardin. Le tuyau d'arrosage. Une lance d'arrosage.*

arroser [aroze] v. t. (du lat. *ros, roris,* rosée). **1.** Répandre de l'eau sur qqch ou sur qqn : *Le jardinier arrose les massifs de fleurs. Nous nous sommes fait arroser* (fam.; = nous avons reçu une averse); se dit aussi d'autres liquides : *Arroser d'essence un tas de chiffons pour y mettre le feu. Arrosez le rôti pendant que je mets la table* (= versez dessus son jus pour éviter qu'il ne se dessèche). — **2.** Lancer de haut des projectiles sur qqn ou sur qqch : *Arroser les assaillants de pierres et de flèches.* — **3.** *Fam.* Offrir à boire à l'occasion d'un événement heureux : *Nous allons arroser ce succès* (syn. FÊTER). — **4.** *Arroser un repas,* boire des bouteilles de tel ou tel cru au cours d'un repas. — **5.** Fam. *Arroser qqn,* lui donner de l'argent pour obtenir une faveur ou un service : *Il a dû arroser le gardien pour obtenir le droit de prendre quelques photos* (syn. DONNER LA PIÈCE À).

arroseur [arozœr] n. m. Jardinier préposé à l'arrosage.

arroseuse [arozøz] n. f. Véhicule servant à arroser les rues d'une ville.

arrosoir [arozwar] n. m. Récipient muni d'une anse et d'un tuyau terminé par une pomme percée de trous, avec lequel on arrose.

arsenal [arsənal] n. m. (it. *arsenale*) [pl. *arsenaux*]. **1.** Établissement industriel pour l'équipement, le ravitaillement et l'armement des navires : *L'arsenal de Toulon, de Brest.* — **2.** *Un arsenal de* (+ *n. pl.* désignant des armes ou des moyens d'action), une grande quantité de : *La police a trouvé chez lui tout un arsenal de revolvers, de mitraillettes, etc.* — **3.** *L'arsenal des lois,* l'ensemble des droits contenus dans les lois : *Les avocats usèrent de l'arsenal des lois pour obtenir une révision du procès.*

arsenic [arsənik] n. m. (gr. *arsenikos,* mâle). Substance toxique à base d'un corps simple chimique, de couleur grise.

art [ar] n. m. (lat. *ars, artis*). **1.** Expression d'un idéal de beauté correspondant à un type de civilisation déterminé : *L'art chinois. L'art espagnol. Un peintre qui ne* *vit que pour l'art* (= pour un idéal de beauté considéré comme un absolu). *Une œuvre d'art* (= une statue, un tableau, etc.). *Un amateur d'art* (= celui qui collectionne les œuvres d'art). *Art populaire* (= formes de l'art issues du peuple). — **2.** Ensemble des règles intéressant un métier, une profession ou une activité humaine (+ adj. qui précise le domaine de l'art) : *Art militaire* (= métier des armes). *Art culinaire* (= manière de préparer les aliments). *Art dentaire* (= métier de dentiste). *Art vétérinaire* (= connaissance et pratique des soins aux animaux). *Arts ménagers* (= techniques qui ont pour objet de faciliter les tâches domestiques). *Arts plastiques* (= peinture et sculpture). *Art dramatique* (= qui intéresse les œuvres destinées à la scène). *Un homme de l'art* (= qui s'entend parfaitement dans son métier). — **3.** *L'art de* (+ *inf.*), la manière habile de faire qqch : *Tu as l'art de disparaître au moment où l'on a besoin de toi* (syn. ADRESSE; fam. CHIC). *Avoir l'art de plaire* (syn. TALENT). *Il est passé maître dans l'art de tromper.* ◆ ***arts*** n. m. pl. Syn. de BEAUX-ARTS (peinture, sculpture, architecture, etc.) : *Être le protecteur des arts.*

artère [artɛr] n. f. (gr. *artêria*). **1.** Vaisseau qui porte le sang du cœur aux diverses parties du corps : *Artère pulmonaire.* — **2.** Grande voie de communication urbaine : *Ces deux avenues sont les principales artères de la ville.*

artériel, elle [arterjɛl] adj. Relatif aux artères : *Avoir une forte tension artérielle.*

artériosclérose [arterjɔskleroz] n. f. Maladie caractérisée par le durcissement des parois artérielles.

artérite [arterit] n. f. Inflammation des parois artérielles.

arthrite [artrit] n. f. (du gr. *arthron,* articulation). Inflammation des articulations.

arthritique [artritik] adj. et n. Atteint d'arthrite : *Une maladie arthritique. Soigner un arthritique.*

arthrose [artroz] n. f. (du gr. *arthron,* articulation). Affection chronique des articulations.

artichaut [artiʃo] n. m. (it. dialect. *articiocco*). **1.** Plante herbacée dont le réceptacle concave (tête) est comestible : *Manger des artichauts à la vinaigrette.* — **2.** *Avoir un cœur d'artichaut,* être inconstant en amour (syn. ÊTRE VOLAGE).

article [artikl] n. m. (lat. *articulus,* articulation).
— **I.** Objet destiné à être commercialisé, à être vendu dans les boutiques et les magasins : *Les articles d'alimentation, de sport, de voyage, de toilette. Les articles d'exportation* (= destinés à être exportés). *Un article de Paris est un bijou, un objet de mode. Vendeuse qui fait l'article* (= qui vante, fait valoir la marchandise).
— **II.** Écrit formant un tout, inséré dans une publication, un journal : *Publier un article politique dans une revue. L'article de fond d'un quotidien* (syn. ÉDITORIAL). *Donner un article à un journal* (syn. CHRONIQUE). *Un article de presse.*
— **III. 1.** Division ou subdivision (souvent marquée d'un chiffre) dans un traité, un catalogue, un contrat, etc., reliée à ce qui précède et à ce qui suit : *Les articles du Code civil. Les articles du budget. Reprendre article par article les divers points de l'exposé* (= point par point). *Elle est intransigeante sur l'article de l'honnêteté* (= sur le chapitre, en matière de, au sujet de). *C'est un article à part* (= qqch qu'on ne peut pas confondre avec les autres). — **2.** *À l'article de la mort,* au moment ou sur le point de mourir.
— **IV.** Terme grammatical désignant certains déterminants du substantif.

articulaire [artikylɛr] adj. Qui concerne une articulation : *Douleur articulaire.*

articulation [artikylasjɔ̃] n. f.
— **I.** Action d'articuler un son : *Il a une très mauvaise articulation* (syn. PRONONCIATION).
— **II. 1.** Jointure entre deux os : *L'articulation du genou. Avoir des articulations qui craquent.* — **2.** Disposition ordonnée et dépendante des diverses parties d'un raisonnement, d'un discours, etc., ou d'un organisme, d'un service, etc. : *On sent mal les articulations du raisonnement* (syn. ENCHAÎNEMENT).

articulatoire [artikylatwar] adj. Qui concerne l'articulation des sons : *Avoir des difficultés articulatoires.*

articuler [artikyle] v. t. (lat. *articulare*).
— **I. 1.** *Articuler un mot, un son,* émettre distinctement des sons à l'aide des organes de la parole : *Je n'ai pu articuler un seul mot* (syn. EXPRIMER); sans compl. : *Articuler avec netteté* (syn. PRONONCER). — **2.** *Articuler des mots, des syllabes,* les prononcer en les détachant : *Articuler une phrase avec force. Elle articule difficilement son nom* (syn. ÉNONCER).
— **II.** Assembler par des jointures permettant un certain jeu (surtout pass.) : *Le piston est articulé sur la bielle. Des jouets articulés* (= dont les divers éléments peuvent se mouvoir). ◆ ***s'articuler*** v. pr. **1.** (sujet un os) Se joindre l'un à l'autre en gardant la mobilité : *Le tibia s'articule sur le fémur.* — **2.** Être lié l'un à l'autre; être en rapport ou dépendre de : *Les trois parties de son exposé s'articulent parfaitement entre elles. Les décisions prises par vous devront s'articuler avec celles que nous serons amenés à prendre de notre côté.*

artifice [artifis] n. m. (lat. *artificium,* art).
— **I.** Ruse servant à tromper qqn sur la nature réelle de qqch; moyen habile souvent destiné à corriger la réalité : *User d'artifices pour cacher la vérité* (syn. MENSONGE). *Les artifices du style. Un artifice de calcul* (= une combinaison ingénieuse).
— **II. 1.** *Feu d'artifice,* série de fusées colorées, de feux de Bengale, etc., qu'on tire ou qu'on embrase en vue d'effets lumineux et sonores. — **2.** *C'est un vrai feu d'artifice,* c'est une succession rapide de traits d'esprit.

artificiel, elle [artifisjɛl] adj. (lat. *artificialis,* fait avec art). **1.** Produit par le travail de l'homme : *Des prairies artificielles. Un lac artificiel créé par un barrage* (contr. NATUREL). *La lumière artificielle. Des fleurs artificielles.* — **2.** Se dit de ce qui trompe en cachant ou en corrigeant la réalité; qui ne paraît pas naturel : *Son raisonnement est très artificiel* (syn. FORCÉ). *L'enthousiasme était artificiel et comme commandé* (syn. CONTRAINT, FACTICE).

artificiellement [artifisjɛlmɑ̃] adv. De façon artificielle, factice : *Le tirage du journal avait été artificiellement accru pour faire croire à son succès.*

artificier [artifisje] n. m. Celui qui tire les feux d'artifice.

artificieux, euse [artifisjø] adj. *Litt.* Qui vise à tromper sous une fausse apparence : *Des paroles artificieuses* (syn. HYPOCRITE).

artillerie [artijri] n. f. (de l'anc. fr. *artillier,* équiper d'engins de guerre). **1.** Partie de l'armée spécialisée dans le service des canons. — **2.** *Pièce d'artillerie,* canon.

artilleur [artijœr] n. m. Militaire appartenant à l'artillerie.

artisan, e [artizɑ̃] n. (it. *artigiano*). **1.** Personne qui exerce une activité manuelle pour son propre compte : *Le cordonnier, l'ébéniste, le tapissier, le relieur sont des artisans.* — **2.** *Être l'artisan de qqch,* en être le responsable, en être la cause : *Elle a été l'artisane de son malheur, de sa fortune, de la victoire.*

artisanal, e, aux [artizanal] adj. Propre à l'artisan, à l'artisanat : *Un produit obtenu par une méthode artisanale* (= où on reconnaît la main de l'artisan).

artisanat [artizana] n. m. Condition sociale de l'artisan.

artiste [artist] n. (de *art*). **1.** Personne qui a le sens du beau, dont la profession et les talents sont consacrés aux beaux-arts : *Le peintre, le sculpteur sont des artistes. Avoir la sensibilité d'un artiste.* — **2.** Interprète d'une œuvre musicale, théâtrale, etc. : *Une comédienne est une artiste dramatique. Les artistes de la Comédie-Française* (syn. ACTEUR). — **3.** Celui qui, en se consacrant à un art, se libère des contraintes bourgeoises : *Mener une vie d'artiste* (syn. BOHÈME). — **4.** Nom donné à ceux qui pratiquent des métiers manuels où existe un certain souci esthétique : *Les coiffeurs et les coiffeuses sont des artistes capillaires.* ◆ adj. Qui a le goût, le sentiment de ce qui est beau; qui manifeste ce goût : *Un peuple artiste. L'écriture artiste.*

artistement [artistəmɑ̃] adv. Avec art : *Un salon artistement décoré.*

artistique [artistik] adj. **1.** Relatif aux arts (peinture, architecture, sculpture, etc.) : *Les richesses artistiques d'un pays. Avoir le sens artistique* (= le sens du beau). — **2.** Fait avec le souci du beau : *Une décoration artistique.*

artistiquement [artistikmɑ̃] adv. De façon artistique : *Des fleurs disposées artistiquement dans des vases.*

arum [arɔm] n. m. (gr. *aron*). Plante dont les fleurs sont entourées d'un cornet de couleur blanche ou verte.

as [ɑs] n. m. (lat. *as*, unité de monnaie). **1.** Carte marquée d'un seul symbole, face d'un dé ou moitié de domino marquée d'un seul point : *Au bridge, l'as est la carte la plus forte.* — **2.** *Fam.* Celui qui est le premier dans son genre : *As du volant* (= conducteur exceptionnel). *As de la classe* (= le meilleur élève). — **3.** Pop. *Fichu comme l'as de pique*, très mal habillé. ‖ Fam. *Passer à l'as*, être escamoté : *Il n'a rien vu, c'est passé à l'as.* ‖ Pop. *Plein aux as*, très riche.

ascendance [asɑ̃dɑ̃s] n. f. Ensemble des parents dont on descend : *Être d'ascendance ouvrière.*

1. ascendant [asɑ̃dɑ̃] n. m. (du lat. *ascendere*, monter). **1.** Attrait intellectuel, psychologique exercé par qqn de supérieur : *Professeur qui a de l'ascendant sur ses étudiants* (syn. INFLUENCE). *Subir l'ascendant d'un ami plus âgé. Elle a pris de l'ascendant sur ses collègues* (syn. AUTORITÉ, POUVOIR). *Il use de son ascendant pour obtenir des avantages* (syn. SUPÉRIORITÉ). — **2.** Chacun des parents dont on descend (surtout pl.) : *Ses ascendants du côté de sa mère sont originaires du Massif central.*

2. ascendant, e [asɑ̃dɑ̃] adj. Qui va en montant : *Le ballon poursuivit son mouvement ascendant* (syn. ASCENSIONNEL; contr. DESCENDANT).

ascenseur [asɑ̃sœr] n. m. (du lat. *ascendere*, monter). **1.** Appareil installé dans un immeuble et permettant de transporter des gens dans une cabine qui se déplace verticalement : *Monter par l'ascenseur.* — **2.** Fam. *Renvoyer l'ascenseur*, répondre à un acte, à un service par une action semblable.

ascension [asɑ̃sjɔ̃] n. f. (lat. *ascensio*). **1.** Action de s'élever au sommet d'une montagne, de monter dans l'air, etc. : *Faire l'ascension de l'aiguille Verte dans le massif du Mont-Blanc* (syn. ESCALADE). *L'ascension d'un ballon dans les airs.* — **2.** Jour où l'Église célèbre l'élévation miraculeuse de Jésus-Christ au ciel (quarante jours après Pâques) [avec majusc.].

ascensionnel, elle [asɑ̃sjɔnɛl] adj. Qui tend à monter, à faire monter : *Le mouvement ascensionnel de l'air chaud.*

ascèse [asɛz] n. f. (gr. *askêsisis*, exercice). Ensemble d'exercices pratiqués par un ascète : *L'ascèse des premiers moines.*

ascète [asɛt] n. Personne qui, se consacrant à la vie spirituelle, mortifie son corps par de dures privations, ou qui s'impose une vie rude et austère en se privant des plaisirs matériels : *Les ascètes du Mont-Athos. Mener une vie d'ascète* (contr. JOUISSEUR).

ascétique [asetik] adj. Qui relève de l'ascèse : *Une vie ascétique. Un visage ascétique* (= dont la maigreur témoigne d'une vie austère).

ascétisme [asetism] n. m. Vie ascétique : *L'ascétisme des ermites chrétiens. L'ascétisme d'un érudit* (syn. AUSTÉRITÉ).

asepsie [asɛpsi] n. f. (du gr. *sêpsis*, infection). Ensemble de précautions visant à assurer l'absence de tout microbe infectieux.

aseptique [asɛptik] adj. Qui relève de l'asepsie : *Pansement aseptique.* (→ ANTISEPTIQUE.)

aseptiser [asɛptize] v. t. Assurer l'asepsie; stériliser : *Aseptiser une pièce, des instruments chirurgicaux.*

asexué, e [asɛksɥe] adj. Qui n'a pas de sexe.

asiatique [azjatik] adj. et n. D'Asie.

asile [azil] n. m. (gr. *asulon*, refuge sacré). **1.** Maison de retraite pour les vieillards (vieilli; syn. HOSPICE). — **2.** Lieu où qqn est à l'abri de ceux qui le poursuivent, où il trouve protection contre les dangers, le besoin ou la fatigue : *Poursuivi par la police, il a trouvé asile chez un ami* (syn. REFUGE). *Je lui ai offert ma maison comme asile* (syn. ABRI). *La France donne asile aux réfugiés.* — **3.** Lieu où sont hospitalisés les malades mentaux (vieilli; syn. HÔPITAL PSYCHIATRIQUE). — **4.** *Asile de nuit*, établissement où on recueille, la nuit, les indigents sans domicile (vieilli; syn. REFUGE).

asocial, e, aux [asɔsjal] adj. Qui, par son comportement, se met en marge de la société.

aspect [aspɛ] n. m. (lat. *aspectus*, regard). **1.** Manière dont qqch ou qqn se présente à la vue : *La pluie donne un aspect triste à cette ville. Elle a l'aspect d'une jeune première* (syn. ALLURE, AIR). *Vos projets prennent un aspect plus réaliste* (syn. TOURNURE). *La vallée offre un aspect pittoresque* (syn. VUE). *Le rocher a l'aspect d'une tête de femme* (= ressemble à). *La région présente un aspect désolé* (syn. SPECTACLE). *La situation se présente sous un aspect engageant* (syn. JOUR, DEHORS). — **2.** *À l'aspect de*, à la vue de : *À l'aspect d'un si grand danger, beaucoup avaient reculé* (syn. DEVANT). *À l'aspect de son amie, elle s'interrompit et pâlit* (= en la voyant). — **3.** Notion grammaticale qui traduit la manière dont est envisagée l'action du verbe : *L'opposition entre «il rentre en ce moment» et «il est rentré à la maison» représente l'aspect non-accompli et accompli en français.*

aspectuel, elle [aspɛktɥɛl] adj. Qui concerne l'aspect (ling.).

asperge [aspɛrʒ] n. f. (lat. *asparagus*). **1.** Plante potagère dont les pousses sont comestibles quand elles sont encore tendres. — **2.** *Fam.* Garçon, fille très grand et très maigre.

asperger [aspɛrʒe] v. t. (lat. *aspergere*) [c. 2]. *Asperger qqn, qqch*, les mouiller en projetant de l'eau sur eux : *La voiture m'a aspergé en passant dans une flaque d'eau.* ◆ ***s'asperger*** v. pr. **1.** Se projeter de l'eau sur soi : *Les enfants, pour jouer, s'aspergeaient d'eau.* — **2.** *S'asperger de parfum*, en verser abondamment sur soi.

aspérité [asperite] n. f. (lat. *asperitas*). Saillie ou inégalité d'une surface (surtout pl.) : *Enlever les aspérités d'une planche avec un rabot* (syn. RUGOSITÉ). *Se couper la main aux aspérités d'un rocher.*

aspersion [aspɛrsjɔ̃] n. f. Action d'asperger.

asphaltage [asfaltaʒ] n. m. Action d'asphalter : *L'asphaltage de la route.*

asphalte [asfalt] n. m. (gr. *asphaltos*). Préparation à base de bitume, destinée au revêtement des chaussées, des trottoirs.

asphalter [asfalte] v. t. Recouvrir, enduire d'asphalte : *Asphalter un trottoir.*

asphyxiant, e [asfiksjɑ̃] adj. Qui asphyxie : *Les gaz asphyxiants.*

asphyxie [asfiksi] n. f. (du gr. *sphuxis*, pouls). **1.** Arrêt ou ralentissement de la fonction respiratoire : *Succomber à une asphyxie due à une strangulation, à une noyade* (syn. ÉTOUFFEMENT). *Une asphyxie due à l'oxyde de carbone* (syn. INTOXICATION). — **2.** Arrêt dans le développement d'une activité essentielle d'un pays : *Le blocus a provoqué une asphyxie progressive du pays* (syn. PARALYSIE).

asphyxier [asfiksje] v. t. Causer l'asphyxie de qqn, de qqch : *Elle a été asphyxiée pendant son sommeil par les émanations du poêle* (syn. INTOXIQUER). *Certains secteurs industriels ont été asphyxiés par le manque de crédits*; et, comme v. pr. : *Il s'est asphyxié avec le gaz* (= il s'est suicidé par asphyxie au gaz).

aspic [aspik] n. m. (lat. *aspis, -idis*). Nom d'une espèce de vipère.

1. aspirant [aspirɑ̃] n. m. **1.** Élève officier de la marine militaire. — **2.** Grade des armées de terre et de l'air, intermédiaire entre l'adjudant-chef et le sous-lieutenant. — **3.** Candidat à un emploi, à un titre.

2. aspirant, e [aspirɑ̃] adj. Qui aspire : *Une hotte aspirante* (= qui aspire les fumées). *Une pompe aspirante* (= qui élève l'eau sans la refouler, par oppos. à la *pompe foulante*).

aspirateur [aspiratœr] n. m. Appareil qui absorbe les poussières, les gaz, les vapeurs.

aspiration [aspirasjɔ̃] n. f. **1.** Émission d'un son accompagné d'un souffle qu'on perçoit distinctement : *L'aspiration n'existe pratiquement pas en français.* — **2.** Action d'aspirer à qqch; élan : *L'aspiration d'un peuple à la liberté. Permettre à des aspirations de se réaliser* (syn. DÉSIR, SOUHAIT).

aspiré, e [aspire] adj. *Consonne aspirée*, prononcée avec accompagnement d'un souffle.

aspirer [aspire] v. t. (lat. *aspirare*, souffler). **1.** (sujet qqn) *Aspirer un gaz*, le faire pénétrer dans les poumons : *Elle ouvrit la fenêtre pour aspirer un peu d'air frais* (syn. RESPIRER, HUMER); sans compl. : *Aspirez, puis expirez complètement* (syn. INSPIRER). — **2.** (sujet qqn) *Aspirer un liquide*, le faire pénétrer dans l'appareil digestif en l'attirant par succion : *Aspirer une boisson avec une paille.* — **3.** (sujet qqch) Attirer en créant un vide partiel : *Les pompes aspirent et refoulent dehors l'eau qui avait envahi les cales du navire* (syn. POMPER). ◆ v. t. ind. *Aspirer à qqch, à* (+ *inf.*), y être porté par un sentiment, un instinct, un désir profond : *J'aspire aux vacances cette année, car je suis très fatiguée* (syn. SOUPIRER APRÈS). *Il aspire à quitter la province pour venir à Paris* (syn. DÉSIRER).

aspirine [aspirin] n. f. (marque déposée dans certains pays) Médicament qui calme la douleur et fait tomber la fièvre.

assagir [asaʒir] v. t. *Assagir qqn, un sentiment*, les rendre sages, les apaiser : *Ses échecs l'ont beaucoup assagi* (syn. CALMER, MODÉRER). *Les années assagissent les passions* (syn. DIMINUER, CONTENIR, TEMPÉRER; contr. DÉCHAÎNER, EXASPÉRER). ◆ ***s'assagir*** v. pr. Devenir sage : *Cet enfant s'est assagi au cours du dernier trimestre* (contr. SE DISSIPER). *Peu à peu, avec l'âge, il s'assagit* (syn. fam. METTRE DE L'EAU DANS SON VIN). *Après ces folles années, elle s'est assagie* (syn. SE RANGER; contr. SE DÉVERGONDER).

assagissement [asaʒismɑ̃] n. m. Action d'assagir; fait de s'assagir : *L'assagissement des esprits suivit peu à peu ces émeutes* (syn. APAISEMENT; contr. EXCITATION, DÉCHAÎNEMENT).

assaillant, e [asajɑ̃] adj. et n. Personne qui attaque, assaille : *Les assaillants furent repoussés après un dur combat.*

assaillir [asajir] v. t. (du lat. *salire*, sauter) [c. **23**]. **1.** *Assaillir qqn*, l'attaquer vivement, se précipiter sur lui (souvent pass.) : *Elle fut assaillie dans une rue déserte. Être assailli par une grêle de projectiles divers.* — **2.** *Assaillir qqn de qqch*, le harceler de demandes importunes, lui susciter des difficultés, des ennuis : *Être assailli par toutes sortes de soucis* (syn. ACCABLER). *Les enfants assaillirent leur mère de questions* (syn. HARCELER).

assainir [asɛnir] v. t. **1.** *Assainir qqch*, le rendre sain : *Assainir une pièce où un malade a séjourné* (syn. DÉSINFECTER; contr. INFECTER). *Assainir l'eau par un procédé chimique* (syn. PURIFIER). — **2.** *Assainir qqch*, le ramener à un état plus normal, plus stable : *Assainir la situation budgétaire en supprimant les dépenses superflues* (syn. ÉPURER). *Ces concessions ont assaini l'atmosphère internationale* (contr. EMPOISONNER).

assainissement [asɛnismɑ̃] n. m. Action d'assainir : *L'assainissement du marché financier par des mesures fiscales appropriées.*

assaisonnement [asɛzɔnmɑ̃] n. m. Action d'assaisonner; ingrédients pour assaisonner : *Cette salade manque un peu d'assaisonnement.*

assaisonner [asɛzɔne] v. t. (de *saison*). **1.** (sujet qqn) *Assaisonner un aliment*, y ajouter des condiments propres à en relever le goût (poivre, moutarde, vinaigre, sel, etc.) : *Assaisonner les poireaux à l'huile et au vinaigre* (syn. ACCOMMODER). *Cette soupe au poisson est trop assaisonnée* (syn. ÉPICER, PIMENTER). — **2.** (sujet qqch) *Assaisonner un aliment*, en relever le goût : *Le poivre assaisonne le ragoût.* — **3.** Litt. *Assaisonner qqch*, le rendre plus agréable en tempérant son aspect sévère, désagréable : *Elle assaisonnait la conversation de quelques mots plaisants* (syn. RELEVER, ↑ PIMENTER).

assassin [asasɛ̃] n. m. (ar. *hachchāchī*, buveur de hachisch). **1.** Celui qui tue qqn avec préméditation; celui qui est responsable de la mort d'un autre : *La police recherche, arrête l'assassin* (syn. MEURTRIER, CRIMINEL). — **2.** *À l'assassin!*, appel au secours de qqn qui est attaqué ou qui poursuit un meurtrier.

assassinat [asasina] n. m. Meurtre avec préméditation : *Cet assassinat a été commis dans des conditions horribles* (syn. MEURTRE, CRIME). *L'assassinat des libertés* (syn. ATTENTAT [CONTRE]).

assassiner [asasine] v. t. Commettre un assassinat sur qqn : *Le commerçant a été assassiné dans sa boutique* (syn. TUER, ABATTRE). *Il a assassiné des innocents* (syn. MASSACRER).

assaut [aso] n. m. (lat. *ad*, vers, et *saltus*, saut). **1.** Attaque vive, violente, à plusieurs (plus usuel que le v.) : *Donner, livrer l'assaut à une forteresse* (= l'attaquer). *Partir, s'élancer à l'assaut des positions ennemies. Les vagues d'assaut se brisèrent contre la résistance de nos troupes. La foule des réfugiés prit d'assaut les derniers avions.* — **2.** *Faire assaut de*, lutter d'émulation en matière de : *Ils ont fait assaut de générosité* (syn. RIVALISER DE).

assèchement [asɛʃmɑ̃] n. m. Action d'assécher.

assécher [aseʃe] v. t. (c. **10**) *Assécher un terrain, un lac*, etc., les mettre à sec, en ôter l'eau (syn. DRAINER). ◆ ***s'assécher*** v. pr. Devenir sec.

assemblage [asɑ̃blaʒ] n. m. Réunion de diverses pièces, de divers éléments : *C'est un assemblage de phrases sonores, mais vides* (syn. COMBINAISON). *Des assemblages métalliques forment la charpente.*

assemblée [asɑ̃ble] n. f. **1.** Réunion en un lieu d'un certain nombre de personnes : *Tenir une assemblée plénière de tous les adhérents. L'assemblée était bruyante et excitée* (syn. PUBLIC, ASSISTANCE, AUDITOIRE). — **2.** Réunion de délégués, de députés, etc., qui délibèrent ensemble sur des questions politiques : *L'Assemblée nationale. La société a tenu son assemblée annuelle. Les assemblées internationales* (syn. ORGANISATION).

assembler [asɑ̃ble] v. t. (du lat. *simul*, ensemble). *Assembler des choses*, les mettre ensemble quand elles sont isolées ou éparses, afin de former un tout en les adaptant ou en les combinant : *Assembler les pièces d'un puzzle* (contr. DISPERSER). *Assembler les matériaux d'un roman* (syn. RECUEILLIR, RÉUNIR). *Assembler des idées* (syn. RASSEMBLER). *Il ne parvient plus à assembler les mots.* ◆ ***s'assembler*** v. pr. (sujet qqn [pl.]) Se réunir, tenir une séance : *Les députés se sont assemblés.*

assener ou **asséner** [asene] v. t. (de l'anc. fr. *sen*, direction) [c. **9** ou **10**] *Assener un coup à qqn*, lui porter avec vigueur un coup bien dirigé : *Il lui assena sur le nez un coup de poing qui le fit saigner* (syn. ↓APPLIQUER).

assentiment [asɑ̃timɑ̃] n. m. (du lat. *assentire*, donner son accord). Affirmation qu'on est en parfait accord avec qqn (soutenu) : *Donner son assentiment à un projet de traité* (syn. APPROBATION). *Le projet a obtenu son assentiment* (syn. ADHÉSION). *Fort de son assentiment, je me suis mis à l'œuvre* (syn. ACCORD, CONSENTEMENT; contr. DÉSACCORD).

asseoir [aswar] v. t. (lat. *assidere*) [c. **44**]. **1.** *Asseoir qqch*, le placer en équilibre sur sa base : *Asseoir une maison sur de solides fondations;* l'établir d'une manière stable : *Asseoir une théorie sur des preuves irréfutables* (syn. FONDER). *Asseoir son jugement sur des témoignages contestables* (syn. APPUYER). — **2.** *Asseoir l'impôt*, en établir les bases d'imposition. — **3.** *Asseoir qqn*, le mettre sur son séant, l'installer sur un siège : *Asseoir un bébé sur sa chaise. On a assis la malade dans son fauteuil, sur son lit.* — **4.** *Être assis*, être sur son séant, être sur un siège : *Être assis sur une chaise. Elle est mal assise.* — **5.** Fam. *En être, en rester assis*, être stupéfait, troublé par une nouvelle inattendue. ◆ ***s'asseoir*** v. pr. Se mettre sur son séant, sur un siège : *Veuillez vous asseoir quelques instants en l'attendant. Il s'est assis à côté du chauffeur. Ne reste pas debout, assieds-toi quelques minutes. S'asseoir à table* (= s'attabler); sans pron. : *Faire asseoir qqn*, l'inviter à prendre un siège : *Faire asseoir les invités dans le salon.*

assermenté, e [asɛrmɑ̃te] adj. Qui a prêté serment pour l'exercice de fonctions publiques (gardes champêtres, policiers, etc.) ou devant un tribunal avant de témoigner : *Un expert assermenté.*

assertion [asɛrsjɔ̃] n. f. (lat. *assertio*). Proposition donnée comme vraie : *Cette assertion est sans fondement* (syn. AFFIRMATION). *Je cherchais à étayer mes assertions par une démonstration* (syn. DIRES).

asservir [asɛrvir] v. t. (de *serf*). *Asservir qqn, un pays*, etc., les réduire à un état de grande dépendance (souvent pass.) : *Les nations asservies par un conquérant* (syn. SOUMETTRE, ASSUJETTIR; contr. LIBÉRER, ÉMANCIPER). *La presse asservie ne peut protester contre les excès du pouvoir* (syn. ENCHAÎNER; contr. AFFRANCHIR). *L'homme s'efforce par la science d'asservir les forces naturelles* (syn. MAÎTRISER, DOMINER). ◆ ***s'asservir*** v. pr. Se rendre dépendant : *Par de multiples concessions, tu t'asservis peu à peu aux gens qui t'entourent.*

asservissement [asɛrvismɑ̃] n. m. Action d'asservir, de s'asservir : *L'asservissement aux caprices d'une femme* (syn. SOUMISSION, ↑ESCLAVAGE). *La contrainte et la violence ont abouti à un asservissement* (contr. ÉMANCIPATION).

assesseur [asɛsœr] n. m. (lat. *assessor*, qui s'asseoit à côté). Personne qui siège auprès d'un magistrat, d'un fonctionnaire, etc., pour l'aider dans ses fonctions : *Un tribunal correctionnel est composé d'un juge et de plusieurs assesseurs. Le président d'un bureau de vote et ses assesseurs.*

assez [ase] adv. (bas lat. *ad satis*, en suffisance). **1.** Indique une quantité suffisante : *Tu as assez parlé aujourd'hui, tu dois être fatigué. Il mange assez. La boîte n'est pas assez grande. Je reprendrai du café s'il est encore assez chaud* (syn. SUFFISAMMENT). *Je la reconnais bien : je l'ai vue assez souvent. Avoir assez d'argent. Avoir assez de loisirs. Il a maintenant assez de livres;* peut être suivi de *pour* (+ *inf.*) ou de *pour que* (+ *subj.*) : *Il est assez connu dans la région pour pouvoir se présenter à cette élection. Elle parle assez haut pour qu'on l'entende.* — **2.** A une valeur intensive (PASSABLEMENT, TRÈS) : *Elle est assez avancée pour son âge. Il était déjà assez malade l'année dernière. Je vous ai assez vu* (= trop) [nuance impossible dans les interrogatives ou négatives]. — **3.** *Assez!, assez de...!*, manifeste le désir de voir s'arrêter le discours de qqn ou de voir cesser qqch qui excède ou ennuie : *Assez! taisez-vous. Assez de paroles, passez aux actes.* ‖ *C'en est assez* (soutenu), *c'est assez, en voilà assez* (langue courante), marque l'impatience de celui qui parle devant une attitude ou un événement qui va au-delà de ce qu'il est possible de supporter. (syn. CELA SUFFIT) ‖ Fam. *En avoir assez, avoir assez (de)*, considérer que la mesure est comble, que l'attitude ou l'événement dépasse ce qui est supportable : *J'en ai assez de vos hésitations. Il a assez de ces réclamations* (syn. ÊTRE FATIGUÉ). *Vous me dérangez sans cesse; j'en ai assez* (syn. ÊTRE EXCÉDÉ).

assidu, e [asidy] adj. (lat. *assiduus*). **1.** Se dit de qqn qui est constamment présent auprès d'une autre personne ou à l'endroit où l'appellent son devoir ou ses obligations : *Il est très assidu auprès de la fille de la maison* (syn. EMPRESSÉ). — **2.** Qui s'adonne très régulièrement à qqch : *Se montrer en classe un élève assidu* (syn. APPLIQUÉ, ZÉLÉ). *C'est une lectrice assidue de la revue* (syn. ↓FIDÈLE). *On exige la présence assidue aux cours* (syn. CONSTANT; contr. IRRÉGULIER). *Fournir un travail assidu* (syn. SOUTENU, RÉGULIER).

assiduité [asidɥite] n. f. Qualité de qqn d'assidu : *L'assiduité d'une employée à son bureau* (syn. PONCTUALITÉ, RÉGULARITÉ). *L'assiduité d'un élève* (syn. APPLICATION). ◆ ***assiduités*** n. f. pl. Empressement auprès d'une femme : *Il poursuivait de ses assiduités sa voisine de table.*

assidûment [asidymɑ̃] adv. Avec assiduité : *Il fréquente assidûment le même café* (syn. CONTINUELLEMENT). *Pratiquer assidûment le tennis* (syn. RÉGULIÈREMENT).

assiégé, e [asjeʒe] adj. et n. Qui est assiégé : *En 1871, la population de Paris assiégé eut à souffrir de la faim. Les assiégés ont tenté une sortie en masse.*

assiégeant, e [asjeʒɑ̃] n. et adj. Qui assiège : *Les assiégeants ont pris la ville d'assaut.*

assiéger [asjeʒe] v. t. (de *siège*) [c. **2** et **10**]. **1.** (sujet qqn, un groupe de personnes, etc.) *Assiéger un lieu*, l'entourer en s'efforçant d'y pénétrer : *César assiégea la place forte d'Alésia* (syn. METTRE LE SIÈGE DEVANT). *Les voyageurs assiègent les guichets de la gare. La foule assiège l'hôpital pour avoir des nouvelles* (= se presse à l'entrée). — **2.** *Assiéger qqn,* le harceler de demandes importunes, lui causer des ennuis, des désagréments (souvent pass.) : *Elle est assiégée de coups de téléphone* (syn. ASSAILLIR). *Les fournisseurs ne cessent de m'assiéger pour obtenir des commandes* (syn. IMPORTUNER).

assiette [asjɛt] n. f. (du lat. *assidere,* être assis).
— **I. 1.** Pièce de vaisselle, presque plate ou légèrement creuse, dans laquelle chacun reçoit ses aliments à table : *Les assiettes creuses servent au potage. Les assiettes plates. Les assiettes à dessert. Une assiette de faïence, de porcelaine.* — **2.** Contenu de l'assiette : *Servir une assiette de potage. Une assiette anglaise* (= un assortiment de viandes froides variées).
— **II. 1.** Manière dont un cavalier est assis sur sa selle, dont qqn se tient sur ses pieds, dont qqch repose sur sa base : *Le cavalier perdit son assiette et tomba lourdement à terre. L'assiette de la colonne est mal assurée* (syn. ASSISE, STABILITÉ). — **2.** *L'assiette de l'impôt,* les éléments sur lesquels il est établi. — **3.** Fam. *N'être pas dans son assiette,* être mal à l'aise, se sentir malade.

assiettée [asjete] n. f. Contenu d'une assiette : *Une assiettée de pommes de terre.*

assignation [asiɲasjɔ̃] n. f. **1.** Action d'assigner; fait d'être assigné : *L'assignation des parts de l'héritage entraîna d'âpres discussions* (syn. ATTRIBUTION). *On lui a notifié son assignation à résidence.* — **2.** Citation à comparaître devant une autorité judiciaire.

assigner [asiɲe] v. t. (lat. *assignare*). **1.** *Assigner qqch à qqn, qqch,* le lui donner en partage, le désigner comme devant lui être attribué : *Dans la distribution des logements, on lui a assigné l'appartement du troisième étage* (syn. ATTRIBUER). *Les objectifs assignés par le plan ont été réalisés* (syn. DÉTERMINER). *Quelles causes assignez-vous à la recrudescence de la criminalité?* (syn. DONNER). *Assigner de nouveaux crédits à l'enseignement* (syn. AFFECTER). *Une date fut assignée pour la réunion* (syn. FIXER). — **2.** *Assigner qqn à un poste, à un emploi,* etc., l'établir à ce poste : *On l'a assigné à une fonction de grande responsabilité* (syn. AFFECTER). — **3.** *Assigné à résidence,* contraint à résider en un endroit déterminé. — **4.** *Assigner qqn en justice,* l'inviter à comparaître en justice.

assimilable [asimilabl] adj. **1.** Qui peut être assimilé à qqch : *Son emploi est assimilable à celui d'un ouvrier spécialisé* (syn. COMPARABLE). — **2.** Qui peut être assimilé par l'organisme.

assimilation [asimilasjɔ̃] n. f. **1.** Action d'assimiler, de considérer comme semblable : *Poursuivre une politique d'assimilation à l'égard des réfugiés* (syn. INTÉGRATION). *L'assimilation de la vie à un songe* (syn. COMPARAISON). — **2.** Modification d'un phonème par un phonème contigu, et consistant pour le premier à prendre certaines caractéristiques du second (contr. DISSIMILATION) : *Le* [b] *sonore devient* [p] *devant la sourde* [s] *par assimilation.* — **3.** Action d'assimiler des connaissances : *L'assimilation de ces connaissances est difficile pour les élèves.*

assimilé, e [asimile] adj. et n. Personne dont la situation a un statut identique à celui qui définit une autre catégorie, mais qui n'en a pas le titre : *On a majoré les traitements des fonctionnaires et assimilés.*

assimiler [asimile] v. t. (lat. *assimilare,* rendre semblable). **1.** *Assimiler qqn* ou *qqch à une autre personne* ou *à une autre chose,* les rapprocher en les considérant comme semblables, identiques, ou en les rendant tels : *Dans son éloge, il a assimilé ce savant aux plus grands hommes de l'histoire* (syn. COMPARER, RAPPROCHER). *Un décret a assimilé les attachés de recherche à des assistants.* — **2.** (sujet un être vivant, un organisme) *Assimiler un aliment,* le transformer en sa propre substance. — **3.** (sujet qqn) *Assimiler (des connaissances),* les comprendre, les retenir : *J'ai assimilé rapidement les éléments essentiels de l'algèbre* (syn. ACQUÉRIR). *Il n'approfondit rien et ses lectures sont mal assimilées* (syn. fam. DIGÉRER). *Cet enfant assimile bien* (= il comprend facilement). ◆ ***s'assimiler*** v. pr. **1.** *S'assimiler (à un groupe),* devenir semblable à tous les autres membres de ce groupe : *Les nouveaux immigrants se sont assimilés à l'ensemble de la population* (syn. S'INTÉGRER). — **2.** *S'assimiler à qqn,* se comparer, s'identifier à lui. — **3.** Se transformer : *Certains aliments s'assimilent plus facilement que d'autres.*

assise [asiz] n. f. (de *asseoir*). **1.** Dans une construction, rangée de pierres posées horizontalement : *La violence du remous a fini par saper les assises du pont.* — **2.** Base qui donne la solidité à un ensemble, à un système : *Ce régime repose-t-il sur des assises solides?* (syn. FONDEMENT).

assises [asiz] n. f. pl. **1.** Tribunal qui juge les crimes *(cour d'assises) : Passer devant les assises. Le jury des assises l'a reconnu coupable.* — **2.** Réunion plénière des membres de sociétés scientifiques, littéraires, de partis politiques (syn. CONGRÈS).

assistance [asistɑ̃s] n. f. **1.** Action d'assister : *Son assistance au cours est très irrégulière* (syn. PRÉSENCE, FRÉQUENTATION). — **2.** Ensemble des personnes présentes à une réunion, à une cérémonie : *L'assistance semblait captivée par la conférencière* (syn. AUDITOIRE). *Les murmures, les cris de l'assistance* (syn. PUBLIC). *Une assistance nombreuse, clairsemée, enthousiaste, hostile* (syn. ASSEMBLÉE). — **3.** Secours donné à qqn dans le besoin : *Il parvint à monter les marches avec l'assistance de l'infirmière* (syn. AIDE). *Elle m'a promis son assistance* (syn. APPUI, PROTECTION). *Se prêter mutuellement assistance dans l'épreuve* (= se porter secours). — **4.** *Assistance (publique),* ensemble des organismes, établissements publics, etc., qui viennent en aide aux gens socialement dans le besoin [avec majusc.] : *Un enfant de l'Assistance* (= dont l'Assistance publique a assumé la tutelle, par suite de la mort ou de la défaillance des parents).

assistant, e [asistɑ̃] n. et adj. **1.** Personne présente comme spectateur ou témoin en un lieu (surtout pl.) : *Une minorité d'assistants protesta* (syn. SPECTATEUR, AUDITEUR). — **2.** Auxiliaire, aide de qqn : *Médecin assistant. L'assistante d'un metteur en scène. L'assistante sociale est chargée de diverses missions touchant l'aide sociale aux familles.*

assister [asiste] v. t. ind. (lat. *assistere,* se tenir à côté). *Assister à qqch,* être présent comme spectateur, témoin de qqch : *J'ai assisté samedi soir à un match de boxe* (syn. VOIR). *Assister à la messe le dimanche. On a assisté à des incidents regrettables à la sortie de la réunion.* ◆ v. t. *Assister qqn,* lui donner aide, secours ou protection : *Il se fit assister par une secrétaire* (syn. AIDER). *Deux avocats célèbres assistent l'accusée. Je l'ai assisté dans cette épreuve douloureuse* (syn. ACCOMPAGNER). *Sa fille l'assista dans ses derniers moments* (syn. RÉCONFORTER).

associatif, ive [asɔsjatif] adj. Qui relève des associations de personnes : *Vie associative, mouvements associatifs.*

association [asɔsjasjɔ̃] n. f. **1.** Action d'associer ou de s'associer : *L'accusation d'association de malfaiteurs fut retenue contre eux. Des associations d'idées qui peuvent paraître incohérentes. Il y a dans ce poème d'originales associations de mots* (syn. COMBINAISON, AGENCEMENT). — **2.** Groupe de personnes réunies pour atteindre un but commun ou pour défendre leurs intérêts : *L'association sportive d'un collège* (syn. CLUB, SOCIÉTÉ). *Une association internationale s'est constituée contre le racisme* (syn. LIGUE).

associé, e [asɔsje] adj. et n. Qui est lié à qqn d'autre par des intérêts communs : *Nos associés ont approuvé notre projet* (syn. COLLÈGUE). *Les membres associés d'une académie* (= ceux qui en font partie sans être membres titulaires). *Elle est l'associée de son mari dans ses travaux* (syn. COLLABORATEUR).

associer [asɔsje] v. t. (du lat. *socius*, allié). **1.** *Associer qqn à qqch*, le faire participer à qqch : *Il a associé son frère à ses propres affaires* (syn. FAIRE COLLABORER). *Associer ses collaborateurs aux bénéfices de l'entreprise* (= partager ces bénéfices avec eux). — **2.** *Associer une chose à une autre, associer des choses*, les mettre ensemble, les rendre solidaires, conjointes : *Elle associe la persévérance et la volonté à une grande intelligence* (syn. ALLIER). — **3.** *Associer des personnes, des choses*, les réunir dans une même unité : *Associer tous les opposants au régime* (syn. GROUPER, UNIR). *Le malheur les a associés* (syn. RAPPROCHER). *Ils ont associé leurs destinées* (= ils se sont mariés). ◆ ***s'associer*** v. pr. **1.** *S'associer à qqch, à qqn*, participer à qqch avec qqn : *Elle s'est associée à un homme d'affaires véreux* (syn. COLLABORER, S'ENTENDRE AVEC). *Il fut condamné pour s'être associé à cette entreprise criminelle* (= se faire le complice de). *La Grèce s'est associée au Marché commun européen* (syn. SE JOINDRE). *Je m'associe aux félicitations qui vous sont adressées. S'associer au chagrin d'une amie* (syn. PARTICIPER). — **2.** (sujet qqch) *S'associer avec qqch*, être en accord avec lui : *Ce rouge s'associe bien avec le jaune dans ce tableau* (syn. S'HARMONISER).

assoiffer [aswafe] v. t. Provoquer la soif : *Cette longue conversation m'a assoiffé.* ◆ ***être assoiffé*** v. pass. **1.** Avoir soif : *Les touristes assoiffés et fatigués s'étaient affalés à la terrasse* (syn. ALTÉRÉ). — **2.** *Être assoiffé de qqch*, en être avide, le désirer vivement : *Être assoiffé de vengeance. Politicien assoiffé de pouvoir.*

assolement [asɔlmɑ̃] n. m. (de l'anc. fr. *sole*, planche). Succession méthodique de cultures sur un même terrain.

assombrir [asɔ̃brir] v. t. **1.** *Assombrir un lieu*, le rendre obscur : *Il faudra abattre le châtaignier qui est devant la maison, il assombrit la pièce* (syn. OBSCURCIR). *Ce papier peint gris assombrit le salon* (contr. ÉCLAIRER, ÉGAYER). — **2.** *Assombrir qqn, sa vie*, les rendre tristes, sombres : *La mort de son enfant a assombri ses dernières années* (syn. ATTRISTER). ◆ ***s'assombrir*** v. pr. Devenir sombre : *Le ciel s'est brusquement assombri* (= est devenu noir). *La situation internationale s'assombrit* (= devient grave, critique, dangereuse). *En apprenant la nouvelle, son visage s'assombrit* (syn. SE RENFROGNER).

assombrissement [asɔ̃brismɑ̃] n. m. Fait de s'assombrir : *L'assombrissement du ciel* (syn. usuel OBSCURCISSEMENT).

assommant, e [asɔmɑ̃] adj. *Fam.* Qui ennuie : *Un conférencier assommant. Elle est assommante avec ses hésitations perpétuelles* (syn. FATIGANT).

assommer [asɔme] v. t. (du lat. *somnus*, sommeil). **1.** *Assommer qqn, un animal*, le frapper d'un coup qui tue, renverse, ou étourdit : *Assommer un bœuf. Le coup fut si violent qu'il en fut assommé.* — **2.** Fam. *Assommer qqn*, provoquer l'ennui ou la contrariété : *Ce roman interminable m'assomme* (syn. ENNUYER). *Vous m'assommez avec vos plaintes éternelles!* (syn. IMPORTUNER, ↑EXCÉDER). — **3.** *Être assommé par la chaleur*, accablé.

assommoir [asɔmwar] n. m. *Coup d'assommoir*, événement qui provoque la stupeur.

Assomption [asɔ̃psjɔ̃] n. f. (du lat. *adsumere*, prendre avec soi). Fête religieuse célébrant l'élévation au ciel de la Vierge Marie après sa mort, le 15 août.

assonance [asɔnɑ̃s] n. f. (du lat. *assonare*, faire écho). Répétition, à la fin de deux vers, de la même voyelle accentuée (ex. : *sombre* et *tondre*).

assortiment [asɔrtimɑ̃] n. m. **1.** Ensemble de choses, de personnes formant un tout et qui ont entre elles un certain rapport de convenance : *Ils formaient tous deux le plus bel assortiment que j'aie vu* (syn. UNION). *Un assortiment de romans. Un assortiment de couleurs* (syn. ALLIANCE, MÉLANGE). — **2.** Ensemble de marchandises, d'articles d'un même genre dont est fourni un commerçant : *Choisir un coupon dans un assortiment de soieries.*

assortir [asɔrtir] v. t. (de *sorte*) [surtout à l'inf., au part. passé et au prés. de l'ind.]. **1.** *Assortir qqch à (avec) qqch, qqn à (avec) qqn*, les réunir en tenant compte de leurs ressemblances, de leur rapport de convenance : *Assortir deux nuances de laine à tricoter pour faire un chandail* (syn. ACCORDER). *Une cravate assortie à son costume. Des époux bien assortis.* — **2.** *Assortir qqch de qqch*, y adjoindre cela : *Ce contrat est assorti de clauses très dures* (syn. ACCOMPAGNER). — **3.** *Assortir un commerçant*, le pourvoir des articles, des marchandises nécessaires à la vente au détail : *Le grossiste assortit le détaillant* (syn. APPROVISIONNER). ◆ ***s'assortir*** v. pr. **1.** *S'assortir à, avec qqch*, lui convenir : *Son manteau s'assortit à la robe.* — **2.** *S'assortir de qqch*, en être accompagné : *Le traité s'assortit d'un préambule qui en limite la portée.*

assoupir [asupir] v. t. (du lat. *sopire*, calmer). **1.** *Assoupir qqn*, le plonger dans un demi-sommeil, l'endormir doucement : *La douce chaleur ambiante l'assoupit légèrement* (syn. ENDORMIR). — **2.** Litt. *Assoupir un sentiment*, le rendre moins fort, le calmer : *Les consolations n'ont pas réussi à assoupir sa douleur* (syn. ÉTOUFFER, APAISER). ◆ ***s'assoupir*** v. pr. Être progressivement plongé dans le sommeil : *Ne bois pas, tu risques de t'assoupir après le repas!* (syn. S'ENDORMIR). *Laissons avec le temps les haines s'assoupir* (syn. S'APAISER).

assoupissement [asupismɑ̃] n. m. Fait de s'assoupir : *Il cède à l'assoupissement* (syn. SOMNOLENCE). *Un assoupissement prolongé* (syn. TORPEUR). *Le peuple sortit de son assoupissement pour se révolter* (syn. SOMMEIL).

assouplir [asuplir] v. t. **1.** *Assouplir qqch (concret)*, le rendre plus souple, moins rigide : *Faire de la gymnastique pour assouplir ses articulations. Tremper du cuir dans l'eau pour l'assouplir.* — **2.** *Assouplir qqch (abstrait)*, le rendre moins dur, moins sévère : *Assouplir un règlement administratif* (syn. ATTÉNUER, CORRIGER ; contr. DURCIR). ◆ ***s'assouplir*** v. pr. Devenir plus souple : *S'assouplir en faisant de la gymnastique. Son caractère s'est assoupli avec l'âge* (syn. S'ADOUCIR).

assouplissement [asuplismɑ̃] n. m. Action d'assouplir, de s'assouplir : *Les exercices d'assouplissement détendent les muscles. Les réclamations entraînèrent un assouplissement du règlement* (syn. ADOUCISSEMENT ; contr. DURCISSEMENT).

assourdir [asurdir] v. t. **1.** *Assourdir qqn (de, avec qqch)*, le faire devenir comme sourd en le fatiguant par l'excès de bruit : *Le matin, les camions des livreurs nous assourdissent* (syn. fam. CASSER LES OREILLES). *Bavard incorrigible, il assourdit les autres de paroles* (syn. EXCÉDER, ↑ABASOURDIR). — **2.** *Assourdir qqch*, le rendre moins sonore : *Un tapis assourdissait les pas des visiteurs* (syn. AMORTIR). *Le bruit de la dispute nous parvenait assourdi* (contr. AMPLIFIER). ◆ ***s'assourdir*** v. pr. Devenir moins sonore : *Le bruit des pas s'assourdissait* (syn. S'AMORTIR).

assourdissant, e [asurdisɑ̃] adj. Qui assourdit, abasourdit : *Le bruit assourdissant de la rue.*

assourdissement [asurdismɑ̃] n. m. Action

d'assourdir : *Mon assourdissement dura plusieurs heures après le voyage en avion.*

assouvir [asuvir] v. t. (du lat. *sopire,* calmer). **1.** Litt. *Assouvir sa faim,* la calmer complètement en mangeant : *Elle a un appétit vorace qu'on ne parvient pas à assouvir* (syn. RASSASIER, CONTENTER). — **2.** Litt. *Assouvir un sentiment,* le satisfaire pleinement par un acte de vengeance, de colère : *Il assouvit sa fureur sur cet être sans défense* (syn. PASSER). *Elle assouvit une vengeance longuement méditée* (syn. SATISFAIRE). *Assouvir une curiosité malsaine.* ◆ ***s'assouvir*** v. pr. Se satisfaire : *Son ambition ne s'assouvit jamais.*

assouvissement [asuvismɑ̃] n. m. Fait d'assouvir, de s'assouvir : *L'assouvissement de tous ses désirs en a fait un être blasé* (syn. SATISFACTION).

assujetti, e [asyʒɛti] n. Personne pliée à une obligation (admin.) : *Un règlement qui concerne tous les assujettis à la Sécurité sociale.*

assujettir [asyʒɛtir] v. t. (de *sujet*). **1.** *Assujettir un peuple, une nation,* etc., les placer sous une domination absolue, les priver du droit de se gouverner eux-mêmes (souvent part. passé) : *Libérer les peuples assujettis* (contr. AFFRANCHIR). — **2.** *Assujettir qqn,* le maintenir dans une stricte obéissance ou dépendance : *Elle tentait de l'assujettir en lui imposant chaque jour des obligations nouvelles* (syn. SOUMETTRE, CONTRAINDRE, ENCHAÎNER). — **3.** *Assujettir qqn à qqch,* le plier à une obligation stricte (souvent pass.) : *Être assujetti à un horaire impitoyable* (syn. SOUMETTRE). *Être assujetti à l'impôt.* — **4.** *Assujettir qqch,* le fixer de manière à le maintenir immobile ou stable : *Assujettir les volets avec une barre de fer* (syn. ATTACHER, CALER). ◆ ***s'assujettir*** v. pr. *S'assujettir à qqch,* s'y soumettre : *Elle s'assujettit aux exigences de la mode* (syn. SE PLIER).

assujettissant, e [asyʒɛtisɑ̃] adj. Qui assujettit : *Un travail assujettissant* (syn. ASTREIGNANT).

assujettissement [asyʒɛtismɑ̃] n. m. Action d'assujettir : *L'assujettissement à l'impôt de tous les revenus.*

assumer [asyme] v. t. (lat. *assumere,* prendre sur soi). **1.** *Assumer la responsabilité de qqch,* s'en considérer comme responsable. — **2.** *Assumer le risque de qqch,* accepter d'en subir les conséquences. — **3.** *Assumer une fonction, un rôle,* etc., s'en charger volontairement : *Assumer de hautes fonctions dans le gouvernement* (syn. ↓AVOIR). ◆ ***s'assumer*** v. pr. S'accepter tel qu'on est.

assurance [asyrɑ̃s] n. f. **1.** Garantie certaine : *J'ai l'assurance de son acceptation* (syn. CERTITUDE). *Donner des assurances complètes* (syn. PREUVE, GARANTIE). *Veuillez recevoir l'assurance de mes sentiments distingués* (formule de politesse). — **2.** Convention par laquelle on s'assure : *Contracter, résilier une assurance. Les compagnies d'assurances. Une police d'assurance. Une assurance automobile. Assurance incendie.* — **3.** Manière décidée, résolue de se comporter : *Parler avec assurance* (syn. AISANCE, ↑APLOMB).

assuré, e [asyre] adj. **1.** Qui est garanti : *Un succès assuré* (syn. SÛR). — **2.** Qui ne manifeste pas d'incertitude, d'hésitation : *Avoir la démarche, la voix assurée* (syn. FERME, DÉCIDÉ). ◆ n. Personne qui est affiliée à un régime d'assurance : *Augmenter les polices des assurés. Les assurés sociaux* (= qui sont inscrits à la Sécurité sociale).

assurément [asyremɑ̃] adv. **1.** Sans aucun doute, sans contestation possible : *Il fait froid dans cet appartement; le chauffage est assurément défectueux. Assurément, l'avion est le moyen de transport le plus rapide, malgré la distance qui sépare la ville de l'aéroport* (syn. CERTAINEMENT, INDISCUTABLEMENT, INCONTESTABLEMENT). *Ceci est assurément inutile* (syn. SÛREMENT). — **2.** Renforce *oui : « Viendrez-vous mardi, malgré cette difficulté inattendue ? — Oui, assurément ou assurément oui »* (syn. CERTES, CERTAINEMENT, BIEN SÛR). — **3.** Sert de réponse affirmative : *« La menace de conflit est-elle écartée ? — Assurément »* (syn. CERTAINEMENT, ABSOLUMENT, ↓OUI).

assurer [asyre] v. t. (du lat. *securus,* sûr). **1.** *Assurer à qqn que* (+ *ind.*), lui donner comme sûr, certain, vrai que : *Je lui ai assuré que tu n'habitais plus à Paris* (syn. CERTIFIER, GARANTIR). *Elle m'a assuré qu'elle avait dit la vérité* (syn. SOUTENIR, JURER). *Il a assuré au juge qu'il ne savait rien.* — **2.** *Assurer qqn de qqch,* lui demander de ne pas en douter : *Elle m'a assuré de son amitié. Soyez assuré de mon entier dévouement;* le lui rendre certain : *Ces premiers applaudissements du public nous assurent du succès durable de la pièce.* — **3.** *Assurer qqch,* faire en sorte que cela ne manque pas, ne s'arrête pas : *Les mairies assurent une permanence le dimanche* (syn. TENIR). *Les employés assurent normalement leur service ce matin* (syn. ACCOMPLIR). *Assurer le ravitaillement* (syn. POURVOIR À) *Assurer une rente à ses parents* (syn. GARANTIR). — **4.** *Assurer des biens, qqn,* les garantir contre certains risques, moyennant le paiement d'une somme convenue : *Assurer ses récoltes contre la grêle;* au pass. : *Les bâtiments de la ferme n'étaient pas assurés. Je suis assuré contre l'incendie. La voiture est assurée tous risques* (= pour tous les accidents éventuels). — **5.** *Assurer qqch,* le rendre plus stable, plus sûr, plus ferme : *Une convalescente qui s'appuie sur une canne pour assurer sa démarche. Assurer le bonheur de ses enfants. Assurer ses arrières* (syn. PRÉSERVER, PROTÉGER). *Un désarmement qui assurerait la paix* (syn. GARANTIR). ◆ ***s'assurer*** v. pr. **1.** *S'assurer de qqch, que* (+ *ind.*), rechercher la preuve de cette chose, contrôler ou confirmer ce fait : *Assurez-vous que la porte est fermée* (syn. VÉRIFIER). *S'assurer de l'expédition d'un colis* (syn. VEILLER À). — **2.** Se garantir le service de qqn, l'usage de qqch; se pourvoir de qqch pour n'en pas manquer : *S'assurer le concours de collaborateurs compétents. S'assurer des rentrées fiscales régulières* (syn. SE PROCURER). — **3.** Prendre une position stable : *Cavalier qui s'assure bien sur sa selle.* — **4.** *S'assurer contre qqch,* se mettre en sûreté : *S'assurer contre les attaques possibles d'un ennemi* (syn. SE PROTÉGER, SE PRÉMUNIR, SE DÉFENDRE). — **5.** Prendre une garantie pour ses biens ou sa personne : *S'assurer contre l'incendie.*

assureur [asyrœr] n. m. Celui qui s'engage à couvrir un risque, moyennant le paiement d'une somme déterminée (prime) et selon des modalités précisées dans un contrat.

astérisque [asterisk] n. m. (gr. *asteriskos,* petite étoile). Signe typographique en forme d'étoile [*], qui indique un renvoi, une forme hypothétique, qui s'emploie aussi après l'initiale d'un nom propre que l'on ne veut pas écrire, etc.

asthénie [asteni] n. f. (du gr. *sthenos,* force). Diminution des forces (méd.).

asthénique [astenik] adj. et n. Atteint d'asthénie.

asthmatique [asmatik] adj. et n. Atteint d'asthme : *Une toux asthmatique. La respiration sifflante d'un asthmatique.*

asthme [asm] n. m. (gr. *asthma,* respiration difficile). Maladie caractérisée par une difficulté à respirer, survenant par crises.

asticot [astiko] n. m. (orig. incert.). Larve des mouches à viande, dont on se sert comme appât pour la pêche.

asticoter [astikɔte] v. t. (orig. incert.). Fam. *Asticoter qqn,* l'irriter ou l'agacer par des remarques ou des reproches minimes, mais constants : *On cherchait à attirer son attention en l'asticotant* (syn AGACER). *As-tu* *fini d'asticoter ta sœur? Reste tranquille* (syn. TAQUINER).

astigmate [astigmat] adj. et n. (du gr. *stigma,* point). Affecté d'astigmatisme.

astigmatisme [astigmatism] n. m. Anomalie de la vision due à un défaut de la cornée.

astiquage [astikaʒ] n. m. *Fam.* Action d'astiquer.

astiquer [astike] v. t. (de *astic,* morceau d'os). Fam. *Astiquer qqch,* le faire briller en frottant : *Voici une brosse pour astiquer vos chaussures* (syn. FAIRE RELUIRE; fam. BRIQUER).

astrakan [astrakɑ̃] n. m. (d'*Astrakhan,* ville de l'U.R.S.S.). Fourrure de jeune agneau d'Asie, à poil frisé.

astral, e, aux [astral] adj. Relatif aux astres : *Le thème astral, établi par un astrologue, définit la position des astres dans le ciel au moment de la naissance.*

astre [astr] n. m. (gr. *astron*). Corps céleste (Soleil, étoile, planète, comète) : *Observer le cours des astres.*

astreignant, e [astrɛɲɑ̃] adj. Qui astreint : *Un travail astreignant, qui ne laisse aucun moment de repos.*

astreindre [astrɛ̃dr] v. t. (lat. *astringere,* serrer) [c. 55] *Astreindre qqn à qqch, à* (+ *inf.*), le soumettre à une tâche difficile, pénible (souvent pass.) : *Être astreint à travailler tous les matins de très bonne heure* (syn. OBLIGER, CONTRAINDRE). *Le médecin m'a astreint à un régime sans sel* (syn. SOUMETTRE; contr. DISPENSER). *Être astreint à de dures privations* (syn. FORCER; contr. AFFRANCHIR). ◆ ***s'astreindre*** v. pr. Se soumettre à qqch de pénible : *Elle s'est astreinte à examiner tout le dossier minutieusement.*

astreinte [astrɛ̃t] n. f. Obligation rigoureuse : *La régularité et la ponctualité exigées dans son métier sont pour lui des astreintes pénibles* (syn. CONTRAINTE).

astringent, e [astrɛ̃ʒɑ̃] adj. et n. m. (du lat. *astringere,* serrer). Qui diminue la sécrétion intestinale et la transpiration (méd.) : *Tisane astringente. Remède astringent.*

astrologie [astrɔlɔʒi] n. f. (gr. *astron,* astre, et *logos,* science). Art relevant de la divination, et consistant à faire des prédictions concernant la vie des hommes en fonction de la position des astres.

astrologique [astrɔlɔʒik] adj. Relatif à l'astrologie : *Faire des prédictions astrologiques.*

astrologue [astrɔlɔg] n. Personne qui pratique l'astrologie : *L'astrologue Nostradamus.*

astronaute [astrɔnot] n. Pilote ou passager d'un engin spatial (syn. COSMONAUTE).

astronautique [astrɔnotik] n. f. (gr. *astron,* astre, et *nautikê,* navigation). Science de la navigation interplanétaire.

astronome [astrɔnɔm] n. Spécialiste d'astronomie : *Les astronomes suivent le mouvement des étoiles avec des télescopes.*

astronomie [astrɔnɔmi] n. f. (gr. *astron,* astre, et *nomos,* loi). Étude scientifique de l'univers, de sa constitution, de ses lois et de son évolution.

astronomique [astrɔnɔmik] adj. **1.** Qui relève de l'astronomie : *Faire des calculs astronomiques.* — **2.** *Fam.* D'une grandeur, d'une quantité énorme (surtout en parlant d'argent) : *Prix astronomiques* (syn. EXAGÉRÉ).

astuce [astys] n. f. (lat. *astutia,* ruse). **1.** Manière ingénieuse et habile d'agir, de parler, permettant de se procurer un avantage, de déjouer une difficulté : *Son astuce ne lui a pas toujours été profitable* (syn. litt. ROUERIE; fam. ROUBLARDISE). *Il y a beaucoup d'astuce dans ce qu'il dit* (syn. INTELLIGENCE, FINESSE). *Cette fille est pleine d'astuce* (syn. INGÉNIOSITÉ). *Il connaît toutes les astuces du métier* (syn. fam. FICELLE). — **2.** Plaisanterie, jeu de mots : *Je lançai une astuce pour détendre l'atmosphère.*

astucieusement [astysjøzmɑ̃] adv. De façon astucieuse : *Répondre astucieusement.*

astucieux, euse [astysjø] adj. et n. Qui a de l'habileté, de l'ingéniosité : *Un élève astucieux, toujours prêt à répondre aux questions difficiles* (syn. INTELLIGENT). *C'est un astucieux qui a su se débrouiller dans la vie* (syn. MALIN; fam. ROUBLARD). ◆ adj. Qui manifeste de l'adresse, de l'habileté : *Un projet astucieux* (syn. INGÉNIEUX, ADROIT).

asymétrie [asimetri] n. f. Absence totale de symétrie : *L'asymétrie des allées le choquait.*

asymétrique [asimetrik] adj. Sans symétrie : *Visage asymétrique.*

asymptote [asɛ̃ptɔt] n. f. (gr. *asumptôtos,* qui ne coïncide pas). Ligne droite qui, si on la prolonge à l'infini, se rapproche indéfiniment d'une courbe sans jamais la toucher.

asymptotique [asɛ̃ptɔtik] adj. Relatif à l'asymptote : *Une ligne asymptotique.*

atavique [atavik] adj. Qui relève de l'atavisme.

atavisme [atavism] n. m. (du lat. *atavus,* ancêtre). Instinct héréditaire, habitude héritée des aïeux : *Le vieil atavisme provincial réapparut dès que l'on voulut toucher aux intérêts locaux.*

atelier [atəlje] n. m. (de l'anc. fr. *astelle,* éclat de bois). **1.** Local où un artisan travaille; partie d'une usine où des ouvriers travaillent au même ouvrage : *L'atelier du menuisier est au fond de la cour. L'atelier de montage dans une usine d'automobiles.* — **2.** Lieu où travaille un artiste peintre.

atemporel, elle [atɑ̃pɔrɛl] adj. Qui n'est pas concerné par le temps.

atermoiement [atɛrmwamɑ̃] n. m. Action de différer, de remettre (surtout pl.) : *Je suis exaspérée par ses atermoiements; qu'elle prenne une décision* (syn. FAUX-FUYANT, TERGIVERSATION).

atermoyer [atɛrmwaje] v. i. (anc. fr. *termoyer,* vendre à terme) [c. 3] (sujet qqn) Remettre ce qu'on doit faire à plus tard, pour gagner du temps : *Il n'a plus de prétexte pour atermoyer; il doit s'exécuter* (syn. RETARDER, DIFFÉRER, TRAÎNER EN LONGUEUR).

athée [ate] adj. et n. (du gr. *theos,* dieu). Qui nie l'existence de Dieu : *Il avait perdu la foi très jeune et il était athée convaincu* (syn. INCROYANT).

athéisme [ateism] n. m. Doctrine des athées : *L'athéisme de ceux qui rejettent l'origine divine du monde.*

athlète [atlɛt] n. (gr. *athlêtês,* lutteur). Personne qui pratique un sport, en général individuel (coureur, sauteur, lanceur) : *Un athlète complet* (syn. ↓ SPORTIF). ◆ n. m. Homme d'une constitution, d'une musculature puissante : *Le chauffeur du camion était un véritable athlète de 1,80 m et de 90 kilos.*

athlétique [atletik] adj. Qui relève de l'athlétisme, des athlètes : *Exercices athlétiques* (= qui améliorent la valeur physique). *Une carrure athlétique* (syn. VIGOUREUX, PUISSANT).

athlétisme [atletism] n. m. Ensemble de sports individuels, comprenant les courses, les lancers et les sauts.

atlantique [atlɑ̃tik] adj. **1.** Relatif à l'océan Atlantique : *Le littoral atlantique.* — **2.** *Pacte atlantique,* pacte qui unit certains États de l'Europe occidentale et de l'Amérique du Nord.

atlas [atlas] n. m. (de *Atlas,* n. myth.). Recueil de cartes géographiques ou de tableaux sur un sujet ou un ensemble de sujets : *Atlas géographique* (portant sur la géographie physique, économique et politique), *économique* (portant sur l'économie), *historique* (portant sur l'histoire), *linguistique* (qui indique les zones où sont employés certains mots ou sons), etc.

atmosphère [atmɔsfɛr] n. f. (gr. *atmos,* vapeur, et *sphaira,* sphère). **1.** Couche gazeuse qui enveloppe la Terre : *La haute atmosphère.* — **2.** Air que l'on peut respirer en un lieu : *L'atmosphère de cette pièce fermée est irrespirable.* — **3.** Milieu dans lequel on est : *Vivre dans une atmosphère d'hostilité* (syn. AMBIANCE).

atmosphérique [atmɔsferik] adj. Relatif à l'atmosphère (sens 1) : *La pression atmosphérique se mesure à l'aide d'un baromètre.*

atoll [atɔl] n. m. (mot des îles Maldives). Île des mers tropicales, formée par des récifs de corail en forme d'anneau, entourant une lagune centrale, le *lagon.*

atome [atom] n. m. (gr. *atomos,* indivisible). **1.** Parcelle d'un corps simple, la plus petite partie d'un élément qui puisse entrer en combinaison. — **2.** Fam. *Atomes crochus,* sympathie spontanée entre deux personnes : *Il n'y a pas d'atomes crochus entre nous.*

atomique [atɔmik] adj. **1.** Relatif aux atomes : *Poids atomique.* — **2.** Qui utilise l'énergie provenant de la désintégration des noyaux d'atomes (uranium, plutonium); qui s'y rapporte : *La pile atomique de Saclay. Les bombes atomiques ont une puissance destructrice considérable. L'usine atomique de Pierrelatte.*

atomisation [atɔmizasjɔ̃] n. f. Action d'atomiser; fait d'être atomisé : *L'atomisation des forces d'opposition.*

atomiser [atɔmize] v. t. (de *atome*). **1.** Détruire au moyen de bombes atomiques : *Des régions entières peuvent être atomisées par une seule bombe.* — **2.** Pulvériser en fines gouttelettes ou en particules extrêmement ténues (syn. VAPORISER). — **3.** Disperser en éléments très petits : *Une décentralisation excessive qui aboutit à atomiser le pouvoir.*

atomiseur [atɔmizœr] n. m. Pulvérisateur contenant de l'air sous pression : *Vaporiser de la laque sur ses cheveux avec un atomiseur.*

atomiste [atɔmist] adj. et n. Spécialisé dans les recherches atomiques.

atonal, e, als [atɔnal] adj. (de *ton*). *Musique atonale,* qui n'obéit pas aux règles tonales de l'harmonie.

atone [atɔn] adj. (gr. *atonos,* relâché). **1.** Qui manque d'énergie, de force, de vivacité : *Un être atone, sans réaction devant l'adversité* (syn. AMORPHE, MOU). *Un regard atone* (syn. MORNE, ÉTEINT). — **2.** *Mot, syllabe, voyelle atone,* qui ne porte pas l'accent (syn. INACCENTUÉ; contr. TONIQUE).

atonie [atɔni] n. f. Manque de force : *Je suis dans un état d'atonie voisin de la prostration* (syn. INERTIE, ENGOURDISSEMENT, TORPEUR; contr. VITALITÉ, VIVACITÉ).

atours [atur] n. m. pl. (de l'anc. fr. *atourner,* orner). *Être paré de ses plus beaux atours,* avoir mis ses parures les plus belles (ironiq.).

atout [atu] n. m. (à et *tout*). **1.** Dans les jeux de cartes, couleur choisie ou déterminée selon une convention et qui l'emporte sur les autres couleurs; carte de cette couleur : *L'atout est le carreau. Jouer le sans-atout* (= partie où il n'y a pas d'atout). — **2.** Chance de réussir : *Son atout principal, c'est son énergie* (syn. AVANTAGE, RESSOURCE).

atrabilaire [atrabilɛr] adj. et n. (du lat. *atrabilis,* bile noire). *Litt.* Qui est d'humeur désagréable, irritable; coléreux.

âtre [ɑtr] n. m. (gr. *ostrakon,* morceau de brique). *Litt.* Partie de la cheminée où on fait le feu : *Mettre des bûches dans l'âtre.*

atroce [atrɔs] adj. (lat. *atrox-, ocis*) [après ou, plus rarement, avant le n.] Qui provoque la répulsion, la douleur, l'indignation par sa laideur, par son caractère ignoble, par sa cruauté : *Le meurtre de cet enfant est un crime atroce* (= qui dénote une grande cruauté; syn. MONSTRUEUX). *Être témoin d'une scène atroce* (syn. EFFROYABLE). *Il est mort dans d'atroces souffrances* (syn. HORRIBLE, TERRIBLE, ÉPOUVANTABLE). *Ce qu'elle écrit sur toi est atroce* (syn. AFFREUX, ABOMINABLE). *Nous avons eu un été atroce* (= très mauvais). *Ce monument est d'une laideur atroce.*

atrocement [atrɔsmɑ̃] adv. De façon atroce : *On a repêché dans la Seine le cadavre atrocement mutilé de l'assassin* (syn. HORRIBLEMENT). *Souffrir atrocement* (syn. CRUELLEMENT). *Il est atrocement bavard* (syn. fam. AFFREUSEMENT, TERRIBLEMENT).

atrocité [atrɔsite] n. f. Caractère atroce : *L'atrocité du crime exclut les circonstances atténuantes* (syn. BARBARIE, CRUAUTÉ). *Les atrocités de la guerre* (syn. CRIME, MONSTRUOSITÉ). *Il répand des atrocités sur ses voisins* (syn. HORREUR, CALOMNIE).

atrophie [atrɔfi] n. f. (du gr. *trophê,* nourriture). Diminution de volume ou de poids d'un organe ou d'un membre; perte ou affaiblissement d'une faculté chez qqn; réduction d'une activité dans un pays : *L'atrophie de la jambe droite après un accident. L'inactivité a entraîné une atrophie de son intelligence* (syn. DIMINUTION). *L'atrophie d'un secteur économique par suite de l'insuffisance de crédits* (syn. DÉPÉRISSEMENT; contr. HYPERTROPHIE).

atrophié, e [atrɔfje] adj. Qui a subi une atrophie : *Membres atrophiés. Volonté atrophiée.*

atrophier (s') [atrɔfje] v. pr. **1.** (sujet un muscle, un organe) Diminuer de volume : *Les muscles d'un paralysé s'atrophient* (contr. S'HYPERTROPHIER). — **2.** (sujet qqch [abstrait]) Perdre de sa force : *Son sens moral s'est atrophié* (syn. SE DÉGRADER, ↓S'AFFAIBLIR).

attabler (s') [atable] v. pr., **être attablé** v. pass. S'asseoir, être assis à table, en général pour prendre un repas, une consommation : *S'attabler à la terrasse d'un café.*

attachant, e [ataʃɑ̃] adj. Qui suscite l'intérêt, la sympathie : *Un livre attachant* (syn. INTÉRESSANT, ATTRAYANT, CAPTIVANT, PASSIONNANT). *Cet enfant est très attachant.*

attache [ataʃ] n. f. **1.** Petit objet qui sert à attacher (épingle, agrafe, etc.) : *Feuillets réunis au moyen d'une attache.* — **2.** *Chien à l'attache,* tenu en laisse ou enchaîné (contr. EN LIBERTÉ). — **3.** Lien d'amour, d'amitié, de sympathie : *Rien ne me retient ici : Je n'y ai aucune attache.* ◆ ***attaches*** n. f. pl. **1.** Poignets, chevilles : *Elle a des attaches fines.* — **2.** Liens de parenté : *Il a de lointaines attaches avec le ministre.* — **3.** Relations qui font dépendre qqn d'un milieu : *Conserver des attaches avec son pays natal.*

attaché, e [ataʃe] n. Personne en fonctions auprès d'un service, d'une administration : *Attaché commercial. Attaché d'ambassade.*

attaché-case [ataʃekɛz] n. m. (de l'angl.) [pl. *attachés-cases*]. Mallette peu profonde et rigide qui sert de porte-documents.

attachement [ataʃmɑ̃] n. m. Lien de fidélité, d'affection, de sympathie pour qqn, ou goût pour qqch : *Elle lui garde un attachement durable malgré l'éloignement. Montrer un profond attachement aux institutions républicaines. Il montre un attachement excessif aux biens matériels* (contr. DÉTACHEMENT).

attacher [ataʃe] v. t. (de l'anc. fr. *estachier,* fixer). **1.** *Attacher qqch, qqn,* leur mettre un lien, de façon à les immobiliser ou à limiter leur liberté de mouvement : *Attacher un arbuste à un tuteur* (syn. LIER). *Les cambrioleurs ont attaché leur victime sur une chaise* (syn.

LIGOTER). *Il avait attaché son cheval à la barrière par les rênes* (contr. DÉTACHER). *Attacher un seau au bout d'une corde* (syn. ACCROCHER). — **2.** Réunir, entourer par un lien des choses distinctes ou plusieurs parties de qqch : *Attacher des livres avec une sangle. Attacher un paquet* (syn. FICELER). *Attacher un fagot* (syn. LIER). *Attacher deux pieux d'une clôture avec un fil de fer* (syn. ASSEMBLER, ASSUJETTIR, LIGATURER). *Attacher une robe* (syn. BOUTONNER). — **3.** Réunir deux bouts de lien, les fixer l'un à l'autre par un nœud : *Attacher sa ceinture* (syn. AGRAFER, BOUCLER). *Attacher ses lacets de chaussures* (syn. NOUER). — **4.** *Fam.* Fixer, retenir par un clou, une cheville, etc. : *Le vent rabat les volets : il faut les attacher. Il a attaché la feuille au mur avec quatre punaises. La quittance est attachée après la lettre par une agrafe* (syn. AGRAFER, ÉPINGLER; contr. DÉTACHER). — **5.** *Attacher qqn à qqch,* établir un lien moral, une relation de sympathie avec lui : *De nombreux souvenirs m'attachent à cette région.* — **6.** *Attacher du prix, de l'importance, de l'intérêt à qqch,* le considérer comme précieux, important, intéressant (syn. ATTRIBUER, ACCORDER). ‖ *Attacher un sens, une signification à des paroles, à un geste,* etc., les interpréter, y voir une intention : *Fallait-il attacher une signification particulière à son sourire?* — **7.** Litt. *Attacher ses regards, sa pensée,* etc., *sur qqn* ou *sur qqch,* faire de qqn ou de qqch l'objet d'un regard ou d'une pensée soutenus : *Elle restait silencieuse, attachant sa vue sur cet inoubliable paysage.* ◆ v. i. ou ***s'attacher*** v. pr. **1.** (sujet qqch) *S'attacher* (à *qqch* [concret]), y coller : *Du goudron qui s'attache à la carrosserie. Le gâteau a attaché au moule* (syn. ADHÉRER). *Le riz a attaché.* — **2.** (sujet qqch [abstrait]) *S'attacher à qqch (abstrait),* y être associé, en être inséparable : *La gloire s'attache à cet exploit.* ◆ ***s'attacher*** v. pr. **1.** (sujet qqn, un animal) *S'attacher à qqn, à qqch,* établir un lien d'amour, d'amitié, de sympathie avec lui; être attiré par qqch, avoir du goût pour : *Il s'est attaché à elle pour la vie* (syn. SE LIER; contr. SE DÉTACHER). *Le chien s'était attaché à son jeune maître. Tu t'attaches trop à l'argent.* — **2.** (sujet qqn) *S'attacher à* (+ *inf.*), *à qqch,* se les donner pour tâches : *L'avocat s'attache à prouver l'innocence de son client. S'attacher à la recherche des causes* (syn. SE CONSACRER, S'APPLIQUER, S'EMPLOYER). — **3.** *S'attacher à qqch, à* (+ *inf.*), lui accorder de l'importance, le considérer attentivement : *Il faut voir l'ensemble sans trop s'attacher aux détails* (syn. S'ARRÊTER).

attaquant [atakɑ̃] n. m. Troupe, soldat, joueur, etc., qui exécute une action offensive : *Repousser les attaquants.*

attaque [atak] n. f. **1.** Action offensive menée contre qqn; critique violente adressée à qqn : *Repousser l'attaque de l'ennemi* (syn. ASSAUT, CHARGE). *Déclencher une attaque* (syn. OFFENSIVE). *Être victime d'une attaque à main armée. Une attaque aérienne. Être en butte aux attaques de l'opposition* (syn. CRITIQUE). *Rester impassible devant les attaques de la partie adverse* (syn. ACCUSATION). — **2.** Accès violent mais passager d'une maladie, d'un état morbide : *Avoir une attaque de goutte. Avoir une attaque d'apoplexie* ou, simplem., *une attaque* (syn. CONGESTION CÉRÉBRALE). — **3.** Fam. *Être d'attaque,* être dispos : *Elle est particulièrement d'attaque ce soir. Es-tu d'attaque pour entreprendre cette excursion?* (syn. fam. EN FORME).

attaquer [atake] v. t. (it. *attaccare,* attacher). **1.** (sujet être animé) *Attaquer qqn,* entreprendre une action violente contre lui pour le vaincre : *La petite troupe fut attaquée par surprise* (syn. ASSAILLIR). — **2.** (sujet qqn) *Attaquer qqch, qqn,* s'en prendre à eux pour les dénigrer : *Attaquer les institutions par de violents articles de presse* (syn. CRITIQUER; contr. DÉFENDRE, LOUER). *Les critiques ont durement attaqué cette comédie. Il a été très attaqué par les membres de son comité.* — **3.** (sujet qqch) *Attaquer qqch,* lui causer quelque dommage (souvent pass.) : *La rouille attaque le fer. La coque du bateau est attaquée par les algues* (syn. DÉTÉRIORER, RONGER). *Le poumon est attaqué* (syn. ATTEINDRE). — **4.** *Attaquer* (ou *s'attaquer à*) *qqch,* l'entreprendre : *Attaquer (s'attaquer à) la traduction d'un texte.* — **5.** *Attaquer une note,* en commencer l'émission. — **6.** *Fam.* Commencer à manger : *Attaquer le fromage avant le dessert* (syn. ENTAMER). ◆ ***s'attaquer*** v. pr. *S'attaquer à qqn, à qqch,* entreprendre de les combattre, de les affronter : *S'attaquer à un gang. S'attaquer avec résolution à des préjugés* (syn. S'EN PRENDRE À).

attardé, e [atarde] adj. et n. **1.** Qui s'est mis en retard : *Quelques promeneurs attardés flânaient dans les rues.* — **2.** Dont l'intelligence n'est pas au niveau où elle devrait être : *Cet enfant est un peu attardé pour son âge. C'est un attardé; ne discute pas avec lui* (syn. ↑ARRIÉRÉ). — **3.** En retard sur son siècle, sur son époque : *Seuls quelques attardés s'opposent à cette réforme* (syn. RETARDATAIRE). *Rester fidèle à des conceptions attardées* (syn. PÉRIMÉ, DÉSUET).

attarder (s') [atarde] v. pr. **1.** *S'attarder à qqch, à* (+ *inf.*), rester longuement à le faire : *Il s'est attardé au café à discuter avec des camarades. Tu t'attardes à des détails insignifiants.* — **2.** Se mettre en retard, demeurer qqpart au-delà du temps habituel (sans compl. introduit par à) : *Elle s'est attardée chez des amis* (syn. RESTER). *Ne vous attardez pas trop en chemin* (syn. FLÂNER; fam. LAMBINER). *Il n'y avait plus à cette heure que quelques passants qui s'étaient attardés.*

atteindre [atɛ̃dr] v. t. (lat. *attingere,* toucher) [c. 55] **1.** *Atteindre qqn,* réussir à le blesser, à le toucher gravement, à le troubler moralement : *Le coup de feu l'atteignit au bras* (syn. BLESSER). *Elle est atteinte dans ses convictions* (syn. ÉBRANLER). *Ce reproche ne m'atteint pas* (syn. OFFENSER, TOUCHER, HEURTER). — **2.** *Atteindre qqch,* réussir à toucher ce qui est éloigné ou élevé : *Atteindre une cible. Monter sur une chaise pour atteindre le haut de l'armoire. Atteindre Rome en deux heures par avion* (syn. GAGNER). *Atteindre le terme d'une étape* (syn. ARRIVER, PARVENIR À). *Le fleuve a atteint un certain niveau* (syn. MONTER À). *Les pins ont atteint une taille élevée. La crise atteint son paroxysme.* — **3.** *Atteindre qqn,* entrer en rapport avec lui : *Je réussis à l'atteindre par téléphone avant son départ.* ◆ v. t. ind. *Atteindre à un but,* y parvenir : *Il n'est pas possible d'atteindre à la perfection.*

atteinte [atɛ̃t] n. f. **1.** Action de causer un préjudice : *Cette accusation constitue une atteinte à l'honneur* (syn. BLESSURE). *Atteinte à l'autorité de l'État* (syn. ATTAQUE, ATTENTAT). *Porter atteinte à la dignité de la personne humaine. Il est hors d'atteinte des balles* (syn. À L'ABRI DE). *Sa réputation est hors d'atteinte* (syn. INATTAQUABLE). — **2.** Manifestation d'un état morbide (surtout pl.) : *Les premières atteintes du mal qui devait l'emporter* (syn. ATTAQUES). — **3.** *Hors d'atteinte, de l'atteinte de,* qui ne peut être touché, obtenu (par) : *Le bocal en haut de l'armoire est hors de l'atteinte des enfants* (syn. HORS DE PORTÉE). *Cet examen lui paraît hors d'atteinte.*

attelage [atlaʒ] n. m. **1.** Action ou manière d'atteler; ce qui sert à atteler : *Vérifier l'attelage d'un wagon.* — **2.** Animaux attelés : *L'attelage marche avec lenteur.*

atteler [atle] v. t. (du lat. *protelum,* attelage de bœufs) [c. 6] **1.** *Atteler des animaux de trait (chevaux, bœufs,* etc.), *un wagon,* etc., *à qqch,* les relier à un véhicule ou à un instrument agricole, à d'autres voitures, etc. : *Atteler des bœufs à une charrette. On attelle une remorque au tracteur.* — **2.** *Atteler qqn à un travail,* lui donner une tâche : *Une équipe a été attelée à cette recher-*

che. ◆ ***s'atteler*** v. pr. *S'atteler à un travail,* entreprendre un travail long et difficile : *Je me suis attelée à l'article que je vous ai promis* (syn. S'ATTAQUER, SE METTRE À).

attelle [atɛl] n. f. (du lat. *assis,* planche). Petite pièce de bois pour maintenir des os fracturés (syn. ÉCLISSE).

attenant, e [atnɑ̃] adj. (de l'anc. fr. *attenir*). Qui tient à qqch (admin.) : *La grange attenante à la maison doit être reconstruite* (syn. CONTIGU).

attendre [atɑ̃dr] v. t. (lat. *attendere,* être attentif) [c. 50]. 1. (sujet qqn) *Attendre qqn, qqch, attendre de* (+ *inf.*), *que* (+ *subj.*), rester en un lieu en comptant sur leur arrivée, sur un événement : *Je vous attendrai jusqu'à sept heures. Attendre l'autobus sous la pluie. En attendant d'être reçu, feuilletez ces revues. En attendant qu'il arrive, ils jouent aux cartes. Elle se fait attendre* (= elle est en retard). — 2. (sujet qqn) *Attendre qqch (de qqn),* compter sur qqch, sur son éventualité : *J'attends pour demain votre coup de téléphone. J'attends d'importantes rentrées d'argent* (syn. ESPÉRER, ESCOMPTER). *Qu'attendez-vous de lui?* (syn. VOULOIR, EXIGER). — 3. *Fam.* (sujet qqn) *Attendre qqn à qqch,* guetter le moment où il s'engagera dans une difficulté, où il arrivera à un moment dangereux : *Je l'attends au financement de l'opération. Je vous attends au tournant.* — 4. (sujet une femme) *Attendre un enfant,* être enceinte. — 5. (sujet qqch) *Attendre qqn,* lui être destiné : *Une grosse déception l'attendait.* ◆ v. t. ind. *Attendre après qqn, qqch,* compter avec impatience sur son arrivée, sur sa réalisation : *Je n'attends pas après cet argent. Il attend après un taxi* (fam.). ◆ v. i. 1. (sujet qqn) Rester dans un lieu jusqu'à ce qu'un événement se produise : *J'attendis jusqu'à son arrivée. Elle ne tardera pas : j'écouterai la radio en attendant.* — 2. (sujet qqch) Rester intact : *Les pêches n'attendront pas à demain, mangez-les ce soir.* — 3. *En attendant,* indique une opposition (quoi qu'il en soit) : *Tes idées sont peut-être justes, en attendant tu aurais mieux fait de te tenir tranquille* (syn. TOUJOURS EST-IL QUE, EN TOUT CAS). ◆ ***s'attendre*** v. pr. *S'attendre à qqch,* à (+ *inf.*), *à ce que* (+ *subj.*), regarder comme probable : *Nous nous attendons à de la pluie pour demain* (syn. PRÉVOIR). *Je m'attendais à un meilleur résultat* (syn. COMPTER SUR). *On pouvait s'attendre à pire. Il s'attend à perdre sa place* (syn. CRAINDRE). *Je m'attends à ce qu'elle me fasse une remarque. Je m'attends à tout de sa part.*

attendrir [atɑ̃drir] v. t. (de *tendre*). 1. *Attendrir une viande,* la rendre moins dure : *Le boucher attendrit le bifteck avec son couteau.* — 2. *Attendrir qqn,* exciter en lui un sentiment de pitié, de compassion, provoquer son émotion : *Ses larmes ne m'ont pas attendri* (syn. FLÉCHIR, ↓TOUCHER). ◆ ***s'attendrir*** v. pr. Être ému, touché : *Elle s'attendrit devant tant de misère* (syn. S'APITOYER). *Ne vous attendrissez pas sur mon sort; il n'est pas si mauvais!*

attendrissant, e [atɑ̃drisɑ̃] adj. Qui attendrit, touche : *Le spectacle attendrissant d'une mère qui retrouve ses enfants après des années de séparation* (syn. ÉMOUVANT, ↑BOULEVERSANT).

attendrissement [atɑ̃drismɑ̃] n. m. Mouvement de tendresse, de pitié : *Son attendrissement devant la souffrance témoigne de sa sensibilité* (syn. COMPASSION; contr. DURETÉ).

attendrisseur [atɑ̃drisœr] n. m. Appareil employé pour attendrir les viandes.

1. attendu [atɑ̃dy] n. m. (de *attendre*). *Les attendus d'un jugement,* les motifs de la décision prise.

2. attendu [atɑ̃dy] prép., **attendu que** conj. Indique la cause (surtout admin.) : *Attendu la situation internationale, le cabinet se réunira d'urgence* (syn. VU, ÉTANT DONNÉ). *On ne peut pas se fier à ces résultats, attendu que les calculs sont approximatifs* (syn. VU QUE, ÉTANT DONNÉ QUE).

attentat [atɑ̃ta] n. m. (du lat. *attentare,* porter la main sur). Attaque criminelle ou illégale commise à l'égard de personnes, de biens, de droits, de sentiments collectifs reconnus par la loi : *Déjouer un attentat* (syn. COMPLOT). *Tomber victime d'un attentat* (syn. AGRESSION). *Être condamné pour attentat à la pudeur.*

attentatoire [atɑ̃tatwar] adj. (de *attenter*). *Attentatoire à qqch,* qui lui est contraire, opposé; qui attente à qqch (admin.) : *Mesures attentatoires à la liberté de la presse. Une décision attentatoire à la justice.*

attente [atɑ̃t] n. f. 1. Action de rester jusqu'à l'arrivée de qqn ou de qqch; temps pendant lequel on demeure ainsi : *Tous étaient inquiets dans l'attente des dernières nouvelles. Il trompait l'attente en bavardant. Elle a passé de longues heures dans l'attente de son retour. La salle d'attente d'une gare* (= où les voyageurs peuvent rester en attendant le train). — 2. Action de compter sur qqn, qqch : *Il n'a pas répondu à l'attente de ses professeurs* (syn. ESPÉRANCE, SOUHAIT).

attenter [atɑ̃te] v. t. ind. (lat. *attentare,* attaquer). *Attenter à qqch,* commettre une tentative criminelle pour le détruire : *Attenter à la liberté d'un peuple. Je prétends qu'on a cherché à attenter à ma vie.*

attentif, ive [atɑ̃tif] adj. Qui prête attention à qqn ou à qqch : *Être attentif à ne blesser personne* (syn. SOUCIEUX DE). *Prêter une oreille attentive à une conversation* (contr. DISTRAIT). *Prodiguer des soins attentifs à un malade* (contr. INDIFFÉRENT).

attention [atɑ̃sjɔ̃] n. f. (du lat. *attendere,* être attentif). 1. Action de concentrer son esprit sur un sujet déterminé : *Faire un effort d'attention pour suivre un exposé. Fixer son attention sur un spectacle. Faites attention avant de traverser* (= prenez garde). *J'ai fait attention à (ou de) ne pas les réveiller en rentrant* (syn. VEILLER À). — 2. *À l'attention de qqn* (sur une lettre), indique la personne concernée dans un service administratif. — 3. Action de témoigner à qqn des égards, de se soucier de sa santé, de son bonheur, etc.; témoignage adressé à cette occasion : *Il est plein d'attention pour sa mère. Je multipliais les attentions à son égard* (syn. PRÉVENANCE). *Ce cadeau est une attention charmante* (syn. DÉLICATESSE).

attentionné, e [atɑ̃sjɔne] adj. Qui manifeste de la gentillesse à l'égard de qqn : *Être très attentionné pour* (ou *auprès de*) ses invités (syn. EMPRESSÉ).

attentisme [atɑ̃tism] n. m. (de *attente*). Politique ou attitude consistant à ne pas prendre parti et à différer les décisions importantes en attendant les événements.

attentiste [atɑ̃tist] adj. et n. Qui relève de l'attentisme.

attentivement [atɑ̃tivmɑ̃] adv. Avec attention : *L'enfant regardait attentivement les acrobates. Lire attentivement les instructions reçues.*

atténuant, e [atenɥɑ̃] adj. *Circonstances atténuantes,* faits particuliers dont les juges et les jurés tiennent compte pour appliquer la loi pénale de manière indulgente.

atténuation [atenɥasjɔ̃] n. f. Action d'atténuer; fait d'être atténué : *L'atténuation d'une peine d'emprisonnement. L'atténuation des souffrances par un calmant.*

atténuer [atenɥe] v. t. (lat. *attenuare,* affaiblir) [sujet qqn, qqch] *Atténuer qqch,* le rendre moins fort, moins violent, moins grave : *Prendre un cachet pour atténuer un mal de tête* (syn. CALMER). *Atténuer la violence de ses propos* (syn. ADOUCIR, MODÉRER). *Ce geste de bienveillance atténua son amertume* (syn. TEMPÉRER; contr. AGGRAVER). ◆ ***s'atténuer*** v. pr. Devenir moins fort : *La* *tempête de neige s'atténue* (contr. AUGMENTER). *Sa douleur s'est atténuée* (syn. DIMINUER).

atterrer [atɛre] v. t. (de *a* et *terre*). *Atterrer qqn*, provoquer chez lui la stupéfaction, l'accablement, une peine profonde (souvent pass.) : *Je suis atterré par l'annonce de son suicide* (syn. ABATTRE, ACCABLER). *Cette intervention absurde atterra l'assistance* (syn. CONSTERNER).

atterrir [atɛrir] v. i. (de *à* et *terre*). **1.** (sujet un avion, un engin, un pilote) Se poser sur le sol : *L'avion atterrit sur la piste à l'heure exacte. La fusée atterrit dans le désert du Nevada.* — **2.** *Fam.* (sujet qqn) Arriver, au terme d'un parcours : *Après une matinée de démarches, il avait atterri à la terrasse d'un café.*

atterrissage [atɛrisaʒ] n. m. Action d'atterrir : *Faire un atterrissage forcé dans un champ. Piste, terrain d'atterrissage.*

attestation [atɛstasjɔ̃] n. f. Fait d'attester qqch : *L'employeur fournit une attestation à un employé qui quitte l'entreprise* (syn. CERTIFICAT). *Ce résultat constitue une nouvelle attestation de sa prévoyance* (syn. TÉMOIGNAGE, DÉMONSTRATION, PREUVE).

attester [atɛste] v. t. (du lat. *testis*, témoin). **1.** (sujet qqn) *Attester qqch, que* (+ *ind.*), en certifier l'exactitude : *J'atteste qu'elle a dit la vérité. Le fait est attesté par les témoins* (syn. GARANTIR). — **2.** (sujet qqch) *Attester qqch, que* (+ *ind.*), en être la preuve irréfutable : *Le document atteste la vérité de son témoignage* (syn. DÉMONTRER). *Les ruines attestent la violence de l'incendie* (syn. TÉMOIGNER DE, CONFIRMER). *Cette remarque atteste son intelligence* (syn. PROUVER). *Ces paroles attestent que tu n'as rien compris* (syn. INDIQUER, MARQUER).

attiédir [atjedir] v. t. *Litt.* Rendre tiède; affaiblir : *Cette série d'échecs a attiédi son ardeur.* ◆ ***s'attiédir*** v. pr. Devenir tiède : *Son enthousiasme s'est attiédi* (syn. S'AFFAIBLIR, S'ÉMOUSSER).

attifer [atife] v. t. (de l'anc. fr. *tifer*, parer). Fam. *Attifer qqn*, l'habiller ou le parer avec mauvais goût, d'une façon bizarre (souvent pass. ou pr.) : *Être attifé d'une manière ridicule* (syn. ACCOUTRER, AFFUBLER).

attirail [atiraj] n. m. (de l'anc. fr. *atirier*, disposer). *Fam.* Ensemble d'objets divers et encombrants, mais souvent nécessaires à un usage précisé par le compl. : *Un attirail de photographe.*

attirance [atirɑ̃s] n. f. Action d'attirer ou d'être attiré; charme particulier qui pousse vers qqn ou qqch; séduction exercée par qqn ou qqch : *Il avait pour ce film une certaine attirance* (syn. ATTRAIT). *L'attirance du gouffre* (= vertige qui entraîne). [→ ATTRACTION, ATTRAIT.]

attirant, e [atirɑ̃] adj. Qui plaît et retient par un trait inhabituel : *Il y a dans son regard quelque chose d'attirant. Une figure attirante* (syn. ATTRAYANT, ↓SÉDUISANT; contr. REPOUSSANT); souvent dans des phrases négatives : *Proposition qui n'a rien d'attirant* (syn. ALLÉCHANT).

attirer [atire] v. t. **1.** *Attirer qqch*, le tirer vers soi, vers le lieu où on se trouve : *Le clocher de l'église attira la foudre. L'aimant attire le fer.* — **2.** *Attirer qqn, un animal*, l'inviter à venir en lui laissant attendre un bien, un avantage, ou par quelque appât : *Ce spectacle attirait les foules. Les poissons étaient attirés par le ver au bout de l'hameçon. Être attiré dans un guet-apens* (syn. ENTRAÎNER). — **3.** *Attirer qqn*, lui plaire : *Paule l'attirait physiquement.* — **4.** *Attirer qqch à, sur qqn*, appeler vers lui un événement heureux ou fâcheux (souvent pr.) : *Sa bienveillance lui attirait toutes les sympathies* (syn. GAGNER). *Tu vas t'attirer les pires ennuis. Elle s'attire des compliments mérités. Cette réussite lui attira beaucoup d'amis* (syn. PROCURER, SUSCITER).

attiser [atize] v. t. (du lat. *titio*, tison). **1.** *Attiser le feu*, le ranimer en faisant mieux flamber les bûches, en remuant les tisons. — **2.** Litt. *Attiser une passion, une querelle*, l'exciter : *Ces reproches attisèrent sa colère* (syn. ENFLAMMER).

attitré, e [atitre] adj. (de *titre*). Qui est titulaire d'un emploi, investi d'un rôle, d'une fonction : *Le représentant attitré d'une agence de presse* (syn. EN TITRE).

attitude [atityd] n. f. (it. *attitudine*, posture). **1.** Manière de se tenir (en parlant de qqn) : *Son attitude gauche témoigne de sa timidité* (syn. MAINTIEN). *Garder une attitude nonchalante* (syn. ALLURE). — **2.** Manière d'être à l'égard de qqn; disposition extérieure manifestant certains sentiments; disposition intérieure : *Avoir une attitude ferme. Affecter une attitude décidée* (syn. ALLURE). *Garder une attitude réservée* (syn. EXTÉRIEUR). *Il faudra modifier votre attitude* (syn. COMPORTEMENT). *Maintenir une attitude intransigeante* (syn. POSITION). *Son attitude en face de cette situation est incompréhensible* (syn. CONDUITE).

attouchement [atuʃmɑ̃] n. m. Action de toucher doucement avec la main (souvent pl.) : *Des attouchements voluptueux* (syn. CARESSE).

attractif, ive [atraktif] adj. Qui attire : *L'aimant a une force attractive. Spectacle attractif.*

attraction [atraksjɔ̃] n. f. (du lat. *attrahere*, tirer à soi). **1.** Action d'attirer; force qui attire : *L'attraction de la Terre s'exerce sur le satellite. La foire constituait un centre d'attraction pour la jeunesse de la ville. Sa personnalité exerce une grande attraction sur les foules* (syn. ATTIRANCE, ATTRAIT). — **2.** Jeu mis à la disposition du public : *Les stands de tir, les loteries, les manèges sont autant d'attractions pour les enfants.* — **3.** Partie du spectacle d'un music-hall, d'un cirque : *Le cirque a mis à son programme de très belles attractions.*

attrait [atrɛ] n. m. (du lat. *attrahere*, attirer). **1.** Ce par quoi qqch ou qqn attire, procure du plaisir, de l'agrément : *L'attrait des vacances prochaines. L'aventure exerçait sur lui un vif attrait* (syn. SÉDUCTION, FASCINATION). *Le repos dans la solitude a pour moi beaucoup d'attraits* (syn. CHARME, ↑ENCHANTEMENT). — **2.** *Avoir, éprouver de l'attrait pour qqn, qqch*, être séduit par lui : *Il éprouvait un vif attrait pour les paysages méditerranéens* (syn. GOÛT, PENCHANT). — **3.** *Les attraits d'une femme*, sa beauté, ses charmes.

attrape [atrap] n. f. Objet destiné à tromper par jeu : *Acheter des farces et attrapes pour le 1er avril.*

attrape-nigaud [atrapnigo] n. m. (pl. *attrape-nigauds*). Ruse grossière qui ne trompe que les sots : *Ces belles paroles ne sont que des attrape-nigauds.*

attraper [atrape] v. t. (de *à* et *trappe*). **1.** *Attraper qqn, qqch*, les prendre au piège par ruse; arriver à les prendre, à les saisir : *Attraper des papillons avec un filet. Attraper un ballon au vol* (syn. PRENDRE, SAISIR). *Il s'est fait attraper par la police* (syn. ARRÊTER; fam. PINCER). — **2.** *Attraper qqch*, l'atteindre dans sa course, le saisir au vol, rapidement : *Elle a réussi à attraper l'autobus* (= à arriver à temps pour y monter). *Je n'ai pu attraper que quelques mots de leur conversation* (syn. SAISIR). — **3.** *Attraper la manière d'écrire, de peindre*, etc., réussir à imiter, à reproduire : *Il a bien attrapé le style de La Bruyère* (syn. PASTICHER). *Attraper l'accent anglais.* — **4.** *Attraper qqn*, le tromper, lui faire éprouver une déception, une surprise désagréable (souvent pass.) : *Elle s'est laissé attraper par des flatteries* (syn. ABUSER, DUPER). *Vous seriez bien attrapé si je vous disais la vérité* (syn. SURPRENDRE). — **5.** Fam. *Attraper qqn*, lui faire des reproches : *Attraper un enfant. Se faire attraper pour être arrivé en retard* (syn. RÉPRIMANDER). — **6.** Fam. *Attraper une maladie, une punition*, etc., en être atteint, la subir : *J'ai attrapé la grippe l'hiver dernier* (syn. PRENDRE). *Attraper un coup* *de soleil. Attraper une contravention, six mois de prison* (syn. fam. RÉCOLTER). ◆ ***s'attraper*** v. pr. (sujet qqch) Se contracter : *Avec ce temps-là, un rhume s'attrape facilement.* (→ RATTRAPER.)

attrayant, e [atrɛjɑ̃] adj. (de *attrait*). Qui attire par le plaisir promis, par son agrément : *Pendant les vacances, les romans policiers sont une lecture attrayante* (syn. AGRÉABLE). *L'instituteur avait su rendre le travail attrayant* (syn. ↑ AMUSANT).

attribuer [atribɥe] v. t. (lat. *attribuere*). **1.** *Attribuer qqch à qqn,* le lui donner comme avantage, comme part, etc. : *La propriété que sa mère possédait dans le Midi lui fut attribuée par le testament* (syn. ASSIGNER). *Je lui attribue toutes les qualités* (syn. ACCORDER). *J'attribue une importance minime à cette déclaration* (syn. PRÊTER, CONFÉRER). — **2.** *Attribuer qqch à qqn,* le considérer comme l'auteur ou la cause de qqch : *On attribue la responsabilité de l'incendie à des campeurs imprudents* (syn. IMPUTER). *À qui attribuez-vous le mérite de cette invention?* (syn. RECONNAÎTRE). ◆ ***s'attribuer*** v. pr. Se donner à soi-même comme avantage, comme propriété : *Il s'attribue ce qui ne lui appartient pas* (syn. S'APPROPRIER). *Il s'attribue le succès de l'entreprise* (syn. REVENDIQUER, S'ARROGER).

attribut [atriby] n. m. (lat. *attributum,* qui a été attribué). **1.** Ce qui appartient en propre à qqn, à une fonction ou à un métier; ce qui en est le symbole représentatif : *Le droit de grâce est un attribut du chef de l'État* (syn. PRIVILÈGE, PRÉROGATIVE). *Le sceptre est l'attribut de la royauté* (syn. SYMBOLE). — **2.** Fonction grammaticale d'un adjectif ou d'un nom relié à un nom par un verbe d'état (*rester, être, devenir,* etc.) ou un verbe d'opinion ou de choix *(croire, élire) : Dans la phrase «Marie est fatiguée», «fatiguée» est attribut du sujet Marie.*

attribution [atribysjɔ̃] n. f. **1.** Action d'attribuer : *L'attribution d'un rôle à un acteur.* — **2.** (pl.) Étendue de la compétence d'une administration, d'une fonction, d'un cadre, etc. : *Ce travail n'entre pas dans mes attributions.* — **3.** *Complément d'attribution,* fonction grammaticale des compléments introduits par à des verbes *donner, prêter, louer,* etc.

attristant, e [atristɑ̃] adj. Qui attriste : *Le spectacle attristant de sa déchéance* (syn. AFFLIGEANT).

attrister [atriste] v. t. *Attrister qqn,* le rendre triste, lui causer de la peine : *La nouvelle de ce décès m'a profondément attristé* (syn. PEINER, DÉSOLER, ↓ CHAGRINER). ◆ ***s'attrister*** v. pr. Se désoler : *Je m'attriste de la voir désemparée et accablée* (contr. SE RÉJOUIR).

attroupement [atrupmɑ̃] n. m. Réunion de plusieurs personnes dans la rue : *La police reçut l'ordre de disperser les attroupements* (syn. RASSEMBLEMENT).

attrouper (s') [atrupe] v. pr., **être attroupé** v. pass (de *troupe*). Se réunir, être réuni en foule : *Les manifestants s'attroupèrent devant l'immeuble* (syn. SE RASSEMBLER, S'AMEUTER).

atypique [atipik] adj. Qui diffère du type habituel.

aubade [obad] n. f. (prov. *aubada*). Concert qui était donné le matin sous les fenêtres de qqn. (→ SÉRÉNADE.)

aubaine [obɛn] n. f. (de l'anc. fr. *aubain,* étranger). Avantage ou profit inattendu, chance inespérée (souvent avec *bonne, quelle*) : *Quelle bonne aubaine! j'ai gagné à la loterie. Il fait beau aujourd'hui, profitons de l'aubaine* (syn. OCCASION).

1. aube [ob] n. f. (lat. *alba,* blanche). **1.** Clarté blanchâtre qui apparaît dans le ciel au moment où le jour naît (litt., sauf dans quelques express. usuelles) : *Il a passé la nuit dehors et s'est couché à l'aube. Se lever à l'aube* (= de très bonne heure). — **2.** *À l'aube de,* au commencement de (soutenu) : *Nous sommes à l'aube d'un monde nouveau.*

2. aube [ob] n. f. (lat. *albus,* blanc). Longue robe blanche, revêtue notamment par les enfants qui font leur profession de foi.

aubépine [obepin] n. f. (lat. *alba spina,* épine blanche). Arbrisseau épineux dont les fleurs, blanches ou roses, apparaissent au printemps.

auberge [obɛrʒ] n. f. (de l'anc. fr. *herberge*). **1.** Petit hôtel et restaurant de campagne. — **2.** *Auberge de la jeunesse,* centre d'accueil et de vacances pour les jeunes. — **3.** Fam. *N'être pas sorti de l'auberge,* n'en avoir pas encore fini avec les difficultés.

aubergine [obɛrʒin] n. f. (ar. *al-bādinjān*). Légume comestible, généralement violet, de la forme du concombre. ◆ adj. inv. D'une couleur violette.

aubergiste [obɛrʒist] n. Qui tient une auberge.

aubier [obje] n. m. (du lat. *albus,* blanc). **1.** Partie plus tendre du bois qui se forme chaque année sous l'écorce. — **2.** L'un des noms usuels du *saule.*

auburn [obœrn] adj. inv. D'un brun tirant légèrement sur le roux : *Des cheveux auburn.*

aucun, e [okœ̃] adj. et pron. indéf. (lat. *aliquis,* quelqu'un, et *unus,* seul). Exprime la négation portant sur un nom exprimé ou représenté : **1.** Accompagné de *ne,* dans la langue écrite et dans la langue parlée soutenue (sans *ne* dans la langue parlée fam.) : *Je n'ai aucune information à ce sujet;* rarement pl. (sauf avec un n. sans sing.) : *On ne lui fit aucunes funérailles;* (souvent + compl.) : *Aucun d'entre vous ne permettra cette infamie.* — **2.** Sans *ne,* dans les réponses, avec une valeur négative : *«Avez-vous trouvé des acquéreurs pour votre maison? — Aucun.»*
REM. Litt. *D'aucuns,* quelques personnes : *D'aucuns pensent que son dernier discours est très mauvais.* ‖ *Aucun* a le sens de QUELQU'UN (litt.) dans les phrases interrogatives ou conditionnelles : *Pensez-vous qu'aucun des auditeurs soit dupe de ce que vous avez dit?*

aucunement [okynmɑ̃] adv. Pas du tout (soutenu) : *Il n'est aucunement responsable. «S'est-il excusé? — Aucunement.»*

audace [odas] n. f. (lat. *audacia*). Hardiesse qui conduit à mépriser les obstacles : *Il a manqué d'audace en cette occasion* (syn. COURAGE; contr. TIMIDITÉ). *Elle a tout risqué sur un coup d'audace* (= une action hardie). *S'en prendre avec audace, aux abus du pouvoir* (syn. ↑ TÉMÉRITÉ; contr. LÂCHETÉ). *Quelle audace d'interrompre ainsi le conférencier!* (syn. INSOLENCE, IMPERTINENCE).

audacieusement [odasjøzmɑ̃] adv. Avec audace, témérité : *S'aventurer audacieusement sur la glace encore mince du lac.*

audacieux, euse [odasjø] adj. et n. Qui agit avec résolution ou avec impertinence : *L'avenir appartient aux audacieux.* ◆ adj. Qui témoigne de cette attitude : *Se décider à une solution audacieuse pour surmonter le danger* (syn. HARDI, TÉMÉRAIRE; contr. TIMORÉ). *Un geste audacieux.*

au-delà [odəla], **au-dedans** [odədɑ̃], **au-dehors** [odəɔr], **au-dessous** [odəsu], **au-dessus** [odəsy], **au-devant** [odəvɑ̃] → DELÀ, DEDANS, DEHORS, DESSOUS, DESSUS, DEVANT.

audible [odibl] adj. (du lat. *audire,* entendre). Se dit des sons que l'oreille humaine peut percevoir ou tolérer, ou d'une musique qui peut être écoutée sans déplaisir : *Ces cassettes sont parfaitement audibles en dépit des difficultés de l'enregistrement. Vous trouvez audibles ces essais de musique concrète?*

audience [odjɑ̃s] n. f. (lat. *audiencia,* action d'écouter). **1.** Fait d'être écouté ou lu favorablement, avec intérêt ou attention : *Ce projet a rencontré l'audience* *du ministre* (syn. ATTENTION). — **2.** Entretien accordé par un supérieur, une personne en place, etc., à celui ou à ceux qui l'ont demandé : *Il ne peut pas vous recevoir, car il donne audience à un visiteur de marque. Recevoir en audience une ambassadrice. Le chef du personnel a accordé une audience à la délégation syndicale* (syn. ENTRETIEN). — **3.** Séance d'un tribunal : *La cour a tenu audience tout l'après-midi.*

audiovisuel, elle [odjovizɥɛl] adj. Se dit des méthodes modernes d'enseignement et des moyens d'information qui utilisent des projections de vues, des enregistrements, des films, des disques, etc. : *Les méthodes audiovisuelles sont couramment employées dans l'apprentissage des langues étrangères.* ◆ ***audiovisuel*** n. m. Techniques audiovisuelles : *L'audiovisuel est en développement constant.*

auditeur, trice [oditœr] n. (du lat. *audire,* entendre). Personne qui écoute un cours, une émission de radio, etc.

auditif, ive [oditif] adj. Relatif à l'oreille, à l'ouïe : *Porter un appareil de correction auditive. Mémoire auditive.*

audition [odisjɔ̃] n. f. (lat. *auditio*). **1.** Action d'écouter ou d'entendre : *Les troubles de l'audition* (syn. OUÏE). *L'audition radiophonique est difficile dans cette région de montagne* (syn. ÉCOUTE). — **2.** Présentation par un artiste d'une partie de son répertoire, d'une œuvre musicale, d'un tour de chant, etc. : *Passer une audition dans un studio* (syn. ÉPREUVE).

auditionner [odisjɔne] v. t. Entendre un artiste présenter son répertoire : *Au cours des éliminatoires, le jury avait auditionné un grand nombre de candidats.* ◆ v. i. (sujet un artiste) Se faire juger pour obtenir un engagement : *Elle a auditionné pour obtenir un rôle dans la nouvelle revue.*

auditoire [oditwar] n. m. (lat. *auditorium*). Ensemble des personnes qui assistent à un cours, à une conférence, qui entendent un discours : *Poursuivre son exposé devant un auditoire attentif* (syn. ASSISTANCE). *Elle a conquis son auditoire* (syn. PUBLIC).

auditorium [oditɔrjɔm] n. m. (mot lat.). Salle aménagée, du point de vue acoustique, pour l'audition d'œuvres musicales, pour l'enregistrement d'émissions de radio et de télévision.

auge [oʒ] n. f. (lat. *alveus,* cavité). Grand récipient servant à donner à boire ou à manger au bétail, surtout aux porcs.

augmentation [ogmɑ̃tasjɔ̃] n. f. Action d'augmenter; fait d'être augmenté : *L'augmentation progressive des taxes* (syn. AGGRAVATION; contr. BAISSE). *L'augmentation de la vitesse multiplie les accidents* (syn. ACCROISSEMENT). *Demander une augmentation à son patron* (= une hausse de salaire).

augmenter [ogmɑ̃te] v. t. (lat. *augere,* accroître). **1.** *Augmenter qqch,* le rendre plus grand, plus important, en accroître la quantité, le prix : *Ce nouveau moteur augmente la vitesse de la voiture* (syn. ACCROÎTRE). *Augmenter la durée* (syn. ALLONGER). *Nouvelle édition d'un ouvrage, revue et augmentée. Le salaire des mineurs a été augmenté* (contr. DIMINUER). *Augmente le son du poste de radio, on n'entend rien. Décider d'augmenter les impôts.* — **2.** *Augmenter qqn,* lui donner un salaire, un traitement plus élevé : *J'ai été augmentée cette année à cause de mon ancienneté dans la maison.* ◆ v. i. (sujet qqch) Croître en quantité, en prix, en intensité : *La vie augmente beaucoup* (= les prix montent). *La population parisienne a augmenté fortement depuis un siècle* (syn. CROÎTRE). *La salade a augmenté cette semaine* (contr. BAISSER). *Son mal a augmenté ces temps derniers* (syn. S'AGGRAVER).

augure [ogyr] n. m. (lat. *augurium*). **1.** Celui qui se croit en mesure de prédire l'avenir, de faire des prévisions dans un domaine donné (souvent ironiq.) : *Il est difficile de prévoir toutes les incidences économiques de cette crise; il faudra consulter les augures.* — **2.** *De bon, de mauvais augure,* qui annonce qqch d'heureux, de malheureux : *Il a buté contre le premier obstacle, cela n'est pas de bon augure pour la suite* (syn. PRÉSAGE). ‖ *Oiseau de mauvais augure,* qqn dont l'arrivée ou les paroles annoncent d'ordinaire qqch de fâcheux. ‖ *En accepter l'augure,* espérer voir se réaliser l'événement prédit : *Vous m'affirmez que l'été sera très beau; j'en accepte l'augure.*

augurer [ogyre] v. t. *Augurer de qqch,* tirer d'un événement une vue sur l'avenir : *On a auguré de mon silence que je l'approuvais; mais il n'en est rien* (syn. CONJECTURER, PRÉSUMER). *Ce travail laisse bien augurer de la suite* (syn. PRÉSAGER).

auguste [ogyst] adj. (lat. *augustus*) [avant ou après le n.] Qui a qqch d'imposant par sa grandeur ou sa solennité (litt., parfois ironiq.) : *Le geste auguste du semeur. Jeter un auguste regard sur l'assemblée.*

aujourd'hui [oʒurdɥi] adv. (de *au, jour* et anc. fr. *hui,* ce jour). **1.** Jour où on est : *Je ne peux pas vous recevoir aujourd'hui, je suis trop occupé. Nous irons au théâtre aujourd'hui. Aujourd'hui, à midi, j'ai déjeuné dans un excellent restaurant. Il y a aujourd'hui trois semaines qu'elle est partie en voyage. D'aujourd'hui en quinze, nous nous reverrons* (= dans quinze jours). *Ce sera tout pour aujourd'hui. La cérémonie est achevée : c'était aujourd'hui l'anniversaire de l'armistice. Il n'en savait rien jusqu'à aujourd'hui* (syn. MAINTENANT); comme n. m. : *Aujourd'hui se passe mieux que je ne le pensais.* — **2.** Le temps présent, l'époque actuelle : *Les hommes d'aujourd'hui vivent sur un rythme plus rapide que ceux d'hier* (syn. DE MAINTENANT). *Cela ne date pas d'aujourd'hui. Aujourd'hui, il y a plus de huit millions de personnes dans la région parisienne; demain, il y en aura le double* (syn. ACTUELLEMENT, PRÉSENTEMENT). — **3.** Fam. *Au jour d'aujourd'hui,* maintenant, à notre époque : *Au jour d'aujourd'hui, les nouvelles vont vite.*

aulne ou **aune** [on] n. m. (lat. *alnus*). Arbre qui croît particulièrement dans les lieux humides.

aumône [omon] n. f. (gr. *eleêmosunê,* pitié). Don ou faveur qu'on accorde par charité à celui qui est dans la misère ou le malheur : *Faire l'aumône à un mendiant* (= lui donner de l'argent). *Accordez-lui au moins l'aumône d'un regard.*

aumônerie [omonri] n. f. Charge d'aumônier.

aumônier [omonje] n. m. (de *aumône*). Prêtre attaché à un établissement, à un corps de troupes, etc., pour y faire le service divin et y donner l'instruction religieuse : *L'aumônier d'une prison, d'un régiment.*

auparavant [oparavɑ̃] adv. Indique qu'un fait se situe dans le temps avant un autre : *Rendez-vous chez Sylvie, mais auparavant passe à la maison chercher tes disques* (syn. AVANT, D'ABORD).

auprès [oprɛ] prép. Indique la proximité; **1.** *Auprès de qqn, de qqch,* indique *a*) la proximité (lieu) : *Elle est restée toute la nuit auprès de sa mère malade* (syn. AU CHEVET DE). *Il est venu s'asseoir auprès de moi* (syn. À CÔTÉ DE). *Il y avait une boulangerie auprès de l'église; b*) la comparaison : *Ce roman est médiocre auprès du précédent* (syn. EN COMPARAISON DE). — **2.** *Auprès de qqn,* indique *a*) le recours (= en s'adressant à) : *On a fait des démarches pressantes auprès des autorités, auprès du ministre; b*) l'estimation (= dans l'opinion de) : *Il ne jouit auprès de moi d'aucune estime particulière* (= dans mon esprit). ◆ ***auprès*** adv. Indique la proximité dans l'espace et la contiguïté : *Son frère était* *malade, il est resté auprès. Continuez tout droit, vous voyez la porte, l'épicerie est auprès.*

auréole [oreɔl] n. f. (lat. *aureola,* couleur d'or). 1. Cercle lumineux qui, dans les œuvres des peintres ou des sculpteurs, entoure souvent la tête de Dieu, de la Vierge ou des saints chez les catholiques, des personnages divins dans d'autres religions. — 2. *L'auréole du martyre, de la victoire,* etc., la gloire éclatante qui vient des souffrances endurées, du succès, etc.

auréoler [oreɔle] v. t. Entourer d'une auréole (surtout pass.) : *Elle est auréolée d'un prestige immense.*

auréomycine [oreomisin] n. f. Antibiotique, actif par voie buccale, sur de nombreuses espèces microbiennes.

auriculaire [orikylɛr] n. m. (du lat. *auricula,* petite oreille). Petit doigt de la main.

aurifère [orifɛr] adj. (lat. *aurum,* or, et *ferre,* porter). Qui renferme de l'or : *Terrain aurifère.*

aurore [orɔr] n. f. (lat. *aurora*). 1. *Litt.* Lueur qui apparaît dans le ciel juste avant le lever du soleil : *On aperçoit les lueurs de l'aurore à l'horizon* (syn. AUBE). *Dès l'aurore* (= de très bonne heure le matin). — 2. *Aurore polaire (boréale* ou *australe),* phénomène atmosphérique lumineux particulier aux régions proches du pôle Nord. — 3. *À l'aurore de (la vie),* au commencement de (son existence) [soutenu] (syn. À L'AUBE DE).

auscultation [oskyltasjɔ̃] n. f. Action d'ausculter.

ausculter [oskylte] v. t. (lat. *auscultare,* écouter) [sujet un médecin] Écouter les bruits produits par un organisme, avec ou sans l'intermédiaire d'un appareil, pour établir un diagnostic : *Ausculter un malade. Ausculter le cœur.*

auspices [ospis] n. m. pl. (lat. *auspicium,* de *avis,* oiseau, et *spicere,* examiner). *Sous les auspices de qqn,* grâce à sa protection et à son appui (soutenu) : *Il a commencé sa carrière diplomatique sous les auspices d'un des plus grands ambassadeurs* (syn. SOUS LE PATRONAGE DE). ‖ *Sous les meilleurs auspices, sous d'heureux* (ou *de malheureux*) *auspices,* avec les meilleures (ou les plus mauvaises) chances initiales de réussite (ou d'échec) : *Son entreprise a commencé sous les meilleurs auspices* (= dans les meilleures conditions). [Le sing. *auspice* est un présage tiré du vol des oiseaux, chez les Anciens.]

aussi [osi] adv. (du lat. *aliud,* autre chose, et *sic,* ainsi). 1. Avec un adj. ou un adv., suivi éventuellement d'une proposition de comparaison introduite par *que* (+ *ind.*), indique l'égalité : *Il est aussi sympathique que vous. Tu te trompes aussi souvent que moi. Il vient aussi fréquemment qu'on peut l'espérer. Il n'était pas aussi* (ou *pas si*) *généreux qu'on le croyait. Lui aussi bien que sa femme préfèrent la mer à la montagne* (syn. AINSI QUE). *Pierre est venu et vous aussi. Sa femme aussi aime la musique. Il le connaît aussi.* — REM. Lorsque la phrase est négative, on emploie ordinairement NON PLUS : *Vous ne le voulez pas, et moi non plus;* mais parfois *aussi* (fam.) : *Moi aussi, je ne suis pas de votre avis.* — 2. Introduit une explication : *Il est rustre et brutal; aussi tout le monde le fuit* (syn. C'EST POURQUOI, EN CONSÉQUENCE). *Je me suis trompé de jour; aussi c'est ma faute : je n'ai pas noté le rendez-vous* (syn. APRÈS TOUT); renforcé par *bien* (soutenu) : *Aussi bien est-ce ta faute.*

aussitôt [osito] adv. Indique la postériorité immédiate : *Je l'ai appelée et elle est arrivée aussitôt* (syn. IMMÉDIATEMENT, TOUT DE SUITE, À L'INSTANT). *Aussitôt dit, aussitôt fait* (= la décision est suivie immédiatement de l'action). *Aussitôt descendu de l'avion, il chercha du regard sa femme. Aussitôt après le départ du train, il se rappela qu'il avait oublié de fermer l'eau.* ◆ ***aussitôt que*** conj. Dès que : *Aussitôt que j'appris la nouvelle de sa réussite, je lui envoyai une lettre de félicitations* (syn. DÈS L'INSTANT OÙ).

austère [ostɛr] adj. (lat. *austerus,* âpre au goût). 1. Qui a de la sévérité dans ses principes moraux, de la gravité dans son caractère : *Un homme austère, qui ne rit presque jamais* (syn. ↑GLACIAL). *Avoir un air austère et rébarbatif* (syn. GRAVE, ↑SÉVÈRE). *Mener une vie austère* (syn. ASCÉTIQUE; contr. JOYEUX, ↑DISSOLU). — 2. D'où est exclu tout ornement, toute douceur, tout agrément : *Écrire un ouvrage austère sur l'administration impériale* (contr. PLAISANT, FACÉTIEUX). *Une région austère* (syn. RIANT).

austèrement [ostɛrmɑ̃] adv. Avec austérité.

austérité [osterite] n. f. Rigueur et sévérité dans le comportement, les principes, etc. : *L'austérité d'une vie tout entière adonnée au travail* (syn. GRAVITÉ). *L'austérité de ses mœurs* (syn. PURITANISME, RIGORISME, SÉVÉRITÉ). *Une politique d'austérité* (= qui réduit les dépenses consacrées à la consommation).

austral, e, als [ostral] adj. (du lat. *auster,* vent du midi). Qui concerne la partie sud de la Terre (contr. BORÉAL) : *L'hémisphère austral. Expédition dans les terres australes.*

australien, enne [ostraljɛ̃] adj. et n. D'Australie.

autant [otɑ̃] adv. (lat. *aliud,* autre chose, et *tantum,* tellement). 1. *Autant de* (+ *n. pl.* ou *sing.*), *que* (+ *ind.*), indique l'égalité entre deux quantités, la comparaison. *Il a commis autant d'erreurs que vous. J'ai fourni autant de preuves qu'il était possible. Elle a autant de finesse que toi. Ils sont autant que nous* (= aussi nombreux). *J'en prendrai deux fois autant* (= deux fois la même quantité). — 2. *Autant que* (+ *ind.*), exprime l'égalité d'intensité. *Il lit autant que moi. Je dois autant à vous qu'à lui. Elle travaille toujours autant. S'il a fait cela, je peux en faire autant. Je suis autant que vous* (= je vaux autant que vous). — 3. *Autant que* (+ *ind.*), après un adjectif, litt. et vieilli, reste seulement usuel lorsque l'adjectif est remplacé par *le (l'),* pronom personnel neutre et exprime l'égalité entre deux qualités.*Il est modeste autant qu'habile* (auj. seul usuel : Il est aussi modeste qu'habile). *Généreuse, elle l'est autant que vous, assurément.* — 4. *Autant de* (+ *n. pl.*), dans une comparaison, indique que l'objet restant le même est examiné à des points de vue différents. *Les livres qu'elle possède sont autant d'éditions originales. Ces objets sont autant de merveilles.* — 5. *Autant... autant,* insiste sur la relation d'égalité : *Autant la géographie l'intéresse, autant l'histoire l'ennuie. Autant d'hommes, autant d'avis.* ‖ *Autant* (+ *inf.*), il est aussi avantageux de : *Autant faire cela que de rester inactif.* ‖ *Autant dire que,* c'est comme si : *Autant dire qu'il est perdu.* ‖ *Autant vaut,* indique une restriction dans l'affirmation (litt.; syn. usuels PEU S'EN FAUT, OU PRESQUE, POUR AINSI DIRE) : *C'est un homme mort ou autant vaut* (= comme si la chose était ainsi). ‖ *C'est autant de, c'est toujours autant de,* indique une restriction sur la totalité : *C'est toujours autant de sauvé de la destruction* (syn. C'EST TOUJOURS CELA DE). ‖ *Pour autant,* sert d'opposition avec la phrase précédente : *Il a beaucoup travaillé, il n'a pas réussi pour autant* (= pour cela cependant). — 6. *Autant que* (+ *subj.*), exprime l'opposition proportionnelle : *Il ne pleuvra pas aujourd'hui, autant qu'on puisse le prévoir* (syn. DANS LA MESURE OÙ). ‖ *Elle n'est pas chez elle aujourd'hui, autant que je le sache.* ‖ *D'autant que* (+ *ind.*), exprime une relation causale en insistant sur cette relation : *Je ne comprends pas votre façon d'agir, d'autant que rien ne vous obligeait à vous conduire ainsi.* ‖ *D'autant plus, moins, mieux que* (+ *ind.*), exprime la cause, en insistant sur son importance : *Il est d'autant plus responsable de ses actes qu'il a cherché à les dissimuler. Elle mérite d'autant moins votre reproche qu'elle a agi sur votre* *ordre.* ‖ *Pour autant que* (+ *subj.*), exprime la proportion et la restriction : *Pour autant que je sache, le dossier a été transmis. Elle ne sait rien de l'affaire, pour autant que son étonnement soit sincère* (syn. DANS LA MESURE OÙ).

autarcie [otarsi] n. f. (gr. *autarkeia,* qui se suffit à soi-même). Régime économique d'un pays qui cherche à se suffire à lui-même.

autarcique [otarsik] adj. Qui relève de l'autarcie : *Politique autarcique.*

autel [otɛl] n. m. (lat. *altaria*). **1.** Dans les églises, table sur laquelle le prêtre célèbre la messe. — **2.** *Sacrifier qqch sur l'autel de* (*l'honneur, la science,* etc.), y renoncer au profit de (l'honneur, la science, etc.).

auteur [otœr] n. m. (lat. *auctor*). **1.** *L'auteur de qqch,* celui qui en est la cause : *Quel est l'auteur du crime ?* (= le criminel, l'assassin). *L'auteur de l'invention* (= l'inventeur). *Il est l'auteur de la plaisanterie.* — **2.** (sans compl.) Écrivain : *Publier les œuvres des grands auteurs, des auteurs classiques, des auteurs modernes. Une femme auteur. Citez vos auteurs* (= vos sources).

authenticité [otɑ̃tisite] n. f. Caractère authentique : *L'authenticité d'un tableau, d'un testament.*

authentification [otɑ̃tifikasjɔ̃] n. f. Action d'authentifier.

authentifier [otɑ̃tifje] v. t. Établir le caractère authentique, véridique d'un document.

authentique [otɑ̃tik] adj. (gr. *authentikos,* qui agit de sa propre autorité). **1.** Dont la réalité, la vérité ou l'origine indiquée ne peut être contestée : *Le tableau authentique est au Louvre ; celui-ci n'est qu'une copie* (syn. ORIGINAL). *Un testament authentique a été déposé chez le notaire* (syn. INATTAQUABLE). *Nous ne possédons pas le discours authentique qu'elle prononça en cette occasion* (syn. EXACT ; contr. APOCRYPHE). — **2.** Qui correspond à la vérité profonde, au caractère essentiel : *On sent dans ce roman une émotion authentique devant la misère de l'homme* (syn. SINCÈRE, VRAI ; contr. FACTICE, CONVENTIONNEL). *Il y avait dans les éloges qu'on lui adressait quelque chose qui rendait un son authentique* (syn. NATUREL).

authentiquement [otɑ̃tikmɑ̃] adv. D'une manière authentique, avec exactitude : *Des paroles rapportées authentiquement.*

1. auto [oto] n. f. Abrév. de AUTOMOBILE.

2. auto- [oto], élément (gr. *autos,* soi-même) qui entre dans la composition de mots comme pronom réfléchi complément du nom (=« de soi-même » ou « par soi-même ») : *Faire son auto-critique,* c'est faire une critique de ses propres actes ; *l'autodestruction,* c'est la destruction de soi-même par soi-même.

autobiographie [otobjɔgrafi] n. f. Histoire de la vie de qqn écrite par lui-même : *Chateaubriand écrivit avec les « Mémoires d'outre-tombe » son autobiographie.*

autobiographique [otobjɔgrafik] adj. Relatif à l'autobiographie : *Un récit autobiographique.*

autobus [otobys] n. m. (*auto-* et *bus,* abrév. de *omnibus*). Grand véhicule automobile destiné au transport collectif à l'intérieur des zones urbaines : *Prendre, attendre l'autobus.*

autocar [otokar] n. m. Syn. de CAR.

autocassable [otokasabl] adj. *Ampoule autocassable,* dont les deux extrémités peuvent être cassées sans lime.

autocensure [otosɑ̃syr] n. f. Censure effectuée par qqn sur ses propres textes.

autochtone [otoktɔn] adj. et n. (*auto-* et gr. *khthôn,* terre). Originaire du pays qu'il habite ou descendant de populations qui habitent depuis longtemps ce pays : *Les immigrants ont refoulé les populations indiennes autochtones de l'Amérique du Nord* (syn. ABORIGÈNE, INDIGÈNE).

autocollant, e [otokɔlɑ̃] adj. et n. m. Se dit de papiers, images, vignettes, etc., enduits d'une gomme spéciale et qui collent sans avoir besoin d'être humectés.

autocrate [otokrat] n. m. (gr. *autokratês,* qui gouverne par lui-même). Syn. de DESPOTE.

autocratie [otokrasi] n. f. Système politique où le chef de l'État dispose d'un pouvoir absolu dont il use à sa guise (syn. DESPOTISME).

autocratique [otokratik] adj. Qui relève de l'autocratie : *Pouvoir autocratique.*

autocritique [otokritik] n. f. *Faire son autocritique,* reconnaître ses torts.

autocuiseur [otokɥizœr] n. m. Appareil pour cuire les aliments sous pression.

autodafé [otodafe] n. m. (portug. *auto da fé,* acte de foi). Action ayant pour objet de détruire par le feu des objets condamnés, des livres jugés nuisibles. (L'*autodafé* était le supplice du feu qu'ordonnait l'Inquisition.)

autodéfense [otodefɑ̃s] n. f. Défense assurée par ses seuls moyens.

autodestructeur, trice [otodɛstryktœr] adj. Qui se détruit lui-même.

autodestruction [otodɛstryksjɔ̃] n. f. Destruction de sa propre personne ; ruine d'un organisme par lui-même.

autodétermination [otodetɛrminasjɔ̃] n. f. Libre disposition de soi-même, et, en particulier, droit d'un peuple à décider librement du régime politique, social et économique qui correspond à ses intérêts légitimes.

autodidacte [otodidakt] n. et adj. (*auto-* et gr. *didaskein,* enseigner). Personne qui s'est instruite elle-même, par les livres ou par l'expérience, sans avoir reçu un enseignement professoral.

autodiscipline [otodisiplin] n. f. Méthode pédagogique consistant à laisser sous la responsabilité des élèves une large partie des tâches disciplinaires.

autodrome [otodrom] n. m. (du gr. *dromos,* course). Piste pour courses et essais d'automobiles.

auto-école [otoekɔl] n. f. (pl. *auto-écoles*). Établissement privé qui prépare les candidats au permis de conduire.

autofinancement [otofinɑ̃smɑ̃] n. m. Financement des investissements d'une entreprise par prélèvement sur les profits qu'elle réalise.

autofinancer [otofinɑ̃se] v. t. (c. 1). Assurer l'autofinancement.

autogène [otoʒɛn] adj. (*auto-* et gr. *gennan,* engendrer). *Soudure autogène,* soudure de deux pièces d'un même métal par fusion.

autogéré, e [otoʒere] adj. Se dit d'une entreprise, d'un secteur de production soumis à l'autogestion.

autogestion [otoʒɛstjɔ̃] n. f. Gestion d'une entreprise, d'une collectivité par les travailleurs eux-mêmes.

autogestionnaire [otoʒɛstjɔnɛr] adj. et n. Qui relève de l'autogestion.

autographe [otograf] adj. (*auto-* et gr. *graphein,* écrire). Écrit de la main même de l'auteur : *Une lettre autographe de V. Hugo.* ◆ n. m. Signature, accompagnée souvent d'une courte formule, qu'on sollicite d'un personnage célèbre : *Une foule de jeunes entourait la championne pour obtenir d'elle un autographe.*

autoguidage [otogidaʒ] n. m. Conduite autoguidée d'un mobile.

autoguidé, e [otogide] adj. Se dit d'un mobile qui se dirige par ses propres moyens vers le but qui lui a été assigné : *Avion autoguidé.* (→ TÉLÉGUIDER.)

automate [otomat] n. m. (gr. *automatos,* qui se meut par lui-même). **1.** Machine qui, par certains dispositifs mécaniques ou électriques, est capable d'actions imitant celles des êtres animés (syn. ROBOT). — **2.** Personne qui agit comme une machine, d'une façon inconsciente : *Obéir comme un automate.* — **3.** *Gestes d'automate,* gestes réguliers qui échappent à la volonté, à la réflexion et dépendent de l'habitude : *L'ouvrière exécute son travail à la chaîne avec des gestes d'automate.*

automation [otomasjɔ̃] n. f. Syn. d'AUTOMATISATION.

automatique [otomatik] adj. (de *automate*). **1.** Se dit de mouvements humains qui se produisent sans l'intervention de la volonté de qqn : *Le travail n'est plus chez lui qu'une succession de gestes automatiques* (syn. MACHINAL ; contr. VOLONTAIRE, CONSCIENT). — **2.** Mû par des moyens mécaniques, à l'exclusion d'une intervention humaine directe : *La fermeture automatique des portes. Le téléphone automatique ne nécessite pas l'action d'opérateurs.* — **3.** Se dit de ce qui intervient de façon régulière, comme fixé d'avance, de ce qu'on peut prévoir à coup sûr : *L'avancement automatique des fonctionnaires à l'ancienneté.*

automatiquement [otomatikmɑ̃] adv. **1.** De façon automatique, mécanique : *L'étui de la cartouche est éjecté automatiquement.* — **2.** De façon machinale ou à coup sûr : *Il est inutile de s'adresser à elle ; elle répond automatiquement par la négative.*

automatisation [otomatizasjɔ̃] n. f. Substitution d'une machine à un homme pour effectuer un travail déterminé : *Grâce à l'automatisation, un établissement bancaire peut être géré par ordinateur.*

automatiser [otomatize] v. t. Rendre le fonctionnement automatique ; réaliser une automatisation : *Automatiser une chaîne de fabrication. Le service des renseignements téléphoniques a été automatisé.*

automatisme [otomatism] n. m. Caractère automatique : *L'automatisme des gestes instinctifs. Obéir avec un automatisme aveugle.*

automitrailleuse [otomitrajøz] n. f. Véhicule blindé, à roues, armé de mitrailleuses.

automnal, e, aux [otɔnal] adj. *Litt.* Qui appartient à l'automne : *Un soleil automnal.*

automne [otɔn] n. m. (lat. *autumnus*). **1.** Saison de l'année qui suit l'été et précède l'hiver (23 sept. - 22 déc.) : *Les feuilles tombent des arbres en automne. L'automne est généralement pluvieux.* — **2.** Litt. *Être à l'automne de sa vie,* être sur le déclin.

automobile [otomɔbil] n. f. Véhicule muni d'un moteur et destiné au transport individuel ou familial (syn. usuel VOITURE) : *Avoir un accident d'automobile. Le Salon de l'auto* (= destiné à exposer les nouveaux modèles). ◆ adj. Qui relève de l'automobile : *Les transports automobiles* (= qui se font par automobiles, autocars, autobus). *Les accessoires automobiles.*

automobiliste [otomɔbilist] n. Conducteur d'une automobile ; chauffeur : *L'imprudence d'un automobiliste a causé la mort d'un piéton.*

automoteur [otomɔtœr] n. m. Grande péniche fluviale se déplaçant par ses propres moyens.

autonettoyant, e [otonɛtwajɑ̃] adj. *Four autonettoyant,* qui se nettoie automatiquement par décomposition des déchets et des graisses.

autonome [otonɔm] adj. (*auto-* et gr. *nomos,* loi). **1.** Se dit d'un territoire, d'une communauté qui s'administre librement, se gouverne par ses propres lois, à l'intérieur d'une organisation plus vaste dirigée par un pouvoir central ou selon des règlements particuliers. — **2.** Se dit des syndicats ouvriers qui ne sont pas affiliés à une centrale syndicale.

autonomie [otonɔmi] n. f. Caractère autonome d'un pays, d'un organisme, etc. : *Certains États d'Afrique ont d'abord eu leur autonomie avant d'acquérir leur indépendance* (contr. TUTELLE). *Les industries nationales ont leur autonomie financière* (contr. DÉPENDANCE).

autonomiste [otonɔmist] adj. et n. Qui revendique l'autonomie d'une province.

autoportrait [otopɔrtrɛ] n. m. Portrait d'un peintre, d'un dessinateur par lui-même.

autopropulsé, e [otopropylse] adj. Se dit d'un mobile mû par ses propres moyens : *Fusée autopropulsée.*

autopsie [otɔpsi] n. f. (gr. *autopsia,* action de voir de ses propres yeux). Dissection d'un cadavre en vue de connaître les causes exactes de la mort.

autopsier [otɔpsje] v. t. Faire l'autopsie : *Autopsier un cadavre.*

autoradio [otoradjo] n. m. Radio destinée à fonctionner à bord des automobiles.

autorail [otoraj] n. m. Moyen de transport circulant sur rails, ne comportant généralement qu'une ou deux voitures, et mû par un moteur à combustion interne.

autorisation [otɔrizasjɔ̃] n. f. Action d'autoriser ; fait d'être autorisé : *Donner l'autorisation de sortir, de s'absenter* (syn. PERMISSION). *Demander l'autorisation de construire* (syn. PERMIS).

autorisé, e [otɔrize] adj. Qui s'impose par ses mérites, sa valeur, sa situation sociale : *Prendre des avis autorisés* (syn. QUALIFIÉ).

autoriser [otɔrize] v. t. (du lat. *auctor,* garant). **1.** *Autoriser qqn à* (+ *inf.*), lui donner la permission ou le droit de (faire) : *Autoriser un élève à sortir* (syn. PERMETTRE ; contr. INTERDIRE). *Autoriser sa secrétaire à signer les lettres en son absence* (syn. HABILITER). *Sa situation ne l'autorise pas à prendre une telle attitude* (syn. JUSTIFIER). — **2.** *Autoriser qqch,* le permettre, le rendre légitime : *La réunion publique a été autorisée par le préfet. Ce premier succès autorise tous les espoirs.* ◆ ***s'autoriser*** v. pr. (sujet qqn) *S'autoriser de qqch pour* (+ *inf.*), s'appuyer sur qqch pour (faire) : *Je m'autorise de notre amitié ancienne pour vous demander ce service* (syn. SE RECOMMANDER DE, SE PRÉVALOIR DE, S'APPUYER SUR).

autoritaire [otɔritɛr] adj. **1.** Qui impose son commandement, son pouvoir d'une façon absolue : *Un régime autoritaire* (syn. DICTATORIAL, TOTALITAIRE). — **2.** Qui ne tolère ni opposition ni contradiction : *Elle est très autoritaire dans sa famille* (syn. SÉVÈRE, ABSOLU).

autoritarisme [otɔritarism] n. m. Caractère autoritaire de qqn, d'un régime : *Son autoritarisme le faisait craindre de tous.*

autorité [otɔrite] n. f. (lat. *auctoritas*). **1.** Droit ou pouvoir de commander, de se faire obéir : *Imposer son autorité. Exercer une autorité absolue* (syn. COMMANDEMENT, POUVOIR). *Abuser de son autorité* (syn. PUISSANCE). *Parler sur un ton d'autorité* (syn. COMMANDEMENT). *L'autorité a fait place à l'anarchie. Faire acte d'autorité. Régime d'autorité.* — **2.** Influence qui s'impose aux autres en vertu d'un privilège, d'une situation sociale, d'un mérite, etc. : *Vous comptez pour peu l'autorité de l'âge* (syn. PRESTIGE). *Perdre de son autorité* (syn. ASCENDANT). *Jouir d'une grande autorité* (syn. CRÉDIT, RÉPUTATION). *Son livre fait autorité* (= s'impose). — **3.** Personne ou ouvrage dont les jugements sont admis comme vrais : *C'est une autorité en matière de linguistique. S'appuyer sur une autorité incontestée pour pré-*

senter sa thèse. — **4.** (pl.) Représentants du pouvoir politique, policier; hauts fonctionnaires : *Les autorités ont été débordées par l'ampleur de la manifestation. Les autorités civiles, militaires et religieuses étaient présentes à la cérémonie* (syn. OFFICIELS). — **5.** *D'autorité, de sa propre autorité,* sans consulter personne, sans permission : *D'autorité, elle a modifié l'horaire. Je ne peux rien décider en cette matière de ma propre autorité.*

autoroute [otorut] n. f. Route, voie très large, à deux chaussées séparées, sans croisements à niveau.

autoroutier, ère [otorutje] adj. Relatif à une autoroute : *Le trafic autoroutier.*

autosatisfaction [otosatisfaksjɔ̃] n. f. *Péjor.* Contentement de soi.

autos-couchettes [otokuʃɛt] adj. inv. *Train autos-couchettes,* train spécialisé dans le transport simultané des voyageurs et de leurs automobiles.

autostop [otostɔp] n. m. Procédé consistant, pour un piéton, à arrêter un automobiliste sur la route, afin de solliciter un transport gratuit : *Faire de l'autostop. Pratiquer l'autostop.*

autostoppeur, euse [otostɔpœr] n. Personne qui pratique l'autostop.

autosuggestion [otosygʒɛstjɔ̃] n. f. Influence persistante d'une idée sur sa propre conduite.

autosuggestionner (s') [otosygʒɛstjɔne] v. pr. Se persuader soi-même sous l'influence d'une idée, d'un préjugé.

autour de prép., **autour** [otur] adv. (de l'art. *au* et *tour*). **1.** Indique l'espace environnant : *Autour de la ville, les nouveaux quartiers s'étendaient sans cesse. La circulation autour de Paris est difficile. La Terre tourne autour du Soleil. Il tourne autour de la question, mais n'ose pas l'aborder;* comme adv. : *Servir du lapin avec des oignons autour. La fusée est dans l'orbite de la Lune et tourne maintenant autour.* — **2.** Indique le voisinage immédiat : *Les gens qui vivent autour de moi ne se doutent pas de mes difficultés financières. Sors et promène-toi un peu autour de la maison* (syn. PRÈS DE). *Ses enfants restent autour d'elle* (= auprès d'elle); comme adv. : *On l'arrêta près de la maison du crime; il rôdait autour depuis plusieurs jours* (syn. AUX ALENTOURS). — **3.** Suivi d'un nom de nombre ou d'un mot désignant une quantité, indique l'approximation : *Il gagne autour de dix mille francs par mois* (syn. ENVIRON, À PEU PRÈS). *Cela se passait autour des années 30* (syn. AUX ALENTOURS DE). — **4.** Peut être renforcé par l'adv. *tout : Les badauds faisaient cercle tout autour de lui;* comme adv. : *L'aigle avait aperçu sa proie; il tournait tout autour dans le ciel.*

autre [otr] adj. indéf. (lat. *alter*). **1.** (avec un n. et un art. indéf., un adj. poss., dém., indéf., un num., ou comme attribut, souvent avec l'adv. *tout*) Indique une différence, une distinction entre la chose ou la personne considérée et des choses ou des gens appartenant à la même catégorie : *Donnez-moi un autre verre. Quelques autres personnes se mirent à protester comme moi. Prends ton autre manteau. Ils ont encore trois autres enfants. Mon opinion est tout autre* (contr. SEMBLABLE, IDENTIQUE). *Venez un autre jour* (qu'aujourd'hui), *un autre soir. Une autre année, vous aurez plus de chance. Il faut vous y prendre d'une autre manière* (syn. DIFFÉRENT). *Une autre fois, on ne nous y reprendra plus* (= dans une seconde occasion). *Venez donc une autre fois* (= plus tard). *Demain, nous ferons un autre essai* (syn. NOUVEAU); avec *personne, quelqu'un, quelque chose, rien,* etc. : *Je n'ai rencontré personne d'autre que les Dupont. Quelqu'un d'autre a-t-il téléphoné? Je n'ai rien d'autre à dire.* — **2.** (avec un n. sans art., sing. ou pl., après la négation *pas*) Indique l'exclusion : *Je n'ai pas d'autre désir que de vous satisfaire. Il n'y a pas d'autre moyen pour vous sortir d'embarras;* avec le mot *chose : J'étais décidée à rester chez moi, mais, si vous m'accompagnez, c'est autre chose* (= tout est changé). *Vous voulez autre chose?* (= quelque chose d'autre). ‖ *Autre chose* (répété), indique une opposition : *Autre chose* (ou *une chose*) *est de faire des projets et autre chose de les exécuter.* — **3.** (après une énumération, devant un n. pl. et précédé de *et*) Indique un ensemble indifférencié : *Les comédies de Sacha Guitry, de Marcel Achard, d'André Roussin, et autres pièces de Boulevard.* — **4.** *Autre part* indique un lieu différent de celui où l'on situe l'action ou distant de celui où l'on se trouve : *Ne faites pas de bruit dans cette pièce, allez autre part* (syn. AILLEURS). ‖ *D'autre part* introduit la seconde partie d'une alternative, un point de vue différent du premier ou une réflexion incidente : *Le voyage sera fatigant, d'autre part nous arriverons très tôt le matin. Nous avons vu un très beau film : d'une part les acteurs jouaient merveilleusement, d'autre part la mise en scène était remarquable* (syn. EN OUTRE, DE PLUS). — **5.** (avec un n. précédé de l'art. déf.) Indique une opposition entre deux objets, deux groupes, deux personnes, deux idées, etc. : *La première possibilité qui s'offrait à nous était de passer nos vacances en Provence; l'autre solution était de faire un petit voyage en Italie. «Quand te paiera-t-il? — Dans l'autre vie»* (= après sa mort). *L'autre jour, j'ai mené les enfants au Jardin des Plantes* (= un de ces derniers jours, par oppos. à *aujourd'hui*). — **6.** (avec les pron. *nous* et *vous*) Indique que le groupe ainsi formé est considéré à l'exclusion de tous ceux qui n'en font pas partie : *Nous autres, nous préférons les joies du camping. Venez donc avec moi, vous autres!* ◆ pron. indéf. (avec l'art. indéf., un adj. dém., poss. ou indéf.) **1.** Renvoie à un n. ou à un pron. énoncé dans la phrase précédente : *Tu as mangé une pomme, en veux-tu une autre? Tu me détestes, tu en aimes un autre. Cette cravate ne me plaît pas : prends plutôt cette autre. Tu as eu du courage : une autre ne l'aurait pas fait. D'une façon ou d'une autre, elle se tirera d'affaire;* pl. sans article *(d'autres) : Ne rejette pas sur d'autres ce que tu as fait* (= d'autres personnes). *Ce roman est excellent; en connais-tu d'autres du même auteur? Ce n'est pas la seule cliente; il en est venu bien d'autres, beaucoup d'autres. J'en ai vu bien d'autres* (= il m'est arrivé bien des aventures de cette sorte, bien des malheurs qui ne m'ont pas abattu). — **2.** Fam. *À d'autres!,* exprime le doute (= allez raconter cela à d'autres personnes, moi je ne vous crois pas). ‖ *De temps à autre,* parfois (syn. DE TEMPS EN TEMPS). ‖ *De part et d'autre,* des deux côtés, chez les uns comme chez les autres. ‖ *Et autres,* s'emploie à la fin d'une énumération : *Il y a à Paris tous les spectacles que vous pouvez désirer : cinéma, théâtre, cabaret, music-hall et autres* (syn. ET CETERA). ◆ ***l'autre*** adj. et pron. indéf. **1.** (en oppos. avec *l'un* [ou *un*]) Indique la seconde personne ou le second groupe : *L'une et l'autre marque d'aspirateur se valent* (= les deux marques). *Ce qui satisfait l'un ne satisfait pas l'autre. Les deux boxeurs montent sur le ring : l'un est un gitan, l'autre un Africain. Les fruits étaient tous gâtés : les uns étaient pourris, les autres avaient été piqués par les oiseaux. C'est l'un ou l'autre* (= décide-toi, il n'y a que deux solutions). *C'est tout l'un ou tout l'autre* (= il va d'un excès à l'excès opposé, il n'a pas de milieu). *Un jour ou l'autre, vous gagnerez à la loterie* (= à une époque indéterminée dans l'avenir). — **2.** *Les autres,* indique l'ensemble ou le groupe de personnes qu'on oppose à soi-même ou à un individu : *Ce que les autres pensent de moi m'est complètement indifférent* (syn. LES GENS). *Elle se moque souvent des autres* (syn. LE MONDE, LE PROCHAIN). *Les deux autres n'en ont rien su. Je me méfie des autres* (syn.

AUTRUI). ‖ *L'un l'autre, les uns les autres,* renforcent l'idée de réciprocité : *Ils se sont battus les uns les autres* (syn. MUTUELLEMENT). — **3.** Fam. *Comme dit l'autre,* désigne de façon vague l'auteur supposé du proverbe ou de la sentence qu'on énonce : *Comme dit l'autre, on n'est jamais si bien servi que par soi-même.* ‖ *L'un dans l'autre,* qqch compensant autre chose, en moyenne : *L'un dans l'autre, nous arrivons à survivre.*

autrefois [otrəfwa] adv. *(autre* et *fois).* Indique un passé lointain, en général considéré comme révolu (avec un temps passé) : *Autrefois, j'étais un sportif éprouvé, mais maintenant je dois me contenter de regarder les autres* (syn. JADIS; contr. AUJOURD'HUI). *Les gens d'autrefois connaissaient un rythme de vie beaucoup moins rapide que le nôtre.*

autrement [otrəmɑ̃] adv. **1.** Indique que l'action est faite d'une façon différente (suivi de *que*) : *Elle pense sur ce sujet tout autrement qu'elle ne le dit. Je me représentais la situation autrement qu'elle n'est. Voici ce qui doit être fait; n'agissez pas autrement* (syn. DIFFÉREMMENT, D'UNE AUTRE MANIÈRE). — **2.** Sert à exprimer l'hypothèse contraire (joue le rôle d'une proposition conditionnelle négative reprenant une proposition énoncée précédemment) : *Obéis, autrement tu seras puni* (syn. SINON, SANS QUOI). *L'orage menace, autrement nous irions faire une promenade aux environs* (syn. DANS LE CAS CONTRAIRE). — **3.** Sert de renforcement à un comparatif (devant l'adv. *plus*) ou exprime lui-même un comparatif de supériorité (fam.) : *Elle a autrement plus de talent que moi* (syn. BIEN, BEAUCOUP). *Je suis bien autrement surpris que vous* (syn. PLUS). *Il est autrement intelligent!* (syn. BEAUCOUP PLUS); comme synonyme de «beaucoup» (souvent avec une négation au sens de «très peu») : *Cela ne m'a pas autrement étonné* (= cela ne m'a pas beaucoup étonné; syn. TELLEMENT). *Je ne suis pas autrement satisfait de ce résultat* (= je ne suis guère; syn. SPÉCIALEMENT). — **4.** *Autrement dit,* en d'autres termes.

autrichien, enne [otriʃjɛ̃] adj. et n. D'Autriche.

autruche [otryʃ] n. f. (lat. *avis,* oiseau, et *struthio,* autruche). **1.** Grand oiseau des steppes africaines, aux ailes réduites, capable de courir à une grande vitesse. — **2.** *Avoir un estomac d'autruche,* être capable d'ingérer en grande quantité les mets les plus divers. ‖ *Politique de l'autruche,* manière de se conduire consistant à croire un danger inexistant parce qu'on feint de l'ignorer.

autrui [otrɥi] pron. indéf. (de *autre*). Ensemble des personnes autres que soi-même (litt., dans les phrases sentencieuses; seulement compl.) : *Il faut traiter autrui comme on voudrait être traité soi-même. Ne convoite pas le bien d'autrui* (= des autres).

auvent [ovɑ̃] n. m. (orig. gaul.). Petit toit en saillie au-dessus d'une porte, d'une fenêtre, pour les garantir de la pluie.

auxiliaire [oksiljɛr] adj. et n. (du lat. *auxilium,* secours). Qui prête ou fournit son aide temporairement ou dans un emploi subalterne : *Il est dans les services auxiliaires de l'armée* (par oppos. aux unités armées). *Un contrôle automatique auxiliaire qui pallie les défaillances humaines* (syn. ACCESSOIRE). *Le personnel auxiliaire de l'enseignement* (syn. ADJOINT). *Elle est pour moi une auxiliaire précieuse* (syn. AIDE, SECOND). ◆ adj. et n. m. *(Verbes) auxiliaires,* les verbes *avoir* et *être* dans les formes composées de la conjugaison des verbes : *J'ai vu. Je suis venu.*

avachir [avaʃir] v. t. (frq. *waikjan,* rendre mou). **1.** *Avachir qqch,* le rendre mou et flasque : *Tu vas avachir tes poches à force de les remplir de tous ces objets* (syn. DÉFORMER); surtout au part. passé : *Porter un pantalon avachi, des chaussures avachies.* — **2.** *Avachir qqn,* lui faire perdre son énergie, sa volonté : *La paresse et le manque d'intérêt dans la vie l'avaient avachi* (syn. ↓AMOLLIR). ◆ ***s'avachir*** v. pr. **1.** (sujet qqch) Devenir mou : *Ce costume commence à s'avachir* (syn. SE DÉFORMER). *Son corps s'avachit sous l'effet de l'embonpoint* (= est déformé, devient flasque). — **2.** (sujet qqn) Perdre son énergie : *Il est allé s'avachir dans un fauteuil* (= s'y laisser tomber par mollesse; syn. S'AFFALER). *Ne vous avachissez pas, réagissez un peu* (syn. SE LAISSER ALLER).

avachissement [avaʃismɑ̃] n. m. Action de s'avachir : *Après tant d'années d'inactivité, il y a chez lui une sorte d'avachissement intellectuel* (syn. AFFAIBLISSEMENT, RELÂCHEMENT).

1. aval [aval] n. m. *(à* et *val)* [pl. inusité]. Partie d'un cours d'eau comprise entre un point déterminé et l'embouchure ou le confluent (contr. AMONT). *En aval (de),* plus près de l'embouchure ou du confluent par rapport à un point donné : *Rouen est en aval de Paris, sur la Seine.* ◆ adj. inv. Se dit du ski ou du côté du skieur qui se trouve du côté de la vallée.

2. aval [aval] n. m. (ar. *al-walā,* mandat) [pl. *avals*]. **1.** Garantie donnée par un tiers au porteur d'une lettre de change. — **2.** *Donner son aval,* donner sa garantie, son approbation anticipée à un projet : *Le Parlement a donné son aval au renversement des alliances.*

avalanche [avalɑ̃ʃ] n. f. (du lat. *labina,* glissement de terrain). **1.** Masse de neige qui se détache et dévale sur le versant d'une montagne : *Des skieurs pris dans une avalanche.* — **2.** *Une avalanche de qqch (concret),* une grande masse tombant d'un lieu élevé : *Elle voulut prendre un dossier sur l'étagère et elle reçut une véritable avalanche de papiers.* — **3.** *Une avalanche de coups, d'injures, de mots,* etc., une quantité accablante : *La séance se poursuivit par une avalanche de discours* (syn. UNE PLUIE). *Cette annonce parue dans la presse lui a valu une avalanche de lettres* (syn. MASSE).

avalancheux, euse [avalɑ̃ʃø] adj. Exposé aux avalanches : *Une route avalancheuse.*

avaler [avale] v. t. (de *aval* 1). **1.** *Avaler qqch (concret),* le faire descendre dans le gosier, manger rapidement : *Avaler d'un trait un verre de vin* (syn. BOIRE). *Avaler rapidement son plat de pommes de terre* (syn. MANGER); sans compl. : *Elle fut prise d'une quinte de toux pour avoir avalé de travers. Il a une forte angine, et il avale avec peine.* — **2.** *Avaler un livre,* le lire avec avidité ou rapidement : *Pendant les deux heures du voyage, elle a avalé un roman policier.* — **3.** Fam. *Avaler qqch (abstrait),* le croire avec naïveté, sans réflexion : *Il a avalé l'histoire invraisemblable qu'elle avait imaginée.*

avaliser [avalize] v. t. (de *aval* 2). *Avaliser qqch,* l'appuyer, l'approuver en accordant sa caution : *Peut-on avaliser un projet dont on ne connaît pas les incidences budgétaires?* (syn. GARANTIR, CAUTIONNER).

avance [avɑ̃s] n. f. **1.** Action de marcher en avant : *L'avance de l'armée se poursuit* (syn. PROGRESSION; contr. RECUL, RETRAITE). — **2.** Espace parcouru avant qqn, ou temps qui anticipe sur le moment prévu (souvent dans des loc.) : *Les coureurs échappés ont une avance de deux cents mètres sur le peloton. Prendre une certaine avance dans son travail. Le train a cinq minutes d'avance* (contr. RETARD). *Je les préviendrai à l'avance* (= avant le moment prévu). *Payer par avance un trimestre de loyer* (= par anticipation). *Je connais par avance (d'avance) les difficultés de l'entreprise. Ses idées sont en avance sur son temps. Payez d'avance* (= avant de disposer de l'achat). — **3.** Paiement anticipé d'une partie du salaire, du prix; prêt fourni à charge de remboursement ultérieur : *Obtenir une avance de ses employeurs* (syn. ACOMPTE). *Verser une avance* (syn. PROVISION). *La banque fit l'avance de fonds nécessaire.* ◆ ***avances*** n. f. pl. Demandes faites en vue de nouer ou de renouer des relations : *Repousser des avances. Faire des avances pressantes* (syn. OUVERTURES).

avancé, e [avɑ̃se] adj. 1. Qui est loin de son début : *La journée est déjà bien avancée. Le travail est fort avancé. À une heure avancée de la nuit* (= fort avant dans la nuit). *Être d'un âge avancé* (= être vieux). — 2. Qui devance son époque, qui est en avance sur ses contemporains : *Professer des opinions avancées* (syn. NON CONFORMISTE; contr. RETARDATAIRE). *C'est un esprit avancé* (syn. PROGRESSISTE). — 3. Qui est à un niveau supérieur relativement à un point déterminé : *Elle est avancée pour son âge* (syn. PRÉCOCE). *Les pays d'Europe jouissent d'une civilisation très avancée* (syn. ÉVOLUÉ, POUSSÉ). — 4. Se dit de fruits, de légumes, de denrées, etc., qui commencent à s'abîmer : *La viande est avancée* (contr. FRAIS).

avancée [avɑ̃se] n. f. Partie qui fait saillie : *L'avancée du balcon sur la rue. L'avancée du rocher au-dessus de la mer* (syn. SURPLOMB).

avancement [avɑ̃smɑ̃] n. m. 1. Action de progresser : *Où en est l'avancement de son travail?* (syn. PROGRESSION). *Travailler à l'avancement des sciences* (syn. DÉVELOPPEMENT). — 2. Action de monter en grade, de progresser dans une carrière : *Avancement au choix, à l'ancienneté* (syn. PROMOTION). *Obtenir de l'avancement* (contr. RÉTROGRADATION).

avancer [avɑ̃se] v. t. (du lat. *ab ante*, d'avant) [c. 1]. 1. *Avancer qqch (concret)*, le porter, le pousser en avant : *Avancer la main vers un objet* (syn. ALLONGER). *Avancer une chaise à quelqu'un. Avancer les lèvres pour boire* (syn. APPROCHER). *Avancer le cou pour mieux voir* (syn. TENDRE; contr. RECULER, RETIRER). *Avancez la voiture de Monsieur* (= faites-la venir près de lui). — 2. *Avancer un pion sur le jeu, sur l'échiquier*, le mettre sur une autre case; prendre l'offensive sur un point. — 3. *Avancer qqch*, l'effectuer, le fixer avant le moment prévu : *Avancer son départ* (syn. HÂTER; contr. DIFFÉRER, REMETTRE, REPORTER). *Avancer l'heure du repas* (contr. RETARDER). *Avancer la date de son retour* (syn. ↑PRÉCIPITER). — 4. *Avancer qqch, qqn*, le faire progresser, le rapprocher du but : *Avancer son travail. Avancer ses affaires. Je vais vous classer les fiches : cela vous avancera* (= cela vous fera gagner du temps). *Cela ne t'avancera pas* (= cela ne te donnera aucun avantage). *À quoi cela t'avance-t-il?* (= qu'y gagnes-tu?). *Tu es bien avancée!* (fam.; = tu t'es donné bien du mal pour rien). — 5. *Avancer de l'argent, des fonds, une somme à qqn*, lui fournir une somme à rembourser ensuite, à valoir (syn. PRÊTER). — 6. *Avancer une montre, une pendule*, la mettre en avance sur l'heure réelle, ou la remettre à l'heure si elle a pris du retard (contr. RETARDER). — 7. (sujet qqn) *Avancer qqch*, le mettre en avant, le donner pour vrai : *Avancer une idée intéressante* (syn. PRÉSENTER). *Avancer une hypothèse* (syn. SUGGÉRER, PROPOSER, FORMULER). *Avancer une proposition* (syn. ÉNONCER). *Prouvez ce que vous avancez* (syn. AFFIRMER, DIRE). *Je n'avance rien qui ne soit sûr* (syn. ALLÉGUER). ◆ v. i. ou ***s'avancer*** v. pr. 1. (sujet qqn, un véhicule) Aller ou se porter en avant : *Avancer lentement* (syn. MARCHER). *Il s'avance rapidement* (syn. APPROCHER). *J'avance pas à pas* (syn. VENIR). *Les troupes ont avancé de plusieurs kilomètres* (syn. PROGRESSER; contr. RECULER). — 2. (sujet qqch) Sortir de l'alignement, faire saillie : *Le balcon avance* ou *s'avance sur la rue* (contr. ÊTRE EN RETRAIT). *Le cap avance* ou *s'avance dans la mer. Les rochers avancent* ou *s'avancent sur le précipice* (syn. SURPLOMBER). — 3. (sujet qqch, qqn) Progresser, approcher de son terme : *L'ouvrage avance très vite. Faire avancer un travail. La nuit avance* ou *s'avance* (= l'aube est proche, ou on entre au plus profond de la nuit). *Il avance* ou (plus rarement) *il s'avance en âge* (= il vieillit). *Il n'avance pas dans son travail. Tu as avancé rapidement en grade* (syn. MONTER). — 4. *Montre, pendule qui avance*, qui indique une heure en avance sur l'heure réelle (contr. RETARDER). ◆ ***s'avancer*** v. pr. *Ne vous avancez pas*, ne sortez pas d'une juste réserve (syn. SE HASARDER). ‖ *S'avancer de trop*, sortir des limites permises; prendre une position risquée.

avanie [avani] n. f. (it. *avania*). Affront public qui humilie ou déshonore : *La pauvre femme, qui avait subi d'autres avanies, restait sans réaction devant ces reproches adressés en public* (syn. HUMILIATION, OUTRAGE).

1. avant [avɑ̃] prép. (lat. *ab* et *ante*, auparavant). Indique : 1. Antériorité dans le temps : *Elle est arrivée avant moi. Il doutait de lui avant ce succès. Ne vous décidez pas tout de suite; réfléchissez avant* (syn. AUPARAVANT; soutenu PRÉALABLEMENT). *On a construit une nouvelle route; avant, il fallait faire un long détour* (syn. AUPARAVANT, AUTREFOIS, JADIS). *N'attendez pas son retour, partez avant. Je l'ai vu avant dîner;* comme compl. du n. : *À la minute d'avant. La semaine d'avant* (= avant celle-là). — 2. Antériorité de situation dans l'espace, dans le cours d'un mouvement réel ou figuré : *Le bureau de poste est juste avant le pont* (en partant d'ici). *N'allez pas jusqu'à la place; arrêtez-vous avant.* — 3. Priorité de rang : *Tu places ton intérêt avant celui des autres. Il n'avait pas de rendez-vous; le fait-on cependant entrer avant?* — 4. Éloignement du point de départ (seulem. comme adv. et soutenu, avec *bien, plus, si, assez, fort, trop*) : *Creusez plus avant. Je me suis engagé trop avant. Fort avant dans la nuit* (= la nuit étant fort avancée). — 5. *Avant cela*, auparavant. ‖ *Avant tout*, principalement : *Il faut avant tout finir ce qui a été entrepris.* ◆ ***avant de*** prép. (+ inf.), ***avant que*** conj. (+ subj. avec ou sans *ne*), indiquent l'antériorité dans le temps : *Consulte-moi avant d'agir. Elle hésitait avant de commencer. Rentre avant qu'il (ne) pleuve.*

2. avant [avɑ̃] n. m. 1. Partie d'un véhicule qui, lors du déplacement de ce véhicule dans le sens normal, atteint la première tout point de son trajet : *Les phares sont à l'avant de la voiture* (= à la partie antérieure). *L'avant d'un bateau* (syn. PROUE; contr. ARRIÈRE, POUPE). — 2. Joueur placé devant les autres et chargé de conduire l'attaque au football ou de gagner le ballon au rugby, etc. (contr. ARRIÈRE). — 3. *En avant (de)*, vers l'avant (de) : *Faire un pas en avant* (= dans le sens de la marche). *Partez en avant, je vous rejoindrai* (syn. DEVANT). *Se pencher en avant. Marcher en avant de la colonne. En avant! marche!* (ordre d'avancer donné à une troupe). ‖ *Mettre qqch en avant*, l'alléguer : *Elle a mis en avant des raisons de santé.* ‖ *Se mettre en avant*, se faire valoir en paroles ou en actes d'une manière qui suscite un jugement défavorable : *Elle profite de toutes les occasions pour se mettre en avant.* ◆ adj. inv. Qui est à l'avant, qui va vers l'avant : *Les roues avant d'une voiture. La marche avant.*

avantage [avɑ̃taʒ] n. m. (de *avant*). 1. Ce qui donne une supériorité à qqn sur d'autres : *Il profite de son avantage pour écraser les autres* (syn. SUPÉRIORITÉ). *Perdre tous ses avantages* (syn. ATOUT). *Faire valoir ses avantages* (syn. TALENT). *Se montrer à son avantage* (= se faire valoir). *Prendre l'avantage sur ses adversaires* (syn. LE DESSUS). — 2. Ce qui apporte un profit matériel ou moral, donne du plaisir : *Cette nouvelle situation m'offre de gros avantages* (syn. GAIN). *Retirer un avantage illusoire d'une affaire* (syn. BÉNÉFICE). *J'ai eu l'avantage de faire votre connaissance pendant les vacances dernières* (formule de politesse = j'ai eu le plaisir). *L'avantage du métier d'enseignant est la longueur des vacances* (syn. AGRÉMENT). *Tirer avantage des circonstances.*

avantager [avɑ̃taʒe] v. t. (c. 2) Donner une supériorité, un avantage : *Cette robe l'avantage beaucoup*

(= la fait paraître plus belle). *Il a avantagé sa fille, dans sa succession, au détriment de son fils* (syn. FAVORISER).

avantageusement [avɑ̃taʒøzmɑ̃] adv. De façon avantageuse, profitable : *Se rengorger avantageusement* (= d'un air suffisant). *Être avantageusement connu* (= avoir bonne réputation; syn. FAVORABLEMENT, HONORABLEMENT). *Tu as avantageusement tiré parti de la situation* (= au mieux, à ton profit).

avantageux, euse [avɑ̃taʒø] adj. et n. **1.** Qui est fier d'avantages, souvent supposés : *Il fait l'avantageux devant l'assistance* (syn. FAT). *Prendre un ton avantageux* (syn. SUFFISANT). — **2.** Qui offre un avantage, qui procure un gain, donne un profit : *Profiter d'une occasion avantageuse* (syn. INTÉRESSANT). *L'affaire est avantageuse* (syn. RENTABLE). *Des articles à un prix avantageux* (= bon marché).

avant-bras [avɑ̃bra] n. m. inv. Partie du membre supérieur comprise entre le poignet et le coude.

avant-centre [avɑ̃sɑ̃tr] n. m. (pl. *avant-centres*) Au football, joueur qui se trouve au centre de la ligne d'attaque. (Au rugby, on dit TROIS-QUART CENTRE.)

avant-coureur [avɑ̃kurœr] adj. m. Qui précède et annonce un événement prochain (surtout avec *signe*) : *Les signes avant-coureurs du printemps* (syn. ANNONCIATEUR). *Un malaise avant-coureur de la grippe. Le vent qui se lève est un signe avant-coureur de l'orage.*

avant-dernier, ère [avɑ̃dɛrnje] adj. et n. (pl. *avant-derniers, ères*). Qui vient juste avant le dernier : *Novembre est l'avant-dernier mois de l'année. De nombreux mots latins étaient accentués sur l'avant-dernière syllabe* (syn. PÉNULTIÈME). *Il a été avant-dernier à la composition.* (On dit aussi, fam., *avant-avant-dernier* pour désigner celui après lequel il n'y en a plus que deux.)

avant-garde [avɑ̃gard] n. f. (pl. *avant-gardes*). **1.** Unité militaire qu'on détache devant une troupe pour la protéger et la renseigner : *L'avant-garde est tombée dans une embuscade.* — **2.** Ce qui est en tête du progrès ou en avance sur son temps : *L'avant-garde de la science* (syn. LA POINTE). *Être à l'avant-garde du mouvement de libération des peuples* (= être en première ligne). *Les idées d'avant-garde* (syn. AVANCÉ; contr. RÉACTIONNAIRE, RÉTROGRADE).

avant-goût [avɑ̃gu] n. m. (pl. *avant-goûts*). Première impression agréable ou désagréable, premier aperçu de ce que l'avenir peut apporter : *Ces réalisations techniques donnent un avant-goût de ce que sera la vie future* (syn. PRÉFIGURATION).

avant-guerre [avɑ̃gɛr] n. m. ou f. (pl. *avant-guerres*). Époque qui a précédé la Première Guerre mondiale (1914) ou la Seconde Guerre mondiale (1939) [surtout comme compl. sans art. : *L'Europe d'avant-guerre*].

avant-hier [avɑ̃tjɛr] adv. Le jour qui précède immédiatement hier (par rapport au présent [*aujourd'hui*]).

avant-poste [avɑ̃pɔst] n. m. (pl. *avant-postes*). Détachement de troupes disposé devant une unité militaire pour la prémunir contre une attaque subite.

avant-première [avɑ̃prəmjɛr] n. f. (pl. *avant-premières*). Représentation d'un film, d'une pièce, réservée aux journalistes, avant la première présentation du spectacle.

avant-projet [avɑ̃prɔʒɛ] n. m. (pl. *avant-projets*). Étude préparatoire d'un projet.

avant-propos [avɑ̃prɔpo] n. m. inv. Toute préface d'un livre où l'auteur présente une idée préliminaire de ce qu'il s'est proposé de faire dans son ouvrage.

avant-scène [avɑ̃sɛn] n. f. (pl. *avant-scènes*). **1.** Partie de la scène qui est en avant du rideau. — **2.** Chacune des loges établies au balcon, de chaque côté de cette partie de la scène (ou *loges d'avant-scène*).

avant-train [avɑ̃trɛ̃] n. m. (pl. *avant-trains*). Syn. de TRAIN DE DEVANT.

avant-veille [avɑ̃vɛj] n. f. (pl. *avant-veilles*) [toujours avec l'art.] Le jour qui précède la veille, par rapport au passé ou au futur (par rapport au jour présent, on dit AVANT-HIER) : *Dimanche dernier, elle mourait subitement; l'avant-veille, vendredi, elle nous avait paru en parfaite santé.*

avare [avar] adj. et n. (lat. *avarus*, avide). **1.** Qui aime à accumuler l'argent sans en faire usage : *À père avare fils prodigue. C'est une avare qui vit égoïstement.* — **2.** *Être avare de qqch*, le distribuer chichement, ne pas le donner avec générosité, largesse; ne pas le prodiguer : *Être avare de son temps* (syn. ÉCONOME). *Être avare de compliments* (contr. PRODIGUE). *Être avare de paroles* (= n'être pas bavard).

avarice [avaris] n. f. Défaut d'un avare : *Une avarice sordide* (syn. LADRERIE; contr. LARGESSE).

avarie [avari] n. f. (it. *avaria*). Dommage éprouvé par un navire ou par son chargement : *La collision fit subir aux deux bateaux des avaries importantes. La cargaison a subi des avaries.*

avarié, e [avarje] adj. Qui a subi une avarie, un dommage : *Jeter des cageots de fruits avariés* (syn. GÂTÉ, POURRI).

avarier [avarje] v. t. *Avarier qqch*, lui faire quelque dommage (surtout pass.) : *Le bateau a été avarié sérieusement au cours de l'abordage* (syn. ENDOMMAGER).

avatar [avatar] n. m. (sanskr. *avatāra*, descente du ciel sur la terre). **1.** Transformation complète de qqch (généralement pl.) : *Le projet de constitution est passé par bien des avatars avant de venir en discussion* (syn. MÉTAMORPHOSE). — **2.** *Péjor.* Changement malheureux, aventure pénible, accident : *Chacun subit des avatars au cours de son existence.*

ave [ave] n. m. (lat. *Ave* [*Maria*], salut [Marie]). Prière adressée à la Vierge Marie.

avec [avɛk] prép. (lat. *ab hoc*, de là). Indique : **1.** Accompagnement, accord, réunion : *Il est sorti avec ses amis. Elle se promène avec ses enfants* (syn. EN COMPAGNIE DE). *Son amabilité avec tout le monde* (syn. ENVERS). *Ses fiançailles avec Élisabeth. Il est avec nous* (en notre compagnie ou de notre parti [= pour nous]); sans compl., comme adv. *Il a pris sa canne et s'en est allé avec.* — **2.** Manière : *J'avance avec prudence. Une chambre avec vue sur le jardin.* — **3.** Moyen, instrument utilisés, cause : *Il a ouvert la boîte de conserve avec un couteau. Le lustrage se fait avec un chiffon de laine. Avec le temps, elle oubliera* (= grâce au temps). — **4.** Opposition : *Avec tant de qualités, il a cependant échoué* (= bien qu'il ait eu). *Elle rivalise avec les meilleurs. Un combat avec un ennemi supérieur en nombre.* — **5.** Simultanéité : *Il se lève avec le jour. Avec le mois de juillet, les grandes chaleurs sont proches.* — **6.** Fam. *Avec cela que, avec ça que*, marque la surprise indignée, l'incrédulité, dans une proposition exclamative : *Avec cela que vous ne le saviez pas! Avec ça qu'il ne s'est jamais trompé!* ‖ *D'avec*, indique un rapport de différence, de séparation : *Distinguer l'ami d'avec le flatteur. Elle a divorcé d'avec lui.* ‖ *Et avec ça (cela)?*, interrogation fam. d'un vendeur, d'un garçon de café, etc., demandant au client la suite de sa commande : *Et avec ça, madame?*; «et en outre», «et qui plus est» : *Il est sorti sans manteau, et avec ça il était enrhumé!*

aven [avɛn] n. m. (mot du Rouergue). Dans une région calcaire, puits naturel aux parois abruptes.

1. avenant, e [avnɑ̃] adj. (de l'anc. fr. *avenir*, convenir). **1.** Qui plaît par sa gentillesse, sa grâce : *Des hôtesses avenantes présentèrent aux passagers des bois-*

sons rafraîchissantes (syn. AFFABLE). — **2.** *À l'avenant,* en accord avec ce qui précède : *Le début de l'ouvrage est confus, les phrases embarrassées et le reste à l'avenant.*

2. avenant [avnɑ̃] n. m. Acte écrit qui constate les modifications apportées aux clauses primitives d'un contrat (dr.).

avènement [avɛnmɑ̃] n. m. (de l'anc. fr. *avenir,* arriver). *Avènement d'un régime, d'un roi,* etc., son établissement, son installation, son accession au pouvoir : *À l'avènement de la Vᵉ République. L'avènement de Louis XV. Espérer en l'avènement d'un monde meilleur.*

avenir [avnir] n. m. *(à* et *venir).* **1.** Le temps futur : *Dans un avenir prochain, indéterminé. Il faudra songer à l'avenir. Espérer dans un avenir meilleur. S'inquiéter de l'avenir. Tu as l'avenir devant toi.* — **2.** Situation future de qqn : *Nous devons songer à assurer l'avenir de notre fille* (syn. SORT). *Il a devant lui un brillant avenir. Se préparer un bel avenir. Briser son avenir* (syn. CARRIÈRE). — **3.** *À l'avenir,* à partir de ce jour : *À l'avenir, vous noterez tous mes rendez-vous sur mon agenda* (syn. DÉSORMAIS, DORÉNAVANT). ‖ *Avoir de l'avenir,* être destiné à un succès brillant : *Ces nouveaux procédés techniques ont de l'avenir.* ‖ *D'avenir,* dont le sort sera brillant, exceptionnel; qui doit connaître des succès : *Un garçon d'avenir. L'électronique est une carrière d'avenir.*

aventure [avɑ̃tyr] n. f. (lat. *adventura,* choses qui doivent arriver). **1.** Ce qui arrive à qqn d'imprévu, d'extraordinaire, de nouveau : *Il m'est arrivé une fâcheuse aventure* (= une mésaventure). *C'est une drôle d'aventure* (syn. HISTOIRE, AFFAIRE). *Un roman, un film d'aventures* (= où l'action mouvementée est faite d'événements extraordinaires). *Avoir une aventure sentimentale* ou, simplem., *une aventure* (= une liaison passagère). *Dire la bonne aventure* (= prédire l'avenir). — **2.** Entreprise hasardeuse qui attire ceux qui ont le goût du risque : *L'expédition dans la grotte devint une véritable aventure. Tenter l'aventure* (= entreprendre qqch de très incertain). *Avoir l'esprit d'aventure.* — **3.** *À l'aventure,* sans but fixé à l'avance : *Marcher à l'aventure dans la campagne* (syn. AU HASARD). *Partir à l'aventure* (= partir sans plan). ‖ Litt. *D'aventure,* par hasard : *Si d'aventure vous la voyez, faites-lui mes amitiés.*

aventuré, e [avɑ̃tyre] adj. Qui comporte de grands risques : *Une entreprise aventurée* (syn. HASARDEUX, RISQUÉ).

aventurer [avɑ̃tyre] v. t. (sujet qqn) *Aventurer qqch,* l'exposer à des risques : *Tu as aventuré ta vie dans cette périlleuse ascension* (syn. RISQUER). *Aventurer sa réputation dans une affaire douteuse* (syn. HASARDER, JOUER). ◆ ***s'aventurer*** v. pr. (sujet qqn) Courir un danger : *S'aventurer sur un pont branlant* (syn. SE RISQUER, S'ENGAGER).

aventureux, euse [avɑ̃tyrø] adj. **1.** Qui se lance dans l'aventure, qui aime l'aventure : *Elle a une imagination aventureuse* (syn. AUDACIEUX). — **2.** Qui est plein de risques, d'aventures : *Un projet aventureux* (syn. TÉMÉRAIRE). *Mener une vie aventureuse* (= abandonnée au hasard).

aventurier, ère [avɑ̃tyrje] n. Personne sans scrupule, qui se procure l'argent, le pouvoir par des intrigues ou par des moyens violents et illégaux.

avenu, e [avny] adj. (de l'anc. fr. *avenir,* arriver). *Nul et non avenu,* qui n'a pas plus de valeur que si cela n'avait jamais existé : *Je considère donc votre lettre de démission comme nulle et non avenue.*

avenue [avny] n. f. (de l'anc. fr. *avenir,* arriver). **1.** Large voie, en général plantée d'arbres : *Une avenue bordée de peupliers conduit au château* (syn. ALLÉE). — **2.** *Les avenues du pouvoir,* les fonctions très proches du pouvoir, ou les voies qui permettent d'y accéder.

avéré, e [avere] adj. *C'est un fait avéré,* certain, reconnu (syn. INCONTESTABLE). ‖ *Il est avéré que* (+ *ind.*), il est établi (acquis) comme vrai que (surtout admin.).

avérer (s') [avere] v. pr. (du lat. *verus,* vrai) [c. **10**] (sujet qqn, qqch) Se manifester, apparaître (soutenu; avec un adj. ou un n. attributs) : *Il s'est avéré incapable de faire face à la situation* (syn. SE RÉVÉLER, ↓SE MONTRER). *Il s'est avéré un financier expérimenté. Votre pressentiment s'est avéré justifié. L'entreprise s'avère difficile. Ce traitement s'avère inopérant dans les cas graves. Ce raisonnement s'avère faux;* impers. : *Il s'avère que le plan est inapplicable* (= il est manifeste, clair).

avers [avɛr] n. m. (lat. *adversus,* qui est en face). Côté face d'une pièce ou d'une monnaie (contr. REVERS).

averse [avɛrs] n. f. (de *[pleuvoir] à verse*). Pluie subite et violente, mais de peu de durée : *Elles ont été surprises par une averse sur le chemin du retour* (syn. ONDÉE). *Recevoir une averse au cours d'une promenade* (syn. GRAIN).

aversion [avɛrsjɔ̃] n. f. (lat. *aversio*). Répulsion violente pour qqch, dégoût haineux ressenti à l'égard de qqn : *Avoir de l'aversion pour le travail* (syn. RÉPULSION). *Sa laideur m'inspirait de l'aversion* (syn. RÉPUGNANCE). *Il m'a pris en aversion* (syn. ↑HAINE). *J'essaie de surmonter, de vaincre mon aversion pour cet homme* (syn. ↓ANTIPATHIE).

averti, e [avɛrti] adj. Qui a une connaissance, une expérience approfondie de qqch : *Elle est très avertie des derniers travaux en la matière* (syn. AU COURANT DE). *C'est un critique averti de la peinture moderne* (syn. COMPÉTENT).

avertir [avɛrtir] v. t. (lat. *advertere*). **1.** *Avertir qqn* (*de qqch, que* [+ *ind.*]), attirer son attention sur cela : *Avertissez-moi de son arrivée* (syn. PRÉVENIR). *Je vous avertis que je serai à Lyon le 25 février* (syn. INFORMER, ANNONCER). *Avertir une amie qu'elle commet une erreur de jugement* (syn. AVISER). *Avertir un élève* (syn. BLÂMER). *Tenez-vous pour averti* (= soyez sur vos gardes). *Le gardien fut averti par le signal d'alarme. Un pressentiment m'avait averti. Un homme averti en vaut deux.* — **2.** *Avertir qqn* (*de* [+ *inf.*]), lui faire savoir qqch pour, l'inviter à (faire) : *Avertissez-les d'éviter la route de la forêt* (syn. PRÉVENIR DE).

avertissement [avɛrtismɑ̃] n. m. **1.** Action d'avertir : *Négliger les avertissements d'un ami* (syn. AVIS, CONSEIL). *Cet évanouissement est un avertissement, il faut vous faire soigner* (syn. SIGNE, PRÉSAGE). — **2.** Blâme avec menace de sanction : *Donner un avertissement à un élève à la fin d'un trimestre.* — **3.** Petite préface d'un livre.

avertisseur [avɛrtisœr] n. m. **1.** *Avertisseur (sonore),* dispositif installé sur un véhicule et destiné à produire un signal, pour attirer l'attention de qqn : *L'usage des avertisseurs est interdit à Paris et dans les grandes villes* (syn. KLAXON). — **2.** *Avertisseurs d'incendie, de police,* postes téléphoniques disséminés dans une ville et reliés aux casernes de pompiers, aux commissariats.

aveu [avø] n. m. (de *avouer*). **1.** Action d'avouer : *J'ai fait l'aveu de ma faute. Votre aveu est-il sincère?* (syn. CONFESSION). *L'aveu de son amour lui a été pénible. Passer aux aveux* (= avouer son crime). — **2.** *De l'aveu de,* au témoignage de : *De l'aveu de tous les témoins, le conducteur est responsable de l'accident.* ‖ *Homme sans aveu,* sans moralité. ‖ *Ne rien faire sans l'aveu de qqn,* sans son autorisation.

aveuglant, e [avœglɑ̃] adj. Qui aveugle, empêche de

voir : *Lumière aveuglante* (= éblouissante). *Vérité aveuglante* (= claire, évidente).

aveugle [avœgl] adj. (lat. *ab oculis,* sans yeux) [surtout après le n.] et n. **1.** Privé de la vue : *Être aveugle de naissance* (ou *aveugle-né*). *Un aveugle de guerre.* — **2.** *Confiance (attachement, courage, dévouement, foi, sacrifice) aveugle,* sans limite ni réserve : *Elle a fait preuve envers toi d'un dévouement aveugle* (syn. TOTAL). *Avoir une confiance aveugle en quelqu'un* (syn. ABSOLU). ‖ Litt. *En aveugle,* sans réflexion. ‖ *Passion aveugle,* dont la violence extrême fait perdre le jugement : *Être emporté par une haine aveugle.* ‖ (sujet qqch) *Rendre aveugle qqn,* lui faire perdre la faculté de juger sainement : *La colère te rend aveugle à son égard.* (→ CÉCITÉ).

aveuglement [avœgləmɑ̃] n. m. Passion extrême, allant jusqu'à la perte du jugement; obstination dans un point de vue : *Dans son aveuglement, de quoi ne sera-t-elle pas capable? Persévérer dans une erreur par aveuglement.*

aveuglément [avœglemɑ̃] adv. Sans réflexion ni jugement, sans faire d'objection : *Exécuter aveuglément les consignes.*

aveugler [avœgle] v. t. **1.** *Aveugler qqn,* le priver de la vue : *Il a été aveuglé par l'explosion d'une bombe;* le priver de sa lucidité : *Il est aveuglé par la passion.* — **2.** *Le soleil (une lueur vive, une lampe) aveugle qqn,* l'empêche de voir par son trop vif éclat (souvent pass.) : *Elle a eu cet accident parce qu'elle a été aveuglée par des phares d'auto* (syn. ÉBLOUIR). ‖ *Aveugler une voie d'eau* (dans un bateau), la boucher avec ce qu'on a sous la main. ◆ ***s'aveugler*** v. pr. (sujet qqn) *S'aveugler sur qqn,* manquer de jugement à son propos, ne pas vouloir voir ses défauts : *Ne vous aveuglez pas sur lui, il n'a pas toutes les qualités que vous lui reconnaissez* (syn. SE TROMPER).

aveuglette (à l') [avœglɛt] adv. **1.** *Fam.* Sans rien y voir, comme un aveugle : *Marcher, avancer à l'aveuglette dans une pièce obscure.* — **2.** *Fam.* Sans savoir où on va, sans voir les conséquences; au hasard : *J'avance dans ce travail un peu à l'aveuglette* (syn. À TÂTONS).

aveulir [avølir] v. t. (de *veule*). Litt. *Aveulir qqn,* le priver d'énergie, de volonté : *Une vie monotone, qui s'écoulait sans obstacle, l'avait peu à peu aveuli.* ◆ ***s'aveulir*** v. pr. Perdre son énergie : *Répugnant à l'effort, ils s'aveulissent d'année en année* (syn. S'AMOLLIR).

aveulissement [avølismɑ̃] n. m. *Litt.* Fait de s'aveulir, d'être aveuli.

aviateur, trice [avjatœr] n. Personne qui pilote un avion.

aviation [avjasjɔ̃] n. f. (du lat. *avis,* oiseau). Navigation aérienne au moyen d'avions; ensemble des avions, dont on précise souvent l'affectation par un adj. ou un compl. : *Aviation marchande. Aviation militaire. Aviation de chasse, de bombardement. L'aviation ennemie a attaqué nos bases.*

avicole [avikɔl] adj. (lat. *avis,* oiseau, et *colere,* cultiver). Qui concerne l'aviculture.

aviculteur [avikyltœr] n. m. Personne qui élève des volailles.

aviculture [avikyltyr] n. f. Élevage des oiseaux, des volailles.

avide [avid] adj. (lat. *avidus*). **1.** *Avide de qqch, de* (+ *inf.*), qui le désire avec voracité, avec passion : *Un requin avide d'une nouvelle proie. Avide de nouveauté* (syn. ↓ÉPRIS). *Être avide d'argent* (contr. INDIFFÉRENT À, DÉTACHÉ DE). *Elle est avide de connaître le monde* (syn. ↓CURIEUX). *Je suis avide d'apprendre la nouvelle* (syn. ANXIEUX, IMPATIENT). — **2.** (sans compl.) Qui a ou qui manifeste un désir passionné de voir, d'entendre, etc. : *Poser un regard avide sur une liasse de billets. Tendre une oreille avide.*

avidement [avidmɑ̃] adv. Avec avidité : *Manger avidement. Lire avidement une lettre.*

avidité [avidite] n. f. Désir vorace, passionné de qqch : *Il est d'une telle avidité qu'on croirait qu'il n'a pas mangé depuis deux jours* (syn. VORACITÉ, GLOUTONNERIE). *Être d'une avidité insatiable* (syn. CUPIDITÉ, RAPACITÉ).

avilir [avilir] v. t. (de *vil*). **1.** *Avilir qqn,* le rendre méprisable, lui faire perdre toute valeur morale : *Une telle conduite l'avilit* (syn. DÉSHONORER, DISCRÉDITER, DÉGRADER; contr. ENNOBLIR, HONORER); sans compl. : *La servitude avilit* (syn. ABAISSER). — **2.** *Avilir qqch,* lui faire perdre sa valeur : *L'inflation avilit le franc* (syn. DÉVALUER). ◆ ***s'avilir*** v. pr. **1.** S'abaisser, se dégrader; perdre de sa dignité : *Tu t'avilis dans l'alcoolisme.* — **2.** Perdre de sa valeur : *Le pouvoir d'achat s'avilit* (syn. DIMINUER, SE DÉPRÉCIER).

avilissant, e [avilisɑ̃] adj. Qui avilit : *On l'a astreint à un travail de copie qu'il juge avilissant.*

avilissement [avilismɑ̃] n. m. **1.** Fait de s'avilir, de s'abaisser : *En quelques années, il est tombé au plus bas degré de l'avilissement* (syn. ABJECTION, ABAISSEMENT, DÉGRADATION). — **2.** Perte de valeur : *L'avilissement de la monnaie* (syn. DÉPRÉCIATION, DÉVALUATION).

aviné, e [avine] adj. (de *vin*). Qui a trop bu ou qui manifeste l'ivresse (soutenu) : *Exposé aux coups d'une brute avinée* (= en état d'ivresse; syn. ↑IVRE).

avion [avjɔ̃] n. m. (du lat. *avis,* oiseau). Appareil de navigation aérienne plus lourd que l'air, muni d'ailes et d'un moteur à hélice ou à réaction.

aviron [avirɔ̃] n. m. (de l'anc. fr. *viron,* tour). **1.** Rame utilisée pour manœuvrer une embarcation. — **2.** Sport se pratiquant sur un plan d'eau protégé, dans des embarcations propulsées au moyen de rames (avirons).

avis [avi] n. m. (de l'anc. fr. *ce m'est avis,* cela me paraît bon). **1.** Manière de voir : *Quel est votre avis sur la question?* (syn. OPINION). *Je t'ai donné mon avis sur le problème. À son avis* (= à son point de vue, selon lui). *Je me range à son avis* (syn. SENTIMENT). *Les avis sont partagés* (syn. OPINION). *Prendre l'avis de son père* (syn. CONSEIL). — **2.** Information donnée ou reçue, notamment par écrit et par voie d'affiche : *Un avis des autorités affiché sur le mur de la mairie* (syn. NOTIFICATION). *Suivant l'avis donné* (syn. RENSEIGNEMENT). *L'avis de réception d'une lettre recommandée. Jusqu'à nouvel avis, rien n'est changé* (syn. JUSQU'À PLUS AMPLE INFORMÉ). *Sauf avis contraire, la réunion est fixée à ce soir* (= sauf contrordre; syn. INDICATION). *Une préface réduite à quelques lignes devient un avis aux lecteurs ou un avertissement.* — **3.** *Être d'avis que* (+ *subj.*), *de* (+ *inf.*), penser que le mieux serait que, de : *Je suis d'avis de passer par la route de la montagne* (syn. PROPOSER).

avisé, e [avize] adj. Qui a un jugement réfléchi et qui agit en conséquence : *Une personne avisée, qui sait trouver les meilleures solutions* (syn. HABILE, AVERTI, SENSÉ). *Il a été bien mal avisé de ne pas m'attendre* (= imprudent, irréfléchi; on peut écrire MALAVISÉ).

1. aviser [avize] v. t. (de *avis*). *Aviser qqn de qqch,* l'en informer, le lui faire savoir (souvent pass.) : *Être avisé de la date d'une cérémonie* (syn. AVERTIR, PRÉVENIR, INFORMER).

2. aviser [avize] v. t. (de *viser*). *Aviser qqn, qqch,* les apercevoir soudain, alors qu'on ne les avait pas remarqués (soutenu) : *Elle avisa dans la foule un de ses amis* (syn. DISTINGUER). *J'avisai une pièce de un franc sur le trottoir* (syn. REMARQUER). ◆ v. i. Prendre une décision, généralement en fonction d'une nouvelle situation : *Il faudrait aviser, au cas où tu ne viendrais pas.* ◆ v. t. ind. *Aviser à qqch,* y pourvoir (soutenu) : *Avisons au plus pressé* (syn. PARER). ◆ **s'aviser** v. pr. **1.** *S'aviser de qqch, que* (+ *ind.*), en prendre conscience, le remarquer soudain : *Il s'est avisé trop tard qu'il avait oublié les papiers de la voiture* (syn. S'APERCEVOIR, DÉCOUVRIR). *Je me suis avisé de sa présence quand il s'est mis à rire* (syn. SE RENDRE COMPTE). — **2.** *S'aviser de* (+ *inf.*), se mettre en tête l'idée bizarre, extraordinaire de : *Il s'avisa de faire une remarque* (syn. OSER, SE PERMETTRE). *Avisez-vous de recommencer!* (syn. ESSAYER).

aviso [avizo] n. m. (esp. *barca de aviso*). Petit bâtiment de guerre servant à l'escorte des convois navals.

avitaminose [avitaminoz] n. f. (du lat. *vivus,* vif). Maladie provoquée par une insuffisance de vitamines.

aviver [avive] v. t. Donner de l'éclat, de la couleur : *Le froid avivait les joues.* (→ RAVIVER.)

1. avocat, e [avɔka] n. (lat. *advocatus,* appelé auprès). **1.** Personne dont la profession est de défendre des accusés devant la justice, de donner des consultations juridiques, etc. : *Un avocat plaide, défend son client. L'avocat revêt sa robe.* — **2.** Personne qui prend la défense de qqn, de qqch : *Vous vous êtes, en cette occasion, montré un excellent avocat : vous avez persuadé les adversaires de votre projet.* — **3.** *Se faire l'avocat de qqn, de qqch,* en prendre la défense auprès de ceux qui l'attaquent : *Personne ne ménageait la malheureuse; je me fis son avocate en avançant plusieurs excuses à sa conduite.* — **4.** *Avocat du diable,* celui qui, tout en adhérant à une opinion, présente des arguments qui pourraient lui être opposés : *Votre raisonnement paraît solide, mais je vais me faire l'avocat du diable et vous opposer quelques objections.* ‖ *Avocat général,* magistrat qui supplée le procureur général.

2. avocat [avɔka] n. m. (esp. *avocado*). Fruit de l'*avocatier,* en forme de poire.

avoine [avwan] n. f. (lat. *avena*). Plante herbacée, dont le grain est utilisé surtout pour la nourriture des chevaux; ce grain lui-même.

1. avoir [avwar] v. t. (lat. *habere*). **1.** *Avoir + n.* (sans art.), équivaut à *être + adj.* (loc. v. indiquant une situation, une attitude, un état d'esprit) : *Nous avions eu soif* (= nous avions été assoiffés). *J'ai faim* (= je suis affamé). *Elle a eu peur d'avoir un accident. Tu as mal à la tête. Avez-vous eu froid?* — **2.** *Avoir + n.* (avec art.), équivaut à un v. ou à *être + adj.* (groupe verbal indiquant une situation, une attitude, un état d'esprit) : *J'ai une faim de loup. J'ai eu une peur terrible. Il a ses raisons pour agir. Elle n'a pas tous les torts. Ils avaient eu une âpre discussion* (= ils avaient discuté âprement). *Elle a beaucoup d'esprit* (= elle est spirituelle). *Il n'a pas de patience* (= il est impatient). *Il a de la fortune* (= il est riche). — **3.** *Avoir + n.* (avec art.), équivaut à une construction inverse avec *être* (le sujet de *avoir* devenant attribut avec *être*) : *Il a pour ami un de mes voisins* (= un de mes voisins est son ami). *Elle a les cheveux blancs* (= ses cheveux sont blancs). — **4.** *Avoir* (sens plein), indique la possession : *Il a une maison au bord de la mer* (syn. POSSÉDER, ÊTRE PROPRIÉTAIRE DE). *J'ai un appartement de trois pièces.* ‖ Fam. *Avoir qqn,* le duper, le tromper : *Je ne m'y attendais pas, elle m'a bien eu* (syn. fam. POSSÉDER); triompher de lui : *Finalement, on les a eus.* ◆ v. auxil. de temps. Aux temps composés actifs des v. t. et d'un petit nombre de v. i. : *J'ai fini. Il avait ouvert. J'ai couru;* aux temps surcomposés des v. actifs (double auxil.) : *Quand elle a eu fini son travail, elle est sortie;* aux temps composés des v. pass. (comme premier auxil.) : *Le stationnement a été interdit dans certaines rues.* ◆ v. auxil. de mode. *Avoir à* (+ *inf.*) [inverse de *être à*], indique une obligation (= devoir) : *J'ai encore à régler quelques détails. Tu n'as qu'à répéter* (ordre atténué ou ironique).

2. avoir [avwar] n. m. Ensemble des biens, la fortune : *Son avoir est considérable.*

avoisinant, e [avwazinɑ̃] adj. Qui avoisine : *Les manifestants, repoussés de la place, envahissent les rues avoisinantes* (syn. VOISIN, PROCHE, ATTENANT).

avoisiner [avwazine] v. t. *Avoisiner qqch,* en être voisin, proche matériellement ou moralement : *Notre propriété avoisine la rivière. Les dégâts causés par l'incendie avoisinent le million* (syn. APPROCHER DE). *Son mutisme avoisine l'insolence.*

avortement [avɔrtəmɑ̃] n. m. Action d'avorter : *Un avortement peut être accidentel (on parle alors plutôt de fausse couche) ou provoqué. L'avortement d'un projet.*

avorter [avɔrte] v. i. (lat. *abortare*). **1.** (sujet une femme, un animal femelle) Expulser un fœtus avant le moment où il devient viable. — **2.** (sujet qqch) Rester sans effet, sans résultat appréciable, ne pas venir à son terme : *Sa négligence a fait avorter l'entreprise* (syn. ÉCHOUER; contr. RÉUSSIR). *On retrouva dans ses papiers l'ébauche d'un roman avorté* (syn. INACHEVÉ).

avorton [avɔrtɔ̃] n. m. Être chétif, mal fait.

avouable [avwabl] adj. Qui peut être avoué : *Ses motifs ne sont guère avouables.*

avoué [avwe] n. m. Officier ministériel qui représentait les plaideurs devant certains tribunaux.

avouer [avwe] v. t. (lat. *advocare,* recourir à). **1.** *Avouer qqch (faute),* admettre qu'on en est l'auteur : *L'accusé a avoué son crime;* sans compl. : *Elle a fini par avouer devant le juge d'instruction.* — **2.** *Avouer qqch, que* (+ *ind.*), l'admettre comme vrai; déclarer réel que : *Il lui a avoué son amour* (syn. DÉCLARER). *Il faut avouer qu'elle a raison* (syn. CONVENIR, RECONNAÎTRE). *Il a avoué son ignorance* (syn. CONFESSER). *Ne pas avoir d'ennemis avoués* (= déclarés).

avril [avril] n. m. (lat. *aprilis*). Quatrième mois de l'année.

axe [aks] n. m. (lat. *axis,* essieu). **1.** Ligne qui passe par le centre d'un corps, dans la partie médiane d'un lieu considéré dans sa longueur : *On a posé un refuge pour les piétons dans l'axe du boulevard.* — **2.** Pièce sur laquelle s'articulent d'autres pièces animées d'un mouvement circulaire : *L'axe de la roue est faussé.* — **3.** Direction générale selon laquelle on règle son comportement : *L'axe de la politique américaine* (syn. LIGNE). *Je suis dans l'axe du parti* (= j'adopte la position du parti).

axer [akse] v. t. **1.** *Axer qqch sur (autour de) qqch,* l'organiser autour d'une idée essentielle : *Il faut axer votre démonstration sur cet argument* (syn. CENTRER). — **2.** *Axer qqch sur qqch, qqn,* l'orienter, le diriger vers : *Tous les regards étaient axés sur elle.*

axial, e, aux [aksjal] adj. Relatif à un axe.

axiome [aksjom] n. m. (gr. *axiôma,* estimation). Proposition évidente, qui n'est pas susceptible de discussion et qui est admise comme hypothèse de base : *C'était un axiome de la politique allemande d'avant guerre que de ne pas avoir d'adversaires sur deux fronts* (syn. PRINCIPE).

azalée [azale] n. f. (gr. *azalos,* sec). Arbuste cultivé pour ses fleurs.

azimut [azimyt] n. m. (ar. *al-samt,* le droit chemin). **1.** *Azimut d'un astre,* en astronomie, angle formé par le plan vertical de cet astre avec le plan qui passe par les pôles et le point d'observation. — **2.** Fam. *Dans tous les azimuts, tous azimuts,* dans toutes les directions.

azote [azɔt] n. m. (du gr. *zôê,* vie). Gaz simple qui entre dans la composition de l'air.

azoté, e [azɔte] adj. Qui contient de l'azote : *Des aliments azotés.*

azur [azyr] n. m. (ar. *lāzaward,* lapis-lazuli). **1.** *Litt.* Couleur bleu clair du ciel, des flots : *L'azur du ciel.* — **2.** *Litt.* Le ciel : *L'avion disparut dans l'azur.*

azuré, e [azyre] adj. *Litt.* De couleur azur.

azyme [azim] adj. (du gr. *zumê,* levain). *Pain azyme,* pain sans levain.

b

b [be] n. m. **1.** Deuxième lettre de l'alphabet transcrivant une occlusive labiale sonore [b]. — **2.** *En être au b a, ba,* en être aux premiers éléments.

B. A. [bea] n. f. Bonne action dans le langage des scouts : *Faire sa B. A.*

baba [baba] n. m. Gâteau fait d'une pâte au beurre et aux œufs, garni de raisins de Corinthe et arrosé de rhum. ◆ adj. Fam. *En être, en rester baba,* être frappé d'une stupéfaction qui laisse sans parole ni réplique : *Il s'est attribué tout le mérite de notre travail commun : j'en suis resté baba* (syn. INTERLOQUÉ, STUPÉFAIT). *Il a réussi à s'en sortir : tu en es baba, hein?* (syn. fam. SOUFFLÉ).

babil [babil] n. m. *Litt.* Bavardage de très jeunes enfants : *Le babil des enfants qui commencent à parler* (syn. GAZOUILLIS).

babillage [babijaʒ] n. m. Action de babiller : *L'enfant m'étourdissait de son babillage incessant* (syn. BAVARDAGE; péjor. JACASSEMENT).

babiller [babije] v. i. (d'une racine *bab-*, onomat.). [sujet qqn, un enfant] Parler ou bavarder très vite, sans ordre, pour dire des choses puériles, mais d'une voix parfois charmante : *Les petits jouaient dans leur coin en babillant entre eux* (syn. GAZOUILLER; péjor. JACASSER).

babines [babin] n. f. pl. (d'une racine *bab-*, onomat.). **1.** Lèvres pendantes du singe, du chameau, etc. — **2.** *Fam.* Lèvres d'un gourmand : *Il se léchait les babines à la vue du buffet* (= il se délectait).

babiole [babjɔl] n. f. (it. *babbola*). *Fam.* Objet sans valeur ou chose sans importance : *Je passe au magasin acheter une babiole pour l'anniversaire de mon fils. «Nous vous remercions de ce cadeau. — Mais non, je vous en prie, c'est une babiole!»* (syn. BAGATELLE). *Laissez-la tranquille avec ces affaires, elle n'a pas le temps de s'occuper de ces babioles* (syn. BÊTISE).

babiroussa [babirusa] n. m. (du malais *babi,* porc, et *rusa,* cerf). Porc sauvage d'Indonésie, à canines supérieures très recourbées.

bâbord [bɑbɔr] n. m. (néerl. *bakboord*). Côté gauche d'un navire dans le sens de la marche (surtout dans *à bâbord, par bâbord*).

babouche [babuʃ] n. f. (ar. *bābūch*). Pantoufle ou chaussure en cuir, laissant le talon libre.

babouin [babwɛ̃] n. m. (de *babine*). Singe d'Afrique.

baby-foot [babifut] n. m. inv. (mot angl.). Jeu qui se joue sur un billard représentant un terrain de football.

baby-sitter [babisitœr] n. (angl. *baby,* bébé, et *to sit,* s'asseoir) [pl. *baby-sitters*]. Personne payée pour veiller sur un enfant en l'absence des parents.

baby-sitting [babisitiŋ] n. m. Activité du baby-sitter : *Elle fait du baby-sitting pour gagner un peu d'argent de poche* (= elle fait la baby-sitter).

bac [bak] n. m. (bas lat. *baccus,* récipient).
— **I.** Bateau large et plat, qui sert à passer les gens et les véhicules d'une rive à l'autre d'un fleuve, d'un bord à l'autre d'un bras de mer.
— **II.** Cuve ou récipient servant à divers usages : *Laver le linge dans un bac en ciment.* ‖ *Bac à glace,* dans un réfrigérateur, récipient cloisonné utilisé pour la formation de cubes de glace.

baccalauréat [bakalɔrea] ou, fam., **bac** n. m. (du lat. *bacca lauri,* baie de laurier). Diplôme sanctionnant la fin des études secondaires.

baccara [bakara] n. m. Jeu de cartes particulièrement en usage dans les salles de jeu.

baccarat [bakara] n. m. Cristal de la manufacture de Baccarat : *Des verres en baccarat.*

bacchantes [bakɑ̃t] n. f. pl. *Fam.* Moustaches.

bâche [bɑʃ] n. f. (lat. *bascauda,* baquet). Tissu épais et imperméabilisé, dont on se sert pour recouvrir les objets et les marchandises exposés aux intempéries : *Mettre une bâche sur une voiture.*

bachelier, ère [baʃəlje] n. (lat. *baccalarius*). Celui, celle qui a le baccalauréat : *Les bacheliers sont admis à l'université.*

bâcher [bɑʃe] v. t. Couvrir d'une bâche : *Il faudra bâcher les valises qu'on a mises sur la galerie de la voiture.*

bachot [baʃo] n. m. Abrév. fam. de BACCALAURÉAT : *Passer son bachot, son bac. Réussir, échouer à son bachot. Elle a son bachot.*

bachotage [baʃɔtaʒ] n. m. *Fam.* Action de bachoter.

bachoter [baʃɔte] v. t. Fam. *Bachoter un examen, une matière,* les préparer avec intensité et hâtivement, en faisant appel surtout à la mémoire et en visant exclusivement la réussite et non la formation que peuvent donner les études : *Bachoter son programme d'histoire;* sans compl. : *Il n'est pas très intelligent, mais il a beaucoup bachoté.*

bacillaire [basilɛr] adj. Produit par un bacille : *Maladie bacillaire.*

bacille [basil] n. m. (lat. *bacillum,* bâtonnet). Microbe en forme de bâtonnet, le plus souvent considéré sur le plan de sa nocivité : *Le bacille de Koch est le microbe de la tuberculose.*

bâclage [bɑklaʒ] n. m. Action de bâcler.

bâcler [bɑkle] v. t. (bas lat. *bacculare,* de *baculum,* bâton). Fam. *Bâcler un travail,* s'en acquitter avec une hâte excessive et un total manque de soin : *Ma fille n'a qu'une idée : bâcler ses devoirs pour lire quelques illustrés. Il bâcle tout ce qu'il fait* (syn. fam. ↑SABOTER). *C'est du travail bâclé, tout est à refaire.*

bacon [bekœn] n. m. (mot angl.). En Angleterre, lard fumé maigre et, en France, morceau de filet de porc salé et fumé.

bactéricide [bakterisid] adj. et n. m. Qui tue les bactéries.

bactérie [bakteri] n. f. (gr. *baktêria,* bâton). Nom général donné aux microbes unicellulaires de forme allongée *(bacilles)* ou sphérique.

bactérien, enne [bakterjɛ̃] adj. Relatif aux bactéries.

bactériologie [bakterjɔlɔʒi] n. f. Partie de la microbiologie qui concerne les bactéries.

bactériologique [bakterjɔlɔʒik] adj. Relatif à la bactériologie; qui se fait avec des bactéries : *La guerre bactériologique.*

bactériologiste [bakterjɔlɔʒist] n. Spécialiste de bactériologie.

badaud [bado] n. m. (du prov. *badar,* regarder bouche bée). Passant, promeneur qui s'attarde à regarder avec curiosité le moindre spectacle inhabituel, qui est retenu par ce qui lui semble extraordinaire : *Les badauds font cercle autour de l'étalage du camelot.* ◆ adj. m. Qui se plait à regarder dans la rue le moindre spectacle : *Il est très badaud.*

badauderie [badodri] n. f. *Litt.* Caractère du badaud.

baderne [badɛrn] n. f. (orig. obscure). *Vieille baderne,* vieillard borné, personne dont les idées ou les habitudes appartiennent à un autre âge (injure).

badge [badʒ] n. m. (mot. angl.). Insigne rond muni d'une inscription ou d'un dessin.

badigeon [badiʒɔ̃] n. m. (orig. inc.). **1.** Enduit de chaux dont on revêt les murs extérieurs des maisons : *Donner un coup de badigeon sur un mur.* — **2.** Préparation pharmaceutique destinée à désinfecter une plaie, à calmer la douleur, etc.

badigeonnage [badiʒɔnaʒ] n. m. Action de badigeonner.

badigeonner [badiʒɔne] v. t. *Badigeonner qqch,* le revêtir, l'enduire d'un badigeon : *Badigeonner la façade d'une maison. Badigeonner le fond de la gorge avec un désinfectant.*

badin, e [badɛ̃] adj. (mot. prov. signif. *sot*). **1.** *Litt.* Se dit de qqn qui aime la plaisanterie légère : *Elle est incapable de parler sérieusement et se montre toujours espiègle et badine* (contr. GRAVE). — **2.** Se dit d'une attitude qui manifeste une humeur légère et gaie : *Tenir des propos badins à sa voisine de table* (syn. LÉGER). *Répondre d'un air badin à une question indiscrète* (contr. SÉRIEUX).

badinage [badinaʒ] n. m. Propos légers et plaisants : *Cessez ce badinage et venons-en aux affaires sérieuses* (syn. PLAISANTERIE).

badine [badin] n. f. (de *badiner*). Canne ou baguette flexible et légère.

badiner [badine] v. i. (de *badin*). **1.** Parler en plaisantant, sans prendre les choses au sérieux : *Ne faites pas attention à lui; il badine toujours* (syn. S'AMUSER, PLAISANTER). — **2.** *Il ne faut pas badiner avec cela,* c'est trop important pour qu'on puisse le traiter à la légère : *Il ne faut pas badiner avec ce genre de maladie, les complications peuvent être graves.* ‖ *Ne pas badiner sur qqch,* ne pas le considérer à la légère, être très strict sur ce point : *Le chef de service ne badine pas sur la ponctualité.*

badinerie [badinri] n. f. *Litt.* Ce qu'on fait en plaisantant; enfantillage.

badminton [badmintɔn] n. m. (mot angl.) Jeu de volant apparenté au tennis.

baffle [bafl] n. m. (mot angl. signif. *écran*). Caisse contenant un ou plusieurs haut-parleurs dans une chaîne (syn. ENCEINTE).

bafouer [bafwe] v. t. (prov. *bafar,* se moquer). *Bafouer qqn, qqch,* le tourner en ridicule avec une intention outrageante : *L'accusé se montra arrogant, bafouant publiquement le tribunal* (syn. RAILLER, OUTRAGER, ↓SE MOQUER). *En ignorant l'ordre de réquisition, ils ont bafoué l'autorité du gouvernement* (syn. RIDICULISER).

bafouillage [bafujaʒ] n. m. Action de bafouiller : *Je cherchais mes phrases, et mon exposé ne fut qu'un interminable bafouillage.*

bafouiller [bafuje] v. i. (orig. incert.) *Fam.* S'exprimer de façon embarrassée et confuse : *Ému par cette interruption, l'orateur commença à bafouiller.* ◆ v. t. *Fam.* Dire indistinctement qqch : *L'élève interrogé ne sait que bafouiller une réponse inintelligible* (syn. BALBUTIER). *Bafouiller quelques excuses* (syn. BREDOUILLER, MARMONNER).

bafouilleur, euse [bafujœr] n. Personne qui bafouille.

bagage [bagaʒ] n. m. (de l'angl. *bag,* paquet). **1.** (pl.) Ensemble des malles, des valises ou des sacs qu'on emporte avec soi en voyage ou qu'on fait expédier, et qui contiennent des objets, vêtements, etc. : *Mettre les bagages dans le filet du porte-bagages. Les bagages sont sur le quai, aidez-moi à les passer par la portière.* — **2.** (sing.) Valise, sac, etc., qui contient des objets ou des vêtements : *Je n'ai qu'un petit bagage à main* (= celui que l'on conserve avec soi dans le compartiment de chemin de fer, dans l'avion). *Chacun de ces bagages pèse très lourd.* — **3.** Ensemble des connaissances qu'on a pu acquérir : *Son bagage intellectuel est très mince. Acquérir un important bagage scientifique.* — **4.** *Partir avec armes et bagages,* partir sans rien laisser. ‖ *Plier bagage,* partir rapidement : *La pluie menace, il va falloir plier bagage.*

bagagiste [bagaʒist] n. m. Employé chargé de la manutention des bagages dans un hôtel, une gare, un aéroport.

bagarre [bagar] n. f. (prov. *bagarro,* rixe). **1.** Querelle violente entre plusieurs personnes, accompagnée de coups et aboutissant à une mêlée, à une lutte : *Un ivrogne a provoqué une bagarre entre les consommateurs du café* (syn. RIXE, ↓ALTERCATION). *Des bagarres ont eu lieu entre des manifestants et la police* (syn. ÉCHAUFFOURÉE). — **2.** *Fam.* Match ardent entre deux équipes ou entre des concurrents dans une compétition : *Le peloton des coureurs était groupé dans la traversée d'Alençon, quand deux coureurs tentèrent de s'échapper et déclenchèrent la bagarre générale.*

bagarrer [bagare] v. i. ou **se bagarrer** v. pr. **1.** *Fam.* Se battre : *Mon fils est revenu les vêtements déchirés; il s'était encore bagarré avec ses camarades.* — **2.** *Fam.* Discuter avec ardeur, pour convaincre : *J'aime bagarrer pour mes idées* (syn. LUTTER). *Les membres de la conférence ont bagarré longtemps avant de parvenir à un accord* (syn. BATAILLER).

bagarreur, euse [bagarœr] adj. et n. Qui aime les disputes, la discussion ou le combat; toujours prêt à se battre au cours d'une compétition : *Dans sa jeunesse, il était emporté, bagarreur, indiscipliné* (syn. BATAILLEUR, AGRESSIF).

bagatelle [bagatɛl] n. f. (it. *bagatella,* tour de bateleur). **1.** Chose, objet de peu de valeur, de peu d'utilité ou de peu d'importance : *J'ai rapporté d'Italie de petites statuettes, quelques bagatelles qui me rappelleront mon séjour* (syn. BIBELOT). *Dépenser son argent en bagatelles* (syn. BABIOLE, COLIFICHET). — **2.** Petite somme; faible prix : *J'ai acheté cette voiture d'occasion pour une bagatelle.* ‖ *La bagatelle de,* la somme considérable de (ironiq.) : *Elle a perdu au casino la bagatelle de dix mille francs.* — **3.** Affaire sans importance, chose dépourvue d'intérêt, de sérieux : *Ils se sont disputés pour une bagatelle* (syn. VÉTILLE). *Vous perdez votre temps à des bagatelles* (syn. BALIVERNE, FUTILITÉ). — **4.** Fam. *La bagatelle,* l'amour physique : *Être porté sur la bagatelle.*

bagnard [baɲar] n. m. Détenu au bagne : *Certains bagnards libérés en 1946 sont restés en Guyane* (syn. FORÇAT).

bagne [baɲ] n. m. (it. *bagno,* établissement de bains). **1.** Établissement pénitentiaire où étaient détenus ceux qui avaient eu une condamnation aux travaux forcés : *Depuis le second Empire et jusqu'en 1946, des bagnes ont existé dans des pays d'outre-mer; le plus célèbre était celui de Guyane* (syn. PÉNITENCIER). — **2.** Emploi ou lieu qui se présente comme une véritable servitude.

bagnole [baɲɔl] n. f. Syn. fam. de VOITURE.

bagou ou **bagout** [bagu] n. m. (de l'anc. fr. *bagouler,* parler à tort et à travers). *Fam.* Élocution facile; flot de paroles banales ou prétentieuses, destinées à tromper ceux auxquels elles s'adressent : *La marchande de quatre-saisons attire les badauds par son bagou. Avoir du bagou* (= avoir la langue bien pendue).

baguage [bagaʒ] n. m. Action de baguer.

bague [bag] n. f. (néerl. *bagge,* anneau). **1.** Anneau qu'on porte au doigt, souvent muni d'une pierre précieuse, d'une perle, etc., et auquel on donne une signification rituelle ou une valeur esthétique : *Bague de fiançailles* (syn. ANNEAU). *Porter une bague avec une émeraude.* — **2.** Objet, pièce qui a la forme d'un anneau : *Une bague de serrage. Mettre une bague à la patte d'un oiseau pour étudier les migrations. La bague d'un cigare est un anneau de papier décoré.*

baguenauder [bagnode] v. i., **se baguenauder** v. pr. (mot . prov.). *Fam.* Se promener, en général sans but précis, en perdant son temps : *Il est allé baguenauder le long des quais de la Seine, car il faisait trop beau pour travailler* (syn. usuel FLÂNER).

baguer [bage] v. t. Garnir d'une bague (souvent pass.) : *Un cigare bagué. Baguer un oiseau* (= lui passer un anneau à la patte pour le reconnaître).

baguette [bagɛt] n. f. (it. *bacchetta*). **1.** Petit bâton mince : *Des baguettes de tambour* (= les petits bâtons avec lesquels on bat la caisse). *La baguette d'un chef d'orchestre. Il s'est taillé une baguette dans une branche d'arbre* (syn. BADINE). — **2.** Pain long et mince d'environ 300 grammes. — **3.** *D'un coup de baguette (magique),* de façon si rapide et si extraordinaire qu'on pourrait croire à une intervention surnaturelle. ‖ *Marcher à la baguette,* fonctionner avec régularité, sous une dure autorité. ‖ *Mener qqn à la baguette,* d'une façon dure et autoritaire.

bah! [bɑ] interj. (onomat.) Marque le désappointement, l'indifférence ou l'étonnement mêlé de doute : *Bah! ce n'est pas la peine de chercher plus longtemps. Bah! il s'en sera sorti tout seul. Bah! ce n'est pas vrai!*

bahut [bay] n. m. (orig. inc.). Coffre de bois, muni d'un couvercle bombé ou non, ou petit buffet de forme basse, dont on se sert aujourd'hui pour mettre du linge, de la vaisselle, des objets d'entretien, etc.

bai, baie [bɛ] adj. (lat. *badius,* brun). Se dit d'un cheval dont la robe est brun-rouge : *Une jument baie.*

1. baie [bɛ] n. f. (lat. *baca*). Fruit charnu qui n'a pas de noyau, mais des graines : *Les groseilles, les raisins, les figues sont des baies.*

2. baie [bɛ] n. f. (de *béer*). Large ouverture pratiquée dans un mur, et servant de fenêtre ou de porte : *Les baies vitrées permettaient une large vue sur la mer.*

3. baie [bɛ] n. f. (esp. *bahía*). Échancrure de la côte, moins grande qu'un golfe.

baignade [bɛɲad] n. f. **1.** Action de se baigner : *Vers quatre heures, tout le monde va à l'eau : c'est le moment de la baignade* (syn. BAIN). — **2.** Endroit d'une rivière où on peut se baigner : *La municipalité a fait aménager une baignade en amont du village.*

baigner [bɛɲe] v. t. (bas lat. *balneare*). **1.** *Baigner qqch, qqn,* les tremper complètement dans un liquide, surtout dans l'eau : *Baigne ton doigt malade dans de l'eau très chaude. C'est l'heure de baigner les enfants* (= leur donner un bain). — **2.** *Fleuve qui baigne une ville, une région,* qui les traverse : *La Seine baigne Paris* (syn. ARROSER). ‖ *Mer qui baigne telle ou telle côte,* qui la touche. ‖ *Lumière qui baigne qqch,* qui se répand largement sur qqch : *Un rayon de soleil vint baigner son visage endormi.* — **3.** *Baigner de larmes, de sang,* etc., couvrir de larmes, de sang, etc., qqn ou son visage (surtout pass.) : *Un visage baigné de larmes* (syn. ↓MOUILLER). *Elle avait couru très vite sous le soleil, et elle était baignée de sueur* (syn. ↑INONDER). ◆ v. i. **1.** (sujet qqch) *Baigner dans un liquide,* y rester plongé : *Des cerises baignant dans l'alcool* (syn. TREMPER). — **2.** (sujet qqch, qqn) *Baigner dans qqch,* y être comme enveloppé : *Tout le paysage baignait dans la brume. L'énigme paraît insoluble : nous baignons dans le mystère le plus complet. Depuis son succès, elle baigne dans la joie la plus extraordinaire* (syn. NAGER). — **3.** (sujet qqn) *Baigner dans son sang,* être étendu, blessé ou mort, dans son propre sang. ◆ ***se baigner*** v. pr. (sujet qqn) Tremper entièrement son corps ou une partie du corps dans l'eau : *Tu es sale, va te baigner!* (syn. PRENDRE UN BAIN). *Il est interdit de se baigner sur cette plage. Je me suis baigné seulement les pieds.*

baigneur, euse [bɛɲœr] n. Personne qui se baigne, au bord de l'eau : *L'imprudence d'un baigneur qui s'était hasardé trop loin du rivage faillit être la cause d'une noyade.* ◆ ***baigneur*** n. m. Poupée nue, en matière plastique, qui sert de jouet aux tout-petits.

baignoire [bɛɲwar] n. f. **1.** Appareil sanitaire, alimenté en eau chaude et froide, dans lequel on prend des bains. — **2.** Loge du rez-de-chaussée d'un théâtre.

bail [baj] n. m. (du lat. *bajulare,* porter) [pl. *baux*]. **1.** Contrat par lequel le possesseur légal d'un immeuble ou d'une terre en cède l'usage ou la jouissance à certaines conditions et pour un temps déterminé : *Le fermier avait un bail de neuf ans renouvelable.* — **2.** Fam. *C'est, ça fait, il y a un bail!* ça dure depuis longtemps! il y a longtemps!

bâillement [bɑjmɑ̃] n. m. Action de bâiller : *Il étouffe un bâillement derrière sa main. Le bâillement de la chemise.*

bâiller [bɑje] v. i. (lat. *batare,* tenir la bouche ouverte). **1.** (sujet qqn) Ouvrir largement la bouche, avec une contraction instinctive des muscles de la face, par ennui, fatigue, ou parce que l'on a faim : *Je tombe de sommeil et ne cesse de bâiller.* — **2.** (sujet qqch) Être légèrement entrouvert; être mal fermé, mal ajusté : *Sa chemise n'était pas boutonnée et bâillait sur sa poitrine.*

bailleur, eresse [bajœr] n. **1.** Personne qui donne en bail. — **2.** *Bailleur de fonds,* celui qui fournit des capitaux.

bâillon [bɑjɔ̃] n. m. (de *bâiller*). **1.** Bandeau qu'on applique sur la bouche de qqn, ou tampon qu'on lui enfonce dans la bouche, pour l'empêcher de parler ou de crier : *Le veilleur de nuit, ligoté, réussit à écarter le bâillon et à appeler au secours.* — **2.** Tout empêchement à la liberté d'expression.

bâillonnement [bɑjɔnmɑ̃] n. m. Action de bâillonner.

bâillonner [bɑjɔne] v. t. **1.** *Bâillonner qqn,* lui mettre un bâillon : *Les bandits bâillonnèrent la caissière avant de fracturer le coffre-fort.* — **2.** *Bâillonner la presse, l'opinion publique,* etc., les mettre dans l'impossibilité de s'exprimer librement : *L'opposition, bâillonnée, était réduite à l'impuissance* (syn. MUSELER).

bain [bɛ̃] n. m. (lat. *balneum*). **1.** Action de plonger un corps (surtout le corps humain) dans un liquide, complètement ou partiellement : *Prendre un bain froid* (= se baigner dans l'eau froide). *Sortir du bain. On lui a recommandé, pour soigner ses rhumatismes, de* *prendre des bains de boue.* — **2.** Liquide dans lequel on plonge un corps : *Préparer un bain pour développer des photographies.* — **3.** *Bain de bouche,* solution antiseptique pour l'hygiène et les soins de la bouche. ‖ *Bain de foule,* contact qu'une personnalité prend de façon directe avec la foule. ‖ *Bain de soleil,* exposition du corps au soleil afin de le faire brunir. ‖ *Bain de vapeur,* station dans une atmosphère saturée de vapeur d'eau, pour provoquer la sudation. ‖ *Petit bain, grand bain,* parties de la piscine désignées selon la profondeur. ‖ Fam. *Être, mettre dans le bain,* être engagé, engager dans une affaire compromettante, difficile, dangereuse : *Un accusé qui a mis dans le bain plusieurs de ses complices. Nous sommes tous dans le bain, il vaut donc mieux nous entendre* (syn. DÉNONCER, COMPROMETTRE). ‖ *Se remettre dans le bain,* reprendre contact avec des habitudes, après une interruption. ◆ ***bains*** n. m. pl. Établissement où on prend des bains pour des raisons d'hygiène ou médicales : *Les bains municipaux.* ‖ *Salle de bains,* pièce réservée à la toilette et contenant divers appareils sanitaires (baignoire, douche, etc.). [→ BALNÉAIRE.]

bain-marie [bɛ̃mari] n. m. (du n. de *Marie,* sœur de Moïse, auteur supposé d'un traité d'alchimie) [pl. *bains-marie*]. Manière de cuire un aliment en plaçant le récipient qui le contient dans de l'eau que l'on chauffe doucement; le récipient lui-même : *Cuire une sauce au bain-marie.*

baïonnette [bajɔnɛt] n. f. (de *Bayonne,* où cette arme fut mise au point au XVIIe s.) Petite épée qui s'adapte au bout du fusil.

baisemain [bɛzmɛ̃] n. m. Action de baiser la main : *Le baisemain est un geste de politesse qui consiste à baiser la main d'une femme.*

1. baiser [beze] v. t. (lat. *basiare*). Poser ses lèvres sur la bouche, le visage, etc., de qqn, ou sur qqch qui est considéré avec vénération (souvent remplacé par EMBRASSER) : *Il baisa la main de la maîtresse de maison. Le prêtre fit baiser le crucifix au mourant.* ◆ v. t. et i. **1.** *Pop.* Avoir des relations sexuelles. — **2.** Pop. *Se faire baiser,* se faire prendre en faute.

2. baiser [beze] n. m. Action d'embrasser (plus usuel que le v.) : *Donner un baiser sur le front. Elle lui déroba un baiser* (= elle l'embrassa sans son consentement). *Donner le baiser de paix à quelqu'un* (= se réconcilier avec lui).

baisse [bɛs] n. f. Fait de baisser, de diminuer : *La baisse régulière des eaux après la crue. La baisse de la température* (contr. ÉLÉVATION). *La baisse de la pression du gaz a été sensible dans plusieurs quartiers de Paris. La baisse des prix* (syn. DIMINUTION; contr. AUGMENTATION, HAUSSE). *Il joue à la baisse en Bourse. La baisse du cours des actions* (syn. CHUTE, ↑EFFONDREMENT). *Sa baisse d'influence est durement ressentie* (syn. DÉCLIN).

baisser [bɛse] v. t. (du lat. *bassus,* bas). **1.** *Baisser qqch (objet),* le faire descendre, le ramener à un niveau plus bas : *Baisse le store, le soleil est trop chaud* (syn. DESCENDRE). *Baisser la vitre du compartiment pour donner un peu d'air* (syn. ABAISSER; contr. REMONTER, RELEVER). *Baisser le col de sa chemise après avoir mis sa cravate* (syn. RABATTRE). — **2.** *Baisser la main, le nez, la tête, les yeux,* etc., les porter, les incliner vers le bas : *Elle baissa la main pour prendre le sac par terre. Baisser la tête au-dessus du précipice* (syn. INCLINER). *Il baissait le nez, la tête devant les reproches mérités* (= il avait une attitude confuse). — **3.** *Baisser la voix, baisser une flamme, baisser les prix,* etc., en diminuer la force, l'intensité, le montant : *Baisse un peu le poste de radio. Baisser la voix de manière à n'être pas entendu. Les commerçants se sont engagés à baisser les prix* (syn. DIMINUER; contr. AUGMENTER). *Un entrepreneur qui consent à baisser son devis* (syn. RÉDUIRE). ◆ v. i. Diminuer de hauteur, de valeur, de force, etc. : *La mer a baissé* (syn. DESCENDRE). *Le soleil baisse, il faut rentrer* (syn. DÉCLINER). *Le baromètre baisse, il va pleuvoir* (contr. REMONTER). *Le jour baisse. Les cours de la Bourse ont baissé* (syn. ↑S'EFFONDRER). *Les prix baissent* (contr. MONTER). *Sa vue a beaucoup baissé* (syn. DÉCROÎTRE, FAIBLIR). *Elle avait bien baissé pendant les dernières années de sa vie* (= ses facultés avaient diminué). *Le crédit du gouvernement a baissé* (contr. S'ACCROÎTRE). ◆ ***se baisser*** v. pr. Se courber : *Se baisser pour lacer ses chaussures* (syn. SE PENCHER). *Il n'y a qu'à se baisser pour en prendre* (= c'est une chose facile, abondante).

bajoue [baʒu] n. f. (*bas* et *joue*). Joue pendante et flasque (souvent pl.) : *Il a des bajoues.*

bakchich [bakʃiʃ] n. m. (mot persan). *Fam.* Pourboire, pot-de-vin.

bal [bal] n. m. (de l'anc. fr. *baller,* danser) [pl. *bals*]. Réunion où on danse en musique; local où on danse : *Une salle de bal. Ouvrir le bal* (= être le premier à danser). *Aller au bal.*

balade [balad] n. f. (de *ballade*). *Fam.* Promenade : *Faire une balade dans la forêt de Fontainebleau.*

balader [balade] v. t. *Fam.* Promener : *Je vais balader les enfants aux Tuileries.* ◆ ***se balader*** v. pr. **1.** Se promener : *Elle est allée se balader dans la forêt.* — **2.** (sujet qqch) Être dispersé, en désordre : *Ses vêtements se baladaient dans sa chambre.* — **3.** Fam. *Envoyer balader qqn,* l'éconduire vivement, se débarrasser de lui.

baladeur [baladœr] n. m. Lecteur de cassettes portatif muni d'écouteurs.

baladeuse [baladøz] n. f. (de *se balader*). Lampe électrique protégée et munie d'un fil libre, qui peut être déplacée.

baladin [baladɛ̃] n. m. (du prov. *balar,* danser). Comédien ambulant, clown, acrobate qui amuse le public par des spectacles donnés sur des tréteaux (syn. BATELEUR, SALTIMBANQUE).

balafon [balafɔ̃] n. m. (mot guinéen). Instrument de musique à percussion, de l'Afrique noire.

balafre [balafr] n. f. (de l'anc. fr. *leffre,* lèvre). Grande entaille faite par un instrument tranchant, en général au visage; cicatrice qu'elle laisse : *Son accident lui a laissé une large balafre au front* (syn. ENTAILLE).

balafrer [balafre] v. t. Blesser en faisant une longue entaille au visage ou au corps (surtout part. passé) : *Avoir la joue balafrée d'un coup de couteau.*

balai [balɛ] n. m. (du gaul. *banatlo,* genêt). **1.** Brosse munie d'un long manche, et dont on se sert pour le nettoyage des parquets, des tapis, etc. : *Passer le balai sous les meubles. Donner un coup de balai* (= enlever rapidement la poussière). — **2.** *Balai d'essuie-glace,* élément d'essuie-glace supportant une lame de caoutchouc en contact avec le pare-brise. ‖ *Balai mécanique,* appareil à brosses tournantes monté sur un petit chariot. ‖ Fam. *Coup de balai,* renvoi de personnel ou de personnes indésirables. ‖ Fam. *Du balai!,* déguerpissez! ‖ *Manche à balai,* levier qui permet d'agir sur le gouvernail de profondeur et sur les ailerons d'un avion; personne maigre et décharnée.

balai-brosse [balɛbrɔs] n. m. (pl. *balais-brosses*). Brosse de chiendent montée sur un manche.

balalaïka [balalaika] n. f. (mot russe). Luth de forme triangulaire, à trois cordes, en usage en Russie.

balance [balɑ̃s] n. f. (du lat. *bis,* deux fois, et *lanx,* plateau). **1.** Appareil qui sert à peser, à évaluer des masses. — **2.** Équilibre général : *La balance des forces* dans le monde. *La balance des comptes de la nation* (syn. ÉQUILIBRE). — **3.** (avec majusc.) Septième signe du zodiaque, correspondant à la période du 24 sept. au 23 oct. — **4.** *Faire pencher la balance en faveur de qqn, qqch,* décider en sa faveur, prendre parti pour lui. || *Jeter qqch dans la balance,* dire, faire qqch qui entraîne un résultat : *Il a jeté toute son autorité dans la balance et il a emporté la décision.* || *Mettre en balance,* évaluer en comparant : *J'ai mis en balance les avantages et les inconvénients de l'opération* (syn. COMPARER). || *Peser dans la balance,* être d'une grande importance, d'un grand poids : *Cet argument n'a pas pesé lourd dans la balance.* || *Tenir, maintenir la balance égale,* avoir une attitude impartiale, objective entre deux personnes, deux partis.

balancé, e [balɑ̃se] adj. Fam. *Personne bien balancée,* bien faite, avec qqch de fort, de solide, d'harmonieux (syn. BIEN PROPORTIONNÉ; fam. BIEN BÂTI).

balancement [balɑ̃smɑ̃] n. m. Action de balancer, d'être balancé : *Le balancement des branches d'un arbre. Le balancement du corps dans le lancement du javelot* (syn. OSCILLATION). *Le balancement des hanches* (syn. DANDINEMENT). *Le balancement harmonieux de ses phrases* (syn. RYTHME).

balancer [balɑ̃se] v. t. (de *balance*) [c. **1**]. **1.** *Balancer qqch, qqn,* les faire osciller de façon qu'ils aillent d'un côté, puis de l'autre d'un point fixe : *L'enfant sur sa chaise balance ses jambes. Assieds-toi sur la balançoire, je vais te balancer.* — **2.** Fam. *Balancer qqch,* le lancer violemment : *Elle lui a balancé un livre à la tête* (syn. ENVOYER, JETER). *Qu'est-ce qu'il m'a balancé!* (= il m'a fait des reproches véhéments). — **3.** Fam. *Balancer qqn, qqch,* s'en débarrasser : *Il s'est fait balancer du lycée pour sa mauvaise conduite* (syn. RENVOYER, CONGÉDIER). *J'ai balancé tous mes vieux meubles* (syn. VENDRE, BAZARDER). *Il y a des moments où j'ai envie de tout balancer* (syn. ENVOYER PROMENER). — **4.** Pop. *S'en balancer,* n'attacher aucune importance à (syn. S'EN MOQUER). — **5.** *Balancer un compte,* en équilibrer le débit et le crédit. — **6.** *Balancer le pour et le contre,* hésiter entre deux décisions possibles (syn. PESER). ◆ v. i. *Litt.* (sujet qqn) Rester hésitant : *Elle balance depuis longtemps à prendre cette décision, mais elle y sera obligée. Mon cœur balance.* ◆ v. i. ou ***se balancer*** v. pr. (sujet qqch) Aller d'un côté et de l'autre d'un point fixe : *Le lustre balançait* ou *se balançait* (syn. OSCILLER). ◆ ***se balancer*** v. pr. (sujet qqn) **1.** Jouer sur une balançoire : *Les enfants se balançaient dans le jardin.* — **2.** Mouvoir constamment son corps : *Tu auras bientôt fini de te balancer ainsi sur tes jambes?* (syn. SE DANDINER). — **3.** Arriver à un point d'équilibre : *Les forces en présence se balancent* (syn. S'ÉQUILIBRER, SE NEUTRALISER).

balancier [balɑ̃sje] n. m. Pièce animée d'un mouvement de va-et-vient (oscillation) qui règle la marche d'une machine, et en partic. des horloges, des montres, etc.

balançoire [balɑ̃swar] n. f. Siège suspendu à deux cordes, sur lequel on se balance : *Les enfants jouent à la balançoire.*

balayage [balɛjaʒ] n. m. Action de balayer : *Procéder au balayage de la cour.*

balayer [baleje] v. t. (c. **4**). **1.** *Balayer un lieu, un local,* en enlever la poussière avec un balai : *Il faudra balayer le bureau et brosser les fauteuils.* — **2.** *Balayer les ordures, la poussière,* etc., les enlever, les pousser en un autre lieu, avec un balai, ou de manière comparable : *Le jardinier balaie les feuilles qui jonchent les allées. Avec sa robe longue, elle balaie la poussière.* — **3.** *Balayer un lieu,* se répandre sur la totalité de la surface considérée, la recouvrir : *Les projecteurs balaient le ciel pour repérer l'avion* (syn. FOUILLER). *Avec sa mitraillette, il balaya la rue. Le vent balaie la plaine. La vague balaie le pont du navire.* — **4.** Faire disparaître d'un lieu, chasser : *Le ciel est clair, maintenant que le vent a balayé les nuages. L'offensive d'hiver balaya les armées ennemies. En s'accrochant ainsi au pouvoir, ils finirent par être balayés avec lui. Balayer le personnel incapable* (syn. RENVOYER; fam. BALANCER). *En quelques phrases, elle balaya les arguments de ses adversaires* (syn. REJETER, ÉCARTER, SE DÉBARRASSER DE). *Ces huit jours de vacances ont balayé mes soucis* (syn. SUPPRIMER). *Il faut balayer les dernières résistances et imposer vos propres vues* (syn. RUINER, ÉCRASER).

balayette [balɛjɛt] n. f. Petit balai.

balayeur [balɛjœr] n. m. Celui qui est préposé au balayage des rues : *Les balayeurs municipaux sont des employés de la ville.*

balayeuse [balɛjøz] n. f. Véhicule, muni de brosses rotatives et d'un réservoir d'eau, utilisé pour le nettoyage des rues.

balayures [balɛjyr] n. f. pl. Ordures ramassées avec le balai.

balbutiement [balbysimɑ̃] n. m. Fait de balbutier, de bafouiller : *Les balbutiements d'un enfant. Il y a un siècle, l'automobile en était à ses premiers balbutiements.*

balbutier [balbysje] v. i. (du lat. *balbus,* bègue). **1.** *Personne, enfant qui balbutie,* qui s'exprime en articulant mal, de façon confuse ou hésitante : *Sous l'émotion, il s'est mis à balbutier* (syn. fam. BAFOUILLER). — **2.** *Science, technique, personne* (dans son activité intellectuelle) *qui balbutie,* qui en est à ses débuts : *Il n'a pas encore la maîtrise de son art; il ne fait que balbutier.* ◆ v. t. *Balbutier qqch,* le prononcer en balbutiant : *Prise sur le fait, elle a balbutié quelques excuses* (syn. BREDOUILLER, MARMONNER, MARMOTTER). *Le bébé balbutie déjà quelques mots.*

balcon [balkɔ̃] n. m. (it. *balcone*). **1.** Petite plate-forme entourée d'une balustrade, qui fait saillie sur la façade d'une maison, d'un immeuble, tout en communiquant avec l'intérieur; appui d'une fenêtre : *Prendre l'air sur le balcon, au balcon. Être accoudé au balcon.* — **2.** Dans les salles de spectacle, galerie au-dessus de l'orchestre.

baldaquin [baldakɛ̃] n. m. (it. *baldacchino,* étoffe de soie de Bagdad). Tenture dressée au-dessus d'un trône, d'un lit, etc.

baleine [balɛn] n. f. (lat. *balaena*).
— **I. 1.** Mammifère marin de très grande taille, le plus gros des animaux vivants, dont la bouche est garnie de lames cornées. — **2.** Fam. *Rire comme une baleine,* à gorge déployée.
— **II.** Tige ou lame flexible, dont on se sert en particulier pour la monture des parapluies et qu'on utilisait aussi pour les corsets.

baleineau [balɛno] n. m. Petit de la baleine.

baleinier [balɛnje] n. m. Navire spécialement équipé pour la chasse à la baleine.

baleinière [balɛnjɛr] n. f. Petite embarcation longue et fine, utilisée autref. pour la pêche de la baleine au harpon et qui sert de canot de bord sur les navires.

balisage [balizaʒ] n. m. Action de baliser : *Le balisage des routes permet de signaler les virages, les carrefours, les dénivellations éventuelles, etc.*

balise [baliz] n. f. (orig. inc.). Marque, objet (bouée, poteau, dispositif lumineux, etc.) signalant en mer un chenal, des écueils, et indiquant sur terre le tracé d'une piste d'aviation, celui d'une route, d'un canal, etc.

baliser [balize] v. t. Munir de balises; signaler une direction au moyen de panneaux : *Il y a des bancs de sable; la partie navigable du fleuve a été balisée.*

balistique [balistik] adj. (du gr. *ballein,* lancer). Relatif au lancement des projectiles : *Engin, missile balistique.* ◆ n. f. Science du mouvement des projectiles de guerre.

baliveau [balivo] n. m. (de l'anc. fr. *baer,* regarder). Jeune arbre réservé dans un taillis, pour devenir bois de futaie.

baliverne [balivɛrn] n. f. (orig. obscure). Propos futile : *Ne vous laissez pas prendre à de telles balivernes* (syn. SORNETTE).

ballade [balad] n. f. (prov. *balada,* danse). Petit poème de forme fixe au Moyen Âge, adapté à la fin du XVIIIe s., et surtout au XIXe et au début du XXe s., pour raconter une légende populaire : *La « Ballade des pendus », de Villon.*

ballant, e [balɑ̃] adj. (de l'anc. fr. *baller,* danser). *Les bras ballants, les jambes ballantes,* qui se balancent, qui pendent nonchalamment : *Elle est assise sur la rambarde du pont, les jambes ballantes.*

ballast [balast] n. m. (mot angl.).
— **I.** Pierres concassées, maintenant les traverses d'une voie ferrée; remblai ainsi formé.
— **II.** **1.** Compartiment de remplissage d'un sous-marin : *Remplir les ballasts.* — **2.** Compartiment d'un navire, destiné au transport de l'eau douce ou de l'eau de mer servant de lest.

1. balle [bal] n. f. (it. *palla*). **1.** Petite sphère élastique, creuse ou pleine, qui est utilisée dans de nombreux sports : *Balle de ping-pong, de tennis, de golf. Le joueur donna un coup de pied dans la balle* (syn. BALLON). *Des enfants jouent à la balle dans la cour. La balle de match* (= point qui décide de l'issue du match). — **2.** *Saisir la balle au bond,* profiter immédiatement de l'occasion favorable : *Je lui ai proposé de m'accompagner pendant les vacances : elle a saisi la balle au bond.* — **3.** Projectile des armes à feu (fusil, pistolet, etc.) : *Un passant a été blessé par une balle perdue* (= qui a manqué son objectif). — **4.** *Pop.* Ancien franc (monnaie).

2. balle [bal] n. f. (de l'anc. fr. *baller,* vanner). Enveloppe du grain des céréales : *Matelas rempli de balle d'avoine.*

3. balle [bal] n. f. (frq. *balla*). **1.** Gros paquet de marchandises : *Des balles de coton sont entassées sur les quais.* — **2.** *Enfant de la balle,* élevé dans le métier d'artiste de son père (comédien, acrobate, etc.).

ballerine [balrin] n. f. (it. *ballerina*). Danseuse d'une certaine classe, appartenant à un corps de ballet.

ballet [balɛ] n. m. (it. *balleto*). Composition chorégraphique destinée à être représentée au théâtre, avec ou sans accompagnement musical, et interprétée par un ou plusieurs danseurs; troupe de danseurs : *Le chorégraphe règle le ballet. Le corps de ballet est composé de tous les danseurs d'un théâtre.*

1. ballon [balɔ̃] n. m. (de *balle* 1). **1.** Grosse balle faite d'une vessie gonflée d'air et entourée d'une enveloppe de cuir, qu'on utilise dans divers sports; jouet d'enfant fait d'une sphère de caoutchouc gonflée de gaz; sphère gonflée de gaz lancée dans l'atmosphère et servant à des usages divers, civils et militaires. — **2.** Verre à boire de forme sphérique; son contenu : *Boire un ballon de rouge.* — **3.** *Ballon d'essai,* ballon lancé dans l'atmosphère pour connaître la direction du vent; nouvelle lancée pour étudier les réactions de l'opinion publique, pour évaluer les chances de réussite d'un projet. — **4.** *Ballon d'oxygène,* récipient contenant de l'oxygène pour ranimer qqn; ce qui a un effet tonique, qui sauve au moins momentanément : *Ces quelques commandes sont des ballons d'oxygène pour une entreprise en difficulté.*

2. ballon [balɔ̃] n. m. (de l'all. *Ball*). Montagne à sommet arrondi, dans les Vosges.

ballonné, e [balɔne] adj. Se dit des parties du tube digestif gonflées par des gaz : *J'ai trop bu, j'ai l'estomac ballonné* (= distendu).

ballonnement [balɔnmɑ̃] n. m. Fait d'être ballonné : *Le ballonnement du ventre* (syn. DISTENSION).

ballonnet [balɔnɛ] n. m. Petit ballon lancé dans l'atmosphère.

ballon-sonde [balɔ̃sɔ̃d] n. m. (pl. *ballons-sondes*). Ballon muni d'appareils enregistreurs pour des études météorologiques.

ballot [balo] n. m. (de *balle* 3). **1.** Paquet de marchandises : *Le relieur met dans sa voiture les ballots de livres.* — **2.** *Fam.* Imbécile (injure) : *Ce ballot l'a laissé partir sans lui demander son adresse.*

ballottage [balɔtaʒ] n. m. Résultat négatif d'une élection, quand aucun des candidats n'a pu réunir au premier tour assez de voix pour être élu : *Plusieurs personnalités se trouvent en ballottage dans leur circonscription* (= n'ont pas obtenu un nombre de suffrages suffisant).

ballottement [balɔtmɑ̃] n. m. Fait de ballotter.

ballotter [balɔte] v. t. (de l'anc. fr. *ballote,* petite balle). **1.** *Ballotter qqn, qqch,* les secouer violemment dans divers sens (surtout pass.) : *La voiture, mal suspendue, nous ballotte durement. La petite barque, ballottée en tous sens, finit par se retourner* (syn. AGITER, BALANCER). — **2.** *Ballotter qqn,* le faire passer continuellement d'un sentiment à un autre (surtout pass.) : *Je suis ballottée entre l'appréhension et la joie quand je pense à notre rencontre* (syn. TIRAILLER). ◆ v. i. (sujet qqch) Être animé d'un mouvement rapide qui porte d'un côté et de l'autre : *La valise n'est pas pleine et on entend une bouteille qui ballotte* (syn. REMUER).

ball-trap [baltrap] n. m. (mot angl.) [pl. *ball-traps*]. Appareil à ressort, lançant en l'air des disques d'argile servant de cible pour le tir au fusil; tir pratiqué avec cet appareil.

balluchon [balyʃɔ̃] n. m. (de *balle* 3). *Fam.* Petit paquet entouré d'une étoffe et contenant en général du linge ou des effets personnels (vieilli).

balnéaire [balneɛr] adj. (du lat. *balneum,* bain). *Station balnéaire,* ville ou village situé au bord de la mer, servant de séjour aux vacanciers qui y prennent des bains de mer.

balourd, e [balur] adj. et n. (it. *balordo*). Que son esprit épais conduit à commettre des maladresses : *Ce garçon est un gros balourd, il a manqué en cette affaire du tact nécessaire* (syn. LOURDAUD, ↓MALADROIT; contr. FIN, DÉLICAT).

balourdise [balurdiz] n. f. Action, parole maladroite : *Il a commis la balourdise énorme de le blesser dans son orgueil* (syn. MALADRESSE; fam. GAFFE).

balsa [balza] n. m. (mot esp.) Bois très léger, utilisé pour les modèles réduits.

balustrade [balystrad] n. f. (it. *balaustrata*). Clôture à jour établie à hauteur d'appui, le long d'une terrasse, d'un balcon, d'une galerie donnant sur une cour, d'un pont : *Accoudée à la balustrade du pont, elle regardait les poissons* (syn. PARAPET, GARDE-FOU, RAMBARDE).

bambin [bɑ̃bɛ̃] n. m. (it. *bambino*). *Fam.* Petit enfant.

bambou [bɑ̃bu] n. m. (malais *bambu*). **1.** Nom de différentes variétés de plantes analogues à des roseaux, qui poussent dans les pays chauds et dont la tige atteint jusqu'à 25 m. — **2.** Fam. *Coup de bambou,* défaillance physique, accès de folie.

ban [bɑ̃] n. m. (frq. *ban,* proclamation).
— **I.** *Être en rupture de ban avec son milieu,* avoir

rompu avec les contraintes imposées par son milieu social, son entourage, etc. : *Par ce mariage, elle est en rupture de ban avec sa famille.* ‖ *Le ban et l'arrière-ban,* la totalité de ceux qui, d'une manière ou d'une autre, constituent un ensemble : *Convoquer, appeler le ban et l'arrière-ban de ses amis, des sympathisants* (= en rassembler le plus grand nombre possible). [Le *ban* se composait des vassaux directs d'un suzerain; *l'arrière-ban,* de ceux qui n'étaient pas convoqués en premier lieu.] ‖ *Mettre qqn au ban de (un groupe social),* l'en déclarer indigne, le dénoncer comme méprisable aux yeux de ce groupe (syn. METTRE À L'INDEX).
— **II.** (sujet le clairon ou le tambour) *Ouvrir, fermer le ban,* ouvrir ou clore par une sonnerie, un roulement de tambour, certaines cérémonies militaires comme la remise de décorations, l'hommage aux morts. ‖ *Un ban pour...,* invitation faite à des assistants d'applaudir d'une manière rythmée en l'honneur de qqn : *Un ban pour notre président! Un triple ban pour l'orateur!* ◆ ***bans*** n. m. pl. Annonce de mariage publiée à l'église et à la mairie, pour que ceux qui connaissent des empêchements éventuels les fassent savoir.

banal, e, als [banal] adj. (de *ban*). Employé ou connu de tous, et qui ne présente aucune originalité particulière (souvent péjor.) : *Je viens de lire un roman bien banal* (syn. INSIGNIFIANT). *Elle n'a rencontré que de banales difficultés dans cette ascension* (syn. COMMUN, ORDINAIRE, COURANT; contr. EXTRAORDINAIRE). *Il a développé quelques idées banales sur la concurrence entre le cinéma et la télévision* (syn. INSIPIDE, ↑REBATTU). *Il mène une existence banale* (syn. PLAT; contr. ORIGINAL).

banalement [banalmɑ̃] adv. De façon banale.

banalisé, e [banalize] adj. Dépourvu de ses signes distinctifs : *Une voiture de police banalisée.*

banalité [banalite] n. f. Caractère banal de qqch : *La banalité de la conversation finit par m'écœurer* (syn. PLATITUDE, PAUVRETÉ). *On entendit débiter quelques banalités sur la jeunesse actuelle.*

banane [banan] n. f. (portug. *banana*). Fruit comestible du bananier.

bananeraie [bananrɛ] n. f. Plantation de bananiers : *En Martinique et en Guadeloupe, il y a de nombreuses bananeraies.*

bananier [bananje] n. m. **1.** Grande plante des régions équatoriales : *Les fruits du bananier sont disposés en une grappe volumineuse appelée «régime».* — **2.** Navire aménagé pour le transport des régimes de bananes.

banc [bɑ̃] n. m. (germ. *banki*). **1.** Siège étroit et long pour plusieurs personnes, muni ou non d'un dossier, et qui, éventuellement, dans les assemblées ou les tribunaux, peut être réservé à telle ou telle catégorie de personnes : *J'ai dû laisser mon livre sur le banc au fond du jardin. Nous avons été ensemble sur les mêmes bancs* (= nous avons fait nos études ensemble, au collège ou à l'université). *À l'Assemblée nationale, il y a un banc réservé aux ministres. Les accusés sont assis sur un banc au tribunal.* — **2.** Amas de sable ou couche de roche, de pierre, etc., de forme allongée : *Un banc de sable est une accumulation de sable dans la mer ou dans une rivière.* — **3.** *Banc de poissons,* troupe nombreuse de poissons de même espèce : *Les bancs de morues à Terre-Neuve.* — **4.** *Banc de brume,* masse de brume de forme allongée. — **5.** *Banc d'essai,* installation sur laquelle on monte les machines dont on veut éprouver le fonctionnement : *Mettre un moteur au banc d'essai* (= en faire l'épreuve); ce qui permet d'éprouver les capacités, les qualités de qqn, qqch.

bancaire [bɑ̃kɛr] adj. Qui relève de la banque : *Opérations bancaires. Un établissement bancaire* (= une banque). *Un chèque bancaire.*

bancal, e, als [bɑ̃kal] adj. (de *banc*). **1.** Qui boite fortement ou dont les jambes ne sont pas droites : *Après son accident, il est resté bancal* (syn. BOITEUX). — **2.** *Meuble bancal,* dont l'un des pieds est plus court que les autres. — **3.** *Idée, projet bancal,* qui ne repose pas sur des bases solides et qui recèle un défaut.

banco [bɑ̃ko] n. m. (mot it.). *Faire banco,* au baccara, tenir seul l'enjeu contre le banquier.

bandage [bɑ̃daʒ] n. m. Assemblage de bandes : *Défaire le bandage autour d'une blessure* (= les bandes).

1. bande [bɑ̃d] n. f. (frq. *binda,* lien). **1.** Morceau étroit et long d'un tissu mince et souple, de caoutchouc, de papier, etc., tendu autour de qqch qu'on veut consolider ou sur qqch qu'on veut couvrir : *Il réunit les deux feuilles par une bande de papier collant. Écrire l'adresse du destinataire sur la bande qui entoure un journal. Mettre une bande autour d'un genou blessé.* — **2.** Ce qui est étroit, long et mince : *Une bande de terre permettait de circuler entre les deux marais.* — **3.** Bobine de pellicule, film : *Passer une bande comique* (syn. FILM). — **4.** Rebord élastique qui entoure le tapis d'un billard. — **5.** *Bande dessinée* (abrév. B. D.), histoire racontée en une série de dessins. ‖ *Bande magnétique,* ruban en matière plastique servant à l'enregistrement des sons au magnétophone. ‖ *Bande sonore* ou *bande-son* (pl. *bandes-son*), partie de la pellicule cinématographique sur laquelle le son est enregistré. — **6.** *Donner de la bande,* se dit d'un bateau qui subit une forte inclinaison sous l'effet du vent ou d'une avarie. ‖ Fam. *Par la bande,* par des moyens indirects : *Elle cherche à savoir par la bande ce qu'elle n'a pu connaître directement.*

2. bande [bɑ̃d] n. f. (germ. *bandwa,* étendard). **1.** Réunion d'hommes ou d'animaux qui vont en groupe ou s'associent dans un dessein quelconque : *Une bande d'enfants s'amusent à jeter des pierres dans la rivière* (syn. TROUPE). *Une bande de chiens errants* (syn. HORDE). *Une bande de voleurs* (syn. GANG). *Ils partent en bande joyeuse.* — **2.** Fam. *Bande d'imbéciles, d'idiots,* etc.!, injure adressée à un groupe de personnes. ‖ *Faire bande à part,* se mettre à l'écart des autres.

bandeau [bɑ̃do] n. m. (de *bande* 1). **1.** Pièce de tissu, de caoutchouc, etc., qu'on met autour de la tête ou du front, ou sur les yeux de qqn (pour l'empêcher de voir) : *Retenir ses cheveux avec un bandeau. Les otages avaient un bandeau sur les yeux.* — **2.** *Avoir un bandeau sur les yeux,* ne rien voir de ce qui vous entoure, de la situation, etc., ou n'y rien comprendre (syn. AVOIR DES ŒILLÈRES).

bandelette [bɑ̃dlɛt] n. f. Petite bande : *L'archéologue défit avec précaution les bandelettes de la momie.*

bander [bɑ̃de] v. t. (de *bande* 1).
— **I.** Couvrir, entourer d'une bande ou d'un bandeau : *Bander un membre blessé. Bander les yeux d'un otage.*
— **II.** *Bander qqch,* le tendre avec effort : *Elle bande son arc* (syn. TENDRE).

banderille [bɑ̃drij] n. f. (esp. *banderilla*). Bâtonnet muni d'une pointe crochue et de rubans, que les toreros plantent sur le garrot des taureaux pour les affaiblir.

banderole [bɑ̃drɔl] n. f. (it. *banderuola*). Longue bande d'étoffe, attachée au haut d'une hampe ou à des montants, qui sert d'ornement ou porte une inscription : *Les manifestants avaient déployé une longue banderole.*

bande-vidéo [bɑ̃dvideo] n. f. (pl. *bandes-vidéo*). Bande magnétique servant à l'enregistrement des images et des sons associés.

bandit [bɑ̃di] n. m. (it. *bandito,* banni). **1.** Individu qui se livre, seul ou avec d'autres, à des attaques à main armée, à des vols, à des crimes : *Deux bandits armés et masqués ont attaqué la banque* (syn. GANGSTER). *Après avoir fracturé la porte, les bandits ont tué le malheureux* (syn. ASSASSIN, CRIMINEL). *Les bandits de grand chemin attaquaient jadis les voyageurs sur la route* (syn. BRIGAND). *On a appelé «bandit d'honneur» celui qui, pour des raisons d'honneur personnel ou familial, se mettait en marge des lois.* — **2.** Individu malhonnête et sans scrupule : *Ce commerçant est un bandit* (syn. FRIPOUILLE, VOLEUR, FORBAN).

banditisme [bɑ̃ditism] n. m. Ensemble d'actions criminelles (vols, assassinats) commises en une région déterminée et considérées sur le plan des répercussions sociales : *Régression du banditisme* (syn. CRIMINALITÉ).

bandoulière [bɑ̃duljɛr] n. f. (esp. *bandolera*). *En bandoulière,* porté en diagonale sur la poitrine ou dans le dos, de l'épaule à la hanche opposée : *Fusil en bandoulière.*

bang! [bɑ̃g] interj. et n. m. Indique le bruit d'une explosion, en particulier celui d'un avion à réaction qui vient de franchir le mur du son.

banjo [bɑ̃(d)ʒo] n. m. (mot anglo-amér.). Guitare ronde dont la caisse est faite, dans sa partie supérieure, d'une peau tendue.

banlieue [bɑ̃ljø] n. f. (de *ban,* juridiction, et *lieue*). Ensemble des agglomérations situées tout autour d'une ville, et qui ont une activité en relation étroite avec elle : *La grande banlieue comprend les agglomérations distantes de vingt à trente kilomètres du centre de Paris.*

banlieusard, e [bɑ̃ljøzar] n. Personne qui habite la banlieue d'une ville.

banni, e [bani] n. Personne condamnée au bannissement : *Le retour des bannis en 1870.*

bannière [banjɛr] n. f. (du germ. *band,* étendard). **1.** Drapeau de forme rectangulaire, suspendu au bout d'une hampe par une traverse horizontale, et qui porte les insignes d'une confrérie, d'une paroisse, d'une société sportive ou musicale, dont il est le signe de ralliement dans les cortèges ou les défilés. — **2.** Fam. *C'est la croix et la bannière,* c'est une entreprise d'une incroyable difficulté : *Pour les faire sortir le soir, c'est la croix et la bannière.* ‖ *Combattre, se ranger,* etc., *sous la bannière de qqn,* marcher à ses côtés dans la lutte qu'il a entreprise, être de son parti.

bannir [banir] v. t. (frq. *bannjan,* proclamer). **1.** (sujet qqn, un organisme) *Bannir qqn,* le condamner à quitter une communauté nationale, un parti, une association, etc. (soutenu) : *Le gouvernement a banni du territoire national les personnes jugées dangereuses* (syn. PROSCRIRE, ↓REFOULER). *C'est un hypocrite malfaisant que j'ai banni de la maison* (syn. CHASSER). — **2.** (sujet qqn) *Bannir qqch,* l'écarter parce qu'on le juge nuisible : *J'ai banni entièrement l'usage du tabac* (syn. ÉVITER, SUPPRIMER). *Bannissons ce sujet de conversation qui ne fait que nous diviser* (syn. FUIR, REJETER). *C'est un mot qu'il faut bannir de notre vocabulaire* (syn. ÔTER, RAYER).

bannissement [banismɑ̃] n. m. Action de bannir; fait d'être banni : *La peine du bannissement peut être prononcée contre des récidivistes* (syn. EXIL).

banque [bɑ̃k] n. f. (it. *banca,* table de changeur). **1.** Entreprise commerciale dont les opérations consistent à recevoir des dépôts d'argent, à prêter des capitaux à des particuliers ou à des entreprises, à gérer des fonds, etc.; siège de cette entreprise ou une de ses succursales (agence) : *Se faire ouvrir un compte en banque. C'est la Banque de France qui émet les billets de banque.* — **2.** *Banque d'organes,* service des hôpitaux chargé de la conservation des organes (yeux, os, reins, etc.) en vue de leur utilisation chirurgicale. — **3.** À certains jeux, fonds d'argent qu'a devant lui celui qui tient le jeu.

banqueroute [bɑ̃krut] n. f. (it. *banca rotta,* banc rompu, allusion au vieil usage de rompre le banc, ou comptoir du banqueroutier). Incapacité pour un commerçant, une banque, une entreprise, un État, de faire face à ses engagements financiers : *La banqueroute de cet établissement bancaire a entraîné la ruine de nombreux clients* (syn. FAILLITE, KRACH). *L'inflation monétaire mène le pays à la banqueroute financière* (syn. fam. DÉCONFITURE).

banquet [bɑ̃kɛ] n. m. (it. *banchetto,* petit banc). Repas fastueux ou solennel, qui réunit un certain nombre de personnes (convives) à l'occasion d'un événement extraordinaire, d'une fête, d'un mariage, d'un anniversaire, etc. : *Le centenaire de la maison de commerce a été fêté par un banquet qui réunissait tout le personnel* (syn. ↑FESTIN).

banqueter [bɑ̃kte] v. i. (c. 7) Participer à un banquet : *Ils ont banqueté toute la nuit* (syn. FAIRE LA FÊTE).

banquette [bɑ̃kɛt] n. f. (languedocien *banqueta*). Siège rembourré, d'un seul tenant, qui occupe toute la largeur d'une automobile, la longueur d'un compartiment de chemin de fer; banc en bois ou canné, sans dossier.

banquier [bɑ̃kje] n. m. Celui qui possède, dirige, tient une banque.

banquise [bɑ̃kiz] n. f. (du scand. *pakke,* paquet, et *is,* glace). Couche de glace, parfois épaisse, formée en surface par la congélation de l'eau de mer.

bantou, e [bɑ̃tu] adj. Relatif aux Bantous, peuple du centre de l'Afrique. ◆ ***bantou*** n. m. Ensemble de langues négro-africaines parlées en Afrique centrale et australe.

baobab [baɔbab] n. m. (mot ar.). Arbre des régions tropicales de l'Afrique et de l'Australie, dont le tronc est énorme.

baptême [batɛm] n. m. (du gr. *baptizein,* immerger). **1.** Dans la religion chrétienne, sacrement destiné à effacer le péché originel et à rendre chrétien (conféré au cours d'une cérémonie qui se déroule généralement dans une partie de l'église appelée *baptistère*) : *Le nom de baptême est le prénom donné à la personne qui est baptisée.* ‖ *Baptême d'une cloche, d'un navire,* cérémonie solennelle de son inauguration. — **2.** *Recevoir le baptême du feu, de l'air,* aller au combat ou monter en avion pour la première fois.

baptiser [batize] v. t. **1.** *Baptiser qqn,* lui conférer le baptême : *Le prêtre baptise le nouveau-né.* — **2.** *Baptiser qqn, qqch,* donner à qqn un prénom (nom de baptême) ou un surnom, donner à qqch un nom : *On le baptisa Joseph, du nom de son grand-père. On baptisa le surveillant «le Bancal», parce qu'il boitait. Le conseil municipal décida de baptiser la place de la gare du nom de ce grand homme.* — **3.** Fam. *Baptiser du vin,* y ajouter de l'eau.

baptismal, e, aux [batismal] adj. Qui sert au baptême : *Eau baptismale.*

baquet [bakɛ] n. m. (dimin. de *bac*). Petite cuve de bois dont on se sert pour laver le linge, pour transporter le raisin pendant les vendanges, pour donner à boire aux chevaux, etc.

1. bar [bar] n. m. (angl. *bar,* barre). **1.** Débit de boissons où les consommateurs se tiennent debout ou sont assis sur de hauts tabourets devant le comptoir (se substitue parfois à *café*) : *Les bars élégants des Champs-Élysées.* — **2.** Comptoir où on sert à boire : *Prendre une consommation au bar. Installer un petit bar dans un coin de son salon.*

2. bar [bar] n. m. (néerl. *baers*). Poisson marin dont la chair est estimée, appelé aussi *loup*.

3. bar [bar] n. m. (gr. *baros*, pesanteur). Unité de pression atmosphérique.

baragouin [baragwɛ̃] n. m. (breton *bara*, pain, et *gwin*, vin). Langage incompréhensible, par suite d'une prononciation défectueuse ou de l'emploi de mots ou de constructions insolites, et surtout langue étrangère qu'on ne comprend pas : *J'ai demandé mon chemin à un vieux paysan, qui m'a répondu dans un baragouin étrange. Quel baragouin! Exprimez-vous en un français correct* (syn. CHARABIA, JARGON).

baragouiner [baragwine] v. t. S'exprimer assez mal dans une langue : *Je baragouine un peu l'anglais; j'arriverai à me faire comprendre à l'hôtel. Baragouiner quelques mots de russe.* ◆ v. i. Parler une langue inintelligible : *Dans le hall de l'aéroport, on entend toutes sortes d'étrangers qui baragouinent.*

baragouineur, euse [baragwinœr] n. Qui baragouine.

baraque [barak] n. f. (it. *baracca*, hutte). **1.** Construction légère, généralement en bois, servant de logement pour des troupes ou des prisonniers, d'abri pour des ouvriers ou du matériel sur un chantier, de boutique provisoire, etc. : *Les enfants s'empressaient autour des baraques foraines à la fête* (= dressées par des forains). — **2.** *Fam.* et *péjor.* Maison, habitation en général en mauvais état ou peu confortable : *Elle habite une baraque quelque part en banlieue.*

baraqué, e [barake] adj. *Pop.* Grand et fort de carrure.

baraquement [barakmɑ̃] n. m. Construction provisoire, en bois, en métal, etc., plus grande que la baraque, destinée à abriter des soldats, des prisonniers, des réfugiés, des ouvriers, etc.

baratin [baratɛ̃] n. m. (de l'anc. fr. *barater*, tromper). **1.** *Fam.* Bavardage intarissable, souvent intéressé : *Tu as la langue bien pendue, quel baratin! Faire du baratin à quelqu'un* (= le séduire par des propos flatteurs). — **2.** *C'est du baratin*, des promesses qui ne seront pas tenues.

baratiner [baratine] v. t. Fam. *Baratiner qqn*, lui raconter des boniments; chercher à séduire par des propos flatteurs : *Baratiner le professeur pour éviter d'être puni*; sans compl. : *Tu baratines toujours, mais tu ne fais rien.*

baratineur, euse [baratinœr] n. et adj. *Fam.* Qui sait baratiner (syn. BEAU PARLEUR).

baratte [barat] n. f. (de l'anc. fr. *barate*, agitation). Appareil servant à faire du beurre.

baratter [barate] v. t. Agiter la crème dans la baratte pour faire du beurre.

barbant, e [barbɑ̃] adj. *Fam.* Qui barbe, ennuie : *Ce qu'il peut être barbant avec ses histoires!* (syn. fam. RASOIR, RASANT). *Nous avons passé une soirée barbante au cinéma : le film était mauvais* (syn. ENNUYEUX).

barbare [barbar] adj. et n. (gr. *barbaros*, étranger). **1.** Qui agit avec cruauté, avec inhumanité ou révèle ces sentiments : *Ces dirigeants barbares et inhumains firent exécuter des milliers d'innocents* (syn. CRUEL, FÉROCE, ↓IMPITOYABLE; contr. HUMAIN). *Une répression barbare.* — **2.** Qui s'oppose aux règles ou aux goûts dominants d'une époque, d'une civilisation; qui n'est pas conforme à l'usage admis dans un certain groupe social : *Il se conduisit comme un barbare. Elle proteste contre la radio qu'elle accuse de déverser des flots de musique barbare* (syn. GROSSIER, INCULTE). *Aux yeux du profane ou de l'ignorant, une langue technique apparaît toujours hérissée de mots barbares* (syn. INCORRECT).

barbarie [barbari] n. f. Caractère inhumain, cruel : *Ce crime est un acte de barbarie* (syn. CRUAUTÉ, SAUVAGERIE). *On a réussi à faire sortir ces peuplades de leur barbarie primitive* (contr. CIVILISATION).

barbarisme [barbarism] n. m. Mot qui n'existe pas sous cet aspect dans une langue, à une époque déterminée, et dont l'emploi est jugé fautif : *Le passé simple «cousut» au lieu de «cousit» est un barbarisme.*

barbe [barb] n. f. (lat. *barba*). **1.** Poils qui poussent sur les joues, la lèvre inférieure et le bas du visage de l'homme : *Il a déjà de la barbe au menton. Il a un collier de barbe.* — **2.** Poils qui poussent sous la mâchoire de certains animaux : *Barbe de singe, de bouc.* — **3.** Fam. *À la barbe de qqn*, en sa présence, mais sans qu'il le sache ou en dépit de son opposition : *Ils réussirent à passer quelques paquets de cigarettes à la barbe des douaniers.* ‖ *Barbe à papa*, friandise faite de filaments de sucre enroulés autour d'un bâtonnet. ‖ Fam. *Vieille barbe*, qqn dont les idées, les propos ou les attitudes appartiennent à une époque dépassée. ‖ Fam. *La barbe!*, exclamation qui signifie qu'on est importuné ou excédé par qqn ou qqch. — **4.** Chaque pointe effilée de certains épis, chaque filet attaché au tuyau d'une plume : *Des barbes de seigle.* — **5.** Aspérité laissée au bord d'un objet découpé : *Les barbes d'une feuille de papier.*

barbeau [barbo] n. m. (du lat. *barba*, barbe; à cause de la présence de quatre barbillons à la lèvre supérieure de ce poisson). Poisson d'eau douce à chair estimée.

barbecue [barbəkju] n. m. (mot angl.). Appareil de cuisson à l'air libre, fonctionnant au charbon de bois, pour griller ou rôtir de la viande ou du poisson.

barbelé, e [barbəle] adj. (de l'anc. fr. *barbel*, pointe). *Fil de fer barbelé* (ou *barbelé* n. m.), fil de fer muni de pointes, utilisé comme clôture ou comme moyen de défense.

barber [barbe] v. t. (de *barbe*). Fam. *Barber qqn*, l'ennuyer : *Tu nous barbes avec tes conseils. Ça me barbe de sortir ce soir!*

barbet [barbɛ] n. m. (de *barbe*). Chien d'arrêt qui convient surtout à la chasse au canard.

barbiche [barbiʃ] n. f. Barbe peu fournie, généralement en petite touffe sur le menton.

barbichette [barbiʃɛt] n. f. Petite barbiche.

barbier [barbje] n. m. Autref., celui qui rasait le visage ou soignait la barbe.

barbiturique [barbityrik] n. m. (de l'all. *Barbitursäure* et *urique*). Produit chimique qui est à la base de médicaments calmants, de somnifères.

barbon [barbɔ̃] n. m. (it. *barbone*, grande barbe). *Péjor.* Homme d'un âge avancé (vieilli).

barbotage [barbɔtaʒ] n. m. Action de barboter, de voler : *Libraire victime d'un barbotage de livres* (syn. VOL).

1. barboter [barbɔte] v. i. (peut-être de *bourbe*) [sujet qqn, un animal] S'agiter dans l'eau, dans la boue, etc. : *Alors, tu barbotes dans ton bain? Des canards barbotent dans l'étang.*

2. barboter [barbɔte] v. t. Fam. *Barboter qqch*, le voler : *Elle s'est fait barboter son portefeuille. C'est toi qui m'as barboté mon crayon?* (syn. fam. CHIPER, FAUCHER, PIQUER).

barboteuse [barbɔtøz] n. f. (de *barboter*). Petite combinaison d'enfant formant culotte et laissant libres les bras et les jambes.

barbouillage [barbujaʒ] n. m. Action de barbouiller; peinturlurage grossier : *Tu appelles «peintures» ces affreux barbouillages?*

barbouiller [barbuje] v. t. (de *bourbe*). **1.** *Barbouiller qqch,* le couvrir rapidement d'une couche de couleur ou d'une substance salissante : *On barbouille rapidement de noir les inscriptions sur les murs pour les rendre illisibles. Son visage est tout barbouillé de chocolat.* — **2.** *Avoir le cœur, l'estomac barbouillé,* avoir la nausée, avoir mal au cœur.

barbouilleur [barbujœr] n. m. Qui barbouille : *Un barbouilleur qui vend très cher ses mauvaises toiles* (= un mauvais peintre).

barbu, e [barby] adj. et n. Qui a de la barbe : *L'enfant n'aimait pas embrasser les joues barbues de son grand-père* (contr. IMBERBE).

barbue [barby] n. f. (de *barbu*). Poisson marin voisin du turbot, à chair estimée.

barda [barda] n. m. (ar. *barda 'a,* bât d'âne). *Fam.* Matériel d'équipement qu'on emporte avec soi, ou simplement bagages lourds et encombrants : *Il part camper le samedi avec son barda* (syn. ÉQUIPEMENT). *Il va falloir mettre tout ce barda dans la voiture* (syn. CHARGEMENT, BAGAGES).

1. barde [bard] n. m. (lat. *bardus*). *Litt.* Poète celte qui chantait les héros.

2. barde [bard] n. f. (ar. *barda 'a,* bât). Tranche de lard dont on enveloppe les pièces de viande qu'on veut rôtir.

1. barder [barde] v. t. (de *barde* 2). **1.** Envelopper de barde, de lard : *Barder une volaille.* — **2.** *Barder qqch,* le recouvrir avec des pièces d'un métal dur (fer, acier), pour protéger ou consolider (souvent pass.) : *La porte était bardée de vieilles ferrures rouillées.* — **3.** *Avoir la poitrine bardée de décorations,* couverte de décorations (syn. CONSTELLÉ). ‖ *Être bardé contre qqch,* être capable d'y résister : *Je suis bardée contre de tels coups du sort* (syn. ÊTRE BLINDÉ).

2. barder [barde] v. i. Fam. *Ça barde, ça va barder,* etc., c'est dangereux, cela va prendre une tournure dangereuse, etc. (se dit en général quand qqn passe sa colère sur un autre, quand la situation est explosive, etc.) : *On entend des éclats de voix à travers la porte; ça barde entre eux deux* (syn. ÇA CHAUFFE).

barème [barɛm] n. m. (de *Barrême,* mathématicien du XVIIe s.). Répertoire, recueil, table où certaines valeurs chiffrées sont présentées de manière à pouvoir être consultées rapidement; ensemble de tarifs, de prix, etc., concernant un domaine précis; échelle de salaires : *Consultez le barème et vous verrez combien coûte la coupe de cheveux. Le barème des tarifs des chemins de fer.*

barge [barʒ] n. f. (bas lat. *barga*). **1.** Embarcation à fond plat. — **2.** Grande péniche.

baril [baril] n. m. (orig. incert.). **1.** Petit tonneau; son contenu : *De la lessive en baril. Un baril de vin.* — **2.** *Baril de poudre,* situation dangereuse, lieu où se trouvent réunies les conditions d'un conflit : *Les Balkans étaient, avant la guerre de 1914, un véritable baril de poudre.*

barillet [barijɛ] n. m. (de *baril*). Cylindre tournant où sont logées les cartouches d'un revolver.

bariolage [barjɔlaʒ] n. m. Fait d'être bariolé.

bariolé, e [barjɔle] adj. Marqué de couleurs vives : *Les étoffes bariolées des robes* (syn. BIGARRÉ).

barioler [barjɔle] v. t. (de *barre* et anc. fr. *rioler,* rayer). *Barioler qqch,* le peindre, le marquer de couleurs vives qui ne s'harmonisent pas ensemble : *Les enfants s'amusent à barioler leurs cahiers de couleurs criardes* (syn. PEINTURLURER).

barman [barman] n. m., **barmaid** [barmɛd] n. f. (mots angl.). Serveur, serveuse au comptoir d'un bar.

baromètre [barɔmɛtr] n. m. (du gr. *baros,* pesanteur, et *metron,* mesure). **1.** Instrument qui sert à mesurer la pression atmosphérique et à prévoir le temps qu'il fera (ces indications sont données souvent par une aiguille qui se déplace sur le cadran de l'instrument) : *Le baromètre est au beau fixe, au variable, à la tempête.* — **2.** Se dit de ce qui est sensible à des variations et les mesure : *La Bourse est le baromètre de l'activité économique.*

barométrique [barɔmetrik] adj. Relatif au baromètre : *Pression barométrique* (= indiquée par le baromètre).

baron [barɔ̃] n. m. (frq. *baro,* homme libre). **1.** Titre donné à un seigneur féodal, puis à un noble (intermédiaire entre chevalier et vicomte). — **2.** *Les barons de la finance, de l'industrie,* les gros banquiers, les grands industriels.

baronne [barɔn] n. f. Femme d'un baron; qui en a le titre.

baroque [barɔk] adj. (portug. *barroco,* perle irrégulière). Dont l'irrégularité, l'étrangeté a un caractère choquant : *J'ai eu l'idée baroque de lui téléphoner à une heure du matin* (syn. BIZARRE, ↑EXTRAVAGANT). *C'est un esprit baroque qui ne peut rien faire comme tout le monde* (syn. EXCENTRIQUE; contr. NORMAL). ◆ n. m. et adj. Style architectural, pictural, littéraire dont les formes précieuses, contournées ou accentuées, s'opposent à celles de la Renaissance, à partir du XVIe siècle.

baroud [barud] n. m. (mot ar.). **1.** *Arg. mil.* Combat : *Aller au baroud.* — **2.** Fam. *Baroud d'honneur,* combat où on se sait vaincu, mais qu'on soutient pour l'honneur : *Il savait que son adversaire aux élections l'emporterait, mais il livra cependant un baroud d'honneur.*

baroudeur [barudœr] n. m. *Arg. mil.* Soldat qui a beaucoup combattu ou qui aime le combat pour lui-même.

barque [bark] n. f. (prov. *barca*). Petit bateau : *Sur la plage, les barques des pêcheurs attendent la marée* (syn. EMBARCATION).

barquette [barkɛt] n. f. Pâtisserie en forme de petite barque : *Des barquettes aux cerises.*

barrage [baraʒ] n. m. **1.** Action de barrer; obstacle disposé pour barrer un passage : *La voiture a franchi à toute allure le barrage de police. Faire barrage à l'expansion économique d'un pays concurrent* (= l'empêcher). — **2.** Ouvrage de maçonnerie qui barre un cours d'eau (la retenue est utilisée comme source d'énergie, pour les besoins de l'irrigation, etc.) : *Construire un barrage sur la Durance.* — **3.** *Match de barrage,* rencontre supplémentaire destinée à départager deux équipes, deux concurrents ex aequo.

barre [bar] n. f. (bas lat. *barra*).
— **I. 1.** Pièce de bois ou de métal allongée, droite et souvent étroite : *Des barres de fer. Accoudée à la barre d'appui de la fenêtre, je regarde dans la rue. L'or est coulé en barres* (= en lingots de forme allongée). *Barre de chocolat.* — **2.** *Barre fixe,* appareil de gymnastique formé par une traverse horizontale de fer ou de bois rond, soutenue par deux montants. ‖ *Barres parallèles,* appareil de gymnastique composé de deux barres de bois fixées parallèlement sur des montants verticaux. — **3.** Trait de plume, qui a la forme d'une ligne droite et étroite : *Tracer deux barres sur un chèque. La barre de mesure est, en musique, le trait vertical qui sépare les mesures.* — **4.** Barrière qui, dans un tribunal, sépare les magistrats du public : *Se présenter à la barre des témoins. Paraître à la barre* (= se présenter devant les juges).
— **II.** Déferlement violent qui se produit près de certaines côtes quand la houle se brise sur les hauts-fonds.

— **III.** **1.** Dispositif qui commande le gouvernail d'un bateau : *Mettre la barre à gauche.* — **2.** *Coup de barre,* changement brusque de direction : *L'entreprise sombrait; il donna un coup de barre pour redresser la situation compromise;* fam., fatigue soudaine : *Avoir un sérieux coup de barre à la fin d'une journée de travail.* || *Prendre, avoir barre sur qqn,* avoir sur lui une influence exclusive, un avantage; exercer sur lui une domination : *Personne ne peut avoir barre sur un garçon aussi fantasque.* || *Tenir la barre,* diriger, gouverner.

barreau [baro] n. m.
— **I.** Petite barre qui sert comme appui, comme fermeture, etc. : *Des barreaux de chaise. Les barreaux d'une cage.*
— **II.** Espace réservé aux avocats, dans le prétoire; la profession et l'ordre des avocats : *Être avocat au barreau de Paris. Entrer au barreau.*

1. barrer [bare] v. t. (de *barre*).
— **I.** **1.** *Barrer ce qui est écrit* (*page, ligne,* etc.), y tracer une barre pour l'annuler : *Barrer d'un coup de crayon les passages qui devront être supprimés* (syn. BIFFER, RATURER, ANNULER). — **2.** *Barrer un chèque,* y tracer deux traits parallèles et transversaux, pour que seul un établissement bancaire puisse en toucher le montant. — **3.** (sujet qqn, qqch) *Barrer une rue, une route, une porte,* etc., en fermer le passage en plaçant un obstacle en travers : *L'avalanche a barré la route qui descend la vallée.* — **4.** *Barrer la route à qqn, barrer qqn,* mettre un obstacle à ses projets, à ses entreprises.
— **II.** Diriger en tenant la barre : *L'embarcation est barrée par un marin.*

2. barrer (se) [bare] v. pr. *Pop.* S'enfuir : *Il s'est barré à toute allure quand il nous a vus venir.*

1. barrette [barɛt] n. f. (it. *barretta*). Calotte rouge des cardinaux.

2. barrette [barɛt] n. f. (de *barre*). **1.** Pince allongée servant à retenir les cheveux. — **2.** Petit cadre rectangulaire portant le ruban d'une décoration; bijou de forme allongée.

barreur, euse [barœr] n. Personne qui tient le gouvernail (la barre) dans une embarcation.

barricade [barikad] n. f. (de *barrique*). **1.** Obstacle fait de l'entassement de matériaux divers, et mis en travers d'une rue ou d'un passage : *Les manifestants élèvent des barricades avec les pavés de la rue.* — **2.** *De l'autre côté de la barricade,* du parti opposé, d'opinion politique différente.

barricader [barikade] v. t. **1.** Obstruer le passage au moyen de barricades : *Barricader une rue avec quelques voitures et des arbres abattus.* — **2.** Fermer solidement : *Elle barricada portes et fenêtres.* ◆ ***se barricader*** v. pr. **1.** Résister par la force derrière une barricade : *Les insurgés se barricadèrent dans les locaux de la faculté* (syn. SE RETRANCHER). — **2.** *Se barricader (dans une pièce),* s'y enfermer pour ne recevoir personne.

barrière [barjɛr] n. f. (de *barre*). **1.** Clôture faite d'un assemblage de pièces de bois, de métal : *Sauter pardessus la barrière de l'enclos. La barrière du passage à niveau est fermée.* — **2.** Obstacle naturel qui empêche de circuler d'un lieu à un autre : *Les montagnes forment une barrière infranchissable.* — **3.** Ce qui fait obstacle à la liberté de communication : *Barrière douanière.* — **4.** *Barrière de dégel,* interdiction administrative de la circulation des véhicules lourds pendant le dégel. — **5.** Obstacle qui sépare deux personnes, deux groupes : *La différence de fortune constitue entre eux deux une barrière* (syn. MUR).

barrique [barik] n. f. (prov. *barrica*). Tonneau de 200 à 250 litres de capacité, qui sert au transport des liquides.

barrir [barir] v. i. (lat. *barrire*) [sujet l'éléphant]. Crier.

barrissement [barismɑ̃] n. m. Fait de barrir : *L'éléphant poussa un long barrissement.*

bartavelle [bartavɛl] n. f. (prov. *bartavèlo,* loquet). Oiseau du Jura, des Alpes, des Pyrénées, voisin de la perdrix.

baryton [baritɔ̃] n. m. (gr. *barus,* grave, et *tonos,* ton). Voix d'homme intermédiaire entre le ténor et la basse; homme doué de cette voix.

barzoï [barzɔj] n. m. (mot russe). Lévrier russe à poils longs.

1. bas, basse [bɑ] adj. (lat. *bassus*). **1.** (après ou parfois avant le n.) Qui a peu de hauteur, incliné vers le sol : *Elle habite une maison basse dans la banlieue de Chartres. Un local bas de plafond. Se heurter à la branche basse d'un arbre. Le fleuve est bas, ce sont les basses eaux. Les nuages sont bas, il va pleuvoir* (contr. HAUT). *La marée est basse, on ne peut pas se baigner. Il marche la tête basse* (contr. HAUT). — **2.** Peu élevé, qui a peu d'intensité, faible : *Parler à voix basse* (contr. FORT). *Il a la vue basse* (= il ne voit pas bien, il est myope). *Vous vous exprimez sur un ton trop bas* (syn. FAIBLE). *La température est basse* (contr. ÉLEVÉ). *Vendre à bas prix une maison.* — **3.** (avant le n.) Inférieur par la qualité : *Faire de la basse littérature* (syn. MÉDIOCRE, MAUVAIS). — **4.** (avant le n.) Dans la partie inférieure du cours en parlant d'une rivière, la partie la plus près de la mer en parlant d'une région : *La basse Seine. La basse Bretagne.* — **5.** (avant le n.) Qui vient après dans le temps : *La basse latinité* (celle du Bas-Empire, des IVe et Ve s.). — **6.** (avant ou après le n.) Grave : *Une note basse.* — **7.** *En ce bas monde,* sur la terre (contr. AU CIEL). || *Enfant en bas âge,* très petit enfant. — **8.** (avant ou après le n.) Inférieur sur le plan moral, méprisable : *C'est une âme basse et hypocrite* (syn. ABJECT). *Il a exercé une basse vengeance* (syn. IGNOBLE). *Un aventurier employé à des besognes de basse police. Être en proie à une basse jalousie* (syn. HONTEUX). ◆ ***bas*** adv. **1.** *Vous êtes assis trop bas* (contr. HAUT). *L'avion vole bas. Les nuages courent bas dans le ciel. Regardez plus bas. Les cours de la Bourse sont tombés très bas. Il chante trop bas* (= d'une voix trop grave). *Parlez bas* (= à voix basse, sans bruit). — **2.** *À bas,* vers la terre ou à terre : *Mettre une maison à bas* (= la détruire). *Il est tombé à bas de son cheval;* comme interj., cri d'hostilité : *À bas la dictature!* (syn. MORT À). || *Bas les mains* (ou fam. *les pattes*)*!*, cessez d'avoir une attitude menaçante (= abaissez les mains levées pour frapper). || (sujet qqn) *Être très bas,* très affaibli, proche de la mort. || *Jeter bas,* abattre, détruire : *Jeter bas un îlot de maisons insalubres. La Révolution a jeté bas la monarchie.* || *Mettre bas,* déposer : *Mettre bas les armes* (= cesser de combattre); en parlant des animaux, faire ses petits : *La brebis a mis bas cette nuit.* ◆ ***bas*** n. m. **1.** *Le bas de qqch,* la partie inférieure de : *Recoudre le bas du pantalon. Copiez le bas de la page. Chez elle, le bas du visage est volontaire. Le bas de la gamme* (= les articles les moins luxueux). — **2.** *Les hauts et les bas,* les moments de prospérité et les moments de malheur : *Elle a connu pendant sa jeunesse des hauts et des bas.* — **3.** *En bas (de),* à l'étage inférieur, au-dessous (de) : *J'habite en bas, au rez-de-chaussée* (contr. EN HAUT). *En bas de la côte, il y a un poste d'essence. Il est tombé la tête en bas* (= la tête la première). *Le bruit vient d'en bas.*

2. bas [bɑ] n. m. (de *bas-de-chausses*). **1.** Pièce du vêtement féminin souple, en tissu à mailles (Nylon, coton, laine) et destinée à couvrir la jambe et le pied : *Mettre des bas.* (Les bas ont été aussi une pièce du vêtement masculin.) — **2.** *Bas de laine,* cachette où l'on mettait les économies, l'épargne faite par un ménage; les sommes économisées (vieilli).

basalte [bazalt] n. m. (lat. *basanites*). Roche volcanique de couleur sombre.

basane [bazan] n. f. (de l'ar. *bitana,* doublure de vêtement). Peau de mouton tannée, utilisée en maroquinerie, en sellerie et dans la chaussure.

basané, e [bazane] adj. (de *basane*). Se dit de la peau brunie par le soleil et le grand air : *Elle est revenue des sports d'hiver le teint basané* (syn. BRONZÉ).

bas-bleu [bɑblø] n. m. (calque de l'angl. *blue-stocking*) [pl. *bas-bleus*]. Femme écrivain qui se fait remarquer par son pédantisme.

bas-côté [bɑkote] n. m. (*bas* et *côté*) [pl. *bas-côtés*]. **1.** Voie latérale d'une route, en général réservée aux piétons : *Il est interdit aux véhicules de stationner sur les bas-côtés de l'autoroute.* — **2.** Nef latérale d'une église.

basculant, e [baskylɑ̃] adj. Qui bascule : *Une benne basculante.*

bascule [baskyl] n. f. (de *basse* et anc. fr. *baculer,* frapper le derrière contre terre). **1.** Appareil avec lequel on pèse des gros objets, des animaux. — **2.** *À bascule,* se dit d'une pièce d'appareil faite pour pivoter dans un plan vertical, ou d'un siège qu'on peut basculer d'avant en arrière : *Un fauteuil à bascule. L'enfant avait reçu comme jouet un cheval à bascule.*

basculer [baskyle] v. i. (de *bascule*) [sujet qqn, qqch] Faire un mouvement qui déséquilibre et entraîne la chute : *L'ouvrier, en se penchant, a basculé dans le vide* (syn. TOMBER, CULBUTER). *Le wagon a basculé dans le fossé* (syn. CHAVIRER). *Prenez garde, la planche bascule.* ◆ v. t. Faire tomber en déséquilibrant : *Basculer un chariot, une benne* (syn. RENVERSER, CULBUTER).

1. base [baz] n. f. (gr. *basis,* point d'appui). **1.** Socle sur lequel un corps est installé; partie inférieure d'un corps par laquelle il repose sur qqch : *La statue oscille sur sa base* (syn. SOCLE, SUPPORT). *Des temples grecs il ne reste souvent que la base des colonnes* (syn. PIED). *La base de la colline est ravinée par les pluies* (syn. BAS; contr. SOMMET). *La base d'un triangle est le côté opposé au sommet.* — **2.** Produit appliqué sous un autre : *Une base de maquillage.* — **3.** Ensemble des adhérents d'un parti politique ou d'un syndicat (par oppos. aux *dirigeants*) : *Les délégués syndicaux demandèrent à consulter la base avant d'accepter. Une militante de base.* — **4.** Lieu de concentration de troupes et de moyens matériels pour conduire des opérations militaires : *Installer des bases navales en Méditerranée. Un avion n'est pas rentré à sa base. L'armée risque d'être coupée de ses bases de ravitaillement* (syn. CENTRE). — **5.** Ce qui est l'origine, le principe fondamental sur lequel tout repose (souvent pl.) : *Jeter les bases d'une réorganisation du service* (syn. PLAN). *Établir les bases d'un accord* (syn. CONDITIONS). *Ce raisonnement est fondé sur des bases solides* (syn. PRINCIPES). *Il est à la base de toute la combinaison* (syn. ORIGINE). *Saper les bases d'une organisation* (syn. ASSISES). *Ce projet pèche par la base* (= repose sur de faux principes). *Sur la base de vos propositions, une discussion est possible* (= en prenant comme point de départ). *Échanger des dollars sur la base des cours du jour* (= au taux actuel). *C'est une base de départ pour une discussion plus approfondie. Consulter un ouvrage de base* (= fondamental). — **6.** *À base de,* dont le principal composant est : *Ces détersifs sont toujours à base de soude.*

2. base [baz] n. f. (même étym.). Corps chimique capable de neutraliser un acide en se combinant à lui.

base-ball [bɛzbol] n. m. (mot angl.). Sport dérivé du cricket, pratiqué aux États-Unis.

baser [baze] v. t. **1.** Concentrer en un lieu (surtout pass.) : *Une unité de chars est basée à Rambouillet, près de Paris.* — **2.** *Baser une chose sur une autre,* donner à la première la seconde comme principe ou comme fondement : *Ils ont basé tout leur système sur des calculs faux* (syn. APPUYER, ÉCHAFAUDER). *Sa démonstration est solidement basée sur des faits* (syn. FONDER, ÉTABLIR). ◆ ***se baser*** v. pr. (sujet qqn, qqch) *Se baser sur qqch,* se fonder sur : *Sur quoi vous basez-vous pour dire cela? Cette théorie se base sur des faits solides.*

bas-fond [bɑfɔ̃] n. m. (*bas* et *fond*) [pl. *bas-fonds*]. **1.** Endroit de la mer ou d'une rivière où l'eau est peu profonde; terrain plus bas que ceux qui l'environnent et qui est en général marécageux. — **2.** *Les bas-fonds de la société,* la partie de la population qui vit en marge de la collectivité.

basilic [bazilik] n. m. (gr. *basilikon,* royal). Plante aromatique utilisée comme condiment.

basilique [bazilik] n. f. (lat. *basilica*). Église catholique de vastes proportions, conçue d'après les premières églises chrétiennes, de forme rectangulaire, terminée par une abside en demi-cercle.

basique [bazik] adj. Relatif à la base : *Corps, milieu basique* (= qui présente les propriétés d'une base).

1. basket [baskɛt] ou **basket-ball** [baskɛtbol] n. m. (mot angl. signif. *balle au panier*). Sport qui oppose deux équipes de cinq joueurs, et qui consiste à marquer le plus de points possible en faisant entrer le ballon dans un anneau muni d'un filet *(panier),* fixé sur un panneau à 3,05 m du sol.

2. basket [baskɛt] n. f. ou m. Chaussure de toile à semelle de caoutchouc, montant jusqu'à la cheville.

basketteur, euse [baskɛtœr] n. Joueur de basket.

basque [bask] n. f. (du prov. *basta,* pli). **1.** Partie de l'habit qui descend derrière, au-dessous de la ceinture (syn. PAN). — **2.** *Être toujours pendu aux basques de qqn,* le suivre partout, ne pas le quitter d'un pas, en l'importunant ou en le gênant.

bas-relief [bɑrəljɛf] n. m. (*bas* et *relief*) [pl. *bas-reliefs*]. Sculpture qui se détache avec une faible saillie sur un fond uni de pierre.

basse [bɑs] n. f. (it. *basso*). **1.** Voix ou instrument qui fait entendre les sons les plus graves. — **2.** En jazz, contrebasse.

basse-cour [bɑskur] n. f. (*basse* et *cour*) [pl. *basses-cours*]. **1.** Partie de la ferme où on élève de la volaille et d'autres petits animaux (lapins). — **2.** *Animaux de basse-cour* (ou *la basse-cour*), les animaux qui vivent dans cette partie de la ferme.

bassement [bɑsmɑ̃] adv. (de *bas* 1). De façon vile : *Tu t'es conduit bassement à son égard* (syn. IGNOBLEMENT).

bassesse [bɑsɛs] n. f. Manque de noblesse ou d'élévation morale; action qui manifeste des sentiments vils : *Il pousse la flatterie jusqu'à la bassesse* (syn. SERVILITÉ, ↑INFAMIE). *Étaler la bassesse de son caractère* (contr. GRANDEUR, GÉNÉROSITÉ). *Vous avez commis une bassesse en le dénonçant* (syn. VILENIE, IGNOMINIE).

basset [bɑsɛ] n. m. (de *bas* 1). Chien courant aux membres courts et au corps allongé.

bassin [basɛ̃] n. m. (bas lat. *baccinus*).
— **I. 1.** Récipient portatif, large et de forme circulaire, destiné à recevoir de l'eau. — **2.** Récipient qui reçoit les déjections d'un malade. — **3.** Partie d'un port où les navires, à l'abri du vent et de la grosse mer, chargent et déchargent leurs marchandises et peuvent être réparés. — **4.** Maçonnerie destinée à recevoir de l'eau, et servant de réservoir ou d'ornement : *Les bassins de Versailles* (syn. PIÈCE D'EAU). — **5.** En sport, syn. de PISCINE. — **6.** Dépression naturelle arrosée par des cours d'eau : *Le Bassin parisien. Le bassin de la Garonne.*

— **7.** Vaste gisement de fer ou de houille formant une unité : *Le bassin minier du Pas-de-Calais.*
— **II.** Ceinture osseuse située à la partie inférieure du tronc et articulée avec les membres inférieurs : *Avoir une fracture du bassin.*

bassine [basin] n. f. Large récipient de forme circulaire, en métal ou en matière plastique, destiné à divers usages domestiques.

bassiner [basine] v. t. *Bassiner un lit,* le chauffer avec une bassinoire.

bassinoire [basinwar] n. f. (de *bassin*). Récipient de métal à couvercle perforé et à long manche qui, rempli de braises, servait à chauffer un lit.

bassiste [basist] n. Syn. de CONTREBASSISTE.

basson [basɔ̃] n. m. (it. *bassone*). **1.** Instrument de musique à vent, en bois, ayant la forme d'un long tube. — **2.** Musicien qui en joue.

bastide [bastid] n. f. **1.** Au Moyen Âge, ville fortifiée. **2.** Auj., maison de campagne en Provence (syn. MAS).

bastille [bastij] n. f. (altér. de *bastide*). Symbole du pouvoir arbitraire : *Les nouvelles bastilles seront détruites.* (La *Bastille* était un château fort construit à Paris, qui servit de prison d'État et fut pris d'assaut le 14 juillet 1789 par le peuple de Paris.)

bastingage [bastɛ̃gaʒ] n. m. (du prov. *bastengo*). Bord du navire qui dépasse le pont : *S'accouder au bastingage.*

bastion [bastjɔ̃] n. m. (de *bastille*). **1.** Fortification faisant partie d'un système de défense. — **2.** Ce qui forme le centre de résistance inébranlable d'un parti, d'une organisation, d'une doctrine, etc. : *Le département du Nord est un des bastions du socialisme.*

bastonnade [bastɔnad] n. f. (de l'it. *bastone*, bâton). Volée de coups de bâton.

bastringue [bastrɛ̃g] n. m. (orig. incert.). **1.** *Fam.* Ensemble d'objets hétéroclites; matériel encombrant et disparate : *Enlève tout ce bastringue qui encombre le couloir.* — **2.** *Fam.* Désordre bruyant, causé en général par des danseurs ou par un orchestre : *Toute cette nuit du 14-Juillet, elle entendit de sa chambre un bastringue infernal* (syn. VACARME, TAPAGE). — **3.** *Pop.* Bal populaire : *Musique, orchestre de bastringue.*

bas-ventre [bɑvɑ̃tr] n. m. (pl. *bas-ventres*). Région inférieure du ventre.

bât [bɑ] n. m. (du gr. *bastazein*, porter). **1.** Selle rudimentaire placée sur le dos des ânes, des mulets, des chevaux, pour le transport des charges. — **2.** *Voilà où le bât blesse,* c'est le point faible, celui où on peut atteindre qqn, le vexer.

bataclan [bataklɑ̃] n. m. (onomat.). **1.** *Fam.* Attirail ou paquets encombrants et divers : *Range un peu tout ton bataclan* (syn. BAZAR). — **2.** *Et tout le bataclan,* et tout le reste.

bataille [bataj] n. f. (bas lat. *battalia*, escrime). Combat entre deux armées, entre deux ou plusieurs personnes : *Nous avons perdu une bataille, mais non pas la guerre. Remporter, gagner une bataille sur l'ennemi. Les enfants ont commencé une bataille de boules de neige. La bataille électorale a été ardente. Le plan de bataille a été modifié* (= les dispositions prises pour attaquer l'adversaire). *La publication de ce roman donna lieu à une bataille d'idées* (= des discussions, des controverses).

batailler [bataje] v. i. Se battre (inusité dans le sens militaire) : *Je bataille avec ardeur pour mes idées* (syn. COMBATTRE, LUTTER).

batailleur, euse [batajœr] adj. et n. Qui aime à se quereller, à batailler : *Mon fils est un batailleur et il revient souvent avec les vêtements déchirés* (syn. QUERELLEUR). *Elle a l'humeur batailleuse* (syn. COMBATIF).

bataillon [batajɔ̃] n. m. (it. *battaglione*, escadron). **1.** Unité militaire composée de plusieurs compagnies : *Un bataillon de chars, d'infanterie.* — **2.** *Un bataillon de,* une troupe nombreuse de : *Il y avait tout un bataillon d'enfants avec lui.*

1. bâtard, e [bɑtar] adj. et n. (orig. incert.). **1.** Né de parents qui ne sont pas mariés légalement : *Le comte de Toulouse était un bâtard de Louis XIV* (syn. ENFANT NATUREL, ADULTÉRIN). — **2.** Se dit d'un animal issu de croisements : *Il possédait un chien affreux, bâtard de caniche et de fox.* — **3.** *Péjor.* Se dit de qqch qui a les caractères de deux genres différents : *Cet ouvrage n'est ni un essai ni un roman; c'est une œuvre bâtarde.*

2. bâtard [bɑtar] n. m. (orig. incert.). Pain de fantaisie moins long que la baguette.

batavia [batavja] n. f. (de *Bataves*, n. d'un peuple). Sorte de laitue.

bâté [bɑte] adj. m. (de *bât*). *Âne bâté,* ignorant (syn. STUPIDE, IMBÉCILE).

1. bateau [bato] n. m. (de l'anc. angl. *bât*).
— **I. 1.** Toute sorte de navire ou d'embarcation : *On aperçoit plusieurs bateaux de pêche à l'horizon. Prendre le bateau à Marseille pour aller à Alexandrie* (= s'embarquer). *Les porteurs attendent les voyageurs à la descente du bateau* (syn. PAQUEBOT). *De petits bateaux à moteur sillonnent la baie. Quelques bateaux de guerre sont ancrés dans la rade* (syn. NAVIRE).
— **2.** Fam. *Mener qqn en bateau, lui monter un bateau,* lui faire croire qqch qui n'est pas vrai, le tromper par une histoire imaginée de toutes pièces.
— **II.** Dénivellation d'un trottoir devant une porte cochère ou un garage pour permettre l'accès des véhicules.

2. bateau [bato] adj. inv. *Fam.* Se dit d'un sujet rebattu, d'une idée banale : *Une dissertation, une idée bateau.*

bateau-citerne [batositɛrn] n. m. (pl. *bateaux-citernes*). Bateau aménagé pour le transport des liquides.

bateau-mouche [batomuʃ] n. m. (pl. *bateaux-mouches*). Bateau qui assure un service de promenade d'agrément sur la Seine, à Paris.

bateau-pompe [batopɔ̃p] n. m. (pl. *bateaux-pompes*). Bateau équipé pour la lutte contre le feu.

bateleur [batlœr] n. m. (de l'anc. fr. *baastel*, marionnette). Bouffon qui, sur une estrade en plein vent, amuse le public par ses tours d'adresse (vieilli).

batelier [batəlje] n. m. Celui qui est chargé de la conduite des bateaux de la navigation fluviale (péniches, remorqueurs).

batellerie [batɛlri] n. f. Industrie du transport par voie fluviale; ensemble des moyens de transport fluviaux.

bat-flanc [baflɑ̃] n. m. inv. (de *battre* et *flanc*). **1.** Cloison séparant des chevaux dans une écurie. — **2.** Plancher surélevé et incliné, servant de lit aux soldats d'un poste de garde ou à des prisonniers.

bathyscaphe [batiskaf] n. m. (gr. *bathus*, profond, et *skaphê*, barque). Appareil de plongée permettant d'explorer les profondeurs de la mer.

bâti, e [bɑti] adj. Fam. *Bien, mal bâti,* solide, de forte carrure, ou difforme (syn. BIEN, MAL FAIT). ◆ ***bâti*** n. m. **1.** Assemblage de pièces de menuiserie ou de charpente servant ordinairement de cadre, de support : *Une porte avec son bâti. Une machine-outil fixée sur un bâti.* — **2.** En couture, assemblage à grands points.

batifolage [batifɔlaʒ] n. m. Action de batifoler : *Un batifolage sans conséquence* (syn. AMUSEMENT).

batifoler [batifɔle] v. i. (de l'it. *battifolle,* boulevard où l'on allait s'amuser). *Fam.* (sujet qqn) S'amuser à des choses futiles, à des enfantillages : *C'est un esprit léger qui aime à batifoler* (syn. FAIRE LE FOU). *Assez batifolé comme ça : passons à des choses sérieuses* (syn. FOLÂTRER, PERDRE SON TEMPS); se permettre des libertés avec une femme : *Il ne sentait pas le ridicule qu'il y avait à batifoler auprès de cette jeune fille.*

bâtiment [bɑtimɑ̃] n. m. **1.** Ce qui a été construit pour servir à l'habitation : *Les bâtiments de la ferme étaient dispersés autour de la cour. Ravaler la façade des bâtiments publics* (syn. ÉDIFICE, MONUMENT). *Les bâtiments s'élèvent rapidement* (syn. IMMEUBLE, MAISON, CONSTRUCTION). — **2.** *Industrie du bâtiment,* ou *le bâtiment,* personnel et industries qui concourent à la construction des maisons, des immeubles, des édifices, etc. — **3.** Navire de grandes dimensions : *Les bâtiments de la flotte sont ancrés à Brest.*

bâtir [bɑtir] v. t. (frq. *bastjan*). **1.** *Bâtir qqch (objet),* l'élever ou le faire élever sur le sol, avec des pierres, du ciment, des matériaux divers, pour un usage précis : *Bâtir un pont sur l'Yonne* (syn. CONSTRUIRE; contr. DÉTRUIRE). *Une villa bâtie près de la côte. Le gouvernement décida de bâtir de nouvelles écoles* (syn. ÉLEVER, ÉDIFIER). *Les enfants ont bâti une cabane au fond du jardin* (syn. MONTER). *Cet architecte a bâti le nouveau Palais des expositions* (= il en a dirigé la construction). *La propriété bâtie* (= les immeubles). *Un nouveau quartier s'est bâti depuis dix ans.* — **2.** *Bâtir qqch (abstrait),* l'établir sur certaines bases selon une disposition, un projet déterminés : *Elle a bâti toute une théorie sur quelques observations isolées* (syn. ÉTABLIR, FONDER). *Bâtir sa réputation sur de solides travaux. Sa phrase est mal bâtie* (syn. AGENCER). *Bâtir une fortune immense* (syn. ÉDIFIER). — **3.** *Bâtir une robe,* en assembler les pièces en les cousant provisoirement à longs points.

bâtisse [bɑtis] n. f. *Péjor.* Construction sans caractère particulier : *Détruire les vieilles bâtisses d'un quartier insalubre.*

bâtisseur [bɑtisœr] n. m. **1.** Celui qui construit de grands ensembles : *Un architecte qui a été un grand bâtisseur de villes nouvelles.* — **2.** Celui qui fonde qqch : *Les bâtisseurs d'empires* (syn. FONDATEUR). *Un bâtisseur de théories chimériques.*

bâton [bɑtɔ̃] n. m. (bas lat. *bastum*). **1.** Long morceau de bois qui peut être utilisé comme arme ou comme outil, ou pour servir à la marche, diriger ou conduire : *Tailler un bâton dans une branche. Un vieillard qui marche en s'appuyant sur un bâton* (syn. CANNE). *Poursuivre un voleur à coups de bâton* (syn. TRIQUE). *Le bâton du chef d'orchestre* (syn. BAGUETTE). *Le bâton blanc de l'agent de police.* — **2.** Objet fait de matière consistante et qui a une forme allongée : *Un bâton de rouge à lèvres.* — **3.** *À bâtons rompus,* de façon discontinue, sans suite : *Ils parlèrent à bâtons rompus de leur jeunesse.* ‖ *Bâton de maréchal,* insigne de son commandement. ‖ *Avoir son bâton de maréchal,* obtenir le plus haut titre auquel on pouvait prétendre. ‖ Litt. *Bâton de vieillesse de qqn,* soutien d'un vieillard. ‖ *Faire des bâtons,* se dit d'un jeune écolier qui trace des traits parallèles pour s'habituer à écrire. ‖ *Mener une vie de bâton de chaise,* avoir une vie déréglée, agitée, une vie de débauche. ‖ *Mettre des bâtons dans les roues,* susciter des difficultés à qqn, élever des obstacles pour empêcher l'accomplissement de qqch.

bâtonnet [bɑtɔnɛ] n. m. Ce qui a la forme d'un petit bâton.

bâtonnier [bɑtɔnje] n. m. (de *bâton*). Chef élu de l'ordre des avocats inscrits auprès d'une cour ou d'un tribunal.

batracien [batrasjɛ̃] n. m. (du gr. *batrakhos,* grenouille). Animal appartenant à une classe de vertébrés qui comprend les *grenouilles* et les *crapauds,* les *tritons* et les *salamandres.*

battage [bataʒ] n. m. **1.** Action de battre les céréales, les légumineuses, etc., pour en extraire les grains : *Le battage du blé.* — **2.** La saison de ces travaux (parfois pl.) : *Je ne l'avais pas revu depuis les battages.* — **3.** *Fam.* Publicité tapageuse : *On fait un grand battage autour de ce nouveau produit.*

1. battant, e [batɑ̃] adj. *À une (deux, trois,* etc.) *heure(s) battante(s),* à une (deux, trois, etc.) heure(s) précise(s) : *Donner un rendez-vous à deux heures battantes* (syn. fam. TAPANT). ‖ *Cœur battant,* cœur palpitant sous l'effet d'une émotion. ‖ *Pluie battante,* qui tombe avec violence. ‖ *Tambour battant* → TAMBOUR. ◆ n. Personne combative et énergique : *Ce nageur est un battant, il a du punch!*

2. battant [batɑ̃] n. m. **1.** Pièce métallique suspendue à l'intérieur d'une cloche, dont elle vient frapper la paroi. — **2.** Partie mobile d'une porte, d'une fenêtre; vantail. — **3.** *Fam.* Somme d'argent dont on peut disposer pour faire face à une dépense imprévue.

batte [bat] n. f. (de *battre*). Sorte de bâton avec lequel on frappe la balle à certains jeux (cricket, base-ball).

battement [batmɑ̃] n. m. **1.** Choc répété d'un corps contre un autre, provoquant un bruit rythmé, ou simple mouvement alternatif : *Être salué par de vigoureux battements de mains* (syn. APPLAUDISSEMENTS). *Les battements de cils, de paupières. Une nageuse de crawl qui a un bon battement de jambes.* — **2.** Intervalle de temps dont on peut disposer avant une action, un travail, etc. : *Les employés ont deux heures de battement à midi pour déjeuner. Entre deux heures de classe consécutives, il y a cinq minutes de battement* (syn. INTERCLASSE).

batterie [batri] n. f. (de *battre*). **1.** Groupement de plusieurs accumulateurs électriques, de piles, etc. : *Faire recharger la batterie de sa voiture.* — **2.** Unité d'artillerie : *Disposer une batterie.* — **3.** *Mettre une arme en batterie,* la disposer de telle manière qu'elle soit en état de tirer immédiatement. — **4.** *Batterie de cuisine,* ensemble des ustensiles de métal (casseroles, plats, etc.) utilisés pour la cuisine. — **5.** Ensemble des instruments de percussion dans un orchestre. ◆ ***batteries*** n. f. pl. Moyens habiles pour réussir : *Dresser ses batteries. Démasquer, dévoiler ses batteries* (= révéler ses intentions).

batteur [batœr] n. m. **1.** Celui qui tient les instruments de percussion (caisses, cymbales, etc.) dans un orchestre de jazz. — **2.** Appareil ménager destiné à faire des mélanges, à préparer des sauces, de la mayonnaise, etc.

batteuse [batøz] n. f. Machine à égrener les céréales.

battre [batr] v. t. (lat. *battuere*) [c. **56**]. **1.** (sujet qqn) *Battre un être animé,* lui donner des coups : *Cet enfant est brutal, il bat ses camarades* (syn. FRAPPER). *Battre un chien* (syn. CORRIGER). — **2.** *Battre un ennemi, un adversaire,* etc., remporter la victoire sur lui : *L'équipe de France de football a été battue* (syn. VAINCRE, DÉFAIRE). *Napoléon battit les Autrichiens à Wagram* (syn. TRIOMPHER DE, ↑ ÉCRASER, ↑ ANÉANTIR). — **3.** *Avoir l'air d'un chien battu,* avoir une attitude humiliée. ‖ *Yeux battus,* fatigués, au-dessous desquels se voit un demi-cercle bleuâtre. — **4.** (sujet qqn) *Battre qqch (objet),* lui donner des coups en vue d'un résultat précis (traitement, nettoyage, etc.) : *Battre le fer pour forger une pièce. Battre des œufs en neige. Battre un tapis* (pour en enlever la poussière). *Battre le blé* (pour extraire le grain). — **5.** (sujet qqch) S'élancer contre, se jeter sur qqch : *Les vagues battent la digue* (syn. ASSAILLIR). *La pluie bat les vitres* (syn. CINGLER, FOUETTER). — **6.** *Il faut battre le fer pendant qu'il est chaud,* il faut pousser activement une affaire qui est en bonne voie, profiter de l'occasion. (→ aussi CARTE, MESURE, MONNAIE, SEMELLE, etc.) — **7.** (sujet qqn, des personnes) *Battre le pays, la région,* etc., les parcourir en les explorant minutieusement : *Les gendarmes ont battu la région, le secteur, pour retrouver les voleurs. Chasseurs qui battent la plaine.* — **8.** *Chemins, sentiers battus,* banalités, lieux communs : *Suivre toujours les sentiers battus.* — **9.** *Sol battu, terre battue,* sol nu, durci par une pression répétée. ◆ v. i. **1.** (sujet qqch) Donner des coups contre un obstacle; faire entendre des bruits plus ou moins forts de choc : *Une porte qui bat. La pluie bat contre la vitre. Un métronome qui bat régulièrement.* — **2.** *Battre des mains,* les frapper l'une contre l'autre (syn. APPLAUDIR). || *Battre du tambour,* le faire retentir. || *Le cœur bat,* il est animé de pulsations (syn. PALPITER). ◆ ***se battre*** v. pr. **1.** Se donner mutuellement des coups, engager le combat l'un contre l'autre : *Les deux adversaires se battaient à coups de poing. Ils se sont battus en duel* (syn. COMBATTRE). *Se battre contre plusieurs adversaires.* — **2.** *Se battre contre qqch (abstrait),* soutenir un combat : *Se battre contre les préjugés* (syn. LUTTER). — **3.** *Se battre les flancs,* se démener beaucoup pour un mince résultat. (→ RABATTRE.)

battue [baty] n. f. Chasse qu'on pratique en faisant battre les bois par des rabatteurs pour faire sortir le gibier; chasse à l'homme.

baudet [bodɛ] n. m. (de l'anc. fr. *bald,* lascif). Âne.

baudrier [bodrije] n. m. (du lat. *baldeus,* bande). **1.** Bande de cuir ou d'étoffe portée en bandoulière et qui soutient un sabre, une épée, la hampe d'un drapeau, un tambour, etc. — **2.** Double anneau de corde auquel l'alpiniste attache la corde qui le lie à son compagnon.

baudroie [bodrwa] n. f. (mot prov.). Poisson à la bouche énorme, au dos couvert de filaments qu'il agite pour attirer ses proies : *On utilise la baudroie dans la bouillabaisse et on la vend sous le nom de lotte.*

baudruche [bodryʃ] n. f. (orig. inc.). **1.** Pellicule de caoutchouc dont on fait des ballons. — **2.** Personne sotte et prétentieuse; théorie sans consistance : *C'est une baudruche que quelques flatteries mettent immédiatement en confiance. Crever, dégonfler une baudruche* (= dissiper les illusions).

bauge [boʒ] n. f. (mot. gaul.). **1.** Lieu boueux où le sanglier se vautre pendant le jour. — **2.** Endroit sordide.

baume [bom] n. m. (lat. *balsamum*). **1.** Substance odoriférante que sécrètent certaines plantes et qu'on utilise à divers usages pharmaceutiques ou industriels; préparation employée comme calmant ou pour cicatriser. — **2.** *Mettre, verser du baume sur une plaie, dans le (au) cœur de qqn,* procurer quelque adoucissement à sa douleur, à sa peine : *Après tant de malheurs, quelques marques de sympathie lui mettaient du baume au cœur* (syn. CONSOLER). [→ EMBAUMER.]

bauxite [boksit] n. f. (du n. des *Baux-de-Provence*). Roche sédimentaire rougeâtre, composée surtout d'alumine et exploitée comme minerai d'aluminium.

bavard, e [bavar] adj. et n. (de l'anc. fr. *bave,* babil). **1.** Qui parle beaucoup; incapable de se retenir de parler : *Un bavard insupportable dont personne ne peut interrompre le discours* (syn. DISCOUREUR, PHRASEUR). *Il est bavard en classe et n'écoute presque jamais le professeur* (contr. SILENCIEUX). *Un conférencier bavard et prétentieux* (syn. PROLIXE). *Un roman bavard et diffus, qui s'étend sur plus de mille pages* (syn. VERBEUX). — **2.** Qui n'est pas capable de retenir un secret, qui commet des indiscrétions : *Il a la langue trop bien pendue : on ne peut pas lui faire confiance; il est trop bavard* (syn. INDISCRET; contr. DISCRET).

bavardage [bavardaʒ] n. m. Action de bavarder; ce qui est dit en bavardant : *Ce bavardage incessant autour de moi m'agace. Pas de bavardage, allez directement au fait. Notre projet est découvert; il y a eu des bavardages* (syn. INDISCRÉTION). *N'attachez pas d'importance à ces bavardages calomnieux* (syn. POTINS, RAGOTS, CANCANS).

bavarder [bavarde] v. i. **1.** *Péjor.* Parler beaucoup : *Tu bavardes à tort et à travers et tu racontes n'importe quoi. Elle bavarde avec toutes les commères du quartier* (syn. fam. JACASSER, PAPOTER). — **2.** S'entretenir familièrement et à loisir avec qqn : *Il bavardait sur le pas de sa porte avec le voisin* (syn. CAUSER; litt. CONVERSER, DEVISER). — **3.** Révéler ce qui devait être gardé secret; parler de façon défavorable de qqn : *On a arrêté toute la bande : un complice avait bavardé* (syn. PARLER). *On bavarde beaucoup sur ton compte* (syn. JASER).

bavasser [bavase] v. i. *Péjor.* et *fam.* Tenir des propos futiles ou médisants.

bave [bav] n. f. (onomat. empr. au lat.). Salive ou écume qui coule de la bouche des hommes ou de la gueule des animaux : *Essuyer la bave d'un bébé.*

baver [bave] v. i. **1.** (sujet être animé) Laisser couler de la bave : *Baver et postillonner en parlant;* laisser couler de sa bouche de la nourriture ou de la boisson : *Essuie ton menton : tu as bavé en buvant.* — **2.** *Liquide qui bave,* qui se répand largement : *L'encre a bavé et fait une tache.* — **3.** *Baver sur qqn,* chercher à le salir par des calomnies, des propos vils. || Pop. *En baver,* se donner beaucoup de peine; supporter des ennuis graves : *Il est très dur avec ses subordonnés et il leur en fait baver toute l'année* (syn. EN VOIR DE TOUTES LES COULEURS).

bavette [bavɛt] n. f. En boucherie, muscles de la paroi abdominale du bœuf : *Acheter un bifteck dans la bavette.*

baveux, euse [bavø] adj. **1.** Qui bave : *La gueule baveuse d'un chien.* — **2.** *Omelette baveuse,* dont l'intérieur n'est pas très cuit.

bavoir [bavwar] n. m. Petite pièce de lingerie que l'on met sous le menton des bébés pour protéger les vêtements contre la bave.

bavure [bavyr] n. f. **1.** Quantité de matière liquide qui déborde : *L'encre a fait des bavures sur l'épreuve d'imprimerie* (syn. TACHE). — **2.** *Fam.* Erreur, faute, illégalité commise au cours d'une opération de police, d'une action militaire : *L'opération n'a pas été menée sans bavures* (= de façon irréprochable).

bayadère [bajadɛr] adj. (portug. *bailadeira,* danseuse). Se dit d'un dessin de tissu à rayures multicolores : *Écharpe bayadère.*

bayer [baje] v. i. (bas lat. *batare,* être ouvert). *Bayer aux corneilles,* perdre son temps à regarder stupidement en l'air : *Écoutez donc, au lieu de bayer aux corneilles* (syn. RÊVASSER).

bazar [bazar] n. m. (persan, *bāzār,* souk). **1.** Magasin où on vend toutes espèces de produits manufacturés. || *Article de bazar,* marchandise d'une qualité médiocre. — **2.** *Fam.* Ensemble d'objets divers, en désordre, souvent mal définis : *Elle a un bazar invraisemblable dans son sac à main* (syn. fam. FOURBI, BARDA). — **3.** Fam. *Et tout le bazar,* et tout le reste.

bazarder [bazarde] v. t. (de *bazar*). Fam. *Bazarder qqch,* s'en débarrasser par les voies les plus rapides; vendre à n'importe quel prix.

bazooka [bazuka] n. m. (mot anglo-amér.). Lance-roquettes antichar.

b.c.g. [beseʒe] n. m. (sigle de vaccin *bilié de Calmette et Guérin*). Vaccin contre la tuberculose.

béant, e [beɑ̃] adj. (de l'anc. *béer,* être ouvert). Grand ouvert : *Le cadavre porte une plaie béante à la gorge. Il regarda le gouffre béant qui s'enfonçait à ses pieds. Les yeux béants, terrifiée, elle n'osait même pas s'enfuir.*

béat, e [bea] adj. (lat. *beatus,* heureux). *Ironiq.* et *péjor.* Qui manifeste un contentement de soi et une absence d'inquiétude proches de la sottise : *Il témoigne à son égard d'une admiration béate. Recevoir des compliments avec un sourire béat.*

béatement [beatmɑ̃] adv. De façon béate : *Se contempler béatement dans un miroir.*

béatification [beatifikasjɔ̃] n. f. Action de béatifier : *Le procès de béatification de Jean XXIII.*

béatifier [beatifje] v. t. (lat. *beatificare*). *Béatifier qqn,* dans la langue religieuse, le mettre au nombre des bienheureux.

béatitude [beatityd] n. f. **1.** Contentement béat : *Elle regardait son enfant avec béatitude.* — **2.** Félicité des bienheureux.

beau [bo] ou **bel, belle** [bɛl] adj. (lat. *bellus,* joli) [avant le n. : *beau* devant les n. m. commençant par une consonne et *bel* devant les n. m. commençant par une voyelle ou un *h* muet]. **1.** Qui suscite un plaisir admiratif par sa forme ou une idée de noblesse morale, de supériorité intellectuelle, de parfaite adaptation ou de totale conformité à ce qu'on attend ou espère (contr. LAID) : *Avoir un beau visage régulier* (syn. BIEN FAIT, ↓JOLI). *Une belle femme. On ne se lasse pas de regarder ce beau paysage* (syn. ↑ADMIRABLE, ↑MAGNIFIQUE). *Vous avez remporté un beau succès* (syn. ↑REMARQUABLE). *Voilà une belle occasion manquée* (syn. PROPICE). *Mettre ses beaux habits. Une musique très belle à entendre. Elle a une très belle intelligence* (syn. PROFOND, HAUT). *Prononcer un beau discours* (syn. ↑BRILLANT). *Il a eu une belle mort* (= il est mort noblement ou sans souffrir). *Mourir de sa belle mort* (= dans son lit, et non par accident). *Ces beaux sentiments lui font honneur* (syn. ÉLEVÉ, GÉNÉREUX). *Lire une belle page de Colette. Avoir une belle santé* (syn. PROSPÈRE). *La maison est de belle apparence. Il se fait beau* (= il soigne sa tenue). *La météo annonce du beau temps* (contr. MAUVAIS). *C'est le bel âge* (= la jeunesse). — **2.** Indique une quantité importante, l'intensité : *Il a une belle fortune* (syn. GRAND, IMPORTANT). *Il a reçu une belle gifle sur la figure* (syn. FAMEUX, MAGISTRAL). *Vous en faites un beau tapage! Acheter une belle dinde pour Noël* (syn. GROS). *S'arrêter au beau milieu de la route* (syn. PLEIN). *Il y a beau temps que je ne l'ai vu* (= il y a longtemps). — **3.** *Ironiq.* Considéré comme mauvais, hypocrite, non conforme à ce qui est convenable : *Tout ceci, ce sont de belles paroles* (syn. TROMPEUR, FALLACIEUX). *Il l'a arrangé de belle manière (façon)!* [= il l'a traité avec brutalité, sans ménagement]. — **4.** *Un beau matin, un beau jour,* etc., un matin, un jour indéfini où se produit un fait inopiné : *Je les vis arriver un beau matin comme si rien ne s'était passé. Un beau jour, elle viendra m'annoncer son mariage.* ◆ ***beau*** adv. *Avoir beau* (+ *inf.*), s'efforcer vainement de : *Vous avez beau dire, il n'a aucune des qualités requises pour cet emploi. Il a beau faire, il n'y parviendra pas. Il a beau être tard, je vais me mettre en route* (= bien qu'il soit tard). ‖ *Il fait beau,* le temps est clair (il ne pleut pas). ‖ *Il ferait beau voir,* il serait dangereux de : *Il ferait beau voir qu'on n'obéisse pas à mes ordres* (= on serait mal inspiré de). ‖ *Voir en beau,* de façon favorable : *Il voit tout en beau sans jamais croire à la méchanceté humaine.* ◆ ***beau*** n. m. **1.** Ce qui est beau, plaisant, séduisant : *Rechercher le beau pour lui-même.* — **2.** Le côté plaisant, amusant d'une chose ou d'un événement : *Le plus beau de l'histoire, c'est que je ne me suis aperçu de rien* (syn. EXTRAORDINAIRE). ‖ *Au plus beau de,* au moment le plus intéressant : *Elle s'est arrêtée au plus beau du récit.* ‖ *C'est du beau!,* c'est une catastrophe, ou une action dont on n'a pas lieu d'être fier : *C'est du beau! il a renversé l'encrier sur le tapis.* — **3.** *Faire le beau,* se dit d'un chien qui se tient assis sur son arrière-train en levant ses pattes de devant. ‖ *Le temps est au beau,* il a une tendance à devenir ou à rester beau. ‖ *Un vieux beau,* un homme âgé qui veut faire le galant. (→ BELLE.)

beaucoup [boku] adv. de quantité (*beau* et *coup*). **1.** Indique une grande quantité ou intensité : *Ce film m'a beaucoup déçu* (syn. FORTEMENT). *Il lit beaucoup* (syn. ↑ÉNORMÉMENT). *C'est un auteur qui produit beaucoup. Il boit beaucoup. Il s'est produit cette année beaucoup d'accidents de la route. Il a beaucoup de temps à lui. Elle dispose de beaucoup de temps.* — **2.** Employé seul, indique un grand nombre de personnes : *Beaucoup sont sensibles à cette augmentation.* — **3.** Peut modifier *trop, plus, moindre, mieux,* ou un adj. repris par *le : Les enfants ont été beaucoup plus sages aujourd'hui* (syn. BIEN). *Je me porte beaucoup mieux depuis quelques jours* (syn. BIEN; contr. UN PEU). *Sa manière de conduire est imprudente; elle l'est même beaucoup.* — **4.** *De beaucoup,* indique une différence considérable avec un superlatif ou un comparatif : *Anne est de beaucoup la plus jeune de nous deux.* ‖ *À beaucoup près,* la différence restant considérable : *Il n'a pas à beaucoup près la personnalité de son père.* ‖ *C'est beaucoup de, que, si,* c'est un grand avantage, d'une grande importance : *C'est déjà beaucoup d'avoir conservé la santé à votre âge.* ‖ *C'est beaucoup dire,* l'expression est exagérée : *Il n'a rien fait, c'est beaucoup dire; disons qu'il ne s'est pas montré actif.* ‖ *Être beaucoup pour qqn,* avoir une grande valeur, une grande importance affective à ses yeux. ‖ *Il s'en faut de beaucoup que* (+ *subj.*), il y a un trop grand écart pour qu'un fait se produise : *Il s'en faut de beaucoup que le marché soit saturé.* ‖ *Merci beaucoup,* renforcement de *merci.* ‖ Fam. *Un peu beaucoup,* formule pour atténuer la pensée : *Elle plaisante un peu beaucoup sur ta timidité.*

beau-fils [bofis] n. m., **belle-fille** [bɛlfij] n. f. (pl. *beaux-fils, belles-filles*). **1.** Relativement à un des époux, le fils ou la fille que l'autre a eu d'un précédent mariage (on dit aussi ENFANT D'UN PREMIER LIT). — **2.** Relativement aux parents, syn. moins fréquent de GENDRE, et plus fréquent de BRU.

beau-frère [bofrɛr] n. m., **belle-sœur** [bɛlsœr] n. f. (pl. *beaux-frères, belles-sœurs*). **1.** Relativement à un des époux, le frère ou la sœur de l'autre. — **2.** Relativement à des frères ou à des sœurs, mari de la sœur ou femme du frère.

beaujolais [boʒɔlɛ] n. m. Vin du Beaujolais, région située entre la Loire et la Saône.

beau-père [bopɛr] n. m., **belle-mère** [bɛlmɛr] n. f. (pl. *beaux-pères, belles-mères*). **1.** Relativement à un des époux, le père ou la mère de la personne qu'il a épousée. — **2.** Second mari de la mère, ou seconde femme du père, par rapport aux enfants d'un premier lit.

beaupré [bopre] n. m. (néerl. *boegspriet*). Mât placé obliquement sur l'avant d'un navire.

beauté [bote] n. f. **1.** Caractère de ce qui est beau (aux divers sens de l'adj.) : *La beauté d'un paysage* (syn. MAGNIFICENCE, ↑SPLENDEUR). *La beauté du visage* (syn. HARMONIE, CHARME; contr. LAIDEUR). *Une personne qui se fait, se refait une beauté* (= qui se maquille, redonne une touche à son maquillage). *Avoir la beauté du diable* (= un éclat séducteur qui passe rapidement). *Elle n'est pas en beauté aujourd'hui* (= elle paraît moins belle que d'habitude). *Soins de beauté* (= ensemble de soins qui ont pour but l'entretien et l'embellissement du visage et du corps). *La beauté d'un sentiment* (syn. NOBLESSE). — **2.** Femme belle : *Voir passer une jeune beauté.* — **3.** *En beauté,* de façon brillante, réussie en parlant d'un achèvement : *Mourir, partir en beauté. La soirée, mal commencée, a fini en beauté. Tu as fini ton discours en beauté* (= d'une façon brillante).

beaux-arts [bozar] n. m. pl. Arts visant à une expression esthétique (architecture, peinture, sculpture, gravure, dessin) : *On englobe parfois dans les beaux-arts la musique et la chorégraphie.*

beaux-parents [boparɑ̃] n. m. pl. Relativement à un des époux, le père et la mère de l'autre.

bébé [bebe] n. m. (de l'angl. *baby*). **1.** Tout petit enfant (en général au-dessous de trois ans) ou nourrisson : *Un bébé rose et joufflu* (syn. NOURRISSON). *Deux de ses enfants vont en classe, mais elle a encore un bébé à la maison;* dans le langage maternel (sans art.) : *Il faut laver bébé. Bébé pleure.* — **2.** *Fam.* Se dit d'un enfant dont la conduite est trop puérile ou d'un adulte qui manque totalement de maturité : *C'est un vrai bébé : il se laisse dorloter sans avoir conscience du ridicule.*

be-bop [bibɔp] ou **bop** [bɔp] n. m. (onomat.). Style de musique de jazz; danse rapide sur cette musique.

bec [bɛk] n. m. (lat. *beccus*). **1.** Organe corné qui constitue une partie de la tête des oiseaux, et dont le bord coupant ou pointu joue le rôle de dents : *L'oiseau frappait du bec contre sa cage. Nez en bec d'aigle* (= crochu). — **2.** Objet ayant la forme d'un bec d'oiseau : *Nettoyer le bec de sa plume.* — **3.** *Fam.* Bouche : *Avoir la pipe au bec;* et dans des loc. : *Ouvrir le bec* (= parler). *Je me suis bien aperçu du coup de bec qu'il me lançait à mots couverts* (= du trait blessant, qui vexe). *Clouer le bec* (= fermer la bouche à qqn). — **4.** Fam. *Prise de bec,* dispute verbale assez violente entre deux personnes. ‖ *Rester le bec dans l'eau,* être à court d'arguments, ne pas pouvoir se tirer d'affaire. — **5.** *Bec (de gaz),* support soutenant une lanterne avec éclairage au gaz, qui était installé dans les rues des villes (auj. RÉVERBÈRE). — **6.** Fam. *Tomber sur un bec,* être arrêté par une difficulté imprévue.

bécane [bekan] n. f. (peut-être de *bec*). *Fam.* Bicyclette ou motocyclette.

bécarre [bekar] n. m. (it. *b quadro, b* à panse carrée). Signe d'altération qui, en musique, ramène à son ton naturel une note précédemment haussée par un dièse ou baissée par un bémol.

bécasse [bekas] n. f. (de *bec*). **1.** Oiseau échassier au bec long et mince. — **2.** *Fam.* Femme sotte et naïve : *Cette bécasse a cru ce qu'on lui disait et a acheté sans hésiter ce que le vendeur lui proposait* (syn. IDIOTE).

bécassine [bekasin] n. f. Oiseau échassier voisin de la bécasse, mais plus petit.

bec-de-cane [bɛkdəkan] n. m. (pl. *becs-de-cane*). Poignée de porte en forme de bec.

bec-de-lièvre [bɛkdəljɛvr] n. m. (pl. *becs-de-lièvre*). Malformation congénitale caractérisée par la lèvre supérieure fendue.

béchamel [beʃamɛl] n. f. (d'un n. pr.) Sauce blanche faite avec du lait.

bêche [bɛʃ] n. f. (orig. obscure). Outil formé d'une lame de fer large et tranchante, fixée à un manche, qui sert à retourner la terre.

bêcher [bɛʃe] v. t. **1.** Retourner avec une bêche : *J'ai passé mon dimanche à bêcher mon jardin.* — **2.** Fam. *Bêcher qqn,* avoir une attitude hautaine, méprisante envers lui : *Il ne vient plus nous voir, il nous bêche!* (syn. fam. SNOBER); sans compl. : *Arrête de bêcher!*

bêcheur, euse [bɛʃœr] adj. et n. *Fam.* Orgueilleux et méprisant : *Un bêcheur qui ne vous regarde même pas!*

bécot [beko] n. m. (de *bec*). *Fam.* Petit baiser.

bécoter [bekɔte] v. t. (de *bécot*). *Fam.* Donner de petits baisers (vieilli) : *Deux amoureux qui se bécotent dans la rue.*

becquée [bɛke] n. f. Nourriture donnée par petits morceaux : *Donner la becquée à un petit enfant.*

becqueter [bɛkəte] v. t. (c. **8**) Piquer avec le bec, pour manger ou attaquer : *Des moineaux becquetant les cerises mûres.*

bedaine n. f. → BEDON.

bedeau [bədo] n. m. (frq. *bidal*). Laïque préposé au service du matériel dans une église.

bedon [bədɔ̃] n. m. ou **bedaine** [bədɛn] n. f. (de l'anc. fr. *boudine,* ventre). *Fam.* Gros ventre.

bedonnant, e [bədɔnɑ̃] adj. *Fam.* Qui a du ventre : *Un gros monsieur bedonnant* (syn. ↑OBÈSE).

bédouin, ine [bedwɛ̃] n. et adj. Se dit des arabes nomades du désert : *Les bédouins du Sahara.*

bée [be] adj. f. *(Être, rester) bouche bée,* (être, rester) frappé d'admiration, d'étonnement, de stupeur : *Les enfants regardaient bouche bée les acrobates s'élancer de leurs trapèzes.*

beffroi [bɛfrwa] n. m. (germ. *bergfrid*). Tour ou clocher où on sonnait l'alarme : *Le beffroi de Lille.*

bégaiement [begɛmɑ̃] n. m. Fait de bégayer : *Son bégaiement exaspérait ses interlocuteurs* (syn. BALBUTIEMENT).

bégayer [begeje] v. i. (de *bèque*) [c. **4**] Parler ou prononcer avec difficulté ou embarras, en articulant mal les mots et en reprenant plusieurs fois la même syllabe : *Dès qu'elle parle en public, elle se met à bégayer par timidité. La peur le faisait bégayer* (syn. BREDOUILLER). ◆ v. t. *Bégayer qqch,* le prononcer en bégayant : *Un passant me bouscula et bégaya quelques excuses* (syn. BALBUTIER).

bégonia [begɔnja] n. m. (de *Bégon,* intendant générale de Saint-Domingue). Plante aux fleurs vivement colorées.

bègue [bɛg] adj. et n. (de l'anc. fr. *béguer,* bégayer). Qui bégaie : *Le portier était bègue; il me dit : «Pa... pa... par ici, sui... suivez-moi.»*

bégueule [begœl] adj. et n. (de *bée* et *gueule*). Qui pousse la pudeur jusqu'à l'excès : *Une bégueule qu'un rien effarouche* (syn. PRUDE, PUDIBOND).

béguin [begɛ̃] n. m. Fam. *Avoir un* ou *le béguin pour qqn,* en être amoureux.

beige [bɛʒ] adj. et n. m. D'une couleur brun clair tirant sur le jaune : *Porter un costume beige. Le beige l'habille bien.*

beignet [bɛɲɛ] n. m. (de l'anc. fr. *buyne,* bosse). Pâte contenant ou non une substance alimentaire (fruit, légume, viande, etc.) et passée dans une friture brûlante.

bel [bɛl] adv. et adj. *Bel et bien,* réellement, véritablement : *Elle a bel et bien disparu.* ‖ *Tout cela est bel et bon, mais...,* quoi qu'il en soit... : *Tout cela est bel et bon, mais enfin son travail n'a pas été fait.*

bêlant, e [bɛlɑ̃] adj. Qui bêle : *Le troupeau des brebis bêlantes.*

bel canto [bɛlkɑ̃to] n. m. (mots it. signif. *beau chant*). Art du chant fondé sur la beauté du son et la virtuosité.

bêlement [bɛlmɑ̃] n. m. Fait de bêler : *Le bêlement des moutons.*

bêler [bɛle] v. i. (lat. *belare,* onomat.) [sujet des moutons, des chèvres] Crier : *Les agneaux bêlent.*

belette [bəlɛt] n. f. (de *belle*). Petit mammifère carnassier au poil brun en été et blanc en hiver, qui vit dans les régions froides.

belge [bɛlʒ] adj. et n. (lat. *Belgae*). De Belgique.

belgicisme [bɛlʒisism] n. m. Locution propre au français de Belgique.

bélier [belje] n. m. (de l'anc. fr. *belin*). **1.** Mouton mâle reproducteur : *La femelle du bélier est la brebis.* — **2.** (avec majusc.) Premier signe du zodiaque, correspondant à la période du 21 mars au 20 avril.

bélière [beljɛr] n. f. Anneau mobile par lequel on suspend une médaille, un bijou.

belladone [bɛladɔn] n. f. (it. *belladonna*, belle dame). Plante à baies noires : *Très vénéneuse, la belladone contient un produit utilisé en médecine à très faible dose.*

bellâtre [bɛlatr] adj. et n. m. (de *bel*). Homme physiquement beau, mais niais et fat.

belle [bɛl] n. f. (de *beau*). **1.** Femme aimée (souvent ironiq.) : *Faire la cour à une belle. Il écrit à sa belle. Il court les belles.* — **2.** Partie décisive entre des joueurs ou des équipes qui sont à égalité : *Jouer, gagner la belle.* ◆ adj. et n. f. *De plus belle,* plus fort qu'avant : *Cette concession ne lui suffit pas, et il n'en demanda que de plus belle ce qu'on lui devait.* ‖ Fam. *En dire de belles sur qqn,* révéler sur lui des choses peu flatteuses. ‖ Fam. *En faire de belles,* faire des sottises.

belle-famille [bɛlfamij] n. f. (pl. *belles-familles*). *Fam.* Famille du conjoint.

belle-fille → BEAU-FILS.

belles-lettres [bɛllɛtr] n. f. pl. Syn.vieilli de LITTÉRATURE.

belle-mère → BEAU-PÈRE.

belle-sœur → BEAU-FRÈRE.

bellicisme [bɛlisism] n. m. (du lat. *bellicus*, belliqueux). Attitude ou opinion de ceux qui préconisent l'emploi de la force, y compris la guerre, pour régler les affaires internationales (contr. PACIFISME).

belliciste [bɛlisist] adj. et n. Qui fait preuve de bellicisme : *Afficher des opinions bellicistes. Les bellicistes cherchaient à soulever l'opinion* (contr. PACIFISTE).

belligérance [bɛl(l)iʒerɑ̃s] n. f. Situation d'une nation qui est en état de guerre avec une autre.

belligérant, e [bɛl(l)iʒerɑ̃] adj. et n. (du lat. *belligerare*, faire la guerre). Se dit d'une nation en état de guerre avec une autre : *Les puissances belligérantes firent appel aux neutres pour servir de médiateurs. Les belligérants repoussèrent les offres de paix.* ◆ ***belligérant*** n. m. Celui qui appartient aux forces régulières d'un pays en état de guerre : *Les droits des belligérants sont reconnus par des conventions internationales.*

belliqueux, euse [bɛl(l)ikø] adj. et n. (lat. *bellicosus*, guerrier). **1.** Qui aime la guerre; qui excite au combat, à la lutte : *Un chef d'État belliqueux. Des discours belliqueux* (syn. AGRESSIF, BELLICISTE; contr. PACIFIQUE). *Les accents belliqueux d'une marche militaire* (syn. MARTIAL). — **2.** Qui aime les querelles : *Un enfant belliqueux* (syn. AGRESSIF).

belon [bəlɔ̃] n. f. Huître plate et ronde, à chair brune.

belote [bəlɔt] n. f. (de *Belot*, n. du Français qui perfectionna ce jeu d'origine hollandaise). Jeu qui se joue avec trente-deux cartes, entre deux, trois ou quatre joueurs.

béluga [belyga] ou **bélouga** [beluga] n. m. (du russe *bielyi*, blanc). **1.** Cétacé blanc des mers arctiques. — **2.** En Bretagne, autre nom du dauphin. — **3.** Dériveur de petite croisière (nom déposé, avec majusc.).

belvédère [bɛlvedɛr] n. m. (it. *bello*, beau, et *vedere*, voir). Pavillon, plate-forme ou terrasse établis sur un lieu élevé et d'où on domine tout un panorama.

bémol [bemɔl] n. m. et adj. (it. *b molle, b* à panse ronde). Altération qui, en musique, abaisse d'un demi-ton la note qu'elle précède; cette note elle-même.

bénédictin [benediktɛ̃] n. m. (du lat. *Benedictus*, Benoît). *Travail de bénédictin,* travail intellectuel minutieux et de longue haleine. ‖ *Travailler comme un bénédictin,* avec persévérance, sans relâche. (Les *bénédictins* sont des religieux dont les travaux ont été à l'origine de la conservation de nombreux textes anciens.)

bénédiction [benediksjɔ̃] n. f. (lat. *benedictio*, de *benedicere*, bénir). **1.** Acte religieux qui appelle la protection de Dieu sur qqn ou sur qqch : *Le pape a donné sa bénédiction à la foule rassemblée place Saint-Pierre.* — **2.** *C'est une bénédiction,* c'est un événement heureux, inattendu, presque miraculeux. ‖ Fam. *Donner sa bénédiction à qqn,* l'approuver entièrement.

bénéfice [benefis] n. m. (lat. *beneficium*, bienfait). **1.** Profit réalisé dans une entreprise industrielle ou commerciale, par la vente d'un produit, etc. : *Être intéressé aux bénéfices. Augmentation de l'impôt sur les bénéfices* (syn. PROFIT). *Les bénéfices commerciaux se sont accrus* (contr. DÉFICIT). — **2.** Avantage quelconque tiré d'un état ou d'une action : *Il a été élu au bénéfice de l'âge* (= parce qu'il était le plus âgé; syn. PRIVILÈGE). *On a conclu l'affaire à notre bénéfice. Il perd le bénéfice de ses efforts* (syn. RÉCOMPENSE). *Elle tire un bénéfice certain de sa persévérance.* — **3.** *Sous bénéfice d'inventaire,* sous réserve de vérification ultérieure.

bénéficiaire [benefisjɛr] adj. et n. Qui profite d'un avantage : *Elle a été la principale bénéficiaire du testament.* ◆ adj. Qui produit un bénéfice : *L'opération financière, une fois réalisée, s'est révélée bénéficiaire* (syn. PROFITABLE; contr. DÉFICITAIRE).

bénéficier [benefisje] v. t. ind. *Bénéficier de qqch,* en tirer un profit, un avantage : *Il bénéficie de l'indulgence du jury* (contr. SOUFFRIR). *Elle bénéficie d'un préjugé favorable* (syn. JOUIR, PROFITER).

bénéfique [benefik] adj. (lat. *beneficus*). Qui tourne à l'avantage de qqn, qqch : *Ces crédits auront un effet bénéfique sur la production industrielle* (syn. FAVORABLE, BIENFAISANT). *L'échec qu'il a subi aura des conséquences bénéfiques en réveillant son énergie* (syn. HEUREUX).

benêt [bənɛ] adj. et n. m. (lat. *benedictus*, béni). D'une simplicité un peu sotte (souvent précédé, comme n., de *grand;* se dit surtout des adolescents) : *Son grand benêt de fils ne l'a pas avertie de mon coup de téléphone* (syn. NIGAUD, DADAIS). *Il est timide, un peu benêt, mais il se dégourdira vite* (syn. NIAIS; contr. FUTÉ, MALIN, ÉVEILLÉ).

bénévolat [benevɔla] n. m. Fait d'accomplir un service sans y être obligé : *Un service d'entraide fondé sur le bénévolat* (syn. VOLONTARIAT).

bénévole [benevɔl] adj. et n. (lat. *benevolus*, bienveillant). Qui fait qqch sans y être obligé, sans en tirer un profit : *Il était un collaborateur bénévole dont les avis étaient précieux. Elle devint, dans ces moments difficiles, une infirmière bénévole* (syn. VOLONTAIRE). ◆ adj. Fait sans obligation, sans but lucratif : *La voiture était en panne; il nous offrit son aide bénévole* (syn. DÉSINTÉRESSÉ, GRACIEUX; contr. INTÉRESSÉ). *Sa collaboration était toute bénévole* (syn. COMPLAISANT).

bénévolement [benevɔlmɑ̃] adv. De façon bénévole : *Elle s'est proposée pour participer bénévolement à ce travail* (syn. GRATUITEMENT, GRACIEUSEMENT).

bengali [bɛ̃gali] n. m. (de *Bengale*). Petit passereau à plumage bleu et brun, originaire d'Afrique.

bénin, igne [benɛ̃] adj. (lat. *benignus*). Qui ne présente aucun caractère de gravité : *Infliger une punition bénigne à un élève retardataire* (syn. LÉGER ; contr. GRAVE). *Avoir une affection bénigne, un rhume de cerveau* (syn. INOFFENSIF). *Tumeur bénigne* (contr. MALIGNE).

bénir [benir] v. t. (lat. *benedicere*, dire du bien) [c. 15]. 1. *Bénir qqn, qqch*, appeler sur eux la protection de Dieu : *Le prêtre bénit la foule des fidèles. L'évêque bénit les bateaux qui partent pour la grande pêche.* — 2. *Bénir qqch*, montrer une grande joie de voir tel ou tel événement se produire : *Elle bénit notre arrivée, qui lui permit de congédier un visiteur importun* (syn. SE FÉLICITER DE ; contr. MAUDIRE). — 3. *Bénir qqn*, le louer avec de grandes marques de reconnaissance : *Bénir la fondatrice d'une association de bienfaisance* (syn. GLORIFIER, REMERCIER).

bénit, e [beni] adj. *C'est pain bénit*, c'est tout à fait mérité (= profitons de l'occasion offerte). ‖ *Eau bénite, pain bénit*, consacrés par une cérémonie religieuse.

bénitier [benitje] n. m. 1. Petit bassin destiné à contenir de l'eau bénite, et qui se trouve près de l'entrée d'une église. — 2. Fam. *C'est un diable dans un bénitier*, se dit de qqn qui s'agite beaucoup parce qu'il est mal à l'aise.

benjamin, e [bɛ̃ʒamɛ̃] n. (de *Benjamin*, dernier fils de Jacob). Le plus jeune des enfants d'une famille : *J'ai une préférence pour le benjamin* (contr. L'AÎNÉ).

benjoin [bɛ̃ʒwɛ̃] n. m. (du lat. *benzoe*). Résine aromatique utilisée en parfumerie et en médecine.

benne [bɛn] n. f. (lat. *benna*, chariot). 1. Wagonnet employé en particulier pour transporter le charbon dans les mines; cage métallique qui sert à remonter ce charbon à la surface. — 2. Caisse basculante montée sur un camion. — 3. Cabine de téléphérique.

benoît, e [bənwa] adj. (lat. *benedictus*, béni) [avant ou après le n.] *Péjor.* et *litt.* Qui a un dehors, un aspect doucereux : *C'était un benoît personnage, plein d'attentions délicates, mais qui racontait sur vous, dès que vous étiez parti, des histoires abominables* (syn. HYPOCRITE ; contr. DIRECT, FRANC).

benoîtement [bənwatmɑ̃] adv. De manière doucereuse.

benzène [bɛ̃zɛn] n. m. (du lat. *benzoe*, benjoin). Liquide combustible obtenu à partir du pétrole.

benzine [bɛ̃zin] n. f. Mélange de produits de la distillation du pétrole, utilisé comme détachant et pour dissoudre les vernis et les graisses.

béotien, enne [beɔsjɛ̃] adj. et n. (de *Béotie*, contrée de l'ancienne Grèce). Qui ne montre aucun intérêt pour les arts et passe pour être inculte et grossier; qui est profane en une matière : *Il n'allait jamais au théâtre, se désintéressait de toute production littéraire et passait pour un béotien* (syn. RUSTRE ; comme adj. INCULTE, LOURD). *Les mathématiques me sont étrangères; je suis un béotien en ce domaine* (contr. SPÉCIALISTE).

béquille [bekij] n. f. (de *bec*). Bâton muni d'une petite traverse, sur lequel on s'appuie quand on a des difficultés pour marcher.

berbère [bɛrbɛr] adj. Relatif aux Berbères, peuple d'Afrique du Nord. ◆ n. m. Langue la plus ancienne d'Afrique du Nord, parlée par les Berbères.

bercail [bɛrkaj] n. m. [sans pl.] (du lat. *berbex*, brebis). Litt. *Rentrer, revenir au bercail*, rentrer à la maison paternelle ou familiale : *Elle s'enfuit un jour de chez elle, et, dix ans plus tard, alors qu'on n'avait jamais eu de ses nouvelles, elle revint au bercail* (syn. FOYER). [Le *bercail* était une bergerie.]

berceau [bɛrso] n. m. 1. Petit lit où on couche les jeunes enfants et où on peut les balancer légèrement. — 2. Lieu d'où est originaire une famille, un phénomène social : *Ce village est le berceau de ma famille. L'Italie et la Grèce sont le berceau de la civilisation occidentale.* — 3. *Au berceau, dès le berceau*, dès l'enfance, très jeune.

bercement [bɛrsəmɑ̃] n. m. Action de bercer : *Le bercement des flots.*

bercer [bɛrse] v. t. (de l'anc. fr. *bers*, berceau) [c. 1]. 1. Balancer d'un mouvement doux et régulier : *Bercer un enfant dans ses bras. Dans le port, les barques étaient bercées par les vagues.* — 2. Provoquer un sentiment de calme, d'apaisement, de joie, en détournant de la réalité : *Une musique lointaine vint bercer ses oreilles* (syn. CHARMER). *Son enfance a été bercée par le récit de légendes* (syn. IMPRÉGNER). *C'est une rêveuse qui se laisse bercer par son imagination* (syn. EMPORTER). ◆ ***se bercer*** v. pr. S'illusionner : *Il se berce des promesses qu'on lui a faites* (syn. SE LEURRER). *Tu te berces d'illusions.*

berceur, euse [bɛrsœr] adj. Qui berce : *Un rythme berceur.*

berceuse [bɛrsøz] n. f. Chanson pour endormir les enfants, ou morceau de musique dont le rythme imite celui de cette chanson.

béret [berɛ] n. m. (béarnais *berret*). Coiffure plate et ronde, de modèles divers, que portent les hommes, notamment dans le sud-ouest de la France, les marins, les enfants, parfois les femmes.

bergamote [bɛrgamɔt] n. f. (it. *bergamotta*). 1. Fruit du *bergamotier*, dont on extrait une essence d'odeur agréable. — 2. Bonbon parfumé à la bergamote.

berge [bɛrʒ] n. f. (bas lat. *barica*). Bord, en surplomb, d'une rivière, d'un canal : *Amarrer une barque à la berge.*

berger, ère [bɛrʒe] n. (du lat. *berbex*, brebis). 1. Personne qui garde les moutons ou les chèvres : *Le berger conduit le troupeau vers les pâturages de la montagne.* — 2. *Bon, mauvais berger*, bon, mauvais guide d'un groupe, d'une foule, etc. (soutenu) : *Ces gens vous trompent, ne les suivez pas : ce sont de mauvais bergers* (syn. GUIDE, CHEF). — 3. Race de chiens aptes à la garde des troupeaux : *Un berger allemand. Un berger de Brie.*

bergère [bɛrʒɛr] n. f. Fauteuil large et profond, dont le siège est garni d'un coussin.

bergerie [bɛrʒəri] n. f. 1. Local de la ferme, bâtiment où l'on abrite les moutons. — 2. *Enfermer, faire entrer le loup dans la bergerie*, introduire sans méfiance qqn dans un groupe, un milieu où il peut faire du mal.

bergeronnette [bɛrʒərɔnɛt] n. f. (de *berger*). Passereau habitant au bord des eaux, insectivore, marchant en hochant sa longue queue (syn. HOCHEQUEUE).

béribéri [beriberi] n. m. (d'une langue de l'Inde). Maladie due à une insuffisance de vitamine B dans l'alimentation, qui sévit surtout en Extrême-Orient.

berline [bɛrlin] n. f. (de *Berlin*, v. d'Allemagne). Automobile dont la carrosserie est une conduite intérieure, à quatre portes et à quatre glaces de côté.

berlingot [bɛrlɛ̃go] n. m. (it. *berlingozzo*, gâteau). 1. Bonbon en forme de losange, à base de sucre cuit et aromatisé. — 2. Emballage de carton ou de plastique, de forme spéciale, destiné à recevoir un contenu liquide pour la vente au détail : *Acheter du lait en berlingot.*

berlue [bɛrly] n. f. (de l'anc. fr. *belluer*, éblouir). Fam. *Avoir la berlue*, se dit de qqn qui voit de travers, qui juge faussement de qqch : *«Je crois l'apercevoir au bout de la rue. — Tu as la berlue, ce n'est pas lui, il ne porte jamais de chapeau»* (syn. ↑AVOIR UNE HALLUCI-

NATION). *Si je n'ai pas la berlue, c'est bien notre amie Sophie* (syn. SE TROMPER, FAIRE ERREUR).

bermuda [bɛrmyda] n. m. (mot. amér.). Short descendant jusqu'au genou.

bernard-l'ermite [bɛrnarlɛrmit] n. m. inv. (empr. au languedocien). Nom usuel d'un crustacé qui se loge dans des coquilles vides.

berne [bɛrn] n. f. (néerl. *berm*, repli). *Drapeau en berne*, roulé autour de la hampe en signe de deuil.

berner [bɛrne] v. t. (anc. fr. *brener*, vanner le blé). Litt. *Berner qqn*, le tromper en lui faisant croire des choses fausses : *Elle soutire de l'argent à ceux qui se laissent berner par le récit de ses malheurs imaginaires* (syn. JOUER, DUPER). *Il abusait de cet homme crédule et le bernait en inventant de nouvelles raisons pour s'absenter* (syn. fam. FAIRE MARCHER, MENER EN BATEAU).

bernique [bɛrnik] n. f. (breton *bernic*). Coquillage de mer appelé aussi *patelle*.

besace [bəzas] n. f. (lat. *bis*, double, et *saccus*, sac). Long sac ouvert au milieu et fermé aux deux bouts en forme de poches (vieilli).

besogne [bəzɔɲ] n. f. (anc. fém. de *besoin*). Tâche imposée à qqn dans le cadre de sa profession ou en raison de circonstances déterminées : *Il est accablé par sa besogne quotidienne* (syn. TRAVAIL). *Tu fais cette besogne à regret. Elle va vite en besogne* (= elle est expéditive dans ce qu'elle fait). *J'aime la besogne bien faite. Vous avez fait de la belle besogne!* (ironiq.; = vous avez commis une sottise). *Elle a réussi une besogne délicate.*

besogneux, euse [bəzɔɲø] adj. Qui est dans la pauvreté, qui vit difficilement de ce qu'il gagne : *Un petit employé besogneux.*

besoin [bəzwɛ̃] n. m. (frq. *bisunnia*). **1.** Sentiment d'un manque, état d'insatisfaction portant qqn ou un groupe à accomplir certains actes indispensables à la vie personnelle ou sociale, à désirer ce qui lui fait défaut : *Il convient d'abord de satisfaire les besoins élémentaires de l'homme, et d'abord celui de manger* (syn. EXIGENCE). *Je ressens le besoin de me distraire de mon travail* (syn. DÉSIR, ENVIE). *Le besoin de connaître s'impose à lui. Il est poussé par le besoin d'argent* (syn. MANQUE). *De nouveaux besoins se sont créés.* — **2.** Ce qui est nécessaire, requis pour satisfaire ce désir personnel, pour répondre à cette nécessité sociale : *Le cinéma est devenu pour lui un besoin; il y va plusieurs fois par semaine* (syn. ↑NÉCESSITÉ). *Les besoins en main-d'œuvre sont considérables.* — **3.** Nécessité naturelle : *Satisfaire un besoin pressant* (syn. URINER). *Un chien qui fait ses besoins* (= déjections naturelles). — **4.** *Au besoin*, s'il est nécessaire : *On peut, au besoin, se dispenser de le prévenir* (syn. LE CAS ÉCHÉANT, SI NÉCESSAIRE, À LA RIGUEUR). ‖ *Avoir besoin de* (+ *inf.*), *que* (+ *subj.*), être poussé (par la nécessité) à faire telle ou telle chose : *Nous n'avons pas besoin de l'attendre, elle nous rejoindra* (= nous ne sommes pas obligés). *As-tu besoin de me voir avant jeudi?* (= dois-tu?). *Tu as besoin de te reposer* (= il faut que tu te reposes). *J'ai besoin que vous m'aidiez dans cette tâche* (= il faut que). *Vous aviez bien besoin de le lui dire!* (= il ne fallait pas le lui dire). ‖ *Être dans le besoin*, être dans la pauvreté, la misère; manquer du nécessaire. ‖ *Il n'est pas besoin de* (+ *inf.*), il n'est pas utile, nécessaire de faire : *Il n'est pas besoin de chercher longtemps pour trouver l'explication.* ‖ *Pour les besoins de la cause*, dans le seul dessein de démontrer ce que l'on dit : *Elle a improvisé une explication de son retard, faite pour les besoins de la cause.* ‖ *S'il en est besoin, si besoin est*, s'il est nécessaire.

bestiaire [bɛstjɛr] n. m. (du lat. *bestia*, bête). Livre comportant des descriptions d'animaux.

bestial, e, aux [bɛstjal] adj. (lat. *bestialis*). Qui fait ressembler l'homme à la bête : *En proie à une fureur bestiale, il cassa plusieurs chaises* (syn. SAUVAGE). *Être poussé par un instinct bestial* (syn. ANIMAL).

bestialement [bɛstjalmɑ̃] adv. De façon bestiale (syn. SAUVAGEMENT).

bestialité [bɛstjalite] n. f. Caractère bestial : *La bestialité de cet acte a soulevé l'indignation générale* (syn. SAUVAGERIE).

bestiaux [bɛstjo] n. m. pl. (anc. fr. *bestial*). Animaux dont l'ensemble forme le bétail : *Une foire aux bestiaux.*

bestiole [bɛstjɔl] n. f. (lat. *bestiola*). Petite bête; insecte.

best-seller [bɛstsɛlœr] n. m. (mot amér. signif. *le mieux vendu*). Grand succès de librairie.

bêta, asse [bɛta] adj. et n. (de *bête*). *Fam.* D'une sottise épaisse, d'une naïveté ridicule (se dit souvent des enfants; a une valeur affective avec *gros*) : *Un grand garçon un peu bêta* (syn. SOT).

bétail [betaj] n. m. [sans pl.] (de *bête*). Ensemble des animaux de la ferme élevés pour la production agricole, à l'exception de la volaille : *Le gros bétail est formé des bœufs, des veaux et des vaches; le petit bétail, des moutons et des porcs. Le fourrage sert à l'alimentation du bétail.*

bétaillère [betajɛr] n. f. Véhicule, remorque pour le transport du bétail.

bête [bɛt] n. f. (lat. *bestia*). **1.** Être vivant autre que l'homme : *Nous avons aperçu dans l'arbre une drôle de bête* (syn. ANIMAL). *Le lion et le tigre sont des bêtes fauves. La récolte a été détruite par ces sales bêtes!* — **2.** *Bête à bon Dieu*, coccinelle. ‖ *Bête de somme* → SOMME. ‖ *Les bêtes à cornes*, les bœufs et les vaches. ‖ *Chercher la petite bête*, chercher à découvrir le défaut peu important qui permettra de déprécier qqn ou qqch. ‖ *Regarder qqn comme une bête curieuse*, le considérer avec étonnement. — **3.** Personne considérée comme un animal à cause de son comportement : *C'est une bonne, une brave bête* (= personne sans finesse, mais généreuse). — **4.** *La bête noire de qqn*, qqn, qqch pour lesquels il éprouve une hostilité, une antipathie, une répulsion instinctives, ou qu'il redoute le plus. — **5.** Fam. *Bête à concours*, élève ou étudiant exagérément studieux, dont le seul but est d'être reçu aux examens et aux concours. — **6.** Personne sans intelligence. — **7.** *Faire la bête*, simuler la bêtise pour en savoir davantage. ◆ ***bêtes*** n. f. pl. Le bétail : *Soigner les bêtes.* ◆ adj. Sans intelligence, sans réflexion, ou simplement sans attention : *Qu'est-ce que tu peux être bête!* (syn. IDIOT, STUPIDE, ↓SOT, ↑CRÉTIN). *Il est plus bête que méchant. Il a l'air bête. Comme tu es bête de ne l'avoir pas prévenu. Je suis bête d'avoir oublié cela* (syn. ÉTOURDI); souvent accompagné d'une comparaison qui sert de superlatif (fam.) : *Il est bête comme ses pieds. Il est bête à pleurer. C'est bête comme chou* (= c'est très facile).

bêtement [bɛtmɑ̃] adv. De façon bête, stupide : *J'ai agi bêtement en la vexant; je m'en suis fait une ennemie. Il a été tué bêtement dans un accident de voiture. Il a dit tout bêtement que cette idée lui paraissait irréalisable* (= tout simplement).

bêtifiant, e [betifjɑ̃] adj. Qui bêtifie : *Un discours, un film bêtifiant.*

bêtifier [betifie] v. i. *Fam.* Parler de façon niaise : *Bêtifier avec un bébé.*

bêtise [betiz] n. f. **1.** Manque d'intelligence : *La bêtise est souvent agressive* (syn. IMBÉCILLITÉ, STUPIDITÉ, ↓SOTTISE). *Il a eu la bêtise de le lui dire* (syn. ↓MALADRESSE, ↑IDIOTIE; contr. ESPRIT, FINESSE). — **2.** Parole ou action peu intelligente : *Il a bu et il dit des bêtises* (syn. IMBÉCILLITÉ). *Il a fait une grosse bêtise dans sa jeunesse* (= un acte répréhensible). *Essayer de rattraper une bêtise* (syn. GAFFE). — **3.** Chose sans importance : *Ils se disputent pour une bêtise* (syn. BAGATELLE).

bêtisier [betizje] n. m. Recueil amusant de sottises, d'erreurs ou de gags involontaires (syn. SOTTISIER).

béton [betɔ̃] n. m. (lat. *bitumen*, bitume). Matériau de construction, formé de sable, de ciment, de gravier et d'eau, et particulièrement résistant : *Mur de béton.*

bétonnage [betɔnaʒ] n. m. Action de bétonner.

bétonner [betɔne] v. t. Construire avec du béton, recouvrir de béton : *Bétonner un mur. Bétonner le sol pour faire un garage.* ◆ v.i. Au football, pratiquer une défense difficile à franchir, en renforçant les lignes arrière.

bétonnière [betɔnjɛr] ou **bétonneuse** [bɛtɔnøz] n. f. Machine servant à fabriquer du béton.

bette [bɛt] ou **blette** [blɛt] n. f. (lat. *beta*). Plante cultivée comme légume pour ses feuilles.

betterave [bɛtrav] n. f. (*bette* et *rave*). Plante cultivée dont la racine épaisse sert, suivant les espèces, à divers usages alimentaires : *Les betteraves sucrières fournissent du sucre. Les betteraves rouges sont mangées en hors-d'œuvre. Les betteraves fourragères sont utilisées pour l'alimentation du bétail.*

betteravier, ère [bɛtravje] adj. Relatif aux betteraves : *L'industrie betteravière.* ◆ ***betteravier*** n. m. Gros producteur de betteraves.

beuglement [bøgləmɑ̃] n. m. Action de beugler; cri du bovin : *Le beuglement du taureau. Les beuglements de la fanfare du village.*

beugler [bøgle] v. i. (du lat. *buculus*, jeune bœuf). **1.** (sujet un bovin) Émettre un cri long et intense (syn. MEUGLER, plus usuel MUGIR). — **2.** *Fam.* (sujet qqn) Pousser de grands cris prolongés, en général sous le coup de la douleur ou de la colère (se dit aussi des appareils qui transmettent ou reproduisent la voix humaine) : *Il faisait beugler son poste de radio.* ◆ v. t. Chanter, crier très fort : *Il beugle ses chansons plus qu'il ne chante vraiment* (syn. HURLER ; pop. GUEULER).

beur [bœr] n. *Fam.* Jeune d'origine maghrébine né en France de parents immigrés.

beurre [bœr] n. m. (lat. *butyrum*). **1.** Aliment gras extrait du lait de vache : *Acheter du beurre frais. Le beurre a ranci. Mettre du beurre sur une tartine.* — **2.** *Beurre d'anchois, de homard*, etc., beurre pétri avec des filets d'anchois, du homard, etc., réduits en purée. — **3.** *Beurre noir*, beurre fondu et chauffé jusqu'à ce qu'il noircisse : *De la raie au beurre noir.* ‖ Fam. *Ça met du beurre dans les épinards*, cela améliore beaucoup la situation. ‖ Fam. *Comme dans du beurre*, très facilement : *La viande est tendre : le couteau y entre comme dans du beurre.* ‖ Fam. *Compter pour du beurre*, ne pas entrer en ligne de compte. ‖ Fam. *Faire son beurre*, gagner beaucoup d'argent dans une affaire plus ou moins honnête. ‖ Fam. *Œil au beurre noir*, qui porte les traces d'un coup. ‖ *Petit beurre*, biscuit au beurre. — **4.** *Beurre frais*, d'une couleur jaune très pâle : *Des gants beurre frais.*

beurrer [bœre] v. t. Couvrir de beurre : *Beurrer un moule à pâtisserie. Beurrer les tartines pour le petit déjeuner du matin.*

beurrier [bœrje] n. m. Récipient où on conserve le beurre et dans lequel on le sert sur la table.

beuverie [bøvri] n. f. (de *boire*). Partie de plaisir où on boit jusqu'à l'ivresse.

bévue [bevy] n. f. (*bé-*, préf. péjor., et *vue*). Méprise grossière, due à l'ignorance ou à la maladresse : *Commettre une bévue dont les conséquences pourraient êtres graves* (syn. ↓ERREUR). *Signaler dans un texte dactylographié quelques bévues dues à une mauvaise lecture* (syn. FAUTE). *Les bévues des hommes politiques* (syn. SOTTISE). *Quelle bévue de les avoir invités tous deux en même temps, alors qu'ils sont brouillés!* (syn. GAFFE, IMPAIR, MALADRESSE).

biais [bjɛ] n. m. (gr. *epikarsios*, oblique). **1.** Moyen indirect, détourné, de résoudre une difficulté, d'atteindre un but : *Il a utilisé un biais pour annoncer la mauvaise nouvelle* (syn. DÉTOUR). *Elle cherche un biais pour se soustraire à cette corvée* (syn. ÉCHAPPATOIRE). *Je ne sais par quel biais aborder cette question.* — **2.** *De biais, en biais*, de façon oblique par rapport à la direction principale : *Regarder de biais. Il traversa rapidement la rue en biais pour la retrouver* (syn. OBLIQUEMENT). ‖ *Par le biais de*, par le moyen indirect, détourné de : *Accorder une augmentation de salaires par le biais d'une indemnité spéciale.*

biaiser [bjɛze] v. i. (sujet qqn) User de moyens détournés, hypocrites, ou de ménagements : *Avec moi, il est inutile de biaiser, allez droit au fait. Tu ne peux te décider et tu biaises plutôt que de te prononcer* (syn. LOUVOYER).

bibelot [biblo] n. m. (onomat.). Petit objet, en général rare ou précieux, qui sert à garnir, à orner des étagères, des vitrines, des cheminées, etc. : *Rapporter d'un voyage de nombreux bibelots.*

biberon [bibrɔ̃] n. m. (du lat. *bibere*, boire). Flacon muni d'une tétine qui sert à l'allaitement artificiel des nouveau-nés : *Boire au biberon. C'est l'heure du biberon.*

bible [bibl] n. f. (gr. *biblia*, livres saints). **1.** Recueil des livres saints juifs et chrétiens (avec majusc.); volume qui contient ces livres (avec minusc.) : *Lire un passage de la Bible. Imprimer une bible.* — **2.** Ouvrage fondamental qui fait autorité et qu'on consulte souvent : *Ce dictionnaire est pour nous une véritable bible.*

bibliobus [biblijobys] ou **bibliocar** [biblijokar] n. m. Bibliothèque itinérante, installée dans un véhicule automobile.

bibliographie [biblijɔgrafi] n. f. (gr. *biblion*, livre, et *graphein*, décrire). Ensemble des ouvrages et des publications se rapportant à un domaine ou à un sujet précis; science qui a pour objet la recherche, la description et le classement des textes imprimés : *La bibliographie peut être alphabétique, analytique ou chronologique.*

bibliographique [biblijɔgrafik] adj. Qui relève de la bibliographie : *La notice bibliographique précède ou suit le corps de l'ouvrage.*

bibliophile [biblijɔfil] n. (gr. *biblion*, livre, et *philos*, ami). Qui aime les livres : *Le bibliophile recherche les premières éditions des grandes œuvres.*

bibliophilie [biblijɔfili] n. f. Intérêt scientifique ou esthétique porté aux livres rares et précieux.

bibliothécaire [biblijɔtekɛr] n. Personne chargée de la conservation et de la communication des livres dans une bibliothèque.

bibliothèque [biblijɔtɛk] n. f. (gr. *biblion*, livre, et *thêkê*, coffre). **1.** Meuble, salle ou édifice destinés à recevoir une collection de livres : *Sa bibliothèque était faite de casiers superposés et emboîtés les uns dans les autres. Une bibliothèque vitrée. Aller travailler à la bibliothèque de la Sorbonne. La Bibliothèque nationale, à Paris.* — **2.** Collection de livres appartenant à un particulier, à une collectivité, à un organisme public ou à l'État, et qui, intéressant soit une matière spécialisée, soit l'ensemble des connaissances, peut être classée suivant un certain ordre : *Il y a chez lui une* *bibliothèque de romans policiers. Se constituer une riche bibliothèque de livres du XVIIᵉ s.*

biblique [biblik] adj. Relatif à la bible : *On a porté à l'écran un grand nombre de sujets bibliques.*

bicentenaire [bisɑ̃tnɛr] n. m. Anniversaire d'un événement mémorable qui a eu lieu deux cents ans auparavant.

bicéphale [bisefal] adj. (*bi-* et gr. *kephalê,* tête). Qui a deux têtes : *Aigle bicéphale.*

biceps [bisɛps] n. m. (lat. *biceps,* à deux têtes). Muscle long dont le rôle est de fléchir l'avant-bras sur le bras (symbole de la force physique) : *Gonfler les biceps pour montrer sa force.*

biche [biʃ] n. f. (du lat. *bestia,* bête). Femelle du cerf et de divers mammifères sauvages.

bichonner [biʃɔne] v. t. *Bichonner un animal, un enfant,* les entourer de petits soins, faire leur toilette avec soin et coquetterie : *Ils avaient un loulou de Poméranie qu'ils bichonnaient avec tendresse* (syn. CHOYER). ◆ ***se bichonner*** v. pr. (sujet qqn) Faire sa toilette avec recherche et coquetterie : *Tu passais des heures devant ta coiffeuse à te bichonner* (syn. SE POMPONNER).

bicolore [bikɔlɔr] adj. Qui a deux couleurs.

bicoque [bikɔk] n. f. (it. *bicocca,* petit château). *Fam.* et *péjor.* Petite maison ou maison vieille et délabrée. *Il habite une bicoque dans un lotissement de banlieue. Loger dans une bicoque sordide* (syn. BARAQUE).

bicorne [bikɔrn] n. m. (lat. *bicornis,* à deux cornes). Chapeau à deux pointes, que les officiers ou les gendarmes ont porté au XIXᵉ siècle et que portent encore les académiciens et les polytechniciens.

bicyclette [bisiklɛt] n. f. Véhicule à deux roues de diamètre égal : une roue directrice à l'avant, et à l'arrière une roue mise en mouvement par un mécanisme comprenant des pédales, une chaîne et un pignon : *Aller à bicyclette au village. Réparer sa bicyclette* (syn. fam. BÉCANE, VÉLO). [→ CYCLE.]

bide [bid] n. m. (de *bidon*). *Pop.* Insuccès, échec complet : *Faire, ramasser un bide.*

bidet [bidɛ] n. m. (de l'anc. fr. *bider,* trotter). Cuvette oblongue, servant à la toilette intime.

1. bidon [bidɔ̃] n. m. (scand. *bida,* vase). Récipient de fer-blanc où l'on met du pétrole, de l'huile, etc.

2. bidon [bidɔ̃] adj. inv. *Fam.* Qui n'a que les apparences de la réalité : *Monter un attentat bidon pour pouvoir sévir contre des associations subversives* (syn. SIMULÉ). ◆ n. m. Pop. *C'est du bidon,* c'est faux, truqué.

bidonnant, e [bidɔnɑ̃] adj. *Pop.* Amusant : *Une histoire bidonnante.*

bidonner (se) [bidɔne] v. pr. *Pop.* Rire sans retenue.

bidonville [bidɔ̃vil] n. m. (*bidon,* et *ville*). Quartier d'une ville où les habitations sont constituées de cabanes faites avec divers matériaux, et où s'entassent des populations pauvres, venues de l'extérieur et privées souvent d'un salaire régulier : *Les bidonvilles se situent en général à la périphérie des grandes agglomérations.*

bidule [bidyl] n. m. *Fam.* Objet ou outil quelconque, etc. (syn. MACHIN, TRUC).

bielle [bjɛl] n. f. (orig. incert.). Barre métallique reliant deux pièces mobiles par des articulations fixées à chaque extrémité, et qui transmet un mouvement : *Les bielles d'un moteur à explosion sont actionnées par les pistons. Couler une bielle, c'est faire fondre l'alliage spécial dont elle est chemisée.*

1. bien [bjɛ̃] adv. (lat. *bene*). **1.** De façon avantageuse, profitable, parfaitement adaptée à la situation; de façon excellente : *Il a bien vendu sa voiture* (= dans de bonnes conditions). *Tu as bien parlé. Tout s'est bien passé* (syn. ↑EXCELLEMMENT). *Elle est bien habillée* (= avec élégance). *Bien ou mal, l'affaire est faite et on ne peut revenir en arrière* (= d'une façon ou d'une autre). *Il a accueilli ma demande ni bien ni mal* (= sans marquer de sentiments très nets). — **2.** A une valeur intensive : *Je suis bien contente de vous voir en bonne santé* (syn. TRÈS, FORT, ↑EXTRÊMEMENT). *Vous avez bien tort de vous indigner. Il est bien entendu que vous m'avertirez dès qu'il sera nécessaire* (syn. TOUT À FAIT). *Il a été bien averti de ne pas recommencer* (syn. DÛMENT). *Je voudrais bien vous voir à ma place* (syn. CERTES). *C'est bien mieux comme cela* (syn. BEAUCOUP). *Elle est bien plus heureuse maintenant.* — **3.** Accentue une affirmation, en annonçant une restriction introduite par *mais : J'ai bien téléphoné, mais vous n'étiez pas rentré.* — **4.** *Bien des* (+ *n. pl.*), *bien de* (+ *n. sing.*), une grande quantité de : *Elle a bien des ennuis en ce moment* (syn. BEAUCOUP). *Bien d'autres auraient renoncé. Bien des romans n'ont pas la valeur de celui-ci. Il m'a fait bien du mal.* — **5.** *Aussi bien,* marque une réserve, une parenthèse (soutenu) : *Je ne pourrai pas venir demain; aussi bien tu n'as plus besoin de mon aide* (syn. DU RESTE). ‖ *Bien plus,* renchérit sur une affirmation : *Il est intelligent; bien plus, il est travailleur, ce qui ne gâte rien.* ‖ Fam. *Ça fait bien de* (+ *inf.*), il est à la mode, il est bien considéré, etc., de faire telle ou telle chose : *Ça fait bien d'apprendre l'anglais dans un collège britannique* (= c'est bien vu). ‖ *C'est bien fait,* vous avez mérité ce qui vous est arrivé : *Il n'a pas tenu compte de mes conseils et il lui est arrivé malheur : c'est bien fait pour lui.* ‖ Fam. *Faire bien,* être joli, plaisant, avoir un bel aspect : *Vous faites très bien sur cette photo.* ‖ *Faire bien de* (+ *inf.*), avoir raison de faire telle chose : *Il fait bien d'aller voir lui-même ce qui se passe;* souvent employé au cond. : *Vous feriez bien de travailler* (= je vous conseille de travailler). *Elle ferait bien de songer à l'avenir.* ‖ *Mais bien,* marque l'opposition : *Ce n'est pas une étourderie, mais bien une erreur volontaire.* ‖ *Pour bien faire, il faudrait...,* pour que la situation soit bonne, pour agir au mieux...◆ adj. inv. **1.** En bonne santé : *Il est bien ces jours-ci;* bien fait : *Elle a dû être bien dans sa jeunesse* (syn. BEAU). *Un homme bien de sa personne* (= distingué, élégant). — **2.** En qui on peut avoir confiance; d'une parfaite rectitude : *C'est une personne bien, à qui on peut confier ce travail* (syn. COMPÉTENT, CONSCIENCIEUX, SÉRIEUX). — **3.** *C'est bien, c'est très (fort) bien,* marque une approbation ou exprime l'impatience. ‖ *Être bien,* en parlant de qqn, être dans une position confortable, agréable : *On est bien à l'ombre de ces arbres;* être vu favorablement, être en bons termes : *Elle est bien avec sa concierge;* en parlant de qqch, être sagement fait : *Tout est bien qui finit bien.*

2. bien [bjɛ̃] n. m. **1.** Ce qui procure un avantage, un profit, un plaisir : *Penser au bien général. Vous n'envisagez que votre bien particulier* (syn. INTÉRÊT). *Il lui veut du bien* (= il est prêt à lui rendre service). *C'est pour son bien que je lui dis cela* (= dans son intérêt). *Je ne veux que son bien. Le grand air vous fera du bien* (= vous fortifiera). *Ces cachets me font du bien* (= soulagent ma douleur). *Il faut prendre en bien les remarques qui vous sont faites* (= ne pas vous fâcher). — **2.** Ce qui est conforme à un idéal, qui a une valeur morale : *Il ne sait pas discerner le bien du mal. Elle m'a dit beaucoup de bien de toi* (= m'a parlé avec éloge). — **3.** Ce dont on peut disposer en toute propriété, ce qui vous appartient, qu'on possède : *Il a dépensé tout son bien* (syn. CAPITAL). *J'ai du bien au soleil* (syn. PROPRIÉTÉS). *Il considère comme son bien tout ce qu'il trouve. Laisser tous ses biens à ses héritiers* (syn. FORTUNE). *Elle est très attachée aux biens de ce monde* (= aux avantages matériels). *La retraite est le souverain bien auquel j'aspire. Les biens vacants ont été nationa-*

lisés (= les propriétés abandonnées). — **4.** *En tout bien tout honneur,* dans une intention honnête : *Il l'entoure d'attentions en tout bien tout honneur.* ‖ *Faire le bien,* être charitable. ‖ *Homme de bien,* charitable. ‖ *Mener à bien qqch,* le conduire à un achèvement heureux : *On a mené à bien des négociations délicates.*

bien-aimé, e [bjɛ̃neme] adj. et n. (pl. *bien-aimés, es*). Qui est l'objet d'une tendresse particulière (soutenu) : *Ma fille bien-aimée. Elle est allée rejoindre son bien-aimé* (syn. AMOUREUX, AMANT).

bien-être [bjɛ̃nɛtr] n. m. inv. **1.** Sensation agréable que produit la pleine satisfaction des besoins physiques : *Ressentir un bien-être général* (syn. QUIÉTUDE). *Goûter le bien-être de la fraîcheur* (syn. PLAISIR). *Éprouver une sensation de bien-être* (syn. ↑JOUISSANCE, ↑EUPHORIE ; contr. MALAISE, SOUFFRANCE). — **2.** Situation financière qui permet de satisfaire les besoins essentiels : *Il a durement travaillé pour obtenir le bien-être dont il jouit maintenant* (syn. CONFORT). *Elle recherche avant tout son bien-être* (syn. AISANCE ; contr. GÊNE).

bienfaisance [bjɛ̃fəzɑ̃s] n. f. *Œuvre, société de bienfaisance,* association formée pour venir en aide à des déshérités, à des pauvres, dont le but est de faire du bien.

bienfaisant, e [bjɛ̃fəzɑ̃] adj. Qui a une action ou une influence utile, salutaire : *Le climat de la montagne lui sera bienfaisant* (syn. BÉNÉFIQUE). *Après ces journées de chaleur, cette pluie est bienfaisante* (contr. MALFAISANT).

bienfait [bjɛ̃fɛ] n. m. (lat. *benefactum*). **1.** Acte de bonté à l'égard de qqn : *Il a comblé de bienfaits tous ses amis* (syn. FAVEUR). *J'ai été mal récompensé de mes bienfaits* (syn. GÉNÉROSITÉ). *Être reconnaissant d'un bienfait* (syn. SERVICE ; contr. INJURE, OFFENSE). — **2.** Conséquences heureuses de quelque événement : *Les bienfaits de la paix retrouvée se firent rapidement sentir. Jouir des bienfaits de la science, de la civilisation* (syn. AVANTAGE). *Les bienfaits d'une vie saine à la campagne.*

bienfaiteur, trice [bjɛ̃fɛtœr] n. et adj. Personne qui fait du bien à autrui : *Se montrer ingrat à l'égard de son bienfaiteur. Il est considéré comme le bienfaiteur de la ville. Le prix a pu être fondé grâce au don d'une généreuse bienfaitrice* (syn. DONATEUR). *Les membres bienfaiteurs d'une association. Les savants sont les bienfaiteurs de l'humanité* (contr. ENNEMI).

bien-fondé [bjɛ̃fɔ̃de] n. m. (pl. *bien-fondés*) *Le bien-fondé de qqch,* son caractère légitime, raisonnable ; le fait de reposer sur des bases exactes, sérieuses : *Personne ne conteste le bien-fondé des revendications des ouvriers* (syn. LÉGITIMITÉ). *Nous examinerons le bien-fondé de votre réclamation* (syn. JUSTESSE).

bienheureux, euse [bjɛ̃nøɾø] adj. (avant ou, moins souvent, après le n.). Qui rend très heureux, qui favorise des projets, des désirs : *Un bienheureux hasard me mit sur ton chemin alors que j'avais besoin de toi. C'est une bienheureuse rencontre. Par une bienheureuse inspiration, je lui ai téléphoné* (contr. MALHEUREUX). ◆ n. **1.** Personne dont l'Église catholique a reconnu la sainteté sans l'admettre aux honneurs du culte universel. — **2.** Fam. *Dormir comme un bienheureux,* dormir profondément et paisiblement.

biennal, e, aux [bjenal] adj. (du lat. *bis,* deux fois, et *annus,* année). Qui dure deux ans ou qui se produit tous les deux ans : *Un plan biennal a été élaboré pour faire face à des besoins urgents. Exposition biennale* (syn. BISANNUEL). ◆ ***biennale*** n. f. Festival, exposition organisés tous les deux ans : *La biennale de Venise est une manifestation cinématographique qui a lieu tous les deux ans.*

bien-pensant, e [bjɛ̃pɑ̃sɑ̃] n. et adj. (pl. *bien-pensants, es*). *Péjor.* Personne dont les convictions religieuses ou politiques et le comportement social sont conformes à ceux qu'impose une tradition étroitement comprise : *Devant les protestations de tous les bien-pensants du département, le préfet interdit la projection du film. Recruter ses électeurs dans les milieux bien-pensants* (syn. CONFORMISTE ; contr. LIBRE PENSEUR).

bien que [bjɛ̃kə] conj. (+ subj.) Indique la concession, ou l'existence d'un fait qui aurait pu empêcher la réalisation de l'action ou de l'état exprimés dans la principale (soutenu) : *Bien que le chauffage central fonctionne normalement, nous avons eu froid, car la température était très basse* (syn. usuels QUOIQUE, MALGRÉ QUE). *Bien que sa voiture fût en rodage, il ne la ménageait guère* ; avec un part. ou un adj. : *Bien que blessé, il luttait farouchement.*

bienséance [bjɛ̃seɑ̃s] n. f. Ce qu'il convient de dire ou de faire dans des circonstances données : *Il a oublié toute bienséance et n'a cessé de la regarder pendant toute la soirée* (syn. CONVENANCE, DÉCENCE). *Sa toilette brave les bienséances* (syn. PUDEUR, HONNÊTETÉ). *Les règles de la bienséance vous obligent à adresser une lettre de remerciement à la maîtresse de maison* (syn. SAVOIR-VIVRE).

bienséant, e [bjɛ̃seɑ̃] adj. (de *bien* et anc. fr. *seoir,* convenir). *Il est bienséant de* (+ *inf.*), il est conforme aux usages, à la façon habituelle de se conduire, de faire telle ou telle chose (soutenu) : *Il n'est pas bienséant d'interrompre ainsi la personne qui parle* (syn. CORRECT, POLI, CONVENABLE ; contr. MALSÉANT, INCONVENANT).

bientôt [bjɛ̃to] adv. **1.** Dans un temps relativement bref, dans un avenir proche : *Nous serons bientôt en vacances* (syn. DANS PEU DE TEMPS). *J'irai bientôt habiter Paris* (syn. DANS QUELQUE TEMPS). — **2.** *À bientôt!, à très bientôt!,* formules pour prendre congé de qqn qu'on espère revoir dans peu de temps.

bienveillance [bjɛ̃vɛjɑ̃s] n. f. Disposition favorable envers qqn : *Témoigner de la bienveillance à l'égard de ses administrés* (syn. INDULGENCE, ↑BONTÉ ; contr. HOSTILITÉ, MALVEILLANCE). *Il cherche à gagner la bienveillance de ses supérieurs* (syn. FAVEUR). *Tu abuses de notre bienveillance* (syn. MANSUÉTUDE). *Je vous suis reconnaissante de votre bienveillance* (syn. COMPLAISANCE, COMPRÉHENSION). *J'ai l'honneur de solliciter de votre haute bienveillance...,* formule par laquelle on présente une requête à un supérieur.

bienveillant, e [bjɛ̃vɛjɑ̃] adj. (de *bien* et anc. fr. *veuillant,* voulant). Qui montre des dispositions favorables, de l'indulgence à l'égard de qqn : *Il se montre bienveillant envers ses subordonnés* (syn. DÉBONNAIRE, CORDIAL ; contr. DUR). *Elle accueille toujours les visiteurs avec un sourire bienveillant* (syn. AIMABLE, OBLIGEANT). *Manifester des dispositions bienveillantes* (contr. MALVEILLANT). *Prononcer quelques paroles bienveillantes* (contr. DÉSOBLIGEANT, MÉCHANT).

bienvenu, e [bjɛ̃vny] adj. et n. **1.** Accueilli ou reçu avec faveur, qui arrive au moment précis où on en a besoin (seulement attribut) : *Une lettre de vous de temps en temps serait bienvenue* (contr. MALVENU). *La neige était la bienvenue dans ces stations de sports d'hiver.* — **2.** *Soyez le bienvenu,* formule de politesse indiquant que votre arrivée ne dérange pas et qu'elle est au contraire accueillie avec plaisir.

bienvenue [bjɛ̃vny] n. f. *Cadeau de bienvenue,* offert à qqn qu'on accueille. ‖ *Discours de bienvenue,* qu'on tient pour accueillir un personnage officiel. ‖ *Pour la bienvenue de qqn, pour célébrer sa bienvenue,* pour fêter son arrivée. ‖ *Souhaiter la bienvenue à qqn,* lui faire bon accueil, le recevoir avec politesse, le saluer à son arrivée.

1. bière [bjɛr] n. f. (néerl. *bier*). **1.** Boisson fermentée, préparée surtout à partir de l'orge et du houblon :

Bière blonde, brune. Garçon! une bière! (syn. UN DEMI). *Servez-nous une bière sans faux col* (fam.; = sans mousse). — **2.** Fam. *Ce n'est pas de la petite bière, ce n'est pas une petite affaire, c'est une chose importante.*

2. bière [bjɛr] n. f. (frq. *bera,* civière). Coffre en bois, de forme allongée, où on met un mort : *La mise en bière aura lieu vendredi matin* (= le moment où on met le corps dans la bière). *Porter la bière en terre* (syn. usuel CERCUEIL).

biffer [bife] v. t. (de l'anc. fr. *biffe,* étoffe rayée). *Biffer qqch,* mettre une barre, un trait de plume sur ce qui a été écrit, pour l'annuler : *En relisant le brouillon de sa lettre, elle biffa quelques adjectifs* (syn. usuels RAYER, RATURER, SUPPRIMER). *D'un trait de plume rageur, il a biffé toute la page* (syn. BARRER).

bifide [bifid] adj. (*bi-* et lat. *findere,* fendre). Fendu en deux parties (techn.) : *La langue bifide des serpents.*

bifteck [biftɛk] n. m. (angl. *beefsteak,* tranche de bœuf). **1.** Tranche de bœuf ou de cheval, cuite sur le gril ou à la poêle (syn. STEAK). — **2.** Pop. *Défendre son bifteck,* défendre ses intérêts, son emploi. || Pop. *Gagner son bifteck,* gagner sa vie.

bifurcation [bifyrkasjɔ̃] n. f. Division en deux branches, en deux voies; endroit où se fait cette division : *La bifurcation de la route nationale est à deux kilomètres du village. La voiture s'arrêta devant la borne qui marquait la bifurcation* (syn. FOURCHE, CARREFOUR). *À la bifurcation de la route de Versailles et de l'autoroute de l'Ouest* (syn. EMBRANCHEMENT). *La bifurcation dans les études* (syn. CHANGEMENT D'ORIENTATION).

bifurquer [bifyrke] v. i. (du lat. *bifurcus,* fourchu). **1.** (sujet une route, une voie de chemin de fer) Se diviser en deux : *La route bifurque au village; vous prendrez la voie de gauche* (contr. SE REJOINDRE). *La voie ferrée bifurque à Dijon* (contr. SE RACCORDER). — **2.** (sujet un véhicule) Abandonner une direction pour en suivre une autre : *Au croisement, la voiture a bifurqué brusquement vers la gauche. Le train bifurque sur Besançon* (syn. ÊTRE AIGUILLÉ). — **3.** (sujet qqn) Changer d'orientation, d'option : *J'ai d'abord fait des sciences, puis, devant mes échecs répétés, j'ai bifurqué vers les langues* (syn. S'ORIENTER).

bigame [bigam] adj. et n. (gr. *digamos,* double mariage). Marié à deux personnes en même temps.

bigamie [bigami] n. f. État de bigame : *Dans les pays où le divorce n'est pas reconnu, le deuxième mariage est considéré comme un cas de bigamie.*

bigarré, e [bigare] adj. (de l'anc. fr. *garre,* de deux couleurs). **1.** Formé de couleurs ou de dessins variés, dont l'assemblage donne une impression de disparate : *Il porte une chemise curieusement bigarrée* (syn. BARIOLÉ). — **2.** Composé d'éléments divers et qui ne forment pas un ensemble harmonieux : *Les habitants de l'île parlent une langue bigarrée, faite de français, d'espagnol, de grec, etc.* (syn. DISPARATE). *Une société bigarrée, où les aventuriers se mêlent aux commerçants et aux planteurs* (syn. MÊLÉ; contr. HOMOGÈNE).

bigarreau [bigaro] n. m. (de *bigarré*). Cerise rouge et blanche, à chair très ferme et sucrée.

bigarrure [bigaryr] n. f. Aspect bigarré : *Les tatouages dessinent sur leurs visages d'étranges bigarrures* (syn. BARIOLAGE). *Les bigarrures du style témoignent de sa fantaisie débridée* (syn. non péjor. VARIÉTÉ).

bigle [bigl] ou **bigleux, euse** [biglø] adj. et n. *Pop.* Qui a une mauvaise vue, ou qui louche : *Il est bigle, incapable de distinguer un arbre à trente pas* (syn. usuel MYOPE). *Méfiez-vous, il n'est pas bigleux* (= il regarde de près).

bigler [bigle] v. i. (du lat. *bis,* deux fois, et *oculus,* œil). *Pop.* Loucher. ◆ v. t. Pop. *Bigler sur qqn, qqch,* ou *bigler qqn, qqch,* jeter sur eux un regard d'envie; y faire attention : *Il est toujours en train de bigler sur les femmes. Bigle un peu la voiture américaine!* (syn. REGARDER).

bigorneau [bigɔrno] n. m. (du fr. *bigorne,* enclume). Petit coquillage de mer comestible.

bigorner [bigɔrne] v. t. *Pop.* (sujet qqn, un véhicule) *Bigorner un véhicule,* lui causer un dommage par un choc : *L'autocar a bigorné deux voitures en stationnement* (syn. usuel HEURTER, ACCROCHER).

bigot, e [bigo] adj. et n. (d'un juron d'anc. angl. *bî God,* par Dieu). *Péjor.* Qui pratique la religion de façon étroite et inintelligente.

bigoterie [bigɔtri] n. f. Dévotion excessive : *Sa bigoterie va jusqu'à la superstition.*

bigoudi [bigudi] n. m. (orig. incert.). Petit rouleau sur lequel on enroule les mèches de cheveux pour les onduler, les boucler.

bigre! [bigr] interj. (de *bougre*). *Fam.* Marque l'étonnement devant ce qui est fort, inattendu, etc. : *Bigre! il fait froid ce matin.*

bigrement [bigrəmɑ̃] adv. *Fam.* Marque l'intensité : *Il a bigrement changé en quelques années* (syn. BEAUCOUP).

bihebdomadaire [biɛbdɔmadɛr] adj. Qui a lieu deux fois par semaine.

bijou [biʒu] n. m. (breton *bizou,* anneau) [pl. *bijoux*]. **1.** Petit objet de parure (anneau, pendentif, broche, etc.), précieux par la matière (or, platine, etc.) ou par le travail (orfèvrerie) : *Une femme parée de magnifiques bijoux* (syn. JOYAU). *Mettre ses bijoux.* — **2.** Tout objet dont l'élégance ou le travail délicat rappellent ceux d'un bijou : *Cette petite voiture est un véritable bijou. Le portail de la cathédrale est un bijou de l'architecture du XIIIe siècle.*

bijouterie [biʒutri] n. f. Art, commerce ou magasin de celui qui fait ou vend des bijoux.

bijoutier, ère [biʒutje] n. Personne qui fait ou vend des bijoux : *Le bijoutier ajoute le plus souvent à son commerce celui de l'horlogerie.*

Bikini [bikini] n. m. (nom déposé). Maillot de bain deux pièces, de dimensions très réduites.

bilan [bilɑ̃] n. m. (it. *bilancio,* balance). **1.** *Bilan d'une entreprise,* inventaire résumé de sa situation financière, comportant, à un moment donné, un état de l'actif et du passif : *Une société commerciale dresse, établit ou arrête son bilan; elle le publie. Le bilan est positif* (= les comptes se soldent par des bénéfices). *Déposer son bilan, c'est, pour un commerçant, se déclarer incapable d'effectuer ses paiements* (= être en faillite). — **2.** *Bilan de qqch* (*opération, événements,* etc.), leur résultat, positif ou négatif : *Et quel a été pour toi le bilan de toutes ces intrigues? Nous supportons le lourd bilan de deux guerres destructrices* (syn. CONSÉQUENCE). *Les diplomates ont fait le bilan de la situation* (= ont dressé un état, ont fait le point).

bilatéral, e, aux [bilateral] adj. (*bi-* et lat. *latus, lateris,* côté). **1.** Relatif aux deux côtés d'une chose : *Stationnement bilatéral* (= des deux côtés d'une rue; contr. UNILATÉRAL). — **2.** Qui engage les deux parties signataires d'un accord : *Un traité bilatéral de défense* (syn. RÉCIPROQUE).

bilboquet [bilbɔkɛ] n. m. (de l'anc. fr. *biller,* jouer à la bille, et *bouquet,* petit bouc). Jouet formé d'une boule percée d'un trou et reliée par une cordelette à un petit bâton pointu, sur lequel il faut enfiler cette boule.

bile [bil] n. f. (lat. *bilis*). **1.** Liquide jaunâtre et âcre que sécrète le foie et qui opère au cours de la digestion des aliments. — **2.** *Décharger, épancher sa bile,* se répandre en récriminations, en protestations, déverser son amertume ou sa colère contre qqn, qqch. || Litt. *Échauffer la bile de qqn,* le mettre en colère. || Fam. *Se faire de la bile,* se faire du souci, du tourment : *Il se fait de la bile pour l'avenir de ses enfants* (syn. S'INQUIÉTER, SE TOURMENTER).

biler (se) [bile] v. pr. *Pop.* Se faire de la bile : *Ne te bile pas pour lui, il se débrouillera très bien.*

bileux, euse [bilø] adj. *Fam.* Qui s'inquiète facilement : *Elle n'est pas bileuse : elle dit que les choses s'arrangent toujours.*

biliaire [biljɛr] adj. Qui concerne la bile, qui la produit (méd.) : *La vésicule biliaire.*

bilieux, euse [biljø] adj. et n. **1.** *Visage, teint bilieux,* qui manifeste une abondance de bile dans l'organisme : *Il a le teint jaune, presque verdâtre, des bilieux.* — **2.** *Personne bilieuse,* portée à se mettre en colère, toujours de mauvaise humeur ou pessimiste : *C'est un tempérament bilieux, enclin au découragement* (syn. MOROSE).

bilingue [bilɛ̃g] adj. *Ouvrage, texte bilingue,* en deux langues différentes : *Un dictionnaire bilingue offre la traduction des mots d'une langue dans une autre.* ◆ adj. et n. *Personne, population bilingue,* qui use couramment de deux langues différentes : *Ceux qui, en France, usent encore du patois dans la famille et du français dans leurs relations sociales sont des bilingues.*

bilinguisme [bilɛ̃gɥism] n. m. État d'une population, d'une personne bilingue : *Le bilinguisme est reconnu dans de nombreux États de la République indienne où deux langues ont le statut de langues officielles.*

billard [bijar] n. m. (de *bille*) **1.** Jeu qui se joue avec trois « boules » (ou *billes*) d'ivoire, qu'on pousse avec une « queue » (bâton) sur une table de bois rectangulaire, entourée de bandes élastiques et couverte d'un « tapis » vert; la table elle-même ou la salle où l'on joue : *Faire une partie de billard* (ou *faire un billard*). — **2.** Fam. *Cette route est un billard,* elle est bien plane et d'un entretien parfait. || Pop. *C'est du billard,* ça va tout seul, c'est très facile (syn. ÇA VA COMME SUR DES ROULETTES). || Fam. *Passer, monter sur le billard,* subir une opération chirurgicale (= monter sur la table d'opération).

1. bille [bij] n. f. (frq. *bikkil,* dé). **1.** Petite boule de terre cuite, de marbre, de verre, d'agate qui sert pour des jeux d'enfants, ou boule d'ivoire avec laquelle on joue au billard, à la roulette ou à la boule. — **2.** Petite sphère d'acier, de métal très dur qui sert à divers usages techniques. — **3.** *Fam.* Tête : *Elle a une bonne bille. Une bille de clown.* — **4.** *Fam. Reprendre, retirer ses billes,* se retirer d'une affaire dans laquelle on était engagé.

2. bille [bij] n. f. (lat. *bilia,* mot gaul.). Tronçon de bois découpé dans le tronc d'un arbre ou dans une grosse branche.

billet [bijɛ] n. m. (de l'anc. fr. *billette,* avis officiel).**1.** Petite carte comportant un message, une invitation. — **2.** Petit carré de papier comportant un numéro de loterie, une indication attestant le droit de bénéficier d'un service public, etc. : *Prendre un billet de chemin de fer. Payer son billet de cinéma à la caisse. Un billet de loterie. Un billet de métro* (syn. usuel TICKET). — **3.** *Billet (de banque),* monnaie en papier (gagée sur une contrepartie en or ou en devises) : *Un billet de dix francs.* — **4.** *Billet doux,* lettre d'amour (vieilli). || Fam. *Je vous en donne, je vous en fiche mon billet,* je vous le garantis.

billetterie [bijɛtri] n. f. Distributeur de billets de banque fonctionnant avec une carte de crédit.

billevesées [bilvəze] n. f. pl. (mot de l'Ouest signif. *boyau gonflé*). *Litt.* Paroles vaines, vides de sens : *N'écoutez pas ces billevesées* (syn. BALIVERNES, FADAISES, SORNETTES, SOTTISES).

billot [bijo] n. m. (de *bille* 2). Tronc de bois sur lequel on coupe de la viande, du bois, etc.; pièce de bois sur laquelle on tranchait la tête des condamnés.

bimensuel, elle [bimɑ̃sɥɛl] adj. Qui paraît deux fois par mois : *Bulletin bimensuel.*

bimoteur [bimɔtœr] adj. et n. m. Se dit d'un avion à deux moteurs.

binage [binaʒ] n. m. Action de biner.

binaire [binɛr] adj. (du lat. *bini,* groupe de deux). Se dit de qqch qui est formé de deux unités, présentant deux aspects, deux faces : *Un rythme binaire* (= à deux temps).

biner [bine] v. t. (prov. *binar*). Retourner la partie superficielle de la terre avec une binette.

binette [binɛt] n. f. Sorte de pioche à fer assez large et recourbé.

biniou [binju] n. m. (mot breton). Sorte de cornemuse.

binocle [binɔkl] n. m. (lat. *bini,* groupe de deux, et *oculus,* œil). Lunettes sans branches se fixant sur le nez.

biochimie [bjɔʃimi] n. f. (gr. *bios,* vie, et *chimie*). Partie de la chimie qui comprend l'étude des constituants de la matière vivante (syn. CHIMIE BIOLOGIQUE).

biodégradable [bjɔdegradabl] adj. Se dit d'un produit industriel qui, laissé à l'abandon, est détruit par les bactéries ou d'autres agents biologiques : *Un détergent biodégradable.*

bioéthique [bjɔetik] n. f. Ensemble des problèmes moraux soulevés par la recherche médicale, biologique et génétique (syn. ÉTHIQUE MÉDICALE).

biographe [bjɔgraf] n. Auteur d'une biographie : *Les biographes donnent peu de détails sur cette période de sa vie.*

biographie [bjɔgrafi] n. f. (gr. *bios,* vie, et *graphein,* décrire). Histoire de la vie de qqn : *Une biographie romancée de Madame de Staël.*

biographique [bjɔgrafik] adj. Relatif à une biographie : *Mettre une notice biographique en tête d'une édition de Musset.*

biologie [bjɔlɔʒi] n. f. (gr. *bios,* vie, et *logos,* science). Étude scientifique des phénomènes vitaux chez les animaux et les végétaux.

biologique [bjɔlɔʒik] adj. Relatif à la biologie : *Examen biologique. Arme biologique* (= arme utilisant des organismes vivants [insectes, microbes] ou des toxines).

biologiste [bjɔlɔʒist] n. Spécialiste de biologie.

biomasse [bjɔmas] n. f. (gr. *bios,* vie, et *masse*). Masse totale des êtres vivants sur une surface donnée de sol ou dans un volume donné d'eau océanique ou douce.

biopsie [bjɔpsi] n. f. (gr. *bios,* vie, et *opsis,* vue). Prélèvement d'un fragment de tissu organique à des fins d'examen.

biparti, e [biparti] ou **bipartite** [bipartit] adj. (*bi-* et *parti,* partagé). Constitué de deux parties ou ensembles (en sciences naturelles ou en politique) : *Un gouvernement biparti s'est constitué en Autriche* (= avec des ministres appartenant à deux partis).

bipartisme [bipartism] n. m. Système de gouvernement, de représentation politique, etc., fondé sur l'existence de deux partis politiques principaux.

bipède [bipɛd] adj. et n. (*bi-* et lat. *pedem,* pied). Qui marche sur deux pieds.

bique [bik] n. f. (altér. de *biche*). *Fam.* Chèvre : *Le berger était vêtu d'une peau de bique.*

biquet [bikɛ] n. m. Syn. fam. de CHEVREAU.

birman, ane [birmɑ̃] adj. et n. De Birmanie.

1. bis [bis] adv. et adj. (lat. *bis,* deux fois). Indique la répétition ou l'annexe d'un numéro d'ordre : *Habiter au 12 bis de la rue de Lyon. On ajoute un complément au projet de loi déposé sur le bureau de l'Assemblée, et celui-ci devient l'article 4 bis.* (On dit pour les annexes suivantes, *ter, quater.*) ◆ interj. et n. m. Cris, applaudissements par lesquels on invite un musicien, un chanteur, un danseur, etc., à recommencer ce qu'il vient de faire.

2. bis, e [bi] adj. (orig. incert.). **1.** D'une couleur gris foncé tirant sur le brun : *Avoir le teint bis. De la toile bise.* — **2.** *Pain bis* → PAIN.

bisannuel, elle [bizanɥɛl] adj. Qui revient tous les deux ans : *Un congrès bisannuel* (syn. BIENNAL).

bisbille [bisbij] n. f. (it. *bisbiglio,* murmure). *Fam.* Petite querelle, dispute futile et sans conséquence (surtout dans *être en bisbille avec qqn*) : *Il était toujours en bisbille avec un de ses voisins* (syn. ÊTRE FÂCHÉ, ÊTRE BROUILLÉ AVEC).

biscornu, e [biskɔrny] adj. (*bis-* et *cornu*). **1.** Se dit d'un objet dont la forme est très irrégulière : *Des constructions avaient été ajoutées au château primitif, et le bâtiment entier apparaissait biscornu.* — **2.** *Péjor.* et *fam.* Se dit de qqch qui n'est pas conforme à ce qu'on attend, aux usages établis, à la raison : *Avoir des idées biscornues* (syn. BIZARRE, EXTRAVAGANT). — **3.** *Esprit biscornu,* dont la manière de penser est illogique et compliquée (contr. RAISONNABLE, SENSÉ, CLAIR).

biscotte [biskɔt] n. f. (it. *biscotto*). Tranche de pain de mie ou de pain brioché séchée au four, et qui peut être conservée longtemps.

biscuit [biskɥi] n. m. (*bis-* et *cuit*).
— **I. 1.** Pâtisserie faite avec de la farine, des œufs et du sucre. — **2.** Pain très dur, sec et peu levé, destiné à être conservé très longtemps, utilisé autrefois dans l'armée. — **II.** Ouvrage de porcelaine fait d'une pâte de premier choix et ayant l'aspect d'un marbre blanc très fin : *Un bibelot en biscuit de Sèvres.*

biscuiterie [biskɥitri] n. f. Industrie et commerce des biscuits et des gâteaux secs; usine spécialisée dans cette fabrication.

bise [biz] n. f. (frq *bisa*). **1.** Vent glacial, qui souffle en général du nord ou de l'est : *Une petite bise aiguë sifflait dans les branches des arbres* (syn. ↑BLIZZARD). — **2.** *Fam.* Petit baiser donné sur la joue.

biseau [bizo] n. m. (du lat. *bis,* deux fois). **1.** Bord taillé obliquement, au lieu de former une arête coupée à angle droit. — **2.** *En biseau,* dont le bord est coupé en oblique : *Glace taillée en biseau. Un sifflet en biseau.*

biseautage [bizotaʒ] n. m. Action de biseauter.

biseauter [bizote] v. t. Tailler en biseau : *Biseauter un diamant. Les cartes biseautées ont le bord marqué, ce qui permet à certains joueurs de tricher.*

bisexualité [bisɛksɥalite] n. f. Caractère bisexué.

bisexué, e [bisɛksɥe] ou **bisexuel, elle** [bisɛksɥɛl] adj. Qui présente à la fois les organes des deux sexes.

bison [bizɔ̃] n. m. (lat. *bison*). Grand mammifère sauvage, de la même famille que le bœuf.

bisou ou **bizou** [bizu] n. m. *Fam.* Baiser.

bisque [bisk] n. f. (orig. obscure). Potage fait d'un coulis d'écrevisses, de homard, de quenelles, etc.

bisquer [biske] v. i. (orig. obscure). Fam. *Faire bisquer qqn,* lui faire éprouver quelque dépit, quelque vexation (surtout dans le langage des enfants) : *Ça va le faire bisquer* (syn. fam. FAIRE ENRAGER). *Laisse-la tranquille, ne la fais pas bisquer* (syn. TAQUINER).

bissectrice [bisɛktris] n. f. (de *bis-* et *secteur*). Demi-droite issue du sommet d'un angle, et divisant cet angle en deux parties égales.

bisser [bise] v. t. (de *bis* 1). Crier bis : *Bisser un chanteur.*

bissextile [bisɛkstil] adj. f. (du lat. *bis sextus,* deux fois sixième). *Année bissextile,* composée de 366 jours, au lieu de 365 (et qui revient tous les quatre ans).

bistouri [bisturi] n. m. (orig. incert.). Petit couteau chirurgical, qui sert à faire des incisions dans les tissus.

bistre [bistr] n. m. et adj. inv. (orig. obscure). Brun jaunâtre (obtenu en mêlant de la suie et de la gomme).

bistré, e [bistre] adj. De couleur brune : *Avoir le teint bistré* (syn. BRONZÉ).

bistrot ou **bistro** [bistro] n. m. (orig. obscure). *Fam.* Débit de boissons ou restaurant modeste : *Aller prendre un verre au bistro d'en face* (syn. CAFÉ, BAR).

bit [bit] n. m. Unité élémentaire d'information ne pouvant prendre que deux valeurs distinctes, notées 1 et 0 (informatique) : *Il y a huit bits dans un octet.*

bitension [bitɑ̃sjɔ̃] n. f. Caractère d'un appareil électrique susceptible d'être utilisé sous deux tensions différentes (110 et 220 volts).

bitumage [bitymaʒ] n. m. Action de bitumer.

bitume [bitym] n. m. (lat. *bitumen*). Matière minérale naturelle dont on se sert pour le revêtement des chaussées et des trottoirs (syn. ASPHALTE).

bitumer [bityme] v. t. Recouvrir de bitume : *Le trottoir est fraîchement bitumé.*

bivouac [bivwak] n. m. (suisse all. *Biwacht*). Campement en plein air, établi provisoirement par des troupes ou par une expédition : *Les trois alpinistes rejoignirent le bivouac installé près du glacier.*

bivouaquer [bivwake] v. i. Camper ou passer la nuit en plein air : *L'équipe, après une longue escalade, bivouaqua dans la neige.*

bizarre [bizar] adj. (it. *bizarro,* emporté). Qui s'écarte de l'usage commun, de ce qui est considéré comme normal, raisonnable ou conforme aux habitudes, à la coutume : *Sa conduite apparaît bizarre à son entourage* (syn. ÉTONNANT, EXCENTRIQUE; contr. ÉQUILIBRÉ, NORMAL). *Elle est coiffée d'un chapeau bizarre, qu'il est difficile de définir* (syn. ÉTRANGE, ↑COCASSE). *Il a eu l'idée bizarre d'installer son lit dans sa cuisine* (syn. EXTRAVAGANT, EXTRAORDINAIRE, FANTASQUE). *Il fait un temps bizarre, des averses suivies de très belles éclaircies* (syn. CURIEUX). *Un être bizarre, qui ne livre jamais le fond de sa pensée* (syn. INQUIÉTANT).

bizarrement [bizarmɑ̃] adv. De façon bizarre.

bizarrerie [bizarri] n. f. Caractère bizarre : *La bizarrerie de son humeur me rend perplexe* (syn. INSTABILITÉ, EXTRAVAGANCE). *Les bizarreries de l'orthographe créent une gêne certaine pour les élèves* (syn. ÉTRANGETÉ, FANTAISIE). *Nous nous amusons de la bizarrerie de ce fait divers* (syn. SINGULARITÉ).

bizut ou **bizuth** [bizy] n. m. (orig. incert.) *Arg. scol.* Élève nouvellement arrivé ou élève de première année dans les classes préparatoires aux grandes écoles.

bizutage [bizytaʒ] n. m. *Arg. scol.* Action de bizuter : *Les excès du bizutage entraînèrent des sanctions.*

bizuter [bizyte] v. t. *Arg. scol.* Faire subir des brimades aux bizuts lors de leur arrivée.

blabla [blabla] ou **blablabla** n. m. inv. (onomat.).

Fam. Discours verbeux, destiné à masquer le vide de la pensée (syn. VERBIAGE).

blackboulage [blakbulaʒ] n. m. Action de blackbouler : *Le blackboulage du député sortant.*

blackbouler [blakbule] v. t. (de l'angl. *to blackball,* rejeter). Fam. *Blackbouler qqn,* lui infliger un échec en l'évinçant au profit d'un autre, en particulier sur le plan politique, ou le refuser à un examen : *Cet ancien ministre a été blackboulé aux dernières élections législatives* (syn. BATTRE). *Candidat blackboulé au concours d'entrée à Polytechnique* (syn. RECALER).

black-out [blakaut] n. m. inv. (angl. *black,* noir, et *out,* dehors). **1.** Obscurcissement total d'une ville, ordonné au cours d'opérations militaires et utilisé pour camoufler des objectifs contre les attaques aériennes, ou dû à une cause accidentelle : *Plusieurs villes du Sud-Ouest furent plongées dans un black-out complet par suite d'une panne d'électricité.* — **2.** *Faire le black-out sur une information,* faire le silence à son sujet : *Aussi longtemps qu'il le put, le gouvernement fit le black-out sur la situation financière.*

blafard, e [blafar] adj. (all. *bleichvar,* pâle). *Lumière blafarde, visage blafard,* dont la pâleur accentuée est désagréable ou triste : *La lueur blafarde de la lune éclairait mal cette rue sinistre* (syn. PÂLE, TERNE; contr. CRU). *Il a le teint blafard d'un cardiaque* (syn. HÂVE, TERREUX, BLANC). *Son visage blafard reflétait une peur panique* (syn. LIVIDE, BLÊME; contr. COLORÉ).

blague [blag] n. f. (du néerl. *blagen,* se gonfler).
— **I.** *Blague (à tabac),* petit sac de cuir, de matière plastique, etc., où les fumeurs mettent leur tabac.
— **II.** *Fam.* **1.** Farce faite pour tromper celui qui en est l'objet : *Faire une très mauvaise blague à un ami.* — **2.** Propos plaisants tenus pour amuser : *Ne raconte pas de blagues, dis la vérité* (syn. HISTOIRE). *Tu prends tout à la blague* (= tu ne considères rien sérieusement). *Sans blague! vous ne le saviez pas? Blague à part, tu ignorais son retour?* (= sérieusement). — **3.** Action inconsidérée, faute commise par légèreté : *J'ai fait des blagues dans ma jeunesse et j'en subis maintenant les conséquences* (syn. SOTTISE).

blaguer [blage] v. i. *Fam.* Plaisanter en parlant : *Il blague encore, ne l'écoute pas* (= il ne parle pas sérieusement). ◆ v. t. Fam. *Blaguer qqn,* le railler : *Il blague sa femme sur son nouveau chapeau* (syn. TAQUINER, SE MOQUER).

blagueur, euse [blagœr] adj. et n. *Fam.* Qui blague, qui se moque : *Toujours un sourire blagueur sur les lèvres!* (syn. IRONIQUE). *C'est une blagueuse dont il faut se méfier* (syn. PLAISANTIN).

blaireau [blɛro] n. m. (anc. fr. *blaire,* tacheté de blanc sur la tête).
— **I.** Petit animal carnassier au poil raide, vivant en Europe et en Asie.
— **II. 1.** Brosse de poils fins servant au savonnage de la barbe. — **2.** Pinceau utilisé par les peintres.

blairer [blɛre] v. t. Pop. *Ne pas pouvoir blairer qqn,* ne pas pouvoir le sentir, avoir de l'antipathie, de l'aversion à son égard.

blâmable [blɑmabl] adj. Qui peut, doit être blâmé : *Cette conduite blâmable sera sanctionnée* (contr. RÉPRÉHENSIBLE). *La façon blâmable dont il s'est comporté avec elle* (syn. CONDAMNABLE).

blâme [blɑm] n. m. **1.** Jugement condamnant ou désapprouvant la conduite d'autrui : *Ce silence unanime constitue pour lui un blâme sévère* (syn. DÉSAPPROBATION, CRITIQUE; contr. LOUANGE). *Il s'est attiré pour cela un blâme mérité* (syn. CONDAMNATION, ↓REPROCHE). *Il tente de faire retomber le blâme sur son voisin.* — **2.** Sanction consistant en une réprimande officielle : *Infliger un blâme à un fonctionnaire* (contr. FÉLICITATIONS).

blâmer [blɑme] v. t. (gr. *blasphêmein,* outrager). Réprouver, infliger un blâme : *J'ai blâmé sa hâte excessive* (syn. DÉSAPPROUVER, CRITIQUER; contr. LOUER). *Blâmer les agissements coupables du caissier* (syn. CONDAMNER; contr. EXCUSER). *Il faut le plaindre et non le blâmer; il est irresponsable* (syn. RÉPRIMANDER, JETER LA PIERRE; contr. COMPLIMENTER). *Il a été blâmé par le directeur du collège* (contr. FÉLICITER).

1. blanc, blanche [blɑ̃] adj. (frq. *blank,* brillant). **1.** Se dit (par oppos. à *noir*) d'une couleur analogue à celle du lait ou de la neige : *Une cheminée de marbre blanc orne le salon. Prendre une feuille de papier blanc* (= sans lignes tracées; contr. QUADRILLÉ). *Une page blanche* (= qui n'est pas écrite). *Les aveugles ont une canne blanche. Une vieille dame aux cheveux blancs.* — **2.** Se dit de ce qui est clair, par oppos. à ce qui est plus foncé, plus coloré : *Du raisin blanc* (contr. NOIR). *Du vin blanc* (contr. ROUGE). *Des pêches blanches* (contr. JAUNE). — **3.** *Arme blanche, carte blanche, drapeau blanc, mariage blanc, pain blanc, patte blanche, pierre blanche,* etc., → ARME, CARTE, etc. ‖ *Blanc comme neige,* innocent. ‖ *Bulletin blanc,* bulletin de vote mis dans l'urne, et sur lequel n'est porté aucun nom ni exprimé aucun avis. ‖ *Carré, rectangle blanc,* signe apparaissant sur un récepteur de télévision et indiquant que l'émission est déconseillée aux enfants ou aux personnes sensibles. ‖ *Dire tantôt blanc, tantôt noir,* avoir l'esprit de contradiction. ‖ *Examen blanc,* destiné à reconnaître les chances d'un candidat avant l'examen définitif. ‖ *Il n'est pas blanc,* il est plus ou moins coupable. ‖ *Nuit blanche,* passée sans que l'on ait dormi. ‖ *Verre blanc,* complètement incolore. ‖ *Voix blanche,* sans intonation caractéristique, sans personnalité : *Il tremblait de peur et il s'exprimait d'une voix blanche.* ◆ ***blanc*** n. m. **1.** Couleur blanche : *Elle a les dents d'un blanc éclatant.* — **2.** Matière colorante, fard de couleur blanche : *Passer une couche de blanc sur la façade de la maison. Se mettre du blanc sur le visage.* — **3.** Vêtement, linge, tissu de couleur blanche : *Être vêtu de blanc. L'exposition de blanc a lieu dans les grands magasins en janvier* (= linge de maison). — **4.** Dans une page, partie qui ne reçoit pas l'impression (espaces entre les lignes, entre les signes, marges) : *Il y a trop de blanc dans cette page* (= les lignes sont trop espacées). — **5.** *Blanc de blanc,* vin blanc provenant de raisins blancs. ‖ *Blanc d'œuf* (par oppos. au *jaune*), partie blanchâtre et gluante de l'œuf. ‖ *Blanc de poulet,* chair délicate et blanchâtre recouvrant le bréchet des volailles. ‖ *Blanc de l'œil,* la cornée : *Elle avait le blanc de l'œil injecté de sang.* ‖ *Chauffer à blanc,* soumettre un métal au feu jusqu'à ce qu'il passe du rouge au blanc; travailler qqn pour le prévenir contre une autre personne ou contre qqch : *La foule avait été chauffée à blanc et manifestait avec violence.* ‖ *Écrire noir sur blanc,* affirmer par écrit, sans qu'aucune contestation puisse s'élever (syn. AVEC NETTETÉ). ‖ *Rougir jusqu'au blanc des yeux,* montrer une rougeur du visage qui révèle une très grande confusion. ‖ *Regarder qqn dans le blanc des yeux,* le regarder en face avec fermeté. ‖ *Saigner à blanc,* tuer en laissant couler tout le sang de la victime; épuiser toutes les ressources de qqn. ‖ *Signer en blanc un chèque, une procuration,* etc., apposer sa signature sur un papier où on a laissé la place pour écrire qqch. ‖ *Tirer à blanc,* effectuer un tir avec des cartouches sans projectiles *(cartouche à blanc).* ◆ ***blanche*** n. f. Note de musique qui vaut la moitié d'une ronde et deux noires.

2. blanc, blanche [blɑ̃] adj. et n. Qui appartient à une race caractérisée en particulier par la blancheur de la peau (le n. avec une majusc.) : *La colonisation blan-*

che en Afrique noire. Les Noirs et les Blancs. L'Afrique blanche.

blanc-bec [blɑ̃bɛk] n. m. (*blanc* et *bec*) [pl. *blancs-becs*]. Jeune homme sans expérience, dont la prétention est jugée défavorablement.

blanchâtre [blɑ̃ʃɑtr] adj. D'un blanc qui n'est pas net, d'un blanc sali ou douteux : *Le ciel est couvert de nuages blanchâtres.*

blancheur [blɑ̃ʃœr] n. f. Couleur blanche : *La blancheur éclatante de la neige sous le soleil. Il a un teint d'une blancheur maladive.*

blanchiment [blɑ̃ʃimɑ̃] n. m. Action de blanchir : *Le blanchiment d'une façade.*

blanchir [blɑ̃ʃir] v. t. (de *blanc*). **1.** Rendre blanc : *La lumière du matin blanchit l'horizon. Les murs de la petite ville grecque étaient blanchis à la chaux.* — **2.** Rendre propre : *Donner son linge à blanchir* (syn. NETTOYER). *Un étudiant pensionnaire chez une logeuse, nourri et blanchi* (= à qui on donne la nourriture et dont on nettoie le linge). — **3.** *Blanchir qqn,* établir son innocence : *Elle est sortie blanchie du procès* (syn. DISCULPER). *Ces témoignages le blanchissent à mes yeux* (contr. NOIRCIR). ◆ v. i. (sujet qqch, qqn) Devenir blanc : *Ses cheveux blanchissent.*

blanchissage [blɑ̃ʃisaʒ] n. m. Action de nettoyer le linge.

blanchisserie [blɑ̃ʃisri] n. f. Usine où on nettoie le linge, les étoffes, etc.; boutique du commerçant qui fait nettoyer le linge et le repasse (syn. LAVERIE).

blanchisseur, euse [blɑ̃ʃisœr] n. Personne dont la profession est celle du blanchissage et du repassage.

blanc-seing [blɑ̃sɛ̃] n. m. (de *blanc* et anc. fr. *seing,* signe). **1.** Signature apposée au bas d'un papier blanc, que l'on confie à qqn pour qu'il le remplisse comme il l'entend. — **2.** *Donner un blanc-seing à qqn,* lui donner tout pouvoir d'agir (syn. fam. DONNER CARTE BLANCHE).

1. blanquette [blɑ̃kɛt] n. f. (de *blanc*). *Blanquette de veau,* ragoût de veau.

2. blanquette [blɑ̃kɛt] n. f. (prov. *blanqueto*). *Blanquette de Limoux,* vin blanc mousseux du Languedoc.

blasé, e [blaze] adj. et n. Dégoûté de tout : *Un esprit blasé, que plus rien ne passionne. Il jouait à l'homme blasé qui ne s'étonne plus de rien* (syn. SCEPTIQUE).

blaser [blaze] v. t. (néerl. *blasen,* gonfler) [sujet qqch] *Blaser qqn,* le rendre indifférent ou insensible aux émotions vives, au plaisir, par l'abus qui en a été fait (souvent pass.) : *Le spectacle quotidien de la misère avait fini par le blaser. Il a beaucoup voyagé et la diversité de ce qu'il a vu l'a blasé. Elle est blasée sur tout* (syn. DÉSABUSER). *Je suis blasé de ce genre de lecture* (syn. RASSASIER, FATIGUER). ◆ ***se blaser*** v. pr. *Se blaser de qqch,* s'en dégoûter : *Faites attention qu'ils ne se blasent pas des plats épicés que vous leur servez.*

blason [blazɔ̃] n. m. (orig. obscure). **1.** Ensemble des armoiries formant l'écu d'un État, d'une ville, d'une famille : *Les fleurs de lis du blason de la maison de France.* — **2.** *Redorer son blason,* rétablir sa fortune, sa situation de manière qu'elle redevienne digne du titre que l'on porte.

blasphémateur, trice [blasfematœr] n. et adj. *Litt.* Personne qui blasphème : *Un écrivain blasphémateur.*

blasphématoire [blasfematwar] adj. Qui blasphème : *Une attaque blasphématoire contre la religion* (syn. IMPIE, SACRILÈGE).

blasphème [blasfɛm] n. m. (gr. *blasphêmia,* parole impie). Parole outrageante à l'égard de Dieu, d'une divinité ou de tout ce qui est considéré comme sacré et respectable : *Proférer des blasphèmes. Ses affirmations sont de véritables blasphèmes contre la tradition* (syn. INSULTE).

blasphémer [blasfeme] v. t. (c. **10**) *Blasphémer contre qqn, qqch,* ou *blasphémer qqn, qqch* (litt.), tenir des propos injurieux ou insultants envers eux : *Blasphémer contre le ciel* (syn. MAUDIRE LE CIEL). *Une pareille conduite blasphème la morale* (syn. OUTRAGER); sans compl. : *Arrête de blasphémer.*

blatte [blat] n. f. (lat. *blatta*). Genre d'insectes de mœurs nocturnes, dont les principales espèces, appelées *cafards* ou *cancrelats,* se rencontrent dans les dépôts et les cuisines.

blazer [blazɛr] n. m. (mot angl.; de *to blaze,* flamboyer). Veste croisée en tissu bleu marine ou en flanelle.

blé [ble] n. m. (orig. incert.). **1.** Céréale dont le grain est utilisé pour la fabrication du pain : *Un champ de blé. Les blés sont mûrs. Le blé en herbe.* — **2.** Grain de cette plante, séparé de l'épi : *Le blé est transporté vers le silo. Des sacs de blé sont stockés dans le moulin.*

bled [blɛd] n. m. (mot. ar. signif. *pays, région*). *Pop.* Petit village; région isolée : *Il habite un petit bled perdu près d'Ussel* (syn. pop. PATELIN).

blême [blɛm] adj. D'un blanc mat et terne qui donne une impression désagréable : *La peur la rendit blême* (syn. LIVIDE). *Il est blême de rage, de colère* (syn. BLANC; contr. ROUGE). *À l'aube, un jour blême éclaire la chambre* (syn. PÂLE). *Elle relève de maladie et elle a le teint blême* (syn. BLAFARD).

blêmir [blemir] v. i. (scandin. *blâmi,* couleur bleuâtre). Devenir blême : *Il a blêmi devant l'outrage* (contr. ROUGIR). *Il blêmit d'épouvante* (syn. PÂLIR, VERDIR). ◆ v. t. Rendre blême (surtout pass.) : *Un visage blêmi par la fatigue.*

blessant, e [blesɑ̃] adj. Qui blesse : *Il a eu à son égard des paroles blessantes* (syn. VEXANT, DÉSOBLIGEANT, OFFENSANT). *Son orgueil la rend blessante* (syn. CASSANT, ARROGANT).

blessé, e [blese] n. Qui a reçu une blessure : *Le déraillement a fait une douzaine de blessés. Les blessés de guerre sont protégés par des conventions internationales* (syn. INVALIDE, MUTILÉ).

blesser [blese] v. t. (frq. *blettjan,* meurtrir). **1.** (sujet qqn, qqch) *Blesser qqn, une partie du corps,* le frapper d'un coup, l'atteindre d'une balle, etc., qui produit une plaie ou une lésion : *Il le blessa involontairement avec un revolver. Le taureau l'a blessé d'un coup de corne. La balle a blessé le poumon droit. Être blessé dans un accident d'automobile. Être blessé mortellement, grièvement.* — **2.** (sujet qqch) *Blesser une partie du corps de qqn,* lui causer une gêne importante, une douleur vive, une impression désagréable par le frottement, la pression, l'acuité du son, etc. : *Avoir les pieds blessés par ses chaussures. J'ai l'épaule blessée par la courroie du sac. Ces couleurs criardes blessent la vue. Cette musique de sauvage blesse nos oreilles* (syn. ÉCORCHER, DÉCHIRER). — **3.** *Blesser qqn,* lui causer une douleur morale par une parole, un acte indélicat, offensant : *Tu as eu des paroles qui blessent profondément* (syn. OFFENSER, HEURTER). *Il a été blessé dans son amour-propre* (syn. FROISSER). *J'ai été blessée au vif par ses reproches* (syn. TOUCHER, ↑ULCÉRER). — **4.** Litt. *Blesser qqch,* lui causer un préjudice, lui porter atteinte : *Blesser les intérêts de quelqu'un* (= nuire à ce dernier). *Ceci blesse les règles les plus élémentaires de la politesse* (syn. ENFREINDRE). ◆ ***se blesser*** v. pr. **1.** Se faire une blessure : *Il s'est blessé en tombant.* — **2.** Ressentir une douleur morale à la suite d'une offense : *Tu te blesses pour peu de chose* (syn. SE VEXER, SE FORMALISER).

blessure [blesyr] n. f. **1.** Lésion résultant d'un coup : *Il porte de graves blessures sur tout le corps* (syn. PLAIE). — **2.** Ce qui atteint moralement : *Une blessure d'amour-propre* (syn. FROISSEMENT).

blet, blette [blɛ] adj. (frq. *blet,* pâle). Se dit d'un fruit trop mûr, à la chair molle et fade : *Des poires blettes.*

blette → BETTE.

blettir [blɛtir] v. i. Devenir blet : *Surveillez ces poires, elles blettissent vite.*

bleu, e [blø] adj. (frq. *blao*). **1.** Se dit d'une couleur analogue à celle du ciel sans nuages (nuance parfois indiquée par un second adj.) : *Les gens originaires du nord de la France ont souvent les yeux bleus. Porter une cravate bleu foncé. Écrire avec de l'encre bleue ou bleu-noir. Un costume bleu marine. Une écharpe bleu roi. Du tissu bleu nuit.* — **2.** Se dit de la couleur présentée par la peau meurtrie, contusionnée, ou par la peau de qqn saisi de froid, de colère, d'étonnement ou de peur : *Ses lèvres sont bleues de froid* (syn. LIVIDE). *Après cet accident, il a eu une plaque bleue au-dessous de l'œil pendant quelques jours.* — **3.** *Colère bleue,* violente colère (syn. TERRIBLE). ‖ Fam. *En être, rester bleu,* être stupéfait. ‖ *Peur bleue,* très grande peur : *Elle a une peur bleue des serpents.* ‖ *Viande bleue,* qui a été grillée très vite, cuite seulement en surface. ◆ ***bleu*** n. m. **I. 1.** Matière colorante bleue : *Passer une couche de bleu sur les murs d'une cuisine.* — **2.** Marque laissée par un coup : *Elle est tombée et elle s'est fait un large bleu au bras.* — **3.** *Fam.* (sujet qqn) *N'y voir que du bleu,* ne pas se rendre compte exactement de ce qui se passe : *On est sorti du lycée en disant qu'il n'y avait plus de cours et le surveillant n'y a vu que du bleu* (syn. N'Y VOIR QUE DU FEU). ‖ *Fam.* (sujet qqch) *Passer au bleu,* disparaître frauduleusement : *Le caissier indélicat a fait passer au bleu plusieurs millions* (syn. PASSER À L'AS). ‖ *Poisson cuit au bleu,* jeté vivant dans un court-bouillon. — **4.** Vêtement en toile bleue que les ouvriers portent pendant le travail : *Bleu de travail; bleu de chauffe.* — **5.** *Bleu d'Auvergne,* fromage de lait de vache, à moisissures internes.
— **II.** n. m. *Fam.* Nouveau venu dans une caserne, un lycée ou un établissement : *Les anciens se chargent d'initier les bleus aux habitudes de la caserne.*

bleuâtre [bløɑtr] adj. D'un bleu qui n'est pas net; proche du bleu : *La fumée bleuâtre d'une cigarette.*

bleuet [bløɛ] n. m. Petite fleur bleue très commune en France dans les champs de blé.

bleuir [bløir] v. t. Rendre bleu : *Elle avait les lèvres bleuies par le froid.* ◆ v. i. (sujet qqch, qqn) Devenir bleu : *Son visage bleuit sous l'effet de la colère.*

bleuté, e [bløte] adj. Légèrement coloré en bleu : *Des verres de lunettes bleutés.*

blindage [blɛ̃daʒ] n. m. Action de blinder; revêtement d'acier : *Le blindage n'a pas résisté aux obus.*

blindé [blɛ̃de] n. m. Véhicule de combat recouvert d'un blindage d'acier.

blinder [blɛ̃de] v. t. (all. *blenden,* aveugler). **1.** *Blinder un engin, une porte, un coffre,* etc., les garnir d'un revêtement d'acier qui les met à l'abri des projectiles, des effractions, etc. : *Une porte blindée protège la salle des coffres de la banque. Un train blindé a une locomotive et des wagons recouverts de plaques d'acier. Une division blindée est une unité militaire qui comporte des formations de chars d'assaut.* — **2.** Fam. *Blinder qqn,* le rendre insensible (surtout pass.) : *Les malheurs l'ont blindé contre l'injustice* (syn. ENDURCIR). *Il peut me dire n'importe quoi; je suis blindée.*

blizzard [blizar] n. m. (mot anglo-amér.). Vent violent et glacial, accompagné de tempête de neige, qui, venant du nord, souffle dans les régions du Grand Nord ou en montagne.

bloc [blɔk] n. m. (néerl. *bloc,* tronc d'arbre abattu). **1.** Masse considérable et pesante, d'un seul tenant, en général peu ou pas travaillée : *Le sculpteur choisit un bloc de marbre pour faire une statue.* — **2.** Ensemble solide, compact, dont on ne peut rien détacher, dont toutes les parties dépendent les unes des autres : *Ces divers éléments forment un bloc; on ne peut accepter l'un et refuser l'autre* (syn. UN TOUT). *Le bloc des pays socialistes* (syn. UNION). *Ce groupe d'alliés se présente comme un bloc sans fissure* (syn. COALITION). — **3.** *Bloc opératoire,* ensemble constitué par la salle d'opération et les locaux qui en dépendent, dans un hôpital, une clinique. — **4.** *À bloc,* complètement, à fond : *Fermer les robinets à bloc. Serrer un écrou à bloc. Travailler à bloc* (= beaucoup). ‖ *En bloc,* tout ensemble, sans entrer dans le détail : *Prise en bloc, cette argumentation me paraît sans défaut* (syn. EN GROS). *Acheter en bloc tout le stock de marchandises* (= dans sa totalité). ‖ *Faire bloc,* s'unir de manière étroite : *Faisons bloc contre nos adversaires.* — **5.** Ensemble de feuilles collées les unes aux autres d'un côté et facilement détachables : *Un bloc de papier à lettres.* — **6.** Syn. de BLOC-NOTES. — **7.** *Pop.* Prison, civile ou militaire : *Passer la nuit au bloc.*

blocage [blɔkaʒ] n. m. Action de bloquer : *Le blocage des prix et des salaires* (= leur maintien à un niveau donné). *Le blocage de la situation. Blocage (psychologique)* [= incapacité momentanée à réagir intellectuellement ou affectivement à une situation donnée].

bloc-cuisine [blɔkkɥizin] n. m. (pl. *blocs-cuisines*). Éléments de cuisine préfabriqués s'adaptant les uns aux autres de manière fonctionnelle.

bloc-moteur [blɔkmɔtœr] n. m. (pl. *blocs-moteurs*). Ensemble formé d'un moteur, de l'embrayage et de la boîte de vitesses.

bloc-notes [blɔknɔt] n. m. (pl. *blocs-notes*). Ensemble de feuilles de papier qu'on peut détacher, et sur lesquelles on note des renseignements ou des indications dont la conservation n'est pas nécessaire (syn. BLOC).

blocus [blɔkys] n. m. (néerl. *blochuus*). Encerclement étroit d'une ville, d'un port, d'une position occupés par des adversaires, en vue d'empêcher toute communication avec l'extérieur : *Lever le blocus du port. Maintenir le blocus économique d'un pays* (= empêcher toute relation commerciale avec les pays étrangers). *Forcer le blocus naval* (= celui qui est exercé par les navires du pays ennemi). *Faire le blocus d'une maison occupée par des gangsters.*

blond, e [blɔ̃] adj. et n. (orig. incert.). Dont les cheveux ou la barbe ont une couleur proche d'un jaune doré, châtain très clair : *Une jeune fille blonde. Les hommes du Nord sont souvent des blonds aux yeux bleus.* ◆ adj. Se dit de ce qui a cette couleur : *Une chevelure blonde. La bière blonde est plus légère que la bière brune.* ◆ ***blonde*** n. f. Cigarette de tabac blond.

blondasse [blɔ̃das] adj. D'un blond fade.

blondeur [blɔ̃dœr] n. f. Qualité de ce qui est blond : *La blondeur de ses cheveux.*

blondinet, ette [blɔ̃dinɛ] adj. et n. *Fam.* Qui a les cheveux blonds : *Son regard est attiré par une petite blondinette.*

blondir [blɔ̃dir] v. i. (sujet qqch, qqn) Devenir blond : *Ses cheveux ont blondi.* ◆ v. t. Rendre blond : *Elle a blondi ses cheveux.*

bloquer [blɔke] v. t. (de *bloc*). **1.** *Bloquer plusieurs choses,* les grouper en un ensemble, en une seule masse : *Elle a bloqué ses cours dans l'après-midi* (syn. RÉUNIR). — **2.** *Bloquer qqn, qqch,* lui interdire tout mouvement en l'arrêtant, en le cernant, en le serrant complètement, etc. : *Nous avons été bloqués une heure* *sur la route par un accident* (syn. IMMOBILISER). *La circulation des voitures a été bloquée par une manifestation. Ne bloquez pas le passage* (syn. BARRER, OBSTRUER). *Bloquer quelqu'un contre le mur. Le port est bloqué par les glaces. Bloquer son frein à main* (syn. SERRER). *Bloquer un écrou* (syn. CALER). *Bloquer le ballon* (= l'arrêter net dans sa course). — **3.** *Bloquer qqch (argent, crédit),* en suspendre l'usage, la libre disposition : *Les crédits sont bloqués* (syn. GELER). *Bloquer un compte en banque.* — **4.** *Bloquer une situation, une action,* les empêcher d'évoluer : *En ne faisant pas de concessions, vous risquez de bloquer les négociations.* — **5.** *Bloquer qqn,* provoquer en lui un blocage psychologique. ◆ ***se bloquer*** v. pr. **1.** (sujet qqch) S'immobiliser accidentellement : *La clef s'est bloquée dans la serrure* (syn. SE COINCER). — **2.** (sujet qqn) Se fixer dans une attitude de refus : *Quand on lui fait des reproches, elle se bloque.*

blottir (se) [blɔtir] v. pr., **être blotti** v. pass. (all. *blotten,* écraser) [sujet être animé] Se replier sur soi-même pour tenir le moins de place possible : *L'enfant se blottit sur les genoux de sa mère. Je me blottis au fond des couvertures* (syn. SE RECROQUEVILLER, S'ENFOUIR). *La pauvre bête se blottit dans un coin pour éviter les coups* (syn. SE TAPIR). *La maison était blottie au creux d'un vallon* (= cachée au fond).

blousant, e [bluzɑ̃] adj. Qui blouse, est bouffant : *Un chemisier blousant.*

blouse [bluz] n. f. (orig. obscure). **1.** Vêtement de travail qu'on met par-dessus les autres pour se protéger : *Mettre une blouse pour éviter de se salir. La blouse du chirurgien.* — **2.** Corsage de femme léger.

1. blouser [bluze] v. i. (de *blouse*). *Vêtement qui blouse,* qui bouffe au-dessus de la ceinture : *Ce corsage doit blouser légèrement.*

2. blouser [bluze] v. t. Fam. *Blouser qqn,* le tromper : *Il voulait me blouser en me cachant la réalité.*

blouson [bluzɔ̃] n. m. (de *blouse*). Veste de tissu ou de cuir qui s'arrête à la taille : *Blouson d'un motocycliste.*

blue-jean [bludʒin] ou **jean** [dʒin] n. m. (mot amér. signif. *treillis bleu*). Pantalon coupé dans une variété de toile portant ce nom : *Les jeunes portent des blue-jeans.*

blues [bluz] n. m. (mot amér. signif. *chants bleus,* c'est-à-dire « tristes »). Complainte du folklore noir américain, au rythme lent.

bluff [blœf] n. m. (mot anglo-amér.). Attitude de qqn qui, par son assurance ou par l'intimidation, veut tromper son adversaire sur ses forces ou sur ses intentions réelles : *Son bluff n'a pas réussi; il a avoué qu'il ne pouvait pas payer* (syn. VANTARDISE). *Les journaux s'interrogeaient pour savoir si ces menaces étaient un bluff ou l'expression d'une volonté réelle.*

bluffer [blœfe] v. i. et t. Tromper en se vantant : *Elle bluffe quand elle se dit absolument sûre de réussir à ce concours* (syn. SE VANTER). *Ne te laisse pas bluffer par cet individu sans scrupule* (syn. TROMPER, ÉBLOUIR).

bluffeur, euse [blœfœr] adj. et n. Qui bluffe : *Il est un peu bluffeur quand il se dit très fort au tennis* (syn. VANTARD).

blutage [blytaʒ] n. m. Action de bluter.

bluter [blyte] v. t. (anc. néerl. *biutelen*). *Bluter la farine,* la tamiser pour la séparer du son (techn.).

boa [bɔa] n. m. (lat. *boa,* serpent d'eau). Gros serpent de l'Amérique tropicale, se nourrissant d'animaux qu'il étouffe dans les replis de son corps.

bob [bɔb] → BOBSLEIGH.

bobard [bɔbar] n. m. (orig. incert.). *Fam.* Nouvelle mensongère, que les gens naïfs acceptent sans peine : *La nouvelle du complot n'était qu'un bobard parmi tant d'autres.*

bobèche [bɔbɛʃ] n. f. (de *bobine*). Disque de verre, de matière plastique ou de métal, qui empêche la cire d'une bougie de se répandre.

bobinage [bɔbinaʒ] n. m. **1.** Action de bobiner. — **2.** Ensemble de fils bobinés.

bobine [bɔbin] n. f. (d'une onomat.) **1.** Cylindre de bois, de métal, de matière plastique, etc., sur lequel on enroule du fil, de la soie, de la ficelle, des films, etc., ou qui, avec un enroulement de fils métalliques, est utilisé dans les dispositifs électriques : *Acheter une bobine de fil blanc. Mettre une bobine de film dans le chargeur de la caméra. La bobine d'allumage sert à provoquer des étincelles électriques dans un moteur à explosion.* — **2.** *Fam.* Tête, visage : *Tu en fais une bobine aujourd'hui!* (= tu as l'air de mauvaise humeur, déçu).

bobiner [bɔbine] v. t. *Bobiner qqch,* l'enrouler en bobine.

bobo [bobo] n. m. (onomat.) Petite douleur, petite blessure (langage enfantin) : *Avoir bobo* (= avoir mal). *Faire bobo* (= faire mal).

bobsleigh [bɔbslɛg] ou **bob** [bɔb] n. m. (de l'angl. *to bob,* se balancer, et *sleigh,* traîneau). Traîneau articulé, utilisé sur des pistes de glace et de neige aménagées; sport ainsi pratiqué.

bocage [bɔkaʒ] n. m. (du norm. *bosc,* bois). Paysage de l'ouest de la France, où les champs et les prairies sont limités par des haies ou des rangées d'arbres, et où les fermes sont dispersées : *Le bocage vendéen.*

bocal [bɔkal] n. m. (it. *boccale*) [pl. *bocaux*]. **1.** Récipient de verre, de matière plastique, etc., dont l'orifice est assez large et dont on se sert pour conserver toutes sortes de produits. — **2.** *Bocal à poissons rouges,* petit récipient qui a la forme d'un globe et où l'on met des poissons rouges (syn. AQUARIUM).

bock [bɔk] n. m. (de l'all. *Bockbier,* bière très forte). Verre à bière contenant environ un quart de litre; son contenu (vieilli) : *Boire un bock à la terrasse d'un café* (syn. usuel DEMI).

bœuf [bœf] n. m. (lat. *bos, bovis*). **1.** Terme générique désignant les animaux de l'espèce bovine, ou mâle de cette espèce qu'on a châtré dans son jeune âge pour le rendre plus traitable et plus facile à engraisser : *Les bœufs de labour. Mettre des bœufs à l'engrais.* — **2.** Personne très vigoureuse, à forte musculature *(fort comme un bœuf)* ou travailleur acharné *(travailler comme un bœuf).* — **3.** *Avoir un bœuf sur la langue,* se taire après avoir reçu de l'argent. ‖ *Mettre la charrue avant les bœufs,* commencer par où on aurait dû finir. (→ BOVIN.) ◆ adj. inv. *Pop.* Qui sort de l'ordinaire : *Il a un succès bœuf avec ses chansons* (syn. PRODIGIEUX). *Elle lui a fait un effet bœuf* (syn. ÉNORME).

bof! [bɔf] interj. Exprime le mépris, la lassitude ou l'indifférence : *Bof! C'est de la chansonnette!*

bogue [bɔg] n. f. (breton *bolc'h*). Enveloppe de la châtaigne, armée de piquants.

bohème [bɔɛm] n. f. (de *Bohême,* n. d'une partie de la Tchécoslovaquie). Milieu d'artistes ou d'écrivains qui vivent au jour le jour, sans règles; genre de vie de ce milieu : *Ce peintre a passé sa jeunesse dans la bohème de Montparnasse.* ◆ n. m. et adj. Qui mène une vie désordonnée et insouciante : *Il vit en bohème. Elle est très bohème. Caractère bohème.*

bohémien, enne [bɔemjɛ̃] n. et adj. Nomade ou vagabond qui vit de petits métiers artisanaux, qui dit la bonne aventure, etc.

1. boire [bwar] v. t. (lat. *bibere*) [c. 75]. **1.** (sujet être animé) Avaler un liquide : *Elle ne boit que de l'eau. Je bois une tasse de café le matin;* sans compl. : *J'ai soif,* *donne-moi à boire. Bois tout ton soûl* (= tant que tu le peux). — **2.** (sujet qqn) Prendre des boissons alcoolisées, le plus souvent avec excès (souvent sans compl.) : *Depuis que sa femme est morte, il s'est mis à boire* (= il absorbe des boissons alcoolisées). *Nous allons boire à votre santé, à vos succès* (= en exprimant des vœux pour votre santé, en saluant votre succès). *Il boit comme un trou* (fam. ; = beaucoup). — **3.** (sujet qqch) Absorber un liquide : *L'éponge boit l'eau. Le buvard boit l'encre.* — **4.** *Boire les paroles de qqn,* l'écouter avec une attention soutenue, avec une admiration béate. ‖ *Il y a à boire et à manger dans cette affaire,* le bon et le mauvais y sont mêlés.

2. boire [bwar] n. m. *Le boire et le manger,* le liquide et la nourriture solide que l'on absorbe.

bois [bwa] n. m. (germ. *bosk*). **1.** Substance compacte de l'intérieur des arbres, constituant le tronc, les branches et les racines : *Mettre du bois dans la cheminée. Il y a un défaut dans ce bois, il ne pourra pas servir à faire une armoire.* — **2.** Partie en bois d'un objet, ou objet en bois : *Un bois de lit* (= les pièces formant la menuiserie d'un lit). *Le bois d'une pioche* (= le manche). — **3.** *Bois blanc,* bois dont on fait des meubles bon marché (sapin, peuplier). ‖ *Être du bois dont on fait des flûtes,* être très accommodant. ‖ *N'être pas de bois,* être sensible, facile à émouvoir ou à troubler. ‖ *Toucher du bois,* chercher à conjurer le mauvais sort en touchant de la main un objet en bois. — **4.** Lieu couvert d'arbres : *Un bois de châtaigniers* (syn. FORÊT). *Couper à travers bois pour regagner le village. Un homme des bois* (= un sauvage, un rustre). ◆ n. m. pl. **1.** Cornes caduques du cerf, du daim, du renne, etc. — **2.** Terme générique désignant la famille des instruments à vent en bois (parfois auj. en métal), et comprenant les flûtes, les hautbois, les clarinettes, les bassons et les saxophones.

boisage [bwazaʒ] n. m. **1.** Action de consolider une galerie de mine. — **2.** Ensemble des bois servant à la consolider.

boisé, e [bwaze] adj. Garni d'arbres : *Le pays est pittoresque, boisé et accidenté.*

boiser [bwaze] v. t. **1.** *Boiser une galerie de mine,* la consolider avec du bois. — **2.** *Boiser un lieu,* y planter des arbres en grand nombre.

boiserie [bwazri] n. f. Ouvrage en bois dont on revêt parfois les murs intérieurs d'une maison : *Des boiseries du XVIIIe s., avec des panneaux peints par Boucher.*

boisseau [bwaso] n. m. (orig. incert.). **1.** Anc. mesure de capacité pour les grains. — **2.** *Mettre, garder, laisser qqch sous le boisseau,* le maintenir secret parce qu'on ne tient pas à ce qu'il soit publiquement révélé : *On ne met pas sous le boisseau une découverte médicale* (syn. GARDER LE SECRET, LE SILENCE SUR).

boisson [bwasɔ̃] n. f. (de *boire*). Liquide qu'on boit pour se désaltérer : *Prendre une boisson glacée. Cette boisson est trop sucrée. Être pris de boisson* (= être ivre). *S'adonner à la boisson* (= à l'alcoolisme).

boîte [bwat] n. f. (bas lat. *buxida*). **1.** Coffret en bois, en carton, en métal, etc., avec ou sans couvercle, dans lequel on peut mettre qqch (la destination ou le contenu peuvent être indiqués par *à* ou *de*) : *Prendre les tournevis dans la boîte à outils. Une boîte de dragées, de chocolats.* ‖ *Boîte à lettres* (ou *aux lettres*), dans les postes et dans les rues, boîte destinée à recevoir les lettres qu'on envoie ; dans les immeubles, boîte destinée à recevoir les lettres qu'on vous adresse ; se dit de qqn qui sert d'intermédiaire dans une association clandestine pour transmettre des messages. — **2.** *Boîte crânienne,* cavité osseuse qui renferme le cerveau. ‖ *Boîte noire,* appareil enregistreur d'un avion qui permet de vérifier comment s'est déroulé un parcours. ‖ *Boîte de vitesses,* organe renfermant les engrenages de changement de vitesse d'une automobile. — **3.** Fam. *Mettre qqn en boîte,* le taquiner, se moquer de lui. — **4.** *Pop.* et *péjor.* Lieu de travail : *C'est une sale boîte, où on est très mal payé.* — **5.** *Boîte de nuit,* cabaret ouvert la nuit, qui présente parfois des spectacles de music-hall.

boiter [bwate] v. i. (peut-être de [*pied*] *bot*). **1.** (sujet qqn) Marcher en inclinant le corps d'un côté plus que de l'autre, ou alternativement de l'un et de l'autre côté, par suite d'un défaut d'un membre inférieur : *Depuis son accident, elle boite légèrement de la jambe droite* (syn. soutenu CLAUDIQUER). — **2.** (sujet qqch) Présenter un défaut de symétrie, d'équilibre, de cohérence : *Ce fauteuil ancien boite. Votre raisonnement boite* (syn. fam. CLOCHER).

boiteux, euse [bwatø] adj. et n. Se dit de qqn qui boite : *Talleyrand était surnommé « le Diable boiteux »* (syn. BANCAL). *Un boiteux mendiait devant l'église* (syn. ÉCLOPÉ). ◆ adj. Qui n'a pas d'équilibre : *Une chaise boiteuse* (syn. BRANLANT, BANCAL, INSTABLE). *Ce projet boiteux n'indique pas les prévisions de dépenses. Fournir une explication boiteuse* (syn. CHANCELANT, INSUFFISANT). *Conclure une paix boiteuse* (syn. FRAGILE, PRÉCAIRE). *Ils forment une union boiteuse, qui ne peut durer* (= un couple mal assorti). *Votre phrase est boiteuse* (= incorrecte, mal équilibrée).

boîtier [bwatje] n. m. Boîte qui renferme le mouvement d'une montre, la pile d'une lampe de poche, etc.

boitiller [bwatije] v. i. (sujet qqn) Boiter légèrement : *Elle s'est fait mal en tombant et elle boitille.*

boit-sans-soif [bwasɑ̃swaf] n. inv. *Fam.* Ivrogne.

1. bol [bɔl] n. m. (angl. *bowl,* jatte). **1.** Petit récipient affectant la forme d'une demi-sphère, et qui sert à contenir certaines boissons ; son contenu : *Mettre sur la table les bols pour le petit déjeuner. Boire un bol de lait le matin.* — **2.** Pop. *En avoir ras le bol,* ne plus supporter qqch ; être excédé. ‖ *Prendre un bol d'air,* aller respirer au grand air, à la campagne (syn. S'OXYGÉNER, S'AÉRER).

2. bol [bɔl] n. m. *Pop.* Chance : *Il a eu du bol. Manque de bol, elle s'est fait remarquer.*

bolchevique [bɔlʃəvik] adj. et n. (du russe *bolchevik,* qui fait partie de la majorité). Se dit de la fraction majoritaire du parti social-démocrate russe, formée après l'adoption des thèses de Lénine (1903) ; ensuite, syn. de COMMUNISTE (souvent péjor.).

bolée [bɔle] n. f. Contenu d'un bol : *Boire une bolée de cidre.*

boléro [bɔlero] n. m. (esp. *bolero,* de *bola,* boule). Veste courte de femme, s'arrêtant à la taille.

bolet [bɔlɛ] n. m. (lat. *boletus*). Champignon à chapeau épais, qui pousse dans les bois (syn. CÈPE).

bolide [bɔlid] n. m. (gr. *bolis,* jet). Véhicule qui va à une très grande vitesse : *Les bolides passaient sur le circuit dans un bruit infernal.*

bolivien, enne [bɔlivjɛ̃] adj. et n. De Bolivie.

bombance [bɔ̃bɑ̃s] n. f. (d'une racine onomat. *bob-,* gonflé). Fam. *Faire bombance,* faire un repas somptueux, manger beaucoup (vieilli).

bombardement [bɔ̃bardəmɑ̃] n. m. Action de bombarder : *Les bombardements successifs rasèrent la ville.*

bombarder [bɔ̃barde] v. t. (du lat. *bombus,* bruit sourd). **1.** *Bombarder une position ennemie, une ville, un port,* etc., l'attaquer avec des bombes : *Les avions ont bombardé l'arsenal.* — **2.** *Bombarder qqn,* l'accabler de projectiles quelconques ou de ce qui peut être assimilé à des projectiles : *Les spectateurs bombardaient les acteurs de tomates. Sitôt son exposé terminé, elle fut bombardée de questions.* — **3.** Fam.

Bombarder qqn à un poste, à un emploi, l'y nommer brusquement, alors qu'il n'y semblait pas destiné : *Le gouvernement l'a bombardé ambassadeur dans une grande capitale européenne.*

bombardier [bɔ̃bardje] n. m. Avion destiné à opérer des bombardements.

1. bombe [bɔ̃b] n. f. (it. *bomba*). **1.** Projectile chargé d'un explosif et muni d'un dispositif qui le fait éclater : *Les avions lancèrent des bombes incendiaires sur le village. Un chapelet de bombes tomba sur le port. Une bombe atomique. Une bombe H* (= à l'hydrogène). — **2.** *Tomber comme une bombe, faire l'effet d'une bombe,* se dit d'une nouvelle, d'un événement qui arrive brusquement et provoque la stupeur : *Le résultat des élections fit l'effet d'une bombe.* — **3.** *Bombe au cobalt,* générateur de rayons, utilisé dans le traitement du cancer. — **4.** *Bombe glacée,* glace (de pâtisserie) en tronc de cône, en pyramide. — **5.** Récipient contenant un gaz sous pression et un liquide (insecticide, désodorisant, peinture, laque, etc.) destiné à être vaporisé. — **6.** Coiffure rigide hémisphérique des cavaliers.

2. bombe [bɔ̃b] n. f. (de *bombance*). Fam. *Faire la bombe,* se livrer aux plaisirs de la table, de la boisson, etc. (syn. FAIRE LA FÊTE).

bombement [bɔ̃bmɑ̃] n. m. Fait de bomber; renflement.

bomber [bɔ̃be] v. t. **1.** Donner une forme renflée, convexe (surtout part. passé) : *La route est bombée : les voitures peuvent déraper. Bombez la poitrine et respirez profondément* (syn. GONFLER). — **2.** Fam. *Bomber le torse,* prendre un air fier (syn. SE RENGORGER, SE PAVANER).

bombyx [bɔ̃biks] n. m. (gr. *bombux,* ver à soie). Genre de papillons dont l'espèce la plus connue, le *bombyx du mûrier,* a pour chenille le ver à soie.

1. bon, bonne [bɔ̃] adj. (lat. *bonus*) [avant le n.]. **1.** Se dit des choses qui ont les qualités propres à leur nature, qui présentent des avantages ou procurent un plaisir, qui sont appropriées au but poursuivi : *Écrire un bon roman* (syn. BEAU; contr. MAUVAIS). *Cette marchande vend de bons fruits* (syn. ↑EXCELLENT). *J'aime trouver dans un hôtel un bon lit. Elle m'a souhaité bonne chance* (syn. HEUREUX). *Il a reçu une bonne leçon* (syn. SALUTAIRE, ↑FAMEUX). *Raconter de bonnes histoires* (syn. AMUSANT, DRÔLE). *Tu ne donnes que de bons conseils* (syn. AVISÉ, JUDICIEUX). *J'ai pris le bon parti* (syn. SAGE). *Les nouvelles sont bonnes* (syn. FAVORABLE). — **2.** Indique l'intensité, le degré : *Il y en a encore un bon nombre qui n'ont pas compris* (syn. ↑CONSIDÉRABLE). *Elle a une bonne grippe* (syn. FORT). *À une bonne distance du village* (syn. GRAND). *Je suis resté là une bonne heure.* — **3.** *Bon à, pour qqch,* approprié à, adapté pour : *C'est bon pour de plus forts que moi. Ces vêtements usagés sont bons à jeter. Eau minérale bonne pour les rhumatismes.* ‖ *Elle est bien bonne!,* exclamation de joie et de surprise devant une histoire, une nouvelle plaisante ou inattendue. — **4.** *À quoi bon!,* exclamation de résignation, de dépit, de découragement : *À quoi bon aller le trouver? Il ne m'écoutera pas* (= à quoi cela servirait-il?). ‖ *C'est bon,* indique une approbation, une conclusion : *C'est bon, puisque vous refusez, je m'adresserai ailleurs.* — **5.** Qui se distingue par des aptitudes, par des qualités de cœur, d'esprit, ou par des qualités morales; se dit d'une conduite qui manifeste de telles dispositions : *Il est bon chauffeur et il sait éviter les embouteillages. Un bon élève* (syn. DOUÉ). *Être un bon acteur* (contr. MAUVAIS). *Il monte un bon cheval. C'est une bonne fille, qui vit en bonne intelligence avec ses parents* (contr. ↑INDIGNE). *Distribuer de bonnes paroles* (syn. RÉCONFORTANT). — **6.** *(Être) bon pour (avec) qqn, un animal,* montrer à leur égard de la bienveillance, de la compassion : *Elle est bonne pour les autres* (contr. CRUEL, DUR, MÉCHANT). — **7.** Se dit de qqn de naïf et candide en raison de sa bienveillance (péjor., ironiq. ou affectueux) : *Un bon garçon, auquel il ne faut pas demander plus qu'il ne peut* (syn. BRAVE). *Tu es bien bon de te laisser faire ainsi* (syn. SIMPLE). — **8.** Fam. *Être bon pour qqch,* ne pas pouvoir y échapper : *Si tu stationnes ici, tu es bonne pour une contravention.* ‖ *Tout recommencer? Vous êtes bon!* (= vous ne semblez pas vous rendre compte de la difficulté de ce que vous proposez). ◆ n. **1.** Personne bonne (surtout pl.) : *Les bons et les méchants.* — **2.** *Un bon à rien,* un incapable. ◆ **bon** adv. *Il fait bon,* le temps est agréable, doux. ‖ *Il fait bon* (+ *inf.*), il est agréable, profitable de : *Il fait bon dormir* (= c'est un plaisir). *Il ne fait pas bon le contredire* (= c'est dangereux). ‖ *Pour de bon, pour tout de bon,* d'une manière réelle, qui correspond à la réalité; sans plaisanter : *Mais tu es en colère pour de bon!* (syn. VÉRITABLEMENT). ‖ *Sentir bon,* avoir une odeur agréable. ‖ *Tenir bon,* résister : *Elle a refusé de céder, et elle a tenu bon devant les attaques dont elle était l'objet.* ◆ **bon!** interj. Indique l'approbation ou la surprise (souvent avec *ah!*), un changement dans le discours, une conclusion : *Ah bon! ce n'est pas aussi grave que je le pensais. Allons bon! qu'est-ce qui t'arrive encore? Tu ne peux pas venir vendredi? Bon. Alors, à samedi.* ◆ **bon** n. m. Ce qui se distingue par ses qualités (morales, intellectuelles) ou le profit qu'il procure (en général précédé de *du*) : *Il y a du bon dans la vie* (= du plaisir, des choses agréables). *Il y a du bon et du mauvais chez elle.*

2. bon [bɔ̃] n. m. Billet qui autorise à toucher une somme d'argent ou des objets en nature auprès de qqn ou d'un organisme désignés sur le billet : *Pendant la période de rationnement, on touchait des bons d'essence. Recevoir un bon de caisse* (= dont le montant est payable à la caisse de l'entreprise).

bonasse [bɔnas] adj. D'une naïveté allant jusqu'à la bêtise : *Il est trop bonasse pour avoir une quelconque autorité sur les autres.*

bonbon [bɔ̃bɔ̃] n. m. (redoublement de l'adj. *bon*). Confiserie destinée à être sucée ou croquée : *Sucer des bonbons. Des bonbons au miel, au chocolat.*

bonbonne [bɔ̃bɔn] n. f. (prov. *boumbouno*). Grande bouteille à large ventre, en verre ou en grès, souvent protégée par de l'osier, ou récipient en métal destiné à contenir des liquides et en partic. de l'alcool, de l'huile.

bonbonnière [bɔ̃bɔnjɛr] n. f. (de *bonbon*). **1.** Petite boîte artistement décorée pour mettre les bonbons. — **2.** *Fam.* Petit appartement ravissant.

bond [bɔ̃] n. m. (de *bondir*). **1.** Pour qqn, un animal, action de s'élever brusquement de terre par une détente des membres inférieurs ou postérieurs : *Franchir un fossé d'un bond. Les bonds des acrobates* (syn. CABRIOLE). *Le bond d'un cheval au-dessus de l'obstacle* (syn. SAUT). *Les soldats progressaient par bonds le long de la colline* (= par sauts successifs). *Elle ne fit qu'un bond jusqu'à son bureau* (= elle se précipita). — **2.** Pour qqch en mouvement, action de rejaillir ou de changer brusquement de direction après avoir heurté un obstacle : *Le ballon fit plusieurs bonds avant de tomber dans le ruisseau. La voiture fit un bond dans le fossé. La balle fait un faux bond* (= va dans une direction inattendue). — **3.** Brusque mouvement qui marque un progrès, une hausse, etc. : *D'un bond, il est arrivé aux plus hautes fonctions. Le bond en avant de l'expansion industrielle. La Bourse a fait un bond à l'annonce de ces mesures* (syn. BOOM). — **4.** *Faire faux bond à qqn,* manquer le rendez-vous que l'on a avec lui; ne pas tenir ses engagements à son égard.

bonde [bɔ̃d] n. f. (gaul. *bunda*). **1.** Bouchon obturant l'ouverture d'évacuation d'un évier, d'une baignoire, d'un bassin, etc. — **2.** Trou rond d'un tonneau, par lequel on verse le liquide; bouchon servant à obturer ce trou.

bondé, e [bɔ̃de] adj. (de *bonde*). Rempli jusqu'à déborder : *Le métro est bondé à la fin de l'après-midi* (syn. COMBLE). *La valise est bondée, on ne peut plus rien y mettre* (syn. BOURRÉ, ↓ PLEIN).

bondieuserie [bɔ̃djøzri] n. f. (de *bon Dieu*). *Fam.* et *péjor.* **1.** Dévotion restreinte aux pratiques extérieures : *Tomber dans la bondieuserie* (syn. BIGOTERIE). — **2.** Objet de piété : *Un quartier où les magasins de bondieuseries sont nombreux.*

bondir [bɔ̃dir] v. i. (lat. *bombire,* faire du bruit). **1.** Faire un bond : *Le tigre bondit sur sa proie* (syn. S'ÉLANCER). *Elle bondit jusqu'à la porte* (= elle y alla en hâte). — **2.** *Bondir* (*de* + *n. de sentiment*), avoir une émotion violente : *Je bondis de joie en apprenant son arrivée* (syn. soutenu TRESSAILLIR). *Une telle injustice me fait bondir* (= me met en colère).

bondissement [bɔ̃dismɑ̃] n. m. *Litt.* Action de bondir : *Les bondissements du chamois sur les rochers.*

bonheur [bɔnœr] n. m. (de *bon* et *heur,* chance). **1.** Circonstance favorable qui amène le succès, la réussite d'une action, d'une entreprise, etc. : *Il m'est arrivé le rare bonheur de découvrir un nouveau manuscrit* (contr. MALHEUR). *Nous avons eu le bonheur de trouver le soleil dès notre arrivée à Marseille* (syn. CHANCE; contr. MALCHANCE). *Il a eu le bonheur d'obtenir cette place* (syn. fam. VEINE). *Elle écrit avec bonheur* (= avec justesse). — **2.** État de pleine et entière satisfaction : *Il a trouvé son bonheur dans une vie tranquille en province* (contr. MALHEUR). *Quel bonheur de vous retrouver en excellente santé!* (syn. JOIE). *Cet incident a troublé leur bonheur* (syn. FÉLICITÉ). *Nous avons eu le bonheur de le voir assister à notre réunion* (syn. PLAISIR, AVANTAGE, AGRÉMENT). — **3.** *Au petit bonheur (la chance),* au hasard, n'importe comment : *Il répond à vos questions au petit bonheur.* ‖ *Par bonheur,* par un heureux hasard de circonstances : *Par bonheur, il ne m'a pas vue* (syn. PAR CHANCE, HEUREUSEMENT).

bonhomie [bɔnɔmi] n. f. Bonté du cœur, jointe à une certaine naïveté : *Sa bonhomie a conquis ses invités.*

1. bonhomme [bɔnɔm] n. m., **bonshommes** [bɔ̃zɔm] pl., **bonne femme** [bɔnfam] n. f. **1.** *Fam.* Personne quelconque : *Qui est cette bonne femme? Mon petit bonhomme, il va falloir maintenant s'arrêter de jouer* (en s'adressant à un enfant). *Ce bonhomme ne m'inspire aucune confiance* (syn. TYPE, INDIVIDU). *Faire un bonhomme de neige. Dessiner des bonshommes sur ses cahiers.* — **2.** *Aller son petit bonhomme de chemin,* poursuivre son action sans hâte excessive, avec une résolution tranquille.

2. bonhomme [bɔnɔm] adj. Qui manifeste de la simplicité jointe à de la cordialité : *Il nous accueillit d'un air bonhomme.*

boni [bɔni] n. m. (lat. [*aliquid*] *boni,* quelque chose de bon). Bénéfice fait en économisant sur la dépense (terme commercial).

bonification [bɔnifikasjɔ̃] n. f. Action de bonifier; fait de se bonifier : *La bonification des vins.*

bonifier [bɔnifje] v. t. *Bonifier qqch,* le rendre meilleur : *Par les engrais, il bonifie ses terres.* ◆ ***se bonifier*** v. pr. Devenir meilleur : *Son caractère ne se bonifie pas en vieillissant* (syn. S'AMÉLIORER).

boniment [bɔnimɑ̃] n. m. (de l'arg. *bonir,* dire). *Fam.* et *péjor.* **1.** Propos habiles destinés à convaincre de la qualité d'une marchandise, d'un spectacle, à séduire un public : *Se laisser prendre au boniment d'un camelot.* — **2.** Propos mensonger : *Tu nous racontes des boniments; tu n'as jamais été en Afrique!* (syn. HISTOIRE, BLAGUE, MENSONGE). *Arrête ton boniment, viens au fait* (syn. fam. BARATIN).

bonimenteur [bɔnimɑ̃tœr] n. m. Qui fait, raconte un boniment.

bonjour [bɔ̃ʒur] n. m. **1.** Terme utilisé quand on rencontre qqn dans la journée ou, plus rarement, quand on le quitte : *Bonjour, comment allez-vous ce matin? Georges, dis bonjour à ta tante* (= salue ta tante). *Donnez le bonjour à Jacqueline de ma part* (fam.; = transmettez-lui mon salut). *Elle vous souhaite bien le bonjour* (= elle m'a chargé de vous transmettre son salut). — **2.** *Simple, facile comme bonjour,* très facile.

1. bonne [bɔn] n. f. Fam. *Avoir qqn à la bonne,* le considérer avec sympathie. ‖ Fam. *En avoir de bonnes,* proposer qqch d'irréalisable, de difficile : *Faire tout ce travail aujourd'hui? Tu en as de bonnes!* ‖ Fam. *En raconter une bien bonne,* raconter une histoire originale, amusante. ‖ Fam. *Prendre qqch à la bonne,* le considérer sans appréhension, voir la situation d'une manière avantageuse (syn. PRENDRE DU BON CÔTÉ).

2. bonne [bɔn] n. f. **1.** Domestique assurant l'ensemble des travaux du ménage dans une famille, un hôtel, etc., généralement logée et nourrie (syn. non péjor. EMPLOYÉE DE MAISON). — **2.** *Bonne d'enfant,* celle qui doit prendre soin des enfants et les promener (syn. NURSE).

bonnement [bɔnmɑ̃] adv. **1.** De façon simple et directe : *Je vous dis bonnement la vérité, mais vous ne semblez pas me croire.* — **2.** *Tout bonnement,* sans détours : *Allez tout bonnement la trouver et racontez-lui vos difficultés* (syn. DIRECTEMENT, SANS FAÇON). *Tu es tout bonnement insupportable* (syn. RÉELLEMENT, VRAIMENT).

bonnet [bɔnɛ] n. m. (bas lat. *abonnis*). **1.** Coiffure, en général souple et sans rebord (pour les hommes ou pour les femmes) : *Cet hiver, la mode a été de porter des bonnets de fourrure. Un bonnet de bain.* — **2.** Chacune des poches d'un soutien-gorge. — **3.** Fam. *Avoir la tête près du bonnet,* être toujours prêt à se fâcher (syn. fam. ÊTRE SOUPE AU LAIT). ‖ *C'est bonnet blanc et blanc bonnet,* cela revient au même. ‖ *Gros bonnet,* personnage important ou influent. ‖ *Prendre qqch sous son bonnet,* en prendre seul la responsabilité (syn. AGIR DE SON PROPRE CHEF, DE SA PROPRE INITIATIVE).

bonneteau [bɔnto] n. m. (de *bonnet*). Jeu interdit qui se joue avec trois cartes retournées que l'on fait passer rapidement devant les yeux du joueur.

bonneterie [bɔn(ɛ)tri] n. f. (de *bonnet*). Industrie, commerce d'articles d'habillement en tissu à mailles; ces articles eux-mêmes : *Les chandails, les tricots, les chaussettes, etc., sont des articles de bonneterie.*

bonnetier, ère [bɔntje] n. Industriel, commerçant, ouvrier dont l'activité professionnelle est la bonneterie.

bonsoir [bɔ̃swar] n. m. Terme utilisé quand on rencontre qqn dans la fin de l'après-midi ou, plus souvent, quand on le quitte : *Bonsoir, c'est l'heure de mon train* (syn. AU REVOIR). *Allons, les enfants, dites bonsoir et allez vous coucher.*

bonté [bɔ̃te] n. f. **1.** Qualité de qqn qui est bon : *Il l'a traité avec bonté* (syn. BIENVEILLANCE, GÉNÉROSITÉ). *Ayez la bonté de me porter ce paquet* (syn. OBLIGEANCE, GENTILLESSE). — **2.** *Bonté divine!, Bonté du ciel!,* exclamations marquant une surprise très vive. ◆ ***bontés*** n. f. pl. Marques de bienveillance (vieilli) : *Vos bontés à mon égard me touchent profondément.*

bonus [bɔnys] n. m. (mot lat. signif. *bon*). Diminution des tarifs offerte par certaines compagnies d'assurance aux clients qui ne déclarent pas de sinistre.

bonze [bɔ̃z] n. m. (jap. *bozu,* prêtre). **1.** Prêtre ou moine bouddhiste. — **2.** *Fam.* Homme qui fait autorité dans son milieu social. — **3.** *Péjor.* Personnage prétentieux, imbu de son autorité, ou pédant qui pontifie.

bookmaker [bukmɛkœr] n. m. (mot angl. signif. *faiseur de livre*). Celui qui reçoit les paris sur un champ de courses.

boom [bum] n. m. (mot amér. signif. *détonation*). **1.** Hausse importante et soudaine des valeurs en Bourse; prospérité brusque d'un État, d'une entreprise, d'une activité économique : *Le boom économique des États-Unis après la guerre* (syn. EXPANSION). *Le boom de la construction* (contr. KRACH, EFFONDREMENT). — **2.** *Faire un boom,* avoir un fort retentissement.

boomerang [bumrɑ̃g] n. m. (mot d'une langue d'Australie). **1.** Arme de jet australienne, de forme courbe, qui revient à son point de départ après sa trajectoire et qui est utilisée comme jeu (elle est faite d'une lame de bois dur). — **2.** *Revenir comme un boomerang,* en parlant d'une action hostile, d'un argument, se retourner contre son auteur.

boots [buts] n. m. pl. (mot angl. signif. *bottes*). Bottes courtes s'arrêtant à la cheville.

bop [bɔp] → BE-BOP.

boqueteau [bɔkto] n. m. (de *bosquet*). Petit bois; bouquet d'arbres.

borborygme [bɔrbɔrigm] n. m. (gr. *borborugmos*). Bruit du déplacement des gaz ou des liquides dans le tube digestif.

bord [bɔr] n. m. (mot frq. signif. *bord de vaisseau*). **1.** Partie qui forme le tour, l'extrémité d'une surface, d'un objet, etc. : *Il a posé l'assiette trop près du bord de la table* (syn. REBORD). *Passer ses vacances au bord de la mer* (= dans la région côtière). *Se promener au bord de la rivière* (= le long de). *Elle a pu regagner le bord à la nage* (syn. RIVE, BERGE). *Nettoyer les bords d'une plaie* (syn. LÈVRE). *Le bord de la manche est effrangé. Rester sur le bord de la route* (syn. CÔTÉ). *Ne remplis pas le verre jusqu'au bord. Il a le bord des yeux rougi par les larmes* (= l'extrémité des paupières). *S'avancer au bord de la falaise* (syn. LIMITE). *Camper au bord de la route* (= à proximité immédiate). *La haie sur le bord du chemin creux nous masquait le village.* — **2.** *Bord à bord,* se dit de deux objets qui se touchent sans se croiser, se chevaucher. ‖ Fam. *Sur les bords,* légèrement ou, *ironiq.,* beaucoup (souvent précédé de *un peu*) : *Il est un peu alcoolique sur les bords.* ‖ *À bord,* sur le navire, l'avion. ‖ *Carnet, journal de bord,* relatant les événements qui se produisent pendant une traversée. ‖ *Commandant de bord,* celui qui commande l'équipage d'un avion. ‖ *Personnel de bord,* l'équipage. ‖ *Monter à bord (d'un navire, d'un avion),* embarquer. ‖ *Être au bord de, être sur le bord de qqch (action),* être sur le point de, être proche de : *Il est au bord des larmes* (= prêt à pleurer). *Elle est sur le bord de la crise de nerfs.* ‖ *Être du bord de qqn, du même bord,* avoir les mêmes opinions, être de son parti. ‖ *Virer, changer de bord,* changer d'opinion.

bordeaux [bɔrdo] n. m. Vin de la région de Bordeaux. ◆ adj. inv. Rouge violacé.

bordée [bɔrde] n. f. (de *bord*). **1.** Salve d'artillerie tirée par les canons rangés sur un des côtés d'un bateau. — **2.** *Une bordée d'injures,* une grande quantité d'injures.

bordel [bɔrdɛl] n. m. (prov. *bordelou*). **1.** *Pop.* Maison de prostitution. — **2.** *Pop.* Grand désordre (syn. PAGAILLE).

bordélique [bɔrdelik] adj. *Pop.* Où règne un grand désordre.

border [bɔrde] v. t. **1.** (sujet qqn) *Border qqch (de, avec qqch),* disposer tout le long de cette chose, garnir pour protéger, décorer, etc. : *Il faudra border les allées de rosiers. Border le col d'un manteau avec de la fourrure.* — **2.** (sujet qqch) *Border qqch,* en occuper le bord : *La route est bordée de maisons. Des arbres bordent l'allée du château. Un sentier borde la rivière* (syn. LONGER). *La maison borde la route.* — **3.** *Border un lit, border qqn,* arranger le drap supérieur et les couvertures en les repliant sous le matelas : *L'enfant demandait à sa mère de venir le border chaque soir.*

bordereau [bɔrdəro] n. m. (de *bord*). Relevé récapitulatif d'un compte, d'un document, etc. : *Les bordereaux de salaire établis par le caissier.*

bordure [bɔrdyr] n. f. **1.** Ce qui garnit le bord ou s'étend sur le bord de qqch : *Une bordure de plantes grimpantes. La bordure du miroir est ancienne* (syn. CADRE). — **2.** *En bordure d'un lieu,* à proximité immédiate de : *Le garde habite une maison en bordure de la forêt* (= sur la lisière de). *Des villas en bordure de mer* (= le long de la mer).

boréal, e [bɔreal] adj. (du gr. *Boreas,* le vent du Nord). **1.** *Hémisphère boréal,* celui qui est au nord de l'équateur (contr. HÉMISPHÈRE AUSTRAL). — **2.** *Terres boréales, océan boréal,* etc., qui se situent à l'extrême Nord, qui appartiennent aux régions proches du pôle Nord (syn. ARCTIQUE). — **3.** *Aurore boréale,* phénomène atmosphérique lumineux particulier aux régions proches du pôle Nord.

borgne [bɔrɲ] adj. et n. Qui ne voit que d'un œil. ◆ adj. *Hôtel borgne,* hôtel de mauvaise apparence, fréquenté par des gens suspects.

bornage [bɔrnaʒ] n. m. Action de borner.

borne [bɔrn] n. f. (bas lat. *bodina*). **1.** Pierre ou marque destinée à indiquer un repère, à réserver un emplacement, à barrer un passage, etc. : *Borne kilométrique. Déplacer les bornes d'un champ* (= celles qui délimitent la propriété). *Enrouler le cordage à la borne du quai.* — **2.** *Fam.* Kilomètre : *Il reste encore vingt bornes à parcourir avant Montpellier.* — **3.** Limite d'une action, d'un pouvoir, d'une époque, etc. (souvent pl.) : *Y a-t-il des bornes à la connaissance humaine? Il a franchi les bornes de la décence. Son ignorance dépasse les bornes* (= ce qu'on peut admettre). *Elle est d'une patience sans bornes* (= illimitée).

borné, e [bɔrne] adj. Dont les capacités intellectuelles sont peu développées : *Un esprit borné, incapable de comprendre l'évolution du monde* (syn. ÉTROIT, SCLÉROSÉ; contr. LARGE, OUVERT). *Il est borné et entêté* (syn. OBTUS; contr. SUBTIL, PÉNÉTRANT).

borne-fontaine [bɔrnfɔ̃tɛn] n. f. Fontaine en forme de borne : *Les bornes-fontaines des villages français.*

borner [bɔrne] v. t. **1.** *Borner qqch,* en marquer la limite : *Borner une propriété. Le chemin vicinal borne le terrain vers l'ouest et la rivière vers le sud* (syn. LIMITER). — **2.** *Borner qqch (à qqch, qqn),* l'enfermer dans des limites déterminées : *Elle a dû borner son ambition* (syn. LIMITER, RÉDUIRE). *La police a borné son enquête aux familiers de la victime* (syn. CIRCONSCRIRE; contr. ÉLARGIR). *Il borne son enseignement à quelques notions de base* (syn. RESTREINDRE; contr. ÉTENDRE). ◆ ***se borner*** v. pr. *Se borner à qqch,* se limiter à qqch : *Pour ce premier jour de classe, je me bornerai à vous parler des programmes de l'année. Bornons-nous à ce qui est indispensable* (syn. S'EN TENIR, SE CONTENTER).

bosquet [bɔskɛ] n. m. (it. *boschetto*). Petit groupe d'arbres ou d'arbustes, souvent plantés pour fournir de l'ombrage ou dans une intention décorative.

bossa nova [bɔsanɔva] n. f. (mot portug.). Musique de danse brésilienne; la danse elle-même.

bosse [bɔs] n. f. (frq. *bottan,* frapper). **1.** Grosseur anormale qui se forme dans le dos ou sur la poitrine, par suite de la déviation de l'épine dorsale ou de l'os auquel sont reliées les côtes (sternum); enflure qui se produit à la tête ou sur un membre à la suite d'un coup : *Il était difforme avec deux grosses bosses par-devant et par-derrière. Je me suis cognée et je me suis fait une bosse au front.* — **2.** Protubérance naturelle de certains animaux : *Les bosses du chameau. La bosse du dromadaire.* — **3.** Élévation sur une surface : *La voiture a fait une embardée sur une bosse de la route.* — **4.** Fam. *Avoir la bosse des mathématiques, de la musique,* etc., être particulièrement doué pour ce genre d'études, d'activité : *Il a la bosse du commerce* (syn. LE GÉNIE DE). ‖ *Ne rêver, ne chercher que plaies et bosses,* se plaire aux querelles, être d'un caractère batailleur.

bosseler [bɔsle] v. t. (c. 6) *Bosseler un objet,* le déformer par des bosses (surtout part. passé) : *Un gobelet d'argent tout bosselé.* ◆ ***se bosseler*** v. pr. (sujet un objet) Être déformé par des bosses : *En tombant, ce plat d'étain ancien s'est bosselé.*

bosselure [bɔslyr] n. f. Ensemble des bosses d'une surface : *Les bosselures d'une marmite en cuivre.*

bosser [bɔse] v. t. *Pop.* Travailler : *Pierre est un garçon sérieux; il bosse son examen au lieu d'aller s'amuser;* sans compl. : *Où est-ce que tu bosses maintenant?*

bosseur, euse [bɔsœr] n. Qui travaille beaucoup : *Une bosseuse, qui est arrivée par son seul travail* (syn. TRAVAILLEUR).

bossu, e [bɔsy] adj. et n. **1.** Qui a une déformation de la colonne vertébrale provoquant une bosse : *Le bossu a souvent été le héros de mélodrames romantiques.* — **2.** Fam. *Rire comme un bossu,* fort, beaucoup.

bot [bo] adj. m. (germ. *butta,* émoussé). *Pied bot,* pied difforme par rétraction de certains muscles.

botanique [bɔtanik] n. f. (du gr. *botanê,* plante). Étude scientifique des végétaux. ◆ adj. Qui relève de la botanique : *Le jardin botanique du Muséum national d'histoire naturelle, à Paris.*

botaniste [bɔtanist] n. Spécialiste de botanique : *Bauhin et Tournefort ont été de grands botanistes; l'un à la fin du XVIe s., l'autre au XVIIe s.*

1. botte [bɔt] n. f. (it. *botta,* coup). Coup de pointe donné avec une épée ou un fleuret : *Allonger, porter une botte. Parer, esquiver une botte. Une botte secrète est un coup d'épée dont la parade est inconnue.*

2. botte [bɔt] n. f. (néerl. *bote,* touffe de lin). Assemblage de produits végétaux de même espèce, serrés et liés ensemble : *Des bottes d'œillets sont expédiées de Nice. Acheter une botte de radis, d'asperges.*

3. botte [bɔt] n. f. (peut-être de l'adj. *bot*). **1.** Chaussure de cuir, de caoutchouc, qui enferme le pied et la jambe et monte quelquefois jusqu'à la cuisse. — **2.** Fam. *Cirer, lécher les bottes de qqn,* le flatter bassement. ‖ Fam. *En avoir plein les bottes,* en avoir assez, ras le bol. ‖ *Être à la botte de qqn,* suivre ses ordres sans discuter. ‖ *Sous la botte* (+ *adj.* ou *de* + *n.*), opprimé par : *En 1940, la France fut sous la botte nazie.*

botter [bɔte] v. t. **1.** Chausser des bottes (surtout pass.) : *Perrault a raconté le conte du « Chat botté ».* — **2.** *Fam.* Donner un coup de pied : *L'ailier droit botta le ballon vers le but. Ce garnement mérite qu'on lui botte les fesses.* — **3.** Pop. *Ça me botte,* cela me convient.

bottier [bɔtje] n. m. Artisan qui confectionne à la main des chaussures ou des bottes sur mesure.

bottillon [bɔtijɔ̃] n. m. Chaussure montant au-dessus de la cheville et généralement doublée de fourrure.

bottine [bɔtin] n. f. Chaussure montante couvrant les chevilles et fermée par des boutons, des lacets ou un élastique.

botulisme [bɔtylism] n. m. (du lat. *botulus,* boudin). Empoisonnement grave causé par des conserves, des viandes avariées.

boubou [bubu] n. m. Longue tunique ample que portent les Africains.

bouc [buk] n. m. (gaul. *bucco*).
— **I. 1.** Mâle de la chèvre. — **2.** *Bouc émissaire,* celui qui est donné comme responsable de toutes les fautes. — **II.** Barbe qu'un homme porte au menton, le reste du visage étant rasé.

boucan [bukɑ̃] n. m. (it. *baccano,* tapage). *Fam.* Ensemble indistinct de bruits : *Quel boucan vous faites en jouant!* (syn. TAPAGE; soutenu VACARME). *Elles sont allées faire du boucan à la mairie parce qu'on ne leur avait pas répondu* (= protester avec vigueur).

bouchage [buʃaʒ] n. m. Action de boucher : *Procéder au bouchage des bouteilles.*

bouche [buʃ] n. f. (lat. *bucca*). **1.** Orifice d'entrée du tube digestif, chez l'homme et chez certains animaux (considérée comme limite extérieure ou comme moyen d'expression) : *Elle a quelques rides au coin de la bouche. Ne parle pas la bouche pleine. Embrasser sur la bouche* (= les lèvres). *Il a toujours l'injure à la bouche. Il ouvrit la bouche pour dire une sottise* (= il prit la parole). *Elle lui a fermé la bouche par ses arguments* (= elle l'a fait taire). *Il a toujours les mêmes histoires à la bouche. Ce mot d'« honnêteté » dans sa bouche est étonnant* (= dit par lui). *Les sentiments de l'assemblée s'expriment par ma bouche* (= par ce que je dis). — **2.** Personne considérée sur le plan de la subsistance : *Il a chez lui cinq bouches à nourrir.* — **3.** Orifice de certaines cavités : *La foule s'engouffre dans la bouche du métro. Le boulanger ouvrit la bouche du four pour y mettre les pains à cuire. Des bouches de chaleur. L'eau s'engouffrait dans les bouches d'égout.* — **4.** *Aller, passer de bouche en bouche,* se répandre dans l'opinion, être largement divulgué. ‖ *Avoir la bouche pleine de qqch, en avoir plein la bouche,* en parler continuellement et avec enthousiasme. ‖ *Bouche cousue!* injonction à faire silence, à se taire (syn. SILENCE!). ‖ *De bouche à oreille,* directement et à l'insu des autres (syn. CONFIDENTIELLEMENT). ‖ *Être dans toutes les bouches,* être le sujet de toutes les conversations (syn. ÊTRE SUR TOUTES LES LÈVRES). ‖ *Faire la fine bouche,* se montrer dégoûté et difficile en face d'un mets, d'une œuvre d'art que tout le monde apprécie. ‖ *La bouche en cœur,* avec une préciosité ridicule.

bouche-à-bouche [buʃabuʃ] n. m. inv. Méthode de respiration artificielle par laquelle qqn insuffle avec sa bouche de l'air dans la bouche de celui qui est asphyxié.

bouchée [buʃe] n. f. **1.** Quantité d'un aliment qui entre dans la bouche en une seule fois : *Force-toi et avale quelques bouchées de viande.* — **2.** Bonbon au chocolat, fourré de façon variée : *L'enfant acheta deux grosses bouchées à la confiserie.* — **3.** *Bouchée à la reine,* pâtisserie salée garnie de viande blanche en sauce avec des champignons. — **4.** *Mettre les bouchées doubles,* aller beaucoup plus vite. ‖ *Ne faire qu'une bouchée de qqch,* l'avaler rapidement; *de qqn, qqch,* en venir facilement à bout : *Je ne ferais qu'une bouchée de ce petit gringalet qui ose me tenir tête.* ‖ *Pour une bouchée de pain,* pour un prix dérisoire, insignifiant.

1. boucher [buʃe] v. t. (de l'anc. fr. *bousche,* touffe de paille [pour fermer]). **1.** *Boucher une ouverture, un orifice, une bouteille,* etc., les fermer au moyen de qqch qu'on enfonce, qu'on place en travers (aussi comme v. pr.) : *La bouteille est bien bouchée. Le tuyau d'écoulement du lavabo est bouché* (syn. OBS-

TRUER). *On bouchera les fentes du mur avec du plâtre et du mastic* (syn. OBTURER). *Boucher une voie d'eau* (syn. AVEUGLER, COLMATER). *L'évier s'est bouché* (syn. ENGORGER). *Il vaut mieux se boucher les oreilles plutôt que d'entendre de pareilles sottises* (= refuser ostensiblement d'écouter). *Se boucher le nez pour ne pas sentir une mauvaise odeur* (= se pincer les narines). *Il se bouche les yeux pour ne pas voir la réalité* (syn. FERMER). — 2. *Boucher un passage,* l'obstruer : *La rue est complètement bouchée, on ne peut plus avancer. L'autoroute est bouchée. Ne bouchez pas le passage, retirez-vous* (syn. BARRER). — 3. *Boucher qqch (abstrait),* en fermer les accès, les perspectives : *Toutes les carrières sont bouchées* (syn. ↓ENCOMBRÉ). *L'avenir est bouché* (syn. FERMÉ). *Le virage nous bouche la vue* (= cache la perspective). — 4. Pop. *Ça m'en bouche un coin,* ça m'épate. ‖ *Cidre bouché* → CIDRE. ‖ *Le ciel est bouché,* couvert de nuages. ‖ Fam. *Être bouché, bouché à l'émeri,* ne rien comprendre, être stupide.

2. boucher, ère [buʃe] n. (de *bouc*). Commerçant qui vend de la viande au détail. ◆ adj. *Garçon boucher,* aide salarié du boucher. ◆ ***boucher*** n. m. 1. Personne qui tue les animaux dans les abattoirs. — 2. Homme cruel et sanguinaire.

boucherie [buʃri] n. f. 1. Boutique où on débite la chair des bêtes destinées à la consommation; le commerce lui-même : *Les boucheries hippophagiques* (ou *chevalines*) *vendent de la viande de cheval. Le syndicat de la boucherie sera prêt à baisser le prix de la viande.* — 2. *Péjor.* Carnage, tuerie (massacre d'êtres humains) : *Ce fut une boucherie : plusieurs dizaines de personnes furent massacrées.*

bouche-trou [buʃtru] n. m. (pl. *bouches-trous*). Personne ou chose servant à combler une place qu'un incident a rendue vide, ou destinée à faire nombre au milieu d'autres : *Je n'aime pas jouer les bouche-trous.*

bouchon [byʃɔ̃] n. m. (de *boucher*). 1. Ce qui sert à boucher, et en partic. pièce enfoncée dans le goulot d'une bouteille : *Un bouchon de liège. Faire sauter le bouchon d'une bouteille de champagne. Le bouchon de la carafe d'eau.* — 2. *Avoir un goût de bouchon,* se dit d'un vin qui a pris le goût du bouchon trop vieux. ‖ *Bouchon de brume,* nappe dense de brouillard. ‖ Fam. *Bouchon (de circulation),* embouteillage momentané. ‖ Fam. *C'est plus fort que de jouer au bouchon,* c'est extraordinaire. — 3. Poignée de foin, de paille ou d'herbe tortillés.

bouchonné, e [buʃɔne] adj. *Vin bouchonné,* qui a un goût de bouchon.

bouchonnement [buʃɔnmɑ̃] ou **bouchonnage** [buʃɔnaʒ] n. m. Action de bouchonner.

bouchonner [buʃɔne] v. i. *Fam.* Former un embouteillage. ◆ v. t. *Bouchonner un cheval,* le frotter avec un bouchon ou une brosse.

bouchot [buʃo] n. m. (mot poitevin). Ensemble de pieux enfoncés dans la mer sur lesquels se fait la culture des moules.

bouclage [buklaʒ] n. m. Action de boucler : *Le bouclage d'une maison par les agents de police* (syn. ENCERCLEMENT).

boucle [bukl] n. f. (lat. *buccula,* petite joue). 1. Petit anneau ou rectangle de métal, de bois, de plastique, souvent muni d'une pointe ou d'une agrafe, et qui sert à assujettir le bout d'une courroie, d'une ceinture, etc. : *Attacher la boucle d'un ceinturon.* — 2. Tout ce qui a la forme d'un anneau : *Des boucles d'oreilles* (= bijoux que les femmes s'attachent aux oreilles). *Une boucle de cheveux* (= mèche de cheveux roulés en spirale). *Les boucles de la Seine en aval de Paris* (syn. COURBE, MÉANDRE). *Les boucles d'un lacet de soulier* (= nœuds en forme de boucles).

boucler [bukle] v. t. 1. Donner la forme d'une boucle (surtout part. passé) : *Avec ses doigts, elle bouclait ses mèches de cheveux. La tête bouclée d'un enfant* (= couverte de boucles). — 2. *Boucler qqch,* le fermer au moyen d'une boucle ou d'une autre manière : *Boucler sa ceinture. Boucler ses valises.* ‖ Fam. *Boucler un magasin, une maison,* les fermer : *Les commerçants ont bouclé leurs magasins* (contr. OUVRIR). — 3. Fam. *Boucler qqn,* l'enfermer d'une manière contraignante : *Il a été bouclé jeudi au collège* (= retenu par une punition). *J'ai été bouclée dans ma chambre par la grippe* (syn. RETENIR). — 4. *Boucler un quartier, une rue,* etc., les cerner en bloquant leurs voies d'accès : *La police a bouclé le quartier* (= l'a encerclé). — 5. Fam. *Boucler un travail, une affaire,* l'achever (syn. TERMINER, FINIR). — 6. *Boucler la boucle,* terminer une série d'opérations qui ramènent au point de départ. ‖ *Boucler son budget,* le maintenir en équilibre. ‖ *Boucler ses comptes,* les établir d'une façon définitive. ‖ Pop. *La boucler,* se taire (syn. LA FERMER). ◆ v. i. (sujet qqn, les cheveux) Friser : *Ses cheveux bouclent naturellement.*

bouclette [buklɛt] n. f. Petite boucle de cheveux.

bouclier [buklije] n. m. (de l'anc. fr. *escu bocler,* écu muni d'une boucle). 1. Arme défensive, faite d'une plaque de bois, de cuir ou de métal, que les guerriers portaient au bras pour se protéger le corps : *Le bouclier rond des Gaulois.* — 2. Nom donné à divers appareils ou dispositifs protecteurs. — 3. Ce qui est un moyen de défense, de protection (soutenu) : *Ce pacte militaire représentait un véritable bouclier contre l'agression.* — 4. Vaste étendue de terrains très anciens nivelés par l'érosion : *Le bouclier canadien.* — 5. *Faire un bouclier de son corps à qqn,* se mettre devant lui afin de le préserver des coups d'un adversaire. ‖ *Levée de boucliers,* protestation unanime manifestant une opposition déterminée.

bouddhique [budik] adj. Relatif au bouddhisme : *La religion bouddhique.*

bouddhisme [budism] n. m. Religion de l'Inde, du Japon et de la Chine.

bouddhiste [budist] adj. et n. Adepte du bouddhisme.

bouder [bude] v. i. (de *bod-,* onomat. exprimant le gonflement) [sujet qqn] Manifester de la mauvaise humeur par son attitude, son silence : *On lui a refusé des bonbons, et il est allé bouder dans sa chambre* (syn. FAIRE LA TÊTE). ◆ v. t. *Bouder qqn, qqch,* s'en détourner : *L'élite intellectuelle boudait le régime. On ne la voit plus, nous bouderait-elle ?*

bouderie [budri] n. f. Fait de bouder; dépit : *Une bouderie passagère qu'on ne doit pas prendre au sérieux* (= accès de mauvaise humeur).

boudeur, euse [budœr] adj. et n. Qui boude : *Un enfant boudeur. Elle montre à tous un visage boudeur* (syn. RENFROGNÉ, MAUSSADE, GROGNON). *Reste dans ton coin, je n'aime pas les boudeuses.*

boudin [budɛ̃] n. m. (de *bod-,* onomat. exprimant le gonflement). 1. Charcuterie préparée avec du sang et de la graisse de porc mis dans un boyau. — 2. Fam. *Tourner, s'en aller, finir en eau de boudin,* se terminer d'une façon lamentable, par un échec total, un fiasco complet.

boudiné, e [budine] adj. *Fam.* Serré dans des vêtements étriqués : *Il a beaucoup grossi, et il est boudiné dans sa veste.*

boudoir [budwar] n. m. (de *bouder*). *Litt.* Petit salon élégant, où la maîtresse de maison recevait ses intimes.

boue [bu] n. f. (gaul. *bawa*). 1. Mélange de terre ou de poussière et d'eau, formant une couche grasse et épaisse sur le sol : *Avec cette pluie, on patauge dans la boue* (syn. fam. GADOUE). *Où es-tu allé ? Tu as plein de* *boue sur ton pantalon.* — **2.** État de grande déchéance morale, de bassesse; ce qui est infâme (soutenu) : *Il se vautre dans la boue* (syn. ABJECTION; litt. FANGE). — **3.** *Traîner qqn dans la boue, couvrir qqn de boue,* le calomnier.

bouée [bwe] n. f. (germ. *baukn,* signal). **1.** Objet flottant destiné à signaler un écueil, un banc de sable, etc., ou à indiquer un passage : *Le lit de la Loire est par endroits balisé au moyen de bouées* (syn. BALISE). — **2.** Anneau flottant qui permet à qqn de se maintenir à la surface de l'eau : *Il y a des bouées de sauvetage sur les divers ponts de Paris.* — **3.** *Bouée (de sauvetage),* ce qui peut tirer qqn d'une situation désespérée : *La situation qu'on lui offrait lui apparut une bouée de sauvetage.*

1. boueux, euse [buø] adj. Plein de boue : *Un chemin boueux* (syn. litt. FANGEUX).

2. boueux [buø] n. m. Syn. fam. d'ÉBOUEUR.

bouffant, e [bufɑ̃] adj. Qui bouffe, gonfle : *La mode des jupes bouffantes.*

bouffe [buf] n. f. *Pop.* Nourriture, repas : *Dépenser beaucoup pour la bouffe.*

bouffée [bufe] n. f. **1.** Souffle, exhalaison qui vient subitement : *On sent une bouffée d'air frais; ferme la porte. Bouffée de fumée. Il lui arrivait par bouffées des odeurs de cuisine* (syn. PAR À-COUPS). — **2.** *Bouffée de qqch,* accès brusque et passager : *À l'annonce de son succès, elle eut une bouffée d'orgueil. Vers le soir, il a souvent une bouffée de fièvre qui m'inquiète* (syn. POUSSÉE).

1. bouffer [bufe] v. t. (onomat.). *Pop.* Manger : *Il bouffe de la viande à tous les repas;* sans compl. : *Bouffer à la cantine.* ◆ ***se bouffer*** v. pr. Pop. *Se bouffer (le nez),* se quereller avec violence.

2. bouffer [bufe] v. i. (sujet qqch) Augmenter de volume en parlant d'une matière légère, souple : *Faire bouffer ses cheveux* (syn. GONFLER).

bouffir [bufir] v. t. (onomat.). **1.** *Bouffir qqn, une partie de son corps,* le faire augmenter de volume (en général péjor. et surtout part. passé) : *Avoir les yeux bouffis au réveil* (syn. GONFLER, ENFLER). *La graisse a bouffi son visage.* — **2.** *Bouffi d'orgueil,* d'une grande vanité. ◆ v. i. Devenir gonflé : *Ses yeux avaient bouffi à force de pleurer* (syn. ENFLER).

bouffissure [bufisyr] n. f. État de ce qui est enflé, bouffi : *Elle a des bouffissures sous les yeux* (syn. ENFLURE, BOURSOUFLURE).

bouffon, onne [bufɔ̃] adj. et n. (it. *buffone*). Qui prête à rire par des plaisanteries, des gestes exagérément comiques ou une conduite extravagante : *Sa vanité et sa prétention le faisaient passer pour un bouffon ridicule* (syn. PANTIN, POLICHINELLE). [Les *bouffons* étaient des personnages grotesques chargés de divertir les rois.] ◆ adj. Qui fait rire par son aspect grotesque, extravagant : *Leur querelle fut l'occasion d'une scène bouffonne* (syn. BURLESQUE).

bouffonnerie [bufɔnri] n. f. Action, parole bouffonne : *Ses bouffonneries et ses farces n'étaient que des enfantillages.*

bougainvillée [bugɛ̃vile] n. f. ou **bougainvillier** [-vilje] n. m. (du n. du navigateur *Bougainville*). Arbuste à feuilles persistantes et à fleurs roses et violettes.

bouge [buʒ] n. m. (lat. *bulga*). Local malpropre et d'apparence sordide; café ou bar misérable et mal fréquenté.

bougeoir [buʒwar] n. m. Petit support de bougie.

bougeotte [buʒɔt] n. f. Fam. *Avoir la bougeotte,* désirer fréquemment changer de place, de lieu.

bouger [buʒe] v. i. (du lat. *bullire,* bouillir) [c. 2]. **1.** (sujet qqn, qqch) Faire un mouvement : *Elle bouge continuellement sur sa chaise* (syn. REMUER, S'AGITER, ↑GIGOTER). *Les feuilles des arbres bougent à peine.* — **2.** (sujet qqn) Se déplacer (surtout négatif) : *Je n'ai pas bougé de chez moi cet après-midi* (syn. SORTIR). — **3.** (sujet qqn) Agir, passer à l'action, en particulier en manifestant un sentiment d'hostilité, de révolte, etc. : *Elle est sévère et personne n'ose bouger devant elle* (syn. BRONCHER, CILLER). *Si les syndicats bougent, le gouvernement risque d'être en difficulté.* — **4.** (sujet qqch) Se modifier (surtout négatif) : *Ce tissu ne bougera pas au lavage. Les prix n'ont pas bougé.* ◆ v. t. Fam. *Bouger qqch,* le transporter à une autre place : *Ne bouge pas les bagages avant que je ne revienne* (syn. DÉPLACER). *Bouge la tête vers la droite pour que je te photographie de profil.* ◆ ***se bouger*** v. pr. *Fam.* Se déplacer (surtout impér.) : *Bouge-toi de là, tu embarrasses le chemin.*

bougie [buʒi] n. f. (de *Bougie,* v. d'Algérie). **1.** Bloc de cire, de paraffine, généralement cylindrique, entourant une mèche qui, allumée, fournit une flamme qui éclaire. — **2.** Appareil produisant l'étincelle électrique qui enflamme le mélange gazeux dans chaque cylindre des moteurs à explosion.

bougnat [buɲa] n. m. (de *charbougna,* prononciation plaisante de «charbonnier» dans le parler auvergnat). *Fam.* Marchand de charbon (vieilli).

bougon, onne [bugɔ̃] adj. et n. (onomat.). Qui manifeste habituellement de la mauvaise humeur, qui proteste continuellement : *Répondre d'un air bougon à une question indiscrète* (syn. GROGNON, RONCHON, REVÊCHE). *Quel vieux bougon! Toujours prêt à rouspéter.*

bougonnement [bugɔnmɑ̃] n. m. Action de bougonner.

bougonner [bugɔne] v. i. (sujet qqn) Prononcer entre ses dents des paroles de protestation : *Elle bougonnait contre les gens qui ne respectaient pas son sommeil* (syn. fam. ↑RÂLER).

bougre, esse [bugr] n. (bas lat. *Bulgarus,* Bulgare). **1.** (surtout n. m. avec adj.) *Fam.* Individu : *Il a de violentes colères, mais dans le fond, c'est un bon bougre* (syn. UN BRAVE HOMME). *Un pauvre bougre, tendant la main au coin de la rue.* — **2.** (n. m. ou f. avec un compl.) *Pop.* et *péjor.* S'emploie comme injure : *Quel bougre d'enfant, il ne peut pas rester tranquille! Cette bougresse de concierge m'a interdit d'utiliser l'ascenseur. Bougre d'idiot, écoute donc au lieu de parler* (syn. ESPÈCE DE). — **3.** Pop. *Bougre!,* indique la surprise, l'admiration, la colère : *Bougre, c'est haut! tu aurais dû me prévenir* (syn. BIGRE, FICHTRE).

bougrement [bugrəmɑ̃] adv. *Fam.* Extrêmement : *Ce morceau est bougrement difficile à jouer* (syn. BIGREMENT, DIABLEMENT, DRÔLEMENT, RUDEMENT).

boui-boui [bwibwi] n. m. (pl. *bouis-bouis*). *Pop.* et *péjor.* Petit music-hall, café ou restaurant médiocres (syn. GARGOTE).

bouillabaisse [bujabɛs] n. f. (prov. *bouiabaisso*). Soupe de poissons provençale.

bouillant, e [bujɑ̃] adj. **1.** Qui bout : *Laver à l'eau bouillante. Se brûler avec de l'huile bouillante.* — **2.** Très chaud : *Prendre un grog bouillant pour soigner un rhume. Ce café est bouillant; je ne peux pas le boire.* — **3.** Qui a de l'ardeur, de la vivacité; prompt à la colère : *C'est un homme bouillant, qui ne peut tenir en place.*

bouille [buj] n. f. *Fam.* Tête, figure.

bouilleur [bujœr] n. m. *Bouilleur de cru,* celui qui fait distiller des vins, des cidres, des fruits, etc., provenant exclusivement de sa récolte.

bouillie [buji] n. f. (de *bouillir*). **1.** Farine qu'on a fait bouillir dans du lait ou de l'eau jusqu'à ce qu'elle ait la consistance d'une pâte plus ou moins épaisse : *Préparer une bouillie pour un enfant.* — **2.** *De la bouillie pour les chats,* travail qui ne vaut pas grand-chose (syn. fam. GNOGNOTE); texte peu intelligible.

bouillir [bujir] v. i. (lat. *bullire*) [c. **31**]. **1.** (sujet un liquide) Être animé de mouvements sous l'effet de la chaleur, en dégageant des bulles de vapeur qui viennent crever à la surface : *L'eau bout à 100°C. Faire bouillir le lait.* — **2.** Cuire dans un liquide qui bout : *Faire bouillir des légumes.* — **3.** (sujet qqn) *Avoir le sang qui bout dans les veines,* avoir la vivacité, la fougue de la jeunesse. ‖ *Bouillir de colère, d'impatience,* etc., être animé d'une violente colère, d'une grande impatience, etc., ne pouvoir se contenir qu'à grand-peine. ‖ *Faire bouillir qqn,* provoquer son irritation, son impatience, l'exaspérer. ‖ *Mon sang bout quand...,* je m'emporte quand... ◆ v. t. Faire chauffer un liquide jusqu'à la température où il bout; faire cuire dans l'eau : *Il faut bouillir l'eau contaminée;* et au part. passé : *Laver une plaie à l'eau bouillie. Servir de la viande bouillie.*

bouilloire [bujwar] n. f. Récipient de métal, à large panse, dans lequel on fait bouillir l'eau.

bouillon [bujɔ̃] n. m. (de *bouillir*). **1.** Aliment liquide obtenu en faisant bouillir dans de l'eau de la viande, des légumes : *Bouillon de bœuf, de légumes.* — **2.** Fam. *Boire un bouillon,* avaler de l'eau quand, en nageant, on coule un instant (syn. BOIRE LA TASSE); perdre une somme d'argent considérable dans une entreprise. ‖ *Bouillon de culture,* liquide préparé comme milieu de culture bactériologique. ‖ *Bouillon d'onze heures,* boisson empoisonnée. — **3.** Bulle gazeuse qui se forme dans un liquide qui bout; agitation de ce liquide : *L'eau bout à gros bouillons.* — **4.** Flot d'un liquide qui s'échappe ou coule avec force : *Un ruisseau sortant à gros bouillons de la source.* ◆ ***bouillons*** n. m. pl. Ensemble des exemplaires invendus d'un journal ou d'une revue.

bouillonnement [bujɔnmɑ̃] n. m. État de ce qui bouillonne : *Les bouillonnements d'un liquide qui fermente. Le bouillonnement des idées au XVIe s.* (syn. TUMULTE). *Le bouillonnement révolutionnaire qui saisit l'Europe en 1848* (syn. EFFERVESCENCE).

bouillonner [bujɔne] v. i. **1.** (sujet un liquide) S'élever en bouillons : *On voyait l'eau bouillonner entre les rochers.* — **2.** (sujet qqn) *Bouillonner de colère, d'impatience, avoir le sang qui bouillonne,* se dit de qqn pris d'une violente colère, en proie à une grande impatience, etc. — **3.** *Fam.* Avoir des exemplaires invendus : *Les journaux bouillonnent parfois à plus de vingt pour cent de leur tirage.*

bouillotte [bujɔt] n. f. Récipient de métal, de grès ou de caoutchouc que l'on remplit d'eau bouillante et dont on se sert pour chauffer un lit ou se réchauffer.

boulaie [bulɛ] n. f. Terrain planté de bouleaux.

boulanger, ère [bulɑ̃ʒe] n. et adj. (du picard *boulenc*). Personne qui fabrique le pain, qui en fait le commerce : *Les boulangers-pâtissiers ajoutent à la fabrication du pain celle de la pâtisserie. Ouvrier boulanger* (= employé par le patron boulanger pour faire le pain).

boulangerie [bulɑ̃ʒri] n. f. Fabrication ou commerce du pain; lieu où se fait la vente du pain.

boule [bul] n. f. (lat. *bulla*). **1.** Sphère de métal, de bois, etc. : *Au billard, on joue avec des boules d'ivoire* (syn. BILLE). *Les enfants jouent à se lancer des boules de neige. Les boules de gomme sont des bonbons pour la gorge. Le chat est roulé en boule dans son panier* (= pelotonné). — **2.** *Faire boule de neige,* grossir continuellement : *Ses capitaux ont fait boule de neige, et il se trouve à la tête d'une grosse fortune.* ‖ Fam. *Être, se mettre en boule,* être, se mettre en colère. — **3.** *Fam.* Tête : *Il a perdu la boule* (= il s'est affolé ou il est devenu fou). ◆ ***boules*** n. f. pl. **1.** Jeu qui consiste à envoyer des boules le plus près possible d'un but constitué par une boule plus petite, le cochonnet. — **2.** Pop. *Avoir les boules,* avoir peur.

bouleau [bulo] n. m. (lat. *betulla*). Arbre des régions froides et tempérées, dont le bois blanc est utilisé en menuiserie et pour la fabrication du papier.

bouledogue [buldɔg] n. m. (angl. *bulldog,* chien-taureau). Chien à mâchoires proéminentes.

boulet [bulɛ] n. m. (de *boule*). **1.** Projectile sphérique dont on chargeait les canons jusqu'au XIXe s. : *Turenne fut tué par un boulet de canon.* — **2.** Boule de métal qu'on attachait au pied des forçats. — **3.** *Traîner un boulet,* être constamment entravé par une obligation pénible : *Ses dettes sont un boulet qu'il traîne avec lui depuis des années.* — **4.** Jointure de la jambe du cheval. — **5.** *Tirer sur qqn à boulets rouges,* l'attaquer, en paroles ou par écrit, avec violence et brutalité.

boulette [bulɛt] n. f. **1.** Petite boule : *Des boulettes de papier. On nous a servi des boulettes de viande hachée.* — **2.** *Fam.* Grossière erreur, faute stupide (syn. fam. GAFFE).

boulevard [bulvar] n. m. (néerl. *bolwerc,* ouvrage de fortification). **1.** Large voie de circulation urbaine : *Les Grands Boulevards, à Paris, vont de la Madeleine à la République. Les boulevards extérieurs sont construits sur l'emplacement des anciennes fortifications.* — **2.** *Théâtre de boulevard,* comédie légère et frivole. (Autrefois donnée dans des théâtres installés sur les Grands Boulevards à Paris.)

boulevardier, ère [bulvardje] adj. Qui a le caractère amusant et frivole du théâtre de boulevard, à Paris : *Comédies boulevardières.*

bouleversant, e [bulvɛrsɑ̃] adj. Très émouvant : *Le spectacle bouleversant de populations affamées.*

bouleversement [bulvɛrsəmɑ̃] n. m. Action de bouleverser; fait d'être transformé de fond en comble : *La crise économique a entraîné un bouleversement politique* (syn. RÉVOLUTION, ↓TROUBLE). *Le bouleversement des valeurs* (syn. CHANGEMENT, MODIFICATION).

bouleverser [bulvɛrse] v. t. (de *boule* et *verser*). **1.** *Bouleverser qqch,* le mettre dans le plus complet désordre; y introduire la confusion : *En nettoyant le bureau, il a bouleversé tous mes papiers* (syn. DÉRANGER). *Elle a bouleversé l'horaire de la classe en faisant changer l'heure de ses cours* (syn. PERTURBER, ↓MODIFIER). *Cet événement a bouleversé sa vie* (syn. TROUBLER). — **2.** *Bouleverser qqn,* lui causer une violente émotion (souvent pass.) : *La nouvelle de sa mort m'a profondément bouleversé* (syn. SECOUER, ↓ÉMOUVOIR). *Je suis bouleversée par cette catastrophe.*

boulier [bulje] n. m. Appareil formé de tringles sur lesquelles sont fixées des boules et qui sert à compter.

boulimie [bulimi] n. f. (du gr. *bous,* bœuf, et *limos,* faim). Grande envie de manger.

boulimique [bulimik] adj. et n. Atteint de boulimie.

boulisme [bulism] n. m. Sport du jeu de boules.

bouliste [bulist] n. Joueur de boules.

boulocher [bulɔʃe] v. i. (sujet un tricot, un lainage) Former des petites boules pelucheuses à l'usage.

boulodrome [bulɔdrom] n. m. Terrain aménagé pour le jeu de boules.

boulon [bulɔ̃] n. m. (de *boule*). Tige métallique dont une extrémité porte une tête et l'autre un filetage, pour recevoir un écrou.

boulonner [bulɔne] v. t. *Boulonner une poutre, une*

pièce, la fixer par des boulons. ◆ v. i. Syn. pop. de TRAVAILLER.

1. boulot, otte [bulo] adj. et n. (de *boule*). *Fam.* Gros et petit : *Une petite femme boulotte.*

2. boulot [bulo] n. m. (orig. incert.). *Pop.* Travail, emploi : *Avoir un bon boulot* (syn. MÉTIER). *Il y a un sale boulot à faire* (syn. BESOGNE).

boulotter [bulɔte] v. t. *Pop.* Manger.

1. boum! [bum] interj. Indique un bruit sourd : *Boum! le bruit de l'explosion fut entendu dans tout le quartier.* ◆ n. m. 1. Bruit sonore : *Faire un grand boum en tombant.* — 2. *Fam.* Grand succès (syn. BOOM). — 3. *En plein boum,* en pleine activité.

2. boum [bum] n. f. Réunion de jeunes organisée chez l'un d'entre eux et où on danse (syn. vieillis SURBOUM, SURPRISE-PARTIE).

boumer [bume] v. i. Fam. *Ça boume,* ça va.

1. bouquet [bukɛ] n. m. 1. Tout ce qui se présente en une touffe serrée (arbustes, tiges, fleurs, etc.) : *Je lui offrirai un bouquet de roses pour sa fête. Il y a un bouquet d'arbres au bout du champ.* — 2. Final d'un feu d'artifice. — 3. *C'est le bouquet!* (ironiq.), c'est ce qui est le plus mauvais, le plus fort (syn. C'EST LE COMBLE). — 4. Parfum agréable exhalé par le vin : *Ce vin de Bordeaux a du bouquet.*

2. bouquet [bukɛ] n. m. (de *bouc*). Variété de grosses crevettes roses.

bouqueté [bukte] adj. m. Se dit d'un vin qui a du bouquet.

bouquetière [bukətjɛr] n. f. Celle qui vend des fleurs dans les cabarets, les restaurants, etc.

bouquetin [buktɛ̃] n. m. (de l'all. *Steinbock,* bouc de rocher). Chèvre sauvage, à longues cornes marquées d'anneaux, qui vit dans les montagnes d'Europe.

bouquin [bukɛ̃] n. m. (néerl. *bœckin,* petit livre). *Fam.* Livre : *C'est son nouveau bouquin : un roman d'aventures.*

bouquiner [bukine] v. t. *Fam.* Lire un livre (mais non un journal) : *Qu'est-ce que tu bouquines en ce moment, un roman policier?;* sans compl. : *Elle passe son dimanche à bouquiner.*

bouquiniste [bukinist] n. Libraire qui vend des livres d'occasion : *Les bouquinistes des quais, à Paris.*

bourbe n. f. (gaul. **bōrvu*). *Litt.* Boue.

bourbeux, euse [burbø] adj. Rempli d'une boue épaisse : *Un terrain bourbeux* (syn. FANGEUX, MARÉCAGEUX).

bourbier [burbje] n. m. 1. Endroit creux rempli d'une boue épaisse : *La pluie avait transformé la route de terre en un véritable bourbier.* — 2. Affaire difficile, mauvaise; entreprise dangereuse dont on aura du mal à se tirer : *Pourrez-vous vous tirer de ce bourbier?* (syn. MAUVAIS PAS, ↓EMBARRAS).

bourbon [burbɔ̃] n. m. (d'un comté du Kentucky). Whisky à base de maïs, fabriqué aux États-Unis.

bourdaine [burdɛn] n. f. (orig. obscure). Arbuste dont les tiges sont utilisées en vannerie et dont l'écorce est laxative.

bourde [burd] n. f. (orig. incert.). *Fam.* 1. Méprise ou erreur due à la sottise, à la naïveté ou à l'étourderie : *J'ai fait une bourde en invitant Anne en même temps qu'Henri : j'ignorais qu'ils étaient fâchés* (syn. fam. GAFFE, ERREUR, BÊTISE). — 2. Mensonge : *Tu nous racontes des bourdes* (syn. HISTOIRE, BLAGUE; fam. BOBARD).

bourdon [burdɔ̃] n. m. (onomat.). 1. Grosse abeille velue. — 2. Grosse cloche : *Le bourdon de Notre-Dame de Paris.*

bourdonnant, e [burdɔnɑ̃] adj. Qui bourdonne : *Les oreilles bourdonnantes.*

bourdonnement [burdɔnmɑ̃] n. m. Action de bourdonner; bruit émis : *Le bourdonnement de la ruche.*

bourdonner [burdɔne] v. i. (de *bourdon*). Faire entendre un bruit sourd et continu (en parlant d'insectes qui battent des ailes, d'un moteur, etc.) : *Les abeilles tourbillonnent en bourdonnant autour de la ruche. On entendait bourdonner les ventilateurs* (syn. RONFLER, ↑VROMBIR). *À la descente d'avion, j'ai les oreilles qui bourdonnent* (syn. TINTER).

bourg [bur] n. m. (bas lat. *burgus,* château fort.). Gros village ou petite ville qui est le centre commercial de la région environnante.

bourgade [burgad] n. f. Petit bourg (syn. VILLAGE).

bourgeois, e [burʒwa] adj. 1. Relatif à la bourgeoisie, à sa manière de vivre, à ses goûts, etc : *La classe bourgeoise. Elle habite un appartement bourgeois, cossu mais sans originalité;* péjor., insiste sur la banalité, le manque d'élévation et d'idéal, le goût excessif de la sécurité : *Il a toujours eu des goûts bourgeois, le désir d'un confort sans risque.* — 2. *Cuisine bourgeoise,* sans recherche, mais de bonne qualité. ‖ *Maison bourgeoise,* cossue et où on mène un certain train de vie. ‖ *Pension bourgeoise,* hôtel-restaurant où on reçoit un petit nombre de clients à qui l'on sert une cuisine bourgeoise. ◆ n. Personne qui appartient à la bourgeoisie, qui en a la manière de vivre (souvent péjor.) : *Un bourgeois rangé et casanier.* ◆ ***bourgeoise*** n. f. *Pop.* La maîtresse de maison, l'épouse.

bourgeoisement [burʒwazmɑ̃] adv. De façon bourgeoise : *Il s'est marié bourgeoisement, dans une famille aisée et bien-pensante.*

bourgeoisie [burʒwazi] n. f. (de *bourg*). Classe sociale comprenant ceux qui n'exercent pas de métier manuel et ont des revenus relativement élevés : *La bourgeoisie est distincte de la classe ouvrière et de la classe paysanne. La haute bourgeoisie détient les moyens de production et comprend les industriels, les financiers et les grands propriétaires fonciers. La moyenne bourgeoisie est formée des cadres supérieurs de l'industrie et du commerce et de ceux qui exercent des professions libérales (médecins, notaires, etc.). La petite bourgeoisie comprend tous ceux qui, hormis leur salaire, ont un mode de vie et de pensée qui les rapproche de la moyenne bourgeoisie.*

bourgeon [burʒɔ̃] n. m. (du lat. *burra,* bourre). Petite boule qui se développera en feuilles ou en fleurs sur une tige : *C'est le printemps, les premiers bourgeons sont sortis.*

bourgeonnement [burʒɔnmɑ̃] n. m. Fait de bourgeonner.

bourgeonner [burʒɔne] v. i. 1. (sujet un arbre, une branche) Former des bourgeons : *Les cerisiers ont été les premiers à bourgeonner cette année.* — 2. *Fam.* (sujet le visage) Se couvrir de boutons : *Son nez bourgeonne.* — 3. *Plaie qui bourgeonne,* qui forme des petits bourrelets.

bourgmestre [burgmɛstr] n. m. (all. *Bürgermeister*). Premier magistrat des villes belges, suisses, allemandes et néerlandaises : *Le bourgmestre est l'équivalent du maire français.*

bourgogne [burgɔɲ] n. m. Vin récolté en Bourgogne.

bourguignon [burgiɲɔ̃] adj. et n. m. *(Bœuf) bourguignon,* bœuf accommodé au vin rouge et aux oignons.

bourlinguer [burlɛ̃ge] v. i. (de *boulingue,* petite voile). *Fam.* (sujet qqn) Mener une vie aventureuse, dans des pays différents : *Il a bourlingué dans tout l'Extrême-Orient* (syn. fam. ROULER SA BOSSE).

bourlingueur, euse [burlɛ̃gœr] n. *Fam.* Qui bourlingue.

bourrade [burad] n. f. Coup brusque donné à qqn pour le pousser, ou comme marque familière d'amitié : *Elle s'efforce, par quelques bourrades, de se frayer un chemin* (syn. COUP DE COUDE). *Une bourrade amicale* (syn. TAPE).

bourrage [buraʒ] n. m. Action de bourrer : *Le bourrage excessif d'une valise. Le bourrage de crâne de la presse officielle* (syn. MENSONGE).

bourrasque [burask] n. f. (it. *burrasca*). **1.** Coup de vent violent et de courte durée : *Le toit a été emporté par la bourrasque* (syn. TOURMENTE, ↑TORNADE). — **2.** Mouvement violent d'hostilité : *L'opposition se déchaîna, mais le Premier ministre tint tête à la bourrasque.*

bourratif, ive [buratif] adj. Fam. *(Aliment) bourratif,* qui alourdit l'estomac, qui se digère mal.

bourre [bur] n. f. (lat. *burra,* laine grossière). **1.** Amas de poils, déchets de tissus servant à garnir, à boucher des trous, etc. — **2.** Ce qui reste d'une fibre après le peignage *(bourre de laine),* le dévidage des bobines *(bourre de soie).* — **3.** Pop. *Être à la bourre,* être en retard dans son travail, son activité; être très pressé.

bourreau [buro] n. m. (de *bourrer,* frapper). **1.** Celui qui est chargé d'infliger la peine de mort prononcée par un tribunal (syn. litt. EXÉCUTEUR DES HAUTES ŒUVRES). — **2.** Celui qui maltraite qqn, physiquement ou moralement, avec cruauté, qui torture : *Les bourreaux d'Auschwitz.* — **3.** *Bourreau des cœurs,* qui a du succès auprès des femmes (syn. DON JUAN, SÉDUCTEUR). ‖ *Bourreau de travail,* qui travaille sans arrêt.

bourrée [bure] n. f. (de *bourrer*). Danse folklorique d'Auvergne.

bourrèlement [burɛlmɑ̃] n. m. *Litt.* Douleur morale : *Le bourrèlement de sa conscience.*

bourreler [burle] v. t. (de *bourreau*) [c. 6] *Bourreler qqn de remords,* le tourmenter cruellement par des remords de conscience (surtout pass.).

bourrelet [burlɛ] n. m. (de *bourre*). **1.** Bande de feutre, de papier, de caoutchouc, etc., qui sert en partic. à obturer un joint ou à amortir un choc : *Mettre des bourrelets aux fenêtres pour éviter que le vent ne pénètre.* — **2.** *Bourrelet (de chair, de graisse),* renflement adipeux, pli arrondi à certains endroits du corps.

bourrelier [burəlje] n. m. (de l'anc. fr. *bourrel,* collier d'une bête de trait). Ouvrier, marchand de harnachements, de sacs, de courroies.

bourrellerie [burɛlri] n. f. Métier, commerce du bourrelier.

bourrer [bure] v. t. (de *bourre*). **1.** *Bourrer qqch,* le remplir jusqu'au bord en tassant : *Il bourre le poêle de bûches, de papier, de carton, pour se réchauffer. Il bourra sa pipe et se mit à lire son journal. Ta valise est trop bourrée, la serrure va casser.* — **2.** *Bourrer qqn,* le faire manger trop abondamment : *Ne le bourre pas de pommes de terre* (syn. GAVER). *Ne te bourre pas de pain, ce soir tu n'auras plus faim;* lui faire apprendre trop de choses : *Les élèves sont bourrés de mathématiques, de latin, d'histoire, mais ils ont mal assimilé ces connaissances.* — **3.** *Être bourré de qqch,* en avoir en abondance : *Il est bourré d'argent, il peut payer. Être bourré de complexes* (syn. PLEIN DE). — **4.** *Bourrer qqn de coups,* le frapper avec violence. ‖ *Bourrer le crâne à qqn, au public,* le tromper en lui présentant les choses sous un jour favorable, alors que la situation est mauvaise.

bourriche [buriʃ] n. f. (orig. incert.). Panier sans anse, destiné au transport de la volaille, des huîtres, etc.

bourrichon [buriʃɔ̃] n. m. (de *bourriche,* tête). Pop. *Se monter le bourrichon,* se faire des illusions, s'exalter jusqu'à perdre la tête.

bourricot [buriko] n. m. Petit âne.

bourrique [burik] n. f. (esp. *borrico*). **1.** *Fam.* Âne ou ânesse. — **2.** *Fam.* Personne dont l'entêtement manifeste un esprit borné ou sot. — **3.** *Faire tourner qqn en bourrique,* l'exaspérer à force de le taquiner, de le contredire, etc.

bourru, e [bury] adj. (de *bourre*). Dont les manières sont habituellement brusques : *Sous des dehors bourrus, c'est une excellente personne* (syn. RUDE; contr. AFFABLE, DOUX, DÉBONNAIRE, LIANT).

1. bourse [burs] n. f. (gr. *bursa,* outre en cuir). **1.** Petit sac en peau, en tissu à mailles, etc., où on met les pièces de monnaie (syn. usuel PORTE-MONNAIE). — **2.** *Avoir la bourse bien garnie,* avoir beaucoup d'argent. ‖ *Faire bourse commune,* mettre son argent en commun. ‖ *La bourse ou la vie!,* expression prêtée aux bandits qui menaçent leurs victimes de les tuer si elles ne donnent pas leur argent. ‖ *Sans bourse délier,* sans rien dépenser (syn. GRATUITEMENT, GRATIS; fam. À L'ŒIL). ‖ *Tenir les cordons de la bourse,* disposer de l'argent du ménage. — **3.** Pension accordée par l'État ou une institution à un élève, à un étudiant.

2. Bourse [burs] n. f. (du n. d'une famille de Bruges, les *Van der Burse,* dont l'hôtel servit de première Bourse). **1.** Lieu où se font les opérations financières sur les valeurs mobilières, sur les marchandises, etc.; ces opérations elles-mêmes : *Titre coté en Bourse. Les Bourses de commerce. La Bourse est en hausse, en baisse. Les cours de la Bourse sont établis chaque jour.* — **2.** *Bourse du travail,* lieu de réunion des syndicats ouvriers.

boursicoter [bursikɔte] v. i. *Fam.* Se livrer à de petites opérations sur les valeurs négociées à la Bourse (syn. ↑SPÉCULER).

boursicoteur, euse [bursikɔtœr] n. Qui boursicote.

1. boursier, ère [bursje] n. et adj. Qui bénéficie d'une bourse : *Les boursiers de l'État. Une étudiante boursière.*

2. boursier, ère [bursje] adj. Relatif à la Bourse : *Les transactions boursières. Le marché boursier.*

boursouflage [bursuflaʒ] ou **boursouflement** [bursufləmɑ̃] n. m. État de ce qui est boursouflé (syn. ENFLURE, GONFLEMENT).

boursouflé, e [bursufle] adj. D'une grandiloquence ridicule : *Prononcer un discours boursouflé.*

boursoufler [bursufle] v. t. (de *bourre* et *souffler*) [sujet qqch] *Boursoufler qqch,* le gonfler en distendant les bords, les parois, etc. (souvent pass.) : *Les boutons et les pustules lui boursouflaient la peau* (syn. ENFLER). *Avoir le visage boursouflé.* ◆ ***se boursoufler*** v. pr. Être gonflé, cloqué : *La peinture s'est boursouflée, puis s'est craquelée sur le plâtre encore humide.*

boursouflure [bursuflyr] n. f. Ce qui est enflé; enflure : *Les boursouflures de son visage lui donnaient un faux air de bonne santé* (syn. BOUFFISSURE). *Les boursouflures de style* (syn. EMPHASE).

bousculade [buskylad] n. f. **1.** Poussée plus ou moins brutale, remous qui se produit dans un groupe de personnes : *Elle fut prise dans la bousculade des gens qui se pressaient pour entrer les premiers dans le stade.* — **2.** Hâte qui amène du désordre et de l'agitation : *Dans la bousculade du départ, nous avons oublié les raquettes de tennis* (syn. PRÉCIPITATION). *La bousculade des derniers préparatifs* (syn. REMUE-MÉNAGE).

bousculer [buskyle] v. t. (de l'anc. fr. *bouteculer,* pousser au cul). **1.** *Bousculer qqch, qqn,* le pousser vivement en créant le désordre, en écartant, en renversant : *L'armée fut bousculée à Sedan et reflua en* *désordre* (syn. CULBUTER). *L'enfant, en courant, le bouscula et lui fit perdre son équilibre* (syn. HEURTER). *Elle voulut revenir sur ses pas, mais elle fut bousculée par la foule. Il a bousculé le vase en passant et l'a fait tomber. Elle bousculait tout le monde pour arriver au premier rang des badauds.* — **2.** *Bousculer des objets, un lieu,* les mettre sens dessus dessous : *On a tout bousculé dans mon bureau, je ne retrouve plus rien* (syn. ↓ DÉRANGER, BOULEVERSER). ‖ *Bousculer qqn,* le presser, l'inciter par des reproches à aller plus vite : *Il est un peu paresseux et il faut le bousculer pour le faire travailler. Laissez-moi le temps, je n'aime pas être bousculée.* — **3.** (sujet qqn) *Être bousculé,* être sollicité par un grand nombre d'affaires diverses : *Je n'ai pas pu faire ce que vous m'avez demandé, car j'ai été très bousculé cette semaine* (syn. OCCUPÉ, DÉBORDÉ). ◆ ***se bousculer*** v. pr. **1.** Se pousser mutuellement : *Les enfants courent et se bousculent pour gagner plus vite la sortie du lycée.* — **2.** *Fam.* Aller plus vite : *Bouscule-toi un peu, nous avons juste le temps d'aller à la gare.*

bouse [buz] n. f. (orig. incert.). Fiente de bœuf, de vache.

bousier [buzje] n. m. Insecte coléoptère qui se nourrit de bouse : *Le scarabée est un bousier.*

bousillage [buzijaʒ] n. m. *Fam.* Action de bousiller : *Il est responsable du bousillage de sa voiture.*

bousiller [buzije] v. t. (de *bouse*). Fam. **1.** *Bousiller qqch,* l'endommager gravement, le mettre hors d'usage, et même le détruire complètement : *Tu as bousillé le moteur de la voiture.* — **2.** *Bousiller un travail,* l'exécuter très mal (syn. ↓ BÂCLER). — **3.** *Bousiller qqn,* le tuer : *Il s'est fait bousiller sur la route par un camion.*

bousilleur, euse [buzijœr] n. *Fam.* Qui bousille.

boussole [busɔl] n. f. (it. *bussola,* petite boîte). **1.** Appareil constitué essentiellement d'une aiguille aimantée reposant sur un pivot, dont l'orientation permet de reconnaître la direction du nord. — **2.** Fam. *Perdre la boussole,* s'affoler (syn. PERDRE LA TÊTE).

boustifaille [bustifaj] n. f. *Pop.* Nourriture.

bout [bu] n. m. (de l'anc. fr. *bouter,* pousser). **1.** Partie située à l'extrémité d'un corps ou d'un espace, considérés dans le sens de la longueur : *Repousser une pierre du bout du pied. Nous étions placés chacun à un bout de la table. Nouer les bouts d'une ficelle. Couper le bout d'une planche* (syn. EXTRÉMITÉ). — **2.** Limite visible d'un espace; fin d'une durée, d'une action : *Arriver au bout du chemin. Courez jusqu'au bout du champ. Nous voyons venir avec plaisir le bout de la semaine* (syn. FIN). *Je vois le bout de mes peines. Ce n'est pas le bout du monde que d'apprendre cette leçon* (= cela n'est pas si difficile à faire). *Commençons par un bout et nous verrons bien comment continuer* (= entreprenons l'affaire et nous verrons la suite). *C'est trop difficile, nous n'en verrons jamais le bout* (= nous n'achèverons jamais). *Tu n'es pas arrivé au bout de tes peines* (= tu n'as pas fini avec les difficultés). *Allez jusqu'au bout, quelles que soient les difficultés.* — **3.** Partie en général petite de qqch, d'une étendue, d'une durée, d'une action : *Manger un bout de pain. Passez-moi un bout de fil* (syn. MORCEAU). *Dès que tu seras arrivé, écris-moi un bout de lettre* (= une petite lettre). *Allons faire un bout de promenade ensemble. Elle est restée un bon bout de temps chez nous* (= longtemps). *C'est un petit bout de femme très vive pour son âge* (= petite fille). *Vous pouvez avoir confiance en lui, il en connaît un bout* (fam.; = il est très compétent). *J'ai mangé un bout en vous attendant* (= un peu). — **4.** *Au bout de* (+ express. de temps), après : *Même au bout d'une heure d'explications, il n'avait toujours pas compris.* ‖ *Avoir un mot, un nom sur le bout de la langue,* le connaître mais ne pas s'en souvenir. ‖ *Avoir qqch (qualité) jusqu'au bout des ongles,* en être pourvu à un degré extrême : *Elle a de l'esprit jusqu'au bout des ongles* (= elle est très spirituelle). ‖ *Bout à bout,* les deux extrémités étant jointes l'une à l'autre : *Clouer deux planches bout à bout.* ‖ *De bout en bout, d'un bout à l'autre,* du commencement à la fin : *D'un bout à l'autre du voyage, il n'a cessé de plaisanter. Le texte est plein de fautes de bout en bout.* ‖ *Du bout des dents, des lèvres,* sans conviction, à contrecœur; sans appétit. ‖ *Être à bout (de qqch),* être à la limite de ses forces, de sa résistance : *Ma patience est à bout, je vais me mettre en colère. Ce chemin est difficile, reposons-nous, je suis à bout* (syn. ÉPUISÉ). *Tu es à bout de forces* (= très fatigué). ‖ *Joindre les deux bouts,* assurer toutes les dépenses nécessaires avec son budget : *Il a du mal à joindre les deux bouts avec son seul salaire.* ‖ *Pousser qqn à bout,* le mettre dans un état d'exaspération complet. ‖ *Savoir qqch sur le bout du doigt,* le savoir parfaitement : *Elle sait sa leçon sur le bout du doigt.* ‖ *Venir à bout de qqch,* en voir la fin, l'achèvement, la complète réalisation : *Il est venu à bout de sa petite fortune* (= il a tout dépensé). *Je ne viendrai jamais à bout de tout ce que vous avez mis dans mon assiette* (= je ne le mangerai jamais). *Tu es venu à bout de ton projet.* ‖ *Venir à bout de qqn,* vaincre sa résistance.

boutade [butad] n. f. (de l'anc. fr. *bouter,* pousser). Mot d'esprit, vif et original, qui va à l'encontre de l'opinion commune et parfois très proche de la contre-vérité : *Sa boutade désarma quelque peu son adversaire* (syn. PLAISANTERIE). *Ce n'est peut-être qu'une boutade, mais elle exprime le fond de sa pensée.*

boute-en-train [butɑ̃trɛ̃] n. m. inv. (de l'anc. fr. *bouter,* mettre, et *train*). Personne dont la bonne humeur et le talent de conteur mettent en gaieté ceux avec qui elle se trouve.

boutefeu [butfø] n. m. (de l'anc. fr. *bouter,* mettre, et *feu*). Celui qui se plaît à provoquer des querelles ou à soutenir les solutions de violence, sans participer à la lutte (soutenu) : *Des boutefeux prêts à sacrifier facilement la vie des autres.*

bouteille [butɛj] n. f. (du lat. *buttis,* tonneau). **1.** Récipient en verre, allongé et à goulot étroit, destiné à contenir des liquides; son contenu : *Déboucher une bouteille. Boire une bonne bouteille.* — **2.** Récipient métallique de forme plus ou moins allongée : *Des bouteilles d'oxygène, de gaz butane.* — **3.** *Avoir de la bouteille,* en parlant d'un vin, avoir les qualités données par le vieillissement et, *fam.,* en parlant de qqn, *avoir, prendre de la bouteille,* être âgé, vieillir. ‖ *La bouteille à l'encre,* situation, question si confuse, si embrouillée qu'elle est incompréhensible.

boutique [butik] n. f. (gr. *apothêkê,* magasin). **1.** Local aménagé pour le commerce de détail : *La boutique du boulanger. La commerçante ouvre, ferme sa boutique. Il a ouvert une boutique sur les Boulevards, à Paris* (= il a installé un commerce). — **2.** *Fam.* et *péjor.* Maison ou établissement quelconque : *En voilà une boutique : on vous reçoit comme un intrus!*

boutiquier, ère [butikje] n. Personne qui tient un petit commerce de détail.

boutoir [butwar] n. m. (de l'anc. fr. *bouter,* pousser). **1.** Groin du sanglier. — **2.** *Coup de boutoir,* coup violent qui ébranle l'adversaire.

bouton [butɔ̃] n. m. (de l'anc. fr. *bouter,* pousser). — **I. 1.** Pousse qui, sur une plante, donne naissance à une tige, à une fleur ou à une feuille. — **2.** Petite pustule sur la peau : *Un visage couvert de boutons. La rougeole se signale par une éruption de petits boutons.* — **II. 1.** Pièce généralement circulaire, plate ou bombée, de matière dure, qu'on fixe sur les vêtements pour en assurer la fermeture ou pour servir d'ornement : *Recoudre un bouton. Les boutons de manchettes rapprochent les deux bords des poignets de chemise.* — 2. Pièce de forme sphérique ou cylindrique qui sert à ouvrir ou à fermer : *Tourner le bouton de la porte* (syn. POIGNÉE). *Fermer le bouton du poste de radio.*

bouton-d'or [butɔ̃dɔr] n. m. (pl. *boutons-d'or*). Renoncule des prés aux fleurs jaunes.

boutonnage [butɔnaʒ] n. m. Action de fermer avec des boutons.

boutonner [butɔne] v. i.
— I. (sujet un arbre, une plante) **1.** Produire des boutons : *Le rosier boutonne.* — **2.** Se couvrir de boutons : *Son visage commence à boutonner.*
— II. v. t. *Boutonner un vêtement,* le fermer par des boutons : *Il a grossi, il n'arrive plus à boutonner son manteau;* et pr. : *Cette jupe se boutonne sur le devant. Boutonne-toi, il fait froid dehors.*

boutonneux, euse [butɔnø] adj. Couvert de boutons, de pustules : *Le visage boutonneux d'un adolescent.*

boutonnière [butɔnjɛr] n. f. Petite fente faite à un vêtement pour y passer un bouton : *Refaire des boutonnières qui s'effrangent. Porter une fleur à sa boutonnière* (= à celle qui se trouve au revers de la veste).

bouton-pression [butɔ̃prɛsjɔ̃] n. m. (pl. *boutons-pression*). Fermeture métallique composée d'une part d'un petit bouton, d'autre part d'un œillet de métal dans lequel le bouton vient se fixer par pression.

bouture [butyr] n. f. (de l'anc. fr. *bouter,* pousser). Fragment détaché d'une plante et qu'on place dans un milieu où il peut prendre racine et se développer.

bouvreuil [buvrœj] n. m. (de *bouvier*). Passereau au plumage gris et noir et au ventre rose.

bovidé [bɔvide] n. m. (du lat. *bos, bovis,* bœuf). Membre de la famille des ruminants comprenant les bovins, les moutons, les chèvres, etc.

1. bovin, e [bɔvɛ̃] adj. (du lat. *bos,* bœuf). **1.** Qui concerne le bœuf : *Race bovine.* — **2.** *Œil, regard bovin,* morne, éteint, sans intelligence.

2. bovin [bɔvɛ̃] n. m. Membre d'une sous-famille des bovidés : *Le bœuf, le buffle, la vache, le taureau, etc., sont des bovins* (syn. savant BOVINÉ).

bowling [buliŋ] n. m. (mot angl.). Jeu de quilles d'origine américaine; lieu où on y joue.

box [bɔks] n. m. (mot angl.) [pl. *box* ou *boxes*]. **1.** Au palais de justice, partie de la salle, séparée du reste, où se trouvent placés les accusés d'un procès : *Être dans le box des accusés.* — **2.** Dans un hôpital, partie d'une salle limitée par des cloisons et destinée à assurer l'isolement d'un malade. — **3.** Dans une écurie, stalle où un cheval est logé sans être attaché. — **4.** Garage particulier pour une ou deux automobiles, aménagé dans le sous-sol d'un immeuble ou sur un emplacement particulier.

boxe [bɔks] n. f. (de l'angl. *box,* coup). Sport où deux adversaires se battent aux poings, avec des gants, selon des règles déterminées : *Un combat de boxe poids moyen pour le titre de champion d'Europe, en quinze rounds.*

boxer [bɔkse] v. i. **1.** Pratiquer la boxe : *Il boxe depuis trois ans comme professionnel.* — **2.** Participer à un combat de boxe : *Dimanche, il boxe contre le tenant du titre.* ◆ v. t. Fam. *Boxer qqn,* le frapper à coups de poings : *Ôte-toi de là, ou je te boxe.*

boxer [bɔksɛr] n. m. (mot all. signif. *boxeur*). Chien de garde, voisin du dogue allemand et du bouledogue.

boxeur [bɔksœr] n. m. Qui livre un combat de boxe : *Le manager attacha les gants du boxeur.*

box-office [bɔksɔfis] n. m. (mot angl.) [pl. *box-offices*]. Cote du succès d'un spectacle ou d'un artiste, calculée selon les recettes : *Arriver en tête au box-office.*

boy [bɔj] n. m. (mot angl. signif. *garçon*). Domestique indigène en Afrique, en Extrême-Orient.

boyau [bwajo] n. m. (lat. *botellus,* petite saucisse). **1.** Intestin (des animaux), par où passent les aliments au sortir de l'estomac, avant d'être rejetés sous forme d'excréments (souvent pl.) : *Les boyaux de porc sont utilisés dans l'alimentation.* — **2.** Corde faite avec les intestins de quelques animaux (mouton, chat) et servant à monter des raquettes ou à garnir certains instruments de musique (violons). — **3.** Conduit de cuir, de toile, de caoutchouc, etc., et en particulier ensemble formé de la chambre à air et de l'enveloppe du pneu dans laquelle elle est placée. — **4.** Passage long et étroit, semblable à un conduit : *Un boyau de mine.*

boycottage ou **boycott** [bɔjkɔt(aʒ)] n. m. Action de boycotter : *Le boycott d'un examen.*

boycotter [bɔjkɔte] v. t. (du n. de *Boycott,* le premier propriétaire irlandais mis à l'index). **1.** *Boycotter qqn, un pays,* éviter toute relation avec celui-ci en refusant en particulier de commercer avec lui, de faire pour lui certains travaux, etc. : *Les habitants du quartier boycottèrent le commerçant qui vendait trop cher.* — **2.** *Boycotter qqch,* se refuser à l'acheter, ne pas en user, ne pas s'y soumettre : *Boycotter les produits étrangers.*

boycotteur, euse [bɔjkɔtœr] n. Qui boycotte.

boy-scout [bɔjskut] n. m. (mot angl. signif. *garçon éclaireur*); **1.** Syn. vieilli de SCOUT. — **2.** *Ironiq.* Personne dont les bons sentiments s'accompagnent d'une naïveté un peu sotte.

bracelet [braslɛ] n. m. (de *bras*). Anneau servant d'ornement et encerclant le poignet ou le bras.

bracelet-montre [braslɛmɔ̃tr] n. m. (pl. *bracelets-montres*) Montre portée au poignet.

braconnage [brakɔnaʒ] n. m. Action de braconner.

braconner [brakɔne] v. i. (du germ. *brakko,* chien de chasse) [sujet qqn] Chasser ou pêcher en contravention avec la loi (sans permis, avec des engins prohibés, dans des endroits réservés ou à un moment défendu) : *Braconner sur une réserve de gibier.*

braconnier [brakɔnje] n. m. Personne qui braconne.

brader [brade] v. t. (néerl. *braden,* gaspiller). Fam. *Brader qqch,* le vendre à très bas prix : *Ce magasin brade tout son stock, il faut en profiter* (syn. LIQUIDER).

braderie [bradri] n. f. Liquidation de marchandises à bas prix, par les commerçants d'une ville.

braguette [bragɛt] n. f. (de l'anc. fr. *brague,* culotte). Ouverture sur le devant et en haut d'un pantalon.

braillard, e [brɑjar] adj. et n. Qui braille : *Un marmot braillard.*

braille [brɑj] n. m. (de l'inventeur *Braille*). Écriture en relief à l'usage des aveugles.

braillement [brɑjmɑ̃] n. m. Cris, pleurs assourdissants.

brailler [brɑje] v. i. (du lat. *bragere,* braire) [sujet qqn] Crier, pleurer d'une façon assourdissante : *Un enfant braillait dans l'appartement voisin.* ◆ v. t. Parler, chanter avec des éclats de voix : *Un ivrogne qui braille une chanson* (syn. HURLER).

braiment [brɛmɑ̃] n. m. Cri de l'âne : *Les braiments d'un âne.*

braire [brɛr] v. i. (bas lat. *bragere*) [c. **79**, seulement à l'ind. prés. et à l'inf.] Pousser son cri, en parlant de l'âne.

braise [brɛz] n. f. (germ. *brasa*). Charbons ardents; charbons de bois éteints avant combustion complète et servant à allumer le feu : *Mettre de la braise dans un four. Faire griller de la viande sur la braise.*

braisé, e [brɛze] adj. Cuit doucement sans évaporation : *Viande braisée.*

brame [bram] ou **bramement** [braməmɑ̃] n. m. Cri du cerf, du daim.

bramer [brame] v. i. (prov. *bramar*). Pousser son cri, en parlant du daim ou du cerf.

brancard [brɑ̃kar] n. m. (norm. *branque,* branche). **1.** Chacune des tiges de bois ou de métal fixées à l'avant et à l'arrière des appareils destinés au transport des blessés ou des malades; la civière elle-même : *Deux infirmiers mirent la blessée sur le brancard.* — **2.** Chacun des deux bâtons de bois entre lesquels on attelle un cheval.

brancardier [brɑ̃kardje] n. m. Infirmier préposé au service des brancards pour les blessés.

branchage [brɑ̃ʃaʒ] n. m. Ensemble des branches d'un arbre : *Le branchage touffu du tilleul. Ramasser des branchages* (= des branches coupées).

branche [brɑ̃ʃ] n. f. (bas lat. *branca,* patte). **1.** Ramification d'un arbre ou d'un arbuste : *Ramasser des branches mortes. Couper les branches d'un arbre. La racine étend ses branches profondément sous terre. Le singe sautait de branche en branche.* — **2.** Chacun des éléments en forme de tige d'un objet, d'un appareil, qui, articulés ou fixes, sont disposés par rapport à un axe; chacune des divisions, des ramifications des vaisseaux du corps, des nerfs, d'un cours d'eau, etc. : *Un chandelier à sept branches. Elle a cassé les branches de ses lunettes* (= les tiges qui reposent sur les oreilles). *Les branches du compas, des ciseaux. Les branches d'une artère. Les diverses branches de l'égout se rejoignent dans le collecteur principal.* — **3.** Partie d'un tout qui se diversifie et se ramifie : *Les diverses branches d'une famille issues d'une souche commune. La branche aînée des Bourbons. Les nombreuses branches de la science* (syn. SPÉCIALITÉ). *Il y a plusieurs branches dans l'enseignement secondaire* (syn. SECTION). (→ EMBRANCHEMENT.)

branchement [brɑ̃ʃmɑ̃] n. m. Action de brancher : *Le branchement du téléphone a été fait* (syn. INSTALLATION). *Le branchement d'une voie principale est un circuit secondaire qui y aboutit.*

brancher [brɑ̃ʃe] v. t. **1.** Mettre en communication les deux branches d'une conduite, d'une canalisation, d'un circuit, etc.; mettre un appareil, qqn en relation avec une installation pour assurer le fonctionnement, la communication : *Brancher le réseau électrique de la France sur celui de l'Italie pour la fourniture du courant. Brancher son appareil radio sur le courant électrique. Le poste est branché. Brancher un abonné du téléphone sur le réseau.* — **2.** *Brancher la conversation sur un sujet,* l'orienter vers ce sujet : *Tu te débrouilles toujours pour brancher la conversation sur le sport, c'est la seule chose qui t'intéresse.* ‖ *Fam.* (sujet qqn) *Être branché,* comprendre : *Il n'est pas branché, répète ce que tu as dit.*

branchies [brɑ̃ʃi] n. f. pl. (gr. *brankhia*). Organes respiratoires de nombreux animaux aquatiques.

branchu, e [brɑ̃ʃy] adj. Garni de branches : *Un arbre branchu.*

brandade [brɑ̃dad] n. f. (du prov. *branda,* remuer). Préparation de la morue avec de l'huile et de l'ail.

brandebourg [brɑ̃dbur] n. m. (de *Brandebourg,* v. d'Allemagne). Galon, broderie entourant une boutonnière.

brandir [brɑ̃dir] v. t. (de l'anc. fr. *brand,* épée) [sujet qqn] **1.** *Brandir un objet,* le lever au-dessus de soi en manifestant une intention agressive ou l'agiter en l'air pour attirer l'attention : *Il brandit son parapluie dans l'intention évidente de m'en frapper* (syn. ↓LEVER). *Les enfants brandissaient des petits drapeaux à son passage* (syn. AGITER). — **2.** *Brandir qqch,* en faire une menace imminente, le présenter comme une arme contre qqn : *Devant les objections, elle brandit sa démission* (= elle menaça de démissionner).

brandon [brɑ̃dɔ̃] n. m. (germ. *brand,* tison). **1.** Débris enflammé d'une matière quelconque : *Jeter un brandon sur des chiffons imbibés d'essence.* — **2.** *Brandon de discorde,* qqn, qqch qui trouble la tranquillité; cause de querelles, de combats.

brandy [brɑ̃di] n. m. (mot angl.). Eau-de-vie d'Angleterre.

branlant, e [brɑ̃lɑ̃] adj. Qui branle, vacille : *Un fauteuil branlant* (syn. BANCAL). *Un ministère branlant* (contr. SOLIDE). *Les institutions branlantes d'un régime politique* (syn. INSTABLE).

branle [brɑ̃l] n. m. **1.** Mouvement d'oscillation d'un corps (surtout d'une cloche). — **2.** *Donner le branle à une action,* lui donner une impulsion : *Cet assassinat donna le branle à une série de révolutions sanglantes.* ‖ *Mettre en branle,* faire agir, mettre en mouvement : *Il mit en branle tous les services pour procéder à une enquête approfondie;* aussi pr. : *La lente machine de la justice se met en branle.*

branle-bas [brɑ̃lbɑ] n. m. inv. (de l'anc. fr. *branle,* hamac, et *bas*). **1.** Agitation désordonnée et confuse, qui se produit en général au milieu d'un grand bruit : *Il met toute la maison en branle-bas parce qu'il a perdu ses boutons de manchettes.* — **2.** *Branle-bas de combat,* préparatifs qui précèdent une attaque, un combat; agitation vive précédant une action quelconque.

branler [brɑ̃le] v. i. (de l'anc. fr. *brandeler,* s'agiter) [sujet qqch] Manquer d'équilibre, être animé d'un mouvement d'oscillation : *La chaise branle un peu, faites attention en vous asseyant* (syn. VACILLER, BOUGER). ◆ v. t. *Branler la tête,* la faire aller de haut en bas (syn. HOCHER).

braquage [brakaʒ] n. m. Action de braquer : *Le mauvais braquage des roues est un défaut de cette voiture.*

1. braque [brak] n. m. (it. *bracco*). Chien de chasse à poil ras.

2. braque [brak] adj. *Fam.* Légèrement déséquilibré, un peu fou ou extravagant (syn. DÉTRAQUÉ).

braquer [brake] v. t. (du lat. *bracchium,* bras). **1.** *Braquer un objet sur, vers qqch, qqn,* le diriger en visant un objectif : *Le policier braqua son pistolet sur le bandit. Les canons furent braqués vers la colline.* — **2.** *Braquer les roues d'une voiture,* les faire obliquer afin de changer de direction. ‖ *Braquer les yeux sur qqn,* fixer son regard sur lui : *Tous les regards étaient braqués sur elle* (= tout le monde la regardait). — **3.** *Braquer qqn,* provoquer chez lui une opposition résolue contre qqn, qqch (souvent pass.) : *Vous l'avez braqué en insistant trop. Elle est maintenant braquée contre moi et elle me refusera tout ce que je demanderai* (= elle est hostile, opposée). ◆ v. i. Faire obliquer une voiture en modifiant la direction des roues; obliquer, en parlant de la voiture : *Braquez vers la droite, pas à gauche. Cette voiture braque bien et elle est très maniable en ville.* ◆ ***se braquer*** v. pr. (sujet qqn) Prendre une attitude résolue d'opposition : *Il s'est braqué contre le projet* (syn. S'OPPOSER À). *Ne lui dites plus rien, elle risque de se braquer* (= se figer dans une attitude hostile).

braquet [brakɛ] n. m. Rapport entre le pédalier et le pignon arrière d'une bicyclette : *Mettre un petit bra-*

quet pour monter une côte. Le coureur prend un grand braquet pour le sprint (syn. DÉVELOPPEMENT).

bras [bra] n. m. (lat. *bracchium*). **1.** Membre supérieur chez l'homme (par oppos. à la *jambe*) ou partie de celui-ci situé entre le coude et l'épaule (par oppos. à l'*avant-bras*) : *Elle m'a retenue par le bras pour m'empêcher de tomber. Il lui prend le bras pour l'accompagner* (= il passe son bras sous le sien). *Ils marchèrent en se donnant le bras* (= en passant le bras de l'un sous le bras de l'autre). *Il lui offrit galamment le bras* (= lui présenta son bras pour qu'elle s'y appuie). *Aller bras dessus, bras dessous* (= en se donnant le bras, amicalement). *Les élèves restent les bras croisés. Elle se jeta dans ses bras pour l'embrasser.* — **2.** Personne qui travaille ou qui lutte : *L'industrie du bâtiment manque de bras* (syn. TRAVAILLEUR, OUVRIER). *Il est la tête et je suis le bras.* — **3.** Objet, chose dont la forme rappelle celle d'un bras : *Le bras d'un levier. Le bras d'un électrophone. Un bras de mer* (= partie de la mer enserrée entre deux côtes). *Une île enserrée entre les deux bras du fleuve.* — **4.** Ce qui sert de support latéral dans un siège : *Les bras d'un fauteuil* (syn. ACCOUDOIR). — **5.** Désigne l'aide, la force : *C'est le bras droit du directeur* (= son aide principal, son agent d'exécution). *Refuser son bras à une entreprise* (syn. CONCOURS). *Elle m'a ouvert ses bras et m'a redonné espoir* (= elle m'a offert son aide, ou m'a pardonné). *Cette course m'a coupé bras et jambes* (= m'a ôté toute force). *Voilà une nouvelle qui me coupe bras et jambes* (= qui me stupéfie). *J'en ai les bras rompus* (= je suis harassé de travail). — **6.** *À bout de bras, à bras tendus,* en tenant avec la main, le bras étant étendu et écarté du corps : *Lever à bras tendu une barre de fonte.* ‖ *À bras,* mû avec l'aide des bras (à l'exclusion de tout moyen mécanique) : *Une voiture à bras. Une presse à bras.* ‖ *À pleins bras,* en serrant dans ses bras : *Ramener des fleurs à pleins bras* (= des brassées de fleurs). ‖ *À tour de bras,* avec force, avec abondance : *Travailler à tour de bras. Envoyer des lettres de réclamation à tour de bras.* ‖ *Avoir le bras long,* avoir de l'influence, des relations, être très influent. ‖ *Avoir qqch, qqn sur les bras,* en avoir la responsabilité, la charge, devoir s'en occuper : *Il a sur les bras une très sale affaire* (= il lui est arrivé une affaire difficile). *Il avait une nombreuse famille sur les bras* (syn. À CHARGE). *J'ai sur les bras ces visiteurs depuis deux heures* (= je ne peux pas me débarrasser d'eux). ‖ *Baisser les bras,* abandonner, renoncer, ne plus lutter, céder. ‖ *Bras de fer,* jeu où deux personnes, les mains empoignées, essaient chacune de rabattre le bras de l'autre; épreuve de force. ‖ *Les bras m'en tombent,* cela me stupéfie. ‖ *Prendre, saisir à bras le corps,* saisir qqn de force par le milieu du corps; attaquer résolument une difficulté : *Elle a pris le problème à bras le corps.* ‖ *Recevoir, accueillir qqn les bras ouverts,* chaleureusement, avec amitié, cordialité. ‖ *Se jeter, tomber sur qqn à bras raccourcis,* avec hostilité et une grande violence.

brasero [brazero] n. m. (mot esp.). Récipient métallique percé de trous et destiné au chauffage en plein air.

brasier [brazje] n. m. (de *braise*). Foyer où le combustible est totalement en feu : *L'incendie avait transformé l'usine en un immense brasier.*

brassage [brasaʒ] n. m. Action de brasser; fait d'être brassé : *Le brassage des populations en Amérique du Nord* (syn. FUSION, AMALGAME).

brassard [brasar] n. m. (de *bras*). Ruban porté autour du bras comme signe distinctif : *Les services de santé militaires portent des brassards ayant une croix rouge sur fond blanc* (brassards de la Croix-Rouge).

brasse [bras] n. f. (lat. *brachia*, les bras). **1.** Nage sur le ventre caractérisée par des mouvements simultanés des bras et des jambes, que l'on écarte en faisant des demi-cercles : *Nager la brasse. Le cent mètres brasse est une épreuve olympique.* — **2.** *Brasse papillon* → PAPILLON.

brassée [brase] n. f. Ce que peuvent contenir les deux bras : *Une brassée de fleurs.*

brasser [brase] v. t. (anc. fr. *brais*, orge). **1.** *Brasser qqch,* le mêler en remuant vigoureusement : *Le boulanger brasse la pâte dans le pétrin.* — **2.** *Brasser de l'argent,* en utiliser, manipuler beaucoup. ‖ *Brasser des affaires,* en traiter beaucoup en même temps. ◆ ***se brasser*** v. pr. Se mêler, se fondre en un tout : *Des peuples très différents se sont brassés sur les rives de la Méditerranée* (syn. S'AMALGAMER).

brasserie [brasri] n. f. (de *brasser*). **1.** Établissement industriel où on fabrique de la bière. — **2.** Commerce de boissons où on peut consommer des repas froids ou chauds, rapidement préparés et dont la choucroute est souvent une des spécialités : *Manger dans une brasserie.*

1. brasseur, euse [brasœr] n. Personne qui nage la brasse.

2. brasseur [brasœr] n. m. **1.** Fabricant de bière. — **2.** Péjor. *Brasseur d'affaires,* celui qui dirige un nombre important d'affaires financières ou commerciales (syn. non péjor. HOMME D'AFFAIRES).

brassière [brasjɛr] n. f. (de *bras*). Vêtement de bébé, fermé dans le dos.

bravache [bravaʃ] adj. et n. m. Faux brave : *Ce n'est qu'un bravache, qui capitule très vite* (syn. FANFARON).

bravade [bravad] n. f. Acte ou parole par lesquels on montre un courage simulé ou insolent : *Par bravade, elle tint un pari stupide* (syn. DÉFI, FANFARONNADE, PROVOCATION).

brave [brav] adj. (it. *bravo*). **1.** (avant le n., surtout épithète) Qui a des qualités de droiture, de loyauté, d'honnêteté (souvent avec une valeur affective) : *Une brave fille qui n'a pas eu de chance* (syn. HONNÊTE). *Elle a épousé un brave garçon* (syn. ↓ GENTIL). *Ce sont de braves gens, qui sont dévoués et sensibles. Il est bien brave, mais il ne faut pas lui demander d'avoir du génie.* — **2.** *Mon brave homme, ma brave femme, mon brave,* interpellation fam. et parfois condescendante à l'adresse d'inférieurs, de gens modestes. ◆ adj. (après le n.) et n. m. Qui ne craint pas le danger, qui affronte le risque : *Un combattant brave et même intrépide* (syn. HARDI, ↑ HÉROÏQUE; soutenu VALEUREUX; contr. LÂCHE). *L'enfant prit un air brave et résolu pour aborder l'étranger* (syn. CRÂNE; contr. POLTRON). *Elle s'est montrée très brave dans ce malheur* (syn. COURAGEUX, VAILLANT; contr. PUSILLANIME). *Un brave que rien n'arrête* (syn. AUDACIEUX; contr. PEUREUX).

bravement [bravmɑ̃] adv. Avec bravoure : *Il défend bravement son pays* (syn. COURAGEUSEMENT, HARDIMENT, VAILLAMMENT).

braver [brave] v. t. *Braver qqn, qqch,* les affronter sans peur, souvent par défi : *Elle n'hésita pas à braver son père. Le journal brava la censure en publiant la nouvelle* (syn. DÉFIER). *Braver le danger. Au cours de cette expédition, ils ont bravé vingt fois la mort* (syn. S'EXPOSER À). *Voilà une expression qui brave les convenances* (syn. OFFENSER). *Elle ne vieillit pas et brave les années* (= elle n'en subit pas l'atteinte).

bravo! [bravo] interj. (mot it.). Manifeste une approbation entière ou l'enthousiasme : *Bravo! je t'approuve entièrement.* ◆ ***bravo*** n. m. Cri d'enthousiasme : *Des bravos accueillirent l'acteur à la fin du spectacle.*

bravoure [bravur] n. f. **1.** Qualité de celui qui est brave, courageux : *Faire preuve de bravoure au cours d'un incendie* (syn. COURAGE; contr. LÂCHETÉ, COUARDISE). — **2.** *Air, morceau, scène de bravoure,* passage d'une œuvre littéraire, cinématographique ou musicale particulièrement brillant et écrit pour attirer l'attention ou susciter l'enthousiasme.

break [brɛk] n. m. (mot angl.). Type d'automobile qui possède à l'arrière un hayon relevable et une banquette amovible sur un plancher plat.

brebis [brəbi] n. f. (bas lat. *berbix, -icis*). **1.** Femelle du bélier : *Les brebis et les béliers appartiennent à l'espèce ovine (les moutons).* — **2.** *Brebis galeuse,* personne méprisée et rejetée dans un groupe.

brèche [brɛʃ] n. f. (anc. all. *brecha,* fracture). **1.** Ouverture faite dans un mur, une clôture, etc., et par où on peut passer : *Les assaillants ouvrirent une brèche dans la muraille pour pénétrer dans la ville. Colmater une brèche. Les voleurs firent une brèche dans le plafond* (syn. PASSAGE). — **2.** *Battre en brèche qqn, qqch,* l'attaquer violemment et systématiquement. ‖ *Être sur la brèche,* avoir une activité soutenue.

bréchet [breʃɛ] n. m. (angl. *brisket*). Crête osseuse médiane, portée par le sternum de certains oiseaux.

bredouillant, e [brədujɑ̃] adj. Qui bredouille : *Une voix bredouillante.*

bredouille [brəduj] adj. Se dit d'un chasseur, d'un pêcheur qui n'a rien pris, de qqn qui n'a pas réussi à obtenir ce qu'il cherchait : *Il n'a pas rencontré la plus petite perdrix et il revient bredouille.*

bredouillement [brədujmɑ̃] ou **bredouillage** [brədujaʒ] n. m. Action de bredouiller : *Ses réponses n'étaient qu'un bredouillement.*

bredouiller [brəduje] v. t. (altér. de l'anc. fr. *bretonner,* parler comme un Breton). *Bredouiller qqch,* s'exprimer de façon précipitée et confuse ; ne pas articuler distinctement : *Elle le bouscula dans l'escalier, bredouilla une excuse et descendit très rapidement* (syn. péjor. et fam. BAFOUILLER). *Bredouiller quelques mots en guise de réponse* (syn. BALBUTIER, MARMONNER) ; sans compl. : *Le conférencier avait mêlé ses notes et se mit à bredouiller* (syn. péjor. et fam. BAFOUILLER).

bredouilleur, euse [brədujœr] adj. et n. Qui bredouille.

bref, brève [brɛf] adj. (lat. *brevis*). **1.** De courte durée (temps) ou, plus rarement, de peu de longueur (espace) : *Le délai qui s'est écoulé entre l'accident et l'arrivée des secours a été très bref* (syn. COURT). *Une brève entrevue* (syn. RAPIDE). *J'ai reçu de lui une lettre très brève m'annonçant son arrivée* (syn. LACONIQUE ; contr. LONG). *Son exposé a été bref mais précis* (syn. CONCIS ; contr. PROLIXE). *Soyez bref* (contr. BAVARD, VERBEUX). *Pour être bref* (= pour abréger). — **2.** *D'un ton bref,* d'une voix tranchante, brutale. ‖ *Voyelle brève,* de peu de durée. — **3.** *(En) bref,* en un mot, en peu de mots : *En bref, je refuse* (syn. EN RÉSUMÉ). *Bref, je ne suis pas disposé à vous suivre dans cette voie.*

brelan [brəlɑ̃] n. m. (anc. all. *bretling,* table). Réunion de trois cartes de même valeur : *Avoir un brelan de rois, au poker.*

breloque [brəlɔk] n. f. (orig. obscure). **1.** Petit bijou que l'on attache à un bracelet ou à une chaîne de montre. — **2.** Fam. *Battre la breloque,* marcher irrégulièrement, en parlant d'une montre, d'une pendule.

brème [brɛm] n. f. (frq. *brahsima*). Poisson comestible des eaux douces calmes.

brésilien, enne [breziljɛ̃] adj. et n. Du Brésil.

bretelle [brətɛl] n. f. (all. *brittil,* rêne). **1.** Bande de cuir, d'étoffe, etc., qu'on passe sur l'épaule et qui, attachée à des objets, sert à les porter sans les tenir à la main : *Mettre l'arme à la bretelle* (= la suspendre à l'épaule au moyen de cette dernière). — **2.** Chacune des deux bandes de tissu élastique ou non qui, passées par-dessus les épaules, sont fixées à la ceinture d'un pantalon pour le maintenir ou qui retiennent aux épaules les robes, combinaisons, soutiens-gorge de femmes (surtout pl.). — **3.** Bifurcation permettant de passer d'une route à une autre.

breton, onne [brətɔ̃] adj. et n. De Bretagne. ◆ ***breton*** n. m. Langue celtique parlée dans l'ouest de la Bretagne.

bretzel [brɛtzɛl] n. m. ou f. (mot alsacien). Pâtisserie en forme de huit, dure, saupoudrée de sel et de cumin, qu'on sert à l'apéritif.

breuvage [brœvaʒ] n. m. (de l'anc. fr. *beivre,* boire). Tout ce qui est préparé pour être bu (souvent + adj. péjor.) : *Le malade absorba avec des grimaces le breuvage amer que lui tendait l'infirmière* (syn. POTION). *Ce café n'est pas assez fort, c'est un breuvage insipide* (syn. BOISSON) ; non péjor. et litt. : *Servir un breuvage mystérieux.*

brève [brɛv] n. f. Voyelle qui a une durée très courte.

brevet [brəvɛ] n. m. (de *bref*). **1.** Diplôme, titre ou certificat délivré sous le contrôle de l'État et attestant certaines connaissances ou conférant certains droits : *Passer un brevet de technicien. Déposer un brevet pour s'assurer l'exploitation exclusive d'une invention. Le brevet d'apprentissage est délivré par l'employeur à ses apprentis, à l'issue de leur stage.* — **2.** *Délivrer à qqn un brevet d'honnêteté, de droiture,* etc., témoigner de son honnêteté, de sa droiture, etc. ; en donner l'assurance.

breveté, e [brəvte] adj. et n. Qui possède un brevet témoignant de certaines capacités : *Une technicienne brevetée* (syn. QUALIFIÉ, DIPLÔMÉ). *Un officier breveté.*

breveter [brəvte] v. t. (c. 7) *Breveter une invention,* la protéger au moyen d'un brevet : *Un système breveté.*

bréviaire [brevjɛr] n. m. (lat. *breviarium,* abrégé). **1.** Livre contenant les prières qui doivent être lues chaque jour par les ecclésiastiques. — **2.** Livre, auteur qui inspire la conduite et les réflexions de celui qui en fait sa lecture habituelle : *Elle cite toujours Bergson dont elle a fait son bréviaire* (syn. LIVRE DE CHEVET).

briard [brijar] n. m. Race de chiens de berger, à poil long.

bribe [brib] n. f. (orig. obscure). **1.** Petit morceau, petite quantité : *Laisser dans son assiette quelques bribes de légumes.* — **2.** Éléments épars : *Elle saisissait à travers la porte des bribes de la discussion* (syn. FRAGMENT). *Il parvint à tirer d'elle quelques bribes de phrases. Tu as appris par bribes et non d'une manière continue* (syn. MORCEAU).

bric-à-brac [brikabrak] n. m. inv. (onomat.). Ensemble d'objets disparates, souvent vieux et en mauvais état.

bric et de broc (de) [brikedbrɔk] adv. (onomat.). Avec des morceaux pris de tous côtés, au hasard : *Elle avait commencé sa collection de médailles en achetant un peu de bric et de broc, sans méthode. Des connaissances acquises de bric et de broc.*

brick [brik] n. m. (angl. *brig*). Voilier à deux mâts carrés.

bricolage [brikɔlaʒ] n. m. Action de bricoler : *J'ai réservé une pièce pour le bricolage. Ce n'est pas du travail sérieux, c'est du bricolage.*

bricole [brikɔl] n. f. (it. *briccola,* machine de guerre). Chose sans importance ou sans valeur : *Acheter une bricole en souvenir* (syn. BABIOLE). *Se plaindre pour une bricole* (syn. BAGATELLE).

bricoler [brikɔle] v. i. *Fam.* (sujet qqn) S'occuper à des petits travaux sans importance ou de peu de durée ; en particulier, s'occuper chez soi à de petites réparations ou à des travaux d'entretien d'ordre domestique : *Je* *n'ai pas de travail fixe; je bricole pour l'un ou pour l'autre. Passer ses dimanches à bricoler dans son appartement. Si tu sais bricoler, la pose de ces carreaux sera pour toi un jeu d'enfant.* ◆ v. t. *Bricoler qqch*, l'arranger, le réparer, l'aménager de façon provisoire ou personnelle, sans avoir recours à un professionnel : *Il a bricolé lui-même un appareil de radio. Bricoler son moteur pour en augmenter la puissance.*

bricoleur, euse [brikɔlœr] n. et adj. Qui bricole : *Son mari est un adroit bricoleur, il a construit lui-même le garage de leur maison de campagne. Je suis un peu bricoleur et je vais vous arranger ce poste de radio.*

bride [brid] n. f. (anc. all. *bridel*, rêne). **1.** Pièce du harnais du cheval qui sert à le conduire : *La bride comprend, entre autres parties, le mors et les rênes.* — **2.** Lien servant à retenir deux pièces. — **3.** *À bride abattue*, à une grande vitesse. ‖ *Lâcher la bride à qqn, laisser à qqn la bride sur le cou*, lui laisser toute liberté. ‖ *Lâcher la bride à ses sentiments*, leur donner toute liberté. ‖ *Tenir en bride*, contenir, retenir : *Tenir en bride ses instincts les plus violents.* ‖ *Tourner bride*, rebrousser chemin rapidement.

bridé, e [bride] adj. *Yeux bridés*, dont les paupières sont étirées en longueur : *Les Mongols ont les yeux bridés.*

brider [bride] v. t. **1.** (sujet un vêtement) *Brider qqn*, lui serrer trop le corps ou les membres et gêner ses mouvements : *Cette veste me bride dans le dos. Il est bridé dans son costume.* — **2.** *Brider qqn, sa conduite*, empêcher ou gêner son action en multipliant les contraintes : *Elle est singulièrement bridée dans son ardeur par sa famille* (syn. FREINER). *Brider l'enthousiasme d'un jeune homme* (syn. RÉFRÉNER, CONTENIR). *Brider l'imagination de quelqu'un* (syn. RÉPRIMER).

1. bridge [bridʒ] n. m. (mot angl.). Jeu de cartes qui se joue à quatre, deux contre deux, avec un jeu de 52 cartes : *Jouer au bridge. Une partie de bridge.*

2. bridge [bridʒ] n. m. (mot angl. signif. *pont*). Appareil dentaire fixe prenant appui sur deux dents saines.

bridger [bridʒe] v. i. (sujet qqn) Jouer au bridge : *Ils invitent des amis le mercredi soir et bridgent jusqu'à minuit.*

bridgeur, euse [bridʒœr] n. Joueur de bridge.

brie [bri] n. m. (de *Brie*, n. d'une région). Fromage à pâte molle fermentée.

briefing [brifiŋ] n. m. (mot angl.). Réunion d'information d'une équipe avant une mission, un travail, etc.

brièvement [brijɛvmɑ̃] adv. En peu de mots, en peu de temps : *Racontez brièvement ce qui vous amène ici* (syn. SUCCINCTEMENT; contr. LONGUEMENT).

brièveté [brijɛvte] n. f. Courte durée, courte longueur : *La brièveté de son intervention à l'Assemblée nationale a surpris les députés* (syn. soutenu LACONISME; contr. LONGUEUR). *La brièveté de notre séjour ne nous permet pas d'aller visiter le musée. La brièveté d'une lettre.*

brigade [brigad] n. f. (it. *brigata*, troupe). **1.** Unité militaire correspondant soit à un petit détachement *(brigade de gendarmerie)*, soit à plusieurs régiments *(brigade d'infanterie, de cavalerie)*. — **2.** Corps de police affecté à une mission précise : *Brigade des mineurs, brigade antigang.* — **3.** Équipe d'ouvriers travaillant sous la surveillance d'un chef de travaux, ou groupe de personnes : *Brigade de cantonniers, de balayeurs. Toute une brigade de supporters avaient accompagné l'équipe de football.*

brigadier [brigadje] n. m. **1.** Militaire ayant le grade le moins élevé dans la cavalerie, l'artillerie (syn. CAPORAL). — **2.** Chef d'une brigade de gendarmes; gradé de la police.

brigand [brigɑ̃] n. m. (it. *brigante*, qui va en troupe). **1.** Celui qui commet des vols à main armée généralement avec une bande (vieilli) : *Des brigands attaquaient souvent les diligences.* — **2.** Terme d'affection non péjor. : *Mon brigand de fils aura encore oublié son carnet de notes* (syn. COQUIN). — **3.** Fam. *Des histoires de brigands*, des récits où l'imagination tient plus de place que la réalité.

brigandage [brigɑ̃daʒ] n. m. Pillage commis en bande : *Acte de brigandage* (= vol). *Certaines conquêtes étaient de véritables brigandages* (syn. PILLAGE).

brigue [brig] n. f. *Litt.* Série de manœuvres secrètes, d'intrigues par lesquelles on cherche à triompher d'un concurrent : *Obtenir par la brigue une décoration.*

briguer [brige] v. t. (de l'it. *briga*, lutte). **1.** *Briguer un honneur, une faveur*, etc., les rechercher avec ardeur, avec empressement (soutenu) : *Elle brigue l'honneur de vous connaître* (syn. SOLLICITER). *Il brigue la faveur d'être reçu dans ce salon littéraire* (syn. AMBITIONNER). — **2.** *Briguer une place, un emploi*, chercher à l'obtenir en faisant acte de candidature : *Elle brigue un poste de secrétaire au ministère des Travaux publics* (syn. CONVOITER, ↑SOLLICITER).

brillamment [brijamɑ̃] adv. De façon brillante : *Le salon est brillamment éclairé. Passer brillamment un concours* (= avec éclat).

1. brillant, e [brijɑ̃] adj. (après un n. concret; avant ou après le n. abstrait) Qui brille : *La surface brillante du lac* (syn. RESPLENDISSANT). *Une brillante cérémonie* (syn. SPLENDIDE). *Elle a fait un brillant mariage* (syn. RICHE). *Il a une situation brillante* (syn. ENVIABLE). *Une brillante candidate* (= qui réussit très bien). *Un brillant causeur* (syn. ↓INTÉRESSANT). *Prononcer un discours brillant* (syn. REMARQUABLE). *Vos résultats en classe ne sont pas brillants* (= ils sont médiocres). *Il n'a pas tenu ses brillantes promesses.*

2. brillant [brijɑ̃] n. m. **1.** Aspect, éclat brillant d'un objet : *Ce produit a enlevé le brillant du métal.* — **2.** Diamant taillé à facettes : *Porter au doigt un magnifique brillant.* — **3.** *Avoir, donner du brillant*, avoir, donner de l'éclat, du lustre : *Il a du brillant, mais rien de solide.*

brillantine [brijɑ̃tin] n. f. Huile parfumée destinée à rendre les cheveux souples et brillants.

briller [brije] v. i. (it. *brillare*). **1.** (sujet qqch) Émettre de la lumière, un rayonnement lumineux, soit directement, soit par réflexion : *Le soleil brille de son plus vif éclat* (syn. ↑RESPLENDIR). *Une lumière brille dans l'obscurité* (syn. LUIRE). *Tes chaussures brillent* (syn. RELUIRE). *Faire briller le parquet. Le lac brillait sous le soleil* (syn. ÉTINCELER). — **2.** *Yeux, visage*, etc., *qui brillent*, qui manifestent des sentiments vifs : *Ses yeux brillent de joie* (syn. RAYONNER, S'ILLUMINER). *Ses yeux brillent de convoitise.* — **3.** (sujet qqn) Se manifester d'une manière éclatante par une qualité, par un trait caractéristique : *Elle brille dans le monde par son talent de conteuse* (syn. ↑ÉBLOUIR). *Le désir de briller* (syn. PARAÎTRE). *Il a brillé à l'examen. Tu as brillé par ton absence à la réunion* (= ton absence n'est pas passée inaperçue). — **4.** *Faire briller qqch (à qqn), aux yeux de qqn*, le mettre en évidence pour susciter l'intérêt, séduire, etc. : *Elle fait briller ses avantages* (= elle les étale). *Il lui fit briller une vie facile si elle l'épousait* (syn. FAIRE MIROITER, PROMETTRE).

brimade [brimad] n. f. (de *brimer*). Mesure vexatoire, épreuve : *Faire subir des brimades aux nouveaux élèves* (syn. BIZUTAGE). *L'interdiction faite à certains employés d'entrer par la porte principale est une brimade* (syn. VEXATION).

brimborion [brɛ̃bɔrjɔ̃] n. m. (du lat. *brevis,* bref). *Litt.* Chose de peu de valeur ou de peu d'importance (surtout pl.) [syn. BAGATELLE, BABIOLE].

brimer [brime] v. t. (de *brime,* forme dial. de *brume*). *Brimer qqn,* lui faire subir une série de vexations ou de contrariétés, lui susciter de continuelles et inutiles difficultés : *Elle soutient qu'on brime les femmes dans notre société. Ma part de gâteau est plus petite que la sienne : je suis brimé* (syn. ↓ DÉFAVORISÉ).

brin [brɛ̃] n. m. **1.** Petite partie d'une chose fine et allongée (tige, paille, etc.) : *Acheter un brin de muguet le 1er mai. Mâchonner un brin d'herbe. Le chien s'est roulé par terre dans la grange et il a quelques brins de paille dans ses poils.* — **2.** Fam. *Un brin de,* une quantité minime : *Prendre un brin de repos après un effort* (syn. UN PEU). *Il n'y a pas un brin de vent. Il lui a fait un petit brin de cour* (syn. UN DOIGT). *Un brin de folie.* — **3.** *Un beau brin de fille,* une fille grande et bien faite.

brindille [brɛ̃dij] n. f. (de *brin*). Petite branche assez mince et légère.

1. bringue [brɛ̃g] n. f. Pop. *Grande bringue,* fille, femme de haute taille, dégingandée.

2. bringue [brɛ̃g] n. f. Pop. *Faire la bringue,* s'amuser, boire, manger en joyeuse compagnie.

bringuebaler [brɛ̃gbale], **brinquebaler** [brɛ̃kbale] ou **brimbaler** [brɛ̃bale] v. t. (de *bribe* et *trimbaler*). *Bringuebaler qqch, qqn,* le transporter en le balançant, en le secouant : *L'enfant bringuebalait jusqu'à la fontaine le seau trop grand pour lui.* ◆ v. i. (sujet qqch) Être animé d'un mouvement de va-et-vient : *On voit les têtes des voyageurs brimbaler à tous les cahots de l'autocar.*

brio [brijo] n. m. (mot it.). Vivacité brillante qui se manifeste par l'entrain ou par l'esprit : *L'orchestre a joué cette symphonie avec brio* (syn. ÉCLAT, PANACHE, VIRTUOSITÉ). *Le candidat répondit avec brio à toutes les questions* (syn. ↓ AISANCE).

brioche [brijɔʃ] n. f. (du norm. *brier,* broyer). **1.** Petit pain à pâte légère faite avec de la farine, du beurre et des œufs, et qui a la forme d'une boule surmontée elle-même d'une autre petite boule. — **2.** *Fam.* Gros ventre : *Il commence à avoir de la brioche.*

brioché, e [brijɔʃe] adj. *Pain brioché,* qui a le goût de la brioche.

brique [brik] n. f. (néerl. *bricke*). **1.** Matériau de forme rectangulaire, fabriqué avec de l'argile cuite ou non, utilisé dans la construction : *Brique creuse, brique pleine. Une maison de brique, en brique.* — **2.** *Fam.* Un million (d'anciens francs). ◆ adj. inv. D'une couleur rougeâtre : *Des maisons aux toitures brique* ou *rouge brique.*

briquer [brike] v. t. *Briquer un objet, un lieu,* les nettoyer en frottant vigoureusement : *Les marins briquent le pont chaque matin. La femme de ménage brique le parquet avec un soin particulier* (syn. ↓ FROTTER ; fam. ASTIQUER). *Tu as vu comme elle a briqué la chambre?* (syn. ↓ NETTOYER).

briquet [brikɛ] n. m. (de *brique,* morceau). Petit appareil qui donne du feu et sert à allumer un réchaud, une cigarette, etc.

briqueterie [brikɛtri] n. f. Fabrique de briques.

briquette [brikɛt] n. f. Petite brique.

bris [bri] n. m. Fracture faite avec violence (jurid.) : *Bris de clôture, de glace, de scellés.*

brisant [brizɑ̃] n. m. Rocher sur lequel la mer déferle.

brise [briz] n. f. (orig. incert.). Vent léger et frais, jugé agréable : *Il souffle une petite brise matinale. La brise du large pousse le bateau vers la côte.*

brisées [brize] n. f. pl. (de *briser*). *Aller, marcher sur les brisées de qqn,* tenter de le supplanter dans un domaine qui est le sien, entrer en concurrence avec lui dans un domaine où il a un droit de priorité.

brise-glace [brizglas] n. m. inv. Navire construit pour briser la glace qui obstrue un chenal, un port, etc.

brise-jet [brizʒɛ] n. m. inv. Tuyau en caoutchouc ou en plastique adapté à un robinet pour atténuer la force du jet, éviter les éclaboussures.

brise-lames [brizlam] n. m. inv. Digue en avant d'un port pour le protéger de la violence des vagues.

brisement [brizmɑ̃] n. m. *Litt.* Action de briser; fait d'être brisé : *Brisement de cœur.*

briser [brize] v. t. (bas lat. *brisare*). **1.** *Briser un objet,* le mettre en pièces brusquement, par choc, pression ou traction (soutenu) : *Briser une vitre d'un coup de coude* (syn. usuel CASSER). *Briser une chaîne.* — **2.** *Briser qqch (abstrait),* l'endommager fortement : *Détail qui brise l'unité d'un tableau* (syn. ROMPRE). — **3.** *Briser des chaussures,* les assouplir quand elles sont neuves. ‖ *Ligne brisée,* ligne composée de segments de droites qui se coupent. — **4.** *Briser qqn, qqch,* les faire céder, en venir à bout : *Briser la résistance de l'ennemi* (syn. VAINCRE, SURMONTER, TRIOMPHER DE). *Briser des menées factieuses. Briser la volonté d'un enfant rebelle. Cette nouvelle brisa tout son courage. Tant d'émotions l'ont brisé. Être brisé de fatigue* (syn. ÉPUISER, ↑ ANÉANTIR). — **5.** *Briser qqch,* le faire cesser subitement, y mettre un terme : *Une querelle qui brise une vieille amitié* (syn. RUINER). *Briser la carrière d'un adversaire politique* (syn. DÉTRUIRE, RUINER). *Briser un entretien* (syn. ROMPRE). — **6.** *Briser le cœur à qqn,* lui causer une profonde peine. ‖ *Briser une grève,* la faire échouer en refusant de s'y associer ou en contraignant par acte d'autorité les grévistes à reprendre le travail. ◆ v. i. **1.** *Les vagues brisent,* elles déferlent en rencontrant un obstacle. — **2.** *Briser avec qqn,* cesser d'entretenir des relations avec lui. ◆ ***se briser*** v. pr. **1.** (sujet qqch) Être mis en pièces : *La vitrine se brisa sous le choc. La chaîne s'est brisée* (syn. SE CASSER). — **2.** (sujet qqch) Se diviser : *Les grosses vagues se brisent contre les rochers.* — **3.** Être détruit : *Tous les efforts se sont brisés sur cette difficulté* (syn. ÉCHOUER).

brise-tout [briztu] n. m. inv. *Fam.* Celui qui casse tout ce qu'il touche par maladresse ou brusquerie.

briseur [brizœr] n. m. *Briseur de grève,* celui qui travaille dans une entreprise alors que les autres ouvriers sont en grève (syn. fam. JAUNE); celui qui brise une grève par une action de répression.

bristol [bristɔl] n. m. (de *Bristol,* ville d'Angleterre). **1.** Carton satiné plus ou moins épais. — **2.** Carte de visite ou d'invitation.

brisure [brizyr] n. f. Cassure.

britannique [britanik] adj. et n. (lat. *Britannicus*). De Grande-Bretagne : *Les intérêts britanniques dans le monde. Une Britannique a remporté le 800 mètres au championnat d'Europe* (syn. ANGLAIS).

broc [bro] n. m. (gr. *brokhis*). Récipient en métal ou en plastique, muni d'une anse et d'un bec évasé, et utilisé pour transporter de l'eau ou d'autres liquides.

brocante [brɔkɑ̃t] n. f. (du germ. *brocko,* morceau). *Fam.* **1.** Commerce du brocanteur. — **2.** Objets hétéroclites vendus par le brocanteur.

brocanteur, euse [brɔkɑ̃tœr] n. Personne qui fait commerce d'objets usagés : *Acheter chez la brocanteuse une armoire normande.*

1. brocard [brɔkar] n. m. (du picard *broquer,* piquer). *Litt.* Raillerie répétée à l'adresse de qqn : *Son étourderie l'expose aux brocards de tous ses amis* (syn. MOQUERIE).

2. brocard [brɔkar] n. m. (picard *broque,* broche). Chevreuil mâle d'un an.

brocarder [brɔkarde] v. t. *Litt.* Couvrir de brocards, de moqueries : *Se faire brocarder par ses collègues* (syn. RAILLER, MOQUER).

brochage [brɔʃaʒ] n. m. Action de brocher : *Le brochage d'un livre.*

broche [brɔʃ] n. f. (bas lat. *brocca,* chose pointue). 1. Ustensile de cuisine, formé d'une tige de fer qu'on passe à travers une volaille ou un quartier de viande pour les rôtir, en les faisant tourner au-dessus du feu ou devant le feu : *Faire cuire un mouton à la broche.* — 2. Bijou muni d'une grosse épingle pour attacher un col, fixer un châle, ou servir de garniture. — 3. Tige utilisée en chirurgie pour maintenir des os fracturés.

brocher [brɔʃe] v. t. (de *broche*). *Brocher un livre,* plier, assembler, coudre et couvrir les feuilles imprimées qui forment un volume. ◆ v. i. *Brochant sur le tout,* qui vient en surcroît, comme couronnement (ironiq.) : *Il a eu les pires ennuis : une panne de voiture, la pluie, un enfant qui se fait une entorse et, brochant sur le tout, son portefeuille volé.*

brochet [brɔʃɛ] n. m. (de *broche*). Poisson d'eau douce allongé, vorace, dont la bouche contient 700 dents.

brochette [brɔʃɛt] n. f. 1. Petite broche : *Enfiler des morceaux de viande sur des brochettes. Une brochette de décorations sur la poitrine.* — 2. Ce qui est sur la brochette : *Servir une brochette de rognons.* — 3. *Une brochette de,* un groupe de : *Il y avait une belle brochette de notabilités au premier rang de l'assistance.*

brocheur, euse [brɔʃœr] n. Qui broche des livres.

brochure [brɔʃyr] n. f. Petit ouvrage broché et non relié, formé de feuilles imprimées : *Distribuer des brochures de propagande* (syn. TRACT). *Éditer des brochures sur les carrières qui s'ouvrent aux bacheliers* (syn. OPUSCULE).

brodequin [brɔdkɛ̃] n. m. (altér. de *brosequin,* sous l'influence de *broder*). Grosse chaussure très solide, qui monte au-dessus de la cheville et qui est lacée sur le cou-de-pied.

broder [brɔde] v. t. (frq. *bruzdôn*). 1. *Broder une étoffe, un motif (sur une étoffe),* orner une étoffe de motifs en relief, exécutés à l'aiguille ou à la machine : *Nappe brodée. Broder des initiales sur un mouchoir.* — 2. Fam. *Broder (une histoire),* donner plus d'ampleur à un récit en y ajoutant des épisodes fantaisistes : *Cela ne s'est pas passé exactement comme tu le dis, tu brodes un peu* (syn. EXAGÉRER, EMBELLIR).

broderie [brɔdri] n. f. Décoration obtenue en brodant : *Faire de la broderie. Les délicates broderies d'une dentelle.*

brodeur, euse [brɔdœr] n. Qui brode.

broiement → BROYAGE.

bronche [brɔ̃ʃ] n. f. (gr. *bronkhia*). Chacun des conduits par lesquels l'air va de la trachée aux poumons (surtout pl.) : *Elle a les bronches fragiles et prend froid facilement.*

broncher [brɔ̃ʃe] v. i. (bas lat. *bruncare,* trébucher) [sujet qqn]. 1. Manifester ses sentiments par des paroles ou par des gestes (surtout dans des phrases négatives) : *Personne n'ose broncher dans la classe quand elle fait son cours* (syn. BOUGER). *Il obéit sans broncher* (syn. MURMURER). — 2. Hésiter, se tromper : *Réciter sa leçon sans broncher une fois* (syn. SE REPRENDRE).

bronchite [brɔ̃ʃit] n. f. Inflammation des bronches.

bronchiteux, euse [brɔ̃ʃitø] adj. et n. Sujet à la bronchite.

bronchitique [brɔ̃ʃitik] adj. et n. Atteint de bronchite.

broncho-pneumonie [brɔ̃kopnømɔni] n. f. Inflammation grave des bronches et des poumons.

bronzage [brɔ̃zaʒ] n. m. Action de bronzer, de devenir brun.

bronze [brɔ̃z] n. m. (it. *bronzo*). 1. Métal fait d'un alliage de cuivre et d'étain, et qui, connu dès l'Antiquité, a servi à faire des statues, des canons, etc. : *Une pendulette de bronze ornait la cheminée.* — 2. Statue faite de ce métal. — 3. *Âge de bronze,* période de découverte et d'utilisation du bronze, correspondant en partie au IIᵉ millénaire av. J.-C.

bronzer [brɔ̃ze] v. t. (de *bronze*) [sujet le soleil, le vent] *Bronzer le corps, le visage,* etc. *(de qqn),* leur donner une couleur brune, comparable à celle du bronze (souvent pass.) : *Le soleil de la Côte d'Azur a bronzé son visage* (syn. BRUNIR). *Le teint bronzé par le vent du large* (syn. HÂLER). ◆ v. i. (sujet qqn) Devenir brun : *Elle a bronzé pendant son séjour à la montagne.*

brossage [brɔsaʒ] n. m. Action de brosser, de nettoyer avec une brosse.

brosse [brɔs] n. f. (bas lat. *bruscia*). 1. Ustensile formé de filaments de matières diverses, ajustés ensemble et fixés sur une monture, et destiné à nettoyer (l'usage est précisé par le compl.) : *Une brosse à dents. Une brosse à chaussures. Donne un coup de brosse à ta veste. Une brosse à cheveux* (= pour démêler les cheveux). — 2. Gros pinceau pour étaler les couleurs. — 3. *Cheveux en brosse,* coupés courts, droits et raides. ‖ Fam. *Passer la brosse à reluire,* faire de qqn un éloge excessif et intéressé.

brosser [brɔse] v. t. 1. *Brosser qqch,* le nettoyer avec une brosse : *Brosser sa veste. Se brosser les dents.* — 2. *Brosser un tableau,* faire une description à larges traits : *Le ministre brossa un tableau de la situation financière* (syn. DÉPEINDRE). ◆ ***se brosser*** v. pr. *Fam.* Être privé de ce sur quoi on comptait : *Tu peux te brosser, tu n'auras plus un sou de moi.*

brou [bru] n. m. (de *brout,* pousse verte). *Brou de noix,* liquide brun fait avec des écorces de noix macérées dans l'eau.

brouette [bruɛt] n. f. (bas lat. *birota,* véhicule à deux roues). Petite caisse munie d'une roue et de deux brancards, et servant aux petits transports de matériaux.

brouettée [bruɛte] n. f. Contenu d'une brouette : *On déposera quelques brouettées de terre pour faire un massif de fleurs.*

brouetter [bruɛte] v. t. *Brouetter des matériaux, de la terre,* etc., les transporter avec une brouette.

brouhaha [bruaa] n. m. (onomat.). Bruit prolongé et confus, provoqué par des personnes ou par des choses : *Lorsqu'elle entra, le brouhaha des conversations cessa* (syn. ↓ MURMURE).

brouillage [brujaʒ] n. m. Action de perturber une émission en la rendant inaudible : *Le brouillage d'une émission radiophonique.*

brouillard [brujar] n. m. (de l'anc. fr. *brou,* bouillon). 1. Amas de gouttelettes d'eau en suspension dans l'air et formant une sorte de nuage près du sol : *On signale ce matin un épais brouillard sur les routes* (syn. ↓ BRUME). — 2. Fam. *Être dans le brouillard,* ne pas voir clairement ce dont il s'agit.

brouillasse [brujas] n. f. *Fam.* Brouillard qui tombe en gouttelettes très fines (syn. BRUINE, CRACHIN).

brouillasser [brujase] v. impers. Tomber en brouillasse : *Il brouillasse un peu aujourd'hui; les trottoirs sont humides* (syn. ↓ BRUINER).

brouille [bruj] n. f. Désaccord : *La brouille entre les deux familles devint de l'hostilité, puis de la haine* (syn. DÉSUNION). *Mettre la brouille entre deux personnes* (syn. MÉSENTENTE, ZIZANIE). *Être en brouille avec ses parents* (syn. FROID, DÉSACCORD; contr. ACCORD, UNION).

brouillé, e [bruje] adj. **1.** *Avoir le teint brouillé,* qui a perdu sa fraîcheur (syn. ALTÉRÉ). — **2.** *Œufs brouillés,* dont le jaune et le blanc mélangés sont constamment remués à la cuisson.

brouiller [bruje] v. t. (de l'anc. fr. *brou,* bouillon). **1.** *Brouiller qqch,* en troubler l'ordre, le fonctionnement, la clarté, la pureté : *Vous avez brouillé tous mes dossiers* (syn. BOULEVERSER). *Les émissions de la radio sont brouillées par les parasites* (= rendues inaudibles). *Il s'est efforcé de brouiller les pistes pour qu'on ne le retrouve pas* (= rendre les recherches difficiles; syn. MÊLER). *Toutes vos explications ne font que brouiller nos idées* (syn. EMBROUILLER). — **2.** *Brouiller des personnes,* les mettre en désaccord, créer entre elles la désunion : *Cet incident a brouillé les deux amis* (syn. SÉPARER, DÉSUNIR; contr. RÉCONCILIER). — **3.** Fam. *Être brouillé avec qqn,* se trouver en désaccord avec lui : *Il est brouillé avec ses cousins pour une affaire d'argent* (syn. ↑ FÂCHÉ). — **4.** *Être brouillé avec qqch,* ne pas avoir d'aptitude pour qqch : *Je suis brouillé avec les chiffres* (= je calcule très mal). ◆ ***se brouiller*** v. pr. **1.** Devenir trouble, confus : *Ma vue se brouille* (= je ne vois plus clair). *Les souvenirs se brouillent dans ma tête* (syn. S'EMMÊLER, SE CONFONDRE). — **2.** *Le temps se brouille,* il se gâte, le ciel se couvre de nuages. — **3.** Ne plus être amis : *Ils se sont brouillés pour une babiole* (syn. SE FÂCHER). *Se brouiller avec la justice* (= commettre un délit).

brouillerie [brujri] n. f. Petit désaccord : *Leur brouillerie ne fut que passagère.*

1. brouillon [brujɔ̃] n. m. (de *brouiller,* griffonner). Premier état d'un écrit, qu'on corrige en le raturant, en le surchargeant, etc., et destiné à être recopié : *Elle a fait plusieurs brouillons de la lettre qu'elle lui a envoyée. Le cahier de brouillon d'un élève* (syn. CAHIER D'ESSAI).

2. brouillon, onne [brujɔ̃] adj. et n. (de *brouiller,* mettre en désordre). Qui manque de clarté, d'ordre : *Il est brouillon et ne sait pas s'organiser* (syn. DÉSORDONNÉ). *Il a l'esprit trop brouillon pour pouvoir diriger un service* (syn. CONFUS; contr. MÉTHODIQUE, CLAIR).

broussaille [brusaj] n. f. **1.** Touffe, fourré de plantes épineuses ou de ronces, dans les bois (surtout pl.) : *Se frayer un chemin à travers les broussailles.* — **2.** *Cheveux, sourcils, barbe en broussaille,* en désordre, mal peignés.

broussailleux, euse [brusajø] adj. **1.** Couvert de broussailles : *Un jardin broussailleux, envahi par l'herbe.* — **2.** *Sourcils, barbe, cheveux broussailleux,* épais et en désordre.

brousse [brus] n. f. (prov. *brousso*). **1.** Étendue couverte de buissons épars et de petits arbres, végétation habituelle des régions tropicales sèches. — **2.** *Fam.* Toute campagne isolée, toute région à l'écart d'un centre important.

brouter [brute] v. t. et i. (de l'anc. fr. *brost,* pousse) [sujet un animal] Manger de l'herbe, de jeunes pousses ou des feuilles en les arrachant sur la plante : *Les vaches broutaient l'herbe de la prairie.* ◆ v. i. (sujet un mécanisme) Fonctionner par à-coups : *L'embrayage de la voiture broute.*

broutille [brutij] n. f. (de *brouter*). Chose de peu d'importance, de peu de valeur; chose insignifiante : *J'ai relevé dans le livre quelques fautes d'impression, mais ce sont des broutilles. Acheter quelques broutilles chez une marchande d'occasions* (syn. BABIOLE).

broyage [brwajaʒ] ou **broiement** [brwamɑ̃] n. m. Action de broyer; fait d'être broyé : *Le broyage des pierres dans un concasseur.*

broyer [brwaje] v. t. (germ. *brekan,* briser) [c. 3]. **1.** *Broyer qqch,* le réduire en petits morceaux ou l'écraser par choc ou par pression : *Le blé est broyé entre les meules* (syn. ↑ PULVÉRISER). *Se faire broyer la main dans un engrenage* (syn. ↓ ÉCRASER). — **2.** *Broyer qqn,* l'anéantir, lui enlever toute possibilité de résister (surtout pass.) : *Je suis broyé de fatigue* (syn. HARASSÉ, BRISÉ). — **3.** Fam. *Broyer du noir,* avoir des idées sombres, être pessimiste.

broyeur, euse [brwajœr] adj. Qui broie : *Les molaires broyeuses. Insecte broyeur* (= dont les pièces buccales sont faites pour broyer). ◆ ***broyeur*** n. m. Machine qui broie.

brrr! [brr] interj. Exprime une sensation de froid ou de peur.

bru [bry] n. f. (lat. *brutis*). Femme du fils par rapport au père et à la mère (syn. usuel BELLE-FILLE).

bruant [bryɑ̃] n. m. (de *bruire*). Oiseau passereau des champs, des prés et des jardins.

brugnon [bryɲɔ̃] n. m. (prov. *brugnoun*). Pêche à peau lisse.

bruine [brɥin] n. f. (lat. *pruina,* gelée blanche). Petite pluie fine et serrée, qui tombe par gouttes imperceptibles : *Une bruine légère tombait sur la ville.*

bruiner [brɥine] v. i. Faire de la bruine : *Il bruine un peu.*

bruineux, euse [brɥinø] adj. Qui contient de la bruine : *Temps bruineux.*

bruire [brɥir] v. i. (lat. *rugire,* rugir) [à l'inf. et à l'imp.] (sujet qqch) Rendre un bruit confus : *Le vent bruissait dans les feuilles.*

bruissement [brɥismɑ̃] n. m. *Litt.* Bruit confus, fait de multiples bruits légers : *Le bruissement du vent dans les feuilles des arbres* (syn. MURMURE). *Le bruissement de l'eau entre les rochers. Le bruissement des abeilles dans une ruche* (syn. BOURDONNEMENT).

bruit [brɥi] n. m. (de *bruire*). **1.** Ensemble de sons sans harmonie, produits par des vibrations plus ou moins irrégulières : *On entend au loin le bruit de l'orage, du tonnerre* (syn. GRONDEMENT). *Écouter les bruits du cœur* (syn. BATTEMENT). *Le bruit sourd des explosions. Un bruit de voix. Les enfants font un bruit infernal dans la pièce voisine* (syn. VACARME, TAPAGE). *Le bruit strident d'un sifflet* (syn. SON). — **2.** Nouvelle répandue dans le public; retentissement qu'elle peut avoir : *Le bruit de votre succès est arrivé jusqu'à moi* (syn. RENOMMÉE). *On a fait du bruit, grand bruit, beaucoup de bruit, autour de cette découverte* (= cette découverte a connu une grande publicité). *On a répandu de faux bruits sur sa réputation. Elle a disparu sans bruit de la scène politique* (= discrètement). *Les bruits de couloir à l'Assemblée nationale* (= les nouvelles qu'on donne hors des séances). (→ ÉBRUITER.)

bruitage [brɥitaʒ] n. m. Action de bruiter : *Des disques spéciaux pour le bruitage.*

bruiter [brɥite] v. i. Produire des bruits artificiels à la radio, à la télévision, au cours du tournage d'un film, pour accompagner l'action.

bruiteur [brɥitœr] n. m. Spécialiste du bruitage.

brûlant, e [brylɑ̃] adj. Qui brûle, provoque une sensation de chaleur intense : *Boire du café brûlant* (= très chaud). *Elle a le front brûlant, les mains brûlantes, elle doit avoir la fièvre. Il jetait sur elle des regards brûlants* (syn. ARDENT, PASSIONNÉ). *Elle a écrit des pages brûlantes sur son amour* (syn. ENFLAMMÉ). *C'est un terrain brûlant, un sujet brûlant* (= où la discussion est dangereuse, risquée).

brûlé [bryle] n. m. **1.** Ce qui a subi l'action du feu : *On sent une odeur de brûlé dans l'appartement.* — **2.** Fam. *Ça sent le brûlé,* l'affaire prend une tournure dangereuse.

brûle-pourpoint (à) [brylpurpwɛ̃] adv. *Demander, dire, interroger à brûle-pourpoint,* de façon brusque, sans préparation ni ménagement.

brûler [bryle] v. t. (de l'anc. fr. *usler,* brûler, et *bruire*). **1.** *Brûler qqch,* le détruire, l'endommager par le feu : *J'ai brûlé des papiers dans la cheminée. Le feu a brûlé entièrement la meule de blé* (syn. CONSUMER). *La maison a été brûlée* (syn. INCENDIER). — **2.** *Brûler qqn,* le blesser, le tuer par le feu (surtout pass.) : *Deux personnes ont été brûlées vives dans l'incendie* (syn. CARBONISER). — **3.** *Brûler qqch,* l'altérer par l'action du feu, de la chaleur, du froid, d'un acide, etc. : *J'ai brûlé le rôti* (syn. ↑ CALCINER). *On brûle le café vert* (syn. TORRÉFIER). *Les bourgeons ont été brûlés par le gel.* — **4.** *Brûler qqn,* lui causer une sensation de forte chaleur, de dessèchement, de douleur cuisante : *Il a la peau brûlée par le soleil. La réverbération du soleil me brûle les yeux. L'estomac le brûle;* provoquer chez lui une excitation, des sentiments violents : *La soif de l'aventure la brûlait* (syn. DÉVORER). — **5.** *Brûler qqch,* le consommer comme source d'énergie pour le chauffage, l'éclairage, etc. : *Nous avons brûlé deux tonnes de charbon cet hiver. On a brûlé beaucoup d'électricité à cause des grands froids* (syn. CONSOMMER). — **6.** *Brûler un obstacle, une limite,* etc., les franchir rapidement : *Il a brûlé les étapes* (= il a eu une carrière rapide). *La voiture a brûlé le feu rouge* (= ne s'est pas arrêtée au feu rouge). *Le train a brûlé le signal* (syn. fam. GRILLER). — **7.** Fam. *Être brûlé,* être démasqué par la police et devenir, de ce fait, dangereux pour les autres membres d'une bande, d'une association clandestine. ‖ *Tête brûlée,* aventurier qui aime le seul risque. ◆ v. i. **1.** (sujet qqch) Se consumer : *La forêt a brûlé entièrement;* flamber : *Un grand feu de bois brûle dans la cheminée;* être allumé : *La lampe brûle encore dans son bureau.* — **2.** (sujet qqn) Éprouver fortement un sentiment, désirer ardemment qqch : *Il brûle d'amour pour elle. Je brûlais de parler.* — **3.** Être sur le point de découvrir ce qu'il faut trouver : *Oui, c'est ça, tu brûles.* ◆ ***se brûler*** v. pr. Se causer une brûlure : *Elle s'est brûlée avec de l'eau bouillante. Il se brûle les yeux à force de lire* (syn. ↓ SE FATIGUER).

brûlerie [brylri] n. f. Atelier ou commerce où on brûle, torréfie le café.

brûleur [brylœr] n. m. Appareil où se produit la combustion du gaz, de l'alcool, du mazout.

brûlot [brylo] n. m. Journal qui se livre à de violentes critiques.

brûlure [brylyr] n. f. **1.** Effet, marque du feu, d'une grande chaleur, sur la peau, sur une partie du corps, sur un corps quelconque : *Se faire une brûlure à la main. Son pantalon porte la trace de brûlures.* — **2.** Sensation de grande chaleur, d'irritation : *Avoir des brûlures d'estomac.*

brumaire [brymɛr] n. m. (de *brume*). Deuxième mois du calendrier républicain.

brume [brym] n. f. (lat. *bruma,* hiver). Amas de gouttelettes en suspension dans l'air, qui forme un écran plus ou moins opaque au voisinage du sol ou de la surface des eaux : *Une brume légère flotte sur la rivière* (syn. ↑ BROUILLARD).

brumeux, euse [brymø] adj. **1.** Couvert, chargé de brume : *Le temps est brumeux ce matin; on ne distingue pas les arbres au fond du jardin. Le ciel est brumeux.* — **2.** *Esprit brumeux,* qui manque de clarté et de cohérence.

brun, e [brœ̃] adj. (germ. *brûn*). D'une couleur foncée, intermédiaire entre le jaune et le noir : *La bière brune est plus alcoolisée que la bière blonde. Avoir le teint brun.* ◆ adj. et n. Qui a les cheveux de couleur foncée : *Une femme brune. C'est une petite brune aux yeux noirs.* ◆ ***brun*** n. m. Cette couleur elle-même : *Un brun foncé, un brun rouge.* ◆ ***brune*** n. f. Cigarette de tabac brun.

brunâtre [brynɑtr] adj. Qui tire sur le brun : *La terre de l'Ombrie est brunâtre.*

brunir [brynir] v. t. (sujet le soleil, le vent) *Brunir qqn, son corps,* le rendre brun (souvent pass.) : *Le soleil de la Méditerranée l'avait fortement bruni. Il est revenu bien bruni de ses vacances* (syn. BRONZÉ). ◆ v. i. (sujet qqn) Devenir brun : *Elle cherche à brunir en restant des heures sur la plage* (syn. BRONZER).

brunissement [brynismɑ̃] n. m. Action de brunir : *Le brunissement de la peau.*

Brushing [brœʃiŋ] n. m. (nom déposé) Mise en plis qui consiste, après le lavage des cheveux, à les sécher mèche après mèche au séchoir à main, en les lissant à la brosse ronde.

brusque [brysk] adj. (it. *brusco,* âpre). **1.** (après le n.) Qui va droit au fait, en agissant avec soudaineté et souvent avec violence : *C'est un homme humain, mais brusque dans ses manières* (syn. BOURRU, CASSANT, RAIDE). *Il répondit d'un ton brusque que tout ceci l'ennuyait* (syn. SEC; contr. DOUX). *Il a des gestes trop brusques, il ne faut pas lui confier cette réparation délicate* (syn. BRUTAL, NERVEUX). — **2.** (après ou avant le n.) Qui arrive de façon soudaine, imprévue : *Son départ a été très brusque; elle n'a prévenu personne* (syn. SUBIT, INOPINÉ). *Le changement brusque de température* (syn. INATTENDU, IMPRÉVU, ↑ BRUTAL). *J'ai eu une brusque envie de dormir* (syn. SOUDAIN).

brusquement [bryskəmɑ̃] adv. De façon brusque : *La voiture s'arrêta trop brusquement au feu rouge* (syn. ↑ BRUTALEMENT; contr. DOUCEMENT).

brusquer [bryske] v. t. **1.** *Brusquer qqn,* le traiter sans ménagement, en s'efforçant de le faire aller plus vite : *Ne le brusque pas, il commence seulement à apprendre.* — **2.** *Brusquer qqch,* en accélérer le cours, en hâter la fin : *Cette démission brusqua le dénouement de la crise* (syn. PRÉCIPITER; contr. RETARDER). *Notre voyage a été brusqué* (syn. HÂTÉ).

brusquerie [bryskəri] n. f. Attitude brusque, brutale : *Il traite tout le monde avec brusquerie* (syn. RUDESSE). *C'est la brusquerie de son geste qui est la cause de sa maladresse* (syn. BRUTALITÉ).

brut, e [bryt] adj. (lat. *brutus,* lourd). **1.** Qui n'a pas été traité, façonné, qui n'a pas subi de préparation spéciale : *Le pétrole brut est amené dans les raffineries. Les diamants bruts sont taillés avant de servir en bijouterie. Le sucre brut n'est pas raffiné. Servir du champagne brut* (= très sec, non sucré). *La laine brute a une couleur beige.* — **2.** *Force brute,* force très brutale. — **3.** Dont on n'a pas déduit certains frais, certaines taxes; dont on n'a pas retranché le poids de l'emballage : *Le traitement brut, amputé des diverses cotisations, donne le traitement net effectivement perçu.* ◆ ***brut*** adv. Sans rien défalquer : *Ces deux colis pèsent brut quinze kilos* (contr. NET).

brutal, e, aux [brytal] adj. et n. (lat. *brutalis*). Qui se comporte de façon grossière et violente ou directe et sans ménagement : *Un homme brutal, qui n'est accessible à aucun sentiment de pitié* (syn. DUR, MÉCHANT; contr. DOUX, HUMAIN). *Une franchise brutale. Une discussion brutale qui dégénère en rixe* (syn. ↓ VIF). ◆ adj. Se dit d'une action, d'un événement soudains, inattendus : *La mort brutale d'une amie. La perte de ses biens fut pour elle un coup brutal* (syn. RUDE).

brutalement [brytalmɑ̃] adv. 1. Avec brutalité : *Je vous parle brutalement, mais c'est pour votre bien* (syn. DUREMENT). — 2. Avec violence : *Une pluie d'orage tomba brutalement sur la foule* (syn. VIOLEMMENT, ↓BRUSQUEMENT, contr. DOUCEMENT).

brutaliser [brytalize] v. t. *Brutaliser qqn,* le traiter de façon violente, sauvage : *Le prisonnier se plaint d'avoir été brutalisé par ses gardiens* (syn. MALTRAITER, FRAPPER).

brutalité [brytalite] n. f. 1. Attitude brutale : *S'exprimer avec brutalité* (syn. ↓RUDESSE, ↓FRANCHISE). *Condamner les brutalités de la police* (syn. VIOLENCE). — 2. Soudaineté : *La brutalité de l'événement a surpris tout le monde* (syn. BRUSQUERIE).

brute [bryt] n. f. (de *brut*). Personne grossière, violente : *Il frappe comme une brute. C'est une brute épaisse, incapable de rien comprendre.*

bruyamment [brɥijamɑ̃] adv. De façon bruyante : *Se moucher bruyamment* (syn. AVEC BRUIT).

bruyant, e [brɥijɑ̃] adj. (de *bruire*). 1. Qui fait beaucoup de bruit : *Il a des enfants très bruyants* (syn. TURBULENT; contr. CALME). *Le réfrigérateur est trop bruyant, il faut le changer* (contr. SILENCIEUX). — 2. Où il y a beaucoup de bruit : *Ils habitent au premier étage sur une rue bruyante* (contr. CALME, TRANQUILLE).

bruyère [bryjɛr] n. f. (bas lat. *brucaria*). Plante à petites fleurs violettes ou roses, qui pousse sur les sols siliceux (comme sur la lande bretonne).

buanderie [byɑ̃dri] n. f. (de *buée*). Local, dans les dépendances d'une maison, où se fait la lessive.

bubon [bybɔ̃] n. m. Ganglion enflammé.

buccal, e, aux [bykal] adj. (lat. *bucca,* bouche). De la bouche (techn.) : *Prendre un médicament par voie buccale* (= par la bouche).

bûche [byʃ] n. f. (germ. *busk,* baguette).
— I. 1. Gros morceau de bois coupé pour être mis au feu : *Mettre des bûches dans la cheminée.* — 2. *Bûche de Noël,* pâtisserie en forme de bûche, qu'on vend à l'occasion de Noël.
— II. *Fam.* Chute lourde : *Il a ramassé, il a pris une bûche* (= il est tombé).

1. bûcher [byʃe] n. m. (de *bûche*). Amas de bois, de matières combustibles où on brûlait les personnes condamnées au feu : *Hérétique condamné au bûcher;* où on brûle des objets inutiles ou jugés dangereux : *On fit un bûcher de tous ces livres jugés subversifs.*

2. bûcher [byʃe] v. t. *Fam.* (sujet qqn) *Bûcher (une matière, un cours),* travailler, étudier avec ardeur et sans relâche : *Son examen est proche, elle bûche sérieusement son programme de physique* (syn. APPRENDRE).

bûcheron, onne [byʃrɔ̃] n. Personne employée à l'abattage du bois en forêt.

bûchette [byʃɛt] n. f. Petit morceau de bois.

bûcheur, euse [byʃœr] n. et adj. *Fam.* Qui bûche, travaille avec ardeur : *C'est une bûcheuse, toujours première de sa classe.*

bucolique [bykɔlik] adj. (gr. *boukolos,* pâtre). *Litt.* Qui évoque la poésie pastorale ou la vie des bergers.

budget [bydʒɛ] n. m. (angl. *budget,* sac de trésorier). Ensemble, prévu annuellement, des dépenses et des recettes de l'État, d'une collectivité, d'un service public ou d'une entreprise; ensemble mensuel ou annuel constitué par les revenus et les dépenses d'une famille ou d'un particulier : *L'Assemblée nationale a voté le budget. Le budget est en équilibre quand les dépenses sont égales aux recettes. Boucler son budget* (= établir un équilibre entre ses dépenses et ses revenus).

budgétaire [bydʒetɛr] adj. Relatif au budget : *Les prévisions budgétaires comptent sur un important accroissement des recettes.*

budgétisation [bydʒetizasjɔ̃] n. f. Action de budgétiser.

budgétiser [bydʒetize] v. t. *Budgétiser qqch,* l'introduire dans le budget.

budgétivore [bydʒetivɔr] n. *Péjor.* Celui qui émarge au budget de l'État; fonctionnaire.

buée [bɥe] n. f. (anc. fr. *buer,* faire la lessive). Dépôt de fines gouttelettes qui se forme sur une surface par condensation : *On voyait le jour se lever à travers les vitres couvertes d'une buée légère.*

buffet [byfɛ] n. m. (orig. obscure). 1. Meuble de la salle à manger ou de la cuisine, destiné à contenir la vaisselle, le linge et le service de table. — 2. Menuiserie de l'orgue. — 3. Table où sont disposés les mets, les pâtisseries, les boissons destinés aux personnes invitées à une réception : *Les invités se pressaient devant le buffet. Le buffet était particulièrement bien garni.* — 4. *Buffet (de la gare),* restaurant installé dans les gares : *Manger au buffet.*

buffle [byfl] n. m. (it. *bufalo*). Grand ruminant de la même famille que le bœuf, et qui vit en Asie, en Afrique et dans l'Europe méridionale.

buggy [bœge] n. m. (pl. *buggies*). Véhicule tout terrain de compétition, constitué d'un châssis de voiture de série recouvert d'une carrosserie légère.

building [bildiŋ] n. m. (mot angl.). Immeuble ayant un grand nombre d'étages.

buis [bɥi] n. m. (lat. *buxus*). Arbrisseau dont le bois jaune, très dur, est utilisé pour faire des ouvrages d'ébénisterie, des cannes, des pièces de jeux d'échecs, etc.

buisson [bɥisɔ̃] n. m. (de *bosc,* bois). 1. Bouquet d'arbustes bas et parfois épineux. — 2. En cuisine, se dit de la façon de disposer des crustacés en pyramide : *Un buisson d'écrevisses.*

buissonneux, euse [bɥisɔnø] adj. Couvert de buissons.

buissonnière [bɥisɔnjɛr] adj. f. (de *buisson*). *Faire l'école buissonnière,* aller jouer, flâner, se promener au lieu de se rendre à l'école.

bulbaire [bylbɛr] adj. Relatif au bulbe rachidien.

bulbe [bylb] n. m. (lat. *bulbus,* oignon). 1. Organe végétal formé par un bourgeon souterrain : *Bulbe de l'oignon, de la jacinthe.* — 2. *Bulbe (rachidien),* partie inférieure de l'encéphale des vertébrés, située au-dessus de la moelle épinière.

bulbeux, euse [bylbø] adj. Formé d'un bulbe (végétal).

bulgare [bylgar] adj. et n. De Bulgarie. ◆ n. m. Langue slave parlée en Bulgarie.

bulldozer [byldɔzɛr,buldozœr] n. m. (mot amér.). Engin à chenilles très puissant, qui nivelle et déblaie les terrains au moyen d'une large lame placée à l'avant.

1. bulle [byl] n. f. (lat. *bulla,* bulle d'eau). 1. Petite poche remplie d'air, de vapeur ou de gaz, qui se forme dans un liquide : *Une pompe laissait échapper dans l'aquarium quelques bulles d'air;* petit corps sphérique formé d'une pellicule de liquide remplie d'air qui reste en suspension dans l'air : *L'enfant soufflait dans une paille et s'amusait à faire des bulles de savon.* — 2. Dans une bande dessinée, élément graphique qui sort de la bouche d'un personnage et qui indique ses paroles.

2. bulle [byl] n. f. (lat. *bulla,* sceau). Décret du pape, scellé de plomb, qu'on désigne en général par les premiers mots du texte : *La bulle « Unigenitus ».*

bulletin [byltɛ̃] n. m. (it. *bolletino,* billet). Tout écrit ou imprimé de caractère officiel et destiné à constater une situation sociale, à faire part d'une décision administrative ou judiciaire, à faire connaître publiquement l'avis d'autorités quelconques, à exprimer un vote, etc. : *Les médecins ont publié un bulletin de santé rassurant sur l'état de leur malade. Mettre son bulletin de vote dans l'urne* (= papier sur lequel est inscrit le nom du candidat pour qui l'on vote). *Demander à la mairie un bulletin de naissance* (= qui atteste la date, le lieu de naissance, le nom des parents). *Le bulletin de bagages atteste l'enregistrement des bagages. Le bulletin trimestriel de l'élève comporte un relevé de ses notes. Le bulletin météorologique donne les prévisions du temps pour le lendemain;* sans compl., le bulletin de vote : *On a trouvé dix bulletins blancs ou nuls dans l'urne.*

bungalow [bœ̃galo] n. m. (mot angl.). Petite maison en rez-de-chaussée, très simple, en matériaux légers, installée à la campagne ou au bord de la mer : *On loue des bungalows pour les vacances.*

buraliste [byralist] n. Employé préposé à un bureau de poste pour effectuer des paiements, distribuer des timbres, etc. ; commerçant qui tient un bureau de tabac (vente de timbres, de tabac et d'allumettes).

bure [byr] n. f. (lat. *burra,* bourre). *Étoffe, manteau de bure,* faits de grosse laine de coloration brune.

bureau [byro] n. m. (de *bure*). **1.** Table, munie ou non de tiroirs, dont on se sert pour écrire : *Le dossier est sur votre bureau. Elle s'installe à son bureau pour lire.* — **2.** Pièce destinée au travail intellectuel ou à la réception des visiteurs : *Votre père est dans son bureau, ne le dérangez pas. L'avocat reçoit ses clients dans son bureau.* — **3.** Établissement public où sont installés des services administratifs, commerciaux ou industriels : *Être convoqué au bureau de la Préfecture. Les bureaux de la société sont installés sur les Grands Boulevards. La fermeture des bureaux s'effectue à 18 heures. Se rendre au bureau de poste* (= à la poste). *Le bureau de tabac vient d'être approvisionné* (= lieu où on vend du tabac). *Bureau de vote* (= lieu indiqué pour déposer son vote). — **4.** Caisse d'un théâtre : *Les spectateurs font la queue devant le bureau du théâtre* (syn. GUICHET). *La représentation aura lieu à bureaux fermés* (syn. À GUICHETS FERMÉS). — **5.** Ensemble des employés ou des fonctionnaires qui travaillent dans une administration, dans les services commerciaux, etc. : *Son dossier passe de bureau en bureau.* — **6.** Membres d'une assemblée, d'une association, élus pour diriger les travaux : *Le bureau de l'Assemblée nationale comporte un président, des vice-présidents, des secrétaires, etc. La réunion du bureau aura lieu à 5 heures ce soir. Le bureau politique d'un parti.*

bureaucrate [byrokrat] n. (de *bureau* et gr. *kratos,* pouvoir). *Péjor.* Employé de bureau; fonctionnaire : *Ce bureaucrate a mis près de deux heures à nous établir le billet d'avion.*

bureaucratie [byrokrasi] n. f. *Péjor.* Ensemble des administrations publiques, considérées comme ayant une influence néfaste sur la conduite des affaires; ensemble des fonctionnaires qui appartiennent à une administration : *La bureaucratie multiplie les intermédiaires et paralyse les initiatives.*

bureaucratique [byrokratik] adj. Relatif à la bureaucratie, qui en a les caractéristiques : *Un régime bureaucratique.*

bureaucratisation [byrokratizasjɔ̃] n. f. Action de bureaucratiser.

bureaucratiser [byrokratize] v. t. Transformer en bureaucratie.

burette [byrɛt] n. f. (anc. fr. *buire,* vase). Petit flacon à goulot rétréci, où on met divers liquides; petit récipient métallique muni d'un tube effilé contenant de l'huile pour graisser un mécanisme.

burin [byrɛ̃] n. m. (it. *burino*). Ciseau d'acier trempé, pour couper ou graver les métaux.

buriné, e [byrine] adj. *Visage buriné,* marqué par les épreuves, par l'âge.

burlesque [byrlɛsk] adj. (de l'it. *burla,* farce). D'une extravagance comique : *Tu n'as que des idées burlesques, irréalisables* (syn. RIDICULE, BOUFFON, ↑GROTESQUE; fam. FARFELU). *Une situation burlesque.*

burnous [byrnu(s)] n. m. (ar. *burnūs*). **1.** Grand manteau de laine, à capuchon et sans manches, porté dans les pays musulmans. **2.** Vêtement de nourrisson, pourvu d'une petite capuche.

bus [bys] n. m. Abrév. fam. de AUTOBUS.

busard [byzar] n. m. Rapace diurne plus petit que la buse.

1. buse [byz] n. f. (lat. *buteo*). **1.** Rapace diurne, commun en France. — **2.** Personne stupide (syn. ÂNE, CRUCHE).

2. buse [byz] n. f. (néerl. *buse,* conduit). Sorte de conduit ou de tuyau.

business [biznɛs] n. m. (mot angl. signif. *affaire*). *Pop.* **1.** Travail. **2.** Affaires.

businessman [biznɛsman] n. m. Homme d'affaires important.

busqué, e [byske] adj. (de l'it. *busco,* bûchette). *Nez busqué,* qui présente une courbure convexe accentuée (syn. AQUILIN).

buste [byst] n. m. (it. *busto*). **1.** Partie supérieure du corps humain, de la tête à la ceinture et, spécialement chez la femme, poitrine : *Il redressa le buste* (syn. TORSE). *La robe décolletée dégageait son buste magnifique* (syn. GORGE). — **2.** Reproduction sculptée de la tête, des épaules et de la poitrine de qqn : *Un buste en plâtre de Napoléon.*

bustier [bystje] n. m. Corsage découvrant entièrement les épaules et enserrant étroitement le buste.

but [by(t)] n. m. (frq. *but,* souche, billot).
— **I. 1.** Terme, limite qu'on s'efforce d'atteindre : *En arrivant au sommet de la montagne, l'expédition avait atteint son but.* — **2.** Point visé : *La balle passa à côté du but* (syn. CIBLE, OBJECTIF). — **3.** Ce à quoi on veut parvenir : *Ne cherchons pas à atteindre deux buts à la fois. Son but était seulement d'attirer l'attention sur lui* (syn. INTENTION, DESSEIN, OBJECTIF). *Être loin du but. Il n'a aucun but dans la vie. Elle a atteint maintenant le but qu'elle s'était fixé* (= elle a réussi). *N'hésitez pas, allez droit au but* (= attaquez directement, sans détour). *Manquer son but* (= ce qu'on projetait). *Frapper au but* (= toucher juste à l'endroit convenable). *Toucher au but* (= être près de réussir, de finir). — **4.** *Dans le but de,* avec l'intention, le dessein de : *Elle est partie dans le but de se trouver quelque temps au calme.* ‖ *De but en blanc,* sans aucun ménagement, sans précaution : *Je lui ai demandé de but en blanc quelles étaient les raisons de son hostilité* (syn. BRUSQUEMENT, DIRECTEMENT, EX ABRUPTO, À BRÛLE-POURPOINT).
— **II. 1.** Dans les sports d'équipes, endroit où on doit envoyer le ballon pour marquer un avantage (aussi pl.) : *Le gardien de but est le joueur qui, au football, est placé devant les buts.* — **2.** Point marqué par une équipe : *Marquer un but. Rentrer un but* (= envoyer le ballon à l'intérieur des limites fixées comme étant celles du but).

butane [bytan] n. m. (lat. *butyrum,* beurre). *Gaz*

butane, ou *butane*, gaz combustible vendu, liquéfié sous faible pression, dans des bouteilles métalliques.

buté, e [byte] adj. Qui manifeste une obstination irréductible : *C'est un enfant buté, incapable de comprendre* (syn. ENTÊTÉ, TÊTU, FERMÉ; contr. OUVERT).

butée [byte] n. f. (de *buter*). Pièce servant à limiter la course d'un mécanisme en mouvement : *La butée d'embrayage est usée.*

buter [byte] v. i. (de *but*). **1.** (sujet qqn, qqch) *Buter contre qqch*, heurter, frapper qqch qui est un obstacle au mouvement, à la poussée : *J'ai buté contre la marche de l'escalier* (syn. TRÉBUCHER). *Dans le choc, sa tête buta contre le pare-brise de la voiture* (syn. HEURTER). — **2.** (sujet qqn) Se trouver arrêté par une difficulté, être amené à hésiter par la présence d'un obstacle : *C'est un problème complexe, contre lequel nous butons depuis longtemps* (syn. ACHOPPER SUR). — **3.** Envoyer le ballon au but avec le pied. ◆ v. t. *Buter qqn*, le pousser à une attitude d'entêtement, d'obstination : *De telles maladresses ont réussi à le buter* (syn. BRAQUER); *pop.* le tuer. ◆ ***se buter*** v. pr. Prendre une attitude fermée, braquée : *Il se bute facilement quand on s'avise de le contredire* (syn. S'ENTÊTER).

buteur [bytœr] n. m. Au football, celui des avants dont le rôle est de marquer des buts.

butin [bytɛ̃] n. m. (anc. all. *bute*, partage). **1.** Ce qu'on enlève à l'ennemi : *Le matériel laissé par l'ennemi est un butin de guerre.* — **2.** Produit d'un vol, d'un pillage : *On a retrouvé le butin des voleurs chez des complices.* — **3.** Produit d'une longue recherche (récolte, fouille, prospection).

butiner [bytine] v. i. (sujet une abeille) Aller de fleur en fleur en amassant du pollen.

butoir [bytwar] n. m. Pièce ou obstacle contre lequel vient buter un mécanisme ou une machine en mouvement.

butor [bytɔr] n. m. (lat. *butaurus*). **1.** Héron aux formes lourdes. — **2.** Homme mal élevé, grossier, brutal et stupide.

butte [byt] n. f. (de *but*). **1.** Légère élévation de terrain (tertre, colline; désigne aussi les anciennes collines de Paris) : *De petites buttes de sable* (syn. MONTICULE). *La butte Montmartre* ou *la Butte. Les Buttes-Chaumont à Paris.* — **2.** (sujet qqn) *Être en butte à qqch*, se voir exposé aux coups, aux attaques de qqn : *Je suis en butte à la calomnie, aux attaques des journaux* (syn. SERVIR DE POINT DE MIRE, DE CIBLE).

buvable [byvabl] adj. **1.** Qu'on peut boire : *Ce vin a un fort goût de bouchon, il n'est pas buvable. Ce remède se prend en ampoules buvables ou en ampoules injectables.* — **2.** *Fam.* Qui peut être supporté, accepté : *Ce n'est pas un roman exceptionnel, mais il est buvable* (syn. POTABLE).

buvard [byvar] n. m. (de *boire*). **1.** *Papier buvard*, ou *buvard*, papier poreux, non collé, dont on se sert pour sécher l'encre fraîche. — **2.** Sous-main garni de feuilles de papier buvard : *Sur son bureau, il y a un grand buvard vert.*

buvette [byvɛt] n. f. Petit restaurant ou comptoir installé dans les gares, les théâtres, les grands établissements, etc., où on sert des boissons et des aliments légers.

buveur, euse [byvœr] n. Celui, celle qui boit ou qui a l'habitude de boire : *Un buveur invétéré* (= un alcoolique). *Une buveuse d'eau.*

byzantin, e [bizɑ̃tɛ̃] adj. et n. (lat. *Byzantinus*). **1.** De Byzance. — **2.** *Style byzantin, architecture byzantine*, genres particuliers à l'empire d'Orient (églises à coupoles, mosaïques). — **3.** *Querelles, discussions byzantines*, etc., dont on finit par ne plus savoir la cause, la matière, par suite de leurs complications inutiles, oiseuses et inopportunes.

byzantinisme [bizɑ̃tinism] n. m. Tendance aux discussions byzantines.

C

c [se] n. m. Troisième lettre de l'alphabet correspondant, selon les cas, aux sons [k], gutturale sourde, ou [s], sifflante sourde, la séquence *ch* correspondant soit à [ʃ], chuintante sourde, soit à [k].

ça [sa] pron. dém. (→ CECI.)

çà [sa] adv. (bas lat. *ecce hac*). *Çà et là,* d'un côté et d'autre, de façon dispersée : *Çà et là, des boîtes de conserve jonchaient la clairière.* ‖ *Ah çà!,* marque le début d'une phrase exclamative ou interrogative exprimant l'impatience, l'indignation ou l'incitation à l'action : *Ah çà! pour qui me prenez-vous?*

cabale [kabal] n. f. (hébr. *qabbalah,* tradition). Ensemble de manœuvres concertées, plus ou moins occultes, visant à nuire à la réputation, à provoquer l'échec de qqn ou de son action; ceux qui se livrent à ces manœuvres : *Une cabale montée par des adversaires politiques a amené sa démission* (syn. INTRIGUE). *La cabale des collègues jaloux* (syn. COTERIE, CLAN).

cabalistique [kabalistik] adj. *Signe cabalistique,* signe mystérieux, dont le sens n'apparaît qu'à des initiés, des spécialistes.

caban [kabɑ̃] n. m. (it. *gabbano;* de l'ar. *qabā'*). Grande veste en gros drap portée par les marins et dont l'usage s'est répandu.

cabane [kaban] n. f. (prov. *cabana*). **1.** Petite remise, le plus souvent en bois, et pouvant, à la rigueur, servir d'habitation : *Une cabane à outils.* — **2.** Petit logement où on élève des animaux : *Des cabanes à lapins* (syn. CLAPIER). *La cabane aux cochons* (syn. PORCHERIE). — **3.** *Fam.* et *péjor.* Maison modeste : *Elle a acheté une vieille cabane qu'elle a fait aménager* (syn. BICOQUE, BARAQUE, CAHUTE). — **4.** *Pop.* Prison : *J'ai fait trois ans de cabane* (syn. pop. TÔLE).

cabanon [kabanɔ̃] n. m. **1.** Petite cabane, réduit. — **2.** En Provence, surtout dans la région de Marseille, petite maison de campagne. — **3.** Fam. *Être bon pour le cabanon,* être fou (vieilli). [Le *cabanon* désignait une cellule matelassée pour fous furieux.]

cabaret [kabarɛ] n. m. (anc. néerl. *cabret*). **1.** Établissement de spectacle où on présente surtout des chansons satiriques et des revues, et où on sert des consommations. — **2.** Autrefois, établissement modeste où on vendait des boissons à consommer ou à emporter, et où on pouvait aussi manger (remplacé par BAR et CAFÉ) : *Les deux voyageurs entrèrent se désaltérer dans un cabaret* (syn. fam. CABOULOT; péjor. BOUI-BOUI, GARGOTE, TAVERNE; fam. BISTROT).

cabaretier, ère [kabartje] n. Personne qui tient un débit de boissons (vieilli).

cabas [kabɑ] n. m. (mot prov.). Panier à provisions, souple, en paille, en jonc, en matière plastique ou en tissu, à ouverture évasée (syn. SAC À PROVISIONS).

cabestan [kabɛstɑ̃] n. m. (mot prov.). Treuil à axe vertical, employé pour toutes les manœuvres exigeant de gros efforts.

cabillaud [kabijo] n. m. (néerl. *kabeljau*). Morue fraîche.

cabine [kabin] n. f. (de *cabane*). **1.** Chambre à bord d'un bateau. — **2.** Local réservé, dans un avion, au pilote, dans un train, au mécanicien, dans un vaisseau spatial, à l'équipage, dans un camion, au chauffeur. — **3.** *Cabine (de bain),* petite pièce, petite baraque où on peut s'isoler pour se déshabiller ou se rhabiller. ‖ *Cabine (d'essayage),* petit local aménagé dans un magasin pour essayer les vêtements. ‖ *Cabine (téléphonique),* petit local affecté à l'usage du téléphone, dans un lieu public.

cabinet [kabinɛ] n. m. (de *cabine*). **1.** Petite pièce d'une habitation dépendant d'une pièce plus grande : *Cabinet de toilette. Un cabinet de débarras.* — **2.** Dans certaines professions, pièce où les clients sont reçus en particulier. — **3.** Ensemble des pièces et du matériel servant à l'exercice de ces professions : *Le cabinet du cardiologue occupe tout l'étage.* — **4.** Clientèle d'un praticien, d'un notaire, d'un architecte, etc.; volume du travail, des affaires, ensemble du matériel, du local : *C'est le plus gros cabinet de la ville.* — **5.** Ensemble des ministres d'un État : *Le Parlement a renversé le cabinet* (= lui a refusé sa confiance). *Le président de la République l'a chargé de former le cabinet* (= de constituer l'équipe ministérielle) [syn. MINISTÈRE, GOUVERNEMENT]. *Conseil de cabinet* (= réunion des ministres sous la présidence du Premier ministre). — **6.** Ensemble des proches collaborateurs d'un ministre, d'un préfet : *Le cabinet du ministre.* ◆ ***cabinets*** n. m. pl. Pièce réservée aux besoins naturels : *Aller aux cabinets* (syn. WATERS, W.-C., TOILETTES; fam. PETIT COIN).

câblage [kɑblaʒ] n. m. Action de câbler; ensemble des fils.

câble [kɑbl] n. m. (mot norm.; du bas lat. *capulum,* corde). **1.** Cordage, ordinairement en fils métalliques, destiné à subir un important effort de traction : *Le câble du frein à main s'est détendu. L'avion a heurté un câble de téléphérique.* — **2.** Faisceau de fils métalliques, le plus souvent revêtu de plusieurs couches isolantes, servant au transport d'énergie électrique, au téléphone, au télégraphe, etc. : *Les liaisons téléphoniques intercontinentales sont assurées par câble sous-marin.* — **3.** *Fam.* Message transmis par câble : *Un câble de dernière minute* (syn. TÉLÉGRAMME, DÉPÊCHE).

câbler [kɑble] v. t. **1.** Établir les connexions entre les différents organes d'un appareil électrique ou électronique. — **2.** Envoyer un message par câble : *La journaliste a câblé la nouvelle à son agence de presse* (syn. TÉLÉGRAPHIER).

câbleur [kɑblœr] n. m. Personne chargée du câblage d'un appareil électrique.

câblier [kɑblije] n. m. Navire poseur de câbles sous-marins.

cabochard, e [kabɔʃar] adj. et n. *Fam.* Qui s'entête à ne faire que ce qui lui plaît, qui n'en fait qu'à sa tête :

Il est si cabochard qu'on ne peut pas compter sur lui (syn. TÊTU, ENTÊTÉ).

caboche [kabɔʃ] n. f. (mot picard; du lat. *caput*, tête). *Fam.* Tête (dure, résistante), considérée souvent comme le siège d'une intelligence et d'une mémoire rebelles, d'un entêtement buté : *Le coup pouvait l'assommer, mais elle a la caboche solide. Depuis que je me suis mis cette idée dans la caboche, rien n'a pu m'en faire démordre.*

cabochon [kabɔʃɔ̃] n. m. (de *caboche*). Pierre fine ou de fantaisie, polie et de forme arrondie.

cabosse [kabɔs] n. f. (de *caboche*). Fruit du cacaoyer.

cabosser [kabɔse] v. t. (de l'anc. fr. *caboce*, bosse). *Cabosser un objet*, le déformer par des bosses ou des creux : *Un choc qui a cabossé la carrosserie.*

1. cabot [kabo] n. m. (picard *cabot*, têtard). *Fam.* et *péjor.* Chien.

2. cabot [kabo] n. m. Syn. fam. de CABOTIN.

cabotage [kabɔtaʒ] n. m. (esp. *cabo*, cap). Navigation marchande le long des côtes (contr. NAVIGATION AU LONG COURS).

caboter [kabɔte] v. i. Faire du cabotage.

caboteur [kabɔtœr] n. m. Bateau ou marin qui fait du cabotage.

cabotin, e [kabɔtɛ̃] n. et adj. (du n. d'un comédien du XVIIe s.). **1.** Acteur médiocre, qui a une haute opinion de sa valeur et se donne des airs importants (syn. fam. CABOT). — **2.** Personne qui manque de naturel, qui a une attitude de suffisance et un goût de l'ostentation : *Il est trop cabotin pour inspirer confiance* (syn. COMÉDIEN, M'AS-TU-VU; soutenu HISTRION, HÂBLEUR; fam. CABOT).

cabotinage [kabɔtinaʒ] n. m. Action de cabotiner : *Même avec des amis, il ne renonce pas à son agaçant cabotinage.*

cabotiner [kabɔtine] v. i. Faire le cabotin : *Il cabotine devant ses invités et s'écoute parler.*

caboulot [kabulo] n. m. *Fam.* Café, cabaret, restaurant petit et de médiocre apparence.

cabrer [kabre] v. t. (du lat. *capra*, chèvre). **1.** *Cabrer un animal, un cheval*, le faire dresser sur ses membres postérieurs : *Cavalier qui cabre soudain sa monture.* — **2.** *Cabrer un avion*, lui faire prendre brusquement une ligne de vol verticale. — **3.** *Cabrer qqn*, l'amener à une opposition vigoureuse, à un mouvement de révolte : *Il paraissait déjà plus conciliant, mais votre intervention l'a cabré* (syn. BUTER, BRAQUER, RAIDIR, RÉVOLTER). ◆ ***se cabrer*** v. pr. **1.** Se dresser : *Le cheval s'est cabré devant l'obstacle.* — **2.** Se braquer : *Elle risque de se cabrer devant vos exigences continuelles.*

cabri [kabri] n. m. (mot prov.). **1.** Syn. méridional de CHEVREAU. — **2.** *Leste, léger comme un cabri*, très leste, très léger. ‖ *Sauter comme un cabri*, sauter gaiement et légèrement.

cabriole [kabrijɔl] n. f. (it. *capriola*, saut de chèvre). Saut léger, bond folâtre : *Des enfants qui font des cabrioles dans les prés* (syn. GAMBADE; fam. GALIPETTE).

cabrioler [kabrijɔle] v. i. Faire des cabrioles : *Margot repartit toute joyeuse, chantant et cabriolant* (syn. GAMBADER, FOLÂTRER).

cabriolet [kabrijɔlɛ] n. m. Type de carrosserie transformable en voiture découverte.

caca [kaka] n. m. **1.** Dans le langage enfantin, excrément de l'homme ou des animaux (syn. fam. CROTTE; MATIÈRES FÉCALES, SELLES, EXCRÉMENTS, DÉJECTIONS [méd.]). — **2.** *Faire caca*, faire ses besoins naturels, évacuer les excréments solides (syn. ALLER À LA SELLE [méd.]).

cacahouète ou **cacahuète** [kakawɛt] n. f. (esp. *cacahuate*). Fruit d'une plante tropicale, l'arachide : *Les cacahouètes sont des graines, groupées généralement par trois ou quatre dans des gousses.*

cacao [kakao] n. m. (mot esp.). Poudre extraite des graines du cacaoyer, utilisée en pâtisserie, chocolaterie, confiserie.

cacaoté, e [kakaɔte] adj. Qui contient du cacao : *Une farine cacaotée pour les nourrissons.*

cacaoyer [kakaɔje] ou **cacaotier** [kakaɔtje] n. m. Petit arbre, dont le fruit, la *cabosse*, donne le cacao.

cacatoès [kakatɔɛs] n. m. (mot malais). Perroquet d'Australie au plumage blanc et dont la tête est ornée d'une huppe érectile colorée de jaune ou de rouge.

cachalot [kaʃalo] n. m. (portug. *cacholotte*). Mammifère marin, d'une taille comparable à celle de la baleine, pourvu d'une énorme tête, d'où l'on extrait l'huile appelée *blanc de baleine*.

cache [kaʃ] n. m. Papier découpé, feuille, destinés à masquer une partie d'une surface sur laquelle s'effectue une opération, spécialement en photographie et en cinéma.

cache-cache [kaʃkaʃ] n. m. **1.** Jeu d'enfants dans lequel un des joueurs cherche les autres qui se sont cachés, et s'efforce, quand il les a découverts, de les toucher avant qu'ils n'aient atteint le « but » : *Jouer à cache-cache. Jeu, partie de cache-cache.* — **2.** Fam. *Jouer à cache-cache*, se chercher mutuellement sans parvenir à se trouver.

cache-col [kaʃkɔl] n. m. inv. Petite écharpe légère.

cachemire [kaʃmir] n. m. Tissu très fin, fait avec le poil de chèvres du Cachemire ou du Tibet.

cache-misère [kaʃmizɛr] n. m. Vêtement ample qui dissimule une tenue négligée.

cache-nez [kaʃne] n. m. inv. Écharpe en laine, généralement longue.

cache-pot [kaʃpo] n. m. inv. Vase de métal, de céramique, de vannerie, de matière plastique destiné à dissimuler un pot de fleurs.

cacher [kaʃe] v. t. (lat. *coactare*, serrer). **1.** (sujet qqn) *Cacher qqch, qqn*, les soustraire à la vue, en les plaçant dans un lieu secret ou en les recouvrant : *Les voleurs avaient caché les bijoux dans la voiture. Cacher chez soi un prisonnier évadé. Des femmes musulmanes cachant leur visage sous un voile* (syn. MASQUER, VOILER). — **2.** (sujet qqn, qqch) *Cacher qqch (à qqn)*, être un obstacle qui empêche de voir : *Cette maison nous cache la plage. Ôte-toi de la fenêtre, tu me caches le jour* (syn. DISSIMULER, MASQUER). — **3.** (sujet qqn) *Cacher qqch (nouvelle, sentiment)*, tenir secret, garder pour soi, soustraire à la connaissance de qqn : *Vous n'avez pas le droit de me cacher la vérité.* — **4.** (sujet qqch) *Cacher qqch (action, événement,* etc.), être un indice qui laisse supposer ou présager qqch : *Une amabilité si soudaine cache encore quelque manœuvre.* — **5.** *Je ne vous cache pas que...*, je vous avoue franchement que : *J'étais sorti quand il a cherché à me voir, et je ne vous cache pas que c'était exprès* (syn. DISSIMULER). ‖ *L'arbre cache la forêt*, la considération d'un détail fait perdre de vue l'ensemble. ◆ ***se cacher*** v. pr. **1.** (sujet qqn) Se soustraire aux regards, aux recherches, ne pas se laisser facilement découvrir : *Il est recherché par la police, il se cache.* — **2.** (sujet qqch) Être soustrait aux regards de qqn : *Où peut bien se cacher ce document? Une grande bonté se cache sous son air bourru.* — **3.** (sujet qqn) *Se cacher de qqn*, agir à son insu : *L'enfant avait fumé en se cachant de ses parents.* ‖ *Se cacher de qqch*, le tenir secret : *Je n'ai pas à me cacher de la sympathie que j'ai pour elle.*

cache-radiateur [kaʃradjatœr] n. m. inv. Revêtement grillagé destiné à dissimuler un radiateur.

cache-sexe [kaʃsɛks] n. m. inv. Triangle de tissu recouvrant le bas-ventre.

cachet [kaʃɛ] n. m. (de *cacher*). **1.** Objet dont une face, de métal ou de caoutchouc, porte en relief une marque, une inscription à imprimer à l'encre; marque imprimée sur le papier, sur un tissu, etc., par cet objet : *On a volé le cachet de la directrice. Une enveloppe sur laquelle le cachet de la poste est peu lisible. Une facture portant le cachet de la boutique* (syn. TAMPON, TIMBRE). — **2.** Objet métallique servant à imprimer dans la cire les armes, les initiales, la marque de la personne ou de la société qui l'utilisent; empreinte laissée par cet objet : *Les cachets sont parfois constitués par le chaton d'une chevalière. La ficelle du paquet recommandé porte le cachet intact du bijoutier qui a fait l'expédition.* — **3.** Médicament consistant en une poudre contenue dans une enveloppe de pain azyme ou agglomérée en pastille (dans ce deuxième cas, le syn. est COMPRIMÉ) : *Un cachet d'aspirine.* — **4.** Rétribution d'un artiste, d'un musicien, pour une représentation ou un concert. — **5.** *Courir le cachet,* être obligé de donner des leçons à domicile (sujet qqn); rechercher des rôles secondaires (sujet un acteur). — **6.** Aspect particulier, caractère original qui retient l'attention : *Une petite église de campagne qui a beaucoup de cachet. Elle a donné un cachet très personnel à son style.*

cache-tampon [kaʃtɑ̃pɔ̃] n. m. inv. Jeu d'enfants où on cache un objet qu'un des joueurs doit découvrir.

cacheter [kaʃte] v. t. (c. **8**). **1.** *Cacheter une bouteille, un colis,* les fermer avec de la cire, portant ou non un cachet : *Remonter de la cave une vieille bouteille cachetée.* — **2.** *Cacheter une enveloppe, une lettre,* la fermer en la collant.

cachette [kaʃɛt] n. f. **1.** Endroit où on peut cacher ou se cacher : *Les contrebandiers avaient pris pour cachette un creux de rocher.* — **2.** *En cachette (de),* en se cachant (de) : *Un écolier qui lit un illustré en cachette* (syn. EN CATIMINI; contr. OUVERTEMENT). *Je ne veux pas avoir l'air d'agir en cachette de mes amis* (syn. À L'INSU DE).

cachot [kaʃo] n. m. Cellule obscure où on enferme un prisonnier traité avec rigueur : *Être mis huit jours au cachot. Envoyer au cachot.*

cachotterie [kaʃɔtri] n. f. Action de cacher, avec des airs mystérieux, des choses de peu d'importance (souvent pl.) : *Faire des cachotteries. Cessez vos cachotteries : je suis au courant.*

cachottier, ère [kaʃɔtje] adj. et n. Qui fait des cachotteries : *Il ne vous avait pas averti? Je ne le croyais pas si cachottier!*

cachou [kaʃu] n. m. (portug. *cacho*). Substance extraite d'un arbre de l'Inde et vendue en pastilles aromatiques.

cacique [kasik] n. m. (mot esp.). Dans l'argot des étudiants, le premier reçu à un concours (syn. MAJOR).

cacochyme [kakɔʃim] adj. et n. (du gr. *kakokhumos,* mauvaise humeur). *Litt.* Faible, languissant : *Vieillard cacochyme.*

cacophonie [kakɔfɔni] n. f. (gr. *kakos,* mauvais, et *phônê,* voix). Mélange de sons discordants : *Ils jouent tous faux, quelle cacophonie!* (syn. TINTAMARRE, VACARME); dans une phrase, rencontre de syllabes désagréables à l'oreille (ex. : *Ta tante était tentée de t'attendre).*

cacophonique [kakɔfɔnik] adj. Relatif à la cacophonie : *Des clameurs cacophoniques.*

cactus [kaktys] n. m. (gr. *kaktos,* artichaut épineux). Plante des pays chauds, de la catégorie des «plantes grasses», munie de piquants et dont diverses espèces donnent des fleurs aux couleurs éclatantes.

cadastral, e, aux [kadastral] adj. Relatif au cadastre : *Le plan cadastral est la représentation graphique de la commune, avec des indications détaillées concernant les diverses propriétés.*

cadastre [kadastr] n. m. (gr. *katastikhon,* registre). Document administratif établi à la suite de relevés topographiques et déterminant avec précision les limites des propriétés.

1. cadavérique [kadaverik] adj. Relatif à un cadavre : *Rigidité cadavérique.*

2. cadavérique [kadaverik] ou **cadavéreux, euse** [kadaverø] adj. Qui rappelle un cadavre : *Une pâleur cadavérique.*

cadavre [kadavr] n. m. (lat. *cadaver*). Corps d'un être humain ou d'un animal mort : *Des passants ont découvert le cadavre quelques heures après le crime.*

caddie [kadi] n. m. (mot angl.). **1.** Au golf, personne qui porte les clubs (cannes). — **2.** (marque déposée) Chariot métallique utilisé par les clients d'un magasin en libre service et par les voyageurs dans une gare, un aéroport. (On écrit aussi CADDY.)

cade [kad] n. m. (mot prov.). **1.** Sorte de genévrier des pays méditerranéens. — **2.** *Huile de cade,* liquide noir et malodorant employé en médecine.

cadeau [kado] n. m. (bas lat. *capitellus,* petite tête). **1.** Chose qu'on offre à qqn en vue de lui faire plaisir : *Ils avaient reçu un service de porcelaine en cadeau de mariage. Les petits cadeaux entretiennent, dit-on, l'amitié* (syn. soutenu PRÉSENT). *Faire un cadeau à quelqu'un* (= lui offrir qqch). — **2.** Fam. *C'est pas un cadeau,* c'est une chose déplaisante ou qqn qu'il faut supporter. ‖ *Faire cadeau de qqch à qqn,* le lui offrir, le lui laisser : *Vous pouvez garder ce couteau, je vous en fais cadeau. Je lui ai fait cadeau de la monnaie* (syn. ABANDONNER). ‖ *Ne pas faire de cadeau à qqn,* être dur, sévère avec lui.

cadenas [kadna] n. m. (lat. *catena,* chaîne). Petite serrure mobile : *Les cadenas comportent en général un arceau métallique qu'on peut passer dans des pitons fermés, des maillons de chaîne, etc.*

cadenasser [kadnase] v. t. *Cadenasser une porte,* la fermer avec un cadenas.

cadence [kadɑ̃s] n. f. (it. *cadenza*). **1.** Succession de sons, de mouvements ou d'actions selon une certaine fréquence : *Les danseurs suivent la cadence de l'orchestre* (syn. RYTHME, MOUVEMENT). *Les commandes arrivent chez les fabricants à une cadence accélérée.* — **2.** Rythme du travail, de la production : *Il va falloir encore augmenter la cadence. Une consultante qui reçoit ses clients à la cadence moyenne de trois par heure.* — **3.** *En cadence,* selon un rythme régulier : *Des matelots qui rament en cadence* (syn. RÉGULIÈREMENT).

cadencé, e [kadɑ̃se] adj. **1.** Qui a de l'harmonie et du rythme : *Les phrases bien cadencées d'un discours officiel* (syn. RYTHMÉ). — **2.** *Marcher au pas cadencé,* en parlant d'une troupe, défiler en marquant nettement le rythme du pas.

cadet, ette [kadɛ] adj. et n. (gascon *capdet*). **1.** Dernier-né des enfants d'une famille : *Ses frères et sœurs la traitaient toujours un peu en enfant, car elle était la cadette* (syn. BENJAMIN; contr. AÎNÉ). — **2.** Qui est plus jeune qu'un ou plusieurs enfants de la famille, ou que telle autre personne : *Elle est partie en vacances avec une de ses sœurs cadettes* (syn. jurid. PUÎNÉ). *Nous sommes de la même année, mais je suis son cadet de deux mois* (contr. AÎNÉ).

cadi [kadi] n. m. (mot ar.). Juge musulman qui remplit des fonctions civiles et religieuses.

cadrage [kadraʒ] n. m. Action de cadrer.

cadran [kadrɑ̃] n. m. (du lat. *quadrare,* être carré). **1.** *Cadran d'une pendule, d'une montre, d'un baromètre, du téléphone,* etc., surface divisée en graduations ou portant des repères et devant laquelle se déplacent soit des aiguilles indiquant l'heure, la pression atmosphérique, etc., soit un système mobile de repérage. — **2.** Fam. *Faire le tour du cadran,* dormir douze heures consécutives.

1. cadre [kadr] n. m. (du lat. *quadrus,* carré). **1.** Bordure rigide qu'on place autour d'un tableau, d'une photographie, d'un miroir : *Le cadre met en valeur cette aquarelle.* — **2.** Assemblage de pièces rigides constituant l'armature de certains objets : *Un écran de toile monté sur un cadre de bois* (syn. CHÂSSIS, BÂTI, CARCASSE). *Un cadre de bicyclette.* — **3.** Ce qui entoure un objet, un lieu, une personne : *Une maisonnette dans son cadre de verdure. Voilà un appartement admirablement meublé : j'aimerais vivre dans ce cadre* (syn. DÉCOR). *Elle a passé sa jeunesse dans un cadre bien austère* (syn. MILIEU, ENTOURAGE). — **4.** Ce qui borne l'action de qqn, l'étendue d'un ouvrage : *Respecter le cadre de la légalité. Sans sortir du cadre de mon exposé...* (syn. DOMAINE). — **5.** *Dans le cadre de,* dans les limites de, dans les dispositions générales de : *Un accord conclu dans le cadre d'un plan d'expansion économique.*

2. cadre [kadr] n. m. Membre du personnel exerçant des fonctions de direction ou de contrôle dans une entreprise ou une administration.

cadrer [kadre] v. t. *Cadrer qqch, une photo, une prise de vue,* situer convenablement un sujet à photographier, à filmer dans le champ de l'appareil indiqué par les limites du viseur : *Ta photo est mal cadrée, la pointe du clocher est coupée.* ◆ v. t. ind. (sujet qqch) *Cadrer avec qqch,* être en rapport, s'accorder avec : *Hélas! ces résultats ne cadrent pas avec nos projets* (syn. CONCORDER, CONVENIR).

cadreur [kadrœr] n. m. Opérateur qui, au cours du tournage d'un film, d'une émission est chargé de la caméra (syn. CAMERAMAN).

caduc, caduque [kadyk] adj. (du lat. *cadere,* tomber). Se dit d'une loi, d'un système, etc., qui n'est plus en usage, qui n'a plus cours : *Cette théorie scientifique est aujourd'hui caduque* (syn. DÉSUET, PÉRIMÉ, ABANDONNÉ, DÉMODÉ).

caducée [kadyse] n. m. (gr. *kêrukeion,* bâton d'un héraut). Emblème distinctif des professions médicales.

cæcum [sekɔm] n. m. (lat. *caecus,* aveugle). Cul-de-sac formé par la partie initiale du gros intestin et portant l'appendice.

1. cafard [kafar] n. m. (ar. *kāfir,* mécréant). **1.** Nom courant de la BLATTE (syn. CANCRELAT). — **2.** *Fam.* Idées noires, tristesse vague : *La malade a des accès de cafard. Ce temps gris vous donne le cafard* (syn. MÉLANCOLIE; litt. SPLEEN, VAGUE À L'ÂME).

2. cafard, e [kafar] n. *Fam.* Celui qui dénonce un camarade comme coupable d'une faute (vieilli) : *C'était à cause de ce cafard qu'il avait été puni* (syn. MOUCHARD, RAPPORTEUR).

cafardage [kafardaʒ] n. m. *Fam.* Action de cafarder : *On a appris par cafardage le nom du coupable.*

1. cafarder [kafarde] v. i. Avoir des idées noires : *Je commence à cafarder dans ma solitude.*

2. cafarder [kafarde] v. t. Fam. *Cafarder qqn,* le dénoncer (surtout scol.) : *Méfie-toi de lui, il m'a déjà cafardé* (syn. MOUCHARDER [qqn]); sans compl. : *J'en étais sûr, il a cafardé* (syn. RAPPORTER).

cafardeur, euse [kafardœr] n. *Fam.* Syn. usuel de CAFARD.

cafardeux, euse [kafardø] adj. *Fam.* Qui a le cafard ou qui donne le cafard : *Ce soir, je suis un peu cafardeuse. Un paysage cafardeux* (syn. DÉPRIMANT).

café [kafe] n. m. (ar. *qahwa*). **1.** Graines du caféier, qu'on grille et qu'on moud pour en faire des infusions; boisson obtenue avec ces grains : *Un paquet de café. Boire une tasse de café noir* (= sans addition de lait ou de crème, par oppos. à *café au lait, café crème*). — **2.** Fam. *C'est un peu fort de café,* c'est inadmissible, incroyable (syn. C'EST UN PEU RAIDE). — **3.** Établissement où on peut consommer des boissons alcoolisées ou non : *Tous les jours, ils prennent l'apéritif au café du coin* (syn. BAR; fam. BISTROT).

café-concert [kafekɔ̃sɛr] n. m. ou, fam., **caf' conc'** [kafkɔ̃s] n. m. (pl. *cafés-concerts*). Music-hall où le public pouvait consommer en écoutant des chansons, en regardant une revue, etc.

caféier [kafeje] n. m. Arbuste qui produit des graines de café.

caféine [kafein] n. f. Produit présent dans le café et utilisé comme tonique.

cafetan ou **caftan** [kaftɑ̃] n. m. (turc *qafṭān*). Vêtement long des Orientaux, richement orné.

cafétéria [kafeterja] n. f. Dans certains établissements, lieu où on peut consommer du café ou d'autres boissons chaudes ou froides, à l'exception des boissons alcoolisées.

café-théâtre [kafeteɑtr] n. m. (pl. *cafés-théâtres*). Café où se donne un spectacle.

cafetier [kaftje] n. m. Celui qui tient un café. (On dit plutôt PATRON.)

cafetière [kaftjɛr] n. f. Appareil ménager qui sert à faire ou à verser le café : *Cafetière électrique.*

cafouillage [kafujaʒ] ou **cafouillis** [kafuji] n. m. *Fam.* Action de cafouiller : *Il y a eu un peu de cafouillage dans l'exécution du plan* (syn. DÉSORDRE; fam. PAGAILLE).

cafouiller [kafuje] v. i. (mot picard). *Fam.* **1.** (sujet qqn) Agir avec confusion : *Comment arrive-t-il à ce résultat? Il a dû cafouiller dans ses calculs* (syn. S'EMBROUILLER, S'EMMÊLER, SE TROMPER). — **2.** (sujet qqch) Fonctionner irrégulièrement, être désordonné : *Dans les côtes, le moteur cafouille. La discussion n'a pas tardé à cafouiller après son départ.*

cafouilleux, euse [kafujø] ou **cafouilleur, euse** [kafujœr] adj. et n. Qui cafouille : *Une discussion cafouilleuse.*

cage [kaʒ] n. f. (lat. *cavea*). **1.** Loge faite de barreaux ou de grillage, pour enfermer des oiseaux ou d'autres animaux : *Le dompteur est entré dans la cage aux lions.* — **2.** *Fam.* Au football ou au hockey, espace délimité par les buts : *Envoyer le ballon dans la cage.* — **3.** *Cage d'escalier, d'ascenseur,* emplacement réservé dans une construction pour les recevoir.

cageot [kaʒo] n. m. (de *cage*). Emballage léger, fait de lattes de bois, et destiné au transport de fruits, de légumes, de volailles.

cagibi [kaʒibi] n. m. (mot de l'Ouest). Petite pièce servant de remise, d'abri ou de débarras (syn. RÉDUIT, DÉBARRAS).

cagneux, euse [kaɲø] adj. et n. (de l'anc. fr. *cagne,* chienne). Qui a les jambes ou les pattes déformées (genoux rapprochés, pieds écartés) : *Un gamin cagneux. Un cheval cagneux.*

cagnotte [kaɲɔt] n. f. (prov. *cagnotto,* petit cuvier). **1.** Boîte contenant une somme d'argent accumulée par des joueurs, les membres d'une association; la somme elle-même : *À la fin de chaque partie, les perdants versent leur dette dans la cagnotte. Quand la cagnotte aura grossi, nous la dépenserons ensemble.* — **2.** *Fam.* Somme économisée petit à petit sur les dépenses courantes.

cagoule [kagul] n. f. (lat. *cucullus,* capuchon). **1.** Capuchon qui enveloppe toute la tête et qui est percé à l'endroit des yeux : *La cagoule était portée au Moyen Âge par des confréries de pénitents; elle est encore mise par les membres de certaines sociétés secrètes aux États-Unis.* — **2.** Coiffure de laine encadrant le visage et se prolongeant vers le cou, portée surtout par les enfants.

cahier [kaje] n. m. (lat. *quaterni,* groupe de quatre feuilles). **1.** Assemblage de feuilles de papier agrafées ou cousues ensemble. — **2.** *Cahier des charges,* ensemble des obligations imposées à un acheteur, à un entrepreneur au moment de l'adjudication.

cahin-caha [kaɛ̃kaa] adv. (onomat.). Fam. *Aller, marcher cahin-caha,* aller tant bien que mal, avec des hauts et des bas, d'un train irrégulier : *Une voiture qui va cahin-caha. Avec la nouvelle direction, l'affaire marche cahin-caha.*

cahot [kao] n. m. **1.** Secousse causée à un véhicule par l'inégalité du sol : *Les passagers somnolaient, ballottés par les cahots de l'autobus.* — **2.** Difficulté qui donne un cours irrégulier à qqch : *À travers les cahots de sa carrière politique...* (syn. PÉRIPÉTIE).

cahotant, e [kaɔtɑ̃] ou **cahoteux, euse** [kaɔtø] adj. Qui cahote, produit des cahots : *Guimbarde cahotante. Un chemin cahoteux.*

cahoter [kaɔte] v. t. (frq. *hottôn,* secouer). Produire des cahots : *Le tramway cahote les voyageurs* (syn. BALLOTTER, SECOUER); souvent pass. : *Une vie cahotée par les remous de la politique* (syn. AGITER).

cahute [kayt] n. f. (de *cabane* et *hutte*). Habitation très médiocre : *Quelle cahute! il pleut dans la cuisine quand il y a un gros orage* (syn. CABANE, BARAQUE, BICOQUE).

caïd [kaid] n. m. (ar. *qā'id,* chef). *Fam.* Celui à qui son ascendant assure une grande autorité sur son entourage; chef de bande. (Ce mot désignait, en Afrique du Nord, un notable à la fois juge, commandant et percepteur.)

caillasse [kajas] n. f. *Fam.* Cailloux, pierraille.

caille [kaj] n. f. (onomat.). Oiseau voisin de la perdrix mais beaucoup plus petit.

caillé [kaje] n. m. Masse de lait caillé : *La fermière fait égoutter du caillé dans un linge.*

caillebotis [kajbɔti] n. m. Treillis en bois, amovible, servant de plancher et laissant écouler l'eau.

cailler [kaje] v. i., **se cailler** v. pr. (lat. *coagulare*) [sujet le lait ou le sang] Se transformer en une masse consistante : *On laisse cailler le lait pour faire le fromage. En préparant un civet, on mettra une cuillerée de vinaigre dans le sang du lapin pour éviter qu'il ne caille* ou *ne se caille* (syn. SE COAGULER).

caillot [kajo] n. m. Petite masse de sang coagulé : *Un caillot obstruant une artère peut causer la mort par embolie.*

caillou [kaju] n. m. (gaul. *caljavo,* pierre) [pl. *cailloux*]. **1.** Morceau de pierre de moyenne ou de petite dimension : *Trébucher sur les cailloux du chemin* (syn. PIERRE, GRAVIER). — **2.** *Pop.* Crâne (chauve).

caillouter [kajute] v. t. Garnir de cailloux un chemin, une voie ferrée.

caillouteux, euse [kajutø] adj. Plein de cailloux : *Un petit sentier caillouteux.*

cailloutis [kajuti] n. m. Cailloux concassés; surface de sol empierrée avec ces cailloux.

caïman [kaimɑ̃] n. m. (mot esp.). Crocodile à museau large, de l'Amérique centrale et méridionale.

caisse [kɛs] n. f. (lat. *capsa*). **1.** Coffre, boîte faits surtout de planches assemblées; son contenu : *Une caisse de douze bouteilles de champagne. Un casier à livres fait dans une vieille caisse. Abîmer une caisse de raisins.* — **2.** Carrosserie d'automobile. — **3.** *Grosse caisse,* gros tambour. — **4.** Boîte métallique où on recueille de l'argent; meuble où un commerçant range sa recette : *Puiser dans la caisse.* — **5.** Bureau, guichet d'une administration où se font les paiements : *Se présenter à la caisse pour toucher un chèque.* — **6.** Organisme qui gère des ressources selon certains statuts : *Caisse d'épargne. Caisse de solidarité. La caisse de la Sécurité sociale. Une caisse départementale d'allocations familiales.* — **7.** *Avoir une somme en caisse,* disposer comme capitaux de cette somme : *Quand la faillite a été déclarée, la société n'avait plus un sou en caisse.* ‖ *Vous passerez à la caisse,* se dit parfois à un employé qu'on congédie (= vous irez immédiatement vous faire payer votre dû). [→ DÉCAISSER, ENCAISSER.]

caissette [kɛsɛt] n. f. Petite caisse.

caissier, ère [kɛsje] n. Personne qui tient la caisse d'un établissement : *Régler une facture au caissier.*

caisson [kɛsɔ̃] n. m. **1.** Petite caisse : *Un caisson de bouteilles.* — **2.** Grande caisse employée pour travailler sous l'eau.

cajoler [kaʒɔle] v. t. (picard *gaioler,* babiller comme un geai en cage). *Cajoler qqn,* l'entourer de caresses, d'attentions délicates, de paroles tendres, pour lui témoigner son affection ou pour le séduire : *Une maman qui cajole son bébé* (syn. CÂLINER, POUPONNER). *L'enfant cajole son grand-père pour qu'il l'emmène au cinéma* (syn. AMADOUER, ENJÔLER).

cajolerie [kaʒɔlri] n. f. Parole, action qui cajole; flatterie : *Il essayait par ses cajoleries d'obtenir le jouet désiré.*

cajoleur, euse [kaʒɔlœr] adj. et n. Qui cajole : *Ne vous fiez pas à ce cajoleur* (syn. ENJÔLEUR).

cajou [kaʒu] n. m. *Noix de cajou,* autre nom de l'*anacarde,* fruit oléagineux comestible de l'*anacardier.*

cajun [kaʒɛ̃] adj. inv. et n. Se dit des populations francophones de Louisiane, de leur culture.

cake [kek] n. m. (mot angl.). Pâtisserie sans crème, contenant des raisins de Corinthe et des fruits confits.

cal [kal] n. m. (lat. *callum*) [pl. *cals*]. Durillon qui se fait sur la peau à l'endroit d'un frottement.

calage [kalaʒ] n. m. **1.** Action d'immobiliser par une cale : *Le calage d'un meuble.* — **2.** Action d'arrêter brusquement : *Le calage d'un moteur.*

calaminage [kalaminaʒ] n. m. Action de se calaminer.

calamine [kalamin] n. f. (gr. *kadmeia,* minerai de zinc). Résidu de la combustion des gaz qui se dépose dans les cylindres d'un moteur à explosion.

calaminé, e [kalamine] adj. Couvert de calamine.

calaminer (se) [kalamine] v. pr. Se couvrir de calamine.

calamistré, e [kalamistre] adj. (lat. *calamistratus,* frisé). *Cheveux calamistrés,* ondulés et recouverts de brillantine.

calamité [kalamite] n. f. (lat. *calamitas*). Grand malheur, coup du destin qui frappe cruellement une foule de gens : *Les calamités de la guerre* (syn. CATASTROPHE, DÉSASTRE, ↓MAL, ↓ÉPREUVE). *La famine, le choléra et les autres calamités* (syn. FLÉAU); et ironiq. : *Il va me falloir* *encore endurer son bavardage : quelle calamité!* (syn. fam. POISON).

calamiteux, euse [kalamitø] adj. *Litt.* Qui s'accompagne de malheurs : *Une époque calamiteuse.*

calandre [kalɑ̃dr] n. f. (gr. *kulindros,* cylindre). Partie de la carrosserie d'une automobile, placée à l'avant, qui cache le radiateur tout en permettant une aération suffisante.

calanque [kalɑ̃k] n. f. (prov. *cala,* crique). Crique rocheuse, étroite et escarpée.

calao [kalao] n. m. (mot malais). Passereau d'Asie et d'Afrique à long bec recourbé surmonté d'une corne.

calcaire [kalkɛr] adj. (du lat. *calx, calcis,* chaux). Qui contient de la chaux : *Cette eau est très calcaire : le savon mousse difficilement. Terrain calcaire.* ◆ n. m. Roche calcaire plus ou moins blanche et tendre, très commune dans la région parisienne : *La craie est un calcaire tendre, le marbre un calcaire dur.*

calciner [kalsine] v. t. (du lat. *calx, calcis,* chaux). **1.** Brûler en ne laissant subsister que des résidus calcaires : *Du bétail de l'étable incendiée, il ne restait que des os calcinés.* — **2.** Syn. fam. de CARBONISER : *Si les invités n'arrivent pas bientôt, le rôti va être calciné.*

calcium [kalsjɔm] n. m. (lat. *calx, calcis,* chaux). Métal dont certains composés sont des matériaux de première utilité en particulier pour l'organisme humain : *Manquer de calcium, prendre du calcium.*

1. calcul [kalkyl] n. m. (lat. *calculus,* caillou [servant à compter]). **1.** Opération ou ensemble d'opérations d'arithmétique : *Un calcul simple montre qu'une pendule qui retarde de cinq secondes par heure prend quatorze minutes de retard par semaine.* — **2.** *Calcul mental,* opérations effectuées de tête sans recours à l'écriture. — **3.** Ensemble de réflexions, d'estimations; mesures prises en vue de faire réussir une entreprise, de s'assurer un avantage : *Mon calcul était juste* (syn. PRÉVISION). *Il avait compté sur la lassitude de son adversaire, mais c'était un mauvais calcul* (syn. SUPPUTATION). *Un calcul intéressé* (syn. PROJET).

2. calcul [kalkyl] n. m. (lat. *calculus,* caillou). Concrétion pierreuse qui se forme parfois dans les reins, la vessie, la vésicule biliaire, etc. (méd.).

calculable [kalkylabl] adj. Qui peut se calculer : *La durée de la révolution d'un satellite est calculable à la seconde près.*

calculateur, trice [kalkylatœr] adj. et n. **1.** Qui effectue des calculs mathématiques : *C'est un bon calculateur.* — **2.** Qui prévoit habilement, qui combine adroitement : *Elle est trop calculatrice pour se laisser prendre au dépourvu.* ◆ ***calculateur*** n. m. Syn. d'ORDINATEUR.

calculatrice [kalkylatris] n. f. Machine à calculer.

calculé, e [kalkyle] adj. **1.** Qui est pesé avec réflexion, en évaluant les avantages et les inconvénients : *En agissant ainsi, nous avons pris un risque calculé* (= limité, étudié). — **2.** Qui est fait intentionnellement pour éviter un ennui, un désagrément : *Elle descendait l'escalier avec une lenteur calculée* (= voulue, étudiée). *Sa réponse était calculée* (contr. NATUREL, SPONTANÉ).

calculer [kalkyle] v. t. **1.** *Calculer qqch,* le déterminer exactement par un calcul mathématique : *Calculer la surface d'un terrain, la consommation d'essence d'une voiture, le prix de revient d'une maison.* — **2.** *Calculer qqch, que* (+ *ind.*), évaluer de façon précise : *On ne s'engage pas dans une telle affaire sans en calculer les avantages et les inconvénients* (syn. PESER, ESTIMER, MESURER; soutenu SUPPUTER). — **3.** *Calculer qqch,* le combiner, le choisir et l'arranger habilement en vue d'un résultat avantageux : *Il avait soigneusement calculé tous les termes de sa déclaration.* ◆ v. i. **1.** Faire des calculs : *Elle calcule vite. Une machine à calculer.* — **2.** Faire des calculs d'argent de façon à ne pas dépasser un budget; limiter les dépenses : *Ce n'est pas la gêne, mais il faut sans cesse calculer* (syn. COMPTER).

calculette [kalkylɛt] n. f. Calculatrice électronique de poche.

1. cale [kal] n. f. (all. *Keil*). **1.** Objet placé sous ou contre un autre pour en assurer l'aplomb, la stabilité, le mettre de niveau ou l'immobiliser : *J'ai glissé une pièce de cinq centimes comme cale sous le buffet. Ôte les cales, je vais démarrer.* — **2.** *Cale de départ,* dispositif dans lequel les coureurs calent leurs pieds pour prendre le départ (syn. STARTING-BLOCK).

2. cale [kal] n. f. (du gr. *khalân,* abaisser). **1.** Partie la plus basse dans l'intérieur d'un navire : *Descendre les caisses dans la cale.* — **2.** Chantier ou bassin *(cale sèche)* où l'on construit ou répare un navire. — **3.** Fam. *Être à fond de cale,* dénué de toute ressource, tout argent; ruiné.

calé, e [kale] adj. *Fam.* **1.** Qui sait beaucoup de choses : *Un des garçons les plus calés de la classe* (syn. soutenus SAVANT, INSTRUIT). *Elle est très calée en géographie* (syn. FORT). — **2.** Difficile à comprendre ou à réaliser : *Un problème calé* (syn. DIFFICILE, ARDU, COMPLIQUÉ, DUR, MALAISÉ, DÉLICAT).

calebasse [kalbas] n. f. (esp. *calabaza*). Courge qui, vidée et séchée, peut servir de récipient.

caleçon [kalsɔ̃] n. m. (it. *calzoni,* de *calza,* bas). Sous-vêtement masculin à jambes courtes ou longues.

calembour [kalɑ̃bur] n. m. (orig. obscure). Jeu de mots fondé sur les interprétations différentes d'un son ou d'un groupe de sons (ex. *une personne alitée — une personnalité*).

calembredaine [kalɑ̃brədɛn] n. f. (orig. obscure). Propos plus ou moins extravagants, qui ne méritent pas d'être écoutés (surtout pl.) [syn. SORNETTES, BALIVERNES, FADAISES].

calendes [kalɑ̃d] n. f. pl. (lat. *calendae*). *Renvoyer aux calendes, aux calendes grecques,* remettre à une date indéterminée, qui risque de ne jamais arriver (syn. fam. À LA SAINT-GLINGLIN). [Ce mot désigne le premier jour du mois chez les Romains.]

calendrier [kalɑ̃drije] n. m. (lat. *calendarium,* registre de dettes). **1.** Tableau des jours d'une année, disposés en semaines et en mois, comportant généralement l'indication des fêtes religieuses et civiles, et des renseignements astronomiques (phases de la Lune, lever et coucher du Soleil, éclipses, etc.). — **2.** Programme des différentes activités prévues : *Le comité n'a pas pu respecter le calendrier qu'il s'était fixé. Le calendrier des examens.*

cale-pied [kalpje] n. m. (pl. *cale-pieds*). Dispositif fixé sur la pédale pour maintenir le pied du cycliste; plaque métallique sur laquelle le passager d'une moto pose le pied.

calepin [kalpɛ̃] n. m. (de *Calepino,* auteur italien d'un dictionnaire). Petit carnet servant à prendre des notes, à indiquer des rendez-vous, etc. (syn. AGENDA).

caler [kale] v. t. (de *cale,* morceau de bois). *Caler qqch,* l'immobiliser avec une ou plusieurs cales : *Caler une table bancale.* ◆ v. i. **1.** (sujet qqn, un véhicule, un moteur) S'arrêter brusquement : *On a calé en plein milieu du carrefour.* — **2.** *Fam.* (sujet qqn) Cesser de s'obstiner, s'arrêter dans une action et, particulièrement, ne plus pouvoir manger : *Non merci, ni fromage ni dessert, je cale.* ◆ ***se caler*** v. pr. (sujet qqn) *Se caler qqpart,* s'y installer confortablement : *Elle s'est calée dans un fauteuil pour regarder la télévision* (syn. SE CARRER).

calfatage [kalfataʒ] n. m. Action de calfater.

calfater [kalfate] v. t. (anc. prov. *calafatar*). Tasser de l'étoupe dans les fissures de la coque d'un navire pour la rendre étanche.

calfeutrage [kalføtraʒ] ou **calfeutrement** [kalføtrəmɑ̃] n. m. Action de calfeutrer; fait d'être calfeutré.

calfeutrer [kalføtre] v. t. (altér. de *calfater*, d'après *feutre*). *Calfeutrer qqch*, en boucher soigneusement les fentes, les ouvertures pour éviter une déperdition de chaleur dans une pièce d'habitation : *On calfeutre les portes, les fenêtres avec du bourrelet.* ◆ **se calfeutrer** v. pr. Se tenir étroitement enfermé (chez soi).

calibrage [kalibraʒ] n. m. Action de calibrer.

calibre [kalibr] n. m. (ar. *qâlib*). **1.** Diamètre intérieur du canon d'une arme à feu; diamètre d'un projectile, et, plus généralement, grosseur d'un objet : *Un revolver de gros calibre. L'enquête a montré que la victime avait reçu des balles de calibres différents.* — **2.** Fam. *De ce calibre*, d'une telle importance : *On ne voit pas souvent une bêtise de ce calibre* (syn. TAILLE).

calibrer [kalibre] v. t. *Calibrer des fruits, du charbon*, les classer selon la grosseur.

calice [kalis] n. m. (lat. *calix, -icis*, coupe). **1.** Vase sacré, utilisé pour la célébration de la messe. — **2.** Litt. *Boire le calice jusqu'à la lie*, supporter courageusement jusqu'au bout l'adversité; endurer les pires vexations.

calicot [kaliko] n. m. (de *Calicut*, v. de l'Inde). Toile de coton, et particulièrement banderole de tissu portant une inscription.

califat [kalifa] n. m. Territoire du calife; temps de son règne.

calife [kalif] n. m. (ar. *kalīfa*). Souverain musulman.

califourchon (à) [kalifurʃɔ̃] adv. (anc. fr. *a calefourchies*, les jambes écartées). Jambe d'un côté, jambe de l'autre : *À califourchon sur une branche* (syn. À CHEVAL). *S'asseoir à califourchon sur une chaise, les coudes sur le dossier.*

câlin, e [kɑlɛ̃] adj. Qui a le goût des caresses; qui exprime une douce tendresse : *Un enfant, un chat câlin. Voix câline* (syn. CARESSANT). ◆ **câlin** n. m. Caresse tendre (surtout en parlant d'enfants) : *Faire un câlin.*

câlinement [kɑlinmɑ̃] adv. *Litt.* De façon câline.

câliner [kɑline] v. t. (lat. *calere*, faire chaud). *Câliner qqn*, le caresser doucement, le cajoler : *Une maman câlinait son enfant qui était tombé.*

câlinerie [kɑlinri] n. f. Manières câlines; caresse.

calisson [kalisɔ̃] n. m. (prov. *calissoun*, clayon de pâtissier). Petit four en pâte d'amandes, à dessus glacé.

calleux, euse [kalø] adj. Qui a des cals ou des callosités : *Des mains calleuses.*

call-girl [kolgœrl] n. f. (mot angl. signif. *fille qu'on appelle*) [pl. *call-girls*]. Prostituée que l'on appelle chez elle par téléphone.

calligraphie [kaligrafi] n. f. (gr. *kallos*, beauté, et *graphein*, écrire). Écriture très appliquée, élégante et ornée : *Avec quel soin elle copie ce texte! C'est de la calligraphie!*

calligraphier [kaligrafje] v. t. Former des lettres avec élégance : *Calligraphier un titre.*

callosité [kalozite] n. f. (lat. *callositas*). Durcissement de la peau plus étendu qu'un cal.

calmant, e [kalmɑ̃] adj. et n. m. Qui calme : *Un traitement calmant* (= qui calme la douleur). *Prendre un calmant avant de se coucher.*

calmar [kalmar] ou **calamar** [kalamar] n. m. (lat. *calamarius*). Mollusque marin voisin de la seiche, à chair comestible (syn. ENCORNET).

calme [kalm] adj. (it. *calma*). **1.** Qui est sans agitation, sans animation : *La mer est calme, sans une vague. La Bourse est calme* (= il y a peu de transactions). *La situation internationale est très calme en ce moment* (= sans tension). *Un quartier calme* (syn. TRANQUILLE; contr. ANIMÉ, BRUYANT). *Le dimanche a été très calme* (= sans événement important). *Mener une petite vie bien calme* (syn. PAISIBLE, TRANQUILLE). — **2.** Qui ne s'emporte pas, qui reste maître de soi : *Cette femme, si calme d'ordinaire, ne put retenir une exclamation indignée* (syn. PLACIDE; contr. EMPORTÉ, VIOLENT). *C'est un plaisir de surveiller des enfants aussi calmes* (syn. SAGE, TRANQUILLE; contr. AGITÉ, PÉTULANT, TURBULENT, DÉCHAÎNÉ). *Il restait très calme en attendant la décision du jury* (syn. DÉTENDU, DÉCONTRACTÉ, RELAXÉ, SEREIN; contr. AGITÉ, EXCITÉ, NERVEUX, ANXIEUX). ◆ n. m. (seulement sing.). **1.** Absence d'agitation, de bruit en un lieu : *Elle s'est retirée dans son bureau pour travailler dans le calme* (ou *au calme*). *Par ce calme plat, les voiliers restent immobiles* (= cette absence totale de vent). — **2.** Absence de nervosité, d'émotion chez qqn : *Il écoutait avec calme nos reproches. Garder son calme. Garder un calme imperturbable* (syn. soutenus SÉRÉNITÉ, PLACIDITÉ).

calmement [kalməmɑ̃] adv. De façon calme : *Considérer calmement la situation* (syn. AVEC CALME). *La journée s'est passée calmement.*

calmer [kalme] v. t. **1.** *Calmer qqn* ou (plus rarement) *qqch*, les rendre plus calmes : *Un orateur s'efforçait de calmer les manifestants* (syn. APAISER; contr. EXCITER). *Son intervention a calmé la discussion.* — **2.** *Calmer une sensation, un sentiment*, les rendre moins intenses : *Un remède qui calme la douleur* (syn. ATTÉNUER, ÔTER; contr. AVIVER). *Des paroles qui calment l'inquiétude des parents* (syn. APAISER). *Calmer l'ardeur, la joie, les soupçons de quelqu'un.* ◆ **se calmer** v. pr. (sujet qqn ou qqch) Devenir plus calme : *Il était très irrité, mais il s'est calmé. La tempête se calme. Ma rage de dents commence à se calmer.*

calomniateur, trice [kalɔmnjatœr] n. Qui calomnie : *Je méprise les calomniateurs* (syn. DÉTRACTEUR, DIFFAMATEUR).

calomnie [kalɔmni] n. f. (lat. *calumnia*). Accusation grave et consciemment mensongère : *Comme ses adversaires ne trouvaient rien de répréhensible dans sa vie, ils ont eu recours à de basses calomnies. C'est de la calomnie : je vous défie d'apporter des preuves de ce que vous dites* (syn. DIFFAMATION, MÉDISANCE).

calomnier [kalɔmnje] v. t. Atteindre par des calomnies : *Calomnier un rival* (syn. DÉNIGRER, MÉDIRE DE).

calomnieusement [kalɔmnjøzmɑ̃] adv. De façon calomnieuse.

calomnieux, euse [kalɔmnjø] adj. Qui contient ou constitue une calomnie : *Des paroles calomnieuses* (syn. DIFFAMATOIRE).

calorie [kalɔri] n. f. (lat. *calor*, chaleur). **1.** Unité de quantité de chaleur (symb. *cal*) : *La calorie* (ou *petite calorie*) *est la quantité de chaleur nécessaire pour élever d'un degré la température d'un gramme d'eau.* — **2.** Unité utilisée pour déterminer la valeur énergétique des aliments : *La diététique tient compte du nombre de calories fournies par les différents plats d'un repas.*

calorifère [kalɔrifɛr] n. m. Système de chauffage des maisons par l'air chaud.

calorifique [kalɔrifik] adj. (lat. *calorificus*). Qui donne de la chaleur (contr. FRIGORIFIQUE).

calorique [kalɔrik] adj. *Ration calorique*, quantité d'aliments nécessaire à un organisme : *La ration calorique varie selon les individus.*

1. calot [kalo] n. m. (de *calotte*). Coiffure militaire ou bonnet du même genre porté par des civils.

2. calot [kalo] n. m. (mot dial.). Grosse bille à jouer.

calotin, e [kalɔtɛ̃] n. et adj. *Péjor.* Partisan du clergé; dévot.

calotte [kalɔt] n. f. (anc. fr. *cale,* bonnet). **1.** Petit bonnet rond s'appliquant sur le sommet de la tête. — **2.** Pop. et péjor. *La calotte,* les prêtres, le clergé (vieilli). — **3.** *Fam.* Tape donnée à un enfant sur la joue, la tête : *Elle a encore le souvenir des calottes qu'elle a reçues pour ses tours pendables* (syn. GIFLE, CLAQUE; litt. SOUFFLET; fam. TALOCHE).

calotter [kalɔte] v. t. *Fam.* Donner des calottes (syn. GIFLER; litt. SOUFFLETER).

calque [kalk] n. m. (du lat. *calcare*). **1.** Dessin obtenu en reproduisant sur un papier transparent le dessin placé au-dessous (syn. DÉCALQUE). — **2.** Imitation étroite, reproduction sans originalité : *Les tragédies classiques ne sont pas de simples calques des tragédies antiques dont elles sont souvent tirées* (syn. COPIE, DÉMARQUAGE). — **3.** Papier transparent permettant de calquer un dessin (syn. PAPIER-CALQUE).

calquer [kalke] v. t. **1.** Reproduire par calque : *Calquer un schéma* (syn. DÉCALQUER). — **2.** Imiter exactement : *Il calque sa conduite sur celle de son ami.*

calumet [kalymɛ] n. m. (forme dial. de *chalumeau*). Pipe à long tuyau que les Indiens fumaient lors de longues délibérations.

calvados n. m. ou, fam., **calva** [kalva(dos)] n. m. Eau-de-vie de cidre.

calvaire [kalvɛr] n. m. (lat. *Calvarium,* trad. de l'hébr. *Golgotha* [colline où le Christ fut crucifié]). **1.** Croix érigée sur un socle ou sur une plate-forme, dans un lieu public, et commémorant la passion du Christ : *Les calvaires bretons représentent des groupes de personnages entourant la croix.* — **2.** Longue suite de souffrances physiques ou morales : *Dès le jour où il est devenu impotent, sa vie a été un calvaire* (syn. MARTYRE).

calvinisme [kalvinism] n. m. Doctrine religieuse de Calvin; ensemble des Églises réformées qui professent cette doctrine.

calviniste [kalvinist] adj. et n. Qui se réclame du calvinisme.

calvitie [kalvisi] n. f. (lat. *calvities,* de *calvus,* chauve). État d'une personne ou d'un crâne chauves.

camaïeu [kamajø] n. m. (orig. obscure). Peinture, teinture, etc., usant de tons différents d'une même couleur : *Un camaïeu de roses allant du plus clair au plus foncé.*

camarade [kamarad] n. (esp. *camara,* chambre). **1.** Personne à qui on est lié par une familiarité née d'activités communes (études, travail, loisirs, etc.) : *Camarade d'école, d'atelier. Il voyait en elle une bonne camarade, sans plus* (syn. fam. COPAIN, COPINE). — **2.** Appellation dont les membres des partis de gauche ou des syndicats se servent pour désigner les autres membres de ces partis ou syndicats : *Intervention du camarade Un tel au cours d'une discussion.*

camaraderie [kamaradri] n. f. Solidarité entre des camarades, des copains : *Par camaraderie, elle s'est laissé punir plutôt que de dénoncer le coupable.*

camarilla [kamarija] n. f. (mot esp.). *Litt.* Groupe de personnes exerçant une influence déterminante sur les actes d'un gouvernement par des moyens illégaux : *Un pouvoir dominé par une camarilla de militaires.*

cambodgien, enne [kɑ̃bɔdʒjɛ̃] adj. et n. Du Cambodge.

cambouis [kɑ̃bwi] n. m. (orig. obscure). Pâte noirâtre que constituent les huiles ou les graisses ayant servi à la lubrification, au graissage d'organes mécaniques.

cambré, e [kɑ̃bre] adj. Redressé en arrière : *Se tenir droit, les reins cambrés.*

cambrer [kɑ̃bre] v. t. (du lat. *camur,* arqué). *Cambrer le corps, une partie du tronc,* les redresser exagérément jusqu'à les courber en arrière : *Cambrer les reins* (syn. CREUSER). *Il cambrait le buste d'un air arrogant.* ◆ ***se cambrer*** v. pr. Se redresser : *Elle se cambra devant la glace pour juger de sa nouvelle robe.*

cambriolage [kɑ̃brijɔlaʒ] n. m. (prov. *cambro,* chambre). Vol, avec ou sans effraction, effectué dans un local.

cambrioler [kɑ̃brijɔle] v. t. **1.** *Cambrioler une maison, un appartement,* etc., les dévaliser, voler des objets qui s'y trouvent : *Ce pavillon a été cambriolé le mois dernier.* — **2.** *Cambrioler qqn,* faire un cambriolage chez lui : *À son retour de vacances, il s'est aperçu qu'il avait été cambriolé.*

cambrioleur, euse [kɑ̃brijɔlœr] n. Qui cambriole : *Les cambrioleurs ont vidé tous les tiroirs, espérant trouver des bijoux.*

cambrure [kɑ̃bryr] n. f. Courbure en arc : *Un corset qui accuse la cambrure de la taille.*

came [kam] n. f. (de *camelote*). *Pop.* Drogue.

camé, e [kame] adj. et n. *Pop.* Qui se drogue.

camée [kame] n. m. (it. *cameo*). Pierre fine sculptée en relief, portée comme bijou.

caméléon [kameleɔ̃] n. m. (gr. *khamaileôn,* lion à terre). **1.** Reptile qui a la propriété de changer de couleur. — **2.** Personne qui change facilement d'opinions ou de conduite selon les circonstances du moment.

camélia [kamelja] n. m. (lat. *camellia*). Arbuste souvent cultivé en serre et donnant de très belles fleurs; la fleur elle-même.

camelot [kamlo] n. m. (arg. *coesmelot,* petit mercier). Marchand ambulant qui vend, sur la voie publique, des articles de peu de valeur.

camelote [kamlɔt] n. f. **1.** Marchandise, produit de mauvaise qualité : *Ces chaussettes sont déjà percées : c'est de la camelote.* — **2.** *Fam.* N'importe quelle marchandise.

camembert [kamɑ̃bɛr] n. m. (de *Camembert,* village dans l'Orne). Fromage à pâte fermentée, fabriqué principalement en Normandie.

caméra [kamera] n. f. (lat. *camera,* chambre). Appareil destiné à la prise de vues cinématographiques animées sur film, ou à la transmission télévisée des images.

cameraman [kameraman] n. m. (pl. *cameramen* [-mɛn]). Syn. de CADREUR.

camériste [kamerist] n. f. (esp. *camarista;* du lat. *camara,* chambre). *Litt.* Femme de chambre.

camerounais, e [kamrunɛ] adj. et n. Du Cameroun.

camion [kamjɔ̃] n. m. (orig. incert.). Véhicule automobile destiné à transporter de grosses charges.

camion-citerne [kamjɔ̃sitɛrn] n. m. (pl. *camions-citernes*). Camion spécialement conçu pour le transport des liquides.

camionnage [kamjɔnaʒ] n. m. Transport par camion : *Le camionnage sera assuré par un service de messageries.*

camionnette [kamjɔnɛt] n. f. Petit camion : *Charger une camionnette de caisses de fruits.*

camionneur [kamjɔnœr] n. m. Personne qui conduit un camion : *Il a fallu s'adresser à un camionneur pour faire emporter le buffet* (syn. TRANSPORTEUR ROUTIER).

camisole [kamizɔl] n. f. (anc. prov. *camisola,* casaque). *Camisole de force,* blouse emprisonnant les bras le long du corps, qu'on passe à certains malades mentaux pour les maîtriser.

camomille [kamɔmij] n. f. (gr. *khamaimêlon,* pomme à terre). Plante qui a des vertus digestives; infusion préparée avec les fleurs de cette plante.

camouflage [kamuflaʒ] n. m. Action de camoufler; ensemble des moyens servant à camoufler : *Le camouflage des cuirassés derrière un écran de fumée.*

camouflé, e [kamufle] adj. Revêtu d'un camouflage : *La tenue camouflée des parachutistes.*

camoufler [kamufle] v. t. (de l'anc. fr. *camouflet,* fumée). **1.** *Camoufler un objet,* le rendre difficilement visible en le masquant, en le bariolant, etc. (surtout mil.) : *Camoufler une automitrailleuse avec des branchages.* — **2.** *Camoufler un fait, un sentiment,* etc., éviter de les laisser apparaître : *Elle camoufle son embarras* (syn. MASQUER, DÉGUISER, CACHER).

camouflet [kamuflɛ] n. m. (anc. fr. *moufle,* museau). *Litt.* Parole, action, situation qui humilie qqn en rabattant brutalement sa fierté, ses prétentions : *J'ai essuyé un camouflet en public* (syn. AFFRONT, VEXATION, HUMILIATION, MORTIFICATION).

camp [kɑ̃] n. m. (lat. *campus,* champ). **1.** Terrain où stationne une troupe qui loge sous la tente ou dans des baraquements; cette troupe ou l'ensemble des abris et du matériel utilisés par elle : *Un camp militaire destiné à l'instruction des recrues. L'expédition antarctique a établi* (ou *dressé*) *un nouveau camp sur la banquise. Une tempête a ravagé le camp.* — **2.** Terrain où des personnes sont regroupées dans des conditions précaires : *Un camp de réfugiés. Elle est morte dans un camp de concentration.* — **3.** Fam. *Ficher* (ou *fiche*) *le camp,* s'en aller : *Allez, ouste, fichez-moi le camp!* (syn. DÉCAMPER). *Un rivet a fichu le camp.* ‖ *Lever le camp,* partir. — **4.** Action de se livrer au camping : *Le camp développe le sens de la camaraderie* (syn. CAMPING). *Ce camp durera une semaine.* — **5.** *Camp volant,* voyage à chaque étape duquel on dresse la tente (contr. CAMP FIXE). ‖ *Être en camp volant,* être installé d'une façon provisoire : *Ils ont vécu plusieurs mois en camp volant chez des amis.* — **6.** Un des partis qui s'opposent : *Le camp des «oui» et le camp des «non» à un référendum. Dans quel camp êtes-vous?*

campagnard, e [kɑ̃paɲar] adj. et n. Qui vit à la campagne; qui mène une existence simple. ◆ adj. Qui a la simplicité ou la gaucherie de la campagne : *Les mœurs campagnardes* (syn. RUSTIQUE).

campagne [kɑ̃paɲ] n. f. (bas lat. *campania,* plaine). — **I. 1.** Étendue de pays découvert et plat ou modérément accidenté : *a*) par oppos. à *bois, montagne,* etc. : *Une campagne riante, monotone. Ce village est-il situé à la campagne, en montagne ou au bord de la mer?*; *b*) par oppos. à *ville : Sitôt traversé le boulevard, on se trouve dans la campagne. La vie est moins trépidante à la campagne qu'à la ville. Les travaux de la campagne* (= les travaux des champs). — **2.** *Battre la campagne,* parcourir une région en tous sens à la recherche de qqn ou de qqch : *Les gendarmes ont battu la campagne pour retrouver la trace du disparu;* et, *fam.,* avoir des idées extravagantes, chimériques : *Quand on la met sur ce chapitre, elle ne tarde pas à battre la campagne* (syn. DIVAGUER, DÉRAISONNER). ‖ *De campagne,* qui réside, qui est situé, qui a lieu à la campagne : *Une boulangère de campagne. Une maison de campagne* (= une propriété servant de résidence secondaire). ‖ *Rase campagne* → RAS.
— **II. 1.** Expédition militaire, ensemble d'opérations militaires : *Les campagnes de Napoléon.* — **2.** Entreprise politique, économique, culturelle, humanitaire, etc., de durée déterminée, et mettant en œuvre d'importants moyens de propagande : *La campagne électorale battait son plein. Une campagne publicitaire. Lancer une campagne contre le tabac.* — **3.** *Se mettre en campagne,* tout faire pour obtenir qqch : *Tous ses amis s'étaient mis en campagne pour lui procurer les fonds nécessaires.*

campagnol [kɑ̃paɲɔl] n. m. (it. *campagnolo,* campagnard). Mammifère rongeur qui est un fléau pour l'agriculture : *Le rat d'eau est un campagnol.*

campanile [kɑ̃panil] n. m. (it. *campanile*). **1.** Tour, généralement ajourée et isolée, d'une église, dont elle reçoit les cloches. — **2.** Petit clocher à jour, au-dessus d'un édifice.

campanule [kɑ̃panyl] n. f. (lat. *campana,* cloche). Plante dont la fleur a la forme d'une clochette.

campement [kɑ̃pmɑ̃] n. m. **1.** Camp sommairement aménagé : *Il y a aux environs immédiats de la ville un campement de nomades.* — **2.** Ensemble du matériel d'une troupe qui campe : *Ils durent partir précipitamment en abandonnant une partie du campement.*

camper [kɑ̃pe] v. i. (sujet qqn) Installer les tentes; pratiquer le camping : *Camper au bord d'un lac.* ◆ v. t. **1.** *Camper qqch (objet) qqpart,* l'y poser hardiment : *Le chapeau campé sur l'oreille, elle regardait tranquillement la foule.* — **2.** *Camper un portrait, un dessin,* etc., le tracer vivement et avec sûreté : *Camper un personnage en trois coups de crayon. Un romancier qui excelle à camper des portraits, des caractères* (syn. ESQUISSER, CROQUER). ◆ ***se camper*** v. pr. Prendre une attitude fière et décidée : *Elle se campa devant la glace et parut satisfaite d'elle* (syn. SE PLANTER).

campeur, euse [kɑ̃pœr] n. Personne qui pratique le camping.

camphre [kɑ̃fr] n. m. (ar. *kāfūr*). Substance aromatique cristallisée, extraite du *camphrier,* laurier cultivé au Japon, en Chine, en Océanie.

camphré, e [kɑ̃fre] adj. Qui contient du camphre : *Huile, alcool camphrés.*

camping [kɑ̃piŋ/ing] n. m. (mot angl.). **1.** Activité sportive ou touristique consistant à vivre sous la tente ou dans une caravane spécialement aménagée : *Un terrain de camping. Elles font du camping pendant leurs vacances.* — **2.** Lieu où les campeurs peuvent installer leur tente, leur caravane.

camping-car [kɑ̃piŋkar] n. m. (mot angl.) [pl. *camping-cars*]. Véhicule aménagé pour contenir des couchettes et du matériel de cuisine.

campus [kɑ̃pys] n. m. (mot lat. signif. *champ*). Ensemble universitaire regroupant unités d'enseignement, résidences et espaces verts.

camus, e [kamy] adj. (de *mus*[*eau*]). Se dit d'un nez aplati et court, ou, plus rarement, de qqn, d'un visage qui a un tel nez.

Canadair [kanadɛr] n. m. (nom déposé). Avion muni de réservoirs d'eau utilisé pour combattre les incendies de forêt.

canadianisme [kanadjanism] n. m. Fait de langue propre au français parlé au Canada.

canadien, enne [kanadjɛ̃] adj. et n. Du Canada.

canadienne [kanadjɛn] n. f. Veste de tissu doublée de peau de mouton.

canaille [kanaj] n. f. (it. *cane,* chien). **1.** Individu misérable, sans moralité : *Méfiez-vous de lui : c'est une canaille* (syn. VAURIEN, GREDIN, ESCROC; soutenu SCÉLÉRAT). — **2.** Enfant espiègle : *Cette petite canaille a tout deviné* (syn. COQUIN, FRIPON, POLISSON). — **3.** (sing.) Gens considérés comme méprisables : *Il s'est mis à boire et à fréquenter la canaille* (syn. POPULACE, PÈGRE, RACAILLE). ◆ adj. **1.** Cyniquement vulgaire : *Il nous regardait en* *riant d'un air canaille, les mains dans les poches.* — **2.** Méprisable et sans moralité : *Il est très intelligent, mais un peu canaille.*

canaillerie [kanajri] n. f. Acte de canaille : *Il n'en est plus à une canaillerie près* (syn. litt. SCÉLÉRATESSE). *La canaillerie du ton a choqué tout le monde* (= la vulgarité provocante).

canal [kanal] n. m. (lat. *canalis*) [pl. *canaux*]. **1.** Voie navigable ou conduit d'écoulement établis par l'homme : *Le canal de Suez a 168 km de Port-Saïd à Suez. Une région sillonnée par des canaux d'irrigation.* — **2.** Nom donné en anatomie à divers organes en forme de tube : *Obturer les canaux d'une dent.* — **3.** *Par le canal de,* par l'intermédiaire de (admin.) : *Une note transmise aux intéressés par le canal du chef de service.*

canalisation [kanalizasjɔ̃] n. f. **1.** Action de canaliser : *Des crédits ont été prévus pour la canalisation d'un tronçon de la rivière.* — **2.** Tuyau ou système de tuyaux installés dans un bâtiment ou dans le sol pour la circulation de liquides ou de gaz : *Avant de quitter le pavillon, il a fallu vidanger les canalisations d'eau en prévision des gelées. On a creusé une tranchée dans la rue pour faire un branchement sur la canalisation de gaz* (syn. CONDUITE).

canaliser [kanalize] v. t. **1.** *Canaliser un cours d'eau,* le régulariser ou le rendre propre à la navigation par des travaux de maçonnerie, etc. : *La municipalité a décidé de canaliser la rivière par mesure d'hygiène.* — **2.** *Canaliser des choses, des personnes,* les rassembler et les acheminer dans une direction déterminée : *Une secrétaire chargée de canaliser les réclamations* (syn. FILTRER). *Un service d'ordre canalise la foule des visiteurs.*

canapé [kanape] n. m. (gr. *kônôpeion,* moustiquaire). **1.** Long siège à dossier et accoudoirs, où plusieurs personnes peuvent s'asseoir et où on peut aussi s'étendre. — **2.** Tranche de pain de mie sur laquelle on dépose diverses garnitures.

canapé-lit [kanapeli] n. m. (pl. *canapés-lits*). Meuble transformable qui fait office de canapé et de lit.

canard [kanar] n. m. (de l'anc. fr. *caner,* caqueter). — **I. 1.** Volatile palmipède, élevé en basse-cour ou vivant à l'état sauvage. — **2.** *Canard boiteux,* entreprise en difficulté du fait de sa structure inadaptée ou de sa mauvaise gestion.
— **II. 1.** *Fam.* et *péjor.* Fausse nouvelle (vieilli) : *Vous n'allez pas croire tous les canards qu'on vous raconte* (syn. usuel BOBARD). — **2.** *Fam.* Journal : *Les potins du canard de la région.* — **3.** Fausse note d'un chanteur ou d'un instrument à vent (syn. COUAC).

canarder [kanarde] v. t. Fam. *Canarder qqn,* tirer, lancer de nombreux projectiles sur lui, en restant soi-même hors d'atteinte : *Grimpé dans l'arbre, l'enfant canarde les passants avec des pommes.*

canari [kanari] n. m. (esp. *canario*). Oiseau chanteur de couleur jaune verdâtre, du genre des serins.

canasson [kanasɔ̃] n. m. *Pop.* et *péjor.* Cheval.

canasta [kanasta] n. f. (esp. *canasta,* corbeille). Jeu pratiqué avec deux jeux de 52 cartes et 4 jokers, et qui consiste à réaliser le plus grand nombre de séries de sept cartes de même valeur.

cancan [kɑ̃kɑ̃] n. m. (lat. *quanquam* [prononcé à la française]). Bavardage malveillant (surtout pl.) : *N'écoutez pas les cancans* (syn. COMMÉRAGE, RACONTAR ; fam. RAGOT).

cancaner [kɑ̃kane] v. i. Faire des cancans, des commérages : *Les voisins vont cancaner.*

cancanier, ère [kɑ̃kanje] adj. et n. Qui cancane, fait des commérages : *C'est une personne spirituelle, mais cancanière.*

1. cancer [kɑ̃sɛr] n. m. (mot lat. signif. *crabe*). Tumeur maligne, formée par la multiplication désordonnée des cellules d'un tissu organique : *Un cancer du poumon, du foie.*

2. Cancer [kɑ̃sɛr] n. m. Quatrième signe du zodiaque, correspondant à la période du 22 juin au 21 juillet.

cancéreux, euse [kɑ̃serø] adj. Qui relève d'un cancer : *L'analyse a montré que la tumeur était cancéreuse.* ◆ n. Atteint d'un cancer.

cancérigène [kɑ̃seriʒɛn] adj. Se dit de certaines substances capables de provoquer un cancer.

cancériser (se) [kɑ̃serize] v. pr. Se transformer en cancer.

cancérologie [kɑ̃serɔlɔʒi] n. f. Étude du cancer.

cancérologue [kɑ̃serɔlɔg] n. Spécialiste du cancer.

cancre [kɑ̃kr] n. m. (lat. *cancer,* crabe). *Péjor.* Élève très paresseux, dont on ne peut rien tirer : *Les trois cancres de la classe ont encore été classés derniers ex aequo* (contr. fam. FORT EN THÈME, CRACK).

cancrelat [kɑ̃krəla] n. m. (néerl. *kakerlak*). Nom courant de la BLATTE.

candélabre [kɑ̃delabr] n. m. (lat. *candela,* chandelle). Grand chandelier à plusieurs branches.

candeur [kɑ̃dœr] n. f. (lat. *candor,* blancheur). Innocence naïve (souvent ironiq.) : *Elle a une candeur d'enfant* (syn. INGÉNUITÉ, NAÏVETÉ ; PURETÉ, sans nuance ironiq. ; contr. HYPOCRISIE, CYNISME).

candi [kɑ̃di] adj. inv. (de l'ar. *qandī,* sucre de canne). *Sucre candi,* sucre cristallisé et purifié.

candidat, e [kɑ̃dida] n. (du lat. *candidus,* blanc). Personne qui se présente à un examen, à un concours ou qui sollicite un emploi, un poste, un titre : *Une brillante candidate, reçue première au concours. Le député sortant n'est pas candidat aux nouvelles élections.*

candidature [kɑ̃didatyr] n. f. Action de se présenter comme candidat ; situation de candidat : *Il a posé sa candidature à l'Académie. Pour être élu, il faut faire acte de candidature. Toutes les candidatures seront examinées.*

candide [kɑ̃did] adj. Plein de candeur (parfois ironiq.) : *Une fillette candide. Un sourire, un regard candide. La question candide du vieux savant fit sourire* (syn. INGÉNU, NAÏF ; INNOCENT, PUR, sans nuance ironiq. ; contr. SOURNOIS, CYNIQUE).

candidement [kɑ̃didmɑ̃] adv. Avec candeur : *Elle se réjouissait candidement de la promesse qu'on lui avait faite* (syn. NAÏVEMENT ; contr. HYPOCRITEMENT).

cane [kan] n. f. Femelle du canard : *Les œufs de cane sont plus gros que les œufs de poule.*

caneton [kantɔ̃] n. m. Jeune canard.

canette [kanɛt] n. f. (de *canne,* tuyau). **1.** Bouteille munie d'un bouchon spécial et destinée à contenir de la bière, de la limonade, des jus de fruits. — **2.** Petit cylindre sur lequel sont enroulés les fils dans une machine à coudre.

canevas [kanva] n. m. (picard *caneve,* chanvre). **1.** Grosse toile claire pour faire des ouvrages de tapisserie ; travail de tapisserie effectué sur cette toile. — **2.** Ensemble des principaux points d'une œuvre littéraire ou d'un exposé ; disposition des parties : *Elle m'a fait part du canevas de son prochain film* (syn. PLAN, ÉBAUCHE, ESQUISSE, SCÉNARIO).

caniche [kaniʃ] n. m. (de *cane,* parce que ce chien va volontiers à l'eau). Chien à poils frisés.

caniculaire [kanikylɛr] adj. Torride : *Une chaleur, une journée caniculaires.*

canicule [kanikyl] n. f. (lat. *canicula,* petite chienne). Période très chaude de l'été; chaleur accablante de l'atmosphère : *Pendant la canicule, la plage est surpeuplée* (syn. LES GROSSES CHALEURS).

canif [kanif] n. m. (frq. *knif,* couteau). **1.** Petit couteau de poche à lame pliante. — **2.** Fam. *Donner des coups de canif à un contrat, à un engagement,* lui faire subir de petites violations (vieilli) : *Un détaillant qui donne des coups de canif à un accord commercial.*

canin, e [kanɛ̃] adj. (du lat. *canis,* chien) [surtout fém.] Relatif aux chiens : *Visiter une exposition canine. Ce berger allemand est un des plus beaux spécimens de l'espèce canine.*

canine [kanin] n. f. Dent, généralement plus pointue que les autres, située sur chaque demi-mâchoire entre les incisives et les prémolaires.

canisse → CANNISSE.

caniveau [kanivo] n. m. Rigole destinée à l'écoulement des eaux le long d'une chaussée, généralement au bord des trottoirs.

canna [kana] n. m. (lat. *canna,* roseau). Fleur tropicale cultivée en Europe pour l'ornement des jardins.

cannabis [kanabis] n. m. (lat. *cannabis,* chanvre). Syn. de CHANVRE INDIEN.

cannage [kanaʒ] n. m. Action de canner; fond canné d'un siège : *Ce fauteuil a bien besoin d'un nouveau cannage.*

canne [kan] n. f. (lat. *canna,* roseau). **1.** Bâton terminé par une poignée, une crosse ou un pommeau, et dont on se sert pour marcher : *Depuis son accident, elle marche avec une canne. Une canne à pommeau d'ivoire. Les aveugles portent une canne blanche.* — **2.** *Les cannes blanches,* les aveugles. — **3.** Nom usuel de plusieurs grands roseaux. — **4.** *Canne à sucre,* plante cultivée dans les pays tropicaux pour le sucre extrait de sa tige : *Sucre de canne.* — **5.** *Canne à pêche,* bâton flexible, au bout duquel on fixe une ligne.

cannelé, e [kanle] adj. Orné de cannelures : *Les colonnes des anciens temples grecs sont ordinairement cannelées.*

1. cannelle [kanɛl] n. f. (de *canne,* tuyau). Robinet de bois qu'on adapte à un tonneau.

2. cannelle [kanɛl] n. f. (lat. *canna,* roseau). Écorce aromatique du *cannelier,* qui, réduite en poudre, est utilisée en pâtisserie : *Mettre de la cannelle dans un pudding.*

cannelloni [kanɛlɔni] n. m. (mot it.). Pâte alimentaire roulée en cylindre et farcie.

cannelure [kanlyr] n. f. Rainure tracée parallèlement à d'autres le long d'une colonne ou d'un pilastre.

canner [kane] v. t. (de *canne*). *Canner un siège,* en garnir le fond ou le dossier d'un treillis de rotin : *Une chaise cannée.*

cannibale [kanibal] n. et adj. (esp. *caníbal*). Syn. de ANTHROPOPHAGE (insiste sur l'idée de cruauté) : *L'explorateur a été victime d'une tribu de cannibales.*

cannibalisme [kanibalism] n. m. Syn. de ANTHROPOPHAGIE.

cannisse ou **canisse** [kanis] n. f. (mot prov.; de *canne*). Claie de roseaux utilisée pour le jardinage ou la décoration.

canoë [kanɔe] n. m. (angl. *canoe*). Embarcation légère et portative, à fond plat, mue à la pagaie simple; sport ainsi pratiqué.

canoéiste [kanɔeist] n. Personne qui pratique le sport du canoë.

1. canon [kanɔ̃] n. m. (gr. *kanôn,* règle). *Litt.* Principe servant de règle stricte; objet pris comme modèle achevé, principalement en matière d'art : *Dans cette famille, on respectait les canons de la bienséance* (syn. LE CODE, LES RÈGLES). *L'«Apollon du Belvédère» peut être considéré comme le canon de la beauté masculine chez les anciens Grecs* (syn. LE MODÈLE, LE TYPE, L'IDÉAL).

2. canon [kanɔ̃] n. m. (it. *cannone*). **1.** Arme à feu non portative : *Certains canons ont une portée de plus de trente kilomètres.* — **2.** Tube d'une arme à feu, portative ou non : *Le désespéré appuya sur sa tempe le canon de son revolver.*

cañon ou **canyon** [kaɲɔn ou kaɲɔ̃] n. m. (mot esp.). Vallée étroite en gorge avec des versants verticaux : *Les cañons du Colorado.*

canonique [kanɔnik] adj. *Âge canonique,* âge respectable. (L'âge canonique était l'âge minimal de quarante ans imposé aux servantes des ecclésiastiques.)

canonisation [kanɔnizasjɔ̃] n. f. Action de canoniser.

canoniser [kanɔnize] v. t. (de *canon* 1). *Canoniser qqn,* l'inscrire au nombre des saints : *Jeanne d'Arc a été canonisée en 1920.*

canonnade [kanɔnad] n. f. Suite de coups de canon : *La canonnade a été entendue pendant une partie de la nuit.*

canonner [kanɔne] v. t. (de *canon* 2). Battre à coups de canon : *Une escadre a canonné les défenses côtières* (syn. BOMBARDER).

canonnière [kanɔnjɛr] n. f. Bâtiment léger armé de canons employé sur les fleuves ou près des côtes.

canot [kano] n. m. (esp. *canoa*). Embarcation légère, mue par un moteur ou à la rame et parfois à la pagaie : *Canot de sauvetage. Canot pneumatique.*

canotage [kanɔtaʒ] n. m. Action de canoter.

canoter [kanɔte] v. i. Ramer sur un canot : *L'après-midi, nous allions canoter sur l'étang du château.*

canotier [kanɔtje] n. m. (de *canot*). Chapeau rigide de paille tressée, à fond plat.

cantal [kɑ̃tal] n. m. (du n. du département) [pl. *cantals*]. Fromage à pâte dure fabriqué en Auvergne avec du lait de vache.

cantate [kɑ̃tat] n. f. (du lat. *cantare,* chanter). Morceau de musique religieuse ou profane, à une ou plusieurs voix avec accompagnement.

cantatrice [kɑ̃tatris] n. f. Chanteuse d'opéra, de concert : *Cette cantatrice a fait salle comble à son récital.*

cantine [kɑ̃tin] n. f. (it. *cantina,* cave). **1.** Service chargé de préparer le repas de midi pour le personnel d'une entreprise ou les élèves d'un établissement; salle où on prend ce repas; parfois, les mets qui y sont servis : *La cantine de cette usine est bien organisée. À midi et demi, on descend à la cantine* (syn. RÉFECTOIRE; MESS [mil.]). *La cantine n'est pas mauvaise aujourd'hui.* — **2.** Coffre de voyage, spécialement à l'usage des militaires.

cantinier, ère [kɑ̃tinje] n. Personne qui travaille dans une cantine.

cantique [kɑ̃tik] n. m. (lat. *canticum*). Chant religieux.

canton [kɑ̃tɔ̃] n. m. (anc. prov. *canton,* coin, angle). Division administrative territoriale : *En France, le canton est une subdivision de l'arrondissement. En Suisse, chaque État de la Confédération est un canton.*

cantonade [kɑ̃tɔnad] n. f. (prov. *cantonada,* angle d'une construction). *Parler, dire, raconter qqch à la cantonade,* le dire assez haut pour être entendu de nombreuses personnes; le dire à tout venant (contr. EN APARTÉ, EN CATIMINI). [Au théâtre, la *cantonade* est l'intérieur des coulisses, et *à la cantonade* signifie «en s'adressant à qqn qu'on suppose être dans les coulisses».]

cantonal, e, aux [kãtɔnal] adj. Relatif au canton : *Les élections cantonales.*

cantonnement [kãtɔnmã] n. m. **1.** Installation temporaire d'une troupe dans des locaux qui ne sont pas normalement destinés à la recevoir : *Le cantonnement de la compagnie se fera dans une école.* — **2.** Local affecté à cet usage : *Les soldats restèrent ce jour-là dans leurs cantonnements.*

cantonner [kãtɔne] v. t. (de *canton*). **1.** *Cantonner une troupe,* l'installer dans un cantonnement (presque uniquement pass.) : *La compagnie fut cantonnée dans les locaux d'une école.* — **2.** *Cantonner qqn dans qqch,* le tenir isolé dans certaines limites : *On l'a cantonnée dans ses premières attributions, sans lui donner d'autres responsabilités.* ◆ v. i. Séjourner dans un cantonnement : *La troupe a cantonné dans un village.* ◆ ***se cantonner*** v. pr. *Se cantonner dans, à qqch,* se tenir à l'écart ou dans certaines limites : *Elle s'est cantonnée dans un prudent silence. Nous nous cantonnerons à l'explication de ce fait* (syn. SE BORNER, SE LIMITER).

cantonnier [kãtɔnje] n. m. Ouvrier chargé de l'entretien des routes et des chemins.

canular [kanylar] n. m. (de *canule*). *Fam.* Action ou propos visant à abuser de la crédulité de qqn : *Un de ses canulars a été de se faire passer auprès du professeur pour un élève étranger* (syn. MYSTIFICATION, FARCE, BLAGUE).

canularesque [kanylarɛsk] adj. *Fam.* Qui a les caractères ou l'apparence d'un canular : *Une histoire canularesque.*

canule [kanyl] n. f. (lat. *cannula*). Petit tuyau destiné aux injections.

canyon → CAÑON.

caoutchouc [kautʃu] n. m. (d'une langue de l'Équateur). **1.** Substance élastique, qu'on tire du latex de certains arbres ou qu'on obtient par synthèse à partir de certains dérivés du pétrole : *Les enfants jouent avec un ballon de caoutchouc. Le caillou a coupé le caoutchouc du pneu, mais non la toile.* — **2.** Fil, bande ou feuille de cette matière : *Le paquet de fiches est maintenu par un caoutchouc* (syn. ÉLASTIQUE).

caoutchoutage [kautʃutaʒ] n. m. Action de caoutchouter : *Le caoutchoutage d'un tissu.*

caoutchouter [kautʃute] v. t. *Caoutchouter un tissu,* l'enduire de caoutchouc (surtout part. passé) : *On avait étendu sur le sol une toile caoutchoutée pour se préserver de l'humidité.*

caoutchouteux, euse [kautʃutø] adj. Qui a la consistance du caoutchouc : *Viande caoutchouteuse.*

cap [kap] n. m. (anc. prov. *cap,* tête). **1.** Pointe de terre qui s'avance dans la mer : *Le cap d'Antibes.* — **2.** *Changer de cap,* changer de direction : *La météo annonce une tempête, le capitaine a décidé de changer de cap pour l'éviter.* ‖ *Doubler, passer le cap,* franchir une étape difficile, décisive : *Le gouvernement a failli être renversé, mais le ralliement de quelques hésitants lui a permis de doubler le cap. Le médecin ne pouvait pas répondre de sa malade, mais il semble que celle-ci ait passé le cap.* ‖ *Mettre le cap sur un objectif,* aller dans sa direction : *Nous avons fait une première étape à Gênes; de là, nous avons mis le cap sur la Sicile.* — **3.** *Habiller, équiper de pied en cap,* entièrement (syn. DES PIEDS À LA TÊTE).

C.A.P. [seape] n. m. Abrév. de CERTIFICAT D'APTITUDE PROFESSIONNELLE.

capable [kapabl] adj. (du lat. *capere,* prendre, contenir). **1.** *Capable de qqch, de* (+ *inf. prés.*), se dit de qqn qui a l'aptitude, le pouvoir de : *C'est une femme capable de tous les dévouements. Il est capable de comprendre cette explication* (syn. À MÊME DE, APTE À). *Certains chiens sont capables de sauver des gens en péril dans la montagne;* qui peut aller jusqu'à tel ou tel acte blâmable : *Tu es capable des pires bassesses pour obtenir ce que tu désires. Certaines gens sont capables de tout pour réussir* (= ne reculent devant rien, ne sont retenues par aucun scrupule). *Tu serais capable de trahir tes parents?* — **2.** *Capable de qqch, de* (+ *inf. prés.*), qui peut avoir tel ou tel effet : *Un film capable de plaire à tous les publics* (syn. PROPRE À, SUSCEPTIBLE DE). — **3.** *Capable de* (+ *inf. prés.* ou *passé*), indique une éventualité qu'on craint, ou qu'on envisage maintenant, alors qu'elle paraissait autrefois improbable : *Voilà un détail capable de passer inaperçu si on n'y veille pas* (= qui risque de passer inaperçu). *C'est capable d'arriver* (= c'est possible, cela peut arriver). *Elle n'est pas encore là? Elle est bien capable d'avoir oublié le rendez-vous* (= je ne serais pas surpris si elle avait oublié). *Il est encore bien malade, mais il semble aller un peu mieux : il est capable de s'en tirer encore cette fois* (syn. fam. FICHU DE). — **4.** (sans compl.) Qui a les qualités requises par ses fonctions : *L'affaire marche mal, faute d'un directeur capable* (syn. COMPÉTENT, QUALIFIÉ). *Il est sorti d'une grande école, c'est un garçon capable.*

capacité [kapasite] n. f. (lat. *capacitas,* de *capax,* qui peut contenir). **1.** Quantité que peut contenir un récipient : *La capacité de la cuve est de cent litres* (syn. usuel CONTENANCE). — **2.** Aptitude dans tel ou tel domaine : *Au bout de trois heures de réparation, je commençai à douter de la capacité du mécanicien* (syn. COMPÉTENCE; contr. INCAPACITÉ); souvent pl. : *On lui a confié une tâche au-dessus de ses capacités* (syn. APTITUDE, TALENT, COMPÉTENCE, MOYENS). *Quelles sont ses capacités en la matière?* (syn. POSSIBILITÉS).

caparaçonner [kaparasɔne] v. t. (de l'esp. *capa,* manteau). Couvrir un cheval d'une housse *(caparaçon).*

cape [kap] n. f. (anc. prov. *capa*). **1.** Manteau ample et sans manches. — **2.** *De cape et d'épée,* se dit d'un roman ou d'un film d'aventures dont les personnages sont batailleurs et chevaleresques.

capeline [kaplin] n. f. (anc. prov. *capelina*). Chapeau de femme à grands bords souples.

capharnaüm [kafarnaɔm] n. m. (de *Capharnaüm,* n. d'une ville de Galilée). Lieu où des objets de toute sorte se trouvent dans le plus grand désordre : *Comment peux-tu travailler dans un pareil capharnaüm?* (syn. BRIC-À-BRAC).

capillaire [kapilɛr] adj. (du lat. *capillus,* cheveu). **1.** Qui concerne les cheveux (techn.) : *Une lotion capillaire.* — **2.** Fin comme un cheveu (scientif.) : *Les vaisseaux capillaires font passer le sang du système artériel dans le système veineux.*

capillarité [kapilarite] n. f. Phénomène physique constitué par la tendance d'un liquide à s'élever vers le haut d'un tube capillaire ou dans les interstices d'un corps : *L'huile d'une lampe monte le long de la mèche par capillarité.*

capilotade (en) [kapilɔtad] adv. (de l'esp. *capirotada,* ragoût). Fam. *Avoir les pieds, la tête, etc., en capilotade,* éprouver une grande fatigue des pieds, de la tête, etc. : *J'avais les reins en capilotade d'avoir bêché le jardin tout l'après-midi.* ‖ Fam. *(Être, mettre) en capilotade,* (réduire) en menus morceaux, en bouillie : *Les œufs étaient en capilotade au fond du panier.*

capitaine [kapitɛn] n. m. (lat. *caput, -itis,* tête). **1.** Officier dont le grade se situe entre celui de lieutenant et celui de commandant. — **2.** Officier qui commande un navire de commerce. — **3.** Chef d'une équipe sportive : *Cette équipe de football a été menée à la victoire par son dynamique capitaine.* — **4.** Chef militaire prestigieux (ordinairement avec un adj. [surtout *grand*]; soutenu) : *Alexandre fut un grand capi-*

taine. — **5.** *Capitaine d'industrie,* directeur d'entreprises industrielles ou commerciales. — **6.** Poisson des côtes du Sénégal, dont la chair est très appréciée.

capitainerie [kapitɛnri] n. f. Bureau de la direction des services d'entretien et d'exploitation d'un port.

1. capital, e, aux [kapital] adj. (du lat. *caput, -itis,* tête). **1.** De toute première importance : *Tu as commis une faute capitale en refusant cette situation* (syn. MAJEUR; contr. MINIME). *Une question aussi capitale ne peut pas être traitée à la légère* (syn. ESSENTIEL, PRIMORDIAL; contr. SECONDAIRE). *Cette femme a joué un rôle capital dans le déroulement de la négociation* (syn. DÉCISIF, DE PREMIER PLAN; contr. ACCESSOIRE). *Il est capital que le secret soit parfaitement gardé* (syn. ESSENTIEL, INDISPENSABLE). *On considère ce roman comme son œuvre capitale* (syn. MAÎTRESSE). — **2.** *Peine capitale,* peine de mort (soutenu) : *Les instigateurs de l'attentat n'ignoraient pas qu'ils encouraient la peine capitale.* — **3.** *Lettre capitale,* ou *capitale* n. f., lettre majuscule.

2. capital [kapital] n. m. (pl. *capitaux*). **1.** (sing.) Ensemble des biens possédés en argent ou en nature, par oppos. aux revenus qu'ils peuvent produire : *Un capital rapportant cinq mille francs d'intérêts chaque année. À son âge et sans héritier, il pourrait tranquillement manger son capital* (= dépenser son argent, vendre ses biens). — **2.** (sing. et avec l'art. déf.) Ensemble des moyens de production et de ceux qui les possèdent : *Chercher à réaliser une association du capital et du travail. La domination du capital.* — **3.** (sing.) Ensemble des biens intellectuels, spirituels, moraux : *Les chercheurs qui ont accumulé ce capital de connaissances* (syn. TRÉSOR). *Ce pays possède un riche capital artistique* (syn. PATRIMOINE, TRÉSOR, FONDS). — **4.** (pl.) Ressources financières dont on dispose, argent liquide qu'on peut investir dans une entreprise : *Des capitaux considérables ont déjà été engloutis dans l'achat du matériel* (syn. FONDS).

capitale [kapital] n. f. (ellipse de [*ville*] *capitale*). **1.** Ville où se trouve le siège des pouvoirs publics d'un État : *Madrid est la capitale de l'Espagne;* et, sans compl., par oppos. à la campagne, à la province : *Pendant le dernier week-end, plus de cinq cent mille Parisiens ont quitté la capitale* (= Paris). — **2.** Principal centre d'une activité : *Limoges est la capitale de la porcelaine en France.*

capitalisable [kapitalizabl] adj. Qui peut être capitalisé : *Intérêts capitalisables.*

capitalisation [kapitalizasjɔ̃] n. f. Action de capitaliser : *Le coût élevé de la vie ne favorise guère la capitalisation.*

capitaliser [kapitalize] v. t. Amasser un capital, joindre qqch à un capital : *Au lieu de dépenser les intérêts qu'elle perçoit, elle les capitalise. Dans vos années d'études, vous capitalisez des connaissances dont vous recueillerez plus tard les fruits* (syn. ACCUMULER); sans compl. : *Dépense ton argent, ne capitalise pas!* (syn. THÉSAURISER).

capitalisme [kapitalism] n. m. Système économique dans lequel les moyens de production appartiennent à des propriétaires particuliers : *Le capitalisme s'oppose au collectivisme. Le capitalisme d'État est l'appropriation par l'État des moyens de production.*

capitaliste [kapitalist] adj. Relatif au capitalisme : *Un État passé du régime capitaliste au régime socialiste. Une société capitaliste. Les monopoles capitalistes.* ◆ n. **1.** Celui qui possède les moyens de production. — **2.** *Péjor.* Partisan du régime capitaliste. — **3.** *Péjor.* Celui qui est riche ou possède de l'argent.

capitan [kapitɑ̃] n. m. (de *Capitan,* personnage de la comédie italienne). *Litt.* Homme qui se vante de ses exploits en prenant des airs de bravoure : *Il racontait, avec son air superbe de capitan, comment il avait fait, à lui seul, dix prisonniers* (syn. BRAVACHE, MATAMORE, FANFARON, FIER-À-BRAS).

capiteux, euse [kapitø] adj. (du lat. *caput, -itis,* tête). **1.** *Vin capiteux,* qui monte rapidement à la tête, qui produit une certaine ivresse ou un étourdissement. — **2.** *Parfum capiteux, odeur capiteuse,* qui produit un trouble agréable, qui excite : *Nous respirions avec délices l'odeur capiteuse du chèvrefeuille* (syn. ENIVRANT, GRISANT). — **3.** Litt. *Femme capiteuse, aux charmes capiteux,* etc., qui trouble la sensualité.

capitonnage [kapitɔnaʒ] n. m. **1.** Action de capitonner : *L'ouvrier a passé deux heures au capitonnage du siège.* — **2.** Bourre appliquée pour capitonner : *Les livreurs ont déchiré le capitonnage de la porte avec un coin de la caisse.* (On dit aussi techniquement, en ce sens, CAPITON.)

capitonner [kapitɔne] v. t. (de l'it. *capitone,* grosse tête). *Capitonner un siège, une porte, une paroi,* les rembourrer en faisant des piqûres qui traversent l'étoffe de place en place (surtout part. passé) : *On a fait capitonner la porte pour assourdir les bruits. La banquette bien capitonnée de la voiture.*

capitulard [kapitylar] n. m. *Péjor.* Auteur ou partisan d'une capitulation : *N'écoutez pas la voix des défaitistes, des capitulards* (contr. JUSQU'AU-BOUTISTE).

capitulation [kapitylasjɔ̃] n. f. **1.** Action de capituler : *La capitulation de Napoléon III à Sedan, en 1870, entraîna la chute du second Empire. Son silence équivaut à une capitulation.* — **2.** Convention qui règle les conditions d'une reddition : *Des officiers d'état-major discutèrent les articles de la capitulation.*

capituler [kapityle] v. i. (du lat. *capitulum,* clause). [sujet qqn] Cesser toute résistance, se reconnaître vaincu, soit militairement, soit dans une discussion ou dans une situation où des volontés se sont affrontées : *Bazaine capitula dans Metz en 1870* (syn. SE RENDRE). *Les syndicats proclamaient leur volonté d'amener la direction à capituler. Je ne capitulerai pas devant des adversaires aussi malhonnêtes* (syn. CÉDER).

caporal [kapɔral] n. m. (it. *capo,* tête) [pl. *caporaux*]. Militaire détenteur du grade immédiatement supérieur à celui de soldat dans l'infanterie, le génie et diverses armes.

caporalisme [kapɔralism] n. m. **1.** Tendance à exercer l'autorité de façon formelle et rigoureuse, en s'attachant plus à la lettre qu'à l'esprit des ordres à exécuter. — **2.** Régime politique où l'armée exerce une influence déterminante.

1. capot [kapo] n. m. (de *cape*). Partie relevable de la carrosserie d'une voiture qui recouvre le moteur : *J'ai soulevé le capot pour vérifier le niveau d'huile.*

2. capot [kapo] adj. inv. Se dit, aux jeux de cartes, d'un joueur qui n'a fait aucune levée : *Si au moins j'avais pu couper cette carte, je n'aurais pas été capot.*

capote [kapɔt] n. f. (de *cape*). **1.** Couverture amovible, en toile ou en cuir, d'une voiture, d'un landau d'enfant. — **2.** Manteau militaire.

capoter [kapɔte] v. i. (de l'express. [*faire*] *cabot,* chavirer) [sujet une voiture, un avion] Se retourner : *L'auto a capoté dans un virage* (syn. FAIRE UN TONNEAU, CULBUTER). *Un avion qui capote à l'atterrissage.*

câpre [kɑpr] n. f. (gr. *kapparis*). Condiment constitué par le bouton à fleur de l'arbuste appelé *câprier,* qu'on a fait macérer dans du vinaigre.

caprice [kapris] n. m. (it. *capriccio,* frisson). **1.** Volonté soudaine, peu motivée logiquement et sujette à de brusques changements : *N'imagine pas que tu nous feras marcher au gré de ton caprice* (syn. FANTAISIE). *Un enfant à qui on passe tous ses caprices* *ne tarde pas à devenir insupportable* (syn. LUBIE). *Tu ne vas pas encore faire un caprice!* — **2.** Amour léger et de peu de durée : *Il promène sa nouvelle conquête : combien de temps va durer ce caprice?* (syn. fam. TOQUADE, BÉGUIN, AMOURETTE). — **3.** Variations soudaines dans le cours des choses, leur forme, leur mouvement (surtout pl.) : *Elle est attentive à suivre tous les caprices de la mode. Tout dépend des caprices du hasard. Elle rêvait en suivant des yeux les caprices des nuages.*

capricieusement [kaprisjøzmɑ̃] adv. De façon capricieuse.

capricieux, euse [kaprisjø] adj. et n. Qui agit par caprice : *Ne prenez pas garde aux coups de tête d'un enfant capricieux. Ce petit capricieux n'a pas voulu finir son déjeuner.* ◆ adj. Sujet à des changements soudains d'allure ou d'aspect : *Tout son entourage est excédé de son humeur capricieuse* (syn. CHANGEANT, INCONSTANT). *On se rend à la côte par un sentier capricieux.*

Capricorne [kaprikɔrn] n. m. Dixième signe du zodiaque, correspondant à la période du 22 décembre au 21 janvier.

caprin, e [kaprɛ̃] adj. (du lat. *capra,* chèvre). Relatif aux chèvres : *Race caprine.*

capsulage [kapsylaʒ] n. m. Action de capsuler : *Le capsulage des bouteilles.*

capsule [kapsyl] n. f. (lat. *capsa,* boîte). **1.** Morceau de métal ou de plastique qui recouvre le goulot et sert à boucher une bouteille : *Enlever la capsule d'une bouteille d'eau minérale.* — **2.** *Capsule spatiale,* compartiment étanche, récupérable, d'un engin spatial.

capsuler [kapsyle] v. t. Mettre une capsule : *Cette machine capsule chaque jour des quantités impressionnantes de bouteilles.*

captage [kaptaʒ] n. m. Action de capter : *Le captage des eaux d'une rivière.*

capter [kapte] v. t. (lat. *captare,* essayer de prendre). **1.** *Capter qqn, l'esprit de qqn,* l'attirer à soi, se le ménager, par adresse, par ruse : *Il est très difficile de capter l'attention des élèves pendant une heure. Il était arrivé à capter la confiance d'un haut fonctionnaire pour obtenir des renseignements secrets. Les candidats font de belles promesses pour capter la faveur des électeurs* (syn. GAGNER, SE CONCILIER). — **2.** *Capter une émission (radiophonique* ou *télévisée),* parvenir à la recevoir grâce à des recherches : *Des appels de détresse d'un bateau en perdition ont été captés de la côte. Les services secrets ont capté un message de l'ennemi* (syn. INTERCEPTER). — **3.** *Capter une source, une rivière,* etc., en recueillir les eaux pour les utiliser : *Le réservoir est alimenté par deux sources que nous avons captées.*

capteur [kaptœr] n. m. Dispositif propre à recueillir l'énergie calorifique du Soleil.

captieux, euse [kapsjø] adj. (du lat. *captio,* piège). Qui est propre à tromper, par une apparence de vérité ou de raison (soutenu) : *Ne vous laissez pas prendre à ces arguments captieux* (syn. TROMPEUR, FALLACIEUX, SPÉCIEUX, ARTIFICIEUX).

captif, ive [kaptif] adj. et n. (du lat. *capere,* prendre). *Litt.* Prisonnier de guerre (surtout dans les textes relatifs à l'Antiquité) : *Plusieurs rois captifs suivaient le char du triomphateur romain. Les captifs étaient souvent emmenés comme esclaves.* ◆ adj. Privé de liberté, qui est enfermé (litt., sauf avec *animal*) : *Les animaux captifs du zoo n'ont pas l'air très heureux* (contr. EN LIBERTÉ).

captivant, e [kaptivɑ̃] adj. (plus usuel que le v.) Qui captive : *L'exploratrice a fait un récit captivant de son expédition* (syn. PASSIONNANT, PALPITANT, PRENANT, ↓INTÉRESSANT, ↓ATTACHANT). *Une beauté captivante* (syn. SÉDUISANT).

captiver [kaptive] v. t. (bas lat. *captivare*). *Captiver qqn,* attirer son attention par la beauté, l'originalité ou le mystère; le tenir sous un charme : *La conférencière a su captiver son auditoire. Les enfants étaient captivés par le feuilleton télévisé* (syn. CONQUÉRIR, PASSIONNER, CHARMER, ↓INTÉRESSER).

captivité [kaptivite] n. f. État de prisonnier; privation de liberté (usuel, contrairement à l'adj.) : *Rester en relation avec des camarades de captivité.*

capture [kaptyr] n. f. **1.** Action de capturer : *La capture des papillons se fait généralement avec un filet. La capture du sous-marin avait demandé trois jours.* — **2.** Être vivant ou chose dont on s'empare : *Il est très fier du saumon qu'il a pêché et s'est fait photographier auprès de sa capture* (syn. PRISE).

capturer [kaptyre] v. t. (lat. *capere,* prendre). **1.** *Capturer un être vivant,* s'en emparer, s'en rendre maître : *Les policiers ont capturé un dangereux malfaiteur* (syn. ARRÊTER). *Il avait capturé un renardeau à la sortie de son terrier* (syn. ATTRAPER, PRENDRE). — **2.** *Capturer un navire, une cargaison,* les saisir en temps de guerre ou par un acte de piraterie.

capuche [kapyʃ] n. f. (it. *cappucio*). Bonnet ample fixé à l'encolure d'un vêtement, qui peut se rabattre sur la tête.

capuchon [kapyʃɔ̃] n. m. (de *cape*). **1.** Syn. de CAPUCHE. — **2.** Pèlerine munie d'une capuche. — **3.** Partie mobile d'un stylo, d'un tube, etc., qui en protège l'extrémité.

capucin [kapysɛ̃] n. m. (it. *cappuccino,* petit capuchon). Religieux de l'ordre des Franciscains.

capucine [kapysin] n. f. (de *capucin*). Plante ornementale à feuille ronde et à fleur orangée. ◆ adj. inv. De couleur orangée.

caquet [kakɛ] n. m. (onomat.). **1.** *Fam.* Bavardage intempestif; tendance à parler à tort et à travers, souvent avec suffisance ou avec malveillance (vieilli) : *Je ne pouvais pas supporter davantage le caquet du visiteur.* — **2.** Suite de gloussements ou de petits cris que pousse une poule. — **3.** *Rabattre, rabaisser le caquet à (de) qqn,* l'amener à se taire ou à parler avec plus de modestie, en lui infligeant un démenti ou une vexation : *Son échec à l'examen lui a rabaissé son caquet* (syn. ↑HUMILIER, ↑CONFONDRE).

caquetage [kaktaʒ] n. m. Fait de caqueter; bruit ainsi fait : *Il a été réveillé par le caquetage de la basse-cour.*

caqueter [kakte] v. i. (c. **8**). **1.** (sujet qqn) Bavarder, tenir des propos futiles (vieilli) : *Passer l'après-midi à caqueter avec une voisine.* — **2.** (sujet des oiseaux de basse-cour) Glousser : *La volaille se met à caqueter à l'approche de la fermière.*

1. car [kar] conj. (lat. *quare,* c'est pourquoi). En tête de la proposition, introduit une explication, une justification ou une preuve à l'appui de l'énoncé précédent : *Nous avons eu des vacances délicieuses, car le temps a été très beau* (syn. EN EFFET, parfois après le n.). *Il faut nous séparer, car il se fait tard* (syn. PARCE QUE, ATTENDU QUE, introduisant une subordonnée de cause).

2. car [kar] n. m. (mot angl.). **1.** Grand véhicule automobile destiné aux transports en commun hors des villes ou aux déplacements touristiques. — **2.** *Car de police,* camionnette de la police.

carabe [karab] n. m. (gr. *karabos,* crabe). Insecte coléoptère à corps allongé et à longues pattes, qui dévore larves d'insectes, limaces et escargots.

carabin [karabɛ̃] n. m. (anc. fr. *escarrabin,* ensevelisseur des pestiférés). *Fam.* Étudiant en médecine.

carabine [karabin] n. f. (de *carabin,* soldat de cavalerie). Fusil léger : *Dans mon jardin, je tirais des pigeons à la carabine.*

carabiné, e [karabine] adj. *Fam.* Se dit de qqch qui a une force, une intensité particulière : *J'ai eu une grippe carabinée, avec 40⁰ de fièvre* (syn. ↓ FORT).

caracal [karakal] n. m. (mot esp.) [pl. *caracals*]. Lynx d'Afrique et d'Asie à robe fauve.

caraco [karako] n. m (orig. obscure). Vêtement féminin léger et court couvrant le buste.

caracoler [karakɔle] v. i. (de l'esp. *caracole,* limaçon). **1.** (sujet un cheval) Sauter avec légèreté de divers côtés : *Le cheval du colonel se mit à caracoler devant la troupe.* — **2.** (sujet qqn) Faire caracoler son cheval : *Il caracole un moment avant de se lancer au galop.*

caractère [karaktɛr] n. m. (gr. *kharaktêr,* signe gravé). **1.** Signe gravé, tracé ou imprimé appartenant à un système d'écriture : *Sur la première page du journal, il y a un titre en gros caractères* (syn. LETTRE). *Personne n'avait encore déchiffré ces mystérieux caractères.* — **2.** Signe distinctif, marque particulière qui signale à l'attention qqch ou qqn, qui en exprime un aspect remarquable : *Les cellules organiques ont tous les caractères des êtres évolués* (syn. CARACTÉRISTIQUE). *Cette lettre présente un caractère indiscutable d'authenticité* (syn. AIR, ASPECT). — **3.** (+ adj.) État ou qualité de qqch : *Le caractère difficile de cette entreprise n'échappe à personne* (= la difficulté). *Chacun a apprécié le caractère discret de son allusion* (= la discrétion). *Cette information n'a encore aucun caractère officiel.* — **4.** (sans compl., ni adj.) Trait ou ensemble de traits donnant à qqch son originalité : *Ces vieilles rues ont beaucoup de caractère. Un intérieur aménagé sans aucun caractère* (syn. CACHET, STYLE, PERSONNALITÉ). — **5.** Ensemble des traits psychologiques et moraux de qqn, des tendances qui conditionnent le comportement particulier d'un animal : *Un caractère ouvert, fermé, difficile, compliqué, ombrageux, autoritaire, souple, entier, accommodant, gai, inquiet, etc.* (syn. NATURE, NATUREL, TEMPÉRAMENT). *Un heureux caractère* (= un caractère optimiste). *Cet enfant a bon caractère* (= il est facile à vivre). *Un chien d'un caractère hargneux. Les chats de cette race ont un caractère sournois.* — **6.** Aptitude à affirmer vigoureusement sa personnalité, à agir avec décision : *Il n'a pas assez de caractère pour être un bon chef* (syn. ÉNERGIE, VOLONTÉ, FERMETÉ). *La situation exige des personnes de caractère* (= des personnes énergiques). — **7.** Personne capable de montrer de la fermeté, de la résolution : *Des caractères comme celui-là peuvent sauver des situations qui paraissaient désespérées.*

caractériel, elle [karakterjɛl] adj. Qui affecte le caractère : *Depuis sa petite enfance, il souffre de trouble caractériels.* ◆ n. Personne dont le comportement affectif et social est en rupture continuelle avec le milieu où elle vit.

caractérisation [karakterizasjɔ̃] n. f. Action de caractériser : *La caractérisation d'un délit* (syn. DÉFINITION).

caractérisé, e [karakterize] adj. Nettement défini ; sans ambiguïté : *Cette réponse constitue une insolence caractérisée. C'est là une erreur caractérisée.*

caractériser [karakterize] v. t. **1.** (sujet qqn) *Caractériser qqch, qqn,* en marquer le caractère dominant, décrire dans ses traits essentiels : *Je caractériserai en quelques mots ce genre de spectacle. Disons pour caractériser le paysage qu'il est désertique.* — **2.** (sujet qqch) *Caractériser qqch, qqn,* en constituer un trait essentiel, un signe distinctif : *Des jambes violacées caractérisent une mauvaise circulation du sang* (syn. DÉNOTER). *Avec la franchise qui la caractérise, elle est allée droit au but.* ◆ ***se caractériser*** v. pr. *Se caractériser par,* avoir pour signe distinctif, se laisser identifier par : *Le latin se caractérise notamment par l'absence d'articles.*

caractéristique [karakteristik] adj. Qui exprime un caractère, qui permet de distinguer : *Une toux convulsive est caractéristique de la coqueluche. Les paysannes bretonnes portaient des coiffes caractéristiques des diverses régions* (syn. PARTICULIER, TYPIQUE). ◆ n. f. Marque distinctive, trait particulier : *Les journaux ont publié les caractéristiques du nouveau moteur : cylindrée, nombre de tours-minute, consommation, etc. La verve est une des caractéristiques du tempérament méridional.*

caractérologie [karakterɔlɔʒi] n. f. Science de la connaissance des caractères.

carafe [karaf] n. f. (ar. *gharrāf,* pot à boire). **1.** Bouteille à base large et à goulot étroit, en verre ou en cristal, destinée à servir une boisson ou à la conserver pendant peu de temps ; son contenu : *Une carafe d'eau. Les convives ont déjà bu trois carafes de vin.* — **2.** Fam. *Laisser qqn en carafe,* le quitter brusquement ou le laisser de côté. ‖ Fam. *Rester en carafe,* se trouver soudain incapable de poursuivre un discours : *L'orateur, qui avait perdu une partie de ses notes, est resté un moment en carafe* (syn. RESTER COURT ; contr. ENCHAÎNER) ; rester en panne : *On est restés en carafe trois heures sur l'autoroute, à attendre le dépanneur ;* être oublié, laissé de côté : *Elle est restée en carafe toute la soirée, personne ne l'a invitée à danser.*

carafon [karafɔ̃] n. m. Petite carafe, destinée plus spécialement au vin ; son contenu.

carambolage [karɑ̃bɔlaʒ] n. m. *Fam.* Fait de caramboler, de se caramboler : *Le verglas a causé de nombreux carambolages sur les routes.*

caramboler [karɑ̃bɔle] v. i. (de l'esp. *carambola,* fruit exotique) [sujet qqn] Au billard, toucher les deux autres billes avec sa propre bille. ◆ v. t. *Fam.* Heurter une voiture qui en heurte elle-même une autre, etc. : *La voiture a dérapé et en a carambolé trois autres* (syn. TAMPONNER). ◆ ***se caramboler*** v. pr. Se heurter : *Plusieurs voitures se sont carambolées sur l'autoroute.*

carambouillage [karɑ̃bujaʒ] n. m. ou **carambouille** [karɑ̃buj] n. f. (esp. *carambola,* tromperie). Escroquerie consistant à revendre une marchandise sans l'avoir payée.

carambouilleur, euse [karɑ̃bujœr] n. Qui carambouille.

caramel [karamɛl] n. m. (lat. *cannamella,* canne à sucre). **1.** Sucre fondu au feu jusqu'à ce qu'il prenne une couleur brune : *Un gâteau nappé de caramel.* — **2.** Bonbon fait avec ce sucre roussi : *Certains préfèrent les caramels mous, d'autres les caramels durs.* ◆ adj. inv. Qui a une couleur entre le beige et le roux : *Une robe avec des boutons caramel.*

caramélisation [karamelizasjɔ̃] n. f. Action de caraméliser, d'être caramélisé.

caraméliser [karamelize] v. t. **1.** Transformer en caramel : *Le pâtissier caramélise son sucre.* — **2.** Recouvrir de caramel : *Caraméliser des choux à la crème.* ◆ v. i. ou ***se caraméliser*** v. pr. *Le sucre commence à caraméliser.*

carapace [karapas] n. f. (esp. *carapacho*). **1.** Revêtement dur sur la partie charnue de certains animaux (tortue, crabe, etc.). — **2.** Revêtement dur à la surface d'un objet : *Une carapace de glace s'est formée sur l'étang* (syn. courant CROÛTE). — **3.** *Carapace d'indifférence,* indifférence qui met à l'abri du chagrin, du souci, etc.

carassin [karasɛ̃] n. m. (all. *Karas*). Poisson d'eau

douce voisin de la carpe : *Le carassin doré est usuellement appelé «poisson rouge».*

carat [kara] n. m. (ar. *qīrāt,* petit poids). **1.** Unité de poids (2 décigrammes) utilisée dans le commerce des pierres précieuses : *Un diamant de 12 carats.* — **2.** Fam. *Dernier carat* (avec une expression de l'heure), dernier moment : *On t'attend jusqu'à huit heures, dernier carat* (= dernière minute).

caravan(n)ing [karavaniŋ] n. m. Forme de camping pratiquée par ceux qui utilisent une caravane.

caravane [karavan] n. f. (persan *kārawān*). **1.** Groupe de personnes voyageant ensemble : *Au XIXe s., les grands déplacements à travers les régions désertiques de l'Afrique ou de l'Asie se faisaient par caravanes. Une caravane d'alpinistes doit partir à l'assaut de l'Everest.* — **2.** Roulotte de camping, remorquée par une auto.

caravanier [karavanje] n. m. **1.** Conducteur de bêtes de somme dans une caravane. — **2.** Celui qui utilise une caravane de camping.

caravansérail [karavɑ̃seraj] n. m. **1.** En Orient, abri pour les voyageurs et leurs montures. — **2.** Endroit fréquenté par un grand nombre d'étrangers.

caravelle [karavɛl] n. f. (portug. *caravela*). Navire rapide, utilisé aux XVe et XVIe s., surtout pour des voyages de découverte.

carbonate [karbɔnat] n. m. Sel de l'acide carbonique.

carbone [karbɔn] n. m. (lat. *carbo, -onis,* charbon). Corps simple, très répandu dans la nature, surtout en composition avec d'autres corps : *Le diamant est du carbone pur.* ◆ adj. et n. m. *Papier carbone* (ou *carbone* n. m.), papier enduit sur une face d'une matière colorante qui se dépose par pression, et utilisé pour exécuter des doubles, notamment à la machine à écrire.

carbonique [karbɔnik] adj. *Gaz carbonique,* gaz formé de deux volumes d'oxygène pour un volume de carbone, et qui est produit par la combustion, la fermentation, la respiration.

carbonisation [karbɔnizasjɔ̃] n. f. Action de carboniser; fait d'être carbonisé.

carboniser [karbɔnize] v. t. *Carboniser qqch,* le brûler au point de le transformer en charbon (surtout pass.) : *J'avais oublié mon rôti au four : je l'ai retrouvé carbonisé.*

carburant [karbyrɑ̃] n. m. (lat. *carbo, -onis,* charbon). Produit servant à alimenter un moteur à explosion : *L'essence est un carburant.*

carburateur [karbyratœr] n. m. Organe d'un moteur à explosion préparant le mélange d'essence et d'air.

carburation [karbyrasjɔ̃] n. f. Action de mélanger l'air aux vapeurs d'un liquide combustible (ordinairement de l'essence), pour former un mélange détonant, dans un moteur à explosion.

carburer [karbyre] v. t. Effectuer la carburation. ◆ v. i. *Pop.* Faire travailler son esprit : *Il va falloir carburer si on veut trouver une solution rapide* (syn. RÉFLÉCHIR).

carcan [karkɑ̃] n. m. (lat. *carcanum*). **1.** Collier de fer qui servait à attacher un criminel au poteau d'exposition. — **2.** Ce qui limite étroitement la liberté : *Au cours de son internat, elle a difficilement supporté le carcan du règlement* (syn. CONTRAINTE, SUJÉTION).

carcasse [karkas] n. f. (orig. incert.). **1.** Ensemble des os encore assemblés d'un animal mort : *Les vautours se disputaient la carcasse d'un cheval. La carcasse du poulet est restée à la cuisine* (par oppos. aux cuisses, ou pilons, aux ailes et aux abats) [syn. SQUELETTE (humain)]. — **2.** *Fam.* Corps de qqn : *Il a résisté à ce régime épuisant : c'est une carcasse à toute épreuve. Nous étions bien décidés à défendre de notre mieux notre misérable carcasse* (= notre vie). — **3.** Assemblage de pièces rigides qui assurent la cohésion d'un objet : *Ces piliers et ces poutrelles constituent la carcasse de l'immeuble* (syn. CHARPENTE). *Un abat-jour de soie monté sur une carcasse métallique* (syn. ARMATURE). [→ DÉCARCASSER.]

carcéral, e, aux [karseral] adj. (du lat. *carcer, -eris,* prison). Qui concerne la prison : *Le milieu carcéral.*

cardage [kardaʒ] n. m. Action de carder.

cardan [kardɑ̃] n. m. (du n. du savant it. *Cardano*). Mécanisme qui permet, notamment dans un moteur de voiture, la transmission du mouvement dans tous les sens.

carder [karde] v. t. (du lat. *carduus,* chardon). *Carder la laine,* la peigner et en éliminer les impuretés au moyen d'une machine spéciale.

cardiaque [kardjak] adj. (du gr. *kardia,* cœur). Qui concerne le cœur, en tant qu'organe principal de la circulation (généralement quand il s'agit de maladies) : *Il avait eu plusieurs crises cardiaques avant celle qui l'a emporté. Un malaise cardiaque* (mais on dit *une opération du cœur*). ◆ adj. et n. Atteint d'une maladie de cœur : *Il n'est pas question d'affecter à certains métiers des personnes cardiaques. Les cardiaques doivent se ménager.*

cardigan [kardigɑ̃] n. m. (mot angl.). Chandail de laine à manches longues et à col droit, se fermant sur le devant.

1. cardinal, e, aux [kardinal] adj. (lat. *cardinalis,* principal). *Noms de nombre cardinaux, adjectifs numéraux cardinaux,* ceux qui indiquent un nombre, une quantité ou une date, comme *deux, dix, cent, mille.* ‖ *Point cardinal,* un des quatre points de repère permettant de s'orienter : *Les points cardinaux sont le nord, le sud* (ou *midi*), *l'est* (ou *levant, orient*) *et l'ouest* (ou *couchant,* occident). [Pour indiquer les directions intermédiaires, on dit : *nord-est, sud-est, nord-ouest, sud-ouest.*]

2. cardinal [kardinal] n. m. (pl. *cardinaux*). Prélat ayant une mission de conseiller auprès du pape et participant plus spécialement au gouvernement de l'Église.

cardinalat [kardinala] n. m. Dignité de cardinal.

cardiogramme [kardjɔgram] n. m. Tracé des mouvements du cœur.

cardiographie [kardjɔgrafi] n. f. Étude du cœur à l'aide de l'enregistrement graphique de l'activité cardiaque, au moyen d'un appareil, le *cardiographe.*

cardiologie [kardjɔlɔʒi] n. f. Partie de la médecine traitant des maladies de cœur.

cardiologue [kardjɔlɔg] n. Spécialiste de cardiologie.

carême [karɛm] n. m. (lat. *quadragesima* [*dies*], le quarantième [jour avant Pâques]). **1.** (avec majusc.) Chez les catholiques, période de pénitence de quarante jours, qui s'étend du mercredi des Cendres jusqu'au jour de Pâques. — **2.** Péjor. *Face de carême,* visage blême et austère; personne qui a ce visage. ‖ Fam. *Tomber, arriver comme mars en carême,* arriver avec une régularité absolue, ou arriver à propos (vieilli).

carénage [karenaʒ] n. m. (de *carène*). Action de caréner; forme de la carrosserie.

carence [karɑ̃s] n. f. (du lat. *carere,* manquer). **1.** Le fait que qqn, un organisme manque aux devoirs de sa charge; en particulier, manque d'autorité : *Le marasme économique est dû en grande partie à la carence des autorités responsables* (syn. ↑DÉMISSION; contr. ACTIVITÉ). *Montrer sa carence devant les dures réalités du moment* (syn. ↓INSUFFISANCE; contr. CAPACITÉ). — **2.** Le fait que qqch manque, qu'on en soit privé en totalité ou en partie (soutenu) : *Un régime alimentaire caractérisé par sa carence en vitamines* (syn. MANQUE, PAUVRETÉ, INSUFFISANCE; contr. RICHESSE, ABONDANCE). *En médecine, on appelle «aboulie» une carence maladive de la volonté* (syn. ABSENCE, DÉFICIENCE).

carène [karɛn] n. f. (lat. *carina,* coquille de noix). Partie immergée de la coque d'un navire.

caréner [karene] v. t. (c. **10**). **1.** Nettoyer, peindre la carène. — **2.** Donner à la carrosserie d'une voiture une forme propre à faciliter sa progression.

carentiel, elle [karɑ̃sjɛl] adj. *Maladie carentielle,* relative ou consécutive à une carence (en vitamines, en substances nécessaires à la vie, etc.).

caressant, e [karɛsɑ̃] adj. **1.** Qui aime les caresses. — **2.** Se dit de la voix, du regard, etc., qui cause une impression douce comme une caresse, qui exprime la tendresse : *Elle prit sa voix la plus caressante pour se faire plus persuasive* (syn. CÂLIN, TENDRE, SUAVE).

caresse [karɛs] n. f. (it. *carezza*). Geste marquant la tendresse, l'affection : *Je passai la main sur la tête du chien : à cette caresse il répondit par un regard affectueux.*

caresser [karɛse] v. t. **1.** *Caresser qqn, un animal,* lui faire des caresses : *En passant, elle caressa la joue du bambin. Les chats n'aiment pas être caressés à rebrousse-poil.* ‖ Fam. et ironiq. *Caresser les côtes à qqn,* le frapper, le rosser. — **2.** *Caresser qqch,* l'effleurer de la main : *Le chasseur caressait pensivement la crosse de son fusil. Elle jouait les dernières mesures, caressant les touches du piano.* — **3.** *Caresser un projet, un espoir, une espérance,* l'entretenir avec complaisance (soutenu) : *Depuis longtemps, nous caressions le projet de faire une croisière en Méditerranée* (syn. NOURRIR UN PROJET). ‖ *Caresser qqn* ou *qqch du regard,* y attacher longuement les yeux, avec admiration ou convoitise (soutenu).

car-ferry [karferi] n. m. (mot angl.) [pl. *car-ferries*]. Navire aménagé pour le transport des voitures (syn. FERRY).

cargaison [kargɛzɔ̃] n. f. (du prov. *cargar,* charger). Ensemble des marchandises transportées par un navire, un camion, un avion : *Les dockers ont commencé à décharger la cargaison de bananes* (syn. CHARGEMENT).

cargo [kargo] n. m. (abrév. de l'angl. *cargo-boat,* navire de charge). Bateau destiné au transport des marchandises.

cariatide ou **caryatide** [karjatid] n. f. (gr. *karuatidês*). Dans l'architecture grecque, support en forme de statue de femme.

caribou [karibu] n. m. (mot canadien). Renne du Canada.

caricatural, e, aux [karikatyral] adj. Qui relève de la caricature : *Le dessin caricatural de la dernière page est accompagné d'une légende. Elle nous a fait un récit caricatural de ses mésaventures* (syn. OUTRÉ).

caricature [karikatyr] n. f. (du lat. *caricare,* charger). **1.** Portrait simplifié de qqn, et, plus rarement, représentation d'un animal ou d'une chose, exagérant certains traits du visage, certaines proportions de l'ensemble, dans une intention satirique ou au moins plaisante : *Tout le monde a reconnu sans peine la personne représentée par cette caricature. Une caricature réussie, spirituelle, cruelle* (syn. CHARGE). — **2.** *Péjor.* Reproduction déformée, imitation sommaire qui dénature ou enlaidit : *La façon dont on vous a présenté les faits est une caricature de la vérité. La condamnation étant décidée à l'avance, on n'a eu qu'une caricature de procès* (syn. SIMULACRE, PARODIE).

caricaturer [karikatyre] v. t. Faire la caricature de : *Il est de tradition de caricaturer les hommes politiques dans les journaux. Résumer une théorie sans la caricaturer* (syn. ALTÉRER, ↓DÉFIGURER).

caricaturiste [karikatyrist] n. Dessinateur, peintre qui fait des caricatures : *Daumier fut un caricaturiste célèbre.*

carie [kari] n. f. (lat. *caries,* pourriture). Maladie de la dent aboutissant à une perte de substance qui forme une cavité.

carié, e [karje] adj. Gâté par la carie : *Une molaire cariée.*

carillon [karijɔ̃] n. m. (lat. *quaternio,* groupe de quatre objets). **1.** Sonnerie de cloches, vive et gaie (en principe, quatre cloches formant une harmonie, mais se dit aussi d'un nombre différent de cloches et même d'une seule) : *Les carillons de Pâques retentissent dans la campagne* (contr. GLAS, tintement de deuil; TOCSIN, sonnerie d'alarme). — **2.** Horloge sonnant les quarts et les demies, et faisant entendre un air pour marquer les heures; air sonné toutes les heures par cette horloge.

carillonnement [karijɔnmɑ̃] n. m. Action de carillonner; bruit d'un carillon.

carillonner [karijɔne] v. t. **1.** *Carillonner une heure, une fête,* l'annoncer par un carillon, ou plus généralement par une sonnerie : *La vieille horloge carillonne fidèlement les heures.* — **2.** Fam. *Carillonner une nouvelle,* l'annoncer, la répandre à grand bruit : *S'il n'avait pas carillonné partout ses intentions, il aurait l'air moins ridicule maintenant.* ◆ v. i. **1.** *Les cloches carillonnent,* elles sonnent en carillon. — **2.** *Fam.* (sujet qqn) Agiter vivement la sonnette d'appel à la porte de qqn : *J'ai eu beau carillonner cinq minutes, personne n'est venu m'ouvrir.*

carillonneur [karijɔnœr] n. m. Personne chargée du service d'un carillon.

caritatif, ive [karitatif, iv] adj. Qui a pour but d'apporter une aide matérielle ou morale aux plus démunis : *Une association caritative* (= une œuvre de charité).

carlingue [karlɛ̃g] n. f. (anc. scand. *kerling*). Partie d'un avion où prennent place les passagers et l'équipage.

carme [karm] n. m., **carmélite** [karmelit] n. f. (de *Carmel*). Religieux, religieuse de l'ordre du Mont-Carmel.

carmin [karmɛ̃] n. m. et adj. inv. (ar. *qīrmiz*). Couleur rouge éclatant : *Le carmin se tirait autrefois de la cochenille. Elle avait orné sa robe de deux rubans carmin.*

carminé, e [karmine] adj. D'un rouge tirant sur le carmin : *Elle a adopté un vernis à ongles carminé.*

carnage [karnaʒ] n. m. (lat. *caro, carnis,* chair). Meurtre violent et sanglant d'un certain nombre d'êtres : *Quand on en vint au corps à corps, ce fut un horrible carnage* (syn. MASSACRE, TUERIE). *Des dizaines de prisonniers ont été sauvagement assassinés, et le responsable de ce carnage est toujours en liberté* (syn. BOUCHERIE).

carnassier, ère [karnasje] adj. et n. m. Syn. de CARNIVORE.

carnation [karnasjɔ̃] n. f. (it. *carne,* chair). Couleur de la peau de qqn (soutenu).

carnaval [karnaval] n. m. (it. *carnevale,* mardi gras) [pl. *carnavals*]. **1.** Réjouissances populaires, mascarades, défilés de chars, etc., se situant d'ordinaire dans les jours qui précèdent le mardi gras : *Le carnaval de Nice se déroule en février.* — **2.** (avec majusc.) *Sa majesté Carnaval,* mannequin grotesque, personnifiant le carnaval, qu'on brûle ou qu'on enterre solennellement le mercredi des Cendres.

carnavalesque [karnavalɛsk] adj. Relatif au carnaval, ou qui a le caractère grotesque, la fantaisie outrée du carnaval : *Une opérette qui tourne au spectacle carnavalesque.*

carne [karn] n. f. (mot norm. signif. *charogne*). *Pop.* Viande dure.

carné, e [karne] adj. (du lat. *caro, carnis,* viande). *Alimentation carnée, régime carné,* qui se compose surtout de viande.

carnet [karnɛ] n. m. (lat. *quaternio,* groupe de quatre). **1.** Petit cahier sur lequel on inscrit des notes : *Le nom de cette personne ne figure pas sur mon carnet d'adresses. La représentante tire de sa poche son carnet de commandes et note les articles désirés par sa cliente. Je n'oublie pas ce rendez-vous, il est inscrit sur mon carnet* (syn. CALEPIN, AGENDA). — **2.** Assemblage de billets, de tickets, de timbres, etc., qui peuvent être détachés au moment de l'emploi : *Au moment de payer, elle sortit son carnet de chèques* (syn. CHÉQUIER). *Chaque carnet contient vingt billets de tombola. Il faut que j'achète un carnet de tickets d'autobus* (ou, simplem., *un carnet d'autobus*).

carnier [karnje] n. m. (prov. *carn,* viande). Sac destiné à recevoir le gibier.

carnivore [karnivɔr] adj. et n. (du lat. *caro, carnis,* viande, et *vorare,* dévorer). **1.** Se dit d'un animal qui chasse d'autres animaux pour se nourrir de leur chair : *Le lion, le tigre, le renard sont des animaux carnivores. Le loup est un carnivore* (syn. CARNASSIER). — **2.** *Plante carnivore,* qui se nourrit de chair. — **3.** *Fam.* Se dit de qqn qui aime spécialement la viande.

carotène [karɔtɛn] n. m. Pigment jaune ou rouge des végétaux (carotte surtout) et des animaux (carapace des crustacés) : *Le carotène peut se transformer en vitamine A.*

carotide [karɔtid] n. f. (gr. *karôtides*). Chacune des artères qui conduisent le sang du cœur à la tête.

carotte [karɔt] n. f. (gr. *karôton*). **1.** Plante cultivée pour sa racine comestible : *Les carottes potagères sont le plus souvent rouges.* — **2.** Enseigne rouge d'un débit de tabac, formée de deux cônes accolés par la base. — **3.** Fam. *Les carottes sont cuites,* l'affaire est réglée, il n'y a plus rien à faire.

carotter [karɔte] v. t. **1.** Fam. *Carotter qqn,* abuser de sa confiance ou tromper sa vigilance; commettre un larcin à ses dépens : *Il a profité de mon inexpérience pour me carotter sur la marchandise. On n'aime pas se laisser carotter* (syn. soutenu DUPER). — **2.** Fam. *Carotter qqch,* le soutirer adroitement, en faire son profit frauduleusement (se dit de vols de peu d'importance) : *Les prisonniers avaient réussi à carotter quelques boîtes de conserves à leurs gardiens* (syn. fam. CHAPARDER). *Carotter de petits bénéfices sur la gestion d'une affaire* (syn. GRATTER). ◆ v. i. Fam. *Carotter sur qqch,* prélever indûment pour soi une partie des sommes qui sont affectées à qqch : *L'économe carottait sur le budget de la nourriture.*

carotteur, euse [karɔtœr] adj. et n. *Fam.* Qui carotte.

caroube [karub] n. f. (ar. *kharrūba*). Fruit du caroubier, à pulpe sucrée, comestible. (On dit aussi CAROUGE.)

caroubier [karubje] n. m. Grand arbre méditerranéen.

carpe [karp] n. f. (lat. *carpa*). **1.** Grand poisson d'eau douce : *Les carpes qui vivent en étang ont souvent un goût de vase.* — **2.** *Saut de carpe,* ou *saut carpé,* plongeon, saut qui s'effectue le corps plié en avant au niveau de la taille, les jambes tendues sans flexion.

carpette [karpɛt] n. f. (angl. *carpet*). Tapis de petites dimensions, mis, le plus souvent, au pied d'un lit.

carpillon [karpijɔ̃] n. m. Très petite carpe.

carquois [karkwa] n. m. (persan *terkech*). Étui destiné à contenir les flèches d'un archer.

carre [kar] n. f. Baguette d'acier qui borde la semelle d'un ski de neige : *Quand on fait du dérapage sur une pente, on apprend à ne pas trop appuyer sur ses carres.*

1. carré, e [kare] adj. (lat. *quadratus*). **1.** Se dit d'une surface qui a quatre angles droits et quatre côtés rectilignes et égaux, ou d'un volume qui a quatre plans rectangulaires et de même écartement deux à deux : *Une pendulette de voyage à cadran carré* (= dont la largeur est égale à la hauteur). *Cette petite lampe était emballée dans une boîte carrée* (syn. scientif. CUBIQUE ou PARALLÉLÉPIPÉDIQUE). *Les pieds de la table de fer forgé sont faits d'une tige carrée* (= à section carrée). *Un pilier carré.* — **2.** Qui a des angles plus ou moins nettement marqués : *Un grand gaillard aux épaules carrées* (contr. ÉPAULES TOMBANTES). *Un visage carré* (contr. ALLONGÉ, OVALE). *Des chaussures à bout carré* (contr. ARRONDI, POINTU). — **3.** *Mètre carré, décimètre carré,* etc., mesures de surface équivalant à un carré qui aurait un mètre, un décimètre, etc., de côté : *Une pièce de trois mètres sur quatre a douze mètres carrés.* (On écrit m^2, dm^2, cm^2, etc.) — **4.** Qui a une grande franchise, qui fait preuve de décision : *C'est une femme carrée en affaires : avec elle, on sait tout de suite à quoi s'en tenir* (syn. FRANC, SANS DÉTOUR). *J'aime les réponses carrées comme celle-là* (syn. NET, DÉCIDÉ).

2. carré [kare] n. m. **1.** Quadrilatère qui a quatre angles droits et quatre côtés de même longueur; objet ayant cette forme : *Découper un carré de papier. Autrefois les armées se formaient souvent en carré pour combattre. Elle a acheté au magasin un carré de soie verte* (syn. FICHU, FOULARD). — **2.** Partie d'un jardin potager où l'on cultive une même espèce de plantes : *Les carrés de salades ont été piétinés.* — **3.** Salle commune d'un navire où les officiers prennent leurs repas. — **4.** Réunion de quatre cartes semblables : *Au poker, j'ai gagné avec un carré d'as.* — **5.** *Carré d'un nombre,* résultat de la multiplication de ce nombre par lui-même : *Le carré de neuf est quatre-vingt-un. Élever un nombre au carré, c'est le multiplier par lui-même.*

carreau [karo] n. m. (lat. *quadrus,* carré). **1.** Plaque de verre d'une fenêtre ou d'une porte vitrée : *Les cambrioleurs ont ouvert la fenêtre en cassant un carreau. Le laveur de carreaux doit venir demain* (syn. VITRE). — **2.** Plaque de ciment, de terre cuite, de faïence, etc., utilisée pour le pavage des pièces ou le revêtement des murs : *Les murs des salles de bains sont souvent recouverts de carreaux de faïence.* — **3.** Sol constitué par ces plaques assemblées : *On a lavé à grande eau le carreau de la cuisine* (syn. CARRELAGE). — **4.** Carré servant de motif décoratif : *Du tissu à carreaux. Elle portait un chemisier à larges carreaux.* — **5.** Carré ou rectangle formé sur le papier quadrillé par le croisement des lignes horizontales et des lignes verticales : *Les écoliers écrivent habituellement sur du papier à carreaux.* — **6.** *Carreau des Halles,* à Paris, emplacement qui était situé à l'extérieur des pavillons, et où se faisaient des ventes non officielles. — **7.** Une des quatre couleurs du jeu de cartes, représentée par un losange rouge : *Il m'a coupé un as de trèfle avec un huit de carreau. Nous avons fait trois levées à carreau* (= avec cette couleur comme atout). — **8.** Carte de cette couleur : *Il me reste un carreau.* — **9.** Fam. *Laisser qqn sur le carreau,* le laisser gisant au sol, après l'avoir tué ou brutalement malmené. ‖ Fam. *Rester sur le carreau,* rester inerte, sur le sol, ou, plus souvent, subir un échec, être éliminé : *On n'a retenu que trois candidates pour cet emploi, les autres sont restées sur le carreau.* || Fam. *Se tenir à carreau,* être très vigilant, éviter de commettre la moindre faute : *Depuis cet avertissement, je me tiens à carreau* (syn. ÊTRE, SE TENIR SUR SES GARDES).

carrée [kare] n. f. *Pop.* Chambre.

carrefour [karfur] n. m. (bas lat. *quadrifurcus,* endroit fourchu en quatre). **1.** Lieu où se croisent plusieurs rues ou plusieurs routes : *Au deuxième carrefour, vous tournerez à droite* (syn. CROISEMENT). — **2.** Lieu de rencontre et de confrontation d'idées opposées : *Cette session doit être un carrefour où chacun exposera librement ses vues. Une émission télévisée qui se présente comme un carrefour d'opinions.*

carrelage [karlaʒ] n. m. **1.** Action de carreler : *Le carrelage de la salle de séjour a demandé trois jours.* — **2.** Revêtement de carreaux sur le sol : *Ne marche pas pieds nus sur le carrelage!*

carreler [karle] v. t. (c. **6**) *Carreler une pièce,* la paver de carreaux.

carrelet [karlɛ] n. m. (de *carreau*).
— **I.** Filet de pêche monté sur une armature et tenu au bout d'une perche pour pêcher le menu poisson.
— **II.** Poisson plat comestible (syn. PLIE).

carreleur [karlœr] n. m. Professionnel qui pose le carrelage.

carrément [karemɑ̃] adv. **1.** Avec franchise, fermeté, sans détours : *Au lieu de tergiverser, vous feriez mieux d'aborder carrément la question* (syn. FRANCHEMENT). *Comme personne ne pouvait me fournir le renseignement, j'ai carrément écrit au directeur* (syn. HARDIMENT, BRAVEMENT). — **2.** *Fam.* Indique la certitude absolue (surtout pour comparer des quantités, des grandeurs) : *En prenant cette route, vous gagnez carrément une heure sur l'autre itinéraire* (syn. SANS AUCUN DOUTE, SÛREMENT). *Il est arrivé carrément une heure en retard* (syn. AU MOINS).

carrer (se) [kare] v. pr. (lat. *quadrare*). *Se carrer dans un fauteuil,* s'y installer bien à l'aise : *Après s'être carré dans un large fauteuil, il regarda son interlocutrice bien en face* (syn. SE CALER, S'ENFONCER).

carrier [karje] n. m. Ouvrier qui travaille à l'extraction de la pierre dans une carrière.

1. carrière [karjɛr] n. f. (lat. *carrus,* char). **1.** Profession à laquelle on consacre sa vie; ensemble des étapes à parcourir dans cette profession (limité à quelques métiers ou fonctions : enseignement, armée, politique, journalisme, etc.) : *Une conférence d'information sur les carrières de l'enseignement* (syn. FONCTIONS). *J'ai fait carrière dans la marine marchande, dans la magistrature* (= j'ai consacré ma vie professionnelle à). *Certaines carrières sont beaucoup plus encombrées que d'autres* (= il y a un nombre déjà très important de personnes qui les exercent, ce qui en rend l'accès plus difficile). *La carrière des lettres* (= le métier d'écrivain). *Il s'est senti très jeune attiré vers la carrière des armes* (= le métier militaire). *Il est militaire de carrière, officier de carrière* (par oppos. aux appelés du contingent, aux officiers de réserve). *Il est entré directement dans la* Carrière (avec majusc.; = la diplomatie). *C'est un officier qui a fait une carrière très rapide* (= il a rapidement franchi les différents grades). *Les syndicats de fonctionnaires cherchent à obtenir une amélioration de carrière* (= l'accession plus rapide à de meilleures conditions de traitement). *À trente ans, elle a déjà fait une brillante carrière politique. Ce scandale pourrait bien briser sa carrière.* — **2.** Litt. *Donner carrière à qqch,* le laisser se manifester, se développer librement : *Évitons de donner carrière à la médisance. Tu as donné carrière à ton ambition* (syn. LAISSER LE CHAMP LIBRE, DONNER LIBRE COURS).

2. carrière [karjɛr] n. f. (lat. *quadrus,* carré). Terrain d'où on extrait de la pierre ou du sable : *Des enfants qui jouent dans une carrière abandonnée. Une carrière de marbre, de sable* (= une sablière).

carriérisme [karjerism] n. m. Comportement de carriériste.

carriériste [karjerist] n. Personne qui cherche à satisfaire son ambition personnelle à travers son activité dans un syndicat ou un parti.

carriole [karjɔl] n. f. (lat. *carrus,* char). *Fam.* et *péjor.* Voiture tirée par un cheval, à deux grandes roues, utilisée à la campagne : *Une paysanne qui va vendre ses légumes au marché dans une carriole tirée par un âne* (syn. CHARRETTE).

carrossable [karɔsabl] adj. (de *carrosse*). *Route, chemin carrossable,* où les voitures peuvent passer sans difficulté : *À cinq cents mètres d'ici, ce chemin cesse d'être carrossable et vous risqueriez de vous embourber* (syn. PRATICABLE).

carrossage [karɔsaʒ] n. m. Action de carrosser.

carrosse [karɔs] n. m. (it. *carro,* char). **1.** Voiture de luxe, à quatre roues, tirée par des chevaux, en usage autrefois : *La cour d'Angleterre utilise encore des carrosses pour certaines cérémonies solennelles.* — **2.** *La cinquième roue du carrosse,* celui ou celle qui ne sert à rien, de qui on se soucie peu.

carrosser [karɔse] v. t. Munir d'une carrosserie (souvent pass.) : *Une voiture carrossée à l'italienne.*

carrosserie [karɔsri] n. f. Revêtement, le plus souvent de tôle, qui habille le châssis d'un véhicule; coque d'une automobile : *L'accrochage a été léger : seule la carrosserie a été un peu endommagée.*

carrossier [karɔsje] n. m. Ouvrier, dessinateur, industriel spécialisé dans la carrosserie.

carrousel [karuzɛl/sɛl] n. m. (it. *carosela*). **1.** Représentation donnée par des groupes de cavaliers faisant évoluer leurs chevaux : *Le carrousel du Cadre noir de Saumur est célèbre.* — **2.** Circulation intense de véhicules en divers sens : *Du balcon, nous observions le carrousel des voitures sur la place.*

carrure [karyr] n. f. (de *carrer*). **1.** Largeur du dos d'une épaule à l'autre : *C'est un garçon robuste, avec une carrure d'athlète.* — **2.** Largeur d'un vêtement au niveau des épaules : *Cette veste est trop large pour toi de carrure, essaie une taille au-dessous.*

cartable [kartabl] n. m. Sac dans lequel les écoliers mettent leurs cahiers, leurs livres, etc. (syn. SERVIETTE).

carte [kart] n. f. (lat. *charta,* papier).
— **I. 1.** Document fait d'une feuille de carton ou de papier fort, constatant l'identité de qqn, son appartenance à un groupement, son inscription sur une liste, et lui conférant les droits correspondants, etc. : *La carte d'identité est délivrée par la préfecture. Le contrôleur de chemin de fer a demandé à voir ma carte de famille nombreuse* (= donnant droit à un tarif réduit). *On se présentera au bureau de vote avec sa carte d'électeur. La carte grise est le récépissé de la déclaration de mise en service d'un véhicule à moteur. La carte verte est obligatoire quand on va à l'étranger, pour justifier de l'assurance de sa voiture.* — **2.** Petit rectangle de papier fort sur lequel on a fait imprimer son nom, ses titres et son adresse, et qu'on peut remettre pour se faire connaître, ou utiliser pour une correspondance brève (on dit aussi CARTE DE VISITE) : *Une dame est venue en votre absence, elle a laissé sa carte.* — **3.** Représentation conventionnelle d'une région ou d'un pays, donnant diverses indications géographiques : *Vous prendrez votre atlas et vous reproduirez la carte de l'Espa-*

gne. *On partit en vacances, muni des cartes routières de l'Auvergne.* — **4.** *Carte (postale),* dont l'un des côtés est utilisé pour la correspondance et dont l'autre est illustré. — **5.** *Donner, laisser carte blanche à qqn,* lui laisser toute liberté d'agir à son gré : *Allez-y de ma part et faites pour le mieux : je vous laisse carte blanche.* — **II. 1.** Liste des plats ou des boissons qu'on peut choisir dans un restaurant, avec l'indication des prix correspondants (par oppos. à *menu,* liste unique des plats composant le repas à prix fixe) : *Garçon, voulez-vous me passer la carte des vins? Je dîne chaque jour à la carte* (= en choisissant mes plats). — **2.** Fam. *À la carte,* se dit d'un choix libre concernant une activité quelconque : *Cette agence propose des voyages à la carte, chacun peut décider lui-même de son itinéraire* (syn. AU CHOIX).

— **III. 1.** *Carte (à jouer),* chacun des petits cartons légers portant sur une face diverses figures en couleur et dont l'ensemble constitue un jeu de cartes : *Les jeux de cartes ont soit cinquante-deux, soit trente-deux cartes. Il me restait trois cartes en main : l'as de trèfle, le roi de cœur et le dix de carreau. Elle se rendit compte trop tard qu'elle s'était défaite d'une carte maîtresse* (= carte qui fait la levée) *et avait conservé une fausse carte* (= une carte sans utilité en l'état actuel de la partie). *Avant chaque nouvelle distribution, on bat les cartes* (= on les mélange). *Retourner une carte* (= en montrer la figure). — **2.** *Avoir toutes les cartes* (ou *tous les atouts*) *dans son jeu,* avoir toutes les chances de son côté. || *Brouiller les cartes,* créer volontairement la confusion, le désordre : *S'amuser à brouiller les cartes au cours d'une discussion.* || *Carte maîtresse,* ressource capitale, principal moyen de succès : *L'avocat gardait pour la fin sa carte maîtresse : un témoignage accablant pour la partie adverse* (syn. PIÈCE MAÎTRESSE). || *C'est la carte forcée,* on est obligé de passer par ses exigences : *Alors, c'est la carte forcée : vous nous imposez vos conditions sans que nous puissions refuser.* || *Château de cartes,* construction fragile que les enfants élèvent avec des cartes. || *Connaître, découvrir le dessous des cartes,* connaître les combinaisons secrètes d'une affaire. || *Jouer cartes sur table,* agir franchement, sans rien dissimuler. || *Jouer sa dernière carte,* faire la dernière tentative possible après l'échec de toutes les précédentes (syn. TENTER SA DERNIÈRE CHANCE). || *Jouer la carte de qqch,* s'engager à fond dans une option, un choix : *Le ministre des Finances a joué la carte de l'expansion* (syn. PARIER). || *Mettre cartes sur table,* ne rien dissimuler. || *Tirer les cartes, faire les cartes à qqn,* lui prédire sa destinée en utilisant un jeu de cartes selon certaines règles. || *Tour de cartes,* exercice d'adresse ou d'illusion exécuté avec des cartes à jouer.

1. cartel [kartɛl] n. m. (all. *Kartell,* défi). Entente entre des groupements financiers, professionnels, syndicaux ou politiques, en vue d'une action concertée : *Les industries sidérurgiques furent accusées de constituer un cartel. Le cartel des gauches.*

2. cartel [kartɛl] n. m. (it. *cartello,* affiche). Pendule qui s'accroche au mur (vieilli) [syn. CARILLON].

carte-lettre [kartəlɛtr] n. f. (pl. *cartes-lettres*). Carte mince se fermant au moyen de bords gommés.

carter [kartɛr] n. m. (mot angl.; du nom de l'inventeur J. H. *Carter*). Enveloppe métallique qui protège les organes d'un mécanisme : *Le carter d'une bicyclette recouvre la chaîne. Le carter est une enveloppe étanche qui protège par en dessous le moteur d'une voiture.*

cartésianisme [kartezjanism] n. m. Doctrine cartésienne (syn. RATIONALISME).

cartésien, enne [kartezjɛ̃] adj. (de *Cartesius,* n. lat. de Descartes). Caractérisé par sa rigueur, son habitude des démarches méthodiques, des déductions logiques (par allusion au système philosophique de Descartes) : *C'est un esprit trop cartésien pour s'accommoder d'une démonstration reposant sur une simple analogie.*

cartilage [kartilaʒ] n. m. (lat. *cartilago*). Tissu organique, résistant et élastique : *Le cartilage du nez, de l'oreille.*

cartilagineux, euse [kartilaʒinø] adj. De la nature du cartilage : *Tissu cartilagineux.*

cartographe [kartɔgraf] n. Spécialiste de cartographie.

cartographie [kartɔgrafi] n. f. Établissement des cartes géographiques : *Le service de cartographie dans une maison d'édition.*

cartographique [kartɔgrafik] adj. Relatif à la cartographie.

cartomancienne [kartɔmɑ̃sjɛn] n. f. (de *carte* et gr. *manteia,* divination). Personne qui prétend dire l'avenir à l'aide de cartes tirées d'un jeu (syn. TIREUSE DE CARTES).

carton [kartɔ̃] n. m. (it. *cartone*). **1.** Feuille rigide, faite de pâte à papier, mais plus épaisse qu'une simple feuille de papier : *Le carreau cassé a été provisoirement remplacé par un morceau de carton. La couverture de beaucoup de livres est en carton fort.* — **2.** Boîte faite en cette matière, et servant à emballer des marchandises ou à ranger divers objets : *La poupée est exposée dans son carton au rayon des jouets* (syn. BOÎTE). *Un carton à chaussures. Classer un dossier dans un carton.* — **3.** *Carton à dessin,* grand portefeuille en carton permettant de ranger des dessins, des gravures. || Fam. *Faire un carton,* tirer un certain nombre de balles sur une cible, dite *carton : Ils sont allés faire quelques cartons à la fête foraine;* tirer sur qqn : *Abrité derrière un rocher, il était prêt à faire un carton sur le premier ennemi qui passerait.*

cartonnage [kartɔnaʒ] n. m. **1.** Opération consistant à cartonner : *Le cartonnage est un des derniers stades de la fabrication d'un livre.* — **2.** Objet, armature de carton : *Un appareil ménager expédié dans un cartonnage robuste.*

cartonner [kartɔne] v. t. Garnir, munir de carton : *Ce livre se vend broché ou cartonné* (= relié avec une couverture de carton).

carton-pâte [kartɔ̃pɑt] n. m. Péjor. *Décor de carton-pâte,* édifice, construction peu solide ou paysage factice.

cartoon [kartun] n. m. (mot angl.). Bande dessinée.

cartothèque [kartɔtɛk] n. f. Local où sont conservées et classées les cartes de géographie.

cartouche [kartuʃ] n. f. (it. *cartuccia,* de *carta,* papier). **1.** Projectile de fusil avec sa charge et son amorce. — **2.** *Cartouche d'encre, de gaz,* etc., cylindre contenant une recharge d'encre pour stylo, de gaz pour briquet, etc. — **3.** *Cartouche de cigarettes,* emballage groupant dix paquets de cigarettes.

cartoucherie [kartuʃri] n. f. Usine où on fabrique des cartouches.

cartouchière [kartuʃjɛr] n. f. Étui ou ceinture où le chasseur met ses cartouches.

caryatide → CARIATIDE.

1. cas [kɑ] n. m. (lat. *casus,* accident). **1.** Ce qui arrive; situation de qqn ou de qqch : *Une des fusées n'a pas fonctionné : heureusement le cas était prévu* (syn. INCIDENT). *Il neigeait encore au mois de mai : c'est un cas assez rare* (syn. ÉVÉNEMENT, FAIT). *Il faut, selon les cas, aller plus ou moins vite* (syn. CIRCONSTANCE). *En pareil cas, il est bon de savoir rester maître de soi. Vous êtes peut-être fatigué : si tel est le cas, je peux* *attendre. On étudie en classe les cas d'égalité des triangles. La maladie est un cas de force majeure qui excuse une absence* (syn. CAUSE). *Avez-vous envisagé le cas d'un retard à la livraison?* (syn. HYPOTHÈSE, ÉVENTUALITÉ). *L'avocat a cherché à prouver que sa cliente était dans le cas de légitime défense. Il ne veut pas être mis dans le cas d'avoir à donner son avis. Un contribuable qui expose son cas à l'inspecteur des contributions* (syn. ÉTAT, CONDITION, SITUATION). — **2.** Manière particulière dont se présentent un ensemble de symptômes caractérisant une maladie : *Plusieurs cas de poliomyélite ont été signalés;* la personne accidentée ou malade : *On vient d'amener un malade à l'hôpital : c'est un cas urgent.* — **3.** Personne qui se singularise par son caractère, son comportement : *Cette personne est un cas complexe* (= son comportement se laisse difficilement analyser). *Sa conduite est extraordinaire; c'est vraiment un cas.* — **4.** *Cas social,* personne qui doit être prise en charge par des services sociaux divers : *La commission «logement» du comité d'entreprise examine en priorité les cas sociaux* (= ceux qui sont les plus démunis). ‖ *Au cas où, dans le cas où* (+ *cond.*), s'il arrivait que : *Au cas où j'aurais un empêchement, je téléphonerais.* ‖ *C'est le cas de le dire,* le mot, l'expression convient bien à la circonstance présente. ‖ *En aucun cas,* quoi qu'il arrive : *En aucun cas, vous ne devez vous dessaisir de cette pièce officielle.* ‖ *En cas de* (+ *n.*), dans l'hypothèse de : *En cas d'accident, prévenir M. X.* ‖ *En ce cas,* alors, s'il en est ainsi : *Il paraît que l'affaire est réglée; en ce cas, je n'ai plus rien à faire ici* (syn. DANS CES CIRCONSTANCES). ‖ *En tout cas, en tous (les) cas, dans tous les cas,* de toute façon, quoi qu'il en soit (pour présenter une affirmation en opposition à une hypothèse, à une éventualité quelconque) : *Je ne sais pas qui a dit cela, en tout cas ce n'est pas moi. C'est peut-être un bien, peut-être un mal : en tous (les) cas, c'est un fait.* ‖ *Faire cas de qqn, de qqch,* l'estimer : *Son secrétaire, dont elle faisait si grand cas, a trahi sa confiance.* ‖ *Faire cas, faire tel ou tel cas, grand cas, peu de cas, plus de cas,* etc. (ou *ne faire aucun cas*) *de qqch,* lui accorder telle ou telle importance : *Quel cas peut-on faire d'une promesse obtenue dans ces conditions? On a fait moins de cas de cet exploit que du précédent.*

2. cas [kɑ] n. m. (lat. *casus,* terminaison). Chacune des formes d'un nom, d'un adjectif, d'un participe ou d'un pronom qui correspondent, dans les langues à déclinaisons, à des fonctions déterminées dans la phrase.

casanier, ère [kazanje] adj. et n. (de l'esp. *casa,* maison). Qui aime à rester chez soi, qui a des habitudes de vie très régulières : *Je n'aime pas sortir le soir, je suis de plus en plus casanière* (syn. SÉDENTAIRE; fam. PANTOUFLARD; contr. BOHÈME). ◆ adj. Se dit de l'humeur, de la vie, etc., qui manifeste ce goût : *J'ai repris mes chères petites habitudes casanières.*

casaque [kazak] n. f. (persan *kazāgand,* jaquette). **1.** Veste en soie que portent les jockeys. — **2.** Fam. et péjor. *Tourner casaque,* changer complètement d'opinion, de parti, ordinairement par opportunisme : *Ses ennemis politiques l'accusent d'avoir plusieurs fois tourné casaque au bon moment* (syn. fam. RETOURNER SA VESTE).

cascade [kaskad] n. f. (du lat. *cascare, tomber*). **1.** Chute d'eau d'une certaine hauteur, formée par un cours d'eau, un lac, un bassin : *Une cascade d'une trentaine de mètres tombe du rocher* (syn. ↑ CATARACTE). *Un jardin public agrémenté d'un jet d'eau et d'une cascade.* — **2.** *Une cascade de,* une grande et soudaine affluence de choses : *Cette cascade de chiffres du compte rendu financier était très monotone.* ‖ *En cascade,* en s'enchaînant sans interruption (se dit d'événements défavorables) : *Depuis cette époque, il a eu des malheurs en cascade* (syn. EN SÉRIE).

cascadeur, euse [kaskadœr] n. Artiste spécialisé dans les exercices acrobatiques plus ou moins périlleux, et qu'on charge souvent de doubler une vedette de cinéma.

1. case [kaz] n. f. (lat. *casa,* hutte). Type d'habitation africaine (syn. HUTTE, PAILLOTE).

2. case [kaz] n. f. (esp. *casa*). **1.** Compartiment ménagé dans un meuble, un tiroir ou une boîte : *L'écolière met ses livres et ses cahiers dans la case de son pupitre* (syn. CASIER). *Les cases d'une boîte à outils.* — **2.** Carré ou rectangle tracé sur une surface, sur une feuille de papier, et destiné à recevoir un objet ou une inscription : *Un échiquier est divisé en soixante-quatre cases. Les cases d'une grille de mots croisés. Il faut remplir toutes les cases du formulaire.* — **3.** Fam. *Avoir une case de vide, une case en moins,* être faible d'esprit.

caséine [kazein] n. f. (lat. *caseus,* fromage). Protéine du lait.

casemate [kazmat] n. f. (gr. *khasma,* gouffre). Petit ouvrage fortifié, en général souterrain.

caser [kaze] v. t. **1.** *Caser qqch,* le placer judicieusement, ou au prix d'un certain effort (plus ou moins fam.) : *La valise est déjà pleine : où allons-nous pouvoir caser ces livres? Jamais je ne pourrai caser tout cela dans ma mémoire* (syn. LOGER; fam. FOURRER). *Elle ne manque pas une occasion de caser un bon mot* (syn. PLACER). — **2.** Fam. *Caser qqn,* lui procurer un emploi, un logement; le marier : *User de ses relations pour caser une de ses nièces. Tous ses enfants sont bien casés.* ◆ ***se caser*** v. pr. *Fam.* Se trouver une place, se loger, se situer : *J'ai réussi à me caser dans le car déjà bondé. À quel moment de la pièce se case ce dialogue?*

caserne [kazɛrn] n. f. (prov. *cazerna,* groupe de quatre personnes). Bâtiment affecté au logement des militaires : *Après leur permission, les soldats rentrent à la caserne.*

casernement [kazɛrnəmɑ̃] n. m. **1.** Action de caserner : *Le casernement des troupes.* — **2.** Ensemble des bâtiments d'une caserne : *Les soldats rentrent au casernement.*

caserner [kazɛrne] v. t. Installer dans une caserne (surtout pass.) : *Des troupes casernées dans les villes voisines* (syn. ENCASERNER).

cash [kaʃ] adv. (mot angl.). Fam. *Payer cash,* payer tout de suite et d'un seul coup : *Elle a acheté un appartement qu'elle a payé cash* (syn. PAYER COMPTANT).

casier [kazje] n. m. (de case 2). **1.** Meuble contenant une série de cases : *Range le litre de vin dans le casier à bouteilles.* — **2.** Syn. de CASE, compartiment : *Chaque locataire prend son courrier à la loge, dans son casier.* — **3.** Nasse en osier ou en grillage pour prendre les gros crustacés (homards, langoustes). — **4.** *Casier judiciaire,* relevé des condamnations encourues par une personne : *Avoir un casier judiciaire vierge* (= sans condamnation).

casino [kazino] n. m. (mot it.). Établissement de jeu, dans certaines stations balnéaires ou thermales, où on donne aussi des spectacles.

casoar [kazɔar] n. m. (malais *kasouari*). Plumet rouge et blanc ornant le shako des saint-cyriens.

casque [kask] n. m. (esp. *casco*). **1.** Coiffure rigide destinée à protéger la tête : *Un casque de soldat, de pompier. Le casque est obligatoire pour les motocyclistes.* — **2.** Appareil dans lequel on engage la tête, pour sécher ses cheveux après une mise en plis : *Elle devait rester sous le casque près d'une heure.* — **3.** *Casque téléphonique* ou *radiophonique,* récepteur constitué par deux écouteurs montés sur un support formant serre-tête.

casqué, e [kaske] adj. Protégé par un casque : *Des gendarmes casqués assurent le service d'ordre.*

casquer [kaske] v. i. *Pop.* Payer, débourser, subir une perte d'argent : *Encore une feuille d'impôts? On n'a jamais fini de casquer.*

casquette [kaskɛt] n. f. (de *casque*). Coiffure plate et munie d'une visière.

cassable [kasabl] adj. Qui se casse : *C'est très beau, mais c'est cassable* (syn. ↑ FRAGILE).

cassage [kasaʒ] n. m. Action de mettre volontairement en morceaux : *Les cantonniers occupés au cassage des cailloux.*

cassant, e [kasɑ̃] adj. **1.** Se dit de qqch qui est sujet à se casser, qui manque de souplesse : *Un bois trop cassant pour être utilisé en construction.* — **2.** Se dit de qqn (ou de son attitude) qui n'a aucune souplesse de caractère, qui a une raideur intraitable : *Être trop cassant pour accomplir une mission diplomatique* (syn. AUTORITAIRE). *Un ton cassant, des paroles cassantes* (syn. TRANCHANT, PÉREMPTOIRE, INTRANSIGEANT). — **3.** Fam. *Ça n'a rien de cassant, ce n'est pas cassant,* cela n'a rien de remarquable, c'est assez ordinaire : *Ce film dont on parle tant, je n'y ai rien trouvé de cassant;* cela n'a rien de fatigant : *Son métier consiste à donner de temps en temps un renseignement : ce n'est pas cassant.*

cassate [kasat] n. f. (it. *cassata*). Crème glacée, d'origine italienne, faite de tranches diversement parfumées et de fruits confits.

cassation [kasasjɔ̃] n. f. Annulation d'une décision administrative ou d'un jugement, prononcée par la juridiction compétente : *Un juge à la Cour de cassation. Se pourvoir en cassation.*

1. casse [kas] n. f. (de *casser*). **1.** *Fam.* Action de mettre en morceaux par mégarde; son résultat : *Tiens, porte ce paquet, et attention à la casse! Il y a eu de la casse dans le déménagement* (= des objets cassés). — **2.** *Fam.* Dégâts matériels ou corporels qui résultent d'une bagarre : *La police et les manifestants sont face à face, il va y avoir de la casse!* — **3.** *Envoyer* ou *vendre une voiture à la casse,* la vendre au poids à un récupérateur de métaux.

2. casse [kas] n. m. *Arg.* Cambriolage.

cassé, e [kase] adj. *Voix cassée,* tremblante, mal assurée.

casse-cou [kasku] adj. et n. m. inv. *Fam.* Qui a un goût excessif du risque, qui se lance inconsidérément dans des entreprises hasardeuses : *C'est un garçon trop casse-cou quand il est au volant* (syn. ↓ IMPRUDENT). *Si elle avait été moins casse-cou, elle pouvait faire fortune dans cette affaire* (syn. TÉMÉRAIRE, RISQUE-TOUT; contr. PRUDENT, CIRCONSPECT, PRÉCAUTIONNEUX). ◆ n. m. inv. **1.** Passage difficile, chemin escarpé où on court le risque de tomber (syn. pop. et plus usuel CASSE-GUEULE). — **2.** *Crier casse-cou à qqn,* l'avertir d'un danger auquel il s'expose : *J'ai eu beau te crier casse-cou, il a fallu que tu t'embarques dans cette mauvaise affaire.*

casse-croûte [kaskrut] n. m. inv. *Fam.* Petit repas rapide généralement froid : *J'avais emporté un casse-croûte pour le voyage : du pain, deux œufs durs, un morceau de fromage et une pomme.*

casse-gueule [kasgœl] n. m. inv. *Pop.* Passage ou exercice dangereux, où on risque de tomber; entreprise comportant le risque de graves échecs : *Cette route verglacée, c'est un fameux casse-gueule! Tu n'aurais pas dû te laisser embarquer dans cette affaire : c'est un casse-gueule.* ◆ adj. inv. **1.** Qui présente de gros risques : *Un sentier casse-gueule. Une affaire casse-gueule* (syn. HASARDEUX, RISQUÉ). — **2.** Se dit de qqn de téméraire : *Tu es toujours aussi casse-gueule en voiture?* (syn. fam. CASSE-COU).

cassement [kasmɑ̃] n. m. *Cassement de tête,* grande fatigue causée par un bruit assourdissant, un travail pénible; tracas (plus rare que l'expression *casser la tête*).

casse-noisettes ou **casse-noisette** [kasnwazɛt] n. m. inv., **casse-noix** [kasnwa] n. m. inv. Instrument pour casser la coquille des noisettes, des noix.

casse-pieds [kaspje] n. et adj. inv. *Très fam.* Personne ou chose insupportable : *Celle-là, ce qu'elle est casse-pieds avec ses histoires!* (syn. EXCÉDANT, FATIGANT; soutenu IMPORTUN; fam. ASSOMMANT). *C'est casse-pieds de s'encombrer de tant de bagages.*

casse-pipes [kaspip] ou **casse-pipe** n. m. inv. *Fam.* Guerre considérée sous le rapport des risques que le soldat y court; zone des combats (syn. LE FRONT).

casser [kase] v. t. (lat. *quassare,* secouer). **1.** Mettre en morceaux, par choc, par pression ou par traction : *La bouteille s'est renversée, cassant une assiette. Les pompiers ont dû casser la porte pour entrer* (syn. ENFONCER). *Le verre est cassé. Un cheval qui a cassé son licol* (syn. litt. BRISER, ROMPRE). — **2.** Causer une fracture à un os d'un membre : *La chute d'une branche a cassé une jambe au bûcheron;* surtout pr. et pass. : *Je me suis cassé un poignet en tombant* (syn. FRACTURER). *Elle a la cheville cassée.* — **3.** Mettre hors d'usage un appareil, détériorer un mécanisme : *Ta montre est arrêtée : tu as dû la casser* (syn. ABÎMER; fam. DÉTRAQUER). — **4.** Fam. *À tout casser,* sans retenue : *On a fait une fête à tout casser;* tout au plus, au maximum : *Ça demandera trois jours, à tout casser.* ‖ Fam. *Ça ne casse rien,* cela n'a rien d'extraordinaire, d'intéressant. ‖ Pop. *Casser la baraque,* en parlant d'un artiste, déchaîner l'enthousiasme des spectateurs. ‖ Fam. *Casser la croûte* (ou, pop., *la graine*), prendre un repas léger, ou simplem. manger. ‖ Fam. *Casser la figure* (ou, pop., *la gueule*) *à qqn,* le rouer de coups. ‖ Pop. *Casser le morceau,* passer aux aveux, dénoncer qqn ou qqch. ‖ Pop. *Casser sa pipe,* mourir. ‖ *Casser les prix,* provoquer une baisse brutale des prix de vente. ‖ *Casser les reins de qqn,* briser sa carrière. ‖ Fam. *Casser du sucre sur le dos de qqn, sur qqn,* dire du mal de lui hors de sa présence. ‖ Fam. *Casser la tête,* fatiguer par du bruit, des paroles. ‖ Fam. *Casser la tête* (ou, plus fam., *les pieds*) *à qqn,* l'importuner, le fatiguer. ‖ *Casser les vitres,* faire du scandale. — **5.** *Casser un gradé, un fonctionnaire,* les destituer de leur grade, de leurs fonctions. — **6.** *Casser un jugement, un arrêt, une sentence, un mariage,* les déclarer nuls, en parlant d'une juridiction établie à cet effet : *L'avocate espère faire casser ce jugement pour vice de forme.* ◆ v. i. (sujet qqch) Se rompre : *Si la corde casse, c'est la chute.* ◆ ***se casser*** v. pr. **1.** (sujet qqch) Être mis en morceaux, céder : *Plusieurs œufs se sont cassés dans le transport. La chaîne s'est cassée.* — **2.** (sujet qqch) Être fragile, sujet à la casse : *Attention au service de porcelaine : ça se casse* (= c'est cassable). — **3.** Pop. *Ne pas se casser,* ne pas se fatiguer. ‖ *Se casser le cou,* se tuer ou se blesser gravement en tombant; échouer totalement dans une entreprise. ‖ Fam. *Se casser la figure* (ou, pop., *la gueule*), tomber, avoir un accident. ‖ Fam. *Se casser le nez,* échouer dans une entreprise; trouver porte close en arrivant chez qqn. ‖ Fam. *Se casser la tête,* se tourmenter pour trouver une solution.

casserole [kasrɔl] n. f. (anc. fr. casse, poêle). **1.** Récipient utilisé pour la cuisine, de forme ordinairement cylindrique, à fond plat et à manche; son contenu : *Qui a renversé toute la casserole d'eau par terre?* — **2.** Pop. *Passer à la casserole,* être tué ou être soumis à une épreuve pénible. — **3.** *Fam.* Voix ou instrument qui manque de justesse : *Il faudra faire réaccorder le piano, c'est une vraie casserole.*

casse-tête [kastɛt] n. m. inv. **1.** Massue en usage chez certaines peuplades. — **2.** Travail ou jeu qui fatigue beaucoup l'esprit, qui présente des difficultés presque insolubles (ou souvent CASSE-TÊTE CHINOIS) : *La déclaration de ses revenus était pour lui un vrai casse-tête. C'est un casse-tête chinois de trouver un jour et une heure qui conviennent à tous.* — **3.** Vacarme fatigant : *Il faut subir chaque année le casse-tête de la fête foraine.*

casse-tout [kastu] n. m. inv. *Fam.* Personne qui casse par maladresse.

cassette [kasɛt] n. f. (lat. *capsa,* petit coffre). **1.** Petit coffre servant à mettre de l'argent, des bijoux, etc. — **2.** Étui contenant une bande magnétique : *Magnétophone à cassettes.*

casseur, euse [kasœr] n. Personne qui casse par maladresse (syn. CASSE-TOUT). ◆ ***casseur*** n. m. **1.** Professionnel qui détruit les voitures hors d'usage et en récupère les pièces détachées. — **2.** Celui qui se livre volontairement à des déprédations (au cours d'une manifestation) : *Les casseurs seront les payeurs.*

1. cassis [kasis] n. m. (lat. *cassia*). **1.** Fruit de l'arbuste de même nom, baie noire ressemblant à la groseille. — **2.** Liqueur obtenue en faisant macérer ce fruit dans l'alcool. (Aussi CRÈME DE CASSIS.)

2. cassis [kasis] n. m. (de *casser*). Dépression brusque du sol, sur une route, qui imprime une secousse aux véhicules (contr. DOS-D'ÂNE).

cassoulet [kasulɛ] n. m. (mot languedocien). Ragoût de haricots blancs et de viande d'oie, de mouton, de porc, etc.

cassure [kasyr] n. f. **1.** Endroit où un objet est cassé : *Boucher avec du mastic les cassures du plâtre.* — **2.** *La cassure d'un pantalon,* l'endroit où le pli de repassage se brise, quand le bas du pantalon repose sur la chaussure. ‖ *Provoquer une cassure dans une amitié, une alliance,* y mettre fin brusquement (syn. AMENER UNE RUPTURE).

castagnettes [kastaɲɛt] n. f. pl. (esp. *castañeta,* petite châtaigne). Petit instrument à percussion, composé de deux plaquettes de bois reliées par une cordelette et qu'on entrechoque pour accompagner notamment certaines danses espagnoles.

caste [kast] n. f. (du lat. *castus,* pur). **1.** *Péjor.* Classe de citoyens qui tient à se distinguer des autres par ses mœurs, ses privilèges : *Dans cette petite ville de province les notables ont un esprit de caste très affirmé* (syn. CLAN). — **2.** En Inde, classe sociale fermée constituant une division hiérarchique de la société : *La caste des prêtres, des marchands, etc.*

castor [kastɔr] n. m. (gr. *kastôr*). Rongeur à pattes postérieures palmées et à queue largement aplatie, vivant en colonies au bord de l'eau, et capable d'y construire des huttes et des digues, commun au Canada et en U.R.S.S.

castration [kastrasjɔ̃] n. f. Action de castrer.

castrer [kastre] v. t. (lat. *castrare*). Priver un animal mâle de ses glandes génitales (syn. CHÂTRER).

casuiste [kazɥist] n. m. Celui qui argumente trop subtilement, notamment pour justifier ses fautes ou celles d'autrui : *Certains casuistes expliqueront sans doute que ce meurtre est un bienfait.*

casuistique [kazɥistik] n. f. (lat. *casus,* cas de conscience). **1.** Partie de la théologie qui traite des cas de conscience. — **2.** *Péjor.* Subtilité excessive qu'on met à argumenter en ergotant : *Nous n'allons pas faire de la casuistique pour savoir si ses paroles ont dépassé sa pensée.*

cataclysme [kataklism] n. m. (gr. *kataklusmos,* inondation). Grand bouleversement destructeur, causé par un tremblement de terre, un cyclone, une guerre, etc. : *La rupture de ce barrage entraînerait un terrible cataclysme dans la vallée* (syn. CATASTROPHE, DÉSASTRE, FLÉAU). *L'Ancien Régime fut emporté dans le cataclysme de la Révolution française* (syn. OURAGAN, TEMPÊTE, TOURMENTE).

catacombes [katakɔ̃b] n. f. pl. (gr. *kata,* en dessous, et *tumba,* tombe). Galeries souterraines qui servirent de lieu de réunion, de refuge et de cimetière aux premiers chrétiens.

catadioptre [katadjɔptr] n. m. Dispositif optique réfléchissant les rayons lumineux vers leur source d'émission.

catafalque [katafalk] n. m. (it. *catafalco*). Estrade destinée à recevoir un cercueil pour une cérémonie funèbre.

catalepsie [katalɛpsi] n. f. (gr. *katalêpsis,* action de saisir). État de qqn qui perd momentanément toute sensibilité et toute faculté de mouvement.

cataleptique [katalɛptik] adj. Relatif à la catalepsie : *Un sommeil cataleptique.*

catalogue [katalɔg] n. m. (gr. *katalogos*). **1.** Brochure, livre contenant la liste des articles qu'un fabricant, un commerçant, un exposant propose à la clientèle : *Un catalogue illustré de grand magasin. Chercher le prix d'un livre dans le catalogue de l'éditeur. Le catalogue de l'exposition est en vente à l'entrée du musée.* — **2.** Liste, énumération par ordre de personnes ou de choses : *Ce livre ne figure pas sur le catalogue de la bibliothèque* (syn. INVENTAIRE, RÉPERTOIRE).

cataloguer [katalɔge] v. t. **1.** *Cataloguer qqch,* l'inscrire à un catalogue : *C'est un produit tout nouveau, que nous n'avons pas encore catalogué* (syn. INVENTORIER, RECENSER, RÉPERTORIER). — **2.** Fam. *Cataloguer qqn,* le classer dans une catégorie peu estimable (surtout part. passé) : *Dès que je l'ai aperçu, je l'ai catalogué comme un vaniteux* (syn. JUGER). *Après une telle action, elle a été cataloguée.*

catalyse [kataliz] n. f. (gr. *katalusis,* action de dissoudre). Action par laquelle un corps *(catalyseur)* provoque ou accélère une réaction chimique sans être lui-même modifié par cette réaction.

catalyser [katalize] v. t. **1.** Intervenir comme catalyseur dans une réaction chimique. — **2.** *Fam.* (sujet qqn, un événement) Provoquer par sa seule présence ou par son intervention une réaction psychologique : *Dès qu'elle entre en scène, cette cantatrice catalyse l'enthousiasme de toute la salle. L'application de la loi martiale a catalysé la révolte des opposants au régime.*

catalyseur [katalizœr] n. m. **1.** Corps qui provoque une catalyse : *La mousse de platine, introduite dans un mélange d'hydrogène et d'oxygène, provoque à son contact la formation de vapeur d'eau, sans être elle-même altérée : elle est le catalyseur de cette réaction.* — **2.** *Fam.* Personne qui déclenche une réaction par sa présence : *Cette action a été déclenchée par un homme qui a joué un rôle de catalyseur des foules* (= à lui seul, il a déclenché la réaction des foules).

catamaran [katamarɑ̃] n. m. (mot angl.). Type de bateau à voile, constitué par deux coques accouplées.

cataplasme [kataplasm] n. m. (gr. *kataplasma,* emplâtre). Préparation à base de farine de lin, parfois saupoudrée de farine de moutarde, qu'on applique à chaud, entre deux linges, sur une partie du corps pour combattre une inflammation.

catapulte [katapylt] n. f. (gr. *katapeltês*). **1.** Machine de guerre qui servait autref. à lancer des projectiles. — **2.** Dispositif mécanique constitué par un chariot coulissant sur une poutrelle : *La catapulte sert au lancement des avions sur un navire de guerre.*

catapulter [katapylte] v. t. **1.** *Catapulter qqn, qqch,* les lancer brusquement, les envoyer soudain à une certaine distance et avec force : *Sous le choc, le cycliste a été catapulté à plusieurs mètres* (syn. PROJETER). — **2.** Fam. *Catapulter qqn,* le nommer soudain à un poste plus élevé qu'auparavant : *Il a été catapulté à la direction de l'usine.*

1. cataracte [katarakt] n. f. (gr. *katarraktês*). Importante chute d'eau sur le cours d'un fleuve : *Les cataractes du Niagara* (syn. ↓CHUTE).

2. cataracte [katarakt] n. f. Maladie de l'œil qui se traduit par une opacité du cristallin produisant une cécité partielle ou complète.

catastrophe [katastrɔf] n. f. (gr. *katastrophê*). **1.** Événement subit qui cause un bouleversement, des destructions, des victimes : *Un avion s'est écrasé au sol avec tous ses occupants; c'est la troisième catastrophe aérienne de ce genre en un mois* (syn. ↓ACCIDENT). *L'incendie, qui ravage des milliers d'hectares de forêt, prend les proportions d'une catastrophe* (syn. DÉSASTRE, CALAMITÉ). *Son échec à cet examen est pour elle une vraie catastrophe* (syn. MALHEUR, ↑TRAGÉDIE). — **2.** *En catastrophe,* se dit d'une action qu'il faut accomplir très vite, dans des circonstances aléatoires : *L'avion a dû atterrir en catastrophe en plein désert.*

catastropher [katastrɔfe] v. t. Fam. *Catastropher qqn,* le jeter dans un grand abattement (surtout part. passé) : *La défaite de son ancienne équipe de football l'a catastrophé* (syn. ↓ABATTRE, ATTERRER, CONSTERNER). *Elle contemplait le désastre d'un air catastrophé.*

catastrophique [katastrɔfik] adj. Qui a le caractère d'une catastrophe, d'un désastre : *Une sécheresse catastrophique. Une épidémie catastrophique. Une hausse catastrophique du coût de la vie* (syn. ↓IMPORTANT). *J'ai eu une note catastrophique à cette épreuve* (syn. TRÈS MAUVAIS).

catch [katʃ] n. m. (de l'angl. *catch as catch can,* attrape comme tu peux). Lutte où les concurrents (deux ou quatre suivant les matchs) peuvent pratiquer presque toutes les prises.

catcher [katʃe] v. i. Pratiquer le catch.

catcheur, euse [katʃœr] n. Qui pratique le catch.

catéchiser [kateʃize] v. t. **1.** Instruire dans la religion chrétienne : *L'abbé qui catéchise les enfants.* — **2.** Inspirer des opinions, inciter à agir d'une certaine façon : *Le prisonnier, soigneusement catéchisé avant le combat, donnait visiblement des renseignements faux* (syn. ENDOCTRINER, FAIRE LA LEÇON À).

catéchisme [kateʃism] n. m. (gr. *katêkhismos,* instruction orale). Instruction religieuse élémentaire, donnée principalement à des enfants; livre qui contient un exposé succinct de doctrine religieuse : *Cet enfant suivra-t-il le catéchisme l'année prochaine? Savoir par cœur son catéchisme.*

catéchiste [kateʃist] n. Auxiliaire du prêtre qui enseigne le catéchisme.

catéchumène [katekymɛn] n. (du gr. *katêkhein,* instruire de vive voix). Nouvel adepte du christianisme, n'ayant pas encore reçu le baptême.

catégorie [kategɔri] n. f. (du gr. *katêgorein,* énoncer). **1.** Ensemble de personnes ou de choses présentant des caractères distinctifs communs : *Rien ne l'émeut : elle est de la catégorie des éternelles optimistes* (syn. ESPÈCE, RACE). *Un boxeur de la catégorie des poids légers. On a consenti quelques avantages en faveur des petites catégories de fonctionnaires* (= des fonctionnaires dont le traitement est bas). *Les appartements sont classés par la loi en plusieurs catégories selon leur surface, leur degré de confort, etc. Le hautbois fait partie de la catégorie des instruments à anche* (syn. CLASSE). — **2.** *Catégorie grammaticale,* classe grammaticale.

catégoriel, elle [kategɔrjɛl] adj. Qui concerne seulement une catégorie de personnes (dans le domaine social surtout) : *Une revendication catégorielle des cadres.*

catégorique [kategɔrik] adj. (gr. *katêgorikos,* affirmatif). **1.** Se dit d'une attitude, d'un jugement qui est sans équivoque, qui ne laisse place à aucune incertitude : *Un démenti catégorique. Notre demande s'est heurtée à un refus catégorique de la direction* (syn. ABSOLU, FORMEL, ÉNERGIQUE, TOTAL). *Le ton catégorique de ses paroles montre bien la fermeté de sa décision* (syn. TRANCHANT, RÉSOLU; contr. INDÉCIS). *Je suis las de vos hésitations, il me faut une réponse catégorique* (syn. DÉCISIF, ↓NET; contr. ÉVASIF). — **2.** Qui juge de façon définitive : *Elle prétend toujours n'avoir jamais été informée des résultats; pourtant, elle est moins catégorique qu'au début* (syn. AFFIRMATIF).

catégoriquement [kategɔrikmɑ̃] adv. De manière catégorique : *Les autres accusés ont nié catégoriquement toute participation au crime* (syn. FAROUCHEMENT, FORMELLEMENT, ÉNERGIQUEMENT, ↓NETTEMENT).

catégorisation [kategɔrizasjɔ̃] n. f. Action de catégoriser.

catégoriser [kategɔrize] v. t. *Catégoriser qqn, qqch,* les ranger dans une catégorie : *Elle m'a catégorisé parmi les éternels rêveurs.*

cathédrale [katedral] n. f. (lat. *cathedra,* chaire épiscopale). Église principale du diocèse, où siège l'évêque résidant.

catherinette [katrinɛt] n. f. Jeune fille qui fête à la Sainte-Catherine (25 novembre) l'année de ses vingt-cinq ans.

cathode [katɔd] n. f. (gr. *kata,* en bas, et *hodos,* chemin). Électrode de sortie du courant, chargée négativement (contr. ANODE).

catholicisme [katɔlisism] n. m. Doctrine de l'Église catholique; manière dont on interprète, dont on pratique cette doctrine : *Elle s'est convertie au catholicisme. Il pratique un catholicisme militant.*

catholicité [katɔlisite] n. f. **1.** Caractère catholique, universel : *Un concile œcuménique est une manifestation de la catholicité de l'Église* (syn. UNIVERSALITÉ). — **2.** Ensemble de ceux qui pratiquent la religion catholique : *Le discours du pape s'adresse à la catholicité.*

catholique [katɔlik] adj. (gr. *katholikos,* universel). **1.** Épithète par laquelle on désigne ordinairement l'Église romaine, sa doctrine et ses fidèles : *Le pape est le chef de l'Église catholique. L'Église, en se déclarant catholique, affirme son universalité. La religion catholique est la plus répandue en France. Un prêtre catholique.* — **2.** *Fam.* Conforme à la morale, aux habitudes courantes (dans des express. négatives) : *Il n'a pas l'air bien catholique avec son regard en dessous* (syn. HONNÊTE). *Elle devrait être rentrée : il doit se passer quelque chose de pas très catholique* (syn. NORMAL). ◆ n. Fidèle de l'Église catholique : *Les catholiques reconnaissent l'infaillibilité du pape.*

catimini (en) [katimini] adv. (du gr. *katamênia,* menstrues). En se dissimulant, le plus souvent dans une intention malveillante : *Venir parler à quelqu'un en catimini* (syn. EN CACHETTE, SECRÈTEMENT).

catogan [katɔgɑ̃] n. m. (du n. du général angl. *Cadogan*). Nœud plat qui retient les cheveux sur la nuque.

cauchemar [koʃmar] n. m. (anc. fr. *caucher,* fouler, et néerl. *mare,* fantôme nocturne). **1.** Rêve pénible, dans lequel on éprouve des sensations d'angoisse : *Je* *me suis réveillé en criant, j'avais fait un cauchemar.* — **2.** *Fam.* Chose ou personne qui importune beaucoup, qui tourmente : *Quel cauchemar, tous ces calculs à refaire!* (syn. fam. POISON). *Ce courrier quotidien, c'est mon cauchemar!* (syn. OBSESSION; soutenu TOURMENT).

cauchemardesque [koʃmardɛsk] adj. *Litt.* Qui a les caractères d'un cauchemar : *Une aventure cauchemardesque.*

caudal, e, als [kodal] adj. (du lat. *cauda,* queue). Qui appartient à la queue d'un animal ou qui en a la forme : *La nageoire caudale des poissons est celle qui termine leur corps.*

causal, e, als ou **aux** [kozal] adj. En grammaire, qui exprime la cause : *«Parce que», «puisque» sont des conjonctions causales.*

causalité [kozalite] n. f. Rapport qui unit la cause à son effet : *Le principe de causalité.*

causant, e [kozɑ̃] adj. *Fam.* Qui cause volontiers : *On ne s'ennuie pas avec lui, il est très causant. Une personne peu causante* (syn. AFFABLE; contr. TACITURNE, RENFERMÉ).

cause [koz] n. f. (lat. *causa*).
— **I. 1.** Ce qui fait que qqch est, ce qui le produit : *Les enquêteurs recherchent les causes de l'accident aérien* (syn. ORIGINE). *Les causes économiques d'une guerre* (contr. EFFET, CONSÉQUENCE, RÉSULTAT). *Je m'explique mal la cause de son retard* (syn. RAISON). *La nécessité de recourir à une traduction est une cause supplémentaire de complications* (syn. SOURCE). *Les causes qui l'ont déterminé à agir ainsi sont très respectables* (syn. MOBILE, MOTIF). — **2.** *Et pour cause!,* pour de bonnes raisons, qu'on n'indique que par allusion, ou qui sont évidentes : *Il n'a pas demandé son reste, et pour cause!* || *Être cause de* (+ *n.*), avoir pour conséquence, entraîner : *La ressemblance de ces deux noms est cause de bien des méprises.* || (sujet le plus souvent qqn) *Être cause que* (+ *ind.*), être responsable du fait que (soutenu) : *Par votre négligence, vous êtes cause qu'il faut tout recommencer.* — **3.** *À cause de,* fournit l'explication, le motif d'un fait : *La réunion est reportée à cause des fêtes de nouvel an* (syn. EN RAISON DE); indique souvent la personne ou la chose responsable d'un événement fâcheux : *C'est à cause de toi que j'ai été puni. Elle n'a pas obtenu son permis de conduire à cause d'une fausse manœuvre* (pour un événement heureux, on dit GRÂCE À); indique la personne ou la chose en considération de laquelle on agit : *C'est uniquement à cause de vous que je suis venu ici* (= pour vous être agréable ou pour avoir le plaisir de vous voir). *On la respecte à cause de son âge* (syn. PAR ÉGARD POUR). || *Pour cause de,* s'emploie dans les formules administratives ou les annonces : *Il a été renvoyé de cette place pour cause d'incapacité. Demander un congé pour cause de maladie. Magasin fermé pour cause de décès.*
— **II. 1.** Ensemble des circonstances qui déterminent la situation, au regard de la loi, d'une personne qui comparaît en justice : *L'avocate a longuement étudié la cause de son client* (syn. CAS, DOSSIER). *C'est une cause facile à plaider* (syn. AFFAIRE). *Un avocat sans causes* (= sans clients). — **2.** Ensemble des intérêts à soutenir en faveur de qqn, d'un groupement, d'une idée, d'une doctrine : *C'est une fille très sérieuse, qui cherche du travail : elle mérite qu'on s'intéresse à sa cause* (syn. CAS). *Un journal qui défend la cause des cultivateurs. Un homme politique qui a consacré sa vie à la cause de la paix.* — **3.** *Avoir, obtenir gain de cause,* avoir satisfaction, obtenir une décision favorable : *Les deux solutions ont été proposées au directeur : reste à savoir laquelle aura gain de cause.* (On dit de même DONNER GAIN DE CAUSE à *qqn, à une idée,* etc.) || *Être en cause,* être concerné par les événements; être l'objet d'un débat; être incriminé, compromis : *De gros intérêts sont en cause dans cette affaire* (syn. EN JEU). *Son honnêteté n'est pas en cause* (syn. EN QUESTION). *Pourquoi protestez-vous, vous n'êtes pas en cause!* (= on ne vous accuse pas). || *Être hors de cause,* ne pas être concerné, échapper à tout soupçon. || *Faire cause commune avec qqn,* s'unir à lui pour défendre les mêmes intérêts. || *La bonne cause,* celle que l'on défend, que l'on considère comme juste (souvent ironiq.) : *Il se consacre à cette revue littéraire, avec la satisfaction de travailler pour la bonne cause.* || *La cause est entendue,* il y a maintenant assez d'éléments pour se décider, notre opinion est faite (syn. L'AFFAIRE EST JUGÉE). || *Mettre en cause,* accuser, incriminer : *L'enquête met en cause des personnalités importantes.*

1. causer [koze] v. t. (de *cause*). *Causer qqch,* en être la cause, le produire : *Les pluies des derniers jours ont causé de graves inondations* (syn. PROVOQUER). *Je ne voudrais pas vous causer de nouvelles dépenses* (syn. OCCASIONNER). *Voilà une lettre qui va lui causer bien des ennuis* (syn. ATTIRER, SUSCITER). *La musique me cause de grandes joies* (syn. PROCURER). *C'est ce mot injurieux qui a causé la bagarre* (syn. DÉCLENCHER, ENTRAÎNER).

2. causer [koze] v. t. ind. ou i. (lat. *causari,* plaider). **1.** *Causer (de qqch) [avec qqn],* échanger familièrement des paroles (avec lui) : *On convint de ne pas causer de politique* (ou *causer politique*) [syn. PARLER, DISCUTER]. *J'ai l'intention de causer un moment avec elle pour connaître son avis sur la question* (syn. S'ENTRETENIR; soutenu CONFÉRER AVEC). *Nous causions tous les deux, en marchant dans la campagne* (syn. PARLER, BAVARDER; soutenu DEVISER). *Quelques invités qui avaient lu les derniers romans causaient dans le salon* (syn. DISCUTER; soutenu CONVERSER). — **2.** Fam. *Causer à qqn,* lui parler : *Je ne lui ai jamais causé. Il paraît qu'il a causé de moi à ses amis.* — **3.** *Causer sur qqn,* ou, sans compl., *causer,* parler de lui avec malveillance, faire des commérages : *Il s'est fait remarquer dans le quartier par sa liberté d'allure : on cause beaucoup sur son compte. Tu es trop volage : les voisins causent* (syn. JASER). — **4.** Fam. *Cause toujours,* parle autant que tu voudras, je ne tiendrai pas compte de tes paroles. || Fam. *Trouver à qui causer,* avoir affaire à une personne résolue, qui a la riposte vive, en paroles ou en actes.

causerie [kozri] n. f. Exposé sans prétention, et qui peut être improvisé : *Une causerie radiophonique sur les romans de l'année* (syn. CONFÉRENCE, qui se dit d'un discours plus soutenu). *Une causerie au coin du feu* (= une interview à la télévision présentée d'une façon familière).

causette [kozɛt] n. f. Fam. *Faire la causette, faire un brin (un bout) de causette,* bavarder familièrement pendant un temps assez court.

causeur, euse [kozœr] n. Personne qui cause agréablement : *Le capitaine, brillant causeur, racontait une de ses traversées.*

causticité [kostisite] n. f. Caractère caustique : *La causticité d'un acide. La causticité d'une réplique.*

caustique [kostik] adj. (gr. *kaustikos,* brûlant). **1.** Se dit d'une substance qui attaque, ronge les tissus organiques : *Pour déboucher un tuyau d'évier engorgé, on peut utiliser de la soude caustique.* — **2.** Qui est dur et volontiers cinglant dans la plaisanterie ou la satire : *On redoutait sa verve caustique* (syn. MORDANT, INCISIF).

cauteleux, euse [kotlø] adj. (du lat. *cautela,* défiance). *Péjor.* et *litt.* Qui agit d'une manière hypocrite et rusée; qui manifeste cette hypocrisie : *Des flatteries cauteleuses* (syn. SOURNOIS; contr. FRANC).

cautère [kotɛr] n. m. (gr. *kautêrion,* brûlure). **1.** Agent chimique ou corps brûlant employé en médecine pour brûler superficiellement un tissu organique. — **2.** Fam. *C'est un cautère sur une jambe de bois,* c'est un remède inutile, un moyen inefficace.

cautérisation [koterizasjɔ̃] n. f. Action de cautériser : *La cautérisation sert à pratiquer l'ablation de petites tumeurs (verrues).*

cautériser [koterize] v. t. *Cautériser un tissu,* le brûler avec un cautère.

caution [kosjɔ̃] n. f. (lat. *cautio*). **1.** Garantie morale constituée par la prise de position favorable de qqn qui jouit d'un grand crédit : *Une candidate qui se présente devant les électeurs avec la caution d'un chef de parti* (syn. APPUI, SOUTIEN, LABEL, PATRONAGE). — **2.** Engagement de payer une somme donnée pour garantir l'exécution d'une obligation; cette somme elle-même : *Le coupable a été mis en liberté sous caution* (= moyennant le versement d'une somme d'argent). *Verser une caution.* — **3.** *Sujet à caution,* dont la vérité n'est pas établie, qui inspire des doutes : *On ne peut pas se contenter d'affirmations aussi sujettes à caution* (syn. CONTESTABLE, DISCUTABLE, DOUTEUX, SUSPECT).

cautionnement [kosjɔnmɑ̃] n. m. Action de cautionner : *Le cautionnement de la politique du gouvernement par le Parlement.*

cautionner [kosjɔne] v. t. *Cautionner qqn, qqch,* leur accorder son appui : *Le ministre a démissionné pour éviter de paraître cautionner cette politique* (syn. SOUTENIR, APPROUVER).

cavalcade [kavalkad] n. f. (de l'it. *cavalcare,* chevaucher). *Fam.* Course désordonnée et bruyante de personnes ou d'animaux : *Quand les étudiants ont vu arriver la police, quelle cavalcade ça a été! Tu entends la cavalcade des rats au grenier?*

cavalcader [kavalkade] v. i. *Fam.* Courir de manière désordonnée : *Le vacher poursuivait ses bêtes qui cavalcadaient sur la route.*

cavale [kaval] n. f. Pop. *Être en cavale,* être en fuite, s'être évadé de prison.

cavaler [kavale] v. i. (de l'it. *cavallo,* cheval). **1.** *Très fam.* (sujet qqn, un animal) Courir : *J'ai cavalé dans tout Paris pour tâcher de trouver ce bouquin.* — **2.** (sujet un homme) Pop. *Cavaler après les filles,* chercher à avoir des aventures avec elles (syn. COURIR). ◆ ***se cavaler*** v. pr. *Très fam.* S'enfuir, se sauver : *Tu avais laissé la porte ouverte, alors tous les lapins se sont cavalés.*

cavalerie [kavalri] n. f. Ensemble des soldats combattant à cheval ou de ceux qui, dans les armées modernes, forment les équipages des engins blindés.

cavaleur [kavalœr] n. m. *Pop.* Celui qui court après les filles (syn. COUREUR).

1. cavalier, ère [kavalje] n. (it. *cavaliere*). **1.** Personne à cheval, ou sachant monter à cheval : *C'est une bonne cavalière. Une troupe de cavaliers et de cavalières est passée dans l'allée.* — **2.** Militaire servant dans la cavalerie. — **3.** Celui, celle avec qui on forme un couple dans un bal, un cortège, etc. : *Chaque cavalier donne le bras à sa cavalière.* — **4.** Fam. *Faire cavalier seul,* mener une action indépendante de celle des autres personnes de son parti, agir par ses propres moyens. ◆ adj. *Allée, piste cavalière,* voie réservée aux cavaliers dans une forêt, le long d'une route, etc.

2. cavalier, ère [kavalje] adj. Qui fait preuve d'une liberté excessive dans les relations; sans gêne : *Il est reparti sans un mot d'adieu : le procédé m'a paru très cavalier. Je la trouve un peu cavalière d'avoir répondu à ma place* (syn. DÉSINVOLTE, IMPERTINENT, ↑INSOLENT; fam. CULOTTÉ).

cavalièrement [kavaljɛrmɑ̃] adv. De façon cavalière : *Il nous a quittés très cavalièrement, sans un mot de remerciement.*

1. cave [kav] n. f. (bas lat. *cava,* fossé). **1.** Pièce en sous-sol, où on conserve le vin, le charbon, etc. — **2.** Vins en réserve, vieillissant en bouteilles : *J'ai mis de longues années à me constituer une bonne cave.* — **3.** Cabaret à la mode à Paris après la Seconde Guerre mondiale : *Les caves de Saint-Germain-des-Prés.* — **4.** *Cave à cigares,* coffret ou vitrine spécialement étudiés pour la bonne conservation des cigares.

2. cave [kav] n. f. (de *cave* 1). À certains jeux, somme dont chaque joueur dispose pour payer ses enjeux, pour miser.

3. cave [kav] adj. (lat. *cavus,* creux). **1.** *Joues caves, yeux caves,* joues creuses, yeux enfoncés dans des orbites creuses : *Ces yeux caves, ces traits tirés annonçaient une grave maladie.* — **2.** *Veines caves,* chacune des deux grosses veines par lesquelles le sang veineux se déverse dans l'oreillette droite du cœur.

4. cave [kav] n. m. *Pop.* Niais, dupe ne faisant pas partie du « milieu ».

caveau [kavo] n. m. (de *cave* 1). Fosse ménagée dans le sol d'un cimetière ou d'une église, pour servir de sépulture.

caverne [kavɛrn] n. f. (du lat. *cavus,* creux). Cavité naturelle, profonde, dans le roc : *Les hommes des cavernes étaient de remarquables artistes* (= les hommes préhistoriques qui ont peint des scènes animales sur les parois de certaines cavernes) [syn. GROTTE, de moindres dimensions; litt. ANTRE].

caverneux, euse [kavɛrnø] adj. *Voix caverneuse,* voix grave et sonore, aux accents plus ou moins sinistres (syn. ↑SÉPULCRAL).

cavernicole [kavɛrnikɔl] adj. et n. Se dit de certains animaux qui, supportant l'obscurité, vivent dans les grottes.

caviar [kavjar] n. m. (turc *kâwyâr*). Œufs d'esturgeon salés, constituant un mets apprécié.

caviste [kavist] n. m. Employé d'hôtel ou de restaurant chargé du soin des vins dans la cave.

cavité [kavite] n. f. (du lat. *cavus,* creux). Partie creuse ou évidée dans un corps solide : *La mer a accumulé des coquillages dans une cavité du rocher* (syn. CREUX). *L'eau a creusé une cavité dans la roche* (syn. TROU; soutenu ANFRACTUOSITÉ).

C.B. [sibi] n. f. Abréviation de *citizen band,* bande dont la fréquence est utilisée par les amateurs possédant un appareil récepteur monté sur leur voiture.

C.C.P. [sesepe] n. m. Abrév. de COMPTE COURANT POSTAL.

1. ce [sə], **c'** pron. dém. (lat. *ecce hoc*). Emploi limité à certaines locutions ou constructions. **1.** *C'est,* met en évidence un nom, un pronom ou un adverbe, désigne ou montre : *C'est Martine qui a téléphoné tout à l'heure. Ce sont eux les coupables. Ce sera demain le grand départ. Ce sont là des bêtises. Ç'a été la cause de sa ruine;* avec une prép. : *C'est à vous de tirer une carte* (= il vous appartient). *C'était pour vous cette lettre? C'était contre moi qu'était dirigée cette attaque.* — **2.** *Ce peut être, ce doit être,* indiquent la possibilité, la probabilité (soutenu) : *Ce devait être elle qui avait déposé le paquet* (= c'était elle sans doute qui...). *Ce peut être le vent qui souffle dans la cheminée. Ce ne peut être lui : il n'était pas là.* ‖ *Ce que* (+ adj., adv. ou v.), indique la quantité dans une phrase exclamative directe ou indirecte (syn. COMME, COMBIEN) : *Ce que tu peux être bête!* (syn. COMME). *Ce qu'on a ri, ce soir-là!* (syn. COMBIEN). *Tu ne sais pas ce que j'ai pu être malade* (fam.; syn. COMBIEN). ‖ *Ce que c'est que de,* fait constater la réalité, souvent désagréable, dans une phrase exclamative : *Ce que c'est que de se croire tout permis! On oublie que les autres existent. Ce que c'est que de conduire si vite, l'accident n'est pas loin!* || *C'est que,* introduit une explication dans une proposition qui suit une subordonnée conditionnelle : *S'il se tait, c'est qu'il est timide* (= c'est parce qu'il est timide). || *De ce que, à ce que,* introduit une complétive, complément d'un v. construit avec *de* ou *à* : *Je me réjouis de ce que vous êtes remis de votre maladie. Elle ne s'attend pas à ce que vous soyez des nôtres.* || *Et ce* (litt.), indique une opposition très forte : *Tu nous as quittés sans un mot; et ce, après tout ce que nous avons fait pour toi.* || *Et pour ce, pour ce faire* (soutenu), et dans cette intention, dans ce dessein : *Nous avons l'intention de passer nos vacances en Italie, et pour ce faire nous préparons longuement notre itinéraire.* || *Sur ce,* une fois ces événements passés (syn. SUR CES ENTREFAITES, ALORS, APRÈS CELA) : *Nous étions en panne; pas de maison en vue; sur ce, il se mit à pleuvoir. On lui fit remarquer cette erreur; sur ce, il se mit en colère. Sur ce, je vous quitte.* — **3.** Antécédent du relatif *qui, que, dont, quoi* : *Je vous renvoie à ce que j'ai déjà écrit sur le sujet. Elle n'a jamais su exactement ce dont on l'accusait. Ce qui est fait est fait;* antécédent de *qui, que, quoi* interrogatifs : *Je me demande ce qu'elle peut faire à cette heure. Je ne comprends pas ce qui a pu dérégler le chauffage. Je ne voyais pas ce à quoi vous faisiez allusion.*

2. ce [sə], **c', cet** [sɛt], **cette, ces, ce... -ci, ce... -là, cet... -ci, cet... -là, cette... -ci, cette ... -là, ces ... -ci, ces... -là** adj. dém. Désignent une chose, une personne, un terme (→ introduction DÉMONSTRATIFS.)

ceci [səsi], **cela** [səla], **ça** [sa] pron. dém. **1.** *Ceci* renvoie à ce qu'on va dire; *cela,* plus usuel, à ce qu'on a dit ou à ce qu'on va dire. *Ça,* fam., est la seule forme usuelle dans la langue parlée. *Cela doit être agréable de vivre dans un site aussi charmant. Si ça ne vous plaît pas, vous n'avez qu'à partir. Vous m'avez conseillé de persévérer et cela m'avait, à cette époque, beaucoup encouragé. Votre travail est parfait, à ceci près qu'il s'est glissé une erreur numérique. Retenez bien ceci : je ne paierai pas plus.* — **2.** *Ça alors!,* marque l'indignation, la surprise, l'admiration : *Elle a obtenu une augmentation! Ça alors!* || *Ça marche?,* question sur la santé de qqn, sur la bonne marche de ses affaires. || *Ça va (bien)?,* la santé est-elle bonne? || *C'est ça,* indique une approbation : *C'est ça, ce cadeau leur fera plaisir;* ou une désapprobation très vive : *C'est ça, ne vous gênez pas, continuez de fouiller dans mes papiers.* || *C'est toujours ça (de gagné, de pris),* indique une satisfaction résignée : *Il y a trois jours de congé au 1er novembre, c'est toujours ça.* || *Pour ça (cela),* dans une phrase négative, exprime une opposition : *J'ai lu le mode d'emploi, mais je ne suis pas plus avancé pour ça* (syn. POUR AUTANT). || *Pourquoi ça, qui ça, quand ça, comment ça, où ça,* interrogations renforcées : *« On a téléphoné pour vous. — Qui ça? » Comment ça, il n'est pas venu au rendez-vous?*

cécité [sesite] n. f. (du lat. *caecus,* aveugle). État d'une personne aveugle : *Elle est menacée de cécité complète, si elle ne se fait pas opérer de la cataracte.*

céder [sede] v. t. ind. et i. (lat. *cedere,* s'en aller) [c. **10**]. **1.** (sujet qqn) Cesser d'opposer une résistance morale ou physique, se laisser aller : *Nos troupes ont cédé sous les assauts d'un ennemi très supérieur en nombre* (syn. PLIER, SUCCOMBER). *Comme ils sont aussi têtus l'un que l'autre, ils ont longtemps discuté, mais aucun d'entre eux n'a voulu céder* (syn. ↑CAPITULER; contr. TENIR BON). *J'ai failli céder à la tentation de tout révéler* (syn. SUCCOMBER; contr. RÉSISTER À). — **2.** (sujet qqch) Ne pas résister à un effort, à l'action de qqch, être vaincu par qqch : *La digue a cédé sous la poussée des eaux* (syn. SE ROMPRE). *Si la branche venait à céder, il ferait une belle chute* (syn. CRAQUER, CASSER). *Le sac s'était ouvert parce qu'une attache avait cédé* (syn. LÂCHER, SAUTER). ◆ v. t. **1.** *Céder qqch à qqn,* lui faire abandon de qqch dont on jouit légitimement : *L'enfant se lève pour céder sa place à une personne âgée. La speakerine dit encore quelques mots, puis céda l'antenne aux acteurs* (syn. LAISSER, PASSER). *Ils se déclarèrent prêts à céder leur part d'héritage à leur sœur* (syn. ABANDONNER; contr. GARDER). — **2.** *Céder qqch à qqn,* se défaire, en le vendant, de qqch auquel on était attaché, l'abandonner contre dédommagement : *Ils comptent se retirer des affaires s'ils trouvent quelqu'un à qui céder leur commerce dans de bonnes conditions* (syn. VENDRE). *Va demander à la voisine si elle pourrait me céder une demi-douzaine d'œufs* (syn. REVENDRE). — **3.** *Céder le pas à qqn,* le laisser passer devant soi, par déférence. || *Céder le pas à qqch,* prendre une importance moindre : *Les intérêts particuliers doivent céder le pas à l'intérêt général.* || *Le céder en qqch à qqn* ou *à qqch,* lui être inférieur sous ce rapport : *Il ne le cède à personne en perspicacité. Pour ce qui est de la finesse de l'analyse psychologique, son dernier roman ne le cède en rien aux précédents.*

cédétiste [sedetist] n. et adj. De la C.F.D.T. (Confédération Française Démocratique du Travail).

cedex [sedɛks] n. m. Abrév. de COURRIER D'ENTREPRISE À DISTRIBUTION EXCEPTIONNELLE.

cédille [sedij] n. f. (esp. *cedilla,* petit *c*). Signe graphique qui, placé sous le *c,* devant *a, o, u,* indique le son [s] (ex. *il lança, leçon, déçu*). [Un *c* affecté de ce signe (ç) est appelé *c cédille.*]

cèdre [sɛdr] n. m. (gr. *kedros*). Grand arbre de la classe des conifères, dont les branches s'étalent horizontalement sur plusieurs plans.

cégétiste [seʒetist] n. et adj. Membre de la C.G.T.; relatif à la C.G.T. (Confédération Générale du Travail).

ceindre [sɛ̃dr] v. t. (lat. *cingere*) [c. **55**] (exclusivement litt., plus fréquent au part. passé *ceint*) **1.** *Ceindre une partie du corps,* mettre autour qqch qui sert d'ornement, de protection, de marque de souveraineté : *Elle ceignit ses épaules d'un châle* (syn. REVÊTIR). *La reine fit son entrée, la tête ceinte d'un diadème* (syn. ORNER). — **2.** *Ceindre qqch,* le mettre autour de la tête, autour du corps, comme ornement, comme protection ou comme marque de souveraineté : *Le chevalier se leva et sortit après avoir ceint son épée* (= après avoir attaché sur lui le baudrier soutenant l'épée). *Louis XIV voulut gouverner en monarque absolu dès qu'il eut ceint la couronne* (= dès qu'il fut monté sur le trône).

ceinture [sɛ̃tyr] n. f. (lat. *cinctura,* de *cingere,* ceindre). **1.** Bande de tissu, de cuir, etc., placée sur un pantalon, une jupe, ou pour serrer la taille. — **2.** Partie fixe d'un pantalon, d'une jupe, etc., qui serre la taille : *Il faut reprendre cette robe à la ceinture.* — **3.** Ce qui entoure, circonscrit une chose ou un lieu en les protégeant : *La ville s'abritait derrière une ceinture de remparts.* — **4.** *À la ceinture, jusqu'à la ceinture,* à la taille : *Ces ouvriers travaillent nus jusqu'à la ceinture* (= torse nu). || *Ceinture (de sécurité),* bande de tissu rigide attachée au siège, qui empêche que les passagers d'un avion ou d'une voiture ne soient projetés en avant lors d'un accident : *« Attachez vos ceintures. » Les voitures sont équipées de ceintures à l'avant et à l'arrière.* || *Être ceinture blanche, noire,* etc., *de judo,* en judo, avoir un grade plus ou moins élevé, suivant la couleur de la ceinture correspondant à ce grade. || Fam. *Se mettre, se serrer la ceinture,* se priver ou être privé de qqch, ne pas manger à sa faim.

ceinturer [sɛ̃tyre] v. t. **1.** *Ceinturer qqn,* le saisir par le milieu du corps en vue de le maîtriser : *Le malfaiteur voulait s'enfuir, mais deux agents l'ont vite cein-*

turé. — **2.** *Ceinturer qqch,* l'entourer (surtout pass.) : *La ville est ceinturée d'un boulevard extérieur.*

ceinturon [sɛ̃tyrɔ̃] n. m. **1.** Ceinture, généralement en cuir fort, portée sur l'uniforme militaire. — **2.** Grosse ceinture : *Elle s'est acheté un ceinturon en cuir au marché aux puces.*

cela [səla] pron. dém. neutre. (→ CECI.)

célébrant [selebrɑ̃] n. m. Prêtre qui dit la messe.

célébration [selebrasjɔ̃] n. f. Action de célébrer : *La célébration de la fête nationale a revêtu un faste exceptionnel. Pendant la célébration de la messe, les touristes sont priés d'éviter les allées et venues dans la cathédrale.*

célèbre [selɛbr] adj. (lat. *celeber, -bris,* fréquenté) [avant ou, plus souvent, après le n.]. Qui jouit d'une grande notoriété ; qui est très connu, le plus souvent en bien : *Un film célèbre. Le Mont-Saint-Michel est un site célèbre. Un célèbre écrivain a vécu dans cette maison* (syn. ILLUSTRE ; contr. INCONNU, OBSCUR). *L'histoire de son voyage en Amérique est célèbre dans toute la famille* (syn. FAMEUX). *La Bourgogne produit des vins célèbres* (syn. RENOMMÉ, RÉPUTÉ).

célébrer [selebre] v. t. (lat. *celebrare,* visiter en foule) [c. **10**]. **1.** *Célébrer une cérémonie, une fête,* l'accomplir avec une plus ou moins grande solennité, la marquer par des manifestations publiques : *La victoire fut célébrée dans l'enthousiasme* (syn. FÊTER). *Célébrer la mémoire de quelqu'un* (= rappeler son souvenir). *Un mariage célébré dans la plus stricte intimité.* — **2.** (sujet un prêtre) *Célébrer la messe,* la dire (syn. OFFICIER). — **3.** Litt. *Célébrer qqn, qqch,* les louer solennellement, les glorifier : *On célèbre cette artiste dans le monde entier. Les chansons de geste célèbrent les exploits des chevaliers* (syn. EXALTER, CHANTER).

célébrité [selebrite] n. f. **1.** Qualité de ce qui est célèbre : *Marie Curie doit sa célébrité à ses travaux sur le radium* (syn. RENOM). *Les auteurs classiques ont contribué à la célébrité du règne de Louis XIV* (syn. GLOIRE, ÉCLAT). *« La Joconde », de Léonard de Vinci, jouit depuis des siècles d'une grande célébrité* (syn. RENOMMÉE). — **2.** Personnage célèbre : *Toutes les célébrités du parti étaient réunies à ce congrès. Une célébrité locale présidait la distribution des prix* (syn. ↑ GLOIRE).

céleri [selri] n. m. (lombard *seleri*). Plante potagère dont on mange les tiges *(céleri en branche)* ou la racine *(céleri-rave).*

célérité [selerite] n. f. (du lat. *celer,* rapide). Grande vitesse, sans précipitation, dans l'exécution des tâches (soutenu) : *La célérité des policiers a permis l'arrestation de toute la bande* (syn. usuel RAPIDITÉ).

céleste [selɛst] adj. (lat. *caelestis,* de *caelum,* ciel). **1.** (après le n.) Relatif au ciel, au firmament (soutenu) : *Depuis le milieu du XXe s., l'homme est parti à la conquête des espaces célestes. On appelle « sphère céleste » la voûte du ciel au centre de laquelle l'observateur a l'impression de se trouver et sur laquelle semblent situés les astres.* — **2.** *Corps célestes,* les astres. ‖ Litt. *La voûte céleste,* le ciel. — **3.** (après ou avant le n.) Relatif au ciel, en tant que séjour de Dieu : *Les célestes douceurs. La puissance céleste. Les hommes craignaient le courroux céleste* (syn. DIVIN). — **4.** (après ou avant le n.) *Litt.* Se dit de ce qui cause un profond ravissement, qui charme par sa douceur, sa pureté : *Les yeux fermés, elle s'abandonnait à la musique céleste de cet adagio. Nous restons sous le charme de la céleste beauté de ce paysage.*

célibat [seliba] n. m. (lat. *caelibatus*). État de qqn qui n'est pas marié (admin.) : *Le célibat des prêtres.*

célibataire [selibatɛr] n. et adj. **1.** Qui n'est pas marié : *Il a atteint la quarantaine et n'est toujours pas marié : il restera probablement célibataire* (syn. fam. et péjor. VIEUX GARÇON). *Elle a des manies de célibataire* (syn. fam. et péjor. VIEILLE FILLE). — **2.** *Mère célibataire,* syn. admin. de FILLE MÈRE.

celle [sɛl], **celle-ci** [sɛlsi], **celle-là** [sɛlla] pron. dém. Désignent une personne, une chose (→ introduction DÉMONSTRATIFS).

cellier [selje] n. m. (lat. *cellarium*). Local, généralement frais, où on conserve le vin, les fruits, etc.

Cellophane [selɔfan] n. f. (nom déposé) Pellicule cellulosique transparente, souvent utilisée pour emballer ou protéger les denrées.

cellulaire [selylɛr] adj. **1.** Relatif à la cellule : *La biologie cellulaire* (= qui étudie les cellules). *Le tissu cellulaire* (= qui est formé de cellules). — **2.** *Fourgon cellulaire,* camion destiné au transport des prisonniers et où ils sont isolés chacun dans un compartiment.

cellule [selyl] n. f. (lat. *cella,* chambre). **1.** Élément constitutif, généralement microscopique, de tout être vivant (scientif.) : *Les végétaux et les animaux sont constitués de milliards de cellules.* — **2.** Groupe de personnes ayant une certaine unité au sein d'un ensemble organisé : *La cellule familiale forme la base de la société.* — **3.** Groupement de militants communistes d'une même entreprise, d'un même quartier, d'un même village : *Cellule locale.* — **4.** Dans un monastère, chambre d'un religieux ou d'une religieuse. — **5.** Dans une prison, petite pièce où est enfermé un détenu. — **6.** *Cellule photo-électrique,* appareil transformant l'énergie lumineuse en énergie électrique : *La porte d'entrée est munie d'un système d'ouverture à cellule photo-électrique.*

cellulite [selylit] n. f. Envahissement graisseux du tissu cellulaire sous-cutané qui donne à certains endroits de la peau un aspect grenu.

Celluloïd [selylɔid] n. m. (nom déposé) Matière plastique très inflammable.

cellulose [selyloz] n. f. Substance contenue dans la membrane des cellules végétales : *Le coton hydrophile est de la cellulose presque pure.*

cellulosique [selylozik] adj. Qui contient de la cellulose.

celte [sɛlt] ou **celtique** [sɛltik] adj. Relatif aux Celtes. ◆ n. m. Langue indo-européenne des Celtes.

celui [səlɥi], **celui-ci** [səlɥisi], **celui-là** [səlɥila] pron. dém. Désignent une personne, une chose (→ introduction DÉMONSTRATIFS).

cénacle [senakl] n. m. (lat. *cenaculum,* salle à manger). Groupe restreint, cercle de gens de lettres, d'artistes ayant des idées et des goûts communs : *Le jeune poète, reçu là pour la première fois, était fier de se sentir admis dans le cénacle de la poésie d'avant-garde.*

cendre [sɑ̃dr] n. f. (lat. *cinis, cineris*). **1.** Résidu qui subsiste (sous forme de poudre) après la combustion complète d'une matière : *On avait fait du feu dans la cheminée : il restait encore de la cendre et quelques tisons.* — **2.** *Couver sous la cendre,* se développer sourdement avant d'éclater ouvertement : *La révolte, qui couvait depuis quelque temps sous la cendre, a abouti à une émeute sanglante.* ‖ *Réduire en cendres,* détruire par le feu : *Carthage fut réduite en cendres par les Romains en 146 avant J.-C.* ◆ ***cendres*** n. f. pl. **1.** Cadavre, restes mortels auxquels on réserve des honneurs (soutenu) : *Les cendres de Napoléon furent solennellement ramenées en France en 1840* (syn. DÉPOUILLE MORTELLE). — **2.** *Paix à ses cendres !,* renonçons, maintenant qu'il est mort, à critiquer sa vie.

cendré, e [sɑ̃dre] adj. **1.** Dont la couleur est grise, comme mêlée de cendre : *La lumière cendrée du cré-*

puscule. — **2.** *Des cheveux blond cendré,* d'un blond tirant sur le gris.

cendrier [sɑ̃drije] n. m. Petit récipient destiné à recevoir les cendres de tabac, les restes de cigarettes, de cigares.

cène [sɛn] n. f. (lat. *cena,* dîner). **1.** (avec majusc.) Dernier repas de Jésus-Christ avec ses apôtres, pendant lequel il institua l'eucharistie : *Léonard de Vinci a peint une fresque représentant la Cène.* — **2.** Communion sous les deux espèces, chez les protestants.

cénotaphe [senotaf] n. m. (gr. *kenos,* vide, et *taphos,* tombeau). Tombeau élevé à la mémoire d'un mort, mais ne renfermant pas son corps.

cens [sɑ̃s] n. m. (lat. *census,* recensement). Montant minimal d'impôts nécessaire pour être électeur ou éligible.

censé, e [sɑ̃se] adj. (du lat. *censere,* estimer). Supposé, réputé (+ inf. prés. ou passé) : *Je vous dis cela en confidence, mais vous serez censé ne pas m'avoir vu. Nul n'est censé ignorer la loi* (syn. CONSIDÉRÉ COMME, suivi d'un part. prés.).

censément [sɑ̃semɑ̃] adv. D'après ce que les apparences permettent de supposer : *Il n'y a censément pas de différence de qualité entre ces deux articles* (syn. APPAREMMENT, POUR AINSI DIRE).

censeur [sɑ̃sœr] n. m. (lat. *censor*). **1.** Dans un lycée, fonctionnaire chargé d'assurer la discipline de l'établissement : *Madame le censeur a fait appeler à son bureau deux élèves qui se sont battus dans la cour de récréation.* — **2.** Membre d'une commission de censure : *Ce film a obtenu des censeurs un visa pour tous publics.* — **3.** Personne qui critique avec malveillance les actions ou les ouvrages des autres (soutenu) : *Il s'est trouvé de nombreux censeurs pour condamner la légèreté d'une telle conduite. Cet écrivain semble prendre plaisir à scandaliser ses censeurs* (syn. CRITIQUE, DÉTRACTEUR).

censitaire [sɑ̃sitɛr] adj. Relatif au cens : *En France, le système censitaire a été aboli en 1848.*

censorat [sɑ̃sɔra] n. m. Fonction de censeur dans un lycée.

censure [sɑ̃syr] n. f. (lat. *censura*). **1.** Examen qu'un gouvernement fait faire soit des œuvres littéraires, des films, des émissions télévisées, avant d'en autoriser la publication ou la diffusion, soit, en temps de guerre, des articles de presse ou de la correspondance privée susceptibles de divulguer des secrets de défense nationale; commission chargée de cet examen : *La commission de censure ne l'ayant pas encore vu, le film n'a encore pas obtenu son visa.* — **2.** *Motion de censure,* vote hostile à la politique du gouvernement, émanant de l'Assemblée nationale.

censurer [sɑ̃syre] v. t. **1.** *Censurer un article, une émission,* etc., en interdire la publication, la diffusion : *L'émission télévisée a été censurée, parce qu'elle pouvait inciter à la violence.* — **2.** *Censurer le gouvernement,* adopter contre lui une motion de censure. — **3.** Litt. *Censurer des actes, des ouvrages ou leur auteur,* les blâmer : *C'est un esprit rétrograde, prêt à censurer toute innovation* (syn. CRITIQUER, CONDAMNER, DÉSAPPROUVER).

cent [sɑ̃] adj. num. cardin. et n. m. (lat. *centum*). **1.** Dix fois dix. (*Cent* prend un s quand il est précédé d'un nombre qui le multiplie [*cinq cents francs*], mais il reste inv. quand il est suivi d'un autre nombre [*cinq cent dix francs*] ou quand il est employé pour centième [*page deux cent, l'an huit cent*].) — **2.** Indique un grand nombre indéterminé : *Elle a cent fois raison. Il a eu cent occasions de le voir, mais il a refusé.* — **3.** Fam. *Cent pour cent,* entièrement (intensif) : *Il aime profondément sa province, il est cent pour cent bourguignon.* ‖ *Il y a cent sept ans,* il y a très longtemps. ‖ Fam. *Je vous le donne en cent,* je vous défie de deviner : *Devinez qui j'ai rencontré, je vous le donne en cent.* ‖ *Pour cent,* pour cent unités (dans un pourcentage); pour une somme de cent francs : *Prêter à cinq pour cent* (à un intérêt de 5 F pour 100 F).

centaine [sɑ̃tɛn] n. f. Groupe de cent unités : *a*) comptées exactement : *Un article qui vaut plusieurs centaines de francs. Elle a quatre-vingt-seize ans et elle espère bien arriver à la centaine; b*) évaluées approximativement : *Il y a tout au plus une centaine de personnes dans la salle. Les commandes arrivent chaque jour par centaines.*

centenaire [sɑ̃tnɛr] adj. et n. (lat. *centenarius*). Qui a atteint ou dépassé l'âge de cent ans : *La petite ville s'enorgueillit de compter trois centenaires encore alertes.* ◆ n. m. Anniversaire d'un événement célébré tous les cent ans : *On se préparait à fêter le troisième centenaire de la naissance de Corneille* (= le tricentenaire).

centième [sɑ̃tjɛm] adj. num. ordin. et n. **1.** Qui occupe un rang marqué par le numéro cent : *C'est le centième jour de l'année aujourd'hui.* — **2.** Qui se trouve cent fois dans le tout : *Le centime est le centième du franc.*

centigrade [sɑ̃tigrad] n. m. Centième partie du grade, unité d'angle.

centigramme [sɑ̃tigram] n. m. Centième partie du gramme.

centilitre [sɑ̃tilitr] n. m. Centième partie du litre (symb. cl).

centime [sɑ̃tim] n. m. Monnaie, pièce, unité de compte valant la centième partie du franc : *Deux livres à huit francs cinquante centimes chacun coûtent dix-sept francs.*

centimètre [sɑ̃timɛtr] n. m. **1.** Centième partie du mètre (symb. cm) : *Cet enfant a grandi de quatre centimètres en un an.* — **2.** Ruban de 1 m, 1,50 m ou 2 m, divisé en centimètres : *La couturière avait son centimètre autour du cou.*

centrafricain, e [sɑ̃trafrikɛ̃] adj. et n. De la République de Centrafrique.

centrage [sɑ̃traʒ] n. m. Action de centrer : *L'ailier opéra un mauvais centrage du ballon.*

1. central, e, aux [sɑ̃tral] adj. **1.** Relatif au centre, comme lieu : *Le tableau a été habilement restauré dans sa partie centrale. J'habite un quartier central* (= situé au centre de la ville; contr. PÉRIPHÉRIQUE). *Nous nous réunissons chez lui, sa maison étant la plus centrale* (= étant située à peu près à égale distance de chacune des autres). *Le Mexique est le principal pays de l'Amérique centrale* (= de la partie située au centre du continent américain). *Quelle est l'idée centrale de ce roman?* (syn. ESSENTIEL). — **2.** Relatif au centre, comme organisme : *Le préfet est un représentant de l'administration centrale.* — **3.** *Chauffage central* → CHAUFFAGE.

2. central [sɑ̃tral] n. m. *Central (téléphonique),* installation permettant d'établir les communications entre abonnés.

centrale [sɑ̃tral] n. f. **1.** Usine productrice d'énergie électrique : *On distingue des centrales hydrauliques, thermiques, nucléaires, etc.* — **2.** Confédération de syndicats : *L'ordre de grève a été lancé simultanément par les différentes centrales ouvrières.*

centralisateur, trice [sɑ̃tralizatœr] adj. et n. Qui centralise : *Tous les secours destinés aux sinistrés seront acheminés vers un organisme centralisateur.*

centralisation [sɑ̃tralizasjɔ̃] n. f. Action de centraliser : *La centralisation économique entraîne le développement de grandes agglomérations et retarde la mise en valeur de certaines régions* (contr. DÉCENTRALISATION).

La centralisation des renseignements se fait dans les services du ministère de l'Intérieur.

centraliser [sɑ̃tralize] v. t. Grouper, ramener vers un organisme central : *Quel est le service qui sera chargé de centraliser les renseignements?* (syn. RASSEMBLER, RÉUNIR). *Dans un pays dont l'administration est peu centralisée, les collectivités locales jouissent d'une plus grande autonomie* (contr. DÉCENTRALISER).

centralisme [sɑ̃tralism] n. m. Dans les partis ou les syndicats, système qui entraîne la centralisation des décisions et de l'action.

centre [sɑ̃tr] n. m. (lat. *centrum;* du gr. *kentron,* pointe). **1.** Point situé à égale distance de tous les points de la ligne ou de la surface extérieures, ou situé à l'intersection des axes de symétrie : *Le centre du cercle est marqué par le trou qu'a laissé la pointe du compas. On a longtemps cru que la Terre était le centre de l'univers. Au centre du salon se trouve un guéridon* (syn. MILIEU). *Elle a longtemps habité dans le Centre, du côté de Moulins* (= dans les régions du centre de la France). — **2.** Point essentiel : *La question financière a été au centre du débat* (syn. CŒUR). — **3.** *Centre d'intérêt,* point sur lequel l'attention se porte à un moment donné : *La situation politique ayant évolué, le centre d'intérêt s'était déplacé du domaine militaire au domaine social. Dans ce livre, les leçons sont groupées autour de divers centres d'intérêt* (syn. THÈME). — **4.** Ville, localité caractérisée par l'importance de sa population ou de l'activité qui s'y déploie : *Lyon est un grand centre industriel, commercial, universitaire* (syn. VILLE, CITÉ). *La candidate a fait sa campagne électorale dans les centres ruraux* (syn. AGGLOMÉRATION). *Un centre touristique. Le quartier de la Bourse, à Paris, est un des grands centres des affaires.* — **5.** Organisme consacré à un ensemble d'activités; lieu où sont rassemblés les services et les personnes dépendant d'une même activité : *Le Centre national de la recherche scientifique. Les centres d'accueil pour les drogués sont de plus en plus nombreux.* — **6.** *Centre commercial,* ensemble groupant des magasins de détail et divers services (banque, poste, etc.). ‖ *Centres nerveux,* ensemble des organes qui transmettent l'influx nerveux; (sing.) siège de l'activité directrice d'un pays, d'une entreprise. — **7.** Ensemble des groupes politiques qui se situent entre la droite et la gauche, dans une assemblée délibérante : *C'est un homme du centre qui a été chargé de former le nouveau gouvernement.* — **8.** Passe du ballon, à la main (handball) ou au pied (football), de l'aile vers l'axe du terrain : *Faire un centre juste devant les buts adverses.* — **9.** Dans certains sports d'équipe (basket-ball notamment), joueur qui se trouve au centre de la ligne d'attaque.

centrer [sɑ̃tre] v. t. **1.** Déterminer le centre d'une pièce, ou fixer une pièce par son centre : *Si la roue est mal centrée, le mouvement ne sera pas régulier.* — **2.** *Centrer une activité, une œuvre,* lui donner une direction précise, une orientation déterminée : *Dès le début, la discussion a été centrée sur les moyens à employer* (syn. ORIENTER). *Un roman centré sur la vie des mineurs.* ◆ v. t. et i. Lancer le ballon de l'aile vers l'axe du terrain : *Il courut le long de la ligne de touche, puis centra.*

centrifuge [sɑ̃trifyʒ] adj. (du lat. *centrum,* centre, et *fugere,* fuir). *Force centrifuge,* force qui tend à éloigner d'un point ou d'un axe tout corps soumis à un mouvement de rotation autour de ce point ou de cet axe.

centrifugeuse [sɑ̃trifyʒøz] n. f. Appareil ménager électrique, utilisé pour faire des jus de fruits ou de légumes.

centripète [sɑ̃tripɛt] adj. (du lat. *centrum,* centre, et *petere,* gagner). *Force, mouvement centripète,* qui attire, qui mène vers le centre.

centrisme [sɑ̃trism] n. m. Tendances politiques du centre.

centriste [sɑ̃trist] adj. Qui appartient au centre politique : *Plusieurs députés centristes se sont abstenus.*

centuple [sɑ̃typl] n. m. **1.** Qui vaut cent fois une autre quantité : *Tu t'obstines à jouer aux courses, dans l'espoir, toujours déçu, de gagner le centuple de ta mise.* — **2.** *Au centuple,* cent fois plus, beaucoup plus : *Si vous faites ce petit sacrifice, vous en serez récompensé au centuple.*

centupler [sɑ̃typle] v. t. Augmenter dans des proportions énormes : *Il faudrait centupler les efforts pour obtenir un résultat.* ◆ v. i. Croître considérablement : *Les usines ont centuplé dans la région en quelques dizaines d'années.*

cep [sɛp] n. m. (lat. *cippus,* pieu). Pied de vigne : *Le vigneron parcourt les rangées de ceps.*

cépage [sepaʒ] n. m. Plant de vigne, considéré sous le rapport de ses caractéristiques; variété de vigne : *Il est rare qu'un vin soit obtenu à partir d'un seul cépage, sauf pour les vins de Bourgogne.*

cèpe [sɛp] n. m. (gascon *cep*). Champignon comestible très apprécié (syn. BOLET).

cependant [səpɑ̃dɑ̃] adv. **1.** Marque une forte opposition à ce qui vient d'être dit et joue le rôle d'une conj. de coordination, dont la place est variable dans la phrase (parfois en appui de *et,* de *mais*) : *Elle s'habillait simplement, et cependant avec un goût très sûr* (syn. NÉANMOINS). *Cette histoire semble invraisemblable; elle est cependant vraie* (syn. POURTANT, ↓MAIS). *Le froid est intense, nous essaierons cependant de partir en voiture pour Lille* (syn. TOUTEFOIS; fam. N'EMPÊCHE QUE). — **2.** Litt. *Cependant que,* pendant que, tandis que.

céramique [seramik] n. f. (gr. *kerancos,* argile). **1.** Art de fabriquer des poteries : *Le professeur de dessin avait initié ses élèves à la céramique.* — **2.** Objet fabriqué en terre cuite, en faïence, en porcelaine, etc. : *Les murs de la salle de bains sont revêtus de carreaux de céramique.*

céramiste [seramist] n. Industriel qui fabrique des poteries; ouvrier qui pose les carreaux de céramique; personne qui décore ces objets.

cerbère [sɛrbɛr] n. m. Gardien sévère, intraitable (soutenu) : *Comme je m'avançais dans la cour de l'immeuble, un cerbère à chignon me demanda, balai en main, ce que je cherchais.* (Dans la mythologie grecque, *Cerbère* était un chien à trois têtes qui gardait les Enfers.)

cerceau [sɛrso] n. m. (lat. *circus,* cercle). Cercle de bois léger que les enfants font rouler, par jeu, en le poussant avec un bâton.

cerclage [sɛrklaʒ] n. m. Action de cercler : *Le cerclage d'un tonneau est l'opération qui consiste à le munir de cercles.*

cercle [sɛrkl] n. m. (lat. *circulus*). **1.** Surface plane limitée par une ligne courbe *(circonférence)* dont tous les points sont à égale distance d'un point fixe intérieur appelé *centre;* la ligne courbe elle-même : *Tracer avec le compas un cercle de 10 cm de rayon.* — **2.** Objet ayant une forme ronde : *Les cercles d'un tonneau.* — **3.** Ce dont on fait le tour : *J'ai beau chercher dans le cercle de mes relations, je ne vois personne qui réponde à ce signalement* (= le nombre de personnes que je connais). *Ces ouvrages nous permettent d'élargir le cercle de nos connaissances* (= les limites, le nombre). — **4.** *Cercle vicieux,* enchaînement fatal de faits qui ramènent sans cesse à la même situation fâcheuse : *Il nous emprunte de l'argent pour payer ses dettes : c'est un cercle vicieux, il ne s'en sortira jamais!* (syn. SITUATION SANS ISSUE). ‖ *Être, se mettre en cercle,* en rond. || *Faire cercle autour de qqn, de qqch,* s'assembler tout autour : *Les élèves faisaient cercle, dans la cour, autour des deux combattants.* — **5.** Groupement de personnes assemblées en rond : *Un cercle de curieux s'est formé autour du camelot.* — **6.** Association de personnes disposant d'un local où elles se réunissent pour discuter, étudier, se distraire, etc.; l'endroit même où elles se réunissent : *Un cercle littéraire largement ouvert aux écrivains d'avant-garde. L'après-midi, je vais au cercle lire les journaux et faire ma partie de bridge* (syn. CLUB). — **7.** *Cercle de famille,* la proche famille réunie (parents, enfants, grands-parents).

cercler [sɛrkle] v. t. *Cercler qqch,* l'entourer d'un cercle de métal, de bois, etc. : *Le forgeron cerclait les roues d'une charrette.*

cercopithèque [sɛrkopitɛk] n. m. (gr. *kerkos,* queue, et *pithêkos,* singe). Singe d'Afrique à longue queue.

cercueil [sɛrkœj] n. m. (gr. *sarkophagos,* qui mange la chair). Caisse allongée où on enferme le corps d'un mort (syn. moins usuel BIÈRE).

céréale [sereal] n. f. (de *Cérès,* déesse des Moissons). Plante telle que le blé, le seigle, le riz, le maïs, l'avoine, etc., qu'on cultive pour les grains comestibles qu'elle fournit : *En France, la moitié environ des terres labourables sont consacrées à la culture des céréales.*

céréalier, ère [serealje] adj. Relatif aux céréales : *La production céréalière.* ◆ n. Producteur de céréales : *Les céréaliers sont les gros producteurs de céréales, et en particulier de blé.*

cérébral, e, aux [serebral] adj. (lat. *cerebrum,* cerveau). **1.** Relatif au cerveau ou à ses fonctions : *Les deux moitiés du cerveau s'appellent les «hémisphères cérébraux». Les médecins disent qu'il a une lésion cérébrale.* — **2.** Qui se rapporte à l'activité mentale : *Son travail est plus cérébral que manuel* (syn. INTELLECTUEL). ◆ n. *Péjor.* Personne qui vit surtout par la pensée, l'esprit : *C'est une cérébrale, les problèmes pratiques de la vie ne la touchent pas.*

cérémonial [seremɔnjal] n. m. (pl. *cérémonials*). Ensemble des règles qui fixent le déroulement d'une cérémonie, ou des règles de politesse observées entre particuliers : *Fatigué de tout ce cérémonial, le roi aurait préféré voyager incognito* (syn. PROTOCOLE, ÉTIQUETTE). *Tous les ans, nous allions souhaiter la bonne année à notre tante selon un cérémonial invariable* (syn. RITE).

cérémonie [seremɔni] n. f. (lat. *caeremonia,* caractère sacré). **1.** (souvent + adj. ou compl. de n.) Acte plus ou moins solennel, par lequel on célèbre un culte religieux ou une fête profane : *En France, la cérémonie religieuse du mariage doit être précédée de la cérémonie civile à la mairie. La cérémonie d'inauguration de la nouvelle faculté était présidée par le ministre de l'Éducation nationale.* — **2.** (sans compl.) Marque de solennité, témoignage de déférence, de politesse excessive : *Elle est venue me prier avec beaucoup de cérémonie de vouloir bien lui faire l'honneur d'être la marraine de sa fille. Son frère n'a pas fait tant de cérémonies pour réclamer sa part* (syn. MANIÈRES, FAÇONS; fam. CHICHIS, HISTOIRES). — **3.** *Sans cérémonie,* en toute simplicité : *Venez donc un soir dîner à la maison sans cérémonie* (syn. SANS PROTOCOLE; fam. À LA BONNE FRANQUETTE).

cérémonieusement [seremɔnjøzmɑ̃] adv. Avec solennité, déférence : *On nous présenta cérémonieusement l'orateur.*

cérémonieux, euse [seremɔnjø] adj. *Péjor.* Qui montre une politesse excessive : *Les deux invités échangèrent des saluts cérémonieux. Un maître d'hôtel cérémonieux nous introduisit* (syn. COMPASSÉ, GUINDÉ).

cerf [sɛr] n. m. (lat. *cervus*). Animal ruminant caractérisé par les ramifications osseuses, appelées *bois,* qui ornent sa tête : *Le cerf est le gibier par excellence de la chasse à courre. La femelle du cerf est la biche et le petit le faon.*

cerfeuil [sɛrfœj] n. m. (gr. *khairephullon*). Plante aromatique cultivée comme condiment.

cerf-volant [sɛrvɔlɑ̃] n. m. (pl. *cerfs-volants*). Jouet constitué par une armature garnie de toile ou de papier, qu'on présente au vent de telle sorte qu'il s'élève tout en restant relié à l'opérateur par une ficelle : *Sur la plage, des enfants jouent avec des cerfs-volants.*

cerisaie [sərizɛ] n. f. Lieu planté de cerisiers.

cerise [səriz] n. f. (lat. *cerasum*). Petit fruit à noyau, ordinairement rouge. ◆ adj. inv. D'une couleur rouge clair, comme la cerise.

cerisier [sərizje] n. m. **1.** Arbre qui produit les cerises : *Le bois du cerisier est utilisé en ébénisterie.* — **2.** Bois de cet arbre : *Une armoire en cerisier.*

cerne [sɛrn] n. m. (lat. *circinus,* cercle). Marque de couleur brune ou gris bleuâtre qui forme un demi-cercle sous les yeux : *Les cernes sont le signe d'une fatigue ou d'un manque de sommeil.*

cerné, e [sɛrne] adj. *Yeux cernés,* qui ont des cernes.

cerner [sɛrne] v. t. (lat. *circinare*). **1.** (sujet qqch) *Cerner qqch,* être disposé en cercle autour : *Des montagnes cernent la ville* (syn. ENTOURER). *La lune était cernée d'un halo.* — **2.** (sujet qqn) *Cerner une personne, un groupe de personnes,* les entourer de tous côtés pour les empêcher de fuir : *Nos troupes ont cerné un détachement ennemi* (syn. ENCERCLER, BLOQUER). — **3.** *Cerner un lieu,* l'entourer afin d'empêcher que qqn ne s'en échappe : *Les policiers cernent le quartier* (syn. INVESTIR, BOUCLER). — **4.** *Cerner une question, une difficulté,* etc., en distinguer l'étendue, en marquer les limites : *La discussion préliminaire a permis de cerner le problème essentiel* (syn. CIRCONSCRIRE).

1. certain, e [sɛrtɛ̃] adj. (lat. *certus,* sûr) [après le n.] **1.** (sans compl.) Se dit des choses sur lesquelles il ne subsiste aucun doute, qui entraînent la conviction : *La victoire de cette équipe était considérée comme certaine* (syn. ASSURÉ, GARANTI, ↓SÛR; contr. ALÉATOIRE). *La bonne foi de notre interlocutrice était certaine* (syn. ÉVIDENT, MANIFESTE; contr. DOUTEUX). *Nous avons l'assurance certaine de son acceptation* (syn. FORMEL). *En quelques dizaines d'années la médecine a fait des progrès certains* (syn. INDISCUTABLE, INCONTESTABLE, INDÉNIABLE); et, impers. : *Il est aujourd'hui certain que la Lune n'a pas d'atmosphère* (= il est établi, prouvé). *Il est certain, après enquête, que le témoin avait menti* (= il est hors de doute). — **2.** *Certain de* (+ *n.* ou *inf.*), *certain que* (+ *ind.*), qui est convaincu de la vérité, de l'exactitude, de l'existence, de la nature de qqch : *L'erreur ne peut pas venir de moi : je suis certain de mes calculs* (syn. SÛR). *Es-tu bien certain de n'avoir rien oublié? Personne ne se risquera à le contredire, vous pouvez en être certain* (syn. CONVAINCU, PERSUADÉ). *On n'est jamais certain du lendemain. Être certain qu'un accord est possible.* — **3.** *Sûr et certain,* sert de renforcement aux sens 1 et 2 : *Jusqu'ici les recherches sont restées vaines, voilà qui est sûr et certain. Soyez sûr et certain que je ferai tout mon possible pour vous aider.*

2. certain, e [sɛrtɛ̃] adj. indéf. (avant le n.) **1.** *Un certain* (+ *n. commun*), invite à considérer spécialement une chose ou une personne parmi d'autres avec lesquelles elle tend à se confondre : *Vous souvenez-vous d'une certaine promenade que nous avions faite en forêt? Il est venu nous voir avec un certain cousin à lui. D'un certain point de vue, tu as raison.* — **2.** *Un certain* (+ *n. pr. de personne*), exprime une nuance de mépris ou l'absence de considération : *Connaissez-vous une certaine Mme Lambert, qui prétend être de vos amis? J'avais pour camarade de classe un certain Renaud.* — **3.** *Un certain* (+ *n. abstrait de chose*), exprime une intensité ou une qualité non négligeables : *Il faut un certain courage pour entreprendre la lecture d'un tel ouvrage. Dans une certaine mesure, cet échec lui sera salutaire. On peut admettre jusqu'à un certain point qu'il ne pouvait pas faire autrement. Au bout d'un certain temps, l'inaction a commencé à me peser. Son oncle est un homme déjà d'un certain âge* (= plus très jeune), *mais non pas d'un âge certain* (= très âgé). ◆ adj. indéf. pl. (sans art. et avant le n.) Exprime surtout la pluralité, souvent avec une nuance partitive (distinction dans un ensemble de plusieurs personnes ou de plusieurs choses) : *Dans certains cas, il vaut mieux ne pas se faire remarquer. Certains élèves ont beaucoup plus de peine que d'autres à fixer leur attention* (= quelques-uns parmi d'autres). *Certaines phrases du texte sont équivoques* (syn. QUELQUES). ◆ pron. indéf. pl. Plusieurs personnes ou plusieurs choses : *Certains sont incapables de garder un secret* (= il y a des gens qui sont...). *Je ne peux pas approuver l'attitude de certains. Chez certains, la méfiance est maladive* (= il y a des gens, il y en a chez qui...). *Certains d'entre vous paraissent m'avoir mal compris* (syn. QUELQUES-UNS, PLUSIEURS).

certainement [sɛrtɛnmɑ̃] adv. **1.** Exprime la certitude de celui qui parle : *Vous savez certainement son adresse* (= je suis certain que vous savez son adresse). *Ils sont certainement au courant* (syn. SÛREMENT, SANS AUCUN DOUTE). — **2.** Renforce une affirmation : *Pouvez-vous venir dîner ce soir? — Mais certainement, avec grand plaisir* (syn. OUI, BIEN SÛR).

certes [sɛrt] adv. (lat. *certo*). **1.** Exprime ou renforce une affirmation (soutenu) : *«Avez-vous lu ce roman? — Certes, et je l'aime beaucoup.» «Un accord vous paraît-il possible? — Oui, certes, à condition que chacun y mette un peu du sien.»* — **2.** Souligne une concession, une opposition : *Je ne veux certes pas vous décourager, mais l'entreprise me semble bien difficile. On peut certes y aller en voiture, pourtant il serait dommage de ne pas marcher un peu* (syn. ÉVIDEMMENT, ASSURÉMENT, BIEN SÛR, SANS DOUTE).

certificat [sɛrtifika] n. m. (bas lat. *certificatum*). **1.** Écrit officiel ou signé par une personne compétente, qui atteste un fait concernant qqn : *Les certificats de scolarité sont délivrés par le chef d'établissement* (syn. ATTESTATION). *Pour toute absence de plus de deux jours, il devra être présenté un certificat médical. Un certificat de vaccination.* — **2.** Nom donné à divers examens; diplôme les attestant : *Les centres d'apprentissage délivrent un certificat d'aptitude professionnelle au bout de trois années d'apprentissage. Elle a eu son certificat d'études primaires,* ou, sans compl., *son certificat. Toute licence comprend plusieurs certificats.* — **3.** *Certificat de complaisance,* attestation peu conforme à la vérité et fournie par obligeance.

certifié, e [sɛrtifje] adj. et n. Se dit d'un professeur titulaire du certificat donnant, après un concours, accès à une fonction dans l'enseignement secondaire.

certifier [sɛrtifje] v. t. *Certifier qqch,* le déclarer avec force comme certain, vrai : *Elle m'a certifié que rien ne serait fait en mon absence* (syn. ↓ASSURER, ↓AFFIRMER). *Pouvez-vous me certifier l'exactitude de cette information?* (syn. GARANTIR). *La signature a été certifiée conforme à l'original* (= elle a été authentifiée comme étant la même).

certitude [sɛrtityd] n. f. **1.** Sentiment qu'on a de la vérité, de l'existence de qqch : *Cette réponse me donnait la certitude que ma lettre était bien arrivée à destination* (syn. ASSURANCE). *J'ai la certitude d'avoir entendu marcher dans le couloir. Il faudrait avoir la certitude du lendemain.* — **2.** Chose au sujet de laquelle on n'a aucun doute : *La relation de cause à effet entre ces deux phénomènes n'est plus une simple hypothèse, c'est une certitude.*

cérumen [serymɛn] n. m. (lat. *cera,* cire). Substance grasse, jaunâtre, sécrétée par les glandes du conduit auditif externe.

cerveau [sɛrvo] n. m. (lat. *cerebellum,* cervelle). **1.** Centre nerveux situé dans la boîte crânienne, et qui est l'organe essentiel de la pensée, de la sensation, du mouvement : *L'homme est le vertébré chez qui le cerveau est le plus développé proportionnellement à la masse du corps.* — **2.** Ensemble des facultés mentales (intelligence, mémoire, imagination, etc.) : *Il a le cerveau un peu malade* (syn. CERVELLE, ESPRIT, TÊTE). — **3.** Organisme qui coordonne les activités d'un service; centre intellectuel : *Le cerveau de cette entreprise, c'est le bureau d'études.* — **4.** *C'est un cerveau,* c'est qqn de remarquablement intelligent. ‖ Fam. *Lavage de cerveau,* ensemble de moyens (psychologiques surtout) mis en œuvre pour faire abandonner de force à une personne ses opinions. (→ CÉRÉBRAL.)

cervelas [sɛrvəla] n. m. (it. *cervellato*). Saucisse cuite, grosse et courte, faite de chair hachée et épicée.

cervelet [sɛrvəlɛ] n. m. (de *cervelle*). Centre nerveux situé sous le cerveau.

cervelle [sɛrvɛl] n. f. (lat. *cerebella*). **1.** Substance qui constitue le cerveau : *Le coup sur le crâne lui a fait éclater la cervelle.* — **2.** Cerveau d'un animal, consommé comme aliment : *Acheter une cervelle de mouton chez le boucher.* — **3.** Syn. fam. de CERVEAU (sens 2) : *Que de choses il faut se mettre dans la cervelle pour se présenter à ce concours!* (= emmagasiner dans sa mémoire). *J'ai beau me creuser la cervelle, je ne comprends pas* (= faire des efforts intellectuels). — **4.** Fam. *Brûler la cervelle à qqn,* le tuer d'une balle dans la tête. (Dans le cas d'un suicide, on dit souvent *se brûler la cervelle* ou *se faire sauter la cervelle.*) ‖ *Tête sans cervelle, cervelle d'oiseau,* personne très étourdie ou manquant de jugement. (→ ÉCERVELÉ.)

cervical, e, aux [sɛrvikal] adj. (du lat. *cervix, -icis,* nuque). Qui concerne le cou : *Vertèbre cervicale. Douleur cervicale.*

cervidé [sɛrvide] n. m. (lat. *cervus,* cerf). Ruminant qui porte des cornes appelées *bois,* tel que le cerf, le chevreuil, le daim, le renne, l'élan.

ces → CE.

C.E.S. [seəɛs] n. m. Abrév. de COLLÈGE D'ENSEIGNEMENT SECONDAIRE.

césarienne [sezarjɛn] n. f. (du lat. *caedere,* couper). Opération chirurgicale consistant à extraire le fœtus par incision de la paroi abdominale.

cessant, e [sɛsɑ̃] adj. *Toutes affaires cessantes,* avant toute autre chose, par priorité : *Vous devrez vous occuper de ce problème toutes affaires cessantes.*

cessation [sɛsasjɔ̃] n. f. Action de cesser, de faire cesser : *Cette commerçante a été condamnée pour cessation de paiement envers ses fournisseurs* (syn. ABANDON, SUSPENSION). *Si la crise continue, il faudra envisager la cessation de certaines exportations* (syn. ARRÊT, INTERRUPTION, SUPPRESSION).

cesse [sɛs] n. f. *N'avoir pas de cesse que, n'avoir ni repos ni cesse que,* ou *jusqu'à ce que* (+ *subj.*), ou *tant que* (+ *ind.*), ou *avant de* (+ *inf.*), ne pas prendre de repos avant que, insister jusqu'à ce que : *Elle n'a pas eu de cesse avant d'avoir obtenu le renseignement qu'elle cherchait.* ‖ *Sans cesse,* de façon ininterrompue, continuellement, n'importe quand : *La production s'accroît sans cesse depuis plusieurs années* (syn. CONSTAM-

MENT). *Le médecin peut être sans cesse appelé auprès d'un malade* (syn. À TOUT MOMENT). *Cet élève n'a pas pu bien profiter de la classe : il est sans cesse absent* (syn. TOUJOURS, TOUT LE TEMPS).

cesser [sɛse] v. t. (lat. *cessare*). **1.** (sujet qqn) *Cesser qqch (action),* y mettre fin : *Les employés ont cessé le travail à cinq heures* (syn. ARRÊTER, FINIR; fam. STOPPER). *Nous avons cessé la fabrication de ce modèle. Cessez vos protestations.* — **2.** (sujet qqch, qqn) *Cesser de* (+ *inf.*), ne pas continuer à, s'interrompre de : *Ce genre de spectacle a depuis longtemps cessé de m'intéresser. Pendant toute la séance, il n'a pas cessé de bavarder avec sa voisine* (syn. ARRÊTER). ◆ v. i. (sujet qqch) Prendre fin : *Les combats ont cessé dans ce secteur. Si la pluie cesse, j'irai la rejoindre* (syn. S'ARRÊTER).

cessez-le-feu [sɛselfø] n. m. inv. Ordre d'arrêter les combats : *Au bout d'une longue période de négociations entre les adversaires, le cessez-le-feu a enfin été proclamé.*

cessible [sesibl] adj. Qu'on peut céder.

cession [sɛsjɔ̃] n. f. (du lat. *cedere,* céder). Action de céder (uniquement jurid., avec un compl. du n. indiquant la chose cédée) : *La cession d'un appartement est faite par un acte passé devant notaire* (syn. VENTE). *Faire cession de ses droits sur une propriété* (= les transférer, les abandonner).

c'est-à-dire [sɛtadir] loc. adv. **1.** Introduit une définition : *Un hygromètre, c'est-à-dire un appareil pour mesurer le degré d'humidité de l'air* (syn. AUTREMENT DIT, SOIT); une précision : *C'est une erreur intentionnelle, c'est-à-dire faite dans le but de vous nuire;* une explication ou un éclaircissement : *Elle se levait à 7 heures, c'est-à-dire pour elle de trop bonne heure;* une rectification : *Je l'ai rencontré hier, c'est-à-dire plutôt avant-hier. « Est-ce que votre travail est terminé, oui ou non ? — Eh bien ! oui, c'est-à-dire presque complètement. »* — **2.** *C'est-à-dire que,* introduit une explication, une conclusion, un refus poli dont on donne l'explication, ou une rectification : *« Vous venez avec nous dimanche ? — C'est-à-dire que j'ai promis d'aller voir une amie. » « Je me sens malade. — C'est-à-dire que tu as trop mangé. » J'ai perdu mon briquet, c'est-à-dire que j'ai dû le laisser dans la voiture.*

césure [sezyr] n. f. (du lat. *caedere,* couper). Repos à l'intérieur d'un vers après une syllabe accentuée : *La césure coupe le vers alexandrin en deux moitiés.*

cet → CE.

cétacé [setase] n. m. (gr. *kêtos,* gros poisson). Mammifère marin, tel que la baleine, le cachalot, le dauphin.

ceux [sø], **ceux-ci, ceux-là** pr. dém. pl. Désignent des personnes, des choses. (→ introduction DÉMONSTRATIFS).

cf. , abrév. du lat. *confer,* signifiant *reportez-vous à,* dont on fait précéder une comparaison ou l'indication d'un passage, d'un ouvrage auquel on renvoie.

C. F. D. T. [seɛfdete] abrév. de CONFÉDÉRATION FRANÇAISE DÉMOCRATIQUE DU TRAVAIL.

C. F. T. C. [seɛftese] abrév. de CONFÉDÉRATION FRANÇAISE DES TRAVAILLEURS CHRÉTIENS.

C. G. C. [seʒese] abrév. de CONFÉDÉRATION GÉNÉRALE DES CADRES.

C. G. S. [seʒeɛs] système d'unités physiques (centimètre, gramme, seconde).

C. G. T. [seʒete] abrév. de CONFÉDÉRATION GÉNÉRALE DU TRAVAIL.

C. G. T.-F. O. [seʒeteɛfo] abrév. de CONFÉDÉRATION GÉNÉRALE DU TRAVAIL-FORCE OUVRIÈRE.

chacal [ʃakal] n. m. (turc *tchaqal*) [pl. *chacals*]. Animal carnivore d'Asie et d'Afrique, ressemblant à un renard, qui se nourrit principalement de cadavres ou de restes laissés par les fauves.

chacun, e [ʃakœ̃] pron. indéf. (bas lat. *cata unum,* un à un). Indique : **1.** la répartition : qqn, qqch faisant partie d'un tout et considérés en eux-mêmes, séparément des autres (sing. et souvent avec un compl.) : *Chacune d'entre vous a fait son devoir. Retirez-vous chacun de votre côté. Remettez ces livres chacun à sa place* ou *à leur place.* — Lorsque *chacun* est sujet, le verbe est au singulier et le possessif à la troisième personne du singulier *(son, sa, ses);* lorsque le sujet est pluriel, la présence de *chacun* entraîne facultativement le singulier. — **2.** la distribution : qqn ou qqch en général (avec ou sans compl.) : *Ce n'est peut-être pas vrai, mais chacun le dit. Après chacun de ses sanglots, elle tentait de dire quelques mots. Accorder à des visiteurs dix minutes chacun.* ‖ *Tout un chacun,* renforcement de *chacun* (soutenu) : *Tout un chacun doit connaître les règlements de la circulation* (syn. TOUTE PERSONNE). *Comme tout un chacun, il avait longtemps cherché un logement.*

chafouin, e [ʃafwɛ̃] adj. (de *chat* et *fouin* [masc. de *fouine*]). *Péjor.* Se dit de qqn (de son visage) d'aspect chétif, qui a un air rusé, sournois : *Un petit homme à la figure chafouine. Un air chafouin.*

1. chagrin [ʃagrɛ̃] n. m. (de *chat* et *grigner,* se lamenter comme les chats). Souffrance morale : *L'enfant a eu un gros chagrin à la mort de son canari. Je ne voudrais pas vous faire du chagrin, mais je me demande parfois si elle pense vraiment à vous* (syn. PEINE). *Cette mauvaise nouvelle l'a plongé dans un profond chagrin* (syn. DOULEUR, TRISTESSE).

2. chagrin [ʃagrɛ̃] n. m. (turc *çâgri*). **1.** Cuir en peau de chèvre ou de mouton, utilisé en reliure. — **2.** *Peau de chagrin,* se dit de qqch qui se rétrécit, diminue progressivement et jusqu'à disparition complète.

3. chagrin, e [ʃagrɛ̃] adj. (de *chagrin* 1). Qui éprouve ou qui laisse apparaître de la tristesse, de la contrariété (soutenu) : *Elle paraissait toute chagrine à l'idée de cette promenade manquée* (syn. plus usuels TRISTE, CONTRARIÉ). *On devinait à son air chagrin qu'il n'avait pu obtenir satisfaction.*

chagrinant, e [ʃagrinɑ̃] adj. Qui chagrine : *Cette nouvelle chagrinante me fit fondre en larmes. C'est chagrinant de penser à tous ces fruits qui se perdent* (syn. ↑ DÉSOLANT).

chagriner [ʃagrine] v. t. **1.** (sujet qqn, qqch) *Chagriner qqn,* lui causer du chagrin, de la peine : *Sous prétexte de ne pas chagriner ses enfants, il leur passe tous leurs caprices. Ce refus m'a vivement chagrinée* (syn. PEINER, ATTRISTER). — **2.** (sujet qqch) *Chagriner qqn,* lui causer du souci, de la contrariété; lui déplaire : *Dans son explication, il y a un détail qui me chagrine, c'est qu'il néglige un point essentiel. Cela me chagrine de savoir que tu vas rouler en voiture toute la nuit par ce mauvais temps* (syn. CONTRARIER, SOUCIER, ENNUYER; fam. CHIFFONNER).

chah ou **shah** [ʃa] n. m. (mot persan signif. *roi*). Titre porté par les souverains d'Iran.

chahut [ʃay] n. m. (onomat.). **1.** Vacarme, généralement accompagné de désordre, fait par des élèves ou des étudiants qui manifestent contre un professeur, un surveillant, une autorité quelconque. — **2.** Grand bruit collectif : *Les jours de marché, il y a un tel chahut sur la place qu'on a peine à s'entendre* (syn. VACARME, TAPAGE; fam. BOUCAN).

chahuter [ʃayte] v. i. Faire du chahut : *La surveillante a consigné une dizaine d'élèves qui chahutaient dans le couloir.* ◆ v. t. *Chahuter un professeur, un conférencier,* etc., faire un désordre bruyant pendant son exposé : *Au cours de la réunion, un des orateurs s'est* *fait chahuter par une partie de l'assistance. Professeur chahuté* (= celui au cours de qui les élèves ont l'habitude de chahuter).

chahuteur, euse [ʃaytœr] adj. et n. Qui chahute : *Cet élève est trop chahuteur pour être inscrit au tableau d'honneur.*

chai [ʃɛ] n. m. (gaul. *caio*). Lieu où sont emmagasinés des vins ou des eaux-de-vie en fûts.

chaîne [ʃɛn] n. f. (lat. *catena*). **1.** Succession d'anneaux métalliques engagés les uns dans les autres et servant de lien, d'ornement, d'élément de transmission d'un mouvement, etc. : *À force de bondir, le chien a fini par casser sa chaîne. Les automobilistes doivent mettre des chaînes aux pneus de leur voiture quand il y a de la neige. La chaîne de ma bicyclette a sauté. Elle portait au cou une fine chaîne en or.* — **2.** *Litt.* (pl.) État de dépendance, de servitude : *Ce peuple opprimé s'était révolté, résolu à briser ses chaînes* (syn. LIENS). — **3.** A le sens de «suite ininterrompue» dans quelques express. : *Chaîne de fabrication, de montage,* série des opérations spécialement coordonnées en vue d'une fabrication industrielle d'objets manufacturés : *Certaines usines d'automobiles ont des chaînes très perfectionnées.* ‖ *Chaîne hôtelière, chaîne de magasins à grande surface,* etc., ensemble d'établissements commerciaux faisant partie de la même organisation. ‖ *Faire la chaîne,* se placer à la suite les uns des autres pour se transmettre des objets : *Pour lutter contre l'incendie, les sauveteurs faisaient la chaîne, se passant des seaux d'eau.* ‖ *Réaction en chaîne,* succession d'événements dont chacun est la conséquence du précédent : *Le mouvement revendicatif, parti d'une catégorie de fonctionnaires, a déclenché une réaction en chaîne dans l'ensemble de la fonction publique.* ‖ *Travail à la chaîne,* organisation du travail dans laquelle chaque ouvrier exécute une seule et même opération sur chacune des pièces qui circulent devant lui; et, *fam.*, travail astreignant, sans un moment de répit. — **4.** Ensemble d'émetteurs de radio ou de télévision diffusant simultanément le même programme au même moment : *Dans cette région de montagnes, on réussit difficilement à capter la troisième chaîne.* — **5.** *Chaîne stéréophonique, chaîne haute-fidélité,* ou *chaîne,* appareil de reproduction du son comprenant trois éléments : une source (tuner, tourne-disque, magnétophone ou lecteur de cassettes), un élément amplificateur et des éléments reproducteurs (haut-parleurs) : *Elle s'est acheté une chaîne stéréo.* — **6.** *Chaîne (de montagnes),* suite de montagnes formant une ligne continue : *La chaîne des Pyrénées.*

chaînette [ʃɛnɛt] n. f. Petite chaîne : *Un porte-clefs, comprenant un écusson au bout d'une chaînette.*

chaînon [ʃɛnɔ̃] n. m. **1.** Chacun des anneaux d'une chaîne : *Comme il a perdu la clef du cadenas, il n'a pu ouvrir qu'en coupant un chaînon* (syn. MAILLON). — **2.** Chacun des éléments (personnes ou choses) d'une suite : *Une patiente enquête policière a retrouvé tous les chaînons par lesquels ont été écoulés les objets volés. Votre argumentation paraît forte; pourtant, un chaînon du raisonnement m'échappe* (syn. MAILLON).

chair [ʃɛr] n. f. (lat. *caro, carnis*). **1.** Substance qui constitue les muscles de l'homme et des animaux : *Une écharde lui est entrée profondément dans la chair. La chair de la pintade, d'un goût délicat, rappelle celle du faisan. Le charcutier vend de la chair à saucisse;* parfois pl. : *Il avait les chairs à vif quand on en a extrait la balle.* — **2.** Substance de certains fruits, autre que la peau et le noyau ou les pépins : *Une pêche à la chair bien juteuse* (syn. PULPE). — **3.** *Avoir la chair de poule,* sous l'effet du froid ou de la peur, avoir la peau comme granuleuse et les poils redressés. ‖ Fam. *Chair à canon,* soldats, considérés comme promis à la mort, en cas de guerre. ‖ *Couleur chair,* d'un blanc rose. ‖ *Donner la chair de poule,* faire peur, effrayer. ‖ Fam. *En chair et en os,* se dit d'une personne bien vivante, par oppos. à son portrait, à l'idée qu'on se fait de cette personne, à une vision surnaturelle, etc. : *Nous n'en revenions pas : lui, qu'on avait dit mort et enterré, était là, devant nous, en chair et en os* (syn. non fam. EN PERSONNE). ‖ *Être bien en chair,* avoir un léger embonpoint (syn. fam. ÊTRE GRASSOUILLET). ‖ *N'être ni chair ni poisson,* ne pas être d'une nature nettement définie; avoir des opinions sans fermeté : *On ne sait jamais à quoi s'en tenir avec une personne comme elle, qui n'est ni chair ni poisson.* — **4.** Le corps, par oppos. à l'âme, à l'esprit (relig. ou litt.) : *Je préfère les plaisirs de l'esprit, sans mépriser toutefois ceux de la chair.*

chaire [ʃɛr] n. f. (gr. *kathedra,* siège). **1.** Estrade pourvue d'une table et d'un siège où un professeur prend place pour faire son cours. — **2.** Poste d'enseignement, dans une faculté : *Il y a plusieurs candidats à la chaire de géographie.* — **3.** Petite tribune d'où un prédicateur s'adresse aux fidèles.

chaise [ʃɛz] n. f. (forme dial. de *chaire*). **1.** Siège à dossier, sans bras : *Asseyez-vous donc dans ce fauteuil, il est plus confortable que cette chaise.* — **2.** *Chaise électrique,* dans certains États des États-Unis, siège sur lequel on place un condamné à mort pour l'électrocuter. ‖ *Chaise longue,* chaise pliante en toile sur laquelle on peut s'allonger. ‖ Fam. *Être, rester assis entre deux chaises,* être dans une position fausse, mal assurée : *Elle a raté les deux affaires et reste assise entre deux chaises, sans situation.*

chaland [ʃalɑ̃] n. m. (gr. *khelandion*). Bateau à fond plat, destiné au transport fluvial des marchandises.

châle [ʃɑl] n. m. (persan *shal*). Grande pièce de laine, de soie, que les femmes portent sur leurs épaules.

chalet [ʃalɛ] n. m. (mot de la Suisse romande). Habitation montagnarde généralement en bois.

chaleur [ʃalœr] n. f. (lat. *calor*). **1.** Qualité de ce qui est chaud physiquement; température élevée d'un corps, de l'atmosphère : *Les aliments conservent mieux leur chaleur dans un plat de terre que dans un plat d'aluminium. La chaleur du poêle se répand dans toute la maison. Les métaux sont bons conducteurs de la chaleur. Un été d'une chaleur accablante.* — **2.** (pl.) Période où il fait chaud : *On arrivait au mois d'août, les grandes chaleurs commençaient.* — **3.** Ardeur des sentiments : *L'avocat a plaidé la cause de sa cliente avec beaucoup de chaleur. L'accueil qui nous a été réservé manquait de chaleur* (syn. EMPRESSEMENT). *Dans la chaleur de la discussion, on oubliait l'heure* (syn. FEU, ANIMATION).

chaleureusement [ʃalœrøzmɑ̃] adv. Avec chaleur, ardeur : *Avant de prendre congé, elle remercia chaleureusement ses hôtes.*

chaleureux, euse [ʃalœrø] adj. (avant ou après le n.) Qui manifeste de la chaleur, de l'empressement : *Votre approbation chaleureuse nous a beaucoup encouragés. Vous lui ferez part de mes chaleureuses félicitations.*

challenge [ʃalɑ̃ʒ] n. m. (mot angl. signif. *défi*). **1.** Compétition sportive (se dit surtout pour le rugby, l'escrime). — **2.** Titre, prix qui est mis en jeu lors d'une compétition.

challenger [ʃalɑ̃ʒœr] n. m. Athlète ou équipe qui dispute un challenge en concourant pour le titre de champion (se dit surtout en boxe).

chaloupe [ʃalup] n. f. (anc. fr. *eschalope,* coquille de noix). Grand canot assurant le service d'un navire, à bord duquel il est embarqué : *L'équipage du bateau naufragé a pu gagner la côte dans des chaloupes.*

chalumeau [ʃalymo] n. m. (lat. *calamus,* roseau). Appareil produisant un jet de flamme, à une température très élevée, utilisé à des usages industriels (découpage, soudure) : *Les tôles du wagon accidenté ont dû être découpées au chalumeau par les sauveteurs.*

chalut [ʃaly] n. m. (mot de l'Ouest). Filet de pêche en forme de poche, qu'on traîne sur les fonds marins.

chalutier [ʃalytje] n. m. Bateau spécialement équipé pour la pêche au chalut.

chamade [ʃamad] n. f. (it. *chiamata,* appel). *Battre la chamade,* se dit du cœur qui bat à coups précipités, sous l'effet de l'émotion.

chamailler (se) [ʃamaje] v. pr. (anc. fr. *chapeler* et *mailler,* frapper) [sujet qqn] Se disputer pour des choses pas très graves, mais d'une manière qui se prolonge ou qui se répète : *Des écoliers se chamaillent dans la cour de récréation, s'accusant mutuellement de tricher* (syn. ↑SE QUERELLER).

chamaillerie [ʃamajri] ou **chamaille** [ʃamaj] n. f. Dispute, querelle : *Vous me cassez la tête avec vos chamailleries.*

chamailleur, euse [ʃamajœr] adj. et n. Qui aime à se chamailler.

chamarrer [ʃamare] v. t. (de l'esp. *zamarra,* manteau de berger). *Péjor.* Surcharger d'ornements voyants (surtout pass.) : *Un vieil officier en tenue d'apparat, chamarré de décorations.*

chamarrure [ʃamaryr] n. f. Ornement voyant (surtout pl.) : *Un habit couvert de chamarrures.*

chambard [ʃɑ̃bar] n. m. *Fam.* Protestation bruyante; grand désordre accompagné de vacarme : *Un client mécontent est venu faire du chambard dans la boutique* (syn. SCANDALE, VACARME).

chambardement [ʃɑ̃bardəmɑ̃] n. m. *Fam.* Action de chambarder : *Le chambardement général* (= la révolution, la guerre).

chambarder [ʃɑ̃barde] v. t. Fam. *Chambarder qqch,* le mettre en désordre, sens dessus dessous : *J'ai commencé à tout chambarder dans la pièce, pour tâcher de retrouver ce papier* (syn. BOULEVERSER). *Je m'étais fait un programme de travail, mais le retard de mon associé a chambardé mes projets* (syn. ↓DÉMOLIR; fam. CHAMBOULER).

chamboulement [ʃɑ̃bulmɑ̃] n. m. *Fam.* Action de chambouler : *Dans le chamboulement général, on ne retrouvait rien.*

chambouler [ʃɑ̃bule] v. t. Fam. *Chambouler qqch,* le mettre sens dessus dessous, en désordre, en changer totalement la disposition : *Ne va pas tout chambouler dans la pièce, on vient de faire le ménage.*

chambranle [ʃɑ̃brɑ̃l] n. m. (du lat. *camerare,* voûter, et *branler*). Encadrement d'une porte, d'une fenêtre, d'une cheminée.

chambre [ʃɑ̃br] n. f. (lat. *camera*). **1.** Pièce d'une maison, d'un appartement, d'un hôtel où l'on couche (on dit aussi *chambre à coucher*) : *Dans notre maison de campagne, on a trois chambres, plus une chambre d'amis* (= où couchent les amis de passage). — **2.** *Femme de chambre, valet de chambre,* domestiques attachés au service particulier d'une personne ou au service des clients d'un hôtel. (Le *valet de chambre* est plus souvent appelé *garçon d'étage* dans un hôtel.) ‖ *Garder la chambre,* rester chez soi, par suite d'une maladie. ‖ Péjor. *Stratège, politicien en chambre,* homme qui, sans avoir de compétence, porte des jugements pleins d'assurance sur des questions militaires ou politiques. ‖ *Pot, musique, robe de chambre* → POT 1, MUSIQUE, ROBE. — **3.** Pièce, local affectés à un usage particulier (entre dans diverses locutions) : *Chambre forte,* dans une banque, pièce blindée où sont rassemblés les coffres-forts. ‖ *Chambre froide,* pièce ou grande armoire où règne une température voisine de 0 °C et qui sert à conserver par le froid des denrées périssables. ‖ *Chambre à gaz* → GAZ. — **4.** *Chambre à air,* tube de caoutchouc circulaire, gonflé d'air, fermé par une valve et disposé sur la jante d'une roue, à l'intérieur du pneu : *Mon pneu a crevé, il va falloir sortir la chambre à air et la réparer.* — **5.** *Chambre des députés,* ou, sans compl., *la Chambre* (avec majusc.), lieu de réunion et assemblée des députés (syn. ASSEMBLÉE NATIONALE). — **6.** Subdivision d'un tribunal, d'une cour : *Les cinq chambres de la Cour de cassation.*

chambrée [ʃɑ̃bre] n. f. Ensemble de personnes, et principalement de soldats, logeant dans une même chambre; cette pièce.

chambrer [ʃɑ̃bre] v. t. *Chambrer une bouteille de vin,* la faire séjourner dans la pièce où elle sera bue, pour l'amener à la température ambiante.

chambrette [ʃɑ̃brɛt] n. f. Petite chambre.

chameau [ʃamo] n. m. (gr. *kamêlos*). **1.** Mammifère ruminant d'Asie, portant sur le dos deux bosses caractéristiques. — **2.** *Fam.* Personne méchante ou désagréable, acariâtre (se dit d'un homme ou d'une femme).

chamelier [ʃaməlje] n. m. Conducteur de chameaux.

chamelle [ʃamɛl] n. f. Femelle du chameau.

chamois [ʃamwa] n. m. (bas lat. *camox*). **1.** Ruminant à cornes recourbées vivant dans les hautes montagnes d'Europe. — **2.** *Peau de chamois,* fragment de peau de cet animal, traité d'une certaine façon et qui sert à nettoyer les carrosseries de voitures, les vitres, etc. — **3.** Distinction mesurant la valeur d'un skieur, après une épreuve de slalom en un temps donné : *Il va passer son chamois d'argent. Elle a eu son chamois de bronze* (ou *d'or*).

champ [ʃɑ̃] n. m. (lat. *campus*). **1.** Terrain cultivable d'une certaine étendue : *Un champ de blé, de pommes de terre.* — **2.** *Les champs,* l'ensemble des terres cultivées, par oppos. à la ville ou aux bâtiments de la ferme : *Au printemps, on mène de nouveau les bêtes aux champs* (syn. PÂTURAGE). ‖ *À travers champs,* sans emprunter de route ni de chemin, en traversant des terrains cultivés : *En coupant à travers champs, on évite un long détour.* — **3.** *Champ de bataille,* terrain où se déroulent des combats; lieu où règne un grand désordre : *Vous allez me ranger cette pièce; c'est un vrai champ de bataille.* ‖ *Champ clos,* lieu où se produit un affrontement, une lutte entre deux ou plusieurs adversaires : *Un débat en champ clos a eu lieu au sein du comité, entre la présidente et le secrétaire.* ‖ *Champ de courses,* terrain destiné aux courses de chevaux (syn. HIPPODROME). ‖ *Champ d'honneur,* champ de bataille (soutenu). ‖ *Mourir, tomber au champ d'honneur,* mourir glorieusement en combattant pour son pays : *Exalter la mémoire des soldats morts au champ d'honneur.* — **4.** Domaine concret ou abstrait, plus ou moins nettement délimité, où peut se déployer une activité (souvent suivi d'un compl. du nom sans art.) : *Cette question est étrangère au champ de mes recherches. Elle a des pouvoirs qui lui offrent un vaste champ d'action. Le photographe ne pouvait pas mettre à la fois les deux monuments dans le champ de son objectif.* — **5.** *À tout bout de champ,* à tout instant, à la moindre occasion : *Ne me dérange pas à tout bout de champ.* ‖ *Avoir, laisser le champ libre à qqn, qqch,* avoir, laisser toute liberté à qqn, qqch. ‖ *Champ opératoire,* région bien délimitée du corps, sur laquelle porte une intervention chirurgicale. ‖ *Laisser du champ à qqn,* lui accorder une certaine liberté d'action ou un certain temps de répit, de réflexion : *Maintenant qu'elle est bien au courant de la marche de l'entreprise, on peut lui laisser un peu plus de champ* (syn.

LATITUDE). *J'ai différé ma réponse de quelques jours pour me laisser du champ* (syn. MARGE). ‖ *Prendre du champ,* prendre du recul, s'éloigner des choses pour pouvoir mieux les juger. (→ SUR-LE-CHAMP.)

champagne [ʃɑ̃paɲ] n. m. Vin blanc mousseux très estimé, qu'on prépare en Champagne : *Verser une coupe de champagne.*

champagnisation [ʃɑ̃paɲizasjɔ̃] n. f. Action de champagniser.

champagniser [ʃɑ̃paɲize] v. t. Préparer à la manière du champagne.

champêtre [ʃɑ̃pɛtr] adj. (lat. *campestris*). **1.** Relatif à la campagne : *Jean-Jacques Rousseau fait l'éloge des plaisirs champêtres* (syn. RUSTIQUE). — **2.** Qui a lieu à la campagne : *Un bal champêtre.*

champignon [ʃɑ̃piɲɔ̃] n. m. (lat. *campus,* champ). **1.** Végétal sans fleurs ni chlorophylle, qui pousse dans les lieux humides et peu éclairés : *On va aller cueillir (ramasser) des champignons.* — **2.** *Pousser comme un champignon,* grandir très vite : *L'air de la campagne réussit à cette enfant : elle pousse comme un champignon.* ‖ *Ville-champignon,* qui s'est édifiée en très peu de temps. — **3.** *Fam.* Pédale d'accélérateur : *Pour tâcher de rattraper le temps perdu, j'appuyais à fond sur le champignon.*

champignonnière [ʃɑ̃piɲɔnjɛr] n. f. Endroit où on cultive des champignons.

champion, onne [ʃɑ̃pjɔ̃] n. (germ. *kampjo,* combattant). **1.** Personne ou équipe qui obtient les meilleurs résultats dans une compétition sportive, un concours : *Un champion de course à pied, d'échecs.* — **2.** (suivi d'un compl.) Personne qui défend une cause avec ardeur : *Un homme politique qui s'est fait le champion de l'indépendance de son pays* (syn. DÉFENSEUR, ↓PARTISAN). ◆ adj. *Fam.* Excellent, imbattable, de premier ordre : *Pour faire une multiplication de tête, elle est championne.*

championnat [ʃɑ̃pjɔna] n. m. Épreuve sportive, concours dont le vainqueur est proclamé champion : *Un championnat international de basket-ball. Le championnat du monde d'échecs.*

chance [ʃɑ̃s] n. f. (du lat. *cadere,* tomber). **1.** Ensemble de circonstances heureuses; sort favorable : *La chance a voulu que nous nous rencontrions au bon moment* (= un hasard heureux). *C'est une chance qu'un choc aussi rude n'ait pas cassé le vase. C'est un coup de chance que j'aie retrouvé ce portefeuille. Avec un peu de chance, le prisonnier pouvait espérer réussir son évasion. J'ai immédiatement téléphoné chez l'infirmière; par chance, elle n'était pas encore partie* (syn. PAR BONHEUR). *Tu as de la chance d'être en vacances* (syn. fam. VEINE; contr. MALCHANCE). — **2.** Probabilité que qqch se produise ou non (surtout pl.) : *On ne s'engage pas dans une telle entreprise sans avoir évalué ses chances. Il y a de fortes chances pour que votre demande soit acceptée* (syn. POSSIBILITÉ). *Même si nous n'avons qu'une chance sur cent de réussir, il faut essayer.* — **3.** *Bonne chance!,* souhait de succès adressé à qqn. ‖ *Cela ne lui portera pas chance,* cette mauvaise action ne lui profitera pas. ‖ Fam. *C'est bien ma chance!,* se dit, ironiq., pour indiquer qu'on n'a pas de chance : *Encore une panne de voiture, c'est bien ma chance!* ‖ *Donner sa chance à qqn,* lui donner l'occasion, la possibilité de tenter qqch, de réussir.

chancelant, e [ʃɑ̃slɑ̃] adj. Qui chancelle : *Une démarche chancelante. Sa santé reste chancelante* (syn. FRAGILE).

chanceler [ʃɑ̃sle] v. i. (lat. *cancellare,* disposer une grille) [c. **6**]. **1.** (sujet qqn, qqch) Perdre l'équilibre, pencher d'un côté et de l'autre en risquant de tomber : *Le boxeur, atteint d'un crochet du gauche, chancela un instant, puis alla au tapis* (syn. VACILLER, TITUBER). *Un geste maladroit fit chanceler la bouteille.* — **2.** (sujet qqch) Manquer de fermeté, faiblir : *Ma mémoire chancelle, j'ai du mal à me souvenir de certaines choses.*

chancelier [ʃɑ̃səlje] n. m. (lat. *cancellarius,* huissier). **1.** Celui qui, dans un ordre, est chargé de la garde des sceaux. — **2.** *Chancelier fédéral,* titre du chef du gouvernement, dans la République fédérale allemande. ‖ *Chancelier de l'Échiquier,* ministre des Finances, en Grande-Bretagne.

chancellerie [ʃɑ̃sɛlri] n. f. Bureau du chancelier; organisme chargé de la garde des sceaux : *La grande chancellerie de la Légion d'honneur.*

chanceux, euse [ʃɑ̃sø] adj. et n. Qui a de la chance : *Elle est plus chanceuse que moi, puisqu'elle a gagné trois fois à la Loterie nationale* (syn. fam. VEINARD; contr. MALCHANCEUX).

chancre [ʃɑ̃kr] n. m. (lat. *cancer*). Fam. *Manger comme un chancre,* manger excessivement. (Le *chancre* [méd.] est une lésion initiale de la syphilis.)

chandail [ʃɑ̃daj] n. m. (de *marchand d'ail*). Tricot de laine ou de matière synthétique, qui couvre le buste et qu'on passe par-dessus la tête (syn. PULL-OVER).

chandelier [ʃɑ̃dəlje] n. m. Support pour une ou plusieurs chandelles : *La cheminée était ornée de deux chandeliers d'argent.*

chandelle [ʃɑ̃dɛl] n. f. (lat. *candela*). **1.** Syn. de BOUGIE : *Un dîner aux chandelles.* — **2.** Fam. *Brûler la chandelle par les deux bouts,* gaspiller son argent, ne pas être économe. ‖ *Devoir une belle, une fière chandelle à qqn,* lui devoir beaucoup de reconnaissance pour un service important qu'il vous a rendu. ‖ Péjor. *Économies de bouts de chandelle,* économies faites sur de menues dépenses, apportant plus de tracas que d'avantages réels. ‖ *Faire une chandelle,* dans certains sports, envoyer la balle ou le ballon en l'air verticalement. ‖ *Le jeu n'en vaut pas la chandelle,* le résultat ne vaut pas la peine qu'on se donne pour l'obtenir. ‖ *Monter en chandelle,* s'élever verticalement, en parlant d'un avion. ‖ *Voir trente-six chandelles,* éprouver un grand éblouissement, particulièrement à la suite d'un coup à la tête.

1. chanfrein [ʃɑ̃frɛ̃] n. m. (lat. *caput,* tête, et *frenare,* freiner). Partie de la tête du cheval, du front aux naseaux.

2. chanfrein [ʃɑ̃frɛ̃] n. m. (anc. fr. *chant,* côté, et *fraindre,* briser). Petite coupe qui produit une surface oblique en supprimant l'arête vive d'une pièce (techn.).

chanfreiner [ʃɑ̃frene] v. t. Tailler en demi-biseau l'angle d'une pièce.

change [ʃɑ̃ʒ] n. m. **1.** Conversion d'une monnaie en une autre; taux auquel se fait cette opération : *À l'aéroport, il y a un bureau de change. Les vacances dans ce pays sont économiques, car le change est avantageux.* — **2.** *Donner le change à qqn,* le tromper sur les véritables intentions, sur les sentiments que l'on a : *C'est en vain que tu as essayé de nous donner le change avec ton air très détaché : nous savons que l'affaire t'intéresse au plus haut point.* ‖ *Gagner, perdre au change,* être avantagé, désavantagé par un changement ou un échange : *Nous avons une nouvelle concierge; je crains bien que nous n'ayons beaucoup perdu au change.*

changeant, e [ʃɑ̃ʒɑ̃] adj. Se dit de ce qui est sujet à changer; se dit de qqn qui manque de constance : *En mars, le temps est souvent changeant* (syn. INCERTAIN, INSTABLE). *Les couleurs changeantes du prisme. On ne peut se fier à un homme d'une humeur si changeante* (syn. INCONSTANT).

changement [ʃɑ̃ʒmɑ̃] n. m. Action de changer; fait d'être changé : *Le changement de roue nous a retardés. La radio annonce un changement de temps. Une plante qui supporte mal les changements de température* (syn. VARIATION). *Un incident de dernière minute a entraîné un changement de programme* (syn. MODIFICATION). *Je n'étais pas venu dans le village depuis de longues années, aussi j'y ai trouvé des changements importants* (syn. TRANSFORMATION). *Il est trop conservateur pour proposer le moindre changement* (syn. INNOVATION). *Un changement de vitesse est un mécanisme qui transmet, avec des vitesses variées, le mouvement d'un moteur à un mécanisme.*

changer [ʃɑ̃ʒe] v. t. (bas lat. *cambiare*, échanger) [c. 2]. **1.** (sujet qqn) *Changer qqch, qqn, contre* (ou *pour*), les remplacer par qqch ou qqn d'autre : *Changer sa voiture pour une nouvelle. Je changerais bien ma place contre la vôtre. Après les hors-d'œuvre, on changera les assiettes. La pile de la lampe de poche est usée, il faudra la changer. Le chef de rayon a été changé. Changer de l'argent, un billet* (= obtenir l'équivalent en une autre monnaie, ou en pièces, en billets de valeur différente). — **2.** (sujet qqn, qqch) *Changer qqch,* le rendre différent, le modifier : *Si tu supprimes ce mot, tu changes un peu le sens de la phrase. L'échec de cette première tentative ne change en rien ma résolution. On comptait beaucoup sur elle, mais elle vient de tomber malade : voilà qui change tout.* — **3.** (sujet qqch) *Changer qqn,* lui donner un autre aspect : *Cette nouvelle coiffure la change complètement.* — **4.** (sujet qqn, qqch) *Changer en qqch,* faire passer à un autre état : *Les alchimistes cherchaient à changer des métaux en or. Les dernières pluies ont changé le chemin en bourbier* (syn. TRANSFORMER EN). — **5.** *Cela me* (*te, le,* etc.) *change,* c'est différent de mes (tes, ses, etc.) habitudes : *Cela l'a changé de prendre tous les jours le métro.* ‖ *Changer un bébé,* lui mettre des couches propres. ‖ *Changer son fusil d'épaule,* prendre de nouvelles dispositions, adopter une tactique différente. ‖ *Changer les idées à qqn,* le distraire de ses soucis. ◆ v. t. ind. **1.** *Changer de qqch, de qqn* (sans autre compl. introduit par *pour* ou *contre*), le remplacer par un autre : *On n'a pas changé d'assiettes. J'ai changé de voiture. Elle a changé de coiffure. Si tu changes d'avis, préviens-moi. La maison a changé de direction. J'ai plusieurs fois changé d'adresse en cours d'année.* — **2.** *Changer de qqch avec qqn,* faire un échange de cette chose avec lui : *Tu ne voudrais pas changer de place avec moi?* — **3.** *Changer d'air,* s'éloigner, partir sous un autre climat. ‖ *Changer de vitesse,* passer la vitesse supérieure ou inférieure, sur une automobile. ◆ v. i. (auxil. *avoir* ou *être*) **1.** Devenir différent, être transformé ou modifié : *Le baromètre baisse, le temps va changer. Le prix de l'essence change souvent. Je ne l'avais pas vu depuis une dizaine d'années; il m'a paru bien changé* (syn. VIEILLI). — **2.** *Les temps sont (bien) changés!,* les circonstances sont bien différentes. ◆ ***se changer*** v. pr. (sujet qqn) Mettre d'autres vêtements : *Tu es trempé : va te changer.*

changeur [ʃɑ̃ʒœr] n. m. **1.** Personne qui fait des opérations de change (sens 1). — **2.** Machine permettant d'obtenir des pièces de monnaie ou des jetons.

chanoine [ʃanwan] n. m. (lat. *canonicus;* du gr. *kanôn,* règle). Dignitaire ecclésiastique faisant partie du conseil d'un évêque.

chanson [ʃɑ̃sɔ̃] n. f. (lat. *cantionem*). **1.** Petite composition musicale, divisée en couplets souvent séparés par un refrain et destinée à être chantée : *Une chanson populaire, sentimentale.* — **2.** Chant quelconque : *Un merle siffle sa chanson;* et, litt. : *Nous allions sur la falaise écouter la chanson de la mer.* — **3.** *Fam.* et *péjor.* Propos qu'on répète sans cesse : *Elle nous a encore dit qu'elle n'avait pas eu le temps; c'est sa chanson habituelle* (syn. RENGAINE). — **4.** Propos auquel on ne veut pas attacher d'importance : *«Tu feras attention la prochaine fois? — Oui, on connaît la chanson!»* (syn. REFRAIN).

chansonnette [ʃɑ̃sɔnɛt] n. f. Petite chanson sans prétention.

chansonnier, ère [ʃɑ̃sɔnje] n. Auteur de chansons ou de textes satiriques qui se produit sur une scène : *Certains cabarets sont célèbres par leurs chansonniers.*

1. chant [ʃɑ̃] n. m. (lat. *cantus*). **1.** Suite de sons modulés par la voix humaine : *Des chants joyeux annonçaient l'arrivée des enfants de la colonie.* — **2.** Action de chanter : *La cérémonie s'est terminée par le chant d'un psaume. Avez-vous déjà pratiqué le chant choral?* — **3.** Art de chanter : *Elle suit des cours de chant. Il apprend le chant au conservatoire.* — **4.** Sons plus ou moins variés émis par certains animaux, notamment des oiseaux ou des insectes : *Le chant du rossignol, du merle, du coq, des cigales, d'un crapaud.* — **5.** Partie d'un poème épique ou didactique : *«L'Iliade» comprend vingt-quatre chants.*

2. chant [ʃɑ̃] n. m. (lat. *canthus,* bande de fer bordant une route). *De chant, sur chant,* dans un plan vertical, sur la face étroite et longue : *La cloison est faite de briques posées sur chant.*

chantable [ʃɑ̃tabl] adj. Qui peut être chanté : *C'est un air plein de difficultés, à peine chantable.*

chantage [ʃɑ̃taʒ] n. m. Action de faire chanter qqn : *La police a arrêté deux escrocs, qui se livraient à un chantage sur un homme politique. Il se porte aussi bien que toi et moi, mais quand il veut laisser faire le travail par les autres, il fait le chantage à la maladie.*

chantant, e [ʃɑ̃tɑ̃] adj. **1.** Se dit d'un air qui se chante aisément, dont la mélodie se retient facilement : *L'allégro est suivi d'un air très chantant* (syn. MÉLODIEUX). — **2.** Se dit d'une langue, d'une prononciation dont les sonorités sont agréables à l'oreille : *Les Français du Midi ont un accent chantant.*

chanter [ʃɑ̃te] v. t. (lat. *cantare*). **1.** Faire entendre un chant, une chanson : *Et maintenant, je vais vous chanter une toute nouvelle chanson. Le rossignol chante ses trilles;* sans compl. : *Des ouvrières qui travaillent en chantant. Le coq chante.* — **2.** *Chanter qqn, qqch,* les célébrer, les louer, notamment en vers (soutenu) : *Virgile chante le héros qui fonda Lavinium. Les poètes chantent l'amour, la nature. Chanter les exploits des héros.* — **3.** *Fam.* et *péjor.* Dire, raconter : *Qu'est-ce que tu nous chantes là?* — **4.** Fam. *C'est comme si on chantait,* cela n'avance à rien, n'a aucun effet : *On a beau les mettre en garde, c'est comme si on chantait.* ‖ *Chanter les louanges de qqn,* parler de lui en termes très élogieux. ‖ *Chanter victoire,* proclamer bruyamment son succès : *Ne chantez pas victoire trop tôt, votre adversaire n'a pas encore dit son dernier mot.* ‖ Fam. *Si ça me* (*te, lui,* etc.) *chante,* si cela me convient, si j'en ai envie, s'il m'en prend fantaisie : *Tu peux aller te promener sous la pluie si ça te chante, moi je reste ici* (= si le cœur t'en dit). ◆ v. i. **1.** (sujet qqch) Produire un bruit plus ou moins modulé : *L'eau commence à chanter dans la bouilloire.* — **2.** *Faire chanter qqn,* exercer sur lui une pression morale, notamment par la menace de révélations compromettantes ou par l'exploitation abusive d'un avantage, en vue de lui soutirer de l'argent ou de l'amener à une acceptation qui lui répugne.

1. chanterelle [ʃɑ̃trɛl] n. f. (de *chanter*). *Appuyer sur la chanterelle,* insister sur le point délicat. (La *chanterelle* est la corde d'un violon dont le son est le plus aigu.)

2. chanterelle [ʃɑ̃trɛl] n. f. (gr. *kantharos,* coupe). Syn. de GIROLLE.

chanteur, euse [ʃɑ̃tœr] n. **1.** Personne qui chante, professionnellement ou non : *Un chanteur de charme, s'accompagnant de sa guitare, chantait des airs langoureux. Plusieurs chanteuses de cette chorale sont des prix de conservatoire.* (→ CANTATRICE.) — **2.** *Maître chanteur,* celui qui exerce un chantage. ◆ adj. Qui chante : *Oiseaux chanteurs.*

chantier [ʃɑ̃tje] n. m. (lat. *cantherius,* support). **1.** Lieu où se déroulent des travaux de construction ou de réparation : *On a ouvert un nouveau chantier dans le terrain vague, l'immeuble doit être terminé dans un an. On construit des navires sur un chantier naval.* — **2.** Lieu où sont accumulés des matériaux de construction, des combustibles, etc. (syn. ENTREPÔT). — **3.** *Fam.* Lieu en désordre : *Range un peu ta chambre : c'est un vrai chantier.* — **4.** *En chantier,* en cours de réalisation : *Un écrivain qui a plusieurs livres en chantier. Mettre en chantier une enquête sur les loisirs* (= commencer).

chantilly [ʃatiji] n. f. → CRÈME.

chantonnement [ʃɑ̃tɔnmɑ̃] n. m. Action de chantonner : *Un vague chantonnement témoignait de sa satisfaction.*

chantonner [ʃɑ̃tɔne] v. t. Fredonner une chanson, chanter à mi-voix : *Elle chantonnait le dernier refrain du numéro 1 au hit-parade;* sans compl. : *Il chantonne en marchant.*

chantoung [ʃɑ̃tung] n. m. Étoffe de soie sauvage, d'origine chinoise.

chantre [ʃɑ̃tr] n. m. (lat. *cantor*). Celui qui chante professionnellement, en soliste, des chants religieux pendant un office.

chanvre [ʃɑ̃vr] n. m. (gr. *kannabis*). **1.** Plante fournissant une fibre textile très résistante; cette fibre elle-même : *Une corde de chanvre.* — **2.** *Chanvre indien,* variété de chanvre dont on retire le hachisch et la marijuana (syn. CANNABIS).

chaos [kao] n. m. (gr. *khaos*). Grand désordre, confusion générale : *Dans l'énorme chaos des maisons écroulées, les sauveteurs s'efforcent de porter secours aux survivants du tremblement de terre. Les idées s'agitaient en chaos dans sa tête* (syn. ↓FOUILLIS; fam. PAGAILLE).

chaotique [kaɔtik] adj. Qui tient du chaos : *Le spectacle chaotique d'une ville bombardée. La discussion était parfois chaotique* (syn. CONFUS, TUMULTUEUX).

chapardage [ʃapardaʒ] n. m. *Fam.* Action de chaparder : *Vivre de menus chapardages* (syn. LARCIN).

chaparder [ʃaparde] v. t. (orig. incert.). *Fam.* Voler des objets sans grande valeur : *Elle a chapardé des bonbons à la boulangerie, mais elle a été prise sur le fait* (syn. fam. CHIPER, FAUCHER).

chapardeur, euse [ʃapardœr] adj. et n. Qui chaparde : *Un gamin chapardeur.*

chape [ʃap] n. f. (lat. *cappa,* capuchon). **1.** Sorte de cape de cérémonie qui s'agrafe par devant et que portent les prêtres pour certains offices solennels. — **2.** Épaisseur de gomme constituant la bande de roulement d'un pneu.

chapeau [ʃapo] n. m. (lat. *cappa,* capuchon). **1.** Coiffure de formes et de matières très variées, que les hommes et les femmes mettent pour sortir : *Un chapeau de paille. Un chapeau haut-de-forme, un chapeau melon.* — **2.** Fam. *Chapeau !,* interj. qui exprime la considération (syn. BRAVO !). || *Coup de chapeau,* hommage rendu à qqn. || Fam. *Faire porter le chapeau à qqn,* le rendre responsable d'un échec. || *Saluer chapeau bas,* avec une grande déférence (soutenu). || Fam. *Tirer son chapeau à qqn,* lui accorder une admiration sans réserve : *Celle qui a fait cette découverte, on peut lui tirer son chapeau !* || Fam. *Travailler du chapeau,* être un peu fou. — **3.** Cône arrondi ou calotte qui forme la partie supérieure d'un champignon. — **4.** *Fam.* Court paragraphe présentant un article de journal, de revue, etc. : *Le reportage était précédé d'un chapeau du rédacteur en chef.* — **5.** *Chapeau chinois,* instrument de musique formé d'une calotte de cuivre mince à laquelle pendent des grelots : *Le chapeau chinois est surtout employé dans les orchestres de musique militaire.* — **6.** Fam. *Sur les chapeaux de roue,* se dit d'un véhicule qui démarre ou prend un virage à grande vitesse.

chapeauté, e [ʃapote] adj. *Fam.* Coiffé d'un chapeau : *Il ne sort que ganté et chapeauté.*

chapeauter [ʃapote] v. t. *Fam.* Avoir une supériorité hiérarchique sur des personnes ou des services administratifs : *Un responsable général chapeaute ces différents organismes* (syn. COIFFER).

chapelain [ʃaplɛ̃] n. m. Prêtre desservant une chapelle privée : *Le chapelain du château, de l'hôpital.*

chapelet [ʃaplɛ] n. m. (de *chapeau,* au sens ancien de « couronne de fleurs »). **1.** Objet de piété catholique, formé de grains enfilés sur une chaînette et qu'on fait glisser entre ses doigts en récitant des prières; prières ainsi récitées : *Dire son chapelet.* — **2.** *Un chapelet de,* une série, une suite ininterrompue de choses : *Débiter tout un chapelet d'injures* (syn. UNE LITANIE DE).

chapelier [ʃapəlje] n. m. Fabricant ou marchand de chapeaux d'hommes. (Pour les chapeaux de femmes, on dit MODISTE.)

chapelle [ʃapɛl] n. f. (lat. *cappa,* chape). **1.** Petite église comprenant un seul autel : *La chapelle du château de Versailles.* — **2.** Partie d'une église ayant un autel particulier, et souvent dédiée à un saint : *La messe sera dite dans la chapelle de la Sainte-Vierge.* — **3.** *Chapelle ardente,* salle garnie de tentures noires et éclairée de cierges, où l'on dépose un mort avant les obsèques. || *Maître de chapelle,* celui qui dirige les chanteurs et les musiciens dans une église. — **4.** Petit groupe artistique ou littéraire très fermé et ayant une haute idée de sa valeur : *Ils méprisent tous ceux qui ne sont pas de leur chapelle* (syn. COTERIE). *Évitons la mesquinerie, l'esprit de chapelle.*

chapellerie [ʃapɛlri] n. f. Industrie, commerce du chapeau.

chapelure [ʃaplyr] n. f. (du bas lat. *cappulare,* couper). Petites miettes de pain ou pain râpé qu'on répand sur certains mets, avant de les faire cuire.

chaperon [ʃaprɔ̃] n. m. (de *chape*). Femme d'un certain âge à laquelle, par respect des convenances, on confiait autrefois une jeune fille dans ses sorties (auj. ironiq.).

chaperonner [ʃaprɔne] v. t. *Chaperonner une jeune fille,* lui servir de chaperon.

chapiteau [ʃapito] n. m. (lat. *caput, -itis,* tête). **1.** Tête d'une colonne : *Les chapiteaux sculptés des églises romanes.* — **2.** Tente conique sous laquelle les cirques ambulants donnent leurs représentations : *Le cirque avait dressé son chapiteau sur la place de la petite ville.*

chapitre [ʃapitr] n. m. (lat. *capitulum*).
— **I. 1.** Partie d'un livre, d'un règlement, d'un rapport, etc., dont elle constitue une division régulière : *Ce roman comprend quinze chapitres. Le comité a proposé une modification à l'article quatre du chapitre deux des statuts de la société.* — **2.** *Au chapitre de, sur le chapitre de,* en ce qui concerne, sur le point particulier de : *Au chapitre des faits divers, signalons un incendie de forêt* (syn. À LA RUBRIQUE DE). *Elle est très exigeante sur le chapitre de la nourriture.*

— **II. 1.** Corps des chanoines d'une église, ou assemblée des religieux d'une communauté : *Un nouveau membre a été nommé au chapitre de Notre-Dame de Paris.* — **2.** *Avoir voix au chapitre,* avoir le droit de donner son avis : *Tu n'étais pas là quand ça s'est passé, tu n'as pas voix au chapitre.*

chapitrer [ʃapitre] v. t. *Chapitrer qqn,* l'instruire de la conduite à tenir; le rappeler à l'ordre : *L'enfant est allé rendre visite à sa tante, chapitré par sa mère. On a beau la chapitrer, elle ne s'assagit pas* (syn. SERMONNER, RÉPRIMANDER).

chapka [ʃapka] n. f. Bonnet de fourrure à rabats.

chapon [ʃapɔ̃] n. m. (lat. *capo, -onis*). Jeune coq qu'on a castré et qu'on engraisse pour le manger.

chaque [ʃak] adj. et pron. indéf. Indique : **1.** la répartition : se dit de qqn, qqch faisant partie d'un tout et considérés en eux-mêmes, séparément des autres (seulement avec un sing.) : *Chaque membre de la famille donna son avis. Il donna ses instructions à chaque subordonné.* — **2.** la distribution : se dit de qqn ou de qqch en général : *Le téléphone sonne à chaque instant* (= à tout instant). *Chaque année, aux vacances, elle se rendait dans les Alpes. Chaque fois qu'il venait, nous sortions le grand service à café. Après chaque phrase, il laissait un long silence.* ◆ pron. indéf. Emploi limité, dans la langue fam., à des constructions comme : *Acheter des cravates pour dix francs chaque.*

char [ʃar] n. m. (lat. *carrus*). **1.** Dans l'Antiquité, voiture à deux roues, tirée par des chevaux, utilisée dans les combats, les jeux, les cérémonies publiques : *Une course de chars.* — **2.** Chariot décoré pour les fêtes publiques : *Les chars de fleurs du carnaval défilent dans la ville.* — **3.** *Char à bancs,* autref., voiture à bancs disposés en travers. ‖ Litt. *Le char de l'État,* l'État en tant qu'il est conduit. ‖ Litt. *Char funèbre,* corbillard. — **4.** Engin de guerre blindé, muni de chenilles, motorisé et doté d'un armement : *La première division de chars passait à l'attaque.* (On dit aussi CHAR D'ASSAUT, CHAR DE COMBAT.)

charabia [ʃarabja] n. m. (esp. *algarabia,* langue arabe). *Fam.* Langage à peu près ou totalement incompréhensible; style embrouillé : *Qu'est-ce que c'est que ce charabia administratif?* (syn. JARGON).

charade [ʃarad] n. f. (occitan *charrado,* causerie). Jeu qui consiste à faire deviner un mot en donnant successivement les définitions ou les caractéristiques de mots correspondant phonétiquement à chacune des syllabes du mot à trouver, puis à ce mot lui-même. (Ex. *Mon premier est un animal domestique* [CHAT]*; mon second abrite des bateaux* [RADE]*; mon tout vous est présentement proposé* [CHARADE].)

charançon [ʃarɑ̃sɔ̃] n. m. (gaul. *karantionos,* petit cerf). Insecte à tête prolongée par une trompe, qui s'attaque aux graines de céréales, au bois, etc.

charbon [ʃarbɔ̃] n. m. (lat. *carbonem*). **1.** Corps combustible noir, qu'on extrait du sol (charbon de terre, houille), ou qui provient du bois calciné ou incomplètement brûlé (charbon de bois) : *En France, c'est le bassin minier du Nord qui produit le plus de charbon. Dans de nombreux immeubles, le chauffage au charbon a été remplacé par le chauffage au mazout.* — **2.** Fam. *Être sur des charbons ardents,* être très impatient ou très inquiet (syn. ÊTRE SUR LE GRIL).

charbonnage [ʃarbɔnaʒ] n. m. Exploitation d'une mine de charbon (houillère) : *La direction des Charbonnages de France a reçu une délégation des syndicats de mineurs.*

charbonner [ʃarbɔne] v. i. (sujet qqch) Former un résidu de charbon, ou produire une fumée, une suie épaisse : *Le poêle à mazout charbonne.*

1. charbonnier, ère [ʃarbɔnje] adj. Relatif à la fabrication ou à la vente du charbon : *La production charbonnière a baissé. Les problèmes de l'industrie charbonnière. Navire charbonnier.*

2. charbonnier [ʃarbɔnje] n. m. **1.** Celui qui fait le commerce ou la livraison du charbon. — **2.** *La foi du charbonnier,* une foi naïve, aveugle.

charcutage [ʃarkytaʒ] n. m. *Fam.* Action de charcuter.

charcuter [ʃarkyte] v. t. Fam. *Charcuter qqn,* l'opérer maladroitement; lui entailler les chairs : *Tu vas encore me charcuter longtemps pour me retirer cette écharde?*

charcuterie [ʃarkytri] n. f. **1.** Boutique de charcutier; commerce pratiqué par les charcutiers : *Des côtes de porc achetées à la charcuterie voisine.* — **2.** Aliment préparé par le charcutier (jambon, saucisson, boudin, andouille, pâté, etc.) : *Pour commencer, je prendrai une assiette de charcuterie* (syn. fam. COCHONNAILLE).

charcutier, ère [ʃarkytje] n. (de *chair cuite*). Personne qui prépare et vend de la viande de porc, du boudin, des saucisses, etc.

chardon [ʃardɔ̃] n. m. (lat. *carduus*). Plante épineuse, à fleur bleu-mauve.

chardonneret [ʃardɔnrɛ] n. m. Petit oiseau à plumage noir, jaune, rouge et blanc, qui se nourrit des graines du chardon.

charge [ʃarʒ] n. f. **1.** Ce que porte ou peut porter qqn, un animal, qqch : *Le porteur plie sous la charge* (syn. FARDEAU). *Avec le temps, la solive a fléchi sous la charge* (syn. POIDS). *La charge maximale de cette camionnette est de mille kilos.* — **2.** *Prendre qqn en charge,* le faire monter dans sa voiture. ‖ *Prise en charge par un taxi,* paiement forfaitaire qui s'ajoute au prix de la course. — **3.** Quantité de matières explosives : *L'immeuble a été endommagé par l'explosion d'une forte charge de plastic.* — **4.** Quantité d'électricité emmagasinée dans un accumulateur : *Si la batterie ne tient pas la charge, il faut la changer.* — **5.** Ce qui met dans la nécessité de faire des frais : *Elle a de grosses charges familiales* (= elle doit subvenir aux dépenses importantes de sa famille). *Les charges sociales alourdissent le budget de l'entreprise* (= ensemble des dépenses constituées par la sécurité sociale, les allocations familiales, etc.). *La quittance de loyer détaille les charges locatives : enlèvement des ordures, entretien de l'immeuble, etc.* — **6.** (+ compl.) Rôle, mission, choses ou personnes dont on a la responsabilité : *On lui a confié la charge d'organiser la publicité. Le pilote a amené à bon port les passagers dont il avait la charge.* — **7.** Point d'une accusation, élément défavorable à un accusé : *L'avocat a démontré qu'en l'absence de preuves le tribunal ne pouvait pas retenir cette charge contre sa cliente* (syn. GRIEF, CHEF D'ACCUSATION). — **8.** *À charge de,* à condition de : *Vous pouvez utiliser ma voiture, à charge pour vous de la maintenir en bon état.* ‖ *À la charge de qqn, à charge,* se dit de qqn qui dépend d'un autre pour sa subsistance, qui vit à ses frais : *J'ai encore un enfant à charge, les autres travaillent;* se dit de ce qui incombe à qqn, qui doit être payé par lui : *L'entretien intérieur des locaux est à la charge du locataire.* ‖ (sujet qqn) *Être à charge à qqn,* lui causer des frais : *Elle tenait à travailler pour ne pas être à charge à ses hôtes;* (sujet qqch) être pénible, difficile à supporter : *Il est si affaibli que le moindre travail lui est à charge.* ‖ *Prendre qqn en charge,* assurer son entretien, sa subsistance : *Ils ont pris en charge un orphelin.* ‖ *Prise en charge,* acceptation par une caisse de Sécurité sociale de rembourser les frais de maladie de l'assuré. ‖ *Témoin à charge,* celui dont le témoignage est défavorable à un accusé (contr. TÉMOIN À DÉCHARGE). — **9.** Ruée à l'arme blanche : *Une charge de cavalerie* (syn. ATTAQUE). — **10.** (sujet qqn) *Revenir à la charge,* faire une nouvelle tentative après qu'une première a échoué ; insister. — **11.** Portrait, récit, spectacle contenant des exagérations satiriques qui visent à faire rire : *Ce film est une charge de la vie française* (syn. CARICATURE, SATIRE).

chargé, e [ʃarʒe] adj. **1.** *Journée chargée,* abondante en travail, en occupations. — **2.** *Langue chargée,* pâteuse. — **3.** Qui a la charge de : *Il est chargé de famille, maintenant que son père est mort* (= il doit subvenir à la subsistance des membres de sa famille). ◆ ***chargé*** n. m. *Chargé d'affaires,* diplomate représentant momentanément son pays auprès d'un chef d'État étranger.

chargement [ʃarʒəmɑ̃] n. m. **1.** Action de charger : *Le chargement du bateau a été rapide. On procède au chargement des colis* (contr. DÉCHARGEMENT). — **2.** Ensemble des objets constituant une charge : *Les cambrioleurs, surpris en route, ont abandonné leur chargement.*

charger [ʃarʒe] v. t. (bas lat. *carricare,* de *carrus,* char) [c. 2]. **1.** *Charger qqn, qqch,* mettre sur eux une charge, une chose pesante : *Je vais charger la voiture, puis nous pourrons partir* (= y mettre les bagages). *Tu es trop chargé, laisse-moi te prendre un paquet.* — **2.** *Charger un fardeau,* le placer sur ce ou sur celui qui doit le transporter : *Aide-moi à charger tous ces bagages sur le toit de la voiture. Il a chargé sur son dos un sac de pommes.* — **3.** Fam. *Charger qqn,* le prendre dans sa voiture : *Le chauffeur de taxi se rappelle avoir chargé une cliente répondant à ce signalement* (syn. PRENDRE EN CHARGE). — **4.** (sujet un aliment) *Charger l'estomac,* être difficile à digérer. — **5.** Couvrir abondamment de qqch (surtout part. passé) : *La table est chargée de plats. Elle a les doigts chargés de bijoux. La feuille de papier est chargée de ratures. Le ciel est chargé* (= couvert de gros nuages). — **6.** *Charger un appareil,* le munir de ce qui est nécessaire à son fonctionnement : *Il faut que j'achète une pellicule pour charger mon appareil photographique. Ne manipule pas ainsi ce revolver : il est chargé* (= il a une ou plusieurs balles prêtes à être tirées). *La batterie de la voiture a besoin d'être chargée* (= d'être soumise à l'action d'un courant, pour emmagasiner de l'énergie électrique). — **7.** (sujet une troupe, un animal) *Charger un adversaire, un ennemi,* s'élancer impétueusement sur lui : *Au milieu de l'arène, le matador attend que le taureau le charge ;* sans compl. : *Le plus beau passage du film est celui où on voit la cavalerie charger.* — **8.** (sujet qqn) *Charger qqn de* (+ *n.* ou *inf.*), lui donner la responsabilité, la mission de : *On a chargé de l'enquête un nouveau commissaire de police. M. X. a été nommé secrétaire d'État chargé de l'Information. Je l'ai chargé de me tenir au courant. Nous étions chargées de présenter un rapport sur la question.* — **9.** (sujet qqn) *Charger qqn,* lui attribuer la responsabilité d'un méfait, d'un acte : *L'accusé a chargé son complice* (syn. ACCABLER). — **10.** (sujet qqch) *Charger qqn,* être un fardeau moral pour lui : *Le remords charge sa conscience* (syn. PESER SUR). — **11.** *Charger un portrait,* en exagérer certains détails, outrer la caricature. ◆ ***se charger*** v. pr. (sujet qqn) *Se charger de qqch, qqn, de* (+ *inf.*), en prendre sur soi la responsabilité : *Mettez le couvert, moi, je me charge de la cuisine* (syn. S'OCCUPER). *Qui veut se charger de faire cette démarche ? Je me chargerai des enfants pendant ton absence.*

chargeur [ʃarʒœr] n. m. **1.** Dispositif qui permet d'introduire une réserve de munitions dans une arme à feu. — **2.** Appareil servant à recharger une batterie.

chariot [ʃarjo] n. m. (de *char*). **1.** Petite voiture ou plateau monté sur roues, qu'on utilise pour transporter et parfois lever des fardeaux : *Dans les gares, les aéroports, on porte les bagages sur les chariots.* — **2.** Wagonnet portant la caméra et roulant sur des rails pendant le travelling. — **3.** Partie d'une machine à écrire, qui porte le rouleau et qui se déplace au fur et mesure qu'on tape.

charismatique [karismatik] adj. Qui a du charisme, qui jouit d'un grand pouvoir de séduction auprès des foules : *Un leader charismatique.*

charisme [karism] n. m. Grand prestige d'une personnalité exceptionnelle, ascendant qu'elle exerce sur autrui.

charitable [ʃaritabl] adj. **1.** Qui pratique la charité : *Voulez-vous être assez charitable pour m'emmener jusqu'à la prochaine ville ?* — **2.** Inspiré par la charité, qui vise à faire la charité : *Des paroles charitables. Un geste charitable* (= une aumône). *Donner de l'argent à de nombreuses œuvres charitables* (= de bonnes œuvres).

charitablement [ʃaritabləmɑ̃] adv. De façon charitable (souvent ironiq.) : *On lui a charitablement offert de l'aider.*

charité [ʃarite] n. f. (lat. *caritas*). **1.** Vertu qui porte à faire ou à souhaiter du bien aux autres : *Elle a eu la charité de passer sous silence un épisode peu glorieux pour moi* (syn. BIENVEILLANCE). *Vous excusez sa négligence avec beaucoup de charité* (syn. MANSUÉTUDE, BONTÉ). — **2.** Acte fait par amour pour autrui, par sympathie humaine : *C'est un pauvre vieux qui vit des charités de ses voisins* (syn. AUMÔNE, DON). *Faire la charité* (= donner de l'argent dans une intention pieuse). *Demander la charité.* — **3.** *Fête, vente de charité,* dont le profit financier est destiné à une œuvre charitable.

charivari [ʃarivari] n. m. (gr. *karêbaria,* mal de tête). Ensemble de bruits très forts et très discordants : *On se promène dans la fête foraine parmi le charivari des manèges, des tirs, des haut-parleurs, des cris d'enfants* (syn. VACARME, TUMULTE, ↓TAPAGE).

charlatan [ʃarlatɑ̃] n. m. (it. *ciarlatano,* habitant de *Cerreto,* en Italie). *Péjor.* Celui qui exploite la crédulité du public en prétendant avoir un talent particulier ou des remèdes miracles pour guérir les maladies ; mauvais médecin : *Il vend des médailles miraculeuses qui soit-disant guérissent les rhumatismes ; c'est un charlatan.* ◆ adj. m. Qui se joue de la crédulité des gens : *Ce spécialiste m'a l'air un peu charlatan.*

charlatanesque [ʃarlatanɛsk] adj. Qui relève du charlatanisme : *Un remède charlatanesque.*

charlatanisme [ʃarlatanism] n. m. ou **charlatanerie** [ʃarlatanri] n. f. Agissements de charlatan : *Ne soyez pas dupe de tout ce charlatanisme : allez voir un médecin sérieux.*

charleston [ʃarlɛstɔn] n. m. (de *Charleston,* v. des États-Unis). Danse d'origine américaine, à la mode vers 1925.

charlotte [ʃarlɔt] n. f. (de *Charlotte,* n. pr.). Entremets composé de fruits ou de crème et de tranches de pain de mie, de brioche ou de biscuits.

charmant, e [ʃarmɑ̃] adj. (avant ou après le n.) **1.** Très aimable, agréable à fréquenter : *Ne craignez pas de vous adresser à elle : c'est une femme charmante* (syn. ↓AFFABLE). *Cette bonne nouvelle l'avait mis de charmante humeur* (syn. EXCELLENT). — **2.** Se dit d'un paysage, d'une œuvre littéraire, d'un moment de la journée, etc., qui offre de l'agrément, qui plaît beaucoup : *Nous avons passé nos vacances dans un petit village charmant* (syn. RAVISSANT, ↑ENCHANTEUR).

1. charme [ʃarm] n. m. (lat. *carmen*). **1.** Grâce séduisante qui émane d'une personne ; qualité d'une chose qui plaît, qui procure du bien-être : *Cette jeune fille a un charme qui fait oublier qu'elle n'est pas belle. Qui* *ne serait sensible au charme d'un tel paysage?* (syn. ATTRAIT). *L'automne ne manque pas de charme* (syn. AGRÉMENT). — **2.** *Être sous le charme de qqn, qqch,* subir un attrait mystérieux et puissant exercé par eux. ‖ Fam. *Faire du charme (à qqn),* chercher à séduire qqn. ‖ *Se porter comme un charme,* être en très bonne santé.

2. charme [ʃarm] n. m. (lat. *carpinus*). Arbre à bois blanc, commun en France.

charmer [ʃarme] v. t. (du lat. *carmen,* chant). **1.** *Charmer qqn,* lui causer un grand plaisir : *La voix pure de la cantatrice charmait l'auditoire* (syn. ↓ PLAIRE). — **2.** *Être charmé de,* avoir plaisir à (dans des formules de politesse) : *J'ai été charmé de faire votre connaissance* (syn. ENCHANTER). — **3.** *Charmer des serpents,* les fasciner, les faire évoluer en jouant de la musique.

charmeur, euse [ʃarmœr] n. Personne qui charme, séduit : *Ce garçon est un charmeur. Un charmeur de serpents.* ◆ adj. Qui charme, plaît : *Une voix aux inflexions charmeuses.*

charmille [ʃarmij] n. f. Allée bordée de charmes ou d'autres arbres taillés régulièrement, et pouvant former une voûte.

charnel, elle [ʃarnɛl] adj. (lat. *carnalis;* de *caro, carnis,* chair). Qui a trait aux plaisirs du corps, des sens : *L'amour charnel, ou physique, était méprisé par les partisans de l'amour platonique* (syn. SENSUEL).

charnellement [ʃarnɛlmɑ̃] adv. De façon charnelle.

charnier [ʃarnje] n. m. (lat. *caro, carnis,* chair). Fosse où on entasse des cadavres d'animaux en cas d'épidémie, ou les corps de personnes exécutées en grand nombre.

charnière [ʃarnjɛr] n. f. (lat. *cardo, -inis,* gond). **1.** Articulation métallique d'un couvercle de coffre, de valise, etc. (syn. GOND). — **2.** *À la charnière de,* au point de jonction, de transition : *Le dictionnaire de Bayle se situe à la charnière du XVIIe et du XVIIIe s.*

charnu, e [ʃarny] adj. **1.** Constitué de chair, par oppos. à l'ossature : *Les parties charnues du corps.* — **2.** Bien fourni en chair : *Elle a les bras charnus* (syn. DODU). — **3.** Dont la pulpe est épaisse : *La pêche est un fruit charnu.*

charognard [ʃarɔɲar] n. m. Nom usuel du vautour (parce qu'il se nourrit de charognes).

charogne [ʃarɔɲ] n. f. (lat. *caro, carnis,* chair). **1.** Cadavre plus ou moins putréfié d'un animal : *Les oiseaux de proie s'abattent sur cette charogne.* — **2.** Terme d'injure grossière : *J'aurais dû me douter que cette charogne me jouerait un sale tour.*

charpente [ʃarpɑ̃t] n. f. (lat. *carpentum*). **1.** Assemblage de pièces de bois ou de métal destiné à soutenir une construction : *La charpente du toit est posée : il ne reste plus qu'à mettre les lattes et les tuiles.* — **2.** Ensemble des os de qqn, considéré sous le rapport de la robustesse : *Un grand gaillard à la charpente puissante* (syn. OSSATURE). — **3.** Ensemble cohérent des points essentiels d'une œuvre littéraire, d'un raisonnement : *La charpente de ce roman est très nette* (syn. STRUCTURE, PLAN).

charpenté, e [ʃarpɑ̃te] adj. *Bien, solidement charpenté,* se dit de qqn qui est d'une constitution physique robuste, ou de qqch qui est d'une structure rigoureuse : *Un garçon bien charpenté* (syn. BIEN TAILLÉ, BIEN BÂTI). *Une pièce de théâtre solidement charpentée* (syn. STRUCTURÉ).

charpentier [ʃarpɑ̃tje] n. m. Ouvrier qui exécute des travaux de charpente.

charpie [ʃarpi] n. f. (de l'anc. fr. *charpir,* déchirer). *En charpie,* en petits morceaux, déchiqueté : *Ces rideaux sont si vieux que, si on les lave, ils vont tomber en charpie.* (La *charpie* était une matière faite de filaments de linge usé, qui servait autref. à faire des pansements.)

charretée [ʃarte] n. f. **1.** Charge d'une charrette : *Une charretée de paille.* — **2.** *Fam.* Grande quantité de choses en vrac : *J'ai reçu une charretée de lettres.*

charretier [ʃartje] n. m. **1.** Celui qui conduit une charrette, et plus généralement les chevaux de trait. — **2.** Péjor. *Jurer comme un charretier,* très grossièrement.

charrette [ʃarɛt] n. f. (de *char*). Voiture assez légère, à deux roues, tirée le plus souvent par un cheval : *Les paysans se rendaient à la foire en charrette* (syn. CARRIOLE). *Une charrette à bras* (= tirée par un homme).

charriage [ʃarjaʒ] n. m. Action de charrier : *Le charriage des pommes de terre a été long.*

charrier [ʃarje] v. t. (de *char*). **1.** *Charrier des matériaux,* les transporter : *J'ai besoin de la brouette pour charrier ces sacs de ciment.* — **2.** (sujet un cours d'eau) Entraîner dans son courant : *L'hiver dernier, la Seine a charrié des glaçons.* — **3.** Pop. *Charrier qqn,* se moquer de lui en cherchant à le tromper : *Quand il a vu qu'on le charriait, il s'est fâché* (syn. fam. METTRE EN BOÎTE). ◆ v. i. *Pop.* Exagérer, dépasser les bornes : *Tu aurais pu me prévenir, tu charries!*

charroi [ʃarwɑ] n. m. Transport par chariot : *Tout ce charroi de matériaux a défoncé le sol.*

charroyer [ʃarwaje] v. t. (c. 3) Syn. moins fréquent de CHARRIER au sens 1.

charrue [ʃary] n. f. (lat. *carruca*). Instrument agricole servant à labourer, tiré par un attelage animal ou par un tracteur.

charte [ʃart] n. f. (lat. *charta,* papier écrit). Convention, règlement de base auxquels on se réfère : *La Constitution est la charte des institutions politiques du pays.*

charter [ʃartɛr] n. m. (mot angl.). Avion affrété par une compagnie de tourisme ou par un groupe, ce qui permet des tarifs moins élevés que sur les lignes régulières.

chartreuse [ʃartrøz] n. f. (du n. du monastère de la *Grande-Chartreuse*). Liqueur aromatique fabriquée par les moines de la Grande-Chartreuse.

chartreux [ʃartrø] n. m. Religieux de l'ordre de Saint-Bruno.

Charybde en Scylla (de) [karibdɑ̃sila] loc. adv. *Tomber de Charybde en Scylla,* n'éviter un mal que pour tomber dans un autre, plus grand.

chas [ʃɑ] n. m. (lat. *capsus,* boîte). Trou d'une aiguille, dans lequel on passe le fil.

chasse [ʃas] n. f. **1.** Action de chasser : *Le dimanche, il part à la chasse. La chasse est ouverte* (= on est dans la période où la chasse est autorisée par la loi). *Aller à la chasse aux papillons. Un chien de chasse* (= spécialement apte à chasser). *L'aviation de chasse* (= chargée de poursuivre les avions ennemis et de les abattre). *Un pilote de chasse. La chasse sous-marine.* — **2.** Gibier tué ou capturé : *La chasse est abondante.* — **3.** Étendue de terrain réservée à la chasse : *Inviter quelques amis sur sa chasse.* — **4.** *Chasse à l'homme,* poursuite d'un homme en vue de l'arrêter ou de l'abattre. ‖ *Donner la chasse à qqn, un animal,* les poursuivre, les pourchasser. ‖ *Prendre qqn, une voiture en chasse,* se lancer à leur poursuite. ‖ *Qui va à la chasse perd sa place,* qui quitte sa place doit s'attendre à la trouver occupée à son retour. ‖ *Se mettre en chasse,* entreprendre activement des recherches : *Toutes ses amies se sont mises en chasse pour lui trouver un appartement.* — **5.** Écoulement rapide d'une certaine quantité d'eau assurant le nettoyage d'un appareil sanitaire; l'appareil lui-même. (Plus souvent CHASSE D'EAU.)

châsse [ʃɑs] n. f. (lat. *capsa,* boîte). Grand coffret ou coffre, souvent richement orné, qui contient le corps ou les reliques d'un saint.

chassé-croisé [ʃasekrwaze] n. m. (pl. *chassés-croisés*). Action de deux personnes qui se cherchent mutuellement sans se rencontrer : *Elle était partie à ma rencontre par un autre chemin : ce chassé-croisé nous a fait perdre un temps précieux.*

chasselas [ʃasla] n. m. (du n. d'une commune de Saône-et-Loire). Raisin blanc de table.

chasse-neige [ʃasnɛʒ] n. m. inv. **1.** Appareil servant à déblayer la neige sur les routes ou les voies ferrées, de façon à les rendre praticables. — **2.** Position de ski dans laquelle on écarte les talons de manière que les skis deviennent convergents, spatules rapprochées.

chasser [ʃase] v. t. (lat. *captare,* chercher à prendre). **1.** *Chasser un animal,* chercher à le tuer ou à le capturer : *En Gascogne, on chasse la palombe au filet. Chasser le lapin au furet* (= en introduisant un furet dans le terrier); sans compl. : *Le tigre chasse souvent la nuit.* — **2.** *Chasser qqn, qqch,* faire partir qqn par la force ou par un acte d'autorité, repousser qqch hors de sa place : *Nos troupes ont chassé de ses positions une garnison ennemie* (syn. DÉLOGER). *Chasser un employé indélicat* (syn. CONGÉDIER). *Il faut chasser la goupille pour libérer cette pièce* (syn. EXPULSER). *Le vent chasse les nuages* (syn. POUSSER). *Cette bonne nouvelle a chassé tous ses soucis* (syn. DISSIPER). ◆ v. i. (sujet un véhicule, ses roues) Glisser de côté par suite d'une adhérence insuffisante au sol : *Dans le virage, les roues arrière ont chassé.*

chasseresse [ʃasrɛs] n. f. Syn. poétique de CHASSEUSE.

chasseur, euse [ʃasœr] n. **1.** Personne qui chasse. — **2.** Avion appartenant à l'aviation de chasse. — **3.** *Chasseur d'images,* reporter-photographe. ◆ ***chasseur*** n. m. Domestique en livrée, qui fait les courses dans certains hôtels ou restaurants (syn. GROOM).

chassie [ʃasi] n. f. (du lat. *cacare,* déféquer). Liquide visqueux qui coule des yeux.

chassieux, euse [ʃasjø] adj. et n. Atteint de chassie : *Avoir les yeux chassieux.*

châssis [ʃɑsi] n. m. (de *châsse*). Encadrement en bois, en métal soutenant un ensemble : *Le châssis de la fenêtre. Le châssis d'une voiture* (= bâti supportant la caisse).

chaste [ʃast] adj. (lat. *castus,* pur) [avant ou après le n.] Qui réprime ses désirs sexuels par conformité à une morale, qui se conforme aux règles de la décence, de la pudeur : *Pénélope attendait en chaste épouse le retour d'Ulysse* (syn. VERTUEUX, FIDÈLE). *De chastes pensées. Un cœur chaste* (syn. PUR, PUDIQUE). *De chastes oreilles* (syn. INNOCENT).

chastement [ʃastəmɑ̃] adv. Avec pudeur, chasteté : *Elle baissait chastement les yeux devant les jeunes gens.*

chasteté [ʃastəte] n. f. (lat. *castitas,* pureté). Comportement chaste : *Une épouse d'une chasteté irréprochable* (syn. usuels VERTU, FIDÉLITÉ). *Les religieux catholiques font vœu de chasteté* (= s'engagent à une continence totale).

chasuble [ʃazybl] n. f. (lat. *casula,* manteau à capuchon). **1.** Vêtement liturgique en forme de manteau sans manches que les prêtres revêtent pour célébrer la messe. — **2.** Tout vêtement qui a cette forme (souvent en apposition) : *Porter une robe chasuble.*

chat, chatte [ʃa] n. (lat. *cattus, -a*). **1.** Petit animal domestique, dont il existe aussi plusieurs espèces sauvages : *Le chat ronronne. La chatte miaule.* — **2.** *À bon chat, bon rat,* se dit quand celui qui attaque trouve qqn capable de lui résister. ‖ *Appeler un chat un chat,* dire les choses telles qu'elles sont. ‖ *Avoir un chat dans la gorge,* être soudain enroué, avoir tout à coup dans le gosier une gêne qui empêche d'avoir la voix claire. ‖ *Chat échaudé craint l'eau froide,* on redoute même l'apparence de ce qui vous a déjà nui. ‖ *Écriture de chat,* écriture peu lisible. ‖ *Être, se faire chatte,* se dit d'une femme enjôleuse, caressante. ‖ *Il n'y a pas un chat,* il n'y a personne. ‖ *Jouer à chat, à chat perché,* pratiquer un jeu d'enfants qui consiste à poursuivre et à atteindre un camarade, selon des conventions variées.

châtaigne [ʃɑtɛɲ] n. f. (lat. *castanea*). Fruit du châtaignier, comestible après cuisson (syn. MARRON).

châtaigneraie [ʃɑtɛɲərɛ] n. f. Lieu planté de châtaigniers.

châtaignier [ʃɑtɛɲe] n. m. Arbre des régions tempérées, exploité pour ses fruits et pour son bois.

châtain [ʃɑtɛ̃] adj. Se dit de la chevelure ou de la barbe (ou de qqn qui les porte) qui est d'une couleur approchant de celle de la châtaigne (brun clair) : *Des cheveux châtains. Elle est châtain.* (On emploie parfois le fém. *châtaine.*) ◆ n. m. Cette couleur.

château [ʃɑto] n. m. (lat. *castellum,* place forte). **1.** Vaste construction, élevée jadis pour servir de résidence à un souverain, un seigneur, un personnage important; grande et belle maison, généralement entourée d'un parc, à la campagne : *Au Moyen Âge les châteaux fortifiés* (ou *châteaux forts*) *pouvaient soutenir de rudes assauts. Le château de Versailles fut construit par Louis XIV* (syn. PALAIS). — **2.** *Château d'eau,* grand réservoir à eau. — **3.** *Bâtir, faire des châteaux en Espagne,* former de beaux projets chimériques. ‖ *Vie de château,* existence luxueuse.

chateaubriand ou **châteaubriant** [ʃɑtobrijɑ̃] n. m. (de F. R. de *Chateaubriand* dont le cuisinier aurait inventé cette grillade). Tranche épaisse de filet de bœuf grillé, généralement servi avec des pommes de terre soufflées.

châtelain, e [ʃɑtlɛ̃] n. (lat. *castellanus*). Personne qui possède ou qui habite un château.

chat-huant [ʃaɥɑ̃] n. m. (pl. *chats-huants*). Syn. usuel de HIBOU ou de HULOTTE : *Les chats-huants ululent.*

châtier [ʃɑtje] v. t. (lat. *castigare*). **1.** Litt. *Châtier qqn, qqch,* frapper, sanctionner d'une peine sévère un coupable ou une faute : *Les auteurs du complot furent châtiés. Le roi châtia impitoyablement la révolte des paysans* (syn. usuel PUNIR). — **2.** *Châtier son style, ses écrits,* y apporter des corrections en vue d'une plus parfaite pureté d'expression (soutenu) : *Elle prononça un discours d'un style particulièrement châtié.* — **3.** *Qui aime bien châtie bien,* un amour véritable est celui qui ne craint pas d'user d'une sage sévérité.

chatière [ʃatjɛr] n. f. (de *chat*). Trou d'aération dans les combles.

châtiment [ʃɑtimɑ̃] n. m. Action de châtier, de punir (soutenu) : *Le juste châtiment d'un crime* (syn. usuel PUNITION).

chatoiement [ʃatwamɑ̃] n. m. Reflet brillant : *Le chatoiement des toilettes féminines.*

1. chaton [ʃatɔ̃] n. m. (de *chat*). Petit chat.

2. chaton [ʃatɔ̃] n. m. (frq. *kasto,* caisse). **1.** Partie d'une bague dans laquelle une pierre précieuse est enchâssée. — **2.** Bourgeon duveteux de certains arbres ou arbustes : *Des chatons de saule.*

chatouille [ʃatuj] n. f. *Fam.* Toucher qui chatouille intentionnellement (surtout pl.) : *Craindre les chatouilles* (= être chatouilleux).

chatouillement [ʃatujmɑ̃] n. m. Action de chatouiller; sensation ainsi produite : *Nous sentions le chatouillement des hautes herbes sur nos jambes nues.*

chatouiller [ʃatuje] v. t. (formation expressive). **1.** *Chatouiller qqn, une partie du corps,* l'exciter par des attouchements légers, qui provoquent une réaction d'agacement ou un rire convulsif : *Si vous ne chatouillez quand je porte le plat, je vais le lâcher.* — **2.** *Chatouiller le palais, l'oreille, le nez* (ou *l'odorat*), produire une sensation gustative, auditive, olfactive agréable (soutenu).

chatouilleux, euse [ʃatujø] adj. **1.** Sensible au chatouillement : *Elle est spécialement chatouilleuse de la plante des pieds.* — **2.** Dont l'amour-propre est sensible à la moindre atteinte : *Être très chatouilleux sur le chapitre de son autorité* (syn. SUSCEPTIBLE).

chatouillis [ʃatuji] n. m. Petit chatouillement.

chatoyant, e [ʃatwajɑ̃] adj. Qui chatoie, brille : *L'éclat chatoyant d'un diamant.*

chatoyer [ʃatwaje] v. i. (de *chat,* à cause de ses yeux changeants) [c. 3]. **1.** Briller de reflets changeants, selon l'éclairage, et agréables à l'œil : *Sous les lustres, on voit chatoyer les bijoux des élégantes* (syn. ÉTINCELER, SCINTILLER). *Un tissu moiré chatoie au soleil.* — **2.** Produire une sensation vive sur l'esprit, par des effets originaux : *Certains écrivains aiment à faire chatoyer les images.*

châtrer [ʃɑtre] v. t. (lat. *castrare*). *Châtrer un animal,* le rendre inapte à la reproduction, par suppression des testicules ou des ovaires : *Le bœuf est châtré, le taureau ne l'est pas.*

chatterie [ʃatri] n. f. *Fam.* Attention délicate; friandise : *Je suis incapable de résister à une chatterie.*

chatterton [ʃatɛrtɔn] n. m. (du n. de son inventeur). Ruban de toile enduit d'une substance collante et isolante.

chaud, e [ʃo] adj. (lat. *calidus*) [après ou parfois avant le n.]. **1.** Qui est d'une température élevée : *La voiture n'est pas arrêtée depuis longtemps, puisque le moteur est encore chaud. Viens boire ton café pendant qu'il est chaud* (syn. ↑BRÛLANT, ↓TIÈDE; contr. FROID). — **2.** Qui cause sur la peau une sensation de température élevée : *Un chaud soleil d'été nous faisait transpirer* (syn. ↑TORRIDE, ↓DOUX). — **3.** Qui conserve la chaleur, qui préserve bien du froid : *Un vêtement de laine est plus chaud qu'un vêtement de toile.* — **4.** (avant le n.) Qui montre de l'empressement, du zèle, de l'ardeur : *Être le chaud partisan d'un candidat* (syn. ZÉLÉ). *Elle a reçu de chaudes félicitations.* (syn. EMPRESSÉ, ARDENT, CHALEUREUX). *La bataille a été chaude* (syn. VIF). *Je ne suis pas très chaud pour ce genre de spectacle* (fam.; syn. ↑ENTHOUSIASTE; fam. EMBALLÉ). — **5.** (après le n.) Qui produit sur les sens une impression prenante; doux et attirant : *Un parfum chaud* (syn. CAPITEUX, LOURD; contr. FRAIS, LÉGER). *L'auditoire était conquis par la parole chaude de l'orateur* (syn. ÉMOUVANT). *Une harmonie de tons chauds : rouge, jaune-orangé, pêche, beige rosé.* ◆ ***chaud*** adv. (seulem. dans des express.) *Avoir chaud,* éprouver une sensation de chaleur : *Si vous avez trop chaud, ouvrez la fenêtre.* ‖ *Boire, manger chaud,* absorber des aliments ou un liquide chauds : *Si vous avez mal à la gorge, il vaut mieux boire chaud.* ‖ *Il fait chaud,* il fait une température élevée : *Il faisait chaud, très chaud sur la plage à midi.* ‖ Fam. *Il fera chaud le jour où...,* cela n'est pas près d'arriver. ‖ Fam. *J'ai eu chaud,* j'ai eu peur, il a failli m'arriver malheur (syn. JE L'AI ÉCHAPPÉ BELLE). ‖ *Ne faire ni chaud ni froid à qqn,* le laisser indifférent, ne pas le toucher : *Tu peux me dire ce que tu veux, cela ne me fait ni chaud ni froid.* ‖ *Tenir chaud à qqn,* lui fournir ou lui conserver de la chaleur, l'empêcher d'avoir froid : *Ces chaussettes de laine lui tiendront chaud aux pieds.* ◆ ***chaud*** n. m. **1.** Ce qui est chaud (aliment, boisson ou objet qu'on touche) : *Je ne sais pas comment tu arrives à avaler ce thé brûlant; moi je ne supporte pas le chaud.* — **2.** Syn. de CHALEUR, dans *au chaud, le chaud et le froid : Reste bien au chaud dans ton lit. Une plante qui souffre autant du chaud que du froid.* — **3.** Fam. *Un chaud et froid,* le passage brusque, pour un être vivant, de la chaleur au froid, causant un rhume, une bronchite, etc. (syn. REFROIDISSEMENT). — **4.** *Opérer à chaud,* pratiquer une intervention chirurgicale alors que le malade est dans un état de crise très aiguë. ◆ ***chaude*** n. f. Feu vif pour réchauffer une pièce d'habitation (vieilli) : *Elle jeta une brassée de bois sec dans la cheminée pour faire une chaude* (syn. FLAMBÉE).

chaudement [ʃodmɑ̃] adv. **1.** De façon à assurer de la chaleur : *Se couvrir chaudement.* — **2.** Avec vivacité, empressement : *Une compétition chaudement disputée. Elle nous est chaudement recommandée.*

chaudière [ʃodjɛr] n. f. (lat. *caldaria,* étuve). Appareil destiné à chauffer de l'eau en vue de produire de l'énergie ou de répandre de la chaleur.

chaudron [ʃodrɔ̃] n. m. (de *chaudière*). Grand récipient muni d'une anse, destiné à aller sur le feu.

chaudronnerie [ʃodrɔnri] n. f. Industrie de la fabrication de pièces de tôle embouties ou rivées.

chaudronnier [ʃodrɔnje] n. m. Celui qui travaille dans la chaudronnerie.

chauffage [ʃofaʒ] n. m. **1.** Action ou manière de chauffer, de se chauffer : *Le chauffage d'un métal le rend plus malléable. Le chauffage au charbon, au gaz, le chauffage électrique, etc.* — **2.** Moyen de se chauffer, appareil servant à procurer de la chaleur : *Le climat est si doux dans cette région qu'aucun chauffage n'est prévu. Le chauffage est en panne.* — **3.** *Chauffage central,* système de distribution de chaleur dans un appartement, un immeuble, etc., à partir d'une source unique.

chauffagiste [ʃofaʒist] n. m. Spécialiste de l'installation du chauffage.

chauffant, e [ʃofɑ̃] adj. Pourvu d'un dispositif de chauffage : *Une couverture chauffante. Un dessous de plat chauffant.*

chauffard [ʃofar] n. m. Chauffeur maladroit ou imprudent : *J'ai failli me faire écraser par un chauffard.*

chauffe [ʃof] n. f. *Chambre de chauffe,* dans un bateau, local réservé aux chaudières. ‖ *Surface de chauffe,* partie d'une chaudière qui est en contact avec les flammes du foyer.

chauffe-assiettes [ʃofasjɛt] n. m. inv. Appareil pour chauffer les assiettes.

chauffe-bain [ʃofbɛ̃] n. m. (pl. *chauffe-bains*). Appareil qui produit de l'eau chaude pour les usages d'hygiène (syn. CHAUFFE-EAU).

chauffe-biberon [ʃofbibrɔ̃] n. m. (pl. *chauffe-biberons*). Appareil qui chauffe les biberons au bain-marie.

chauffe-eau [ʃofo] n. m. inv. Appareil qui produit de l'eau chaude à usage domestique (cuisine, salle de bains).

chauffe-plats [ʃofpla] n. m. inv. Appareil qui permet de maintenir les plats au chaud.

chauffer [ʃofe] v. t. (bas lat. *calefare*). **1.** *Chauffer qqch,* le rendre chaud, en élever la température : *Le forgeron chauffe le fer. Vous chaufferez l'eau pour le thé. Il chauffe son appartement avec un poêle. Le poêle chauffe l'appartement. Le soleil chauffe les tuiles.* — **2.** *Chauffer un candidat, un sportif,* les préparer activement avant une épreuve. ‖ Fam. *Chauffer les oreilles à, de qqn,* l'irriter, lui faire perdre patience. ◆ v. i. **1.** (sujet qqch) Devenir chaud : *L'eau chauffe sur le feu.* — **2.** (sujet un moteur, une roue, etc.) S'échauffer à l'excès : *Il y a quelque chose qui ne va pas dans ma chaîne stéréo, l'ampli chauffe.* — **3.** Fam. *Ça chauffe,* on se querelle, qqn fait un éclat : *La directrice l'a fait appeler dans son bureau : ça va chauffer* (syn. fam. BARDER). ◆ ***se chauffer*** v. pr. **1.** (sujet qqn, un animal) S'exposer à une source de chaleur : *Le lézard se chauffe au soleil.* — **2.** (sujet qqn) Avoir comme moyen de chauffage dans sa maison : *Vous vous chauffez au gaz ou à l'électricité ?* — **3.** (sujet un sportif, un danseur) *Se chauffer (les jambes, les muscles),* se mettre en condition, en train avant un effort physique. — **4.** Fam. *Je vais lui montrer de quel bois je me chauffe,* je vais le traiter sans ménagement (syn. fam. JE VAIS LUI APPRENDRE À VIVRE, IL VA AVOIR DE MES NOUVELLES).

chaufferette [ʃofrɛt] n. f. Boîte de métal, dans laquelle on mettait des braises, des cendres chaudes pour se chauffer les pieds.

chaufferie [ʃofri] n. f. Chambre de chauffe d'un navire; local où sont installées les chaudières dans un immeuble, une usine, etc.

chauffeur [ʃofœr] n. m. **1.** Ouvrier chargé d'entretenir un four, une chaudière. — **2.** Conducteur d'automobile ou de camion : *C'est un très bon chauffeur.*

chaulage [ʃolaʒ] n. m. Action de chauler.

chauler [ʃole] v. t. **1.** Passer au lait de chaux : *Chauler un mur.* — **2.** Amender un terrain avec de la chaux.

chaume [ʃom] n. m. (lat. *calamus*). **1.** Partie des tiges des céréales restant au sol quand la moisson est faite : *Si vous n'êtes pas bien chaussé, le chaume vous écorchera les pieds.* — **2.** (pl.) Terre couverte de chaume : *Les chasseurs s'avançaient en ligne dans les chaumes.* — **3.** Paille utilisée pour couvrir des maisons : *On peut voir des toits de chaume en Normandie.*

chaumière [ʃomjɛr] n. f. Maison couverte de chaume; nom donné à certains restaurants : *Dans la littérature, la chaumière a symbolisé la pauvreté.*

chaussée [ʃose] n. f. (lat. *calciata* [*via*], chemin durci par l'empierrement). Surface d'une rue ou d'une route où circulent les véhicules (par oppos. aux trottoirs, aux accotements) : *Ralentir : chaussée glissante.*

chausse-pied [ʃospje] n. m. (pl. *chausse-pieds*). Lame incurvée, en corne, en matière plastique ou en métal, facilitant l'entrée du pied dans la chaussure.

chausser [ʃose] v. t. (du lat. *calceus,* chaussure). **1.** *Chausser des chaussures, des bottes,* etc., les mettre à ses pieds : *Il chausse ses bottes pour aller dans les champs* (syn. ENFILER). — **2.** *Chausser du 38, du 40,* porter des chaussures de ces pointures. — **3.** *Chausser des pieds, des personnes,* leur mettre, leur fournir des chaussures : *Chausser un bébé pour la promenade. Se faire chausser par un grand chausseur.* — **4.** *Chausser des lunettes,* les ajuster sur son nez (vieilli). ‖ *Chausser des skis,* les fixer à ses pieds. ‖ *Voiture bien chaussée,* qui a de bons pneus. ◆ v. t. ou i. (sujet des chaussures) Aller, s'adapter au pied, de telle ou telle façon : *Ces mocassins la chaussent bien.* ◆ ***se chausser*** v. pr. Mettre ses chaussures.

chausse-trape [ʃostrap] n. f. (anc. fr. *chaucier,* fouler, et *traper,* sauter, ou de *trappe*) [pl. *chausse-trapes*]. **1.** Piège pour animaux sauvages. — **2.** *Fam.* Ruse destinée à attraper qqn : *Éviter habilement les chausse-trapes de son adversaire.*

chaussette [ʃosɛt] n. f. Pièce d'habillement qui s'enfile sur le pied et remonte jusqu'à mi-jambe.

chausseur [ʃosœr] n. m. Fabricant ou marchand de chaussures.

chausson [ʃosɔ̃] n. m. **1.** Chaussure souple d'intérieur, de tissu ou de cuir, ne couvrant pas la cheville (syn. PANTOUFLE, SAVATE); chaussure souple de cuir utilisée en danse, en gymnastique, en escrime, etc. — **2.** *Chausson aux pommes,* pâtisserie fourrée de compote de pommes.

chaussure [ʃosyr] n. f. **1.** Tout ce qui couvre et protège le pied : soulier, sandale, espadrille, etc. — **2.** *Chaussures montantes* ou *à tige,* souliers qui couvrent la cheville, par oppos. à *chaussures basses,* souliers qui ne couvrent que le pied. ‖ Fam. *Trouver chaussure à son pied,* trouver ce qui vous convient exactement, trouver qqn qui correspond à vos désirs.

chauve [ʃov] adj. et n. (lat. *calvus*). Dont le crâne est complètement ou presque dégarni de cheveux. (→ CALVITIE.)

chauve-souris [ʃovsuri] n. f. (bas lat. *calvas sorices*) [pl. *chauves-souris*]. Petit mammifère nocturne, à ailes membraneuses.

chauvin, e [ʃovɛ̃] adj. (de *Chauvin,* type de soldat enthousiaste du premier Empire). Qui a ou manifeste un patriotisme étroit; qui admire trop exclusivement son pays : *Ne soyez pas chauvin, on peut trouver à l'étranger d'aussi beaux paysages que chez vous. Mener une politique chauvine* (syn. ↓ NATIONALISTE).

chauvinisme [ʃovinism] n. m. Comportement chauvin : *Son chauvinisme retire beaucoup de valeur à ses jugements.*

chaux [ʃo] n. f. (lat. *calx, calcis,* pierre). **1.** Substance blanche, d'origine minérale, qui, mélangée à du sable et de l'eau, forme du mortier, et qui, délayée dans de l'eau, est utilisée comme enduit *(lait de chaux) : Dans certaines régions, la plupart des maisons sont blanchies à la chaux. De la chaux vive* (= chaux ne contenant pas d'eau). — **2.** Fam. *Bâti à chaux et à sable,* très robuste (se dit surtout de qqn).

chavirement [ʃavirmɑ̃] n. m. Action de chavirer, fait d'être chaviré : *Le chavirement du radeau. Un profond chavirement se lisait sur son visage.*

chavirer [ʃavire] v. t. (prov. *capvira,* tourner la tête en bas). **1.** *Chavirer qqch,* le retourner sens dessus dessous, le coucher sur le flanc, le faire tomber à la renverse : *Une grosse vague a chaviré la barque. Le vent a chaviré la palissade* (syn. ABATTRE, RENVERSER). — **2.** *Chavirer qqn, son cœur,* l'émouvoir, le troubler profondément : *J'en ai le cœur tout chaviré* (syn. fam. RETOURNER). ◆ v. i. Se retourner : *L'embarcation a chaviré dans la tempête. La carriole menaçait de chavirer* (syn. VERSER). *Ses yeux chavirèrent et il perdit connaissance.*

chéchia [ʃeʃja] n. f. (ar. *chāchīya*). Coiffure en forme de cylindre ou de tronc de cône, en tricot foulé, de certaines populations d'Afrique.

check-list [ʃɛklist] n. f. (mot angl.) [pl. *check-lists*] Série d'opérations permettant de vérifier le fonctionnement et le réglage des organes et dispositifs d'un avion avant son envol.

check-up [ʃɛkœp] n. m. inv. (mot angl.). Examen médical complet de qqn (syn. BILAN DE SANTÉ).

chef [ʃɛf] n. m. (lat. *caput,* tête). **1.** Personne qui commande, qui dirige, qui est investie d'une autorité : *L'armée obéit à ses chefs. Adressez-vous au chef de chantier. Un chef de bureau, de rayon, de fabrication. Un chef de gare* (= chargé de la gestion de la gare). *Le chef de l'État* (= qui en a la direction suprême). *Un chef d'orchestre* (= qui dirige un orchestre). *En l'absence du père, la mère est le chef de famille. Les chefs syndicalistes s'adressent à leurs organisations* (syn. LEADER). *Les chefs de la révolte sont arrêtés* (syn. MENEUR). — **2.** *Fam.* Personne remarquable, très compétente : *C'est un chef, un chef en la matière.* — **3.** *Chef cuisinier, chef de cuisine,* ou simplem. *chef,* celui qui dirige la cuisine d'un restaurant. ‖ *Chef de file,* personne derrière laquelle se rangent ceux qui soutiennent une opinion, qui s'engagent dans une action : *Un député qui est le chef de file de l'opposition.* ‖ *En* *chef,* en qualité de chef suprême : *Général en chef. Ingénieur en chef. Le général Eisenhower commandait en chef les troupes alliées en 1944.* — **4.** *Au premier chef,* au plus haut degré, plus que tous les autres ou tout le reste : *Cela m'intéresse au premier chef* (syn. PAR EXCELLENCE). ‖ *Chef d'accusation,* point important sur lequel se fonde une accusation; argument : *L'avocat s'est attaché à ruiner le principal chef d'accusation retenu contre son client.* ‖ *De ce chef,* pour cette raison, de ce fait (soutenu). ‖ *De son propre chef,* de sa propre initiative, de lui-même (soutenu). ‖ *Du chef de qqn,* en vertu des droits de qqn (jurid.) : *Il est héritier du chef de sa femme.*

chef-d'œuvre [ʃɛdœvr] n. m. (pl. *chefs-d'œuvre*). Ouvrage exécuté avec un art qui touche à la perfection; œuvre la plus admirable dans un genre donné : *Le musée du Louvre renferme un grand nombre de chefs-d'œuvre. «Le Misanthrope» est généralement considéré comme le chef-d'œuvre de Molière. Son projet est un chef-d'œuvre d'ingéniosité;* et péjor. : *Un chef-d'œuvre de mauvais goût.*

chef-lieu [ʃɛfljø] n. m. (pl. *chefs-lieux*). Ville principale d'un département ou d'un canton.

cheftaine [ʃɛftɛn] n. f. (anc. fr. *chevetain,* chef militaire). Jeune fille qui dirige un groupe de guides ou de louveteaux.

chelem [ʃlɛm] n. m. (angl. *slam,* écrasement). *Faire un grand chelem,* réunir toutes les levées au bridge; en rugby, vaincre toutes les nations adverses.

chemin [ʃəmɛ̃] n. m. (lat. *camminus*). **1.** (+ adj., ou comme compl. d'un v. ou d'un n.) Voie de communication aménagée pour aller d'un point à un autre, sur le plan local et en général à la campagne (*route* est usuel pour désigner les voies de communication entre les villes; la *rue* est une voie urbaine) : *Le chemin qui mène à la rivière. Un chemin creux* (= entre deux talus). *Le chemin vicinal dépend du budget de la commune. Un voleur de grand chemin* (= qui attaquait les voyageurs sur la route). *Un chemin forestier. À la croisée des deux chemins, on distinguait une borne. Le chemin de la mare, du village* (= qui mène à la mare, au village). — **2.** Espace à parcourir, direction d'un lieu à un autre, sans référence à un type particulier de voies de communication (le plus souvent dans des express.) : *Le plus court chemin passe par le petit bois* (syn. TRAJET). *Nous nous étions perdus, nous avons dû demander notre chemin* (syn. ITINÉRAIRE). *J'ai retrouvé mon chemin après bien des difficultés. Indiquer, montrer le chemin à un étranger* (syn. ROUTE, DIRECTION). *Nous avons fait tout le chemin à pied* (syn. PARCOURS). *Prendre le chemin de la ville* (= se diriger vers). *Il y a bien deux heures de chemin* (en général à pied; autrement *deux heures de route*). *Elle s'est frayé, ouvert un chemin à travers les ronces* (syn. ROUTE). — **3.** *Allez votre chemin,* partez. ‖ *Chemin faisant,* tout en marchant. ‖ *En chemin,* pendant le trajet. ‖ *Passez votre chemin,* ne vous arrêtez pas. ‖ *S'écarter de son chemin, changer de chemin,* modifier son itinéraire. — **4.** Moyen pour arriver à ses fins, manière de se comporter; la vie considérée sous la notion d'espace parcouru (le plus souvent dans des express.) : *Il m'a trouvé sur son chemin* (= comme adversaire). *Elle s'est mise sur mon chemin, en travers de mon chemin* (= elle a contrecarré mes projets). *Il a trouvé bien des dangers sur son chemin* (syn. ROUTE). *Elle est sur le chemin de la gloire. Rester dans le droit chemin* (= rester honnête). *Aller son chemin sans faire attention aux autres* (= continuer sans défaillance ce qu'on a entrepris). *Pour nous réconcilier, j'ai fait la moitié du chemin. Il s'est arrêté en chemin* (= il n'a pas continué). *Être dans le bon chemin* (= être en bonne voie). *Il a fait du chemin depuis que nous l'avons connu* (= il a vite progressé, il s'est élevé dans la hiérarchie sociale). *Elle a fait son chemin* (= elle a réussi à atteindre une position sociale élevée). *Tu nous as fait voir du chemin* (= tu nous as fait courir bien des mésaventures). *Les chemins sont tracés* (= la voie). *Elle a montré le chemin* (= elle a été l'initiatrice; syn. DONNER L'EXEMPLE). *Ne pas en prendre le chemin* (= être loin de se réaliser [sujet qqch]; être loin de réaliser qqch [sujet qqn]). *Vous n'en êtes encore qu'à mi-chemin, à moitié chemin. Ne pas y aller par quatre chemins* (= aller droit au but, agir sans détours).

chemin de fer [ʃəmɛ̃-] n. m. (pl. *chemins de fer*). **1.** Voie de communication formée par deux lignes parallèles de rails d'acier sur lesquels circulent des trains. — **2.** Moyen de transport utilisant la voie ferrée : *Prendre le chemin de fer.* — **3.** Administration et exploitation de ce mode de transport. (→ FERROVIAIRE.)

cheminée [ʃəmine] n. f. (lat. *caminus,* four). **1.** Conduit destiné à assurer l'évacuation de la fumée d'un foyer et à permettre le tirage : *Les cheminées de l'immeuble sont ménagées dans l'épaisseur de ce mur.* — **2.** Partie du conduit qui fait saillie au-dehors : *On voit fumer la cheminée au-dessus du toit.* — **3.** Maçonnerie faite dans une habitation pour recevoir du feu, et comprenant en général une table, ou manteau, de marbre, de pierre, de brique, etc., soutenue par deux montants ou jambages : *Pose ce vase sur la cheminée.*

cheminement [ʃəminmɑ̃] n. m. Fait de cheminer : *D'un livre à l'autre, on peut suivre le cheminement de la pensée de l'auteur* (syn. PROGRESSION, ÉVOLUTION).

cheminer [ʃəmine] v. i. **1.** (sujet qqn) Suivre son chemin régulièrement : *Après avoir longtemps cheminé sur une route monotone, j'arrivai enfin à une auberge* (syn. MARCHER). — **2.** (sujet une route, une voie) S'étendre selon tel itinéraire (soutenu) : *Un sentier qui chemine à flanc de coteau.* — **3.** (sujet une idée) Progresser régulièrement : *Cette idée a cheminé dans les esprits.*

cheminot [ʃəmino] n. m. Employé ou ouvrier des chemins de fer.

chemisage [ʃəmizaʒ] n. m. Action de chemiser.

chemise [ʃəmiz] n. f. (lat. *camisia*). **1.** Partie de l'habillement, généralement en linge, qui couvre le buste et se porte d'ordinaire sur la peau : *Passer un chandail par-dessus sa chemise.* — **2.** *Chemise de nuit,* vêtement de nuit en forme de robe, porté par les femmes. — **3.** Fam. *Changer de qqch comme de chemise,* en changer souvent : *Tu changes d'opinion comme de chemise.* ‖ *En bras, en manches de chemise,* sans vêtement sur sa chemise : *Il a ôté sa veste et travaille en bras de chemise.* — **4.** Feuille repliée de papier fort ou de carton, dans laquelle on range des papiers : *Tout ce qui concerne cette affaire se trouve dans une chemise bleue.* — **5.** Enveloppe intérieure ou extérieure d'une pièce mécanique.

chemiser [ʃəmize] v. t. Garnir d'une chemise, d'une enveloppe.

chemiserie [ʃəmizri] n. f. Fabrication des chemises; magasin où on vend des chemises.

chemisette [ʃəmizɛt] n. f. Petite chemise d'homme ou corsage de femme à manches courtes.

chemisier [ʃəmizje] n. m. **1.** Fabricant ou marchand de chemises. — **2.** Corsage léger porté par les femmes.

chênaie [ʃɛnɛ] n. f. Bois de chênes.

chenal [ʃənal] n. m. (lat. *canalis*) [pl. *chenaux*]. Passage étroit où on peut naviguer, spécialement entre un port, une rivière, etc., et la mer : *Les bateaux entrent dans la rade par un chenal soigneusement balisé.*

chenapan [ʃ(ə)napɑ̃] n. m. (all. *Schnapphahn*). Individu sans moralité : *Va avec les chenapans de ton espèce* (syn. VAURIEN, ↑VOYOU).

chêne [ʃɛn] n. m. (gaul. *cassanus*). **1.** Arbre forestier dont le bois, très résistant, est utilisé pour la construction, le mobilier; ce bois : *Le chêne atteint vingt à quarante mètres de hauteur. Une armoire de chêne.* — **2.** *Chêne vert,* variété de chêne méditerranéen, de petite taille, à feuilles persistantes.

chêne-liège [ʃɛnljɛʒ] n. m. (pl. *chênes-lièges* ou *chênes-liège*). Variété de chêne qui fournit le liège.

chenet [ʃənɛ] n. m. (de *chien*). Chacune des deux barres métalliques qui supportent le bois dans le foyer d'une cheminée.

chenil [ʃ(ə)ni(l)] n. m. Lieu où on élève, dresse, vend des chiens.

chenille [ʃənij] n. f. (lat. *canicula,* petite chienne). **1.** Larve de papillon, se nourrissant de végétaux. — **2.** Bande métallique articulée qui équipe les véhicules destinés à circuler en tous terrains.

chenillé, e [ʃənije] adj. Se dit d'un véhicule muni de chenilles.

chenillette [ʃənijɛt] n. f. Véhicule militaire chenillé et blindé.

chenu, e [ʃəny] adj. (lat. *canus,* blanc). **1.** Litt. *Vieillard chenu,* aux cheveux blanchis par l'âge. — **2.** *Arbre chenu,* dont la cime se dépouille.

cheptel [ʃɛptɛl] n. m. (lat. *capitale,* ce qui est le principal d'un bien). *Cheptel (vif),* ensemble des animaux d'une exploitation agricole ou d'un pays (souvent précisé par un adj.) : *Le cheptel bovin.*

chèque [ʃɛk] n. m. (angl. *Exchequer bill,* billet du Trésor). Écrit par lequel le titulaire d'un compte en banque ou d'un compte courant postal donne des ordres de paiement à son profit ou à celui d'un tiers sur les fonds portés à son crédit : *Vous payez par chèque ou en espèces? Un chèque sans provision* (= qui ne peut être payé faute d'un dépôt suffisant). *Un chèque au porteur* (= qui ne porte pas le nom du bénéficiaire et qui est transmissible de la main à la main). *Un chèque barré* (= qui porte deux barres parallèles et qui ne peut être touché que par le titulaire d'un compte bancaire ou postal).

chèque-restaurant [ʃɛkrɛstɔrɑ̃] n. m. (pl. *chèques-restaurant*). Ticket utilisé pour le paiement d'un repas dans un restaurant par les salariés d'entreprises.

chéquier [ʃɛkje] n. m. Carnet de chèques.

cher, chère [ʃɛr] adj. (lat. *carus*). **1.** *Cher (à qqn),* qui est l'objet d'une vive tendresse, d'un grand attachement (avant le n., sauf suivi de prép.) : *Mes chers enfants, je pense sans cesse à vous. Elles pleurent les êtres chers qu'elles ont perdus dans cette catastrophe. C'est pour moi une amie très chère. Un élève cher à son maître* (syn. AIMÉ DE, APPRÉCIÉ DE). *Nous tremblons pour ceux qui nous sont chers. Le thé cher aux Anglais* (contr. DÉTESTÉ DE). *La liberté nous est plus chère que la vie* (syn. PRÉCIEUX). *Il était tout heureux de retrouver sa chère ville natale, ses chères habitudes* (contr. HONNI); ironiq. (avant le n.) *Cette chère Anne! voilà longtemps qu'on n'entendait plus parler d'elle!* (→ CHÉRIR.) — **2.** (en s'adressant à qqn, dans des formules de politesse; avant le n.) Marque une sympathie souvent assez vague : *Monsieur et cher client. Mon cher collègue;* et sans n. : *Ma chère, vous m'étonnez.* — **3.** (après le n.) D'un prix élevé : *Ce livre est trop cher pour ma bourse. Un chauffage plus cher que le charbon* (syn. COÛTEUX, ONÉREUX, DISPENDIEUX, ↑RUINEUX, ↑HORS DE PRIX; contr. BON MARCHÉ, ÉCONOMIQUE, AVANTAGEUX). — **4.** (après le n.) Qui vend, qui fournit à des prix élevés : *Une couturière chère. Un restaurant pas cher.* ◆ ***cher*** adv. **1.** À un prix élevé, moyennant une somme importante : *Une maison qu'il a payée cher. Ces médicaments coûtent cher. Cette couturière prend cher.* — **2.** Au prix de sacrifices : *Un peuple qui a payé cher son indépendance. Je lui ferai payer cher sa désinvolture.* — **3.** Fam. *Personne qui ne vaut pas cher,* qui est d'une moralité douteuse, qui n'est pas recommandable.

chercher [ʃɛrʃe] v. t. (lat. *circare,* parcourir). **1.** (sujet qqn, un animal) *Chercher qqn, qqch,* s'efforcer de les trouver, de les découvrir : *Un chien qui cherche la piste. Chercher un ami du regard, des yeux dans la foule. Nous cherchions la sortie à tâtons. J'ai longtemps cherché la solution de ce problème. On cherche en vain la raison de cette décision. Chercher le mot juste. Chercher un emploi, chercher une maison à acheter* (syn. soutenu S'ENQUÉRIR DE). — **2.** *Chercher qqch,* s'efforcer de s'en souvenir : *Je cherche le nom de ce remède qui m'avait si bien réussi.* — **3.** *Chercher qqch,* essayer de l'atteindre, l'avoir en vue : *Tu ne cherches que ton avantage dans cette affaire* (syn. VISER À). — **4.** *Chercher un danger, un incident,* s'y exposer : *Tu cherches un accident en conduisant si vite.* — **5.** Fam. *Chercher qqn,* lui adresser fréquemment des propos propres à déchaîner sa colère : *Je ne lui ai pas mâché mes mots : il me cherchait depuis trop longtemps* (syn. HARCELER, PROVOQUER; fam. RELANCER). — **6.** *Aller chercher, venir chercher qqn* ou *qqch,* aller, venir dans un lieu où se trouve cette personne ou cette chose pour la ramener ou la remporter : *La vendeuse alla chercher le chef de rayon. J'irai chercher de l'argent à la banque.* ‖ Fam. *Ça va chercher dans les...,* cela atteindra approximativement la somme, le total de : *Une réparation qui va chercher dans les cinq cents francs. Conduite en état d'ivresse, délit de fuite, ça peut aller chercher dans les deux ans de prison.* — **7.** *Chercher à* (+ *inf.*), s'efforcer de : *Un représentant qui cherche à disposer favorablement sa cliente* (syn. TENTER, ESSAYER, TÂCHER DE). — **8.** Fam. *Chercher des histoires, chercher querelle à qqn,* lui susciter des difficultés, le prendre à partie.

chercheur, euse [ʃɛrʃœr] n. **1.** (sans compl.) Personne qui se consacre à la recherche scientifique, qui fait partie du Centre national de la recherche scientifique. — **2.** (avec compl.) *Chercheur d'or,* celui qui essaie de trouver de l'or (sens historique : celui qui, au début du siècle, cherchait à découvrir des filons dans l'ouest des États-Unis).

chère [ʃɛr] n. f. (bas lat. *cara,* visage). *Bonne chère,* nourriture abondante et de qualité : *Chez eux, on a l'habitude de faire bonne chère* (= de bien manger).

chèrement [ʃɛrmɑ̃] adv. **1.** Au prix de lourds sacrifices : *Une victoire chèrement acquise.* — **2.** *Vendre chèrement sa vie,* se défendre avec vaillance avant de succomber.

chéri, e [ʃeri] adj. et n. Qui est tendrement aimé : *Un frère chéri. Ne t'inquiète pas, ma chérie.*

chérir [ʃerir] v. t. (de *cher*). *Chérir qqn, qqch,* leur être très attaché : *Une mère chérit ses enfants* (syn. ↓AIMER, ↑ADORER). *Ils chérissaient la liberté plus que la vie* (contr. DÉTESTER).

cherry [ʃɛri] n. m. (mot angl. signif. *cerise*). Liqueur de cerise. (On dit aussi CHERRY-BRANDY.)

cherté [ʃɛrte] n. f. Prix élevé : *Se plaindre de la cherté de la vie.*

chérubin [ʃerybɛ̃] n. m. (hébr. *keroûbîm,* anges). Enfant gracieux, délicat. (Les *chérubins* sont une catégorie d'anges de l'Ancien Testament.)

chétif, ive [ʃetif] adj. (lat. *captivus*). **1.** De faible constitution, qui ne respire pas la bonne santé : *Des enfants chétifs mendiaient dans les rues* (syn. MAIGRE, FLUET, RACHITIQUE; contr. VIGOUREUX, ROBUSTE, SOLIDE). — **2.** Qui manque d'ampleur, d'importance :

Mener une existence chétive (syn. PAUVRE, MODESTE, EFFACÉ). *Son entreprise est encore bien chétive* (syn. PETIT).

1. cheval [ʃəval] n. m. (lat. *caballus*, rosse) [pl. *chevaux*]. **1.** Animal domestique, pouvant servir de monture ou tirer un attelage : *La femelle du cheval est la jument; son petit est le poulain.* — **2.** Syn. fam. de ÉQUITATION : *Faire du cheval.* — **3.** *Fam.* Femme grande et forte, sans grâce : *Il nous présenta sa femme, un grand cheval à la voix rude* (syn. DRAGON). — **4.** *Fam.* Personne dure à l'ouvrage : *Il n'est jamais en repos, c'est un vrai cheval à l'ouvrage.* — **5.** *À cheval,* monté sur un cheval ou une jument : *J'ai vu passer deux femmes à cheval* (= deux cavalières). ‖ *À cheval sur,* à califourchon sur : *S'asseoir à cheval sur un tronc d'arbre;* situé sur deux endroits différents : *Cette propriété est à cheval sur deux communes.* ‖ Fam. *C'est le bon cheval, le mauvais cheval,* c'est la personne qui a des chances ou qui n'a aucune chance de gagner (par allusion aux courses de chevaux). ‖ Fam. *Changer son cheval borgne pour un aveugle,* passer d'une situation médiocre à une autre pire. ‖ *Cheval de bataille,* argument qu'on fait valoir sans cesse, idée à laquelle on revient toujours. ‖ *Être à cheval sur* (+ *n. abstrait*), être très strict en ce qui concerne... : *Elle est très à cheval sur les principes* (= elle tient beaucoup à ce qu'on respecte les usages de la bonne société). *Le directeur est à cheval sur le règlement.* ‖ Fam. *Fièvre, remède de cheval,* fièvre violente, remède très énergique. ‖ *Monter sur ses grands chevaux,* se fâcher, le prendre de haut. ‖ *Un vieux cheval de retour,* un accusé déjà plusieurs fois condamné pour des délits de même nature. — **6.** *Cheval d'arçons,* appareil de gymnastique en forme de gros cylindre rembourré monté sur pieds et sur lequel on fait des exercices de saut, de voltige. — **7.** *Cheval de Troie,* cheval de bois gigantesque dans lequel étaient cachés des guerriers et que les Grecs utilisèrent par ruse pour prendre Troie. — **8.** *Fam.* Pièce du jeu d'échecs (syn. usuel CAVALIER). ◆ ***chevaux*** n. m. pl. **1.** *Chevaux de bois,* manège pour les enfants. — **2.** *Petits chevaux,* jeu de société. (→ ÉQUESTRE, ÉQUITATION.)

2. cheval [ʃəval] ou **cheval-vapeur** n. m. (pl. *chevaux* [*-vapeur*]). Unité de puissance du moteur d'une voiture désignant aussi, au pl., un type de voiture : *Une quatre-chevaux (une 4 CV). Cette voiture a une puissance de quatre-vingts chevaux-vapeur.*

chevaleresque [ʃəvalrɛsk] adj. (it. *cavalleresco*). Qui manifeste des sentiments nobles, généreux, des manières élégantes (soutenu) : *Quand il a su que vous étiez candidate, il s'est retiré de la compétition d'une façon très chevaleresque* (syn. COURTOIS).

chevalerie [ʃəvalri] n. f. Institution militaire féodale, qui imposait à ses membres des obligations religieuses et patriotiques et exaltait la bravoure.

chevalet [ʃəvalɛ] n. m. (de *cheval*). Support en bois destiné à recevoir le tableau qu'un peintre exécute, ou un tableau noir dans une classe, etc.

chevalier [ʃəvalje] n. m. (bas lat. *caballarius*). **1.** Membre d'un ordre fondé pour honorer ceux qui se sont distingués dans quelque activité, ou de certaines confréries; grade dans cet ordre : *Le grade de chevalier est le premier décerné dans l'ordre de la Légion d'honneur. Il a été nommé chevalier des palmes académiques.* — **2.** Au Moyen Âge, noble admis solennellement dans l'ordre de la chevalerie : *Le chevalier jurait de mener une vie vertueuse et de défendre les opprimés.* — **3.** Fam. et ironiq. *Chevalier servant,* homme empressé à satisfaire les moindres désirs d'une femme.

chevalière [ʃəvaljɛr] n. f. (de *chevalier*). Bague à large chaton sur lequel sont généralement gravées des initiales ou des armoiries.

chevalin, e [ʃəvalɛ̃] adj. **1.** Qui concerne le cheval : *L'éleveur nous montre quelques magnifiques spécimens de l'espèce chevaline.* — **2.** Se dit de qqn, de son visage qui a quelques ressemblances avec un cheval : *Un visage chevalin.* — **3.** *Boucherie chevaline,* qui vend de la viande de cheval (syn. HIPPOPHAGIQUE).

chevauchée [ʃəvoʃe] n. f. Course, randonnée à cheval (soutenu) : *Au bout d'une longue chevauchée, les deux voyageurs s'arrêtèrent.*

chevauchement [ʃəvoʃmɑ̃] n. m. Action de chevaucher : *Le chevauchement d'une tuile sur une autre.*

chevaucher [ʃəvoʃe] v. i. (du lat. *caballus,* cheval). *Litt.* (sujet qqn) Aller à cheval : *Des amazones chevauchaient dans les allées du parc.* ◆ v. t. **1.** Aller à cheval sur, monter : *Sancho Pança chevauchait un âne* (syn. MONTER). — **2.** (sujet qqch) *Chevaucher qqch,* le recouvrir en partie : *Chaque ardoise chevauche la suivante.* ◆ v. i. et ***se chevaucher*** v. pr. Se superposer : *On pose ces bandes de papier peint en faisant légèrement chevaucher les bords.*

chevelu, e [ʃəvly] adj. **1.** Pourvu de cheveux longs et fournis, ou, en parlant de végétaux, de racines, de fils ressemblant à des cheveux, d'une frondaison : *Une tête chevelue. L'épi chevelu du maïs.* — **2.** *Cuir chevelu* → CUIR.

chevelure [ʃəvlyr] n. f. Ensemble des cheveux d'une personne (ne se dit guère que de cheveux longs, abondants) : *Sa chevelure blonde était retenue par plusieurs peignes* (syn. péjor. et fam. TIGNASSE, CRINIÈRE) [→ ÉCHEVELÉ].

chevet [ʃəvɛ] n. m. (lat. *caput, -itis,* tête). **1.** Extrémité du lit où on pose la tête (syn. TÊTE). — **2.** *Être, rester au chevet d'un malade,* rester auprès de son lit, le soigner avec assiduité. ‖ *Lampe, table de chevet,* qui sont placées à côté de la tête du lit. ‖ *Livre de chevet,* livre de prédilection, auquel on revient constamment.

cheveu [ʃəvø] n. m. (lat. *capillus*). **1.** Poil de la tête, chez les humains : *Une mèche de cheveux lui pend sur le visage. Tiens, tu as un cheveu blanc.* — **2.** *Avoir un cheveu sur la langue,* zozoter. ‖ Fam. *Avoir mal aux cheveux,* avoir mal à la tête à la suite d'un excès de boisson. ‖ Fam. *Ça vient comme des cheveux sur la soupe,* c'est une remarque, un détail hors de propos. ‖ Fam. *Cela ne tient qu'à un cheveu, il s'en faut d'un cheveu,* il s'en faut de très peu, cela dépend d'un rien : *Il s'en est fallu d'un cheveu que la voiture ne bascule dans le ravin* (syn. CELA NE TIENT QU'À UN FIL). ‖ Fam. *C'est tiré par les cheveux,* se dit d'une explication qui manque de solidité, d'une comparaison qui manque de naturel. ‖ *Cheveu d'ange,* guirlande très fine d'arbre de Noël. ‖ *Faire dresser les cheveux sur la tête,* faire très peur. ‖ *Il y a un cheveu,* il y a une difficulté. ‖ *Se faire des cheveux (blancs),* se faire du souci. ‖ Fam. *Se prendre aux cheveux,* se quereller vivement, en venir aux mains. ‖ *Toucher un cheveu de la tête de qqn,* lui causer le plus petit dommage : *Si vous touchez un cheveu de sa tête, vous aurez affaire à moi.*

cheville [ʃəvij] n. f. (lat. *clavicula,* petite clé). **1.** Partie inférieure de la jambe, au-dessus du cou-de-pied, présentant de part et d'autre un renflement osseux et qui permet l'articulation du pied. — **2.** Fam. *Ne pas arriver à la cheville de qqn,* lui être très inférieur. — **3.** Petite tige de bois qu'on engage dans un trou pour fixer un assemblage de charpente, de menuiserie, d'ébénisterie, ou dans un mur de maçonnerie pour y enfoncer une vis. — **4.** Pièce de bois ou de métal qui permet de régler la tension des cadres d'instruments de musique. — **5.** Dans un texte littéraire, mot inutile pour le sens et qui ne sert qu'à faire nombre pour la rime, la mesure du vers ou pour le rythme de la phrase (syn. REDONDANCE). — **6.** *Cheville ouvrière,* personne qui joue un rôle essentiel dans une organisation, qui en est le principal soutien : *Pendant vingt ans, il a été la cheville ouvrière de ce club sportif* (syn. ANIMATEUR). ‖ Fam. *Être en cheville avec qqn,* lui être associé dans une entreprise; être en relation d'affaires ou d'intérêts avec lui.

chevillé, e [ʃəvije] adj. **1.** Assemblé par des chevilles : *Un buffet rustique chevillé.* — **2.** Fam. *Avoir l'âme chevillée au corps,* survivre à une grave maladie, à un grave accident, etc. (syn. AVOIR LA VIE DURE). ‖ *Avoir l'espoir chevillé à l'âme,* ne se laisser décourager par rien, espérer envers et contre tout.

cheviotte [ʃəvjɔt] n. f. (angl. *cheviot,* race de moutons). Laine d'agneau d'Écosse; étoffe faite avec cette laine.

chèvre [ʃɛvr] n. f. (lat. *capra*). **1.** Animal domestique ruminant, ayant des cornes arquées en arrière et un menton barbu : *Le mâle de la chèvre est le bouc. La chèvre bêle.* — **2.** Fam. *Ménager la chèvre et le chou,* ménager les deux partis auxquels on a affaire, ne pas trop se compromettre. ◆ n. m. Fromage de chèvre.

chevreau [ʃəvro] n. m. **1.** Petit de la chèvre. — **2.** Peau de chèvre ou de chevreau, utilisée en particulier pour la fabrication de gants ou de chaussures élégantes : *Des gants en chevreau.*

chèvrefeuille [ʃɛvrəfœj] n. m. (lat. *caprifolium*). Liane à fleurs odorantes, commune dans les haies et les forêts des régions tempérées.

chevrette [ʃəvrɛt] n. f. (lat. *capreolus*). **1.** Petite chèvre. — **2.** Femelle du chevreuil.

chevreuil [ʃəvrœj] n. m. Animal ruminant qui vit dans les forêts et qui est un gibier de qualité : *Un chevreuil peut peser jusqu'à quarante-cinq kilos.*

chevrier, ère [ʃəvrije] n. Personne qui garde des chèvres.

chevron [ʃəvrɔ̃] n. m. (lat. *capra,* chèvre). **1.** Pièce de bois équarrie supportant les lattes sur lesquelles sont fixées les tuiles ou les ardoises d'un toit. — **2.** Galon en forme de V renversé, porté jadis sur la manche par certains soldats; motif ornemental ayant cette forme.

chevronné, e [ʃəvrɔne] adj. (de *chevron*). Qui a fait ses preuves depuis longtemps dans un métier, une activité, une pratique : *Paris ne lui fait pas peur, c'est une conductrice chevronnée.*

chevrotant, e [ʃəvrɔtɑ̃] adj. Qui chevrote : *Une voix chevrotante.*

chevrotement [ʃəvrɔtmɑ̃] n. m. Fait de chevroter : *Le chevrotement de sa voix.*

chevroter [ʃəvrɔte] v. i. (de *chevrot,* chevreau). Parler ou chanter d'une voix tremblotante : *Un vieillard qui chevrote.*

chevrotine [ʃəvrɔtin] n. f. Plomb de chasse de gros calibre.

chewing-gum [ʃwiŋgɔm] n. m. (angl. *to chew,* mâcher, et *gum,* gomme) [pl. *chewing-gums*]. Gomme parfumée qu'on mâche.

chez [ʃe] prép. (du lat. *in casa,* dans la maison). **1.** Indique une localisation dans la demeure, le pays ou la civilisation, l'œuvre littéraire ou artistique de qqn; indique la présence de qqch dans le physique, dans le comportement de qqn ou, éventuellement, d'un animal : *J'entends des cris chez mon voisin* (= dans sa maison, son appartement). *Va acheter une tarte chez la pâtissière* (= dans sa boutique). *Je reste chez moi* (= à la maison). *Chez les Perses, on rendait un culte au feu. Chez les abeilles, on distingue les reines, les faux bourdons et les ouvrières. Le mot «gloire» revient souvent chez Corneille* (= dans ses tragédies). *La paresse l'emporte encore chez lui sur la gourmandise* (syn. EN). *Chez le singe, le pouce du pied est opposable aux autres doigts.* — **2.** *Chez* peut être précédé de *de, par, vers* ou d'une loc. prép. contenant *de : Je reviens de chez elle. Nous passerons par chez nos parents. Ils habitent vers chez vous. Il y a une nouvelle locataire au-dessus de chez moi.*

chez-soi [ʃeswa], **chez-moi** [ʃemwa], **chez-toi** [ʃetwa] n. m. inv. *Un chez-soi, mon chez-moi,* etc., un domicile, ma demeure, etc.

chialer [ʃjale] v. i. *Pop.* Pleurer.

chiant, e [ʃjɑ̃] adj. *Pop.* Ennuyeux.

chianti [kjɑ̃ti] n. m. (mot it.). Vin rouge récolté en Italie, dans le Chianti.

chiasse [ʃjas] n. f. (du lat. *cacare,* aller à la selle). *Pop.* Colique.

chic [ʃik] n. m. (all. *Schick,* adresse) [surtout sing.]. **1.** *Fam.* Allure élégante, distinguée de qqn, aspect gracieux de qqch : *Elle a beaucoup de chic dans cette toilette* (syn. ÉLÉGANCE). *Tout le chic de ce bouquet est dans l'harmonie des couleurs* (syn. fam. ALLURE). — **2.** *Avoir le chic de, pour* (+ *inf.* ou + *n.*), être très habile à : *Il a le chic de dire à chacun le mot juste. Elle a le chic des réparations invisibles* (syn. ART); et ironiq. : *Vous avez le chic pour être absent quand on a besoin de vous* (= une sorte de fatalité veut que vous soyez toujours absent). — **3.** *Peindre, travailler de chic,* d'inspiration, sans s'astreindre à des calculs, des mesures, des vérifications, sans se référer à une méthode rigoureuse : *Sa traduction, faite de chic, manque parfois de précision.* ◆ adj. (inv. en genre) *Fam.* **1.** (après le n.) Qui a de l'élégance, de la distinction, qui suscite une certaine admiration : *Elle est très chic avec cette robe* (syn. ÉLÉGANT). *Deux messieurs chics conversaient au salon* (syn. DISTINGUÉ). — **2.** (avant le n.) Beau, plaisant : *On a fait un chic voyage. Regarde un peu cette chic voiture!* (syn. BEAU; fam. CHOUETTE). — **3.** (avant ou après le n.) Bienveillant, complaisant, serviable : *Il a été très chic à mon égard en me prêtant sa maison* (syn. GENTIL). *C'est une chic fille* (syn. SYMPATHIQUE). *Voilà une parole chic* (syn. AIMABLE, GÉNÉREUX). ◆ ***chic!*** interj. Quelle chance!, quel bonheur! (syn. fam. CHOUETTE!).

chicane [ʃikan] n. f. **1.** Querelle de mauvaise foi, portant sur des détails : *Je n'aime pas qu'on vienne me chercher chicane* (= chercher querelle). — **2.** Procédure subtile, goût des procès : *Il se complaît dans la chicane; il cite tous ses voisins en justice.* — **3.** Série d'obstacles disposés sur une route de façon à imposer un parcours en zigzag.

chicaner [ʃikane] v. i. (d'un rad. *chic-,* qui évoque la petitesse, et *ricaner*). Contester : *Ne chicanons pas sur ces chiffres* (syn. DISCUTER). ◆ v. t. Faire des reproches de détail : *Vous les chicanez à tout propos* (syn. TAQUINER). *On ne lui chicane pas ses frais de déplacement* (syn. DISCUTER). *Cela me chicane* (= cela me préoccupe).

chicanerie [ʃikanri] n. f. Syn. de CHICANE (querelle).

chicaneur, euse [ʃikanœr] ou **chicanier, ère** [ʃikanje] adj. et n. Qui aime à chicaner : *Il n'a pas été trop chicaneur, il m'a cru sur parole. Les chicaniers trouveront toujours à redire.*

1. chiche [ʃiʃ] adj. (d'un rad. *chic-,* qui évoque la petitesse). *Chiche de* (+ *n.*), qui répugne à donner, qui lésine : *Il a de beaux fruits dans son jardin, mais il en est chiche avec ses invités. Comme elle n'est pas chiche d'éloges, elle a couvert de fleurs cet auteur* (syn. AVARE); sans compl., qui témoigne d'un esprit de lésine : *Une réception très chiche.*

2. chiche [ʃiʃ] adj. Fam. *Chiche de* (+ *inf.*), capable de, assez hardi pour : *Tu n'es pas chiche d'interrompre l'orateur pour le démentir! Je suis chiche de faire ce travail en deux heures.* ‖ *Chiche que...!, chiche!,* défi lancé ou accepté : *Chiche que j'arrive avant elle! «Combien veux-tu parier que tu ne manges pas tout ce plat? — Chiche!».*

chichement [ʃiʃmɑ̃] adv. Avec parcimonie, en évitant même les menues dépenses : *Ils vivent très chichement* (syn. PETITEMENT, MODESTEMENT).

chichi [ʃiʃi] n. m. (de *chiche* 1). Fam. *Faire du chichi, des chichis,* agir avec affectation, manquer de simplicité : *Ne faites pas tant de chichis et dites-nous où vous voulez en venir. On n'est pas à l'aise chez eux, ils font trop de chichis* (syn. FAIRE DES MANIÈRES, DES FAÇONS, DES EMBARRAS ; fam. DU CHIQUÉ).

chichiteux, euse [ʃiʃitø] adj. et n. Qui fait des chichis : *Des gens chichiteux.*

chicorée [ʃikɔre] n. f. (gr. *kikhorion*). **1.** Nom de plusieurs salades, notamment la *chicorée frisée.* — **2.** Grains obtenus en torréfiant et en broyant la racine d'une variété de chicorée, et qu'on ajoute parfois au café.

chicot [ʃiko] n. m. (d'un rad. *chic-,* qui évoque la petitesse). **1.** Ce qui reste hors de terre d'une branche, d'un tronc, rompus, arrachés. — **2.** *Fam.* Partie d'une dent cassée ou cariée qui reste dans la gencive.

chien, chienne [ʃjɛ̃] n. (lat. *canis*). **1.** Animal domestique dont il existe de nombreuses races ayant diverses aptitudes : chasse, garde des troupeaux ou des maisons, traction de traîneaux, etc. : *Le chien aboie. La chienne a eu des petits.* — **2.** (dans des express., comme compl. d'un n. avec *de*) Très pénible, très désagréable : *Vie de chien, métier de chien, temps de chien* (ou *chienne de vie, chien de métier, chien de temps*). *Pluie, vent, tempête, ce temps de chien dure depuis deux jours* (syn. TEMPS À NE PAS METTRE UN CHIEN DEHORS, TEMPS DE COCHON, SALE TEMPS). ‖ *Mal de chien,* grand mal, difficulté extrême : *Cette entorse m'a fait un mal de chien. On a un mal de chien à déchiffrer son écriture.* — **3.** (avec *comme*) *Malade comme un chien,* très éprouvé par la maladie, par un malaise. ‖ Péjor. *Mourir, vivre, être enterré comme un chien,* sans aucune préoccupation spirituelle, sans cérémonie religieuse. ‖ *Recevoir qqn comme un chien dans un jeu de quille,* le recevoir très mal, le rabrouer. ‖ *Traiter qqn comme un chien,* sans le moindre égard, avec mépris et rudesse. ‖ *Vivre, être comme chien et chat,* se chamailler continuellement. — **4.** *Avoir du chien,* en parlant d'une femme, avoir de l'élégance, du caractère et un charme piquant. ‖ *Ce n'est pas fait pour les chiens,* il ne faut pas manquer d'y recourir, d'en user à l'occasion. ‖ *Entre chien et loup,* à la tombée de la nuit, au crépuscule. ‖ *Être coiffé à la chien,* avec des mèches folles, les cheveux ébouriffés. ‖ *Être d'une humeur de chien,* de très mauvaise humeur. ‖ Fam. *Garder à qqn un chien de sa chienne,* prévoir de se venger de lui. ‖ *Les chiens aboient, la caravane passe,* qui est sûr de sa voie ne s'en laisse pas détourner par la désapprobation la plus bruyante. ‖ *N'être pas, plus bon à jeter aux chiens,* être digne de mépris : *Tu faisais autrefois grand cas de cette personne; aujourd'hui, tu ne la trouves plus bonne à jeter aux chiens* (syn. ÊTRE AU-DESSOUS DE TOUT, ÊTRE MOINS QUE RIEN). ‖ *Ne pas donner sa part aux chiens,* ne pas renoncer à ses droits, tenir beaucoup à sa part, à jouer son rôle. ‖ *Nom d'un chien!,* juron familier. ‖ *Se regarder en chiens de faïence,* se dévisager fixement avec une froideur hostile. ◆ ***chien*** n. m. **1.** Pièce coudée de certaines armes à feu, qui guide le percuteur. — **2.** *En chien de fusil,* en pliant les jambes et en ramenant les genoux vers la poitrine : *Dormir en chien de fusil.* ◆ adj. *Fam.* Avare, regardant : *Il n'est pas chien avec son personnel; il accorde volontiers des avantages* (syn. fam. RAT).

chiendent [ʃjɛ̃dɑ̃] n. m. (de *dent de chien*). **1.** Herbe aux racines très développées et très tenaces, et qui nuit aux cultures; racines de chiendent séchées : *Brosse de chiendent.* — **2.** *Fam.* Difficulté, ennui.

chienlit [ʃjɑ̃li] n. f. (de *chie, en* et *lit*). **1.** Désordre, situation chaotique ou inconfortable (syn. PAGAILLE). — **2.** *Péjor.* Ceux qui provoquent le désordre (syn. RACAILLE).

chien-loup [ʃjɛ̃lu] n. m. (pl. *chiens-loups*). Chien d'une race qui ressemble à celle des loups.

chier [ʃje] v. i. **1.** *Pop.* Évacuer les gros excréments. (Mot grossier.) — **2.** Pop. *Faire chier qqn,* lui causer des ennuis, le contrarier (syn. fam. EMBÊTER, ENNUYER).

chiffe [ʃif] n. f. (anc. fr. *chipe,* chiffon). *Être mou comme une chiffe, être une chiffe molle,* se dit de qqn d'une grande mollesse, qui n'a aucune énergie.

chiffon [ʃifɔ̃] n. m. (de *chiffe*). **1.** Lambeau de vieux linge, de tissu. — **2.** Morceau de papier sale et froissé : *Le professeur n'accepte pas de pareils chiffons!* (syn. TORCHON). — **3.** Péjor. *Chiffon de papier,* contrat, pacte, traité considéré comme sans valeur. ‖ Fam. *Parler chiffons, s'occuper de chiffons,* parler, s'occuper de vêtements.

chiffonnage [ʃifɔnaʒ] ou **chiffonnement** [ʃifɔnmɑ̃] n. m. Action de chiffonner : *Le chiffonnement d'un vêtement.*

chiffonner [ʃifɔne] v. t. **1.** *Chiffonner qqch,* le froisser, le marquer de faux plis : *Il a chiffonné son devoir. Ta veste était mal pliée dans la valise : elle est toute chiffonnée.* — **2.** Fam. *Chiffonner qqn,* le préoccuper, le contrarier : *Dites-moi ce qui vous chiffonne* (syn. ENNUYER, TRACASSER).

chiffonnier, ère [ʃifɔnje] n. **1.** Personne qui ramasse, pour les revendre, des chiffons ou des vieux objets mis au rebut. — **2.** Fam. *Se battre comme des chiffonniers,* se battre avec acharnement.

chiffrable [ʃifrabl] adj. Qui peut être évalué : *Le total de ses dépenses est difficilement chiffrable.*

chiffrage [ʃifraʒ] n. m. Évaluation en chiffres.

chiffre [ʃifr] n. m. (ar. *sifr,* zéro). **1.** Signe servant à représenter un nombre : *Le nombre six cent trente-cinq (635) s'écrit avec les chiffres six, trois, cinq.* — **2.** Lettres initiales, disposées esthétiquement, des noms d'une ou de deux personnes : *On lui a offert une chevalière gravée à son chiffre.* — **3.** Montant d'une somme (dépense ou recette) : *Le total des frais atteint un chiffre imposant.* — **4.** *Chiffre (d'affaires),* total des ventes, des recettes effectuées pendant un exercice commercial. — **5.** Code secret utilisé pour mettre un message sous une forme inintelligible aux non-initiés; service d'un ministère spécialement affecté à la correspondance en langage chiffré. — **6.** *Chiffre d'une serrure, d'un coffre,* combinaison secrète.

chiffrer [ʃifre] v. t. **1.** Évaluer, traduire en chiffres une dépense ou une recette : *Pouvez-vous chiffrer le montant des réparations?* — **2.** *Chiffrer un texte, un message,* le transcrire selon un code dont la connaissance est nécessaire à la compréhension de ce texte, de ce message. ◆ v. i. (sujet qqch) Atteindre un coût élevé : *Tous ces déplacements finissent par chiffrer.* (→ DÉCHIFFRER.)

chiffreur [ʃifrœr] n. m. Qui est au service du chiffre (code).

chignole [ʃiɲɔl] n. f. (lat. *ciconia,* cigogne). Instrument permettant de percer des trous dans le métal ou le bois, au moyen de forets (syn. PERCEUSE).

chignon [ʃiɲɔ̃] n. m. (lat. *catena,* chaîne). Cheveux torsadés et roulés au sommet de la tête ou au-dessus de la nuque.

chilien, enne [ʃiljɛ̃] adj. et n. Du Chili.

chimère [ʃimɛr] n. f. (gr. *khimaira,* monstre fabuleux). **1.** Dans la mythologie, monstre fabuleux dont le corps tenait moitié du lion, moitié de la chèvre, et qui avait la queue d'un dragon. — **2.** Projet séduisant, mais irréalisable; idée vaine, qui n'est que le produit de l'imagination : *Sans capitaux, son projet n'est qu'une chimère* (syn. UTOPIE). *Cessez donc de poursuivre des chimères et regardez la réalité en face.*

chimérique [ʃimerik] adj. **1.** Qui se complaît dans les chimères : *C'est un esprit chimérique.* — **2.** Qui a le caractère irréel d'une chimère : *Des projets chimériques.*

chimie [ʃimi] n. f. (de *alchimie*). Science qui étudie la nature et les propriétés des corps et les transformations qui peuvent s'y produire.

chimiothérapie [ʃimjoterapi] n. f. Traitement des maladies par des substances chimiques.

chimique [ʃimik] adj. Relatif à la chimie, obtenu par la chimie : *Une réaction chimique. Une usine de produits chimiques.*

chimiquement [ʃimikmɑ̃] adv. D'après les lois ou procédés de la chimie.

chimiste [ʃimist] n. Spécialiste de chimie.

chimpanzé [ʃɛ̃pɑ̃ze] n. m. (empr. à une langue d'Afrique). Singe d'Afrique de grande taille et s'apprivoisant facilement.

chinage [ʃinaʒ] n. m. Action de chiner.

chinchilla [ʃɛ̃ʃila] n. m. (mot esp.). Rongeur d'Amérique du Sud à la fourrure grise très recherchée; sa fourrure.

chiné, e [ʃine] adj. (de *Chine*). Se dit d'un fil de différentes couleurs et d'un tissu fait de ce fil, ou de ce qui présente un aspect comparable à ce tissu : *Un pull-over chiné. Une laine chinée.*

chiner [ʃine] v. t. (de *s'échiner*). Fam. *Chiner qqn,* le harceler de plaisanteries, de taquineries sans méchanceté (syn. TAQUINER; fam. BLAGUER, METTRE EN BOÎTE). ◆ v. i. Chercher des occasions chez les antiquaires, les brocanteurs.

chineur, euse [ʃinœr] n. Brocanteur.

chinois, e [ʃinwa] adj. Relatif à la Chine ou à ses habitants : *La civilisation chinoise.* ◆ n. Habitant ou originaire de la Chine. ◆ adj. et n. *Fam.* Pointilleux à l'excès, ergoteur, qui a le goût de la complication : *Ce qu'ils sont chinois dans cette administration* (syn. EXIGEANT). ◆ ***chinois*** n. m. **1.** Langue parlée en Chine. — **2.** Fam. *C'est du chinois,* c'est incompréhensible. — **3.** Passoire fine, de forme conique, utilisée en cuisine.

chinoiser [ʃinwaze] v. i. *Fam.* Ergoter, chercher des complications : *Nous n'allons pas chinoiser pour si peu* (syn. CHICANER).

chinoiserie [ʃinwazri] n. f. **1.** Petit objet d'art chinois. — **2.** *Fam.* Complication inutile : *Vous nous faites perdre notre temps, avec vos chinoiseries.*

chiot [ʃjo] n. m. Chien encore tout jeune.

chiottes [ʃjɔt] n. f. pl. *Pop.* Waters.

chiper [ʃipe] v. t. (de l'anc. fr. *chipe,* chiffon). *Fam.* Dérober, prendre : *Qui m'a chipé mon stylo?* (syn. fam. BARBOTER, FAUCHER, PIQUER).

chipie [ʃipi] n. f. (de *chiper* et *pie*). *Fam.* Femme ou jeune fille désagréable, grincheuse ou dédaigneuse, souvent prête à faire des histoires : *Cette vieille chipie se plaint qu'on empêche son chat de dormir. Ses camarades la trouvent un peu chipie.*

chipolata [ʃipɔlata] n. f. (it. *cipolla,* oignon). Petite saucisse de porc.

chipotage [ʃipɔtaʒ] n. m. *Fam.* Action de chipoter.

chipoter [ʃipɔte] v. i. (de l'anc. fr. *chipe,* chiffon) [sujet qqn] **1.** *Fam.* Faire le difficile pour manger : *Cet enfant chipote sur tous les plats* (syn. MANGER DU BOUT DES DENTS). — **2.** Discuter sur des vétilles, chercher des difficultés : *Vous n'allez pas chipoter pour une si faible somme!* (syn. ERGOTER). ◆ v. t. Fam. *Chipoter qqch,* en discuter mesquinement le prix, contester sur de menues dépenses : *Si on me chipote les crédits, je ne garantis pas les délais d'exécution* (syn. CHICANER).

chipoteur, euse [ʃipɔtœr] adj. et n. Qui chipote : *Ce qu'il est chipoteur, il ne peut jamais être d'accord avec nous.*

chips [ʃips] adj. et n. f. pl. (mot angl. signif. *copeaux*). *Pommes chips,* ou *chips,* minces rondelles de pomme de terre frites.

chique [ʃik] n. f. (d'une onomat. *tchikk-*).
— **I.** Tabac ayant subi une préparation spéciale, et qu'on mâche.
— **II.** Insecte parasite de l'homme, qui vit sous la peau.

chiqué [ʃike] n. m. (de *chic*). *Fam.* Apparence trompeuse : *C'est du chiqué* (syn. BLUFF). *En famille on ne va pas faire du chiqué* (syn. usuel FAIRE DES MANIÈRES).

chiquement [ʃikmɑ̃] adv. *Fam.* De façon chic : *Tu n'es pas habillé trop chiquement pour aller en visite* (syn. ÉLÉGAMMENT). *Il m'a proposé très chiquement de me reconduire chez moi* (syn. AIMABLEMENT).

chiquenaude [ʃiknod] n. f. (prov. *chicanaudo*). Coup donné avec un doigt replié contre le pouce et brusquement détendu : *Il donna quelques chiquenaudes sur la manche de sa veste pour chasser la poussière* (syn. PICHENETTE).

chiquer [ʃike] v. i. et t. Mâcher du tabac.

chiqueur [ʃikœr] n. m. Personne qui chique.

chiromancie [kiromɑ̃si] n. f. (gr. *kheir,* main, et *manteia,* divination). Divination fondée sur l'examen des lignes de la main.

chiromancienne [kiromɑ̃sjɛn] n. f. Personne qui exerce la chiromancie.

chirurgical, e, aux [ʃiryrʒikal] adj. Relatif à la chirurgie : *Le service chirurgical de l'hôpital. Un congrès chirurgical. Une intervention chirurgicale* (= une opération).

chirurgicalement [ʃiryrʒikalmɑ̃] adv. De façon chirurgicale.

chirurgie [ʃiryrʒi] n. f. (gr. *kheirourgia,* travail manuel). Partie de l'art médical qui comporte l'intervention du praticien sur une partie du corps, un organe, etc., généralement au moyen d'instruments.

chirurgien, enne [ʃiryrʒjɛ̃] n. Médecin qui pratique la chirurgie : *Ce chirurgien m'a opéré de l'appendicite.*

chirurgien-dentiste [ʃiryrʒjɛ̃dɑ̃tist] n. m. (pl. *chirurgiens-dentistes*). Syn. admin. de DENTISTE.

chistera [ʃistera] n. m. (mot esp.; du lat. *cistella,* petite corbeille). Panier recourbé et allongé qu'on attache au poignet pour jouer à la pelote basque.

chiure [ʃjyr] n. f. Excréments de mouche.

chlore [klɔr] n. m. (du gr. *khlôros,* vert). Corps chimique jaune verdâtre, d'odeur suffocante, très employé pour désinfecter l'eau, le linge, un local, etc. : *L'eau de Javel contient du chlore.*

chlorhydrique [klɔridrik] adj. m. *Acide chlorhydrique,* combinaison de chlore et d'hydrogène.

chloroforme [klɔrɔfɔrm] n. m. Liquide qui a des propriétés puissamment anesthésiques, qui endort quand on le respire.

chloroformer [klɔrɔfɔrme] v. t. **1.** *Chloroformer qqn,* l'endormir au chloroforme. — **2.** Fam. *Chloroformer l'opinion publique, les esprits,* etc., leur faire perdre tout sens critique par une propagande adéquate.

chlorophylle [klɔrɔfil] n. f. (gr. *khlôros,* vert, et *phullon,* feuille). Pigment vert des végétaux.

chlorure [klɔryr] n. m. Nom des composés du chlore : *Le sel est du chlorure de sodium.*

choc [ʃɔk] n. m. (de *choquer*). **1.** Contact brusque, plus ou moins violent, entre deux ou plusieurs objets (ou êtres animés) : *La voiture a heurté un arbre; sous le choc, la conductrice a eu les jambes fracturées. Je me suis cogné la tête contre un poteau : le choc a été rude* (syn. COUP). *Il faut porter ce vase avec précaution, le moindre choc pourrait le briser* (syn. HEURT). — **2.** Affrontement violent de deux troupes adverses : *Au premier choc, les divisions ennemies durent céder du terrain.* — **3.** *Choc en retour,* conséquence d'un acte, effet d'une force qui atteint, de façon inattendue, l'auteur de cet acte : *Ses anciens amis l'ont abandonné : c'est le choc en retour de son ingratitude* (syn. CONTRECOUP). ‖ *De choc,* se dit de troupes, de militants spécialement entraînés au combat offensif, à l'action directe, d'une doctrine présentée avec dynamisme, d'un système, d'une action choisis pour leur grande efficacité : *Des bataillons de choc. Des syndicalistes de choc. Christianisme de choc. Traitement de choc.* ‖ *État de choc,* abattement physique consécutif à un traumatisme. ‖ *Prix choc,* prix défiant toute concurrence, pratiqué par un commerçant pour attirer la clientèle. — **4.** Émotion violente et brusque : *Cela m'a fait un choc de la revoir. Elle n'est pas encore remise du choc que lui a causé la mort de son ami* (syn. COUP).

chochotte [ʃɔʃɔt] n. f. *Fam.* et *péjor.* Femme qui affecte une délicatesse et une pruderie excessives (souvent ironiq.) : *Madame ne fréquente pas ce monde-là! Chochotte, voyez-vous ça!*

chocolat [ʃɔkɔla] n. m. (esp. *chocolate*). **1.** Produit comestible, composé essentiellement de cacao et de sucre : *Chocolat fondant, à croquer, en poudre, au lait, aux noisettes. Une tablette de chocolat. Du chocolat en barres, en bouchées.* — **2.** Boisson préparée avec ce produit cuit dans du lait ou de l'eau : *Un bol de chocolat.* ◆ adj. inv. De la couleur brune du chocolat : *Un tissu chocolat.*

chocolaté, e [ʃɔkɔlate] adj. Qui contient du chocolat : *Une farine chocolatée pour les bébés.*

chocolaterie [ʃɔkɔlatri] n. f. Fabrique de chocolat.

chocolatier, ère [ʃɔkɔlatje] n. Fabricant de chocolat.

chocolatière [ʃɔkɔlatjɛr] n. f. Récipient destiné à la préparation du chocolat liquide.

chœur [kœr] n. m. (gr. *khoros*). **1.** Dans l'Antiquité, groupe de personnes exécutant, lors de certaines fêtes ou représentations théâtrales, des danses, des mouvements rythmés, et chantant ou déclamant ensemble : *Dans la tragédie grecque, le chœur exprimait de façon lyrique les sentiments des spectateurs.* — **2.** Groupe de chanteurs et chanteuses exécutant une œuvre musicale à l'unisson ou à plusieurs voix. — **3.** Morceau de musique destiné à être chanté par un groupe. — **4.** Groupe de personnes parlant ou agissant avec ensemble; paroles, cris, etc., que ces personnes font entendre collectivement : *Le chœur des éternels mécontents. Un chœur de lamentations, de protestations, de louanges* (syn. CONCERT). — **5.** *En chœur,* ensemble, avec unanimité : *«Bravo!» s'écrièrent-ils en chœur.* — **6.** Partie de l'église réservée au clergé pendant les cérémonies : *Le maître-autel est situé dans le chœur.* — **7.** *Enfant de chœur,* celui qui assiste le prêtre dans les offices religieux; *fam.,* homme naïf, facile à duper : *Tu me prends pour un enfant de chœur?*

choir [ʃwar] v. i. (lat. *cadere,* tomber) [c. **49**] Syn. vieilli de TOMBER (seulem. à l'inf.; langue affectée, surtout dans *laisser choir*) : *Elle se laissa choir dans son fauteuil. La façon dont tu as laissé choir tes amis manque d'élégance* (syn. ABANDONNER; fam. LAISSER TOMBER, PLAQUER). [→ CHUTE.]

choisi, e [ʃwazi] adj. **1.** Se dit de ce qui est recherché avec soin, d'une qualité toute particulière : *Elle s'exprime dans un vocabulaire choisi.* — **2.** *Morceaux, textes choisis,* recueil de textes en prose ou en vers tirés des œuvres d'un ou de plusieurs écrivains.

choisir [ʃwazir] v. t. (germ. *kausjan,* goûter). **1.** *Choisir qqn, qqch,* les prendre, les adopter de préférence aux autres choses ou aux autres personnes : *Elle resta longtemps indécise avant de choisir un modèle de chaussures* (syn. S'ARRÊTER À, SE FIXER SUR). *Le journal a choisi quelques articles intéressants parmi les nouveautés de l'exposition* (syn. SÉLECTIONNER, RETENIR). *Les électeurs ont choisi leurs représentants* (syn. ÉLIRE, DÉSIGNER). *De ces deux solutions, je choisis la plus simple* (syn. OPTER POUR, ADOPTER). *Choisir ses amis.* — **2.** *Choisir de* (+ *inf.*), prendre la décision, le parti de : *J'ai choisi de décliner son offre* (syn. DÉCIDER DE). — **3.** *Choisir si, où, quand,* etc. (+ *inf.*), juger, décider si, où, quand, etc. : *C'est à vous de choisir si vous viendrez ou non!*

choix [ʃwa] n. m. **1.** Action de choisir : *Le choix d'un métier est délicat. La cliente a fini par arrêter* (ou *fixer*) *son choix sur une robe de soie.* — **2.** Possibilité, liberté de choisir *(avoir, donner, laisser,* etc., *le choix) : Voulez-vous que nous nous rencontrions demain? Je vous laisse le choix de l'heure. Pour aller là-bas on a le choix entre deux itinéraires.* — **3.** Ensemble varié de choses choisies en raison de leur qualité ou de leur convenance à une fin déterminée : *Publier un choix de poèmes sur la mer* (syn. ANTHOLOGIE). *On nous a fait entendre un choix de disques de musique ancienne* (syn. SÉLECTION). — **4.** Catégorie à laquelle appartient un article commercial en fonction de sa qualité : *Choix courant, choix spécial. On vend au rabais les articles de second choix.* — **5.** *Au choix,* avec toute liberté de choisir : *Vous avez droit à un dessert au choix. Cette voiture peut être livrée en diverses teintes, au choix du client* (syn. AU GRÉ DE). ‖ *Avancement, promotion au choix,* pour un fonctionnaire, avancement dépendant d'une décision des supérieurs hiérarchiques (contr. À L'ANCIENNETÉ). ‖ *De choix,* de très bonne qualité, exquis : *Un spectacle de choix.* ‖ *De mon* (*ton, son,* etc.) *choix,* choisi par moi (toi, lui, etc.) : *S'adresser au médecin de son choix.* ‖ *Faire choix de qqch,* choisir : *Nous avons fait choix du même type de téléviseur.* ‖ *Ne pas avoir le choix,* ne pas avoir d'autre ressource, devoir en passer par là, bon gré, mal gré. ‖ *Sans choix,* sans discernement : *Elle lit sans choix tous les livres qui lui tombent sous la main* (syn. INDISTINCTEMENT).

cholédoque [kɔledɔk] adj. m. (du gr. *kholê,* bile, et *dekhestai,* recevoir). *Canal cholédoque,* qui conduit la bile au duodénum.

choléra [kɔlera] n. m. (gr. *kholera,* bile). Maladie épidémique très grave, caractérisée par des selles fréquentes, des vomissements, des crampes douloureuses, et pouvant provoquer la mort.

cholestérol [kɔlɛsterɔl] n. m. (gr. *kholê,* bile, et *steros,* solide). Substance grasse de l'organisme provenant des aliments : *Avoir du cholestérol* (= avoir un taux de cholestérol supérieur à la normale).

chômage [ʃomaʒ] n. m. **1.** Situation d'une personne, d'une entreprise, d'un secteur de l'économie qui manque de travail : *Les gelées de l'hiver dernier ont entraîné un chômage prolongé dans le bâtiment. Si cette usine fermait ses portes, plus de mille ouvriers seraient réduits au chômage. Lutter contre le chômage* (contr. PLEIN EMPLOI). *Être en, au chômage.* — **2.** *Chômage partiel,* réduction de la durée du travail donnant lieu dans certaines branches de l'industrie à une indemnisation des travailleurs. ‖ *Chômage technique,* arrêt de travail imposé à certains secteurs d'une entreprise lorsque d'autres secteurs sont dans l'impossibilité de fournir les éléments nécessaires à l'ensemble des fabrications.

chômé, e [ʃome] adj. *Jour chômé,* où on ne travaille pas.

chômer [ʃome] v. i. (bas lat. *caumare,* se reposer pendant la chaleur). **1.** (sujet qqn) Ne pas travailler par manque d'ouvrage : *Je vous assure qu'en ce moment je ne chôme pas* (= j'ai beaucoup de travail). — **2.** (sujet qqch) Cesser d'être productif, d'être actif : *Est-ce que vous allez laisser chômer ce capital?* (syn. DORMIR). *Pendant le repas, la conversation ne chômait pas* (syn. SE RALENTIR, TARIR).

chômeur, euse [ʃomœr] n. Personne qui est au chômage.

chope [ʃɔp] n. f. (alsacien *schoppe*). Grand verre ou gobelet muni d'une anse et parfois d'un couvercle, et dans lequel on sert la bière.

choper [ʃɔpe] v. t. Fam. **1.** *Choper qqch,* le prendre, le dérober : *Quelqu'un a dû me choper mon briquet.* — **2.** *Choper une maladie,* l'attraper.

chopine [ʃɔpin] n. f. (de l'anc. all. *schôpen*). *Fam.* Bouteille de vin : *Boire une chopine.* (La *chopine* était autrefois une mesure de capacité équivalant approximativement à un demi-litre.)

choquant, e [ʃɔkɑ̃] adj. Qui choque, froisse : *Une injustice choquante* (syn. CRIANT). *Un mot choquant* (syn. MALSONNANT, ↓DÉPLACÉ). *Un contraste choquant entre la misère des uns et l'opulence des autres* (syn. SCANDALEUX).

choquer [ʃɔke] v. t. **1.** *Choquer un objet,* lui donner un choc : *Ils choquèrent leurs verres* (syn. TRINQUER). — **2.** *Choquer qqn, ses goûts, ses sentiments,* lui causer une contrariété, agir à l'encontre de ses sentiments ou de ses principes : *Elle a été très choquée de ne pas recevoir d'invitation* (syn. FROISSER, ↑BLESSER, ↑OFFENSER). *Ce film risque de choquer les consciences délicates* (syn. SCANDALISER). *Une musique qui choque le goût de l'auditoire* (syn. HEURTER). *Ne vous choquez pas de ma question* (syn. OFFUSQUER, FORMALISER). — **3.** *Choquer qqn,* lui occasionner un choc émotionnel : *Ce terrible accident l'a durement choqué* (syn. COMMOTIONNER).

1. choral, e, als [kɔral] ou **aux** adj. (du lat. *chorus,* chœur). Qui concerne les chœurs, les chanteurs : *Chant choral. Musique chorale.*

2. choral [kɔral] n. m. (pl. *chorals*). Chant religieux écrit pour des chœurs.

chorale [kɔral] n. f. Société de personnes qui chantent, de façon plus ou moins habituelle, des œuvres musicales à l'unisson ou à plusieurs voix.

chorégraphe [kɔregraf] n. Personne qui compose, règle des ballets.

chorégraphie [kɔregrafi] n. f. (gr. *khoreia,* danse, et *graphein,* écrire). Art de régler les ballets, les danses, d'en composer les pas selon la musique; ensemble des pas et des évolutions dont est constitué un ballet : *Régler une chorégraphie.*

chorégraphique [kɔregrafik] adj. Relatif à la chorégraphie : *Diriger la partie chorégraphique d'un spectacle.*

choriste [kɔrist] n. Personne qui fait partie d'un chœur, d'une chorale.

chorizo [ʃɔrizo] n. m. (mot esp.). Saucisse espagnole très pimentée.

chorus [kɔrys] n. m. (mot lat. signif. *chœur*). Fam. *Faire chorus (avec qqn),* manifester bruyamment et collectivement son approbation, répéter avec ensemble les paroles de qqn : *Le député a donné son avis et tous ceux de son groupe ont fait chorus.*

chose [ʃoz] n. f. (lat. *causa*). **1.** Toute sorte d'objet matériel ou d'abstraction (peut s'employer de façon indéterminée à la place d'un nom inanimé quelconque) : *Le nom est un mot qui désigne une personne, un animal ou une chose. Qu'est-ce que c'est que cette chose que tu as trouvée sur la route?* (syn. fam. TRUC, MACHIN). *Elle a accompli des choses sensationnelles* (= des exploits). *Une chose amusante* (= une histoire, un fait). *J'ai vu une chose extraordinaire* (= un spectacle). *C'est la même chose* (= c'est pareil). — **2.** (pl.) *Les choses,* la situation, les événements : *Regarder les choses en face. Les choses se gâtent.* — **3.** (avec un possessif) Désigne qqn qui est sous la dépendance de qqn d'autre : *Son associé n'a plus aucune personnalité, tellement il en a fait sa chose.* — **4.** Personne incapable d'exercer sa volonté, d'agir : *Depuis sa grave maladie, il n'est plus qu'une pauvre chose.* — **5.** (sing.) *C'est une chose... c'est une autre chose* (ou *c'en est une autre*)..., il y a une grande différence : *Les bons sentiments sont une chose, les affaires en sont une autre. C'est une chose de connaître le fonctionnement de l'appareil, c'en est une autre de savoir s'en servir.* (→ aussi AUTRE.) ‖ *La chose publique,* les affaires de l'État, la nation (soutenu). ‖ *Grand-chose* → GRAND. ‖ *Quelque chose* → ce mot. — **6.** (pl.) *Les choses humaines,* l'ensemble des activités des hommes, la condition humaine. ‖ *Faire bien* (ou *bien faire*) *les choses, ne pas faire les choses à moitié,* dépenser sans lésiner, de façon à assurer la réussite complète de ce qu'on entreprend. ‖ *Parler, discuter de choses et d'autres,* converser sur des sujets divers. ‖ *Vous lui direz bien des choses (aimables) de ma part,* formule fam. de politesse adressée à qqn par l'intermédiaire d'une autre personne. ◆ adj. Fam. *Un peu chose, tout chose,* plus ou moins décontenancé, mal à l'aise, avec une impression mal définie de gêne : *Elle lut la lettre et resta longtemps immobile d'un air tout chose* (syn. PENSIF, PERPLEXE). *Je commençais à me sentir un peu chose avec le balancement du bateau.*

1. chou [ʃu] n. m. (lat. *caulis*) [pl. *choux*]. **1.** Plante dont les feuilles, les inflorescences ou les bourgeons terminaux sont utilisés pour l'alimentation de l'homme et des animaux : *Les choux de Bruxelles, le chou rouge sont des variétés très différentes de choux.* — **2.** Petite pâtisserie soufflée : *La pièce montée était faite de choux à la crème collés au caramel.* — **3.** *Chou (de ruban),* ruban formant un gros nœud à nombreuses coques. — **4.** Fam. *Aller planter ses choux,* se retirer à la campagne, ou s'occuper de besognes simples auxquelles on est plus apte qu'au travail qu'on faisait. ‖ Fam. *Être dans les choux,* être dans les derniers d'un classement ou être refusé à un examen; être évanoui (syn. ÊTRE DANS LES POMMES). ‖ Fam. *Faire chou blanc,* échouer dans une démarche, une entreprise. ‖ Fam. *Faire ses choux gras de qqch,* en faire son profit avec plaisir, alors que d'autres le dédaignaient. ‖ Pop. *Rentrer dans le chou à qqn,* l'attaquer vigoureusement, le malmener. — **5.** *Fam.* Terme d'affection, avec parfois une nuance d'apitoiement (fém. CHOUTE) : *Ce pauvre chou a été bien malheureux.* — **6.** Fam. *Bout de chou,* petit enfant (avec une nuance d'affection).

2. chou, choute [ʃu] adj. *Fam.* Joli, mignon, gentil (langue affectée) : *Que c'est chou, ce petit studio! Qu'elle est choute!*

chouan [ʃwɑ̃] n. m. (du n. de Jean Cottereau, dit *Jean Chouan,* chef des insurgés, ainsi appelé parce qu'il utilisait le cri du chouan [chat-huant] comme signe de ralliement). Désigne parfois encore, dans l'ouest de la France, un tenant de la politique conservatrice. (Pendant la Révolution de 1789, les *chouans* étaient des royalistes insurgés contre le régime républicain.)

chouannerie [ʃwanri] n. f. Mouvement insurrectionnel des chouans en 1793.

choucas [ʃuka] n. m. (onomat.). Oiseau voisin de la corneille.

chouchou, oute [ʃuʃu] n. *Fam.* Enfant, élève préféré, favori : *Elle est la chouchoute de la maîtresse.*

chouchoutage [ʃuʃutaʒ] n. m. *Fam.* Favoritisme.

chouchouter [ʃuʃute] v. t. Fam. *Chouchouter qqn,* le gâter tout spécialement : *Il a été trop chouchouté par ses parents.*

choucroute [ʃukrut] n. f. (alsacien *sûrkrût,* herbe aigre). Chou découpé en fines lanières, salé et fermenté, que l'on mange cuit, ordinairement avec une garniture de charcuterie et de pommes de terre; le plat ainsi préparé.

1. chouette [ʃwɛt] n. f. (anc. fr. *çuete*). 1. Oiseau rapace nocturne. — 2. Fam. et péjor. *Vieille chouette,* femme désagréable, d'une curiosité malveillante.

2. chouette [ʃwɛt] adj. (avant ou après le n.) et interj. *Fam.* Beau, fameux, agréable : *Il fait un chouette temps! C'est chouette : on a un jour de congé supplémentaire. J'ai acheté une bagnole très chouette. Chouette! J'ai fini mon travail!* (syn. fam. CHIC).

chouettement [ʃwɛtmɑ̃] adv. *Fam.* De façon chouette : *Tu es chouettement meublé!*

chou-fleur [ʃuflœr] n. m. (pl. *choux-fleurs*). Variété de chou dont les inflorescences forment une grosse masse blanche charnue et comestible.

chou-palmiste [ʃupalmist] n. m. (pl. *choux-palmistes*). Bourgeon comestible de certains palmiers (cocotier, dattier).

chou-rave [ʃurav] n. m. (pl. *choux-raves*). Variété de chou cultivé pour ses racines.

chow-chow [ʃoʃo] n. m. (mot angl.) [pl. *chows-chows*]. Chien originaire de Chine, à fourrure abondante.

choyer [ʃwaje] v. t. (c. 3) *Choyer qqn,* l'entourer d'attentions tendres, de soins affectueux : *Elle était choyée par tout son entourage* (syn. fam. DORLOTER).

chrétien, enne [kretjɛ̃] adj. et n. (lat. *christianus*). Qui est baptisé et professe la religion de Jésus-Christ : *Clovis devint chrétien en 496. Les chrétiens adorent un Dieu unique en trois personnes.* ◆ adj. Relatif ou conforme à la doctrine de Jésus-Christ : *Religion chrétienne. Le langage qu'il a tenu n'est guère chrétien.*

chrétiennement [kretjɛnmɑ̃] adv. De façon chrétienne : *Vivre chrétiennement.*

chrétienté [kretjɛ̃te] n. f. 1. Ensemble des pays, des peuples chrétiens : *Toute la chrétienté a prié pour la paix.* — 2. Communauté particulière de chrétiens : *La chrétienté d'Orient.*

Chris-Craft [kriskraft] n. m. (nom déposé) Sorte de hors-bord.

christ [krist] n. m. (du gr. *khristos,* oint). Représentation de Jésus-Christ crucifié : *Un christ d'ivoire acheté chez un antiquaire* (syn. CRUCIFIX).

christiania [kristjanja] n. m. (de *Christiania,* anc. n. d'Oslo). Virage ou freinage effectué en conservant les skis parallèles.

christianiser [kristjanize] v. t. Convertir au christianisme; pénétrer des idées chrétiennes : *Au IVe s., les populations urbaines de la Gaule sont pour la plupart christianisées* (syn. ÉVANGÉLISER).

christianisme [kristjanism] n. m. Religion chrétienne.

chromatique [krɔmatik] adj. (du gr. *khrôma,* couleur). 1. *Gamme chromatique,* qui procède par demi-tons successifs (mus.). — 2. Relatif aux couleurs.

chrome [krom] n. m. (gr. *khrôma,* couleur). 1. Métal inoxydable à l'air et pouvant recevoir un beau poli. — 2. Accessoire en acier chromé (sur une voiture, surtout) : *Les chromes de la voiture étincelaient au soleil.*

chromé, e [krome] adj. Recouvert d'une couche de chrome.

chromer [krome] v. t. Recouvrir d'une couche de chrome.

chromo [kromo] n. m. *Fam.* et *péjor.* Reproduction en couleurs d'une photographie; tableau fortement et mal coloré.

chromosome [krɔmozom] n. m. (gr. *khrôma,* couleur, et *sôma,* corps). Élément essentiel du noyau cellulaire, en nombre constant pour chaque espèce (46 chez l'homme) et porteur des facteurs déterminants de l'hérédité.

chromosomique [krɔmozomik] adj. Relatif au chromosome : *Maladie chromosomique.*

chronicité [krɔnisite] n. f. État chronique : *La chronicité de la sous-alimentation dans certaines régions de la Terre.*

1. chronique [krɔnik] adj. (du gr. *khronos,* temps). 1. Se dit d'une maladie qui dure longtemps et évolue lentement (contr. AIGU). — 2. Se dit d'une situation fâcheuse qui dure ou se répète : *Avoir des difficultés financières chroniques* (syn. CONSTANT, CONTINUEL, QUOTIDIEN).

2. chronique [krɔnik] n. f. (gr. *khronika biblia,* livres qui se rapportent au temps). 1. Suite de faits consignés dans l'ordre de leur déroulement : *La chronique se distingue de l'histoire par l'absence de souci de synthèse. Les «Chroniques» de Froissart sont précieuses pour les historiens modernes de la guerre de Cent Ans.* — 2. Article de journal ou de revue, émission radiodiffusée ou télévisée consacrés quotidiennement ou périodiquement à des informations, des commentaires d'un certain ordre : *Chronique sportive, hippique, théâtrale. Tenir la chronique des livres d'un journal.* — 3. Ensemble de nouvelles, de bruits qui se répandent : *La chronique locale prétend qu'il n'était pas innocent* (syn. RUMEUR PUBLIQUE). *Ce petit scandale a défrayé la chronique* (= alimenté les potins, les commérages).

chroniquement [krɔnikmɑ̃] adv. De façon chronique.

chroniqueur [krɔnikœr] n. m. Auteur, rédacteur d'une chronique, d'articles : *Froissart était un chroniqueur. Un chroniqueur littéraire.*

chronologie [krɔnɔlɔʒi] n. f. (gr. *khronos,* temps, et *logos,* science). Ordre de succession des événements : *Cette œuvre littéraire n'a pas pu être inspirée par l'autre : la chronologie s'y oppose.*

chronologique [krɔnɔlɔʒik] adj. Relatif à la chronologie : *Le récit respecte fidèlement l'ordre chronologique.*

chronologiquement [krɔnɔlɔʒikmɑ̃] adv. De façon chronologique : *Il est chronologiquement impossible que ces deux personnages se soient rencontrés.*

chronométrage [krɔnɔmetraʒ] n. m. Action de chronométrer : *Le chronométrage d'une épreuve sportive.*

chronomètre ou, fam., **chrono** [krɔnɔ(mɛtr)] n. m. (gr. *khronos,* temps, et *metron,* mesure). Montre de grande précision, permettant de mesurer les durées à une fraction de seconde près.

chronométrer [krɔnɔmetre] v. t. (c. 10) Mesurer exactement une durée à l'aide d'un chronomètre ou, plus généralement, d'une montre : *Chronométrer une course, un sportif.*

chronométreur [krɔnɔmetrœr] n. m. Celui qui chronomètre une course.

chrysalide [krizalid] n. f. (gr. *khrusos,* or). Stade de formation de certains insectes, entre la chenille et le papillon.

chrysanthème [krizɑ̃tɛm] n. m. (gr. *khrusos,* or, et *anthemon,* fleur). Fleur ornementale à grosses boules de couleurs variées.

C. H. U. [seaʃy] n. m. Abrév. de CENTRE HOSPITALO-UNIVERSITAIRE, centre hospitalier consacré aussi à la recherche et à l'enseignement médical.

chuchotement [ʃyʃɔtmɑ̃] n. m. Bruit de voix qui chuchotent.

chuchoter [ʃyʃɔte] v. t. (onomat.). Parler, dire à voix basse, sans vibration des cordes vocales : *Il me chuchote à l'oreille le nom des nouveaux arrivants* (syn. MURMURER); sans compl. : *L'institutrice a puni deux élèves qui chuchotaient pendant la composition.*

chuintant, e [ʃɥɛ̃tɑ̃] adj. Se dit de consonnes qui se prononcent comme des sifflantes avec les lèvres en avant : [ʃ] *et* [ʒ] *sont des phonèmes chuintants* (ou *des chuintantes* n. f.).

chuintement [ʃɥɛ̃tmɑ̃] n. m. **1.** Sifflement non strident, provoqué par un liquide ou par un gaz qui circule dans une canalisation ou s'échappe d'un orifice étroit : *Un chuintement rappelait la fuite du robinet.* — **2.** Son produit par une consonne, l'air resserré par le canal buccal s'écoulant avec un sifflement.

chuinter [ʃɥɛ̃te] v. i. (onomat.). **1.** Pousser son cri, en parlant de la chouette. — **2.** (sujet qqn, qqch, un son) Faire entendre un chuintement : *Certains Auvergnats chuintent en prononçant «chac» pour «sac».*

chut! [ʃyt] interj. (onomat.). Incite au silence : *Chut! laissez-le parler* (syn. SILENCE!).

chute [ʃyt] n. f. (de *chu,* part. passé de *choir*). **1.** Sert de n. à *tomber* (action de tomber) : *J'ai fait une chute sur le verglas* (= je suis tombé). *Le parachutiste a parcouru les cinq cents premiers mètres en chute libre. La météo annonce de nouvelles chutes de neige. Un produit qui ralentit la chute des cheveux. Provoquer la chute d'un ministère* (syn. RENVERSEMENT). *Je vous ai attendu jusqu'à la chute du jour* (= la tombée de la nuit, la tombée du jour, le crépuscule). *La chute des cours de la Bourse* (syn. BAISSE BRUTALE, ↑EFFONDREMENT). — **2.** Action de commettre une faute, de tomber dans la déchéance : *Selon la Bible, Adam et Ève, après la chute, furent chassés du paradis terrestre* (syn. PÉCHÉ, ↓FAUTE). — **3.** Masse d'eau qui se déverse d'une certaine hauteur : *Les chutes du Niagara* (syn. CATARACTE, CASCADE). — **4.** Morceau qui reste d'une matière dans laquelle on a taillé des objets : *La fillette habille sa poupée avec des chutes du tissu* (syn. DÉCHET). — **5.** Ce qui constitue la fin d'un poème, d'une histoire, d'une pièce, etc. : *J'ai été étonnée par la fin de l'histoire, je ne m'attendais pas à cette chute-là.* — **6.** À certains jeux de cartes, levées qu'on avait demandées et qu'on n'a pas faites : *Ils avaient demandé quatre piques, ils font deux de chute.* — **7.** *Chute des reins,* le bas du dos.

chuter [ʃyte] v. i. *Fam.* **1.** Tomber, échouer : *La motion de censure risque de faire chuter le ministère.* — **2.** À certains jeux de cartes, ne pas réaliser le nombre de levées où s'était arrêtée l'enchère : *Ils ont chuté de trois levées.*

chypriote [ʃiprijɔt] adj. et n. De Chypre.

ci [si] adv. (lat. ecce *hic,* voici ici). **1.** Postposé à un nom et en corrélation avec le démonstratif ce *(cet, cette),* indique la proximité, par oppos. aux formes avec *-là* : *Ce magasin offre peu de choix; allez plutôt dans ce magasin-ci. Ces jours-ci, nous avons eu de la pluie. Je passerai cette nuit-ci dans le train.* — **2.** En corrélation avec là, *ci* forme des loc. adv. : *De-ci de-là,* en divers endroits d'une manière dispersée, mais assez fréquente (litt.) : *Aller de-ci de-là, sans but précis.* ‖ *Par-ci par-là,* en quelques rares endroits ou occasions, de côté et d'autre : *Je lui ai par-ci par-là donné un coup de main. J'ai relevé par-ci par-là quelques observations.*

ci-après [siaprɛ] adv. → APRÈS.

cibiste [sibist] n. Utilisateur de la C. B. pour les communications privées.

cible [sibl] n. f. (all. de Suisse *schîbe,* disque). **1.** But sur lequel on tire des projectiles : *Placer les balles au centre de la cible. Il rampait pour éviter de servir de cible aux guetteurs ennemis.* — **2.** Objectif visé, notamment en publicité; public, clientèle qu'on cherche à atteindre. — **3.** *(Être) la cible de, servir de cible à,* être visé par des propos malveillants, railleurs; être l'objet sur lequel se portent les regards (syn. POINT DE MIRE).

cibler [sible] v. t. *Cibler un produit,* lui faire atteindre une clientèle donnée.

ciboire [sibwar] n. m. (lat. *ciborium*). Vase sacré où on conserve les hosties consacrées.

ciboule [sibul] n. f., **ciboulette** [sibulɛt] n. f. (lat. *caepulla,* oignon). Sorte d'ail dont les feuilles, fines et longues, sont utilisées comme condiment (syn. CIVETTE).

cicatrice [sikatris] n. f. (lat. *cicatrix, -icis*). **1.** Marque laissée sur la peau, après la guérison, par une blessure, une incision : *L'opération n'a laissé qu'une cicatrice discrète.* — **2.** Dommage matériel laissé par une action violente; trace affective qui reste d'une blessure morale : *Une ville qui présente encore des cicatrices de la guerre. Je garde encore les cicatrices de mon divorce.*

cicatriciel, elle [sikatrisjɛl] adj. Relatif à une cicatrice : *Tissu cicatriciel.*

cicatrisable [sikatrizabl] adj. Qui peut se cicatriser : *Une douleur qui n'est pas cicatrisable.*

cicatrisant, e [sikatrizɑ̃] adj. Qui favorise la cicatrisation : *Une crème cicatrisante.*

cicatrisation [sikatrizasjɔ̃] n. f. Fait de cicatriser, de se cicatriser : *La cicatrisation se fait lentement.*

cicatriser [sikatrize] v. t. **1.** *Cicatriser une plaie,* favoriser la formation d'une cicatrice, hâter la fermeture d'une plaie : *L'exposition à l'air cicatrise la blessure.* — **2.** *Cicatriser une douleur,* l'apaiser, la calmer : *Le temps et l'amitié finiront par cicatriser ce chagrin.* ◆ v. i. ou ***se cicatriser*** v. pr. Se fermer : *La plaie a cicatrisé* ou *s'est cicatrisée.*

cicérone [siserɔn] n. m. (mot it.). *Être le cicérone de qqn, servir de cicérone à qqn,* le guider. (Ce mot désignait le guide des touristes à l'étranger.)

ci-contre [sikɔ̃tr] adv. → CONTRE.

ci-dessous [sidəsu] adv. → DESSOUS.

ci-dessus [sidəsy] adv. → DESSUS.

ci-devant [sidəvɑ̃] adv., n. → DEVANT.

cidre [sidr] n. m. (gr. *sikera,* boisson enivrante). **1.** Boisson constituée par du jus de pomme fermenté. — **2.** *Cidre bouché,* cidre pétillant, gardé dans une bouteille bouchée comme une bouteille de champagne.

cidrerie [sidrəri] n. f. Usine où on fabrique du cidre.

ciel [sjɛl] n. m. (lat. *caelum*) [pl. *cieux*]. **1.** Espace infini qui s'étend au-dessus de nos têtes : *Les étoiles brillent dans le ciel* (syn. litt. FIRMAMENT). — **2.** Aspect de l'atmosphère, selon le temps qu'il fait (pl. *ciels*) : *Un ciel clair, serein, dégagé* (= sans nuages), *gris, sombre, couvert, tourmenté.* — **3.** *À ciel ouvert,* se dit d'une carrière exploitée en plein air, par oppos. aux mines souterraines. ‖ *Entre ciel et terre,* dans l'air, en suspens au-dessus du sol : *L'alpiniste resta un long moment suspendu au bout de sa corde, entre ciel et terre.* —

4. *Ciel de lit* (pl. *ciels*), dais placé au-dessus d'un lit et auquel sont suspendus des rideaux. — 5. Séjour de Dieu et des bienheureux, par oppos. à l'*enfer* ou au *purgatoire : On ne lui avait pas dit qu'il était mort, mais qu'il était monté au ciel* (syn. PARADIS). — 6. Puissance divine, Providence : *Le ciel a favorisé ce projet.* — 7. Litt. *Au nom du ciel!*, formule de supplication. ‖ *Ciel!, Juste ciel!*, exclamations plus ou moins litt., exprimant une vive surprise mêlée de crainte, d'admiration, etc. ◆ adj. inv. *Bleu ciel*, d'un bleu clair : *Des doubles rideaux bleu ciel.* ◆ ***cieux*** n. m. pl. 1. *Litt.* S'emploie parfois au lieu du sing. au sens d'espace infini : *Contempler la voûte des cieux. Aller vivre sous d'autres cieux* (= dans un autre pays). [REM. Le pluriel est *ciels* quand le mot désigne un aspect pittoresque ou une représentation de l'espace aérien : *Les ciels de l'Île-de-France sont célèbres.*] — 2. A la même valeur que le sing. « séjour de Dieu ; Providence » : *Notre Père, qui êtes aux cieux.* (→ CÉLESTE.)

cierge [sjɛrʒ] n. m. (lat. *cera*, cire). Longue chandelle de cire qu'on brûle dans les églises.

cigale [sigal] n. f. (prov. *cigala*). Insecte des régions chaudes, qui fait entendre un crissement strident.

cigare [sigar] n. m. (esp. *cigarro*). Petit rouleau de feuilles de tabac spécialement traitées, destiné à être fumé.

cigarette [sigarɛt] n. f. Petit cylindre de tabac coupé en menus brins et contenu dans du papier très fin : *J'aime rouler mes cigarettes moi-même. Fumer une cigarette. Des cigarettes blondes, brunes.*

cigarillo [sigarijo] n. m. Petit cigare.

ci-gît [siʒi] loc. v. (de *gésir*). Formule ordinaire des épitaphes précédant le nom du mort (= ici repose).

cigogne [sigɔɲ] n. f. (prov. *cegonha ;* du lat. *ciconia*). Grand oiseau migrateur à long bec et à longues pattes.

ciguë [sigu] n. f. (lat. *cicuta*). Plante vénéneuse dont on extrayait, dans la Grèce antique, un poison destiné à l'exécution des condamnés.

ci-inclus, e [siɛ̃kly] adj. ou adv. Qui est contenu dans cet envoi (admin.) : *Veuillez nous retourner les quittances ci-incluses. Vous trouverez ci-inclus copie de la réponse que je lui ai adressée.* (→ CI-JOINT).

ci-joint, e [siʒwɛ̃] adj. ou adv. Joint à cet envoi (admin.) : *Veuillez prendre connaissance des notes ci-jointes. Ci-joint quittance.* — REM. *Ci-inclus* ou *ci-joint* restent invariables devant le nom auquel ils se rapportent.

cil [sil] n. m. (lat. *cilium*). Poil qui pousse au bord des paupières : *Elle regardait fixement, sans un battement de cils.*

cillement [sijmɑ̃] n. m. Action de ciller : *Un cillement de paupière.*

ciller [sije] v. i. 1. Fermer et rouvrir rapidement les paupières (syn. usuel CLIGNER DES YEUX). — 2. *Ne pas ciller*, ne rien remarquer, ne pas broncher.

cime [sim] n. f. (gr. *kuma*). 1. Partie la plus élevée d'un arbre ou d'une montagne : *Le vent agite la cime des peupliers. Les alpinistes ont atteint la dernière cime* (syn. SOMMET). — 2. Litt. *La cime de la gloire*, le plus haut sommet de la gloire.

ciment [simɑ̃] n. m. (lat. *caementum*, pierre brute). 1. Poudre de calcaire et d'argile qui, additionnée de sable et d'eau, forme un mortier durcissant au séchage et liant les matériaux de construction. — 2. Lien moral très fort (soutenu) : *Les épreuves subies en commun sont le ciment de notre amitié.*

cimenter [simɑ̃te] v. t. 1. Assembler, fixer au mortier de ciment : *Cimenter un anneau dans le mur.* — 2. Revêtir d'une couche de ciment : *J'ai fait cimenter le sol de ma cave.* — 3. *Cimenter qqch (abstrait)*, l'affirmer, l'établir solidement : *L'amour de la liberté cimentait l'union des citoyens.*

cimenterie [simɑ̃tri] n. f. Fabrique de ciment.

cimentier [simɑ̃tje] n. m. Ouvrier qui travaille dans une cimenterie ou qui emploie du ciment.

cimeterre [simtɛr] n. m. (it. *scimitarra*). Sabre à lame large et recourbée des Orientaux.

cimetière [simtjɛr] n. m. (gr. *koimêtêrion*, lieu où l'on dort). 1. Terrain où on enterre les morts. — 2. Terrain où sont rassemblés des voitures, des engins hors d'usage : *Cimetière de voitures.*

ciné [sine] n. m. *Fam.* Syn. de CINÉMA.

cinéaste [sineast] n. Auteur et réalisateur d'un film ; technicien qui participe à la réalisation d'un film.

ciné-club [sineklœb] n. m. (pl. *ciné-clubs*). Association organisant des séances de projection et parfois de discussion de films ayant un intérêt particulier dans l'histoire du cinéma.

cinéma [sinema] n. m. (abrév. de *cinématographe*). 1. Art qui consiste à réaliser des films, dont les images mobiles sont projetées sur un écran : *La technique du cinéma fut mise au point par les frères Lumière en 1895. Un acteur de cinéma.* — 2. Salle destinée à la projection de films : *Il y a deux cinémas dans cette ville. Quand il pleut, les jours de congé, elle va au cinéma.* — 3. Fam. *C'est du cinéma*, ce n'est pas sincère ; c'est de la comédie, du bluff. ‖ *Faire du cinéma*, chercher à se faire remarquer par une attitude affectée. ‖ Fam. *Faire tout un cinéma*, faire des scènes, des manières.

Cinémascope [sinemaskɔp] n. m. (nom déposé) Procédé de projection sur un écran large.

cinémathèque [sinematɛk] n. f. Lieu où on conserve et projette des films.

cinématographe [sinematɔgraf] n. m. (gr. *kinemâ, -atos*, mouvement, et *graphein*, écrire). Syn. litt. de CINÉMA.

cinématographie [sinematɔgrafi] n. f. Ensemble des méthodes et des procédés mis en œuvre pour la reproduction du mouvement.

cinématographique [sinematɔgrafik] adj. Relatif au cinéma : *L'industrie cinématographique.*

cinéphile [sinefil] adj. et n. Amateur de cinéma.

cinéraire [sinerɛr] adj. (du lat. *cinis, cineris*, cendre). *Urne cinéraire*, vase qui renferme les cendres d'un corps incinéré.

cinghalais, e [sɛ̃galɛ] adj. et n. De Ceylan.

cinglant, e [sɛ̃glɑ̃] adj. Se dit de paroles vexantes, blessantes, adressées à qqn, et du ton sur lequel on les exprime : *Il s'est attiré une remarque cinglante de son supérieur.*

cinglé, e [sɛ̃gle] adj. et n. *Fam.* Fou, qui a l'esprit dérangé (syn. fam. PIQUÉ, DINGUE).

1. cingler [sɛ̃gle] v. t. (anc. fr. *sangler*, frapper avec une sangle). 1. (sujet qqn, qqch) *Cingler qqn, qqch*, les frapper d'un coup vif, avec un objet mince et flexible (lanière, baguette, etc.) : *Cingler son cheval d'un coup de fouet. Les branches leur cinglaient le visage.* — 2. (sujet le vent, la pluie ou les vagues) Frapper, s'abattre vivement et continûment sur : *La pluie cingle les vitres. Un vent glacial vous cinglait à chaque carrefour* (syn. FOUETTER). — 3. (sujet qqn) Atteindre par des mots blessants : *Elle cingla son adversaire d'une réplique impitoyable.*

2. cingler [sɛ̃gle] v. i. (anc. scand. *sigla*, faire voile) [sujet qqn, un bateau] Faire voile, se diriger vers un but déterminé : *La flotte grecque cinglait vers Troie.*

cinq [sɛ̃k] adj. num. cardin. inv. (lat. *quinque*). **1.** Quatre plus un. — **2.** Cinquième : *Page cinq.* — **3.** Fam. *C'était moins cinq,* il s'en est fallu de peu qu'un malheur n'arrivât. ‖ *Cinq minutes,* un court instant, un moment (évaluation très vague) : *Attendez-moi cinq minutes, j'ai une course à faire.* ‖ Fam. *En cinq sec,* très rapidement, de façon expéditive (syn. EN UN TOUR DE MAIN ou EN UN TOURNEMAIN; fam. EN MOINS DE DEUX). ◆ n. m. inv. Chiffre, numéro, etc., qui représente ce nombre.

cinq-à-sept [sɛ̃kasɛt] n. m. inv. Réception mondaine entre cinq et sept heures de l'après-midi.

cinquantaine [sɛ̃kɑ̃tɛn] n. f. **1.** Quantité d'environ cinquante, ou de cinquante unités. — **2.** Âge de cinquante ans : *Approcher de la cinquantaine.*

cinquante [sɛ̃kɑ̃t] adj. num. cardin. inv. (lat. *quinquaginta*). **1.** Cinq fois dix : *Il y a cinquante élèves.* — **2.** Cinquantième : *Page cinquante.* ◆ n. m. inv. Numéro, place, etc., qui représente ce nombre.

cinquantenaire [sɛ̃kɑ̃tnɛr] adj. et n. Qui a cinquante ans. ◆ n. m. Anniversaire des cinquante ans : *Fêter le cinquantenaire de la mort d'une comédienne.*

cinquantième [sɛ̃kɑ̃tjɛm] adj. num. ordin. et n. Qui occupe le rang marqué cinquante : *Le cinquantième et dernier élève de la classe.* ◆ n. m. Cinquantième partie d'un tout.

cinquième [sɛ̃kjɛm] adj. num. ordin. et n. **1.** Qui occupe un rang marqué par le numéro cinq. — **2.** Qui se trouve cinq fois dans le tout. ◆ n. f. Deuxième année du premier cycle des études secondaires.

cinquièmement [sɛ̃kjɛmmɑ̃] adv. En cinquième lieu.

cintrage [sɛ̃traʒ] n. m. Action de cintrer.

cintre [sɛ̃tr] n. m. (de *cintrer*). **1.** Courbure concave de la surface intérieure d'une voûte ou d'un arc, en architecture : *L'art roman se caractérise notamment par l'arc en plein cintre* (= en demi-cercle). — **2.** Support incurvé, destiné à recevoir un vêtement : *Mets ta veste sur un cintre.* ◆ ***cintres*** n. m. pl. Partie du théâtre située au-dessus de la scène, entre le décor et les combles.

cintrer [sɛ̃tre] v. t. (du lat. *cinctura,* ceinture). **1.** Donner une courbure à : *Le menuisier cintre un morceau de bois à la vapeur* (syn. COURBER, INCURVER). — **2.** Resserrer par des pinces un vêtement à la taille : *Chemise cintrée.*

cirage [siraʒ] n. m. **1.** Produit à base de cire, destiné à l'entretien et au lustrage du cuir. — **2.** Fam. *Être dans le cirage,* n'avoir pas les idées très claires, par suite d'un évanouissement, d'un choc affectif.

circoncire [sirkɔ̃sir] v. t. (lat. *circumcidere,* couper autour). [c. 72, sauf part. passé *circoncis*] Pratiquer la circoncision sur qqn.

circoncis [sirkɔ̃si] n. m. Qui est circoncis.

circoncision [sirkɔ̃sizjɔ̃] n. f. Opération rituelle ou chirurgicale consistant à sectionner le prépuce (partie de la peau qui recouvre le gland de la verge) : *La circoncision est un rite des religions juive et islamique.*

circonférence [sirkɔ̃ferɑ̃s] n. f. (du lat. *circumfere,* faire le tour). **1.** Ligne plane et fermée dont tous les points sont à la même distance du point appelé « centre » (syn. CERCLE; fam. ROND). — **2.** Ligne fermée ou zone qui marque la limite de qqch : *Des barbelés s'étendaient sur toute la circonférence du camp de prisonniers* (syn. POURTOUR).

circonflexe [sirkɔ̃flɛks] adj. (lat. *circumflexus,* fléchi autour). *Accent circonflexe,* signe (ê) qui se place, en français, sur certaines voyelles longues, fermées *(tôt)* et ouvertes *(prêt),* ou qui distingue des homographes.

circonlocution [sirkɔ̃lɔkysjɔ̃] n. f. (lat. *circum,* autour, et *locutio,* expression). Expression détournée utilisée par prudence, par discrétion, pour éviter un mot blessant ou jugé trop rude : *Présenter sa requête avec beaucoup de circonlocutions* (syn. PÉRIPHRASE, DÉTOUR).

circonscription [sirkɔ̃skripsjɔ̃] n. f. Division administrative d'un territoire : *Ils votent dans deux bureaux différents, car ils n'appartiennent pas à la même circonscription électorale.*

circonscrire [sirkɔ̃skrir] v. t. (lat. *circumscribere,* tracer autour) [c. 71]. **1.** *Circonscrire un espace,* l'entourer d'une ligne qui en marque la limite : *Circonscrire une propriété par des murs* (syn. CONTENIR, ENFERMER). — **2.** *Circonscrire un phénomène* (*incendie, épidémie,* etc.), l'empêcher de dépasser certaines limites : *Les sauveteurs creusent des tranchées pour circonscrire l'incendie.* — **3.** *Circonscrire qqch (abstrait),* en définir les limites : *Le conférencier a commencé par circonscrire son sujet* (syn. DÉLIMITER). *Les recherches sont circonscrites à la partie sud de la forêt.*

circonspect, e [sirkɔ̃spɛ] adj. (du lat. *circumspicere,* regarder à l'entour). Qui fait preuve de prudence réfléchie : *Elle est trop circonspecte pour s'engager à la légère* (syn. PRÉCAUTIONNEUX, ↓AVISÉ; contr. ÉCERVELÉ, TÉMÉRAIRE). *Un silence circonspect* (syn. ↓PRUDENT).

circonspection [sirkɔ̃spɛksjɔ̃] n. f. Comportement circonspect : *La plus grande circonspection s'impose avant de prendre une telle décision* (syn. PRUDENCE, PRÉCAUTION).

circonstance [sirkɔ̃stɑ̃s] n. f. (du lat. *circumstare,* se tenir autour). **1.** Ensemble des faits qui accompagnent un événement (surtout pl.) : *Le rapport mentionne minutieusement les circonstances de l'accident : lieu, heure, état de la route, vitesse des véhicules, etc.* (syn. DÉTAIL). *L'expérience a eu lieu dans des circonstances défavorables* (syn. CONDITION). *Les circonstances économiques incitent à la prudence* (syn. CONJONCTURE, SITUATION). *En pareille circonstance, le plus sage est d'attendre* (syn. CAS). *En raison des circonstances, les réjouissances prévues n'auront pas lieu* (= des événements). *La bonne foi évidente du prévenu est une circonstance atténuante* (= un élément qui atténue sa responsabilité). *La préméditation est une circonstance aggravante du crime.* — **2.** *De circonstance,* conforme à la situation, à l'époque : *En cette période de départ en vacances, les conseils de prudence sont de circonstance* (syn. DE SAISON, D'ACTUALITÉ; contr. HORS DE SAISON, DÉPLACÉ). ‖ *Œuvre de circonstance,* inspirée ou commandée à l'auteur à l'occasion d'un événement particulier.

circonstancié, e [sirkɔ̃stɑ̃sje] adj. Se dit d'un exposé, d'un rapport, etc., qui détaille les circonstances : *Il nous faut un compte rendu circonstancié de la réunion* (syn. DÉTAILLÉ).

circonstanciel, elle [sirkɔ̃stɑ̃sjɛl] adj. *Complément circonstanciel,* qui indique dans quelles circonstances a lieu l'action : temps, lieu, cause, but, moyen, etc. (par oppos. aux compl. d'objet, d'attribution, d'agent).

circonvenir [sirkɔ̃vənir] v. t. (lat. *circumvenire,* venir autour) [c. 22] *Circonvenir qqn,* le séduire, se le concilier par des manœuvres habiles : *Il s'efforça vainement de circonvenir le témoin.*

circonvolution [sirkɔ̃vɔlysjɔ̃] n. f. (du lat. *circumvolvere,* rouler autour). **1.** *Circonvolutions cérébrales,* parties du cerveau déterminées par des sillons. — **2.** *Décrire des circonvolutions,* faire des cercles autour d'un point.

circuit [sirkɥi] n. m. (du lat. *circum,* autour, et *ire,* aller). **1.** Trajet à parcourir pour faire le tour d'un lieu : *L'exposition a plus de trois kilomètres de circuit.*

— 2. Parcours touristique ou itinéraire d'une épreuve sportive avec retour au point de départ : *Le circuit des lacs italiens. Quel est le coureur vainqueur du Circuit de l'Ouest ?* — 3. *Circuit (électrique),* ensemble de conducteurs parcourus par un courant électrique : *Une manette permet de couper ou de rétablir le circuit.* — 4. Mouvement des services, des produits : *Les circuits de distribution.* — 5. *En circuit fermé,* sans communication avec l'extérieur : *L'information n'a circulé jusqu'ici qu'en circuit fermé et ne s'est pas répandue.* ‖ *Être hors circuit,* ne pas ou ne plus être impliqué dans une affaire. ‖ Fam. *Remettre dans le circuit,* remettre en circulation, réutiliser.

1. circulaire [sirkylɛr] adj. (du lat. *circulus,* cercle). 1. Qui a la forme exacte ou approximative d'un cercle; qui décrit un cercle : *Un bassin circulaire.* — 2. Qui ramène au point de départ : *Un raisonnement circulaire. Les agences de tourisme organisent des voyages circulaires. Définition circulaire* (= qui, dans un dictionnaire, définit un terme par un autre lui-même défini par le premier).

2. circulaire [sirkylɛr] n. f. Lettre établie en plusieurs exemplaires, et adressée à des destinataires différents pour leur transmettre des ordres ou des informations : *Une circulaire ministérielle.*

circulairement [sirkylɛrmɑ̃] adv. En décrivant un cercle : *Les aiguilles d'une montre se meuvent circulairement* (syn. fam. EN ROND).

circularité [sirkylarite] n. f. État circulaire : *La circularité d'un raisonnement.*

circulation [sirkylasjɔ̃] n. f. 1. Mouvement de ce qui circule : *Des ventilateurs créent une circulation d'air dans cette galerie. La circulation des devises, des fausses nouvelles. Mettre en circulation, retirer de la circulation des pièces de monnaie.* — 2. Mouvement des véhicules se déplaçant sur les voies de communication; ensemble des véhicules qui circulent : *La circulation est intense sur cette route* (syn. TRAFIC, PASSAGE). *Des panneaux réglementent la circulation.* — 3. *Circulation (du sang),* mouvement du sang que le cœur envoie par les artères aux organes, et qui revient des organes au cœur par les veines, après être passé par les capillaires : *Un médicament contre les troubles de la circulation.*

circulatoire [sirkylatwar] adj. Relatif à la circulation du sang dans l'organisme : *L'appareil circulatoire est l'ensemble des artères et des veines.*

circuler [sirkyle] v. i. (du lat. *circulus,* cercle) [sujet qqn, qqch] Se déplacer soit en un sens unique, soit en différents sens : *L'eau circule dans des canalisations. Les autos circulent à une cadence accélérée sur l'autoroute* (syn. fam. DÉFILER). *La police, arrivée sur les lieux, a fait circuler les badauds* (= leur a demandé de se disperser). *Les nouveaux billets de banque commencent à circuler. Des rumeurs alarmantes circulent déjà* (syn. SE RÉPANDRE, SE PROPAGER).

cire [sir] n. f. (lat. *cera*). Matière jaune, se ramollissant à la chaleur, sécrétée par les abeilles et dont elles font les alvéoles de leurs gâteaux de miel : *On utilise la cire pour la fabrication du cirage, pour l'entretien des meubles et des parquets, etc.*

ciré, e [sire] adj. *Toile cirée,* toile enduite d'un produit qui la rend imperméable. ◆ ***ciré*** n. m. Vêtement de toile huilée, imperméable.

cirer [sire] v. t. *Cirer qqch,* l'enduire, le frotter de cire ou de cirage : *Cirer un parquet. Cirer des chaussures.*

cireur [sirœr] n. m. Celui qui fait métier de cirer les parquets ou les chaussures.

cireuse [sirøz] n. f. Appareil électrique ménager destiné à cirer et lustrer les parquets.

cireux, euse [sirø] adj. *Teint, visage cireux,* dont la couleur rappelle celle de la cire : *Un malade au teint cireux* (syn. BLÊME, ↑BLAFARD).

cirque [sirk] n. m. (lat. *circus*). 1. Enceinte, ordinairement circulaire, où se donnent des spectacles variés : numéros d'acrobatie, scènes de bouffonnerie, dressage d'animaux, etc.; ensemble des artistes qui donnent ces spectacles, de leurs animaux et de leur matériel : *Ils ont emmené leurs enfants au cirque. Le cirque était installé sur la place de la Mairie.* — 2. Fam. Scène de désordre, de cocasserie : *Quel cirque, dans la famille, les veilles de départ en vacances !* — 3. Ensemble montagneux disposé plus ou moins circulairement autour d'une plaine : *Le cirque de Gavarnie, dans les Pyrénées.* — 4. Dépression circulaire à la surface de la Lune ou de certaines planètes.

cirrhose [siroz] n. f. (gr. *kirrhos,* roux). Affection chronique du foie.

cirrus [sirys] n. m. Nuage blanc se formant entre 6 000 et 10 000 mètres et ayant l'aspect de bandes ou filaments isolés.

cisaille n. f. ou **cisailles** [sizaj] n. f. pl. Gros ciseaux destinés à couper le métal ou à tailler des arbustes.

cisailler [sizaje] v. t. *Cisailler qqch,* le couper avec des cisailles.

ciseau [sizo] n. m. (du lat. *caedere,* couper). 1. Lame d'acier affûtée à une extrémité, généralement munie d'un manche, et servant à travailler soit le bois, soit la pierre ou le métal : *Un ciseau de menuisier, de sculpteur.* — 2. Au catch, prise consistant à saisir et à maintenir l'adversaire, en croisant les jambes autour de lui. — 3. Mouvements de jambes pratiqués dans le saut en hauteur et en gymnastique abdominale (surtout pl.) : *Sauter en ciseau. Faire des ciseaux.* ◆ ***ciseaux*** n. m. pl. Instrument tranchant formé de deux lames mises à plat l'une sur l'autre et pivotant autour d'un axe : *Une paire de ciseaux.*

ciseler [sizle] v. t. (c. 5). 1. *Ciseler un métal, un objet précieux,* le sculpter avec art : *Une orfèvre qui cisèle un bijou.* — 2. Litt. *Ciseler un texte, un poème,* le travailler finement.

ciseleur [sizlœr] n. m. Artiste qui cisèle des motifs décoratifs sur les métaux.

ciselure [sizlyr] n. f. Décor ciselé : *Une broche ancienne ornée de fines ciselures.*

cistercien, enne [sistɛrsjɛ̃] adj. (de *Cistercium,* n. lat. de *Cîteaux*). Qui appartient à l'ordre religieux de Cîteaux : *L'architecture cistercienne.*

citadelle [sitadɛl] n. f. (it. *cittadella,* petite cité). 1. Partie fortifiée de certaines villes. — 2. Lieu, organisme où on défend certaines valeurs morales, centre de résistance : *Un parti politique qui est la citadelle du libéralisme* (syn. BASTION).

citadin, e [sitadɛ̃] n. (it. *cittadino*). Personne qui habite la ville : *Au début de juillet, on assiste à un exode des citadins vers la campagne* (contr. RURAL). ◆ adj. Relatif à la ville : *La vie citadine est plus agitée que la vie rurale* (syn. usuel URBAIN).

citation [sitasjɔ̃] n. f. (lat. *citatio*). 1. Propos, écrit qu'on rapporte exactement : *Une citation textuelle se met entre guillemets.* — 2. Récompense honorifique accordée à un militaire, consistant dans la proclamation de ses actions d'éclat : *Un officier qui a rapporté d'une campagne les plus brillantes citations.* — 3. Action de citer en justice; écrit par lequel on signifie cette sommation : *Un huissier nous a remis une citation par-devant le juge de paix.*

cité [site] n. f. (lat. *civitas, -atis,* ensemble des citoyens, ville). 1. Syn. soutenu ou jurid. de VILLE; sert aussi à désigner une ville ancienne : *Rome est une des* *plus célèbres cités du monde.* — **2.** Groupe d'immeubles formant une agglomération plus ou moins importante, souvent dans la banlieue d'une ville, et destiné au logement des ouvriers *(cité ouvrière)* ou des étudiants *(cité universitaire).* — **3.** (avec majusc.) Dans certaines villes, partie la plus ancienne, généralement entourée de remparts ou de défenses naturelles : *La Cité de Carcassonne.* — **4.** Dans l'Antiquité, unité territoriale et politique constituée en général par une ville et la campagne environnante. — **5.** *Droit de cité,* autref., qualité de citoyen d'un État ou d'une ville, avec les prérogatives qui s'y attachent; droit d'être utilisé, intégration à un domaine : *Ce mot n'a pas droit de cité en bon français.*

cité-dortoir [sitedɔrtwar] n. f. (pl. *cités-dortoirs*). Agglomération suburbaine que les habitants quittent dans la journée pour aller travailler, et qu'ils n'habitent réellement que le soir (syn. VILLE-DORTOIR).

cité-jardin [siteʒardɛ̃] n. f. (pl. *cités-jardins*). Groupe d'immeubles d'habitation édifiés parmi des espaces verts.

citer [site] v. t. (lat. *citare*). **1.** *Citer qqch,* le désigner avec précision : *Le candidat n'a pas été capable de citer cinq villes françaises de plus de deux cent mille habitants* (syn. NOMMER). *L'auteur a cité ses sources en notes* (syn. INDIQUER, MENTIONNER). *Je pourrais vous citer une foule d'exemples* (syn. DONNER). — **2.** *Citer qqn, ses paroles, ses écrits,* reproduire exactement ce qu'il a dit ou écrit : *Citer un vers de Sappho.* — **3.** *Citer qqn,* le sommer de se présenter devant un tribunal comme témoin, comme prévenu, etc. : *La défense a fait citer de nombreux témoins à décharge.*

citerne [sitɛrn] n. f. (lat. *cista,* coffre). **1.** Réservoir où on recueille des eaux de pluie. — **2.** Grosse cuve fermée contenant un carburant, un liquide quelconque.

cithare [sitar] n. f. (gr. *kithara*). **1.** Instrument de musique composé d'une sorte de caisse sur laquelle sont tendues des cordes, et sans manche. — **2.** Chez les Grecs, sorte de lyre perfectionnée.

citoyen, enne [sitwajɛ̃] n. (de *cité*). **1.** Personne officiellement enregistrée parmi les membres de la communauté politique que forment les habitants d'un pays, soit parce qu'elle est née dans ce pays, soit en vertu d'un acte de naturalisation : *Elle vit en France mais elle est citoyenne américaine* (syn. admin. RESSORTISSANT). — **2.** Sous la Révolution et sous la Commune, titre substitué à *monsieur* ou *madame : Bonjour, citoyenne.* — **3.** *Fam.* et *péjor.* Personne, individu : *Un drôle de citoyen* (syn. TYPE).

citoyenneté [sitwajɛnte] n. f. Qualité de citoyen : *Obtenir la citoyenneté française* (syn. NATIONALITÉ).

citrique [sitrik] adj. (du lat. *citrus,* citron). Se dit d'un acide extrait du citron.

citron [sitrɔ̃] n. m. (lat. *citrus*). **1.** Fruit oblong, de saveur acide et de couleur jaune. — **2.** Fam. *Presser qqn comme un citron,* tirer de lui le plus de profit possible (syn. ↑EXPLOITER). ◆ adj. inv. De la couleur jaune du citron.

citronnade [sitrɔnad] n. f. Boisson faite de jus de citron et d'eau sucrée.

citronnelle [sitrɔnɛl] n. f. Plante aromatique, à l'odeur de citron, avec laquelle on prépare des infusions.

citronnier [sitrɔnje] n. m. Arbre qui produit les citrons.

citrouille [sitruj] n. f. (du lat. *citrium,* concombre). Plante potagère dont le fruit de couleur jaune orangé, qui peut être très gros, est plus ou moins sphérique ou oblong.

civet [sivɛ] n. m. Ragoût, généralement de lièvre ou de lapin, préparé avec du vin.

1. civette [sivɛt] n. f. (it. *zibetto,* mot ar.). Petit animal carnivore dont la peau est utilisée comme fourrure.

2. civette [sivɛt] n. f. (de *cive,* ciboule). Syn. de CIBOULETTE.

civière [sivjɛr] n. f. Brancards réunis par une toile, servant au transport des blessés ou des malades.

civil, e [sivil] adj. (du lat. *civis,* citoyen). **1.** Relatif à l'État, aux relations entre les citoyens (par oppos. à *religieux* et à *militaire*) : *Le mariage civil se fait à la mairie* (contr. RELIGIEUX). *La vie civile* (contr. MILITAIRE). — **2.** *Droit civil,* partie du droit privé qui concerne les rapports entre particuliers, en dehors de la répression des délits et des questions commerciales. ‖ *Partie civile,* celui qui, devant un tribunal, demande réparation d'un dommage : *Se porter partie civile.* — **3.** Qui observe les convenances, les bonnes manières dans les relations sociales (soutenu) [syn. POLI, COURTOIS]. ◆ ***civil*** n. m. **1.** Celui qui n'est ni militaire ni religieux (dans ce second cas, on dit plutôt LAÏC) : *Il y a parfois de l'incompréhension entre les civils et l'armée.* — **2.** Fam. *Dans le civil,* en dehors de la vie militaire : *Le capitaine était architecte dans le civil.* ‖ *En civil,* sans uniforme : *Soldat qui se met en civil.* (On dit aussi EN COSTUME CIVIL.)

civilement [sivilmɑ̃] adv. **1.** Sans cérémonie religieuse : *Se marier civilement.* — **2.** Au regard de la loi civile : *Vous êtes civilement responsable de vos enfants.*

civilisateur, trice [sivilizatœr] adj. Qui favorise la civilisation : *Le rôle civilisateur de l'école.*

civilisation [sivilizasjɔ̃] n. f. **1.** Action de civiliser ou de se civiliser. — **2.** Forme particulière de la vie d'une société, dans les domaines moral et religieux, politique, artistique, intellectuel, économique : *La civilisation grecque.*

civiliser [sivilize] v. t. **1.** *Civiliser des personnes, un pays,* les amener à des mœurs considérées comme plus policées, à un plus grand développement intellectuel, industriel : *La conquête romaine a civilisé la Gaule.* — **2.** *Civiliser qqn,* le rendre plus raffiné dans ses manières, plus courtois (syn. fam. DÉGROSSIR). — **3.** *Pays, peuple civilisé,* qui a atteint un certain degré d'évolution intellectuelle ou industrielle : *Dans les pays civilisés, les actes de violence sont réprimés par les lois* (syn. DÉVELOPPÉ [limité à l'évolution économique]). ◆ ***se civiliser*** v. pr. Devenir civilisé : *Les Romains s'étaient civilisés au contact des Grecs. Tu commences à te civiliser : tu dis bonjour à tout le monde.*

civiliste [sivilist] n. Spécialiste de droit civil.

civilité [sivilite] n. f. (lat. *civilitas*). Respect des conventions sociales : *Je les tiens au courant par simple civilité* (syn. POLITESSE, COURTOISIE). ◆ ***civilités*** n. f. pl. Paroles de politesse, témoignages de considération plus ou moins déférente : *Il a été présenté au directeur général, auquel il a fait ses civilités* (syn. COMPLIMENTS, SALUTATIONS).

civique [sivik] adj. (du lat. *civis,* citoyen). Relatif au citoyen et à son rôle dans la vie politique : *Certains crimes peuvent faire perdre une partie des droits civiques. L'instruction civique.*

civisme [sivism] n. m. Vertu du bon citoyen, qualité de celui qui se dévoue au bien de l'État : *Manquer de civisme.*

clac! [klak] interj. (onomat.). Exprime (parfois en corrélation avec *clic*) un bruit sec, un claquement : *Clac! la porte se referma brusquement. Clic! clac!*

clafoutis [klafuti] n. m. (de *clafir,* remplir, mot du Centre). Gâteau composé de pâte à crêpe et de fruits, notamment des cerises.

claie [klɛ] n. f. (mot gaul.). **1.** Treillis d'osier ou de fil métallique : *Les fromages sèchent sur des claies.* — **2.** Clôture de lattes jointives ou à claire-voie.

clair, e [klɛr] adj. (lat. *clarus*). **1.** Qui répand ou qui reçoit beaucoup de lumière : *Une belle flamme claire* (syn. VIF). *La salle est très claire* (syn. ÉCLAIRÉ; contr. SOMBRE). — **2.** D'une couleur peu marquée; qui a plus d'analogie avec le blanc qu'avec le noir : *Avoir le teint clair* (contr. FONCÉ). *Des tissus bleu clair* (contr. FONCÉ, SOMBRE). *Une robe claire.* — **3.** Qui laisse passer les rayons lumineux, qui permet de voir distinctement : *Du verre clair* (syn. TRANSPARENT; contr. DÉPOLI, TRANSLUCIDE, OPAQUE). *L'eau claire d'un ruisseau* (syn. LIMPIDE; contr. TROUBLE). *Le soleil brille dans un ciel clair* (syn. LUMINEUX, SEREIN). *Par temps clair, on aperçoit le mont Blanc* (= quand il n'y a ni nuages ni brume). — **4.** Peu épais, peu consistant : *Une sauce claire* (contr. ÉPAIS). — **5.** Se dit d'un son qui est distinct, bien timbré : *Elle a la voix claire* (contr. SOURD, VOILÉ, COUVERT); qui a une certaine hauteur dans la gamme : *Le tintement clair d'une clochette* (contr. GRAVE). — **6.** Qui a une signification, un sens nettement intelligible : *Ces empreintes sont un signe clair du passage du gibier* (syn. ÉVIDENT, MANIFESTE). *Elle a fait un exposé très clair de la situation* (syn. LUMINEUX; contr. OBSCUR). *Une attitude claire* (syn. NET; contr. ÉQUIVOQUE). — **7.** Qui comprend rapidement et se fait nettement comprendre : *Un esprit clair* (= qui sait démêler les traits essentiels d'un ensemble confus). *Si je n'ai pas été clair pour tout le monde, je suis prêt à m'expliquer de nouveau.* — **8.** *Le plus clair de,* l'essentiel de, ce que l'on peut retenir en résumé : *Le plus clair de tout ce discours, c'est que la situation ne s'est pas améliorée.* ‖ *Le plus clair de son temps, de son travail,* la partie la plus importante, la quasi-totalité de... ‖ *Son affaire est claire,* il n'échappera pas à la punition (syn. fam. SON COMPTE EST BON). ◆ ***clair*** adv. *Il fait clair,* il fait grand jour, on y voit nettement. ‖ *Parler clair,* s'exprimer avec netteté, sans ambiguïté. ‖ *Voir clair,* percevoir distinctement les objets : *Je n'y vois plus très clair;* comprendre nettement : *Je vois clair dans son jeu.* ◆ ***clair*** n. m. *Clair de lune,* clarté répandue par la Lune : *Les toits d'ardoise luisaient doucement au clair de lune.* ‖ *En clair,* sans recourir à un procédé de chiffrage : *Un message en clair* (contr. EN CODE, EN CHIFFRE); pour parler clairement : *En clair, cela ne l'intéresse pas.* ‖ *Mettre des notes au clair,* les présenter sous une forme compréhensible. ‖ *Tirer au clair une question, une affaire,* l'élucider.

claire [klɛr] n. f. **1.** Bassin d'élevage d'huîtres : *Fines de claire.* — **2.** Huître de claire.

clairement [klɛrmɑ̃] adv. De façon distincte, nette, compréhensible : *Parlez donc plus clairement! La notice est très clairement rédigée.*

clairet, ette [klɛrɛ] adj. *Vin clairet* (ou *clairet* n. m.), vin rouge assez clair et léger. ‖ *Voix clairette,* voix claire et aiguë.

claire-voie (à) [klɛrvwa] adv. Dont les éléments sont espacés, laissent passer la lumière : *Une clôture disposée à claire-voie. Une porte à claire-voie.*

clairière [klɛrjɛr] n. f. (de *clair*). Endroit dégarni d'arbres dans une forêt.

clair-obscur [klɛrɔpskyr] n. m. Effet d'opposition des parties claires et des parties sombres dans une peinture, une gravure, ou dans un paysage naturel : *Les clairs-obscurs de Rembrandt.*

clairon [klɛrɔ̃] n. m. (de *clair* signif. «sonore»). **1.** Instrument à vent en cuivre, au son éclatant, utilisé surtout dans l'infanterie. — **2.** Soldat qui joue du clairon.

claironnant, e [klɛrɔnɑ̃] adj. Qui claironne : *Une voix claironnante.*

claironner [klɛrɔne] v. i. (de *clairon*). Parler d'une voix éclatante. ◆ v. t. *Claironner qqch,* le proclamer à tous les échos : *Ne lui confiez jamais un secret, il irait le claironner partout* (syn. fam. CORNER).

clairsemé, e [klɛrsəme] adj. Répandu de-ci, de-là, dispersé : *Un gazon clairsemé. Un auditoire très clairsemé* (contr. DENSE). *Quelques remarques clairsemées dans un livre* (syn. ÉPARS). *Des applaudissements clairsemés* (syn. RARE; contr. NOURRI).

clairvoyance [klɛrvwajɑ̃s] n. f. Vue claire et pénétrante des choses : *Rien n'échappe à sa clairvoyance* (syn. PERSPICACITÉ, LUCIDITÉ).

clairvoyant, e [klɛrvwajɑ̃] adj. Qui discerne avec sagacité les raisons ou les manœuvres des autres, qui sait démêler les rapports cachés des événements et prévoir leurs conséquences : *Une personne clairvoyante qui ne se laisse pas duper* (syn. AVISÉ). *Vous n'aviez pas deviné? Vous n'êtes pas très clairvoyant* (syn. PERSPICACE). ◆ adj. et n. Se dit, par oppos. à *aveugle,* de qqn qui a une vue normale.

clam [klam] n. m. (de l'angl. *to clam,* serrer). Mollusque marin comestible.

clamer [klame] v. t. (lat. *clamare*). *Clamer qqch,* le dire à haute voix avec véhémence : *Elle n'a cessé de clamer son innocence* (syn. CRIER).

clameur [klamœr] n. f. Cri collectif, plus ou moins confus, exprimant un sentiment vif : *L'orateur tenait tête aux clameurs hostiles de la foule.*

clan [klɑ̃] n. m. (irland. *clann,* tribu). **1.** Tribu écossaise ou irlandaise formée d'un certain nombre de familles. — **2.** Groupe de personnes constituant une catégorie à part, rassemblées par une communauté d'intérêts ou d'opinions (plus ou moins péjor.) : *Passer dans le clan de l'opposition* (syn. PARTI, RANG).

clandestin, e [klɑ̃dɛstɛ̃] adj. (du lat. *clam,* en secret). **1.** Qui se fait en cachette : *Des manœuvres clandestines* (syn. SECRET, OCCULTE). — **2.** Qui est en contravention avec un règlement et se dérobe à la surveillance : *Rechercher un passager clandestin. Les réfugiés ont dû mener une vie clandestine.*

clandestinement [klɑ̃dɛstinmɑ̃] adv. De façon clandestine (syn. SECRÈTEMENT).

clandestinité [klɑ̃dɛstinite] n. f. Caractère clandestin : *La clandestinité des préparatifs d'un complot* (syn. SECRET). *Ils s'étaient connus dans la clandestinité, sous l'Occupation.*

clapet [klapɛ] n. m. (de l'anc. fr. *claper,* frapper). **1.** Soupape, généralement constituée par une lamelle mobile, qui ne laisse passer un fluide que dans un sens. — **2.** *Fam.* Bouche, langue; bavardage intarissable.

clapier [klapje] n. m. (prov. *clap,* tas de pierres). Cabane où on élève les lapins domestiques.

clapir [klapir] v. i. (sujet le lapin) Pousser un cri.

clapoter [klapɔte] v. i. (sujet les vagues) Produire un bruit léger.

clapotis [klapɔti] ou **clapotement** [klapɔtmɑ̃] n. m. Action de clapoter : *Le clapotement des vagues.*

clappement [klapmɑ̃] n. m. Bruit sec que produit la langue quand on la détache brusquement du palais.

clapper [klape] v. i. Faire entendre un clappement.

claquage [klakaʒ] n. m. *Claquage d'un muscle,* distension, décollement de ce muscle ou de son ligament.

claquant, e [klakɑ̃] adj. *Fam.* Syn. d'ÉPUISANT.

claque [klak] n. f. (de *claquer*). **1.** Coup appliqué avec le plat de la main : *Il riait aux éclats en se donnant de grandes claques sur les cuisses* (syn. ↓ TAPE). *La gamine, qui avait reçu une claque, partit en se tenant la joue* (syn. GIFLE). — **2.** *La claque,* le groupe des spectateurs, souvent à gages, chargés d'applaudir pour entraîner les applaudissements du public. — **3.** Fam. *Tête à claques,* personne désagréable, au visage déplaisant. ‖ Fam. *En avoir sa claque,* être excédé.

claquement [klakmɑ̃] n. m. Bruit sec de ce qui claque : *Entendre un claquement de portière.*

claquemurer (se) [klakmyre] v. pr., **être claquemuré** v. pass. (de l'anc. fr. *à claquemur,* en un lieu si étroit que le mur claque). *Fam.* S'enfermer étroitement : *Il s'est claquemuré dans son appartement pour rédiger son rapport* (syn. litt. CLOÎTRER, CLAUSTRER).

claquer [klake] v. i. (onomat.) [sujet qqn, qqch]. **1.** Produire un bruit sec : *Le drapeau claque au vent. Les volets claquent contre le mur. Entendre claquer un coup de revolver. Claquer des dents.* — **2.** *Fam.* (sujet qqch) Se casser, devenir inutilisable : *Une ampoule qui a claqué.* — **3.** *Pop.* (sujet qqn) Mourir : *J'ai été très malade, j'ai failli claquer.* — **4.** Fam. *Claquer dans la main,* échouer soudainement : *Cette affaire lui a claqué dans la main.* ◆ v. t. **1.** (sujet qqn, le vent) *Claquer qqch,* le fermer avec un bruit sec : *Claquer un livre sur la table. Claquer les portes.* — **2.** (sujet qqn) *Claquer qqn,* le frapper d'une ou de plusieurs claques (syn. GIFLER). — **3.** *Claquer la porte au nez de qqn,* le mettre dehors sans ménagements, l'exclure vivement de chez soi. — **4.** Fam. *Claquer de l'argent,* le dépenser, le gaspiller. — **5.** Fam. *Claquer qqn,* le fatiguer jusqu'à l'épuisement : *Cet effort physique m'a claqué* (syn. ÉREINTER). ◆ ***se claquer*** v. pr. **1.** Se fatiguer jusqu'à l'épuisement. — **2.** *Se claquer un muscle,* se faire un claquage.

claquettes [klakɛt] n. f. pl. Style de danse dans lequel le talon et la pointe de la chaussure, munis de lames métalliques, jouent le rôle d'instruments à percussion.

claquoir [klakwar] n. m. Appareil formé de deux plaques de bois reliées par une charnière et qu'on fait claquer pour donner un signal.

clarification [klarifikasjɔ̃] n. f. Action de clarifier : *La clarification d'un sirop. L'entretien a permis la clarification des problèmes essentiels* (syn. ÉCLAIRCISSEMENT).

clarifier [klarifje] v. t. *Clarifier qqch,* le rendre clair : *On peut clarifier un liquide en le filtrant* (syn. PURIFIER). *Ceci clarifie la situation* (contr. OBSCURCIR). *La discussion s'est enfin clarifiée* (syn. ÉCLAIRCIR).

clarine [klarin] n. f. (de l'anc. fr. *clarin,* de *clair*). Clochette qu'on pend au cou des animaux au pâturage en montagne.

1. clarinette [klarinɛt] n. f. (mot prov. de *clarin,* hautbois). Instrument de musique à vent de la catégorie des bois, qui fait partie des orchestres classiques.

2. clarinette [klarinɛt] ou **clarinettiste** [klarinetist] n. Musicien qui joue de la clarinette.

clarté [klarte] n. f. **1.** Qualité d'une lumière claire; éclairage permettant de distinguer nettement les objets : *Le ciel est d'une clarté incomparable* (syn. LUMINOSITÉ). *La lampe répand une douce clarté* (syn. LUMIÈRE). — **2.** Qualité de ce qui est nettement intelligible : *La clarté d'un exposé, d'un conférencier.* ◆ ***clartés*** n. f. pl. Connaissances générales; renseignements permettant d'éclaircir les points obscurs (soutenu) : *Si vous avez des clartés sur la question, vous pourrez nous les communiquer* (syn. APERÇUS, ÉCLAIRCISSEMENTS).

classe [klas] n. f. (lat. *classis*).
— **I. 1.** Catégorie de personnes ayant mêmes intérêts, même condition sociale ou même rang hiérarchique : *La classe ouvrière. Les classes laborieuses. Dans certaines administrations, la carrière est divisée en classes par lesquelles on passe successivement. Un soldat de deuxième classe* (= celui qui n'a ni grade ni distinction). — **2.** *Lutte des classes,* selon le marxisme, opposition inéluctable entre les travailleurs, qui mettent les moyens de production en action, et les capitalistes, qui les détiennent, prélevant à leur profit une partie de la valeur du travail fourni par les premiers. — **3.** Ensemble des jeunes gens atteignant la même année l'âge du service militaire : *La classe 1966 venait d'être appelée sous les drapeaux.* — **4.** Catégorie de la place d'un voyageur, dans un transport en commun, distinguée par le confort et le prix du billet : *On voyage en métro en première classe ou en deuxième classe.* — **5.** Catégorie d'une cérémonie, d'une fête, d'un établissement selon la solennité, le luxe, la première classe étant la plus importante : *Je ne descends que dans des hôtels de première classe.* — **6.** Qui se distingue par son mérite, sa qualité (seulement dans des express.) : *Une actrice qui a de la classe. C'est un musicien de grande classe* (syn. TALENT). *Une athlète de classe internationale. Un vin d'une classe tout à fait exceptionnelle.* — **7.** *Faire ses classes,* recevoir les premiers éléments de l'instruction militaire; acquérir une certaine expérience dans un domaine. — **8.** Chacune des grandes divisions d'un embranchement d'êtres vivants, subdivisée elle-même en ordres. — **9.** *Classes grammaticales,* catégories de mots (ou unités significatives) selon la fonction que ces mots remplissent ou selon les différences fondamentales de sens qu'ils présentent (syn. PARTIES DU DISCOURS). — **II. 1.** Groupe d'enfants ou de jeunes gens qui suivent le même enseignement, dans une même salle : *Entrer en classe de première, de seconde. À cette réponse, toute la classe a éclaté de rire.* — **2.** Enseignement distribué, séance de travail scolaire : *Faire classe* (syn. COURS). *La classe se termine à midi. Des livres de classe.* — **3.** Salle où est donné l'enseignement : *La classe a été balayée.* — **4.** *En classe,* à l'école : *Un élève peu attentif en classe. Les enfants partent en classe pour huit heures.* — **5.** *Classe verte, classe de neige,* séjour collectif d'écoliers, accompagnés de leur instituteur, à la campagne ou à la montagne, qui permet la pratique d'un sport ou d'activités d'éveil à la nature sans interruption de l'enseignement.

classement [klasmɑ̃] n. m. **1.** Action de classer : *Le classement de ces fiches demandera plusieurs jours. On a réussi à obtenir le classement de l'affaire.* — **2.** Manière de classer, ordre dans lequel sont classées les personnes ou les choses : *Un classement alphabétique, numérique. Cette candidate est reçue, mais je ne connais pas son classement* (syn. RANG).

classer [klase] v. t. (de *classe*). **1.** *Classer des personnes, des choses,* les ranger par catégories, ou dans un ordre déterminé : *Classer des timbres dans un album. Les copies de composition sont classées par mérite. «La Joconde» est classée au nombre des grands chefs-d'œuvre de la peinture.* — **2.** *Classer une affaire, un dossier,* cesser de s'en occuper, les considérer comme réglés; abandonner les investigations. — **3.** Péjor. *Classer qqn,* le juger définitivement. — **4.** *Classer un monument,* le déclarer historique, ce qui met sa conservation et sa restauration à la charge de l'État. ◆ ***se classer*** v. pr. (sujet qqn, qqch) Obtenir un rang : *Elle s'est classée première en français.*

classeur [klasœr] n. m. **1.** Meuble de bureau permettant de classer des papiers. — **2.** Chemise de carton ou de papier où l'on range des feuilles.

classicisme [klasisism] n. m. **1.** Conformité à la tradition, à la règle : *Le classicisme de ses goûts* (syn. CONFORMISME; contr. FANTAISIE). *Le classicisme d'une technique opératoire.* — **2.** Ensemble de tendances et de théories qui se manifestent en France sous le règne de Louis XIV (culte de l'Antiquité grecque et romaine, recherche de la perfection dans la forme, respect de la mesure, goût de l'analyse psychologique, etc.) et qui s'expriment dans de nombreuses œuvres littéraires ou artistiques restées célèbres; ensemble de la production littéraire ou artistique et des auteurs appartenant à cette école; tendances analogues apparues jadis en Grèce et à Rome : *Le romantisme s'est affirmé en opposition au classicisme.*

classificateur, trice [klasifikatœr] adj. Qui classifie : *Un esprit classificateur.*

classification [klasifikasjɔ̃] n. f. Action de classifier : *Une classification scientifique des animaux.*

classifier [klasifje] v. t. *Classifier qqch,* le répartir en classes, selon un ordre logique : *Il est difficile de classifier la production littéraire de cette période.*

classique [klasik] adj. (lat. *classicus,* de première classe). **1.** En langue et en littérature, qui appartient au courant dominant en France au XVIIe siècle, notamment après 1660 : *Racine, Molière, La Fontaine sont de grands écrivains classiques.* — **2.** Dans les beaux-arts, qui appartient à la période s'étendant, en France, du XVIe au XVIIIe siècle et qui s'inspire plus ou moins de l'Antiquité gréco-latine : *Le palais de Versailles est un bel exemple d'architecture classique. Un concert de musique classique.* — **3.** Qui appartient à l'Antiquité grecque (notamment au siècle de Périclès) ou romaine (notamment au siècle d'Auguste) : *Cicéron, Horace, Virgile sont des écrivains classiques. Les études classiques* (= celles qui comportent l'étude du latin, et accessoirement du grec, ainsi que des civilisations anciennes). *Cet enfant est en section classique* (contr. MODERNE, TECHNIQUE). — **4.** Conforme à une tradition, qui évite les innovations hardies : *Elle m'a exposé les arguments classiques* (syn. HABITUEL, TRADITIONNEL). *Il porte un costume de coupe classique.* — **5.** Qui a lieu habituellement en pareil cas : *L'évanouissement est classique quand il y a fracture du crâne. Dans son émotion, il a été incapable de se rappeler la formule : c'est un coup classique.* — **6.** Qui fait autorité, qui est un modèle du genre : *Cette théorie scientifique est maintenant classique.* ◆ n. m. **1.** Auteur, œuvre qui appartient à la tradition ou qui fait autorité dans sa spécialité : *Elle connaît ses classiques. Ce disque est un classique du jazz. Les classiques du cinéma* (= les films dont la célébrité est consacrée). — **2.** Auteur de l'Antiquité grecque ou romaine, ou du classicisme français : *La bataille d'« Hernani » opposa les partisans des classiques à ceux des romantiques.*

classiquement [klasikmɑ̃] adv. De façon classique : *Il est habillé classiquement.*

claudicant, e [klodikɑ̃] adj. Qui indique la claudication : *Un pas claudicant.*

claudication [klodikasjɔ̃] n. f. Action de boiter (techn.) : *Il est bien remis de son accident, mais il lui en est resté une légère claudication.*

claudiquer [klodike] v. i. (lat. *claudicare,* boiter). Boiter (techn.).

clause [kloz] n. f. (lat. *clausa*). **1.** Article stipulé dans un contrat, un traité : *Une des clauses de l'accord prévoit la répartition équitable des charges.* — **2.** *Clause de style,* formule reproduite traditionnellement telle quelle dans certains types de contrats; disposition de principe dont on n'envisage pas l'application.

claustration [klostrasjɔ̃] n. f. Action de claustrer; fait d'être claustré : *Supporter une longue claustration.*

claustrer [klostre] v. t. (du lat. *claustrum,* cloître). *Claustrer qqn,* l'enfermer étroitement, l'isoler (surtout comme pr. et au part. passé) : *Elle a vécu un mois claustrée pour achever d'écrire son roman* (syn. litt. CLOÎTRER; fam. CLAQUEMURER).

claustrophobie [klostrɔfɔbi] n. f. Angoisse maladive de rester dans un lieu clos.

clavecin [klavsɛ̃] n. m. (lat. *clavis,* clef, et *cymbalum,* cymbale). Instrument de musique à un ou plusieurs claviers et à cordes pincées, dont l'apparence est celle d'un piano.

claveciniste [klavsinist] n. Joueur de clavecin.

clavette [klavɛt] n. f. (lat. *clavis,* clef). Cheville, ordinairement métallique, servant à assembler deux pièces.

clavicule [klavikyl] n. f. (lat. *clavicula,* petite clef). Os long un peu courbé en S, qui s'étend du cou à l'épaule.

clavier [klavje] n. m. (lat. *clavis,* clef). Ensemble des touches d'un instrument de musique (piano, orgue, etc.), d'une machine à écrire, à calculer.

clayette [klɛjɛt] n. f. Petite claie, en général métallique.

clef ou **clé** [kle] n. f. (lat. *clavis*). **1.** Pièce métallique qu'on introduit dans une serrure pour l'actionner : *La porte n'est pas fermée à clef. Mettez ce document sous clef* (= dans un endroit fermé à clef). *Les voleurs sont sous clef* (= en prison, sous les verrous). — **2.** Nom de divers outils servant à serrer ou à desserrer des écrous : *Clé à molette, clé anglaise.* — **3.** Instrument servant à ouvrir ou à fermer divers objets : *Clé à sardines.* — **4.** Pièce permettant de boucher ou d'ouvrir les trous d'un instrument de musique ou d'en tendre les cordes. — **5.** *Clefs en main,* se dit d'un logement, d'une voiture, d'une entreprise vendus entièrement terminés, prêts à être utilisés. ‖ *Mettre la clef sous la porte,* fermer sa maison et disparaître furtivement. — **6.** Position stratégique qui commande l'accès; moyen de parvenir à un résultat : *La clef de la réussite, c'est la ténacité.* — **7.** Renseignement qu'il faut connaître pour comprendre le sens d'une allusion, pour résoudre une difficulté : *Un roman à clefs. Je crois avoir trouvé la clef du mystère* (= le moyen de l'expliquer). — **8.** *La clef des champs,* la liberté d'aller où l'on veut. ‖ *Clef de voûte,* pierre centrale d'une voûte ou d'un arceau et qui, placée la dernière, maintient toutes les autres; point essentiel sur lequel repose un système, une théorie, etc. : *Cet alibi est la clef de voûte de la défense.* — **9.** Signe mis au début d'une portée musicale pour indiquer le nom de la note placée sur la ligne qu'il occupe : *Un morceau écrit en clef de sol, en clef de fa, en clef d'ut.* — **10.** *À la clef,* se dit des dièses ou des bémols placés à droite de la clef et qui étendent leur effet à toute la portée; se dit de ce qui accompagne obligatoirement la fin d'une action : *Il y a une récompense à la clef pour qui retrouvera mon stylo.* — **11.** Prise qui immobilise l'adversaire en sports de lutte ou en judo. ◆ adj. Dont dépend tout le reste, qui explique ou conditionne tout : *La gloire est une des notions clés du théâtre cornélien* (syn. DE BASE, FONDAMENTAL). *Elle a été nommée à un poste clef* (syn. ESSENTIEL, CAPITAL).

clématite [klematit] n. f. (gr. *klêma,* sarment). Plante grimpante dont il existe des espèces sauvages et des espèces ornementales.

clémence [klemɑ̃s] n. f. Qualité de qqn, de son comportement, qui est clément : *Des paroles de clémence. La clémence du temps permet d'agréables promenades* (syn. DOUCEUR).

clément, e [klemɑ̃] adj. (lat. *clemens*). **1.** Qui ne punit pas avec rigueur ceux qui ont commis un méfait : *Le juge a été clément en ne les condamnant qu'à huit jours de prison* (syn. INDULGENT; contr. RIGOUREUX). *Un geste clément.* — **2.** Se dit du temps, du climat qui est doux, dont la température est agréable : *Sur cette côte, la température est généralement clémente* (contr. RIGOUREUX).

clémentine [klemɑ̃tin] n. f. (du n. du P. *Clément,* qui obtint le fruit en 1902). Variété de mandarine.

cleptomane ou **kleptomane** [klɛptɔman] adj. et n. (du gr. *kleptein,* voler). Qui a la manie de voler.

cleptomanie ou **kleptomanie** [klɛptɔmani] n. f. Comportement de cleptomane.

clerc [klɛr] n. m. (lat. *clericus*). **1.** Celui qui est entré dans l'état ecclésiastique. — **2.** Employé d'une étude de notaire, d'avoué, etc. — **3.** Fam. *N'être pas clerc en la matière,* se déclarer incompétent.

clergé [klɛrʒe] n. m. (lat. *clericatus*). Ensemble des ecclésiastiques : *Le clergé catholique.*

clergyman [klɛrdʒiman] n. m. (mot angl.) [pl. *clergymen*]. **1.** Ministre du culte protestant. — **2.** *Habit de clergyman,* tenue ecclésiastique se rapprochant de la tenue civile.

clérical, e, aux [klerikal] adj. et n. (lat. *clericalis*). *Péjor.* Dévoué aux intérêts du clergé : *La presse cléricale. Les cléricaux ont voté contre ce projet de loi.*

clic! [klik] interj. Onomatopée exprimant un bruit sec, généralement peu intense (souvent avec *clac*) : *Clic! la photo est prise. Clic! clac!*

cliché [kliʃe] n. m. **1.** Plaque métallique ou pellicule permettant d'obtenir des épreuves typographiques ou photographiques : *Un cliché pâle donne une photo sombre* (syn. NÉGATIF). — **2.** Expression toute faite, idée banale exprimée souvent et dans les mêmes termes (syn. LIEU COMMUN).

client, e [klijɑ̃] n. (lat. *cliens*). **1.** Personne qui reçoit de qqn, contre paiement, des fournitures commerciales ou des services : *Ce magasin a doublé le nombre de ses clients* (syn. ACHETEUR). *Client d'un restaurant, d'un médecin. Le chauffeur de taxi a déposé son client à la gare* (syn. PASSAGER). *Je ne suis pas cliente chez ce boulanger.* — **2.** *Fam.* et *péjor.* Individu, personne : *Mon voisin, c'est un drôle de client!*

clientèle [klijɑ̃tɛl] n. f. **1.** Ensemble des clients d'un commerçant, artisan, médecin, etc., ou d'un établissement : *La publicité attire la clientèle. Une clientèle ouvrière. Une clientèle fidèle.* — **2.** Ensemble des partisans, des adeptes : *Une candidate qui a conservé sa clientèle électorale. La clientèle d'un parti politique.* — **3.** *Accorder, retirer sa clientèle à qqn,* devenir, cesser d'être son client. ‖ *Avoir la clientèle de qqn,* l'avoir comme client.

clignement [kliɲmɑ̃] n. m. Action de cligner : *Un clignement d'œil discret l'avertit que j'avais compris.*

cligner [kliɲe] v. t. ind. ou v. t. (lat. *cludere,* fermer) [sujet qqn] *Cligner des yeux* ou *cligner les yeux,* les fermer à demi, plisser les paupières sous l'effet d'une lumière vive, du vent, de la fumée, etc., ou pour mieux distinguer les contrastes : *Elle regarda longuement le tableau, en clignant des yeux;* avoir un brusque battement de paupières. ‖ *Cligner de l'œil,* faire un signe de l'œil à qqn. ◆ v. i. (sujet les yeux, les paupières) Se fermer : *Tes yeux clignent sans cesse, tu dois avoir un tic.*

clignotant, e [kliɲɔtɑ̃] adj. Qui clignote : *Une lumière clignotante.* ◆ ***clignotant*** n. m. Dispositif automatique lumineux intermittent, qu'un automobiliste actionne pour indiquer qu'il change de direction.

clignotement [kliɲɔtmɑ̃] n. m. Fait de cligner des yeux, de clignoter : *Avoir un tic, un perpétuel clignotement de paupières. Le clignotement d'une lampe.*

clignoter [kliɲɔte] v. i. (de *cligner*). **1.** (sujet les yeux, les paupières) Syn. de CLIGNER. — **2.** (sujet une lumière) S'allumer et s'éteindre alternativement, ou avoir un éclat irrégulier : *L'ampoule électrique clignote.*

climat [klima] n. m. (gr. *klima,* inclinaison). **1.** Ensemble des conditions météorologiques habituelles à une région, à un pays : *La France a un climat tempéré.* — **2.** Ensemble de circonstances dans lesquelles on vit; situation morale : *Un climat de bonne camaraderie règne dans la classe* (syn. AMBIANCE). *Dans ce climat, la panique peut éclater à tout instant* (syn. ATMOSPHÈRE).

climatique [klimatik] adj. **1.** Relatif au climat : *Les variations climatiques.* — **2.** *Station climatique,* lieu de séjour dont le climat est reconnu particulièrement bienfaisant.

climatisation [klimatizasjɔ̃] n. f. Action de climatiser : *La climatisation de ce cinéma laisse à désirer.*

climatiser [klimatize] v. t. *Climatiser une salle,* la maintenir à une température agréable.

climatiseur [klimatizœr] n. m. Appareil permettant d'obtenir la climatisation d'un lieu clos.

climatologie [klimatolɔʒi] n. f. Étude scientifique des climats.

clin [klɛ̃] n. m. *Clin d'œil,* signe de l'œil adressé discrètement à qqn. ‖ *En un clin d'œil,* en un temps très court (syn. fam. EN MOINS DE DEUX, EN CINQ SEC).

clinicien [klinisjɛ̃] n. m. et adj. Médecin qui pose son diagnostic, étudie la maladie par l'observation directe du malade.

1. clinique [klinik] n. f. (gr. *klinê,* lit). **1.** Établissement hospitalier privé, le plus souvent réservé à la chirurgie ou aux accouchements. — **2.** *Chef de clinique,* médecin désigné par concours pour assurer dans un service hospitalier l'enseignement des stagiaires, des internes.

2. clinique [klinik] adj. **1.** Qui se fait près du malade : *Examen clinique. Observation clinique. Leçon clinique.* — **2.** *Signe clinique,* signe que le médecin peut observer par la vue, le toucher, etc.

clinquant, e [klɛ̃kɑ̃] adj. (de l'anc. fr. *clinquer,* faire du bruit). Qui a plus d'éclat extérieur que de valeur, de mérite : *Phrases clinquantes* (syn. RONFLANT). ◆ ***clinquant*** n. m. **1.** Mauvaise imitation de pierreries, de métaux, de bois précieux : *Des bijoux de clinquant.* — **2.** Faux brillant, éclat trompeur : *Le clinquant d'une conversation.*

1. clip [klip] n. m. (mot angl. signif. *pince*). Agrafe ou broche munie d'une pince.

2. clip [klip] n. m. Petit film qui illustre une chanson ou le travail d'un artiste.

clique [klik] n. f. **1.** *Péjor.* Groupe de personnes qui s'unissent pour intriguer ou nuire : *Une clique de politiciens* (syn. BANDE). — **2.** Ensemble des tambours et des clairons d'un régiment. ◆ ***cliques*** n. f. pl. Fam. *Prendre ses cliques et ses claques,* s'en aller promptement (syn. DÉCAMPER, DÉGUERPIR).

cliquer [klike] v. i. Actionner l'une des touches de la souris d'un ordinateur.

cliquet [klikɛ] n. m. (de l'anc. fr. *cliquer,* faire du bruit). Petit levier destiné à ne permettre le mouvement d'une roue dentée que dans un sens.

cliqueter [klikte] v. i. (anc. fr. *cliquer,* faire du bruit) [c. 8] (sujet qqch) Produire un bruit d'entrechoquement : *On entendait cliqueter les couverts.*

cliquetis [klikti] ou **cliquètement** [klikɛtmɑ̃] n. m. Ensemble de bruits secs produits par de petits chocs répétés : *Le cliquetis d'une machine à écrire. Un cliquètement de verres entrechoqués.*

clitoridien, enne [klitɔridjɛ̃] adj. Relatif au clitoris.

clitoris [klitɔris] n. m. (gr. *kleitoris*). Petit organe érectile situé à la partie supérieure de la vulve chez la femme.

clivage [klivaʒ] n. m. **1.** Action de cliver : *Le clivage de l'ardoise.* — **2.** *Plan de clivage,* selon lequel les roches se séparent en se fendant. — **3.** Distinction, répartition entre deux groupes suivant un plan déterminé, selon un certain critère : *Un certain clivage s'opère entre les ouvriers spécialisés et les manœuvres* (syn. DÉLIMITATION, DIFFÉRENCIATION).

cliver [klive] v. t. (néerl. *klieven,* fendre). Fendre un minéral dans le sens de ses couches : *Cliver une ardoise.* ◆ ***se cliver*** v. pr. Se fendre : *Le mica se clive en fines lamelles.*

cloaque [klɔak] n. m. (lat. *cloaca,* égout). **1.** Amas d'eau croupie; flaque, mare boueuse (syn. BOURBIER). — **2.** Lieu malpropre et infect. — **3.** Orifice commun des voies urinaires, intestinales et génitales des oiseaux.

clochard, e [klɔʃar] n. (du lat. *cloppus,* boiteux). *Fam.* Personne sans domicile, menant une vie oisive et misérable : *Ce clochard couche sous les ponts* (syn. SANS-LOGIS, VAGABOND).

clochardisation [klɔʃardizasjɔ̃] n. f. Action de clochardiser; fait d'être clochardisé.

clochardiser [klɔʃardize] v. t. *Clochardiser qqn, un groupe social,* les réduire à une situation misérable.

1. cloche [klɔʃ] n. f. (bas lat. *clocca*). **1.** Instrument de métal (généralement du bronze) dont la forme rappelle celle d'une coupe renversée et qu'on fait sonner en le frappant avec un marteau ou un battant. — **2.** Couvercle de verre ou de toile métallique destiné à protéger des aliments : *Cloche à fromage.* — **3.** *Cloche à plongeur,* appareil en forme de cloche, permettant de travailler sous l'eau. — **4.** *Chapeau cloche* (ou *cloche* n. f.), chapeau de femme à bords rabattus. ‖ *Jupe cloche,* jupe qui va en s'évasant.

2. cloche [klɔʃ] n. f. (de *clochard*). *Pop.* Existence des clochards; ensemble des clochards.

3. cloche [klɔʃ] n. f. (du lat. *cloppus,* boiteux). *Fam.* Personne maladroite, gauche, stupide (syn. BON À RIEN). ◆ adj. Stupide : *Je ne l'aurais pas cru si cloche!* (syn. fam. BALLOT).

cloche-pied (à) [klɔʃpjɛ] adv. *Marcher, courir,* etc., *à cloche-pied,* en sautant sur un pied.

1. clocher [klɔʃe] n. m. (de *cloche* 1). **1.** Tour qui contient les cloches d'une église. — **2.** *Esprit de clocher,* attachement excessif au cercle étroit des choses et des gens qui vous entourent habituellement. ‖ *Querelles, rivalités de clocher,* qui n'ont qu'un intérêt local.

2. clocher [klɔʃe] v. i. (du lat. *cloppus,* boiteux). *Fam.* (sujet qqch) Aller de travers, ne pas fonctionner ou ne pas se dérouler normalement : *Il y a quelque chose qui cloche?*

clocheton [klɔʃtɔ̃] n. m. Petit clocher ou simple ornement architectural en forme de pyramide ou de cône.

clochette [klɔʃɛt] n. f. **1.** Petite cloche : *Certaines bêtes du troupeau ont une clochette pendue au cou* (syn. CLARINE). — **2.** Corolle de certaines fleurs rappelant la forme d'une cloche : *Les clochettes du muguet.*

cloison [klwazɔ̃] n. f. (du lat. *clausus,* clos). **1.** Mur léger séparant les pièces d'une maison, toute paroi séparant les cases d'une boîte, deux espaces, deux cavités, etc. : *Une cloison sépare le coin bureau du coin chambre. Pierre a une déviation de la cloison nasale.* — **2.** Obstacle aux relations, aux contacts entre des catégories de personnes, les branches d'une administration, etc. : *Il y a des cloisons étanches entre les services de ce ministère* (syn. ↑ MURAILLE).

cloisonnement [klwazɔnmɑ̃] n. m. Action de cloisonner; fait d'être cloisonné : *Le cloisonnement des services d'espionnage assure une plus grande sécurité.*

cloisonner [klwazɔne] v. t. Séparer par des cloisons : *Cloisonner une grande salle pour y faire trois pièces. Des équipes de chercheurs trop cloisonnées* (syn. COMPARTIMENTER).

cloître [klwatr] n. m. (lat. *claustrum*). **1.** Galerie couverte encadrant la cour d'un monastère. — **2.** Syn. de COUVENT, insistant sur l'isolement de la vie monastique.

cloîtrer [klwatre] v. t. *Cloîtrer qqn,* l'enfermer dans un cloître ou dans une pièce. ◆ ***se cloîtrer*** v. pr. ou **être cloîtré** v. pass. (sujet qqn) Se tenir ou être tenu étroitement enfermé dans un appartement, une pièce : *Il se cloître chez lui, refusant toutes les visites* (syn. CLAUSTRER; fam. CLAQUEMURER).

clone [klon] n. m. **1.** Individu provenant de la reproduction asexuée d'un autre individu. **2.** *Fam.* Individu qui serait la copie conforme d'un autre.

clopin-clopant [klɔpɛ̃klɔpɑ̃] adv. (de l'anc. fr. *clopin,* boiteux, et *cloper,* boiter). **1.** (sujet qqn) *Aller, marcher, clopin-clopant,* aller en clopinant. — **2.** (sujet qqch) *Aller clopin-clopant,* aller tant bien que mal, médiocrement : *Les affaires vont clopin-clopant* (syn. COUCI-COUÇA).

clopiner [klɔpine] v. i. (de l'anc. fr. *clopin,* boiteux). *Fam.* (sujet qqn) Boiter quelque peu, marcher avec difficulté (syn. BOITILLER).

cloporte [klɔpɔrt] n. m. (de *clore* et *porte*). Petit animal grisâtre, au corps ovale et convexe, long de 1 à 2 cm, vivant dans les lieux humides, sous les pierres.

cloque [klɔk] n. f. (forme picarde de *cloche*). **1.** Enflure locale de la peau, ou simplement de l'épiderme, causée en général par une brûlure, par un contact irritant, etc. : *Elle a une grosse cloque sur la main* (syn. ↓ AMPOULE). — **2.** Boursouflure dans une peinture, un papier, une étoffe, etc.

cloquer [klɔke] v. i. (sujet la peau, une peinture) Former des cloques, des boursouflures.

clore [klɔr] v. t. (lat. *claudere*) [c. **81**]. **1.** *Clore qqch,* le fermer (litt. et dans quelques express.) : *Avant de clore sa lettre, elle la relut soigneusement* (syn. CACHETER). *Nous avons trouvé porte close* (= il n'y avait personne pour nous ouvrir). *Réfléchir les yeux clos. Tu as trouvé le bon argument pour lui clore le bec* (= le faire taire). *J'étais resté derrière pour clore la marche* (= marcher le dernier de tous). — **2.** *Clore un terrain,* l'entourer d'une clôture. — **3.** *Clore qqch,* y mettre un terme, en marquer la fin : *Il est temps de clore le débat. La liste des candidatures sera close dans deux jours. Une mise au point remarquable clôt ce chapitre* (contr. OUVRIR). *L'incident est clos* (= qu'il n'en soit plus question).

clos [klo] n. m. (de *clore*). Terrain cultivé (surtout en parlant de vignobles) ou pré entouré d'une clôture.

clôture [klotyr] n. f. (lat. *clausura*). **1.** Toute enceinte qui ferme l'accès d'un terrain (mur, haie, grillage, palissade, etc.). — **2.** Action de fermer, de clore, de clôturer : *La clôture du magasin* (syn. FERMETURE). *La séance de clôture du Congrès. La clôture de la session parlementaire.* — **3.** Partie d'un monastère où ne peuvent pénétrer les personnes étrangères à ce monastère.

clôturer [klotyre] v. t. Syn. usuel de CLORE, aux sens 2 et 3 de ce v. : *Clôturer un terrain. Clôturer un débat.*

clou [klu] n. m. (lat. *clavus*). **1.** Tige de métal ayant une pointe et une tête, et destinée à être plantée, en général pour fixer ou accrocher qqch. — **2.** (pl.) *Fam.* Passage clouté : *Traverser aux clous, dans les clous.* — **3.** *Pneus à clous,* syn. de PNEUS À CRAMPONS. — **4.** Fam. *Ça ne vaut pas un clou,* cela ne vaut rien. ‖ Pop. *Des clous!* (interj. ironiq.), vous pouvez toujours attendre, ou il n'y a rien à faire. ‖ *Un clou chasse l'autre,* se dit en parlant de personnes ou de choses qui succèdent à d'autres et les font oublier. — **5.** *Fam.* Syn. courant de FURONCLE. — **6.** Fam. *Le clou d'une fête, d'un spectacle,* etc., la partie la mieux réussie, la plus brillante. ‖ Fam. *Mettre au clou,* mettre au mont-de-piété (vieilli). ‖ Fam. *Vieux clou,* vieille bicyclette, vieille voiture et, plus généralement, appareil usagé.

clouer [klue] v. t. 1. *Clouer qqch*, le fixer avec un ou plusieurs clous : *Clouer le couvercle d'une caisse.* — 2. *Clouer qqn*, le réduire à l'immobilité ou au mutisme : *Une crise de rhumatisme l'a cloué au lit. Elle en est restée clouée de stupeur.* ‖ Fam. *Clouer le bec à qqn*, le mettre dans l'impossibilité de répondre, de parler.

clouter [klute] v. t. 1. Garnir de clous (surtout part. passé) : *Des chaussures cloutées.* — 2. *Passage clouté*, double rangée de clous à large tête plantés en travers d'une chaussée pour y marquer un passage destiné aux piétons. (Les *clous* sont remplacés maintenant par des bandes blanches ou jaunes discontinues.)

clown [klun] n. m. (mot angl.). 1. Au cirque, artiste chargé de divertir les spectateurs par des acrobaties, des bouffonneries. — 2. Celui qui divertit les autres par sa drôlerie : *Vous n'avez pas fini de faire le clown?* (syn. fam. PITRE, SINGE, GUIGNOL).

clownerie [klunri] n. f. Farce, drôlerie de clown : *Une gamine qui passe son temps à faire des clowneries* (syn. PITRERIE; fam. SINGERIE; soutenu FACÉTIE).

clownesque [klunɛsk] adj. Propre aux clowns.

club [klœb] n. m. (mot angl.). 1. Association sportive, culturelle, politique, touristique, etc. (entre dans la composition d'un certain nombre de désignations d'associations) : *Le Club alpin. Club automobile.* — 2. Cercle où on se réunit pour causer, lire, jouer : *Club de bridge.* — 3. Canne de golf.

coaccusé, e [kɔakyze] n. Personne accusée avec une ou plusieurs autres.

coacquéreur [kɔakerœr] n. m. Personne qui fait une acquisition avec une ou plusieurs autres.

coadministrateur, trice [kɔadministratœr] n. Personne qui administre en même temps qu'une autre.

coagulabilité [kɔagylabilite] n. f. Caractère coagulable : *La coagulabilité du sang.*

coagulable [kɔagylabl] adj. Qui peut se coaguler : *L'albumine est coagulable.*

coagulant, e [kɔagylɑ̃] adj. et n. m. Qui coagule : *On administre des coagulants (du sang) à certains malades.*

coagulation [kɔagylasjɔ̃] n. f. Action de se coaguler : *La coagulation du lait est plus rapide par temps orageux.*

coaguler [kɔagyle] v. t. (lat. *coagulare*). *Coaguler un liquide*, le faire figer, lui donner une consistance solide : *La présure coagule le lait* (syn. usuel FAIRE CAILLER). *Coaguler le sang.* ◆ v. i. ou ***se coaguler*** v. pr. (sujet un liquide) Prendre une consistance solide : *Le sang coagule à l'air* (syn. FIGER OU SE FIGER).

coalisé, e [kɔalize] adj. et n. Qui se sont ligués (au pl.) : *Les armées coalisées* (syn. ALLIÉ). *Napoléon battit à plusieurs reprises les coalisés.*

coaliser [kɔalize] v. t. Réunir dans une coalition : *Un réflexe de défense a coalisé les petits commerçants du quartier contre le supermarché* (syn. ↓GROUPER, RASSEMBLER). ◆ ***se coaliser*** v. pr. Se grouper en coalition : *Ils se sont coalisés contre lui* (syn. S'UNIR).

coalition [kɔalisjɔ̃] n. f. (du lat. *coalescere*, s'unir). Réunion de forces, d'intérêts divers, d'États, de partis, réalisée occasionnellement pour agir puissamment contre un État, un homme, une politique, etc. : *Le ministère a été renversé par une coalition des partis de la gauche et du centre. Être victime d'une coalition d'intérêts opposés* (syn. ALLIANCE).

coassement [kɔasmɑ̃] n. m. Action de coasser : *Les coassements des grenouilles.*

coasser [kɔase] v. i. (du gr. *koax*, onomat.) [sujet une grenouille] Faire entendre des cris.

coauteur [kɔotœr] n. m. Auteur associé à un autre pour un même travail.

cobalt [kɔbalt] n. m. (all. *Kobalt*). 1. Métal employé dans de nombreux alliages et dans la composition de divers colorants, en général bleus. — 2. *Cobalt (radioactif)*, utilisé en thérapeutique : *Bombe au cobalt.*

cobaye [kɔbaj] n. m. (mot indigène d'Amérique). 1. Petit animal rongeur, souvent utilisé pour des expériences biologiques (syn. COCHON D'INDE). — 2. *Fam.* Personne sur qui on tente une expérience : *Servir de cobaye.*

cobra [kɔbra] n. m. (mot portug.). Grand serpent venimeux, qui gonfle son cou quand il est irrité (syn. SERPENT À LUNETTES).

coca [kɔka] n. m. (mot esp.). Arbuste d'Amérique, dont les feuilles ont une action stimulante et qui fournit la *cocaïne*. ◆ n. f. Substance extraite de ces feuilles.

Coca-Cola [kɔka(kɔla)] (nom déposé) ou, fam., **coca** n. m. (pl. *Coca-Colas* ou *colas*). Soda à base de coca sans cocaïne et de noix de cola.

cocagne [kɔkaɲ] n. f. (prov. *coucagno*, boule [de pastel]). *Mât de cocagne*, mât rendu glissant, qu'on plante en terre lors de certaines réjouissances et au sommet duquel il faut grimper pour décrocher les objets qui y sont suspendus. ‖ *Pays de cocagne*, pays imaginaire où on vit heureux, ayant de tout en abondance et sans peine. ‖ *Vie de cocagne*, vie d'abondance et d'insouciance.

cocaïne [kɔkain] n. f. (de *coca*). Substance utilisée en thérapeutique et avec laquelle certains s'intoxiquent volontairement (syn. fam. COCO, DROGUE).

cocaïnomane [kɔkainɔman] n. Personne qui abuse de la cocaïne.

cocaïnomanie [kɔkainɔmani] n. f. Toxicomanie à la cocaïne.

cocarde [kɔkard] n. f. (de l'anc. fr. *coquart*, vaniteux). 1. Emblème ou insigne circulaire aux couleurs nationales, souvent en tissu plissé, parfois simplement peint : *Des majorettes qui ont une cocarde à la boutonnière.* — 2. Nœud de ruban.

cocardier, ère [kɔkardje] adj. *Péjor.* Qui exprime un amour excessif de la gloire militaire ou des exploits de son pays : *Patriotisme cocardier. Chansons cocardières* (syn. CHAUVIN).

cocasse [kɔkas] adj. (anc. adj. *coquart*, vantard). D'une bizarrerie comique : *C'est une fille cocasse, pleine d'imprévu* (syn. ↓DRÔLE). *Il m'est arrivé une histoire cocasse* (syn. ↑EXTRAORDINAIRE).

cocasserie [kɔkasri] n. f. Caractère cocasse (Syn. ↓DRÔLERIE).

coccinelle [kɔksinɛl] n. f. (du lat. *coccinus*, écarlate). Petit insecte coléoptère, aux élytres orangés ou rouges tachetés de noir (syn. fam. BÊTE À BON DIEU).

coccyx [kɔksis] n. m. (gr. *kokkux*, coucou). Petit os, situé à l'extrémité inférieure de la colonne vertébrale.

coche [kɔʃ] n. m. (all. *Kutsche*). 1. Autref., grande voiture tirée par des chevaux, destinée au transport des voyageurs. — 2. Fam. *Manquer, rater, louper le coche*, laisser passer une occasion favorable, arriver trop tard.

cochenille [kɔʃnij] n. f. (esp. *cochinilla*, cloporte). Puceron parasite de certaines plantes cultivées.

1. cocher [kɔʃe] v. t. (du fr. *coche*, entaille). *Cocher qqch* (dans un écrit), le marquer d'un trait court : *La monitrice fait l'appel en cochant les noms des absents.*

2. cocher [kɔʃe] n. m. (de *coche*). 1. Autref., conducteur d'une voiture tirée par un ou plusieurs chevaux et destinée au transport des personnes. — 2. Fam. *Fouette cocher!*, allons-y hardiment!

cochère [kɔʃɛr] adj. f. (de *coche*). *Porte cochère,* dans un immeuble, grande porte à deux battants donnant sur la rue et permettant le passage des voitures.

1. cochon [kɔʃɔ̃] n. m. (orig. obscure). **1.** Syn. usuel de PORC. — **2.** *Cochon de lait,* petit cochon qui tète encore. ‖ *Cochon d'Inde,* syn. usuel de COBAYE. ‖ Fam. *C'est donner des confitures à un cochon,* c'est faire un cadeau à qqn qui ne sait pas en apprécier la valeur. ‖ Fam. *Je n'ai pas gardé les cochons avec vous,* rien n'autorise vos familiarités à mon égard.

2. cochon, onne [kɔʃɔ̃] adj. et n. **1.** *Fam.* Sale, dégoûtant, physiquement ou moralement : *Va te laver, cochon! Des histoires cochonnes* (syn. GRIVOIS, ÉGRILLARD; fam. SALÉ; soutenu LICENCIEUX, OBSCÈNE). — **2.** Se dit de qqn qui joue des mauvais tours, ou de qqch de malfaisant, de désagréable (terme grossier) : *Ce cochon-là aurait pu nous prévenir! Quel cochon de temps!* — **3.** Pop. *Amis comme cochons,* très amis. ‖ Fam. *Cochon qui s'en dédit,* formule imprécatoire plaisante, renforçant la solennité d'une promesse, d'un serment.

cochonnaille [kɔʃɔnaj] n. f. *Fam.* Viande de porc, préparation à base de porc (syn. CHARCUTERIE).

cochonner [kɔʃɔne] v. t. Fam. *Cochonner qqch,* le mettre en mauvais état, l'exécuter salement : *Attention, tu vas cochonner tes vêtements* (syn. SALIR). *Un devoir cochonné.*

cochonnerie [kɔʃɔnri] n. f. **1.** *Fam.* Saleté, objet ou parole sale : *Ce chansonnier fait rire sans dire de cochonneries* (syn. GAULOISERIE, GRIVOISERIE, GROSSIÈRETÉ). — **2.** *Fam.* Objet de mauvaise qualité : *Cette ficelle, c'est de la cochonnerie : elle casse tout le temps.*

cochonnet [kɔʃɔnɛ] n. m. **1.** Petit cochon. — **2.** Petite boule de bois servant de but à la pétanque.

cocker [kɔkɛr] n. m. (mot angl.). Chien de chasse à poil long et à oreilles tombantes.

cockpit [kɔkpit] n. m. (mot angl.). **1.** Réduit étanche ménagé à l'arrière de certains yachts et dans lequel se tient le barreur. — **2.** Emplacement réservé au pilote d'un avion.

cocktail [kɔktɛl] n. m. (mot angl.). **1.** Boisson obtenue en mélangeant des alcools, des sirops, parfois des aromates. — **2.** Réception en fin de journée : *Donner un cocktail pour un anniversaire. Une robe de cocktail.* — **3.** Œuvre faite d'un mélange d'éléments divers. — **4.** *Cocktail Molotov,* bouteille explosive à base d'essence.

1. coco [koko] n. m. (mot portug.). **1.** *Noix de coco,* fruit comestible du cocotier, utilisé notamment en pâtisserie. — **2.** Boisson rafraîchissante à base de réglisse.

2. coco [koko] n. m. **1.** Nom d'amitié donné parfois à un enfant, à qqn : *Viens, mon coco.* — **2.** *Péjor.* Individu louche ou peu estimable : *Un drôle de coco!*

3. coco [koko] n. f. *Fam.* Cocaïne.

cocon [kɔkɔ̃] n. m. (prov. *coucoun*). Enveloppe soyeuse dans laquelle vivent les chrysalides, en particulier celles des vers à soie.

cocorico [kɔkɔriko] interj. et n. m. Onomatopée traduisant le cri du coq : *Des cocoricos se répondent dans la ferme.*

cocotier [kɔkɔtje] n. m. Variété de palmier fournissant la noix de coco.

1. cocotte [kɔkɔt] n. f. (onomat.). **1.** Poule (langage enfantin). — **2.** *Cocotte en papier,* morceau de papier plié de telle façon qu'il présente quelque ressemblance avec une poule. — **3.** *Fam.* Femme de mœurs légères. — **4.** Mot d'amitié à l'adresse d'une femme, d'une fille : *Ma cocotte.*

2. cocotte [kɔkɔt] n. f. (lat. *cucuma,* casserole). Petite marmite à anses latérales et sans pieds : *Civet mijoté à la cocotte.* ‖ *Cocotte-minute* (nom déposé), syn. usuel inv. de AUTOCUISEUR.

cocu, e [kɔky] n. et adj. (de *coucou*). **1.** *Fam.* Mari dont la femme est infidèle (se dit plus rarement d'une femme dont le mari est infidèle). — **2.** Pop. *Veine de cocu,* chance peu ordinaire (syn. fam. VEINE DE PENDU).

cocufier [kɔkyfje] v. t. *Pop.* Faire cocu : *Elle a cocufié son mari sans vergogne* (syn. fam. TROMPER).

coda [kɔda] n. f. (mot it.). Période musicale, vive et brillante, qui termine un morceau.

codage [kɔdaʒ] n. m. Action de coder : *Le codage d'un ordre de mission.*

code [kɔd] n. m. (lat. *codex*). **1.** Recueil de lois ou de règlements : *Le Code pénal. Le Code de la route est l'ensemble de la législation concernant la circulation routière.* — **2.** Ensemble des conventions en usage dans un domaine déterminé : *Le code de la politesse varie selon les pays.* — **3.** *Code postal,* ensemble des cinq chiffres identifiant un bureau distributeur et dont la mention sur une adresse facilite le tri du courrier. — **4.** Tout système rigoureux convenu de signes, de symboles, par lequel on transcrit ou on traduit un message : *Découvrir le code secret de l'ennemi. Le code écrit d'une langue.* — **5.** *Phares code, éclairage code,* ou simplem. *code* (vieilli), éclairage des phares d'une voiture automobile réglementairement limité en portée et en intensité : *On croise une voiture en code* (syn. usuel FEU DE CROISEMENT).

codéine [kɔdein] n. f. (gr. *kôdeia,* tête de pavot). Substance extraite de l'opium, utilisée dans les médicaments pour calmer la toux.

coder [kɔde] v. t. Transcrire par un code en un autre langage : *Coder un message.*

codétenteur, trice [kɔdetɑ̃tœr] n. Personne qui détient un bien en commun avec une ou plusieurs autres.

codétenu, e [kɔdetny] n. Personne détenue en même temps qu'une ou plusieurs autres.

codicille [kɔdisil] n. m. (lat. *codex,* code). Disposition ajoutée à un testament pour le modifier, le compléter.

codification [kɔdifikasjɔ̃] n. f. Action de codifier.

codifier [kɔdifje] v. t. *Codifier qqch,* lui donner la forme d'un système, de principes : *Boileau a codifié, dans «l'Art poétique», les traits essentiels de la doctrine classique.*

codirecteur, trice [kɔdirɛktœr] n. Personne qui assure la direction d'une entreprise avec d'autres.

codirection [kɔdirɛksjɔ̃] n. f. Action de diriger avec un ou plusieurs autres.

coéditeur, trice [kɔeditœr] n. et adj. Personne ou société qui s'associe avec une autre pour éditer une œuvre.

coédition [kɔedisjɔ̃] n. f. Édition en association de plusieurs éditeurs.

coefficient [kɔefisjɑ̃] n. m. **1.** Chiffre par lequel on multiplie les notes des candidats à une épreuve d'un examen ou d'un concours, selon l'importance attribuée à cette épreuve : *6 sur 10, avec le coefficient 3, cela fait 18 sur 30.* — **2.** En sciences, nombre qui caractérise une propriété déterminée d'un phénomène : *Coefficient d'adhérence.* — **3.** En mathématiques, nombre qui multiplie la valeur de la partie variable d'une quantité algébrique. — **4.** Tout facteur entrant dans un calcul, pourcentage : *Coefficient d'erreur.*

cœlacanthe [selakɑ̃t] n. m. (gr. *koilos,* creux, et *akantha,* épine). Grand poisson osseux dont les ancêtres remonteraient à 300 millions d'années, et considéré comme intermédiaire entre les poissons et les amphibiens : *Des cœlacanthes de 1,50 m ont été pêchés en 1935.*

cœlioscopie [seljɔskɔpi] n. f. (gr. *koilia*, ventre, et *skopein*, observer). Examen de l'intérieur des organes de l'abdomen.

coéquipier, ère [kɔekipje] n. Personne qui fait partie de la même équipe.

coercitif, ive [kɔɛrsitif] adj. Qui contraint : *Des lois coercitives.* (→ INCOERCIBLE.)

coercition [kɔɛrsisjɔ̃] n. f. (du lat. *coercere*, contraindre). Action de contraindre qqn à faire qqch (soutenu) : *Obtenir quelque chose par coercition* (syn. CONTRAINTE). *Le pouvoir exécutif a usé de son droit de coercition.*

cœur [kœr] n. m. (lat. *cor, cordis*). **1.** Chez les êtres animés, organe doué de pulsations, qui est le moteur principal de la circulation du sang : *Le cœur bat dans la poitrine. Une maladie de cœur.* (→ CARDIAQUE.) — **2.** Objet ou dessin en forme de cœur stylisé. — **3.** *À cœur ouvert*, se dit d'interventions chirurgicales dans lesquelles on dévie la circulation, avant d'ouvrir les cavités cardiaques. ‖ *Avoir mal au cœur, avoir le cœur sur les lèvres*, avoir la nausée. ‖ *Beau, joli comme un cœur*, très joli. ‖ *Cela lève, soulève le cœur*, cela vous dégoûte. ‖ *Presser, serrer sur son cœur*, sur sa poitrine. — **4.** Une des couleurs du jeu de cartes : *Le valet de cœur. Atout cœur.* — **5.** Partie centrale des choses : *Le cœur d'un arbre. Un cœur de salade bien tendre. Une clairière au cœur de la forêt. Au cœur de l'été, de l'hiver* (= au moment où la chaleur, le froid sont les plus intenses). *Nous voilà au cœur du problème* (= au point essentiel). — **6.** *Fromage fait à cœur*, fromage affiné à point. — **7.** Disposition à être ému, à compatir; bienveillance, bonté : *Avoir le cœur sensible. Elle a le cœur sur la main* (= elle est très bonne, très généreuse). *Vous avez su toucher son cœur* (= l'émouvoir). *Ces paroles ont trouvé le chemin de son cœur* (= l'ont touché). *Cette attention délicate me va droit au cœur* (= m'émeut profondément). *Quand on a bon cœur, on pense aux autres. C'est un cœur d'or* (= une personne très généreuse, très bonne). *Je ne lui croyais pas le cœur si dur. C'est un cœur de pierre, un homme sans cœur. C'est un cœur de tigre* (= un caractère cruel). *Cela vous arrache, vous déchire, vous brise, vous fend, vous serre le cœur* (= cela vous peine profondément, vous inspire une grande pitié). — **8.** *Litt.* Siège de la tendresse, de l'affection, de l'amour : *Le cœur d'une mère est indulgent. Il lui a donné son cœur* (= il lui a voué un amour exclusif). *Cœur fidèle, volage. Le courrier du cœur dans un hebdomadaire* (= la chronique des questions sentimentales). — **9.** Siège de la joie ou de la tristesse : *Avoir le cœur gai, joyeux, léger, triste, lourd, gros. Ce n'est pas de gaieté de cœur que j'ai accepté cela* (= ce n'est pas volontiers, ce n'est pas sans hésiter). — **10.** Ardeur, désir qui porte vers qqch, courage mis à le faire : *Il met du cœur à l'ouvrage* (syn. ÉNERGIE). *À les voir travailler, on se rend compte que le cœur n'y est pas* (= qu'ils le font sans zèle, sans conviction). *Je n'ai pas eu le cœur de la réveiller* (= le cruel courage). *Cette nouvelle va lui donner, lui mettre du cœur au ventre* (fam.; = le réconforter, l'encourager). *Voici un projet qui me tient au cœur, que j'ai à cœur* (= auquel je suis très attaché). *J'ai à cœur de vous prévenir* (= je m'en fais un devoir). *Si le cœur vous en dit, vous pouvez essayer* (= si cela vous tente). *Il a enfin trouvé une secrétaire selon son cœur* (= exactement telle qu'il la souhaitait). — **11.** Conscience, dispositions morales, pensées intimes : *Un cœur pur, candide, simple* (syn. ÂME). *Si on pouvait connaître le fond de son cœur! Dévoiler son cœur à une amie. Je lui ai vidé mon cœur, dit ce que j'avais sur le cœur* (= je lui ai dit ce que je gardais secret et qui me pesait). *Parler à cœur ouvert, cœur à cœur* (= en toute sincérité, sans rien dissimuler). *C'était le cri du cœur* (= une exclamation traduisant spontanément les pensées ou les sentiments intimes). — **12.** *De bon cœur, de grand cœur, de tout cœur*, très volontiers. ‖ *En avoir le cœur net*, s'informer avec précision, de façon à savoir à quoi s'en tenir. ‖ *Être de tout cœur avec qqn*, s'associer à sa peine, à sa joie, à son espoir. ‖ *Mon cœur*, expression de tendresse. ‖ *Ne pas porter qqn dans son cœur*, avoir de l'antipathie pour lui. ‖ *Réciter, savoir, apprendre par cœur*, de mémoire, d'une façon mécanique.

coexistence [kɔɛgzistɑ̃s] n. f. Fait de coexister : *La coexistence pacifique implique l'acceptation du statu quo.*

coexister [kɔɛgziste] v. i. (sujet qqn, qqch) Exister simultanément; vivre côte à côte en se tolérant mutuellement : *Plusieurs tendances coexistent au sein de ce syndicat.*

coffrage [kɔfraʒ] n. m. **1.** Charpente en bois ou en métal disposée pour éviter les éboulements dans les puits, les tranchées. — **2.** Planches destinées à contenir du ciment frais jusqu'à son durcissement. — **3.** Habillage de bois, de ciment pour isoler ou dissimuler un appareil, une canalisation, des conduits, etc. : *Le coffrage d'une colonne d'eau.*

coffre [kɔfr] n. m. (gr. *kophinos*, corbeille). **1.** Meuble de bois très simple, dont la face supérieure est un couvercle mobile. — **2.** Partie d'une carrosserie de voiture destinée au logement des bagages. — **3.** Syn. de COFFRE-FORT. — **4.** *Fam.* Poitrine, poumons, voix : *Il est à moitié impotent, mais le coffre est encore bon* (syn. fam. CAISSE). *Avoir du coffre.*

coffre-fort [kɔfrəfɔr] n. m. (pl. *coffres-forts*). Coffre d'acier à serrure de sûreté, pour enfermer des valeurs, de l'argent : *Les coffres-forts d'une banque* (syn. COFFRE).

coffrer [kɔfre] v. t. **1.** Poser un coffrage. — **2.** Fam. *Coffrer qqn*, l'arrêter, l'emprisonner : *Le cambrioleur s'est fait coffrer.*

coffret [kɔfrɛ] n. m. Petite boîte, le plus souvent parallélépipédique, ayant un caractère décoratif : *Un coffret à bijoux.*

cogérance [kɔʒerɑ̃s] n. f. Gérance en commun.

cogérant, e [kɔʒerɑ̃] n. Qui exerce une cogérance.

cogérer [kɔʒere] v. t. *Cogérer une entreprise, un service*, le gérer, l'administrer en commun.

cogestion [kɔʒɛstjɔ̃] n. f. Administration exercée avec une ou plusieurs personnes.

cogitation [kɔʒitasjɔ̃] n. f. (souvent pl.) *Fam.* Fait de cogiter : *Quel est le fruit de tes cogitations?* (syn. PENSÉE, RÉFLEXION).

cogiter [kɔʒite] v. i. (lat. *cogitare*). *Fam.* Syn. affecté de RÉFLÉCHIR, PENSER : *Cogiter une heure pour savoir quoi faire.* ◆ v. t. *Qu'est-ce que vous cogitez?*, à quoi pensez-vous, que préparez-vous?

cognac [kɔɲak] n. m. Eau-de-vie de vin, produite à Cognac et dans la région (Charente et Charente-Maritime).

cognassier [kɔɲasje] n. m. Arbre produisant des coings.

cognée [kɔɲe] n. f. (bas lat. *cuneata*, en forme de coin). **1.** Hache de bûcheron. — **2.** Fam. *Jeter le manche après la cognée*, abandonner soudain par découragement ce qu'on avait entrepris.

cognement [kɔɲmɑ̃] n. m. Bruit sourd provoqué par un coup.

cogner [kɔɲe] v. t. ind. (du lat. *cuneus*, coin). **1.** (sujet qqn, qqch) *Cogner sur, contre, dans qqch, sur qqn,* lui donner un coup, des coups : *Cogner sur un piquet pour l'enfoncer. Cogner du poing sur la table. Le caillou est venu cogner contre la carrosserie* (syn. ↓ TAPER ; soutenu FRAPPER); et sans compl. : *J'entends la porte qui cogne* (syn. BATTRE). — **2.** (sujet qqn) *Cogner à la porte, à la fenêtre, au mur, au plafond,* y donner des coups pour avertir de sa présence ou pour manifester son mécontentement : *En passant devant chez moi, tu cogneras au volet* (syn. FRAPPER). *Le tapage des voisins du dessus n'a cessé que quand j'ai cogné au plafond* (syn. TAPER, HEURTER). ◆ v. t. **1.** Fam. *Cogner un objet,* lui faire subir un choc, un heurt (syn. moins usuels CHOQUER, HEURTER). — **2.** Fam. *Cogner qqn,* le heurter : *Il m'a cogné du coude; pop.,* lui donner des coups. ◆ ***se cogner*** v. pr. **1.** Se donner un coup : *Elle s'est cognée contre le buffet.* — **2.** *Se cogner la tête contre les murs,* chercher désespérément à sortir d'une situation sans issue.

cognitif, ive [kɔgnitif] adj. (lat. *cognitus,* connu). Se dit de processus par lesquels un être humain acquiert des informations sur l'environnement.

cohabitation [kɔabitasjɔ̃] n. f. Action de cohabiter : *Les nouveaux mariés logèrent chez les beaux-parents : la cohabitation se révéla difficile.*

cohabiter [kɔabite] v. i. Habiter ensemble sous le même toit : *Deux familles cohabitent dans ce pavillon.*

cohérence [kɔerɑ̃s] n. f. Caractère cohérent : *La cohérence d'un raisonnement.*

cohérent, e [kɔerɑ̃] adj. (du lat. *cohaerere,* être attaché ensemble). Se dit de qqch dont tous les éléments se tiennent, s'harmonisent ou s'organisent logiquement : *Une équipe de football très cohérente* (syn. HOMOGÈNE). *Ces nouvelles forment un tout cohérent. Une argumentation cohérente* (syn. LOGIQUE).

cohésion [kɔezjɔ̃] n. f. État d'un corps, d'un groupe formant un tout aux parties bien liées : *La cohésion générale d'un groupe* (syn. UNITÉ, SOLIDARITÉ).

cohorte [kɔɔrt] n. f. (lat. *cohors, -ortis,* troupe). Troupe de personnes menant ensemble une action plus ou moins concertée (souvent ironiq.) : *La cohorte des admirateurs.*

cohue [kɔy] n. f. (breton *cochuy*). Foule confuse : *Se perdre dans la cohue* (syn. BOUSCULADE).

coi, coite [kwa] adj. (lat. *quietus,* tranquille). Litt. *Se tenir coi, rester coi,* rester complètement silencieux et immobile, par crainte, prudence, perplexité (syn. TRANQUILLE).

coiffe [kwaf] n. f. (mot germ.). Tissu ou dentelle que les femmes portent sur la tête comme ornement dans certaines provinces.

coiffer [kwafe] v. t. **1.** *Coiffer qqn,* lui couvrir la tête d'un chapeau, d'un morceau de tissu : *Coiffer un bébé d'un bonnet. Être coiffé d'une casquette* (= porter une casquette). — **2.** (sujet une jeune fille) *Coiffer sainte Catherine,* atteindre l'âge de vingt-cinq ans sans être mariée. — **3.** Fam. *Être coiffé de qqn, de qqch,* être pris d'un enthousiasme excessif et durable pour eux (syn. ÊTRE ENTICHÉ, ENGOUÉ DE). — **4.** *Coiffer qqn,* arranger ses cheveux sur sa tête : *La fillette coiffe sa poupée. Se faire coiffer.* — **5.** *Être né coiffé,* avoir de la chance. — **6.** *Coiffer un organisme, un service administratif,* exercer son autorité sur cet organisme, ce service, être placé hiérarchiquement au-dessus (syn. SUPERVISER). — **7.** Fam. *Se faire coiffer au poteau,* se laisser dépasser à l'arrivée. ◆ ***se coiffer*** v. pr. Arranger ses cheveux : *Elle se coiffe devant sa glace.*

coiffeur, euse [kwafœr] n. Personne dont la profession est de couper les cheveux, de les arranger selon la mode : *Elle a pris un rendez-vous chez sa coiffeuse.*

coiffeuse [kwaføz] n. f. Petite table munie d'une glace, où sont posés les objets que les femmes utilisent pour les soins de beauté.

coiffure [kwafyr] n. f. **1.** Tout ce qui sert à couvrir la tête : *On voyait dans la foule des coiffures très diverses : feutres, chapeaux de paille, etc.* — **2.** Manière ou art de disposer les cheveux : *Une coiffure qui dégage les oreilles. Salon de coiffure. Elle a appris la coiffure.*

coin [kwɛ̃] n. m. (lat. *cuneus*). **1.** Angle formé par deux lignes ou deux plans : *Il s'est cogné au coin de la table. Le lampadaire est dans un coin de la pièce* (syn. ANGLE). — **2.** Petite partie d'un espace quelconque : *On voit un coin de ciel bleu de sa fenêtre;* lieu, localité : *C'est un coin de Paris que je ne connais pas du tout. Vous allez dans quel coin ?* — **3.** *Coins de l'œil, de la bouche,* les commissures. ‖ *Coin de (la) rue,* ou *coin,* endroit où deux rues se coupent : *Rendez-vous au tabac du coin à 14 heures. C'est un spectacle qu'on peut voir à tous les coins de rues* (= à tous les carrefours, très communément). ‖ *De coin,* situé dans un angle : *Avoir une place de coin;* se dit d'un meuble prévu pour occuper un angle : *Canapé de coin.* ‖ *Le coin du feu,* les côtés de la cheminée; le foyer. ‖ Fam. *Les petits coins, le petit coin,* les cabinets d'aisance. ‖ Fam. *Les quatre coins de,* tous les endroits, jusqu'aux plus reculés : *Aux quatre coins du monde.* ‖ *Sourire en coin,* sourire dissimulé. — **4.** Pièce de fer taillée en biseau à une de ses extrémités et servant à fendre le bois. — **5.** Instrument en forme d'angle servant à fixer, assujettir, serrer qqch.

coincement [kwɛ̃smɑ̃] n. m. Action de coincer, de se coincer : *Le coincement d'un axe arrête tout le mécanisme.*

coincer [kwɛ̃se] v. t. (de *coin*) [c. 1]. **1.** *Coincer qqch, qqn,* l'immobiliser en le serrant contre un objet : *La valise est coincée entre deux malles. Un des tiroirs de la commode est coincé* (syn. BLOQUER). *On a coincé le mât en terre avec des pierres* (syn. CALER). *J'ai été coincé par la foule contre la balustrade* (syn. SERRER). — **2.** Fam. *Coincer qqn,* le mettre dans l'impossibilité de répondre, de s'échapper; le mettre dans l'embarras : *Le candidat s'est fait coincer sur un détail du Code de la route* (syn. fam. COLLER). *On a coincé le voleur.*

coïncidence [kɔɛ̃sidɑ̃s] n. f. **1.** Fait pour deux figures, deux surfaces de se superposer exactement. — **2.** Rencontre de circonstances : *Par une heureuse coïncidence, elle est arrivée au moment où j'avais besoin d'elle* (syn. HASARD). *Une fâcheuse, une curieuse, une simple coïncidence* (syn. CONCOURS DE CIRCONSTANCES).

coïncider [kɔɛ̃side] v. t. ind. (lat. *coincidere,* tomber en même temps) [sujet qqch] *Coïncider (avec qqch),* s'y adapter, y correspondre exactement; occuper le même espace ou tomber au même moment : *Votre désir coïncide avec le mien* (syn. CONCORDER). *Faire coïncider les extrémités des deux tuyaux* (= les ajuster). *Comme les deux cérémonies coïncident, je n'assisterai qu'à l'une d'elles* (= ont lieu en même temps).

coin-coin [kwɛ̃kwɛ̃] n. m. inv. Onomatopée traduisant le cri du canard.

coinculpé, e [kɔɛ̃kylpe] n. Inculpé en même temps que d'autres, pour le même délit.

coing [kwɛ̃] n. m. (lat. *cotoneum*). **1.** Fruit du cognassier, dont on fait des confitures. — **2.** *Être jaune comme un coing,* avoir le teint très jaune, mauvaise mine.

coït [kɔit] n. m. (du lat. *coire,* aller ensemble). Accouplement du mâle et de la femelle chez les humains et les animaux.

coke [kɔk] n. m. (mot angl.). Combustible qui est un résidu de la distillation de la houille.

cokéfaction [kɔkefaksjɔ̃] n. f. Action de cokéfier : *La cokéfaction de la houille.*

cokéfier [kɔkefje] v. t. Transformer de la houille en coke.

cokerie [kɔkri] n. f. Usine de fabrication de coke.

col [kɔl] n. m. (lat. *collum*). **1.** Partie d'un vêtement qui entoure le cou. — **2.** *Col blanc,* employé de bureau. — **3.** *Faux col,* col amovible qui s'adapte à une chemise. ‖ Fam. *Un demi sans faux col,* un verre de bière sans trop de mousse. — **4.** Partie amincie et plus ou moins cylindrique d'un objet, d'un os, d'un organe : *Un vase au col gracieux. Le col du fémur, de l'utérus.* — **5.** Partie basse d'une chaîne de montagnes qui forme un passage : *Le col de l'Iseran fait communiquer les vallées de l'Arc et de l'Isère.*

cola ou **kola** [kɔla] n. m. (mot lat.). Arbre de l'Afrique occidentale, dont la noix sert à faire des stimulants.

colchique [kɔlʃik] n. m. (gr. *kolkhikon,* plante de Colchide). Plante à fleurs roses, blanches ou violettes, commune dans les prés humides et très vénéneuse.

coléoptère [kɔleɔptɛr] n. m. (gr. *koleos,* étui, et *pteron,* aile). Insecte dont les ailes membraneuses sont protégées au repos par des ailes cornées appelées « élytres » : *Le hanneton, la coccinelle sont des coléoptères.*

colère [kɔlɛr] n. f. (lat. *cholera*). **1.** Violent accès d'humeur, mouvement d'hostilité envers qqn ou qqch : *Elle est entrée dans une colère terrible en voyant que le travail n'était pas fait* (syn. FUREUR, RAGE ; fam. ROGNE). *Des paroles prononcées sous le coup de la colère* (syn. EMPORTEMENT, ↓IRRITATION). — **2.** *Fam.* Crise de colère : *Faire des colères.* — **3.** *En colère,* violemment irrité : *Il est en colère parce que sa voiture est en panne* (syn. ↑FURIEUX ; fam. EN ROGNE).

coléreux, euse [kɔlerø] ou **colérique** [kɔlerik] adj. Enclin à la colère : *Cet enfant est très coléreux.*

colibacille [kɔlibasil] n. m. (gr. *kôlon,* gros intestin, et *bacille*). Bactérie existant dans le sol, souvent dans l'eau, le lait et certains aliments, qui vit normalement dans l'intestin de l'homme et des animaux, mais qui peut envahir différents tissus ou organes.

colibacillose [kɔlibasiloz] n. f. Maladie causée par le colibacille.

colibri [kɔlibri] n. m. (mot des Antilles). Très petit oiseau d'Amérique, au plumage vivement coloré, à long bec qu'il enfonce dans les fleurs pour y puiser le nectar (syn. OISEAU-MOUCHE).

colifichet [kɔlifiʃɛ] n. m. (orig. obscure). Petit ornement de fantaisie et sans grande valeur : *Elle aime les boucles d'oreilles, les broches et autres colifichets.*

colimaçon [kɔlimasɔ̃] n. m. (picard *colimachon*). **1.** Syn. rare de ESCARGOT. — **2.** *Escalier en colimaçon,* en spirale.

colin [kɔlɛ̃] n. m. (néerl. *colfish*). Poisson marin estimé pour sa chair (syn. LIEU, MERLU).

colin-maillard [kɔlɛ̃majar] n. m. (de deux n. pr., *Colin* et *Maillard*) [pl. *colin-maillards*]. Jeu dans lequel un des joueurs, les yeux bandés, cherche à attraper et à reconnaître les autres joueurs à tâtons.

colinot [kɔlino] n. m. Petit colin.

colique [kɔlik] n. f. (gr. *kôlon,* gros intestin). **1.** Vive douleur intestinale, souvent accompagnée de diarrhée. — **2.** *Fam.* Chose ennuyeuse, contrariante : *Quelle colique, ce travail !* (syn. fam. BARBE, POISON).

colis [kɔli] n. m. (it. *colli,* charges portées sur le cou). Paquet de taille moyenne ou de grande taille, destiné à être à expédié.

colistier [kolistje] n. m. Candidat qui est sur la même liste qu'un autre à des élections.

collaborateur, trice [kɔlabɔratœr] n. **1.** Personne qui collabore, coopère : *Le directeur a remercié ses collaboratrices de leur aide.* — **2.** *Péjor.* Celui qui collabore avec une armée d'occupation (syn. fam. COLLABO).

collaboration [kɔlabɔrasjɔ̃] n. f. Action de collaborer : *La revue s'est assuré la collaboration de plusieurs écrivains de talent. L'absence de collaboration entre différents services.*

collaborer [kɔlabɔre] v. t. ind. (lat. *collaborare*). **1.** *Collaborer (avec qqn à qqch),* travailler avec lui à une œuvre commune : *Il collabore avec sa femme à un nouveau roman. De nombreux spécialistes ont collaboré à la rédaction du dictionnaire* (syn. PARTICIPER). *Au lieu de nous concurrencer, nous pourrions collaborer* (syn. COOPÉRER). — **2.** *Péjor.* Pendant la Seconde Guerre mondiale, aider en France l'armée d'occupation, sympathiser avec les occupants.

collage [kɔlaʒ] n. m. **1.** Action de coller : *Le collage du papier sur un mur.* — **2.** Composition artistique faite d'éléments divers collés sur toile, sur carton, etc.

1. collant, e [kɔlɑ̃] adj. **1.** Qui colle, qui adhère : *Du papier collant.* — **2.** Se dit d'un vêtement qui colle au corps, qui le moule : *Une robe collante.* — **3.** *Fam.* Se dit de qqn dont on ne peut pas se débarrasser : *Ce représentant, qu'est-ce qu'il était collant !* (syn. IMPORTUN).

2. collant [kɔlɑ̃] n. m. **1.** Sorte de pantalon de tissu fin moulant les hanches, les jambes, comportant ou non des pieds et porté par les danseurs, les gymnastes, les patineurs, etc. — **2.** Sous-vêtement de cette forme porté par les femmes (remplace les bas) ou par les hommes, les femmes et les enfants pour se protéger du froid : *Mettre un collant sous son pantalon de ski.*

collante [kɔlɑ̃t] n. f. *Arg. scol.* Convocation à un examen, à un concours.

collatéral, e, aux [kɔlateral] adj. et n. (du lat. *cum,* avec, et *latus, lateris,* côté). Parent en dehors de la ligne directe : *Les sœurs, les tantes, les cousines sont des collatérales.*

collation [kɔlasjɔ̃] n. f. (lat. *collatio,* réunion). Repas léger : *Prendre, servir une collation.*

collationnement [kɔlasjɔnmɑ̃] n. m. Action de collationner : *Le collationnement des textes.*

collationner [kɔlasjɔne] v. t. (du lat. *collatio,* de *conferre,* réunir). *Collationner des textes, des documents,* etc., les comparer entre eux.

colle [kɔl] n. f. (gr. *kolla*). **1.** Substance gluante, liquide ou en pâte, utilisée pour faire adhérer des objets entre eux. — **2.** *Fam.* Question embarrassante, petit problème dont la solution demande beaucoup d'ingéniosité : *Je vais vous poser une petite colle.* — **3.** *Arg. scol.* Interrogation périodique de contrôle : *Passer une colle d'histoire.* — **4.** *Arg. scol.* Punition consistant à faire un travail supplémentaire, en général en venant à l'école en dehors des heures normales de classe (syn. RETENUE, CONSIGNE).

collecte [kɔlɛkt] n. f. (du lat. *colligere,* recueillir). Action de recueillir de l'argent ou des objets, souvent dans une intention de bienfaisance : *Des collectes en faveur des sinistrés* (syn. QUÊTE). *Faire une collecte de vêtements.*

collecter [kɔlɛkte] v. t. Faire une collecte : *Collecter des fonds* (syn. RECUEILLIR, RASSEMBLER). *Collecter des signatures pour une pétition* (syn. RÉUNIR).

collecteur [kɔlɛktœr] n. m. Personne qui collecte : *Un collecteur de fonds.* ◆ adj. et n. m. *(Égout) collecteur,* qui reçoit les eaux de plusieurs canalisations de moindre importance.

1. collectif, ive [kɔlɛktif] adj. **1.** Qui concerne un ensemble de personnes, qui est le fait d'un groupe : *Un billet collectif de chemin de fer* (= de groupe). *Une hal-*

lucination collective (contr. INDIVIDUEL). — **2.** *Nom collectif* (ou *collectif* n. m.), nom qui exprime une idée de groupe, comme *foule, troupe, rangée*, etc.

2. collectif [kɔlɛktif] n. m. **1.** Projet de loi par lequel le gouvernement sollicite des assemblées parlementaires une modification du volume des crédits. — **2.** Groupe de personnes assurant une tâche commune.

collection [kɔlɛksjɔ̃] n. f. (lat. *collectio*, réunion). **1.** Ensemble d'objets réunis et classés par curiosité, par goût esthétique ou dans une intention documentaire : *Une collection de timbres. Ce tableau appartient à une collection particulière. J'ai la collection complète de cette revue.* — **2.** Ensemble des modèles nouveaux présentés par un couturier : *La collection de printemps.* — **3.** Fam. *Une collection de, toute une collection de*, une grande quantité de : *Vous n'allez pas encore lui acheter une chemise, il en a déjà toute une collection.*

collectionner [kɔlɛksjɔne] v. t. **1.** *Collectionner des objets*, les réunir en collection : *Certains collectionnent les cartes postales, d'autres les poupées mécaniques.* — **2.** Fam. *Collectionner des choses*, les accumuler : *Collectionner les gaffes.*

collectionneur, euse [kɔlɛksjɔnœr] n. Qui collectionne des objets : *Une collectionneuse d'estampes.*

collectivement [kɔlɛktivmɑ̃] adv. De façon collective : *La note de service s'adresse collectivement à tout le personnel* (contr. INDIVIDUELLEMENT, PERSONNELLEMENT).

collectivisation [kɔlɛktivizasjɔ̃] n. f. Action de collectiviser : *La collectivisation des terres.*

collectiviser [kɔlɛktivize] v. t. Mettre les moyens de production au service de la collectivité, par expropriation ou par nationalisation.

collectivisme [kɔlɛktivism] n. m. Système économique visant à la mise en commun des moyens de production.

collectiviste [kɔlɛktivist] adj. et n. Relatif au collectivisme : *Un régime collectiviste. Les proclamations des collectivistes.*

collectivité [kɔlɛktivite] n. f. Groupe d'individus habitant un même pays, une même agglomération, ou simplement ayant des intérêts communs : *L'effort de chacun profitera à la collectivité. Les collectivités locales avaient délégué leurs représentants* (= les communes).

collège [kɔlɛʒ] n. m. (lat. *collegium*).
— **I.** Établissement d'enseignement du second degré, qui assure les classes de la 6e à la 3e : *Il existe des collèges privés et des collèges publics* (ou *d'État*). *Un collège d'enseignement secondaire* (ou *C. E. S.*).
— **II.** Corps de personnes ayant même dignité, mêmes fonctions : *Le collège des cardinaux se réunit en conclave. Chaque collège électoral est appelé à désigner ses représentants aux commissions paritaires* (= chaque catégorie d'électeurs).

collégial, e, aux [kɔleʒjal] adj. *Direction collégiale*, comité directeur composé de plusieurs membres ayant des pouvoirs égaux.

collégialité [kɔleʒjalite] n. f. Caractère collégial : *Un parti politique attaché à la collégialité de direction.*

collégien, enne [kɔleʒjɛ̃] n. **1.** Élève d'un collège. — **2.** *Péjor.* Personne naïve, sans expérience.

collègue [kɔlɛg] n. (lat. *collega*). Personne exerçant le même genre de fonctions administratives qu'une autre : *L'employée de mairie a passé le dossier à sa collègue. Mon cher collègue* (formule de politesse). [→ CONFRÈRE.]

coller [kɔle] v. t. **1.** *Coller qqch*, le faire adhérer avec de la colle : *Coller une affiche au mur, un timbre sur une lettre. L'enfant colle les pièces de son avion modèle réduit.* — **2.** *Coller qqch à, contre qqch*, les placer l'un contre l'autre : *Elle a collé son oreille à la porte pour entendre. Ce fauteuil est trop collé contre le mur.* — **3.** *Fam.* Mettre, placer vigoureusement : *Colle ton paquet là. Tais-toi ou je te colle mon poing dans la figure* (syn. fam. FLANQUER); donner, confier d'autorité à qqn : *Et évidemment c'est à moi qu'on colle le sale boulot!* — **4.** Fam. *Coller qqn*, rester sans cesse près de lui, l'importuner par sa présence continuelle. — **5.** Fam. *Coller qqn*, le mettre dans l'incapacité de répondre à une question : *Il n'est pas facile de le coller en histoire;* le refuser à un examen : *Elle a encore été collée au bac.* — **6.** Fam. *Coller un élève*, le retenir, le faire revenir à l'école comme punition (syn. CONSIGNER). ◆ v. t. ind. **1.** *Coller à qqch*, y adhérer (en parlant d'une matière gluante, poisseuse) [souvent sans compl.] : *La glaise colle aux semelles* (syn. ADHÉRER). — **2.** (sujet qqch) *Coller à qqch*, s'y appliquer : *Un maillot qui colle au corps;* y correspondre : *Cette description colle à la réalité.* — **3.** *Coller (avec qqch)* [souvent sans compl.], convenir, bien aller : *Son témoignage ne colle pas avec ce que j'ai vu de mes propres yeux* (syn. CORRESPONDRE À). *S'il y a qqch qui ne colle pas, préviens-moi. Ça colle, on y va* (syn. MARCHER). ◆ ***se coller*** v. pr. (sujet qqn) **1.** *Se coller à, contre qqch, qqn*, se serrer, se plaquer contre qqch, qqn. — **2.** Fam. *Se coller à une tâche, un travail, s'y coller*, s'y mettre.

collerette [kɔlrɛt] n. f. (de *collier*). Garniture plissée ou froncée appliquée sur un col de vêtement féminin.

collet [kɔlɛ] n. m. (de *col*). **1.** Autref., pièce, garniture d'un vêtement qui couvrait le cou et parfois les épaules. — **2.** *Collet monté* (loc. adj. inv.), guindé, affecté : *Des gens collet monté.* ‖ *Saisir, prendre qqn au collet, mettre la main au collet de qqn*, s'emparer de lui, le mettre en état d'arrestation. — **3.** Lacet à nœud coulant qu'on pose sur le passage des lapins ou des lièvres pour les prendre : *Le braconnier pose des collets.* — **4.** Partie de la dent située au niveau de la gencive et qui sépare la racine de la couronne.

colleter (se) [kɔlte] v. pr. (c. **8**) Fam. *Se colleter (avec qqn)*, se jeter sur lui à la suite d'une querelle, lutter avec lui : *Il s'est colleté avec son voisin.*

colleur [kɔlœr] n. m. Personne qui a pour métier de coller : *Un colleur d'affiches.*

colleuse [kɔløz] n. f. Appareil servant à coller les films (photographie, montage cinématographique).

colley [kɔlɛ] n. m. (mot angl.). Chien de berger écossais.

collier [kɔlje] n. m. (lat. *collarium*). **1.** Bijou porté autour du cou, surtout par les femmes. — **2.** Chaîne ouvragée portée par les dignitaires de certains ordres : *Collier de la Légion d'honneur.* — **3.** Courroie de cuir, de métal, mise au cou de certains animaux pour pouvoir les attacher ou portant une plaque d'identité. — **4.** Partie du plumage ou de la robe de certains animaux autour du cou, considéré sur le plan de la couleur, du poil. — **5.** Partie du harnais servant à atteler un cheval. — **6.** Cercle métallique destiné au serrage d'un tuyau, d'un poteau, etc. — **7.** Bande étroite de barbe taillée court. — **8.** Fam. *Donner un coup de collier*, fournir un effort intense. ‖ *Prendre, reprendre le collier*, se mettre, se remettre à une tâche pénible. ‖ *Reprendre son collier de misère*, un travail pénible.

collimateur [kɔlimatœr] n. m. (du lat. *collineare*, viser). **1.** Appareil de visée pour le tir. — **2.** Fam. *Prendre, avoir qqn dans le collimateur*, le soumettre à une surveillance étroite, dans une intention hostile; se préparer à l'attaquer.

colline [kɔlin] n. f. (lat. *collis*). Élévation de terrain de moyenne importance : *Les collines du Perche, de l'Artois. En montant sur la colline, on a une vue étendue* (syn. HAUTEUR).

collision [kɔl(l)izjɔ̃] n. f. (lat. *collisio*). **1.** Rencontre plus ou moins rude entre des corps en mouvement ou choc d'un corps en mouvement sur un obstacle : *La camionnette est entrée en collision avec un platane. Une collision entre deux bateaux* (syn. CHOC, HEURT). — **2.** Heurt violent entre des groupes hostiles : *Une collision entre les forces de police et les manifestants* (syn. BAGARRE, ÉCHAUFFOURÉE).

colloque [kɔlɔk] n. m. (lat. *colloquium,* entretien). Entretien, débat portant généralement sur des questions scientifiques, politiques, diplomatiques, etc. : *Les météorologistes ont tenu un important colloque* (syn. SYMPOSIUM, CONFÉRENCE).

collusion [kɔlyzjɔ̃] n. f. (du lat. *colludere,* jouer ensemble). Entente secrète, alliance entre plusieurs personnes ou groupements d'intérêts au préjudice de qqn : *Le gouvernement avait été renversé par la collusion des deux partis extrêmes.*

collutoire [kɔlytwar] n. m. (du lat. *colluere,* laver). Médicament pour le traitement des affections de la muqueuse buccale.

collyre [kɔlir] n. m. (gr. *kollurion,* onguent). Médicament liquide, souvent en gouttes, qui s'applique sur la conjonctive de l'œil.

colmatage [kɔlmataʒ] n. m. Action de colmater.

colmater [kɔlmate] v. t. (de l'it. *colmata,* comblement). *Colmater une brèche, une fente, une fuite,* la boucher plus ou moins complètement : *Colmater une fuite avec un chiffon* (syn. AVEUGLER). *Le haut commandement avait envoyé deux divisions pour colmater la brèche faite dans le front allié par l'attaque ennemie* (= rétablir le front percé).

colocataire [kolɔkatɛr] n. Personne qui est locataire en même temps que d'autres dans un immeuble.

colombe [kɔlɔ̃b] n. f. (lat. *columba,* pigeon). Oiseau voisin du pigeon, parfois pris comme symbole de la douceur, de la pureté et de la paix.

colombien, enne [kɔlɔ̃bjɛ̃] adj. et n. De Colombie.

colombier [kɔlɔ̃bje] n. m. Bâtiment où on élève les pigeons (syn. PIGEONNIER).

colombophile [kɔlɔ̃bɔfil] adj. et n. Qui élève et emploie des pigeons voyageurs.

colombophilie [kɔlɔ̃bɔfili] n. f. Élevage des pigeons voyageurs.

colon [kɔlɔ̃] n. m. (lat. *colonus*). **1.** Celui qui est venu ou dont les parents sont venus s'établir dans une colonie. — **2.** *Fam.* Enfant d'une colonie de vacances.

côlon [kolɔ̃] n. m. (gr. *kôlon,* intestin). Partie terminale du gros intestin.

colonel [kɔlɔnɛl] n. m. (it. *colonna,* troupe en colonne). Officier des armées de terre et de l'air, supérieur au lieutenant-colonel.

colonelle [kɔlɔnɛl] n. f. *Fam.* Femme d'un colonel.

colonial, e, aux [kɔlɔnjal] adj. Relatif aux colonies : *Le commerce des bois coloniaux.* ◆ n. Qui a vécu aux colonies : *Un vieux colonial retiré en France.*

colonialisme [kɔlɔnjalism] n. m. Doctrine ou attitude favorable à la colonisation d'autres pays.

colonialiste [kɔlɔnjalist] adj. Qui relève du colonialisme : *Politique colonialiste.* ◆ n. Partisan du colonialisme.

colonie [kɔlɔni] n. f. (lat. *colonia,* de *colere,* cultiver). **1.** Territoire distinct de celui d'une nation, occupé et administré par les citoyens de cette nation et gardant avec elle des liens de dépendance économique, politique, culturelle, etc. : *Elle a vécu dix ans aux colonies avant de revenir dans la métropole.* — **2.** Groupe de personnes établies dans un pays étranger ou une ville étrangère : *La colonie française de Londres.* — **3.** Troupe d'animaux ayant une vie collective plus ou moins organisée : *Une colonie de pingouins.* — **4.** *Colonie (de vacances),* ou, fam., *colo,* groupe d'enfants passant leurs vacances sous la conduite de moniteurs.

colonisateur, trice [kɔlɔnizatœr] adj. et n. Qui colonise : *Les relations entre le peuple colonisateur et le peuple colonisé. Lyautey fut un grand colonisateur.*

colonisation [kɔlɔnizasjɔ̃] n. f. Action de coloniser : *La colonisation de l'Algérie par la France s'est faite à partir de 1830.*

coloniser [kɔlɔnize] v. t. **1.** *Coloniser un pays, ses habitants,* les transformer en colonie, les mettre sous la tutelle d'un autre État. — **2.** *Coloniser une région,* la peupler de colons.

colonnade [kɔlɔnad] n. f. Rangée de colonnes le long d'un bâtiment ou incluse dans un édifice : *Les colonnades du Panthéon.*

colonne [kɔlɔn] n. f. (lat. *columna*). **1.** Support vertical de forme cylindrique, ayant généralement, outre le rôle de soutien, un rôle ornemental : *Les temples grecs comportaient des colonnes.* — **2.** Monument commémoratif de même forme : *La colonne Vendôme.* — **3.** *Colonne de fumée,* masse de fumée, vaguement cylindrique, qui s'élève dans l'air. ‖ *Colonne montante,* principale canalisation ascendante d'eau, de gaz, d'électricité, dans un immeuble de plusieurs étages. ‖ *Colonne Morris,* colonne qui, à Paris, sert à apposer les affiches des spectacles. ‖ *Colonne vertébrale,* ensemble articulé des vertèbres. — **4.** Alignement vertical de chiffres; section verticale d'une page, contenant un texte ou laissée en blanc : *Un comptable penché sur des colonnes de chiffres. La dernière colonne à droite est celle des unités. L'article est à la troisième page, quatrième colonne. J'ai relevé cette information dans les colonnes d'un journal.* — **5.** Alignement de personnes les unes derrière les autres, et particulièrement d'une troupe en marche : *Une longue colonne de réfugiés* (syn. FILE). *Une colonne de secours est partie au-devant des alpinistes en détresse* (syn. ÉQUIPE). — **6.** *Cinquième colonne,* nom donné à des éléments ennemis qui se sont introduits au sein d'un pays en guerre, d'un parti, d'une formation, etc., et qui y conduisent des manœuvres hostiles.

colonnette [kɔlɔnɛt] n. f. Colonne mince : *Des colonnettes adossées aux piliers des églises.*

coloquinte [kɔlɔkɛ̃t] n. f. (gr. *kolokunthis*). Fruit décoratif jaune orangé, non comestible, qu'on peut sécher et conserver.

colorant, e [kɔlɔrɑ̃] adj. Qui colore : *Un produit colorant.* ◆ ***colorant*** n. m. Substance qui colore.

coloration [kɔlɔrasjɔ̃] n. f. Aspect d'un corps coloré, nuance de la couleur donnée à qqch : *On peut contrôler la cuisson d'un plat au four en observant sa coloration* (syn. COULEUR).

coloré, e [kɔlɔre] adj. **1.** Qui a une couleur, en général vive : *Du verre coloré* (contr. INCOLORE, CLAIR). — **2.** Se dit d'une façon de s'exprimer qui attire l'attention par un caractère pittoresque : *Un langage coloré* (contr. PLAT, BANAL).

colorer [kɔlɔre] v. t. (lat. *colorare*) [sujet qqch, qqn] *Colorer qqch,* lui donner une couleur, généralement vive : *En pâtisserie, on colore artificiellement certaines crèmes.* ◆ ***se colorer*** v. pr. (sujet qqch) Devenir coloré : *Le ciel se colore de rose à l'horizon.*

coloriage [kɔlɔrjaʒ] n. m. Action de colorier; dessin colorié : *Les enfants font beaucoup de coloriages. Un album de coloriages.*

colorier [kɔlɔrje] v. t. *Colorier un objet, un dessin,* lui appliquer des couleurs : *Colorier une carte de géographie.*

coloris [kɔlɔri] n. m. (it. *colorito*). Nuance d'une couleur : *Ces deux roses n'ont pas exactement le même coloris.*

coloriste [kɔlɔrist] n. Peintre qui s'exprime par la couleur plutôt que par le dessin.

colossal, e, aux [kɔlɔsal] adj. Qui est d'une taille, d'une importance énorme : *Un homme colossal. Un effort colossal* (syn. GIGANTESQUE). *Une fortune colossale* (syn. IMMENSE, FANTASTIQUE, PRODIGIEUX).

colossalement [kɔlɔsalmɑ̃] adv. De façon colossale : *Une famille colossalement riche* (syn. EXTRÊMEMENT ; fam. FORMIDABLEMENT).

colosse [kɔlɔs] n. m. (gr. *kolossos*). **1.** Statue d'une grandeur extraordinaire : *Le colosse de Rhodes.* — **2.** Homme, ou, plus rarement, animal remarquable par sa grande taille, sa force extraordinaire : *C'est un colosse de 1,95 m, qui arrache cinquante kilos comme une plume.*

colportage [kɔlpɔrtaʒ] n. m. Action de colporter.

colporter [kɔlpɔrte] v. t. (lat. *comportare*, transporter). **1.** *Colporter des marchandises*, les porter de lieu en lieu pour les vendre. — **2.** *Colporter des propos, des bruits*, etc., les répandre parmi diverses personnes.

colporteur, euse [kɔlpɔrtœr] n. Qui colporte : *Une colporteuse de fausses nouvelles* (syn. PROPAGATEUR).

colt [kɔlt] n. m. (du n. de l'inventeur). Pistolet automatique américain.

coltiner [kɔltine] v. t. (de *col*, cou). Porter des choses lourdes : *Coltiner des sacs de ciment.* ◆ ***se coltiner*** v. pr. Fam. *Se coltiner qqch*, se charger d'une tâche pénible ou désagréable : *Je me suis coltiné toute la correspondance* (syn. pop. S'APPUYER, S'ENVOYER).

columbarium [kɔlɔ̃barjɔm] n. m. (mot lat. signif. *colombier*). Bâtiment pourvu de niches où sont conservées les cendres des personnes incinérées.

colvert [kɔlvɛr] n. m. (de *col*, cou, et *vert*). Canard sauvage commun.

colza [kɔlza] n. m. (néerl. *koolzaad*, semence de chou). Plante oléagineuse et fourragère à fleurs jaunes.

coma [kɔma] n. m. (gr. *kôma*, sommeil profond). État pathologique d'insensibilité, avec perte de conscience : *La malade est dans le coma.*

comateux, euse [kɔmatø] adj. Relatif au coma : *Être dans un état comateux.*

combat [kɔ̃ba] n. m. Action des adversaires qui combattent violemment ou de qqn qui lutte pour soutenir une cause : *Les unités de l'arrière-garde livraient des combats de retardement. Deux mille spectateurs assistaient à ce combat de boxe. Le ministre a affirmé qu'il allait engager le combat contre l'inflation* (syn. LUTTE).

combatif, ive [kɔ̃batif] adj. Porté à combattre, qui recherche la lutte : *Son humeur combative lui a attiré de nombreux ennuis* (syn. BELLIQUEUX). *Les troupes nouvellement arrivées sont plus combatives que les autres* (syn. AGRESSIF).

combativité [kɔ̃bativite] n. f. Tendance à rechercher la lutte : *L'annonce de ce premier succès a accru la combativité de nos troupes* (syn. AGRESSIVITÉ, MORDANT).

combattant, e [kɔ̃batɑ̃] adj. et n. m. Qui combat, qui prend part à un combat, une guerre : *Dans l'armée, on distingue les unités combattantes et les services. Les clients du café tentèrent de séparer les deux combattants. Une délégation d'anciens combattants a défilé le 14 juillet* (= d'anciens soldats des dernières guerres).

combattre [kɔ̃batr] v. t. (lat. *cum*, avec, et *battuere*, battre) [c. **56**]. **1.** *Combattre qqn*, se battre contre lui, s'opposer à lui par la violence ou dans un débat : *Nos troupes ont vaillamment combattu un ennemi* (ou *contre un ennemi*) *supérieur en nombre. Le gouvernement est combattu par les partis de l'opposition.* — **2.** *Combattre qqch*, s'opposer à son action, chercher à le faire échouer : *Les pompiers combattent l'incendie. Combattre une épidémie* (syn. LUTTER CONTRE). *Combattre une politique, un projet de loi.* ◆ v. i. et v. t. ind. **1.** Livrer un combat : *Combattre à l'arme blanche. Combattre pour la liberté* (syn. SE BATTRE). — **2.** Faire triompher son point de vue : *Elle a eu beaucoup à combattre pour que ses parents acceptent son choix.*

combien [kɔ̃bjɛ̃] adv. interr. ou exclam. de quantité (anc. fr. *com*, comment, et *bien*). **1.** Modifie un verbe, un adverbe ou un adjectif : *Combien coûte ce livre?* (syn. QUEL PRIX?). *Combien mesure, combien pèse cet enfant?* (syn. QUELLE TAILLE?, QUEL POIDS?). *Combien je suis heureux de la revoir!* (syn. COMME!, QUE!). *Combien facilement elle se console! Combien rares sont ceux qui s'y intéressent!* — **2.** *Ô combien!*, exprime l'intensité (soutenu) : *Il eût été, ô combien! préférable de ne rien dire* (syn. TRÈS, BIEN). *Je vous admire, ô combien!* (syn. BEAUCOUP, FORT, EXTRÊMEMENT). — **3.** *Combien de* (+ *n. sing.* ou *pl.*), quelle quantité, quel nombre de : *Combien de temps faut-il pour faire ce trajet? Je me demande combien de personnes répondront à cette invitation.* — **4.** *Combien (de gens)*, quel nombre de personnes? (sujet, attribut ou, repris par *en*, comme compl.) : *Combien sont venus? Combien en voit-on qui se découragent! Combien êtes-vous?* (= quel est votre nombre?). ◆ n. m. inv. Fam. *Le combien sommes-nous?*, quel jour du mois sommes-nous? ‖ *Le combien es-tu?*, quel est ton rang de classement? ‖ *Tous les combien?*, à quelle fréquence? — REM. *Combien de* + *n. pl.*, et *combien* employé seul, au sens 4, sont des pluriels pour l'accord : *Combien de clients sont venus? Combien s'en souviennent encore? Combien de photos as-tu prises?*

combientième [kɔ̃bjɛ̃tjɛm] adj. et n. *Fam.* Dans les phrases interrogatives, appelle l'indication d'un chiffre (rang, place, etc.) : *Elle est la combientième à la composition de français?*

combinable [kɔ̃binabl] adj. Qui peut se combiner : *Des éléments combinables.*

combinaison [kɔ̃binɛzɔ̃] n. f.

— **I. 1.** Manière de combiner des choses : *Trois chiffres différents offrent six combinaisons possibles.* — **2.** Manœuvre habile en vue de tel ou tel résultat : *J'avais l'espoir de faire fortune avec des combinaisons financières. Je ne veux pas entrer dans ces combinaisons louches* (syn. fam. MANIGANCE).

— **II. 1.** Sous-vêtement féminin d'une seule pièce qui se porte sous la robe. — **2.** Vêtement de travail, de sport, d'une seule pièce, réunissant veste et pantalon : *Une combinaison de mécanicien, de pilote, de ski.*

combinard, e [kɔ̃binar] adj. et n. *Fam.* et *péjor.* Qui recourt à des combines plus ou moins louches : *C'est une paresseuse, mais qui a su se débrouiller, car elle est combinarde.*

combinatoire [kɔ̃binatwar] adj. Qui résulte d'une combinaison, qui entre dans une combinaison (scientif.).

combine [kɔ̃bin] n. f. *Fam.* Moyen ingénieux, parfois peu scrupuleux, de réussir : *J'ai trouvé une combine pour payer moins d'impôts* (syn. fam. TRUC).

combiné [kɔ̃bine] n. m. **1.** Appareil téléphonique dont le microphone et l'écouteur sont réunis en un même dispositif au moyen d'une seule poignée. — **2.** Épreuve sportive réunissant plusieurs spécialités.

combiner [kɔ̃bine] v. t. (bas lat. *combinare,* unir deux choses ensemble). *Combiner qqch,* le disposer d'une certaine façon : *Je me suis efforcé de combiner l'horaire de façon à satisfaire tout le monde* (syn. ÉTABLIR, ORGANISER). *C'est un plan adroitement combiné* (syn. CALCULER). *Elle a tout combiné au mieux de ses intérêts* (syn. ARRANGER; fam. MANIGANCER).

1. comble [kɔ̃bl] n. m. (lat. *cumulus*). **1.** Point culminant, degré extrême d'un sentiment, d'un défaut ou d'une qualité, d'un état : *Il est parti en ricanant : c'est le comble de la grossièreté. Nous sommes au comble de la joie, du désespoir, de la surprise. Sa colère était à son comble. Cette nouvelle a mis un comble à son abattement. Vous réclamez une indemnité, alors que vous êtes responsable de l'accident? C'est un comble!* (= c'est trop fort!). — **2.** *Pour comble de malheur, de misère, d'infortune,* ce qui est pire, comme surcroît de malheur, etc. ◆ ***combles*** n. m. pl. La partie d'un bâtiment directement située sous le toit : *Faire une chambre dans les combles. Elle loge sous les combles.*

2. comble [kɔ̃bl] adj. (de *combler*). **1.** Très plein (limité à quelques express.) : *La salle était comble* (= pleine de personnes). *Un spectacle qui fait salle comble* (= qui attire de très nombreux spectateurs). — **2.** *La mesure est comble,* les limites de la patience sont atteintes.

comblement [kɔ̃bləmɑ̃] n. m. Action de combler, de remplir.

combler [kɔ̃ble] v. t. (lat. *cumulare*). **1.** *Combler un trou, un endroit creux, un vide,* etc., le remplir entièrement : *Il faut quelques brouettées de terre pour combler les creux du sol* (syn. BOUCHER). *Ce livre vient combler une lacune. Les nouveaux impôts combleront le déficit du budget.* — **2.** *Combler un désir, un espoir,* le satisfaire pleinement, le réaliser. — **3.** *Combler qqn,* contenter entièrement ses désirs : *C'est pour moi ce beau cadeau? Vous me comblez!* — **4.** *Combler qqn de qqch* (*dons, bienfaits, éloges,* etc.), lui en donner une grande quantité, les lui prodiguer.

combustibilité [kɔ̃bystibilite] n. f. Propriété d'être combustible : *La combustibilité du charbon.*

combustible [kɔ̃bystibl] adj. Qui a la propriété de se consumer, d'alimenter le feu : *Le bois sec est combustible.* ◆ n. m. Matière capable de se consumer, notamment pour fournir du chauffage : *Le charbon, la tourbe, le mazout sont des combustibles.*

combustion [kɔ̃bystjɔ̃] n. f. (du lat. *comburere,* brûler). Action de brûler, de consumer ou de se consumer : *Un poêle à combustion lente.*

come-back [kɔmbak] n. m. inv. (mot angl.). Retour en vogue d'un musicien, d'un acteur, d'un metteur en scène, d'un athlète, après une période d'oubli ou d'inactivité.

comédie [kɔmedi] n. f. (lat. *comoedia*). **1.** Pièce de théâtre destinée généralement à faire rire, par la présentation de situations drôles ou la peinture des mœurs et des caractères; genre littéraire constitué par les pièces de cette sorte. — **2.** Simulation d'un sentiment, apparence trompeuse : *Ses protestations d'amitié, c'est de la comédie* (syn. FRIME). *Je ne me laisse pas prendre à tes mines : tu joues la comédie.* — **3.** *Fam.* Manœuvre compliquée, agaçante : *Quand on veut avoir un renseignement, dans ce bureau, c'est toujours la même comédie!* — **4.** *Fam.* Agissements insupportables : *Il a fait toute une comédie parce que sa viande n'était pas cuite à point* (syn. fam. VIE, SCÈNE, HISTOIRE).

comédien, enne [kɔmedjɛ̃] n. Acteur, actrice qui joue des pièces de théâtre, interprète des rôles (comiques ou dramatiques) à la radio, à la télévision, au cinéma. ◆ adj. et n. Qui feint des sentiments qu'il n'a pas : *Il est très comédien, mais il s'est trahi* (syn. SIMULATEUR, HYPOCRITE).

comédon [kɔmedɔ̃] n. m. (du lat. *comedere,* manger). Petit amas graisseux, à l'extrémité noire, qui bouche un pore de la peau (syn. fam. POINT NOIR).

comestible [kɔmɛstibl] adj. (du lat. *comedere,* manger). Qui peut servir de nourriture à l'homme : *Le marron d'Inde n'est pas comestible.* ◆ ***comestibles*** n. m. pl. Produits alimentaires.

comète [kɔmɛt] n. f. (du gr. *komêtês,* chevelu). **1.** Astre accompagné d'une traînée lumineuse appelée « queue » ou « chevelure ». — **2.** Fam. *Tirer des plans sur la comète,* s'ingénier à réussir avec des moyens très réduits.

comices [kɔmis] n. m. pl. (lat. *comitium*). *Comices agricoles,* réunion formée par les propriétaires et les fermiers d'un arrondissement pour améliorer la production agricole.

comique [kɔmik] adj. (lat. *comicus*). **1.** Qui appartient au genre de la comédie (pièce destinée à faire rire) : *Le théâtre comique du Moyen Âge. Plaute est un auteur comique latin.* — **2.** Qui fait rire, dont le comportement excite le rire : *Il faisait des grimaces comiques. Tu es très comique avec ton nouveau chapeau. Il m'est arrivé une aventure comique* (syn. DRÔLE, AMUSANT, PLAISANT). *Ce film est très comique* (syn. ↑ DÉSOPILANT). ◆ n. **1.** Auteur de comédies. — **2.** Artiste spécialisé dans les rôles comiques. ◆ n. m. Ce qui provoque le rire; caractère amusant : *Le comique d'une scène peut tenir à la situation. Le comique de l'affaire, c'est que je ne me doutais de rien.*

comiquement [kɔmikmɑ̃] adv. De façon comique.

comité [kɔmite] n. m. (angl. *committee*). **1.** Réunion de personnes déléguées par une assemblée, une autorité, ou se groupant de leur propre initiative, pour traiter certaines affaires : *Un comité de mal-logés s'est constitué pour agir auprès des pouvoirs publics.* — **2.** *Comité d'entreprise,* organisme constitué dans une entreprise par des représentants de la direction et du personnel, et qui est appelé à exercer des fonctions de contrôle et de gestion. — **3.** *En petit comité,* en un cercle restreint de personnes qualifiées, entre intimes.

commandant [kɔmɑ̃dɑ̃] n. m. **1.** Celui qui commande, qui dirige : *Le commandant du poste était sous-lieutenant.* — **2.** Appellation donnée au titulaire du premier grade de la hiérarchie des officiers supérieurs dans les armées de terre et de l'air, et à tous les officiers supérieurs dans la marine.

commande [kɔmɑ̃d] n. f. **1.** Demande de marchandise adressée à un fournisseur; travail demandé à un fabricant, un entrepreneur, etc. : *Avant de passer la commande de peinture, il faut mesurer la surface à peindre. Il faut adresser les commandes à l'usine.* — **2.** Marchandise commandée : *Le commis boucher livre les commandes.* — **3.** Élément d'un mécanisme qui assure le fonctionnement de l'ensemble : *Le pilote se met aux commandes (prend les commandes) de son avion.* — **4.** *Prendre les commandes, passer les commandes à qqn,* prendre la direction d'une entreprise, la confier à qqn. — **5.** *De commande,* imposé par qqn ou par les circonstances, qui n'est pas sincère : *La déléguée syndicale faisait preuve d'un optimisme de commande.* ‖ *Sur commande,* quand l'ordre en est donné : *Un chien qui aboie sur commande.*

commandement [kɔmɑ̃dmɑ̃] n. m. **1.** Action de commander, rôle de celui qui commande : *Un commandement préparatoire précède souvent le commandement d'exécution. Qui va assumer le commandement de cette unité?* — **2.** *Commandements de Dieu,* les principaux préceptes transmis par Moïse aux Hébreux et valables pour les chrétiens. — **3.** Ensemble de la hiérarchie militaire supérieure : *Le commandement allié avait prévu l'attaque.*

commander [kɔmɑ̃de] v. t. ou t. ind. (lat. *commendare*, confier, donner un ordre). **1.** (sujet qqn) *Commander une armée, un détachement, des soldats, une équipe*, etc., ou *commander à une armée*, en être le chef hiérarchique : *Un général en chef fut nommé pour commander à toutes les troupes alliées. Commander un navire, une expédition* (= en avoir la direction, la responsabilité). — **2.** *Commander à qqn de* (+ *inf.*), *commander qqch à qqn*, lui en donner l'ordre : *Nos gardiens nous avaient commandé de nous taire, commandé le silence* (syn. ORDONNER, ENJOINDRE). — **3.** *Commander à ses sentiments*, exercer sur eux l'empire de la volonté, les gouverner : *J'ai réussi à commander à ma colère* (syn. MAÎTRISER). — **4.** (sans compl.) Exercer l'autorité : *C'est moi qui commande ici.* — **5.** (sans compl.) *Le travail, l'intérêt général commande*, les exigences du travail à faire, de l'intérêt général passent avant le reste. ◆ v. t. **1.** *Commander un travail à qqn, un repas dans un restaurant, une caisse de champagne*, etc., en demander la fourniture, la livraison. — **2.** (sujet qqch) *Commander qqch*, exercer une action, un contrôle dessus : *Cette manette commande la sonnerie d'alarme. La forteresse de Gibraltar commande l'accès à la Méditerranée* (syn. CONTRÔLER). — **3.** *Commander qqch, commander que* (+ *subj.*), entraîner sa nécessité : *La simple prudence commande le silence absolu sur cette affaire* (syn. APPELER, REQUÉRIR). *L'intérêt général commande que l'on fasse taire les rivalités* (syn. EXIGER, IMPOSER). ◆ ***se commander*** v. pr. *Pièces d'une maison qui se commandent*, qui sont disposées de telle sorte qu'on doit passer par l'une pour aller dans une autre.

commandeur [kɔmɑ̃dœr] n. m. Grade dans l'ordre de la Légion d'honneur, au-dessus de celui d'officier.

commanditaire [kɔmɑ̃ditɛr] n. m. et adj. Bailleur de fonds.

commandite [kɔmɑ̃dit] n. f. (it. *accomandita*, dépôt). *Société en commandite*, société commerciale dans laquelle des associés (*commanditaires*) ayant fourni des fonds ne participent pas à la gestion.

commanditer [kɔmɑ̃dite] v. t. Fournir des fonds à une entreprise commerciale.

commando [kɔmɑ̃do] n. m. (mot portug.). **1.** Groupe de soldats spécialement entraînés à des opérations limitées et dangereuses. — **2.** Petit groupe d'hommes armés, qui se livre à des actes de violence (attentats, sabotages, détournements d'avions, etc.).

comme [kɔm] conj. ou adv. (lat. *quomodo*, comment). Exprime un rapport de : **1.** Temps, en introduisant une subordonnée à l'imparfait de l'ind. qui indique une action ou un état en cours : *Comme le soir tombait, nous arrivâmes enfin en vue d'un village* (syn. ALORS QUE, TANDIS QUE). *Le téléphone a sonné juste comme j'entrais dans mon appartement* (syn. AU MOMENT OÙ). — **2.** Cause, en introduisant une subordonnée à l'ind. qui précède toujours la principale : *Comme je vous sais discrète, je peux vous faire cette confidence. Comme la voiture est en panne, il faut aller à pied* (syn. PUISQUE, VU QUE, ÉTANT DONNÉ QUE). — **3.** Comparaison, conformité, en introduisant une subordonnée à l'ind. ou au cond., ou sans v. : *Elle me regardait un peu comme on regarde un fauve en cage. Tout s'est passé comme je l'avais prédit* (syn. AINSI QUE). *Comme le chat qui joue avec la souris, il s'amusait à tourmenter son prisonnier* (syn. DE MÊME QUE). *Si, comme je l'espère, vous réussissez, vous pourrez être fier* (syn. AINSI QUE). *On ne rencontre pas souvent une personne comme elle* (syn. TEL QUE). — **4.** Comparaison dans les comparaisons de type intensif : *Rapide comme l'éclair, raide comme la justice, blanc comme neige*, etc. — **5.** Qualité ou titre devant un n. ou un adj. au superlatif : *Comme doyen d'âge, c'est à vous de faire le discours* (syn. EN QUALITÉ DE, EN TANT QUE). *Je me suis adressé à cet organisme comme au plus qualifié pour me renseigner.* — **6.** Explication : *Les animaux domestiques, comme le chien, le chat, le cheval* (syn. TEL QUE, TEL). *Une femme courageuse comme elle.* — **7.** Atténuation (le plus souvent devant un adj. ou un part. passé) : *Il était comme envoûté par cette femme* (syn. POUR AINSI DIRE ; fam. QUASIMENT). — **8.** *Comme il faut*, de la bonne façon, bien : *Tiens-toi comme il faut à table* (syn. CONVENABLEMENT, CORRECTEMENT) ; de bonne éducation, distingué : *Une personne très comme il faut.* ‖ Fam. *Comme qui dirait*, exprime une ressemblance : *Je sens comme qui dirait une brûlure* (syn. COMME, UNE SORTE DE). ‖ *Comme si*, indique une comparaison avec un cas hypothétique : *Ça se casse comme si c'était du verre.* ‖ *Tout comme*, exactement de la même façon que : *Je l'ai vu tout comme je vous vois.* ‖ Fam. *C'est tout comme*, il n'y a guère de différence, cela revient au même : *Je n'ai pas tout à fait terminé, mais c'est tout comme.* ◆ adv. exclam. **1.** Exprime l'intensité, la manière : *Comme elle a changé! Comme il fait chaud! Comme je suis heureux!* (syn. QUE, COMBIEN). — **2.** *Dieu sait comme*, par des moyens sur lesquels il vaut mieux ne pas insister. ‖ *Il faut voir comme*, d'une belle manière, remarquablement : *Elle l'a emporté sur tout le monde, il faut voir comme!*

commedia dell'arte [kɔmedjadelarte] n. f. (mots it.). Forme de théâtre utilisant des canevas traditionnels sur lesquels les acteurs improvisent.

commémoratif, ive [kɔmemɔratif] adj. Destiné à commémorer : *La municipalité a fait apposer une plaque commémorative sur la maison natale de l'écrivain.*

commémoration [kɔmemɔrasjɔ̃] n. f. Action de commémorer.

commémorer [kɔmemɔre] v. t. (lat. *commemorare*). *Commémorer qqch*, en rappeler le souvenir, avec plus ou moins de solennité : *On a élevé un monument pour commémorer cette bataille.*

commençant, e [kɔmɑ̃sɑ̃] adj. et n. Qui en est aux premiers éléments d'un art, d'une science.

commencement [kɔmɑ̃smɑ̃] n. m. Ce qui forme la première partie d'un ensemble, ce qui doit être suivi d'autre chose : *Le commencement du récit est pathétique. Il s'est produit un commencement d'incendie, qui a été vite maîtrisé* (syn. DÉBUT).

commencer [kɔmɑ̃se] v. t. (lat. *cum*, avec, et *initiare*, commencer) [c. 1]. **1.** (sujet qqn) *Commencer qqch*, en faire la première partie : *La décoratrice doit commencer les travaux la semaine prochaine* (syn. ENTREPRENDRE, ATTAQUER). *Nous commencerons la visite de la ville par le château. J'ai commencé la lecture de ce roman* (syn. SE METTRE À). — **2.** (sujet qqn) *Commencer qqch*, en prendre, en employer une première partie : *On avait commencé les hors-d'œuvre quand elle est arrivée* (syn. ENTAMER, ATTAQUER). — **3.** (sujet qqch) Être au début de : *Quel est le mot qui commence la phrase?* ◆ v. t. ind. **1.** (sujet qqch, qqn) *Commencer à*, plus rarement *commencer de* (+ *inf.*), marque le début d'une action ou d'un état : *L'orchestre commence à jouer* (ou *de jouer*). *Le lait commence à bouillir* (ou *de bouillir*). *Il commence à pleuvoir.* — **2.** *Commencer par*, indique ce qui est fait avant autre chose : *La symphonie commence par un allégro. Commence par apprendre ta leçon, tu feras ton devoir après.* ◆ v. i. (sujet qqch) Être au début de son déroulement, avoir comme point de départ (suivi d'un compl. de temps) : *Dépêchez-vous donc, le spectacle commence* (syn. DÉBUTER). *L'été commence le 21 juin.*

commensal, e, aux [kɔmɑ̃sal] n. (du lat. *cum,* avec, et *mensa,* table). **1.** *Litt.* Personne qui mange habituellement à la même table qu'une autre. — **2.** Se dit d'espèces animales qui vivent associées à d'autres sans leur porter préjudice : *Le poisson pilote est le commensal du requin.*

comment [kɔmɑ̃] adv. interr. De quelle manière, par quel moyen : *Comment écrit-on votre nom? Je me demande comment tu as pu faire. Comment partiras-tu, en voiture ou par le train?* ◆ adv. exclam. ou interr. **1.** Exprime l'étonnement, la réprobation, l'indignation : *Comment n'avez-vous pas compris que je plaisantais? Comment pouvez-vous croire qu'on vous oublie! Comment? vous n'étiez pas au courant? Comment! on te propose une place aussi enviée, et tu refuses?* — **2.** Fam. *Et comment!,* insiste sur une affirmation, ou exprime avec force une réponse affirmative : *«Tu t'es régalé? — Et comment!»* (syn. AH OUI!, CERTAINEMENT!, BIEN SÛR!). ◆ n. m. inv. Fam. *Le comment,* la manière, le moyen : *Il ne s'intéresse pas au comment, il ne voit que le résultat.* ‖ Fam. *Les pourquoi et les comment,* les questions (jugées plus ou moins superflues) qu'on se pose sur la cause ou la manière.

commentaire [kɔmɑ̃tɛr] n. m. **1.** Notes écrites ou remarques orales visant à faciliter la compréhension d'un texte : *Une édition de Louise Labé avec introduction et commentaire. Le ministre a fait aux journalistes un commentaire des décisions gouvernementales.* — **2.** Interprétation volontiers malveillante des paroles ou des actes de qqn : *Vous pensez bien que les commentaires des voisins n'ont pas manqué à l'occasion de ce mariage.* — **3.** *Sans commentaire!,* vous pouvez juger de vous-même.

commentateur, trice [kɔmɑ̃tatœr] n. Qui fait des commentaires à la radio, à la télévision : *Les commentateurs politiques se livrent à l'analyse du scrutin.*

commenter [kɔmɑ̃te] v. t. (lat. *commentari,* réfléchir). *Commenter un texte, un événement,* etc., l'accompagner de remarques qui l'expliquent, l'interprètent ou le jugent : *Les candidats étaient invités à commenter un jugement d'un critique célèbre. Tous les journaux du matin commentent la dernière conférence de presse du président.*

commérage [kɔmeraʒ] n. m. *Fam.* Bavardage indiscret : *Ce sont des commérages auxquels il ne faut pas ajouter foi* (syn. POTIN, RACONTAR, RAGOT).

commerçant, e [kɔmɛrsɑ̃] n. Personne qui fait du commerce : *Une commerçante en alimentation.* ◆ adj. Où il y a du commerce : *Nous habitons un quartier commerçant.*

commerce [kɔmɛrs] n. m. (lat. *commercium*). **1.** Achat et vente de marchandises, de produits divers : *Il s'est enrichi dans le commerce. Elle fait commerce de tissus. Ses parents sont dans le commerce* (= ils pratiquent le commerce). *Ce produit n'est pas encore dans le commerce* (= il n'est pas en vente dans les magasins, les boutiques). — **2.** Magasin ou boutique, marchandise et clientèle constituant un fonds : *Il a acheté un commerce de quincaillerie. Elle tient un commerce près du pont.* — **3.** *Litt.* Ensemble des relations sociales entre les personnes : *J'ai longtemps entretenu un commerce d'amitié avec sa famille* (syn. RAPPORTS). *Le commerce de tous ses semblables lui est insupportable* (syn. FRÉQUENTATION, SOCIÉTÉ). *Ces gens-là sont d'un commerce difficile* (= leur comportement rend les relations avec eux difficiles).

commercer [kɔmɛrse] v. i. (c. **1**) *Commercer avec un pays,* faire du commerce avec lui : *Une firme qui commerce avec toute l'Europe.*

commercial, e, aux [kɔmɛrsjal] adj. **1.** Relatif au commerce : *C'est un objet utile, peut-être, mais qui n'a aucune valeur commerciale* (syn. MARCHAND). *La politique commerciale d'un gouvernement. Traité commercial.* — **2.** *Péjor.* Exécuté dans un but proprement lucratif : *Un film commercial.*

commercialement [kɔmɛrsjalmɑ̃] adv. De façon commerciale : *Une affaire commercialement avantageuse.*

commercialisation [kɔmɛrsjalizasjɔ̃] n. f. Action de commercialiser.

commercialiser [kɔmɛrsjalize] v. t. *Commercialiser un produit,* le répandre dans le commerce, le mettre en vente.

commère [kɔmɛr] n. f. (lat. *commater,* marraine). Femme curieuse, bavarde : *Toutes les commères du voisinage se répétaient l'histoire.*

commérer [kɔmere] v. i. (c. **10**) *Fam.* Bavarder de façon indiscrète : *Travaillez donc au lieu de commérer comme ça.*

commettre [kɔmɛtr] v. t. (lat. *committere*) [c. **57**] *Commettre une action blâmable, regrettable,* s'en rendre coupable : *Ceux qui commettent de tels crimes ont perdu tout sens moral* (syn. PERPÉTRER). *L'élève a commis une erreur dans son problème* (syn. usuel FAIRE). ◆ ***se commettre*** v. pr. (sujet qqn). *Litt.* Entrer en rapport avec des gens louches : *Se commettre avec des voyous* (syn. SE COMPROMETTRE).

comminatoire [kɔminatwar] adj. (du lat. *comminari,* menacer). Destiné à intimider par son caractère catégorique, absolu (soutenu) : *Un ton comminatoire* (syn. ↑MENAÇANT).

commis [kɔmi] n. m. (de *commettre*). **1.** Employé subalterne dans un bureau, un commerce : *Un commis boucher.* — **2.** Valet de ferme. — **3.** *Commis voyageur,* syn. ancien de VOYAGEUR DE COMMERCE.

commisération [kɔmizerasjɔ̃] n. f. (lat. *commiseratio*). Sentiment où se mêlent de la pitié et de la compassion en présence des malheurs d'autrui (soutenu).

commissaire [kɔmisɛr] n. m. (du lat. *committere,* confier). **1.** Celui qui est chargé d'organiser, d'administrer, en général pour une durée limitée : *Adressez-vous aux commissaires de la fête.* — **2.** *Commissaire (de police),* celui qui dirige des services de police, veille au maintien de l'ordre et à la sécurité des citoyens.

commissaire-priseur [kɔmisɛrprizœr] n. m. (pl. *commissaires-priseurs*). Officier ministériel chargé des ventes publiques : *Les commissaires-priseurs de l'hôtel des ventes à Paris.*

commissariat [kɔmisarja] n. m. **1.** Fonctions d'un commissaire, services qu'il dirige : *Le commissariat aux comptes.* — **2.** Bureau et services du commissaire de police : *Plusieurs manifestants ont été amenés au commissariat.*

commission [kɔmisjɔ̃] n. f. (lat. *commissio,* de *committere,* confier). **1.** Charge donnée à qqn; mission qu'on lui confie (message ou objet à transmettre) : *Voudriez-vous faire une commission à votre sœur? Vous lui direz que je l'attends ce soir. J'ai une commission à vous remettre.* — **2.** Groupe de personnes chargées d'étudier une question, de régler une affaire : *Le ministère a désigné une commission d'enquête.* — **3.** Pourcentage réservé à la personne par l'intermédiaire de qui une affaire a été traitée : *Il faut déduire du prix de vente la commission de l'agence immobilière.* ◆ ***commissions*** n. f. pl. Achats journaliers; approvisionnement en produits de consommation courante : *Va faire les commissions, qu'on puisse préparer le déjeuner* (syn. COURSES). *Où avez-vous mis les commissions que j'ai rapportées du marché?* (syn. PROVISIONS).

commissionnaire [kɔmisjɔnɛr] n. Personne qui se charge d'une commission.

commissionner [kɔmisjɔne] v. t. Donner la charge de vendre ou d'acheter.

commissure [kɔmisyr] n. f. (lat. *commissura*). *Commissure des lèvres,* point de jonction des lèvres.

1. commode [kɔmɔd] adj. (lat. *commodus,* approprié). **1.** Bien approprié à l'usage qu'on en attend; qui offre de la facilité : *Cet outil est très commode pour les travaux délicats* (syn. PRATIQUE). *Je connais un moyen commode pour réussir. Un texte qui n'est pas commode à traduire* (syn. AISÉ, FACILE). — **2.** *Pas, peu commode,* se dit de qqn qui a un caractère difficile, peu aimable : *Tâchez de convaincre le directeur, mais vous aurez du mal, car il n'est pas commode.*

2. commode [kɔmɔd] n. f. (de *armoire commode*). Meuble à tiroirs, servant surtout à ranger le linge.

commodément [kɔmɔdemɑ̃] adv. De façon commode, pratique : *La visiteuse attendait au salon, commodément assise dans un fauteuil* (syn. CONFORTABLEMENT).

commodité [kɔmɔdite] n. f. Qualité de ce qui est commode : *Pour plus de commodité, on a rassemblé ici toute la documentation nécessaire* (syn. FACILITÉ). *Cet appartement est pourvu de toutes les commodités désirables* (syn. ÉLÉMENTS DE CONFORT). *Elle aime avoir ses commodités* (syn. AISES).

commotion [kɔmɔsjɔ̃] n. f. (lat. *commotio,* mouvement). Violent ébranlement nerveux ou psychique, consécutif à un choc : *Commotion cérébrale.*

commotionner [kɔmɔsjɔne] v. t. Frapper d'une commotion : *L'accident l'avait sérieusement commotionné* (syn. ↑ TRAUMATISER).

commuer [kɔm(m)ɥe] v. t. (lat. *commutare*). *Commuer une peine, une sentence,* la changer en une autre moins forte : *La sentence de mort peut être commuée en travaux forcés.*

commun, e [kɔmœ̃] adj. (lat. *communis*). **1.** Qui appartient à tous, qui concerne tout le monde ou qui est partagé avec d'autres : *La paix est nécessaire à l'intérêt commun* (syn. GÉNÉRAL, PUBLIC; contr. PARTICULIER, INDIVIDUEL). *Ce travail est le résultat de l'effort commun* (= mené ensemble; syn. COLLECTIF). *Ces deux plantes ont plusieurs caractères communs. Ce réflexe est commun à tous les débutants* (= se trouve habituellement chez eux). *Elle porte le même nom que moi, mais je n'ai rien de commun avec elle.* — **2.** *Nom commun,* en grammaire, nom qui désigne un être ou une chose considérés comme appartenant à une catégorie générale (ex. : *chien, maison, sagesse*). [Contr. NOM PROPRE.] — **3.** Qui abonde, qu'on trouve couramment : *Le fer est un métal commun. La méthode la plus commune consiste à...* (syn. COURANT, HABITUEL, USUEL, RÉPANDU). *Cet homme est d'une force peu commune.* — **4.** *Péjor.* Qui manque de distinction, d'élégance : *Elle a une voix commune* (syn. VULGAIRE). ◆ ***commun*** n. m. **1.** *Le commun des mortels,* les hommes en général, les gens. — **2.** *En commun,* à la disposition de tous, sans distinction : *Les ressources et les dépenses des quatre amis étaient mises en commun.* ◆ ***communs*** n. m. pl. Bâtiments consacrés aux domestiques, au service, dans une grande maison.

communal, e, aux [kɔmynal] adj. Relatif à la commune : *L'école communale. Les bâtiments communaux* (= appartenant à la commune).

communale [kɔmynal] n. f. *Fam.* École communale.

communautaire [kɔmynotɛr] adj. Relatif à la communauté : *Une vie communautaire.*

communauté [kɔmynote] n. f. (lat. *communitas*). **1.** Caractère de ce qui est commun à plusieurs personnes, de ce qu'elles ont en commun : *Leur communauté de vues leur inspire les mêmes réponses. La notion de patrie repose notamment sur une communauté de territoire, de langue, de culture.* — **2.** Personnes qui vivent ensemble ou qui ont un idéal, des intérêts communs : *Chacun participe aux frais de la communauté;* religieux d'un même monastère : *Une communauté de bénédictins a restauré l'abbaye.* — **3.** *Communauté linguistique, culturelle,* etc., ensemble de personnes parlant la même langue, ayant la même culture, etc.

commune [kɔmyn] n. f. (bas lat. *communia,* choses communes). Circonscription territoriale de petites dimensions, administrée par un maire et un conseil municipal; ensemble des habitants de cette circonscription : *Il y a environ quarante mille communes en France.*

communément [kɔmynemɑ̃] adv. De façon commune : *C'est une idée communément admise* (syn. COURAMMENT, GÉNÉRALEMENT).

communiant, e [kɔmynjɑ̃] n. Personne qui communie.

communicable [kɔmynikabl] adj. Qu'on peut communiquer (surtout dans des phrases négatives ou restrictives) : *Une impression difficilement communicable.*

communicant, e [kɔmynikɑ̃] adj. Qui communique : *Des chambres communicantes.*

communicatif, ive [kɔmynikatif] adj. **1.** Se dit d'une attitude, d'un sentiment qui tend à gagner d'autres personnes : *Un rire communicatif. Une admiration communicative.* — **2.** Qui a tendance à faire part aux autres de ses idées ou de ses sentiments : *Un garçon taciturne, peu communicatif* (syn. OUVERT; fam. CAUSANT).

communication [kɔmynikasjɔ̃] n. f. **1.** Action de communiquer, de transmettre : *Demander la communication d'un livre dans une bibliothèque. Je n'ai pas eu communication du dossier.* — **2.** Exposé fait sur une question à une société savante. — **3.** Moyen de liaison, de jonction : *Les insurgés ont coupé toutes les communications entre la capitale et la province. Cette ville est située sur une grande voie de communication.* — **4.** *Communication (téléphonique),* mise en relation de deux correspondants par téléphone : *Il a fallu attendre un quart d'heure pour obtenir la communication.*

communier [kɔmynje] v. i. (lat. *[altari] communicare,* approcher de l'autel). **1.** *Litt.* Être en complète union d'idées, de sentiments : *Amis communiant dans la même admiration pour Bach.* — **2.** Recevoir la communion, ou sacrement de l'eucharistie.

communion [kɔmynjɔ̃] n. f. **1.** Chez les chrétiens, sacrement de l'eucharistie. — **2.** *Communion solennelle,* syn. de PROFESSION DE FOI. — **3.** *Communion d'idées, de sentiments,* accord complet.

communiqué [kɔmynike] n. m. Information diffusée par la presse, la radio, la télévision.

communiquer [kɔmynike] v. t. (lat. *communicare*). **1.** *Communiquer qqch à qqn,* le lui remettre, en principe pour un temps limité : *Voudriez-vous me communiquer ce dossier? Nous avons communiqué votre demande au service intéressé* (syn. ADRESSER). — **2.** (sujet qqch) Transmettre qqch : *Le Soleil communique sa chaleur à la Terre. Les bielles communiquent à l'arbre l'impulsion des pistons* (syn. IMPRIMER). ◆ v. i. **1.** (sujet qqn) Entretenir une correspondance, des relations avec qqn : *Nous pourrons communiquer par téléphone.* — **2.** *Pièces d'une maison qui communiquent entre elles, ou avec d'autres pièces,* qui sont disposées de telle sorte qu'on puisse passer directement de l'une dans l'autre. ◆ ***se communiquer*** v. pr. (sujet qqch) Se répandre, se propager : *Le feu s'est communiqué aux bâtiments voisins.*

communisant, e [kɔmynizɑ̃] adj. et n. Qui a des sympathies pour le communisme.

communisme [kɔmynism] n. m. (de *commun*). Système politique, économique, social, tendant à la suppression de la lutte des classes par la collectivisation des moyens de production.

communiste [kɔmynist] adj. et n. Qui relève du communisme, qui en est partisan : *Le parti communiste. Les communistes sont dans l'opposition.*

commutable [kɔmytabl] adj. Qui peut être commuté.

commutateur [kɔmytatœr] n. m. (du lat. *commutare*, changer). Dispositif permettant d'établir ou de couper un circuit électrique (syn. INTERRUPTEUR).

commutation [kɔmytasjɔ̃] n. f. **1.** Action de commuer une peine, de la commuter : *Bénéficier d'une commutation de peine* (syn. RÉDUCTION). — **2.** Substitution d'un terme à un autre terme de même classe grammaticale ou lexicale (ling.).

commuter [kɔmyte] v. t. Procéder à une commutation.

compacité [kɔ̃pasite] n. f. Qualité de ce qui est compact (techn.).

compact, e [kɔ̃pakt] adj. (lat. *compactus*, resserré). **1.** Dont toutes les parties sont resserrées, formant une masse épaisse : *L'argile forme une pâte compacte. On ne pouvait pas circuler à travers la foule compacte* (syn. DENSE, SERRÉ). — **2.** Se dit d'un appareil, d'une voiture de faible encombrement. — **3.** *Disque compact* ou *compact*, n. m., disque à lecture laser.

compagne [kɔ̃paɲ] n. f. Fém. de COMPAGNON : *La fillette jouait avec ses compagnes de classe* (syn. CAMARADE). *Il ne se consolait pas de la mort de sa compagne* (syn. FEMME, ÉPOUSE).

compagnie [kɔ̃paɲi] n. f. (bas lat. *compania*). **1.** Présence d'un être animé auprès de qqn : *Le berger n'a pour toute compagnie que son chien et ses moutons. Je vous laisse en bonne compagnie* (= avec une ou plusieurs personnes agréables). — **2.** Réunion de personnes : *À la fin du repas, une des convives égaya toute la compagnie par ses histoires* (syn. ASSISTANCE, ASSEMBLÉE). — **3.** *En galante compagnie*, se dit d'un homme qui est avec une femme. ‖ *En compagnie de*, en ayant auprès de soi : *Elle dîne en compagnie d'une collègue* (syn. AVEC). ‖ Fam. *Et compagnie*, et les autres du même genre; tous autant qu'ils sont : *Ces gens-là, c'est tricheurs et compagnie.* ‖ *Fausser compagnie à qqn*, le quitter brusquement, de façon furtive. ‖ *Tenir compagnie à qqn*, rester auprès de lui pour lui éviter la solitude. — **4.** Société commerciale ou industrielle : *Une compagnie de navigation, d'assurances.* ‖ *Et compagnie* (abrév. *et Cie*), loc. qu'on ajoute au nom d'une entreprise pour indiquer qu'il existe d'autres associés qui ne sont pas nommés. — **5.** Unité militaire placée en principe sous les ordres d'un capitaine. — **6.** *Compagnie républicaine de sécurité* → C.R.S.

compagnon [kɔ̃paɲɔ̃] n. m. (lat. *companio*, qui partage le même pain). **1.** Celui qui accompagne qqn ou qui vit en sa compagnie : *Il racontait des histoires à ses compagnons de voyage* (ou *de route*). *Des compagnons d'infortune, de misère.* — **2.** Ouvrier du bâtiment travaillant pour le compte d'un entrepreneur.

compagnonnage [kɔ̃paɲɔnaʒ] n. m. Qualité de compagnon. (Le sens d'« association d'ouvriers de la même profession » n'a plus qu'une valeur historique.)

comparable [kɔ̃parabl] adj. Qui peut être comparé : *On ne doit comparer que des choses comparables. Par des méthodes différentes, ils sont arrivés à des résultats comparables* (syn. VOISIN, ANALOGUE, ↑SEMBLABLE). *Cette nouvelle a produit sur lui un effet comparable à celui d'un coup de matraque.*

comparaison [kɔ̃parɛzɔ̃] n. f. **1.** Action de comparer; parallèle : *La comparaison des avantages et des inconvénients* (ou *entre les avantages et les inconvénients*). *En regardant les vitrines, j'ai fait des comparaisons avec les prix pratiqués chez nous. Certains écrivains abusent des comparaisons littéraires. Comparaison n'est pas raison* (= une comparaison ne prouve rien). — **2.** *En comparaison (de), par comparaison (avec)*, relativement, proportionnellement, si l'on s'en rapporte à : *La plupart des maisons de la région sont très pauvres; celle-ci, en comparaison, paraît luxueuse. Les fruits sont bon marché, en comparaison du mois dernier.* ‖ *Sans comparaison (avec)*, indique une grande supériorité : *Au point de vue touristique, cette région montagneuse est sans comparaison avec les plaines du Centre.*

comparaître [kɔ̃parɛtr] v. i. (de l'anc. fr. *comparoir*) [c. **64**] (sujet qqn) Se présenter sur ordre d'une autorité supérieure, de la justice, comme accusé ou comme témoin : *L'inculpé a comparu devant le tribunal.*

comparatif, ive [kɔ̃paratif] adj. Qui utilise ou qui permet les comparaisons : *Une étude comparative des prix de revient. Tableau comparatif.* ◆ ***comparatif*** n. m. Degré de signification de l'adjectif ou de l'adverbe qui exprime la comparaison : *Plus beau, aussi beau, moins beau sont les comparatifs de supériorité, d'égalité, d'infériorité de « beau ».*

comparativement [kɔ̃parativmɑ̃] adv. En comparaison : *Voilà une voiture bien coûteuse : celle-ci est comparativement plus économique* (syn. RELATIVEMENT, TOUTES PROPORTIONS GARDÉES). *Il fait beau, comparativement à la semaine dernière.*

comparer [kɔ̃pare] v. t. (lat. *comparare*). **1.** *Comparer qqn, qqch avec (et) qqn, qqch, comparer des personnes ou des choses*, les examiner simultanément ou successivement en vue de juger des similitudes et des différences qu'elles présentent, de leurs mérites respectifs : *Si on compare ces deux textes, le plagiat saute aux yeux. Il est difficile de comparer un sportif avec* (ou *et*) *un musicien.* — **2.** *Comparer qqn* ou *qqch à qqn, à qqch*, souligner sa ressemblance avec lui, de façon à mettre en relief un aspect caractéristique : *On peut comparer le rôle du cœur à celui d'une pompe.* ◆ ***se comparer*** v. pr. Être mis en parallèle : *Certaines fables de La Fontaine peuvent se comparer à des comédies* (= être rapprochées de).

comparse [kɔ̃pars] n. (it. *comparsa*, apparition). *Péjor.* Personne qui joue un rôle peu important dans une affaire : *Les deux autres accusés n'étaient que de simples comparses* (syn. ↑COMPLICE).

compartiment [kɔ̃partimɑ̃] n. m. (du lat. *compartire*, partager). **1.** Chacune des divisions d'une chose cloisonnée : *Un tiroir à compartiments* (syn. CASE). — **2.** Division d'une voiture de chemin de fer, comprenant généralement deux banquettes, soit six ou huit places.

compartimentage [kɔ̃partimɑ̃taʒ] n. m. Action de compartimenter.

compartimenter [kɔ̃partimɑ̃te] v. t. *Compartimenter qqch*, le diviser en compartiments ou le séparer, le diviser comme par des cloisons (surtout part. passé) : *C'est une personne très méthodique, qui a une existence compartimentée* (syn. CLOISONNER).

comparution [kɔ̃parysjɔ̃] n. f. Action de comparaître : *L'avocat a demandé la comparution d'un nouveau témoin.*

compas [kɔ̃pa] n. m. (d'un anc. v. *compasser*, mesurer avec le pas). **1.** Instrument composé de deux branches, et servant à tracer des cercles ou à rapporter des mesures. — **2.** Boussole utilisée dans la marine ou l'aviation. — **3.** Fam. *Avoir le compas dans l'œil*, évaluer empiriquement les dimensions avec rapidité et justesse.

compassé, e [kɔ̃pase] adj. (d'un anc. v. *compasser,* mesurer avec le pas). D'une exactitude, d'une régularité étudiées, et qui ne laisse pas de place à la spontanéité : *Elle aurait cru se déshonorer en quittant son attitude compassée* (syn. AFFECTÉ, GUINDÉ).

compassion [kɔ̃pasjɔ̃] n. f. (lat. *compassio*). Fait de compatir à la peine de qqn : *Un regard plein de compassion* (syn. APITOIEMENT, ↑ PITIÉ).

compatibilité [kɔ̃patibilite] n. f. État de choses compatibles : *On peut s'interroger sur la compatibilité de leurs caractères.*

compatible [kɔ̃patibl] adj. Se dit des choses qui peuvent s'accorder entre elles, exister simultanément : *Ces deux interprétations sont parfaitement compatibles. Son travail est difficilement compatible avec la vie de famille.*

compatir [kɔ̃patir] v. t. ind. (lat. *compati,* souffrir avec). *Compatir à la douleur de qqn,* s'y associer par un sentiment de pitié : *Je compatis de tout mon cœur à votre grande déception.*

compatissant, e [kɔ̃patisɑ̃] adj. Qui compatit : *Une personne compatissante. Des paroles compatissantes.*

compatriote [kɔ̃patrjɔt] n. (lat. *cum,* avec, et *patriota,* qui est du pays). Personne qui est du même pays qu'une autre : *On a plaisir à rencontrer à l'étranger un de ses compatriotes* (syn. CONCITOYEN).

compensateur, trice [kɔ̃pɑ̃satœr] adj. Qui donne une compensation : *Comme sa maladie se prolonge, il n'a plus qu'un demi-traitement ; sa mutuelle lui verse une indemnité compensatrice.*

compensation [kɔ̃pɑ̃sasjɔ̃] n. f. Action de compenser : *Le salaire élevé n'est qu'une médiocre compensation de l'insalubrité de ce travail* (syn. DÉDOMMAGEMENT). *Nous n'avons pas eu de pêches, mais en compensation la récolte de poires est abondante* (syn. EN REVANCHE, PAR CONTRE).

compenser [kɔ̃pɑ̃se] v. t. (lat. *compensare,* contrebalancer). *Compenser qqch,* équilibrer un effet par un autre, dédommager d'un inconvénient par un avantage : *La beauté du paysage compense le manque de confort de l'hôtel.*

compère [kɔ̃pɛr] n. m. (lat. *compater,* parrain). Personne qui est complice d'une autre pour faire une supercherie.

compère-loriot [kɔ̃pɛrlɔrjo] n. m. (pl. *compères-loriots*). Inflammation de la paupière (syn. ORGELET).

compétence [kɔ̃petɑ̃s] n. f. (lat. *competentia,* juste rapport). **1.** Aptitude de qqn à décider : *Les avocats de la défense ont contesté la compétence du tribunal* (= son droit à juger les faits en question). *En dix années de métier, elle a acquis une parfaite compétence* (syn. APTITUDE, QUALIFICATION). *Cette affaire n'est pas de ma compétence.* — **2.** Personne qualifiée : *Les plus hautes compétences médicales ont examiné le malade* (syn. SOMMITÉ).

compétent, e [kɔ̃petɑ̃] adj. (lat. *competens*). Apte à juger, à décider, à faire qqch : *Je ne suis pas assez compétent en archéologie pour apprécier l'importance de cette découverte* (syn. EXPERT, CONNAISSEUR). *C'est un mécanicien très compétent* (syn. CAPABLE). *Adressez-vous aux autorités compétentes* (syn. QUALIFIÉ).

compétiteur, trice [kɔ̃petitœr] n. Concurrent dans une épreuve.

compétitif, ive [kɔ̃petitif] adj. Qui peut supporter la concurrence : *Des prix compétitifs. Une entreprise compétitive* (syn. CONCURRENTIEL).

compétition [kɔ̃petisjɔ̃] n. f. (du lat. *competere,* briguer). **1.** Épreuve sportive mettant aux prises plusieurs concurrents : *J'ai abandonné dès le début de la compétition* (syn. MATCH). *Se retirer de la compétition.* — **2.** *Être, entrer en compétition avec,* se poser en rival, en concurrent de : *Plusieurs entreprises sont en compétition pour obtenir des marchés de l'État* (syn. CONCURRENCE).

compétitivité [kɔ̃petitivite] n. f. Caractère compétitif : *Développer la compétitivité de l'économie.*

compilateur, trice [kɔ̃pilatœr] n. *Péjor.* Qui compile : *Certains historiens sont en fait des compilateurs.*

compilation [kɔ̃pilasjɔ̃] n. f. *Péjor.* Action de compiler : *Sa thèse n'est qu'une compilation qui n'apporte rien à la science.*

compiler [kɔ̃pile] v. t. (lat. *compilare,* piller). *Péjor.* Emprunter à divers auteurs ou documents la matière, les idées d'un ouvrage (syn. COPIER, PLAGIER).

complainte [kɔ̃plɛ̃t] n. f. (du bas lat. *complangere,* se lamenter). Chanson dont le thème est en général triste ou langoureux.

complaire (se) [kɔ̃plɛr] v. pr. (lat. *complacere*) [c. 77] (sujet qqn) *Se complaire dans qqch,* trouver du plaisir, de l'agrément dans tel ou tel état : *Tu te complais dans ton ignorance.*

complaisamment [kɔ̃plɛzamɑ̃] adv. **1.** Avec une complaisance qui manque de retenue : *Devant cette personne malade, il s'étendait complaisamment sur les joies des sports d'hiver.* — **2.** Pour être agréable : *Il m'a très complaisamment prêté sa voiture* (syn. OBLIGEAMMENT).

complaisance [kɔ̃plɛzɑ̃s] n. f. **1.** Désir d'être agréable, de rendre service : *Elle a poussé la complaisance jusqu'à faire les démarches à notre place* (syn. AMABILITÉ, OBLIGEANCE, SERVIABILITÉ). — **2.** Satisfaction d'amour-propre où se mêle plus ou moins de vanité : *Insister avec complaisance sur les avantages de sa situation* (= manque de retenue). — **3.** *Certificat, attestation de complaisance,* accordés en vue d'être agréable à l'intéressé, mais peu conformes à la vérité.

complaisant, e [kɔ̃plɛzɑ̃] adj. **1.** Qui cherche à se rendre utile, à satisfaire les désirs de qqn : *Le voisin m'a aidé à déménager l'armoire : il est très complaisant* (syn. SERVIABLE, OBLIGEANT, PRÉVENANT, AIMABLE). — **2.** Qui fait preuve d'une indulgence coupable : *Un père trop complaisant aux caprices de ses enfants. Elle a des mœurs un peu légères, mais lui est un mari complaisant* (= il ferme les yeux sur les infidélités de sa femme).

complément [kɔ̃plemɑ̃] n. m. (lat. *complementum*). **1.** Ce qu'il faut ajouter à une chose incomplète pour la compléter : *L'enquête présente une lacune : un complément d'information est nécessaire* (syn. SUPPLÉMENT). *Vous pouvez payer la moitié comptant, et le complément en douze mensualités* (syn. RESTE). — **2.** En grammaire, mot ou groupe de mots qui s'ajoute à un autre pour en compléter le sens : *On appelle « complément direct » celui qui n'est pas relié au verbe par une préposition, et « complément indirect » celui qui est relié au verbe par une préposition.*

complémentaire [kɔ̃plemɑ̃tɛr] adj. **1.** Qui sert de complément : *Une indemnité complémentaire.* — **2.** *Arcs* ou *angles complémentaires,* deux arcs ou deux angles dont la somme fait 90^0.

complémentarité [kɔ̃plemɑ̃tarite] n. f. Caractère complémentaire.

1. complet, ète [kɔ̃plɛ] adj. (lat. *completus,* achevé). **1.** Se dit de qqch à quoi il ne manque rien, qui est entièrement réalisé : *J'ai la série complète des timbres émis pendant le second Empire* (syn. ENTIER). *La conférence s'est soldée par un échec complet* (syn.

TOTAL). *La malheureuse était dans un état de complet dénuement.* — **2.** Se dit d'un moyen de transport, d'une salle de spectacle, etc., qui n'a plus de places disponibles : *Le train, l'autobus est complet* (syn. PLEIN). *Le cinéma affiche complet.* — **3.** Dont toutes les qualités sont pleinement développées : *C'est un homme complet, à la fois compétent dans sa spécialité, cultivé, sportif. Une artiste complète* (syn. ACHEVÉ, ACCOMPLI). — **4.** *Au complet, au grand complet,* sans que personne ou rien y manque : *La famille au grand complet est partie en vacances.* ‖ Fam. *C'est complet!,* voilà encore un nouvel ennui (syn. fam. IL NE MANQUAIT PLUS QUE ÇA!).

2. complet [kɔ̃plɛ] n. m. Vêtement d'homme dont toutes les pièces (veste, pantalon et gilet) sont de la même étoffe (syn. plus usuel COSTUME).

complètement [kɔ̃plɛtmɑ̃] adv. De façon complète : *Le malade sera complètement rétabli dans quelques semaines* (syn. TOTALEMENT, ENTIÈREMENT, PLEINEMENT).

compléter [kɔ̃plete] v. t. (c. **10**) *Compléter qqch,* le rendre complet en ajoutant ce qui manque : *Ce versement complète le remboursement. Pour compléter sa formation, elle a fait des stages dans plusieurs entreprises* (syn. ACHEVER). ◆ ***se compléter*** v. pr. Devenir complet : *Sa collection se complète peu à peu.*

complétive [kɔ̃pletiv] n. f. et adj. (du lat. *completivus,* qui complète). Subordonnée complément d'objet, sujet ou attribut. (Ex. : *Je vois* QUE TOUT VA BIEN.)

1. complexe [kɔ̃plɛks] adj. (lat. *complexus,* qui contient). Se dit d'un ensemble dont les éléments sont combinés d'une manière offrant une certaine difficulté à l'analyse : *Les données de ce problème sont très complexes* (syn. COMPLIQUÉ; contr. SIMPLE). *Nous nous trouvons devant une situation complexe* (contr. CLAIR, NET).

2. complexe [kɔ̃plɛks] n. m.
— **I.** Ensemble de sentiments et de souvenirs inconscients qui conditionnent plus ou moins le comportement conscient de qqn : *Avoir un complexe d'infériorité. Il est très gauche en société : il est bourré de complexes.*
— **II. 1.** Ensemble d'établissements industriels concourant à une même activité économique : *Un complexe sidérurgique.* — **2.** Ensemble de bâtiments et d'installations groupés en fonction de leur utilisation : *Un complexe hospitalier.*

complexé, e [kɔ̃plɛkse] adj. et n. *Fam.* Qui a des complexes : *Il est trop complexé pour parler ou agir avec naturel.*

complexion [kɔ̃plɛksjɔ̃] n. f. (lat. *complexio*). Constitution physique de qqn, état de son organisme, surtout sous le rapport de la résistance (soutenu) : *Un enfant d'une complexion délicate* (syn. NATURE).

complexité [kɔ̃plɛksite] n. f. (de *complexe* 1). Caractère complexe : *La complexité d'un calcul. Des phénomènes d'une grande complexité.*

complication [kɔ̃plikasjɔ̃] n. f. **1.** État de ce qui est compliqué; ensemble compliqué : *La complication des démarches à effectuer rebute bien des gens. Mon guide me conduisit à travers toute une complication de ruelles.* — **2.** Élément nouveau qui entrave le déroulement normal d'une chose; en particulier, évolution nouvelle d'une maladie, aggravation : *Des complications ont empêché la mise en œuvre du projet initial. Une pneumonie est parfois la complication d'une grippe.* — **3.** Obstacles qui s'opposent à l'accomplissement de qqch (surtout plur.) : *Ne faites pas tant de complications pour reconnaître les faits* (syn. EMBARRAS, DIFFICULTÉS).

complice [kɔ̃plis] adj. et n. (lat. *complex, -icis,* uni étroitement). **1.** Qui participe secrètement à l'action répréhensible d'un autre, ou qui est au courant de cette action : *Je ne veux pas me rendre complice d'une trahison. Le cambrioleur avait des complices.* — **2.** Qui manifeste un accord secret : *Ils échangèrent un regard complice.*

complicité [kɔ̃plisite] n. f. Fait d'être complice : *Le prisonnier a pu s'échapper grâce à la complicité d'un gardien* (syn. soutenu CONNIVENCE). *Cette association jouit de nombreuses complicités dans le milieu de la pègre* (syn. fam. ACCOINTANCE).

compliment [kɔ̃plimɑ̃] n. m. (esp. *cumplimiento*). Parole agréable, flatteuse, adressée à qqn : *La lauréate a reçu les compliments de son entourage* (syn. FÉLICITATIONS). *Il m'a retourné mon compliment* (souvent ironiq.; = il m'a fait des reproches de même nature immédiatement). *Je vous fais mes compliments pour votre perspicacité. Vous ferez mes compliments à vos parents* (formule de politesse). *Mes compliments!* (ironiq.; = vous n'avez pas lieu d'être fier).

complimenter [kɔ̃plimɑ̃te] v. t. Adresser des compliments à qqn : *La directrice a complimenté la classe* (syn. FÉLICITER).

complimenteur, euse [kɔ̃plimɑ̃tœr] adj. et n. Qui flatte de façon excessive.

compliqué, e [kɔ̃plike] adj. **1.** Difficile à comprendre, à retenir, à exécuter, en raison du grand nombre, de l'enchevêtrement de ses parties : *Un étranger qui a un nom compliqué;* qui présente des parties enchevêtrées difficiles à démêler : *Un plan, un cérémonial compliqué* (contr. SIMPLE). — **2.** Qui n'agit pas simplement, qui recherche les difficultés : *On ne peut pas prévoir ses réactions : elle est si compliquée!* (syn. COMPLEXE).

compliquer [kɔ̃plike] v. t. (lat. *complicare,* lier ensemble). *Compliquer qqch,* le rendre moins simple, plus difficile à comprendre ou à réaliser, par la multiplicité et l'enchevêtrement des éléments composants : *Toute une série d'incidents viennent compliquer l'action de ce roman* (syn. EMBROUILLER, CHARGER). *La présence de nombreux badauds complique la tâche des sauveteurs.* ◆ ***se compliquer*** v. pr. Devenir compliqué : *L'affaire se complique du fait que le principal témoin a soudain disparu.*

complot [kɔ̃plo] n. m. (orig. incert.). **1.** Menées secrètes et concertées de plusieurs personnes contre qqn ou contre une institution : *Un complot visait à renverser le régime* (syn. ↑CONSPIRATION, ↑CONJURATION). — **2.** Fam. *Mettre qqn dans le complot,* le mettre au courant d'un projet secret n'ayant rien de subversif.

comploter [kɔ̃plɔte] v. i. Former des complots : *Il a passé une partie de sa vie à comploter* (syn. ↑CONSPIRER). ◆ v. t. **1.** Faire le complot de : *Ils complotaient un coup d'État* (syn. TRAMER). *Les accusés avaient comploté de renverser le pouvoir.* — **2.** Faire à plusieurs des projets, des préparatifs secrets : *Qu'est-ce que vous complotez encore dans votre coin?*

comploteur, euse [kɔ̃plɔtœr] adj. et n. Qui complote : *On a enfin réussi à arrêter le chef des comploteurs* (syn. ↑CONSPIRATEUR).

componction [kɔ̃pɔ̃ksjɔ̃] n. f. (du lat. *compungere,* affecter). Air de gravité affecté (ironiq.) : *Il donnait avec componction ses conseils.*

comportement [kɔ̃pɔrtəmɑ̃] n. m. Manière de se comporter : *Son comportement avec moi est étrange* (syn. ATTITUDE, CONDUITE).

comporter [kɔ̃pɔrte] v. t. (lat. *comportare,* transporter) [sujet qqch] *Comporter qqch,* avoir comme élément constituant, contenir, renfermer qqch par nature : *Toute automobile doit comporter un dispositif d'éclairage* (syn. AVOIR, ÊTRE MUNI DE). *Son discours comportait trois parties* (syn. COMPRENDRE, SE COMPOSER DE). *Cette règle ne comporte aucune exception* (syn. ADMETTRE,

SOUFFRIR). ◆ ***se comporter*** v. pr. **1.** (sujet qqn) Agir de telle ou telle façon : *Tu t'es mal comporté à mon égard en rejetant brutalement ma proposition* (syn. SE CONDUIRE). — **2.** (sujet qqch) Fonctionner : *La voiture s'est bien comportée* (syn. MARCHER).

composant, e [kɔ̃pozɑ̃] adj. Qui entre dans la composition d'un corps, d'un ensemble : *L'analyse chimique détermine les éléments composants.* ◆ ***composant*** n. m. **1.** Constituant : *L'huile de lin est un composant du mastic.* — **2.** *Composant électronique,* élément entrant dans la constitution des circuits électroniques.

composante [kɔ̃pozɑ̃t] n. f. Élément constitutif : *La hausse des prix et le chômage étaient les composantes principales du malaise social.*

composé, e [kɔ̃poze] adj. **1.** Constitué de plusieurs éléments : *Le sel de cuisine est un corps composé.* — **2.** *Mot composé,* formé de plusieurs mots ou éléments et formant une unité significative (Ex. : *essuie-glace, chef-lieu*). ‖ *Temps composé,* temps d'un verbe qui se conjugue avec le part. passé précédé d'un auxiliaire (*être* ou *avoir*) : *Le passé antérieur est un temps composé* (contr. SIMPLE). ◆ ***composé*** n. m. Ensemble formé de plusieurs éléments : *Cet homme est un composé de grossièreté et de ruse* (syn. ASSEMBLAGE, AMALGAME).

composer [kɔ̃poze] v. t. (lat. *componere,* mettre ensemble). **1.** (sujet qqn) Former un tout en assemblant divers éléments : *Composer un numéro téléphonique sur le cadran. L'artiste a composé harmonieusement les couleurs du vitrail* (syn. DISPOSER, ASSEMBLER). *Comment cette romancière a-t-elle composé son livre ?* — **2.** (sujet qqn, qqch [pl.]) Entrer comme élément constituant d'un tout, être la matière de : *Les hommes qui composent l'équipe de tête. Les maisons qui composent le village* (syn. CONSTITUER). — **3.** Écrire de la musique : *Beethoven a composé neuf symphonies.* — **4.** *Litt.* (sujet qqn) *Composer son visage, son maintien,* prendre une expression, une attitude ne correspondant pas aux sentiments éprouvés (surtout part. passé). ◆ v. i. **1.** (sujet qqn) Faire un exercice scolaire sur un sujet donné, dans un temps déterminé, en vue d'un classement : *Les élèves composaient en mathématiques.* — **2.** (sujet qqn) Trouver un accommodement : *Elle ne pouvait pas imposer son point de vue, elle a dû composer* (syn. TRANSIGER). ◆ ***se composer*** v. pr. ou **être composé** v. pass. (sujet qqch) Être formé de, consister en : *La propriété est composée d'une maison, d'un jardin et d'une cour. L'eau se compose d'hydrogène et d'oxygène* (→ DÉCOMPOSER).

composite [kɔ̃pozit] adj. (lat. *compositus*). Fait d'éléments très divers : *Une foule composite* (syn. DISPARATE, ↑ HÉTÉROCLITE).

compositeur, trice [kɔ̃pozitœr] n. Personne qui compose de la musique : *Bach est un compositeur très célèbre.*

composition [kɔ̃pozisjɔ̃] n. f. **1.** Action ou manière de composer une chose : *Voici un plat de ma composition* (syn. FABRICATION, ↓ FAÇON). *La composition de cette tragédie est très claire* (syn. STRUCTURE). *La composition de l'Assemblée nationale a été modifiée par les dernières élections.* — **2.** Œuvre musicale : *Une courte composition pour piano.* — **3.** Exercice scolaire : *Elle a été troisième en composition de sciences naturelles.* — **4.** *Composition française,* exercice scolaire consistant à rédiger un développement sur un sujet de littérature (syn. DISSERTATION). — **5.** *Être de bonne composition,* se laisser faire, être accommodant. ‖ *Rôle de composition,* pour un comédien, représentation d'un personnage très typé derrière lequel sa propre personnalité doit s'effacer.

compost [kɔ̃pɔst] n. m. (mot angl. ; de l'anc. fr. *compost,* composé). Mélange fermenté de débris organiques et de matières calcaires, employé comme engrais.

compostage [kɔ̃pɔstaʒ] n. m. Action de composter.

composter [kɔ̃pɔste] v. t. Imprimer, marquer avec un composteur : *Composter un ticket de métro.*

composteur [kɔ̃pɔstœr] n. m. (de l'it. *composto,* composé). Appareil à lettres ou à chiffres servant à numéroter des pages, à dater des documents, à perforer des tickets.

compote [kɔ̃pɔt] n. f. (du lat. *compositus,* mélangé). **1.** Fruits cuits, entiers ou en morceaux, avec du sucre : *Une compote de pommes.* — **2.** Fam. *En compote,* meurtri, malmené : *On a les pieds en compote avec cette marche* (syn. EN MARMELADE).

compotier [kɔ̃pɔtje] n. m. Coupe à pied pour servir des fruits crus ou en compote.

compréhensibilité [kɔ̃preɑ̃sibilite] n. f. Qualité de ce qui est compréhensible : *Pour une plus grande compréhensibilité, on a évité tous les termes techniques.*

compréhensible [kɔ̃preɑ̃sibl] adj. Qu'on peut comprendre : *Des paroles difficilement compréhensibles* (syn. INTELLIGIBLE). *Un désir bien compréhensible* (syn. NATUREL, NORMAL, EXCUSABLE).

compréhensif, ive [kɔ̃preɑ̃sif] adj. Qui admet facilement le point de vue des autres : *J'ai eu affaire à une employée compréhensive, qui a fait de longues recherches pour pouvoir me renseigner* (syn. BIENVEILLANT, DÉVOUÉ). *Je sais que vous ne m'en voudrez pas : vous êtes trop compréhensif* (syn. INDULGENT ; contr. FERMÉ).

compréhension [kɔ̃preɑ̃sjɔ̃] n. f. (lat. *comprehensio*). **1.** Aptitude de qqn à comprendre : *Une enfant d'une grande rapidité de compréhension.* — **2.** Facilité à être compris (en parlant de qqch) : *Un texte d'une compréhension difficile.* — **3.** Désir d'entrer dans les vues des autres : *J'ai été charmé de sa compréhension à mon égard.*

comprendre [kɔ̃prɑ̃dr] v. t. (lat. *comprehendere*) [conj. 54]. **1.** (sujet qqch) Avoir en soi, être formé de : *La maison comprend en outre une cave et un garage* (syn. COMPORTER, SE COMPOSER DE). *Cette symphonie comprend quatre mouvements.* — **2.** (sujet qqn) *Comprendre qqch,* le faire entrer dans un tout : *Je ne comprends pas dans la durée de la confection de ce plat le temps de préparation. Nous avons compris dans ce total les diverses taxes* (syn. INCLURE). — **3.** (sujet qqn) *Être compris dans qqch,* y être intégré, compté : *Dans ce tableau de la population, les étrangers ne sont pas compris.* — **4.** *Comprendre qqch, les paroles de qqn,* en saisir par l'esprit le sens, s'en faire une idée claire : *J'ai très bien compris vos explications* (syn. SAISIR). *Nous comprenons les difficultés de l'entreprise* (syn. SE RENDRE COMPTE DE, SE REPRÉSENTER, RÉALISER). *Je lui ai fait comprendre qu'il me gênait. Parle plus distinctement, je te comprends mal* (= je perçois mal tes paroles). *Je comprends à peu près l'anglais, mais je le parle très mal.* — **5.** *Comprendre qqch,* s'en faire une représentation idéale : *Voilà comment je comprends des vacances. Comment comprenez-vous le rôle d'une conseillère ?* (syn. VOIR). — **6.** *Comprendre qqn, l'attitude, l'action de qqn,* entrer dans ses raisons, admettre ses mobiles : *Sans doute, elle a tort et je ne l'approuve pas, mais je la comprends. Je comprends qu'on perde patience en entendant de telles paroles.* — **7.** *Comprendre les choses,* avoir l'esprit large, être tolérant. ‖ *Comprendre la plaisanterie,* ne pas se fâcher d'une raillerie, d'une farce qui vous est faite.

comprenette [kɔ̃prənɛt] n. f. *Fam.* Faculté de comprendre : *Vous avez la comprenette difficile.*

compresse [kɔ̃prɛs] n. f. (du lat. *compressare,* comprimer). Linge qui sert pour le pansement des plaies, ou au cours d'interventions chirurgicales.

compressibilité [kɔ̃prɛsibilite] n. f. Qualité de ce qui est compressible : *La compressibilité des dépenses.*

compressible [kɔ̃prɛsibl] adj. Qu'il est possible de comprimer.

compression [kɔ̃prɛsjɔ̃] n. f. Action de comprimer : *La compression du gaz risque de faire éclater le récipient. Une compression de crédits, de personnel* (syn. RÉDUCTION).

comprimé [kɔ̃prime] n. m. Pastille pharmaceutique qu'on avale ou qu'on fait dissoudre : *Un comprimé d'aspirine.*

comprimer [kɔ̃prime] v. t. (lat. *comprimere*). **1.** *Comprimer qqch,* en resserrer par la force les parties, réduire par la pression son volume : *De la paille comprimée en ballots cubiques. Les vapeurs d'essence mélangées d'air sont comprimées par le piston.* — **2.** *Comprimer qqn,* le serrer : *Les voyageurs sont comprimés dans l'autobus* (syn. TASSER). — **3.** *Comprimer des dépenses,* les réduire : *Le Conseil des ministres essaie de comprimer les dépenses publiques.* — **4.** Litt. *Comprimer ses larmes, son envie de rire, sa colère,* faire effort sur soi pour les retenir (syn. RÉPRIMER).

compris, e [kɔ̃pri] adj. *(C'est) compris ?,* souligne un ordre ou une défense : *Vous allez me faire ce travail immédiatement, compris ?* ‖ *Y compris, non compris,* en y comprenant (incluant), sans y comprendre : *Un terrain de 800 mètres carrés, maison non comprise.* (Précédant le nom, *compris* reste inv. : *On a tout fouillé, y compris la cave.*)

compromettant, e [kɔ̃prɔmɛtɑ̃] adj. Qui compromet : *Dans la crainte d'une perquisition, on a brûlé les documents compromettants.*

compromettre [kɔ̃prɔmɛtr] v. t. (lat. *compromittere*) [c. 57]. **1.** *Compromettre qqn,* lui porter préjudice, entacher sa réputation en l'engageant dans une entreprise contraire aux lois, à la morale : *Un homme politique compromis dans un scandale. Il évitait de sortir avec cette jeune fille, de peur de la compromettre.* — **2.** *Compromettre qqch,* l'exposer à un dommage : *Compromettre sa santé, la réputation de quelqu'un. Cette initiative compromet nos chances de succès. Il me semble qu'il va pleuvoir : voilà la promenade bien compromise* (syn. MENACER). ◆ ***se compromettre*** v. pr. Risquer sa situation, son honneur : *Ils s'étaient compromis dans des entreprises malhonnêtes.*

compromis [kɔ̃prɔmi] n. m. (lat. *compromissum*). **1.** Accord obtenu par des concessions réciproques : *Après deux jours de débats, les deux délégations sont enfin parvenues à un compromis.* — **2.** État intermédiaire : *Son attitude est un compromis entre l'indifférence et le mépris* (syn. MOYEN TERME).

compromission [kɔ̃prɔmisjɔ̃] n. f. Action de se compromettre : *Sa compromission avec les rebelles l'a amené à s'enfuir* (syn. COLLUSION).

comptabiliser [kɔ̃tabilize] v. t. Faire entrer dans une comptabilité, un calcul.

comptabilité [kɔ̃tabilite] n. f. Ensemble des comptes d'une entreprise, d'un commerce, d'une collectivité; service administratif chargé de ces comptes.

comptable [kɔ̃tabl] adj. **1.** Qui concerne la comptabilité : *Pièce comptable. Rapport comptable.* — **2.** Qui a la charge de qqch, qui doit en répondre : *Se sentir comptable des biens de ses administrés* (syn. RESPONSABLE). ◆ n. Personne chargée de la comptabilité.

comptage [kɔ̃taʒ] n. m. Action de compter des objets pour les dénombrer : *Le comptage des articles stockés* (syn. DÉNOMBREMENT).

comptant [kɔ̃tɑ̃] adj. m. *Argent comptant* → ARGENT. ◆ adv. *Payer, acheter comptant,* payer sans délai : *Vous bénéficierez d'une remise si vous payez comptant. Je lui ai versé dix mille francs comptant, je lui paierai le solde d'ici un an* (contr. À CRÉDIT, À TERME, À TEMPÉRAMENT).

compte [kɔ̃t] n. m. **1.** Action de compter; son résultat : *La salle était presque vide : le compte de la recette ne sera pas long. La maîtresse de maison fait le compte des personnes à inviter* (syn. DÉNOMBREMENT). *J'ai recommencé trois fois, et je n'arrive jamais au même compte* (syn. TOTAL). — **2.** Somme ou quantité qui revient à qqn : *Elle n'a pas touché tout son compte* (syn. DÛ). — **3.** État de ce qui est dû ou reçu : *Ouvrir un compte en banque* (= état alimenté par des versements à une banque). — **4.** *À bon compte,* dans des conditions avantageuses, avec le minimum de dommage : *Un mois de prison avec sursis : tu t'en tires à bon compte.* ‖ *À ce compte,* en considérant les choses ainsi, dans ces conditions. ‖ *Au bout du compte, en fin de compte, tout compte fait,* une fois l'ensemble examiné, tout bien considéré (exprime une conclusion logique) : *Elle hésita beaucoup, en fin de compte (tout compte fait) elle se résolut à rester. Il était très autoritaire et orgueilleux, mais, en fin de compte (au bout du compte, tout compte fait), il n'était pas mauvais homme* (syn. AU TOTAL, APRÈS TOUT, SOMME TOUTE, FINALEMENT; soutenu AU DEMEURANT). ‖ Fam. *Avoir son compte,* avoir été malmené, tué, ou être épuisé : *Il ne recommencera pas de sitôt à m'insulter : il a son compte.* ‖ *Demander compte de qqch à qqn,* lui demander des explications à ce sujet, l'inviter à se justifier. ‖ *Donner son compte à qqn (employé, ouvrier),* le congédier. ‖ *Être en compte avec qqn,* être dans la situation mutuelle de créancier et de débiteur. ‖ *Laisser pour compte qqn, qqch,* le négliger, le laisser de côté. ‖ *Mettre qqch sur le compte de qqch,* rendre cela responsable : *Cette erreur doit être mise sur le compte de la fatigue* (syn. IMPUTER À). ‖ *Pour le compte de qqn, d'une société,* etc., à son profit; en son nom : *Je travaille pour le compte d'une firme étrangère.* ‖ *Pour mon compte,* en ce qui me concerne. ‖ *Prendre qqch à son compte,* s'en charger, assumer les dépenses correspondant à cela : *J'ai pris à mon compte tous les frais de réparation.* ‖ *Rendre compte de qqch à qqn,* lui en faire une relation, un exposé. ‖ *Se rendre compte de qqch,* s'en apercevoir, en avoir une notion nette. ‖ *Tu te rends compte !,* exclamation qui souligne l'intérêt, l'importance d'un fait. ‖ *Rendre compte de sa conduite, rendre des comptes,* se justifier : *Je n'ai pas à vous rendre compte de mes décisions. Je n'ai de comptes à rendre à personne.* ‖ *S'établir, s'installer, travailler à son compte,* prendre la direction d'une entreprise artisanale, commerciale, industrielle; ne plus dépendre d'un employeur. ‖ *Son compte est bon,* il n'a rien de bon à espérer, il est perdu. ‖ *Sur le compte de qqn,* à son sujet : *J'ai appris du nouveau sur son compte.* ‖ *Tenir compte de,* prendre en considération. ‖ *Trouver son compte à qqch,* y trouver son avantage.

compte-chèques [kɔ̃tʃɛk] n. m. (pl. *comptes-chèques*). Compte financier, bancaire ou postal, fonctionnant au moyen de chèques.

compte(-)courant [kɔ̃tkurɑ̃] n. m. (pl. *comptes-courants*). Compte ouvert dans une banque, où sont indiquées les sommes versées et dues.

compte-gouttes [kɔ̃tgut] n. m. inv. **1.** Petite pipette en verre servant à compter des gouttes, le plus souvent d'un médicament. — **2.** Fam. *Au compte-gouttes,* avec parcimonie.

compter [kɔ̃te] v. t. (lat. *computare*) [sujet qqn]. **1.** *Compter des choses, des êtres animés,* en calculer le nombre ou la quantité : *La fermière comptait ses poules* (syn. DÉNOMBRER). *Une horloge sonnait au loin : le prisonnier compta onze coups. Compter de l'argent.* — **2.** *Compter qqch,* le faire entrer dans un calcul d'ensemble, le mettre au nombre de : *Je n'ai compté que les fournitures; je vous fais cadeau du travail. En comptant l'ourlet, il faut trois mètres de tissu. Cela pèse bien vingt kilos, sans compter l'emballage* (syn. TENIR COMPTE DE). — **3.** Estimer à tel ou tel prix : *Le mécanicien nous a compté cinq cents francs de réparation* (syn. FACTURER). *Vous comptez donc pour rien le mal que je me suis donné?* (= vous n'en faites aucun cas). — **4.** Verser de l'argent : *Passez à la caisse, on vous comptera cinq cents francs* (syn. PAYER). — **5.** (sujet qqn, qqch) Avoir à son actif, posséder : *Un soldat qui compte dix années de campagnes. Je compte de nombreux amis parmi les peintres.* — **6.** *Ses jours sont comptés,* il n'a plus longtemps à vivre. ‖ *On peut compter les choses, les gens,* indique la rareté d'un fait : *On peut compter les visites qu'elle m'a faites depuis un an.* ‖ *On ne compte plus les choses, les gens,* indique le grand nombre : *On ne compte plus les gaffes qu'il a commises.* ◆ v. i. et t. ind. **1.** (sujet qqn, qqch) Avoir de l'importance, être pris en considération : *C'est le résultat qui compte. Les places sont à dix francs, mais les enfants ne comptent pas. Voilà un succès qui compte!* (= remarquable). — **2.** (sujet qqn, qqch) *Compter parmi,* figurer au nombre de : *Il compte parmi les plus violents adversaires de cette politique. On compte ce livre parmi les meilleurs de l'auteur* (syn. RANGER). — **3.** (sujet qqn, qqch) *Compter pour,* avoir la valeur de : *Elle n'a qu'un fils, mais il compte pour deux tellement il est insupportable! Tous ces efforts comptent pour rien.* — **4.** (sujet qqn) *Compter avec qqch, qqn,* en tenir compte, les prendre en considération : *Il faut compter avec la fatigue. Aujourd'hui, elle est adulte, et on doit compter avec elle.* — **5.** (sujet qqn) *Compter sans qqn, qqch,* en négliger l'importance, l'influence : *Vous aviez compté sans les obstacles.* — **6.** (sujet qqn) *Compter sur qqn,* lui faire confiance, être convaincu de son acceptation : *Je compte sur vous pour régler cette affaire. Venez dîner ce soir, nous comptons sur vous.* — **7.** (sujet qqn) *Compter sur qqch, y compter, compter que* (+ *ind.*, ou *subj.* quand *compter* est à la forme négative ou interrogative), espérer fermement en son action, sa présence, etc. : *Je compte sur votre discrétion. Vous pouvez le souhaiter, mais n'y comptez pas trop; ne comptez pas là-dessus. Il compte que tout se passera bien. Je ne compte pas qu'elle vienne à présent.* — **8.** (sujet qqn) *Compter* (+ *inf.*), se proposer de : *Nous comptons partir à l'aube.* ‖ *Sans compter que,* introduit une considération accessoire : *Cette robe ne me plaisait pas, sans compter qu'elle était très chère.* ◆ v. i. (sujet qqn) **1.** Énoncer la suite des nombres : *Compter jusqu'à cinquante.* — **2.** Ne dépenser qu'avec réflexion, avec réserve : *Avec un budget restreint, il faut compter sans cesse.* — **3.** *À compter de,* en prenant comme point de départ dans le temps : *À compter d'aujourd'hui, le service d'été est rétabli* (syn. À DATER DE, À PARTIR DE). ‖ *Donner, dépenser sans compter,* très libéralement.

compte-rendu [kɔ̃trɑ̃dy] n. m. (pl. *comptes-rendus*). Rapport fait sur un événement, une situation, un ouvrage, la séance d'une assemblée. (S'écrit aussi sans trait d'union.)

compte-tours [kɔ̃ttur] n. m. inv. Appareil comptant le nombre de tours d'un arbre mobile dans un temps donné.

compteur [kɔ̃tœr] n. m. Appareil qui mesure ou qui enregistre des distances, des vitesses, des consommations : *Compteur kilométrique. Compteur à gaz, à électricité.*

comptine [kɔ̃tin] n. f. (de *compter*). Chanson que chantent les enfants pour déterminer celui qui devra sortir du jeu ou courir après les autres.

comptoir [kɔ̃twar] n. m. (de *compter*). **1.** Table étroite et élevée sur laquelle sont servies les consommations dans un débit de boissons (syn. BAR). — **2.** Table sur laquelle un commerçant dispose ses marchandises ou reçoit ses paiements.

compulsation [kɔ̃pylsasjɔ̃] n. f. Action de compulser.

compulser [kɔ̃pylse] v. t. (lat. *compulsare*). *Compulser un livre, un texte,* s'y référer pour une vérification, un renseignement (syn. CONSULTER).

computer [kɔ̃pjutœr] n. m. (mot. angl.). Syn. de ORDINATEUR.

comte [kɔ̃t] n. m., **comtesse** [kɔ̃tɛs] n. f. (lat. *comes, -itis,* compagnon). Titre de noblesse, intermédiaire entre ceux de marquis (marquise) et de vicomte (vicomtesse).

comté [kɔ̃te] n. m. Domaine d'un comte.

con, conne [kɔ̃] n. et adj. *Triv.* Sans intelligence, stupide (mot grossier, comme les dérivés : *connard, connerie* [= bêtise, stupidité], *déconner*).

concasser [kɔ̃kase] v. t. (lat. *conquassare*). Broyer une matière en fragments grossiers.

concasseur [kɔ̃kasœr] n. m. Appareil pour concasser.

concave [kɔ̃kav] adj. (lat. *concavus*). Dont la surface est en creux : *Elle regardait ses traits grossis dans un miroir concave* (contr. CONVEXE).

concavité [kɔ̃kavite] n. f. État de ce qui est concave : *La concavité du sol.*

concéder [kɔ̃sede] v. t. (lat. *concedere*) [c. **10**]. **1.** *Concéder qqch à qqn,* le lui accorder comme avantage : *Le propriétaire lui a concédé l'exploitation de ce terrain* (syn. ALLOUER, CÉDER, OCTROYER). — **2.** *Concéder qqch, que* (+ *ind.*), admettre un point de vue qui est différent du sien : *Concéder un point important dans une discussion* (syn. ADMETTRE, RECONNAÎTRE). *Je vous concède qu'il était difficile d'agir autrement* (syn. ACCORDER).

concélébrer [kɔ̃selebre] v. t. (sujet un prêtre) *Concélébrer la messe,* la célébrer avec d'autres prêtres, autour du même autel.

concentration [kɔ̃sɑ̃trasjɔ̃] n. f. **1.** Action de concentrer; fait d'être concentré : *La concentration de la population dans les grandes villes.* — **2.** *Camp de concentration,* lieu où sont rassemblés des détenus politiques, des prisonniers, des populations civiles de nationalité ennemie. — **3.** Action de se concentrer : *Il faut une grande concentration d'esprit pour lire ce livre* (contr. DISPERSION, ÉPARPILLEMENT).

concentrationnaire [kɔ̃sɑ̃trasjɔnɛr] adj. Relatif aux camps de concentration.

concentré, e [kɔ̃sɑ̃tre] adj. **1.** *Lait concentré,* dont on a réduit la partie aqueuse. ‖ *Solution concentrée,* qui contient une quantité importante du produit dissous (contr. ÉTENDU). — **2.** Très absorbé dans ses réflexions. ◆ ***concentré*** n. m. Substance extraite d'une autre, en général par élimination d'eau : *Du concentré de tomate* (syn. EXTRAIT).

concentrer [kɔ̃sɑ̃tre] v. t. **1.** *Concentrer des choses, des personnes,* les rassembler, les réunir en un point : *Les bagages ont été concentrés dans une seule pièce. Concentrons nos efforts sur ce point* (contr. DISPERSER, ÉPARPILLER). *Un dictateur qui concentre tous les pouvoirs dans sa personne* (contr. PARTAGER). — **2.** *Concentrer une solution, un mélange,* en augmenter la richesse, la teneur en produit dissous. — **3.** *Concentrer son esprit, son attention, son regard,* etc., *sur qqn, qqch,* fixer son attention, son regard sur cette personne, réfléchir profondément à cette chose. ◆ ***se concentrer*** v. pr. **1.** Se rassembler : *La foule se concentre sur la place. L'intérêt de l'œuvre se concentre dans ce chapitre.* — **2.** Fixer avec intensité son attention, réfléchir profondément : *Se concentrer pour suivre une démonstration.*

concentrique [kɔ̃sɑ̃trik] adj. Se dit de figures géométriques ayant le même centre : *Des cercles concentriques.*

concentriquement [kɔ̃sɑ̃trikmɑ̃] adv. De façon concentrique.

concept [kɔ̃sɛpt] n. m. (du lat. *conceptus,* saisi). Idée, abstraction (philos.) : *Le concept de durée. On parle du concept d'un mot ou de son « signifié ».*

concepteur, trice [kɔ̃sɛptœr] n. Personne qui propose des projets, des idées aux firmes commerciales et industrielles, aux agents de publicité, etc.

conception [kɔ̃sɛpsjɔ̃] n. f. (lat. *conceptio*). **1.** Action de concevoir un enfant. — **2.** Représentation qu'on se fait de qqch, idée qu'on en a : *Nous n'avons pas la même conception de la politique à suivre* (syn. POINT DE VUE, OPINION SUR). *Exposer ses conceptions stratégiques dans un livre* (syn. THÉORIE, DOCTRINE).

conceptuel, elle [kɔ̃sɛptɥɛl] adj. Qui relève du concept : *Des catégories conceptuelles.*

concernant [kɔ̃sɛrnɑ̃] prép. Au sujet de : *Concernant cette affaire, la discussion a été serrée.*

concerner [kɔ̃sɛrne] v. t. (lat. *concernere*). **1.** *Concerner qqn* ou *qqch,* s'y rapporter : *Une critique qui concerne le jeu des acteurs plus que l'œuvre* (syn. VISER). — **2.** *Concerner qqn,* s'adresser à lui, l'intéresser : *Voici un avis qui concerne tous les automobilistes. Cette affaire vous concerne* (= c'est à vous de vous en occuper). — **3.** *En ce qui concerne,* pour ce qui est de, quant à : *En ce qui me concerne, je n'y vois aucun inconvénient* (syn. POUR MA PART). — **4.** *Être, se sentir concerné par qqch,* être intéressé, touché par cela.

concert [kɔ̃sɛr] n. m. (it. *concerto,* accord). **1.** Exécution d'une œuvre musicale : *Un concert de musique ancienne. Le concert a été télévisé.* — **2.** Ensemble de bruits simultanés : *On entend un concert d'avertisseurs dans la rue.* — **3.** *Concert d'éloges, de lamentations,* etc., unanimité dans l'éloge, les lamentations, etc. — **4.** *De concert,* avec ensemble, en s'étant mis d'accord (soutenu) : *Agir de concert avec ses amis.*

concertation [kɔ̃sɛrtasjɔ̃] n. f. Échange de vues entre plusieurs personnes visant à un accord sur une politique, une ligne de conduite, etc.

concerter [kɔ̃sɛrte] v. t. *Concerter qqch,* le préparer, l'organiser d'un commun accord : *Ils concertaient une randonnée d'une journée. Un plan habilement concerté.* ◆ ***se concerter*** v. pr. (sujet qqn [pl.]) Se consulter pour mettre au point un projet commun : *Sans nous être concertés, nous avons eu la même réaction.*

concertiste [kɔ̃sɛrtist] n. Instrumentiste qui joue en concert.

concerto [kɔ̃sɛrto] n. m. (mot it.). Œuvre musicale caractérisée par l'alternance ou la combinaison d'un ou de deux solistes et de l'orchestre : *Des concertos pour violon et orchestre.*

concession [kɔ̃sɛsjɔ̃] n. f. (lat. *concessio*). **1.** Droit exclusif de vente ou d'exploitation : *Acheter une concession.* — **2.** *Concession à perpétuité,* terrain vendu ou loué pour servir de sépulture. — **3.** Action de concéder qqch (sens 2) : *On peut arriver à s'entendre moyennant quelques concessions mutuelles.* — **4.** Rapport logique exprimé dans la phrase par les *propositions concessives* ou *de concession.*

concessionnaire [kɔ̃sɛsjɔnɛr] n. Personne ou entreprise commerciale qui a obtenu d'un producteur une concession.

concessive [kɔ̃sesiv] adj. et n. f. Se dit d'une proposition subordonnée introduite par *bien que, quoique, encore que, quelque que,* etc., et qui indique une opposition ou une restriction à l'idée exprimée dans la principale.

concevable [kɔ̃svabl] adj. Qu'on peut concevoir, admettre : *Une autre explication serait concevable* (syn. ADMISSIBLE, IMAGINABLE).

concevoir [kɔ̃səvwar] v. t. et i. (lat. *concipere,* prendre) [c. **34**] (sujet une femme) *Concevoir (un enfant),* devenir enceinte (litt. ou admin.). ◆ v. t. (sujet qqn) **1.** Se représenter par la pensée : *On pourrait concevoir d'autres solutions. Je conçois facilement sa déception* (syn. IMAGINER). *On concevrait mal qu'elle ne réponde pas à l'invitation* (syn. COMPRENDRE, ADMETTRE). — **2.** Former, élaborer dans son esprit, son imagination : *L'architecte a conçu cette maison d'une façon très fonctionnelle.* — **3.** Litt. *Concevoir un sentiment,* l'éprouver : *En pensant à cette personne, je concevais tantôt de la jalousie, tantôt du dépit* (syn. NOURRIR).

concierge [kɔ̃sjɛrʒ] n. (lat. *conservus,* compagnon d'esclavage). Personne chargée de la garde d'un immeuble, d'un hôtel (syn. GARDIEN).

concile [kɔ̃sil] n. m. (lat. *concilium,* assemblée). Assemblée d'évêques et de théologiens, présidée par le pape, et décidant de questions doctrinales.

conciliable [kɔ̃siljabl] adj. Qu'on peut concilier : *Deux souhaits parfaitement conciliables.*

conciliabule [kɔ̃siljabyl] n. m. (lat. *conciliabulum,* lieu de réunion). Entretien privé, ou même secret, généralement long : *Ils ont tenu un interminable conciliabule avant de me répondre.*

conciliaire [kɔ̃siljɛr] adj. Relatif à un concile : *Père conciliaire. Décision conciliaire.*

conciliant, e [kɔ̃siljɑ̃] adj. **1.** Disposé à s'entendre avec d'autres personnes : *Elle est très conciliante : elle ne vous refusera pas cela* (syn. ACCOMMODANT, TOLÉRANT). — **2.** De nature à favoriser un accord : *Des paroles conciliantes.*

conciliateur, trice [kɔ̃siljatœr] adj. et n. Qui concilie : *Les tendances conciliatrices ont fini par l'emporter. Jouer le rôle d'un conciliateur.*

conciliation [kɔ̃siljasjɔ̃] n. f. Arrangement, accord entre des personnes ou des choses : *J'ai vainement tenté une démarche de conciliation entre les deux adversaires. Par esprit de conciliation, je renonce à faire valoir mes droits.*

concilier [kɔ̃silje] v. t. (lat. *conciliare*). **1.** *Concilier des choses,* trouver un accommodement, un accord entre des choses diverses : *Comment concilier ces deux exigences contraires ? Essayons de concilier les dépenses à faire avec l'exiguïté du budget* (syn. ACCORDER). — **2.** *Concilier qqn, qqch à qqn,* le disposer favorablement envers lui, le lui rallier : *Son programme électoral lui a concilié la faveur des personnes âgées* (syn. ATTIRER, GAGNER). ◆ ***se concilier*** v. pr. *Se concilier qqn,* le disposer en sa faveur.

concis, e [kɔ̃si] adj. (lat. *concisus,* tranché). Qui exprime beaucoup d'idées en peu de mots : *Un écrivain, un orateur concis. Je dois présenter un rapport très concis, d'une page au maximum* (contr. VERBEUX). *Elle a expliqué la chose en termes concis* (syn. BREF, SUCCINCT ; contr. DIFFUS, PROLIXE).

concision [kɔ̃sizjɔ̃] n. f. Qualité de ce qui est concis : *Une concision poussée à l'excès devient sécheresse* (syn. BRIÈVETÉ, LACONISME ; contr. PROLIXITÉ, VERBIAGE).

concitoyen, enne [kɔ̃sitwajɛ̃] n. Personne du même pays, de la même ville, de la même région : *Le maire défend les intérêts de ses concitoyens. Une musicienne peu connue de ses concitoyens* (contr. ÉTRANGER).

conclave [kɔ̃klav] n. m. (lat. *conclave,* chambre fermée à clef). Assemblée de cardinaux pour élire un pape.

concluant, e [kɔ̃klyɑ̃] adj. Qui apporte une confirmation, une preuve : *Une expérience concluante. Le résultat est concluant* (syn. PROBANT, CONVAINCANT).

conclure [kɔ̃klyr] v. t. (lat. *concludere*) [c. **68**]. **1.** *Conclure qqch*, le mener à son terme, le réaliser complètement : *Après de longues discussions, nous avons fini par conclure le marché. Un pacte conclu entre deux nations* (syn. SIGNER). — **2.** *Conclure qqch par*, lui donner comme conclusion : *Il a conclu son allocution par un appel à l'unité.* — **3.** *Conclure une chose d'une autre*, l'inférer, la déduire comme conséquence : *De ce premier examen, on peut conclure deux choses. Elle n'a pas répondu à ma lettre, j'en conclus qu'elle est absente.* ◆ v. t. ind. *Conclure à qqch*, se prononcer dans ce sens : *Les experts ont conclu à la responsabilité totale de l'accusé.*

conclusion [kɔ̃klyzjɔ̃] n. f. **1.** Action de conclure (sens 1) : *La conclusion de l'accord a été difficile* (syn. RÉALISATION). — **2.** Partie terminale d'une œuvre, qui exprime les idées essentielles auxquelles aboutit le développement : *Une dissertation dont la conclusion manque de netteté* (contr. INTRODUCTION). — **3.** Conséquence déduite d'un raisonnement, d'un ou de plusieurs faits : *Voilà ce qui s'est passé : je vous laisse le soin d'en tirer la conclusion.* — **4.** *En conclusion*, de tout cela il ressort que... : *Toutes tes initiatives sont malheureuses : en conclusion, tu ferais mieux de rester tranquille* (syn. BREF, EN UN MOT, EN FIN DE COMPTE).

concocter [kɔ̃kɔkte] v. t. *Fam.* Élaborer minutieusement : *Le professeur leur a concocté un devoir sur l'ensemble de leurs connaissances* (syn. mitonner).

concombre [kɔ̃kɔ̃br] n. m. (anc. prov. *cocombre*). Plante potagère fournissant un fruit allongé et vert, qu'on prépare en salade.

concomitant, e [kɔ̃kɔmitɑ̃] adj. (du lat. *concomitari*, accompagner). Se dit d'un phénomène qui en accompagne un autre dans ses diverses phases (soutenu).

concomitance [kɔ̃kɔmitɑ̃s] n. f. Simultanéité de plusieurs faits : *La concomitance des variations atteste la relation de cause à effet* (syn. SIMULTANÉITÉ).

concordance [kɔ̃kɔrdɑ̃s] n. f. Fait d'être concordant : *Les critiques s'en prennent avec une remarquable concordance à la pièce* (syn. UNITÉ, ACCORD). *J'ai été frappé par la concordance des dates* (syn. COÏNCIDENCE).

concordant, e [kɔ̃kɔrdɑ̃] adj. Se dit de choses qui sont en accord entre elles : *Des preuves concordantes* (syn. CONVERGENT). *Un récit peu concordant avec la réalité* (syn. CONFORME À). [→ DISCORDANT.]

concordat [kɔ̃kɔrda] n. m. (lat. *concordatum*). Traité entre le Saint-Siège et un gouvernement sur les affaires religieuses.

concorde [kɔ̃kɔrd] n. f. (lat. *concordia*). Bonne entente entre des personnes : *Un climat de concorde règne dans la famille* (syn. HARMONIE, UNION, PAIX ; contr. DISCORDE).

concorder [kɔ̃kɔrde] v. i. (lat. *concordare*) [sujet qqch] Être en conformité avec qqch d'autre : *Le fait ne paraît pas douteux, car tous les témoignages concordent sur ce point. La date qu'il m'indique ne concorde pas avec celle qui était convenue* (syn. CORRESPONDRE, COÏNCIDER).

concourant, e [kɔ̃kurɑ̃] adj. *Efforts concourants*, qui tendent au même résultat. ‖ *Lignes, forces concourantes*, qui se rencontrent au même point.

concourir [kɔ̃kurir] v. t. ind. (lat. *concurrere*) [c. **29**] **1.** (sujet qqn, qqch) *Concourir à qqch, à (+ inf.)*, tendre ensemble vers un même but : *Tous les détails concourent à l'effet d'ensemble. Les danses folkloriques ont concouru à donner à la fête tout son éclat.* — **2.** (sujet qqn) Participer à un concours, être en concurrence avec d'autres en vue d'obtenir une place, un titre, un prix : *De nombreuses candidates ont concouru cette année à l'École polytechnique.*

concours [kɔ̃kur] n. m. **1.** Aide, participation à une activité : *Plusieurs organisations ont prêté leur concours à cette manifestation. Un concert symphonique avec le concours d'une célèbre violoniste.* — **2.** *Concours de circonstances, d'événements*, rencontre, coïncidence de faits. — **3.** Examen permettant de classer les candidats à une place, à un prix, à l'admission à une grande école, etc. : *Une administration qui recrute des agents par voie de concours.* — **4.** Compétition sportive en vue d'un classement : *Concours hippique.* — **5.** *Hors concours*, qui a été précédemment récompensé et n'est plus admis à concourir ; qui surpasse de loin tous les autres, qui est hors de pair : *Une tireuse à l'arc hors concours* (syn. D'ÉLITE). *Un fromage hors concours* (syn. INCOMPARABLE).

concret, ète [kɔ̃krɛ] adj. (lat. *concretus*, épais). **1.** Relatif à la réalité, par oppos. à ce qui est une vue de l'esprit, un produit de l'imagination, une abstraction : *Une théorie susceptible d'applications concrètes* (syn. PRATIQUE, MATÉRIEL). *On enseigne l'arithmétique aux enfants à partir d'exemples concrets* (contr. ABSTRAIT). — **2.** *Musique concrète*, faite à partir de sons émanant de toutes les sources sonores et assemblés selon divers procédés. ‖ *Nom concret*, qui désigne un être ou un objet que les sens peuvent percevoir (contr. ABSTRAIT).

concrètement [kɔ̃krɛtmɑ̃] adv. De façon concrète : *Je me représente très concrètement la situation* (contr. ABSTRAITEMENT).

concrétiser [kɔ̃kretize] v. t. Réaliser de façon concrète, faire passer du stade de projet à celui de la réalisation : *On peut concrétiser la démonstration par une figure* (syn. MATÉRIALISER). ◆ ***se concrétiser*** v. pr. Devenir réel : *Le programme commence à se concrétiser* (syn. SE RÉALISER).

conçu, e [kɔ̃sy] adj. **1.** Rédigé, exprimé : *Une lettre conçue en ces termes.* — **2.** *Bien, mal conçu*, bien, mal organisé, agencé.

concubin, e [kɔ̃kybɛ̃] n. (lat. *concubina*). Personne qui vit maritalement avec qqn de l'autre sexe sans être marié avec (admin.).

concubinage [kɔ̃kybinaʒ] n. m. État de concubins : *Ils vivent en concubinage* (syn. UNION LIBRE).

concupiscence [kɔ̃kypisɑ̃s] n. f. (du lat. *concupiscere*, désirer). *Litt.* Attrait pour les plaisirs sensuels.

concupiscent, e [kɔ̃kypisɑ̃] adj. *Litt.* Qui exprime la concupiscence : *Des regards concupiscents.*

concurremment [kɔ̃kyramɑ̃] adv. (de *concurrent*). **1.** En même temps : *Elle s'occupe concurremment de ces deux questions* (syn. SIMULTANÉMENT, À LA FOIS). — **2.** *Concurremment avec*, en ajoutant son action à celle de qqn ou de qqch ou en rivalisant avec : *La beauté du paysage attire les touristes, concurremment avec la qualité de la cuisine.*

concurrence [kɔ̃kyrɑ̃s] n. f. **1.** Rivalité d'intérêts provoquant une compétition dans le secteur industriel ou commercial : *Le jeu normal de la concurrence tend à la baisse des prix. Un article vendu à un prix défiant toute concurrence* (= à bas prix). — **2.** *Entrer en concurrence avec qqn, qqch*, entrer en rivalité avec qqn, en compétition avec qqch. ‖ *Jusqu'à concurrence de*, jusqu'à la limite de : *Je vous ouvre un crédit jusqu'à concurrence de mille francs.*

concurrencer [kɔ̃kyrɑ̃se] v. t. (c. **1**) *Concurrencer qqch, qqn*, leur faire concurrence : *Ce nouveau détersif va concurrencer les précédents.*

concurrent, e [kɔ̃kyrɑ̃] n. et adj. (du lat. *concurrere*, courir avec). **1.** Qui participe à un concours, à une épreuve sportive : *Beaucoup de concurrents ont abandonné avant la fin de l'épreuve.* — **2.** Qui est en rivalité d'intérêts avec d'autres : *Si je suis mécontent de mon fournisseur, je m'adresserai à son concurrent.*

concurrentiel, elle [kɔ̃kyrɑ̃sjɛl] adj. Qui soutient la concurrence : *Nos industries doivent devenir concurrentielles* (syn. COMPÉTITIF).

concussion [kɔ̃kysjɔ̃] n. f. (lat. *concussio*, secousse). Perception de sommes indues par un fonctionnaire qui a la gestion de fonds publics (souvent sens général de «détournement») : *Un fonctionnaire accusé de concussion.*

concussionnaire [kɔ̃kysjɔnɛr] adj. et n. Coupable de concussion.

condamnable [kɔ̃danabl] adj. Qui mérite d'être condamné : *Son geste n'a rien de condamnable. Vous n'êtes pas condamnable d'avoir aussi songé à vos intérêts* (syn. BLÂMABLE, RÉPRÉHENSIBLE).

condamnation [kɔ̃danasjɔ̃] n. f. **1.** Jugement qui condamne; action de condamner : *Certains jurés étaient partisans de la condamnation, d'autres de l'acquittement. Porter une sévère condamnation à l'encontre de tels agissements* (syn. ↓ CRITIQUE). — **2.** Fait qui constitue un témoignage accablant contre : *Cet échec est la condamnation de cette théorie.*

condamné, e [kɔ̃dane] n. Personne qui a subi une condamnation. ◆ adj. Qui ne peut échapper à un sort prévu : *Malade condamné.*

condamner [kɔ̃dane] v. t. (lat. *condemnare*). **1.** (sujet qqn) *Condamner qqn,* frapper d'une peine qqn qui est déclaré coupable : *Le jury a condamné l'accusé à un an de prison* (contr. ACQUITTER). *Être condamné à mort.* — **2.** (sujet qqn) *Condamner une personne, un acte,* les déclarer coupables : *Je ne peux pas la condamner d'avoir agi ainsi* (syn. CRITIQUER). *Condamner la violence, le mensonge* (syn. BLÂMER, DÉSAPPROUVER). *Une locution condamnée par les puristes* (syn. PROSCRIRE, BANNIR). — **3.** *Condamner un malade,* déclarer qu'il ne peut pas guérir, qu'il est perdu : *Il n'y a plus d'espoir raisonnable : tous les médecins l'ont condamné.* — **4.** *Condamner une porte, une ouverture,* en rendre l'usage impossible, l'obstruer. — **5.** (sujet qqch) Faire apparaître la culpabilité de : *Leur silence les condamne* (syn. ACCABLER). — **6.** *Condamner qqn à qqch,* le mettre dans la pénible obligation, la nécessité de le faire : *Son accident la condamne à de longs mois d'immobilité.*

condensateur [kɔ̃dɑ̃satœr] n. m. Appareil servant à emmagasiner une charge électrique.

condensation [kɔ̃dɑ̃sasjɔ̃] n. f. Passage de la vapeur à l'état liquide.

condensé [kɔ̃dɑ̃se] n. m. Résumé succinct.

condenser [kɔ̃dɑ̃se] v. t. (lat. *condensare,* rendre épais). **1.** *Condenser un corps,* le faire passer de l'état gazeux à l'état liquide : *Le froid de la vitre condense la vapeur d'eau.* — **2.** *Lait condensé,* syn. de LAIT CONCENTRÉ. — **3.** *Condenser qqch (pensée, récit,* etc.), le réduire à l'essentiel : *Le récit de l'événement a été condensé en une page* (syn. RÉSUMER). *Style condensé* (syn. CONCIS).

condescendance [kɔ̃dɛsɑ̃dɑ̃s] n. f. *Péjor.* Attitude de qqn qui fait sentir sa supériorité en donnant qqch. : *Tu me traites avec une condescendance blessante* (syn. HAUTEUR).

condescendant, e [kɔ̃dɛsɑ̃dɑ̃] adj. *Péjor.* Qui montre de la condescendance : *Elle s'est adressée à moi d'un ton condescendant* (syn. ↑ DÉDAIGNEUX).

condescendre [kɔ̃dɛsɑ̃dr] v. t. ind. (lat. *condescendere,* se mettre au niveau de) [c. **50**] Péjor. *Condescendre à qqch,* y consentir en donnant l'impression de faire une faveur : *Quand il condescend à répondre, c'est d'un air très supérieur* (syn. S'ABAISSER).

condiment [kɔ̃dimɑ̃] n. m. (lat. *condimentum*). Produit comestible ajouté à un aliment pour en relever le goût : *Les cornichons, les câpres, le poivre, la moutarde sont des condiments.*

condisciple [kɔ̃disipl] n. (lat. *condiscipulus*). Compagnon, compagne d'études.

condition [kɔ̃disjɔ̃] n. f. (lat. *condicio,* de *condicere,* fixer par accord).

— **I. 1.** Circonstance extérieure dont dépendent les gens et les choses (souvent pl.) : *Les conditions atmosphériques sont favorables au lancement de la fusée. La patience est une condition de la réussite. Le travail est achevé; dans ces conditions, je n'ai plus rien à faire ici* (= dans ce cas). — **2.** Base d'un accord, convention entre des personnes : *La reconstitution d'une armée était contraire aux conditions du traité de paix* (syn. CLAUSE). *Le vainqueur exigeait une capitulation sans condition* (= que le vaincu s'en remette à sa merci). *J'ai écrit dans plusieurs hôtels pour demander les conditions* (syn. TARIF). *Un fournisseur qui fait des conditions avantageuses aux collectivités* (syn. PRIX). — **3.** *À condition de* (+ *inf.*), *à condition que* (+ *subj.*), expriment une nécessité ou une obligation préalable : *Vous arriverez dans trois heures environ, à condition de n'avoir aucun incident de route. Je puis vous accompagner, à condition que cela ne vous dérange pas* (syn. POURVU QUE, SI). ‖ *Mettre qqn en condition,* le soumettre à une propagande intensive, de manière à le préparer à accepter certaines mesures. ‖ *Sous condition,* sous certaines réserves.

— **II. 1.** Situation sociale, rang occupé par qqn : *On croise dans la rue des gens de toutes les conditions* (syn. CLASSE). — **2.** État physiologique : *Les athlètes sont en bonne condition* (syn. fam. EN FORME). — **3.** *La condition humaine,* la destinée de l'homme.

conditionnel, elle [kɔ̃disjɔnɛl] adj. **1.** Qui dépend d'une condition : *Mon accord est conditionnel.* — **2.** *Mode conditionnel* (ou *conditionnel* n. m.), mode du verbe qui présente l'action comme une éventualité, une hypothèse. ‖ *Proposition subordonnée conditionnelle,* celle qui exprime une condition dont dépend la proposition principale (conjonctions : *si, pourvu que, à moins que,* etc.).

conditionnement [kɔ̃disjɔnmɑ̃] n. m. **1.** Action de conditionner qqn. — **2.** Emballage de présentation et de vente d'une marchandise.

conditionner [kɔ̃disjɔne] v. t. **1.** *Conditionner qqch,* en être une condition : *Votre acceptation conditionne le commencement des travaux* (syn. DÉTERMINER, COMMANDER, DÉCIDER DE). — **2.** *Conditionner qqn,* le déterminer à agir d'une certaine façon, créer chez lui certains réflexes : *Elle est conditionnée par l'éducation très austère qu'elle a reçue.* — **3.** *Conditionner une marchandise,* l'emballer en vue de sa présentation dans le commerce. — **4.** *Air conditionné,* air maintenu automatiquement, dans un local, à certaines conditions de température, d'humidité, etc.

condoléances [kɔ̃dɔleɑ̃s] n. f. pl. (de l'anc. fr. *condouloir,* avoir de la douleur). Témoignage donné à qqn de la part qu'on prend à sa douleur : *Je lui ai adressé une lettre de condoléances à la suite du deuil qui l'a frappé.*

condor [kɔ̃dɔr] n. m. (mot esp.). Grand vautour des Andes.

conducteur, trice [kɔ̃dyktœr] n. **1.** Personne qui conduit un véhicule : *La conductrice de la voiture a été blessée dans l'accident* (syn. CHAUFFEUR). — **2.** Personne qui assure la bonne marche de qqch : *Le conducteur des travaux est un homme d'expérience.* ◆ adj. **1.** Se dit d'un corps qui transmet intégralement l'énergie :

Bon, mauvais conducteur d'électricité, de la chaleur. — 2. *Fil conducteur,* principe qui guide qqn dans une recherche.

conductibilité [kɔ̃dyktibilite] n. f. Propriété que possèdent les corps de transmettre la chaleur ou l'électricité.

conductible [kɔ̃dyktibl] adj. Qui a la propriété de la conductibilité : *Corps conductible de la chaleur.*

conduire [kɔ̃dɥir] v. t. (lat. *conducere*) [c. 70]. 1. (sujet qqn) *Conduire un être animé,* le mener d'un lieu à un autre : *Les agents ont conduit le vagabond au poste* (syn. EMMENER). *Un enfant qui conduit un aveugle dans la rue* (syn. GUIDER). *La délégation syndicale était conduite par les secrétaires de sections* (syn. DIRIGER). — 2. *Conduire un véhicule, un avion,* etc., le diriger, en assurer la manœuvre : *Tu conduis ta voiture avec beaucoup de maîtrise;* sans compl. : *Il conduit très prudemment.* — 3. *Conduire une affaire, un pays,* en avoir la direction, le gouvernement : *Les fouilles sont conduites par un archéologue célèbre.* — 4. *Cette route, ce chemin conduit à tel endroit,* en les suivant on arrive à cet endroit. — 5. *Conduire qqn à qqch, à* (+ *inf.*), orienter son action vers cela : *J'ai remarqué un détail qui me conduit à une nouvelle conclusion* (syn. AMENER). *Cela me conduit à penser que...* (syn. PORTER). — 6. Avoir pour conséquence : *Une politique qui conduit à l'inflation* (syn. ABOUTIR). ◆ ***se conduire*** v. pr. Agir de telle ou telle façon : *Se conduire comme un malappris. Elle sait se conduire en société* (= respecter les bienséances; syn. SE TENIR).

conduit [kɔ̃dɥi] n. m. Tuyau, canal, et notamment canal naturel de l'organisme : *Conduit auditif. Conduit lacrymal.*

conduite [kɔ̃dɥit] n. f.

— I. 1. Rôle de qqn qui conduit; manière de diriger : *On lui a confié la conduite de cette exploitation* (syn. DIRECTION). *Automobiliste qui a une conduite saccadée.* — 2. *Conduite à droite, à gauche,* circulation des véhicules sur le côté droit, le côté gauche de la chaussée; place du conducteur à droite, à gauche, dans la voiture. ‖ Fam. *Faire un bout de conduite à qqn,* l'accompagner sur un trajet assez court. ‖ *Conduite intérieure,* type de carrosserie de voiture fermée par un toit rigide. — 3. Manière de se conduire : *Dans cette affaire, sa conduite a été louche* (syn. COMPORTEMENT, ATTITUDE). — 4. Fam. *Acheter une conduite,* mener une vie plus rangée.

— II. Canalisation : *Une conduite d'eau a éclaté.*

cône [kon] n. m. (gr. *kônos*). 1. Objet de base circulaire ou elliptique et qui se rétrécit régulièrement en pointe. — 2. *Cône de déjection,* accumulation de blocs, de galets, de sable, etc., faite par un torrent lorsque sa pente diminue brusquement à son débouché dans une plaine ou une vallée transversale. ‖ *Cône volcanique,* relief formé par l'entassement des laves ou des cendres, des scories d'un volcan qui se déposent autour de la cheminée.

confection [kɔ̃fɛksjɔ̃] n. f. (lat. *confectio*). 1. Action de faire, de réaliser qqch en plusieurs opérations : *La confection de ce gâteau demande environ deux heures* (syn. EXÉCUTION). — 2. Fabrication de vêtements en série selon des mesures types : *Une couturière qui travaille dans la confection. Vêtement de confection* (syn. PRÊT À PORTER; contr. SUR MESURE).

confectionner [kɔ̃fɛksjɔne] v. t. *Confectionner qqch,* exécuter qqch dont la complexité requiert plusieurs opérations : *Il a confectionné lui-même un modèle d'avion* (syn. FABRIQUER, FAIRE). *Confectionner une sauce* (syn. PRÉPARER, APPRÊTER, COMPOSER).

confectionneur, euse [kɔ̃fɛksjɔnœr] n. Fabricant de vêtements de confection.

confédéral, e, aux [kɔ̃federal] adj. Relatif à la confédération : *Un meeting confédéral.*

confédération [kɔ̃federasjɔ̃] n. f. (lat. *confoederatio,* de *foedus, foederis,* traité). 1. Groupement d'États conservant une certaine autonomie : *La Confédération helvétique.* — 2. Groupement de syndicats, de représentants des professions au sein d'un organisme national : *La Confédération générale du travail.*

confédéré, e [kɔ̃federe] adj. et n. Uni dans une confédération à un autre État : *Les États confédérés.*

conférence [kɔ̃ferɑ̃s] n. f. (de *conférer*). 1. Échange de vues entre plusieurs personnes sur telle ou telle question : *Les ingénieurs sont en conférence.* — 2. Réunion de diplomates, de délégués de plusieurs pays en vue de règlements de problèmes internationaux : *La Conférence du désarmement.* — 3. Exposé oral fait sur une question littéraire ou scientifique : *Un explorateur qui fait une conférence avec projections photographiques* (syn. ↓CAUSERIE). — 4. *Conférence de presse,* réunion au cours de laquelle une personnalité fait un exposé devant des journalistes et répond à leurs questions.

conférencier, ère [kɔ̃ferɑ̃sje] n. Personne qui fait une conférence.

conférer [kɔ̃fere] v. t. (lat. *conferre,* réunir) [c. 10]. 1. (sujet qqn) *Conférer qqch à qqn,* le lui accorder comme honneur : *Conférer la médaille militaire à un soldat* (syn. DÉCERNER). — 2. (sujet qqch) *Conférer qqch (abstrait) à qqch,* lui donner une valeur, une qualité particulière : *Le changement d'intonation peut conférer des sens différents aux mêmes paroles* (syn. ↓ATTACHER). ◆ v. t. ind. (sujet qqn) *Conférer (avec qqn),* être en conversation (avec lui) [soutenu] : *La directrice confère avec ses collaborateurs* (syn. S'ENTRETENIR). *Les ministres ont conféré sur l'opportunité de l'opération* (syn. DISCUTER).

confesse [kɔ̃fɛs] n. f. *Aller à confesse,* aller se confesser (vieilli).

confesser [kɔ̃fɛse] v. t. (lat. *confiteri,* avouer). 1. *Confesser qqch, que* (+ *ind.*), le reconnaître, le dire avec regret (soutenu ou relig.) : *Je confesse que j'avais tort* (syn. AVOUER). *Confesser ses péchés à un prêtre.* — 2. *Confesser qqn,* entendre sa confession; et, *fam.,* l'amener habilement à des aveux. ◆ ***se confesser*** v. pr. 1. Faire l'aveu de ses péchés à un prêtre pour recevoir l'absolution. — 2. Déclarer spontanément ses fautes à qqn.

confesseur [kɔ̃fɛsœr] n. m. Prêtre qui confesse.

confession [kɔ̃fɛsjɔ̃] n. f. (lat. *confessio*). 1. Appartenance à telle ou telle religion : *Des chrétiens de confession catholique, luthérienne* (syn. CULTE). — 2. Aveu de ce qui vous charge la conscience : *Le sacrement de pénitence est administré dans la confession. Le prisonnier a fait une confession complète à son avocat.*

confessionnal [kɔ̃fɛsjɔnal] n. m. (it. *confessionale*) [pl. *confessionnaux*] Isoloir où les pénitents confessent leurs fautes à un prêtre.

confessionnel, elle [kɔ̃fɛsjɔnɛl] adj. *Établissement confessionnel,* école privée qui donne un enseignement religieux d'un culte déterminé.

confetti [kɔ̃fɛti] n. m. (mot it.). Petite rondelle de papier de couleur : *Lancer des poignées de confettis.*

confiance [kɔ̃fjɑ̃s] n. f. (lat. *confidentia*). 1. Sentiment d'assurance, de sécurité de celui qui se fie à qqn, à qqch : *J'ai une confiance totale en cette amie* (contr. DÉFIANCE, MÉFIANCE). *Voilà une voiture qui ne m'inspire pas confiance. Ne perdez pas confiance : le médecin répond de la guérison du malade. Vous pouvez acheter cet appareil en toute confiance* (= sans crainte pour son bon fonctionnement). *Avoir confiance en soi*

(= être assuré de ses possibilités physiques ou intellectuelles). *Faire confiance à quelqu'un* (= se fier à lui). — **2.** *Personne de confiance,* à qui on peut se fier, sur qui on peut compter. ‖ *Question de confiance,* question posée à une assemblée législative par un chef de gouvernement en vue d'obtenir l'approbation de sa politique. ‖ *Voter la confiance,* en parlant de l'Assemblée nationale, émettre un vote favorable au gouvernement sur une question jugée par lui essentielle.

confiant, e [kɔ̃fjɑ̃] adj. Qui fait preuve de confiance : *Elle est trop confiante : elle a été victime d'un escroc* (contr. DÉFIANT, MÉFIANT).

confidence [kɔ̃fidɑ̃s] n. f. (lat. *confidentia*). Déclaration faite en secret à qqn : *Je vais vous faire une confidence : je n'ai rien compris à son histoire. Elle m'a dit en confidence qu'elle cherchait une autre situation* (syn. EN SECRET).

confident, e [kɔfidɑ̃] n. Personne qui reçoit des confidences.

confidentiel, elle [kɔ̃fidɑ̃sjɛl] adj. Qui relève de la confidence : *J'aimerais avoir un entretien confidentiel avec vous, venez un instant à l'écart* (= seul à seul). *Une lettre confidentielle.*

confidentiellement [kɔ̃fidɑ̃sjɛlmɑ̃] adv. De façon confidentielle : *J'ai appris confidentiellement son prochain départ.*

confier [kɔ̃fje] v. t. (lat. *confidere*). **1.** *Confier qqch, qqn à qqn, à un organisme,* les remettre à sa garde, les laisser à ses soins : *Je vous confie les clefs de mon appartement. Confier des enfants à une colonie de vacances.* — **2.** *Confier qqch à qqn,* le lui dire en secret : *Il m'avait confié son projet. Je peux vous confier que cette maladie n'est qu'un prétexte.* ◆ ***se confier*** v. pr. *Se confier à qqn,* faire part à qqn de ses idées ou de ses sentiments intimes.

configuration [kɔ̃figyrasjɔ̃] n. f. (lat. *configuratio,* ressemblance). Forme générale, aspect d'ensemble : *La configuration du pays est propice à la guérilla.*

confiné, e [kɔ̃fine] adj. *Air confiné,* non renouvelé.

confiner [kɔ̃fine] v. t. ind. (de *confins*) [sujet qqch (abstrait)] *Confiner à qqch,* en être très proche : *Un air de satisfaction qui confine à l'insolence* (syn. FRISER). ◆ v. t. *Confiner qqn,* l'enfermer dans des limites étroites : *Je ne veux pas la confiner dans ce bureau.* ◆ ***se confiner*** v. pr. **1.** S'enfermer dans un lieu d'où on ne sort presque jamais : *Se confiner dans sa chambre.* — **2.** Se limiter à une occupation, à une activité unique.

confins [kɔ̃fɛ̃] n. m. pl. (lat. *confines*). Limites extrêmes d'un pays, d'un territoire : *Nous habitons aux confins de la Normandie et de la Bretagne.*

confire [kɔ̃fir] v. t. (lat. *conficere,* achever) [c. **72**] *Confire des fruits,* les imprégner d'un sirop de sucre. ‖ *Confire des cornichons, des olives,* etc., les faire macérer dans du vinaigre.

confirmation [kɔ̃firmasjɔ̃] n. f. **1.** Action de confirmer : *Nous avons eu confirmation de cette nouvelle.* — **2.** Sacrement de l'Église catholique, par lequel le chrétien est reconnu capable de témoigner de sa foi, grâce à l'action de l'Esprit-Saint en lui. — **3.** Chez les protestants, acte par lequel on confirme publiquement les vœux du baptême, avant d'être admis à la cène.

confirmer [kɔ̃firme] v. t. (lat. *confirmare,* affermir). **1.** *Confirmer qqn,* l'affermir dans une croyance, une intention : *J'hésitais à continuer, mais il m'a confirmé dans mon entreprise.* — **2.** *Confirmer un fait, une nouvelle,* etc., en attester la vérité, renforcer la conviction que qqn a de son authenticité : *L'expérience a confirmé l'hypothèse. Je vous confirme que votre nomination est officielle.* — **3.** Donner à qqn le sacrement de la confirmation.

confiscation [kɔ̃fiskasjɔ̃] n. f. Action de confisquer.

confiserie [kɔ̃fizri] n. f. (de *confire*). **1.** Travail du confiseur. — **2.** Magasin de confiseur. — **3.** Produit préparé ou vendu par un confiseur : *Un enfant qui se gave de confiseries.*

confiseur, euse [kɔ̃fizœr] n. Personne qui prépare ou qui vend des fruits confits, des sucreries, etc.

confisquer [kɔ̃fiske] v. t. (lat. *confiscare,* de *fiscus,* fisc). *Confisquer qqch à qqn,* l'en déposséder par un acte d'autorité : *Les biens des condamnés leur avaient été confisqués par décision de ce tribunal.*

confit, e [kɔ̃fi] adj. **1.** Conservé dans du sucre, du vinaigre, etc. — **2.** Fam. *Confit en dévotion,* d'une dévotion excessive. ◆ ***confit*** n. m. Viande de canard, d'oie, etc., cuite et conservée dans sa graisse.

confiture [kɔ̃fityr] n. f. Préparation constituée par des fruits frais et du sucre cuits ensemble : *De la confiture de groseille, de prunes, de fraises, etc.*

confiturier [kɔ̃fityrje] n. m. Récipient servant à contenir de la confiture.

conflagration [kɔ̃flagrasjɔ̃] n. f. (lat. *conflagratio*). Déchaînement général de violence, bouleversement dû à la guerre (soutenu) : *Une conflagration générale risque de résulter de ces conflits locaux.*

conflictuel, elle [kɔ̃fliktɥɛl] adj. Qui indique un conflit : *Une situation conflictuelle.*

conflit [kɔ̃fli] n. m. (bas lat. *conflictus,* combat). Violente opposition matérielle ou morale : *Le monde a connu deux grands conflits dans la première moitié du XX*e *s.* (syn. GUERRE). *Un conflit d'intérêts. Entrer en conflit avec les autorités* (syn. LUTTE).

confluent [kɔ̃flyɑ̃] n. m. Lieu où deux cours d'eau se rencontrent.

confluer [kɔ̃flye] v. i. (lat. *confluere*) [sujet des cours d'eau] Se réunir, mêler leurs eaux.

confondre [kɔ̃fɔ̃dr] v. t. (lat. *confundere*) [c. **51**]. **1.** *Confondre des choses,* les mêler jusqu'à ne plus les distinguer : *Sa mémoire le trahit, il confond toutes les dates.* — **2.** *Confondre une chose, un être animé avec un autre,* les prendre l'un pour l'autre : *Ne confondez pas un âne et un mulet. J'ai confondu mon manteau avec le sien. Ma prudence n'est pas de la crainte, il ne faudrait pas confondre.* — **3.** *Confondre qqn,* le mettre hors d'état de se justifier : *Confondre ses calomniateurs.* — **4.** *Être confondu,* être profondément pénétré d'un sentiment : *J'étais confondu de gratitude devant tant de générosité. On reste confondu devant une telle naïveté* (syn. STUPÉFAIT). ◆ ***se confondre*** v. pr. **1.** (sujet qqch) Ne pas être distinct : *Ces deux couleurs se confondent de loin. Elle se confond avec la foule qui l'entoure.* — **2.** *Se confondre en remerciements, en excuses, en politesses,* etc., les prodiguer avec empressement. (→ CONFUS.)

conformation [kɔ̃fɔrmasjɔ̃] n. f. (lat. *conformatio*). Forme particulière d'un organe ou d'un être vivant : *Il a une prononciation défectueuse en raison d'un vice de conformation du palais.*

conforme [kɔ̃fɔrm] adj. (lat. *conformis*). Dont la forme correspond à un modèle, à un point de référence : *Une copie conforme au manuscrit original. Elle a trouvé une maison conforme à ses besoins.*

conformé, e [kɔ̃fɔrme] adj. *Bien conformé,* se dit d'un nouveau-né, né sans défaut physique.

conformément à [kɔ̃fɔrmemɑ̃] loc. prép. De façon conforme à : *Conformément à la Constitution, le président de la République pouvait prononcer la dissolution de l'Assemblée* (syn. SELON, AUX TERMES DE ; contr. CONTRAIREMENT À).

conformer [kɔ̃fɔrme] v. t. (lat. *conformare*). *Conformer qqch à qqch d'autre*, le rendre conforme à : *Le réalisme commande de conformer son plan aux possibilités* (syn. ADAPTER). ◆ ***se conformer*** v. pr. (sujet qqn) *Se conformer à qqch*, agir en adaptant son comportement au modèle proposé; se régler sur qqch : *Il faut se conformer au programme* (syn. RESPECTER).

conformisme [kɔ̃fɔrmism] n. m. *Péjor.* Respect absolu de certaines traditions, de la morale sociale en usage : *L'académisme est une forme de conformisme dans l'art.*

conformiste [kɔ̃fɔrmist] adj. et n. (angl. *conformist*). Qui se conforme sans originalité aux usages, aux principes généralement admis.

conformité [kɔ̃fɔrmite] n. f. (lat. *conformitas*). Accord complet, adaptation totale : *Je me réjouis de la parfaite conformité de nos vues* (syn. CONCORDANCE, UNITÉ). *Ses actes sont en conformité avec ses principes* (syn. ACCORD).

confort [kɔ̃fɔr] n. m. (angl. *comfort*; de l'anc. fr. *confort*, aide). Bien-être matériel résultant des commodités qu'on a à sa disposition, de l'agrément d'une installation : *Aimer son confort* (syn. AISES). *Un appartement qui a le confort* (= un ensemble de dispositions qui le rendent agréable à habiter : chauffage central, salle de bains, etc.). *Un immeuble de grand confort* (syn. STANDING).

confortable [kɔ̃fɔrtabl] adj. **1.** Qui procure le confort : *Un hôtel, un avion confortable.* — **2.** Qui permet d'être sans souci : *Nous avons des revenus confortables. Cette cycliste avait pris une avance confortable* (syn. IMPORTANT).

confortablement [kɔ̃fɔrtabləmɑ̃] adv. De façon confortable : *Elle s'installa confortablement dans un fauteuil.*

conforter [kɔ̃fɔrte] v. t. **1.** *Conforter qqn, un groupe*, le renforcer, le rendre plus solide (soutenu) : *Ce scandale conforte l'opposition.* — **2.** *Conforter qqn dans son opinion, ses idées*, le raffermir, le fortifier (soutenu).

confraternel, elle [kɔ̃fratɛrnɛl] adj. Propre aux confrères : *Relations confraternelles.*

confraternellement [kɔ̃fratɛrnɛlmɑ̃] adv. De façon confraternelle.

confraternité [kɔ̃fratɛrnite] n. f. Bons rapports entre confrères.

confrère [kɔ̃frɛr] n. m. Chacun de ceux qui exercent une même profession libérale, qui appartiennent à un même corps, par rapport aux autres membres de la même profession, du même corps : *Un médecin, un avocat, un journaliste qui s'entretient avec un confrère.* (Fém. rare CONSŒUR.) [→ COLLÈGUE.]

confrérie [kɔ̃freri] n. f. Association fondée sur des principes religieux.

confrontation [kɔ̃frɔ̃tasjɔ̃] n. f. Action de confronter : *Au cours du congrès, on a assisté à une confrontation de points de vue très divers. Le juge a ordonné la confrontation des deux accusés.*

confronter [kɔ̃frɔ̃te] v. t. (lat. *confrontare*). **1.** *Confronter des textes, des idées, des explications*, etc., les rapprocher pour les comparer ou les opposer. — **2.** *Confronter des témoins, des accusés*, les mettre en présence les uns des autres en vue de contrôler l'exactitude de leurs déclarations. — **3.** *Être confronté à un problème, une difficulté*, devoir y trouver une solution.

confucianisme [kɔ̃fysjanism] n. m. Doctrine philosophique et morale de Confucius.

confus, e [kɔ̃fy] adj. (lat. *confusus*). **1.** Se dit de ce qui manque d'ordre : *Un amas confus de vêtements* (syn. INDISTINCT, DÉSORDONNÉ). — **2.** Qui manque de clarté dans les idées : *Esprit confus* (syn. BROUILLON). *Donner une explication confuse* (syn. VAGUE, OBSCUR, EMBROUILLÉ). — **3.** Qui est troublé par le sentiment de sa faute, de sa maladresse ou par l'excès de bonté qu'on lui témoigne : *Il était tout confus pour annoncer son échec* (syn. GÊNÉ). *Je suis confuse de la peine que vous vous êtes donnée pour moi.*

confusément [kɔ̃fyzemɑ̃] adv. De façon confuse : *On devinait confusément dans la brume des maisons* (contr. NETTEMENT, DISTINCTEMENT).

confusion [kɔ̃fyzjɔ̃] n. f. **1.** Erreur de qqn qui prend une chose pour une autre : *Une confusion de noms a provoqué le malentendu.* — **2.** État de ce qui est confus : *Le débat s'est prolongé dans la confusion générale* (syn. DÉSORDRE). — **3.** Regret accompagné d'embarras : *Elle était remplie de confusion à la pensée de ce rendez-vous oublié* (syn. ↓EMBARRAS, ↑HONTE). [→ CONFONDRE.]

confusionnisme [kɔ̃fyzjɔnism] n. m. Attitude d'esprit visant à entretenir la confusion des idées et à empêcher l'analyse des faits.

congé [kɔ̃ʒe] n. m. (lat. *commeatus*, permission d'aller et de venir). **1.** Autorisation spéciale donnée à qqn de cesser son travail; période de cette cessation de travail : *J'ai demandé un congé de maladie. Pendant son congé, il a été remplacé par un auxiliaire. Le secrétaire est en congé.* — **2.** Courtes vacances : *Les écoliers ont eu trois jours de congé en février.* — **3.** *Congés payés*, période de vacances payées que la loi accorde à tous les salariés. ‖ *Donner congé à un locataire*, lui signifier qu'il devra quitter les lieux. ‖ *Prendre un congé*, se faire accorder une autorisation de cesser le travail. ‖ *Prendre congé de qqn*, le quitter, lui dire au revoir. ‖ *Recevoir son congé*, être avisé par le propriétaire qu'il entend mettre fin à la location qui vous était consentie.

congédier [kɔ̃ʒedje] v. t. *Congédier qqn*, l'inviter à partir, le mettre dehors : *Congédier un employé qui ne donne pas satisfaction* (syn. RENVOYER).

congelable [kɔ̃ʒlabl] adj. Qui peut être congelé : *Presque tous les liquides sont congelables.*

congélateur [kɔ̃ʒelatœr] n. m. Appareil frigorifique permettant de congeler des aliments pour les conserver.

congélation [kɔ̃ʒelasjɔ̃] n. f. Action de congeler : *La congélation conserve les aliments.*

congeler [kɔ̃ʒle] v. t. (lat. *congelare*) [c. 5] *Congeler une matière*, la soumettre à l'action du froid, généralement en vue de la conservation : *De la viande congelée.*

congénère [kɔ̃ʒenɛr] n. (lat. *congener*). Être animé ou plante qui est de la même espèce qu'un autre ou une autre : *L'animal, délivré du piège, rejoignit ses congénères.*

congénital, e, aux [kɔ̃ʒenital] adj. (lat. *congenitus*, né avec). Se dit d'un défaut physique ou moral acquis dès la naissance : *Cécité congénitale.*

congère [kɔ̃ʒɛr] n. f. (lat. *congeries*, amas). Amas de neige entassée par le vent.

congestion [kɔ̃ʒɛstjɔ̃] n. f. (lat. *congestio*, amas). Afflux anormal de sang dans une partie du corps : *Une congestion pulmonaire. Une congestion cérébrale.*

congestionner [kɔ̃ʒɛstjɔne] v. t. Provoquer la congestion : *Le soleil nous congestionnait le visage* (= le rendait rouge par l'afflux de sang).

conglomérat [kɔ̃glɔmera] n. m. (du lat. *conglomerare*, entasser). **1.** Masse de matériaux agglomérés (techn.). — **2.** Assemblage confus d'êtres ou de choses : *Ce petit parti était un conglomérat de mécontents.*

1. congolais, e [kɔ̃gɔlɛ] adj. et n. Du Congo.

2. congolais [kɔ̃gɔlɛ] n. m. Gâteau à la noix de coco.

congratulations [kɔ̃gratylasjɔ̃] n. f. pl. Compliments réciproques : *Les élus échangeraient d'interminables congratulations* (syn. FÉLICITATIONS).

congratuler [kɔ̃gratyle] v. t. (lat. *congratulari*). *Congratuler qqn,* le féliciter abondamment : *Chacun s'empressait de congratuler l'heureuse gagnante.*

congre [kɔ̃gr] n. m. (gr. *gongros*). Poisson de mer comestible, très allongé, vivant dans les creux des rochers.

congréganiste [kɔ̃greganist] adj. et n. Relatif à une congrégation : *Une école congréganiste* (= dirigée par une congrégation religieuse).

congrégation [kɔ̃gregasjɔ̃] n. f. (bas lat. *congregatio*). Association d'ecclésiastiques ou de laïques, unis par un lien religieux et ayant en commun certaines règles de vie.

congrès [kɔ̃grɛ] n. m. (lat. *congressus*). Réunion importante de personnes qui délibèrent sur des questions politiques, scientifiques, économiques, etc.

congressiste [kɔ̃grɛsist] n. Personne qui participe à un congrès.

congru, e [kɔ̃gry] adj. (lat. *congruus*). Fam. *Portion congrue,* quantité d'aliments à peine suffisante attribuée à qqn; ressources insuffisantes : *En être réduit à la portion congrue.*

conifère [kɔnifɛr] n. m. (lat. *conus,* cône, et *ferre,* porter). Arbre dont les fruits sont en forme de cône et qui ont un feuillage persistant (sapin, pin, if, etc.).

conique [kɔnik] adj. Qui a la forme d'un cône : *Un pivot à pointe conique.*

conjectural, e, aux [kɔ̃ʒɛktyral] adj. Fondé sur des conjectures : *Une théorie biologique toute conjecturale.*

conjecture [kɔ̃ʒɛktyr] n. f. (lat. *conjectura*). Simple supposition, qui n'a encore reçu aucune confirmation : *En l'absence de tout indice, on se perd en conjectures* (syn. HYPOTHÈSE).

conjecturer [kɔ̃ʒɛktyre] v. t. Se représenter par conjecture : *On peut difficilement conjecturer l'évolution politique du pays* (syn. PRÉSUMER, PRÉVOIR).

1. conjoint, e [kɔ̃ʒwɛ̃] adj. (du lat. *conjungere,* lier ensemble). *Note, remarque conjointe,* qui accompagne un texte.

2. conjoint, e [kɔ̃ʒwɛ̃] n. Chacun des deux époux considéré par rapport à l'autre (admin.) : *Le maire a félicité les conjoints. La garantie s'étend au conjoint de l'assuré.*

conjointement [kɔ̃ʒwɛ̃tmɑ̃] adv. En même temps qu'une autre chose ou une autre personne : *Votre commande sera livrée dans la semaine; vous recevrez conjointement la facture. Vous devrez signer cette feuille conjointement avec votre associée.*

conjonctif, ive [kɔ̃ʒɔ̃ktif] adj.
— **I.** *Tissu conjonctif,* tissu animal jouant un rôle de remplissage, de soutien ou de protection (anat.).
— **II.** Qui a la nature d'une conjonction : *« De telle sorte que », « tandis que », « pourvu que » sont des locutions conjonctives.*

conjonction [kɔ̃ʒɔ̃ksjɔ̃] n. f. (lat. *conjunctio*). **1.** Union, rencontre (soutenu) : *Cette œuvre est née de la conjonction de la science et de l'art.* — **2.** Mot qui sert à relier deux mots, deux groupes de mots ou deux propositions : *On distingue habituellement les conjonctions de coordination et les conjonctions de subordination.*

conjonctive [kɔ̃ʒɔ̃ktiv] n. f. Muqueuse qui tapisse la face postérieure des paupières et la face antérieure du globe de l'œil.

conjonctivite [kɔ̃ʒɔ̃ktivit] n. f. Inflammation de la conjonctive (méd.).

conjoncture [kɔ̃ʒɔ̃ktyr] n. f. (du lat. *conjungere,* lier ensemble). Situation résultant d'un ensemble de circonstances : *Ce programme d'investissements a été conçu dans une conjoncture économique favorable* (syn. CIRCONSTANCES).

conjoncturel, elle [kɔ̃ʒɔ̃ktyrɛl] adj. Relatif à la conjoncture économique.

conjugaison [kɔ̃ʒygɛzɔ̃] n. f. **1.** Action de joindre, de conjuguer des efforts : *La conjugaison des bonnes volontés doit faire aboutir ce projet* (syn. RÉUNION, UNION). — **2.** Ensemble des formes du verbe, qui se distribuent selon les personnes, les modes, les temps et les types de radicaux : *On distingue en français trois conjugaisons : 1re conjugaison, en « -er »; 2e conjugaison, en « -ir/-iss »; 3e conjugaison, en « -ir », « -oir », « -re ».*

conjugal, e, aux [kɔ̃ʒygal] adj. (du lat. *conjux,* époux, épouse). Qui concerne les relations entre époux (admin.) : *Le domicile conjugal.*

conjugalement [kɔ̃ʒygalmɑ̃] adv. En tant que mari et femme : *Ils se sont séparés après avoir vécu dix ans conjugalement* (syn. MARITALEMENT).

conjuguer [kɔ̃ʒyge] v. t. (lat. *conjugare,* unir). **1.** *Conjuguer ses efforts,* les unir en vue d'un résultat : *En conjuguant nos efforts, nous parviendrons peut-être à une solution* (syn. JOINDRE) — **2.** *Conjuguer un verbe,* en énumérer toutes les formes dans un ordre déterminé.

conjuration [kɔ̃ʒyrasjɔ̃] n. f. Groupement clandestin de personnes qui préparent un acte de violence, un coup d'État : *La conjuration de Catilina est restée célèbre dans l'histoire de Rome* (syn. CONSPIRATION, ↓COMPLOT).

conjuré [kɔ̃ʒyre] n. m. Personne qui participe à une conjuration : *La police a arrêté les principaux conjurés* (syn. CONSPIRATEUR, ↓COMPLOTEUR).

conjurer [kɔ̃ʒyre] v. t. (lat. *conjurare,* jurer ensemble). **1.** *Conjurer qqn de* (+ *inf.*), l'en prier très instamment, comme d'une chose capitale, sacrée : *Elle m'a conjuré de lui venir en aide* (syn. ADJURER, SUPPLIER). — **2.** *Conjurer un accident, le mauvais sort, une crise,* etc., réussir à les éviter : *On a tout tenté pour conjurer l'échec des négociations.* — **3.** *Conjurer la perte, la mort de qqn,* former ensemble le projet de la provoquer (soutenu).

connaissance [kɔnɛsɑ̃s] n. f. **1.** Le fait de connaître : *Sa connaissance de l'anglais lui a été très utile* (syn. ↑SCIENCE). — **2.** (pl.) Choses connues; savoir : *J'ai des connaissances superficielles en biologie. Faire sottement étalage de ses connaissances.* — **3.** Personne qu'on connaît : *C'est une ancienne connaissance* (syn. RELATION). — **4.** *À ma connaissance,* dans la mesure où je suis informé (syn. AUTANT QUE JE SACHE). ‖ Fam. *C'est une vieille connaissance,* il y a longtemps que je le connais. ‖ *Donner connaissance de qqch à qqn,* l'en informer; lui communiquer un document. ‖ *En connaissance de cause,* en sachant bien de quoi il s'agit, avec une claire conscience de ce qu'on fait. ‖ *Perdre, reprendre connaissance,* ne plus avoir, retrouver le sentiment de sa propre existence (syn. S'ÉVANOUIR ; SE RANIMER). ‖ *Prendre connaissance d'un texte,* le lire. ‖ *Sans connaissance,* évanoui.

connaisseur, euse [kɔnɛsœr] adj. et n. Capable d'apprécier, qui s'y connaît : *Il dégustait en connaisseur un vieux vin de Bourgogne. L'antiquaire jeta un regard connaisseur sur le bibelot.*

connaître [kɔnɛtr] v. t. (lat. *cognoscere*) [c. **64**]. **1.** *Connaître qqn, qqch,* pouvoir les identifier : *Je connais la femme qui sort d'ici, c'est la sœur de la concierge. Connaître quelqu'un de vue* (= l'avoir remarqué, mais ne pas être en relation avec lui), *de nom, de réputation* (= avoir lu ou entendu prononcer son nom, avoir entendu parler de sa réputation). *On ne doit pas manger des champignons sans les connaître.* — **2.** *Connaître qqn,* l'avoir dans ses relations : *Du fait qu'elle connaît le ministre, elle pense qu'elle obtiendra rapidement satisfaction.* — **3.** *Connaître qqn, qqch,* être renseigné sur sa nature, son aspect, ses qualités et ses défauts : *Je le connais trop pour l'aimer. Je ne lui connais pas de défauts. Connaissez-vous la ville de Lyon? Un conducteur qui connaît bien sa voiture. Je connais un restaurant où on mange bien.* — **4.** *Connaître qqch,* en avoir la pratique, l'expérience, être au courant de : *C'est un ouvrier qui connaît bien son métier. Je connais deux langues étrangères. Connaître la musique* (syn. SAVOIR; contr. IGNORER). *J'ai connu des temps meilleurs.* — **5.** Syn. de AVOIR : *Une comédie qui a connu un grand succès* (syn. OBTENIR, RENCONTRER). *Cette personne a connu un sort misérable* (syn. SUBIR). — **6.** *Faire connaître qqch à qqn,* l'en informer. ‖ *Il ne se connaît plus,* il ne se maîtrise plus. ‖ *Je ne connais que lui, que cela,* je le connais, je connais cela très bien. ‖ *Ne connaître que,* ne considérer que, ne s'occuper que de : *Un militaire qui ne connaît que la consigne.* ‖ *Se faire connaître,* dire son identité; montrer sa valeur. ‖ *S'y connaître, se connaître en,* avoir de la compétence dans tel domaine : *Laissez-moi dépanner ce moteur, je m'y connais* (syn. S'Y ENTENDRE). ◆ v. t. ind. *Connaître de,* être compétent pour juger (jurid.) : *La cour d'assises connaît des affaires criminelles.*

connecter [kɔnɛkte] v. t. (lat. *connectere,* lier). Établir une connexion électrique entre divers organes ou machines.

connétable [kɔnetabl] n. m. (bas lat. *comes stabuli,* comte de l'étable). Commandant suprême des armées royales françaises du XIIe au XVIIe s. (hist.).

connexe [kɔnɛks] adj. Étroitement lié à qqch : *On ne peut pas traiter ce point sans examiner une question connexe.*

connexion [kɔnɛksjɔ̃] n. f. (lat. *connexio,* de *connectere,* lier). **1.** Liaison entre deux faits : *La connexion des deux crimes a entraîné la fusion des procès* (syn. LIEN). — **2.** Liaison d'un appareil électrique à un circuit, ou de deux appareils électriques.

connivence [konivɑ̃s] n. f. (du lat. *connivere,* fermer les yeux). Entente secrète entre des personnes en vue d'une action : *Le prisonnier s'est échappé grâce à la connivence d'un gardien* (syn. COMPLICITÉ). *Un clin d'œil échangé entre elles m'a fait comprendre qu'elles étaient de connivence* (syn. fam. DE MÈCHE).

connotation [kɔnɔtasjɔ̃] n. f. Ensemble des valeurs affectives prises par un mot en dehors de sa signification (ou *dénotation*).

connoter [kɔnɔte] v. t. Exprimer par une valeur affective : *Relever les mots d'un texte qui connotent la tristesse.*

connu, e [kɔny] adj. **1.** Dont le nom est répandu; célèbre : *Un auteur connu.* — **2.** Fam. *Ni vu ni connu,* se dit d'un acte qu'on a habilement accompli sans se faire remarquer.

conque [kɔ̃k] n. f. (gr. *konkhê,* coquille). **1.** Grande coquille concave. — **2.** Coquille en spirale d'un mollusque gastropode.

conquérant, e [kɔ̃kerɑ̃] adj. et n. Qui fait des conquêtes : *Un peuple conquérant. Alexandre le Grand fut un conquérant célèbre. Il se pavanait dans le salon avec un air conquérant* (= avec l'allure de qqn qui cherche à séduire).

conquérir [kɔ̃kerir] v. t. (du lat. *quaerere,* chercher) [c. **21**]. **1.** *Conquérir un pays,* le soumettre par les armes : *César conquit la Gaule entre 59 et 51 av. J.-C.* — **2.** Se rendre maître de qqch, en être victorieux : *Le mont Everest a été conquis en 1953 par une expédition britannique.* — **3.** Attirer à soi par ses qualités : *Tous les invités ont été conquis par la gentillesse de leur hôtesse* (syn. ↓ GAGNER). *Je suis conquis à cette doctrine* (= séduit par). — **4.** Obtenir au prix d'efforts ou de sacrifices : *Il a conquis ses galons sur le champ de bataille.* — **5.** *Se conduire comme en terrain, en pays conquis,* considérer que tout est à soi, se conduire brutalement, avec insolence.

conquête [kɔ̃kɛt] n. f. **1.** Action de conquérir : *La conquête de l'Algérie par la France commença en 1830. La conquête de ce diplôme lui a demandé des années de travail* (syn. OBTENTION). *Partir à la conquête d'un marché commercial.* — **2.** Pays conquis; personne dont on a conquis le cœur : *Napoléon perdit toutes ses conquêtes. Il se promène avec sa nouvelle conquête.*

consacré, e [kɔ̃sakre] adj. **1.** Qui a reçu une consécration religieuse : *Une hostie consacrée.* — **2.** Qui a reçu la sanction de l'usage, qui est de règle en telle circonstance : *Elle ne s'est pas bien fait comprendre parce qu'elle n'a pas employé l'expression consacrée* (syn. RITUEL).

consacrer [kɔ̃sakre] v. t. (lat. *consecrare*). **1.** Revêtir d'un caractère sacré, vouer à Dieu : *La nouvelle église a été consacrée.* — **2.** *Consacrer le pain, le vin, une hostie,* dans la religion chrétienne, prononcer les paroles sacramentelles de l'eucharistie. — **3.** *Consacrer une pratique, une expression,* etc., en faire une règle habituelle : *Une longue habitude avait fini par consacrer cet abus.* — **4.** *Consacrer qqch (temps) à qqch, qqn,* l'employer, le vouer à : *J'ai consacré tout l'après-midi à la préparation de mon exposé.* ◆ ***se consacrer*** v. pr. *Se consacrer à qqch, qqn,* se donner entièrement à : *Elle se consacre à ses enfants.*

consanguin, e [kɔ̃sɑ̃gɛ̃] adj. et n. (lat. *consanguineus*). Se dit des êtres ayant un ascendant commun.

consciemment [kɔ̃sjamɑ̃] adv. De façon consciente : *Il faut me pardonner : je ne vous ai pas offensé consciemment.*

conscience [kɔ̃sjɑ̃s] n. f. (lat. *conscientia*). **1.** Sentiment qu'on a de son existence et de celle du monde extérieur; représentation qu'on se fait de qqch : *Le choc à la tête lui fit perdre conscience un instant* (syn. CONNAISSANCE). *La conscience de ses responsabilités le faisait hésiter. J'ai conscience d'avoir prononcé une parole imprudente* (= je me rends compte que). *J'ai pris conscience de la nécessité d'un changement.* — **2.** Sentiment qui fait qu'on porte un jugement moral sur ses actes, sens du bien et du mal; respect du devoir : *Ma conscience ne me reproche rien. Avoir la conscience tranquille, chargée. Avoir une faute sur la conscience. Faire son travail avec beaucoup de conscience. Avoir la conscience large, élastique* (= n'être guère scrupuleux). — **3.** *Avoir bonne, mauvaise conscience,* avoir le sentiment qu'on n'a rien à se reprocher, ou, au contraire, qu'on est en faute. ‖ *Cas de conscience,* problème moral qu'on ne peut résoudre qu'en agissant selon sa conscience, sans référence précise à une règle. ‖ *Conscience professionnelle,* soin avec lequel on exerce son métier. ‖ *Dire tout ce qu'on a sur la conscience,* ne rien cacher. ‖ *En conscience,* honnêtement, même s'il n'y a pas d'obligation extérieure formelle : *En conscience, je me sens un peu responsable de ces enfants qui ne me sont rien.* ‖ *La main sur la conscience,* en toute sincérité. ‖ *Liberté de* *conscience,* droit de pratiquer librement la religion de son choix.

consciencieusement [kɔ̃sjɑ̃sjøzmɑ̃] adv. De façon consciencieuse : *Apprendre consciencieusement ses leçons.*

consciencieux, euse [kɔsjɑ̃sjø] adj. Qui fait preuve de probité, d'honnêteté : *Une ouvrière très consciencieuse. Un travail consciencieux* (syn. HONNÊTE, SÉRIEUX).

conscient, e [kɔ̃sjɑ̃] adj. (lat. *consciens*). Qui a conscience de ce qu'il fait : *Elle est consciente de l'importance de son rôle. Il est sorti de son évanouissement, mais il n'est encore qu'à demi conscient* (syn. LUCIDE). *Une méchanceté consciente.*

conscription [kɔ̃skripsjɔ̃] n. f. (lat. *conscriptio,* enrôlement). Système de recrutement fondé sur l'appel annuel de jeunes gens du même âge.

conscrit [kɔ̃skri] n. m. (du lat. *conscriptus,* inscrit sur une liste). Soldat nouvellement arrivé à l'armée.

consécration [kɔ̃sekrasjɔ̃] n. f. **1.** Action de consacrer religieusement. — **2.** Sanction solennelle donnée à qqn arrivé à la célébrité : *Cette nomination marque la consécration de son talent.*

consécutif, ive [kɔ̃sekytif] adj. (lat. *consecutus,* suivi). **1.** Se dit de choses qui se succèdent dans le temps sans interruption (au plur.) : *Prendre un médicament pendant trois jours consécutifs* (syn. DE SUITE, À LA FILE). — **2.** *Consécutif à,* qui apparaît comme le résultat, la conséquence de qqch : *Le propriétaire réclame une indemnisation pour les dégâts consécutifs à l'incendie* (syn. CAUSÉ, ENTRAÎNÉ PAR). — **3.** *Proposition subordonnée consécutive,* syn. de SUBORDONNÉE DE CONSÉQUENCE.

consécutivement [kɔ̃sekytivmɑ̃] adv. Sans rupture, d'une manière continue : *Il a plu huit jours consécutivement* (syn. D'AFFILÉE, SANS INTERRUPTION).

conseil [kɔ̃sɛj] n. m. (lat. *consilium*). **1.** Avis donné à qqn pour orienter son action : *Je lui ai donné le conseil de patienter. Je suivrai votre conseil. Méfiez-vous de ce beau parleur : c'est un conseil d'ami. Je ne prends de conseil que de moi-même* (= je ne demande l'avis de personne). *Cette personne est de bon conseil* (= elle sait conseiller convenablement). — **2.** *Conseil judiciaire, conseil fiscal,* personne qualifiée pour exercer un contrôle ou assurer une assistance en certaines circonstances. ‖ *Avocat-conseil, ingénieur-conseil,* etc., qui donne des avis techniques. — **3.** Groupe de personnes chargées de délibérer, d'administrer, ou d'exercer une juridiction : *Le conseil municipal est présidé par le maire. Le Conseil d'État donne son avis sur la légalité de certains actes administratifs. Le conseil de classe réunit les enseignants d'une classe, en présence des représentants des élèves et des parents.* — **4.** Séance, délibération du conseil : *Les jurés tenaient conseil dans le cabinet du juge* (= délibéraient).

conseiller [kɔ̃sɛje] v. t. *Conseiller qqn, conseiller qqch à qqn, conseiller à qqn de* (+ *inf.*), lui donner des avis en vue de modifier sa conduite : *Conseiller un enfant dans ses études. La psychologue lui a conseillé le repos* (syn. RECOMMANDER). *Je conseille aux gens pressés de prendre cet itinéraire.*

conseiller, ère [kɔ̃sɛje] n. **1.** Personne ayant pour fonction de donner des conseils. — **2.** Membre d'un conseil : *Un conseiller municipal.*

conseilleur, euse [kɔ̃sɛjœr] n. **1.** *Péjor.* Personne qui prodigue des conseils. — **2.** *Les conseilleurs ne sont pas les payeurs,* il est plus facile de conseiller que d'agir.

consensuel, elle [kɔ̃sɑ̃sɥɛl] adj. Qui repose sur un consensus : *Une politique consensuelle.*

consensus [kɔ̃sɑ̃sys] n. m. (mot. lat.). Accord de plusieurs personnes, de plusieurs textes.

consentant, e [kɔ̃sɑ̃tɑ̃] adj. Qui consent : *Si vous êtes tous consentants, nous pouvons procéder au partage.*

consentement [kɔ̃sɑ̃tmɑ̃] n. m. Fait de consentir : *Un adolescent mineur ne peut se marier qu'avec le consentement de ses parents* (syn. APPROBATION, ACCEPTATION). *Il a agi sans mon consentement* (syn. ACCORD, ACQUIESCEMENT, AGRÉMENT; contr. REFUS, OPPOSITION).

consentir [kɔ̃sɑ̃tir] v. t. ind. (lat. *consentire,* décider en accord) [c. **19**] *Consentir à qqch, à* (+ *inf.*), *à ce que* ou *que* (+ *subj.*), accepter que qqch ait lieu, se fasse : *Je consens à votre départ, à ce que vous partiez* (ou *que vous partiez*), *à vous suivre* (contr. S'OPPOSER). ◆ v. t. *Consentir une remise à un acheteur, un délai de paiement,* etc., accorder cette remise, ce délai.

conséquence [kɔ̃sekɑ̃s] n. f. (lat. *consequentia,* suite). **1.** Ce qui est produit par qqch, ce qui en découle : *La diminution des épidémies est une conséquence des progrès de l'hygiène* (syn. EFFET, RÉSULTAT; contr. CAUSE). *Ce surmenage prolongé risque d'avoir des conséquences graves pour sa santé* (syn. RÉPERCUSSION). *Nous ne pouvons pas prévoir toutes les conséquences de nos actes* (syn. SUITE). *Réfléchissez : votre décision sera lourde de conséquences.* — **2.** *Affaire de conséquence, sans conséquence,* qui a, qui n'a pas grande importance. ‖ *En conséquence,* comme suite logique : *Nous devons partir avant le jour; en conséquence, le lever sera à quatre heures;* conformément à cela, dans une mesure appropriée : *Vous devez faire de gros achats : on vous fournira de l'argent en conséquence.* ‖ *Subordonnée de conséquence,* celle qui présente un fait comme la suite entraînée par l'action qu'exprime le verbe de la proposition principale (conjonctions : *de sorte que, à tel point que, si bien que,* etc.).

1. conséquent (par) [kɔ̃sekɑ̃] adv. Annonce une conséquence : *J'ai appris qu'il était malade : par conséquent, il ne faut pas compter sur lui* (syn. DONC, EN CONSÉQUENCE). *Il pleut, par conséquent le projet de promenade est abandonné* (syn. PAR SUITE).

2. conséquent, e [kɔ̃sekɑ̃] adj. **1.** Qui agit avec logique : *Elle est la première à mettre en pratique son système : c'est un esprit conséquent.* — **2.** Se dit de qqch qui a une certaine importance, une grande valeur, etc. : *Un magasin conséquent* (syn. IMPORTANT).

1. conservateur, trice [kɔ̃sɛrvatœr] adj. et n. Qui cherche à conserver l'ordre établi, notamment dans le domaine politique et social : *Parti conservateur. Les conservateurs se sont opposés au projet de loi.*

2. conservateur [kɔ̃sɛrvatœr] n. m. Fonctionnaire chargé de la garde et de l'administration d'un bien public : *Un conservateur de musée.*

conservation [kɔ̃sɛrvasjɔ̃] n. f. **1.** Action de conserver : *La conservation des fruits demande un local frais et aéré, sans humidité. La conservation des souvenirs.* — **2.** *Instinct de conservation,* qui pousse un être à lutter pour sauver sa vie.

conservatisme [kɔ̃sɛrvatism] n. m. Attitude de ceux qui sont hostiles aux innovations.

conservatoire [kɔ̃sɛrvatwar] n. m. (it. *conservatorio,* école de musique). Établissement d'enseignement artistique, technique, etc. : *Il a eu un premier prix de conservatoire en piano. Le Conservatoire national des arts et métiers.*

conserve [kɔ̃sɛrv] n. f. Aliment conservé; en partic., aliment conservé en boîtes métalliques stérilisées : *Se nourrir de conserves. Des conserves de viande, de légumes. Une boîte de conserve. Nous avons mis des haricots en conserve.*

conserver [kɔ̃sɛrve] v. t. (lat. *conservare*). **1.** *Conserver une denrée,* la garder en bon état, la préserver de l'altération : *Le froid conserve les aliments. On peut conserver des légumes en les desséchant.* — **2.** *Conserver qqn, qqch,* les maintenir durablement en sa possession, en bon état : *Elle a conservé ses amies de jeunesse* (contr. PERDRE). *J'ai conservé l'habitude de me lever tôt. Conserver l'espoir, sa vigueur, sa fortune* (syn. GARDER). *Je conserve le double de cette lettre* (contr. SE DESSAISIR DE). *Des lunettes pour conserver la vue.* — **3.** *Bien conservé,* qui, malgré son âge, paraît encore jeune.

conserverie [kɔ̃sɛrvəri] n. f. Usine de conserves.

considérable [kɔ̃siderabl] adj. Dont l'importance n'est pas négligeable, qui mérite qu'on en tienne compte : *Cette pièce a obtenu un succès considérable* (syn. ↓NOTABLE). *Des pertes considérables en hommes et en matériel* (syn. ↓IMPORTANT, ↓MASSIF).

considérablement [kɔ̃siderabləmɑ̃] adv. De façon considérable : *Les dépenses ont considérablement dépassé les prévisions* (syn. ↓NOTABLEMENT, ↓LARGEMENT). *Elle est considérablement plus âgée que moi* (syn. ↓PASSABLEMENT).

considération [kɔ̃siderasjɔ̃] n. f. **1.** Raison servant de mobile : *Il ne s'est pas laissé arrêter par des considérations aussi mesquines.* — **2.** Idées développées, raisonnement (surtout pl.) : *Il s'est perdu en considérations philosophiques, au lieu de répondre nettement à ma question.* — **3.** Bonne opinion qu'on a de qqn : *Elle jouit de la considération de tous ses voisins* (syn. ESTIME, RESPECT). *Recevez l'assurance de ma considération distinguée* (formule de politesse). — **4.** *En considération de, sans considération de,* en tenant compte de, sans tenir compte de : *Ce n'est là qu'un petit inconvénient en considération des avantages de l'opération* (syn. PAR RAPPORT À, EN COMPARAISON DE). *On lui manifestait de la déférence en considération de son grand âge* (syn. EN RAISON DE, EU ÉGARD À). *Le projet est établi sans considération de prix.* ‖ (sujet qqn) *Prendre en considération qqn* ou *qqch,* en faire cas, ne pas le négliger. ‖ (sujet qqch) *Mériter considération,* retenir l'attention par son importance, son intérêt. ‖ *Par considération pour qqn,* en raison de l'estime qu'on a pour lui.

considérer [kɔ̃sidere] v. t. (lat. *considerare*) [c. **10**]. **1.** *Considérer qqn,* le regarder longuement, avec une attention soutenue : *Tous les assistants considéraient la nouvelle venue* (syn. EXAMINER). — **2.** *Considérer qqch,* le prendre comme objet de réflexion, l'examiner de façon critique : *Tout bien considéré, je reste ici* (syn. ÉTUDIER, PESER). *Si je ne considérais que mon intérêt, je ne me mêlerais pas de cette affaire* (syn. TENIR COMPTE DE). — **3.** *Considérer que* (+ *ind.,* ou *subj.* si la proposition principale est négative ou interrogative), être d'avis que : *Ceux qui considéraient qu'il était trop tard ont eu tort* (syn. ESTIMER, CROIRE, TROUVER, JUGER). *Je ne considère pas qu'il soit trop tard.* — **4.** *Considérer qqn* ou *qqch comme* (+ *adj., part.* ou *n.*), lui attribuer telle qualité, le tenir pour : *On peut considérer le travail comme terminé. Je considère cette réponse comme un refus. On considère ce boxeur comme le futur champion de France.* — **5.** *Considérer qqn,* l'avoir en estime, le respecter (souvent pass.) : *C'est une spécialiste très considérée dans les milieux scientifiques.*

consignation [kɔ̃siɲasjɔ̃] n. f. **1.** Dépôt d'argent fait en garantie de qqch. — **2.** Action de consigner : *La consignation d'un emballage.*

consigne [kɔ̃siɲ] n. f.
— **I. 1.** Ordre permanent donné à qqn et s'appliquant à une situation définie : *J'ai reçu la consigne formelle de ne rien divulguer des débats. Observer, respecter, appliquer la consigne* (syn. INSTRUCTIONS, MOT D'ORDRE). — **2.** Punition consistant en une privation de sortie.
— **II. 1.** Somme correspondant à un objet consigné par un commerçant; cet objet lui-même : *Va rapporter les bouteilles et fais-toi rembourser les consignes.* — **2.** Bureau d'une gare où on dépose provisoirement des bagages.

consigner [kɔ̃siɲe] v. t. (lat. *consignare,* sceller).
— **I. 1.** *Consigner qqch,* fixer par écrit ce qu'on veut retenir ou transmettre à qqn : *J'ai consigné dans mon rapport toutes les circonstances de l'incident* (syn. NOTER, ENREGISTRER). — **2.** *Consigner des troupes, des élèves,* les priver de sortie : *Par crainte d'épidémie, on a consigné le régiment à la caserne.*
— **II.** *Consigner un emballage, une bouteille,* les facturer avec garantie de remboursement à la personne qui les rapportera.

consistance [kɔ̃sistɑ̃s] n. f. État consistant : *Il faut surveiller la consistance de la sauce* (syn. ÉPAISSISSEMENT). *Une nouvelle qui prend de la consistance d'heure en heure* (= qui devient plus sûre).

consistant, e [kɔ̃sistɑ̃] adj. (de *consister*). **1.** Se dit d'un corps dont la fluidité est réduite, qui est à l'état pâteux ou même solide : *Votre peinture est un peu trop consistante* (syn. ÉPAIS; contr. LIQUIDE). *Un plat consistant rassasie vite.* — **2.** *Rumeur consistante, bruit consistant,* qui semble fondé, qui mérite l'attention.

consister [kɔ̃siste] v. t. ind. (lat. *consistere,* se tenir ensemble). **1.** *Consister en, dans qqch,* être composé de, constitué par : *Une propriété qui consiste en herbages, cultures et forêts. Leur conversation consistait en une série de quiproquos* (= était faite de). *Le salut consistait dans la fuite immédiate* (syn. RÉSIDER). — **2.** *Consister à* (+ *inf.*), avoir pour nature de, se réduire à : *Votre erreur consiste à croire que tout le monde vous approuvera.*

consistoire [kɔ̃sistwar] n. m. (lat. *consistorium*). Assemblée de cardinaux convoquée par le pape.

consœur [kɔ̃sœr] n. f. Féminin de CONFRÈRE.

consolable [kɔ̃sɔlabl] adj. (dans des express. négatives ou restrictives). Qui peut être consolé : *Certaines douleurs sont difficilement consolables.*

consolant, e [kɔ̃sɔlɑ̃] adj. Qui console : *Parmi tous ces déboires, il y a quelques détails consolants. Une pensée consolante* (syn. ↓APAISANT).

consolateur, trice [kɔ̃sɔlatœr] adj. et n. Qui console : *Le malheureux aurait bien besoin d'un consolateur. Je lui ai adressé quelques paroles consolatrices.*

consolation [kɔ̃sɔlasjɔ̃] n. f. **1.** Soulagement, apaisement d'un chagrin, d'une douleur : *Elle a adressé quelques mots de consolation au candidat malheureux.* — **2.** *Lot de consolation,* lot moins important qu'on attribue à ceux qui n'ont pas gagné.

console [kɔ̃sɔl] n. f. (de *consolateur,* figure d'homme portant une corniche). Support fixé à ou appuyé contre un mur.

consoler [kɔ̃sɔle] v. t. (lat. *consolari*). **1.** *Consoler qqn,* soulager sa peine, sa tristesse : *La maman consolait son enfant qui pleurait. Cette nouvelle me console de bien des échecs. Si cela peut vous consoler, sachez que je n'ai pas plus de chance que vous.* — **2.** *Consoler un chagrin, une douleur,* l'apaiser. ◆ ***se consoler*** v. pr. *Se consoler de qqch,* cesser d'en souffrir, d'en être affecté : *Il ne se console pas de la mort de sa femme.*

consolidation [kɔ̃sɔlidasjɔ̃] n. f. Action de consolider : *On a entrepris des travaux pour la consolidation du pont. La politique gouvernementale visait à la consolidation du franc* (syn. AFFERMISSEMENT).

consolider [kɔ̃sɔlide] v. t. (lat. *consolidare*). *Consolider qqch,* le rendre plus solide, plus résistant : *Il me faut de la colle et des clous pour consolider la chaise. Aux dernières élections, ce parti a consolidé sa position* (syn. RENFORCER; contr. AFFAIBLIR).

consommateur, trice [kɔ̃sɔmatœr] n. 1. Personne qui achète un produit pour son usage : *Le prix de cet article a triplé en passant du producteur au consommateur* (syn. ACHETEUR). — 2. Personne qui prend une boisson dans un café : *Les jours de grande chaleur, les consommateurs sont nombreux.*

consommation [kɔ̃sɔmasjɔ̃] n. f. 1. Action de consommer des produits naturels ou industriels : *Consommation de viande, d'eau, de gaz, d'électricité, d'essence.* — 2. Boisson prise dans un café : *Payer sa consommation.*

1. consommé, e [kɔ̃sɔme] adj. Qui atteint à une certaine perfection dans une qualité : *Il a mené l'affaire en diplomate consommé* (syn. PARFAIT, placé avant le n.). *Un tableau exécuté avec un art consommé* (syn. ACHEVÉ).

2. consommé [kɔ̃sɔme] n. m. Bouillon au suc de viande.

consommer [kɔ̃sɔme] v. t. (lat. *consummare*). 1. (sujet qqn) *Consommer qqch,* l'employer comme aliment : *Je consomme beaucoup plus de poisson que de viande* (syn. MANGER). — 2. (sujet qqch) *Consommer qqch (matière),* l'utiliser comme source d'énergie ou comme matière première, si bien qu'elle cesse d'être utilisable : *Cette chaudière consommait beaucoup de charbon. Une industrie qui consomme de l'aluminium.* — 3. (sans compl.) [sujet qqn] Prendre une boisson dans un café : *Elle restait de longues heures à la terrasse, mais consommait peu.*

consomption [kɔ̃sɔ̃psjɔ̃] n. f. (lat. *consumptio*). *Litt.* Amaigrissement et dépérissement progressif.

consonance [kɔ̃sɔnɑ̃s] n. f. (lat. *consonantia*). Qualité du son des syllabes d'un mot, d'une phrase : *Une langue aux consonances harmonieuses.* (→ DISSONANCE.)

consonant, e [kɔ̃sɔnɑ̃] adj. Se dit de sons qui forment un accord harmonieux.

consonantique [kɔ̃sɔnɑ̃tik] adj. Propre aux consonnes : *Le système consonantique d'une langue.*

consonantisme [kɔ̃sɔnɑ̃tism] n. m. Ensemble des consonnes d'une langue.

consonne [kɔ̃sɔn] n. f. (lat. *consona,* lettre dont le son se joint à celui de la voyelle). Bruit, ou combinaison de bruits et de sons, produit par le passage du souffle dans les diverses cavités de la gorge et de la bouche; nom donné aux lettres qui transcrivent ces bruits : *Le français comporte vingt consonnes ou semi-consonnes, qu'on dénomme en général par le point d'articulation, c'est-à-dire le lieu où se situe l'obstacle (labiales, dentales, gutturales), ou par le mode de franchissement de l'obstacle (occlusives, sifflantes, chuintantes)* [contr. VOYELLE].

consort [kɔ̃sɔr] adj. m. (lat. *consors, -ortis,* qui partage le sort). *Prince consort,* mari non couronné d'une reine, dans certains pays.

consortium [kɔ̃sɔrsjɔm] n. m. (mot lat. signif. *association*). Groupement d'entreprises industrielles, financières, commerciales, constitué pour effectuer des opérations communes.

consorts [kɔ̃sɔr] n. m. pl. (du lat. *consors, -ortis,* qui partage le sort). Péjor. *Et consorts,* ceux et celles qui appartiennent à la même catégorie : *C'est encore Dupont et consorts qui ont fait le coup.*

conspirateur, trice [kɔ̃spiratœr] n. et adj. Qui conspire : *Les conspirateurs préparaient un attentat* (syn. ↓COMPLOTEUR, CONJURÉ).

conspiration [kɔ̃spirasjɔ̃] n. f. Complot politique ayant souvent une assez grande ampleur, ou cabale dirigée contre qqn : *La conspiration avait de nombreuses ramifications dans l'Administration. Un écrivain victime de la conspiration du silence* (= de l'entente entre les critiques pour éviter de parler de lui).

conspirer [kɔ̃spire] v. i. (lat. *conspirare*) [sujet qqn] Préparer clandestinement un acte de violence contre un homme politique, ou visant à renverser un régime : *Les journaux ont annoncé l'arrestation de ceux qui conspiraient contre le régime* (syn. ↓COMPLOTER). ◆ v. t. ind. *Litt.* (sujet qqch) *Conspirer à qqch,* y concourir : *Tout conspire à la réussite de ce projet.*

conspuer [kɔ̃spɥe] v. t. (lat. *conspuere,* couvrir de crachats). *Conspuer qqn,* lui manifester bruyamment son hostilité, son mépris.

constamment [kɔ̃stamɑ̃] adv. Sans interruption ni modification dans le temps : *Une piscine dont l'eau est constamment renouvelée* (syn. SANS CESSE). *Être constamment sollicité* (syn. À TOUT INSTANT).

constance [kɔ̃stɑ̃s] n. f. (lat. *constantia*). 1. Qualité de ce qui dure ou se reproduit sans cesse, de ce qui est stable : *Devant la constance de ses échecs, elle s'est découragée. De nombreuses expériences ont vérifié la constance de cette loi physique* (syn. PERMANENCE). — 2. Qualité de qqn qui persévère dans une action ou un état : *Vous avez fait preuve d'une remarquable constance dans votre effort* (syn. PERSÉVÉRANCE). *La constance de son amitié m'a soutenu dans ces moments difficiles* (syn. FIDÉLITÉ).

constant, e [kɔ̃stɑ̃] adj. (lat. *constant, -antis,* ferme) [après ou avant le n.] Qui dure, persévère ou se répète sans modification : *Son fils lui cause un souci constant* (syn. CONTINUEL, PERMANENT, QUOTIDIEN). *J'ai de constantes difficultés d'argent* (syn. ↑PERPÉTUEL; contr. MOMENTANÉ).

constante [kɔ̃stɑ̃t] n. f. Quantité de valeur fixe.

constat [kɔ̃sta] n. m. Procès-verbal établi par un huissier ou un agent de la force publique : *L'accidenté a fait établir un constat pour sa compagnie d'assurances. L'huissier a dressé un constat.*

constatation [kɔ̃statasjɔ̃] n. f. Action de constater : *Je me borne à la constatation des faits, sans porter de jugement. Vous me ferez part de vos constatations* (syn. OBSERVATION, REMARQUE).

constater [kɔ̃state] v. t. (du lat. *constat,* il est certain). *Constater qqch, constater que* (+ *ind.*), remarquer objectivement : *Chacun peut constater la justesse de mes prévisions. On constate une légère amélioration dans son état de santé* (syn. ENREGISTRER). *Je constate qu'il manque une page à ce livre. Le médecin légiste a constaté le décès* (= l'a certifié par un acte authentique).

constellation [kɔ̃stɛlasjɔ̃] n. f. (lat. *stella,* étoile). Groupe d'étoiles présentant une figure conventionnelle et auquel on a attribué un nom : *La Grande Ourse, la Petite Ourse, Orion, Cassiopée sont les constellations les plus connues.*

consteller [kɔ̃stɛle] v. t. (de *constellation*). *Consteller qqch,* le couvrir de points, de taches nombreuses (surtout pass.) : *Un tablier tout constellé de taches d'encre.*

consternant, e [kɔ̃stɛrnɑ̃] adj. Qui consterne : *Des nouvelles consternantes* (syn. NAVRANT, AFFLIGEANT, LAMENTABLE). *Il est d'une bêtise consternante* (syn. EFFARANT).

consternation [kɔ̃stɛrnasjɔ̃] n. f. Grand abattement : *Quand on apprit la nouvelle du désastre, ce fut la consternation générale* (syn. DÉSOLATION).

consterner [kɔ̃stɛrne] v. t. (lat. *consternare,* abattre). *Consterner qqn,* le jeter dans un grand abattement, l'accabler de tristesse : *Ce qui me consterne, c'est de ne rien pouvoir faire pour l'aider* (syn. DÉSOLER, NAVRER, AFFLIGER). *Elle regardait d'un air consterné sa voiture accidentée* (syn. ATTERRÉ, CATASTROPHÉ, EFFONDRÉ).

constipation [kɔ̃stipasjɔ̃] n. f. Difficulté d'aller à la selle (contr. DIARRHÉE).

constiper [kɔ̃stipe] v. t. (lat. *constipare,* serrer). **1.** (sujet un aliment) *Constiper qqn,* lui rendre plus difficile l'évacuation des matières fécales. — **2.** Fam. *Avoir l'air constipé, être constipé,* avoir une mine guindée, austère (contr. JOVIAL).

1. constituant, e [kɔ̃stitɥɑ̃] ou **constitutif, ive** [kɔ̃stitytif] adj. Qui entre dans la constitution d'un tout; propre à la nature de qqch : *L'analyse chimique d'un corps en fait apparaître les éléments constituants* (syn. INTÉGRANT). *L'étendue est une propriété constitutive de la matière.*

2. constituant [kɔ̃stitɥɑ̃] n. m. Élément qui entre dans la constitution d'un tout.

constituer [kɔ̃stitɥe] v. t. (lat. *constituere*). **1.** (sujet qqn) *Constituer qqch,* former un tout en rassemblant divers éléments : *Elle a constitué sa collection de pierres en flânant dans la campagne. J'ai commencé à me constituer une bibliothèque* (syn. CRÉER). — **2.** (sujet des personnes ou des choses) *Constituer qqch,* être les éléments qui forment un tout : *Les trois premières sections constituent l'avant-garde* (syn. FORMER). — **3.** Être l'élément essentiel, la base de qqch : *La préméditation constitue une circonstance aggravante. Le passage d'un bateau dans les parages constituait la seule chance de salut des naufragés.* — **4.** *Personne bien, mal constituée,* qui a une bonne, une mauvaise conformation physique. — **5.** *Corps constitués, autorités constituées,* établis par la loi, la Constitution. ◆ ***se constituer*** v. pr. (sujet qqn) Se déclarer juridiquement : *La victime s'est constituée partie civile. Se constituer prisonnier* (= se livrer à la justice). [→ RECONSTITUER.]

constitution [kɔ̃stitysjɔ̃] n. f. (lat. *constitutio*). — **I. 1.** Action de constituer : *L'avocat s'occupe de la constitution du dossier* (syn. ÉTABLISSEMENT). — **2.** Manière dont est constitué qqch, un être vivant, un groupe de personnes, etc. : *Elle n'a réchappé de cette maladie que grâce à sa solide constitution* (syn. COMPLEXION). *On connaît la constitution de l'équipe qui représentera la France.*
— **II.** Ensemble des principes fondamentaux adoptés dans un pays, correspondant à son régime politique et servant de charte de référence à l'ensemble de sa législation (souvent avec majusc.) : *Le droit de grève est inscrit dans la Constitution.*

constitutionnalité [kɔ̃stitysjɔnalite] n. f. État conforme à la Constitution : *On peut contester la constitutionnalité de cette réglementation.*

constitutionnel, elle [kɔ̃stitysjɔnɛl] adj. **1.** Relatif à la constitution physique de qqn : *Une faiblesse constitutionnelle.* — **2.** Conforme à la constitution d'un pays : *La procédure constitutionnelle.* — **3.** Relatif à la Constitution : *Demander la révision d'une loi constitutionnelle.* — **4.** *Monarchie constitutionnelle,* système politique dans lequel le pouvoir royal est soumis à une constitution (contr. MONARCHIE ABSOLUE).

constitutionnellement [kɔ̃stitysjɔnɛlmɑ̃] adv. De façon constitutionnelle.

constructeur, trice [kɔ̃stryktœr] n. et adj. Qui construit : *Un constructeur d'automobiles. Elle est douée d'une imagination constructrice* (contr. DESTRUCTEUR).

constructif, ive [kɔ̃stryktif] adj. Qui contribue à l'élaboration d'une solution, d'un système : *Plusieurs des critiques adressées à ce projet sont constructives* (syn. POSITIF; contr. DESTRUCTIF).

construction [kɔ̃stryksjɔ̃] n. f. **1.** Action ou manière de construire : *La construction de cet immeuble a duré deux ans* (contr. DESTRUCTION, DÉMOLITION). *L'auteur ne s'est guère préoccupé de la construction de son roman. La construction complexe d'une longue phrase.* — **2.** Édifice construit : *Les nouvelles constructions nous cachent la vue de la mer* (syn. BÂTIMENT).

construire [kɔ̃strɥir] v. t. (lat. *construere*) [c. 70] *Construire qqch,* assembler selon un plan les éléments d'un édifice, d'un appareil, d'un ouvrage de l'esprit, d'une phrase : *J'ai fait construire ma maison sur la colline* (syn. BÂTIR, ÉDIFIER, ÉLEVER; contr. DÉTRUIRE, DÉMOLIR). *Construire des modèles réduits d'avions. Une pièce de théâtre habilement construite* (syn. COMPOSER). *Un philosophe qui a construit son système sur un postulat* (syn. CRÉER, ÉDIFIER, ÉCHAFAUDER). *Construire correctement ses phrases.*

consul [kɔ̃syl] n. m. (lat. *consul*). Agent qui a pour mission de protéger ses compatriotes à l'étranger et de donner à son gouvernement des informations politiques et commerciales.

consulaire [kɔ̃sylɛr] adj. Relatif au consul : *L'administration consulaire.*

consulat [kɔ̃syla] n. m. Résidence d'un consul, bureaux qu'il dirige : *S'adresser au consulat pour faire viser son passeport.*

consultant, e [kɔ̃syltɑ̃] n. Scientifique ou médecin qui donne des consultations.

consultatif, ive [kɔ̃syltatif] adj. Qui a pour fonction de donner son avis sur certaines questions : *Un comité qui a un rôle consultatif, qui a voix consultative* (contr. DÉLIBÉRATIF). *Je m'adresse à vous à titre consultatif* (= pour avoir votre avis).

consultation [kɔ̃syltasjɔ̃] n. f. **1.** Action de demander un avis; visite d'un client à un médecin ou à un spécialiste quelconque. — **2.** Action de donner un avis (avocat, médecin); examen d'un malade par un médecin à son cabinet : *La psychologue a eu six consultations aujourd'hui.* — **3.** Action de chercher un renseignement : *Un dictionnaire dont la consultation est facile.*

consulter [kɔ̃sylte] v. t. (lat. *consultare*). **1.** *Consulter qqn,* s'enquérir de son avis, rechercher auprès de lui une information : *Vous paraissez fatigué : vous devriez consulter un médecin. J'ai consulté une avocate pour connaître mes droits en cette affaire. Consulter un expert en bijoux.* — **2.** *Consulter un livre, un plan, le règlement,* etc., y chercher un renseignement : *Une historienne qui consulte les archives départementales. Consulter sa montre, un baromètre* (= regarder quelle heure il est, quelle est l'évolution probable du temps). — **3.** *Ne consulter que son intérêt, que son caprice,* les prendre pour seule règle de conduite. ◆ ***se consulter*** v. pr. S'entretenir pour s'enquérir des avis réciproques : *Nous nous sommes consultés avant d'agir.*

consumer [kɔ̃syme] v. t. (lat. *consumere*). **1.** (sujet qqch) *Consumer qqch,* le détruire progressivement, notamment par le feu (surtout pass.) : *Il ne restait dans la cheminée que quelques tisons presque entièrement consumés* (syn. BRÛLER). — **2.** *Litt.* (sujet un sentiment) *Consumer qqn,* s'emparer de tout son être, le tourmenter : *La soif d'argent les consume. Il était consumé de chagrin* (syn. DÉVORER, RONGER, MINER). ◆ ***se consumer*** v. pr. **1.** Être détruit progressivement, surtout par le feu : *La cigarette achevait de se consumer dans le cendrier* (syn. BRÛLER). — **2.** *Litt.* Perdre progressivement ses forces, son énergie : *La pauvre femme se consume de désespoir* (syn. SE RONGER, SE MINER).

contact [kɔ̃takt] n. m. (lat. *contactus*). **1.** État ou action de deux corps qui se touchent : *Un meuble* *patiné par le contact des mains. Au contact de l'air la peinture a séché.* — **2.** Sensation produite par un objet qui touche la peau : *Le contact du velours est doux.* — **3.** Rapport de connaissance entre des personnes qui permet des entretiens (souvent pl.) : *Un homme politique qui a de nombreux contacts avec le monde des affaires* (= qui a des rapports suivis avec ce milieu). *Il s'est civilisé au contact de cette personne* (= depuis qu'il la fréquente). — **4.** Situation de personnes qui communiquent entre elles : *Je dois m'absenter, mais je resterai en contact avec vous par lettres* (syn. RELATION, RAPPORT). *L'aviateur a gardé, perdu, retrouvé le contact radio avec la tour de contrôle.* — **5.** *Contact (électrique),* liaison établie entre deux points d'un circuit : *L'automobiliste met le contact et actionne le démarreur. Si tu perds la clé de contact, tu resteras en panne.* ‖ *Verres, lentilles de contact,* verres correcteurs de la vue qui s'appliquent directement sur le globe de l'œil.

contacter [kɔ̃takte] v. t. *Contacter qqn, un organisme,* etc., entrer en contact, en relation avec eux (syn. TOUCHER, ATTEINDRE).

contagieux, euse [kɔ̃taʒjø] adj. Susceptible d'être transmis à d'autres : *La coqueluche est contagieuse. Un rire contagieux.*

contagion [kɔ̃taʒjɔ̃] n. f. (lat. *contagio,* contact). Transmission par contact d'une maladie, d'un état affectif : *La malade devra rester isolée pour éviter tout risque de contagion. Il s'est laissé gagner par la contagion du rire, de la panique, de la nouvelle mode.*

container [kɔ̃tɛnɛr] ou **conteneur** [kɔ̃tənœr] n. m. (mot anglo-amér.). Caisse métallique pour le transport ou le parachutage de marchandises.

contamination [kɔ̃taminasjɔ̃] n. f. Fait d'être contaminé, de contaminer : *L'eau est un agent de contamination dans les épidémies de typhoïde* (syn. POLLUTION).

contaminer [kɔ̃tamine] v. t. (lat. *contaminare,* souiller). *Contaminer qqn, qqch,* l'infecter de germes microbiens, de virus, d'un mal quelconque : *L'eau du puits a été contaminée par des infiltrations de purin* (syn. POLLUER, SOUILLER). *Ne vous laissez pas contaminer par le pessimisme de votre entourage* (syn. GAGNER).

conte [kɔ̃t] n. m. Récit, assez court, d'aventures imaginaires : *Les contes de Maupassant.*

contemplatif, ive [kɔ̃tɑ̃platif] adj. Qui s'abandonne à la contemplation : *Un regard contemplatif. Les Carmélites sont un ordre religieux contemplatif* (contr. ACTIF).

contemplation [kɔ̃tɑ̃plasjɔ̃] n. f. **1.** État de qqn qui contemple un spectacle : *Le promeneur paraissait perdu dans la contemplation de la mer* (syn. ↓SPECTACLE). *Elle est restée cinq minutes en contemplation devant la vitrine.* — **2.** État de qqn qui s'absorbe dans la méditation religieuse.

contempler [kɔ̃tɑ̃ple] v. t. (lat. *contemplari*). *Contempler qqn, qqch,* en regarder longuement, dans tel ou tel état affectif, l'aspect général : *Je contemplais de mon balcon le ciel serein.*

contemporain, e [kɔ̃tɑ̃pɔrɛ̃] adj. et n. (lat. *contemporaneus*). **1.** Se dit des personnes ou des choses qui sont de la même époque : *Pascal et Molière étaient contemporains. Ce château fort est contemporain de la guerre de Cent Ans. Beaucoup d'artistes célèbres ont été appréciés de leurs contemporains.* — **2.** Qui appartient au moment présent : *La langue française contemporaine est plus éloignée qu'on ne croit parfois de la langue du XIXᵉ s.* (syn. ACTUEL, MODERNE).

contenance [kɔ̃tnɑ̃s] n. f.
— **I. 1.** Quantité que peut contenir qqch : *La contenance du réservoir d'essence permet un long parcours sans ravitaillement* (syn. CAPACITÉ). — **2.** Étendue d'un terrain : *Un bois d'une contenance de vingt hectares* (syn. SUPERFICIE).
— **II.** En parlant de qqn, manière de se tenir en telle ou telle circonstance : *Tâchez de faire bonne contenance malgré cette contrariété* (= de ne pas manquer de sérénité). *Devant cette preuve accablante, il a perdu contenance* (= il s'est troublé). *Pour se donner une contenance, elle feignait de lire un journal* (= pour dissimuler son trouble, son ennui) [syn. AIR, ALLURE, ATTITUDE, MAINTIEN, MINE].

contenant [kɔ̃tnɑ̃] n. m. Ce qui contient (par oppos. à contenu) : *Le contenant est moins précieux que le contenu.*

conteneur → CONTAINER.

contenir [kɔ̃tnir] v. t. (lat. *continere*) [c. **22**]. **1.** (sujet qqch) *Contenir qqch,* le renfermer, l'avoir en soi : *Ma valise ne contient que des vêtements de voyage. L'air contient environ quatre cinquièmes d'azote. La dernière phrase de sa lettre contient une allusion à ses projets.* — **2.** (sujet récipient, salle, etc.) *Contenir qqch,* pouvoir le recevoir; avoir comme capacité : *Une bouteille qui contient soixante-quinze centilitres* (syn. TENIR). *Cet autocar peut contenir trente-cinq personnes.* — **3.** *Contenir qqn, qqch,* les empêcher de progresser, de se répandre, de se manifester : *Nos troupes avaient réussi à contenir la poussée ennemie* (syn. ENDIGUER). *Nous avions peine à contenir notre envie de rire* (syn. RETENIR, REFRÉNER, RÉPRIMER). ◆ ***se contenir*** v. pr. Retenir l'expression de sentiments violents, en partic. la colère : *Incapable de me contenir, j'ai laissé éclater ma colère* (syn. SE CONTRÔLER, SE DOMINER, SE MAÎTRISER, SE MODÉRER, SE RETENIR).

content, e [kɔ̃tɑ̃] adj. (lat. *contentus*). **1.** Dont les désirs, les goûts sont satisfaits, qui a ce qui lui plaît (contr. MÉCONTENT) : *Quand la saison est belle les hôteliers sont contents* (syn. JOYEUX). *Je suis très content de ma situation, de ma voiture, de cet employé* (syn. SATISFAIT). *Je serais content que vous veniez me voir* (syn. HEUREUX, ↑ENCHANTÉ, ↑RAVI). — **2.** *Content de soi, de sa personne,* qui éprouve à l'égard de soi-même une satisfaction mêlée de vanité, qui s'admire : *Je suis contente de moi : j'ai fini mon travail à la date prévue. Il est un peu trop content de lui en toute occasion* (syn. VANITEUX). ◆ ***content*** n. m. *Avoir (tout) son content de qqch,* en avoir autant qu'on en désirait ou même davantage (vieilli) : *Elle qui voulait des émotions fortes, elle en a eu son content dans ces deux jours de tempête.*

contentement [kɔ̃tɑ̃tmɑ̃] n. m. **1.** Action de contenter; sentiment de celui dont les désirs sont satisfaits : *Le contentement de ses désirs* (syn. SATISFACTION). *J'ai éprouvé un profond contentement en voyant triompher ma thèse* (syn. SATISFACTION). *Son contentement se lit sur son visage* (syn. PLAISIR, ↑BONHEUR, ↑JOIE, ↑RAVISSEMENT). **2.** *Contentement de soi,* état de celui qui est content de soi.

contenter [kɔ̃tɑ̃te] v. t. **1.** *Contenter qqn,* combler ses désirs, répondre à ses vœux : *Un bon commerçant s'efforce de contenter sa clientèle* (contr. MÉCONTENTER). *J'espère que cette explication vous contentera* (syn. SATISFAIRE). — **2.** *Contenter une envie, un caprice, un besoin,* etc., les faire cesser en les satisfaisant. ◆ ***se contenter*** v. pr. *Se contenter de qqch, de* (+ *inf.*), s'en trouver suffisamment satisfait, limiter ses désirs à cela : *Se contenter d'un bénéfice modeste* (syn. S'ACCOMMODER, SE BORNER).

contentieux [kɔ̃tɑ̃sjø] n. m. (lat. *contentiosus*). **1.** Ensemble des questions faisant l'objet de procès, de contestations : *Les diplomates de ces deux pays ont commencé à examiner le contentieux.* — **2.** Service administratif chargé de régler les litiges.

contenu [kɔ̃tny] n. m. **1.** Ce qui est à l'intérieur d'un récipient : *Tout le contenu de l'encrier s'est répandu sur la table.* — **2.** Idées, notions qui sont exprimées dans un texte, un mot, etc. : *Chacun ignorait le contenu du testament* (syn. TENEUR, DISPOSITIONS). *La traduction ne peut pas rendre exactement le contenu de certains termes* (syn. SENS).

conter [kɔ̃te] v. t. (lat. *computare,* calculer). **1.** Litt. *Conter qqch,* faire le récit d'une histoire vraie ou imaginaire, exposer en détail : *Contez-nous votre entrevue avec cette personne* (syn. usuel RACONTER). — **2.** *En conter à qqn,* chercher à le tromper, lui en faire accroire. ‖ *S'en laisser conter,* se laisser tromper, duper.

contestable [kɔ̃tɛstabl] adj. Qui peut être contesté : *Une hypothèse reste contestable tant qu'elle n'a pas été vérifiée* (syn. DISCUTABLE).

contestataire [kɔ̃tɛstatɛr] n. et adj. Qui se livre à une critique systématique des institutions : *Étudiants contestataires.*

contestation [kɔ̃tɛstasjɔ̃] n. f. **1.** Discussion, désaccord sur le bien-fondé d'une prétention, la légitimité d'un acte, l'exactitude d'un fait : *Cette loi ambiguë donne lieu à de multiples contestations. Une contestation sur les limites d'un terrain* (syn. CONTROVERSE, DIFFÉREND, LITIGE). — **2.** Remise en question des institutions existantes.

conteste (sans) [kɔ̃tɛst] adv. Sans qu'ordinairement on puisse présenter une objection, une opposition, une réserve (soutenu) : *Être sans conteste le plus fort* (syn. ASSURÉMENT, INDISCUTABLEMENT, SANS CONTREDIT). *C'est très bien énoncé, sans conteste.*

contester [kɔ̃tɛste] v. t. (lat. *contestari*). *Contester qqch,* ne pas le reconnaître fondé, exact, valable : *On peut contester la légalité de cette décision* (syn. DISCUTER). *Je ne lui conteste pas le droit d'exposer ses idées* (syn. REFUSER). *Le récit de cet historien est très contesté* (= controversé). *Nous ne contestons pas que votre rôle ait été* (ou *n'ait été*) *important.* ◆ v. i. (sujet qqn) Refuser l'ordre social établi et se livrer à une remise en question des institutions existantes.

conteur, euse [kɔ̃tœr] n. Auteur de contes : *Un cercle s'était formé autour du conteur* (syn. NARRATEUR).

contexte [kɔ̃tɛkst] n. m. (lat. *contextus,* assemblage). 1. Ensemble du texte auquel appartient un mot, une expression, une phrase : *Un mot ne prend tout son sens que dans son contexte.* — **2.** Ensemble des circonstances dans lesquelles se situe un fait, et qui lui confèrent sa valeur, sa signification : *On ne peut avoir une idée de l'importance de cette découverte qu'en la replaçant dans son contexte historique. Le contexte social, politique, économique* (syn. ↓ SITUATION).

contextuel, elle [kɔ̃tɛkstɥɛl] adj. Relatif au contexte : *La valeur contextuelle d'un mot.*

contexture [kɔ̃tɛkstyr] n. f. Manière dont sont liées entre elles les diverses parties d'un corps, d'un ouvrage complexe : *Un roman dont la contexture est très savante* (syn. COMPOSITION, STRUCTURE).

contigu, ë [kɔ̃tigy] adj. (lat. *contiguus*). Se dit d'un terrain, d'un local qui touche à un autre, qui lui fait immédiatement suite, ou d'une chose abstraite étroitement liée à une autre : *La salle à manger est contiguë au salon* (syn. ATTENANT). *La psychologie et la morale sont deux domaines contigus* (syn. VOISIN).

contiguïté [kɔ̃tigɥite] n. f. État contigu de deux choses.

continence [kɔ̃tinɑ̃s] n. f. (lat. *continentia,* maîtrise de soi). Abstention des plaisirs de l'amour (relig.).

1. continent, e [kɔ̃tinɑ̃] adj. (lat. *continens,* qui retient). Qui s'abstient des plaisirs de l'amour (syn. CHASTE).

2. continent [kɔ̃tinɑ̃] n. m. (de *terre continente,* terre continue). Vaste étendue de terre qu'on peut parcourir sans traverser la mer (par oppos. à la *mer* ou à une *île*) : *Le Mont-Saint-Michel est relié au continent par une étroite bande de terre. Le détroit de Gibraltar sépare l'Espagne du continent africain.*

continental, e, aux [kɔ̃tinɑ̃tal] adj. **1.** Qui appartient à l'intérieur d'un continent, qui concerne un continent : *Les mœurs insulaires diffèrent en bien des points des mœurs continentales.* — **2.** *Climat continental,* caractérisé par de grands écarts de température entre l'été et l'hiver.

contingences [kɔ̃tɛ̃ʒɑ̃s] n. f. pl. Circonstances fortuites, ensemble des facteurs imprévisibles qui peuvent conditionner un événement principal.

1. contingent, e [kɔ̃tɛ̃ʒɑ̃] adj. (du lat. *contingere,* arriver par hasard). Se dit de ce qui peut arriver ou ne pas arriver, être ou ne pas être : *Des événements contingents peuvent entraver l'exécution du projet* (syn. FORTUIT, ACCIDENTEL, OCCASIONNEL; contr. NÉCESSAIRE).

2. contingent [kɔ̃tɛ̃ʒɑ̃] n. m. **1.** Ensemble des recrues appelées en même temps à faire leur service militaire : *Les soldats du contingent n'ont pas participé à cette opération.* — **2.** Quantité attribuée à qqn ou fournie par qqn : *Une commerçante qui n'a pas reçu son contingent habituel de marchandises risque de ne pas pouvoir satisfaire toute sa clientèle* (syn. LOT, ATTRIBUTION).

contingentement [kɔ̃tɛ̃ʒɑ̃tmɑ̃] n. m. Action de contingenter : *Le contingentement des importations d'alcool.*

contingenter [kɔ̃tɛ̃ʒɑ̃te] v. t. *Contingenter un produit commercial,* en organiser officiellement la répartition, pour en limiter la distribution (syn. RATIONNER).

continu, e [kɔ̃tiny] adj. Qui ne présente pas d'interruption dans le temps ou dans l'espace : *Elle a fourni un effort continu* (syn. ASSIDU). *Relier des points d'une figure par un trait continu* (syn. ININTERROMPU; contr. DISCONTINU).

continuateur, trice [kɔ̃tinɥatœr] n. Personne qui continue une œuvre commencée par une autre : *Les continuateurs de la réforme s'inspiraient des mêmes principes que ses promoteurs.*

continuation [kɔ̃tinɥasjɔ̃] n. f. Action de continuer : *Les syndicats ont décidé la continuation de la grève* (syn. POURSUITE, PROLONGATION; contr. CESSATION, ARRÊT). *L'action de cette directrice a été la continuation de celle de son prédécesseur* (syn. SUITE, PROLONGEMENT).

continuel, elle [kɔ̃tinɥɛl] adj. Qui dure ou se répète sans cesse : *Ses absences continuelles désorganisent le fonctionnement du service. Il tombe une pluie continuelle* (syn. CONSTANT, FRÉQUENT, PERPÉTUEL; contr. RARE, ÉPISODIQUE).

continuellement [kɔ̃tinɥɛlmɑ̃] adv. De façon continuelle : *Cette vieille voiture tombe continuellement en panne* (syn. CONSTAMMENT, SANS CESSE, SANS ARRÊT, TOUT LE TEMPS, PERPÉTUELLEMENT).

continuer [kɔ̃tinɥe] v. t. (lat. *continuare*). *Continuer qqch,* ne pas interrompre ce qu'on a commencé; reprendre ce qui avait été interrompu : *Continuez votre exposé* (syn. POURSUIVRE). *En continuant à* (ou *de*) *marcher tout droit, on arrive à une cabane* (contr. CESSER DE). *Je continue à croire que tout ira bien* (syn. PERSISTER). *Viens avec moi, tu continueras plus tard la lecture de ton roman.* ◆ v. i. (sujet qqn, qqch) Ne pas interrompre son cours, reprendre son action : *La tempête a continué toute la nuit* (syn. SE PROLONGER, SE POURSUIVRE, DURER). *Restez là si vous voulez, moi je continue* (= je poursuis ma route). *«J'en viens à ma conclusion», continua la conférencière.* ◆ v. i. ou ***se continuer*** v. pr. (sujet qqch) **1.** Ne pas être interrompu : *La* *même politique financière continua avec le nouveau gouvernement* (syn. SE POURSUIVRE). — **2.** Être prolongé : *La propriété se continue par une vaste forêt.*

continuité [kɔ̃tinɥite] n. f. Qualité de qqch qui est sans interruption dans sa durée, dans son étendue : *La continuité de la douleur, d'une plaine.*

continûment [kɔ̃tinymɑ̃] adv. Sans discontinuer : *Il pleut continûment depuis trois jours.*

contondant, e [kɔ̃tɔ̃dɑ̃] adj. (du lat. *contundere,* écraser). Se dit d'un objet dont les coups causent des meurtrissures ou des fractures, mais qui ne coupe ni ne déchire les chairs : *La victime a été frappée avec une arme contondante.* (→ CONTUSION.)

contorsion [kɔ̃tɔrsjɔ̃] n. f. (du lat. *torquere,* tordre). Mouvement violent qui donne au corps ou à une partie du corps une posture étrange, grotesque, et qui s'accompagne souvent de grimaces : *Un pitre qui se livre à toutes sortes de contorsions.*

contorsionner (se) [kɔ̃tɔrsjɔne] v. pr. Faire des contorsions : *La blessée se contorsionnait à terre.*

contorsionniste [kɔ̃tɔrsjɔnist] n. Acrobate spécialisé dans les contorsions.

contour [kɔ̃tur] n. m. (du bas lat. *contornare,* arrondir). **1.** Ligne ou surface marquant la limite d'un corps : *L'enfant traçait des cercles en suivant avec un crayon le contour d'une soucoupe. Une statue grecque aux contours harmonieux.* — **2.** Ligne sinueuse : *Les contours d'une rivière* (syn. MÉANDRE).

contourné, e [kɔ̃turne] adj. *Style contourné,* manière d'écrire affectée, manquant de naturel et de simplicité (syn. MANIÉRÉ).

contournement [kɔ̃turnəmɑ̃] n. m. Action de contourner : *Le contournement de la crevasse nous a fait perdre une heure.*

contourner [kɔ̃turne] v. t. (it. *contornare*). **1.** *Contourner un objet, un édifice, un lieu,* suivre un trajet qui, au lieu de les rencontrer, en fait le tour : *La rivière contourne la colline.* — **2.** *Contourner une difficulté,* trouver un biais permettant de l'éviter habilement (syn. ÉLUDER).

contraceptif, ive [kɔ̃trasɛptif] adj. et n. m. Qui empêche la fécondation : *Un produit contraceptif* (= qui empêche provisoirement la fécondation). *Prendre un contraceptif.*

contraception [kɔ̃trasɛpsjɔ̃] n. f. (mot angl.) Infécondité provoquée volontairement par des moyens anticonceptionnels.

contractant, e [kɔ̃traktɑ̃] adj. et n. Qui prend un engagement par contrat.

contracté, e [kɔ̃trakte] adj. *Articles contractés,* formes de l'article défini combiné avec *à* ou *de (au, aux, du, des).*

1. contracter [kɔ̃trakte] v. t. (du lat. *contractus,* resserré). **1.** *Contracter un corps,* le réduire à un volume moindre : *Le froid contracte le liquide du récipient* (contr. DILATER). — **2.** *Contracter qqn,* le mettre dans un état de tension morale, affective (surtout pass.) : *Elle était très contractée au début de la discussion.* — **3.** *Contracter un muscle,* lui faire faire un effort de traction. ‖ *Contracter le visage, les traits,* en faire jouer les muscles de sorte que l'expression devienne plus dure : *Avoir le visage contracté par la souffrance.* ◆ ***se contracter*** v. pr. **1.** Se réduire, diminuer de volume : *La colonne d'alcool du thermomètre se contracte au froid.* — **2.** Faire un effort de traction : *Ses muscles se contractèrent dans l'effort.* — **3.** Devenir dur, tendu : *Ses traits se contractèrent quand il m'aperçut.*

2. contracter [kɔ̃trakte] v. t. (du lat. *contractus,* convention). **1.** *Contracter un engagement, une obligation, une dette,* se lier juridiquement ou moralement par un engagement. — **2.** *Contracter une dette de reconnaissance,* avoir une obligation morale à l'égard de qqn qui vous a rendu service. ‖ *Contracter mariage avec qqn,* l'épouser (admin.). — **3.** *Contracter une maladie, une habitude,* en être atteint, se laisser gagner par elle (soutenu) : *Il avait contracté la fièvre jaune en Orient* (syn. ATTRAPER). *Il a contracté tout jeune l'habitude de fumer* (syn. PRENDRE).

contractile [kɔ̃traktil] adj. Capable de se contracter : *Les muscles sont contractiles.*

contraction [kɔ̃traksjɔ̃] n. f. Fait de contracter, de se contracter : *La contraction d'un gaz par refroidissement* (contr. DILATATION). *Contraction d'un muscle. Contraction du visage* (syn. DURCISSEMENT).

contractuel, elle [kɔ̃traktɥɛl] adj. **1.** Fixé par contrat : *Les garanties contractuelles.* — **2.** Qui, sans être fonctionnaire, est engagé par contrat dans un service public. ◆ n. Auxiliaire de police chargé de relever les infractions aux règles de stationnement.

contradicteur, trice [kɔ̃tradiktœr] n. Personne qui contredit : *L'orateur a répondu aux objections de ses contradicteurs.*

contradiction [kɔ̃tradiksjɔ̃] n. f. Action de contredire, de se contredire : *Nous étions allés porter la contradiction dans une réunion électorale* (= critiquer les thèses de l'orateur). *Je relève plusieurs contradictions dans les déclarations des témoins* (syn. DISCORDANCE, INCOMPATIBILITÉ). *Ses actes sont en contradiction avec ses principes* (syn. OPPOSITION). *C'est par esprit de contradiction que tu n'es pas d'accord avec moi* (= par besoin de contredire à tout prix).

contradictoire [kɔ̃tradiktwar] adj. **1.** Se dit de choses entre lesquelles il y a contradiction, incompatibilité : *Il n'est pas possible de concilier deux théories aussi contradictoires* (syn. IRRÉDUCTIBLE, INCOMPATIBLE). — **2.** *Conférence, débat, réunion contradictoire,* où les opposants sont admis à critiquer les idées émises et à exposer leurs propres idées.

contradictoirement [kɔ̃tradiktwarmɑ̃] adv. Avec un débat contradictoire, des arguments pour et contre.

contraignant, e [kɔ̃trɛɲɑ̃] adj. Qui contraint : *Un horaire contraignant. Une occupation contraignante* (syn. ASTREIGNANT).

contraindre [kɔ̃trɛ̃dr] v. t. (lat. *constringere*) [c. 55] (sujet qqn, qqch) *Contraindre qqn à qqch, à* (+ *inf.*), lui imposer une action, une attitude, un état : *La maladie me contraint au repos* (syn. OBLIGER). *Personne ne t'a contraint à cette démarche. La panne de voiture a contraint les voyageurs à coucher à l'hôtel* (syn. OBLIGER, FORCER). *Je n'ai signé ce papier que contraint et forcé.* ◆ ***se contraindre*** v. pr. (sujet qqn) *Se contraindre à qqch, à* (+ *inf.*), s'imposer l'obligation de : *Il se contraint à se lever très tôt tous les matins.*

contraint, e [kɔ̃trɛ̃] adj. Qui manque de naturel : *Une politesse toute contrainte* (syn. AFFECTÉ). *Elle accepta d'un air contraint. Un style contraint.*

contrainte [kɔ̃trɛ̃t] n. f. **1.** Nécessité à laquelle on soumet qqn ou qqch : *On obtient souvent plus par la persuasion que par la contrainte* (syn. FORCE, COERCITION). *Je n'ai cédé que sous la contrainte.* — **2.** État de gêne de qqn à qui on impose ou qui s'impose une attitude contraire à son naturel : *L'air de contrainte qu'on lisait sur son visage démentait son enjouement apparent.*

contraire [kɔ̃trɛr] adj. (lat. *contrarius*). **1.** Se dit de choses qui sont en opposition totale : *Un état d'équilibre qui résulte de la neutralisation de deux forces contraires. Le froid et la chaleur produisent des effets contraires sur le volume d'un gaz* (syn. OPPOSÉ). *Je marchais vers le sud et il allait en sens contraire* (syn. INVERSE). *La vitesse de l'avion a été réduite par le vent contraire* (= qui soufflait de face). — 2. *Contraire à qqch*, se dit d'une chose incompatible avec une autre; qui va à l'encontre de : *Une décision contraire au règlement est inapplicable. Ce procédé est contraire à tous les usages établis* (contr. CONFORME). *Un aliment contraire à la santé* (syn. NUISIBLE). ◆ n. m. 1. Personne ou chose qui est tout l'opposé d'une autre : *Elle est tout le contraire de sa mère. Vous prétendez avoir raison : je ne vous dis pas le contraire. La pauvreté est le contraire de la richesse.* — 2. *Au contraire (de), bien au contraire, tout au contraire*, d'une manière tout opposée, à l'inverse (de) : *Il ne paraissait pas triste : au contraire, il riait aux éclats. Elle semblait très intéressée par la conférence, au contraire de son voisin, qui bâillait sans cesse.*

contrairement à [kɔ̃trɛrmɑ̃] prép. De façon contraire à : *Il pleut, contrairement aux prévisions de la météorologie* (contr. CONFORMÉMENT À).

contralto [kɔ̃tralto] n. m. (mot it.). 1. La plus grave des voix de femme. — 2. Chanteuse qui a cette voix.

contrariant, e [kɔ̃trarjɑ̃] adj. Qui contrarie : *Il ne peut jamais être de l'avis de tout le monde : ce qu'il est contrariant! Un incident contrariant est venu interrompre cette séance* (syn. ENNUYEUX, FÂCHEUX, REGRETTABLE).

contrarier [kɔ̃trarje] v. t. (du lat. *contrarius*, contraire). 1. *Contrarier l'action de qqn*, de *qqch*, y faire obstacle : *N'allez pas contrarier, par une imprudence, les effets bienfaisants de la cure* (syn. CONTRECARRER, ↑DÉTRUIRE). — 2. *Contrarier qqn*, le mécontenter en s'opposant à ses goûts, à ses projets : *J'avais l'intention de m'absenter, mais, si cela vous contrarie, je reste avec vous* (syn. ↑ENNUYER). *Il regardait d'un air contrarié ses fleurs abîmées par l'orage.*

contrariété [kɔ̃trarjete] n. f. 1. Sentiment de qqn qui rencontre un obstacle à ses projets : *Il tâchait de dissimuler sa contrariété sous un air détaché* (syn. DÉPLAISIR). — 2. Ce qui contrarie qqn : *Ces contrariétés lui ont aigri le caractère* (syn. ENNUI).

contraste [kɔ̃trast] n. m. (it. *contrasto*). Opposition marquée entre deux choses : *La sombre silhouette des sapins faisait un contraste avec la surface lumineuse du lac. En contraste avec l'agitation de la ville, le silence de la montagne est impressionnant.*

contrasté, e [kɔ̃traste] adj. Dont les oppositions sont très accusées : *Cette photographie est trop contrastée* (= l'opposition entre les noirs et les blancs est excessive).

contraster [kɔ̃traste] v. i. (sujet qqch) *Contraster avec qqch*, être en opposition avec qqch : *L'accueil aimable de la directrice contrastait avec la mauvaise humeur de sa secrétaire. Deux couleurs qui contrastent violemment* (syn. S'OPPOSER).

contrat [kɔ̃tra] n. m. (lat. *contractus*). 1. Acte officiel qui constate une convention entre plusieurs personnes : *Le contrat est signé par l'éditeur, d'une part, les auteurs, de l'autre.* — 2. Entente, accord amiable : *Le gouvernement a proposé un contrat aux partis de la majorité* (syn. PACTE).

contravention [kɔ̃travɑ̃sjɔ̃] n. f. (du lat. *contra*, contre, et *venire*, venir). 1. Procès-verbal dressé par un représentant de l'autorité et constatant une infraction à un règlement, notamment en matière de circulation : *Un agent lui a donné* (ou *dressé*) *une contravention pour excès de vitesse* (syn. fam. CONTREDANSE). — 2. Amende correspondant à cette infraction : *Payer une contravention.* — 3. Infraction à un règlement : *En stationnant ici, vous vous mettez en état de contravention.*

1. contre [kɔ̃tr] prép. (lat. *contra*, en face de). Exprime : 1. Le contact, la juxtaposition : *Se blottir contre un mur. Serrer son enfant contre sa poitrine* (syn. SUR). *Sa maison est juste contre la mairie* (syn. À CÔTÉ DE, AUPRÈS DE). *Elle s'assit tout contre moi* (syn. PRÈS DE); — 2. L'opposition, l'hostilité : *Se battre contre un ennemi redoutable, contre les préjugés* (syn. AVEC). *Je suis contre de tels procédés* (contr. POUR). *Un remède contre la grippe* (syn. POUR). *Il a agi ainsi contre l'avis de ses conseillers* (syn. CONTRAIREMENT À; contr. SELON); — 3. L'échange : *Il a troqué sa vieille voiture contre une moto* (syn. POUR). *Un envoi contre remboursement. On m'a offert une somme importante contre l'abandon de mes droits* (syn. MOYENNANT); — 4. La proportion : *On trouve vingt films médiocres contre un bon* (syn. POUR). — 5. *Ci-contre*, en regard, vis-à-vis : *Consultez l'affiche ci-contre.* ‖ *Là-contre* ou *là contre*, en opposition à cela : *C'est votre droit, je n'ai rien à dire là contre.* ‖ *Par contre*, indique une considération opposée : *C'est une fille charmante; par contre, son frère a un caractère détestable* (syn. EN REVANCHE, EN COMPENSATION). ‖ *Parier à cent contre un*, exprime la conviction absolue qu'on a de dire la vérité. ◆ n. m. 1. *Le pour et le contre*, les raisons favorables et les raisons défavorables : *J'hésite encore à accepter cette proposition : il y a du pour et du contre.* — 2. Fait de contrer : *Nos adversaires n'ont pas réussi leur contre.*

2. contre- [kɔ̃tr], préfixe indiquant l'hostilité, l'opposition, la défense ou la réplique.

contre-allée [kɔ̃trale] n. f. (pl. *contre-allées*). Allée parallèle à une allée principale.

contre-amiral [kɔ̃tramiral] n. m. (pl. *contre-amiraux*). Premier grade des officiers généraux de la marine : *Le grade de contre-amiral correspond à celui de général de brigade.*

contre-attaque [kɔ̃tratak] n. f. (pl. *contre-attaques*). Passage de la défense à l'offensive : *Passer à la contre-attaque.*

contre-attaquer [kɔ̃tratake] v. t. Passer à la contre-attaque : *Contre-attaquer un adversaire dans sa propre spécialité;* sans compl. : *Contre-attaquer pour reprendre à l'ennemi les positions perdues.*

contrebalancer [kɔ̃trəbalɑ̃se] v. t. (c. 1) [sujet qqch] *Contrebalancer qqch (abstrait)*, exercer une action opposée à une autre et tendant à l'annuler : *L'éducation contrebalance en lui les impulsions de la nature* (syn. ÉQUILIBRER). *Un corps est dans l'état d'apesanteur quand la force centrifuge contrebalance l'effet de la pesanteur* (syn. COMPENSER, NEUTRALISER).

contrebande [kɔ̃trəbɑ̃d] n. f. (it. *contrabbando*). 1. Trafic par lequel on introduit clandestinement dans un pays des marchandises prohibées ou sur lesquelles on n'acquitte pas les droits de douane : *J'ai acheté un appareil photographique de contrebande. Passer du tabac en contrebande.* — 2. Marchandises ainsi introduites : *Ces montres bon marché, c'est de la contrebande.*

contrebandier [kɔ̃trəbɑ̃dje] n. m. Qui se livre à la contrebande : *Une équipe de contrebandiers a été arrêtée à la frontière.*

contrebas (en) [kɔ̃trəbɑ] adv., **en contrebas de** prép. En un point plus bas : *On aperçoit la route en contrebas. La rivière coule en contrebas de la maison* (contr. EN CONTRE-HAUT DE).

contrebasse [kɔ̃trəbɑs] n. f. (it. *contrabbasso*). Le plus grand et le plus grave des instruments à cordes de la famille des violons.

contrebassiste [kɔ̃trəbɑsist] n. Personne qui joue de la contrebasse.

contrecarrer [kɔ̃trəkare] v. t. (de l'anc. fr. *contrecarre*, résistance). *Contrecarrer une action, un projet,* s'y opposer en suscitant des obstacles : *Si rien ne vient contrecarrer ce plan, tout ira bien* (syn. CONTRARIER).

contrecœur (à) [kɔ̃trəkœr] adv. Avec répugnance : *Accepter une proposition à contrecœur* (syn. MALGRÉ SOI; contr. VOLONTIERS).

contrecoup [kɔ̃trəku] n. m. Coup moral ou physique qui est la conséquence d'un autre : *La hausse des prix alimentaires est un contrecoup des intempéries. En se mettant à boire, il a fait son malheur, et par contrecoup celui de sa famille* (syn. RÉPERCUSSION).

contre-courant [kɔ̃trəkurɑ̃] n. m. *À contre-courant (de),* dans le sens opposé au courant principal : *Nager à contre-courant;* dans le sens contraire à la tendance générale : *S'habiller à contre-courant de la mode.*

contredanse [kɔ̃trədɑ̃s] n. f. *Fam.* Contravention.

contredire [kɔ̃trədir] v. t. (lat. *contradicere*) [c. 72]. **1.** (sujet qqn) *Contredire qqn,* dire le contraire de ce qu'il avance : *Il ne suffit pas qu'on me contredise; j'attends des preuves* (syn. DÉMENTIR, RÉFUTER). — **2.** (sujet qqch) *Contredire qqch,* être en opposition avec lui, être incompatible avec lui : *Cette hypothèse est contredite par les faits* (syn. INFIRMER). ◆ ***se contredire*** v. pr. (sujet qqn) Émettre des affirmations incompatibles : *Tu te contredis sans cesse dans tes explications.*

contredit (sans) [kɔ̃trədi] adv. Sans contestation possible : *Ce roman est sans contredit le meilleur de la saison* (syn. ASSURÉMENT, INDISCUTABLEMENT, INCONTESTABLEMENT, À COUP SÛR, SANS CONTESTE).

contrée [kɔ̃tre] n. f. (bas lat. *[regio] contrata,* [pays] situé en face). Étendue de pays (soutenu) : *Visiter des contrées lointaines* (syn. PAYS). *Une contrée riche en primeurs* (syn. RÉGION).

contre-enquête [kɔ̃trɑ̃kɛt] n. f. (pl. *contre-enquêtes*). Enquête destinée à contrôler les résultats d'une enquête précédente : *Le tribunal a ordonné une contre-enquête.*

contre-épreuve [kɔ̃treprœv] n. f. (pl. *contre-épreuves*). Épreuve servant à en vérifier une autre.

contre-espionnage [kɔ̃trɛspjɔnaʒ] n. m. (pl. *contre-espionnages*). Organisation chargée de dépister les espions de pays étrangers ou de gêner leur action.

contre-exemple [kɔ̃trɛgzɑ̃pl] n. m. (pl. *contre-exemples*). Exemple qui contredit ce qu'on veut démontrer.

contre-expertise [kɔ̃trɛkspɛrtiz] n. f. (pl. *contre-expertises*). Expertise ayant pour objet d'en contrôler une autre.

contrefaçon [kɔ̃trəfasɔ̃] n. f. Imitation frauduleuse : *La contrefaçon des billets de banque est passible de la réclusion. Exigez la marque d'origine et méfiez-vous des contrefaçons.*

contrefacteur [kɔ̃trəfaktœr] n. m. Celui qui est coupable de contrefaçon (syn. FAUSSAIRE).

contrefaire [kɔ̃trəfɛr] v. t. (lat. *contrafacere,* imiter) [c. 76]. **1.** *Contrefaire qqn, ses gestes,* etc., les imiter en les déformant : *L'élève a été puni pour avoir contrefait la démarche de son professeur* (syn. PARODIER ; fam. SINGER). *Pour lui faire une farce, je lui ai téléphoné en contrefaisant ma voix.* — **2.** *Contrefaire une signature,* l'imiter frauduleusement. — **3.** (sujet qqn) *Être contrefait,* avoir une conformation physique défectueuse (syn. ÊTRE DIFFORME).

contreficher (se) [kɔ̃trəfiʃe] v. pr. Syn. de SE FICHER.

contrefort [kɔ̃trəfɔr] n. m. **1.** Pilier édifié contre un mur pour le soutenir. — **2.** Pièce de cuir renforçant l'arrière d'une chaussure. ◆ ***contreforts*** n. m. pl. Montagnes moins élevées qui font suite au massif principal.

contre-haut (en) [kɔ̃trəo] adv., **en contre-haut de** prép. En un point plus élevé : *Un jardin avec une terrasse en contre-haut. Le château est en contre-haut de la route* (contr. EN CONTREBAS DE).

contre-indication [kɔ̃trɛ̃dikasjɔ̃] n. f. (pl. *contre-indications*). Cas où il ne faut pas user d'un médicament, d'un traitement, etc. : *Les contre-indications de ces pilules sont indiquées sur la boîte.*

contre-indiqué, e [kɔ̃trɛ̃dike] adj. Qui ne doit pas être employé : *Un séjour à la montagne est contre-indiqué; tu ne supporterais pas l'altitude.*

contre-interrogatoire [kɔ̃trɛ̃tɛrɔgatwar] n. m. (pl. *contre-interrogatoires*). Interrogatoire d'un témoin, d'un accusé par la partie adverse.

contre-jour [kɔ̃trəʒur] n. m. (pl. *contre-jours*). Éclairage d'un objet recevant la lumière du côté opposé à celui par lequel on regarde; tableau ou photographie représentant un objet ainsi éclairé.

contremaître [kɔ̃trəmɛtr] n. m. Personne qui surveille et dirige le travail d'une équipe d'ouvriers ou d'ouvrières.

contre-manifestant, e [kɔ̃trəmanifɛstɑ̃] n. (pl. *contre-manifestants*). Qui participe à une contre-manifestation.

contre-manifestation [kɔ̃trəmanifɛstasjɔ̃] n. f. (pl. *contre-manifestations*). Action de contre-manifester.

contre-manifester [kɔ̃trəmanifɛste] v. i. Faire une manifestation en opposition à une autre.

contremarque [kɔ̃trəmark] n. f. **1.** Carte provisoire à échanger contre un billet ou un ticket remis à un spectateur qui quitte la salle un instant, pour lui permettre de rentrer. — **2.** Seconde marque apposée sur des marchandises, sur des objets.

contre-mesure [kɔ̃trəməzyr] n. f. (pl. *contre-mesures*). Mesure prise pour s'opposer à une première mesure, pour la modifier.

contre-offensive [kɔ̃trɔfɑ̃siv] n. f. (pl. *contre-offensives*). Mouvement d'une troupe qui passe de la défensive à l'offensive.

contrepartie [kɔ̃trəparti] n. f. **1.** Ce qu'on donne en échange d'autre chose : *Obtenir la contrepartie financière de la perte de temps subie.* — **2.** Ce qui constitue un équivalent d'effet opposé : *C'est un métier pénible, mais il a une contrepartie : la longueur des vacances* (syn. COMPENSATION, DÉDOMMAGEMENT). — **3.** Opinion contraire : *La contrepartie de cette thèse a été présentée par l'orateur suivant* (syn. CONTRE-PIED). — **4.** *En contrepartie,* en compensation, en échange : *On vous laisse toute initiative, mais, en contrepartie, vous êtes responsable* (syn. EN REVANCHE, PAR CONTRE).

contre-performance [kɔ̃trəpɛrfɔrmɑ̃s] n. f. (pl. *contre-performances*). Échec subi par qqn dont on attendait la victoire, le succès.

contrepèterie [kɔ̃trəpɛtri] n. f. (de l'anc. fr. *contrepéter,* imiter par dérision). Interversion des syllabes ou des lettres d'un mot ou d'une expression qui produit un effet plaisant. (Ex. *Les épaules de saint Pitre,* au lieu de *Les épîtres de saint Paul.*)

contre-pied [kɔ̃trəpje] n. m. **1.** Ce qui va exactement à l'encontre d'une opinion, de la volonté de qqn : *Sa théorie est le contre-pied de la vôtre* (syn. OPPOSÉ, INVERSE). — **2.** *Prendre le contre-pied (de qqch),* faire exactement l'inverse pour s'opposer : *Par esprit de contradiction, tu as pris le contre-pied de ce que je t'avais demandé de faire.* ‖ *Prendre un adversaire à contre-pied,* le déséquilibrer en envoyant la balle à un endroit opposé à celui où il l'attend (tennis, football, etc.).

contre-plaqué [kɔ̃trəplake] n. m. (pl. *contre-plaqués*). Bois en plaques formées de feuilles collées ensemble, avec les fibres croisées : *Un meuble en contre-plaqué.*

contrepoids [kɔ̃trəpwa] n. m. **1.** Poids qui équilibre totalement ou en partie un autre poids ou une force : *La barrière du passage à niveau comporte un contrepoids. Elle portait une valise de chaque main pour faire contrepoids.* — **2.** Ce qui compense un effet : *La prudence de cette secrétaire sert de contrepoids à la fougue de sa supérieure* (syn. FREIN).

contrepoint [kɔ̃trəpwɛ̃] n. m. (*contre-* et *point,* note). Art de composer de la musique à deux ou plusieurs parties.

contrepoison [kɔ̃trəpwazɔ̃] n. m. Remède qui combat les effets d'un poison (syn. ANTIDOTE).

contre-projet [kɔ̃trəprɔʒɛ] n. m. (pl. *contre-projets*). Projet qu'on oppose à un autre.

contre-proposition [kɔ̃trəprɔpozisjɔ̃] n. f. (pl. *contre-propositions*). Proposition faite en opposition à une autre qu'on n'accepte pas.

contrer [kɔ̃tre] v. t. (de *contre* 1). **1.** Au bridge, parier que l'équipe adverse ne fera pas le nombre de levées annoncé. — **2.** *Contrer qqn,* s'opposer à son action en le neutralisant.

contre-révolution [kɔ̃trərevɔlysjɔ̃] n. f. (pl. *contre-révolutions*). Mouvement politique, social, qui s'oppose à une révolution.

contre-révolutionnaire [kɔ̃trərevolysjɔnɛr] adj. et n. Qui relève de la contre-révolution : *Un discours contre-révolutionnaire.*

contresens [kɔ̃trəsɑ̃s] n. m. **1.** Interprétation erronée d'un mot, d'une phrase : *On risque de faire de nombreux contresens en lisant sans précaution un texte français du XVII*[e] *s.* — **2.** Ce qui est anormal, ce qui va à l'encontre du bon sens, du naturel : *C'est un contresens de faire le devoir avant d'avoir appris la leçon correspondante* (syn. NON-SENS, ABSURDITÉ). *Un vin sucré avec du poisson, c'est un contresens* (syn. ABERRATION). — **3.** *À contresens (de),* dans un sens contraire au sens naturel : *Si vous rabotez cette planche à contresens, vous ferez du mauvais travail* (syn. À L'ENVERS). *Une barque passait sur la rivière à contresens du courant.*

contresigner [kɔ̃trəsiɲe] v. t. Signer après qqn un acte, un texte, en témoignage d'accord.

contretemps [kɔ̃trətɑ̃] n. m. **1.** Événement fâcheux, qui vient soudain contrarier un projet ou le cours normal des choses : *Nous avons été retardés par une panne : sans ce contretemps, nous serions arrivés deux heures plus tôt.* — **2.** *À contretemps,* sans respecter la mesure, le rythme : *Un musicien qui joue un passage à contretemps;* mal à propos : *C'est un maladroit qui fait tout à contretemps.*

contre-terrorisme [kɔ̃trətɛrɔrism] n. m. (pl. *contre-terrorismes*). Ensemble d'actions violentes et répressives répondant à des actions terroristes.

contre-terroriste [kɔ̃trətɛrɔrist] adj. et n. (pl. *contre-terroristes*). Qui fait du contre-terrorisme : *Des attentats contre-terroristes. Il semble que ces explosions soient le fait des contre-terroristes.*

contre-torpilleur [kɔ̃trətɔrpijœr] n. m. (pl. *contre-torpilleurs*). Petit bateau de guerre rapide et puissamment armé, destiné à combattre au canon les torpilleurs.

contrevenant, e [kɔ̃trəvnɑ̃] n. Personne qui enfreint un règlement : *Il est interdit de pêcher ici; les contrevenants s'exposent à des poursuites.*

contrevenir [kɔ̃trəvnir] v. t. ind. (lat. *contravenire*) [c. **22**] *Contrevenir à un règlement, à un ordre,* agir contrairement à ses prescriptions : *L'automobiliste était passible d'une amende pour avoir contrevenu au Code de la route* (syn. ENFREINDRE, VIOLER, TRANSGRESSER).

contrevent [kɔ̃trəvɑ̃] n. m. Volet placé à l'extérieur d'une fenêtre.

contrevérité [kɔ̃trəverite] n. f. Affirmation contraire à la vérité : *Les avocats de la défense ont relevé plusieurs contrevérités dans la déclaration du témoin* (syn. MENSONGE, ERREUR).

contre-visite [kɔ̃trəvizit] n. f. (pl. *contre-visites*). Visite ayant pour but de contrôler les résultats d'une autre visite : *Le malade a dû passer devant une commission médicale pour subir une contre-visite.*

contre-voie [kɔ̃trəvwa] n. f. (pl. *contre-voies*). Voie de chemin de fer parallèle à celle que suit un train.

contribuable [kɔ̃tribɥabl] n. Personne soumise à l'impôt : *Le nouvel impôt ne frappe pas les petits contribuables.*

contribuer [kɔ̃tribɥe] v. t. ind. (lat. *contribuere*) [sujet qqn, qqch] *Contribuer à qqch, à* (+ *inf.*), participer à un résultat par sa présence, par une action, par un apport d'argent : *Le voisinage de la rivière contribue à rendre ce séjour agréable. Les intempéries ont contribué à la hausse du coût des produits agricoles* (= en ont été un facteur important).

contribution [kɔ̃tribysjɔ̃] n. f. (lat. *contributio*). **1.** Part apportée par qqn à une œuvre commune : *La contribution de Diderot à l'« Encyclopédie » fut capitale* (syn. PARTICIPATION). *Si chacun apporte sa contribution, nous aurons bientôt la somme nécessaire* (syn. OBOLE). — **2.** *Mettre qqn à contribution,* recourir à ses services, lui demander d'accomplir une tâche. ◆ ***contributions*** n. f. pl. **1.** Syn. de IMPÔTS : *Aller à la perception pour payer ses contributions. Contributions directes* (= versées directement aux services des Finances). *Contributions indirectes* (= taxes prélevées sur certains produits). — **2.** (avec majusc.) Administration chargée de l'établissement et de la perception des impôts : *Être employé aux Contributions.*

contrit, e [kɔ̃tri] adj. (lat. *contritus,* broyé). *Litt.* Qui se repent d'un acte qu'il a commis : *Il est contrit de sa maladresse* (syn. CONFUS). *Elle a avoué sa faute d'un air contrit* (syn. REPENTANT).

contrition [kɔ̃trisjɔ̃] n. f. Regret d'une faute commise (relig.) : *Le pardon suppose une contrition sincère* (syn. REPENTIR).

contrôlable [kɔ̃trolabl] adj. Qui peut être contrôlé : *Cette affirmation est contrôlable : il suffit de consulter le compte-rendu de la séance.*

contrôle [kɔ̃trol] n. m. (anc. fr. *contrerole,* registre de vérification). **1.** Vérification attentive de la régularité d'un état ou d'un acte, de la validité d'une pièce, de la qualité d'une chose : *Une inspectrice chargée du contrôle des prix* (syn. ↓ SURVEILLANCE). *Le contrôle des opérations électorales est placé sous la responsabilité des préfets. Les policiers ont procédé au contrôle des cartes d'identité. Exercer un contrôle sur la gestion de l'affaire.* — **2.** Bureau chargé de ce genre de vérification : *Les spectateurs munis de billets à prix réduit doivent se présenter au contrôle.* — **3.** Maîtrise de sa propre conduite, faculté de diriger convenablement des véhicules, des appareils, etc. : *La colère lui a fait perdre le contrôle de lui-même. Malgré le verglas, j'ai réussi à garder le contrôle de ma voiture.* — **4.** *Contrôle des naissances,* libre choix d'avoir ou non des enfants, par application des méthodes contraceptives. — **5.** Liste détaillée de personnes dont la présence, les activités, etc., doivent être vérifiées : *Cette personne ne figure plus sur les contrôles de la société.*

contrôler [kɔ̃trole] v. t. **1.** *Contrôler qqn, qqch,* exercer sur eux un contrôle : *Contrôler les présents, la qualité de la marchandise, la fidélité d'une traduction* (syn. VÉRIFIER). *Dans cet état de dépression, elle avait peine à contrôler ses nerfs* (syn. MAÎTRISER). — **2.** Avoir la maîtrise de la situation dans un secteur : *Nos troupes contrôlent cette zone.* ◆ ***se contrôler*** v. pr. Avoir la maîtrise de soi, de sa conduite, de ses sentiments, de ses réactions : *Tu ne te contrôles plus quand tu es en colère* (syn. SE DOMINER).

contrôleur, euse [kɔ̃trolœr] n. Personne (employé, fonctionnaire, etc.) chargée de vérifier l'état d'un appareil, de contrôler les billets, etc.

contrordre [kɔ̃trɔrdr] n. m. Ordre, décision qui annule un ordre ou une décision antérieurs : *Nous arriverons vers midi, sauf contrordre.*

controuvé, e [kɔ̃truve] adj. (du lat. *contropare*). *Litt.* Se dit d'une histoire, d'un détail inventés pour tromper, pour masquer la vérité : *Une biographie qui comporte des anecdotes controuvées* (syn. MENSONGER, INVENTÉ ; contr. AUTHENTIQUE).

controverse [kɔ̃trɔvɛrs] n. f. (lat. *controversia*). Discussion, motivée le plus souvent par des interprétations différentes d'un mot, d'un texte, d'une doctrine : *Le sens de cette phrase a suscité de nombreuses controverses* (syn. CONTESTATION, DÉBAT). *Une célèbre controverse opposa, au XVIIe s., les jansénistes et les jésuites sur le dogme de la grâce.*

controversé, e [kɔ̃trɔverse] adj. Qui est l'objet de discussions : *L'exactitude de ce récit a été longtemps controversée* (syn. CONTESTÉ). *Son explication est ingénieuse, mais controversée* (syn. DISCUTÉ).

1. contumace [kɔ̃tymas] n. f. (lat. *contumacia*, obstination). Refus d'un accusé de comparaître devant un tribunal : *Les complices en fuite ont été condamnés par contumace à dix ans de prison.*

2. contumace [kɔ̃tymas] ou **contumax** [kɔ̃tymaks] adj. et n. Personne en état de contumace.

contusion [kɔ̃tyzjɔ̃] n. f. (lat. *contusio*). Meurtrissure causée par un coup qui ne produit pas de blessure ouverte : *La voiture a capoté, mais tous les occupants s'en sont tirés avec de simples contusions.*

contusionner [kɔ̃tyzjɔne] v. t. Faire une contusion : *Elle s'est relevée contusionnée de sa chute.* (→ CONTONDANT.)

conurbation [kɔnyrbasjɔ̃] n. f. (lat. *cum*, avec, et *urbs*, ville). Agglomération formée par plusieurs villes dont les banlieues se sont rejointes.

convaincant, e [kɔ̃vɛ̃kɑ̃] adj. Qui est propre à convaincre : *L'avocat s'est montré très convaincant* (syn. ↓PERSUASIF). *Une expérience convaincante* (syn. PROBANT).

convaincre [kɔ̃vɛ̃kr] v. t. (lat. *convincere*) [c. **85**] (sujet qqn, qqch) **1.** *Convaincre qqn (de qqch, de* [+ *inf.*]), lui représenter qqch avec une force qui le contraigne à en admettre la vérité ou la nécessité; emporter son adhésion : *Votre raisonnement est ingénieux, mais il ne m'a pas convaincu* (syn. ↓PERSUADER). *Elle cherchait à nous convaincre des avantages de sa méthode. Nous l'avons enfin convaincu de renoncer à son projet.* — **2.** Apporter des preuves de la culpabilité de qqn : *L'accusé a été convaincu de participation au meurtre.*

convaincu, e [kɔ̃vɛ̃ky] adj. Qui adhère fermement à une opinion, à une croyance : *C'est un partisan convaincu de l'unité européenne* (syn. RÉSOLU, DÉTERMINÉ). *Elle parle d'un ton convaincu* (syn. ↓ASSURÉ).

convalescence [kɔ̃valɛsɑ̃s] n. f. Retour progressif à la santé : *Cette grave maladie a été suivie d'une longue convalescence. Il est entré en convalescence.*

convalescent, e [kɔ̃valɛsɑ̃] adj. et n. (du lat. *convalescere*, reprendre des forces). Qui revient à la santé après une maladie : *Il faut la ménager, elle est encore convalescente.*

convenable [kɔ̃vnabl] adj. **1.** *Convenable (pour)*, que ses qualités rendent approprié à un usage, à une action déterminée (parfois sans compl.) : *Un coin de rivière convenable pour la pêche* (syn. PROPICE). *Arrivé à la distance convenable, elle lança un appel.* — **2.** (sans compl.) Qui respecte les bienséances, la morale; conforme à l'usage, au bon sens : *Lui qui est parfois si grossier, il a été très convenable en société* (syn. fam. COMME IL FAUT). *Ne la regardez pas aussi fixement, ce n'est pas convenable* (syn. DÉCENT, BIENSÉANT). *Les changements apportés restent dans des limites convenables* (syn. RAISONNABLE, NORMAL). — **3.** (sans compl.) Qui est d'une qualité suffisante, sans plus : *Un devoir convenable* (syn. ACCEPTABLE, ↓PASSABLE, ↑BON; fam. HONNÊTE). *Un logement convenable.*

convenablement [kɔ̃vnabləmɑ̃] adv. D'une manière convenable : *Tu tâcheras de te tenir convenablement. Un appartement convenablement chauffé. Tu t'exprimes déjà très convenablement en anglais* (syn. CORRECTEMENT, ↓PASSABLEMENT, ↑BIEN; fam. HONNÊTEMENT). *Si le miroir est convenablement placé, il réfléchira la lumière* (syn. CORRECTEMENT, COMME IL FAUT).

convenance [kɔ̃vnɑ̃s] n. f. **1.** Qualité de ce qui convient à qqn ou à qqch (soutenu) : *Un style remarquable par la convenance des termes* (syn. PROPRIÉTÉ). *Il y a entre nous une grande convenance de goûts* (syn. AFFINITÉ). — **2.** (pl.) Bons usages, manière d'agir des gens bien élevés : *Les convenances voudraient que vous laissiez passer cette dame avant vous* (syn. BIENSÉANCE, BONNE ÉDUCATION). — **3.** *À ma (ta, sa, etc.) convenance*, selon ce qui me (te, lui, etc.) convient : *Vous choisirez une heure à votre convenance* (syn. COMMODITÉ, GRÉ, CHOIX). — **4.** *Convenances personnelles*, raisons qu'on n'indique pas (admin.) : *Solliciter un congé pour* (ou *de*) *convenances personnelles.* ‖ *Mariage de convenance*, conclu selon des considérations d'intérêt, de position sociale, etc. (contr. D'AMOUR, D'INCLINATION).

convenir [kɔ̃vnir] v. t. et v. t. ind. (lat. *convenire*) [c. **22**]. **1.** (sujet qqn) *Convenir de* (+ *inf.* ou *n.*), *convenir que* (+ *ind.*), se mettre d'accord sur ce qui doit être fait, adopter d'un commun accord (auxil. *avoir; être* est soutenu) : *Les délégués ont convenu de tenir une nouvelle séance la semaine prochaine* (syn. DÉCIDER). *Ils étaient convenus de s'en tenir aux questions essentielles. Nous avons convenu d'un lieu de rendez-vous. Il est convenu avec la direction que des places vous seront réservées* (= il est entendu). [*Convenir* peut s'employer au pass. : *Une date a été convenue pour cette fête.*] — **2.** *Convenir de qqch, convenir que* (+ *ind.*), reconnaître comme vrai : *Il a bien été obligé de convenir de son erreur. Convenez que la ressemblance est frappante* (syn. ↑AVOUER). [→ CONVENTION.] ◆ v. t. ind. **1.** (sujet qqn, qqch) *Convenir à qqn, qqch*, être conforme aux possibilités, aux goûts de qqn, être approprié à une chose, à une situation : *Un moyen de transport qui convient aux gens pressés. Si la date ne vous convient pas, vous pouvez en proposer une autre* (syn. PLAIRE; soutenu AGRÉER). *Ce magasin vend des articles qui conviennent à toutes les bourses.* — **2.** *Il convient de* (+*inf.*) ou *que* (+ *subj.*), il est requis par la situation, les bienséances, il est souhaitable : *Il convient d'être très prudent pour éviter de graves inconvénients* (syn. IL Y A LIEU). *Il convient que chacun fasse un effort* (syn. ↑IL FAUT).

convention [kɔ̃vɑ̃sjɔ̃] n. f. (lat. *conventio*). **1.** Règle, accord permanent, convenus à l'intérieur d'un groupe, entre des personnes : *Une langue est un système de conventions permettant l'échange des idées et des sentiments. Les conventions du code de la politesse. L'action de la pièce est située dans un Orient de convention* (= de fantaisie, factice). — **2.** Accord officiel passé entre des États, des sociétés, des individus, en vue de produire un effet juridique, social, politique : *Une convention a été signée entre les représentants du patronat et ceux des syndicats* (syn. ACCORD, ARRANGEMENT).

conventionné, e [kɔ̃vɑ̃sjɔne] adj. Lié par une convention à un organisme public : *Clinique conventionnée. Établissement scolaire conventionné.*

conventionnel, elle [kɔ̃vɑ̃sjɔnɛl] adj. **1.** Qui relève d'une convention : *Les corrections à faire sont indiquées par des signes conventionnels* (syn. ↑ ARBITRAIRE). *La lettre se termine par une formule conventionnelle de politesse* (syn. BANAL). — **2.** *Armes conventionnelles,* connues et utilisées depuis longtemps, par oppos. aux *armes nucléaires* (syn. CLASSIQUE).

conventionnellement [kɔ̃vɑ̃sjɔnɛlmɑ̃] adv. Par convention : *On indique conventionnellement la date en haut et à droite de la lettre.*

conventuel, elle [kɔ̃vɑ̃tɥɛl] adj. (du lat. *conventus,* couvent). Qui concerne un couvent : *Règle conventuelle. Vie conventuelle.*

convergence [kɔ̃vɛrʒɑ̃s] n. f. Fait de converger : *Les points de convergence des lignes d'une perspective. La convergence des intérêts* (contr. DIVERGENCE).

convergent, e [kɔ̃vɛrʒɑ̃] adj. Se dit de choses qui convergent : *Ce point est signalé sur le dessin par des flèches convergentes. Des efforts convergents* (= qui tendent au même but). *Une lentille convergente est celle qui fait converger des rayons lumineux en un même point* (contr. DIVERGENT).

converger [kɔ̃vɛrʒe] v. i. (lat. *cum.,* avec, et *vergere,* incliner vers) [c. 2] (sujet qqch) Aboutir à un même point : *Une ville où convergent six grandes routes. Nos intérêts convergent* (contr. DIVERGER).

conversation [kɔ̃vɛrsasjɔ̃] n. f. Communication orale d'idées : *Ils ont eu une conversation animée* (syn. BAVARDAGE, ENTRETIEN, ÉCHANGE DE VUES). *La conversation commençait à languir. Il n'a guère de conversation* (= il n'est pas habile à parler en société).

converser [kɔ̃vɛrse] v. i. (lat. *conversari,* vivre avec). *Converser avec qqn,* échanger avec lui des propos sur un ton familier (soutenu) : *Nous avons agréablement conversé au salon* (syn. BAVARDER, CAUSER, S'ENTRETENIR, PARLER ; fam. DISCUTER ; soutenu DEVISER).

conversion [kɔ̃vɛrsjɔ̃] n. f. (lat. *conversio*). **1.** Action de convertir, de se convertir : *La conversion au catholicisme. Sa conversion aux nouvelles théories scientifiques a été très remarquée.* — **2.** Mouvement par lequel le skieur, à l'arrêt, effectue un demi-tour sur place. — **3.** Action de transformer un résultat en un autre : *Les élèves doivent opérer des conversions de nombres complexes en nombres décimaux.*

converti, e [kɔ̃vɛrti] adj. et n. **1.** Qui a été amené à une croyance : *Baptiser un converti.* — **2.** *Prêcher un converti,* vouloir convaincre qqn qui est déjà convaincu.

convertibilité [kɔ̃vɛrtibilite] n. f. Propriété de ce qui est convertible : *La convertibilité des monnaies.*

convertible [kɔ̃vɛrtibl] adj. Qui peut être converti : *Une monnaie convertible en dollars.*

convertir [kɔ̃vɛrtir] v. t. (lat. *convertere*). **1.** *Convertir qqn à une idée, une doctrine, etc.,* le faire changer d'opinion, de croyance, l'amener à ses vues : *Les missionnaires ont converti au christianisme les habitants de ces régions. On a vainement essayé de le convertir à la musique moderne.* — **2.** *Convertir qqch (en),* le transformer entièrement, en faire qqch d'autre, l'adapter à de nouvelles fonctions : *Les champs cultivés ont été convertis en prairies.* — **3.** *Convertir des nombres, des unités,* etc., exprimer les mêmes valeurs avec des systèmes différents de nombres d'unités : *Convertir une fraction en nombre décimal, des degrés en grades, des francs en dollars.* — **4.** *Convertir des biens,* en réaliser la valeur en argent pour les transformer en une autre catégorie de biens : *Convertir ses titres de rente en terrains à bâtir.* ◆ ***se convertir*** v. pr. *Se convertir (à qqch),* changer de croyance, abandonner les idées qu'on professait pour adhérer à d'autres : *Elle s'est convertie au socialisme. Depuis qu'il s'est converti, il fréquente de nombreux prêtres.*

convexe [kɔ̃vɛks] adj. (lat. *convexus,* arrondi). Se dit d'une surface courbe extérieurement ou d'un corps qui présente une telle surface : *Un bouton convexe* (syn. BOMBÉ). *Un miroir convexe donne une image réduite* (contr. CONCAVE).

convexité [kɔ̃vɛksite] n. f. Propriété convexe d'une surface : *Une trop forte convexité de la route déporte les véhicules vers les bas-côtés.*

conviction [kɔ̃viksjɔ̃] n. f. (du lat. *convictus,* convaincu). **1.** Sentiment de qqn qui croit fermement en ce qu'il dit ou pense : *Ma conviction se fonde sur des témoignages irrécusables* (syn. CERTITUDE). *J'ai la conviction qu'il est encore temps d'agir.* — **2.** Conscience que qqn a de l'importance, du sérieux de ses actes : *Se donner à sa tâche sans conviction.* — **3.** *Pièces à conviction,* ensemble des preuves matérielles de la culpabilité d'un accusé. ◆ ***convictions*** n. f. pl. Croyances religieuses, philosophiques, etc. : *Je ne partage pas ses convictions.*

convier [kɔ̃vje] v. t. (lat. *cum,* avec, et *invitare,* inviter). **1.** *Convier qqn à* (+ *inf.*), le pousser avec insistance à accomplir telle ou telle action : *On les a conviées à donner leur avis.* — **2.** *Convier qqn,* l'inviter avec une prévenance toute particulière (soutenu) : *Vous êtes tous conviés à cette réunion amicale.*

convive [kɔ̃viv] n. (lat. *conviva*). Personne qui prend part à un repas : *Une assemblée de joyeux convives.*

convivial, e, aux [kɔ̃vivjal] adj. Qui traduit des échanges amicaux, chaleureux entre les membres d'un groupe : *Une atmosphère conviviale.*

convivialité [kɔ̃vivjalite] n. f. Caractère convivial ; ensemble des rapports favorables entre les membres d'un groupe : *Cette cité manque de convivialité.*

convocation [kɔ̃vɔkasjɔ̃] n. f. (lat. *convocatio*). **1.** Action de convoquer : *Le bureau a décidé la convocation de tous les adhérents en assemblée plénière. Elle s'interrogeait sur l'objet de cette convocation au commissariat de police.* — **2.** Avis écrit invitant à se présenter : *Les candidats recevront une convocation une dizaine de jours avant l'examen.*

convoi [kɔ̃vwa] n. m. (de *convoyer*). **1.** Suite de véhicules transportant des personnes ou des choses vers une destination : *Un convoi de matériel est passé sur cette route.* — **2.** Suite de voitures de chemin de fer entraînées par une seule machine (admin. ; syn. usuel TRAIN). — **3.** Cortège accompagnant le corps d'un défunt lors d'un enterrement : *Le convoi se rend au cimetière.* — **4.** Formation de navires naviguant sous la protection d'une escorte.

convoiter [kɔ̃vwate] v. t. (anc. fr. *coveitier ;* du lat. *cupiditas,* désir). *Convoiter un bien,* le désirer vivement : *Il a vu cet héritage, qu'il convoitait tant, lui échapper* (syn. fam. GUIGNER). *J'ai enfin obtenu ce poste si convoité* (syn. BRIGUER, RECHERCHER).

convoitise [kɔ̃vwatiz] n. f. Désir avide de posséder : *Les vitrines de jouets excitent la convoitise des enfants* (syn. ↓ DÉSIR). *Sa convoitise l'a fait agir malhonnêtement* (syn. AVIDITÉ, CUPIDITÉ).

convoler [kɔ̃vɔle] v. i. (lat. *convolare,* voler avec). Se marier (ironiq.) : *Ils ont convolé en justes noces.*

convoquer [kɔ̃vɔke] v. t. (lat. *convocare*). **1.** *Convoquer une assemblée, les membres d'une commission,* etc., les inviter à tenir une réunion : *Le président a convoqué le Parlement.* — **2.** *Convoquer qqn,* lui donner l'ordre de se présenter, le prier fermement de venir : *La* *directrice a convoqué dans son bureau ces employés indélicats.*

convoyer [kɔ̃vwaje] v. t. (lat. *cum,* avec, et *viare,* faite route) [c. 3] Accompagner en groupe pour protéger : *Une vingtaine de navires convoyaient les pétroliers* (syn. ESCORTER).

convoyeur, euse [kɔ̃vwajœr] adj. et n. Qui convoie : *Les bateaux convoyeurs* (syn. ESCORTEUR). *Des gangsters ont attaqué les convoyeurs de la voiture postale.*

convulser [kɔ̃vylse] v. t. (lat. *convellere,* arracher) [sujet qqch] *Convulser qqn, son visage,* provoquer une crispation tordant ses membres, contracter violemment ses traits (surtout pass.) : *La crise d'épilepsie lui convulsait tout le corps. Le visage convulsé par la peur.*

convulsif, ive [kɔ̃vylsif] adj. Qui a le caractère violent et involontaire des convulsions : *Un mouvement convulsif.*

convulsion [kɔ̃vylsjɔ̃] n. f. (lat. *convulsio*) [surtout pl.] **1.** Contraction musculaire violente et involontaire : *Un bébé pris de convulsions.* — **2.** Soubresaut : *Les convulsions d'une révolution.*

convulsivement [kɔ̃vylsivmɑ̃] adv. De façon convulsive : *Le malade s'agitait convulsivement dans son lit.*

coolie [kuli] n. m. (du n. d'une caste de l'Inde, réduite à une condition inférieure). Travailleur asiatique.

coopérant [kɔɔperɑ̃] n. m. Jeune volontaire qui effectue un service civil dans certains pays étrangers pendant la durée de ses obligations militaires.

coopérateur, trice [kɔɔperatœr] adj. et n. Membre d'une coopérative.

coopératif, ive [kɔɔperatif] adj. Qui participe volontiers à une action commune : *Un enfant très coopératif.*

coopération [kɔɔperasjɔ̃] n. f. **1.** Action de coopérer : *Ce projet est le fruit de la coopération de plusieurs bureaux d'études* (syn. COLLABORATION). — **2.** Forme d'aide à certains pays en voie de développement.

coopérative [kɔɔperativ] n. f. Groupement d'acheteurs, de commerçants ou de producteurs visant à réduire les prix de revient; locaux où sont établis les bureaux de cette organisation.

coopérer [kɔɔpere] v. t. ind. (lat. *cooperari*) [c. **10**] (sujet qqn ou, plus rarement, qqch) *Coopérer à qqch,* participer à une œuvre commune : *De nombreux spécialistes ont coopéré à la rédaction du dictionnaire* (syn. COLLABORER, CONTRIBUER).

cooptation [kɔɔptasjɔ̃] n. f. (lat. *cooptatio*). Recrutement consistant pour une assemblée à désigner elle-même ses nouveaux membres.

coopter [kɔɔpte] v. t. Procéder à une cooptation.

coordinateur, trice [kɔɔrdinatœr] adj. et n. Qui coordonne : *Service coordinateur du planning.*

coordination [kɔɔrdinasjɔ̃] n. f. (lat. *cum,* avec, et *ordinatio,* mise en ordre). Action de coordonner : *La coordination des recherches, des programmes scolaires* (syn. HARMONISATION). *La coordination de ces propositions est réalisée par la conjonction «mais».*

coordonnées [kɔɔrdɔne] n. f. pl. **1.** Éléments servant à déterminer la position d'un point dans un plan ou dans l'espace selon un système de référence (math.). — **2.** Indications permettant de situer qqn (adresse, etc.) : *Laissez-moi vos coordonnées.*

coordonner [kɔɔrdɔne] v. t. **1.** *Coordonner des choses (abstrait), des actions,* disposer des éléments divers en vue d'obtenir un ensemble cohérent, un résultat déterminé : *Un comité d'entraide a été créé pour coordonner les initiatives privées. Tu n'arrives pas à nager parce que tu coordonnes mal tes mouvements* (syn. COMBINER, HARMONISER). — **2.** Relier des termes grammaticaux par une conjonction de coordination : *La conjonction «et» peut coordonner des noms, des pronoms, des adjectifs, des adverbes, des propositions.*

copain [kɔpɛ̃] n. m., **copine** n. f. (anc. fr. *compain,* qui partage le même pain). *Fam.* Camarade de classe, de travail, de loisirs, qui est souvent de la même génération : *Une employée qui bavarde avec ses copines. Je pars en vacances avec un copain* (syn. AMI). *Il réserve les bonnes places aux petits copains* (= à ses intimes, ses complices). ◆ adj. Fam. *Être copain avec,* être en bons termes avec : *Être très copain avec le concierge.*

copeau [kɔpo] n. m. (lat. *cuspis,* fer d'une lance). Lamelle très fine de bois, enlevée avec un instrument tranchant, en partic. un rabot.

copiage [kɔpjaʒ] n. m. Action d'un élève, d'un candidat qui copie, qui fraude en transcrivant.

copie [kɔpi] n. f. (lat. *copia,* abondance). **1.** Reproduction d'un texte écrit ou d'une œuvre d'art : *J'ai gardé une copie de la lettre que je lui ai adressée* (syn. DOUBLE, DUPLICATA; contr. ORIGINAL). *Ce tableau n'est pas l'œuvre authentique de Rembrandt, c'est une copie très habile* (syn. IMITATION, FAUX). — **2.** Feuille de papier servant à qqn (élève, étudiant) pour rédiger un travail : *Acheter à la papeterie un paquet de copies doubles, de copies perforées.* — **3.** Devoir d'élève : *Le professeur a corrigé les copies. Plusieurs candidats ont remis une copie blanche* (= n'ont rien écrit sur le sujet proposé).

copier [kɔpje] v. t. (de *copie*). **1.** *Copier un écrit, une œuvre d'art,* les reproduire avec exactitude, trait pour trait : *J'ai passé de longues heures dans les bibliothèques à copier des documents* (syn. RECOPIER, TRANSCRIRE). *Ce prétendu tableau de maître n'est qu'une reproduction copiée par un habile faussaire.* — **2.** *Copier (un texte),* le transcrire frauduleusement au lieu de rédiger personnellement un devoir, une composition : *Un candidat qui copie sur son voisin. Elle a copié son devoir sur un manuel.* — **3.** *Copier qqn, qqch,* l'imiter servilement, sans originalité : *Il s'efforce de copier les aristocrates qu'il fréquente. Un artiste qui copie fidèlement son modèle.* — **4.** Fam. *Vous me la copierez!,* voilà une chose peu banale, qui mérite qu'on s'en souvienne!

copieur, euse [kɔpjœr] adj. et n. Qui copie, transcrit frauduleusement.

copieusement [kɔpjøzmɑ̃] adv. De façon copieuse : *Nous avons dîné copieusement* (syn. ABONDAMMENT). *Il s'est fait copieusement réprimander.*

copieux, euse [kɔpjø] adj. (lat. *copiosus*) [avant ou, plus souvent, après le n.] Qui est en grande quantité, qui offre une riche matière : *Servir un repas copieux* (syn. ABONDANT, ↑PLANTUREUX). *De copieuses rasades* (syn. LARGE). *Un texte accompagné de notes copieuses* (syn. NOMBREUX).

copilote [kopilɔt] n. m. Pilote auxiliaire.

copinage [kɔpinaʒ] n. m. ou **copinerie** [kɔpinri] n. f. **1.** Relation de copains. — **2.** *Péjor.* Favoritisme fondé sur l'échange de services.

copine [kɔpin] n. f. → COPAIN.

copiner [kɔpine] v. i. *Fam.* Être copain (souvent péjor.) : *Je n'aime pas beaucoup la voir copiner avec ce garçon-là.*

copiste [kɔpist] n. Personne qui, avant la découverte de l'imprimerie, reproduisait des manuscrits.

coprah ou **copra** [kɔpra] n. m. (mot portug.). Amande de coco débarrassée de sa coque et dont on extrait de l'huile.

coproduction [koprɔdyksjɔ̃] n. f. Production d'un

film en commun; film ainsi produit : *Une coproduction franco-italienne.*

copropriétaire [kɔprɔprijetɛr] n. Personne en copropriété.

copropriété [kɔprɔprijete] n. f. Propriété commune avec d'autres personnes : *Immeuble en copropriété.*

copule [kɔpyl] n. f. (lat. *copula,* ce qui sert à attacher). Nom donné en grammaire au verbe *être.*

copyright [kɔpirajt] n. m. (mot angl. signif. *droit de copie*). Droit de reproduction et de vente des œuvres littéraires et artistiques.

coq [kɔk] n. m. (onomat.). **1.** Oiseau de basse-cour, mâle de la poule domestique : *Les coqs lancent leur cri au lever du jour. Le cri du coq est désigné par l'onomatopée «cocorico».* — **2.** Nom du mâle de plusieurs autres espèces : *Un coq faisan.* — **3.** *Coq de bruyère,* oiseau vivant en montagne, long de 85 cm (syn. TÉTRAS). — **4.** *Poids coq,* catégorie de boxeurs dont le poids est très léger (inférieur au poids plume). — **5.** Fam. *Être comme un coq en pâte,* être choyé, confortablement installé.

coq-à-l'âne [kɔkalan] n. m. inv. Passage brusque, dans la conversation, d'une idée à une autre qui est sans rapport avec la première.

coque [kɔk] n. f. (lat. *coccum,* excroissance d'une plante).
— **I.** Revêtement plus ou moins arrondi d'un navire, d'une voiture : *La coque du paquebot a été endommagée dans la collision.*
— **II. 1.** *Œuf à la coque,* cuit dans sa coquille. — **2.** Mollusque comestible, enfoui dans le sable des plages.

coquelet [kɔklɛ] n. m. Jeune coq.

coquelicot [kɔkliko] n. m. (onomat.). **1.** Plante à fleur d'un rouge vif, de l'espèce du pavot, qu'on voit fréquemment dans les champs de céréales. — **2.** *Rouge comme un coquelicot,* dont le visage rougit sous l'effet d'une émotion, de la honte, etc.

coqueluche [kɔklyʃ] n. f. (orig. incert.). **1.** Maladie contagieuse atteignant surtout les enfants, et caractérisée notamment par des quintes de toux. — **2.** *Fam.* Personne qui est l'objet d'un engouement passager du public : *Une actrice qui est la coqueluche des jeunes spectateurs.*

coquelucheux, euse [kɔklyʃø] adj. et n. Relatif à la coqueluche : *Une toux coquelucheuse.*

coquet, ette [kɔkɛ] adj. (de *coq*). **1.** (après le n.) Qui cherche à plaire par sa toilette, par le soin de sa personne, qui a le goût de l'élégance : *Tu pourrais être un peu plus coquette quand tu sors : tu n'es ni maquillée, ni bien coiffée!* — **2.** (avant ou après le n.) Qui plaît par son élégance, sa grâce : *Un mobilier coquet. Une coquette villa* (syn. ÉLÉGANT, GRACIEUX). — **3.** Fam. *Une somme coquette,* importante (syn. fam. RONDELETTE). ◆ ***coquette*** n. f. *Litt.* Au théâtre, rôle de jeune femme séduisante, qui cherche à plaire aux hommes : *La Célimène du «Misanthrope» de Molière est un type de coquette.*

coquetier [kɔktje] n. m. (de *coque*). **1.** Petit godet destiné à recevoir et à maintenir droit un œuf qu'on mange à la coque. — **2.** Marchand d'œufs et de volailles. — **3.** Fam. *Gagner le coquetier,* réussir un coup heureux : *Il a gagné le coquetier : c'est lui qui est l'heureux élu* (syn. fam. DÉCROCHER LA TIMBALE).

coquettement [kɔkɛtmɑ̃] adv. Avec coquetterie : *Elle est coquettement vêtue. Un intérieur coquettement aménagé.*

coquetterie [kɔkɛtri] n. f. **1.** Qualité d'une personne coquette : *La coquetterie de la toilette.* — **2.** Désir de plaire par un caractère original : *Elle met une note de coquetterie à laisser deviner sa pensée par le lecteur.*

coquillage [kɔkijaʒ] n. m. **1.** Coquille d'un mollusque considérée le plus souvent sous son aspect de curiosité, d'ornement : *Un enfant qui ramasse des coquillages sur la plage.* — **2.** Mollusque qui vit dans cette coquille : *Manger des coquillages.*

coquille [kɔkij] n. f. (bas lat. *conchilia*). **1.** Enveloppe dure d'un œuf, d'un mollusque, d'une noix, etc. — **2.** *Coquille de beurre,* petite quantité de beurre roulée. ‖ *Coquille de noix,* embarcation fragile. ‖ *Coquille Saint-Jacques,* variété comestible de coquillage. ‖ *Rentrer dans sa coquille,* fuir la société, une conversation. ‖ *Sortir de sa coquille,* sortir de son isolement. — **3.** Faute matérielle dans une composition typographique.

coquillettes [kɔkijɛt] n. f. pl. Pâtes alimentaires courtes et coudées.

coquin, e [kɔkɛ̃] adj. et n. (de *coq*). **1.** Se dit ordinairement, avec une nuance de sympathie, d'un enfant espiègle, malicieux : *Petite coquine, tu étais cachée derrière la porte!* — **2.** Se dit de qqn d'une moralité douteuse : *Ton voisin a l'air d'un drôle de coquin!* — **3.** *Fam.* Se dit de qqch de plus ou moins licencieux : *Une histoire coquine. Une allusion coquine* (syn. LESTE, ÉGRILLARD).

coquinerie [kɔkinri] n. f. *Litt.* Action de coquin : *Tu m'as encore fait une coquinerie!* (= joué un tour).

1. cor [kɔr] n. m. (lat. *cornu,* corne). **1.** Instrument de musique à vent, en cuivre, fait d'un tube enroulé sur lui-même. — **2.** *À cor et à cri,* avec une grande insistance. — **3.** Chaque pousse des bois d'un cerf : *Cerf dix cors.*

2. cor [kɔr] n. m. *Cor (au pied),* durillon qui se forme sur un doigt de pied.

corail [kɔraj] n. m. (lat. *corralium*). [pl. *coraux*]. Substance dure, rose ou rouge, provenant de minuscules animaux vivant dans les mers chaudes : *Les coraux forment des récifs.*

corallien, enne [kɔraljɛ̃] adj. Formé de coraux : *Récif corallien.*

coranique [kɔranik] adj. Relatif au Coran, livre sacré des musulmans.

corbeau [korbo] n. m. (lat. *corvus*). Grand oiseau noir, qui vit souvent en bandes : *Le corbeau croasse.*

corbeille [kɔrbɛj] n. f. (lat. *corbis,* panier). **1.** Panier en général sans anse : *Une corbeille de fruits. Une corbeille à ouvrage* (= où se trouvent le fil, les aiguilles, etc.). *Elle chiffonna son brouillon et le jeta dans la corbeille à papiers.* — **2.** Dans une salle de spectacle, places situées au balcon ou à l'avant des fauteuils d'orchestre.

corbillard [kɔrbijar] n. m. (du n. de la ville de *Corbeil;* coche d'eau faisant le service entre Paris et Corbeil). Voiture ou fourgon automobile servant à transporter les morts.

cordage [kɔrdaʒ] n. m. **1.** Action de corder : *Un nouveau cordage de raquette.* — **2.** Corde ou câble faisant partie du gréement d'un bateau.

corde [kɔrd] n. f. (gr. *khordê,* boyau). **1.** Lien assez gros, fait de fils tordus ensemble ou tressés : *La barque est attachée à la bouée par une corde. L'alpiniste se laissait glisser le long de sa corde. Grimper à la corde. Une corde à linge.* — **2.** *Corde à sauter,* corde munie de poignées et servant à l'entraînement des sportifs ou comme jeu d'enfant. ‖ *Corde lisse, à nœuds,* grosse corde suspendue à un portique à laquelle on monte à la force des bras. ‖ *Mériter la corde,* mériter d'être condamné à mort. ‖ Fam. *Se mettre la corde au cou,* se mettre dans une situation de dépendance totale, et, *ironiq.,* se marier. ‖ *Sur la corde raide,* dans une situation critique où il est nécessaire de faire des prodiges d'adresse pour se maintenir. ‖ Fam. *Trop tirer sur la corde,* pousser trop loin les choses, ou pousser qqn à bout. ‖ *Usé jusqu'à la corde,* se dit d'un tissu si usé qu'il laisse voir les fils de la trame ; se dit de ce qui perd tout intérêt, toute efficacité à force d'être ressassé : *Une plaisanterie usée jusqu'à la corde* (syn. REBATTU, ÉCULÉ). — **3.** Fil de boyau, d'acier, de Nylon, etc., qu'on fait vibrer dans certains instruments de musique, ou qui tend un arc, garnit une raquette : *Le violon a quatre cordes. J'ai cassé la corde de sa raquette.* — **4.** *Avoir plus d'une corde à son arc, plusieurs cordes à son arc,* avoir plusieurs moyens de se tirer d'affaire, avoir des ressources variées. ‖ *C'est, ce n'est pas dans mes cordes,* c'est, ce n'est pas de ma compétence. ‖ *Toucher, faire vibrer, jouer la corde sensible (de qqn),* lui parler de ce qui lui tient le plus à cœur, chercher à l'émouvoir. — **5.** *Cordes vocales,* muscles et ligaments du larynx, dont les vibrations sont à l'origine de la voix. — **6.** Segment de droite joignant deux points d'un cercle, ou d'une courbe quelconque (math.). — **7.** Bord intérieur d'une piste d'athlétisme, d'un circuit automobile, d'un vélodrome ou d'un hippodrome (sports). — **8.** (sujet qqn, une voiture) *Prendre un virage à la corde,* le prendre en suivant la ligne intérieure de la courbe, c'est-à-dire selon le trajet le plus court. ‖ (sujet qqn) *Tenir la corde,* se trouver le plus près de la limite intérieure de la piste. ◆ ***cordes*** n. f. pl. Limites d'un ring, constituées par des cordes tendues : *Le boxeur est allé dans les cordes.*

cordeau [kɔrdo] n. m. **1.** Petite corde ou ficelle qu'on tend pour tracer un alignement. — **2.** *Fait, tiré, tracé au cordeau,* d'une régularité parfaite, voire excessive.

cordée [kɔrde] n. f. Groupe d'alpinistes reliés entre eux au moyen d'une corde, par mesure de sécurité.

cordelette [kɔrdəlɛt] n. f. Corde courte et mince.

cordelière [kɔrdəljɛr] n. f. Torsade ou tresse servant de ceinture, de garniture.

corder [kɔrde] v. t. *Corder une raquette,* la garnir de cordes.

1. cordial, e, aux [kɔrdjal] adj. (du lat. *cor, cordis,* cœur) [avant ou après le n.] Qui exprime avec simplicité une sympathie sincère : *Une cordiale poignée de main. Un accueil cordial. Vous lui ferez part de mon plus cordial souvenir* (syn. SYMPATHIQUE, ↑ AMICAL).

2. cordial [kɔrdjal] n. m. (pl. *cordiaux*). Boisson qui redonne des forces (syn. REMONTANT).

cordialement [kɔrdjalmɑ̃] adv. Avec cordialité : *Je vous invite cordialement à m'accompagner* (syn. ↑ AMICALEMENT).

cordialité [kɔrdjalite] n. f. Bienveillance amicale : *Ses propos témoignaient d'une grande cordialité* (syn. SYMPATHIE).

cordier [kɔrdje] n. m. Fabricant de cordes.

cordillère [kɔrdijɛr] n. f. (esp. *cordillera*). Chaîne de montagnes.

cordon [kɔrdɔ̃] n. m. (de *corde*). **1.** Petite corde ou tresse servant à attacher, à suspendre, à tirer, etc. : *Nouer les cordons d'un tablier. Tirer le cordon de la sonnette.* — **2.** Large ruban porté en écharpe par les dignitaires de certains ordres : *Le président de la République porte le grand cordon de la Légion d'honneur.* — **3.** Ligne formée par une suite de personnes ou de choses : *Un cordon de police protégeait l'ambassade.* — **4.** *Cordon ombilical* → OMBILICAL. ‖ *Cordon sanitaire,* ensemble des postes de surveillance établis aux frontières d'un pays ou autour d'une région où sévit une épidémie, pour l'isoler des territoires voisins.

cordon-bleu [kɔrdɔ̃blø] n. m. (pl. *cordons-bleus*). Excellente cuisinière ou très bon cuisinier.

cordonnerie [kɔrdɔnri] n. f. Métier, boutique du cordonnier.

cordonnet [kɔrdɔnɛ] n. m. Mince cordon employé en broderie.

cordonnier, ère [kɔrdɔnje] n. (anc. fr. *cordoan,* cuir de Cordoue). **1.** Personne qui répare des chaussures. — **2.** *Les cordonniers sont les plus mal chaussés,* ce qu'on fait avec soin pour les autres, on le néglige pour soi-même.

coréen, enne [kɔreɛ̃] adj. et n. De Corée. ◆ ***coréen*** n. m. Langue parlée en Corée.

coreligionnaire [kɔrəliʒjɔnɛr] n. Personne qui est de la même religion.

coriace [kɔrjas] adj. (de l'anc. fr. *coroie,* courroie). **1.** *Viande coriace,* ferme, dure comme du cuir. — **2.** *Fam.* Dont on peut difficilement vaincre la résistance, l'obstination : *Une adversaire coriace* (syn. ↓ TENACE).

corinthien, enne [kɔrɛ̃tjɛ̃] adj. *Ordre corinthien, colonne corinthienne,* style d'architecture grec, caractérisé par des sculptures en forme de feuilles larges, élégamment découpées et recourbées.

cormoran [kɔrmɔrɑ̃] n. m. (anc. fr. *corp,* corbeau, et *marenc,* marin). Oiseau palmipède au plumage sombre, vivant près des côtes : *Le cormoran se nourrit de poissons qu'il capture en plongeant.*

cornac [kɔrnak] n. m. (portug. *cornaca*). En Inde, celui qui mène un éléphant, en étant assis sur son cou.

corne [kɔrn] n. f. (lat. *cornu*). **1.** Excroissance dure et pointue qui pousse, par paire, sur le front de certains ruminants : *Le bœuf, le chamois, la gazelle portent des cornes.* — **2.** Excroissance qui surmonte le nez du rhinocéros. — **3.** Excroissance charnue sur la tête des escargots, des limaces, de certains insectes, de la vipère céraste : *L'escargot rentre ses cornes.* — **4.** Substance dure, produite par l'épiderme, qui constitue, entre autres, les cornes des ruminants et qu'on emploie dans l'industrie : *Un peigne en corne.* — **5.** Callosité de la peau : *À force de marcher pieds nus, tu as de la corne sous la plante des pieds.* — **6.** *Faire les cornes à qqn,* pointer vers lui l'index de chaque main, ou l'index et le médius écartés, en un geste de moquerie. ‖ *Faire une, des cornes à un livre,* replier le coin de la page vers l'intérieur par manque de soin ou pour marquer la page. — **7.** Instrument d'appel fait, à l'origine, d'une corne d'animal : *On entendait les appels de corne des chasseurs* (syn. TROMPE). *Dans le brouillard, le navire signale sa présence en actionnant sa corne de brume.*

corné, e [kɔrne] adj. Qui est de la nature de la corne, excroissance : *Le corps du tatou est couvert de plaques cornées.*

cornée [kɔrne] n. f. (lat. *cornea* [*tunica*], [tunique] cornée). Partie antérieure du globe oculaire, en forme de calotte.

corneille [kɔrnɛj] n. f. (lat. *cornicula*). Oiseau noir, très proche du corbeau.

cornélien, enne [kɔrneljɛ̃] adj. (de *Cornelius,* trad. lat. du n. de *Corneille*). **1.** Se dit de l'œuvre de Corneille ; représentatif de cette œuvre : *Le théâtre cornélien. Un vers cornélien.* — **2.** Se dit d'une situation qui appelle une décision héroïque : *Elle doit choisir entre sa carrière et sa vie familiale : c'est cornélien.*

cornemuse [kɔrnəmyz] n. f. (de *cornemuser,* jouer de la musette). Instrument de musique à vent formé d'une poche de cuir servant de soufflerie, sur laquelle sont fixés des tuyaux.

1. corner [kɔrne] v. i. (de *corne*). Faire entendre un bruit d'avertisseur : *La sirène d'un bateau corne dans la brume. Corner à l'approche d'un croisement* (syn. KLAXONNER). ◆ v. t. **1.** *Corner une nouvelle, ses intentions,* etc., les répandre à grand bruit, les annoncer de tous côtés. — **2.** *Corner les pages d'un livre,* faire des plis à l'angle des pages.

2. corner [kɔrnɛr] n. m. (mot angl. signif. *coin*). **1.** Au football, faute d'un joueur qui envoie le ballon derrière la ligne des buts de son équipe. — **2.** Remise en jeu du ballon au pied et dans un angle du terrain, par l'équipe adverse, à la suite de cette faute : *Tirer un corner.*

cornet [kɔrnɛ] n. m. **1.** Cône de papier contenant des bonbons, des dragées, des frites, etc. — **2.** Cône de pâtisserie dans lequel on présente une crème glacée. — **3.** *Cornet à pistons,* instrument de musique à vent, en cuivre, très employé dans les fanfares.

cornette [kɔrnɛt] n. f. Coiffure de tissu portée par certaines religieuses.

corniaud [kɔrnjo] n. m. **1.** Chien bâtard. — **2.** *Pop.* Individu sot, stupide.

corniche [kɔrniʃ] n. f. (it. *cornice*). **1.** Moulure en surplomb en haut d'un édifice, d'une armoire, etc. — **2.** Route taillée au flanc d'une paroi abrupte, ou dominant de haut un vaste paysage et particulièrement la mer.

cornichon [kɔrniʃɔ̃] n. m. (de *corne*). **1.** Petit concombre qu'on fait macérer dans du vinaigre pour servir de condiment. — **2.** *Fam.* Niais, imbécile.

corniste [kɔrnist] n. Joueur de cor dans un orchestre.

cornu, e [kɔrny] adj. Qui a une, des cornes : *La vipère cornue. Des diables cornus.*

cornue [kɔrny] n. f. Vase à col étroit et recourbé pour la distillation.

corollaire [kɔrɔlɛr] n. m. (lat. *corrollarium,* petite couronne). **1.** Conséquence qui se déduit immédiatement d'un théorème déjà démontré (math.). — **2.** Ce qui est entraîné comme conséquence nécessaire : *Son remplacement n'est que le corollaire de sa nomination à d'autres fonctions.*

corolle [kɔrɔl] n. f. (lat. *corolla,* de *corona,* couronne). Ensemble des pétales d'une fleur.

coron [kɔrɔ̃] n. m. (anc. fr. *cor[n],* angle). Groupe d'habitations ouvrières en pays minier.

coronaire [kɔrɔnɛr] adj. (du lat. *corona,* couronne). *Artères coronaires,* les deux artères qui apportent au cœur le sang nécessaire à son fonctionnement.

coronarite [kɔrɔnarit] n. f. Inflammation des artères coronaires (méd.).

corporatif, ive [kɔrpɔratif] adj. Propre à une corporation : *Revendications corporatives.*

corporation [kɔrpɔrasjɔ̃] n. f. (mot angl. signif. *corps constitué*). Ensemble, organisé ou non, des personnes exerçant les diverses activités d'une même profession : *La corporation des bouchers.*

corporatisme [kɔrpɔratism] n. m. **1.** Doctrine favorable au groupement des travailleurs en corporations organisées. — **2.** *Péjor.* Attitude visant à favoriser les intérêts exclusifs d'une corporation.

corporatiste [kɔrpɔratist] adj. et n. Qui relève du corporatisme.

corporel, elle [kɔrpɔrɛl] adj. Qui concerne le corps humain : *Les douleurs corporelles* (syn. PHYSIQUE).

corps [kɔr] n. m. (lat. *corpus, corporis*). **1.** Partie matérielle, physique d'un être animé : *La belette a un corps allongé. Les victimes avaient le corps couvert de brûlures. Après la catastrophe, des corps gisaient çà et là* (syn. CADAVRE). *La gymnastique développe le corps.* — **2.** Tronc de l'homme, par oppos. à la tête et aux membres : *Il portait des tatouages sur les bras et sur le corps.* — **3.** *À corps perdu,* de toutes ses forces, sans retenue : *Il s'est lancé à corps perdu dans la bataille électorale.* ‖ *À mi-corps,* jusqu'à la ceinture : *Avoir de l'eau à mi-corps.* ‖ *À son corps défendant,* malgré soi, à contrecœur. ‖ *Corps à corps* [kɔrakɔr], de près, en saisissant directement l'adversaire : *Se battre corps à corps.* ‖ *Corps et âme* [kɔrzeam], de tout son être, sans réserve : *Je me donne corps et âme à mon travail.* ‖ *Passer sur le corps de qqn,* le traiter sans ménagement, n'avoir aucun scrupule à son égard pour se procurer un avantage. ‖ *Perdu corps et biens* [kɔrzebjɛ̃], se dit d'un bateau qui a sombré avec son équipage et sa cargaison. — **4.** Objet matériel : *Newton a démontré la loi de la chute des corps. Un corps étranger dans l'œil cause de l'irritation* (= une poussière, un cil, etc.). — **5.** Objet, substance considérés dans leur nature physique ou chimique : *Le carbone est un corps simple, l'eau un corps composé.* — **6.** Partie principale de qqch ; ensemble : *Le piston se déplace dans le corps de la pompe. Les remarques sont dispersées dans tout le corps de l'ouvrage* (= le texte). — **7.** *Corps de bâtiment,* ensemble de constructions formant une partie d'une propriété : *Les écuries forment un corps de bâtiment à part, derrière le château.* ‖ *Corps de garde,* groupe de soldats, assurant la garde d'un bâtiment militaire ; local où se tient cette troupe ; *plaisanterie de corps de garde,* très grossière. ‖ *Corps mort,* ancre solide, établie à poste fixe, pour tenir une bouée à laquelle s'amarrent les bateaux. ‖ *Donner corps à qqch,* faire en sorte que ce ne soit pas une simple création de l'imagination : *Ce n'était qu'un projet, mais maintenant il faut lui donner corps et le réaliser.* ‖ *Faire corps avec,* adhérer à, être solidaire de : *Impossible d'ébranler ce rocher, il fait corps avec la falaise* (syn. FAIRE BLOC AVEC). ‖ *Prendre corps,* commencer à s'organiser, à se préciser ; devenir cohérent, consistant : *Un projet qui prend corps* (syn. PRENDRE FORME, SE MATÉRIALISER, SE CONCRÉTISER). — **8.** Ensemble de personnes appartenant à une même catégorie professionnelle, jouant le même rôle politique, etc. : *Le corps médical. Le corps électoral* (syn. LES ÉLECTEURS). *On appelle « grands corps de l'État » l'ensemble des fonctionnaires supérieurs appartenant à diverses administrations. Les corps de métier* (syn. CORPORATION). — **9.** *Esprit de corps,* solidarité entre les membres d'une même profession, d'une même corporation. (→ INCORPORER.)

corps-à-corps [kɔrakɔr] n. m. inv. Combat où on frappe directement l'adversaire, mêlée.

corpulence [kɔrpylɑ̃s] n. f. (lat. *corpulentia*). Grandeur et grosseur du corps humain : *Une personne de forte corpulence.*

corpulent, e [kɔrpylɑ̃] adj. (lat. *corpulentus*). Ample de corps : *Cette voiture peut contenir six personnes moyennement corpulentes* (syn. GROS).

corpuscule [kɔrpyskyl] n. m. (lat. *corpusculum*). Très petite particule de matière.

correct, e [kɔrɛkt] adj. (lat. *correctus*). **1.** Qui ne contient pas de fautes ; conforme aux règles, à la normale : *Une phrase correcte* (contr. FAUTIF). *Le calcul est faux, mais la figure est correcte* (syn. EXACT, JUSTE). *Tout a été prévu pour assurer le déroulement correct des opérations électorales* (syn. BON [avant le n.], RÉGULIER). — **2.** D'une qualité moyenne : *Votre devoir est correct ; il lui manque un peu d'originalité pour être un bon devoir* (syn. CONVENABLE, ACCEPTABLE, HONNÊTE). — **3.** Qui respecte les bienséances, qui observe les principes admis de la vie sociale : *Les soldats d'occupation ont reçu l'ordre d'être toujours corrects avec la population civile* (syn. ↑ COURTOIS). *Une tenue correcte est exigée à l'entrée du casino* (syn. CONVENABLE). *Être correct en affaires.*

correctement [kɔrɛktəmɑ̃] adv. De façon correcte : *Un nom correctement orthographié. Elle gagne correc-*

tement sa vie. Il se conduit correctement avec tout son entourage (syn. CONVENABLEMENT).

correcteur, trice [kɔrɛktœr] n. Personne qui corrige des devoirs, des épreuves d'imprimerie : *La correctrice a noté les copies avec indulgence. Les correcteurs d'une maison d'édition ont l'œil exercé à relever les fautes de typographie.*

1. correctif, ive [kɔrɛktif] adj. Qui vise à corriger : *Exercices correctifs de prononciation. Gymnastique corrective.*

2. correctif [kɔrɛktif] n. m. Parole, acte qui constitue une mise au point, qui corrige un excès, une maladresse : *Il faut apporter quelques correctifs à un jugement aussi absolu* (syn. NUANCE, RECTIFICATIF).

correction [kɔrɛksjɔ̃] n. f. (lat. *correctio*). **1.** Action de corriger : *La correction d'une erreur* (syn. RECTIFICATION). *Un professeur chargé de la correction des copies du bac.* — **2.** Amélioration apportée à un récit : *Un manuscrit surchargé de corrections* (syn. MODIFICATION). — **3.** Conformité aux règles : *Un style d'une grande correction. Tu as manqué à la plus élémentaire correction en omettant de me prévenir* (syn. POLITESSE, BIENSÉANCE). — **4.** Action de punir physiquement : *Le garnement a reçu une bonne correction* (syn. fam. RACLÉE).

correctionnel, elle [kɔrɛksjɔnɛl] adj. *Tribunal correctionnel* (ou *correctionnelle* n. f.), qui juge les délits.

corrélatif, ive [kɔrelatif] adj. Se dit de choses qui sont en corrélation : *Le développement des mesures d'hygiène et la régression corrélative des épidémies.*

corrélation [kɔrelasjɔ̃] n. f. (lat. *correlatio*). Relation, réciproque ou non, lien causal qui existe entre deux événements qui se correspondent : *Il n'y a aucune corrélation entre son arrivée et mon départ : c'est une coïncidence.*

corrélativement [kɔrelativmɑ̃] adv. De façon corrélative.

correspondance [kɔrɛspɔ̃dɑ̃s] n. f. **1.** Rapport de conformité, de symétrie : *La correspondance de leurs goûts les rapproche* (syn. AFFINITÉ). *La correspondance entre les deux ailes du château est presque parfaite. Être sensible à certaines correspondances subtiles entre les couleurs et les sons* (syn. HARMONIE). — **2.** Communication, liaison établie par un moyen de transport entre plusieurs lieux : *Il n'y a pas de correspondance ferroviaire entre ces deux villes.* — **3.** Concordance d'horaire entre deux moyens de transport : *La correspondance entre le car et le train n'est pas assurée sur ce trajet.* — **4.** Action de s'entretenir par l'intermédiaire de lettres, du téléphone; échange de lettres : *J'ai eu une correspondance suivie avec elle sur ce sujet. Être en correspondance téléphonique avec un client* (syn. ENTRETIEN). — **5.** Ensemble des lettres reçues ou adressées : *Expédier la correspondance* (syn. COURRIER).

correspondant, e [kɔrɛspɔ̃dɑ̃] adj. Qui correspond : *Se procurer une arme à feu et les munitions correspondantes.* ◆ n. **1.** Personne avec qui on est en relation par lettres, par téléphone : *Composez le numéro d'appel de votre correspondant pour la province en faisant le 16.* — **2.** Journaliste chargé de recueillir et de transmettre les informations relatives à la ville ou au pays étranger dans lequel il se trouve.

correspondre [kɔrɛspɔ̃dr] v. t. ind. (lat. *cum*, avec, et *respondere*, répondre) [c. **51**]. **1.** (sujet qqn, qqch) *Correspondre à qqch, à qqn*, être approprié à ses qualités, être conforme à un état de fait : *Je vous ai adressé la somme correspondant à votre facture. Cette personne correspond bien au portrait qu'on m'en a fait. Cette nouvelle rubrique correspond au désir exprimé par de nombreux lecteurs* (syn. RÉPONDRE). *Cela lui correspond bien* (= répond bien à ce que nous connaissons de lui). *Je cherche un mot de notre langue correspondant à ce terme anglais* (syn. ÉQUIVALOIR). — **2.** (sujet qqch) *Correspondre à qqch*, être dans un rapport de symétrie avec lui, en être l'homologue : *Sur la façade de la maison, la fenêtre du salon correspond à celle de la salle à manger* (syn. FAIRE PENDANT). *Le grade de lieutenant de vaisseau dans l'armée de mer correspond à celui de capitaine dans l'armée de terre.* — **3.** (sujet qqch) *Correspondre à qqch*, lui être relié, être en relation avec lui : *La pédale qui correspond au frein* (syn. COMMANDER). — **4.** (sujet qqn) *Correspondre (avec qqn)*, entretenir avec lui des relations par lettres ou par téléphone : *Je ne la vois pratiquement jamais, mais on correspond de temps en temps par téléphone. Je continue à correspondre avec tous mes amis.* ◆ v. i. ou ***se correspondre*** v. pr. **1.** (sujet qqch) Être en communication, permettre l'accès de l'un à l'autre : *Un appartement dont toutes les pièces correspondent* (syn. COMMUNIQUER). — **2.** (sujet un moyen de transport) Être en concordance d'horaire : *Deux trains qui correspondent.*

corrida [kɔrida] n. f. (mot esp. signif. *course*). **1.** Combat, selon des règles bien précises, au cours duquel l'homme (torero) s'efforce de triompher par son adresse de la force brutale d'un taureau sélectionné (on dit aussi COURSE DE TAUREAUX) : *Les corridas sont très appréciées des Espagnols.* — **2.** *Fam.* Course ou bousculade : *Quelle corrida, la veille de Noël pour trouver tous les cadeaux!*

corridor [kɔridɔr] n. m. (it. *corridore*). Passage plus ou moins étroit sur lequel donnent les portes de plusieurs pièces d'un même appartement ou de plusieurs logements situés au même étage (syn. COULOIR).

corrigé [kɔriʒe] n. m. Solution type, modèle de devoir rédigé : *Le professeur a dicté un corrigé du problème.*

corriger [kɔriʒe] v. t. (lat. *corrigere*) [c. **2**]. **1.** (sujet qqn) *Corriger qqch*, en faire disparaître les défauts, les erreurs : *Corriger le tracé d'une plate-bande, le tir d'une batterie* (syn. RECTIFIER). *Corriger son jugement* (syn. REVOIR, RÉVISER). *Corriger une erreur d'appréciation. L'auteur corrige une épreuve d'imprimerie. Corriger un devoir* (= en relever les fautes et l'apprécier, le noter). — **2.** (sujet qqch) *Corriger qqn de qqch*, atténuer ou éliminer un de ses défauts : *Si cette mésaventure pouvait la corriger de son inexactitude!* — **3.** (sujet qqn) *Corriger qqn*, le punir corporellement : *Attends un peu, je vais te corriger, moi!* (syn. soutenu CHÂTIER). ◆ ***se corriger*** v. pr. **1.** (sujet un défaut) Disparaître par un effort volontaire : *Sa paresse commence à se corriger.* — **2.** (sujet qqn) *Se corriger (de qqch)*, faire disparaître un défaut par une action persévérante : *Elle a mis longtemps à se corriger de cette mauvaise habitude. Il était très coléreux, mais il s'est corrigé* (syn. S'AMÉLIORER; litt. S'AMENDER).

corrigible [kɔriʒibl] adj. Qui peut être corrigé : *La timidité n'est pas aisément corrigible.*

corroboration [kɔrɔbɔrasjɔ̃] n. f. Action de corroborer : *Votre remarque constitue une corroboration de ma thèse* (syn. CONFIRMATION).

corroborer [kɔrɔbɔre] v. t. (lat. *corroborare*, fortifier) [sujet un fait, une preuve, etc.] *Corroborer une hypothèse, une opinion, un fait*, etc., en confirmer le bien-fondé, la véracité : *Une explication corroborée par des expériences répétées* (syn. VÉRIFIER). *Le récit du témoin corrobore les déclarations de la victime* (syn. APPUYER, CONFIRMER; contr. INFIRMER).

corroder [kɔrɔde] v. t. (lat. *corrodere*). *Corroder une matière*, la détruire progressivement par une action chimique : *Un crampon de fer tout corrodé par l'eau de mer* (syn. usuels RONGER, ATTAQUER).

corrompre [kɔrɔ̃pr] v. t. (lat. *corrumpere*) [c. **53**]. **1.** *Corrompre qqch (concret)*, en causer l'altération, le rendre impropre à l'utilisation (soutenu) : *La chaleur risquait de corrompre les aliments* (syn. ABÎMER, GÂTER, POURRIR, DÉCOMPOSER). — **2.** *Corrompre qqch (abstrait),* en altérer la pureté, le rendre mauvais : *Des spectacles qui corrompent les mœurs. Ces mauvais romans corrompent le goût de ceux qui les lisent* (syn. DÉNATURER). — **3.** *Corrompre qqn,* le détourner de son devoir, le porter à l'immoralité : *Socrate fut accusé de corrompre la jeunesse* (syn. PERVERTIR, DÉPRAVER); obtenir par de l'argent, des cadeaux, etc., qu'il agisse malhonnêtement : *La prisonnière a pu s'échapper en corrompant sa gardienne* (syn. ACHETER, SOUDOYER).

corrosif, ive [kɔrɔzif] adj. **1.** Qui a la propriété de ronger, de détruire, spécialement les tissus organiques, ou de causer une vive irritation de la peau : *Un acide corrosif.* — **2.** *Litt.* Dont les remarques, les critiques sont mordantes : *Un pamphlétaire corrosif.*

corrosion [kɔrɔzjɔ̃] n. f. (lat. *corrosio*). Effet d'une substance corrosive : *La corrosion causée par le vitriol.*

corrupteur, trice [kɔryptœr] adj. et n. Qui corrompt, pervertit : *Un livre corrupteur. Être sourd aux corrupteurs.*

corruptible [kɔryptibl] adj. Sujet à se laisser corrompre : *Des matériaux corruptibles* (syn. PUTRESCIBLE). *Un employé corruptible* (syn. VÉNAL).

corruption [kɔrypsjɔ̃] n. f. (lat. *corruptio*). Action de corrompre, de pourrir : *Une charogne dans un état de corruption avancée* (syn. PUTRÉFACTION, DÉCOMPOSITION). *La corruption du goût, du jugement, des mœurs. Être condamné pour tentative de corruption de fonctionnaire.*

corsage [kɔrsaʒ] n. m. (de *corps*). Vêtement féminin en tissu qui couvre le buste (syn. BLOUSE).

corsaire [kɔrsɛr] n. m. et adj. (it. *corsaro*). Autref., capitaine, marin d'un navire qui, avec l'autorisation de son gouvernement, chassait et tentait de capturer des navires d'autres nationalités; le navire lui-même.

corse [kɔrs] adj. et n. De Corse. ◆ n. m. Langue parlée en Corse.

corsé, e [kɔrse] adj. **1.** *Vin, assaisonnement corsé,* qui a une saveur prononcée (syn. FORT, RELEVÉ). — **2.** Qui est osé : *Il nous a raconté quelques histoires corsées* (syn. SCABREUX; fam. SALÉ).

corser [kɔrse] v. t. (de *corps*). **1.** *Corser qqch (difficulté, histoire,* etc.), lui donner de la force, de l'intérêt, une vigueur parfois excessive : *Pour corser le problème, on a utilisé des nombres avec des décimales. Le narrateur a corsé son récit de quelques détails inventés.* — **2.** *Corser un repas,* le rendre plus copieux. ◆ ***se corser*** v. pr. (sujet qqch) Se compliquer, prendre un tour nouveau, piquant : *L'affaire se corse : voici que la police s'en mêle* (syn. S'AGGRAVER).

corset [kɔrsɛ] n. m. (de *corps*). Sous-vêtement féminin à baleines qui enserre et maintient le buste et les hanches.

corseterie [kɔrsətri] n. f. Fabrique de corsets.

corsetier, ère [kɔrsətje] n. Personne qui fabrique des corsets.

cortège [kɔrtɛʒ] n. m. (it. *corteggio*). **1.** Suite de personnes en accompagnant une autre ou défilant sur la voie publique : *Le cortège des garçons et des demoiselles d'honneur sort de l'église derrière les mariés. Le cortège funèbre se rend au cimetière. Le cortège des manifestants s'engagea sur le boulevard* (syn. DÉFILÉ). — **2.** Ensemble de choses qui vont de pair avec une autre : *La guerre amène avec elle tout un cortège de misères* (syn. ACCOMPAGNEMENT).

cortex [kɔrtɛks] n. m. (mot lat. signif. *écorce*). *Cortex cérébral,* syn. de ÉCORCE CÉRÉBRALE.

cortical, e, aux [kɔrtikal] adj. Relatif au cortex : *Cellules corticales.*

cortisone [kɔrtizɔn] n. f. (mot angl.). Hormone utilisée pour ses propriétés anti-inflammatoires.

corvéable [kɔrveabl] adj. *Taillable et corvéable à merci,* se dit, par allusion à la situation des serfs au Moyen Âge, de qqn qu'un supérieur peut soumettre à toutes sortes d'obligations.

corvée [kɔrve] n. f. (du lat. *corrogare,* inviter). **1.** Travaux d'entretien, de cuisine exécutés par des soldats, les membres d'une communauté : *Corvée de ravitaillement, de vaisselle.* — **2.** Tâche ennuyeuse, pénible ou rebutante imposée à qqn : *Quelle corvée de faire toutes ces visites!*

corvette [kɔrvɛt] n. f. (anc. néerl. *korver,* bateau chasseur). **1.** Autref., navire de guerre, auj. petit navire d'escorte ou spécialement armé pour la chasse aux sous-marins. — **2.** *Capitaine de corvette,* officier de marine de grade équivalent à celui de commandant dans l'armée de terre.

coryza [kɔriza] n. m. (gr. *koruza,* écoulement nasal). Syn. méd. de RHUME DE CERVEAU.

cosaque [kɔzak] n. m. (russe *kazak*). Soldat de certaines unités de cavalerie, dans l'armée russe.

cosignataire [kɔsiɲatɛr] n. Personne qui a signé avec d'autres.

cosinus [kɔsinys] n. m. Sinus du complément d'un angle.

cosmétique [kɔsmetik] adj. et n. m. (gr. *kosmêtikos,* relatif à la parure). Se dit de tout produit destiné à nettoyer et à embellir la peau, les cheveux.

cosmétologie [kɔsmetɔlɔʒi] n. f. Étude de ce qui se rapporte aux cosmétiques et à leurs applications; industrie des cosmétiques.

cosmétologue [kɔsmetɔlɔg] n. Spécialiste de cosmétologie.

cosmique [kɔsmik] adj. (gr. *kosmikos,* de *kosmos,* univers). **1.** Relatif à l'ensemble des astres constituant l'univers : *Les lois cosmiques.* — **2.** Qui a des proportions fantastiques : *Un cataclysme, un bouleversement cosmique.* — **3.** Relatif à l'espace que la science cherche à découvrir, hors de l'atmosphère terrestre : *Vaisseau cosmique* (syn. SPATIAL). *Navigation cosmique* (syn. INTERPLANÉTAIRE).

cosmodrome [kɔsmɔdrom] n. m. Base de lancement d'engins spatiaux.

cosmogonie [kɔsmɔgɔni] n. f. (gr. *kosmos,* univers, et *gonos,* génération). Science de la formation des planètes, des étoiles, des galaxies, etc.

cosmogonique [kɔsmɔgɔnik] adj. Relatif à la cosmogonie.

cosmographie [kɔsmɔgrafi] n. f. (gr. *kosmos,* univers, et *graphein,* décrire). Partie de l'astronomie consacrée à la description de l'univers.

cosmographique [kɔsmɔgrafik] adj. Relatif à la cosmographie.

cosmologie [kɔsmɔlɔʒi] n. f. (gr. *kosmos,* univers, et *logos,* science). Science des lois générales qui régissent l'univers.

cosmologique [kɔsmɔlɔʒik] adj. Relatif à la cosmologie : *Les théories cosmologiques.*

cosmonaute [kɔsmɔnot] n. Pilote ou passager d'un engin spatial (syn. ASTRONAUTE).

cosmopolite [kɔsmɔpɔlit] adj. (du gr. *kosmos,* univers, et *politês,* citoyen). **1.** Se dit d'un groupe, d'un lieu où se trouvent des personnes de nationalités très diverses : *Un quartier cosmopolite.* — **2.** Qui a vécu dans de nombreux pays, ou qui, par goût, aime à vivre dans des pays différents : *Un diplomate qui a eu une carrière très cosmopolite.*

cosmopolitisme [kɔsmɔpolitism] n. m. État de ce qui est cosmopolite : *Le cosmopolitisme d'un grand port méditerranéen, d'un artiste.*

cosmos [kɔsmos] n. m. (gr. *kosmos*). **1.** Univers, considéré comme un ensemble organisé obéissant à des lois. — **2.** Immensité de l'univers hors de l'atmosphère terrestre : *Une fusée qui se perd dans le cosmos* (syn. ESPACE).

cossard, e [kɔsar] adj. *Pop.* Paresseux.

1. cosse [kɔs] n. f. (lat. *cochlea,* coquille). **1.** Enveloppe renfermant les graines de certaines légumineuses. — **2.** Languette métallique placée à l'extrémité d'un conducteur électrique et destinée à établir le contact.

2. cosse [kɔs] n. f. *Pop.* Paresse, manque d'ardeur au travail.

cossu, e [kɔsy] adj. Qui vit dans une large aisance; qui la dénote : *Un commerçant cossu. Un intérieur cossu* (syn. ↓ AISÉ).

costaud [kɔsto] (fém. *costaud* ou *costaude* [plus rare]) adj. et n. (du prov. *costo,* côte). *Fam.* Fort : *Il faudrait deux types costauds pour déménager l'armoire. Elle sort de maladie, elle n'est pas encore très costaud* (syn. SOLIDE). *Attention au fauteuil : il n'est pas costaud.*

costume [kɔstym] n. m. (it. *costume,* coutume). **1.** Manière de s'habiller propre à un pays, une région ou une époque : *Un groupe de danseurs en costume régional. Étudier l'histoire du costume* (syn. HABILLEMENT). — **2.** Ensemble des différentes pièces qui composent un vêtement : *Être en costume de cérémonie* (syn. TENUE). — **3.** Vêtement d'homme comportant un pantalon, une veste et éventuellement un gilet : *Un costume sur mesure.*

costumé, e [kɔstyme] adj. *Bal costumé,* bal où les danseurs sont déguisés.

costumer [kɔstyme] v. t. *Costumer qqn,* le vêtir d'un déguisement : *Costumer un enfant en Indien* (syn. DÉGUISER, TRAVESTIR).

costumier, ère [kɔstymje] n. Personne qui fait, vend, loue ou garde des costumes de bal, de théâtre, de cinéma.

cosy [kɔzi] n. m. (mot angl.). Divan comportant une étagère et destiné à être placé dans l'angle d'une pièce.

cotation [kɔtasjɔ̃] n. f. Action de coter : *La cotation des actions en Bourse. La cotation des copies a été sévère dans ce jury* (syn. NOTATION).

cote [kɔt] n. f. (lat. *quota [pars],* quote-part). **1.** Indication chiffrée de la valeur marchande de titres mobiliers, des chances d'un cheval de course, etc. : *La cote d'un timbre rare, des actions d'une société.* — **2.** Tableau, publication donnant le cours des valeurs, la valeur marchande : *La cote des véhicules d'occasion.* — **3.** Indication de l'altitude d'un lieu, du niveau d'un cours d'eau, des dimensions réelles de qqch représenté en plan : *Le sommet de la colline est à la cote 520.* — **4.** Indication de la valeur morale ou intellectuelle de qqn : *Une juriste qui a une grosse cote auprès de la direction. Un écrivain dont la cote commence à baisser* (syn. POPULARITÉ, RENOMMÉE). — **5.** Fam. *Avoir la cote,* être très estimé. ‖ *Cote d'alerte,* niveau d'un cours d'eau au-dessus duquel il y a inondation; point critique d'un processus : *L'indice des prix de ce mois a atteint la cote d'alerte.* ‖ *Cote d'amour,* appréciation fondée sur le sentiment, indépendamment de la valeur de qqn.

côte [kot] n. f. (lat. *costa*).

— **I. 1.** Chacun des os allongés et courbes qui forment la cage thoracique : *J'ai eu plusieurs côtes cassées dans l'accident de voiture.* — **2.** *Côte de bœuf, de veau, de porc, de mouton,* morceau de boucherie de cet animal, découpé dans la région des côtes. — **3.** Fam. *Caresser les côtes à qqn,* le battre, le rosser. ‖ *Côte à côte,* l'un à côté de l'autre : *Marcher côte à côte. Des livres placés côte à côte dans une bibliothèque.* ‖ Fam. *Se tenir les côtes,* rire très fort. — **4.** Partie allongée, en relief à la surface d'un tissu ou d'un tricot : *Du velours à côtes. Un pull à grosses côtes.* — **5.** Saillie à la surface de certains fruits : *Les côtes d'un melon.*

— **II.** Partie en pente d'un chemin, d'une route : *Le cycliste peinait pour grimper la côte* (syn. MONTÉE). *Dévaler une côte à toute allure. À mi-côte elle s'arrêta essoufflée.*

— **III.** Zone continentale au contact ou au voisinage de la mer : *Une côte rocheuse, sablonneuse, rectiligne, découpée, basse* (syn. LITTORAL). *Dès le mois de juin, les estivants affluent sur la côte* (= le bord de mer).

côté [kote] n. m. (du lat. *costa,* côte). **1.** Chez l'homme et chez les animaux, partie droite ou partie gauche de la poitrine, du tronc : *Elle a été blessée au côté droit* (syn. FLANC). — **2.** *Point de côté,* douleur à la poitrine ou au ventre qui gêne la respiration. — **3.** Partie ou face latérale d'une chose, désignée par oppos. à telle ou telle autre; zone marquée par cette limite : *On entre dans la maison par le côté gauche. Il y a un fauteuil de chaque côté de la commode. Tout un côté de l'orchestre m'était caché par un pilier. Il marchait sur le côté droit de la route* (= la partie droite par rapport au sens de la marche). *Je vois un parc de l'autre côté de la grille* (= celui où je ne suis pas). — **4.** Segment de droite qui limite un polygone sur une de ses faces : *Le triangle est une figure à trois côtés. Soit un carré de dix centimètres de côté.* — **5.** Aspect sous lequel apparaît la personnalité de qqn, la nature de qqch : *Malgré tous ses défauts, elle a un côté sympathique. Il faut envisager le côté pratique de l'opération* (= l'opération du point de vue pratique). *Par certains côtés, cette proposition est intéressante* (= sous certains rapports). *Nous avions craint des difficultés financières : de ce côté, tout est réglé.* — **6.** *À côté (de),* à un endroit voisin (de) : *Au bout de la rue, vous verrez un hôtel : la poste est à côté. Nous pourrions passer dans la pièce à côté* (ou *d'à côté*). *Vos lunettes sont à côté de la pendule. Il s'assit à côté de moi* (syn. AUPRÈS DE); en dehors (de), en manquant le but : *Le bateau a été attaqué par des avions, mais toutes les bombes sont tombées à côté. Il a mis toutes ses balles à côté de la cible. Vous répondez à côté de la question. Le conférencier est passé à côté de l'essentiel;* en comparaison (de) : *Cette plaidoirie a fait un gros effet; celle de l'avocat adverse a paru bien faible à côté. À côté de ses qualités, de si petits défauts ne comptent pas* (syn. AUPRÈS DE); en plus (de) : *Il est comptable dans une usine, mais il a un travail à côté* (syn. PARALLÈLE). ‖ Fam. *À côté de ça,* indique une nouvelle considération, plus ou moins opposée à ce qui précède : *C'est un garçon très dépensier; à côté de ça, il lésine sur les pourboires* (syn. PAR AILLEURS, AU RESTE; litt. AU DEMEURANT). ‖ *Aux côtés de qqn,* auprès de lui : *La vice-présidente siégeait aux côtés du président. Il a toujours des gardes du corps à ses côtés.* ‖ *De côté,* en présentant une partie latérale, obliquement : *Le crabe marche de côté. Tournez-vous un peu de côté. Regarder de côté* (syn. DE BIAIS); hors d'une trajectoire, de la partie centrale : *Le promeneur fit un bond de côté au passage de la voiture.* ‖ *De côté et d'autre,* en (de) divers endroits. ‖ *Du côté de,* à proximité de, dans (de) la direction de, vers : *J'habite du côté de la mairie. La pluie arrive du côté de la mer. Nous allons du côté de la gare;* dans le parti de : *Elle s'est mise du côté du plus faible. Cette plaisanterie a mis les rieurs de son côté;* en ce qui concerne, sous le rapport de : *Du côté du confort, tu* *n'as plus grand-chose à souhaiter.* ‖ *Du côté paternel, maternel* (ou *du père, de la mère*), selon la parenté relative au père, à la mère : *Un oncle du côté paternel* (= un frère ou un beau-frère du père). ‖ *De tous côtés,* dans toutes les directions, partout : *Chercher de tous côtés un animal égaré.* ‖ *Laisser de côté qqn* ou *qqch,* le négliger, ne pas s'en occuper. ‖ *Mettre, être de côté,* en réserve et à l'abri des circonstances présentes : *Elle a mis de côté la somme nécessaire à cet achat. Les livres à garder sont de côté.*

coteau [kɔto] n. m. (de *côte*). Colline, et, en partic., versant d'une colline, couvert de cultures, surtout de vignes : *Quelques maisons s'étagent à flanc de coteau. Les coteaux de Bourgogne sont célèbres pour leurs vignobles.*

côtelé, e [kotle] adj. Se dit d'un tissu à côtes : *Un pantalon en velours côtelé.*

côtelette [kotlɛt] n. f. Côte de petits animaux de boucherie (mouton, veau, porc), détaillée pour la consommation.

coter [kɔte] v. t. (de *cote*). **1.** *Coter qqch, qqn,* l'affecter d'une cote, en apprécier la valeur, le niveau : *Une valeur boursière non cotée. Coter une candidate* (syn. NOTER). — **2.** *Être coté,* être estimé, apprécié : *Un restaurant très coté. Un conférencier coté.*

coterie [kɔtri] n. f. (anc. fr. *cote,* cabane). Groupe restreint de personnes qui se soutiennent mutuellement pour faire prévaloir leurs intérêts sur ceux de la collectivité (syn. CLAN, CHAPELLE, CERCLE).

côtier, ère [kotje] adj. Qui se fait le long des côtes : *La navigation côtière* (= près des côtes). *Un fleuve côtier est un cours d'eau qui prend sa source non loin de la côte et se jette dans la mer.*

cotillon [kɔtijɔ̃] n. m. (de *cotte*). *Accessoires de cotillon,* objets divers (confettis, serpentins, etc.) utilisés au cours d'un bal, d'un banquet, d'une fête.

cotisant, e [kɔtizɑ̃] adj. et n. Qui cotise : *Les membres cotisants. Le nombre des cotisants s'est accru.*

cotisation [kɔtizasjɔ̃] n. f. Somme versée en cotisant : *Payer sa cotisation syndicale.*

cotiser [kɔtize] v. i. (de *cote*) [sujet qqn] Verser une somme d'argent à un organisme, à une association, pour contribuer aux dépenses communes : *Seuls reçoivent leur carte de club les adhérents qui ont effectivement cotisé. Cotiser à une mutuelle.* ◆ ***se cotiser*** v. pr. Collecter de l'argent entre soi en vue d'une dépense commune : *Ses amies se sont cotisées pour lui offrir un cadeau de mariage.*

côtoiement [kotwamɑ̃] n. m. Action de côtoyer : *Un côtoiement dangereux* (syn. FRÉQUENTATION). *Le côtoiement du tragique et du comique dans un roman.*

coton [kɔtɔ̃] n. m. (it. *cottone;* de l'ar. *qutun*). **1.** Fibre textile constituée par le duvet soyeux qui enveloppe les graines du cotonnier; fil ou tissu fait de cette matière : *Une couverture de coton.* — **2.** *Fam.* Morceau de ouate, de coton hydrophile : *Mettre un coton sur une plaie qui saigne.* — **3.** *Avoir les jambes en coton,* éprouver une faiblesse des jambes, se sentir fatigué. ‖ *Élever un enfant dans du coton,* l'entourer de trop de soin, lui donner une éducation trop douillette. ◆ adj. Fam. *C'est coton,* c'est difficile.

cotonnade [kɔtɔnad] n. f. Tissu de coton ou contenant des fibres de coton : *Une petite robe de cotonnade.*

cotonneux, euse [kɔtɔnø] adj. **1.** Qui rappelle le coton par sa consistance ou son aspect : *Un brouillard cotonneux.* — **2.** Se dit d'un fruit ou d'un végétal recouvert de duvet : *Des feuilles cotonneuses.*

1. cotonnier, ère [kɔtɔnje] adj. Relatif au coton : *L'industrie cotonnière.*

2. cotonnier [kɔtɔnje] n. m. Arbuste cultivé pour son coton : *Le cotonnier est cultivé dans les pays chauds.*

côtoyer [kotwaje] v. t. (de *côte*) [c. **3**]. **1.** (sujet qqn) *Côtoyer qqn,* être en contact, avoir des relations avec lui : *Dans sa profession, elle est amenée à côtoyer beaucoup de gens* (syn. FRÉQUENTER). — **2.** (sujet un chemin, une voie ferrée, etc.) *Côtoyer qqch (concret),* s'étendre le long de lui : *La route côtoie la rivière* (syn. LONGER). — **3.** (sujet qqn, qqch) *Côtoyer qqch (abstrait),* en être proche : *Elle ne ment pas vraiment, mais elle côtoie sans cesse le mensonge* (syn. FRÔLER, FRISER). *Un roman qui côtoie de grands problèmes* (syn. TOUCHER À).

cotte [kɔt] n. f. (frq. *kotta,* manteau de laine). *Cotte de mailles,* tunique faite de petits anneaux de fer, qui protégeait les hommes d'armes au Moyen Âge (syn. HAUBERT). ‖ *Cotte de travail,* ou *cotte,* salopette de toile bleue portée par les ouvriers pendant leur travail (syn. BLEU).

cou [ku] n. m. (lat. *collum*). **1.** Chez l'homme et chez les animaux, partie du corps qui joint la tête aux épaules. — **2.** *Être dans qqch (souci, étude,* etc.) *jusqu'au cou,* y être plongé, n'avoir rien d'autre en tête. ‖ *Se jeter, sauter au cou de qqn,* l'embrasser chaleureusement. ‖ *Tordre le cou à qqch, à qqn,* les anéantir. (→ CERVICAL.)

couac [kwak] n. m. Note fausse ou désagréable produite par un instrument de musique ou par un chanteur.

couard, e [kwar] adj. et n. (de l'anc. fr. *coue,* queue). Qui a peur au moindre danger : *Il est trop couard pour oser relever le défi* (syn. POLTRON, LÂCHE).

couardise [kwardiz] n. f. Acte de couard : *Sa dérobade est une preuve de couardise* (syn. POLTRONNERIE, LÂCHETÉ).

couchage [kuʃaʒ] n. m. Action de coucher, de se coucher : *Un sac de couchage* (= pour se coucher).

couchant [kuʃɑ̃] adj. m. *Chien couchant,* dressé à se tenir en arrêt quand il sent le gibier (par oppos. à *chien courant*). ‖ *Soleil couchant,* prêt à disparaître à l'horizon; moment correspondant de la journée : *Elle est arrivée au soleil couchant.* ◆ n. m. **1.** *Litt.* Aspect du ciel au moment où le soleil se couche : *Ce soir, le couchant est rose.* — **2.** *Litt.* Côté de l'horizon où le soleil se couche (syn. usuels OCCIDENT, OUEST; contr. LEVANT).

couche [kuʃ] n. f. (de *coucher*). **1.** Étendue uniforme d'une matière appliquée sur une surface : *Une couche de peinture, de graisse, de sable. Une épaisse couche de neige recouvre le sol. Le contre-plaqué est formé de plusieurs couches de bois collées ensemble* (syn. ÉPAISSEUR). — **2.** Fam. *En avoir, en tenir une couche,* être particulièrement stupide. — **3.** Linge absorbant ou matière cellulosique que l'on intercale entre la peau d'un nourrisson et la culotte. — **4.** (pl.) État d'une femme qui accouche ou qui vient d'accoucher : *Sa mère était morte en couches.* — **5.** Fam. *Fausse couche,* expulsion naturelle d'un fœtus non viable. — **6.** *Litt.* Lit : *La malade reposait sur sa couche.* — **7.** Ensemble de personnes appartenant au même milieu : *Ils ne font pas partie de la même couche sociale* (syn. CATÉGORIE, CLASSE).

couché, e [kuʃe] adj. *Papier couché,* papier très lisse revêtu de kaolin, destiné aux impressions fines.

couche-culotte [kuʃkylɔt] n. f. (pl. *couches-culottes*). Culotte de bébé en tissu imperméable que l'on garnit d'une couche jetable.

coucher [kuʃe] v. t. (lat. *collocare*). **1.** *Coucher qqn,* le mettre au lit : *Il va falloir coucher les enfants* (contr. LEVER). — **2.** *Coucher qqn, qqch,* les étendre sur le sol, sur un support plus ou moins horizontal : *On couche les bouteilles pour conserver le vin* (contr. DRESSER). *Les* *blés sont couchés par l'orage* (syn. ↓PENCHER, ↓INCLINER). *Coucher un blessé au bord d'un talus* (syn. ALLONGER). — **3.** *Coucher qqch par écrit,* le consigner, l'inscrire dans un rapport, un acte officiel, etc. : *Vous voudrez bien me coucher par écrit toutes ces remarques* (syn. ENREGISTRER). — **4.** *Coucher qqn sur un testament, une liste,* etc., l'y inscrire comme un des héritiers, un des participants à une action, etc. ◆ v. i. (sujet qqn) **1.** Prendre le repos de la nuit; s'étendre pour dormir : *Les invités couchent dans les chambres du premier. Coucher sur un divan.* — **2.** Fam. *Coucher avec qqn,* avoir des relations sexuelles avec qqn. — **3.** Fam. *Un nom à coucher dehors,* difficile à prononcer ou à retenir. ◆ ***se coucher*** v. pr. **1.** (sujet qqn, un animal) S'étendre horizontalement, s'allonger : *Ne te couche pas sur l'herbe humide. Le chien est venu se coucher sur le tapis;* se mettre au lit : *Il est tard, je vais me coucher* (contr. SE LEVER). — **2.** *Le Soleil, la Lune se couche,* ils disparaissent à l'horizon (contr. SE LEVER).

coucher [kuʃe] n. m. Action ou moment de se coucher (en parlant de qqn ou d'un astre) : *C'est l'heure du coucher des enfants. Un coucher de soleil sur la mer.*

coucherie [kuʃri] n. f. *Pop.* et *péjor.* Relations sexuelles.

couchette [kuʃɛt] n. f. Lit dans une cabine de navire ou banquette pour dormir dans un train : *Réserver des couchettes de seconde, de première.*

coucheur, euse [kuʃœr] n. Fam. *Mauvais coucheur,* homme peu sociable, qui cherche querelle à tout le monde.

couci-couça [kusikusa] adv. (d'après *comme ci comme ça*). *Fam.* Ni bien ni mal, médiocrement : *Les affaires vont couci-couça* (syn. COMME CI, COMME ÇA; TOUT DOUCEMENT).

coucou [kuku] n. m. (onomat.). **1.** Oiseau migrateur qu'on entend chanter en France au printemps. — **2.** Pendule de bois munie d'un système d'horlogerie imitant le cri du coucou. — **3.** *Fam.* Vieil avion. — **4.** Plante à petites fleurs jaunes.

coucoumelle [kukumɛl] n. f. (prov. *coucoumèlo*). Champignon comestible à chapeau gris ou jaunâtre.

coude [kud] n. m. (lat. *cubitus*). **1.** Articulation du bras et de l'avant-bras; partie correspondante d'une manche de vêtement : *Plonger le bras dans l'eau jusqu'au coude. Je lui ai donné un coup de coude pour attirer son attention. Sa veste est usée aux coudes.* — **2.** Courbure brusque de qqch : *La rivière fait un coude en contournant la colline.* — **3.** *Coude à coude,* se dit de personnes très rapprochées les unes des autres, ou qui se sentent solidaires dans une tâche : *Des élèves alignés coude à coude. Techniciens et chercheurs ont travaillé coude à coude;* comme n. m. inv. : *Un coude à coude réconfortant* (syn. SOLIDARITÉ). ‖ Fam. *Jouer des coudes,* se frayer un passage dans une foule serrée; se démener habilement pour s'assurer une situation avantageuse. ‖ Fam. *Lever le coude,* boire copieusement, être porté sur la boisson. ‖ *Se serrer, se tenir les coudes,* s'entraider, entretenir le sentiment de solidarité. (→ ACCOUDER [s'].)

coudé, e [kude] adj. En forme de coude : *Une clef coudée.*

coudée [kude] n. f. (de *coude*). *Avoir les coudées franches,* avoir toute liberté d'agir. ‖ *Être à cent coudées au-dessus de qqn,* lui être très supérieur. (La *coudée* était autref. une mesure de longueur.)

cou-de-pied [kudpje] n. m. (pl. *cous-de-pied*). Partie supérieure du pied vers la jambe.

couder [kude] v. t. *Couder un objet,* le plier en forme de coude : *Le plombier coude les tuyaux à l'angle de la pièce.*

coudière [kudjɛr] n. f. Enveloppe rembourrée qui sert à protéger le coude dans certains sports.

coudoiement [kudwamɑ̃] n. m. Action de coudoyer.

coudoyer [kudwaje] v. t. (c. **3**) *Coudoyer des personnes,* les rencontrer fréquemment, les fréquenter : *Les gens que nous coudoyons quotidiennement dans le métro. Au ministère, je coudoie toutes sortes d'hommes politiques* (syn. CÔTOYER).

coudraie [kudrɛ] n. f. Lieu planté de coudriers.

coudre [kudr] v. t. (lat. *consuere*) [c. **59**]. **1.** *Coudre (un objet, un tissu),* l'attacher par une suite de points faits avec du fil et une aiguille : *Coudre une pièce à un vêtement déchiré. Coudre un bouton;* sans compl. : *Elle a appris à coudre très jeune. On fait des machines à coudre très perfectionnées.* — **2.** *Coudre une plaie,* en réunir les bords au moyen d'une suture.

coudrier [kudrije] n. m. (du lat. *cutis,* peau). Noisetier.

couenne [kwan] n. f. Peau épaisse du porc, employée notamment en charcuterie.

1. couette [kwɛt] n. f. (lat. *culcita,* coussin). Édredon de plumes ou de matière synthétique, revêtu d'une housse amovible.

2. couette [kwɛt] n. f. (anc. fr. *coue,* queue). *Fam.* Mèches de cheveux rassemblés en queue de chaque côté des oreilles.

couffin [kufɛ̃] n. m. (prov. *coufo,* mot ar.). **1.** Cabas pour le transport des marchandises. — **2.** Grand panier souple dans lequel on transporte les bébés.

couguar ou **cougouar** [kugwar] n. m. (brésilien *cuguacuara*). Autre nom du PUMA.

couic! [kwik] interj. *Fam.* Évoque la mort soudaine de qqn ou d'un animal, ou la destruction, la disparition de qqch. ◆ adv. Fam. *N'y comprendre, n'y connaître, n'y voir que couic* (ou *pouic*), ne rien y comprendre, y connaître, y voir.

couinement [kwinmɑ̃] n. m. *Fam.* Action de couiner : *Les couinements d'un porc.*

couiner [kwine] v. i. (onomat.). **1.** *Fam.* (sujet un lapin, un lièvre, un cochon, etc.) Faire entendre un cri. — **2.** (sujet qqch) Faire entendre un grincement léger : *Une porte qui couine.*

coulage [kulaʒ] n. m. **1.** Action de couler, de verser une substance : *Le coulage du métal dans le moule. Le coulage d'une statue, d'une dalle de béton.* — **2.** Perte en marchandise ou en matériel subie par un magasin ou une entreprise commerciale et due à la négligence, au manque de surveillance.

1. coulant, e [kulɑ̃] adj. **1.** Se dit d'un liquide, d'une substance qui coule facilement : *Une pâte coulante* (syn. FLUIDE, LIQUIDE). — **2.** Se dit d'un style aisé : *Des vers coulants.* — **3.** *Fam.* Peu exigeant, porté à l'indulgence : *Une examinatrice coulante* (syn. INDULGENT, LARGE). *Un directeur coulant* (syn. ACCOMMODANT).

2. coulant [kulɑ̃] n. m. Anneau qui coulisse sur une ceinture, un bracelet, et sert à en maintenir l'extrémité rabattue.

coulée [kule] n. f. **1.** Quantité de matière en fusion ou plus ou moins liquide qui se répand : *Une coulée de lave au flanc du cratère* (syn. ↑TORRENT). *Une coulée de peinture* (syn. TRAÎNÉE). — **2.** Masse de métal en fusion qu'on verse dans un moule; action de verser ce métal pour former des lingots ou des objets moulés : *La coulée a lieu dans un quart d'heure.*

coulemelle [kulmɛl] n. f. (lat. columella, petite colonne). Champignon comestible à chapeau couvert d'écailles : *La coulemelle est aussi appelée lépiote élevée.*

couler [kule] v. t. (lat. *colare,* filtrer). **1.** Verser dans un creux ou sur une surface une matière en fusion, une substance liquide ou pâteuse : *Couler de la cire dans une fente. Couler un lit de ciment sur le sol. Couler une cloche* (= jeter le métal en fusion dans le moule). — **2.** (sujet qqn) *Couler des jours heureux, une existence paisible,* mener une vie heureuse, sans incident. ‖ Fam. *Se la couler douce,* avoir une vie exempte de soucis, se laisser vivre. — **3.** (sujet qqch, qqn) *Couler un bateau,* l'envoyer au fond de l'eau. — **4.** *Couler qqn,* lui faire perdre sa situation, son influence. ‖ *Couler un commerce,* le faire péricliter, le ruiner. ◆ v. i. **1.** (sujet un liquide ou une pâte) Se déplacer d'un mouvement continu, se répandre : *Le sang coulait de la blessure. Un camembert qui coule. Un torrent coule sur un lit de cailloux* (syn. RUISSELER). *Un banquet où le vin coulait à flots* (= où l'on buvait beaucoup). — **2.** (sujet qqch) Laisser échapper un liquide : *Le robinet coule* (syn. FUIR). *Elle a le nez qui coule* (syn. GOUTTER). *Mon stylo coule* (syn. ↑SE VIDER). — **3.** (sujet qqch) *Couler de source,* venir facilement : *Quand elle parle anglais, les mots coulent de source;* être la conséquence logique de qqch, être évident : *Il a été pistonné, ça coule de source, son oncle est le cousin du directeur.* ‖ (sujet qqch) *Faire couler de l'encre, beaucoup d'encre,* provoquer des commentaires. ‖ *Le sang a coulé,* il y a eu des morts et des blessés. — **4.** (sujet le temps) Passer de façon continue : *Une petite ville où la vie coule doucement* (syn. S'ÉCOULER). — **5.** *Bateau, nageur,* etc., *qui coule,* qui s'enfonce dans l'eau et va au fond (syn. SOMBRER, S'ENGLOUTIR). ◆ ***se couler*** v. pr. (sujet qqn) S'introduire, s'engager furtivement : *Elle se coula dans l'entrebâillement de la porte* (syn. SE GLISSER).

couleur [kulœr] n. f. (lat. *color, -oris*). **1.** Qualité d'un corps éclairé qui produit sur l'œil une certaine impression lumineuse, variable selon la nature du corps (indépendamment de sa forme) ou selon la lumière qui l'atteint : *Un gazon d'une belle couleur verte* (syn. TEINTE). *Une écharpe de soie aux couleurs délicates* (syn. COLORIS, NUANCE). *Un tableau où dominent les couleurs chaudes de l'automne* (syn. TON). *Un visage d'une couleur vermeille* (syn. TEINT, COLORATION). — **2.** Ce qui s'oppose au noir ou au blanc : *Dans la machine à laver, on sépare le blanc et la couleur* (= le linge blanc et le linge de couleur). *J'ai rapporté de belles photos en couleurs de mes vacances* (par oppos. aux photos *en noir* ou *en noir et blanc*). — **3.** Matière colorante : *Une boîte de couleurs* (= une boîte de peinture). *Le marchand de couleurs est celui qui vend des pots de peinture et divers articles de droguerie* (syn. QUINCAILLIER). *Chez le coiffeur, elle s'est fait faire la couleur* (= appliquer une teinture sur les cheveux) [syn. COLORATION]. — **4.** Caractère d'un style, d'un spectacle, etc., qui attire l'attention par son originalité, sa vigueur : *Un récit qui ne manque pas de couleur. Un vocabulaire plein de couleur* (syn. RELIEF). — **5.** Opinions de qqn, particulièrement en politique : *Tu as plusieurs fois changé de couleur au cours de ta carrière* (syn. ÉTIQUETTE). — **6.** Chacune des quatre images du jeu de cartes (cœur, carreau, trèfle, pique) : *Jouer la couleur et non le sans-atout.* — **7.** *Annoncer la couleur,* indiquer la couleur d'atout, aux jeux de cartes; *fam.,* faire connaître ses intentions. ‖ (sujet qqn) *Changer de couleur,* pâlir subitement. ‖ *Couleur de* ou *couleur,* qui a la couleur de : *Des yeux couleur d'azur. Une étoffe couleur fraise.* ‖ *Couleur locale,* ensemble de traits particuliers qui différencient un paysage, les mœurs d'une époque, etc., et dont la reproduction vise à donner une impression de pittoresque : *La couleur locale d'une petite île grecque;* comme adj. : *Une fête couleur locale.* ‖ *Haut en couleur,* se dit de qqn, d'un récit, d'un style plein de verve, de pittoresque. ‖ *Homme, femme de couleur,* qui n'est pas de race blanche. ‖ Fam. *Ne pas voir la couleur de qqch,* ne pas le recevoir, alors qu'il vous est dû ou promis : *Il me doit de l'argent depuis deux ans : je n'en ai toujours pas vu la couleur.* ‖ Litt. *Sous couleur de* (+ *inf.* ou *n.*), sous prétexte de : *Sous couleur de prudence, d'être prudent, il reste passif.* ◆ ***couleurs*** n. f. pl. **1.** *Les couleurs,* le drapeau national : *Hisser, baisser les couleurs* (= hisser, descendre le drapeau le long du mât). — **2.** Teint du visage : *La maladie lui a fait perdre ses couleurs* (= il est devenu pâle). *Il a pris des couleurs* (= il est bronzé). — **3.** Couleur de la casaque d'un jockey, permettant de reconnaître à quelle écurie de course il appartient : *Courir sous les couleurs du baron X.* — **4.** Fam. *En dire de toutes les couleurs à qqn,* lui dire de dures vérités. ‖ *En voir de toutes les couleurs,* avoir toutes sortes d'ennuis, subir des mauvais traitements ou des affronts. (→ COLORER.)

couleuvre [kulœvr] n. f. (lat. *colubra*). **1.** Serpent dont la morsure n'est pas venimeuse. — **2.** *Avaler des couleuvres,* être obligé de subir des affronts sans riposter.

1. coulis [kuli] n. m. (de *couler*). Préparation culinaire consistant à faire cuire lentement, puis à broyer et tamiser pour en extraire le jus, des légumes, des viandes, des poissons : *Un coulis d'écrevisses.*

2. coulis [kuli] adj. m. *Vent coulis,* filet d'air qui pénètre dans une pièce par une fente ou un entrebâillement.

coulissant, e [kulisɑ̃] adj. Qui coulisse : *Des persiennes coulissantes.*

coulisse [kulis] n. f. (de *porte coulisse,* qui glisse). **1.** Partie d'un théâtre cachée par les décors ou le rideau, et située de part et d'autre ou en arrière de la scène (souvent pl.) : *Les acteurs attendent dans les coulisses le moment de revenir sur la scène.* — **2.** (pl.) Côté secret de quelque domaine d'activité : *Je connais bien les coulisses de la politique* (syn. DESSOUS). — **3.** Rainure dans laquelle une pièce mobile peut glisser; la pièce elle-même : *Une porte à coulisse* (syn. GLISSIÈRE). — **4.** *Regard, œil en coulisse,* regard de connivence ou de curiosité lancé à la dérobée. ‖ *Se tenir, rester dans la coulisse,* rester caché tout en participant à une action.

coulissement [kulismɑ̃] n. m. Action de coulisser : *Le coulissement d'un curseur sur une règle.*

coulisser [kulise] v. i. (de *coulis*) [sujet un objet] Glisser sur des coulisses ou le long d'un axe : *Des anneaux de rideau qui coulissent sur la tringle.*

couloir [kulwar] n. m. (de *couler*). **1.** Passage étroit et allongé, permettant la communication de plusieurs pièces entre elles : *La salle à manger et la chambre à coucher donnent sur le couloir.* — **2.** Passage servant de dégagement dans une salle de spectacle, un train, un métro, un autobus, etc. — **3.** Passage naturel étroit, permettant d'aller d'un lieu dans un autre : *Les alpinistes suivaient un couloir rocheux.* — **4.** Sur certains terrains de sport (stade, court de tennis), espace délimité par deux lignes parallèles. — **5.** *Couloir aérien,* itinéraire que doivent suivre les avions. ‖ *Couloir d'autobus,* partie d'une chaussée matérialisée par des bandes blanches et réservée à la circulation des autobus et des taxis. ‖ *Couloir d'avalanche,* chemin vallonné suivi périodiquement par les avalanches de neige. ◆ ***couloirs*** n. m. pl. Lieux où se transmettent les nouvelles officieuses, où les gens avertis ont des entretiens privés : *Selon des bruits de couloirs, le gouvernement prépare de nouveaux décrets. Un journaliste qui glane des informations dans les couloirs du Parlement.*

coulomb [kulɔ̃] n. m. (du n. du physicien *Coulomb*). Unité de quantité d'électricité (symb. c).

coulommiers [kulɔmje] n. m. (du n. d'une v. de

Seine-et-Marne). Fromage à pâte molle fermentée, de forme cylindrique.

coulure [kulyr] n. f. Trace laissée par une substance liquide ou visqueuse qui a coulé le long d'un objet : *Des coulures de peinture.*

coup [ku] n. m. (lat. *colaphus,* coup de poing).
[A. Généralement précisé par un compl. introduit par *de*] **1.** Choc donné à un objet ou à un être animé par un corps en mouvement : *Enfoncer un clou à coups de marteau. Elle a été blessée d'un coup de couteau. Il a donné un coup de poing à son voisin.* — **2.** Action de manier, de faire fonctionner vivement un instrument, un appareil : *Donner un coup de brosse à (sur) un vêtement poussiéreux. En quelques coups de crayon, elle a esquissé le portrait. Il a donné un coup de ciseaux maladroit dans le tissu. Il m'annonce sa visite par un coup de téléphone* (= appel téléphonique). — **3.** Bruit soudain produit par un choc, une déflagration, par l'usage d'un instrument : *J'ai entendu frapper deux coups à la porte. Les coups de tonnerre les faisaient trembler. Un coup de sonnette, de sifflet.* — **4.** Manifestation violente d'une force naturelle : *Un coup de vent lui a emporté son chapeau.*
[B. Généralement sans compl.] **1.** Choc physique, émotion violente, acte ou événement qui atteint vivement qqn : *La querelle s'est envenimée et ils en sont venus aux coups* (syn. BAGARRE). *Être noir de coups* (= marques laissées par des coups). *Cette mauvaise nouvelle lui a donné un coup* (= l'a fortement ému). *Les dernières arrestations avaient porté un coup sévère aux rebelles.* — **2.** *Péjor.* Action importante, acte décisif, surtout mauvaise action : *Le malfaiteur, surpris par la police, a manqué son coup. Tu médites encore un mauvais coup ?* (= un méfait, une traîtrise). — **3.** Au jeu, chacune des phases d'une partie, chacune des combinaisons d'un joueur : *Mettre l'adversaire échec et mat en trois coups.* — **4.** Syn. de FOIS, souvent *fam.* : *Ce coup-ci, il faut faire attention. On ne réussit pas à tous les coups* (ou *à tout coup*). *Elle a répondu juste du premier coup* (ou *au premier coup*).
[C. Loc. div.] **1.** (avec un adj.) *Beau coup,* coup particulièrement réussi. || *Coup bas,* à la boxe, coup porté au-dessous de la ceinture ; action déloyale. || *Coup double,* à la chasse, coup qui abat deux pièces de gibier. || *Coup droit,* au tennis, au ping-pong, frappe de la balle du côté où le joueur tient normalement sa raquette. || Fam. *Coup dur,* incident qui cause de graves ennuis. || *Coup franc,* au rugby, coup de pied donné à la suite d'un arrêt de volée ; au football, remise en jeu du ballon accordée à la suite d'une faute de l'adversaire. || Fam. *Sale coup,* événement qui cause de graves ennuis : *Sa maladie est un sale coup pour l'usine ;* action malhonnête : *Des malfaiteurs qui préparent un sale coup.* — **2.** (+ compl.) Fam. *Coup de barre, coup de pompe,* fatigue soudaine. || *Coup de chance, coup de veine,* circonstance favorable attribuée au hasard. || *Coup de chien,* incident fâcheux qui frappe soudain et brutalement ; violente bourrasque sur mer, tempête de peu de durée. || *Coup de feu,* coup tiré avec une arme à feu ; brûlure superficielle causée à un plat par une cuisson trop vive ; moment passager d'activité intense. || *Coup d'œil,* regard ou examen rapide : *J'ai tout compris au premier coup d'œil ;* aptitude à juger, à apprécier rapidement : *Elle se fie à son coup d'œil ;* spectacle qu'on découvre d'un seul regard : *Un promontoire d'où on a un beau coup d'œil.* || Fam. *Coup du père François,* attaque par-derrière avec étranglement. || *Coup pour rien,* action qui n'aboutit à aucun résultat, qui n'est pas prise en compte. — **3.** (précédé d'une prép.) *À coups de,* en recourant largement à : *Il soigne son mal de tête à coups de cachets.* || *Après coup,* une fois la chose faite. || *Au coup par coup,* par des actions spécifiques et différentes à chaque fois. || *Coup sur coup,* successivement : *J'ai appris coup sur coup deux mauvaises nouvelles.* || *Du coup,* en conséquence, du fait même, dès lors : *On lui a demandé des preuves : du coup, il a été bien embarrassé.* || *Du même coup,* par la même occasion, la même conséquence : *Je compte m'y rendre en voiture ; du même coup, je pourrai vous emmener.* || *D'un coup, d'un seul coup,* en une seule fois : *Si je ne peux pas tout emporter d'un coup, je reviendrai ;* soudain : *Il s'est levé d'un coup en entendant la sonnette* (syn. TOUT À COUP). || Fam. *Pour le coup, pour un coup,* cette fois, pour une fois : *Pour un coup, tu es à l'heure.* || *Sous le coup (de)* [en parlant de qqn], sous la menace (de) : *Être sous le coup d'un arrêté d'expulsion ;* sous l'effet (de) : *Il est encore sous le coup de cette émotion.* || *Mourir sur le coup,* instantanément, dès que le coup a été reçu. || *Sur le coup de dix heures, de midi,* etc., vers dix heures, midi, etc. || *Tout à coup, tout d'un coup,* subitement, soudain. — **4.** (précédé d'un v.) *Avoir, prendre, attraper le coup,* le tour de main, le savoir-faire. || *Boire un coup,* absorber une boisson, en partic. du vin. || Fam. *Compter les coups,* observer les phases d'une lutte en restant soigneusement à l'écart. || Fam. *Être aux cent coups,* être affolé, indigné ou en colère. || Fam. *Être, mettre dans le coup,* participer, faire participer à une action ; être au courant, mettre au courant. || *Faire d'une pierre deux coups,* atteindre un double résultat par une seule action. || Fam. *Faire les quatre cents coups,* se livrer à toutes sortes d'excès. || *Marquer le coup,* mettre en relief un détail, un incident ; célébrer un événement. || *Marquer, accuser le coup,* montrer par son attitude qu'on a été sensible à une attaque. || Fam. *En prendre un coup,* subir un dommage, une atteinte, une douleur : *La carrosserie de la voiture en a pris un coup. J'en ai pris un coup quand j'ai appris la nouvelle.* || Fam. *Risquer, tenter le coup,* essayer (syn. TENTER SA CHANCE). || Fam. *Tenir le coup,* résister : *Elle est très fatiguée, mais elle tient tout de même le coup.* || (sujet qqch) *Valoir le coup,* avoir une importance qui mérite qu'on s'en soucie (syn. VALOIR LA PEINE).

coupable [kupabl] adj. et n. (du lat. *culpa,* faute). **1.** Qui est l'auteur ou le responsable d'une faute : *S'il n'était pas coupable, pourquoi se serait-il enfui ?* (syn. FAUTIF, BLÂMABLE ; contr. INNOCENT). *Un employé coupable d'une négligence grave. La police a enfin découvert le coupable.* — **2.** *Plaider coupable,* ne pas contester les faits incriminés (contr. PLAIDER NON COUPABLE). ◆ adj. Se dit d'un acte qui mérite réprobation ou condamnation : *Un oubli coupable* (syn. BLÂMABLE, CONDAMNABLE, RÉPRÉHENSIBLE). [→ CULPABILITÉ.]

coupage [kupaʒ] n. m. Mélange de vin ou d'alcool avec de l'eau ou avec du vin ou un alcool différent.

coupant, e [kupɑ̃] adj. **1.** Qui coupe : *Une lame bien coupante* (syn. AFFILÉ, TRANCHANT). — **2.** *Parole coupante, ton coupant,* manière de parler péremptoire.

1. coupe [kup] n. f. (lat. *cuppa*). **1.** Vase ou verre à pied destiné à recevoir une boisson, un dessert, etc. ; contenance de ce verre : *Une coupe à fruits. Elle a bu deux coupes de champagne.* — **2.** Vase ou objet d'art, généralement en métal précieux, attribué comme récompense au vainqueur ou à l'équipe victorieuse d'une compétition sportive. — **3.** *Il y a loin de la coupe aux lèvres,* il peut arriver bien des événements entre un désir et sa réalisation. — **4.** Compétition sportive où, le plus souvent, les rencontres entre les équipes aboutissent à l'élimination directe du vaincu (par oppos. au *championnat*).

2. coupe [kup] n. f. (de *couper*). **1.** Action ou manière de couper : *La coupe du bois. Elle a une jolie coupe de cheveux.* — **2.** Action, art de tailler un tissu pour en faire un vêtement ; manière dont est fait ce vêtement : *Elle a appris la coupe chez un grand couturier. Un costume d'une coupe élégante.* — **3.** Action de séparer en deux paquets le jeu de cartes, en plaçant au-dessus le paquet qui se trouvait en dessous : *Après la coupe, on distribue les cartes.* — **4.** Étendue d'un bois destinée à être coupée : *Une coupe de 20 hectares.* — **5.** Légère pause marquée dans le débit d'un vers : *Dans les vers classiques, la coupe principale est le plus souvent à l'hémistiche* (syn. CÉSURE). — **6.** Représentation d'une chose telle qu'elle pourrait apparaître si elle était coupée par un plan : *Plusieurs coupes du moteur permettent au public d'en comprendre le fonctionnement.* — **7.** *Coupe sombre,* suppression importante dans un ensemble : *Les services financiers ont fait des coupes sombres dans le budget.* ‖ *Être sous la coupe de qqn,* dépendre de lui, être sous son autorité.

coupé [kupe] n. m. (de *carrosse coupé,* carrosse à un seul fond). Type de carrosserie de voiture à deux portes et généralement à deux places, présentant une ligne sportive (contr. BERLINE).

coupe-chou [kupʃu] n. m. (pl. *coupe-choux*). **1.** Sabre court. — **2.** *Fam.* Rasoir à lame.

coupe-circuit [kupsirkɥi] n. m. inv. Appareil destiné à couper un circuit électrique, lorsque l'intensité devient trop élevée.

coupe-coupe [kupkup] n. m. inv. Sabre d'abattis, utilisé en particulier dans la forêt vierge, dans les plantations exotiques.

coupe-faim [kupfɛ̃] n. m. inv. Médicament provoquant une perte de l'appétit.

coupe-feu [kupfø] n. m. inv. Dispositif destiné à arrêter la propagation des incendies (mur dans un bâtiment, large allée dans une forêt).

coupe-file [kupfil] n. m. inv. Carte officielle permettant à son titulaire de franchir des barrages de police, de passer par priorité dans une foule, etc.

coupe-gorge [kupgɔrʒ] n. m. inv. Lieu, établissement dangereux où l'on risque de se faire attaquer par des malfaiteurs.

coupelle [kupɛl] n. f. Petite coupe.

coupe-papier [kuppapje] n. m. inv. Instrument de bureau constitué par une lame de métal, d'os, etc., et destiné à couper des feuilles de papier.

couper [kupe] v. t. (de *coup*). **1.** *Couper qqch (concret),* le diviser au moyen d'un instrument tranchant, d'un projectile : *Couper une branche d'un coup de hache* (syn. DÉTACHER, SÉPARER). *Couper la tête à un condamné* (syn. TRANCHER). *Couper un ruban avec une paire de ciseaux. Le chirurgien hésitait à couper le bras de l'accidenté* (syn. AMPUTER). *Qui va couper le gâteau ?* (syn. DÉCOUPER, PARTAGER). *La couturière coupe une robe* (= elle en taille les morceaux dans la pièce de tissu). *La balle a coupé une artère* (syn. SECTIONNER). — **2.** *Couper un objet, une partie du corps,* etc., lui faire une entaille, une blessure : *Un éclat de verre l'a coupé au doigt* (syn. ENTAMER). *D'un geste maladroit, elle a coupé le bord de la feuille* (syn. ENTAILLER). — **3.** *Couper qqch,* retrancher une partie d'un ensemble : *La fin de l'émission a été coupée pour respecter l'horaire.* — **4.** *Couper qqn de qqch, de qqn,* l'isoler en le séparant : *Vivre dans la solitude, coupé du reste du monde.* — **5.** Faire cesser la continuité de qqch, interrompre : *La communication téléphonique a été coupée. Couper l'eau, le gaz, l'électricité avant de partir en vacances. Son père l'avait menacé de lui couper les vivres. L'infirmière lui a donné des comprimés pour couper la fièvre* (syn. ARRÊTER). *Le chagrin lui coupe l'appétit* (= lui enlève l'envie de manger). — **6.** Diviser, partager (sans instrument) : *Le fleuve coupe la ville en deux parties.* — **7.** Fam. *À couper au couteau,* très épais : *Un brouillard à couper au couteau.* ‖ *Couper une balle,* au tennis, au ping-pong, renvoyer la balle en lui donnant un effet de rotation sur elle-même. ‖ *Couper une boisson,* la mélanger avec une autre. ‖ *Couper les bras, couper bras et jambes à qqn,* le mettre hors d'état d'agir. ‖ *Couper une carte,* à un jeu de cartes, jouer un atout sur une carte d'une autre couleur jouée par un adversaire. ‖ *Couper (les cartes),* partager un jeu de cartes en deux paquets. ‖ *Couper un chat, un chien,* les châtrer. ‖ Fam. *Couper les cheveux en quatre,* être trop pointilleux, faire des distinctions trop subtiles. ‖ *Couper ses effets à qqn,* lui causer une gêne qui l'empêche d'obtenir l'effet de surprise ou d'admiration qu'il escomptait. ‖ *Couper l'herbe sous le pied à qqn,* le devancer dans une entreprise de façon à lui en ôter la possibilité ou le mérite. ‖ *Couper la parole à qqn,* l'interrompre quand il parle (sujet qqn); ne pas lui permettre de parler (sujet qqch indiquant une cause physique, morale) : *L'émotion lui coupait la parole.* ‖ *Couper la poire en deux,* partager par moitié les avantages et les inconvénients; transiger. ‖ *Couper les ponts avec qqn,* cesser toutes relations avec lui. ‖ Fam. *Couper le sifflet à qqn,* l'interrompre péremptoirement. ‖ *Couper le souffle à qqn,* le stupéfier. ‖ *En avoir le souffle coupé,* être étonné au point d'en perdre la respiration. ◆ v. t. ind. Fam. *Couper à une corvée, à un inconvénient,* s'y soustraire, y échapper. ‖ Fam. *Y couper de qqch* (punition, corvée, etc.), l'éviter : *Tu n'y couperas pas d'une amende.* ◆ v. i. **1.** (sujet qqch) Être tranchant, affilé : *Votre couteau ne coupe pas, il faut l'aiguiser.* — **2.** (sujet qqn) Aller par un itinéraire direct, prendre un raccourci : *En coupant à travers champs, on gagne une demi-heure.* ◆ ***se couper*** v. pr. **1.** (sujet qqn) Se faire une entaille, une blessure avec un instrument tranchant. — **2.** (sujet des voies, des lignes, etc.) Se croiser : *Deux droites se coupent en un point et un seul.* — **3.** *Fam.* (sujet qqn) Laisser échapper ou laisser deviner par mégarde ce qu'on voulait cacher : *Il s'est coupé en prétendant n'avoir jamais reçu cette lettre, dont il avait fait état auparavant* (syn. SE CONTREDIRE, SE TRAHIR). — **4.** *Se couper de,* perdre le contact avec : *Elle s'est coupée de sa famille.* ‖ *Se couper en quatre,* dépenser une intense activité, se partager entre des tâches multiples.

couperet [kuprɛ] n. m. **1.** Couteau ou hachoir de cuisine ou de boucherie. — **2.** Lame de la guillotine.

couperose [kuproz] n. f. (lat. *cuprirosa,* rose de cuivre). Coloration d'un visage couperosé.

couperosé, e [kuproze] adj. *Visage, nez couperosé,* dont la coloration rouge est due à la dilatation des vaisseaux capillaires (syn. ROUGEAUD).

coupeur, euse [kupœr] n. **1.** Personne qui coupe : *Les Indiens coupeurs de têtes.* — **2.** Ouvrier tailleur qui coupe les vêtements.

coupe-vent [kupvɑ̃] n. m. Vêtement dont la texture isole de l'air, du vent.

couplage [kuplaʒ] n. m. Action de coupler : *Le couplage de deux résistances électriques.*

couple [kupl] n. m. (lat. *copula,* lien). **1.** Homme et femme mariés, ou unis par les liens de l'amour, ou réunis momentanément pour une danse, dans un cortège, etc. : *Des couples valsaient.* — **2.** Animaux réunis deux à deux, mâle et femelle : *Prendre un couple de renards au terrier.* (→ ACCOUPLER.)

couplé [kuple] n. m. Aux courses de chevaux, mode de pari consistant à désigner les deux premiers dans l'ordre d'arrivée *(couplé gagnant)* ou non *(couplé placé).*

coupler [kuple] v. t. *Coupler des mécanismes,* les réunir par deux, coordonner automatiquement leur fonctionnement : *Coupler des moteurs. Un appareil photographique avec télémètre couplé* (= dont le réglage commande automatiquement la mise au point de l'objectif). [→ ACCOUPLER.]

couplet [kuplɛ] n. m. **1.** Strophe d'une chanson : *Les couplets sont séparés par un refrain.* — **2.** Fam. Propos que qqn répète à tout instant : *C'est toujours le même couplet* (syn. CHANSON, REFRAIN, RENGAINE).

coupleur [kuplœr] n. m. Dispositif de connexion dans un circuit électrique.

coupole [kupɔl] n. f. (it. *cupola*). **1.** Voûte en demi-sphère (désigne surtout la voûte vue de l'intérieur de l'édifice; l'aspect extérieur s'appelle généralement *dôme*) : *La coupole des Invalides à Paris.* — **2.** *Entrer sous la Coupole,* être élu à l'Académie française.

coupon [kupɔ̃] n. m. (de *couper*). **1.** Reste d'une pièce de tissu : *Acheter des coupons en solde.* — **2.** Titre détachable, joint à une action ou à une obligation et qu'on remet pour percevoir l'intérêt : *Elle a touché ses coupons de rente.*

coupon-réponse [kupɔ̃repɔ̃s] n. m. (pl. *coupons-réponse*). Carte à découper sur une annonce publicitaire, et qui permet d'obtenir des informations sur le produit faisant l'objet de la publicité.

coupure [kupyr] n. f. **1.** Incision faite dans un corps par un instrument tranchant : *Il s'est fait une coupure au doigt avec son couteau* (syn. ENTAILLE). — **2.** Rupture entre des époques successives, divergence d'opinions, etc. : *La guerre a produit une coupure dans le développement de cette industrie. Une coupure s'est établie sur cette question à l'intérieur de la majorité.* — **3.** Suppression d'un passage dans un ouvrage destiné à l'impression ou dans un film. — **4.** *Coupure de courant,* interruption du courant électrique. ‖ *Coupures de journaux, de presse,* articles de journaux découpés. — **5.** Billet de banque d'une valeur moindre que celle du billet type : *J'ai payé en coupures de vingt francs.*

cour [kur] n. f. (lat. *cohors, cohortis*).
— **I. 1.** Espace découvert, clos de murs ou de bâtiments et dépendant d'une habitation ou d'un bâtiment public : *Les tracteurs entrent dans la cour de la ferme. Un appartement dont certaines fenêtres donnent sur la rue et les autres sur une cour. Les enfants jouent dans la cour de l'école.* — **2.** *Côté cour* (par oppos. à *côté jardin*), côté droit d'un théâtre, pour le spectateur placé face à la scène.
— **II. 1.** Ensemble des personnages qui entourent un souverain; lieu où vivent le souverain et son entourage; son gouvernement : *La reine avait invité toute la cour aux fiançailles de la princesse.* — **2.** Entourage de personnes empressées à plaire à qqn, à rechercher ses faveurs : *Un romancier entouré de toute une cour d'admirateurs.* — **3.** *Être bien, être mal en cour,* jouir, ne pas jouir de la faveur de qqn. ‖ *Faire sa cour,* chercher à se ménager la faveur de qqn. ‖ *Faire la cour à une femme, à qqn,* chercher à lui plaire, à gagner son cœur par toutes sortes d'attentions (syn. COURTISER).
— **III.** Tribunal, juridiction d'une certaine importance : *Cour d'assises. Cour de cassation. Cour des comptes. À l'entrée de la cour, toute la salle se lève.*

courage [kuraʒ] n. m. (de *cœur*). **1.** Énergie morale, force d'âme qui permet de résister aux épreuves, d'affronter le danger ou la souffrance, qui pousse à agir avec fermeté : *Elle a montré beaucoup de courage à la mort de son mari* (syn. fam. CRAN). *Un soldat qui s'est battu avec courage* (syn. BRAVOURE, VAILLANCE, HARDIESSE). *Ne perdez pas courage. S'armer de courage. Rassembler tout son courage.* — **2.** Ardeur mise à entreprendre une tâche : *Cet élève pourrait bien réussir s'il travaillait avec plus de courage* (syn. ZÈLE). — **3.** *Avoir le courage de ses opinions,* ne pas hésiter à manifester ses opinions et à y conformer sa conduite. ‖ *Courage!,* interj. qui sert à encourager. ‖ Fam. *Prendre son courage à deux mains,* déployer toute sa volonté pour surmonter ses appréhensions, pour oser faire qqch.

courageusement [kuraʒøzmɑ̃] adv. De façon courageuse : *Lutter courageusement* (syn. BRAVEMENT, VAILLAMMENT, HARDIMENT, VALEUREUSEMENT). *Elle s'est courageusement mise à la tâche.*

courageux, euse [kuraʒø] adj. (avant ou après le n.) Qui manifeste du courage : *Il a été très courageux pendant toute sa maladie. Un pilote, un sauveteur courageux* (syn. BRAVE [après le n.], VAILLANT, HARDI, VALEUREUX). *Un discours courageux. Une courageuse intervention.*

couramment [kuramɑ̃] adv. De façon courante : *Je parle couramment l'allemand* (= sans difficulté, avec naturel). *Une question qu'on pose couramment* (syn. FRÉQUEMMENT).

1. courant, e [kurɑ̃] adj. (de *courir*). **1.** *Chien courant,* chien de chasse dressé à poursuivre le gibier (par oppos. à *chien couchant*). ‖ *Eau courante,* eau qui s'écoule (contr. EAU STAGNANTE); eau distribuée par les canalisations dans une habitation : *Un appartement qui n'a pas l'eau courante.* ‖ *Le mois courant, le 15 courant,* le mois où l'on est, le 15 du mois présent. — **2.** Qui ne sort pas de l'ordinaire, qu'on trouve sans difficulté : *Au début du XXe s., le téléphone n'était pas, comme aujourd'hui, d'un usage courant* (syn. NORMAL, QUOTIDIEN, RÉPANDU; contr. RARE, EXCEPTIONNEL). *Une arme d'un modèle courant* (syn. USUEL; contr. SPÉCIAL). *Les résultats obtenus par les procédés courants* (syn. HABITUEL, ORDINAIRE, CLASSIQUE). *Le mal est sans gravité : c'est un incident courant* (syn. BANAL, FRÉQUENT). *En quelques mois, les enfants doivent parvenir à la lecture courante* (= à lire normalement, sans trébucher sur les mots). — **3.** *Affaires courantes,* celles qui sont actuellement en cours : *Le cabinet démissionnaire expédie les affaires courantes.*

2. courant [kurɑ̃] n. m. **1.** (sans compl. ou + adj.) Masse d'eau en mouvement (dans un fleuve, une rivière, la mer); masse d'air en mouvement : *La barque, mal attachée à un arbre de la berge, a été emportée par le courant. Les courants marins sont des masses d'eau qui se déplacent dans les océans. Des courants atmosphériques.* — **2.** (+ compl.) Déplacement orienté d'un ensemble de personnes : *Le développement industriel a provoqué de vastes courants de population vers quelques grands centres* (syn. MOUVEMENT). — **3.** (+ compl. ou adj.) Mouvement général des idées ou des sentiments : *Un courant de scepticisme s'est manifesté en France à diverses époques. Le courant romantique. Certains organismes s'efforcent d'analyser les courants politiques* (syn. TENDANCE). *Cette candidate a bénéficié d'un courant de sympathie.* — **4.** *Courant d'air,* air en mouvement qui circule entre des ouvertures opposées; se dit de qqn qui est très pressé, qui ne fait qu'aller et venir. ‖ *Courant (électrique),* circulation d'électricité dans un conducteur : *Une coupure de courant. En réparant l'installation, j'ai reçu le courant dans les doigts.* ‖ *Suivre le courant,* se laisser aller dans la voie de la facilité, faire comme les autres. — **5.** *Être au courant (de qqch),* être renseigné, informé : *Tu as été malade? Je n'étais pas au courant. Êtes-vous au courant des derniers projets?* (syn. CONNAÎTRE). — **6.** *Mettre, tenir qqn au courant (de qqch),* le renseigner sur l'état d'une affaire. — **7.** *Dans le courant de la semaine, du mois, de l'année,* à un moment d'une de ces périodes. ‖ *Courant + mois,* au cours de tel mois, de telle année : *Je vous verrai courant septembre.*

courbature [kurbatyr] n. f. Douleur musculaire, fatigue résultant d'un effort, d'une position du corps inconfortable, d'une maladie : *Le lendemain de cette pénible journée de marche, nous étions pleins de courbatures. La grippe donne généralement des courbatures.*

courbaturé, e [kurbatyre] ou **courbatu, e** [kurbaty] (vieilli) adj. (de *court* et *battu*). Qui souffre de courbatures : *Il est revenu tout courbaturé de cette promenade.*

courbe [kurb] adj. (lat. *curvus*). Se dit d'une ligne ou d'une surface qui a plus ou moins la forme ou la coupe d'un arc : *Un projectile qui suit une trajectoire courbe. Un arbre aux branches courbes* (syn. ARQUÉ). *La tôle de la carrosserie est légèrement courbe en cet endroit* (syn. INCURVÉ). ◆ n. f. **1.** Ligne courbe : *La route fait une courbe pour contourner la ville.* — **2.** Graphique représentant les variations d'un phénomène; évolution de ce phénomène : *La production de l'usine a suivi une courbe ascendante depuis dix ans.* — **3.** *Courbe de niveau,* en cartographie, ligne imaginaire reliant tous les points situés à une même altitude, utilisée pour représenter le relief.

courber [kurbe] v. t. **1.** *Courber un objet,* le rendre courbe en exerçant une force sur lui : *Le vent courbe les peupliers* (syn. PLIER, PLOYER). *Courber une baguette* (syn. INCURVER). — **2.** *Courber le tête, le dos, l'échine,* tenir la tête penchée en avant, arrondir le dos, en signe d'humilité, de soumission : *Il courbait la tête devant les reproches;* s'abaisser devant qqn (litt.). ◆ ***se courber*** v. pr. (sujet qqn) Incliner le corps en avant.

courbette [kurbɛt] n. f. **1.** *Fam.* Salut obséquieux. — **2.** *Faire des courbettes devant* (ou à) *qqn,* lui prodiguer des marques exagérées de déférence.

courbure [kurbyr] n. f. **1.** État, aspect de ce qui est courbe : *La courbure de la voie ferrée ne permet pas de voir venir le train de loin.* — **2.** Partie courbe de qqch.

courette [kurɛt] n. f. Petite cour.

coureur, euse [kurœr] n. Personne qui participe à une compétition sportive consistant en une course à pied, à vélo, en voiture : *Coureur de vitesse, de fond. Coureur automobile, cycliste.* ◆ adj. et n. Homme, femme qui recherche les aventures amoureuses : *Qu'est-ce qu'elle est coureuse! Un coureur de jupons.*

courge [kurʒ] n. f. (lat. *cucurbita*). Gros légume rond, qui sert à faire des potages, des purées, etc.

courgette [kurʒɛt] n. f. Variété de courge, de forme allongée.

courir [kurir] v. i. (lat. *currere*) [c. **29**]. **1.** (sujet qqn, un animal) Se déplacer rapidement en faisant agir vivement ses jambes ou ses pattes : *Voyant qu'elle était en retard, elle se mit à courir* (syn. fam. ↑GALOPER; pop. CAVALER). *Les enfants courent en tous sens sur la plage. Le chien court après un lièvre. Courir à toutes jambes, à fond de train, à perdre haleine, comme un lièvre, comme un dératé, ventre à terre,* etc. (= courir très vite). — **2.** (sujet qqn, un cheval) Participer à une course : *Le jockey court sous les couleurs de quelle écurie?* — **3.** (sujet qqn) Aller de divers côtés pour chercher qqch, dans une intention précise : *J'ai couru partout pour trouver une pièce de rechange* (syn. SE DÉMENER). *Vous m'avez fait courir, avec cette enquête!* — **4.** (sujet qqch) Être mû par un mouvement rapide : *L'eau court dans cette canalisation. Une benne qui court le long d'un câble* (syn. ↓SE DÉPLACER). — **5.** (sujet qqch) Se dérouler dans le temps : *Les intérêts de cette somme courent depuis dix ans. Par le temps qui court (les temps qui courent), c'est une aubaine de trouver un appartement à louer* (= dans les circonstances actuelles). — **6.** (sujet qqch) S'étendre en longueur : *Un sentier qui court sur la falaise.* — **7.** (sujet une nouvelle, un bruit, etc.) Se répandre rapidement : *Ne vous fiez pas aux rumeurs qui courent* (syn. CIRCULER, SE PROPAGER). *On a fait courir le bruit de sa mort. Il court sur son compte quelques bonnes histoires.* — **8.** *Courir à sa perte, à sa ruine, à un échec,* agir d'une manière qui provoquera infailliblement le désastre, la ruine, l'échec. ‖ *Courir à un spectacle,* s'y porter en grand nombre, y affluer. ‖ *Courir après une femme, un homme,* la, le poursuivre de ses assiduités. ‖ *Courir après la fortune, le succès,* les rechercher avec empressement. ‖ *Courir après son ombre,* faire des efforts pour obtenir qqch d'inaccessible. ‖ Pop. *Courir (sur le système, sur le haricot) à qqn,* l'ennuyer. ‖ *En courant,* à la hâte : *Répondre en courant à une lettre.* ‖ *Laisser courir,* laisser les choses se poursuivre, sans s'en occuper. ‖ Fam. *Tu peux (toujours) courir,* se dit pour signifier à qqn que tous ses efforts seront vains, qu'il agit en pure perte. ◆ v. t. **1.** *Courir les bals, les agences, les magasins,* etc., les fréquenter assidûment, aller sans cesse de l'un à l'autre. — **2.** *Courir (les filles),* les courtiser, les rechercher, flirter. — **3.** *Courir un cent mètres, le Grand Prix,* etc., disputer cette compétition sportive. — **4.** *Courir sa chance,* compter sur elle pour affronter une situation dangereuse. ‖ *Courir un risque, un danger,* y être exposé : *C'est un risque à courir* (= une chance à tenter). *On l'avait averti des dangers qu'il courait en restant près de la machine.* — **5.** *Courir un cerf,* le poursuivre dans une chasse à courre. — **6.** (sujet qqn, qqch) Fam. *Courir les rues,* être très connu de tout le monde, être très répandu : *Un livre qui court les rues. Des gens compétents, ça ne court pas les rues.*

courlis [kurli] n. m. (onomat.; d'après le cri de l'oiseau). Oiseau échassier migrateur, à long bec arqué.

couronne [kurɔn] n. f. (lat. *corona*). **1.** Objet circulaire qu'on porte sur la tête en signe d'autorité, de récompense ou d'ornement : *Une couronne royale en or enrichie de pierreries. La mariée portait une couronne de fleurs blanches. Un héros représenté la tête ceinte d'une couronne de laurier.* — **2.** Autorité royale, dynastie souveraine (ordinairement avec majusc.) : *La Couronne d'Angleterre. Les joyaux de la Couronne.* — **3.** Objet de forme circulaire : *Acheter une couronne à la boulangerie* (= un pain en forme de couronne). — **4.** *Couronne de la dent,* partie visible de la dent, en émail. ‖ *Couronne dentaire,* sorte de capsule en métal ou en autre matière qui recouvre cette partie de la dent : *Le dentiste m'a posé une couronne en céramique.* — **5.** *Couronne (mortuaire),* fleurs disposées sur un support circulaire, offertes à la mémoire d'un défunt lors des funérailles : *Ni fleurs ni couronnes.* — **6.** Unité monétaire en Suède, Danemark, Norvège, Islande, Tchécoslovaquie, etc.

couronné, e [kurɔne] adj. *Dent couronnée,* pourvue d'une couronne. ‖ *Tête couronnée,* roi, reine.

couronnement [kurɔnmɑ̃] n. m. Action de couronner : *Le couronnement d'une reine. Une réussite qui est le couronnement d'une année de recherches.*

couronner [kurɔne] v. t. **1.** *Couronner un roi, un prince,* lui poser solennellement une couronne sur la tête en lui conférant officiellement le pouvoir royal ou impérial. — **2.** *Couronner un ouvrage, un auteur,* honorer son mérite par un prix, une distinction : *Un livre couronné par l'Académie française.* — **3.** (sujet qqch) *Couronner qqch,* être disposé tout autour de lui : *Les remparts du château fort couronnaient la colline.* — **4.** (sujet qqch) *Couronner l'œuvre de qqn, sa carrière,* constituer une distinction éminente pour qqn, porter au plus haut point : *Cette nomination au Collège de France couronne sa carrière. Des efforts couronnés de succès* (= qui aboutissent à un heureux résultat). ◆ ***se couronner*** v. pr. (sujet un cheval) Se blesser aux genoux.

courre [kur] v. t. (lat. *currere*). *Chasse à courre,* où on poursuit le gibier à cheval et avec des chiens. (Le mot est un anc. inf. de *courir.*)

courrier [kurje] n. m. **1.** Ensemble de la correspondance (lettres, imprimés, paquets) : *Le facteur n'avait pas encore distribué le courrier.* — **2.** Chronique d'un journal consacrée à certaines informations, à la publication de certaines correspondances (avec un compl., un adj.) : *Le courrier des lecteurs publie des lettres de correspondants. Le courrier du cœur permet à des gens d'exposer leurs problèmes sentimentaux.*

courroie [kurwa] n. f. (lat. *corrigia*). **1.** Bande de cuir, de tissu, etc., servant à tenir ou à fixer un objet : *Passer à son épaule la courroie d'un appareil photographique.* — **2.** *Courroie de transmission,* bande de cuir servant à transmettre le mouvement d'une poulie à une autre dans une machine.

courroucer [kuruse] v. t. (c. **1**). *Litt.* Mettre en colère. ◆ ***se courroucer*** v. pr. Se mettre en colère.

courroux [kuru] n. m. (du lat. *corruptum,* aigri). *Litt.* Vive colère.

cours [kur] n. m. (lat. *cursus*).
— **I. 1.** Suite de faits dont l'enchaînement s'étend sur une certaine durée : *Pendant tout le cours de sa maladie elle a dû suivre un régime* (syn. DURÉE). *La nouvelle stratégie a modifié le cours de la guerre* (syn. DÉROULEMENT). *L'enquête suit son cours* (= elle se poursuit). — **2.** Écoulement des eaux d'un fleuve, d'une rivière : *La Seine a un cours régulier.* — **3.** Trajet parcouru par un fleuve ou une rivière : *Le Rhône n'est navigable que sur une partie de son cours.* — **4.** *Cours d'eau,* terme générique donné à toutes les eaux courantes (fleuve, rivière, ruisseau, canal). — **5.** *Au cours de, dans le cours de, en cours de qqch,* pendant toute la durée de : *Je l'ai vu plusieurs fois au cours de l'année* (syn. DURANT). *Dans le cours de la conversation, elle m'a fait part de quelques projets* (syn. PENDANT). *On a pris de l'essence en cours de route* (= pendant le trajet). ‖ *Capitaine au long cours,* officier de la marine marchande qualifié pour naviguer au long cours. ‖ *Donner cours, donner* (ou *laisser*) *libre cours à un sentiment,* le laisser se manifester sans retenue. ‖ *Être en cours,* se dit de ce qui a commencé et qui s'achemine plus ou moins directement vers son achèvement : *Des essais sont en cours. L'appartement est en cours d'aménagement* (= on est en train de l'aménager). ‖ *Navigation au long cours,* celle où on fait de longues traversées, en haute mer (contr. NAVIGATION CÔTIÈRE). ‖ *Suivre son cours,* se développer comme prévu : *L'affaire suit son cours.*
— **II. 1.** Prix de vente actuel d'un produit industriel ou commercial, ou d'une valeur mobilière : *On s'attend à une hausse sur le cours des voitures d'occasion* (syn. COTE). *Les cours de la Bourse.* — **2.** *Avoir cours,* être utilisable comme moyen de paiement (sujet la monnaie) : *Les anciennes pièces de cinquante centimes n'ont plus cours;* être admis, être pris en considération (sujet une idée, une théorie, etc.) : *Cette théorie n'a plus cours aujourd'hui.*
— **III. 1.** Série de leçons qu'un professeur donne sur une matière : *Un cours de français, de danse, de couture.* — **2.** Séance pendant laquelle se déroule une leçon : *Aller au cours. Une élève qui s'amuse pendant les cours.* — **3.** Ouvrage qui expose une matière d'enseignement : *Acheter un cours d'électricité* (syn. MANUEL, TRAITÉ). *Un cours polycopié.* — **4.** Établissement spécialisé dans une branche d'enseignement ou s'adressant à une catégorie particulière d'élèves : *Fréquenter un cours de secrétariat. Un cours privé* (syn. ÉTABLISSEMENT SCOLAIRE). — **5.** *Cours préparatoire* (C.P.), *cours élémentaire* (C.E.1, C.E.2), *cours moyen* (C.M.1, C.M.2), chacune des classes successives de l'enseignement élémentaire.

course [kurs] n. f. (it. *corsa*). **1.** Action d'un être animé qui court : *Dans sa course, l'enfant buta sur une pierre et tomba de tout son long. Les policiers ont rattrapé le malfaiteur à la course. Photographier un cheval en pleine course.* — **2.** Mouvement ou déplacement rapide d'un objet dans l'espace : *Le torrent roule des pierres dans sa course. Le navire ralentit sa course.* — **3.** Compétition sportive où plusieurs concurrents luttent de vitesse : *Une course à pied. Une course cycliste, automobile.* — **4.** Mouvement rapide vers un but, en général dans une lutte entre plusieurs rivaux : *La course aux armements accroît les risques de conflit. La course au pouvoir a été très animée entre les deux partis.* — **5.** Trajet parcouru par un corps mobile; le mouvement lui-même : *La course du piston dans le cylindre. La course du balancier est gênée par un frottement.* — **6.** Trajet parcouru en montagne par un alpiniste et correspondant à une ascension déterminée : *Il faut déjà être un alpiniste expérimenté pour faire cette course.* — **7.** Trajet fait à la demande d'un client par un taxi : *Le chauffeur avait fait quatre courses dans la soirée.* — **8.** *Course de taureaux,* syn. de CORRIDA. ‖ *En fin de course,* qui arrive à la limite de son action; sur son déclin. ‖ *Être à bout de course,* ne plus avoir de forces, être épuisé. ‖ Fam. *Être dans la course,* être au courant de l'actualité, avoir suivi le cours des événements (souvent dans une phrase négative) : *Je ne travaille pas depuis des années; je ne suis plus dans la course* (syn. fam. ÊTRE À LA PAGE). ◆ ***courses*** n. f. pl. **1.** Allées et venues pour se procurer qqch; achats faits chez un commerçant : *J'ai quelques courses à faire. Elle a déposé ses courses dans le couloir* (syn. COMMISSIONS, ACHATS, EMPLETTES). — **2.** *Courses (de chevaux),* sport où des chevaux sont engagés dans une course. ‖ *Jouer aux courses,* parier sur les chevaux de course.

courser [kurse] v. t. Fam. *Courser qqn,* le poursuivre à la course.

coursier [kursje] n. m. Celui qui a pour emploi de faire des courses en ville (transmission de messages, de paquets, etc.), pour le compte d'une entreprise.

coursive [kursiv] n. f. (it. *corsiva,* où l'on peut courir). Passage réservé entre les cabines dans le sens de la longueur d'un navire.

1. court, e [kur] adj. (lat. *curtus*) [après ou parfois avant le n.] **1.** Qui a peu d'étendue en hauteur ou en longueur : *L'herbe est plus courte en avril qu'en juin. Une chemise à manches courtes* (contr. LONG). *Je l'ai suivi sur une courte distance* (contr. LONG). — **2.** Dont la durée est relativement brève : *Elle est restée un court instant immobile. La vie est courte* (syn. BREF, ↑ÉPHÉMÈRE). *Je trouve le temps court* (= que le temps passe trop vite). *On a deux heures pour faire notre dissertation, c'est un peu court!* (syn. JUSTE, ↓INSUFFISANT). — **3.** *À courte vue,* sans souci de l'avenir : *Une politique à courte vue.* ‖ *Avoir la mémoire courte,* oublier rapidement. ‖ *Avoir la vue courte,* avoir l'esprit borné, limité; avoir peu de perspicacité. ◆ ***court*** adv. **1.** *Une mode qui habille court. Des cheveux coupés court.* — **2.** *Aller au plus court,* procéder de la façon la plus simple et la plus rapide. ‖ *Couper court à qqch,* le faire cesser brusquement : *Un communiqué officiel a coupé court à tous les commentaires.* ‖ *Demeurer, rester, se trouver court,* cesser subitement de parler ou d'agir, faute de savoir quoi dire ou quoi faire. ‖ *Être à court de qqch,* être privé ou démuni de qqch : *Être à court d'argent, d'arguments.* ‖ *Prendre qqn de court,* le prendre au dépourvu, sans lui laisser le temps de réfléchir ou d'agir. ‖ *Tout court,* sans rien de plus : *On l'appelle Marie tout court* (= sans ajouter son nom de famille).

2. court [kur] n. m. (mot angl.; de l'anc. fr. *court,* cour). Terrain de tennis.

courtage [kurtaʒ] n. m. Profession du courtier; opérations qu'il effectue.

courtaud, e [kurto] adj. et n. (de *court*). De petite taille et assez gros (syn. BOULOT, TRAPU).

court-bouillon [kurbujɔ̃] n. m. (pl. *courts-bouillons*). Bouillon épicé, mêlé de vin ou de vinaigre, dans lequel on fait cuire du poisson.

court-circuit [kursirkɥi] n. m. (pl. *courts-circuits*). **1.** Contact entre deux conducteurs électriques, provoquant le passage direct du courant d'un point à l'autre au lieu du circuit normal : *L'incendie a été causé par un court-circuit.* — **2.** *Fam.* Contact direct entre deux personnes qui abrège le processus normal : *La vente directe du producteur au consommateur est un court-circuit dans le système commercial.*

court-circuiter [kursirkɥite] v. t. **1.** Mettre en court-circuit : *L'éclairage de la pièce a été court-circuité* (= son fonctionnement a été détruit par un court-circuit). — **2.** Passer par une voie plus courte : *Une démarche qui court-circuite la voie hiérarchique* (= qui ne passe pas par les divers échelons successifs). *Un grossiste qui court-circuite les détaillants* (= qui vend directement aux particuliers).

courtepointe [kurtəpwɛ̃t] n. f. (de l'anc. fr. *coute-pointe*, matelas piqué). Syn. de COUVRE-PIEDS.

courtier, ère [kurtje] n. (de l'anc. fr. *courre*, courir). Personne dont le métier consiste à être un intermédiaire pour ses clients dans des opérations commerciales, immobilières, etc. : *Un courtier d'assurances.*

courtisan [kurtizɑ̃] n. m. (it. *cortigiano*). **1.** Homme qui fait partie de la cour d'un souverain. — **2.** Celui qui flatte par intérêt un personnage important : *Un ministre qui s'est laissé convaincre par ses courtisans.*

courtisane [kurtizan] n. f. *Litt.* Prostituée.

courtiser [kurtize] v. t. *Courtiser qqn*, lui faire la cour.

court-jus [kur̊ʒy] n. m. *Fam.* Court-circuit.

court-métrage [kurmetraʒ] n. m. (pl. *courts-métrages*). Film de courte durée.

courtois, e [kurtwa] adj. (de l'anc. fr. *court*, cour princière). Qui se conduit avec une politesse distinguée, une parfaite correction : *Un geste courtois* (contr. GROSSIER). *Des paroles courtoises* (syn. AIMABLE, POLI). *Son procédé n'est guère courtois* (syn. ÉLÉGANT).

courtoisement [kurtwazmɑ̃] adv. De façon courtoise : *Il l'a courtoisement laissée passer devant lui.*

courtoisie [kurtwazi] n. f. Politesse distinguée : *Sa lettre est d'une parfaite courtoisie* (syn. AMABILITÉ). *Des propos qui manquent de courtoisie* (syn. POLITESSE, ÉLÉGANCE).

couru, e [kury] adj. **1.** Se dit d'un lieu, d'un spectacle très recherché, fréquenté : *Une exposition courue par le Tout-Paris.* — **2.** Fam. *C'est couru, c'est couru d'avance*, le résultat ne fait pas de doute : *Tu seras reçu à ton examen, c'est couru* (syn. C'EST ÉCRIT).

couscous [kuskus] n. m. (mot ar.). Plat de l'Afrique du Nord, composé de semoule de blé dur servie avec des légumes, du mouton ou du poulet et du bouillon.

cousette [kuzɛt] n. f. **1.** Jeune ouvrière de la couture. — **2.** Petit étui contenant un nécessaire à couture : aiguilles, fil, dé, etc.

1. cousin, e [kuzɛ̃] n. (lat. *consobrinus*). *Cousin germain* → GERMAIN. ‖ *Petit cousin*, cousin dont le degré de parenté est assez éloigné, cousin issu de germain.

2. cousin [kuzɛ̃] n. m. (lat. *culex, culicis*). Moustique d'une espèce très commune.

cousinage [kuzinaʒ] n. m. *Fam.* Lien de parenté entre des cousins éloignés.

coussin [kusɛ̃] n. m. (du lat. *coxa*, cuisse). **1.** Sac de tissu, de cuir, etc., rempli de crin, de laine, de plume, et destiné au confort de qqn qui s'assoit, s'accoude, s'agenouille, s'adosse, etc. — **2.** *Coussin d'air*, couche d'air insufflée sous un véhicule terrestre (aérotrain) ou marin (aéroglisseur) et qui lui permet de glisser au-dessus du sol ou de l'eau.

coussinet [kusinɛ] n. m. Petit coussin.

cousu, e [kuzy] adj. Fam. *Cousu de fil blanc*, se dit d'une ruse, d'une malice qui saute aux yeux. ‖ Fam. *Cousu main*, se dit d'un ouvrage quelconque fait avec beaucoup de soin, d'excellente qualité. ‖ *Cousu d'or*, qui est très riche.

coût [ku] n. m. Somme que coûte qqch, prix de revient : *Évaluer le coût des réparations. Le coût de la main-d'œuvre a augmenté. Constater une hausse du coût de la vie* (= de la moyenne des prix de tout ce qui s'achète).

coûtant [kutɑ̃] adj. m. *Au prix coûtant*, au prix que cela a coûté, sans bénéfice pour le vendeur.

couteau [kuto] n. m. (lat. *cultellus*). **1.** Instrument tranchant, composé d'une lame et d'un manche : *Couteau de cuisine. Couteau de table* (= destiné à couper les aliments pendant un repas). *Couteau de poche* (= dont la lame se replie sur le manche). — **2.** *Avoir le couteau sous la gorge*, être contraint par la nécessité ou la menace à faire qqch. ‖ *Être à couteaux tirés avec qqn*, être en très mauvais termes avec lui, en lutte ouverte. ‖ *Retourner, remuer, enfoncer le couteau dans la plaie*, aviver la peine ou le dépit de qqn.

couteau-scie [kutosi] n. m. (pl. *couteaux-scies*). Couteau dont la lame porte des dents.

coutelas [kutlɑ] n. m. (it. *coltellaccio*). Grand couteau de cuisine, de boucher.

coutelier, ère [kutəlje] adj. Relatif à la coutellerie : *L'industrie coutelière.*

coutelier [kutəlje] n. m. Fabricant ou marchand de couteaux.

coutellerie [kutɛlri] n. f. **1.** Industrie ou commerce des couteaux. — **2.** Magasin où on vend des couteaux.

coûter [kute] v. i. (lat. *constare*). **1.** (sujet qqch) Avoir tel ou tel prix à l'achat ou à la vente : *Une propriété qui avait coûté cinquante mille francs. Ce livre ne coûte pas cher* (syn. VALOIR). — **2.** (sujet qqn, qqch) Être cause de dépenses : *Mon voyage m'a coûté plus cher que je n'avais prévu* (syn. REVENIR). *Six enfants à élever coûtent beaucoup.* — **3.** (sujet qqch) *Coûter à qqn*, lui être pénible : *Cet aveu lui a beaucoup coûté. Cela me coûte de dire que j'ai menti*; et impersonnellem. : *Il m'en coûte de ne pas pouvoir vous aider.* ◆ v. t. **1.** *Coûter qqch à qqn*, lui causer un effort, un ennui : *Les longues veilles que cet ouvrage m'a coûtées* (syn. VALOIR). *Elle a oublié les larmes que lui a coûtées l'algèbre dans son enfance;* lui causer un dommage, lui faire perdre qqch : *Cette imprudence a failli lui coûter la vie.* — **2.** Fam. *Coûter les yeux de la tête*, être très cher. ‖ Fam. *Coûte que coûte*, quelle que soit l'importance de l'effort nécessaire (syn. À TOUT PRIX).

coûteusement [kutøzmɑ̃] adv. De façon coûteuse : *Une maison très coûteusement aménagée.*

coûteux, euse [kutø] adj. **1.** Qui coûte cher ou qui occasionne des dépenses importantes : *Un outillage coûteux* (syn. ONÉREUX). *Des vacances coûteuses* (syn. ↑RUINEUX, ↑HORS DE PRIX; soutenu DISPENDIEUX). — **2.** Qui impose des efforts, qui a des suites fâcheuses : *Cette démarche lui a été très coûteuse.*

coutil [kuti] n. m. (du lat. *culcita*, matelas). Toile robuste de fil ou de coton dont on se sert pour envelopper matelas, literie, etc., et faire des vêtements d'usage d'un prix modique : *Un pantalon de coutil.*

coutume [kutym] n. f. (lat. *consuetudinem*). **1.** Manière habituelle d'agir répandue dans une société; pratique consacrée par un long usage : *Selon la coutume, l'enfant devait souffler d'un seul coup les dix bougies de son anniversaire* (syn. USAGE). *Cette procession annuelle est une vieille coutume locale. Une province qui tient à garder ses coutumes* (syn. TRADITION). — **2.** *Avoir coutume de* (+ *inf.*), indique ce qu'on fait de manière habituelle (syn. AVOIR L'HABITUDE DE). || *Plus, moins, autant que de coutume,* exprime une comparaison avec le cas habituel : *Il avait mangé plus que de coutume* (syn. PLUS QUE D'HABITUDE). || *Selon sa coutume,* comme il fait habituellement). *Une fois n'est pas coutume,* se dit en manière d'excuse pour une action inhabituelle qui n'engage pas l'avenir.

coutumier, ère [kutymje] adj. 1. Syn. soutenu de HABITUEL : *Faire le travail coutumier.* — 2. *Être coutumier du fait,* avoir l'habitude de commettre un acte répréhensible. (→ ACCOUTUMER [S'].)

couture [kutyr] n. f. 1. Action ou art de coudre : *La couture de cette robe demande plusieurs heures. Elle apprend la couture.* — 2. Ouvrage exécuté par une personne qui coud : *Elle posa sa couture sur la table et alla ouvrir la porte.* — 3. Suite de points cousant des tissus : *Une robe qui a une couture au milieu du dos. Il a fait craquer une couture de sa veste en se baissant.* — 4. Cicatrice allongée : *Il a une grande couture dans le dos.* — 5. *Battre qqn à plate couture,* lui infliger une défaite totale. || Fam. *Examiner, regarder qqch, qqn sur (sous) toutes les coutures,* l'examiner très attentivement. || *La haute couture,* les grands couturiers. || *Maison de couture,* entreprise de haute couture ou de confection.

couturé, e [kutyre] adj. Marqué de cicatrices : *Un visage tout couturé* (syn. BALAFRÉ).

couturier [kutyrje] n. m. Directeur d'une maison de couture, spécialisé dans la création de modèles : *Sa robe sortait de chez un grand couturier.*

couturière [kutyrjɛr] n. f. Femme employée dans une maison de couture ou établie à son compte et qui confectionne des vêtements d'après des modèles.

couvain [kuvɛ̃] n. m. (de *couver*). 1. Œufs des insectes qui vivent en société. — 2. Partie d'un rayon de ruche contenant des œufs et des larves d'abeilles.

couvaison [kuvɛzɔ̃] n. f. Temps pendant lequel un oiseau couve ses œufs.

couvée [kuve] n. f. Ensemble des œufs couvés en même temps ou des oiseaux éclos en même temps.

couvent [kuvɑ̃] n. m. (lat. *conventus,* assemblée). Maison de religieux ou de religieuses vivant en communauté (syn. MONASTÈRE). [→ CONVENTUEL.]

couver [kuve] v. t. (lat. *cubare,* être couché). 1. (sujet un oiseau) *Couver (des œufs),* se tenir sur ses œufs pour les faire éclore : *C'est généralement la femelle qui couve les œufs. Une poule qui couve depuis une semaine.* — 2. (sujet qqn) *Couver qqn,* l'entourer de soins, l'élever avec une tendresse exagérée : *Un enfant couvé par sa mère* (syn. CHOYER, DORLOTER). — 3. *Couver des yeux* (ou *du regard*) *qqn* ou *qqch,* le regarder longuement avec tendresse ou convoitise : *L'enfant couvait des yeux la poupée de l'étalage.* — 4. *Couver une maladie,* en éprouver les signes annonciateurs. ◆ v. i. (sujet une maladie, un mal, un complot). Être latent, sur le point d'éclater : *La révolte couvait depuis longtemps* (syn. ↓SE PRÉPARER). *L'incendie a couvé une partie de la nuit dans un tas de chiffons avant d'éclater.*

couvercle [kuvɛrkl] n. m. (lat. *cooperculum*). Partie mobile qui sert à couvrir ou à fermer un récipient, une boîte, etc. : *Enlève le couvercle de la casserole. Visser le couvercle d'un bocal.*

1. couvert, e [kuvɛr] adj. (de *couvrir*). *Allée couverte,* au-dessus de laquelle les arbres font une voûte de verdure. || *À mots couverts,* par allusions, sans s'exprimer clairement (syn. EN TERMES VOILÉS).

2. couvert [kuvɛr] n. m.
— I. 1. *Litt.* Voûte de feuillage, de branchages : *Dormir sous le couvert d'un hêtre.* — 2. *À couvert (de),* à l'abri (de), en sécurité : *Avec ses témoignages, vous êtes à couvert. On n'est jamais sûr d'être à couvert de tels soupçons. Se mettre à couvert contre des réclamations éventuelles* (= dégager sa responsabilité). || Litt. *Sous le couvert de,* sous la responsabilité de qqn, ou sous l'apparence de qqch : *Sous le couvert de la plaisanterie, elle lui a dit quelques dures vérités.*
— II. 1. Ensemble des accessoires de table mis à la disposition de chaque convive : assiettes, verres, cuillers, fourchettes, couteaux, etc. : *Un repas de quinze couverts. Mettre un couvert supplémentaire pour un nouvel arrivant.* — 2. Cuiller, fourchette et couteau : *Des couverts d'argenterie.* — 3. *Mettre le couvert,* disposer sur la table ce qui est nécessaire au repas, y compris la nappe, les serviettes, etc.

couverture [kuvɛrtyr] n. f. (de *couvrir*). 1. Pièce de laine destinée à être étendue sur un lit pour protéger du froid. — 2. Toit d'une maison : *L'immeuble est vieux, mais la couverture est en bon état* (syn. TOITURE). — 3. Partie extérieure plus ou moins rigide d'un livre, d'une revue, d'un cahier : *Couverture cartonnée;* enveloppe de protection d'un cahier (syn. PROTÈGE-CAHIER). — 4. Fam. *Tirer la couverture à soi,* s'approprier tous les avantages d'une opération, au détriment des autres participants. — 5. Personne, action, situation qui sert à protéger, à masquer : *Elle aurait voulu se servir de moi comme couverture* (syn. PARAVENT). *Cet emploi n'est qu'une couverture pour moi.* — 6. Dispositif militaire de protection d'une zone ou d'une opération : *Une couverture aérienne.* — 7. Valeurs ou sommes d'argent déposées en garantie d'une opération financière ou commerciale.

couveuse [kuvøz] n. f. 1. Oiseau de basse-cour qui couve. — 2. Appareil permettant l'éclosion des œufs, sans l'intervention de la femelle qui couve. — 3. Appareil où on maintient les bébés nés prématurément (syn. INCUBATEUR).

couvi [kuvi] adj. m. *Œuf couvi,* à moitié couvé ou pourri.

couvre-chef [kuvrəʃɛf] n. m. (pl. *couvre-chefs*). Syn. plaisant de CHAPEAU, CASQUETTE : *Vous alliez oublier vos couvre-chefs.*

couvre-feu [kuvrəfø] n. m. (pl. *couvre-feux*). 1. Signal ordonnant à une troupe d'éteindre les lumières; heure à partir de laquelle il est défendu d'avoir de la lumière. — 2. Interdiction faite aux habitants d'une ville de sortir de leurs maisons.

couvre-lit [kuvrəli] n. m. (pl. *couvre-lits*). Pièce de tissu destinée à recouvrir un lit (syn. DESSUS-DE-LIT).

couvre-pieds [kuvrəpje] n. m. inv. Couverture de lit, faite de deux pièces de tissu assemblées l'une sur l'autre, garnie intérieurement de laine ou de duvet et ornée de piqûres.

couvreur [kuvrœr] n. m. Ouvrier qui pose ou répare les toitures.

couvrir [kuvrir] v. t. (lat. *cooperire*) [c. 16]. 1. *Couvrir qqch, qqn,* mettre sur eux un objet ou une matière destinés à les protéger : *Elle a fait des housses pour couvrir ses fauteuils. Couvrir d'une bâche un chargement. Couvrir une maison en ardoise, en tuile. Une écolière qui couvre ses livres de classe. Couvrir chaudement un enfant* (syn. VÊTIR). — 2. *Couvrir qqch,* le cacher en mettant dessus un objet, une matière : *Couvrir d'un voile une statue destinée à être inaugurée.* — 3. *Couvrir un récipient,* placer dessus un objet (couvercle) qui le ferme. — 4. (sujet qqch) *Couvrir qqch, qqn,* être disposé ou répandu sur eux : *La nappe qui couvre la table. Un manteau qui couvre les genoux. Les brûlures lui couvraient le corps. Des constructions neuves couvrent ce quartier. Un manuscrit couvert de ratures.* — 5. *Couvrir qqn, qqch de choses,* en répandre sur eux un grand nombre; donner à qqn beaucoup de choses : *Couvrir une table de livres, un tableau d'inscriptions* (syn. CHARGER). *Tu as couvert de taches ton costume neuf* (syn. CRIBLER, CONSTELLER). *On l'a couvert d'éloges* (syn. COMBLER). *Couvrir qqn de ridicule, de honte, d'injures,* etc. (= l'accabler de ridicule, de honte, etc.). *Couvrir un enfant de cadeaux* (= le combler). — **6.** *Couvrir un bruit,* le masquer, empêcher qu'on l'entende en produisant un bruit plus fort : *Le grondement du train couvrit ses paroles.* — **7.** *Couvrir qqn,* assumer la responsabilité de ses actes, le mettre à l'abri des poursuites judiciaires : *Le ministre a couvert l'erreur du préfet.* — **8.** *Couvrir un emprunt,* en assurer la souscription complète. ‖ *Couvrir le risque (de qqn),* lui assurer une garantie contre ce risque, une protection : *Une police d'assurance qui couvre des risques étendus.* — **9.** *Couvrir l'événement,* dans le langage des journalistes, assurer une information complète sur un événement. ‖ *Couvrir les frais, les dépenses,* les compenser par d'autres recettes. ‖ *Couvrir la retraite d'une troupe,* protéger cette troupe dans sa retraite. — **10.** *Couvrir une distance,* la parcourir : *Un voyageur, une voiture qui couvre 800 kilomètres dans sa journée.* — **11.** (sujet un animal mâle) *Couvrir une femelle,* s'accoupler avec elle : *C'est un pur-sang qui a couvert cette jument.* ◆ ***se couvrir*** v. pr. **1.** (sujet qqch) *Se couvrir de qqch,* être progressivement gagné par qqch qui se répand à la surface : *Un arbre qui se couvre de mousse. Les prés qui se couvrent de fleurs.* — **2.** (sujet qqn) Mettre un vêtement, mettre son chapeau : *Nous nous étions bien couverts pour sortir par ce froid* (syn. SE VÊTIR). *Couvrez-vous, je vous prie.* — **3.** *Le temps se couvre,* les nuages s'accumulent. — **4.** (sujet qqn) Se ménager une protection, une assurance : *Elle a aussitôt fait un rapport à sa chef de service pour se couvrir.* — **5.** (sujet un sportif, une équipe) Assurer sa défense.

cover-girl [kɔvœrgœrl] n. f. (de l'angl. *cover,* couverture, et *girl,* jeune femme) [pl. *cover-girls*]. Jeune femme posant pour les photographies de magazines de mode.

cow-boy [k(a)ɔbɔj] n. m. (mot angl. signif. *garçon de vache*) [pl. *cow-boys*]. Gardien de troupeau dans un ranch américain : *Des enfants qui jouent aux cow-boys.*

coyote [kɔjɔt] n. m. (aztèque *coyotl*). Mammifère carnassier d'Amérique, voisin du loup et du chacal.

c. q. f. d. [sekyɛfde], abrév. de *ce qu'il fallait démontrer,* formule par laquelle on conclut une démonstration.

crabe [krab] n. m. (néerl. *crabbe*). **1.** Crustacé au corps arrondi, muni de pinces : *Il est allé pêcher des crabes dans les rochers à marée basse.* — **2.** Fam. *Marcher en crabe,* marcher de côté. ‖ *Panier de crabes,* groupe de gens qui cherchent à se nuire mutuellement.

crac! [krak] interj. Exprime un craquement soudain ou un incident subit.

crachat [kraʃa] n. m. Salive ou mucosité qu'on crache.

craché, e [kraʃe] adj. Fam. *C'est son portrait tout craché, c'est lui tout craché,* c'est son portrait très ressemblant.

crachement [kraʃmɑ̃] n. m. **1.** *Crachement de sang,* vomissement de sang. — **2.** Bruit d'un récepteur radiophonique, téléphonique, etc., qui crache : *L'orage produit des crachements dans le poste* (syn. CRÉPITEMENT).

cracher [kraʃe] v. t. (bas lat. *craccare*). **1.** Rejeter de sa bouche : *Cracher du sang.* — **2.** *Cracher des injures, des sottises,* les lancer vivement à l'adresse de qqn. — **3.** (sujet qqch) *Cracher des projectiles, de la fumée,* etc., lancer ces projectiles, émettre avec force cette fumée : *Un volcan qui crache des laves.* — **4.** Pop. *Cracher de l'argent,* le verser, le débourser. ◆ v. i. **1.** Rejeter des crachats : *Le dentiste demande au patient de cracher. Il est interdit de cracher par terre.* — **2.** *Plume qui crache,* qui accroche le papier et projette des gouttelettes d'encre. ‖ *Le poste de radio, de télévision crache,* il fait entendre des bruits parasites. ◆ v. t. ind. Fam. *Cracher sur qqch, qqn,* le mépriser. ‖ Fam. *Ne pas cracher sur qqch,* l'apprécier, ne pas le dédaigner : *Je ne crache pas sur le bon vin.*

crachin [kraʃɛ̃] n. m. Petite pluie fine et pénétrante : *En Bretagne, il y a souvent du crachin.*

crachoir [kraʃwar] n. m. **1.** Récipient mis à la disposition de qqn pour cracher. — **2.** Fam. *Tenir le crachoir à qqn,* rester auprès de lui pour entretenir la conversation.

crachotement [kraʃɔtmɑ̃] n. m. Action de crachoter.

crachoter [kraʃɔte] ou, fam., **crachouiller** [kraʃuje] v. i. Cracher souvent et à petits coups.

crack [krak] n. m. (mot angl. signif. *fameux*). **1.** Cheval de course ayant remporté de nombreux prix. — **2.** *Fam.* Personne qui excelle dans une matière : *Cet élève est un crack en mathématiques.*

craie [krɛ] n. f. (lat. *creta*). **1.** Roche calcaire tendre et blanche : *La craie abonde en Normandie.* — **2.** Bâtonnet de cette substance, parfois colorée, servant à écrire au tableau noir, sur un mur, etc.; poussière laissée par cette matière : *L'élève fait grincer sa craie sur le tableau.*

craindre [krɛ̃dr] v. t. (bas lat. *cremere*) [c. 55]. **1.** *Craindre qqn, qqch, craindre que (ne) + subj.,* de (+ *inf.*), éprouver de l'inquiétude, de la peur, causée par eux : *C'est un homme violent, tous ses voisins le craignent* (syn. AVOIR PEUR DE, ↑REDOUTER). *Craignant les serpents, il a mis ses bottes. Craindre la maladie, la mort, le ridicule. Je ne crains pas les reproches. Je crains les difficultés de ce voyage* (syn. APPRÉHENDER). *On a craint un moment pour sa vie. Je crains qu'elle ne vienne pas. Tu ne crains pas qu'il vienne ici? Je crains que vous n'ayez oublié* (ou *que vous ayez oublié*) *quelque chose. Nous craignons d'apprendre une mauvaise nouvelle.* — **2.** (sujet qqn, qqch, un animal) *Craindre qqch,* y être sensible, risquer de subir un dommage à cause de lui : *Ces petits oiseaux sont fragiles, ils craignent le froid. Un tissu qui craint l'eau de javel.* — **3.** *Ne pas craindre de* (+ *inf.*), ne pas hésiter à : *On n'a pas craint de mêler ces deux couleurs.*

crainte [krɛ̃t] n. f. **1.** Sentiment d'un être qui craint : *Elle a la crainte du gendarme. La crainte de vous déplaire m'a arrêté. La crainte qu'on ne le surprenne poursuit le malfaiteur* (syn. PEUR, ↑FRAYEUR, ↑TERREUR). — **2.** *De crainte de, que,* exprime la cause : *De crainte d'une erreur, il est prudent de refaire le calcul. Je marche lentement, de crainte de tomber. Hâtez-vous, de crainte qu'il ne soit trop tard.*

craintif, ive [krɛ̃tif] adj. (avant ou, plus souvent, après le n.) Porté à la crainte : *S'efforcer de mettre en confiance un enfant craintif. Un oiseau trop craintif pour se laisser approcher. Lever sur un policier des yeux craintifs. Un geste craintif* (syn. PEUREUX).

craintivement [krɛ̃tivmɑ̃] adv. De façon craintive : *L'enfant serrait craintivement la main de son père.*

cramoisi, e [kramwazi] adj. (ar. *qirm'zi,* rouge de kermès). **1.** D'un rouge intense, légèrement violacé : *Le rideau cramoisi d'une scène de théâtre.* — **2.** Dont le visage devient très rouge sous l'effet de la honte, de la colère, etc.

crampe [krɑ̃p] n. f. (du frq. *kramp,* courbé). **1.** Contraction prolongée, douloureuse et involontaire, d'un muscle : *La nageuse, atteinte d'une crampe dans la jambe, appelait à l'aide.* — **2.** *Crampe d'estomac,* tiraillement douloureux dans l'estomac.

crampon [krɑ̃pɔ̃] n. m. (frq. *krampo,* crochet). **1.** Morceau de métal recourbé, qu'on engage dans deux pièces pour les rendre fermement solidaires : *Deux moellons assemblés par un crampon.* — **2.** *Chaussures à crampons,* munies de crochets métalliques ou de petits cylindres de cuir, de métal, etc., fixés à la semelle pour empêcher de glisser. ‖ *Pneus à crampons,* munis de pointes d'acier piquées dans la gomme, pour éviter de glisser sur la neige ou le verglas (syn. PNEUS À CLOUS). — **3.** *Fam.* Personne importune dont on n'arrive pas à se débarrasser (syn. fam. RASEUR).

cramponner [krɑ̃pɔne] v. t. Fam. *Cramponner qqn,* s'attacher à lui, insister auprès de lui avec une obstination qui l'importune : *Cette gamine n'arrête pas de me cramponner avec ses questions* (syn. fam. TANNER, RASER, BARBER). ◆ ***se cramponner*** v. pr., **être cramponné** v. pass. **1.** *Se cramponner, être cramponné à qqch,* à *qqn,* s'accrocher des mains, des pieds, à cette chose ou à cette personne : *On eut peine à emmener l'enfant qui se cramponnait à sa chaise. Une automobiliste cramponnée à son volant. Un alpiniste cramponné à un rocher* (syn. S'AGRIPPER). — **2.** *Se cramponner, être cramponné à un espoir, à une décision, à un règlement,* etc., s'y tenir fermement malgré les obstacles, ne pas s'en laisser détourner.

cran [krɑ̃] n. m. (de l'anc. fr. *crener,* entailler). **1.** Entaille faite dans un objet pour retenir une pièce qui vient s'y engager : *Couteau à cran d'arrêt.* — **2.** Trou fait dans une courroie pour la fixer : *Serrer sa ceinture d'un cran.* — **3.** Degré, rang d'importance : *Avancer, reculer, monter, descendre d'un cran.* — **4.** Ondulation des cheveux. — **5.** *Fam.* Énergie, fermeté, endurance dans l'épreuve : *Tu as montré du cran pendant cette longue et douloureuse maladie.* — **6.** Fam. *Être à cran,* être dans un état de grande irritabilité : *On ne peut rien lui dire : elle est à cran* (syn. ÊTRE EXCÉDÉ, AVOIR LES NERFS À FLEUR DE PEAU).

1. crâne [krɑn] n. m. (gr. *kranion*). **1.** Partie osseuse de la tête, qui renferme le cerveau : *Il s'est fracturé le crâne en tombant.* — **2.** *Fam.* Le cerveau, considéré comme le siège des facultés intellectuelles : *Vous avez le crâne dur* (= vous comprenez difficilement). *Il faut se mettre tous ces chiffres dans le crâne* (syn. CERVELLE). — **3.** Fam. *Bourrer le crâne à qqn,* lui faire croire des choses fausses.

2. crâne [krɑn] adj. (après ou, plus rarement, avant le n.) Fier, décidé et un peu fanfaron : *À mesure que le danger approchait, il paraissait moins crâne* (syn. HARDI). *Un air crâne, une réponse crâne. Une crâne assurance.*

crânement [krɑnmɑ̃] adv. *Litt.* De façon crâne : *Ils chantaient crânement sous la pluie glaciale.*

crâner [krɑne] v. i. *Péjor.* Prendre un air de supériorité, faire l'important.

crânerie [krɑnri] n. f. *Fam.* Bravoure, fierté un peu ostentatoire.

crâneur, euse [krɑnœr] adj. et n. *Fam.* et *péjor.* Qui se montre prétentieux ou fanfaron : *Quel crâneur, il ne reconnaît plus ses anciens camarades!* (syn. pop. BÊCHEUR). *Elle fait sa crâneuse.*

crânien, enne [krɑnjɛ̃] adj. Relatif au crâne : *Boîte crânienne.*

cranté, e [krɑ̃te] adj. Qui a des crans : *Une tige crantée. Des cheveux crantés.*

crapaud [krapo] n. m. (germ. *krappa*). **1.** Petit animal ressemblant à la grenouille, à la peau pustuleuse et à la démarche lourde, qui se nourrit d'insectes. — **2.** Petit piano à queue. — **3.** *Fauteuil crapaud,* évasé et bas, à siège et dossier capitonnés.

crapule [krapyl] n. f. (lat. *crapula,* ivresse). Individu sans moralité, capable de commettre n'importe quelle bassesse : *Ne vous fiez pas à cette personne, c'est une vraie crapule.* ◆ adj. Qui est sans moralité : *Il a un air crapule.*

crapulerie [krapylri] n. f. Action d'une crapule : *Commettre une crapulerie.*

crapuleusement [krapyløzmɑ̃] adv. De façon crapuleuse.

crapuleux, euse [krapylø] adj. *Crime crapuleux,* accompli pour des motifs sordides, notamment le vol.

craqueler [krakle] v. t. (de *craquer*) [c. **6**] (sujet qqch) *Craqueler qqch,* en fendiller la surface : *La cuisson à feu vif a craquelé le gâteau. De la porcelaine craquelée.* ◆ ***se craqueler*** v. pr. Se fendiller : *L'émail commence à se craqueler.*

craquelin [kraklɛ̃] n. m. (mot néerl.) Biscuit sec craquant sous la dent.

craquelure [kraklyr] n. f. Fissure : *Les craquelures de la porcelaine* (syn. FENDILLEMENT).

craquement [krakmɑ̃] n. m. Bruit d'un objet qui craque : *L'arbre s'abat avec un grand craquement.*

craquer [krake] v. i. (de l'onomat. *krakk*). **1.** (sujet qqch [concret]) Céder, se briser, se déchirer avec un bruit sec : *Un gâteau qui craque sous la dent* (syn. CROQUER). *La glace craque sous le poids du patineur. Le vent a fait craquer des branches. Son pantalon a craqué aux genoux.* — **2.** (sujet qqch [concret]) Produire un bruit dû à un frottement : *Le parquet craque.* — **3.** (sujet une entreprise, un régime, etc.) Menacer ruine, s'effondrer : *Une entreprise commerciale qui craque.* — **4.** (sujet qqn) Avoir une défaillance physique ou nerveuse : *Ses nerfs ont craqué. Elle ne peut plus mener cette vie, elle va craquer.* ◆ v. t. **1.** Briser, déchirer : *Attention, tu vas craquer le panier avec tout ton attirail. Il a craqué sa veste.* — **2.** *Craquer une allumette,* l'allumer en la frottant sur une surface rugueuse (frottoir).

craqueter [krakəte] v. i. (c. **8**) Faire entendre de petits craquements : *On entend le parquer craqueter.*

crasse [kras] n. f. (lat. *crassus,* épais). **1.** Couche de saleté qui adhère à la surface d'un corps : *Des pieds couverts de crasse. Lessiver un plafond pour en ôter la crasse.* — **2.** *Fam.* Acte hostile, mauvais procédé à l'égard de qqn : *Tu m'as fait une crasse en m'avertissant trop tard* (syn. MÉCHANCETÉ; fam. SALETÉ). ◆ adj. f. *Ignorance, paresse, bêtise crasse,* grossière et inadmissible.

crasseux, euse [krasø] adj. Couvert de crasse : *Un livre crasseux. Un col de chemise crasseux* (syn. ↓ SALE).

crassier [krasje] n. m. Amoncellement des déchets, scories et résidus d'une usine métallurgique.

cratère [kratɛr] n. m. (gr. *kratêr*). **1.** Ouverture évasée d'un volcan, par où sortent la lave et les projections. — **2.** *Cratère lunaire,* grande dépression, à peu près circulaire, à la surface de la Lune.

cravache [kravaʃ] n. f. (turc *qïrbātch,* fouet). Baguette flexible avec laquelle un cavalier stimule son cheval.

cravacher [kravaʃe] v. t. Frapper à coups de cravache : *Un jockey qui cravache son cheval.* ◆ v. i. *Fam.* Aller à toute allure; travailler à la hâte : *Il a fallu cravacher pour avoir tout fini en temps voulu.*

cravate [kravat] n. f. (de *Croate,* habitant de Croatie). **1.** Étroite bande d'étoffe qui entoure le cou en passant sous le col de la chemise et qu'on noue par-devant. — **2.** Insigne des grades élevés de certains ordres : *On lui a remis la cravate de commandeur de la Légion d'honneur.*

crawl [krol] n. m. (mot angl.). Nage rapide, consistant

en une rotation verticale alternative des bras et un battement continu des pieds.

crawlé, e [krole] adj. *Dos crawlé,* nage en crawl sur le dos.

crayeux, euse [krɛjø] adj. **1.** Qui contient de la craie, qui est fait de craie : *Un terrain crayeux.* — **2.** Qui a l'aspect de la craie : *Une substance crayeuse.*

crayon [krɛjɔ̃] n. m. (de *craie*). **1.** Bâtonnet de bois renfermant une mine de graphite et servant à écrire ou à dessiner. — **2.** *Coup de crayon,* habileté à dessiner vivement : *Avoir un bon coup de crayon.* ‖ *Crayon à bille* ou *crayon bille,* syn. de STYLO À BILLE.

crayonnage [krɛjɔnaʒ] n. m. Action de crayonner; dessin tracé au crayon.

crayonner [krɛjɔne] v. t. Écrire ou dessiner à la hâte avec un crayon : *Crayonner une remarque en marge d'un manuscrit. Crayonner les silhouettes des membres du jury.*

créance [kreɑ̃s] n. f. (de l'anc. fr. *creire,* croire). **1.** Droit que qqn a d'exiger de qqn d'autre qqch, généralement une somme d'argent (contr. DETTE). — **2.** *Donner créance à qqch, trouver créance, mériter créance,* se dit d'un récit, d'un argument, etc., qui font croire à la véracité de qqch, qui peuvent ou méritent d'être crus.

créancier, ère [kreɑ̃sje] n. Personne envers qui on a une dette (contr. DÉBITEUR).

créateur, trice [kreatœr] n. et adj. Qui crée, invente, réalise : *Le Créateur* (= Dieu). *L'imagination créatrice, le pouvoir créateur. Un metteur en scène qui est le créateur de nombreuses pièces.*

créatif, ive [kreatif] adj. Capable de créer ou qui favorise la création : *Un esprit créatif. Une ambiance créative.*

création [kreasjɔ̃] n. f. **1.** Action de créer : *La création du monde se fit en six jours, selon la Bible. La création d'une armée moderne dans un jeune pays.* — **2.** Ensemble du monde créé, êtres vivants et choses : *Selon la Bible, tous les animaux de la création montèrent dans l'arche de Noé* (syn. UNIVERS). — **3.** Œuvre créée, réalisée par une ou plusieurs personnes : *Les créations d'un grand couturier. Ce palais est une des plus belles créations de cet architecte* (syn. RÉALISATION).

créativité [kreativite] n. f. Pouvoir de création, d'invention.

créature [kreatyr] n. f. **1.** Être créé; spécialement l'homme par rapport à Dieu : *L'hommage des créatures à leur Créateur.* — **2.** Personne humaine (souvent une femme [péjor.]) : *Fréquenter des créatures peu recommandables.*

crécelle [kresɛl] n. f. (lat. *crepitaculum,* hochet). **1.** Jouet comportant une lame flexible qui frappe bruyamment, à coups répétés, les pales ou les crans d'un moulinet quand on le fait tourner autour de son axe. — **2.** *Fam.* Personne qui importune par son bavardage. — **3.** *Voix de crécelle,* voix aiguë et désagréable.

crécerelle [kresrɛl] n. f. (de *cercelle,* sarcelle). Oiseau voisin du faucon, à plumage brun tacheté de noir.

crèche [krɛʃ] n. f. (frq. *kripja,* mangeoire). **1.** Représentation de l'étable de Bethléem (où naquit Jésus-Christ) sous la forme d'un décor garni de personnages et d'animaux. (La *crèche* était une mangeoire pour bestiaux.) — **2.** Établissement organisé pour la garde des tout jeunes enfants dont la mère travaille hors de son domicile.

crédibilité [kredibilite] n. f. Capacité à être cru : *Son récit manque de crédibilité* (syn. VRAISEMBLANCE).

crédible [kredibl] adj. (lat. *credibilis,* croyable). Vraisemblable, qu'on peut croire (soutenu).

crédit [kredi] n. m. (it. *credito;* du lat. *credere,* avoir confiance). **1.** *Litt.* Considération, estime ou confiance inspirées par qqn ou par ses actes : *Cette thèse a longtemps connu un grand crédit* (contr. DISCRÉDIT). *La déclaration du témoin donne du crédit à l'alibi invoqué par l'accusé* (syn. POIDS). *Tachez d'user de votre crédit auprès de lui pour le décider* (syn. INFLUENCE). — **2.** Litt. *Faire crédit à qqn,* lui faire confiance en attendant qu'il ait les moyens de réussir. ‖ *Porter un acte au crédit de qqn,* reconnaître qu'il en a le mérite. — **3.** Délai accordé pour un paiement : *La maison peut vous consentir un crédit. Si vous n'avez pas la somme sur vous, nous pouvons vous faire crédit. Acheter à crédit* (syn. À TEMPÉRAMENT). — **4.** Somme dont on dispose pour une dépense : *Un supplément de crédits a été voté par le Parlement.* — **5.** Organisme de prêt : *Crédit foncier.* — **6.** Partie d'un compte où on écrit sous le nom de qqn ce qui lui est dû ou ce qu'il a donné (contr. DÉBIT).

créditer [kredite] v. t. **1.** *Créditer qqn d'une somme,* porter cette somme au crédit de son compte (contr. DÉBITER). — **2.** *Être crédité de,* se voir attribuer : *Le coureur a été crédité de 10 secondes 5 dixièmes au cent mètres.*

créditeur, trice [kreditœr] n. et adj. **1.** Qui a une somme d'argent à son actif, sur des livres de commerce ou à son compte en banque (contr. DÉBITEUR). — **2.** *Compte créditeur,* qui se trouve en crédit (contr. DÉBITEUR).

credo [kredo] n. m. (mot lat. signif. *je crois*). **1.** (avec majusc.) Texte qui renferme les principaux points de la foi des chrétiens. — **2.** Ensemble des opinions essentielles de qqn en matière de politique, de philosophie, de science.

crédule [kredyl] adj. (lat. *credulus*). Porté à croire trop facilement ce qu'on lui dit : *Elle est crédule : elle s'est encore laissé berner* (syn. NAÏF, INGÉNU, CONFIANT). *Un regard crédule.*

crédulité [kredylite] n. f. Facilité excessive à croire : *Une crédulité qui touche à la bêtise.*

créer [kree] v. t. (lat. *creare*). **1.** (sujet Dieu) Faire exister ce qui n'existait pas, tirer du néant : *Dieu a créé l'univers.* — **2.** (sujet qqn) *Créer qqch,* lui donner une existence, une forme, le réaliser, le faire exister à partir d'éléments existants : *Créer un nouveau modèle de robe* (syn. CONCEVOIR). *Une romancière qui crée ses personnages* (syn. IMAGINER). *Créer une symphonie* (syn. COMPOSER). *Créer une usine* (syn. MONTER, FONDER). *Créer un mot pour traduire une nouvelle technique* (syn. FABRIQUER, INVENTER). — **3.** (sujet qqch) *Créer qqch (abstrait),* le produire, en être la cause : *Ce refus nous crée une difficulté supplémentaire* (syn. SUSCITER, OCCASIONNER, CAUSER). — **4.** *Créer un rôle, une pièce,* être le premier à jouer ce rôle au théâtre, à monter cette pièce.

crémaillère [kremajɛr] n. f. (gr. *kremastêr,* qui suspend). **1.** Instrument de métal comportant des crans et des anneaux, fixé à une cheminée pour suspendre des marmites, des chaudrons, etc. — **2.** Fam. *Pendre la crémaillère,* fêter par un repas ou par une réception son installation dans un nouveau logement. — **3.** Pièce munie de crans qui permet de varier la hauteur d'un élément mobile : *Bibliothèque à crémaillère.* — **4.** Tige d'acier munie de dents qui s'engrènent dans une roue dentée pour permettre le mouvement : *Cric à crémaillère.*

crémation [kremasjɔ̃] n. f. (du lat. *cremare,* brûler). Action de brûler les cadavres (syn. INCINÉRATION).

crématoire [krematwar] adj. *Four crématoire,* four spécial destiné à l'incinération des cadavres.

crème [krɛm] n. f. (bas lat. *crama*). **1.** Matière grasse du lait, avec laquelle on fait le beurre : *La crème fraîche est utilisée pour accommoder certains plats.* — **2.** Entremets fait de lait, d'œufs et de sucre : *Crème glacée. Chou à la crème.* — **3.** Pâte onctueuse pour la toilette ou les soins de beauté : *Crème à raser.* — **4.** Liqueur extraite de certains fruits : *Crème de banane, de cacao.* — **5.** Fromage fondu ou fromage à tartiner : *Crème de gruyère.* — **6.** Fam. *La crème de...,* ce qu'il y a de meilleur parmi... (surtout en parlant de personnes) : *Cet homme-là, c'est la crème des maris.* — **7.** *Café crème* (ou *crème* n. m.), café additionné d'un peu de crème ou de lait : *Prendre un petit, un grand crème au comptoir.* ‖ *Crème Chantilly* (ou *chantilly* n. f.), crème fraîche fouettée. ‖ *Crème renversée,* crème à base de lait et d'œufs battus cuite dans un moule et qu'on renverse sur un plat après refroidissement. ◆ adj. inv. Blanc légèrement jaune : *Des gants crème.*

crémer [kreme] v. i. (de l'anc. fr. *cren,* cran). [c. **10**] *Le lait crème,* il se couvre d'une couche de crème à sa surface.

crémerie [krɛmri] n. f. Boutique où on vend de la crème fraîche, du lait, du beurre, des œufs, des fromages.

crémeux, euse [kremø] adj. Qui contient beaucoup de crème ou qui a la consistance onctueuse de la crème : *Du lait crémeux. Un enduit crémeux.*

crémier, ère [kremje] n. Personne qui tient une crémerie.

créneau [kreno] n. m. (de l'anc. fr. *cren,* cran). **1.** Échancrure carrée ménagée à la partie supérieure d'un mur de fortification, d'un parapet, et par laquelle on peut tirer sur un assaillant. — **2.** Intervalle vide dans lequel qqch peut s'intercaler : *Chercher un créneau dans un emploi du temps chargé. Trouver des créneaux pour diffuser un produit* (= des débouchés dans un marché). — **3.** *Faire un créneau,* ranger une voiture au bord d'un trottoir, entre deux autres voitures en stationnement.

crénelé, e [krenle] adj. Qui a des créneaux ou des dentelures en forme de créneaux : *Une vieille tour crénelée. Une bordure crénelée.*

crénom! [krenɔ̃] interj. (de [*sa*]*cré nom* [*de Dieu*]). Juron fam., suivi en général d'un compl. *(crénom de nom!),* indiquant la surprise, l'indignation, la colère, etc.

créole [kreɔl] n. et adj. (esp. *criollo*). Personne de race blanche née dans une des anciennes colonies européennes. ◆ n. m. Langue parlée dans de nombreuses îles des Antilles.

crêpage [krɛpaʒ] n. m. Action de crêper : *Le crêpage des cheveux. La dispute tourna au crêpage de chignon.*

1. crêpe [krɛp] n. m. (anc. fr. *cresp,* frisé). **1.** Tissu léger de soie ou de laine, ayant un aspect ondulé : *Le crêpe de Chine.* — **2.** Tissu noir qu'on porte en signe de deuil (au revers ou à la manche de la veste) ou qu'on noue à un chapeau. — **3.** *Chaussure à semelle de crêpe,* dont la semelle, en caoutchouc brut, a un aspect gaufré.

2. crêpe [krɛp] n. f. **1.** Galette très légère, à la farine de blé ou de sarrasin, cuite à la poêle. — **2.** Fam. *Retourner qqn comme une crêpe,* le faire changer complètement d'opinion.

crêper [krepe] v. t. (lat. *crispare*). *Crêper les cheveux,* les apprêter avec le peigne de façon à les faire bouffer. ◆ ***se crêper*** v. pr. *Fam.* (sujet des femmes) *Se crêper le chignon,* en venir aux mains.

crêperie [krɛpri] n. f. Lieu où on fait, où on consomme des crêpes.

crépi [krepi] n. m. Enduit à base de chaux, de plâtre ou de ciment, qu'on applique sur un mur sans le lisser.

crépine [krepin] n. f. Membrane qui entoure les viscères du mouton, du veau, du porc (boucherie).

crépinette [krepinɛt] n. f. Saucisse plate entourée d'un morceau de crépine.

crépir [krepir] v. t. (de l'anc. fr. *cresp,* frisé). Recouvrir d'un crépi : *Crépir un mur, une maison.*

crépissage [krepisaʒ] n. m. Action de crépir.

crépitement [krepitmɑ̃] n. m. Bruit de ce qui crépite : *Le crépitement d'une fusillade.*

crépiter [krepite] v. i. (lat. *crepitare*) [sujet qqch] Produire une série de bruits secs : *Un feu de sarments qui crépite dans la cheminée* (syn. PÉTILLER). *Une mitrailleuse crépita soudain.*

crépon [krepɔ̃] n. m. (de l'anc. fr. *cresp,* frisé). Tissu gaufré à la machine et présentant des ondulations irrégulières. ◆ adj. m. *Papier crépon,* papier gaufré, utilisé pour faire des guirlandes, des costumes, etc.

crépu, e [krepy] adj. (anc. fr. *cresp,* frisé). Se dit de cheveux frisés en touffes serrées, ou de qqn qui a de tels cheveux.

crépusculaire [krepyskylɛr] adj. Relatif au crépuscule : *L'éclairage crépusculaire d'une éclipse de soleil* (= qui rappelle le crépuscule).

crépuscule [krepyskyl] n. m. (lat. *crepusculum*). **1.** Reste de lumière qui demeure après le coucher du soleil et s'atténue progressivement jusqu'à la nuit complète; moment correspondant de la journée (syn. TOMBÉE DE LA NUIT). — **2.** *Litt.* Période de déclin : *La vieillesse est le crépuscule de la vie.*

crescendo [kreʃɛndo ou -ɛ̃do] adv. (mot it.). **1.** Indication de l'augmentation progressive de l'intensité du son en musique. — **2.** *Aller crescendo,* aller en augmentant. ◆ n. m. inv. **1.** Passage musical qui doit être exécuté en augmentant progressivement le son. — **2.** Accroissement progressif : *Un crescendo d'émotion.*

cresson [krɛsɔ̃,krəsɔ̃] n. m. (frq. *kresso*). Plante qui croît dans l'eau et qu'on mange en salade ou en garniture.

cressonnière [kresɔnjɛr] n. f. Lieu où on cultive le cresson.

crétacé [kretase] n. m. (du lat. *creta,* craie). Période géologique de la fin de l'ère secondaire, pendant laquelle s'est formée la craie.

crête [krɛt] n. f. (lat. *crista*). **1.** Excroissance charnue, rouge, que les coqs et quelques autres oiseaux de basse-cour portent au sommet de la tête. — **2.** *Crête d'un mur, d'une montagne, d'une vague,* la ligne du sommet.

crétin, e [kretɛ̃] adj. et n. (mot du Valais). **1.** *Fam.* Idiot, imbécile. — **2.** Atteint de crétinisme.

crétinerie [kretinri] n. f. *Fam.* Sottise, stupidité : *Cette réponse montre bien sa crétinerie.*

crétinisme [kretinism] n. m. État caractérisé par des troubles psychiques portant surtout sur l'intelligence, dont le développement ne s'effectue pas normalement.

cretonne [krətɔn] n. f. (de *Creton,* village de l'Eure). Tissu d'ameublement en coton imprimé.

creusement [krøzmɑ̃] ou **creusage** [krøzaʒ] n. m. Action de creuser : *Le creusement d'un puits, d'une tranchée.*

creuser [krøze] v. t. **1.** *Creuser qqch,* le rendre creux en ôtant de la matière : *Le terrassier creuse le sol avec une pioche.* — **2.** *Creuser un trou, un fossé,* etc., faire une cavité dans le sol : *Un renard qui creuse son terrier. Il a fallu creuser profondément pour atteindre la nappe d'eau.* — **3.** Donner une forme concave à qqch : *Une danseuse qui creuse les reins* (syn. CAMBRER). *La fatigue creuse les joues* (= les amaigrit). — **4.** *Creuser un problème, une idée,* etc., y réfléchir attentivement, l'approfondir. — **5.** *Creuser (l'estomac),* causer un grand appétit : *Le grand air creuse.* ◆ ***se creuser*** v. pr. **1.** (sujet qqch) Devenir creux : *Le sol s'est creusé sous l'effet de l'érosion.* — **2.** *Fam.* (sujet qqn) *Se creuser (la tête, la cervelle),* faire un effort de réflexion : *Je me suis longtemps creusé pour trouver une solution.*

creuset [krøzɛ] n. m. (de l'anc. fr. *croisel,* sorte de lampe). **1.** Récipient utilisé pour fondre certains corps par la chaleur. — **2.** *Litt.* Lieu où diverses influences, différentes choses se mêlent : *Le Bassin méditerranéen a été le creuset de brillantes civilisations.*

creux, euse [krø] adj. (bas lat. *crosus*). **1.** Dont l'intérieur est vide : *La tige creuse du roseau* (contr. PLEIN). — **2.** Qui présente une concavité : *Une assiette creuse* (contr. PLAT). *Sa santé s'améliore, mais elle a encore les joues creuses* (contr. REBONDI). — **3.** *Discours creux, devoir creux, phrase creuse, idée creuse,* etc., qui manque de substance (syn. PAUVRE, ↑VIDE; contr. RICHE, SUBSTANTIEL). — **4.** *Chemin creux,* encaissé entre des talus de terre, des haies. ‖ *Classe creuse,* en démographie, tranche de la population née au cours d'une même année et dont l'importance numérique est anormalement faible. ‖ *Heure creuse,* heure de moindre consommation d'électricité ou heure pendant laquelle l'activité est réduite (contr. HEURE DE POINTE). ‖ *Son creux,* son que rend un objet vide quand il reçoit un choc. ‖ *Voix creuse,* grave et sonore. ‖ *Yeux creux,* enfoncés au fond des orbites (syn. CAVE). ◆ ***creux*** adv. *Objet qui sonne creux,* qui rend un son indiquant qu'il est vide. ◆ n. m. **1.** Partie vide ou concave : *Un animal caché dans le creux d'un arbre. Le creux de la main.* — **2.** Profondeur entre deux vagues : *Un creux de 3 mètres.* — **3.** Moment de moindre activité : *Le mois d'août est une période de creux pour la vente.* — **4.** *Au creux de la vague,* dans une période d'échec, de dépression. ‖ *Avoir un creux dans l'estomac,* avoir faim.

crevaison [krəvɛzɔ̃] n. f. Éclatement ou déchirure d'un objet gonflé (surtout un pneu) : *Nous avons été retardés sur la route par une crevaison.*

crevant, e [krəvɑ̃] adj. *Pop.* **1.** Qui fatigue extrêmement : *Un métier crevant* (syn. ÉPUISANT). — **2.** Très drôle : *Une histoire crevante* (syn. DÉSOPILANT).

crevasse [krəvas] n. f. (de *crever*). **1.** Déchirure béante à la surface d'un corps ou du sol : *Le tremblement de terre a fait des crevasses dans les murs des immeubles* (syn. FISSURE, LÉZARDE). *La terre desséchée est pleine de crevasses.* — **2.** Fente dans un glacier : *Un alpiniste tombé dans une crevasse.* — **3.** Fente peu profonde de la peau : *L'hiver, j'ai des crevasses aux mains* (syn. GERÇURE).

crevasser [krəvase] v. t. Marquer de crevasses : *L'explosion a crevassé la façade* (syn. FISSURER, LÉZARDER). ◆ ***se crevasser*** v. pr. Se marquer de crevasses; se fendre : *Le sol se crevasse.*

crève [krɛv] n. f. Pop. *Avoir, attraper la crève,* être malade.

crève-cœur [krɛvkœr] n. m. inv. Peine profonde, souvent mêlée de compassion : *C'est un crève-cœur de la voir si malheureuse et de ne rien pouvoir faire pour elle.*

crever [krəve] v. t. (lat. *crepare*) [c. 9]. **1.** *Crever qqch,* le faire éclater, le déchirer, le faire céder, le percer, y faire un trou, une brèche : *Les cailloux risquaient de crever les pneus. La poussée des eaux a crevé le barrage* (syn. ROMPRE). *Un éclat de métal lui a crevé un œil.* — **2.** *Crever le cœur à qqn,* lui inspirer une douloureuse compassion. ‖ (sujet un acteur) *Crever l'écran,* faire une très vive impression sur les spectateurs. ‖ (sujet qqch) *Crever les yeux,* être très visible; être très évident (syn. SAUTER AUX YEUX). — **3.** Fam. *Crever qqn, un cheval,* etc., l'épuiser de fatigue : *Cette longue marche nous a tous crevés* (syn. fam. ÉREINTER, CLAQUER). ◆ v. i. **1.** (sujet qqch) Éclater sous l'effet d'une pression, d'une modification : *Une bulle de savon qui crève. La digue a crevé* (syn. SE ROMPRE). *L'abcès a crevé* (= s'est ouvert). *Le pneu avant a crevé* (= s'est dégonflé après avoir été percé). — **2.** *Cycliste, automobiliste qui crève,* dont la bicyclette ou la voiture a un pneu crevé. — **3.** (sujet un animal, une plante, ou, *pop.,* qqn) Mourir : *Une partie du bétail a crevé pendant l'épidémie. La sécheresse a fait crever les fleurs. Elle criait qu'elle ne voulait pas crever dans la misère.* — **4.** *Fam.* (sujet qqn) *Crever de* (+ *n.*), éprouver au plus haut degré un état physique ou moral : *Crever de santé, d'envie, de chaleur, d'ennui.* ‖ *Crever de faim,* être très affamé. ‖ *Crever de rire,* rire à l'excès.

crevette [krəvɛt] n. f. (forme picarde de *chevrette*). Petit crustacé marin à la chair appréciée.

cri [kri] n. m. **1.** Violente émission de voix provoquée par une émotion ou destinée à attirer l'attention, consistant en un son inarticulé ou en une parole prononcée : *Il poussa soudain un cri de douleur* (syn. ↑HURLEMENT, ↑RUGISSEMENT). *La foule applaudit avec des cris de joie* (syn. CLAMEUR). *Un cri de surprise* (syn. EXCLAMATION). *Le cortège s'avançait aux cris de : Liberté!* — **2.** Son ou ensemble de sons émis par un animal et caractéristique de son espèce : *Le cri de la chouette.* — **3.** *À grands cris,* en poussant de grands cris, ou en insistant vivement : *Ce changement d'horaire était réclamé à grands cris depuis des mois.* ‖ *Le dernier cri,* le degré extrême du perfectionnement, le modèle le plus récent : *Cet appareil est le dernier cri de la technique;* et, adjectiv. : *Un appareil photographique dernier cri.* ‖ *Pousser des hauts cris,* protester énergiquement, se montrer scandalisé.

criaillement [kriɑjmɑ̃] n. m. ou **criaillerie** [kriɑjri] n. f. Cris discordants, querelle, suite de récriminations (souvent pl.) : *Il est temps de mettre fin aux criailleries et d'établir un programme d'action commune.*

criailler [kriɑje] v. i. Crier désagréablement, de façon répétée : *Des gamins qui criaillaient sans cesse.*

criailleur, euse [kriɑjœr] adj. et n. *Fam.* Qui criaille : *Débarrassez-nous de ces criailleurs.*

criant, e [krijɑ̃] adj. Qui frappe vivement l'attention : *Erreur, injustice criante* (syn. MANIFESTE, FLAGRANT). *Contraste criant, vérité criante* (syn. SAISISSANT, FRAPPANT). *Portrait criant de vérité.*

criard, e [krijar] adj. *Péjor.* **1.** Qui crie désagréablement à tout propos : *Des gosses criards.* — **2.** Qui a un timbre déplaisant, aigre : *Voix criarde.* — **3.** *Couleurs criardes,* crues et contrastant désagréablement entre elles. ‖ *Dette criarde,* qu'il est urgent de rembourser, qui est réclamée avec une insistance extrême.

criblage [kriblaʒ] n. m. Action de cribler.

crible [kribl] n. m. (bas lat. *criblum*). **1.** Récipient à fond plat perforé, destiné à trier des graines, du gravier, etc. — **2.** *Passer au crible,* examiner très attentivement en critiquant, trier : *Toutes les déclarations du témoin ont été passées au crible.*

cribler [krible] v. t. (lat. *cribrare*). **1.** *Cribler une matière, des graines,* etc., les trier, les épurer en les passant au crible : *Cribler du sable.* — **2.** (sujet qqn, qqch) *Être criblé de qqch,* en être couvert, marqué à de nombreux endroits : *Être criblé de balles, de taches de rousseur.* — **3.** (sujet qqn) *Être criblé de dettes,* être accablé de dettes nombreuses.

1. cric! [krik] interj. (onomat.). *Cric, crac!* évoque le bruit de qqch qu'on déchire.

2. cric [krik] n. m. (anc. all. *kriec*). Appareil à démultiplication permettant de soulever des fardeaux : *On utilise un cric pour changer la roue d'une voiture.*

cricket [krikɛt] n. m. (mot angl.). Jeu de balle, pratiqué surtout par les Anglais, qui se joue au moyen de battes de bois, en équipes.

cricri [krikri] n. m. (onomat.). Syn. de GRILLON.

criée [krije] n. f. *Vente à la criée,* aux enchères publiques.

crier [krije] v. i. (lat. *quiritare*). **1.** (sujet qqn, un animal) Pousser un cri ou des cris : *Une patiente qui crie quand le dentiste touche à sa dent malade. Le naufragé criait de toutes ses forces* (syn. ↑HURLER). *Des écoliers qui crient en récréation* (syn. PIAILLER). — **2.** (sujet qqn) Élever la voix pour manifester bruyamment sa colère, son mécontentement : *Une mère qui crie après ses enfants* (syn. ↑VOCIFÉRER). *Inutile de crier, c'est à prendre ou à laisser* (syn. fam. BRAILLER). — **3.** (sujet qqch) Produire un bruit aigu : *Un tiroir qui crie* (syn. GRINCER). — **4.** (sujet une couleur) Produire une sensation désagréable à l'œil : *Ce rouge et ce violet sont des couleurs qui crient entre elles.* — **5.** *Crier (au) miracle,* proclamer que qqch semble miraculeux; s'extasier. ‖ *Crier au scandale, à la trahison,* etc., dénoncer vigoureusement le scandale, la trahison, etc. ‖ *Crier à tue-tête, comme un sourd, un perdu, un damné, un putois* (fam.), etc., pousser de grands cris. ◆ v. t. (sujet qqn) **1.** Dire d'une voix forte, manifester énergiquement : *Le commandant criait ses ordres à l'équipage. Crier son mépris, son indignation.* — **2.** Annoncer à très haute voix ce qu'on vend : *Crier des journaux, des légumes au marché.* — **3.** Litt. *Crier famine, crier misère,* se plaindre de la faim, de la misère. ‖ *Crier qqch sur les toits,* le faire savoir partout. ‖ *Crier vengeance,* se dit d'un acte dont l'horreur exige une vengeance. (→ DÉCRIER, ÉCRIER [S'], RÉCRIER [SE].)

crieur, euse [krijœr] n. *Crieur de journaux,* celui qui les vend en criant leurs titres sur la voie publique.

crime [krim] n. m. (lat. *crimen,* accusation). **1.** Homicide volontaire : *Le vol semble avoir été le mobile du crime* (syn. ASSASSINAT, MEURTRE). — **2.** La plus grave des infractions à la loi, jugée généralement par la cour d'assises (par oppos. à *contravention* ou à *délit*) [jurid.] : *Crime contre la sûreté de l'État.* — **3.** Action très blâmable : *C'est un crime d'avoir abattu ces beaux arbres. Elle a eu dix minutes de retard : ce n'est pas un crime* (= c'est excusable). — **4.** Faute légère et excusable : *Tout son crime, c'est d'avoir dit tout haut ce que chacun pensait.*

criminalité [kriminalite] n. f. Ensemble des infractions criminelles commises dans une société définie, pendant une période définie : *On a enregistré un accroissement de la criminalité.*

criminel, elle [kriminɛl] adj. et n. **1.** Coupable d'un crime ou d'un acte qui constitue un crime : *On a arrêté un des criminels qui ont tué le banquier* (syn. ASSASSIN, MEURTRIER). *Ce complot criminel a été découvert à temps. Un incendie criminel. Il serait criminel de laisser ce château tomber en ruine.* — **2.** *Droit criminel, législation criminelle, juge, procès criminel,* qui concernent les crimes, qui sont chargés de les juger.

criminellement [kriminɛlmɑ̃] adv. De façon criminelle : *Juger criminellement une affaire* (= devant une juridiction criminelle).

criminologie [kriminɔlɔʒi] n. f. Étude des causes des crimes et des remèdes possibles.

criminologiste [kriminɔlɔʒist] ou **criminologue** [kriminɔlɔg] n. Spécialiste de criminologie.

crin [krɛ̃] n. m. (lat. *crinis,* cheveu). **1.** Poil long et raide poussant sur le cou et à la queue du cheval et de quelques autres animaux. — **2.** *Crin végétal,* fibre de certains végétaux, employée à divers usages industriels. — **3.** Fam. *À tous crins, à tout crin,* sans mesure, à outrance : *Une pacifiste à tous crins.*

crinière [krinjɛr] n. f. **1.** Ensemble des crins du cou d'un cheval ou d'un lion. — **2.** Touffe de crins ornant certains casques. — **3.** *Fam.* et *péjor.* Chevelure abondante.

crique [krik] n. f. (scand. *kriki*). Petite baie offrant un abri naturel aux bateaux.

criquet [krikɛ] n. m. (de l'onomat. *krikk-*). Insecte qu'on trouve surtout dans les pays chauds et qui vit souvent en grandes troupes.

crise [kriz] n. f. (gr. *krisis,* phase décisive). **1.** Manifestation aiguë d'un trouble physique ou moral chez qqn : *Crise de rhumatismes, de foie, d'asthme. Crise de nerfs. Il est très violent : pour un rien, il pique une crise* (= il se met en colère). *Avoir une crise de mélancolie* (syn. ACCÈS). — **2.** *Fam.* Enthousiasme soudain, mouvement d'ardeur : *Il est pris d'une crise de rangement. Elle travaille par crises* (syn. fam. TOCADE, LUBIE). — **3.** Période difficile dans la vie de qqn ou d'une société, situation tendue, de l'issue de laquelle dépend le retour à un état normal : *Je me débats dans une pénible crise de conscience. Une crise religieuse. La crise économique. La crise politique s'est dénouée.* — **4.** Manque de qqch sur une vaste échelle : *L'Éducation nationale connaissait déjà une grave crise de locaux* (syn. PÉNURIE; contr. PLÉTHORE).

crispant, e [krispɑ̃] adj. Qui crispe : *Une attente crispante* (syn. AGAÇANT, IRRITANT, HORRIPILANT, EXASPÉRANT).

crispation [krispasjɔ̃] n. f. **1.** Contraction musculaire extrême, état de tension : *La crispation de ses traits dénotait son appréhension.* — **2.** Vif agacement.

crisper [krispe] v. t. (lat. *crispare,* rider). **1.** *Crisper une partie du corps,* en contracter vivement les muscles (souvent part. passé) : *L'inquiétude crispait tous les visages. Avoir les mains crispées sur le volant. Tu as le visage crispé* (= qui traduit un état de tension). — **2.** *Crisper qqn,* le mettre dans un état d'irritation, d'agacement : *Sa lenteur me crispe.*

crissement [krismɑ̃] n. m. Bruit produit par l'écrasement de certaines matières; bruit aigu d'un corps qui grince : *Un crissement de pneus.*

crisser [krise] v. i. (du frq. *krîsan,* grincer) [sujet une matière, un corps] Produire un crissement : *La neige, le gravier crissent sous les pas. Les freins crissent.*

cristal [kristal] n. m. (gr. *krustallos,* glace) [pl. *cristaux*]. **1.** Substance minérale solide, souvent transparente, affectant une forme géométrique bien définie : *Le gros sel se présente sous forme de cristaux. Dans les régions volcaniques, on trouve du cristal de roche.* — **2.** *Cristaux de neige,* flocons diversement étoilés. — **3.** Verre blanc très limpide, d'une sonorité claire : *Un service à liqueur en cristal.* ◆ ***cristaux*** n. m. pl. Objets en cristal, et en partic., verres à boire.

cristallerie [kristalri] n. f. **1.** Fabrique d'objets en cristal. — **2.** Art de fabriquer des objets en cristal. — **3.** Ensemble d'objets en cristal appartenant au service de table.

1. cristallin, e [kristalɛ̃] adj. **1.** *Roche cristalline,* provenant de la solidification d'une matière minérale en fusion. — **2.** Qui a la limpidité ou la sonorité claire du cristal : *La limpidité cristalline de l'eau. Une voix cristalline.*

2. cristallin [kristalɛ̃] n. m. Organe de l'œil, jouant le rôle de lentille, situé à la partie antérieure du globe oculaire.

cristallisation [kristalizasjɔ̃] n. f. **1.** Action de cristalliser, fait de se cristalliser : *Le quartz est produit par la cristallisation de la silice.* — **2.** Action de prendre corps en se fixant : *Ce projet était la cristallisation de tous ses espoirs* (syn. CONCRÉTISATION).

cristalliser [kristalize] v. t. (de *cristal*). **1.** *Cristalliser une substance,* la faire passer à l'état de cristaux : *Acheter du sucre cristallisé.* — **2.** Préciser ou fixer qqch de vague ou d'instable, donner de la cohérence, de la force à qqch : *Tous ces excès ont cristallisé la révolte des mécontents.* ◆ v. i. ou ***se cristalliser*** v. pr. **1.** Se condenser en cristaux. — **2.** (sujet qqn, ses sentiments, ses idées) Se concentrer, se fixer : *Son esprit tout entier se cristallise sur celle qu'il aime.*

cristallographie [kristalɔgrafi] n. f. Science des cristaux et des lois qui président à leur formation.

critère [kritɛr] n. m. (du gr. *krinein,* discerner). Principe auquel on se réfère pour émettre une appréciation, pour conduire une analyse : *La conformité de la signature n'est pas un critère suffisant pour prouver l'authenticité d'un document* (syn. PREUVE).

critérium [kriterjɔm] n. m. (gr. *kritêrion,* ce qui sert à juger). Épreuve sportive permettant à des concurrents de se qualifier.

critiquable [kritikabl] adj. Qui mérite d'être critiqué : *Une décision critiquable* (syn. DISCUTABLE). *En agissant ainsi, elle n'est pas critiquable* (syn. BLÂMABLE, CONDAMNABLE).

1. critique [kritik] n. f. (du gr. *krinein,* juger). **1.** Art de juger les œuvres littéraires ou artistiques; jugement ou ensemble des jugements portés sur une œuvre : *La critique est un genre littéraire. Une critique objective, partiale.* — **2.** Ensemble des personnes qui donnent des jugements dans la presse sur les œuvres littéraires ou artistiques : *Ce film connaît un grand succès : la critique est unanime dans l'éloge.* — **3.** Examen détaillé sur l'exactitude, l'authenticité de qqch : *L'avocat a fait une critique serrée des déclarations de l'adversaire.* — **4.** Jugement hostile, parole ou écrit dirigé contre qqn ou contre qqch : *Elle était très affectée de toutes ces critiques* (syn. ↑DÉNIGREMENT). *Ce que je vous dis là n'est pas une critique, c'est une simple constatation.* ◆ n. m. Personne qui pratique la critique : *Critique d'art, critique dramatique.*

2. critique [kritik] adj. **1.** Se dit d'un examen, d'une attitude qui cherche à discerner les qualités et les défauts d'une œuvre, l'exactitude ou l'authenticité d'une déclaration, d'un fait : *Un compte-rendu critique. Une réflexion critique. Méthode critique.* — **2.** *Esprit critique,* attitude de celui qui n'accepte un fait ou une opinion qu'après en avoir examiné la valeur; personne qui adopte cette attitude : *Le bon historien doit faire preuve d'esprit critique. Un esprit critique ne saurait se contenter de cette explication par l'analogie.*

3. critique [kritik] adj. **1.** Se dit d'une situation, d'un état, etc., où on peut craindre un malheur soudain : *Nos troupes, menacées d'encerclement, étaient dans une situation critique* (syn. ↓ALARMANT, ↑TRAGIQUE). *La pénurie de main-d'œuvre devenait critique.* — **2.** *Instant, moment, période critique,* moment proche d'une décision grave.

critiquer [kritike] v. t. **1.** *Critiquer qqn, ses actes,* les juger défavorablement, leur trouver des défauts : *Sa conduite a été très critiquée* (syn. BLÂMER, DÉSAPPROUVER, DISCUTER). *Si vous prenez parti pour elle, vous vous ferez critiquer par ses adversaires* (syn. ↑ATTAQUER, ↑CONDAMNER). — **2.** *Critiquer qqch,* en discuter la valeur, en examiner les qualités et les défauts : *Critiquer un livre avec impartialité.*

croassement [krɔasmɑ̃] n. m. Action de croasser.

croasser [krɔase] v. i. (onomat.) [sujet un corbeau, une corneille] Crier.

croc [kro] n. m. (frq. *krōk,* crochet). **1.** Chacune des quatre canines pointues des mammifères carnassiers : *Les crocs d'un tigre, d'un chien.* — **2.** Tige recourbée où on peut suspendre qqch : *Un croc de boucher.* — **3.** (sujet qqn) *Montrer les crocs,* se faire menaçant.

croc-en-jambe [krɔkɑ̃ʒɑ̃b] n. m. (pl. *crocs-en-jambe*). Action de placer son pied devant les jambes de qqn qui marche, de façon à le faire tomber : *Faire des crocs-en-jambe* (syn. CROCHE-PIED).

croche [krɔʃ] n. f. (de *croc*). **1.** En musique, note d'une durée égale à la huitième partie de la ronde. — **2.** *Double croche, triple croche,* croche portant deux, trois crochets et valant la moitié, le quart de la croche.

croche-pied [krɔʃpje] n. m. (pl. *croche-pieds*). Syn. de CROC-EN-JAMBE.

crochet [krɔʃɛ] n. m. (de *croc*). **1.** Morceau de métal recourbé servant à suspendre ou à accrocher qqch : *Crochet de boucherie. Le tableau est suspendu par des crochets.* — **2.** Tige de fer recourbée avec laquelle, à défaut de clef, on ouvre une serrure. — **3.** Grosse aiguille ayant une encoche à une extrémité et destinée à certains travaux de broderie, de dentelle, etc.; ouvrage exécuté avec cette aiguille. — **4.** Signe graphique proche de la parenthèse par la forme et l'emploi : [ ]. — **5.** À la boxe, coup de poing porté horizontalement, en décrivant une courbe, avec le bras replié : *Crochet du droit, du gauche.* — **6.** Détour sur un trajet : *Je ferai un crochet pour passer vous voir en revenant de vacances.* — **7.** Fam. *Vivre aux crochets de qqn,* à ses dépens, à sa charge.

crochetage [krɔʃtaʒ] n. m. Action de crocheter : *Le crochetage d'une serrure par des cambrioleurs.*

crocheter [krɔʃte] v. t. (c. 7) *Crocheter une serrure,* l'ouvrir avec un crochet.

crocheteur [krɔʃtœr] n. m. Qui crochette : *Un crocheteur de serrures.*

crochu, e [krɔʃy] adj. (de *croc*). Recourbé et terminé en pointe : *Un nez crochu.*

crocodile [krɔkɔdil] n. m. (lat. *crocodilus*). **1.** Grand reptile de certains pays chauds, vivant tantôt dans les fleuves, tantôt à terre. — **2.** Fam. *Larmes de crocodile,* larmes ou apitoiement hypocrites.

crocus [krɔkys] n. m. (mot lat.; du gr. *krokos,* safran). Plante herbacée à bulbe, à fleurs de couleurs vives (violettes ou jaunes).

croire [krwar] v. t. (lat. *credere*) [c. 74]. **1.** *Croire qqch, croire* (+ *inf.*), *croire que* (+ *ind.*), *ne pas croire que* (+ *subj.*), considérer comme vrai, être convaincu de qqch : *Personne ne voulait croire une nouvelle aussi surprenante. Je crois ce qu'on m'a raconté* (syn. SE FIER À, AJOUTER FOI À). *Nous croyons fermement que tout se passera bien* (syn. AVOIR CONFIANCE). *Elle croyait être la seule héritière.* — **2.** *Croire* (+ *inf.*), *croire que* (+ *ind.*), *ne pas croire que* (+ *subj.*), estimer probable ou possible : *Je crois avoir trouvé la solution* (syn. PENSER). *Je crois qu'il me reste assez d'argent pour cet achat. On ne croyait pas que l'accord se fasse.* — **3.** *Croire qqn, qqch* (+ *attribut*), considérer comme : *Je vous crois capable de réussir* (syn. JUGER). *Beaucoup croient impossible qu'elle fasse mieux* (syn. ESTIMER). *On les croyait ailleurs* (syn. SUPPOSER). — **4.** *Croire comment, comme, combien,* etc. (+ interrogative ou exclamative objet), imaginer, se représenter : *Vous ne sauriez croire à quel point j'ai été touché de ce geste.* — **5.** *Croire qqn,* ajouter foi à ses paroles, avoir confiance en lui : *Inutile d'insister, je vous crois. Ce témoin mérite d'être cru.* — **6.** *En croire qqn, qqch,* se fier à eux sur un point particulier : *À l'en croire, tous les autres sont des incapables* (= à son avis). *Tout* *ira bien, croyez-en mon expérience.* || *Ne pas en croire ses yeux, ses oreilles,* être extrêmement surpris de ce qu'on voit ou de ce qu'on entend. — **7.** Fam. *Je vous crois!, Je te crois!, Je crois bien!,* formules qui soulignent une évidence ou renforcent une affirmation : *Elle a eu une contravention pour excès de vitesse : je te crois, elle roulait à 140 à l'heure!* ◆ v. t. ind. **1.** *Croire à qqch,* le juger vrai, réel : *Je ne crois pas à sa sincérité! Croire à la vie future. Croire à la médecine, à l'astrologie,* etc. (= être convaincu de leur efficacité). — **2.** *Croire à qqn,* avoir foi en son existence : *Croire au diable, aux revenants.* — **3.** *Croire en qqn,* avoir confiance en lui, mettre sa confiance en lui : *Sa brillante carrière ne me surprend pas, j'ai toujours cru en elle. Croire en Dieu* (= avoir foi en son existence); sans compl. : *J'ai cessé de croire depuis plusieurs années* (= d'avoir la foi religieuse.) ◆ ***se croire*** v. pr. Avoir une trop haute opinion de soi, être vaniteux.

croisade [krwazad] n. f. (de l'anc. fr. *croisée,* croisade). **1.** Expédition lancée au Moyen Âge par des chrétiens pour chasser les musulmans de la Terre sainte. — **2.** Action d'ensemble entreprise pour créer un mouvement d'opinion en vue d'un résultat d'intérêt commun : *Une croisade pour la paix.*

1. croisé, e [krwaze] adj. **1.** *Veste croisée,* qui croise par devant (contr. DROIT). — **2.** *Rimes croisées,* rimes qui alternent.

2. croisé [krwaze] n. m. Celui qui, au Moyen Âge, participait à une croisade.

croisée [krwaze] n. f. **1.** *La croisée des chemins,* l'endroit où deux voies se croisent; le moment de faire un choix important qui engage l'avenir. — **2.** *Croisée d'ogives,* dans les églises de style ogival, disposition des ogives qui se croisent par leur sommet. — **3.** Ouvrage de menuiserie servant à clore une fenêtre : *Regarder dans la rue par la croisée.*

croisement [krwazmɑ̃] n. m. **1.** État de deux choses croisées. — **2.** Action de deux personnes ou de deux véhicules qui se croisent. — **3.** Point où se coupent plusieurs routes, plusieurs lignes : *Un automobiliste prudent ralentit aux croisements* (syn. CARREFOUR). — **4.** Action de croiser des animaux.

croiser [krwaze] v. t. (de *croix*). **1.** Disposer deux choses l'une sur l'autre en croix ou en X : *Croiser sa fourchette et son couteau sur son assiette. S'asseoir en croisant les jambes.* — **2.** *Route, rue qui en croise une autre,* qui la traverse, qui forme avec elle une croix (syn. COUPER). — **3.** *Croiser qqn, un véhicule,* le rencontrer et passer auprès de lui dans le sens opposé : *Je l'ai croisé près de la poste.* — **4.** *Croiser deux races,* accoupler deux animaux de même genre, mais de races différentes, de façon à obtenir un produit hybride. — **5.** *Croiser* ou *se croiser les bras,* rester inactif, cesser le travail. ◆ v. i. **1.** *Une veste qui croise bien,* dont les deux parties de devant se recouvrent convenablement. — **2.** *Bateau qui croise dans tel ou tel secteur,* qui y navigue. ◆ ***se croiser*** v. pr. **1.** (sujet qqn, un véhicule [pl.]) Se rencontrer, généralement sans s'arrêter : *Nous nous sommes croisés dans la rue.* — **2.** *Lettres qui se croisent,* lettres échangées entre deux personnes, mais acheminées en même temps, de sorte qu'aucun des deux correspondants n'a reçu celle de l'autre au moment où il envoie la sienne. || *Regards, yeux qui se croisent,* regards échangés soudain entre deux personnes.

croiseur [krwazœr] n. m. Navire de guerre destiné aux missions d'escorte, de reconnaissance, etc.

croisière [krwazjɛr] n. f. (de *croiser*). **1.** Voyage touristique par mer : *Faire une croisière.* — **2.** *Vitesse de croisière,* la meilleure allure quant à la rapidité et à la consommation d'essence d'un bateau, d'un avion, d'une voiture.

croisillon [krwazijɔ̃] n. m. (souvent pl.) Ensemble d'éléments disposés en croix : *Des fenêtres à croisillons. Un tissu à croisillons.*

croissance [krwasɑ̃s] n. f. Action de croître : *La croissance d'un enfant. Un engrais qui favorise la croissance des plantes* (syn. POUSSE).

1. croissant, e [krwasɑ̃] adj. Qui croît : *Un nombre croissant de partisans. Une chaleur croissante* (syn. GRANDISSANT).

2. croissant [krwasɑ̃] n. m. **1.** *Croissant de lune,* forme apparente de la Lune, lorsqu'elle est éclairée sur moins de la moitié de sa surface. — **2.** Pâtisserie feuilletée, en forme de croissant de lune : *Manger des croissants au petit déjeuner.*

croître [krwatr] v. i. (lat. *crescere*) [c. **66**]. **1.** (sujet qqn, qqch) Se développer en grandeur (soutenu) : *Un enfant qui croît régulièrement* (syn. GRANDIR). *Les villes de la grande banlieue parisienne croissent à toute vitesse.* — **2.** (sujet qqch) Se développer en importance : *Son ambition croissait de jour en jour. Le son croît en intensité* (syn. AUGMENTER, S'ACCROÎTRE). *Sa vanité n'a fait que croître et embellir* (= n'a cessé de se développer). — **3.** (sujet un végétal) Pousser naturellement : *Les ronces qui croissent dans les fossés. Les cultures qui croissent sous ce climat* (syn. POUSSER, VENIR).

croix [krwa] n. f. (lat. *crux*). **1.** Ancien instrument de supplice, formé de deux pièces de bois assemblées transversalement et sur lequel on attachait les condamnés à mort : *Jésus-Christ fut mis à mort sur la croix.* — **2.** Représentation de la croix sur laquelle mourut Jésus-Christ, en bois, en pierre, etc., qu'on place dans les églises, dans les cimetières ou qui est un objet de piété. — **3.** *Litt.* Souffrances physiques ou morales, épreuve difficile à supporter : *Cette maladie est pour lui une croix qu'il accepte avec résignation.* — **4.** *Chemin de croix,* série de 14 tableaux ou d'autres représentations rappelant les étapes de la Passion de Jésus-Christ devant lesquelles les chrétiens s'arrêtent pour prier le vendredi saint. || *Signe de croix,* geste de piété des chrétiens, consistant à tracer sur soi une croix en portant la main droite au front, puis à la poitrine, puis à chaque épaule. (→ CRUCIFIER.) — **5.** Disposition de deux objets superposés qui se coupent à angle droit ou en X : *Deux épées accrochées en croix au mur.* — **6.** Signe formé par deux traits qui se coupent : *Des noms marqués d'une croix sur une liste.* — **7.** Décoration en forme de croix qui se porte pendue à un ruban : *La croix de la Légion d'honneur.* — **8.** *Croix rouge,* dessin d'une croix rouge sur fond blanc, insigne international des ambulances, des services de santé. — **9.** *Avoir les bras en croix,* les tenir étendus dans le prolongement l'un de l'autre et perpendiculairement à la ligne du corps. || Fam. *Faire une croix sur qqch,* y renoncer une fois pour toutes (syn. EN FAIRE SON DEUIL). [→ CROISER.]

crooner [krunœr] n. m. (mot anglo-amér.). Chanteur de charme.

croquant, e [krɔkɑ̃] adj. Qui croque sous la dent : *Une croûte bien croquante.*

croque au sel (à la) [krɔkɔsɛl] loc. adv. Cru et sans autre assaisonnement que du sel : *Manger des radis à la croque au sel.*

croque-madame [krɔkmadam] n. m. inv. Croque-monsieur surmonté d'un œuf sur le plat.

croque-mitaine [krɔkmitɛn] n. m. (pl. *croque-mitaines*). **1.** Personnage fantastique évoqué parfois pour effrayer les enfants. — **2.** Personne très sévère.

croque-monsieur [krɔkmøsjø] n. m. inv. Sandwich chaud composé de deux tranches de pain de mie grillées, garnies de fromage et de jambon.

croque-mort [krɔkmɔr] n. m. (pl. *croque-morts*). *Fam.* Employé des pompes funèbres.

croquer [krɔke] v. t. (de l'onomat. *krokk-*). **1.** Broyer entre ses dents avec un bruit sec : *Un enfant qui croque des bonbons, des biscuits.* — **2.** Manger en broyant avec les dents, ou avec avidité : *Croquer une pomme, des noisettes. Le chat croque la souris.* — **3.** Fam. *Croquer de l'argent,* le dépenser très largement : *Elle a déjà croqué plus d'un million dans cette affaire* (syn. ENGLOUTIR). *Croquer un héritage* (syn. DILAPIDER). — **4.** *Croquer qqn, un paysage,* etc., le dessiner en quelques coups de crayon, en tracer rapidement l'esquisse. — **5.** Fam. *Joli à croquer,* très joli. ◆ v. i. (sujet un aliment) Produire un bruit sec quand les dents le broient : *Des biscuits qui croquent sous la dent.*

croquet [krɔkɛ] n. m. (mot angl.). Jeu consistant à faire passer, sous des arceaux disposés selon un trajet déterminé, des boules qu'on pousse avec un maillet.

croquette [krɔkɛt] n. f. (de *croquer*). **1.** Boulette de pâte, de viande, de poisson que l'on fait frire : *Des croquettes de pommes de terre.* — **2.** *Croquette de chocolat,* chocolat en forme de petit disque.

croquignolet, ette [krɔkiɲɔlɛ] adj. *Fam.* Joli, charmant.

croquis [krɔki] n. m. (de *croquer*). **1.** Dessin rapide, qui note les traits essentiels, caractéristiques : *Un croquis des lieux de l'accident était joint au dossier.* — **2.** Compte-rendu succinct : *Faire un rapide croquis de la situation.*

cross ou **cross-country** [krɔs(kuntri)] n. m. (mot angl.) [pl. *cross-countries*]. Épreuve de course à pied en terrain varié avec obstacles.

crosse [krɔs] n. f. (germ. *krukja,* béquille). **1.** Grand bâton à l'extrémité supérieure recourbée que portent les évêques comme insigne de leur dignité. — **2.** *Crosse d'un fusil, d'un pistolet,* la partie postérieure, qu'on épaule ou qu'on tient en main. — **3.** Fam. *Chercher des crosses à qqn,* lui chercher querelle.

crotale [krɔtal] n. m. (gr. *krotalon,* castagnette). Autre nom du SERPENT À SONNETTE.

crotte [krɔt] n. f. (frq. *krotta*). **1.** Excrément plus ou moins dur de certains animaux ou de l'homme : *Des crottes de chien, de brebis, de lapin.* — **2.** Fam. *Crotte de bique,* chose sans valeur. — **3.** *Crotte de chocolat,* sorte de bonbon au chocolat fourré.

crotté, e [krɔte] adj. Sali de boue : *Des bottes crottées.*

crottin [krɔtɛ̃] n. m. **1.** Crotte de cheval, de mulet. — **2.** Nom donné à certains petits fromages de chèvre.

croulant, e [krulɑ̃] adj. **1.** Qui tombe en ruine, qui s'effondre : *Une masure croulante.* — **2.** Épuisé par son grand âge : *Un vieillard croulant.* ◆ n. *Fam.* Personne d'âge mûr.

crouler [krule] v. i. (bas lat. *crotalare,* secouer). **1.** (sujet un édifice, une construction, etc.) Tomber sur sa base, s'effrondrer : *Le tremblement de terre a fait crouler les immeubles. Un vieux mur qui croule* (syn. S'ÉCROULER, S'ÉBOULER, TOMBER EN RUINE). — **2.** (sujet qqch) Ne pas réussir, échouer : *Faire crouler une entreprise. La pièce a croulé en quinze jours.* — **3.** (sujet qqn, qqch) *Crouler sous qqch,* en être accablé, en être exagérément chargé : *Les porteurs, croulant sous leur charge, avançaient lentement. Je croule sous les cadeaux. Une église dont le chœur croule sous les dorures. La salle croulait sous les applaudissements* (= en était ébranlée). — **4.** (sujet qqn) *Se laisser crouler,* s'affaisser, tomber de toute sa masse : *À cette nouvelle, elle se laissa crouler sur une chaise* (syn. S'AFFALER).

croupe [krup] n. f. (germ. *kruppa*). **1.** Partie postérieure du corps d'un cheval, constituée par les fesses et le haut des cuisses. — **2.** Partie renflée d'une montagne ou d'une colline. — **3.** *En croupe,* assis sur la croupe du cheval, derrière le cavalier ou assis sur la selle derrière le motocycliste.

croupi, e [krupi] adj. *Eau croupie,* corrompue par la stagnation.

croupier [krupje] n. m. Employé d'une maison de jeux qui paie et ramasse l'argent pour le compte de l'établissement.

croupière [krupjɛr] n. f. **1.** Litt. *Tailler des croupières à qqn,* lui créer des ennuis, le poursuivre de sa malveillance. — **2.** Partie du harnais reposant sur la croupe du cheval.

croupion [krupjɔ̃] n. m. Partie postérieure du corps d'un oiseau ou d'une volaille.

croupir [krupir] v. i. (de *croupe*). **1.** (sujet qqn) Rester dans un état méprisable, honteux : *Il croupit dans sa paresse, dans son ignorance, dans la médiocrité.* — **2.** *Eau qui croupit,* eau stagnante qui se corrompt.

croupissant, e [krupisɑ̃] adj. Qui croupit : *Une vie croupissante. Eau croupissante.*

croupissement [krupismɑ̃] n. m. Action de croupir.

croustade [krustad] n. f. (prov. *crostado*). Pâte feuilletée ou brisée qu'on garnit de viande, de poisson, de champignons, etc. : *Croustade de homard.*

croustillant, e [krustijɑ̃] adj. **1.** Qui croustille : *Du pain croustillant.* — **2.** Fam. *Histoire croustillante,* qui contient des détails licencieux (syn. LESTE, ↑GRIVOIS).

croustiller [krustije] v. i. (de *croûte*) [sujet un gâteau, une croûte, etc.] Croquer agréablement sous la dent.

croûte [krut] n. f. (lat. *crusta*). **1.** Partie superficielle du pain, du fromage, d'un pâté, etc., plus dure que l'intérieur : *Manger la mie et laisser la croûte du pain.* — **2.** Couche extérieure durcie à la surface d'un corps : *Ôter la croûte qui s'est formée sur la peinture d'un pot entamé. Une croûte de tartre s'est déposée sur les parois de la bouilloire.* — **3.** Plaque formée sur la peau par le sang séché, après une blessure. — **4.** *Pâté en croûte,* pâté cuit dans une pâte feuilletée. — **5.** *Fam.* Tableau sans art, sans valeur. — **6.** Fam. *Casser la croûte* → CASSER 1. ‖ Fam. *Gagner sa croûte,* gagner sa vie.

croûter [krute] v. t. et i. *Pop.* Manger.

croûton [krutɔ̃] n. m. **1.** Morceau de pain dur ou extrémité d'un pain. — **2.** Morceau de pain frit accompagnant certains plats.

croyable [krwajabl] adj. Se dit de qqch qui peut être cru (surtout négatif) : *Elle a déjà fini? Ce n'est pas croyable! Est-il croyable que vous n'ayez rien remarqué? Une histoire difficilement croyable.*

croyance [krwajɑ̃s] n. f. **1.** Action de croire à l'existence ou à la vérité d'un être ou de qqch : *La croyance en Dieu. La croyance au progrès continuel de l'humanité* (syn. FOI). — **2.** Opinion religieuse, philosophique, politique : *L'enseignement public accueille des élèves de toute croyance* (syn. CONFESSION). *Un homme politique qui a renié ses anciennes croyances* (syn. CONVICTION).

croyant, e [krwajɑ̃] adj. et n. Qui a la foi religieuse : *Un écrivain croyant. Les croyants ont vu là une manifestation de la Providence divine.*

C.R.S. [seɛrɛs] n. m. Abrév. désignant un membre d'une *Compagnie Républicaine de Sécurité,* unité mobile de police dépendant du ministère de l'Intérieur.

1. cru [kry] n. m. (de *croître*). **1.** Terroir spécialisé dans la production d'un vin; vin provenant de ce terroir : *Visiter un cru célèbre du Bordelais. Le meursault* *est un des grands crus de Bourgogne.* — **2.** Fam. *Du cru,* du pays, de la région où on est, dont il est question : *Elle s'est adressée à une paysanne du cru.*

2. cru, e [kry] adj. (lat. *crudus*). **1.** *Aliment cru,* qui n'a pas subi la cuisson : *De la viande crue* (contr. CUIT). — **2.** *Lumière crue, couleur crue,* violente, sans atténuation : *Dans un éclairage trop cru, les détails n'apparaissent pas* (contr. DOUX, TAMISÉ, VOILÉ). — **3.** *Mot cru, réponse crue,* énergique, réaliste : *Les oreilles délicates risquent d'être choquées par ses propos parfois très crus* (syn. LIBRE, LESTE, VERT; fam. SALÉ). — **4.** *Monter à cru,* monter à cheval sans selle.

cruauté [kryote] n. f. (lat. *crudelitas*). **1.** Fait d'être cruel : *La cruauté d'un enfant envers les animaux* (syn. BARBARIE, ↑SADISME). *La cruauté des temps les réduisait presque à la misère* (syn. DURETÉ, RIGUEUR). *La cruauté d'une raillerie.* — **2.** Acte cruel (surtout pl.) : *Elle avait enduré sans avouer les pires cruautés de ses gardiens* (syn. ATROCITÉ).

cruche [kryʃ] n. f. (frq. *krûka*). **1.** Récipient de grès ou de terre, à anse et à bec. — **2.** *Fam.* Qui est peu intelligent, qui agit sottement : *Cette cruche-là n'a pas compris les signes qu'on lui faisait!* (syn. fam. GOURDE).

cruchon [kryʃɔ̃] n. m. Petite cruche ou petite carafe.

crucial, e, aux [krysjal] adj. (du lat. *crux, crucis,* croix). Très important : *Problème crucial* (syn. ESSENTIEL, FONDAMENTAL). *C'est le moment crucial du choix* (syn. DÉCISIF).

crucifié, e [krysifje] adj. et n. *Avoir un air crucifié* ou *de crucifié,* avoir l'air de souffrir profondément.

crucifiement [krysifimɑ̃] n. m. ou **crucifixion** [krysifiksjɔ̃] n. f. **1.** Action de crucifier. — **2.** Tableau représentant la mise en croix de Jésus-Christ.

crucifier [krysifje] v. t. *Crucifier qqn,* lui infliger le supplice de la croix : *De nombreux martyrs chrétiens furent crucifiés.*

crucifix [krysifi] n. m. Croix de bois, d'ivoire, etc., sur laquelle est représenté Jésus-Christ crucifié.

cruciverbiste [krysivɛrbist] n. Amateur de mots croisés.

crudité [krydite] n. f. (lat. *cruditas,* indigestion). **1.** État de ce qui est cru : *La crudité des légumes.* — **2.** État de ce qui est violent, réaliste : *La crudité du langage* (syn. VERDEUR). ◆ ***crudités*** n. f. pl. Fruits ou légumes crus : *Des hors-d'œuvre faits surtout de crudités.*

crue [kry] n. f. (de *croître*). Gonflement d'un cours d'eau : *La fonte des neiges provoque des crues subites. La rivière est en crue.*

cruel, elle [kryɛl] adj. (lat. *crudelis*) [après ou, plus rarement, avant le n.]. **1.** Qui se plaît à faire souffrir ou qui n'hésite pas à le faire : *Un policier cruel qui torturait des prisonniers* (syn. BRUTAL, INHUMAIN, BARBARE, ↑SANGUINAIRE, ↑SADIQUE). *Le jeu cruel du chat avec la souris.* — **2.** Qui cause une souffrance physique, qui atteint vivement, qui blesse moralement : *Un froid cruel* (syn. RIGOUREUX). *Nous sommes dans la cruelle nécessité de nous séparer* (syn. ↓DUR). *Votre question me plonge dans un cruel embarras* (syn. PÉNIBLE).

cruellement [kryɛlmɑ̃] adv. De façon cruelle : *Le soulèvement fut réprimé cruellement* (syn. ↓SÉVÈREMENT, ↓DUREMENT). *La main-d'œuvre faisait cruellement défaut* (syn. TERRIBLEMENT).

crûment [krymɑ̃] adv. *Parler crûment,* sans ménagement, en termes énergiques.

crustacé [krystase] n. m. (du lat. *crusta,* croûte). Animal aquatique à carapace (crabe, homard, crevette, etc.).

crypte [kript] n. f. (gr. *kruptos,* caché). Partie souterraine d'une église; chapelle souterraine dans une église.

cryptogramme [kriptɔgram] n. m. (gr. *kruptos,* caché, et *gamos,* mariage). Texte écrit en caractères secrets, en langage chiffré.

cryptographie [kriptɔgrafi] n. f. (gr. *kruptos,* caché, et *graphein,* écrire). Ensemble des techniques utilisées pour transcrire en écriture secrète un texte qui est en clair, et inversement. (→ DÉCRYPTER.)

cryptographique [kriptɔgrafik] adj. Relatif à la cryptographie.

cubage [kybaʒ] n. m. **1.** Action de cuber. — **2.** Volume, capacité.

cubain, e [kybɛ̃] adj. et n. De Cuba.

cube [kyb] n. m. (gr. *kubos,* dé à jouer). **1.** Parallélépipède à six faces formant des carrés égaux; objet ayant cette forme : *Un dé à jouer est un petit cube marqué de points sur ses faces.* — **2.** *Cube d'un nombre,* produit de trois facteurs égaux à ce nombre : *27 est le cube de 3.* — **3.** *Gros cube,* moto de forte cylindrée (plus de 500 cm^3). ◆ adj. *Mètre cube, décimètre cube,* etc., volume équivalant à celui d'un cube ayant un mètre, un décimètre, etc., de côté. (On écrit m^3, dm^3, etc.)

cuber [kybe] v. t. Évaluer un volume en mètres cubes, décimètres cubes, etc. ◆ v. i. Avoir un volume, une capacité de : *Citerne qui cube 2 000 litres.*

cubique [kybik] adj. Qui a la forme d'un cube : *Une boîte cubique.*

cubisme [kybism] n. m. École moderne d'art se proposant de représenter les objets sous des formes géométriques.

cubiste [kybist] adj. et n. Qui relève du cubisme.

cubitus [kybitys] n. m. (mot lat.). Le plus gros des deux os de l'avant-bras, dont l'extrémité forme la saillie du coude.

cueillette [kœjɛt] n. f. Action de cueillir des fruits : *La cueillette des pommes* (syn. RÉCOLTE).

cueillir [kœjir] v. t. (lat. *colligere*) [c. 24]. **1.** *Cueillir un fruit, une fleur,* les détacher de leur branche, de leur tige : *Cueillir des fraises* (syn. RÉCOLTER). *Cueillir des œillets.* — **2.** Fam. *Cueillir qqn,* aller le chercher ou l'attendre pour l'emmener avec soi : *J'irai vous cueillir en voiture à la sortie de votre bureau. Les policiers ont cueilli le malfaiteur à sa descente du train* (syn. ARRÊTER; fam. PINCER); le frapper de façon inattendue : *Être cueilli à froid.* (→ ACCUEILLIR, RECUEILLIR.)

cuiller ou **cuillère** [kɥijɛr] n. f. (lat. *cochlearium*). **1.** Ustensile de table ou de cuisine, comprenant un manche et une partie creuse, et servant à porter des aliments à la bouche ou à les remuer dans un récipient : *Cuiller à dessert, à café, à soupe.* — **2.** Fam. *En deux coups de cuiller à pot,* de façon expéditive (syn. RONDEMENT; fam. EN MOINS DE DEUX). ‖ Fam. *Être à ramasser à la petite cuiller,* être en piteux état, blessé ou brisé de fatigue. ‖ Fam. *Ne pas y aller avec le dos de la cuiller,* manquer de modération dans ses paroles ou dans ses actes. — **3.** Engin de pêche, tournant ou ondulant, en forme de cuillère sans manche.

cuillerée [kɥijre] n. f. Contenu d'une cuiller : *Ajouter trois cuillerées de sucre.*

cuir [kɥir] n. m. (lat. *corium*). **1.** Peau d'animal, tannée et spécialement préparée pour des usages industriels : *Une serviette, une ceinture en cuir.* — **2.** Peau épaisse de certains animaux : *La balle avait ricoché sur le cuir du rhinocéros.* — **3.** *Cuir chevelu,* partie de la tête recouverte par les cheveux. — **4.** Faute de liaison dans la prononciation. (Ex. : *Vous devez faire* [z]-*erreur.*)

cuirasse [kɥiras] n. f. (de *cuir*). **1.** Partie de l'armure qui recouvrait le dos et la poitrine du combattant. — **2.** Attitude morale qui protège des blessures d'amour-propre, des souffrances, etc. : *S'isoler dans une cuirasse d'indifférence.* — **3.** *Défaut de la cuirasse,* point faible de qqn ou de qqch.

cuirassé [kɥirase] n. m. Grand navire de ligne qui était doté d'une puissante artillerie et protégé par d'épais blindages.

cuirasser [kɥirase] v. t. Rendre insensible : *Une longue expérience m'a cuirassé contre de telles critiques* (syn. ENDURCIR; fam. BLINDER). ◆ ***se cuirasser*** v. pr. Devenir insensible : *Se cuirasser contre l'attendrissement.*

cuirassier [kɥirasje] n. m. Soldat de cavalerie qui portait autref. une cuirasse d'acier.

cuire [kɥir] v. t. (lat. *coquere*) [c. **70**]. **1.** *Cuire un aliment,* le rendre propre à la consommation par l'action de la chaleur : *Cuire un rôti au four, à la casserole. Un gâteau cuit à feu doux. On cuit les nouilles en les jetant dans l'eau bouillante. Il est temps de cuire le dîner.* — **2.** *Cuire des briques, de la porcelaine, des poteries,* etc., en soumettre la pâte à la chaleur d'un four, pour la durcir. — **3.** Fam. *C'est tout cuit, c'est du tout cuit,* l'affaire est faite, le succès est assuré d'avance. ‖ Fam. *Être cuit,* être perdu. ◆ v. i. **1.** (sujet un aliment) Subir une modification dans sa substance sous l'action de la chaleur, en vue de la consommation : *Un civet qui cuit à feu doux. Faire cuire un œuf sur le plat.* — **2.** *Fam.* (sujet qqn) Être accablé de chaleur : *On cuit dans cette pièce.* — **3.** *Les yeux lui cuisent, la peau lui cuit,* il éprouve une irritation, une sensation de brûlure. ‖ *Il leur en cuira,* ils auront à s'en repentir, ils éprouveront de vifs désagréments.

cuisant, e [kɥizɑ̃] adj. (avant ou, plus souvent, après le n.) **1.** Qui cause une vive douleur physique comparable à une brûlure : *Il avait encore la joue cuisante de la gifle reçue. Une blessure cuisante.* — **2.** Qui affecte très douloureusement : *Une défaite cuisante. Un cuisant échec.*

cuisine [kɥizin] n. f. (bas lat. *cocina*). **1.** Pièce destinée à la préparation des aliments : *Le réfrigérateur est à* (ou *dans*) *la cuisine.* — **2.** Art ou manière d'apprêter les aliments : *La cuisine française est réputée. La cuisine, ce n'est pas mon fort. Il va être temps de se mettre à faire la cuisine* (= à préparer le repas). — **3.** Aliments considérés sous le rapport de la manière dont ils sont apprêtés : *La cuisine de ce restaurant est délicieuse.* — **4.** *Fam.* et *péjor.* Manœuvres plus ou moins louches, arrangement qui manque de dignité : *Toutes ces manigances politiques, ce n'est que de la cuisine électorale* (syn. TRAFIC, TRIPOTAGE). [→ CULINAIRE.]

cuisiné, e [kɥizine] adj. *Plat cuisiné,* vendu tout préparé.

cuisiner [kɥizine] v. t. **1.** *Cuisiner un plat, un aliment,* le préparer, l'accommoder. — **2.** Fam. *Cuisiner qqn,* l'interroger longuement en cherchant à obtenir de lui un aveu, un renseignement. ◆ v. i. Faire la cuisine : *Elle cuisine remarquablement.*

cuisinette [kɥizinɛt] n. f. Petite cuisine, aménagée en général dans un studio. (On dit aussi KITCHENETTE.)

cuisinier, ère [kɥizinje] n. Personne chargée de faire la cuisine, professionnellement ou non : *Ce restaurant a engagé un nouveau cuisinier* (syn. CHEF). *Elle est très bonne cuisinière* (= elle fait très bien la cuisine).

cuisinière [kɥizinjɛr] n. f. Appareil destiné à la cuisson des aliments et muni d'un four.

cuissardes [kɥisard] n. f. pl. Bottes qui montent jusqu'aux cuisses.

cuisse [kɥis] n. f. (lat. *coxa,* hanche). **1.** Partie de la jambe qui va de la hanche au genou. — **2.** Fam. *Se croire sorti de la cuisse de Jupiter,* se juger supérieur aux autres par sa naissance, ses qualités.

cuisson [kɥisɔ̃] n. f. Action de cuire : *Un pot-au-feu demande plusieurs heures de cuisson. La cuisson de ce poulet est insuffisante.*

cuissot [kɥiso] n. m. Cuisse de gros gibier : *Manger un cuissot de chevreuil.*

cuistot [kɥisto] n. m. *Fam.* Cuisinier.

cuistre [kɥistr] n. m. (anc. fr. *quistre,* marmiton). Personne qui fait un étalage intempestif d'un savoir mal assimilé; qui tranche avec une assurance excessive.

cuistrerie [kɥistrəri] n. f. Pédanterie ridicule.

cuite [kɥit] n. f. *Pop.* Accès d'ivresse.

cuivre [kɥivr] n. m. (lat. [*aes*] *cyprium,* [bronze] de Chypre). **1.** Métal rougeâtre : *Le cuivre est très employé comme conducteur électrique.* — **2.** Objet de ce métal (surtout pl.) : *Faire les cuivres* (= faire briller, avec un produit, les poignées, boutons, etc., en cuivre). ◆ ***cuivres*** n. m. pl. Instruments de musique en cuivre.

cuivré, e [kɥivre] adj. **1.** Dont la couleur rappelle celle du cuivre : *Elle a un teint cuivré* (syn. BRONZÉ, BASANÉ). — **2.** Se dit d'un son bien timbré, rappelant celui des instruments en cuivre.

cuivreux, euse [kɥivrø] adj. *Métaux cuivreux,* ceux qui contiennent du cuivre en alliage.

cul [ky] n. m. (lat. *culus*). **1.** *Pop.* Partie de l'homme et de certains animaux qui comprend les fesses et le fondement (mot jugé grossier) [syn. POSTÉRIEUR; fam. DERRIÈRE, FESSES]. — **2.** Partie postérieure ou inférieure de certains objets : *Le cul d'une bouteille* (syn. FOND). *Le cul d'une lampe* (syn. DESSUS). — **3.** Fam. *Bouche en cul de poule,* bouche qui fait une sorte de moue en arrondissant les lèvres. ‖ Fam. *Cul par-dessus tête,* en culbutant. ‖ Pop. *Être comme cul et chemise,* être inséparables. ‖ Pop. *Faire cul sec,* vider son verre en buvant d'un trait. ◆ adj. *Pop.* Stupide, idiot.

culasse [kylas] n. f. (de *cul*). **1.** Bloc métallique fermant le canon d'une arme à feu. — **2.** Partie supérieure des cylindres d'un moteur à explosion.

culbute [kylbyt] n. f. (de *cul* et *buter,* heurter). **1.** Tour que qqn fait sur lui-même en mettant la tête et les mains par terre et en roulant sur le dos, les pieds passant au-dessus de la tête : *Le clown fait des culbutes* (syn. fam. GALIPETTE). — **2.** Chute brusque, à la renverse ou avec un retournement, de qqn ou de qqch : *La voiture défonça le parapet et fit une culbute dans la rivière.* — **3.** *Fam.* Revers de fortune, perte d'une situation : *Pour éviter la culbute, l'entreprise a dû faire appel à des capitaux privés* (syn. FAILLITE, RUINE). — **4.** Fam. *Faire la culbute,* revendre un article au double du prix d'achat.

culbuter [kylbyte] v. t. **1.** *Culbuter qqch* ou *qqn,* le faire tomber brusquement, en le renversant : *Les manifestants avaient culbuté les tables et les chaises d'un restaurant. Deux joueurs ont été culbutés par l'élan des nôtres.* — **2.** *Culbuter une armée, des troupes,* les mettre en déroute. ◆ v. i. (sujet qqn) Tomber en se renversant : *L'enfant a culbuté dans l'étang.*

culbuteur [kylbytœr] n. m. Pièce renvoyant la commande du mouvement des soupapes par-dessus la culasse du cylindre.

cul-de-jatte [kydʒat] n. (pl. *culs-de-jatte*). Personne amputée des jambes ou privée de l'usage de ses jambes.

cul-de-sac [kydsak] n. m. (pl. *culs-de-sac*). Extrémité d'une rue ou d'un passage sans issue (syn. IMPASSE).

culinaire [kylinɛr] adj. (lat. *culinarius*). Relatif à la cuisine : *Préparation culinaire* (= un plat). *Recette culinaire.*

culminant, e [kylminɑ̃] adj. *Point culminant,* point le plus élevé, degré extrême : *Le point culminant des Alpes* (syn. SOMMET). *Le point culminant de la crise.*

culminer [kylmine] v. i. (du lat. *culmen,* sommet). Atteindre son point ou son degré le plus élevé : *Le massif des Alpes culmine à 4 807 mètres, au mont Blanc. Sa fureur culmina quand elle découvrit le désastre* (syn. ÊTRE À SON COMBLE).

culot [kylo] n. m. (de *cul*).
— **I. 1.** Partie constituant le fond de certains objets : *Le culot d'une ampoule électrique* (= partie métallique engagée dans la douille). — **2.** Dépôt accumulé dans le fourneau d'une pipe, au fond d'un récipient.
— **II.** *Fam.* Hardiesse excessive, grand aplomb : *Il a eu le culot de partir sans avoir fait son travail* (syn. fam. TOUPET). *Tu prétends me faire croire ça? Tu ne manques pas de culot!* (syn. AUDACE, EFFRONTERIE).

culottage [kylɔtaʒ] n. m. Action de culotter : *Le culottage d'une pipe.*

culotte [kylɔt] n. f. (de *cul*). **1.** Vêtement porté surtout par les petits garçons ou les sportifs, qui couvre le corps de la ceinture aux genoux, en entourant séparément chaque cuisse : *Son fils porte encore des culottes courtes.* — **2.** Sous-vêtement féminin (syn. SLIP). — **3.** *Culotte de cheval,* culotte évasée sur les hanches et serrée au-dessous du genou pour rentrer dans les bottes; *fam.* bourrelets de graisse en bas des hanches. — **4.** *Pop.* Perte au jeu : *Ramasser, prendre une culotte.* — **5.** Fam. *Femme qui porte la culotte,* qui exerce l'autorité dans un ménage, qui gouverne son mari.

culotté, e [kylɔte] adj. *Fam.* Qui a du culot : *Il faut être culotté pour prendre un pareil risque* (syn. HARDI, AUDACIEUX).

culotter [kylɔte] v. t. **1.** *Culotter une pipe,* la fumer suffisamment pour qu'il s'y forme un culot, pour qu'elle s'imprègne de l'odeur du tabac. — **2.** *Portefeuille, livre,* etc., *culotté,* devenu foncé, noirci, patiné par un usage répété.

culpabiliser [kylpabilize] v. t. *Culpabiliser qqn,* développer en lui des remords, le sentiment qu'il est coupable.

culpabilité [kylpabilite] n. f. (du lat. *culpa,* faute). État de qqn coupable d'une infraction ou d'une faute : *L'enquête a établi la culpabilité de l'accusé* (contr. INNOCENCE).

culte [kylt] n. m. (lat. *cultus*). **1.** Hommage rendu à Dieu, à un saint, ou à une divinité quelconque; vénération de caractère religieux portée à un être ou à une chose : *Le culte d'Isis se répandit dans le Bassin méditerranéen. Le culte des morts. Un ministre du culte* (= un prêtre, un pasteur, etc.). — **2.** Forme de pratique religieuse : *Culte catholique, protestant, israélite* (syn. RELIGION). — **3.** Chez les protestants, office religieux, composé de prières récitées, de chants, de commentaires de la Bible, etc. — **4.** Vénération profonde, amour fervent pour qqn ou pour qqch : *Il a le culte des bibelots de Saxe. Elle vouait un véritable culte à la mémoire de son père.* — **5.** *Objets du culte,* qui servent à la célébration des cérémonies religieuses, aux sacrements.

cul-terreux [kytɛrø] n. m. (pl. *culs-terreux*). *Fam.* et *péjor.* Paysan.

cultivable [kyltivabl] adj. Qui peut être cultivé.

cultivateur, trice [kyltivatœr] n. Personne dont la profession consiste à cultiver la terre (syn. AGRICULTEUR).

cultivé, e [kyltive] adj. **1.** Qui a reçu les travaux nécessaires pour produire : *Terre cultivée.* — **2.** Instruit : *Une femme cultivée.*

cultiver [kyltive] v. t. (lat. *cultivare*). **1.** *Cultiver la terre, un terrain,* etc., y faire les travaux nécessaires pour l'amener à produire : *Une retraitée qui cultive son jardin.* — **2.** *Cultiver des plantes, de la vigne,* etc., les faire pousser, en assurer l'exploitation. — **3.** *Cultiver son esprit, sa mémoire, un goût,* etc., les développer, les enrichir par des lectures, des exercices, etc. — **4.** *Cultiver un art d'agrément,* s'y adonner (soutenu) : *Elle cultive la poésie.* — **5.** *Cultiver des relations, cultiver qqn,* entretenir soigneusement ces relations, s'efforcer de plaire à qqn, dans un but plus ou moins intéressé (syn. SOIGNER). — **6.** *Cultiver le paradoxe,* aimer à contredire les opinions courantes. ◆ ***se cultiver*** v. pr. Accroître ses connaissances, son goût par la lecture, la conversation, les spectacles, les voyages, etc.

cultuel, elle [kyltɥɛl] adj. Relatif au culte : *Les édifices cultuels* (= du culte).

culture [kyltyr] n. f. (lat. *cultura*). **1.** Action, manière de cultiver le sol, les plantes : *Culture artisanale, industrielle. La culture du blé.* — **2.** Terrain cultivé : *La route traverse de riches cultures.* — **3.** Enrichissement de l'esprit; état d'un esprit enrichi par des connaissances variées et étendues : *Toute spécialiste qu'elle est, elle veille à entretenir sa culture générale. Sa culture musicale est très sûre.* — **4.** Ensemble de la production littéraire, artistique, spirituelle d'une communauté humaine : *La culture occidentale. La culture gréco-latine* (syn. CIVILISATION). — **5.** *Culture physique,* ensemble d'exercices propres à fortifier et à entretenir le corps (syn. GYMNASTIQUE). ‖ *Maison de la culture,* établissement géré par l'État, qui a pour but d'assurer la plus vaste audience à la culture, aux arts, etc.

culturel, elle [kyltyrɛl] adj. Relatif à la culture : *Un attaché culturel est un fonctionnaire chargé d'assurer des liaisons et des échanges intellectuels entre son pays et celui où il est envoyé.*

culturisme [kyltyrism] n. m. Culture physique, spécialement destinée à développer les muscles.

culturiste [kyltyrist] adj. et n. Qui pratique le culturisme.

cumin [kymɛ̃] n. m. (gr. *kuminon*). Plante aromatique, utilisée en cuisine ou pour préparer certaines liqueurs.

cumul [kymyl] n. m. Action de cumuler : *Le cumul de plusieurs fonctions.*

cumulable [kymylabl] adj. Qui peut être cumulé : *Revenus qui sont cumulables avec un salaire.*

cumuler [kymyle] v. t. (lat. *cumulare,* entasser). *Cumuler des fonctions, des titres, des traitements,* etc., exercer simultanément ces fonctions, avoir droit à ces différents titres, percevoir en même temps ces traitements. (→ ACCUMULER.)

cumulus [kymylys] n. m. (mot lat. signif. *amas*). Gros nuage blanc arrondi, qui se forme par beau temps.

cunéiforme [kyneifɔrm] adj. (du lat. *cuneus,* clou, et *forme*). *Écriture cunéiforme, caractères cunéiformes,* système d'écriture ancienne des Assyriens, des Mèdes et des Perses.

cupide [kypid] adj. (lat. *cupidus*). Qui recherche avidement la richesse : *Administrateur cupide* (syn. RAPACE, ÂPRE AU GAIN, ↓ INTÉRESSÉ). *Regard cupide.*

cupidement [kypidmɑ̃] adv. De façon cupide.

cupidité [kypidite] n. f. Désir excessif de posséder.

cupule [kypyl] n. f. (lat. *cupula,* petite coupe). Sorte de petite coupe qui enveloppe la base du fruit de certains arbres : *La cupule d'un gland, d'une noisette.*

curable [kyrabl] adj. (du lat. *cura,* soin). Susceptible de guérir.

curaçao [kyraso] n. m. (de *Curaçao,* île des Antilles). Liqueur composée d'écorce d'oranges amères, de sucre et d'eau-de-vie.

curage [kyraʒ] n. m. Action de curer : *On procède chaque année au curage de la citerne.*

curare [kyrar] n. m. (mot caraïbe). Poison végétal, d'action paralysante.

curatif, ive [kyratif] adj. (du lat. *cura,* soin). *Traitement curatif,* traitement médical qui vise à la guérison d'une maladie déclarée (par oppos. à *préventif*).

1. cure [kyr] n. f. (lat. *cura,* soin, souci). **1.** Traitement médical qu'on suit pendant un temps plus ou moins long, et qui consiste à absorber certains aliments ou certaines boissons, à adopter un certain genre de vie ou à passer un certain temps dans une station spécialisée : *Faire une cure de fruits. Elle a fait une cure thermale pour soigner son foie* (= elle a bu des eaux minérales, suivi un régime, etc., dans une station appropriée). *Une cure de sommeil.* — **2.** Litt. *N'avoir cure de qqch,* ne pas s'en soucier.

2. cure [kyr] n. f. **1.** Poste d'un curé qui dirige une paroisse : *On l'a nommé à une cure importante.* — **2.** Habitation du curé (syn. PRESBYTÈRE).

curé [kyre] n. m. (de *cure* 2). **1.** Prêtre catholique chargé de la direction d'une paroisse. — **2.** *Fam.* Prêtre en général (plus ou moins péjor.).

cure-dents [kyrdɑ̃] n. m. inv. Petite pointe taillée dans une plume ou faite de diverses matières, et destinée à débarrasser les dents des restes de nourriture.

curée [kyre] n. f. (de *cuir*). **1.** À la chasse à courre, distribution, abandon aux chiens des entrailles de la bête abattue. — **2.** Ruée vers des biens, des places qu'on se dispute après la chute d'un homme, d'un régime politique, etc. (soutenu) : *À la révolution succéda la curée des vainqueurs.*

cure-ongles [kyrɔ̃gl] n. m. inv., **cure-oreilles** [kyrɔrɛj] n. m. inv. Petits instruments destinés au nettoyage des ongles, au curage des oreilles.

cure-pipes n. m. inv. ou **cure-pipe** [kyrpip] n. m. (pl. *cure-pipes*). Instrument servant à nettoyer le fourneau d'une pipe.

curer [kyre] v. t. (lat. *curare,* prendre soin). *Curer un endroit, un objet creux,* le nettoyer, le débarrasser des dépôts accumulés : *Curer un fossé, un étang. Curer une pipe.* ◆ ***se curer*** v. pr. (sujet qqn) *Se curer les dents, les ongles,* etc., se les nettoyer. (→ RÉCURER.)

curetage [kyrtaʒ] n. m. Action de cureter.

cureter [kyrte] v. t. (c. **8**) Enlever avec une curette des corps étrangers ou des tissus malades.

curette [kyrɛt] n. f. Instrument de chirurgie en forme de cuiller, utilisé pour cureter.

curieusement [kyrjøzmɑ̃] adv. De façon curieuse : *Un bibelot curieusement ouvragé. Elle marche curieusement, comme une somnambule* (syn. BIZARREMENT, ÉTRANGEMENT, DRÔLEMENT).

curieux, euse [kyrjø] adj. (lat. *curiosus,* qui a soin de) [après le n.] et n. **1.** *Curieux (de qqch), curieux (de + inf.),* qui a le désir de voir, d'entendre, de connaître, de comprendre : *Des curieux s'arrêtaient devant la vitrine. Il n'est pas curieux : rien ne semble l'intéresser. Il est surtout curieux d'astronomie. Je suis curieux de connaître le résultat de l'entrevue.* — **2.** Qui cherche à savoir ce qui ne le regarde pas : *Glisser un regard curieux par une fente de la porte* (syn. INDISCRET). *C'est une curieuse.* ◆ adj. (avant ou après le n., et sans compl.) Qui éveille l'intérêt par quelque particularité qui surprend : *C'est un garçon curieux : il passe brusquement de l'enthousiasme à l'abattement* (syn. BIZARRE). *Le caméléon est un curieux animal* (syn. ÉTRANGE, ÉTONNANT, DRÔLE). *Tu as la curieuse habitude de poser deux fois tes questions.*

curiosité [kyrjɔzite] n. f. **1.** Qualité de qqn, de qqch de curieux : *Poussée par la curiosité, elle épiait les allées et venues de ses voisins. Un outil qui a retenu l'attention des archéologues par la curiosité de sa forme* (syn. BIZARRERIE, ÉTRANGETÉ). — **2.** Ce qui suscite un intérêt particulier : *Le musée des costumes est une des principales curiosités de la ville* (= chose intéressante et curieuse à voir). ◆ ***curiosités*** n. f. pl. Objets rares, recherchés par les collectionneurs : *Un magasin de curiosités.*

curiste [kyrist] n. Personne qui fait une cure dans une station thermale.

curling [kərliŋ] n. m. (mot angl.). Sport qui consiste à faire glisser sur la glace une lourde pierre munie d'une poignée et à l'envoyer le plus près possible du but.

curriculum (vitæ) [kyrikylɔmvite] n. m. (mots lat. signif. *carrière de la vie*). Ensemble des indications concernant l'état civil, les diplômes, les activités passées de qqn qui pose sa candidature à un concours, à un emploi, etc.

curry [kyri] n. m. **1.** Épice composée de piment, de gingembre, de clou de girofle, etc. — **2.** Plat de viande, de poisson ou de volaille préparé avec cette épice.

curseur [kyrsœr] n. m. (lat. *cursor,* coureur). Pièce qui peut se déplacer le long d'une tige ou d'une règle, généralement graduée.

cursif, ive [kyrsif] adj. (du lat. *currere,* courir). **1.** *Lecture cursive,* faite superficiellement, rapidement. — **2.** *Écriture cursive,* tracée au courant de la plume (par oppos. à *écriture calligraphiée*).

cursus [kyrsys] n. m. (abrév. de *cursus honorum*). Carrière professionnelle, cycle d'études, envisagés dans leurs phases successives.

cutané, e [kytane] adj. (du lat. *cutis,* peau). Relatif à la peau : *Une affection cutanée.*

cuti-réaction ou **cuti** [kyti(reaksjɔ̃)] n. f. (du lat. *cutis,* peau, et *réaction*) [pl. *cuti-réactions*]. **1.** Test pour déceler si l'organisme a été en contact avec le bacille de la tuberculose. — **2.** *Virer sa cuti,* avoir une cuti-réaction positive, attestant qu'on a été en contact avec le bacille de la tuberculose; *fam.,* perdre sa virginité.

cutter [kœtœr] n. m. Instrument servant à couper le papier et le carton, composé d'une lame coulissant dans une glissière.

cuve [kyv] n. f. (lat. *cupa*). Grand récipient installé durablement en un lieu : *Une cuve à mazout.*

cuvée [kyve] n. f. **1.** Quantité de liquide contenu dans une cuve. — **2.** Récolte de vin de toute une vigne.

cuver [kyve] v. t. Fam. *Cuver son vin,* laisser se dissiper l'ivresse par le sommeil.

cuvette [kyvɛt] n. f. **1.** Récipient portatif large et peu profond, servant à divers usages domestiques. — **2.** Partie profonde d'un siège de W.-C. — **3.** Dépression du sol : *La ville est située au fond d'une cuvette.*

cyanure [sjanyr] n. m. (du gr. *kuanos,* bleu sombre). Poison violent.

cybernéticien, enne [sibɛrnetisjɛ̃] n. Spécialiste de cybernétique.

cybernétique [sibɛrnetik] n. f. (gr. *kubernêtikê,* art de gouverner). Science qui étudie les mécanismes de communication et de contrôle chez les êtres vivants et dans les machines.

cyclable [siklabl] adj. *Piste cyclable,* chemin parallèle à la route et qui est réservé aux seuls cyclistes.

cyclamen [siklamɛn] n. m. (gr. *kuklaminos*). Plante de montagne à fleurs roses ou blanches.

cycle [sikl] n. m. (gr. *kuklos,* cercle). **1.** Suite de phénomènes se reproduisant périodiquement dans le même ordre : *Le cycle des saisons.* — **2.** Division de l'enseignement secondaire et universitaire : *Le premier et le second cycle de l'enseignement du second degré. Faire un doctorat de troisième cycle.* — **3.** Terme générique désignant les véhicules à 2 ou à 3 roues du type de la *bicyclette,* du *tricycle,* du *vélomoteur,* etc. (techn.; souvent pl.) : *Un marchand de cycles.*

cyclique [siklik] adj. Se dit d'un phénomène qui se reproduit périodiquement : *Crise cyclique.*

cyclisme [siklism] n. m. Sport ou pratique de la bicyclette : *Le cyclisme professionnel, amateur.*

cycliste [siklist] adj. Relatif au cyclisme : *Une course cycliste. Les champions cyclistes.* ◆ n. Personne qui utilise la bicyclette comme moyen de locomotion ou qui pratique le sport de la bicyclette.

cyclo-cross [siklokrɔs] n. m. inv. Sport consistant à parcourir à bicyclette et à pied un terrain varié.

cyclomoteur [siklomɔtœr] n. m. Bicyclette munie d'un moteur auxiliaire.

cyclomotoriste [siklomɔtɔrist] n. Qui se déplace avec un cyclomoteur.

cyclone [siklon] n. m. (mot angl.; du gr. *kuklos,* cercle). **1.** Centre de basses pressions atmosphériques. — **2.** Violente tempête, qui se forme sur la mer, caractérisée par des vents tourbillonnants et de fortes pluies.

cyclope [siklɔp] n. m. (de *Cyclope,* gr. *kuklôps,* œil de forme ronde). *Travail de cyclope,* œuvre exigeant une force ou des efforts extraordinaires. (Les *Cyclopes* étaient, dans la mythologie grecque, des géants n'ayant qu'un œil au milieu du front.)

cyclopéen, enne [siklɔpeɛ̃] adj. *Litt.* Énorme : *Un effort cyclopéen* (syn. GIGANTESQUE, COLOSSAL).

cyclotourisme [sikloturism] n. m. Tourisme pratiqué à bicyclette ou à cyclomoteur.

cygne [siɲ] n. m. (gr. *kuknos*). **1.** Grand oiseau aquatique entièrement blanc ou blanc et noir, au long cou flexible. — **2.** Litt. *Chant du cygne,* dernière œuvre d'un écrivain ou d'un artiste, considérée comme la plus belle, avant la mort ou le silence.

cylindre [silɛ̃dr] n. m. (gr. *kulindros*). **1.** Volume tel que son intersection avec des plans quelconques parallèles entre eux et coupant son axe donne des courbes fermées identiques. — **2.** Pièce dans laquelle se meut le piston d'un moteur.

cylindrée [silɛ̃dre] n. f. **1.** Capacité des cylindres d'un moteur à explosion. — **2.** Moto ou voiture envisagée du point de vue de sa puissance : *Une grosse, une petite cylindrée.*

cylindrique [silɛ̃drik] adj. Qui a la forme d'un cylindre : *Une colonne cylindrique.*

cymbale [sɛ̃bal] n. f. (gr. *kumbalon*). Instrument de musique à percussion formé de deux disques métalliques qu'on frappe l'un contre l'autre.

cymbalier, ère [sɛ̃balje] n. Joueur, joueuse de cymbales.

cynégétique [sineʒetik] adj. (du gr. *kunêgetein,* chasser). Qui concerne la chasse.

cynique [sinik] adj. et n. (gr. *kunikos,* de chien). Qui brave ostensiblement les principes moraux, les convenances; qui choque consciemment : *Il est cynique au point de se vanter d'avoir dupé ses clients. Une mauvaise foi cynique* (syn. IMPUDENT, EFFRONTÉ, ÉHONTÉ).

cyniquement [sinikmɑ̃] adv. De façon cynique.

cynisme [sinism] n. m. Attitude cynique.

cynocéphale [sinosefal] n. m. (gr. *kuôn, kunos,* chien, et *kephalê,* tête). Singe d'Afrique dont la tête ressemble à celle d'un chien : *Le babouin, le mandrill sont des cynocéphales.*

cynodrome [sinodrom] n. m. (gr. *kuôn, kunos,* chien, et *dromos,* course). Piste sur laquelle on fait courir des lévriers.

cyprès [siprɛ] n. m. (lat. *cupressus*). Arbre en forme de fuseau et à fruit conique, abondant surtout dans les régions méditerranéennes et associé à l'idée de la mort (on plantait des cyprès auprès des tombeaux).

cyrillique [sirilik] adj. (de saint *Cyrille*). *Alphabet cyrillique,* alphabet slave.

cystite [sistit] n. f. (du gr. *kustis,* vessie). Inflammation de la vessie.

cytologie [sitɔlɔʒi] n. f. (gr. *kutos,* cellule, et *logos,* science). Partie de la biologie qui étudie la cellule.

cytoplasme [sitɔplasm] n. m. Partie fondamentale de la cellule (biologie).

d

d [de] n. m. Quatrième lettre de l'alphabet, correspondant à l'occlusive dentale sonore [d].

dactylo [daktilo] n. f. **1.** Personne sachant dactylographier des textes. (→ STÉNODACTYLO.) — **2.** Syn. de DACTYLOGRAPHIE.

dactylographie [daktilografi] n. f. (gr. *daktulos,* doigt, et *graphein,* écrire). Art de taper à la machine.

dactylographier [daktilografje] v. t. Taper à la machine : *Dactylographier une lettre. Son discours représente quinze feuillets dactylographiés.*

dactylographique [daktilografik] adj. Relatif à la dactylographie : *Des travaux dactylographiques.*

1. dada [dada] n. m. (onomat.). **1.** Cheval (langage enfantin). — **2.** École littéraire du début du XXe s.

2. dada [dada] n. m. (onomat.). *Fam.* Idée chère à qqn, qui la répète fréquemment; thème de prédilection : *Elle a encore débité sa théorie sur l'organisation des loisirs : c'est son dada* (syn. MAROTTE).

dadais [dadɛ] n. m. (onomat.). *Grand dadais,* grand jeune homme gauche et sot (syn. NIAIS, NIGAUD).

dague [dag] n. f. (it. *daga*). Poignard en usage autrefois.

dahlia [dalja] n. m. (de *Dahl,* botaniste suédois). Fleur ornementale dont la racine est faite de tubercules.

daigner [dɛɲe] v. t. (lat. *dignari,* juger digne). *Daigner* (+ *inf.*), avoir la bonté de (d'un supérieur à un inférieur, un subordonné, un obligé) [soutenu] : *Daignez nous excuser. Il n'a même pas daigné répondre* (syn. CONDESCENDRE À). *Peut-être daignera-t-elle se souvenir de moi ?*

daim [dɛ̃] n. m. (bas lat. *damus*). **1.** Mammifère ruminant des forêts d'Europe qui ressemble au cerf, mais porte des bois aplatis à leurs extrémités. — **2.** Peau de cet animal utilisée pour l'habillement et en maroquinerie et présentant un aspect velouté; cuir de veau imitant le daim : *Chaussures de daim.*

daine [dɛn] n. f. Femelle du daim.

dais [dɛ] n. m. (lat. *discus,* disque). Tenture dressée au-dessus d'un autel, d'un trône, ou qu'on porte dans les processions au-dessus du saint sacrement.

dalaï-lama [dalailama] n. m. (mot mongol) [pl. *dalaï-lamas*]. Chef de la religion bouddhique.

dallage [dalaʒ] n. m. **1.** Action de daller. — **2.** Ensemble de dalles formant le revêtement d'un sol.

dalle [dal] n. f. (scandin. *daela,* gouttière). **1.** Plaque de pierre, de ciment, de verre, etc., utilisée pour paver le sol ou faire des revêtements. — **2.** Pop. *N'y comprendre que dalle,* ne rien y comprendre.

daller [dale] v. t. Paver au moyen de dalles.

dalmatien, enne [dalmasjɛ̃] n. (de *Dalmatie,* région de Yougoslavie). Chien d'agrément à robe blanche couverte de nombreuses petites taches noires ou brun foncé.

daltonien, enne [daltɔnjɛ̃] adj. et n. Affecté d'une anomalie de la vision des couleurs, portant sur le rouge et le vert.

daltonisme [daltɔnism] n. m. (de *Dalton,* physicien angl.). Anomalie de la vision des couleurs.

dam [dam] n. m. (lat. *damnum,* perte). Litt. *Au grand dam de qqn,* à son détriment; à son grand regret : *Il a perdu le match, au grand dam de ses amis.*

damage [damaʒ] n. m. Action de damer.

daman [damɑ̃] n. m. Mammifère herbivore d'Afrique, de la taille d'un lapin.

damasquiner [damaskine] v. t. (de *Damas,* v. de Syrie). Incruster un objet de métal de filets d'or ou d'argent.

damassé, e [damase] adj. et n. m. (de *Damas,* v. de Syrie). Se dit d'une étoffe dont le tissage forme des dessins ornementaux.

1. dame [dam] n. f. (lat. *domina,* maîtresse). — **I. 1.** Femme mariée, par oppos. à *demoiselle.* — **2.** Femme en général : *Coiffeur pour dames.* — **3.** Figure du jeu de cartes : *La dame de trèfle.* — **4.** Pion doublé au jeu de dames. — **5.** *Jeu de dames,* ou *dames,* jeu qui se joue à deux avec des pions sur un damier. — **II.** Outil qui sert à enfoncer les pavés, à tasser le sol.

2. dame! [dam] interj. (anc. fr. *par Nostre Dame!*). A une valeur de conclusion : *« Il n'est pas content? — Dame! après tout ce que vous lui avez dit! »* (syn. BIEN SÛR, PARBLEU).

dame-jeanne [damʒan] n. f. (pl. *dames-jeannes*). Grosse bouteille, d'une contenance de 20 à 50 litres.

damer [dame] v. t. **1.** Fam. *Damer le pion à qqn,* prendre un avantage décisif sur lui, triompher de lui en le gagnant de vitesse. — **2.** Tasser fortement avec une dame. — **3.** Tasser la neige avec des skis.

damier [damje] n. m. **1.** Tableau carré divisé en cent cases, alternativement noires et blanches, pour jouer aux dames. — **2.** Surface quelconque divisée en carrés de couleurs différentes.

damnation [danasjɔ̃] n. f. Condamnation d'une âme aux peines de l'enfer.

damné, e [dane] adj. **1.** (avant le n.) *Fam.* Qu'on maudit, dont on est mécontent : *Ces damnés gamins! Cette damnée fièvre m'a tenu au lit* (syn. MAUDIT, SACRÉ, SATANÉ). — **2.** *L'âme damnée de qqn,* celui qui lui inspire ses mauvaises actions, son mauvais conseiller. ◆ n. **1.** Condamné à l'enfer. — **2.** *Souffrir comme un damné,* très cruellement.

damner [dane] v. t. (lat. *damnare*). **1.** (sujet Dieu) *Damner qqn,* le condamner aux peines de l'enfer (relig.). — **2.** *Dieu me damne!,* marque l'étonnement. ◆ v. i. (sujet qqn) *Faire damner qqn,* provoquer chez lui de l'exaspération (vieilli; syn. FAIRE ENRAGER). ◆ ***se damner*** v. pr. Mériter par sa conduite la damnation éternelle (relig.).

dan [dan] n. m. **1.** Grade supplémentaire des judokas

titulaires de la ceinture noire. — **2.** Judoka ayant ce grade : *Il est troisième dan.*

dancing [dɑ̃siŋ] n. m. (mot angl.). Établissement public où on danse.

dandinement [dɑ̃dinmɑ̃] n. m. Action de se dandiner.

dandiner (se) [dɑ̃dine] v. pr. (de l'anc. fr. *dandin,* cloche) [sujet qqn, un animal] Donner à son corps un mouvement nonchalant de balancement plus ou moins ridicule : *Un élève qui récite sa leçon en se dandinant.*

dandy [dɑ̃di] n. m. (mot angl.) [pl. *dandies*]. Homme qui affecte une suprême élégance dans sa toilette et dans ses goûts (vieilli).

dandysme [dɑ̃dism] n. m. Attitude de dandy.

danger [dɑ̃ʒe] n. m. (bas lat. *dominiarium,* domination). **1.** Circonstances où on est exposé à un mal, à un inconvénient, ce qui légitime une inquiétude : *Pendant la tempête, les marins étaient en danger. On a couru de grands dangers* (syn. litt. PÉRIL). *L'expédition était pleine de dangers. Un remède sans danger. Il ne faut pas minimiser le danger de crise économique* (syn. RISQUE). *Il n'y a aucun danger à agir ainsi* (= on peut le faire en toute tranquillité). — **2.** *Il n'y a pas de danger,* ou, fam., *pas de danger!,* exprime une vive dénégation : *Il n'y a pas de danger qu'elle en fasse autant* (= elle n'en fera certainement pas autant). *«Tu crois qu'il nous aiderait? — Pas de danger!»* (= cela n'a aucune chance de se produire).

dangereusement [dɑ̃ʒrøzmɑ̃] adv. De manière dangereuse : *La voiture penchait dangereusement. Une phrase dangereusement équivoque.*

dangereux, euse [dɑ̃ʒrø] adj. (avant ou après le n.) Qui constitue un danger : *Virage dangereux. Escalade dangereuse* (syn. RISQUÉ). *Nos troupes étaient dans une situation dangereuse* (syn. PÉRILLEUX, ↑CRITIQUE). *La police a arrêté un dangereux malfaiteur.*

dangerosité [dɑ̃ʒərɔzite] n. f. Caractère dangereux de qqch ou de qqn (techn.) : *La dangerosité d'un médicament.*

danois, e [danwa] adj. et n. Du Danemark. ◆ ***danois*** n. m. **1.** Langue nordique parlée au Danemark. — **2.** Chien à poil ras, de grande taille, originaire du Danemark.

dans [dɑ̃] prép. (bas lat. *deintus,* au-dedans). Accompagné d'un déterminant, indique : **1.** le lieu : *Il y a une boulangerie dans la rue voisine. Il y a beaucoup de désordre dans la chambre. Il est de plus en plus difficile de garer sa voiture dans Paris* (noms de villes). *Il habite dans la Nièvre* (noms de départements). *Il marche dans l'herbe* (différent de *sur l'herbe*). *Il va d'une pièce dans une autre. J'ai trouvé ce vers dans l'«Héraclius» de Corneille. J'ai lu dans le journal la nouvelle de cet accident. Dans le fond de son cœur, il le regrette. L'idée est dans l'air. Elle est entrée dans une grande colère.* — **2.** la date : *Il viendra dans trois jours. J'irai le voir dans une semaine. Je pourrai réaliser ce projet dans l'année. Dans combien de temps reviendrez-vous? Il était très gai dans le temps* (= autrefois). — **3.** la durée : *Elle est dans sa trentième année. Dans les siècles passés, l'hiver était plus difficile à supporter. Un mois dans l'autre, je m'en tire* (= en faisant une moyenne). — **4.** la manière d'être, état : *La maison s'écroula dans les flammes. Elle est dans l'attente d'un heureux événement. Vivre dans l'oisiveté. Elle baigne dans la joie. Sa chambre est dans le plus grand désordre. Il entre dans une grande colère.* — **5.** l'objet indirect d'un verbe ou d'un nom : *Avoir confiance dans la nation.* — **6.** l'évaluation : *Ce livre coûte dans les vingt francs* (= approximativement).

dansant, e [dɑ̃sɑ̃] adj. **1.** Agité de mouvements divers : *Les flammes dansantes d'un feu de bois.* — **2.** *Musique dansante,* propre à faire danser. — **3.** *Soirée dansante, réunion dansante,* où on danse.

danse [dɑ̃s] n. f. **1.** Suite de pas et de mouvements rythmés, exécutés le plus souvent sur un air de musique, par une personne seule ou par des partenaires : *La bourrée, la farandole sont des danses régionales. L'orchestre jouait des airs de danse : valses, tangos, charlestons. Elle suit des cours de danse classique.* — **2.** Fam. *Entrer dans la danse, en danse,* participer à une action violente ou commencer à la subir : *L'artillerie venait d'entrer dans la danse.* ‖ Fam. *Mener la danse,* diriger une action violente.

danser [dɑ̃se] v. i. (frq. *dintjan,* se mouvoir de-ci, de-là). **1.** (sujet qqn) Exécuter une danse, mouvoir son corps en cadence : *Il a dansé toute la soirée au bal du quartier. Le corps de ballet a dansé devant un public enthousiaste. L'enfant se mit à danser de joie.* — **2.** (sujet qqch) Se déplacer en divers sens, être agité (soutenu) : *La barque danse sur les vagues. La flamme danse dans la cheminée.* — **3.** Fam. *Ne pas savoir sur quel pied danser,* ne pas savoir ce qu'il convient de faire, en raison de l'ambiguïté d'une situation ou de l'attitude de qqn. ◆ v. t. *Danser le rock, une valse,* etc., exécuter ces danses.

danseur, euse [dɑ̃sœr] n. **1.** Personne qui danse : *La salle était trop petite pour tant de danseurs. Une danseuse de l'Opéra.* — **2.** *Danseur de corde,* acrobate qui fait des exercices d'équilibre sur un câble tendu. — **3.** *En danseuse,* se dit de la position d'un cycliste qui pédale debout, en portant ses efforts alternativement sur chaque pédale.

dantesque [dɑ̃tɛsk] adj. Se dit d'une œuvre, d'un événement de dimensions fantastiques, de caractère effrayant et grandiose qui rappelle l'énergie sombre de Dante : *Chaos dantesque* (syn. COLOSSAL, TOURMENTÉ). *Vision dantesque* (syn. APOCALYPTIQUE).

dard [dar] n. m. (frq. *daroth,* javelot). **1.** Aiguillon au moyen duquel certains animaux injectent leur venin : *Le dard du scorpion. L'abeille a laissé son dard dans la peau.* — **2.** Javelot ancien.

darder [darde] v. t. (de *dard*). Litt. *Darder son regard sur qqn, sur qqch,* le regarder avec vivacité ou insistance. ‖ *Le soleil darde ses rayons,* ses rayons sont brûlants.

dare-dare [dardar] adv. (onomat.). *Fam.* En toute hâte, à toute allure.

darne [darn] n. f. (breton *darn,* morceau). Tranche épaisse de poisson : *Darne de colin.*

dartre [dartr] n. f. (bas lat. *derbita*). Croûte ou irritation de la peau, souvent accompagnée de démangeaisons.

datable [databl] adj. Dont on peut déterminer la date.

datation [datasjɔ̃] n. f. Établissement d'une date.

datcha [datʃa] n. f. (mot russe). Maison de campagne aux environs d'une grande ville russe.

date [dat] n. f. (bas lat. *data* [*littera*], [lettre] donnée). **1.** Indication plus ou moins précise du moment (jour, mois, année) où une lettre est écrite, un texte écrit ou publié, où un événement a eu ou doit avoir lieu : *Une lettre qui porte la date du 25 septembre 1935. Une réponse en date du 15 mars. Le livre a été publié à Paris, sans date. 1492 : c'est la date de la découverte de l'Amérique par Christophe Colomb* (syn. ANNÉE). *La date de l'ouverture de la chasse varie selon les départements.* — **2.** Événement d'une grande importance historique : *La Révolution est une date capitale de notre histoire.* — **3.** *De fraîche date, de vieille date,* qui s'est produit ou qui dure depuis peu, depuis longtemps : *Une acquisition de fraîche date* (syn. RÉCENT).

Une amitié de longue date (syn. ANCIEN). ‖ *Faire date,* marquer un moment important : *Un film qui a fait date dans l'histoire du cinéma.* ‖ *Le premier, le dernier en date,* le plus ancien, le plus récent. ‖ *Prendre date,* fixer à l'avance le moment d'une action, d'un rendez-vous, etc.

dater [date] v. t. **1.** *Dater une lettre, un document,* etc., y inscrire la date. — **2.** *Dater un événement, une œuvre,* etc., en déterminer la date. ◆ v. i. **1.** (sujet un événement, une œuvre) Marquer une date importante : *L'invention de la télévision datera dans l'histoire* (syn. FAIRE ÉPOQUE). — **2.** (sujet qqch) Apparaître comme vieilli, démodé : *C'est une théorie qui commence à dater.* — **3.** (sujet qqch) *Dater de,* avoir eu lieu, être apparu à telle ou telle époque : *Une voiture qui date de 1950.* — **4.** *À dater de,* à partir de : *À partir du 1er avril, les traitements seront relevés.*

dateur [datœr] n. m. Appareil qui indique ou imprime une date. ◆ adj. m. Qui donne la date : *Timbre dateur. Montre à cadran dateur.*

datif [datif] n. m. (lat. *dativus* [*casus*], [cas] attributif). Cas des langues à déclinaison, indiquant l'attribution ou la destination.

datte [dat] n. f. (anc. prov. *datil;* du gr. *daktulos,* doigt). Fruit du dattier.

dattier [datje] n. m. Palmier cultivé notamment en Afrique et en Extrême-Orient.

daube [dob] n. f. (de l'esp. *dobar,* cuire à l'étouffée). Mode de cuisson de certaines viandes dans un récipient couvert : *Bœuf en daube.*

dauber [dobe] v. t. ou v. t. ind. Litt. *Dauber qqn* ou *sur qqn,* le railler, en dire du mal par-derrière.

1. dauphin [dofɛ̃] n. m. (lat. *delphinus*). Mammifère marin de l'ordre des cétacés, long de 2 mètres, se nourrissant de poissons et vivant en troupes.

2. dauphin [dofɛ̃] n. m. (de *Dauphiné,* ancienne province de France). **1.** Autref., titre de l'héritier présomptif de la couronne de France (généralement avec majusc.). — **2.** Successeur désigné de qqn à un poste de gouvernement, de direction (vieilli).

dauphinois, e [dofinwa] adj. et n. **1.** Du Dauphiné. — **2.** *Gratin dauphinois,* préparation de pommes de terre gratinées avec du lait, du beurre et du fromage. ◆ ***dauphinois*** n. m. Ensemble des parlers romans du Dauphiné.

daurade ou **dorade** [dɔrad] n. f. (prov. *daurada,* doré). Poisson de mer à la chair appréciée.

davantage [davɑ̃taʒ] adv. Marque la supériorité en quantité, en degré, en durée : *Si vous voulez en apprendre davantage, allez la voir elle-même* (syn. PLUS). *Je ne m'attarderai pas davantage sur cette question* (syn. PLUS LONGTEMPS). *Il y a chaque année davantage de voitures dans les rues. Ce paquet pèse davantage que les autres.* (*Davantage de, que,* syn. de PLUS DE, QUE, déconseillé par les puristes, est d'un usage courant.)

D.C.A. [desea] n. f. Abrév. de DÉFENSE CONTRE AÉRONEFS, défense antiaérienne.

D.D.T. [dedete] n. m. (abrév. de *dichlorodiphényltrichloréthane*). Puissant insecticide.

de [də] pré. (lat. *de,* en séparant de). Indique : **1.** le lieu d'où on vient, point de départ (compl. de n., d'adj. et de v.) : *Je viens de Paris, de la campagne. Il est originaire de Marseille, d'une ville de province. Elle est native du Poitou. Il est né de parents d'ouvriers.* — **2.** le point de départ, plus rarement date ou durée : *Les vacances scolaires vont de juillet à septembre. Je viendrai de bonne heure. Il ne fait rien de la semaine; il n'a rien fait de tout le mois. Il a débarqué de nuit. Un bébé de quatre jours.* — **3.** la distribution : *Gagner tant de l'heure.* — **4.** l'appartenance, la provenance (emploi général avec un n. compl. de n.) : *Le livre de Thérèse. C'est une lettre de François. C'est bien de lui.* — **5.** la provenance (compl. de verbe) : *Je n'ai rien reçu d'elle, de Michèle.* — **6.** le compl. de transitifs indirects avec *de* (+ n. ou pron.) : *Il use de son influence. Il jouit du repos. Tu manques de savoir-faire. Il se sert de son couteau. Nous parlons de lui. Il rêve de ses vacances passées.* — **7.** les transitifs directs construits avec *de* (+ inf.) : *Il lui demande de partir.* — **8.** l'infinitif sujet : *Il est honteux de mentir.* — **9.** le moyen : *Frapper de la main. Partir du pied gauche. Elle me fait signe de la tête. Il vit de légumes. Faire quelque chose de rien.* — **10.** la cause, agent : *Pleurer de joie. Mourir de soif. Être aimé de ses parents. Être surpris de cette nouvelle.* — **11.** la manière : *Manger de bon appétit. Elle est photographiée de côté.* — **12.** la caractérisation (équivalent d'un adj.) : matière, contenu, convenance, etc. : *Un tissu de laine. Une maison de brique. Un homme de génie. Une barre de fer* (matière). *Une maison de campagne. Une tasse de thé* (contenu). — **13.** l'apposition : *La Ville de Paris. Le royaume de Naples. On abuse du mot de «beau»* (ou *du mot «beau»*). *Un fripon d'enfant. Une chienne de vie.* — **14.** la destination : *À quelle heure passe le train de Paris?* (celui qui va à Paris ou qui vient de Paris). — **15.** l'attribut (emploi limité) : *On l'a traité de lâche. Si j'étais* [*que de*] *vous* (fam.).

1. dé [de] n. m. (lat. *datum,* pion de jeu). **1.** Petit cube dont chaque face est marquée d'un nombre différent de points, de un à six, et servant à des jeux de hasard. — **2.** Petit morceau cubique, en parlant d'un aliment : *Couper les légumes en dés. Des dés de viande pour une fondue.* — **3.** *Coup de dé(s),* entreprise hasardeuse, où on s'engage en comptant seulement sur sa chance. ‖ *Les dés sont jetés,* l'affaire est engagée, on ne peut plus revenir en arrière.

2. dé [de] n. m. (du lat. *digitus,* doigt). **1.** Étui de métal pour protéger l'extrémité du doigt qui pousse l'aiguille. (Aussi DÉ À COUDRE.) — **2.** *Un dé à coudre (de qqch),* une très petite quantité.

3. dé- , dés-, préfixe qui indique l'inverse de l'action ou de l'état exprimé par le verbe, le nom d'action ou le nom d'état. (Souvent, le verbe qui a le préfixe *dé-, dés-* forme couple avec un verbe dont le préfixe est *en-* (*em-*) et, moins souvent, *a(c)-* : *décrasser/encrasser; débarrasser/embarrasser; démêler/emmêler; déménager/emménager; accroître/décroître; accélérer/décélérer.*)

déambuler [deɑ̃byle] v. i. (lat. *deambulare*) [sujet qqn] Aller çà et là, sans but précis, d'un pas de promenade : *Des touristes qui déambulent à travers la ville.*

débâcher [debaʃe] v. t. Enlever la bâche : *Débâcher un camion.*

débâcle [debɑkl] n. f. (de *dé-* et *bâcler*). **1.** Rupture et dislocation de la glace à la surface d'un fleuve. — **2.** Fuite désordonnée d'une troupe : *La percée ennemie provoqua la débâcle* (syn. DÉBANDADE, DÉROUTE). — **3.** Effondrement d'une entreprise; défaite, ruine.

débâillonner [debɑjɔne] v. t. Débarrasser qqn d'un bâillon.

déballage [debalaʒ] n. m. **1.** Action de déballer : *Une employée était chargée du déballage des verres.* — **2.** *Fam.* Ce qu'on débite en paroles ou par écrit : *Dans ce déballage, il y a quelques idées justes.*

déballer [debale] v. t. (de *balle,* paquet de marchandises). **1.** *Déballer des objets,* les tirer d'un emballage, d'une caisse, etc. : *Le camelot ouvrit sa valise et commença à déballer sa marchandise.* — **2.** Fam. *Déballer son savoir, ses sentiments,* débiter ce qu'on a accumulé dans sa mémoire, son cœur : *Un candidat qui déballe pêle-mêle toutes ses connaissances sur le sujet. J'ai longuement déballé mes griefs.* (→ EMBALLER.)

déballeur, euse [debalœr] n. Qui déballe.

déballonner (se) [debalɔne] v. pr. *Fam.* et *péjor.* Reculer au dernier moment devant l'exécution d'un projet (syn. fam. SE DÉGONFLER).

débandade [debɑ̃dad] n. f. Action de se disperser en désordre : *Quand on entendit les coups de feu, ce fut une débandade générale* (syn. FUITE, SAUVE-QUI-PEUT). *On ne pouvait plus parler de la retraite, mais d'une débandade* (syn. DÉROUTE, ↑ DÉBÂCLE). *L'apparition des surveillants donne le signal de la débandade* (syn. ↓ DISPERSION ; contr. RASSEMBLEMENT).

débander [debɑ̃de] v. t. **1.** Ôter une bande, un bandeau : *Débandez-lui les yeux : le jeu est fini.* — **2.** Diminuer la tension : *Débander un ressort* (syn. DÉTENDRE). ◆ ***se débander*** v. pr. (sujet une troupe, un groupe) Fuir en désordre de tous côtés : *Dès la première attaque, les bataillons se débandèrent* (syn. ↑ S'ENFUIR ; contr. SE RALLIER). *La colonne des manifestants s'est débandée* (syn. ↓ SE DISPERSER ; contr. SE RASSEMBLER).

débaptiser [debatize] v. t. *Débaptiser qqch,* lui enlever son nom, sa dénomination, pour lui en donner un autre : *Les conseillers municipaux décidèrent de débaptiser l'avenue de la Gare pour lui donner le nom de leur hôte illustre.*

débarbouillage [debarbujaʒ] n. m. Action de débarbouiller.

débarbouiller [debarbuje] v. t. *Débarbouiller qqn, son visage,* le laver : *Une maman qui débarbouille son enfant.* ◆ ***se débarbouiller*** v. pr. *Fam.* Faire sa toilette.

débarcadère [debarkadɛr] n. m. Installation, sur une côte ou sur la rive d'un cours d'eau, d'un lac, permettant de débarquer ou d'embarquer des gens ou des marchandises (syn. EMBARCADÈRE).

débardeur [debardœr] n. m. (*dé-* et *bard,* civière). **1.** Ouvrier employé au chargement et au déchargement des bateaux. — **2.** Tricot court, collant, sans col ni manches et très échancré.

débarquement [debarkəmɑ̃] n. m. Action de débarquer : *Le débarquement du matériel* (contr. EMBARQUEMENT). *En 1944, les Alliés effectuèrent un débarquement sur les côtes normandes.*

débarquer [debarke] v. t. (de *barque*). **1.** *Débarquer des marchandises, des passagers,* les retirer ou les faire descendre du bateau ou de tout autre moyen de transport ; les déposer à terre (contr. EMBARQUER). — **2.** Fam. *Débarquer qqn,* l'évincer du poste qu'il occupait : *Plusieurs membres du comité ont été débarqués lors de la réunion plénière.* ◆ v. i. (sujet qqn) **1.** Descendre à terre d'un navire ou d'un véhicule : *Dans quel port avez-vous débarqué ?* — **2.** *Fam.* Arriver soudainement, à l'improviste : *Un beau matin, les cousins débarquèrent chez nous.* — **3.** *Fam.* Ignorer un fait que l'on devrait connaître : *Comment ? Tu n'es pas au courant ? Tu débarques ou quoi ?* (→ EMBARQUER.)

débarras [debara] n. m. **1.** Pièce, cabinet où on range ce dont on ne veut pas s'encombrer ailleurs. (Aussi CABINET DE DÉBARRAS.) — **2.** Fam. *Bon débarras !,* exprime la satisfaction qu'on éprouve du départ de qqn ou de la disparition de qqch.

débarrasser [debarase] v. t. (*dés-* et *embarrasser*). **1.** *Débarrasser qqn, qqch (de qqch),* le dégager de ce qui constitue un encombrement, une gêne : *Débarrasser un visiteur de son pardessus. On a débarrassé le grenier pour y aménager une salle de jeu. Débarrasser la table.* — **2.** *Débarrasser qqn d'une habitude, de qqn,* l'obliger ou l'aider à se défaire de qqch de nuisible, d'un défaut, d'un importun : *On a eu de la peine à les débarrasser de cette mauvaise habitude* (syn. DÉFAIRE). *Débarrassez-moi de ces intrus !* — **3.** *Débarrasser des objets (d'un lieu),* les enlever, les retirer de ce lieu : *Le serveur débarrassa nos assiettes alors que nous n'avions pas fini de manger.* ◆ ***se débarrasser*** v. pr. (sujet qqn) *Se débarrasser de qqn, de qqch,* s'en défaire : *Les fuyards s'étaient débarrassés de leur équipement afin de mieux courir.* (→ EMBARRASSER.)

débat [deba] n. m. Échange de vues pendant lequel les adversaires défendent avec animation des intérêts opposés : *Soulever, ranimer un débat.* ◆ ***débats*** n. m. pl. Discussions au sein d'une assemblée.

débattre [debatr] v. t. (c. **56**) [sujet qqn] *Débattre une question, un prix,* les soumettre à un examen contradictoire, les mettre en discussion avec une certaine vivacité : *Débattre les conditions d'un accord. La maison me plaît, il reste à en débattre le prix* (syn. DISCUTER). ◆ v. t. ind. *Débattre de qqch,* en faire l'objet d'une discussion. ◆ ***se débattre*** v. pr. **1.** (sujet qqn, un animal) Lutter vivement pour échapper à qqn ou à qqch : *Maîtriser difficilement un malfaiteur qui se débat. Le chat tombé dans la rivière se débattait parmi les herbes.* — **2.** (sujet qqn) *Se débattre avec, contre qqch,* être aux prises avec des difficultés, chercher à s'en dégager : *Se débattre avec ses soucis quotidiens.*

débauchage [deboʃaʒ] n. m. Action de débaucher : *La crise a entraîné le débauchage d'une centaine d'ouvriers* (syn. LICENCIEMENT ; contr. EMBAUCHE, EMBAUCHAGE).

débauche [deboʃ] n. f. **1.** Dérèglement des plaisirs sensuels : *Mener une vie de débauche.* — **2.** *Une débauche de,* une grande abondance de : *Un catalogue qui présente une débauche de modèles* (syn. PROFUSION, ↑ ORGIE).

débauché, e [deboʃe] adj. et n. Qui se livre à la débauche : *Le roman d'un débauché, c'est ce que tu trouves à lire !* (syn. DÉVERGONDÉ).

débaucher [deboʃe] v. t. (de *dé-* et *bau,* poutre). **1.** (sujet qqn) *Débaucher qqn,* le détourner de son travail, l'entraîner à quitter son employeur : *Il avait recruté son équipe en débauchant des ouvriers sur les chantiers.* — **2.** (sujet un patron, une entreprise) *Débaucher du personnel,* lui enlever son emploi dans l'entreprise (syn. LICENCIER, METTRE À PIED ; contr. EMBAUCHER, ENGAGER). — **3.** Fam. *Débaucher qqn,* le détourner de ses occupations pour un divertissement. — **4.** *Débaucher des filles, débaucher des jeunes gens,* les entraîner à une vie dissolue.

débile [debil] adj. (lat. *debilis*). **1.** Se dit de qqn (de son état) qui manque de force, de vigueur : *Un enfant débile* (syn. DÉLICAT, CHÉTIF, MALINGRE, SOUFFRETEUX). *Une santé débile* (syn. FRAGILE). — **2.** *Fam.* Idiot, bête : *C'est un film débile. Vous ne trouvez pas que Pierre est un peu débile ?* (syn. IDIOT, IMBÉCILE). ◆ n. Atteint de débilité : *Un débile mental* (= un arriéré).

débilitant, e [debilitɑ̃] adj. Qui débilite : *Une oisiveté débilitante.*

débilité [debilite] n. f. Insuffisance de développement intellectuel : *Sa débilité mentale est une circonstance atténuante.*

débiliter [debilite] v. t. *Débiliter qqn,* l'affaiblir physiquement ou moralement : *La lourdeur du climat débilite les habitants.*

débinage [debinaʒ] n. m. *Fam.* Action de débiner : *Son discours n'a été qu'un débinage de ses adversaires* (syn. DÉNIGREMENT ; fam. ÉREINTEMENT).

débiner [debine] v. t. (orig. incert.). Fam. *Débiner qqn, qqch,* en dire du mal : *Tu débines sans cesse tes voisins* (syn. DÉNIGRER, MÉDIRE DE ; fam. ÉREINTER). ◆ ***se débiner*** v. pr. *Pop.* S'enfuir, se sauver.

débineur, euse [debinœr] n. *Fam.* Qui débine (syn. MÉDISANT).

1. débit [debi] n. m. (lat. *debitum,* dette). Compte des sommes dues par qqn (commercial) [contr. CRÉDIT].

2. débit [debi] n. m. (de *débiter*). 1. Action de débiter ou quantité débitée : *Une boutique qui a beaucoup de débit* (= qui vend beaucoup de marchandises). — 2. *Débit de boissons, de tabac,* établissement où l'on vend des boissons à consommer sur place, du tabac. — 3. Quantité de liquide, de fluide qui s'écoule : *Le débit d'un fleuve s'exprime en mètres cubes à la seconde* (= le volume d'eau débité en une unité de temps). *Une présentatrice qui a un débit rapide* (syn. ÉLOCUTION).

débitage [debitaʒ] n. m. Action de débiter.

débitant, e [debitɑ̃] n. Commerçant qui vend au détail des boissons ou du tabac.

1. débiter [debite] v. t. (de *débit* 1). *Débiter qqn d'une somme,* porter cette somme au débit de son compte (contr. CRÉDITER).

2. débiter [debite] v. t. (de l'anc. fr. *bitte,* billot de bois). 1. *Débiter une matière, un objet,* les couper en morceaux propres à être employés : *Le boucher débite un veau. Débiter un arbre* (= le réduire en planches). — 2. *Débiter de la marchandise,* la vendre au détail, l'écouler : *Un buffet de gare qui débite des rafraîchissements* (syn. VENDRE, SERVIR). — 3. (sujet un objet, un mécanisme, etc.) Produire, laisser s'écouler telle ou telle quantité d'un liquide, d'un gaz, etc., dans un temps déterminé : *Un tuyau qui peut débiter 100 litres à la minute. Une batterie électrique qui débite beaucoup.* — 4. *Débiter des mots, des phrases, des vers,* etc., les énoncer avec monotonie : *Il ne suffit pas de débiter des dates pour connaître l'histoire. Débiter des banalités sur un ton solennel.*

débiteur, trice [debitœr] n. et adj. 1. Qui a une dette d'argent, qui est tenu d'exécuter un paiement : *Un débiteur insolvable* (contr. CRÉANCIER). *La société débitrice effectue des remboursements échelonnés.* — 2. Qui a une dette morale envers qqn, qui est son obligé : *Ne me remerciez pas : je reste votre débiteur après tout ce que vous avez fait pour moi.* — 3. *Compte débiteur,* qui se trouve en débit (contr. COMPTE CRÉDITEUR).

déblai [deblɛ] n. m. Enlèvement de terre pour niveler ou abaisser le sol. ◆ ***déblais*** n. m. pl. Terre ou gravats qu'on retire d'un chantier.

déblaiement [deblɛmɑ̃] ou **déblayage** [deblɛjaʒ] n. m. Action de déblayer.

déblatérer [deblatere] v. t. ind. (lat. *deblaterare,* bavarder). Fam. *Déblatérer contre qqn,* dire du mal de lui, se répandre en médisances sur son compte.

déblayer [deblɛje] v. t. (anc. fr. *desbleer,* débarrasser la terre du blé) [c. 4]. 1. *Déblayer un lieu,* le dégager de ce qui l'encombre : *Déblayer une route obstruée par un éboulement. On va déblayer le grenier pour y aménager une pièce.* — 2. *Déblayer le terrain,* résoudre les difficultés préalables, avant d'aborder l'essentiel.

déblocage [deblɔkaʒ] n. m. Action de débloquer : *Le déblocage progressif des crédits.*

débloquer [deblɔke] v. t. 1. *Débloquer qqch,* le remettre en mouvement, en circulation : *Réussir à débloquer un écrou* (syn. DÉVISSER). *Débloquer les stocks de viande congelée pour faire baisser les prix* (= mettre sur le marché). *Débloquer les salaires* (= permettre leur augmentation). *Débloquer les crédits, un compte en banque.* — 2. *Débloquer une situation, une action,* lever les obstacles qui les bloquaient. ◆ v. i. *Pop.* (sujet qqn) Dire des choses qui n'ont pas de sens : *Tais-toi, tu débloques complètement* (syn. DIVAGUER).

débobinage [debɔbinaʒ] n. m. Action de débobiner.

débobiner [debɔbine] v. t. Dérouler (les fils d') une bobine.

déboire [debwar] n. m. Déception, échec amèrement ressenti (surtout pl.) : *Elle a connu des déboires dans sa vie* (syn. DÉSILLUSIONS, DÉCONVENUES, REVERS).

déboisement [debwazmɑ̃] n. m. Action de déboiser : *Le déboisement rend les crues des torrents particulièrement brutales.*

déboiser [debwaze] v. t. *Déboiser un terrain, une montagne,* etc., les dégarnir de leurs bois, de leurs forêts : *Des coupes trop fréquentes avaient déboisé tout le flanc de la colline.* ◆ ***se déboiser*** v. pr. Perdre des arbres : *Les montagnes se sont déboisées.*

déboîtement [debwatmɑ̃] n. m. Action de déboîter : *Un déboîtement d'épaule* (syn. LUXATION).

déboîter [debwate] v. t. 1. *Déboîter un objet,* le faire sortir de son logement, alors qu'il est encastré dans un autre : *Le choc avait déboîté plusieurs pièces de l'appareil.* — 2. *Déboîter un os,* le faire sortir de sa cavité : *Sa chute lui a déboîté l'épaule. Je me suis déboîté le coude* (syn. DÉMETTRE, LUXER). ◆ v. i. (sujet un véhicule) Quitter la file où il était engagé : *On doit toujours avertir avant de déboîter.* (→ EMBOÎTER.)

débonnaire [debɔnɛr] adj. (de *de bonne aire,* de bonne race). Qui fait preuve d'une bienveillance, d'une bonté sans façon qui peut aller jusqu'à la faiblesse : *Un directeur débonnaire* (syn. fam. BON ENFANT).

débonnairement [debɔnɛrmɑ̃] adv. *Litt.* De façon débonnaire.

débordant, e [debɔrdɑ̃] adj. 1. Se dit d'un sentiment, d'une activité qui se manifeste avec force : *Joie débordante. Enthousiasme, lyrisme débordant* (syn. EXUBÉRANT, ↑ DÉLIRANT). — 2. *Être débordant d'activité, d'éloges, de prévenances,* etc., en prodiguer.

débordement [debɔrdəmɑ̃] n. m. 1. Action de déborder : *Le débordement du fleuve.* — 2. Grande abondance : *Un débordement d'injures, de joie.* ◆ ***débordements*** n. m. pl. Excès d'une existence dissolue : *Renoncer aux débordements de sa jeunesse* (syn. DÉBAUCHE).

déborder [debɔrde] v. i. 1. (sujet un liquide, des objets) *Déborder (d'un récipient),* se répandre par-dessus les bords d'un récipient : *La tasse était si pleine que les deux morceaux de sucre ont fait déborder le café. S'il continue à pleuvoir, la rivière va déborder. Du linge qui déborde d'un tiroir entrouvert.* — 2. (sujet un récipient) Répandre une partie de son contenu par-dessus bord : *Arrête l'eau, la baignoire va déborder.* — 3. (sujet des personnes, des choses) *Déborder qqpart,* envahir un lieu en s'étendant au-delà de certaines limites : *La foule, trop nombreuse pour la salle, débordait sur la place* (syn. ↑ DÉFERLER). — 4. *Faire déborder le vase, la coupe,* venir à bout de la patience de qqn par un dernier acte s'ajoutant à toute une série. ◆ v. t. 1. *Déborder un lit,* dégager les bords des draps et des couvertures qui étaient glissés sous le matelas. — 2. *Déborder qqch, qqn,* en dépasser le bord, les limites, l'extrémité, les flancs : *Une nappe qui déborde largement la table. Orateur qui déborde son sujet. Nos troupes risquaient de se laisser déborder sur la droite.* — 3. (sujet qqn) *Être débordé* (*de travail, d'occupations,* etc.), être surchargé de travail. ‖ *Se laisser déborder, être débordé par qqch,* être dépassé par lui. ◆ v. t. ind. (sujet qqn, qqch) *Déborder de qqch (abstrait),* le manifester en surabondance : *Déborder de joie, de santé* (syn. ÉCLATER DE). *Un film qui déborde d'humour.* ◆ ***se déborder*** v. pr. Déborder son lit.

débosseler [debɔsle] v. t. (c. 6). *Débosseler un objet,* en enlever les bosses.

débotté [debɔte] n. m. *Prendre qqn au débotté,* s'adresser à lui dès son arrivée.

débouché [debuʃe] n. m. 1. Endroit où une voie, un chemin, etc., débouche dans un autre, dans un lieu :

Un commerçant installé sur la place, au débouché d'une rue. — **2.** Point de vente d'un produit, champ d'exportation : *Une industrie qui végète, faute de débouchés.* — **3.** Carrière accessible à qqn en fonction de ses études : *Un diplôme d'ingénieur qui offre des débouchés variés.*

1. déboucher [debuʃe] v. t. Enlever ce qui bouche : *Déboucher une bouteille* (= en ôter le bouchon). *Déboucher un conduit, un lavabo* (= le débarrasser de ce qui le bouche, l'obstrue) [syn. DÉSOBSTRUER]. *L'autoroute est débouchée.*

2. déboucher [debuʃe] v. i. **1.** (sujet qqn, un animal, un véhicule) *Déboucher qqpart d'un lieu,* apparaître tout à coup : *Un lapin déboucha de son terrier. Une automobile, débouchant d'une route transversale, heurta violemment le camion* (syn. SURGIR). — **2.** (sujet une voie, une canalisation) *Déboucher sur, dans un lieu,* y donner accès, y aboutir : *Cette rue débouche sur la plage, dans une avenue. Les égouts qui débouchent dans le collecteur.* ◆ v. t. ind. (sujet une action) *Déboucher sur qqch,* avoir comme conclusion, comme conséquence, aboutir à qqch : *Des négociations qui n'ont débouché sur rien de concret.*

déboucler [debukle] v. t. **1.** *Déboucler qqn, ses cheveux,* défaire les boucles de ses cheveux (surtout part. passé). — **2.** Détacher, ouvrir la boucle qui retient : *Déboucler sa ceinture, son ceinturon* (syn. DÉGRAFER ; contr. AGRAFER).

déboulé [debule] n. m. Mouvement rapide de descente, de sortie : *Le déboulé d'un champion de ski dans une descente.*

débouler [debule] v. i. (sujet qqn, qqch) Descendre rapidement, généralement en roulant, le long d'une pente : *Elle a lâché son paquet, qui a déboulé jusqu'au bas du talus* (syn. ROULER). ◆ v. t. Fam. *Débouler l'escalier,* le descendre précipitamment (syn. DÉGRINGOLER, DÉVALER).

déboulonnage [debulɔnaʒ] n. m. Action de déboulonner.

déboulonner [debulɔne] v. t. **1.** *Déboulonner qqch,* le démonter en ôtant les boulons. — **2.** Fam. *Déboulonner qqn,* détruire son prestige; lui faire perdre sa situation : *Il s'est fait déboulonner de son poste de ministre.*

débourrer [debure] v. t. Enlever ce qui bourre : *Débourrer une pipe qui s'est éteinte.*

débours [debur] n. m. Argent versé comme avance pour le compte de qqn : *Vous me réglerez ensuite : cela ne me fera pas un gros débours. Rentrer dans ses débours* (= se faire rembourser).

déboursement [debursəmɑ̃] n. m. Action de débourser.

débourser [deburse] v. t. *Débourser une somme,* diminuer son avoir de cette somme, qu'on emploie à un paiement, à un versement : *Elle a déboursé plus de cinq cents francs pour son voyage. Il est allé à Lyon en auto-stop sans rien débourser* (syn. DÉPENSER, PAYER).

déboussolé, e [debusɔle] adj. *Fam.* Se dit de qqn qui ne sait plus très bien ce qu'il doit faire; troublé au point de perdre le sens des réalités (syn. DÉCONCERTÉ, DÉCONTENANCÉ).

debout [dəbu] adv. (*de,* et *bout* signif. «bout à bout»). **1.** Dans la position ou la station verticale : *Pour conserver le vin, il faut coucher les bouteilles et non les mettre debout. Ne restez pas debout, asseyez-vous. Le malade va mieux, il sera bientôt debout* (= il pourra bientôt se lever; syn. SUR PIED). *Tous les matins, elle est debout à six heures* (= elle quitte son lit). *Les spectateurs debout empêchaient les autres de voir.* — **2.** Qui subsiste, qui a résisté à la destruction : *Après le bombardement, il ne restait que quelques maisons debout. Une théorie scientifique encore debout, malgré les récentes découvertes* (syn. INTACT). — **3.** *Debout!,* lève-toi, levez-vous. ‖ *Mettre une affaire debout,* l'organiser, assurer sa réalisation (syn. METTRE SUR PIED, METTRE EN TRAIN). ‖ *Fam.* (sujet une opinion, une œuvre) *Tenir debout,* avoir de la vraisemblance, de la cohérence : *Une intrigue qui tient debout. Ses arguments ne tiennent vraiment pas debout* (= sont absurdes).

déboutement [debutmɑ̃] n. m. Action de débouter.

débouter [debute] v. t. *Débouter un plaignant de sa demande, requête,* etc., refuser sa demande en justice (dr.).

déboutonner [debutɔne] v. t. Ouvrir en défaisant les boutons. ◆ ***se déboutonner*** v. pr. **1.** Défaire les boutons qui attachent ses habits. — **2.** *Fam.* Dire tout ce qu'on pense : *Il s'est déboutonné, nous confiant son amertume.*

débraillé, e [debraje] adj. (de l'anc. fr. *braiel,* ceinture). Dont la mise est négligée, désordonnée : *Il sortit de chez lui, débraillé, chemise ouverte, en savates. Tu ne peux pas te présenter dans une tenue aussi débraillée.* ◆ ***débraillé*** n. m. Tenue négligée : *On peut se mettre à l'aise sans aller jusqu'au débraillé.*

débranchement [debrɑ̃ʃmɑ̃] n. m. Action de débrancher.

débrancher [debrɑ̃ʃe] v. t. Supprimer une relation, une communication établie entre deux conduits, deux circuits, etc. : *Débrancher le poste de télévision. Débrancher le téléphone* (syn. COUPER).

débrayage [debrɛjaʒ] n. m. **1.** Action de débrayer (contr. EMBRAYAGE). — **2.** Action de cesser le travail : *Plusieurs débrayages ont déjà eu lieu dans cette entreprise.*

débrayer [debrɛje] v. i. (de *braie,* courroie) [c. **4**]. **1.** (sujet qqn) Effectuer la manœuvre qui supprime la liaison entre le moteur et l'arbre que celui-ci entraîne (surtout en matière de conduite automobile) [contr. EMBRAYER]. — **2.** *Fam.* (sujet un salarié) Cesser volontairement le travail, se mettre en grève : *Le personnel a décidé de débrayer pendant une demi-journée.*

débrider [debride] v. t. *Débrider un sentiment, l'imagination,* leur laisser libre cours (surtout part. passé) : *Tu te laisses emporter par ton imagination débridée* (syn. EFFRÉNÉ). *Les instincts de violence une fois débridés, personne ne put contenir la foule* (syn. DÉCHAÎNÉ).

débris [debri] n. m. (de l'anc. fr. *débriser,* mettre en pièces). **1.** Morceau inutilisable de qqch de brisé : *Ramasser les débris d'un vase.* — **2.** (pl.) Ce qui reste après la destruction de qqch : *Sauver les débris de sa fortune* (syn. RESTES).

débrouillage [debrujaʒ] ou **débrouillement** [debrujmɑ̃] n. m. Action de débrouiller : *Le débrouillage d'une énigme policière.*

débrouillard, e [debrujar] adj. et n. *Fam.* Qui sait se débrouiller : *Je ne m'inquiète pas pour eux : ils sont assez débrouillards pour y arriver* (syn. INGÉNIEUX, ASTUCIEUX).

débrouillardise [debrujardiz] n. f. *Fam.* Qualité du débrouillard; son action (syn. INGÉNIOSITÉ, ASTUCE).

débrouiller [debruje] v. t. **1.** *Débrouiller qqch (concret),* distinguer les éléments de ce qui est embrouillé et y rétablir un certain ordre : *Débrouiller un écheveau de laine.* — **2.** *Débrouiller qqch (abstrait),* le rendre clair : *J'ai eu bien du mal à débrouiller les faits essentiels dans ce récit maladroit* (syn. DÉMÊLER ; contr. EMBROUILLER). ◆ ***se débrouiller*** v. pr. *Fam.* (sujet qqn) Se tirer d'affaire par ses propres moyens, en faisant preuve d'habileté, d'ingéniosité : *Il n'y avait pas de train avant* *le soir; il fallait pourtant se débrouiller pour arriver dans l'après-midi* (syn. S'ARRANGER, FAIRE EN SORTE). *Elle n'a pas de diplômes, mais elle s'est bien débrouillée* (= elle a bien réussi). *Ils l'ont laissé se débrouiller avec ses difficultés. Un enfant qui se débrouille mal dans sa version latine.* (→ EMBROUILLER.)

débroussaillement [debrusajmɑ̃] n. m. Action de débroussailler.

débroussailler [debrusaje] v. t. **1.** Débarrasser de ses broussailles : *Débroussailler un chemin dans un bois.* — **2.** *Débroussailler un texte,* en donner une première explication pour le débarrasser des plus grosses difficultés.

1. débucher [debyʃe] v. i. (de *bûche,* bois) [sujet le gibier] Sortir du bois. ◆ v. t. *Débucher une bête,* la faire sortir du bois.

2. débucher ou **débuché** [debyʃe] n. m. Moment où la bête débuche; sonnerie de trompe qui en avertit.

débusquement [debyskəmɑ̃] n. m. Action de débusquer.

débusquer [debyske] v. t. (de *débucher,* d'après *embusquer*). *Débusquer le gibier, l'ennemi,* etc., le faire sortir de sa retraite, de son refuge. (→ EMBUSQUER.)

début [deby] n. m. **1.** Première phase du déroulement d'une action, d'une série d'événements : *Il est alité depuis le début de sa maladie. Cet incident a marqué le début de nos malheurs. Reprenons le récit à son début* (syn. COMMENCEMENT). *Elle s'est mise à sourire : au début, je n'ai pas compris pourquoi* (syn. D'ABORD). — **2.** (pl.) Entrée dans une carrière : *Un chanteur qui a fait ses débuts dans les cabarets. Avoir des débuts difficiles.*

débutant, e [debytɑ̃] adj. et n. Qui commence dans une carrière : *Un pianiste débutant. Ce n'est pas un rôle pour débutants.*

débuter [debyte] v. i. (de *but*). **1.** (sujet qqn) Commencer à occuper un poste, à jouer un rôle, à agir : *Dans quel film cette actrice a-t-elle débuté? Il a mal débuté dans la vie. Un métier où on débute à deux mille francs par mois* (syn. COMMENCER; contr. TERMINER, FINIR). — **2.** (sujet qqch) Avoir son point de départ, entrer dans sa réalisation : *La séance débute à quinze heures. La symphonie débute par un allégro* (syn. COMMENCER; contr. SE TERMINER). ◆ v. t. Fam. *Débuter une séance, un discours,* les commencer.

deçà [dəsa] adv. *En deçà,* en arrière par rapport à un lieu ou à une situation donnés : *Ne franchissez pas la rivière, restez en deçà.* ‖ *En deçà de,* en restant en arrière par rapport à une situation ou à un lieu fixés par le compl. : *L'armée resta en deçà du Rhin. Son travail est très en deçà de ses possibilités. Soyez plus audacieuse, ne restez pas en deçà de ce que vous pensez.*

décacheter [dekaʃte] v. t. (c. **8**). Ouvrir ce qui était cacheté : *Décacheter une enveloppe, un pli, une lettre* (= l'ouvrir). *Décacheter une bouteille, un colis* (= l'ouvrir en détruisant le cachet).

décade [dekad] n. f. (gr. *dekas, dekados,* groupe de dix). **1.** Pendant la Révolution, période de dix jours du calendrier républicain. — **2.** Période de dix ans (syn. DÉCENNIE).

décadenasser [dekadnase] v. t. *Décadenasser une porte,* en ouvrir le cadenas.

décadence [dekadɑ̃s] n. f. (lat. *decadentia,* de *cadere,* tomber). **1.** Perte de prestige, de qualité; acheminement vers la ruine : *Les causes politiques de la décadence d'un empire* (syn. DÉCLIN). *La décadence des mœurs* (syn. RELÂCHEMENT). *La décadence du goût* (syn. AVILISSEMENT). — **2.** Période correspondant à un déclin politique : *On appelle «littérature de la décadence» celle des derniers siècles de l'Empire romain.*

décadent, e [dekadɑ̃] adj. En décadence ou qui traduit une décadence : *Civilisation décadente. Art décadent.*

décaèdre [dekaɛdr] n. m. Solide qui a dix faces.

décaféiné [dekafeine] adj. et n. m. Café débarrassé de la caféine (abrév. fam. DÉCA) : *Je ne bois que du décaféiné.*

décagonal, e, aux [dekagɔnal] adj. Propre au décagone.

décagone [dekagon] n. m. (gr. *deka,* dix, et *gônia,* angle). Polygone qui a dix angles et dix côtés.

décagramme [dekagram] n. m. Poids de dix grammes.

décaissement [dekɛsmɑ̃] n. m. Action de décaisser (contr. ENCAISSEMENT).

décaisser [dekɛse] v. t. **1.** Enlever d'une caisse. — **2.** *Décaisser une somme,* l'affecter à un versement, à un paiement (contr. ENCAISSER).

décalage [dekalaʒ] n. m. **1.** Action de décaler. — **2.** Écart dans l'espace ou le temps : *Il y a un mètre de décalage entre les deux lignes de départ. Il y a une heure de décalage entre l'heure d'été et l'heure d'hiver.* — **3.** Changement d'horaire : *Plusieurs trains ont subi un décalage d'horaire.* — **4.** Manque de concordance : *Un décalage considérable entre la théorie et la réalité.*

décalaminage [dekalaminaʒ] n. m. Action de décalaminer.

décalaminer [dekalamine] v. t. Enlever la calamine.

décalcification [dekalsifikasjɔ̃] n. f. Action de décalcifier.

décalcifier [dekalsifje] v. t. Faire perdre à un organisme le calcium qui lui est nécessaire. ◆ ***se décalcifier*** v. pr. Perdre son calcium.

décalcomanie [dekalkɔmani] n. f. (de *décalquer*). Procédé permettant d'appliquer des images coloriées sur la porcelaine, le verre, le papier, etc.; image ainsi obtenue.

décaler [dekale] v. t. **1.** *Décaler un objet,* enlever la cale, les cales qui le calaient. — **2.** *Décaler qqch (concret),* le mettre hors d'un alignement : *Quelques maisons sont décalées par rapport aux autres immeubles de la rue* (= en retrait ou en saillie). — **3.** *Décaler qqch (action),* en changer l'heure, le moment : *Le repas du soir a été décalé d'une demi-heure* (syn. RETARDER ou AVANCER). — **4.** *Décaler une date,* la déplacer dans le temps, la reporter ou l'avancer.

décalitre [dekalitr] n. m. Mesure de capacité qui vaut dix litres.

décalogue [dekalɔg] n. m. (gr. *deka,* dix, et *logos,* parole). Les dix commandements de Dieu, donnés, selon la Bible, à Moïse sur le Sinaï.

décalque [dekalk] ou **décalquage** [dekalkaʒ] n. m. Action de décalquer; dessin obtenu par ce procédé (syn. CALQUE).

décalquer [dekalke] v. t. *Décalquer un dessin,* le reproduire en suivant les traits, soit à travers une feuille transparente appliquée dessus, soit au moyen de papier carbone (syn. CALQUER).

décamètre [dekamɛtr] n. m. Longueur de dix mètres.

décamper [dekɑ̃pe] v. i. *Fam.* (sujet qqn) Quitter un lieu en hâte : *Quand l'inspecteur se présenta chez le malfaiteur, celui-ci avait déjà décampé* (syn. S'ENFUIR; fam. DÉGUERPIR, FILER).

décantation [dekɑ̃tasjɔ̃] n. f. Action de décanter, de se décanter.

décanter [dekɑ̃te] v. t. (du lat. *canthus,* bec de cruche). **1.** *Décanter un liquide,* le débarrasser de ses impuretés en les laissant se déposer au fond du récipient. — 2. *Décanter ses idées, une théorie,* etc., y mettre de l'ordre, en discerner les éléments essentiels (syn. CLARIFIER). ◆ v. i. ou ***se décanter*** v. pr. (sujet un liquide) Se débarrasser de ses impuretés : *Laisser décanter du cidre dans un fût.* ◆ ***se décanter*** v. pr. (sujet des idées) Devenir plus clair : *Ses idées, d'abord confuses, commençaient à se décanter* (syn. SE CLARIFIER).

décapage [dekapaʒ] ou **décapement** [dekapmɑ̃] n. m. Action de décaper.

décapant [dekapɑ̃] n. m. Produit qui décape.

décaper [dekape] v. t. (de *dé-* et *cape*). *Décaper une surface,* la débarrasser d'une couche de peinture, d'enduit, de cire, etc., qui y adhère fortement : *Avant de repeindre cette rampe, il faut la décaper.*

décapitation [dekapitasjɔ̃] n. f. Action de décapiter : *La décapitation des condamnés à mort.*

décapiter [dekapite] v. t. (du lat. *caput, -itis,* tête). 1. *Décapiter qqn,* lui séparer la tête du tronc en tranchant le cou. — 2. *Décapiter qqch,* en abattre l'extrémité supérieure : *La tempête a décapité plusieurs arbres.* — 3. *Décapiter un parti, une bande,* etc., supprimer ou réduire à l'impuissance ses principaux chefs.

décapotable [dekapɔtabl] adj. Se dit d'une voiture munie d'une capote qu'on peut tendre ou replier à volonté.

décapoter [dekapɔte] v. t. Rabattre, replier la capote : *Par ce beau soleil, nous avions décapoté la voiture.*

décapsuler [dekapsyle] v. t. Enlever la capsule : *Le garçon de café décapsule la bouteille de bière qu'il sert au consommateur.*

décapsuleur [dekapsylœr] n. m. Petit instrument en métal pour enlever les capsules des bouteilles.

décarcasser (se) [dekarkase] v. pr. *Fam.* (sujet qqn) Se donner beaucoup de peine, travailler avec acharnement : *Il faut se décarcasser pour trouver une situation. Si j'avais su que ce projet devait être abandonné, je ne me serais pas décarcassé pour le mettre au point* (syn. SE DÉMENER).

décasyllabe [dekasilab] n. m. Vers de dix syllabes.

décasyllabique [dekasilabik] adj. Qui a dix syllabes : *Vers décasyllabique.*

décathlon [dekatlɔ̃] n. m. (du gr. *deka,* dix, et [*penta*]*thlon*). Discipline d'athlétisme comportant dix épreuves.

décathlonien [dekatlɔnjɛ̃] n. m. Qui pratique le décathlon.

décati, e [dekati] adj. 1. Se dit d'une étoffe dont on a ôté le lustre, l'apprêt. — 2. *Fam.* Qui a perdu la fraîcheur de sa jeunesse : *Une actrice trop décatie pour jouer les ingénues.*

décavé, e [dekave] adj. (de *dé-* et *cave* 3). 1. Qui a perdu sa cave au jeu. — 2. Ruiné. — 3. Amaigri, épuisé par la maladie. — 4. *Yeux décavés,* yeux caves.

décaver (se) [dekave] v. pr. (sujet qqn) Perdre sa cave au jeu.

décéder [desede] v. i. (lat. *decedere,* s'en aller) [c. 10; auxil. être] (sujet qqn) Mourir de mort naturelle (admin.) : *S'il vient à décéder, sa veuve touchera la moitié de sa retraite.*

décelable [deslabl] adj. Qui peut être décelé : *Cette évolution est déjà décelable à cette époque.*

déceler [desle] v. t. (*dé-* et *celer,* cacher) [c. 5]. 1. (sujet qqn) *Déceler qqch,* parvenir à le distinguer d'après certains indices : *On a décelé des traces d'arsenic dans les cheveux de la victime* (syn. DÉCOUVRIR). *On décèle une certaine lassitude dans son attitude* (syn. NOTER, REMARQUER, PERCEVOIR, DEVINER). — 2. (sujet qqch) *Déceler qqch,* le faire apparaître, en être le signe : *Le ton de sa voix décelait une certaine inquiétude* (syn. RÉVÉLER, TRAHIR, DÉNOTER).

décélération [deselerasjɔ̃] n. f. Action de décélérer : *La décélération a été trop brusque : la voiture a dérapé* (syn. RALENTISSEMENT, FREINAGE).

décélérer [deselere] v. i. (c. 10). Diminuer la vitesse d'un véhicule (techn.) [syn. usuel RALENTIR].

décembre [desɑ̃br] n. m. (lat. *decembris* [*mensis*], dixième [mois], l'année romaine commençant en mars). Douzième mois de l'année.

décemment [desamɑ̃] adv. 1. De façon décente, correcte : *Il est difficile de s'exprimer décemment sur un sujet aussi scabreux* (syn. CONVENABLEMENT). — 2. De façon normale : *On ne peut pas décemment lui reprocher ce qu'elle n'avait pas les moyens d'éviter* (syn. HONNÊTEMENT, RAISONNABLEMENT).

décence [desɑ̃s] n. f. Respect des convenances : *Des paroles que la décence ne permet pas de rapporter en public* (syn. BIENSÉANCE). *Des images contraires à la décence* (syn. PUDEUR).

décennal, e, aux [desenal] adj. (lat. *decem,* dix, et *annus,* année). 1. Qui dure dix ans : *Des fonctions décennales.* — 2. Qui a lieu tous les dix ans : *Des fêtes décennales.*

décennie [deseni] n. f. Période de dix ans (syn. DÉCADE).

décent, e [desɑ̃] adj. (lat. *decens*). 1. Qui respecte les convenances : *Pour être plus décente en société, elle avait passé une robe par-dessus son maillot de bain. Une tenue décente* (syn. CORRECT, PUDIQUE). *Il aurait été plus décent de ne rien répondre* (syn. DIGNE, BIENSÉANT). — 2. Correct, normal; qui correspond au minimum de ce qu'on attend : *Elle joue du piano d'une façon décente* (syn. ACCEPTABLE). *On cherche à maintenir l'examen à un niveau décent* (syn. CONVENABLE).

décentralisateur, trice [desɑ̃tralizatœr] adj. et n. Qui décentralise.

décentralisation [desɑ̃tralizasjɔ̃] n. f. Action de décentraliser : *La décentralisation universitaire.*

décentraliser [desɑ̃tralize] v. t. Disséminer à travers un pays des industries, des services administratifs qui étaient groupés en un même lieu; transférer aux organismes locaux certaines compétences du pouvoir central : *En décentralisant l'industrie automobile, on fournit du travail à une main-d'œuvre rendue disponible par la mécanisation de l'agriculture.*

décentrer [desɑ̃tre] v. t. Déplacer l'objectif d'un appareil photographique, pour que son axe ne soit pas au centre de la photo.

déception [desɛpsjɔ̃] n. f. (lat. *deceptio*). Fait d'être déçu : *Son échec lui a causé une cruelle déception* (syn. ↓DÉCONVENUE). *La vie lui a réservé de nombreuses déceptions* (syn. DÉSAPPOINTEMENT, ↓DÉSILLUSION).

décernement [desɛrnəmɑ̃] n. m. Action de décerner.

décerner [desɛrne] v. t. (lat. *decernere,* décider). *Décerner une récompense à qqn,* la lui attribuer solennellement : *On lui a décerné la médaille d'or.*

décès [desɛ] n. m. (lat. *decessus*). Mort de qqn : *Le médecin a constaté le décès.*

décevant, e [desvɑ̃] adj. Qui déçoit : *C'est un résultat décevant, comparé au travail fourni. On attendait beaucoup de lui, mais il a été bien décevant.*

décevoir [desəvwar] v. t. (lat. *decipere,* tromper) [c. 34] *Décevoir qqn,* ne pas répondre à son attente : *L'avocat a déçu les assistants par sa plaidoirie. Nous* *comptions lui faire une surprise, mais nous avons été déçus : elle était au courant.*

déchaîné, e [deʃɛne] adj. Qui se manifeste dans toute sa violence : *Une ardeur déchaînée* (syn. EFFRÉNÉ). *La presse d'opposition était déchaînée. Il est déchaîné contre ses adversaires* (syn. EMPORTÉ, VIOLENT, FURIEUX, HORS DE SOI).

déchaînement [deʃɛnmɑ̃] n. m. Fait de se déchaîner : *Des déchaînements de haine. Elle laissa passer ce déchaînement d'injures* (syn. FLOT, TORRENT).

déchaîner [deʃɛne] v. t. **1.** Détacher de sa chaîne : *Déchaîner un chien, une barque.* — **2.** *Déchaîner un sentiment, un mouvement,* l'amener à se manifester dans toute sa violence : *Une chanteuse qui déchaîne l'enthousiasme. Cet incident risquait de déchaîner un conflit mondial* (syn. DÉCLENCHER). ◆ ***se déchaîner*** v. pr. **1.** *Colère, tempête, etc., qui se déchaîne,* qui se manifeste très violemment (syn. ↓ÉCLATER). — **2.** *Personne qui se déchaîne contre qqn, qqch,* qui s'emporte, profère des menaces, etc.

déchanter [deʃɑ̃te] v. i. Être amené, par une déception, à rabattre de ses espérances : *Lui qui croyait se voir confier un poste important, il a bien déchanté.*

décharge [deʃarʒ] n. f. **1.** Coup ou ensemble de coups tirés par une ou plusieurs armes à feu : *Une première décharge abattit quelques assaillants* (syn. SALVE). — **2.** *Décharge (électrique),* passage, le plus souvent brusque, de courant électrique dans un corps conducteur, ou entre deux pôles à distance : *Je touchai un fil par mégarde et ressentis la secousse de la décharge.* — **3.** Écrit par lequel on tient qqn quitte d'une obligation, d'une responsabilité : *Je vous laisse ce colis, mais vous voudrez bien me signer une décharge* (syn. REÇU, RÉCÉPISSÉ). — **4.** *À sa décharge,* pour diminuer sa responsabilité, sa faute : *Il a oublié la commission qu'il devait faire; il faut dire, à sa décharge, qu'il avait de graves soucis.* ‖ *Témoin à décharge,* dont la déposition tend à innocenter un accusé (contr. À CHARGE). — **5.** Lieu où l'on jette les ordures, les décombres : *L'entrepreneur a évacué le tas de gravats à la décharge.*

déchargement [deʃarʒəmɑ̃] n. m. Action de décharger : *Le déchargement du camion. Le déchargement des briques.*

décharger [deʃarʒe] v. t. (c. 2). **1.** Débarrasser de sa charge : *Les dockers déchargent le bateau. Dépêchons-nous de décharger les valises de la voiture.* — **2.** Retirer la charge d'une arme, faire partir le coup de feu : *De retour au cantonnement, les soldats avaient déchargé leurs armes* (= avaient retiré les munitions qui étaient engagées, prêtes à être tirées). *Le bandit déchargea son revolver sur ses poursuivants* (= tira sur eux toutes les balles de son revolver). — **3.** *Décharger qqn,* atténuer ou annuler sa responsabilité : *Ce témoignage tendait à décharger l'inculpé.* — **4.** *Décharger qqn de* (+ *n.*), le soulager de la responsabilité de, le libérer d'une fonction : *Elle a demandé, pour raison de santé, à être déchargée de ce travail écrasant.* — **5.** *Décharger sa conscience,* dire, pour se soulager, ce qui vous pesait sur le cœur. ◆ ***se décharger*** v. pr. *Se décharger sur qqn du soin de qqch,* lui faire confiance, s'en remettre à lui pour la surveillance, l'exécution de qqch.

décharné, e [deʃarne] adj. (de l'anc. fr. *charn,* chair). D'une maigreur excessive : *Un malade au visage décharné.*

déchaussement [deʃosmɑ̃] n. m. Action de déchausser, de se déchausser.

déchausser [deʃose] v. t. *Déchausser qqn,* lui enlever ses chaussures. ◆ ***se déchausser*** v. pr. **1.** Enlever ses chaussures. — **2.** (sujet une dent) Ne plus être maintenue par la gencive qui, en se creusant, laisse apparaître la racine.

déchéance [deʃeɑ̃s] n. f. (de *déchoir*). **1.** Destitution d'une fonction de commandement, d'une dignité : *Le comité révolutionnaire avait prononcé la déchéance du souverain.* — **2.** Passage à un état inférieur; perte d'autorité, de prestige : *L'alcool l'a mené à la déchéance* (syn. AVILISSEMENT, DÉGRADATION).

déchet [deʃɛ] n. m. (de *déchoir*). Partie inutilisable d'une matière; morceau qu'on en rejette ou qui s'en détache : *Un cageot de fruits où il y a du déchet* (syn. PERTE). *Le boucher a ajouté des déchets pour le chien de la maison* (syn. ROGNURE). *Des déchets de tissu* (syn. CHUTE).

déchiffonner [deʃifɔne] v. t. Syn. de DÉFROISSER.

déchiffrable [deʃifrabl] adj. Qui peut être déchiffré : *Un texte aisément déchiffrable.*

déchiffrage [deʃifraʒ] n. m. Action de déchiffrer de la musique.

déchiffrement [deʃifrəmɑ̃] n. m. Action de déchiffrer un texte, un mystère, etc. : *Le déchiffrement de l'écriture cunéiforme est dû à Grotefend.*

déchiffrer [deʃifre] v. t. (de *dé-* et *chiffre*). **1.** (sujet qqn) *Déchiffrer un texte, un manuscrit, des hiéroglyphes,* etc., parvenir à en lire l'écriture peu distincte ou à en comprendre le sens difficilement intelligible : *Elle écrit si mal que j'ai bien du mal à déchiffrer sa lettre* (syn. ↓LIRE). *Déchiffrer un message secret.* — **2.** *Déchiffrer de la musique,* jouer ou chanter à première lecture une partition musicale. — **3.** *Déchiffrer les intentions de qqn, une énigme,* etc., en discerner clairement les éléments, en pénétrer le sens.

déchiffreur, euse [deʃifrœr] adj. et n. Qui déchiffre : *Les déchiffreurs d'inscriptions antiques.*

déchiquetage [deʃiktaʒ] n. m. Action de déchiqueter.

déchiqueter [deʃikte] v. t. (de l'anc. fr. *eschiqueté,* découpé en cases) [c. **8**]. **1.** *Déchiqueter qqch,* le mettre en pièces en arrachant; en détacher les morceaux : *J'ai eu une main déchiquetée par l'explosion d'une grenade. Le bas de sa veste a été déchiqueté par l'engrenage.* — **2.** *Feuille, photographie déchiquetées,* dont les bords sont irrégulièrement découpés, dentelés. ‖ *Montagnes déchiquetées,* dont les sommets aigus se découpent de façon très irrégulière.

déchiqueture [deʃiktyr] n. f. Partie déchiquetée d'un objet.

déchirant, e [deʃirɑ̃] adj. Qui déchire le cœur : *Cri déchirant. Spectacle déchirant* (syn. NAVRANT).

déchirement [deʃirmɑ̃] n. m. **1.** Action de déchirer, d'être déchiré : *Déchirement d'un muscle.* — **2.** Violente souffrance morale : *Le départ de son amie lui causa un vrai déchirement.* — **3.** Division grave dans une communauté : *Un pays en proie aux déchirements politiques.*

déchirer [deʃire] v. t. (frq. *skerian,* partager). **1.** *Déchirer un papier, un tissu,* les mettre en pièces ou en arracher des morceaux, y faire un accroc : *Déchirer une lettre en menus fragments. Elle a déchiré sa robe à une clôture de fil de fer barbelé.* — **2.** *Bruit qui déchire l'air, le silence,* qui le trouble violemment. ‖ *Déchirer le voile,* faire brusquement cesser une illusion, une erreur. ‖ *Toux qui déchire la poitrine,* qui cause une vive douleur. — **3.** *Déchirer qqn,* le critiquer violemment. — **4.** *Déchirer qqn, le cœur de qqn,* lui causer une peine cruelle : *Son ingratitude nous déchirait.* — **5.** *Déchirer un groupe, un pays,* etc., les diviser en partis opposés, en factions : *Les querelles qui ont déchiré la nation. Une famille déchirée.* ◆ ***se déchirer*** v. pr. **1.** (sujet qqch) Crever, craquer : *Le sac s'est déchiré, tout est* *tombé par terre.* — **2.** (sujet qqn) *Se déchirer la peau, les mains,* etc., s'arracher la peau, s'écorcher : *Elle se déchirait les doigts aux aspérités du rocher* (syn. S'ÉCORCHER). — **3.** *Se déchirer un muscle,* se rompre ou se distendre des fibres musculaires après un effort violent, un coup, etc.

déchirure [deʃiryr] n. f. **1.** Rupture dans la continuité d'une feuille de papier, d'un tissu : *Faire stopper une déchirure à son vêtement.* — **2.** Distension des tissus : *Déchirure musculaire.*

déchoir [deʃwar] v. i. (du lat. *cadere,* tomber) [c. **49**] (sujet qqn) **1.** Passer à une situation inférieure, socialement ou moralement : *Il considérait que ce serait déchoir d'accepter ce poste* (syn. S'ABAISSER). *Reconnaître ses torts sans déchoir de sa dignité. Je refuse de déchoir en me soumettant* (syn. S'HUMILIER). — **2.** *Être déchu d'un titre, d'une dignité,* en être destitué.

déchristianisation [dekristjanizasjɔ̃] n. f. Action de déchristianiser.

déchristianiser [dekristjanize] v. t. Faire perdre la foi chrétienne : *Certaines régions sont très déchristianisées.*

déchu, e [deʃy] adj. Qui a perdu toute autorité, toute dignité : *Homme déchu.*

décibel [desibɛl] n. m. Unité servant à évaluer l'intensité des sons (symb. dB) : *La voix moyenne a pour intensité 55 décibels, le bruit du tonnerre 70.*

décidé, e [deside] adj. Plein d'assurance, qui sait prendre des décisions : *Avec quelques personnes décidées, on pourrait venir à bout de ces difficultés* (syn. HARDI, AUDACIEUX). *Parler d'un ton décidé.*

décidément [desidemɑ̃] adv. Souligne une conclusion, une constatation : *Tu as fait la même erreur : décidément, tu es incorrigible.* (syn. FINALEMENT).

décider [deside] v. t. (lat. *decidere,* trancher). **1.** (sujet qqn) *Décider qqch, de* (+ *inf.*), *que* (+ *ind.* ou *cond.*), *décider si, qui, quand,* etc. (+ *ind.*), se prononcer pour qqch, déterminer ce qu'on doit faire : *Le gouvernement a décidé l'envoi des troupes dans cette région* (ou *d'envoyer des troupes, qu'il enverra des troupes*). *J'ai décidé de tenter ma chance* (syn. RÉSOUDRE). *À toi de décider si tu viens demain et quand tu viendras, le matin ou l'après-midi.* — **2.** *Décider qqn (à qqch, à + inf.),* l'amener à agir, à prendre tel parti : *Je l'ai enfin décidé à ce voyage, à venir me rejoindre.* — **3.** (sujet qqch) *Décider qqch,* l'avoir pour conséquence : *L'intervention de ce député a décidé la chute du ministère* (syn. DÉTERMINER, ENTRAÎNER, PROVOQUER). ◆ v. t. ind. (sujet qqn) **1.** *Décider de qqch,* se prononcer sur qqch, prendre parti à son sujet : *Vous déciderez vous-même de la suite à donner à cette enquête.* — **2.** (sans compl.) Prendre les décisions, avoir le pouvoir de décision : *Qui décide ici ?* — **3.** *Décider de qqch,* en déterminer l'issue, les conséquences : *C'est ce but qui décidera de la partie. Les résultats de l'enquête décideront du maintien ou de l'abandon de l'accusation. Nous comptions en rester là, mais le sort en a décidé autrement.* ◆ ***se décider*** v. pr. (sujet qqch) Être déterminé, décidé : *Son sort se décide aujourd'hui.* ◆ ***se décider*** v. pr. ou **être décidé** v. pass. (sujet qqn) **1.** Prendre un parti, mettre fin à son hésitation : *Il est temps de te décider : de quel côté veux-tu aller ?* (syn. OPTER, CHOISIR, SE DÉTERMINER). — **2.** *Se décider à* ou *pour qqch, à* (+ *inf.*), fixer son choix sur qqch, s'y déterminer : *Elle s'est décidée pour une robe de taffetas* (syn. SE PRONONCER). *Vous déciderez-vous enfin à donner vos raisons ? Elle paraît décidée à la poursuite des travaux* (syn. SE RÉSOUDRE).

décigramme [desigram] n. m. Poids valant un dixième de gramme.

décilitre [desilitr] n. m. Mesure de capacité valant un dixième de litre.

décimal, e, aux [desimal] adj. (lat. *decimus,* dixième). **1.** Fondé sur le groupement des unités par dizaines : *La numération décimale.* — **2.** *Nombre décimal,* qui comporte des sous-multiples de l'unité après la virgule.

décimale [desimal] n. f. Un des chiffres placés à droite de la virgule dans un nombre décimal : *Pousser une division jusqu'à la cinquième décimale.*

décimer [desime] v. t. (lat. *decimare*). *Décimer des personnes, des animaux,* les faire périr en grand nombre : *La guerre avait décimé la jeunesse.*

décimètre [desimɛtr] n. m. **1.** Dixième partie du mètre. — **2.** Règle graduée en centimètres et millimètres et dont la longueur est de dix centimètres.

décisif, ive [desizif] adj. (lat. *decisivus,* de *decimere,* trancher). Qui mène à un résultat définitif : *Une preuve décisive de son innocence* (syn. FORMEL, INCONTESTABLE, INDISCUTABLE, PÉREMPTOIRE). *Un combat décisif.*

décision [desizjɔ̃] n. f. (lat. *decisio*). **1.** Action de décider, de se décider ; chose décidée : *La décision appartient au chef. Je peux vous conseiller, mais je n'ai pas pouvoir de décision. Je vous ferai connaître mes décisions. Sa décision est maintenant prise* (syn. RÉSOLUTION). — **2.** Qualité de qqn qui prend nettement parti : *Elle a montré beaucoup de décision dans cette affaire* (syn. DÉTERMINATION, HARDIESSE, FERMETÉ). *Avoir l'esprit de décision* (= se décider rapidement).

déclamateur, trice [deklamatœr] n. et adj. Qui déclame : *Le rôle était tenu par un froid déclamateur. Un conférencier trop déclamateur.*

déclamation [deklamasjɔ̃] n. f. Action de déclamer : *Un poème qui se prête peu à la déclamation.*

déclamatoire [deklamatwar] adj. Qui relève de l'emphase : *Un ton déclamatoire* (syn. POMPEUX, EMPHATIQUE).

déclamer [deklame] v. t. (lat. *declamare*). *Déclamer un texte,* le réciter, le prononcer avec solennité, avec emphase : *Une actrice était venue déclamer des poèmes.*

déclarable [deklarabl] adj. Qui peut ou doit être déclaré : *Revenu déclarable.*

déclaratif, ive [deklaratif] adj. *Phrase déclarative,* qui énonce une assertion, par oppos. aux *phrases interrogative* ou *impérative.* ‖ *Verbe déclaratif,* qui exprime une énonciation : *Dire, annoncer, déclarer sont des verbes déclaratifs.*

déclaration [deklarasjɔ̃] n. f. Action de déclarer : *Le ministre de l'Information a fait une déclaration à la presse. Elle a compris qu'il voulait lui faire une déclaration* (= lui dire qu'il l'aimait). *Envoyer au contrôleur sa déclaration de revenus.*

déclarer [deklare] v. t. (lat. *declarare*). **1.** *Déclarer qqch, que* (+ *ind.*), le faire connaître nettement, le faire savoir officiellement : *Elle n'osait pas lui déclarer son amour. Il est temps de déclarer vos intentions* (syn. RÉVÉLER, ANNONCER). *La présidente a déclaré la séance ouverte. Je vous déclare que l'impossible sera fait pour retrouver les coupables.* — **2.** Fournir par oral ou par écrit certains renseignements à l'Administration : *Déclarer des marchandises à la douane. Déclarer ses revenus* (= indiquer le montant à l'administration des Contributions directes). — **3.** *Déclarer la guerre à une nation,* signifier officiellement son intention d'ouvrir les hostilités contre celle-ci. ◆ ***se déclarer*** v. pr. **1.** (sujet qqn) Faire connaître ses sentiments : *Un amoureux qui a mis longtemps à se déclarer* (= à déclarer son amour). *Il s'est déclaré pour une autre méthode* (syn. SE PRONONCER). — **2.** (sujet qqch) Se manifester nettement : *Un incendie s'est déclaré dans la forêt* (syn. ÉCLATER).

déclassé, e [deklase] adj. et n. **1.** Passé dans une classe différente de celle où il se trouvait, dans une société où les classes sont distinctes. — **2.** Passé dans une catégorie inférieure : *Un ouvrier spécialisé déclassé comme manœuvre.*

déclassement [deklasmɑ̃] n. m. Action de déclasser, d'être déclassé : *Le déclassement des fonctionnaires.*

déclasser [deklase] v. t. **1.** *Déclasser qqch (concret),* le déranger d'un certain classement. — **2.** *Déclasser qqch, qqn,* les faire passer à un rang inférieur : *Ils se plaignent d'être déclassés.*

déclenchement [deklɑ̃ʃmɑ̃] n. m. Action de déclencher; fait d'être déclenché : *Le déclenchement d'un signal d'alarme, d'une attaque, d'une crise économique.*

déclencher [deklɑ̃ʃe] v. t. (de *clenche,* levier). **1.** *Déclencher un mécanisme,* le libérer en manœuvrant une pièce qui a pour rôle d'en empêcher le fonctionnement : *Déclencher un ressort* (contr. ENCLENCHER). *L'ouverture du coffre déclenche une sonnerie.* — **2.** Mettre brusquement en action : *Les syndicats ont déclenché une grève.*

déclencheur [deklɑ̃ʃœr] n. m. Pièce d'un mécanisme qui en déclenche le fonctionnement.

déclic [deklik] n. m. (de l'anc. fr. *cliquer,* faire un bruit métallique). **1.** Pièce destinée à déclencher un mécanisme : *Appuyer sur le déclic.* — **2.** Bruit sec que fait un mécanisme qui se déclenche : *On entend le déclic d'un appareil photographique.*

déclin [deklɛ̃] n. m. État de ce qui décline; période où qqn, qqch a perdu son éclat : *Le déclin de la popularité d'un parti* (syn. BAISSE). *Un écrivain sur son déclin.*

déclinable [deklinabl] adj. Qui peut être décliné : *L'adverbe n'est pas déclinable.*

déclinaison [deklinɛzɔ̃] n. f. Système des formes (ou cas) que peut prendre un mot déclinable.

déclinant, e [deklinɑ̃] adj. Qui décline : *Une gloire déclinante.*

décliner [dekline] v. t. (lat. *declinare*). **1.** *Décliner une offre, un honneur,* etc., ne pas les accepter : *Il a décliné l'honneur de présider* (syn. REPOUSSER, REFUSER). *La société décline toute responsabilité au sujet des accidents* (syn. SE DÉCHARGER DE). — **2.** *Décliner un nom, un pronom, un adjectif,* dans certaines langues, en faire varier la terminaison selon leur fonction grammaticale dans la proposition : *Certains noms ne se déclinent pas* (= ne sont pas susceptibles de ce genre de variation). — **3.** *Décliner son nom, ses titres,* les indiquer avec précision. ◆ v. i. (sujet qqn, qqch) Perdre de sa vigueur, de son importance : *Malade qui décline. Sa vue décline. Le jour décline* (syn. BAISSER). *Le soleil décline* (syn. SE COUCHER). *Son prestige a beaucoup décliné depuis quelque temps.*

déclivité [deklivite] n. f. (lat. *declivitas*). État d'un terrain, d'une surface qui est en pente : *Les freins étant mal serrés, la voiture a été entraînée par la déclivité* (syn. PENTE, INCLINAISON).

décloisonnement [deklwazɔnmɑ̃] n. m. Action de décloisonner.

décloisonner [deklwazɔne] v. t. Enlever les obstacles qui isolent certaines activités les unes des autres, certains services.

déclouer [deklue] v. t. Défaire ce qui était cloué : *Déclouer une caisse.*

décocher [dekɔʃe] v. t. (de *coche,* entaille). **1.** *Décocher une flèche,* la lancer avec un arc ou un autre instrument. — **2.** *Décocher une parole,* parler de façon mordante : *Décocher des traits satiriques.* — **3.** *Décocher un regard,* jeter un regard vif, hostile, etc.

décoction [dekɔksjɔ̃] n. f. (du lat. *decoquere,* faire cuire). Liquide dans lequel on a fait bouillir des plantes ou une drogue.

décodage [dekɔdaʒ] n. m. Action de décoder : *Le décodage de l'information demande du temps.*

décoder [dekɔde] v. t. Mettre en langage clair un message codé.

décoiffer [dekwafe] v. t. **1.** *Décoiffer qqn,* lui enlever sa coiffure, son chapeau : *Le vent l'a décoiffé et son chapeau a roulé dans le ruisseau.* — **2.** *Décoiffer qqn,* déranger l'ordonnancement de ses cheveux : *Le vent l'a décoiffée* (syn. DÉPEIGNER). ◆ ***se décoiffer*** v. pr. Enlever son chapeau par respect.

décoincer [dekwɛ̃se] v. t. (c. **1**) Dégager ce qui est coincé : *Décoincer un tiroir bloqué* (syn. DÉBLOQUER).

décolérer [dekɔlere] v. i. (c. **10**) [sujet qqn] *Ne pas décolérer,* ne pas cesser d'être en colère.

décollage [dekɔlaʒ] n. m. Action de décoller, de quitter le sol : *L'avion a eu un accident au décollage* (contr. ATTERRISSAGE).

décollé, e [dekɔle] adj. *Oreilles décollées,* dont les pavillons sont très écartés de la tête.

décollement [dekɔlmɑ̃] n. m. Action de décoller, de se décoller; fait d'être décollé : *Un décollement de la rétine.*

décoller [dekɔle] v. t. *Décoller qqch,* le détacher de ce à quoi il était collé : *On a décollé l'enveloppe à la vapeur. Les meubles se sont décollés à l'humidité.* ◆ v. i. **1.** *L'avion décolle,* il quitte le sol. — **2.** *Fam.* Avoir très mauvaise mine, être très amaigri : *Il a décollé depuis sa dernière grippe.*

décolleté [dekɔlte] n. m. Partie du corsage échancrée pour le passage de la tête; partie de la gorge et des épaules laissée ainsi à nu.

décolleter [dekɔlte] v. t. (de *dé-* et *collet*) [c. **8**]. **1.** (sujet qqn, un vêtement) *Décolleter qqn,* lui découvrir le cou, la gorge, les épaules : *Une couturière qui suit la mode, en décolletant largement la cliente. Être trop décolletée.* — **2.** *Décolleter une robe,* en agrandir le décolleté.

décolonisateur, trice [dekɔlɔnizatœr] adj. et n. Qui décolonise.

décolonisation [dekɔlɔnizasjɔ̃] n. f. Action de décoloniser : *La décolonisation est un phénomène général au XXe s.*

décoloniser [dekɔlɔnize] v. t. Faire cesser le régime colonial, donner l'indépendance à une colonie.

décolorant, e [dekɔlɔrɑ̃] adj. Qui décolore : *Une substance décolorante.* ◆ ***décolorant*** n. m. Produit qui décolore : *Un flacon de décolorant pour les cheveux.*

décoloration [dekɔlɔrasjɔ̃] n. f. Action de décolorer, d'être décoloré : *Elle va chez le coiffeur pour une décoloration.*

décolorer [dekɔlɔre] v. t. Enlever, altérer, changer la couleur de : *L'eau de Javel décolore de nombreux tissus.* ◆ ***se décolorer*** v. pr. Perdre sa couleur : *Sa robe s'est décolorée au soleil. Se décolorer, se faire décolorer les cheveux* (= en changer la couleur).

décombres [dekɔ̃br] n. m. pl. (de l'anc. fr. *décombrer,* débarrasser). Débris d'un édifice écroulé : *Les occupants de l'immeuble ont été ensevelis sous les décombres* (syn. RUINES).

décommander [dekɔmɑ̃de] v. t. Annuler une commande ou une invitation, un rendez-vous : *En raison* *d'un empêchement de dernière minute, la conférence a dû être décommandée.*

décomplexé, e [dekɔ̃plɛkse] adj. *Fam.* Qui a perdu tout complexe (syn. DÉCONTRACTÉ).

décomposable [dekɔ̃pɔzabl] adj. Qui peut être décomposé : *Une dissertation décomposable en trois parties.*

décomposer [dekɔ̃poze] v. t. **1.** *Décomposer qqch en qqch,* le diviser en ses éléments constituants : *Décomposer une phrase en propositions, un nombre en facteurs premiers.* — **2.** *Décomposer le visage, les traits de qqn,* les altérer profondément : *La frayeur lui décomposait le visage.* ◆ ***se décomposer*** v. pr. **1.** Se diviser : *Ce mouvement se décompose en trois parties.* — **2.** (sujet la substance des corps organiques) S'altérer : *La viande se décompose à l'air* (syn. POURRIR, S'ABÎMER). — **3.** (sujet le visage) Se modifier profondément sous le coup de l'horreur, de la douleur : *Ses traits se décomposèrent quand il découvrit cet horrible spectacle.*

décomposition [dekɔ̃pozisjɔ̃] n. f. **1.** Fait de se diviser, de se décomposer : *La décomposition de l'eau en hydrogène et en oxygène.* — **2.** Fait de s'altérer profondément : *Un cadavre dans un état de décomposition avancée* (syn. PUTRÉFACTION).

décompresser [dekɔ̃prɛse] v. t. Diminuer la pression.

décompression [dekɔ̃prɛsjɔ̃] n. f. **1.** Action de décompresser : *Le recul du piston produit une brusque décompression de gaz.* — **2.** *Accidents de décompression,* troubles qui surviennent chez les scaphandriers, les plongeurs, etc., quand le retour à la pression atmosphérique se fait trop vite.

décompte [dekɔ̃t] n. m. **1.** Somme déduite d'un compte. — **2.** Décomposition d'une somme totale en ses éléments constitutifs.

décompter [dekɔ̃te] v. t. Retrancher une somme d'un compte : *Décompter les frais de voyage* (syn. DÉDUIRE, DÉFALQUER).

déconcentration [dekɔ̃sɑ̃trasjɔ̃] n. f. **1.** Action de déconcentrer : *La déconcentration industrielle.* — **2.** Fait de se déconcentrer, de se disperser.

déconcentrer [dekɔ̃sɑ̃tre] v. t. Faire perdre la concentration. ◆ ***se déconcentrer*** v. pr. Perdre sa concentration : *Elle s'est déconcentrée et n'a pu retrouver le fil de son raisonnement.*

déconcertant, e [dekɔ̃sɛrtɑ̃] adj. Qui déconcerte : *Une accumulation déconcertante d'obstacles* (syn. DÉMORALISANT). *Un garçon déconcertant* (syn. BIZARRE, CURIEUX, INCOMPRÉHENSIBLE).

déconcerter [dekɔ̃sɛrte] v. t. (sujet qqn, qqch) *Déconcerter qqn,* le jeter dans la perplexité, le troubler soudain profondément : *Le résultat imprévu des élections a déconcerté tous les observateurs politiques* (syn. SURPRENDRE, DÉROUTER, DÉSORIENTER). *Cette réponse spirituelle l'a déconcerté* (syn. DÉCONTENANCER, DÉMONTER).

déconfit, e [dekɔ̃fi] adj. (d'un anc. verbe *déconfire,* briser). Grandement déçu, confus à la suite d'un échec, d'un espoir qui ne s'est pas réalisé : *Il paraissait tout déconfit de ne trouver personne à son arrivée* (syn. PENAUD).

déconfiture [dekɔ̃fityr] n. f. (d'un anc. verbe *déconfire,* briser). État désastreux des finances, de l'autorité, etc. : *Ces dépenses inconsidérées l'ont mis dans une complète déconfiture* (syn. RUINE).

décongélation [dekɔ̃ʒelasjɔ̃] n. f. Action de décongeler.

décongeler [dekɔ̃ʒle] v. t. (c. 5). Réchauffer une substance congelée.

décongestionner [dekɔ̃ʒɛstjɔne] v. t. **1.** Faire cesser la congestion : *Les compresses ont décongestionné la partie malade.* — **2.** Faire cesser l'encombrement, faciliter la circulation : *On a fait une déviation pour décongestionner le centre de la ville* (syn. DÉSENCOMBRER).

déconnecter [dekɔnɛkte] v. t. **1.** Démonter un raccord branché sur un appareil, une tuyauterie (syn. DÉBRANCHER). — **2.** Fam. *Être déconnecté,* avoir perdu le contact avec la réalité, les autres.

déconseiller [dekɔ̃sɛje] v. t. *Déconseiller qqch à qqn, déconseiller à qqn de* (+ *inf.*), l'en détourner, l'en dissuader : *Je lui ai déconseillé cet achat, d'acheter cette maison.*

déconsidération [dekɔ̃siderasjɔ̃] n. f. Action de se déconsidérer : *Une théorie tombée en déconsidération* (syn. DISCRÉDIT).

déconsidérer [dekɔ̃sidere] v. t. (c. **10**) [sujet qqch] Faire perdre à qqn, à une doctrine, etc., la considération dont ils jouissaient : *La partialité de ce critique l'a déconsidérée auprès du public* (syn. DISCRÉDITER). ◆ ***se déconsidérer*** v. pr. Agir de façon à perdre la considération dont on est l'objet : *Il se déconsidère par son étroitesse d'esprit* (= il perd son crédit).

décontenancer [dekɔ̃tnɑ̃se] v. t. (c. **1**) [sujet qqn, qqch] *Décontenancer qqn,* le jeter dans un grand embarras : *Il ne s'est pas laissé décontenancer par l'objection* (syn. TROUBLER, DÉMONTER, ↑DÉCONCERTER).

décontracté, e [dekɔ̃trakte] adj. Qui n'a pas d'appréhension, qui ne manifeste pas de contrariété : *Elle était très décontractée en affrontant ses contradicteurs* (syn. fam. RELAX). *Un sourire décontracté* (syn. DÉTENDU).

décontracter (se) [dekɔ̃trakte] v. pr. Cesser d'être contracté, diminuer sa tension : *Muscle, visage qui se décontracte* (syn. SE DÉTENDRE, SE RELÂCHER).

décontraction [dekɔ̃traksjɔ̃] n. f. État d'un muscle décontracté, de qqn qui se détend.

déconvenue [dekɔ̃vny] n. f. (de *dé-* et *convenu*). Sentiment de qqn dont l'attente a été déçue : *L'échec de sa tentative lui a causé une sérieuse déconvenue* (syn. DÉCEPTION, DÉSAPPOINTEMENT, DÉSILLUSION).

décor [dekɔr] n. m. (de *décorer*). **1.** Ensemble des éléments qui particularisent un lieu naturel; lieu dans lequel vit qqn : *Un décor de verdure. Elle ne se rend même plus compte du misérable décor dans lequel elle vit* (syn. CADRE). — **2.** Ensemble des accessoires utilisés au théâtre ou au cinéma pour figurer le lieu de l'action. — **3.** *Fam.* (sujet un véhicule, un conducteur) *Aller, entrer dans les décors,* quitter accidentellement la route et heurter un obstacle. ‖ *Changement de décor,* changement brusque de situation. — **4.** Ensemble d'éléments (meubles, tableaux, etc.) qui servent à décorer, à embellir un lieu : *Un décor Louis XV somptueux.* — **5.** Ornement d'un objet : *Le décor de ces assiettes ne résistera pas au lave-vaisselle.* — **6.** Apparence extérieure : *Tout cela n'est que du décor.*

décorateur, trice [dekɔratœr] n. **1.** Personne qui conçoit et dessine les décors d'un spectacle. — **2.** Spécialiste chargé de décorer, d'aménager un intérieur.

décoratif, ive [dekɔratif] adj. Qui décore, qui produit un effet esthétique : *Les curieux motifs décoratifs d'un vase ancien* (syn. ORNEMENTAL).

décoration [dekɔrasjɔ̃] n. f. **1.** Action de décorer : *La décoration de ce palais a coûté des sommes fabuleuses. Changer la décoration d'une maison.* — **2.** Art, métier du décorateur. — **3.** Emblème d'une distinction honorifique : *Une remise de décoration aux Invalides à Paris.*

décorder (se) [dekɔrde] v. pr. Se détacher d'une cordée d'alpinisme.

décoré, e [dekɔre] adj. et n. Qui porte une décoration.

décorer [dekɔre] v. t. (lat. *decorare*). **1.** (sujet qqn) *Décorer un lieu, un objet,* le doter d'éléments destinés à l'embellir : *Décorer un salon avec des tentures, des tableaux. La salle des fêtes était décorée de guirlandes et de drapeaux* (syn. PARER). *Un plat décoré à la main.* — **2.** (sujet qqch) *Décorer un lieu, un objet,* en être un élément d'embellissement : *Les fresques qui décorent les murs* (syn. ORNER, ENRICHIR). — **3.** *Décorer qqn,* lui conférer une décoration.

décorticage [dekɔrtikaʒ] n. m. Action de décortiquer.

décortiquer [dekɔrtike] v. t. (du lat. *cortex, -icis,* écorce). **1.** *Décortiquer un arbre, un fruit, des graines,* etc., en retirer l'écorce, l'enveloppe. — **2.** *Décortiquer un texte,* l'analyser minutieusement.

décorum [dekɔrɔm] n. m. (mot lat. signif. *convenance*). Ensemble des bons usages, des manifestations plus ou moins solennelles qui donnent un certain éclat à des relations sociales, à une cérémonie : *Cette tenue ne convient pas au décorum de cette fête* (syn. CÉRÉMONIAL, SOLENNITÉ, PROTOCOLE).

découcher [dekuʃe] v. i. Ne pas rentrer coucher chez soi (se dit en partic. de qqn qui a des relations sexuelles).

découdre [dekudr] v. t. (c. **59**). Défaire une couture : *Découdre un ourlet pour allonger une robe.* ◆ v. t. ind. Fam. *En découdre,* se battre avec acharnement (surtout à l'inf.) : *Les deux adversaires étaient prêts à en découdre.*

découler [dekule] v. t. ind. *Découler de qqch,* en être une conséquence : *Ces erreurs découlent d'une faute de traduction* (syn. PROVENIR, RÉSULTER).

découpage [dekupaʒ] n. m. **1.** Action ou manière de découper : *Le découpage des tôles au chalumeau.* — **2.** Dessin destiné à être découpé par des enfants.

découpe [dekup] n. f. Façon dont un vêtement est coupé sur un plan esthétique.

découpé, e [dekupe] adj. Dont les contours sont irréguliers, marqués de dents ou d'échancrures : *Une côte découpée. La feuille du chêne est découpée.*

découper [dekupe] v. t. **1.** *Découper qqch,* le couper en morceaux, en parts : *Découper un gigot, une tarte.* — **2.** *Découper une image, un article,* etc., les couper en suivant les contours : *Découper des images dans un catalogue.* ◆ ***se découper*** v. pr. (sujet qqch) *Se découper sur qqch,* se détacher en silhouette sur un fond : *Des montagnes qui se découpent sur le ciel clair.*

découplé, e [dekuple] adj. *Bien découplé,* dont le corps est vigoureux et harmonieusement proportionné.

décourageant, e [dekuraʒɑ̃] adj. Qui décourage : *Une série d'échecs décourageants* (syn. DÉMORALISANT, ↑DÉSESPÉRANT).

découragement [dekuraʒmɑ̃] n. m. Fait de se décourager : *Il ne faut pas vous laisser aller au découragement* (syn. ABATTEMENT, ↑DÉSESPOIR).

décourager [dekuraʒe] v. t. (c. **2**). **1.** *Décourager qqn,* lui ôter son courage : *Ne pas se laisser décourager par les difficultés.* — **2.** *Décourager qqn de* (+ *inf.*), lui ôter l'envie de faire ou de continuer qqch : *On l'a découragé de faire du cinéma* (syn. DÉCONSEILLER, DISSUADER). — **3.** *Décourager le crime, les bonnes volontés,* etc., détourner de leurs projets ceux qui seraient tentés de commettre un crime, de faire preuve de bonne volonté, etc. : *Une réglementation draconienne visait à décourager toute fraude. Ces démarches compliquées ont découragé sa bonne volonté.* ◆ ***se décourager*** v. pr. (sujet qqn) Perdre courage : *Ne te décourage pas si vite !*

découronner [dekurɔne] v. t. Priver de la couronne : *Le souverain a été découronné* (= déchu de son trône).

décousu, e [dekuzy] adj. Se dit d'un texte, d'une œuvre sans suite, sans cohérence, sans liaison.

1. découvert, e [dekuvɛr] adj. *À découvert,* sans rien dissimuler, en toute sincérité. ‖ *Combattre à visage découvert,* affronter franchement son adversaire. ‖ *Lieu, terrain découvert,* qui n'offre pas de protection à une troupe, qui n'est ni boisé ni bâti.

2. découvert [dekuvɛr] n. m. **1.** Prêt à court terme accordé par une banque à un titulaire de compte, qui peut ainsi rester débiteur pendant un certain temps : *Avoir un découvert de mille francs.* — **2.** *Être à découvert,* être débiteur sur un compte bancaire.

découverte [dekuvɛrt] n. f. **1.** Action de découvrir : *La découverte de la pénicilline. Partir à la découverte d'un nouveau pays.* — **2.** Chose, personne qu'on découvre : *Montre-nous ta découverte. Qui est ce chanteur ? — Une nouvelle découverte du music-hall.*

découvreur [dekuvrœr] n. m. Qui découvre : *Un découvreur de jeunes talents.*

découvrir [dekuvrir] v. t. (c. **16**). **1.** *Découvrir qqch, qqn,* leur enlever ce qui les couvrait, ce qui les protégeait : *Le ministre a découvert la statue. La tornade a découvert plusieurs hangars* (= a enlevé la toiture). *Une robe qui découvre largement les épaules* (= laisse apparaître). — **2.** *Découvrir qqch,* l'apercevoir de loin : *D'ici, on découvre la mer.* — **3.** *Découvrir qqn, qqch, que* (+ *ind.*), *pourquoi,* etc., trouver qqch, qqn qui était caché ou inconnu : *Découvrir un trésor, un secret, la personne qu'il faut* (syn. ↓TROUVER). *Découvrir un nouveau médicament* (syn. INVENTER). — **4.** *Découvrir qqn, qqch (abstrait),* apprendre, commencer à les connaître : *Pierre m'a fait découvrir l'œuvre de Simone de Beauvoir* (syn. ↓CONNAÎTRE). *Ce n'est qu'au bout de dix ans de vie commune que je l'ai découvert* (= que j'ai connu son vrai caractère). — **5.** *Découvrir ses intentions, ses projets, ses pensées,* les révéler. ◆ ***se découvrir*** v. pr. **1.** (sujet qqn) Ôter ce dont on est couvert : *Veiller à ce qu'un enfant ne se découvre pas la nuit.* — **2.** (sujet qqn) Ôter son chapeau, sa casquette : *Se découvrir pour saluer quelqu'un.* — **3.** *Le temps se découvre,* il s'éclaircit. — **4.** (sujet un sportif, une équipe) Desserrer sa défense. — **5.** (sujet qqn) Révéler sa pensée.

décrassage [dekrasaʒ] n. m. Action de décrasser : *Le décrassage d'un poêle* (syn. ↓NETTOYAGE).

décrasser [dekrase] v. t. Débarrasser de sa crasse : *Décrasser du linge, une casserole. Il se décrasse la figure* (syn. ↓NETTOYER).

décrêper [dekrɛpe] v. t. *Décrêper les cheveux,* en défaire le crêpage.

décrépir [dekrepir] v. t. *Décrépir un mur, une maison,* lui enlever son crépi. ◆ ***se décrépir*** v. pr. Perdre son crépi : *La façade s'est décrépie.*

décrépit, e [dekrepi] adj. (lat. *decrepitus*). Dans une extrême déchéance physique en raison de son grand âge.

décrépitude [dekrepityd] n. f. Affaiblissement, déchéance : *Donner des signes de décrépitude.*

decrescendo [dekrɛʃɛndo ou -ɛ̃do] adv. et n. m. inv. (mot it.). Diminution progressive.

décret [dekrɛ] n. m. (lat. *decretum*). Décision émanant du pouvoir exécutif : *Le Conseil des ministres a adopté plusieurs décrets.*

décréter [dekrete] v. t. (c. **10**). **1.** *Décréter qqch,* le décider par autorité légale : *L'état de siège a été décrété par le gouvernement.* — **2.** *Décréter que*

(+ *ind.*), décider de sa propre autorité : *Elle a décrété que rien ne l'arrêterait dans son effort.*

décret-loi [dekrɛlwa] n. m. (pl. *décrets-lois*). Décret gouvernemental possédant le caractère d'une loi.

décrier [dekrije] v. t. *Décrier qqn, qqch,* en dire du mal : *Un livre jadis admiré, aujourd'hui décrié* (syn. DISCRÉDITER, DÉNIGRER, DÉPRÉCIER).

décrire [dekrir] v. t. (lat. *describere,* dessiner) [c. **71**] **1.** (sujet qqn) *Décrire qqch, qqn,* le représenter par un développement détaillé : *La victime a pu décrire son agresseur à la police. Décrire ses sentiments* (syn. DÉPEINDRE). — **2.** (sujet qqch) *Décrire une ligne, une figure,* former dans son mouvement un certain tracé, une figure : *La pointe du compas décrit un cercle* (syn. TRACER). *L'avion décrivait une large courbe dans le ciel.*

décrispation [dekrispasjɔ̃] n. f. Action de se décrisper.

décrisper [dekrispe] v. t. Atténuer le caractère agressif ou tendu d'une situation quelconque : *Décrisper les rapports syndicats-patrons.*

décrochage [dekrɔʃaʒ] n. m. **1.** Action de décrocher, fait de se décrocher : *Le décrochage des rideaux.* — **2.** Action de rompre le contact : *Le décrochage a permis d'éviter le combat.*

décrochement [dekrɔʃmɑ̃] n. m. Partie en retrait d'une ligne, d'une surface, d'un mur, d'une maison, etc.

décrocher [dekrɔʃe] v. t. (de *croc*). **1.** *Décrocher un objet,* le détacher, libérer ce qui était accroché : *Décrocher un tableau* (contr. ACCROCHER). *Décrocher le téléphone* (= prendre le combiné afin de recevoir la communication ; contr. RACCROCHER). — **2.** Fam. *Décrocher une récompense,* l'obtenir : *Elle a décroché la mention bien à son examen.* ◆ v. i. **1.** (sujet qqn) Rompre le contact avec un ennemi qui vous poursuit : *Une habile manœuvre a permis à ce général de décrocher.* — **2.** *Fam.* Cesser de s'intéresser à une activité : *Elle s'occupe toujours du syndicat ? — Non, elle a complètement décroché.*

décroiser [dekrwaze] v. t. Séparer ce qui était croisé : *Décroiser les jambes.*

décroissance [dekrwasɑ̃s] n. f. ou **décroissement** [dekrwasmɑ̃] n. m. Fait de décroître : *La décroissance d'une popularité* (syn. DIMINUTION, AMOINDRISSEMENT).

décroissant, e [dekrwasɑ̃] adj. Qui décroît : *Une vitesse décroissante.*

décroître [dekrwɑtr] v. i. (c. **66**) [sujet qqch] Diminuer progressivement : *Ses revenus décroissent peu à peu. En automne, les jours décroissent.*

décrotter [dekrɔte] v. t. Nettoyer de ses salissures de boue : *Décrotter des chaussures.*

décrottoir [dekrɔtwar] n. m. Lame métallique fixée au sol près du seuil d'une maison pour gratter la boue des semelles.

décrue [dekry] n. f. Baisse du niveau des eaux, après une crue.

décryptage [dekriptaʒ] n. m. Action de décrypter. (→ CRYPTOGRAPHIE.)

décrypter [dekripte] v. t. (du gr. *kruptos,* caché). *Décrypter un texte,* déchiffrer un texte rédigé en un code dont on ne possède pas la clef.

déçu, e [desy] adj. **1.** Frustré dans ses espérances : *Un spectateur déçu. Un air déçu.* — **2.** *Espoir déçu,* non réalisé (syn. TROMPÉ).

déculottée [dekylɔte] n. f. *Pop.* Perte au jeu ; défaite complète.

déculotter [dekylɔte] v. t. *Déculotter qqn,* lui ôter sa culotte. ◆ ***se déculotter*** v. pr. Ôter sa culotte, son pantalon.

déculpabiliser [dekylpabilize] v. t. *Déculpabiliser qqn,* supprimer en lui tout sentiment d'une faute.

décuple [dekypl] adj. (lat. *de cuplus,* de *decem,* dix). Dix fois aussi grand : *Certaines productions ont eu un rendement décuple de celui qui était prévu.* ◆ n. m. Quantité dix fois aussi grande : *Elle a gagné le décuple de ce qu'elle avait dépensé.*

décuplement [dekypləmɑ̃] n. m. Action de décupler.

décupler [dekyple] v. t. **1.** *Décupler une quantité,* la multiplier par dix. — **2.** *Décupler qqch (abstrait),* l'augmenter de façon très notable : *La fureur décuplait ses forces.* ◆ v. i. (sujet qqch) Devenir dix fois aussi grand : *Nos dépenses ont décuplé en quelques années.*

dédaigner [dedɛɲe] v. t. (de *daigner*). **1.** *Dédaigner qqn, qqch,* éprouver ou manifester du dédain à leur égard : *À ses débuts, il avait été dédaigné de la plupart des critiques* (syn. ↑ MÉPRISER). — **2.** *Dédaigner qqch, de* (+ *inf.*), refuser, repousser qqch : *Elle ne dédaigne pas les profits, si petits soient-ils. Je ne dédaigne pas d'assister à ces fêtes populaires* (= j'aime bien).

dédaigneusement [dedɛɲøzmɑ̃] adv. Avec dédain.

dédaigneux, euse [dedɛɲø] adj. Qui manifeste du dédain : *Une moue dédaigneuse.*

dédain [dedɛ̃] n. m. (de *dédaigner*). **1.** Mépris hautain qu'on manifeste à qqn en se montrant distant à son égard : *Il le toisa avec dédain ;* sentiment envers qqch qu'on juge tout à fait indigne de soi : *Il n'avait que du dédain pour ce genre de tractations.* — **2.** Attitude de celui qui se place au-dessus de l'adversité : *Il allait au combat avec le plus complet dédain de la mort* (syn. MÉPRIS).

dédale [dedal] n. m. (de *Dédale,* architecte grec qui construisit le labyrinthe [myth.]). **1.** Ensemble compliqué de rues, de chemins, etc., où on risque de s'égarer : *Flâner dans le dédale des ruelles du vieux quartier.* — **2.** Ensemble embrouillé de choses abstraites qu'on discerne mal : *Le dédale des lois* (syn. LABYRINTHE). *On le suit difficilement dans le dédale de ses explications.*

dedans [dədɑ̃] adv. **1.** À l'intérieur de qqch ou de qqn : *Le bureau était ouvert : je suis entré dedans. Il fait froid ce matin, mais dedans nous sommes bien chauffés. J'ai ouvert la boîte et je n'ai rien trouvé dedans. Une voiture venant de la droite m'est entrée, rentrée dedans* (fam. ; syn. soutenu HEURTER). *Il ne voyait pas le mur, il est entré dedans* (fam.). — **2.** *Au-dedans (de),* à l'intérieur (de) : *Il y a cinq places au-dedans* (= dans [l'autocar]). *Au-dedans d'elle-même, elle regrette ses paroles* (= dans son for intérieur). ‖ *De dedans,* de l'intérieur : *De dedans, on ne peut rien voir.* ‖ *En dedans (de),* à l'intérieur (de) : *Avoir les yeux en dedans* (= enfoncés). *Plier le doigt en dedans de la main. En dedans de lui-même, il réprouve cet acte.* ‖ *Là-dedans,* dans ce lieu : *On n'y voit rien, là-dedans ;* dans cette affaire : *Je ne comprends rien là-dedans.* ◆ n. m. Ce qui est à l'intérieur : *Le dedans de la voiture a été entièrement refait* (= l'intérieur). *Ses partisans, ses ennemis du dedans et du dehors* (= de son pays et de l'étranger).

dédicace [dedikas] n. f. (lat. *dedicatio*). Formule inscrite par un auteur en tête d'un livre, en hommage à qqn à qui il dédie ou offre ce livre.

dédicacer [dedikase] v. t. (c. **1**). *Dédicacer un livre à qqn,* y inscrire une dédicace pour lui rendre hommage.

dédicatoire [dedikatwar] adj. (de *dédier*). Qui indique à qui une œuvre est dédiée : *L'épître dédicatoire qui figure en tête du livre de fables.*

dédier [dedje] v. t. (lat. *decicare*, consacrer). **1.** *Dédier qqch à un dieu, un saint,* etc., le consacrer au culte. — **2.** *Dédier un livre, une œuvre à qqn,* faire figurer en tête de l'ouvrage son nom pour lui rendre un hommage en l'associant au mérite de l'auteur : *Un écrivain qui dédie son premier roman à sa mère. Une symphonie dédiée au protecteur du compositeur.* — **3.** *Dédier qqch à qqn, qqch,* le lui offrir, le lui consacrer : *Dédier ses collections à l'État, ses efforts à l'intérêt public.*

dédire (se) [dedir] v. pr. (c. 72) [sujet qqn] Revenir sur sa promesse : *Elle s'est engagée un peu légèrement et n'ose plus se dédire* (syn. SE RÉTRACTER).

dédit [dedi] n. m. Dans un contrat, possibilité pour celui qui s'engage de se dédire, moyennant une indemnité; cette indemnité elle-même : *Abandonner les arrhes en cas de dédit. Payer son dédit.*

dédommagement [dedɔmaʒmɑ̃] n. m. Action de dédommager; compensation : *Demander une somme d'argent en dédommagement. Ce sera un dédommagement à (pour) vos efforts.*

dédommager [dedɔmaʒe] v. t. (c. 2). **1.** *Dédommager qqn (d'un dommage, d'une perte, etc.),* lui donner une somme d'argent pour compenser les pertes qu'il a subies : *Après les inondations, les agriculteurs ont demandé à être dédommagés* (syn. INDEMNISER). — **2.** *Dédommager qqn (d'un effort, d'une peine, etc.),* lui offrir qqch en compensation : *Comment pourrai-je jamais vous dédommager des efforts que vous avez faits pour moi?* (syn. REMERCIER).

dédoré, e [dedɔre] adj. Auquel on a enlevé la dorure.

dédouanement [dedwanmɑ̃] n. m. Action de dédouaner.

dédouaner [dedwane] v. t. **1.** *Dédouaner une marchandise,* la faire sortir des entrepôts de la douane en acquittant les droits. — **2.** *Dédouaner qqn,* le relever du discrédit dans lequel il était tombé (syn. BLANCHIR). ◆ ***se dédouaner*** v. pr. Agir de façon à faire oublier un passé répréhensible : *Tu cherches, par tes attentions, à te dédouaner.*

dédoublement [dedubləmɑ̃] n. m. Action de dédoubler; fait d'être dédoublé : *Le dédoublement d'un train. Le dédoublement de la personnalité.*

dédoubler [deduble] v. t. **1.** Partager en deux : *Dédoubler une classe.* — **2.** *Dédoubler un train,* en faire partir deux au lieu d'un, en raison de l'affluence des voyageurs. ◆ ***se dédoubler*** v. pr. Perdre l'unité de sa personnalité, en présentant un double comportement, normal et pathologique. (→ REDOUBLER.)

dédramatisation [dedramatizasjɔ̃] n. f. Action de dédramatiser; fait d'être dédramatisé.

dédramatiser [dedramatize] v. t. *Dédramatiser un événement, une situation,* lui enlever son caractère dramatique.

déductible [dedyktibl] adj. Qui peut être déduit : *Ces dépenses ne sont pas déductibles de vos revenus.*

déductif, ive [dedyktif] adj. Qui raisonne par déduction : *Esprit déductif. Méthode déductive.*

déduction [dedyksjɔ̃] n. f. (lat. *deductio*). **1.** Action de déduire, de retrancher : *La déduction des frais professionnels.* — **2.** Raisonnement consistant à passer logiquement d'un ensemble d'hypothèses à l'explication d'un fait.

déduire [dedɥir] v. t. (lat. *deducere*, faire descendre) [c. **70**]. **1.** *Déduire une somme d'un total,* la retrancher : *Quand on déduit les frais, le bénéfice est mince* (syn. RETIRER, RETRANCHER). — **2.** *Déduire qqch de qqch,* en tirer une conséquence logique : *Connaissant sa destination, j'en ai déduit la route qu'il allait prendre. On peut déduire de ses paroles qu'il se ralliera à notre avis* (syn. CONCLURE).

déesse [deɛs] n. f. **1.** Divinité féminine : *Vénus était déesse de l'Amour.* — **2.** Symbole de la grâce et de la beauté : *Belle comme une déesse. Allure de déesse.*

de facto [dəfakto] adv. (mot. lat. signif. *selon le fait*). Dont on reconnaît l'existence «de fait» sans le légitimer (jurid.) : *Gouvernement reconnu de facto* (contr. DE JURE).

défaillance [defajɑ̃s] n. f. Perte soudaine des forces physiques ou morales : *Sa défaillance s'explique par l'état de son cœur* (syn. ÉVANOUISSEMENT). *Après une brève défaillance, elle s'est vite ressaisie* (syn. FAIBLESSE). *Une défaillance de mémoire.*

défaillant, e [defajɑ̃] adj. Qui défaille : *Voix défaillante d'émotion.* ◆ adj. et n. Qui ne se rend pas à une convocation : *Les candidats défaillants ne pourront pas se présenter à une autre session.*

défaillir [defajir] v. i. (de *faillir*) [c. **23**]. **1.** (sujet qqn) Perdre soudain ses forces physiques ou morales : *À la vue de tout ce sang, il se sentit défaillir* (syn. ↑S'ÉVANOUIR). *Défaillir de joie. Supporter sans défaillir de dures épreuves* (syn. FAIBLIR). — **2.** (sujet les forces, la mémoire, etc.) Faire défaut, manquer : *Sa mémoire commence à défaillir.*

défaire [defɛr] v. t. (c. **76**). **1.** *Défaire qqch,* remettre dans l'état primitif ce qui a été fait, en réalisant à l'inverse les opérations précédentes, en démontant ou en détruisant : *Défaire un paquet* (syn. DÉNOUER; contr. FAIRE). *Un nœud difficile à défaire. Il a fallu défaire toute l'installation* (syn. DÉMONTER, DÉMOLIR). *Défaire ses bagages* (= en vider le contenu). — **2.** *Défaire qqch,* en altérer l'arrangement, l'ordre : *Défaire une coiffure. Un lit tout défait.* — **3.** *Défaire qqn de qqn, de qqch,* l'en débarrasser : *Défaites-moi de ce gêneur! On a eu du mal à le défaire de cette habitude.* — **4.** *Défaire une armée,* la battre complètement (souvent pass.). ◆ ***se défaire*** v. pr. **1.** (sujet qqch) Être détruit, démoli, dérangé : *Un nœud, un paquet qui se défait.* — **2.** (sujet qqn) *Se défaire de qqn, de qqch,* s'en séparer : *J'ai dû me défaire de mon employé* (syn. CONGÉDIER, LICENCIER). *Je me suis défait de ma vieille voiture, mais ça m'a fait de la peine* (syn. VENDRE, CÉDER). *Il ne s'est jamais défait de cette manie* (syn. PERDRE).

défait, e [defɛ] adj. *Visage défait, mine défaite,* visage décomposé, bouleversé, aux traits tirés (syn. DÉCOMPOSÉ, ↑RAVAGÉ).

défaite [defɛt] n. f. **1.** Bataille, guerre perdue : *La défaite française de Waterloo* (syn. ↑DÉROUTE). — **2.** Échec, grave revers : *Une défaite électorale* (contr. VICTOIRE).

défaitisme [defɛtism] n. m. État d'esprit de ceux qui s'attendent à être vaincus, qui n'espèrent pas la victoire.

défaitiste [defɛtist] adj. et n. Qui fait preuve de défaitisme.

défalcation [defalkasjɔ̃] n. f. Action de défalquer : *Après défalcation des frais, il ne reste rien.*

défalquer [defalke] v. t. (it. *defalcare*, trancher avec la faux). *Défalquer qqch de qqch,* le retrancher d'une somme ou d'une quantité : *Défalquer les acomptes du montant d'une facture* (syn. DÉDUIRE).

défausser (se) [defose] v. pr. (de *dé-* et *fausse* [carte]). *Se défausser d'une carte,* se débarrasser, en la jouant, d'une carte qu'on juge inutile dans son jeu.

défaut [defo] n. m. (de *défaillir*). **1.** Manque ou insuffisance de ce qui est nécessaire : *Le défaut d'organisation a entraîné d'importants gaspillages* (syn. ABSENCE). *Une maladie causée par un défaut de vitamines* (syn. CARENCE; contr. EXCÈS). *Économie qui souffre du défaut de main-d'œuvre* (syn. PÉNURIE). — **2.** *Faire défaut,* manquer : *Le temps me fait défaut pour raconter la chose* *en détail.* — **3.** *À défaut de qqch,* en l'absence de qqch : *À défaut de madère, on pourra mettre dans la sauce du vin blanc* (syn. FAUTE DE); sans compl. : *Je cherche un appartement ou, à défaut, un studio* (= si c'est impossible; syn. À LA RIGUEUR, DU MOINS). ‖ *Juger, condamner qqn par défaut,* alors qu'il n'a pas répondu à la convocation par-devant le tribunal. — **4.** *Défaut (de + n.),* imperfection matérielle : *Une pièce d'étoffe qui a un défaut de tissage. Un léger défaut de prononciation* (syn. VICE). *Les défauts du verre.* — **5.** (sans compl.) Ce qui est insuffisant, mauvais ou condamnable chez qqn, dans une œuvre : *Corriger ses défauts. Son plus grand défaut est la vanité* (syn. ↑VICE; contr. ↑QUALITÉ). *Un film dont les mérites ne peuvent faire oublier les défauts.* — **6.** *Être, se mettre en défaut,* ne pas respecter les prescriptions réglementaires (contr. EN RÈGLE). [→ DÉFECTUEUX.]

défaveur [defavœr] n. f. Perte de faveur, d'estime : *Ressentir la défaveur du public.*

défavorable [defavɔrabl] adj. Qui n'est pas favorable : *Le temps est défavorable. Elle s'est montrée défavorable au projet.*

défavorablement [defavɔrabləmɑ̃] adv. De façon défavorable.

défavoriser [defavɔrize] v. t. Faire subir un désavantage : *Défavoriser des candidats* (syn. DÉSAVANTAGER).

défectif, ive [defɛktif] adj. (du lat. *deficere,* manquer). Se dit d'un verbe dont un certain nombre de modes, de temps ou de personnes sont inusités, comme *absoudre, frire.*

défection [defɛksjɔ̃] n. f. (lat. *defectio*). **1.** Abandon d'un allié, d'une cause, d'un parti, etc. : *Le nombre des nouvelles adhésions ne compense pas celui des défections* (syn. fam. LÂCHAGE). — **2.** Fait de ne pas se trouver où on était attendu : *Les défections ont été si nombreuses que la réunion n'a pu avoir lieu* (syn. ↓ABSENCE). *Faire défection* (= ne pas venir).

défectueux, euse [defɛktɥø] adj. (du lat. *defectus,* manque). Se dit de qqch qui présente des imperfections, des défauts : *On ne peut pas se fier à cette édition faite d'après un texte défectueux* (syn. FAUTIF). *Tout article défectueux sera remplacé par le fabricant.*

défectuosité [defɛktɥozite] n. f. État de ce qui est défectueux : *Un appareil dont la défectuosité est flagrante* (syn. DÉFAUT, IMPERFECTION, MALFAÇON).

défendable [defɑ̃dabl] adj. Qui peut être défendu : *Je ne plaide que des causes défendables.*

défendeur, eresse [defɑ̃dœr] n. Celui contre qui est intentée une action en justice (jurid.) [contr. DEMANDEUR].

défendre [defɑ̃dr] v. t. (lat. *defendere*) [c. **50**].
— **I. 1.** (sujet qqn, qqch) *Défendre qqn, qqch (contre, de + n.),* les soutenir, les protéger contre une attaque : *L'avocat défend son client. Défendre la patrie attaquée* (contr. ATTAQUER). *Défendre une cause, une idée, un parti* (= les soutenir, prendre parti pour eux). *Défendre ses amis contre les calomnies* (syn. SOUTENIR). *Défendre une ville* (syn. GARDER). — **2.** (sujet qqch) *Défendre qqn, qqch de* (+ *n.*), les protéger : *Vêtements qui défendent du froid.* ◆ ***se défendre*** v. pr. **1.** (sujet qqn) *Se défendre (contre qqch, qqn),* résister à une agression, à une attaque : *Il s'est défendu à coups de fourche. Se défendre par des articles de presse.* — **2.** *Se défendre (bien, mal),* être apte à faire qqch, se tirer d'affaire : *Il ne se défend pas mal en peinture pour un amateur* (syn. RÉUSSIR). *Elle se défend bien pour son âge.* — **3.** (sujet une théorie, une idée) Tenir debout, se justifier : *Son idée se défend.* — **4.** (sujet qqn) *Se défendre de* (+ *inf.*), nier ce dont on est accusé, ne pas admettre qqch : *Elle se défend d'avoir trahi.* — **5.** *Ne pas pouvoir se défendre de* (+ *n.* ou *inf.*), ne pas pouvoir se retenir de : *Je n'ai pas pu me défendre d'un sentiment de pitié. Je ne pouvais pas me défendre de rire* (syn. S'EMPÊCHER).
— **II.** *Défendre à qqn qqch* ou *de* (+ *inf.*), ne pas le lui permettre : *Le médecin lui défend l'alcool* (contr. AUTORISER). *Il est défendu de fumer* (syn. INTERDIRE). *Il portait une arme défendue* (syn. PROHIBER). *Un boxeur qui donne des coups défendus* (= non permis par les règlements de la boxe).

défenestration [defənɛstrasjɔ̃] n. f. Action de défenestrer.

défenestrer [defənɛstre] v. t. (du lat. *fenestra,* fenêtre). *Défenestrer qqn,* le jeter par la fenêtre.

défense [defɑ̃s] n. f.
— **I. 1.** Action de défendre, de se défendre : *Les armées qui assurent la défense du territoire* (syn. PROTECTION). *La Défense nationale assure la sécurité du pays. Malgré une défense héroïque, nos troupes ont cédé sous le nombre* (syn. RÉSISTANCE). *La seule défense du hérisson consiste à se mettre en boule. Une pauvre victime sans défense.* — **2.** Dans un procès, l'accusé et ses avocats : *La parole est à la défense.* — **3.** *Avoir de la défense,* être capable de résister soi-même aux attaques, aux sollicitations. ‖ *Défense passive,* ensemble des moyens mis en œuvre pour protéger la population civile contre les attaques aériennes. ‖ *Légitime défense,* état dans lequel se trouve qqn qui, attaqué, est contraint de se défendre même par des moyens illégaux. ‖ *Prendre la défense de qqn,* le soutenir contre une accusation, prendre parti pour lui. — **4.** Longue dent saillante de certains animaux : *Les défenses du sanglier.* ◆ ***défenses*** n. f. pl. Ensemble du dispositif militaire destiné à protéger un lieu : *L'ennemi s'était infiltré dans les défenses extérieures de la ville.*
— **II.** Action d'interdire : *Défense d'entrer* (syn. INTERDICTION). *Il a négligé la défense qui lui a été faite d'utiliser cet appareil* (contr. PERMISSION).

défenseur [defɑ̃sœr] n. m. Celui qui assure la défense, la protection de : *Les défenseurs ont repoussé les assaillants. Se faire le défenseur d'une théorie. Elle a pris un célèbre avocat comme défenseur.*

défensif, ive [defɑ̃sif] adj. Qui vise à défendre : *Moyens défensifs. Arme défensive* (contr. OFFENSIF).

défensive [defɑ̃siv] n. f. *Sur la défensive,* prêt à se défendre contre toute attaque.

défensivement [defɑ̃sivmɑ̃] adv. De façon défensive : *S'organiser défensivement.*

déférence [deferɑ̃s] n. f. Attitude déférente : *S'effacer devant quelqu'un par déférence* (syn. RESPECT).

déférent, e [deferɑ̃] adj. (du lat. *deferre,* porter de haut en bas). Qui manifeste une considération respectueuse : *Jeune fille très déférente envers un vieillard* (syn. COURTOIS). *Un salut déférent* (syn. RESPECTUEUX, ↓POLI).

déférer [defere] v. t. (lat. *deferre,* porter de haut en bas) [c. **10**] *Déférer qqn à un tribunal,* le faire comparaître en justice (admin.) [syn. TRADUIRE]. ◆ v. t. ind. *Déférer à l'avis, au désir de qqn,* s'y ranger, y céder par égard pour lui (soutenu).

déferlement [defɛrləmɑ̃] n. m. Action de déferler : *Le déferlement des vagues, de la violence, des passions.*

déferler [defɛrle] v. i. (*dé-* et anc. fr. *ferler,* plier une voile). **1.** (sujet des vagues) Se développer et se briser avec violence. — **2.** (sujet un sentiment) Apparaître, se répandre avec force. — **3.** (sujet des personnes) Se précipiter en masse : *La foule qui déferle sur les plages au mois d'août.*

déferrer [defɛre] v. t. Enlever le fer à un animal.

défi [defi] n. m. (de *défier*). 1. Proclamation par laquelle on provoque qqn ou on le déclare incapable de faire qqch : *Un lutteur forain qui lance des défis aux assistants. Qui aura le courage de relever le défi?* (= d'accepter la lutte). — 2. *Mettre qqn au défi de* (+ *inf.*), parier avec lui qu'il n'est pas capable de : *Je te mets au défi de faire ce travail en deux jours.*

défiance [defjɑ̃s] n. f. Crainte d'être trompé : *Un regard plein de défiance* (syn. SOUPÇON). *Comme il était en tenue d'officier, la sentinelle le laissa passer sans défiance* (syn. MÉFIANCE).

défiant, e [defjɑ̃] adj. Qui craint d'être trompé (syn. SOUPÇONNEUX, MÉFIANT).

déficeler [defisle] v. t. (c. 6) Enlever la ficelle : *Déficeler un paquet.*

déficience [defisjɑ̃s] n. f. (du lat. *deficere*, manquer). Insuffisance physique ou intellectuelle : *Déficience musculaire* (syn. FAIBLESSE). *Les déficiences de l'attention chez un enfant. Une soudaine déficience de mémoire* (syn. DÉFAILLANCE).

déficient, e [defisjɑ̃] adj. Qui présente une déficience : *Rééduquer des enfants déficients* (syn. ↑DÉBILE). *Une intelligence déficiente* (syn. ↓FAIBLE).

déficit [defisit] n. m. (du lat. *deficit*, il manque). Ce qui manque aux recettes ou à la production pour équilibrer les dépenses, les frais ou la consommation : *Combler le déficit en prélevant sur les réserves* (syn. PERTE; contr. BÉNÉFICE, EXCÉDENT). *Être en déficit* (= avoir un déficit dans son budget).

déficitaire [defisitɛr] adj. En déficit : *Entreprise, récolte déficitaire* (contr. EXCÉDENTAIRE).

défier [defje] v. t. (du lat. *fidus*, fidèle). 1. *Défier qqn (à + n., de + inf.)*, lui lancer un défi : *Défier un adversaire à la course* (syn. ↑PROVOQUER). *Je vous défie de distinguer la copie de l'original.* — 2. *Défier la mort, l'adversité*, y faire face bravement, ne pas la craindre (syn. AFFRONTER, BRAVER). — 3. (sujet un prix, un produit, etc.) *Défier la concurrence*, ne pas être menacé par elle : *Des prix qui défient toute concurrence.* ◆ ***se défier*** v. pr. *Se défier de qqn, qqch*, ne pas avoir confiance en eux, par peur d'être trompé : *Elle se défiait de ces donneurs de conseils. Se défier des bruits non confirmés* (syn. SE MÉFIER).

défigurer [defigyre] v. t. 1. *Défigurer qqn*, lui déformer, lui enlaidir le visage : *Une blessure au visage l'a défiguré.* — 2. *Défigurer une œuvre, la pensée de qqn*, la déformer au point de la rendre méconnaissable, de la dénaturer.

défilé [defile] n. m. 1. Progression, marche de personnes, de choses disposées en file : *Le défilé des troupes. Un défilé de visiteurs, de témoins. Un défilé d'images.* — 2. Passage étroit entre des hauteurs, des parois.

1. défiler [defile] v. t. (de *fil*). Défaire ce qui est enfilé : *Défiler un collier* (contr. ENFILER). ◆ ***se défiler*** v. pr. *Fam.* Se dérober à un devoir, une promesse : *Ils ont tous dit qu'on pouvait compter sur eux et maintenant ils se défilent.*

2. défiler [defile] v. i. (de *file*). 1. (sujet qqn) Marcher en colonne, par files : *Les soldats qui défilent à la revue du 14-Juillet.* — 2. (sujet qqn, qqch) Se succéder régulièrement de façon continue : *Les clients ont défilé toute la journée dans cette boutique. Les jours défilent avec monotonie. Des images qui défilent devant nos yeux.*

défini, e [defini] adj. 1. Précis, déterminé : *Un événement qui s'est produit à une époque bien définie.* — 2. *Article défini*, nom donné aux articles *le, la, les, du, au, aux, des.* — 3. *Passé défini*, nom donné autref. au *passé simple.*

définir [definir] v. t. (lat. *definire*). 1. *Définir qqch*, l'établir, l'indiquer avec précision : *On ne peut pas facilement définir les causes de ce phénomène, les mobiles qui ont poussé cet homme* (syn. FIXER). *Définir le point d'intersection de deux trajectoires* (syn. DÉTERMINER). *Définir une politique.* — 2. *Définir un mot*, en donner une définition, en préciser la signification. — 3. *Définir qqn*, déterminer son caractère.

définissable [definisabl] adj. Qui peut être défini : *Un mot difficilement définissable.*

définitif, ive [definitif] adj. (lat. *definitivus*). Qui marque un terme, qui fixe dans un état qu'il n'y a plus lieu de modifier : *Après quelques hésitations, elle a répondu par un refus définitif* (syn. IRRÉVOCABLE). *On est enfin parvenu à la solution définitive du problème* (syn. FINAL). *Une victoire définitive* (syn. DÉCISIF).

définition [definisjɔ̃] n. f. Explication du sens d'un mot par l'énonciation de la nature et des qualités essentielles de l'être ou de la chose que ce mot désigne : *Un carré a par définition quatre côtés égaux.*

définitive (en) [definitiv] adv. Marque une conclusion : *En définitive, où voulez-vous en venir?* (syn. EN FIN DE COMPTE). *Nous avons entendu des arguments pour et contre; en définitive, aucun n'est convaincant* (syn. TOUT COMPTE FAIT, TOUT BIEN CONSIDÉRÉ, FINALEMENT).

définitivement [definitivmɑ̃] adv. De manière définitive : *Il avait déjà été frappé d'une exclusion temporaire; cette fois, on l'a définitivement exclu* (syn. POUR TOUJOURS, UNE FOIS POUR TOUTES).

déflagration [deflagrasjɔ̃] n. f. (lat. *deflagratio*). Violente explosion : *La déflagration a brisé les vitres.*

déflation [deflasjɔ̃] n. f. (*dé-* et [*in*]*flation*). Réduction systématique du volume des moyens de paiement (contr. INFLATION).

déflationniste [deflasjɔnist] adj. Propre à la déflation : *Des mesures déflationnistes.*

déflecteur [deflɛktœr] n. m. (du lat. *deflectere*, fléchir). Volet qui change la direction d'un courant gazeux; dans une automobile, petite vitre latérale orientable, permettant de régler l'aération.

défleurir [deflørir] v. i. (sujet une plante, un arbre) Perdre ses fleurs.

défloration [deflɔrasjɔ̃] n. f. Fait d'être défloré.

déflorer [deflɔre] v. t. (lat. *deflorare*, flétrir). 1. *Déflorer un sujet*, lui faire perdre une partie de sa nouveauté, de son originalité en le traitant superficiellement. — 2. *Déflorer une jeune fille*, lui faire perdre sa virginité.

défoliant [defɔljɑ̃] adj. et n. m. Produit chimique qui provoque la destruction massive des feuilles des arbres.

défonçage [defɔ̃saʒ] ou **défoncement** [defɔ̃smɑ̃] n. m. Action de défoncer : *Le défoncement d'un parapet.*

défonce [defɔ̃s] n. f. *Fam.* État provoqué par l'absorption de drogues.

défoncer [defɔ̃se] v. t. (de *fond*) [c. 1]. 1. *Défoncer un tonneau, une caisse, etc.*, en faire sauter le fond. — 2. *Défoncer qqch*, le briser en enfonçant : *Le camion s'est jeté contre le mur et l'a défoncé.* — 3. *Défoncer le sol*, le labourer profondément. ◆ ***se défoncer*** v. pr. (sujet qqn) 1. *Fam.* Absorber des drogues hallucinogènes. — 2. Mettre toutes ses forces dans une entreprise, une action. (→ ENFONCER.)

déformant, e [defɔrmɑ̃] adj. Qui déforme : *Glace déformante.*

déformation [defɔrmasjɔ̃] n. f. 1. Action de déformer : *La déformation des membres d'un rhumatisant. Ces spectacles provoquent une déformation du goût* (syn. CORRUPTION, ALTÉRATION). — 2. *Déformation pro-*

fessionnelle, appréciation erronée ou habitude résultant de la pratique de certaines professions.

déformer [defɔrme] v. t. (lat. *deformare*). **1.** *Déformer qqch (concret),* en altérer la forme : *Le choc a déformé le châssis de la voiture. Visage déformé par une grimace.* — **2.** *Déformer qqch (abstrait),* ne pas le reproduire fidèlement : *Un récit qui déforme les faits. Vous déformez ma pensée* (syn. DÉNATURER, ALTÉRER, TRAVESTIR).

défoulement [defulmɑ̃] n. m. Fait de se défouler.

défouler (se) [defule] v. pr. (de *dé-* et *fouler,* opprimer). **1.** Donner libre cours à des impulsions, des tendances ordinairement réprimées, exprimer librement ses sentiments : *Elle se défoule en parlant enfin à cœur ouvert.* — **2.** *Fam.* Se dépenser beaucoup, se distraire pour rompre un rythme de contraintes : *Après une semaine de travail j'ai besoin de me défouler un peu.* (→ REFOULER.)

défraîchir [defrɛʃir] v. t. *Défraîchir qqch,* en altérer la fraîcheur : *Robe défraîchie.*

défrayer [defrɛje] v. t. (de *frais* n. m. pl.) [c. **4**]. **1.** *Défrayer qqn de qqch,* prendre en charge ses frais : *Si vous acceptez cette mission, vous serez défrayé en totalité.* — **2.** (sujet qqn, qqch) *Défrayer la conversation, la chronique,* en être le sujet essentiel : *Les petits scandales qui défraient la chronique régionale.*

défrichement [defriʃmɑ̃] n. m. Action de défricher : *Le défrichement d'une lande, d'une question.*

défricher [defriʃe] v. t. (de *friche*). **1.** *Défricher un terrain,* le rendre propre à la culture, alors qu'il était en friche. — **2.** *Défricher une question, une étude,* en aborder les points essentiels, sans les traiter à fond (syn. DÉGROSSIR).

défricheur, euse [defriʃœr] n. Qui défriche.

défriper [defripe] v. t. Faire que qqch ne soit plus froissé : *Poser une jupe bien à plat pour la défriper.*

défriser [defrize] v. t. **1.** *Défriser qqn, ses cheveux,* en défaire la frisure. — **2.** Fam. *Défriser qqn,* le contrarier, l'ennuyer : *Ça te défrise, de voir qu'on s'est passé de toi ?*

défroisser [defrwase] v. t. Défaire ce qui est froissé : *Défroisser un corsage.* ◆ ***se défroisser*** v. pr. Se défriper : *Le rideau s'est défroissé.*

défroncer [defrɔ̃se] v. t. (c. **1**). **1.** Enlever les fronces : *Défroncer une jupe.* — **2.** Enlever les rides faites en fronçant : *Défroncer les sourcils.*

défroque [defrɔk] n. f. (de *défroquer*). *Péjor.* Vêtement usagé, abandonné par qqn.

défroqué, e [defrɔke] adj. et n. m. Qui a quitté l'état religieux, ecclésiastique : *Prêtre défroqué.*

défroquer (se) [defrɔke] v. pr. (de *froc*). Quitter l'état ecclésiastique.

défunt, e [defœ̃] adj. et n. (lat. *defunctus*). Mort (soutenu) : *Les ancêtres défunts. Prières pour les défunts. Ma défunte mère.*

dégagé, e [degaʒe] adj. *Air, allure, ton dégagé,* qui manifestent de l'aisance, du naturel. ‖ *Ciel dégagé,* sans nuages. ‖ *Vue dégagée,* qui s'étend loin.

dégagement [degaʒmɑ̃] n. m. **1.** Action de dégager, de sortir : *Le dégagement d'une pièce coincée. Le dégagement d'une rue. Un dégagement de fumée, de chaleur. Un long dégagement de l'arrière droit.* — **2.** Espace libre : *Abattre des arbres pour ménager un dégagement dans la cour.* — **3.** Passage qui facilite les communications entre les pièces d'une maison : *Un appartement qui a de larges dégagements.*

dégager [degaʒe] v. t. (c. **2**). **1.** (sujet qqn) *Dégager qqn, qqch (de qqch),* les libérer de ce qui les entrave, de ce qui les emprisonne : *Les sauveteurs ont dégagé deux blessés des décombres* (syn. ↓RETIRER). *Il n'arrivait pas à dégager sa jambe, coincée dans l'amas de ferraille. Dégager une unité encerclée* (syn. DÉBLOQUER). — **2.** (sujet qqn) *Dégager qqch (abstrait) de qqch,* l'extraire, le tirer d'un ensemble, d'une œuvre pour le mettre en valeur : *Dégager l'idée maîtresse d'une théorie, la morale d'une histoire.* — **3.** (sujet qqn) *Dégager un lieu,* le débarrasser de ce qui l'encombre : *Disperser la foule pour dégager la place. Dégagez le passage!* (= laissez-le libre). — **4.** (sujet un vêtement, une coiffure, qqn) *Dégager le cou, la nuque, le front,* etc., les mettre en valeur en les laissant apparaître : *Vêtement qui dégage la gorge. Coiffure qui dégage le front.* — **5.** (sujet qqch) *Dégager une odeur, un gaz, une impression,* etc., les produire, les laisser émaner, apparaître : *Des fleurs qui dégagent un parfum capiteux* (syn. EXHALER). *Une femme dont le visage dégage une impression d'intensité.* — **6.** *Dégager de l'argent,* le rendre disponible pour un usage : *Dégager des crédits pour la formation professionnelle.* ‖ *Dégager la balle,* l'envoyer aussi loin que possible, au football, au rugby, etc. ‖ *Dégager sa parole, dégager qqn de sa parole, sa promesse,* se libérer, libérer qqn d'une promesse, d'un engagement conclu solennellement (contr. ENGAGER). ‖ *Dégager sa responsabilité,* ne pas se sentir responsable : *Dégager toute responsabilité en cas de vol* (syn. DÉCLINER ; contr. ENGAGER). ◆ ***se dégager*** v. pr. **1.** Se libérer : *Se dégager d'un piège, d'une obligation. La place se dégage. Le ciel se dégage* (= les nuages se dissipent). — **2.** Se répandre, sortir : *Une odeur sulfureuse se dégage de cette eau. La morale qui se dégage de cette histoire.*

dégaine [degɛn] n. f. (de *dégainer*). *Fam.* et *péjor.* Manière de marcher, de se tenir : *Elle a une drôle de dégaine* (syn. ALLURE).

dégainer [degɛne] v. t. (de *dé-* et *gaine*). *Dégainer une épée, un poignard,* etc., les tirer du fourreau ou de la gaine.

déganter (se) [degɑ̃te] v. pr. Retirer ses gants.

dégarnir [degarnir] v. t. Enlever ce qui garnit : *Dégarnir un arbre de Noël* (= le dépouiller de ce qui l'ornait). ◆ ***se dégarnir*** v. pr. Cesser d'être garni : *Sa tête se dégarnit, il se dégarnit* (= ses cheveux tombent). *La salle se dégarnit* (syn. SE VIDER).

dégât [dega] n. m. (de l'anc. fr. *degaster,* dévaster). **1.** Dommage dû à une cause violente : *L'incendie a causé des dégâts* (syn. RAVAGE, ↑DESTRUCTION). — **2.** Détérioration, dommage quelconque : *On a eu un dégât des eaux, heureusement qu'on est assurés* (syn. SINISTRE). *Le chat a fait des dégâts dans le salon.* — **3.** *Fam.* Ennui, perturbation : *Ce décret fait des dégâts dans les universités. Il faut limiter les dégâts* (= éviter le pire).

dégauchir [degoʃir] v. t. Redresser ce qui est gauchi : *Dégauchir un axe, une porte.*

dégauchissement [degoʃismɑ̃] n. m. Action de dégauchir.

dégazage [degazaʒ] n. m. **1.** Extraction des gaz contenus dans le pétrole brut. — **2.** Opération ayant pour but de débarrasser les citernes d'un pétrolier des gaz et dépôts qui y subsistent.

dégazer [degaze] v. t. Procéder au dégazage : *Dégazer les citernes d'un pétrolier.*

dégel [deʒɛl] n. m. **1.** Fonte des glaces et des neiges due à l'élévation de la température. — **2.** *Dégel des relations diplomatiques,* retour à de meilleures relations.

dégeler [deʒle] v. t. (c. **5**). **1.** Ramener à l'état liquide ce qui était gelé : *Dégeler de la glace pour boire.* — **2.** *Dégeler qqn, une réunion,* faire perdre à cette personne sa froideur ou sa timidité, mettre de l'animation dans cette réunion. — **3.** *Dégeler des crédits,* en permettre l'utilisation (syn. DÉBLOQUER). ◆ v. i. *Il dégèle, la glace, la neige fond.* ◆ ***se dégeler*** v. pr. Perdre de sa froideur : *Un invité qui commence à se dégeler.* (→ CONGELER, SURGELER.)

dégénéré, e [deʒenere] adj. et n. Qui manifeste des signes de dégénérescence : *Un visage inexpressif de dégénéré* (syn. TARÉ).

dégénérer [deʒenere] v. i. (lat. *degenerare*) [c. **10**]. **1.** (sujet un animal, une plante) Perdre les qualités de sa race, de son espèce (syn. S'ABÂTARDIR). — **2.** (sujet qqn, qqch) Perdre certaines qualités autrefois reconnues : *Des vieillards accusant des jeunes d'avoir dégénéré. Le goût musical paraissait avoir dégénéré.* — **3.** *Dégénérer en,* se transformer en (qqch de plus mauvais) : *Un banquet qui dégénère en orgie.*

dégénérescence [deʒenerɛsɑ̃s] n. f. Affaiblissement grave des qualités physiques ou mentales.

dégingandé, e [deʒɛ̃gɑ̃de] adj. et n. (altér. de *déhingandé,* disloqué). Se dit de qqn dont les mouvements sont plus ou moins désordonnés, qui est comme disloqué.

dégivrage [deʒivraʒ] n. m. Action de dégivrer.

dégivrer [deʒivre] v. t. *Dégivrer un pare-brise, une aile d'avion, un réfrigérateur,* en faire fondre le givre.

dégivreur [deʒivrœr] n. m. Dispositif pour dégivrer.

déglacer [deglase] v. t. (c. **1**). *Déglacer une sauce,* ajouter un peu d'eau pour la délayer en la chauffant.

déglaciation [deglasjasjɔ̃] n. f. Recul des glaciers.

déglinguer [deglɛ̃ge] v. t. (altér. de *déclinquer*). Fam. *Déglinguer qqch,* le disloquer, le désarticuler : *Les chaos ont déglingué la carriole. Un vélo tout déglingué* (= qui part en pièces, tout abîmé).

dégluer [deglye] v. t. Débarrasser de ce qui colle comme de la glu : *Du sirop dont on a du mal à dégluer ses doigts.*

déglutir [deglytir] v. t. (lat. *deglutire*). Faire passer de la salive, un aliment de la bouche dans l'œsophage; sans compl., avaler sa salive.

déglutition [deglytisjɔ̃] n. f. Action de déglutir.

dégommage [degɔmaʒ] n. m. *Fam.* Syn. de LIMOGEAGE.

dégommer [degɔme] v. t. Fam. *Dégommer qqn,* lui retirer son emploi, le destituer : *Dégommer une administratrice* (syn. LIMOGER, RENVERSER; fam. VIDER).

dégonflage [degɔ̃flaʒ] ou **dégonflement** [degɔ̃fləmɑ̃] n. m. Action de dégonfler : *Le dégonflement des pneus.*

dégonflé, e [degɔ̃fle] n. *Pop.* Lâche, peureux.

dégonfler [degɔ̃fle] v. t. **1.** *Dégonfler qqch,* faire disparaître son gonflement, son enflure; évacuer l'air ou le gaz d'un objet gonflé : *Appliquer des compresses humides pour dégonfler la partie malade. Dégonfler un pneu.* — **2.** Fam. *Dégonfler qqn,* lui faire perdre toute assurance, tout courage. ◆ ***se dégonfler*** v. pr. **1.** (sujet qqch) Perdre son gonflement, perdre l'air ou le gaz qui gonflait : *Le ballon s'est dégonflé.* — **2.** *Pop.* (sujet qqn) Perdre son assurance, son courage : *Il s'est dégonflé dès qu'il s'est agi de passer à l'action.*

dégorgement [degɔrʒəmɑ̃] n. m. Action de dégorger.

dégorger [degɔrʒe] v. i. (de *dé-* et *gorge*) [c. **2**]. **1.** (sujet un conduit) Répandre, déverser son contenu liquide : *Un égout qui dégorge dans la mer.* — **2.** (sujet un tissu) Abandonner au lavage certaines impuretés ou une partie de sa teinture. — **3.** *Faire dégorger un poisson, de la viande,* les faire tremper pour les débarrasser des impuretés, du sang, des odeurs. ‖ *Faire dégorger du concombre, un légume,* etc., les laisser au repos avec du sel pour qu'ils rendent leur eau. ◆ v. t. *Dégorger un conduit, un évier,* etc., les débarrasser de ce qui les obstrue, les engorge. (→ ENGORGER.)

dégoulinade [degulinad] n. f. ou **dégoulinement** [degulinmɑ̃] n. m. *Fam.* Trace d'une coulée liquide : *Une dégoulinade de crème.*

dégouliner [deguline] v. i. (de *dé-* et anc. fr. *goule,* gueule). *Fam.* (sujet un liquide) Couler lentement le long de qqch : *L'huile qui dégouline d'un bidon mal bouché.*

dégoupiller [degupije] v. t. *Dégoupiller une grenade,* retirer la goupille de façon à provoquer l'amorçage de l'explosif.

dégourdi, e [degurdi] adj. et n. *Fam.* Qui sait habilement se tirer d'affaire, qui a un esprit ingénieux et vif : *Les plus dégourdis s'étaient faufilés au premier rang* (syn. MALIN, AVISÉ, ASTUCIEUX).

dégourdir [degurdir] v. t. (de *dé-* et *gourd*). **1.** *Dégourdir qqn* (*ses doigts, ses jambes,* etc.), le tirer d'un engourdissement physique, lui redonner la facilité de mouvoir ses membres : *La chaleur du feu nous a dégourdi les doigts.* — **2.** *Dégourdir un liquide,* le faire tiédir. — **3.** *Dégourdir qqn,* lui faire acquérir de l'aisance, de l'aplomb, de la vivacité d'esprit : *Le service militaire l'a dégourdi* (syn. DÉNIAISER). ◆ ***se dégourdir*** v. pr. (sujet qqn) **1.** *Se dégourdir les jambes, les doigts,* etc., retrouver la facilité de se mouvoir : *Au bout de cinq heures de séance, elle avait envie de se dégourdir les jambes* (syn. fam. SE DÉROUILLER). — **2.** Acquérir de l'aisance : *Il est temps que je me dégourdisse un peu.* (→ ENGOURDIR.)

dégoût [degu] n. m. **1.** Vive répulsion inspirée par un aliment : *Son dégoût pour les huîtres est insurmontable* (syn. RÉPUGNANCE, AVERSION). *Une sauce qui cause du dégoût à certains.* — **2.** Sentiment qui détourne vivement de qqn ou de qqch : *On ne ressent que du dégoût pour un être aussi vil. Une moue de dégoût. Un roman où l'auteur exprime son dégoût de l'existence.*

dégoûtant, e [degutɑ̃] adj. et n. **1.** Qui dégoûte : *Un plat dégoûtant* (syn. ↑INFECT; contr. APPÉTISSANT). *Du travail dégoûtant* (syn. RÉPUGNANT). *C'est dégoûtant de se voir préférer un arriviste* (syn. DÉMORALISANT, ↑RÉVOLTANT). *Il nous a abandonnés comme un dégoûtant* (syn. ↓MALAPPRIS). — **2.** Très sale : *Ta chemise est dégoûtante; il faut la laver.*

dégoûté, e [degute] adj. Fam. *Il n'est pas dégoûté!,* il n'est pas exigeant. ◆ n. *Faire le (la) dégoûté(e),* se montrer difficile, sans raison.

dégoûter [degute] v. t. **1.** *Dégoûter qqn,* lui inspirer du dégoût, de l'aversion : *Cet entassement de victuailles finissait par nous dégoûter. Son hypocrisie me dégoûte. Un livre qui vous dégoûte de certains milieux d'affaires.* — **2.** *Dégoûter qqn de qqch, de* (+ *inf.*), le décourager, le détourner de le faire : *Il n'a même pas remarqué la qualité des vins : c'est à vous dégoûter d'essayer de lui faire plaisir.* ◆ ***se dégoûter*** v. pr. *Se dégoûter de* (+ *n.* ou *inf.*), éprouver du dégoût pour qqch, s'en détourner : *Elle finira par se dégoûter de ce travail monotone.*

dégoutter [degute] v. i. (sujet un liquide) Couler, tomber goutte à goutte : *La sueur lui dégouttait du front* (syn. RUISSELER; fam. DÉGOULINER). ◆ v. t. ind. (sujet qqch) *Dégoutter de qqch (liquide),* laisser tomber des gouttes de (surtout part. prés.) : *Un imperméable dégouttant de pluie.* (→ GOUTTER.)

dégradant, e [degradɑ̃] adj. Qui dégrade : *On lui a fait jouer un rôle dégradant* (syn. AVILISSANT).

dégradation [degradasjɔ̃] n. f. Action de dégrader;

fait d'être dégradé : *Les dégradations que l'humidité a fait subir aux fresques. La dégradation d'un officier.*

dégradé, e [degrade] adj. (de l'it. *grado*, degré). Se dit d'une couleur, d'une lumière qui s'atténue progressivement. ◆ ***dégradé*** n. m. Effet d'affaiblissement progressif d'une couleur ou d'une lumière. ‖ *En dégradé*, se dit de cheveux dont la coupe va en diminuant progressivement.

dégrader [degrade] v. t. (bas lat. *degradare*, priver de son rang). **1.** *Dégrader qqch*, y causer un dégât, une détérioration : *Des vandales ont dégradé ces sculptures anciennes. La pluie a dégradé le mur* (syn. DÉTÉRIORER, ↓ABÎMER). **2.** (sujet qqch) *Dégrader qqn*, l'avilir, l'amener à un état de déchéance : *La débauche dégrade l'homme.* — **3.** (sujet qqn) *Dégrader qqn*, le destituer de son grade (souvent part. passé) : *Un officier dégradé* (syn. CASSÉ). ◆ ***se dégrader*** v. pr. **1.** (sujet qqch) Se détériorer : *La situation économique se dégrade de jour en jour* (contr. S'AMÉLIORER). — **2.** (sujet qqn) Perdre ses aptitudes physiques ou intellectuelles : *Malade qui se dégrade.* — **3.** S'avilir : *Vous vous dégraderiez en agissant ainsi.*

dégrafer [degrafe] v. t. Détacher les agrafes : *Elle dégrafe sa jupe* (syn. DÉTACHER).

dégraissage [degrɛsaʒ] n. m. Action de dégraisser : *Le dégraissage d'un manteau* (syn. DÉTACHAGE, NETTOYAGE).

dégraisser [degrɛse] v. t. **1.** *Dégraisser de la viande, du bouillon*, en retirer la graisse, le gras. — **2.** *Dégraisser qqch*, en faire disparaître la graisse, le gras, les taches : *Un nouveau produit pour dégraisser la vaisselle.*

degré [dəgre] n. m. (lat. *gradus*, pas, marche). **1.** Dans un système hiérarchisé, une échelle de valeurs, point auquel se situe qqch ou qqn : *Ces deux exercices sont à peu près du même degré* (syn. NIVEAU). *L'enseignement du premier degré, du second degré. Gravir les degrés de l'échelle sociale* (syn. ÉCHELON). *Brûlure au premier, deuxième, troisième degré* (= correspondant à la profondeur de la brûlure). — **2.** Intensité relative d'un sentiment, d'une qualité, d'un état (surtout + adj. ou démonstratif) : *Je ne l'aurais pas cru capable d'en venir à un tel degré de cynisme* (= de devenir cynique à ce point). *Être avare au plus haut degré* (= extrêmement avare). — **3.** *Degrés d'un escalier*, ses marches. ‖ *Degré de parenté*, proximité plus ou moins grande dans la parenté : *Père et fils sont parents au premier degré; deux sœurs sont parentes au deuxième degré, oncle et neveu au troisième degré, etc.* ‖ *Degrés de signification d'un adjectif, d'un adverbe*, en grammaire, système formé par le positif, le comparatif et le superlatif. ‖ *Par degrés*, peu à peu (syn. GRADUELLEMENT, PROGRESSIVEMENT). — **4.** Unité de mesure d'angle correspondant à la 360e partie d'une circonférence : *Angle de 90 degrés.* — **5.** Chacune des divisions d'une échelle correspondant à un système de mesure : *Le thermomètre indique 25 degrés (25^{0}) à l'ombre. La fièvre du malade a baissé d'un degré. La température se mesure en France en degrés Celsius* (= centième partie de l'écart entre la température de la glace en fusion [0^{0}] et celle de l'eau en ébullition [100^{0}], par oppos. au degré Farenheit qui en constitue la 180e partie). *De l'alcool à 90 degrés (90^{0}). Du vin qui titre 15 degrés* (= la concentration d'alcool est de 15 cm^{3} d'alcool pur pour 100 cm^{3} de mélange).

dégressif, ive [degrɛsif] adj. (du lat. *degredi*, descendre). Qui va en diminuant (souvent lorsqu'une autre quantité augmente) : *Le tarif dégressif de la consommation d'électricité* (= qui diminue quand la consommation augmente; contr. PROGRESSIF). *Un impôt dégressif.*

dégrèvement [degrɛvmɑ̃] n. m. Action de dégrever : *Obtenir un dégrèvement* (= une diminution des charges fiscales).

dégrever [degrəve] v. t. (c. 5) *Dégrever qqn, un produit*, les décharger, en tout ou en partie, des impôts qui les frappent.

dégriffé, e [degrife] adj. et n. m. Se dit d'un vêtement soldé sans la griffe d'origine.

dégringolade [degrɛ̃gɔlad] n. f. *Fam.* Action de dégringoler : *La dégringolade des actions à la Bourse* (syn. CHUTE, ↓BAISSE).

dégringoler [degrɛ̃gɔle] v. i. (de *dé-* et anc. fr. *gringole*, colline) [auxil. *être* ou *avoir*] **1.** *Fam.* (sujet qqch, qqn) Tomber précipitamment : *Dégringoler d'une échelle. Les pierres dégringolent jusqu'au pied de la montagne.* — **2.** *Fam.* (sujet qqch, qqn) Déchoir rapidement, aller à la faillite : *Une maison commerciale qui a dégringolé.* ◆ v. t. (auxil. *avoir*) Descendre précipitamment : *Elle a dégringolé l'escalier quatre à quatre.*

dégrisement [degrizmɑ̃] n. m. Action de dégriser.

dégriser [degrize] v. t. Faire passer l'ivresse : *L'air frais a commencé à la dégriser. Il se voyait déjà vainqueur : la réalité l'a dégrisé* (syn. DÉSILLUSIONNER).

dégrossir [degrosir] v. t. (de *dé-* et *gros*) **1.** *Dégrossir une matière, un objet brut*, les tailler sommairement pour arriver à une ébauche de la forme définitive : *Un sculpteur qui dégrossit un bloc de marbre.* — **2.** *Dégrossir un travail, un problème*, etc., commencer à les débrouiller. — **3.** *Dégrossir qqn*, lui faire acquérir des manières plus raffinées : *La vie urbaine l'a un peu dégrossi. C'est un paysan mal dégrossi.*

dégrossissage [degrɔsisaʒ] ou **dégrossissement** [degrɔsismɑ̃] n. m. Action de dégrossir.

dégroupement [degrupmɑ̃] n. m. Action de dégrouper.

dégrouper [degrupe] v. t. **1.** Faire cesser un groupement, séparer. — **2.** *Dégrouper les jambes*, les allonger après les avoir groupées.

déguenillé, e [degənije] adj. Vêtu de guenilles : *Un pauvre homme déguenillé* (syn. LOQUETEUX).

déguerpir [degɛrpir] v. i. (anc. fr. *guerpir*, abandonner). Partir précipitamment : *Quand la police est arrivée, les voleurs avaient déjà déguerpi* (syn. fam. FILER, SE SAUVER).

déguisement [degizmɑ̃] n. m. Action de déguiser, de se déguiser; vêtements avec lesquels on se déguise : *Qui t'aurait reconnu sous ce déguisement? Elle cherchait un déguisement original pour ce bal* (syn. TRAVESTI). *On devinait son hostilité sous ce déguisement de politesse* (syn. MASQUE). *Parler sans déguisement* (= avec une rude franchise).

déguiser [degize] v. t. (de *dé-* et *guise*, manière d'être). **1.** *Déguiser qqn*, l'habiller d'une façon qui le fasse ressembler à qqn d'autre : *Les invités étaient déguisés en personnages de l'histoire* (syn. TRAVESTIR). — **2.** *Déguiser qqch (abstrait)*, lui donner une apparence trompeuse : *Déguiser son ambition sous de beaux prétextes* (syn. MASQUER, CAMOUFLER). *Tu cherchais vainement à déguiser la vérité* (syn. FARDER, FALSIFIER). *Déguiser sa voix au téléphone* (syn. CONTREFAIRE). ◆ ***se déguiser*** v. pr. Revêtir un habit qui travestit : *Il s'était déguisé en clochard.*

dégustateur, trice [degystatœr] n. Personne chargée d'apprécier la qualité des vins, des liqueurs, etc.

dégustation [degystasjɔ̃] n. f. Action de déguster : *Une dégustation gratuite.*

déguster [degyste] v. t. (lat. *degustare*). **1.** *Déguster un mets*, manger ou boire en appréciant bien la saveur de : *Un gourmet qui déguste un gâteau. On leur a fait* *visiter les caves et déguster les vins.* — **2.** Pop. *Déguster (des coups, des injures, une réprimande, etc.),* les subir : *Qu'est-ce que j'ai dégusté !*

déhanché, e [deɑ̃ʃe] adj. Qui se déhanche : *Une position déhanchée. Une allure déhanchée.*

déhanchement [deɑ̃ʃmɑ̃] n. m. **1.** Position de qqn dont les hanches sont à des hauteurs différentes. — **2.** Mouvement de qqn qui balance les hanches.

déhancher (se) [deɑ̃ʃe] v. pr. **1.** Faire porter le poids du tronc sur une seule jambe, ce qui met le bassin en position oblique. — **2.** Balancer les hanches avec mollesse ou souplesse : *Marcher en se déhanchant* (syn. SE DANDINER).

dehors [dəɔr] adv. **1.** À l'extérieur de qqch ou de qqn : *Attends-moi dehors, je n'en ai que pour quelques instants. Elle voyait dehors les passants frileusement emmitouflés dans leurs manteaux. Tu n'as pas rangé tes affaires dans l'armoire : tu les as laissées dehors. Il est resté dehors toute la nuit. Il a été jeté (mis) dehors pour son incapacité.* — **2.** *Au-dehors (de),* à l'extérieur (de) : *Au-dehors, il est aimable, mais au fond c'est un homme dur. Elle a placé tout son argent au-dehors de son pays* (= à l'étranger). ‖ *De dehors,* de l'extérieur (de) : *Appeler de dehors.* ‖ *En dehors (de),* à l'extérieur : *Ne vous penchez pas en dehors* (= au dehors). *Ne mettez pas la tête en dehors de la portière ;* à l'exception de : *En dehors de vous, personne n'est au courant. Vous avez tout dit, il n'y a rien en dehors* (= en plus). *Cela s'est passé en dehors de moi* (= sans ma participation). *C'est en dehors de mes compétences.* ◆ n. m. Ce qui est à l'extérieur : *Le dehors de cette boîte est très joliment orné* (= l'extérieur). *Elle a des dehors aimables, gracieux* (litt. ; syn. ABORD). *Sous des dehors trompeurs, on distingue la malignité de son esprit* (syn. APPARENCES).

déicide [deisid] n. m. Meurtre de Dieu. ◆ adj. et n. Meurtrier de Dieu (en la personne du Christ).

déification [deifikasjɔ̃] n. f. Action de déifier.

déifier [deifje] v. t. (lat. *deus,* dieu, et *facere,* faire). *Déifier qqn,* l'élever à la hauteur d'un dieu, à l'égal d'un dieu.

déisme [deism] n. m. (du lat. *deus,* dieu). Croyance à l'existence d'un dieu sans référence à une révélation.

déiste [deist] adj. et n. Qui professe le déisme.

déjà [deʒa] adv. (de dès et anc. fr. *jà,* tout de suite). **1.** Indique ce qui est révolu, accompli : *Il est déjà trop tard pour greffer vos arbres* (syn. DÈS MAINTENANT). *Elle était déjà partie quand je suis arrivé.* — **2.** Rappelle un ou plusieurs faits précédents : *Il a déjà échoué deux fois à cet examen.* — **3.** Indique un certain degré non négligeable : *C'est déjà beau de s'en tirer avec la vie sauve. Dix mille francs, c'est déjà une somme.* (*Déjà* ne peut pas s'employer avec le passé simple.)

déjanter [deʒɑ̃te] v. t. Faire sortir un pneu de la jante d'une roue.

déjaunir [deʒonir] v. t. Enlever la couleur jaune.

déjà-vu [deʒavy] n. m. inv. *Fam.* Chose banale : *Ce film manque d'originalité, c'est du déjà-vu.*

déjections [deʒɛksjɔ̃] n. f. pl. (du lat. *dejicere,* évacuer). **1.** Matières rejetées par un volcan. — **2.** Excréments.

1. déjeuner [deʒœne] v. i. (lat. *disjejunare,* rompre le jeûne). Prendre le repas du matin ou de midi : *À sept heures, je me lève et vais déjeuner. J'ai déjeuné d'un bol de café au lait et de deux croissants. Inviter un ami à déjeuner.*

2. déjeuner [deʒœne] n. m. Repas de midi.

déjouer [deʒwe] v. t. *Déjouer qqch,* l'empêcher de se réaliser, y faire échec : *Tu as su déjouer les manœuvres de tes adversaires* (syn. CONTRECARRER).

déjuger (se) [deʒyʒe] v. pr. (c. **2**) Revenir sur son jugement, son opinion ; changer sa décision : *Après une affirmation aussi solennelle, il peut difficilement se déjuger.*

de jure [deʒyre] adv. (mots lat. signif. *selon le droit*). Par référence au droit : *Gouvernement reconnu de jure* (contr. DE FACTO).

delà [dəla] adv. *Au-delà,* indique l'éloignement par rapport à un lieu ou à une situation donnés : *Vous voyez la poste, la boulangerie est un peu au-delà* (syn. PLUS LOIN). *Je lui ai donné tout ce qu'il désirait et même au-delà* (syn. PLUS, DAVANTAGE). *Vous avez droit à un paquet de cigarettes par jour, n'allez pas au-delà.* ‖ *Au-delà de,* indique un lieu, une action éloignés d'une limite précisée par le compl. : *Allez au-delà du pont* (= passez le pont). *Le succès a été au-delà de mes espérances* (= a dépassé). *Il nous est arrivé une histoire extraordinaire, au-delà de tout ce qu'on peut imaginer ;* et précédé de *de* : *Revenir d'au-delà des mers.* ‖ *Par-delà,* indique une situation ou un lieu éloignés d'un point donné dont ils sont séparés par un obstacle : *Par-delà l'Atlantique, on comprend souvent mal la manière de vivre d'ici. Par-delà les apparences, on découvre un esprit très original.* ◆ n. m. *L'au-delà,* la vie future, le monde dont l'existence se place après la mort.

délabrement [delabrəmɑ̃] n. m. État de ruine : *Le délabrement d'une maison* (syn. RUINE). *Le délabrement de la santé* (syn. DÉPÉRISSEMENT).

délabrer [delabre] v. t. (mot francique). **1.** *Délabrer un édifice,* le faire tomber en ruine (surtout part. passé) : *Habiter une masure délabrée* (syn. ↑ EN RUINES). — **2.** *Délabrer qqch,* l'endommager gravement : *Un mode de vie qui délabre la santé* (syn. RUINER, RAVAGER). *Sa fortune est délabrée.* ◆ ***se délabrer*** v. pr. Tomber en ruine : *Sa maison se délabre faute d'entretien. Sa santé se délabre* (syn. DÉTÉRIORER).

délacer [delase] v. t. (c. **1**). *Délacer ses chaussures,* en défaire ou desserrer les lacets.

délai [delɛ] n. m. (de l'anc. fr. *deslaier,* différer). **1.** Temps accordé pour faire qqch : *Votre réponse devra nous parvenir dans le délai de dix jours.* — **2.** Temps supplémentaire accordé pour faire qqch : *Demander un délai* (syn. SURSIS). — **3.** *Dans les délais,* dans les limites du temps accordé : *Elle rendra son travail dans les délais.* ‖ *Sans délai,* sur-le-champ, tout de suite : *Répondre sans délai à une lettre.*

délaissement [delɛsmɑ̃] n. m. Action de délaisser (syn. ↑ ABANDON).

délaisser [delɛse] v. t. *Délaisser qqn, qqch,* les laisser de côté, les abandonner : *Je délaisse mon travail en ce moment* (syn. NÉGLIGER). *Ses amis l'ont délaissé dans le malheur* (syn. fam. LAISSER TOMBER).

délassant, e [delasɑ̃] adj. Qui délasse : *Lecture délassante* (syn. REPOSANT).

délassement [delasmɑ̃] n. m. Ce qui divertit, ce qui délasse : *La télévision est pour moi un délassement* (syn. DIVERTISSEMENT).

délasser [delase] v. t. *Délasser (qqn),* lui ôter la fatigue physique ou morale : *Le jeu délasse après une journée de tension, d'effort* (syn. DÉTENDRE). ◆ ***se délasser*** v. pr. Se reposer des fatigues physiques ou morales : *Se délasser quelques minutes entre deux cours.*

délateur, trice [delatœr] n. Qui pratique la délation : *La police utilisait des délateurs* (syn. DÉNONCIATEUR ; fam. MOUCHARD).

délation [delasjɔ̃] n. f. (lat. *delatio*). Dénonciation intéressée et méprisable : *Ce régime politique encourageait la délation.*

délavé, e [delave] adj. Dont la couleur est comme éclaircie par de l'eau : *Un jean délavé. Des yeux d'un bleu délavé.*

délaver [delave] v. t. *Délaver qqch,* le décolorer par l'action de l'eau; l'imbiber fortement d'eau : *Les pluies avaient délavé l'écriteau. Les inondations avaient délavé les terres.*

délayage [delɛjaʒ] n. m. Action de délayer : *Le délayage de la peinture. Son exposé n'est qu'un long délayage de lieux communs* (= développement complaisant, mais superflu).

délayer [delɛje] v. t. (lat. *deliquare,* clarifier) [c. **4**]. **1.** *Délayer une matière,* la mélanger avec un liquide pour la diluer : *Délayer du chocolat en poudre dans du lait. Délayer une couleur avec de l'huile de lin.* — **2.** *Délayer une idée,* l'exprimer de façon diffuse, la noyer dans un flot de mots.

Delco [dɛlko] n. m. (de *Dayton Engineering Laboratories COmpany*) [marque déposée] Nom commercial d'un dispositif d'allumage des moteurs à explosion.

délectable [delɛktabl] adj. Qui remplit d'un plaisir délicat (soutenu) : *Un vin délectable* (syn. DÉLICIEUX). *Histoire délectable.*

délectation [delɛktasjɔ̃] n. f. Plaisir raffiné (soutenu) : *Jouir avec délectation d'un spectacle.*

délecter (se) [delɛkte] v. pr. (lat. *delectare,* charmer). *Se délecter de* ou *à* (+ *n.* ou *inf.*), y prendre un plaisir très grand : *Se délecter du (au) spectacle d'un coucher de soleil. Il se délecte à raconter ses souvenirs.*

délégation [delegasjɔ̃] n. f. **1.** Groupe de personnes chargé de représenter une collectivité : *Une délégation du personnel s'est rendue auprès de la directrice.* — **2.** *Délégation (de pouvoirs, d'autorité),* transmission à qqn de pouvoirs, d'une autorité dont on est investi : *En l'absence du patron, c'est un secrétaire qui signe le courrier par délégation.*

délégué, e [delege] n. et adj. Personne chargée d'une délégation : *Les délégués ouvriers aux commissions paritaires* (syn. REPRÉSENTANT).

déléguer [delege] v. t. (lat. *delegare*) [c. **10**]. **1.** *Déléguer qqn (à qqch),* l'envoyer comme représentant d'une collectivité, dans une circonstance déterminée : *Les savants délégués par les différents pays à un congrès scientifique international.* — **2.** *Déléguer ses pouvoirs, son autorité à qqn,* les lui transmettre.

délestage [delɛstaʒ] n. m. **1.** Action de délester : *Le délestage d'un ballon.* — **2.** Suppression momentanée de la fourniture de courant électrique à un secteur du réseau. — **3.** *Route, itinéraire de délestage,* déviation prévue pour éviter une route encombrée.

délester [delɛste] v. t. **1.** *Délester un véhicule, un bateau, un ballon,* etc., l'alléger de son lest, de ce qui l'alourdit. — **2.** Fam. *Délester qqn de qqch,* lui voler qqch de valeur : *Des malfaiteurs l'ont délesté de son portefeuille* (syn. DÉVALISER). — **3.** *Délester une route,* interdire momentanément son accès afin de résorber un encombrement. ◆ ***se délester*** v. pr. *Se délester de qqch,* s'en décharger : *Elle s'est délestée de ses paquets en arrivant.* (→ LEST.)

délétère [deletɛr] adj. (gr. *dêlêtêrios,* nuisible). **1.** Se dit d'un gaz nuisible à la santé : *Des émanations délétères.* — **2.** *Litt.* Se dit d'idées, d'actions dangereuses moralement : *Une propagande délétère.*

délibérant, e [deliberɑ̃] adj. Qui délibère : *Une assemblée délibérante.*

délibératif, ive [deliberatif] adj. *Avoir voix délibérative,* avoir le droit de participer à un débat (par oppos. à *voix consultative*).

délibération [deliberasjɔ̃] n. f. Action de délibérer : *Candidat ajourné après délibération du jury. La délibération a été très animée* (syn. DISCUSSION, DÉBAT). *Elle ne s'est décidée qu'après mûre délibération* (syn. RÉFLEXION).

1. délibéré, e [delibere] adj. **1.** Se dit d'une attitude qui ne comporte aucune indécision : *Il avait l'intention délibérée de passer outre à l'interdiction* (syn. FERME, ARRÊTÉ). — **2.** *De propos délibéré,* intentionnellement.

2. délibéré [delibere] n. m. Délibération des juges d'un tribunal au sujet de la sentence à rendre : *Une affaire en délibéré.*

délibérément [deliberemɑ̃] adv. De façon délibérée : *Tu as délibérément choisi la solution difficile* (syn. RÉSOLUMENT, VOLONTAIREMENT).

délibérer [delibere] v. i. (lat. *deliberare*) [c. **10**] (sujet qqn) **1.** Examiner à plusieurs les différents aspects d'une question : *Le jury délibère depuis une heure sur la culpabilité de l'accusé* (syn. DISCUTER). — **2.** Considérer en soi-même les divers aspects d'une question : *Je ne délibérerai pas longtemps sur la décision à prendre* (syn. HÉSITER, S'INTERROGER).

délicat, e [delika] adj. (lat. *delicatus*) [après ou parfois avant le n.] **1.** Se dit de qqch d'une grande finesse, qui ne se laisse percevoir, en causant une impression agréable, que par qqn dont les sens sont exercés à distinguer des nuances : *Ciselure délicate* (syn. LÉGER). *Un délicat parfum de rose* (syn. SUBTIL). *Un mets délicat* (syn. SAVOUREUX, RAFFINÉ, FIN). *Un duvet délicat* (syn. DOUX, MOELLEUX). — **2.** Se dit de qqch que sa finesse rend fragile, qui demande des ménagements : *Un fil délicat* (syn. TÉNU). *Une membrane délicate. Une couleur délicate. Une fleur délicate. Un tissu délicat.* — **3.** Se dit de qqn, de sa santé, d'un organe qui est fragile ou sensible : *Un enfant délicat* (syn. FRÊLE). *Une santé délicate. Avoir l'estomac délicat* (= qui ne supporte pas tout). *Ces propos pourraient choquer des oreilles délicates* (syn. PRUDE). — **4.** Qui présente des difficultés, qui embarrasse : *Des négociations délicates. Hésiter à aborder un point délicat* (syn. ÉPINEUX). *Ma situation était très délicate.* — **5.** Qui a des sentiments nobles et des manières distinguées; qui cherche à être agréable : *S'il avait été un peu plus délicat, il aurait évité de prononcer ces paroles* (contr. GROSSIER). *Elle est venue elle-même m'accueillir : j'ai apprécié ce geste délicat* (syn. COURTOIS, PRÉVENANT). *Une délicate attention. Un poème d'une inspiration délicate* (syn. ÉLEVÉ). *Une conscience délicate* (syn. ↑SCRUPULEUX). [→ INDÉLICAT.] ◆ ***délicat*** n. Personne délicate. *Ce n'était pas le moment de faire le délicat, on mangeait ce qu'on trouvait* (syn. DIFFICILE).

délicatement [delikatmɑ̃] adv. De façon délicate : *Manipuler délicatement un service de cristallerie.*

délicatesse [delikatɛs] n. f. Qualité de qqn, de qqch de délicat : *La délicatesse d'un coloris. Parler avec délicatesse* (syn. TACT; contr. GROSSIÈRETÉ).

délice [delis] n. m. (lat. *delicium*). **1.** Plaisir vivement ressenti et d'une grande qualité : *Respirer avec délice le parfum d'une fleur.* — **2.** Ce qui produit ce plaisir : *Cette poire est un vrai délice.* ◆ ***délices*** n. f. pl. **1.** Vifs plaisirs : *S'abandonner aux délices d'une vie de luxe. Jouir de toutes les délices de la rêverie* (syn. CHARME, ENCHANTEMENT). — **2.** *Faire les délices de qqn,* lui procurer un vif plaisir, en être très apprécié.

délicieusement [delisjøzmɑ̃] adv. De façon délicieuse : *Un fruit délicieusement parfumé.*

délicieux, euse [delisjø] adj. (lat. *deliciosus*) [avant ou après le n.] **1.** Qui cause un plaisir intense, qui excite agréablement les sens ou l'esprit : *Un gâteau* *délicieux* (syn. SAVOUREUX, EXQUIS). *Un sous-bois qui offre une délicieuse fraîcheur. Un parfum délicieux* (syn. SUAVE, DÉLECTABLE). *Elle m'a raconté une histoire délicieuse* (syn. CHARMANT, RAVISSANT). — **2.** Se dit de qqn dont la compagnie est très agréable en raison de ses qualités de cœur, de son enjouement aimable : *Cette femme délicieuse mettait un climat de bonne humeur dans la maison.* — **3.** Dont l'invraisemblance, la bizarrerie, la naïveté portent à sourire (ironiq.) : *Il ne s'est aperçu de rien; c'est vraiment délicieux! Elle est délicieuse avec ses projets!*

délictueux, euse [deliktɥø] adj. Qui constitue un délit.

1. délié, e [delje] adj. (lat. *delicatus,* avec influence de *délier*). **1.** D'une grande souplesse, agilité, minceur : *Taille déliée. Corps délié. Doigts déliés.* — **2.** *Avoir la langue bien déliée,* parler avec abondance et facilité. ‖ *Esprit délié,* intelligence vive et pénétrante.

2. délié [delje] n. m. Partie plus fine du tracé d'une lettre, par oppos. au *plein : Une page calligraphiée avec des pleins et des déliés.*

délier [delje] v. t. **1.** Libérer d'un lien matériel; défaire un nœud : *Délier un ruban* (syn. DÉNOUER). *Délier un fagot* (syn. DÉTACHER). — **2.** Fam. *Délier la langue à qqn,* l'amener à parler, à révéler ce qu'il sait. ‖ *Avoir la langue bien déliée* → LANGUE. — **3.** *Délier qqn d'une obligation,* l'en libérer (souvent pass.) : *Elle se considère comme déliée de sa promesse* (syn. DÉGAGER). — **4.** *Délier les doigts* ou, v. pr., *se délier les doigts,* faire des exercices pour rendre les doigts plus agiles (surtout en parlant d'un pianiste).

délimitation [delimitasjɔ̃] n. f. Action de délimiter : *La commission chargée de la délimitation de la frontière* (syn. FIXATION, TRACÉ).

délimiter [delimite] v. t. *Délimiter qqch,* en déterminer les limites : *Délimiter l'emplacement d'un camp. La conférencière commença par délimiter son sujet* (syn. CIRCONSCRIRE). *Ses attributions ne sont pas nettement délimitées* (syn. DÉFINIR, FIXER).

délinquance [delɛ̃kɑ̃s] n. f. Ensemble des crimes et des délits considérés sur le plan social : *On constate une augmentation de la délinquance juvénile.*

délinquant, e [delɛ̃kɑ̃] adj. et n. (du lat. *delinquere,* être en faute). Qui a commis un ou plusieurs délits : *Une psychologue chargée des jeunes délinquants.*

déliquescence [delikɛsɑ̃s] n. f. Perte de sa consistance, de sa force : *Une industrie en déliquescence* (syn. DÉPÉRISSEMENT). *Ces divagations sont le signe de la déliquescence de son esprit* (syn. ↓AFFAIBLISSEMENT).

déliquescent, e [delikɛsɑ̃] adj. (du lat. *deliquescere,* se fondre). **1.** Se dit d'un organisme, d'une pensée qui perd sa consistance, qui se décompose : *Projets déliquescents. Société déliquescente* (syn. DÉCADENT). — **2.** Dont l'énergie, les qualités intellectuelles sont très affaiblies : *Un vieillard déliquescent* (syn. GÂTEUX).

délirant, e [delirɑ̃] adj. **1.** *Fam.* Se dit de qqch qui est déraisonnable : *Des prix pareils, c'est délirant* (syn. FOU). — **2.** *Joie, enthousiasme,* etc., *délirants,* qui se manifestent avec force (syn. FRÉNÉTIQUE).

délire [delir] n. m. (lat. *delirium*). **1.** Égarement maladif d'un esprit qui se représente des choses extravagantes, sans rapport avec la réalité : *Dans son délire, le soldat prenait le médecin pour un soldat ennemi.* — **2.** Exaltation, enthousiasme extrême : *Les prisonniers, dans un vrai délire, portaient en triomphe leurs libérateurs.* — **3.** *C'est du délire,* c'est fou.

délirer [delire] v. i. **1.** Avoir le délire : *Malade qui délire.* — **2.** *Fam.* Parler ou agir de façon déraisonnable : *Vous croyez que je vais accepter? Vous délirez.* — **3.** *Délirer de joie, d'enthousiasme,* être dans un état d'exaltation (syn. DÉBORDER, EXULTER).

delirium tremens [delirjɔmtremɛ̃s] n. m. (mots lat. signif. *délire tremblant*). Délire accompagné de mouvements désordonnés, particulier aux alcooliques.

délit [deli] n. m. (lat. *delictum,* faute). **1.** Violation de la loi passible de peines correctionnelles : *Être recherché pour délit de fuite.* — **2.** *Prendre, arrêter qqn en flagrant délit,* l'arrêter au moment même où il commet une faute : *Un voleur pris en flagrant délit* (syn. SUR LE FAIT; fam. LA MAIN DANS LE SAC). *Je vous prends en flagrant délit de mensonge.*

délivrance [delivrɑ̃s] n. f. **1.** Action par laquelle on délivre : *Les prisonniers attendaient leur délivrance* (syn. LIBÉRATION). *Enfin, ce travail est achevé : quelle délivrance!* (syn. SOULAGEMENT). — **2.** Action de remettre une chose : *Les services chargés de la délivrance des passeports.*

délivrer [delivre] v. t. (lat. *liberare,* délivrer). **1.** (sujet qqn) *Délivrer qqn,* le mettre en liberté : *Nos troupes ont délivré de nombreux prisonniers* (syn. LIBÉRER). — **2.** (sujet qqn, qqch) *Délivrer qqn de qqch,* le débarrasser d'une contrainte, d'une inquiétude, etc. : *Me voilà délivré d'un gros souci* (syn. SOULAGER). — **3.** *Délivrer à qqn des papiers, un certificat,* etc., les lui remettre.

déloger [delɔʒe] v. t. (c. 2) *Déloger qqn, un animal,* les chasser d'un lieu, d'une position : *Nos troupes ont délogé la garnison ennemie de cette place forte.* ◆ v. i. *Fam.* (sujet qqn) Quitter vivement un lieu : *La propriétaire veut occuper son appartement : il va falloir déloger* (syn. fam. DÉCAMPER).

déloyal, e, aux [delwajal] adj. Qui manque de bonne foi : *Adversaire déloyal* (syn. FOURBE). *Manœuvre déloyale* (syn. PERFIDE).

déloyalement [delwajalmɑ̃] adv. De façon déloyale.

déloyauté [delwajote] n. f. Attitude déloyale : *Il ne reculera devant aucune déloyauté pour arriver à ses fins* (syn. TRAHISON, FOURBERIE, ↑PERFIDIE).

delta [dɛlta] n. m. (mot gr. désignant la quatrième lettre de l'alphabet). **1.** Espace compris entre les bras d'un fleuve qui se divise près de son embouchure : *Le delta du Nil, du Rhône.* — **2.** Quatrième lettre de l'alphabet grec : *Le delta majuscule a la forme d'un triangle isocèle.* — **3.** *En delta,* dont la forme est analogue à celle du delta majuscule.

deltaïque [dɛltaik] adj. Relatif à un delta : *Plaine deltaïque.*

déluge [delyʒ] n. m. (lat. *diluvium,* inondation). **1.** (avec majusc.) Débordement universel des eaux raconté par la Bible. — **2.** Pluie torrentielle : *L'orage a éclaté et nous sommes rentrés sous un vrai déluge.* — **3.** Fam. *Un déluge de* (+ *n. pl.*), une grande abondance de choses qui accablent : *Un déluge de protestations, de paroles* (syn. ↓FLOT). — **4.** Fam. *Remonter au Déluge,* faire un récit en reprenant de très loin le fil des événements.

déluré, e [delyre] adj. (anc. fr. *déleurré,* qui ne se laisse pas prendre au piège, de *leurre*). Qui a l'esprit vif et des manières très dégagées, voire très libres : *La plus délurée de la bande* (syn. ESPIÈGLE, DÉGOURDI, MALIN, ↑EFFRONTÉ). *Un clin d'œil déluré.*

démagogie [demagɔʒi] n. f. (gr. *dêmos,* peuple, et *agein,* conduire). Attitude par laquelle on cherche à gagner la faveur de l'opinion publique en la flattant, en excitant les passions populaires : *Promettre une baisse des impôts serait de la démagogie.*

démagogique [demagɔʒik] adj. Qui relève de la démagogie : *Programme électoral démagogique.*

démagogue [demagɔg] n. Qui fait preuve de démagogie.

démailler (se) [demaje] v. pr. En parlant d'un tissu, avoir les mailles qui se défont.

démailloter [demajɔte] v. t. *Démailloter un bébé,* lui ôter ses langes, ses couches (contr. EMMAILLOTER).

demain [dəmɛ̃] adv. (lat. *de mane,* à partir du matin). **1.** Jour qui suit immédiatement celui où on est : *Je me couche de bonne heure, car demain je me lève tôt.* — **2.** *À demain,* formule par laquelle on prend congé jusqu'au lendemain. ‖ Fam. *Ce n'est pas pour demain, ce n'est pas demain la veille,* cela n'est pas près de se produire.

démancher [demɑ̃ʃe] v. t. **1.** Ôter le manche d'un instrument : *Démancher un balai, une pioche.* — **2.** Défaire les parties de qqch; démettre un membre : *Chaise toute démanchée* (syn. DISLOQUER). ◆ ***se démancher*** v. pr. Perdre son manche; se défaire : *Un marteau qui se démanche. Se démancher le bras* (= se démettre le bras). [→ EMMANCHER.]

demande [dəmɑ̃d] n. f. **1.** Action de demander (sens 1); écrit qui l'exprime : *Sa demande d'explication est restée sans réponse. J'ai reçu plusieurs demandes d'emploi* (contr. OFFRE). *Nous avons fait ceci à la demande générale.* — **2.** Ce qu'on désire obtenir : *Vos demandes sont très légitimes. On lui a accordé sa demande.*

demander [dəmɑ̃de] v. t. (lat. *demandare,* confier). **1.** (sujet qqn) *Demander qqch (à qqn), demander que* (+ *subj.*), *de, à* (+ *inf.*), faire connaître ce qu'on souhaite obtenir, exprimer le désir ou la volonté de : *Demander un livre pour Noël. Demander un conseil à un ami* (syn. SOLLICITER). *Il demandait à être introduit* (syn. ↓ DÉSIRER). *Je lui demande d'être exact* (syn. PRIER). *Je demande que chacun participe à ce travail* (syn. DÉSIRER, VOULOIR, ↑ EXIGER). *Il demande un prix excessif de sa maison* (syn. RÉCLAMER). — **2.** (sujet qqn) *Demander qqch à qqn,* solliciter une réponse à la question qu'on lui pose : *Je lui ai demandé la raison de son absence* (syn. INTERROGER, QUESTIONNER). *Je lui demanderai s'il veut nous aider. Il ne faut pas demander pourquoi elle n'a pas protesté* (= la raison est claire). — **3.** (sujet qqch, qqn) *Demander qqch, demander à* (+ *inf.*), avoir besoin de : *Ce travail demande du temps* (syn. NÉCESSITER). *Sa conduite demande une explication* (syn. APPELER). *Une recherche qui demande toute votre attention* (syn. REQUÉRIR). *Les grands malades demandent des soins constants* (syn. RÉCLAMER). *Ces fleurs demandent à être soignées. Une plante qui demande beaucoup d'eau* (syn. EXIGER). — **4.** *Demander qqn,* l'appeler, le faire venir : *On vous demande au téléphone.* — **5.** Fam. *Je vous demande un peu!,* exprime la surprise, la réprobation. ‖ *Ne demander qu'à* (+ *inf.*), être tout disposé à : *Je ne demande qu'à vous être utile.* ‖ *Ne pas demander mieux (que de* + *inf.),* consentir volontiers (à) : *Je ne demandais pas mieux que de vous aider.* ◆ v. t. ind. Fam. *Demander après qqn,* désirer lui parler; prendre de ses nouvelles : *Personne n'a demandé après moi pendant mon absence?* ◆ ***se demander*** v. pr. *Se demander qqch, si, quand,* etc. (+ *ind.*), être dans l'incertitude à propos de qqch : *Je me demande pourquoi tu m'as dit cela. Elle se demandait ce qu'elle devait faire. Je me demande si j'ai eu raison d'accepter.*

demandeur, euse [dəmɑ̃dœr] n. **1.** Personne qui demande qqch, particulièrement un emploi : *Le nombre des demandeurs d'emploi augmente chaque jour.* — **2.** Celui qui engage une action en justice (jurid.) [fém. *demanderesse;* contr. DÉFENDEUR, -ERESSE].

démangeaison [demɑ̃ʒɛzɔ̃] n. f. **1.** Picotement de la peau qui donne envie de se gratter : *L'eczéma cause des démangeaisons.* — **2.** *Fam.* Grande envie de faire qqch : *J'ai des démangeaisons de lui dire la vérité.*

démanger [demɑ̃ʒe] v. t. ou t. ind. (c. 2). **1.** *Démanger qqn* (ou *à qqn*), lui causer une démangeaison : *Sa cicatrice le démange. Ça le (lui) démange dans le dos.* — **2.** Fam. *Ça me démange (de* + *inf.),* j'ai très envie de : *Ça me démange de lui dire ce qu'elle va avoir à Noël.* ‖ *La langue me démange,* j'ai envie de parler. ‖ *La main me démange,* j'ai bien envie de frapper, de gifler.

démantèlement [demɑ̃tɛlmɑ̃] n. m. Action de démanteler : *Le démantèlement d'une entreprise.*

démanteler [demɑ̃tle] v. t. (*dé-* et anc. fr. *manteler,* abriter) [c. 5]. **1.** *Démanteler une place forte, des remparts,* etc., les démolir. — **2.** *Démanteler un groupe,* le désorganiser : *La police a démantelé un gang redoutable.* — **3.** *Démanteler une entreprise,* la séparer en plusieurs sociétés distinctes, en diviser les services.

démantibuler [demɑ̃tibyle] v. t. (altér. de *mandibule*). Fam. *Démantibuler qqch,* en démolir l'assemblage (surtout part. passé) : *Ma fille a démantibulé sa poupée* (syn. DISLOQUER, DÉBOÎTER; fam. DÉGLINGUER). ◆ ***se démantibuler*** v. pr. Se défaire, se disloquer : *Un appareil qui commence à se démantibuler* (syn. SE DÉTÉRIORER).

démaquillage [demakijaʒ] n. m. Action de démaquiller.

démaquillant, e [demakijɑ̃] adj. et n. m. Se dit d'un produit destiné à ôter le maquillage du visage.

démaquiller [demakije] v. t. Enlever le maquillage : *Elle se démaquille avant de se coucher.*

démarcation [demarkasjɔ̃] n. f. (de l'esp. *demarcar,* marquer les limites). *Ligne de démarcation,* limite qui sépare deux régions, deux zones, deux groupes, etc. (→ DÉMARQUER.)

démarchage [demarʃaʒ] n. m. Mode de vente consistant à solliciter les clients à domicile (syn. fam. PORTE-À-PORTE).

démarche [demarʃ] n. f. (de l'anc. fr. *demarcher,* fouler aux pieds). **1.** Manière dont qqn marche : *Une démarche légère, gauche* (syn. MARCHE, ALLURE). — **2.** Manière de procéder, de progresser vers un but : *Par des démarches différentes, ils arrivent à des conclusions analogues.* — **3.** Action d'agir auprès de qqn, de recourir à un service administratif dans un but déterminé : *Faire une démarche auprès d'un ministre en faveur d'un ami* (syn. INTERVENTION, SOLLICITATION). *Il m'a fallu faire de nombreuses démarches pour obtenir le permis de construire.*

démarcheur, euse [demarʃœr] n. Personne chargée d'obtenir des contrats pour une entreprise, une administration, de faire des démarches pour leur compte ou de faire du démarchage.

démarquage [demarkaʒ] n. m. Action de démarquer, de plagier : *Cette pièce est un démarquage* (syn. PLAGIAT).

démarque [demark] n. f. Action de démarquer des marchandises.

démarquer [demarke] v. t. **1.** *Démarquer un article,* en ôter ou en changer la marque; en baisser le prix après en avoir ôté la marque (souvent pass.) : *Vêtements démarqués.* — **2.** *Démarquer une œuvre littéraire,* la copier en en modifiant les détails, de façon à masquer l'emprunt : *Il n'y a là rien d'original : tout est démarqué d'une célèbre romancière* (syn. PLAGIER, PILLER). — **3.** Libérer un partenaire de la surveillance d'un adversaire, dans un sport d'équipe. ◆ ***se démarquer*** v. pr. *Se démarquer de qqn, qqch,* s'en distinguer et, en parlant de qqn, prendre ses distances par rapport à qqn : *Elle accepta le poste mais voulut tout de suite se démarquer de son prédécesseur.*

démarrage [demaraʒ] n. m. Action de démarrer : *Les voyageurs étaient secoués à tous les démarrages.*

Le démarrage de cette opération a été délicat (syn. MISE EN ROUTE).

démarrer [demare] v. i. (*dé-* et [a]*marrer*). **1.** (sujet un véhicule, qqn) Commencer à partir, à s'engager dans une voie : *Le train démarrait quand je suis arrivé à la gare. Le moteur démarre. Allez, ne l'attends pas, démarre !* — **2.** (sujet qqch) Commencer : *Une affaire commerciale qui démarre bien.* ◆ v. t. Fam. *Démarrer qqch,* le mettre en train : *Démarrer une affaire.*

démarreur [demarœr] n. m. Dispositif servant à mettre en marche un moteur à explosion.

démasquer [demaske] v. t. **1.** *Démasquer qqn,* lui ôter son masque. — **2.** *Démasquer qqn, ses intentions,* le faire apparaître sous son véritable aspect, sa vraie identité, que cachaient des apparences trompeuses : *Une espionne démasquée par les services secrets.* — **3.** *Démasquer qqch,* faire connaître ce qu'on tenait caché : *Je n'ai pas démasqué mon plan* (syn. DÉVOILER, RÉVÉLER).

démâter [demɑte] v. t. Enlever les mâts : *La tempête a démâté le bateau* (= en a abattu les mâts).

démêlage [demɛlaʒ] ou **démêlement** [demɛlmɑ̃] n. m. Action de démêler : *Le démêlage des cheveux. Le démêlement d'une énigme policière.*

démêlant, e [demɛlɑ̃] adj. et n. m. Produit qui permet de démêler les cheveux après le shampooing.

démêlé [demɛle] n. m. Difficulté née d'une opposition d'idées, d'intérêts : *Ils ont eu des démêlés au sujet d'une clôture* (syn. DISCUSSION, CONTESTATION, QUERELLE). *J'ai eu des démêlés avec la justice* (syn. ENNUI).

démêler [demɛle] v. t. **1.** *Démêler qqch (concret),* séparer et mettre en ordre ce qui est emmêlé : *Un pêcheur qui démêle sa ligne. Démêler un écheveau de laine* (syn. DÉBROUILLER). — **2.** *Démêler qqch (abstrait),* en distinguer les éléments : *Il faut essayer de démêler la part de vérité dans ce qu'il raconte* (syn. DISCERNER). *Je commence à démêler ses intentions. Il n'est pas toujours facile de démêler ce qui est superflu et ce qui est nécessaire.* (→ EMMÊLER.)

démêloir [demɛlwar] n. m. Peigne à dents écartées.

démembrement [demɑ̃brəmɑ̃] n. m. Action de démembrer : *Le démembrement d'un empire, d'une propriété* (contr. REMEMBREMENT).

démembrer [demɑ̃bre] v. t. (de *dé-* et *membre*). *Démembrer qqch,* le partager en en détachant les parties constitutives : *Démembrer une phrase en propositions* (syn. DIVISER). *Démembrer un domaine* (contr. REMEMBRER).

déménagement [demenaʒmɑ̃] n. m. Action de déménager : *Une entreprise de déménagement.*

déménager [demenaʒe] v. t. (de *dé-* et *ménage*) [c. 2]. **1.** *Déménager des meubles, des caisses,* etc., les retirer d'une pièce, d'une maison. — **2.** *Déménager une pièce, une maison,* les vider du mobilier ou des objets qu'elles contiennent. ◆ v. i. **1.** Transporter ses meubles dans une autre habitation; changer de résidence : *Elle a déménagé et je ne connais pas sa nouvelle adresse* (contr. EMMÉNAGER). — **2.** *Fam.* Perdre la cohérence de son raisonnement (syn. DÉRAISONNER). — **3.** Fam. *Déménager à la cloche de bois,* déménager clandestinement. (→ EMMÉNAGER.)

déménageur [demenaʒœr] n. m. Professionnel qui effectue des déménagements.

démence [demɑ̃s] n. f. (lat. *dementia,* folie). Conduite irrationnelle; perte de la raison : *Une crise de démence* (syn. FOLIE). *C'est de la démence de vouloir arriver à ce résultat en si peu de temps.*

démener (se) [demne] v. pr. (c. 9). **1.** (sujet qqn, un animal) S'agiter vivement : *Un écureuil qui se démène dans sa cage.* — **2.** (sujet qqn) Se donner beaucoup de peine, se dépenser sans trêve : *Il s'est démené pour faire adopter son projet.*

dément, e [demɑ̃] adj. et n. Dont les fonctions intellectuelles sont globalement détériorées (soutenu ou méd.) : *Les déments séniles.* ◆ adj. Très déraisonnable, extravagant : *C'est une idée démente* (syn. FOU).

démenti [demɑ̃ti] n. m. **1.** Déclaration qui affirme l'inexactitude d'une nouvelle : *On croyait que le prix de l'essence allait augmenter : le gouvernement a publié un démenti.* — **2.** Ce qui fait apparaître l'inexactitude, le mensonge : *Sa présence est un démenti de la nouvelle de sa maladie.*

démentiel, elle [demɑ̃sjɛl] adj. Qui relève de la démence : *Ambition démentielle* (syn. FOU, DÉRAISONNABLE).

démentir [demɑ̃tir] v. t. (c. 19). **1.** *Démentir qqn,* le contredire, en affirmant qu'il a dit des choses fausses. — **2.** *Démentir une nouvelle, une rumeur,* etc., déclarer nettement qu'elle est inexacte. — **3.** (sujet qqch) *Démentir qqch,* ne pas y être conforme : *Les résultats ont démenti tous les pronostics* (contr. CONFIRMER). ◆ ***se démentir*** v. pr. (sujet qqch) Cesser de se manifester, ne pas être durable (dans des phrases négatives) : *Son amitié pour moi ne s'est jamais démentie.*

démérite [demerit] n. m. *Litt.* Ce qui fait perdre l'estime, la bienveillance : *Il n'y a aucun démérite à avoir agi ainsi* (syn. FAUTE).

démériter [demerite] v. i. Agir de manière à perdre l'estime, l'affection, à encourir le blâme de qqn : *En quoi a-t-il démérité ? À mes yeux, elle n'a jamais démérité.*

démesure [deməzyr] n. f. Excès d'orgueil, de violence chez qqn; état de qqch qui dépasse fâcheusement les limites normales : *Un conquérant emporté par sa démesure. Tu as scandalisé l'assistance par la démesure de tes propos* (syn. OUTRANCE, OUTRECUIDANCE).

démesuré, e [deməzyre] adj. Qui dépasse les bornes, certaines normes : *Un orgueil démesuré* (syn. EXCESSIF, EXAGÉRÉ).

démesurément [deməzyremɑ̃] adv. De façon démesurée (syn. EXAGÉRÉMENT).

démettre [demɛtr] v. t. (c. 57) *Démettre un membre,* le déplacer de sa position naturelle par une action violente, le faire sortir de la cavité où il s'emboîte : *Sa chute lui a démis une épaule* (syn. DÉBOÎTER). *Remettre en place un poignet démis* (syn. ↑ LUXÉ). ◆ ***se démettre*** v. pr. **1.** *Se démettre un membre,* se le déboîter : *Elle s'est démis le poignet.* — **2.** (sujet qqn) *Se démettre d'une charge, d'un emploi,* abandonner les fonctions qu'on remplissait : *Elle songeait à se démettre de ses fonctions de présidente* (syn. RÉSIGNER). [→ REMETTRE.]

démeubler [demøble] v. t. Dégarnir de ses meubles.

demeurant (au) [dəmœrɑ̃] adv. (de *demeurer*). Une fois examiné le pour et le contre (soutenu) : *Au demeurant, il n'est pas sot* (syn. AU RESTE, TOUT BIEN CONSIDÉRÉ OU PESÉ, EN SOMME, SOMME TOUTE, EN FIN DE COMPTE).

1. demeure [dəmœr] n. f. (de *demeurer*). **1.** Lieu où on habite (soutenu) : *Une famille qui loge dans une modeste demeure* (syn. HABITATION). *Que la paix soit dans cette demeure* (syn. MAISON). — **2.** *Conduire un ami à sa dernière demeure,* suivre son convoi funèbre. ‖ *Être qqpart à demeure,* y être installé de façon durable. ‖ *Il n'y a pas péril en la demeure,* on peut attendre sans danger.

2. demeure [dəmœr] n. f. (du lat. *demorari,* tarder). *Mettre qqn en demeure de (+ inf.),* lui ordonner avec force, lui enjoindre de : *Je l'ai mis en demeure de me fournir une explication de sa conduite.* ‖ *Mise en demeure,* sommation faite à qqn.

demeuré, e [dəmœre] adj. et n. (de *demeurer*). Imbécile, débile : *Être un peu demeuré. C'est un âne, un demeuré.*

demeurer [dəmøre] v. i. (lat. *demorari,* rester). 1. (auxil. *être*) [sujet qqch, qqn] Être de façon continue dans un lieu ou dans un état : *La voiture est demeurée toute la semaine au garage* (syn. RESTER). *Je demeure à votre entière disposition. Un point qui demeure obscur. Il demeure peu de chose de toutes ces accusations* (syn. SUBSISTER). — 2. (auxil. *avoir*) Avoir son domicile : *Où demeurez-vous?* (syn. HABITER, LOGER). — 3. (auxil. *être*) *En demeurer là,* ne pas continuer (sujet qqn, qqch); ne pas avoir de conséquence (sujet qqch) [syn. EN RESTER LÀ].

1. demi- [dəmi] préfixe inv. (bas lat. *dimedius*) qui entre dans des mots composés pour indiquer la moitié *(demi-litre),* le degré inférieur *(demi-dieu),* la faible intensité *(demi-jour),* qqch d'incomplet *(demi-succès). Demi-* est en concurrence avec *semi-* (qui signifie proprement *à moitié*) et avec *hémi-* (qui entre en composition des mots savants).

2. demi [dəmi] adj. 1. *Et demi,* indique qu'il faut ajouter la moitié d'une unité (s'accorde en genre mais non en nombre avec le n. qui précède) : *Un an et demi* (= 18 mois). *Deux heures et demie* (= 150 minutes). — 2. *À demi,* indique un degré moyen, un état plus ou moins incomplet : *La bouteille est encore à demi pleine* (syn. À MOITIÉ). *Je ne suis qu'à demi convaincu. Il dormait à demi en entendant cette histoire* (syn. PRESQUE). *Je n'aime pas faire les choses à demi* (syn. IMPARFAITEMENT).

3. demi [dəmi] n. m. 1. Moitié d'une unité : *Deux demis valent un entier.* — 2. Grand verre de bière. — 3. Dans les sports d'équipe, joueur placé entre les avants et les arrières. ‖ *Demi de mêlée,* au rugby, joueur chargé de lancer le ballon dans la mêlée, et de le passer au demi d'ouverture. ‖ *Demi d'ouverture,* joueur chargé de lancer l'offensive.

demi-cercle [dəmisɛrkl] n. m. (pl. *demi-cercles*). Portion de cercle limitée par une demi-circonférence et un diamètre.

demi-dieu [dəmidjø] n. m. (pl. *demi-dieux*). 1. Homme que ses qualités exceptionnelles semblent placer au-dessus de la condition humaine, qui jouit d'un prestige immense : *Des athlètes que la foule honorait comme des demi-dieux* (syn. IDOLE). — 2. Dans la mythologie, être né d'un dieu et d'une mortelle, ou d'un mortel et d'une déesse : *Hercule était un demi-dieu.*

demi-douzaine [dəmiduzɛn] n. f. (pl. *demi-douzaines*). Moitié d'une douzaine.

demi-droite [dəmidrwat] n. f. (pl. *demi-droites*). Droite ayant une extrémité fixée par un point, l'autre extrémité à l'infini.

demie [dəmi] n. f. Moitié d'une heure : *Horloge qui sonne les heures et les demies.*

demi-fin, e [dəmifɛ̃] adj. (pl. *demi-fins, es*). Intermédiaire entre gros et fin : *Haricots demi-fins.*

demi-finale [dəmifinal] n. f. (pl. *demi-finales*). Épreuve sportive précédant la finale.

demi-finaliste [dəmifinalist] n. (pl *demi-finalistes*). Qui participe à une demi-finale.

demi-fond [dəmifɔ̃] n. m. inv. En athlétisme, course de moyenne distance (800, 1 500 mètres par ex.). — 2. Course cycliste derrière moto.

demi-frère [dəmifrɛr] n. m. (pl. *demi-frères*). Frère né du même père ou de la même mère seulement.

demi-gros [dəmigro] n. m. inv. Commerce intermédiaire entre le gros et la vente au détail.

demi-heure [dəmijœr] n. f. (pl. *demi-heures*). Moitié d'une heure : *Se promener pendant une demi-heure.*

demi-jour [dəmiʒur] n. m. (pl. *demi-jours*). Lumière du jour atténuée.

demi-journée [dəmiʒurne] n. f. (pl. *demi-journées*). Moitié d'une journée : *Travailler deux demi-journées par semaine.*

démilitarisation [demilitarizasjɔ̃] n. f. Action de démilitariser.

démilitariser [demilitarize] v. t. *Démilitariser un pays, une région,* supprimer ou interdire toute activité militaire dans une région déterminée : *Démilitariser les zones frontières.*

demi-litre [dəmilitr] n. m. (pl. *demi-litres*). Moitié d'un litre.

demi-longueur [dəmilɔ̃gœr] n. f. (pl. *demi-longueurs*). Moitié de la longueur d'un cheval, d'une bicyclette, etc., dans une compétition.

demi-mal [dəmimal] n. m. (pl. *demi-maux*). Inconvénient moins grave qu'on n'aurait pu craindre : *Il n'y a que demi-mal : sa voiture est endommagée, mais elle est indemne.*

demi-mesure [dəmiməzyr] n. f. (pl. *demi-mesures*). Moyen insuffisant ou provisoire.

demi-mondaine [dəmimɔ̃dɛn] n. f. (pl. *demi-mondaines*). Femme légère qui fréquente les milieux riches (vieilli).

demi-mot (à) [dəmimo] adv. *Comprendre, entendre à demi-mot,* sans qu'il soit nécessaire de tout dire.

déminage [deminaʒ] n. m. Action de déminer.

déminer [demine] v. t. Débarrasser un lieu des mines qui y ont été placées.

démineur [deminœr] n. m. Membre des équipes chargées du déminage.

demi-pension [dəmipɑ̃sjɔ̃] n. f. (pl. *demi-pensions*). Régime des élèves qui prennent le repas de midi dans l'établissement scolaire : *La plupart des collèges font la demi-pension. Un élève inscrit à la demi-pension.*

demi-pensionnaire [dəmipɑ̃sjɔnɛr] n. et adj. (pl. *demi-pensionnaires*). Élève qui suit le régime de la demi-pension.

demi-place [dəmiplas] n. f. (pl. *demi-places*). Place à demi-tarif dans un moyen de transport, une salle de spectacle, etc.

demi-portion [dəmipɔrsjɔ̃] n. f. (pl. *demi-portions*). *Fam.* et *péjor.* Personne petite et dont on fait peu de cas.

demi-saison [dəmisɛzɔ̃] n. f. *Vêtement de demi-saison,* destiné à être porté au printemps et en automne.

demi-sel [dəmisɛl] adj. inv. *Beurre, fromage, lard* ou *poitrine demi-sel,* légèrement salés. ◆ n. m. inv. Fromage frais légèrement salé.

demi-sœur [dəmisœr] n. f. (pl. *demi-sœurs*). Sœur née du même père ou de la même mère seulement.

demi-sommeil [dəmisɔmɛj] n. m. (pl. *demi-sommeils*). État intermédiaire entre la veille et le sommeil.

démission [demisjɔ̃] n. f. 1. Action de se démettre de ses fonctions : *Donner sa démission, envoyer une lettre de démission. Accepter, refuser la démission de quelqu'un.* — 2. Attitude de qqn qui ne remplit pas sa mission : *Cette indulgence coupable est une démission de l'autorité paternelle.*

démissionnaire [demisjɔnɛr] adj. Qui donne sa démission : *Le cabinet démissionnaire expédie les affaires courantes.*

démissionner [demisjɔne] v. i. Donner sa démission : *La secrétaire du syndicat a démissionné pour* *raison de santé.* ◆ v. t. Fam. *Démissionner qqn,* l'obliger à donner sa démission.

demi-tarif [dəmitarif] n. m. (pl. *demi-tarifs*). Moitié du prix fixé.

demi-teinte [dəmitɛ̃t] n. f. (pl. *demi-teintes*). **1.** Teinte intermédiaire entre le clair et le foncé. — **2.** *En demi-teinte,* nuancé.

demi-ton [dəmitɔ̃] n. m. (pl. *demi-tons*). Le plus petit intervalle de la gamme musicale occidentale.

demi-tour [dəmitur] n. m. (pl. *demi-tours*). Mouvement de rotation sur soi-même ou autour d'un axe, qui oriente dans le sens opposé : *Resserrer un écrou d'un demi-tour de clef. Donner un demi-tour de manivelle. Un rang de majorettes à l'exercice exécutant un demi-tour impeccable.* ‖ *Faire demi-tour,* revenir sur ses pas.

démiurge [demjyrʒ] n. m. (gr. *dêmiourgos,* celui qui crée). Nom du dieu créateur de l'univers dans la philosophie de Platon.

demi-volée [dəmivɔle] n. f. (pl. *demi-volées*). Reprise de la balle aussitôt après qu'elle a touché terre.

démobilisable [demɔbilizabl] adj. Qui peut être démobilisé.

démobilisateur, trice [demɔbilizatœr] adj. Qui démobilise.

démobilisation [demɔbilizasjɔ̃] n. f. Action de démobiliser.

démobiliser [demɔbilize] v. t. **1.** *Démobiliser des soldats,* les renvoyer dans leurs foyers. — **2.** *Démobiliser qqn, une attitude,* relâcher la tension, le dynamisme : *Ces discours apaisants n'ont pour but que de démobiliser les énergies.*

démocrate [demɔkrat] n. et adj. Attaché à la démocratie, à ses principes.

démocratie [demɔkrasi] n. f. (gr. *dêmos,* peuple, et *kratos,* autorité). Forme de gouvernement dans laquelle l'autorité émane du peuple : *Dans une démocratie, il est entendu que tous les citoyens naissent libres et égaux en droit. Démocratie populaire* (= nom donné aux régimes socialistes).

démocratique [demɔkratik] adj. **1.** Conforme à la démocratie : *Gouvernement qui prend des mesures démocratiques. Un programme politique peu démocratique.* — **2.** Qui, dans un groupe, respecte l'opinion de tous, s'intéresse à tous.

démocratiquement [demɔkratikmɑ̃] adv. De façon démocratique : *Une élection qui se fait démocratiquement au suffrage universel.*

démocratisation [demɔkratizasjɔ̃] n. f. Action de démocratiser : *La gratuité des études contribue à la démocratisation de l'enseignement.*

démocratiser [demɔkratize] v. t. Rendre plus démocratique : *Démocratiser le recrutement. Démocratiser la culture* (= la rendre accessible à de plus larges couches populaires).

démodé, e [demɔde] adj. Qui a cessé d'être à la mode : *Chapeau démodé* (syn. VIEILLOT). *Théories démodées* (syn. DÉSUET, DÉPASSÉ).

démoder (se) [demɔde] v. pr. Cesser d'être à la mode.

démographe [demɔgraf] n. (gr. *dêmos,* peuple, et *graphein,* décrire). Spécialiste de la démographie.

démographie [demɔgrafi] n. f. Science qui étudie les populations humaines d'un point de vue quantitatif.

démographique [demɔgrafik] adj. Relatif à la démographie : *Une étude démographique.*

demoiselle [dəmwazɛl] n. f. (bas lat. *dominicella*). **1.** Femme qui n'est pas mariée (surtout, par oppos. à *dame,* pour désigner une célibataire d'un certain âge; sinon on emploie plutôt *jeune fille*) : *Une mercerie tenue par deux vieilles demoiselles* (syn. fam. VIEILLE FILLE). — **2.** *Demoiselle d'honneur,* jeune fille qui accompagne une mariée. — **3.** Syn. de LIBELLULE.

démolir [demɔlir] v. t. (lat. *demoliri*). **1.** *Démolir qqch (concret),* mettre en pièces ce qui est assemblé, composé : *Démolir une vieille maison* (syn. ABATTRE, RASER; contr. BÂTIR, CONSTRUIRE); mettre en mauvais état : *Si tu manipules l'appareil brutalement tu vas le démolir* (syn. fam. DÉTRAQUER, DÉGLINGUER). *Vous allez vous démolir l'estomac* (syn. fam. ESQUINTER). — **2.** *Démolir qqch (abstrait),* le réduire à néant : *Un contretemps qui démolit des projets* (syn. RUINER, ANÉANTIR). — **3.** Fam. *Démolir qqn,* ruiner sa réputation, ou le jeter dans l'abattement, le démoraliser : *Cette histoire l'a démoli.* — **4.** Fam. *Démolir le portrait à qqn, démolir qqn,* le frapper.

démolisseur [demɔlisœr] n. m. Qui démolit : *Les pioches des démolisseurs s'attaquent au dernier pan de mur.*

démolition [demɔlisjɔ̃] n. f. Action de démolir : *La démolition de l'immeuble, d'un projet.*

démon [demɔ̃] n. m. (gr. *daimôn,* esprit). **1.** Dans la religion chrétienne, puissance du mal : *Un acte inspiré par le démon* (syn. DIABLE). — **2.** Personne malfaisante ou insupportable : *Cet enfant est un petit démon* (syn. DIABLE). — **3.** *Le démon de la méchanceté, de la gourmandise,* etc., la force irrésistible qui vous porte à ces défauts.

démonétisé, e [demɔnetize] adj. (du lat. *moneta,* monnaie). Se dit d'une monnaie qui n'a plus cours.

démoniaque [demɔnjak] adj. (de *démon*). Se dit d'un acte pervers, inspiré par une force malsaine : *Machination démoniaque. Rire démoniaque* (syn. DIABOLIQUE, SATANIQUE). ◆ adj. et n. Qui agit avec une méchanceté perverse.

démonstrateur, trice [demɔ̃stratœr] n. Personne qui présente un article à la clientèle.

démonstratif, ive [demɔ̃stratif] adj. **1.** Qui sert à montrer, à démontrer : *Un argument démonstratif* (syn. PROBANT). — **2.** Qui manifeste, extériorise ses sentiments : *Quoiqu'elle ne fût guère démonstrative, elle ne pouvait cacher sa joie* (syn. EXPANSIF, OUVERT, ↑EXUBÉRANT; contr. FERMÉ). ◆ adj. et n. m. Se dit d'adjectifs ou de pronoms servant à désigner qqch ou qqn ou à se référer à un nom ou une proposition énoncés précédemment ou dans une phrase qui suit immédiatement.

démonstration [demɔ̃strasjɔ̃] n. f. (lat. *demonstratio*). **1.** Action de montrer à qqn, en partic. à la clientèle, le fonctionnement d'un appareil : *La démonstration d'une machine à coudre.* — **2.** Action de montrer à qqn son savoir-faire : *Elle nous a fait une éblouissante démonstration de son talent.* — **3.** *Démonstration aérienne,* action de montrer au public des avions dans leurs évolutions. — **4.** Manifestation visant à impressionner qqn : *Le gouvernement envoya une flotte croiser dans les parages : cette démonstration de force fit réfléchir l'adversaire.* — **5.** Manifestation d'un sentiment : *Elle a paru très touchée des démonstrations d'amitié de ses voisins.* — **6.** Raisonnement par lequel on établit la vérité d'une proposition : *Une démonstration qui manque de rigueur. Entreprendre la démonstration d'une hypothèse.*

démonstrativement [demɔ̃strativmɑ̃] adv. D'une manière démonstrative : *Une conclusion présentée démonstrativement.*

démontable [demɔ̃tabl] adj. Qui peut être démonté : *Un meuble démontable.*

démontage [demɔ̃taʒ] n. m. Action de démonter : *Le démontage d'un moteur.*

démonté, e [demɔ̃te] adj. *Mer démontée,* très agitée par suite du mauvais temps.

démonte-pneu [demɔ̃tpnø] n. m. (pl. *démonte-pneus*). Levier qui permet de retirer un pneu de sa jante.

démonter [demɔ̃te] v. t. **1.** *Démonter un objet, un appareil,* le défaire pièce à pièce, sans l'endommager : *Démonter une tente, une armoire* (contr. MONTER, REMONTER). — **2.** *Démonter qqch,* le retirer de l'endroit où il est fixé : *Démonter une porte, des rideaux, un pneu* (contr. MONTER, REMONTER). — **3.** *Démonter qqn,* le jeter dans l'embarras, lui causer de la confusion : *Cette objection démonta l'invitée* (syn. DÉCONCERTER, TROUBLER). ◆ ***se démonter*** v. pr. Se troubler.

démontrable [demɔ̃trabl] adj. Qui peut être démontré : *Un théorème facilement démontrable.*

démontrer [demɔ̃tre] v. t. (lat. *demonstrare*). **1.** (sujet qqn) *Démontrer qqch (à qqn),* établir une affirmation par un raisonnement, un fait par des preuves : *Démontrer l'égalité de deux triangles. Je lui ai démontré qu'il avait tort* (syn. PROUVER). — **2.** (sujet qqch) Être la preuve d'une affirmation : *Cet incident démontre la nécessité de rester prudent.*

démoralisant, e [demɔralizɑ̃] adj. Qui démoralise : *Des nouvelles démoralisantes.*

démoralisateur, trice [demɔralizatœr] adj. Qui a pour objet de démoraliser : *Une propagande démoralisatrice.*

démoralisation [demɔralizasjɔ̃] n. f. Action de démoraliser : *La démoralisation de l'armée après la défaite.*

démoraliser [demɔralize] v. t. Ôter le courage, l'énergie, le moral (souvent pass.) : *Ces échecs répétés me démoralisent* (syn. ABATTRE). *Être démoralisé par l'incompréhension du public* (syn. DÉCOURAGER).

démordre [demɔrdr] v. t. ind. (c. 52) [sujet qqn] *Ne pas démordre d'une opinion, d'un jugement,* etc., ne pas vouloir y renoncer.

démotivé, e [demɔtive] adj. Qui a perdu toute motivation, tout intérêt; démobilisé.

démoulage [demulaʒ] n. m. Action de démouler : *Démoulage d'un bronze.*

démouler [demule] v. t. Retirer d'un moule : *Démouler un gâteau.*

démultiplication [demyltiplikasjɔ̃] n. f. Rapport de réduction de la vitesse ou du mouvement.

démultiplier [demyltiplije] v. t. *Démultiplier une vitesse, un déplacement,* faire en sorte que, dans un système de transmission, la vitesse ou le déplacement de l'organe entraîné soient moindres que ceux de l'organe qui entraîne.

démunir [demynir] v. t. **1.** *Démunir qqn (de qqch),* le priver, le dépouiller de ce qu'il possédait : *Être démuni de papiers d'identité. Un commerçant qui s'est laissé démunir faute d'avoir renouvelé sa commande.* — **2.** (sans compl.) *Être démuni,* ne plus avoir d'argent. ◆ ***se démunir*** v. pr. *Se démunir de qqch,* abandonner ce qu'on a : *Ne te démunis pas de ce certificat* (syn. SE DESSAISIR).

démuseler [demyzle] v. t. (c. 6). Enlever la muselière : *Démuseler un chien.*

démystificateur, trice [demistifikatœr] adj. et n. Qui démystifie.

démystification [demistifikasjɔ̃] n. f. Action de démystifier.

démystifier [demistifje] v. t. *Démystifier qqn,* détromper qqn qui a été abusé : *Cruellement démystifié, il a été profondément humilié.*

démythification [demitifikasjɔ̃] n. f. Action de démythifier.

démythifier [demitifje] v. t. *Démythifier qqn, qqch,* faire cesser le caractère mythique qui s'attache à eux.

dénasalisation [denazalisasjɔ̃] n. f. Action de dénasaliser.

dénasaliser [denazalise] v. t. Enlever la résonance nasale.

dénatalité [denatalite] n. f. Diminution du nombre des naissances.

dénationalisation [denasjɔnalizasjɔ̃] n. f. Action de dénationaliser.

dénationaliser [denasjɔnalize] v. t. *Dénationaliser une industrie,* la rendre à l'entreprise privée alors qu'elle était nationalisée.

dénaturation [denatyrasjɔ̃] n. f. Action de dénaturer.

dénaturé, e [denatyre] adj. **1.** Contraire aux lois naturelles : *Il faut avoir des goûts dénaturés pour aimer cette odeur fétide.* — **2.** *Père, fils dénaturé,* etc., qui n'a pas l'affection naturelle d'un père, d'un fils, etc. (syn. INDIGNE).

dénaturer [denatyre] v. t. **1.** (sujet qqn) *Dénaturer un produit,* y incorporer une substance qui le rend impropre à la consommation humaine : *Dénaturer de l'alcool.* — **2.** (sujet qqch) *Dénaturer une saveur, une odeur,* etc., les altérer considérablement : *Un médicament qui dénature le goût du vin.* — **3.** (sujet qqn) *Dénaturer une doctrine, des faits, des paroles,* les rapporter avec des modifications qui en faussent complètement le sens. [→ NATURE.]

dénégation [denegasjɔ̃] n. f. (du lat. *denegare,* nier). Action de nier, dénier, contester : *Faire des gestes de dénégation. Malgré ses dénégations, chacun était convaincu de sa culpabilité.* (→ DÉNIER.)

déneigement [denɛʒmɑ̃] n. m. Action de déneiger.

déneiger [deneʒe] v. t. (c. 2). *Déneiger un lieu,* en enlever la neige qui le recouvre : *Les chasse-neige ont déneigé la route.*

déni [deni] n. m. (de *dénier*). **1.** Syn. litt. de DÉNÉGATION. — **2.** *Déni de justice,* refus de rendre justice à qqn.

déniaiser [denjɛze] v. t. *Déniaiser qqn,* l'éduquer, l'instruire pour le rendre moins naïf; lui faire perdre son innocence.

dénicher [deniʃe] v. t. **1.** *Dénicher des oiseaux,* les prendre au nid. — **2.** Fam. *Dénicher qqch, qqn,* réussir à les trouver dans leur cachette : *Dénicher un manuscrit dans une bibliothèque* (syn. DÉCOUVRIR). *Elle a eu bien du mal à dénicher une femme de ménage.*

dénicotinisé, e [denikɔtinize] adj. Débarrassé d'une partie de sa nicotine : *Cigarettes dénicotinisées.*

denier [dənje] n. m. (lat. *denarius,* pièce de monnaie romaine valant 10 as). **1.** Monnaie romaine, puis monnaie française valant le douzième du sou. — **2.** *Denier du culte,* offrande des catholiques pour l'entretien du culte et du clergé. ‖ *De ses propres deniers,* avec son argent personnel. ‖ *Les deniers publics,* les revenus de l'État.

dénier [denje] v. t. (lat. *denegare*). **1.** *Dénier qqch* (ou + *inf.*), refuser de reconnaître qqch, le nier : *Je dénie avoir joué le moindre rôle dans cette affaire.* — **2.** *Dénier qqch à qqn,* lui refuser de façon absolue un droit, un pouvoir, etc. : *Je vous dénie le droit de me juger* (syn. REFUSER).

dénigrement [denigrəmɑ̃] n. m. Action de dénigrer : *Un dénigrement systématique.*

dénigrer [denigre] v. t. (lat. *denigrare,* noircir). *Dénigrer qqn, ses actes,* attaquer sa réputation, en parler avec malveillance : *Dénigrer un concurrent* (syn. CRITIQUER, DÉCRIER). *Il dénigre les intentions de son adversaire* (syn. DISCRÉDITER, NOIRCIR).

dénigreur, euse [denigrœr] adj. et n. Qui dénigre.

déniveler [denivle] v. t. (c. **6**). **1.** Mettre à un niveau inférieur, en contrebas : *Le fond du jardin est dénivelé par rapport à la maison.* — **2.** Rendre une surface inégale : *Des éboulements qui ont dénivelé le sol.*

dénivellation [denivɛlasjɔ̃] n. f. ou **dénivellement** [denivɛlmɑ̃] n. m. Différence de niveau; inégalité de la surface : *La voiture cahotait à toutes les dénivellations du chemin. L'eau suit la dénivellation* (syn. PENTE).

dénombrable [denɔ̃brabl] adj. Qui peut être dénombré : *Une foule difficilement dénombrable.*

dénombrement [denɔ̃brəmɑ̃] n. m. Action de dénombrer : *Procédons au dénombrement des voitures disponibles* (syn. COMPTE, RECENSEMENT).

dénombrer [denɔ̃bre] v. t. (lat. *denumerare*). *Dénombrer des choses, des personnes,* en faire le compte exact : *Une foule qu'il est impossible de dénombrer. Dénombrer les bêtes d'un troupeau* (syn. COMPTER); faire la liste exhaustive de : *Elle m'a complaisamment dénombré ses succès* (syn. ÉNUMÉRER).

dénominateur [denɔminatœr] n. m. (lat. *denominator,* celui qui désigne). **1.** Celui des deux termes d'une fraction qui indique en combien de parties l'unité a été divisée et qui figure en dessous de la barre [math.] (contr. NUMÉRATEUR). — **2.** *Dénominateur commun,* trait caractéristique commun à plusieurs choses ou à plusieurs personnes : *Ces deux candidates, par ailleurs si différentes, ont la ténacité comme dénominateur commun.*

dénomination [denɔminasjɔ̃] n. f. Désignation de qqn ou de qqch par un nom qui en indique l'état, les propriétés : *Choisir une dénomination pour un produit industriel* (syn. APPELLATION).

dénommé, e [denɔme] adj. Appelé (+ nom propre) : *J'ai eu affaire à une dénommée Édith* (syn. fam. et péjor. UN CERTAIN).

dénommer [denɔme] v. t. (lat. *denominare*). *Dénommer qqn, qqch,* les affecter d'un nom : *Comment dénomme-t-on cette plante?* (syn. NOMMER, APPELER).

dénoncer [denɔ̃se] v. t. (lat. *denuntiare,* faire savoir) [c. **1**]. **1.** *Dénoncer qqn,* le désigner comme coupable à une autorité, à l'opinion publique : *Dénoncer ses complices à la police* (syn. fam. VENDRE, DONNER). *Dénoncer un camarade* (syn. fam. MOUCHARDER, CAFARDER). — **2.** *Dénoncer un abus, un scandale,* etc., le dévoiler publiquement en ameutant l'opinion (syn. STIGMATISER). — **3.** *Dénoncer un traité, un accord,* annoncer qu'on cesse de s'y conformer. — **4.** (sujet qqch) *Dénoncer qqch,* le révéler, l'indiquer : *Tout dénonçait chez elle sa culture bourgeoise.* ◆ ***se dénoncer*** v. pr. Se déclarer coupable auprès de l'autorité compétente.

dénonciateur, trice [denɔ̃sjatœr] n. et adj. Qui dénonce : *Il a été arrêté sur le rapport d'un dénonciateur.* (Syn. DÉLATEUR.)

dénonciation [denɔ̃sjasjɔ̃] n. f. Action de dénoncer : *Une dénonciation anonyme. La dénonciation d'un accord commercial.*

dénotation [denɔtasjɔ̃] n. f. Action de désigner; désignation. (→ CONNOTATION.)

dénoter [denɔte] v. t. (lat. *denotare*) [sujet qqch] *Dénoter un sentiment, une intention,* en être l'indice : *Un geste qui dénote une grande générosité* (syn. INDIQUER, MARQUER, TÉMOIGNER DE).

dénouement [denumɑ̃] n. m. Point d'aboutissement : *Une histoire dont le dénouement est triste* (syn. FIN).

dénouer [denwe] v. t. **1.** Défaire un nœud : *Dénouer la ficelle d'un paquet* (syn. DÉTACHER). *Dénouer une cravate. Dénouer ses lacets de chaussures.* — **2.** *Dénouer la langue à qqn,* le faire parler. — **3.** *Dénouer une affaire, une intrigue, un mystère,* etc., les éclaircir, y mettre un terme. ◆ ***se dénouer*** v. pr. **1.** Se résoudre : *Cette situation inextricable s'est dénouée.* — **2.** *Les langues se dénouèrent,* on parla.

dénoyauter [denwajote] v. t. Enlever le noyau d'un fruit.

denrée [dɑ̃re] n. f. (anc. fr. *denerée,* la valeur d'un denier). **1.** Marchandise comestible : *Une denrée périssable. Denrées de luxe, d'importation.* — **2.** *Une denrée rare,* une chose, une qualité précieuse qu'on trouve rarement.

dense [dɑ̃s] adj. (lat. *densus*). **1.** Se dit d'une matière faite d'éléments serrés : *Un brouillard dense* (syn. ÉPAIS). — **2.** Se dit d'un groupe de personnes ou d'une masse d'objets serrés sur un espace limité : *Une foule dense* (syn. COMPACT). — **3.** Lourd par rapport au volume : *Certains bois sont si denses qu'ils ne flottent pas sur l'eau.* — **4.** *Style dense, pensée dense,* d'une grande concision.

densité [dɑ̃site] n. f. **1.** Qualité de ce qui est dense : *La densité de la fumée, de la foule.* — **2.** Rapport du poids d'un corps au poids du même volume d'eau (ou d'air pour les gaz) : *La densité de l'or est de 19,3.* — **3.** *Densité de population,* nombre d'habitants par rapport à la surface habitée.

dent [dɑ̃] n. f. (lat. *dens, dentis*). **1.** Organe dur implanté dans la mâchoire, formé essentiellement d'ivoire recouvert d'émail, et permettant de mastiquer les aliments : *L'homme adulte a normalement trente-deux dents. On appelle «dents de lait» celles de la première dentition et «dents de sagesse» les quatre molaires qui poussent les dernières.* — **2.** Fam. *Armé jusqu'aux dents,* très bien armé. ‖ Fam. *Avoir la dent dure,* être cinglant, méchant dans ses critiques ou ses reparties. ‖ Fam. *Avoir les dents longues,* être très ambitieux, très avide. ‖ Fam. *Avoir une dent contre qqn,* lui en vouloir. ‖ *Déchirer qqn à belles dents,* le critiquer, le dénigrer violemment. ‖ *Être sur les dents,* être dans un état d'attente irritable, fébrile. ‖ *Faire ses dents,* se dit d'un enfant quand ses premières dents poussent. ‖ *Manger, croquer à belles dents,* de bon appétit, de bon cœur. ‖ Fam. *Montrer les dents,* se montrer menaçant. ‖ *N'avoir rien à se mettre sous la dent,* n'avoir rien à manger. ‖ *Parler, murmurer entre ses dents,* de façon peu distincte, sans presque ouvrir la bouche. ‖ *Se casser les dents sur une difficulté,* ne pas pouvoir en venir à bout. — **3.** Partie saillante, plus ou moins pointue d'une lame de scie, d'un engrenage, etc.; toute découpure pointue de cette forme : *Les dents d'une feuille de chêne.* — **4.** Sommet montagneux limité par des versants abrupts : *La dent du Midi.* — **5.** *En dents de scie,* avec des parties saillantes et pointues et des creux; qui connaît de brusques variations : *Des résultats financiers en dents de scie.*

dentaire [dɑ̃tɛr] adj. Relatif aux dents, à la manière de les soigner : *Soins dentaires. Études dentaires. Suivre les cours d'une école dentaire.*

dental, e [dɑ̃tal] adj. et n. f. Se dit d'une consonne qu'on articule en appliquant la langue contre les dents du haut : *Les dentales du français sont* [*d*], [*t*] *et* [*n*].

denté, e [dɑ̃te] adj. *Roue dentée,* roue d'engrenage, munie d'entailles en forme de dents.

dentelé, e [dɑ̃tle] adj. Garni d'échancrures, découpé en forme de dents : *Le châtaignier a des feuilles dentelées. Une côte dentelée* (syn. DÉCOUPÉ).

dentelle [dɑ̃tɛl] n. f. (de *dent*). Tissu à jours à motifs décoratifs.

dentellière [dɑ̃təljɛr] n. f. Femme qui fait de la dentelle.

dentelure [dɑ̃tlyr] n. f. Découpure en forme de dents faite au bord de qqch.

dentier [dɑ̃tje] n. m. Assemblage de dents artificielles.

dentifrice [dɑ̃tifris] adj. et n. m. Se dit d'un produit destiné au nettoyage et à l'entretien des dents : *Pâte dentifrice. Un tube de dentifrice.*

dentiste [dɑ̃tist] n. Spécialiste des soins dentaires. (On dit aussi CHIRURGIEN-DENTISTE.)

dentisterie [dɑ̃tistəri] n. f. Science qui a pour objet l'étude et les soins des dents.

dentition [dɑ̃tisjɔ̃] n. f. (lat. *dentitio*). **1.** Apparition des dents chez un être jeune : *La première dentition de l'enfant dure jusqu'à huit ans environ.* — **2.** Ensemble des dents considérées sous le rapport de leur disposition dans la bouche : *Une belle dentition.*

denture [dɑ̃tyr] n. f. Syn. techn. de DENTITION.

dénucléarisé, e [denyklearize] adj. Se dit d'un territoire où on a supprimé tout engin atomique.

dénuder [denyde] v. t. (lat. *denudare,* de *nudus,* nu). **1.** *Dénuder qqn, une partie du corps,* le mettre à nu. — **2.** *Dénuder qqch,* lui enlever ce qui le recouvre (souvent pass.) : *Branche dénudée* (= dépouillée de son écorce). *Crâne dénudé* (= chauve). — **3.** *Dénuder un fil électrique,* lui enlever la gaine isolante qui le recouvre. ◆ ***se dénuder*** v. pr. Se mettre totalement ou partiellement nu.

dénué, e [denɥe] adj. (du lat. *denudare,* de *nudus,* nu). *Dénué de* (+ *n.*), qui manque de : *Un roman dénué d'intérêt* (syn. DÉPOURVU). *Des rumeurs dénuées de tout fondement. Une personne dénuée de jugement.*

dénuement [denymɑ̃] n. m. Situation de qqn qui manque du nécessaire : *Vivre dans un complet dénuement* (syn. INDIGENCE, MISÈRE, ↓GÊNE).

dénutrition [denytrisjɔ̃] n. f. État d'un organisme vivant dont l'alimentation ou l'assimilation est déficitaire.

déodorant [deɔdɔrɑ̃] adj. et n. m. Se dit d'un produit qui enlève les odeurs corporelles de transpiration.

déontologie [deɔ̃tɔlɔʒi] n. f. (gr. *deon, deontos,* devoir, et *logos,* science). Ensemble des règles qui régissent les rapports entre les personnes à l'intérieur d'une profession, en partic. en médecine.

dépannage [depanaʒ] n. m. Action de dépanner : *Un électricien appelé pour un dépannage.*

dépanner [depane] v. t. **1.** *Dépanner une voiture, un appareil,* etc., les remettre en état de marche. — **2.** Fam. *Dépanner qqn,* lui rendre un service qui le tire d'embarras : *Elle m'a dépanné en me prêtant mille francs.*

dépanneur [depanœr] n. m. Ouvrier qui dépanne.

dépanneuse [depanøz] n. f. Voiture, camion utilisés pour dépanner ou remorquer les automobiles.

dépaquetage [depaktaʒ] n. m. Action de dépaqueter.

dépaqueter [depakte] v. t. (c. **8**) Défaire ce qui était en paquet : *Dépaqueter des livres.*

dépareillé, e [depareje] adj. Se dit des objets qui forment une série incomplète ou disparate : *Des serviettes dépareillées.*

dépareiller [depareje] v. t. *Dépareiller un ensemble, une collection,* etc., les rendre incomplets par la disparition d'un des objets qui les composaient.

déparer [depare] v. t. *Déparer qqch,* le rendre moins beau, nuire à la qualité esthétique de : *Des panneaux publicitaires qui déparent le paysage* (syn. ENLAIDIR). *Cette parole mesquine dépare un geste généreux* (syn. GÂTER).

déparier [deparje] v. t. (de *paire*). *Déparier des objets,* ôter l'une des deux choses qui font la paire : *Déparier des bas, des gants.* (→ APPARIER, PAIRE.)

1. départ [depar] n. m. (de *partir,* s'en aller). **1.** Action de partir ; moment où qqn, un véhicule part : *Le départ de la course va avoir lieu* (contr. ARRIVÉE). *Dès le départ du train, ils avaient engagé la conversation. Tableau des départs et des arrivées* (= où sont affichées les heures de départ et d'arrivée des trains, avions, etc.). *Ligne de départ. Faire un faux départ* (= partir et revenir tout de suite). *Les chevaux vont prendre le départ* (= se mettre sur la ligne de départ et partir). *Exiger le départ d'un employé* (= qu'il quitte son emploi). — **2.** *Au départ,* au début, au commencement (d'une action, d'une entente, etc.) : *Je ne suis plus d'accord avec vous, au départ il ne s'agissait pas de cela du tout.* ‖ *De départ,* du début, initial : *L'idée de départ n'était pas mauvaise, mais ça a mal tourné.* ‖ *Point de départ* (d'un débat, d'une intrigue, d'une histoire, etc.), ce par quoi ils commencent : *Voilà un bon point de départ pour la discussion de ce soir avec ton père.* ‖ *Prendre un bon, un mauvais départ,* bien, mal commencer.

2. départ [depar] n. m. (de *départir,* partager). *Faire le départ entre deux choses,* établir une distinction entre elles (soutenu) : *Il est malaisé de faire le départ entre votre vie privée et votre vie professionnelle.*

départager [departaʒe] v. t. (c. **2**) *Départager deux personnes, deux groupes,* faire cesser l'égalité entre eux quand ils ont des avis opposés ou des mérites égaux.

département [departəmɑ̃] n. m. (de *départir,* partager). **1.** Circonscription administrative locale de la France, dirigée par un préfet et par un conseil général : *Le département du Cantal, de la Manche.* — **2.** Secteur administratif confié à un haut fonctionnaire ; branche spécialisée d'une administration ou d'une entreprise : *L'ingénieur chargé du département de la fabrication.*

départemental, e, aux [departəmɑ̃tal] adj. Qui concerne le département : *Les finances départementales. L'entretien des routes départementales est à la charge des départements qu'elles desservent.*

départementalisation [departəmɑ̃talizasjɔ̃] n. f. Action de départementaliser.

départementaliser [departəmɑ̃talize] v. t. *Départementaliser un territoire, une ancienne colonie,* leur donner le statut de département.

départir [departir] v. t. (*dé-* et anc. fr. *partir,* partager) [c. **26**] Donner en partage (soutenu) : *Les fonctions qui lui ont été départies* (syn. ATTRIBUER). [→ DÉPART 2.] ◆ ***se départir*** v. pr. *Se départir de son calme, de son impassibilité,* etc., les quitter, y renoncer (surtout négatif).

dépassé, e [depase] adj. Qui n'est plus à la mode, qui n'est plus valable, actuel : *Idées, théories dépassées.*

dépassement [depasmɑ̃] n. m. Action de dépasser : *Une contravention pour dépassement irrégulier. Un dépassement de crédits. Un idéal qui nous porte à un dépassement de nous-mêmes.*

dépasser [depase] v. t. **1.** *Dépasser qqch, qqn,* aller plus loin qu'eux, les laisser derrière soi : *À cette allure, nous aurons dépassé Poitiers avant la nuit. Il est interdit de dépasser un véhicule en haut d'une côte* (syn. DOUBLER). — **2.** *Dépasser qqch,* avoir des dimensions, une surface, une durée, une importance supérieures : *Un immeuble qui dépasse en hauteur les pavillons voisins. Un toit qui dépasse largement la maison* (syn.

DÉBORDER). *Un congé qui ne peut pas dépasser deux jours* (syn. EXCÉDER). *Des dépenses qui dépassent toutes les prévisions.* — **3.** (sujet qqn) *Dépasser un pouvoir, un droit,* etc., en franchir les limites normales : *Vous dépassez vos droits* (syn. OUTREPASSER). — **4.** (sujet qqch [abstrait]) *Dépasser qqn,* le laisser perplexe, le déconcerter : *Une telle insouciance me dépasse.* — **5.** *Être dépassé par les événements,* ne pas être en mesure de réagir comme il convient (syn. NE PAS ÊTRE À LA HAUTEUR). ◆ v. i. (sujet qqch [concret]) Faire saillie, s'étendre au-delà d'un alignement : *Le jupon dépasse sous la robe. Une tige dépasse du toit de la voiture.* ◆ ***se dépasser*** v. pr. Faire un effort sur soi-même pour faire mieux que d'habitude (syn. ↑SE SURPASSER).

dépassionner [depasjɔne] v. t. *Dépassionner un débat, une discussion,* lui ôter son caractère passionné.

dépatouiller (se) [depatuje] v. pr. *Fam.* Se dépêtrer, se tirer d'un mauvais pas.

dépavage [depavaʒ] n. m. Action de dépaver.

dépaver [depave] v. t. *Dépaver une rue,* en enlever les pavés.

dépaysé, e [depeize] adj. Qui se trouve dans un milieu inconnu qui lui paraît étrange : *Elle s'est sentie moins dépaysée en retrouvant une de ses camarades* (syn. PERDU, ÉGARÉ).

dépaysement [depeizmɑ̃] n. m. Action de dépayser.

dépayser [depeize] v. t. (de *dé-* et *pays*). *Dépayser qqn,* le mettre dans une situation réelle ou imaginaire qui lui donne un sentiment d'étrangeté : *Un roman qui dépayse le lecteur.* (→ PAYS.)

dépeçage [depəsaʒ] n. m. Action de dépecer.

dépecer [depəse] v. t. (de *dé-* et *pièce*) [c. **1** et **9**]. **1.** *Dépecer un animal,* le couper en morceaux, le mettre en pièces. — **2.** *Dépecer qqch,* le diviser en parcelles nombreuses : *Un domaine dépecé* (syn. MORCELER, DÉMEMBRER).

dépêche [depɛʃ] n. f. (de *dépêcher*). Communication rapide, transmise le plus souvent par le télégraphe : *Envoyer, recevoir une dépêche* (syn. TÉLÉGRAMME).

dépêcher [depeʃe] v. t. (*dé-* et [*em*]*pêcher*). *Dépêcher qqn auprès de qqn,* l'y envoyer vivement. ◆ ***se dépêcher*** v. pr. (sujet qqn) *Se dépêcher (de + inf.),* agir avec hâte : *Dépêchez-vous, le train va partir. Il s'est dépêché de manger* (syn. soutenu SE HÂTER). [À l'impér., fam. sans pron. : *Dépêche, tu vas être en retard.*]

dépeigner [depeɲe] v. t. *Dépeigner qqn,* lui déranger les cheveux (surtout pass.).

dépeindre [depɛ̃dr] v. t. (lat. *depingere*) [c. **55**] *Dépeindre qqch,* le représenter en détail par la parole ou par l'écriture : *La situation que vous nous dépeignez n'est pas encourageante. Un romancier qui a bien dépeint ses personnages* (syn. DÉCRIRE).

dépenaillé, e [depənɑje] adj. (de l'anc. fr. *penaille,* hardes). **1.** En lambeaux, en loques : *Vêtement dépenaillé.* — **2.** Vêtu de vêtements sordides et en lambeaux : *Un mendiant dépenaillé* (syn. LOQUETEUX, DÉGUENILLÉ).

dépendance [depɑ̃dɑ̃s] n. f. **1.** Situation de qqn qui dépend d'autrui : *Un emploi où l'on est sous la dépendance complète d'un patron. Cette dépendance commençait à lui peser* (syn. SUBORDINATION, ASSUJETTISSEMENT, ↑SUJÉTION, ↑SERVITUDE; contr. INDÉPENDANCE). — **2.** Relation de qqch à ce qui le conditionne : *Il y a une dépendance évidente entre la végétation et le climat.* ◆ ***dépendances*** n. f. pl. Bâtiment, terrain, territoire qui se rattache à un bâtiment ou à un domaine plus important : *Une propriété qui comprend des dépendances : garage, serre, etc.*

dépendant, e [depɑ̃dɑ̃] adj. Se dit de qqn, d'une collectivité qui n'a pas son autonomie : *Un enfant très dépendant de sa mère.*

dépendre [depɑ̃dr] v. t. ind. (lat. *dependere,* être lié à) [c. **50**]. **1.** (sujet qqn) *Dépendre de qqn,* être sous son autorité, à sa merci : *Un chef de bureau qui dépend étroitement de son directeur. Elle s'est établie à son compte pour ne dépendre que d'elle-même* (syn. RELEVER DE). — **2.** (sujet qqch) *Dépendre de qqch, qqn,* être de son ressort, de sa juridiction, relever de la décision de qqn : *Cet organisme dépend de l'Éducation nationale. Une île qui dépend administrativement de la France. Il n'a pas dépendu de moi que l'affaire réussisse ou échoue.* — **3.** (sujet qqch) *Dépendre de qqch, qqn,* être conditionné par eux : *Le succès dépend de votre ténacité, de vous. Ma décision dépendra de mes possibilités financières.* — **4.** *Cela (ça) dépend,* c'est variable selon les circonstances. ◆ v. t. Détacher ce qui est pendu : *Dépendre des rideaux.*

dépens [depɑ̃] n. m. pl. (lat. *dispensum,* dépense). **1.** Frais de justice (jurid.) : *Être condamné aux dépens.* — **2.** *Aux dépens de qqch, de qqn,* en causant des frais, du tort, du dommage à : *Vivre aux dépens de ses hôtes* (syn. AUX FRAIS DE; fam. AUX CROCHETS DE). *J'ai accepté ce travail supplémentaire aux dépens de mes loisirs* (syn. AU DÉTRIMENT DE). — **3.** *Apprendre qqch à ses dépens,* par une expérience douloureuse. ‖ *Rire aux dépens de qqn,* se moquer de lui.

dépense [depɑ̃s] n. f. (lat. *dispensa*). **1.** Emploi qu'on fait de son argent pour payer; montant de la somme à payer : *Des dépenses supérieures aux recettes* (syn. FRAIS). *Un père qui règle les dépenses de ses enfants.* — **2.** (avec compl.) Usage fait de qqch : *Une grande dépense d'imagination. Calculer la dépense de chaleur correspondant à une réaction chimique* (syn. CONSOMMATION).

dépenser [depɑ̃se] v. t. **1.** *Dépenser (de l'argent),* l'employer pour un achat : *Tu as dépensé toutes tes économies? À force de dépenser sans compter, elle s'est ruinée.* — **2.** *Dépenser qqch,* l'employer dans une intention précise, en vue d'une fin quelconque : *Dépenser ses forces, son courage pour mener à bien une entreprise* (syn. CONSACRER, PRODIGUER). — **3.** *Dépenser de l'électricité, de l'essence,* etc., les consommer. ◆ ***se dépenser*** v. pr. (sujet qqn) Montrer beaucoup d'activité, ne pas ménager ses efforts : *Vous avez beau vous dépenser, vous n'arriverez à rien* (syn. SE DÉMENER). *Enfant qui a besoin de se dépenser après l'école* (= de faire des efforts physiques, de courir, etc.).

dépensier, ère [depɑ̃sje] adj. et n. Qui aime dépenser, qui dépense plus qu'il n'est nécessaire : *Si elle était moins dépensière, elle pourrait être riche* (syn. PRODIGUE; fam. GASPILLEUR; contr. ÉCONOME).

déperdition [depɛrdisjɔ̃] n. f. (du lat. *deperdere,* perdre complètement). Diminution, perte sans profit : *La mauvaise isolation entraîne une grande déperdition de chaleur.*

dépérir [deperir] v. i. (lat. *deperire*). **1.** (sujet être vivant) Perdre progressivement de sa vitalité : *Malade, plante qui dépérit.* — **2.** (sujet qqch) Perdre de sa force, de son importance : *Cette entreprise commence à dépérir.*

dépérissement [deperismɑ̃] n. m. Action de dépérir : *Le dépérissement dû à de longues privations. Le dépérissement du commerce extérieur* (syn. DÉCLIN, BAISSE).

dépersonnalisation [depɛrsɔnalizasjɔ̃] n. f. Perte de sa personnalité.

dépersonnalisé, e [depɛrsɔnalize] adj. Qui a perdu ou n'a pas de caractère personnel, original.

dépersonnaliser [depɛrsɔnalize] v. t. Faire perdre sa personnalité.

dépêtrer (se) [depetre] v. pr. (*dé-* et [*em*]*pêtrer*) [sujet qqn] *Se dépêtrer de qqch*, s'en libérer, s'en débarrasser : *Il est pris dans des difficultés dont il ne parvient pas à se dépêtrer.* (→ EMPÊTRER.)

dépeuplement [depœpləmɑ̃] n. m. Fait de se dépeupler : *Le dépeuplement d'une région sous-développée.*

dépeupler [depœple] v. t. *Dépeupler un pays, une région*, etc., en faire disparaître totalement ou partiellement les occupants : *Un exode vers les villes qui dépeuple les campagnes.* ◆ ***se dépeupler*** v. pr. Perdre de ses habitants : *Cette région se dépeuple régulièrement depuis un quart de siècle.*

déphasage [defɑzaʒ] n. m. Perte de contact avec la réalité.

déphasé, e [defɑze] adj. (de *dé-* et *phase*). *Fam.* Qui a perdu le contact avec la réalité actuelle, qui agit à contretemps : *Laissez-moi le temps de me réhabituer : je suis déphasé après une si longue absence* (syn. DÉSORIENTÉ).

dépiautage [depjotaʒ] n. m. Action de dépiauter.

dépiauter [depjote] v. t. (de *dé-* et *piau*, peau). Fam. *Dépiauter un animal*, le dépouiller de sa peau, de son enveloppe (syn. ÉCORCHER).

dépilatoire [depilatwar] adj. et n. m. (du lat. *pilus*, poil). Syn. de ÉPILATOIRE.

dépistage [depistaʒ] n. m. Action de dépister : *Le dépistage de la tuberculose.*

dépister [depiste] v. t. (de *piste*). **1.** *Dépister qqn, qqch*, les découvrir au terme d'une recherche, d'une enquête : *La police a dépisté le coupable* (= a trouvé sa trace). *Dépister l'origine d'une maladie. Dépister une influence littéraire chez un écrivain.* — **2.** *Dépister une maladie*, la rechercher systématiquement dans la population afin de déceler les cas latents. — **3.** *Dépister qqn, un animal*, déjouer sa poursuite, lui échapper : *Dépister les journalistes* (syn. fam. SEMER). *Un lièvre qui a dépisté les chiens.*

dépit [depi] n. m. (lat. *despectus*, mépris). **1.** Contrariété, blessure d'amour-propre causée par une déception : *Il a éprouvé un certain dépit de voir qu'on lui préférait un candidat plus jeune.* — **2.** *En dépit de*, indique ce qui pourrait s'opposer à un fait (soutenu) : *En dépit de sa jeunesse, elle a déjà un jugement très sûr* (syn. usuel MALGRÉ). — **3.** *En dépit du bon sens*, sans aucun soin, très mal.

dépiter [depite] v. t. *Dépiter qqn*, lui causer du dépit (surtout pass.) : *Elle est revenue très dépitée de n'avoir rien obtenu* (syn. DÉCEVOIR, CONTRARIER, VEXER, ↑MORTIFIER).

déplacé, e [deplase] adj. **1.** Qui ne convient pas aux circonstances : *Cette conversation est déplacée* (syn. INCONVENANT, MALSÉANT). — **2.** *Personne déplacée*, contrainte de vivre en exil pour des motifs politiques.

déplacement [deplasmɑ̃] n. m. Action de déplacer, de se déplacer : *Les stations météorologiques suivent le déplacement de l'ouragan. J'emmène mon chien dans tous mes déplacements* (syn. VOYAGE). *Le déplacement d'office d'un fonctionnaire* (syn. MUTATION).

déplacer [deplase] v. t. (c. 1). **1.** *Déplacer qqch, qqn*, les mettre à une autre place : *On a déplacé la table pour nettoyer le parquet* (syn. POUSSER). *Déplacer une virgule. Déplacer des élèves bavards.* — **2.** *Déplacer un fonctionnaire*, l'affecter d'office à un autre poste (syn. MUTER). — **3.** *Déplacer le problème, la difficulté, la question*, les faire porter sur un autre point au lieu de les résoudre, d'en discuter. ◆ ***se déplacer*** v. pr. (sujet qqch, qqn) Aller d'un lieu à un autre : *Elle ne se déplace qu'en voiture* (syn. VOYAGER, CIRCULER). *Le typhon se déplace vers le sud* (syn. SE DIRIGER).

déplafonnement [deplafɔnmɑ̃] n. m. Action de déplafonner : *Le déplafonnement des cotisations de la Sécurité sociale.*

déplafonner [deplafɔne] v. t. Supprimer la limite supérieure d'un crédit, d'une cotisation, etc.

déplaire [deplɛr] v. t. ind. (c. 77). **1.** *Déplaire (à qqn)*, lui être désagréable : *Sa vanité déplaît à son entourage. Cette allusion a profondément déplu* (syn. ↑IRRITER). *Les événements prennent une tournure qui me déplaît* (syn. CONTRARIER, CHAGRINER). *Il me déplairait d'être obligé de vous punir* (soutenu ; = cela me serait désagréable). — **2.** *N'en déplaise à qqn*, même si cela doit le contrarier (soutenu) : *La pièce obtient un beau succès, n'en déplaise aux critiques.* ◆ ***se déplaire*** v. pr. *Se déplaire qqpart*, ne pas s'y trouver bien : *Elle se déplaît dans sa nouvelle place. Ils se sont déplu dans cette région* (syn. S'ENNUYER).

déplaisant, e [deplɛzɑ̃] adj. Qui déplaît : *Remarque déplaisante* (syn. DÉSOBLIGEANT). *Voisins déplaisants* (syn. DÉSAGRÉABLE).

déplaisir [deplɛzir] n. m. Sentiment causé par ce qui déplaît : *Je n'envisage pas sans déplaisir de renoncer à ces activités* (syn. CONTRARIÉTÉ).

déplanter [deplɑ̃te] v. t. *Déplanter un arbre, un rosier*, etc., les extraire du sol en vue de les replanter ailleurs (syn. ARRACHER).

déplâtrage [deplɑtraʒ] n. m. Action de déplâtrer.

déplâtrer [deplɑtre] v. t. *Déplâtrer un membre, qqn*, ôter le plâtre dans lequel on l'avait immobilisé après une fracture.

dépliage [deplijaʒ] n. m. Action de déplier.

dépliant [deplijɑ̃] n. m. Carte ou prospectus qui se déplie en plusieurs volets.

déplier [deplije] v. t. Étendre ce qui était plié : *Déplier une carte routière* (syn. DÉPLOYER). *Déplier un drap.*

déplissage [deplisaʒ] n. m. Action de déplisser.

déplisser [deplise] v. t. *Déplisser qqch*, en faire disparaître ou en atténuer les plis : *Repasser une feuille de papier pour la déplisser* (syn. DÉFROISSER). *Déplisser son front* (syn. DÉRIDER).

déploiement [deplwamɑ̃] n. m. Action de déployer : *Le déploiement d'une tenture. Ce déploiement de forces visait à intimider l'adversaire* (syn. ÉTALAGE).

déplomber [deplɔ̃be] v. t. Enlever le plombage : *Déplomber un envoi chargé. Une dent déplombée* (= dont le plombage est tombé).

déplorable [deplɔrabl] adj. **1.** Se dit d'un événement qui attriste, cause des regrets : *Un incident déplorable. Il y a eu des scènes déplorables entre mère et fille* (syn. NAVRANT, PÉNIBLE, AFFLIGEANT). — **2.** Très mauvais ; qui n'a pas les qualités qu'on attendait : *Un temps déplorable* (syn. ↓DÉSAGRÉABLE). *Une décoration déplorable* (syn. LAID, ↑LAMENTABLE). *Un élève déplorable.*

déplorablement [deplɔrabləmɑ̃] adv. De façon déplorable : *Chanter déplorablement.*

déplorer [deplɔre] v. t. (lat. *deplorare*). *Déplorer qqch, que* (+ *subj.*), *de* (+ *inf.*), manifester sa douleur, exprimer de vifs regrets à ce sujet : *Déplorer la mort d'un ami* (syn. PLEURER SUR). *Nous avons déploré votre absence. Je déplore que cette lettre se soit égarée, d'avoir égaré cette lettre* (syn. REGRETTER).

déployer [deplwaje] v. t. (c. 3). **1.** *Déployer qqch*, l'étendre largement : *Elle déploie tout grand son journal sur la table* (syn. DÉPLIER, ÉTALER, OUVRIR). *La mouette déploie ses ailes.* — **2.** (sujet qqn) *Déployer des choses, des troupes*, les disposer sur une plus grande étendue. — **3.** *Déployer de l'activité, du zèle*, etc., en manifester beaucoup. — **4.** *Déployer sa force*, en faire étalage, ou l'employer largement.

déplumé, e [deplyme] adj. *Fam.* Qui a perdu ses cheveux : *Un crâne déjà bien déplumé* (syn. CHAUVE).

déplumer (se) [deplyme] v. pr. Perdre ses plumes, et, *fam.*, en parlant de qqn, perdre ses cheveux.

dépoétiser [depɔetize] v. t. Dépouiller de son caractère poétique : *Une explication qui dépoétise la légende.*

dépoitraillé, e [depwatrɑje] adj. *Fam.* Qui a la poitrine largement découverte.

dépoli, e [depɔli] adj. Qui a perdu son poli : *Verre dépoli* (= translucide, mais non transparent).

dépolir [depɔlir] v. t. *Dépolir une surface,* lui faire perdre son poli : *Une lente oxydation a dépoli le métal.*

dépolitisation [depɔlitizasjɔ̃] n. f. Action de dépolitiser.

dépolitiser [depɔlitize] v. t. *Dépolitiser qqch,* lui ôter tout caractère politique : *Dépolitiser un conflit social.*

déponent, e [depɔnɑ̃] adj. et n. m. (lat. *deponens*). Verbe latin dont la forme est celle du passif et dont le sens est actif.

dépopulation [depɔpylasjɔ̃] n. f. Diminution de la population d'un pays par excédent des décès sur les naissances.

déportation [depɔrtasjɔ̃] n. f. Action de déporter : *Le souvenir de ceux qui sont morts en déportation.*

déporté, e [depɔrte] adj. et n. Qui a été condamné à la déportation.

déportement [depɔrtəmɑ̃] n. m. Fait de se déporter : *Le déportement d'un véhicule.*

déporter [depɔrte] v. t. (lat. *deportare*). **1.** *Déporter qqn,* l'emmener de force dans un lieu déterminé pour des raisons politiques et spécialement dans un camp de concentration (souvent pass.) : *Des millions de personnes ont été déportées par les régimes totalitaires dans des camps de concentration.* — **2.** (sujet qqch) *Déporter qqch, qqn,* les déplacer, les faire dévier de leur trajectoire : *La vitesse a déporté la voiture dans le virage.*

déposant, e [depozɑ̃] n. Personne qui fait un dépôt d'argent dans une banque, une caisse d'épargne, etc.

dépose [depoz] n. f. Action de déposer ce qui était installé, monté : *Le carrossier n'a pas facturé la dépose de l'aile.*

déposé, e [depoze] adj. Se dit d'un procédé, d'un modèle, d'un objet fabriqué, etc., dont l'inventeur a remis à l'administration compétente une description afin de le protéger des contrefaçons : *Ce briquet est un modèle déposé. Une marque déposée.*

déposer [depoze] v. t. (lat. *deponere*). **1.** *Déposer qqch,* mettre sur le sol, sur un support, ce qu'on tenait, ce qu'on portait : *Déposez ces valises sur le palier* (syn. POSER). *Déposer sa veste pour être plus à l'aise.* — **2.** *Déposer qqch, qqn,* les laisser qqpart : *Quelqu'un a déposé un paquet pour vous chez le concierge* (syn. REMETTRE). *Montez dans ma voiture, je vous déposerai à la gare.* — **3.** *Déposer de l'argent, des valeurs,* etc., les laisser en dépôt, les confier à qui les fera fructifier. ‖ *Déposer les armes,* renoncer à continuer le combat. ‖ *Déposer une signature, une invention,* etc., les faire enregistrer afin de les protéger des contrefaçons. — **4.** *Déposer un objet, un appareil,* l'enlever alors qu'il était fixé, installé : *Déposer des tentures, un tapis. Il a fallu déposer le chauffe-eau pour réparer la fuite* (syn. DÉMONTER). — **5.** *Déposer un souverain, un chef,* le priver de ses pouvoirs (syn. DESTITUER). ◆ v. i. **1.** (sujet un liquide) Laisser sur les parois du récipient des particules solides. — **2.** Faire une déclaration comme témoin devant un juge ou un enquêteur : *Plusieurs témoins ont déposé en faveur de l'accusée.*

dépositaire [depozitɛr] n. **1.** Personne à qui on a confié un dépôt, étant entendu qu'elle le remettra à qui de droit dès la première demande. — **2.** Intermédiaire commercial chargé de vendre des marchandises au nom et pour le compte d'un propriétaire. — **3.** Personne qui a reçu une confidence, qui a été investie d'une mission : *Une amie qui était la dépositaire de tous ses secrets. Le président de la République est le dépositaire de l'autorité de l'État.*

déposition [depozisjɔ̃] n. f. **1.** Action de déposer en justice : *Le témoin maintient sa déposition.* — **2.** Action de priver qqn de ses pouvoirs : *Le comité révolutionnaire a décidé la déposition du souverain.*

déposséder [depɔsede] v. t. *Déposséder qqn de qqch,* lui en ôter la possession : *La révolution avait dépossédé de leurs domaines beaucoup de gros propriétaires* (syn. DÉPOUILLER, SPOLIER, EXPROPRIER).

dépossession [depɔsɛsjɔ̃] n. f. Action de déposséder : *Elle protestait violemment contre cette injuste dépossession* (syn. SPOLIATION, EXPROPRIATION).

dépôt [depo] n. m. (lat. *depositum*). **1.** Action de déposer un objet, de l'argent, une signature, etc., ou de confier qqch à qqn; chose déposée : *Le maximum des dépôts à la caisse d'épargne a été augmenté. Elle considérait les dernières volontés de son ami comme un dépôt sacré.* — **2.** Particules qui étaient en suspens dans un liquide et qui se sont agglomérées au repos : *L'eau a formé un dépôt de tartre sur les parois de la bouilloire.* — **3.** Lieu où certaines choses sont déposées, garées, gardées : *Un dépôt d'ordures. Un autobus qui vient de quitter le dépôt. Un dépôt d'armes.* — **4.** *Le dépôt,* lieu de détention de la Préfecture de police à Paris. ‖ *Mandat de dépôt,* ordre du juge d'instruction pour faire incarcérer un prévenu.

dépotage [depɔtaʒ] n. m. Action de dépoter.

dépoter [depɔte] v. t. *Dépoter une plante,* la retirer d'un pot.

dépotoir [depɔtwar] n. m. Endroit où on jette, où on rassemble ce qu'on met au rebut : *Cette pièce est un vrai dépotoir.*

dépouille [depuj] n. f. **1.** Peau retirée d'un animal. — **2.** *Dépouille (mortelle),* corps d'une personne morte (soutenu). ◆ ***dépouilles*** n. f. pl. Ce qu'on prend à un ennemi vaincu, ou ce dont on s'enrichit aux dépens de qqn (syn. BUTIN).

dépouillement [depujmɑ̃] n. m. **1.** Action de dépouiller : *Le dépouillement de documents. Le dépouillement du scrutin.* — **2.** Absence d'ornements, extrême sobriété : *Le dépouillement du style.*

dépouiller [depuje] v. t. (lat. *despoliare*). **1.** *Dépouiller un animal, un arbre,* lui ôter la peau ou l'écorce : *Dépouiller un lièvre, une branche d'arbre.* — **2.** *Dépouiller qqch,* lui ôter ses ornements (souvent pass.) : *Un texte rédigé en un style très dépouillé* (= très simple). — **3.** *Dépouiller qqn (de qqch),* lui prendre ce qu'il possède : *Des escrocs l'ont dépouillé de ses économies* (syn. DÉVALISER). — **4.** *Dépouiller qqch (abstrait),* s'en défaire, y renoncer : *Dépouiller tout amour-propre.* — **5.** *Dépouiller un livre, un document,* etc., les examiner minutieusement, en extraire tous les renseignements qui paraissent intéressants. — **6.** *Dépouiller un scrutin,* décompter les votes.

dépourvu, e [depurvy] adj. *Dépourvu de qqch,* se dit de qqn ou de qqch qui n'en est pas pourvu, qui ne le possède pas, ne le contient pas : *Un homme dépourvu de ressources* (syn. DÉMUNI). *Livre dépourvu d'intérêt* (syn. DÉNUÉ). *Un appartement dépourvu du chauffage central* (contr. POURVU). ◆ ***dépourvu*** n. m. *Prendre qqn au dépourvu,* le mettre dans l'embarras à un moment où il n'est pas prêt à répondre à une demande : *Une commerçante qui a renouvelé son stock pour ne pas* *être prise au dépourvu. Votre question me prend au dépourvu* (syn. DE COURT, À L'IMPROVISTE).

dépoussiérage [depusjeraʒ] n. m. Action de dépoussiérer.

dépoussiérer [depusjere] v. t. (c. **10**) Ôter la poussière déposée sur un objet : *Dépoussiérer les sièges d'une voiture.*

dépravation [depravasjɔ̃] n. f. Fait de dépraver, d'être corrompu : *La dépravation des mœurs* (syn. AVILISSEMENT, CORRUPTION).

dépravé, e [deprave] n. et adj. Personne débauchée.

dépraver [deprave] v. t. (lat. *depravare*, de *pravus*, pervers). **1.** *Dépraver qqn*, le porter à la corruption morale (surtout pass.) : *Un enfant dépravé par de mauvaises fréquentations* (syn. PERVERTIR, CORROMPRE). — **2.** *Dépraver le goût, le jugement*, etc., l'altérer gravement, le corrompre.

dépréciation [depresjasjɔ̃] n. f. Action de déprécier; fait d'être déprécié : *La dépréciation de la monnaie.*

déprécier [depresje] v. t. (lat. *depretiare*, de *pretium*, prix). **1.** (sujet qqn) *Déprécier qqn, qqch*, rabaisser leur mérite, leur valeur : *Je ne voudrais pas déprécier les services que tu m'as rendus* (syn. MINIMISER, SOUS-ESTIMER). — **2.** (sujet qqch) *Déprécier qqch*, lui ôter de la valeur : *La perte de ce volume déprécie la collection* (syn. DÉVALORISER; contr. VALORISER). ◆ ***se déprécier*** v. pr. (sujet qqch) Perdre de sa valeur.

déprédateur, trice [depredatœr] adj. et n. Qui commet des déprédations : *Engager des poursuites contre les déprédateurs.*

déprédation [depredasjɔ̃] n. f. (bas lat. *depraedatio*, pillage). **1.** Vol considérable avec dégâts (soutenu) : *Les déprédations commises par les soldats des troupes d'occupation* (syn. RAPINE). — **2.** Gaspillage, détournement des biens de l'État (syn. MALVERSATION).

déprendre (se) [deprɑ̃dr] v. pr. (c. **54**) *Se déprendre de qqn, d'une habitude*, cesser d'y être attaché (soutenu) : *Elle s'est rapidement déprise de lui* (contr. S'ÉPRENDRE). *Quand donc se déprendra-t-il de cette mauvaise habitude?* (syn. SE DÉFAIRE).

dépressif, ive [deprɛsif] adj. Qui manifeste de la dépression psychique : *État dépressif.*

dépression [deprɛsjɔ̃] n. f. (lat. *depressio*, enfoncement). **1.** Partie en creux par rapport à une surface : *Une dépression de terrain* (syn. CREUX, ENFONCEMENT). — **2.** *Dépression atmosphérique*, baisse de la pression atmosphérique. — **3.** Période de ralentissement économique. — **4.** Chute d'énergie : *Je passe par des périodes de dépression qui alternent avec des périodes d'exaltation* (syn. ABATTEMENT, DÉCOURAGEMENT). *Une dépression nerveuse.*

dépressurisation [deprɛsyrizasjɔ̃] n. f. Action de dépressuriser.

dépressuriser [deprɛsyrize] v. t. Faire cesser la pressurisation.

déprimant, e [deprimɑ̃] adj. Qui déprime : *Un climat déprimant.*

déprime [deprim] n. f. Syn. fam. de DÉPRESSION.

déprimé, e [deprime] n. Personne qui est en état de dépression.

déprimer [deprime] v. t. (lat. *deprimere*, enfoncer). *Déprimer qqn*, causer en lui une fatigue, un abattement physique ou moral (surtout pass.) : *Il est très déprimé par cette longue maladie. Son échec l'a gravement déprimé* (syn. DÉMORALISER).

déprogrammation [deprɔgramasjɔ̃] n. f. Action de déprogrammer.

déprogrammer [deprɔgrame] v. t. Enlever du programme.

dépucelage [depyslaʒ] n. m. Action de dépuceler.

dépuceler [depysle] v. t. (de *puceau, pucelle*) [c. **6**] Faire perdre sa virginité.

depuis [dəpɥi] prép. Indique avec un verbe au présent, à l'imparfait, au passé composé, au plus-que-parfait : **1.** le point de départ à partir duquel une chose dure, et insiste sur cette durée; il peut être adverbe en ce sens. : *Il pleut depuis le 15 mars. Depuis quand fume-t-on? Depuis le début il est hostile à nos projets. Je l'attends depuis midi : Elle est partie à huit heures et n'est pas rentrée depuis* (adv.). *Depuis le jour où nous nous sommes rencontrés, il est survenu bien des événements. Depuis cet accident, il reste infirme. Il a été blessé et depuis il ne se sert plus de sa main. Je suis ici depuis peu.* — **2.** la durée : *Il est absent depuis un mois. Je la connais depuis vingt ans. Depuis combien de temps est-il absent?* — **3.** le lieu à partir duquel un événement se produit et dure; *dès* indique l'endroit à partir duquel un événement a commencé, s'est produit : *Nous avons eu du soleil depuis* (= de) *Lyon jusqu'à Valence. Je lui fis signe depuis la grille* (= de la grille). *Depuis* (= de) *ma chambre, je puis tout entendre. On nous transmet depuis* (= de) *Londres la nouvelle d'une catastrophe aérienne.* — **4.** le point de départ en envisageant le plus souvent le point d'arrivée *(jusqu'à) : Depuis le premier jusqu'au dernier, tous étaient d'accord. On vend ici des articles depuis cent francs* (syn. À PARTIR DE). *On peut utiliser cette balance depuis cinq grammes jusqu'à dix kilogrammes* (syn. DE, À PARTIR DE). — **5.** *Depuis lors*, depuis cette date : *Elle est partie le 3 juin; depuis lors, je n'ai plus eu de ses nouvelles.* — **6.** *Depuis que + ind.*, à partir du moment où : *Depuis que je les connais, je n'ai cessé de les estimer. Depuis le temps que je vous connais, je devine votre réaction. Depuis le temps que nous étions à la faculté!* (indique qu'il s'est passé un très long temps entre l'action de la principale et celle de la subordonnée ou que la durée de l'état de fait existant est très longue).

dépuratif, ive [depyratif] adj. et n. m. (du bas lat. *depurare*, de *purus*, pur). Se dit d'un produit médicinal propre à débarrasser l'organisme d'éléments impurs : *Prendre un dépuratif* (syn. PURGE).

députation [depytasjɔ̃] n. f. **1.** Envoi de personnes chargées d'une mission de représentation; groupe de personnes ainsi envoyées : *Recevoir une députation de plénipotentiaires* (syn. DÉLÉGATION). — **2.** Fonction de député : *Être candidat à la députation.*

député [depyte] n. m. Personne élue à l'Assemblée nationale : *Les députés de la majorité, de l'opposition.*

députer [depyte] v. t. (lat. *deputare*, assigner). *Députer qqn*, l'envoyer comme représentant : *On décida de députer trois parlementaires auprès du commandement ennemi pour entamer des négociations de paix* (syn. DÉLÉGUER).

déqualification [dekalifikasjɔ̃] n. f. Action de déqualifier.

déqualifier [dekalifje] v. t. Faire perdre un travail correspondant à sa qualification professionnelle.

der [dɛr] n. inv. (de *dernier*). Pop. *La der des der*, la toute dernière partie d'un jeu, la dernière fois de toutes, la dernière guerre. ‖ *Dix de der*, à la belotte, les dix points comptés pour avoir fait le dernier pli de la partie.

déraciné, e [derasine] n. Personne qui a rompu les liens qui l'attachaient à son milieu, à son pays d'origine.

déracinement [derasinmɑ̃] n. m. Action de déraciner : *Le déracinement du noyer permet d'utiliser le bois de la souche. Le déracinement d'un préjugé.*

déraciner [derasine] v. t. 1. *Déraciner un végétal,* l'arracher du sol avec ses racines : *Un grand nombre d'arbres ont été déracinés par la tornade qui s'est abattue sur la région* (syn. ↓ABATTRE). — 2. *Déraciner qqch (abstrait),* l'arracher de l'esprit ou du cœur : *Il n'est pas facile de déraciner une mauvaise habitude* (syn. EXTIRPER). — 3. *Déraciner qqn,* le retirer de son milieu d'origine.

déraillement [derajmã] n. m. Accident survenant sur une voie ferrée quand un train quitte les rails.

dérailler [deraje] v. i. 1. (sujet un train) Quitter les rails : *Des saboteurs avaient fait dérailler le convoi.* — 2. *Fam.* (sujet qqn) Parler ou agir de façon déraisonnable ou anormale : *Il a un peu trop bu, il commence à dérailler* (syn. DÉRAISONNER, DIVAGUER). — 3. *Fam.* (sujet une machine) Fonctionner mal : *La pendule déraille.*

dérailleur [derajœr] n. m. Dispositif monté sur une bicyclette pour permettre un changement de vitesse en faisant passer la chaîne sur un pignon différent.

déraison [derɛzɔ̃] n. f. État d'esprit contraire à la raison, au bon sens.

déraisonnable [derɛzɔnabl] adj. Qui manque de réflexion : *Une conduite déraisonnable. Des propos déraisonnables* (syn. ABSURDE, EXTRAVAGANT, INSENSÉ).

déraisonner [derɛzɔne] v. i. Tenir des propos dénués de bon sens : *Cet homme ne fait que déraisonner* (syn. DIVAGUER ; fam. DÉRAILLER).

dérangement [derãʒmã] n. m. Action de déranger : *Une ligne téléphonique en dérangement* (= qui fonctionne mal). *Ces démarches nous ont occasionné de nombreux dérangements* (syn. DÉPLACEMENT). *Avoir un dérangement intestinal* (= la colique).

déranger [derãʒe] v. t. (c. 2). 1. *Déranger qqch,* déplacer ce qui était rangé : *Qui est-ce qui a dérangé mes fiches?* (= a mis en désordre). *Déranger les livres d'une bibliothèque.* — 2. *Déranger qqch,* en troubler le fonctionnement, le déroulement normal : *Déranger un appareil distributeur* (syn. DÉTRAQUER, DÉRÉGLER ; fam. DÉGLINGUER). *Le temps est dérangé* (= il s'est gâté). *Cet incident dérange tous nos projets* (syn. PERTURBER, CONTRECARRER). — 3. *Déranger qqn, un animal,* interrompre son repos ou son occupation : *Ne la dérangez pas, elle dort. Les voleurs ont été dérangés pendant leur effraction.* — 4. Fam. *Être dérangé, avoir l'estomac dérangé,* mal digérer. ‖ *Être dérangé, avoir l'esprit dérangé,* être un peu fou. ◆ ***se déranger*** v. pr. Quitter sa place, ses occupations pour faire qqch : *Je vous en prie, ne vous dérangez pas pour moi. Je peux éteindre la télévision de mon lit sans me déranger* (syn. SE DÉPLACER).

dérapage [derapaʒ] n. m. Action de déraper : *Un dérapage sur la chaussée mouillée.*

déraper [derape] v. i. (prov. *rapar,* saisir) [sujet qqch, un véhicule, qqn] Glisser en s'écartant de sa voie normale en raison d'une adhérence insuffisante de ses roues, de ses pieds : *Une voiture qui dérape dans un virage.*

dératé [derate] n. m. (de *rate* 2). *Courir comme un dératé,* très vite.

dératisation [deratizasjɔ̃] n. f. Action de dératiser.

dératiser [deratize] v. t. Détruire les rats : *Dératiser un navire.*

derby [dɛrbi] n. m. (mot angl. ; du n. de lord *Derby*). Nom donné à certaines courses de chevaux et à des rencontres sportives entre équipes voisines.

derechef [dərəʃɛf] adv. *Litt.* De nouveau : *Voyant que son assiette était vide, elle le servit derechef.*

déréglé, e [deregle] adj. *Vie, imagination déréglée,* qui n'est pas contrôlée par des principes moraux, par la raison, etc.

dérèglement [derɛgləmã] n. m. 1. Fait d'être déréglé, en désordre : *Le dérèglement des mœurs* (syn. DÉSORDRE). — 2. Trouble du fonctionnement : *Le dérèglement d'un appareil de mesure* (syn. DÉTRAQUEMENT).

dérégler [deregle] v. t. (c. 10) Troubler le fonctionnement, faire cesser l'exactitude d'un mécanisme : *Dérégler une balance en la manipulant trop brutalement* (syn. fam. DÉTRAQUER). *La panne d'électricité a déréglé les pendules.* [→ RÉGULIER.]

dérider [deride] v. t. *Dérider qqn,* provoquer son sourire, le rendre moins grave : *Cette anecdote réussit à les dérider* (syn. ÉGAYER). ◆ ***se dérider*** v. pr. S'égayer, sourire : *Il ne s'est pas déridé de la soirée.*

dérision [derizjɔ̃] n. f. (du lat. *deridere,* se moquer). Moquerie railleuse : *Il l'appelait par dérision «mon cher maître». Elle tourne tout en dérision.*

dérisoire [derizwar] adj. 1. Qui porte à rire par son caractère peu raisonnable : *Il n'a pu opposer que des arguments dérisoires* (syn. RIDICULE, PITOYABLE, MINABLE). — 2. Insignifiant, très faible : *Des articles vendus à des prix dérisoires. Je n'ai obtenu que des résultats dérisoires* (syn. INSIGNIFIANT).

dérisoirement [derizwarmã] adv. De façon dérisoire : *Des crédits dérisoirement insuffisants* (syn. RIDICULEMENT).

dérivatif [derivatif] n. m. (bas lat. *derivativus,* qui dérive). Occupation qui détourne l'esprit de ses préoccupations : *Le travail est un dérivatif à son chagrin.*

dérivation [derivasjɔ̃] n. f. 1. Action de dériver, d'être déporté par le courant. — 2. Action de dériver un cours d'eau ; voie par où passe un courant dérivé : *Creuser un canal de dérivation pour approfondir le lit d'un fleuve.* — 3. Formation d'un mot par adjonction d'un suffixe à un autre mot : *«Abricotier» a été formé sur «abricot» par dérivation.*

dérive [deriv] n. f. (de *dériver,* s'écarter de sa direction). 1. Aileron vertical mobile et immergé pour réduire la dérivation d'un voilier. — 2. Gouvernail de direction d'un avion. — 3. Déviation d'un bateau ou d'un avion sous l'effet du vent. — 4. État de qqch qui se trouve éloigné de son cours normal : *La dérive des monnaies.* — 5. *À la dérive,* se dit d'un bateau, d'un objet flottant chassé par le courant ou le vent, ou de qqn, qqch qui est le jouet des événements, qui se laisse aller : *Les caisses sont parties à la dérive. Depuis son échec, elle est à la dérive. Tous ses projets vont à la dérive* (syn. À VAU-L'EAU).

dérivé, e [derive] adj. et n. m. Se dit d'un mot qui dérive d'un autre mot : *Le mot «simple» a comme dérivés «simplet», «simplement», «simplicité», «simplifier», «simplification».*

dériver [derive] v. t. ind. (lat. *derivare,* détourner un cours d'eau). 1. (sujet qqch) *Dériver de qqch,* en provenir : *Le théâtre profane du Moyen Âge, en France, dérive du théâtre religieux* (syn. ÊTRE ISSU, VENIR DE). — 2. (sujet un mot) Être issu d'un autre mot par dérivation : *«Marchandise» dérive de «marchand».* ◆ v. i. 1. (sujet un bateau, un corps flottant, un avion) Être déporté par le courant ou par le vent : *Une barque qui dérive au fil de l'eau.* — 2. (sujet qqn) S'écarter du sujet qu'on commente : *Vous dérivez sans cesse : revenez donc à la question centrale.* ◆ v. t. *Dériver un cours d'eau,* détourner son cours.

dériveur [derivœr] n. m. Voilier muni d'une dérive.

dermatologie [dɛrmatɔlɔʒi] n. f. (gr. *derma, -atos,* peau, et *logos,* science). Partie de la médecine qui étudie et soigne les maladies de la peau.

dermatologue [dɛrmatɔlɔg] n. Spécialiste de dermatologie.

dermatose [dɛrmatoz] n. f. Maladie de la peau en général : *L'eczéma est une dermatose.*

derme [dɛrm] n. m. (gr. *derma,* peau). Couche profonde de la peau, située sous l'épiderme.

dermique [dɛrmik] adj. Relatif au derme : *Tissu dermique.*

dernier, ère [dɛrnje] adj. (avant le n.) et n. (du lat. *de retro,* derrière). **1.** Qui vient après tous les autres selon l'ordre chronologique, le rang, le mérite ; après quoi il n'y a plus rien : *Le 31 décembre est le dernier jour de l'année. La table des matières est à la dernière page du livre. Un élève classé dernier à la composition. Il est le dernier de sa classe. Elle habite au dernier étage* (= à l'étage le plus élevé). *J'ai une dernière recommandation à lui faire avant son départ* (syn. ULTIME). *En dernier lieu, je vous demande d'être très exact au rendez-vous* (= enfin). — **2.** *Ce dernier,* celui-ci (le plus récemment nommé) : *Elle est venue avec sa sœur et son cousin ; ce dernier paraissait fatigué.* — **3.** *En dernier,* après tout le reste, tous les autres ; pour terminer : *Il vaut mieux faire ce travail en dernier. On l'a inscrit en dernier sur la liste.* — **4.** *Le dernier des...,* le plus méprisable, le plus stupide des... : *On les traite comme les derniers des criminels. Le dernier des imbéciles comprendrait cela.* ‖ Fam. *Le dernier des derniers,* la personne la plus abjecte. ‖ *Le dernier à pouvoir..., le dernier qui* (+ *subj.*)..., celui qui est le moins qualifié pour qqch, qui mérite le moins qqch : *Il est bien le dernier à pouvoir se plaindre. C'est le dernier sur qui on puisse compter.* ◆ adj. **1.** (avant le n.) Qui est le plus récent : *Avez-vous lu le dernier roman de cet auteur ? Elle est habillée à la dernière mode. Une information de dernière minute.* — REM. Il se place après le n. dans les expressions *l'an dernier, l'année dernière, la semaine dernière, le mois dernier ;* on dit *les temps derniers* ou *ces derniers temps* (= récemment), *les jours derniers* ou *ces derniers jours,* etc. — **2.** Extrême (précédé de *de* ou *à* et art. défini) : *Une question de la dernière importance. Un chapeau du dernier ridicule. Je suis du dernier bien avec lui* (= au mieux). *Une réponse de la dernière grossièreté. Il est tuberculeux au dernier degré.*

dernièrement [dɛrnjɛrmɑ̃] adv. Il y a peu de temps : *Je l'ai rencontré dernièrement* (syn. RÉCEMMENT).

dernier-né, dernière-née [dɛrnjene] adj. et n. (pl. *derniers-nés*) Le dernier enfant d'une famille ; la chose la plus récente : *Les dernières-nées des voitures de course.*

dérobade [derɔbad] n. f. Action de se dérober, de se soustraire à ses obligations : *Ce silence est une dérobade.*

dérobé, e [derɔbe] adj. Se dit de ce qui est caché, secret : *Un escalier dérobé. Une porte dérobée.*

dérobée (à la) [derobe] adv. En cachette et rapidement pour que personne ne s'en aperçoive : *Regarder quelqu'un à la dérobée. Prendre quelque chose à la dérobée* (syn. FURTIVEMENT, SUBREPTICEMENT ; soutenu EN TAPINOIS ; fam. EN DOUCE ; contr. OUVERTEMENT).

dérober [derɔbe] v. t. (anc. fr. *rober,* voler). **1.** *Dérober qqch,* s'emparer furtivement de ce qui appartient ou revient à autrui (soutenu) : *Un voleur lui avait adroitement dérobé son portefeuille* (syn. VOLER, SUBTILISER). *Dérober à quelqu'un le fruit de ses efforts* (= l'en frustrer). — **2.** *Dérober qqn, qqch à qqch (action),* le mettre à couvert, le tenir à l'écart de : *Dérober un coupable aux poursuites judiciaires* (syn. SOUSTRAIRE). *Un rideau qui dérobe aux regards le fond de la pièce.* ◆ ***se dérober*** v. pr. (sujet qqn) Faire défection : *Se dérober à son devoir* (syn. SE SOUSTRAIRE). *Ne cherchez pas à vous dérober : répondez à ma question* (syn. S'ESQUIVER).

dérogation [derɔgasjɔ̃] n. f. Action de déroger : *Un règlement qui admet quelques dérogations* (syn. EXCEPTION, ENTORSE). *Il a été autorisé, par dérogation spéciale, à feuilleter le précieux manuscrit.*

déroger [derɔʒe] v. t. ind. (lat. *derogare*) [c. 2] *Déroger à qqch,* ne pas se conformer à une prescription, à un principe directeur (soutenu) : *Je n'ai jamais dérogé à mes habitudes.* ◆ v. i. S'abaisser au-dessous de sa condition (soutenu) : *Un ministre qui ne craignait pas de déroger en se mêlant à la foule dans le métro* (syn. DÉCHOIR).

dérouiller [deruje] v. t. Débarrasser de sa rouille : *Dérouiller une clef à la toile émeri.* ◆ ***se dérouiller*** v. pr. *Se dérouiller les jambes, les doigts,* etc., faire des exercices pour retrouver de la souplesse.

déroulement [derulmɑ̃] n. m. Action de dérouler, de se dérouler : *Le déroulement d'un tuyau. L'enquête a reconstitué le déroulement des faits* (syn. ENCHAÎNEMENT, SUITE). *Le déroulement d'une maladie* (syn. COURS).

dérouler [derule] v. t. **1.** *Dérouler qqch (concret),* étendre ce qui était enroulé : *Dérouler un ruban.* — **2.** *Dérouler qqch (abstrait),* passer en revue, développer successivement : *Dérouler les événements de la journée.* ◆ ***se dérouler*** v. pr. (sujet qqch) Se présenter successivement aux yeux ou à l'esprit, ou s'enchaîner sans interruption : *Les souvenirs se déroulent dans sa tête. Le drame qui s'est déroulé là.* (→ ENROULER.)

déroutage [derutaʒ] ou **déroutement** [derutmɑ̃] n. m. Action de dérouter un navire, un avion.

déroutant, e [derutɑ̃] adj. Qui déroute, déconcerte : *Des contradictions déroutantes.*

déroute [derut] n. f. (anc. fr. *route,* troupe). **1.** Fuite désordonnée d'une troupe vaincue : *Mettre l'ennemi en déroute. Une retraite qui tourne en déroute* (syn. DÉBÂCLE). — **2.** Grave échec, situation catastrophique (syn. DÉSASTRE) : *La déroute d'un parti à des élections.*

dérouter [derute] v. t. (de *dé-* et *route,* voie). **1.** *Dérouter un navire, un avion, un train,* lui assigner en cours de route un itinéraire différent de celui qui était prévu. — **2.** *Dérouter qqn,* le jeter dans une extrême perplexité, ne pas lui permettre de comprendre (surtout pass.) : *Être complètement dérouté par les nouvelles méthodes. Cette réponse m'a un peu dérouté* (syn. DÉCONCERTER, DÉCONTENANCER, DÉSORIENTER).

derrick [dɛrik] n. m. (mot angl.). Charpente métallique en forme de pylône, supportant l'appareil de forage d'un puits de pétrole.

derrière [dɛrjɛr] adv., prép. (lat. *de* et *retro,* en arrière). **1.** Indique une situation, un lieu qui se trouve dans le dos d'une personne ou d'une chose, ou le rang qui suit : *Je marche derrière eux* (= après eux). *Il marche derrière* (syn. EN QUEUE). *Il est placé derrière toi* (= il est un rang après toi). *J'ai loué deux places derrière* (= au fond). *Il court derrière pour le rattraper. Il y a un garage derrière les maisons. Vous êtes passés derrière. Regarde par le rétroviseur ce qui arrive derrière toi* (syn. EN ARRIÈRE DE). *Elle attendait derrière le porche. Nous sommes derrière* (= nous suivons). *Corsage qui s'agrafe derrière. Fuir sans regarder derrière soi* (= à toutes jambes). *Avoir tout le monde derrière soi* (= avec soi, c'est-à-dire avoir l'accord de tous). *Regarder derrière les apparences* (= au-delà des apparences). *Ne faites rien derrière elle* (= sans qu'elle le sache). — **2.** *De derrière,* de la partie qui se trouve derrière : *Retirer de derrière le buffet le journal qui y est tombé.* ‖ *Par-derrière : Il l'a attaqué par-derrière. Passer par-derrière la maison pour ne pas être vu* (syn. usuel DERRIÈRE). ◆ n. m. **1.** Ce qui est derrière : *La roue de der-*

rière (= la roue arrière). *Le derrière de la maison est bien délabré* (= le côté qui regarde la cour). *La porte de derrière donne sur le jardin. Les pattes de derrière d'un animal. La poche de derrière* (= la poche revolver). — **2.** Fam. *Le derrière,* partie du corps humain ou de certains animaux qui comprend les fesses : *S'asseoir sur le derrière* (syn. ARRIÈRE-TRAIN, POSTÉRIEUR). *Donner un coup de pied au derrière.*

derviche [dɛrviʃ] n. m. (persan *darwīch,* pauvre). Religieux musulman.

des [dɛ] art. pl. → LE, UN. (→ introduction ARTICLES).

dès [dɛ] prép. Indique avec un verbe au présent, au passé et au futur : **1.** le jour de départ : *Il s'est mis à pleuvoir dès le 15 mars. Dès le début il s'est montré hostile au projet. Elle est venue me trouver dès son retour. Dès la fin du XIXe siècle, l'électricité avait transformé les conditions de vie. Dès le jour où il a appris ce malheur, il a changé d'attitude à mon égard. Dès son enfance, elle manifestait une grande intelligence.* — **2.** le lieu à partir duquel un événement se produit : *Dès Valence, le temps est devenu très beau. Dès la sortie de Paris, la route a été encombrée. Je l'ai reconnu dès l'entrée.* — **3.** le rang, l'ordre : *Dès le deuxième échelon, le salaire est suffisant* (syn. À PARTIR DE). — **4.** *Dès lors,* à partir de ce moment : *Il avait été vexé; dès lors, il se tint sur la réserve* (= à partir de cette époque). *On ne peut retenir ce grief contre lui, dès lors toute l'accusation tombe* (syn. PAR CONSÉQUENT, DE CE FAIT). — **5.** *Dès lors que,* en conséquence, à partir de là : *Dès lors que tu avoues ta faute, elle te sera pardonnée* (= en conséquence du fait que). — **6.** *Dès que,* aussitôt que : *Dès qu'il sera arrivé, vous m'avertirez.*

désabonnement [dezabɔnmɑ̃] n. m. Action de désabonner, de se désabonner.

désabonner (se) [dezabɔne] v. pr. Faire cesser son abonnement : *Je me suis désabonné de cette revue.*

désabusé, e [dezabyze] adj. Qui a perdu ses illusions, qui manifeste une désillusion : *Un air désabusé* (syn. ↓ DÉÇU). *Un vieil homme désabusé* (syn. ↓ BLASÉ).

désabusement [dezabyzmɑ̃] n. m. Fait de désabuser, d'être désabusé.

désabuser [dezabyze] v. t. Tirer de ses illusions : *Elle gardait des illusions; je l'ai désabusée* (syn. DÉTROMPER).

désaccord [dezakɔr] n. m. Différend entre deux ou plusieurs personnes, groupes, idées, etc. : *Il s'est élevé entre eux un sérieux désaccord* (syn. DIFFÉREND, ↑ BROUILLE). *Le désaccord persiste entre les syndicats et la direction* (syn. OPPOSITION). *Il y a désaccord grave entre les deux tendances de ce parti* (syn. DISSENSION). *Je suis en désaccord avec ma famille. Le désaccord est flagrant entre ce que tu dis et ce que tu fais* (syn. CONTRASTE; contr. ACCORD).

désaccorder (se) [dezakɔrde] v. pr. ou **être désaccordé** v. pass. (sujet un instrument de musique) Perdre ou avoir perdu l'harmonie : *Le piano est désaccordé, il faudra faire venir l'accordeur.*

désaccoutumer (se) [dezakutyme] v. pr. *Se désaccoutumer de qqch,* en perdre l'habitude (soutenu) : *Je me suis désaccoutumé de fumer* (syn. usuel SE DÉSHABITUER).

désacralisation [desakralizasjɔ̃] n. f. Action de désacraliser.

désacraliser [desakralize] v. t. Retirer sa signification sacrée.

désaffectation [dezafɛktasjɔ̃] n. f. Action de désaffecter : *La désaffectation d'un édifice public.*

désaffecter [dezafɛkte] v. t. *Désaffecter un local,* en changer la destination première (souvent pass. sans agent) : *Les autorités décidèrent de désaffecter certains bâtiments dépendant de la mairie pour y installer une nouvelle école. Le lycée a été installé dans une caserne désaffectée.*

désaffection [dezafɛksjɔ̃] n. f. Perte progressive de l'affection qu'on portait à qqn ou à qqch : *Il était sensible à la désaffection du peuple pour sa personne* (syn. DÉTACHEMENT). *Éprouver de la désaffection pour le métier que l'on exerce* (contr. ATTACHEMENT).

désaffectionner (se) [dezafɛksjɔne] v. pr. Perdre son affection, son intérêt : *J'ai beaucoup changé; je me désaffectionne de tout ce qui m'entoure* (syn. SE DÉTACHER; contr. S'ATTACHER).

désagréable [dezagreabl] adj. Qui cause une impression pénible : *Recevoir une nouvelle désagréable* (syn. CONTRARIANT, ENNUYEUX, FÂCHEUX). *Il est désagréable avec tout le monde* (syn. DÉSOBLIGEANT, IMPOLI, ↑ ODIEUX). *Être dans une situation désagréable* (syn. GÊNANT). *L'odeur désagréable du brûlé* (syn. INCOMMODANT). *Le goût désagréable d'un fruit vert* (syn. AIGRE, ÂCRE, ACIDE). *Des paroles désagréables* (syn. BLESSANT, VEXANT). *Il m'a laissé une impression désagréable* (syn. DÉPLAISANT).

désagréablement [dezagreabləmɑ̃] adv. De façon désagréable : *Je suis désagréablement surpris par votre réponse* (syn. PÉNIBLEMENT).

désagrégation [dezagregasjɔ̃] n. f. Action de désagréger : *La désagrégation d'une équipe.*

désagréger [dezagreʒe] v. t. (c. **2** et **10**). *Désagréger un corps solide, un ensemble,* les décomposer, les désintégrer : *Le gel a désagrégé la pierre.* ◆ ***se désagréger*** v. pr. Se décomposer, s'effriter : *Une pâte qui se désagrège en séchant. La foule commençait à se désagréger* (syn. SE DISLOQUER).

désagrément [dezagremɑ̃] n. m. **1.** Sentiment causé par ce qui déplaît, ce qui contrarie : *Le désagrément causé par un échec* (syn. DÉPLAISIR, CONTRARIÉTÉ). — **2.** Ce qui déplaît : *Être rebuté par les désagréments d'un déménagement* (syn. ENNUI). *Ce voisinage nous attire bien des désagréments.*

désaliéner [dezaljene] v. t. *Désaliéner qqn,* faire cesser son aliénation (syn. LIBÉRER).

désaltérant, e [dezalterɑ̃] adj. Qui désaltère : *Le café froid est désaltérant.*

désaltérer [dezaltere] v. t. (c. **10**). *Désaltérer qqn,* faire cesser sa soif : *Ce verre d'eau suffit à me désaltérer;* sans compl. : *Une boisson qui désaltère.* ◆ ***se désaltérer*** v. pr. Faire cesser la soif en buvant : *Elle descendit de sa bicyclette pour se désaltérer à la fontaine.*

désamorçage [dezamɔrsaʒ] n. m. Action de désamorcer.

désamorcer [dezamɔrse] v. t. (c. **1**). **1.** Ôter l'amorce : *Désamorcer une bombe.* — **2.** *Désamorcer un conflit, une révolte,* les faire cesser au moment où ils se déclarent. — **3.** *Désamorcer une pompe,* en interrompre la marche.

désappointement [dezapwɛ̃tmɑ̃] n. m. État de qqn de désappointé : *Son désappointement se lisait sur son visage* (syn. DÉCEPTION, DÉPIT).

désappointer [dezapwɛ̃te] v. t. (angl. *to disappoint,* décevoir). *Désappointer qqn,* lui causer une déception visible en trompant son attente (surtout pass.) : *Elle sera désappointée d'apprendre qu'elle n'est pas invitée* (syn. DÉCEVOIR, DÉCONCERTER).

désapprendre [dezaprɑ̃dr] v. t. (c. **54**). Oublier ce qu'on a appris : *J'ai désappris le peu d'anglais que je savais.*

désapprobateur, trice [dezaprɔbatœr] adj. et n. Qui désapprouve : *Le discours fut suivi d'un silence désapprobateur* (syn. RÉPROBATEUR).

désapprobation [dezaprɔbasjɔ̃] n. f. Action de désapprouver : *Des murmures de désapprobation* (syn. ↑ BLÂME). *La désapprobation de sa mère ne l'arrête pas* (syn. ↑ RÉPROBATION, ↑ OPPOSITION).

désapprouver [dezapruve] v. t. Ne pas approuver : *Désapprouver la conduite de son enfant* (syn. CRITIQUER, ↑ BLÂMER). *Désapprouver un projet trop audacieux* (syn. ↑ RÉPROUVER). *Je vous désapprouve d'avoir cédé.*

désarçonner [dezarsɔne] v. t. **1.** *Désarçonner qqn,* le jeter à bas de son cheval : *En sautant la haie, le jockey fut désarçonné.* — **2.** *Désarçonner qqn,* le mettre dans l'impossibilité de répondre, en lui posant une question embarrassante, en le plaçant devant un événement imprévu, etc. : *Cette question inattendue la désarçonna* (syn. DÉMONTER, TROUBLER, DÉCONCERTER, ↑ CONFONDRE).

désargenté, e [dezarʒɑ̃te] adj. *Fam.* Démuni d'argent (syn. fam. FAUCHÉ).

désargenter [dezarʒɑ̃te] v. t. Enlever la couche d'argent : *Ne frotte pas trop avec cette pâte : tu finiras par désargenter tes couverts.*

désarmant, e [dezarmɑ̃] adj. Qui laisse sans réaction, sans défense : *Tu es d'une naïveté désarmante.*

désarmement [dezarməmɑ̃] n. m. **1.** Action d'enlever les armes : *Procéder au désarmement de soldats révoltés.* — **2.** Réduction des effectifs militaires et des fabrications d'armes : *Une conférence sur le désarmement s'est tenue à Genève.* — **3.** Action de désarmer un navire.

désarmer [dezarme] v. t. **1.** *Désarmer qqn, un pays,* leur enlever leurs armes (souvent pass.) : *Désarmer un bandit. L'assassin fut désarmé par les témoins du drame. L'Allemagne a été désarmée en 1945.* — **2.** *Désarmer qqn,* le calmer, faire cesser sa colère, sa haine, etc. : *Les pleurs de l'enfant les désarmèrent* (syn. FLÉCHIR, TOUCHER). *Le rire a désarmé sa fureur.* ‖ *Être désarmé,* être sans défense : *Il est désarmé devant les difficultés de l'existence.* — **3.** *Désarmer un navire,* en retirer l'équipage et le matériel. ◆ v. i. **1.** Cesser toute fabrication d'armes; supprimer ou réduire ses forces militaires : *Les grandes puissances envisagent de désarmer.* — **2.** Abandonner sa violence, sa colère, son obstination : *Sa haine ne désarme pas* (syn. CÉDER). — **3.** Cesser toute activité : *Malgré l'âge et la maladie, elle ne désarme pas* (syn. RENONCER).

désarroi [dezarwa] n. m. (de l'anc. fr. *desarroyer,* mettre en désordre). État de qqn de profondément troublé, ne sachant pas quel parti prendre, quelles actions accomplir : *La mort de son associée l'a plongé dans un profond désarroi. Les ordres contradictoires témoignent de son désarroi.*

désarticulation [dezartikylasjɔ̃] n. f. Action de désarticuler; fait d'être désarticulé : *La désarticulation du coude.*

désarticuler [dezartikyle] v. t. **1.** *Désarticuler un membre,* le faire sortir de l'articulation : *Désarticuler la patte d'un animal* (syn. DÉBOÎTER, DISLOQUER). — **2.** *Désarticuler qqch,* lui faire perdre sa cohésion, détruire l'assemblage de ses parties : *Le choc avait complètement désarticulé le mécanisme.* ◆ ***se désarticuler*** v. pr. **1.** (sujet qqn) Mouvoir ses articulations à l'excès : *Le clown se désarticule pour faire rire.* — **2.** (sujet qqch) Perdre sa cohésion : *Un assemblage qui s'est désarticulé.*

désassorti, e [dezasɔrti] adj. **1.** Qui n'est plus assorti : *Service de table désassorti* (syn. DÉPAREILLÉ). — **2.** Se dit d'un magasin dont l'assortiment de marchandises est dégarni.

désassortiment [dezasɔrtimɑ̃] n. m. État de ce qui est désassorti.

désastre [dezastr] n. m. (it. *disastro*). **1.** Grand malheur, événement qui cause des dommages graves et étendus; ruine qui en résulte : *Les désastres entraînés par l'inondation* (syn. CALAMITÉ). *Un cyclone a ravagé la région : de nombreux habitants ont péri dans ce désastre* (syn. CATASTROPHE). *Le désastre de Sedan* (syn. DÉROUTE, ↓ DÉFAITE). *Un désastre financier.* — **2.** Fam. *C'est un désastre,* c'est d'un effet déplorable : *J'ai voulu improviser une allocution : ça a été un désastre.*

désastreux, euse [dezastrø] adj. Très mauvais : *Un temps désastreux* (syn. ÉPOUVANTABLE). *Une récolte désastreuse* (contr. EXCELLENT). *Un bilan désastreux* (syn. ↑ CATASTROPHIQUE). *Un film désastreux.*

désavantage [dezavɑ̃taʒ] n. m. Ce qui donne l'infériorité, cause un désagrément : *La situation présente de sérieux désavantages* (syn. INCONVÉNIENT). *Elle s'est montrée à son désavantage. La dispute tourna à son désavantage* (syn. DÉTRIMENT, PRÉJUDICE; contr. FAVEUR). *Le partage a été fait à son désavantage.*

désavantager [dezavɑ̃taʒe] v. t. (c. 2). Faire subir un désavantage : *Ce cheval est désavantagé dans une course en terrain lourd* (syn. HANDICAPER). *Il a désavantagé ses héritiers directs au profit d'un cousin* (contr. FAVORISER, PRIVILÉGIER).

désavantageux, euse [dezavɑ̃taʒø] adj. Qui n'est pas à l'avantage de qqn : *Se montrer sous un jour désavantageux* (syn. DÉFAVORABLE). *Conclure un marché très désavantageux* (syn. DÉFAVORABLE).

désaveu [dezavø] n. m. Action de revenir sur ce qu'on a fait : *Sa déclaration est un désaveu de son action passée* (syn. RENIEMENT). *Ses aveux ont été suivis de désaveux* (syn. RÉTRACTATION, DÉMENTI, ↓ RÉTICENCE).

désavouer [dezavwe] v. t. **1.** *Désavouer qqch,* refuser de le reconnaître comme sien : *Voltaire désavoua de nombreux écrits qu'on lui attribuait* (syn. RENIER). — **2.** *Désavouer qqn, ses propos, ses actes,* déclarer qu'on est en désaccord avec lui, qu'on se désolidarise de lui : *Un homme politique désavoué par son parti.* (→ AVOUER.)

désaxé, e [dezakse] adj. et n. Qui a perdu son équilibre psychique : *Mener une vie désaxée* (contr. STABLE). *C'est un désaxé* (syn. DÉSÉQUILIBRÉ, ↑ MALADE MENTAL).

désaxer [dezakse] v. t. **1.** *Désaxer qqch,* le mettre hors de son axe : *Désaxer une roue.* — **2.** *Désaxer qqn,* rompre son équilibre mental : *C'est peut-être le divorce de ses parents qui l'a désaxé.*

descellement [desɛlmɑ̃] n. m. Action de desceller : *Le choc a provoqué le descellement de la grille.*

desceller [desele] v. t. Défaire ce qui est scellé : *Desceller une pierre d'un mur, les gonds d'un portail.* ◆ ***se desceller*** v. pr. Perdre son scellement : *La balustrade s'est descellée.*

descendance [desɑ̃dɑ̃s] n. f. **1.** Le fait, pour qqn, d'être issu de telle ou telle personne, de telle ou telle condition : *Être de descendance noble, norvégienne* (syn. ORIGINE). — **2.** Ensemble des descendants : *La descendance d'un patriarche* (syn. soutenu POSTÉRITÉ).

descendant, e [desɑ̃dɑ̃] adj. Qui descend, qui va vers le bas : *La route descendante* (contr. MONTANT). *Une gamme descendante* (contr. ASCENDANT, MONTANT). ◆ n. Personne qui descend d'une autre : *Elle a légué sa fortune à ses descendants* (contr. ASCENDANT). *Louis XIV était un descendant de Saint Louis.*

descendre [desɑ̃dr] v. i. (lat. *descendere*) [c. **50**; auxil. *être*]. **1.** (sujet qqn, qqch, un animal) Aller de haut en bas, se porter à un niveau inférieur : *Les troupeaux descendent de la montagne. Les flocons de neige descendent en voltigeant* (syn. TOMBER). *Torrent qui descend du glacier. Les voyageurs descendent du train. Vous descendez à la prochaine? Descendre à la* cave (contr. MONTER). — **2.** (sujet qqn) Aller vers le sud : *Nous descendons à Montélimar vendredi.* — **3.** (sujet qqn) S'abaisser au-dessous de son rang : *Dans ses accès de colère, il descend jusqu'à la pire grossièreté* (contr. S'ÉLEVER). — **4.** *Descendre à l'hôtel, chez des amis,* s'y arrêter au cours d'un voyage, y prendre pension. — **5.** (sujet qqch) S'étendre vers le bas, être en pente : *Un puits qui descend à quarante mètres. La route descend vers la plaine* (contr. MONTER). — **6.** (sujet qqn, la voix, un son) Aller vers des sons de plus en plus graves. — **7.** (sujet un groupe, la police) Faire irruption qqpart : *La police est descendue dans l'hôtel à 11 h du soir* (syn. FAIRE UNE DESCENTE). — **8.** *Le thermomètre, le baromètre descend,* il indique une température, une pression atmosphérique moins élevée (syn. BAISSER; contr. MONTER, S'ÉLEVER). ◆ v. t. (auxil. *avoir*) **1.** *Descendre une chose,* la porter plus bas, la mettre à un niveau inférieur : *Descendre une valise du grenier au rez-de-chaussée. Descends un peu le tableau* (syn. BAISSER; contr. LEVER, HAUSSER). — **2.** (sujet qqch, qqn) Suivre de haut en bas, vers l'aval, vers le bas : *J'ai descendu précipitamment les trois étages. Une chanteuse qui descend la gamme* (contr. MONTER). *Barque qui descend la rivière* (contr. REMONTER). — **3.** Fam. *Descendre qqn,* le tuer avec une arme à feu. ‖ *Descendre qqn, son œuvre (en flammes),* le critiquer violemment. ‖ *Descendre un avion,* l'abattre. ◆ v. t. ind. *Descendre d'un ancêtre célèbre, d'une famille de petite noblesse,* etc., en être issu, en tirer son origine (syn. REMONTER À).

descente [desɑ̃t] n. f. **1.** Action de descendre : *On l'a acclamé à sa descente de bateau. La descente des bagages a demandé une demi-heure* (contr. MONTÉE). *Faire la descente d'une rivière en canoë* (contr. REMONTÉE). — **2.** Irruption en vue d'un contrôle, d'une rafle, etc. : *Une descente de police. Des pillards avaient fait une descente dans ses provisions.* — **3.** Partie descendante : *Freiner dans la descente.* — **4.** *Descente de lit,* petit tapis placé sur le sol, le long d'un lit.

1. descriptif, ive [dɛskriptif] adj. (lat. *descriptus,* décrit). Qui décrit : *Littérature descriptive.*

2. descriptif [dɛskriptif] n. m. Document qui donne une description exacte d'un lieu avec ou sans schéma.

description [dɛskripsjɔ̃] n. f. (lat. *descriptio*). Action de décrire : *L'auteur s'est attardé à la description de la maison. Les écoliers ont souvent des descriptions à faire.*

déséchouer [dezeʃwe] v. t. Remettre à flot un navire échoué.

déségrégation [desegregasjɔ̃] n. f. Abolition d'une ségrégation.

désembourgeoiser [dezɑ̃burʒwaze] v. t. Enlever le caractère bourgeois.

désembouteiller [dezɑ̃butɛje] v. t. Faire disparaître les embouteillages : *La police est arrivée pour essayer de désembouteiller la place.*

désembuage [dezɑ̃bɥaʒ] n. m. Action de désembuer : *Actionner la manette de désembuage du pare-brise.*

désembuer [dezɑ̃bɥe] v. t. Ôter la buée de.

désemparé, e [dezɑ̃pare] adj. (de *désemparer*). **1.** Qui a perdu tous ses moyens, qui ne sait plus comment s'y prendre pour se tirer d'affaire : *Après le départ de son ami, elle se sentit désemparée* (syn. PERDU, DÉCONCERTÉ, DÉCONTENANCÉ). — **2.** Se dit d'un bateau ou d'un avion qui n'est plus en état de se diriger, à la suite d'une avarie.

désemparer (sans) [dezɑ̃pare] adv. (de *dés-* et *emparer,* fortifier). Sans interruption, avec persévérance : *Travailler sans désemparer* (syn. SANS S'ARRÊTER).

désemplir [dezɑ̃plir] v. i. (sujet un lieu) *Ne pas désemplir,* être toujours plein : *Les jours de chaleur, les cafés ne désemplissent pas.*

désencadrer [dezɑ̃kadre] v. t. Enlever le cadre (d'un tableau).

désenchantement [dezɑ̃ʃɑ̃tmɑ̃] n. m. Cessation des illusions : *Connaître des désenchantements dans sa carrière* (syn. DÉSILLUSION, DÉCEPTION, DÉBOIRE).

désenchanter [dezɑ̃ʃɑ̃te] v. t. *Désenchanter qqn,* le faire passer d'une illusion à la constatation d'une réalité peu réjouissante (surtout pass.) : *Elle est revenue bien désenchantée de son voyage* (syn. DÉSILLUSIONNER, DÉCEVOIR).

désenclavement [dezɑ̃klavmɑ̃] n. m. Action de désenclaver; fait d'être désenclavé.

désenclaver [dezɑ̃klave] v. t. Faire cesser l'isolement d'une région par l'amélioration des moyens de communication.

désencombrer [dezɑ̃kɔ̃bre] v. t. Débarrasser de ce qui encombre : *On a brûlé de vieilles caisses pour désencombrer le grenier* (syn. DÉBARRASSER).

désencrasser [dezɑ̃krase] v. t. *Désencrasser qqch,* en enlever la crasse : *Désencrasser le filtre du carburateur* (syn. DÉCRASSER).

désenfiler [dezɑ̃file] v. t. Retirer le fil qui y est introduit : *Désenfiler une aiguille, un collier de perles.*

désenflement [dezɑ̃fləmɑ̃] n. m. Fait de désenfler.

désenfler [dezɑ̃fle] v. i. Devenir moins enflé : *Son poignet foulé a un peu désenflé.*

désengagement [dezɑ̃gaʒmɑ̃] n. m. **1.** Action de désengager, de libérer. — **2.** Action de se désengager : *Le désengagement des troupes.*

désengager [dezɑ̃gaʒe] v. t. (c. 2). **1.** Libérer d'un engagement : *Désengager sa montre.* — **2.** Faire cesser un engagement. ◆ ***se désengager*** v. pr. **1.** Se libérer de : *Se désengager d'une promesse, de l'armée.* — **2.** Se libérer d'un engagement politique, économique, militaire.

désengorger [dezɑ̃gɔrʒe] v. t. (c. 2). Déboucher : *Désengorger un tuyau obstrué. Une déviation qui désengorge la rue principale* (syn. DÉSENCOMBRER, DÉGAGER). [→ DÉGORGER.]

désenivrer [dezɑ̃nivre] v. t. Tirer de l'ivresse.

désennuyer [dezɑ̃nɥije] v. t. (c. 3). *Désennuyer qqn,* dissiper son ennui : *Cette lecture m'a désennuyé pendant quelques heures.* ◆ ***se désennuyer*** v. pr. Cesser d'être ennuyé : *Ils se désennuyaient en faisant de longues parties de cartes* (syn. SE DISTRAIRE).

désensabler [dezɑ̃sable] v. t. Dégager ce qui est ensablé.

désensibiliser [desɑ̃sibilize] v. t. **1.** Rendre moins sensible, faire perdre la sensibilité. — **2.** *Désensibiliser qqn,* l'amener à devenir moins sensible, à s'intéresser moins à qqch : *Désensibiliser l'opinion sur un problème.*

désépaissir [dezepɛsir] v. t. Rendre moins épais : *Désépaissir une sauce* (= la rendre moins épaisse).

déséquilibre [dezekilibr] n. m. Absence d'équilibre : *Un léger déséquilibre fait pencher le bateau. Un déséquilibre mental.*

déséquilibré, e [dezekilibre] adj. et n. Qui a perdu son équilibre mental : *Les discours extravagants d'un déséquilibré* (syn. ↑FOU).

déséquilibrer [dezekilibre] v. t. *Déséquilibrer qqch, qqn,* lui faire perdre l'équilibre : *La statuette, déséquilibrée par un geste maladroit, est tombée par terre.*

1. désert, e [dezɛr] adj. (lat. *desertus,* abondonné). Se dit d'un lieu inhabité ou peu fréquenté : *L'avion sur-*

volait une région déserte. À cette heure, la plage est déserte. Elle parcourait les longs couloirs déserts.

2. désert [dezɛr] n. m. **1.** Vaste région inhabitée en raison de son aridité : *Le Sahara est un désert de sable et de pierre.* — **2.** *Parler, prêcher dans le désert,* parler sans rencontrer de compréhension, faire de vaines recommandations.

déserter [dezɛrte] v. t. **1.** *Déserter un lieu,* l'abandonner définitivement : *Les jeunes désertent ces villages.* — **2.** *Déserter une organisation,* s'en séparer, la quitter : *Il a déserté le parti dont il était membre depuis longtemps* (syn. fam. LÂCHER). ◆ v. i. (sujet un soldat) Abandonner irrégulièrement son unité.

déserteur [dezɛrtœr] n. m. Celui qui a déserté : *De nombreux déserteurs ont passé la frontière. Un soldat porté déserteur.*

désertifier [dezɛrtifje] v. t. Rendre désertique : *La sécheresse a désertifié le Sahel.*

désertion [dezɛrsjɔ̃] n. f. Action de déserter : *La désertion devant l'ennemi est passible de mort. Un parti politique qui a enregistré quelques désertions* (syn. DÉFECTION). *La désertion des campagnes.*

désertique [dezɛrtik] adj. Relatif au désert : *Une zone désertique.*

désescalade [dezɛskalad] n. f. Diminution progressive de la tension dans un conflit.

désespérant, e [dezɛsperɑ̃] adj. Qui cause du désespoir, de l'abattement : *Nos efforts étaient d'une inutilité désespérante* (syn. ↓DÉCOURAGEANT). *Cet enfant est désespérant* (= on ne peut rien tirer de lui).

désespéré, e [dezɛspere] adj. **1.** Dont on désespère : *Les médecins jugent son cas désespéré. La lutte était désespérée, elle a dû se résigner.* — **2.** Extrême, fait avec acharnement : *Déployer une énergie désespérée* (syn. ACHARNÉ). *Malgré sa course désespérée, il n'a pas pu arriver à temps* (syn. FOU). ◆ adj. et n. Qui s'abandonne au désespoir : *Il a échoué, il est désespéré. On a repêché dans la Seine le corps d'un désespéré.*

désespérément [dezɛsperemɑ̃] adv. **1.** D'une façon qui porte au désespoir : *Elle se sentait désespérément seule.* — **2.** Avec acharnement, de toutes ses forces : *Le naufragé s'efforçait désespérément de gagner la côte à la nage.*

désespérer [dezɛspere] v. t. (c. **10**) *Désespérer qqn,* le jeter dans l'abattement en venant à bout de son courage, de sa persévérance : *Une période de mauvais temps qui désespère les touristes* (syn. DÉCOURAGER). *Sa paresse désespère ses parents* (syn. ↓NAVRER). *Il me désespère par sa lenteur.* ◆ v. t. ind. **1.** *Désespérer de qqch, de* (+ *inf.*), *de qqn,* ne plus en espérer la réalisation, la fin, etc., n'avoir plus confiance en qqch, qqn : *Je commençais à désespérer de la revoir, de la guérison. J'avoue avoir un moment désespéré de toi.* — **2.** (sans compl.) Perdre courage, cesser d'espérer : *Elle n'avait jamais désespéré dans les situations les plus critiques.* ◆ ***se désespérer*** v. pr. Perdre l'espoir, être rongé d'inquiétude, de souci : *Ne vous désespérez pas : tout peut encore s'arranger.* (→ ESPÉRER.)

désespoir [dezɛspwar] n. m. **1.** Abattement total de qqn qui a cessé d'espérer : *Dans un moment de désespoir, elle avait eu la tentation de se suicider.* — **2.** *En désespoir de cause,* après avoir épuisé tous les autres moyens. ‖ *Être au désespoir de* (+ *inf.*), avoir le grand regret de : *Je suis au désespoir de ne pas pouvoir vous satisfaire.* ‖ *Être, faire le désespoir de qqn,* le jeter dans le découragement, l'affliger profondément.

déshabillage [dezabijaʒ] n. m. Action de déshabiller, de se déshabiller.

déshabillé [dezabije] n. m. Tenue légère qu'on porte chez soi : *Excusez-moi de vous recevoir en déshabillé* (syn. EN NÉGLIGÉ). *Un déshabillé de soie.*

déshabiller [dezabije] v. t. *Déshabiller qqn,* lui ôter ses vêtements : *Déshabiller un enfant avant de le mettre au lit* (syn. DÉVÊTIR). ◆ ***se déshabiller*** v. pr. **1.** Enlever ses vêtements : *Se déshabiller pour prendre un bain.* — **2.** Ôter les vêtements destinés à n'être portés que dehors : *Déshabillez-vous dans l'entrée, il fait très chaud dans le salon* (syn. SE DÉCOUVRIR, SE METTRE À L'AISE).

déshabituer [dezabitɥe] v. t. *Déshabituer qqn de qqch, de* (+ *inf.*), lui faire perdre l'habitude de : *Il est difficile de le déshabituer d'arriver en retard.* ◆ ***se déshabituer*** v. pr. Perdre l'habitude de : *J'ai réussi à me déshabituer du tabac.*

désherbage [dezɛrbaʒ] n. m. Action de désherber.

désherbant [dezɛrbɑ̃] n. m. et adj. Produit chimique qui détruit les mauvaises herbes.

désherber [dezɛrbe] v. t. *Désherber un lieu,* en enlever les mauvaises herbes.

déshérité, e [dezerite] adj. et n. Privé de tout avantage naturel : *Un département déshérité* (syn. ↑MISÉRABLE). *Secourir les déshérités* (syn. PAUVRE).

déshériter [dezerite] v. t. *Déshériter qqn,* le priver d'une succession qu'il pouvait attendre.

déshonneur [dezɔnœr] n. m. Perte de l'honneur : *Il n'a pu survivre à son déshonneur* (syn. INFAMIE). *Il n'y a pas de déshonneur à avouer son ignorance* (syn. HONTE).

déshonorant, e [dezɔnɔrɑ̃] adj. Qui déshonore : *Une conduite déshonorante* (contr. GLORIEUX).

déshonorer [dezɔnɔre] v. t. *Déshonorer qqn, qqch,* porter atteinte à son honneur : *Être déshonoré par une condamnation. Déshonorer la mémoire de ses parents* (syn. SALIR). *Vous déshonorez la profession par de telles pratiques* (syn. ↓DISCRÉDITER).

déshumanisation [dezymanizasjɔ̃] n. f. Action de déshumaniser.

déshumaniser [dezymanize] v. t. *Déshumaniser qqch,* lui faire perdre tout caractère humain : *Déshumaniser une doctrine jusqu'à lui enlever toute vie.*

déshydratation [dezidratasjɔ̃] n. f. Action de déshydrater.

déshydrater [dezidrate] v. t. **1.** *Déshydrater un produit, un légume,* etc., leur faire perdre leur eau par évaporation. — **2.** *Déshydrater la peau,* diminuer sa teneur en eau (surtout pass.) : *Peau déshydratée.* — **3.** Fam. *Être déshydraté,* avoir soif.

desiderata [deziderata] n. m. pl. (mot lat. signif. *choses désirées*). Ce qu'on désire, souhaite (admin.) : *Écrire à un député pour lui faire part de ses desiderata* (syn. DÉSIRS, VŒUX, SOUHAITS).

design [dizajn] n. m. (mot angl. signif. *plan*). **1.** Discipline visant à une harmonisation esthétique de l'environnement humain, depuis la conception des objets usuels et des meubles jusqu'à celle de l'urbanisme (syn. ESTHÉTIQUE INDUSTRIELLE). — **2.** *Meuble, objet, style design,* caractérisé par des lignes modernes, pures et fonctionnelles, des matériaux comme l'acier, le bois, le verre, ou des matériaux synthétiques.

désignation [deziɲasjɔ̃] n. f. Action de désigner; fait d'être désigné : *Une case du questionnaire est réservée à la désignation des postes précédemment occupés* (syn. INDICATION, MENTION). *Qu'est-ce qu'on entend sous cette désignation?* (syn. APPELLATION). *Depuis sa désignation comme directrice, elle a changé* (syn. NOMINATION).

designer [dizajnœr] n. m. (de *design*). Spécialiste du design.

désigner [deziɲe] v. t. (lat. *designare*). **1.** *Désigner qqch, qqn,* les montrer, attirer l'attention sur eux : *Elle me désigna une chaise en m'invitant à m'asseoir. L'examinatrice désigna au candidat le passage qu'il devait traduire* (syn. INDIQUER). *Son dernier roman l'a désigné à l'attention du jury* (syn. SIGNALER). — **2.** *Désigner qqn,* le choisir pour exercer des fonctions, l'investir d'un rôle : *Le personnel est invité à désigner ses représentants* (syn. ÉLIRE). *On l'a désigné pour diriger cette mission* (syn. APPELER). *Le tribunal a désigné deux experts* (syn. NOMMER, COMMETTRE). *Vous êtes tout désigné pour faire ce travail* (= cela vous convient tout particulièrement; syn. INDIQUER, QUALIFIER). — **3.** *Désigner qqch,* permettre de l'identifier, de le signifier : *Dans «le Roman de la Rose», la rose désigne la femme aimée* (syn. SYMBOLISER).

désillusion [dezilyzjɔ̃] n. f. Perte de l'illusion, de l'espoir : *L'échec des pourparlers fut une grande désillusion pour tous* (syn. DÉCEPTION, DÉSAPPOINTEMENT).

désillusionner [dezilyzjɔne] v. t. *Désillusionner qqn,* lui faire perdre ses illusions (surtout pass.) : *Être désillusionné sur la vie* (syn. DÉGOÛTER DE, DÉCEVOIR).

désincarné, e [dezɛ̃karne] adj. Qui ne tient pas compte du corps ou des réalités : *Morale désincarnée.*

désinence [dezinɑ̃s] n. f. (du lat. *desinere,* finir). Partie variable de la fin d'un mot qui constitue un élément de sa conjugaison (verbe), ou de sa flexion (nom), et qui s'oppose au radical : *La marque «s» est la désinence du pluriel en français écrit.*

désinfectant, e [dezɛ̃fɛktɑ̃] adj. et n. m. Produit qui désinfecte.

désinfecter [dezɛ̃fɛkte] v. t. *Désinfecter un lieu, une plaie,* détruire les germes infectieux qui s'y trouvent : *Désinfecter la chambre d'un malade.*

désinfection [dezɛ̃fɛksjɔ̃] n. f. Action de désinfecter : *La désinfection d'une salle.*

désinformation [dezɛ̃fɔrmasjɔ̃] n. f. Action de désinformer : *La publicité mensongère est de la désinformation.*

désinformer [dezɛ̃fɔrme] v. t. Informer faussement, en donnant une image déformée ou mensongère de la réalité, partic. en utilisant les médias.

désinsectisation [dezɛ̃sɛktizasjɔ̃] n. f. Action de désinsectiser.

désinsectiser [dezɛ̃sɛktize] v. t. Détruire les insectes.

désintégration [dezɛ̃tegrasjɔ̃] n. f. Action de désintégrer; fait d'être désintégré. *La désintégration de la matière par une explosion nucléaire. Un parti politique voué à une lente désintégration.*

désintégrer [dezɛ̃tegre] v. t. (de *dés-* et lat. *integer,* intact) [c. **10**]. **1.** *Désintégrer qqch,* le décomposer en éléments, en particules élémentaires : *Les rivalités personnelles risquaient de désintégrer l'équipe* (syn. DÉSAGRÉGER). *Les savants ont réussi à désintégrer l'atome.* — **2.** Détruire complètement : *Un film de science-fiction où on fait disparaître les êtres humains en les désintégrant.*

désintéressé, e [dezɛ̃terese] adj. Qui n'agit pas par intérêt égoïste; qui n'est entaché par aucun souci personnel (contr. de l'adj.) : *Une personne désintéressée, uniquement soucieuse du bien commun* (syn. GÉNÉREUX). *Agir de façon désintéressée. Porter un jugement désintéressé* (syn. ↑IMPARTIAL, ↑OBJECTIF).

désintéressement [dezɛ̃terɛsmɑ̃] n. m. **1.** Action de désintéresser : *Le désintéressement des divers participants à une affaire par le principal actionnaire.* — **2.** Indifférence à tout ce qui est intérêt personnel, matériel : *Son désintéressement est total* (syn. ↑ABNÉGATION). *Agir avec désintéressement* (syn. ↑GÉNÉROSITÉ).

désintéresser [dezɛ̃terese] v. t. *Désintéresser qqn,* lui donner l'argent qui lui est dû; l'indemniser pour le retirer d'une affaire : *Désintéresser des créanciers. Il a proposé de désintéresser ceux qui avaient subi un dommage du fait de l'accident.* ◆ ***se désintéresser*** v. pr. *Se désintéresser de qqch, qqn,* ne plus porter d'intérêt, d'attention à qqch, de sympathie à qqn : *Se désintéresser du sort de ses proches. Se désintéresser de ses affaires* (syn. NÉGLIGER).

désintérêt [dezɛ̃terɛ] n. m. Absence d'intérêt, indifférence.

désintoxication [dezɛ̃tɔksikasjɔ̃] n. f. Action de désintoxiquer : *Une cure de désintoxication.*

désintoxiquer [dezɛ̃tɔksike] v. t. *Désintoxiquer qqn,* le guérir d'une intoxication : *On désintoxique les alcooliques par un traitement approprié.*

désinvestir [dezɛ̃vɛstir] v. i. Cesser d'attacher une valeur affective à qqch.

désinvolte [dezɛ̃vɔlt] adj. (esp. *desenvuelto,* dégagé dans ses manières). Qui a ou montre des manières trop libres : *Elle est timide; mais sa sœur est très désinvolte* (syn. DÉCONTRACTÉ, ↑SANS-GÊNE, ↑MAL ÉLEVÉ, ↑EFFRONTÉ; contr. RÉSERVÉ, DÉFÉRENT). *Une réplique désinvolte* (syn. ↑INSOLENT).

désinvolture [dezɛ̃vɔltyr] n. f. Attitude désinvolte : *Agir avec désinvolture* (syn. ↑SANS-GÊNE, ↑INSOLENCE, ↑EFFRONTERIE).

désir [dezir] n. m. Action de désirer; sentiment de celui qui désire; chose désirée : *Des paroles inspirées par le désir d'être agréable. Il éprouvait un grand désir de silence. L'amour n'est pas seulement le désir* (= l'appétit sensuel). *Tous ses désirs se réalisent. Mon principal désir a été de vous satisfaire.*

désirable [dezirabl] adj. Qui mérite d'être désiré : *Elle présente toutes les qualités désirables pour faire une bonne secrétaire* (syn. REQUIS, VOULU, SOUHAITABLE). *Une femme désirable* (= qui inspire le désir charnel).

désirer [dezire] v. t. (lat. *desiderare*). **1.** *Désirer qqch, que* (+ *subj.*), *désirer* (+ *inf.*), souhaiter la possession, la jouissance ou la réalisation de qqch : *Désirez-vous encore un peu de salade?* (syn. VOULOIR). *Je désire m'expliquer sur ce point, que vous vous expliquiez* (= je voudrais; syn. SOUHAITER). *Elle avait longtemps désiré cette fille* (= souhaité sa naissance). — **2.** Fam. *Se faire désirer,* faire attendre impatiemment sa présence, son arrivée. (→ DESIDERATA.)

désireux, euse [dezirø] adj. *Désireux de* (+ *inf.*), qui désire qqch : *Il paraissait désireux d'engager la conversation.*

désistement [dezistəmɑ̃] n. m. Fait de se désister.

désister (se) [deziste] v. pr. (lat. *desistere*). **1.** Renoncer à une action, à une poursuite en justice. — **2.** Retirer sa candidature avant des élections : *Un candidat qui se désiste en faveur d'un autre.*

désobéir [dezɔbeir] v. t. ind. *Désobéir à qqn, à qqch,* ne pas y obéir : *Enfant qui désobéit à ses parents. Désobéir au règlement* (syn. ENFREINDRE, TRANSGRESSER, CONTREVENIR). *Il a désobéi, il sera puni.*

désobéissance [dezɔbeisɑ̃s] n. f. Action de désobéir : *La désobéissance d'un militaire* (syn. INSUBORDINATION). *Désobéissance aux règlements administratifs* (syn. INFRACTION).

désobéissant, e [dezɔbeisɑ̃] adj. Qui désobéit : *Un élève désobéissant.*

désobligeance [dezɔbliʒɑ̃s] n. f. Attitude désobligeante.

désobligeant, e [dezɔbliʒɑ̃] adj. Qui désoblige : *Il entendit en passant quelques réflexions désobligean-*

tes (syn. BLESSANT). *Ces soupçons sont désobligeants à son égard* (syn. ↑ INJURIEUX).

désobliger [dezɔbliʒe] v. t. (c. 2). *Désobliger qqn,* lui causer de la contrariété, du déplaisir : *J'évitai toute allusion qui aurait pu le désobliger* (syn. BLESSER, FROISSER). *Je ne voudrais pas vous désobliger en contestant vos affirmations* (syn. CONTRARIER, DÉPLAIRE).

désobstruer [dezɔpstrye] v. t. Enlever ce qui bouche : *Désobstruer une canalisation* (syn. DÉBOUCHER).

désodorisant, e [dezɔdɔrizɑ̃] adj. et n. m. Se dit d'un produit qui enlève les mauvaises odeurs dans un local.

désodoriser [dezɔdɔrize] v. t. Enlever les mauvaises odeurs : *Désodoriser une pièce.*

désœuvré, e [dezœvre] adj. et n. (de *dés-* et *œuvre,* travail). Qui n'a rien à faire, qui ne sait pas s'occuper : *Il restait des heures entières, désœuvré, à regarder passer les gens* (syn. OISIF). *Une foule de désœuvrés.*

désœuvrement [dezœvrəmɑ̃] n. m. État de qqn de désœuvré : *Le désœuvrement lui pèse* (syn. INACTION, OISIVETÉ ; contr. ACTIVITÉ).

désolant, e [dezɔlɑ̃] adj. Qui désole : *Il fait un temps désolant* (syn. fam. LAMENTABLE).

désolation [dezɔlasjɔ̃] n. f. Extrême douleur morale : *Il est refusé à son examen, c'est une désolation pour toute la famille* (syn. AFFLICTION, ↑ CONSTERNATION).

désoler [dezɔle] v. t. (lat. *desolare,* laisser seul). **1.** *Désoler qqn,* lui causer du chagrin (souvent pass.) : *La paresse de cet enfant me désole. Le monde est désolé de la mort de ce grand personnage* (syn. AFFLIGER, NAVRER, ↑ CONSTERNER). — **2.** *Être désolé de qqch, de* (+ *inf.*), le regretter vivement : *Je suis désolé de vous contredire* (syn. ÊTRE NAVRÉ). — **3.** *Région désolée,* aride, désertique. ◆ ***se désoler*** v. pr. Éprouver du chagrin, s'affliger : *Ne vous désolez pas, rien n'est perdu.*

désolidariser [desɔlidarize] v. t. Séparer ce qui était solidaire : *En débrayant, on désolidarise le moteur de la transmission.* ◆ ***se désolidariser*** v. pr. *Se désolidariser de qqn, de qqch,* cesser d'en être solidaire : *Je n'approuve pas ma camarade : je me désolidarise d'elle sur ce point.*

désopilant, e [dezɔpilɑ̃] adj. (de l'anc. fr. *opiler,* obstruer). Qui fait beaucoup rire : *Un chansonnier, un film désopilant* (syn. ↓ COMIQUE). *Une histoire désopilante* (syn. ↓ DRÔLE).

désordonné, e [dezɔrdɔne] adj. **1.** Qui est ou se fait en désordre : *Une chambre désordonnée. Des mouvements désordonnés.* — **2.** Qui n'a pas des habitudes d'ordre : *Un enfant très désordonné.* — **3.** Qui n'est pas conforme aux règles établies : *Mener, avoir une vie désordonnée* (syn. DÉRÉGLÉ).

désordre [dezɔrdr] n. m. **1.** Manque d'ordre, d'organisation : *Des livres qui traînent en désordre sur tous les meubles* (syn. fam. PAGAILLE). *Le désordre de ses idées* (syn. CONFUSION, ↑ CHAOS). — **2.** Agitation qui trouble le fonctionnement régulier des institutions, d'un organisme, etc. (souvent pl., en parlant de troubles politiques) : *Des jeunes gens ont causé du désordre dans le théâtre en sifflant bruyamment la pièce* (syn. TUMULTE ; fam. CHAHUT). *Le malaise économique laissait craindre de graves désordres* (syn. MANIFESTATION, ↑ ÉMEUTE).

désorganisateur, trice [dezɔrganizatœr] adj. Qui désorganise.

désorganisation [dezɔrganizasjɔ̃] n. f. Action de désorganiser ; fait d'être désorganisé : *Un groupement menacé de désorganisation par des rivalités personnelles* (syn. DÉSAGRÉGATION, DISLOCATION).

désorganiser [dezɔrganize] v. t. *Désorganiser qqch,* le mettre en désordre, en déranger l'organisation : *Tous nos projets de vacances ont été désorganisés par cette maladie* (syn. BOULEVERSER ; fam. CHAMBOULER).

désorientation [dezɔrjɑ̃tasjɔ̃] n. f. Action de désorienter.

désorienter [dezɔrjɑ̃te] v. t. **1.** *Désorienter qqn, un animal,* lui faire perdre sa direction (surtout pass.) : *Un pigeon voyageur désorienté par la tempête.* — **2.** *Désorienter qqn,* le mettre dans une situation telle qu'il ne sait plus quel parti prendre (surtout pass.) : *Un employé désorienté par les nouvelles techniques* (syn. DÉCONCERTER, TROUBLER ; fam. DÉPHASÉ). [→ ORIENTER.]

désormais [dezɔrmɛ] adv. (*dés-, or,* maintenant, et *mais,* plus). À partir de maintenant : *L'horaire des trains a changé : on pourra désormais voyager de nuit* (syn. DORÉNAVANT).

désossement [dezɔsmɑ̃] n. m. Action de désosser.

désosser [dezɔse] v. t. *Désosser une viande,* en retirer les os.

desperado [dɛsperado] n. m. Homme qui n'attend plus rien de la société et se trouve disponible pour toutes les entreprises violentes.

despote [dɛspɔt] n. m. (gr. *despotês,* maître). **1.** Souverain absolu, qui exerce l'autorité avec rigueur : *Les tsars gouvernaient en despotes. Un cruel despote* (syn. TYRAN). — **2.** Personne qui entend imposer à son entourage une autorité absolue : *L'aïeule qui régnait en despote sur la famille.*

despotique [dɛspɔtik] adj. Qui relève du despotisme : *Gouvernement despotique* (syn. TOTALITAIRE). *Domination despotique* (syn. TYRANNIQUE). *Un regard, un geste despotique* (syn. ↓ AUTORITAIRE).

despotiquement [dɛspɔtikmɑ̃] adv. De façon despotique : *Diriger despotiquement un État.*

despotisme [dɛspɔtism] n. m. **1.** Pouvoir absolu et arbitraire ; régime despotique : *Un peuple qui se révolte contre le despotisme* (syn. TYRANNIE). *Le despotisme du maître de maison.* — **2.** *Despotisme éclairé,* régime politique autoritaire d'un État dont le souverain cherche à améliorer la condition de ses sujets.

desquamation [dɛskwamasjɔ̃] n. f. Fait de desquamer ; chute des écailles.

desquamer [dɛskwame] v. i. (du lat. *squama,* écaille) [sujet la peau] Perdre des squames ou écailles.

dessaisir [desɛzir] v. t. *Dessaisir un tribunal d'une affaire,* etc., lui en retirer la charge. ◆ ***se dessaisir*** v. pr. *Se dessaisir de qqch,* renoncer à sa possession, l'abandonner : *Je n'ai pas voulu me dessaisir de ces papiers* (syn. SE DÉFAIRE).

dessaisissement [desɛzismɑ̃] n. m. Action de dessaisir, de se dessaisir.

dessalage [desalaʒ] ou **dessalement** [desalmɑ̃] n. m. Action de dessaler.

dessaler [desale] v. t. **1.** *Dessaler une denrée,* la débarrasser de son sel, ordinairement par immersion dans l'eau : *Dessaler un jambon, du poisson.* — **2.** Fam. *Dessaler qqn,* lui faire perdre ses scrupules, sa réserve : *La vie militaire se chargera de le dessaler* (syn. DÉGOURDIR, DÉNIAISER). ◆ v. i. Perdre son sel : *Mettre de la morue à dessaler.*

desséchant, e [deseʃɑ̃] adj. **1.** Qui dessèche : *Climat desséchant.* — **2.** Qui fait perdre toute sensibilité : *Elle jugeait les recherches techniques trop desséchantes.*

dessèchement [desɛʃmɑ̃] n. m. **1.** Fait de se dessécher : *Le dessèchement de l'herbe.* (syn. DESSICCATION.) — **2.** Fait de perdre sa sensibilité : *Il n'a pas conscience du dessèchement de son esprit.*

dessécher [deseʃe] v. t. (c. **10**). **1.** Rendre sec en faisant disparaître l'humidité naturelle : *Le soleil a* *desséché la terre. Des feuilles desséchées. Cette chaleur nous desséchait la gorge.* — **2.** *Dessécher qqn, son cœur, son esprit,* diminuer sa sensibilité, tarir la fécondité de son esprit, ses facultés de création : *Une longue habitude de la misère avait fini par lui dessécher le cœur. L'âge a desséché son imagination.* ◆ ***se dessécher*** v. pr. Devenir sec : *Une plante qui se dessèche, faute d'être arrosée. Un vieillard qui se dessèche* (= qui maigrit beaucoup).

dessein [desɛ̃] n. m. (de l'anc. fr. *desseigner,* dessiner). **1.** Ce qu'on se propose de réaliser (soutenu) : *Deviner les desseins de l'adversaire* (syn. PLAN, PROJET). *Mon dessein n'est pas de vous faire un cours détaillé* (syn. INTENTION). — **2.** *À dessein,* dans une intention précise : *C'est à dessein que ce travail est inachevé* (syn. EXPRÈS).

desseller [desele] v. t. *Desseller un cheval, un mulet,* leur ôter leur selle.

desserrage [deseraʒ] n. m. Action de desserrer.

desserrer [desere] v. t. **1.** Relâcher ce qui est serré : *Desserrer les poings. Desserrer sa ceinture, un écrou.* — **2.** *Ne pas desserrer les dents,* ne pas prononcer une parole. ◆ ***se desserrer*** v. pr. Ne plus être serré : *Le nœud s'est desserré. Desserrez-vous un peu, il y a de la place.*

dessert [desɛr] n. m. (de *desservir* 2). Fruits, pâtisseries, etc., qu'on mange à la fin d'un repas; moment où on sert ce mets : *Il y a de la glace comme dessert. Au dessert, elle se mit à raconter des histoires.*

1. desserte [desɛrt] n. f. **1.** Action de desservir un lieu : *La desserte des villages voisins se fait par autocar.* — **2.** Action d'assurer un service du culte : *Le curé chargé de la desserte de cette chapelle.*

2. desserte [desɛrt] n. f. Petite table sur laquelle on dépose les plats qu'on ôte de la table.

desservant [desɛrvɑ̃] n. m. Prêtre ou pasteur qui dessert un lieu de culte.

1. desservir [desɛrvir] v. t. (lat. *deservire,* servir avec zèle) [c. **20**]. **1.** (sujet un moyen de transport) *Desservir un lieu déterminé,* assurer un service régulier de transport pour telle ou telle destination : *Ce train dessert de nombreuses localités de banlieue;* souvent pass. : *L'île est desservie par deux bateaux chaque jour. Un quartier bien desservi* (= dans lequel s'arrêtent de nombreux autobus ou métros). — **2.** *Desservir une église,* y assurer le service régulier du culte : *Un prêtre qui dessert trois paroisses.*

2. desservir [desɛrvir] v. t. (*dé-* et *servir*) [c. **20**]. **1.** *Desservir (la table),* ôter les assiettes, les plats et les restes du repas à la fin de celui-ci : *Après le repas, on se hâta de desservir.* — **2.** *Desservir qqn,* lui rendre un mauvais service, lui nuire : *Sa brusquerie la dessert souvent. Il m'a desservi auprès de mes clients.*

dessiccation [desikasjɔ̃] n. f. **1.** Traitement par lequel on ôte des corps leur humidité naturelle : *Conserver des fruits par dessiccation.* — **2.** Le fait de se dessécher : *Dessiccation d'un sol argileux sous l'action du soleil.* (→ SEC.)

dessiller [desije] v. t. (anc. fr. *ciller,* coudre les paupières). *Dessiller les yeux à, de qqn,* l'amener à se rendre compte de ce dont il n'avait pas conscience. ◆ ***se dessiller*** v. pr. Prendre conscience : *Ses yeux se dessillent enfin* (syn. S'OUVRIR).

dessin [desɛ̃] n. m. **1.** Ensemble des traits représentant ou non des êtres ou des choses : *Un dessin au fusain, à la craie, à la plume. Les dessins d'un tissu* (syn. MOTIF). *Les veines du bois forment des dessins bizarres.* — **2.** Art de dessiner : *École de dessin. Elle apprend le dessin.* — **3.** Contour, ensemble des lignes : *Un visage d'un dessin très régulier.* — **4.** *Dessin animé,* film composé d'une suite de dessins donnant, à la projection, l'illusion du mouvement. ‖ Fam. *Faire un dessin à qqn,* lui donner des explications supplémentaires parce qu'il ne comprend toujours pas (ironiq.) : *Tu n'as pas compris? Il faut te faire un dessin?*

dessinateur, trice [desinatœr] n. Personne qui dessine, spécialiste du dessin : *Une dessinatrice industrielle.*

dessiner [desine] v. t. (lat. *designare*). **1.** (sujet qqn) *Dessiner qqch, qqn,* les représenter par le dessin : *Dessiner une maison, un paysage, la tête du professeur.* — **2.** (sujet qqch) *Dessiner qqch,* le figurer, apparaître sous cette forme : *La route dessine une courbe* (syn. TRACER). — **3.** (sujet qqch) *Dessiner qqch,* en faire ressortir les contours : *Un vêtement qui dessine bien la taille* (syn. SOULIGNER). ◆ ***se dessiner*** v. pr. (sujet qqch) **1.** Laisser apparaître son tracé : *Les collines se dessinent à l'horizon* (syn. SE DÉTACHER). — **2.** Prendre bonne tournure, commencer à se manifester : *Une tendance à la réconciliation se dessine* (syn. S'ESQUISSER).

dessouder [desude] v. t. Séparer ce qui était soudé : *Le choc a dessoudé la pièce.* ◆ ***se dessouder*** v. pr. Cesser d'être soudé : *La panne a été causée par un fil qui s'est dessoudé.*

dessoûler [desule] v. t. Fam. *Dessoûler qqn,* faire cesser son ivresse : *Le grand air l'a dessoûlé.* ◆ v. i. *Fam.* Cesser d'être ivre : *Depuis trois jours, il n'a pas dessoûlé.*

dessous [dəsu] adv. 1. Indique en un point ou en un rang inférieur : *La clôture était trop haute, j'ai réussi à passer dessous* (prép. *sous*). *Regardez cette pierre, il y a sans doute une vipère dessous.* — **2.** *Au-dessous, au-dessous de,* à un point inférieur : *Allons jusqu'à l'arbre et mettons-nous à l'abri au-dessous. Le village est au-dessous de la montagne. Température tombée au-dessous de zéro* (syn. INFÉRIEURE À). *Interdit aux enfants au-dessous de seize ans* (syn. DE MOINS DE). *Il est au-dessous de tout* (= incapable, nul). ‖ *Ci-dessous,* sous cet endroit : *Vous trouverez ci-dessous le bilan provisoire de cette vente* (= plus bas). ‖ *De dessous,* de sous : *L'appartement de dessous est libre. J'ai sorti beaucoup de poussière de dessous l'armoire.* ‖ *En dessous,* dans la partie située sous une autre : *L'apercevez-vous en dessous?* (syn. AU-DESSOUS). *Regarder en dessous* (syn. SOURNOISEMENT; contr. DROIT DANS LES YEUX). *Agir en dessous* (syn. HYPOCRITEMENT). *Rire en dessous* (contr. FRANCHEMENT). ‖ *Là-dessous,* sous cela : *Je suis sûr qu'il s'est caché là-dessous. Il y a là-dessous quelque chose de suspect.* ‖ *Par-dessous,* par la partie qui est dessous : *Elle la prit par-dessous les bras et la souleva de terre.* ◆ n. m. **1.** Ce qui est dessous : *Le dessous du pied, du nez, de la main. Les gens, les voisins du dessous* (= de l'appartement qui se trouve à l'étage inférieur). — **2.** *Avoir le dessous,* être vaincu, perdu. ‖ *Les dessous (de la politique, d'une affaire),* les intrigues secrètes. ◆ n. m. pl. Sous-vêtements féminins portés sous la robe (combinaison, soutien-gorge, etc.).

dessous-de-bouteille [dəsudbutɛj] n. m. inv. Petit disque de bois, de verre, etc., qu'on met sous les bouteilles pour protéger la nappe.

dessous-de-bras [dəsudbra] n. m. inv. Morceau de tissu qui protège un vêtement aux entournures contre la transpiration.

dessous-de-plat [dəsudpla] n. m. inv. Support sur lequel on dépose les plats pour protéger la nappe.

dessous-de-table [dəsudtabl] n. m. inv. Somme d'argent versée en fraude du fisc, de la main à la main.

dessus [dəsy] adv. **1.** Indique en un point ou en un rang supérieur : *J'ai marché dessus sans le voir* (prép. *sur*). *Le banc est sale, ne laisse pas tes affaires traîner dessus. Tu peux mettre la lettre à la poste, le timbre* *est dessus. Ne tape pas dessus. Elle a sauté dessus à pieds joints.* — **2.** *Au-dessus, au-dessus de,* à un point supérieur : *Ma valise est solide, mettez la vôtre au-dessus. Poser une lampe au-dessus du bureau. Température qui monte au-dessus de 30°. Les enfants au-dessus de sept ans payent place entière* (syn. DE PLUS DE). *Elle est au-dessus de toute critique* (= elle les méprise). ‖ *Ci-dessus,* sur ceci : *Vous avez lu ci-dessus les raisons de mon refus* (= plus haut). ‖ *De dessus,* de sur la partie supérieure : *Enlève tes papiers de dessus la table* (syn. fam. DE SUR). *Ne pas lever les yeux de dessus son livre* (syn. fam. DE SUR). *Les voisins de dessus.* ‖ *En dessus,* dans la partie située sur une autre : *Dans cette bibliothèque, les auteurs latins sont en dessous, les auteurs grecs en dessus* (usuel *au-dessus*). ‖ *Là-dessus,* sur cela : *Prenez cette feuille et écrivez là-dessus le motif de votre visite. Là-dessus, elle se tut* (syn. SUR CES ENTREFAITES). *Je n'ai rien à dire là-dessus* (syn. À CE SUJET). *Vous ne pouvez compter là-dessus* (= sur cela). ‖ *Par-dessus,* par la partie qui est dessus : *Lire le journal par-dessus les épaules de quelqu'un. Il fait froid, mettez un chandail par-dessus votre chemise. Cette erreur est légère, vous pouvez passer par-dessus* (= ne pas vous y attarder). *Et par-dessus tout, ne lui parlez pas de cela* (syn. SURTOUT). ◆ n. m. **1.** Ce qui est dessus : *Le dessus du pied, de la main, de la tête. Les gens, les voisins du dessus* (= de l'appartement qui se trouve à l'étage supérieur). *Le dessus du panier* (= ce qu'il a de mieux). — **2.** *Avoir le dessus,* vaincre, gagner. ‖ *Prendre le dessus,* réussir à avoir l'avantage (syn. PRENDRE LE MEILLEUR). ‖ *Reprendre le dessus,* en parlant d'un malade, reprendre des forces, se rétablir; en parlant de qqn atteint par le malheur, se remettre de son deuil, de son émotion, etc.

dessus-de-lit [dəsydli] n. m. inv. Pièce de tissu qui recouvre le lit pour le protéger et dans un but décoratif (syn. COUVRE-LIT).

déstabilisation [destabilizasjɔ̃] n. f. Action de déstabiliser.

déstabiliser [destabilize] v. t. Ébranler les bases d'un régime, d'un État.

destin [dɛstɛ̃] n. m. (de *destiner*). **1.** Force qui, selon certaines croyances, fixerait le cours des événements : *C'est le destin qui les a séparés* (syn. FATALITÉ). *Contrarier le destin. Les arrêts du destin sont inexorables.* — **2.** Ensemble des événements qui composent la vie humaine et considérés comme indépendants de la volonté humaine : *Avoir un destin tragique* (syn. SORT). *Elle croit en son destin* (syn. FORTUNE). — **3.** Ce qu'il advient de qqch ou de qqn : *Le destin d'un roman dépend pour beaucoup de la mode. Quel est le destin du monde ?* (syn. AVENIR). [→ DESTINÉE.]

destinataire [dɛstinatɛr] n. Personne à qui est adressé, destiné un envoi : *Le nom du destinataire est difficilement lisible sur ce paquet* (contr. EXPÉDITEUR).

destination [dɛstinasjɔ̃] n. f. **1.** Emploi prévu de qqch : *Le lycée, transformé en hôpital pendant la guerre, a été rendu ensuite à sa destination première* (syn. AFFECTATION). — **2.** Point vers lequel on s'achemine ou on achemine un objet : *Aller vers une destination inconnue. Avion à destination de New York. Vous voilà arrivé à destination. Porter un paquet à destination.*

destinée [dɛstine] n. f. **1.** Destin qui règle d'avance ce qui doit être : *Accuser la destinée.* — **2.** La vie humaine considérée sur le plan individuel comme un ensemble de circonstances heureuses ou malheureuses et envisagée dans une issue indépendante de la volonté humaine : *Quelle heureuse destinée a été la sienne! La destinée humaine. Elle tient dans ses mains ma destinée. Je n'ai pas échappé à ma destinée. Cet événement a changé sa destinée* (syn. EXISTENCE). *Unir sa destinée à celle d'un autre* (= l'épouser). *Leurs destinées se sont rencontrées* (syn. VIE). — **3.** Sort, avenir de qqch : *Cet ouvrage a eu une bizarre destinée.*

destiner [dɛstine] v. t. (lat. *destinare*). **1.** *Destiner qqn à un emploi,* l'orienter par avance vers cet emploi : *Il destine sa fille au commerce.* — **2.** *Destiner qqch à qqn, à qqch,* fixer à l'avance l'attribution ou l'affectation de qqch : *Je lui destine ma maison le jour où je prendrai ma retraite* (syn. RÉSERVER). *Il destine ce terrain à la culture du blé.* — **3.** *Destiner une remarque, des propos à qqn,* les lui adresser directement ou indirectement (surtout pass.) : *Cette remarque vous était destinée* (= vous concernait). ◆ ***se destiner*** v. pr. *Se destiner à un emploi, se destiner à* (+ *inf.*) prévoir qu'on le remplira, se préparer à faire : *Elle se destine à l'enseignement. Se destiner à poursuivre l'œuvre de son père.*

destituer [dɛstitɥe] v. t. (lat. *destituere*). *Destituer qqn (d'une fonction),* lui retirer ses fonctions, le priver de ses attributions : *Destituer un officier de son commandement. Le chef de l'État destitua le commandant en chef de l'armée* (syn. RÉVOQUER, CASSER). *Le souverain fut destitué* (syn. DÉCHOIR, DÉPOSER).

destitution [dɛstitysjɔ̃] n. f. Action de destituer : *La destitution d'un haut fonctionnaire* (syn. RÉVOCATION).

destrier [dɛstrije] n. m. (anc. fr. *destre,* main droite). *Litt.* Autref., cheval de bataille (tenu de la main droite par l'écuyer).

destructeur, trice [dɛstryktœr] adj. et n. Qui détruit : *Travail destructeur. Folie destructrice. Les représailles exercées sur les destructeurs.*

destructible [dɛstryktibl] adj. Qui peut être détruit : *Une œuvre difficilement destructible.*

destruction [dɛstryksjɔ̃] n. f. Action de détruire : *La destruction d'un immeuble par l'incendie. La destruction des animaux nuisibles.*

déstructuration [destryktyrasjɔ̃] n. f. Action de déstructurer.

déstructurer [destryktyre] v. t. Altérer, faire disparaître la structure de qqch; désorganiser le comportement de qqn.

désuet, ète [desɥɛ,dezɥɛ] adj. (du lat. *desuescere,* se déshabituer de). Qui n'est plus ou presque plus en usage : *Le baisemain est une coutume désuète* (syn. ABANDONNÉ, DÉMODÉ, PÉRIMÉ, SURANNÉ).

désuétude [desɥetyd,dezɥetyd] n. f. Abandon par l'usage : *Un mot tombé en désuétude* (= sorti de l'usage).

désunion [dezynjɔ̃] n. f. Action de désunir, fait d'être désuni : *La désunion qui est apparue au sein du comité* (syn. DIVISION, MÉSENTENTE). *Vivre dans la désunion* (= en mésintelligence).

désunir [dezynir] v. t. Séparer ce qui était uni : *Le choc a désuni les pièces de l'assemblage. Des oppositions d'intérêt qui désunissent une famille.*

détachable [detaʃabl] adj. Qui peut être détaché : *Cahier à feuilles détachables* (syn. MOBILE).

détachage [detaʃaʒ] n. m. Action de détacher, d'enlever les taches : *Toutes les traces de peinture sont parties au détachage.*

détachant, e [detaʃɑ̃] adj. et n. m. Se dit d'un produit qui enlève les taches.

détaché, e [detaʃe] adj. Qui montre du détachement : *Tu feuillettes l'album d'un air détaché. Ton détaché. Regard détaché* (syn. INDIFFÉRENT, FROID).

détachement [detaʃmɑ̃] n. m. **1.** État d'une personne détachée de qqn, de qqch : *Leur détachement des biens matériels leur permet de vivre heureux.* — **2.** Attitude indifférente : *Loin de s'émouvoir, elle* *répondit avec détachement qu'elle n'y pouvait rien.* — **3.** Position d'un fonctionnaire détaché : *Demander son détachement dans une autre ville.* — **4.** Élément d'une troupe envoyée pour une mission déterminée : *Un détachement partira en reconnaissance.*

1. détacher [detaʃe] v. t. (de *dé-* et anc. fr. *estache,* pieu). **1.** *Détacher qqch, qqn, un animal,* leur ôter le lien, l'attache qui les retenait : *Détacher un prisonnier. Détacher un chien. Détacher la remorque du tracteur* (syn. DÉCROCHER; contr. ATTACHER). *Vous détacherez le bouquet avant de le mettre dans un vase* (syn. DÉLIER). *Il détacha son manteau* (syn. DÉBOUTONNER, DÉGRAFER). — **2.** *Détacher qqch,* dégager l'un de l'autre deux morceaux de lien ou deux liens : *Détacher sa ceinture. Détacher ses lacets de chaussures* (syn. DÉLIER, DÉNOUER; contr. ATTACHER). — **3.** *Détacher qqch (de qqch),* le séparer de ce à quoi il adhérait : *Le carrier détache un bloc de pierre. Détacher les feuillets d'un carnet à souche.* — **4.** *Détacher qqch (d'un ensemble, d'un tout, d'un fond),* le rendre distinct, le mettre en relief, en valeur : *Écrire une phrase en italique pour la détacher nettement du reste du texte* (syn. DISTINGUER). *Un éclairage qui détache nettement les silhouettes.* — **5.** *Détacher des mots, des syllabes, des notes,* etc., ne pas les lier : *Parler en détachant ses mots.* — **6.** *Détacher qqn,* l'envoyer en mission : *Une société qui détache un représentant auprès d'un organisme* (syn. DÉLÉGUER). *Une fonctionnaire détachée.* — **7.** *Détacher qqn de qqn, de qqch,* relâcher les liens moraux qui l'unissaient à qqn, qqch : *Son égoïsme détache peu à peu de lui tous ses amis* (syn. ÉLOIGNER; contr. ATTACHER) ; au pass. : *Être détaché des biens de ce monde* (= y être indifférent). — **8.** *Détacher les yeux, le regard, la vue de qqch, qqn,* cesser de regarder qqch ou qqn qui attire : *Elle avait peine à détacher ses yeux de ce tableau* (contr. ATTACHER). ◆ ***se détacher*** v. pr. *La barque se détache. Le paquet s'est détaché* (syn. SE DÉFAIRE). *Le nœud se détache. Un éclat d'émail s'est détaché du plat. Un toit rouge se détache dans la verdure* (syn. ↓APPARAÎTRE). *Un petit groupe se détacha de la colonne en marche* (syn. SE SÉPARER). *Se détacher de voisins peu délicats. Se détacher des biens matériels. Le regard se détache à regret de ce paysage.* (→ ATTACHER.)

2. détacher [detaʃe] v. t. (de *tache*). *Détacher qqch (vêtement, linge),* en faire disparaître les taches : *Détacher un costume avec de la benzine. Porter une robe à détacher chez le teinturier.* (→ ENTACHER.)

détail [detaj] n. m. **1.** Énumération complète et minutieuse : *Voulez-vous le compte global ou le détail des dépenses? Expliquez-moi cela en détail* (syn. PAR LE MENU). — **2.** Élément d'un ensemble, particularité, circonstance d'un événement : *Observer les détails d'un tableau. Les détails ne doivent pas faire perdre de vue l'essentiel.* — **3.** Vente ou achat d'une marchandise par éléments : *Vendre, acheter des assiettes au détail* (syn. À L'UNITÉ). — **4.** Vente par petites quantités au public de marchandises achetées à un grossiste : *Un commerce de détail* (contr. GROS, DEMI-GROS).

détaillant, e [detajɑ̃] adj. et n. Qui a un commerce de détail : *Un épicier détaillant. Une représentante qui passe chez les détaillants* (contr. GROSSISTE).

détailler [detaje] v. t. (de *tailler*). **1.** *Détailler une marchandise,* la vendre par morceaux ou par éléments : *Détailler une pièce de tissu* (= la vendre au mètre). *Le marchand ne détaille pas les verres de ce service* (= ne les vend pas à l'unité). — **2.** *Détailler qqch,* passer en revue les éléments d'un ensemble, les énumérer, les faire ressortir : *Elle nous a détaillé son plan. Raconter son voyage en détaillant tous les monuments visités. La dessinatrice a détaillé tous les plis du vêtement. Des explications détaillées* (syn. CIRCONSTANCIÉ).

dételer [detale] v. i. (*dé-* et anc. fr. *estaler,* s'arrêter). *Fam.* Se sauver à toute allure : *Le lapin détala dans les fourrés. Les cambrioleurs ont détalé dès qu'ils ont entendu du bruit* (syn. fam. DÉCAMPER, FILER).

détartrage [detartraʒ] n. m. Action de détartrer : *Se faire faire un détartrage chez le dentiste.*

détartrant [detartrɑ̃] n. m. Produit destiné à détartrer.

détartrer [detartre] v. t. *Détartrer une chaudière, un conduit, des dents,* etc., les débarrasser de leur tartre.

détaxation [detaksasjɔ̃] n. f. Action de détaxer : *Catégorie de produits qui bénéficie d'une détaxation.*

détaxe [detaks] n. f. Procédé d'aménagement des tarifs d'impôts indirects.

détaxer [detakse] v. t. *Détaxer qqch, qqn,* alléger ou supprimer la taxe qui le frappe.

détectable [detɛktabl] adj. Qui peut être détecté : *Les cyclones sont détectables par satellite.*

détecter [detɛkte] v. t. (angl. *to detect,* déceler). *Détecter qqch,* en déceler la présence : *Un appareil à détecter les mines.*

détecteur, trice [detɛktœr] adj. et n. m. Appareil qui détecte : *Un détecteur de mines.*

détection [detɛksjɔ̃] n. f. Action de détecter : *La détection d'un poste émetteur clandestin.*

détective [detɛktiv] n. m. (mot angl.). Spécialiste chargé d'une enquête policière.

déteindre [detɛ̃dr] v. i. (c. **55**). **1.** (sujet qqch) Perdre sa couleur : *Tissu qui déteint au lavage.* — **2.** (sujet qqch) *Déteindre sur qqch,* lui communiquer de sa couleur : *Un lainage qui a déteint sur une chemise.* — **3.** (sujet qqn) *Déteindre sur qqn,* l'influencer au point de lui faire adopter ses manières, ses idées : *Un mari bohème qui a déteint sur sa femme.*

dételer [detle] v. t. (c. **6**). **1.** Détacher des animaux attelés : *Paysan qui dételle ses bœufs.* — **2.** Détacher un véhicule de l'animal ou des animaux chargés de le tirer : *Dételer une charrette.* ◆ v. i. *Fam.* Renoncer à son activité, s'interrompre : *À soixante-dix ans, elle n'a pas encore dételé. Il a travaillé huit jours sans dételer.*

détendre [detɑ̃dr] v. t. (c. **50**). **1.** *Détendre qqch,* relâcher ce qui est tendu : *Détendre un arc, un ressort, une corde.* — **2.** *Détendre qqch, qqn,* faire disparaître la tension, l'anxiété, la fatigue : *Plaisanterie qui détend l'atmosphère* (syn. ↑ÉGAYER). *Ces quelques jours à la campagne l'ont détendu* (syn. REPOSER). ◆ ***se détendre*** v. pr. **1.** Cesser d'être tendu : *Une raquette qui s'est détendue.* — **2.** Devenir moins tendu : *Les rapports se sont détendus entre les deux adversaires* (= ils sont en meilleurs termes). *Ne sois pas si anxieuse, détends-toi* (syn. SE DÉCONTRACTER). *Je pars à la campagne, j'ai besoin de me détendre* (syn. SE DÉLASSER, SE DISTRAIRE).

détendu, e [detɑ̃dy] adj. Qui a cessé d'être tendu : *Sourire, visage détendu* (syn. CALME, APAISÉ; contr. ↑ANXIEUX).

détenir [detnir] v. t. (lat. *detinere*) [c. **22**]. **1.** *Détenir qqch,* le garder, l'avoir en sa possession : *Elle n'a pas voulu me dessaisir des lettres que je détiens. Elle détient la clé de l'énigme* (syn. ↓AVOIR). *Il détient le record du 100 m.* — **2.** *Détenir qqn,* le garder prisonnier (souvent pass.) : *Il était détenu dans une forteresse.*

détente [detɑ̃t] n. f. **1.** Mouvement d'un objet ou d'un être qui se détend : *La détente du ressort lance le projectile. D'une brusque détente, le gardien de but attrapa le ballon.* — **2.** Pièce du mécanisme d'une arme à feu qui commande le départ du coup : *Avoir le doigt sur la détente.* — **3.** Fam. *Être dur à la détente,* ne donner son argent, n'accorder qqch qu'après s'être fait longuement prier; ne comprendre qu'avec peine. — **4.** Diminution de la tension psychique, sociale, politique : *J'ai pris quelques jours de détente* (syn. REPOS, DÉLASSEMENT). *La détente internationale. Politique de détente.*

détenteur, trice [detãtœr] n. et adj. Qui détient : *Le détenteur d'un record* (syn. TITULAIRE). *La détentrice d'un secret* (syn. POSSESSEUR).

détention [detãsjɔ̃] n. f. **1.** Action de détenir : *Être poursuivi pour détention d'armes prohibées.* — **2.** Fait d'être détenu, gardé prisonnier : *Le prisonnier protestait vigoureusement contre cette détention illégale.*

détenu, e [detny] n. et adj. Qui est gardé en prison : *Un détenu s'est évadé* (syn. PRISONNIER).

détergent, e [detɛrʒã] adj. et n. m. (du lat. *detergere,* nettoyer). Se dit d'un produit qui nettoie : *Produit détergent pour la vaisselle. Mêler à l'eau un détergent* (syn. DÉTERSIF).

détérioration [deterjɔrasjɔ̃] n. f. Action de détériorer; fait d'être détérioré : *La détérioration du climat social, de la situation. Détérioration mentale.*

détériorer [deterjɔre] v. t. (lat. *deteriorare,* de *deterior,* plus mauvais). **1.** *Détériorer qqch (concret),* le mettre en mauvais état, lui causer des dégradations : *L'humidité détériore les murs* (syn. DÉGRADER). *Du matériel détérioré pendant le transport* (syn. ABÎMER, ENDOMMAGER; fam. ESQUINTER). — **2.** *Détériorer qqch (abstrait),* en détruire l'équilibre, le caractère heureux, bénéfique : *Cette jalousie a détérioré leurs relations.* ◆ ***se détériorer*** v. pr. Subir un dommage : *La situation militaire s'est détériorée* (syn. SE GÂTER; contr. S'AMÉLIORER).

déterminable [detɛrminabl] adj. Qui peut être déterminé : *Une durée aisément déterminable.*

1. déterminant, e [detɛrminã] adj. Qui détermine : *Voilà la raison déterminante de sa conduite. Un argument déterminant* (syn. DÉCISIF, PÉREMPTOIRE).

2. déterminant [detɛrminã] n. m. Élément de la langue qui, placé devant le nom, lui sert de marque de genre, de nombre, tout en apportant une précision supplémentaire (articles, adjectifs possessifs, démonstratifs, numéraux, indéfinis, interrogatifs et exclamatifs).

déterminatif, ive [detɛrminatif] adj. *Relative déterminative,* celle qui restreint le sens de l'antécédent. (Ex. *On m'a répété les propos qu'il a tenus.*)

détermination [detɛrminasjɔ̃] n. f. **1.** Action de déterminer, de fixer : *Utiliser une cellule photoélectrique pour la détermination du temps de pose photographique* (syn. DÉFINITION). — **2.** Fait d'être caractérisé par un élément linguistique : *La détermination du nom.* — **3.** Fait de se décider après une hésitation : *Il finit par prendre une détermination héroïque* (syn. DÉCISION). *Elle poursuivit son effort avec une détermination farouche* (syn. RÉSOLUTION).

déterminé, e [detɛrmine] adj. **1.** Nettement fixé, distinct : *Se promener sans but bien déterminé* (syn. PRÉCIS). — **2.** Ferme dans sa résolution : *Avec quelques garçons bien déterminés, l'affaire serait vite réglée* (syn. DÉCIDÉ, RÉSOLU).

déterminer [detɛrmine] v. t. (lat. *determinare*). **1.** *Déterminer qqch,* le définir, l'indiquer avec précision : *Déterminer le point de chute d'une fusée. Les experts n'ont pas encore déterminé les causes de l'accident* (syn. ÉTABLIR). *On s'était réuni pour déterminer la conduite à tenir* (syn. ARRÊTER, RÉGLER, FIXER). — **2.** En linguistique, en parlant d'un élément de la phrase, s'associer à un autre pour le caractériser ou pour en préciser la valeur ou le sens : *Les articles déterminent le nom. Un verbe déterminé par un complément.* — **3.** *Déterminer qqn à qqch,* à (+ *inf.*), l'y porter, l'y amener : *Nous l'avons enfin déterminé à ce voyage* (syn. DÉCIDER). *Cette considération l'a déterminé à intervenir* (syn. POUSSER). — **4.** *Déterminer qqch,* avoir comme conséquence, être la cause de : *Un incident qui détermine un retard important* (syn. CAUSER, PROVOQUER). *Mélange qui détermine une réaction violente* (syn. PRODUIRE). ◆ ***se déterminer*** v. pr. *Se déterminer* (à *qqch,* à [+ *inf.*]), prendre parti, se décider (à) : *Il est temps de se déterminer. À quoi vous déterminez-vous?*

déterminisme [detɛrminism] n. m. Système philosophique qui explique tous les phénomènes par une relation de cause à effet, les mêmes causes produisant toujours les mêmes effets dans les mêmes circonstances.

déterministe [detɛrminist] adj. et n. Partisan du déterminisme.

déterré, e [detere] n. Fam. *Avoir une tête de déterré,* avoir très mauvaise mine.

déterrer [detere] v. t. **1.** *Déterrer qqch, un cadavre,* le sortir de la terre où il était enfoui : *Déterrer un trésor* (contr. ENTERRER). *Déterrer un mort* (syn. EXHUMER). — **2.** Fam. *Déterrer qqch,* aller chercher qqch qui était oublié de tous : *Déterrer un vieux texte de loi.* (→ ENTERRER.)

détersif, ive [detɛrsif] adj. et n. m. (du lat. *detergere,* nettoyer). Se dit d'un produit qui nettoie, décrasse (syn. DÉTERGENT).

détestable [detɛstabl] adj. Très mauvais, très désagréable (moins fort que le verbe) : *Une position détestable* (syn. HORRIBLE). *Un caractère détestable* (syn. ODIEUX). *Un temps détestable* (syn. AFFREUX).

détestablement [detɛstabləmã] adv. *Litt.* D'une manière détestable : *Chanter détestablement.*

détester [detɛste] v. t. (lat. *detestari,* maudire). *Détester qqn, qqch, détester* (+ *inf.*) ou *de* (+ *inf.*), *détester que* (+ *subj.*), avoir une aversion très vive pour qqch, qqn, avoir horreur de, que : *Je déteste ce plat, cette région, ces gens, cette musique* (syn. AVOIR EN HORREUR ↑ EXÉCRER). *Elle déteste qu'on lui parle sur ce ton. Il déteste parler de ces choses. Je ne déteste pas le cinéma* (= j'aime bien).

détonant, e [detɔnã] adj. Qui provoque une explosion : *Deux gaz qui forment un mélange détonant.*

détonateur [detɔnatœr] n. m. Dispositif qui provoque l'explosion d'un engin.

détonation [detɔnasjɔ̃] n. f. Bruit violent d'une explosion : *Les détonations sèches des coups de feu.*

détoner [detɔne] v. i. (lat. *detonare*) [sujet qqch] Exploser avec un bruit violent : *Faire détoner un mélange.*

détonner [detɔne] v. i. (de *ton* 2). **1.** (sujet un musicien, un chanteur) Quitter le ton, faire des fausses notes. — **2.** (sujet qqch) Contraster désagréablement avec un ensemble : *Une critique qui détonne dans ce concert de louanges* (syn. JURER).

détordre [detɔrdr] v. t. (c. **52**). *Détordre une corde, un écheveau, du linge,* etc., en faire disparaître la torsion.

détortiller [detɔrtije] v. t. *Détortiller qqch,* défaire ce qui est emmêlé, tortillé ou entortillé : *Détortiller un fil de fer. Détortiller un bonbon* (= le retirer du papier qui l'entoure). [→ ENTORTILLER.]

détour [detur] n. m. (de *détourner*). **1.** Trajet sinueux, tout parcours autre que la voie directe : *La route fait un détour par ce village. Après bien des détours, nous sommes enfin arrivés.* — **2.** Moyen détourné : *Prendre beaucoup de détours pour présenter sa requête* (syn. CIRCONLOCUTION). *S'expliquer sans détour* (= en toute franchise). — **3.** *Au détour du chemin,* après un tournant; au hasard de la promenade.

détourné, e [deturne] adj. Qui ne va pas directement au but : *Craignant d'être vu, il rentra chez lui par des chemins détournés. Il faut l'amener par des voies détournées à accepter cette proposition* (= par le biais).

détournement [deturnəmɑ̃] n. m. **1.** Action de détourner qqch : *Détournement d'un avion. Un gérant poursuivi pour détournements de fonds.* — **2.** *Détournement de mineur,* infraction consistant à séduire un, une mineure.

détourner [deturne] v. t. **1.** *Détourner qqch,* le faire changer de direction, l'écarter de sa trajectoire : *Pendant la durée des travaux, on a détourné la route. Détourner un ruisseau* (syn. DÉVIER). *Détourner un avion* (= obliger par la force un pilote à prendre une autre direction). — **2.** *Détourner qqn de qqch, de qqn,* faire qu'il ait moins d'attachement pour qqch, qqn : *On l'a enfin détourné de ce projet. Cela ne me détourne pas de poursuivre mes recherches* (syn. DISSUADER). *Il a essayé de détourner de moi mes amis* (syn. DÉTACHER). — **3.** *Détourner de l'argent, des marchandises,* etc., se les approprier frauduleusement. — **4.** *Détourner la conversation,* l'écarter de son sujet principal. ‖ *Détourner la tête, les yeux, le regard,* ou *se détourner,* regarder dans une autre direction (par mépris, par discrétion, par curiosité, etc.) : *Quand elle m'a aperçu dans la rue, elle a détourné la tête, elle s'est détournée.* ◆ ***se détourner*** v. pr. S'écarter, s'éloigner : *Peu à peu, il s'est détourné de tous ses vieux amis.*

détracteur, trice [detraktœr] n. (du lat. *detrahere,* abaisser). Qui dénigre qqn, qqch, qui cherche à rabaisser le mérite de qqn, la valeur de qqch : *Tu as triomphé de tous tes détracteurs* (syn. ↓CRITIQUE). *Les partisans et les détracteurs d'un projet de loi.*

détraqué, e [detrake] adj. et n. *Fam.* Qui a ses facultés mentales altérées (syn. DÉSÉQUILIBRÉ).

détraquement [detrakmɑ̃] n. m. Action de détraquer; fait d'être détraqué.

détraquer [detrake] v. t. (de *dé-* et anc. fr. *trac,* trace). **1.** *Détraquer qqch,* en déranger le fonctionnement, le cours, le mécanisme (souvent pass.) : *Un bricoleur maladroit a détraqué la pendule. Le temps est détraqué* (= le beau temps a fait place à un temps incertain). — **2.** Fam. *Détraquer qqn,* troubler sa digestion, nuire à son état général : *Le mélange des vins m'a détraqué* (syn. INDISPOSER).

détrempe [detrɑ̃p] n. f. (de *détremper*). Procédé de peinture à l'aide de couleurs délayées dans de l'eau additionnée de colle liquide; ouvrage exécuté avec une préparation de ce genre.

détremper [detrɑ̃pe] v. t. (lat. *distemperare,* délayer). *Détremper qqch,* l'amollir en l'imprégnant d'un liquide (surtout pass.) : *Du carton tout détrempé par l'humidité.*

détresse [detrɛs] n. f. (bas lat. *districtia,* étroitesse). **1.** État de qqn qui se sent abandonné dans le malheur : *La détresse de l'accusée se lisait sur son visage* (syn. ↓DÉSARROI). — **2.** Situation critique : *Secourir une famille dans la détresse* (syn. ↓MALHEUR). *Navire, entreprise en détresse* (= qui risque de sombrer, de faire faillite; syn. ↑EN PERDITION).

détricoter [detrikɔte] v. t. Défaire les mailles d'un tricot.

détriment [detrimɑ̃] n. m. (lat. *detrimentum*). *Au détriment de qqch, qqn,* en faisant tort à : *On ne peut pas abaisser les prix au détriment de la qualité* (syn. AU PRÉJUDICE DE). *L'erreur est-elle à votre avantage ou à votre détriment ?* (syn. DÉSAVANTAGE).

détritus [detrity(s)] n. m. (mot lat. signif. *usé*). Résidu bon à jeter (épluchure, reste de repas, déchet de fabrication, etc.) [souvent pl.] (syn. ORDURES).

détroit [detrwa] n. m. (du lat. *districtus,* serré). Bras de mer resserré entre les terres.

détromper [detrɔ̃pe] v. t. *Détromper qqn,* le tirer d'erreur : *Il a cru que le compliment s'adressait à lui; personne n'a osé le détromper. Si vous pensiez que j'allais m'incliner, détrompez-vous.*

détrôner [detrone] v. t. **1.** *Détrôner un souverain,* le chasser du trône : *Un roi détrôné par la révolution* (syn. DÉCHOIR). — **2.** *Détrôner qqn, qqch,* le supplanter, lui faire perdre sa prééminence : *Les plastiques ont détrôné le caoutchouc dans bien des emplois.*

détrousser [detruse] v. t. Litt. *Détrousser un voyageur, un promeneur,* etc., lui voler son argent, ses bagages en l'attaquant (syn. usuel DÉVALISER, VOLER).

détrousseur [detrusœr] n. m. Qui détrousse.

détruire [detrɥir] v. t. (bas lat. *destrugere*) [c. **70**]. **1.** *Détruire qqn, un animal,* les faire périr : *Ce produit détruit les limaces. Une armée détruite* (syn. ↑ANÉANTIR). — **2.** *Détruire qqch (concret),* le mettre en ruine : *Une ville détruite par les bombardements* (syn. RAVAGER). *Détruire un pont* (syn. DÉMOLIR). — **3.** *Détruire qqch (abstrait),* le faire cesser, y mettre fin : *Un incident qui détruit tous nos projets* (syn. RUINER). — **4.** *Détruire qqn, sa vie, sa santé,* altérer les qualités morales, intellectuelles ou physiques de qqn, le conduire vers la déchéance ou la mort : *La drogue les détruit peu à peu.* ◆ ***se détruire*** v. pr. (sujet qqn) Se donner la mort; nuire à sa propre vie, à sa santé.

dette [dɛt] n. f. (lat. *debita*). **1.** Somme d'argent qu'on doit à qqn, à un organisme, etc. : *Contracter, faire des dettes pour payer sa maison. Des joueurs accablés de dettes. Être en dette avec quelqu'un. Payer ses dettes.* — **2.** Sentiment, conduite où on est engagé par un devoir : *Une dette de reconnaissance.*

D. E. U. G. [døg] n. m. Diplôme d'études universitaires générales, couronnant le premier cycle de l'enseignement supérieur.

deuil [dœj] n. m. (bas lat. *dolus,* douleur). **1.** État de qqn dont un proche parent est mort récemment : *Adresser des condoléances à un ami à l'occasion de son deuil. J'ai appris qu'il avait eu un deuil, qu'il était en deuil* (= qu'il avait perdu un parent). — **2.** Vêtements, généralement noirs, qu'on porte dans ces circonstances : *Porter le deuil.* — **3.** Période pendant laquelle on porte ces vêtements et où on marque son affliction par certains signes ou attitudes extérieurs (abstention de spectacles, etc.). — **4.** *Deuil national,* marques de l'affliction générale causée par une catastrophe ou par la mort d'une personnalité. ‖ *Faire son deuil de qqch,* se résigner à en être privé : *Avec ce mauvais temps, nous pouvons faire notre deuil de la promenade.*

deus ex machina [deysɛksmakina] n. m. (mots lat. signif. *un dieu* [*descendu*] *au moyen d'une machine*). Personne dont l'intervention inattendue dénoue opportunément une situation difficile.

deux [dø] adj. num. cardin. inv. **1.** Un plus un. — **2.** Deuxième : *Tome deux.* — **3.** Indique un petit nombre (avec *minute, seconde, pas*) : *Je reviens dans deux minutes. J'habite à deux pas d'ici.* — **4.** Fam. *En moins de deux,* très rapidement. ◆ n. m. inv. Chiffre, numéro, etc., qui représente ce nombre.

deux-chevaux [døʃvo] n. f. inv. Nom donné à un type de voiture dont la puissance fiscale est de deux chevaux-vapeur.

deuxième [døzjɛm] adj. num. ordin. et n. Qui occupe le rang marqué par le numéro deux : *Habiter au deuxième étage* (syn. SECOND).

deuxièmement [døzjɛmmɑ̃] adv. En deuxième lieu.

deux-mâts [dømɑ] n. m. inv. Voilier à deux mâts.

deux-pièces [døpjɛs] n. m. inv. **1.** Maillot de bain composé d'un slip et d'un soutien-gorge. — **2.** Appartement de deux pièces.

deux-roues [døru] n. m. inv. Véhicule à deux roues (bicyclette, vélomoteur, moto, etc.).

dévaler [devale] v. t. (de *val*) [sujet qqn, qqch] *Dévaler (une pente, un escalier)*, les descendre rapidement : *Dès qu'elle entendit sonner, elle dévala l'escalier* (syn. fam. DÉGRINGOLER). *Des blocs de pierre qui dévalent jusqu'au pied de la montagne.*

dévaliser [devalize] v. t. (de *valise*). **1.** *Dévaliser qqn*, le dépouiller des biens qu'il a sur lui ou avec lui : *Des malfaiteurs l'avaient dévalisée; elle est arrivée sans argent et sans matériel* (syn. plus rare DÉTROUSSER). — **2.** *Dévaliser une maison, une boutique*, etc., emporter ce qui s'y trouve, par vol : *Des résidences secondaires ont été dévalisées dans ce village* (syn. PILLER). *Des gansters ont dévalisé les bureaux* (syn. CAMBRIOLER). — **3.** *Dévaliser un magasin*, y faire des achats importants : *Un gros client qui dévalise la boutique.*

dévalorisant, e [devalɔrizɑ̃] adj. Qui dévalorise.

dévalorisation [devalɔrizasjɔ̃] n. f. Action de dévaloriser.

dévaloriser [devalɔrize] v. t. **1.** *Dévaloriser qqch*, lui faire perdre de sa valeur marchande, de sa rentabilité : *La perte de cette pièce rare dévalorise sa collection* (syn. DÉPRÉCIER). — **2.** *Dévaloriser qqch, qqn*, faire perdre de sa valeur à qqch, faire en sorte que qqn, qqch perde de son prestige : *Dévaloriser l'enseignement. Par son attitude ironique, elle essayait sans cesse de me dévaloriser aux yeux de mes collègues.* ◆ ***se dévaloriser*** v. pr. Perdre de sa valeur : *L'argent se dévalorise en période d'inflation* (syn. SE DÉVALUER). *Ne vous dévalorisez pas ainsi, vous êtes quelqu'un de compétent.*

dévaluation [devalɥasjɔ̃] n. f. Action de dévaluer; fait d'être dévalué.

dévaluer [devalɥe] v. t. (*dé-* et [*é*]*valuer*). *Dévaluer une monnaie*, la déprécier en modifiant légalement son taux de change : *Le gouvernement avait décidé de dévaluer le franc* (syn. DÉVALORISER).

devancer [dəvɑ̃se] v. t. (de *devant*) [c. 1] *Devancer qqn, qqch*, agir avant, passer devant qqn, précéder l'accomplissement de qqch : *Votre mise au point a devancé ma question* (syn. PRÉVENIR). *Un coureur qui devance le peloton* (syn. PRÉCÉDER). *Cette équipe devance l'autre de dix points* (syn. SURCLASSER). *Militaire qui a devancé l'appel* (= qui s'est engagé avant la date d'appel de sa classe).

devancier, ère [dəvɑ̃sje] n. Personne qui en a précédé une autre dans une fonction, un domaine, etc. : *Elle a poussé cette étude plus loin que ses devancières* (syn. PRÉDÉCESSEUR).

devant [dəvɑ̃] adv., prép. (*de* et [*a*]*vant*). **1.** Indique une situation, un lieu en face d'une personne ou d'une chose, ou le rang qui précède : *Je marche devant lui* (= avant lui). *Elle marche devant* (syn. EN TÊTE). *Il est placé devant toi* (= il est un rang avant toi). *J'ai loué deux places devant* (= situées en avant du théâtre). *Il court devant pour les prévenir. Il y a une pâtisserie devant l'église. Vous êtes passés devant. Regarde devant toi* (= en face de toi, en avant). *Allez devant, je vous rejoindrai. Il attendait devant la station de métro. Gilet qui se boutonne devant. L'avenir est devant nous. Elle va droit devant elle* (= sans craindre les obstacles). *Faites tout devant lui* (= en sa présence). *Nous sommes tous égaux devant la loi* (syn. AUX YEUX DE, AU JUGEMENT DE). *Que suis-je devant lui?* (syn. EN COMPARAISON DE). — **2.** *Au-devant de*, vers la face de, en direction de : *Elle l'aperçut sur le quai et alla au-devant de lui. Il va au-devant des obstacles* (= il les affronte). *Tu vas au-devant du danger* (= tu t'y exposes). *Aller au-devant des désirs, des souhaits, des volontés de quelqu'un* (= les remplir avant qu'il ne les exprime). ‖ *De devant*, de la partie antérieure, qui se trouve devant : *Retirez-vous de devant la porte.* ‖ *Par-devant*, par la partie avant, qui est devant : *Si tu passes par-devant, tu raccourcis ton chemin. Faire un testament par-devant notaire* (= en sa présence). *Il est par-devant* (= en avant). ‖ *Ci-devant*, qui, dans cet article, dans cet ouvrage, dans cette situation présente, se trouve placé avant; comme n. inv. ancien noble, pendant la Révolution. ◆ n. m. **1.** Ce qui est devant : *La roue de devant* (= la roue avant). *Le devant de la tête* (= le front) *est bien dégagé. Le devant de la maison a été refait* (= la façade). *La porte de devant* (= celle qui donne sur la rue). *Les pattes de devant. Le devant de la cheminée. Je loge sur le devant* (= sur le côté de la maison qui donne sur la rue). *Les poches de devant d'un costume.* — **2.** *Prendre le devant, les devants*, prévenir l'action de qqn afin de l'empêcher d'agir : *Elle se doutait qu'on allait lui faire des reproches : elle prit les devants* (syn. DEVANCER).

devanture [dəvɑ̃tyr] n. f. (de *devant*). Partie d'un magasin, où les articles sont exposés à la vue des passants, soit derrière une vitre, soit à l'extérieur : *Il a acheté le livre qu'il avait vu à la devanture* (syn. VITRINE, ÉTALAGE).

dévastateur, trice [devastatœr] adj. Qui dévaste : *Inondation dévastatrice.*

dévastation [devastasjɔ̃] n. f. Action de dévaster : *Les dévastations de l'incendie, du typhus, des sauterelles* (syn. RAVAGE).

dévaster [devaste] v. t. (lat. *devastare*). *Dévaster un pays, une région, un groupe d'animaux*, leur causer de très grands dégâts : *Un cyclone a dévasté l'île* (syn. RAVAGER). *L'épidémie a dévasté le troupeau* (syn. DÉCIMER).

déveine [devɛn] n. f. *Fam.* Malchance : *J'ai eu la déveine de me casser la jambe le premier jour de mes vacances.*

développement [devlɔpmɑ̃] n. m. **1.** Action de développer, de déployer, action de développer une pellicule : *Le développement d'une banderole* (syn. DÉPLOIEMENT). *Le film a été voilé au développement.* — **2.** *Développement d'une roue, d'un vélo*, distance parcourue pour un tour de pédalier. — **3.** Fait de se développer, action de rendre plus fort : *Le développement de la production* (syn. AUGMENTATION, ACCROISSEMENT). *Une industrie en plein développement* (syn. ESSOR, EXPANSION). *Le conférencier a consacré un développement à cette question* (syn. CHAPITRE). — **4.** *Développement de l'enfant*, ensemble des différents stades d'acquisitions intellectuelles, psychologiques, motrices, physiologiques, par lesquels l'enfant passe. — **5.** *Pays en voie de développement*, dont l'économie n'est pas encore d'un niveau suffisant par rapport aux grands pays industrialisés.

développer [devlɔpe] v. t. (*dé-* et [*en*]*velopper*). **1.** *Développer qqch*, étendre ce qui était plié ou roulé : *Elle développa avec précaution le parchemin* (syn. DÉPLIER, DÉPLOYER). — **2.** *Développer un film, une photographie*, les soumettre à un traitement propre à faire apparaître les images. — **3.** *Développer un cube, un cylindre*, etc., en représenter toutes les faces sur une surface plane. — **4.** *Développer qqch*, le rendre plus important, plus fort : *Des jeux qui, paraît-il, développent l'intelligence. Des émissions qui développent le goût de l'aventure. Développer ses échanges économiques avec les pays voisins* (syn. AUGMENTER, ACCROÎTRE). — **5.** *Développer un récit, un projet*, etc., l'exposer en détail (syn. DÉTAILLER). ◆ ***se développer*** v. pr. **1.** (sujet qqn, qqch) Croître, grandir : *Enfant qui se* *développe bien.* — **2.** (sujet qqch) Devenir plus important : *Une mode qui s'est vite développée* (syn. S'ÉTENDRE, SE PROPAGER). *Une affaire qui se développe* (= prend de l'extension).

1. devenir [dəvnir] v. i. (lat. *devenire,* venir de) [c. **22**; auxil. *être*] *Devenir + adj.* ou *n. (attribut),* passer dans tel ou tel état, acquérir telle ou telle qualité : *Cette petite tige deviendra un arbre puissant. Les têtards sont devenus grenouilles. Elle est devenue la directrice de la société. Il devient vieux* (syn. SE FAIRE). *Êtes-vous devenu malade ?* (syn. TOMBER). *Que deviens-tu ?* (= quelle est ta situation actuelle ?).

2. devenir [dəvnir] n. m. *Litt.* Le futur : *S'interroger sur le devenir de l'homme* (syn. ÉVOLUTION).

déverbal, e, aux [devɛrbal] adj. et n. m. Se dit d'un nom formé avec le radical d'un verbe (ex. *bond* de *bondir*).

dévergondage [devɛrgɔ̃daʒ] n. m. Conduite relâchée (syn. DÉBAUCHE, LICENCE).

dévergondé, e [devɛrgɔ̃de] adj. et n. Qui mène une vie de débauche : *Une vie dévergondée* (syn. LICENCIEUX). *Il fréquentait de jeunes dévergondées* (syn. DÉBAUCHÉ).

dévergonder (se) [devɛrgɔ̃de] v. pr. (du lat. *verecundia,* pudeur) [sujet qqn] Adopter une conduite relâchée, immorale.

déverrouillage [devɛrujaʒ] n. m. Action de déverrouiller.

déverrouiller [devɛruje] v. t. Enlever le verrou, ce qui empêche d'ouvrir : *Déverrouiller une porte, un fusil.*

devers (par-) [dəvɛr] prép. (*par, de* et *vers*). *Par-devers soi,* en sa possession, en soi (soutenu) : *J'ai gardé par-devers moi les copies de toutes mes lettres. Garder ses réflexions par-devers soi* (= ne pas les exprimer).

déversement [devɛrsəmɑ̃] n. m. Action de déverser, de se déverser : *Une ouverture prévue pour le déversement du trop-plein.*

déverser [devɛrse] v. t. **1.** (sujet qqn, qqch) *Déverser qqch,* le verser, le répandre en abondance : *Le lac déverse ses eaux dans la vallée. Tous les habitants du coin déversent leurs ordures ici.* — **2.** (sujet un train, un car, etc.) Amener en très grand nombre qqpart : *Les trains de banlieue déversent des flots de voyageurs.* — **3.** *Déverser sa bile, sa rancœur,* etc., l'exprimer sans retenue. ◆ ***se déverser*** v. pr. Se répandre : *La foule se déverse dans le stade. Le bassin se déverse par cette canalisation.*

déversoir [devɛrswar] n. m. Vanne par où s'écoule l'excédent d'eau d'un réservoir, d'un étang, etc.

dévêtir [devɛtir] v. t. (c. **27**) *Dévêtir qqn,* le dépouiller de la totalité ou d'une partie de ses vêtements : *On avait dévêtu l'enfant pour le coucher* (syn. DÉSHABILLER). ◆ ***se dévêtir*** v. pr. Enlever ses vêtements (soutenu) : *Par cette chaleur, on aime à se dévêtir.*

déviant, e [devjɑ̃] adj. et n. Qui s'écarte de la norme.

déviation [devjasjɔ̃] n. f. **1.** Fait de dévier : *Je souffre d'une déviation de la colonne vertébrale. Être accusé de déviation doctrinale.* — **2.** Itinéraire établi pour détourner la circulation : *Emprunter une déviation.*

déviationnisme [devjasjɔnism] n. m. Attitude de qqn qui s'écarte de la doctrine de son parti politique.

déviationniste [devjasjɔnist] adj. et n. Qui relève du déviationnisme.

dévider [devide] v. t. **1.** *Dévider du fil, une bobine,* etc., défaire ce qui était enroulé : *Dévider une pelote de laine* (syn. DÉBOBINER). — **2.** *Dévider ses sentiments, ses pensées,* etc., les exprimer longuement et d'un bloc.

dévidoir [devidwar] n. m. Appareil permettant de dérouler rapidement du fil, un tuyau, etc.

dévier [devje] v. t. (lat. *deviare,* sortir du chemin). *Dévier qqch,* en modifier le trajet, la direction : *On a dévié la route pour effectuer des travaux* (syn. DÉTOURNER). *Le prisme dévie les rayons lumineux. L'axe a été légèrement dévié par le choc.* ◆ v. i. **1.** (sujet qqch) S'écarter de sa direction : *L'aiguille de la boussole dévie au voisinage d'une masse métallique.* — **2.** (sujet qqn) S'écarter de son projet, de son orientation, d'une doctrine : *Elle poursuit son but sans dévier d'une ligne.*

devin [dəvɛ̃], **devineresse** [dəvinrɛs] n. (lat. *divinus*). **1.** Personne qui prétend deviner, prédire l'avenir (syn. VOYANT). — **2.** *Je ne suis pas devin,* je ne sais pas ce qui va se passer.

deviner [dəvine] v. t. (lat. *divinare*). **1.** *Deviner qqch,* le trouver par conjecture, par intuition : *Elle devine l'avenir en consultant le marc de café* (syn. PRÉVOIR, PRÉDIRE). *Sans comprendre sa langue, je devinais à ses gestes le sens de ses propos* (syn. COMPRENDRE). *Vous ne devinez pas ce qui m'amène ?* (syn. SAVOIR). *Devinez pourquoi cette voiture est en panne. Je devine qu'il va se passer quelque chose* (syn. PRESSENTIR). *On devine sans peine la raison de son silence* (syn. DÉCOUVRIR). *Deviner un mystère, un secret* (syn. ÉCLAIRCIR). — **2.** Apercevoir, distinguer confusément, à peine : *On devine le jupon sous la robe.* ◆ ***se deviner*** v. pr. (sujet qqch) Être confusément distingué : *Un corps se devinait dans la pénombre.*

devinette [dəvinɛt] n. f. Question, le plus souvent plaisante, dont on demande à qqn, par jeu, de deviner la réponse : *Poser une devinette.*

devis [dəvi] n. m. (de *deviser*). Évaluation détaillée du coût des travaux à exécuter : *Un devis concernant la réparation de la toiture.*

dévisager [devizaʒe] v. t. (de *dé-* et *visage*) [c. **2**]. *Dévisager qqn,* le regarder de façon très insistante, avec une curiosité non dissimulée ou avec hauteur : *Elle dévisagea le visiteur avant de l'inviter à s'asseoir* (syn. péjor. TOISER).

1. devise [dəviz] n. f. (de *deviser*). Paroles concises qu'on se donne comme règle de conduite ou qui suggèrent un idéal : *La devise du drapeau français est « Honneur et Patrie ».*

2. devise [dəviz] n. f. Toute monnaie étrangère : *Le tourisme provoque un afflux de devises dans ce pays.*

deviser [dəvize] v. t. ind. (lat. *dividere,* diviser). *Deviser (de qqch),* s'en entretenir familièrement (soutenu) : *Ils devisent paisiblement dans le salon* (syn. CONVERSER, BAVARDER).

dévissage [devisaʒ] n. m. Action de dévisser.

dévisser [devise] v. t. **1.** Défaire ce qui est vissé : *Dévisser un écrou, une serrure.* — **2.** Fam. *Se dévisser la tête, le cou,* faire des efforts pour regarder derrière soi. ◆ v. i. Faire une chute au cours d'une escalade en montagne.

de visu [devizy] adv. (mots lat. signif. *d'après ce qu'on a vu*). En témoin oculaire : *Constater de visu la violence d'une bagarre.*

dévitalisation [devitalizasjɔ̃] n. f. Action de dévitaliser.

dévitaliser [devitalize] v. t. *Dévitaliser une dent,* en faire mourir le nerf.

dévoiler [devwale] v. t. **1.** *Dévoiler qqch,* retirer le voile qui le couvre : *Dévoiler une statue le jour de l'inauguration.* — **2.** *Dévoiler qqch (abstrait),* cesser de le tenir caché, en faire part à qqn, faire la lumière dessus : *Les enquêteurs refusent de dévoiler le nom des* *suspects. Les dessous de l'affaire ont été dévoilés par un secrétaire trop bavard* (syn. RÉVÉLER). *Personne n'avait encore dévoilé ce mystère* (syn. PERCER). — 3. Redresser ce qui est faussé : *Dévoiler une roue.* ◆ ***se dévoiler*** v. pr. Apparaître : *Sa fourberie a fini par se dévoiler.*

1. devoir [dəvwar] v. t. (lat. *debere*) [c. **35**]. **1.** (sujet qqn) *Devoir qqch à qqn,* être tenu, légalement ou moralement, de le lui payer, lui restituer, lui fournir, lui manifester : *Je lui dois le montant des réparations qu'elle a effectuées. Je lui ai prêté mille francs l'an dernier, et il me les doit encore. Il vous doit le respect.* — **2.** *Devoir qqch à qqn, à qqch,* être redevable à qqn ou à qqch de qqch; avoir pour origine : *C'est à Pasteur qu'on doit le vaccin contre la rage. Je lui dois la vie sauve. Ce film doit son titre à un fait divers.* — **3.** (sujet qqch, qqn) *Devoir + inf. sans prép.,* indique la nécessité : *Vous devez l'aider;* la possibilité, la supposition : *Il doit être environ trois heures. Il est en retard : il a dû avoir une panne. Vous devez être heureux d'avoir terminé;* l'intention : *Je lui ai téléphoné : elle doit passer vous voir demain;* l'éventualité : *Le temps semble devoir s'améliorer bientôt.* ◆ ***se devoir*** v. pr. **1.** *Se devoir + inf.,* avoir l'obligation morale (langue soutenue) : *Tu te dois de répondre à cette invitation.* — **2.** *Comme il se doit,* comme il faut, comme il est prévu. (→ DÛ et DETTE.)

2. devoir [dəvwar] n. m. **1.** Ce à quoi on est obligé légalement ou moralement : *Cette démarche fait partie des devoirs de sa charge. On a le devoir de porter assistance à une personne en danger. Accomplir son devoir* (syn. ↓TÂCHE). *Je me fais un devoir de l'aider* (syn. OBLIGATION). — **2.** Litt. *Derniers devoirs,* honneurs funèbres : *Rendre les derniers devoirs à un ami.* — **3.** Tâche, ordinairement écrite, prescrite par un maître à des élèves : *Devoir de mathématiques, d'anglais.*

1. dévolu (être) [devɔly] v. pass. (lat. *devolutus,* déroulé) [sujet qqch] *Être dévolu à qqn,* lui revenir : *C'est une lourde charge qui lui est dévolue* (syn. ÊTRE ATTRIBUÉ).

2. dévolu [devɔly] n. m. *Jeter son dévolu sur qqch, qqn,* projeter de s'emparer de qqch, fixer son choix sur qqn.

dévorant, e [devɔrɑ̃] adj. Qui dévore : *Un feu dévorant. Une curiosité dévorante* (syn. ÉNORME).

dévorer [devɔre] v. t. (lat. *devorare*). **1.** (sujet un animal) *Dévorer un animal, qqn, qqch,* les manger en déchirant : *Un ours a dévoré un mouton. Les insectes ont dévoré toutes les plantes.* — **2.** (sujet qqn) *Dévorer (qqch),* le manger avidement : *Après cette longue marche, ils dévorèrent leur repas* (syn. ENGLOUTIR). *C'est un plaisir de voir comme ces enfants dévorent.* — **3.** *Dévorer un livre, un journal,* le lire avidement. — **4.** (sujet qqch, qqn) *Dévorer qqch,* le consumer, l'absorber par grandes quantités : *Le feu a dévoré des hectares de forêt* (syn. RAVAGER, ↓DÉTRUIRE). *Une entreprise qui dévore de gros capitaux* (syn. ENGLOUTIR). *Dévorer l'espace* (= le parcourir rapidement). — **5.** (sujet qqch) *Dévorer qqn,* le tourmenter vivement (souvent litt. et pass.) : *Les soucis me dévorent* (syn. RONGER). *Elle est dévorée par le chagrin* (syn. CONSUMER). — **6.** *Dévorer des yeux,* regarder avec avidité ce qu'on convoite.

dévoreur, euse [devɔrœr] n. Qui dévore : *Cette chaudière est une grosse dévoreuse de mazout.*

dévot, e [devo] adj. et n. (lat. *devotus,* dévoué). Très attaché aux pratiques religieuses (souvent péjor.) : *Devenir dévot en vieillissant* (syn. non péjor. PIEUX). *Des chansons qui scandalisent les dévots* (syn. péjor. ↑BIGOT). ◆ adj. Inspiré par la dévotion : *Une pratique dévote.*

dévotement [devɔtmɑ̃] adv. *Litt.* De façon pieuse (non péjor.) : *Servir Dieu dévotement.*

dévotion [devɔsjɔ̃] n. f. (sans nuance péjor.) **1.** Zèle dans la pratique religieuse : *Sa dévotion contraste avec le libertinage de son frère* (syn. PIÉTÉ). — **2.** Pratique religieuse : *La dévotion à la Vierge est très grande dans ce pays* (syn. CULTE). *Faire ses dévotions* (= faire des prières, suivre un office, etc.). — **3.** *Être à la dévotion de qqn,* lui être totalement dévoué.

dévoué, e [devwe] adj. Qui manifeste un grand attachement à qqn : *Un secrétaire tout dévoué à son patron. Une amie dévouée* (syn. FIDÈLE, SINCÈRE).

dévouement [devumɑ̃] n. m. Attitude de qqn qui se dévoue, qui est dévoué : *Un dévouement héroïque* (syn. ABNÉGATION). *Le dévouement des soldats a sauvé la patrie* (syn. SACRIFICE). *Grâce au dévouement des employés, le service a pu être assuré normalement* (syn. ZÈLE). *Il porte à sa mère un indéfectible dévouement* (syn. ATTACHEMENT). *Le dévouement à une noble cause* (syn. LOYALISME). *Recevez l'assurance de mon dévouement* (formule de politesse à la fin d'une lettre).

dévouer (se) [devwe] v. pr. **1.** *Se dévouer à qqn, à qqch,* leur donner largement son activité, ses soins : *Elle se dévoue au service des malheureux. Se dévouer à la science* (syn. SE CONSACRER). — **2.** (sans compl.) Faire abnégation de soi-même : *Il a trouvé la mort en se dévouant pour sauver ses camarades* (syn. SE SACRIFIER). *Elle est toujours prête à se dévouer.*

dévoyé, e [devwaje] adj. et n. (de *dé-* et *voie*). Sans moralité; qui s'abandonne au vice : *Une bande de jeunes dévoyés* (syn. VAURIEN, CHENAPAN; fam. FRIPOUILLE).

dextérité [dɛksterite] n. f. (lat. *dexteritas,* de *dexter,* droit). **1.** Aisance à exécuter qqch, en partic. avec les mains : *Le chirurgien opère avec une grande dextérité* (syn. HABILETÉ, ↓ADRESSE). — **2.** Habileté dans la façon de mener qqch : *Les négociations furent conduites avec dextérité* (contr. MALADRESSE).

diabète [djabɛt] n. m. (gr. *diabêtês,* qui traverse). Maladie dont une des formes, le *diabète sucré,* se manifeste notamment par la présence de sucre dans les urines.

diabétique [djabetik] adj. et n. Atteint de diabète.

diable [djɑbl] n. m. (gr. *diabolos,* calomniateur). **1.** Esprit du mal, selon le dogme chrétien : *Le diable est souvent représenté avec des cornes, une queue et des pieds fourchus. Une mauvaise action inspirée par le diable* (syn. DÉMON). — **2.** Enfant très turbulent, tapageur ou simplement espiègle (aussi adj. en ce sens) : *Il est très diable. C'est un bon petit diable* (= un enfant éveillé qui a bon cœur). — **3.** Une personne (dans des express.) : *Un bon diable* (= garçon simple et sympathique). *Un grand diable* (syn. GAILLARD). *Un pauvre diable* (syn. BOUGRE). — **4.** *Du diable, de tous les diables* (après un n.), *en diable* (après un adj.), renforce le n. ou l'adj. : *Moteur qui fait un bruit du diable. J'ai une faim de tous les diables. Il est paresseux en diable.* — **5.** Fam. *Ce diable de* (+ *n.*), se dit de qqn, de qqch contre lesquels on maugrée, ou qui causent quelque surprise : *On ne peut rien faire avec ce diable de temps. Ce diable d'homme était infatigable.* — **6.** Fam. *Avoir le diable au corps,* être emporté par ses passions; commettre toutes sortes de méfaits. ‖ *C'est bien le diable si,* ce serait bien extraordinaire si. ‖ *Diable!, que diable!,* marquent la surprise ou le renforcement : *Diable! voilà qui change tout! Tu aurais pu me prévenir, que diable!* ‖ *Diable,* après les interrogatifs *qui, que, quoi, où, quand, pourquoi, comment, combien,* marque la surprise, la mauvaise humeur : *Qui diable a pu vous dire cela? Pourquoi diable n'est-elle pas venue?* (syn. DIANTRE). ‖ *Du diable si je m'en souvenais,* je ne m'en souvenais pas du tout. ‖ Fam. *Envoyer qqn, qqch au diable, à tous les diables,* se débarrasser de qqn, ne plus se soucier de qqch (syn. ENVOYER PROMENER); et elliptiq. : *Au diable la prudence!* (= ne songeons plus à la prudence). ‖ *Habiter, être au diable,* habiter très loin. ‖ Fam. *Que le diable m'emporte!,* juron exprimant la mauvaise humeur, la ferme résolution, etc. ‖ Fam. *Se démener, s'agiter comme un (beau) diable,* avec beaucoup de vivacité. ‖ Fam. *Tirer le diable par la queue,* vivre sans cesse dans le manque d'argent. (→ ENDIABLÉ.)

diablement [djɑbləmɑ̃] adv. *Fam.* Très, beaucoup : *Ce paquet est diablement lourd* (syn. FAMEUSEMENT, DIANTREMENT). *Cela m'inquiète diablement.*

diablerie [djɑbləri] n. f. Espièglerie, malice : *La diablerie de cet enfant est lassante.*

diablesse [djɑblɛs] n. f. *Fam.* Femme désagréable, emportée, méchante.

diablotin [djɑblɔtɛ̃] n. m. Petit diable.

diabolique [djɑbɔlik] adj. Pervers, d'une méchanceté calculée : *Une machination diabolique.*

diaboliquement [djɑbɔlikmɑ̃] adv. De façon diabolique : *Piège diaboliquement tendu.*

diabolo [djabɔlo] n. m. (gr. *diabolos,* diable). **1.** Jeu d'adresse comprenant une sorte de bobine que le joueur lance en l'air et rattrape au moyen d'une cordelette tendue entre deux baguettes. — **2.** Boisson faite d'une limonade additionnée d'un sirop : *Diabolo menthe.*

diachronie [djakrɔni] n. f. (gr. *dia,* à travers, et *khronos,* temps). Caractère des phénomènes linguistiques considérés dans leur évolution (contr. SYNCHRONIE).

diachronique [djakrɔnik] adj. Relatif à la diachronie.

diaconat [djakɔna] n. m. (de *diacre*). Fonction ou ordre du diacre.

diaconesse [djakɔnɛs] n. f. Chez les protestants, religieuse chargée des œuvres de charité ou d'enseignement.

diacre [djakr] n. m. (gr. *diakonos,* serviteur). Chez les catholiques, celui qui a reçu l'ordre immédiatement inférieur à la prêtrise; dans certaines églises protestantes, laïc chargé du soin des pauvres et de l'administration des biens de l'église.

diacritique [djakritik] adj. (du gr. *diakrinein,* distinguer). *Signe diacritique,* signe joint à un caractère de l'alphabet pour lui donner une valeur spéciale : *L'accent de «à» est un signe diacritique.*

diadème [djadɛm] n. m. (gr. *diadêma*). Serre-tête généralement orné de pierreries et servant de parure aux femmes dans certaines circonstances solennelles. (Le *diadème* était un bandeau royal.)

diagnostic [djagnɔstik] n. m. (gr. *diagnôstikos,* connaissance). **1.** Identification d'une maladie d'après ses symptômes : *Médecin qui émet un diagnostic. Les spécialistes réservent leur diagnostic* (= ils ne se prononcent pas sur la gravité de la maladie). — **2.** Jugement porté sur une situation, un état après l'avoir analysé.

diagnostiquer [djagnɔstike] v. t. *Diagnostiquer une maladie,* l'identifier.

diagonale [djagɔnal] n. f. (gr. *diagônios,* ligne reliant deux angles). **1.** Segment de droite qui joint deux sommets non consécutifs d'un polygone, et en particulier deux sommets opposés d'un quadrilatère. — **2.** *En diagonale,* obliquement. ‖ Fam. *Lire en diagonale,* très rapidement, d'une façon superficielle.

diagonalement [djagɔnalmɑ̃] adv. Selon une diagonale.

diagramme [djagram] n. m. (gr. *diagramma,* dessin). Tracé courbe, représentant les variations d'un phénomène, la disposition des diverses parties d'un ensemble.

dialectal, e, aux [djalɛktal] adj. Propre au dialecte.

dialecte [djalɛkt] n. m. (gr. *dialektos*). Variété de langue parlée sur un territoire restreint.

dialecticien, enne [djalɛktisjɛ̃] n. Qui pratique la dialectique.

dialectique [djalɛktik] adj. (du gr. *dialektikê,* art de discuter). Qui concerne l'art de raisonner, de discuter : *Procédés dialectiques.* ◆ n. f. **1.** Art de la discussion. — **2.** Mouvement de la pensée qui progresse vers une synthèse en s'efforçant de résoudre les oppositions entre chaque thèse et son antithèse.

dialectiquement [djalɛktikmɑ̃] adv. De façon dialectique.

dialectologie [djalɛktɔlɔʒi] n. f. Étude scientifique des dialectes.

dialectologue [djalɛktɔlɔg] n. Spécialiste de dialectologie.

dialogue [djalɔg] n. m. (gr. *dialogos*). **1.** Conversation entre deux ou plusieurs personnes sur un sujet défini ou discussion, relation visant à trouver un terrain d'accord : *Au bout d'une heure de dialogue, les deux ambassadeurs ont abouti à un résultat* (syn. ENTRETIEN, DISCUSSION). *Le dialogue se poursuit entre les deux camps adverses* (= les pourparlers ne sont pas rompus). *Chercher à renouer le dialogue* (= à rétablir des relations et des échanges de vues). — **2.** Ensemble de paroles échangées entre les acteurs d'une pièce de théâtre ou d'un film.

dialoguer [djalɔge] v. t. ind. *Dialoguer (avec qqn),* soutenir un dialogue avec lui : *Dialoguer avec une voisine de table.*

dialoguiste [djalɔgist] n. Auteur des dialogues d'un film.

diamant [djamɑ̃] n. m. (bas lat. *diamas,* croisé avec le lat. *adamas, -antis,* métal dur). Pierre précieuse très limpide, constituée par du carbone pur cristallisé : *Une broche sertie de diamants* (syn. BRILLANT). *Le diamant est utilisé dans l'industrie pour sa dureté extrême.*

diamantaire [djamɑ̃tɛr] n. m. Celui qui travaille ou qui vend des diamants.

diamantifère [djamɑ̃tifɛr] adj. Qui produit du diamant : *Régions diamantifères.*

diamétral, e, aux [djametral] adj. Relatif au diamètre : *Ligne diamétrale.*

diamétralement [djametralmɑ̃] adv. *Diamétralement opposé à, avec,* en opposition totale avec : *Tu soutiens une théorie diamétralement opposée avec, à la mienne* (syn. TOTALEMENT).

diamètre [djamɛtr] n. m. (gr. *dia,* à travers, et *metron,* mesure). Dans un cercle, une sphère, segment de droite limité par la courbe et passant par le centre : *Le diamètre est le double du rayon. Un tuyau de fort diamètre.*

diantre! [djɑ̃tr] interj. Syn. litt. de DIABLE interj. : *Comment diantre pensez-vous réussir?* ◆ n. *Diantre de + n.,* personne ou chose étonnante ou fâcheuse : *C'est un diantre d'homme* (syn. UN DIABLE DE).

diapason [djapazɔ̃] n. m. (du gr. *dia pasôn khordôn,* à travers toutes les cordes). **1.** Petit instrument d'acier, qu'on fait vibrer pour obtenir le *la.* — **2.** Fam. *Être, se mettre au diapason,* avoir, adopter le ton ou les manières qui conviennent à la circonstance.

diaphane [djafan] adj. (gr. *diaphanês,* transparent). *Litt.* Qui laisse passer la lumière, sans être transparent : *Une porcelaine diaphane* (syn. TRANSLUCIDE).

diaphragme [djafragm] n. m. (gr. *diaphragma,* cloison). **1.** Muscle qui sépare la poitrine de l'abdomen, et dont les contractions permettent la respiration. — **2.** Dispositif permettant de régler l'ouverture d'un objectif d'appareil photographique selon la quantité de lumière qu'on veut admettre.

diapositive ou, fam., **diapo** [djapo(zitiv)] n. f. (du gr. *dia*, à travers, et *positif*). Photographie positive sur support transparent, qu'on projette.

diarrhée [djare] n. f. (gr. *diarrhoia*, écoulement). Selles liquides et fréquentes (méd.) [syn. COLIQUE].

diaspora [djaspora] n. f. Ensemble des communautés juives hors d'Israël.

diatribe [djatrib] n. f. (gr. *diatribê*, discussion). Critique violente : *Son discours n'a été qu'une longue diatribe contre ses adversaires* (syn. ATTAQUE). *Rédiger une diatribe contre le régime* (syn. PAMPHLET).

dichotomie [dikɔtɔmi] n. f. (gr. *dikhotomia*, division en deux parties). **1.** Division en deux éléments opposés. — **2.** Partage illicite d'honoraires entre deux médecins.

dico [diko] n. m. Abrév. fam. de DICTIONNAIRE.

dictateur [diktatœr] n. m. (lat. *dictator*). Celui qui exerce à lui seul tous les pouvoirs politiques, qui commande en maître absolu.

dictatorial, e, aux [diktatɔrjal] adj. Qui relève de la dictature : *Des pouvoirs dictatoriaux. Régime dictatorial.*

dictature [diktatyr] n. f. Pouvoir sans contrôle, autorité absolue.

dictée [dikte] n. f. **1.** Action de dicter : *La dictée du courrier. Écrire sous la dictée d'un malade. Agir sous la dictée de sentiments généreux.* — **2.** Exercice scolaire visant à l'acquisition de l'orthographe et consistant à dicter un texte aux élèves.

dicter [dikte] v. t. (lat. *dictare*). **1.** *Dicter une lettre, des mots*, etc. *(à qqn)*, prononcer des mots que qqn écrit au fur et à mesure : *Dicter une lettre à sa secrétaire.* — **2.** *Dicter une attitude (à qqn)*, lui inspirer ou imposer la conduite à tenir : *La situation nous dicte la prudence* (syn. COMMANDER). *Un conquérant qui dicte ses volontés.*

diction [diksjɔ̃] n. f. (lat. *dictio*, parole). Manière de dire un texte, d'articuler les mots : *Sa diction manque de netteté* (syn. PRONONCIATION). *Des leçons de diction.*

dictionnaire [diksjɔnɛr] n. m. (bas lat. *dictionarium*, de *dictum*, mot). Répertoire des mots d'une langue, rangés dans un ordre en général alphabétique, avec leurs sens, des indications sur les conditions de leur emploi, ou des développements encyclopédiques : *Dictionnaire encyclopédique. Le dictionnaire étymologique donne l'origine des mots. Le dictionnaire de langue décrit le fonctionnement de la langue. Le dictionnaire bilingue donne la traduction des mots d'une langue dans une autre.*

dicton [diktɔ̃] n. m. (lat. *dictum*, mot). Sentence de caractère proverbial et traduisant généralement une observation populaire. (Ex. : « Quand il pleut à la Saint-Médard, il pleut quarante jours plus tard. »)

didactique [didaktik] adj. (gr. *didaktikos*, propre à instruire). Qui exprime un enseignement : *Un exposé de caractère nettement didactique* (syn. PÉDAGOGIQUE).

didactisme [didaktism] n. m. Caractère didactique : *Le didactisme d'un traité philosophique.*

dièse [djɛz] n. m. (gr. *diesis*, intervalle). Altération musicale qui hausse d'un demi-ton la note qu'elle précède. ◆ adj. *« Fa » dièse, « do » dièse*, etc., fa, do, etc., haussés d'un demi-ton.

diesel [djezɛl] n. m. (du n. de l'inventeur). *Diesel* ou *moteur Diesel*, moteur consommant des huiles lourdes (gas-oil).

diète [djɛt] n. f. (gr. *diaita*, genre de vie). Régime caractérisé par la suppression de la totalité ou d'une partie des aliments dans une intention thérapeutique : *La malade est à la diète.*

diététicien, enne [djetetisjɛ̃] n. Spécialiste de diététique.

diététique [djetetik] n. f. (gr. *diaitêtikê*). Science ayant pour objet de déterminer la composition rationnelle des repas en vue d'une bonne hygiène alimentaire ou de régimes. ◆ adj. **1.** Qui concerne la diététique. — **2.** Conçu, fabriqué d'après les règles de la diététique et en partic. pour des régimes restrictifs en calories : *Aliment diététique.*

dieu [djø] n. m. (lat. *deus*). **1.** Être supérieur à l'homme et dont les attributions dans l'univers sont variables selon les diverses religions : *Zeus était le maître des dieux de la mythologie grecque. Poséidon était le dieu de la Mer. Les Égyptiens adoraient le dieu Horus, représenté par un épervier.* — **2.** Être suprême, éternel, créateur, possédant seul toute perfection selon les religions monothéistes, et particulièrement le christianisme (avec majusc. et sans art.) : *Prier Dieu.* — **3.** Personne ou chose à laquelle on voue une sorte de culte, un attachement passionné, une vénération profonde, etc. : *Ce poète est son dieu* (syn. IDOLE). *Tu n'as pas d'autre dieu que l'argent.* — **4.** *Bon Dieu !*, exclamation ponctuant avec force ce qu'on dit ; traduit souvent la mauvaise humeur. ‖ *Le bon Dieu*, nom donné couramment à Dieu. ‖ *Dieu !, Grand Dieu !*, exclamation marquant la surprise, le saisissement, l'insistance sur ce qu'on va dire. ‖ *Dieu merci, Dieu soit loué, Grâce à Dieu*, expriment le soulagement, la satisfaction (syn. HEUREUSEMENT). ‖ *Dieu sait que, si, pourquoi*, etc., renforce une affirmation ou exprime l'incertitude : *Dieu sait que je n'y suis pour rien, si je l'ai prévenu* (= je vous assure que). *Il a vendu sa maison, Dieu sait pourquoi* (syn. ALLEZ DONC SAVOIR). ‖ Fam. *On lui donnerait le bon Dieu* (= la communion) *sans confession*, il a un air très innocent qui contraste avec sa conduite. ‖ *Plaise (plût) à Dieu que*, exprime le souhait ou le regret : *Plaise à Dieu qu'il fasse beau demain ! Plût à Dieu qu'elle ne fût pas venue !* (→ DIVIN.)

diffamateur, trice [difamatœr] adj. et n. Qui diffame.

diffamation [difamasjɔ̃] n. f. Action de diffamer : *Je n'ai prêté aucune attention à ces diffamations* (syn. CALOMNIE, ↓ MÉDISANCE). *Un procès en diffamation.*

diffamatoire [difamatwar] adj. Se dit des propos, des écrits qui tendent à diffamer qqn : *Une allusion diffamatoire.*

diffamer [difame] v. t. (lat. *diffamare*, de *fama*, renommée). *Diffamer qqn*, dire ou écrire qqch qui porte atteinte à sa réputation : *Le candidat n'hésita pas à diffamer son adversaire* (syn. CALOMNIER). *S'estimant diffamée, elle a poursuivi en justice l'éditorialiste du journal.*

différé [difere] n. m. *En différé*, se dit d'une émission radiophonique ou télévisée diffusée un certain temps après son enregistrement (contr. EN DIRECT).

différemment [diferamɑ̃] adv. D'une façon différente : *Il aurait fallu procéder différemment* (syn. AUTREMENT).

différence [diferɑ̃s] n. f. (lat. *differentia*). **1.** Ce qui distingue, qui sépare des êtres ou des choses qui diffèrent : *Il y a une grande différence de prix entre ces deux articles* (syn. ÉCART). *On observe entre eux de nombreuses différences de caractère* (contr. ANALOGIE, RESSEMBLANCE, SIMILITUDE). *La différence entre 20 et 17 est 3.* — **2.** *À la différence de*, par opposition à : *C'est une fille travailleuse, à la différence de sa sœur* (= sa sœur, au contraire, ne l'est pas ; syn. CONTRAIREMENT À). ‖ *À la différence que*, avec cette différence que. ‖ *Faire la différence*, remarquer en quoi qqn ou qqch diffère d'un autre : *On peut me servir du lapin pour du lièvre, je ne ferai pas la différence.* ‖ *Faire des différences,* agir de façon différente, ne pas traiter de la même façon.

différenciation [diferɑ̃sjasjɔ̃] n. f. Action de différencier ; fait d'être différencié : *La différenciation entre ces deux timbres est malaisée* (syn. DISTINCTION). *Une évolution qui aboutit à une différenciation nette entre les dialectes du Nord et ceux du Sud.*

différencier [diferɑ̃sje] v. t. *Différencier des choses, des personnes,* les distinguer en faisant ressortir leurs différences : *Les détails qui permettent de différencier deux espèces botaniques voisines.* ◆ ***se différencier*** v. pr. **1.** (sujet qqn) *Se différencier de qqn,* s'en distinguer par une marque quelconque. — **2.** (sujet qqch) Se subdiviser et devenir de plus en plus différent : *Cellules qui se différencient.*

différend [diferɑ̃] n. m. (de *différent*). Opposition, sur un point précis, des points de vue de deux ou de plusieurs personnes : *Un différend a surgi entre elle et moi sur la route à suivre* (syn. DÉSACCORD). *Chercher une solution à un différend. Régler un différend* (syn. ↑ QUERELLE).

différent, e [diferɑ̃] adj. **1.** (après le n.) Qui diffère de qqch, de qqn d'autre, qui n'est pas pareil : *Dans des conditions différentes, le résultat serait tout autre* (contr. SEMBLABLE, IDENTIQUE). *Les mœurs du chat sont différentes de celles du chien* (contr. LE MÊME QUE). *Dans ce cas, c'est tout différent* (= la situation n'est pas celle qu'on attendait). — **2.** (avant un n. pl.) Exprime la diversité : *Une série de photos prises aux différentes heures de la journée. Elle apporte le même soin à ses différents travaux* (syn. DIVERS, VARIÉ [après le n.]) ; sans art. ni adj. déterminatif : *J'ai refusé pour différentes raisons. Différentes occupations me retiennent ici* (syn. PLUSIEURS, DIVERS).

différentiel, elle [diferɑ̃sjɛl] adj. **1.** Qui crée une différence. — **2.** *Tarif différentiel,* qui varie en fonction inverse du poids et de la distance, en matière de transport.

différer [difere] v. t. (lat. *differre*) [c. **10**] *Différer (qqch),* en remettre à plus tard la réalisation : *On ne peut plus différer davantage l'examen de cette question* (syn. REPORTER, RENVOYER, RETARDER, RECULER). *À quoi bon différer ? Expliquez-vous* (syn. TARDER, ATERMOYER). ◆ v. t. ind. **1.** (sujet qqn, qqch) *Différer (de qqn, qqch), sur, par,* etc., *qqch,* ne pas être semblable, varier sur tel ou tel point : *Deux livres qui ne diffèrent que par leur couverture. Un acteur qui diffère de ses prédécesseurs par son interprétation originale* (contr. RESSEMBLER À). *La conception de l'honneur diffère selon les pays.* — **2.** (sujet des personnes) *Différer sur un point,* avoir des opinions opposées, différentes : *Toi et moi, nous différons totalement sur cette question* (syn. DIVERGER).

difficile [difisil] adj. (lat. *difficilis*). **1.** Qui ne peut être obtenu, compris, résolu qu'avec des efforts, qui cause du souci : *La réussite à cet examen est difficile* (contr. FACILE). *Le problème est assez difficile* (syn. COMPLIQUÉ, DUR, ARDU ; fam. CALÉ). *Un auteur, un texte difficile* (syn. OBSCUR). *Il est difficile de justifier cet acte. Un virage difficile à prendre* (syn. ↑ IMPOSSIBLE). *La situation devient difficile* (syn. DÉLICAT, ÉPINEUX, PRÉOCCUPANT, INQUIÉTANT, ↑ TRAGIQUE, ↑ DÉSESPÉRÉ). *Elle a des fins de mois difficiles* (= elle a du mal à joindre les deux bouts). — **2.** Se dit d'un lieu, d'une route peu accessible, peu praticable : *Un sommet d'accès difficile* (syn. MALAISÉ, PÉNIBLE). — **3.** Se dit de qqn qu'on a peine à contenter ou peu agréable en société : *Vous ne voulez pas de cette voiture ? Vous êtes bien difficile !* (syn. EXIGEANT). *C'est une personne difficile à vivre* (= insociable). *Un caractère difficile* (syn. OMBRAGEUX). ◆ n. *Faire le (la) difficile,* ne se montrer satisfait de rien.

difficilement [difisilmɑ̃] adv. Avec difficulté : *Un vieillard qui marche difficilement. Il gagne difficilement sa vie* (syn. PÉNIBLEMENT ; contr. FACILEMENT). *S'exprimer difficilement en français* (syn. MALAISÉMENT).

difficulté [difikylte] n. f. (lat. *difficultas*). **1.** Propriété de ce qui est difficile ; chose difficile : *Il a de la difficulté à s'exprimer. La difficulté d'un sujet, d'une entreprise* (contr. FACILITÉ). *La difficulté d'une ascension* (syn. DANGER). *Cela ne fait aucune difficulté* (= cela sera facile ; syn. PROBLÈME). *Tu as triomphé de toutes les difficultés* (syn. OBSTACLE, EMPÊCHEMENT). *Si vous êtes en difficulté, passez-moi un coup de téléphone* (syn. PEINE ; fam. PANNE). — **2.** *Faire des difficultés,* ne pas accepter facilement qqch.

difforme [difɔrm] adj. (lat. *deformis*). Mal conformé ; qui s'écarte notablement du type normal par certains détails ou par des proportions d'ensemble : *Un bossu dont le corps difforme attire les regards* (syn. CONTREFAIT). *Un visage difforme* (syn. ↓ LAID).

difformité [difɔrmite] n. f. État difforme : *La difformité d'un nain* (syn. INFIRMITÉ).

diffraction [difraksjɔ̃] n. f. (du lat. *diffractus,* brisé). Phénomène dû aux déviations de la lumière rasant les bords d'un corps opaque.

diffus, e [dify] adj. (lat. *diffusus*). **1.** Répandu en tous sens : *Une chaleur diffuse. Une lumière diffuse.* — **2.** Qui manque de netteté, de concentration : *Une rêverie diffuse. Un style diffus* (syn. PROLIXE, VERBEUX).

diffusément [difyzemɑ̃] adv. De façon diffuse : *Entrevoir diffusément une solution* (syn. VAGUEMENT, CONFUSÉMENT).

diffuser [difyze] v. t. (de *diffus*). **1.** *Diffuser la lumière, la chaleur,* les répandre : *La lampe diffuse une lumière blafarde.* — **2.** *Diffuser un bruit, une nouvelle,* etc., les répandre dans le public : *La presse a largement diffusé la nouvelle* (syn. PROPAGER). *Les haut-parleurs diffusaient des appels au calme. Une émission diffusée sur ondes moyennes.* — **3.** *Diffuser des livres,* les distribuer chez les libraires sans en être l'éditeur.

diffuseur [difyzœr] n. m. **1.** Appareil qui diffuse le son d'un poste de radio (syn. HAUT-PARLEUR). — **2.** Appareil qui diffuse une lumière (globe opalescent, etc.).

diffusion [difyzjɔ̃] n. f. Action de diffuser : *La diffusion de cette information a créé une grande émotion. La diffusion du français à l'étranger.*

digérer [diʒere] v. t. (lat. *digerere,* distribuer) [c. **10**]. **1.** (sujet qqn, un animal, un organe de la digestion) *Digérer un aliment,* l'assimiler par les processus de la digestion : *J'ai mal digéré la mayonnaise. Le boa dort en digérant sa proie ;* sans compl. : *Faire une promenade pour digérer. Un estomac qui digère bien.* — **2.** *Fam.* (sujet qqn) Assimiler par la lecture : *Il m'a fallu digérer ces six gros volumes.* — **3.** (sujet qqn) *Ne pas (pouvoir) digérer qqch,* ne pas l'admettre : *Je ne peux pas digérer sa désinvolture* (syn. SUPPORTER, SOUFFRIR).

digest [diʒɛst] n. m. (de l'angl. *to digest,* résumer). **1.** Résumé d'un livre, d'un article. — **2.** Publication périodique qui contient de tels résumés.

digeste [diʒɛst] adj. **1.** Se dit d'un aliment qu'on digère facilement. — **2.** Se dit d'un livre, d'une œuvre qu'on comprend aisément.

digestible [diʒɛstibl] adj. Syn. soutenu de DIGESTE (sens 1).

digestif, ive [diʒɛstif] adj. **1.** Se dit de substances qui facilitent la digestion : *Les sucs digestifs sécrétés par l'estomac, le foie, etc.* — **2.** Qui concerne la digestion : *Appareil digestif. Tube digestif. Fonctions digestives.* ◆ adj. et n. m. Se dit d'un alcool qu'on prend après le repas : *Une liqueur digestive. Vous prendrez bien un digestif : cognac, calvados, chartreuse?*

digestion [diʒɛstjɔ̃] n. f. Ensemble d'actions mécaniques et de réactions chimiques par lesquelles l'organisme assimile les aliments : *Prendre des pilules pour faciliter la digestion. Elle est sujette aux somnolences pendant la digestion.*

digital, e, aux [diʒital] adj. (du lat. *digitus,* doigt). **1.** Relatif aux doigts. — **2.** *Empreinte digitale,* trace caractéristique laissée par la face intérieure du doigt : *Les empreintes digitales permettent de découvrir des malfaiteurs.*

digitale [diʒital] n. f. (lat. *digitus,* doigt). Plante des clairières, très toxique, aux fleurs en doigt de gant disposées en grappes.

digitaline [diʒitalin] n. f. Substance très vénéneuse extraite de la digitale et utilisée dans le traitement de certaines maladies du cœur.

digne [diɲ] adj. (lat. *dignus*). **1.** Qui a de la retenue, de la gravité, qui inspire le respect : *Elle est restée très digne dans son malheur. Son empressement à solliciter cette faveur n'est pas très digne* (syn. NOBLE). *Il se retira d'un air digne* (syn. IMPOSANT, MAJESTUEUX); et ironiq. : *Sa digne mère était scandalisée. Il avait pris un maintien digne pour la circonstance* (syn. AFFECTÉ). *Il promenait sur l'assistance un regard digne* (syn. AUGUSTE). — **2.** *Digne de qqch, de* (+ *inf.*), qui mérite qqch par ses qualités ou ses défauts : *Un élève digne du tableau d'honneur. Il est digne de représenter son pays au congrès. Un film digne d'intérêt, d'éloges.* — **3.** *Digne de qqn, de qqch,* qui n'a pas démérité par rapport à qqn, qqch, qui est d'une qualité en rapport avec qqn, qqch : *Un fils digne de son père. On servit un vin digne d'un tel repas* (syn. fam. À LA HAUTEUR DE). *Je trouve que ce travail n'est pas digne de moi.*

dignement [diɲəmɑ̃] adv. Avec dignité, d'une façon qui inspire un certain respect : *Garder dignement le silence devant les insultes. Contenir dignement sa douleur.*

dignitaire [diɲitɛr] n. m. Personnage revêtu d'une fonction éminente : *Les dignitaires de la Cour.*

dignité [diɲite] n. f. (lat. *dignitas*). **1.** Attitude d'une personne digne : *Ce geste de colère manque de dignité* (syn. RETENUE, NOBLESSE, RESPECTABILITÉ). — **2.** Respect dû à qqn, à qqch : *Une servitude incompatible avec la dignité de la personne humaine. Proclamer la dignité du travail.* — **3.** Fonction éminente, distinction honorifique : *Il a été élevé à la dignité de grand-croix de la Légion d'honneur. Tu méprises les dignités* (syn. HONNEUR).

digression [digrɛsjɔ̃] n. f. (lat. *digressio,* de *digredi,* s'éloigner). Développement qui s'écarte du sujet général d'un discours, d'un exposé : *Faire une digression* (syn. PARENTHÈSE). *Tomber, se perdre dans des digressions.*

digue [dig] n. f. (néerl. *dijc*). **1.** Construction destinée à faire obstacle aux vagues de la mer ou aux eaux d'un fleuve. — **2.** Ce qui protège, ce qui s'oppose : *Cette loi sert de digue aux abus des promoteurs* (syn. OBSTACLE).

diktat [diktat] n. m. (mot all. signif. *ce qui est ordonné*). Exigence absolue imposée sans autre justification que la force.

dilapidation [dilapidasjɔ̃] n. f. Action de dilapider : *La dilapidation de sa fortune* (syn. GASPILLAGE). *Être accusé de dilapidation des deniers publics* (syn. CONCUSSION).

dilapider [dilapide] v. t. (lat. *dilapidare*). **1.** *Dilapider de l'argent,* le dépenser à tort et à travers : *Dilapider un héritage* (syn. GASPILLER). — **2.** *Dilapider des biens,* les détourner à son profit : *On l'accusait d'avoir dilapidé les fonds de la société.*

dilatabilité [dilatabilite] n. f. Propriété d'un corps dilatable (techn.).

dilatable [dilatabl] adj. Qui peut être dilaté (techn.).

dilatation [dilatasjɔ̃] n. f. (lat. *dilatatio*). Fait d'être dilaté; de se dilater : *La dilatation des gaz, de la pupille.*

dilater [dilate] v. t. (lat. *dilatare,* de *latus,* large). **1.** *Dilater un métal, un gaz, un liquide,* etc., en augmenter le volume par l'élévation de la température : *La chaleur dilate le mercure dans le thermomètre* (contr. CONTRACTER). — **2.** *Dilater un conduit naturel, la pupille de l'œil,* etc., en agrandir l'ouverture. ◆ ***se dilater*** v. pr. **1.** Augmenter de volume : *Les rails se dilatent au soleil. Ses narines se dilatent.* — **2.** *Se dilater les poumons,* respirer largement. ‖ Fam. *Se dilater la rate,* rire beaucoup.

dilatoire [dilatwar] adj. (lat. *dilatorius,* de *differre,* différer). Qui vise à gagner du temps, à retarder une décision : *Les manœuvres dilatoires de l'opposition ont fait reporter le vote* (syn. RETARDATEUR). *Réponse dilatoire* (syn. ÉVASIF).

dilemme [dilɛm] n. m. (gr. *dilêmma,* de *dis,* deux fois, et *lêmma,* argument). Obligation de choisir entre deux partis contradictoires et présentant tous deux des inconvénients : *Comment sortir de ce dilemme?* (syn. ALTERNATIVE).

dilettante [dilɛtɑ̃t] n. et adj. (mot it.). Personne qui s'adonne à une activité, qui s'intéresse à un art simplement par plaisir, ou avec une certaine fantaisie : *On a besoin ici de travailleurs et non de dilettantes* (syn. AMATEUR). *Elle s'était initiée au chinois en dilettante.*

dilettantisme [dilɛtɑ̃tism] n. m. Caractère du dilettante : *Faire un peu de peinture par dilettantisme* (syn. AMATEURISME).

diligemment [diliʒamɑ̃] adv. *Litt.* Avec diligence.

1. diligence [diliʒɑ̃s] n. f. (lat. *diligentia*). **1.** *Litt.* Promptitude dans la réalisation : *Il félicita le personnel pour sa diligence* (syn. ZÈLE, EMPRESSEMENT). — **2.** *Faire diligence,* se hâter (soutenu) : *Faites diligence afin que nous puissions livrer dans les délais.*

2. diligence [diliʒɑ̃s] n. f. (abrév. de *carrosse de diligence*). Voiture tirée par des chevaux, qui servait au transport des voyageurs.

diligent, e [diliʒɑ̃] adj. (lat. *diligens,* attentif). Rapide, efficace, qui montre de l'empressement (soutenu) : *Une ménagère diligente* (syn. ACTIF). *Grâce à son travail diligent, tout a été prêt à temps* (syn. ZÉLÉ). *Un malade entouré de soins diligents* (syn. EMPRESSÉ).

diluant [dilɥɑ̃] n. m. Produit qui permet de diluer un liquide trop épais, en partic. la peinture.

diluer [dilɥe] v. t. (lat. *diluere,* détremper). **1.** *Diluer un liquide,* le rendre moins concentré par addition d'eau ou d'un autre liquide : *Diluer de la peinture avec de l'huile de lin. Le sirop se dilue dans l'eau.* — **2.** *Diluer un discours, un texte,* etc., en diminuer la force en le développant trop (souvent pass.) : *Son exposé trop dilué a ennuyé l'auditoire* (syn. ÉTENDRE, DÉLAYER).

dilution [dilysjɔ̃] n. f. Fait de diluer : *Remuer un mélange pour faciliter la dilution.*

diluvien, enne [dilyvjɛ̃] adj. (du lat. *diluvium,* déluge). *Pluie diluvienne,* très abondante. (→ DÉLUGE.)

dimanche [dimɑ̃ʃ] n. m. (lat. *dies dominicus,* jour du Seigneur). **1.** Septième et dernier jour de la semaine, consacré au repos dans les religions et civilisations chrétiennes. — **2.** Fam. *Chauffeur du dimanche,* qui conduit sans habileté parce qu'il ne se sert de sa voiture que rarement. || *Peintre du dimanche,* peintre amateur. (→ ENDIMANCHÉ, DOMINICAL.)

dîme [dim] n. f. (lat. *decima* [*pars*], dixième [partie]). 1. Au Moyen Âge, impôt dû au clergé ou à la noblesse. — 2. *Prélever une dîme sur qqch,* retenir à son profit et indûment une partie de sa valeur.

dimension [dimɑ̃sjɔ̃] n. f. (lat. *dimensio*). 1. Étendue d'un corps dans tel ou tel sens (longueur, largeur, hauteur, circonférence) : *Prendre les dimensions d'un meuble* (syn. MESURE). *Deux portes qui ont les mêmes dimensions. Faire faire une bague à la dimension du doigt.* — 2. Importance de qqch (abstrait) : *Une erreur de cette dimension coûte cher* (syn. TAILLE). — 3. Chacune des étendues à considérer pour l'évaluation des figures : une pour les lignes, deux pour les surfaces, trois pour les volumes. — 4. *La quatrième dimension,* le temps.

diminué, e [diminɥe] adj. Dont les aptitudes, les facultés mentales ou physiques ont baissé à la suite d'un accident, d'une maladie.

diminuer [diminɥe] v. t. (lat. *diminuere,* de *minus,* moins). 1. *Diminuer qqch,* le rendre moins grand, moins important : *Diminuer la longueur d'un rideau* (syn. RACCOURCIR; contr. ALLONGER). *Diminuer des frais* (syn. RÉDUIRE, COMPRIMER). *Diminuer le tirage d'un poêle* (contr. AUGMENTER). *Cela ne diminue pas son mérite* (syn. AMOINDRIR). *Diminuer une ration* (syn. RESTREINDRE). *Diminuer la vitesse* (syn. RALENTIR). — 2. *Diminuer qqn,* l'abaisser, l'humilier. — 3. *Diminuer un salarié,* réduire son salaire, ses appointements. ◆ v. i. Devenir moins grand, moins important, moins nombreux, moins coûteux : *En automne, les jours diminuent* (syn. RACCOURCIR). *La pression diminue* (syn. BAISSER). *Le charbon a diminué* (= les réserves sont moins importantes, ou il est moins cher). *La pluie a diminué* (= son intensité est moindre). *Ses forces diminuent* (syn. DÉCLINER, FAIBLIR).

diminutif [diminytif] n. m. Mot dérivé d'un autre et comportant une nuance de petitesse, d'atténuation, d'affection. (Ex. *maisonnette* [maison], *lionceau* [lion], *pâlot* [pâle], *mordiller* [mordre], etc.)

diminution [diminysjɔ̃] n. f. Action de diminuer; fait d'être diminué : *Décider une diminution des heures de travail* (syn. RÉDUCTION; contr. AUGMENTATION). *Enregistrer une diminution du nombre des accidents* (syn. BAISSE). *Obtenir une diminution sur un prix* (syn. RABAIS).

dinde [dɛ̃d] n. f. (de *poule d'Inde*). 1. Oiseau de basse-cour, plus gros qu'une poule. — 2. *Fam.* Femme sotte.

dindon [dɛ̃dɔ̃] n. m. 1. Mâle de la dinde : *Quand le dindon déploie sa queue, on dit qu'il fait la roue.* — 2. *Le dindon de la farce,* la victime d'une mauvaise plaisanterie, d'une tromperie.

dindonneau [dɛ̃dɔno] n. m. Petit dindon.

1. dîner [dine] v. i. (bas lat. *disjejunare,* rompre le jeûne). Prendre le repas du soir : *On se mit à dîner à la nuit tombante. Dîner légèrement d'un potage et d'une salade.*

2. dîner [dine] n. m. Repas du soir : *Avant le dîner, ils avaient pris l'apéritif. Un dîner plein d'entrain.*

dînette [dinɛt] n. f. Petit repas que les enfants font par jeu.

dîneur, euse [dinœr] n. Personne qui prend part à un dîner : *Des dîneurs attablés devant un pot-au-feu.*

dinghy [dingi] n. m. (mot angl.). Canot pneumatique de sauvetage.

dingo [dɛ̃go] n. m. (mot. angl.). Chien sauvage d'Australie, qui vit en troupes et n'aboie pas.

dingue [dɛ̃g] adj. et n. *Pop.* Fou, détraqué : *Il faut être complètement dingue pour oublier son adresse* (syn. fam. CINGLÉ, SONNÉ, PIQUÉ). *C'est une maison de dingues!* (Parfois DINGO [vieilli].)

dinguer [dɛ̃ge] v. i. 1. *Pop.* (sujet qqch, qqn) Être projeté brutalement (seulement avec *aller, venir, envoyer, faillir,* etc.) : *La caisse s'est renversée et les fruits sont allés dinguer sur le trottoir* (syn. fam. VALSER). — 2. *Envoyer dinguer qqch, qqn,* s'en débarrasser sans façon (syn. fam. ENVOYER PROMENER).

dinosaure [dinɔzɔr] n. m. (gr. *deinos,* terrible, et *saura,* reptile). Énorme animal reptile terrestre préhistorique de l'ère secondaire; animal de la même famille (les *dinosauriens*).

diocésain, e [djɔsezɛ̃] adj. Relatif au diocèse : *Œuvres diocésaines.* ◆ n. Qui habite sur le territoire d'un diocèse.

diocèse [djɔsɛz] n. m. (gr. *dioikêsis,* administration). Circonscription territoriale religieuse administrée par un évêque ou un archevêque.

diphtérie [difteri] n. f. (gr. *diphthera,* membrane). Maladie contagieuse, pouvant provoquer la mort par étouffement à la suite de la formation de membranes dans la gorge (syn. CROUP).

diphtérique [difterik] adj. Relatif à la diphtérie : *Angine diphtérique.*

diphtongaison [diftɔ̃gezɔ̃] n. f. Action de diphtonguer; fait d'être diphtongué : *La diphtongaison de* [ē] *latin en* [ei], *puis les modifications de la diphtongue expliquent les mots «moi», «toile», etc.*

diphtongue [diftɔ̃g] n. f. (gr. *diphtongos,* double son). Voyelle qui, dans sa prononciation, comporte une variation de timbre sentie comme formant deux sons distincts, successifs.

diphtonguer [diftɔ̃ge] v. t. *Diphtonguer une voyelle,* en modifier le timbre de telle manière qu'il se forme une diphtongue.

diplodocus [diplɔdɔkys] n. m. (gr. *diplous,* double, et *dokos,* poutre). Énorme reptile préhistorique de la famille des dinosaures.

diplomate [diplɔmat] n. m. (de *diplôme*). Chargé d'une mission diplomatique ou qui pratique la diplomatie (ambassadeur, ministre plénipotentiaire, etc.). [Au fém. : *une femme diplomate.*] ◆ adj. Qui agit habilement : *Il s'est montré très diplomate dans cette circonstance délicate.*

diplomatie [diplɔmasi] n. f. 1. Science et art de représenter les intérêts d'un pays auprès d'autres pays dans le système des relations internationales : *La diplomatie vise à faire prévaloir les solutions pacifiques sur les solutions violentes;* carrière de ceux qui s'y consacrent : *Il s'est engagé dans la diplomatie.* — 2. Habileté dans les relations avec autrui : *Il a fallu beaucoup de diplomatie pour l'amener à renoncer à son projet* (syn. TACT, DOIGTÉ).

diplomatique [diplɔmatik] adj. 1. Qui relève de la diplomatie : *Rompre les relations diplomatiques avec un pays. Son intervention pendant la réunion n'était guère diplomatique.* — 2. Fam. *Maladie diplomatique,* prétexte allégué pour se soustraire à une obligation professionnelle, pour éviter de paraître en public.

diplomatiquement [diplɔmatikmɑ̃] adv. Avec diplomatie : *Un différend réglé diplomatiquement. Agir diplomatiquement* (syn. HABILEMENT, AVEC TACT).

diplôme [diplom] n. m. (gr. *diplôma,* objet plié en deux). Titre délivré par un jury, une autorité, pour faire foi des aptitudes ou des mérites de qqn : *Un diplôme d'ingénieur, de licencié. Diplôme de sauveteur.*

diplômé, e [diplome] adj. et n. Titulaire d'un diplôme : *Une infirmière diplômée.*

diptyque [diptik] n. m. (gr. *diptukha,* tablettes pliées en deux). 1. Tableau pliant formé de deux panneaux de bois. — 2. Composé de deux parties, en parlant en partic. d'une œuvre littéraire.

1. dire [dir] v. t. (lat. *dicere*) [c. 72]. 1. *Dire qqch, dire que, si, quand, comment*, etc. (+ *ind.*), exprimer par la parole ou par l'écriture : *Il n'ouvre la bouche que pour dire des sottises. Tu n'as pas dit ton nom. Elle ne veut pas dire son secret* (syn. RÉVÉLER). *Pouvez-vous dire la raison de votre geste, pourquoi avez-vous fait cela?* (syn. INDIQUER). *Dis-moi franchement ton avis* (syn. DONNER). *L'auteur dit lui-même ses poèmes* (syn. RÉCITER). *Dites-moi toute l'affaire* (syn. RACONTER, EXPLIQUER). *On dit que tout allait mieux dans ce temps-là* (syn. PRÉTENDRE). *Elle n'a pas dit dans sa lettre qu'elle était malade, si elle venait ou non* (syn. ANNONCER, FAIRE SAVOIR). *Les journaux disent que le beau temps ne durera pas* (syn. ANNONCER). *Qu'en dites-vous?* (syn. PENSER). — 2. *Dire à qqn que* (+ *subj.*), *de* (+ *inf.*), expriment un ordre, une invitation, un conseil : *Dites-lui qu'il vienne me voir. On nous a dit de rester ici.* — 3. (sujet qqch) Indiquer par des marques apparentes : *Une pendule qui dit l'heure exacte. Son visage, son attitude disaient sa lassitude* (syn. EXPRIMER, TRAHIR). — 4. (sujet qqn) Choisir tel ou tel terme : *On dit «erreur», on ne dit pas «gaffe».* — 5. (sujet qqn, qqch) *Vouloir dire qqch, que* (+ *ind.*), le signifier, l'exprimer : *Que veut dire ce mot anglais? Son geste voulait dire quoi? Elle a voulu dire qu'elle refusait.* — 6. Objecter (dans quelques express.) : *C'est parfait il n'y a rien à dire* (syn. REDIRE). *Si vous avez quelque chose à dire là-dessus, à cela, dites-le* (= si vous avez des critiques à faire). — 7. (sujet qqch) *Dire à qqn quelque chose, rien, dire de* (+ *inf.*), le tenter, lui plaire : *Ça vous dit (de faire) un petit voyage à la campagne? — Ça ne me dit rien* (= je n'en ai pas envie); évoquer chez qqn un souvenir : *Son nom me dit quelque chose, ne me dit rien du tout* (= je l'ai déjà entendu, je ne l'ai jamais entendu). — 8. Fam. *À qui le dis-tu!*, je le sais par expérience, je suis placé pour le savoir! ‖ *Avoir quelque chose à dire*, se dit d'un artiste, d'un écrivain qui exprime dans son œuvre une pensée originale. ‖ *Ceci dit*, ayant dit cela, sur ce. ‖ *Cela va sans dire*, c'est tout naturel. ‖ Fam. *Ce n'est pas pour dire*, excuse qui précède une critique ou une phrase qui pourrait faire mauvaise impression. ‖ *C'est beaucoup dire*, c'est exagéré. ‖ *C'est moi qui vous le dis*, vous pouvez en être sûr. ‖ *C'est tout dire, c'est dire si...*, voilà qui dispense de tout commentaire, on voit à quel point... ‖ *Dire que...!*, introduit une remarque nuancée d'étonnement, de lassitude, de dépit, etc. : *Voilà déjà trois jours que nous y travaillons, et dire qu'il n'y en a pas le quart de fait! C'est un terrible accident, dire qu'on aurait pu si facilement l'éviter!* ‖ *Dis (dites), dis donc (dites donc)*, attirent l'attention ou traduisent le mécontentement, l'incrédulité, la prière, etc. : *Dis donc, regarde cette maison! Dites donc, vous! vous pourriez faire attention! Tu me le prêteras, dis, ton appareil?* ‖ *Disons-le*, accompagne un aveu ou une déclaration qui lève toute équivoque : *Disons-le, ce résultat est bien médiocre.* ‖ *Dit-on*, en incise, rapporte une rumeur, une opinion générale : *Ce château est, dit-on, un des plus anciens de la région* (syn. PARAÎT-IL). ‖ *En dire, en dire de belles, de toutes les couleurs*, raconter beaucoup de choses étonnantes. ‖ *Il ne sera pas dit que*, je ne supporterai pas que. ‖ *Il n'y a pas à dire*, c'est indiscutable, il faut se rendre à l'évidence. ‖ Fam. *Je ne te dis que ça!*, indique qu'on a été fortement impressionné : *Il y avait une de ces pagailles, je ne te dis que ça!* ‖ *Je ne vous le fais pas dire*, vous le constatez de vous-même. ‖ *Ne pas se le faire dire deux fois*, accepter sans hésitation. ‖ *Ne rien dire qui vaille à qqn*, laisser prévoir des ennuis : *Son attitude ne me dit rien qui vaille.* ‖ *On dirait (que), on aurait dit (que)*, expriment une apparence, une ressemblance, un fait dont on n'est pas certain : *Regarde cette bête, on dirait une belette. On dirait qu'il va pleuvoir.* ‖ *Pour ne pas dire*, introduit une expression plus forte : *C'est une maladresse, pour ne pas dire une bêtise.* ‖ *Pour tout dire*, en résumé. ‖ *Que dis-je?*, introduit un correctif, renforçant ce qui vient d'être dit : *Il n'est pas resté une journée : que dis-je? pas même une heure.* ‖ *Quelque chose me dit, mon cœur me dit que*, j'ai le pressentiment que. ‖ *Qu'est-ce à dire?, est-ce à dire que...?*, interrogations exprimant une nuance de surprise ou de mécontentement. ‖ Fam. *Que tu dis!, qu'il dit!*, exprime l'incrédulité : *«Je n'ai rien oublié. — Oui, que tu dis!»* ‖ *Qui dit... dit...*, nommer telle personne ou telle chose revient à désigner telle autre : *Qui dit conquérant dit bourreau.* ‖ *Vous m'en direz tant*, marque l'étonnement. (→ ON-DIT, QU'EN-DIRA-T-ON, REDIRE, CONTREDIRE.)

2. dire [dir] n. m. 1. (pl.) Ce que qqn déclare : *On ne peut pas se fier aux dires de cette inconnue* (syn. PROPOS, PAROLE, ALLÉGATION). *D'après vos dires, nous ne devrions plus être loin du but.* — 2. *Au dire de*, d'après les propos de, selon l'opinion de : *Au dire des experts, la situation est encourageante.*

1. direct, e [dirɛkt] adj. (lat. *directus*). 1. Sans détour, qui va droit au but : *Quel est le chemin le plus direct pour y aller? La question est directe* (syn. FRANC, SANS AMBAGES). *Elle a été directe et m'a dit la vérité.* — 2. Sans intermédiaire : *Un vendeur qui se met en relations directes avec l'acheteur, sans passer par une agence. Une ligne téléphonique directe a été établie entre les deux chefs d'État. Succession en ligne directe* (= de père en fils). — 3. En relation immédiate avec qqch, qui y est étroitement lié : *Ce ne sont là que les conséquences directes de ses actes.* — 4. *Train direct* (ou *direct* n. m.), qui ne s'arrête à aucune station intermédiaire : *Vous avez un train direct pour cette destination* (contr. OMNIBUS). — 5. *Complément direct*, qui n'est pas introduit par une préposition. ‖ *Discours, style direct* → DISCOURS.

2. direct [dirɛkt] n. m. 1. En boxe, coup porté à l'adversaire en allongeant brusquement le bras (contr. CROCHET). — 2. *Émission, retransmission en direct*, transmise par la radio, la télévision, au moment même où elle est enregistrée (contr. EN DIFFÉRÉ).

directement [dirɛktəmɑ̃] adv. De façon directe : *Un chemin qui va directement à la gare* (= sans détour). *Adressez-vous directement au chef de service* (= sans intermédiaire). *J'entre directement dans le sujet* (= sans préparation).

1. directeur, trice [dirɛktœr] n. (lat. *director*). 1. Personne qui dirige un établissement, un service : *Un directeur d'école, d'usine.* — 2. *Directeur de conscience*, ecclésiastique qui donne à qqn des conseils habituels de conduite morale; personne qui conseille (syn. CONSEILLER).

2. directeur, trice [dirɛktœr] adj. Qui dirige : *Un principe directeur. Une idée directrice.*

directif, ive [dirɛktif] adj. (lat. *directus*, dirigé). Qui donne une orientation précise : *Une pédagogie directive;* qui impose une ligne de conduite, d'action : *Vous êtes trop directive avec vos élèves, laissez-leur plus d'autonomie.*

direction [dirɛksjɔ̃] n. f. (lat. *directio*). 1. Action de diriger, d'administrer : *On l'a chargé de la direction de l'usine. Orchestre sous la direction d'un chef célèbre.* — 2. Bureau du directeur; ensemble des services administratifs dirigeant la marche d'une entreprise : *Vous êtes prié de vous présenter à la direction.* — 3. Action de diriger un véhicule : *Il assure la direction de l'embarcation* (syn. PILOTAGE). — 4. Mécanisme permettant de diriger un véhicule : *Sous le choc, la direction du camion a été faussée.* — 5. Côté vers lequel se produit un mouvement, vers lequel est orientée une action : *Suivez toujours la même direction* (syn. SENS). *Un train qui part en direction de Marseille. Le nord est indiqué par la direction de l'aiguille aimantée* (syn.

ORIENTATION). *L'enquête se poursuit dans une nouvelle direction.*

directive [dirɛktiv] n. f. Recommandation ou ordre faisant partie d'un ensemble qui règle la marche à suivre (souvent pl.) : *J'attendais de nouvelles directives pour agir. Se conformer aux directives reçues* (syn. ORDRE).

directivité [dirɛktivite] n. f. Caractère de qqn ou de qqch qui est directif.

directoire [direktwar] n. m. **1.** Organisme comprenant un nombre restreint de membres exerçant une autorité, notamment politique, économique. — **2.** (avec majusc.) Régime qui gouverna la France de 1795 à 1799, caractérisé par l'existence d'un directoire exécutif de cinq membres.

directorial, e, aux [dirɛktɔrjal] adj. Qui concerne un directeur : *Bureau directorial. Ordre directorial.*

dirigé, e [diriʒe] adj. Dont le fonctionnement est orienté vers un but donné, selon un plan précis : *Économie dirigée. Travaux dirigés.*

dirigeable [diriʒabl] n. m. Ballon muni d'hélices et d'un système de direction.

dirigeant, e [diriʒɑ̃] adj. et n. Qui dirige : *Les classes dirigeantes. Le personnel dirigeant. Les dirigeants d'un syndicat.*

diriger [diriʒe] v. t. (lat. *dirigere*) [c. 2]. **1.** *Diriger qqch, qqn,* en guider la marche, la progression, les faire aller de tel ou tel côté : *Une voiture difficile à diriger sur le verglas* (syn. CONDUIRE). *Diriger un bateau* (syn. PILOTER). *Diriger des troupes vers la frontière* (syn. ACHEMINER, ENVOYER). *Les caisses ont été dirigées sur le port d'embarquement.* — **2.** *Diriger qqn, qqch,* leur donner telle ou telle orientation : *Il dirige ses yeux vers moi* (syn. TOURNER). *Diriger un canon vers l'objectif* (syn. POINTER, BRAQUER). *Certains étudiants seront dirigés vers d'autres études* (syn. ORIENTER). *La girouette est dirigée vers l'ouest* (syn. ORIENTER). — **3.** *Diriger qqn, qqch,* exercer une autorité sur eux, régler le cours de qqch : *Diriger un orchestre* (= en être le chef). *Diriger un pays* (syn. GOUVERNER, COMMANDER). *L'ingénieur qui dirige les travaux* (syn. CONDUIRE). *Diriger un débat* (syn. MENER). *Une entreprise dirigée avec sagesse* (syn. ADMINISTRER, GÉRER). ◆ ***se diriger*** v. pr. (sujet qqn, un animal, un véhicule) *Se diriger vers,* aller, avancer dans telle ou telle direction : *Elle se dirigea vers la porte. L'avion se dirige vers le sud;* sans compl., trouver son chemin : *Avoir peine à se diriger sans ses lunettes.*

dirigisme [diriʒism] n. m. Système politique dans lequel le gouvernement exerce un pouvoir d'orientation et de décision dans le domaine économique.

dirigiste [diriʒist] adj. et n. Propre au dirigisme.

discernable [disɛrnabl] adj. Qui peut être discerné : *Une différence de ton peu discernable.*

discernement [disɛrnəmɑ̃] n. m. **1.** Action de discerner : *Le discernement difficile entre ce qui est bienséant et ce qui ne l'est pas.* — **2.** Faculté de juger sainement : *Il faut beaucoup de discernement pour régler sa conduite dans une situation aussi délicate* (syn. PERSPICACITÉ, CLAIRVOYANCE, JUGEMENT). *Tu manques de discernement.*

discerner [disɛrne] v. t. (lat. *discernere,* distinguer). **1.** *Discerner qqch (concret), qqn,* le reconnaître plus ou moins distinctement en faisant un effort de la vue : *On a peine à discerner l'écriture sur ce papier jauni* (syn. DISTINGUER). *On commence à discerner les collines dans la brume* (syn. APERCEVOIR). — **2.** *Discerner qqch (abstrait),* le comprendre, le distinguer du reste par un effort de jugement : *Discerner le vrai du faux* (syn. DISTINGUER). *Les mobiles de son acte se laissent discerner* (syn. COMPRENDRE, DEVINER, SOUPÇONNER).

disciple [disipl] n. (lat. *discipulus,* élève). Personne qui reçoit un enseignement, qui suit la doctrine d'un maître ou se met sous le patronage de qqn : *Jésus s'adressait à ses disciples. Platon était un disciple de Socrate. Les premiers disciples de Marie Curie.*

disciplinable [disiplinabl] adj. Qui peut être discipliné : *Un enfant difficilement disciplinable.*

disciplinaire [disiplinɛr] adj. Fait en vertu de la discipline : *Prendre des sanctions disciplinaires contre les militaires coupables. Des locaux disciplinaires* (= où sont mis les militaires punis).

disciplinairement [disiplinɛrmɑ̃] adv. De façon disciplinaire : *Une faute sanctionnée disciplinairement.*

discipline [disiplin] n. f. (lat. *disciplina*). **1.** Ensemble des obligations qui règlent la vie dans un groupe : *Une punition pour manquement à la discipline* (syn. RÈGLEMENT). *Se plier à la discipline syndicale.* — **2.** Soumission à une règle, acceptation de certaines contraintes : *J'ai abandonné mon projet par discipline de parti.* — **3.** Matière qui est objet d'étude : *Un élève qui réussit mieux dans les disciplines littéraires que dans les disciplines scientifiques* (syn. ÉTUDES). *Elle a pris goût aux mathématiques et elle excelle dans cette discipline* (syn. SCIENCE).

discipliné, e [disipline] adj. Qui se soumet à la discipline : *Une classe très disciplinée. Un militant discipliné.*

discipliner [disipline] v. t. *Discipliner qqn, qqch,* les soumettre à une discipline, les plier à une règle : *Discipliner un congrès. Il est beaucoup trop désordonné : il doit apprendre à discipliner son travail, à se discipliner.*

disco [disko] adj. et n. m. Se dit d'un style de musique de variétés, violemment rythmé.

discobole [diskɔbɔl] n. m. (gr. *diskobolos*). Chez les Grecs, athlète qui lançait le disque.

discographie [diskɔgrafi] n. f. Ensemble des disques parus sur un sujet précis, se rapportant à un certain domaine.

discontinu, e [diskɔ̃tiny] adj. (lat. *discontinuus*). Qui présente des interruptions : *Travail discontinu* (syn. INTERMITTENT). *La bande blanche discontinue tracée au milieu de la route.*

discontinuer [diskɔ̃tinɥe] v. i. (lat. *discontinuare*). *Sans discontinuer,* sans un moment d'interruption : *L'équipe de sauvetage poursuivait ses travaux depuis trois jours sans discontinuer* (syn. SANS RELÂCHE).

discontinuité [diskɔ̃tinɥite] n. f. Absence de continuité : *Guérison retardée par la discontinuité du traitement* (syn. INTERMITTENCE).

disconvenir [diskɔ̃vnir] v. t. ind. (lat. *disconvenire*) [c. 22] *Ne pas disconvenir de qqch, que* (+ *subj.*), ne pas le nier, en convenir (soutenu) : *Cet incident est très fâcheux, je n'en disconviens pas* (syn. CONTESTER). *Je ne disconviens pas qu'il eût été préférable d'attendre* (contr. CONCÉDER). [→ CONVENIR.]

discophile [diskɔfil] n. Amateur de disques.

discordance [diskɔrdɑ̃s] n. f. Caractère discordant : *On note des discordances dans leurs témoignages* (syn. DIVERGENCE ; contr. CONCORDANCE).

discordant, e [diskɔrdɑ̃] adj. **1.** Se dit de choses qui ne s'accordent pas, qui ne sont pas en harmonie : *Des caractères discordants* (= qui s'opposent, se heurtent). *Des avis discordants* (syn. DIVERGENT, ↑OPPOSÉ ; contr. CONCORDANT). — **2.** Se dit de sons, de couleurs, de formes qui se heurtent : *Des instruments de musique aux sons discordants* (syn. CACOPHONIQUE). *Un tableau aux couleurs discordantes* (syn. ↓CRIARD ; contr. HARMONIEUX). [→ CONCORDER.]

discorde [diskɔrd] n. f. (lat. *discordia*). **1.** Situation de personnes en désaccord violent : *On ne peut rien faire d'efficace dans la discorde* (syn. MÉSENTENTE ; contr. CONCORDE). *Il est venu semer la discorde* (syn. DIVISION, ZIZANIE). — **2.** Querelle, opposition sur tel ou tel point : *Nos adversaires sont prêts à exploiter nos discordes* (syn. DISSENSION, DISSENTIMENT, DIFFÉREND).

discothèque [diskɔtɛk] n. f. (de *disque* et gr. *thêkê*, coffre). **1.** Collection de disques; meuble destiné à la contenir; établissement qui prête des disques. — **2.** Lieu public où on peut écouter des disques et danser.

discount [diskaunt] n. m. (mot angl.). Formule de vente caractérisée par des prix moins élevés que dans le circuit commercial normal.

discoureur, euse [diskurœr] n. *Péjor.* Qui discourt.

discourir [diskurir] v. i. (lat. *discurrere*, courir çà et là) [c. **29**] Parler longuement sur un sujet (soutenu et généralement péjor.) : *Marchons sans tant discourir* (syn. BAVARDER). *Elle discourait devant un cercle d'admirateurs* (syn. PÉRORER).

discours [diskur] n. m. (lat. *discursus*). **1.** Développement oratoire : *Prononcer le discours d'ouverture d'une assemblée. L'avocate fait un discours habile* (syn. PLAIDOIRIE). *Les discours enflammés d'un tribun politique* (syn. HARANGUE). *Le maire adresse un petit discours aux mariés* (syn. ALLOCUTION). — **2.** Paroles échangées, conversation, explications (péjor.) : *Que de discours ! Vous feriez mieux d'agir* (syn. BAVARDAGE ; fam. PARLOTE). *Tous vos beaux discours n'y changeront rien.* — **3.** *Parties du discours*, catégories grammaticales (noms, verbes, adjectifs, etc.). — **4.** *Discours direct*, mode d'expression consistant à rapporter textuellement les paroles de qqn, par oppos. au *discours indirect*, qui les rapporte au moyen d'un verbe d'énonciation exprimé ou non (syn. STYLE DIRECT, STYLE INDIRECT). [Ex. *Elle m'a dit : « Je vous montrerai ma maison »* (discours direct). *Elle m'a dit qu'elle me montrerait sa maison* (discours indirect).]

discourtois, e [diskurtwa] adj. Qui offense par manque de courtoisie : *Il a été très discourtois en refusant de me croire sur parole* (syn. INÉLÉGANT, GROSSIER, ↑MUFLE). *Un reproche discourtois* (syn. IMPOLI).

discourtoisie [diskurtwazi] n. f. Caractère discourtois : *J'ai été choqué par sa discourtoisie* (syn. INÉLÉGANCE, GROSSIÈRETÉ, ↑MUFLERIE).

discrédit [diskredi] n. m. Perte de considération : *L'œuvre de cet écrivain s'est relevée du discrédit où elle était tombée* (syn. DÉFAVEUR, ↑OUBLI).

discréditer [diskredite] v. t. *Discréditer qqn, qqch*, les jeter dans le discrédit : *Cette malhonnêteté l'a complètement discrédité aux yeux de son entourage* (syn. DÉCONSIDÉRER). *Une théorie scientifique discréditée* (syn. ABANDONNER). ◆ ***se discréditer*** v. pr. Perdre son crédit : *Il s'est discrédité par ses dénonciations.*

discret, ète [diskrɛ] adj. (lat. *discretus*, capable de discerner). **1.** Qui parle, agit ou est fait avec retenue et ne gêne pas les autres : *Une invitée discrète qui n'accapare pas la conversation* (syn. POLI, RÉSERVÉ). *Il serait plus discret de ne pas lui parler de son échec* (syn. DÉCENT, DÉLICAT). — **2.** Qui sait garder un secret : *Ne vous confiez qu'à un ami très discret.* — **3.** (souvent avant le n.) Qui n'attire pas trop l'attention : *Il faut à ce tableau un cadre discret* (syn. SOBRE). *Un style qui présente de discrètes touches d'archaïsme* (syn. LÉGER).

discrètement [diskrɛtmɑ̃] adv. Avec discrétion : *Entrer discrètement sur la pointe des pieds* (= sans bruit). *Une femme discrètement maquillée* (syn. LÉGÈREMENT).

discrétion [diskresjɔ̃] n. f. (lat. *discretio*, discernement). **1.** Caractère discret, attitude discrète : *Elle s'est écartée avec discrétion pour les laisser seuls. Son allusion manque de discrétion* (syn. RÉSERVE, RETENUE). *La discrétion de l'accompagnement met en valeur la mélodie* (syn. SOBRIÉTÉ). *S'habiller avec discrétion* (syn. ↑DÉCENCE ; contr. EXCENTRICITÉ). *Je compte sur votre discrétion, ne le répétez pas* (syn. SILENCE). — **2.** *À discrétion*, autant qu'on le désire : *Le pain est servi à discrétion* (syn. À VOLONTÉ). ‖ *À la discrétion de*, à la volonté, à la merci de (soutenu) : *Laisser tout pouvoir de décision sur les salaires à la discrétion d'un chef de service.*

discrétionnaire [diskresjɔnɛr] adj. *Pouvoir discrétionnaire*, faculté laissée à un juge de prendre certaines mesures en dehors de toute règle de droit établie à l'avance; pouvoir de décision laissé à la discrétion de qqn.

discriminant, e [diskriminɑ̃] adj. Qui établit une différenciation : *Ce test n'est pas discriminant.*

discrimination [diskriminasjɔ̃] n. f. **1.** Action de discriminer : *On ne peut pas les condamner tous sans discrimination* (syn. DISTINCTION). — **2.** *Discrimination raciale*, séparation organisée des ethnies à l'intérieur d'une même communauté et visant à donner à l'une d'entre elles un statut dominant (syn. SÉGRÉGATION, RACISME).

discriminatoire [diskriminatwar] adj. Qui tend à distinguer un groupe humain des autres : *Des mesures discriminatoires.*

discriminer [diskrimine] v. t. (lat. *discriminare*, de *discrimen, -inis*, séparation). *Discriminer des choses*, faire une distinction, un choix entre elles (soutenu) : *Apprendre à discriminer les méthodes les plus efficaces* (syn. DISTINGUER, RECONNAÎTRE).

disculper [diskylpe] v. t. (du lat. *culpa*, faute). *Disculper qqn*, montrer qu'il n'est pas coupable : *Ce témoignage le disculpe entièrement* (syn. BLANCHIR, INNOCENTER ; contr. ACCUSER). ◆ ***se disculper*** v. pr. Se justifier : *Pour te disculper, tu alléguais les ordres reçus* (syn. S'INNOCENTER).

discursif, ive [diskyrsif] adj. (lat. *discursivus*, de *discursus*, discours). **1.** Qui repose sur le raisonnement : *La pensée discursive s'oppose à la pensée intuitive.* — **2.** Qui procède par digressions, sans continuité : *Un récit discursif.*

discussion [diskysjɔ̃] n. f. (lat. *discussio*, secousse). **1.** Débat contradictoire, examen critique : *Il a fallu d'interminables discussions pour arriver à un accord. Mettre une affaire en discussion. Une discussion serrée sur les intérêts en jeu* (syn. NÉGOCIATION). — **2.** Échange de propos vifs : *C'est un homme emporté, qui a des discussions avec tous ses voisins* (syn. ALTERCATION, QUERELLE). — **3.** Conversation : *Dans la discussion, elle m'a demandé de tes nouvelles.*

discutable [diskytabl] adj. Dont la valeur n'est pas sûre : *Une théorie discutable tant qu'elle n'est pas étayée par des faits* (syn. CRITIQUABLE, CONTESTABLE). *Un film d'un intérêt discutable* (syn. DOUTEUX).

discutailler [diskytaje] v. t. ou v. t. ind. *Fam.* et *péjor.* Discuter longuement sur, pour de petites choses.

discutailleur, euse [diskytajœr] n. Qui discutaille.

discuter [diskyte] v. t. (lat. *discutere*, secouer). **1.** *Discuter qqch*, échanger des idées, des arguments opposés, sur qqch : *Le conseil municipal a discuté la question de l'adduction d'eau ;* sans compl. : *Il a fallu discuter trois heures pour arriver à un accord* (syn. PARLEMENTER). — **2.** *Discuter qqch*, ne pas l'accepter, le mettre en question : *Discuter un prix* (syn. DÉBATTRE). *C'est un ordre qu'on ne doit pas discuter. Une opinion très discutée* (syn. CONTESTER); sans compl. : *Je n'admets pas qu'on discute. Cessez de discuter et obéissez* (syn. PROTESTER, ERGOTER ; fam. PINAILLER). ◆ v. t. ind. **1.** *Discuter (de qqch, qqn, sur, à propos de, etc., qqch)*, s'entretenir avec d'autres en échangeant des idées sur qqn, qqch : *De quoi avez-vous discuté?* (syn. PARLER). *Venez et nous discuterons ensemble de (sur) ce projet. J'ai rencontré une amie et nous avons discuté un moment* (syn. BAVARDER). — **2.** *Discuter (de) politique, sport,* etc., avoir une conversation qui porte sur ces thèmes. ◆ ***se discuter*** v. pr. Être contesté : *Cela peut se discuter* (= il y a des arguments pour et contre).

disert, e [dizɛr] adj. (lat. *disertus,* habile à parler). Qui parle avec facilité et agrément (soutenu) : *Une conteuse diserte.*

disette [dizɛt] n. f. (orig. incert.). Manque de choses nécessaires, en partic. de vivres : *La sécheresse entraîne une disette de légumes* (syn. PÉNURIE). *Une année de disette* (syn. ↑ FAMINE).

diseur, euse [dizœr] n. Personne qui dit habituellement (avec compl.) : *Diseur de bons mots. Diseuse de bonne aventure.*

disgrâce [disgrɑs] n. f. (it. *disgrazia,* malheur). État de qqn qui a perdu la faveur, les bonnes grâces dont il jouissait : *La disgrâce d'un ministre. Tomber en disgrâce. Il a bien mérité sa disgrâce* (syn. DÉFAVEUR).

disgracié, e [disgrasje] adj. Peu favorisé dans l'ordre des qualités physiques : *Un malheureux être disgracié* (syn. LAID, DIFFORME, CONTREFAIT).

disgracieusement [disgrasjøzmɑ̃] adv. De façon disgracieuse.

disgracieux, euse [disgrasjø] adj. Qui manque de grâce, d'agrément : *Démarche disgracieuse. Geste disgracieux. Meuble aux proportions disgracieuses.*

disjoindre [disʒwɛ̃dr] v. t. (lat. *disjungere*) [c. 55]. **1.** *Disjoindre des choses,* les séparer, en général par la force ou volontairement : *Disjoindre deux blocs de pierre* (syn. DESCELLER). *Les deux accusations ont été disjointes* (= ont fait chacune l'objet d'un procès; contr. JOINDRE). — **2.** *Ensembles disjoints,* qui n'ont aucun élément commun (math.). ◆ ***se disjoindre*** v. pr. Cesser d'être joint : *Les montants de l'armoire se disjoignent.*

disjoncter [disʒɔ̃kte] v. i. Se mettre en position d'interruption de courant : *En cas de surtension, le compteur disjoncte.*

disjoncteur [disʒɔ̃ktœr] n. m. Interrupteur automatique de courant électrique, en cas de hausse anormale de la tension.

disjonctif, ive [disʒɔ̃ktif] adj. En grammaire, se dit d'une particule qui marque une distinction très nette entre les deux mots qu'elle relie : *« Ou », « soit », sont des particules disjonctives.*

disjonction [disʒɔ̃ksjɔ̃] n. f. (lat. *disjunctio*). Action de disjoindre : *Le tribunal a décidé la disjonction des deux chefs d'accusation.*

dislocation [dislɔkasjɔ̃] n. f. Action de disloquer, de se disloquer : *La dislocation d'une charpente. La dislocation d'un empire* (syn. DÉMEMBREMENT). *La dislocation du cortège s'est faite sans le moindre incident* (syn. DISPERSION).

disloquer [dislɔke] v. t. (lat. *dislocare,* déboîter). **1.** *Disloquer qqch,* en séparer les éléments qui le forment : *Les forces de police ont disloqué le rassemblement* (syn. DISPERSER). — **2.** *Disloquer un membre, un pied de table,* etc., le faire sortir par force de son logement (syn. DÉBOÎTER). ◆ ***se disloquer*** v. pr., **être disloqué** v. pass. Perdre sa forme, sa cohésion : *La caisse s'est disloquée en tombant* (syn. fam. SE DÉGLINGUER). *Une chaise disloquée. Un parti politique qui se disloque* (syn. SE DÉSAGRÉGER).

disparaître [disparɛtr] v. i. (c. **64**; auxil. *avoir* ou, plus rarement, *être*) **1.** (sujet qqch) Cesser d'être visible, de se manifester ou d'exister : *Le soleil disparaît derrière un nuage* (contr. APPARAÎTRE). *Toutes les taches ont disparu au lavage* (= sont parties). *La douleur a disparu* (= s'est dissipée). *Toute inquiétude a disparu* (ou *est disparue*). — **2.** (sujet qqch) Être pris, volé : *Je m'aperçus que mon portefeuille avait disparu.* — **3.** (sujet qqn) Partir plus ou moins furtivement : *Le cambrioleur a disparu par la fenêtre* (syn. S'ESQUIVER, SE SAUVER); être absent de façon inexpliquée : *L'enfant a disparu depuis le 3 octobre* (= il a fait une fugue ou il a été enlevé). *Elle a disparu de chez elle.* — **4.** (sujet qqn) Mourir : *Un grand savant qui disparaît dans la force de l'âge* (syn. PARTIR).

disparate [disparat] adj. (lat. *disparatus,* inégal). Qui manque d'harmonie, d'unité : *Un assemblage disparate de couleurs. Mobilier disparate* (syn. HÉTÉROCLITE). *Un recueil de nouvelles disparates.* ◆ n. f. Manque de conformité, d'unité, d'harmonie : *On relève de nombreuses disparates dans cette œuvre.*

disparité [disparite] n. f. Diversité, inégalité : *Les disparités de salaires entre l'industrie privée et les entreprises nationalisées* (contr. PARITÉ).

disparition [disparisjɔ̃] n. f. Fait de disparaître : *La disparition de la couleur* (syn. EFFACEMENT). *La disparition du brouillard* (syn. DISSIPATION). *La disparition d'un livre. Enquêter sur la disparition d'un enfant. Se sentir seul depuis la disparition d'un ami* (syn. MORT).

disparu, e [dispary] adj. et n. Se dit d'une personne morte, ou considérée comme telle faute d'indices de son existence : *Honorer la mémoire des disparus. Une adolescente portée disparue.*

dispatcher [dispatʃe] v. t. Répartir : *Le service d'accueil qui dispatche les malades vers les différents services.*

dispatching [dispatʃiŋ] n. m. (mot angl. signif. *répartition*). **1.** Organisme assurant à partir d'un bureau unique le réglage de la marche des trains, la répartition de l'énergie électrique, etc. — **2.** Répartition et distribution des éléments d'un ensemble.

dispendieux, euse [dispɑ̃djø] adj. (du lat. *dispendium,* dépense). Qui occasionne des dépenses importantes (soutenu) : *Un luxe, des goûts dispendieux* (syn. COÛTEUX). *Mener une existence dispendieuse.*

dispensaire [dispɑ̃sɛr] n. m. (de l'angl. *to dispense,* distribuer). Établissement où on donne des soins médicaux et où on pratique la petite chirurgie sans hospitaliser les malades : *Les consultations ont lieu le mercredi au dispensaire.*

dispensateur, trice [dispɑ̃satœr] adj. et n. *Litt.* Qui dispense, distribue : *Les livres dispensateurs de science.*

dispense [dispɑ̃s] n. f. Autorisation exceptionnelle, accordée à qqn qu'on exempte de la loi générale : *Obtenir une dispense d'âge pour se présenter à un examen. Les pensionnaires ne peuvent sortir qu'avec une dispense.*

dispenser [dispɑ̃se] v. t. (lat. *dispensare,* distribuer). **1.** *Dispenser qqn de qqch, de* (+ *inf.*), le décharger de l'obligation de s'y soumettre, de l'accomplir : *Une gymnaste dispensée d'exercice. On l'a dispensé de rédiger son rapport.* — **2.** *Je vous dispense de vos réflexions, de faire des commentaires,* je vous prie de vous taire. — **3.** *Dispenser à qqn ses soins, son dévouement, des paroles d'encouragement,* etc., les lui distribuer, les lui accorder largement. ◆ ***se dispenser*** v. pr. *Se dispenser de qqch, de* (+ *inf.*), ne pas se soumettre à une obligation; éviter, se passer de : *Je me dispenserais bien de cette corvée.*

disperser [dispɛrse] v. t. (lat. *dispergere,* répandre). **1.** *Disperser des choses, des personnes,* les mettre de divers côtés, les envoyer çà et là : *Le courant d'air a dispersé les papiers dans toute la pièce* (syn. RÉPANDRE,

ÉPARPILLER). *Le commissaire de police avait dispersé ses hommes dans le quartier* (syn. RÉPARTIR, DISTRIBUER). *Une violente averse dispersa l'attroupement.* — 2. *Disperser ses efforts, son attention,* les appliquer confusément à divers objets (contr. CONCENTRER). ◆ ***se disperser*** v. pr. 1. S'en aller de tous côtés : *La foule se disperse* (contr. SE RASSEMBLER). — 2. S'occuper de choses trop diverses : *Vous vous dispersez trop pour arriver à un résultat* (contr. SE CONCENTRER).

dispersion [dispɛrsjɔ̃] n. f. Action de disperser, de se disperser : *La dispersion des habitants dans cette région oblige le facteur à de longues tournées* (contr. CONCENTRATION). *Dispersion d'esprit.*

disponibilité [dispɔnibilite] n. f. 1. État de qqch, de qqn de disponible. — 2. Position spéciale d'un fonctionnaire ou d'un militaire qui est momentanément déchargé de ses fonctions. ◆ ***disponibilités*** n. f. pl. Capitaux disponibles : *Le devis excède mes disponibilités.*

disponible [dispɔnibl] adj. (du lat. *disponere,* disposer). 1. Dont on peut disposer, qu'on peut utiliser : *Il reste deux places disponibles* (syn. VACANT, LIBRE, VIDE). *Je n'ai pas assez de capitaux disponibles pour cette acquisition. Prenez ma voiture ; elle est disponible pendant mon absence.* — 2. Se dit de qqn qui, libéré de toute autre occupation, peut s'adonner à une tâche : *Si vous êtes disponible demain, nous irons visiter ce site* (syn. LIBRE).

dispos, e [dispo] adj. (it. *dispoto*). Qui est en bonne santé et éprouve un certain bien-être physique (surtout masc.) : *Se réveiller tout dispos par un gai matin de printemps* (syn. GAILLARD). *Il se sentait frais et dispos* (contr. LAS, FATIGUÉ).

disposer [dispoze] v. t. (lat. *disponere*). 1. *Disposer des choses, des personnes,* les mettre d'une certaine façon, dans un certain ordre : *Disposer les meubles dans un appartement* (syn. PLACER, INSTALLER). *Disposer avec art les plis d'une draperie* (syn. ARRANGER). *Chef qui dispose ses troupes sur le terrain* (syn. ÉTABLIR, RÉPARTIR). — 2. *Disposer qqn à* (+ *n.* ou + *inf.*), le préparer, l'engager à : *Ce préambule disposa les assistants à la bonne humeur. Je ne sais pas si elle sera disposée à te recevoir* (syn. PRÊT, DÉSIREUX DE). — 3. *Être bien, mal disposé à l'égard de qqn,* avoir de bons, de mauvais sentiments à son égard. ◆ v. t. ind. *Disposer de qqn, qqch,* user des services de qqn, prendre des décisions à son sujet, ou avoir l'usage de qqch : *Disposez de moi comme vous voudrez. Elle dispose d'une grosse somme. Si vous disposez d'une voiture, vous pourrez visiter tous les monuments dans la journée.* ◆ v. i. *Vous pouvez disposer,* vous êtes libre de partir, on n'a pas besoin de vous pour l'instant. ◆ ***se disposer*** v. pr. *Se disposer à* (+ *inf.*), avoir l'intention de : *Je me dispose à vendre ma maison* (syn. SE PRÉPARER).

dispositif [dispozitif] n. m. 1. Ensemble de pièces constituant un mécanisme, un appareil : *Installer un dispositif d'alarme.* — 2. Ensemble de mesures : *Dispositif de contrôle de la sécurité routière. Dispositif de combat.*

disposition [dispozisjɔ̃] n. f. (lat. *dispositio*). 1. Action ou manière de disposer : *La disposition des articles à l'étalage a pris du temps. Changer la disposition des livres dans une bibliothèque* (syn. ORDRE, CLASSEMENT). — 2. Possibilité de disposer de qqch, de qqn : *La loi lui reconnaît la libre disposition de ses biens* (syn. USAGE). *Vous avez tous les documents de la bibliothèque à votre disposition. Mettre une somme à la disposition de quelqu'un. Je me tiens à votre entière disposition* (= vous pouvez user de mes services). — 3. Point fixé par une loi, un règlement, un accord : *Selon une disposition particulière du contrat, vous deviez nous adresser un préavis* (syn. STIPULATION, CLAUSE). — 4. Manière d'être physique ou morale, façon d'envisager qqch ; sentiments envers qqn (surtout pl. et avec un adj.) : *je ne suis pas dans de bonnes dispositions pour goûter la musique. Êtes-vous toujours dans les mêmes dispositions à l'égard de ce projet ? Attends qu'il soit dans de meilleures dispositions.* — 5. (pl.) Aptitudes de qqn : *Avoir des dispositions pour la peinture, pour les langues* (syn. FACILITÉ, PENCHANT, GOÛT). — 6. Tendance de qqch : *Un bateau qui a une fâcheuse disposition à chavirer* (syn. PROPENSION). — 7. *Prendre des dispositions,* se préparer, s'organiser, prévoir ce qui est nécessaire (syn. PRENDRE DES MESURES). [→ DISPONIBLE.]

disproportion [disprɔpɔrsjɔ̃] n. f. Absence de rapport, grande différence entre deux choses : *Il y a une disproportion entre cet incident et vos inquiétudes. La disproportion d'âge ne les empêche pas d'avoir les mêmes goûts* (syn. INÉGALITÉ, ↓ DIFFÉRENCE).

disproportionné, e [disprɔpɔrsjɔne] adj. Qui manque de proportion : *User de moyens disproportionnés avec le résultat recherché.*

dispute [dispyt] n. f. Discussion vive, violente opposition : *Leur dispute est née d'un malentendu* (syn. QUERELLE, ALTERCATION).

disputer [dispyte] v. t. (lat. *disputare,* discuter). 1. *Disputer qqch à qqn,* ne pas vouloir le lui accorder, le réclamer pour soi : *Un élève qui dispute la première place à ses camarades.* — 2. *Disputer un match, la victoire,* lutter pour être vainqueur. — 3. Fam. *Disputer qqn,* le gronder, le réprimander. ◆ ***se disputer*** v. pr. *Se disputer (avec qqn),* avoir une altercation avec lui : *Elle s'est disputée avec sa sœur. Des enfants qui se disputent en jouant* (syn. SE QUERELLER, ↓ SE CHAMAILLER).

disquaire [diskɛr] n. Marchand de disques.

disqualification [diskalifikasjɔ̃] n. f. Action de disqualifier : *Les arbitres ont prononcé la disqualification du concurrent.*

disqualifier [diskalifje] v. t. (angl. *to disqualify*). 1. *Disqualifier qqn,* l'exclure d'une compétition pour infraction au règlement (souvent pass.) : *Deux coureurs ont été disqualifiés pour s'être drogués.* — 2. Faire perdre tout crédit : *Sa conduite en cette affaire l'a disqualifié.* ◆ ***se disqualifier*** v. pr. Perdre tout crédit : *Il s'est disqualifié par une telle attitude.* (→ QUALIFIER.)

disque [disk] n. m. (lat. *discus,* palet). 1. Objet circulaire et aplati : *Le disque d'un balancier d'horloge.* — 2. Palet que lancent les athlètes, pesant auj. 2 kg pour les hommes et 1 kg pour les femmes. — 3. Plaque circulaire pour l'enregistrement et la reproduction des sons et, dans certains cas, des images : *Disque noir ou vinyle. Disque compact. Disque vidéo* (syn. vidéodisque). *Un disque de jazz.* — 4. Fam. *Changer de disque,* changer de sujet de conversation, cesser de répéter la même chose.

disquette [diskɛt] n. f. Support magnétique d'informations associé à un ordinateur.

dissection [disɛksjɔ̃] n. f. Action de disséquer : *La dissection d'un cadavre.*

dissemblable [disɑ̃blabl] adj. (après le n.) Qui n'est pas semblable : *Deux enfants aussi dissemblables que possible* (syn. DIFFÉRENT).

dissemblance [disɑ̃blɑ̃s] n. f. Caractère dissemblable : *Je note de légères dissemblances entre les deux récits* (syn. DIFFÉRENCE, DISSIMILITUDE).

dissémination [diseminasjɔ̃] n. f. Action de disséminer ; fait d'être disséminé : *La dissémination de la population dans les montagnes* (syn. ÉPARPILLEMENT, DISPERSION).

disséminer [disemine] v. t. (lat. *disseminare,* de *semen,* semence). *Disséminer des choses, des gens,* les répandre çà et là (souvent pass.) : *Des graines dissémi-*

nées par le vent (syn. RÉPANDRE, ÉPARPILLER). *Une association dont les membres sont disséminés aux quatre coins de la France* (syn. DISPERSER).

dissension [disɑ̃sjɔ̃] n. f. (lat. *dissensio*). Vive opposition d'idées, de sentiments, qui se traduit par des actes hostiles (soutenu) : *Un parti agité par de profondes dissensions* (syn. CONFLIT, QUERELLE, DISCORDE, DIVISION). *Des dissensions familiales* (syn. DÉSACCORD, DISSENTIMENT).

dissentiment [disɑ̃timɑ̃] n. m. (du lat. *dissentire*, être en désaccord). Opposition d'avis, de sentiments (soutenu) : *Surmonter certains dissentiments pour réaliser une œuvre commune* (syn. CONFLIT, DÉSACCORD).

disséquer [diseke] v. t. (lat. *dissecare*, couper en deux) [c. **10**]. **1.** *Disséquer un cadavre, une souris*, etc., les découper méthodiquement pour les étudier. — **2.** *Disséquer une œuvre, un discours*, etc., en faire une analyse minutieuse.

dissertation [disɛrtasjɔ̃] n. f. Développement écrit ou oral sur un sujet, et en partic. exercice scolaire écrit consistant à développer méthodiquement ses idées sur une question, en discutant éventuellement certaines thèses.

disserter [disɛrte] v. t. ind. (lat. *dissertare*). *Disserter sur, de qqch*, faire un exposé oral ou écrit, parler longuement sur un sujet : *Les candidats avaient à disserter sur une pensée de Pascal* (syn. TRAITER DE). *Disserter de la situation politique* (syn. DISCOURIR SUR).

dissidence [disidɑ̃s] n. f. (lat. *dissidentia*, désaccord). **1.** Action ou état de qqn, d'un groupe qui cesse de se soumettre à une autorité établie, qui se sépare d'une communauté : *Une partie de l'armée est entrée en dissidence* (syn. RÉBELLION). *La dissidence d'un territoire d'outre-mer* (syn. SÉCESSION, ↑ RÉVOLTE). *Des dissidences étaient apparues dans le mouvement syndical* (syn. SCISSION). — **2.** Groupe de dissidents : *Grossir les rangs de la dissidence.*

dissident, e [disidɑ̃] adj. et n. Qui est en dissidence : *Les tribus dissidentes* (syn. REBELLE). *Les dissidents ont constitué un autre parti.*

dissimilation [disimilasjɔ̃] n. f. Modification, par différenciation, d'un phonème par un phonème voisin : *Le latin «peregrinum» est devenu «pèlerin» par dissimilation des deux «r»* (contr. ASSIMILATION).

dissimilitude [disimilityd] n. f. Défaut de similitude : *Relever des dissimilitudes entre le tableau original et une copie* (syn. DISSEMBLANCE).

dissimulateur, trice [disimylatœr] adj. et n. Qui dissimule.

dissimulation [disimylasjɔ̃] n. f. Action de dissimuler : *La dissimulation d'un prisonnier. Un visage où se lit la dissimulation* (syn. ↑ HYPOCRISIE, ↑ FOURBERIE).

dissimulé, e [disimyle] adj. Qui dissimule ses sentiments (syn. FAUX, SOURNOIS, ↑ HYPOCRITE ; contr. FRANC).

dissimuler [disimyle] v. t. (lat. *dissimulare*). *Dissimuler qqch, qqn, que* (+ *ind.*), les cacher adroitement, éviter de les laisser paraître : *Elle dissimulait son visage avec ses mains* (syn. MASQUER). *Dissimuler un prisonnier évadé. Cette question dissimule un piège* (syn. CACHER). *Dissimuler une partie des bénéfices. Ce succès ne doit pas dissimuler les difficultés de l'entreprise* (syn. CACHER). *Je ne vous dissimule pas que j'ai longtemps hésité. J'avais peine à dissimuler mon envie de rire* (syn. RETENIR, REFOULER) ; sans compl. : *Il est très habile à dissimuler* (syn. FEINDRE). ◆ ***se dissimuler*** v. pr. **1.** (sujet qqn) *Se dissimuler qqch*, ne pas vouloir le voir, se faire des illusions dessus. — **2.** (sujet qqn, qqch) Se cacher : *Se dissimuler derrière une tenture. Son égoïsme se dissimule derrière des affirmations généreuses.*

dissipateur, trice [disipatœr] adj. et n. Qui dissipe son bien (syn. GASPILLEUR, PRODIGUE).

dissipation [disipasjɔ̃] n. f. **1.** Fait de se dissiper, de s'évanouir : *La dissipation du brouillard.* — **2.** Fait d'être dissipé, indiscipliné (syn. INDISCIPLINE).

dissipé, e [disipe] adj. **1.** Indiscipliné. — **2.** *Vie, existence dissipée*, vie de plaisirs, de débauche.

dissiper [disipe] v. t. (lat. *dissipare*). **1.** *Dissiper le brouillard, la fumée, dissiper les craintes, une illusion*, etc., les faire disparaître en les dispersant, en les éclaircissant, etc. : *Le vent a dissipé la fumée* (syn. DISPERSER, CHASSER). *Son arrivée dissipa la tristesse* (syn. FAIRE S'ÉVANOUIR). *Cette nouvelle dissipa tous nos espoirs* (syn. FAIRE ENVOLER). — **2.** *Dissiper sa fortune, son patrimoine*, etc., les dépenser inconsidérément (syn. fam. GASPILLER). — **3.** *Dissiper qqn*, le porter à l'indiscipline, à l'inattention : *Un élève qui dissipe ses voisins.* ◆ ***se dissiper*** v. pr. (sujet qqch) Disparaître : *Notre inquiétude se dissipa* (syn. S'ÉVANOUIR). ◆ ***se dissiper*** v. pr., **être dissipé** v. pass. (sujet un enfant) Être, devenir agité, turbulent, inattentif.

dissociable [disɔsjabl] adj. Qui peut être dissocié : *Deux questions aisément dissociables.*

dissociation [disɔsjasjɔ̃] n. f. Action de dissocier : *La dissociation de cet article de loi a été demandée par l'Assemblée.*

dissocier [disɔsje] v. t. (lat. *dissociare*, désunir). *Dissocier un ensemble*, le séparer en éléments distincts : *Ces deux chapitres du budget ont été dissociés* (syn. DISJOINDRE, DISTINGUER). *Dissocier une équipe* (syn. DÉSORGANISER).

dissolu, e [disɔly] adj. (lat. *dissolutus*). Dont la conduite est très relâchée : *Jeunes gens dissolus* (syn. DÉBAUCHÉ, DÉPRAVÉ). *Société aux mœurs dissolues* (syn. CORROMPU).

dissolution [disɔlysjɔ̃] n. f. **1.** Action de dissoudre ; fait de se désagréger : *Remuer le mélange jusqu'à dissolution complète du sucre. Prononcer la dissolution d'un parti.* — **2.** Solution visqueuse de caoutchouc servant à coller des pièces sur le caoutchouc.

dissolvant, e [disɔlvɑ̃] adj. **1.** Qui dissout un corps : *Produit dissolvant.* — **2.** Qui déprime ou corrompt moralement : *Climat dissolvant. Lectures dissolvantes.* ◆ ***dissolvant*** n. m. Produit à base d'acétone qui dissout en partic. les vernis à ongles.

dissonance [disɔnɑ̃s] n. f. (bas lat. *dissonantia*). Rencontre peu harmonieuse de plusieurs sons.

dissonant, e [disɔnɑ̃] adj. Qui forme une dissonance : *Notes dissonantes.*

dissoudre [disudr] v. t. (lat. *dissolvere*) [**60**]. **1.** *Dissoudre un corps solide*, le désagréger en l'incorporant à un liquide qui forme avec lui un mélange homogène : *Dissoudre du sel dans de l'eau. L'eau dissout le sel.* — **2.** *Dissoudre un mariage, une société, un parti politique*, etc., déclarer qu'ils ont légalement cessé d'exister : *Le président de la République a le pouvoir de dissoudre l'Assemblée nationale* (= de mettre fin à son mandat). ◆ ***se dissoudre*** v. pr. Se désagréger : *Le sel se dissout dans l'eau* (syn. FONDRE). *Une association qui a décidé de se dissoudre.*

dissuader [disɥade] v. t. (lat. *dissuadere*). *Dissuader qqn de qqch, de* (+ *inf.*), l'amener à y renoncer : *J'ai réussi à les dissuader de ce voyage, d'entreprendre ce travail* (syn. DÉTOURNER ; contr. PERSUADER).

dissuasif, ive [disɥazif] adj. Qui dissuade d'attaquer, d'agir : *Une menace dissuasive.*

dissuasion [disɥazjɔ̃] n. f. **1.** Action de dissuader : *Un argument qui a une grande puissance de dissuasion* (contr. PERSUASION). — **2.** *Force de dissuasion* → FORCE.

dissyllabe [disilab] ou **dissyllabique** [disilabik] adj. Qui a deux syllabes. ◆ ***dissylabe*** n. m. Mot composé de deux syllabes : *«Renard» est un dissyllabe.*

dissymétrie [disimetri] n. f. Défaut de symétrie : *La dissymétrie d'une construction.*

dissymétrique [disimetrik] adj. Qui manque de symétrie : *Maison dissymétrique.*

distance [distɑ̃s] n. f. (lat. *distantia,* éloignement). **1.** Intervalle qui sépare deux points dans l'espace, deux moments dans le temps : *La distance de Paris à Lyon est de 470 kilomètres. Ils sont à quelques pas de distance l'un de l'autre* (syn. ÉCART). *Cet avion couvre de longues distances* (syn. TRAJET, PARCOURS). *À cette distance, on ne distingue pas les détails. À quelques années de distance. À distance, tout paraît plus facile* (= de loin). — **2.** Différence de niveau social, de degré de civilisation, d'importance : *L'argent a mis une grande distance entre eux* (syn. ÉCART). *Il y a une distance considérable entre ces tribus et nous. Que de distance entre ses premiers romans et celui-ci!* (syn. DIFFÉRENCE). — **3.** *Garder, prendre, tenir ses distances,* ne pas être ou devenir trop familier avec qqn. ‖ *Tenir qqn à distance,* ne pas le fréquenter, l'écarter des actions communes.

distancer [distɑ̃se] v. t. (c. **1**) *Distancer qqn, un véhicule,* etc., le laisser derrière soi : *Elle distance les autres concurrents* (syn. DÉPASSER). *Le candidat s'est laissé distancer à l'oral* (syn. DEVANCER).

distanciation [distɑ̃sjasjɔ̃] n. f. Recul pris par rapport à qqch, distance mise entre soi et la réalité.

distant, e [distɑ̃] adj. (lat. *distans*). **1.** *Distant de qqch,* à une certaine distance de : *Deux villes distantes de 100 kilomètres. L'église n'est pas très distante de la mairie* (syn. ÉLOIGNÉ); sans compl. : *Je n'ai qu'un souvenir confus de faits aussi distants* (syn. ANCIEN, RECULÉ). — **2.** *Distant (avec qqn),* qui montre de la froideur : *Elle était très distante avec lui. Un air distant* (syn. FIER, HAUTAIN).

distendre [distɑ̃dr] v. t. (lat. *distendere*) [c. **50**] *Distendre un corps,* en augmenter les dimensions en le tendant : *Le muscle est distendu.* ◆ ***se distendre*** v. pr. **1.** Se détendre : *La peau se distend.* — **2.** Se relâcher : *Les liens familiaux se sont distendus.*

distension [distɑ̃sjɔ̃] n. f. Action de distendre, de se distendre.

distillateur [distilatœr] n. m. Personne qui distille; fabricant d'eau-de-vie.

distillation [distilasjɔ̃] n. f. Action de distiller : *L'alcool est un produit de distillation.*

distiller [distile] v. t. (lat. *distillare,* tomber goutte à goutte). **1.** *Distiller un corps,* en extraire les produits les plus volatils (alcool, essence, gaz, etc.) : *Distiller du vin, des betteraves, du pétrole.* — **2.** *Distiller un suc, un liquide,* etc., le sécréter goutte à goutte, le produire laborieusement. — **3.** *Distiller l'ennui, la tristesse,* les répandre.

distillerie [distilri] n. f. Établissement où on distille.

distinct, e [distɛ̃] adj. (lat. *distinctus*). **1.** Qui se laisse percevoir nettement : *Des traces distinctes de pas* (syn. NET). *Entendre des paroles distinctes* (syn. CLAIR). — **2.** *Distinct (de qqch),* qui ne se confond pas avec qqch : *C'est une autre question, distincte de la précédente* (syn. DIFFÉRENT). *Les feuilles seront rangées par piles distinctes selon leur couleur* (syn. SÉPARÉ).

distinctement [distɛ̃ktəmɑ̃] adv. De manière distincte : *Articuler les mots distinctement* (syn. CLAIREMENT). *Apercevoir distinctement un bateau* (syn. NETTEMENT). *Ranger distinctement les divers outils* (syn. SÉPARÉMENT).

distinctif, ive [distɛ̃ktif] adj. Qui permet de reconnaître : *Signe distinctif* (syn. CARACTÉRISTIQUE, SPÉCIFIQUE).

distinction [distɛ̃ksjɔ̃] n. f. (lat. *distinctio*). **1.** Action de distinguer, de séparer : *Faire la distinction entre un loup et un renard. Le classicisme exigeait la distinction des genres littéraires* (syn. SÉPARATION). *Il a renvoyé tout le monde sans distinction* (syn. EN BLOC). — **2.** Marque d'honneur accordée à qqn : *La Légion d'honneur est une distinction.* — **3.** Manières élégantes : *Une femme d'une grande distinction* (syn. CLASSE, ÉLÉGANCE).

distingué, e [distɛ̃ge] adj. **1.** Qui a des manières, une façon de s'habiller, etc., très élégantes; se dit de ces manières elles-mêmes : *Un jeune homme très distingué* (syn. ÉLÉGANT, BIEN ÉLEVÉ). *Un air distingué. Une robe distinguée.* — **2.** *Sentiments distingués, considération distinguée,* formules de politesse à la fin des lettres.

distinguer [distɛ̃ge] v. t. (lat. *distinguere,* séparer). **1.** (sujet qqn) *Distinguer qqn, qqch,* les percevoir nettement, par les sens ou par l'esprit : *On distingue une maison à l'horizon* (syn. APERCEVOIR, RECONNAÎTRE). *Distinguer un appel. Distinguer les mobiles de quelqu'un* (syn. PERCEVOIR, DISCERNER). — **2.** (sujet qqn) *Distinguer qqn, qqch (de, d'avec qqn, qqch),* percevoir la différence qui les sépare : *Distinguer le blé de l'orge* (ou *d'avec l'orge*) [syn. DISCERNER, DIFFÉRENCIER]. *Deux jumelles difficiles à distinguer.* — **3.** (sujet qqn) *Distinguer qqn,* remarquer spécialement ses mérites, l'honorer d'une marque de faveur particulière. — **4.** (sujet qqch) *Distinguer qqn, qqch (de qqn, qqch),* le rendre reconnaissable, le marquer d'un caractère particulier : *Un détail qui distingue un faux billet d'un vrai* (syn. DIFFÉRENCIER). ◆ ***se distinguer*** v. pr. **1.** (sujet qqn, qqch) Apparaître différent, distinct : *La lexicologie et la lexicographie se distinguent par leur objet et leurs méthodes* (syn. DIFFÉRER). — **2.** (sujet qqn) Se faire remarquer, se rendre célèbre : *Une cuisinière qui se distingue particulièrement un jour de réception* (syn. SE SURPASSER). *Une chercheuse qui s'est distinguée par ses travaux* (syn. S'ILLUSTRER).

distinguo [distɛ̃go] n. m. *Fam.* Distinction, nuance subtile : *On a parfois peine à saisir ses distinguos.*

distique [distik] n. m. (gr. *dis,* deux fois, et *stikhos,* vers). Groupe de deux vers formant un sens complet.

distorsion [distɔrsjɔ̃] n. f. (lat. *distorsio*). Écart produisant un manque d'harmonie : *Il s'est produit une distorsion entre les économies de ces deux pays.*

distraction [distraksjɔ̃] n. f. (lat. *distractio*). **1.** Action de se distraire : *Un spectacle qui donne de la distraction* (syn. AMUSEMENT). *Dessiner par distraction* (syn. PLAISIR). *La lecture, le cinéma sont ses principales distractions* (syn. DIVERTISSEMENT, PASSE-TEMPS). — **2.** Défaut d'attention : *Se tromper d'enveloppe par distraction* (syn. INATTENTION, ÉTOURDERIE).

distraire [distrɛr] v. t. (lat. *distrahere,* séparer) [c. **79**]. **1.** *Distraire qqn,* détourner son esprit de ce qui l'occupe, le rendre inattentif : *Il rédige son article : n'allez pas le distraire. Un enfant qui se laisse trop facilement distraire de son travail.* — **2.** *Distraire qqn,* lui procurer une occupation agréable, évitant l'ennui : *Distraire des touristes* (syn. RÉCRÉER, DIVERTIR, DÉSENNUYER). — **3.** *Distraire une somme d'un total, quelques minutes de son temps,* etc., les retrancher d'un tout pour un emploi particulier. ◆ ***se distraire*** v. pr. Occuper agréablement ses loisirs, faire autre chose que sa tâche habituelle : *Se distraire en lisant. Allez faire un tour pour vous distraire.*

distrait, e [distrɛ] adj. Insuffisamment attentif à ce qu'il fait : *Il est si distrait qu'il oublie sans cesse ses affaires* (syn. ÉTOURDI). *Un écolier distrait* (syn. INATTENTIF). *Jeter un regard distrait sur une revue* (syn. SUPERFICIEL).

distraitement [distrɛtmɑ̃] adv. De façon distraite : *Répondre distraitement.*

distrayant, e [distrɛjɑ̃] adj. Propre à distraire : *Un livre distrayant* (syn. DIVERTISSANT, RÉCRÉATIF).

distribué, e [distribɥe] adj. *Appartement, pavillon bien distribué,* dont les diverses pièces sont heureusement réparties.

distribuer [distribɥe] v. t. (lat. *distribuere*). **1.** (sujet qqn) *Distribuer des choses, des parties de qqch (à des personnes),* les donner à plusieurs personnes, les attribuer ou les répartir : *Distribuer des copies aux candidats. Distribuer la tâche aux ouvriers.* — **2.** (sujet qqch) *Distribuer qqch,* le fournir (avec ou sans idée de répartition) : *Distribuer le courant dans la région. Un appareil qui distribue de la monnaie.* — **3.** Donner au hasard : *Distribuer des coups, des claques.* — **4.** Distribuer un film, une pièce, les rôles, attribuer chaque rôle à tel ou tel acteur.

distributeur, trice [distribytœr] n. et adj. Qui distribue : *Des distributeurs de tracts. Un appareil distributeur de tickets.* ◆ ***distributeur*** n. m. Appareil qui distribue diverses choses, quand on y introduit des pièces de monnaie : *Un distributeur de boissons.*

distributif, ive [distribytif] adj. et n. m. Se dit, en linguistique, de formes qui indiquent la répartition : *Le pronom «chacun» a une valeur distributive.* ◆ adj. *Justice distributive,* qui rend à chacun selon ses mérites.

distribution [distribysjɔ̃] n. f. (lat. *distributio*). Action de distribuer : *La distribution des prix* (syn. REMISE). *La distribution du travail au personnel* (syn. RÉPARTITION). *La distribution d'un film, d'une pièce est la répartition des rôles entre les acteurs qui l'interprètent.*

district [distrikt] n. m. (bas lat. *districtus,* territoire). Division territoriale de peu d'étendue, mais dépassant les limites urbaines.

dit, e [di] adj. (lat. *dictus*). **1.** Surnommé : *Un tel, dit l'«Homme au masque de fer».* — **2.** Précisé : *À l'heure dite* (syn. FIXÉ).

dithyrambe [ditirɑ̃b] n. m. (gr. *dithurambos*). Louanges excessives : *Le rapport d'activité n'est qu'un ennuyeux dithyrambe des administrateurs.*

dithyrambique [ditirɑ̃bik] adj. Très élogieux, d'un enthousiasme parfois outré : *Une critique dithyrambique d'un film* (syn. ↓ÉLOGIEUX). *Éloges dithyrambiques* (syn. OUTRÉ).

diurétique [djyretik] adj. et n. m. (du gr. *diourein,* rendre par les urines). Qui fait uriner : *Le thé est diurétique. Prendre des diurétiques.*

diurne [djyrn] adj. (lat. *diurnus,* de *dies,* jour). Qui se fait le jour : *Travaux diurnes* (contr. NOCTURNE).

diva [diva] n. f. (mit it. signif. *déesse*). Cantatrice célèbre.

divagation [divagasjɔ̃] n. f. Suite de paroles incohérentes; considérations chimériques (surtout pl.) : *Les divagations d'un esprit malade. Laissons-les à leurs divagations* (syn. CHIMÈRE).

divaguer [divage] v. i. (bas lat. *divagari,* errer). Ne plus contrôler ce qu'on dit : *Un vieillard qui divague par moments* (syn. fam. DÉRAILLER, RADOTER). *Le malade s'est mis à divaguer* (syn. DÉLIRER, DÉRAISONNER). *Ton projet ne tient pas debout, tu divagues* (syn. ↓RÊVER).

divan [divɑ̃] n. m. (ar. *dīwān*). Canapé sans bras ni dossier.

divergence [divɛrʒɑ̃s] n. f. Fait de diverger : *Ils s'entendent bien malgré leurs divergences politiques. Une totale divergence de goût en musique* (syn. OPPOSITION).

divergent, e [divɛrʒɑ̃] adj. Qui diverge : *Suivre des voies divergentes* (= qui se séparent). *Deux interprétations divergentes du même fait* (contr. CONVERGENT). *Opinions divergentes* (syn. OPPOSÉ, CONTRAIRE).

diverger [divɛrʒe] v. i. (lat. *divergere,* incliner) [c. 2] (sujet des voies, des lignes, des idées, etc.) Se séparer en diverses directions : *Nos routes divergent* (contr. CONVERGER). *Deux philosophes dont la pensée diverge sur ce point* (syn. S'OPPOSER).

divers, e [divɛr] adj. (lat. *diversus*). **1.** Qui présente des caractères différents (surtout pl.) : *Des fleurs de couleurs diverses* (syn. VARIÉ). *Des régions aussi diverses que la Beauce et les Alpes* (syn. DIFFÉRENT). *On a émis à ce sujet les hypothèses les plus diverses. Le travail est divers selon la saison. Des questions d'un intérêt divers* (syn. INÉGAL). — **2.** Devant un n. pl., sans art., comme adj. indéfini : *On signale des orages en divers endroits* (syn. PLUSIEURS). *Divers ouvrages traitent de la question* (syn. DIFFÉRENT).

diversement [divɛrsəmɑ̃] adv. De manière diverse : *Une phrase diversement interprétée* (= de différentes façons). *Une œuvre diversement estimée* (= de façon inégale, variable selon les personnes).

diversification [divɛrsifikasjɔ̃] n. f. Action de diversifier.

diversifier [divɛrsifje] v. t. *Diversifier qqch,* y mettre de la variété, le varier : *Diversifier les méthodes de travail* (syn. VARIER).

diversion [divɛrsjɔ̃] n. f. (du lat. *divertere,* détourner). **1.** Opération destinée à détourner l'ennemi, l'adversaire d'un point précis : *Faire une attaque de diversion sur le flanc droit de l'ennemi avant de l'attaquer au centre.* — **2.** *Faire diversion (à qqch),* détourner l'attention d'une quelconque manière : *La conversation devenait délicate; elle crut bon de faire diversion en parlant du temps.*

diversité [divɛrsite] n. f. Caractère divers : *La diversité des opinions sur un sujet* (syn. PLURALITÉ). *Un magasin qui offre une grande diversité de prix* (syn. CHOIX).

divertir [divɛrtir] v. t. (lat. *divertere,* distraire). *Divertir qqn,* l'égayer, le détourner de l'ennui ou des soucis : *Allez voir ce film, il vous divertira* (syn. AMUSER, DÉRIDER, DÉLASSER). ◆ ***se divertir*** v. pr. S'amuser, s'égayer : *Pour se divertir, il faisait des farces à ses voisins.*

divertissant, e [divɛrtisɑ̃] adj. Qui divertit : *Un récit divertissant* (syn. AMUSANT, PLAISANT, DRÔLE; fam. RIGOLO).

divertissement [divɛrtismɑ̃] n. m. Action ou moyen de s'amuser : *Son divertissement favori est la lecture* (syn. PASSE-TEMPS, DISTRACTION, PLAISIR). *Les divertissements d'une fête foraine* (syn. RÉJOUISSANCE, ATTRACTION, JEU).

dividende [dividɑ̃d] n. m. (lat. *dividendus,* qui doit être divisé). **1.** Nombre à diviser par un autre. — **2.** Part de bénéfice qui revient à chaque actionnaire.

divin, e [divɛ̃] adj. (lat. *divinus*). **1.** De Dieu, relatif à Dieu : *La volonté divine. La divine Providence. Les lois divines et les lois humaines. Les prêtres consacrés au culte divin.* — **2.** Qui a les plus grandes qualités : *La divine créature* (syn. MERVEILLEUX, ADORABLE). *Cette actrice est divine dans son rôle* (syn. ADMIRABLE, EXCELLENT). *Beauté divine. Un dessert divin* (syn. EXQUIS). — **3.** *Pouvoir, autorité de droit divin,* qu'on considérait comme attribués par Dieu au souverain.

divinateur, trice [divinatœr] adj. Qui devine l'avenir : *Puissance divinatrice. Instinct divinateur.*

divination [divinasjɔ̃] n. f. (lat. *divinatio*). Art ou action de deviner l'avenir : *La Pythie de Delphes pratiquait la divination. La divination géniale d'un savant* (syn. INTUITION, PRESCIENCE).

divinatoire [divinatwar] adj. Qui relève de la divination : *Art, talent divinatoire.*

divinement [divinmɑ̃] adv. Merveilleusement : *Elle chante divinement.*

divinisation [divinizasjɔ̃] n. f. Action de diviniser.

diviniser [divinize] v. t. **1.** *Diviniser qqch, qqn,* le mettre au rang des dieux, le revêtir d'un caractère divin : *Les peuples qui divinisaient les astres.* — **2.** *Diviniser qqch,* lui vouer une sorte de culte : *Diviniser la force* (syn. EXALTER, MAGNIFIER, DÉIFIER).

divinité [divinite] n. f. **1.** Nature divine : *Les Évangiles proclament la divinité de Jésus-Christ.* — **2.** Être auquel on attribue une nature divine : *Les divinités de l'Olympe* (syn. DIEU, DÉESSE).

diviser [divize] v. t. (lat. *dividere*). **1.** *Diviser qqch,* le séparer en plusieurs parties : *Diviser un gâteau en huit* (syn. PARTAGER). *La rivière divise la propriété* (syn. COUPER). *Si on divise quatre-vingt-douze par quatre, on obtient vingt-trois. Diviser le groupe en deux équipes* (syn. RÉPARTIR, FRACTIONNER, SCINDER). — **2.** *Diviser des personnes,* être une occasion de désaccord entre elles (souvent pass.) : *Une famille divisée par des intérêts opposés* (syn. DÉSUNIR). *Les spécialistes sont divisés sur les causes de ce phénomène* (syn. PARTAGER). ◆ ***se diviser*** v. pr. Se séparer : *Le groupe s'est divisé en deux équipes. Un roman qui se divise en quatre parties* (syn. SE COMPOSER DE).

diviseur [divizœr] n. m. Nombre par lequel on en divise un autre.

divisibilité [divizibilite] n. f. Caractère divisible : *La divisibilité d'un nombre pair par deux.*

divisible [divizibl] adj. *Nombre divisible par un autre,* qui peut exactement être divisé par lui : *Les nombres pairs sont divisibles par deux.*

division [divizjɔ̃] n. f. (lat. *divisio*). **1.** Action de diviser, de se diviser : *On procède à la division de la recette entre les participants* (syn. PARTAGE). *Une division équitable des tâches* (syn. RÉPARTITION). *Des cellules qui se reproduisent par division* (syn. SEGMENTATION). *Cette attitude provoqua des divisions dans l'équipe* (syn. DÉSACCORD, DISCORDE, DISSENSION, OPPOSITION, SCISSION). — **2.** Une des quatre opérations arithmétiques de base, consistant à diviser un nombre par un autre. — **3.** Marque sur une échelle ou sur un cadran gradué : *Le baromètre a baissé de trois divisions* (syn. GRADUATION). — **4.** Groupement de plusieurs services dans une administration. — **5.** Unité militaire importante, comprenant plusieurs régiments : *Une division d'infanterie, d'artillerie.*

divisionnaire [divizjɔnɛr] adj. Qui dirige une division administrative, militaire : *Commissaire divisionnaire.*

divorce [divɔrs] n. m. (lat. *divortium,* séparation). **1.** Jugement prononçant la rupture d'un mariage : *Demander le divorce. Être en instance de divorce. Depuis son divorce, elle ne fréquente plus ces personnes.* — **2.** Opposition grave, divergence : *Le divorce entre la théorie et la pratique.*

divorcé, e [divɔrse] adj. et n. Dont le divorce a été prononcé : *Un enfant de parents divorcés. Il a épousé une divorcée.*

divorcer [divɔrse] v. t. ind. (c. 1) *Divorcer (avec* ou *d'avec qqn),* se séparer de son conjoint par le divorce : *Ses parents ont divorcé.*

divulgation [divylgasjɔ̃] n. f. Action de divulguer : *La divulgation d'un secret.*

divulguer [divylge] v. t. (lat. *divulgare,* de *vulgus,* peuple). *Divulguer un secret, une information,* les rendre publics alors qu'ils devaient rester secrets : *Une information confidentielle divulguée par une indiscrétion* (syn. PROPAGER, RÉPANDRE, ÉBRUITER). *La presse a divulgué les noms des suspects* (syn. PUBLIER, RÉVÉLER). ◆ ***se divulguer*** v. pr. S'ébruiter, devenir public : *La nouvelle s'est rapidement divulguée.*

dix [di(s/z)] (; devant un n. ou un adj., on prononce [di] si ce mot commence par une consonne et [diz] s'il commence par une voyelle ou un *h* muet : *dix ans* [dizɑ̃] ; *dix jours* [diʒur]) adj. num. cardin. inv. (lat. *decem*). **1.** Nombre qui suit neuf dans la série naturelle des entiers. — **2.** Dixième : *Léon X.* — **3.** Un grand nombre de : *Je lui ai répété dix fois la même chose.* ◆ n. m. inv. Chiffre, numéro, etc., qui représente ce nombre.

dix-huit [dizɥit] adj. num. cardin. et n. m. Qui suit le dix-sept.

dix-huitième [dizɥitjɛm] adj. num. ordin. et n. Qui occupe le rang marqué par le numéro dix-huit.

dix-huitièmement [dizɥitjɛmmɑ̃] adv. En dix-huitième lieu.

dixième [dizjɛm] adj. num. ordin. et n. **1.** Qui occupe un rang marqué par le numéro dix. — **2.** Qui se trouve dix fois dans un tout.

dixièmement [dizjɛmmɑ̃] adv. En dixième lieu.

dix-neuf [diznœf] adj. num. cardin. et n. m. Qui suit le dix-huit.

dix-neuvième [diznœvjɛm] adj. num. ordin. et n. Qui occupe le rang marqué par le numéro dix-neuf.

dix-neuvièmement [disnøvjɛmmɑ̃] adv. En dix-neuvième lieu.

dix-sept [dissɛt] adj. num. cardin. et n. m. Qui suit le seize.

dix-septième [dissɛtjɛm] adj. num. ordin. et n. Qui occupe le rang marqué par le numéro dix-sept.

dix-septièmement [dissɛtjɛmmɑ̃] adv. En dix-septième lieu.

dizaine [dizɛn] n. f. **1.** Groupe de dix unités : *La première dizaine de kilomètres a été parcourue en sept minutes.* — **2.** *Dizaine (de chapelet),* série de dix invocations à la Sainte Vierge, correspondant à une série de dix grains d'un chapelet. — **3.** Nombre de dix environ : *Un travail qui demande une dizaine de jours.*

djellaba [dʒɛlaba] n. f. (mot ar.). Longue robe à manches longues et à capuchon, portée par les hommes et les femmes en Afrique du Nord.

do [do] n. m. inv. (mot it.). Note de musique, considérée comme premier degré de la gamme (gamme de *do*) [syn. UT].

doberman [dɔbɛrman] n. m. (mot all.). Chien de garde, bien musclé, d'origine allemande.

docile [dɔsil] adj. (lat. *docilis,* de *docere,* enseigner). Qui obéit volontiers : *Un élève docile* (syn. FACILE, OBÉISSANT, SOUMIS). *Un cheval docile* (syn. MANIABLE).

docilement [dɔsilmɑ̃] adv. Avec docilité : *J'ai docilement suivi les instructions* (syn. FIDÈLEMENT).

docilité [dɔsilite] n. f. Attitude d'obéissance soumise : *Un enfant d'une docilité exemplaire* (syn. OBÉISSANCE, ↑SOUMISSION).

dock [dɔk] n. m. (mot angl.). Ensemble des magasins construits sur les quais pour recevoir les marchandises transportées par des navires.

docker [dɔkɛr] n. m. Ouvrier employé au chargement et au déchargement des navires (syn. DÉBARDEUR).

docte [dɔkt] adj. (lat. *doctus,* savant). *Péjor.* Infatué de son savoir (soutenu) : *Ce docte personnage pérorait devant son auditoire. Un air, un ton docte* (syn. PÉDANT).

doctement [dɔktəmɑ̃] adv. *Péjor.* De façon docte, pédante : *Il nous expliqua doctement les raisons de ce phénomène.*

docteur [dɔktœr] n. m. (lat. *doctor*). **1.** Personne pourvue du doctorat en médecine et habilitée à exercer : *Elle tousse beaucoup, il faudrait appeler le docteur* (syn. MÉDECIN). *Le docteur Dupont est absent ;* titre donné à cette personne : *Bonjour, docteur.* (Pour une femme, on dit aussi *le docteur X.*) — **2.** Personne qui est pourvue d'un doctorat ès lettres, en droit, etc.

doctoral, e, aux [dɔktɔral] adj. Péjor. *Ton doctoral,* qui affecte, avec une certaine solennité, les manières de parler d'un savant (syn. ↑ PÉDANT).

doctoralement [dɔktɔralmɑ̃] adv. *Péjor.* De façon doctorale : *Parler doctoralement.*

doctorat [dɔktɔra] n. m. Grade ou titre élevé conféré par une université après la soutenance d'une thèse.

doctoresse [dɔktɔrɛs] n. f. Femme docteur en médecine. (On lui substitue souvent le masc.)

doctrinaire [dɔktrinɛr] adj. *Péjor.* Qui se réfère trop étroitement à une doctrine : *On lui a reproché sa position doctrinaire* (syn. SECTAIRE, DOGMATIQUE).

doctrinairement [dɔktrinɛrmɑ̃] adv. *Péjor.* De façon doctrinaire : *Il juge trop doctrinairement de toutes les questions.*

doctrinal, e, aux [dɔktrinal] adj. Relatif à une doctrine : *Débat doctrinal. Affirmation doctrinale.*

doctrinalement [dɔktrinalmɑ̃] adv. De manière doctrinale.

doctrine [dɔktrin] n. f. (lat. *doctrina,* enseignement). Ensemble des croyances ou des opinions professées par une religion, une philosophie, un système politique, une école littéraire, etc. : *Le catéchisme est un abrégé de la doctrine chrétienne* (syn. DOGME). *Une action contraire à la doctrine d'un parti politique.* (→ ENDOCTRINER.)

document [dɔkymɑ̃] n. m. (lat. *documentum,* ce qui sert à instruire). Écrit ou objet servant de témoignage ou de preuve, constituant un élément d'information : *Un historien doit consulter de nombreux documents. Classer des documents. Cette lettre est un document précieux.*

documentaire [dɔkymɑ̃tɛr] adj. Qui a le caractère d'un document : *Un texte documentaire sur ces événements. Un récit de voyage d'un intérêt documentaire. À titre documentaire, je vous signale que cette église est du XVIII*[e] *s.* ◆ n. m. Film établi d'après des documents pris dans la réalité.

documentaliste [dɔkymɑ̃talist] n. Personne qui rassemble, classe et conserve des documents dans une administration, une entreprise, et les tient à la disposition des intéressés.

documentation [dɔkymɑ̃tasjɔ̃] n. f. **1.** Action de se documenter : *Sa documentation lui a demandé de longues années.* — **2.** Ensemble de documents relatifs à une question : *Une documentation volumineuse.*

documenter [dɔkymɑ̃te] v. t. **1.** *Documenter qqn,* lui fournir des documents, des renseignements : *La bibliothécaire le documenta sur la question.* — **2.** *Documenter un ouvrage,* l'appuyer sur des documents (surtout part. passé) : *Un récit très documenté.* ◆ ***se documenter*** v. pr. Rechercher des documents : *Je me suis longuement documenté avant d'entreprendre cette affaire.*

dodécaphonique [dɔdekafɔnik] adj. (du gr. *dôdeka,* douze, et *phônê,* voix). *Musique dodécaphonique,* qui utilise la série des douze sons de la gamme chromatique à l'exclusion de toute autre (syn. SÉRIEL).

dodelinement [dɔdlinmɑ̃] n. m. Action de dodeliner.

dodeliner [dɔdline] v. i. (onomat.). *Dodeliner de la tête,* balancer doucement la tête.

dodo [dodo] n. m. (onomat., de *dormir*). Dans le langage enfantin ou des parents s'adressant aux enfants, syn. de LIT ou SOMME : *Aller au dodo. Faire dodo* (= dormir).

dodu, e [dɔdy] adj. Assez gras, bien en chair : *Un enfant dodu* (syn. GRASSOUILLET). *Une poule bien dodue. Des joues dodues* (syn. REBONDI).

dogmatique [dɔgmatik] adj. Qui affirme d'une façon tranchante : *On ne peut pas discuter avec quelqu'un d'aussi dogmatique. Un ton dogmatique* (syn. PÉREMPTOIRE, DOCTORAL).

dogmatiquement [dɔgmatikmɑ̃] adv. De façon dogmatique.

dogmatiser [dɔgmatize] v. i. *Péjor.* Émettre des affirmations tranchantes.

dogmatisme [dɔgmatism] n. m. Attitude de qqn qui affirme péremptoirement, ou qui admet sans discussion certaines idées considérées comme valables une fois pour toutes.

dogme [dɔgm] n. m. (gr. *dogma,* opinion). **1.** Point fondamental d'une doctrine : *Le dogme de l'immortalité de l'âme.* — **2.** Ensemble de ces points fondamentaux (syn. DOCTRINE).

dogue [dɔg] n. m. (angl. *dog,* chien). Chien à tête courte et à fortes mâchoires.

doigt [dwa] n. m. (lat. *digitus*). **1.** Chacun des éléments articulés libres qui terminent les mains et les pieds chez l'homme et certains animaux : *On appelle «petit doigt» l'auriculaire, doigt le plus éloigné du pouce. Les doigts de pied s'appellent aussi «orteils».* — **2.** Chacune des parties d'un gant destinées à couvrir les doigts. — **3.** Mesure approximative de l'épaisseur d'un doigt : *Verser un doigt de vin.* — **4.** *À deux doigts de,* très près de : *Le projectile est passé à deux doigts de son visage. Tu as été à deux doigts de réussir.* ‖ *Avoir des doigts de fée,* être très adroit. ‖ *Être comme les doigts de la main,* être très liés d'amitié. ‖ *Glisser, filer entre les doigts de qqn,* lui échapper. ‖ *Mettre le doigt sur qqch,* deviner juste, mettre en évidence qqch : *Elle a mis le doigt sur le mobile de son adversaire.* ‖ *Mon petit doigt me l'a dit,* je l'ai su d'une façon qui vous reste mystérieuse. ‖ *Montrer qqn du doigt,* le désigner à la réprobation générale. ‖ *Ne pas lever le petit doigt,* rester passif : *Il ne lèverait pas le petit doigt pour nous aider.* ‖ *Obéir, marcher, filer au doigt et à l'œil,* obéir au moindre signe, très fidèlement. ‖ *On peut les compter sur les doigts (de la main),* il y en a très peu. ‖ Fam. *Se mettre le doigt dans l'œil,* se tromper complètement. ‖ *Toucher du doigt qqch,* le faire apparaître avec précision : *Vous touchez du doigt le point essentiel.* (→ DIGITAL.)

doigté [dwate] n. m. **1.** Manière de placer les doigts pour jouer d'un instrument de musique. — **2.** Habileté, délicatesse dans le comportement : *Il faudra beaucoup de doigté pour l'amener à accepter* (syn. TACT, SAVOIR-FAIRE).

doigtier [dwatje] n. m. Fourreau de protection pour un doigt.

dolce [dɔltʃe] adv. (mot it.). Indication musicale invitant à exécuter un mouvement avec douceur.

doléances [dɔleɑ̃s] n. f. pl. (du lat. *dolere,* souffrir). Plaintes, réclamations : *La mauvaise organisation du service a provoqué les doléances des usagers. Je n'ai pas le temps d'écouter ses doléances* (syn. RÉCRIMINATIONS).

dolent, e [dɔlɑ̃] adj. (du lat. *dolere,* souffrir). *Litt.* Qui se plaint de ses maux d'un ton languissant (péjor.) : *Un vieillard dolent* (syn. ↑ GEIGNARD). *Voix dolente* (syn. PLAINTIF).

dollar [dɔlar] n. m. (mot anglo-amér.). Unité monétaire principale des États-Unis, du Canada et d'autres pays.

dolmen [dɔlmɛn] n. m. (breton *dol,* table, et *men,* pierre). Monument mégalithique formé d'une grande pierre plate posée horizontalement sur d'autres pierres dressées verticalement.

domaine [dɔmɛn] n. m. (lat. *dominium*). **1.** Propriété foncière d'une certaine étendue : *Un domaine d'une centaine d'hectares. Partir visiter ses domaines* (syn. TERRES). — **2.** Champ d'activité de qqn ; secteur embrassé par un art, une technique, etc. : *Son domaine, c'est l'étude de la résistance des matériaux* (syn. MATIÈRE, SPÉCIALITÉ). *Cette question n'est pas de mon domaine* (syn. COMPÉTENCE, ATTRIBUTIONS ; fam. RAYON). *Le vaste domaine de la publicité.* — **3.** *Tomber dans le domaine public,* se dit d'une œuvre littéraire ou artistique qui, au bout d'un certain temps, peut être librement reproduite et vendue sans droits d'auteur.

domanial, e, aux [dɔmanjal] adj. Se dit des biens qui constituent le domaine de l'État : *Une forêt domaniale.*

dôme [dom] n. m. (gr. *dôma,* maison). **1.** Couverture hémisphérique ou ovoïde de certains monuments : *Le dôme des Invalides à Paris. La partie intérieure du dôme est une coupole.* — **2.** Litt. *Dôme de verdure, de feuillage,* etc., voûte formée par des branchages.

domestication [dɔmɛstikasjɔ̃] n. f. Action de domestiquer.

domesticité [dɔmestisite] n. f. Ensemble des domestiques d'une maison : *Une nombreuse domesticité* (syn. PERSONNEL).

1. domestique [dɔmɛstik] n. (du lat. *domesticus,* de la maison). Personne professionnellement au service d'une famille, d'une maison : *Le repas fut servi par des domestiques en livrée* (syn. GARÇON, VALET). *Le nom de « gens de maison » remplace aujourd'hui celui de « domestiques ».*

2. domestique [dɔmɛstik] adj. **1.** Qui concerne la vie à la maison, le ménage : *Avoir des soucis domestiques. Les travaux domestiques* (syn. MÉNAGER). — **2.** *Personnel domestique,* les domestiques. — **3.** *Animal domestique,* animal qui vit auprès de l'homme et qui lui obéit : *Le chien est l'animal domestique par excellence. Un lapin domestique* (contr. LAPIN DE GARENNE). *Des canards domestiques* (contr. SAUVAGE).

domestiquer [dɔmɛstike] v. t. **1.** *Domestiquer un animal,* le faire passer de l'état sauvage à l'état domestique (syn. APPRIVOISER). — **2.** *Domestiquer le vent, les marées,* etc., utiliser leur force sous forme d'énergie.

domicile [dɔmisil] n. m. (lat. *domicilium,* de *domus,* maison). Lieu où qqn habite ordinairement : *Un vagabond n'a pas de domicile fixe. Je ne connais pas son nouveau domicile* (syn. MAISON, RÉSIDENCE, DEMEURE, HABITATION). *Pendant les travaux nous avions élu domicile dans un hangar. Livrer à domicile* (= chez le client).

domiciliation [dɔmisiljasjɔ̃] n. f. Indication du domicile choisi pour le paiement d'un chèque, d'une traite.

domicilier [dɔmisilje] v. t. *Être domicilié qqpart,* y avoir son domicile : *Elle est domiciliée dans les Côtes-du-Nord.* ‖ *Se faire domicilier qqpart,* faire reconnaître un lieu comme son domicile légal.

dominant, e [dɔminɑ̃] adj. Qui a le plus d'importance par le nombre, l'étendue ou l'influence : *Le maquis est la végétation dominante de cette région. Il a joué un rôle dominant dans cette affaire* (syn. PRÉPONDÉRANT, DÉTERMINANT, ESSENTIEL). *La raison dominante de cette décision est le besoin d'argent* (syn. PRINCIPAL). *Gène* ou *caractère héréditaire dominant* (= qui domine l'autre gène dans la paire de chromosomes reçus) [contr. RÉCESSIF].

dominante [dɔminɑ̃t] n. f. **1.** Élément remarquable, trait marquant, caractéristique : *Des photographies en couleurs à dominante bleue.* — **2.** En musique, cinquième degré de la gamme.

dominateur, trice [dɔminatœr] adj. Porté à dominer : *Dès son enfance, il se montrait dominateur* (syn. AUTORITAIRE). *Regard, air dominateur* (syn. IMPÉRIEUX, IMPÉRATIF).

domination [dɔminasjɔ̃] n. f. Action de dominer : *Rome exerçait sa domination sur de nombreux peuples méditerranéens* (syn. EMPIRE, AUTORITÉ). *Subir la domination de ses passions* (syn. TYRANNIE ; litt. JOUG).

dominer [dɔmine] v. t. (lat. *dominari,* de *dominus,* maître). **1.** (sujet qqn, un peuple) *Dominer un peuple, un pays, qqn,* en être le maître, lui être supérieur : *Napoléon voulait dominer l'Europe* (syn. SOUMETTRE). *Une candidate qui domine nettement ses concurrents* (syn. SURCLASSER, SURPASSER) ; sans compl. (surtout en sports) : *Son équipe a dominé pendant la première partie du match* (syn. MENER). — **2.** (sujet qqn) *Dominer qqch,* le maîtriser : *Dominer une situation délicate. Sachons dominer nos instincts* (syn. MAÎTRISER, DISCIPLINER, DOMPTER). *Elle domine parfaitement son sujet* (= elle le connaît à fond). — **3.** (sujet qqch, un groupe) *Dominer (qqch, un groupe),* être plus important que lui : *Un gâteau dans lequel le rhum domine le parfum de la vanille. Un tableau où les verts dominent* (syn. PRÉDOMINER). *Une réunion où les femmes dominent* (= sont plus nombreuses). — **4.** (sujet qqch) *Dominer un lieu,* être situé au-dessus : *Falaise qui domine la mer* (syn. SURPLOMBER).

dominicain, e [dɔminikɛ̃] n. Religieux, religieuse de l'ordre de Saint-Dominique.

dominical, e, aux [dɔminikal] adj. (bas lat. *dominicalis,* du Seigneur). Relatif au dimanche, qui a lieu le dimanche : *Le repos dominical.*

dominion [dɔminjɔ̃] n. m. (mot angl.). Nom donné avant 1947 à divers États indépendants du Commonwealth unis à la Couronne par des liens d'allégeance.

domino [dɔmino] n. m. (mot lat.). **1.** (pl.) Jeu de société consistant à disposer d'une certaine façon de petits rectangles marqués sur une face d'un certain nombre de points. — **2.** (sing.) Chacune de ces pièces.

dommage [dɔmaʒ] n. m. (anc. fr. *dam*). **1.** Préjudice porté à qqn, dégât causé à qqch : *Des sinistrés qui demandent réparation des dommages subis* (syn. PERTE). *Les intempéries ont causé des dommages aux récoltes* (syn. TORT, ↑ RAVAGE). *Une assurance qui couvre les dommages matériels et corporels.* — **2.** *Dommages et intérêts* ou *dommages-intérêts,* indemnité fixée par un tribunal destinée à réparer un préjudice matériel ou moral causé à qqn. — **3.** *C'est dommage, quel dommage,* ou, fam., *dommage* (*que* + subj. ou *de* + inf.), exprime le regret : *Aujourd'hui il pleut ; c'est dommage, car je voulais me promener* (syn. FÂCHEUX, REGRETTABLE). *Quel dommage de laisser pourrir ces fruits. C'est dommage que personne n'ait rien vu. Dommage qu'elle ne l'ait pas dit.*

dommageable [dɔmaʒabl] adj. Qui cause un dommage : *S'abstenir de toute initiative dommageable aux intérêts de qqn* (syn. PRÉJUDICIABLE).

domptage [dɔ̃(p)taʒ] n. m. Action de dompter : *Le domptage d'un cheval* (syn. DRESSAGE).

dompter [dɔ̃(p)te] v. t. (lat. *domitare*). **1.** *Dompter un animal sauvage,* le forcer à l'obéissance par la contrainte, le rendre docile : *Dompter les fauves dans un cirque* (syn. DRESSER). — **2.** *Dompter qqn,* le soumettre à son autorité (soutenu) : *Dompter des rebelles.* —

3. *Dompter des sentiments,* les contraindre à la mesure (soutenu) [syn. DOMINER, MAÎTRISER, DISCIPLINER].

dompteur, euse [dɔ̃(p)tœr] n. Personne qui dompte des animaux sauvages.

don [dɔ̃] n. m. (lat. *donum*). **1.** Action de donner : *Le don d'une collection de tableaux à un musée. Faire don de tous ses biens à une fondation.* — **2.** Chose donnée : *Recueillir des dons pour les sinistrés* (syn. OFFRANDE, AUMÔNE). *Un gagnant comblé de dons* (syn. CADEAU, PRÉSENT). — **3.** Qualité naturelle : *Cultiver ses dons littéraires. Une musique qui a le don d'apaiser le cœur;* et ironiq. : *Il a le don de m'agacer.* — **4.** *Don de soi,* dévouement total, renoncement à ses goûts personnels (syn. ABNÉGATION).

donateur, trice [dɔnatœr] n. Personne qui fait un don, une donation : *Une généreuse donatrice.*

donation [dɔnasjɔ̃] n. f. Contrat par lequel une personne lègue un bien à une autre ou à une association.

donc [dɔ̃(k)] (après les mots interrogatifs et les verbes à l'impér., on prononce parfois [dɔ̃]) conj. (lat. *dumque,* de *dum,* alors). **1.** Introduit une conséquence, une conclusion, ou marque une simple transition (en tête de phrase ou après le verbe ou le pronom) : *Un homme désintéressé, donc honnête. Elle était ici il y a un instant; elle n'est donc pas loin. J'avais fini, vous ne me dérangez donc pas. Je suis responsable de ce service; c'est donc à moi que vous remettrez ce rapport. Pour en revenir donc à ce qui nous intéresse...* — **2.** Renforce une affirmation, une interrogation, un ordre, ou une intonation marquant la surprise ou le doute : *Ne sois pas timide, demande-lui donc. Mais que fais-tu donc dehors? Qui donc a pu téléphoner?* (syn. QUI DIABLE). *Allons donc!* (= vous exagérez). *Dites donc!* (interpellation exprimant le reproche ou la menace). *Racontez-moi donc l'histoire. C'est donc là que vous vouliez en venir!*

donjon [dɔ̃ʒɔ̃] n. m. (bas lat. *dominio,* tour du seigneur). Tour maîtresse d'un château fort, ordinairement à l'intérieur de l'enceinte.

don Juan [dɔ̃ʒɥɑ̃] n. m. Homme qui recherche les succès auprès des femmes (syn. SÉDUCTEUR).

donjuanisme [dɔ̃ʒɥanism] n. m. Recherche des conquêtes amoureuses.

donne [dɔn] n. f. Distribution des cartes au jeu.

donné, e [dɔne] adj. **1.** Nettement précisé, défini : *Faire un travail dans un temps donné. Des planches d'une longueur donnée* (syn. DÉTERMINÉ). — **2.** *À un moment donné,* à un certain moment, soudain. — **3.** *Étant donné (que),* exprime la cause (inv. avant le n.) : *Étant donné les circonstances. Étant donné la situation financière, les dépenses prévues ont été annulées* (syn. VU, ATTENDU, EN RAISON DE). *Étant donné qu'on n'y peut rien, le mieux est d'attendre* (syn. COMME, PUISQUE, VU QUE, ATTENDU QUE).

donnée [dɔne] n. f. Élément fondamental servant de base à un raisonnement, une discussion, un bilan : *Lire attentivement la donnée d'un problème* (syn. ÉNONCÉ). *Il manque certaines données pour faire des prévisions valables* (syn. INFORMATION, RENSEIGNEMENT, PRÉCISION).

donner [dɔne] v. t. (lat. *donare*). **1.** (sujet qqn) *Donner (qqch, un animal)* [*à qqn*], le lui attribuer, le lui remettre, soit définitivement, en lui en reconnaissant la propriété, soit temporairement : *Donner des bonbons aux enfants* (syn. OFFRIR). *Le facteur m'a donné le courrier* (syn. REMETTRE). *Voudriez-vous me donner la moutarde?* (syn. PASSER). *Je vous donne dix minutes pour faire ce travail* (syn. LAISSER). *Donner son bras à sa compagne* (syn. OFFRIR). *Il nous a donné un petit chat. Donner les cartes* (syn. DISTRIBUER). *Son plaisir c'est de donner* (syn. OFFRIR). *À toi de donner* (= distribuer les cartes). *Donner à manger, à boire.* — **2.** (sujet qqn, qqch) *Donner un renseignement (à qqn),* le lui communiquer, l'en informer : *Donner des nouvelles d'un malade. Pourriez-vous me donner l'heure?* (syn. DIRE, INDIQUER). *Donnez-moi votre nom et votre adresse. Je vous donnerai (ce livre vous donnera) toutes les explications nécessaires* (syn. FOURNIR). *Une pendule qui donne l'heure. Ce diapason donne le «la».* — **3.** (sujet qqch, qqn) *Donner qqch,* le produire : *Une vigne qui donne un excellent raisin* (syn. FOURNIR). *Les haricots n'ont guère donné cette année* (syn. RAPPORTER). *Un cinéma qui donne un bon film* (syn. PASSER, JOUER). *On donne un bon spectacle au Châtelet en ce moment. Les deux opérations donnent le même total* (syn. ABOUTIR À). — **4.** (sujet qqn, qqch) *Donner qqch à qqch, qqn,* exercer sur eux une action en modifiant leur état, leur aspect ou l'attitude de qqn : *La brume donne une teinte grisâtre au paysage* (syn. PROCURER). *Cette action lui a donné un prestige incomparable* (syn. CONFÉRER). *Cette hauteur me donne le vertige. Cette pensée me donne du courage* (syn. INSPIRER). *Vous m'avez donné bien du souci* (syn. CAUSER). — **5.** Équivaut, avec certains n. compl., à un verbe : *Donner l'ordre de partir* (= ordonner de). *Donner une réponse* (= répondre). *Donner un conseil* (= conseiller). *Donner un nom à un objet* (= nommer). *Donner un titre à un livre* (= intituler); forme des locutions à valeur factitive, en oppos. avec *avoir* (qui indique l'état) : *Donner envie, donner faim, donner confiance, donner conscience, donner raison,* etc. — **6.** *Donner qqch (abstrait) à, dans qqch,* l'y mettre, l'y apporter : *Donner tous ses soins à une entreprise.* — **7.** *Donner qqch* ou *qqn pour* (+ *n.* ou *adj. attribut*), le présenter, le faire considérer comme : *Je ne vous donne pas cette information pour certaine. On nous l'avait donné pour un esprit génial, mais nous l'avons jugé autrement.* — **8.** *Donner à* (+ *inf.*), fournir l'occasion de : *Tout nous donne à penser qu'il le savait* (syn. PORTER À). *Elle m'a donné à entendre qu'elle n'en ferait rien* (= m'a laissé comprendre). ‖ *Donner lieu à, de* → LIEU 1. — **9.** *Donnant, donnant,* indique que rien n'est accordé sans contrepartie. ‖ *Donner un complice,* le livrer. ‖ *Donner sa fille, son fils en mariage,* l'accorder. ‖ *Donner tel ou tel âge à qqn,* estimer, d'après les apparences, qu'il doit avoir cet âge : *On lui donne tout au plus cinquante ans, et elle en a soixante-trois.* ‖ *Il est donné à qqn de* (+ *inf.*), on a la possibilité, le loisir de : *Il n'est pas donné à tout le monde de faire un tel voyage.* ◆ v. i. (sujet qqn, qqch) Exercer son action, sa force : *La radio donne à plein. Les troupes de réserve n'avaient pas encore donné* (syn. COMBATTRE). ◆ v. t. ind. **1.** (sujet un appartement, une pièce) *Donner sur qqch,* être orienté vers : *Son bureau donne sur la mer* (= de son bureau on voit la mer); permettre d'accéder à : *Cette porte donne sur la cour* (= s'ouvre sur). — **2.** (sujet qqn) *Donner dans qqch (abstrait),* avoir du goût pour cela, s'y complaire, le rechercher : *Donner dans la paresse, le snobisme.* ◆ ***se donner*** v. pr. **1.** *Se donner à qqch,* y consacrer son activité, toute son énergie : *Il s'est donné tout entier à cette entreprise* (syn. SE VOUER, SE LIVRER). — **2.** *Femme qui se donne à un homme,* qui lui accorde ses faveurs. — **3.** *S'en donner,* s'amuser beaucoup.

donneur, euse [dɔnœr] n. **1.** *Donneur de sang,* personne qui donne son sang pour une transfusion. — **2.** Joueur qui distribue les cartes.

don Quichotte [dɔ̃kiʃɔt] n. m. *Péjor.* Homme qui affiche avec quelque ridicule sa volonté de combattre pour une noble cause.

donquichottisme [dɔ̃kiʃɔtism] n. m. Attitude de redresseur de torts.

dont [dɔ̃] pron. rel. (bas lat. *de unde*). Remplace un nom animé ou non-animé complément, qui serait précédé de *de* dans une phrase sans relatif : *Le projet dont je vous ai entretenu. L'ami dont je vous ai parlé.*

Cet orchestre dont les disques connaissent un si grand succès. Il se retourna vers celle dont il se croyait méprisé. La maladie dont il souffre est purement imaginaire. La famille dont je descends est originaire de Lyon. Il y avait plusieurs invités dont le général Untel. Il n'est rien dont je puisse m'étonner. — Rem. On remplace *dont* par *duquel* si le nom dont le relatif est compl. du n. est lui-même précédé d'une prép. : *Le maquis dans l'épaisseur duquel je m'enfonçais s'étendait très loin.* On emploie *d'où* s'il s'agit d'un compl. de lieu : *La baie du restaurant d'où l'on découvre la vallée.*

dopage [dɔpaʒ] ou **doping** [dɔpiŋ] n. m. Action de doper, de se doper : *Le dopage est interdit.*

dopant [dɔpɑ̃] adj. m. et n. m. Substance chimique propre à doper, à dissimuler momentanément la fatigue.

doper [dɔpe] v. t. (angl. *to dope*). *Doper qqn, un animal,* leur faire prendre un stimulant avant une épreuve sportive, un examen, etc. ◆ ***se doper*** v. pr. Prendre des stimulants : *Il s'est dopé pour préparer ce concours.*

dorade → DAURADE.

doré, e [dɔre] adj. Qui a la couleur de l'or ou une teinte rappelant cette couleur : *Des boutons dorés. Des cheveux dorés. Une lumière dorée.*

dorénavant [dɔrenavɑ̃] adv. (anc. fr. *d'or en avant,* de l'heure actuelle en avant). À partir de maintenant : *Voici votre nouveau chef : dorénavant, c'est de lui que vous recevrez toutes les instructions* (syn. DÉSORMAIS, MAINTENANT, À L'AVENIR).

dorer [dɔre] v. t. (lat. *deaurare,* de *aurum,* or). **1.** Recouvrir d'or ou d'un produit ayant l'aspect de l'or : *Dorer un cadre.* — **2.** Marquer d'une teinture jaune foncé ou brune : *Le soleil lui a doré la peau.* — **3.** Fam. *Dorer la pilule à qqn,* atténuer, par des paroles aimables, l'effet d'une chose désagréable. ◆ v. i. Devenir brun, doré : *Un poulet qui commence à dorer au four.*

doreur, euse [dɔrœr] n. Spécialiste qui pratique la dorure.

dorique [dɔrik] adj. et n. m. *Ordre dorique* (ou *dorique* n. m.), le plus ancien et le plus simple des ordres de l'architecture grecque, caractérisé par des colonnes cannelées à chapiteau dépourvu de moulures.

dorloter [dɔrlɔte] v. t. (de l'anc. fr. *dorelot,* boucle de cheveux). *Dorloter qqn,* l'entourer de petits soins (syn. CHOYER). ◆ ***se dorloter*** v. pr. Rechercher son confort, se faire une vie douillette.

dormant, e [dɔrmɑ̃] adj. *Eau dormante,* qui ne coule pas, qui reste immobile (syn. CALME, TRANQUILLE, STAGNANT; contr. EAU COURANTE).

dormeur, euse [dɔrmœr] n. Qui dort : *Un grand dormeur* (= qqn qui dort beaucoup).

dormir [dɔrmir] v. i. (lat. *dormire*) [c. **18**]. **1.** (sujet qqn, un animal) Reposer dans le sommeil : *Elle a dormi toute la nuit* (contr. VEILLER). — **2.** (sujet qqch) Rester immobile ou improductif : *Au lieu de laisser dormir ce capital, on pourrait le placer avantageusement.* — **3.** *Dormir comme un loir, une marmotte, une souche,* très profondément. ‖ *Dormir sur ses deux oreilles,* se reposer dans une sécurité totale. ‖ *Histoire à dormir debout,* qui manque totalement de vraisemblance, de bon sens. ‖ *Ne dormir que d'un œil,* se tenir sur ses gardes.

dorsal, e, aux [dɔrsal] adj. (du lat. *dorsum,* dos). Qui est, se place sur le dos : *Nageoire dorsale.*

dortoir [dɔrtwar] n. m. Salle commune où sont les lits, dans un internat, une communauté, etc.

dorure [dɔryr] n. f. **1.** Art d'appliquer sur des objets de l'or en feuille ou en poudre. — **2.** Revêtement doré : *La dorure des lambris.*

doryphore [dɔrifɔr] n. m. (gr. *doruphoros,* porteur de lance). Insecte coléoptère à élytres ornés de dix lignes noires.

dos [do] n. m. (lat. *dorsum*). **1.** Chez l'homme et les animaux, partie du corps opposée à la poitrine et au ventre, et contenant la colonne vertébrale : *Coucher sur le dos. Placer la selle sur le dos d'un cheval.* — **2.** Partie d'un vêtement qui couvre le dos : *Veste tachée dans le dos.* — **3.** Face opposée à celle qui apparaît comme l'endroit, face bombée : *Ajouter un post-scriptum au dos d'une lettre* (syn. VERSO). *Le dos de la main* (syn. REVERS; contr. PAUME). *Le dos d'une cuiller.* — **4.** *À dos de,* sur le dos de : *Des colis portés à dos de chameau, à dos d'homme.* ‖ *De dos,* par-derrière : *De dos, elle ressemble à sa sœur.* — **5.** Fam. *Avoir bon dos,* supporter sans mauvaise humeur les railleries, l'adversité (sujet qqn); être un prétexte commode (sujet qqch) : *Sa migraine a bon dos.* ‖ Fam. *Avoir qqn sur le dos,* être sans cesse importuné par lui. ‖ *Avoir une affaire sur le dos,* en être chargé. ‖ Fam. *Avoir, se mettre qqn à dos,* l'indisposer contre soi, s'en faire un ennemi. ‖ *Dès que qqn a le dos tourné,* dès qu'il est parti, qu'il n'est plus attentif à ce qui se passe. ‖ *Être sur le dos de qqn,* le surveiller sans relâche. ‖ *Faire le gros dos,* courber l'échine, surtout en parlant d'un chat. ‖ *Mettre qqch sur le dos de qqn,* l'en charger : *On m'a mis sur le dos une affaire très difficile.* ‖ *Mettre, renvoyer dos à dos deux personnes, deux parties,* ne donner gain de cause ni à l'une ni à l'autre. ‖ *N'avoir rien sur le dos,* ne pas être assez habillé. ‖ *Ne rien avoir à se mettre sur le dos,* n'avoir pas assez de vêtements pour s'habiller. (→ DORSAL et ADOSSER.)

dosage [dozaʒ] n. m. Action de doser : *Le dosage d'une liqueur. Un habile dosage d'humour et d'attendrissement.*

dos-d'âne [dodɑn] n. m. inv. Partie d'une route comportant la fin brusque d'une montée et le début d'une descente; bosse du terrain.

dose [doz] n. f. (gr. *dosis,* action de donner). **1.** Quantité prescrite d'un médicament : *Ne pas dépasser la dose de vingt gouttes par jour.* — **2.** Quantité normale à employer; proportion d'une substance entrant dans un composé : *Elle a mis la dose de sucre dans sa pâte. Il a une dose d'urée trop élevée dans le sang* (syn. TAUX). — **3.** Fam. *Il a une fameuse dose de paresse, de bêtise,* etc., il est extrêmement paresseux, bête, etc.

doser [doze] v. t. *Doser qqch,* en déterminer la dose, la proportion (souvent pass.) : *Un remède soigneusement dosé. Elle dose habilement l'éloge et la remontrance* (syn. MÊLER). *Doser ses efforts.*

dossard [dosar] n. m. Morceau de tissu cousu dans le dos d'un sportif et portant un numéro qui permet de l'identifier.

dossier [dosje] n. m. (de *dos*).
— **I.** Partie verticale ou inclinée d'un siège, contre laquelle on appuie son dos.
— **II. 1.** Ensemble de documents concernant qqn ou qqch : *Constituer un dossier sur une affaire. Un avocat qui examine le dossier de sa cliente* (syn. AFFAIRE). — **2.** *Fermer un dossier,* classer l'affaire. ‖ *Ouvrir un dossier,* commencer à s'occuper d'une affaire.

dot [dɔt] n. f. (lat. *dos, dotis*). Argent ou biens qu'une femme apporte en se mariant.

dotal, e, aux [dɔtal] adj. Relatif à la dot : *Les revenus dotaux.*

dotation [dɔtasjɔ̃] n. f. Ce qui est attribué comme fonds, comme biens d'équipement à qqn, à une collectivité.

doter [dɔte] v. t. (lat. *dotare*). **1.** *Doter sa fille,* lui donner une dot. — **2.** *Doter qqn* ou *qqch de qqch,* l'en pourvoir, le lui assurer : *On nous avait dotés d'un important matériel. Un appareil doté des derniers perfectionnements* (syn. MUNIR).

douairière [dwɛrjɛr] n. f. (du lat. *dos, dotis,* dot). **1.** Autref., veuve de grande famille qui jouissait des biens (le *douaire*) de son mari. — **2.** *Péjor.* et *fam.* Femme âgée.

douane [dwan] n. f. (anc. it. *doana*). **1.** Administration chargée de percevoir des taxes sur les marchandises importées ou exportées; bureau de cette administration : *La voiture a été fouillée à la douane.* — **2.** Taxes perçues : *Payer la douane.*

1. douanier, ère [dwanje] adj. Propre à la douane : *Tarifs douaniers. Convention douanière.*

2. douanier [dwanje] n. m. Agent de la douane.

doublage [dublaʒ] n. m. Action de doubler : *Le doublage d'un manteau. Le doublage d'un film.*

double [dubl] adj. (lat. *duplus*). **1.** (après ou avant le n.) Multiplié par deux, en quantité ou en nombre; répété : *Le prix de cet article est double de ce qu'il était il y a dix ans. Un double mètre* (= un instrument de mesure de 2 mètres). *L'inconvénient de cette méthode est double. Apprendre à conduire sur une voiture à double commande. Le mot «canne» contient une consonne double.* — **2.** Qui a deux aspects opposés : *Phrase à double sens* (= qu'on peut interpréter de deux façons). *Un agent double est un agent secret qui sert simultanément deux puissances adverses.* — **3.** *Faire double emploi,* être rendu inutile par l'existence d'un autre objet semblable. ‖ *Jouer un double jeu,* servir en même temps deux partis opposés, dans l'espoir de gagner au moins d'un côté, sinon des deux. ◆ n. m. **1.** Quantité égale à deux fois une autre : *Dix-huit est le double de neuf. J'ai mis le double de temps pour faire le même travail. Elle a trouvé une situation où elle gagne le double.* — **2.** Copie d'un document : *Vous nous remettez cet exemplaire du manuscrit et vous gardez le double.* — **3.** Autre échantillon d'une pièce qui figure déjà dans une collection : *Vendre des doubles au marché aux timbres.* — **4.** Au tennis, au ping-pong, partie entre deux équipes de deux joueurs : *Double dames. Double messieurs. Double mixte.* — **5.** *En double,* en deux exemplaires. ◆ adv. *Un travail qui compte double. À la fin du banquet, il commençait à voir double.*

1. doublé, e [duble] adj. *Doublé de,* indique un autre aspect de qqn, qqch : *Un habile politicien doublé d'un remarquable orateur. C'est une malhonnêteté doublée d'une sottise* (syn. AGGRAVÉ).

2. doublé [duble] n. m. **1.** Action d'abattre deux pièces de gibier de deux coups de fusil successifs. — **2.** Série de deux victoires, de deux réussites qui se succèdent en peu de temps.

double-commande [dubləkɔmɑ̃d] n. f. (pl. *double-commandes*). Dispositif permettant à un moniteur de parer aux fautes de conduite de son élève, sur une automobile ou sur un avion.

double-crème [dubləkrɛm] n. m. (pl. *doubles-crèmes*). Fromage frais fabriqué avec du lait non écrémé additionné de crème après l'égouttage.

1. doublement [dubləmɑ̃] adv. De deux façons, pour deux raisons, à un degré double : *Elle a été doublement satisfaite du résultat financier et de la considération qu'elle s'est acquise.*

2. doublement [dubləmɑ̃] n. m. Fait d'être doublé, action de doubler : *Le doublement des recettes.*

doubler [duble] v. t. **1.** *Doubler qqch,* le porter au double : *Il a doublé son capital.* — **2.** *Doubler une classe,* la refaire une deuxième année (syn. REDOUBLER). ‖ *Doubler le pas,* marcher plus vite. — **3.** *Doubler un vêtement,* le garnir d'une doublure. — **4.** *Doubler un acteur,* être prêt à jouer le rôle à sa place. — **5.** *Doubler un film,* enregistrer des paroles traduisant celles des acteurs dans une autre langue. — **6.** *Doubler un véhicule, un cap,* etc., les dépasser : *Interdit de doubler dans une côte* (= faire un dépassement). *Tu as réussi à doubler ce cap difficile* (= à triompher de cette difficulté). — **7.** Fam. *Doubler qqn,* le trahir. ◆ v. i. Devenir double : *Ses impôts ont doublé cette année. Maison qui a doublé de valeur.*

doublet [dublɛ] n. m. (de *double*). Mot ayant la même étymologie qu'un autre, mais qui a pénétré dans la langue par une voie différente : *«Hôtel» est un doublet de «hôpital» : tous deux viennent du latin «hospitalem», le premier par la voie populaire, le second par formation savante.*

doublon [dublɔ̃] n. m. (de *doubler*). Répétition erronée d'un mot, d'une ligne.

doublure [dublyr] n. f. (de *doubler*). **1.** Étoffe légère dont on garnit l'intérieur d'un vêtement, le revers d'une tenture, etc. — **2.** Acteur qui en remplace un autre.

douceâtre [dusɑtr] adj. *Péjor.* D'une saveur trop douce, peu agréable : *Un fruit douceâtre. Un vin douceâtre* (syn. PLAT).

doucement [dusmɑ̃] adv. **1.** Avec douceur : *Caresser doucement un enfant. Une lampe qui éclaire doucement le bureau. La route descend doucement* (syn. LÉGÈREMENT). *Elle parle doucement.* — **2.** Avec lenteur, de manière discrète : *Marchez doucement* (syn. LENTEMENT ou SILENCIEUSEMENT). — **3.** *Fam.* À part soi, en cachette : *Il s'amusait doucement en voyant l'embarras des autres.* — **4.** *Ça va doucement,* les affaires ne vont pas très bien.

doucereux, euse [dusrø] adj. *Péjor.* Dont les manières ont une douceur affectée : *Un homme doucereux. Un sourire, un ton doucereux* (syn. MIELLEUX, PAPELARD).

doucettement [dusɛtmɑ̃] adv. *Fam.* Sans se presser, sans se fatiguer : *Elle marchait tout doucettement. Passer doucettement sa vie de retraité.*

douceur [dusœr] n. f. Qualité de ce qui est doux : *La douceur de la soie, d'un fruit, d'une odeur, d'un éclairage, d'une mélodie, d'un climat. Goûter la douceur du soir. Un accès de colère qui contraste avec sa douceur habituelle. Apprivoiser un animal par la douceur. Tout s'est passé en douceur* (= sans éclats). ◆ ***douceurs*** n. f. pl. **1.** Choses qui causent du bien-être; friandises : *Goûter les douceurs de l'oisiveté. Apporter des douceurs à un vieillard* (syn. GÂTERIES). — **2.** Propos flatteurs, paroles galantes : *Dire des douceurs à une femme.* — **3.** *Fam.* et *ironiq.* Paroles blessantes.

douche [duʃ] n. f. (it. *doccia,* conduite d'eau). **1.** Jet d'eau dirigé sur le corps par hygiène : *Prendre une douche au réveil;* ensemble des appareils pour prendre une douche : *Installer une douche.* — **2.** *Fam.* Averse qu'on reçoit. — **3.** *Fam.* Ce qui met brusquement fin à un état d'exaltation, à l'espoir, etc. : *Quelle douche, quand il a appris son échec!* (syn. DÉCEPTION). — **4.** *Douche écossaise,* alternance de bonnes et de mauvaises nouvelles, d'espoir et de déceptions, etc. (La *douche écossaise* est d'abord chaude, puis froide.)

doucher [duʃe] v. t. *Doucher qqn,* lui donner une douche : *Doucher un enfant. Il va pleuvoir; si tu ne rentres pas vite, tu vas te faire doucher* (= tu vas recevoir une averse; syn. ARROSER, ↑ TREMPER); et, *fam.,* le décevoir brusquement : *Il a été douché par cette mésaventure.* ◆ ***se doucher*** v. pr. Prendre une douche.

douer [dwe] v. t. (lat. *dotare*). **1.** *Douer qqn,* le pourvoir, le doter, en général d'une qualité (seulement part. passé et formes composées) : *Un enfant doué d'une excellente mémoire* (= qui possède). *La nature l'a doué d'un grand talent musical.* — **2.** *Être doué (pour qqch),* avoir des aptitudes, des dons naturels : *Il est doué pour les mathématiques. Elle n'est pas douée* (fam. ; = elle n'est pas très intelligente).

douille [duj] n. f. (frq. *dulja*). **1.** Étui métallique ou cartonné, contenant la charge de poudre d'une balle de fusil ou d'une cartouche. — **2.** Pièce dans laquelle se fixe le culot d'une lampe électrique.

douillet, ette [dujɛ] adj. (lat. *ductilis,* malléable). **1.** Qui craint la plus légère douleur. — **2.** Doux, mœlleux, confortable : *Un oreiller douillet.*

douillettement [dujɛtmɑ̃] adv. De façon douillette, douce : *Un bébé douillettement couché dans son berceau.*

douleur [dulœr] n. f. (lat. *dolor*). **1.** Sensation physique pénible à endurer : *Supporter courageusement la douleur* (syn. SOUFFRANCE, MAL). — **2.** Sentiment pénible : *Il a eu la douleur de perdre sa fille* (contr. JOIE, BONHEUR, PLAISIR). *Consoler une douleur* (syn. CHAGRIN, PEINE). *Un poème qui exprime la douleur de l'homme* (syn. SOUFFRANCE, MISÈRE, DÉSOLATION, DÉTRESSE; soutenu AFFLICTION). *Elle a dignement supporté sa douleur* (syn. ÉPREUVE).

douloureuse [dulurøz] n. f. *Fam.* Note à payer (syn. ADDITION, FACTURE).

douloureusement [dulurøzmɑ̃] adv. Avec douleur, peine : *Elle a été douloureusement affectée par la mort de son amie. Il gémissait douloureusement.*

douloureux, euse [dulurø] adj. **1.** Qui cause une douleur physique ou morale : *Une blessure douloureuse* (syn. CRUEL; contr. INDOLORE). *Spectacle douloureux* (syn. PÉNIBLE, AFFLIGEANT, ↑ATROCE). — **2.** Se dit de la partie du corps qui éprouve une douleur physique ou morale : *Son genou est douloureux* (syn. ENDOLORI, SENSIBLE). *Un cœur douloureux, une âme douloureuse* (syn. litt. MEURTRI). — **3.** Qui exprime la douleur, surtout morale : *Regard douloureux.*

doute [dut] n. m. **1.** État de qqn qui hésite à prendre parti, à porter un jugement, qui ne sait que croire : *Après plusieurs jours de doute, il a opté pour cette solution* (syn. INDÉCISION, HÉSITATION). *Ne me laissez pas dans le doute* (syn. INCERTITUDE). — **2.** Manque de confiance dans la sincérité de qqn, la qualité, la réalisation de qqch (surtout pl.) : *J'avais quelques doutes à son sujet* (syn. SOUPÇON, MÉFIANCE). *Sa méthode m'inspire des doutes.* — **3.** *Hors de doute,* certain, incontestable : *Il est hors de doute que son intention était bonne.* ‖ *Mettre qqch en doute,* en contester la vérité. ‖ *Ne faire aucun doute,* être certain. ‖ *Nul doute que* (+ *subj.* et en général *ne*), il est certain que : *Nul doute que cela ne soit exact.* ‖ *Sans doute* (en tête de proposition entraîne l'inversion du pron. sujet), probablement : *Il est sans doute trop tard pour changer. Sans doute êtes-vous déjà au courant;* certes, je vous l'accorde : *Vous êtes sans doute* (ou *sans doute êtes-vous*) *très savant, pourtant vous ignorez ce détail.* ‖ *Sans aucun doute, sans nul doute,* assurément, certainement.

douter [dute] v. t. ind. (lat. *dubitare*). **1.** *Douter de qqch, de qqn,* ne pas avoir confiance, ne pas croire fermement en eux : *Douter du succès d'une entreprise. Douteriez-vous de cette personne, de sa parole?* (syn. SE DÉFIER); sans compl. : *Un prédicateur qui cherche à convaincre ceux qui doutent* (= dont la foi chancelle). — **2.** *Douter que* (+ *subj.*), ne pas croire que : *Je doute qu'on puisse réparer cet objet. Nous ne doutons pas qu'il ait raison* (ou *qu'il n'ait raison*) [= nous en sommes persuadés]. — **3.** *À n'en pas douter,* assurément. ‖ *Ne douter de rien,* avoir une confiance excessive en soi, avoir de l'audace. ◆ ***se douter*** v. pr. *Se douter de qqch, se douter que* (+ *ind.*), en avoir le soupçon, le pressentiment, le juger probable : *Je me doute de sa fureur quand elle apprendra cela* (syn. DEVINER). *Il ne se doute pas du piège* (syn. SOUPÇONNER, S'ATTENDRE À). *Vous ne vous doutiez pas que nous étions au courant* (syn. PENSER).

douteux, euse [dutø] adj. **1.** Qui n'est pas sûr : *Le résultat est douteux* (contr. DÉCISIF, NET). *Interprétation douteuse* (syn. CONTESTABLE). *Une phrase de sens douteux* (syn. ÉQUIVOQUE, AMBIGU). — **2.** *Péjor.* Qui manque de netteté, de propreté; qui met en défiance : *Du linge douteux* (syn. ↑SALE). *Avoir des mœurs douteuses* (syn. LOUCHE). *Une fidélité douteuse* (syn. SUSPECT). [→ DUBITATIF, INDUBITABLE.]

douve [duv] n. f. (gr. *dokhê,* réservoir). **1.** Large fossé rempli d'eau, entourant un mur d'enceinte de château. — **2.** Planche courbée servant à la fabrication des tonneaux.

doux, douce [du] adj. (lat. *dulcis*) [avant ou après le n.] **1.** Qui produit une sensation agréable au toucher : *Une peau douce* (contr. RÊCHE, RUGUEUX). *Une douce caresse* (syn. LÉGER, DÉLICAT; contr. DUR). — **2.** Dont le goût est peu accentué ou sucré : *Une pomme douce* (contr. ACIDE). *Des amandes douces* (syn. SUCRÉ; contr. AMER); dont le parfum, le son, l'intensité sont peu accentués, agréables : *Une musique douce. Le doux parfum des violettes* (syn. SUAVE). *Une douce chaleur. Une lumière douce* (contr. CRU, VIOLENT). *Une voix douce* (contr. ↑CRIARDE). — **3.** Qui procure un sentiment de bien-être, de contentement : *Une douce tranquillité. Évoquer des souvenirs bien doux.* — **4.** Qui n'est pas brusque, saccadé : *Une route en pente douce* (contr. RAIDE, ABRUPT). *Le doux balancement de la houle. Un démarrage très doux* (contr. BRUTAL). — **5.** Qui agit sans brusquerie, qui manifeste de la docilité : *Une jeune fille très douce* (contr. VIOLENT, EMPORTÉ). *Il a des gestes doux* (contr. BRUSQUE, BRUTAL). *Un animal d'humeur douce* (syn. PAISIBLE, PACIFIQUE). *Un regard doux.* — **6.** Qui n'est pas sévère : *Une mère douce avec ses enfants. Une peine douce.* — **7.** *Eau douce,* qui n'est pas salée, par oppos. à l'eau de mer. ‖ Fam. *En douce,* sans se faire remarquer, en cachette. ◆ ***doux*** adv. *Il fait doux,* la température est agréable, ni trop chaude ni trop froide. ‖ *Tout doux!,* il ne faut pas exagérer, s'emporter.

douzaine [duzɛn] n. f. **1.** Ensemble de douze objets, personnes, etc., de même nature : *Acheter une douzaine d'œufs.* — **2.** Nombre de douze environ : *Un enfant d'une douzaine d'années.* — **3.** Fam. *À la douzaine,* abondamment, communément (se dit de choses de peu de valeur) : *Des films comme ça, on en voit à la douzaine* (syn. fam. À LA PELLE, EN PAGAILLE).

douze [duz] adj. num. cardin. inv. (lat. *duodecim*). **1.** Onze plus un. — **2.** Douzième : *Charles XII.* ◆ n. m. inv. Chiffre, numéro, etc., qui représente ce nombre.

douzième [duzjɛm] adj. num. ordin. et n. **1.** Qui occupe un rang marqué par le numéro douze. — **2.** Qui se trouve douze fois dans le tout.

douzièmement [duzjɛmmɑ̃] adv. En douzième lieu.

doyen, enne [dwajɛ̃] n. (lat. *decanus,* chef de dix hommes). Personne la plus âgée, ou la plus ancienne dans un corps, une compagnie. ◆ ***doyen*** n. m. Curé chargé de l'administration d'un doyenné.

doyenné [dwajene] n. m. Circonscription ecclésiastique groupant plusieurs paroisses.

drachme [drakm] n. m. (gr. *drakhmê*). Unité monétaire de la Grèce moderne.

draconien, enne [drakɔnjɛ̃] adj. (de *Dracon,* législateur gr.). D'une rigueur exceptionnelle : *Lois draconiennes. Règlement draconien.*

dragage [dragaʒ] n. m. Action de draguer : *Le dragage d'un estuaire.*

dragée [draʒe] n. f. (gr. *tragêmata,* friandises). 1. Amande recouverte de sucre durci. — 2. Pilule ou comprimé enrobé de sucre durci. — 3. Fam. *Tenir la dragée haute à qqn,* lui faire payer cher ce qu'il désire.

dragéifié, e [draʒeifje] adj. Qui a l'aspect d'une dragée : *Comprimés dragéifiés.*

dragon [dragɔ̃] n. m. (lat. *draco*). 1. Animal légendaire, représenté généralement sous un aspect effrayant, avec des griffes, des ailes et une queue de serpent. — 2. Soldat d'un corps militaire de cavalerie qui combattait à pied ou à cheval.

dragonne [dragɔn] n. f. (de *dragon*). Courroie reliant le poignet à la garde d'un sabre, d'une épée ou d'un bâton de ski.

drague [drag] n. f. (angl. *drag,* crochet). 1. Appareil servant à retirer du fond de l'eau du sable ou du gravier. — 2. Dispositif permettant de détruire ou de relever des mines sous-marines.

draguer [drage] v. t. (de *drague*). 1. *Draguer une rivière, une baie,* etc., en extraire le sable, les graviers, en retirer les mines immergées. — 2. Fam. *Draguer qqn,* l'aborder dans la rue en cherchant quelque aventure.

1. dragueur, euse [dragœr] n. *Fam.* Celui, celle qui drague.

2. dragueur [dragœr] n. m. Bateau spécialement aménagé pour draguer.

drain [drɛ̃] n. m. (mot angl. signif. *rigole*). 1. Tube souple qui, placé dans certaines plaies, permet l'écoulement du pus ou d'autres liquides. — 2. Conduit pour l'écoulement des eaux d'un terrain trop humide.

drainage [drɛnaʒ] n. m. Action de drainer : *Le drainage des marais. Le drainage des capitaux.*

drainer [drɛne] v. t. (angl. *to drain,* égoutter). 1. *Drainer une plaie, un sol,* en extraire le pus, l'eau au moyen de drains. — 2. (sujet un cours d'eau) *Drainer des eaux,* rassembler les eaux d'une région. — 3. (sujet qqn, qqch) *Drainer qqch,* l'attirer à soi, de divers côtés : *Une usine qui draine toute la main-d'œuvre disponible de la région.*

draisine [drɛzin] n. f. Wagonnet à moteur, employé dans les gares, sur les voies ferrées, pour le transport du personnel chargé de l'entretien.

drakkar [drakar] n. m. (mot scand.). Bateau utilisé par les anciens Normands (les Vikings) pour leurs expéditions.

dramatique [dramatik] adj. 1. Relatif au théâtre, qui s'occupe de théâtre : *Faire des études d'art dramatique. Critique dramatique* (syn. THÉÂTRAL). — 2. Qui émeut vivement, qui comporte un grave danger : *Un épisode dramatique de la vie d'un explorateur* (syn. TRAGIQUE). *La situation devient dramatique* (syn. CRITIQUE, ANGOISSANT). *Une erreur dramatique* (syn. CATASTROPHIQUE). ◆ n. f. Émission de caractère théâtral télévisée ou radiodiffusée.

dramatiquement [dramatikmɑ̃] adv. De manière dramatique : *Elle se sentait dramatiquement seule.*

dramatisation [dramatizasjɔ̃] n. f. Action de dramatiser : *La dramatisation d'un incident.*

dramatiser [dramatize] v. t. *Dramatiser un événement,* lui donner les proportions d'un drame, en exagérer la gravité.

dramaturge [dramatyrʒ] n. m. (gr. *drâma,* pièce, et *ergon,* travail). Auteur de pièces de théâtre.

dramaturgie [dramatyrʒi] n. f. Art de composer des pièces de théâtre.

drame [dram] n. m. (gr. *drâma*). 1. Pièce de théâtre représentant une action violente ou douloureuse, et de ton moins élevé que la tragédie (le mot désignait autref. toute pièce de théâtre). — 2. Événement ou suite d'événements ayant un caractère violent ou simplement grave, et concernant la vie des personnes, leurs conditions d'existence : *Les journaux ont longuement relaté ce drame passionnel. La rupture du barrage fut un drame terrible* (syn. TRAGÉDIE, CATASTROPHE). — 3. Fam. *En faire (tout) un drame,* attribuer à un événement une gravité excessive.

drap [dra] n. m. (bas lat. *drappus*). 1. Étoffe résistante, de laine pure ou mélangée d'un autre textile : *Manteau de drap.* — 2. Pièce de toile dont on garnit un lit. — 3. Fam. *Être, se mettre dans de beaux draps,* dans une situation fâcheuse.

drapé [drape] n. m. Manière dont les plis d'un tissu sont disposés en vue d'un effet esthétique.

drapeau [drapo] n. m. (de *drap*). 1. Pièce d'étoffe adaptée à un manche, un mât, et portant généralement les couleurs et les emblèmes d'une nation, d'une unité militaire, d'une organisation, etc. : *Hisser un drapeau. Le drapeau blanc symbolise le désir d'une trêve.* — 2. *Sous les drapeaux,* au service militaire.

draper [drape] v. t. 1. *Draper qqch,* le couvrir, le décorer d'une draperie : *Draper une statue, un mannequin.* — 2. *Draper un tissu,* le disposer en plis harmonieux. ◆ ***se draper*** v. pr. (sujet qqn) 1. S'envelopper amplement : *Se draper dans une cape.* — 2. *Se draper dans sa dignité, dans son honnêteté,* etc., s'en prévaloir fièrement.

draperie [drapri] n. f. 1. Ensemble des tissus de laine : *Le rayon des draperies d'un magasin.* — 2. Industrie du drap. — 3. Tissu d'ameublement dont les plis sont disposés dans une intention décorative.

drap-housse [draus] n. m. (pl. *draps-housses*). Drap de dessous dont les angles sont conçus de manière à emboîter le matelas.

drapier, ère [drapje] n. Fabricant ou marchand de drap.

drastique [drastik] adj. (gr. *drastikos,* énergique). D'une grande sévérité : *Mesures drastiques et répressives.*

dressage [drɛsaʒ] n. m. 1. Action de dresser, de mettre debout : *Le dressage de la tente.* — 2. Action de dresser, de plier à une discipline : *Le dressage des chevaux. Élèves soumis à un dressage rigoureux.*

dresser [drɛse] v. t. (du lat. *directus,* droit). 1. *Dresser qqch (concret),* le mettre debout, dans une position verticale ou voisine de la verticale : *Dresser un mât* (syn. PLANTER). *Dresser une échelle contre le mur. Dresser une barrière* (syn. ÉLEVER). *Dresser une tente* (syn. MONTER). *Dresser un monument, une statue* (syn. ÉRIGER). *Dresser la tête, le buste* (syn. LEVER). — 2. *Dresser qqch (abstrait),* l'établir, le mettre par écrit : *Dresser un bilan, une liste, un plan, un constat, un procès-verbal.* — 3. *Dresser un piège,* le préparer (syn. TENDRE). ‖ *Dresser la table, le couvert,* disposer les couverts pour un repas (syn. METTRE). — 4. *Dresser qqn contre qqn,* les mettre en opposition, les exciter l'un contre l'autre. — 5. *Dresser un animal,* lui faire prendre certaines habitudes : *Dresser un chien pour la chasse.* — 6. *Dresser qqn,* le plier à une discipline stricte : *Si ton travail est mal fait, tu recommenceras : ça te dressera.* — 7. Fam. *Il est bien dressé,* il fait exactement ce qu'il doit faire, il obéit. ◆ ***se dresser*** v. pr. 1. (sujet qqn, un animal) Se mettre debout, se tenir droit, se lever : *L'ours se dresse sur ses pattes de derrière. Se dresser sur la pointe des pieds.* — 2. (sujet qqch [concret]) Être érigé : *Le châ-*

teau se dresse au sommet de la colline. — **3.** (sujet qqch [abstrait]) Se trouver, apparaître : *Les obstacles qui se dressent sur sa route.* — **4.** (sujet qqn) *Se dresser contre qqch,* s'insurger contre : *Se dresser contre les abus* (syn. S'ÉLEVER, S'INSURGER) ; sans compl., prendre une attitude fière, hostile : *Se dresser en justicier.*

dresseur, euse [drɛsœr] n. Qui dresse des animaux : *Dresseur de chiens.*

dressing [drɛsiŋ] n. m. (mot angl.). Petite pièce où on range les vêtements.

dressoir [drɛswar] n. m. (de *dresser*). Buffet sur lequel on disposait les plats avant de les présenter sur la table.

dribble [dribl] n. m. Action de dribbler.

dribbler [drible] v. i. (angl. *to dribble*). Dans certains sports d'équipe, conduire le ballon (avec le pied au football, au rugby, avec la main au basket) par petits coups successifs, en évitant l'adversaire. ◆ v. t. *Dribbler un adversaire,* le dépasser en poussant ainsi le ballon.

drille [drij] n. m. (anc. fr. *drille,* chiffon). *Bon, joyeux drille,* homme joyeux, plein d'entrain (syn. BON VIVANT, JOYEUX LURON).

drisse [dris] n. f. (it. *drizza*). Cordage qui sert à hisser une voile.

driver [drajvœr] n. m. (mot angl.). Jockey qui conduit un sulky.

drogue [drɔg] n. f. (du néerl. *droog,* sec). **1.** *Péjor.* Médicament. — **2.** Stupéfiant tel que la cocaïne ou l'héroïne : *Un trafiquant de drogue.*

drogué, e [drɔge] n. Personne intoxiquée par l'emploi des stupéfiants.

droguer [drɔge] v. t. *Droguer qqn,* lui administrer des drogues. ◆ ***se droguer*** v. pr. Prendre de la drogue.

droguerie [drɔgri] n. f. (de *drogue*). Commerce de produits d'hygiène, d'entretien, etc.

droguiste [drɔgist] n. Personne qui tient une droguerie (syn. MARCHAND DE COULEURS).

1. droit, e [drwa] adj. (lat. *directus,* direct). **1.** (après ou avant le n.) Se dit d'une ligne sans déviation, sans courbure : *La ligne droite est le plus court chemin d'un point à un autre. Une route toute droite. Tirer des traits bien droits* (contr. COURBE, TORDU). — **2.** Vertical, debout, bien stable : *Des peupliers droits* (contr. PENCHÉ, INCLINÉ). *Un cadre qui n'est pas droit. Son chapeau bien droit sur sa tête* (contr. DE TRAVERS, DE BIAIS ; fam. DE GUINGOIS). — **3.** Qui agit honnêtement, selon sa conscience : *Un garçon très droit* (syn. FRANC, HONNÊTE, LOYAL, SINCÈRE). *Un cœur droit* (contr. FOURBE, DISSIMULÉ, FAUX, RETORS). — **4.** Qui juge sainement : *Elle a un jugement droit* (syn. SENSÉ, SAIN, RAISONNABLE). — **5.** *Droit comme un I, comme un piquet, comme une statue,* qui se tient droit et raide. ‖ *En droite ligne,* directement. — **6.** Par rapport au corps humain, situé du côté opposé au cœur (contr. GAUCHE) : *Il est sourd de l'oreille droite. Il a le côté droit paralysé. L'aile droite d'une armée* (= la partie qui est à droite quand on regarde vers le front ennemi). *La rive droite d'une rivière* (= celle qu'on a à sa droite si on suit le cours de l'eau). ◆ ***droit*** adv. **1.** Selon une ligne droite : *Avancer droit devant soi. Un ivrogne incapable de marcher droit. Une flèche d'église qui pointe droit dans le ciel.* — **2.** Sans intermédiaire, sans interruption : *Une affaire qui va droit à la faillite.* — **3.** *Marcher droit,* obéir strictement aux ordres.

2. droit [drwa] n. m. (bas lat. *directum,* ce qui est juste). **1.** Ensemble des lois qui règlent les rapports entre les membres d'une société : *Droit civil. Droit international. Droit commercial* ; science qui a pour objet l'étude de ces règles : *Étudiant en droit. Faire son droit.* — **2.** Faculté, légalement ou moralement reconnue, d'agir de telle ou telle façon, de jouir de tel ou tel avantage : *Les femmes ont le droit de vote en France. Avoir le droit pour soi, être dans son droit* (= avoir respecté le règlement ; contr. ÊTRE DANS SON TORT). *On peut à bon droit compter sur une indemnité* (syn. LÉGITIMEMENT). *Cet avantage vous est acquis de droit, de plein droit* (= sans qu'il y ait lieu de l'obtenir par faveur). *On a fait droit à sa requête* (= il a obtenu satisfaction). *Elle a fait valoir ses droits sur cet héritage. Les parents ont des droits sur leurs enfants* (contr. DEVOIR). *Je suis en droit de vous demander des explications* (= vous devez me les fournir). *Vous avez le droit de faire appel de ce jugement. On n'a pas le droit d'incommoder les voisins par un tapage nocturne* (syn. ↓ POUVOIR). *Tu peux avoir une opinion différente, c'est ton droit. J'ai droit à un mois de vacances.* — **3.** *À qui de droit,* à la personne compétente. — **4.** Somme d'argent de montant défini, qui doit être versée à qqn, à un organisme : *Acquitter des droits de transport sur l'alcool. Les droits d'auteur sont versés par l'éditeur à l'auteur d'un livre.*

droite [drwat] n. f. **1.** Ligne droite (géométrie). — **2.** Côté droit (contr. GAUCHE) : *Être assis à la droite de quelqu'un. Un automobiliste qui ne tient pas sa droite.* — **3.** *À droite,* du côté droit : *Prendre la première rue à droite.* ‖ *À droite et à gauche, de droite et de gauche,* de divers côtés, ici et là : *Recueillir quelques informations à droite et à gauche. Elle a beaucoup voyagé de droite et de gauche* (syn. DE CÔTÉ ET D'AUTRE). — **4.** En politique, l'ensemble des conservateurs (assis à la droite du président dans l'hémicycle de l'Assemblée) : *La droite a voté contre ce projet de loi* (contr. LA GAUCHE). *Un candidat, des idées de droite* (syn. CONSERVATEUR, ↑ RÉACTIONNAIRE). *L'extrême droite est divisée en de nombreux groupements.*

droitement [drwatmɑ̃] adv. De manière franche : *Elle a toujours agi droitement avec moi* (syn. HONNÊTEMENT, FRANCHEMENT, LOYALEMENT).

droitier, ère [drwatje] adj. et n. Qui se sert surtout de sa main droite (contr. GAUCHER).

droiture [drwatyr] n. f. Attitude loyale : *Une fille d'une droiture irréprochable* (syn. HONNÊTETÉ, FRANCHISE, LOYAUTÉ).

drolatique [drolatik] adj. Plaisant, amusant : *Des incidents drolatiques.*

1. drôle [drol] adj. (néerl. *drol,* lutin). **1.** Qui porte à rire : *Un homme très drôle, qui égaie les réunions* (syn. SPIRITUEL). *Raconter des histoires drôles* (syn. AMUSANT ; fam. RIGOLO). *Tu es drôle dans cet accoutrement* (syn. soutenu PLAISANT ; péjor. ↑ RIDICULE). *Ce n'est pas drôle de se retrouver seul* (= c'est pénible). — **2.** Qui intrigue, bizarre (avant le n., il est toujours rattaché par de) : *Il avait un drôle d'air. C'est une drôle de manière d'aborder les gens* (syn. SINGULIER, CURIEUX, ÉTRANGE). *Quand j'ai frappé à la porte, personne n'a répondu : cela m'a paru drôle* (syn. SURPRENANT, ÉTONNANT). — **3.** Fam. *Un(e) drôle de + n.,* exprime l'importance, la force de qqch, de qqn : *Elle a fait des drôles de progrès* (syn. FAMEUX, REMARQUABLE). *Il y a une drôle de tempête aujourd'hui!* (syn. GRAND). ◆ adv. Fam. *Cela me fait drôle,* cela me cause une impression bizarre.

2. drôle, drôlesse [drol] n. *Péjor.* Personne peu scrupuleuse, qui n'inspire pas confiance : *Vous avez été victime d'un mauvais drôle* (= un mauvais plaisant).

drôlement [drolmɑ̃] adv. **1.** De façon drôle : *Un clown qui grimace drôlement.* — **2.** De manière bizarre : *Un film qui se termine drôlement* (syn. BIZARREMENT, CURIEUSEMENT). — **3.** Indique l'intensité : *Elle est drôlement calée!* (syn. TRÈS). *Tu as drôlement changé!* (syn. BEAUCOUP).

drôlerie [drolri] n. f. Qualité de ce qui est drôle : *La drôlerie d'un mot, d'une situation, d'un personnage.*

dromadaire [drɔmadɛr] n. m. (gr. *dromas,* coureur). Animal voisin du chameau, mais à une seule bosse.

drop-goal ou **drop** [drɔp(gol)] n. m. (mot angl.). Au rugby, coup de pied en demi-volée, envoyant le ballon par-dessus la barre du but adverse et rapportant trois points à l'équipe : *Réussir deux drop-goals.*

dru, e [dry] adj. (gaul. *druto*). Serré, épais : *Une barbe drue. Des cheveux drus.* ◆ adv. De manière dense : *La pluie, les balles tombent dru. L'herbe pousse dru.*

drugstore [drœgstɔr] n. m. (mot amér. signif. *pharmacie*). Ensemble commercial comprenant un bar, un restaurant, des magasins divers et parfois une salle de cinéma.

druide [drɥid] n. m. (lat. *druida,* mot gaul.). Prêtre des Gaulois.

drupe [dryp] n. f. Fruit charnu à noyau : *L'abricot, la cerise sont des drupes.*

du → LE. (→ introduction ARTICLES).

1. dû, due [dy] adj. *En bonne et due forme,* se dit d'un acte, d'une pièce conforme aux exigences légales. (→ INDU.)

2. dû [dy] n. m. Ce qu'on peut légitimement réclamer : *Elle n'a rien à dire : c'était une tolérance, non un dû. Réclamer son dû.* (→ DEVOIR.)

dualisme [dɥalism] n. m. (du lat. *duo,* deux). Système philosophique qui admet l'existence de deux principes en opposition constante.

dualiste [dɥalist] adj. et n. Propre au dualisme.

dualité [dɥalite] n. f. Caractère de ce qui est double en soi, qui a deux natures, deux aspects.

dubitatif, ive [dybitatif] adj. Qui marque le doute : *Un regard dubitatif.* (→ DOUTER, INDUBITABLE.)

dubitativement [dybitativmɑ̃] adv. De façon dubitative : *Répondre dubitativement.*

1. duc [dyk] n. m. (lat. *dux, ducis,* chef). Le plus haut titre de noblesse; homme pourvu de ce titre : *Le duc d'Orléans était le frère cadet du roi.*

2. duc [dyk] n. m. Nom commun à trois espèces de hiboux (le *grand duc,* le *moyen duc* et le *petit duc*).

ducal, e, aux [dykal] adj. (de *duc* 1). Qui appartient à un duc : *Palais ducal.*

duché [dyʃe] n. m. Territoire appartenant autref. à un duc : *Le duché de Lorraine.*

duchesse [dyʃɛs] n. f. **1.** Femme d'un duc, ou femme qui possédait un duché. — **2.** *Fam.* Femme qui se donne de grands airs.

duègne [dɥɛɲ] n. f. (esp. *dueña*). **1.** *Litt.* Autref., femme âgée chargée de veiller sur une jeune fille, en Espagne. — **2.** *Péjor.* Vieille femme revêche.

1. duel [dɥɛl] n. m. (lat. *duellum*). **1.** Combat par les armes entre deux hommes, dont l'un se juge offensé par l'autre. — **2.** Vive compétition entre deux personnes : *Un duel d'éloquence.* — **3.** Conflit, bataille entre deux puissances, deux armées : *Duel économique.*

2. duel [dɥɛl] n. m. (du lat. *duo,* deux). En linguistique, nombre distinct du singulier et du pluriel, et qui, dans certaines langues, s'applique à deux personnes ou à deux choses : *Le grec classique a un duel.*

duelliste [dɥɛlist] n. m. Celui qui se bat en duel.

duettiste [dɥɛtist] n. Personne qui exécute un duo musical avec une autre.

duffel-coat ou **duffle-coat** [dœfœlkot] n. m. (de *Duffel,* ville de Belgique, et angl. *coat,* manteau) [pl. *duffel-[duffle-] coats*]. Manteau trois-quarts, en tissu molletonné imperméabilisé, avec capuchon.

dulcinée [dylsine] n. f. (de *Dulcinée,* femme aimée de Don Quichotte). *Fam.* Femme aimée (ironiq.).

dûment [dymɑ̃] adv. Selon les formes voulues, régulièrement : *Elle a été dûment informée de la décision.*

dumping [dœmpiŋ] n. m. (de l'angl. *to dump,* jeter bas). Pratique commerciale consistant à vendre un produit moins cher sur le marché extérieur que sur le marché intérieur.

dune [dyn] n. f. (anc. néerl. *dunen*). Monticule ou colline de sable accumulé par le vent.

duo [dɥo] n. m. (mot. it. signif. *deux*). **1.** Pièce vocale ou instrumentale exécutée par deux chanteurs ou par deux musiciens : *Un duo pour violoncelles.* — **2.** Paroles échangées ou prononcées simultanément par deux personnes : *Un duo d'amoureux.*

duodécimal, e, aux [dɥodesimal] adj. (lat. *duodecimus,* douzième). Se dit d'un système de numération par douze.

duodénal, e, aux [dɥodenal] adj. Relatif au duodénum : *Ulcère duodénal.*

duodénum [dɥodenɔm] n. m. (du lat. *duodenum* [*digitorum*], de douze [doigts]). Première portion de l'intestin, qui succède à l'estomac.

dupe [dyp] n. f. et adj. (anc. fr. *dupe,* huppe). Personne qui a été sciemment trompée : *Être la dupe d'un escroc* (syn. VICTIME). *Je ne suis pas dupe* (= je ne m'y laisse pas prendre).

duper [dype] v. t. *Duper qqn,* le prendre pour dupe, abuser de sa bonne foi (syn. TROMPER, LEURRER, ↑ESCROQUER; fam. ROULER).

duperie [dypri] n. f. *Litt.* Action de tromper : *Ne vous fiez pas à cette prétendue garantie; c'est une duperie* (syn. TROMPERIE, ↑ESCROQUERIE).

duplex [dyplɛks] n. m. (mot. lat. signif. *double*). **1.** Transmission simultanée, dans les deux sens, d'une émission téléphonique ou télégraphique. — **2.** Appartement réparti sur deux niveaux réunis par un escalier intérieur.

duplicata [dyplikata] n. m. inv. (lat. *duplicata* [*littera*], [lettre] redoublée). Copie de l'original d'une facture, d'une lettre, d'un certificat, etc. (syn. DOUBLE).

duplicateur [dyplikatœr] n. m. Machine permettant d'obtenir rapidement des duplicata.

duplication [dyplikasjɔ̃] n. f. Opération consistant à obtenir des duplicata.

duplicité [dyplisite] n. f. (bas lat. *duplicitas,* état de ce qui est double). Caractère de qqn dont les pensées et les sentiments ne sont pas en accord avec le comportement (soutenu) [syn. FAUSSETÉ, FOURBERIE, HYPOCRISIE, MAUVAISE FOI].

dur, e [dyr] adj. (lat. *durus*). **1.** Qui a une consistance ferme, résistante : *De la viande dure* (contr. TENDRE). *Cire dure* (contr. MOU). *Un siège dur* (contr. DOUX, MŒLLEUX). — **2.** Qui demande un effort physique ou intellectuel : *Une montée très dure* (syn. RUDE; contr. FACILE). *Cette porte est dure* (= résiste quand on veut l'ouvrir ou la fermer). *Un dur travail* (syn. PÉNIBLE). *Une cible dure à atteindre* (syn. DIFFICILE). *Ce problème est trop dur pour moi* (syn. ARDU, FORT). — **3.** Qui est pénible, désagréable aux sens : *Une lumière dure* (syn. CRU; contr. DOUX). *Vin dur* (syn. ÂPRE). *Climat dur* (syn. RIGOUREUX). — **4.** Qui impose une contrainte, qui affecte péniblement : *Une loi dure* (syn. SÉVÈRE, RIGOUREUX; contr. DOUX). *Je suis mis dans la dure obligation de partir* (syn. PÉNIBLE, ↑CRUEL). *Il m'est dur d'accepter cela.* — **5.** Qui ne se laisse pas émouvoir, attendrir, qui est sans bonté : *Un chef dur avec ses hommes. Un cœur dur* (syn. INSENSIBLE, ↑IMPITOYABLE). — **6.** Difficile à vivre : *Ce que cet enfant est dur!* — **7.** En politique, qui n'accepte pas de compromis : *Une opposition de plus en plus dure* (contr. CONCILIANT). — **8.** *Dur à la peine, à l'ouvrage,* etc., qui supporte fermement la fatigue, la douleur (syn. ENDURANT, ÉNERGIQUE, RÉSISTANT). || Fam. *Être dur à cuire*, être très endurant, très résistant; et, substantiv. : *C'est un vieux dur à cuire.* || Fam. *Faire, mener la vie dure à qqn*, le rendre malheureux. ◆ ***dur*** adv. Avec une grande force ou une grande intensité (fam. en ce dernier sens) : *Cogner dur* (syn. FORT, ↑VIOLEMMENT). *Elle travaille toujours très dur* (syn. ÉNERGIQUEMENT). *Le soleil tape dur* (fam.; syn. FORT; contr. FAIBLEMENT). ◆ n. m. **1.** *Fam.* Homme résistant à la souffrance, au découragement. — **2.** *Fam.* Homme sans scrupule, prêt à la bagarre. — **3.** *En dur*, en matériau solide et résistant.

durable [dyrabl] adj. De nature à durer longtemps : *Un bien-être durable.*

durablement [dyrabləmɑ̃] adv. De façon durable : *S'installer durablement dans un local* (= pour une durée assez longue).

durant [dyrɑ̃] prép. (de *durer*). Indique la simultanéité continue (surtout écrit) : *Il y eut, durant trois jours, de grandes festivités* (syn. AU COURS DE). *Durant tout ce temps, qu'êtes-vous devenu? Elle restait à rêver durant des heures. Il n'a pas plu durant la journée, mais la nuit il a fait un gros orage. Elle a durant longtemps disparu de la scène politique;* comme adv. après le nom, pour insister sur la continuité : *Toute sa vie durant, il a été un fort honnête homme. Ils avaient discuté des heures durant.*

duratif, ive [dyratif] adj. et n. m. Se dit, en linguistique, d'une forme verbale envisageant une action dans son développement et sa durée (ex. *être en train de* + inf.).

durcir [dyrsir] v. t. *Durcir qqch*, le rendre dur : *La cuisson durcit l'argile. Durcir sa voix pour réprimander un enfant. La fatigue durcit les traits du visage. L'ennemi durcit sa résistance.* ◆ v. i. ou ***se durcir*** v. pr. Devenir dur : *L'argile durcit à la cuisson. Sa voix se durcit. Son visage se durcit. L'opposition se durcit* (= devient de plus en plus intransigeante).

durcissement [dyrsismɑ̃] n. m. Action de durcir : *Le durcissement du pain. Le durcissement de l'opposition.*

durcisseur [dyrsisœr] n. m. Produit employé pour durcir un matériau, une peinture, un vernis, etc.

dure [dyr] n. f. *À la dure*, sans douceur, d'une façon sévère et austère, mais sans brutalité : *Être élevé à la dure* (syn. À LA SPARTIATE; contr. DANS DU COTON). || Fam. *Coucher sur la dure*, sur la terre nue. || Fam. *En dire de dures à qqn*, lui parler durement, le réprimander sévèrement. || Fam. *En faire voir de dures à qqn*, le malmener.

durée [dyre] n. f. Action de durer; espace de temps que dure une chose : *Opposer la durée à l'instant. La route est déviée pendant la durée des travaux. S'abonner à un journal pour la durée des vacances.*

durement [dyrmɑ̃] adv. Avec dureté : *Heurter durement un meuble* (syn. RUDEMENT, VIOLEMMENT, BRUTALEMENT). *Ressentir durement les effets d'une crise* (syn. PÉNIBLEMENT, DOULOUREUSEMENT). *Répondre durement. Travailler durement* (syn. DUR).

dure-mère [dyrmɛr] n. f. (pl. *dures-mères*). Membrane fibreuse, la plus résistante et la plus externe des trois méninges.

durer [dyre] v. i. (lat. *durare*). **1.** (sujet qqch) Persister dans un état, exister sans discontinuité : *Si cette sécheresse dure, les récoltes seront maigres* (syn. CONTINUER). *Le discours a duré deux heures, pendant deux heures. La fête dure depuis deux jours jusqu'à demain. Des chaussures qui durent encore* (syn. RÉSISTER). *Cette mode ne durera pas* (syn. TENIR). — **2.** *Faire durer qqch*, le prolonger, le tirer en longueur. || *Le temps me dure, l'inaction me dure*, etc., je trouve le temps long, je perds patience.

dureté [dyrte] n. f. Qualité, caractère de ce qui est dur : *La dureté de l'acier, de la route, de la voix, de la loi, d'un chef, du cœur.*

durillon [dyrijɔ̃] n. m. (de *dur*). Callosité aux pieds et aux mains, produite par un épaississement de la couche cornée.

duvet [dyvɛ] n. m. (anc. fr. *dum*, plume). **1.** Plume légère des oiseaux : *Un oreiller garni de duvet.* — **2.** Poils doux et fins sur le visage des jeunes gens, sur certains fruits, etc. : *Sa lèvre supérieure se couvre déjà de duvet. Le duvet d'une pêche.* — **3.** *Fam.* Sac de couchage.

duveter (se) [dyvte] v. pr. (c. **8**), **être duveté** v. pass. Se couvrir, être couvert de duvet.

duveteux, euse [dyvtø] adj. Qui a du duvet ou l'apparence du duvet : *Un fruit duveteux. Un tissu duveteux.*

dynamique [dinamik] adj. (gr. *dunamikos*, puissant). **1.** Relatif à la force, au mouvement, à l'action : *Une conception dynamique de la condition humaine* (contr. STATIQUE). — **2.** Qui agit avec entrain, énergie : *Un homme jeune et dynamique* (syn. ACTIF). ◆ n. f. Partie de la mécanique qui étudie les mouvements en relation avec les forces qui les produisent.

dynamiquement [dinamikmɑ̃] adv. Avec dynamisme.

dynamiser [dinamize] v. t. Fam. *Dynamiser qqn*, lui donner du dynamisme, de l'énergie.

dynamisme [dinamism] n. m. Caractère dynamique; force qui pousse à l'action : *Le dynamisme d'une théorie. Son dynamisme a triomphé des hésitations de ses partenaires* (syn. ÉNERGIE, ACTIVITÉ).

dynamitage [dinamitaʒ] n. m. Action de dynamiter : *Le dynamitage d'un pont.*

dynamite [dinamit] n. f. (gr. *dunamis*, force). Substance explosive.

dynamiter [dinamite] v. t. *Dynamiter qqch*, le faire sauter à la dynamite.

dynamiteur, euse [dinamitœr] n. Personne chargée d'un dynamitage ou d'un attentat à la dynamite.

dynamo [dinamo] n. f. (abrév. de *machine dynamo-électrique*). Machine génératrice de courant électrique : *La dynamo d'une automobile recharge les accus.*

dynamographe [dinamograf] n. m. Dynamomètre enregistreur.

dynamomètre [dinamɔmɛtr] n. m. (gr. *dunamis*, force, et *metron*, mesure). Instrument qui sert à la mesure des forces.

dynastie [dinasti] n. f. (gr. *dunasteia*, puissance). **1.** Suite de souverains d'une même race : *La dynastie des Bourbons.* — **2.** Suite d'hommes célèbres d'une même famille.

dynastique [dinastik] adj. Relatif à une dynastie : *Succession dynastique.*

dysenterie [disɑ̃tri] n. f. (gr. *dus-*, mauvais, et *entera*, intestin). Maladie infectieuse provoquant de violentes diarrhées.

dyslexie [dislɛksi] n. f. (gr. *dus-*, mauvais, et *lexis*, mot). Trouble de la lecture qui s'effectue avec des déformations, des erreurs ou des lacunes.

dyslexique [dislɛksik] adj. et n. Atteint de dyslexie.

dysorthographie [dizɔrtografi] n. f. Difficulté spécifique d'apprentissage de l'orthographe chez un enfant.

dytique [ditik] n. m. (gr. *dutikos*, plongeur). Insecte coléoptère carnivore à pattes postérieures nageuses, vivant dans les eaux douces.

e

e [ə] n. m. Cinquième lettre de l'alphabet correspondant, sans accent, à *e* muet ou à *e* sourd [ə].

eau [o] n. f. (lat. *aqua*). **1.** Liquide incolore, inodore, sans saveur à l'état pur, le plus commun de la nature : *De l'eau de pluie, de source. L'eau d'un lac, d'une rivière, de la mer. Se désaltérer d'un verre d'eau. Eau minérale, eau gazeuse.* — **2.** *Eau de Cologne, eau de rose, eau de toilette, eau de fleur d'oranger,* etc., préparations plus ou moins alcoolisées et parfumées. — **3.** Sécrétion liquide du corps humain (dans des express.) : *Être en eau* (syn. SUEUR). *J'en ai l'eau à la bouche* (= j'en ai très envie). *Ce plat me fait venir (me donne, me met) l'eau à la bouche* (= il est très appétissant). — **4.** Suc de certains fruits : *Melons qui ont trop d'eau.* — **5.** *Il n'est pire eau que l'eau qui dort,* ce sont souvent les personnes d'apparence inoffensive dont il faut le plus se méfier. ‖ *Mettre de l'eau dans son vin,* modérer son emportement, réduire ses exigences. — **6.** Transparence des perles, des pierres précieuses : *L'eau d'un diamant.* — **7.** Péjor. *De la plus belle eau,* remarquable dans le genre : *C'est une canaille de la plus belle eau.* ◆ ***eaux*** n. f. pl. **1.** *Litt.* La mer : *Contempler la surface des eaux.* — **2.** Sillage d'un navire : *Se tenir dans les eaux d'un cuirassé.* — **3.** Eaux thermales : *Ville d'eaux. Aller aux eaux.* — **4.** Liquide dans lequel baigne le fœtus : *Poche des eaux, perdre les eaux* (= liquide amniotique). — **5.** *Les eaux territoriales,* la zone de mer bordant les côtes d'un pays et dont la distance est fixée par des lois internationales. ‖ *Les grandes eaux,* les jets d'eau jaillissant en vue d'un effet esthétique : *Les grandes eaux de Versailles.* ‖ *Eaux et forêts,* administration chargée de tout ce qui concerne les cours d'eau, les étangs et les forêts de l'État. (→ AQUATIQUE.)

eau-de-vie [odvi] n. f. (pl. *eaux-de-vie*). Alcool produit par la distillation de plantes, de fruits, de grains, etc., et utilisé comme boisson.

eau-forte [ofɔrt] n. f. (pl. *eaux-fortes*). Acide nitrique utilisé pour la gravure; estampe obtenue au moyen d'une plaque gravée avec cet acide : *L'artiste qui fait une eau-forte est un «aquafortiste».*

ébahir [ebair] v. t. (anc. fr. *baer,* bayer). *Ébahir qqn,* le jeter dans une très grande surprise, mêlée d'admiration (souvent pass.) : *L'annonce de sa nomination à ce poste l'a ébahi. Elle est tout ébahie de ce changement* (syn. STUPÉFAIT, ÉBERLUÉ, ↑ SIDÉRÉ; fam. ÉBAUBI, ESTOMAQUÉ). *Avoir l'air ébahi.*

ébahissement [ebaismɑ̃] n. m. Fait de s'ébahir (syn. ↓ SURPRISE, ↑ STUPÉFACTION).

ébarber [ebarbe] v. t. (de *barbe*). Enlever les parties excédentaires, les aspérités de qqch.

ébats [eba] n. m. pl. Mouvements folâtres : *Regarder les ébats joyeux des chatons.*

ébattre (s') [ebatr] v. pr. (c. **56**) Se détendre en se donnant du mouvement : *Les enfants s'ébattent dans le pré.*

ébaubi, e [ebobi] adj. (de l'anc. fr. *abalbir,* étonner; du lat. *balbus,* bègue). *Fam.* Très étonné, qui reste bouche bée de surprise : *Elle est restée tout ébaubie devant ce cadeau inattendu* (syn. ÉBAHI, ÉBERLUÉ, ↑ STUPÉFAIT, ↑ SIDÉRÉ).

ébauche [eboʃ] n. f. Début, grandes lignes, forme générale d'une œuvre, d'une action : *Une ébauche de statue. Présenter la première ébauche d'un projet* (syn. ESQUISSE). *Cette rencontre est l'ébauche de relations plus développées* (syn. COMMENCEMENT).

ébaucher [eboʃe] v. t. (de l'anc. fr. *bauch,* poutre). *Ébaucher qqch,* en faire l'ébauche : *Ébaucher le plan d'un ensemble immobilier* (syn. PROJETER). *Ébaucher une théorie* (syn. ESQUISSER). *Ébaucher un sourire.* ◆ ***s'ébaucher*** v. pr. Prendre forme : *L'œuvre s'ébauche lentement.*

ébène [ebɛn] n. f. (gr. *ebenos*). **1.** Bois dur, de couleur très foncée ou noire, de l'*ébénier* (arbre d'Afrique). — **2.** *D'ébène,* de couleur noire.

ébéniste [ebenist] n. m. (de *ébène*). Menuisier spécialisé dans le mobilier.

ébénisterie [ebenistəri] n. f. **1.** Métier, travail de l'ébéniste. — **2.** Partie d'un appareil (généralement la caisse qui le contient) qui est en bois et a un aspect soigné.

éberlué, e [ebɛrlɥe] adj. (de *berlue*). Très étonné : *Elle a été tout éberluée en voyant son ami qu'elle croyait parti. Être éberlué des tours d'un prestidigitateur* (syn. ÉBAHI; fam. ÉBAUBI, SOUFFLÉ, ↑ ÉPOUSTOUFLÉ).

éblouir [ebluir] v. t. (bas lat. *exblaudire*). **1.** (sujet une source lumineuse) *Éblouir qqn,* troubler sa vue par une clarté trop vive : *Être ébloui par des phares* (syn. AVEUGLER). — **2.** (sujet qqn, qqch) *Éblouir qqn,* susciter son admiration : *Une jeune fille dont la grâce éblouit l'assistance* (syn. SÉDUIRE, ↑ FASCINER); (sujet qqn) chercher à le séduire par un brillant tout extérieur (péjor.) : *Il croit m'éblouir par ses promesses* (syn. ↑ TROMPER; fam. ÉPATER). *Il voulait éblouir ses voisins par le luxe de ses voitures.*

éblouissant, e [ebluisɑ̃] adj. Qui éblouit : *Soleil éblouissant* (syn. AVEUGLANT). *Neige éblouissante* (syn. ÉCLATANT). *Une jeune fille d'un teint éblouissant* (syn. MERVEILLEUX). *Il a une verve éblouissante* (syn. ÉTINCELANT, BRILLANT).

éblouissement [ebluismɑ̃] n. m. **1.** Trouble momentané de la vue, causé par une lumière trop vive : *Éblouissement causé par les rayons du soleil couchant.* — **2.** Trouble pathologique caractérisé par une sensation d'aveuglement, de vertige : *Avoir un éblouissement.* — **3.** Ce qui cause une vive admiration; cette admiration : *Quand elle entra, ce fut un éblouissement* (syn. ÉMERVEILLEMENT).

ébonite [ebɔnit] n. f. (angl. *ebony,* ébène). Caoutchouc durci, utilisé comme isolant.

éborgner [ebɔrɲe] v. t. *Éborgner qqn,* le rendre borgne : *Tu risques de l'éborgner avec tes fléchettes!*

éboueur [ebwœr] n. m. (de *boue*). Employé chargé d'enlever les ordures ménagères (syn. fam. BOUEUX).

ébouillanter [ebujɑ̃te] v. t. **1.** *Ébouillanter qqch,* le tremper dans l'eau bouillante : *Ébouillanter des haricots verts.* — **2.** *Ébouillanter qqn, son corps,* le brûler avec de l'eau bouillante : *Elle s'est ébouillanté les mains en faisant la vaisselle.*

éboulement [ebulmɑ̃] n. m. Chute de matériaux qui s'éboulent : *On a barré la route par crainte d'éboulements.*

ébouler (s') [ebule] v. pr. (anc. fr. *esboeler,* éventrer) [sujet qqch] Se détacher de la masse et tomber : *La falaise s'est éboulée* (syn. S'ÉCROULER, CROULER, S'EFFONDRER). *Le sable s'éboulait sous ses pas* (syn. S'AFFAISSER).

éboulis [ebuli] n. m. Matériaux éboulés.

ébouriffant, e [eburifɑ̃] adj. *Fam.* Qui provoque une grande surprise : *Des aventures ébouriffantes* (syn. INCROYABLE, ↓ÉTRANGE). *Un livre qui a un succès ébouriffant* (syn. EXTRAORDINAIRE).

ébouriffé, e [eburife] adj. (prov. *esbourifat,* de *bourra,* bourre). Qui a les cheveux en désordre : *Garçon ébouriffé. Tête ébouriffée* (syn. ↑HIRSUTE).

ébouriffer [eburife] v. t. **1.** *Ébouriffer les cheveux,* les mettre en désordre. — **2.** Fam. *Ébouriffer qqn,* provoquer chez lui une grande surprise : *Cette nouvelle m'a ébouriffé* (syn. ÉTONNER, ↑AHURIR).

ébrancher [ebrɑ̃ʃe] v. t. *Ébrancher un arbre,* le dépouiller de ses branches.

ébranlement [ebrɑ̃lmɑ̃] n. m. Action d'ébranler, de s'ébranler : *L'ébranlement causé à l'immeuble par l'explosion* (syn. VIBRATION, SECOUSSE). *L'ébranlement de la confiance, de la santé* (syn. ↑EFFONDREMENT). *L'ébranlement du train* (syn. DÉPART).

ébranler [ebrɑ̃le] v. t. (de *branler). 1. Ébranler qqch (concret),* le faire osciller, le faire trembler : *L'explosion ébranla les vitres* (syn. SECOUER, FAIRE VIBRER); le rendre moins stable, moins solide : *Le choc a ébranlé le poteau.* — **2.** *Ébranler qqch (abstrait),* le rendre moins assuré, le faire chanceler : *Cet argument a fini par ébranler sa conviction* (syn. SAPER). *Cette série de catastrophes avait ébranlé sa raison* (syn. COMPROMETTRE, ALTÉRER). — **3.** *Ébranler qqn,* l'amener à douter de ce qu'il considérait comme certain : *Ces témoignages l'ont ébranlé* (syn. ↑BOULEVERSER). *Se laisser ébranler par un sourire* (syn. ÉMOUVOIR, TOUCHER, FLÉCHIR). ◆ ***s'ébranler*** v. pr. Se mettre en mouvement : *Le convoi de véhicules s'ébranle lentement* (syn. DÉMARRER).

ébrécher [ebreʃe] v. t. (c. **10**). **1.** *Ébrécher un objet,* l'endommager par une ébréchure : *Ébrécher un verre. Un vieux couteau ébréché.* — **2.** *Ébrécher sa fortune, sa réputation,* etc., la diminuer, l'amoindrir : *Elle a sérieusement ébréché l'héritage de son oncle* (syn. ÉCORNER, ENTAMER).

ébréchure [ebreʃyr] n. f. Cassure faite au bord d'un objet.

ébriété [ebrijete] n. f. (du lat. *ebrius,* ivre). État d'une personne ivre (syn. usuel IVRESSE).

ébrouer (s') [ebrue] v. pr. (de l'anc. fr. *brou,* brouillon) [sujet qqn, un animal] S'agiter vivement, se secouer, en général pour se débarrasser de l'eau dont on est trempé, de la neige, de la poussière, etc.

ébruitement [ebrɥitmɑ̃] n. m. Fait de s'ébruiter.

ébruiter [ebrɥite] v. t. *Ébruiter une nouvelle, une affaire,* les rendre publiques : *Le scandale a été ébruité* (syn. DIVULGUER). ◆ ***s'ébruiter*** v. pr. Devenir public : *Les décisions prises au conseil se sont ébruitées* (syn. SE RÉPANDRE, TRANSPIRER, SE SAVOIR).

ébullition [ebylisjɔ̃] n. f. (du lat. *ebullire,* bouillonner). **1.** Mouvement, état d'un liquide qui bout : *Retirer l'eau du feu avant l'ébullition.* — **2.** Fam. *En ébullition,* en pleine agitation : *Toute la ville est en ébullition* (syn. EFFERVESCENCE). *Les esprits sont en ébullition* (syn. EXCITATION, BOUILLONNEMENT).

écaillage [ekajaʒ] n. m. Action d'écailler : *L'écaillage d'un poisson, des huîtres. Produit pour éviter l'écaillage d'un vernis.*

écaille [ekaj] n. f. (germ. *skalja,* coquille). **1.** Chacune des plaques cornées recouvrant le corps de certains poissons ou reptiles. — **2.** Plaque qui se détache d'une surface peinte, vernie, etc. : *Des écailles de peinture sèche.* — **3.** Chacune des deux parties solides d'un coquillage (syn. COQUILLE). — **4.** Matière constituant la carapace de certaines tortues et servant à la fabrication de certains objets : *Un peigne en écaille.*

écailler [ekaje] v. t. **1.** *Écailler un poisson,* lui ôter ses écailles. — **2.** *Écailler des huîtres,* ouvrir leur coquille. ◆ ***s'écailler*** v. pr. Se détacher en plaques minces : *Le mur s'écaille* (syn. S'EFFRITER).

écailler, ère [ekaje] n. Personne qui ouvre ou qui vend des huîtres.

écaillure [ekajyr] n. f. Partie écaillée d'une surface : *Le plafond présente des écaillures.*

écaler [ekale] v. t. (du frq. *skala,* coquille). *Écaler un œuf dur, une noix,* etc., les débarrasser de leur coquille.

écarlate [ekarlat] adj. (du persan *saqirlāt,* étoffe précieuse). Rouge vif : *Un foulard écarlate* (syn. CRAMOISI). ◆ n. f. Cette couleur; tissu rouge vif : *Une salle tendue d'écarlate.*

écarquillement [ekarkijmɑ̃] n. m. Action d'écarquiller.

écarquiller [ekarkije] v. t. (anc. fr. *équartiller,* mettre en quatre). *Écarquiller les yeux,* les ouvrir très largement.

écart [ekar] n. m. (de *écarter*). **1.** Distance qui sépare, dans l'espace, dans le temps, des choses ou des personnes; différence de prix, de quantité, etc. : *Un écart d'un mètre entre deux plants* (syn. ESPACE). *Un écart de dix jours entre l'écrit et l'oral* (syn. INTERVALLE). *Il y a un certain écart entre les positions des deux négociateurs* (syn. MARGE). *On note un léger écart de prix d'une région à l'autre* (syn. DIFFÉRENCE). — **2.** Action de se détourner soudain de son chemin, de sa ligne de conduite : *Devant l'obstacle, le cheval fit un écart à droite. Elle suit assez bien son régime, à part quelques écarts. Des écarts de conduite* (syn. INCARTADE). — **3.** Petite agglomération éloignée du centre dont elle dépend administrativement. — **4.** *À l'écart (de),* à distance : *Quand j'ai compris que ma présence pouvait les gêner, je suis resté à l'écart. Elle s'est tenue à l'écart de la vie politique* (syn. EN DEHORS DE).

écarté, e [ekarte] adj. Qui est à l'écart : *Un hameau écarté* (syn. ÉLOIGNÉ, ISOLÉ).

écartèlement [ekartɛlmɑ̃] n. m. Action d'écarteler, d'être écartelé : *L'écartèlement entre le devoir et le désir* (syn. ↓TIRAILLEMENT). *Le supplice de l'écartèlement.*

écarteler [ekartəle] v. t. (anc. fr. *esquarterer,* partager en quatre parties) [c. 5]. **1.** *Écarteler qqn,* le tirer, le solliciter en des sens opposés : *Être écartelé entre des désirs contraires* (syn. PARTAGER, ↓TIRAILLER). — **2.** *Écarteler un condamné,* autref., faire tirer en sens inverse par des chevaux ses quatre membres, jusqu'à ce qu'ils soient détachés du corps.

écartement [ekartəmɑ̃] n. m. Action d'écarter ou de s'écarter; distance qui sépare deux choses : *L'écartement des jambes. L'écartement des rails est normalisé dans la plupart des pays.*

écarter [ekarte] v. t. (bas lat. *exquartare,* partager en quatre). **1.** *Écarter des gens, des choses, les parties* *d'un tout,* les mettre à une certaine distance l'une de l'autre, les séparer : *Écarter les branches d'un compas. Écarter la foule pour se frayer un passage* (syn. FENDRE). — **2.** *Écarter qqn, qqch (de qqn, qqch),* le mettre ou le tenir à distance de soi ou d'un point : *La police écartait les curieux* (syn. REPOUSSER). *Il faut écarter un peu le buffet du mur* (syn. ÉLOIGNER). — **3.** *Écarter qqch (abstrait), qqn (de qqch),* les rejeter, ne pas en tenir compte : *Nous écartons d'emblée ce type d'objection* (syn. ↑ REFUSER). *Écarter une question de la délibération* (syn. ÉLIMINER). *Une candidate écartée de la compétition* (syn. ÉVINCER). ◆ ***s'écarter*** v. pr. Se séparer : *Les deux bateaux s'écartèrent l'un de l'autre* (syn. S'ÉLOIGNER). *L'arbre s'écarte de la verticale. Écartez-vous du passage. Je m'écartai pour les laisser seuls* (syn. SE DÉTOURNER). *Vous vous écartez du sujet* (= vous quittez le sujet).

ecchymose [ekimoz] n. f. (gr. *ekkhumôsis,* de *ekkheîn,* s'écouler). Trace bleuâtre ou jaunâtre laissée sur la peau par un coup (syn. courant BLEU).

ecclésiastique [eklezjastik] adj. (du gr. *ekklêsia,* église). Relatif à l'Eglise ou au clergé : *Le costume ecclésiastique.* ◆ n. m. Prêtre, membre du clergé.

écervelé, e [esɛrvəle] adj. et n. Qui agit sans réflexion, qui manque de suite dans les idées (syn. TÊTE EN L'AIR, ↓ ÉTOURDI).

échafaud [eʃafo] n. m. (anc. fr. *chaafaut,* estrade). Plate-forme destinée à l'exécution par décapitation des condamnés à mort : *Monter à, sur l'échafaud;* peine de mort (dans quelques express.) : *Risquer l'échafaud* (syn. PEINE CAPITALE).

échafaudage [eʃafodaʒ] n. m. **1.** Construction provisoire, en bois ou en métal, permettant de bâtir ou de réparer des maisons, des monuments. — **2.** Assemblage, entassement d'objets; construction abstraite : *Un échafaudage de meubles, de livres* (syn. AMAS, TAS). *L'échafaudage d'un système philosophique.*

échafauder [eʃafode] v. t. (de *échafaud*). **1.** *Échafauder des objets,* les dresser les uns sur les autres : *En échafaudant des bancs et des chaises, on pourra grimper jusqu'à la fenêtre.* — **2.** *Échafauder des plans, des projets,* etc., les combiner, les préparer non sans difficulté. ◆ v. i. Dresser un échafaudage devant un bâtiment.

échalas [eʃala] n. m. (gr. *kharax,* pieu). **1.** Perche servant à soutenir un cep de vigne. — **2.** *Fam.* et *péjor.* Personne grande et maigre.

échalote [eʃalɔt] n. f. (lat. *ascalonia* [*cepa*], [oignon] d'Ascalon, v. de Palestine). Plante voisine de l'oignon.

échancrer [eʃɑ̃kre] v. t. (de *chancre*). *Échancrer qqch,* en creuser le bord (souvent pass.) : *Un col de robe bien échancré. Une robe échancrée* (= dont l'encolure est creusée en arrondi ou en V).

échancrure [eʃɑ̃kryr] n. f. Partie échancrée, creusée au bord : *Un collier qui ressort bien dans l'échancrure du corsage. Les échancrures d'une côte* (syn. ↑ BAIE, ↑ GOLFE).

échange [eʃɑ̃ʒ] n. m. **1.** Action d'échanger : *Un échange d'appartements. Des échanges de lettres. Un échange de politesse. Un échange de coups. Développer le volume des échanges économiques entre deux pays.* — **2.** *En échange (de),* en compensation, en contrepartie (de) : *En échange de son silence, sur cette affaire, on lui a promis une participation aux bénéfices.*

échangeable [eʃɑ̃ʒabl] adj. Qui peut être échangé : *Un article acheté en solde n'est pas échangeable.*

échanger [eʃɑ̃ʒe] v. t. (de *changer*) [c. 2] *Échanger qqch (contre qqch),* le donner ou l'adresser à qqn de qui on reçoit qqch d'autre en contrepartie : *Un enfant qui échange des billes contre un stylo* (syn. TROQUER). *Collectionneurs qui échangent des timbres. Échanger son appartement avec un voisin. Ils ont échangé des lettres de menaces. Nous avons échangé nos points de vue* (= exposé l'un à l'autre nos opinions). *Échanger des coups, des sourires, des promesses.* (→ CHANGER et LIBRE-ÉCHANGE.)

échangeur [eʃɑ̃ʒœr] n. m. Dispositif de raccordement de plusieurs routes ou autoroutes ne comportant aucun croisement à niveau.

échantillon [eʃɑ̃tijɔ̃] n. m. (anc. fr. *eschandillon,* étalon de poids et mesures). Petite quantité, morceau détaché d'un tout qui permet de se faire une idée exacte de ce tout, d'en apprécier la qualité : *Un échantillon de parfum, de tissu. Elle nous a donné un petit échantillon de son talent musical* (syn. APERÇU, SPÉCIMEN). *Échantillon d'une population* (= partie d'une population déterminée pour être interrogée dans un sondage).

échantillonnage [eʃɑ̃tijɔnaʒ] n. m. Action d'échantillonner; série d'échantillons.

échantillonner [eʃɑ̃tijɔne] v. t. Choisir, prélever des échantillons, et, en partic., choisir les personnes qui, lors d'un sondage, seront représentatives d'une population.

échappatoire [eʃapatwar] n. f. Moyen adroit pour se tirer d'une difficulté : *Elle trouvera encore quelques échappatoires pour éviter de répondre à cette question* (syn. DÉROBADE, FAUX-FUYANT).

échappé, e [eʃape] n. Personne qui s'est échappée : *Un échappé de prison* (syn. ÉVADÉ). *Les échappés du peloton.*

échappée [eʃape] n. f. **1.** Action de distancer des concurrents : *L'échappée du peloton de tête d'une course cycliste.* — **2.** Espace laissé libre à la vue ou au passage : *Un endroit d'où on a une échappée sur la mer, entre les immeubles* (syn. VUE). — **3.** Court voyage par lequel on se libère d'une contrainte : *Faire une échappée à la campagne, le dimanche après-midi* (syn. PROMENADE).

échappement [eʃapmɑ̃] n. m. **1.** Système d'évacuation des gaz brûlés dans un moteur : *Le tuyau d'échappement d'une voiture.* — **2.** Mécanisme d'horlogerie qui régularise le mouvement d'une pendule ou d'une montre. — **3.** *Échappement libre,* tuyau d'échappement sans silencieux.

échapper [eʃape] v. t. ind. (bas lat. *excappare,* sortir de la chape). **1.** (sujet qqn, un animal) *Échapper à qqn,* quitter par la ruse ou par la force qqn qui voulait vous retenir : *Le prisonnier a échappé à ses gardiens. Le chien échappa à son maître.* — **2.** (sujet qqn, un animal, qqch) *Échapper à qqch,* ne pas être atteint, concerné par : *Tu as échappé à une grave maladie* (syn. ÉVITER). *Ce produit échappe à la taxe sur les articles de luxe* (syn. ÊTRE EXEMPT DE). *Je ferai tout pour échapper à cette situation délicate.* — **3.** (sujet qqch [abstrait]) *Échapper à qqn,* ne pas être perçu, compris par lui : *Ce détail m'a échappé. La raison de son acte m'échappe complètement;* ne pas revenir à sa mémoire : *Son nom m'échappe;* ne plus lui être accessible : *Le poste dont il rêvait va lui échapper.* — **4.** *Échapper des mains à qqn,* tomber : *La bouteille lui a échappé des mains.* ‖ *L'échapper belle,* éviter de peu un danger. ‖ *Mot, parole qui échappe à qqn,* qu'il prononce par mégarde : *Cette réflexion lui a échappé dans le feu de la discussion.* ◆ ***s'échapper*** v. pr. **1.** (sujet qqn, un animal) *S'échapper (d'un lieu),* s'enfuir (de) : *Le prisonnier s'est échappé* (syn. S'ÉVADER). — **2.** (sujet qqch) *S'échapper (de qqch),* sortir brusquement, se répandre hors de : *La vapeur s'échappe de la chaudière. Le lait s'échappe de la casserole* (syn. DÉBORDER). — **3.** (sujet un sportif) Faire une échappée.

écharde [eʃard] n. f. (frq. *skarda,* éclat). Petit fragment de bois ou d'un autre corps qui a pénétré dans la chair.

écharpe [eʃarp] n. f. (frq. *skirpja,* sacoche). **1.** Large bande d'étoffe tissée ou tricotée, qu'on porte sur les épaules ou autour du cou : *Nouer, mettre une écharpe.* — **2.** Large bande de tissu portée obliquement, d'une épaule à la hanche opposée, ou à la ceinture, en certaines circonstances solennelles : *Le maire ceint de son écharpe.* — **3.** *Avoir un bras en écharpe,* avoir un bras blessé, retenu par une pièce de tissu généralement passée au cou. ‖ *Prendre en écharpe,* heurter, accrocher de biais : *Un autocar pris en écharpe par un train.*

écharper [eʃarpe] v. t. (anc. fr. *escharpir,* déchiqueter). **1.** *Écharper qqn,* le blesser grièvement : *La foule voulait écharper l'assassin* (syn. ↑LYNCHER). — **2.** Fam. *Se faire écharper,* subir les insultes, les critiques, etc., de qqn.

échasse [eʃas] n. f. (du frq. *skakan,* courir vite). **1.** Long bâton muni d'un support pour le pied et permettant de marcher à une certaine hauteur au-dessus du sol. — **2.** Oiseau échassier blanc et noir.

échassier [eʃasje] n. m. (de *échasse*). Oiseau à longues pattes, tel que la bécasse, la grue, la cigogne.

échauder [eʃode] v. t. (bas lat. *excaldare,* mettre dans l'eau chaude). **1.** Laver ou asperger à l'eau bouillante; brûler avec un liquide chaud : *Échauder la théière avant de faire le thé* (syn. ÉBOUILLANTER). — **2.** Fam. *Échauder qqn,* lui faire subir une mésaventure qui lui sert de leçon (surtout pass.) : *J'ai été suffisamment échaudé la première fois, on ne m'y reprendra pas.*

échauffement [eʃofmɑ̃] n. m. Action d'échauffer, de s'échauffer : *L'échauffement de l'air dans une salle. Une luxation qui cause un échauffement du coude. L'échauffement avant une course.*

échauffer [eʃofe] v. t. (lat. *excalefacere*). **1.** *Échauffer qqch,* provoquer lentement l'élévation de sa température : *La fermentation échauffe le foin humide.* — **2.** *Échauffer qqn,* en développer la chaleur naturelle (souvent pass.) : *Être échauffé par une course rapide.* — **3.** *Échauffer qqn, qqch (action),* lui causer de l'excitation : *Échauffer l'imagination* (syn. EXCITER). *Un incident qui échauffe le débat* (syn. ↑ENFLAMMER). *Des esprits échauffés* (syn. ↓ANIMER). — **4.** Fam. *Échauffer les oreilles à qqn,* lui causer un agacement qui va jusqu'à l'irritation. ◆ ***s'échauffer*** v. pr. **1.** (sujet qqch) Devenir plus chaud ou plus animé : *La terre s'échauffe* (contr. SE REFROIDIR). *La discussion commence à s'échauffer* (= le ton monte; contr. SE CALMER). — **2.** (sujet qqn) *S'échauffer* (*les muscles, les jambes,* etc.), faire des exercices qui préparent à un effort physique.

échauffourée [eʃofure] n. f. Bagarre assez importante et confuse : *Il y a eu des échauffourées entre la police et les manifestants.*

échéance [eʃeɑ̃s] n. f. (de *échoir*). **1.** Époque où on peut exiger de qqn qu'il exécute un engagement; date d'expiration d'un délai. — **2.** Ce qu'on aura à payer à cette date : *Faire face à une lourde échéance.* — **3.** *À brève, à longue échéance,* dans un temps bref, éloigné. (→ ÉCHOIR.)

échéant [eʃeɑ̃] adj. inv. *Le cas échéant,* si l'occasion se présente : *Je peux vous conseiller et, le cas échéant, vous aider* (syn. ÉVENTUELLEMENT).

1. échec [eʃɛk] n. m. (de *échec* 2). **1.** Manque de réussite : *Subir, essuyer un échec. L'attaque ennemie s'est soldée par un échec* (syn. ↑DÉFAITE). *L'échec des négociations* (syn. INSUCCÈS, FAILLITE, FIASCO). *Il est aigri par les échecs de sa vie politique* (syn. REVERS; contr. SUCCÈS). — **2.** *Faire échec à qqn, qqch,* empêcher qqn, une action de réussir. ‖ *Mettre, tenir qqn en échec,* le mettre hors d'état d'agir. (→ ÉCHOUER.)

2. échec [eʃɛk] n. m. (du persan *châh mât,* le roi est mort). **1.** (pl.) Jeu dans lequel deux joueurs déplacent diverses pièces, sur un plateau carré divisé en soixante-quatre cases alternativement blanches et noires : *Jouer aux échecs.* — **2.** (sing.) Situation du roi ou de la reine quand ces pièces se trouvent sur une case battue par une pièce de l'adversaire : *Faire échec au roi.* (On dit *échec et mat* quand il est impossible de sortir le roi de cette situation en un coup, ce qui constitue la perte de la partie.)

échelle [eʃɛl] n. f. (lat. *scala*). **1.** Appareil simple, composé de deux montants parallèles reliés par des barreaux régulièrement espacés, et servant à monter ou à descendre. — **2.** Suite de degrés, ensemble de niveaux différents se succédant progressivement : *S'élever dans l'échelle sociale. Être en haut de l'échelle. Une échelle de valeurs* (syn. HIÉRARCHIE). *L'échelle des traitements.* — **3.** Rapport entre la représentation d'une longueur sur une carte géographique ou un plan, un croquis, et la longueur réelle : *Sur une carte au 1/80 000, 1 centimètre représente 800 mètres.* — **4.** *Échelle mobile,* système d'indexation des salaires, retraites et pensions sur le coût de la vie. — **5.** *À l'échelle de,* dans une proportion raisonnable avec : *Des moyens financiers à l'échelle de l'entreprise* (syn. PROPORTIONNÉ À). ‖ *Faire la courte échelle à qqn,* l'aider à monter en lui fournissant comme appui ses mains, ses épaules. ‖ Fam. *Il n'y a plus qu'à tirer l'échelle,* on ne peut pas aller au-delà, faire mieux. ‖ *Sur une grande, une vaste échelle,* dans de grandes proportions, de façon importante.

échelon [eʃlɔ̃] n. m. **1.** Chaque barreau d'une échelle. — **2.** Chacun des degrés d'une série, d'une hiérarchie, d'une carrière administrative : *La corruption règne à tous les échelons. Un fonctionnaire promu du huitième au neuvième échelon.*

échelonnement [eʃlɔnmɑ̃] n. m. Action d'échelonner : *Obtenir un échelonnement de ses impôts.*

échelonner [eʃlɔne] v. t. *Échelonner des personnes, des choses,* les espacer plus ou moins régulièrement, dans l'espace ou le temps : *Échelonner des gendarmes sur tout le parcours du cortège officiel. Échelonner des livraisons. Échelonner les paiements.* ◆ ***s'échelonner*** v. pr. S'espacer : *La publication de l'ouvrage s'échelonne sur cinq années.*

échenillage [eʃənijaʒ] n. m. Action d'écheniller.

écheniller [eʃənije] v. t. *Écheniller un arbre, une plante,* en détruire les chenilles.

écheveau [eʃvo] n. m. (lat. *scabellum,* petit banc). **1.** Assemblage de fil, de laine, etc., maintenu par un fil. — **2.** *Démêler, débrouiller l'écheveau d'un récit, d'une intrigue,* etc., élucider ce qui est embrouillé, complexe.

échevelé, e [eʃəvle] adj. **1.** Qui a les cheveux en désordre (syn. ÉBOURIFFÉ). — **2.** Qui manifeste un enthousiasme désordonné, de la frénésie : *Danse échevelée. Verve échevelée.*

échevin [eʃvɛ̃] n. m. (frq. *skapin,* juge). Magistrat adjoint au bourgmestre, en Belgique et aux Pays-Bas.

échidné [ekidne] n. m. (gr. *ekhidna,* vipère). Mammifère d'Australie, ressemblant au hérisson, au museau prolongé en bec corné.

échine [eʃin] n. f. (frq. *skina*). **1.** Colonne vertébrale, dos de qqn ou d'un animal. — **2.** *Avoir l'échine souple,* se plier facilement aux volontés d'autrui, être servile.

échiner (s') [eʃine] v. pr. (de *échine*). *Fam.* Se fatiguer beaucoup à, se donner de la peine : *Il s'est échiné à porter tout ce bois* (syn. S'ÉREINTER, S'ÉPUISER).

échiquier [eʃikje] n. m. (anc. fr. *eschequier*). **1.** Plateau divisé en cases, sur lequel on joue aux échecs. —

2. Domaine où il y a une compétition qui demande des manœuvres habiles : *L'échiquier diplomatique.* — 3. *En échiquier,* se dit d'objets disposés en carrés égaux et contigus.

écho [eko] n. m. (gr. *êkhô,* son). 1. Répétition d'un son répercuté par un obstacle : *L'écho lui renvoya son appel.* — 2. Réponse à une sollicitation, une suggestion : *Une proposition qui n'a trouvé, éveillé aucun écho.* — 3. Propos recueillis par qqn : *Avez-vous eu des échos de la réunion d'hier?* (syn. INFORMATION, NOUVELLE). —4. Ce qui reproduit, ce qui traduit : *On trouve dans ce roman l'écho des angoisses de l'époque.* — 5. À la télévision, image perturbatrice qui double la bonne image. — 6. *À tous les échos,* très ouvertement, en s'adressant à un large public. || *Se faire l'écho d'une rumeur, d'une nouvelle,* etc., la répandre autour de soi, la propager. — 7. Anecdote, petite nouvelle annoncée par un journal.

échographie [ekɔgrafi] n. f. Méthode d'exploration qui utilise les échos produits par les organes sur des ultrasons (méd.).

échoir [eʃwar] v. t. ind. (lat. *excidere,* tomber de) [c. 49; auxil. *être* ou *avoir*] (sujet qqch) *Échoir à qqn,* lui être attribué par le sort, un événement fortuit : *Le lot qui lui échoit est le meilleur.* ◆ v. i. (sujet qqch) Arriver à une date où est prévu le paiement : *Le terme échoit le 15 janvier. Payer son loyer à terme échu.* (→ ÉCHÉANCE.)

échoppe [eʃɔp] n. f. (anc. néerl. *schoppe*). Petite boutique en planches : *Un cordonnier au travail dans son échoppe.*

échotier [ekɔtje] n. m. Rédacteur des échos d'un journal.

échouage [eʃwaʒ] ou **échouement** [eʃumɑ̃] n. m. Action d'échouer un bateau; situation d'un bateau échoué.

échouer [eʃwe] v. i., **s'échouer** v. pr. (orig. incert.) [sujet un bateau] Rester immobilisé après avoir heurté la côte ou touché le fond. ◆ v. i. 1. (sujet qqn) Ne pas atteindre le but qu'on se proposait : *Elle a peur d'échouer à son examen. Il a échoué dans son projet.* — 2. (sujet qqch) Ne pas réussir : *Les tentatives pour sauver les naufragés ont échoué. Un plan qui échoue* (syn. fam. RATER). — 3. (sujet qqn, qqch) *Échouer qqpart,* aboutir finalement qqpart : *Épuisée par son voyage, elle finit par échouer dans une petite auberge. Comment ces papiers ont-ils échoué sur mon bureau?* (syn. ARRIVER). ◆ v. t. *Échouer un bateau,* le conduire volontairement à terre ou sur un haut-fond pour le mettre au sec.

éclaboussement [eklabusmɑ̃] n. m. Action d'éclabousser.

éclabousser [eklabuse] v. t. (anc. fr. *esclaboter*). 1. (sujet qqch, qqn) *Éclabousser qqn, qqch,* faire rejaillir un liquide sur eux : *J'ai été éclaboussé par une voiture qui roulait dans le caniveau.* — 2. (sujet qqch) *Éclabousser qqch,* le salir en rejaillissant sur lui : *Le champagne a éclaboussé la nappe.* — 3. (sujet qqch) *Éclabousser qqn,* le compromettre en rejaillissant sur lui : *Le scandale a éclaboussé tous ses amis.* — 4. (sujet qqn) *Éclabousser qqn,* faire ostentation de sa richesse devant lui (syn. ÉCRASER).

éclaboussure [eklabusyr] n. f. 1. Liquide qui rejaillit : *Se protéger des éclaboussures quand on peint.* — 2. *Fam.* Contrecoup d'un événement fâcheux : *Elle a été mêlée à ce procès et en a reçu quelques éclaboussures.*

éclair [eklɛr] n. m. (de *éclairer*). 1. Vive lumière provoquée, au cours d'un orage, par une décharge électrique dans l'atmosphère. — 2. Lumière vive et instantanée : *Les éclairs des photographes* (syn. FLASH). — 3. *Un éclair d'intelligence, de bon sens,* etc., un bref instant où on comprend clairement. — 4. *Rapide comme l'éclair,* extrêmement rapide. || *Ses yeux lancent des éclairs,* brillent d'un grand éclat, dû à la colère, à l'indignation, etc. — 5. Gâteau à la crème, de forme allongée, glacé par-dessus : *Éclair au chocolat, au café.* ◆ adj. inv. (épithète, après le n. seulement) Très rapide : *Un voyage éclair.*

éclairage [eklɛraʒ] n. m. 1. Action ou manière d'éclairer; dispositif qui éclaire : *L'éclairage de la salle est réalisé par des tubes fluorescents. Une panne d'éclairage* (syn. LUMIÈRE). *Changer l'éclairage d'un tableau;* quantité de lumière reçue : *L'éclairage de cette pièce est insuffisant.* — 2. Manière particulière d'envisager qqch : *Sous cet éclairage, la tragédie paraît toute nouvelle* (syn. ANGLE, JOUR).

éclairagiste [eklɛraʒist] n. Technicien spécialisé dans la réalisation d'éclairages rationnels.

éclairant, e [eklɛrɑ̃] adj. 1. Qui éclaire : *Une fusée éclairante.* — 2. Qui fait comprendre : *Une explication éclairante.*

éclaircie [eklɛrsi] n. f. Partie claire dans un ciel nuageux; durée pendant laquelle le ciel est momentanément clair : *Il n'y a eu qu'une brève éclaircie dans la journée.*

éclaircir [eklɛrsir] v. t. (anc. fr. *esclarcir,* briller). 1. *Éclaircir qqch,* le rendre plus clair : *Mêler du blanc à la peinture pour l'éclaircir.* — 2. *Éclaircir une sauce, un potage,* etc., y ajouter de l'eau, les rendre plus liquides (syn. ALLONGER). — 3. *Éclaircir sa voix,* la rendre plus nette, moins enrouée. — 4. *Éclaircir des plants, un bois,* etc., les rendre moins serrés, moins touffus. — 5. *Éclaircir une question, un mystère, sa pensée,* etc., les rendre plus intelligibles. ◆ ***s'éclaircir*** v. pr. 1. (sujet qqch) Devenir plus clair : *Le ciel s'éclaircit. Sa voix s'éclaircit. Ses idées s'éclaircissent.* — 2. *S'éclaircir la gorge,* se la racler pour que la voix soit plus nette.

éclaircissement [eklɛrsismɑ̃] n. m. Paroles, écrits par lesquels on explique : *J'aurais besoin d'éclaircissements* (syn. EXPLICATION). *Son attitude surprenante appelle des éclaircissements* (syn. ↑JUSTIFICATION).

éclairé, e [eklɛre] adj. Qui a des connaissances et du discernement : *Un livre qui s'adresse à des lecteurs éclairés* (syn. INITIÉ, CULTIVÉ). *Porter un jugement éclairé sur la situation politique.*

éclairement [eklɛrmɑ̃] n. m. Quantité de lumière reçue par un corps et exprimée en unités de mesure.

éclairer [eklɛre] v. t. (lat. *exclarare,* de *clarus,* clair). 1. *Éclairer qqch, qqn,* répandre de la lumière dessus : *Les phares éclairent la route;* sans compl. : *Une lampe qui éclaire mal.* — 2. *Éclairer qqn,* lui fournir une lumière qui lui permette d'y voir : *Je vais vous éclairer jusqu'au bout de l'allée.* — 3. *Éclairer un problème, une situation,* etc., les rendre compréhensibles. — 4. *Éclairer qqn (sur qqch),* lui fournir des renseignements, lui faire comprendre qqch : *Éclairez-moi sur ce détail. Un article qui éclaire les lecteurs sur la situation économique* (syn. INFORMER, RENSEIGNER). ◆ ***s'éclairer*** v. pr. 1. (sujet qqch [concret]) Devenir lumineux, recevoir de la lumière : *La nuit tombe, les fenêtres s'éclairent une à une.* — 2. (sujet qqn) Se donner de la lumière : *S'éclairer à la bougie.* — 3. *Visage, front qui s'éclaire,* qui se déride, se détend (syn. ↑S'ILLUMINER). — 4. (sujet qqch [abstrait]) Devenir compréhensible. (→ CLAIR.)

éclaireur [eklɛrœr] n. m. 1. Soldat ou membre d'une troupe envoyé en avant pour effectuer une reconnaissance et faciliter la progression des autres : *Envoyer deux hommes en éclaireurs.* — 2. Jeune membre d'une organisation scoute, laïque, protestante ou israélite.

éclat [ekla] n. m. 1. Fragment détaché d'un objet qui a éclaté ou qui s'est brisé : *Un éclat de bombe, de* *verre.* — **2.** Bruit soudain et violent : *Un éclat de voix. Des éclats de rire.* — **3.** Intensité d'une lumière : *Avoir peine à supporter l'éclat du soleil.* — **4.** Qualité de ce qui s'impose à l'admiration, à l'attention : *L'éclat d'une cérémonie* (syn. MAGNIFICENCE, FASTE). *Elle était dans tout l'éclat de sa beauté* (syn. FRAÎCHEUR, PERFECTION). — **5.** *Action d'éclat,* exploit. ‖ *Coup d'éclat,* action hardie, décisive, qui a un grand retentissement. ‖ *Faire un éclat,* se signaler à l'attention par un acte qui heurte les habitudes, qui scandalise.

éclatant, e [eklatɑ̃] adj. Qui éclate : *Une fanfare, une voix éclatante. Des cris éclatants* (syn. PERÇANT). *Une couleur éclatante* (syn. VIF). *Une santé éclatante* (syn. ADMIRABLE). *Un succès éclatant* (syn. TOTAL). *Une vérité éclatante* (syn. ÉVIDENT, AVEUGLANT).

éclatement [eklatmɑ̃] n. m. Action d'éclater : *L'éclatement d'un obus. L'éclatement d'un pneu, d'une canalisation d'eau* (syn. RUPTURE, CREVAISON). *L'éclatement d'un parti en plusieurs tendances.*

éclater [eklate] v. i. (frq. *slaitan,* fendre). **1.** (sujet qqch) Se briser sous l'effet d'une pression : *Un obus qui éclate* (syn. EXPLOSER). *Un pneu a éclaté en pleine vitesse.* — **2.** *Groupe, parti,* etc., *qui éclate,* qui se fractionne, se disperse en plusieurs tendances. — **3.** (sujet qqch) Produire un bruit subit et violent : *Une voix éclate dans le silence.* — **4.** (sujet qqch [abstrait]) Se manifester avec force, avec intensité, avec évidence : *Le scandale a éclaté par sa faute. Sa bonne foi éclate dans tous ses propos.* — **5.** (sujet qqn) Ne plus pouvoir contenir ses sentiments, en particulier sa colère : *Elle éclata soudain contre son entourage* (syn. FULMINER). *Éclater en reproches, en invectives* (syn. SE RÉPANDRE). — **6.** *Éclater de rire,* être soudain pris d'un accès de rire bruyant. ‖ *Éclater en sanglots,* se mettre à pleurer soudainement et violemment.

éclectique [eklɛktik] adj. (gr. *eklektikos,* qui choisit). Qui manifeste du goût pour des choses très diverses : *Un discophile très éclectique. Ses lectures sont très éclectiques : Pascal, Molière, Dostoïevski et les sœurs Brontë.*

éclectisme [eklɛktism] n. m. Attitude éclectique : *L'éclectisme de ses lectures.*

éclipse [eklips] n. f. (gr. *ekleipsis*). **1.** *Éclipse de Soleil,* disparition du Soleil dans la journée, en raison de l'interposition de la Lune entre lui et la Terre; *éclipse de Lune,* disparition de la Lune dans l'ombre de la Terre : *Les éclipses sont dites «totales» ou «partielles» selon que l'astre est caché totalement ou partiellement.* — **2.** *Éclipse* (*d'une personne célèbre, de sa gloire,* etc.), période pendant laquelle cette personne disparaît de la vie publique, sa gloire cesse, etc. : *Un acteur qui a subi une éclipse de deux ans.*

éclipser [eklipse] v. t. **1.** *La Lune éclipse le Soleil,* en intercepte la lumière. — **2.** *Éclipser qqn, qqch,* attirer tellement l'attention sur soi que cette personne ou cette chose n'est plus remarquée : *Elle a éclipsé tous ses concurrents* (syn. SURCLASSER, SURPASSER). *Cette information a éclipsé les autres titres de journaux.* ◆ ***s'éclipser*** v. pr. **1.** (sujet le Soleil, la Lune) Subir une éclipse. — **2.** *Fam.* (sujet qqn) Disparaître, partir furtivement.

écliptique [ekliptik] n. m. (de *éclipse*). Grand cercle de la sphère céleste décrit en un an par le Soleil dans son mouvement apparent, ou par la Terre dans son mouvement réel de révolution autour du Soleil.

éclisse [eklis] n. f. (du frq. *slizzan,* fendre). **1.** Éclat de bois en forme de coin; plaque de bois mince pour faire le corps d'un luth, d'un violon. — **2.** Syn. de ATTELLE. — **3.** Plaque d'acier qui unit les extrémités des rails d'un chemin de fer.

éclopé, e [eklɔpe] adj. et n. (de l'anc. fr. *cloper,* boiter). *Fam.* Qui marche péniblement par suite d'une blessure légère : *Quelques éclopés s'éloignaient en boitant.*

éclore [eklɔr] v. i. (bas lat. *exclaudere,* faire sortir) [c. **81**; auxil. *être* ou *avoir*]. **1.** (sujet un poussin, un oiseau) Sortir de l'œuf. — **2.** (sujet l'œuf) Se briser pour laisser sortir le poussin ou l'oiseau nouveau-né. — **3.** (sujet une fleur, un bourgeon) S'épanouir, s'ouvrir. — **4.** (sujet qqch [abstrait]) Commencer à se manifester dans sa plénitude : *Cette époque a vu éclore de grands talents.*

éclosion [eklozjɔ̃] n. f. Action d'éclore : *L'éclosion des poussins* (= leur sortie de l'œuf). *Des fleurs cueillies avant leur éclosion. L'éclosion d'une idée, d'un projet* (syn. NAISSANCE).

écluse [eklyz] n. f. (lat. [*aqua*] *exclusa,* [eau] séparée du courant). Dispositif comprenant un système de portes et de vannes pour permettre la navigation sur des cours d'eau malgré la dénivellation.

éclusier, ère [eklyzje] n. Personne préposée à la manœuvre d'une écluse.

écobuage [ekɔbɥaʒ] n. m. Action d'écobuer.

écobuer [ekɔbɥe] v. t. (du poitevin *gobuis,* terre pelée). Enlever les herbes et la terre superficielle, les brûler et répandre les cendres sur le sol pour le fertiliser.

écœurant, e [ekœrɑ̃] adj. Qui écœure : *Une odeur écœurante* (syn. INFECT, NAUSÉABOND). *Sa conduite est écœurante* (syn. DÉGOÛTANT, RÉPUGNANT).

écœurement [ekœrmɑ̃] n. m. Action d'écœurer; fait d'être écœuré : *À l'annonce des résultats, ce fut l'écœurement général* (syn. ↓ DÉCEPTION).

écœurer [ekœre] v. t. *Écœurer qqn,* lui causer du dégoût, de la nausée : *Cette crème tiède l'écœure;* lui inspirer de l'aversion, du mépris : *Ses flatteries écœurent tout le monde* (syn. RÉVOLTER); lui inspirer du dépit, du découragement : *Être écœuré par une injustice.*

école [ekɔl] n. f. (lat. *schola*). **1.** Établissement où se donne un enseignement collectif : *Une école de musique. Aller à l'école.* — **2.** Ensemble des élèves et du personnel de cet établissement : *Toute l'école est réunie dans la cour.* — **3.** Travail fait dans cet établissement, enseignement qui y est donné : *L'école commence dans deux semaines* (syn. CLASSE). — **4.** Ensemble des partisans d'une même doctrine, des disciples d'un penseur, d'un artiste, etc. : *L'école linguistique de Prague.* — **5.** *À l'école de,* sous la direction de qqn, en tirant profit de l'expérience de qqch : *Apprendre la musique à l'école d'un chef prestigieux. Elle s'est formée à la dure école de la nécessité.* ‖ *Être à bonne école,* être auprès de qqn qui vous initie très bien. ‖ *Faire école,* rallier des adeptes ou des imitateurs. (→ SCOLAIRE, SCOLARITÉ.)

écolier, ère [ekɔlje] n. **1.** Enfant qui fréquente l'école. — **2.** Fam. *Prendre le chemin des écoliers,* aller par le plus long trajet.

écologie [ekɔlɔʒi] n. f. (gr. *oikos,* maison, et *logos,* science). Science qui étudie les êtres vivants en fonction de leur milieu naturel.

écologique [ekɔlɔʒik] adj. Relatif à l'écologie : *Le mouvement écologique vise à défendre l'environnement.*

écologiste [ekɔlɔʒist] n. **1.** Spécialiste d'écologie. — **2.** Défenseur de l'environnement, de la nature.

éconduire [ekɔ̃dɥir] v. t. (anc. fr. *escondire,* refuser) [c. **70**] *Éconduire qqn,* ne pas le recevoir, ne pas accepter sa requête : *Éconduire des visiteurs importuns* (syn. ↑ CONGÉDIER).

économat [ekɔnɔma] n. m. Charge ou bureaux d'un économe.

1. économe [ekɔnɔm] adj. 1. Qui ne dépense que judicieusement : *Une maîtresse de maison économe* (contr. DÉPENSIER, PRODIGUE). — 2. (avec compl.) Qui donne avec mesure : *Il est très économe de son temps* (syn. ↑ AVARE).

2. économe [ekɔnɔm] n. Personne chargée des dépenses d'un établissement hospitalier ou scolaire, d'une communauté.

économie [ekɔnɔmi] n. f. (gr. *oikonomia*). 1. Qualité qui consiste à réduire les dépenses, à ne dépenser que judicieusement : *Par économie, j'ai choisi un article moins luxueux. Son esprit d'économie est proche de l'avarice* (syn. ÉPARGNE; contr. PRODIGALITÉ). — 2. (avec compl.) Ce qui n'est pas dépensé, utilisé, ce dont on évite les frais : *Ce procédé permet une économie de dix francs par ouvrage. Une route qui fait faire une sérieuse économie de temps. Une économie de papier, de tissu* (syn. GAIN; contr. PERTE, GASPILLAGE). *En acceptant le compromis, le gouvernement a fait l'économie d'une crise ministérielle. Ce n'est pas avec des économies de bouts de chandelle qu'on rétablira la situation financière* (= en lésinant sur des détails). — 3. Ensemble des activités d'une collectivité humaine visant à la production et à la consommation des richesses : *Ce pays a une économie en pleine expansion. Un plan qui harmonise les différents secteurs de l'économie nationale.* — 4. Ordre qui préside à la distribution des parties d'un ensemble (soutenu) : *Je n'approuve pas l'économie générale de ce projet.* — 5. *Économie politique,* science des phénomènes économiques intéressant la production, la distribution et la consommation. ◆ ***économies*** n. f. pl. Argent mis de côté en vue de dépenses à venir : *Cet achat a englouti presque toutes ses économies.*

économique [ekɔnɔmik] adj. 1. Qui permet des économies : *Un moyen de transport économique* (syn. AVANTAGEUX, BON MARCHÉ; contr. COÛTEUX, DISPENDIEUX, ONÉREUX). — 2. Qui relève de l'économie : *Un pays qui a de grosses difficultés économiques.*

économiquement [ekɔnɔmikmɑ̃] adv. 1. Avec économie : *Se nourrir économiquement* (syn. À BON MARCHÉ, AVANTAGEUSEMENT; contr. COÛTEUSEMENT, DISPENDIEUSEMENT). — 2. Sur le plan économique : *Un bilan politiquement et économiquement satisfaisant.* — 3. *Économiquement faible,* qui ne dispose pas de ressources suffisantes pour subsister, sans être pourtant totalement indigent.

économiser [ekɔnɔmize] v. t. *Économiser qqch,* en faire l'économie : *En achetant par grandes quantités, vous économisez des sommes importantes* (contr. GASPILLER, DILAPIDER). *Économiser une démarche* (syn. ÉPARGNER). *Économiser ses gestes* (syn. MÉNAGER; contr. PRODIGUER).

économiste [ekɔnɔmist] n. Spécialiste de l'étude des phénomènes économiques.

écoper [ekɔpe] v. t. (du frq. *skôpa,* écorce). *Écoper l'eau d'une embarcation,* la vider au moyen d'une pelle en bois appelée *écope,* ou de tout autre récipient. ◆ v. t. et t. ind. Fam. *Écoper qqch* ou *de qqch,* le recevoir, se voir infliger une peine : *J'ai écopé de cent francs d'amende;* sans compl., recevoir une sanction, une réprimande : *C'est son voisin qui a fait la faute et c'est lui qui a écopé* (syn. PAYER).

écorce [ekɔrs] n. f. (lat. *scortum,* peau). 1. Enveloppe plus ou moins épaisse des végétaux, de certains fruits : *L'écorce du bouleau est blanche. Une écorce d'orange* (syn. PEAU). — 2. *Écorce cérébrale,* couche superficielle du cerveau et du cervelet (syn. CORTEX). ‖ *Écorce terrestre,* partie superficielle du globe, épaisse d'environ 35 km.

écorcer [ekɔrse] v. t. (c. 1) *Écorcer un arbre, une branche,* les dépouiller de leur écorce.

écorché [ekɔrʃe] n. m. Représentation d'homme ou d'animal dépouillé de sa peau.

écorcher [ekɔrʃe] v. t. (du lat. *cortex, -icis,* peau). 1. *Écorcher un animal,* le dépouiller de sa peau. — 2. *Écorcher qqn, une partie de son corps,* lui déchirer la peau : *Sa chute lui a écorché le genou* (syn. ↓ ÉRAFLER, ↓ ÉGRATIGNER, ↑ LABOURER). — 3. Fam. *Écorcher un client,* le faire payer trop cher. ‖ *Écorcher une langue,* la parler avec des fautes. ‖ *Écorcher un nom,* le prononcer mal, le dénaturer (syn. fam. ESTROPIER). ‖ *Écorcher les oreilles,* produire des sons très désagréables. ◆ ***s'écorcher*** v. pr. S'érafler la peau : *Il s'est écorché les doigts en grimpant au rocher* (syn. ↓ S'ÉGRATIGNER).

écorchure [ekɔrʃyr] n. f. Eraflure de la peau : *Elle s'est tirée de cet accident avec quelques écorchures* (syn. ↓ ÉGRATIGNURE).

écorner [ekɔrne] v. t. (de *corne*). 1. *Écorner qqch,* en déchirer, user, briser les angles : *De vieux livres écornés.* — 2. Fam. *Écorner un capital, des économies,* en dépenser une partie, les entamer.

écornifleur, euse [ekɔrniflœr] n. (de *écorner* et anc. fr. *nifler,* renifler). *Litt.* Personne qui profite des autres, parasite.

écossais, e [ekɔsɛ] adj. et n. De l'Écosse. ◆ adj. et n. m. Se dit d'un tissu rayé à carreaux de diverses couleurs : *Une écharpe écossaise.*

écosser [ekɔse] v. t. Dépouiller de sa cosse : *Écosser des haricots.*

écosystème [ekɔsistɛm] n. m. Ensemble interactif formé par des organismes vivants et leur milieu naturel : *Une forêt, un lac sont des écosystèmes.*

écot [eko] n. m. (frq. *skot,* contribution). Part à payer, surtout à l'hôtel, au restaurant (vieilli) : *Chacun paiera son écot.*

écoulement [ekulmɑ̃] n. m. 1. Action d'écouler, de vendre, de placer : *L'écoulement d'un produit* (syn. DÉBIT). *L'écoulement de faux billets.* — 2. Action de s'écouler : *Une vanne prévue pour l'écoulement du trop-plein* (syn. ÉVACUATION). *L'écoulement du temps. Faciliter l'écoulement des véhicules* (syn. CIRCULATION).

écouler [ekule] v. t. (de *couler*). 1. *Écouler une marchandise,* s'en défaire en la vendant, en la distribuant : *Écouler un stock* (syn. VENDRE, PLACER). — 2. *Écouler de faux billets,* les mettre en circulation. ◆ ***s'écouler*** v. pr. 1. (sujet un liquide) Se retirer en coulant : *L'eau de pluie s'écoule par cette rigole* (syn. S'ÉVACUER). — 2. (sujet des personnes, le temps, etc.) Disparaître progressivement : *La foule s'écoule lentement* (syn. SE RETIRER). *Deux jours se sont écoulés depuis cet incident* (syn. PASSER).

écourter [ekurte] v. t. (de *court*). *Écourter qqch,* en diminuer la durée ou la longueur : *Un texte écourté* (syn. TRONQUER).

1. écoute [ekut] n. f. (de *écouter*). 1. Action d'écouter une communication téléphonique ou une émission radiophonique : *Rester à l'écoute. Au bout d'une heure d'écoute, je fermai le poste.* — 2. *Être aux écoutes,* rester attentif pour saisir toute information intéressante. ‖ *Heure de grande écoute,* moment de la journée où les auditeurs de la radio sont le plus nombreux. ‖ *Table d'écoute,* installation permettant de surveiller les communications téléphoniques.

2. écoute [ekut] n. f. (frq. *skôta,* cordage). Cordage attaché aux coins inférieurs d'une voile, pour la fixer et régler son orientation.

écouter [ekute] v. t. (lat. *auscultare*). 1. (sujet qqn) *Écouter qqn, qqch,* prêter l'oreille pour les entendre : *Écoutons le bulletin d'informations à la radio. Écouter* *un chanteur, un conférencier.* — **2.** *Écouter qqn,* tenir compte de ses paroles : *Vous devriez l'écouter, elle est de bon conseil. N'écoutons pas les mauvaises langues;* sans compl. : *Cet enfant n'écoute jamais* (syn. OBÉIR). — **3.** *Écoute, écoutez,* attire l'attention de qqn : *Écoute, tu vas faire ce que je te dis. Je n'ai rien répondu, mais, écoutez, vous avouerez que la question était embarrassante.* ‖ *N'écouter que son courage, que ses instincts,* etc., se laisser emporter par eux. ◆ ***s'écouter*** v. pr. **1.** *Fam.* Attacher une importance excessive à ses petits malaises, à son inspiration du moment : *Il s'écoute trop : il faudrait le secouer un peu* (= il est trop douillet). *Si je m'écoutais, je n'irais pas à cette réunion.* — **2.** *S'écouter parler,* parler avec affectation, se complaire dans ses paroles.

écouteur [ekutœr] n. m. Élément d'un récepteur téléphonique ou radiophonique qu'on applique à son oreille.

écoutille [ekutij] n. f. (esp. *escotilla*). Ouverture rectangulaire pratiquée dans le pont d'un navire.

écrabouillage [ekrabujaʒ] ou **écrabouillement** [ekrabujmɑ̃] n. m. Action d'écrabouiller.

écrabouiller [ekrabuje] v. t. (de *écraser* et anc. fr. *esbouiller,* éventrer). *Fam.* Écraser, mettre en marmelade ou réduire en bouillie.

écran [ekrɑ̃] n. m. (anc. néerl. *scherm,* paravent). **1.** Dispositif, objet qui arrête les rayons lumineux, la chaleur, le son, qui empêche de voir ou qui protège : *La mer est cachée par un écran de verdure. Utiliser un écran jaune en photographie* (syn. FILTRE). *Un écran de fumée* (= une émission de fumée pour masquer certaines opérations militaires). — **2.** Tableau ou pièce de tissu servant à projeter des vues : *Un écran panoramique. Les images apparaissent sur l'écran.* — **3.** *L'écran,* le cinéma : *Porter une pièce de théâtre à l'écran. Les vedettes de l'écran.* ‖ *Le petit écran,* la télévision. — **4.** (sujet qqch) *Faire écran (à qqch),* empêcher de voir ou de comprendre qqch.

écrasant, e [ekrazɑ̃] adj. Qui écrase : *Travail écrasant* (syn. ACCABLANT). *Une écrasante supériorité.*

écrasement [ekrazmɑ̃] n. m. Action d'écraser; fait d'être écrasé : *L'écrasement des grains de blé sous la meule. Poursuivre la guerre jusqu'à l'écrasement de l'ennemi. L'écrasement des salaires* (= la réduction des écarts entre les rémunérations les plus fortes et les rémunérations les plus faibles).

écraser [ekraze] v. t. (anc. angl. *crasen,* broyer). **1.** *Écraser qqch, un insecte,* le déformer ou l'aplatir par pression ou par choc : *Écraser des pommes* (syn. BROYER). *Écraser une amande avec ses dents. Écraser une mouche* (= la tuer en exerçant sur elle une forte pression). *Vous m'avez écrasé un pied* (syn. MEURTRIR). — **2.** *Écraser qqn, un animal,* le renverser et lui passer sur le corps avec le véhicule qu'on conduit : *Le camion a écrasé un chien. Attention, tu vas te faire écraser!* — **3.** *Écraser qqn, qqch (abstrait),* l'accabler, peser lourdement sur lui, lui faire tort par sa masse : *Les impôts qui écrasaient certaines catégories sociales. Elle est écrasée de travail, de fatigue* (syn. ↑ ANÉANTIR). *Des détails qui écrasent l'essentiel.* — **4.** *Écraser la résistance ennemie, la rébellion,* etc., les vaincre complètement. — **5.** Fam. *Écraser un adversaire,* le défaire, le surclasser dans une compétition. ◆ ***s'écraser*** v. pr. **1.** (sujet qqch) Être aplati, déformé par le choc : *L'œuf s'est écrasé en tombant* (syn. ↓ SE BRISER). *Un avion qui s'écrase au sol.* — **2.** (sujet qqn) Se porter en foule, se presser : *On s'écrase dans cette boutique pour profiter des soldes.* — **3.** *Fam.* (sujet qqn) Abandonner toute prétention, se taire quand on n'a pas le dessus : *Il n'était pas de taille pour discuter, il s'est écrasé* (syn. SE FAIRE TOUT PETIT).

écrémage [ekremaʒ] n. m. Action d'écrémer.

écrémer [ekreme] v. t. (c. **10**). **1.** *Écrémer du lait,* en retirer la crème, la matière grasse. — **2.** Fam. *Écrémer une équipe, une classe,* etc., en choisir, en retirer les meilleurs éléments.

écrémeuse [ekremøz] n. f. Machine à écrémer le lait.

écrêter [ekrɛte] v. t. **1.** *Écrêter des épis de maïs,* en couper la partie supérieure. — **2.** *Écrêter qqch,* le niveler, l'égaliser.

écrevisse [ekrəvis] n. f. (frq. *krebitja*). **1.** Crustacé d'eau douce, muni de pinces. — **2.** *Buisson d'écrevisses* → BUISSON. ‖ *Marcher en écrevisse,* aller à reculons. ‖ *Rouge comme une écrevisse,* rouge de confusion.

écrier (s') [ekrije] v. pr. (sujet qqn) Dire en criant : *Elle s'écria : «Victoire!». Certains se sont écriés que c'était un scandale.* (→ RÉCRIER.)

écrin [ekrɛ̃] n. m. (lat. *scrinium*). Boîte ou coffret destinés à ranger des bijoux ou de l'argenterie.

écrire [ekrir] v. t. (lat. *scribere*) [c. **71**]. **1.** *Écrire qqch,* exprimer les sons de la parole ou la pensée au moyen d'un système convenu de signes graphiques : *Veuillez écrire la réponse au dos de cette carte. Écrire l'adresse à l'encre. Écrire un roman, ses Mémoires* (syn. RÉDIGER). *Ce nom est mal écrit* (syn. ORTHOGRAPHIER); sans compl. : *Un enfant qui apprend à écrire à l'école. Écrire sur une feuille.* — **2.** Exposer, déclarer dans un ouvrage imprimé : *On a écrit bien des inepties sur cette question* (syn. DIRE). — **3.** *Écrire à qqn* (*qqch, que* [+ *ind.*]), le lui faire savoir par lettre, lui adresser une lettre : *Il m'a écrit qu'il était malade. Je ne lui ai pas écrit depuis un an.* — **4.** (sans compl.) Composer un ouvrage, un article littéraire ou scientifique; faire métier d'écrivain : *Il écrit dans de nombreuses revues. Elle avait toujours rêvé d'écrire. Écrire avec aisance.*

1. écrit, e [ekri] adj. Fixé par le destin, irrévocable : *Il a raté son examen : c'était écrit* (syn. INÉVITABLE, FATAL). *Il était écrit que je n'aurais que des ennuis dans cette affaire* (= rien n'a pu empêcher qu'il en fût ainsi).

2. écrit [ekri] n. m. **1.** Papier écrit portant témoignage; convention signée : *On n'a pas pu produire un seul écrit contre l'accusé. Ils se sont mis d'accord mais n'ont pas fait d'écrit.* — **2.** Ouvrage littéraire ou scientifique : *Les écrits de Cicéron sont très abondants.* — **3.** Ensemble des épreuves d'un examen ou d'un concours qui ont lieu par écrit (contr. ORAL). — **4.** *Par écrit,* sur le papier : *S'adresser à un directeur par écrit* (contr. PAR ORAL, ORALEMENT, VERBALEMENT).

écriteau [ekrito] n. m. Pancarte mobile, panneau placé en évidence, sur lequel est inscrit un renseignement ou un avis destiné au public.

écritoire [ekritwar] n. f. Petit nécessaire utilisé autref. et contenant ce qu'il fallait pour écrire.

écriture [ekrityr] n. f. (lat. *scriptura*). **1.** Art de représenter durablement la parole par un système convenu de signes pouvant être perçus par la vue : *L'invention de l'écriture est une des grandes conquêtes de l'humanité.* — **2.** Manière particulière d'écrire, ensemble de signes graphiques exprimant un énoncé : *L'écriture hiéroglyphique. L'écriture cunéiforme. Tu as une belle écriture. Une écriture filiforme. Une page couverte d'une écriture serrée.* — **3.** Manière dont un écrivain exprime sa pensée : *Un roman d'une écriture recherchée* (syn. STYLE). *Les frères Goncourt ont pratiqué l'écriture dite «artiste».* — **4.** (avec majusc., au sing. ou au pl.) Les livres sacrés, la Bible : *Un prédicateur qui cite un passage de l'Écriture. Jésus a déclaré qu'il venait accomplir les Écritures.* ◆ ***écritures*** n. f. pl. Ensemble des livres ou des registres comptables d'un commerçant, d'un industriel : *La maison a engagé une employée aux écritures.*

écrivailler [ekrivaje] v. i. *Fam.* Écrire des œuvres, des articles de qualité médiocre : *Il écrivaillait dans un petit journal local.*

écrivain [ekrivɛ̃] n. m. (lat. *scriba,* scribe). Personne qui compose des ouvrages littéraires : *Corneille, Molière, Mme de Sévigné sont de célèbres écrivains* (syn. HOMME, FEMME DE LETTRES, AUTEUR).

écrivassier, ère [ekrivasje] adj. et n. *Fam.* Qui écrit facilement ou médiocrement : *Elle ne nous a pas donné de ses nouvelles depuis des mois, mais ce n'est pas étonnant : elle n'est pas très écrivassière.*

1. écrou [ekru] n. m. (lat. *scrofa,* truie). Pièce percée d'un trou cylindrique fileté et se vissant sur un boulon.

2. écrou [ekru] n. m. (frq. *skrôda,* morceau coupé). 1. Acte par lequel le directeur d'une prison prend possession d'un prisonnier. — 2. *Levée d'écrou,* mise en liberté d'un prisonnier.

écrouer [ekrue] v. t. (de *écrou* 2). *Écrouer qqn,* le mettre en prison.

écroulement [ekrulmɑ̃] n. m. Action de s'écrouler : *L'écroulement d'un pont, d'une théorie.*

écrouler (s') [ekrule] v. pr., **être écroulé** v. pass. 1. (sujet qqch [concret]) Tomber lourdement en se brisant, tomber en ruine : *Des maisons qui s'écroulent lors d'un séisme* (syn. S'EFFONDRER). *La falaise s'écroule* (syn. S'ÉBOULER). — 2. (sujet qqch [abstrait]) Perdre toute valeur; être anéanti : *Ses projets se sont écroulés* (syn. S'EFFONDRER). *La thèse de l'accusée s'écroule devant cette preuve. Un empire qui s'écroule.* — 3. (sujet qqn) S'affaisser soudain, se laisser brusquement tomber au sol : *L'homme, grièvement blessé d'une balle, s'écroula.* — 4. Fam. *Être écroulé (de rire),* être en proie à une forte crise de rire.

écru, e [ekry] (de *cru*). 1. adj. Qui est à l'état naturel, qui n'a subi aucune préparation. — 2. *Soie écrue,* qui n'a pas été mise à l'eau bouillante. ‖ *Toile écrue,* qui n'a pas été blanchie.

ectoplasme [ɛktɔplasm] n. m. (gr. *ektos,* dehors, et *plasma,* ouvrage façonné). En occultisme, forme visible, mais inconsistante, immatérielle, émise par le médium.

écu [eky] n. m. (lat. *scutum,* bouclier). 1. Bouclier des hommes d'armes au Moyen Âge. — 2. Ancienne monnaie d'argent valant 3 livres.

écueil [ekœj] n. m. (lat. *scopulus*). 1. Rocher ou banc de sable à fleur d'eau : *Un bateau qui se brise sur les écueils qui bordent la côte.* — 2. Obstacle, difficulté qui met en péril : *Le principal écueil de cette méthode, c'est sa lenteur* (syn. INCONVÉNIENT). *Un romancier qui a su éviter les écueils d'un sujet scabreux* (syn. DANGER).

écuelle [ekɥɛl] n. f. (lat. *scutella*). Petit récipient rond et creux servant à contenir de la nourriture; contenu de ce récipient.

éculé, e [ekyle] adj. (de *cul*). 1. Se dit d'une chaussure dont le talon est déformé, usé. — 2. *Fam.* Se dit d'une chose banale à force d'être connue (syn. RESSASSÉ, USÉ).

écumage [ekymaʒ] n. m. Action d'écumer.

écumant, e [ekymɑ̃] adj. Qui écume (v. i.) : *Les vagues écumantes.*

écume [ekym] n. f. (bas lat. *scuma*). 1. Mousse qui se forme à la surface d'un liquide : *La mer, en se retirant, laisse de l'écume sur la plage. Quand la confiture est faite, on retire l'écume.* — 2. Bave mousseuse de certains animaux, et parfois de l'homme : *La fureur lui mettait l'écume à la bouche.* — 3. *Écume de mer,* substance naturelle blanchâtre et poreuse dont on fait des pipes.

écumer [ekyme] v. t. 1. *Écumer un liquide,* en ôter l'écume qui se forme à la surface : *Écumer le pot-au-feu.* — 2. *Écumer une région, une ville,* etc., exercer une rafle, un brigandage sur elles : *Des gangsters qui écument le quartier.* ◆ v. i. 1. (sujet un liquide) Se couvrir d'écume : *La mer écume.* — 2. (sujet qqn) Être transporté de rage : *Elle écumait d'être ainsi réduite à l'impuissance. Écumant de rage, il bondit sur son adversaire.*

écumeur [ekymœr] n. m. *Écumeur de mer,* pirate.

écumeux, euse [ekymø] adj. *Litt.* Couvert d'écume : *Flots écumeux.*

écumoire [ekymwar] n. f. Grande cuillère plate, percée de trous pour écumer ou retirer des aliments du liquide où ils ont cuit.

écureuil [ekyrœj] n. m. (lat. *sciurolus*). Petit rongeur à poil roux et à queue touffue.

écurie [ekyri] n. f. (de *écuyer*). 1. Bâtiment destiné à loger des chevaux, des ânes, des mulets. — 2. Ensemble des chevaux de course appartenant à un même propriétaire. — 3. Ensemble des coureurs qui représentent une même marque dans une course automobile ou cycliste.

écusson [ekysɔ̃] n. m. (de *écu*). 1. Emblème ou motif décoratif rappelant plus ou moins la forme d'un bouclier allongé, avec la partie supérieure horizontale et la partie inférieure en pointe, et portant des armoiries, une devise, etc. : *Un écusson sculpté dans la pierre d'une cheminée de château. Des touristes portant des écussons de tissu aux armes de leur province.* — 2. Morceau de drap cousu à un vêtement militaire et indiquant l'arme, le numéro du corps de troupe. — 3. *Greffe en écusson,* manière de greffer les arbres ou les arbustes, consistant à introduire sous l'écorce un morceau d'écorce contenant un bouton.

écussonner [ekysɔne] v. t. Greffer en écusson.

écuyer, ère [ekɥije] n. (lat. *scutarius,* qui porte *l'écu*). 1. Personne qui fait des exercices d'équitation dans un cirque. — 2. Instructeur d'équitation.

eczéma [ɛgzema] n. m. (gr. *ekzema,* éruption cutanée). Maladie de peau causant des démangeaisons et des rougeurs.

eczémateux, euse [ɛgzematø] adj. et n. Atteint d'eczéma.

édam [edam] n. m. (du n. d'une ville des Pays-Bas). Fromage de Hollande, de forme ronde, souvent recouvert de paraffine teintée de rouge.

edelweiss [edɛlvɛs] n. m. (all. *edel,* noble, et *weiss,* blanc). Plante de montagne recouverte d'un duvet blanc, croissant en altitude.

éden [edɛn] n. m. (mot hébr. signif. *délices*). Lieu enchanteur. (L'Éden est le paradis terrestre dans la Bible.)

édenté, e [edɑ̃te] adj. et n. Qui a perdu ses dents : *Vieillard édenté.*

édicter [edikte] v. t. (du lat. *edictum,* édit). Prescrire de façon absolue : *Il fut édicté que cette faute serait punie d'emprisonnement à perpétuité* (syn. DÉCRÉTER).

édicule [edikyl] n. m. (lat. *aedicula,* petite maison). Petit édifice dressé sur la voie publique (Abribus, kiosque, etc.).

édifiant, e [edifjɑ̃] adj. Qui édifie, porte à la vertu : *La vie édifiante d'une sainte. Cette arrivée à l'improviste chez lui nous offrit un spectacle édifiant!*

édification [edifikasjɔ̃] n. f. 1. Action d'édifier, de construire : *L'édification d'une cathédrale, d'une théorie.* — 2. Action d'enlever toute illusion : *Ses aveux suffisent à notre édification* (syn. INSTRUCTION).

édifice [edifis] n. m. (lat. *aedificium*). 1. Bâtiment important : *Cet hôtel de ville est un superbe édifice.* — 2. Vaste ensemble organisé : *L'édifice des lois. L'édifice de la société.*

édifier [edifje] v. t. (lat. *aedificare*, construire). **1.** *Édifier un monument, un immeuble,* etc. l'élever, le bâtir, le construire. — **2.** *Édifier une théorie, un plan,* etc., les concevoir et les réaliser (syn. ÉCHAFAUDER). — **3.** *Édifier qqn,* lui ôter toute illusion, le renseigner exactement sur des faits répréhensibles (surtout pass.) : *Ses paroles cyniques m'ont édifié* (syn. ↓ ÉCLAIRER). *Eh bien! maintenant, vous êtes édifié, il a jeté le masque.* — **4.** *Édifier qqn (par sa piété, sa dévotion),* le porter à la vertu, à la piété.

édile [edil] n. m. (lat. *aedilis*). Maire ou conseiller municipal (souvent ironiq.).

édit [edi] n. m. (lat. *edictum*). Loi ou ordonnance publiée par l'autorité d'un roi ou d'un gouverneur : *L'édit de Nantes reconnaissait aux protestants la liberté de pratiquer leur religion.* (→ ÉDICTER.)

éditer [edite] v. t. (lat. *edere*, faire sortir). **1.** *Éditer l'œuvre d'un écrivain, d'un artiste,* la publier et la mettre en vente : *Une maison qui édite des romans, des poésies, des encyclopédies* (syn. PUBLIER). *Une pianiste qui fait éditer sa méthode* (syn. PARAÎTRE). *Un disque édité à l'occasion de la mort du compositeur.* — **2.** *Éditer le texte d'un auteur,* le vérifier et le préparer en vue de sa publication, en l'accompagnant éventuellement de notes et de commentaires.

éditeur, trice [editœr] n. et adj. Personne ou société qui édite.

édition [edisjɔ̃] n. f. **1.** Publication d'un ouvrage littéraire, scientifique, artistique : *Personne n'a voulu jusqu'ici se charger de l'édition de ce manuscrit.* — **2.** Chaque tirage d'une œuvre, d'un journal : *Ce roman en est à sa quatrième édition. La nouvelle a paru dans la dernière édition des journaux du soir.* — **3.** Industrie et commerce du livre en général : *Je travaille dans l'édition.* — **4.** Fam. *C'est la deuxième, la troisième édition,* c'est la deuxième, la troisième fois qu'on dit la même chose, que la même chose se produit.

éditorial [editɔrjal] n. m. (du lat. *editor*, éditeur) [pl. *éditoriaux*]. Article de fond d'un journal, reflétant plus spécialement la tendance de ce journal

éditorialiste [editɔrjalist] n. Personne qui écrit l'éditorial.

édredon [edrədɔ̃] n. m. (island. *ederduun*, duvet d'eider). Couvre-pieds garni de duvet.

éducateur, trice [edykatœr] adj. Qui éduque : *L'influence éducatrice de l'école.* ◆ n. Personne qui se consacre à l'éducation des enfants : *Une crise de l'adolescence bien connue de tous les éducateurs* (syn. PÉDAGOGUE).

éducatif, ive [edykatif] adj. Propre à éduquer : *Des jeux éducatifs. Un spectacle éducatif* (syn. INSTRUCTIF).

éducation [edykasjɔ̃] n. f. (lat. *educatio*). **1.** Action ou manière d'éduquer : *Une revue consacrée aux problèmes d'éducation* (syn. PÉDAGOGIE). *L'éducation musicale, religieuse* (syn. FORMATION). *L'éducation de l'oreille, du goût, de la volonté.* — **2.** Connaissance des bons usages d'une société : *Un être grossier, sans éducation* (syn. SAVOIR-VIVRE). — **3.** Ensemble des acquisitions morales, intellectuelles, culturelles de qqn ou d'un groupe : *Une femme d'une bonne éducation. Son éducation en matière commerciale est très sommaire.* — **4.** *Éducation nationale,* ensemble des services de l'enseignement public. ‖ *Éducation physique,* ensemble des exercices corporels visant à l'amélioration des qualités physiques de l'homme. ‖ *Éducation surveillée,* régime des établissements auxquels peuvent être confiés les jeunes délinquants.

édulcorer [edylkɔre] v. t. (du lat. *dulcor*, saveur douce). **1.** *Édulcorer une boisson, un médicament,* etc., y ajouter du sucre pour les rendre moins amers. — **2.** *Édulcorer un texte, une doctrine,* etc., en atténuer les termes, en retrancher les points les plus hardis (syn. ↑ AFFADIR).

éduquer [edyke] v. t. (lat. *educare*). **1.** *Éduquer qqn,* lui faire acquérir des principes, des habitudes, lui former l'esprit : *Les parents et les professeurs chargés d'éduquer ces enfants* (syn. FORMER). *Des citoyens peu éduqués politiquement* (syn. INSTRUIRE). — **2.** *Éduquer une faculté,* la former systématiquement : *Éduquer la volonté par une vie rude. Des exercices tendant à éduquer les réflexes.* — **3.** *Personne bien, mal éduquée,* qui a reçu une bonne, une mauvaise éducation (syn. BIEN, MAL ÉLEVÉE).

effaçable [efasabl] adj. Qui peut être effacé.

effacé, e [efase] adj. Qui vit modestement, qui ne se fait pas remarquer : *Une jeune fille timide et effacée. Mener une vie effacée* (syn. HUMBLE, OBSCUR).

effacement [efasmɑ̃] n. m. Action d'effacer : *L'effacement d'un souvenir. Un candidat élu grâce à l'effacement d'un rival* (syn. RETRAIT). *Tu as passé ta vie dans l'effacement* (syn. DISCRÉTION).

effacer [efase] v. t. (de *face*) [c. **1**]. **1.** *Effacer une tache, une inscription,* etc., la faire disparaître, en particulier par frottement, par lavage, par usure : *Un dessinateur qui efface un trait de crayon* (syn. GOMMER). *Les intempéries ont effacé les lettres du panneau indicateur;* sans compl. : *Cette gomme efface bien.* — **2.** *Effacer un souvenir, une mauvaise impression, un affront,* etc., les chasser, les faire disparaître : *Le temps efface tout.* — **3.** *Effacer qqn,* l'empêcher de briller : *Elle efface par son esprit toutes les autres femmes* (syn. ÉCLIPSER). — **4.** *Effacer ses épaules, son corps,* etc., les mettre en retrait, les rentrer. ◆ ***s'effacer*** v. pr. **1.** (sujet qqch) Disparaître : *Les traces des roues se sont effacées. Des notions qui s'effacent dans les mémoires.* — **2.** (sujet qqn) Se tenir à l'écart; ne pas se mettre en valeur : *S'effacer pour laisser passer quelqu'un. Un romancier qui s'efface derrière ses personnages.*

effarant, e [efarɑ̃] adj. Qui stupéfie : *Un produit qui a atteint un prix effarant* (syn. ↓ STUPÉFIANT). *Un cynisme effarant* (syn. EFFRAYANT). *Un homme d'une bêtise effarante* (syn. INCROYABLE).

effaré, e [efare] adj. Qui présente une grande peur : *Elle contemplait le désastre d'un air effaré* (= stupéfait, affolé).

effarement [efarmɑ̃] n. m. Fait d'être effaré : *Ils voyaient avec effarement l'incendie gagner leur maison.*

effarer [efare] v. t. (lat. *efferare*, rendre farouche). *Effarer qqn,* lui causer un sentiment d'effroi et de stupeur : *Une nouvelle qui effare les auditeurs* (syn. STUPÉFIER); le plonger dans un grand étonnement : *Sa naïveté m'effare* (syn. fam. SIDÉRER).

effarouché, e [efaruʃe] adj. Qui manifeste l'inquiétude : *Elle jetait de tous côtés des regards effarouchés* (syn. ↓ INQUIET).

effarouchement [efaruʃmɑ̃] n. m. Fait d'être effarouché.

effaroucher [efaruʃe] v. t. *Effaroucher qqn, un animal,* les remplir de crainte, de défiance, les porter à fuir : *S'approcher lentement pour ne pas effaroucher les poissons* (syn EFFRAYER). *Ne vous laissez pas effaroucher par son air méchant* (syn. INTIMIDER).

1. effectif, ive [efɛktif] adj. (lat. *effectivus*, actif). Qui existe réellement, qui se traduit en actes : *Il a beaucoup parlé, mais son travail effectif est insignifiant* (syn. RÉEL, POSITIF). *L'armistice est devenu effectif depuis ce matin.*

2. effectif [efɛktif] n. m. Nombre de personnes constituant un groupe bien déterminé : *L'effectif du collège a doublé depuis vingt ans.*

effectivement [efɛktivmɑ̃] adv. **1.** Selon ce qu'on peut constater dans la réalité, conformément à ce qui existe : *Non, ceci n'est pas un conte, c'est effectivement arrivé* (syn. RÉELLEMENT, POSITIVEMENT). *Il est plus inquiet qu'il ne paraît effectivement* (syn. VÉRITABLEMENT). *Elle est effectivement sortie dans l'après-midi* (contr. APPAREMMENT, EN APPARENCE). — **2.** Confirme un énoncé précédent ou renforce une affirmation : *« Vous étiez absent de chez vous dimanche ? — Oui, effectivement »* (syn. EN EFFET, C'EST EXACT).

effectuer [efɛktɥe] v. t. (lat. *effectuare*). *Effectuer qqch*, procéder à sa réalisation : *L'armée a effectué un repli stratégique* (syn. OPÉRER). *Faire effectuer des réparations dans sa maison* (syn. EXÉCUTER, FAIRE). *Le navire a effectué la traversée en dix heures* (syn. ACCOMPLIR). ◆ ***s'effectuer*** v. pr. S'exécuter : *Les travaux s'effectuent selon le plan prévu. La rentrée s'effectue sans incident* (syn. SE RÉALISER).

efféminé, e [efemine] adj. Qui a les caractères attribués aux femmes : *C'est un garçon très élégant, mais aux manières très efféminées* (contr. VIRIL).

efféminer [efemine] v. t. Péjor. *Efféminer qqn*, le rendre pareil à une femme, quant à l'aspect, les manières (surtout pass.).

effervescence [efɛrvɛsɑ̃s] n. f. **1.** Bouillonnement : *Chauffer de l'eau jusqu'à effervescence.* — **2.** État d'extrême passion : *Une assemblée en pleine effervescence* (syn. AGITATION). *Une grande effervescence régnait dans la ville* (contr. CALME).

effervescent, e [efɛrvɛsɑ̃] adj. (lat. *effervescens*, bouillonnant). **1.** Se dit d'un liquide qui bouillonne ou qui pétille : *Une réaction chimique qui rend le mélange effervescent. Une boisson effervescente.* — **2.** Qui réagit vivement, avec passion : *Une foule effervescente* (syn. AGITÉ, ARDENT, BOUILLANT, ENFLAMMÉ).

effet [efɛ] n. m. (lat. *effectus*, exécution). **1.** Ce qui est produit, entraîné par l'action de qqch : *Ce remède a produit un effet salutaire* (syn. RÉSULTAT). *On peut déjà prévoir les effets de la nouvelle loi de finances* (syn. CONSÉQUENCE). *Le phénomène des marées est un effet de l'attraction exercée par la Lune et le Soleil* (contr. CAUSE). — **2.** Impression produite sur qqn (surtout avec *faire*) : *Un effet d'optique, de perspective* (syn. ILLUSION). *Cette déclaration a fait un effet considérable sur l'assemblée. Un langage très libre, qui ferait mauvais effet dans un salon. Une robe qui fait de l'effet pour son prix. Elle me fait l'effet d'une fille sérieuse* (= elle me semble). *Un assemblage de couleurs du plus heureux effet* (= très agréable à la vue); parole, geste, attitude qui vise à produire cette impression : *Faire des effets de voix, des effets de jambes. Il a manqué son petit effet.* — **3.** Procédé visant à attirer l'attention, à provoquer une surprise : *Tirer des effets comiques d'une situation. La mise en scène de cette pièce comporte des effets faciles.* — **4.** *À cet effet*, dans cette intention, en vue de ce résultat. ‖ *Donner de l'effet à une balle*, lui imprimer un mouvement de rotation pour lui donner une trajectoire, un rebond anormal. ‖ *En effet* → ce mot. ‖ *Prendre effet*, devenir applicable : *Ces dispositions prendront effet à partir du 1er juillet.* ‖ *Sous l'effet de*, sous l'influence de : *Un malade qui est sous l'effet d'un calmant.* ◆ ***effets*** n. m. pl. Pièces de l'habillement : *Des effets militaires* (syn. VÊTEMENTS).

effeuiller [efœje] v. t. Dépouiller de ses feuilles ou de ses pétales : *Le vent effeuille les arbres. Effeuiller une marguerite.* ◆ ***s'effeuiller*** v. pr. Perdre ses feuilles ou ses pétales : *La rose s'est effeuillée.*

efficace [efikas] adj. (lat. *efficax*, agissant). **1.** Qui produit l'effet attendu : *Un traitement efficace du rhumatisme* (syn. BON POUR). *Je connais un moyen efficace pour la faire accepter* (syn. INFAILLIBLE). — **2.** Qui exerce une action proportionnée à son rôle : *Un employé peu efficace* (syn. CAPABLE). *Je serais plus efficace à ce poste* (syn. EFFICIENT).

efficacement [efikasmɑ̃] adv. De manière efficace : *Employer efficacement une nouvelle méthode* (= avoir un résultat satisfaisant). *Il est intervenu efficacement auprès de la direction* (= avec succès, utilement).

efficacité [efikasite] n. f. Caractère efficace : *L'efficacité d'un remède* (syn. ACTION). *L'efficacité d'un ingénieur* (syn. PRODUCTIVITÉ).

efficience [efisjɑ̃s] n. f. Caractère efficient (syn. EFFICACITÉ).

efficient, e [efisjɑ̃] adj. (lat. *efficiens*, qui produit). Dont l'action aboutit à des résultats [soutenu] (syn. EFFICACE).

effigie [efiʒi] n. f. (lat. *effigies*, portrait). **1.** Représentation, notamment sur une médaille ou une pièce de monnaie, du visage de qqn : *Une pièce à l'effigie d'un souverain.* — **2.** *Brûler qqn en effigie*, brûler publiquement son image ou un mannequin le représentant, en signe de la haine qu'on lui porte.

effilé, e [efile] adj. Qui va en s'amenuisant : *Des doigts effilés* (syn. MINCE, ALLONGÉ ; contr. ÉPAIS). *Le clocher se termine par une flèche effilée* (syn. AIGU, POINTU).

effilement [efilmɑ̃] n. m. État de ce qui est effilé.

effiler [efile] v. t. (de *fil*). **1.** *Effiler un tissu*, en défaire les fils un à un, de façon à faire des franges au bord. — **2.** *Effiler les cheveux de qqn*, les raccourcir inégalement, en dégradé.

effilochage [efilɔʃaʒ] n. m. Action d'effilocher.

effilocher [efilɔʃe] v. t. *Effilocher un tissu*, le défaire fil à fil. ◆ ***s'effilocher*** v. pr. **1.** S'effiler par usure : *Les manches de sa veste s'effilochent.* — **2.** Se dissiper, disparaître en se dispersant : *Des nuages qui s'effilochent.*

effilochure [efilɔʃyr] n. f. Partie effilochée de qqch.

efflanqué, e [eflɑ̃ke] adj. (de *flanc*). *Péjor.* Se dit de qqn, d'un animal maigre et long : *Un pauvre chien tout efflanqué* (syn. DÉCHARNÉ).

effleurement [eflœrmɑ̃] n. m. Action d'effleurer.

effleurer [eflœre] v. t. (de [à] *fleur* [*de*]). **1.** *Effleurer qqch*, le toucher légèrement, en raser la surface : *Elle effleura du doigt le vase de cristal* (syn. CARESSER). — **2.** *Effleurer qqn, une partie de son corps*, l'entamer superficiellement : *Un éclat d'obus lui avait effleuré la jambe* (syn. ÉGRATIGNER). — **3.** (sujet qqch [abstrait]) *Effleurer qqn, son esprit*, se présenter à son esprit sans y laisser d'impression profonde : *La crainte d'un insuccès ne l'avait même pas effleuré.* — **4.** *Effleurer un sujet*, le traiter superficiellement.

efflorescence [eflɔrɛsɑ̃s] n. f. (du lat. *efflorescere*, fleurir). *Litt.* Apparition de qqch ou son épanouissement : *L'efflorescence de l'art gothique au XIIIe s.*

effluve [eflyv] n. m. (lat. *effluvium*, écoulement). *Litt.* Émanation plus ou moins odorante qui se dégage du corps des êtres animés et des végétaux : *Les effluves embaumés d'un jardin, un soir d'été.*

effondrement [efɔ̃drəmɑ̃] n. m. **1.** Action de s'effondrer, de s'écrouler : *L'effondrement d'un toit* (syn. ÉCROULEMENT). *L'effondrement d'une preuve* (syn. RUINE). *L'effondrement des cours de la Bourse.* — **2.** Fait de céder à un abattement moral : *L'effondrement d'une personne abandonnée* (syn. ABATTEMENT, ANÉANTISSEMENT, ↑ PROSTRATION).

effondrer (s') [efɔ̃dre] v. pr., **être effondré** v. pass. (du lat. *fundus*, fond). **1.** (sujet qqch [concret]) Crouler, céder sous un poids excessif : *Un plancher,* une voûte qui s'effondre. Le pont s'est effondré au passage du camion (syn. S'ÉCROULER). — **2.** (sujet qqch [abstrait]) S'avérer sans valeur : *Ses arguments se sont effondrés. L'empire s'est effondré* (syn. SE DISLOQUER). — **3.** *Les prix, le marché, les cours s'effondrent,* ils subissent une baisse importante et très brusque. — **4.** (sujet qqn) Tomber à terre, mort, blessé ou épuisé : *La sentinelle tira une rafale sur le fugitif qui s'effondra* (syn. S'ÉCROULER, S'ABATTRE). *Elle s'est effondrée dans un fauteuil, morte de fatigue.* — **5.** (sujet qqn) Céder à un abattement moral, cesser de résister : *Un accusé qui s'effondre et passe aux aveux. Il paraissait effondré par cette nouvelle* (syn. ANÉANTI, ↑ PROSTRÉ).

efforcer (s') [efɔrse] v. pr. (de *forcer*) [c. 1] (sujet qqn) *S'efforcer de* (+ *inf.*), employer ses forces à, faire son possible pour : *S'efforcer de déplacer un bloc de pierre. Je m'efforçais de rester calme dans cette agitation générale* (syn. TÂCHER, ESSAYER).

effort [efɔr] n. m. (de *s'efforcer*). Application de forces physiques, intellectuelles ou morales à un but : *Les efforts que m'a demandés l'arrachage de cet arbre. Une lecture qui demande un effort de réflexion. Au prix d'un effort de volonté, elle n'a rien répondu à ces injures. Le succès nous récompense de notre effort. Il n'a même pas pu faire l'effort de m'écrire* (= il n'a pas eu ce courage). *Un concurrent qui a gagné sans effort* (= facilement).

effraction [efraksjɔ̃] n. f. (du lat. *effringere,* rompre). Action de briser une clôture, de forcer une serrure pour commettre un méfait : *Les cambrioleurs ont pénétré dans la maison par effraction. La serrure de la porte a été fracturée, il y a eu vol avec effraction.* (→ FRACTURER.)

effraie [efrɛ] n. f. (de *orfraie*). Chouette à plumage fauve clair tacheté de gris, à grosse tête, aux grands yeux entourés d'une collerette de plumes blanches.

effrayant, e [efrɛjɑ̃] adj. **1.** Qui cause une grande peur : *Un cri effrayant* (syn. TERRIFIANT). — **2.** *Fam.* Qui accable, qui produit un saisissement : *Une chaleur effrayante* (syn. TERRIBLE). *Un enfant d'une paresse effrayante. Un prix effrayant* (syn. EFFARANT).

effrayer [efrɛje] v. t. (bas lat. *exfridare;* mot frq.) [c. 4]. **1.** *Effrayer qqn, un animal,* lui causer de la frayeur : *L'explosion a effrayé le chat* (syn. APEURER, EFFAROUCHER, ↑ ÉPOUVANTER, ↑ TERRIFIER). — **2.** *Effrayer qqn,* lui causer un grand souci, le rebuter, le décourager (souvent pass.) : *Être effrayé par la longueur de la tâche à entreprendre* (contr. ENHARDIR). ◆ ***s'effrayer*** v. pr. Prendre peur : *Tu t'effraies d'un rien.* (→ EFFROI.)

effréné, e [efrene] adj. (lat. *effrenatus,* déchaîné). Qui s'exerce sans retenue, avec violence : *Une ardeur effrénée* (syn. ↑ EXAGÉRÉ). *Un orgueil effréné* (syn. IMMENSE, ↓ IMMODÉRÉ). *Course effrénée* (syn. FOU).

effritement [efritmɑ̃] n. m. **1.** Action d'effriter, de s'effriter : *L'effritement d'une ardoise.* — **2.** *L'effritement d'un parti, d'une majorité,* etc., son affaiblissement progressif, sa désagrégation.

effriter [efrite] v. t. (anc. fr. *effruiter,* dépouiller de ses fruits). *Effriter qqch,* le désagréger, le réduire en fines particules : *Effriter un biscuit entre ses doigts.* ◆ ***s'effriter*** v. pr. **1.** Se désagréger : *Une roche qui s'effrite facilement.* — **2.** Se dissocier : *L'opposition parlementaire s'est effritée.*

effroi [efrwa] n. m. (de *effrayer*). Grande frayeur : *L'éruption volcanique remplit d'effroi tous les habitants des environs.*

effronté, e [efrɔ̃te] adj. (de *front*). Qui se conduit envers les autres avec une hardiesse excessive, qui ne garde aucune retenue : *Il est bien effronté de nous dire cela* (syn. IMPUDENT). *Un menteur effronté* (syn. ÉHONTÉ). *Une réponse effrontée* (syn. INSOLENT, OUTRECUIDANT).

effrontément [efrɔ̃temɑ̃] adv. Avec effronterie : *Mentir effrontément. Regarder quelqu'un effrontément* (syn. IMPUDEMMENT, INSOLEMMENT).

effronterie [efrɔ̃tri] n. f. Attitude d'effronté : *Avoir l'effronterie de nier l'évidence* (syn. AUDACE, IMPUDENCE). *Un gamin qui répond avec effronterie* (syn. INSOLENCE).

effroyable [efrwajabl] adj. (après ou avant le n.) **1.** Qui cause de l'effroi : *Un effroyable massacre* (syn. HORRIBLE, AFFREUX, ÉPOUVANTABLE). — **2.** Qui impressionne vivement; très mauvais : *Un livre d'une vulgarité effroyable. Une nourriture effroyable* (syn. ATROCE, AFFREUX, HORRIBLE, ÉPOUVANTABLE).

effroyablement [efrwajabləmɑ̃] adv. De façon effroyable, terrible : *Des victimes effroyablement mutilées* (syn. HORRIBLEMENT, AFFREUSEMENT). *Il chante effroyablement* (syn. ÉPOUVANTABLEMENT).

effusion [efyzjɔ̃] n. f. (lat. *effusio,* épanchement). *Effusion de sang,* action de verser le sang, de blesser ou de tuer : *Une révolution qui se fait sans effusion de sang.* ◆ ***effusions*** n. f. pl. Manifestations de tendresse, d'affection : *Après les premières effusions, la mère et la fille, enfin réunies, commencèrent à se raconter leurs aventures* (syn. ÉPANCHEMENT). *Des effusions de tendresse* (syn. DÉBORDEMENT).

égailler (s') [egaje] v. pr. (anc. fr. *esgailler,* disperser) [sujet qqn (pl.)] Se disperser en tous sens, en général pour se dissimuler : *Les soldats en déroute s'égaillèrent dans les bois des environs* (syn. S'ÉPARPILLER).

égal, e, aux [egal] adj. (lat. *aequalis*). **1.** Qui ne présente aucune différence de quantité, de dimension, de valeur : *Deux récipients de capacité égale* (syn. IDENTIQUE). *Le double de douze est égal au triple de huit. La base de ce triangle est égale à sa hauteur. Il traitait tous ses voisins avec une égale cordialité* (syn. MÊME). — **2.** Qui ne présente pas de brusques différences dans son cours : *Marcher d'un pas égal* (syn. RÉGULIER, UNIFORME). *Une femme d'un caractère égal* (syn. CALME). — **3.** Qui ne présente pas de bosses ou de creux : *Jouer une partie de football sur un terrain bien égal* (syn. PLAT, UNI). — **4.** Qui s'applique à tout le monde dans les mêmes conditions, qui offre les mêmes chances à tous : *Une justice égale* (syn. IMPARTIAL). *La partie n'est pas égale entre eux.* — **5.** *À l'égal de,* au même degré que. ‖ *Cela m'est égal, lui est égal,* etc., cela me, le laisse indifférent : *Tout lui est égal, maintenant que ce projet a échoué.* ‖ Fam. *C'est égal,* insiste sur le caractère inattendu, anormal d'un fait : *Il n'est pas venu au rendez-vous : c'est égal, il aurait pu donner un coup de téléphone!* ‖ *N'avoir d'égal que,* ne pouvoir être comparé qu'à : *Un courage qui n'a d'égal* (ou *d'égale*) *que sa prudence.* ‖ *Rester égal à soi-même,* ne pas perdre de ses qualités. ‖ *Sans égal,* supérieur à tout ou à tous : *Une habileté sans égale* (syn. INCOMPARABLE, UNIQUE). ‖ *Toutes choses égales d'ailleurs,* toutes les circonstances restant les mêmes. ◆ adj. et n. **1.** Se dit de personnes qui ont les mêmes droits, la même condition : *Des citoyens égaux devant la loi. Elle lui parle comme à une égale.* — **2.** *D'égal à égal,* sans marquer aucune différence de rang social, de dignité : *S'entretenir d'égal à égal avec quelqu'un* (syn. SUR UN PIED D'ÉGALITÉ).

égalable [egalabl] adj. Qui peut être égalé : *Un exploit très difficilement égalable.*

également [egalmɑ̃] adv. **1.** De façon égale : *Nappe qui pend également aux deux bouts de la table. Craindre également la chaleur et le froid. Deux frères également partagés dans cet héritage.* — **2.** Aussi, de même, en outre : *Il faut lire ce livre et celui-là également. Voilà le trajet le plus court, mais on peut également gagner cette ville par une autre route.*

égaler [egale] v. t. **1.** *Égaler qqn, qqch,* atteindre au même niveau, à la même importance : *Aucun des con-*

currents n'a pu l'égaler en rapidité. Un record jamais égalé. La renommée de cet auteur égale celle de son devancier. — **2.** *Égaler une quantité,* lui être égal : *Le signe « égale » est =. Dix divisé par deux égale cinq.*

égalisateur, trice [egalizatœr] adj. Qui égalise.

égalisation [egalizasjɔ̃] n. f. Action d'égaliser, de rendre égal : *L'égalisation du terrain, des conditions sociales* (syn. NIVELLEMENT). *Équipe qui obtient l'égalisation.*

égaliser [egalize] v. t. Rendre égal : *Les épreuves sont choisies de façon à égaliser les chances des concurrents* (syn. ÉQUILIBRER). *Égaliser le sol* (syn. NIVELER). *Un système fiscal qui tendrait à égaliser les fortunes* (syn. NIVELER). ◆ v. i. *Joueur, équipe qui égalise,* qui réussit à obtenir le même nombre de points que l'adversaire dans une compétition sportive.

égalitaire [egalitɛr] adj. Qui vise à l'égalité politique, civile, sociale : *Une doctrine égalitaire.*

égalitarisme [egalitarism] n. m. Théorie qui affirme l'égalité des droits entre les hommes.

égalité [egalite] n. f. (lat. *aequalitas*). Qualité de choses ou de personnes égales : *L'égalité de deux sommes, des côtés d'un carré. L'égalité du sol. Un homme d'une parfaite égalité d'humeur. Égalité politique. L'égalité des conditions sociales. Les deux concurrents sont à égalité* (= ils ont le même nombre de points). *À égalité de titres, on prend le candidat le plus jeune* (= au cas où les titres sont égaux).

égard [egar] n. m. (anc. fr. *esgarder,* considérer). *À l'égard de,* relativement à, en ce qui concerne : *Une commerçante aimable à l'égard de ses clients* (syn. ENVERS, AVEC). *On a fait une exception à son égard* (= en sa faveur). *Prendre des sanctions à l'égard des coupables* (syn. À L'ENCONTRE DE). ‖ *À tous égards, à certains égards, à aucun égard, à cet égard,* à tous les points de vue, à certains points de vue, sous aucun rapport, sous ce rapport. ‖ *Avoir égard à qqch,* en tenir compte. ‖ *Eu égard à,* compte tenu de, en considération de. ‖ *Par égard, sans égard pour,* en tenant, en ne tenant pas compte de : *Par égard pour sa famille, on a étouffé l'affaire.* ◆ ***égards*** n. m. pl. Marques de considération témoignées à qqn : *Son âge lui donne droit à certains égards* (syn. DÉFÉRENCE).

égaré, e [egare] adj. **1.** Qui a perdu son chemin : *Une brebis égarée.* — **2.** Troublé, hagard : *Air égaré.*

égarement [egarmɑ̃] n. m. Perte de contrôle de ses actes : *Depuis quelque temps, il présentait des signes d'égarement d'esprit. Dans son égarement, il ne songeait même pas à tirer le signal d'alarme* (syn. AFFOLEMENT).

égarer [egare] v. t. (du frq. *warôn,* conserver). **1.** *Égarer qqn,* le mettre hors de son chemin, de telle sorte qu'il ne sait plus de quel côté se diriger : *Un faux témoignage qui égare les enquêteurs* (syn. DÉROUTER). — **2.** *Égarer qqn,* lui faire perdre le contrôle de ses actes : *Égaré par sa douleur, il s'en prenait à tout son entourage* (syn. AVEUGLER). — **3.** *Égarer un objet,* ne plus pouvoir le retrouver momentanément (soutenu) : *Voudriez-vous me prêter votre stylo ; j'ai égaré le mien* (syn. PERDRE). ◆ ***s'égarer*** v. pr. **1.** (sujet qqn) Ne plus reconnaître le bon chemin, faire fausse route : *Des enfants qui se sont égarés en jouant dans la forêt* (syn. SE PERDRE). — **2.** (sujet qqn) S'écarter du bon sens, de la vérité, du centre d'intérêt : *Le début du raisonnement est rigoureux, mais, ensuite, l'auteur s'égare complètement* (syn. SE TROMPER ; fam. DÉRAILLER). *Il s'égare dans de vaines digressions.* — **3.** (sujet un objet) Être momentanément perdu (soutenu) : *Plusieurs livres se sont égarés au cours du déménagement* (syn. SE PERDRE). — **4.** *Votes, voix qui s'égarent (sur plusieurs candidats),* qui s'éparpillent.

égayer [egɛje] v. t. (de *gai*) [c. **4**]. **1.** (sujet qqn, qqch) *Égayer qqn, un groupe,* les porter à la gaieté : *Avec ses histoires, elle a réussi à m'égayer* (syn. AMUSER, DIVERTIR, RÉJOUIR). *Ce petit vin les a égayés* (= rendus gais). — **2.** (sujet qqch) *Égayer une maison, un récit,* etc., les agrémenter de détails qui leur donnent un aspect plus gai : *Ces fleurs égayent la chambre.* ◆ ***s'égayer*** v. pr. (sujet qqn) Se donner du plaisir, notamment par la moquerie : *S'égayer aux dépens des invités* (syn. RIRE, S'AMUSER, SE DIVERTIR).

égérie [eʒeri] n. f. (de *Égérie,* nymphe de la mythologie latine, conseillère du roi Numa). Femme qui conseille secrètement qqn (ironiq. ou péjor.).

égide [eʒid] n. f. (lat. *aegis, -idis,* bouclier). *Sous l'égide de,* sous le patronage de : *Une exposition organisée sous l'égide du gouvernement* (syn. SOUS LES AUSPICES DE).

églantier [eglɑ̃tje] n. m. (bas lat. *aquilentum,* riche en épines). Rosier sauvage.

églantine [eglɑ̃tin] n. f. Fleur de l'églantier.

églefin → AIGLEFIN.

1. église [egliz] n. f. (gr. *ekklêsia,* assemblée). Édifice destiné au rassemblement des fidèles pour l'exercice du culte catholique.

2. Église [egliz] n. f. **1.** Ensemble des fidèles d'une religion reconnaissant Jésus-Christ pour son fondateur : *L'Église catholique. Les Églises protestantes.* — **2.** *Homme d'Église,* ecclésiastique.

égocentrique [egɔsɑ̃trik] adj. Relatif à l'égocentrisme : *Réflexe égocentrique.*

égocentrisme [egɔsɑ̃trism] n. m. (du lat. *ego,* moi, et *centrum,* centre). Tendance de qqn à se considérer comme le centre de l'univers, à tout rapporter à lui-même.

égoïne [egɔin] n. f. (lat. *scobina,* lime). Scie à main, composée d'une lame munie d'une poignée à une extrémité.

égoïsme [egɔism] n. m. (du lat. *ego,* moi). Attachement excessif que qqn porte à lui-même, à ses intérêts, aux dépens de ceux des autres : *Un égoïsme sordide* (contr. ALTRUISME, GÉNÉROSITÉ).

égoïste [egɔist] adj. et n. Qui fait preuve d'égoïsme : *Cet enfant est égoïste, il a gardé pour lui tous les bonbons au lieu d'en offrir. Un calcul égoïste* (contr. DÉSINTÉRESSÉ). *Il s'est conduit en égoïste.*

égoïstement [egɔistəmɑ̃] adv. Avec égoïsme : *Vivre égoïstement.*

égorgement [egɔrʒəmɑ̃] n. m. Action d'égorger : *La cérémonie rituelle comportait l'égorgement d'un mouton.*

égorger [egɔrʒe] v. t. (c. 2). **1.** *Égorger un animal, qqn,* les tuer en leur coupant la gorge. — **2.** Fam. *Égorger un client,* lui faire payer un prix excessif.

égorgeur, euse [egɔrʒœr] n. Qui égorge.

égosiller (s') [egɔzije] v. pr. (de *gosier*) [sujet qqn] Crier fort et longtemps : *Je m'égosillais vainement depuis un quart d'heure pour me faire entendre.*

égout [egu] n. m. (de *égoutter*). Canalisation souterraine destinée à l'évacuation des eaux sales : *Les égouts se déversent parfois dans la mer. Une bouche d'égout est une ouverture pratiquée dans la bordure d'un trottoir pour évacuer dans l'égout les eaux de la rue.*

égoutier [egutje] n. m. Ouvrier chargé du nettoyage et de l'entretien des égouts.

égouttage [egutaʒ] ou **égouttement** [egutmɑ̃] n. m. Action d'égoutter.

égoutter [egute] v. t. *Égoutter un corps,* le débarrasser d'un liquide qu'on laisse écouler goutte à goutte : *Étendre du linge pour l'égoutter. Égoutter la vaisselle.* ◆ v. i. ou ***s'égoutter*** v. pr. **1.** Perdre goutte à goutte un liquide qui imprègne : *Les arbres s'égouttent après la pluie. Le linge s'égoutte* ou *égoutte.* — **2.** S'écouler goutte à goutte : *L'eau de pluie qui s'égoutte d'un manteau.*

égouttoir [egutwar] n. m. Ustensile permettant de faire égoutter qqch, en particulier la vaisselle.

égratigner [egratiɲe] v. t. (anc. fr. *gratiner,* gratter). **1.** *Égratigner qqn, une partie de son corps,* lui déchirer superficiellement la peau : *Les ronces lui ont égratigné les jambes.* — **2.** *Égratigner qqch,* en rayer la surface : *La carrosserie a été égratignée* (syn. ÉRAFLER). — **3.** Fam. *Égratigner qqn,* diriger contre lui des traits de critique légère, de raillerie.

égratignure [egratiɲyr] n. f. Déchirure superficielle : *L'accident n'a fait que des dégâts matériels; les deux automobilistes s'en sont tirés sans une égratignure* (syn. ÉCORCHURE).

égrènement [egrɛnmɑ̃] n. m. Action d'égrener, de s'égrener.

égrener [egrəne] v. t. (du lat. *granum,* grain) [c. **9**]. **1.** *Égrener des épis, des grappes,* etc., ou *du blé, du raisin,* etc., séparer les grains des épis, des grappes. — **2.** *Égrener un chapelet,* en faire passer les grains entre ses doigts en récitant les formules de prières. — **3.** *Pendule qui égrène les heures, les douze coups de midi,* qui marque successivement ces heures, qui sonne ces douze coups. ◆ ***s'égrener*** v. pr. **1.** (sujet des grains, des fruits) Se détacher de l'épi ou de la grappe. — **2.** (sujet qqn, qqch) Se séparer ou se disposer à distance l'un de l'autre.

égrillard, e [egrijar] adj. (de l'anc. fr. *escriller,* glisser). Qui aime les propos licencieux : *Raconter des histoires égrillardes* (syn. LESTE, POLISSON, ↑OBSCÈNE). *Un air égrillard.*

égyptien, enne [eʒipsjɛ̃] adj. et n. D'Égypte. ◆ ***égyptien*** n. m. Langue de l'ancienne Égypte.

égyptologie [eʒiptɔlɔʒi] n. f. Étude de l'Égypte ancienne.

égyptologue [eʒiptɔlɔg] n. Spécialiste d'égyptologie.

eh! [e, ɛ] interj. **1.** Exprime l'étonnement, la surprise, la joie, la douleur, le reproche, l'encouragement, l'interpellation : *Eh! attendez un peu. Eh ! faites donc un peu attention. Eh! vous, là-bas! venez donc. Eh! que faites-vous là!* — **2.** *Eh bien,* exprime la surprise, l'admiration, la résolution, ou sollicite une explication, etc. : *Eh bien! puisqu'elle le veut, acceptons. Vous avez visité Londres. Eh bien? Eh bien! qui l'aurait dit? Eh bien, quel désappointement doit être le sien!* — **3.** *Eh bien* introduit une conclusion, une conséquence : *Tout le monde est là? Eh bien, on peut commencer. Je m'attendais à un spectacle étonnant : eh bien, j'ai été déçu.* — **4.** *Eh quoi!,* exprime la surprise ou l'indignation : *Eh quoi! vous n'avez pas peur de l'affronter?*

éhonté, e [eɔ̃te] adj. Qui agit sans aucune pudeur, qui n'a pas honte de ses actes répréhensibles : *Un menteur éhonté* (syn. EFFRONTÉ, IMPUDENT, CYNIQUE). *Faire preuve d'une partialité éhontée* (syn. HONTEUX, SCANDALEUX).

eider [edɛr] n. m. (islandais *aedar*). Oiseau voisin des canards, nichant sur les côtes scandinaves et dont le duvet sert à garnir les édredons.

éjectable [eʒɛktabl] adj. *Siège éjectable,* doté d'un dispositif qui, en cas d'accident, projette à l'extérieur le pilote muni de son parachute.

éjecter [eʒɛkte] v. t. (lat. *ejectare*). **1.** *Éjecter un objet, qqn,* le projeter au-dehors : *La mitrailleuse éjecte les douilles vides au cours du tir. Le pilote a été éjecté de l'avion.* — **2.** Fam. *Éjecter qqn,* se débarrasser de lui, le renvoyer : *Un élève qui se fait éjecter de la classe* (syn. EXPULSER ; fam. VIDER).

éjection [eʒɛksjɔ̃] n. f. Action d'éjecter.

élaboration [elabɔrasjɔ̃] n. f. Action d'élaborer : *De nombreux ingénieurs ont participé à l'élaboration de ce nouveau modèle* (syn. PRÉPARATION).

élaborer [elabɔre] v. t. (lat. *elaborare,* travailler avec soin). *Élaborer un plan, une doctrine, un article de revue,* etc., les préparer, les composer au prix d'un long travail (syn. COMBINER, MÛRIR). ◆ ***s'élaborer*** v. pr. Se former : *Un projet qui s'élabore peu à peu.*

élagage [elagaʒ] n. m. Action d'élaguer : *L'élagage des marronniers de l'avenue. L'élagage d'un compte-rendu.*

élaguer [elage] v. t. (de l'anc. nordique *laga,* arranger). **1.** *Élaguer un arbre,* en retrancher les branches superflues (syn. TAILLER ; techn. ÉMONDER). — **2.** *Élaguer une phrase, un récit,* etc., en supprimer ce qui les charge inutilement, les rendre plus concis.

1. élan [elɑ̃] n. m. (de *s'élancer*). **1.** Mouvement de qqn qui s'élance; force qui pousse un corps en mouvement : *Prendre son élan pour sauter un fossé. Elle a franchi l'obstacle d'un seul élan. La voiture, emportée par son élan, n'a pas pu s'arrêter à temps* (syn. VITESSE). *Dans son élan, l'assaillant bouscula la résistance ennemie* (syn. ARDEUR). — **2.** Brusque mouvement intérieur : *Elle a tout avoué dans un élan de franchise* (syn. ACCÈS). *Cet élan d'affection de sa part m'a surpris.*

2. élan [elɑ̃] n. m. (anc. all. *elend*). Mammifère des pays du Nord, proche du cerf.

élancé, e [elɑ̃se] adj. Se dit de la taille de qqn ou d'une architecture allongée et fine : *Une taille élancée* (= mince et élégante ; syn. SVELTE ; contr. ALOURDI, ÉPAIS). *Un clocher élancé. Une colonne élancée* (= haute et fine).

élancement [elɑ̃smɑ̃] n. m. Douleur vive et intermittente : *Une crise de rhumatisme qui cause de violents élancements.*

élancer [elɑ̃se] v. t. (c. **1**) *Blessure, abcès, etc., qui élance (qqn, un membre),* qui cause de vives douleurs intermittentes. ◆ ***s'élancer*** v. pr. **1.** (sujet qqn, un animal) Se lancer, se porter vivement : *Quelques passants s'élancèrent à la poursuite de la voleuse* (syn. SE JETER). *Dès qu'elle vit les flammes, elle s'élança vers la sortie* (syn. SE PRÉCIPITER). *S'élancer au secours d'un accidenté* (syn. VOLER). — **2.** (sujet qqch d'immobile) Se dresser verticalement (soutenu) : *La flèche du clocher s'élance vers le ciel* (syn. POINTER, S'ÉLEVER).

élargir [elarʒir] v. t. **1.** *Élargir qqch,* le rendre plus large, plus ample : *Élargir une allée de jardin. Élargir un rideau* (contr. RÉTRÉCIR). *Ses lectures lui ont élargi l'esprit* (syn. OUVRIR). *Élargir le débat* (= lui donner une portée plus générale). *Le gouvernement cherche à élargir sa majorité* (syn. AUGMENTER). — **2.** *Élargir un prisonnier,* le libérer (soutenu). ◆ v. i. ou ***s'élargir*** v. pr. (sujet qqch) Devenir plus large : *Un pull-over qui s'est élargi* ou *qui a élargi* (contr. RÉTRÉCIR).

élargissement [elarʒismɑ̃] n. m. **1.** Action d'élargir, de rendre plus large : *L'élargissement de la cheminée, d'un vêtement, de la majorité.* — **2.** Action d'élargir un prisonnier : *L'élargissement des détenus* (syn. LIBÉRATION).

élasticité [elastisite] n. f. Qualité de ce qui est élastique : *L'élasticité de la peau. L'élasticité d'une lame d'acier. L'élasticité des acrobates* (syn. SOUPLESSE).

élastique [elastik], adj. (du gr. *elastos,* ductile). **1.** Se dit d'un corps qui a la propriété de reprendre totalement ou partiellement sa forme ou son volume après avoir été comprimé, distendu, déformé : *Le caoutchouc est élastique.* — **2.** *Règlement élastique,* qui n'est pas très exigeant, qu'on peut interpréter assez librement. ◆ n. m. Petit lien en caoutchouc : *Fiches retenues ensemble par un élastique.*

eldorado [ɛldɔrado] n. m. (mot esp. signif. *le pays de l'or*). Pays chimérique où tout est abondant, facile, merveilleux (syn. PAYS DE COCAGNE).

électeur, trice [elɛktœr] n. Personne qui participe à une élection : *Recevoir sa carte d'électeur.*

électif, ive [elɛktif] adj. Nommé ou conféré par élection : *Président électif. Charge élective.*

élection [elɛksjɔ̃] n. f. (lat. *electio;* de *eligere,* choisir). **1.** Action d'élire; fait d'être élu : *L'élection de la responsable s'est faite à main levée* (syn. NOMINATION, DÉSIGNATION). *Les élections municipales.* — **2.** *Patrie, terre d'élection,* celle qui a été choisie entre toutes.

électivement [elɛktivmɑ̃] adv. De manière élective : *Un doyen désigné électivement.*

électivité [elɛktivite] n. f. Fait d'avoir été désigné par élection : *L'électivité d'un magistrat.*

électoral, e, aux [elɛktɔral] adj. Relatif aux élections : *Loi électorale. Collège électoral. Réunion électorale. Affiche électorale.*

électoraliste [elɛktɔralist] adj. *Péjor.* Qui n'a pour but que le résultat électoral : *Des préoccupations électoralistes* (= qui n'ont en vue que la tactique pour aboutir à un succès aux élections).

électorat [elɛktɔra] n. m. **1.** Droit d'être électeur. — **2.** Ensemble des électeurs.

électricien, enne [elɛktrisjɛ̃] n. et adj. Spécialiste d'électricité, des installations électriques : *Faire installer un nouveau système d'éclairage par un électricien. Un ouvrier électricien.*

électricité [elɛktrisite] n. f. (du gr. *êlektron,* ambre jaune). **1.** Forme d'énergie, utilisée à des fins industrielles ou pour l'éclairage, le chauffage, certains soins médicaux, etc. : *Toute la production d'électricité de cette région provient des barrages. On transporte l'électricité par des câbles métalliques. Installer l'électricité dans un appartement* (= poser un réseau de fils métalliques destinés à distribuer le courant électrique). *Il suffit de baisser cette manette pour couper l'électricité* (syn. COURANT). *Une cuisinière qui marche à l'électricité. Les éclairs sont des décharges d'électricité.* — **2.** Fam. *Il y a de l'électricité dans l'air,* les esprits sont échauffés, on peut craindre un éclat.

électrification [elɛktrifikasjɔ̃] n. f. Action d'électrifier.

électrifier [elɛktrifje] v. t. Doter d'une installation électrique; faire fonctionner à l'électricité : *Électrifier un nouveau tronçon du réseau ferroviaire.*

électrique [elɛktrik] adj. Relatif à l'électricité; qui fonctionne à l'électricité : *Le court-circuit est dû à un fil électrique mal isolé. J'ai reçu une décharge de courant électrique. Fer électrique.*

électriquement [elɛktrikmɑ̃] adv. Au moyen de l'électricité.

électriser [elɛktrize] v. t. *Électriser qqn,* provoquer en lui une vive exaltation, l'exciter : *Cette promesse magnifique avait électrisé l'assistance.*

électrocardiogramme [elɛktrɔkardjɔgram] n. m. Enregistrement des courants produits par la contraction des muscles du cœur.

électrochoc [elɛktrɔʃɔk] n. m. Traitement électrique de certaines affections mentales.

électrocuter [elɛktrɔkyte] v. t. (angl. *to electrocute*). Tuer par une décharge électrique.

électrocution [elɛktrɔkysjɔ̃] n. f. Action d'électrocuter; fait d'être électrocuté : *L'enquête a conclu à une mort par électrocution.*

électrode [elɛktrɔd] n. f. (*électr-* et gr. *hodos,* chemin). Conducteur par lequel le courant arrive (*électrode positive* ou *anode*) ou sort (*électrode négative* ou *cathode*).

électroencéphalogramme [elɛktrɔɑ̃sefalɔgram] n. m. Tracé obtenu par l'enregistrement de l'activité électrique existant entre les cellules cérébrales : *Le tracé plat de l'électroencéphalogramme traduit la mort.*

électrogène [elɛktrɔʒɛn] adj. (de *électro-* et gr. *gennân,* engendrer). *Groupe électrogène,* ensemble formé d'un moteur à vapeur ou d'un moteur à explosion et d'une dynamo, qui transforme en courant électrique le travail du moteur.

électrolyse [elɛktrɔliz] n. f. (*électro-* et gr. *lusis,* dissolution). Décomposition de certaines substances par passage d'un courant électrique.

électromagnétique [elɛktrɔmaɲetik] adj. Fondé sur les propriétés magnétiques des courants électriques.

électroménager [elɛktrɔmenaʒe] adj. m. Se dit d'appareils ménagers fonctionnant à l'électricité. ◆ n. m. Ensemble de ces appareils; industrie qui en dépend.

électron [elɛktrɔ̃] n. m. (mot angl.). Corpuscule chargé d'électricité négative et qui est l'un des constituants des atomes.

électronicien, enne [elɛktrɔnisjɛ̃] n. Spécialiste d'électronique.

électronique [elɛktrɔnik] adj. **1.** Qui concerne l'électron : *Un faisceau électronique.* — **2.** Qui fonctionne suivant les principes de l'électronique : *Microscope électronique.* — **3.** *Musique électronique,* qui utilise des oscillations électriques pour créer des sons musicaux. ◆ n. f. Partie de la physique et de la technique qui étudie les propriétés des électrons en mouvement pour capter, émettre et exploiter de l'information.

électrophone [elɛktrɔfɔn] n. m. (*électro-* et gr. *phônê,* son). Appareil électrique reproduisant les sons enregistrés sur un disque (syn. TOURNE-DISQUE).

élégamment [elegamɑ̃] adv. Avec élégance : *S'habiller élégamment* (syn. ↓ BIEN). *Il n'a pas agi très élégamment avec moi* (syn. COURTOISEMENT, CORRECTEMENT).

élégance [elegɑ̃s] n. f. **1.** Caractère élégant de qqn, de qqch : *L'élégance d'une personne* (syn. DISTINCTION). *L'élégance d'un geste* (syn. GRÂCE). *L'élégance d'un costume* (syn. fam. CHIC). *L'élégance d'une démonstration* (syn. SIMPLICITÉ). *L'élégance du style* (syn. AISANCE). *Elle a eu l'élégance de ne pas paraître remarquer mon erreur* (syn. POLITESSE, COURTOISIE, BONNE ÉDUCATION, DÉLICATESSE). *Admirer l'élégance d'un jardin.* — **2.** Acte, parole, etc., qui manifeste le désir de plaire : *Il y a dans cette traduction des élégances de mauvais goût.*

élégant, e [elegɑ̃] adj. et n. (lat. *elegans, -antis,* distingué). Qui a de la grâce, de l'aisance dans ses manières, dans son habillement : *Une jeune femme élégante accueille les visiteurs* (syn. JOLI, DISTINGUÉ). *Un geste élégant. Une pose élégante. Elle portait une robe très élégante* (syn. SEYANT; fam. CHIC). *Il y avait beaucoup d'élégantes à cette soirée.* ◆ adj. **1.** Qui séduit par sa simplicité ingénieuse, sa netteté, sa courtoisie : *J'ai trouvé une solution élégante au problème* (syn. ASTUCIEUX). *Un style élégant. C'est une façon élégante de se débarrasser de lui* (syn. HABILE). *Il est reparti sans prévenir personne : le procédé est peu élégant* (syn. COURTOIS, CORRECT, BIEN ÉLEVÉ; contr. INÉLÉGANT). — **2.** Dont la forme, l'aspect sont gracieux, fins, bien proportionnés : *Elle habitait dans un élégant pavillon. Un vase élégant. Un mobilier élégant. Une reliure élégante.*

élégiaque [eleʒjak] adj. Qui relève de l'élégie : *Poème élégiaque* (syn. MÉLANCOLIQUE, ↑ PLAINTIF).

élégie [eleʒi] n. f. (gr. *elegeia,* chant de deuil). Petit poème lyrique généralement mélancolique ou triste.

élément [elemɑ̃] n. m. (lat. *elementum*). **1.** Une des choses qui entrent dans la composition d'un corps, d'un ensemble : *Chercher à reconnaître tous les éléments d'un mélange* (syn. COMPOSANT). *Acheter un meuble par éléments. L'enquête n'a apporté aucun élément nouveau au dossier* (syn. DONNÉE). *Nous manquons d'éléments d'appréciation.* — **2.** Milieu dans lequel vit un être, dans lequel il exerce son activité : *Les animaux qui vivent dans l'élément liquide* (= l'eau). *Elle ne fréquente guère les salons : elle ne s'y sent pas dans son élément. Quand la conversation est tombée sur les questions économiques, il s'est retrouvé dans son élément* (= sur son terrain). — **3.** Personne appartenant à un groupe : *Cette nouvelle employée est un excellent élément dans le service* (syn. RECRUE). *Des éléments ennemis s'étaient infiltrés dans nos lignes.* ◆ ***éléments*** n. m. pl. **1.** Notions de base : *Il a quelques éléments de droit international. Il en est resté aux premiers éléments du latin* (syn. RUDIMENTS). — **2.** Litt. *Les éléments,* les forces de la nature, spécialement le vent et l'eau : *Un navire qui lutte contre les éléments* (syn. TEMPÊTE). ‖ *Les quatre éléments,* l'air, le feu, la terre et l'eau.

élémentaire [elemɑ̃tɛr] adj. **1.** Extrêmement simple, facile à comprendre : *Avoir des notions élémentaires de chimie* (= des rudiments). *Ce problème est élémentaire.* — **2.** Essentiel, qui sert de base à un ensemble : *L'entraide est un devoir élémentaire. La plus élémentaire politesse aurait dû l'empêcher de parler.* — **3.** Qui concerne les éléments constituant un ensemble : *Décomposer un corps en particules élémentaires.*

éléphant [elefɑ̃] n. m. (gr. *elephas, -antos*). **1.** Très grand mammifère, dont le nez est une longue trompe et dont les incisives supérieures sont allongées en défenses : *L'éléphant barrit.* — **2.** *Éléphant de mer,* phoque à trompe des îles Kerguelen.

éléphanteau [elefɑ̃to] n. m. Jeune éléphant.

éléphantesque [elefɑ̃tesk] adj. *Fam.* Énorme, gigantesque : *Des proportions éléphantesques.*

éléphantiasis [elefɑ̃tjazis] n. m. Maladie se traduisant par un gonflement énorme des membres ou d'une partie du corps.

élevage [elvaʒ] n. m. Production et entretien des animaux domestiques : *Un fermier qui fait l'élevage des poulets. Une région d'élevage.*

1. élévateur, trice [elevatœr] adj. Qui élève : *Un appareil élévateur de grain.*

2. élévateur [elevatœr] n. m. Appareil destiné à élever un corps à un niveau supérieur : *Monter des fardeaux avec un élévateur.*

élévation [elevasjɔ̃] n. f. **1.** Action d'élever, de relever : *L'élévation du barrage a demandé deux ans* (syn. CONSTRUCTION). *Une élévation de la température, du niveau des prix* (syn. HAUSSE; contr. BAISSE). *Un livre d'une belle élévation de pensée* (syn. NOBLESSE). *Elle a tout réglé paisiblement, sans une élévation de voix* (syn. HAUSSEMENT, ÉCLAT). — **2.** À la messe, geste du prêtre qui élève l'hostie au-dessus de sa tête; moment où le prêtre accomplit ce geste.

élève [elɛv] n. (de *élever*). **1.** Celui, celle qui reçoit les leçons d'un maître, qui fréquente un établissement d'enseignement (du premier ou du second degré). — **2.** Celui, celle qui a été formé par l'exemple, par les conseils de qqn : *Raphaël fut un élève du Pérugin. Platon, l'élève de Socrate* (syn. DISCIPLE).

élevé, e [elve] adj.
— **I. 1.** Qui atteint une hauteur considérable, une grande importance : *Arbre élevé. Prix élevé. L'armée a subi des pertes élevées.* — **2.** Se dit d'une œuvre, de l'attitude de qqn qui a de la grandeur morale, de la noblesse de sentiments : *Des livres d'une inspiration élevée.*
— **II.** *Bien élevé, mal élevé,* qui a une bonne, une mauvaise éducation : *L'invitée était trop bien élevée pour paraître s'apercevoir de cet oubli de son hôte* (syn. POLI, CORRECT). *Il est mal élevé de couper la parole à quelqu'un* (syn. IMPOLI, INCORRECT, ↑ GROSSIER).

élever [elve] v. t. (de *lever*) [c. **9**].
— **I. 1.** *Élever qqch, qqn,* le porter plus haut, le mettre à un niveau, à un rang supérieur : *Une vieille maison qui a été élevée d'un étage* (syn. EXHAUSSER, RELEVER). *Élever le niveau de vie de la population* (syn. HAUSSER). *Élever le prix des denrées* (syn. AUGMENTER; contr. DIMINUER). *On l'a élevé à la dignité de commandeur de la Légion d'honneur* (syn. PROMOUVOIR). *Élever sa pensée jusqu'aux idées générales* (contr. ABAISSER), *Une musique qui élève l'âme* (syn. ENNOBLIR). — **2.** *Élever une maison, un monument,* etc., les construire, les dresser. — **3.** *Élever une critique, une contestation, une protestation,* etc., les formuler, les opposer. ‖ *Élever le ton,* parler sur un ton menaçant. ‖ *Élever la voix,* prendre la parole, parler avec assurance : *Après cette énergique mise au point, personne n'a osé élever la voix dans l'assistance.* ◆ ***s'élever*** v. pr. **1.** (sujet qqn, qqch) Se porter à un niveau plus élevé, prendre ou avoir de la hauteur, de l'importance : *Un oiseau qui s'élève dans le ciel* (syn. MONTER). *La température s'élève. La facture s'élève à mille francs* (syn. SE MONTER). *Un mur de quatre mètres s'élève entre le jardin et la rue* (syn. SE DRESSER). *Il faut savoir s'élever au-dessus des intérêts particuliers pour chercher l'intérêt général* (= juger avec une hauteur de vue suffisante). — **2.** (sujet la voix, des cris, une plainte, etc.) Être poussé par qqn : *Des cris se sont élevés dans la nuit.* — **3.** (sujet qqn) *S'élever contre qqch, qqn,* s'opposer à eux vigoureusement : *Cette syndicaliste s'élève contre la politique gouvernementale* (syn. SE DRESSER CONTRE, ATTAQUER). *S'élever contre les lenteurs de l'Administration* (syn. PROTESTER).
— **II. 1.** *Élever des enfants,* assurer leur développement physique, intellectuel, moral : *Des parents qui ont élevé six enfants. Élever la jeunesse dans le respect des traditions* (syn. ÉDUQUER, FORMER). — **2.** *Élever des animaux,* assurer leur développement physique, les faire prospérer : *Une région où on élève beaucoup de moutons. Un chat élevé au biberon* (syn. NOURRIR).

éleveur, euse [elvœr] n. Personne qui élève des animaux.

elfe [ɛlf] n. m. Génie symbolisant les forces naturelles (myth. scand.).

élider [elide] v. t. (lat. *elidere,* expulser). **1.** *Élider un mot,* supprimer sa voyelle finale devant la voyelle initiale du mot suivant ou devant un *h* muet : *On élide le «e» de «me» dans la phrase «il m'aperçoit».* — **2.** *Article élidé,* article défini *l'* (*le* ou *la*).

éligibilité [eliʒibilite] n. f. Aptitude légale à être élu : *Une candidate qui satisfait à toutes les conditions d'éligibilité.*

éligible [eliʒibl] adj. (du lat. *eligere,* choisir). Qui est dans les conditions légales requises pour être élu.

élimé, e [elime] adj. Se dit d'un tissu usé, aminci par le frottement : *Elle portait de pauvres vêtements élimés* (syn. RÂPÉ).

éliminateur, trice [eliminatœr] n. Qui élimine.

élimination [eliminasjɔ̃] n. f. Action d'éliminer : *En procédant par éliminations, les enquêteurs ont fini par* *identifier le coupable* (syn. REJET, SUPPRESSION). *Les organes d'élimination* (syn. EXCRÉTION).

éliminatoire [eliminatwar] adj. Qui aboutit à éliminer : *Toute note inférieure à six sur vingt sera éliminatoire.* ◆ n. f. Épreuve sportive préalable visant à éliminer les candidats les moins bons.

éliminer [elimine] v. t. (lat. *eliminare,* faire sortir). **1.** *Éliminer qqn, qqch,* l'écarter, l'ôter d'un groupe, d'un organisme : *On a éliminé les informations douteuses pour ne retenir que les faits assurés* (syn. REJETER, LAISSER DE CÔTÉ). *La moitié des candidats ont été éliminés à l'écrit* (syn. REFUSER; fam. RECALER). — **2.** *Éliminer (des déchets, des toxines),* les faire sortir de l'organisme : *Il élimine mal* (syn. ÉVACUER).

élire [elir] v. t. (lat. *eligere*) [c. 73]. **1.** *Élire qqn (+ attribut),* le nommer, le désigner par voie de suffrage : *On l'a élu député.* — **2.** *Élire domicile qqpart,* y choisir sa résidence.

élision [elizjɔ̃] n. f. (lat. *elisio*). Action d'élider; fait d'être élidé : *L'élision du «i» de «si» : «S'il».*

élite [elit] n. f. (de *élire*). **1.** Petit groupe considéré comme ce qu'il y a de meilleur dans un ensemble de personnes : *Cette pièce ne peut être appréciée que d'une élite de gens cultivés* (contr. MASSE). *Elle rassemblait dans son salon l'élite de la société parisienne.* — **2.** *D'élite,* qui se distingue par ses grandes qualités : *Un chef militaire d'élite. Concours qui permet de recruter des sujets d'élite.*

élitisme [elitism] n. m. Système favorisant les meilleurs éléments d'un groupe, au détriment de la masse.

élitiste [elitist] adj. et n. Qui relève de l'élitisme : *Politique élitiste.*

élixir [eliksir] n. m. (ar. *al-iksîr,* essence). Médicament ou liqueur d'un degré élevé d'alcool.

elle [ɛl] pron. pers. f. → IL.

ellipse [elips] n. f. (du gr. *elleipsis,* manqué).
— **I.** Fait de syntaxe consistant à ne pas exprimer un ou plusieurs éléments de la phrase qui pourraient l'être : *Dans la phrase «je fais mon travail et lui le sien», il y a une ellipse du verbe «fait».*
— **II.** Courbe plane fermée, dont chaque point est tel que la somme de ses distances à deux points fixes, appelés «foyers», est constante.

ellipsoïdal, e, aux [elipsɔidal] adj. Qui s'approche d'une ellipse.

elliptique [eliptik] adj.
— **I. 1.** Se dit d'une expression, d'une phrase qui contient une ellipse : *Une proposition subordonnée elliptique.* — **2.** Se dit d'une phrase dont une partie du sens doit être devinée : *Des allusions très elliptiques.*
— **II.** Relatif à l'ellipse (courbe) : *Un cadre de forme elliptique* (syn. OVALE).

elliptiquement [eliptikmɑ̃] adv. De façon elliptique : *Il s'est expliqué très elliptiquement.*

élocution [elɔkysjɔ̃] n. f. (lat. *elocutio;* de *eloqui,* parler). Manière de s'exprimer oralement, d'articuler les mots : *Avoir une élocution aisée, soignée, confuse* (syn. DICTION). *Une conférencière qui a une belle facilité d'élocution.*

éloge [elɔʒ] n. m. (lat. *elogium*). Paroles ou écrit qui vantent les mérites, les qualités de qqn ou de qqch : *Il m'a fait l'éloge de sa nouvelle secrétaire* (syn. LOUANGE, ↑DITHYRAMBE). *Elle ne tarissait pas d'éloges sur cet hôtel. Devant la tombe, le président prononça l'éloge funèbre du disparu.*

élogieusement [elɔʒjøzmɑ̃] adv. Avec éloge : *Elle a parlé de toi fort élogieusement.*

élogieux, euse [elɔʒjø] adj. Qui décerne ou qui contient des éloges : *Il a été très élogieux sur votre compte* (syn. LOUANGEUR). *J'ai reçu un rapport d'inspection très élogieux* (syn. FLATTEUR; contr. DÉFAVORABLE). *Les journaux ont donné des comptes-rendus élogieux de cette pièce* (syn. ↑ DITHYRAMBIQUE).

éloigné, e [elwaɲe] adj. **1.** Loin dans l'espace ou dans le temps : *Il arrivait d'une province éloignée* (syn. RECULÉ). *Cela ne peut arriver que dans un avenir éloigné* (syn. LOINTAIN); contr. PROCHE). — **2.** *Parent éloigné,* qui a des liens de parenté lâches ou indirects (contr. PROCHE PARENT).

éloignement [elwaɲəmɑ̃] n. m. Action de s'éloigner, d'éloigner : *L'éloignement faisait paraître la maison minuscule* (syn. DISTANCE). *Dans cet éloignement de tous, sa solitude lui pesait* (syn. OUBLI). *Le médecin lui a ordonné un éloignement momentané de ses affaires* (syn. RENONCEMENT). *Avec l'éloignement, sa douleur s'est atténuée* (syn. TEMPS). *Quelques années d'éloignement permettent de mieux juger des résultats* (syn. RECUL).

éloigner [elwaɲe] v. t. (de *loin*). **1.** *Éloigner qqch, qqn (de qqpart, de qqn),* le mettre plus loin dans l'espace ou dans le temps : *Éloignez un peu ce fauteuil qui bouche le passage* (syn. ÉCARTER, REPOUSSER; contr. RAPPROCHER). *Par sécurité, on avait éloigné du poêle le bidon d'essence. Ce détour nous éloigne de notre but. Depuis qu'il s'est marié, il a éloigné de lui ses camarades de jeunesse* (= il les tient à l'écart). *Son peu de goût pour les compromis l'avait éloigné de la vie politique* (syn. DÉTOURNER). *Éloigner de quelqu'un les soupçons* (= l'innocenter). *Chaque jour qui passe nous éloigne de cette date mémorable. Éloigner une échéance* (syn. RETARDER, REPORTER). *Éloigner ses visites* (syn. ESPACER). — **2.** (sujet qqn) *Être éloigné de,* avoir une position intellectuelle ou morale très différente de, ne pas être porté à : *Je suis très éloigné de cette conception. Elle n'était plus très éloignée de croire que l'affaire réussirait.* ◆ ***s'éloigner*** v. pr. Accroître la distance, le désaccord entre soi et qqch ou qqn : *Le train démarre, puis s'éloigne de la gare. Elle s'éloigna pendant quelque temps de sa famille* (= elle la quitta). *Un orateur qui s'éloigne de son sujet* (contr. RESTER DANS). *Une théorie qui s'éloigne trop de l'observation des faits* (syn. S'ÉCARTER). *Des souvenirs qui s'éloignent* (= qui paraissent de plus en plus anciens).

élongation [elɔ̃gasjɔ̃] n. f. (du lat. *longus,* long). Augmentation accidentelle et douloureuse de la longueur d'un muscle ou d'un nerf.

éloquemment [elɔkamɑ̃] adv. Avec éloquence : *Plaider éloquemment. Regarder éloquemment.*

éloquence [elɔkɑ̃s] n. f. (lat. *eloquentia*). **1.** Talent d'une personne éloquente : *Sans l'éloquence du rapporteur, la loi n'aurait sans doute pas été votée.* — **2.** Caractère expressif de qqch : *S'en tenir à l'éloquence des chiffres.*

éloquent, e [elɔkɑ̃] adj. (lat. *eloquens;* de *eloqui,* énoncer). **1.** Qui a l'art de convaincre par la parole : *L'avocat a été éloquent. Un plaidoyer éloquent. Montrez-vous éloquent, vous réussirez peut-être à le décider* (syn. PERSUASIF). — **2.** Expressif, significatif : *Sa mine déconfite était suffisamment éloquente. Silence éloquent. La comparaison est éloquente* (syn. PARLANT).

élu, e [ely] n. **1.** Personne désignée par élection. — **2.** Personne que Dieu appelle à la béatitude éternelle (relig.; surtout pl.). — **3.** *L'élu(e) de son cœur,* la personne aimée (soutenu ou ironiq.).

élucidation [elysidasjɔ̃] n. f. Action d'élucider : *Une découverte qui a permis l'élucidation du mystère* (syn. EXPLICATION).

élucider [elyside] v. t. (du lat. *lucidus,* clair). *Élucider une question, une difficulté,* etc., en débrouiller la complexité, y voir clair, la tirer au clair.

élucubration [elykybrasjɔ̃] n. f. (du lat. *elucubrare,* travailler à la lampe). *Péjor.* Résultat de recherches laborieuses et souvent dépourvues de sens (souvent pl.) : *Sa théorie n'est qu'une élucubration* (syn. DIVAGATION, EXTRAVAGANCE).

éluder [elyde] v. t. (lat. *eludere,* se jouer de). *Éluder un problème,* agir adroitement de façon à ne pas avoir à le résoudre : *On ne peut pas éluder indéfiniment cette question : il faudra bien envisager une solution* (contr. AFFRONTER).

élytre [elitr] n. m. (gr. *elutron,* étui). Aile extérieure coriace de certains insectes, protégeant au repos l'aile membraneuse.

émacié, e [emasje] adj. (du lat. *emaciare,* rendre maigre). *Visage émacié,* très maigre.

émail [emaj] n. m. (frq. *smalt*) [pl. *émails*]. **1.** Vernis rendu très dur et inaltérable par l'action de la chaleur, et dont on recouvre certaines matières : *Le choc a fait sauter un éclat d'émail au bord du plat. Une baignoire en fonte revêtue d'émail blanc.* — **2.** Substance dure et blanche qui recouvre la couronne des dents. ◆ ***émaux*** n. m. pl. Bibelots, objets d'art recouverts d'émail.

émaillage [emajaʒ] n. m. Action d'émailler.

émailler [emaje] v. t. **1.** Revêtir d'émail : *Vase en terre cuite émaillée.* — **2.** *Émailler qqch de qqch,* l'en parsemer (soutenu) : *J'ai émaillé mon discours de citations. Texte émaillé de fautes.*

émanation [emanasjɔ̃] n. f. (lat. *emanatio*). **1.** Ce qui se dégage d'un corps : *Sentir des émanations de gaz* (syn. ODEUR). — **2.** Expression : *Politique qui est l'émanation de la volonté populaire* (syn. MANIFESTATION).

émancipateur, trice [emɑ̃sipatœr] adj. Qui émancipe : *Mouvement émancipateur.*

émancipation [emɑ̃sipasjɔ̃] n. f. Action d'émanciper.

émancipé, e [emɑ̃sipe] adj. Affranchi de toute contrainte.

émanciper [emɑ̃sipe] v. t. (lat. *mancipare,* vendre). **1.** *Émanciper un mineur,* le libérer de l'autorité de son père ou de son tuteur, le mettre en état d'effectuer certains actes juridiques. — **2.** *Émanciper qqn, un peuple,* l'affranchir d'une autorité, l'amener à l'indépendance. ◆ ***s'émanciper*** v. pr. S'affranchir des contraintes sociales ou morales, acquérir une vie indépendante.

émaner [emane] v. i. (lat. *emanare,* couler de). **1.** (sujet une odeur, une lumière) *Émaner d'un corps,* s'en exhaler, s'en dégager. — **2.** (sujet qqch) Provenir, tirer son origine de : *Une note qui émane du ministère* (syn. VENIR). *En démocratie, le pouvoir émane du peuple* (syn. PROCÉDER).

émargement [emarʒəmɑ̃] n. m. Action d'émarger : *Signer la feuille d'émargement en touchant sa paie.*

émarger [emarʒe] v. t. (de *marge*) [c. 2] Apposer sa signature ou son parafe en marge d'un écrit pour attester qu'on en a eu connaissance : *Émarger un document;* sans compl. : *Veuillez émarger ici.* ◆ v. t. ind. *Émarger au budget,* toucher un revenu correspondant à des fonctions dans une administration, une entreprise.

émasculation [emaskylasjɔ̃] n. f. Action d'émasculer.

émasculer [emaskyle] v. t. (du lat. *masculus,* mâle). *Émasculer un animal, un homme,* le priver des organes du sexe masculin (syn. CHÂTRER).

emballage [ɑ̃balaʒ] n. m. **1.** Action d'emballer : *L'emballage de la marchandise* (contr. DÉBALLAGE). *Un article franco de port et d'emballage.* — **2.** Ce qui sert à emballer (papier, carton, caisse, fibre, etc.) : *Brûler les emballages.*

emballement [ɑ̃balmɑ̃] n. m. Action de s'emballer : *Être sujet à des emballements soudains* (syn. ENTHOUSIASME).

emballer [ɑ̃bale] v. t. (de *balle*). **1.** *Emballer un objet,* le mettre dans une caisse, un carton, l'entourer de papier, de tissu, etc., pour le vendre, le transporter, le ranger : *Emballer de la vaisselle, des livres, des œufs* (contr. DÉBALLER). *Emballer des vêtements pour les expédier à quelqu'un* (syn. EMPAQUETER). — **2.** (sujet qqn) *Emballer un moteur,* le faire tourner trop vite. — **3.** *Fam.* (sujet qqn, qqch) *Emballer qqn,* le remplir d'enthousiasme : *Ce concert l'a emballé* (syn. ENTHOUSIASMER). *Cette nouvelle auto ne m'emballe pas* (syn. ↓ PLAIRE). ◆ ***s'emballer*** v. pr. **1.** (sujet un cheval, un moteur) Partir à une allure excessive. — **2.** (sujet qqn) Céder à un emportement soudain ou à un enthousiasme excessif.

emballeur, euse [ɑ̃balœr] n. Qui emballe.

embarcadère [ɑ̃barkadɛr] n. m. (esp. *embarcadero*). Jetée, appontement permettant d'embarquer ou de débarquer des personnes, des marchandises (syn. DÉBARCADÈRE).

embarcation [ɑ̃barkasjɔ̃] n. f. (esp. *embarcación*). Terme générique désignant les petits bateaux, notamment ceux qui sont hissés à bord d'un gros navire : *Mettre les embarcations à la mer* (syn. CANOT, BARQUE).

embardée [ɑ̃barde] n. f. (du prov. *embarda,* embourber). Écart brusque fait par un véhicule : *La voiture a fait une embardée pour éviter un cycliste.*

embargo [ɑ̃bargo] n. m. (mot esp. signif. *séquestre*). **1.** Défense faite momentanément à un ou plusieurs navires de quitter un port. — **2.** Mesure tendant à empêcher la libre circulation, l'exportation d'un objet, d'une marchandise : *Gouvernement qui met l'embargo sur certains produits agricoles.*

embarquement [ɑ̃barkəmɑ̃] n. m. Action d'embarquer : *Les dockers chargés de l'embarquement des caisses. L'embarquement des passagers.*

embarquer [ɑ̃barke] v. t. (de *barque*). **1.** *Embarquer qqn, qqch,* le faire monter, le prendre à bord d'un bateau ou d'un véhicule quelconque (contr. DÉBARQUER). — **2.** Fam. *Embarquer du matériel, un objet,* l'emporter avec soi : *Un camelot qui s'esquive en embarquant sa marchandise à la vue d'un agent.* — **3.** Fam. *Embarquer qqn dans une affaire,* l'y engager. — **4.** *Affaire bien, mal embarquée,* qui commence bien, mal. ◆ v. i. **1.** (sujet qqn) Monter à bord d'un bateau. — **2.** (sujet un bateau) Recevoir par-dessus bord de fortes lames. ◆ ***s'embarquer*** v. pr. **1.** (sujet qqn) Monter à bord d'un bateau, d'un véhicule. — **2.** Fam. *S'embarquer dans une affaire,* s'y engager, l'entreprendre : *Je savais dans quoi je m'embarquais en acceptant.*

embarras [ɑ̃bara] n. m. **1.** Obstacle constitué par une accumulation de choses : *La circulation est ralentie par des embarras de voitures.* — **2.** Situation de qqn qui a du souci, qui est perplexe : *Une question qui jette, qui plonge dans l'embarras. Son embarras se lisait sur son visage* (syn. PERPLEXITÉ, GÊNE). *Avoir des embarras d'argent* (syn. DIFFICULTÉ). — **3.** Obstacle qui s'oppose à l'action de qqn : *Ses adversaires lui ont créé toutes sortes d'embarras* (syn. ENNUI). — **4.** Fam. *Faire des embarras,* faire des manières. ‖ *N'avoir que l'embarras du choix,* avoir abondamment de quoi choisir. — **5.** *Embarras gastrique,* troubles de l'estomac (syn. DÉRANGEMENT).

embarrassant, e [ɑ̃barasɑ̃] adj. Qui embarrasse : *Des bagages embarrassants* (syn. ENCOMBRANT). *Avoir à résoudre un problème embarrassant* (syn. DIFFICILE, ÉPINEUX, DÉLICAT). *Il était embarrassant de m'exprimer en sa présence* (syn. GÊNANT).

embarrassé, e [ɑ̃barase] adj. Qui manifeste de l'embarras : *Elle a répondu d'un air embarrassé* (syn. GÊNÉ). *Avoir l'estomac embarrassé* (= avoir un embarras gastrique).

embarrasser [ɑ̃barase] v. t. (esp. *embarazar*). 1. *Embarrasser un lieu,* y mettre des obstacles qui gênent la circulation : *Des colis qui embarrassent le couloir* (syn. ENCOMBRER, OBSTRUER; contr. DÉBARRASSER). — 2. *Embarrasser qqn,* gêner ses mouvements : *Un gros pardessus qui l'embarrasse pour grimper;* le mettre dans un état d'hésitation, d'incertitude, lui créer des difficultés : *Une question qui embarrasse le candidat* (syn. DÉCONCERTER, TROUBLER). ◆ ***s'embarrasser*** v. pr. 1. *S'embarrasser de paquets,* etc., en prendre et en être encombré. — 2. *Ne pas s'embarrasser de qqch,* ne pas s'en soucier, s'en inquiéter : *Elle s'est engagée dans cette entreprise sans s'embarrasser un instant des moyens de la mener à bien.* (→ DÉBARRASSER.)

embauchage [ɑ̃boʃaʒ] n. m., **embauche** [ɑ̃boʃ] n. f. Action d'embaucher : *L'embauchage de journaliers pour des travaux saisonniers. Des chômeurs qui se présentent au bureau d'embauche.*

embaucher [ɑ̃boʃe] v. t. (de *en-* et [*dé*]*baucher*). 1. *Embaucher qqn,* l'engager comme salarié, surtout en vue d'un travail matériel : *Une usine qui embauche des manœuvres, des ouvriers spécialisés* (contr. DÉBAUCHER). — 2. *Embaucher qqn,* l'entraîner avec soi dans une entreprise : *Il a embauché des amis pour l'aider à déménager* (syn. RECRUTER). [→ DÉBAUCHER.]

embauchoir [ɑ̃boʃwar] n. m. Forme de bois ou de plastique, munie d'un ressort, qu'on introduit dans une chaussure pour la maintenir en forme.

embaumement [ɑ̃bommɑ̃] n. m. Action d'embaumer.

embaumer [ɑ̃bome] v. t. (de *baume*). 1. *Embaumer un cadavre,* le traiter avec des substances spécialement préparées pour en assurer la conservation (souvent pass.) : *Les Égyptiens embaumaient le corps des pharaons.* — 2. (sujet qqch) *Embaumer un lieu, un objet,* le remplir d'une odeur agréable : *Les fleurs embaumaient le jardin. De petits sachets de lavande embaumaient le linge* (syn. PARFUMER). *L'air embaumé de la campagne au printemps.* ◆ v. i. (sujet qqn, qqch) Répandre une odeur agréable : *Ce bouquet de roses embaume* (syn. SENTIR BON); avec un n. désignant le type d'odeur : *Les draps embaument la lavande* (= sentent la lavande).

embaumeur [ɑ̃bomœr] n. m. Qui embaume.

embellie [ɑ̃beli] n. f. Amélioration de l'état de la mer, diminution du vent (syn. ACCALMIE, ÉCLAIRCIE).

embellir [ɑ̃bɛlir] v. t. *Embellir qqch, qqn,* le rendre ou faire paraître plus beau : *Ces parterres de fleurs embellissent le jardin* (syn. AGRÉMENTER; contr. ENLAIDIR). *Son imagination embellit la réalité* (syn. IDÉALISER, POÉTISER). *Tu embellis la vérité, qui est sordide* (syn. ENJOLIVER). ◆ v. i. 1. (sujet qqn) Devenir beau ou plus beau : *Elle a embelli ces derniers temps.* — 2. *Les difficultés ne font que croître et embellir,* elles gagnent en importance.

embellissement [ɑ̃bɛlismɑ̃] n. m. Action d'embellir; ce qui embellit : *Le nettoiement des façades contribue à l'embellissement de la ville* (syn. ORNEMENT). *Le parc a reçu de nombreux embellissements* (syn. DÉCORATION).

emberlificoter [ɑ̃bɛrlifikɔte] v. t. (de l'anc. fr. *embirelicoquier*). *Fam.* (sujet qqn) *Emberlificoter qqn,* le séduire, le tromper, l'embrouiller par de belles paroles (syn. fam. EMBOBINER, ENTORTILLER). ◆ ***s'emberlificoter*** v. pr. S'embrouiller : *Elle s'est emberlificotée dans ses explications* (syn. S'EMMÊLER).

embêtant, e [ɑ̃bɛtɑ̃] adj. Qui embête : *Un film embêtant* (syn. ENNUYEUX). *Un incident embêtant pour vous* (syn. ↓CONTRARIANT); et comme n. m. : *L'embêtant, c'est qu'il faut tout recommencer.*

embêtement [ɑ̃bɛtmɑ̃] n. m. *Fam.* Ce qui embête : *Une affaire qui me cause bien des embêtements* (syn. SOUCI, TRACAS, ENNUI, DÉSAGRÉMENT).

embêter [ɑ̃bɛte] v. t. (de *bête*). Fam. *Embêter qqn,* lui causer de l'ennui, de la contrariété, du souci : *Il m'embête avec ses histoires de chasse* (syn. fam. ASSOMMER). *Un élève qui embête ses voisins* (syn. AGACER, TAQUINER). *Tout allait bien jusqu'ici, mais il y a un détail qui m'embête* (syn. ENNUYER, CONTRARIER, CHAGRINER). ◆ ***s'embêter*** v. pr. (sujet qqn) Éprouver de l'ennui : *Elle s'est embêtée toute la journée de dimanche* (syn. fam. SE RASER).

emblaver [ɑ̃blave] v. t. (de l'anc. fr. *blef,* blé). *Emblaver un champ,* y faire croître du blé.

emblavure [ɑ̃blavyr] n. f. Terre emblavée.

emblée (d') [ɑ̃ble] adv. (du lat. *involare,* voler sur). Du premier coup, sans rencontrer de difficulté ou d'obstacle : *Accepter d'emblée une proposition. Adopter d'emblée un projet. D'emblée, l'avant-centre de l'équipe marqua un but* (syn. AUSSITÔT, TOUT DE SUITE; soutenu DÈS L'ABORD).

emblématique [ɑ̃blematik] adj. Qui a le caractère d'un emblème : *Figure emblématique.*

emblème [ɑ̃blɛm] n. m. (gr. *emblêma*). 1. Figure symbolique souvent accompagnée d'une devise : *La Ville de Paris a pour emblème un bateau surmontant une phrase latine signifiant : « Il flotte, et ne sombre pas ».* — 2. Objet ou être animé symbolisant une notion abstraite : *Le drapeau est l'emblème de la patrie.*

embobiner [ɑ̃bɔbine] v. t. 1. *Embobiner du fil,* l'enrouler sur une bobine (contr. DÉBOBINER). — 2. Fam. *Embobiner qqn,* le séduire par de belles paroles (syn. fam. EMBERLIFICOTER).

emboîtable [ɑ̃bwatabl] adj. Qui peut s'emboîter : *Des poupées emboîtables.*

emboîtement [ɑ̃bwatmɑ̃] n. m. Fait de s'emboîter : *Exercer une pression pour assurer l'emboîtement d'une pièce* (contr. DÉBOÎTEMENT).

emboîter [ɑ̃bwate] v. t. 1. *Emboîter qqch dans qqch d'autre,* assembler, adapter des objets en les engageant l'un dans l'autre : *Un enfant qui emboîte les pièces de son jeu de construction* (contr. DÉBOÎTER). — 2. *Emboîter le pas à qqn,* marcher derrière lui en le suivant de près; s'engager dans la même action que lui. ◆ ***s'emboîter*** v. pr. Prendre place exactement l'un dans l'autre : *Des éléments de tuyau qui s'emboîtent.* (→ DÉBOÎTER.)

embolie [ɑ̃bɔli] n. f. (gr. *embolê,* attaque). Obstruction d'un vaisseau sanguin par un caillot de sang (méd.).

embonpoint [ɑ̃bɔ̃pwɛ̃] n. m. (de la loc. *en bon point,* en bonne condition). État de qqn qui est un peu gros : *Elle a pris de l'embonpoint* (= elle est devenue grasse, replète). *Il a un certain embonpoint* (syn. CORPULENCE, ↑OBÉSITÉ).

embouché, e [ɑ̃buʃe] adj. Fam. *Mal embouché,* dont le langage généralement grossier traduit des sentiments hargneux.

emboucher [ɑ̃buʃe] v. t. *Emboucher un instrument,* le porter à sa bouche pour en jouer.

embouchure [ɑ̃buʃyr] n. f. 1. Partie d'un instrument à vent qu'on porte à sa bouche. — 2. Partie terminale d'un cours d'eau qui se jette dans la mer ou dans un lac : *L'embouchure de la Loire.*

embourber [ɑ̃burbe] v. t. *Embourber un véhicule,* le mettre dans un bourbier, dans la boue; aussi comme v. pr. : *Il s'est embourbé près de la rivière* (syn. S'ENLISER). ◆ ***s'embourber*** v. pr. (sujet qqn) Se mettre dans une situation compliquée, dont on se tire avec peine : *Il s'est embourbé dans des explications confuses* (syn. S'EMPÊTRER, S'ENLISER).

embourgeoisement [ɑ̃burʒwazmɑ̃] n. m. Action de s'embourgeoiser : *L'embourgeoisement fut la conséquence de son mariage.*

embourgeoiser [ɑ̃burʒwaze] v. t. Gagner à la condition bourgeoise; donner à qqn l'esprit bourgeois : *Le confort a embourgeoisé de larges couches sociales.* ◆ ***s'embourgeoiser*** v. pr. Acquérir l'esprit bourgeois : *Il a perdu l'enthousiasme de sa jeunesse et s'est embourgeoisé avec l'âge.*

embout [ɑ̃bu] n. m. **1.** Extrémité d'un tube, prévue pour s'adapter à un autre élément. — **2.** Garniture qu'on met au bout d'une tige.

embouteillage [ɑ̃butɛjaʒ] n. m. Affluence de véhicules qui encombrent : *J'ai été pris dans un embouteillage* (syn. ENCOMBREMENT).

embouteiller [ɑ̃butɛje] v. t. *Embouteiller une rue, un passage,* etc., y gêner la circulation par l'accumulation de véhicules ou de personnes : *Les abords du carrefour sont embouteillés vers six heures du soir. Les voitures qui embouteillent le boulevard* (syn. BOUCHER, OBSTRUER). *N'embouteillez pas ce couloir* (syn. ENCOMBRER).

emboutir [ɑ̃butir] v. t. **1.** *Emboutir une pièce de métal,* lui donner une forme creuse, par pression dans un moule appelé «matrice». — **2.** Fam. *Emboutir une voiture, une devanture,* etc., la déformer ou la défoncer par un choc accidentel.

emboutissage [ɑ̃butisaʒ] n. m. Action d'emboutir : *L'atelier où se fait l'emboutissage des carrosseries.*

embranchement [ɑ̃brɑ̃ʃmɑ̃] n. m. **1.** Division du tronc d'un arbre en plusieurs branches. — **2.** Endroit où un chemin se divise en plusieurs directions : *Un poteau indicateur à l'embranchement de deux routes* (syn. CARREFOUR, CROISEMENT). — **3.** Voie ferrée qui se greffe sur une voie principale pour former une voie secondaire. — **4.** L'une des grandes divisions du monde vivant, végétal ou animal : *L'embranchement des vertébrés.*

embrancher (s') [ɑ̃brɑ̃ʃe] v. pr. **1.** Former un embranchement. — **2.** Se rattacher à une voie principale du réseau ferroviaire.

embrasement [ɑ̃brazmɑ̃] n. m. Grand incendie (soutenu).

embraser [ɑ̃braze] v. t. (de *braise*). **1.** Litt. *Embraser qqn,* le saisir d'un sentiment ardent : *Ses lettres témoignent de l'amour qui l'embrase* (syn. EXALTER, TRANSPORTER). — **2.** *Le soleil embrase le ciel,* il y répand une lumière qui rappelle celle d'un foyer ardent. ◆ ***s'embraser*** v. pr. *Litt.* (sujet qqch) Prendre feu, s'exalter : *Le ciel s'embrase au soleil couchant. Un cœur qui s'embrase facilement* (syn. S'ENFLAMMER).

embrassade [ɑ̃brasad] n. f. Action de s'embrasser de façon voyante, bruyamment : *Après les embrassades, on se mit à bavarder.*

embrasse [ɑ̃bras] n. f. (de *embrasser*). Cordon ou bande qui sert à retenir un rideau sur le côté.

embrassement [ɑ̃brasmɑ̃] n. m. *Litt.* Action de s'embrasser longuement, avec tendresse : *La ferveur de leurs embrassements.*

embrasser [ɑ̃brase] v. t. (de *bras*). **1.** *Embrasser qqn,* lui donner un, des baisers : *Elle embrasse ses enfants avant de partir.* — **2.** *Embrasser une carrière, un métier,* s'y engager, en faire choix. — **3.** *Embrasser qqch du regard,* le voir dans son ensemble, d'un seul coup d'œil : *Une montagne d'où on embrasse du regard un immense panorama.* — **4.** *Embrasser qqch,* le contenir, le renfermer dans son étendue : *Un roman qui embrasse une période d'une cinquantaine d'années* (syn. ENGLOBER). *Ses recherches embrassent un domaine très large* (syn. COUVRIR). — **5.** *Qui trop embrasse, mal étreint,* qui entreprend trop de choses à la fois n'en réussit aucune. ◆ ***s'embrasser*** v. pr. Se donner des baisers : *Deux amoureux qui s'embrassent.*

embrasure [ɑ̃brazyr] n. f. (de *embraser*). *Embrasure d'une porte, d'une fenêtre,* ouverture pratiquée dans le mur et qui reçoit cette porte ou cette fenêtre; espace compris entre les montants de cette porte, de cette fenêtre : *Je l'aperçois dans l'embrasure de la porte.*

embrayage [ɑ̃brɛjaʒ] n. m. **1.** Action d'embrayer (contr. DÉBRAYAGE). — **2.** Mécanisme permettant de rendre le moteur solidaire des roues d'un véhicule, des organes d'une machine : *Une voiture pourvue d'un embrayage automatique. Pédale d'embrayage.* (→ DÉBRAYER.)

embrayer [ɑ̃brɛje] v. i. (de *braie,* traverse de bois mobile du moulin à vent) [c. **4**] (sujet qqn) Rendre solidaires un moteur et les organes qu'il doit faire mouvoir : *La conductrice embraya doucement et la voiture démarra* (contr. DÉBRAYER). ◆ v. t. ind. Fam. *Embrayer sur qqch,* enchaîner un sujet de conversation sur un autre : *On parlait de notre travail et tout à coup elle a embrayé sur ses vacances.*

embrigadement [ɑ̃brigadmɑ̃] n. m. Action d'embrigader.

embrigader [ɑ̃brigade] v. t. *Embrigader qqn,* le faire entrer par contrainte, par persuasion dans un parti, une association ou dans un groupe de personnes réunies en vue d'une action commune : *Il a été embrigadé pour coller des affiches électorales* (syn. RECRUTER). ◆ ***s'embrigader*** v. pr. Entrer dans un groupe : *Elle s'est embrigadée dans un nouveau parti.*

embringuer [ɑ̃brɛ̃ge] v. t. (de *bringue*). Fam. *Embringuer qqn,* le faire entrer dans un groupe, le faire participer à une entreprise commune : *Tu t'es laissé embringuer dans cette association?* (syn. EMBRIGADER, ENRÔLER). *Il l'a embringué dans une affaire louche* (syn. ENTRAÎNER).

embrochement [ɑ̃brɔʃmɑ̃] n. m. Action d'embrocher.

embrocher [ɑ̃brɔʃe] v. t. **1.** *Embrocher une viande,* la mettre sur une broche. — **2.** Fam. *Embrocher qqn,* le transpercer avec un instrument pointu (s'emploie aussi comme pr.) : *Un film de cape et d'épée, où on s'embroche à tout instant.*

embrouillamini [ɑ̃brujamini] n. m. *Fam.* Grande confusion, désordre.

embrouillement [ɑ̃brujmɑ̃] n. m. Action d'embrouiller; fait d'être embrouillé : *L'embrouillement inextricable de la situation* (syn. CONFUSION).

embrouiller [ɑ̃bruje] v. t. **1.** *Embrouiller des choses, qqch,* les mettre en désordre : *Comment s'y retrouver? Tu as embrouillé toutes les fiches* (syn. MÊLER, MÉLANGER). *Embrouiller un écheveau de laine* (syn. EMMÊLER). *Des fils électriques tout embrouillés* (syn. ENCHEVÊTRER). *N'embrouillez pas davantage la question par des digressions* (syn. COMPLIQUER; contr. DÉBROUILLER). — **2.** *Embrouiller qqn,* lui faire perdre le fil de ses idées. (→ DÉBROUILLER.) ◆ ***s'embrouiller*** v. pr. (sujet qqn) Perdre le fil de ses idées, tomber dans la confusion : *S'embrouiller dans un récit, dans les dates* (syn. S'EMPÊTRER).

embroussaillé, e [ɑ̃brusaje] adj. Couvert de broussailles, ou qui forme comme des broussailles : *Un fossé* *tout embroussaillé. Des cheveux embroussaillés* (syn. HIRSUTE).

embruns [ɑ̃brœ̃] n. m. pl. (du prov. *embrumá,* bruiner). Pluie fine soulevée par le vent au-dessus des vagues.

embryologie [ɑ̃brijɔlɔʒi] n. f. Partie de la biologie qui étudie l'embryon.

embryon [ɑ̃brijɔ̃] n. m. (gr. *embruon*). **1.** Organisme en voie de développement, entre le moment de la conception et la naissance. — **2.** Ce qui est en cours d'élaboration, mais reste encore à l'état rudimentaire : *Une idée qui contient l'embryon d'une nouvelle théorie* (syn. GERME).

embryonnaire [ɑ̃brijɔnɛr] adj. **1.** Qui relève de l'embryon : *La vie embryonnaire du poussin dans l'œuf.* — **2.** Qui reste rudimentaire : *L'entreprise en est encore au stade embryonnaire.*

embûches [ɑ̃byʃ] n. f. pl. (de l'anc. fr. *embuschier,* mettre en embuscade). *Litt.* Obstacles capables de faire échouer qqn : *Une démarche pleine d'embûches. Elle a déjoué les embûches de ses adversaires* (syn. PIÈGE ; fam. TRAQUENARD).

embuer [ɑ̃bɥe] v. t. **1.** Couvrir de buée : *Son haleine avait embué la vitre.* — **2.** *Yeux embués de larmes,* yeux de qqn prêt à pleurer.

embuscade [ɑ̃byskad] n. f. (it. *imboscata*). Dispositif établi par des gens qui guettent le passage de qqn pour l'attaquer par surprise : *Un groupe d'éclaireurs qui tombe dans une embuscade ennemie* (syn. GUET-APENS, PIÈGE ; fam. TRAQUENARD). *Mettre des soldats en embuscade au coin d'un bois.*

embusquer [ɑ̃byske] v. t. Mettre en embuscade : *Un chef de section qui embusque cinq de ses hommes derrière un talus.* ◆ ***s'embusquer*** v. pr. Se cacher pour guetter qqn avec des intentions hostiles. (→ DÉBUSQUER.)

éméché, e [emeʃe] adj. *Fam.* Dans un état proche de l'ivresse : *À la fin du repas, plusieurs convives étaient passablement éméchés* (syn. ↑ IVRE).

émeraude [emrod] n. f. (gr. *smaragdos*). Pierre précieuse de couleur verte. ◆ adj. inv. D'une couleur verte : *Du tissu vert émeraude. Des rubans émeraude.*

émergence [emɛrʒɑ̃s] n. f. Action d'émerger.

émerger [emɛrʒe] v. i. (lat. *emergere,* sortir de l'eau) [c. 2]. **1.** (sujet qqch) Apparaître, faire saillie au-dessus de la surface d'un liquide : *Des rochers qui émergent au large.* — **2.** (sujet qqn, une œuvre, etc.) Dépasser le niveau moyen des autres, retenir l'attention : *Quelques copies de candidats émergent dans le lot* (syn. SORTIR DE). [→ IMMERGER.]

émeri [emri] n. m. (gr. *smuris*). Poudre abrasive très fine, utilisée notamment pour obtenir des bouchons s'adaptant hermétiquement à des flacons de verre, ou qui, adhérant à la surface d'un papier, d'une toile, permet de polir le bois, le fer, etc.

émerillon [emərijɔ̃] n. m. (anc. fr. *esmeril,* petit faucon). Petit faucon des pays du Nord, à plumage gris ardoisé, brun clair.

émérite [emerit] adj. (lat. *emeritus,* soldat qui a fait son temps). Qui a une grande compétence, qui se distingue par ses qualités : *Un physicien émérite. Une bridgeuse émérite* (syn. REMARQUABLE, ↓ DISTINGUÉ, ↑ ÉMINENT).

émerveillement [emɛrvɛjmɑ̃] n. m. Fait d'être émerveillé : *Contempler avec émerveillement les tableaux de maîtres dans un musée* (syn. ADMIRATION).

émerveiller [emɛrvɛje] v. t. *Émerveiller qqn,* le remplir d'admiration (souvent pass.) : *Des touristes émerveillés par la beauté du paysage* (syn. ÉBLOUIR). *Cet enfant a répondu avec une vivacité d'esprit qui a émerveillé tout le monde* (syn. ↓ ENCHANTER). ◆ ***s'émerveiller*** v. pr. Devenir plein d'admiration : *S'émerveiller du talent d'une artiste.*

1. émetteur, trice [emɛtœr] adj. Qui émet : *Poste émetteur, station émettrice* (= qui diffuse des sons ou des images).

2. émetteur [emɛtœr] n. m. Poste d'émission de signaux porteurs de messages : *La nouvelle a été annoncée par un émetteur clandestin.*

émettre [emɛtr] v. t. (lat. *emittere,* envoyer dehors) [c. 57]. **1.** (sujet qqch, qqn) *Émettre qqch,* le produire, le faire sortir de soi : *Un instrument de musique qui émet des sons aigus* (syn. DONNER). *Cette lampe émet une lumière douce* (syn. RÉPANDRE). — **2.** (sujet qqn, une institution) *Émettre une monnaie, une valeur boursière, un chèque,* etc., les mettre en circulation. ‖ *Émettre un emprunt,* le lancer. — **3.** (sujet qqn) *Émettre un avis, un vœu,* etc., l'exprimer : *Émettre une hypothèse* (syn. FORMULER). — **4.** (sujet qqn, un poste, une station) *Émettre un message, une émission,* les diffuser par radio, télévision ; sans compl. : *Un poste qui émet sur ondes courtes.*

émeu [emø] n. m. (mot d'Océanie) [pl. *émeus*]. Oiseau d'Australie au plumage gris, haut de 2 mètres, incapable de voler.

émeute [emøt] n. f. (de *émouvoir*). Soulèvement populaire : *La manifestation a failli tourner à l'émeute* (syn. ↑ RÉVOLUTION).

émeutier, ère [emøtje] n. Qui participe à une émeute ou la suscite.

émiettement [emjɛtmɑ̃] n. m. Action d'émietter ; fait d'être émietté : *L'émiettement du pouvoir.*

émietter [emjɛte] v. t. **1.** Mettre en petits fragments, en miettes : *Émietter du pain pour les moineaux.* — **2.** Disperser en tous sens, éparpiller : *Émietter son existence sans jamais être capable de se fixer.*

émigrant, e [emigrɑ̃] adj. et n. Qui émigre : *Interdire aux émigrants d'exporter leurs capitaux.*

émigration [emigrasjɔ̃] n. f. Action d'émigrer : *La situation économique médiocre de ce pays provoque une émigration importante.*

émigré, e [emigre] adj. et n. Personne qui a émigré : *Les émigrés ont constitué un gouvernement en exil.*

émigrer [emigre] v. i. (lat. *emigrare,* sortir de) [sujet qqn] Quitter son pays pour se fixer dans un autre : *De nombreux citoyens, hostiles au nouveau régime politique, ont émigré à l'étranger* (syn. S'EXPATRIER). [→ IMMIGRER.]

émincé [emɛ̃se] n. m. Tranche de viande coupée très mince : *Un émincé de gigot, de volaille.*

émincer [emɛ̃se] v. t. (c. 1) *Émincer qqch,* le couper en tranches minces : *Émincer du lard, des oignons.*

éminemment [eminamɑ̃] adv. À un très haut degré : *Il est éminemment souhaitable qu'il réussisse.*

éminence [eminɑ̃s] n. f. (lat. *eminentia,* hauteur).
— **I.** Élévation de terrain : *Monter sur une éminence pour observer les environs* (syn. HAUTEUR, BUTTE, COLLINE).
— **II. 1.** Titre qu'on donne à un cardinal : *Son Éminence le cardinal X.* (Abrév. S. EM.) — **2.** *Éminence grise,* conseiller intime qui reste dans l'ombre.

éminent, e [eminɑ̃] adj. (du lat. *eminere,* s'élever au-dessus) [avant ou après le n.] **1.** Se dit de qqn que ses qualités mettent nettement au-dessus du niveau moyen : *Un écrivain éminent* (syn. ILLUSTRE). *J'exprime toute ma gratitude à mon éminent collaborateur.* — **2.** *À un degré éminent,* à un très haut degré : *Elle* *possède à un degré éminent la faculté de s'adapter à une situation.*

émir [emir] n. m. (ar. *amīr,* celui qui ordonne). Prince, dans le monde musulman.

émirat [emira] n. m. État gouverné par un émir.

émissaire [emisɛr] n. m. (lat. *emissarius,* agent). Personne chargée d'une mission secrète : *Les rebelles avaient envoyé deux émissaires pour discuter l'armistice.*

émission [emisjɔ̃] n. f. **1.** Action d'émettre : *Une voyelle se prononce d'une seule émission de voix. L'émission d'un emprunt.* — **2.** Transmission de sons ou d'images : *Émission en direct, en différé.* — **3.** Programme émis par la radio ou par la télévision : *Une émission de variétés.*

emmagasinage [ɑ̃magazinaʒ] n. m. Action d'emmagasiner.

emmagasiner [ɑ̃magazine] v. t. **1.** *Emmagasiner des marchandises,* les stocker. — **2.** *Emmagasiner qqch,* l'amasser, le mettre en réserve : *Emmagasiner des revues chez soi* (syn. ACCUMULER). *Emmagasiner des souvenirs.*

emmailloter [ɑ̃majɔte] v. t. **1.** *Emmailloter un bébé,* lui mettre des langes, des couches. — **2.** *Emmailloter un doigt blessé,* l'envelopper complètement avec de la gaze, un pansement. (→ DÉMAILLOTER.)

emmanchement [ɑ̃mɑ̃ʃmɑ̃] n. m. Action d'emmancher, de s'emmancher.

emmancher [ɑ̃mɑ̃ʃe] v. t. *Emmancher qqch,* l'engager dans une fente, dans un support : *Emmancher une bougie dans le chandelier.* ◆ ***s'emmancher*** v. pr. *Fam.* (sujet qqch) Commencer : *L'affaire s'emmanche mal.*

emmanchure [ɑ̃mɑ̃ʃyr] n. f. Ouverture pratiquée dans un vêtement pour y adapter une manche ou pour passer le bras.

emmêlement [ɑ̃mɛlmɑ̃] n. m. Action d'emmêler, de s'emmêler.

emmêler [ɑ̃mele] v. t. **1.** *Emmêler des choses, qqch (concret),* les mêler avec d'autres choses : *Emmêler des fils. Elle a les cheveux tout emmêlés* (syn. ENTREMÊLER, ENCHEVÊTRER). — **2.** *Emmêler qqch (abstrait),* y mettre du trouble, de la confusion : *En apportant son point de vue, il n'a fait qu'emmêler l'affaire* (syn. EMBROUILLER). [→ DÉMÊLER.]

emménagement [ɑ̃menaʒmɑ̃] n. m. Action d'emménager : *Depuis son emménagement, je ne l'ai pas revu* (contr. DÉMÉNAGEMENT).

emménager [ɑ̃menaʒe] v. i. (c. 2) [sujet qqn] S'installer avec ses meubles dans un nouveau logement : *Les nouveaux locataires ont emménagé dans l'appartement du quatrième* (contr. DÉMÉNAGER). [→ DÉMÉNAGER.]

emmener [ɑ̃mne] v. t. (c. **9**). **1.** *Emmener qqn, un animal (qqpart),* le mener avec soi dans un autre endroit : *Si vous êtes libre, je vous emmène au cinéma.* — **2.** *Emmener qqch,* l'emporter : *J'ai emmené un livre pour me distraire pendant le trajet.*

emmenthal ou **emmental** [emɛ̃tal ou emɑ̃tal] n. m. (du n. d'une vallée suisse). Fromage de gruyère.

emmitoufler [ɑ̃mitufle] v. t. (de l'anc. fr. *mitoufle,* mitaine). *Emmitoufler qqn,* l'envelopper, le couvrir de vêtements chauds (souvent pass.) : *Des passants bien emmitouflés.* ◆ ***s'emmitoufler*** v. pr. S'envelopper : *Par ce froid, elle s'est emmitouflée dans un gros manteau de fourrure.*

emmurer [ɑ̃myre] v. t. *Emmurer qqn,* l'enfermer, le bloquer dans un lieu d'où il ne peut sortir : *Un éboulement a emmuré toute une équipe de mineurs.*

émoi [emwa] n. m. (de l'anc. fr. *esmaier,* troubler). **1.** Trouble ressenti par qqn : *La vue de la jeune fille le remplit d'un doux émoi* (syn. ÉMOTION). *Dans son émoi, l'heureuse gagnante a oublié son chapeau* (syn. SAISISSEMENT). — **2.** *En émoi,* en proie à une vive agitation : *Un cambriolage a eu lieu ce matin ; le quartier est en émoi* (syn. EFFERVESCENCE).

émollient, e [emɔljɑ̃] adj. et n. m. (du lat. *emollire,* rendre mou). Se dit d'un médicament qui adoucit, qui relâche les tissus.

émoluments [emɔlymɑ̃] n. m. pl. (lat. *emolumentum,* gain). Argent qu'on gagne dans un emploi : *Ses modestes émoluments ne lui ont pas permis de faire des économies* (syn. APPOINTEMENTS, SALAIRE, GAIN, TRAITEMENT).

émondage [emɔ̃daʒ] n. m. Action d'émonder.

émonder [emɔ̃de] v. t. (lat. *emundare,* nettoyer). *Émonder un arbre,* en couper les branches inutiles (syn. TAILLER, ÉLAGUER).

émondeur [emɔ̃dœr] n. m. Qui émonde.

émotif, ive [emɔtif] adj. **1.** Sujet par tempérament aux émotions : *Cette jeune fille est très émotive : elle rougit et se trouble pour un rien.* — **2.** Relatif à l'émotion : *Un tremblement émotif. Un choc émotif.*

émotion [emosjɔ̃] n. f. Trouble subit, agitation passagère causés par la surprise, la peur, la joie, etc. : *L'émotion de retrouver enfin ses parents lui coupait la parole. Évoquer avec émotion des souvenirs d'enfance* (syn. ATTENDRISSEMENT).

émotionnel, elle [emosjɔnɛl] adj. Inspiré par l'émotion : *Une réaction purement émotionnelle* (syn. AFFECTIF, PASSIONNEL).

émotionner [emosjɔne] v. t. Fam. *Émotionner qqn,* lui causer de l'émotion (syn. ÉMOUVOIR).

émotivité [emɔtivite] n. f. Caractère émotif : *Son bégaiement passager est un trait d'émotivité.*

émoulu, e [emuly] adj. (de l'anc. fr. *émoudre,* aiguiser). *Frais émoulu,* nouvellement sorti d'une école, qui a récemment acquis un titre, etc. : *Un jeune homme tout frais émoulu de l'École polytechnique.*

émousser [emuse] v. t. (de *mousse,* « qui n'est pas aigu »). **1.** *Émousser une pointe, le tranchant d'une lame,* etc., les rendre moins coupants, moins aigus : *La dureté du bois a émoussé le ciseau.* — **2.** *Émousser un sentiment, un souvenir,* le rendre moins vif. ◆ ***s'émousser*** v. pr. Perdre sa force, son tranchant : *Un rasoir qui s'émousse. Le désir s'émousse avec le temps* (syn. S'AFFAIBLIR, S'ATTÉNUER).

émoustillant, e [emustijɑ̃] adj. Qui émoustille : *Des histoires émoustillantes.*

émoustiller [emustije] v. t. (de *mousse,* « écume »). Fam. *Émoustiller qqn,* le porter à la gaieté, exciter ses sens : *Le champagne commençait à émoustiller les convives.*

émouvant, e [emuvɑ̃] adj. Qui émeut : *Le film contient plusieurs scènes émouvantes. Un geste émouvant.*

émouvoir [emuvwar] v. t. (lat. *emovere,* remuer) [c. **36**] *Émouvoir qqn,* agir sur sa sensibilité, causer du trouble dans son âme (souvent pass.) : *Le récit de ses malheurs avait ému ses camarades. Se laisser émouvoir par le spectacle de la misère* (syn. TOUCHER, IMPRESSIONNER, ↑ BOULEVERSER). *J'ai appris ce qu'elle avait enduré pour moi, et j'en suis tout ému* (syn. REMUER). ◆ ***s'émouvoir*** v. pr. S'inquiéter, être bouleversé : *Il apprit sans s'émouvoir que le tribunal l'avait condamné à mort* (syn. SE TROUBLER).

empailler [ɑ̃paje] v. t. **1.** *Empailler un siège,* le garnir de paille tressée. — **2.** *Empailler un animal,* remplir de paille sa peau, quand il est mort, afin de lui garder son aspect (syn. NATURALISER).

empailleur, euse [ɑ̃pajœr] n. Personne qui empaille.

empaler [ɑ̃pale] v. t. Transpercer d'un pieu. ◆ ***s'empaler*** v. pr. Tomber ou se jeter sur un objet pointu qui blesse, qui défonce.

empanaché, e [ɑ̃panaʃe] adj. Garni d'un panache : *Un chapeau empanaché.*

empaquetage [ɑ̃paktaʒ] n. m. Action d'empaqueter : *Les employés préposés à l'empaquetage des colis.*

empaqueter [ɑ̃pakte] v. t. (c. **8**) Mettre en paquet, envelopper en paquet : *Empaqueter des livres.*

emparer (s') [ɑ̃pare] v. pr. (anc. prov. *emparar*, fortifier). **1.** (sujet qqn) *S'emparer de qqch, de qqn*, le prendre par la force ou d'un mouvement vif : *L'ennemi s'était emparé de plusieurs villes* (syn. CONQUÉRIR). *S'emparer d'un butin considérable* (syn. METTRE LA MAIN SUR; fam. RAFLER). *Les révolutionnaires se sont emparés de la personne du chef de l'État* (syn. SE SAISIR DE). *Je m'emparai d'un bâton pour me défendre. Elle s'est emparée du premier prétexte venu* (syn. fam. SAUTER SUR). — **2.** (sujet un sentiment, une idée, etc.) *S'emparer de qqn*, en prendre possession : *Un désir immodéré d'argent s'était emparé de moi.*

empâtement [ɑ̃pɑtmɑ̃] n. m. Action d'empâter, de s'empâter : *L'empâtement d'un visage. L'empâtement de la bouche.*

empâter [ɑ̃pɑte] v. t. **1.** Rendre plus gros, alourdir : *L'âge lui a empâté les traits* (syn. ÉPAISSIR). — **2.** *Aliment, boisson qui empâte la bouche*, qui la rend pâteuse. ◆ ***s'empâter*** v. pr. Devenir gras, épais : *Il ne prend pas assez d'exercice, il commence à s'empâter.*

empattement [ɑ̃patmɑ̃] n. m. **1.** Distance entre les roues arrière et les roues avant d'une voiture, mesurée d'un essieu ou d'un pivot à l'autre. — **2.** Épaississement terminal des jambages d'un caractère d'imprimerie.

empêché, e [ɑ̃peʃe] adj. Retenu par ses obligations ou par une maladie : *Le directeur, empêché, n'a pas assisté à la réunion.*

empêchement [ɑ̃pɛʃmɑ̃] n. m. Ce qui s'oppose à la réalisation de qqch : *Un empêchement de dernière minute l'a retenu loin de nous. Je ne vois aucun empêchement à ce projet* (syn. OBSTACLE).

empêcher [ɑ̃pɛʃe] v. t. (bas lat. *impedicare*, prendre au piège). **1.** *Empêcher qqch, que (+ subj.)*, y faire obstacle de façon qu'il n'ait pas lieu : *Il a tout fait pour empêcher ce mariage* (syn. DÉFENDRE; contr. PERMETTRE). *Rien ne peut empêcher le progrès de la maladie* (syn. ARRÊTER). *Elle a essayé d'empêcher que la nouvelle se répande* (ou *ne se répande* [soutenu]). *Qu'est-ce qui empêche qu'elle soit heureuse? Rien n'empêche qu'on s'en aperçoive* (plus rarement, *qu'on ne s'en aperçoive*). — **2.** *Empêcher qqn de (+ inf.)*, ne pas lui permettre de : *Cette grippe l'a empêché de venir. Le règlement l'empêche d'être candidate* (syn. INTERDIRE; contr. AUTORISER). *On a mis une balustrade pour empêcher les gens de tomber* (syn. PRÉSERVER). — **3.** *N'empêche que, il n'empêche que, cela n'empêche pas que* (+ *ind.*), expriment l'opposition, la concession : *Elle a dû se soumettre; n'empêche qu'elle avait raison* (syn. POURTANT). *Il prétend qu'il n'a pas le temps; ça n'empêche pas qu'il est allé tous les soirs au cinéma.* ◆ ***s'empêcher*** v. pr. *S'empêcher de (+ inf.)*, se retenir de : *Je me suis empêché de dormir pour l'attendre. Il n'a pas pu s'empêcher de répliquer.*

empêcheur, euse [ɑ̃pɛʃœr] n. Fam. *Empêcheur de danser, de tourner en rond*, celui qui trouble la joie ou qui suscite des difficultés (syn. TROUBLE-FÊTE; fam. RABAT-JOIE).

empeigne [ɑ̃pɛɲ] n. f. (anc. fr. *peigne*, métacarpe). Le dessus de la chaussure, du cou-de-pied à la pointe.

empennage [ɑ̃pɛnaʒ] n. m. **1.** Garniture de plumes d'une flèche. — **2.** Chacune des surfaces placées à l'arrière des ailes ou de la queue d'un avion, pour lui donner de la stabilité.

empenne [ɑ̃pɛn] n. f. Garniture de plumes raides placée à l'arrière d'une flèche pour régulariser son mouvement.

empenner [ɑ̃pɛne] v. t. (du lat. *penna*, plume). *Empenner une flèche*, la garnir d'une empenne.

empereur [ɑ̃prœr] n. m. (lat. *imperator*). Chef absolu d'un pays : *L'empereur Napoléon Ier*. (→ IMPÉRATRICE.)

empesage [ɑ̃pəzaʒ] n. m. Action d'empeser : *L'empesage du linge.*

empesé, e [ɑ̃pəze] adj. **1.** Se dit du linge raidi par un apprêt. — **2.** *Air empesé, style empesé*, etc., qui manque de naturel, affecté.

empeser [ɑ̃pəze] v. t. (de l'anc. fr. *empoise*, empois) [c. **9**] *Empeser du linge*, l'imprégner d'eau mêlée d'empois, destinée à le rendre raide : *Le col de la chemise a été empesé.*

empester [ɑ̃pɛste] v. t. (sujet qqch) *Empester un lieu*, l'infecter d'une mauvaise odeur : *Un marécage qui empeste le voisinage* (syn. EMPUANTIR). ◆ v. i. (sujet qqn, qqch) Dégager une mauvaise odeur : *Ça empeste ici* (syn. fam. ↑ PUER); avec un n. désignant le type d'odeur : *Ses vêtements empestent le tabac.*

empêtré, e [ɑ̃pɛtre] adj. Qui manque d'aisance : *Avoir l'air empêtré* (syn. GAUCHE, MALADROIT).

empêtrer (s') [ɑ̃pɛtre] v. pr., **être empêtré** v. pass. (bas lat. *impastoriare*, mettre une entrave). *S'empêtrer, être empêtré dans qqch*, se mettre, être dans une position qui gêne le mouvement; se mettre, être dans une situation inextricable : *Un parachutiste qui est empêtré dans les cordes de son parachute* (syn. EMBARRASSER). *Il s'est empêtré dans ses explications* (syn. fam. EMBERLIFICOTER). [→ DÉPÊTRER.]

emphase [ɑ̃fɑz] n. f. (gr. *emphasis*). Exagération pompeuse dans le ton, le choix des mots ou les manières : *Elle racontait avec emphase ses exploits* (syn. GRANDILOQUENCE; contr. SIMPLICITÉ). *Le maire prononça un discours plein d'emphase* (syn. SOLENNITÉ). *L'emphase d'un geste* (syn. AFFECTATION).

emphatique [ɑ̃fatik] adj. Qui relève de l'emphase : *Un ton emphatique* (syn. SOLENNEL, POMPEUX). *Une exhortation emphatique* (syn. AMPOULÉ; contr. SIMPLE).

emphatiquement [ɑ̃fatikmɑ̃] adv. De manière emphatique.

empiècement [ɑ̃pjɛsmɑ̃] n. m. Pièce de tissu rapportée dans le haut d'une chemise, d'un corsage, etc.

empierrement [ɑ̃pjɛrmɑ̃] n. m. Action d'empierrer : *Les ouvriers employés à l'empierrement des boulevards, des rues.*

empierrer [ɑ̃pjere] v. t. *Empierrer une route, une cour*, etc., les revêtir de pierres.

empiétement [ɑ̃pjɛtmɑ̃] n. m. Action d'empiéter : *Elle proteste contre cet empiétement sur ses prérogatives* (syn. USURPATION).

empiéter [ɑ̃pjete] v. t. ind. (de *en-* et *pied*) [c. **10**] (sujet qqch, qqn) *Empiéter sur qqn, qqch*, usurper une partie de sa place ou de ses droits, s'étendre sur son domaine : *J'ai fait observer au voisin que ses projets d'agrandissement empiétaient légèrement sur mon terrain* (syn. MORDRE). *Il a empiété sur les attributions de son collègue. La mer empiète chaque année sur la côte* (syn. GAGNER).

empiffrer (s') [ɑ̃pifre] v. pr. (de l'anc. fr. *piffre*, gros individu) [sujet qqn] *Très fam.* Manger gloutonnement : *Un dîner où il s'est empiffré. S'empiffrer de petits fours* (syn. SE GAVER).

empilage [ɑ̃pilaʒ] ou **empilement** [ɑ̃pilmɑ̃] n. m. Action d'empiler : *Son bureau est chargé d'un empilement de journaux.*

empiler [ɑ̃pile] v. t. **1.** *Empiler des objets,* les mettre en pile, en tas : *Empiler des assiettes. On avait empilé tous les vêtements dans un coin* (syn. ENTASSER). — **2.** Pop. *Empiler qqn,* le duper, le voler : *Il s'est fait empiler par un vendeur malhonnête* (syn. fam. ROULER, POSSÉDER, AVOIR). ◆ ***s'empiler*** v. pr. S'amonceler : *Les livres s'empilent sur son bureau* (syn. S'AMONCELER).

empire [ɑ̃pir] n. m. (lat. *imperium*).
— **I. 1.** État gouverné par un empereur; ensemble de pays gouvernés par une même autorité : *L'Empire japonais. L'empire de Charlemagne. La France avait conquis un grand empire colonial.* — **2.** *Le premier Empire,* le règne de Napoléon Ier. ‖ *Le second Empire,* le règne de Napoléon III. ‖ *Style Empire, mobilier Empire,* à la mode sous Napoléon Ier. — **3.** *Pour un empire,* même en échange des plus grands avantages : *Je ne céderais pas ma place pour un empire* (syn. POUR RIEN AU MONDE). — **II.** Pouvoir, forte influence exercés sur qqn par qqn ou qqch (soutenu) : *Des réflexes qui échappent à l'empire de la volonté. Sous l'empire de la colère, il se mit à l'injurier* (syn. IMPULSION, INFLUENCE). *Elle a beaucoup d'empire sur elle-même* (syn. MAÎTRISE).

empirer [ɑ̃pire] v. i. (sujet qqch) Devenir plus grave, plus mauvais : *L'état du malade empire* (syn. S'AGGRAVER). *On peut craindre que la situation militaire n'empire prochainement* (syn. SE DÉTÉRIORER; contr. S'AMÉLIORER).

empirique [ɑ̃pirik] adj. (gr. *empeirikos*). Qui se fonde uniquement sur l'expérience, l'observation des faits, et non sur une théorie : *Recourir à un procédé empirique pour déterminer le centre de gravité.*

empiriquement [ɑ̃pirikmɑ̃] adv. De façon empirique : *L'emplacement du camp a été choisi empiriquement.*

empirisme [ɑ̃pirism] n. m. Méthode fondée uniquement sur l'expérience : *L'empirisme fait place à des procédés scientifiques.*

empiriste [ɑ̃pirist] n. Partisan de l'empirisme.

emplacement [ɑ̃plasmɑ̃] n. m. Place occupée par qqch : *On a construit un immeuble sur l'emplacement de l'ancien théâtre. On a aménagé un emplacement pour le terrain de sport.*

emplâtre [ɑ̃plɑtr] n. m. (du gr. *emplattein,* façonner). **1.** Pommade se ramollissant à la chaleur et destinée à être appliquée sur la peau. — **2.** *Fam.* Personne sans énergie, sans esprit d'initiative : *Cet emplâtre-là n'a rien fait pour nous aider* (syn. fam. EMPOTÉ).

emplette [ɑ̃plɛt] n. f. (anc. fr. *emploite,* besogne). **1.** Achat de qqch : *Faire l'emplette d'un appareil photographique* (syn. ACQUISITION). — **2.** Chose achetée : *Elle a rapporté ses emplettes dans un grand panier* (syn. ACHAT).

emplir [ɑ̃plir] v. t. (lat. *implere*). *Litt.* **1.** *Emplir qqch,* le rendre plein : *Emplir une bouteille à la fontaine* (syn. usuel REMPLIR). *La foule qui emplit la salle.* — **2.** *Emplir qqn d'un sentiment,* occuper entièrement son cœur, son esprit : *Ce spectacle nous a emplis d'admiration* (syn. usuel REMPLIR).

emploi [ɑ̃plwa] n. m. **1.** Action ou manière d'employer qqch : *Quel emploi peut-on faire de ce tissu?* (syn. USAGE). *L'emploi d'une règle à calcul fait gagner du temps. Le mode d'emploi d'un produit. Une peinture d'emploi très facile. Mon emploi du temps ne me laisse guère de loisir* (= la distribution de mes occupations dans la journée, la semaine). *Quand un mot fait double emploi avec un autre, on dit qu'il y a pléonasme.* — **2.** Occupation confiée à qqn, tâche à laquelle il est affecté : *Pour cet emploi, il faut quelqu'un d'expérimenté* (syn. POSTE, FONCTION). *Chercher un emploi* (syn. PLACE, SITUATION).

employé, e [ɑ̃plwaje] n. **1.** Personne qui travaille dans un bureau, un magasin, une banque, etc. — **2.** *Employé de maison,* domestique.

employer [ɑ̃plwaje] v. t. (lat. *implicare,* engager dans) [c. 3]. **1.** *Employer qqch,* en faire usage : *Employer une somme à l'achat d'une voiture* (syn. CONSACRER). *Ce mot n'est plus employé* (syn. UTILISÉ). *J'ai employé tout l'après-midi à faire quelques achats* (syn. CONSACRER). *Il a fallu employer la force pour maintenir l'ordre* (syn. USER DE, RECOURIR À). *Employer un levier pour soulever un bloc de pierre* (syn. UTILISER, SE SERVIR DE). — **2.** *Employer qqn,* le faire travailler pour son compte : *Employer une femme de ménage. Cette usine emploie plus de deux mille ouvriers* (syn. OCCUPER). *L'entreprise emploie de la main-d'œuvre étrangère.* ◆ ***s'employer*** v. pr. **1.** (sujet qqch) Être en usage : *Un verbe défectif est un verbe qui ne s'emploie pas à certaines formes.* — **2.** (sujet qqn) *S'employer à qqch,* y consacrer son activité, ses efforts : *Elle s'est employée de son mieux à réparer les dégâts* (syn. S'APPLIQUER). *S'employer à la recherche d'une solution.*

employeur, euse [ɑ̃plwajœr] n. Personne qui emploie du personnel salarié.

empocher [ɑ̃pɔʃe] v. t. Fam. *Empocher de l'argent,* le percevoir, le toucher.

empoignade [ɑ̃pwaɲad] n. f. *Fam.* Querelle, bagarre : *La discussion du projet de loi a donné lieu à quelques empoignades.*

empoigne [ɑ̃pwaɲ] n. f. Fam. *Foire d'empoigne,* lieu, circonstance où chacun cherche à obtenir le plus possible : *Un héritage a parfois un air de foire d'empoigne.*

empoigner [ɑ̃pwaɲe] v. t. (de *poing*). **1.** (sujet qqn) *Empoigner qqch,* le saisir vivement avec la main et le tenir fermement : *Empoigner la rampe de l'escalier. Empoigner une pioche.* — **2.** *Fam.* (sujet qqn) *Empoigner qqn,* se saisir de lui : *Empoigner un malfaiteur.* — **3.** (sujet qqch) *Empoigner qqn,* l'émouvoir fortement : *Le dénouement empoignait les spectateurs.* ◆ ***s'empoigner*** v. pr. En venir aux mains : *Deux adversaires prêts à s'empoigner* (syn. SE COLLETER).

empois [ɑ̃pwa] n. m. (de *empeser*). Solution d'amidon dans l'eau, servant à donner au linge une certaine raideur.

empoisonnant, e [ɑ̃pwazɔnɑ̃] adj. Qui empoisonne : *Une démarche empoisonnante. Travail empoisonnant* (syn. ENNUYEUX; fam. ASSOMMANT). *Un élève empoisonnant* (syn. INSUPPORTABLE).

empoisonnement [ɑ̃pwazɔnmɑ̃] n. m. **1.** Intoxication pouvant causer la mort : *Un empoisonnement dû aux champignons.* — **2.** *Fam.* Ennui, souci, tracas : *J'ai eu un tas d'empoisonnements avec ma voiture.*

empoisonner [ɑ̃pwazɔne] v. t. **1.** *Empoisonner qqn, un animal,* les faire mourir ou les intoxiquer gravement par un poison, une substance toxique : *Néron fit empoisonner Britannicus. Un plat de champignons qui a empoisonné toute une famille.* — **2.** *Empoisonner qqch,* y mettre du poison : *Une flèche empoisonnée.* — **3.** *Empoisonner l'atmosphère,* y répandre une odeur infecte. — **4.** Fam. *Empoisonner qqn,* lui causer un souci constant, l'importuner : *Il m'empoisonne avec ses réclamations* (syn. ENNUYER; fam. ASSOMMER). *Des voisins qui nous empoisonnent l'existence.* — **5.** *Empoisonner qqch (abstrait),* le troubler, le corrompre : *La publication de ces révélations ne peut qu'empoisonner un peu plus le climat politique.*

empoisonneur, euse [ɑ̃pwazɔnœr] n. Qui empoisonne : *La Brinvilliers est une empoisonneuse célèbre du XVIIe s. Un écrivain qui a été traité d'empoisonneur public.*

emporté, e [ɑ̃pɔrte] adj. et n. De tempérament violent; qui se laisse aller à des accès de colère : *Un caractère emporté* (syn. IRRITABLE, FOUGUEUX, IMPÉTUEUX, VÉHÉMENT).

emportement [ɑ̃pɔrtəmɑ̃] n. m. Mouvement violent excité par la passion, et, en partic., accès de colère : *Discuter avec emportement* (syn. PASSION, FOUGUE). *Elle l'aime avec emportement* (syn. ↑FRÉNÉSIE).

emporte-pièce [ɑ̃pɔrtəpjɛs] n. m. inv. **1.** Instrument permettant de découper d'un seul coup une pièce dans une plaque, une feuille. — **2.** *À l'emporte-pièce,* simple et sans nuance : *Avoir un caractère à l'emporte-pièce* (syn. TOUT D'UNE PIÈCE, ABSOLU). ‖ *Mots, style à l'emporte-pièce,* qui expriment les choses d'une manière tranchée, incisive.

emporter [ɑ̃pɔrte] v. t. **1.** *Emporter qqch, qqn,* le prendre avec soi, le porter ailleurs : *Emporter des provisions pour le voyage. Le courant emporte la barque* (syn. EMMENER, ENTRAÎNER). *La toiture a été emportée par la tempête* (syn. ARRACHER), *On emporta le blessé dans l'ambulance* (syn. EMMENER). — **2.** *Emporter qqch (abstrait),* le garder pour soi : *Elle a emporté son secret dans la tombe.* — **3.** *Emporter qqch, qqn,* l'enlever avec effort, violence ou vivacité : *Le fleuve emporte des glaçons* (syn. CHARRIER). *Être emporté par une maladie* (= en mourir). *Emporter une position ennemie* (= s'en emparer). *Emporter un prix, un avantage* (= l'obtenir; syn. REMPORTER). — **4.** (sujet qqch d'épicé) *Emporter la bouche,* causer une sensation de brûlure. ‖ Fam. *Emporter, enlever le morceau,* réussir, obtenir ce qu'on voulait. ‖ *Il ne l'emportera pas au (en) paradis,* je saurai me venger. ‖ *L'emporter (sur qqn, qqch),* avoir l'avantage, prévaloir sur qqn ou qqch; être victorieux, avoir le dessus : *La déception a fini par l'emporter sur la colère. Il l'a emporté sur son principal adversaire. Je l'ai emporté dans la discussion.* — **5.** (sujet un sentiment, une passion) *Emporter qqn,* l'entraîner à un comportement excessif : *La colère l'a emporté.* ◆ ***s'emporter*** v. pr. Se mettre en colère : *Écoutez-la jusqu'au bout sans vous emporter contre elle.*

empoté, e [ɑ̃pɔte] adj. et n. (anc. fr. *main pote,* main gauche). *Fam.* Qui manque d'adresse, d'initiative : *On ne peut pas confier ce travail à un garçon empoté comme lui* (syn. ↓GAUCHE). *Ne reste pas là à regarder, comme un empoté* (contr. DÉBROUILLARD, DÉGOURDI).

empourprer [ɑ̃purpre] v. t. (de *pourpre* 1). *Litt.* Colorer de rouge : *Le soleil couchant empourpre le ciel.* ◆ ***s'empourprer*** v. pr. Devenir rouge : *Son visage s'empourpra de colère* (syn. ↓ROUGIR). [→ POURPRE.]

empoussiérer [ɑ̃pusjere] v. t. (c. **10**). Couvrir de poussière : *Les chemins creux avaient empoussiéré ses chaussures.* ◆ ***s'empoussiérer*** v. pr. Se couvrir de poussière : *Des meubles qui se sont empoussiérés au grenier.*

empreindre (s') [ɑ̃prɛ̃dr] v. pr., **être empreint** v. pass. (lat. *imprimere*) [c. **55**] (sujet qqch) *S'empreindre, être empreint de qqch,* en porter la marque (soutenu) : *Son visage commençait à s'empreindre de tristesse. Un accueil empreint de la plus franche cordialité.*

empreinte [ɑ̃prɛ̃t] n. f. **1.** Trace laissée par une pression, un contact : *Des empreintes de pas sur le sol. Les enquêteurs ont relevé les empreintes digitales des cambrioleurs.* — **2.** Marque laissée par une influence morale, par un sentiment : *Une littérature marquée de l'empreinte des nouvelles doctrines philosophiques. On peut lire sur son visage l'empreinte de la douleur.*

empressé, e [ɑ̃prɛse] adj. Qui manifeste de l'attention, du dévouement : *Des admirateurs empressés* (syn. ↑CHALEUREUX). *Veuillez agréer, Madame, mes salutations empressées* (syn. DÉVOUÉ). *Elle est toujours empressée à rendre service* (syn. IMPATIENT DE).

empressement [ɑ̃prɛsmɑ̃] n. m. Action de s'empresser : *Proposition accueillie avec empressement* (syn. SATISFACTION, ↑ENTHOUSIASME). *Tu as montré un grand empressement à t'acquitter de ta tâche* (syn. ZÈLE; litt. DILIGENCE).

empresser (s') [ɑ̃prɛse] v. pr. (sujet qqn) **1.** *S'empresser de* (+ *inf.*), se hâter d'accomplir une action : *Elle s'est empressée de raconter la nouvelle à tout le monde* (syn. SE DÉPÊCHER). — **2.** *S'empresser auprès, autour de qqn,* se montrer prévenant à son égard, lui témoigner son dévouement, son amour.

emprise [ɑ̃priz] n. f. (du lat. *prehendere,* saisir). Domination morale, intellectuelle exercée sur qqn : *Un homme qui a beaucoup d'emprise sur son parti* (syn. INFLUENCE, AUTORITÉ). *Être sous l'emprise de la colère* (syn. EMPIRE).

emprisonnement [ɑ̃prizɔnmɑ̃] n. m. Action d'emprisonner; fait d'être emprisonné : *Un délit passible d'un emprisonnement de deux ans.*

emprisonner [ɑ̃prizɔne] v. t. **1.** Mettre en prison : *Emprisonner un voleur.* — **2.** Tenir à l'étroit, resserrer : *Avoir le cou emprisonné dans un col rigide.*

emprunt [ɑ̃prœ̃] n. m. **1.** Action d'emprunter de l'argent : *Recourir à un emprunt pour faire construire sa maison. Un emprunt lancé par le gouvernement.* — **2.** Ce qui est emprunté : *Un emprunt remboursable en dix ans. Le mot «football» est un emprunt à l'anglais.* — **3.** *D'emprunt,* qui provient d'un emprunt : *Utiliser un matériel d'emprunt.* ‖ *Nom d'emprunt,* nom adopté dans telle ou telle circonstance (syn. PSEUDONYME).

emprunté, e [ɑ̃prœ̃te] adj. Qui manque d'aisance, de naturel : *Il s'est adressé à moi d'un air tout emprunté* (syn. GAUCHE, EMBARRASSÉ).

emprunter [ɑ̃prœ̃te] v. t. (bas lat. *impromutare*). **1.** (sujet qqn) *Emprunter qqch,* se le faire prêter : *Emprunter cent francs à un ami jusqu'au lendemain. Sa voiture était en panne, elle a emprunté celle de son frère.* — **2.** (sujet qqn, qqch) *Emprunter qqch à qqn, à qqch,* le leur prendre : *Le français a emprunté de nombreux mots à l'anglais* (syn. TIRER). *Emprunter une citation à Pascal* (syn. DEVOIR). — **3.** *Emprunter une route, une voie,* la suivre.

emprunteur, euse [ɑ̃prœ̃tœr] n. et adj. Qui emprunte : *Les obligations de l'emprunteur envers le prêteur.*

empuantir [ɑ̃pɥɑ̃tir] v. t. Rendre puant : *Une odeur qui empuantit la pièce* (syn. EMPESTER).

empuantissement [ɑ̃pɥɑ̃tismɑ̃] n. m. Action d'empuantir.

ému, e [emy] adj. Qui éprouve, manifeste de l'émotion : *Répondre d'une voix émue.*

émulation [emylasjɔ̃] n. f. Sentiment qui pousse à égaler ou à surpasser qqn, surtout dans une bonne intention : *Il y a entre eux, plutôt qu'une rivalité, une saine émulation* (syn. COMPÉTITION, CONCURRENCE).

émule [emyl] n. (lat. *aemulus,* rival). Personne qui cherche à en égaler ou surpasser une autre, qui fait preuve de qualités ou, ironiq., de défauts égaux : *On reconnaît bien en lui le digne émule de son maître. La police surveille de près les agissements de cette bande.*

émulsion [emylsjɔ̃] n. f. (lat. *emulsus,* extrait). **1.** Particules très fines d'un liquide en suspension dans un autre liquide : *Une émulsion d'huile dans de l'eau.* — **2.** *Émulsion photographique,* préparation sensible à la lumière, qui couvre les films et les plaques photographiques.

1. en [ɑ̃] prép. (lat. *in*). Généralement non suivi d'un article, indique : **1.** le lieu : *Je vais en Angleterre* (noms de pays fém.), *en Uruguay* (noms de pays masc. commençant par une voyelle), *en Limousin* (noms de provinces ou de régions), *en Sicile* (noms d'îles), *en Saône-et-Loire* (noms de départements formés de deux termes coordonnés par *et*) : *On l'a conduit en prison. Le Christ est mort en croix. Elle vit en province. Mettre du vin en bouteilles. Il va de ville en ville. Il y a en elle quelque chose de mystérieux. J'ai bien des projets en tête. L'idée est en l'air. Il entre en colère.* — **2.** la date : *En mon absence, rien n'a été fait. Le vol a eu lieu en l'absence des locataires. En automne, les fruits sont abondants. En semaine, il n'est guère possible de la voir. Le livre sera publié en mars.* — **3.** la durée : *En vingt ans, le monde a été transformé. J'ai fait cent kilomètres en une heure. Il s'affaiblit de jour en jour, de mois en mois* (indique une progression continue). — **4.** la manière d'être, l'état : *Elle est en bonne santé, en colère, en voyage. Il reste en attente. La maison est en flammes. Ranger l'armée en bataille. Venez en vitesse. Vêtements en lambeaux. Chambre en désordre. Il est en habit de soirée. Elle est en blanc. Elle parle en femme du monde.* — **5.** l'objet indirect d'un verbe : *Croire en Dieu. Je me fie en sa parole. J'ai confiance en vous.* — **6.** la matière ou les composants : *J'ai acheté une montre en or. Une table en bois. Pièce en cinq actes.* — **7.** la transformation : *Convertir des francs en dollars. Il se déguise en arlequin. Tout s'en alla en fumée.* — **8.** le gérondif en *-ant* : *Elle répondit en souriant. En montant sur l'escabeau, il a glissé.*

2. en [ɑ̃] pron. personnel (lat. *inde*, de là). **1.** Indique l'endroit d'où on vient (= de ce lieu) : *«Avez-vous été chez lui? — J'en reviens.» Elle est restée dans son bureau toute la journée et vient juste d'en sortir.* — **2.** Remplace un nom de chose précédé de la prép. *de* (= de lui, d'elle[s], d'eux) : *Vous avez bien fait de me prévenir, je lui en parlerai dès que je la verrai* (= de cela). *J'ai réussi et j'en suis fier* (compl. de l'adj. = de cela). *Avez-vous envoyé des lettres? — Je n'en ai pas reçu* (objet direct = des lettres). *Il prit une pierre et l'en frappa* (compl. de moyen). *Vous m'avez rendu service et je m'en souviendrai* (objet indirect = de cela). *Il y a des fruits; prends-en quelques-uns.* — **3.** Remplace un nom de personne, mais plus rarement : *Cette élève est excellente; j'en suis très content* (plus souvent *je suis content d'elle*). — **4.** Annonce un complément dans la même phrase, avec une valeur de renforcement (fam.) : *On s'en souviendra de ce voyage! Tu en as une, toi, de voiture!* — **5.** Particule formant avec le v. une loc. verbale : *J'en ai été quitte pour la peur. Il en va de même pour les autres problèmes. Ils en sont venus aux mains. Je ne m'en suis pas remis. Ne pas en croire ses oreilles. Il en est réduit à la dernière extrémité.*

3. en-, [ɑ̃] préfixe entrant dans la composition de nombreux mots, et en partic. de verbes, pour indiquer soit la position dans qqch *(encaisser)*, soit le factitif *(enlaidir)*. Le préfixe a la forme *em-* devant les radicaux commençant par *b, p, m.*

E. N. A. [ena], sigle de l'ÉCOLE NATIONALE D'ADMINISTRATION.

énamouré ou **enamouré, e** [enamure] adj. *Litt.* Amoureux.

énarque [enark] n. Fonctionnaire sorti de l'E. N. A.

en-avant [ɑ̃navɑ̃] n. m. inv. Au rugby, faute commise par un joueur qui envoie le ballon, de la main ou du bras, vers les buts adverses.

en-but [ɑ̃by(t)] n. m. inv. Espace formant la zone du but au rugby.

encablure [ɑ̃kablyr] n. f. Mesure de longueur (environ 200 m) utilisée dans la marine pour les petites distances.

encadré [ɑ̃kadre] n. m. Dans une page imprimée, texte entouré d'un trait.

encadrement [ɑ̃kadrəmɑ̃] n. m. **1.** Action d'encadrer; ce qui encadre : *L'encadrement du tableau ne pourra être fait avant la semaine prochaine. Vous avez choisi un encadrement qui convient bien au sujet du tableau. On la vit soudain apparaître dans l'encadrement de la porte* (= dans le bâti qui entoure la porte). — **2.** Action de mettre sous une autorité : *On a prévu l'encadrement de cette unité par des officiers d'une fidélité éprouvée. Un régiment doté d'un bon encadrement* (= ensemble des cadres). — **3.** Action de limiter dans des règles : *L'encadrement du crédit.*

encadrer [ɑ̃kadre] v. t. **1.** *Encadrer qqch*, le mettre dans un cadre : *Il faudra faire encadrer ce tableau.* — **2.** Pop. *Je ne peux pas l'encadrer*, cette personne m'exaspère, je ne peux pas la supporter (syn. fam. SENTIR, ENCAISSER). — **3.** *Encadrer qqn*, le mettre sous une tutelle, sous une autorité afin de constituer un ensemble hiérarchique : *On encadre les soldats du contingent par des sous-officiers de carrière. Des troupes de manifestants solidement encadrées par des militants.* — **4.** Être autour : *Nous contemplons les bois qui encadrent la maison* (syn. ENTOURER). *Le malfaiteur entra encadré de deux gendarmes* (syn. FLANQUER). — **5.** Limiter par des règles : *Encadrer le crédit.*

encadreur [ɑ̃kadrœr] n. m. Qui encadre, met dans un cadre : *Porter une toile, une photographie chez l'encadreur.*

encaissable [ɑ̃kɛsabl] adj. Qui peut être encaissé : *Somme immédiatement encaissable.*

encaisse [ɑ̃kɛs] n. f. Argent ou valeurs qu'on a en caisse.

encaissé, e [ɑ̃kɛse] adj. Resserré entre des montagnes ou des parois escarpées, entre de hautes murailles, etc. : *Une rivière, une route encaissée. Une maison encaissée entre des usines.*

encaissement [ɑ̃kɛsmɑ̃] n. m. **1.** Action d'encaisser, de toucher de l'argent : *L'encaissement de cette somme a été effectué régulièrement.* — **2.** État d'une route, d'une rivière encaissée : *L'encaissement d'une vallée.*

encaisser [ɑ̃kɛse] v. t. **1.** Mettre dans une caisse : *Encaisser des oranges.* — **2.** *Encaisser de l'argent*, le recevoir, le toucher en paiement d'une marchandise, d'un service. — **3.** Fam. *Encaisser des coups, des injures*, etc., les subir sans être ébranlé, sans sourciller. — **4.** Fam. *Encaisser qqn*, le supporter (surtout à la forme négative) : *Ce type-là, je ne peux pas l'encaisser* (syn. SENTIR). ◆ ***s'encaisser*** v. pr. Se resserrer entre de hautes parois : *La route s'encaisse au fond de la vallée.*

encaisseur [ɑ̃kɛsœr] n. m. Employé chargé de recouvrer des sommes dues : *Un encaisseur est venu lui présenter une traite* (syn. GARÇON DE RECETTES).

encan (à l') [ɑ̃kɑ̃] adv. (lat. *in quantum*, pour combien?). Aux enchères : *Des meubles vendus à l'encan.*

encanailler (s') [ɑ̃kanaje] v. pr. (sujet qqn, son attitude) Ressembler à la canaille, l'imiter : *Il s'est encanaillé dans les milieux louches. Le style de cette romancière s'encanaille dans ses derniers livres.*

encapuchonné, e [ɑ̃kapyʃɔne] adj. Se dit de qqn revêtu d'un capuchon, ou de quelque vêtement qui couvre tout le corps à la façon d'un capuchon : *Le facteur arrivait dans la bourrasque, tout encapuchonné. Les campeuses sont encapuchonnées dans leurs couvertures.*

encart [ɑ̃kar] n. m. (*en-* et *cart*[e]). Feuille volante, carte insérée dans un livre, une revue : *Encart publicitaire.*

encartage [ɑ̃kartaʒ] n. m. Action d'encarter.

encarter [ɑ̃karte] v. t. Mettre dans un encart : *Encarter un prospectus dans une revue.*

en-cas ou **encas** [ɑ̃ka] n. m. (de [*objet préparé*] *en cas* [*de besoin*]). **1.** Objet préparé pour être utilisé en cas de besoin. — **2.** Repas léger, préparé par précaution (syn. CASSE-CROÛTE).

encaserner [ɑ̃kazɛrne] v. t. Syn. de CASERNER.

encastrable [ɑ̃kastrabl] adj. Qui peut être encastré : *Des éléments de cuisine encastrables.*

encastrer [ɑ̃kastre] v. t. (it. *incastrare*). *Encastrer un objet dans qqch,* l'insérer très exactement dans un creux, une surface taillés à cet effet : *Encastrer un mécanisme dans son boîtier* (syn. ENCHÂSSER). *Une baignoire encastrée dans le mur.* ◆ ***s'encastrer*** v. pr. S'ajuster très exactement.

encaustiquage [ɑ̃kɔstikaʒ] n. m. Action d'encaustiquer.

encaustique [ɑ̃kɔstik] n. f. (du gr. *egkaiein,* peindre à la cire fondue). Produit d'entretien à base de cire et d'essence, destiné à l'entretien des parquets, des meubles, etc.

encaustiquer [ɑ̃kɔstike] v. t. Enduire d'encaustique : *Encaustiquer un buffet.*

1. enceinte [ɑ̃sɛ̃t] n. f. (du lat. *incingere,* entourer complètement). **1.** Ce qui entoure, ce qui forme une protection : *Une ville dotée d'une enceinte fortifiée* (syn. MURAILLE). *Franchir le mur d'enceinte.* — **2.** Espace clos : *L'écho des délibérations ne doit pas franchir cette enceinte. L'enceinte du tribunal* (syn. SALLE). — **3.** *Enceinte (acoustique),* élément d'une chaîne haute-fidélité constitué par un ou plusieurs haut-parleurs (syn. BAFFLE).

2. enceinte [ɑ̃sɛ̃t] adj. f. (lat. *incincta,* sans ceinture). Se dit d'une femme en état de grossesse : *Être enceinte de trois mois.*

encens [ɑ̃sɑ̃] n. m. (lat. *incensum,* brûlé). Substance résineuse qui brûle avec un parfum caractéristique.

encensement [ɑ̃sɑ̃smɑ̃] n. m. Action d'encenser.

encenser [ɑ̃sɑ̃se] v. t. **1.** *Encenser qqch (concret),* agiter l'encensoir autour pour l'honorer : *Le prêtre encense l'autel.* — **2.** *Encenser qqn,* le flatter, le louer à l'excès.

encensoir [ɑ̃sɑ̃swar] n. m. **1.** Petit récipient suspendu à des chaînes, dans lequel on brûle de l'encens : *Balancer l'encensoir devant l'autel.* — **2.** Fam. *Coup d'encensoir,* flatterie excessive.

encéphale [ɑ̃sefal] n. m. (gr. *egkephalos,* ce qui est dans la tête). Ensemble des centres nerveux contenus dans la boîte crânienne (cerveau, cervelet, bulbe rachidien).

encéphalographie [ɑ̃sefalɔgrafi] n. f. Radiographie de l'encéphale.

encerclement [ɑ̃sɛrkləmɑ̃] n. m. Action d'encercler; fait d'être encerclé : *La garnison a tenté plusieurs sorties pour échapper à l'encerclement.*

encercler [ɑ̃sɛrkle] v. t. **1.** *Encercler un groupe de personnes, un lieu,* les entourer étroitement de toutes parts, de façon à ne laisser échapper personne : *Une division d'infanterie s'était laissé encercler dans la ville* (syn. CERNER). *La police a encerclé le quartier* (syn. BOUCLER). — **2.** *Encercler qqch,* l'entourer d'une ligne courbe, fermée : *Sur l'article de journal, un nom était encerclé au crayon rouge.*

enchaînement [ɑ̃ʃɛnmɑ̃] n. m. Action d'enchaîner, de s'enchaîner : *Un enchaînement de circonstances* (syn. SUITE). *Cette émission manque d'enchaînement* (syn. LIAISON).

enchaîner [ɑ̃ʃɛne] v. t. **1.** *Enchaîner un être animé,* l'attacher avec une chaîne : *Enchaîner les bœufs à leur mangeoire.* — **2.** Litt. *Enchaîner qqn, qqch,* les soumettre à une contrainte sévère : *Un peuple enchaîné par la puissance occupante* (syn. ASSERVIR). *Un gouvernement qui avait enchaîné les libertés* (syn. ÉTOUFFER). — **3.** *Enchaîner des phrases, des idées,* etc., les énoncer, les présenter selon un ordre logique. — **4.** *Enchaîner des mouvements, les parties d'un tout,* les lier les uns aux autres (contr. DÉCOMPOSER). ◆ v. i. (sujet qqn) Reprendre rapidement la suite d'un dialogue, d'un discours, etc. : *Et maintenant, enchaînons sur les problèmes du jour.* ◆ ***s'enchaîner*** v. pr. (sujet qqch) Être dépendant l'un de l'autre : *Les épisodes de ce roman s'enchaînent très naturellement* (syn. SE SUCCÉDER).

enchantement [ɑ̃ʃɑ̃tmɑ̃] n. m. **1.** Opération magique consistant à enchanter (syn. ENSORCELLEMENT). — **2.** État d'âme de qqn qui est enchanté : *Cette musique lui causait un enchantement inexprimable* (syn. RAVISSEMENT, ÉMERVEILLEMENT). — **3.** Ce qui enchante : *Ce spectacle est un véritable enchantement* (syn. MERVEILLE). — **4.** *(Comme) par enchantement,* de façon merveilleuse, inattendue : *La douleur a disparu comme par enchantement.*

enchanter [ɑ̃ʃɑ̃te] v. t. (lat. *incantare,* ensorceler). **1.** *Enchanter qqn, qqch,* exercer sur eux une action surnaturelle par un pouvoir magique (syn. ENSORCELER, ENVOÛTER). — **2.** *Enchanter qqn,* le remplir d'un vif plaisir (souvent pass.) : *L'annonce de ce jour de congé a enchanté tous les élèves* (syn. RAVIR). *Un spectacle qui enchante les yeux* (syn. CHARMER). *Nous sommes revenus enchantés de notre séjour* (syn. RAVI, ↑ENTHOUSIASMÉ). *Je suis enchanté de ma voiture* (syn. ↓CONTENT, ↓ SATISFAIT). *Enchanté de vous connaître* (formule de politesse).

enchanteur, eresse [ɑ̃ʃɑ̃tœr] n. Personne qui se livre à des enchantements : *Merlin l'enchanteur.* ◆ adj. Qui séduit : *Paysage enchanteur* (syn. RAVISSANT). *Musique enchanteresse* (syn. CHARMEUR).

enchâssement [ɑ̃ʃasmɑ̃] n. m. Action d'enchâsser; fait d'être enchâssé.

enchâsser [ɑ̃ʃase] v. t. (de *châsse*). *Enchâsser un objet dans un autre,* le fixer dans un support, dans un creux : *Enchâsser une pièce dans son logement* (syn. ENCASTRER). *Enchâsser un diamant* (syn. SERTIR).

enchère [ɑ̃ʃɛr] n. f. (de *en-* et *cher*). Offre d'achat supérieure à celles qui ont été faites précédemment lors d'une vente publique : *Sur une dernière enchère de cinquante francs, le meuble a été adjugé à sept cents francs. Acheter un livre à une vente aux enchères* (= vente publique au plus offrant, faite par un commissaire-priseur, un notaire, etc.).

enchérir [ɑ̃ʃerir] v. t. ind. (de *enchère*). **1.** *Enchérir sur qqn, sur une offre,* faire une offre d'achat supérieure : *Enchérir sur le voisin. Elle hésitait à enchérir sur ce prix.* — **2.** Litt. *Enchérir sur qqch,* aller au-delà, le dépasser : *Une description qui enchérit sur la réalité* (syn. RENCHÉRIR).

enchérisseur, euse [ɑ̃ʃerisœr] n. Personne qui met une enchère : *Le lot est attribué au dernier enchérisseur.*

enchevêtrement [ɑ̃ʃəvɛtrəmɑ̃] n. m. Action d'enchevêtrer; fait d'être enchevêtré : *Un enchevêtrement de fils de fer. On a peine à démêler l'enchevêtrement de sa pensée* (syn. CONFUSION, DÉSORDRE).

enchevêtrer [ɑ̃ʃəvɛtre] v. t. (du vieux mot *chevêtre,* licou). *Enchevêtrer des choses,* les emmêler de façon inextricable (surtout part. passé) : *Après l'incendie, le hangar n'était plus qu'un amas de ferrailles enchevêtrées. Un pêcheur qui enchevêtre sa ligne dans celle du voisin* (syn. EMBROUILLER). *Une intrigue enchevêtrée* (syn. COMPLIQUER). ◆ ***s'enchevêtrer*** v. pr. S'engager l'un dans l'autre; s'embrouiller : *Des arbres dont les bran-*

ches s'enchevêtrent. Il s'est enchevêtré dans ses explications (syn. S'EMPÊTRER, S'EMBARRASSER).

enchifrené, e [ɑ̃ʃifrəne] adj. (de *chanfrein*). *Fam.* Enrhumé.

enclave [ɑ̃klav] n. f. Portion de propriété ou de territoire entièrement entourée par une autre propriété ou le territoire d'un autre pays : *Le petit bois des voisins forme une enclave gênante pour la culture.*

enclavement [ɑ̃klavmɑ̃] n. m. Action d'enclaver; fait d'être enclavé.

enclaver [ɑ̃klave] v. t. (bas lat. *inclavare,* fermer avec une clé). **1.** *Enclaver une région, un terrain,* les entourer de tous côtés, pour isoler du reste du pays. — **2.** *Enclaver qqch,* le placer entre deux ou plusieurs autres : *Enclaver un pronom complément entre le sujet et le verbe* (syn. INSÉRER).

enclenchement [ɑ̃klɑ̃ʃmɑ̃] n. m. **1.** Action d'enclencher, de s'enclencher. — **2.** Dispositif permettant de rendre solidaires des pièces d'un mécanisme.

enclencher [ɑ̃klɑ̃ʃe] v. t. **1.** *Enclencher un objet,* le rendre solidaire d'une autre pièce d'un mécanisme, au moyen d'un dispositif spécialement conçu à cet effet : *Enclencher un aiguillage.* — **2.** *L'affaire est enclenchée,* elle est engagée. ◆ ***s'enclencher*** v. pr. S'engager : *Une roue qui s'enclenche sur un levier par un cliquet.* (→ DÉCLENCHER.)

enclin, e [ɑ̃klɛ̃] adj. (du lat. *inclinare,* incliner). *Enclin à qqch, à* (+ *inf.*), se dit de qqn qui est naturellement porté à : *Elle est encline à l'exagération. Un élève trop enclin à s'amuser pendant la classe* (syn. SUJET À).

enclore [ɑ̃klɔr] v. t. (lat. *includere,* fermer) [c. **81**] *Enclore un terrain,* l'entourer d'une clôture : *Une propriétaire qui fait enclore un pré* (syn. CLÔTURER).

enclos [ɑ̃klo] n. m. Terrain fermé par une clôture.

enclume [ɑ̃klym] n. f. (lat. *incus, -udis*). **1.** Bloc de fer sur lequel on forge les métaux. — **2.** *Être entre l'enclume et le marteau,* être entre deux personnes, entre deux intérêts qui s'opposent, avec le risque de subir des dommages de l'un ou de l'autre.

encoche [ɑ̃kɔʃ] n. f. Petite entaille, servant de marque, de cran, etc. (→ COCHER.)

encodage [ɑ̃kɔdaʒ] n. m. Action d'encoder.

encoder [ɑ̃kɔde] v. t. Transcrire avec un code.

encoignure [ɑ̃kɔɲyr] n. f. (de *coin*). Angle intérieur formé par deux murs, par un mur et une porte, etc. : *L'homme poursuivi par les policiers se dissimula dans une encoignure* (syn. COIN).

encollage [ɑ̃kɔlaʒ] n. m. Action d'encoller.

encoller [ɑ̃kɔle] v. t. *Encoller qqch,* l'enduire de colle ou d'apprêt : *Encoller une bande de papier peint.*

encolure [ɑ̃kɔlyr] n. f. (de *col,* cou). **1.** Partie du corps du cheval qui va de la tête aux épaules et au poitrail. — **2.** Cou d'un homme : *Un homme de forte encolure.* — **3.** Mesure du tour de cou, pointure du col : *Ces chemises ont une encolure trop grande pour moi.* — **4.** Partie d'un vêtement destinée à recevoir le col; forme d'un décolleté : *Une encolure large, carrée.*

encombrant, e [ɑ̃kɔ̃brɑ̃] adj. Qui encombre : *Des paquets encombrants* (syn. EMBARRASSANT). *La présence encombrante d'un voisin* (syn. GÊNANT).

encombre (sans) [ɑ̃kɔ̃br] adv. (de *encombrer*). Sans rencontrer d'obstacle : *Le voyage s'est effectué sans encombre* (syn. SANS INCIDENT).

encombrement [ɑ̃kɔ̃brəmɑ̃] n. m. **1.** Action d'encombrer; fait d'être encombré : *L'encombrement du bureau nous a obligés à passer dans le salon.* — **2.** Affluence de voitures en un lieu déterminé, y causant un ralentissement de la circulation : *Être pris dans un encombrement. Les encombrements m'ont retardé.* — **3.** Dimensions d'un objet, place qu'il occupe : *Se renseigner sur l'encombrement d'une machine à laver.*

encombrer [ɑ̃kɔ̃bre] v. t. (de l'anc. fr. *combre,* barrage de rivière) [sujet qqch, qqn] **1.** *Encombrer un lieu,* y causer un embarras, un obstacle, par accumulation : *Des valises qui encombrent le couloir* (syn. ↓ EMBARRASSER). *Ne restez pas là, vous encombrez le passage* (syn. OBSTRUER, ↑ BOUCHER). *Elle a encombré la pièce avec son matériel.* — **2.** *Encombrer qqn, qqch,* les occuper à l'excès : *Toutes ces tâches qui nous encombrent l'existence. Tu encombres ta mémoire de détails inutiles* (syn. SURCHARGER). *La profession est encombrée.* ◆ ***s'encombrer*** v. pr. (sujet qqn) *S'encombrer de qqn, de qqch,* le prendre ou le garder avec soi et en être gêné : *Elle n'a pas voulu s'encombrer de ses enfants pour ce voyage. Il ne s'encombre pas de tant de scrupules.*

encontre de (à l') [ɑ̃kɔ̃tr] prép. (lat. *incontra*). En opposition avec : *Certains faits vont à l'encontre de cette théorie* (= contredisent cette théorie). *Tu as agi à l'encontre de nos conseils* (syn. CONTRAIREMENT À).

encorbellement [ɑ̃kɔrbɛlmɑ̃] n. m. (de *corbel,* corbeau [terme d'archit.]). Construction en porte à faux, de telle sorte qu'une partie d'un étage soit en surplomb par rapport à la base de la construction (techn.).

encorder (s') [ɑ̃kɔrde] v. pr. S'attacher à la corde qui assure les alpinistes d'une cordée, un groupe de spéléologues.

encore [ɑ̃kɔr] adv. (bas lat. *hinc ad horam,* de là à cette heure). **1.** Indique qu'au moment précis où on parle, ou à l'époque où se passe l'action, celle-ci dure ou durait encore; à cette heure-ci, jusqu'à cet instant (après le v. ou l'auxil.; avant ou plus souvent après *pas,* avec lequel il forme une liaison) : *Nous sommes encore en hiver. Tu en es encore là* (= tu n'as pas changé tes opinions périmées). *Elle se ressent encore de sa maladie. Vous n'avez pas encore vu ce film? Il ne faisait pas encore nuit. Ne te désole pas : je ne pars pas encore. Il n'est pas encore prêt. «Lui as-tu écrit? — Pas encore.»* — **2.** Indique la répétition de l'action (avec un v. ou un n. de nombre; après le v. ou l'auxil.; après *pas* sans former de liaison avec lui) : *J'ai attrapé encore un rhume. Tu n'as pas encore oublié ton portefeuille! J'ai encore perdu au jeu* (syn. DE NOUVEAU). *Tu prendras bien encore quelque chose* (fam.; = tu boiras bien encore avec moi). *Encore une fois, il m'est impossible de vous donner mon accord. Il a encore acheté une nouvelle voiture. Vous n'êtes pas content. Qu'est-ce qu'il vous faut encore?* — **3.** Indique un renforcement devant un comparatif : *Il est encore plus bête que je ne pensais. Il fait encore plus froid. Réfléchissez encore plus. Tu es encore moins généreux qu'on ne le dit;* ou un renforcement après *mais,* pour demander des explications : *«Que penses-tu d'elle? — Elle est très sympathique. — Mais encore?»* — **4.** Indique une restriction, une opposition à ce qui a été affirmé (en tête de la phrase avec inversion du sujet [soutenu]) : *Tout ceci est terrible; encore ne sait-on pas tout* (syn. ET CEPENDANT). *Tu nous mets tous en retard et, encore, c'est toi qui protestes. Encore irions-nous la voir si nous savions que nous ne la dérangeons pas* (syn. DU MOINS). *Si encore j'avais eu le temps* (syn. SI SEULEMENT). *Il y a eu une petite augmentation de salaire, et encore! cela n'a pas été sans mal* (exclamation de restriction). — **5.** Litt. *Encore que* (+ *subj.*), indique la concession ou l'opposition : *Encore que le froid fût très vif, elle sortait de très bonne heure pour une promenade dans la campagne* (syn. QUOIQUE, BIEN QUE).

encorner [ɑ̃kɔrne] v. t. Percer, blesser à coups de cornes : *Le taureau a encorné le torero à la cuisse.*

encornet [ɑ̃kɔrnɛ] n. m. (de *cornet*). Autre nom du CALMAR.

encourageant, e [ɑ̃kuraʒɑ̃] adj. Qui encourage : *Ce premier résultat est très encourageant.*

encouragement [ɑ̃kuraʒmɑ̃] n. m. Action d'encourager; ce qui encourage : *Des cris d'encouragement jaillissent à l'adresse des coureurs.*

encourager [ɑ̃kuraʒe] v. t. (c. 2). **1.** (sujet qqn, qqch) *Encourager qqn,* lui donner du courage : *Votre présence m'encourage* (syn. ENHARDIR). — **2.** *Encourager qqn à* (+ *inf.*), le porter à agir : *Nous avons encouragé nos enfants à continuer* (syn. POUSSER, INCITER, ↑EXHORTER). — **3.** *Encourager un projet, une œuvre,* etc., en favoriser la réalisation, le développement.

encourir [ɑ̃kurir] v. t. (lat. *incurrere*) [c. **29**] *Encourir des reproches, une amende,* etc., s'exposer à qqch de fâcheux qu'on mérite plus ou moins : *L'accusé encourt la peine de mort* (syn. TOMBER SOUS LE COUP DE). *Il a encouru le mépris de tous.*

encrage [ɑ̃kraʒ] n. m. Action d'encrer : *L'encrage d'un rouleau d'imprimerie.*

encrassement [ɑ̃krasmɑ̃] n. m. Action d'encrasser; fait d'être encrassé : *L'encrassement du filtre ralentit l'arrivée du carburant.*

encrasser [ɑ̃krase] v. t. Salir de crasse : *Une encre qui encrasse le stylo.* ◆ ***s'encrasser*** v. pr. Devenir sale : *Le moteur s'est encrassé.*

encre [ɑ̃kr] n. f. (lat. *encaustum*). **1.** Liquide coloré, servant à écrire, à imprimer : *Un stylo rempli d'encre bleue. L'encre de Chine est une encre indélébile.* — **2.** *Écrire à qqn de sa plus belle encre,* lui écrire sans ménagement.

encrer [ɑ̃kre] v. t. Charger d'encre : *Encrer un tampon.*

encreur [ɑ̃krœr] adj. m. Qui encre : *Rouleau encreur d'une presse d'imprimerie.*

encrier [ɑ̃krije] n. m. Récipient à encre.

encroûtement [ɑ̃krutmɑ̃] n. m. Action d'encroûter, de s'encroûter : *Son encroûtement est total* (syn. SCLÉROSE).

encroûter (s') [ɑ̃krute] v. pr., **être encroûté** v. pass. Se laisser aller à une routine qui appauvrit l'esprit : *Je m'encroûtais dans des habitudes d'indifférence et de paresse* (syn. ↑CROUPIR, ↑S'ABÊTIR). *Être encroûté dans ses préjugés.*

encyclique [ɑ̃siklik] n. f. (gr. *egkuklios,* circulaire). Lettre adressée par le pape aux catholiques du monde entier ou au clergé d'une nation : *Les encycliques sont souvent désignées par les premiers mots de leur texte latin : «Pacem in terris» (Jean XXIII), «Mater et magistra» (Paul VI), etc.*

encyclopédie [ɑ̃siklɔpedi] n. f. (gr. *egkuklios paideia,* instruction embrassant le cercle du savoir). **1.** Ouvrage qui expose les principes et les résultats de toutes les sciences ou d'une branche des connaissances humaines, d'une technique : *Encyclopédie alphabétique, méthodique. Encyclopédie de l'aviation.* — **2.** Partie d'un article de dictionnaire qui fournit des renseignements détaillés et des explications sur la chose désignée par le mot d'entrée.

encyclopédique [ɑ̃siklɔpedik] adj. Qui relève de l'encyclopédie : *Des connaissances encyclopédiques* (= étendues à de nombreux domaines). *Dictionnaire encyclopédique* (= qui contient des développements scientifiques, techniques).

encyclopédiste [ɑ̃siklɔpedist] n. Auteur d'une encyclopédie.

endémique [ɑ̃demik] adj. (du gr. *endêmon nosêma,* maladie fixée dans un pays). Se dit d'une maladie, d'un mal qui sévit en permanence : *Le paludisme existe à l'état endémique dans les pays marécageux. Chômage endémique* (contr. MOMENTANÉ).

endettement [ɑ̃dɛtmɑ̃] n. m. Action de s'endetter; dettes.

endetter [ɑ̃dɛte] v. t. *Endetter qqn, un organisme,* le charger de dettes : *Cette acquisition l'a lourdement endetté.* ◆ ***s'endetter*** v. pr. Contracter des dettes : *S'endetter pour monter un commerce.*

endeuiller [ɑ̃dœje] v. t. **1.** Plonger dans le deuil : *La mort de cette grande actrice endeuille le pays tout entier.* — **2.** Être cause d'affliction par la mort d'une ou plusieurs personnes (surtout pass.) : *La course automobile a été endeuillée par un grave accident.*

endiablé, e [ɑ̃djable] adj. **1.** Se dit de qqn de très remuant, qui fatigue par ses initiatives plus ou moins diaboliques : *Un enfant endiablé* (syn. INFERNAL). — **2.** Se dit d'un mouvement très vif, impétueux : *Une danse d'un rythme endiablé. Une allure endiablée* (syn. EFFRÉNÉ, ENRAGÉ).

endiguer [ɑ̃dige] v. t. **1.** *Endiguer un cours d'eau, un torrent,* etc., le contenir par une digue, par un ouvrage en maçonnerie : *Endiguer un fleuve.* — **2.** *Endiguer qqch,* y faire obstacle, le contenir : *Chercher à endiguer les revendications sociales.*

endimanché, e [ɑ̃dimɑ̃ʃe] adj. Qui a des vêtements neufs ou qui ont été peu portés et qui a l'air emprunté : *Avoir l'air endimanché.*

endive [ɑ̃div] n. f. (lat. *intibum*). Espèce cultivée de chicorée, blanchie dans l'obscurité.

endocrine [ɑ̃dɔkrin] adj. (du gr. *endon,* dedans, et *krinein,* sécréter). *Glande endocrine,* qui déverse dans le sang son produit de sécrétion : *Le foie, le pancréas sont des glandes endocrines.*

endocrinien, enne [ɑ̃dɔkrinjɛ̃] adj. Relatif à la glande endocrine.

endoctrinement [ɑ̃dɔktrinmɑ̃] n. m. Action d'endoctriner.

endoctriner [ɑ̃dɔktrine] v. t. *Endoctriner qqn,* le gagner ou s'efforcer de le gagner à ses opinions, ses idées.

endogène [ɑ̃dɔʒɛn] adj. (gr. *endon,* dedans, et *genos,* origine). Qui se forme à l'intérieur.

endolori, e [ɑ̃dɔlɔri] adj. Rendu douloureux : *Pieds endoloris. Cœur endolori* (syn. litt. MEURTRI).

endolorissement [ɑ̃dɔlɔrismɑ̃] n. m. Action d'endolorir; fait d'être endolori.

endommager [ɑ̃dɔmaʒe] v. t. (c. 2) *Endommager qqch,* lui causer un dommage : *La voiture a été sérieusement endommagée dans la collision* (syn. ABÎMER; fam. ESQUINTER). *Le mauvais temps a endommagé les récoltes* (syn. GÂTER, ↑RAVAGER). *Un mur endommagé par un affaissement de terrain* (syn. DÉGRADER).

endormant, e [ɑ̃dɔrmɑ̃] adj. Qui endort : *Un livre, un cours endormant* (syn. ENNUYEUX).

endormeur, euse [ɑ̃dɔrmœr] n. Personne qui ennuie, endort : *Ne vous fiez pas à lui, c'est un endormeur.*

endormi, e [ɑ̃dɔrmi] adj. et n. Qui manque de vivacité : *Un esprit endormi* (syn. LENT, LOURD). *Avec un endormi comme lui, cela risque de durer longtemps* (syn. ↑PARESSEUX).

endormir [ɑ̃dɔrmir] v. t. (lat. *indormire*) [c. **18**]. **1.** *Endormir qqn,* le faire dormir, provoquer son sommeil : *Endormir un enfant en le berçant* (contr. ÉVEILLER, RÉVEILLER). *La chaleur nous endort* (syn. ASSOUPIR). — **2.** *Endormir qqn,* l'ennuyer par la monotonie, le manque d'intérêt des propos : *Ce film endort le public* (syn. ↑ASSOMMER). — **3.** Provoquer un sommeil artificiel :

Endormir une malade pour l'opérer. — **4.** Fam. *Endormir qqn,* le bercer d'illusions : *Essayer d'endormir les mécontents par des promesses* (syn. ↑TROMPER). ◆ ***s'endormir*** v. pr. (sujet qqn) **1.** Céder au sommeil : *S'endormir sitôt couché.* — **2.** Ralentir son activité, manquer d'attention : *Ton travail n'avance pas : tu t'endors!*

endorphine [ɑ̃dɔrfin] n. f. Hormone présentant certaines propriétés de la morphine.

endossement [ɑ̃dosmɑ̃] n. m. Action d'endosser.

endosser [ɑ̃dose] v. t. (de *dos*). **1.** *Endosser une veste, un uniforme,* s'en revêtir, les mettre sur soi. — **2.** *Endosser qqch,* en prendre la responsabilité : *J'endosse les conséquences de son erreur* (syn. ASSUMER, SE CHARGER DE). — **3.** *Endosser un chèque, un effet de commerce,* porter au dos de cette pièce une mention signée donnant l'ordre d'effectuer le paiement à une autre personne.

endroit [ɑ̃drwa] n. m. (de *droit,* adv.).
— **I. 1.** Place, lieu déterminés : *De l'endroit où j'étais, j'apercevais la mer. C'est un endroit idéal pour dresser la tente* (syn. EMPLACEMENT). *Habiter dans un endroit calme* (syn. QUARTIER, LOCALITÉ). *Je ne sais pas en quel endroit du globe elle se trouve* (syn. POINT). *Un endroit très pittoresque* (syn. PAYS, RÉGION). *Son vêtement est déchiré en plusieurs endroits. À quel endroit avez-vous mal?* — **2.** Passage d'un ouvrage, d'une œuvre : *Il y a dans ce livre des endroits obscurs. Le public éclate de rire aux endroits comiques.* — **3.** Fam. *Petit endroit,* lieux d'aisances (syn. CABINETS, PETIT COIN, WATERS, TOILETTES).
— **II. 1.** Le beau côté d'une étoffe, la face, le sens d'un objet qui se présente normalement à la vue : *Une feuille écrite seulement sur l'endroit* (syn. RECTO; contr. VERSO). — **2.** *À l'endroit,* du bon côté, du côté normal : *Un livre posé à l'endroit* (contr. À L'ENVERS). ‖ *À l'endroit de,* envers, à l'égard de (soutenu) : *Avoir de la méfiance à l'endroit de quelqu'un. Je suis très bien disposé à son endroit.*

enduire [ɑ̃dɥir] v. t. (lat. *inducere,* appliquer sur) [c. **70**] *Enduire une surface, un objet,* les recouvrir d'une couche liquide ou pâteuse : *Enduire de graisse l'axe d'un moteur.*

enduit [ɑ̃dɥi] n. m. Revêtement appliqué sur une surface : *Un fil protégé par un enduit isolant. Un mur dont l'enduit s'écaille par plaques.*

endurable [ɑ̃dyrabl] adj. Qui peut être enduré : *Une douleur difficilement endurable.*

endurance [ɑ̃dyrɑ̃s] n. f. Aptitude à résister à la fatigue, à la douleur : *L'endurance physique. Supporter avec endurance les critiques perfides.*

endurant, e [ɑ̃dyrɑ̃] adj. Qui fait preuve d'endurance : *Il faut être endurant pour vivre sous un pareil climat* (syn. RÉSISTANT).

endurcir [ɑ̃dyrsir] v. t. *Endurcir qqn,* le rendre dur, résistant (à) : *Un long entraînement l'avait endurci à la fatigue. Endurcir ses muscles. La misère lui a endurci le cœur.* ◆ ***s'endurcir*** v. pr. Devenir plus dur, plus résistant : *S'endurcir à la peine. S'endurcir à la douleur des autres* (= devenir insensible).

endurcissement [ɑ̃dyrsismɑ̃] n. m. Fait de s'endurcir : *Endurcissement à la douleur* (syn. INSENSIBILITÉ).

endurer [ɑ̃dyre] v. t. (lat. *indurare,* rendre dur) [sujet qqn] *Endurer qqch, qqn,* supporter avec fermeté ce qui est pénible : *Des explorateurs qui ont enduré la fatigue, la faim, le froid. Jusqu'à quand endurerez-vous qu'on vous traite ainsi?* (syn. SOUFFRIR, TOLÉRER).

enduro [ɑ̃dyro] n. m. (de *endurance*). Épreuve de motocyclisme d'endurance et de régularité en terrain varié.

en effet [ɑ̃nefɛ] adv. Introduit une explication à l'appui de l'énoncé précédent, ou confirme ce qui a été dit (en tête ou à l'intérieur de la phrase) : *Cet orchestre me plaît beaucoup; en effet, il interprète Mozart d'une manière admirable* (syn. CAR, en tête de phrase). *Elle ne pourra aller dimanche au théâtre; elle est, en effet, fortement enrhumée* (syn. PARCE QUE, introduisant une subordonnée de cause). *«Étiez-vous à votre bureau lundi? — En effet, j'y étais»* (syn. ASSURÉMENT, EFFECTIVEMENT).

énergétique [enɛrʒetik] adj. Relatif à l'énergie : *Les ressources énergétiques d'un pays* (= ses ressources naturelles qui fournissent l'énergie utilisée par l'industrie). *Le sucre est l'aliment énergétique par excellence* (= qui fournit de l'énergie à l'organisme).

énergie [enɛrʒi] n. f. (gr. *energeia,* force en action). **1.** Force physique ou morale manifestée par qqn : *Il frappait sur l'enclume avec énergie. Protester avec énergie. L'énergie du style* (syn. VIGUEUR). *Elle a supporté cette épreuve avec beaucoup d'énergie* (syn. FERMETÉ, COURAGE). — **2.** Faculté que possède un système de corps de fournir du travail mécanique ou son équivalent : *L'énergie revêt diverses formes : mécanique, électrique, thermique, chimique. L'énergie chimique, fournie par les aliments, et que transforme l'organisme vivant. Le charbon, le pétrole, le gaz naturel sont des sources d'énergie.*

énergique [enɛrʒik] adj. (avant ou après le n.) Qui manifeste de l'énergie : *Une femme énergique. Une résistance énergique* (syn. VIGOUREUX). *Élever une énergique protestation* (syn. VIF). *Un remède énergique* (syn. ACTIF). *Prendre des mesures énergiques contre la vie chère* (syn. RIGOUREUX).

énergiquement [enɛrʒikmɑ̃] adv. De façon énergique : *Lutter énergiquement* (syn. VIGOUREUSEMENT, VIVEMENT). *Soigner énergiquement une maladie.*

énergumène [enɛrgymɛn] n. m. (gr. *energoumenos*). Individu exalté, excessif ou bizarre dans son comportement : *Une bande d'énergumènes fit soudain irruption dans la salle* (syn. ↑FORCENÉ).

énervant, e [enɛrvɑ̃] adj. Qui énerve : *Ce chien est énervant à courir tout le temps autour de nous* (syn. ↑EXASPÉRANT, ↑INSUPPORTABLE).

énervé, e [enɛrve] adj. Qui est dans un état de nervosité.

énervement [enɛrvəmɑ̃] n. m. État d'une personne énervée : *J'ai dit ça dans un moment d'énervement* (syn. IMPATIENCE, IRRITATION, NERVOSITÉ).

énerver [enɛrve] v. t. (lat. *enervare,* affaiblir). *Énerver qqn,* lui faire perdre le contrôle de ses nerfs, l'irriter : *Il m'énerve avec ses questions stupides* (syn. ↓AGACER). *Être énervé par le bruit* (syn. EXCÉDER, ↑EXASPÉRER). ◆ ***s'énerver*** v. pr. S'impatienter : *Ne t'énerve pas, reste calme!*

enfance [ɑ̃fɑ̃s] n. f. (lat. *infantia*). **1.** Période de la vie humaine qui va de la naissance à l'adolescence : *Elle a eu une enfance heureuse.* — **2.** Les enfants : *L'enfance délinquante.* — **3.** Commencement de ce qui se développe : *Une littérature qui était encore dans l'enfance.* — **4.** *C'est l'enfance de l'art,* c'est extrêmement simple à faire. ‖ *Retomber en enfance,* avoir des facultés mentales affaiblies par l'âge (syn. fam. DEVENIR GÂTEUX).

enfant [ɑ̃fɑ̃] n. (lat. *infans,* qui ne parle pas). **1.** Garçon ou fille n'ayant pas encore atteint l'adolescence : *Un enfant d'une douzaine d'années* (syn. fam. GOSSE, GAMIN). — **2.** *Fam.* Personne naïve : *Vous êtes des enfants si vous croyez tout ce qu'il vous promet.* — **3.** Fils ou fille, même adulte : *Un vieillard entouré de ses enfants et de ses petits-enfants.* — **4.** Originaire de; qui appartient à la population de : *Pascal est un des plus célèbres enfants de Clermont-Ferrand. Un* *pays qui doit sa prospérité au courage de ses enfants* (syn. CITOYEN). — **5.** *Bon enfant,* facile, accommodant : *Avoir un caractère bon enfant.* ‖ *Faire l'enfant,* s'amuser à des choses puériles.

enfantement [ɑ̃fɑ̃tmɑ̃] n. m. *Litt.* Action d'enfanter : *Les douleurs de l'enfantement* (syn. usuel ACCOUCHEMENT).

enfanter [ɑ̃fɑ̃te] v. t. **1.** *Litt.* (sujet une femme) Mettre au monde un enfant : *Selon la Bible, Ève enfanta deux fils : Caïn et Abel. Femme sur le point d'enfanter* (syn. usuel ACCOUCHER). — **2.** *Litt.* (sujet qqn) Produire, créer : *Un écrivain qui a enfanté une œuvre importante. Un esprit qui n'enfante que des chimères.*

enfantillage [ɑ̃fɑ̃tijaʒ] n. m. Acte, parole, pensée propres à des enfants, manquant de sérieux : *Vous perdez votre temps en enfantillages* (syn. BAGATELLE, NIAISERIE). *Il croit triompher facilement de tous ces obstacles : c'est de l'enfantillage* (syn. PUÉRILITÉ, ↑NAÏVETÉ).

enfantin, e [ɑ̃fɑ̃tɛ̃] adj. **1.** Qui se rapporte aux enfants : *Un geste, un rire enfantins.* — **2.** Très simple à comprendre, à faire, à résoudre : *Un problème enfantin. Tu n'as pas trouvé la réponse? C'est pourtant enfantin.*

enfariné, e [ɑ̃farine] adj. **1.** Couvert de farine : *Un meunier tout enfariné.* — **2.** Fam. *La gueule enfarinée, le bec enfariné,* avec une expression de confiance, de satisfaction, etc., injustifiée.

enfer [ɑ̃fɛr] n. m. (lat. *infernus,* d'en bas). **1.** Lieu de souffrance des damnés, selon diverses religions. — **2.** Lieu, situation où on éprouve des tourments continuels, où l'existence est insupportable : *Cet atelier était un enfer pour ceux qui y travaillaient. Sa vie est un enfer.* — **3.** *D'enfer,* d'une grande violence, excessif : *Mener un train d'enfer* (= aller à très grande vitesse). *Un feu, un bruit d'enfer.* ◆ ***Enfers*** n. m. pl. Le lieu où les âmes séjournent après la mort, selon diverses croyances. (→ INFERNAL.)

enfermer [ɑ̃fɛrme] v. t. **1.** *Enfermer qqn, un animal (qqpart),* les mettre dans un local, dans un endroit d'où ils ne peuvent sortir : *Enfermer un prisonnier dans un cachot* (syn. fam. BOUCLER). *Enfermer la volaille dans le poulailler. Cette personne devenait trop dangereuse, il a fallu l'enfermer* (= la mettre dans un établissement psychiatrique). — **2.** *Enfermer qqch (dans qqch),* le mettre en lieu sûr, en un endroit fermé : *Enfermer des papiers dans le tiroir du bureau* (syn. RENFERMER). — **3.** *Enfermer un concurrent,* dans une course, le serrer, l'entourer, de façon à l'empêcher de se dégager. ◆ ***s'enfermer*** v. pr. **1.** *S'enfermer chez soi,* s'isoler en fermant sa porte aux autres. — **2.** *S'enfermer dans son silence,* s'y tenir fermement.

enferrer (s') [ɑ̃fɛre] v. pr. (de *fer*) [sujet qqn] **1.** S'embrouiller de plus en plus, au point de ne plus pouvoir se tirer d'une situation fâcheuse : *Il s'est enferré dans ses mensonges, au lieu de reconnaître tout de suite son erreur.* — **2.** Dans un combat à l'épée, recevoir une blessure en se jetant soi-même contre l'arme de son adversaire.

enfièvrement [ɑ̃fjɛvrəmɑ̃] n. m. Exaltation.

enfiévrer [ɑ̃fjevre] v. t. (c. **10**). **1.** Mettre en état de fièvre : *Cet effort a enfiévré le malade.* — **2.** Jeter dans l'exaltation, enflammer, surexciter : *Discours qui enfièvre l'assistance. Agitation enfiévrée.*

enfilade [ɑ̃filad] n. f. Disposition de choses situées les unes à la suite des autres : *Les chambres sont en enfilade le long du couloir.*

enfilage [ɑ̃filaʒ] n. m. Action d'enfiler : *L'enfilage des perles, d'un collier.*

enfiler [ɑ̃file] v. t. (de *fil*). **1.** *Enfiler une aiguille,* y passer le fil. — **2.** *Enfiler des perles, des anneaux,* etc., les passer autour d'un fil, d'une tringle, etc. — **3.** *Enfiler un vêtement,* le passer sur ses bras, ses jambes, son corps (syn. METTRE). — **4.** *Enfiler une rue, une porte, un couloir,* etc., s'y engager (syn. PRENDRE). ◆ ***s'enfiler*** v. pr. **1.** S'engager dans un lieu : *Elle est passée rapidement devant la loge et s'est enfilée dans l'escalier.* — **2.** Fam. *S'enfiler un aliment, une boisson,* l'absorber.

enfin [ɑ̃fɛ̃] adv. (de *en,* prép., et *fin,* n. f.). Indique **1.** qu'un événement se produit le dernier d'une série, ou après avoir été longtemps attendu, ou qu'on présente le dernier terme d'une énumération : *Après de longues recherches, j'ai enfin trouvé. Enfin, tu as compris! Il y avait là Pierre, Louise, Nicole, et enfin Bernard.* — **2.** une conclusion récapitulative : *Des arbres arrachés, des moissons perdues, des routes inondées : un vrai désastre enfin.* — **3.** un correctif apporté à une affirmation : *C'est un mensonge, enfin une vérité incomplète.* — **4.** une concession, formulée ou implicite : *Cela me paraît difficile; enfin, vous pouvez toujours essayer* (syn. NÉANMOINS, TOUTEFOIS, QUOI QU'IL EN SOIT). — **5.** la résignation : *Enfin, que voulez-vous, c'était inévitable!*

enflammer [ɑ̃flame] v. t. **1.** *Enflammer qqch,* le mettre en flammes, le faire brûler : *Approcher l'allumette pour enflammer la paille.* — **2.** *Enflammer qqn, le cœur de qqn,* l'emplir d'ardeur, de passion : *Un discours qui enflamme le cœur des assistants* (syn. EXCITER). *Elle est enflammée du désir de réussir* (syn. ↓ANIMER). ◆ ***s'enflammer*** v. pr. **1.** Prendre feu : *Le bois bien sec s'enflamme facilement.* — **2.** Être gagné par l'irritation, la passion : *À ces mots, elle s'enflamma de colère.* (→ FLAMME, INFLAMMABLE.)

enfler [ɑ̃fle] v. t. (lat. *inflare*). **1.** *Enfler une partie du corps,* lui causer de l'enflure : *Un abcès dentaire qui lui enfle la joue.* — **2.** *Enfler qqch,* le rendre plus volumineux, plus important : *Les pluies enflent les rivières* (syn. GROSSIR). *Le vent enfle les voiles* (syn. GONFLER). ◆ v. i. ou ***être enflé*** v. passif **1.** (sujet une partie du corps) Devenir plus gros sous l'effet d'un coup, d'une inflammation, etc.) : *Sa cheville foulée a enflé rapidement. J'ai la main enflée* (syn. TUMÉFIÉ). — **2.** *Être enflé de qqch,* en être rempli : *Il est enflé d'orgueil.*

enflure [ɑ̃flyr] n. f. **1.** État d'une partie du corps tuméfiée par un mal : *L'enflure de ses jambes commence à diminuer.* — **2.** *Enflure du style,* exagération, emploi de grands mots peu naturels.

enfoncement [ɑ̃fɔ̃smɑ̃] n. m. Action d'enfoncer : *L'enfoncement d'un pieu dans le sol.*

enfoncer [ɑ̃fɔ̃se] v. t. (de *fond*) [c. **1**]. **1.** *Enfoncer qqch,* le faire pénétrer en profondeur, le faire aller vers le fond : *Enfoncer un clou à coups de marteau* (syn. PLANTER). *Enfoncer les mains dans ses poches, son chapeau sur sa tête* (syn. METTRE). — **2.** *Enfoncer qqch,* le faire céder par une poussée, un choc : *Enfoncer le couvercle d'une caisse* (syn. DÉFONCER). *J'ai enfoncé la porte d'un coup d'épaule* (syn. FORCER). *Avoir les côtes enfoncées* (syn. ↑ROMPRE). — **3.** *Enfoncer une armée ennemie,* opérer une percée dans ses lignes, la vaincre. — **4.** Fam. *Enfoncer un adversaire,* le surpasser complètement, remporter un avantage décisif sur lui. ‖ Fam. *Enfoncer une porte ouverte,* se donner beaucoup de peine pour démontrer une chose évidente. ‖ Fam. *Enfoncez-vous bien ça dans la tête,* pénétrez-vous bien de cette idée. ◆ v. i. ou ***s'enfoncer*** v. pr. **1.** (sujet qqch, qqn) Aller vers le fond : *Les pieds enfoncent dans le sol marécageux. Un bateau en détresse qui s'enfonce dans l'eau* (syn. COULER, S'IMMERGER). — **2.** (sujet qqch) Céder sous la pression : *Le sol enfonce sous les pas* (syn. ↑S'ÉCROULER). *Des coussins qui s'enfoncent sous le poids du corps.* ◆ ***s'enfoncer*** v. pr. (sujet qqn) **1.** S'engager profondément : *S'enfoncer dans la forêt. S'enfoncer sous les couvertures. Elle s'est enfoncée* *jusqu'au cou dans ce travail* (syn. S'ABSORBER, SE PLONGER). — **2.** En venir à une situation pire : *Il s'enfonce sans cesse davantage par de nouvelles dettes.*

enfouir [ɑ̃fwir] v. t. (lat. *infodere*). *Enfouir qqch*, le cacher dans le sol ou dans un lieu secret, ou sous un amas d'objets : *Craignant les perquisitions, il avait enfoui son arme dans le jardin* (syn. ENTERRER). *De nombreuses victimes restaient enfouies sous les décombres* (syn. ENSEVELIR). *Elle enfouit prestement sa trouvaille dans sa poche* (syn. PLONGER). ◆ ***s'enfouir*** v. pr. Se cacher, se réfugier : *S'enfouir sous les draps* (syn. SE BLOTTIR). *S'enfouir dans le silence* (syn. SE RETIRER).

enfouissement [ɑ̃fwismɑ̃] n. m. Action d'enfouir; fait d'être enfoui.

enfourcher [ɑ̃furʃe] v. t. (de *fourche*). **1.** *Enfourcher un cheval, une bicyclette*, etc., monter dessus à califourchon. — **2.** *Enfourcher une idée, une opinion*, l'adopter et s'y attacher avec passion.

enfournage [ɑ̃furnaʒ] ou **enfournement** [ɑ̃furnəmɑ̃] n. m. Action d'enfourner.

enfourner [ɑ̃furne] v. t. **1.** Mettre à cuire au four : *Le boulanger enfourne la pâte.* — **2.** *Fam.* Jeter dans une large ouverture, faire pénétrer en poussant, en forçant : *Enfourner des provisions dans un sac* (syn. FOURRER). *Il a enfourné à lui seul trois parts de dessert* (syn. AVALER, ENGLOUTIR).

enfreindre [ɑ̃frɛ̃dr] v. t. (lat. *infringere*, briser) [c. 55] *Enfreindre un règlement, une loi, un traité*, etc., ne pas en respecter les dispositions, les stipulations (syn. CONTREVENIR À, TRANSGRESSER, VIOLER). [→ INFRACTION.]

enfuir (s') [ɑ̃fɥir] v. pr. (c. 17). **1.** (sujet qqn) Fuir au loin, s'en aller en hâte : *Un prisonnier qui s'enfuit* (syn. S'ÉVADER, SE SAUVER, S'ÉCHAPPER). — **2.** (sujet le temps) Passer, disparaître : *Les années de jeunesse se sont enfuies.*

enfumer [ɑ̃fyme] v. t. **1.** *Enfumer un lieu*, le remplir de fumée : *Un poêle qui enfume la pièce.* — **2.** *Enfumer qqn, un animal*, l'incommoder par la fumée : *On enfume le renard pour le chasser de son terrier.*

engagé, e [ɑ̃gaʒe] adj. Qui prend position sur les problèmes politiques et sociaux : *Une littérature engagée* (contr. NEUTRE). ◆ adj. et n. m. Militaire qui est entré dans l'armée en contractant un engagement (par oppos. à *appelé*).

engageant, e [ɑ̃gaʒɑ̃] adj. Qui donne envie d'entrer en relation, qui retient après avoir attiré : *Elle eut à son égard quelques paroles engageantes qui la mirent en confiance. Avoir un sourire engageant* (syn. SYMPATHIQUE; contr. ANTIPATHIQUE).

engagement [ɑ̃gaʒmɑ̃] n. m. **1.** Action d'engager ou de s'engager, de promettre, d'embaucher : *Elle a pris l'engagement de se taire. J'ai toujours tenu mes engagements* (syn. PROMESSE). *L'engagement de personnel* (syn. EMBAUCHE). — **2.** Action d'engager, d'introduire ou de s'engager dans l'armée, de prendre position, etc. : *Le premier tour de clef amorce l'engagement du pêne dans son logement. Une entreprise qui exige l'engagement de gros capitaux* (syn. INVESTISSEMENT). *L'engagement du train dans le tunnel. Des contacts préliminaires ont permis l'engagement des négociations. Une conférence sur le thème de l'engagement en littérature.* — **3.** Combat localisé et de courte durée : *Deux soldats tués dans un engagement.*

engager [ɑ̃gaʒe] v. t. (de *gage*) [c. 2]. **1.** *Engager ses bijoux, sa montre*, etc., les mettre en gage pour obtenir un prêt. — **2.** Lier par une promesse ferme, une obligation, une convention orale ou écrite : *Engager sa parole* (= la donner en gage). *Examinez ce livre, cela ne vous engage à rien.* — **3.** *Engager qqn*, le prendre à son service : *On a engagé une nouvelle secrétaire* (syn. EMBAUCHER, RECRUTER). *Engager une femme de ménage* (= la prendre à gages); l'enrôler dans une formation militaire : *Engager des mercenaires.* — **4.** *Engager qqch (concret)*, le faire pénétrer dans qqch qui retient : *Engager le pied dans l'étrier. Engager un tenon dans une mortaise;* faire pénétrer dans un lieu : *Engager sa voiture dans une rue.* — **5.** *Engager qqn*, le faire participer à une action : *Engager des troupes dans une bataille.* — **6.** *Engager qqch*, l'affecter à un usage déterminé : *Engager des dépenses. Engager des capitaux* (syn. INVESTIR). — **7.** *Engager qqch (abstrait)*, le commencer, le mettre en train : *Engager la bataille, la partie. On a engagé la discussion. Engager des négociations* (syn. AMORCER, ENTAMER). — **8.** *Engager qqn dans qqch (action, état, etc.)*, faire entrer, entraîner qqn dans une affaire dont il aura du mal à se libérer : *Ils se trouvaient engagés dans la même erreur* (syn. MÊLER). — **9.** *Engager qqn à qqch, à (+ inf.)*, l'y pousser, le lui conseiller vivement : *Je vous engage à la plus grande prudence* (syn. EXHORTER). *On l'a engagée à continuer ses recherches* (syn. PRESSER DE). ◆ v. i. (sujet qqn) Donner le coup d'envoi dans un match ou un sport d'équipe. ◆ ***s'engager*** v. pr. **1.** *S'engager à qqch, à (+ inf.)*, faire une promesse ferme, se lier verbalement ou par contrat : *Il s'est engagé à rembourser la somme en deux ans.* — **2.** Souscrire un engagement dans une unité militaire : *Il s'est engagé à dix-huit ans dans la marine.* — **3.** (sujet qqch) *S'engager dans qqch (concret)*, s'y loger, y pénétrer : *L'extrémité des poutres s'engage dans le mur. Le train s'engage dans le tunnel.* — **4.** (sujet qqn) *S'engager dans un lieu*, y pénétrer : *Un alpiniste qui s'engage dans une crevasse* (syn. AVANCER). — **5.** (sujet qqn) *S'engager dans une action*, l'entreprendre, y participer : *S'engager dans des négociations difficiles.* — **6.** (sujet qqch) Commencer à être, à se faire : *La discussion s'engage mal. La partie s'engage.* — **7.** Prendre nettement position sur les problèmes politiques et sociaux de son temps : *Un écrivain qui s'engage jusque dans son œuvre* (= qui y exprime nettement ses opinions).

engeance [ɑ̃ʒɑ̃s] n. f. (de l'anc. fr. *enger*, augmenter). Ensemble de personnes jugées méprisables : *Il avait dû recourir à cette engeance d'usuriers* (syn. RACE). *Une sale engeance.*

engelure [ɑ̃ʒlyr] n. f. (de *geler*). Vive irritation de la peau causée par le froid.

engendrement [ɑ̃ʒɑ̃drəmɑ̃] n. m. Action d'engendrer.

engendrer [ɑ̃ʒɑ̃dre] v. t. (lat. *ingenerare*, de *genus*, race). **1.** (sujet un homme, un animal mâle) Procréer, reproduire par génération : *Selon la Bible, Abraham engendra Isaac.* — **2.** (sujet qqch) Être à l'origine de, produire : *Un accident peut en engendrer un autre* (syn. ENTRAÎNER). — **3.** *Elle n'engendre pas la mélancolie*, elle est d'un caractère gai.

engin [ɑ̃ʒɛ̃] n. m. (lat. *ingenium*, intelligence). **1.** Appareil, instrument, machine destinés à un usage défini : *Grâce à des engins perfectionnés, la reconstruction de ce quartier a été très rapide. Un pêcheur muni de tous ses engins* (= son matériel). — **2.** Projectile autopropulsé ou téléguidé : *Suivant leurs points de départ et d'arrivée, on distingue des engins sol-sol, sol-air, mer-air, etc.* — **3.** *Péjor.* Objet plus ou moins bizarre : *Il porte sur son épaule un drôle d'engin.*

englober [ɑ̃glɔbe] v. t. (de *globe*). Réunir en un tout, contenir : *Un livre qui englobe tous les grands événements politiques des vingt dernières années* (syn. COMPRENDRE).

engloutir [ɑ̃glutir] v. t. (bas lat. *ingluttire*, avaler). **1.** (sujet qqn) *Engloutir un aliment*, l'avaler gloutonnement : *Elle a englouti cinq tartines à son petit déjeuner* (syn. DÉVORER, INGURGITER). — **2.** (sujet qqch) *Engloutir qqch (concret)*, le faire disparaître dans un abîme :

La tempête a englouti le navire. — **3.** *Engloutir une fortune,* la dissiper complètement : *Il a englouti des capitaux énormes dans cette affaire* (syn. ENGOUFFRER). ◆ ***s'engloutir*** v. pr. Disparaître : *Le bateau s'est englouti dans la mer. Tout son argent s'est englouti dans l'achat de cette maison.*

engloutissement [ɑ̃glutismɑ̃] n. m. Action d'engloutir; fait d'être englouti.

engluement [ɑ̃glymɑ̃] n. m. Action d'engluer; fait d'être englué.

engluer [ɑ̃glye] v. t. Enduire d'une matière gluante : *La confiture qui lui engluait les doigts* (syn. POISSER).

engoncer [ɑ̃gɔ̃se] v. t. (de *gons,* gond) [c. 1] (sujet un vêtement) *Engoncer qqn,* l'enserrer, lui tasser le cou dans les épaules (souvent pass.) : *Ce modèle ne vous va pas : il vous engonce trop.*

engorgement [ɑ̃gɔrʒəmɑ̃] n. m. Obstruction dans un conduit.

engorger [ɑ̃gɔrʒe] v. t. (de *gorge*) [c. 2] (sujet qqch) *Engorger un conduit, un passage,* l'obstruer par accumulation de matière, de débris : *Le siphon du lavabo est engorgé* (syn. BOUCHER). ◆ ***s'engorger*** v. pr. S'obstruer : *Une canalisation qui s'engorge facilement* (syn. SE BOUCHER).

engouement [ɑ̃gumɑ̃] n. m. Admiration exagérée : *Son engouement pour la guitare a été de courte durée* (syn. ENTHOUSIASME).

engouer (s') [ɑ̃gwe] v. pr., **être engoué** v. pass. (de *en-* et du rad. **gaba* qu'on retrouve dans *joue*). *S'engouer (être engoué) pour (de) qqn, qqch,* se prendre (ou être pris) soudain d'un goût immodéré pour eux : *Le public s'est engoué de cette nouvelle mode* (syn. fam. S'ENTICHER, SE TOQUER).

engouffrer [ɑ̃gufre] v. t. (de *gouffre*). **1.** Jeter en grande quantité dans un trou : *Les chauffeurs engouffrent des tonnes de charbon dans le foyer.* — **2.** Faire disparaître en dépensant, en consommant : *Il a engouffré sa fortune dans de mauvaises affaires* (syn. ENGLOUTIR). *Engouffrer des piles de petits fours* (syn. DÉVORER). ◆ ***s'engouffrer*** v. pr. **1.** (sujet qqch) Se précipiter avec violence : *L'eau s'engouffre dans la brèche. Le vent s'engouffre dans les ruelles.* — **2.** (sujet qqn) Entrer rapidement, en hâte : *La foule s'engouffre dans la bouche de métro. Elle s'est engouffrée dans un taxi.*

engoulevent [ɑ̃gulvɑ̃] n. m. (de l'anc. fr. *engouler,* avaler, et *vent*). Oiseau passereau brun-roux, qui, le soir, chasse les insectes en volant le bec grand ouvert.

engourdir [ɑ̃gurdir] v. t. (de *gourd*). *Engourdir qqn, ses membres, son esprit,* les rendre insensibles, en ralentir le mouvement, l'activité : *Le froid lui engourdit les mains* (syn. PARALYSER). *Elle restait dans le fauteuil engourdie par la tiédeur de la pièce. La routine engourdit l'esprit.* ◆ ***s'engourdir*** v. pr. Devenir insensible; être pris de torpeur : *Ses doigts crispés à la barre commençaient à s'engourdir. Ne vous engourdissez pas dans la rêverie* (syn. S'ASSOUPIR). [→ DÉGOURDIR.]

engourdissement [ɑ̃gurdismɑ̃] n. m. Insensibilité ou torpeur : *Des alpinistes qui réagissent contre l'engourdissement. Cette lecture monotone plongeait l'assistance dans un léger engourdissement* (syn. TORPEUR).

engrais [ɑ̃grɛ] n. m. (de *engraisser*). Débris d'origine animale ou végétale, ou produit chimique, qu'on mêle à la terre pour la fertiliser.

engraissement [ɑ̃grɛsmɑ̃] ou **engraissage** [ɑ̃grɛsaʒ] n. m. Action d'engraisser : *L'engraissement des volailles.*

engraisser [ɑ̃grɛse] v. t. (bas lat. *incrassare*). *Engraisser un animal, qqn,* les rendre plus gras : *Un éleveur qui engraisse des porcs. Ce régime alimentaire l'a un peu engraissé.* ◆ v. i. Devenir plus gras : *En un an, j'ai engraissé de trois kilos* (syn. GROSSIR). ◆ ***s'engraisser*** v. pr. *Fam.* S'enrichir.

engranger [ɑ̃grɑ̃ʒe] v. t. (c. 2) Amasser dans une grange : *Engranger du blé.*

engrenage [ɑ̃grənaʒ] n. m. (du lat. *granum,* grain). **1.** Dispositif de roues dentées qui se commandent les unes les autres. — **2.** Enchaînement inévitable de circonstances : *Être pris dans un engrenage. L'engrenage de la violence.*

engrosser [ɑ̃grose] v. t. Pop. *Engrosser une femme, une fille,* la rendre enceinte.

engueulade [ɑ̃gœlad] n. f. *Pop.* Action d'engueuler, de s'engueuler.

engueuler [ɑ̃gœle] v. t. *Pop.* Réprimander, invectiver énergiquement : *Les retardataires ont été engueulés* (syn. ↓ATTRAPER). ◆ ***s'engueuler*** v. pr. *Pop.* Se disputer : *Deux automobilistes qui s'engueulent* (syn. S'INVECTIVER).

enguirlandé, e [ɑ̃girlɑ̃de] adj. Orné de guirlandes.

enhardir [ɑ̃ardir] v. t. (sujet qqch) *Enhardir qqn,* le rendre hardi : *Le silence l'enhardit, elle fit quelques pas dans la pièce* (syn. DONNER DE L'ASSURANCE; contr. INTIMIDER, ↑EFFRAYER). ◆ ***s'enhardir*** v. pr. Devenir hardi : *Il s'est enhardi à lui parler* (syn. SE DÉCIDER, OSER).

enharnacher [ɑ̃arnaʃe] v. t. Syn. de HARNACHER (sens 1).

énième [enjɛm] ou **n^ième^** adj. et n. (de *n* [lettre qui désigne en math. un nombre indéterminé] et suff. *-ième*). *Fam.* Indique un rang indéterminé, mais très élevé, dans un ordre ou une série : *Je vous le dis et vous le répète pour la énième fois.*

énigmatique [enigmatik] adj. Qui a le caractère d'une énigme; difficile à comprendre : *Une question énigmatique* (syn. AMBIGU). *Silence énigmatique. Visage énigmatique. C'est un personnage énigmatique* (syn. MYSTÉRIEUX, IMPÉNÉTRABLE).

énigmatiquement [enigmatikmɑ̃] adv. De façon énigmatique.

énigme [enigm] n. f. (lat. *aenigma*). **1.** Chose ou personne difficile à comprendre, mystérieuse : *Les enquêteurs essaient de résoudre l'énigme posée par la disparition de cette personne* (syn. PROBLÈME). *La provenance de ses moyens d'existence est une énigme pour tout le monde* (syn. MYSTÈRE). *Cet homme est une énigme : on ne sait jamais à quels mobiles il obéit.* — **2.** Jeu d'esprit consistant à faire deviner qqch au moyen d'une définition ambiguë.

enivrant, e [ɑ̃nivrɑ̃] adj. Qui enivre : *Un vin doux enivrant* (syn. CAPITEUX). *Applaudissements enivrants* (syn. ENTHOUSIASMANT). *Parfum enivrant* (syn. GRISANT).

enivrement [ɑ̃nivrəmɑ̃] n. m. *Litt.* Action de s'enivrer, de s'exalter : *L'enivrement du succès* (syn. EXALTATION, EXCITATION). *L'enivrement de la vitesse* (syn. FRÉNÉSIE).

enivrer [ɑ̃nivre] v. t. Rendre ivre : *Ce petit vin blanc enivre facilement* (syn. fam. SOÛLER). *Un parfum qui enivre* (syn. ENTÊTER, ÉTOURDIR). *Les louanges l'enivraient* (syn. GRISER, EXALTER). ◆ ***s'enivrer*** v. pr. Devenir ivre : *S'enivrer facilement. S'enivrer de ses succès* (syn. SE GRISER).

enjambée [ɑ̃ʒɑ̃be] n. f. Action d'enjamber; espace qu'on peut enjamber : *Elle s'avance à grandes enjambées. D'une seule enjambée, il passa par-dessus l'obstacle* (syn. PAS).

enjambement [ɑ̃ʒɑ̃bmɑ̃] n. m. Report, au début d'un vers, d'un ou plusieurs mots étroitement unis par le sens à ceux du vers précédent.

enjamber [ɑ̃ʒɑ̃be] v. t. **1.** *Enjamber un espace, un obstacle,* le franchir en passant une jambe ou les deux jambes par-dessus : *Il enjamba la poutre et s'assit dessus à califourchon. Un ruisseau facile à enjamber.* — **2.** *Pont, viaduc,* etc., *qui enjambe une rivière, une vallée,* qui la franchit. ◆ v. t. ind. *Vers qui enjambe sur le suivant,* qui forme avec lui un enjambement.

enjeu [ɑ̃ʒø] n. m. **1.** Somme qu'on risque dans un jeu, un pari, et qui doit revenir au gagnant : *Les enjeux sont élevés, le gagnant va remporter une grosse somme.* — **2.** Ce qu'on risque de gagner ou de perdre dans une entreprise : *L'enjeu de cette guerre, c'était notre indépendance.*

enjoindre [ɑ̃ʒwɛ̃dr] v. t. (lat. *injungere*) [c. 55] *Enjoindre qqch, de* (+ *inf.*) *à qqn,* le lui ordonner expressément (soutenu) : *Je lui ai enjoint de se taire* (syn. COMMANDER, SOMMER). [→ INJONCTION.]

enjôlement [ɑ̃ʒolmɑ̃] n. m. Action d'enjôler : *Il a réussi à les décider, à force d'enjôlement.*

enjôler [ɑ̃ʒole] v. t. (de *geôle*). *Enjôler qqn,* le séduire par de belles paroles, des flatteries.

enjôleur, euse [ɑ̃ʒolœr] adj. et n. Qui enjôle.

enjolivement [ɑ̃ʒɔlivmɑ̃] n. m. Ornement qui rend une chose plus jolie.

enjoliver [ɑ̃ʒɔlive] v. t. (de l'anc. fr. *jolive,* jolie). *Enjoliver qqch,* le rendre plus joli : *Les moulures qui enjolivent le plafond* (syn. EMBELLIR, DÉCORER). *Enjoliver un récit* (= l'enrichir par des détails plus ou moins exacts).

enjoliveur [ɑ̃ʒɔlivœr] n. m. Garniture servant d'ornement à une automobile : *Les enjoliveurs pour les roues s'appellent des «chapeaux de roue».*

enjolivure [ɑ̃ʒɔlivyr] n. f. Petit enjolivement : *Les enjolivures du style* (syn. FIORITURE).

enjoué, e [ɑ̃ʒwe] adj. (de *en-* et *jeu*). Qui montre une humeur gaie : *Elle souriait d'un air enjoué* (syn. GAI, JOVIAL; contr. RENFROGNÉ).

enjouement [ɑ̃ʒumɑ̃] n. m. Bonne humeur souriante : *Un ton plein d'enjouement* (syn. GAIETÉ; contr. ↑TRISTESSE).

enkysté, e [ɑ̃kiste] adj. Enfermé dans un kyste : *L'épine enkystée dans le doigt le faisait souffrir.*

enkystement [ɑ̃kistəmɑ̃] n. m. Action de s'enkyster.

enkyster (s') [ɑ̃kiste] v. pr. S'envelopper d'un kyste (en parlant d'une écharde, d'une tumeur).

enlacement [ɑ̃lasmɑ̃] n. m. Action d'enlacer : *De tendres enlacements* (syn. EMBRASSEMENT, ÉTREINTE).

enlacer [ɑ̃lase] v. t. (c. 1) *Enlacer qqn,* le serrer contre soi en l'entourant de ses bras : *Des amoureux enlacés* (= qui s'étreignent). ◆ ***s'enlacer*** v. pr. S'étreindre, se serrer dans les bras : *Des couples qui s'enlacent au cours d'une danse.*

enlaidir [ɑ̃lɛdir] v. t. *Enlaidir qqch, qqn,* le rendre laid : *Ces panneaux publicitaires enlaidissent le paysage. Visage enlaidi par le chagrin.* ◆ v. i. Devenir laid : *Avec le temps, la façade a enlaidi* (contr. EMBELLIR).

enlaidissement [ɑ̃lɛdismɑ̃] n. m. Action d'enlaidir; fait d'être enlaidi.

enlevé, e [ɑ̃lve] adj. *Démonstration, scène, morceau,* etc., *bien enlevés,* exécutés avec facilité et brio.

enlèvement [ɑ̃lɛvmɑ̃] n. m. Action d'enlever; fait d'être enlevé : *La taxe d'enlèvement des ordures. Il est accusé d'enlèvement d'enfant* (syn. RAPT).

enlever [ɑ̃lve] v. t. (c. 9). **1.** *Enlever un objet,* le prendre et le porter à un autre endroit, le changer de place : *Il faut enlever ces valises qui encombrent le couloir* (syn. ÔTER, RETIRER). *Faire enlever par camion des marchandises en dépôt* (syn. EMPORTER). *Il a enlevé son chapeau pour me saluer* (= il s'est découvert). — **2.** Faire disparaître qqch de l'endroit où il était, en séparant, en supprimant ou en déplaçant : *Enlever une tache à la benzine. Enlever une phrase d'un discours* (syn. SUPPRIMER). *Faire enlever les amygdales à un enfant. Enlever un vêtement* (= le retirer de sur soi, s'en défaire). — **3.** *Enlever qqch (abstrait) à qqn,* le faire disparaître : *Son attitude à mon égard m'enlève tout scrupule* (syn. LIBÉRER DE). *Il m'a enlevé tout courage. Vous m'enlevez un grand poids de la conscience* (syn. SOULAGER DE). *On lui a enlevé son commandement* (syn. RETIRER). — **4.** *Enlever qqn,* le soustraire à sa famille, par rapt : *Enlever un enfant en exigeant une rançon;* le prendre pour l'emmener un moment : *Je vous enlève votre femme pour la soirée.* — **5.** *Enlever une position, une tranchée,* etc., les prendre d'assaut, s'en rendre maître par la force (syn. PRENDRE, CONQUÉRIR, EMPORTER). ‖ *Enlever la victoire, tous les suffrages,* etc., *enlever une affaire,* les obtenir sans contestation, emporter la décision. ‖ *Enlever un morceau de musique,* l'exécuter brillamment. ‖ *Maladie qui enlève qqn,* qui entraîne sa mort (syn. EMPORTER).

enlisement [ɑ̃lizmɑ̃] n. m. Action de s'enliser : *Des sables mouvants où on risque l'enlisement. Une crise économique qui provoque l'enlisement de certaines entreprises* (syn. MARASME).

enliser [ɑ̃lize] v. t. (du norm. *lize,* sable mouvant). **1.** Enfoncer dans la boue, dans le sable : *J'ai enlisé ma voiture.* — **2.** Embarrasser de telle façon qu'on ne peut plus avancer : *Une longue procédure qui enlise un procès.* ◆ ***s'enliser*** v. pr. **1.** (sujet qqn, un véhicule) S'enfoncer dans le sable, la vase, etc. : *Voiture qui s'enlise dans le marécage* (syn. S'EMBOURBER). — **2.** (sujet qqn, qqch) Être de plus en plus embarrassé dans une situation inextricable : *Il s'est enlisé dans des explications confuses* (syn. PATAUGER). *L'enquête policière s'enlise.*

enluminer [ɑ̃lymine] v. t. (lat. *illuminare*). **1.** *Enluminer un livre, un texte,* les orner de dessins délicats aux couleurs vives : *Les artistes qui ont enluminé ces manuscrits du XIVe siècle.* — **2.** *Enluminer le visage,* le colorer vivement, le rendre rouge (souvent part. passé) : *Le vin enluminait les visages.*

enlumineur [ɑ̃lyminœr] n. m. Artiste qui fait des enluminures.

enluminure [ɑ̃lyminyr] n. f. **1.** Art d'enluminer. — **2.** Ornementation ou illustration en couleurs d'un manuscrit (syn. MINIATURE).

enneigé, e [ɑ̃nɛʒe] adj. Couvert de neige : *Les toits sont enneigés.*

enneigement [ɑ̃nɛʒmɑ̃] n. m. État d'un endroit enneigé; épaisseur de la couche de neige : *L'enneigement est insuffisant pour les skieurs.*

ennemi, e [ɛnmi] n. et adj. (lat. *inimicus*). **1.** Personne qui veut du mal à qqn, qui cherche à lui nuire : *Tout son entourage l'estimait, on ne lui connaissait pas d'ennemi* (contr. AMI). *Ce bandit est l'ennemi public numéro un* (= l'homme jugé le plus dangereux pour l'ordre social). — **2.** (+ compl. avec *de*) Personne qui éprouve de l'aversion pour telle ou telle chose : *Elle est ennemie de la musique moderne. Être ennemi de la politique gouvernementale* (contr. ADEPTE, PARTISAN). — **3.** (+ compl. avec *de*) Chose qui s'oppose à une autre : *Le brouillard, le mauvais état des routes sont des ennemis de la vitesse* (syn. OBSTACLE). *L'eau est l'ennemie du feu. Le mieux est l'ennemi du bien* (= on risque de détruire ce qui est déjà fait, en voulant trop bien faire). — **4.** En temps de guerre, celui ou ceux qu'on combat : *Nos troupes ont capturé de nombreux ennemis. L'ennemi a déclenché une offensive* (sens collectif; syn. ADVERSAIRE). [→ INIMITIÉ.]

ennoblir [ɑ̃nɔblir] v. t. Rendre plus noble moralement : *C'est l'intention qui ennoblit certains actes* (contr. AVILIR). *Son style ennoblit les détails les plus modestes* (syn. REHAUSSER, MAGNIFIER).

ennoblissement [ãnɔblismã] n. m. Action d'ennoblir.

ennui [ãnɥi] n. m. **1.** Lassitude morale de celui qui s'ennuie : *Prendre un livre pour tromper son ennui.* — **2.** Ce qui est regrettable, fâcheux : *L'ennui, c'est que ce projet est irréalisable.* — **3.** Chose, événement qui contrarie le cours normal de l'existence, qui cause du désagrément : *Elle a eu un gros ennui avec sa voiture* (syn. fam. PÉPIN, ANICROCHE). *Avoir un ennui de santé* (= une maladie). *Vous n'êtes pas au bout de vos ennuis avec cette affaire* (syn. SOUCI, TRACAS). *Cette phrase malheureuse pourrait lui attirer des ennuis de la part de ses adversaires* (syn. ↓DÉSAGRÉMENT).

ennuyer [ãnɥije] v. t. (lat. *in odio esse,* être un objet de haine) [c. 3]. **1.** (sujet qqn, qqch) *Ennuyer qqn,* lui causer de la contrariété, du souci : *Il m'ennuie avec ses exigences* (syn. AGACER, ↓IMPORTUNER). *Tout irait bien, sans ce détail qui m'ennuie* (syn. SOUCIER, TRACASSER). *Cela m'ennuierait d'être obligé de recommencer* (syn. CONTRARIER). *Si cela vous ennuie, ne le faites pas* (syn. DÉPLAIRE; fam. BARBER). — **2.** (sujet qqch) *Ennuyer qqn,* lui causer de la lassitude, ne pas susciter chez lui d'intérêt : *Une lecture qui ennuie le public* (syn. ↑ENDORMIR; fam. RASER). *La longueur du voyage l'ennuie* (syn. LASSER, REBUTER). ◆ ***s'ennuyer*** v. pr. **1.** Éprouver de la lassitude par désœuvrement, par manque d'intérêt : *S'ennuyer dans une chambre d'hôtel, un jour de pluie* (syn. fam. SE BARBER, SE RASER). — **2.** *S'ennuyer de qqn, de qqch,* éprouver du regret de leur absence : *Un pensionnaire qui s'ennuie de sa famille. Elle s'ennuyait de son pays, qu'elle n'avait pas revu depuis dix ans.*

ennuyeux, euse [ãnɥijø] adj. Qui cause de l'ennui : *Voisin ennuyeux* (syn. DÉSAGRÉABLE). *Spectacle ennuyeux* (syn. fam. ASSOMMANT). *Un roman ennuyeux comme la pluie* (syn. ↓FASTIDIEUX). *Un incident ennuyeux* (syn. ↑PÉNIBLE).

énoncé [enɔ̃se] n. m. **1.** Proposition, phrase dans laquelle une pensée est énoncée : *«L'oiseau chante» est un énoncé élémentaire.* — **2.** Texte exact qui exprime un jugement, qui formule un problème, qui pose une question, etc. : *Se reporter à l'énoncé de la loi* (syn. TERMES). *Un élève qui a mal interprété le sujet d'un devoir, faute d'avoir lu attentivement l'énoncé.*

énoncer [enɔ̃se] v. t. (lat. *enuntiare*) [c. 1] *Énoncer qqch,* l'exprimer en une formule nette : *Une vérité énoncée en termes simples. Énoncer un jugement sans appel* (syn. PRONONCER). *Énoncer un théorème. Elle énonça sa requête* (syn. FORMULER, EXPOSER). ◆ ***s'énoncer*** v. pr. (sujet qqch) Se formuler : *Cette idée pourrait s'énoncer plus clairement* (syn. S'EXPRIMER).

énonciation [enɔ̃sjasjɔ̃] n. f. Action d'énoncer : *Un texte qui se borne à l'énonciation d'un fait* (syn. ÉNONCÉ).

enorgueillir [ãnɔrgœjir] v. t. *Enorgueillir qqn,* le rendre orgueilleux : *Ses succès l'ont enorgueilli.* ◆ ***s'enorgueillir*** v. pr. *S'enorgueillir de qqch, de* (+ *inf.*), s'en montrer orgueilleux : *Je m'enorgueillis de l'approbation que j'ai reçue.*

énorme [enɔrm] adj. (lat. *enormis,* qui sort des proportions). **1.** (avant ou après le n.) Qui impressionne par ses proportions, son importance : *C'est un homme énorme, qui mesure deux mètres et pèse cent vingt kilos* (syn. COLOSSAL). *Un rocher énorme obstruait la route* (syn. GIGANTESQUE). *Une armoire énorme* (syn. MONUMENTAL). *Il a fallu surmonter d'énormes difficultés* (syn. IMMENSE, FORMIDABLE). *Elle a remporté un succès énorme* (syn. EXTRAORDINAIRE, FANTASTIQUE, PHÉNOMÉNAL, MONSTRE). *Une maison vendue un prix énorme* (syn. ↓CONSIDÉRABLE, ↑EXORBITANT). — **2.** (après le n.) *Fam.* Qui est surprenant, qui déconcerte : *Ce que tu dis, c'est énorme, je ne le crois pas! Une histoire énorme* (= renversante).

énormément [enɔrmemã] adv. Dans une proportion énorme : *Nous avons énormément ri. Il pleut énormément* (syn. ↓BEAUCOUP). *Il y avait là énormément d'étrangers.*

énormité [enɔrmite] n. f. **1.** Caractère de ce qui est énorme : *L'énormité de la tâche* (syn. IMMENSITÉ). — **2.** Parole ou action extravagante, qui heurte le bon sens : *En entendant cette énormité, elle éclata de rire.*

enquérir (s') [ãkerir] v. pr. (bas lat. *inquaerere,* chercher) [c. **21**] (sujet qqn) *S'enquérir de qqch, de qqn,* se mettre en quête de renseignements sur eux : *Vous êtes-vous enquis des formalités exigées pour ce voyage à l'étranger?* (syn. S'INFORMER, SE RENSEIGNER). *S'enquérir de la santé de qqn* (syn. S'INQUIÉTER). *Personne ne s'était enquis des deux alpinistes depuis leur départ.*

enquête [ãkɛt] n. f. (bas lat. *inquaesita*). **1.** Étude d'une question par l'accumulation de témoignages, d'expériences : *Un journal qui publie une enquête sur les opinions de ses lecteurs* (syn. SONDAGE). — **2.** Recherches ordonnées par une autorité administrative : *Le commissaire de police chargé de l'enquête sur ce vol. Ouvrir, ordonner une enquête. Une commission d'enquête nommée par le gouvernement.*

enquêter [ãkete] v. i. **1.** Faire une enquête, un sondage : *Enquêter sur les conditions de vie des travailleurs immigrés.* — **2.** Conduire une enquête policière : *Plusieurs inspecteurs ont enquêté sur ce crime.*

enquêteur, euse [ãkɛtœr] n. et adj. Personne qui enquête : *Un détail qui avait échappé à la perspicacité des enquêteurs.*

enquiquinant, e [ãkikinã] adj. *Fam.* Qui enquiquine : *Voisin enquiquinant.*

enquiquinement [ãkikinmã] n. m. *Fam.* Ennui : *J'ai eu beaucoup d'enquiquinements avec cette voiture.*

enquiquiner [ãkikine] v. t. Fam. *Enquiquiner qqn,* l'ennuyer, l'importuner : *Il nous enquiquine avec ses histoires* (syn. AGACER; fam. EMBÊTER, ASSOMMER). *Ce travail m'enquiquine. Je ne vais pas m'enquiquiner à refaire tous les calculs* (syn. fam. FAIRE SUER).

enquiquineur, euse [ãkikinœr] adj. et n. *Fam.* Qui enquiquine.

enracinement [ãrasinmã] n. m. Action d'enraciner, de s'enraciner : *L'enracinement d'un arbuste, d'une erreur.*

enraciner [ãrasine] v. t. (surtout pass.) **1.** Fixer dans le sol par les racines : *Un arbre qui a été mal enraciné ne se développe pas normalement* (syn. PLANTER, TRANSPLANTER). — **2.** Fixer dans l'esprit, le cœur : *Des préjugés qui sont enracinés dans cette société.* ◆ ***s'enraciner*** v. pr. **1.** (sujet un végétal) Prendre racine : *Les arbres fruitiers s'enracinent difficilement dans un mauvais terrain.* — **2.** (sujet qqn) S'installer chez qqn, prolonger trop longtemps une visite : *Ne l'invite pas à dîner, il finit par s'enraciner ici* (syn. PRENDRE RACINE, S'IMPLANTER). — **3.** (sujet qqch [abstrait]) Se fixer dans l'esprit ou dans le cœur : *Les mauvaises habitudes s'enracinent facilement* (syn. S'IMPLANTER, S'ANCRER).

enragé, e [ãraʒe] adj. Se dit d'un animal malade de la rage : *Un chien enragé.* ◆ adj. et n. Qui montre un grand acharnement, une grande ardeur : *C'est un chasseur enragé* (syn. ACHARNÉ). *Une enragée de romans policiers* (syn. PASSIONNÉ).

enrageant, e [ãraʒã] adj. *Fam.* Qui cause de l'irritation : *Un contretemps enrageant* (syn. RAGEANT).

enrager [ãraʒe] v. i. (c. 2). **1.** (sujet qqn) Éprouver un violent dépit : *J'enrageais de ne pas pouvoir fournir la preuve de mon innocence.* — **2.** (sujet qqch, qqn) *Faire* enrager *qqn,* le pousser à l'irritation : *Un enfant qui faisait enrager ses parents* (syn. ↓AGACER). *Pour le faire enrager, elle lui disait qu'elle avait oublié sa commission* (syn. TAQUINER).

enraiement ou **enrayement** [ɑ̃rɛmɑ̃] n. m. Action d'enrayer : *Le gouvernement a pris des mesures visant à l'enraiement de la crise économique.*

enrayage [ɑ̃rɛjaʒ] n. m. Arrêt accidentel d'un mécanisme : *L'enrayage d'une mitrailleuse.*

enrayer [ɑ̃rɛje] v. t. (de *rai,* rayon d'une roue) [c. **4**] *Enrayer une maladie, la hausse des prix,* etc., en arrêter le cours, le mouvement, la progression (syn. STOPPER, JUGULER). ◆ ***s'enrayer*** v. pr. (sujet une arme à feu) Cesser de fonctionner soudain, accidentellement.

enrégimenter [ɑ̃reʒimɑ̃te] v. t. *Enrégimenter qqn,* l'affecter à une unité militaire, le faire entrer dans un groupe ayant une discipline ferme. (→ RÉGIMENT.)

enregistrable [ɑ̃rəʒistrabl] adj. Qui peut être enregistré : *Un fait politique enregistrable* (syn. NOTABLE).

enregistrement [ɑ̃rəʒistrəmɑ̃] n. m. **1.** Action d'enregistrer, d'inscrire : *Payer les frais d'enregistrement d'un contrat. Une employée de l'Enregistrement* (= de l'administration chargée de l'inscription d'actes, de transactions, etc., sur les registres officiels). *S'occuper de l'enregistrement des bagages avant le départ.* — **2.** Action d'enregistrer, de fixer sur une bande, un disque; disque ou bande magnétique où sont enregistrés des sons; morceau ainsi enregistré : *Faire l'enregistrement d'un discours. Acheter le dernier enregistrement de la Ve symphonie de Beethoven. Un mauvais enregistrement.*

enregistrer [ɑ̃rəʒistre] v. t. **1.** Transcrire ou inscrire sur un registre, pour authentifier, rendre officiel : *Cet acte de vente doit être enregistré. Le bureau chargé d'enregistrer les réclamations des usagers.* — **2.** Noter par écrit ou dans sa mémoire : *Enregistrer sur son agenda les noms et adresses de ses correspondants* (syn. CONSIGNER). *Ce mot n'est pas enregistré dans tous les dictionnaires* (syn. RÉPERTORIER). *J'ai enregistré dans ses déclarations un détail intéressant* (syn. RELEVER). — **3.** Constater de façon objective : *Une tendance à la hausse des cours a été enregistrée sur les marchés* (syn. OBSERVER). — **4.** *Enregistrer des bagages,* les faire peser et étiqueter au départ d'un train, d'un avion, etc., et se faire délivrer un récépissé. — **5.** *Enregistrer un discours, une chanson,* etc., prononcer ce discours, chanter cette chanson, etc., devant un micro, afin de les fixer sur disque ou sur bande magnétique. — **6.** *Enregistrer (un disque),* prononcer des paroles, interpréter l'air que ce disque permettra de reproduire.

enregistreur, euse [ɑ̃rəʒistrœr] adj. Qui enregistre : *Un thermomètre enregistreur inscrit la courbe de température. Une caisse enregistreuse totalise les paiements.*

enrhumer [ɑ̃ryme] v. t. *Enrhumer qqn,* lui causer un rhume : *Ce temps humide l'avait enrhumé.* ◆ ***s'enrhumer*** v. pr. Prendre un rhume.

enrichi, e [ɑ̃riʃi] adj. **1.** Qui a fait fortune. *Un commerçant enrichi.* — **2.** *De l'uranium enrichi,* dans lequel on a accru la proportion de matière fissile.

enrichir [ɑ̃riʃir] v. t. **1.** *Enrichir qqn, une société,* augmenter sa richesse, sa fortune : *Ce commerce l'a rapidement enrichi* (contr. APPAUVRIR). — **2.** *Enrichir qqch,* l'embellir, le rendre plus abondant, plus varié : *Un livre enrichi de gravures magnifiques. La lecture enrichit l'esprit.* ◆ ***s'enrichir*** v. pr. Devenir riche.

enrichissant, e [ɑ̃riʃisɑ̃] adj. Qui enrichit l'esprit, développe la culture : *Une lecture enrichissante.*

enrichissement [ɑ̃riʃismɑ̃] n. m. Action d'enrichir, de s'enrichir : *Son enrichissement a suscité bien des jalousies. L'enrichissement d'un pays par le développement de son économie. La culture est un enrichissement de l'esprit* (contr. APPAUVRISSEMENT).

enrobage [ɑ̃rɔbaʒ] ou **enrobement** [ɑ̃rɔbmɑ̃] n. m. Action d'enrober.

enrober [ɑ̃rɔbe] v. t. **1.** *Enrober qqch (concret) de qqch,* le revêtir d'une couche qui le protège, qui le cache ou qui en dissimule la saveur : *Ces dragées sont des amandes enrobées de sucre. On enrobe certains médicaments amers d'un produit moins désagréable au goût.* — **2.** *Enrober qqch (abstrait) de qqch,* l'accompagner de termes de sympathie, de déférence, etc., pour éviter de blesser ou d'indisposer la personne à qui on s'adresse : *Enrober un reproche d'un mot affectueux.*

enrôlé, e [ɑ̃role] adj. et n. Soldat engagé dans l'armée : *Faire l'appel des enrôlés.*

enrôlement [ɑ̃rolmɑ̃] n. m. Action d'enrôler, de s'enrôler : *L'enrôlement des volontaires* (syn. ENGAGEMENT).

enrôler [ɑ̃role] v. t. (de *rôle*). *Enrôler qqn,* le faire entrer dans un groupe, l'inscrire dans un parti : *Les rebelles enrôlaient chaque jour de nouveaux volontaires* (syn. RECRUTER, LEVER). *On l'a enrôlé dans l'équipe de football* (syn. ENGAGER). ◆ ***s'enrôler*** v. pr. Se faire inscrire ou admettre dans un groupe : *Il s'est enrôlé dans le corps expéditionnaire.*

enrouement [ɑ̃rumɑ̃] n. m. Altération de la voix, qui devient moins claire.

enrouer [ɑ̃rwe] v. t. (de l'anc. fr. *roi,* rauque). *Enrouer qqn,* lui rendre la voix sourde, voilée (surtout pass.) : *Ses cris l'ont enroué. Appeler d'une voix enrouée.* ◆ ***s'enrouer*** v. pr. Avoir la voix sourde, voilée : *Elle a attrapé un rhume et s'est enrouée.*

enroulement [ɑ̃rulmɑ̃] n. m. Action d'enrouler, de s'enrouler : *L'enroulement d'un ruban.*

enrouler [ɑ̃rule] v. t. *Enrouler une chose,* la rouler sur elle-même ou autour d'une autre : *Enrouler une corde pour la ranger. Enrouler du fil sur une bobine* (contr. DÉROULER). *Enrouler un journal autour d'une bouteille.* ◆ ***s'enrouler*** v. pr. (sujet qqch, qqn) Rouler sur soi-même : *Le film s'enroule sur la bobine. Elle s'enroula dans ses couvertures.* (→ DÉROULER.)

enrouleur, euse [ɑ̃rulœr] adj. Qui enroule : *Cylindre enrouleur.*

enrubanner [ɑ̃rybane] v. t. Garnir de rubans (surtout part. passé) : *Des jeunes filles aux cheveux enrubannés.*

ensablement [ɑ̃sabləmɑ̃] n. m. État d'un lieu ensablé; action de s'ensabler : *L'ensablement d'une crique, d'un bateau.*

ensabler [ɑ̃sable] v. t. **1.** *Ensabler qqch,* le couvrir, l'engorger de sable : *La marée a partiellement ensablé l'épave. Une canalisation ensablée.* — **2.** *Ensabler un bateau,* l'échouer sur le sable. ◆ ***s'ensabler*** v. pr. S'enfoncer dans le sable : *Un port qui s'ensable. La barque s'est ensablée.*

ensachage [ɑ̃saʃaʒ] n. m. Action d'ensacher : *L'ensachage du blé.*

ensacher [ɑ̃saʃe] v. t. Mettre en sac : *Ensacher des bonbons.*

ensanglanter [ɑ̃sɑ̃glɑ̃te] v. t. **1.** Tacher, couvrir de sang : *Le blessé avait ensanglanté ses vêtements.* — **2.** Déshonorer, souiller par des actes sanglants (soutenu) : *Les guerres qui ont ensanglanté le pays.*

enseignable [ɑ̃sɛɲabl] adj. Qui peut être enseigné : *Le tact est difficilement enseignable.*

enseignant, e [ɑ̃sɛɲɑ̃] adj. Qui enseigne : *Le personnel enseignant et le personnel administratif d'un lycée.*

Les diverses tendances pédagogiques qui se manifestent dans le corps enseignant (= l'ensemble des professeurs, des instituteurs, etc.) ◆ n. Membre du corps enseignant : *Les revendications des enseignants.*

1. enseigne [ɑ̃sɛɲ] n. f. (lat. *insignia,* marques distinctives). **1.** Indication, généralement accompagnée d'une figure, d'un emblème, etc., qu'on place sur la façade d'une maison de commerce pour attirer l'attention du public : *Une grande paire de lunettes qui sert d'enseigne à un opticien. Une enseigne en fer forgé. Une enseigne lumineuse.* — **2.** *À telle(s) enseigne(s) que,* si bien que, au point que; la preuve, c'est que (soutenu) : *Elle affecte un langage très châtié, à telle enseigne qu'elle abuse de l'imparfait du subjonctif.* ‖ *Être logé à la même enseigne,* être dans le même cas, avoir les mêmes difficultés.

2. enseigne [ɑ̃sɛɲ] n. m. *Enseigne de vaisseau,* officier de marine.

enseignement [ɑ̃sɛɲəmɑ̃] n. m. **1.** Action, art, manière d'enseigner : *Les dispositions prises pour développer l'enseignement des langues vivantes.* — **2.** Profession qui consiste à enseigner; membres de cette profession : *Elle se destine à l'enseignement.* — **3.** Leçon donnée par les faits, par l'expérience : *On peut tirer des enseignements de cet échec. De ce résultat, nous dégageons un enseignement : nos prix étaient trop élevés.*

enseigner [ɑ̃sɛɲe] v. t. (bas lat. *insignare,* indiquer). **1.** (sujet qqn) *Enseigner qqch, que* (+ *ind.*) [à *qqn*], *enseigner à qqn à* (+ *inf.*), lui faire acquérir la connaissance ou la pratique de qqch : *Un professeur qui enseigne les mathématiques à ses élèves* (syn. APPRENDRE). *Je peux vous enseigner un moyen pour éviter ce genre de pannes* (syn. INDIQUER). *Elle m'a enseigné à ne négliger aucun détail. On a longtemps enseigné que la nature avait horreur du vide* (syn. PROFESSER); sans compl. : *Il enseigne à la Sorbonne* (= y donne des cours, est enseignant). — **2.** (sujet qqch) *Enseigner qqch, que* (+ *ind.*) [à *qqn*], *enseigner à qqn à* (+ *inf.*), lui apprendre, lui inculquer des notions fruits de l'expérience : *Cette petite mésaventure vous enseignera à être plus prudent* (syn. INCITER, POUSSER, INVITER). *L'exemple de ce malheureux devrait enseigner la sobriété à son entourage* (syn. INSPIRER). *L'expérience nous enseigne que les gens les plus bruyants ne sont pas toujours les plus efficaces* (syn. MONTRER, PROUVER).

1. ensemble [ɑ̃sɑ̃bl] adv. (lat. *insimul,* en même temps). **1.** L'un avec l'autre, les uns avec les autres : *J'ai rencontré une amie, et nous sommes allés boire un café ensemble. Les élèves de toutes les classes descendaient ensemble dans la cour, à la récréation* (syn. COLLECTIVEMENT). *Tous les livres d'art sont rangés ensemble sur ce rayon. Nous avons réfléchi tous ensemble à cette question* (syn. CONJOINTEMENT). — **2.** Au même moment, en même temps : *Ces deux arbres ont fleuri ensemble* (syn. SIMULTANÉMENT). — **3.** *Aller ensemble,* s'harmoniser : *Des meubles qui vont ensemble dans un salon.* ‖ *Être bien, mal ensemble,* être en bons, en mauvais termes.

2. ensemble [ɑ̃sɑ̃bl] n. m. **1.** Réunion de personnes ou de choses formant un tout : *Ce livre est un ensemble de poèmes* (syn. RECUEIL). *L'ensemble du personnel est concerné par cette décision* (syn. TOTALITÉ). — **2.** Unité, harmonie entre des éléments divers : *Un roman qui manque d'ensemble. Une chorale qui chante avec un ensemble parfait.* — **3.** Costume féminin composé de pièces d'habillement destinées à être portées ensemble. — **4.** *Dans l'ensemble,* de façon générale, en négligeant certains détails : *Dans l'ensemble, ce film est fidèle à la réalité* (syn. EN GROS, GROSSO MODO). ‖ *Grand ensemble,* groupe d'immeubles d'habitation édifiés sur la périphérie d'une grande ville et bénéficiant de certains équipements collectifs. ‖ *Vue d'ensemble,* vue générale.

ensemblier [ɑ̃sɑ̃blije] n. m. Professionnel qui compose des ensembles mobiliers ou l'ameublement des décors (au cinéma, à la télévision).

ensemencement [ɑ̃smɑ̃smɑ̃] n. m. Action d'ensemencer : *L'ensemencement d'une pelouse.*

ensemencer [ɑ̃smɑ̃se] v. t. (c. **1**) *Ensemencer un champ, une terre,* etc., y mettre de la semence.

enserrer [ɑ̃sɛre] v. t. **1.** *Enserrer qqch, qqn,* l'entourer en le serrant étroitement : *Une ficelle enserre le paquet de livres. Le corset qui lui enserrait le buste* (syn. EMPRISONNER). — **2.** Enfermer, contenir dans des limites étroites : *Une petite cour enserrée entre des immeubles.*

ensevelir [ɑ̃səvlir] v. t. (anc. fr. *sevelir,* mettre dans un tombeau). **1.** *Ensevelir un mort,* le mettre dans un linceul, ou l'inhumer (soutenu) : *Après la bataille, on se hâta d'ensevelir les morts* (syn. usuel ENTERRER). — **2.** *Ensevelir qqn, qqch,* les recouvrir d'une masse de terre, de matériaux, etc. : *Une dizaine de personnes ont été ensevelies sous les décombres de l'immeuble, lors du tremblement de terre. Une avalanche qui ensevelit un chalet. Un livre enseveli sous les paperasses* (syn. ENFOUIR). — **3.** *Ensevelir qqch (abstrait),* le tenir caché, le garder secret (soutenu) : *Un incident enseveli dans un profond oubli.* ◆ ***s'ensevelir*** v. pr. Litt. *S'ensevelir dans la retraite, dans la solitude,* s'isoler complètement.

ensevelissement [ɑ̃səvlismɑ̃] n. m. Action d'ensevelir, de s'ensevelir : *L'ensevelissement des cadavres. Un village menacé d'ensevelissement par un glissement de terrain.*

ensilage [ɑ̃silaʒ] n. m. Action d'ensiler : *L'ensilage des grains.*

ensiler [ɑ̃sile] v. t. Mettre en silo : *Ensiler du blé.*

ensoleillement [ɑ̃sɔlɛjmɑ̃] n. m. État de ce qui est ensoleillé : *L'ensoleillement d'une pièce. Temps, durée d'ensoleillement* (= temps pendant lequel un lieu est ensoleillé).

ensoleiller [ɑ̃sɔlɛje] v. t. **1.** *Ensoleiller un lieu,* l'éclairer de la lumière solaire (surtout pass.) : *Une grande baie ensoleille la pièce. Se promener dans la campagne ensoleillée.* — **2.** Litt. *Ensoleiller le visage, le cœur, la vie,* etc., y faire paraître, y mettre de la douceur, de la joie : *Un sourire ensoleillait son visage* (syn. ÉCLAIRER, ILLUMINER). *Cette pensée ensoleilla sa journée.*

ensommeillé, e [ɑ̃sɔmɛje] adj. **1.** Qui est gagné par le sommeil : *La salle d'attente était pleine de voyageurs ensommeillés. Des enfants aux yeux ensommeillés.* — **2.** *Litt.* Dont l'activité est ralentie : *Traverser à l'aube une ville ensommeillée. La campagne ensommeillée en hiver.*

ensorcelant, e [ɑ̃sɔrsəlɑ̃] adj. Qui retient par une sorte de charme maléfique : *Carmen avait une beauté ensorcelante* (syn. FASCINANT).

ensorceler [ɑ̃sɔrsəle] v. t. (de *sorcier*) [c. **6**] *Ensorceler qqn,* exercer sur lui une influence magique par un sortilège : *Les paysans prétendaient que le bonhomme avait ensorcelé son voisin* (syn. JETER UN SORT SUR); exercer sur lui un charme irrésistible : *Il était ensorcelé par la beauté de cette femme* (syn. CHARMER, ↓SÉDUIRE).

ensorceleur, euse [ɑ̃sɔrsəlœr] adj. et n. Qui ensorcelle : *Sourire, regard ensorceleur* (syn. ↓CHARMEUR, ↓SÉDUCTEUR). *C'est une ensorceleuse.*

ensorcellement [ɑ̃sɔrsɛlmɑ̃] n. m. Action d'ensorceler; fait d'être ensorcelé : *Je ne résistais pas à l'ensorcellement de ce pays étrange* (syn. ↓SÉDUCTION, ↓CHARME, ↓ATTRAIT).

ensuite [ɑ̃sɥit] adv. (*en*, prép., et *suite*). **1.** Indique une succession d'actions dans le temps ou dans l'espace : *L'orateur s'arrêta un instant, but un peu d'eau et reprit ensuite son exposé* (syn. APRÈS). *Fais tes devoirs, ensuite tu joueras* (contr. D'ABORD). *Elle entreprit des études de médecine, elle devint ensuite vétérinaire* (syn. PUIS, PAR LA SUITE, PLUS TARD). *Les techniques modernes font naître de nouveaux besoins, qu'il faut ensuite satisfaire. Et, ensuite, qu'allez-vous faire? Certes, la querelle est apaisée, mais ensuite?* (syn. ULTÉRIEUREMENT). — **2.** *Ensuite de quoi*, indique une conséquence immédiate : *Documentez-vous d'abord sur le sujet, ensuite de quoi vous pourrez présenter un plan de travail.*

ensuivre (s') [ɑ̃sɥivr] v. pr. (du lat. *inde*, de là, et *suivre*) [c. **62**; usité seulement à l'inf. et à la 3e pers. du sing. et du pl.; aux formes composées, le préfixe *en* est séparable]. **1.** Survenir comme conséquence, résulter logiquement : *La phrase était ambiguë, une longue discussion s'ensuivit. Pour organiser ce voyage, il faut faire des démarches auprès des consulats, des agences, s'occuper des passeports, du change, et tout ce qui s'ensuit* (syn. ETC.); souvent impers. *Il s'ensuit qqch, que* (+ *ind*), *il ne s'ensuit pas que* (+ *subj.*) : *La saison a été mauvaise; il s'en est suivi une hausse de prix des produits alimentaires. La première opération est fausse, il s'ensuit que tout le calcul est à refaire* (syn. DÉCOULER). *Il ne s'ensuit pas nécessairement de cette constatation de détail que l'ensemble soit inutile.* — **2.** Venir ensuite (sans idée de lien logique) : *Les jours qui s'ensuivirent furent des jours d'espoir* (syn. usuel SUIVRE).

entacher [ɑ̃taʃe] v. t. **1.** *Entacher la gloire, la réputation, la mémoire*, etc., *de qqn*, y porter atteinte, les souiller. — **2.** *Acte entaché de nullité*, rendu nul par son irrégularité (jurid.). ‖ *Calcul entaché d'erreur*, qui comporte des erreurs (soutenu) [= erroné, faux].

entaille [ɑ̃taj] n. f. **1.** Coupure profonde faite dans une pièce de bois, une pierre, etc., et y enlevant une partie de la matière : *Une baguette marquée d'entailles* (syn. ENCOCHE). — **2.** Blessure faite avec un instrument tranchant : *La lame glissa et lui fit une large entaille à la main.*

entailler [ɑ̃taje] v. t. Faire une entaille : *Entailler un rondin à coups de hache.* ◆ ***s'entailler*** v. pr. Se couper : *Je me suis entaillé le doigt.*

entame [ɑ̃tam] n. f. Premier morceau coupé de qqch qui se mange : *L'entame du pain, du rôti.*

entamer [ɑ̃tame] v. t. (lat. *intaminare*, souiller). **1.** *Entamer qqch*, en prélever un premier morceau, ou prélever une partie d'un tout, en retranchant, en coupant : *Entamer un pain, un camembert. Reboucher une bouteille de vin entamée* (syn. COMMENCER). — **2.** Atteindre l'intégrité de qqch par une coupure, une blessure : *Un coup de ciseaux maladroit avait entamé la pièce de tissu. Un éclat d'obus qui entame superficiellement la chair* (syn. ENTAILLER). — **3.** *Entamer qqch (action)*, commencer à l'exécuter, l'entreprendre : *Entamer un travail, la lecture d'un livre, des négociations.* — **4.** *Entamer la réputation, l'honneur de qqn*, y porter atteinte. ‖ *Entamer la résolution, la conviction de qqn*, la rendre moins ferme (syn. ÉBRANLER).

entartrage [ɑ̃tartraʒ] n. m. Action d'entartrer.

entartrer [ɑ̃tartre] v. t. Couvrir, encrasser de tartre : *Cette eau entartre les chaudières.*

entassement [ɑ̃tasmɑ̃] n. m. Action d'entasser; amas : *Des entassements de fruits sur les tréteaux du marché* (syn. TAS, AMONCELLEMENT). *L'entassement d'une famille de six personnes dans deux pièces.*

entasser [ɑ̃tase] v. t. **1.** *Entasser des choses*, les mettre en tas : *J'ai entassé des livres sur mon bureau* (syn. EMPILER). *Entasser des provisions dans le grenier* (syn. AMONCELER, ACCUMULER). — **2.** *Entasser des personnes, des animaux*, les rassembler dans un endroit trop étroit : *On entassait les prisonniers dans des wagons à bestiaux.* ◆ ***s'entasser*** v. pr. S'amonceler, s'empiler : *Le charbon s'entasse sur le carreau de la mine. Des étudiants qui s'entassent dans un amphithéâtre* (syn. ↑ S'ÉCRASER).

entendement [ɑ̃tɑ̃dmɑ̃] n. m. Faculté de comprendre : *Une dialectique qui développe l'entendement* (syn. INTELLIGENCE). *Elle a fait preuve d'une obstination qui dépasse l'entendement* (= qui est incompréhensible, extraordinaire).

entendeur [ɑ̃tɑ̃dœr] n. m. *À bon entendeur salut!*, que celui qui comprend en fasse son profit; on aura avantage à tenir compte de cet avertissement.

entendre [ɑ̃tɑ̃dr] v. t. (lat. *intendere*, tendre vers) [c. **50**]. **1.** *Entendre qqch, qqn, un animal*, percevoir par l'ouïe le bruit qu'ils font : *Entendez-vous la mer qui gronde? On entend le sifflement d'un train. De ma place, j'entendais mal l'orateur;* avec une prop. inf. : *On entendait les oiseaux chanter* (ou *chanter les oiseaux*). *Un coup de feu se fit entendre* (= retentit); sans compl. : *Il n'entend pas* (= il est sourd). *Elle entend mal de l'oreille gauche* (= elle a une mauvaise audition). — **2.** *Entendre qqn*, prêter attention à ses paroles, suivre ses explications, recevoir ses déclarations : *Vous ne pouvez pas le condamner sans l'entendre. Le juge a entendu les témoins;* accéder à sa prière, à sa demande, à sa requête : *Que Dieu vous entende!* (syn. EXAUCER). ‖ *Entendre la messe*, assister à sa célébration. — **3.** *Entendre qqn, ses paroles* ou *ses écrits*, les comprendre, en saisir le sens (soutenu) : *Vous m'opposez un argument d'ordre pratique : je vous entends, mais le principe demeure. Si j'entends bien votre lettre, vous n'acceptez pas ma proposition* (syn. INTERPRÉTER). — **4.** *Entendre qqch, que* (+ *ind.*), concevoir cela de telle ou telle façon, vouloir dire : *Qu'entendez-vous par les mots : «en toute liberté»? Si l'on entend par là que je suis d'accord avec elle, on fausse ma pensée. Cela pourrait donner à entendre (ou laisser entendre) que tout cela ne sert à rien* (syn. FAIRE, LAISSER CROIRE). — **5.** *Entendre* (+ *inf.*), *que* (+ *subj.*), avoir l'intention bien arrêtée de, vouloir que : *J'entends être obéi. Elle entend n'en faire qu'à sa tête. Nous entendons qu'on fasse tout ce qui est possible pour éviter de tels incidents;* et avec un pron. compl. d'objet : *Faites comme vous l'entendrez* (= comme vous voudrez, à votre idée). — **6.** *Entendre la plaisanterie*, ne pas se fâcher des plaisanteries des autres (= ne pas être susceptible). ‖ *Entendre raison*, suivre un conseil raisonnable, ne pas persévérer dans une action déraisonnable. ‖ Fam. *Ne pas l'entendre de cette oreille-là*, être bien décidé à ne pas agir ainsi, à ne pas suivre ce conseil. ‖ *Ne rien entendre à qqch*, être totalement incompétent dans ce domaine, ne rien y connaître. ‖ *Tu entends?, entendez-vous?*, souligne un ordre, une menace. ◆ ***s'entendre*** v. pr. **1.** Avoir les mêmes idées, les mêmes goûts, être d'accord : *Dès la première rencontre, nous nous sommes bien entendus* (syn. SYMPATHISER). *Il ne s'entend pas avec ses voisins. Ils s'entendent à demi-mot* (syn. SE COMPRENDRE). *Des groupes politiques qui s'entendent sur un programme commun* (syn. S'ACCORDER). *Nous nous sommes entendus pour ne rien entreprendre en son absence.* — **2.** *S'entendre à* (+ *inf.* ou *n.*), être habile à, compétent en : *Elle s'entend à rendre accessibles au grand public les questions les plus complexes. Il paraissait s'entendre passablement à la musique moderne;* et sous la forme *s'y entendre : Il a étudié pendant dix ans ce genre de fossiles, alors il commence à s'y entendre* (syn. S'Y CONNAÎTRE). *Vous vous y entendez pour ne dire de la vérité que ce qui est à votre avantage.* — **3.** (sujet qqch) Se comprendre : *Nos prix s'entendent tous frais compris.* — **4.** *Je m'entends, nous nous entendons* (soulignant une mise au point), qu'on ne se méprenne pas sur le sens de mes paroles : *Quand je dis «jamais», je m'entends : à moins d'un événement imprévu.* ‖ *Entendons-nous,* qu'il n'y ait aucun malentendu sur ce point. ‖ *(Cela) s'entend,* c'est bien naturel, cela va de soi : *Vous pouvez bénéficier de cet avantage, moyennant un léger supplément de prix s'entend* (syn. NATURELLEMENT, ÉVIDEMMENT, BIEN ENTENDU, BIEN SÛR).

entendu, e [ɑ̃tɑ̃dy] adj. **1.** Convenu, décidé : *C'est une affaire entendue* (syn. RÉGLÉ). *Il est bien entendu que tout cela reste entre nous. C'est entendu : vous pouvez compter sur moi;* et elliptiq. : *Entendu! Je vous ferai connaître le résultat.* — **2.** *C'est entendu, c'est une affaire entendue,* je vous l'accorde, il est vrai : *Il y a des risques, c'est entendu, mais l'enjeu est tentant.* — **3.** *Prendre un air entendu,* prendre l'attitude de celui qui s'y connaît (syn. AU COURANT; péjor. SUFFISANT). — **4.** *Bien entendu,* ou, fam. *comme de bien entendu,* naturellement, cela va de soi : *Bien entendu, si vous nous aidez, vous aurez votre part de bénéfice. «Tu viens avec nous? — Bien entendu!»* (syn. BIEN SÛR, ÉVIDEMMENT).

entente [ɑ̃tɑ̃t] n. f. **1.** État de personnes qui s'entendent (sens 1), qui s'accordent : *Des discussions troublaient la bonne entente du ménage* (syn. HARMONIE). *Leur entente a été de courte durée* (syn. UNION). — **2.** Convention entre des individus, des sociétés, des nations : *Des ententes locales se sont réalisées entre les candidats avant les élections. Conclure des ententes commerciales* (syn. ACCORD). — **3.** *À double entente,* qu'on peut interpréter de deux façons.

entériner [ɑ̃terine] v. t. (de l'anc. fr. *enterin,* entier). *Entériner une décision, un jugement, un usage,* etc., leur donner un caractère définitif en les approuvant : *L'assemblée générale a entériné les décisions que le bureau avait dû prendre d'urgence* (syn. CONFIRMER, RATIFIER).

entérite [ɑ̃terit] n. f. (du gr. *enteron,* intestin). Inflammation intestinale, accompagnée de coliques.

enterrement [ɑ̃tɛrmɑ̃] n. m. **1.** Action de mettre un mort en terre; ensemble des cérémonies correspondantes : *L'enterrement aura lieu dans sa ville natale* (syn. INHUMATION). *L'enterrement de ce grand homme avait attiré une foule immense* (syn. FUNÉRAILLES). *Un enterrement passait dans la rue* (= un convoi funèbre). — **2.** Fam. *Air, tête d'enterrement,* air triste, visage sombre. ‖ Fam. *Un enterrement de première classe,* un rejet complet, un abandon total du projet, de l'entreprise.

enterrer [ɑ̃tɛre] v. t. **1.** *Enterrer un mort,* le mettre en terre : *Après la bataille, on dut se hâter d'enterrer les morts* (syn. soutenus ENSEVELIR, INHUMER). *Elle a demandé un jour de congé pour enterrer sa grand-mère* (= pour assister à la cérémonie funèbre). — **2.** *Enterrer qqn, qqch,* les enfouir sous terre : *Des terrassiers qui ont été enterrés par un éboulement* (syn. ENSEVELIR). *Il avait enterré des armes dans son jardin pour les soustraire aux perquisitions.* — **3.** *Enterrer un projet,* renoncer définitivement à sa réalisation (syn. CLASSER). — **4.** Fam. *Il nous enterrera tous,* il nous survivra. ◆ ***s'enterrer*** v. pr. *Fam.* Se retirer dans un lieu perdu : *Elle est allée s'enterrer dans une bourgade de province.* (→ DÉTERRER.)

entêtant, e [ɑ̃tɛtɑ̃] adj. Qui entête : *Odeur entêtante.*

en-tête [ɑ̃tɛt] n. m. (pl. *en-têtes*). Texte imprimé ou gravé à la partie supérieure de papiers de correspondance, de prospectus, etc. : *Écrire sur du papier à en-tête de l'Université.*

entêté, e [ɑ̃tɛte] adj. et n. Qui manifeste de l'entêtement : *Un enfant entêté* (syn. TÊTU, ↑BUTÉ). *Une volonté entêtée de réussir* (syn. OBSTINÉ; soutenu OPINIÂTRE).

entêtement [ɑ̃tɛtmɑ̃] n. m. Attachement obstiné à ses idées : *Tu as manqué plusieurs affaires par ton entêtement à ne rien céder* (syn. OBSTINATION; contr. SOUPLESSE). *L'entêtement du commandant en chef pouvait perdre ou sauver la situation* (syn. TÉNACITÉ; soutenu OPINIÂTRETÉ).

entêter [ɑ̃tɛte] v. t. (de *tête*) [sujet une odeur, une vapeur] *Entêter qqn,* lui causer une sorte d'étourdissement, de mal de tête : *Ce parfum capiteux m'entête;* sans compl. : *Vin qui entête* (= qui monte à la tête). ◆ ***s'entêter*** v. pr. (sujet qqn) *S'entêter dans qqch, à* (+ *inf.*), s'obstiner avec une grande ténacité : *On a eu beau le presser d'accepter, il s'est entêté dans son refus* (syn. soutenu S'OPINIÂTRER). *Il s'entêtait à vouloir trouver ce que d'autres avaient renoncé à chercher* (syn. S'ACHARNER).

enthousiasmant, e [ɑ̃tuzjasmɑ̃] adj. Qui enthousiasme : *Une proposition peu enthousiasmante.*

enthousiasme [ɑ̃tuzjasm] n. m. (gr. *enthousiasmos,* transport divin). **1.** Admiration passionnée, manifestée en général avec ardeur : *Les mots lui manquaient pour exprimer l'enthousiasme que lui inspirait cette musique. Applaudir un orateur avec enthousiasme* (syn. FEU, ARDEUR). — **2.** Excitation joyeuse, exaltation dans l'action : *La nouvelle de la victoire déchaîna l'enthousiasme de la foule* (syn. ↑FRÉNÉSIE). *Une romancière qui écrit dans l'enthousiasme* (syn. ↑PASSION).

enthousiasmer [ɑ̃tuzjasme] v. t. *Enthousiasmer qqn, un auditoire,* etc., leur inspirer de l'enthousiasme : *Cette pièce de théâtre l'a enthousiasmé* (syn. fam. EMBALLER). *Votre idée ne m'enthousiasme pas* (= j'y suis plutôt hostile que favorable). ◆ ***s'enthousiasmer*** v. pr. (sujet qqn) Se prendre d'enthousiasme : *Ils se sont enthousiasmés pour ce projet* (syn. SE PASSIONNER; fam. S'EMBALLER).

enthousiaste [ɑ̃tuzjast] adj. et n. Qui manifeste son enthousiasme : *Les spectateurs enthousiastes acclamaient les joueurs* (syn. PASSIONNÉ). *Des cris enthousiastes* (syn. ↑FANATIQUE).

entichement [ɑ̃tiʃmɑ̃] n. m. Attachement excessif : *Son entichement pour cette philosophie n'a duré que peu de temps* (syn. ENGOUEMENT; fam. TOQUADE).

enticher (s') [ɑ̃tiʃe] v. pr., **être entiché** v. pass. (de l'anc. fr. *entechié,* pourvu de telle qualité, de tel défaut). *S'enticher, être entiché de qqn, de qqch,* se prendre d'un attachement passager, excessif, pour eux : *Elle s'est entichée de cet acteur* (syn. S'ENGOUER). *Un petit groupe de jeunes gens entichés de littérature espagnole* (syn. FÉRU).

entier, ère [ɑ̃tje] adj. (lat. *integrum,* intact). **1.** Dont rien n'a été retranché : *Il reste deux boîtes de peinture entières et une boîte entamée* (syn. PLEIN). *Un gâteau entier* (syn. INTACT). — **2.** Considéré dans toute son étendue, dans sa totalité : *Sa fortune entière n'y suffirait pas. Éditer l'œuvre entière d'un poète* (syn. INTÉGRAL). *Elle est restée absente une semaine entière* (syn. COMPLET); souvent renforcé par l'adv. inv. *tout : La maison tout entière. Manger un camembert tout entier.* — **3.** (parfois avant le n.) Qui est dans sa plénitude, sans altération ou restriction : *Cette voiture m'a donné une entière satisfaction. Soyez assuré de mon entier dévouement* (syn. ABSOLU, SANS RÉSERVE). *Ma confiance en elle reste entière* (syn. TOTAL). — **4.** *Nombre entier,* qui ne contient pas de fraction d'unité (math.). — **5.** Qui ne connaît guère les nuances; inébranlable dans sa volonté : *C'est une personne trop entière pour accepter ce compromis. Un caractère entier* (syn. D'UNE SEULE PIÈCE). ◆ ***entier*** n. m. *Dans son entier,* dans sa totalité, son intégralité. ‖ *En entier,* sans rien laisser, complètement : *Écouter une symphonie en entier* (syn. TOTALEMENT, IN EXTENSO).

entièrement [ɑ̃tjɛrmɑ̃] adv. De façon entière, totale : *Lire entièrement un journal* (syn. COMPLÈTEMENT). *Un devoir entièrement copié sur le voisin* (syn. INTÉGRALEMENT, TOTALEMENT). *Je suis entièrement responsable de cette situation* (syn. PLEINEMENT).

entité [ɑ̃tite] n. f. (du lat. *ens, entis,* ce qui est). Chose considérée comme un être ayant son individualité : *La patrie, l'État, la société sont des entités.*

entoilage [ɑ̃twalaʒ] n. m. Action d'entoiler.

entoiler [ɑ̃twale] v. t. Recouvrir de toile : *Entoiler la carcasse d'un cerf-volant.*

entomologie [ɑ̃tɔmɔlɔʒi] n. f. (gr. *entomon,* insecte, et *logos,* science). Partie de la zoologie qui étudie les insectes.

entomologique [ɑ̃tɔmɔlɔʒik] adj. Relatif à l'entomologie.

entomologiste [ɑ̃tɔmɔlɔʒist] n. Spécialiste d'entomologie.

entonner [ɑ̃tɔne] v. t. (de *ton*). **1.** *Entonner un chant, un air,* etc., commencer à le chanter : *Le chef de l'État entonna « la Marseillaise » et la foule suivit.* — **2.** *Entonner l'éloge, les louanges de qqn,* commencer à le louer.

entonnoir [ɑ̃tɔnwar] n. m. (de *tonne,* tonneau). Ustensile, généralement conique, servant à transvaser les liquides.

entorse [ɑ̃tɔrs] n. f. (de l'anc. fr. *entors,* tordu). **1.** Torsion violente d'une articulation qui entraîne une élongation ou une rupture des ligaments : *En descendant l'escalier, elle a manqué une marche et s'est fait une entorse à la cheville* (syn. fam. FOULURE). — **2.** Fam. *Faire une entorse à la vérité, à la loi, à ses habitudes,* etc., ne pas s'y conformer, pour une fois : *Un employé qui fait une entorse au règlement* (syn. INFRACTION). *Cette réticence était une première entorse à sa promesse de sincérité totale* (syn. MANQUEMENT).

entortillement [ɑ̃tɔrtijmɑ̃] n. m. Action d'entortiller.

entortiller [ɑ̃tɔrtije] v. t. (anc. fr. *entordre,* tortiller). **1.** *Entortiller un objet dans qqch,* l'envelopper dans qqch qu'on tortille pour serrer ou pour fermer : *Des bonbons entortillés dans du papier.* — **2.** *Entortiller un lien, un papier,* etc., le tourner plusieurs fois autour d'un objet, en envelopper cet objet : *Il avait entortillé son mouchoir autour de son doigt blessé.* — **3.** Fam. *Entortiller qqn,* l'amener à ce qu'on désire par des paroles flatteuses : *Elle l'a si bien entortillé qu'il a fini par signer cette renonciation* (syn. fam. EMBERLIFICOTER). ◆ ***s'entortiller*** v. pr. **1.** (sujet qqch) S'enrouler plusieurs fois autour de qqch, ou s'envelopper de qqch en l'entourant autour de soi : *Le chèvrefeuille s'entortille sur les branches. La mouche s'entortille dans une toile d'araignée* (syn. SE PRENDRE DANS, S'EMPÊTRER). — **2.** Fam. *S'entortiller dans ses phrases,* s'embrouiller. (→ TORTILLER.)

entourage [ɑ̃turaʒ] n. m. **1.** Ce qui entoure : *Un petit coin de terre protégé par un entourage de planches.* — **2.** Ensemble des personnes qui vivent habituellement auprès de qqn : *Elle s'entend bien avec tout son entourage. Il est trompé par son entourage.*

entourer [ɑ̃ture] v. t. **1.** (sujet qqn) *Entourer qqn, qqch (de qqch),* disposer qqch qui en fait le tour : *Elle l'a entouré de ses bras. Il faudrait entourer ce jardin* (syn. CLORE, CLÔTURER). *Entourer de rouge un mot du texte* (syn. CERNER). *Entourer un pré de barbelé.* — **2.** (sujet qqch) *Entourer qqn, qqch,* être placé autour d'eux : *La clôture qui entoure le pré* (syn. ENCLORE). *Le châle qui entoure ses épaules. L'église est entourée de maisons pittoresques* (syn. BORDER). *Une division entourée de tous côtés par les ennemis* (syn. ENCERCLER, CERNER). — **3.** *Entourer qqn,* être auprès de lui, lui apporter du réconfort, lui témoigner de la sympathie, de la considération : *Tous ses amis l'ont entouré dans son malheur. Une jeune femme très entourée* (syn. ↑ADULÉ). — **4.** *Entourer qqn de soins, de prévenances,* etc., lui prodiguer des soins, etc. ◆ ***s'entourer*** v. pr. (sujet qqn) *S'entourer de précautions, de mystère, etc.,* prendre de nombreuses précautions, agir secrètement.

entourloupette [ɑ̃turlupɛt] n. f. (de *tour*). Fam. *Faire une entourloupette à qqn,* lui jouer un mauvais tour (syn. fam. CRASSE).

entournure [ɑ̃turnyr] n. f. (de l'anc. fr. *entourner,* être autour). *Être gêné aux entournures,* être gêné aux épaules dans un vêtement trop juste; *fam.,* être dans une situation gênante, avoir des ressources trop limitées pour faire certaines dépenses.

entracte [ɑ̃trakt] n. m. **1.** Intervalle de temps entre les parties d'un spectacle : *À l'entracte, les ouvreuses vendent des friandises dans la salle.* — **2.** Période de répit : *Cette accalmie n'est qu'un entracte dans le conflit* (syn. PAUSE).

entraide [ɑ̃trɛd] n. f. Aide mutuelle : *Un service d'entraide a été constitué dans la ville au profit des sinistrés.*

entraider (s') [ɑ̃trede] v. pr. (sujet qqn [pl.]) S'aider mutuellement, se porter assistance : *Entre voisins, il est naturel de s'entraider.*

entrailles [ɑ̃traj] n. f. pl. (lat. *interanea,* intestins). **1.** Ensemble des intestins et des viscères contenus dans l'abdomen et la cage thoracique : *Des fauves qui se disputent les entrailles de leur proie.* — **2.** *Litt.* Ventre maternel : *Elle aimait cet enfant adoptif comme un enfant de ses propres entrailles* (syn. SEIN). — **3.** Siège des émotions, des sentiments : *Un drame qui vous prend aux entrailles* (syn. VENTRE, CŒUR). — **4.** *Les entrailles de la terre,* les profondeurs du sol; la terre considérée dans sa fécondité.

entrain [ɑ̃trɛ̃] n. m. (de *être en train,* être en action). Vivacité joyeuse; bonne humeur entraînante : *Travailler avec entrain* (syn. ARDEUR). *Une fille pleine d'entrain. Une fête qui manque d'entrain* (syn. ANIMATION). *Je me remis à l'œuvre sans entrain* (syn. ENTHOUSIASME).

entraînant, e [ɑ̃trɛnɑ̃] adj. Qui entraîne : *Musique entraînante.*

entraînement [ɑ̃trɛnmɑ̃] n. m. **1.** Action d'entraîner; fait d'être entraîné : *La chaîne qui assure l'entraînement du mécanisme.* — **2.** Action d'exercer un effet stimulant : *Dans l'entraînement de la discussion* (syn. ↑CHALEUR). — **3.** Préparation à un sport, un exercice : *Un sportif qui s'impose un entraînement quotidien. Il a un long entraînement à la parole en public* (syn. PRATIQUE).

entraîner [ɑ̃trɛne] v. t. **1.** (sujet qqn, qqch) *Entraîner qqch, qqn,* le tirer après soi, l'emporter avec soi : *La locomotive entraîne les wagons. L'alpiniste a failli entraîner dans sa chute ses compagnons de cordée.* — **2.** (sujet qqch) *Entraîner qqch,* transmettre le mouvement à une autre pièce d'un mécanisme : *Une roue dentée qui en entraîne une autre. Une poulie entraînée par une courroie.* — **3.** (sujet qqn) *Entraîner qqn,* l'emmener à l'écart : *Il m'a entraîné dans un coin du jardin pour me faire quelques confidences* (syn. AMENER). — **4.** (sujet qqn, qqch) *Entraîner qqn,* l'attirer par une influence morale, l'engager dans une action, le pousser vers un état : *Il s'est laissé entraîner dans cette affaire par des gens peu recommandables. Il essaiera de vous entraîner à signer un bulletin d'adhésion. La perspective des avantages ainsi offerts entraîna les derniers hésitants* (syn. DÉCIDER). — **5.** (sujet une musique) Exercer un effet stimulant sur le public. — **6.** (sujet qqch) *Entraîner qqch,* l'avoir pour conséquence : *La remise en état de cette maison entraîne des dépenses considérables. Vous prétendez refuser tout appui : cela entraîne que vous soyez en état de tout faire par vous-même* (syn. IMPLIQUER). — **7.** *Entraîner qqn à des dépenses,* etc., être pour lui une cause de dépenses : *Cela ne vous entraînera pas à de gros frais.* — **8.** *Entraîner qqn, un animal à qqch, à* (+ *inf.*), lui faire acquérir l'habitude, la pratique de qqch : *Une monitrice qui entraîne des jeunes gens à la natation. Des exercices qui entraînent les élèves à la dissertation. Un chien policier entraîné à suivre les pistes qu'on lui indique* (syn. DRESSER). ◆ ***s'entraîner*** v. pr. Conserver la pratique de qqch par un exercice quotidien : *S'entraîner à la marche à pied. Un boxeur qui s'entraîne.*

entraîneur [ɑ̃trɛnœr] n. m. **1.** Celui qui a de l'allant, qui communique aux autres son ardeur (souvent ENTRAÎNEUR D'HOMMES) : *Un officier qui est un remarquable entraîneur d'hommes.* — **2.** Celui qui entraîne méthodiquement un sportif, un cheval de course, etc.

entraîneuse [ɑ̃trɛnøz] n. f. Jeune femme employée dans un établissement de nuit pour retenir les clients et les pousser à consommer.

entrant, e [ɑ̃trɑ̃] adj. et n. Personne qui entre : *Le nombre des entrants est inférieur à celui des sortants.*

entr'apercevoir [ɑ̃trapɛrsəvwar] v. t. (c. **34**). Apercevoir un court instant : *Je n'ai fait que l'entr'apercevoir au moment où elle entrait dans son bureau.*

entrave [ɑ̃trav] n. f. **1.** Lien qu'on fixe aux pieds d'un animal pour gêner sa marche et l'empêcher de s'enfuir. — **2.** Ce qui gêne, qui embarrasse : *Dresser un procès-verbal à un automobiliste pour entrave à la circulation. Une barrière douanière qui constitue une entrave au commerce* (syn. OBSTACLE).

entraver [ɑ̃trave] v. t. (de l'anc. fr. *trev,* poutre). **1.** *Entraver un animal,* lui mettre une entrave. — **2.** *Entraver qqn, l'action de qqn,* lui causer de la gêne dans ses mouvements, mettre obstacle à son action : *Son costume étriqué l'entravait dans tous ses gestes. Une jupe qui entrave la marche.* — **3.** *Entraver qqn, qqch,* mettre obstacle à son action, l'empêcher d'agir : *Rien ne l'a entravé dans sa tentative* (syn. GÊNER). *Des difficultés économiques imprévues ont entravé la réalisation de ce plan* (syn. FREINER, ↑ARRÊTER). *Une voiture en double file entravait la circulation.*

1. entre [ɑ̃tr] prép. (lat. *inter*). Indique : **1.** un intervalle défini par plusieurs points formant une limite : *a*) en parlant de choses : *Les Andelys sont sur la Seine entre Paris et Rouen. Mettez cette phrase entre guillemets, entre crochets. Elle hésite entre ces deux possibilités; b*) en parlant d'êtres animés : *Il s'est assis entre la maîtresse de maison et une invitée qu'il ne connaissait pas; c*) dans des express. : *entre deux,* à moitié; *entre les deux,* moyennement. — **2.** un intervalle de temps défini par plusieurs points formant une limite : *Téléphonez-moi entre midi et deux heures. Entre deux voyages à Paris, je pourrai vous recevoir. Entre les deux guerres, il se produisit une crise économique désastreuse.* — **3.** un ensemble dont fait partie qqn ou qqch. que l'on distingue : *a*) avec des noms de choses : *Entre plusieurs solutions possibles choisissez la plus simple. La plupart d'entre elles* (de ces voitures) *sont hors d'usage.* ‖ *Entre autres, entre autres choses,* de façon plus particulière : *Sur cette question, il y a, entre autres, un livre remarquable d'un savant italien; b*) avec des noms de personnes : *Entre tous ceux qui se sont présentés, elle est la seule à avoir fait une excellente impression. Quelques-uns d'entre eux ont souri à ce mot.* — **4.** un espace délimité par deux ensembles, et qui sert de cadre à l'action considérée : *L'allée menait droit au château, entre deux rangées de chênes. Les invités défilèrent entre deux rangées de valets. Elle a grandi entre des parents désunis* (syn. AU MILIEU DE). *Il s'est échappé d'entre les mains de son gardien. Nous pourrons discuter librement toi et moi; nous serons entre nous* (= en tête à tête). — **5.** une relation ou un rapport de réciprocité entre deux ou plusieurs groupes d'êtres vivants : *L'égalité entre les hommes. Il y a entre eux une vieille querelle. Entre nous, il est inutile de faire des manières. Qu'y a-t-il entre eux? Une amitié réelle existe entre eux.* — **6.** une comparaison entre des êtres ou des choses (souvent sous la forme *entre... et*) : *Il existe une dissymétrie entre les deux parties de l'ouvrage. Entre elle et son frère, il y a de nombreux points communs.*

2. entre [ɑ̃tr], préfixe qui entre dans la composition : **1.** De verbes pronominaux réciproques, pour mettre en évidence l'idée de réciprocité, d'action mutuelle : *s'entrechoquer, s'entrecroiser, s'entre-déchirer,* etc. Les verbes composés entrés depuis longtemps dans la langue sont écrits en un seul mot *(s'entremêler);* les formations libres et occasionnelles sont écrites avec un trait d'union *(s'entre-greffer);* **2.** De verbes pronominaux ou non, pour indiquer qu'une action est faite à demi, à moitié; les verbes ainsi formés sont écrits en un mot : *entrebâiller, entrouvrir,* etc.; **3.** De noms composés, où il indique l'idée de réciprocité *(entraide)* ou d'intervalle entre deux limites ou deux espaces *(entrepont, entre-deux-guerres).*

entrebâillement [ɑ̃trəbɑjmɑ̃] n. m. Ouverture étroite laissée par une chose entrebâillée : *La fumée s'échappait par l'entrebâillement de la fenêtre.*

entrebâiller [ɑ̃trəbɑje] v. t. *Entrebâiller une porte, une fenêtre,* les ouvrir légèrement : *Elle entrebâilla la porte et jeta un coup d'œil dans le couloir.*

entrechat [ɑ̃trəʃa] n. m. (it. [*capriola*] *intrecciata,* [saut] entrelacé). Saut vertical au cours duquel le danseur fait passer ses pointes baissées l'une devant l'autre, une ou plusieurs fois.

entrechoquement [ɑ̃trəʃɔkmɑ̃] n. m. Choc de choses qui se heurtent : *Un entrechoquement d'épées et de boucliers.*

entrechoquer [ɑ̃trəʃɔke] v. t. Choquer l'un contre l'autre. ◆ ***s'entrechoquer*** v. pr. Entrer en contact brutal l'un avec l'autre : *Des bidons qui s'entrechoquent* (syn. SE HEURTER).

entrecôte [ɑ̃trəkot] n. f. Tranche de viande de bœuf prélevée dans la région des côtes.

entrecouper [ɑ̃trəkupe] v. t. Interrompre par des intervalles : *Entrecouper une longue étape de quelques haltes. Un récit entrecoupé de sanglots.* ◆ ***s'entrecouper*** v. pr. *Lignes, dessins,* etc., *qui s'entrecoupent,* qui se coupent mutuellement.

entrecroisement [ɑ̃trəkrwazmɑ̃] n. m. Disposition de choses qui s'entrecroisent.

entrecroiser [ɑ̃trəkrwaze] v. t. Croiser en divers sens : *Le vannier tresse les paniers en entrecroisant des brins d'osier.* ◆ ***s'entrecroiser*** v. pr. Se croiser en divers sens : *Un réseau de routes qui s'entrecroisent.*

entre-déchirer (s') [ɑ̃trədeʃire] v. pr. **1.** Se déchirer mutuellement la chair. — **2.** S'attaquer mutuellement, se faire du mal : *Des adversaires politiques qui s'entre-déchirent.*

entre-deux [ɑ̃trədø] n. m. inv. État intermédiaire entre deux extrêmes : *Il ne suffit pas de prévoir le début et la fin, il faut remplir l'entre-deux.*

entre-deux-guerres [ɑ̃trədøgɛr] n. m. ou f. Période située entre deux conflits (se dit surtout de la période entre 1918 et 1939).

entre-dévorer (s') [ɑ̃trədevɔre] v. pr. Se dévorer mutuellement.

entrée [ɑ̃tre] n. f. **1.** Action d'entrer : *À son entrée, elle fut accueillie par une ovation. Il a fait une entrée bruyante* (contr. SORTIE). *Une foule nombreuse attendait l'entrée du bateau dans le port* (syn. ARRIVÉE). *Son entrée en fonctions a été marquée par des changements importants.* — **2.** Faculté d'entrer : *Refuser à quelqu'un l'entrée d'une salle* (syn. ACCÈS). — **3.** Accès à un spectacle : *Payer une entrée au cinéma.* — **4.** Somme payée pour entrer : *Les entrées couvrent à peine les frais de location de la salle.* — **5.** Lieu par où on entre, voie d'accès; première pièce par où on passe pour pénétrer dans un appartement, une maison : *L'entrée principale de l'immeuble est sur le boulevard. L'entrée de la salle de réunion était gardée par des agents* (contr. SORTIE). *Attendez dans l'entrée.* — **6.** Moment où une période commence : *Dès l'entrée de la belle saison, elle part s'installer dans sa maison de campagne.* — **7.** Plat servi avant le plat de viande. — **8.** *D'entrée de jeu,* dès l'abord, dès le début. ‖ *Entrée libre,* faculté d'entrer sans avoir à payer ou à acheter. ◆ ***entrées*** n. f. pl. *Avoir ses entrées (libres) qqpart,* y être reçu : *Il a ses entrées dans ce théâtre, auprès du ministre* (= peut y entrer sans difficulté, aller voir le ministre librement) [aussi : *ses petites et ses grandes entrées*].

entrefaites (sur ces) [ɑ̃trəfɛt] adv. (de *entre-* et *faire*). Au moment même où un événement se produisait, il arriva inopinément que... (dans un récit au passé) : *Ils étaient en train de se disputer, sur ces entrefaites survint un de leurs amis qui les sépara* (syn. ALORS, LÀ-DESSUS, SUR CE, À CE MOMENT-LÀ).

entrefilet [ɑ̃trəfilɛ] n. m. Petit article de journal de quelques lignes, ordinairement précédé et suivi d'un trait *(filet)* de séparation : *La nouvelle se réduit à un bref entrefilet dans un journal du soir.*

entregent [ɑ̃trəʒɑ̃] n. m. (*entre-* et anc. fr. *gent,* gens). *Avoir de l'entregent,* avoir de l'aisance, de l'habileté dans la manière de se conduire.

entrejambe [ɑ̃trəʒɑ̃b] n. m. Partie de la culotte ou du pantalon située entre les jambes.

entrelacement [ɑ̃trəlasmɑ̃] n. m. État de choses entrelacées : *Un entrelacement de rubans.*

entrelacer [ɑ̃trəlase] v. t. (c. **1**) Enlacer l'un dans l'autre : *Entrelacer des fils sur le métier à tisser* (syn. ENTRECROISER, TRESSER). *Des mains entrelacées.* ◆ ***s'entrelacer*** v. pr. (sujet qqch [pl.]) S'enlacer : *Un motif décoratif fait de rameaux qui s'entrelacent* (syn. S'ENCHEVÊTRER).

entrelacs [ɑ̃trəla] n. m. (surtout pl.) Ornement composé de lignes entrelacées formant une suite continue.

entrelarder [ɑ̃trəlarde] v. t. **1.** *Entrelarder de la viande,* la piquer de bardes de lard avant la cuisson. — **2.** Fam. *Entrelarder un compte-rendu de critiques, un discours de citations,* etc., y glisser des critiques, des citations, etc. (syn. ENTREMÊLER, PARSEMER, TRUFFER).

entremêlement [ɑ̃trəmɛlmɑ̃] n. m. Action d'entremêler; fait d'être entremêlé : *Un entremêlement de fils.*

entremêler [ɑ̃trəmɛle] v. t. *Entremêler des choses,* les mêler alors qu'elles diffèrent plus ou moins entre elles : *Entremêler dans un récit des épisodes comiques et pathétiques* (syn. MÉLANGER). *Deux arbres qui entremêlent leurs branches.* ◆ ***s'entremêler*** v. pr., **être entremêlé** v. pass. (sujet qqch) Se mélanger; être mêlé : *Les ronces s'entremêlaient aux arbustes de la haie. Paroles entremêlées de sanglots* (syn. ENTRECOUPER).

entremets [ɑ̃trəmɛ] n. m. Plat sucré qu'on sert après le fromage et avant les fruits.

entremetteur, euse [ɑ̃trəmɛtœr] n. Personne qui sert d'intermédiaire, de médiateur. ◆ ***entremetteuse*** n. f. *Péjor.* Femme qui sert d'intermédiaire dans une intrigue galante.

entremettre (s') [ɑ̃trəmɛtr] v. pr. (c. **57**) Intervenir activement pour mettre en relation plusieurs personnes, pour les concilier, pour faciliter la conclusion d'une affaire : *Un de leurs amis communs a tenté de s'entremettre dans leur différend* (syn. S'INTERPOSER).

entremise [ɑ̃trəmiz] n. f. **1.** Fait de s'entremettre : *L'entremise de ce négociateur a permis d'aboutir à un accord* (syn. MÉDIATION, BONS OFFICES). — **2.** *Par l'entremise de,* grâce à l'intervention, à l'action de : *Le dossier m'a été communiqué par l'entremise d'une secrétaire* (syn. PAR L'INTERMÉDIAIRE DE).

entrepont [ɑ̃trəpɔ̃] n. m. Espace compris entre les deux ponts d'un bateau.

entreposage [ɑ̃trəpozaʒ] n. m. Action d'entreposer.

entreposer [ɑ̃trəpoze] v. t. *Entreposer des objets, des marchandises,* les déposer momentanément dans un lieu : *Entreposer des bouteilles dans une cave.*

entrepôt [ɑ̃trəpo] n. m. Lieu, bâtiment où on entrepose des marchandises : *Un entrepôt frigorifique.*

entreprenant, e [ɑ̃trəprənɑ̃] adj. (de *entreprendre*). **1.** Plein d'allant, qui fait preuve d'initiative pour entreprendre hardiment : *À la tête de cette affaire, il faut un homme entreprenant* (syn. ACTIF). — **2.** Se dit d'un homme qui essaie de conquérir les femmes, qui est empressé : *Elle est importunée par un voisin trop entreprenant* (syn. GALANT).

entreprendre [ɑ̃trəprɑ̃dr] v. t. (c. **54**). **1.** (sujet qqn) *Entreprendre qqch, de* (+ *inf.*), commencer à l'exécuter : *Entreprendre la lecture d'un roman* (syn. ENTAMER). *Entreprendre la construction d'un pont* (syn. fam. METTRE EN ROUTE). *Elle a entrepris de rassembler toute une documentation sur cette question. Entreprendre de se justifier* (syn. TENTER). — **2.** Fam. *Entreprendre qqn,* commencer à le harceler de questions, à lui raconter des histoires plus ou moins ennuyeuses : *Sitôt arrivé, il a été entrepris par un homme qui lui a raconté sa vie. Elle m'a entrepris sur son sujet favori.*

entrepreneur [ɑ̃trəprənœr] n. m. **1.** Personne qui prend en charge l'exécution de certains travaux, ou qui fournit certains services : *Un entrepreneur de travaux publics, de pompes funèbres.* — **2.** Personne qui dirige pour son compte une entreprise commerciale ou industrielle : *Un entrepreneur de déménagements.*

entreprise [ɑ̃trəpriz] n. f. **1.** Ce qu'on entreprend : *Cette ascension est une entreprise périlleuse* (syn. OPÉRATION). *Ce n'est pas une petite entreprise que de présenter clairement une question aussi complexe* (syn. CHOSE, AFFAIRE). *Ses entreprises en matière de vente directe du producteur au consommateur ont eu peu de succès* (syn. TENTATIVE). — **2.** Action par laquelle on cherche à porter atteinte à qqch, on s'en prend à qqn : *Ces lois sont des entreprises contre le droit de grève* (syn. ATTEINTE À). — **3.** Affaire commerciale ou industrielle : *Il dirige une entreprise de travaux publics. Travailler dans une grosse entreprise* (syn. MAISON, FIRME).

entrer [ɑ̃tre] v. i. (lat. *intrare*) [auxil. *être*] **1.** (sujet qqn, qqch) Aller de l'extérieur à l'intérieur d'un lieu, d'un corps : *Le visiteur entra dans le salon* (syn. S'AVANCER). *On entre dans la ville par une large avenue. Les sauveteurs étaient entrés dans l'eau jusqu'à la ceinture* (syn. PÉNÉTRER). *La balle est profondément entrée dans les chairs. Le bateau entre dans le port* (syn. S'ENGAGER). *Entrer au café, au cinéma. Entrer chez le boulanger. Les touristes qui entrent au Canada.* — **2.** S'engager dans une profession, un état; commencer à faire partie d'un groupe, d'un corps, etc. : *Entrer dans la police. Elle est entrée au conservatoire de Musique* (= elle a été reçue au concours d'entrée). *Elle est entrée en religion* (= elle s'est faite religieuse). *Entrer dans un* *complot. Entrer dans une famille* (syn. S'ALLIER À). *Entrer dans un syndicat* (syn. ADHÉRER À). — **3.** *Entrer dans les détails, dans une discussion, dans le vif du sujet,* etc., commencer à examiner ces détails, entamer cette discussion, aborder le point essentiel, etc. — **4.** *Entrer dans l'hiver, dans une période de prospérité,* etc., être au début de cette saison, de cette période. — **5.** *Entrer dans les idées, les vues, les sentiments, les intérêts de qqn,* adhérer à ses idées, partager ses sentiments, prendre à cœur ses intérêts (syn. ÉPOUSER). — **6.** (sujet qqn) *Entrer en (un état, une action),* passer dans cet état, entreprendre cette action : *Entrer en colère, en convalescence, en concurrence, en compétition, en fonctions. Les troupes sont entrées en action. Elle est entrée en correspondance avec des étrangers;* (sujet qqch) : *Le décret est entré en vigueur* (= est appliqué). — **7.** (sujet qqch) *Entrer dans qqch,* en être un élément composant, faire partie d'un ensemble, y avoir un rôle : *Les ingrédients qui entrent dans une pommade. Ce travail entre dans vos attributions. Cette considération est entrée pour beaucoup dans son choix.* ◆ v. t. (auxil. *avoir*) Faire pénétrer : *Entrer du vin dans sa cave. Entrer le bras dans une cavité. Entrer des marchandises en fraude* (syn. INTRODUIRE). — REM. *Entrer* est souvent remplacé par *rentrer* dans la langue courante. Il a pour contr. le plus habituel SORTIR.

entresol [ɑ̃trəsɔl] n. m. (esp. *entresuelo,* de *suelo,* sol). **1.** Appartement, local bas de plafond, ménagé entre le rez-de-chaussée et le premier étage. — **2.** Étage situé entre le rez-de-chaussée et le premier étage de certains immeubles.

entre-temps [ɑ̃trətɑ̃] adv. (de l'anc. fr. *entretant*). Dans l'intervalle, pendant ce temps-là : *Revenez me voir la semaine prochaine; entre-temps, j'aurai fait le nécessaire* (syn. D'ICI LÀ).

entretenir [ɑ̃trətnir] v. t. (c. **22**). **1.** *Entretenir qqch,* le maintenir dans le même état, le faire durer : *Entretenir un feu en y mettant de grosses bûches* (syn. ALIMENTER). *Les petits cadeaux entretiennent l'amitié. Entretenir de bonnes relations avec quelqu'un.* — **2.** *Entretenir qqch,* faire le nécessaire pour le conserver en bon état : *Elle entretient bien sa maison. Il entretient sa voiture par des révisions complètes du moteur tous les ans. Un parc très bien entretenu.* — **3.** *Entretenir qqn,* pourvoir à sa subsistance : *La maison ne peut pas vous entretenir à ne rien faire* (syn. PAYER). *Ses modestes revenus lui permettent tout juste d'entretenir décemment ses enfants* (syn. ÉLEVER, NOURRIR). — **4.** *Entretenir qqn de qqch,* avoir avec lui une conversation sur ce sujet, lui faire un exposé sur cette question : *Je l'ai longuement entretenu de mes intentions. La conférencière a entretenu l'assistance de ses voyages à l'étranger.* ◆ ***s'entretenir*** v. pr. Échanger des propos familiers sur tel ou tel sujet : *Ils se sont entretenus de l'attitude à adopter. S'entretenir avec quelqu'un par téléphone* (syn. CONVERSER, CAUSER, BAVARDER).

entretenu, e [ɑ̃trətny] adj. Qui reçoit de l'argent pour ses besoins.

entretien [ɑ̃trətjɛ̃] n. m.

— **I.** Action de tenir qqch en bon état, de fournir ce qui est nécessaire : *Le jardinier chargé de l'entretien des allées. Les frais d'entretien.*

— **II.** Conversation suivie : *Un ambassadeur qui sollicite un entretien du ministre des Affaires étrangères* (syn. AUDIENCE). *Nous avons eu un entretien fructueux sur cette affaire* (syn. ENTREVUE, ÉCHANGE DE VUES).

entretuer (s') [ɑ̃trətɥe] v. pr. Se tuer l'un l'autre, les uns les autres.

entrevoir [ɑ̃trəvwar] v. t. (c. **41**). **1.** *Entrevoir qqch, qqn,* les voir indistinctement, en raison des mauvaises conditions de visibilité ou de la rapidité du mouvement : *On entrevoit dans la pénombre les arbres du parc* (syn. DEVINER). *J'ai entrevu les Dupont en traversant le village en voiture* (syn. APERCEVOIR). — **2.** *Entrevoir qqn,* n'avoir qu'un bref entretien avec lui, le voir rapidement. — **3.** *Entrevoir la solution, la vérité, un changement,* etc., en avoir une idée encore imprécise (syn. DEVINER, SOUPÇONNER, FLAIRER, PRESSENTIR).

entrevue [ɑ̃trəvy] n. f. Rencontre concertée avec qqn, en vue de traiter d'une affaire : *Les délégués syndicaux ont eu une entrevue avec le ministre* (syn. ENTRETIEN). *À l'issue de leur brève entrevue, les deux chefs d'État ont publié un communiqué* (syn. TÊTE-À-TÊTE). *Je peux vous ménager une entrevue avec la directrice de ce service* (syn. RENDEZ-VOUS).

entropie [ɑ̃trɔpi] n. f. (gr. *entropê,* retour). Nombre qui mesure l'incertitude d'un message d'après ce qui précède.

entrouvrir [ɑ̃truvrir] v. t. (c. **16**) *Entrouvrir qqch,* l'ouvrir partiellement, en écartant, en séparant ses parties : *Il entrouvrit son manteau pour chercher son portefeuille dans la poche de sa veste. Entrouvrir la porte* (syn. ENTREBÂILLER). *Un enfant qui dort la bouche entrouverte.*

enturbanné, e [ɑ̃tyrbane] adj. Coiffé d'un turban.

énucléation [enykleasjɔ̃] n. f. (du lat. *enucleare,* enlever le noyau). Acte chirurgical par lequel on enlève le globe oculaire.

énumératif, ive [enymeratif] adj. Qui contient une énumération : *La liste énumérative des postes vacants.*

énumération [enymerasjɔ̃] n. f. Action d'énumérer : *Elle nous a fait une énumération détaillée de ses démarches* (syn. INVENTAIRE). *Une énumération de tous les travaux à faire* (syn. LISTE).

énumérer [enymere] v. t. (lat. *enumerare*) [c. **10**] *Énumérer des choses,* les énoncer successivement, les passer en revue : *Pourriez-vous énumérer les titres des romans de cet auteur?* (syn. CITER). *Énumérer les stations d'une ligne de métro. Une candidate qui énumère les clauses d'un traité* (syn. DÉTAILLER, DÉBITER).

envahir [ɑ̃vair] v. t. (lat. *invadere*). **1.** (sujet qqn [pl. ou collectif]) *Envahir un lieu,* s'y répandre par la force : *Les armées de Louis XIV envahirent les Pays-Bas* (syn. CONQUÉRIR); l'occuper complètement : *La foule envahit les gradins du stade* (syn. ↓ SE RÉPANDRE). — **2.** (sujet qqch) *Envahir un lieu,* le remplir entièrement : *En période de crue, les eaux du Nil envahissent de vastes espaces. Les orties ont envahi tout le fond du jardin.* — **3.** (sujet un sentiment, une idée, etc.) *Envahir qqn, l'esprit de qqn,* s'en emparer : *Aux premiers grondements du volcan, la terreur envahit les habitants des régions voisines* (syn. SAISIR, GAGNER).

envahissant, e [ɑ̃vaisɑ̃] adj. **1.** Qui se répand dans un lieu, dans les esprits : *Des herbes envahissantes. Des soucis envahissants.* — **2.** *Fam.* Qui s'impose sans discrétion : *C'est un voisin envahissant : on ne peut plus être tranquille chez soi.*

envahissement [ɑ̃vaismɑ̃] n. m. Action d'envahir : *L'envahissement du nord de la France par les troupes allemandes en 1940 fut très rapide* (syn. INVASION). *L'envahissement d'un port par le sable. Les clients se mirent à affluer dans la boutique : ce fut bientôt un envahissement.*

envahisseur [ɑ̃vaisœr] n. m. Qui envahit militairement : *Un peuple qui résiste vaillamment aux envahisseurs.*

envasement [ɑ̃vazmɑ̃] n. m. Action d'envaser; état de ce qui est envasé : *L'envasement du port gêne le trafic.*

envaser (s') [ɑ̃vaze] v. pr. **1.** (sujet qqch) Se remplir de vase : *Un canal qui s'envase.* — **2.** (sujet qqch)

S'enfoncer dans la vase : *Une barque échouée qui s'envase.*

enveloppant, e [ɑ̃vlɔpɑ̃] adj. Qui enveloppe : *Un manteau très enveloppant. Un mouvement enveloppant* (= qui vise à envelopper l'adversaire).

enveloppe [ɑ̃vlɔp] n. f. **1.** Ce qui enveloppe : *Un colis dans son enveloppe de papier d'emballage. L'enveloppe des petits pois s'appelle la «cosse».* — **2.** Pochette de papier destinée à recevoir une lettre, une carte : *Porter sur l'enveloppe l'adresse du destinataire. Décacheter une enveloppe* (= la découper sur un bord). — **3.** *Litt.* Apparence extérieure de qqn : *Sous cette rude enveloppe se cachait un cœur sensible.*

enveloppement [ɑ̃vlɔpmɑ̃] n. m. Action d'envelopper : *L'enveloppement de chaque bibelot est une sage précaution à prendre avant le transport* (syn. EMBALLAGE). *Manœuvre qui vise à l'enveloppement de l'armée ennemie.*

envelopper [ɑ̃vlɔpe] v. t. (anc. fr. *voloper,* envelopper). **1.** (sujet qqn) *Envelopper qqn, qqch,* les entourer d'un tissu, d'un papier, d'une feuille, d'une matière quelconque, etc. : *Envelopper un enfant dans une couverture* (syn. EMMITOUFLER). *Un bonbon enveloppé dans du papier* (syn. ENTORTILLER). *Un paquet bien enveloppé* (syn. EMBALLER). — **2.** (sujet la matière qui entoure) *Envelopper qqn, qqch,* leur servir d'enveloppe, de protection, de cadre, etc. : *La toile qui enveloppe le paquet. Le brouillard nous enveloppe de tous côtés.* — **3.** *Envelopper une troupe ennemie,* se déployer autour de cette troupe (syn. CERNER). — **4.** *Envelopper ses paroles, sa pensée,* leur ôter ce qu'elles pourraient avoir de trop incisif, les rendre plus imprécises (syn. DÉGUISER, CAMOUFLER). — **5.** Litt. *Envelopper qqn, qqch du regard,* les contempler longuement. ◆ ***s'envelopper*** v. pr. S'enrouler : *S'envelopper dans des couvertures.*

envenimement [ɑ̃vənimmɑ̃] n. m. Fait de s'envenimer, d'être envenimé.

envenimer [ɑ̃vənime] v. t. (de *venin*). **1.** *Envenimer une plaie, un mal,* y provoquer de l'infection : *L'absence d'hygiène avait envenimé sa blessure* (syn. INFECTER). — **2.** *Envenimer une discussion, des relations,* etc., y mettre de l'animosité, les rendre plus virulentes : *Ces paroles agressives ont envenimé le débat.* ◆ ***s'envenimer*** v. pr. (sujet qqch) S'infecter : *Une écorchure qui s'est envenimée. Leurs rapports se sont envenimés depuis cette rencontre* (syn. SE GÂTER, SE DÉTÉRIORER).

envergure [ɑ̃vɛrgyr] n. f. (de *vergue*). **1.** Distance entre les extrémités des ailes déployées d'un oiseau ou des ailes d'un avion. — **2.** Capacité de qqn, aptitude à concevoir et à réaliser : *C'est un garçon charmant, mais qui manque un peu d'envergure* (syn. CLASSE). *On ne rencontre pas souvent des chefs de cette envergure.* — **3.** Importance d'une action, ampleur d'un projet, etc. : *Une réforme de grande envergure. Elle a commencé modestement, mais son commerce a pris de l'envergure* (= s'est développé; syn. EXPANSION).

1. envers [ɑ̃vɛr] prép. (*en,* prép., et *vers*). **1.** Indique l'objet d'un sentiment, d'une disposition, d'un devoir : *Sa lettre était pleine de déférence envers moi* (syn. À L'ÉGARD DE). *Il s'est libéré de sa dette envers cet organisme de crédit.* — **2.** *Envers et contre tout* (ou *tous*), en dépit de tous les obstacles.

2. envers [ɑ̃vɛr] n. m. (anc. fr. *envers,* à la renverse, sur le dos). **1.** Côté opposé à l'endroit; face par laquelle il est moins fréquent ou moins naturel de regarder qqch : *L'envers de ce tissu est moins brillant que l'endroit. Le questionnaire se poursuit sur l'envers de la feuille* (syn. DOS, REVERS, VERSO; contr. RECTO). *L'envers du décor* (= les détails peu connus d'une situation). — **2.** L'aspect opposé, le contraire de qqch : *C'est l'envers du bon sens.* — **3.** *À l'envers,* dans un sens opposé au sens normal : *Tu as mis ton chandail à l'envers* (= l'envers à l'extérieur). *Un portrait posé à l'envers* (= la tête en bas, ou la gravure tournée vers le mur). ‖ *Avoir l'esprit, la tête à l'envers,* avoir le jugement faussé, ne plus savoir exactement ce qu'on fait. ‖ Fam. *Être, aller, marcher,* etc., *à l'envers,* être en désordre, aller en dépit du bon sens : *Depuis qu'elle ne s'occupe plus de cette affaire, tout va à l'envers. On est obligé de corriger son travail : il fait tout à l'envers* (syn. À CONTRESENS).

envi (à l') [ɑ̃vi] adv. (anc. fr. *envi,* défi). *Litt.* Avec émulation : *Les candidats promettent à l'envi toutes sortes d'avantages à leurs électeurs* (syn. À QUI MIEUX MIEUX).

enviable [ɑ̃vjabl] adj. Digne d'être envié : *Il a une situation enviable. Un sort peu enviable* (syn. SOUHAITABLE, ATTIRANT).

envie [ɑ̃vi] n. f. (lat. *invidia*).
— **I. 1.** Convoitise accompagnée de dépit ou de haine, éprouvée à la vue du bonheur de qqn : *Ses reproches ne sont pas justifiés : c'est l'envie qui le fait parler* (syn. JALOUSIE). *Sa nomination à ces fonctions a suscité l'envie de ses concurrents.* — **2.** Désir d'avoir ou de faire qqch : *C'est l'envie de visiter cette ville qui lui a fait faire un détour. On lui a offert un livre dont il avait envie. Je n'ai pas envie de sortir ce soir. Cette voiture me fait envie. Je meurs d'envie de raconter mon histoire* (= j'ai un désir impatient). *Avez-vous envie que je vous explique l'affaire?* (= souhaitez-vous). *Au prix où est cette cravate, on peut s'en passer l'envie* (= ce n'est pas la peine de s'en priver). — **3.** Besoin physiologique : *Avoir envie de dormir. J'ai envie de vomir.*
— **II. 1.** Tache sur la peau que portent certains enfants à la naissance. — **2.** Petit filet de peau qui se soulève parfois au bord des ongles.

envier [ɑ̃vje] v. t. **1.** *Envier qqn, envier le sort, le calme,* etc., *de qqn,* souhaiter d'avoir ou regretter de ne pas avoir un bien dont il jouit : *Je vous envie d'avoir déjà fini ce travail. Je n'envie pas son existence désœuvrée* (syn. JALOUSER). — **2.** *N'avoir rien à envier à qqn,* jouir d'avantages au moins égaux aux siens, être dans une situation comparable à la sienne.

envieux, euse [ɑ̃vjø] adj. Qui dénote un sentiment d'envie : *Un enfant qui arrête un regard envieux sur la vitrine d'un magasin* (= de convoitise). ◆ adj. et n. **1.** Qui éprouve du dépit devant le bonheur d'autrui : *Certains collègues étaient envieux de sa réussite* (syn. JALOUX). *Les envieux attendaient son échec pour se réjouir.* — **2.** *Faire des envieux,* obtenir un avantage qui suscite soit le dépit, soit la convoitise : *Un pêcheur qui fait des envieux en levant une grosse pièce.*

environ [ɑ̃virɔ̃] adv. (de *en-* et anc. fr. *viron,* tour). Indique une approximation : *Il y a environ cent cinquante kilomètres par la route de Paris à Rouen* (syn. À PEU PRÈS). *Je serai de retour à six heures environ.*

environnant, e [ɑ̃virɔnɑ̃] adj. Qui environne : *Le village et la campagne environnante* (syn. AVOISINANT). *Elle est très marquée par l'influence du milieu environnant* (= des gens avec lesquels elle vit habituellement).

environnement [ɑ̃virɔnmɑ̃] n. m. Ce qui entoure : *Il était au milieu de son bureau, dans un environnement de papiers épars. Les psychologues tiennent compte de l'environnement de l'enfant* (syn. ENTOURAGE). *La pollution pose l'un des grands problèmes de l'environnement* (syn. MILIEU, CADRE DE VIE).

environner [ɑ̃virɔne] v. t. (de *environ*). *Environner un lieu, qqn,* être situé ou se disposer plus ou moins circulairement autour : *Les remparts qui environnaient la ville* (syn. ENCERCLER). *Une foule de curieux environne le camelot* (syn. ENTOURER). *Nous étions environnés de dangers* (= exposés à toutes sortes de dangers).

◆ ***s'environner*** v. pr. Réunir autour de soi : *S'environner de disciples* (syn. S'ENTOURER).

environs [ɑ̃virɔ̃] n. m. pl. (de *environ*). **1.** Lieux avoisinants, voisinage : *Je cherche à acheter une maison de campagne dans les environs de Paris* (syn. PROXIMITÉ). *Je connais cette ville, mais je n'ai jamais visité les environs* (syn. ALENTOURS). *Je ne vois personne, dans les environs, qui puisse vous renseigner.* — **2.** *Aux environs de,* indique une proximité de lieu, de temps, de quantité : *Elle habite aux environs de Tours* (syn. DU CÔTÉ DE, AUX ABORDS DE). *Cet arbre fleurit aux environs du quinze avril* (syn. VERS). *La dépense s'élève aux environs de cinq mille francs.*

envisageable [ɑ̃vizaʒabl] adj. Qui peut être envisagé : *Cet accord, il y a deux ans, n'était même pas envisageable.*

envisager [ɑ̃vizaʒe] v. t. (de *visage*) [c. 2]. **1.** *Envisager qqch (abstrait),* l'examiner sous tel ou tel aspect, le prendre en considération, en tenir compte : *Avez-vous envisagé toutes les conséquences d'un échec éventuel? Dans ce chapitre, on n'envisage que les problèmes théoriques* (syn. CONSIDÉRER). — **2.** *Envisager qqch, de* (+ *inf.*), en former le projet : *Nous envisageons des vacances sur la Côte d'Azur* (syn. PROJETER). *Il avait d'abord envisagé de faire sa médecine, mais il a changé d'avis* (syn. PENSER, PRÉVOIR, SONGER À).

envoi [ɑ̃vwa] n. m. **1.** Action d'envoyer : *Le gouvernement a décidé l'envoi d'une mission diplomatique dans ce pays. L'envoi de ce colis est antérieur à la réception de ma lettre. Un joueur de football qui donne le coup d'envoi* (= le coup de pied d'engagement). — **2.** Ce qu'on envoie : *J'ai bien reçu votre envoi. Un envoi recommandé* (syn. PAQUET, COLIS). — **3.** Vers placés à la fin d'une ballade, pour en faire hommage à qqn.

envol [ɑ̃vɔl] n. m. Action de s'envoler : *L'envol d'un avion* (syn. DÉCOLLAGE). *Prendre son envol* (= s'envoler).

envolée [ɑ̃vɔle] n. f. Élan oratoire, poétique; mouvement du cœur vers un idéal : *Une envolée lyrique.*

envoler (s') [ɑ̃vɔle] v. pr. **1.** (sujet un oiseau, qqch) Partir en volant, être emporté en l'air : *À mon approche, les moineaux s'envolèrent. Des feuilles sèches qui s'envolent au vent.* — **2.** (sujet un avion) Décoller : *L'appareil n'a pu s'envoler à l'heure prévue.* — **3.** *Litt.* (sujet qqch [abstrait]) Passer rapidement : *Le temps s'envole. Les illusions s'envolent* (= elles disparaissent à jamais).

envoûtant, e [ɑ̃vutɑ̃] adj. Qui envoûte : *Une beauté envoûtante. Regard envoûtant. Musique envoûtante.*

envoûtement [ɑ̃vutmɑ̃] n. m. **1.** Action de subjuguer : *Elle ressentait l'envoûtement de cette chaude nuit orientale* (syn. ENSORCELLEMENT, FASCINATION, ↓ENCHANTEMENT). — **2.** Opération magique censée opérer, à distance, une action sur un être animé, par le moyen d'une figurine le représentant.

envoûter [ɑ̃vute] v. t. (de l'anc. fr. *vout,* visage). *Envoûter qqn,* exercer sur lui un attrait irrésistible, qui annihile sa volonté : *Cette femme l'a envoûté* (syn. ENSORCELER, ↓SÉDUIRE). *Un paysage qui vous envoûte* (syn. FASCINER, ↓ENCHANTER).

envoyé, e [ɑ̃vwaje] n. Personne envoyée qqpart pour une mission : *Recevoir avec honneur les envoyés d'un gouvernement étranger* (syn. DÉLÉGUÉ). *Un envoyé extraordinaire* (syn. MESSAGER, AMBASSADEUR). *Envoyé spécial* (= journaliste chargé de recueillir sur place des informations).

envoyer [ɑ̃vwaje] v. t. (lat. *inviare,* faire route) [c. **11**]. **1.** *Envoyer qqn,* le faire partir vers telle ou telle destination : *Envoyer ses enfants à l'école. La compagnie d'assurances a envoyé un expert pour estimer les dégâts* (syn. DÉLÉGUER, DÉTACHER). — **2.** *Envoyer (à qqn) une lettre, un paquet, un cadeau,* etc., les faire porter à qqn par un service, les faire parvenir : *Vous m'enverrez un télégramme dès votre arrivée. Envoyer une carte de vœux. Envoyer la facture à la cliente* (syn. EXPÉDIER). *Envoyer sa démission, des excuses.* — **3.** *Envoyer un projectile,* lui communiquer une énergie qui le transporte à distance : *Un joueur qui envoie le ballon dans les buts adverses* (syn. LANCER). *Envoyer une fusée dans la Lune. Envoyer une pierre dans un ravin* (syn. JETER). — **4.** *Envoyer qqn à terre,* le jeter au sol. — **5.** Fam. *Envoyer une gifle, des coups,* etc., *à qqn,* les lui lancer avec violence (syn. pop. FLANQUER). — **6.** *Envoyer des sourires, un baiser,* etc., *à qqn,* les adresser, les émettre à son intention. — **7.** Fam. *C'est bien envoyé!,* c'est dit bien à propos ou bien formulé. ‖ Fam. *Envoyer promener, envoyer paître qqn, envoyer qqn sur les roses,* se débarrasser de lui, le renvoyer rudement. ‖ *Ne pas envoyer dire qqch à qqn,* le lui dire bien en face, sans aucun ménagement. ◆ ***s'envoyer*** v. pr. Pop. *S'envoyer un travail, une corvée,* etc., en assumer l'exécution, souvent contre son gré. ‖ Pop. *S'envoyer un verre de vin, une assiette de frites,* etc., l'avaler avec plaisir ou gloutonnerie.

envoyeur, euse [ɑ̃vwajœr] n. Personne qui envoie un colis, une lettre, etc. : *L'adresse de la destinataire étant incomplète, ce paquet a fait retour à l'envoyeur* (syn. EXPÉDITEUR).

enzyme [ɑ̃zim] n. m. ou f. (gr. *en,* dans, et *zumê,* levain). Substance organique soluble provoquant ou accélérant une réaction : *La pepsine est un enzyme digestif. Lessive aux enzymes.*

éolien, enne [eɔljɛ̃] adj. (de *Éole,* dieu des Vents). Mû par le vent : *Un moteur éolien. Une roue éolienne.*

éolienne [eɔljɛn] n. f. Pompe éolienne.

épagneul, e [epaɲœl] n. (de [*chien*] *espagnol*). Chien d'arrêt à poil long et à oreilles pendantes.

épais, aisse [epɛ] adj. (lat. *spissus*) [avant ou, plus souvent, après le n.] **1.** Se dit d'un corps considéré dans la dimension qui n'est ni la longueur, ni la largeur : *Une planche épaisse de deux centimètres. C'est un livre épais : il a plus de deux mille pages* (contr. PLAT). *Une épaisse couche de neige* (contr. MINCE). — **2.** Se dit d'un être qui a un volume considérable tout en étant ramassé : *Un petit homme épais* (syn. TRAPU, MASSIF). — **3.** Consistant, compact, peu fluide : *Une fumée épaisse. La foule est épaisse* (syn. DENSE). *Une sauce épaisse* (contr. CLAIR). *Des ténèbres épaisses* (syn. OPAQUE). — **4.** Qui manque de pénétration : *Esprit épais. Intelligence épaisse* (syn. LOURD, PESANT, OBTUS; contr. FIN, DÉLIÉ, PÉNÉTRANT).

épaisseur [epɛsœr] n. f. **1.** Dimension d'une face à la face opposée d'un corps : *Un mur de trente centimètres d'épaisseur.* — **2.** Qualité de ce qui est épais : *L'épaisseur du brouillard* (syn. DENSITÉ). *L'épaisseur du feuillage. L'épaisseur de la nuit* (syn. OBSCURITÉ, OPACITÉ).

épaissir [epɛsir] v. t. *Épaissir qqch,* le rendre plus épais : *De grosses couvertures qui épaississent le lit. Ajouter de la farine pour épaissir la sauce.* ◆ v. i. ou ***s'épaissir*** v. pr. (sujet qqn, qqch) Devenir plus épais : *Passé la trentaine, il a commencé à épaissir* (syn. GROSSIR, ENGRAISSER). *La peinture commençait à épaissir dans le pot. Le brouillard s'épaissit.*

épaississement [epɛsismɑ̃] n. m. Action d'épaissir, de s'épaissir : *L'épaississement d'un sirop.*

épanchement [epɑ̃ʃmɑ̃] n. m. **1.** Accumulation d'un liquide de l'organisme hors des cavités qui le contiennent : *Épanchement de synovie.* — **2.** Confidences de qqn qui a le cœur gros.

épancher [epɑ̃ʃe] v. t. (lat. *expandere*). Litt. *Épancher son cœur,* confier avec sincérité ses sentiments.

◆ ***s'épancher*** v. pr. **1.** (sujet un liquide) Se répandre dans une cavité qui n'est pas destinée à le recevoir : *Le sang s'est épanché dans l'estomac.* — **2.** Parler sans retenue, en toute confiance (syn. DÉCHARGER SON CŒUR).

épandage [epɑ̃daʒ] n. m. **1.** Action d'épandre : *L'épandage du fumier.* — **2.** *Champ d'épandage,* terrain destiné à l'épuration des eaux d'égout par filtration dans le sol.

épandre [epɑ̃dr] v. t. (lat. *expandere*) [c. **50**] *Épandre un engrais, du fumier,* etc., l'étendre sur le sol.

épanouir (s') [epanwir] v. pr., **être épanoui** v. pass. (anc. fr. *espanir,* s'ouvrir). **1.** (sujet une fleur) S'ouvrir, être ouvert largement. — **2.** (sujet le visage) Faire paraître, manifester une joie sereine. — **3.** (sujet qqn) Développer, manifester toutes ses qualités dans leur plénitude : *Cet enfant ne peut pas s'épanouir dans le milieu où il vit.*

épanouissement [epanwismɑ̃] n. m. Action de s'épanouir : *L'épanouissement d'une rose* (syn. ÉCLOSION). *L'épanouissement de la civilisation grecque au* V^e^ *s. avant J.-C.* (syn. ÉCLAT).

épargnant, e [eparɲɑ̃] n. Personne qui a mis de l'argent de côté : *Le gouvernement a pris des mesures en faveur des petits épargnants.*

épargne [eparɲ] n. f. **1.** Action d'épargner : *Une législation qui tend à encourager l'épargne.* — **2.** Partie des revenus qui n'est pas dépensée, mais mise en réserve : *Les économistes calculent le volume de l'épargne nationale* (= des sommes épargnées par les particuliers ou les entreprises dans un pays). ‖ *Caisse d'épargne,* établissement financier où les particuliers déposent de l'argent pour lequel ils perçoivent un intérêt chaque année. — **3.** Action d'économiser : *La modernisation de la production a entraîné une épargne de temps considérable* (syn. GAIN, ÉCONOMIE).

épargner [eparɲe] v. t. (germ. *sparanjan*). **1.** *Épargner de l'argent,* le mettre en réserve, éviter de le dépenser : *À force d'épargner sou après sou, elle avait pu se faire construire un pavillon. Un vieillard qui a épargné toute sa vie* (syn. ÉCONOMISER, METTRE DE CÔTÉ). — **2.** *Épargner du temps, de la peine,* etc., éviter de les consacrer inutilement à un travail : *Rangez ces papiers, ça vous épargnera la peine de les chercher.* — **3.** *Épargner qqch à qqn,* l'en dispenser, faire en sorte qu'il n'y soit pas astreint : *Épargnez-moi ce pénible récit* (syn. FAIRE GRÂCE DE). *On a préféré lui épargner la honte de cet aveu* (syn. ÉVITER). — **4.** *Épargner qqn,* le traiter avec ménagement, lui laisser la vie sauve : *Dans l'Antiquité, il était fréquent que le vainqueur n'épargnât pas le vaincu* (syn. FAIRE GRÂCE). — **5.** *Épargner qqch,* ne pas l'endommager, ne pas le détruire : *La sécheresse n'a épargné que les régions côtières.*

éparpillement [eparpijmɑ̃] n. m. Action d'éparpiller; fait d'être éparpillé : *Une action concertée vaudrait mieux que cet éparpillement des efforts* (syn. DISPERSION).

éparpiller [eparpije] v. t. (bas lat. *sparpiliare,* de *spargere,* répandre, et *papilio,* papillon). **1.** *Éparpiller des objets, des personnes,* les répandre, les disperser de tous les côtés : *Le courant d'air a éparpillé les papiers dans la pièce. Un chef qui éparpille ses hommes sur le terrain* (syn. DISSÉMINER). — **2.** *Éparpiller ses efforts, son talent,* etc., les employer sans méthode à des buts divers. ◆ ***s'éparpiller*** v. pr. Se disperser de tous côtés : *La boîte est tombée et les bonbons se sont éparpillés sur le sol. À l'arrivée de la police, les manifestants s'éparpillèrent dans les rues voisines* (syn. SE DISPERSER, S'ÉGAILLER).

épars, e [epar] adj. (de l'anc. fr. *espardre,* répandre). Dispersé, en désordre : *Les enquêteurs examinent les débris épars de l'avion* (syn. ÉPARPILLÉ, DISSÉMINÉ). *Nous n'avons sur cette affaire que quelques renseignements épars* (syn. SPORADIQUE). *Elle marchait dans le vent, les cheveux épars* (= échevelée).

épatamment [epatamɑ̃] adv. *Fam.* De façon épatante : *Ce costume te va épatamment* (syn. ADMIRABLEMENT).

épatant, e [epatɑ̃] adj. *Fam.* Qui épate : *Il fait un temps épatant* (= splendide). *Ce fut une soirée épatante. Elle a des toilettes épatantes. Elle est vraiment épatante : elle n'a pas été abattue par cet échec* (syn. EXTRAORDINAIRE). *C'est un type épatant* (= généreux).

épate [epat] n. f. Fam. *Faire de l'épate,* chercher à épater son entourage.

épaté, e [epate] adj. *Nez épaté,* largement aplati.

épatement [epatmɑ̃] n. m. État d'un nez épaté : *Un type humain caractérisé notamment par l'épatement du nez.*

épater [epate] v. t. Fam. *Épater qqn,* le remplir d'une surprise plus ou moins admirative : *Il cherche à épater ses voisins avec sa nouvelle voiture* (syn. ÉTONNER). *J'ai été épatée en apprenant qu'elle était reçue à son examen* (syn. ÉBAHIR, ↑STUPÉFIER, ↑RENVERSER). *Il affichait des idées propres à épater le bourgeois* (= à scandaliser intentionnellement les esprits conservateurs).

épaulard [epolar] n. m. (de *épaule*). Cétacé de l'Atlantique Nord, voisin du marsouin, mesurant de 5 à 9 m de long, très vorace (syn. ORQUE).

épaule [epol] n. f. (lat. *spathula,* omoplate). **1.** Partie du corps humain par laquelle le bras s'attache au tronc; partie correspondante du vêtement : *Elle s'est démis l'épaule en tombant* (= elle s'est déboîté l'humérus). *Hausser les épaules en signe de dédain, d'indifférence, d'ignorance. Une veste trop large d'épaules.* — **2.** Partie du corps de certains animaux par laquelle la patte de devant s'attache au tronc : *Une épaule de mouton.* — **3.** Fam. *Avoir la tête sur les épaules,* être sensé. ‖ Fam. *Donner un coup d'épaule à qqn,* l'aider, lui prêter momentanément son concours (syn. DONNER UN COUP DE MAIN). ‖ Fam. *Faire un travail, traiter qqn par-dessus l'épaule,* faire ce travail, traiter cette personne avec désinvolture, avec négligence.

épaulé-jeté [epoleʒəte] n. m. (pl. *épaulés-jetés*). En haltérophilie, mouvement qui consiste, après avoir amené la barre en un seul temps à hauteur des épaules *(épaulé),* à la soulever d'une seule détente à bout de bras.

épaulement [epolmɑ̃] n. m. (de *épauler*). Mur de soutènement; terrassement protégeant des coups de feu.

épauler [epole] v. t. **1.** *Épauler qqn,* lui prêter son aide : *Elle a besoin de se sentir épaulée par ses amis.* — **2.** *Épauler un fusil,* porter la crosse à son épaule pour tirer.

épaulette [epolɛt] n. f. **1.** Bande de tissu ou ornement fixé sur l'épaule de certains uniformes militaires. — **2.** Superposition d'ouate qui rembourre les épaules d'un vêtement.

épave [epav] n. f. (du lat. *expavidus,* épouvanté). **1.** Objet abandonné en mer ou échoué après un naufrage : *Une épave de navire à demi ensablée.* — **2.** Objet abandonné : *Rassembler les épaves au bureau des objets trouvés de la gare.* — **3.** Personne désemparée, réduite à la misère à la suite de graves revers : *Depuis sa ruine, il n'est plus qu'une épave* (syn. LOQUE).

épée [epe] n. f. (lat. *spatha*). **1.** Arme formée d'une longue lame droite, en acier, emmanchée dans une poignée munie d'une garde. — **2.** Litt. *À la pointe de l'épée,* au prix de grands efforts. ‖ *Coup d'épée dans l'eau,* tentative inutile, effort voué à l'échec. ‖ *Épée de Damoclès,* danger qui peut s'abattre sur qqn d'un moment à l'autre. || *Officier qui rend son épée,* qui se reconnaît vaincu, qui se constitue prisonnier.

épéiste [epeist] n. Escrimeur, escrimeuse à l'épée.

épeler [eple] v. t. (frq. *spellôn,* expliquer) [c. 6] *Épeler un mot,* en nommer successivement toutes les lettres : *Lire un texte en épelant les noms propres.*

épellation [epɛlasjɔ̃] n. f. Action d'épeler.

éperdu, e [epɛrdy] adj. (de l'anc. fr. *esperdre,* troubler). Qui éprouve ou manifeste un sentiment très vif : *Une veuve éperdue de douleur* (syn. FOU). *Il restait éperdu de reconnaissance devant une telle faveur* (syn. CONFONDU). *Être éperdu d'admiration* (syn. ↓ PÉNÉTRÉ). *Fuite éperdue. Air éperdu. Un amour éperdu. Une reconnaissance éperdue.*

éperdument [epɛrdymɑ̃] adv. De façon éperdue : *Elle est éperdument amoureuse, inquiète* (syn. FOLLEMENT). *Les sinistrés appelaient éperdument au secours. S'en moquer éperdument* (fam. ; = être totalement indifférent).

éperlan [epɛrlɑ̃] n. m. (néerl. *spierlinc*). Poisson marin voisin du saumon, qui pond au printemps dans les embouchures des fleuves.

éperon [eprɔ̃] n. m. (frq. *sporo*). **1.** Tige de métal, terminée par un petit disque dentelé *(molette),* que le cavalier fixe à la partie postérieure de ses bottes pour stimuler son cheval. — **2.** Promontoire entre deux vallées : *Un château fort bâti sur un éperon rocheux.* — **3.** Partie saillante, en avant de la proue de certains navires d'autrefois.

éperonner [eprɔne] v. t. **1.** *Éperonner un cheval,* l'exciter à coups d'éperon dans les flancs. — **2.** (sujet un sentiment) *Éperonner qqn,* le stimuler : *Elle est éperonnée par l'ambition* (syn. AIGUILLONNER). — **3.** *Éperonner un navire,* l'aborder par l'éperon.

épervier [epɛrvje] n. m. (frq. *sparwāri*). **1.** Oiseau de proie commun dans les bois : *Le cri de l'épervier est une sorte de miaulement.* — **2.** Filet de pêche de forme conique, garni de plomb, qu'on lance à la main.

éphèbe [efɛb] n. m. (gr. *ephêbos,* adolescent). Jeune homme d'une beauté sans défaut (ironiq.). [Les *éphèbes,* dans l'Antiquité grecque, étaient les adolescents de dix-huit à vingt ans.]

éphémère [efemɛr] adj. (gr. *ephêmeros,* qui ne dure qu'un jour). D'une durée très courte : *Un succès éphémère. L'influence de cet écrivain a été très éphémère* (syn. PROVISOIRE, PASSAGER). ◆ n. m. Insecte ressemblant à une petite libellule, qui ne vit qu'un ou deux jours.

éphéméride [efemerid] n. f. (gr. *ephêmeris, -idos,* registre quotidien). Calendrier dont on retire chaque jour un feuillet.

épi [epi] n. m. (lat. *spicum*). **1.** Partie terminale de la tige du blé, et en général des céréales, portant les graines groupées autour de l'axe : *Des épis de seigle, de maïs.* — **2.** Mèche de cheveux de direction contraire à celle des autres. — **3.** *En épi,* se dit d'objets, de véhicules disposés parallèlement les uns aux autres, mais en oblique : *Stationnement en épi.*

épice [epis] n. f. (lat. *species,* substance). Substance végétale aromatique, servant à assaisonner des mets : *Le poivre, la cannelle, la noix muscade sont des épices.*

épicéa [episea] n. m. (du lat. *pix, picis,* résine). Arbre proche du sapin.

épicentre [episɑ̃tr] n. m. (gr. *epi,* sur, et *centre*). *Épicentre du séisme,* point où il est le plus violent.

épicer [epise] v. t. (c. 1) **1.** Assaisonner avec des épices : *Cette sauce est un peu fade, il faudrait l'épicer davantage.* — **2.** *Récit épicé,* qui contient des traits égrillards (syn. SALÉ).

épicerie [episri] n. f. (de *épice*). Ensemble de produits comestibles et ménagers vendus par certains commerçants ; magasin où on vend ces produits : *Dans une épicerie, on vend des conserves, du chocolat, des boissons, des fruits, du savon, etc.*

épicier, ère [episje] n. Qui tient une épicerie : *Va acheter de l'huile chez l'épicier.*

épicurien, enne [epikyrjɛ̃] adj. et n. **1.** Se dit de la philosophie d'Épicure et de ceux qui la soutenaient. — **2.** Qui professe une morale facile, qui recherche en tout son plaisir : *C'était un homme affable, plein d'insouciance, épicurien sans excès* (syn. BON VIVANT, SENSUEL, VOLUPTUEUX). *Un épicurien raffiné* (syn. JOUISSEUR). *Une existence épicurienne* (contr. STOÏCIEN).

épicurisme [epikyrism] n. m. Attitude, doctrine des épicuriens.

épidémie [epidemi] n. f. (gr. *epidêmia,* séjour dans un pays). **1.** Maladie infectieuse qui atteint en même temps un grand nombre d'individus d'une même région, et qui se propage par contagion : *Épidémie de grippe, de choléra.* — **2.** Ce qui atteint, ce qui concerne un grand nombre de personnes : *Une épidémie de faillites en période de crise.*

épidémiologie [epidemjɔlɔʒi] n. f. Étude des épidémies.

épidémique [epidemik] adj. Relatif à une épidémie : *Maladie épidémique. Un besoin épidémique de liberté* (syn. CONTAGIEUX, COMMUNICATIF).

épiderme [epidɛrm] n. m. (gr. *epi,* sur, et *derma,* peau). **1.** Couche superficielle de la peau : *La coupure n'a entamé que l'épiderme.* — **2.** *Avoir l'épiderme sensible,* être susceptible.

épidermique [epidɛrmik] adj. Relatif à l'épiderme : *Les tissus épidermiques. Réaction épidermique* (= qui n'affecte pas profondément ; syn. SUPERFICIEL).

épier [epje] v. t. (frq. *spehôn*). **1.** *Épier qqn, ses allées et venues,* surveiller attentivement et en cachette ses faits et gestes : *Elle ne pouvait rien faire sans être épiée par des agents secrets.* — **2.** *Épier une occasion, un indice, des bruits,* etc., en guetter l'apparition ou les observer attentivement.

épieu [epjø] n. m. (mot francique). Long bâton ferré, avec lequel on chassait autref. le gros gibier.

épigone [epigɔn] n. m. (gr. *epigonos,* descendant). *Litt.* Successeur sans originalité : *Les épigones du romantisme.*

épigramme [epigram] n. f. (gr. *epigramma,* inscription). **1.** *Litt.* Trait mordant, satirique, à l'adresse de qqn : *Elle aimait à décocher des épigrammes contre ses collègues* (syn. BROCARD, RAILLERIE). — **2.** Petite pièce de vers satirique.

épigraphe [epigraf] n. f. (gr. *epigraphê,* inscription). Inscription placée sur un édifice pour indiquer sa date de construction, l'intention des constructeurs, etc., ou pensée placée en tête d'un livre pour en résumer l'esprit : *Mettre en épigraphe une phrase de Pascal.*

épigraphie [epigrafi] n. f. Science ayant pour objet l'étude des inscriptions.

épigraphiste [epigrafist] n. Spécialiste d'épigraphie.

épilation [epilasjɔ̃] n. f. Action d'épiler.

épilatoire [epilatwar] adj. et n. m. Qui sert à épiler : *Une pâte épilatoire* (Syn. DÉPILATOIRE).

épilepsie [epilɛpsi] n. f. (gr. *epilêpsia,* attaque). Maladie qui se manifeste par des crises convulsives suivies de coma.

épileptique [epilɛptik] adj. et n. Sujet à l'épilepsie : *Un épileptique en pleine crise.*

épiler [epile] v. t. (du lat. *pilus,* poil). Arracher ou faire tomber les poils : *Une femme qui épile ses sourcils. Une pince à épiler.*

épilogue [epilɔg] n. m. (gr. *epilogos,* fin). **1.** Partie conclusive d'un ouvrage littéraire. — **2.** Ce qui termine une aventure, une histoire : *Une bonne bronchite fut l'épilogue de ce bain glacé. L'épilogue d'une affaire judiciaire* (syn. DÉNOUEMENT).

épiloguer [epilɔge] v. t. ind. *Épiloguer (sur qqch),* faire des commentaires sur un fait, un événement : *On pourrait épiloguer interminablement sur les causes de cet échec.*

épinard [epinar] n. m. (ar. *isbinākh*). Plante potagère à feuilles comestibles (surtout pl.).

épine [epin] n. f. (lat. *spina*). **1.** Excroissance dure et pointue qui vient sur certains végétaux ou certains animaux : *Les épines du rosier, de la ronce, du chardon, de la châtaigne* (syn. PIQUANT). *Les épines d'un hérisson, d'un oursin.* — **2.** Arbrisseau épineux : *Une haie d'épines.* — **3.** *Épine dorsale,* colonne vertébrale. — **4.** *Tirer, enlever une épine du pied à qqn,* le soulager d'un grand souci, lui permettre de sortir d'une grave difficulté.

1. épineux, euse [epinø] adj. (lat. *spinosus*). **1.** Qui porte des épines : *La tige épineuse du rosier.* — **2.** *Question épineuse, problème épineux,* etc., pleins de difficultés (syn. DÉLICAT).

2. épineux [epinø] n. m. Arbre ou plante couverts d'épines.

épingle [epɛ̃gl] n. f. (bas lat. *spingula*). **1.** Petite tige métallique, pointue à une extrémité et terminée à l'autre par une tête : *Assembler un ourlet avec des épingles.* — **2.** *Épingle à cheveux,* épingle recourbée à deux branches, pour maintenir les cheveux. ‖ *Épingle de nourrice, anglaise, de sûreté,* petite tige recourbée et formant ressort, dont la pointe se loge dans une petite pièce placée à l'autre extrémité. — **3.** *Chercher une épingle dans une botte* (ou *une meule*) *de foin,* chercher qqch avec des chances à peu près nulles de le trouver. ‖ *Coup d'épingle,* petite blessure d'amour-propre faite intentionnellement, critique légère. ‖ *Monter qqch en épingle,* le faire valoir exagérément. ‖ *Tiré à quatre épingles,* extrêmement soigné dans sa toilette. ‖ *Tirer son épingle du jeu,* se tirer habilement d'une situation délicate. ‖ *Virage en épingle à cheveux,* virage très serré d'une route qui repart en sens inverse.

épingler [epɛ̃gle] v. t. **1.** *Épingler qqch,* le fixer avec une épingle ou des épingles : *Épingler une photographie au mur.* — **2.** Fam. *Épingler qqn,* l'arrêter, le prendre sur le fait (syn. PINCER).

épinière [epinjɛr] adj. f. Qui appartient à l'épine dorsale : *Moelle épinière.*

Épiphanie [epifani] n. f. (gr. *epiphaneia,* apparition). Fête de l'Église célébrée le premier dimanche de janvier, et rappelant l'arrivée des Mages. (On dit aussi FÊTE DES ROIS ou JOUR DES ROIS.)

épiphénomène [epifenɔmɛn] n. m. (gr. *epi,* sur, et *phénomène*). Phénomène accessoire lié à un phénomène principal.

épiphyse [epifiz] n. f. (gr. *epi,* sur, et *phusis,* croissance). Chacune des deux extrémités renflées des os longs.

épique [epik] adj. (gr. *epikos*). **1.** Propre à l'épopée : *« L'Iliade », « l'Énéide » sont des poèmes épiques. Pénélope est une héroïne épique.* — **2.** Mémorable par son caractère pittoresque, extraordinaire (ironiq.) : *Elle a eu des démêlés épiques avec son voisin.*

épiscopal, e, aux [episkɔpal] adj. (du lat. *episcopus,* évêque). **1.** Qui appartient, se rapporte à un évêque : *Les ornements épiscopaux. Dignité épiscopale. Bénédiction épiscopale* (= donnée par un évêque). — **2.** *Église épiscopale,* Église anglicane.

épiscopat [episkɔpa] n. m. **1.** Dignité d'évêque ; durée pendant laquelle un évêque exerce ses fonctions : *Un prêtre appelé à l'épiscopat.* — **2.** Ensemble des évêques : *Une déclaration de l'épiscopat français.*

épisode [epizɔd] n. m. (gr. *epeisodion,* digression). **1.** Partie d'un récit ayant son unité propre, mais s'intégrant dans l'ensemble de l'œuvre : *Le combat d'Achille et d'Hector est un épisode célèbre de « l'Iliade ».* — **2.** Événement accessoire, se rattachant plus ou moins à un ensemble : *Un épisode dramatique du voyage d'un explorateur* (syn. CIRCONSTANCE). — **3.** Division d'une action dramatique : *Un film à épisodes.*

épisodique [epizɔdik] adj. **1.** Qui constitue un simple épisode ou qui n'apparaît que dans un épisode : *Ce développement est un peu long pour un incident aussi épisodique. Un acteur qui a un rôle tout épisodique.* — **2.** Qui ne se produit que de temps à autre : *Je fais quelques séjours épisodiques dans la région* (syn. INTERMITTENT).

épisodiquement [epizɔdikmɑ̃] adv. De manière épisodique : *Elle nous a épisodiquement prêté son concours.*

épisser [epise] v. t. (néerl. *splissen,* entrelacer). *Épisser deux bouts de cordage, deux câbles électriques,* les assembler en entrelaçant leurs brins.

épissure [episyr] n. f. Assemblage fait en épissant.

épistémologie [epistemɔlɔʒi] n. f. (gr. *epistêmê,* science, et *logos,* étude). Étude critique du développement, des méthodes et des résultats des sciences.

épistémologique [epistemɔlɔʒik] adj. Relatif à l'épistémologie.

épistémologue [epistemɔlɔg] n. Spécialiste d'épistémologie.

épistolaire [epistɔlɛr] adj. (du lat. *epistola,* lettre). Qui concerne les lettres, la correspondance : *Être en relations épistolaires avec quelqu'un. Une étude sur la littérature épistolaire au XVIIe s.*

épistolier, ère [epistɔlje] n. Personne qui écrit beaucoup de lettres ou qui excelle dans l'art de les écrire.

épitaphe [epitaf] n. f. (gr. *epitaphios,* funèbre). Inscription funéraire : *Graver une épitaphe.*

épithète [epitɛt] n. f. (gr. *epitheton,* ajouté). Mot ou expression employés pour qualifier qqn ou qqch : *Il le traitait de malappris, de porc, de propre à rien, il n'était jamais à court d'épithètes injurieuses. On appelle « épithète de nature » une expression qui exprime une qualité permanente de qqn ou de qqch.* ◆ n. f. et adj. Adjectif faisant partie d'un groupe du nom (par oppos. à l'*attribut,* qui fait partie d'un groupe verbal comprenant *être, devenir,* etc., et par oppos. à l'*apposition,* qui équivaut à une relative explicative).

épitoge [epitɔʒ] n. f. (gr. *epi,* sur, et lat. *toga,* toge). Bande d'étoffe que les avocats, les magistrats, les professeurs en robe portent sur l'épaule gauche.

épître [epitr] n. f. (lat. *epistola*). **1.** Lettre en vers sur un sujet moral ou philosophique. — **2.** *Litt.* Lettre (en général longue ou ayant une certaine solennité) : *Elle avait reçu de ses parents une épître de six pages lui prodiguant des recommandations.* — **3.** Lettre adressée par un des Apôtres à une des premières communautés chrétiennes.

éploré, e [eplɔre] adj. (de l'anc. fr. *plor,* pleur). Qui est tout en pleurs, accablé de chagrin : *Veuve éplorée* (syn. INCONSOLABLE). *Regard éploré* (syn. ↓ DÉSOLÉ).

épluchage [eplyʃaʒ] n. m. Action d'éplucher : *L'épluchage des pommes de terre. Un texte soumis à un épluchage minutieux.*

éplucher [eplyʃe] v. t. (de l'anc. fr. *peluchier,* nettoyer). **1.** *Éplucher des légumes, des fruits,* les préparer pour les manger, en ôtant la peau, les parties non comestibles : *Éplucher des pommes de terre. Éplucher une orange.* — **2.** *Éplucher un texte,* le lire attentivement en vue d'en corriger les fautes ou d'y découvrir un détail qu'on cherche : *Les correcteurs épluchent soigneusement les épreuves* (syn. PASSER AU CRIBLE).

épluchure [eplyʃyr] n. f. Partie enlevée des fruits, des légumes, en les épluchant.

épointer [epwɛ̃te] v. t. *Épointer un instrument, un outil,* etc., en casser ou en émousser la pointe : *Épointer un crayon en appuyant trop fort* (= casser la mine).

éponge [epɔ̃ʒ] n. f. (lat. *spongia*). **1.** Substance qui a la propriété d'absorber les liquides et qu'on emploie à divers usages domestiques : *Les éponges naturelles sont le squelette corné d'animaux marins. On fabrique des éponges artificielles* (ou *synthétiques*). — **2.** *Passer l'éponge* (*sur un incident, une faute,* etc.), oublier volontairement, pardonner : *Passons l'éponge et restons amis.* — **3.** *Jeter l'éponge,* à la boxe, abandonner le combat.

épongeage [epɔ̃ʒaʒ] n. m. Action d'éponger.

éponger [epɔ̃ʒe] v. t. (c. **2**). **1.** *Éponger un liquide,* l'étancher avec une éponge ou un corps qui absorbe les liquides. — **2.** *Éponger qqch,* le sécher avec une éponge ou un tissu : *Éponger le carrelage de la salle de bains.* — **3.** *Éponger une dette, un excédent,* les résorber par des mesures financières, fiscales. ◆ ***s'éponger*** v. pr. S'essuyer : *S'éponger le front avec un mouchoir.*

épopée [epɔpe] n. f. (gr. *epopoiia*). **1.** Récit d'aventures héroïques accompagnées de merveilleux : *«La Chanson de Roland» est une épopée.* — **2.** Suite d'événements sublimes, héroïques : *L'épopée napoléonienne.* (→ ÉPIQUE.)

époque [epɔk] n. f. (gr. *epokhê,* arrêt). **1.** Moment déterminé de l'histoire, marqué par un événement important, par un certain état de choses : *L'époque de la Révolution française. La guerre de Cent Ans fut une époque de misère* (syn. PÉRIODE). *Un meuble d'époque est un meuble datant réellement de l'époque à laquelle correspond son style.* — **2.** Moment déterminé de la vie de qqn ou d'une société, du cours du temps : *À l'époque de son mariage, c'était une femme séduisante. C'est l'époque des nids, des labours* (syn. SAISON, TEMPS). *Les gens de notre époque sont épris de vitesse. On appelle «la Belle Époque» celle des premières années du XXe s. L'année dernière, à pareille époque, les lilas étaient déjà en fleur* (= à la même date). — **3.** *Faire époque,* laisser un souvenir durable, être mémorable (syn. FAIRE DATE).

épouillage [epujaʒ] n. m. Action d'épouiller.

épouiller [epuje] v. t. *Épouiller qqn, un animal,* le débarrasser de ses poux.

époumoner (s') [epumɔne] v. pr. Se fatiguer à force de crier, de parler : *Il s'époumonait à ameuter la foule.*

épousailles [epuzɑj] n. f. pl. Syn. ironiq. de MARIAGE.

épouser [epuze] v. t. (lat. *sponsare*). **1.** Prendre pour mari, pour femme : *Elle a épousé un ingénieur. Il épouse la fille de ses voisins* (syn. SE MARIER AVEC). — 2. (sujet qqch) *Épouser une forme, un creux,* etc., s'y adapter exactement : *Une housse qui épouse la forme du fauteuil.* — **3.** (sujet qqn) *Épouser les intérêts, les idées de qqn,* s'y rallier, s'y attacher vivement. ◆ ***s'épouser*** v. pr. Devenir mari et femme : *Ils se sont épousés dans la plus stricte intimité* (syn. SE MARIER).

époussetage [epustaʒ] n. m. Action d'épousseter.

épousseter [epuste] v. t. (c. **8**) *Épousseter un objet,* le débarrasser de sa poussière : *Épousseter les meubles avec un chiffon.*

époustouflant, e [epustuflɑ̃] adj. *Fam.* Qui époustoufle : *Une acrobatie époustouflante* (syn. STUPÉFIANT).

époustoufler [epustufle] v. t. (de l'anc. fr. *soi espousser,* perdre haleine). Fam. *Époustoufler qqn,* le surprendre par qqch d'insolite : *Je suis époustouflé de sa réponse.*

épouvantable [epuvɑ̃tabl] adj. (avant ou après le n.) **1.** Qui cause de l'horreur, de la répulsion : *Un accident épouvantable. Une épouvantable odeur de putréfaction* (syn. HORRIBLE, EFFROYABLE). — **2.** Très mauvais, très contrariant : *Il fait un temps épouvantable* (syn. AFFREUX). *Vous n'avez pas retrouvé votre collier? Mais c'est épouvantable!*

épouvantablement [epuvɑ̃tabləmɑ̃] adv. De manière épouvantable : *Des corps épouvantablement mutilés par la catastrophe. Il est épouvantablement laid* (syn. HORRIBLEMENT, TERRIBLEMENT, EFFROYABLEMENT).

épouvantail [epuvɑ̃taj] n. m. **1.** Mannequin rudimentaire, placé dans les champs ou les jardins pour effrayer les oiseaux. — **2.** Ce qui effraie sans raison, ce qui suscite une terreur vaine : *Présenter un parti comme un épouvantail.*

épouvante [epuvɑ̃t] n. f. (du lat. *expavere,* craindre). Grande peur capable d'égarer l'esprit, d'empêcher d'agir : *Être saisi d'épouvante* (syn. HORREUR, EFFROI). *L'éruption volcanique a répandu l'épouvante dans les villages avoisinants* (syn. TERREUR, FRAYEUR). *Un film d'épouvante* (= qui donne aux spectateurs des émotions violentes).

épouvanter [epuvɑ̃te] v. t. **1.** Remplir d'épouvante : *Être épouvanté devant un crime aussi atroce* (syn. TERRIFIER, TERRORISER, HORRIFIER). — **2.** Impressionner vivement, provoquer un mouvement de recul : *Je suis épouvanté de cette hausse des prix* (syn. EFFRAYER).

époux, épouse [epu] n. (lat. *sponsus,* fiancé). Personne unie à une autre par le mariage (admin. ou soutenu) : *Le maire a félicité les nouveaux époux. Il se promenait dignement sur le boulevard au bras de son épouse* (syn. FEMME). *Elle admirait naïvement son époux* (syn. MARI).

éprendre (s') [eprɑ̃dr] v. pr. (c. **54**) *S'éprendre de qqch, de qqn,* éprouver soudain un vif attachement pour eux, se mettre à les aimer (soutenu; surtout inf. ou formes composées) : *Elle s'est éprise de musique. Plusieurs jeunes gens s'étaient épris de cette femme.*

épreuve [eprœv] n. f. **1.** Ce qu'on impose à qqn pour connaître sa valeur, sa capacité : *Les épreuves pratiques du permis de conduire. L'examen comporte des épreuves écrites et orales* (syn. COMPOSITION, INTERROGATION). — **2.** Compétition sportive : *Des épreuves d'athlétisme.* — **3.** Expérimentation de la résistance de qqch, du fonctionnement d'un appareil : *Procéder à l'épreuve d'un moteur* (syn. ESSAI). — **4.** Malheur, adversité qui frappe qqn : *Dans cette épreuve, elle se sentait entourée de la sympathie de ses amis.* — **5.** *À l'épreuve de,* en état de supporter sans dommage : *Un blindage à l'épreuve des balles.* ‖ *À toute épreuve,* capable de résister à tout : *Un courage à toute épreuve. Un blindage à toute épreuve.* ‖ *Mettre à l'épreuve,* essayer la résistance de qqch, éprouver les qualités de qqn. — **6.** Texte imprimé tel qu'il sort de la composition : *Corriger les épreuves d'un ouvrage.* — 7. En photographie, image obtenue par tirage d'après un cliché.

épris, e [epri] adj. Pris de passion : *Une femme éprise de son métier* (syn. PASSIONNÉ POUR). *Il est épris d'une belle jeune fille* (syn. AMOUREUX).

éprouvant, e [epruvɑ̃] adj. Pénible à supporter, à exécuter : *Chaleur éprouvante. Travail éprouvant.*

éprouvé, e [epruve] adj. En qui on a toute confiance : *Un ami éprouvé* (syn. SÛR). *Une personne d'un dévouement éprouvé. Utiliser un matériel éprouvé.*

éprouver [epruve] v. t. **1.** *Éprouver qqn, qqch,* le soumettre à des expériences, des épreuves, pour en apprécier les qualités ou la valeur : *Tu voulais m'éprouver en me demandant d'exécuter cet ordre sans chercher à comprendre. On éprouve un pont en plaçant dessus une forte charge.* — **2.** *Éprouver qqch, que* (+ *ind.*), le constater par l'expérience, le subir (soutenu) : *J'ai éprouvé que cette précaution était bien utile. Elle a éprouvé bien des difficultés avant de réussir* (syn. RENCONTRER, SE HEURTER À). — **3.** *Éprouver un sentiment,* le ressentir : *Éprouver de la joie, de l'appréhension, du dépit.* — **4.** *Éprouver qqn,* le faire souffrir : *Ce malheur l'a durement éprouvé. Elle a été très éprouvée par cet accident.*

éprouvette [epruvɛt] n. f. (de *épreuve*). Tube de verre fermé à une extrémité et destiné à diverses expériences de chimie ou de physique.

épucer [epyse] v. t. (c. **1**) *Épucer un animal,* le débarrasser de ses puces.

épuisant, e [epɥizɑ̃] adj. Qui épuise : *Un travail épuisant* (syn. EXTÉNUANT, ÉREINTANT, ACCABLANT ; fam. TUANT).

épuisement [epɥizmɑ̃] n. m. **1.** Action d'épuiser ; fait d'être épuisé : *La vente publicitaire dure jusqu'à épuisement du stock.* — **2.** Déperdition des forces physiques, morales : *Les naufragés furent recueillis dans un état d'épuisement complet* (syn. ABATTEMENT, ANÉANTISSEMENT, ↑ INANITION).

épuiser [epɥize] v. t. (de *puits*). **1.** Vider entièrement de son contenu, de ses réserves : *La citerne est épuisée* (= à sec, tarie). — **2.** Utiliser en totalité : *Les soldats avaient épuisé leurs munitions. Épuiser les vivres* (syn. ↓ CONSOMMER). *J'ai épuisé toutes les ressources de mon imagination : je ne sais plus que vous proposer* (syn. DÉPENSER). — **3.** *Épuiser un sujet, une matière,* les traiter de façon exhaustive, à fond. — **4.** *Épuiser un sol,* le rendre infertile en forçant exagérément sa production. — **5.** *Épuiser qqn, les forces de qqn,* le jeter dans un affaiblissement extrême : *Cette longue marche m'a épuisé* (syn. EXTÉNUER, ÉREINTER, ANÉANTIR ; fam. TUER) ; lui causer une grande lassitude morale : *Cet enfant m'épuise avec ses questions* (syn. USER, EXCÉDER). ◆ ***s'épuiser*** v. pr. **1.** (sujet qqch) Être consommé : *La provision de bois de chauffage commençait à s'épuiser.* — **2.** (sujet qqn) Se fatiguer : *Elle s'est épuisée à bêcher tout son jardin dans la matinée. Je m'épuise à vous répéter que c'est inutile* (= je m'efforce vainement de vous en persuader).

épuisette [epɥizɛt] n. f. (de *épuiser*). Petit filet de pêche, monté sur une armature métallique et muni d'un manche.

épuration [epyrasjɔ̃] n. f. Action d'épurer : *L'épuration d'une huile. Le comité central procéda à une sévère épuration parmi ses membres.*

épure [epyr] n. f. (de *épurer*). Dessin à une échelle définie, représentant la projection sur un ou plusieurs plans d'un corps à trois dimensions.

épurer [epyre] v. t. (de *pur*). **1.** *Épurer un liquide, un corps,* les rendre plus purs : *On épure ce sirop par filtrage.* — **2.** *Épurer le goût, les mœurs, la langue,* etc., en bannir ce qui paraît malséant, déplacé, y mettre plus de raffinement. — **3.** *Épurer un auteur,* retrancher ce qui est trop libre dans son œuvre. — **4.** *Épurer une administration, le personnel d'un ministère,* etc., destituer ceux qui, à la faveur de certains événements politiques, sont considérés comme indésirables.

équarrir [ekarir] v. t. (de l'anc. fr. *escarrer,* tailler en carré). **1.** *Équarrir un bloc de pierre, un tronc d'arbre,* etc., les tailler assez grossièrement en forme de parallélépipède. — **2.** *Équarrir un animal de boucherie,* le dépecer en retirant la peau, la graisse, les os, etc.

équarrissage [ekarisaʒ] n. m. Action d'équarrir : *L'équarrissage d'un bœuf.*

équarrisseur [ekarisœr] n. m. Boucher spécialisé dans le dépeçage des animaux.

équateur [ekwatœr] n. m. (du lat. *aequare,* rendre égal). Grand cercle imaginaire tracé autour de la Terre à égale distance des deux pôles ; région terrestre qui avoisine cette ligne.

équation [ekwasjɔ̃] n. f. (lat. *aequatio,* égalité). **1.** Égalité mathématique entre des quantités dont certaines sont connues, d'autres inconnues, et qui n'est vérifiée que pour certaines valeurs des inconnues : *Un système d'équation à deux, à trois inconnues. Mettre un problème en équation* (= en traduire la donnée par une ou plusieurs équations). — **2.** *Équation personnelle,* déformation personnelle que le caractère ou les préjugés font subir aux observations.

équatorial, e, aux [ekwatɔrjal] adj. Relatif à l'équateur : *Le climat équatorial est chaud et humide.*

équatorien, enne [ekwatɔrjɛ̃] adj. et n. De l'Équateur (république).

équerre [ekɛr] n. f. (du lat. *exquadrare,* rendre carré). **1.** Instrument pour tracer des angles droits : *Une équerre de dessinateur, de menuisier, de maçon.* — **2.** Pièce métallique destinée à maintenir des assemblages à angle droit. — **3.** *D'équerre, en équerre,* à angle droit : *Une aile de bâtiment d'équerre avec la façade.*

équestre [ekɛstr] adj. (du lat. *equus,* cheval). **1.** Relatif à l'équitation : *Des exercices équestres.* — **2.** *Statue équestre,* qui représente un personnage à cheval.

équeuter [ekøte] v. t. *Équeuter un fruit,* en enlever la queue.

équidé [ekide] n. m. (du lat. *equus,* cheval). Mammifère ongulé à un seul doigt par patte, comme le cheval, le zèbre et l'âne.

équidistance [ekɥidistɑ̃s] n. f. Qualité de ce qui est équidistant : *L'équidistance de deux points par rapport à leur axe de symétrie.*

équidistant, e [ekɥidistɑ̃] adj. Situé à distance égale de points déterminés : *Tous les points d'un cercle sont équidistants du centre.*

équilatéral, e, aux [ekɥilateral] adj. Se dit d'un triangle dont tous les côtés sont égaux entre eux.

équilibrage [ekilibraʒ] n. m. Action d'équilibrer : *L'équilibrage des roues uniformise la force centrifuge.*

équilibration [ekilibrasjɔ̃] n. f. Sens qui permet à qqn de garder son équilibre en station verticale.

équilibre [ekilibr] n. m. (*équi-* et lat. *libra,* balance). **1.** État de repos résultant de l'action de forces qui s'annulent : *Une légère poussée suffirait pour rompre l'équilibre de cette pile de livres. La pesée est juste quand les deux plateaux de la balance restent en équilibre. Un vase en équilibre instable* (= qui risque de tomber). — **2.** État de qqn, au repos ou en mouvement, qui se tient debout, qui ne tombe pas : *En descendant de l'embarcation, elle avait peine à garder son équilibre sur la terre ferme. Il s'est trop penché et il a perdu l'équilibre.* — **3.** Juste combinaison de forces opposées, disposition harmonieuse, bien réglée : *Une constitution fondée sur l'équilibre des pouvoirs législatif, exécutif et judiciaire. L'équilibre budgétaire est assuré quand les recettes couvrent les dépenses. Une période d'équilibre politique* (syn. STABILITÉ). *L'équilibre des masses architecturales d'un château.* — **4.** Bon fonctionnement de l'organisme, pondération dans le comportement : *Une personne dont on peut admirer le bel équilibre physique et intellectuel* (syn. SANTÉ).

équilibré, e [ekilibre] adj. Dont les diverses facultés sont dans un rapport harmonieux : *C'est une fille équilibrée, intellectuelle et sportive tout à la fois. Un esprit équilibré* (syn. SAIN, SENSÉ, PONDÉRÉ).

équilibrer [ekilibre] v. t. Mettre en équilibre : *Des arcs-boutants qui équilibrent la poussée latérale des voûtes* (syn. COMPENSER, NEUTRALISER). *Le gouvernement a le souci d'équilibrer le budget.* ◆ ***s'équilibrer*** v. pr. Être en équilibre : *Des poids qui s'équilibrent. Les avantages et les inconvénients de cette méthode s'équilibrent à peu près* (= sont équivalents).

équilibriste [ekilibrist] n. Artiste qui fait des tours d'adresse en maintenant des objets en équilibre, ou qui fait des exercices acrobatiques en se tenant en équilibre sur un câble.

équille [ekij] n. f. (mot norm.). Poisson long et mince, qui s'enfouit dans le sable (syn. LANÇON).

équinoxe [ekinɔks] n. m. (*équi-* et lat. *nox*, nuit). Époque de l'année où le jour et la nuit ont la même durée : *Il y a deux équinoxes dans l'année : le 21 ou le 22 mars (équinoxe de printemps) et le 22 ou le 23 septembre (équinoxe d'automne).*

équipage [ekipaʒ] n. m. (de *équiper*). **1.** Personnel nécessaire à la manœuvre et au service d'un navire ou d'un avion : *Le bateau a sombré, mais les passagers et l'équipage ont été sauvés.* — **2.** Ensemble des gens qui accompagnent qqn et des ornements qui donnent du faste à son déplacement : *La reine arriva en somptueux équipage.*

équipe [ekip] n. f. **1.** Ensemble de personnes travaillant ensemble : *Le contremaître donne des consignes aux chefs d'équipe.* — **2.** Groupe de joueurs associés en vue de disputer des compétitions sportives, des championnats. — **3.** *Esprit d'équipe*, sentiment de solidarité qui unit les membres d'un même groupe.

équipée [ekipe] n. f. Aventure dans laquelle on se lance (souvent à la légère) : *Une équipée glorieuse, mais sans lendemain. Ils revinrent harassés de leur équipée dans les bois* (syn. RANDONNÉE).

équipement [ekipmɑ̃] n. m. Action d'équiper, de doter du matériel, des installations nécessaires; ce matériel lui-même : *L'équipement d'une voiture en pneus neufs. Un plan d'équipement. Se procurer un équipement de camping. L'équipement électrique de l'entreprise.*

équiper [ekipe] v. t. (germ. *skipa*, aménager). **1.** *Équiper un navire, un appareil*, etc., le pourvoir de ce qui est nécessaire à son utilisation : *Les premiers avions n'étaient pas équipés de la radio.* — **2.** *Équiper qqn*, le munir de ce qui lui sera utile : *Des spéléologues équipés d'un matériel éprouvé.* ◆ ***s'équiper*** v. pr. Se pourvoir de ce qui est nécessaire : *Il s'est équipé pour la plongée sous-marine. Ce pays commence à s'équiper en industrie légère.*

équipier, ère [ekipje] n. Personne qui fait partie d'une équipe sportive : *Deux équipiers étant malades, le match a été remis.*

équitable [ekitabl] adj. **1.** Qui agit selon l'équité : *Juge équitable* (syn. IMPARTIAL; contr. INIQUE). — **2.** Conforme à l'équité : *Partage équitable. Décision équitable* (contr. PARTIAL).

équitablement [ekitabləmɑ̃] adv. Avec équité, de façon équitable : *Un gouvernement qui tente de répartir plus équitablement les impôts.*

équitation [ekitasjɔ̃] n. f. (du lat. *equitare*, aller à cheval). Art de monter à cheval. (→ ÉQUESTRE.)

équité [ekite] n. f. (lat. *aequitas*, égalité). Qualité qui consiste à attribuer à chacun ce à quoi il a droit naturellement (parfois opposée à la *justice*, qui se réfère à une législation) : *En toute équité. Traiter quelqu'un avec équité. Son esprit d'équité l'a fait choisir comme arbitre* (syn. IMPARTIALITÉ).

équivalence [ekivalɑ̃s] n. f. Qualité de ce qui est équivalent : *Un décret reconnaît l'équivalence entre cet examen et le baccalauréat. À équivalence de salaire, ce métier est plus agréable* (syn. ÉGALITÉ).

1. équivalent, e [ekivalɑ̃] adj. Qui a la même valeur : *Ces deux fermes sont d'une importance équivalente* (syn. ÉGAL).

2. équivalent [ekivalɑ̃] n. m. Ce qui équivaut : *Employer un équivalent pour éviter de répéter le mot* (syn. SYNONYME). *C'est l'équivalent d'une lâcheté.*

équivaloir [ekivalwar] v. t. ind. (*équi-* et lat. *valere*, avoir de la valeur) [c. **40**] *Équivaloir à qqch*, avoir une valeur, une importance égale, un effet semblable : *Le mille marin équivaut à 1 852 mètres* (syn. VALOIR). *Le prix de sa voiture équivaut à quatre ou cinq mois de son salaire. S'arrêter un seul instant équivalait à tout abandonner* (syn. REVENIR).

1. équivoque [ekivɔk] adj. (lat. *aequivocus*, à double sens). **1.** Qu'on peut interpréter diversement : *Une expression équivoque* (syn. AMBIGU). *Dans toute cette affaire, son attitude a été assez équivoque* (syn. LOUCHE; contr. CLAIR, NET, CATÉGORIQUE). — **2.** Suspect, qui suscite la méfiance : *Il a des fréquentations équivoques* (syn. LOUCHE, DOUTEUX). *Il est d'une moralité équivoque* (contr. IRRÉPROCHABLE).

2. équivoque [ekivɔk] n. f. **1.** Situation, expression qui manque de netteté, qui laisse dans l'incertitude : *Pour éviter toute équivoque, je vais faire une rapide mise au point. Il faut veiller à ne laisser subsister aucune équivoque dans un texte juridique* (syn. AMBIGUÏTÉ). — **2.** Jeu de mots, expression intentionnellement à double entente : *Un chansonnier qui lance des équivoques osées.*

érable [erabl] n. m. (lat. *acerabulus*). Arbre dont le bois peut être utilisé en ébénisterie.

érafler [erafle] v. t. **1.** *Érafler qqn, une partie de son corps*, lui écorcher superficiellement la peau : *Une ronce lui avait éraflé le dos de la main* (syn. ÉGRATIGNER). — **2.** *Érafler qqch*, en entamer légèrement la surface : *L'accrochage a été léger : la peinture des deux carrosseries a été tout juste éraflée* (syn. RAYER).

éraflure [eraflyr] n. f. Écorchure ou entaille superficielle.

érailler [erɑje] v. t. (du lat. *rotare*, rouler). **1.** *Érailler du tissu*, en relâcher les fils, l'effiler. — **2.** *Érailler la voix*, la rendre rauque (souvent part. passé) : *Un ivrogne qui répond d'une voix éraillée.*

éraillure [erɑjyr] n. f. Partie éraillée d'un tissu.

ère [ɛr] n. f. (bas lat. *aera*, nombre). **1.** Époque fixe à partir de laquelle on compte les années dans telle ou telle chronologie : *L'an 1 de l'ère chrétienne correspond à l'année de la naissance du Christ.* — **2.** Époque où commence un certain ordre de choses (soutenu) : *La guerre de Cent Ans fut une ère de malheurs pour la France.* — **3.** *Ère géologique*, chacune des grandes divisions de l'histoire de la Terre : *Nous sommes au début de l'ère quaternaire.*

érectile [erɛktil] adj. Capable d'érection : *Poil, organe érectile.*

érection [erɛksjɔ̃] n. f. (lat. *erectio*).
— **I.** État de gonflement de certains tissus organiques, de certains organes.
— **II.** Action d'ériger, de construire : *Le conseil municipal a décidé l'érection d'un monument commémoratif.*

éreintage [erɛ̃taʒ] n. m. *Fam.* Critique violente.

éreintant, e [erɛ̃tɑ̃] adj. Qui éreinte : *Travail éreintant.*

éreinté, e [erɛ̃te] adj. Qui est brisé de fatigue : *Elle est revenue de son voyage complètement éreintée* (syn. FOURBU, HARASSÉ).

éreintement [erɛ̃tmɑ̃] n. m. Action d'éreinter; fait d'être éreinté : *Il travaille jusqu'à l'éreintement* (syn. ÉPUISEMENT, ↓ FATIGUE). *Un compte-rendu qui est un véritable éreintement de l'ouvrage.*

éreinter [erɛ̃te] v. t. (de *rein*). **1.** Fam. *Éreinter qqn,* le briser de fatigue (souvent pass.) : *Ce travail pénible l'a éreinté* (syn. ÉPUISER). — **2.** Fam. *Éreinter qqn, une œuvre,* les critiquer violemment, avec malveillance : *La presse a éreinté sa pièce de théâtre* (syn. DÉNIGRER, DÉMOLIR). ◆ ***s'éreinter*** v. pr. (sujet qqn) Se briser de fatigue : *Ce n'est pas la peine de s'éreinter, il suffit de poursuivre régulièrement la tâche entreprise* (syn. ↓ SE FATIGUER).

éreinteur, euse [erɛ̃tœr] adj. et n. *Fam.* Qui critique violemment.

erg [ɛrg] n. m. (mot ar.). Région du Sahara couverte de dunes.

ergot [ɛrgo] n. m. (orig. incert.). **1.** Petit ongle pointu, situé derrière le pied de certains animaux : *Un ergot de coq, de chien.* — **2.** Petite saillie sur certaines pièces mécaniques. — **3.** Fam. *Se lever, se dresser, monter sur ses ergots,* prendre une attitude fière ou menaçante, parler avec colère.

ergotage [ɛrgɔtaʒ] n. m. Manie d'ergoter; chicane : *Ce n'est pas avec de tels ergotages qu'il réussira à nous convaincre.*

ergoter [ɛrgɔte] v. i. (du lat. *ergo,* donc) [sujet qqn] Discuter avec ténacité sur des points de détail, recourir à des arguties : *Il a eu beau ergoter, il a dû reconnaître les faits* (syn. CHICANER; fam. PINAILLER).

ergoteur, euse [ɛrgɔtœr] adj. et n. Qui ergote.

ériger [eriʒe] v. t. (lat. *erigere,* dresser) [c. **2**]. **1.** *Ériger une statue, un monument,* etc., les installer à leur place (syn. DRESSER, ÉLEVER). — **2.** *Ériger qqch en* (+ *n.*), l'élever au rang, au rôle de : *Une église érigée en basilique. Elle a tendance à ériger son opinion en règle générale* (syn. TRANSFORMER). ◆ ***s'ériger*** v. pr. (sujet qqn) *S'ériger en,* se donner le rôle de : *De quel droit t'ériges-tu en juge de nos actes?* (syn. SE POSER EN, AGIR COMME).

ermitage [ɛrmitaʒ] n. m. **1.** Lieu solitaire habité par un ermite. — **2.** Maison de campagne isolée.

ermite [ɛrmit] n. m. (gr. *erêmitês,* qui vit seul). **1.** Solitaire qui se consacrait à la prière et menait une vie d'austérité. — **2.** Personne qui vit retirée, qui évite de fréquenter le monde.

éroder [erɔde] v. t. User par frottement.

érosif, ive [erɔzif] adj. Qui érode : *L'action érosive de la mer.*

érosion [erozjɔ̃] n. f. (lat. *erosio*). Usure produite sur le relief du sol par diverses causes naturelles : *Le vent, les eaux de ruissellement sont des agents d'érosion.*

érotique [erɔtik] adj. (du gr. *erôs,* amour). **1.** Relatif à l'amour sensuel, à la sexualité : *Des désirs érotiques.* — **2.** *Poésie érotique,* consacrée à l'amour sensuel.

érotisme [erɔtism] n. m. **1.** Goût marqué pour ce qui est sexuel. — **2.** Caractère érotique : *L'érotisme d'un roman.*

errance [ɛrɑ̃s] n. f. *Litt.* Action d'errer : *L'errance de la pensée* (syn. VAGABONDAGE).

errant, e [ɛrɑ̃] adj. Qui erre : *Les chiens errants* (syn. ABANDONNÉ). *Regard errant* (syn. VAGUE).

errata [ɛrata] n. m. inv. (mot lat.). Liste des erreurs d'impression et des corrections à y apporter, jointe à un ouvrage : *La table des matières est suivie d'un errata.* (Quand une seule erreur est signalée, on dit un ERRATUM.)

erratique [ɛratik] adj. (du lat. *errare,* errer). Intermittent, irrégulier, aléatoire : *Mouvements erratiques.*

errements [ɛrmɑ̃] n. m. pl. (de l'anc. fr. *errer,* aller). *Péjor.* Manières d'agir habituelles et blâmables : *Nous ne permettrons pas qu'on en revienne aux mêmes errements* (syn. ↓ AGISSEMENTS).

errer [ɛre] v. i. (lat. *errare,* marcher à l'aventure). **1.** (sujet qqn, qqch) Aller çà et là, en divers sens, sans but précis : *Une mendiante qui erre dans les campagnes, en quête d'un gîte. Quelques nuages erraient dans le ciel.* — **2.** (sujet le regard, la pensée, l'imagination) Passer d'une chose à une autre, sans but : *Son regard errait sur les objets du salon. Une rêveuse qui laisse errer son imagination* (syn. VAGUER, VAGABONDER).

erreur [ɛrœr] n. f. (lat. *error*). **1.** Action de se tromper; faute commise en se trompant : *Ce résultat inexact était dû à une erreur de calcul. Le candidat a commis une erreur importante en situant Poitiers sur la Loire* (syn. BÉVUE, MÉPRISE). *Rectifier, relever une erreur* (syn. ↓ INEXACTITUDE). *Cette bataille a eu lieu, sauf erreur, en 1745* (= si je ne me trompe). *Par suite d'une erreur matérielle, ce paragraphe a été omis* (= une erreur qui ne procède pas d'un raisonnement faux; syn. INADVERTANCE). *Vous faites erreur. Il n'y a pas d'erreur* (= c'est bien cela, il n'y a pas de doute). — **2.** État de qqn qui se trompe : *Vous êtes dans l'erreur* (= votre opinion est fausse). *Son explication m'a tiré d'erreur* (= m'a éclairé). *Il persiste dans son erreur. Une information incomplète m'avait induit en erreur.* — **3.** Action faite mal à propos, inconsidérée, regrettable : *Ce serait une erreur d'orienter cet élève vers des études littéraires supérieures* (syn. ↑ ABERRATION). *Son premier roman est une erreur de jeunesse* (syn. ÉGAREMENT). — **4.** *Erreur judiciaire,* erreur de fait commise par un tribunal et entraînant la condamnation d'un innocent. ‖ *Erreur n'est pas compte,* formule par laquelle qqn qui s'est trompé dans un compte rappelle qu'il n'y avait là rien d'intentionnel. ‖ *Par erreur,* en se trompant, par ignorance ou par étourderie : *Nous avons pris par erreur la route qui menait à la rivière* (syn. soutenu PAR MÉGARDE). *Elle est entrée dans cette salle par erreur* (= sans le faire exprès).

erroné, e [ɛrɔne] adj. Qui comporte une erreur : *La lettre a été expédiée à une adresse erronée* (syn. FAUX; contr. EXACT). *Un calcul erroné* (syn. INEXACT; contr. JUSTE).

ersatz [ɛrzats] n. m. (mot all.). Produit de consommation de moindre qualité destiné à en remplacer un autre devenu rare : *Ersatz de café* (syn. SUCCÉDANÉ).

éructation [eryktasjɔ̃] n. f. Action d'éructer.

éructer [erykte] v. i. (lat. *eructare*). Rejeter avec bruit par la bouche les gaz de l'estomac (méd. surtout; syn. usuel ROTER). ◆ v. t. Litt. *Éructer des injures, des menaces,* etc., les proférer avec violence (syn. usuels VOMIR, VOCIFÉRER).

érudit, e [erydi] adj. et n. (lat. *eruditus,* instruit). Qui manifeste des connaissances approfondies dans une matière, surtout des connaissances historiques : *Il est très érudit en histoire ancienne* (syn. ↓ SAVANT; fam. CALÉ). *Consulter une thèse érudite. Le grand public n'est guère au courant de ces discussions entre érudits* (syn. SPÉCIALISTE).

érudition [erydisjɔ̃] n. f. Fait d'être érudit : *Son érudition en droit romain est complétée par une large culture générale* (syn. SCIENCE, SAVOIR). *Les thèses de doctorat sont des ouvrages d'érudition.*

éruptif, ive [eryptif] adj. **1.** *Roche éruptive,* qui provient d'une éruption volcanique. — **2.** Qui correspond à une éruption sur la peau : *Une fièvre éruptive.*

éruption [erypsjɔ̃] n. f. (lat. *eruptio*). **1.** *Éruption volcanique*, émission, par un volcan, de matières diverses (lave, scories, gaz, etc.) : *Volcan qui entre en éruption.* — **2.** Apparition de boutons, de taches, de rougeurs sur la peau.

ès [ɛs] prép. (contraction de *en les*). Syn. de EN dans quelques express. au pl. : *Licencié ès lettres, docteur ès sciences. Une licence ès lettres* (syn. DE). *Agir ès qualités* (= en tant que personne ayant les fonctions indiquées, et non à titre privé).

esbroufe [ɛsbruf] n. f. (du prov. *esbroufa*, s'ébrouer). *À l'esbroufe*, rapidement et grâce à une vantardise qui en impose : *Enlever une affaire à l'esbroufe.* ‖ Fam. *Faire de l'esbroufe*, chercher à en imposer, en prenant un air important (syn. JETER DE LA POUDRE AUX YEUX; fam. BLUFFER).

escabeau [ɛskabo] n. m. (lat. *scabellum*). **1.** Sorte de tabouret (vieilli). — **2.** Petite échelle, généralement pliante, à marches assez larges.

escadre [ɛskadr] n. f. (it. *squadra*, équerre). Groupe important de navires de guerre ou d'avions : *Les grandes manœuvres de l'escadre de Méditerranée.*

escadrille [ɛskadrij] n. f. Unité élémentaire de l'aviation militaire ou groupe de navires légers.

escadron [ɛskadrɔ̃] n. m. (it. *squadrone*). Unité de cavalerie ou d'engins blindés correspondant à une ou plusieurs compagnies.

escalade [ɛskalad] n. f. (it. *scalata*). **1.** Action de grimper, de s'élever avec effort, avec les pieds et les mains : *Faire l'escalade d'un piton rocheux* (syn. ↑ASCENSION). — **2.** Accélération importante des moyens militaires mis en œuvre, à partir du moment où l'emploi de l'armement militaire est envisagé. — **3.** Montée rapide, intensification d'un phénomène : *Escalade de la violence, des prix.*

escalader [ɛskalade] v. t. Faire une escalade, franchir par escalade : *Escalader une montagne* (syn. GRAVIR). *Les enfants ont escaladé le mur de clôture* (syn. GRIMPER SUR).

escale [ɛskal] n. f. (it. *scala*). **1.** Lieu de relâche et de ravitaillement pour un navire ou un avion. — **2.** Temps d'arrêt d'un navire ou d'un avion sur un point de son parcours : *Le bateau a fait escale une matinée dans ce port.*

escalier [ɛskalje] n. m. (lat. *scalaria*). **1.** Série de marches, permettant de monter ou de descendre : *Elle habite au troisième étage de l'escalier du fond de la cour. Un escalier à vis mène au clocher de l'église* (= en spirale ou en colimaçon). *Escalier mécanique* (= ensemble de marches articulées servant à monter ou à descendre). *L'escalier de service est spécialement destiné, dans certains immeubles, aux domestiques ou aux fournisseurs.* — **2.** Fam. *Avoir l'esprit de l'escalier*, penser trop tard à ce qu'on aurait dû dire, par manque de vivacité d'esprit.

escalope [ɛskalɔp] n. f. (anc. fr. *eschalope*, coquille de noix). Tranche mince de viande, principalement de veau.

escamotable [ɛskamɔtabl] adj. *Train d'atterrissage escamotable* (syn. RENTRANT). *Meuble escamotable* (= qu'on peut rabattre contre un mur ou dans un placard).

escamotage [ɛskamɔtaʒ] n. m. Action d'escamoter.

escamoter [ɛskamɔte] v. t. (du lat. *squama*, écaille). **1.** *Escamoter qqch*, le faire disparaître par une manœuvre habile, par un mécanisme : *Le prestidigitateur escamote un foulard devant les spectateurs.* — **2.** Faire disparaître subtilement, s'emparer par fraude : *On lui a escamoté son portefeuille* (syn. SUBTILISER; litt. DÉROBER). — **3.** Éviter de faire (ce qui est difficile) : *L'orateur a habilement escamoté les difficultés de son programme* (syn. TAIRE, DISSIMULER, LAISSER DANS L'OMBRE, GLISSER SUR).

escamoteur, euse [ɛskamɔtœr] n. Qui escamote, fait disparaître subtilement.

escampette [ɛskɑ̃pɛt] n. f. (du l'anc. fr. *escampe*, fuite). Fam. *Prendre la poudre d'escampette*, déguerpir, partir sans demander son reste.

escapade [ɛskapad] n. f. (it. *scappata*). Action de s'échapper, en trompant la surveillance de qqn : *Un pensionnaire qui fait une escapade pour aller au cinéma* (syn. ↑FUGUE).

escarbille [ɛskarbij] n. f. (du néerl. *schrabben*, gratter). Fragment de charbon ou de bois en combustion qui s'échappe d'un foyer.

escarcelle [ɛskarsɛl] n. f. (it. *scarsella*). Bourse, réserve d'argent (style plaisant) : *Un étudiant qui se passait de dîner quand son escarcelle était vide.*

escargot [ɛskargo] n. m. (prov. *escaragol*). Mollusque commun dans les jardins et les campagnes, et qui porte une coquille en spirale (syn. LIMAÇON, COLIMAÇON).

escargotière [ɛskargɔtjɛr] n. f. Plat présentant de petits creux, utilisé pour servir les escargots.

escarmouche [ɛskarmuʃ] n. f. (it. *scaramuccia*). **1.** Combat local, livré par surprise, entre les éléments avancés de deux armées : *Sur ce secteur du front, l'activité s'est réduite aujourd'hui à quelques escarmouches entre patrouilles de reconnaissance* (syn. ACCROCHAGE). — **2.** Propos hostiles adressés avec vivacité à un adversaire et préludant parfois à une attaque plus importante : *Après quelques escarmouches entre les avocats et le procureur, on entendit le réquisitoire* (syn. PASSE D'ARMES).

escarpé, e [ɛskarpe] adj. Qui présente une pente rapide, qui est d'accès difficile : *Des montagnes escarpées* (syn. ABRUPT). *Un sentier escarpé mène sur le promontoire.*

escarpement [ɛskarpəmɑ̃] n. m. Pente raide : *Un château fort situé sur un escarpement rocheux.*

escarpin [ɛskarpɛ̃] n. m. (de l'it. *scarpa*, chaussure). Soulier élégant découvert, à semelle très mince.

escarpolette [ɛskarpɔlɛt] n. f. (it. *scarpoletta*, petite écharpe). Siège suspendu à des cordes et sur lequel on se balance (syn. usuel BALANÇOIRE).

escarre [ɛskar] n. f. (gr. *eskhara*, foyer). Croûte noirâtre qui se forme sur la peau ou sur les plaies : *Les malades alités depuis longtemps ont des escarres.*

eschatologie [ɛskatɔlɔʒi] n. f. (gr. *eskhatos*, dernier, et *logos*, discours). Ensemble des croyances concernant le sort de l'homme après sa mort.

eschatologique [ɛskatɔlɔʒik] adj. Relatif à l'eschatologie.

esche [ɛʃ] n. f. (lat. *esca*, appât). Appât que les pêcheurs accrochent à l'hameçon.

escient [ɛsjɑ̃] n. m. (de l'anc. fr. *mien escient*, à mon avis). *À bon escient*, avec discernement, avec la conviction d'agir à propos : *Elle n'accorde ses éloges qu'à bon escient* (contr. À LA LÉGÈRE).

esclaffer (s') [ɛsklafe] v. pr. (prov. *esclafa*, éclater). Partir d'un éclat de rire : *Elle s'esclaffa quand elle apprit leur erreur.*

esclandre [ɛsklɑ̃dr] n. m. (doublet de *scandale*). Tumulte qui fait scandale ou qui est causé par un fait scandaleux : *Causer, éviter un esclandre* (syn. ↑SCANDALE).

esclavage [ɛsklavaʒ] n. m. **1.** Condition d'esclave : *Une peuplade réduite en esclavage par les conquérants* (syn. SERVITUDE). *Ce peuple s'est révolté pour* *secouer le joug de l'esclavage* (syn. OPPRESSION). — **2.** Organisation sociale fondée sur l'existence d'une classe d'esclaves : *Les philosophes du XVIIIe s. luttèrent contre l'esclavage.* — **3.** État de ceux qui sont soumis à qqch qui laisse peu de liberté : *Son entreprise commerciale est pour lui un esclavage* (syn. SUJÉTION). *L'esclavage de la mode* (syn. ASSERVISSEMENT).

esclavagiste [ɛsklavaʒist] n. et adj. Partisan de l'esclavage des Noirs.

esclave [ɛsklav] n. et adj. (lat. *slavus,* slave). **1.** Personne qui ne jouit pas de la liberté civique, qui est sous la dépendance totale d'un maître ou d'un État : *Dans les civilisations antiques, les esclaves étaient souvent d'anciens prisonniers de guerre.* — **2.** *Être esclave de qqn,* être entièrement soumis à sa volonté, à ses caprices, n'avoir pas un instant de liberté : *Une mère de famille qui est esclave de ses enfants.* — **3.** *Être esclave de qqch,* être sans cesse guidé, dans ses actes, par la considération dominante de cette chose : *Être esclave de l'argent, de la mode, du qu'en-dira-t-on. Elle est esclave de son devoir* (= rien ne saurait l'en détourner).

escogriffe [ɛskɔgrif] n. m. (orig. obscure). *Fam.* Homme grand et mal bâti.

escomptable [ɛskɔ̃tabl] adj. Qui peut être escompté : *Traite escomptable.*

escompte [ɛskɔ̃t] n. m. Prime payée à un débiteur qui acquitte sa dette avant l'échéance.

escompter [ɛskɔ̃te] v. t. (it. *scontare,* décompter). **1.** Payer un effet de commerce moyennant un escompte. — **2.** *Escompter qqch, que* (+ *ind.*), l'envisager avec espoir : *L'éditeur escomptait une vente rapide de ce livre* (syn. COMPTER SUR). *On peut escompter que tout se déroulera bien* (syn. ESPÉRER, COMPTER, PRÉVOIR).

escorte [ɛskɔrt] n. f. (it. *scorta,* action de guider). **1.** Troupe qui accompagne pour protéger, garder ou honorer : *Le cortège présidentiel est précédé d'une escorte de motocyclistes. Le prisonnier a été conduit au tribunal sous bonne escorte* (syn. GARDE). *Ses amis lui ont fait escorte jusqu'à la gare.* — **2.** Navires de guerre ou avions accompagnant une escadre ou un convoi pour les protéger.

escorter [ɛskɔrte] v. t. Faire escorte : *Escorter un souverain. Escorter un bateau de transport* (syn. CONVOYER). *Nos vœux vous escortent* (syn. ACCOMPAGNER).

escorteur [ɛskɔrtœr] n. m. Navire de guerre ou avion chargé d'escorter un convoi ou une escadre.

escouade [ɛskwad] n. f. (variante de *escadre*). **1.** Groupe de soldats commandés par un caporal. — **2.** Petit groupe de personnes : *Des escouades de touristes parcourent les rues.*

escrime [ɛskrim] n. f. (it. *scrima*). Maniement du fleuret, de l'épée ou du sabre : *Prendre des leçons d'escrime avec un maître d'armes.*

escrimer (s') [ɛskrime] v. pr. (de *escrime*). *S'escrimer sur qqch, à* (+ *inf.*), faire de grands efforts en vue d'un résultat malaisé à obtenir : *S'escrimer sur une traduction. Je m'escrime à prouver mon innocence* (syn. S'ÉVERTUER À, ↓ S'EFFORCER DE).

escrimeur, euse [ɛskrimœr] n. Sportif qui pratique l'escrime.

escroc [ɛskro] n. m. (it. *scrocco,* écornifleur). Individu qui agit frauduleusement, qui trompe la confiance des gens : *La police a arrêté un escroc* (syn. soutenu AIGREFIN). *Être victime d'un escroc* (syn. VOLEUR).

escroquer [ɛskrɔke] v. t. **1.** *Escroquer de l'argent à qqn,* le lui soutirer par tromperie. — **2.** *Escroquer qqn,* le voler en abusant de sa bonne foi.

escroquerie [ɛskrɔkri] n. f. Action d'escroquer : *Ses escroqueries l'ont enfin conduit en prison* (syn. MALVERSATION, VOL). *Une tentative d'escroquerie. Une escroquerie intellectuelle* (syn. TROMPERIE, MALHONNÊTETÉ).

ésotérique [ezɔterik] adj. (gr. *esôterikos,* réservé aux adeptes). Se dit de connaissances ou d'œuvres qui ne sont accessibles qu'à des initiés : *Philosophie ésotérique. Poésie ésotérique* (syn. HERMÉTIQUE).

ésotérisme [ezɔterism] n. m. Caractère ésotérique : *L'ésotérisme d'un poème* (syn. HERMÉTISME).

espace [ɛspas] n. m. (lat. *spatium*). **1.** Étendue indéfinie qui contient tous les objets : *La distance entre deux points dans l'espace s'exprime en unités de longueur. Les oiseaux qui volent dans l'espace* (syn. CIEL). *La géométrie dans l'espace* (= à trois dimensions) *s'oppose à la géométrie plane* (= à deux dimensions). — **2.** Étendue de l'univers hors de l'atmosphère terrestre : *Lancer une fusée dans l'espace. Les cosmonautes partis à la conquête de l'espace.* — **3.** Étendue en surface : *Ces plantations couvrent un espace important* (syn. SUPERFICIE). *Survoler de vastes espaces désertiques* (syn. RÉGION). *Cette cour n'offre pas assez d'espace pour des séances d'éducation physique* (= n'est pas assez spacieuse). — **4.** Distance entre deux points, deux objets : *Laisser un espace entre chaque mot* (syn. INTERVALLE, ÉCARTEMENT). *Il y a des espaces vides sur les rayons de la bibliothèque* (= des vides). — **5.** Durée qui sépare deux moments : *Je ne pourrai pas faire tout cela dans un si court espace de temps* (syn. LAPS, INTERVALLE). *En l'espace de dix minutes elle a reçu quatre coups de téléphone.* (→ SPATIAL, SPACIEUX.)

espacé, e [ɛspase] adj. Distant : *Les arbres de ce verger ne sont pas assez espacés.*

espacement [ɛspasmɑ̃] n. m. Action d'espacer ou de s'espacer ; distance entre des choses, des êtres.

espacer [ɛspase] v. t. (c. **1**) Séparer par un intervalle, dans l'espace ou dans le temps : *Elle a d'abord espacé ses visites, puis a complètement cessé de venir.* ◆ ***s'espacer*** v. pr. Se produire à des intervalles plus longs : *Ses lettres s'espacent* (syn. SE RARÉFIER).

espadon [ɛspadɔ̃] n. m. (it. *spadone,* grande épée). Grand poisson dont la mâchoire supérieure se prolonge en forme d'épée.

espadrille [ɛspadrij] n. f. (du pyrénéen *espardillo*). Chaussure de toile, le plus souvent à semelle de corde.

espagnol, e [ɛspaɲɔl] adj. et n. D'Espagne. ◆ ***espagnol*** n. m. Langue romane parlée en Espagne et dans les pays d'Amérique latine, sauf au Brésil.

espagnolette [ɛspaɲɔlɛt] n. f. (de *espagnol*). Tige verticale en métal, à poignée tournante, servant à ouvrir et fermer une fenêtre, un volet.

espalier [ɛspalje] n. m. (it. *spalliera,* pièce de soutien). Rangée d'arbres fruitiers alignés contre un mur ou un treillage et taillés court : *Culture en espalier.*

espèce [ɛspɛs] n. f. (lat. *species,* apparence). **1.** Ensemble d'êtres animés ou de végétaux qui se distinguent des autres du même genre par des caractères communs : *Parmi les canards, on distingue des espèces sauvages et des espèces domestiques. Réglementer la chasse à l'éléphant pour éviter la disparition de l'espèce. L'espèce humaine est apparue sur la Terre il y a environ un million d'années* (= l'homme). *Il y a de nombreuses espèces de poires dans ce verger* (syn. VARIÉTÉ). — **2.** Catégorie d'êtres ou de choses (souvent péjor. et comme compl. du n.) : *Il s'est acoquiné avec des paresseux de son espèce* (syn. ACABIT). *Un menteur de la plus belle espèce* (= un fieffé menteur). *Il y a dans l'atelier des outils de toute espèce* (syn. GENRE, SORTE) — **3.** *Une espèce de,* indique une ressemblance, une assimilation : *Elle habite une espèce de château* (syn. GENRE). *À cet endroit, le rocher formait une espèce de banc naturel* (syn. SORTE). ‖ Péjor. *Espèce de,* appliqué à qqn, exprime le mépris : *J'ai eu tort de me fier à* *cette espèce d'abruti. Espèce de bon à rien!* (La langue fam. accorde souvent au masculin l'article qui précède : *C'est un espèce d'imbécile.*) — **4.** *Cas d'espèce,* cas particulier, qui ne relève pas de la règle générale. ‖ *En l'espèce,* en la circonstance, en l'occurrence. ◆ ***espèces*** n. f. pl. **1.** Argent, monnaie, surtout dans *en espèces : Préférez-vous être payé par chèque ou en espèces?* — **2.** *Les saintes espèces,* dans la religion catholique, le pain et le vin consacrés.

espérance [ɛsperɑ̃s] n. f. **1.** Attente confiante, sentiment de qqn qui espère (soutenu) : *Si je n'avais pas l'espérance de réussir, je ne continuerais pas* (syn. usuel ESPOIR). — **2.** Objet de ce sentiment : *Vous êtes notre seule espérance.* — **3.** *Avoir des espérances,* compter sur des avantages susceptibles d'améliorer considérablement ses conditions de vie. — **4.** *Contre toute espérance,* alors que personne ne s'y attendait : *J'ai réussi mon examen contre toute espérance.*

espérantiste [ɛsperɑ̃tist] adj. et n. Relatif à l'espéranto.

espéranto [ɛsperɑ̃to] n. m. (de l'esp. *esperar,* espérer). Langue internationale, créée en 1887 par Lazare Zamenhof.

espérer [ɛspere] v. t. (lat. *sperare*) [c. **10**]. **1.** *Espérer qqch, que* (+ *ind.* [ou *subj.* quand la principale est négative ou interrogative]), *espérer* (+ *inf.*), l'attendre avec une confiance plus ou moins ferme : *Le gouvernement espérait une reprise de l'activité économique* (syn. PRÉVOIR, COMPTER SUR). *Nous espérons que tout se passera bien. Elle espère pouvoir reprendre ses fonctions dans quelques semaines* (syn. COMPTER). *N'espérez pas que nous changions d'avis* (syn. ESCOMPTER). *J'espère bien arriver à la convaincre* (syn. SE FLATTER DE); sans compl : *En dépit de tant de déceptions, il espère encore* (= il garde espoir). — **2.** *Espérer que* (+ *ind. prés.* ou *passé*), *espérer* (+ *inf.*), souhaiter, aimer à croire : *J'espère que je ne vous ai pas trop ennuyé avec ces détails techniques. Nous espérons être arrivés au bout de nos peines.* — **3.** *Espérer en qqn, en qqch,* mettre sa confiance en eux : *Nous ne pouvons plus espérer qu'en vous. J'espère en votre compréhension.*

espiègle [ɛspjɛgl] adj. et n. (de Till *Eulenspiegel,* personnage de roman malicieux). Vif, éveillé, malicieux, sans méchanceté : *Cet enfant est très espiègle, il fait sans cesse des niches à ses camarades* (syn. COQUIN). *Un regard espiègle* (syn. MALIN).

espièglerie [ɛspjɛgləri] n. f. Petite malice sans méchanceté : *Des yeux pétillants d'espièglerie* (syn. MALICE). *Une innocente espièglerie* (syn. FARCE, RUSE).

espion, onne [ɛspjɔ̃] n. et adj. **1.** Personne qui cherche à surprendre les secrets d'une puissance étrangère au profit d'une autre puissance (syn. AGENT SECRET). — **2.** Personne qui guette les actions de qqn pour essayer de surprendre ses secrets : *Il a la manie de la persécution : il se croit sans cesse entouré d'espions.*

espionnage [ɛspjɔnaʒ] n. m. Action d'espionner : *Établir un réseau d'espionnage* (syn. ↓SURVEILLANCE). *Espionnage industriel* (= moyens par lesquels un industriel cherche à obtenir les secrets de fabrication d'un concurrent).

espionner [ɛspjɔne] v. t. (it. *spiare,* épier). Surveiller comme espion : *Espionner l'ennemi. Espionner toutes les allées et venues de quelqu'un* (syn. ÉPIER, GUETTER).

esplanade [ɛsplanad] n. f. (de l'it. *spianare,* aplanir). Terrain plat, uni et découvert, en avant d'un édifice : *L'esplanade des Invalides.*

espoir [ɛspwar] n. m. **1.** Fait d'espérer : *Être aiguillonné par l'espoir du succès* (syn. litt. ESPÉRANCE). *Les sauveteurs conservent l'espoir de dégager les mineurs ensevelis. Elle a l'espoir chevillé au corps* (= rien ne peut la décourager). *Il continue à lutter sans espoir. Nous avons bon espoir d'aboutir à un accord. Dans l'espoir d'une réponse favorable, je vous prie d'agréer, etc.* (syn. ATTENTE). *Dans l'espoir que vous voudrez bien prendre ma demande en considération;* parfois pl. : *Cette nouvelle a ruiné tous nos espoirs.* — **2.** Objet de ce sentiment : *Elle est désormais notre unique espoir. Le vainqueur de cette course apparaît comme un des espoirs du cyclisme français* (= un de ceux qui doivent faire une brillante carrière).

esprit [ɛspri] n. m. (lat. *spiritus,* souffle). **1.** Personne considérée sur le plan de son activité intellectuelle, ou cette activité elle-même (équivaut soit au pron. personnel, soit aux mots *pensée, intelligence, mémoire, caractère, intention;* limité à quelques express.) : *Un esprit avisé* (syn. PERSONNE). *Les grands esprits se rencontrent* (= les personnes intelligentes). *Cette idée m'a traversé l'esprit* (= la pensée). *Dites ce que vous avez présent à l'esprit. Elle a l'esprit vif* (syn. INTELLIGENCE). *Qu'avez-vous dans l'esprit?* (= dans la tête). *Avez-vous perdu l'esprit?* (= êtes-vous devenu fou). *Ceci m'est resté dans l'esprit* (= dans la mémoire). *Faire preuve de mauvais esprit* (= avoir tendance à juger les autres avec malveillance ou à se rebeller contre l'autorité, la discipline). *Un mauvais esprit* (= qqn d'indiscipliné, une mauvaise tête). *Il a eu le bon esprit de ne pas revenir* (= il a bien fait). *Il m'est venu à l'esprit de nouveaux projets de vacances. Cultiver son esprit. Un esprit fort se met au-dessus des opinions reçues. Un bel esprit est un homme qui a, avec de la culture, beaucoup de prétention. Elle a l'esprit large, étroit* (syn. JUGEMENT). *Les productions, les travaux, les ouvrages de l'esprit sont les poèmes, les romans, et ce qui est le résultat de l'activité intellectuelle. Il n'a pas l'esprit à ce qu'il fait* (= il ne prête pas attention à ce qu'il fait). *Un pur esprit n'a pas le sens des réalités quotidiennes.* — **2.** (avec un compl. du n. sans article, ou un adj.) Manière de penser, de se comporter, intention définie qui peut être l'élément essentiel, dynamique d'une personne ou d'un groupe : *Avoir l'esprit d'entreprise* (= être entreprenant). *Elle n'a pas l'esprit de sacrifice* (= elle manque de générosité). *Je partirai sans esprit de retour* (= sans penser à revenir). *L'esprit de géométrie s'associe parfois à l'esprit de finesse* (= le raisonnement déductif à l'intuition). *L'esprit de compétition anime la classe* (= l'émulation). *Il travaille sans esprit de suite* (= sans penser à la continuation). *Il parle toujours dans un esprit de dénigrement systématique* (= dans une intention). — **3.** *D'esprit,* relatif à l'intelligence ou à la pensée (« spirituel, » « intellectuel », « mental ») : *Quel est l'état d'esprit de la population?* (= la mentalité, la disposition d'esprit). *Sa lenteur d'esprit est exaspérante. Ne vous laissez pas aller, secouez cette paresse d'esprit. La liberté d'esprit se définit comme le non-conformisme. Un homme, une femme d'esprit* (= intelligent). *Un mot, un trait d'esprit est une manifestation d'intelligence ironique. Faire assaut d'esprit* (= lutter sur le plan de l'intelligence). — **4.** *L'esprit de qqch,* ce qui est le caractère essentiel, la force principale de qqch : *L'esprit du XVIIIe s. est celui de la tolérance et de la liberté. L'esprit d'une époque* (syn. SENS, SIGNIFICATION). *L'esprit d'une loi s'oppose parfois à ce qui est écrit, à la lettre* (syn. INTENTION). — **5.** Humour, ironie : *Cessez de faire de l'esprit, il s'agit de choses sérieuses* (= plaisanter, badiner). *Il manque d'esprit et supporte très mal les remarques des autres. Cet écrivain a de l'esprit jusqu'au bout des ongles* (= il est plein d'humour). — **6.** Être imaginaire, comme les revenants, les fantômes, etc. (souvent pl.). — **7.** Principe immatériel : *La chair et l'esprit.* ‖ *L'esprit divin,* Dieu. (→ SPIRITUEL.) — **8.** *Reprendre ses esprits,* se remettre d'un grand trouble.

esquif [ɛskif] n. m. (it. *schifo*). *Litt.* Petite embarcation légère.

esquille [ɛskij] n. f. (lat. *schidia*, copeau). Petit fragment d'un os fracturé.

1. esquimau, aude [ɛskimo] adj. et n. Relatif au peuple des Esquimaux. ◆ ***esquimau*** n. m. Langue parlée par les Esquimaux.

2. Esquimau [ɛskimo] n. m. (nom déposé) Glace enrobée de chocolat et fixée sur un bâtonnet.

esquintant, e [ɛskɛ̃tɑ̃] adj. *Fam.* Qui esquinte : *Travail esquintant* (syn. fam. CREVANT).

esquinter [ɛskɛ̃te] v. t. (prov. *esquinta*, déchirer). **1.** Fam. *Esquinter qqn*, le fatiguer beaucoup : *Cette longue marche m'a esquinté* (syn. ÉREINTER, ↑ÉPUISER; fam. VANNER). — **2.** Fam. *Esquinter qqch*, l'abîmer, le détériorer : *Il y a eu un accident : les deux voitures sont esquintées* (syn. ENDOMMAGER). — **3.** *Esquinter une pièce, un livre*, les critiquer violemment (syn. DÉNIGRER; fam. ÉREINTER). ◆ ***s'esquinter*** v. pr. *Fam.* (sujet qqn) *S'esquinter à qqch, à (+ inf.)*, se fatiguer beaucoup, se donner du mal pour le faire : *Je me suis esquinté à lui bêcher son jardin.*

esquisse [ɛskis] n. f. (it. *schizzo*). **1.** Premier tracé d'un dessin indiquant seulement les grandes lignes : *Un cahier d'esquisses* (syn. ÉTUDE). *Des esquisses de Raphaël.* — **2.** Indication générale : *Elle nous a donné une esquisse de ses projets* (syn. APERÇU). — **3.** Ce qui n'est qu'ébauché : *À ces mots, on a vu sur son visage l'esquisse d'un sourire* (syn. ÉBAUCHE). *Il est parti sans l'esquisse d'un regret* (syn. OMBRE).

esquisser [ɛskise] v. t. **1.** *Esquisser qqch*, en faire une esquisse : *Peintre qui esquisse un tableau. Esquisser en quelques pages l'histoire de la Révolution française* (syn. ÉBAUCHER). — **2.** *Esquisser un geste, un mouvement*, commencer à le faire : *Elle esquissa un salut et disparut.* ◆ ***s'esquisser*** v. pr. (sujet qqch) S'ébaucher : *La solution commence à s'esquisser* (syn. SE DESSINER).

esquive [ɛskiv] n. f. Action d'esquiver, par un déplacement du corps, un coup, l'attaque d'un adversaire, etc.

esquiver [ɛskive] v. t. (it. *schivare*). *Esquiver qqch*, l'éviter habilement : *Un boxeur qui esquive souvent les coups de son adversaire* (syn. SE DÉROBER À). *Vous esquivez la difficulté* (syn. ÉCHAPPER À, ÉLUDER). *Esquiver une corvée* (syn. fam. COUPER À). ◆ ***s'esquiver*** v. pr. (sujet qqn) Se retirer, partir furtivement : *Pendant la réunion, elle s'esquiva par une porte dérobée* (syn. fam. SE SAUVER).

essai [ɛsɛ] n. m. (lat. *exagium*, pesée). **1.** Action d'essayer, de vérifier; épreuve : *L'essai de l'appareil a donné entière satisfaction* (syn. VÉRIFICATION). *Au deuxième essai, le champion a réussi à battre son record* (syn. TENTATIVE). *Prendre une collaboratrice à l'essai* (= sans engagement définitif tant qu'elle n'a pas fait ses preuves). *On l'a mis à l'essai dans ce nouveau service. Pour un coup d'essai, c'est un coup de maître* (= un début). — **2.** Livre, long article qui traite très librement d'une question, sans prétendre épuiser le sujet. — **3.** Au rugby, action de porter le ballon et de le poser par terre derrière la ligne de but adverse.

essaim [ɛsɛ̃] n. m. (lat. *examen*). **1.** Groupe d'abeilles vivant ensemble, comprenant une reine et des milliers d'ouvrières. — **2.** Groupe nombreux de personnes pleines d'animation : *À la sonnerie, un essaim d'écoliers se répandit dans la rue.*

essaimer [ɛsɛme] v. i. **1.** Quitter la ruche : *Les abeilles essaiment au printemps* (= un essaim de jeunes abeilles quitte la ruche). — **2.** Se disperser : *Entreprise qui essaime* (= qui fonde des filiales en d'autres régions).

essayage [ɛsɛjaʒ] n. m. Action d'essayer des vêtements : *L'essayage d'un costume, d'une robe. Passer dans le salon d'essayage.*

essayer [ɛsɛje] v. t. (bas lat. *exagiare*, peser) [c. 4]. **1.** *Essayer qqch*, l'utiliser pour en éprouver les qualités, en contrôler le fonctionnement : *Un malade qui essaie un nouveau remède. Essayer une voiture sur un parcours difficile* (syn. EXPÉRIMENTER). *Essayer un costume* (= le passer sur soi pour voir s'il est bien à la mesure). — **2.** *Essayer de (+ inf.)*, faire des efforts, des tentatives en vue de : *J'ai vainement essayé de rattraper le voleur à la course* (syn. TENTER). *J'essaierai de vous satisfaire* (syn. S'EFFORCER). *Essayez de vous rappeler le nom de cette personne* (syn. TÂCHER). *Je n'ai pas réussi à les convaincre, mais tu peux essayer à ton tour.* — **3.** Fam. *Essayer que (+ subj.)*, chercher à obtenir que : *J'essaierai que tout se passe bien.* ◆ ***s'essayer*** v. pr. (sujet qqn) *S'essayer à, dans qqch, s'essayer à (+ inf.)*, faire l'essai de ses capacités dans un domaine (soutenu) : *À cette époque, elle ne s'était pas encore essayée à la peinture.*

essayeur, euse [ɛsɛjœr] n. Personne chargée d'essayer les vêtements chez un tailleur, une couturière.

essayiste [ɛsɛjist] n. Auteur d'essais.

esse [ɛs] n. f. Crochet en forme de S.

essence [ɛsɑ̃s] n. f. (du lat. esse, être).
— **I. 1.** Liquide très inflammable, provenant de la distillation des pétroles bruts et employé comme carburant ou comme solvant : *Un moteur à essence. Le pompiste a mis vingt litres d'essence dans le réservoir.* — **2.** Extrait concentré : *De l'essence de lavande.*
— **II. 1.** Nature propre à une chose, à un être, ce qui les constitue fondamentalement (surtout en philos.) : *Selon l'existentialisme, l'existence précède l'essence. Cette phrase contient toute l'essence de sa pensée* (syn. RÉSUMÉ). *Cette personne se croit d'une essence supérieure à tout le monde* (= par nature supérieure). *Un postulat est, par essence, indémontrable* (syn. PAR NATURE). — **2.** Syn. de ESPÈCE, en parlant d'arbres forestiers : *Cette forêt possède des essences très variées.*

essentiel, elle [ɛsɑ̃sjɛl] adj. (du lat. *essentia*, essence). Indispensable ou très important : *Cette précaution est essentielle à la réussite de l'expérience. Ce chapitre contient le postulat essentiel de l'ouvrage* (syn. FONDAMENTAL). *Les enquêteurs ont abouti à une conclusion essentielle* (syn. CAPITAL). *Voici les points essentiels sur lesquels porte le différend* (syn. PRINCIPAL; contr. SECONDAIRE, ACCESSOIRE). ◆ ***essentiel*** n. m. Ce qui est indispensable : *L'essentiel est de garder son sang-froid* (syn. LE PRINCIPAL). *Pour éviter de s'encombrer, elle n'a emporté que l'essentiel : elle achètera le reste sur place* (contr. L'ACCESSOIRE).

essentiellement [ɛsɑ̃sjɛlmɑ̃] adv. Par-dessus tout : *Un appareil photographique se compose essentiellement d'une chambre noire, d'un objectif et d'un obturateur* (contr. ACCESSOIREMENT). *Le programme de cet examen est essentiellement à base de mathématiques* (syn. PRINCIPALEMENT). *Je tiens essentiellement à dissiper toute équivoque* (syn. ABSOLUMENT, À TOUT PRIX).

esseulé, e [ɛsœle] adj. (de *seul*). *Litt.* Abandonné, solitaire.

essieu [ɛsjø] n. m. (du lat. *axis*, axe). Axe recevant une roue à chaque extrémité et supportant un véhicule.

essor [ɛsɔr] n. m. (de *essorer*, au sens anc. de *s'envoler*). **1.** Développement d'une entreprise, d'un secteur de l'économie, etc. : *L'essor de cette industrie a été très rapide. Commerce en plein essor. Le tourisme connaît un nouvel essor dans cette région* (syn. ÉLAN). — **2.** Litt. *Laisser l'essor à son imagination, à ses pen-*

sées, etc., leur laisser libre cours. || Litt. *Prendre son essor,* s'envoler, en parlant d'un oiseau ; se développer.

essorage [ɛsɔraʒ] n. m. Action d'essorer.

essorer [ɛsɔre] v. t. (bas lat. *exaurare,* exposer à l'air). *Essorer du linge,* le presser ou le tordre pour en faire sortir l'eau.

essoreuse [ɛsɔrøz] n. f. Machine à essorer le linge.

essoufflement [ɛsufləmɑ̃] n. m. Action de s'essouffler.

essouffler [ɛsufle] v. t. *Essouffler qqn, un animal,* les mettre hors d'haleine, à bout de souffle : *Cette longue course l'avait essoufflé* (syn. OPPRESSER). ◆ ***s'essouffler*** v. pr. ou **être essoufflé** v. pass. **1.** Perdre, avoir perdu le souffle par un effort excessif : *Une nageuse qui s'essouffle. Il s'essoufflait à suivre le cycliste. Il est arrivé essoufflé en haut de la côte* (syn. HALETANT). — **2.** Peiner en vue d'un résultat qu'on atteint difficilement : *Un élève qui s'essouffle dans une classe trop forte pour lui.*

essuie-glace [ɛsɥiglas] n. m. (pl. *essuie-glaces*). Dispositif, formé d'un balai muni d'une lame de caoutchouc, qui essuie automatiquement le pare-brise mouillé d'une voiture.

essuie-mains [ɛsɥimɛ̃], **essuie-meubles** [ɛsɥimøbl], **essuie-verres** [ɛsɥivɛr] n. m. inv. Torchon spécialement affecté à l'essuyage des mains, des meubles, des verres à boire.

essuyage [ɛsɥijaʒ] n. m. Action d'essuyer : *Prendre un torchon fin pour l'essuyage des verres.*

essuyer [ɛsɥije] v. t. (lat. *exsucare,* extraire le suc) [c. 3]. **1.** *Essuyer qqch, qqn,* les sécher au moyen d'un torchon, d'une serviette, etc. : *Essuyer la vaisselle. Essuyer ses lunettes avec un mouchoir. Il essuya son front ruisselant de sueur* (syn. ÉPONGER). *Essuie ta petite sœur, elle est trempée.* — **2.** *Essuyer qqch,* le débarrasser de la boue, de la poussière, etc., en frottant : *On est prié d'essuyer ses pieds sur le tapis avant d'entrer* (= de frotter la semelle de ses souliers). *Essuyer les meubles.* — **3.** *Essuyer les larmes de qqn,* le consoler. || Fam. *Essuyer les plâtres,* être le premier à occuper une pièce, une habitation nouvellement construite ; subir les inconvénients de qqch encore imparfait : *Les premiers acheteurs de ce modèle de voiture ont essuyé les plâtres.* — **4.** *Essuyer qqch,* avoir à supporter qqch de pénible, de dangereux (soutenu) : *Essuyer des coups, une tempête, un refus, un échec* (syn. SUBIR). *Elle essuya sans broncher les remontrances de son institutrice* (syn. SUPPORTER, ENDURER). ◆ ***s'essuyer*** v. pr. (sujet qqn) Se sécher.

est [ɛst] n. m. (angl. *east*). Celui des quatre points cardinaux qui correspond au côté où le soleil se lève : *La Pologne est à l'est de la France. On appelle «pays de l'Est» ceux qui sont situés dans la partie orientale de l'Europe, et spécialement l'ensemble des républiques socialistes. Les croisés, partis de Marseille, cinglaient vers l'est* (syn. litt. LEVANT, ORIENT). ◆ adj. inv. Qui est à l'est : *La côte est de la Corse* (syn. ORIENTAL).

establishment [ɛstabliʃmɛnt] n. m. (mot angl.). Ensemble des gens en place qui soutiennent l'ordre établi.

estafette [ɛstafɛt] n. f. (it. *staffetta,* petit étrier). Militaire chargé de transmettre des messages.

estafilade [ɛstafilad] n. f. (it. *staffilata,* coup de fouet). Longue entaille faite sur le corps, principalement au visage.

estaminet [ɛstaminɛ] n. m. (du wallon *staminê*). Débit de boissons de médiocre apparence ou petit café de village (vieilli).

estampe [ɛstɑ̃p] n. f. (it. *stampa*). Image imprimée, reproduite au moyen d'une plaque de cuivre ou de bois gravée.

estamper [ɛstɑ̃pe] v. t. (frq. *stampôn,* broyer). Fam. *Estamper qqn,* lui faire payer qqch trop cher (syn. ↑ESCROQUER).

estampeur, euse [ɛstɑ̃pœr] adj. et n. Qui estampe.

estampille [ɛstɑ̃pij] n. f. (esp. *estampilla*). Marque, cachet appliqués sur un objet pour en garantir l'authenticité, pour attester l'acquittement d'un droit.

estampiller [ɛstɑ̃pije] v. t. Marquer d'une estampille. *Estampiller un produit manufacturé.*

est-ce que [ɛskə] adv. interr. **1.** Marque l'interrogation directe : *Est-ce que vous aimez entendre l'accordéon? Est-ce qu'on connaît le gagnant de la loterie? Est-ce que tu as remonté la pendule qui était arrêtée?* — **2.** Suit les pron. et les adv. interr. dans l'interrogation directe ou indirecte (fam.) : *Quand est-ce que tu viendras dîner chez nous? Pourquoi est-ce que tu n'as pas téléphoné? Qui est-ce qui connaît les coupables? Je te demande quand est-ce que tu viendras. J'ignore à qui est-ce qu'elle a pu prêter ce livre.*

esthète [ɛstɛt] n. Personne qui affecte de considérer la beauté comme la valeur suprême (parfois péjor.) : *Une maison décorée avec un raffinement d'esthète.*

esthéticien, enne [ɛstetisjɛ̃] n. **1.** Spécialiste d'esthétique. — **2.** Spécialiste des soins de beauté du visage et du corps.

1. esthétique [ɛstetik] adj. (gr. *aisthêtikos,* qui a la faculté de sentir). **1.** Relatif au sentiment de la beauté : *Il n'a pas un sens esthétique très développé.* — **2.** Agréable à voir : *Cette voiture a une carrosserie plus esthétique que celle du modèle précédent* (syn. JOLI, BEAU). *Ce tas de gravats devant la maison n'a rien d'esthétique* (syn. DÉCORATIF). — **3.** *Chirurgie esthétique,* celle qui vise à accroître la beauté du corps, à corriger les traits du visage.

2. esthétique [ɛstetik] n. f. **1.** Partie de la philosophie qui étudie le sentiment de la beauté. — **2.** Ensemble de principes, de règles selon lesquels on juge de la beauté : *L'esthétique romantique. L'esthétique parnassienne. Une statue conforme à l'esthétique moderne.*

esthétiquement [ɛstetikmɑ̃] adv. De façon esthétique : *Des fleurs esthétiquement disposées dans un vase* (syn. ARTISTIQUEMENT).

estimable [ɛstimabl] adj. Qui mérite l'estime : *Une femme estimable par sa probité* (syn. HONORABLE, RECOMMANDABLE). *Il est l'auteur d'une thèse estimable sur cette question.*

estimatif, ive [ɛstimatif] adj. Qui constitue une estimation : *L'entrepreneur a fourni un devis estimatif des travaux.*

estimation [ɛstimasjɔ̃] n. f. Détermination exacte ou approximative de la valeur de qqch, de son importance : *Le remboursement des dommages sera effectué sur la base des estimations de l'expert agréé. D'après mon estimation, le parcours peut s'effectuer environ en deux heures* (syn. ÉVALUATION). *Le succès a dépassé toutes les estimations* (syn. PRÉVISION).

estime [ɛstim] n. f. Bonne opinion qu'on a de qqn ou de son œuvre : *Il a toujours agi avec une droiture qui lui a valu l'estime même de ses adversaires* (syn. ↑RESPECT). *Elle a forcé l'estime de ceux qui d'abord affectaient de l'ignorer* (syn. CONSIDÉRATION). *J'ai la plus grande estime pour cet ouvrage* (= j'en fais le plus grand cas). *C'est une personne que j'ai en grande estime, en piètre estime. Monter, baisser dans l'estime de quelqu'un. Cette pièce a obtenu un succès d'estime* (= succès limité à la critique, mais qui n'atteint pas le grand public).

estimer [ɛstime] v. t. (lat. *aestimare,* apprécier). **1.** *Estimer qqn,* l'avoir en estime : *Il est de ces gens qu'on estime, même si on ne les aime pas* (syn. ↑RESPECTER). *Je l'estime trop pour la soupçonner, même un instant, d'avoir agi par intérêt.* — **2.** *Estimer un objet,* en déterminer la valeur : *Porter un bijou à un joaillier pour le faire estimer* (syn. EXPERTISER). *Ce tableau a été estimé deux cent mille francs.* — **3.** *Estimer que* + *ind.* (ou *subj.,* si la principale est interrogative ou négative), *estimer* (+ *inf.*), *estimer qqn, qqch* (+ *attribut de l'objet*), porter un jugement, avoir une opinion sur qqn, qqch : *J'estime que sa décision est bien imprudente* (syn. TROUVER). *On a estimé que ce délai était suffisant* (syn. JUGER, CONSIDÉRER). *Si vous estimez que vous pouvez le faire, allez-y hardiment* (syn. CROIRE). *Estimez-vous qu'il soit trop tard? Nous n'estimons pas que ce soit utile* (syn. PENSER). *J'estime avoir le droit de parler. J'estime inutile d'en parler maintenant.* ◆ ***s'estimer*** v. pr. *S'estimer* (+ *adj. attribut*), se considérer comme : *Je m'estime satisfait du résultat. Estimez-vous heureux d'en être quitte à si bon compte* (= réjouissez-vous).

estival, e, aux [ɛstival] adj. (lat. *aestivus*). Qui a lieu en été; relatif à l'été : *Les grands couturiers ont présenté la nouvelle mode estivale* (syn. D'ÉTÉ).

estivant, e [ɛstivɑ̃] n. Personne venue passer ses vacances d'été au bord de la mer, à la campagne, etc. : *Au début de juin, les estivants commencent à affluer sur les plages* (syn. VACANCIER).

estoc [ɛstɔk] n. m. (de l'anc. fr. *estochier,* frapper). Litt. *Frapper d'estoc et de taille,* donner de grands coups d'épée (= de la pointe et du tranchant) : *Un film où on voit des chevaliers frapper d'estoc et de taille.* (L'*estoc* était une épée longue et étroite.)

estocade [ɛstɔkad] n. f. (it. *stoccata*). **1.** Coup donné avec la pointe de l'épée. — **2.** Attaque soudaine et violente : *Un témoin désarçonné par les estocades de l'avocat. Donner l'estocade* (= donner le coup de grâce).

estomac [ɛstɔma] n. m. (lat. *stomachus*). **1.** Partie du tube digestif formant une poche, où les aliments, venant de l'œsophage, sont brassés avant de passer dans l'intestin : *La crème Chantilly m'est restée sur l'estomac* (= je l'ai mal digérée). *La faim me donnait des crampes d'estomac.* — **2.** Partie du corps qui correspond à l'estomac : *Un coup de poing au creux de l'estomac coupe la respiration* (= au niveau du diaphragme). — **3.** Fam. *À l'estomac,* en se payant de hardiesse : *Elle a réussi à le décider en y allant à l'estomac.* ‖ Fam. *Avoir de l'estomac,* de l'aplomb. ‖ Fam. *Avoir l'estomac dans les talons,* être très affamé. (→ STOMACAL.)

estomaquer [ɛstɔmake] v. t. (lat. *stomachari,* s'irriter). Fam. *Estomaquer qqn,* le surprendre par qqch de choquant (surtout pass.) : *Je suis estomaqué par son imprudence* (syn. SCANDALISER, SUFFOQUER).

estompage [ɛstɔ̃paʒ] n. m. Action d'estomper.

estomper [ɛstɔ̃pe] v. t. (du néerl. *stomp,* bout de chandelle). *Estomper un dessin, un paysage, une silhouette,* etc., en atténuer les traits, en adoucir les contours : *Retoucher une photographie en estompant les rides* (contr. ACCUSER). *La brume estompe les collines.* ◆ ***s'estomper*** v. pr. S'effacer : *Les lignes du paysage s'estompent dans le lointain* (contr. SE DÉTACHER). *Le souvenir de ces événements commençait à s'estomper dans son esprit* (= à devenir flou).

estrade [ɛstrad] n. f. (du lat. *stratum,* ce qui est étendu). Plancher surélevé par rapport au sol, au plancher d'une pièce : *Les membres du comité, sur l'estrade, faisaient face à l'assemblée.*

estragon [ɛstragɔ̃] n. m. (ar. *tarkhūn*). Plante potagère aromatique : *Moutarde, vinaigre, salade à l'estragon.*

estropié, e [ɛstrɔpje] adj. et n. Qui est privé de l'usage normal de ses jambes ou de ses bras : *Un estropié qui se déplace avec des béquilles* (syn. INFIRME, ↓ÉCLOPÉ).

estropier [ɛstrɔpje] v. t. (it. *stroppiare*). **1.** *Estropier qqn, un animal,* le blesser au point de le priver de l'usage normal d'un ou de plusieurs membres (surtout pass.) : *Elle est restée estropiée de sa chute.* — **2.** *Estropier un mot,* le déformer dans sa prononciation ou son orthographe : *Il fit l'appel des candidats en estropiant plusieurs noms* (syn. ÉCORCHER). *J'estropiais trop l'anglais pour me faire comprendre* (syn. fam. BARAGOUINER).

estuaire [ɛstɥɛr] n. m. (du lat. *aestus,* marée). Embouchure d'un fleuve envahie par la mer.

estudiantin, e [ɛstydjɑ̃tɛ̃] adj. Syn. vieilli de ÉTUDIANT adj. : *La vie estudiantine.*

esturgeon [ɛstyrʒɔ̃] n. m. (frq. *sturjo*). Grand poisson de mer, atteignant jusqu'à deux cents kilos : *On consomme les œufs d'esturgeon sous le nom de caviar.*

et [e] conj. de coordination. (lat. *et*). **1.** Indique l'adjonction, qui peut avoir valeur d'addition, de comparaison ou d'opposition : *Un concerto pour piano et orchestre. Une amie fidèle et loyale. Il ne peut et ne doit pas agir ainsi. Répondre brièvement et clairement;* avec un numéral : *Vingt et un, soixante et onze. Il est midi et quart* (ou *midi un quart*). *À huit heures et demie, nous partirons;* entre deux groupes de mots : *La ville a construit un stade et une piscine couverte. Veuillez nous faire parvenir la réponse et joindre le reçu;* entre deux phrases ou propositions : *J'entendis un bruit insolite qui venait de l'arrière de la voiture et qui ressemblait à un battement. C'est un livre original et qui vous plaira certainement. Elle ne sait si son mal de tête cessera bientôt et si elle nous rejoindra. Il faisait très froid et les routes étaient verglacées. Les livres étaient chers et je ne pouvais en acheter beaucoup. Nous sommes encore en été, et il a déjà neigé en montage.* — **2.** *Et* en tête de l'énoncé est un renforcement emphatique (souvent devant un pron. pers. tonique) : *Et moi, vous ne me demandez pas mon avis? Et soudain la porte s'ouvrit. Et voilà, nous sommes arrivés.* — Rem. Quand deux sujets singuliers sont réunis par *et,* le verbe est au pluriel : *La flûte et la clarinette sont des instruments à vent;* lorsqu'il y a un pronom, le verbe se met à la personne de celui-ci : *Paul et moi, nous nous servirons de la barque.*

étable [etabl] n. f. (lat. *stabulum*). Bâtiment destiné aux bestiaux (surtout les bovins) : *Une étable à vaches.* (Pour les chevaux, on emploie *écurie.*)

établi [etabli] n. m. Table de travail des menuisiers, des serruriers, des tailleurs, etc.

établir [etablir] v. t. (du lat. *stabilis,* stable). **1.** *Établir qqch (concret),* le mettre dans un lieu, une position : *Le commandement allié avait établi son quartier général sur une hauteur* (syn. INSTALLER, FIXER). — **2.** *Établir qqch,* le mettre en état, en usage : *Établir la liste des candidats* (syn. DRESSER). *Établir un devis. Le comité a établi le programme des cérémonies* (syn. ORGANISER, METTRE SUR PIED). *Établir une liaison téléphonique entre deux postes. Ceux qui ont établi ce règlement n'avaient pas envisagé ce cas* (syn. INSTITUER). — **3.** *Établir un fait,* en démontrer la réalité : *Les enquêteurs n'ont pas pu établir la participation de l'inculpé à l'attentat* (syn. PROUVER). *Il est maintenant établi que ce tableau est un faux.* — **4.** *Établir qqn,* le pourvoir d'une situation sociale (vieilli) : *Il a cinq enfants à établir* (syn. fam. CASER). ◆ ***s'établir*** v. pr. (sujet qqn, qqch) S'installer; prendre place : *Le cirque s'est établi sur la place du village. Cette coutume s'est établie depuis peu. Elle* *s'est établie marchande de primeurs. Un menuisier qui s'établit à son compte* (= qui cesse de travailler dans une entreprise et gère lui-même son affaire).

établissement [etablismɑ̃] n. m. **1.** Action d'établir : *L'établissement du camp s'est fait en quelques heures. L'établissement des feuilles de paie. L'établissement des faits reprochés à l'accusé incombe à la partie adverse* (syn. PREUVE). — **2.** Entreprise commerciale ou industrielle, institution scolaire, etc. : *Le siège social de cet établissement de transports est en province* (syn. MAISON). *Le bulletin trimestriel d'un élève porte la signature du chef d'établissement.*

étage [etaʒ] n. m. (du lat. *stare,* se tenir debout). **1.** Chacun des intervalles compris entre deux planchers successifs d'un immeuble et occupé par un ou plusieurs appartements : *Il y a eu une fuite d'eau au premier étage, le plafond du rez-de-chaussée est abîmé.* — **2.** Chacun des niveaux superposés d'un objet (meuble, fusée, etc.) : *Les chemises sont dans l'armoire, à l'étage du haut. Une fusée à trois étages.* — **3.** *De bas étage,* de condition humble : *Il méprisait ouvertement ces gens qu'il jugeait de bas étage;* de qualité médiocre : *Une plaisanterie de bas étage.*

étagement [etaʒmɑ̃] n. m. Action d'étager; disposition en étages : *L'étagement des couches géologiques.*

étager [etaʒe] v. t. (c. 2) *Étager des choses,* les mettre à des niveaux différents : *Étager des livres dans une bibliothèque* (syn. SUPERPOSER). *Les prix sont étagés* (syn. ÉCHELONNER). ◆ ***s'étager*** v. pr. Être disposé en rangs superposés : *Des maisons qui s'étagent au flanc de la colline.*

étagère [etaʒɛr] n. f. **1.** Meuble formé de tablettes superposées. — **2.** Tablette fixée horizontalement sur un mur : *Un vase à fleurs posé sur une étagère.*

étai [etɛ] n. m. (mot francique). Pièce de bois servant à soutenir provisoirement un plancher, un mur, etc.

étain [etɛ̃] n. m. (lat. *stannum,* plomb argentifère). **1.** Métal blanc, très malléable : *Autrefois, on se servait souvent de vaisselle d'étain.* — **2.** Objet fait en ce métal et ayant une valeur décorative : *Elle a disposé sur sa cheminée quelques vieux étains.*

étal [etal] n. m. (frq. *stall,* position) [pl. *étals* ou *étaux*]. **1.** Table où on dispose les marchandises dans les marchés. —**2.** Table sur laquelle un boucher débite la viande.

étalage [etalaʒ] n. m. **1.** Disposition des marchandises à la devanture : *Une commerçante qui refait son étalage. Cet article n'est pas à l'étalage.* — **2.** Action d'étaler, de faire parade : *Un tel étalage de luxe est indécent au voisinage de tant de misère* (syn. DÉPLOIEMENT, OSTENTATION). *Il se rend insupportable par son habitude de faire étalage de ses mérites.*

étalagiste [etalaʒist] n. Décorateur spécialisé dans la présentation des étalages.

étale [etal] adj. (de *étaler*). **1.** Se dit de la mer quand son niveau reste stationnaire (à marée haute ou à marée basse). — **2.** Se dit d'un cours d'eau dont la crue a cessé et dont le niveau de l'eau est stationnaire.

étalement [etalmɑ̃] n. m. Action d'étaler; fait d'être étalé : *Une campagne de presse en faveur de l'étalement des vacances. Des facilités de crédit permettent un étalement des paiements* (syn. ÉCHELONNEMENT).

étaler [etale] v. t. (de *étal*). **1.** *Étaler qqch,* le disposer à plat en l'éparpillant, en le déployant : *Étaler du linge dans un pré pour le faire sécher* (syn. ÉTENDRE). *Elle a étalé sur la table toutes les pièces de son porte-monnaie. On a étalé le nouveau tapis dans le salon* (syn. DÉROULER). *Étaler un journal* (syn. DÉPLOYER). *Étaler ses cartes* (= les montrer en les mettant sur la table). — **2.** *Étaler un liquide, de la peinture,* l'appliquer en couche : *Elle a étalé sur son dos une huile spéciale contre les coups de soleil.* — **3.** *Étaler des objets,* les exposer pour la vente : *Un commerçant qui étale à sa devanture des chaussures, des appareils ménagers, etc.* — **4.** *Étaler ses richesses, ses connaissances,* etc., en faire parade, les montrer avec ostentation. ‖ *Étaler ses projets,* ne pas les cacher. ‖ *Étaler des paiements, les dates des rendez-vous,* etc., les répartir sur une période plus longue qu'il n'était prévu (syn. ÉCHELONNER). ◆ ***s'étaler*** v. pr. **1.** (sujet qqch) S'étendre : *Le chat a renversé l'encrier, et toute l'encre s'est étalée sur la table* (syn. SE RÉPANDRE). — **2.** *Fam.* (sujet qqn) Tomber par terre : *Elle a glissé sur le verglas et s'est étalée de tout son long.* — **3.** *Fam.* (sujet qqn) Prendre trop de place, s'étendre. — **4.** (sujet qqch) Se disposer dans le temps à certains intervalles : *Cette année, les vacances du personnel s'étalent sur trois mois* (syn. SE RÉPARTIR, S'ÉCHELONNER, S'ÉTAGER) — **5.** (sujet qqch) Se manifester avec ostentation : *Sa vanité s'étale au grand jour* (syn. S'AFFICHER).

1. étalon [etalɔ̃] n. m. (frq. *stallo,* cheval gardé à l'écurie). Cheval destiné à la reproduction.

2. étalon [etalɔ̃] n. m. (frq. *stalo,* modèle). Modèle légal de mesure, servant à définir une unité : *Le mètre a été défini par référence à l'étalon de platine déposé au pavillon de Sèvres. Les systèmes monétaires basés sur l'étalon-or.*

étalonnage [etalɔnaʒ] ou **étalonnement** [etalɔnmɑ̃] n. m. Action d'étalonner : *L'étalonnage d'un baromètre.*

étalonner [etalɔne] v. t. *Étalonner un appareil, un instrument,* etc., procéder à sa graduation, au calcul de ses performances, à sa vérification par référence à un étalon.

étamage [etamaʒ] n. m. Action d'étamer.

étamer [etame] v. t. *Étamer un objet,* le recouvrir d'une couche d'étain. (→ RÉTAMER.)

étameur [etamœr] n. m. Celui qui étame.

1. étamine [etamin] n. f. (lat. *stamineus,* garni de fil). Tissu de coton tissé très lâche, qu'on emploie surtout pour confectionner des rideaux.

2. étamine [etamin] n. f. (lat. *stamina*). Chacune des petites tiges qui, dans une fleur, portent le pollen et sont disposées autour du pistil.

étanche [etɑ̃ʃ] adj. (de l'anc. fr. *estanchier,* retenir). **1.** Qui ne laisse pas un liquide s'écouler ou pénétrer : *Le niveau de l'eau a baissé : le réservoir n'est pas étanche. Tu peux te baigner avec ta montre, elle est étanche.* — **2.** Qui maintient une séparation absolue : *Les cloisons étanches entre les classes sociales.*

étanchéité [etɑ̃ʃeite] n. f. Qualité de ce qui est étanche : *Le goudronnage assure l'étanchéité de la barque.*

étanchement [etɑ̃ʃmɑ̃] n. m. Action d'étancher : *L'étanchement de la soif.*

étancher [etɑ̃ʃe] v. t. (bas lat. *standicare,* arrêter). **1.** *Étancher un liquide,* en arrêter l'écoulement : *Comprimer une blessure pour étancher le sang.* — **2.** *Étancher sa soif,* se désaltérer en buvant (soutenu).

étançon [etɑ̃sɔ̃] n. m. (de l'anc. fr. *estance,* action de se tenir debout). Grosse pièce de bois au moyen de laquelle on soutient provisoirement un mur ou une masse de terre qui risque de s'ébouler (syn. ÉTAI).

étang [etɑ̃] n. m. (de l'anc. fr. *estanchier,* arrêter l'eau). Étendue d'eau stagnante ou à très faible courant : *L'étang de Vaccarès en Camargue. Des enfants qui pêchent des grenouilles dans un étang* (syn. ↓ MARE, ↑ LAC).

étape [etap] n. f. (anc. néerl. *stapel,* entrepôt). **1.** Distance parcourue en une journée, ou d'une seule traite : *Il s'est rendu à bicyclette en Normandie, par étapes* *de soixante kilomètres environ. Gagner une étape du Tour de France.* — **2.** Lieu où on s'arrête pour prendre du repos, pour passer la nuit : *Arrivée à l'étape, elle écrivit une lettre à sa famille.* — **3.** Période dans le cours d'un événement : *La réforme s'est faite en plusieurs étapes* (syn. TEMPS). *Les étapes successives d'une maladie* (syn. PHASE). *Les traitements doivent être revalorisés par étapes* (syn. PALIER).

1. état [eta] n. m. (lat. *status*). **1.** Manière d'être de qqch à un moment donné : *Une voiture en bon état. Des fruits dans un parfait état de conservation. Cette caméra n'est plus en état de marche. Un minéral réduit à l'état de poussière. Vous me tiendrez au courant de l'état de la question* (= de son évolution). *Un appareil en état, hors d'état de marche* (= qui fonctionne, qui ne fonctionne pas). *J'ai acheté la maison en l'état* (= telle qu'elle était). *Il faut tâcher de remédier à cet état de choses* (= à cette situation). — **2.** Condition physique ou morale de qqn : *L'état du malade est stationnaire. Son état de santé s'est amélioré. Les naufragés étaient dans un état de complet épuisement. Il est revenu de la manifestation dans un bel état!* (= sale, déchiré, blessé, etc.). *Plusieurs manifestants ont été mis en état d'arrestation.* — **3.** *En état de,* capable de : *Je ne suis pas en état de juger de cette question* (syn. À MÊME, EN MESURE). ‖ *En tout état de cause,* quoi qu'il en soit, quoi qu'il arrive : *Peut-être changera-t-elle d'avis. En tout état de cause, je saurai à qui m'adresser* (syn. EN TOUT CAS). ‖ Fam. *Être, se mettre dans tous ses états,* être très agité, donner les signes d'une émotion vive et qu'on ne maîtrise pas. ‖ *Hors d'état de,* incapable de. — **4.** Condition de vie, situation professionnelle de qqn : *Les servitudes de l'état militaire* (syn. MÉTIER). *L'état ecclésiastique. Elle a un train de vie en rapport avec son état* (syn. PROFESSION). — **5.** *État civil,* situation sociale de qqn sous le rapport de sa naissance, des liens de famille, de parenté, de son mariage, de son décès, etc. : *Les registres de l'état civil sont tenus dans les mairies.* — **6.** Liste énumérative de choses ou de personnes : *Dresser un état des dépenses de fonctionnement* (syn. MÉMOIRE). *Procéder à un état du matériel disponible* (syn. INVENTAIRE). *Cet employé ne figure plus sur nos états* (= il n'appartient plus à nos services; syn. CONTRÔLE). *Un état des lieux est un rapport constatant en quel état se trouve un local loué, à l'entrée du locataire. Cet officier a de brillants états de service* (syn. CARRIÈRE). — **7.** *Faire état de qqch,* le mettre en avant, le mentionner : *Elle a fait état de son ancienneté dans la maison pour réclamer la priorité* (= elle a fait valoir).

2. État [eta] n. m. **1.** Nation organisée, administrée par un gouvernement : *Développer ses relations commerciales avec les États voisins* (syn. PAYS). *Le Premier ministre est nommé par le chef de l'État.* — **2.** Le gouvernement, les pouvoirs publics : *Les conflits entre l'État et les collectivités locales* (syn. ADMINISTRATION CENTRALE). — **3.** *Affaire d'État,* affaire de la plus haute importance : *On vous demande simplement de changer la date de cette réunion : ce n'est pas une affaire d'État.* ‖ *Coup d'État,* acte qui viole la constitution établie : *Un groupe de militaires s'est emparé du pouvoir par un coup d'État.* ‖ *Homme d'État,* celui qui exerce un rôle important dans la politique d'un pays. ‖ *Raison d'État,* considération de l'intérêt public portant un gouvernement à commettre une injustice. ‖ *Secret d'État,* secret dont la divulgation nuirait aux intérêts de la nation.

étatique [etatik] adj. Relatif à l'État.

étatisation [etatizasjɔ̃] n. f. Action d'étatiser : *L'étatisation se distingue de la nationalisation par le fait que l'État y exerce directement la gestion.*

étatiser [etatize] v. t. Faire administrer par l'État.

étatisme [etatism] n. m. Système politique dans lequel l'État intervient dans la gestion des entreprises privées.

étatiste [etatist] adj. et n. Partisan de l'étatisme.

état-major [etamaʒɔr] n. m. (pl. *états-majors*). **1.** Groupe d'officiers chargés de conseiller, d'assister un chef militaire. — **2.** Ensemble des collaborateurs les plus proches d'un chef, des personnes les plus influentes d'un groupement : *Les états-majors des partis politiques se concertent.*

étau [eto] n. m. (prononciation pop. de *estoc*). Instrument comportant deux mâchoires entre lesquelles on peut serrer un objet à travailler.

étayage [etɛjaʒ] ou **étaiement** [etɛmɑ̃] n. m. Action d'étayer : *L'étayage du plafond a demandé une matinée de travail.*

étayer [etɛje] v. t. (c. 4). **1.** Soutenir par des étais : *Il a fallu étayer le mur du jardin qui menaçait de s'effondrer.* — **2.** *Étayer une conviction, un raisonnement,* etc., les renforcer, les soutenir par des arguments : *Il étaie sa thèse sur les recherches les plus récentes* (syn. APPUYER).

et cetera [etsetera] adv. (loc. lat. signif. *et le reste*). Et tout le reste et ainsi de suite (s'écrit ETC.) : *Tout un matériel de jardinage : bêche, râteau, sécateur, etc.*

été [ete] n. m. (lat. *aestas, -atis*). Saison chaude de l'année, comprise entre le solstice de juin (21 ou 22 juin) et l'équinoxe de septembre (22 ou 23 sept.). [→ ESTIVAL, ESTIVANT.]

éteignoir [etɛɲwar] n. m. Objet, généralement en forme de cône, servant à éteindre des cierges, des bougies.

éteindre [etɛ̃dr] v. t. (lat. *extinguere*) [c. **55**]. **1.** *Éteindre qqch (concret),* le faire cesser de brûler, d'éclairer : *Les pompiers ont rapidement éteint l'incendie* (contr. ALLUMER). *Souffler sur une bougie pour l'éteindre. La pluie a éteint le feu de broussailles. À la sortie du tunnel, les automobilistes éteignent leurs phares.* — **2.** *Éteindre une pièce, un lieu,* en interrompre l'éclairage. ‖ *Éteindre la radio, la télévision,* arrêter le fonctionnement du poste. — **3.** *Éteindre qqch (abstrait),* y mettre un terme, le faire cesser : *Le temps a éteint sa haine* (litt.; syn. CALMER). *Un souvenir que rien ne peut éteindre* (syn. EFFACER). *Ce dernier remboursement a éteint sa dette* (syn. ANNULER). ◆ ***s'éteindre*** v. pr. **1.** Cesser de brûler, d'éclairer : *Le feu s'éteint faute de bois* (syn. MOURIR). *Un amour qui s'est éteint* (syn. DISPARAÎTRE). — **2.** *Personne qui s'éteint,* qui meurt doucement (syn. AGONISER, EXPIRER). [→ EXTINCTEUR.]

éteint, e [etɛ̃] adj. Qui a perdu son éclat, sa vivacité : *Couleur éteinte. Regard éteint* (syn. TERNE). *Elle répondit d'une voix éteinte* (syn. NEUTRE; contr. ÉCLATANT). *Un homme éteint* (syn. USÉ, VIDÉ; contr. DYNAMIQUE).

étendage [etɑ̃daʒ] n. m. Action d'étendre : *Une corde pour l'étendage du linge.*

étendard [etɑ̃dar] n. m. (frq. *standhard,* inébranlable). **1.** Drapeau des régiments de cavalerie et d'artillerie. — **2.** Litt. *Lever l'étendard de la révolte,* prendre l'initiative de la révolte.

étendoir [etɑ̃dwar] n. m. Fil ou corde pour étendre le linge.

étendre [etɑ̃dr] v. t. (lat. *extendere*) [c. **50**]. **1.** *Étendre qqch,* le développer en longueur, en largeur : *Elle étendit la carte routière sur le capot de la voiture* (syn. DÉPLIER, DÉPLOYER, ÉTALER). *Étendre un tapis sur le sol* (syn. DÉROULER). *Étendre les bras en croix pour barrer le passage à quelqu'un* (syn. OUVRIR, TENDRE). *Je voudrais étendre ma propriété en achetant les terres attenantes* (syn. AGRANDIR). *Étendre du linge* (= le déployer et le placer sur un fil pour le faire sécher). — **2.** *Étendre* qqn sur le sol, sur un lit, l'y mettre de tout son long. — 3. *Étendre un liquide, un enduit,* etc., l'appliquer sur une surface : *Étendre du beurre sur une tranche de pain. Étendre une couche de peinture sur les murs.* — 4. *Étendre qqch,* le développer en durée, en ampleur : *L'historien n'a pas étendu ses recherches jusqu'à cette période. Étendre sa culture en lisant* (syn. ACCROÎTRE). — 5. *Étendre un mélange, une sauce,* etc., en diminuer la concentration, en général par addition d'eau : *Elle boit du vin étendu d'un peu d'eau* (syn. ADDITIONNER, COUPER). — 6. Fam. *Étendre un candidat,* le refuser à un examen, un concours : *Il s'est fait étendre au permis de conduire.* ◆ ***s'étendre*** v. pr. (sujet qqch, qqn) Se développer : *La brume s'étend sur la vallée* (syn. SE RÉPANDRE). *S'étendre sur son lit pour se reposer* (syn. S'ALLONGER). *La plaine s'étend jusqu'à l'horizon* (syn. S'ÉTALER). *Mes connaissances ne s'étendent pas jusque-là* (syn. ALLER). *L'épidémie s'est rapidement étendue* (syn. SE PROPAGER). *Son pouvoir s'étendait sur un vaste territoire.*

étendu, e [etɑ̃dy] adj. 1. Qui est développé : *Un oiseau qui plane les ailes étendues* (syn. DÉPLOYÉ). — 2. Qui s'étend largement : *Une plaine peu étendue. Elle a des connaissances très étendues* (syn. VASTE, AMPLE).

étendue [etɑ̃dy] n. f. 1. Dimension en superficie : *Des forêts couvrent le sol de ce pays sur une grande étendue* (syn. SURFACE). *Les explorateurs avaient parcouru de vastes étendues désertes* (syn. ESPACE). *Cette ferme est le double de l'autre en étendue* (syn. SUPERFICIE). — 2. Temps que dure qqch : *On n'avait pas prévu une séance d'une telle étendue* (syn. DURÉE). *Un remords l'a poursuivi pendant toute l'étendue de sa vie* (= tout au long de). — 3. Importance, ampleur : *Sa conversation révèle l'étendue de sa culture. Évaluer l'étendue des dégâts* (syn. PORTÉE, PROPORTION). [→ EXTENSION.]

éternel, elle [etɛrnɛl] adj. (lat. *aeternalis*). 1. (après le n.) Qui n'a ni commencement ni fin; hors du temps (relig. ou philos.) : *La croyance en un Dieu éternel.* — 2. (après le n.) Qui n'a pas de fin : *Les peines éternelles de l'enfer. Cette situation ne sera pas éternelle* (= elle cessera). *On appelle «zone des neiges éternelles» la partie des montagnes constamment enneigée.* — 3. (avant ou, plus souvent, après le n.) Qui durera aussi longtemps que la vie : *Je lui garderai une reconnaissance éternelle* (syn. PERPÉTUEL). — 4. (avant le n.) Qui lasse par sa longueur, sa répétition : *Se perdre dans d'éternelles discussions* (syn. INTERMINABLE, SEMPITERNEL). — 5. (avant le n.) Habituel à qqn, continuellement associé à qqch : *Son éternelle cigarette à la bouche. Il répondit de son éternel air ennuyé.*

éternellement [etɛrnɛlmɑ̃] adv. Sans cesse : *C'est un pays où il pleut éternellement* (syn. TOUJOURS, CONTINUELLEMENT).

éterniser [etɛrnize] v. t. *Éterniser qqch,* le faire durer longtemps, le faire traîner en longueur : *Des discussions qui éternisent le débat.* ◆ ***s'éterniser*** v. pr. 1. (sujet qqch) Durer interminablement : *La crise politique s'éternise.* — 2. (sujet qqn) Rester très longtemps en un lieu : *Nous ne pouvons pas nous éterniser ici, on nous attend ailleurs.*

éternité [etɛrnite] n. f. (lat. *aeternitas*). 1. Durée qui n'a ni commencement ni fin, ou qui n'a pas de fin : *L'éternité de Dieu. Selon de nombreuses religions, les âmes des morts vivent pour l'éternité.* — 2. Temps qui paraît très long : *Il y a une éternité que je ne l'avais vu.* — 3. *De toute éternité,* depuis toujours, depuis un temps immémorial.

éternuement [etɛrnymɑ̃] n. m. Action d'éternuer.

éternuer [etɛrnɥe] v. i. (lat. *sternutare*). Produire un bruit particulier en expirant brusquement l'air, par suite d'une contraction involontaire de certains muscles respiratoires provoquée par une irritation des muqueuses nasales.

étêtage [etɛtaʒ] ou **étêtement** [etɛtmɑ̃] n. m. Action d'étêter.

étêter [etɛte] v. t. *Étêter un arbre, une épingle,* etc., en couper la cime, la tête.

éther [etɛr] n. m. (gr. *aithêr,* air).
— I. Liquide très volatil, très inflammable, employé en médecine et en pharmacie : *L'éther a des propriétés antiseptiques et anesthésiantes.*
— II. *Litt.* Partie la plus haute de l'atmosphère (syn. ESPACE).

éthéré, e [etere] adj.
— I. *Odeur éthérée,* qui rappelle celle de l'éther.
— II. *Litt.* Extrêmement léger, inconsistant : *Une pâle jeune fille au regard éthéré* (syn. IRRÉEL).

éthiopien, enne [etjɔpjɛ̃] adj. et n. D'Éthiopie.

1. éthique [etik] adj. (du gr. *êthos,* manière d'être). Qui concerne la morale : *Un choix guidé par des considérations éthiques* (syn. MORAL).

2. éthique [etik] n. f. Science de la morale; ensemble des idées de qqn sur la morale.

ethnie [ɛtni] n. f. (gr. *ethnos,* peuple). Groupement organique d'individus ayant même culture, mêmes mœurs (syn. SOCIÉTÉ, PEUPLE).

ethnique [ɛtnik] adj. Relatif à une ethnie, à un groupe social.

ethnographe [ɛtnɔgraf] n. Spécialiste d'ethnographie.

ethnographie [ɛtnɔgrafi] n. f. Étude descriptive des ethnies.

ethnographique [ɛtnɔgrafik] adj. Relatif à l'ethnographie.

ethnologie [ɛtnɔlɔʒi] n. f. Science qui a pour objet l'étude des caractères ethniques.

ethnologique [ɛtnɔlɔʒik] adj. Relatif à l'ethnologie.

ethnologue [ɛtnɔlɔg] n. Spécialiste d'ethnologie.

éthylique [etilik] adj. (de *éther*). Propre à l'éthylisme : *Délire éthylique.*

éthylisme [etilism] n. m. Intoxication chronique par l'alcool [scientif.] (syn. ALCOOLISME).

étiage [etjaʒ] n. m. (du lat. *aestuarium,* estuaire). Débit le plus faible d'un cours d'eau (en été ou pendant une période sèche).

étincelant, e [etɛ̃slɑ̃] adj. Qui étincelle : *Un soleil étincelant* (syn. ↓BRILLANT). *Des couleurs étincelantes* (syn. ↓VIF). *Un causeur d'une verve étincelante.*

étinceler [etɛ̃sle] v. i. (c. 6). 1. (sujet qqch) Briller d'un vif éclat, lancer des feux : *Les diamants étincellent* (syn. SCINTILLER, CHATOYER). *La surface de la mer étincelle au soleil* (syn. MIROITER). *Des yeux qui étincellent d'intelligence* (syn. PÉTILLER). — 2. (sujet qqn, un ouvrage, une conversation) *Étinceler d'esprit,* abonder en traits d'esprit.

étincelle [etɛ̃sɛl] n. f. (lat. *scintilla*). 1. Parcelle incandescente projetée par un corps enflammé ou jaillissant du choc ou du frottement de certains corps; petit éclair produit par une décharge électrique : *Quand on tisonne les bûches, on provoque des gerbes d'étincelles. Dans les moteurs à explosion, ce sont les bougies qui produisent les étincelles.* — 2. *Une étincelle d'intelligence, de génie,* une manifestation fugitive de cette faculté (syn. ÉCLAIR, ↓LUEUR). — 3. Fam. *Faire des étincelles,* être brillant.

étincellement [etɛ̃sɛlmɑ̃] n. m. Action d'étinceler : *L'étincellement des pierreries* (syn. CHATOIEMENT).

étiolement [etjɔlmɑ̃] n. m. Action de s'étioler : *L'étio-*

lement d'une plante, d'un enfant (syn. DÉPÉRISSEMENT, AFFAIBLISSEMENT).

étioler (s') [etjɔle] v. pr. **1.** (sujet qqn, une plante) Devenir chétif, malingre, pâle, faute de soins, de nourriture, etc. : *Une plante qui s'étiole en appartement* (syn. DÉPÉRIR, S'AFFAIBLIR). — **2.** *Litt.* (sujet qqn, l'intelligence) Perdre de sa vivacité, de sa force : *Une adolescente dont l'esprit s'étiole dans l'isolement.*

étique [etik] adj. (anc. fr. *fièvre hectique,* qui amaigrit). Se dit d'un être animé qui est d'une maigreur extrême, d'une plante rabougrie qui a mal poussé (soutenu) : *Un attelage tiré par deux vaches étiques* (syn. ↑SQUELETTIQUE). *Arbuste étique.*

étiquetage [etiktaʒ] n. m. Action d'étiqueter.

étiqueter [etikte] v. t. (c. 8) Marquer d'une étiquette : *Étiqueter des bouteilles. On l'a étiqueté comme socialiste* (syn. CLASSER).

étiqueteur, euse [etiktœr] n. Personne qui pose des étiquettes. ◆ ***étiqueteuse*** n. f. Machine à étiqueter.

étiquette [etikɛt] n. f. (de l'anc. fr. *estiquier,* attacher). **1.** Petit papier, morceau de carton, de tissu, etc., portant l'indication de la marque, du prix ou de la destination d'un objet et auquel il est fixé : *Mettre son nom et son adresse sur l'étiquette d'une valise. La taille et le prix de ce costume sont sur l'étiquette.* — **2.** *Fam.* Appartenance à tel ou tel parti, à telle ou telle catégorie : *Un homme politique qui refuse de se laisser attribuer une étiquette déterminée.* — **3.** Cérémonial observé dans une cour, dans une réception officielle : *Malgré sa simplicité naturelle, elle a dû se plier aux exigences de l'étiquette* (syn. PROTOCOLE).

étirage [etiraʒ] n. m. Action d'étirer : *Du fil de fer obtenu par étirage.*

étirement [etirmɑ̃] n. m. Action d'étirer : *L'étirement des bras.*

étirer [etire] v. t. **1.** (sujet qqn, qqch) *Étirer du métal, du cuir,* etc., l'allonger ou l'étendre par traction. — **2.** (sujet qqn) *Étirer ses jambes, ses bras,* les allonger, les étendre pour se délasser. ◆ ***s'étirer*** v. pr. (sujet qqn) Étendre ses membres.

étoffe [etɔf] n. f. (du frq. *stopfôn,* rembourrer). **1.** Toute sorte de tissu d'habillement ou d'ameublement : *Une étoffe légère, chaude, claire, soyeuse, rêche.* — **2.** Matière, sujet d'une œuvre littéraire, d'un discours, etc. : *Un film qui manque d'étoffe.* — **3.** *Avoir de l'étoffe, avoir l'étoffe d'un chef,* etc., avoir des qualités, des aptitudes à telle fonction : *C'est une fille sur laquelle on peut compter : elle a de l'étoffe.*

étoffé, e [etɔfe] adj. Abondant, consistant, riche : *Un devoir bien étoffé* (syn. SUBSTANTIEL). *Une voix étoffée* (syn. FERME, SONORE).

étoffer [etɔfe] v. t. *Étoffer un récit, un développement, un personnage,* etc., lui donner de l'ampleur, de la consistance.

étoile [etwal] n. f. (lat. *stella*). **1.** Astre qui apparaît sous la forme d'un point lumineux : *Les étoiles émettent de la lumière, alors que les planètes réfléchissent celle du Soleil. L'étoile polaire indique le nord. Coucher, loger à la belle étoile* (= en plein air). — **2.** Astre considéré par rapport à l'influence qu'il est supposé exercer sur la destinée de qqn : *Être né sous une bonne, sous une mauvaise étoile* (= avoir une destinée heureuse, malheureuse). *Elle a toujours eu confiance (ou foi) en son étoile* (= elle s'est toujours fiée à sa chance). — **3.** Objet, ornement, décoration, signe en forme de croix à cinq branches : *Un général de brigade porte deux étoiles sur la manche. Dans les guides touristiques, les étoiles caractérisent la qualité ou la catégorie d'un restaurant, d'un hôtel.* — **4.** *Étoile de mer,* animal marin en forme d'étoile à cinq branches. || *Étoile filante,* traînée lumineuse visible dans le ciel nocturne, formée par le déplacement d'une météorite incandescente. — **5.** Personne qui brille par sa renommée, son talent : *Une étoile du cinéma* (syn. VEDETTE, STAR).

étoilé, e [etwale] adj. **1.** Semé d'étoiles : *Marcher dans la nuit sous un ciel étoilé.* — **2.** *La bannière étoilée,* le drapeau des États-Unis d'Amérique.

étoiler [etwale] v. t. **1.** *Litt.* Parsemer comme les étoiles dans le ciel : *Des fleurs qui étoilent les prés* (syn. ÉMAILLER, CONSTELLER). — **2.** Fêler en forme d'étoile : *Le choc a étoilé la vitre.* ◆ ***s'étoiler*** v. pr. *Le ciel s'étoile,* les étoiles apparaissent.

étole [etɔl] n. f. (lat. *stola,* robe). **1.** Ornement sacerdotal consistant en une bande d'étoffe que le prêtre porte autour du cou et dont les extrémités pendent devant lui. — **2.** Large bande de fourrure.

étonnamment [etɔnamɑ̃] adv. De façon étonnante : *Il a étonnamment vieilli.*

étonnant, e [etɔnɑ̃] adj. Qui étonne : *Une nouvelle étonnante* (syn. INATTENDU, ↑STUPÉFIANT). *Un étonnant succès* (syn. SURPRENANT, ↑PRODIGIEUX). *C'est une femme étonnante* (syn. EXTRAORDINAIRE).

étonnement [etɔnmɑ̃] n. m. Fait d'être étonné : *Remplir d'étonnement* (syn. ↑STUPEUR). *Ne pas manifester d'étonnement* (syn. SURPRISE). *À mon grand étonnement* (syn. ↑STUPÉFACTION).

étonner [etɔne] v. t. (bas lat. *extonare,* frapper de stupeur). *Étonner qqn,* le surprendre par qqch d'inattendu, d'extraordinaire : *Ce départ inopiné a étonné tout le monde. Un vieillard qui étonne son entourage par sa vivacité d'esprit* (syn. ↑STUPÉFIER). *Je suis étonné des progrès de cette élève* (syn. ↑ÉBAHIR). ◆ ***s'étonner*** v. pr. *S'étonner de qqch, que* (+ *subj.*), *de* (+ *inf.*), *si* (+ *ind.*), en être surpris : *Je m'étonne de votre peu d'empressement à accepter cette proposition si intéressante. Je m'étonne qu'elle n'ait pas répondu. Nous nous étonnions de ne voir personne. Ne t'étonne pas si on te laisse de côté, tu es si mauvais joueur!*

étouffant, e [etufɑ̃] adj. Qui étouffe : *Une chaleur étouffante. Un plat étouffant. Une atmosphère familiale étouffante* (syn. ↓PESANT).

étouffe-chrétien [etufkretjɛ̃] n. m. inv. *Fam.* Aliment, pâtisserie difficiles à avaler en raison de leur consistance épaisse.

étouffée [etufe] n. f. *Cuire à l'étouffée,* à la vapeur, dans un récipient bien clos (syn. À L'ÉTUVÉE).

étouffement [etufmɑ̃] n. m. Action d'étouffer, de s'étouffer : *Si tu ne laisses pas des trous d'aération, la bestiole mourra d'étouffement dans sa boîte* (syn. ASPHYXIE). *La toux de la coqueluche provoque souvent des étouffements. L'étouffement du scandale lui a permis de se tirer d'affaire.*

étouffer [etufe] v. t. (bas lat. *stuffare,* boucher). **1.** *Étouffer qqn, un animal,* gêner ou arrêter leur respiration, au point parfois de les faire mourir d'asphyxie : *Il parvint à se défaire du baillon qui l'étouffait. La fureur l'étouffe : il est tout congestionné. La chaleur de cette pièce nous étouffait* (syn. OPPRESSER, ↑SUFFOQUER). *Le malfaiteur avait presque étouffé sa victime* (syn. ÉTRANGLER). — **2.** *Étouffer le feu,* en arrêter la combustion en le chargeant de cendre, de terre, d'un excès de combustible. — **3.** *Étouffer un bruit,* l'atténuer, le rendre plus sourd : *Un tapis qui étouffe les pas* (syn. AMORTIR, ASSOURDIR). *Une détonation étouffée. Étouffer un bâillement.* — **4.** *Étouffer des plantes,* les empêcher de se développer : *Les fleurs sont étouffées par les mauvaises herbes.* — **5.** *Étouffer un sentiment, une opinion, une révolte, un scandale,* etc., les réprimer, les empêcher de se manifester. — **6.** Fam. *Ce n'est pas la politesse (l'amabilité,* etc.) *qui l'étouffe,* il n'est guère poli (aimable, etc.). ◆ v. i. (sujet qqn) Être gêné pour respirer : *On étouffe ici : ouvrez les fenêtres! Il était temps que les sauveteurs le dégagent : il commençait à étouffer sous les décombres* (syn. SUFFOQUER). ◆ ***s'étouffer*** v. pr. Perdre la respiration : *Un glouton qui s'étouffe en mangeant.*

étoupe [etup] n. f. (gr. *stuppê*). Partie la plus grossière de la filasse de chanvre ou de lin.

étourderie [eturdəri] n. f. Caractère étourdi; acte irréfléchi : *Tu as agi par étourderie* (syn. IRRÉFLEXION). *Son étourderie l'oblige souvent à faire des pas inutiles* (syn. DISTRACTION). *Commettre une étourderie.*

étourdi, e [eturdi] adj. et n. Qui agit sans réfléchir suffisamment, ou qui oublie fréquemment ce qu'il devrait faire : *Si tu étais moins étourdi, tu te serais renseigné avant de t'engager dans cette affaire* (syn. ÉCERVELÉ). *Quel étourdi! Il a encore oublié ses clefs. Une réponse étourdie* (syn. IRRÉFLÉCHI).

étourdiment [eturdimɑ̃] adv. De façon étourdie : *Un élève primesautier, qui répond trop étourdiment* (syn. INCONSIDÉRÉMENT).

étourdir [eturdir] v. t. (bas lat. *exturdire*, avoir le cerveau troublé). *Étourdir qqn*, lui troubler l'esprit, lui faire plus ou moins perdre conscience : *Ce choc sur la tête l'avait étourdi* (syn. ↑ASSOMMER); lui causer une sorte de griserie : *Être étourdi par un parfum capiteux, par un flot d'éloges* (syn. GRISER); lui fatiguer l'esprit, l'importuner : *Tout ce brouhaha m'étourdit* (syn. ABASOURDIR). ◆ ***s'étourdir*** v. pr. Perdre la conscience claire de ses actes, de son état d'esprit : *Il s'étourdit dans les boîtes de nuit pour oublier ses déboires* (syn. SE DISTRAIRE).

étourdissant, e [eturdisɑ̃] adj. **1.** Qui étourdit : *Vacarme étourdissant* (syn. ASSOURDISSANT). — **2.** Qui cause de l'admiration : *Une pièce qui obtient un succès étourdissant* (syn. EXTRAORDINAIRE, ÉBLOUISSANT).

étourdissement [eturdismɑ̃] n. m. Fait d'être étourdi : *Elle resta longtemps penchée, et en se relevant elle eut un étourdissement* (syn. VERTIGE).

étourneau [eturno] n. m. (lat. *sturnus*). **1.** Passereau à plumage sombre, taché de blanc (syn. SANSONNET). — **2.** Enfant ou adolescent étourdi : *Cet étourneau a oublié d'indiquer son adresse.*

étrange [etrɑ̃ʒ] adj. (lat. *extraneus*, du dehors) [après ou avant le n.] Qui retient l'attention, qui met en éveil par son caractère inhabituel, par quelque détail particulier : *Elle devait se douter de quelque chose, car elle m'a regardé d'un air étrange* (syn. BIZARRE, INSOLITE). *Une étrange coïncidence* (syn. SURPRENANT, ÉTONNANT, SINGULIER, CURIEUX). *Un film étrange, qui vous laisse sur une impression de malaise. Le silence de la nuit était troublé par un bruit étrange* (syn. INQUIÉTANT).

étrangement [etrɑ̃ʒmɑ̃] adv. De façon étrange : *Une comédienne étrangement habillée* (syn. BIZARREMENT, CURIEUSEMENT). *Un raisonnement étrangement compliqué* (syn. ÉTONNAMMENT, SINGULIÈREMENT).

étranger, ère [etrɑ̃ʒe] adj. et n. Qui n'appartient pas à la nation, au groupe social, à la famille auxquels on se refère : *Un musée qui reçoit de nombreux visiteurs étrangers. Le ministère des Affaires étrangères s'occupe des relations avec les autres États. La plupart des étrangers éprouvent certaines difficultés à prononcer les voyelles nasales du français. La candidate comptait sur les suffrages des membres de son parti, ainsi que sur certaines voix étrangères* (syn. DE L'EXTÉRIEUR). ◆ adj. (après le n.) **1.** Qui n'est pas connu : *Il y avait des visages étrangers dans l'assistance* (contr. FAMILIER). — **2.** *Corps étranger*, élément introduit accidentellement dans l'organisme : *L'irritation produite par un corps étranger dans l'œil.* — **3.** *Étranger à qqch*, qui n'a pas de relations avec : *Je ne peux vous donner aucun renseignement : je suis totalement étranger à cette affaire* (= à l'écart de, en dehors de). *Elle a fait allusion à des notions qui me sont étrangères* (syn. INCONNU). *Un devoir qui contient un développement étranger au sujet.* ◆ ***étranger*** n. m. (avec art. défini) Tout pays autre que celui dont on est citoyen : *J'ai beaucoup voyagé à l'étranger.*

étrangeté [etrɑ̃ʒte] n. f. Caractère étrange : *N'avez-vous pas été frappé par l'étrangeté de sa conduite?* (syn. BIZARRERIE). *Les critiques étaient déconcertés par l'étrangeté du spectacle* (syn. ORIGINALITÉ). *Il y a plusieurs étrangetés dans ce récit* (syn. ANOMALIE).

étranglé, e [etrɑ̃gle] adj. *Voix étranglée*, qui a de la peine à émettre des sons : *Une voix étranglée de frayeur.*

étranglement [etrɑ̃gləmɑ̃] n. m. **1.** Action d'étrangler : *Mort par étranglement* (syn. soutenu STRANGULATION). — **2.** *L'étranglement d'une canalisation, d'une rue*, la partie resserrée. — **3.** *Goulet* ou *goulot d'étranglement*, difficulté limitant ou retardant une évolution.

étrangler [etrɑ̃gle] v. t. (lat. *strangulare*). **1.** *Étrangler qqn, un animal*, lui serrer le cou au point de gêner sa respiration ou même de le faire mourir d'asphyxie : *Le criminel a étranglé la malheureuse locataire. Il était étranglé par le col de sa chemise.* — **2.** *Étrangler la taille, étrangler un tuyau*, etc., les comprimer, les resserrer fortement. — **3.** *Étrangler la presse, les libertés*, etc., les empêcher de s'exprimer librement (syn. MUSELER). — **4.** *Étrangler qqn*, le ruiner, en lui faisant payer beaucoup d'argent. ◆ ***s'étrangler*** v. pr. (sujet qqn) Perdre momentanément la respiration : *Il s'étrangle de colère* (syn. SUFFOQUER). *S'étrangler en avalant trop précipitamment* (syn. S'ÉTOUFFER).

étrangleur, euse [etrɑ̃glœr] n. Qui étrangle : *La police est sur la piste de l'étrangleur.*

étrave [etrav] n. f. (anc. scand. *stafn*). Partie avant de la quille d'un navire.

1. être [ɛtr] v. i. (lat. *esse*). **1.** *Être + n., adj.* ou *pron. attributs*, sert de copule : *Ariane est une fille sérieuse. Georges est malade. Il est celui que l'on attendait. Elle est bien de sa personne;* réunit le sujet à un compl. précédé d'une préposition (*être de, pour, avec, sans*, etc.) : *Il est de Franche-Comté* (= il est originaire de). *Il est sans ressources* (= privé de ressources). *Il est sans cesse après lui* (= il l'importune, le querelle). *Je suis toujours pour toi, avec toi* (= ton partisan). *Il est contre toi* (= ton adversaire). *Nous sommes contre* (= opposés). *Elle est à son travail* (= elle travaille); constitue, avec un sens identique, une phrase inverse de celle qui est construite avec le verbe *avoir* (le sujet de être devenant compl. de *avoir*) : *Ce livre est à moi* (= j'ai ce livre). *Cette idée est mienne.* — **2.** *C'est*, formule d'introduction, de présentation ou d'explication; avec un n. : *C'est ma femme qui m'a prévenu la première;* avec un pron. suivi d'une relative ou conjonctive : *C'est elle qui t'a envoyé à ce magasin. C'est pour vous que j'écris;* dans l'interrogation : *Est-ce moi qui vous ai dit de faire cela?;* au pl. : *Ce sont eux les coupables* ou *C'est eux les coupables.* ‖ *C'est que* (+ *ind.*), *ce n'est pas que* (+ *subj.*), introduisent une proposition causale : « *Elle n'est pas venue? — C'est qu'elle est malade* ». *Ce n'est pas qu'il soit paresseux, mais il est lent.* ‖ *Il est, il y a* (soutenu) : *Il est des gens qui disent* (= il y a des gens qui). — **3.** *Être* sans attribut, exprime l'essence, l'existence : *Je pense, donc je suis. Être ou ne pas être.* ◆ v. auxil. de temps et de mode : a) aux temps composés actifs de certains v. i. : *Il est venu. Nous sommes descendus. Tu es tombé;* b) aux temps composés des v. pr. : *Elle s'est promenée. Nous nous étions amusés. Vous vous en seriez aperçus;* c) aux temps simples et composés des v. pass. : *La porte est ouverte. Elle avait été déçue par sa réponse;* d) être à (+ *inf.*) [inverse de *avoir à*], indique une éventualité jugée nécessaire (= devoir) : *Ce dossier est à compléter. Tout est à refaire.* ‖ (sujet qqn) *Être toujours à* (+ *inf.*) équivaut au verbe simple : *Il est toujours à le taquiner* (= il le taquine toujours).

2. être [ɛtr] n. m. **1.** Ce qui possède une existence (avec un art. défini) : *Les êtres humains. Les êtres vivants.* — **2.** Syn. de PERSONNE, INDIVIDU (avec un art. indéfini, et parfois avec un adj. dépréciatif) : *Sa pensée allait vers des êtres chers. C'est un être bizarre. Quel être! Quel drôle d'être!* (syn. fam. TYPE, GARS). — **3.** Nature intime de qqn : *Nous étions bouleversés au plus profond de notre être.*

étreindre [etrɛ̃dr] v. t. (lat. *stringere,* serrer) [c. **55**]. **1.** *Étreindre qqn, qqch,* le serrer fortement en l'entourant de ses bras (soutenu) : *Il étreignit longuement sa fille qu'il avait cru perdre. Étreindre une épave qui vous sauve de la noyade.* — **2.** *Émotion, sentiment qui étreint qqn,* qui s'empare de lui avec force : *Une vive émotion nous a étreints* (syn. SAISIR). ◆ ***s'étreindre*** v. pr. (sujet qqn [pl.]) Se serrer fortement : *Les deux amants s'étreignirent* (= se serrèrent dans les bras l'un de l'autre).

étreinte [etrɛ̃t] n. f. Action d'étreindre : *S'arracher à l'étreinte des siens* (syn. EMBRASSEMENT). *L'adversaire ne relâchait pas son étreinte : le lutteur dut s'avouer vaincu. L'étreinte de l'angoisse.*

étrenne [etrɛn] n. f. (lat. *strena,* cadeau). *Avoir l'étrenne de qqch,* en user, en jouir le premier ou pour la première fois. ◆ ***étrennes*** n. f. pl. Cadeau, gratification qu'on donne à certaines personnes, généralement au commencement de l'année : *N'oubliez pas de donner des étrennes à la gardienne.*

étrenner [etrɛne] v. t. *Étrenner qqch,* l'utiliser le premier ou pour la première fois : *Je viens d'acheter cette valise, c'est toi qui vas l'étrenner. Elle a étrenné son nouveau tailleur pour cette cérémonie.*

étrier [etrije] n. m. (frq. *streup*). **1.** Anneau de métal suspendu par une courroie *(étrivière)* à la selle d'un cheval et dans lequel le cavalier passe le pied pour se maintenir : *Un cavalier vide les étriers quand il est désarçonné.* — **2.** *Avoir le pied à l'étrier,* être prêt à partir, être en bonne voie pour réussir. ‖ *Mettre le pied à l'étrier à qqn,* l'aider dans ses débuts.

étrille [etrij] n. f. (lat. *strigilis*).
— **I.** Instrument formé de petites lames dentelées, et servant à nettoyer et à lisser le poil des animaux, surtout des chevaux.
— **II.** Espèce de crabe comestible.

étriller [etrije] v. t. **1.** *Étriller un cheval,* le frotter avec une étrille. — **2.** Fam. *Étriller qqn,* le battre, le malmener, le réprimander.

étriper [etripe] v. t. (de *tripe*). Fam. *Étriper qqn,* le blesser sauvagement ou le tuer.

étriqué, e [etrike] adj. (néerl. *strijken,* amincir). **1.** Qui manque d'ampleur, notamment un vêtement : *Un petit costume étriqué.* — **2.** Mesquin, d'esprit étroit (syn. BORNÉ; contr. LARGE, OUVERT).

étroit, e [etrwa] adj. (lat. *strictus*). **1.** (avant ou après le n.) Qui a peu de largeur : *Un couloir étroit* (syn. RESSERRÉ). *Une presqu'île reliée à la côte par une étroite bande de terre. Prendre un mot dans son acception la plus étroite* (syn. RESTREINT; contr. LARGE). — **2.** Qui manque d'envergure, de largeur de vues : *Un esprit étroit* (syn. BORNÉ, ÉTRIQUÉ). *Des idées étroites. Une politique étroite* (= sans grandeur). — **3.** Qui lie fortement : *J'ai gardé avec lui des relations étroites* (syn. SERRÉ, ASSIDU). *Les liens étroits de l'amitié* (syn. INTIME). *Se faire une étroite obligation de payer à la date prévue* (syn. SCRUPULEUX). *Vivre dans une étroite soumission à quelqu'un* (syn. TOTAL). *Assurer une étroite coordination entre deux services* (syn. RIGOUREUX). — **4.** *À l'étroit,* dans un espace trop resserré, dans des conditions qui ne permettent pas d'être à l'aise : *Une famille nombreuse à l'étroit dans un petit appartement* (contr. AU LARGE).

étroitement [etrwatmɑ̃] adv. De façon étroite : *Être logé étroitement* (contr. LARGEMENT, SPACIEUSEMENT). *Famille étroitement unie* (syn. INTIMEMENT). *Respecter étroitement ses engagements* (syn. STRICTEMENT, SCRUPULEUSEMENT). *Surveiller étroitement les allées et venues de quelqu'un* (syn. DE TRÈS PRÈS).

étroitesse [etrwatɛs] n. f. Caractère étroit : *L'étroitesse de la rue interdit à deux véhicules de se croiser* (syn. EXIGUÏTÉ). *Faire preuve d'étroitesse d'esprit* (syn. MESQUINERIE).

étron [etrɔ̃] n. m. (mot germ.). Matière fécale de l'homme et de quelques animaux.

étude [etyd] n. f. (lat. *studium,* zèle).
I. 1. Travail de l'esprit qui s'applique à comprendre ou à connaître : *L'étude des mathématiques donne l'habitude des raisonnements rigoureux. Se consacrer à l'étude des questions sociales. Un enfant qui aime l'étude.* — **2.** Ouvrage dans lequel s'exprime le résultat d'une recherche : *Il a publié une étude sur le vocabulaire politique.* — **3.** Travaux qui préparent l'exécution d'un projet (plans, croquis, rapports, etc.) : *Un architecte a présenté une étude en vue de l'établissement d'un nouveau lycée. Une dessinatrice qui fait des études de mains. Avant de se lancer dans la fabrication de ce produit, on a procédé à des études de marché.* Ce *projet est à l'étude* (= on en examine les possibilités, les avantages et les inconvénients, etc.). — **4.** Salle d'un établissement scolaire dans laquelle les élèves font leurs devoirs, apprennent leurs leçons, etc., mais où on ne donne pas de cours; temps que les élèves passent dans cette salle. ◆ ***études*** n. f. pl. Ensemble des cours dispensés dans un établissement scolaire, universitaire : *Les études sont gratuites. Il fait ses études de médecine.*
— **II. 1.** Charge d'officier ministériel : *Acheter une étude de notaire.* — **2.** Bureau où il travaille avec son personnel.

étudiant, e [etydjɑ̃] n. Celui ou celle qui suit les cours d'une université ou d'un établissement d'enseignement supérieur : *Étudiant en lettres.* ◆ adj. Relatif aux étudiants : *La vie étudiante* (syn. soutenu ESTUDIANTIN).

étudié, e [etydje] adj. Qui manque de naturel : *Il affectait une nonchalance étudiée* (syn. CALCULÉ, FEINT).

étudier [etydje] v. t. *Étudier qqch, qqn,* en faire l'étude : *Étudier une leçon d'histoire* (syn. APPRENDRE). *Un physicien qui étudie un phénomène. Les députés ont étudié le projet de loi. Étudier la musique, l'architecture, les auteurs du programme;* sans compl., faire ses études : *J'ai étudié dans une université anglaise.* ◆ ***s'étudier*** v. pr. (sujet qqn) S'observer soi-même soigneusement : *À force de s'étudier, il a deviné la cause de ses malaises. Cette actrice s'étudie trop, elle manque de naturel.* (→ STUDIEUX.)

étui [etɥi] n. m. (de l'anc. fr. *estoier,* renfermer). Boîte ou gaine le plus souvent allongée et ayant à peu près la forme de l'objet qu'elle est destinée à contenir : *Étui à lunettes, à ciseaux.*

étuve [etyv] n. f. (gr. *tuphos,* vapeur). **1.** Chambre dont on élève la température pour faire transpirer. — **2.** *Fam.* Pièce très chaude : *Cette salle à manger est une étuve.* — **3.** Appareil destiné à stériliser par la chaleur des objets ou des denrées.

étuvée [etyve] n. f. *À l'étuvée,* syn. de À L'ÉTOUFFÉE.

étymologie [etimɔlɔʒi] n. f. (gr. *etumos,* vrai, et *logos,* science). **1.** Science qui a pour objet l'origine des mots. — **2.** Origine d'un mot : *Un nom dont l'étymologie est contestée.*

étymologique [etimɔlɔʒik] adj. Relatif à l'étymologie : *Dictionnaire étymologique.*

étymologiquement [etimɔlɔʒikmɑ̃] adv. Sur le plan de l'étymologie : *«Vertu» signifie étymologiquement «force».*

étymologiste [etimɔlɔʒist] n. Spécialiste de l'étymologie.

eucalyptus [økaliptys] n. m. (gr. *eu,* bien, et *kaluptos,* couvert). Grand arbre qui pousse surtout dans les régions chaudes et dont les feuilles sont très odorantes quand on les froisse.

eucharistie [økaristi] n. f. (gr. *eukharistia,* action de grâce). Sacrement dans lequel, selon la foi catholique, Jésus-Christ est réellement présent sous les apparences du pain et du vin (syn. SAINT SACREMENT).

eucharistique [økaristik] adj. Relatif à l'eucharistie.

euh! [ø] → HEU.

eunuque [ønyk] n. m. (gr. *eunoukhos,* qui garde le lit). Homme castré.

euphémique [øfemik] adj. Propre à l'euphémisme.

euphémisme [øfemism] n. m. (gr. *euphêmismos,* emploi d'un mot favorable). Adoucissement d'un mot ou d'une expression qui pourraient choquer par leur brutalité, leur vigueur : *«Il n'est pas génial» est un euphémisme pour «il n'est guère intelligent».*

euphonie [øfɔni] n. f. (gr. *eu,* bien, et *phônê,* son). Suite harmonieuse de sons dans les syllabes d'un mot, dans les mots d'une phrase : *Le sentiment d'un manquement à l'euphonie résulte le plus souvent d'une prononciation qui choque une habitude acquise* (contr. CACOPHONIE).

euphonique [øfɔnik] adj. Relatif à l'euphonie : *Le «t» de «viendra-t-il», appelé «euphonique» du fait qu'il évite un hiatus, s'explique en fait par l'étymologie et l'analogie.*

euphorbe [øfɔrb] n. f. (de *Euphorbe,* roi de Numidie). Plante à latex blanc.

euphorie [øfɔri] n. f. (du gr. *eu,* bien, et *pherein,* porter). Sentiment de bien-être, de joie, de vive satisfaction : *Dans l'euphorie de son succès, la candidate ne songeait plus aux pénibles tâches du lendemain* (syn. BÉATITUDE, BONHEUR, ↓ OPTIMISME).

euphorique [øfɔrik] adj. Propre à l'euphorie : *Elle rêvait devant la mer, dans un état euphorique.*

euphorisant, e [øfɔrizɑ̃] adj. et n. m. Qui met dans un état d'euphorie : *Médicaments euphorisants.*

euphoriser [øfɔrize] v. t. *Euphoriser qqn,* le mettre dans un état d'euphorie.

eurasien, enne [ørazjɛ̃] adj. et n. Métis d'Européen et d'Asiatique.

eurodollar [ørodɔlar] n. m. Dollar déposé dans une banque européenne.

euromissile [øromisil] n. m. Missile nucléaire basé en Europe.

européanisation [ørɔpeanizasjɔ̃] n. f. Action d'européaniser.

européaniser [ørɔpeanize] v. t. Donner le caractère européen à qqch, qqn.

européen, enne [ørɔpeɛ̃] adj. et n. D'Europe : *Le commerce européen. Étudier la géographie européenne. Des Européens établis en Afrique.*

euthanasie [øtanazi] n. f. (gr. *eu,* bien, et *thanatos,* mort). Pratique consistant à abréger la vie d'un malade incurable, pour lui épargner des souffrances.

euthanasique [øtanazik] adj. Relatif à l'euthanasie.

eux [ø] pron. pers. m. de la 3e pers. du pluriel. (→ introduction PRONOMS PERSONNELS.)

évacuateur, trice [evakɥatœr] adj. Qui évacue : *Un conduit évacuateur.*

évacuation [evakɥasjɔ̃] n. f. Action d'évacuer : *L'évacuation des eaux d'égout. La police procéda à l'évacuation de la salle.*

évacué, e [evakɥe] n. Personne évacuée d'une zone de combat, d'un hôpital, etc.

évacuer [evakɥe] v. t. (lat. *evacuare,* vider). **1.** *Évacuer qqch,* l'expulser de l'organisme : *Le corps évacue les toxines par la sueur, l'urine.* — **2.** *Évacuer un liquide,* le rejeter à l'extérieur : *Une canalisation qui évacue le trop-plein d'un bassin.* — **3.** *Évacuer qqn, qqch,* les faire sortir, les ôter d'un lieu ou d'un pays : *À l'approche de l'armée ennemie, on décida d'évacuer les malades de l'hôpital.* — **4.** *Évacuer un lieu,* cesser de l'occuper : *Le public a rapidement évacué la salle* (syn. QUITTER). *Les troupes évacuèrent la ville* (syn. ABANDONNER).

évadé, e [evade] adj. et n. Qui s'est évadé, enfui : *Un prisonnier évadé. Reprendre un évadé.*

évader (s') [evade] v. pr. (lat. *evadere,* sortir de). **1.** (sujet qqn) S'enfuir furtivement d'un lieu où on était enfermé : *Deux prisonniers se sont évadés* (syn. S'ÉCHAPPER, SE SAUVER). — **2.** *S'évader des soucis, des contraintes,* etc., s'y soustraire : *Cette soirée au théâtre lui a donné l'occasion de s'évader de ses soucis.*

évaluable [evalɥabl] adj. Qui peut être évalué : *Une foule difficilement évaluable.*

évaluation [evalɥasjɔ̃] n. f. Action d'évaluer : *Une rapide évaluation du montant des réparations fait prévoir trente mille francs de frais* (syn. ESTIMATION).

évaluer [evalɥe] v. t. (de l'anc. fr. *value,* valeur). *Évaluer qqch,* en déterminer plus ou moins approximativement la valeur, l'importance : *Nous avons plus de deux heures de retard : nous avions mal évalué la durée du trajet. On peut évaluer à trois mille francs par jour le chiffre d'affaires de cette boutique* (syn. ESTIMER).

évanescence [evanɛsɑ̃s] n. f. *Litt.* Qualité de ce qui est évanescent : *L'évanescence d'un rêve.*

évanescent, e [evanɛsɑ̃] adj. (du lat. *evanescere,* s'évanouir). *Litt.* Qui disparaît, qui diminue peu à peu : *Des souvenirs évanescents* (syn. FUGACE). *Répondre d'une voix évanescente* (syn. MOURANT).

évangélique [evɑ̃ʒelik] adj. Relatif à l'Évangile : *Une parabole évangélique. La morale évangélique.*

évangélisateur, trice [evɑ̃ʒelizatœr] adj. et n. Qui évangélise : *La mission évangélisatrice de l'Église.*

évangélisation [evɑ̃ʒelizasjɔ̃] n. f. Action d'évangéliser.

évangéliser [evɑ̃ʒelize] v. t. Instruire de l'Évangile : *Jésus-Christ envoya ses apôtres évangéliser le monde.*

évangéliste [evɑ̃ʒelist] n. m. Auteur de l'un des quatre Évangiles reconnus par l'Église.

évangile [evɑ̃ʒil] n. m. (gr. *euaggelion,* bonne nouvelle). **1.** (avec majusc.) Enseignement de Jésus-Christ : *Des missionnaires partis prêcher l'Évangile dans des pays lointains.* — **2.** (avec majusc.) Chacun des textes anciens qui rapportent la vie de Jésus-Christ et son enseignement; livre qui contient ces récits : *L'Évangile selon saint Jean.* — **3.** Passage des Évangiles lu à la messe : *Le prédicateur a commenté l'évangile de ce dimanche.* — **4.** Code, texte auquel on se réfère comme à une règle absolue et immuable : *Ce petit livre était devenu son évangile politique.* — **5.** *Parole d'évangile,* vérité absolue.

évanoui, e [evanwi] adj. Qui s'est évanoui : *Ranimer*

une personne évanouie. Regretter son bonheur évanoui.

évanouir (s') [evanwir] v. pr. (lat. *evanescere*). **1.** (sujet qqn) Perdre connaissance, tomber en syncope : *Je m'évanouis à la vue du sang.* — **2.** (sujet qqch) Disparaître sans laisser de traces : *Toutes mes craintes s'évanouirent dès que je sus l'objet de sa visite* (syn. SE DISSIPER). *Mes dernières illusions se sont évanouies* (syn. S'ENVOLER).

évanouissement [evanwismɑ̃] n. m. Action de s'évanouir : *Elle a été longue à revenir de son évanouissement* (syn. SYNCOPE). *Cet incident marqua l'évanouissement de ses rêves* (syn. FIN, DISPARITION).

évaporation [evapɔrasjɔ̃] n. f. Action de s'évaporer : *On obtient du sel par évaporation de l'eau de mer.*

évaporé, e [evapɔre] adj. et n. Se dit de qqn d'étourdi, de léger : *Une personne évaporée. C'est un évaporé, on ne peut pas se fier à lui* (syn. ÉCERVELÉ, TÊTE-EN-L'AIR).

évaporer (s') [evapɔre] v. pr. (lat. *evaporare*). **1.** (sujet un liquide) Se transformer en vapeur, disparaître sans laisser de traces : *Les liquides volatils s'évaporent facilement. Le linge est sec : toute l'eau s'est évaporée.* — **2.** (sujet qqch [abstrait]) Cesser, se dissiper : *Ses bonnes résolutions se sont évaporées.*

évasement [evazmɑ̃] n. m. Fait d'être évasé : *L'évasement d'un entonnoir.*

évaser [evaze] v. t. (du lat. *vas, vasis*, vase). *Évaser qqch,* en élargir l'ouverture, l'orifice : *Il faut évaser un peu ce tuyau pour y faire pénétrer l'autre en force* (contr. RÉTRÉCIR). ◆ ***s'évaser*** v. pr. (sujet qqch) S'ouvrir largement.

évasif, ive [evazif] adj. Qui n'est pas catégorique, qui reste vague et élude une question : *Réponse évasive. Un geste évasif* (syn. VAGUE).

évasion [evazjɔ̃] n. f. Action de s'évader : *Toute évasion de cette prison paraît impossible* (syn. FUITE). *La lecture me procure quelques heures d'évasion* (syn. DÉTENTE).

évasivement [evazivmɑ̃] adv. De façon évasive : *Répondre évasivement* (= ne dire ni oui ni non, ne pas donner de précisions).

évêché [evɛʃe] n. m. **1.** Territoire soumis à l'administration spirituelle d'un évêque. — **2.** Résidence de l'évêque : *Une maison attenante à l'évêché.*

éveil [evɛj] n. m. **1.** Action de se manifester, d'apparaître : *L'éveil de l'esprit d'aventure.* — **2.** Action de sortir de sa torpeur : *L'éveil d'un peuple qui conquiert son indépendance.* — **3.** *Disciplines d'éveil,* activités scolaires qu'on fait accomplir au jeune enfant pour développer sa motricité, son attention, sa curiosité intellectuelle. ‖ *Donner l'éveil,* attirer l'attention, porter à la vigilance : *Ses dépenses anormales avaient donné l'éveil à son entourage.* ‖ *En éveil,* attentif : *La prudence nous commande de rester en éveil, en dépit de toutes ses promesses* (syn. VIGILANT). *Ma curiosité, mise en éveil par ce détail, me poussait à en apprendre davantage.*

éveillé, e [evɛje] adj. Dont l'esprit est en éveil, dont l'intelligence est alerte : *Une fillette à la mine éveillée* (syn. DÉGOURDI).

éveiller [evɛje] v. t. (bas lat. *exvigilare*). **1.** *Éveiller qqn,* le tirer du sommeil : *Marcher sur la pointe des pieds pour éviter d'éveiller un malade assoupi* (syn. usuel RÉVEILLER). — **2.** *Éveiller l'attention, la curiosité, l'intérêt, la sympathie,* etc., faire naître ces sentiments, susciter ces réactions. ◆ ***s'éveiller*** v. pr. **1.** (sujet qqn) Sortir du sommeil : *Quand je m'éveillai, le soleil était déjà haut dans le ciel* (syn. usuel SE RÉVEILLER). — **2.** (sujet qqch, un sentiment) Manifester de l'activité, apparaître, s'épanouir : *La nature s'éveille au printemps. Mes soupçons ont commencé à s'éveiller ce jour-là. Une intelligence d'enfant qui s'éveille.* (→ RÉVEILLER.)

événement [evɛnmɑ̃] n. m. (du lat. *evenire*, venir hors de). **1.** Fait qui se produit : *Le journal télévisé relate les principaux événements de la journée. Un voyage marqué d'événements variés* (syn. INCIDENT, PÉRIPÉTIE). — **2.** Fait d'une importance toute particulière : *Ce discours est l'événement politique de la semaine.* ◆ ***événements*** n. m. pl. La situation générale, dans ce qu'elle a d'exceptionnel (guerre, troubles politiques ou sociaux, etc.) : *En raison des événements, le couvre-feu a été fixé à 22 heures* (syn. CIRCONSTANCES, CONJONCTURE).

événementiel, elle [evenmɑ̃sjɛl] adj. *Histoire événementielle,* celle qui s'en tient au récit de la succession des événements, sans insister sur leurs causes, leurs relations, etc.

éventail [evɑ̃taj] n. m. (de *s'éventer*). **1.** Petit écran de papier ou de tissu, servant à agiter l'air pour produire de la fraîcheur. — **2.** *En éventail,* se dit de ce qui se déploie en rayonnant à partir d'un point : *Les feuilles de marronnier sont en éventail.* — **3.** Ensemble de choses de même catégorie, offrant de la diversité, du choix dans certaines limites : *Ce magasin présente des articles, avec un éventail de prix très large* (syn. GAMME).

éventaire [evɑ̃tɛr] n. m. (orig. obscure). **1.** Plateau que certains marchands ambulants installent ou portent devant eux pour présenter leur marchandise. — **2.** Étalage de marchandises à l'extérieur d'une boutique.

éventé, e [evɑ̃te] adj. Altéré par l'air : *Le vin est éventé.*

éventer [evɑ̃te] v. t. (du lat. *ventus*, vent). *Éventer un secret, un complot,* etc., le découvrir, y mettre obstacle (souvent pass.) : *Le secret a été éventé* (syn. DIVULGUÉ). *Un truc éventé* (syn. CONNU). ◆ ***s'éventer*** v. pr. **1.** (sujet qqn) Se donner de la fraîcheur en agitant l'air autour de soi : *Les spectateurs, sous ce soleil torride, s'éventaient avec des journaux.* (→ ÉVENTAIL.) — **2.** (sujet une boisson, un parfum, etc.) S'altérer, s'affadir ou aigrir à l'air : *Ce vin s'est éventé.*

éventration [evɑ̃trasjɔ̃] n. f. Rupture de la paroi musculaire abdominale, laissant la peau seule contenir les viscères (méd.).

éventrer [evɑ̃tre] v. t. **1.** *Éventrer qqn, un animal,* lui ouvrir le ventre : *Un lièvre éventré par un coup de fusil tiré de trop près.* — **2.** *Éventrer qqch,* y faire une déchirure, une brèche : *Éventrer un sac de blé en le laissant tomber* (syn. CREVER). *Un mur éventré par un obus.*

éventualité [evɑ̃tɥalite] n. f. Caractère éventuel : *L'éventualité d'un recours aux armes* (syn. HYPOTHÈSE, POSSIBILITÉ). *Dans l'éventualité d'une hausse des prix, les salaires seraient réajustés* (= en cas de). *Toutes les éventualités ont été examinées* (= tout ce qui peut se produire).

éventuel, elle [evɑ̃tɥɛl] adj. (du lat. *eventus*, événement) [avant ou après le n.] Qui dépend des circonstances, qui est seulement du domaine du possible : *Intervention éventuelle de l'État* (syn. POSSIBLE). *Le contrat prévoit les charges d'un éventuel successeur* (syn. HYPOTHÉTIQUE). *Bénéfices éventuels.*

éventuellement [evɑ̃tɥɛlmɑ̃] adv. De manière éventuelle : *Vous pourrez éventuellement vous servir de ma voiture* (syn. LE CAS ÉCHÉANT, S'IL Y A LIEU).

évêque [evɛk] n. m. (lat. *episcopus*). Dignitaire de l'Église, possédant la plénitude du sacerdoce et administrant ordinairement un diocèse.

évertuer (s') [evɛrtɥe] v. pr. (de *vertu*) [sujet qqn] *S'évertuer à* (+ *inf.*), faire des efforts pour : *Il s'est vainement évertué à me convaincre* (syn. S'EFFORCER DE). *Un élève qui s'évertue à traduire sa version* (syn. S'ESCRIMER, ↓ S'APPLIQUER À, ↑ SE TUER À).

éviction [eviksjɔ̃] n. f. Action d'évincer : *Imposer son autorité par l'éviction de ses rivaux* (syn. ÉVINCEMENT).

évidage [evidaʒ] n. m. ou **évidement** [evidmɑ̃] n. m. Action d'évider.

évidemment [evidamɑ̃] adv. **1.** De façon évidente : *L'unité est évidemment supérieure à la moitié* (syn. INCONTESTABLEMENT). *Il s'est évidemment trompé d'adresse* (syn. VISIBLEMENT, ASSURÉMENT). — **2.** Renforce une affirmation : *Évidemment, j'aurais préféré être dispensé de ce travail* (syn. BIEN SÛR). *Vous pouvez évidemment tenter votre chance* (syn. NATURELLEMENT, CERTES).

évidence [evidɑ̃s] n. f. (lat. *evidentia*). **1.** Caractère évident : *Vous niez l'évidence en contestant ce fait. Il faut se rendre à l'évidence : la caisse est vide* (= reconnaître cette vérité indubitable). *Il était stupéfait : de toute évidence, il n'avait jamais pensé à cela* (= assurément, évidemment). *La fausseté de cette théorie apparaît à l'évidence.* — **2.** *En évidence,* d'une façon apparente, bien en vue : *La lettre était posée en évidence sur le bureau. Aimer se mettre en évidence* (= se faire remarquer). *Elle a mis en évidence les difficultés de l'affaire* (= elle les a soulignées).

évident, e [evidɑ̃] adj. (lat. *evidens,* apparent). Qui s'impose à l'esprit par un caractère de certitude facile à saisir : *L'égalité de ces deux barres est évidente quand on les juxtapose* (syn. VISIBLE, MANIFESTE). *L'allusion à la crise est évidente dans le discours du président* (syn. CLAIR). *Le sens de ce passage est évident* (syn. SÛR ; contr. DOUTEUX). *Cet élève a fait des progrès évidents* (syn. INCONTESTABLE, INDUBITABLE, INDISCUTABLE).

évider [evide] v. t. (de *vide*). *Évider qqch,* le creuser, le percer intérieurement ; l'échancrer : *On a évidé la plaque pour permettre le passage de l'axe. Évider l'encolure d'une robe.*

évier [evje] n. m. (lat. *aquarius,* pour l'eau). Petit bassin de grès, de porcelaine, de métal, dans lequel on lave la vaisselle.

évincement [evɛ̃smɑ̃] n. m. Action d'évincer (syn. ÉVICTION).

évincer [evɛ̃se] v. t. (lat. *evincere,* vaincre) [c. **1**] *Évincer qqn,* le mettre à l'écart, lui interdire l'accès à certaines fonctions : *Plusieurs candidats à ce poste avaient été évincés en raison de leur passé politique* (syn. ÉLIMINER).

évitable [evitabl] adj. Qui peut être évité : *Cet inconvénient est aisément évitable.*

éviter [evite] v. t. (lat. *evitare*). **1.** *Éviter qqn, qqch, que* (+ *subj.*), faire en sorte de passer à côté de qqn ou de qqch, de ne pas subir qqch : *Le conducteur évita habilement l'obstacle. C'est un insupportable bavard, que je tâche d'éviter dans la rue* (syn. ↑ FUIR ; contr. RECHERCHER). *Vous ne pouvez pas éviter cet inconvénient* (syn. ÉCHAPPER À, SE PROTÉGER DE). *Il faut éviter qu'on ne se méprenne sur ces mots* (syn. EMPÊCHER). — **2.** *Éviter qqch, de* (+ *inf.*), s'abstenir de, faire en sorte de ne pas faire : *Le médecin lui a recommandé d'éviter le café. Veuillez éviter de me déranger quand je reçois des clients.* — **3.** *Éviter à qqn qqch, de* (+ *inf.*), faire en sorte qu'il n'en subisse pas les inconvénients : *J'ai fait le travail à sa place : cela lui a évité un dérangement* (syn. ÉPARGNER). *Je l'ai rencontré dans la rue : cela m'a évité de lui écrire.*

évocateur, trice [evɔkatœr] adj. Qui peut évoquer : *Un film très évocateur de la vie des mineurs. Un roman au titre évocateur* (syn. SUGGESTIF). *Un geste évocateur* (syn. SIGNIFICATIF).

évocation [evɔkasjɔ̃] n. f. Action d'évoquer : *Elle s'attendrissait à l'évocation de ces années heureuses* (syn. SOUVENIR). *L'exposé a été consacré à l'évocation des besoins* (syn. RAPPEL).

évolué, e [evɔlɥe] adj. Qui a atteint un certain degré de développement : *Un peuple très évolué* (contr. SOUS-DÉVELOPPÉ). *Un esprit évolué* (contr. ARRIÉRÉ).

évoluer [evɔlɥe] v. i. **1.** (sujet qqn, qqch) Passer progressivement à un autre état : *La situation militaire semblait évoluer favorablement pour les alliés* (syn. CHANGER, SE MODIFIER). *L'état du malade est stationnaire : la maladie n'a pas évolué depuis deux jours. Ses idées politiques ne sont plus les mêmes : elle a beaucoup évolué en dix ans* (syn. SE TRANSFORMER). — **2.** (sujet qqn, un appareil) Aller et venir, exécuter des mouvements en des sens divers : *Elle évoluait avec aisance parmi les invités. Des avions qui évoluent dans le ciel pendant le meeting aérien.*

évolutif, ive [evɔlytif] adj. Se dit de ce qui se transforme : *Une maladie à forme évolutive* (= qui s'aggrave).

évolution [evɔlysjɔ̃] n. f. (lat. *evolutio,* déroulement). **1.** Action d'évoluer ; de se transformer : *Maladie à évolution lente* (syn. PROGRESSION). *Civilisation en pleine évolution* (syn. PROGRÈS, DÉVELOPPEMENT). *La littérature traduit l'évolution du goût* (syn. CHANGEMENT, MODIFICATION). *L'évolution des espèces animales.* — **2.** (surtout pl.) Mouvements successifs : *Les évolutions des poissons dans le bassin. Suivre les évolutions d'un avion* (syn. MANŒUVRES).

évolutionnisme [evɔlysjɔnism] n. m. Ensemble des théories visant à expliquer le mécanisme de l'évolution des êtres vivants (syn. TRANSFORMISME ; contr. FIXISME).

évolutionniste [evɔlysjɔnist] adj. et n. Partisan de l'évolution.

évoquer [evɔke] v. t. (lat. *evocare,* appeler à soi). **1.** (sujet qqn) *Évoquer qqch,* le rendre présent à la mémoire ou en faire mention, y faire allusion : *Un conférencier qui évoque ses souvenirs de voyage* (syn. RAPPELER). *Il s'est contenté d'évoquer les principaux problèmes d'actualité, sans les traiter en détail* (syn. CITER, MENTIONNER, ESQUISSER). — **2.** (sujet qqch) *Évoquer qqch,* faire songer, par son aspect, à telle ou telle chose ; avoir un lien avec : *Les dessins du papier peint évoquent des scènes rustiques* (syn. REPRÉSENTER). *Un rocher qui évoque vaguement une tête humaine* (syn. RAPPELER, SUGGÉRER). *Le nom de Verdun évoque une des grandes batailles de la Première Guerre mondiale.*

ex- [ɛks], préfixe (lat. *ex,* hors de) qui, devant un nom auquel on le relie par un trait d'union, marque ce qu'a cessé d'être qqn ou qqch : *Un ex-directeur. Une femme divorcée qui rencontre son ex-mari.*

ex abrupto [ɛksabrypto] adv. (mots lat.). Brusquement, sans préambule (soutenu) : *Entrer ex abrupto dans le vif du sujet.*

exacerber [ɛgzasɛrbe] v. t. (lat. *exacerbare,* irriter). *Exacerber un sentiment, une sensation,* les porter à un haut degré de sensibilité ou d'irritation : *L'ironie de son interlocutrice exacerbait son dépit* (syn. AVIVER). ◆ ***s'exacerber*** v. pr. S'exaspérer : *Sa haine s'exacerbe.*

exact, e [ɛgza(kt)] adj. (lat. *exactus,* précis). **1.** Rigoureusement conforme à la réalité, à la logique, à un modèle : *Donnez-moi les dimensions exactes de votre meuble, au millimètre près* (syn. PRÉCIS). *Une multiplication exacte. Le candidat a donné la réponse exacte* (syn. JUSTE). *Un raisonnement exact* (syn. ↑ RIGOUREUX). *Une imitation très exacte de l'original* (syn. FIDÈLE). — **2.** Qui respecte l'horaire, qui arrive à l'heure : *Elle est toujours très exacte à ses rendez-vous* (syn. PONCTUEL).

exactement [ɛgzaktəmɑ̃] adv. Avec exactitude, précision : *L'axe de la roue doit être très exactement au* centre. *Il est exactement six heures. Je respecte exactement mes engagements* (syn. RIGOUREUSEMENT, SCRUPULEUSEMENT).

exaction [ɛgzaksjɔ̃] n. f. (lat. *exactio,* action de faire payer). **1.** Abus de pouvoir de celui qui exige de qqn plus que celui-ci ne doit : *Le peuple gémissait souvent des exactions des collecteurs d'impôts* (syn. soutenu CONCUSSION). — **2.** (pl.) Actes de violence commis envers une population opprimée : *L'ancien dictateur devra répondre devant un tribunal de ses exactions* (syn. SÉVICES).

exactitude [ɛgzaktityd] n. f. Caractère exact : *L'exactitude de ses prévisions a été confirmée par les faits* (syn. JUSTESSE). *La réussite dépendra de l'exactitude des calculs* (syn. RIGUEUR, PRÉCISION). *Une employée d'une grande exactitude* (syn. PONCTUALITÉ, RÉGULARITÉ).

ex aequo [ɛgzɛko] adv. et n. inv. (mots lat. signif. *à égalité*). Se dit de deux concurrents à égalité dans un examen, une compétition sportive, etc. : *Ils ont été classés ex aequo au concours. Trois candidats sont ex aequo. Une nouvelle question pour départager les ex aequo.*

exagération [ɛgzaʒerasjɔ̃] n. f. Action d'exagérer : *Le juste milieu fuit toute exagération* (syn. EXCÈS, OUTRANCE).

exagéré, e [ɛgzaʒere] adj. Où il y a de l'exagération : *Commerçant qui fait un bénéfice exagéré* (syn. ABUSIF, EXCESSIF). *Faire preuve d'une sévérité exagérée. Trajet d'une longueur exagérée* (syn. DÉMESURÉ). *Il n'est pas exagéré de dire que cet incident est catastrophique.*

exagérément [ɛgzaʒeremɑ̃] adv. De manière exagérée : *Un homme exagérément soupçonneux. Tu t'attardes exagérément sur ce problème* (syn. TROP).

exagérer [ɛgzaʒere] v. t. (lat. exaggerare, amplifier) [c. **10**] (sujet qqn) *Exagérer qqch,* le déformer en le rendant ou en le faisant paraître plus grand, plus important : *Le caricaturiste exagère les détails caractéristiques de ses personnages* (syn. GROSSIR). *Il a tendance à exagérer le rôle qu'il a joué dans cette affaire* (syn. SURFAIRE; contr. MINIMISER). ◆ v. i. (sujet qqn) Aller au-delà de ce qui est juste, convenable, bienséant : *Il y avait bien, sans exagérer, trente personnes dans le couloir* (= sans mentir, vraiment). *Il exagère : il a pris la plus grosse part!* (syn. ABUSER). ◆ ***s'exagérer*** v. pr. (sujet qqn) *S'exagérer qqch,* lui donner une importance démesurée : *Tu t'exagères les difficultés.*

exaltant, e [ɛgzaltɑ̃] adj. Qui exalte, stimule : *Entreprise exaltante* (syn. PASSIONNANT). *Lecture exaltante* (syn. ENTHOUSIASMANT).

exaltation [ɛgzaltasjɔ̃] n. f. Fait de s'exalter, d'être exalté : *Son exaltation ne cesse de croître* (syn. EXCITATION). *Elle passait par des alternatives d'exaltation et d'abattement* (syn. EMBALLEMENT).

exalté, e [ɛgzalte] adj. et n. *Péjor.* Pris d'un enthousiasme excessif : *Les dirigeants du mouvement eurent quelque peine à calmer les esprits exaltés* (syn. EXCITÉ, ÉCHAUFFÉ, SURCHAUFFÉ). *Un exalté qui harangue la foule* (syn. FANATIQUE).

exalter [ɛgzalte] v. t. (lat. *exaltare,* élever). **1.** *Exalter qqch, qqn,* en faire de grands éloges, en célébrer hautement les mérites, les qualités : *Un discours qui exalte les combattants morts pour la patrie* (syn. GLORIFIER, LOUER). *Un poème qui exalte la beauté de la nature* (syn. ↓VANTER). — **2.** (sujet qqch) *Exalter qqn,* lui inspirer de l'enthousiasme, lui élever l'âme : *Une musique qui nous exalte* (syn. TRANSPORTER). *Les grandes aventures exaltent la jeunesse* (syn. ENTHOUSIASMER, ENFLAMMER, PASSIONNER). ◆ ***s'exalter*** v. pr. (sujet qqn) S'enthousiasmer : *Elle s'exaltait progressivement en racontant ses exploits.*

examen [ɛgzamɛ̃] n. m. (mot lat.). **1.** Observation attentive : *L'examen des empreintes montre qu'il y avait au moins trois cambrioleurs. Une historienne qui se consacre à l'examen de documents anciens* (syn. ÉTUDE). *Le magistrat instructeur poursuit son examen des faits* (syn. INVESTIGATION). *Les candidats à cet emploi doivent subir un examen médical sévère.* — **2.** Épreuve ou ensemble d'épreuves qu'on fait subir à un candidat pour constater ses capacités, ses connaissances : *Le baccalauréat est un examen qui sanctionne les études secondaires. Passer un examen.*

examinateur, trice [ɛgzaminatœr] n. Personne chargée d'examiner les candidats à un examen ou à un concours.

examiner [ɛgzamine] v. t. *Examiner qqch, qqn,* les soumettre à un examen : *Examiner la disposition des lieux* (syn. ÉTUDIER). *Un comité examine les dossiers. Le médecin a examiné la malade* (syn. AUSCULTER). *Le jury qui examine les candidats.*

exaspérant, e [ɛgzasperɑ̃] adj. Qui irrite beaucoup : *S'obstiner dans un mutisme exaspérant* (syn. ↓AGAÇANT, ↓IRRITANT). *C'est un garçon exaspérant par sa manie de taquiner les autres* (syn. ↓CRISPANT).

exaspération [ɛgzasperasjɔ̃] n. f. État de violente irritation : *Cette réplique les mit au comble de l'exaspération* (syn. COLÈRE, ↓NERVOSITÉ, ↓IRRITATION).

exaspérer [ɛgzaspere] v. t. (lat. *exasperare,* rendre rude) [c. **10**]. **1.** *Exaspérer qqn,* l'irriter vivement : *Sa lenteur m'exaspère* (syn. ↓ÉNERVER). *Toutes ces critiques l'avaient exaspéré* (syn. ↓AGACER). — **2.** Litt. *Exaspérer une douleur, un sentiment,* etc., les rendre plus intenses, plus aigus : *Ce nouvel échec exaspéra son dépit* (syn. ↑EXACERBER).

exaucement [ɛgzosmɑ̃] n. m. Action d'exaucer : *L'exaucement d'une prière, d'un vœu.*

exaucer [ɛgzose] v. t. (lat. *exaltare,* élever) [c. **1**] *Exaucer qqn, exaucer une prière, un vœu,* etc., satisfaire cette personne dans sa demande, accueillir favorablement cette prière, etc. : *Le ciel nous a exaucés. Tous mes désirs sont exaucés, puisque vous êtes sains et saufs* (syn. COMBLER).

ex cathedra [ɛkskatedra] adv. (mots lat. signif. *du haut de la chaire*). Du haut de la chaire, avec autorité : *Un cours ex cathedra à l'université.*

excavateur [ɛkskavatœr] n. m. ou **excavatrice** [ɛkskavatris] n. f. Appareil destiné à creuser le sol.

excavation [ɛkskavasjɔ̃] n. f. (du lat. *excavare,* creuser). Trou creusé dans le sol : *L'excavation produite par une bombe.*

excédant, e [ɛksedɑ̃] adj. Qui excède : *Travail excédant* (syn. ↑EXTÉNUANT). *Un enfant excédant* (syn. EXASPÉRANT, ↑HORRIPILANT).

excédé, e [ɛksede] adj. Exaspéré : *Elle hausse les épaules d'un air excédé.*

excédent [ɛksedɑ̃] n. m. Quantité qui est en plus, qui dépasse la limite, la mesure normale : *L'excédent des recettes sur les dépenses. Payer une taxe pour un excédent de bagages* (syn. SUPPLÉMENT). *Avoir de la peine à écouler l'excédent de la production* (syn. SURPLUS).

excédentaire [ɛksedɑ̃tɛr] adj. En excédent : *Récolte excédentaire de blé.*

excéder [ɛksede] v. t. (lat. *excedere,* s'en aller) [c. **10**]. **1.** (sujet qqch) *Excéder qqch,* dépasser une limite fixée, en importance, en quantité, en durée : *L'eau excède le niveau habituel. Le délai de livraison n'excède pas huit jours. Ce sont des dépenses qui excéderaient mes moyens.* — **2.** (sujet qqn) *Excéder qqch,* aller au-delà de la limite autorisée : *Le président a excédé ses pouvoirs, sa décision n'est pas valable* (syn. OUTREPASSER).

— **3.** *Excéder qqn,* lui imposer une fatigue extrême, l'importuner grandement : *Il m'excède, avec ses plaintes perpétuelles* (syn. EXASPÉRER, ↓AGACER, ↑HORRIPILER). *Ce bruit m'excède* (syn. ÉPUISER).

excellemment [ɛkselamɑ̃] adv. De façon excellente : *Vous avez excellemment résumé le problème. Elle dessine excellemment* (syn. ADMIRABLEMENT).

excellence [ɛksɛlɑ̃s] n. f. **1.** Qualité remarquable : *Grâce à l'excellence de sa vue, elle avait remarqué ce détail minime. Un convive qui apprécie l'excellence des vins.* — **2.** *Par excellence,* plus que tout autre, tout particulièrement : *Victor Hugo est un écrivain romantique par excellence.* — **3.** (avec majusc.) Titre donné aux ambassadeurs, aux ministres, aux évêques, etc. (abrév. : S. Exc. pour un évêque, S. E. pour un ministre, un ambassadeur) : *Son Excellence* (ou *S. E.*) *l'ambassadeur d'Italie.*

excellent, e [ɛksɛlɑ̃] adj. (avant ou après le n.) Qui se distingue par ses mérites, sa qualité : *Un élève excellent en anglais. Une excellente pianiste. Ces fruits sont excellents* (syn. SUCCULENT, SAVOUREUX). *Un excellent roman.*

exceller [ɛksɛle] v. i. (lat. *excellere,* surpasser) [sujet qqn] *Exceller en qqch,* à (+ *inf.*), atteindre un degré éminent dans son genre : *Cet élève excelle en mathématiques* (syn. SE DISTINGUER). *Elle excelle à conter des histoires drôles.*

excentricité [ɛksɑ̃trisite] n. f. Caractère excentrique : *L'excentricité d'un chapeau. Ses excentricités ont fini par le faire congédier* (syn. EXTRAVAGANCE).

1. excentrique [ɛksɑ̃trik] adj. (du lat. *ex,* hors de, et *centre*). **1.** Se dit d'un cercle contenu dans un autre et n'ayant pas le même centre. — **2.** *Quartier excentrique,* situé loin du centre d'une ville.

2. excentrique [ɛksɑ̃trik] adj. et n. Dont la singularité attire vivement l'attention : *Un individu excentrique, qui tient des discours incohérents* (syn. ↓BIZARRE; fam. LOUFOQUE). *C'est un excentrique, qui fait tout autrement que tout le monde* (syn. ↑DÉSÉQUILIBRÉ; fam. PIQUÉ, CINGLÉ). *Une mode excentrique.*

excentriquement [ɛksɑ̃trikmɑ̃] adv. De façon excentrique : *S'habiller excentriquement.*

excepté [ɛksɛpte] prép. **1.** Indique ce qu'on met à part, ce qu'on ne comprend pas dans un ensemble : *Elle avait tout prévu, excepté ce cas* (syn. SAUF, À L'EXCEPTION DE; litt. HORMIS). *Ce train circule tous les jours, excepté le dimanche. Excepté mes voisins de palier, je ne connais personne dans l'immeuble* (syn. À PART, EN DEHORS DE). *Ne bougez pas d'ici, excepté si vous avez quelque chose d'important à me faire savoir. (Excepté* après un n. ou un pron. est adj. et s'accorde : *Eux exceptés, personne n'a entendu parler de cela).* — **2.** *Excepté que* (+ *ind.*), si ce n'est que, sauf que : *Ces deux paquets sont exactement semblables, excepté que celui-ci est plus lourd que l'autre.*

excepter [ɛksɛpte] v. t. (lat. *exceptare,* retirer). *Excepter qqch, qqn,* le mettre à part, ne pas en tenir compte : *Il faut excepter de ce total certains frais qui ne sont pas à votre charge* (syn. RETRANCHER, RETIRER). *Si l'on excepte quelques passages plus étroits, la route est excellente d'un bout à l'autre.*

exception [ɛksɛpsjɔ̃] n. f. **1.** Action d'excepter (surtout dans des express.) : *Ce livre n'est guère intéressant; je ne ferai une exception que pour le deuxième chapitre. Normalement, il n'a pas droit à ces deux jours de congé, mais on a fait une petite exception en sa faveur. On pourrait, par exception, commencer dans l'ordre inverse* (= contrairement à l'usage habituel). *Il lui a légué tous ses biens sans exception. Elle a sous-loué son appartement, à l'exception d'une pièce qu'elle se réserve* (= sauf, excepté). *Les mesures, les lois d'exception sont en dehors du droit commun.* — **2.** Ce qui est en dehors de la règle habituelle, qui apparaît comme unique en son genre : *Les règles de grammaire admettent des exceptions. On dit parfois que l'exception confirme la règle* (= il n'y aurait pas d'exception s'il n'y avait pas de règle). *La neige en mai est une exception dans cette région.* — **3.** *Faire exception,* sortir de la règle : *La cathédrale date du XII*[e] *s.; seule fait exception une partie du chœur.*

exceptionnel, elle [ɛksɛpsjɔnɛl] adj. (après ou, plus rarement, avant le n.) **1.** Qui constitue une exception : *Une autorisation exceptionnelle* (contr. NORMAL, COURANT, ORDINAIRE). *Des circonstances exceptionnelles* (syn. EXTRAORDINAIRE). — **2.** Qui se distingue spécialement par son mérite, ses qualités : *Néfertiti fut une reine exceptionnelle* (syn. ÉMINENT, HORS DE PAIR). *Un roman d'un intérêt exceptionnel* (syn. CAPITAL). *Un paysage d'une exceptionnelle grandeur.*

exceptionnellement [ɛksɛpsjɔnɛlmɑ̃] adv. De façon exceptionnelle : *Le conseil des ministres s'est tenu exceptionnellement le mardi, au lieu du mercredi* (syn. PAR EXCEPTION). *Un enfant exceptionnellement intelligent* (syn. ↓REMARQUABLEMENT).

excès [ɛksɛ] n. m. (lat. *excessus*). **1.** Ce qui dépasse la quantité normale, la mesure : *L'analyse a fait apparaître un excès d'urée dans le sang. On lui a infligé une amende pour excès de vitesse* (syn. DÉPASSEMENT). *Un paquet refusé à la poste pour excès de poids* (syn. EXCÉDENT). *Des employés qui font un excès de zèle. Cet acte constitue un excès de pouvoir* (syn. ABUS). *Autrefois, il était trop timoré, maintenant il tombe dans l'excès inverse* (syn. EXAGÉRATION). — **2.** *À l'excès,* extrêmement, exagérément : *Elle est méticuleuse à l'excès.* ‖ *Excès de langage,* propos discourtois ou injurieux. ‖ *Faire un excès,* manger ou boire plus qu'il ne faudrait. ◆ n. m. pl. Actes de violence, de démesure, de débauche : *Les excès des troupes d'occupation. Il s'est ruiné la santé par ses excès* (syn. DÉRÈGLEMENTS).

excessif, ive [ɛksɛsif] adj. **1.** (après le n.) Qui dépasse la mesure : *Discours d'une longueur excessive* (syn. EXAGÉRÉ). *Il jouit de pouvoirs excessifs* (syn. ABUSIF). *Être excessif dans ses jugements* (contr. MODÉRÉ, NUANCÉ, ÉQUILIBRÉ). — **2.** (avant le n.) Très grand : *Elle nous a reçus avec une excessive bonté* (syn. EXTRÊME).

excessivement [ɛksɛsivmɑ̃] adv. **1.** Avec excès : *Cette voiture consomme excessivement* (syn. TROP, EXAGÉRÉMENT). — **2.** À un très haut degré : *Enfant excessivement intelligent* (syn. EXTRÊMEMENT, ↓TRÈS, ↓FORT).

exciper [ɛksipe] v. t. ind. (lat. *excipere,* prendre). *Exciper de qqch,* en faire état, s'y référer (jurid. ou litt.) : *Pour ma défense, j'ai excipé d'un précédent.*

excipient [ɛksipjɑ̃] n. m. (du lat. *excipere,* recevoir). Substance à laquelle on incorpore un médicament.

exciser [ɛksize] v. t. (lat. *excidere,* couper). Enlever en coupant : *Exciser une tumeur.*

excision [ɛksizjɔ̃] n. f. Action d'exciser : *L'excision d'un kyste.*

excitabilité [ɛksitabilite] n. f. Caractère excitable.

excitable [ɛksitabl] adj. Qui peut être excité : *Un tempérament nerveux, facilement excitable.*

excitant, e [ɛksitɑ̃] adj. Qui excite : *L'action excitante de l'alcool* (syn. STIMULANT). *Une musique excitante* (syn. ENTRAÎNANT). ◆ ***excitant*** n. m. Substance qui accroît l'activité organique : *Le café est un excitant* (syn. TONIQUE; contr. CALMANT).

excitation [ɛksitasjɔ̃] n. f. Action d'exciter; ce qui excite : *Par une continuelle excitation à la lutte, il avait développé l'esprit combatif chez ses camarades* (syn. ↓ENCOURAGEMENT). *Son excitation se lisait sur son visage* (contr. CALME, SÉRÉNITÉ). *On ne peut pas discu-*

ter raisonnablement avec quelqu'un qui est en proie à une telle excitation (syn. EXALTATION).

exciter [ɛksite] v. t. (lat. *excitare,* faire sortir). **1.** (sujet qqn, qqch) *Exciter qqn, un animal,* le mettre dans un état d'irritation, de tension, lui donner de la vivacité, de l'énergie : *Les encouragements du public excitaient les deux adversaires* (syn. STIMULER; contr. CALMER, APAISER). *L'orateur excitait la foule contre le gouvernement* (syn. SOULEVER, AMEUTER). *Exciter un chien pour le faire aboyer* (syn. ↓AGACER, ↓TAQUINER). *Excité par le café et l'alcool, il ne tenait plus en place. Exciter quelqu'un à combattre* (= le pousser, l'encourager vivement). — **2.** (sujet qqch) *Exciter un sentiment, une sensation,* les faire naître ou les développer : *La vue de sa richesse avait excité la jalousie de ses voisins* (syn. PROVOQUER, SUSCITER, ÉVEILLER). *Des répliques qui excitent le rire des spectateurs* (syn. DÉCLENCHER). *Ce spectacle excite la pitié. Des hors-d'œuvre qui excitent l'appétit* (syn. STIMULER). ◆ ***s'exciter*** v. pr. (sujet qqn) **1.** Perdre le contrôle de soi-même, s'énerver : *Il s'excite en racontant son altercation* (syn. fam. S'EMBALLER). — **2.** Fam. *S'exciter sur qqch,* y prendre un très grand intérêt.

exclamatif, ive [ɛksklamatif] adj. Qui marque l'exclamation : *Dans «Comme il a changé!», «comme» est un adverbe exclamatif.*

exclamation [ɛksklamasjɔ̃] n. f. **1.** Cri de joie, de surprise, etc. : *Elle ne put retenir une exclamation de surprise en le reconnaissant* (syn. CRI). *«Quel dommage!» fit-il; à cette exclamation, son voisin se retourna.* — **2.** *Point d'exclamation,* signe de ponctuation (!) à la fin d'une phrase exclamative.

exclamer (s') [ɛksklame] v. pr. (lat. *exclamare*) [sujet qqn] Pousser un cri ou des cris, ou prononcer d'une voix forte des paroles exprimant la surprise, la joie, la douleur, etc. (souvent en proposition incise) : *Elle s'exclama soudain : j'ai compris! Ouf! s'exclama-t-elle, c'est fini!* (syn. S'ÉCRIER). *Au lieu de vous exclamer sur les difficultés de ce travail, vous feriez mieux de vous y attaquer.*

exclu, e [ɛkskly] adj. et n. Qui a été rejeté, chassé d'un groupe. ◆ adj. **1.** Qui n'est pas accepté, qu'on refuse d'envisager : *C'est tout à fait exclu.* — **2.** Qui n'est pas compris dans un compte : *Partir jusqu'au 15 exclu* (contr. INCLUS).

exclure [ɛksklyr] v. t. (lat. *excludere*) [c. **68**]. **1.** (sujet qqn) *Exclure qqn (d'un lieu, d'un groupe),* le mettre dehors, ne pas l'admettre : *Plusieurs perturbateurs ont été exclus de la salle* (syn. EXPULSER, RENVOYER; fam. VIDER). *Exclure quelqu'un d'un parti politique. On l'a exclu du nombre des bénéficiaires.* — **2.** *Exclure qqch (de qqch),* ne pas le compter dans un ensemble, le laisser de côté : *J'exclus de ce total les taxes qui m'incombent* (contr. INCLURE). *On ne peut pas exclure l'hypothèse d'un suicide* (syn. ÉCARTER, ÉLIMINER, NÉGLIGER). — **3.** (sujet qqch) *Exclure qqch,* être incompatible avec : *Le refus par l'adversaire de cette condition exclut pour le moment toute possibilité d'accord* (syn. EMPÊCHER, S'OPPOSER À). *La gravité du problème abordé dans cette pièce n'exclut pas un certain humour* (syn. INTERDIRE).

exclusif, ive [ɛksklyzif] adj. **1.** Se dit de ce qui appartient à qqn, à l'exclusion des autres : *Le droit de grâce est un privilège exclusif du président de la République.* — **2.** Qui s'attache étroitement à qqch en laissant de côté tout le reste : *En matière d'art, il porte un intérêt exclusif à la sculpture. C'est une femme très exclusive dans ses goûts* (syn. ABSOLU, INTRANSIGEANT). *On m'a envoyé ici avec la mission exclusive de m'informer de cette question.*

exclusion [ɛksklyzjɔ̃] n. f. **1.** Action d'exclure : *Le conseil de discipline a décidé l'exclusion des trois élèves* (syn. RENVOI, MISE À LA PORTE). — **2.** *À l'exclusion de,* en excluant : *Le médecin lui a recommandé de manger des légumes à l'exclusion des féculents* (syn. SAUF, EXCEPTÉ).

exclusive [ɛksklyziv] n. f. Mesure d'exclusion prononcée contre qqn ou contre qqch : *Plusieurs membres de l'association, frappés d'exclusive, n'ont pas pu présenter leur candidature au bureau.*

exclusivement [ɛksklyzivmɑ̃] adv. De façon exclusive : *Il se consacre exclusivement à l'étude des papyrus* (syn. UNIQUEMENT). *Elle m'a demandé qu'on lui fasse suivre son courrier jusqu'au 20 septembre exclusivement* (contr. COMPRIS, INCLUSIVEMENT).

exclusivisme [ɛksklyzivism] n. m. Caractère de qqn d'exclusif : *J'ai fait appel à toutes les bonnes volontés sans exclusivisme.*

exclusivité [ɛksklyzivite] n. f. Droit exclusif de vendre une marchandise, de projeter un film, de publier un article : *Vous ne pourrez acheter cette voiture que chez le concessionnaire qui en a l'exclusivité pour la région* (syn. MONOPOLE). *Un hebdomadaire lui a acheté l'exclusivité de ses Mémoires. Ce film passe en exclusivité dans deux salles.*

excommunication [ɛkskɔmynikasjɔ̃] n. f. Action d'excommunier; fait d'être excommunié.

excommunier [ɛkskɔmynje] v. t. (lat. *excommunicare*). *Excommunier qqn,* le rejeter hors de l'Église.

excoriation [ɛkskɔrjasjɔ̃] n. f. Égratignure, éraflure.

excorier [ɛkskɔrje] v. t. (du lat. *corium,* cuir) [sujet qqch] *Excorier la peau,* l'écorcher superficiellement (techn.).

excrément [ɛkskremɑ̃] n. m. (lat. *excrementum,* sécrétion) [surtout pl.] Matière évacuée naturellement du corps de l'homme ou des animaux (matières fécales, urine).

excréter [ɛkskrete] v. t. (lat. *excernere,* rendre par évacuation) [c. **10**] Éliminer hors de l'organisme.

excréteur, trice [ɛkskretœr] adj. Qui excrète : *Organes excréteurs.*

excrétion [ɛkskresjɔ̃] n. f. Élimination par l'organisme des constituants inutiles ou nuisibles du milieu intérieur (air expiré, urine, bile, sueur, etc.) : *Les poumons, les reins, le foie sont des organes de l'excrétion.*

excroissance [ɛkskrwasɑ̃s] n. f. (du lat. *excrescere,* se développer).**1.** Tumeur externe qui se forme sur le corps de l'homme, d'un animal (verrue, polype, loupe), ou sur les végétaux. — **2.** Protubérance qui apparaît à la surface de qqch.

excursion [ɛkskyrsjɔ̃] n. f. (lat. *excursio*). Voyage d'agrément : *Cette région pittoresque offre aux touristes de nombreuses excursions* (syn. ↓ PROMENADE).

excursionner [ɛkskyrsjɔne] v. i. Faire une excursion : *Des cars permettent d'excursionner aux environs.*

excursionniste [ɛkskyrsjɔnist] n. Personne qui fait une excursion.

excusable [ɛkskyzabl] adj. Qui peut être excusé : *C'est une erreur très excusable. Vous êtes excusable de n'avoir pas pensé à cela* (syn. PARDONNABLE).

excuse [ɛkskyz] n. f. **1.** Raison alléguée pour disculper ou pour se disculper; circonstance qui disculpe : *Mon excuse, c'est l'excès de travail* (syn. JUSTIFICATION). *Pour toute excuse, il a prétendu qu'il ne l'avait pas fait exprès* (syn. DÉFENSE). *Une faute sans excuse.* — **2.** Motif servant de justification : *J'ai une bonne excuse pour ne pas avoir assisté à cette réunion : j'étais en voyage* (syn. PRÉTEXTE). — **3.** *Mot d'excuse,* justification produite par un élève pour une absence ou en vue d'une dispense, et signée par ses parents, un tuteur, etc. ◆ ***excuses*** n. f. pl. Paroles ou écrits exprimant le regret qu'on a d'avoir offensé ou contrarié qqn : *Je vous pré-*

sente mes excuses pour avoir mal interprété votre attitude.

excuser [ɛkskyze] v. t. (lat. *excusare*). 1. *Excuser qqn, un acte,* ne pas lui tenir rigueur, être indulgent pour cet acte : *Je vous excuse d'avoir oublié de me prévenir* (syn. PARDONNER). *On ne saurait excuser une telle insolence.* — 2. *Excusez-moi,* formule de politesse destinée à atténuer l'effet désagréable d'une action, d'une parole : *Excusez-moi, vous me bouchez le passage. Votre voiture est rapide, mais, excusez-moi, elle n'est pas très confortable.* ◆ ***s'excuser*** v. pr. *S'excuser (de qqch),* alléguer des raisons pour se justifier : *Je m'excuse de mon retard.*

exécrable [ɛgzekrabl] adj. Très mauvais : *Un vin exécrable* (syn. AFFREUX, INFECT; contr. DÉLICIEUX, EXQUIS). *Il fait un temps exécrable* (syn. HORRIBLE, ABOMINABLE, ÉPOUVANTABLE). *Une humeur exécrable* (syn. DÉTESTABLE).

exécration [ɛgzekrasjɔ̃] n. f. Sentiment de dégoût haineux : *Elle avait une véritable exécration pour ce genre de musique* (syn. HORREUR, ↓ AVERSION).

exécrer [ɛgzekre] v. t. (lat. *execrari,* maudire) [c. 10] *Exécrer qqn, qqch,* avoir une profonde aversion pour eux (soutenu) : *C'est un homme que j'exècre* (syn. DÉTESTER). *Ne lui servez pas d'huîtres, elle les exècre* (syn. AVOIR HORREUR DE).

exécutable [ɛgzekytabl] adj. Qui peut être exécuté : *Un plan difficilement exécutable* (syn. RÉALISABLE).

exécutant, e [ɛgzekytɑ̃] n. 1. Personne dont le rôle se borne à exécuter des ordres, des consignes : *Adressez votre réclamation à la direction, moi je ne suis qu'un exécutant.* — 2. Personne qui joue un morceau de musique : *Un orchestre, une chorale de soixante exécutants* (syn. MUSICIEN, CHORISTE, CHANTEUR).

exécuter [ɛgzekyte] v. t. (lat. *exsequi,* poursuivre). 1. *Exécuter une mission, un projet, un ordre, une promesse,* etc., les accomplir, les réaliser. — 2. *Exécuter la loi, un décret,* les faire appliquer. — 3. *Exécuter un travail,* le mener à bien : *Adressez-vous à l'entrepreneur qui a exécuté les travaux* (syn. EFFECTUER). *Un cuisinier qui exécute des plats compliqués* (syn. CONFECTIONNER). *Cette statue a été exécutée en marbre de Carrare* (syn. RÉALISER). *Exécuter le montage d'un appareil* (syn. OPÉRER). — 4. *Exécuter un morceau de musique,* le jouer. — 5. *Exécuter qqn,* le tuer par autorité de justice : *Le condamné a été exécuté ce matin à l'aube;* le tuer pour se défaire de lui : *Un chef de bande qui fait exécuter un de ses hommes* (syn. SUPPRIMER). ◆ ***s'exécuter*** v. pr. (sujet qqn) Se résoudre à agir, passer à l'action : *La somme à payer était lourde, pourtant elle dut s'exécuter.*

exécuteur, trice [ɛgzekytœr] n. 1. *Exécuteur testamentaire,* personne à qui l'auteur d'un testament a confié le soin de veiller à l'exécution de ce dernier. — 2. Litt. *L'exécuteur des hautes œuvres,* le bourreau.

exécutif, ive [ɛgzekytif] adj. Se dit d'un pouvoir chargé à appliquer les lois, les décisions : *Le pouvoir exécutif est chargé d'assurer l'application des lois établies par le pouvoir législatif.* ◆ ***exécutif*** n. m. Pouvoir exécutif : *Un empiétement de l'exécutif sur le législatif.*

exécution [ɛgzekysjɔ̃] n. f. 1. Action d'exécuter, de réaliser : *L'exécution de ce projet demanderait des capitaux considérables. Les conjurés ont été arrêtés avant d'avoir pu mettre leur plan à exécution. En exécution du décret, la taxe a été majorée* (syn. APPLICATION). *L'exécution de ce pont remonte à une vingtaine d'années. Un bijou ciselé d'une remarquable finesse d'exécution.* — 2. Action de jouer un morceau de musique : *L'exécution de cette symphonie a été préparée par de nombreuses répétitions. Ce concerto est beau, mais son exécution est médiocre* (syn. INTERPRÉTATION). — 3. Action de tuer qqn : *Surseoir à l'exécution. Exécution capitale* (= mise à mort d'un condamné).

exécutoire [ɛgzekytwar] adj. Qui doit légalement être exécuté : *Un décret immédiatement exécutoire.*

exégèse [ɛgzeʒɛz] n. f. (gr. *exêgêsis*). Explication philosophique ou doctrinale d'un texte : *Un théologien qui se spécialise dans l'exégèse biblique.*

exégète [ɛgzeʒɛt] n. Spécialiste de l'exégèse : *Un passage de Platon qui a déconcerté les exégètes* (syn. COMMENTATEUR).

exégétique [ɛgzeʒetik] adj. Relatif à l'exégèse.

1. exemplaire [ɛgzɑ̃plɛr] n. m. (du lat. *exemplar,* copie). Un des objets reproduits en série selon un même type (se dit surtout de livres, de journaux, de gravures, etc.) : *Cet ouvrage s'est vendu cette année à plus de vingt mille exemplaires.*

2. exemplaire [ɛgzɑ̃plɛr] adj. 1. Qu'on peut citer en exemple : *C'est une employée exemplaire* (syn. MODÈLE). *Sa conduite a été exemplaire* (syn. IRRÉPROCHABLE, PARFAIT). *La reconversion de cette entreprise est exemplaire.* — 2. *Punition exemplaire,* destinée à frapper les esprits par sa rigueur.

exemplairement [ɛgzɑ̃plɛrmɑ̃] adv. De manière exemplaire : *Les coupables ont été châtiés exemplairement.*

exemplarité [ɛgzɑ̃plarite] n. f. Valeur d'exemple : *L'exemplarité de la peine de mort est contestée.*

exemple [ɛgzɑ̃pl] n. m. (lat. *exemplum*). 1. Personne, acte, objet pouvant servir de modèle : *Cette fille est l'exemple de la bonne élève* (syn. MODÈLE, TYPE). *On cite souvent en exemple la rigueur des travaux de Pasteur. Prenez exemple sur vos voisins. Vous devez donner l'exemple. À l'exemple de sa sœur aînée, elle veut faire sa médecine* (= en l'imitant, en suivant ses traces). *Cette église est un bel exemple du style roman auvergnat* (syn. SPÉCIMEN). — 2. Ce qui peut servir de leçon, d'avertissement : *Que cet accident vous serve d'exemple. Le tribunal d'exception a prononcé une condamnation sévère pour l'exemple, pour faire un exemple* (= pour éviter le retour de tels actes). — 3. Fait antérieur du même genre que celui dont il s'agit : *L'histoire de ce pays offre plusieurs exemples de ressaisissement après une période de décadence* (syn. CAS). *C'est un fait sans exemple dans les annales judiciaires* (syn. PRÉCÉDENT). — 4. Fait, chose ou être qui illustre, qui justifie une assertion : *Je pourrais vous citer de nombreux exemples de son avarice. Il y a en France des régions peu peuplées; exemple : la Lozère.* — 5. Phrase ou mot, empruntés ou non à un auteur, qui éclairent une règle, une définition : *Dans ce dictionnaire, les exemples sont en italique. L'adjectif attribut du sujet s'accorde avec celui-ci; exemple : «Ces pêches sont excellentes.»* — 6. *Par exemple,* pour confirmer ou illustrer ce que je dis par un exemple : *Dans ce pays, la vie est bon marché : par exemple, une paire de chaussures coûte moitié moins cher qu'ici* (syn. AINSI); entre autres, notamment : *Découpez la feuille avec un instrument bien tranchant, par exemple une lame de rasoir;* fam., toutefois, pourtant : *On mange très bien dans ce petit restaurant; par exemple il ne faut pas être pressé* (syn. SEULEMENT); *fam.,* exprime la surprise, le scandale, le mécontentement : *Par exemple! je ne m'attendais pas à celle-là! Ah çà! par exemple, tu ne l'emporteras pas en paradis!* (syn. ALORS).

exempt, e [ɛgzɑ̃] adj. (lat. *exemptus,* affranchi). 1. Qui n'est pas assujetti à une obligation : *Une pensionnaire exempte de corvée* (syn. DISPENSÉ). *Des marchandises exemptes de déclaration à la douane.* — 2. Qui est préservé de qqch, qui n'en a pas trace : *On n'est jamais exempt d'un accident* (syn. À L'ABRI). *Un métier qui n'est pas exempt de risques.*

exempté, e [ɛgzɑ̃te] adj. et n. Qui est dispensé de qqch : *Une loi qui concerne les exemptés de service.*

exempter [ɛgzɑ̃te] v. t. Dispenser de qqch : *On exempte d'impôts les bas revenus* (syn. AFFRANCHIR). *Un jeune homme exempté du service national* (syn. DISPENSER).

exemption [ɛgzɑ̃psjɔ̃] n. f. Action d'exempter : *Ces produits bénéficient d'une exemption de taxes* (syn. EXONÉRATION, DISPENSE).

exercé, e [ɛgzɛrse] adj. Qui est devenu habile pour s'être exercé : *La fausse note n'a pas échappé aux oreilles exercées.*

exercer [ɛgzɛrse] v. t. (lat. *exercere,* ne pas laisser en repos) [c. 1]. **1.** *Exercer qqn, une faculté,* les soumettre à un entraînement méthodique, les habituer : *Le professeur exerce ses élèves à la conversation en anglais* (syn. ENTRAÎNER). *Exercer la mémoire, le jugement des enfants par des jeux appropriés* (syn. FORMER). — **2.** Mettre en usage, pratiquer : *La police exerce un contrôle discret sur ses activités. Il exerçait l'autorité en véritable dictateur.* — **3.** *Exercer un droit,* le faire valoir, en user : *La propriétaire de l'appartement a exercé son droit de reprise.* — **4.** *Exercer une profession,* la pratiquer : *Exercer la médecine, la coiffure. Elle exerce depuis peu des fonctions importantes;* sans compl. : *Un avocat qui n'exerce plus* (= qui ne travaille plus). — **5.** (sujet qqch) Mettre à l'épreuve : *Cette énigme exerce la sagacité des inspecteurs.* — **6.** (sujet qqn, qqch) *Exercer une action, une influence,* etc., *sur qqn* ou *sur qqch,* agir, influer sur eux : *Le climat exerce une action déterminante sur la végétation.* ◆ ***s'exercer*** v. pr. **1.** (sujet qqn) Se soumettre à un entraînement : *Un pianiste qui s'est longtemps exercé avant son récital. S'exercer à de longues marches. Je m'exerce à tirer à l'arc.* — **2.** (sujet qqch) Se manifester, agir : *Les arcs-boutants équilibrent la poussée qui s'exerce sur ce mur. Son habileté a eu l'occasion de s'exercer dans cette affaire.*

exercice [ɛgzɛrsis] n. m. (lat. *exercitium*). **1.** Action d'exercer : *Ce sport favorise l'exercice des jambes. Un jeu excellent pour l'exercice de la mémoire.* — **2.** Travail destiné à exercer qqn : *L'institutrice a donné à ses élèves une série d'exercices de mathématiques* (syn. DEVOIR). *Les soldats partent à l'exercice* (= à une séance d'entraînement). *Le médecin lui a recommandé les exercices physiques* (= la gymnastique). *Il faut vous donner de l'exercice* (= vous dépenser physiquement). — **3.** Action de pratiquer un métier, une activité : *L'exercice d'une profession. L'exercice du pouvoir l'a rendu autoritaire* (syn. PRATIQUE). *Elle est inattaquable dans l'exercice de ses droits. Vous ne pouvez pas fumer dans l'exercice de vos fonctions. Le directeur en exercice* (= en activité, en fonctions). — **4.** Période comprise entre deux inventaires dans une entreprise commerciale, ou entre deux budgets dans une administration : *Une partie des bénéfices de l'exercice précédent a été affectée au fonds de réserve.*

exergue [ɛgzɛrg] n. m. (gr. *ex,* hors de, et *ergon,* œuvre). Inscription mise en bas d'une médaille, en tête d'un ouvrage : *Ce chapitre porte en exergue deux vers de Louise Labé.*

exhalaison [ɛgzalɛzɔ̃] n. f. Odeur, gaz qui se dégage d'un corps : *Être incommodé par des exhalaisons sulfureuses* (syn. ODEUR).

exhaler [ɛgzale] v. t. (lat. *exhalare*). **1.** (sujet qqch, qqn) *Exhaler une odeur,* la répandre autour de soi : *Ces fleurs exhalent un parfum délicat.* — **2.** (sujet qqn) *Exhaler sa mauvaise humeur, des regrets, des plaintes,* etc., les exprimer, les manifester. ◆ ***s'exhaler*** v. pr. (sujet une odeur) Se dégager, s'échapper de qqch et se répandre : *Une odeur de moisi s'exhale du soupirail* (syn. ÉMANER).

exhaussement [ɛgzosmɑ̃] n. m. Action d'exhausser.

exhausser [ɛgzose] v. t. *Exhausser qqch,* l'augmenter en hauteur, le rendre plus élevé : *Exhausser une maison d'un étage* (syn. REHAUSSER).

exhaustif, ive [ɛgzostif] adj. (de l'angl. *to exhaust,* épuiser). Qui épuise à fond un sujet : *Cette énumération ne prétend pas être exhaustive* (syn. COMPLET).

exhaustivement [ɛgzostivmɑ̃] adv. De manière exhaustive.

exhiber [ɛgzibe] v. t. (lat. *exhibere*). **1.** *Exhiber qqch (pièce officielle, document),* le mettre sous les yeux de qqn : *En se présentant dans sa nouvelle place, elle exhiba un certificat très élogieux.* — **2.** *Exhiber qqch,* le montrer avec ostentation : *Elle exhibait sur le boulevard sa nouvelle robe.* ◆ ***s'exhiber*** v. pr. *Péjor.* Se montrer en public avec ostentation, ou en vue de scandaliser : *Comment ose-t-il s'exhiber dans cette tenue?*

exhibition [ɛgzibisjɔ̃] n. f. Action d'exhiber : *Un cirque qui fait une exhibition de chiens savants* (syn. PRÉSENTATION). *Il scandalise le voisinage par l'exhibition de sa richesse* (syn. ÉTALAGE).

exhibitionnisme [ɛgzibisjɔnism] n. m. **1.** Déviation sexuelle caractérisée par la tendance pathologique à exhiber ses organes génitaux. — **2.** Étalage sans pudeur des sentiments les plus intimes.

exhibitionniste [ɛgzibisjɔnist] adj. et n. Qui pratique l'exhibitionnisme.

exhortation [ɛgzɔrtasjɔ̃] n. f. Action d'exhorter; paroles qui exhortent : *Prodiguer à quelqu'un des exhortations à la modération* (syn. INVITATION, ENCOURAGEMENT). *Une exhortation à la prudence* (syn. INCITATION).

exhorter [ɛgzɔrte] v. t. (lat. *exhortari*) [sujet qqn] *Exhorter qqn à qqch,* à (+ *inf.*), tenter de l'y amener, par des prières, des encouragements : *Exhorter quelqu'un au calme, à la patience* (syn. INCITER, INVITER). *Il m'a exhorté à persévérer* (syn. PRESSER DE); (sujet qqch) : *Cet incident doit nous exhorter à la plus grande vigilance* (syn. ENGAGER, PORTER, POUSSER).

exhumation [ɛgzymasjɔ̃] n. f. Action d'exhumer : *Le tribunal a autorisé l'exhumation de la victime. L'exhumation de documents inconnus.*

exhumer [ɛgzyme] v. t. (du lat. *ex,* hors de, et *humus,* terre). **1.** Retirer de la terre ce qui y était enseveli : *Exhumer un cadavre. Des fouilles archéologiques qui exhument des statues antiques.* — **2.** Tirer de l'oubli : *Il a exhumé une vieille loi, jamais abrogée, qui justifie son action.* (→ INHUMER.)

exigeant, e [ɛgziʒɑ̃] adj. Qui exige : *Un chef très exigeant* (syn. STRICT). *Je ne suis pas exigeant : vous me rembourserez quand vous pourrez. Si vous cédez à tous ses caprices, cet enfant deviendra de plus en plus exigeant. Tu as une profession très exigeante* (syn. ABSORBANT, DUR).

exigence [ɛgziʒɑ̃s] n. f. **1.** Ce qui est commandé, réclamé : *Un article qui doit répondre aux exigences des clients les plus difficiles. Cette maison me conviendrait : quelles sont les exigences du vendeur?* (syn. PRIX, CONDITIONS). — **2.** Caractère exigeant : *Ce chef de bureau fait preuve d'une exigence tatillonne.*

exiger [ɛgziʒe] v. t. (lat. *exigere,* pousser dehors) [c. 2]. **1.** (sujet qqn) *Exiger qqch, que* (+ *subj.*) [*de qqn*], le lui réclamer impérativement, le lui imposer par une volonté formelle : *La vendeuse exige un acompte immédiat au moment de la commande* (syn. ↓ DEMANDER). *On exige de la titulaire de ce poste une conduite irréprochable. J'exige que vous me rendiez compte de l'emploi de cet argent* (syn. ORDONNER). — **2.** (sujet qqch) *Exiger qqch, que* (+ *subj.*), en avoir absolument besoin : *Ce jeu exige une attention constante* (syn. REQUÉRIR, DEMANDER). *Un bâtiment qui a exigé des* *réparations coûteuses* (syn. NÉCESSITER). *Les bienséances exigent que vous ne disiez rien.*

exigibilité [ɛgziʒibilite] n. f. Caractère exigible : *Quelle est la date d'exigibilité de votre dette ?*

exigible [ɛgziʒibl] adj. Qui peut être légalement exigé : *L'impôt est exigible le 15 septembre.*

exigu, ë [ɛgzigy] adj. (lat. *exiguus,* petit). Trop petit, qui ne laisse pas assez d'aisance : *J'habite un appartement exigu* (syn. ÉTROIT). *Le délai accordé est un peu exigu* (syn. COURT). *Des ressources exiguës* (syn. INSUFFISANT).

exiguïté [ɛgzigɥite] n. f. État de ce qui est exigu : *L'exiguïté d'une pièce* (syn. ÉTROITESSE).

exil [ɛgzil] n. m. (lat. *exilium*). **1.** Situation de qqn qui est expulsé ou obligé de vivre hors de sa patrie ; lieu où il réside à l'étranger : *Thémistocle fut condamné à l'exil. Victor Hugo a écrit «les Châtiments» dans son exil des îles Anglo-Normandes. Vivre en exil.* — **2.** Séjour hors de sa région, de sa ville d'origine, en un lieu où on se sent comme étranger : *Un fonctionnaire à qui plusieurs nominations ont imposé des années d'exil.*

exilé, e [ɛgzile] n. Personne condamnée à l'exil ou qui vit en exil : *Certains pays ouvrent leurs frontières aux exilés.*

exiler [ɛgzile] v. t. *Exiler qqn,* le bannir de sa patrie : *Exiler un condamné politique* (syn. EXPULSER, PROSCRIRE). ◆ ***s'exiler*** v. pr. (sujet qqn) Quitter volontairement sa patrie : *De nombreux monarchistes s'exilèrent en Allemagne pendant la Révolution française* (syn. S'EXPATRIER, SE RÉFUGIER).

existant, e [ɛgzistɑ̃] adj. Qui existe actuellement : *Les règlements existants ne permettent pas de construire ici un immeuble de plus de quatre étages* (syn. EN VIGUEUR).

existence [ɛgzistɑ̃s] n. f. **1.** Le fait d'exister : *Des ouvrages théologiques sur l'existence de Dieu. Des sondages effectués ici ont établi l'existence d'une nappe de pétrole* (syn. PRÉSENCE). — **2.** Vie, manière de vivre : *Mener une existence misérable, large, insouciante. Ses moyens d'existence sont modiques* (= ses ressources).

existentialisme [ɛgzistɑ̃sjalism] n. m. Doctrine philosophique selon laquelle l'homme, doté simplement de l'existence, se crée et se définit perpétuellement en agissant.

existentialiste [ɛgzistɑ̃sjalist] adj. et n. Propre à l'existentialisme : *Un roman existentialiste.*

existentiel, elle [ɛgzistɑ̃sjɛl] adj. Qui est lié intimement à l'existence (soutenu) : *Les réalités existentielles. Un besoin existentiel de bonheur.*

exister [ɛgziste] v. i. (lat. *existere,* sortir de). **1.** (sujet être animé, qqch) Avoir la vie, être en vie, être dans la réalité (espace et temps) : *Depuis qu'il existe, cet enfant n'a connu que la misère* (= depuis qu'il est né). *Ne vous occupez pas de moi, faites comme si je n'existais pas. Une sorte de léthargie, où on perd le sentiment d'exister réellement* (syn. VIVRE). *L'année dernière, cette maison n'existait pas* (= elle n'était pas construite). *L'univers est l'ensemble de ce qui existe.* — **2.** *Il existe,* syn. de IL Y A, mais en insistant sur l'individualité, la personnalité de qqn, de qqch : *On s'est longtemps demandé s'il existait des hommes sur la Lune. Il n'existe pas d'autre solution à votre problème.* — **3.** (sujet qqch) Avoir de l'importance, compter (surtout à la forme négative) : *Ses projets sont à longue échéance : pour elle, le temps n'existe pas. Rien n'existe à ses yeux que le bonheur de ses enfants.* — **4.** Fam. *Ça n'existe pas,* cela n'a aucune valeur, c'est ridicule, sans intérêt : *Moi, je ne connais que la mer, disait-elle ; les vacances à la campagne, ça n'existe pas.*

exocet [ɛgzɔsɛt] n. m. (gr. *exô,* au-dehors, et *koitê,* gîte). Poisson des mers chaudes, appelé usuellement *poisson volant.*

exode [ɛgzɔd] n. m. (gr. *exodos,* sortie). Départ en grand nombre : *L'exode des citadins en été. On appelle «exode rural» l'émigration des ruraux vers les villes.*

exonération [ɛgzɔnerasjɔ̃] n. f. Action d'exonérer : *Obtenir une exonération d'impôts* (syn. DÉGRÈVEMENT).

exonérer [ɛgzɔnere] v. t. (lat. *exonerare,* décharger) [c. **10**] *Exonérer qqn, qqch d'une charge financière, d'une taxe,* l'en dispenser en totalité ou en partie : *Une étudiante exonérée des droits d'inscription* (syn. EXEMPTER). *Des articles exonérés de la taxe locale.*

exorbitant, e [ɛgzɔrbitɑ̃] adj. (du lat. *exorbitare,* s'écarter). Se dit de ce qui scandalise par son caractère excessif : *Prix exorbitant* (syn. EXAGÉRÉ). *Prétentions exorbitantes* (syn. DÉMESURÉ). *Un privilège exorbitant* (syn. ABUSIF).

exorbité, e [ɛgzɔrbite] adj. (du préf. *ex-,* hors de, et *orbite*). *Yeux exorbités,* qui semblent sortir de leur orbite.

exorciser [ɛgzɔrsize] v. t. (gr. *exorkizein,* faire prêter serment). **1.** *Exorciser qqn,* le délivrer du démon par des prières, des pratiques religieuses spéciales. — **2.** *Exorciser un mal,* le chasser, s'en protéger : *Un gouvernement qui s'efforce d'exorciser le spectre de l'inflation* (syn. CONJURER).

exorcisme [ɛgzɔrsism] n. m. Pratique religieuse, prière pour exorciser.

exorciste [ɛgzɔrsist] n. Personne qui exorcise.

exorde [ɛgzɔrd] n. m. (lat. *exordium*). Entrée en matière d'un discours : *L'exorde est ordinairement constitué par une idée générale* (syn. INTRODUCTION). *En guise d'exorde, l'orateur rappela les résultats déjà obtenus* (syn. PRÉAMBULE ; contr. CONCLUSION).

exotique [ɛgzɔtik] adj. (gr. *exôtikos,* du dehors). Qui appartient à un pays étranger et lointain, qui en provient et se distingue par un caractère original : *Cette plante exotique dépérit sous nos climats.*

exotisme [ɛgzɔtism] n. m. **1.** Ensemble des caractères qui différencient ce qui est étranger de ce qui appartient à la civilisation occidentale : *L'exotisme d'un paysage. Un roman plein d'exotisme.* — **2.** Goût pour ce qui est exotique.

expansé, e [ɛkspɑ̃se] adj. Se dit d'une matière à laquelle on a fait subir une augmentation de volume (techn.).

expansif, ive [ɛkspɑ̃sif] adj. Qui aime à faire part aux autres de ses sentiments : *Les Méridionaux ont la réputation d'être plus expansifs que les gens du Nord* (syn. COMMUNICATIF, DÉMONSTRATIF, ↑ EXUBÉRANT).

expansion [ɛkspɑ̃sjɔ̃] n. f. (du lat. *expandere,* déployer). Mouvement de ce qui se répand, se développe : *L'expansion d'une ville. Une industrie en pleine expansion* (syn. ESSOR). *L'expansion économique est un facteur de prospérité d'un pays* (= le développement de la production ; contr. RÉGRESSION). *L'expansion d'une doctrine, de la culture.*

expansionnisme [ɛkspɑ̃sjɔnism] n. m. **1.** Doctrine qui préconise l'extension d'un pays au-delà de ses limites par des conquêtes, des annexions. — **2.** Régime économique d'un pays où les pouvoirs publics favorisent l'accroissement du produit national.

expansionniste [ɛkspɑ̃sjɔnist] adj. et n. Qui relève de l'expansionnisme : *Politique expansionniste.*

expansivité [ɛkspɑ̃sivite] n. f. Caractère expansif.

expatriation [ɛkspatrijasjɔ̃] n. f. Action de s'expatrier : *Choisir l'expatriation pour échapper à la justice de son pays* (syn. EXIL).

expatrier [ɛkspatrije] v. t. *Expatrier des capitaux,* les transférer à l'étranger. ◆ ***s'expatrier*** v. pr. (sujet qqn) Quitter sa patrie : *Il n'avait pas de situation; il dut s'expatrier plusieurs années* (syn. S'EXILER).

expectative [ɛkspɛktativ] n. f. (du lat. *expectare,* attendre). Attitude de qqn qui attend prudemment avant d'agir : *Elle resta dans l'expectative, guettant l'occasion.*

expectoration [ɛkspɛktɔrasjɔ̃] n. f. Action d'expectorer : *Un sirop qui facilite l'expectoration.*

expectorer [ɛkspɛktɔre] v. t. (lat. *expectorare,* chasser de sa poitrine). Rejeter par la bouche les mucosités des bronches (méd.) : *Expectorer des glaires;* sans compl. : *Le malade tousse, mais n'expectore pas* (syn. CRACHER).

expédient [ɛkspedjɑ̃] n. m. (du lat. *expedire,* dégager). Moyen propre à se tirer momentanément d'embarras, sans résoudre vraiment la difficulté (souvent péjor.) : *L'appel à des auxiliaires n'est qu'un expédient. Il vit d'expédients, dans de continuelles difficultés financières* (= il se procure de l'argent par toutes sortes de moyens, licites ou non).

expédier [ɛkspedje] v. t. (lat. *expedire,* dégager). **1.** *Expédier un objet, qqn,* les faire partir pour une destination : *Veuillez m'expédier ce colis à domicile* (syn. ADRESSER, ENVOYER). *Expédier les blessés vers les hôpitaux* (syn. ACHEMINER). — **2.** Fam. et péjor. *Expédier qqn, une tâche,* s'en débarrasser au plus vite : *Le médecin a expédié ses derniers patients. Un élève qui expédie son devoir en dix minutes* (syn. BÂCLER). — **3.** *Expédier les affaires courantes,* les gérer en attendant d'être remplacé dans ses fonctions (sans idée de hâte) : *Les ministres démissionnaires expédient les affaires courantes.*

expéditeur, trice [ɛkspeditœr] n. et adj. Qui fait un envoi : *Le nom de l'expéditeur figure au dos de l'enveloppe. La lettre porte le cachet du bureau expéditeur.*

expéditif, ive [ɛkspeditif] adj. Qui expédie vivement un travail, qui se débarrasse rapidement de qqch : *Avec elle, ça ne traîne pas, elle est expéditive* (syn. soutenu DILIGENT). *Une solution expéditive* (syn. PROMPT). *Ma méthode critique est expéditive : je juge un livre sur les deux premières pages.*

expédition [ɛkspedisjɔ̃] n. f. **1.** Action d'expédier : *L'expédition d'un paquet au guichet de la poste. Le commandement en chef a décidé l'expédition de renforts* (syn. ENVOI). — **2.** Chose expédiée : *J'ai bien reçu votre dernière expédition* (syn. ENVOI). — **3.** Opération militaire comportant un envoi de troupes vers un pays éloigné : *Les croisades étaient des expéditions dans les lieux saints.* — **4.** Voyage scientifique ou touristique : *Une expédition polaire. Elle est partie avec une camarade pour une expédition de trois jours dans les gorges du Tarn* (syn. RANDONNÉE, TOURNÉE, ÉQUIPÉE).

expéditionnaire [ɛkspedisjɔnɛr] adj. *Corps expéditionnaire,* troupes envoyées en expédition militaire. ◆ n. m. Personne ou organisme spécialisés dans l'expédition de marchandises.

expéditivement [ɛkspeditivmɑ̃] adv. De manière expéditive.

expérience [ɛksperjɑ̃s] n. f. (lat. *experientia).* **1.** Épreuve visant à étudier un phénomène : *Une expérience de physique, de chimie. Le professeur a fait devant ses élèves une expérience d'électricité statique.* — **2.** Connaissance acquise par la pratique : *Elle a une longue expérience en matière d'édition. Avoir l'expérience de la vie à la campagne, du monde des affaires. Je sais par expérience que les nuits sont fraîches dans cette région. Une vérité d'expérience* (= imposée par les faits).

expérimental, e, aux [ɛksperimɑ̃tal] adj. Qui est à base d'expérience scientifique, qui comporte des expériences : *Une méthode expérimentale. Les études en sont au stade expérimental : la production industrielle n'est pas encore commencée. Un laboratoire expérimental.*

expérimentalement [ɛksperimɑ̃talmɑ̃] adv. De manière expérimentale.

expérimentateur, trice [ɛksperimɑ̃tatœr] n. Qui fait des expériences : *La réussite de l'expérience dépend de l'habileté de l'expérimentateur.*

expérimentation [ɛksperimɑ̃tasjɔ̃] n. f. Action d'expérimenter.

expérimenté, e [ɛksperimɑ̃te] adj. Qui a de l'expérience : *Le bateau était conduit par un pilote expérimenté.*

expérimenter [ɛksperimɑ̃te] v. t. *Expérimenter qqch,* le soumettre à des expériences pour vérifier, juger ses propriétés, ses qualités : *Expérimenter un médicament, un appareil.*

1. expert, e [ɛkspɛr] adj. (lat. *expertus,* qui a fait ses preuves). Qui connaît très bien qqch par la pratique : *Il est très expert en mécanique. Voilà ce qu'il prétend; quant à moi, je ne suis pas expert en la matière* (= je ne m'y connais pas). *Il est expert à organiser des séances récréatives. Une ouvrière décore les poteries d'une main experte* (syn. HABILE, ADROIT).

2. expert [ɛkspɛr] n. m. Spécialiste chargé d'apprécier, de vérifier : *La compagnie d'assurances a envoyé un expert pour estimer les dégâts. Les experts reconnaissent formellement l'authenticité de ce tableau.*

expert-comptable [ɛkspɛrkɔ̃tabl] n. m. (pl. *experts-comptables*). Personne chargée d'analyser et de vérifier les comptabilités d'entreprises.

expertise [ɛkspɛrtiz] n. f. Constatation ou estimation effectuée par un spécialiste mandaté : *Soumettre un bijou à une expertise. Le rapport d'expertise est formel : la victime a été empoisonnée.*

expertiser [ɛkspɛrtize] v. t. *Expertiser qqch,* le soumettre à une expertise : *Faire expertiser des meubles anciens.*

expiable [ɛkspjabl] adj. Qui peut être expié : *Une faute difficilement expiable.*

expiation [ɛkspjasjɔ̃] n. f. Action d'expier : *La justice lui a infligé une lourde expiation de ce moment d'égarement* (syn. CHÂTIMENT). *Il se consacra aux œuvres charitables, en expiation de ses fautes* (syn. RÉPARATION).

expiatoire [ɛkspjatwar] adj. Qui sert à expier ou qui est destiné à perpétuer le souvenir d'un crime qu'on veut expier : *La messe est un sacrifice expiatoire. Un monument expiatoire.*

expier [ɛkspje] v. t. (lat. *expiare*). *Expier un crime, une faute, ses péchés,* etc., subir un châtiment, une peine qui en constituent une réparation morale, une contrepartie : *Elle a expié chèrement à l'hôpital une seconde d'inattention au volant* (syn. PAYER).

expirant, e [ɛkspirɑ̃] adj. Qui expire : *Il m'a répondu d'une voix expirante* (syn. MOURANT).

expiration [ɛkspirasjɔ̃] n. f. **1.** Action d'expirer, de rejeter l'air. — **2.** Fin d'un délai, terme convenu : *À l'expiration de son bail, elle est menacée d'expulsion. La validité du billet vient à expiration à la fin de la semaine.*

1. expirer [ɛkspire] v. t. et i. (lat. *exspirare,* rendre par le souffle). Rejeter l'air contenu dans les poumons : *Expirer de l'air vicié. Expirer lentement* (contr. INSPIRER, ASPIRER).

2. expirer [ɛkspire] v. i. 1. (sujet être animé) Mourir (soutenu) : *Au terme d'une longue maladie, il a expiré paisiblement, entouré des siens* (syn. RENDRE LE DERNIER SOUPIR). — 2. *Litt.* (sujet qqch) S'affaiblir jusqu'à disparaître ou cesser d'exister : *Les bruits lointains de la ville expirent dans la paix du soir.* — 3. (sujet traité, bail, etc.) Arriver à son terme : *On nous a accordé un délai qui expire après-demain.*

explétif, ive [ɛkspletif] adj. (lat. *expletivus*). Se dit d'un mot ou d'une expression qui n'est pas nécessaire au sens de la phrase, mais dont l'emploi est commandé par l'usage ou a une valeur affective : *«Ne» est explétif dans : «Partons avant qu'il ne pleuve.»*

explicable [ɛksplikabl] adj. Qui peut être expliqué : *La rupture du ressort est explicable, étant donné la surcharge. J'en ai éprouvé un dépit bien explicable* (syn. LÉGITIME, JUSTIFIÉ, COMPRÉHENSIBLE).

explicatif, ive [ɛksplikatif] adj. Qui a pour rôle d'expliquer : *Une notice explicative est jointe à l'appareil.*

explication [ɛksplikasjɔ̃] n. f. Action d'expliquer; ce qui explique, justifie : *Son explication de ce phénomène est ingénieuse. Un examen qui comporte une explication de texte* (syn. COMMENTAIRE). *J'ai eu une explication franche avec elle* (syn. DISCUSSION). *Il a cherché à s'excuser en se lançant dans de longues explications* (syn. JUSTIFICATION).

explicite [ɛksplisit] adj. (lat. *explicitus*). Énoncé d'une manière nette et précise, de façon à ne prêter à aucune contestation : *En vertu d'une convention explicite, la société est autorisée à majorer les cotisations* (syn. EXPRÈS; contr. IMPLICITE). *Le texte de la loi est très explicite sur ce point* (syn. CLAIR).

explicitement [ɛksplisitmɑ̃] adv. De manière explicite : *Le contrat stipule explicitement que le travail devra être achevé à cette date* (syn. EN TOUTES LETTRES; contr. IMPLICITEMENT).

expliciter [ɛksplisite] v. t. Rendre explicite : *Expliciter une interdiction* (= la formuler clairement).

expliquer [ɛksplike] v. t. (lat. *explicare*, déployer). 1. (sujet qqn) *Expliquer qqch (à qqn)*, le faire comprendre par un développement parlé ou écrit, ou par des gestes : *Les savants ont expliqué le phénomène des marées par l'attraction de la Lune. Le professeur explique un problème au tableau. Expliquer le sens d'une phrase. Ce qu'on ne peut pas expliquer demeure mystérieux* (syn. ÉCLAIRCIR). *Expliquer par gestes à un étranger la route à suivre.* — 2. *Expliquer un auteur, un texte*, commenter son œuvre, mettre en lumière ses intentions, faire le commentaire détaillé d'un texte. — 3. (sujet qqn) *Expliquer qqch, que* (+ *ind.*) [à *qqn*], faire connaître en détail : *Elle m'a expliqué ses projets* (syn. EXPOSER). *Expliquez votre pensée* (syn. DÉVELOPPER). *Je lui ai expliqué pourquoi je n'étais pas venu. Explique-moi comment tu t'y prends* (syn. MONTRER). *On vous a déjà expliqué que vous deviez vous présenter muni d'une pièce d'identité.* — 4. (sujet qqch) *Expliquer qqch, que* (+ *subj.*), en être une justification, en apparaître comme la cause : *La difficulté des travaux explique le coût de l'opération. Les intempéries ne suffisent pas à expliquer pourquoi le coût de la vie a tellement augmenté. Les dangers d'éboulement expliquent qu'on ne puisse pas envisager de construire ici.* ◆ ***s'expliquer*** v. pr. 1. (sujet qqn) Faire comprendre ou faire connaître sa pensée, ses raisons : *Cette idée vous paraît peut-être bizarre, mais je vais m'expliquer. Elle s'est expliquée sur ses intentions.* — 2. (sujet qqn) *S'expliquer (avec qqn)*, avoir une discussion, faire une mise au point : *Nous ne pouvons pas facilement nous expliquer par téléphone; venez me voir. Il s'est longuement expliqué avec son adversaire*; et, *fam.*, se battre, vider une querelle : *Ils sont allés s'expliquer dehors.* — 3. *S'expliquer qqch*, en comprendre la raison, le bien-fondé : *Je ne m'explique pas son retard. On s'explique aisément pourquoi elle n'a rien dit. Je m'explique maintenant que personne n'ait rien vu : tout s'est passé en notre absence.* — 4. (sujet qqch) Devenir intelligible, se laisser comprendre : *Un phénomène qui s'explique facilement. Vos craintes ne s'expliquent pas* (= sont injustifiées). *Un échec qui s'explique par une erreur de calcul.*

exploit [ɛksplwa] n. m. (anc. fr. *espleit*, exécution). 1. Action d'éclat, action mémorable : *Un vieux soldat qui raconte ses exploits* (syn. litt. HAUTS FAITS). *Une journée marquée par un brillant exploit sportif* (syn. PERFORMANCE). — 2. Action inconsidérée, maladresse, sottise (ironiq.) : *Tu peux être fière de ton exploit : ta robe neuve est pleine de taches.*

exploitabilité [ɛksplwatabilite] n. f. Caractère exploitable.

exploitable [ɛksplwatabl] adj. Qui peut être exploité : *Un gisement de pétrole facilement exploitable.*

exploitant [ɛksplwatɑ̃] n. m. Personne qui s'occupe d'une terre, d'une salle de cinéma, etc. : *Ce matériel agricole très coûteux n'est pas à la portée des petits exploitants. L'exploitant d'une salle de cinéma est celui qui en assure la gestion.*

exploitation [ɛksplwatasjɔ̃] n. f. 1. Action d'exploiter : *Il se consacre à l'exploitation de ses vignes. Plusieurs industriels ont tenté l'exploitation de cette découverte.* — 2. Affaire qu'on exploite : *Être à la tête d'une exploitation agricole, minière, commerciale.* — 3. Action d'abuser à son profit : *L'esclavage était une exploitation de l'homme par l'homme.*

exploité, e [ɛksplwate] adj. et n. Personne dont on tire un profit : *Les éternels exploités.*

exploiter [ɛksplwate] v. t. (lat. *explicare*, accomplir). 1. *Exploiter une ferme, une entreprise*, etc., les faire valoir, en tirer profit : *Un cultivateur qui exploite une centaine d'hectares. Exploiter une carrière de pierre.* — 2. *Exploiter un avantage, la situation, ses dons*, etc., en user à propos : *Vous avez eu le mérite d'exploiter votre chance.* — 3. *Exploiter qqn, ses actions*, tirer un profit abusif de sa bonne volonté, de sa faiblesse : *Il exploite l'ignorance du public. Cet employeur exploitait son personnel* (= faisait un profit injuste en lui versant des salaires trop bas).

exploiteur, euse [ɛksplwatœr] n. et adj. Qui exploite : *Un mouvement de révolte contre les exploiteurs* (syn. PROFITEUR; soutenu AFFAMEUR).

explorable [ɛksplɔrabl] adj. Qui peut être exploré : *De nombreuses grottes ne sont pas explorables.*

explorateur, trice [ɛksplɔratœr] n. Personne qui fait un voyage de découverte : *On est sans nouvelles d'une équipe d'explorateurs partie dans la forêt tropicale.*

exploration [ɛksplɔrasjɔ̃] n. f. Action d'explorer : *L'exploration de l'Afrique centrale par Stanley. Au retour de son exploration, elle a donné des conférences* (syn. EXPÉDITION). *Une rapide exploration de la pièce le convainquit que des documents avaient disparu* (syn. EXAMEN, INSPECTION).

exploratoire [ɛksplɔratwar] adj. Qui tend à explorer : *Des entretiens exploratoires* (= qui visent à sonder les intentions).

explorer [ɛksplɔre] v. t. (lat. *explorare*). 1. *Explorer un lieu*, le parcourir en l'étudiant attentivement : *Les enquêteurs ont exploré les environs, à la recherche d'un indice* (syn. SCRUTER). *Explorer une région désertique.* — 2. *Explorer une question*, l'examiner, en étudier les aspects.

exploser [ɛksploze] v. i. (lat. *explodere,* pousser hors). **1.** (sujet qqch) Éclater violemment : *La charge de dynamite a explosé sous la voiture piégée.* — **2.** (sujet un sentiment) Se manifester soudain très bruyamment : *Sa colère explosa* (syn. ↓ÉCLATER). — **3.** (sujet qqn) Ne plus pouvoir contenir sa colère : *La mauvaise foi de son interlocuteur était flagrante : elle explosa soudain.*

1. explosif, ive [ɛksplozif] adj. Qui peut exploser : *Un mélange explosif. La situation est explosive* (= un conflit grave est à craindre).

2. explosif [ɛksplozif] n. m. Substance capable d'exploser : *La nitroglycérine est un puissant explosif.*

explosion [ɛksplozjɔ̃] n. f. Action d'éclater vivement : *Une explosion s'est produite dans la maison à la suite d'une fuite de gaz. Une explosion de colère* (syn. ÉCLAT). *Une explosion de joie* (syn. DÉBORDEMENT).

exportable [ɛkspɔrtabl] adj. Qui peut être exporté : *Des denrées difficilement exportables.*

exportateur, trice [ɛkspɔrtatœr] n. et adj. Qui exporte : *Son père est un gros exportateur de tissus. Les pays exportateurs de pétrole* (contr. IMPORTATEUR).

exportation [ɛkspɔrtasjɔ̃] n. f. Action d'exporter ; ce qui est exporté : *L'exportation de certains produits est soumise à une réglementation stricte* (contr. IMPORTATION). *Quel est le volume des exportations en France ?* (= marchandises exportées).

exporter [ɛkspɔrte] v. t. (lat. *exportare*). **1.** *Exporter (un produit national, une marchandise,* etc.), les transporter et les vendre à l'étranger : *La France exporte des vins dans de nombreux pays* (contr. IMPORTER). — **2.** *Exporter des capitaux,* les placer à l'étranger.

exposant, e [ɛkspozɑ̃] n. Personne ou firme qui présente des œuvres, des produits dans une exposition : *Parmi les exposants, on relève les noms de peintres célèbres. Au salon des arts ménagers, les exposants étaient plus nombreux que l'année dernière.*

exposé [ɛkspoze] n. m. Développement explicatif : *Faire un exposé de la situation. Présenter un exposé sur une question de grammaire* (= une brève conférence). *Le marché de l'automobile a fait l'objet d'un exposé* (syn. RAPPORT).

exposer [ɛkspoze] v. t. (lat. *exponere*). **1.** *Exposer qqch,* le présenter aux regards du public : *Une commerçante qui expose ses produits au marché* (syn. ÉTALER). *Un livre exposé à la devanture de la librairie ;* sans compl. : *Une artiste qui expose pour la première fois.* — **2.** *Exposer qqch, qqn (à qqch),* le disposer d'une certaine façon, l'orienter de manière à le soumettre à l'action de qqch (souvent pass.) : *Exposer son corps au soleil. Exposer un cliché photographique à la lumière. Une maison exposée à l'est* (= dont la façade est orientée vers l'est). *Cette vigne est bien exposée* (= son orientation est bonne). — **3.** *Exposer une question, un problème, un fait,* etc., les présenter avec les développements et les explications nécessaires : *L'orateur a exposé son programme politique* (syn. DÉCRIRE). *Exposez-nous les raisons de votre choix* (syn. EXPLIQUER). — **4.** *Exposer qqn, qqch* (*à qqch,* à [+ *inf.*]), le mettre en péril, lui faire courir un risque : *Exposer sa vie pour sauver quelqu'un* (syn. RISQUER). *En l'envoyant seul de nuit, vous l'exposez à de graves dangers. Sa rude franchise l'a plus d'une fois exposé à perdre sa place.* ◆ ***s'exposer*** v. pr. **1.** (sujet qqn) Se soumettre à l'action de qqch : *Il ne faut pas s'exposer trop longtemps au soleil* (syn. SE METTRE). — **2.** (sujet qqn) *S'exposer à qqch,* à (+ *inf.*), courir un risque : *Une convalescente s'expose à une rechute en sortant prématurément. Un novateur ne craint pas de s'exposer aux critiques* (syn. AFFRONTER). *Vous vous exposez à rester en panne si vous ne prenez pas d'essence* (syn. RISQUER DE).

exposition [ɛkspozisjɔ̃] n. f. **1.** Action d'exposer, de s'exposer : *L'exposition du mobilier aura lieu la veille de la vente aux enchères. Évitez les trop longues expositions au soleil. Le temps d'exposition d'une pellicule photographique à la lumière.* — **2.** Manifestation organisée en vue de la présentation au public d'œuvres d'art ou de choses diverses : *Une exposition de sculpture, de photographie. Le ministre a inauguré l'exposition agricole.* — **3.** Manière dont qqch est orienté : *L'exposition d'une maison au midi* (syn. ORIENTATION).

1. exprès, esse [ɛksprɛs] adj. (lat. *expressus,* exprimé clairement). *Ordre exprès, défense expresse,* etc., qui sont nettement exprimés : *Les gendarmes avaient reçu l'interdiction expresse de faire usage de leurs armes* (syn. FORMEL, ABSOLU). *La lettre porte la mention expresse de son acceptation* (syn. EXPLICITE).

2. exprès [ɛksprɛ] adv. **1.** Avec intention : *Je suis venu exprès pour parler de cette question. C'est exprès que j'ai évité d'employer ce mot* (syn. INTENTIONNELLEMENT ; soutenu À DESSEIN). *Je ne l'ai pas fait exprès* (= c'était involontaire). — **2.** *Fait exprès,* coïncidence plus ou moins fâcheuse : *Elle a téléphoné plusieurs fois chez moi : par un fait exprès, j'étais justement absente ce jour-là.*

3. exprès [ɛksprɛs] adj. inv. *Lettre, colis exprès,* remis rapidement au destinataire.

express [ɛksprɛs] adj. inv. et n. m. (mot angl.). **1.** *Train express* (ou *express* n. m.), train rapide, qui ne s'arrête que rarement sur son parcours (contr. OMNIBUS). — **2.** *Café express* (ou *express* n. m.), café concentré, obtenu par le passage de la vapeur sous pression à travers de la poudre de café. ◆ adj. inv. (après le n.) Qui assure un service, une liaison rapide : *Prendre la voie express rive gauche à Paris. Le réseau express régional (R. E. R.).*

expressément [ɛksprɛsemɑ̃] adv. En termes exprès : *La plus grande prudence est expressément recommandée aux automobilistes* (= avec insistance).

expressif, ive [ɛksprɛsif] adj. **1.** Qui exprime avec force une idée, un sentiment : *Un mot, un geste, un regard expressif* (syn. ÉLOQUENT). — **2.** Qui a beaucoup de vivacité : *Une physionomie expressive.*

expression [ɛksprɛsjɔ̃] n. f. **1.** Manifestation de la pensée, du sentiment, du talent, etc. : *L'expression de la mélancolie chez les poètes. La liberté d'expression est le droit d'exprimer librement ses opinions. Cette symphonie est la plus belle expression du génie du compositeur.* — **2.** Mot, groupe de mots qui exprime une pensée ou un sentiment : *Un roman où abondent les expressions triviales* (syn. LOCUTION). *Une expression toute faite* (= banale). *Il a été odieux au-delà de toute expression* (= plus qu'on ne saurait dire). — **3.** Ensemble des signes qui expriment un sentiment sur un visage : *Elle regardait sa maison détruite avec une expression de désespoir.* — **4.** *Réduire qqch à sa plus simple expression,* le ramener à très peu de chose, à un très petit volume, ou même le supprimer totalement.

expressionnisme [ɛksprɛsjɔnism] n. m. Forme d'art qui vise à l'expression forte et originale de la sensibilité de l'artiste.

expressionniste [ɛksprɛsjɔnist] adj. et n. Qui relève de l'expressionnisme : *Les peintres expressionnistes.*

expressivement [ɛksprɛsivmɑ̃] adv. De manière expressive : *Regarder quelqu'un expressivement.*

expressivité [ɛksprɛsivite] n. f. Caractère expressif : *L'expressivité d'un visage. Employer un vocabulaire recherché par désir d'expressivité.*

exprimable [ɛksprimabl] adj. Qui peut être exprimé : *Un sentiment difficilement exprimable. Des résultats exprimables en chiffres.*

exprimer [ɛksprime] v. t. (lat. *exprimere,* faire sortir) [sujet qqn, qqch] *Exprimer qqch,* le manifester par le langage, les actes, les traits du visage, etc. : *Elle exprima à ses hôtes sa reconnaissance en termes émus. Sa physionomie exprimait son inquiétude* (syn. TRADUIRE). *Un budget exprimé en francs, en dollars, en livres. La littérature exprime les goûts d'une époque.* ◆ ***s'exprimer*** v. pr. (sujet qqn) Formuler sa pensée, se faire comprendre : *S'exprimer difficilement en anglais* (syn. PARLER). *S'exprimer par gestes.*

expropriation [ɛksprɔprijasjɔ̃] n. f. Action d'exproprier.

exproprier [ɛksprɔprije] v. t. (du lat. *proprium,* propriété). *Exproprier qqn,* lui retier par des moyens légaux la propriété d'un bien : *Pour tracer l'autoroute, il a fallu exproprier de nombreux propriétaires.*

expulser [ɛkspylse] v. t. (lat. *expulsare*). **1.** *Expulser qqn (de qqpart),* l'en chasser par la force ou par une décision administrative ou judiciaire : *La police expulsa de la salle plusieurs agitateurs* (syn. fam. VIDER). *Expulser un élève du lycée* (syn. RENVOYER, EXCLURE, METTRE À LA PORTE). *Expulser un condamné politique.* — **2.** *Expulser qqch,* le rejeter : *Les déchets sont expulsés de l'organisme dans les excréments* (syn. ÉVACUER).

expulsion [ɛkspylsjɔ̃] n. f. Action d'expulser : *Le proviseur a décidé l'expulsion de cet élève* (syn. EXCLUSION, RENVOI).

expurger [ɛkspyrʒe] v. t. (lat. *expurgare,* nettoyer) [c. 2] *Expurger un livre, un texte,* etc., en supprimer des passages jugés contraires à la morale, aux convenances : *Les élèves ont entre les mains une édition expurgée de l'œuvre.*

exquis, e [ɛkski] adj. (lat. *exquisitus*). **1.** Qui produit une impression très agréable et raffinée sur les sens, principalement sur le goût : *Un vin, un dessert exquis* (syn. DÉLICIEUX, EXCELLENT, SUCCULENT, FIN). *Une harmonie exquise de couleurs* (syn. DÉLICAT). — **2.** Qui cause un plaisir raffiné d'ordre intellectuel, ou plein de délicatesse : *Un petit poème exquis* (syn. CHARMANT). *Politesse exquise. C'est une femme exquise, pleine d'attentions* (contr. DÉSAGRÉABLE).

exsangue [ɛksɑ̃g] adj. (lat. *exsanguis*). Qui a perdu beaucoup de sang et qui est de ce fait très pâle : *Un blessé exsangue. La pâleur de son visage exsangue* (syn. BLÊME, LIVIDE).

extase [ɛkstɑz] n. f. (gr. *ekstasis,* égarement de l'esprit). Vive admiration, allant jusqu'au ravissement, causée par qqn ou qqch : *Des enfants en extase devant une vitrine de jouets* (syn. ↓CONTEMPLATION). *Quand je l'entends chanter, ce n'est pas de l'admiration, c'est de l'extase que j'éprouve.*

extasié, e [ɛkstɑzje] adj. Rempli d'admiration : *Contempler un cadeau d'un air extasié* (syn. RAVI, ADMIRATIF, ENCHANTÉ).

extasier (s') [ɛkstɑzje] v. pr. (sujet qqn) Exprimer son admiration, son ravissement : *S'extasier devant un tableau, sur l'interprétation d'une symphonie.*

extatique [ɛkstatik] adj. Causé par l'extase : *Une joie extatique.*

1. extenseur [ɛkstɑ̃sœr] adj. m. Qui sert à étendre : *Les muscles extenseurs du bras.*

2. extenseur [ɛkstɑ̃sœr] n. m. Appareil de gymnastique servant à développer les muscles.

extensibilité [ɛkstɑ̃sibilite] n. f. Caractère extensible.

extensible [ɛkstɑ̃sibl] adj. Qui peut être étendu, allongé : *Le caoutchouc est extensible.*

extensif, ive [ɛkstɑ̃sif] adj. *Culture extensive,* celle qu'on fait sur de grandes surfaces avec un rendement faible, par oppos. à la *culture intensive.*

extension [ɛkstɑ̃sjɔ̃] n. f. (du lat. *extendere,* étendre). **1.** Action d'étendre, de s'étendre : *Un mouvement de gymnastique composé d'une flexion et d'une extension brusque des jambes* (syn. ALLONGEMENT). *Une revue qui contribue à l'extension du français dans le monde* (syn. DÉVELOPPEMENT). *Le directeur a obtenu du conseil d'administration une extension de ses pouvoirs* (syn. ACCROISSEMENT). *Le mot «bureau» a subi une extension de sens depuis le Moyen Âge.* — **2.** Limites jusqu'où s'étend qqch, importance, étendue : *Son commerce a pris de l'extension.*

extenso (in) → IN EXTENSO.

exténuant, e [ɛkstenɥɑ̃] adj. Qui exténue : *Un travail exténuant.*

exténuation [ɛkstenɥasjɔ̃] n. f. Affaiblissement extrême : *Poursuivre son effort jusqu'à complète exténuation.*

exténuer [ɛkstenɥe] v. t. (lat. *extenuare,* rendre mince). *Exténuer qqn, les forces de qqn,* l'affaiblir extrêmement (souvent pass.) : *Cette longue marche l'avait exténué* (syn. ÉPUISER, ÉREINTER, ABATTRE). *Elle est rentrée exténuée.*

extérieur, e [ɛksterjœr] adj. (lat. *exterior,* plus en dehors). **1.** Ce qui est au-dehors (par oppos. à *intérieur*) : *Fermer les fenêtres pour s'isoler des bruits extérieurs. L'écorce est la partie extérieure d'un tronc d'arbre. On appelle «boulevards extérieurs» ceux qui sont à la périphérie d'une ville. Le commerce extérieur est florissant* (= avec les pays étrangers). *La politique extérieure est celle qui concerne les relations entre États.* — **2.** Qui apparaît, visible, par oppos. à *caché : Les signes extérieurs de richesse peuvent être pris en considération pour la détermination du montant des impôts. Sa gaieté est tout extérieure : en réalité, elle vit dans une inquiétude perpétuelle* (syn. APPARENT, DE FAÇADE). — **3.** Ce qui existe en dehors de l'individu : *Nos sens nous renseignent sur le monde extérieur. Résister aux sollicitations extérieures.* ◆ ***extérieur*** n. m. **1.** Ce qui est au-dehors ou à la surface : *Les animaux de la ferme restent à l'extérieur de la maison* (contr. INTÉRIEUR). *L'extérieur de ce fruit est rouge, l'intérieur est blanc.* — **2.** Les pays étrangers, ou ce qui n'appartient pas à une entreprise, etc. : *Développer les relations commerciales avec l'extérieur. Acheter des matières premières à l'extérieur.* — **3.** Aspect général de qqn : *Il a un extérieur négligé* (syn. ALLURE). *Sous un extérieur rude, il cache un cœur d'or* (syn. DEHORS, AIR, MANIÈRES). — **4.** *À l'extérieur de,* au-dehors de. ‖ *De l'extérieur,* du dehors : *Regarder de l'extérieur. Vu de l'extérieur, il a l'air sympathique.*

extérieurement [ɛksterjœrmɑ̃] adv. À l'extérieur : *La maison a été un peu endommagée extérieurement, mais elle reste intacte intérieurement. Une personne extérieurement respectable* (= à en juger par les apparences).

extériorisation [ɛksterjɔrizasjɔ̃] n. f. Action d'extérioriser.

extérioriser [ɛksterjɔrize] v. t. *Extérioriser (un sentiment),* le manifester par des paroles, des gestes : *Elle qui n'est pas d'une nature timide, elle extériorise beaucoup.* ◆ ***s'extérioriser*** v. pr. (sujet qqn) Manifester par son comportement ses sentiments.

exterminateur, trice [ɛkstɛrminatœr] adj. et n. Qui extermine.

extermination [ɛkstɛrminasjɔ̃] n. f. Action d'exterminer : *Un camp d'extermination.*

exterminer [ɛkstɛrmine] v. t. (lat. *exterminare,* chasser). *Exterminer des hommes, des animaux,* les faire périr, les anéantir en totalité ou en très grand nombre : *Acheter un produit pour exterminer les rats* (syn. DÉTRUIRE). *Un peuple exterminé par les envahisseurs.*

externat [ɛkstɛrna] n. m. **1.** Régime des externes. — **2.** Établissement d'enseignement qui ne reçoit que des externes (contr. INTERNAT).

1. externe [ɛkstɛrn] adj. (lat. *externus*). Situé vers le dehors, qui vient du dehors : *L'angle externe de l'œil est celui qui est le plus éloigné du nez* (syn. EXTÉRIEUR; contr. INTERNE). *Un médicament à usage externe* (= qui ne doit pas être avalé mais doit être appliqué sur le corps).

2. externe [ɛkstɛrn] n. et adj. Élève qui suit les cours d'un établissement sans y coucher ni y prendre le repas de midi, par oppos. aux *internes* et aux *demi-pensionnaires*.

exterritorialité [ɛkteritɔrjalite] n. f. Fait de considérer le personnel des ambassades accrédité auprès du chef de l'État comme dépendant des seules lois du pays d'origine.

extincteur [ɛkstɛ̃ktœr] n. m. et adj. Appareil destiné à éteindre les incendies.

extinction [ɛkstɛ̃ksjɔ̃] n. f. (du lat. *extinguere*, éteindre). **1.** Action d'éteindre ce qui était allumé; le fait de s'éteindre : *L'extinction de l'incendie a demandé plusieurs heures. Il est imprudent d'abandonner un feu en plein air avant son extinction.* — **2.** Destruction complète, annulation, disparition : *Jusqu'à l'extinction de sa dette, il reste tributaire de son créancier. Une espèce animale en voie d'extinction.* — **3.** *Extinction des feux,* heure à laquelle doivent être éteintes les lumières : *En colonie de vacances, une sonnerie marquait l'extinction des feux.* ‖ *Extinction de voix,* affaiblissement de la voix qui fait qu'on devient aphone.

extirpation [ɛkstirpasjɔ̃] n. f. Action d'extirper.

extirper [ɛkstirpe] v. t. (du lat. *ex*, hors de, et *stirps*, racine). **1.** *Extirper une plante (du sol),* l'en arracher avec ses racines. — **2.** *Extirper une tumeur,* l'enlever complètement. — **3.** *Extirper un renseignement, une réponse à qqn,* les obtenir difficilement de lui (syn. ARRACHER). — **4.** *Extirper une erreur, un préjugé,* etc., les faire cesser, en débarrasser les esprits (syn. DÉRACINER).

extorquer [ɛkstɔrke] v. t. (lat. *extorquere*, arracher). *Extorquer qqch à qqn,* l'obtenir de lui par la violence, la menace, par un abus de confiance : *Les auteurs du rapt se proposaient d'extorquer une somme importante aux parents de l'enfant* (syn. SOUTIRER).

extorsion [ɛkstɔrsjɔ̃] n. f. Action d'extorquer : *Il a été inculpé d'extorsion de fonds.*

1. extra- [ɛkstra], préfixe (lat. *extra*, en dehors) qui exprime l'extériorité : *Une origine extra-terrestre* (= extérieure à la Terre); ou qui donne une valeur superlative à un adj. : *Des haricots extra-fins* (= très fins).

2. extra [ɛkstra] n. m. inv. (de *extraordinaire*). **1.** Ce qui est en dehors des habitudes, ce qui sort de l'ordinaire : *Elle a fait un extra hier en buvant de l'alcool, ça lui est interdit pour son régime.* — **2.** Service occasionnel, fait en supplément (en partic. pour les réceptions) : *Une étudiante qui fait des extra le samedi, chez des particuliers.* — **3.** Personne qui fait ce service : *Les jours de réception, la maîtresse de maison engage un extra.* ◆ adj. inv. **1.** De qualité supérieure : *Fruits extra.* — **2.** Extraordinaire : *On a vu un film extra ! C'est extra !*

extraction [ɛkstraksjɔ̃] n. f. (du lat. *extractus*, extrait). **1.** Action d'extraire : *L'extraction d'une dent* (syn. ARRACHAGE). *L'extraction du sable de rivière.* — **2.** *Litt.* Origine de qqn, son ascendance : *Un gentilhomme était un homme d'extraction noble.*

extrader [ɛkstrade] v. t. Livrer par extradition.

extradition [ɛkstradisjɔ̃] n. f. (lat. *ex*, hors de, et *traditio*, action de livrer). Action de remettre qqn accusé d'un crime au gouvernement étranger dont il dépend et qui le réclame.

extra-fin, e [ɛkstrafɛ̃] adj. D'une qualité supérieure du fait de sa petitesse, de sa finesse : *Petits pois extra-fins.*

extra-fort [ɛkstrafɔr] adj. et n. m. (pl. *extra-forts*). Ruban solide qui sert en couture à border un ourlet, à renforcer une ceinture, etc.

extraire [ɛkstrɛr] v. t. (lat. *extrahere*) [c. **79**]. **1.** *Extraire qqch (d'un ensemble, d'un corps),* l'en tirer : *Extraire un livre d'un rayon de bibliothèque* (syn. SORTIR). *Le chirurgien a extrait deux balles de la jambe du blessé* (syn. RETIRER). *Une carrière d'où on extrait du marbre. Ces vers sont extraits d'un poème* (syn. DÉTACHER). — **2.** *Extraire la racine d'un nombre,* la calculer (math.).

extrait [ɛkstrɛ] n. m. **1.** Passage tiré d'un livre, d'un discours, d'un document, etc. : *Les journaux ont reproduit des extraits du discours de la présidente. Ce livre donne des extraits des œuvres du XVII*[e] *siècle. Un extrait de naissance est une copie officielle de l'acte de naissance d'une personne. Un extrait de casier judiciaire.* — **2.** Substance extraite d'un corps par des procédés chimiques : *Un flacon d'extrait de lavande.*

extralucide [ɛkstralysid] adj. et n. Personne qui prétend avoir connaissance du passé et de l'avenir par des moyens divinatoires.

extra-muros [ɛkstramyros] adv. (mots lat. signif. *hors des murs*). Hors de la ville, à l'extérieur.

extraordinaire [ɛkstraɔrdinɛr] adj. **1.** Qui étonne par sa bizarrerie, sa rareté : *Raconter des aventures extraordinaires* (syn. INCROYABLE, FANTASTIQUE, MERVEILLEUX). *Il n'y a pas eu une seule belle journée en août : c'est assez extraordinaire dans cette région* (syn. EXCEPTIONNEL, INSOLITE, INHABITUEL). *Vous êtes extraordinaire : vous vous imaginez qu'on n'a qu'à s'occuper de vous* (syn. ÉTONNANT, DRÔLE). — **2.** Qui dépasse de beaucoup le niveau ordinaire : *Un homme d'une taille extraordinaire* (syn. GIGANTESQUE). *Une chaleur extraordinaire* (syn. TORRIDE). *Un froid extraordinaire* (syn. GLACIAL). *Un succès extraordinaire* (syn. SENSATIONNEL). — **3.** En dehors de l'usage, de la règle ordinaire : *Ambassadeur en mission extraordinaire* (syn. SPÉCIAL).

extraordinairement [ɛkstraɔrdinɛrmɑ̃] adv. De manière extraordinaire : *Chanter extraordinairement faux* (syn. EXTRÊMEMENT).

extrapolation [ɛkstrapɔlasjɔ̃] n. f. Action d'extrapoler.

extrapoler [ɛkstrapɔle] v. t. (sujet qqn) *Extrapoler qqch de qqch,* le déduire à partir de données partielles ou réduites : *De ces statistiques, nous pouvons extrapoler une diminution de la natalité pour les années à venir;* et, sans compl., généraliser.

extra-terrestre [ɛkstratɛrɛstr] adj. et n. (pl. *extra-terrestres*). Qui vient d'autres mondes que la Terre.

extravagance [ɛkstravagɑ̃s] n. f. Caractère extravagant; action extravagante : *On peut craindre quelque extravagance de sa part.*

extravagant, e [ɛkstravagɑ̃] adj. (de *extra-*, et lat. *vagari*, errer). **1.** Qui s'écarte du sens commun, qui est déraisonnable : *Une idée extravagante* (syn. STUPIDE, ABSURDE, INCROYABLE). *Tenir des propos extravagants* (syn. fam. LOUFOQUE). — **2.** Qui dépasse exagérément la mesure : *Des prétentions extravagantes* (syn. EXCESSIF, ABUSIF). *Un prix extravagant* (syn. FANTASTIQUE, EXORBITANT, EXTRAORDINAIRE).

extraverti, e [ɛkstravɛrti] adj. et n. Qui dirige vers l'extérieur son attention, qui extériorise ses émotions (contr. INTROVERTI).

extrême [ɛkstrɛm] adj. (lat. *extremus*). **1.** (avant ou après le n.) Qui est tout à fait au bout, au terme :

S'avancer jusqu'à l'extrême bord de la falaise. J'ai attendu la date extrême pour payer mes impôts (= le dernier jour). *Une ville située à l'extrême limite du territoire* (= sur la frontière). — **2.** (avant ou après le n.) Qui est au degré le plus intense, au point le plus élevé : *Ce problème est d'une extrême simplicité. Un bonheur extrême* (syn. SUPRÊME). *Une chaleur extrême* (contr. MODÉRÉ). *Elle m'a répondu avec la plus extrême politesse.* — **3.** (après le n.) Qui dépasse les limites normales : *Elle est partisane des solutions extrêmes* (syn. RADICAL). *Soutenir des opinions extrêmes* (syn. ↓AVANCÉ ; contr. MODÉRÉ). ◆ n. m. **1.** *Les extrêmes,* les personnes ou les choses qui s'opposent radicalement. — **2.** *À l'extrême,* à la dernière limite, au dernier point : *Un enfant turbulent à l'extrême* (syn. EXTRÊMEMENT, EXCESSIVEMENT). ‖ *D'un extrême à l'autre,* d'un excès à l'excès opposé.

extrêmement [ɛkstrɛmmɑ̃] adv. De façon très grande : *Cet incident me contrarie extrêmement* (syn. INFINIMENT). *Un livre extrêmement intéressant* (syn. ↓TRÈS). *Il est extrêmement riche* (syn. IMMENSÉMENT).

extrême-onction [ɛkstrɛmɔ̃ksjɔ̃] n. f. Sacrement de l'Église catholique administré à un malade en danger de mort. (Auj. on dit SACREMENT DES MALADES.)

extrémisme [ɛkstremism] n. m. Tendance à recourir à des moyens extrêmes.

extrémiste [ɛkstremist] adj. et n. Qui relève de l'extrémisme : *Des opinions extrémistes. Un extrémiste prêt à jouer le tout pour le tout.*

extrémité [ɛkstremite] n. f. **1.** La partie qui termine : *Une flèche pointue à l'une de ses extrémités* (syn. BOUT). *La girouette qui se trouve à l'extrémité du clocher* (syn. SOMMET). *Le malade est à la dernière extrémité* (= il est mourant). — **2.** Situation critique : *Dans cette extrémité, il était prêt à tout.* — **3.** Acte de violence, geste de désespoir : *On craint qu'elle ne se porte à quelque extrémité.* ◆ ***extrémités*** n. f. pl. Les pieds et les mains (surtout méd.).

extrinsèque [ɛkstrɛ̃sɛk] adj. (lat. *extrinsecus,* du dehors). Qui vient du dehors, qui ne dépend pas fondamentalement de qqch : *Les causes extrinsèques d'une maladie* (contr. INTRINSÈQUE).

extrinsèquement [ɛkstrɛ̃sɛkmɑ̃] adv. De façon extrinsèque.

exubérance [ɛgzyberɑ̃s] n. f. Caractère exubérant ; vivacité excessive.

exubérant, e [ɛgzyberɑ̃] adj. (du lat. *exuberare,* regorger). **1.** Qui manifeste ses sentiments par des démonstrations excessives : *Impossible de dormir avec un voisin aussi exubérant* (syn. COMMUNICATIF, DÉMONSTRATIF, EXPANSIF ; contr. CALME, RÉSERVÉ, DISCRET). — **2.** *Végétation exubérante,* surabondante.

exultation [ɛgzyltasjɔ̃] n. f. Très grande joie : *Elle est au comble de l'exultation* (syn. ↓JOIE, ↓BONHEUR).

exulter [ɛgzylte] v. i. (lat. *exultare,* sauter) [sujet qqn] Éprouver une joie très vive : *J'exultais en voyant que les résultats confirmaient exactement mes prévisions.*

exutoire [ɛgzytwar] n. m. (du lat. *exuere,* enlever). Moyen de se débarrasser d'une difficulté, de ce qui gêne : *Ça l'a soulagé de nous dire ce qu'il pensait, ça a été un exutoire à sa colère* (syn. DÉRIVATIF).

ex-voto [ɛksvɔto] n. m. inv. (lat. *ex voto,* en conséquence d'un vœu). Inscription, objet qu'on place dans une chapelle, à la suite d'un vœu ou en remerciement d'une grâce obtenue.

f [ɛf] n. m. Sixième lettre de l'alphabet, correspondant à la fricative sourde [f].

fa [fa] n. m. inv. (première syllabe de *famuli tuorum* dans l'hymne latin de saint Jean-Baptiste). Note de musique, quatrième degré de la gamme de *do.* ‖ *Clef de fa* → CLEF.

fable [fabl] n. f. (lat. *fabula*). **1.** Petit récit, écrit généralement en vers, dont on tire une moralité : *Les fables de La Fontaine. La morale de la fable* (syn. APOLOGUE). — **2.** Récit mensonger (soutenu) : *Vous nous racontez des fables* (syn. HISTOIRE). *Je ne sais plus quelle fable inventer.* — **3.** Sujet des conversations et de la risée publique : *Il est devenu la fable du quartier.*

fabliau [fablijo] n. m. Conte en vers du Moyen Âge, de caractère populaire et le plus souvent satirique.

fablier [fablije] n. m. Recueil de fables.

fabricant [fabrikɑ̃] n. m. Personne qui fabrique des objets ou des produits manufacturés : *Ça sort de chez le fabricant* (syn. ARTISAN). *Être fabricant de tapis* (syn. MANUFACTURIER).

fabrication [fabrikasjɔ̃] n. f. Confection d'objets ou de produits : *Produits de même fabrication* (syn. QUALITÉ). *Défaut de fabrication. La fabrication de ce gâteau a demandé une demi-heure* (syn. CONFECTION). *Voulez-vous goûter un plat de ma fabrication?* (= de ma façon).

fabrique [fabrik] n. f. Entreprise industrielle où des matières premières sont transformées en objets finis : *Fabrique de bas, de meubles* (syn. usuel USINE). *Fabrique de porcelaine* (syn. MANUFACTURE). *Exiger la marque de fabrique* (= portant le nom du fabricant).

fabriquer [fabrike] v. t. (lat. *fabricare,* de *faber,* artisan). **1.** *Fabriquer un objet,* le façonner à partir d'une matière première : *Nous fabriquons des meubles de cuisine* (syn. FAIRE). *Je me suis fabriqué un petit établi dans un coin* (syn. CONFECTIONNER, ARRANGER). *Nous fabriquons des verres en grande série* (syn. PRODUIRE). *Ils ont été arrêtés après avoir fabriqué plus de cent mille fausses coupures.* — **2.** *Fabriquer qqch (abstrait),* l'inventer : *L'incident était fabriqué de toutes pièces* (syn. CRÉER). *C'est un récit fabriqué pour les besoins de la cause* (syn. FORGER). — **3.** (dans une interrogative) *Fam.* Faire, avoir telle ou telle occupation : *Qu'est-ce que tu fabriques encore? Je me demande bien ce qu'elle fabrique dans son coin* (syn. fam. FICHER).

fabulateur, trice [fabylatœr] adj. et n. Qui fabule, qui invente des histoires et les présente comme vraies.

fabulation [fabylasjɔ̃] n. f. Action de fabuler : *Tout ça, c'est de la fabulation.*

fabuler [fabyle] v. i. (de *fable*) [sujet qqn] Substituer un récit imaginaire à la réalité vécue : *Ça ne s'est pas passé comme ça, tu fabules!* (syn. ↓ EXAGÉRER).

fabuleusement [fabyløzmɑ̃] adv. De façon fabuleuse; à l'excès : *Être fabuleusement riche* (syn. IMMENSÉMENT).

fabuleux, euse [fabylø] adj. **1.** *Litt.* Du domaine de l'imagination : *Un personnage fabuleux* (syn. IMAGINAIRE, CHIMÉRIQUE). *Un animal fabuleux* (syn. LÉGENDAIRE). — **2.** Qui dépasse l'imagination : *Elle a une fortune fabuleuse* (syn. FANTASTIQUE, FORMIDABLE, INOUÏ).

fabuliste [fabylist] n. m. Auteur de fables.

façade [fasad] n. f. (it. *facciata*). **1.** Partie antérieure d'un bâtiment, où se trouve l'entrée principale : *La façade de l'immeuble donne sur le jardin.* — **2.** Chacun des côtés extérieurs d'un édifice : *La façade exposée au soleil.* — **3.** *De façade,* qui revêt une apparence trompeuse : *Tout ce luxe de façade cache une misère réelle.*

face [fas] n. f. (lat. *facies,* forme extérieure). **1.** Partie antérieure de la tête : *Les muscles de la face* (syn. VISAGE). *Un singe qui a une face humaine* (syn. FIGURE). *Détourner la face* (= tourner son visage). — **2.** *À la face de qqch* ou *de qqn,* en sa présence, en agissant ouvertement : *Proclamer quelque chose à la face de l'univers.* ‖ *De face,* par rapport à la personne ou à la chose regardée, du côté où la face est perpendiculaire au regard : *Photographie prise de face* (par oppos. à *de profil* et *de trois quarts*). *De l'endroit où j'étais, je la voyais de face* (par oppos. à *de dos* et *de profil*); par rapport à qqn, du côté où se trouve sa figure : *Prendre au théâtre une loge de face* (contr. DE CÔTÉ). *Retenir dans le train une place de face* (= dans le sens de la marche). *Avoir le vent de face* (syn. DEBOUT; contr. DANS LE DOS). ‖ *En face,* par rapport à qqn, devant lui, directement vis-à-vis de lui : *Avoir le soleil en face* (= dans les yeux). *Regarder quelqu'un en face* (= le fixer ouvertement, franchement; syn. DANS LES YEUX; contr. EN DESSOUS, DE BIAIS). *Voir les choses en face* (= examiner la réalité telle qu'elle est); par rapport à l'interlocuteur, ouvertement : *Je lui ai dit en face ce que je pense de lui.* ‖ *En face (de qqn, qqch),* vis-à-vis, en présence (de qqn, qqch) : *Elle s'est assise en face de moi. En face du directeur, il n'ose rien dire. La maison d'en face* (= qui est en face de celui qui parle). *Mettre deux personnes en face l'une de l'autre* (= les mettre en présence). ‖ *En face de cela,* à l'opposé de cela, en contraste avec cela : *D'un côté le luxe des grands propriétaires, et, en face de cela, la misère des paysans.* ‖ *Face à face,* l'un en face de l'autre : *Les deux adversaires se retrouvèrent face à face. Les deux maisons sont face à face* (= vis-à-vis). ‖ *Face contre terre,* prosterné de tout son long. ‖ *Faire face,* se présenter devant qqn pour s'opposer à lui; accepter des risques, des responsabilités, les assumer : *Faire face à un ennemi* (syn. FAIRE FRONT). *Faire face à ses obligations.* ‖ *Perdre la face,* subir une grave atteinte à son honneur, à son prestige. ‖ *Sauver la face,* garder les apparences de la dignité après un échec (syn. FAIRE BONNE FIGURE, SAUVER LES APPARENCES). ‖ *Se mettre en face de qqn,* lui barrer le chemin, s'opposer à lui. — **3.** Côté qu'on regarde de certains objets : *Face d'une pièce de monnaie* (= côté sur lequel est gravée une figure humaine, etc., par oppos. à PILE). *Face d'une médaille* (syn. AVERS; contr. REVERS). *Les faces d'un diamant, d'un cube, d'un prisme, d'une pyramide*

(= surface plane délimitée par des arêtes). — **4.** Aspect sous lequel se présente qqch : *Examiner une situation, une question sur toutes ses faces* (syn. ANGLE, CÔTÉ, COUTURE). — **5.** *Changer de face,* modifier son aspect : *Certains quartiers de Paris ont bien changé de face* (syn. TOURNURE, ALLURE).

face-à-face [fasafas] n. m. inv. Débat télévisé au cours duquel deux personnalités confrontent leur point de vue sur un sujet.

face-à-main [fasamɛ̃] n. m. (pl. *faces-à-main*). Lorgnon tenu à la main par un manche.

facétie [fasesi] n. f. (lat. *facetia*). Plaisanterie un peu grosse : *Dire des facéties* (syn. PLAISANTERIE, BLAGUE, ASTUCE, DRÔLERIE). *Faire des facéties* (syn. TOUR, FARCE, BLAGUE, NICHE).

facétieux, euse [fasesjø] adj. **1.** Qui aime à faire des plaisanteries, des farces : *Un homme facétieux. Avoir un air facétieux* (contr. SÉRIEUX). — **2.** Qui se présente comme une plaisanterie, qui fait rire : *Un livre facétieux* (syn. DRÔLE, COCASSE).

facette [fasɛt] n. f. **1.** Petite face plane : *Tailler les facettes d'un diamant.* — **2.** *Personnage à facettes,* qui a des comportements différents selon les moments et les personnes. ‖ *Yeux à facettes,* yeux composés des insectes formés d'un très grand nombre d'yeux simples accolés.

fâcher [faʃe] v. t. (lat. *fastidiare,* dégoûter). **1.** (sujet qqn, qqch) *Fâcher qqn,* lui causer une contrariété (souvent part. passé) [soutenu] : *Je suis fâchée de ce contretemps* (syn. ENNUYER). — **2.** (sujet qqn) *Être fâché de qqch, de* (+ *inf.*), *que* (+ *subj.*), s'excuser en regrettant de, que (dans des formules de politesse) : *Je suis fâché de ce qui vous arrive. Je suis fâché de vous quitter* (= je m'excuse de vous quitter; syn. DÉSOLÉ). *Je suis fâché que nous ne puissions nous voir.* ‖ *Ne pas être fâché de* (+ *inf.*), *que* (+ *subj.*), se réjouir discrètement de qqch : *Je ne serais pas fâché que ça rate* (= ça me ferait plaisir). ◆ ***se fâcher*** v. pr., **être fâché** v. pass. (sujet qqn) **1.** *Se fâcher, être fâché (contre qqn),* se mettre, être en colère (contre qqn) : *Ne lui dis pas cela, il va se fâcher. Elle est très fâchée contre toi. Se fâcher tout rouge* (= très fort). — **2.** *Se fâcher, être fâché (avec qqn),* cesser toute relation avec lui, être en mauvais termes : *Il s'est fâché avec moi pour une histoire ridicule* (syn. SE BROUILLER). — **3.** Fam. *Être fâché avec qqch,* ne rien y comprendre : *Je suis fâché avec les mathématiques.*

fâcheusement [faʃøzmɑ̃] adv. De façon fâcheuse : *Un rendez-vous fâcheusement retardé.*

fâcheux, euse [faʃø] adj. (avant ou après le n.) **1.** Qui a un effet regrettable : *Exemple fâcheux* (syn. DÉPLACÉ, DÉPLORABLE). *Une fâcheuse aventure* (syn. DÉSAGRÉABLE). — **2.** Qui provoque de la contrariété : *Un fâcheux contretemps* (syn. INOPPORTUN, INTEMPESTIF). *C'est fâcheux que nous ne puissions nous voir* (syn. DÉPLAISANT, DÉSAGRÉABLE, ENNUYEUX).

facial, e, aux [fasjal] adj. Qui appartient à la face : *Paralysie faciale, Muscles faciaux.*

faciès [fasjɛs] n. m. (lat. *facies*). Aspect du visage (souvent péjor.) : *Avoir un faciès repoussant* (syn. PHYSIONOMIE).

facile [fasil] adj. (lat. *facilis*). **1.** Qui se fait sans effort, qui s'obtient sans difficulté : *Travail facile* (syn. AISÉ, SIMPLE; contr. DIFFICILE, DUR). *Remporter une victoire facile. Une opération facile* (contr. DÉLICAT, DIFFICILE). *Voie facile d'accès* (= où il est commode d'accéder). ‖ *Avoir la vie facile,* avoir d'abondantes ressources d'argent. ‖ *Avoir l'argent facile,* être sans cesse prêt à payer. — **2.** *Péjor.* Sans valeur, qui exige trop peu d'effort pour être compris ou pour être fait : *De la littérature facile* (contr. DIFFICILE, SÉRIEUX). *Pièce de théâtre aux effets faciles* (contr. RECHERCHÉ, SUBTIL). *Votre ironie est facile.* — **3.** *Facile à* (+ *inf.*), aisé à faire : *Un morceau de musique facile à jouer. Une voiture facile à conduire. Un livre facile à se procurer.* — **4.** Qui est accommodant ou complaisant : *Avoir un caractère facile* (syn. SOUPLE; contr. DIFFICILE, ACARIÂTRE, MALCOMMODE). *Elle est d'humeur facile* (syn. ÉGAL). *Il n'est pas facile tous les jours!* (syn. COMMODE, DRÔLE). — **5.** Se dit d'une femme dont on obtient aisément les faveurs (syn. ↑LÉGER). — **6.** Se dit d'un enfant qu'on nourrit, élève facilement : *Son fils est un enfant facile* (contr. DIFFICILE). *Un bébé très facile.* — **7.** *Facile à* (+ *inf.*), se dit de qqn qui se prête aisément à une action : *Un auteur très facile à lire. Un invité facile à contenter. Elle est facile à vivre* (= il est aisé de vivre avec elle). ◆ adv. *Fam.* Pour le moins : *Il y a bien dix kilomètres facile jusqu'à ce village.*

facilement [fasilmɑ̃] adv. **1.** Avec facilité : *Un travail facilement fait. Un livre facilement lu. Être facilement surpris. Se laisser facilement convaincre. Élever facilement un enfant. Tromper facilement quelqu'un.* — **2.** Pour le moins : *Je mettrai facilement deux heures pour faire ce travail.*

facilitation [fasilitasjɔ̃] n. f. Action de faciliter.

facilité [fasilite] n. f. **1.** Qualité de ce qui est facile : *Il est surpris par la facilité de ce travail* (syn. SIMPLICITÉ). *La facilité de la victoire le rendait vaniteux. Se laisser prendre par la facilité d'une musique.* — **2.** *Solution de facilité,* choisie uniquement pour l'économie d'effort qu'elle représente. ‖ *Vivre dans la facilité,* avoir une vie agréable et sans problèmes d'argent. — **3.** Aptitude, disposition de qqn à faire qqch : *Travailler avec facilité* (syn. AISANCE; contr. DIFFICULTÉ). *Facilité à s'exprimer* (syn. DISPOSITION POUR). — **4.** *Avoir de la facilité, beaucoup de facilité pour,* avoir une aptitude naturelle pour un travail, une activité particulière. — **5.** Qualité de qqn d'accommodant, de complaisant : *Avoir une grande facilité d'humeur* (syn. DOUCEUR, ÉGALITÉ). *La facilité de son caractère plaisait à tous* (syn. SIMPLICITÉ, AFFABILITÉ, DOUCEUR). — **6.** *Facilité à* (+ *inf.*), disposition naturelle à : *Avoir une certaine facilité à se mettre en colère* (syn. INCLINAISON, PENCHANT, TENDANCE, PROPENSION). ◆ ***facilités*** n. f. pl. Moyens commodes d'obtenir une chose, commodités accordées à qqn pour faire qqch : *Des facilités de transport. Avoir toutes facilités pour passer la frontière* (syn. LATITUDE, LIBERTÉ). *Obtenir des facilités de paiement* (= délai pour payer).

faciliter [fasilite] v. t. (it. *facilitare*). *Faciliter qqch,* le rendre facile : *Faciliter le travail de quelqu'un.*

façon [fasɔ̃] n. f. (lat. *factio,* de *facere,* faire). **1.** Manière d'être ou d'agir de qqn ou de qqch : *J'admire la façon dont cette personne se conduit. La façon de voler d'un avion. Avoir une bizarre façon de s'habiller.* — **2.** *Façon de parler,* manière particulière de s'exprimer. ‖ *Façon de penser,* opinion de qqn : *Je vais lui dire ma façon de penser.* — **3.** Litt. *À la façon de,* indique une ressemblance dans l'action, l'état : *Prononcer une phrase à la façon d'un bègue.* ‖ *À ma (ta, sa, etc.) façon,* selon ma (ta, sa) manière de faire, selon certains critères qui me (te, lui) sont personnels. ‖ *De ... façon, de façon...* (+ *adj.*) : *De quelle façon allez-vous en Afrique?* (syn. PAR QUEL MOYEN). *Je vais vous montrer de quelle façon il faut s'y prendre* (syn. DE QUELLE MANIÈRE, COMMENT). *D'une façon générale* (syn. EN GÉNÉRAL). *D'une façon différente* (syn. DIFFÉREMMENT). *Habillé de façon élégante. Écrire de façon illisible.* ‖ *De façon à* (+ *inf.*), indique la conséquence, le but : *Travaillez de façon à réussir.* ‖ *De façon à ce que* (+ *subj.*), indique le but : *Prévenir les gens à l'avance, de façon à ce qu'ils viennent.* ‖ Litt. *De façon que, de telle façon que* (+ *ind.* ou *subj.*), de telle sorte que : *Agissez de façon que vous méritiez l'estime des gens de bien.* ‖ *De ma (ta, sa) façon,* fabriqué, inventé par moi (toi, lui). ‖ *De* *toute(s) façon(s), de toutes les façons,* quoi qu'il arrive, quoi qu'il en soit (syn. EN TOUT CAS, EN TOUT ÉTAT DE CAUSE, DANS TOUS LES CAS, À TOUT COUP). ‖ *En aucune façon,* pas du tout : *Vous ne me dérangez en aucune façon.* — **4.** Travail d'un artisan, d'un artiste : *Elle a fourni le tissu et payé la façon.* — **5.** Forme d'un vêtement : *Elle aime la façon de cette robe* (syn. COUPE, FORME). — **6.** *À façon,* se dit d'un travail artisanal pour lequel la matière première est fournie par le client : *Faire faire une robe à façon* (= en fournissant le tissu). ◆ ***façons*** n. f. pl. **1.** Comportement à l'égard des autres : *Ses façons me déplaisent* (syn. MANIÈRES). *C'est une femme vive, qui a des façons brusques.* — **2.** *Faire des façons,* manifester une politesse excessive : *Ne faites pas de façons et venez dîner à la maison.* ‖ *Sans façon(s),* sans se faire prier, très simplement : *Elle a accepté sans façons mon invitation. Il s'assit sans façon sur le bureau;* et adj. : *C'est un homme sans façon* (= simple); comme formule de politesse : *Non merci, sans façon* (syn. SINCÈREMENT).

faconde [fakɔ̃d] n. f. (lat. *facundia,* éloquence). Abondance excessive de paroles (soutenu) : *Parler avec faconde* (syn. VERVE, LOQUACITÉ; contr. CONCISION, BRIÈVETÉ).

façonnement [fasɔnmɑ̃] ou **façonnage** [fasɔnaʒ] n. m. Action de façonner : *Le façonnement des esprits. Le façonnage des bois abattus.*

façonner [fasɔne] v. t. (de *façon*). **1.** *Façonner un matériau,* le travailler pour lui donner une forme particulière : *Façonner du marbre. Façonner un tronc d'arbre.* — **2.** *Façonner un objet,* le fabriquer : *Façonner une clé* (syn. FAIRE). *Façonner un chapeau* (= lui donner sa forme). *Façonner une robe.* — **3.** Litt. *Façonner qqn,* le former par l'éducation, l'expérience : *Elle a été façonnée par la vie* (syn. TREMPER, MODELER, ↑ TRANSFORMER).

façonnier, ère [fasɔnje] n. Personne qui travaille à façon.

fac-similé [faksimile] n. m. (mots lat. signif. *fais une chose semblable*) [pl. *fac-similés*]. Reproduction, copie d'une écriture ou d'un dessin, d'un tableau, etc. : *Ils n'ont pas les originaux, mais ils ont des fac-similés.*

1. facteur [faktœr] n. m. (lat. *factor,* celui qui fait) [fém. rare *factrice*]. **1.** Employé de la poste chargé de distribuer le courrier à domicile (syn. admin. PRÉPOSÉ). — **2.** *Facteur de pianos, d'orgues,* fabricant de pianos, d'orgues.

2. facteur [faktœr] n. m. **1.** Chacun des termes d'une opération arithmétique, d'un produit : *L'inversion des facteurs ne change pas la valeur d'un produit.* — **2.** Élément concourant à un certain résultat : *La chance est un facteur de succès.*

factice [faktis] adj. (lat. *facticius*). Qui n'a pas une origine ou une apparence naturelle : *Un diamant factice* (syn. ARTIFICIEL; contr. NATUREL). *Un apitoiement factice* (syn. ARTIFICIEL, FEINT, ↑ FORCÉ; contr. SINCÈRE). *Sourire factice* (syn. CONTRAINT; contr. FRANC).

factieux, euse [faksjø] adj. et n. Qui suscite des troubles contre le pouvoir établi : *Lutter contre les factieux* (syn. INSURGÉ, REBELLE, RÉVOLTÉ). *Des propos factieux* (syn. SÉDITIEUX, SUBVERSIF).

faction [faksjɔ̃] n. f. (lat. *factio*). **1.** Groupe dont les membres mènent, à l'intérieur d'un groupe plus important, une action vigoureuse contre le pouvoir établi ou contre ceux qui ne partagent pas leurs idées : *Ce parti politique tend à se diviser en factions. Le pays était en proie aux factions.* — **2.** Garde que monte qqn : *Un militaire en faction.*

factionnaire [faksjɔnɛr] n. m. Syn. litt. de SENTINELLE.

factitif, ive [faktitif] adj. et n. m. (du lat. *facere,* faire). Se dit, en linguistique, d'un mot, d'une forme qui indique que le sujet fait faire l'action : *Le verbe «faire» s'emploie comme factitif devant un infinitif.*

factotum [faktɔtɔm] n. m. (lat. *fac totum,* fais tout) [pl. *factotums*]. Personne chargée de toutes les besognes secondaires : *Le gardien sert de factotum : il remplace les carreaux cassés, répare les serrures, etc.*

factuel, elle [faktɥɛl] adj. Limité à un simple fait : *Incident factuel qui n'aura pas de conséquences.*

facturation [faktyrasjɔ̃] n. f. Action de facturer.

facture [faktyr] n. f. (de *facteur*). Écrit par lequel le vendeur fait connaître à l'acheteur le détail et le prix des marchandises vendues : *Présenter une facture. Régler la facture.*

facturer [faktyre] v. t. Établir la facture d'une marchandise vendue : *Je n'ai pas encore facturé cette commande.*

facturier, ère [faktyrje] adj. et n. Employé chargé d'établir les factures : *Dactylo facturière.*

facultatif, ive [fakyltatif] adj. Qu'on a la possibilité légale, ou la permission, de faire ou de ne pas faire : *Cours facultatif. Arrêt facultatif. Présence facultative* (contr. OBLIGATOIRE).

facultativement [fakyltativmɑ̃] adv. De façon facultative.

faculté [fakylte] n. f. (lat. *facultas,* possibilité).
— **I. 1.** Possibilité, permission : *Il m'a laissé la faculté de choisir.* — **2.** (pl.) Aptitudes, dispositions naturelles de qqn dans le domaine intellectuel : *Avoir de brillantes facultés* (syn. DISPOSITIONS, DONS, MOYENS). *Le développement des facultés chez un enfant* (syn. INTELLECT, CAPACITÉS MENTALES). — **3.** (sing. ou pl.) Possibilités, surtout intellectuelles, de qqn : *Avoir une faculté de travail peu commune* (syn. PUISSANCE). *Une faculté de mémoire insuffisante* (syn. CAPACITÉ). *Ce travail dépasse ses facultés* (syn. POSSIBILITÉS, MOYENS). — **4.** *Ne pas jouir de toutes ses facultés,* avoir un comportement anormal. ‖ *Ne plus avoir toutes ses facultés,* perdre l'usage de certaines activités mentales.
— **II. 1.** Établissement d'enseignement supérieur (remplacé auj. par *université*). — **2.** *La Faculté,* l'ensemble des médecins (soutenu).

fada [fada] adj. et n. (mot prov.). *Fam.* Un peu fou, un peu niais.

fadaise [fadɛz] n. f. (anc. prov. *fadeza*). Chose insignifiante et sotte, plaisanterie stupide (surtout pl.) : *Dire des fadaises* (syn. NIAISERIE, INEPTIE).

fadasse [fadas] adj. *Fam.* D'une fadeur déplaisante : *Des cheveux d'un blond fadasse.*

fade [fad] adj. (lat. *fatuus,* fade). **1.** Qui manque de saveur, d'éclat : *Une cuisine fade. Un mets fade* (contr. ÉPICÉ, RELEVÉ, ASSAISONNÉ). *Une odeur fade* (contr. FORT, ÂCRE). *Une couleur fade* (contr. VIOLENT). — **2.** Sans caractère, sans vie, insignifiant : *Ce livre est fade* (syn. ININTÉRESSANT, ENNUYEUX, ↑ FASTIDIEUX; contr. EXCITANT, PRENANT). *Un compliment fade* (syn. PLAT, BANAL).

fadeur [fadœr] n. f. **1.** Manque de saveur : *La fadeur d'un plat.* — **2.** Insignifiance : *La fadeur d'un compliment. La fadeur d'un livre.* — **3.** Propos vide; compliment d'une galanterie banale (surtout pl.) : *Dire des fadeurs.*

fading [fadiŋ] n. m. (mot angl.). Dans un récepteur radiophonique, diminution momentanée du son.

fagot [fago] n. m. (bas lat. *facus*). **1.** Faisceau de menu bois, de branches à brûler : *Mettre deux fagots dans la cheminée.* — **2.** *De derrière les fagots,* se dit de qqch de très bon mis en réserve depuis longtemps pour le moment opportun : *Une bouteille de derrière les fagots. Il lui prépare une surprise de derrière les fagots.* ‖ *Sentir le fagot,* se dit de qqn, de qqch qui est en opposition avec les opinions couramment admises, qui frise l'hérésie et s'expose à une condamnation : *Un discours qui sent le fagot* (syn. ↓N'ÊTRE PAS TRÈS CATHOLIQUE).

fagoter [fagɔte] v. t. Fam. et péjor. *Fagoter qqn* (+ adv. de manière), l'habiller sans élégance, de façon ridicule (surtout pass.) : *Ce pauvre gosse, regardez comment il est fagoté!* (syn. ACCOUTRER, AFFUBLER, FICELER). *Un petit vieux bizarrement fagoté.*

faiblard, e [fɛblar] adj. *Fam.* Assez faible : *Un élève faiblard. Un devoir faiblard.*

1. faible [fɛbl] adj. (lat. *flebilis,* digne d'être pleuré). **1.** (avant ou après le n.) Se dit de qqn (d'une partie du corps) qui manque de vigueur physique : *Une femme de faible constitution physique* (syn. DÉLICAT, FRAGILE; contr. FORT). *Un enfant faible* (syn. CHÉTIF, FRÊLE, ↑MALINGRE; contr. ROBUSTE, VIGOUREUX). *Le malade a le cœur faible* (contr. RÉSISTANT, SOLIDE). *Avoir les jambes faibles* (= se sentir vaciller sur ses jambes; syn. EN COTON). *Être faible des jambes, du cœur,* etc. (= avoir une déficience physique particulière). — **2.** (après le n.) Se dit de ce qui manque de résistance pour supporter un grand poids, une forte pression, etc. : *Une poutre trop faible pour supporter un tel poids* (syn. FRAGILE; contr. SOLIDE, RÉSISTANT). — **3.** (après le n.) Qui manque de volonté, d'énergie morale, d'autorité, de puissance : *Un homme trop faible pour prendre une décision* (syn. INDÉCIS, MOU; contr. FORT, ÉNERGIQUE, VOLONTAIRE). *Tu es trop faible avec tes enfants* (= tu leur cèdes trop facilement). *Gouvernement faible* (= sans autorité). *Un pays faible* (= sans ressources, sans défense). *Une armée faible.* — **4.** *(Être) faible (à, en qqch),* n'avoir pas d'aptitude dans une discipline particulière : *Elle est faible en anglais, en gymnastique, au tennis* (contr. FORT). — **5.** (avant ou après le n.) Qui a peu de force, d'intensité, d'importance, de valeur : *Une lumière faible* (contr. INTENSE, FORT). *Un faible bruit* (syn. ↑IMPERCEPTIBLE; contr. INTENSE). *De faibles détonations. Une faible flamme. Une faible poussée de fièvre* (syn. LÉGER; contr. FORT). *De faibles chutes de neige. Une faible somme d'argent. Une faible indemnité. Un faible rendement* (contr. ÉLEVÉ). *Un objet placé à faible hauteur. Une faible pente* (syn. DOUX). *Vue faible* (= qui ne voit pas loin; syn. BAS). *Un vin faible en alcool. Gros est un synonyme d'énorme, mais il est plus faible* (= il a une valeur diminutive). *N'avoir qu'une faible idée de quelque chose* (= n'en avoir qu'une idée vague, imprécise; syn. PETIT). *N'avoir qu'un faible espoir* (= n'avoir que peu de raisons d'espérer). *N'éprouver qu'une faible attirance pour quelque chose* (syn. LÉGER). *Ne tirer qu'un faible avantage de quelque chose* (syn. MAIGRE; contr. CONSIDÉRABLE). *Il y a de faibles chances pour que...* (= il y a peu de chances que...). *Choisir pour s'exprimer un terme faible* (= en dessous de la réalité). *Un devoir faible* (= qui est mauvais, qui est le fait d'un écolier paresseux ou peu doué; contr. BON). — **6.** *Une faible femme,* femme sans défense. ‖ *Faible d'esprit,* intellectuellement déficient. ◆ n. **1.** (surtout pl. ou sing. collectif) Personne sans défense, physiquement, économiquement, etc. : *Prendre la défense des faibles et des opprimés. En face du fort, le faible doit être secouru* (= les personnes sans défense). — **2.** Personne sans volonté : *C'est un faible, il cède tout à ses enfants.*

2. faible [fɛbl] n. m. *Avoir, éprouver un faible pour qqn, qqch,* avoir un penchant pour eux : *Éprouver un faible pour une femme* (syn. INCLINATION, ATTIRANCE). *Avoir un faible pour le tabac, pour le cinéma* (syn. GOÛT, PRÉDILECTION).

faiblement [fɛbləmɑ̃] adv. De façon faible : *Éclairer faiblement* (syn. PEU; contr. VIVEMENT). *Crier faiblement* (syn. MOLLEMENT; contr. VIGOUREUSEMENT). *Être faiblement attiré par la peinture cubiste* (syn. MODÉRÉMENT; contr. FORTEMENT). *Un corps faiblement radioactif.*

faiblesse [fɛblɛs] n. f. État de ce qui est faible, de celui qui est faible : *Avoir une certaine faiblesse dans les jambes* (syn. DÉFICIENCE). *Être pris de faiblesse* (litt.; = s'évanouir). *La faiblesse d'une résistance électrique* (syn. INSUFFISANCE). *Être d'une faiblesse coupable envers quelqu'un* (syn. COMPLAISANCE, ↑LÂCHETÉ; contr. FERMETÉ). *La faiblesse d'un gouvernement* (syn. ↑IMPUISSANCE; contr. FORCE). *La faiblesse d'un élève en classe* (syn. ↑MÉDIOCRITÉ). *La faiblesse d'une lumière* (contr. FORCE, INTENSITÉ, VIOLENCE). *La faiblesse d'un son* (syn. TÉNUITÉ; contr. INTENSITÉ). *La faiblesse d'une détonation. La faiblesse d'un vin en alcool* (= le fait qu'il soit peu alcoolisé).

faiblir [fɛblir] v. i. (sujet qqn) Devenir faible : *Son cœur faiblit* (syn. fam. FLANCHER). *Il faiblit dans l'adversité* (syn. MOLLIR, CÉDER, LÂCHER). *Faiblir à la vue du sang. Le gouvernement faiblissait dans la répression* (syn. SE RELÂCHER). *Le bruit faiblissait en s'éloignant* (syn. S'ATTÉNUER).

faïence [fajɑ̃s] n. f. (de *Faenza,* v. d'Italie). Poterie de terre, vernissée ou émaillée : *De la vaisselle de faïence blanche.*

faïencerie [fajɑ̃sri] n. f. **1.** Ensemble d'ustensiles faits en faïence. — **2.** Fabrique, commerce des objets de faïence.

faïencier, ère [fajɑ̃sje] n. Fabricant d'objets en faïence.

faignant, e [fɛɲɑ̃] → FAINÉANT.

faille [faj] n. f. (de *faillir*). **1.** Point faible, manque de cohérence dans un raisonnement : *Il y a une faille dans votre exposé* (syn. DÉFAUT). — **2.** Cassure des couches géologiques à la surface de la Terre.

failli, e [faji] adj. et n. Qui a fait faillite.

faillibilité [fajibilite] n. f. Caractère faillible : *La faillibilité des juges, de la justice. La faillibilité humaine.*

faillible [fajibl] adj. Qui peut se tromper, qui peut faire une faute (soutenu) : *Le juge ne sait pas tout, il est faillible* (contr. INFAILLIBLE).

faillir [fajir] v. i. (lat. *fallere,* faire défaut, manquer) [c. **30**] (sujet qqn, qqch) *Faillir* (+ *inf.*), être sur le point de faire qqch, s'y trouver exposé : *Elle a failli acheter ce sac. La voiture faillit flamber.* ◆ v. t. ind. (sujet qqn) *Faillir à qqch,* ne pas faire ce qu'on doit faire, ce qu'on s'est engagé à faire : *Faillir à ses engagements, à sa parole. Cet officier a failli à son devoir et a trahi* (syn. MANQUER À; contr. OBÉIR À).

faillite [fajit] n. f. (it. *fallita*). **1.** État d'un commerçant, d'une entreprise dont la cessation de paiements a été constatée par un tribunal de commerce et déclarée publiquement : *La maison fait faillite. Un commerçant en faillite.* — **2.** Échec, insuccès : *La faillite d'une doctrine, d'une politique.*

faim [fɛ̃] n. f. (lat. *fames*). **1.** Vif besoin de manger, dû notamment aux contractions de l'estomac vide : *Avoir faim. Une odeur, un plat qui donne faim. Manger à sa faim* (= manger autant qu'on en éprouve le besoin). — **2.** *Faim de qqch (abstrait),* désir ardent de qqch : *Avoir faim de richesses, de liberté* (syn. SOIF). — **3.** Situation de disette, de famine dans un pays ou une région : *Une conférence sur la faim dans le monde.* — **4.** *Rester sur sa faim,* manger insuffisamment; demeurer insatisfait.

faine ou **faîne** [fɛn] n. f. Fruit comestible du hêtre.

fainéant, e [fɛneɑ̃] ou, plus fam., **faignant, e** ou **feignant, e** [fɛɲɑ̃] adj. et n. (de l'anc. fr. *feindre,* paresser). Peu travailleur : *Un élève fainéant* (syn. PARESSEUX).

fainéanter [fɛneɑ̃te] v. i. Ne rien faire : *Cet enfant est resté toute la matinée à fainéanter au lit.*

fainéantise [fɛneɑ̃tiz] n. f. Attitude de fainéant :

Ses mauvais résultats sont dus à sa fainéantise (syn. PARESSE).

faire [fɛr] v. t. (lat. *facere*) [c. **76**]. **I. Sujet nom d'être animé.**

A. COMPLÉMENT : OBJET MATÉRIEL. **1.** Constituer de toutes pièces, être l'auteur de : *Faire un mur* (syn. CONSTRUIRE, ÉLEVER, BÂTIR). *Faire un livre* (syn. ÉCRIRE, RÉALISER ou ÉDITER). *Faire un gâteau* (syn. CONFECTIONNER). *L'artiste qui a fait ce tableau* (syn. EXÉCUTER). *Un industriel qui fait des boulons* (syn. FABRIQUER). *Dieu, selon la Genèse, a fait le monde en six jours* (syn. CRÉER). — **2.** Préparer, mettre en état : *Faire un rôti au four* (syn. CUIRE). *Faire la salade* (syn. APPRÊTER, ASSAISONNER). *La femme de ménage a fait le bureau* (syn. NETTOYER). *Faire un lit* (= mettre en ordre draps et couvertures). *Faire ses chaussures avant de sortir* (syn. FROTTER ; fam. ASTIQUER).

B. COMPLÉMENT : ÊTRE ANIMÉ. **1.** Doter de l'existence, de la vie, mettre au monde : *Dieu a fait l'homme à son image* (syn. CRÉER). *La chatte a fait ses petits* (syn. METTRE BAS). — **2.** *Faire qqn, un animal à qqch,* l'y adapter, l'y accoutumer (surtout part. passé) : *Son mari l'a faite à l'idée d'habiter la banlieue* (syn. HABITUER). *Être fait aux subtilités du métier* (= y être rompu). *Je ne suis pas encore fait à son caractère, à de tels procédés.*

C. COMPLÉMENT : RÔLE TENU PAR QQN. **1.** Jouer le rôle de, exercer les fonctions de : *Dans cette pièce, elle faisait la mère* (syn. JOUER). *Il promet de faire un brillant avocat* (syn. DEVENIR, ÊTRE). — **2.** (avec art. déf., compl. adj. substantivé) Imiter un genre, prendre intentionnellement une certaine apparence : *Faire le malade* (syn. CONTREFAIRE). *Faire le malin. Faire l'idiot. Faire le mort.*

D. COMPLÉMENT : NOM DÉSIGNANT UNE ACTION, UN ÉTAT. **1.** Accomplir un acte, être engagé dans une voie : *Faire un crime* (syn. litt. PERPÉTRER). *Faire une farce. Faire une faute* (syn. COMMETTRE). *Faire un mouvement. Faire la cuisine. Faire un discours* (syn. PRONONCER). *Faire un beau mariage. Faire un cadeau à quelqu'un. Faire des études* (= étudier). ‖ Avec un adj. possessif soulignant le rapport, la convenance de qqch à qqn : *Faire ses études de pharmacie. Faire son service militaire. Faire son devoir* (syn. ACCOMPLIR, S'ACQUITTER DE). — **2.** (avec un art. partitif) Pratiquer qqch, s'adonner à un sport, avoir une certaine attitude : *Faire de la politique* (= avoir des activités politiques). *Faire de la médecine générale. Faire de l'opposition. Faire de l'obstruction. Faire de la musique, du piano. Faire du tennis, de la marche à pied, de la bicyclette.* — **3.** (avec un art. déf.) Exécuter certains exercices physiques, certains mouvements de gymnastique, etc. : *Faire la roue. Faire le pont. Faire le grand écart.* — **4.** (avec un art. déf., dans diverses express.) Avoir tel ou tel comportement : *Faire la paix avec quelqu'un. Faire l'impossible pour aider un ami. Faire la charité. Faire la loi.* — **5.** (avec art. partitif ou indéf. devant un compl. désignant une maladie, un état) Être atteint par cette maladie, être dans cet état : *Faire un gros rhume. Faire de la fièvre* (syn. AVOIR). *Faire de la tension. Faire des complexes* (fam. ; = être timide). *Faire une dépression nerveuse.* — **6.** (sans art.) Forme une loc. verbale équivalente à un verbe : *Faire tort* (= nuire), *faire fortune* (= s'enrichir), *faire peur* (= effrayer), *faire foi* (= prouver), etc. (→ au mot compl.).

E. COMPLÉMENT : UN PAYS, UN LIEU (avec en général l'art. déf.). Parcourir, visiter, fréquenter : *Faire l'Italie en août. Faire les grands magasins. Elle a fait toutes les boutiques du quartier.*

F. COMPLÉMENT : UNE MARCHANDISE, UNE PRODUCTION. **1.** *Fam.* Pratiquer le commerce de, produire : *Une crémière qui fait aussi les fruits* (syn. VENDRE). *Faire le gros, le demi-gros, le détail. Un cultivateur qui fait du blé* (syn. CULTIVER). — **2.** (avec un adv. ou un compl. de prix) *Fam.* Vendre : *Combien me faites-vous ce meuble ?*

G. COMPLÉMENT : PRONOM INTERROGATIF OU PRONOM INDÉFINI. Avoir telle ou telle occupation, agir de telle ou telle façon : *Qu'est-ce qu'ils font, pour qu'on les attende aussi longtemps ?* (syn. fam. FABRIQUER, FICHER). *Que faites-vous ?* (= quelle est votre occupation actuelle, votre métier). ‖ *Faire qqch pour qqn,* lui être utile : *J'ai voulu faire quelque chose pour son amie, mais elle ne m'en a pas été reconnaissante.* ‖ *Faire tout pour qqn,* lui être très dévoué. ‖ *Faites quelque chose !,* soyez utile !

H. SANS COMPLÉMENT DIRECT. **1.** *Fam.* Uriner ou évacuer des matières fécales : *Faire dans sa culotte.* — **2.** (dans des propositions incises) Dire, répondre : *Sans doute, fit-il, vous avez raison.* — **3.** *Faites donc, je vous prie,* formule de politesse pour inviter qqn à faire qqch. ‖ Fam. *Savoir y faire,* être rusé, habile.

I. AVEC UN ADV. DE MANIÈRE. Agir, s'y prendre : *Je croyais bien faire en partant devant. Un mauvais garnement qui ne pense qu'à mal faire* (= à nuire). *Comment avez-vous fait pour résoudre ce problème ?*

II. Sujet nom d'être animé ou de chose.

A. COMPLÉMENT : NOM DÉSIGNANT L'ÉTAT, LA QUALITÉ DE QQN. Susciter, porter à être (surtout dans les loc. proverbiales) : *L'habit ne fait pas le moine. L'occasion fait le larron. Les bons comptes font les bons amis.*

B. COMPLÉMENT : NOM DE PERSONNE OU NOM DE CHOSE. **1.** *Faire qqch de qqn, qqch,* le transformer en, le faire devenir : *Le mariage a fait de lui un autre homme. Elle a fait de sa maison un lieu de rencontres.* ‖ *Faire qqn son héritier, faire qqn président,* etc., l'instituer dans cet état, dans ces fonctions : *Cet accident de voiture l'a fait héritier des biens de son oncle* (syn. RENDRE). *Le peuple le fit roi* (syn. NOMMER). — **2.** (dans des phrases interrogatives) *Fam.* Laisser quelque part : *Qu'as-tu fait de tes lunettes ?* (= où les as-tu perdues ?). *Qu'a-t-il fait de ma valise ?* (= où l'a-t-il laissée ?). *Vous êtes seuls ? Qu'avez-vous fait de vos enfants ?* — **3.** (avec un compl. ou un adv. indiquant une mesure) Avoir comme mesure : *Mon frère fait quatre-vingt-cinq kilos* (syn. PESER). *Une planche qui fait cinq centimètres d'épaisseur* (syn. MESURER). *Le circuit fait quinze kilomètres* (syn. REPRÉSENTER). *Ce livre fait trente francs* (syn. COÛTER). *Le prochain village, ça fait encore loin.* ‖ *Cela (ça) fait* (+ temps), marque le temps écoulé depuis une certaine date : *Ça fait bien quinze jours que je ne l'ai pas vu* (syn. IL Y A).

C. SUIVI D'UN ADJECTIF OU D'UN NOM SANS ARTICLE AYANT VALEUR D'ATTRIBUT. Avoir l'air, paraître, donner l'impression de : *Cet enfant fait grand pour son âge. Elle fait vieux à trente ans* (ou *vieille*). *Il fait très vieille France. Elle fait déjà très femme.* ‖ Avec un sujet qqch, l'adj. reste inv. : *Votre cravate fait sérieux. Tableau qui fait joli. Costume qui fait mode* (= à la mode).

D. SUIVI D'ADVERBE (indiquant la comparaison). Être plus, moins, aussi efficace : *Deux ouvrières font plus qu'une seule pour ce travail. L'aspirine fait plus qu'un grog.*

E. SUIVI D'UNE CONJONCTION DE SUBORDINATION. *Faire que* (+ *ind.*), avoir pour résultat que : *Sa maladie a fait qu'elle n'a pas pu travailler.* ‖ *Faire que* (+ *subj.*), exercer sa volonté, sa puissance pour que : *Mon Dieu, faites qu'il ne pleuve pas !* ‖ *Ne pas pouvoir faire que,* ne pas pouvoir empêcher : *Je ne peux pas faire que cela n'ait pas lieu.*

III. Sujet nom de chose. 1. Avoir telle ou telle forme, présenter tel ou tel aspect, remplir telle ou telle fonction : *La route fait un coude. Votre robe fait des plis* (syn. FORMER). *Les trois premiers chapitres font un tout homogène* (syn. CONSTITUER). *Ces fruits font un excellent déjeuner.* — **2.** Produire un effet : *Ce médicament lui a fait beaucoup de bien. Le café a fait une tache sur la nappe. Le camion fait de la fumée.* — **3.** Être égal à, donner comme résultat : *Deux et deux font quatre. « Cheval » fait « chevaux » au pluriel.* — **4.** Durer : *Son costume lui a fait trois ans. Ce disque fait une heure d'écoute.*

IV. Emplois impersonnels. 1. *Il fait* (+ *adj.* ou *n.*), indique les conditions météorologiques ou le moment de la journée : *Il fait chaud, froid, frais. Il fait une chaleur terrible. Il fait jour* (= le jour s'est levé). *Il fait soleil. Il fait du brouillard. Il va faire une nuit froide* (= le temps va être froid cette nuit). — **2.** *Qu'est-ce que cela (ça) fait, peut faire? Cela (ça) ne fait rien,* cela n'a pas d'importance.
V. Locutions diverses. *Ce faisant,* en agissant ainsi. ‖ Litt. *C'en est fait,* tout est fini. ‖ *C'en est fait de lui, de cette chose,* il est perdu sans espoir, il n'y a plus lieu d'y compter. ‖ *C'est bien fait,* tu l'as, il l'a, etc., bien mérité. ‖ *N'avoir que faire de qqch, de qqn,* ne pas s'en soucier. ‖ Fam. *On ne me la fait pas,* on ne me berne pas.

VI. Factitif. SUIVI D'UN INFINITIF. **1.** Être la cause de qqch, susciter l'action (factitif ou causatif) : *Faire tomber des pommes en secouant les branches. Un remède qui fait dormir. Faire monter quelqu'un à une échelle. Faire pousser des fleurs dans un pot.* — **2.** Donner un ordre pour que telle action se produise, inviter à : *Faire transmettre un message. Faire lire un livre* (= le donner à lire). *Faire lire des élèves* (= inciter des élèves à lire). *Faites-moi prévenir. Faire faire quelque chose* (= charger qqn de réaliser qqch). — **3.** Attribuer qqch à qqn : *On la fait en général mourir vers le Ier s. av. J.-C.* (= on pense qu'elle est morte à cette date). *Ne me faites pas dire ce que je n'ai jamais dit* (= ne m'attribuez pas de telles paroles). — **4.** *Ne faire que* (+ *inf.*), n'avoir pas d'autre activité (que celle qui est exprimée par le verbe) : *Il ne fait que bavarder en classe* (= il bavarde tout le temps). *Je ne ferai que passer* (= je resterai peu de temps).
VII. Substitut. Se substitue à un verbe quelconque déjà énoncé : *Est-ce que tu as écrit à Marie? — Non, je le ferai demain;* en partic. dans une proposition comparative : *Il court moins bien que je ne faisais à son âge* (= que je ne courais). *Ne t'agite pas comme tu le fais.*
◆ ***être fait*** v. pass. *Pop.* Être fait prisonnier, être enfermé dans une nécessité inéluctable : *La police a entouré la maison, il est fait comme un rat. Rends-toi, tu es fait* (syn. PRIS, REFAIT; fam. COINCÉ).
◆ ***se faire*** v. pr. **1.** (sujet qqn) Se former, se transformer, soit par une action volontaire, soit par une évolution naturelle : *Cet homme s'est fait tout seul. Il a mis des années à se faire* (syn. ÉVOLUER). *Cette jeune fille se fait* (= elle se développe, ses traits s'harmonisent). — **2.** *Se faire à qqch, à qqn,* s'y habituer, s'y adapter : *Elle se fait très bien à son nouveau métier. Il a eu de la peine à se faire à la discipline* (syn. SE PLIER). *J'ai mis longtemps à me faire à l'idée d'une séparation* (syn. SE RÉSIGNER). *Son œil se fit à l'obscurité de la pièce* (syn. S'ACCOMMODER). — **3.** *Denrée qui se fait,* qui arrive au degré voulu de maturité, de qualité : *Laissez le camembert à l'air, il va se faire. Le vin se fait en bouteille* (syn. S'AMÉLIORER). — **4.** (sujet qqch) Être réalisé, construit, fabriqué, etc. : *La soudure se fait par un procédé nouveau. C'est dans cet atelier que se font les dernières opérations du montage* (= sont faites). — **5.** Être à la mode, être usuel : *Cette année, c'est la robe courte qui se fait. Ce genre de commerce se fait beaucoup dans ce pays.* ‖ *Cela se fait,* cela est recommandable, bienséant : *Il aurait pu lui envoyer des fleurs pour la remercier, cela se fait entre gens bien élevés!* — **6.** *Se faire* (+ *compl. d'objet*), se procurer, se ménager : *Se faire des amis, des relations. Se faire des ennemis* (syn. S'ATTIRER). ‖ *Se faire mille francs par mois,* les gagner. ‖ *Se faire la barbe, les ongles,* etc., se raser, se couper ou se soigner les ongles, etc. ‖ *Se faire du souci,* et, fam., *se faire de la bile, du tintouin, des cheveux, du mauvais sang,* etc., avoir des préoccupations. ‖ Fam. *S'en faire,* se faire du souci, se tourmenter. ‖ Fam. *Ne pas s'en faire,* être insouciant, être sans gêne : *Il s'est mis à ma place celui-là, il ne s'en fait pas!* (= il ne doute de rien). — **7.** *Se faire* (+ *inf.*), agir de façon à être l'agent ou le patient du procès exprimé par cet inf. : *Elle se fait maigrir en suivant un régime sévère* (= elle maigrit). *Elle se fait masser* (= on la masse). — **8.** Forme souvent une loc. ayant une valeur de passif : *Il s'est fait renverser par une voiture* (= il a été renversé). *L'accusé s'est fait condamner.* — **9.** *Se faire* (+ *adj.* ou *n.* [sans art.] *attributs*), devenir : *Se faire vieux. Les bonnes occasions se font rares. Il s'est fait moine.* — **10.** *Il se fait,* indique un procès en cours : *Il se fait tard* (= l'heure commence à être tardive); il se produit : *Il se fit un grand silence.*

faire-part [fɛrpar] n. m. inv. Lettre, avis, généralement imprimés, annonçant une naissance, un mariage, une mort.

faire-valoir [fɛrvalwar] n. m. inv. Personne de second plan qui sert à mettre en valeur qqn.

fair play [fɛrplɛ] adj. inv. (mots angl. signif. *franc jeu*). Qui accepte loyalement les conditions d'un combat, qui ne cherche pas à duper son adversaire (on dit aussi FRANC-JEU) : *Une concurrente très fair play* (syn. SPORT). ◆ n. m. Jeu loyal : *Le fair play n'est pas son fort.*

faisable [fəzabl] adj. Qui peut être fait : *Un travail faisable* (syn. RÉALISABLE).

faisan [fəzɑ̃] n. m. (gr. *phasianos,* oiseau du Phase). Gros oiseau au plumage de couleurs vives, possédant une longue queue, et qui constitue un gibier recherché.

faisandé, e [fəzɑ̃de] adj. Se dit d'une viande (principalement du gibier) qui a subi un commencement de décomposition : *Un lièvre faisandé, qui est devenu immangeable* (syn. AVANCÉ; contr. FRAIS).

faisane [fəzan] n. et adj. f. Femelle du faisan : *Poule faisane.*

faisceau [fɛso] n. m. (lat. *fascis,* fagot). **1.** Réunion de plusieurs choses unies dans le sens de la longueur : *Faisceau de branches. Brindilles réunies en faisceaux. Les soldats forment les faisceaux* (= rassemblent leurs fusils en les appuyant les uns contre les autres). — **2.** Ensemble d'éléments qui concourent à un même résultat : *Un faisceau de preuves.* — **3.** Flux de particules électriques, de rayons lumineux, etc., émanant d'une source : *Faisceau électrique. Faisceau lumineux.*

faiseur, euse [fəzœr] n. **1.** *Faiseur de qqch,* personne qui fait qqch : *Un faiseur de bons mots. Un faiseur d'embarras. Une faiseuse de mariages.* — **2.** *Péjor.* Homme peu scrupuleux : *Il va vous proposer une affaire qu'il prétend magnifique, mais méfiez-vous, c'est un faiseur.*

1. fait, e [fɛ(t)] adj. (de *faire*). **1.** Se dit de qqn qui est conformé, constitué de telle ou telle façon : *Elle est bien faite de sa personne* (syn. BÂTI). — **2.** Se dit d'une denrée qui est arrivée à un certain point de maturation : *Ce fromage n'est pas assez fait.* — **3.** *Tout fait, toute faite,* préparé d'avance : *C'est un travail tout fait. Un costume tout fait* (par oppos. à *sur mesure*). ‖ *Phrase toute faite,* formule conventionnelle de politesse (syn. CLICHÉ). ‖ *Idée toute faite,* sans originalité (syn. LIEU COMMUN). — **4.** *Fait pour,* qui semble destiné à qqch ou à qqn : *Voilà un homme fait pour vous* (= avec lequel vous devez vous entendre). *Elle était faite pour ce métier* (= comme prédestinée à ce métier).

2. fait [fɛ(t)] n. m. (lat. *factum*). **1.** Chose, événement qui se produit : *Ce changement de majorité fut un fait politique important. Les physiciens ont observé un fait curieux* (syn. PHÉNOMÈNE). *Distinguer les faits de style et les faits de langue.* — **2.** Ce dont la réalité est incontestable : *Les théories s'écroulent devant les faits. On aura beau discuter : le fait est là, il est trop tard.* — **3.** *Le fait de* (+ *inf.*), *le fait que* (+ *ind.* ou *subj.*), l'action, l'état, la situation consistant à (ou en ce que) : *Le fait de n'avoir rien répondu* (ou *qu'il n'a rien répondu*) *équivaut à un refus de sa part. Le fait d'être absent vous exposerait à un blâme. Le fait qu'on n'ait rien vu ne prouve pas qu'il n'y ait rien.* — **4.** *C'est un fait,* c'est une évidence qu'on ne peut nier; il est vrai. ‖ *Ce n'est pas son fait,* il n'a pas l'habitude d'agir ainsi. ‖ *Dire son fait à qqn,* lui dire sans détour le mal qu'on pense de lui. ‖ *Être au fait (de qqch), mettre qqn au fait,* être informé de qqch, informer qqn de façon précise. ‖ *Être sûr de son fait,* être sûr de ce qu'on avance. ‖ *Fait d'armes,* exploit militaire. ‖ *Fait divers,* incident dans la vie quotidienne, rapporté par un journaliste (accident, suicide, scandale, etc.). ‖ *Haut fait,* exploit mémorable. ‖ *Le fait du prince,* décision arbitraire. ‖ *Les faits et gestes de qqn* → GESTE 2. ‖ *Prendre fait et cause pour qqn,* prendre son parti, défendre ses intérêts. ‖ *Prendre qqn sur le fait,* le surprendre pendant qu'il commet un acte répréhensible. — **5.** *Au fait!,* assez de détours, venez-en à l'essentiel. ‖ *Au fait...,* introduit une remarque incidente : *Je n'ai reçu aucune lettre d'elle, mais, au fait, elle n'a peut-être pas mon adresse! Au fait, puisque j'y pense, je vous rappelle la date de la réunion* (syn. À PROPOS). ‖ *De fait,* se dit d'une chose matérielle qu'on se borne à constater : *Une erreur de fait* (contr. DE PRINCIPE). *Gouverner de fait* (contr. DE DROIT). ‖ *De fait,* marque la conformité avec ce qui a été dit : *Il avait promis d'être à l'heure, et, de fait, il était là juste au début de la séance.* ‖ *De ce fait,* pour cette raison, par là même : *Le contrat n'est pas signé, et de ce fait il est nul.* ‖ *Du fait de,* à cause de, par l'action de : *Du fait de ma maladie, j'ai manqué plusieurs cours.* ‖ *En fait,* introduit une idée qui s'oppose à ce qui précède : *On prévoyait dix mille francs de réparations; en fait, il y en a eu pour vingt mille.* ‖ *En fait de,* pour ce qui est de, en matière de : *En fait de nourriture, il n'est pas exigeant;* en guise de : *En fait d'hôtel, il n'y avait qu'une modeste auberge.* ‖ *Par le fait même,* indique une conséquence nécessaire : *Il conduisait en état d'ivresse, et, par le fait même, il pouvait se voir retirer son permis de conduire.*

faîte [fɛt] n. m. (lat. *fastigium*). **1.** Partie supérieure de la charpente d'un édifice : *Le faîte d'un toit.* — **2.** Partie la plus élevée de qqch : *Le faîte d'une montagne.* — **3.** *Ligne de faîte,* ligne formée par les crêtes d'une montagne, par les deux parties d'un toit. — **4.** *Litt.* Le degré le plus élevé : *Elle est parvenue au faîte des honneurs, de la gloire* (syn. SOMMET, SUMMUM).

fait-tout [fɛtu] n. m. inv. Récipient avec anses et couvercle, servant à faire cuire lentement les aliments.

faix [fɛ] n. m. (lat. *fascis*). *Litt.* Charge, fardeau pesant : *Courbé sous le faix.*

fakir [fakir] n. m. (ar. *faqīr,* pauvre). Personne qui exécute en public des exercices exigeant une grande maîtrise du corps.

falaise [falɛz] n. f. (frq. *falisa,* rocher). Escarpement rocheux, descendant presque à la verticale dans la mer.

falbalas [falbala] n. m. pl. (prov. *farbella,* dentelle). Ornements excessifs, voyants.

fallacieusement [falasjøzmɑ̃] adv. De façon fallacieuse.

fallacieux, euse [falasjø] adj. (lat. *fallax, -acis,* trompeur). **1.** Fait pour induire en erreur (soutenu) : *Raisonnement fallacieux* (syn. SPÉCIEUX). *Espoirs fallacieux* (syn. TROMPEUR). — **2.** Se dit d'un comportement trompeur : *Sous des dehors fallacieux* (syn. HYPOCRITE; contr. SINCÈRE, LOYAL).

falloir [falwar] v. impers. (lat. *fallere,* manquer) [c. **48**]. **1.** *Il faut qqch, qqn,* qqn, qqch, manque, est nécessaire : *Il faut un ouvrier ici, à cette place, pour ce travail.* — **2.** *Il me faut, il te faut,* etc., *qqch, qqn,* j'ai, tu as, etc., besoin de telle chose, de telle personne : *Il lui faut un équipement complet. Il leur faut du repos. Il lui faut une bonne secrétaire;* j'ai, tu as, etc., grande envie de qqch : *Il lui faut à tout prix ce collier.* — **3.** *Falloir* (+ *inf.* ou *que* + *subj.*), être l'objet d'une nécessité ou d'une obligation : *Il faut enlever son chapeau avant d'entrer* (= on doit, il est poli de). *Si vous passez par notre rue, il faut monter nous voir* (= montez donc nous voir). *Il faut que tu partes* (= tu dois partir). *Il faut toujours qu'elle se trouve des excuses* (= elle éprouve toujours le besoin de). ‖ Avec le pron. *le : Viens ici, il le faut. Je démissionnerai, s'il le faut* (= si c'est nécessaire). — **4.** *Il faut que* (+ *subj.*), peut exprimer la conjecture : *Il n'est pas venu? Il faut qu'il soit bien malade* (= il doit être). — **5.** *Comme il faut* → COMME. ‖ Fam. *Faut-il que...!,* renforce une exclamation : *Faut-il qu'il soit bête pour n'avoir rien compris!* ‖ *Il faut voir, il faudrait voir,* indique une éventualité restrictive : *Il a l'air gentil comme ça, mais il faut voir.* ◆ ***s'en falloir*** v. pr. impers. **1.** *S'en falloir de qqch,* être en moins : *Il s'en faut de peu, de beaucoup* (= il en manque peu, beaucoup). *Il s'en faut de trois mètres que l'échelle atteigne à la hauteur convenable. Il s'en faut de beaucoup qu'elle soit heureuse.* — **2.** *Peu s'en faut que* (+ *subj.*), indique une éventualité bien près de se réaliser : *Peu s'en est fallu que les deux voitures ne se tamponnent!* (= elles ont failli se tamponner). ‖ *Il s'en faut, tant s'en faut,* bien au contraire, loin de là : *Elle n'est pas bête, tant s'en faut* (= elle est loin d'être bête).

1. falot [falo] n. m. (it. *falo*). Lanterne portative.

2. falot, e [falo] adj. (de l'angl. *fellow,* compagnon). Se dit de qqn d'un peu terne, effacé (syn. INSIGNIFIANT).

falsifiable [falsifjabl] adj. Dont on peut démontrer expérimentalement que c'est faux : *Un raisonnement, une hypothèse falsifiable.*

falsificateur, trice [falsifikatœr] adj. et n. Qui falsifie.

falsification [falsifikasjɔ̃] n. f. Action de falsifier : *Falsification des écritures comptables.*

falsifier [falsifje] v. t. (du lat. *falsus,* faux). *Falsifier qqch,* l'altérer volontairement, le dénaturer, le modifier volontairement en vue de tromper : *Falsifier un vin* (syn. FRELATER). *Falsifier une addition* (syn. GONFLER). *Falsifier une signature* (= l'imiter frauduleusement).

famé, e [fame] adj. (du lat. *fama,* renommée). *Mal famé* → MALFAMÉ.

famélique [famelik] adj. (lat. *famelicus,* affamé). *Litt.* Qui souffre continuellement de la faim; amaigri par le manque de nourriture : *Chien famélique* (syn. ÉTIQUE; contr. GRAS).

fameusement [famøzmɑ̃] adv. *Fam.* De façon remarquable : *Votre repas était fameusement bon* (syn. EXTRÊMEMENT, TRÈS; fam. RUDEMENT).

fameux, euse [famø] adj. (lat. *famosus,* connu). **1.** (avant le n.) Dont on a déjà parlé, en bien ou en mal : *On m'avait dit de passer par Beaumont, mais je n'ai jamais pu trouver ce fameux village.* — **2.** (attribut ou épithète généralement avant le n.) *Fam.* Remarquable, extraordinaire (parfois ironiq.) : *Tu as fait une fameuse gaffe. Il est fameux votre apéritif.* — **3.** (après le n.) Qui a une grande réputation : *Une bataille fameuse* (syn. CÉLÈBRE, ILLUSTRE, GLORIEUX, ↓CONNU). *Une région fameuse pour ses fromages et ses produits laitiers* (syn. RÉPUTÉ).

familial, e, aux [familjal] adj. Relatif à la famille : *Vie familiale. Allocations familiales. Maison familiale. Déjeuner familial.*

familiariser (se) [familjarize] v. pr. (sujet qqn) *Se familiariser avec qqch,* se rendre cette chose connue en la pratiquant régulièrement : *Elle s'est lentement familiarisée avec les coutumes de ce pays* (syn. S'ACCOUTUMER À).

familiarité [familjarite] n. f. 1. Fait de rendre qqch familier par la pratique. *J'ai acquis une certaine familiarité avec le russe au cours de mon séjour en U. R. S. S.* (syn. PRATIQUE, HABITUDE). — 2. Comportement simple et amical : *Traiter quelqu'un avec familiarité, avec une familiarité déplacée* (syn. LIBERTÉ, ↑DÉSINVOLTURE). ◆ ***familiarités*** n. f. pl. Façons indiscrètes ou inconvenantes : *Se laisser aller à des familiarités de langage* (syn. ↑GROSSIÈRETÉS). *Avoir des familiarités avec une femme* (syn. PRIVAUTÉS).

1. familier, ère [familje] adj. (lat. *familiaris*). 1. Qu'on est habitué à voir autour de soi, ou qui est habituel à qqn : *Il entendit une voix familière à côté de lui* (= qui lui était connue). *Les animaux familiers* (= ceux qui vivent dans le voisinage de l'homme). *À force de la voir tous les jours, son visage m'est devenu familier* (syn. CONNU ; contr. ÉTRANGER). *Un de ses gestes familiers était de se frotter le nez* (syn. ↑FAVORI, ↓HABITUEL, ↓ORDINAIRE). — 2. Dont on a acquis la pratique, qu'on suit bien : *Cette langue lui est devenue familière.* — 3. Dont les manières manquent de réserve, ou même qui se montre indiscret ou impoli avec les autres : *Être familier avec les femmes* (syn. ↑ENTREPRENANT). *Avoir des manières très familières* (syn. LIBRE, CAVALIER). — 4. Se dit de ce qui est simple et amical : *Un entretien familier.* — 5. Qui appartient à la langue de la conversation : *Un mot familier.*

2. familier [familje] n. m. Celui qui fréquente souvent une maison amie, un établissement : *C'est un familier de la maison* (syn. HABITUÉ, AMI). *Les familiers de ce café* (= les clients habituels).

familièrement [familjɛrmɑ̃] adv. De façon familière : *Le chef de l'État s'entretint familièrement avec un simple citoyen.*

famille [famij] n. f. (lat. *familia,* ensemble des esclaves de la maison). 1. Ensemble de ceux qui, vivants ou morts, sont liés par un lien de parenté : *Envoyer des faire-part à toute la famille, jusqu'aux arrière-petits-neveux. Famille proche, famille éloignée* (= les personnes dont le degré de parenté avec qqn est proche, éloigné). *La famille royale.* — 2. Ensemble constitué par le père, la mère et leurs enfants : *Le chef de famille* (= celui ou celle auquel incombent la responsabilité et l'entretien des enfants mineurs). *Avoir l'esprit de famille, le sens de la famille* (= se sentir très lié à sa famille). *La sainte Famille* (= Joseph, la Vierge et l'Enfant Jésus [dans la Bible]). — 3. Ensemble des enfants d'un couple : *Être chargé de famille. Elle a conduit sa petite famille en vacances* (fam. ; = ses enfants). — 4. Ensemble d'êtres vivants ou d'objets ayant ensemble des caractères communs : *La grande famille des gens de lettres. La famille des bovidés. La famille des cuivres dans un orchestre.* — 5. *Avoir un air de famille,* se ressembler.

famine [famin] n. f. (de *faim*). Manque presque total de produits alimentaires dans un pays : *Les grandes famines de l'Inde. Période de famine.*

fan [fan], **fana** [fana] adj. et n. *Fam.* Abrév. de FANATIQUE, qui a une admiration enthousiaste : *Les fans d'une chanteuse. Il est fana de rugby.*

fanage [fanaʒ] n. m. Action de faner.

fanal [fanal] n. m. (it. *fanale*) [pl. *fanaux*]. 1. Petit phare, signal allumé la nuit sur les côtes et à l'entrée des ports. — 2. Lanterne employée sur les bateaux, pour certains éclairages de bord ou pour la signalisation de nuit.

fanatique [fanatik] adj. et n. (lat. *fanaticus,* inspiré). 1. Emporté par un zèle excessif pour une cause à laquelle il a adhéré : *Un fanatique a failli tuer le chef de l'État. Un nationalisme fanatique* (syn. AVEUGLE, FRÉNÉTIQUE, DÉLIRANT). — 2. Qui a une admiration enthousiaste pour qqn ou qqch : *Une fanatique de Mozart. Un fanatique du jazz* (syn. fam. FAN, FANA).

fanatiser [fanatize] v. t. (sens 1) *Fanatiser qqn, une foule,* les exciter au point de les rendre capables d'une action aveugle et brutale.

fanatisme [fanatism] n. m. Zèle passionné : *Fanatisme religieux, politique.*

fandango [fɑ̃dɑ̃go] n. m. (mot esp.). Chanson et air de danse espagnols avec accompagnement de guitare et de castagnettes.

fane [fan] n. f. (de *faner*). Feuille de certaines plantes herbacées : *Enlever les fanes des carottes.*

fané, e [fane] adj. Qui a perdu son éclat : *Couleur d'un vieux rose fané* (syn. DÉFRAÎCHI, PASSÉ). *Teint fané* (contr. ÉCLATANT).

faner [fane] v. t. (du lat. *fenum,* foin). Retourner plusieurs fois l'herbe fauchée d'un pré, pour la faire sécher (syn. FAIRE LES FOINS). ◆ ***se faner*** v. pr. (sujet qqch, une plante) Perdre sa fraîcheur : *Les fleurs se sont fanées dans le vase. La couleur du papier peint s'est fanée.*

faneur, euse [fanœr] n. Qui fane.

faneuse [fanøz] n. f. Machine qui sert à faner.

fanfare [fɑ̃far] n. f. 1. Orchestre composé de cuivres : *La fanfare municipale.* — 2. *Annoncer qqch en fanfare,* avec fracas, éclat. ‖ *Réveil en fanfare,* brutal.

fanfaron, onne [fɑ̃farɔ̃] n. et adj. (esp. *fanfarrón*). Qui vante sans mesure, et en manière de défi, son courage, ses exploits, ses mérites, etc. : *Faire le fanfaron* (syn. FARAUD, CRÂNEUR). *Elle prend un air fanfaron pour raconter ses succès* (syn. VANTARD ; contr. MODESTE).

fanfaronnade [fɑ̃farɔnad] n. f. Action, parole de fanfaron : *Ses menaces ne sont que des fanfaronnades* (syn. FORFANTERIE, VANTARDISE ; soutenu HÂBLERIE).

fanfaronner [fɑ̃farɔne] v. i. Faire le fanfaron : *Il fanfaronne depuis sa victoire.*

fanfreluche [fɑ̃frəlyʃ] n. f. (anc. fr. *fanfelue,* bagatelle). Ornement de la toilette féminine (ruban, broderie, dentelle, etc.).

fange [fɑ̃ʒ] n. f. (germ. *fanga*). *Litt.* 1. Boue presque liquide qui salit : *Marcher dans la fange d'un ruisseau.* — 2. *Se vautrer dans la fange,* se complaire dans une vie ignominieuse ou immonde.

fangeux, euse [fɑ̃ʒø] adj. *Litt.* Plein de fange : *Une eau fangeuse.*

fanion [fanjɔ̃] n. m. (de *fanon*). Petit drapeau : *Porter un fanion. Fanion de commandement* (= drapeau indiquant un grade militaire supérieur).

fanon [fanɔ̃] n. m. (frq. *fano,* morceau d'étoffe). 1. Chacune des lames cornées qui garnissent la bouche de certains cétacés (baleine). — 2. Repli de peau qui pend sous le cou de certains mammifères (bœuf).

fantaisie [fɑ̃tɛzi] n. f. (gr. *phantasia,* apparition). 1. Qualité de qqn qui invente librement, sans contrainte, ou qui agit de façon imprévisible : *Donner libre cours, se laisser aller à sa fantaisie* (= créer, agir de façon originale, imprévue). *Il n'a aucune fantaisie* (= il manque d'originalité, sa vie est trop régulière). — 2. Goût particulier à qqn : *Agir selon sa fantaisie* (= comme on veut, à sa guise). — 3. Goût passager, capricieux pour qqch : *Être pris d'une fantaisie subite* (syn. LUBIE). *Son père lui passe toutes ses fantaisies* (syn. CAPRICE). — 4. *De fantaisie,* où l'imagination joue le premier rôle : *Œuvre de fantaisie;* inventé de toutes pièces : *Elle a pris un nom de fantaisie;* qui n'est pas fait suivant les règles habituelles : *Uniforme de fantaisie;* qui imite qqch : *Des bijoux (de) fantaisie* (= qui ne sont pas en matière précieuse).

fantaisiste [fɑ̃tɛzist] adj. et n. 1. Qui n'agit qu'à sa guise, sans accepter de règle : *Étudiante fantaisiste,* *qui assiste à quelques cours* (syn. DILETTANTE, ARTISTE). — **2.** Se dit de qqn à qui on ne peut se fier, ou de qqch qui manque complètement de sérieux : *Un médecin fantaisiste* (syn. ↑FUMISTE, ↑CHARLATAN). *Une étymologie fantaisiste* (syn. INVENTÉ). ◆ n. Artiste de music-hall qui chante ou raconte des histoires.

fantasmagorie [fɑ̃tasmagɔri] n. f. (gr. *phantasma,* fantôme, et *agoreuein,* parler en public). Effets troublants, visions fantastiques, produits artificiellement sur une scène ou décrits dans un livre.

fantasmagorique [fɑ̃tasmagɔrik] adj. Qui semble surnaturel et dont les effets surprennent extrêmement : *Un décor fantasmagorique* (syn. EXTRAORDINAIRE, FANTASTIQUE).

fantasmatique [fɑ̃tasmatik] adj. Qui relève du fantasme.

fantasme [fɑ̃tasm] n. m. (gr. *phantasma,* fantôme). Image qui fait partie d'un rêve ou d'une hallucination.

fantasmer [fɑ̃tasme] v. i. Faire, avoir des fantasmes.

fantasque [fɑ̃task] adj. (de *fantastique*). Se dit de qqn sujet à des caprices, ou de qqch de bizarre, imprévu : *Un esprit fantasque. Un récit fantasque.*

fantassin [fɑ̃tasɛ̃] n. m. (it. *fantaccino*). Militaire de l'infanterie.

fantastique [fɑ̃tastik] adj. (gr. *phantastikos,* qui concerne l'imagination). **1.** Se dit d'êtres ou d'objets bizarres créés par l'imagination : *La licorne est un animal fantastique. La lune donnait aux objets un aspect fantastique* (syn. EXTRAORDINAIRE, SURNATUREL, FÉERIQUE). — **2.** Se dit d'une œuvre littéraire, d'un film où des êtres irréels, des phénomènes insolites sont insérés dans le cadre de la vie réelle. — **3.** *Fam.* Inhabituel par sa taille, sa beauté, son prix, etc. : *Sommes fantastiques* (syn. ASTRONOMIQUE). *Luxe fantastique* (syn. EXTRAVAGANT, INCROYABLE). ◆ n. m. Le genre fantastique : *Le fantastique en littérature.*

fantoche [fɑ̃tɔʃ] n. m. (it. *fantoccio,* marionnette). Personne sans caractère, qui se laisse diriger par d'autres (syn. PANTIN, MARIONNETTE). ◆ adj. Qui ne mérite pas d'être pris au sérieux : *Un gouvernement fantoche.*

fantomatique [fɑ̃tomatik] adj. Qui relève du fantôme, de ce qui n'est qu'apparence : *Un éclairage fantomatique* (= qui crée un climat de mystère).

fantôme [fɑ̃tom] n. m. (gr. *phantasma*). Être fantastique, qu'on croit être la manifestation de qqn de décédé et qui apparaît et disparaît : *Croire aux fantômes* (syn. REVENANT, SPECTRE). ◆ adj. **1.** Qui n'existe pas, mais qui pourrait exister, ou dont on a la sensation illusoire qu'il existe : *Les amputés ont le sentiment d'un membre fantôme.* — **2.** Qui n'existe qu'en apparence : *Un ministère fantôme* (syn. INCONSISTANT, FANTOCHE). — **3.** Qui fait des apparitions comme un fantôme : *Vaisseau fantôme.*

faon [fɑ̃] n. m. (lat. *fetus,* petit d'animal). Petit d'un cervidé.

far [far] n. m. Sorte de flan, qui est une spécialité de la Bretagne.

faramineux, euse [faraminø] adj. (de [*bête*] *faramine,* n. d'un animal fabuleux de l'ouest et du centre de la France). *Fam.* Se dit de qqch d'étonnant, extraordinaire : *Atteindre des prix faramineux* (syn. FANTASTIQUE, ASTRONOMIQUE).

farandole [farɑ̃dɔl] n. f. (prov. *farandoulo*). Danse provençale dans laquelle les danseurs se tiennent par la main, sur une longue file.

faraud, e [faro] adj. et n. (de l'anc. prov. *faraute,* héraut). *Fam.* Prétentieux, qui se vante d'exploits : *Faire le faraud* (= faire le fanfaron).

farce [fars] n. f. (du lat. *farcire,* remplir).
— **I. 1.** Bon tour qu'on joue à qqn pour se divertir : *Pendant son absence, ses collègues avaient monté une farce* (syn. NICHE, ATTRAPE, MYSTIFICATION ; fam. CANULAR). *On lui avait caché son chapeau pour lui faire une farce* (syn. BLAGUE). — **2.** Petite pièce de théâtre, sketch dont les effets comiques sont grossis et simplifiés : *Molière a écrit quelques farces.* — **3.** Comique grossier : *Ce film est drôle, mais c'est de la grosse farce.*
— **II.** Hachis d'herbes, de légumes et de viande qu'on met à l'intérieur d'une volaille, d'un poisson, d'un légume.

farceur, euse [farsœr] adj. et n. **1.** Qui aime à jouer des tours : *C'est un farceur qui vous a caché votre livre* (syn. MAUVAIS PLAISANT). — **2.** Qui raconte des histoires drôles ou qu'on ne prend jamais au sérieux : *N'écoutez jamais ce qu'il vous dit, c'est un vieux farceur* (syn. PLAISANTIN). *Un tempérament farceur* (syn. BLAGUEUR ; contr. SÉRIEUX).

farci, e [farsi] adj. Se dit d'un mets préparé avec une farce : *Tomates farcies.*

farcir [farsir] v. t. (lat. *farcire*). **1.** *Farcir une volaille, un poisson,* les garnir de farce. — **2.** *Farcir qqch (abstrait),* le remplir excessivement de qqch : *Elle a farci son livre de citations* (syn. BOURRER, TRUFFER). ◆ ***se farcir*** v. pr. **1.** *Fam.* (sujet qqn) Se remplir de qqch : *Il s'est farci la mémoire d'un tas d'inutilités* (syn. SE BOURRER, SE SURCHARGER). — **2.** Pop. *Se farcir qqn, qqch,* supporter difficilement qqn, faire une chose désagréable : *Comme elle n'avait rien fait, j'ai dû me farcir tout le travail.*

fard [far] n. m. (du frq. *farwidhon,* teindre). **1.** Produit de maquillage coloré dont on se sert pour donner plus d'éclat au visage : *Du fard à paupières, à joues.* — **2.** Fam. *Piquer un fard* → PIQUER.

fardeau [fardo] n. m. (ar. *farda*). **1.** Objet qui pèse lourd et qu'il faut transporter : *Porter un fardeau sur ses épaules.* — **2.** Ce qui est difficile ou pénible à supporter : *La responsabilité de l'entreprise est un lourd fardeau pour lui* (syn. CHARGE, POIDS).

farder [farde] v. t. **1.** *Farder qqn,* lui mettre du fard (surtout pass.) : *Un clown outrageusement fardé.* — **2.** Litt. *Farder la vérité,* cacher ce qui peut déplaire (syn. DÉGUISER, TRAVESTIR). ◆ ***se farder*** v. pr. Se maquiller.

farfadet [farfadɛ] n. m. (mot prov.). Petit personnage des contes populaires, taquin et malicieux (syn. LUTIN).

farfelu, e [farfəly] adj. et n. Se dit de qqn (de son attitude) à l'esprit bizarre, extravagant : *Des idées farfelues* (syn. FANTASQUE, LOUFOQUE ; contr. LOGIQUE, RATIONNEL).

farfouillage [farfujaʒ] n. m. *Fam.* Action de farfouiller.

farfouiller [farfuje] v. i. (de *fouiller*). *Fam.* et *péjor.* Se livrer à des recherches indiscrètes : *Qu'est-ce que tu viens farfouiller dans mes affaires ?* (syn. FOUILLER).

faribole [faribɔl] n. f. (mot dial.). *Fam.* Propos sans valeur, qu'on ne saurait prendre au sérieux : *N'écoute pas toutes ces fariboles* (syn. fam. BALIVERNE).

farine [farin] n. f. (lat. *farina*). Poudre obtenue en écrasant le grain des céréales, notamment du blé, et de quelques autres espèces végétales : *La farine de froment est de loin la plus employée pour l'alimentation. Farine de blé. Farine de seigle.*

1. farineux, euse [farinø] adj. Qui a l'aspect, le goût de la farine : *Une sauce légèrement farineuse.*

2. farineux [farinø] n. m. Plante alimentaire pouvant fournir une farine : *Les haricots sont des farineux.*

farniente [farnjɛnte,farnjɛ̃t] n. m. (mots it. signif. *ne rien faire*). *Fam.* Douce oisiveté, inaction.

farouche [faruʃ] adj. (lat. *forasticus,* étranger). **1.** Se dit d'un animal qui fuit quand on l'approche : *Un chat un peu farouche* (= qu'on effarouche facilement ; syn. SAUVAGE). — **2.** Se dit de qqn qui fuit les contacts sociaux, ou dont l'abord est difficile, rude, etc. : *Un enfant farouche, qui se réfugie dans sa chambre quand il vient des étrangers* (syn. SAUVAGE, ↑ASOCIAL, ↑INSOCIABLE, ↑MISANTHROPE). — **3.** Se dit de sentiments violents, d'attitudes ou de comportements qui expriment la violence, l'hostilité, l'orgueil, etc. : *Une haine farouche* (syn. SAUVAGE). *Une volonté farouche* (syn. TENACE). *Un air farouche* (syn. FIER, ↑INTRAITABLE). *Opposer une résistance farouche.* — **4.** (avant ou après le n.) *Litt.* Se dit d'hommes non civilisés ou de régions d'aspect sauvage : *Les farouches guerriers germains. Contrée farouche.* — **5.** Fam. *Femme peu farouche, qui n'est pas farouche,* etc., qui se laisse facilement courtiser.

farouchement [faruʃmɑ̃] adv. De façon farouche, sauvage : *Se défendre farouchement.*

fart [fart] n. m. (mot scand.). Corps gras dont on enduit les semelles de skis pour les rendre plus glissantes.

fartage [fartaʒ] n. m. Action de farter.

farter [farte] v. t. Enduire de fart : *Farter des skis.*

fascicule [fasikyl] n. m. (lat. *fasciculus,* petit paquet). Cahier ou groupe de cahiers d'un ouvrage publié par fragments.

fascinant, e [fasinɑ̃] adj. Qui exerce un charme puissant : *Avoir un regard fascinant* (syn. TROUBLANT, ENVOÛTANT, ENSORCELANT). *Un être fascinant* (syn. ↓SÉDUISANT). *Le souvenir fascinant d'un amour passé* (syn. OBSÉDANT).

fascination [fasinasjɔ̃] n. f. Action de fasciner : *Exercer sur l'auditoire une fascination extraordinaire* (syn. ENVOÛTEMENT, ↓ATTRAIT, ↓ASCENDANT).

fasciner [fasine] v. t. (du lat. *fascinum,* charme). **1.** (sujet qqch, qqn) *Fasciner qqn,* exercer sur lui une attraction très puissante (souvent pass.) : *Elle est fascinée par le spectacle* (syn. CAPTIVER, SUBJUGUER). *Il fascinait l'auditoire par sa personnalité* (syn. ÉBLOUIR). *Il est fasciné par l'argent* (syn. ↓SÉDUIRE). — **2.** *Serpent qui fascine sa proie,* qui l'immobilise et la prive de réaction défensive, par le regard.

fascisant, e [faʃizɑ̃] adj. et n. Qui tend au fascisme.

fascisme [faʃism] n. m. (it. *fascismo,* de *fascio,* faisceau). **1.** Régime établi en Italie, par Mussolini, de 1922 à 1945, fondé sur la dictature d'un parti unique, l'exaltation patriotique et le corporatisme. — **2.** Doctrine visant à substituer un régime autoritaire et nationaliste à un régime démocratique.

fasciste [faʃist] n. et adj. Qui appartient au fascisme.

1. faste [fast] n. m. (lat. *fastus,* orgueil). Déploiement de magnificence, de luxe : *Le faste d'une cérémonie* (syn. POMPE, APPARAT). *Le faste de cette maison l'impressionnait* (syn. SPLENDEUR, LUXE).

2. faste [fast] adj. (lat. *fastus,* de *fas,* ce qui est permis). *Jour faste,* jour où la chance favorise qqn (contr. NÉFASTE).

fastidieux, euse [fastidjø] adj. (lat. *fastidiosus,* dégoûté). Qui inspire l'ennui, le dégoût : *Une lecture fastidieuse* (syn. INSIPIDE, ENNUYEUX ; fam. BARBANT, RASOIR). *Travail fastidieux* (syn. MONOTONE).

fastueux, euse [fastɥø] adj. Qui étale un grand luxe : *Une vie fastueuse* (syn. LUXUEUX, OPULENT). *Un dîner très fastueux* (syn. SOMPTUEUX ; contr. MODESTE).

fat [fat] adj. et n. m. (mot prov. signif. *sot*). *Litt.* Vaniteux, satisfait de lui-même (contr. MODESTE, RÉSERVÉ). [→ INFATUÉ].

fatal, e, als [fatal] adj. (lat. *fatalis,* fixé par le destin). **1.** Qui est comme fixé d'avance, qu'on ne peut éviter, qui doit immanquablement arriver : *Au point où ils en étaient arrivés, la guerre entre eux était fatale* (syn. INÉVITABLE ; contr. ALÉATOIRE). *Il était fatal que cela finisse ainsi* (syn. NÉCESSAIRE, OBLIGATOIRE). — **2.** Qui est une cause de malheur pour qqn, qui entraîne sa ruine, sa mort : *Porter à quelqu'un un coup fatal* (syn. MORTEL). *Une erreur fatale* (= qui a des conséquences très graves). *Un accident fatal* (syn. MORTEL). *Maladie qui a une issue fatale* (= qui aboutit à la mort). — **3.** *Fatal à* ou *pour qqn, qqch,* qui a des conséquences désagréables, pénibles, etc., pour eux : *Des excès fatals à la santé. Cette décision fut fatale à son entreprise* (syn. ↓FUNESTE, ↓NUISIBLE). — **4.** *Femme fatale,* qui attire irrésistiblement.

fatalement [fatalmɑ̃] adv. Nécessairement, suivant une logique sans faille : *Les premiers résultats furent fatalement insuffisants* (syn. FORCÉMENT, INÉVITABLEMENT). *Arrivant tous les jours à la même heure, ils devaient fatalement se rencontrer* (syn. OBLIGATOIREMENT).

fatalisme [fatalism] n. m. Attitude de qqn qui accepte ou est prêt à accepter tout sans réagir (syn. ↓RÉSIGNATION).

fataliste [fatalist] adj. et n. Qui accepte tout sans réagir : *À force de subir des échecs, il était devenu fataliste* (syn. ↓RÉSIGNÉ).

fatalité [fatalite] n. f. Suite de coïncidences inexplicables : *Par quelle fatalité en est-elle venue là ? Il est poursuivi par la fatalité* (syn. ↓MALHEUR). *Victime de la fatalité* (syn. DESTIN).

fatidique [fatidik] adj. (du lat. *fatum,* destin). Dont l'arrivée est prévue et inéluctable : *Le jour fatidique, le candidat se présenta à l'examen* (syn. FATAL). *Le juge prononça enfin la sentence fatidique.*

fatigant, e [fatigɑ̃] adj. Qui fatigue : *Cette marche est très fatigante* (syn. ↑HARASSANT, ↑ÉPUISANT, ↑EXTÉNUANT ; fam. CLAQUANT). *Journée fatigante* (= où on est fatigué ; syn. fam. ↑ÉREINTANT). *Un bruit fatigant* (syn. ÉTOURDISSANT). *Une personne fatigante par ses récriminations* (syn. FASTIDIEUX, LASSANT, ↓ENNUYEUX).

fatigue [fatig] n. f. Chez un être vivant, diminution des forces de l'organisme provoquée par un excès de travail et se traduisant par une sensation de malaise : *Être gagné par la fatigue* (syn. LASSITUDE). *Une fatigue passagère. La fatigue intellectuelle* (syn. ↑SURMENAGE). *Épargner à quelqu'un une fatigue* (= un travail pénible, une cause de fatigue).

fatigué, e [fatige] adj. Qui a subi les effets de la fatigue : *Vêtements fatigués* (= défraîchis, usés). *Visage fatigué* (= qui laisse voir de la fatigue).

fatiguer [fatige] v. t. (lat. *fatigare*). **1.** *Fatiguer qqn, un animal,* diminuer ses forces en le soumettant à un effort : *Une marche prolongée avait fatigué les enfants* (syn. ↑ÉPUISER, ↑EXTÉNUER, ↑HARASSER ; fam. ↑ÉREINTER ; contr. REPOSER). — **2.** *Fatiguer un organe,* le troubler, l'altérer dans son fonctionnement : *Les excès d'alcool fatiguent le foie* (syn. USER). *Travailler avec une faible lumière fatigue la vue* (= la rend moins bonne). — **3.** *Fatiguer qqn,* l'ennuyer, l'importuner : *Faites taire cet enfant, il me fatigue. Il la fatiguait de ses questions* (syn. ÉNERVER, LASSER, ↑EXASPÉRER). *Tout ce bruit me fatigue* (syn. INCOMMODER). — **4.** *Fatiguer qqch,* l'affaiblir en le soumettant à des efforts trop grands, à un trop long usage : *Fatiguer des chaussures. Fatiguer une terre, un champ* (= l'exploiter excessivement, au point de diminuer son rendement). *Une charge qui fatigue les solives.* ◆ v. i. **1.** *Fam.* (sujet qqn) Donner des signes de fatigue : *Prends ma place, je commence à fatiguer au volant.* — **2.** (sujet qqch) Supporter un effort important : *Le moteur fatigue à la montée* (syn. PEINER). ◆ ***se fatiguer*** v. pr. (sujet qqn) **1.** Éprouver ou se donner de la fatigue : *Une convalescente qui se fatigue rapidement. Je n'aime pas me fatiguer* (syn. SE REMUER, TRAVAILLER). — **2.** *Se fatiguer de qqch, de* (+ *inf.*), *de qqn,* en avoir assez, en être importuné : *Une mode excentrique dont on se fatigue vite* (syn. SE LASSER). *Deux amis qui ne se fatiguent jamais l'un de l'autre.* — **3.** *Se fatiguer les yeux, la vue,* les user à force de lire trop ou dans de mauvaises conditions.

fatras [fatra] n. m. (lat. *farsura,* remplissage). *Péjor.* Amas confus de choses, d'idées : *Un fatras de papiers* (syn. MONCEAU, ENTASSEMENT). *Un fatras de notions philosophiques* (syn. AMAS).

fatuité [fatɥite] n. f. Caractère du fat : *Être plein de fatuité* (syn. PRÉTENTION, VANITÉ).

faubourg [fobur] n. m. (de l'anc. fr. *fors,* en dehors, et *bourg*). **1.** Partie d'une ville située à la périphérie, et souvent moins élégante que la ville proprement dite. — **2.** Nom conservé par certains quartiers de Paris : *Le faubourg Saint-Antoine, Saint-Honoré.*

faubourien, enne [foburjɛ̃] adj. Relatif aux faubourgs : *Accent faubourien, allure faubourienne,* de caractère populaire très marqué.

fauchage [foʃaʒ] n. m. Action de faucher.

fauche [foʃ] n. f. *Pop.* Vol : *Il y a de la fauche dans ce magasin.*

fauché, e [foʃe] adj. et n. *Fam.* Qui n'a plus d'argent.

faucher [foʃe] v. t. **1.** Couper avec une faux, une faucheuse : *Faucher l'herbe, les blés. Faucher un champ de blé.* — **2.** Abattre, jeter bas : *La grêle a fauché les blés* (syn. COUCHER). *Un tir en rafale qui fauche les assaillants.* — **3.** Pop. *Faucher qqch,* le voler : *On lui a fauché son portefeuille.*

faucheur, euse [foʃœr] n. Qui fauche.

faucheuse [foʃøz] n. f. Machine qui sert à faucher.

faucheux [foʃø] n. m. (forme dial. de *faucheur*). Animal voisin des araignées, à longues pattes fragiles, très commun dans les champs et les bois.

faucille [fosij] n. f. (dimin. de *faux*). Instrument pour couper les herbes, formé d'une lame d'acier courbée en demi-cercle et montée sur un manche.

faucon [fokɔ̃] n. m. (lat. *falco*). Oiseau rapace diurne, puissant et rapide.

faufil [fofil] n. m. Fil passé en faufilant (syn. BÂTI).

faufiler [fofile] v. t. (du lat. *foris,* en dehors, et *filer*). *Faufiler un tissu,* le coudre provisoirement à grands points, avant de coudre définitivement (syn. BÂTIR). ◆ ***se faufiler*** v. pr. (sujet qqn) Se glisser adroitement qqpart : *Se faufiler dans un passage étroit. Se faufiler dans une foule dense* (syn. SE GLISSER). *Se faufiler dans une réunion* (syn. S'INTRODUIRE, S'IMMISCER).

1. faune [fon] n. f. (lat. *fauna*). **1.** Ensemble des animaux vivant dans une région donnée : *La faune alpestre* (= les animaux des Alpes). — **2.** *Péjor.* Personnes qu'on rencontre dans tel ou tel milieu.

2. faune [fon] n. m. (lat. *Faunus,* dieu myth.). Personnage légendaire, représenté avec un corps velu, de longues oreilles, des cornes et des pieds de chèvre : *Une tête de faune.*

faussaire [fosɛr] n. m. Personne qui fabrique un faux.

faussement [fosmɑ̃] adv. De façon fausse, contre la vérité : *Raisonner faussement. Elle a été faussement accusée. Il a un air faussement gentil.*

fausser [fose] v. t. **1.** *Fausser un objet,* le déformer de telle sorte qu'on ne puisse plus l'utiliser : *Fausser une clé* (syn. TORDRE). *Fausser une serrure* (= en déformer le mécanisme). — **2.** *Fausser qqch,* en déformer la vérité, en donner une interprétation fausse : *Fausser un résultat* (syn. ALTÉRER, DÉNATURER). *Fausser le sens de la loi.* — **3.** *Fausser l'esprit, le jugement de qqn,* lui faire perdre sa justesse, lui inculquer des notions fausses. (→ FALSIFIER.)

fausset [fosɛ] n. m. (de *faux* 1). *Voix de fausset,* très aiguë.

fausseté [foste] n. f. Caractère de ce qui est faux : *Fausseté d'une note. La fausseté d'une nouvelle, d'un raisonnement. Fausseté d'un sentiment. Accuser quelqu'un de fausseté* (syn. HYPOCRISIE ; contr. LOYAUTÉ, FRANCHISE, SINCÉRITÉ).

faute [fot] n. f. (bas lat. *fallita,* manque). **1.** Manquement à une règle morale, mauvaise action : *Se repentir de ses fautes* (syn. PÉCHÉ). *Un enfant pris en faute.* — **2.** Manquement à une règle professionnelle, à un règlement : *Pour un chauffeur de poids lourd, conduire en état d'ébriété est une grave faute professionnelle. Une automobiliste qui a fait une faute de conduite.* — **3.** Manquement aux règles d'une science, d'un art, d'une technique : *Cet élève a fait une faute de calcul. Faute d'orthographe* (= erreur dans la graphie d'un mot, par rapport à l'usage établi). *Faute de français. Faute de frappe* (= erreur commise par qqn qui tape un texte à la machine). *Corriger ses fautes* (= fautes d'orthographe, fautes de grammaire). *Faute d'inattention* (= due à l'inattention). — **4.** Responsabilité de qqn dans un acte : *Par sa faute, nous sommes arrivés en retard* (= c'est lui qui est responsable). *C'est sa faute* (ou *de sa faute*) *si elle est tombée* (= elle est cause, par sa conduite, que). *C'est la faute de Pierre si nous sommes en retard. S'il est idiot, ce n'est quand même pas de sa faute.* — **5.** *Faute de goût,* choix, jugement, comportement contraires au bon goût : *Son chapeau vert est une grosse faute de goût.* — **6.** (sujet qqch) *Faire faute,* manquer (syn. FAIRE DÉFAUT). — **7.** (sujet qqn) *Ne pas se faire faute de,* ne pas s'abstenir de : *Elle ne s'est pas fait faute de me reprocher mon retard.* — **8.** *Faute de qqch, de* (+ *inf.*), par absence de, par manque de : *Je n'ai pas pu achever, faute de temps. Faute d'argent, j'ai renoncé à ce voyage.* — **9.** *Sans faute,* à coup sûr : *Vous viendrez sans faute, n'est-ce-pas ?* (= vous n'oublierez pas de venir ?). — **10.** *Faute de mieux* → MIEUX.

fauter [fote] v. i. *Fam.* (sujet une femme) Avoir des relations sexuelles en dehors du mariage (vieilli).

fauteuil [fotœj] n. m. (mot francique). **1.** Siège à bras et à dossier. — **2.** Fam. *Arriver dans un fauteuil,* arriver le premier sans effort dans une compétition.

fauteur [fotœr] n. m. (lat. *fautor,* qui favorise). *Fauteur de troubles, de guerre,* qui provoque des troubles, une guerre.

1. fautif, ive [fotif] adj. et n. Coupable, responsable : *Ce n'est pas elle la fautive dans cette histoire. Pénaliser un conducteur fautif* (= en faute).

2. fautif [fotif] adj. Qui contient un grand nombre d'erreurs : *Liste fautive.*

fautivement [fotivmɑ̃] adv. De façon fautive.

1. fauve [fov] n. m. (germ. *falwa*). Animal sauvage de grande taille, comme le lion, le tigre (se dit généralement des félins). ◆ adj. *Bêtes fauves,* bêtes qui vivent à l'état sauvage. ◆ adj. inv. et n. m. Se dit d'une couleur qui tire sur le roux.

2. fauve [fov] adj. et n. Se dit de peintres qui appartiennent au fauvisme.

fauverie [fovri] n. f. Endroit d'une ménagerie où se trouvent les fauves.

fauvette [fovɛt] n. f. Oiseau passereau au plumage fauve, au chant agréable, qui se nourrit d'insectes, et qui vit dans les buissons.

fauvisme [fovism] n. m. Mouvement pictural français du début du XXe s., qui se caractérise par la simplification des formes et des perspectives et l'emploi de couleurs pures et vives.

1. faux, fausse [fo] adj. (lat. *falsus,* trompé) [ordinairement avant le n.]. **1.** Se dit de qqch qui n'est pas réellement ce qu'on le nomme, qui n'est qu'une imitation : *Fausse monnaie, fausse pièce d'identité* (= monnaie, pièce qui n'est pas produite par un organisme officiel ; syn. CONTREFAIT). *Un faux billet de banque. Une pièce fausse. De fausses perles* (syn. ARTIFICIEL ; contr. VÉRITABLE). *Une fausse signature* (syn. CONTREFAIT ; contr. AUTHENTIQUE). *Un faux nom* (syn. EMPRUNTÉ). *Fausse barbe, faux nez, faux cils,* etc. (= qui ne sont pas naturels ; syn. POSTICHE). — **2.** *Fausse clé,* clé permettant d'ouvrir frauduleusement une serrure. ‖ *Fausse fenêtre,* fenêtre dessinée sur le mur et non percée. — **3.** (souvent avant le n.) Qui est contraire à ce qui est vrai ou qui n'est pas justifié par les faits : *Avoir une idée fausse sur une question* (syn. ERRONÉ ; contr. EXACT). *Partir d'un principe faux* (contr. JUSTE). *Une fausse nouvelle* (syn. MENSONGER, INVENTÉ, INEXACT ; contr. AUTHENTIQUE). *Une fausse promesse* (syn. FALLACIEUX ; contr. SINCÈRE). *Un faux témoignage* (contr. VÉRIDIQUE). *Un faux espoir. Une fausse alerte* (= qui n'avait pas de raison d'être). *Éprouver de fausses craintes* (= sans fondement). *Avoir de faux soupçons* (syn. INJUSTIFIÉ). *Faux problème* (= problème qui n'existe pas si on examine bien les faits). — **4.** (après le n.) Qui est contraire à ce qui est juste : *Une addition fausse* (contr. EXACT, JUSTE). *Une solution fausse. Raisonnement faux* (syn. ABSURDE, ILLOGIQUE ; contr. JUSTE, CORRECT). *Conception fausse. Vers faux* (= qui n'a pas le compte voulu de syllabes). — **5.** Se dit d'un son, d'un instrument qui n'est pas conforme aux règles de l'harmonie : *Une note fausse* (ou *une fausse note*). *Une voix fausse* (= voix qui manque de justesse ; contr. JUSTE). *Piano faux* (= piano désaccordé ; contr. JUSTE). — **6.** (après le n.) Qui trompe, qui dissimule facilement ses sentiments, ses idées, etc. : *Un homme faux* (syn. MENTEUR, HYPOCRITE, FOURBE ; contr. SINCÈRE). *Un regard faux* (syn. FOURBE ; contr. FRANC, OUVERT). **7.** (avant le n.) Qui se fait passer pour ce qu'il n'est pas : *Un faux prophète* (syn. PRÉTENDU). *Un faux docteur.* — **8.** (avant le n.) Se dit d'un sentiment qui n'est pas réellement éprouvé : *Fausse pudeur, fausse naïveté* (syn. FEINT, SIMULÉ, CONTREFAIT ; contr. SINCÈRE, VRAI). — **9.** *À faux,* contrairement à la justice, à la vérité : *Accuser à faux quelqu'un* (= l'accuser à tort, porter contre lui des accusations injustifiées). ◆ ***faux*** adv. De façon fausse : *Chanter faux. Jouer faux. Raisonner faux* (contr. JUSTE). ◆ n. m. **1.** Ce qui est faux : *Distinguer le vrai du faux. Plaider le faux pour savoir le vrai.* — **2.** Imitation d'une pierre précieuse ou d'un métal précieux : *Ces boucles d'oreille, ce n'est pas de l'or, c'est du faux.* — **3.** Altération ou imitation d'un acte juridique, d'une pièce, d'une signature : *On a prouvé que testament était un faux.* — **4.** Œuvre qui n'est qu'une copie frauduleuse d'une œuvre d'art connue : *Ce tableau est un faux.*

2. faux [fo] n. f. (lat. *falx, falcis*). Grande lame d'acier recourbée, fixée à un manche et dont on se sert pour faucher.

faux-fuyant [fofɥijɑ̃] n. m. (de l'anc. fr. *fors fuyant,* qui fuit dehors) [pl. *faux-fuyants*]. *Litt.* Moyen détourné par lequel on évite de s'engager, de se décider : *Prendre des faux-fuyants* (syn. SUBTERFUGE, ÉCHAPPATOIRE).

faux-monnayeur [fomɔnɛjœr] n. m. (pl. *faux-monnayeurs*). Celui qui fabrique de la fausse monnaie.

faux-semblant [fosɑ̃blɑ̃] n. m. (pl. *faux-semblants*). *Litt.* Ruse, prétexte, mensonge.

faux-sens [fosɑ̃s] n. m. inv. Erreur consistant à interpréter d'une façon erronée le sens précis d'un mot dans un texte.

favela [favɛla] n. f. (mot portug.). Au Brésil, sorte de bidonville.

faveur [favœr] n. f. (lat. *favor*). **1.** Marque exceptionnelle de bienveillance à l'égard de qqn : *Demander une faveur. Faire une faveur à quelqu'un* (= lui donner un avantage, une préférence qui lui profite). *Un régime de faveur* (= un traitement réservé spécialement à qqn pour l'avantager). — **2.** (+ compl. du n.) Pouvoir acquis par qqn auprès d'une ou plusieurs personnes : *Cette artiste a la faveur du grand public* (= elle est populaire ; syn. ESTIME, CONSIDÉRATION). — **3.** Litt. *À la faveur de qqch,* en profitant de qqch : *Les évadés gagnèrent la frontière à la faveur de la nuit* (syn. GRÂCE À). ‖ *En faveur de qqn,* au profit, au bénéfice de qqn : *Voter en faveur d'un candidat. Tu es prévenu en sa faveur* (= tu as un préjugé favorable à son égard ; contr. CONTRE LUI, À SON DÉSAVANTAGE). ‖ *Faites-moi la faveur de venir,* formule de politesse accompagnant une demande, une invitation. — **4.** Petit ruban étroit : *Entourer une boîte de dragées d'une faveur rose.* ◆ ***faveurs*** n. f. pl. *Litt.* Marques d'amour données par une femme à un homme qui la courtise : *Accorder ses faveurs.*

favorable [favɔrabl] adj. **1.** Animé de dispositions bienveillantes à l'égard de qqn ou de qqch : *Je compte sur toi, car tu m'as toujours été favorable* (syn. BIENVEILLANT, ↑ COMPLAISANT). *Un regard favorable* (syn. SYMPATHIQUE, ↑ ENCOURAGEANT). *Elle est favorable à ce projet* (contr. DÉFAVORABLE). — **2.** Qui est à l'avantage de qqn ou qui lui est utile : *Être dans une position favorable* (syn. PROSPÈRE, AVANTAGEUX). *Se montrer sous un jour favorable* (= sous son bon côté). *Le moment est favorable pour parler à la presse* (syn. OPPORTUN, PROPICE). *Un changement favorable est intervenu* (= un changement en mieux).

favorablement [favɔrabləmɑ̃] adv. De manière favorable : *Son discours a été favorablement accueilli.*

favori, ite [favɔri] adj. et n. (it. *favorito*). Qui est préféré de qqn : *Son livre favori. Un mot favori* (= qu'on répète fréquemment). ◆ n. *L'aînée de ses filles est sa favorite* (= celle qu'il préfère). *Le favori de la course a perdu* (= celui qui avait le plus de chance de gagner).

favoris [favɔri] n. m. pl. (de l'it. *favorire,* favoriser). Touffe de barbe de chaque côté du visage.

favoriser [favɔrize] v. t. (de *faveur*). **1.** *Favoriser qqn,* le traiter de façon à l'avantager : *Favoriser un débutant* (syn. AIDER ; contr. DÉFAVORISER). — **2.** Litt. *Favoriser une activité,* l'encourager. *Favoriser le commerce* (= pousser à son développement). — **3.** *Ne pas être favorisé par la nature,* avoir un physique ingrat, ou ne pas être très intelligent.

favorite [favɔrit] n. f. Maîtresse préférée d'un roi.

favoritisme [favɔritism] n. m. Tendance à accorder des faveurs excessives aux mêmes personnes.

fax [faks] n. m. **1.** Télécopie. — **2.** Document transmis par télécopie.

faxer [fakse] v. t. Envoyer un document par télécopie.

fayot [fajo] n. m. (prov. *faiol,* haricot). *Pop.* Haricot sec.

féal, e, aux [feal] adj. et n. Litt. Fidèle à la foi jurée, loyal : *Bayard était un féal chevalier.*

fébrile [febril] adj. (du lat. *febris,* fièvre). Se dit de qqn qui manifeste une agitation nerveuse excessive, ou de son comportement : *Une personne fébrile* (syn. AGITÉ). *Une impatience fébrile* (syn. FIÉVREUX).

fébrilement [febrilmɑ̃] adv. De façon fébrile : *S'éponger le front fébrilement.*

fébrilité [febrilite] n. f. État fébrile ; agitation : *Parler avec fébrilité.* (→ FIÈVRE.)

fécale [fekal] adj. f. (du lat. *faex, faecis,* résidu). *Matières fécales,* excréments humains (méd.).

fécond, e [fekɔ̃] adj. (lat. *fecundus*). **1.** Se dit d'un être animé, d'une plante capables de se reproduire : *Les mulets ne sont pas féconds* (contr. STÉRILE). *Semer une graine féconde* (contr. IMPRODUCTIF). — **2.** Qui produit beaucoup : *Une terre féconde* (syn. RICHE, GRAS ; contr. ARIDE). *Auteur fécond* (syn. ABONDANT). *Crise féconde en rebondissements* (syn. PLEIN DE, RICHE EN).

fécondation [fekɔ̃dasjɔ̃] n. f. Action de féconder : *La fécondation des fleurs. La fécondation artificielle.*

féconder [fekɔ̃de] v. t. Rendre fécond : *Féconder une femelle* (syn. RENDRE PLEINE).

fécondité [fekɔ̃dite] n. f. **1.** Aptitude des êtres vivants à la reproduction : *La fécondité est en baisse dans les pays industrialisés.* — **2.** Aptitude à produire beaucoup : *La fécondité d'un écrivain* (syn. ABONDANCE, FACILITÉ).

fécule [fekyl] n. f. (lat. *faecula,* tartre). Substance pulvérulente composée d'amidon, d'aspect blanc et farineux, qu'on extrait de certains tubercules : *Fécule de pomme de terre.*

féculent [fekylɑ̃] n. m. Légume qui contient de la fécule : *La pomme de terre est un féculent.*

fédéral, e, aux [federal] adj. **1.** Qui constitue une fédération : *Une République fédérale.* — **2.** Qui appartient à une fédération : *Troupes fédérales.* — **3.** Dans une fédération, qui appartient au pouvoir central : *Police fédérale.*

fédéralisme [federalism] n. m. Système politique fondé sur la fédération.

fédéraliste [federalist] adj. et n. Qui relève de la fédération.

fédération [federasjɔ̃] n. f. (lat. *foederatio,* alliance). **1.** Union de plusieurs États qui, tout en conservant chacun une certaine autonomie, reconnaissent l'autorité d'un pouvoir unique dans certains secteurs et constituent un seul État pour les États étrangers : *Les États-Unis constituent une fédération.* — **2.** Mouvement historique français, qui demandait l'union des provinces françaises en 1789 : *Fête de la Fédération.* — **3.** Association professionnelle, corporative ou sportive : *Fédération française de football.*

fédéré, e [federe] adj. Qui appartient à une fédération : *États fédérés.* ◆ ***fédéré*** n. m. Soldat insurgé de la Commune de Paris, en 1871 : *Le mur des Fédérés.*

fédérer [federe] v. t. (c. **10**) Former en fédération. (→ CONFÉDÉRER.)

fée [fe] n. f. (lat. *fatum,* destin). **1.** Être féminin imaginaire, doué de pouvoirs surnaturels : *La fée Carabosse.* — **2.** *Conte de fées,* histoire merveilleuse.

féerie [fe(e)ri] n. f. Ce qui est d'une beauté merveilleuse : *Une féerie de couleurs.*

féerique [fe(e)rik] adj. Qui tient de la féerie : *Être transporté dans un monde féerique* (syn. FANTASTIQUE, IRRÉEL).

feignant, e [feɲɑ̃] → FAINÉANT.

feindre [fɛ̃dr] v. t. (lat. *fingere*) [c. **55**]. **1.** *Feindre un sentiment, une qualité,* les donner pour réels alors qu'on ne les a pas : *Feindre la joie.* — **2.** *Feindre de* (+ *inf.*), faire semblant de : *Feindre de s'attendrir.* — **3.** (sans compl.) Cacher, dissimuler : *Inutile de feindre.*

feint, e [fɛ̃] adj. Simulé : *Une douleur feinte.*

feinte [fɛ̃t] n. f. **1.** Acte destiné à tromper : *Le prétendu départ n'était qu'une feinte.* — **2.** Manœuvre pour tromper l'adversaire, dans un jeu d'équipe ou un sport : *Faire une feinte. Tromper un boxeur par une feinte habile.*

feinter [fɛ̃te] v. t. *Fam.* **1.** Surprendre par une ruse : *J'ai été feinté, mais je ne le serai pas deux fois* (syn. TROMPER). — **2.** Faire une feinte, en sports : *Feinter l'arrière et marquer un but ;* et, sans compl. : *Un joueur de football doit savoir feinter.*

fêlé, e [fele] adj. **1.** Qui présente une fêlure : *Un vase fêlé.* — **2.** Fam. *Avoir le cerveau fêlé,* être un peu fou (syn. ÊTRE DÉRANGÉ).

fêler [fele] v. t. (anc. fr. *faeler,* fendre). *Fêler un objet,* le fendre légèrement par choc ou par pression, sans le casser, le plus souvent accidentellement : *Fêler une tasse.*

félicitations [felisitasjɔ̃] n. f. pl. Compliments : *Recevoir les félicitations du proviseur. Adresser ses félicitations à quelqu'un en telle occasion.*

félicité [felisite] n. f. (lat. *felicitas*). *Litt.* Bonheur suprême : *Son visage exprime une félicité sans mélange* (syn. BÉATITUDE, EXTASE).

féliciter [felisite] v. t. (lat. *felicitare,* rendre heureux). *Féliciter qqn,* l'assurer qu'on prend part à sa joie : *Féliciter une amie à l'occasion de son mariage* (syn. COMPLIMENTER) ; lui manifester de l'admiration pour sa conduite : *Elle l'a félicité pour son courage* (syn. CONGRATULER). ◆ ***se féliciter*** v. pr. *Se féliciter de qqch, de* (+ *inf.*), en être heureux rétrospectivement (soutenu) : *Je me félicite de n'avoir pas suivi ce conseil* (syn. SE RÉJOUIR).

félidé [felide] n. m. (lat. *felis,* chat). Membre de la famille de mammifères carnivores qui comprend le chat et les espèces voisines.

félin, e [felɛ̃] adj. *Litt.* Qui tient du chat, qui en a la souplesse et la grâce : *Une danseuse à la grâce féline.* ◆ ***félin*** n. m. Carnassier de la famille du chat, du lynx, etc.

félon, onne [felɔ̃] adj. et n. (du frq. *fillo,* équarisseur). *Litt.* Déloyal envers un ami, un supérieur.

félonie [felɔni] n. f. Traîtrise.

fêlure [fɛlyr] n. f. Fente laissée dans un objet à la suite d'un choc.

1. femelle [fəmɛl] adj. (du lat. *femina,* femme). **1.** Qui appartient au sexe féminin, apte à la conception : *Une souris femelle. Gamète femelle. Fleur femelle* (= sans étamines). — **2.** Se dit d'une pièce en creux, qui peut en recevoir une autre : *Mettre une prise femelle au bout d'un fil* (contr. MÂLE).

2. femelle [fəmɛl] n. f. Animal de sexe féminin : *La femelle et ses petits* (contr. MÂLE).

féminin, e [feminɛ̃] adj. (lat. *femininus*). **1.** Propre à la femme : *Le sexe féminin* (contr. MASCULIN). — **2.** Qui rappelle, évoque une femme : *Il a une allure féminine* (syn. EFFÉMINÉ). — **3.** Composé de femmes : *Un orchestre féminin.* ◆ adj. et n. m. Se dit d'un des deux genres du nom (et de ses déterminants ou qualificatifs), qui porte en français une marque distinctive. — Ce genre correspond au sexe féminin (êtres animés), ou à une répartition arbitraire fonction de la terminaison (les mots en *-ée* sont féminins : *idée*), du suffixe (les mots en *-tion* et *-ité* sont féminins) ou de la classe sémantique (les sciences sont en général au féminin : *l'histoire, la grammaire, les mathématiques*). ◆ ***féminin*** n. m. *L'éternel féminin,* les traits dominants du caractère des femmes, considérés comme permanents à travers les âges.

féminisation [feminizasjɔ̃] n. f. Action de se féminiser.

féminiser (se) [feminize] v. pr. **1.** (sujet qqn) Prendre des caractères féminins. — **2.** (sujet une profession, un corps de métier) Comprendre un plus grand nombre de femmes qu'auparavant : *Le corps enseignant se féminise de plus en plus.*

féminisme [feminism] n. m. Doctrine qui a pour but d'améliorer la situation de la femme dans la société, d'étendre ses droits, etc.

féministe [feminist] adj. et n. Partisan du féminisme.

féminité [feminite] n. f. Grâce, douceur féminine : *Cette femme a beaucoup de féminité.*

femme [fam] n. f. (lat. *femina*). **1.** Personne adulte du sexe féminin (par oppos. à *jeune fille, petite fille* et à *homme*) : *C'est une femme qui dirige ce service. C'était une petite fille quand je l'ai connue, et maintenant c'est une femme. Il était entouré de charmantes jeunes femmes* (par oppos. à *jeune fille*). — **2.** *Bonne femme* → BONHOMME. ‖ *Être femme, se sentir femme,* avoir, sentir en soi toutes les qualités normalement attribuées aux femmes. **3.** Personne du sexe féminin qui est ou a été mariée (par oppos. à *époux, mari*) : *Voici Paul et sa femme* (syn. ÉPOUSE). *Après la mort de son mari, sa femme est allée habiter ailleurs* (syn. VEUVE). — **4.** (sujet un homme) *Prendre femme,* se marier.

femmelette [famlɛt] n. f. *Péjor.* **1.** Femme faible et craintive. — **2.** Homme mou et sans courage.

fémoral, e, aux [femɔral] adj. Qui est dans la région du fémur : *Artère fémorale.*

fémur [femyr] n. m. (lat. *femur,* cuisse). Os de la cuisse : *Se casser le col du fémur.*

fenaison [fənɛzɔ̃] n. f. (de l'anc. fr. *fener,* couper le foin). Récolte des foins ; époque où elle se fait.

fendillé, e [fɑ̃dije] adj. Couvert de craquelures : *Vernis tout fendillé.*

fendiller (se) [fɑ̃dije] v. pr. Se couvrir de petites fentes : *Le revêtement de plâtre s'est fendillé* (syn. SE CREVASSER, SE CRAQUELER).

fendre [fɑ̃dr] v. t. (lat. *findere*) [c. **50**]. **1.** *Fendre un objet,* le couper, le diviser, généralement dans le sens de la longueur : *Fendre du bois avec la hache* (syn. TAILLER). — **2.** *Fendre le sol,* y faire une crevasse : *La sécheresse a fendu le sol* (syn. FENDILLER, CREVASSER). — **3.** *Fendre la foule,* se frayer un chemin à travers elle (syn. ÉCARTER, COUPER). ◆ ***se fendre*** v. pr. **1.** (sujet qqch) Se couvrir de fentes, s'entrouvrir : *La terre se fendit* (syn. SE CREVASSER, SE LÉZARDER). — **2.** Fam. *Se fendre de qqch,* se décider à le payer : *Il s'est fendu d'une seconde tournée.*

fendu, e [fɑ̃dy] adj. **1.** Qui présente une fente : *Une jupe fendue sur le côté* (syn. OUVERTE). — **2.** Qui a la forme d'une fente : *Yeux fendus en amande.*

fenêtre [fənɛtr] n. f. (lat. *fenestra*). **1.** Ouverture pratiquée dans un mur d'un édifice, pour laisser passer de la lumière, de l'air : *Regarder par la fenêtre.* — **2.** Châssis généralement en bois et muni de vitres, monté sur cette ouverture : *Ouvrir la fenêtre.*

fennec [fenɛk] n. m. (mot ar.). Carnivore du Sahara, appelé aussi *renard des sables.*

fenouil [fənuj] n. m. (lat. *feniculum,* petit foin). Plante potagère aromatique.

fente [fɑ̃t] n. f. Ouverture étroite et longue, souvent causée par une rupture : *L'eau passe par la fente* (syn. FISSURE, CRAQUELURE, LÉZARDE, CREVASSE).

féodal, e, aux [feɔdal] adj. (bas lat. *feodalis*). Qui concerne la féodalité : *L'époque féodale.*

féodalité [feɔdalite] n. f. Forme d'organisation politique et sociale, au Moyen Âge notamment, caractérisée par l'existence des fiefs.

fer [fɛr] n. m. (lat. *ferrum*). **1.** Métal blanc grisâtre, utilisé dans l'industrie sous forme d'alliages, d'aciers et de fontes : *Minerai de fer. Du fil de fer. Une barre de fer.* — **2.** *Fer forgé,* fer travaillé sur l'enclume : *Balcon en fer forgé.* — **3.** *De fer,* solide, robuste : *Avoir une santé de fer* (= être toujours en bonne santé); inflexible, impitoyable : *Instaurer une discipline de fer. C'est un homme de fer* (syn. DUR, INTRANSIGEANT). — **4.** Objet, instrument en fer ou en un autre métal : *Placer un fer sous une poutre pour la soutenir. Marquer le bétail au fer rouge; fer à* (+ *inf.*), indique l'usage : *Fer à souder.* — **5.** *Fer à cheval,* demi-cercle de fer dont on garnit la corne des pieds des chevaux; *en fer à cheval,* en forme de fer à cheval : *Disposer des tables en fer à cheval.* ‖ *Fer (à repasser),* appareil ménager électrique formé d'une semelle de métal, qui, cette semelle une fois chaude, sert à repasser. — **6.** *Fer de lance,* morceau de fer placé au bout de la hampe d'une lance; troupes d'élite engagées dans un combat : *Cette division était le fer de lance de l'armée américaine.* — **7.** Instrument chauffant électrique, formé de deux branches entre lesquelles on prend les mèches de cheveux pour leur donner une forme. — **8.** Litt. *Croiser le fer avec qqn,* se battre à l'épée contre lui; échanger avec lui des arguments polémiques. ‖ Fam. *Les quatre fers en l'air,* renversé sur le dos. *Mettre qqn aux fers,* le faire enchaîner. ‖ *Retourner, remuer le fer dans la plaie,* aviver la peine ou le dépit de qqn.

fer-blanc [fɛrblɑ̃] n. m. (pl. *fers-blancs*). Fer recouvert d'une mince couche d'étain : *Les boîtes de conserve sont d'ordinaire en fer-blanc.*

ferblanterie [fɛrblɑ̃tri] n. f. Métier du ferblantier.

ferblantier [fɛrblɑ̃tje] n. m. Industriel qui fabrique ou commerçant qui vend des objets en fer-blanc.

férié, e [ferje] adj. (lat. *feriatus,* qui est en fête). *Jour férié,* où on ne travaille pas : *Le 1er mai est un jour férié* (syn. CHÔMÉ ; contr. OUVRABLE).

férir [ferir] v. t. (lat. *ferire,* frapper). *Sans coup férir,* sans rencontrer de difficulté (soutenu) : *Le ministre a obtenu un premier vote favorable sans coup férir.*

fermage [fɛrmaʒ] n. m. Redevance versée au propriétaire en vertu de ce contrat : *Toucher ses fermages.*

1. ferme [fɛrm] n. f. (bas lat. *firma,* convention). **1.** Maison d'habitation et bâtiments annexes d'un exploitant agricole : *Aller chercher du lait à la ferme.* — **2.** Grande exploitation agricole comprenant des terres et des bâtiments. — **3.** *Valet de ferme, fille de ferme* (= salariés employés par le fermier). — **4.** Contrat par lequel un propriétaire abandonne à qqn, moyennant une rente ou un loyer, la jouissance d'un bien rural : *Prendre une propriété à ferme.*

2. ferme [fɛrm] adj. (lat. *firmus*). **1.** Se dit de ce qui oppose une certaine résistance : *Marcher sur un sol ferme* (contr. MOU). *La terre ferme* (= le continent, par oppos. à l'eau). *Des chairs fermes* (= qui se tiennent sans être dures; contr. FLASQUE). *De la viande ferme* (syn. DUR, ↑CORIACE). — **2.** Qui ne tremble pas, qui n'hésite pas : *Marcher d'un pas ferme* (syn. DÉCIDÉ). *Écrire d'une main ferme* (syn. ASSURÉ). *Une écriture ferme* (contr. TREMBLÉ). *Parler d'une voix ferme* (= avec assurance). *Répliquer d'un ton ferme.* — **3.** Qui fait preuve d'énergie morale, qui ne faiblit pas : *Une femme ferme* (= qui ne se laisse pas influencer; syn. ÉNERGIQUE, AUTORITAIRE, INFLEXIBLE ; contr. MOU, FAIBLE, LÂCHE). — **4.** (avant ou après le n.) Se dit de l'attitude de qqn qui ne fléchit pas : *Avoir la ferme intention, la volonté ferme de ne pas céder* (= être absolument décidé à; syn. ASSURÉ, INÉBRANLABLE). — **5.** *Achat, vente fermes,* qui ont un caractère définitif (par oppos. à *sous condition*). ◆ adv. *Acheter, vendre ferme,* de façon définitive. *Discuter ferme,* discuter avec passion. ‖ *Tenir ferme contre qqn,* lui résister vigoureusement. ‖ *Travailler ferme,* travailler beaucoup, énergiquement.

fermé, e [fɛrme] adj. **1.** *Cercle fermé, société fermée,* où il est difficile de se faire admettre (syn. SNOB ; fam. SÉLECT). — **2.** *Être fermé à qqch,* y être inaccessible : *Un* garçon fermé aux mathématiques. Elle reste fermée à la pitié (syn. INSENSIBLE À; contr. OUVERT À). — **3.** Visage fermé, impénétrable, hostile.

fermement [fɛrməmɑ̃] adv. De façon ferme : *Tenir fermement à ses opinions. Être fermement décidé.*

ferment [fɛrmɑ̃] n. m. **1.** Agent provoquant la fermentation : *Mettre du ferment dans du lait pour faire du yaourt.* — **2.** Litt. *Un ferment de discorde, de haine,* ce qui provoque la discorde, la haine.

fermentation [fɛrmɑ̃tasjɔ̃] n. f. **1.** Action de fermenter. *La fermentation du jus de raisin.* — **2.** État d'agitation sourde : *La fermentation des esprits* (syn. FIÈVRE, BOUILLONNEMENT, EFFERVESCENCE).

fermenter [fɛrmɑ̃te] v. i. (lat. *fermentare*). **1.** (sujet une matière organique) Se transformer sous l'action de microbes ou d'autres agents : *La bière mousse en fermentant.* — **2.** *Litt.* (sujet qqch [abstrait]) Être dans un état d'agitation latent : *Les esprits fermentent.*

fermer [fɛrme] v. t. (lat. *firmare,* rendre ferme). **1.** *Fermer une porte, une barrière,* etc., les appliquer sur l'ouverture où elles sont montées, de façon à ôter la possibilité de passer : *Fermer les volets* (contr. OUVRIR). *Fermer les écluses, une vanne.* — **2.** *Fermer un passage, une voie,* etc., en empêcher ou en interdire l'accès : *Fermer l'entrée d'un port. Route fermée à la circulation* (syn. BARRER). — **3.** *Fermer un local, un lieu, un contenant,* en isoler l'intérieur en rabattant la porte, le couvercle, etc. : *Un magasin fermé le lundi. Fermer son appartement avant de partir en vacances* (syn. VERROUILLER). *Fermer un sac, une boîte. Fermer une lettre* (syn. CACHETER; soutenu CLORE). — **4.** Pop. *La fermer,* se taire. ‖ *Fermer la main,* replier les doigts contre la paume. ‖ *Fermer un couteau, un parapluie,* etc., en rabattre la lame, en replier les baleines contre le manche, etc. ‖ *Fermer un livre, un cahier,* en rabattre les pages les unes contre les autres. — **5.** *Fermer un appareil, un circuit,* en arrêter le fonctionnement : *N'oublie pas de fermer la radio avant de sortir. Fermer un robinet* (= faire cesser le débit). *Fermer l'électricité* (syn. ÉTEINDRE). *Fermer l'eau, le gaz* (syn. COUPER). ◆ v. i. (sujet un établissement) Cesser d'être en activité pour un congé normal : *Les banques ferment le samedi.* ◆ ***se fermer*** v. pr. Cesser d'être ouvert : *Ses yeux se ferment. Sa blessure s'est fermée très vite. Les frontières se sont fermées aux produits étrangers.*

fermeté [fɛrməte] n. f. Qualité de qqn que rien n'ébranle : *Répondre avec fermeté. Montrer de la fermeté* (syn. ASSURANCE, DÉTERMINATION, RÉSOLUTION).

fermette [fɛrmɛt] n. f. Petite ferme.

fermeture [fɛrmətyr] n. f. **1.** Action de fermer : *La fermeture annuelle des théâtres* (syn. CLÔTURE). *Attendre l'heure de la fermeture des bureaux.* — **2.** Dispositif permettant de fermer : *Fermeture automatique. Fermeture à glissière.*

1. fermier, ère [fɛrmje] n. **1.** Personne qui loue une ferme et l'exploite. — **2.** Propriétaire d'une ferme, qui l'habite et l'exploite.

2. fermier, ère [fɛrmje] adj. De la ferme : *Les produits fermiers.*

fermoir [fɛrmwar] n. m. Agrafe qui tient fermé un sac, un collier, etc. : *Un fermoir en or.*

féroce [ferɔs] adj. (lat. *ferox, -ocis,* fougueux). **1.** Se dit d'un animal très cruel : *Le tigre est une bête féroce* (syn. SAUVAGE). — **2.** Qui ne manifeste aucune pitié, aucun sentiment de compassion dans ses actes : *Examinateur féroce* (syn. IMPITOYABLE). *Être féroce dans les affaires* (syn. ÂPRE AU GAIN). *Une raillerie féroce* (syn. CRUEL). *Jeter des regards féroces* (syn. ↓MÉCHANT, ↑FURIEUX).

férocement [ferɔsmɑ̃] adv. Avec férocité : *Critiquer férocement un adversaire.*

férocité [ferɔsite] n. f. Caractère féroce : *La férocité du tigre, d'une répression* (syn. SAUVAGERIE).

ferrage [fɛraʒ] n. m. Action de ferrer.

ferraille [fɛrɑj] n. f. (de *fer*). **1.** Débris d'objets métalliques hors d'usage : *Un tas de ferraille. Mettre une vieille voiture à la ferraille.* — **2.** *Fam.* Pièces de monnaie.

ferrailler [fɛraje] v. i. Se battre au sabre ou à l'épée.

ferrailleur [fɛrɑjœr] n. m. Commerçant en ferraille.

ferré, e [fɛre] adj. **1.** Garni de fer : *Une canne à bout ferré.* — **2.** *Voie ferrée,* voie de chemin de fer : *Marchandises transportées par voie ferrée.* — **3.** Fam. *Ferré en qqch,* savant, habile dans une matière, un métier, une activité : *Être ferré en mathématiques* (syn. CALÉ, FORT).

ferrer [fɛre] v. t. **1.** *Ferrer un animal,* lui fixer des fers sous les pieds. — **2.** *Ferrer un poisson,* donner une secousse à la ligne pour accrocher l'hameçon dans la bouche du poisson.

ferreux, euse [fɛrø] adj. Qui contient du fer : *Les minerais ferreux.*

ferronnerie [fɛrɔnri] n. f. Travail artistique du fer, de la fonte; ouvrage ainsi réalisé (grille, balcon, enseigne en fer forgé, etc.).

ferronnier [fɛrɔnje] n. m. Spécialiste de la ferronnerie : *Un ferronnier d'art.*

ferroviaire [fɛrɔvjɛr] adj. (de l'it. *ferrovia,* chemin de fer). Relatif aux transports par chemin de fer : *Réseau ferroviaire* (= ensemble des voies de chemin de fer d'un pays). *Tarif ferroviaire* (= au kilomètre). *Trafic ferroviaire.*

ferrugineux, euse [fɛryʒinø] adj. Qui contient du fer ou un composé de fer : *Eau ferrugineuse.*

ferrure [fɛryr] n. f. **1.** Garniture de fer fixée sur une porte, un coffre, etc., pour les consolider. — **2.** Action de ferrer un animal.

ferry-boat ou **ferry** [fɛri(bot)] n. m. (mot angl. signif. passage) [pl. *ferry-boats, ferrys*]. Bateau aménagé pour le transport des voitures ou des trains.

fertile [fɛrtil] adj. (lat. *fertilis*). **1.** Qui produit beaucoup : *Sol fertile* (syn. PRODUCTIF, RICHE; contr. ARIDE, STÉRILE, PAUVRE). — **2.** *Fertile en qqch* (+ *n. pl.*), qui abonde en : *Année fertile en événements* (syn. FÉCOND, RICHE).

fertilisation [fɛrtilizasjɔ̃] n. f. Action de fertiliser : *Fertilisation du désert du Néguev* (syn. MISE EN VALEUR).

fertiliser [fɛrtilize] v. t. Rendre fertile : *Les engrais fertilisent la terre* (syn. ENRICHIR).

fertilité [fɛrtilite] n. f. Qualité de ce qui est fertile : *La fertilité de certains sols diminue si on n'y met pas d'engrais.*

féru, e [fery] adj. (de *férir*). *Être féru de qqch,* l'aimer passionnément (soutenu).

férule [feryl] n. f. (lat. *ferula,* baguette). Litt. *Sous la férule de qqn,* sous sa dépendance étroite.

fervent, e [fɛrvɑ̃] adj. (lat. *fervens,* qui bout). Dont les sentiments sont d'une grande intensité : *Un disciple fervent* (syn. ARDENT, ENTHOUSIASTE). *Prière fervente. Un amour fervent* (syn. PASSIONNÉ). ◆ n. *Un fervent de qqch, de qqn,* une personne animée d'un grand enthousiasme à leur égard : *Une fervente de natation.*

ferveur [fɛrvœr] n. f. Sentiment d'une grande intensité : *Prier avec ferveur* (syn. ↑DÉVOTION). *La ferveur de ses sentiments nous touche profondément* (syn. FORCE, ↓CHALEUR).

fesse [fɛs] n. f. (lat. *fissum,* fente). **1.** Chacune des deux parties charnues situées au bas du dos. — **2.** Pop. *Serrer les fesses,* avoir peur.

fessée [fɛse] n. f. Correction sur les fesses : *Donner une fessée à son fils.*

fesser [fɛse] v. t. Corriger d'une fessée.

fessier [fɛsje] n. m. Les fesses.

festin [fɛstɛ̃] n. m. (it. *festino*). Repas abondant (syn. BANQUET ; fam. RIPAILLE).

festival [fɛstival] n. m. (mot angl. signif. *jour de fête*) [pl. *festivals*]. **1.** Série de représentations artistiques consacrées à un genre donné : *Un festival de la chanson française. Ce film a été primé au festival de Cannes en 1974.* — **2.** *Fam.* Brillante démonstration : *Pendant le dîner, ça a été un festival de calembours. Cette joueuse de tennis nous a donné un véritable festival de son talent.*

festivalier, ère [fɛstivalje] n. Qui fréquente un festival artistique.

festivités [fɛstivite] n. f. pl. (lat. *festivitas*). Ensemble de manifestations, de réjouissances officielles (soutenu) : *L'arrivée du cirque fut l'occasion de grandes festivités* (syn. RÉJOUISSANCES, FÊTES).

feston [fɛstɔ̃] n. m. (it. *festone,* ornement de fête). Broderie découpée en forme de guirlande et qui orne le bord d'une étoffe.

festonner [fɛstɔne] v. t. Garnir de festons : *Festonner un rideau.*

festoyer [fɛstwaje] v. i. (c. 3) Faire un festin.

fêtard [fɛtar] n. m. *Fam.* Personne qui fait la fête : *Une bande de fêtards faisait du bruit dans la rue hier soir.*

fête [fɛt] n. f. (lat. *festum*). **1.** Solennité publique, accompagnée de réjouissances, destinée à marquer ou à commémorer un fait important : *Le 14 juillet est la fête nationale. La fête de Noël. La fête des mères.* — **2.** Ensemble de manifestations joyeuses au sein d'un groupe fermé, destinées à célébrer ou à commémorer un événement : *Une fête de famille. Être de la fête* (= y participer). — **3.** Pop. *Ça va être sa (ma, ta) fête,* il va être malmené, maltraité ou réprimandé. ‖ *C'est une fête pour l'esprit,* une cause de plaisir. ‖ *Comité des fêtes,* comité chargé d'organiser les fêtes d'une collectivité. ‖ *Faire fête à qqn,* l'accueillir avec empressement. ‖ *Faire la fête,* manger, boire, s'amuser beaucoup. ‖ *La fête de qqn,* le jour où on commémore le saint dont la personne porte le prénom. ‖ *Ne pas être à la fête,* être dans une situation très désagréable. ‖ *Se faire une fête de,* se réjouir beaucoup à l'idée de. ◆ ***fêtes*** n. f. pl. Période de Noël et du jour de l'an.

fêter [fɛte] v. t. **1.** *Fêter une fête, un événement,* les célébrer : *Cette année, nous n'avons pas fêté Noël.* — **2.** *Fêter qqn,* l'accueillir avec de grandes démonstrations de joie : *Fêter le vainqueur.*

fétiche [fetiʃ] n. m. (portug. *feitiço,* sortilège). **1.** Chez certains peuples, objet divinisé auquel un culte est rendu. — **2.** Objet auquel certains attribuent le pouvoir d'apporter la chance, le bonheur, etc., à celui qui le possède : *Il avait une dent de requin comme fétiche autour de son cou* (syn. AMULETTE, GRI-GRI, PORTE-BONHEUR).

féticheur [fetiʃœr] n. m. Sorcier du culte des fétiches.

fétichisme [fetiʃism] n. m. **1.** Croyances, pratiques des peuples qui rendent un culte à un fétiche. — **2.** Attachement exagéré à l'égard de qqn, de qqch : *Il pousse jusqu'au fétichisme son amour pour sa mère* (syn. IDOLÂTRIE, VÉNÉRATION). *Avoir le fétichisme du passé* (syn. CULTE).

fétichiste [fetiʃist] n. et adj. Qui relève du fétichisme.

fétide [fetid] adj. (lat. *foetidus*). **1.** Qui a une odeur répugnante, impossible à supporter : *Respirer un air fétide* (syn. EMPESTÉ, EMPUANTI, INFECT, ↓NAUSÉABOND). *L'haleine fétide d'un malade* (syn. MALODORANT, ↑PUANT). — **2.** Se dit de l'odeur elle-même : *L'odeur fétide des marais* (syn. ÉCŒURANT).

fétu [fety] n. m. (lat. *festuca*). Brin de paille.

1. feu [fø] n. m. (lat. *focus,* foyer).
— **I. 1.** Dégagement simultané de chaleur et de lumière produit par la combustion d'un corps ; matières en combustion : *Le feu a détruit la grange* (syn. INCENDIE). *Mettre une casserole sur le feu* (= en faire chauffer le contenu). *Cuire un rôti à feu doux, à feu vif. Un plat qui va sur le feu* (= qui résiste à la flamme). *Au feu !* (cri lancé pour signaler un incendie). *Donner du feu à un passant* (= lui donner de quoi allumer sa cigarette, sa pipe). — **2.** *Feu de Bengale,* pièce d'artifice donnant une flamme colorée. ‖ *Feu de camp,* réjouissances organisées par une troupe de campeurs, de scouts, généralement le soir, autour d'un feu de bois. ‖ *Feu d'enfer,* feu très vif. ‖ *Feu de joie,* feu allumé en plein air, en signe de réjouissance : *Les feux de joie de la Saint-Jean.* — **3.** Fam. *Avoir le feu quelque part,* être très pressé. ‖ *Être sans feu ni lieu, n'avoir ni feu ni lieu,* être sans domicile. ‖ *Faire feu de tout bois,* utiliser tous les moyens, bons ou mauvais, qu'on a sous la main. ‖ *Faire mourir qqn à petit feu,* le tourmenter longtemps, le laisser intentionnellement dans une cruelle incertitude. ‖ Fam. *Il n'y a pas le feu,* rien ne presse. ‖ *Il n'y a pas de fumée sans feu,* si on en parle, c'est qu'il y a une raison. ‖ *Il se jetterait dans le feu (au feu) pour elle,* il ferait n'importe quoi pour lui être agréable. ‖ *Jouer avec le feu,* s'exposer témérairement à un danger. ‖ *Ne pas faire long feu,* ne pas durer longtemps, ne pas traîner. ‖ *N'y voir que du feu,* ne rien y voir, ne rien y comprendre. ‖ *Souffler sur le feu,* susciter les passions. — **4.** Sensation de chaleur, de brûlure, due à un agent physique ou à une émotion : *Le feu lui monta au visage* (= il devint tout rouge). — **5.** *En feu,* irrité sous l'effet d'une cause physique : *Un plat trop épicé qui vous met la bouche en feu. Avoir les joues en feu* (= avoir les joues brûlantes). *Le feu du rasoir* (= irritation de la peau après le rasage). — **6.** Ardeur des sentiments : *Parler avec feu* (syn. PASSION, FOUGUE, ENTHOUSIASME). — **7.** *Avoir du feu dans les veines,* avoir un tempérament vif, des réactions rapides. ‖ *Avoir le feu sacré,* montrer un zèle, un enthousiasme durable. ‖ *Être tout feu, tout flamme,* montrer un grand enthousiasme (syn. S'EMBALLER). ‖ *Feu de paille,* ardeur très passagère, activité sans lendemain.
— **II. 1.** Décharge d'une ou plusieurs armes, entraînée par la combustion instantanée d'une matière explosive : *Entendre des coups de feu.* — **2.** *Être entre deux feux, être pris entre deux feux,* se trouver attaqué de deux côtés à la fois, recevoir en même temps les critiques de gens d'opinions contraires. ‖ *Feu !,* ordre par lequel un chef militaire fait tirer sur un ennemi. ‖ *Feu continu, feu roulant,* fusillade soutenue, continue ; succession vive et ininterrompue : *Un feu roulant de questions.* ‖ *Feux croisés,* tirs de projectiles venant de divers côtés sur un seul objectif. ‖ *Feu nourri,* tir rapide et abondant. ‖ *Ouvrir le feu,* commencer à tirer.
— **III. 1.** Signal lumineux conventionnel, servant à prévenir d'une intention, à avertir d'un danger, à autoriser le passage, etc. — **2.** *Feu de position,* point lumineux d'un avion, d'un bateau, servant à signaler sa présence ; (pl.) dispositif lumineux à l'avant et à l'arrière d'un véhicule, servant à signaler sa présence et son gabarit la nuit ou dans un lieu peu éclairé. ‖ *Feux de croisement,* ou *codes,* dispositif d'éclairage qu'un automobiliste doit allumer en substitution aux feux de route lorsqu'il croise un autre véhicule, ou par temps de pluie, de brouillard. ‖ *Feux de route,* ou *phares,* dispositif d'éclairage d'un véhicule lorsqu'il circule de nuit

hors des agglomérations. || *Feu tricolore,* ou *feu,* feu de signalisation d'un croisement, qui est tantôt rouge, tantôt orange, tantôt vert. — **3.** *Donner le feu vert à qqn,* lui donner l'autorisation de faire qqch. — **4.** *Les feux de la rampe,* l'ensemble de l'éclairage placé sur le devant d'une scène de théâtre. || *Sous le feu des projecteurs,* dans le champ des projecteurs, ou le point de mire de l'actualité.

2. feu [fø] adj. inv. (du lat. *fatum,* destin) [avant le n. et l'art. ou l'adj. poss.]. *Litt.* Mort : *Feu ma tante* (= ma défunte tante).

feuillage [fœjaʒ] n. m. **1.** Ensemble des feuilles d'un arbre : *Le feuillage léger d'un saule.* — **2.** Branchages coupés chargés de feuilles : *Se faire un lit de feuillage.*

feuillaison [fœjɛzɔ̃] n. f. Renouvellement annuel des feuilles : *À l'époque de la feuillaison* (syn. FOLIATION).

feuille [fœj] n. f. (lat. *folium*).
— **I. 1.** Partie d'un végétal située le plus souvent à l'air libre, en général de forme aplatie, de dessin symétrique et de couleur verte : *Feuille de tabac. Les arbres perdent leurs feuilles en automne.* — **2.** *Feuille de vigne,* ornement imitant une feuille de vigne, destiné à cacher le sexe d'une statue d'homme.
— **II. 1.** Morceau de papier, généralement de forme rectangulaire, sur lequel on peut écrire, peindre ou imprimer : *Une feuille de bloc.* — **2.** *Bonnes feuilles,* tirage définitif d'un texte imprimé. || Fam. *Feuille de chou,* journal de petit format et sans intérêt. || *Feuille de maladie,* imprimé sur lequel sont portés les soins dispensés aux assurés sociaux. — **3.** Plaque mince de bois, de métal, de minéral, de carton, etc. : *Feuille de contre-plaqué, d'ardoise, d'or.*

feuille-morte [fœjmɔrt] adj. inv. D'une couleur tirant sur le jaune-brun.

feuillet [fœjɛ] n. m. **1.** Partie d'une feuille de papier pliée plusieurs fois sur elle-même. — **2.** Syn. de PAGE : *Arracher plusieurs feuillets dans un livre.*

feuilleté, e [fœjte] adj. *Pâte feuilletée* (ou *feuilleté* n. m.), pâte préparée pour qu'elle forme des feuilles à la cuisson.

feuilleter [fœjte] v. t. (c. **8**) *Feuilleter un livre,* en tourner rapidement les pages, les parcourir sommairement.

feuilleton [fœjtɔ̃] n. m. **1.** Histoire, roman, etc., présenté en plusieurs fragments dans un journal. — **2.** Film présenté à la télévision en plusieurs épisodes de courte durée.

feuillu, e [fœjy] adj. Qui a beaucoup de feuilles.

feuillure [fœjyr] n. f. (du lat. *fodere,* creuser). Rainure ou entaille pratiquée dans un panneau ou un bâti pour y loger une autre pièce.

feulement [følmɑ̃] n. m. Action de feuler.

feuler [føle] v. i. (sujet le tigre, le chat) Gronder.

feutrage [føtraʒ] n. m. Altération d'un tissu de laine qui prend l'aspect du feutre.

feutre [føtr] n. m. (frq. *filtir*). **1.** Étoffe de laine ou de poils foulés ou agglutinés : *Un joint en feutre.* — **2.** Chapeau en feutre : *Un homme coiffé d'un feutre mou.* — **3.** Stylo contenant un réservoir formé de feutre imprégné d'encre et relié à une pointe de feutre ou de Nylon.

feutré, e [føtre] adj. **1.** Qui a l'aspect du feutre : *Un tricot feutré.* — **2.** Étoffé : *À pas feutrés* (= silencieux). *Un bruit feutré* (syn. AMORTI, OUATÉ). *Vivre dans une atmosphère feutrée* (= sans contact avec l'extérieur).

feutrer [føtre] v. t. Garnir de feutre : *Feutrer une selle de bicyclette.* ◆ v. i. ou ***se feutrer*** v. pr. (sujet un tissu) Prendre l'aspect du feutre : *Ton pantalon est en train de se feutrer.*

feutrine [føtrin] n. f. Feutre léger très serré.

fève [fɛv] n. f. (lat. *faba*). **1.** Plante voisine du haricot, dont la graine est comestible ; cette graine. — **2.** *Fève des Rois,* fève (auj. petite figurine) introduite dans la galette le jour de la fête des Rois.

février [fevrije] n. m. (lat. *februarius*). Deuxième mois de l'année.

fez [fɛz] n. m. (de *Fez,* v. du Maroc). Calotte de laine, généralement rouge, portée surtout en Afrique et au Proche-Orient.

fi ! [fi] interj. **1.** *Litt.* Exprime le dégoût : *Fi donc ! le vilain qui ne veut pas faire ce qu'on lui dit.* — **2.** *Faire fi de qqch,* ne pas en tenir compte, le mépriser : *Elle fait fi des honneurs et de l'argent.*

fiabilité [fjabilite] n. f. Caractère fiable.

fiable [fjabl] adj. (de [*se*] *fier*). Se dit d'une machine, d'un équipement capables de fonctionner sans défaillance dans des conditions déterminées et pour une période de temps définie.

fiacre [fjakr] n. m. (du n. de saint Fiacre, dont l'effigie ornait l'enseigne d'un bureau de voitures de louage). Voiture de louage à chevaux.

fiançailles [fijɑ̃sɑj] n. f. pl. **1.** Promesse solennelle de mariage : *Offrir une bague de fiançailles.* — **2.** Temps qui sépare la promesse de mariage du mariage lui-même.

fiancé, e [fijɑ̃se] adj. et n. Qui a promis le mariage à qqn, et qui en a reçu la même promesse : *Elle est allée au bal avec son fiancé* (syn. fam. PROMIS, FUTUR).

fiancer (se) [fijɑ̃se] v. pr. (de l'anc. fr. *fiance,* engagement) [c. **1**] *Se fiancer avec qqn,* s'engager à l'épouser : *Elle s'est fiancée avec un ami d'enfance.*

fiasco [fjasko] n. m. (de l'it. *far fiasco,* échouer). **1.** *Fam.* Échec dans une tentative, une entreprise, etc. : *La première représentation de cette pièce a été un fiasco complet* (syn. fam. FOUR). — **2.** Fam. *Faire fiasco,* échouer totalement : *Son affaire a fait fiasco.*

fiasque [fjask] n. f. (it. *fiasco*). Bouteille à large panse garnie de paille et à long col, en usage en Italie.

Fibranne [fibran] n. f. (nom déposé). Textile artificiel dont les fibres sont courtes et associées par torsion : *Un tapis en laine et Fibranne.*

fibre [fibr] n. f. (lat. *fibra*). **1.** Élément filamenteux qui constitue certains tissus organiques : *Fibres musculaires. Fibres nerveuses.* — **2.** Élément de forme allongée constitutif de certaines matières ; morceau fin et allongé, obtenu mécaniquement à partir de certains matériaux : *Fibres textiles. Fibre de bois* (= filaments de bois, servant à l'emballage d'objets fragiles). *Fibre de verre* (= mince filament de verre employé comme isolant). — **3.** Sensibilité de qqn dans ce qu'elle a de plus caché ou de plus personnel : *Atteindre quelqu'un jusqu'aux fibres* (syn. RACINES, TRÉFONDS). *Faire vibrer la fibre patriotique* (syn. CORDE). *Avoir la fibre maternelle* (= avoir les qualités d'une mère vis-à-vis de ses enfants).

fibreux, euse [fibrø] adj. Qui contient des fibres : *Une viande fibreuse.*

fibrome [fibrom] n. m. Tumeur bénigne, constituée par du tissu fibreux.

fibule [fibyl] n. f. (lat. *fibula*). Dans l'Antiquité, épingle de sûreté en métal qui servait à fixer les vêtements.

ficelage [fislaʒ] n. m. Ensemble des liens qui entourent un paquet, un colis, etc. : *Le ficelage du paquet s'est défait pendant le voyage.*

ficelé, e [fisle] adj. *Fam.* et *péjor.* Habillé : *Il est drôlement ficelé* (syn. FAGOTÉ).

ficeler [fisle] v. t. (c. **6**) Attacher avec de la ficelle : *Ficeler un paquet.*

1. ficelle [fisɛl] n. f. (lat. *funis,* corde). **1.** Corde mince, servant à lier des objets entre eux, à lier un emballage, etc. : *Acheter une pelote de grosse ficelle.* — **2.** Fam. *Connaître les ficelles du métier,* connaître qqch par expérience, par métier : *J'ai été journaliste et je connais les ficelles du métier* (syn. fam. TRUC, ASTUCE). ‖ Fam. *Tenir, tirer les ficelles,* diriger une affaire, commander des personnes sans se montrer ou sans être connu (syn. MENER LE JEU). — **3.** Pain de fantaisie très mince.

2. ficelle [fisɛl] adj. inv. *Fam.* Adroit, rusé, et trompeur : *Un enfant ficelle* (syn. ROUÉ, MALICIEUX).

fichage [fiʃaʒ] n. m. Action de ficher : *Procéder au fichage des individus appréhendés.*

fiche [fiʃ] n. f. **1.** Petit morceau de carton rectangulaire, sur lequel on note un renseignement et qu'on classe dans un ordre déterminé : *Mettre un ouvrage en fiches. Consulter les fiches d'une bibliothèque. Faire des fiches* (= les rédiger). — **2.** *Fiche de consolation,* petit dédommagement qu'on donne à la suite d'un échec à un jeu, à un concours, d'une perte. — **3.** Pièce métallique s'adaptant à une autre et utilisée en électricité pour établir un contact : *Une fiche mâle, femelle* (syn. PRISE).

1. ficher [fiʃe] v. t. (lat. *figere,* fixer, enfoncer).
— **I. 1.** *Ficher un renseignement,* l'inscrire sur une fiche. — **2.** *Ficher qqn,* l'inscrire sur une liste de suspects.
— **II.** *Ficher un objet,* l'enfoncer par la pointe : *Ficher un pieu dans le sol* (syn. PLANTER).

2. ficher [fiʃe] ou **fiche** [fiʃ] v. t. (part. passé *fichu*) [FOUTRE est un syn. pop. dans tous les emplois] *Fam.* **1.** Lancer, jeter, donner avec force : *On l'a fichu à la porte de l'école* (syn. METTRE). *Fichez-moi la paix* (= laissez-moi tranquille). — **2.** *Ne rien fiche, qu'est-ce que tu fiches?,* etc., ne rien faire, qu'est-ce que tu fais, etc. : *Je n'ai rien fichu de la journée.* — **3.** *Fiche par terre, en l'air,* faire ou laisser tomber : *J'ai fichu par terre un vase;* faire échouer : *Cette pluie fiche par terre notre projet de promenade.* ‖ *Fiche qqn dedans,* le tromper : *C'est ce changement de nom qui m'a fichu dedans.* ‖ *Fiche* ou *ficher le camp* → CAMP. ‖ *Je t'en fiche!,* souligne l'opposition entre ce qu'on attendait et la réalité : *Je pensais qu'elle partirait tôt, mais je t'en fiche! elle est restée jusqu'à 2 heures du matin.* ‖ *Je t'en ficherai,* marque une forte désapprobation : *Je t'en ficherai, moi, des voyages d'agrément!* ◆ ***se ficher*** ou ***fiche*** v. pr. *Fam.* **1.** Se mettre, se jeter : *Se fiche à l'eau. Se ficher par terre* (= tomber). — **2.** Commencer à être : *Se ficher en colère.* — **3.** *Se ficher dedans,* se tromper. — **4.** *Se ficher* (ou *fiche*) *de qqn,* se moquer de lui, le tourner en dérision : *On se fiche de lui depuis sa mésaventure.* — **5.** *Se ficher* (ou *fiche*) *de qqn, de qqch,* se désintéresser de lui, le laisser de côté, n'y prêter aucune attention : *Cet enfant se fiche complètement de mes conseils.* (FOUTRE est un syn. dans tous les emplois).

fichier [fiʃje] n. m. Boîte, meuble où on classe des fiches.

1. fichu, e [fiʃy] adj. [FOUTU est un syn. pop. dans tous les emplois] *Fam.* **1.** Perdu, détruit : *Elle est bien malade, elle est fichue* (syn. CONDAMNÉ). *Il a eu un accident : sa voiture est fichue.* — **2.** (avant le n.) Insupportable, pénible, désagréable : *Il a un fichu caractère* (syn. MAUVAIS). *Quel fichu temps!* (syn. SALE). — **3.** (avant le n.) Remarquable, important : *Il y a une fichue différence.* — **4.** *Être fichu de* (+ *inf.*), être capable de, en mesure de : *Vous n'êtes même pas fichu de me donner ce renseignement?;* exprime une éventualité envisagée : *Tous les médecins le croyaient perdu, mais il est fichu de s'en tirer!* (syn. CAPABLE). — **5.** *Bien fichu,* qui est bien fait : *C'est bien fichu, ce petit mécanisme.* ‖ *Mal fichu,* en mauvaise santé, fatigué : *Je me sens un peu mal fichu : je vais me reposer* (syn. SOUFFRANT); mal fait, mal disposé : *Il faut recommencer, c'est du travail mal fichu.*

2. fichu [fiʃy] n. m. Triangle d'étoffe dont les femmes se couvrent les épaules ou la tête.

fictif, ive [fiktif] adj. (du lat. *fictus,* inventé). **1.** Produit par l'imagination, inexistant : *Un personnage fictif* (syn. IMAGINAIRE). — **2.** Qui n'existe qu'en vertu d'un accord entre deux personnes : *La valeur fictive du papier-monnaie* (syn. CONVENTIONNEL).

fiction [fiksjɔ̃] n. f. **1.** Œuvre ou genre littéraire créés par l'imagination pure, sans souci de vraisemblance. — **2.** Monde imaginaire : *Elle vit dans la fiction.*

fictivement [fiktivmɑ̃] adv. *Litt.* Par un effort de l'imagination, de l'esprit : *Transportons-nous fictivement au temps des Celtes* (syn. PAR LA PENSÉE).

fidèle [fidɛl] adj. (lat. *fidelis*) [ordinairement après le n.]. **1.** Qui remplit ses engagements : *Être fidèle à sa parole* (contr. TRAÎTRE). *Être fidèle à sa patrie, à sa famille* (= remplir ses devoirs à leur égard). — **2.** Qui manifeste un attachement constant à qqn : *Un chien fidèle. Un ami fidèle* (contr. INCONSTANT, OUBLIEUX). — **3.** Qui n'a de relations amoureuses qu'avec son conjoint : *Une femme fidèle* (contr. INFIDÈLE). — **4.** Dont l'attitude, les opinions n'ont pas varié par rapport à qqch : *Elle est fidèle à son tempérament* (= semblable à elle-même). *Rester fidèle à ses principes* (= garder les mêmes idées). *Nous sommes fidèles à ce restaurant* (= nous y allons souvent). — **5.** *Historien, narrateur fidèle,* qui rapporte les faits sans les dénaturer, sans en omettre aucun. — **6.** Conforme à un modèle, à un original, etc. : *Schéma, figure, copie fidèle* (contr. FAUX, INEXACT). — **7.** *Récit, compte-rendu,* etc., *fidèle,* qui suit scrupuleusement la vérité : *Elle m'a fait un récit fidèle de ses aventures* (contr. MENSONGER, FALSIFIÉ). — **8.** *Appareil fidèle,* qui traduit correctement les données, les informations, etc., auquel on peut se fier : *Une balance, une montre fidèle* (contr. DÉRÉGLÉ, FAUX). ‖ *Mémoire fidèle,* qui retient bien ce qu'elle a enregistré (contr. INFIDÈLE). ‖ *Souvenir fidèle,* qui dure (syn. DURABLE; contr. FUGACE). ◆ n. **1.** Personne qui pratique régulièrement une religion (surtout pl.) : *L'église était pleine de fidèles.* — **2.** Personne qui montre du zèle, de l'assiduité pour qqch : *C'est une fidèle des concerts du samedi.*

fidèlement [fidɛlmɑ̃] adv. **1.** D'une manière constante : *Il vient très fidèlement nous voir* (syn. RÉGULIÈREMENT). — **2.** Avec exactitude : *Une histoire fidèlement racontée* (syn. EXACTEMENT, ↑SCRUPULEUSEMENT).

fidéliser [fidelize] v. t. S'attacher une clientèle par différents moyens.

fidélité [fidelite] n. f. **1.** Qualité d'une personne fidèle : *Fidélité à ses amis, à sa femme ou à son mari.* — **2.** Qualité de ce qui est exact, précis, sûr : *Fidélité d'une reproduction, d'un récit, d'une mémoire, d'un test.*

fiduciaire [fidysjɛr] adj. (du lat. *fiducia,* confiance). *Monnaie fiduciaire,* billet de banque.

fief [fjɛf] n. m. (frq. *fëhu,* bétail). Domaine où on est maître, qu'on cherche à garder pour soi : *Le député sortant a été battu dans son propre fief électoral* (= là où il était toujours réélu). *La littérature c'est son fief* (syn. SPÉCIALITÉ). [Le *fief* était le domaine que le vassal tenait de son suzerain.]

fieffé, e [fjɛfe] adj. (de *fief*) [ordinairement avant le n.]. *Péjor.* Se dit de qqn qui a atteint le degré le plus haut d'un défaut ou d'un vice : *Un fieffé menteur. Un fieffé coquin* (syn. FAMEUX).

fiel [fjɛl] n. m. (lat. *fel*). **1.** Bile des animaux. — **2.** *Litt.* Amertume, animosité sourde à l'égard de qqn ou de qqch : *Un discours plein de fiel.*

fielleux, euse [fjɛlø] adj. *Litt.* Plein d'acrimonie : *Des propos fielleux* (syn. ACRIMONIEUX).

fiente [fjɑ̃t] n. f. (bas lat. *femita*). Excrément des oiseaux : *Fiente de poule, de pigeon.*

fienter [fjɑ̃te] v. i. Faire de la fiente.

1. fier, fière [fjɛr] adj. (lat. *ferus*, sauvage). **1.** (après le n.) Qui affecte une attitude hautaine et méprisante : *Depuis qu'il a fait fortune, il est devenu fier* (syn. DISTANT, ARROGANT ; contr. SIMPLE). — **2.** (après le n.) Qui a le sentiment de son indépendance, de son honneur : *Elle est trop fière pour accepter de l'argent. Avoir l'âme fière* (syn. NOBLE). — **3.** (avant ou après le n.) Qui a un port majestueux, une belle prestance : *Une fière démarche. Le pas noble et fier d'un pur-sang* (syn. ALTIER). — **4.** (avant le n.) *Fam.* Remarquable dans son genre : *C'est un fier imbécile* (syn. FAMEUX). — **5.** *Avoir fière allure*, se montrer sous son plus bel aspect (syn. NOBLE). ‖ *Être fier de qqn, de qqch*, en tirer orgueil ou satisfaction : *Il est fier de ses enfants, de sa fortune.* ‖ *Fier comme Artaban*, très fier, plein d'orgueil. ‖ *Il n'y a pas de quoi être fier*, il n'y a pas lieu de se vanter, il vaut mieux se taire. ◆ n. *Faire le fier, la fière*, se montrer ostensiblement plein de supériorité à l'égard d'autrui : *S'il fait le fier, je lui rabattrai son caquet* (syn. SUFFISANT, SUPÉRIEUR, DÉDAIGNEUX).

2. fier (se) [fje] v. pr. (du lat. *fidus*, fidèle). *Se fier à qqn, qqch*, mettre sa confiance en eux : *Je me fie à vous pour régler cette affaire* (syn. S'EN REMETTRE, S'EN RAPPORTER). *Tu te fies trop à ta facilité* (syn. COMPTER SUR).

fier-à-bras [fjɛrabra] n. m. (pl. *fier-* ou *fiers-à-bras*). *Litt.* Fanfaron, bravache.

fièrement [fjɛrmɑ̃] adv. **1.** Avec fierté : *L'accusé a fièrement riposté à ses adversaires* (syn. CRÂNEMENT, COURAGEUSEMENT). — **2.** Fam. *Être fièrement content*, être très content (syn. fam. FAMEUSEMENT).

fiérot, e [fjero] adj. *Fam.* Qui fait le fier et qui est un peu ridicule.

fierté [fjɛrte] n. f. **1.** Caractère, attitude de qqn qui est fier : *Il y a une belle fierté dans sa réponse* (contr. VEULERIE). *Elle montre trop de fierté avec ses amis* (contr. SIMPLICITÉ). — **2.** *Tirer fierté de qqch*, en être fier.

fièvre [fjɛvr] n. f. (lat. *febris*). **1.** État maladif, caractérisé principalement par une élévation anormale de la température du corps : *Avoir de la fièvre.* — **2.** Nom donné à diverses maladies accompagnées de fièvre (+ compl. ou adj.) : *Fièvre typhoïde. Fièvre jaune* (= maladie tropicale due à un virus, transmise par divers moustiques et accompagnée d'une coloration jaune de la peau). — **3.** État de tension ou d'agitation de qqn, d'un groupe de personnes : *Dans la fièvre du départ* (syn. AGITATION, FÉBRILITÉ). *Parler avec fièvre* (syn. FOUGUE, PASSION). *La fièvre des élections* (= l'agitation causée chez les électeurs par la proximité du vote).

fiévreusement [fjevrøzmɑ̃] adv. Avec fièvre : *Travailler fiévreusement. Préparer fiévreusement un départ, des élections* (syn. FÉBRILEMENT).

fiévreux, euse [fjevrø] adj. **1.** Qui a de la fièvre ou la manifeste : *Se sentir fiévreux. Avoir le front fiévreux* (syn. ↑ BRÛLANT). — **2.** Se dit d'une action intense ou désordonnée : *Une activité fiévreuse* (syn. PASSIONNÉE, AGITÉE). *Une imagination fiévreuse* (syn. FÉBRILE, DÉSORDONNÉ).

fifre [fifr] n. m. (anc. all. *Pfifer*). Petite flûte en bois, au son aigu.

fifty-fifty [fiftififti] adv. Par moitié : *Partager des bénéfices fifty-fifty.*

figé, e [fiʒe] adj. Qui est fixé, immobile : *Sourire figé* (syn. CONTRAINT, GLACÉ). *Attitude figée* (syn. IMMOBILE, RAIDE). *Expression figée* (syn. STÉRÉOTYPÉ). *Être figé dans le passé* (syn. SCLÉROSÉ).

figement [fiʒmɑ̃] n. m. État de ce qui est figé : *Le figement de l'huile.*

figer [fiʒe] v. t. (du bas lat. *feticum*, foie) [c. 2] **1.** (sujet le froid) *Figer un liquide*, le transformer en une masse compacte, le solidifier : *Le froid a figé l'huile dans la bouteille.* — **2.** (sujet qqch) *Figer qqn*, lui causer un grand saisissement, le laisser stupéfait : *L'épouvante la figea sur place* (syn. PÉTRIFIER). *Sa réponse m'a figé.* ◆ v. i. ou ***se figer*** v. pr. (sujet un liquide) Se solidifier, s'épaissir sous l'action du froid : *La sauce a figé dans l'assiette. L'huile s'est figée.* ◆ ***se figer*** v. pr. **1.** (sujet qqn) S'immobiliser dans une attitude fixe, raide : *La sentinelle s'était figée au garde-à-vous.* — **2.** Litt. *Son sang se fige*, il est saisi de frayeur. ‖ *Sourire qui se fige*, qui devient inexpressif, qui ne correspond plus à un sentiment réel.

fignolage [fiɲɔlaʒ] n. m. Action de fignoler.

fignoler [fiɲɔle] v. t. (de *fin* 2). Fam. *Fignoler un travail*, apporter un soin minutieux à sa finition, en soigner tous les détails : *Un peintre qui fignole un tableau. Fignoler un texte* (syn. LÉCHER).

figue [fig] n. f. (lat. *ficus*). **1.** Fruit du figuier. — **2.** Fam. *Mi-figue, mi-raisin*, qui n'est ni tout à fait agréable, bon, plaisant, etc., ni tout à fait le contraire : *Un sourire, un accueil mi-figue, mi-raisin* (syn. MITIGÉ, MÉLANGÉ, AMBIGU).

figuier [figje] n. m. Arbre poussant dans les pays chauds et dont le fruit est la figue.

figurant, e [figyrɑ̃] n. **1.** Acteur, actrice qui, au théâtre, au cinéma, a un rôle accessoire, généralement muet. — **2.** Personne dont le rôle est secondaire : *Être réduit au rôle de figurant à une conférence* (syn. COMPARSE).

figuratif, ive [figyratif] adj. Se dit d'une chose qui est la représentation d'une autre chose : *Plan figuratif.* ◆ adj. et n. m. Se dit d'un artiste, d'une œuvre d'art (peinture, sculpture) qui se rattachent à une école dont le principe fondamental est de représenter des êtres ou des objets qui existent dans la nature : *Peinture figurative. Art figuratif* (contr. NON FIGURATIF, ABSTRAIT).

figuration [figyrasjɔ̃] n. f. **1.** Métier, rôle de figurant : *Faire de la figuration* (= n'avoir qu'un rôle de représentation). — **2.** Ensemble des figurants : *Un film avec une nombreuse figuration.*

figure [figyr] n. f. (lat. *figura*). **1.** Partie antérieure de la tête : *Avoir la figure rouge, sale* (syn. VISAGE). *Se laver la figure et les mains.* — **2.** Expression particulière à une personne, apparence qu'elle revêt aux yeux d'autrui : *Quand on lui a dit ça, elle a changé de figure* (syn. AIR, CONTENANCE). *Avoir une bonne figure* (= avoir l'air sympathique ; syn. VISAGE, TÊTE). — **3.** (généralement précédé d'un adj.) Personnalité marquante : *Les grandes figures du passé* (syn. PERSONNAGE). *Une noble figure* (syn. CARACTÈRE). *C'est une figure* (syn. PERSONNALITÉ). — **4.** *Faire bonne figure*, se montrer digne de ce qu'on attend de vous (syn. CONTENANCE). ‖ *Faire figure de*, avoir l'apparence, l'aspect de (qqch ou qqn) : *Parmi ces pauvres gens, le moindre propriétaire d'une guimbarde faisait figure de riche. Une maison cossue, qui fait figure de château dans le pays.* ‖ *Faire triste figure*, avoir l'air triste, sombre, préoccupé : *Il vaut mieux ne pas l'inviter, il fait triste figure en société* (syn. FAIRE GRISE MINE). ‖ *N'avoir plus figure humaine*, être méconnaissable ou défiguré. (→ DÉFIGURER.) — **5.** Représentation matérielle ou intellectuelle de qqn ou de qqch : *L'explication est accompagnée d'une figure* (syn. SCHÉMA, DESSIN). *Un livre avec des figures* (syn. PLANCHE, reproduction, image). — **6.** Aux cartes, roi, dame et valet. — **7.** Enchaînement de pas constituant une des différentes parties d'une danse. — **8.** Exercice de patinage artistique, de ski nautique, de carrousel équestre, de plongeon, qui est au programme de certaines compétitions : *Figures libres et figures imposées en patinage.* — **9.** *Figure géométrique,* représentation par le dessin d'une abstraction géométrique. || *Figure de style,* procédé littéraire par lequel l'idée exprimée reçoit une forme particulière, propre à attirer l'attention ou considérée comme élégante : *Une figure de style chère à Victor Hugo, c'est l'antithèse.* — **10.** *Chose, affaire qui prend figure,* qui commence à se réaliser, à prendre belle apparence (syn. PRENDRE TOURNURE, PRENDRE FORME).

figuré, e [figyre] adj. *Langage figuré,* façon de s'exprimer dans laquelle on utilise des images. || *Sens figuré,* signification d'un mot concret appliqué au domaine des idées ou des sentiments : *Dans l'expression «un noir chagrin», «noir» a un sens figuré* (contr. SENS PROPRE). ◆ ***figuré*** n. m. Sens figuré : *Au propre et au figuré.*

figurer [figyre] v. t. *Figurer qqn, qqch,* les représenter matériellement, soit fidèlement, soit schématiquement ou encore par un signe conventionnel : *L'artiste a voulu figurer une Vierge* (syn. PEINDRE). *Sur la carte, les villes de plus de 30 000 habitants sont figurées par un point rouge* (syn. SYMBOLISER). *Le décor figure l'intérieur d'une taverne* (syn. REPRÉSENTER). ◆ v. i. (sujet qqch, qqn) Apparaître dans un ensemble d'objets ou de personnes : *Cela ne figure pas sur la liste* (syn. ÊTRE MENTIONNÉ). *Figurer au nombre des élus* (syn. ÊTRE). ◆ ***se figurer*** v. pr. **1.** *Se figurer qqch, que* (+ *ind.*), *qqn,* se les représenter par l'imagination : *Elle se figure qu'elle va réussir* (syn. CROIRE). *Figurez-vous un homme seul dans une île* (syn. IMAGINER). — **2.** Fam. *Figurez-vous que,* introduit une remarque inattendue ou importante : *Je voulais vous écrire, mais figurez-vous que j'avais perdu votre adresse.*

figurine [figyrin] n. f. (it. *figurina*). Statuette de petite dimension, en terre cuite, en bronze, etc.

fil [fil] n. m. (lat. *filum*). **1.** Brin long et mince constitué par une matière textile tordue sur elle-même, comme le chanvre, le lin, ou par une matière plastique, animale, etc. : *Fil de chanvre. Fil de coton, de laine. Fil de Nylon. Un fil d'araignée.* — **2.** Textile, tissu en lin : *Des gants de fil.* — **3.** Fam. *Avoir un fil à la patte,* n'être pas libre de ses déplacements, de ses activités. || *De droit fil,* dans le sens des fils d'un tissu (contr. DE BIAIS). || *De fil en aiguille,* en passant d'un sujet à l'autre : *De fil en aiguille, il en est venu à parler de sa situation.* || *Fil à coudre,* fil employé pour la confection ou la réparation des vêtements. || *Fil à plomb,* ficelle ou petit câble muni d'une masse métallique à une extrémité, et qui sert à indiquer la verticale. || *Fil d'Ariane,* moyen par lequel on arrive sans se perdre à un résultat (litt. ; syn. FIL CONDUCTEUR). || *Ne tenir qu'à un fil,* être très compromis, dépendre de la moindre chose : *Sa vie ne tenait qu'à un fil.* — **4.** Métal étiré, de section cylindrique déterminée, généralement de très faible diamètre, et de longueur variable : *Fil de cuivre. Fil de fer. Fils de fer barbelés.* — **5.** *Fil (électrique),* fil d'un métal bon conducteur, et entouré d'une gaine isolante : *Remplacer le fil de sa lampe de chevet.* || *Fil (téléphonique),* fil d'un circuit de téléphone. — **6.** Fam. *Avoir qqn au bout du fil,* l'avoir comme interlocuteur au téléphone. || Fam. *Coup de fil,* coup de téléphone : *Donner, passer, recevoir un coup de fil.* — **7.** Sens dans lequel s'écoule qqch : *Une barque suivait le fil de l'eau.* || Litt. *Au fil de,* tout le long de : *Au fil des jours, elle devenait plus triste.* — **8.** Enchaînement logique d'un ensemble d'éléments successifs : *On suivait difficilement le fil de son discours. Perdre le fil de ses idées* (= ne plus savoir ce qu'on disait, après une interruption). — **9.** Partie tranchante d'une lame : *Le fil du rasoir. Le fil d'un couteau* (syn. TRANCHANT). — **10.** Litt. *Passer au fil de l'épée,* tuer à l'arme blanche. (→ AFFILER.)

filament [filamɑ̃] n. m. (lat. *filamentum*). **1.** Élément organique, animal ou végétal, de forme fine et allongée : *Des filaments nerveux. Les filaments d'une écorce.* — **2.** Fil conducteur porté à l'incandescence dans une ampoule électrique.

filamenteux, euse [filamɑ̃tø] adj. Qui a des filaments : *Matière filamenteuse.*

filandreux, euse [filɑ̃drø] adj. (du lat. *filanda,* ce qui est à filer). **1.** Se dit d'un aliment rempli de fibres longues et difficiles à broyer : *Viande filandreuse. Haricots filandreux.* — **2.** Fam. *Discours filandreux,* qui abonde en détails inutiles, peu clairs (syn. CONFUS, EMBARRASSÉ).

filant, e [filɑ̃] adj. **1.** Qui prend une forme allongée, sans se diviser en gouttes : *Un liquide filant.* — **2.** *Étoile filante* → ÉTOILE.

filasse [filas] n. f. (lat. *filum,* fil). Amas de filaments de chanvre ou de lin brut : *On emploie de la filasse pour assurer l'étanchéité de certains raccords de tuyauterie* (syn. ÉTOUPE). ◆ adj. inv. *Des cheveux filasse,* d'un blond pâle, presque blanc.

filateur [filatœr] n. m. Exploitant d'une filature.

filature [filatyr] n. f.
— **I.** Établissement industriel où on file les matières textiles.
— **II.** Poursuite discrète de qqn : *Deux policiers en civil étaient chargés de la filature de la terroriste.*

file [fil] n. f. (de *fil*). **1.** Suite de personnes ou de choses placées les unes derrière les autres : *Se ranger en file le long du trottoir. Une longue file de voitures attendait* (syn. RANGÉE, QUEUE). — **2.** *À la file,* l'un derrière l'autre : *Marcher à la file* (syn. À LA QUEUE LEU LEU). *Se mettre à la file* (= prendre une place dans la file à la suite des autres); sans interruption, l'un après l'autre : *Débiter ses phrases à la file sans réfléchir. Boire trois verres à la file* (syn. COUP SUR COUP). || *En double file,* en file parallèle à celle des voitures rangées le long du trottoir : *Se garer en double file.* || *Marcher en* (ou *à la*) *file indienne,* marcher l'un derrière l'autre, en file, de façon très rapprochée. || *Prendre la file,* se mettre à la suite, dans une file.

filé, e [file] adj. Qui a reçu une forme étirée, allongée : *Du verre filé.*

filer [file] v. t. (de *fil*). **1.** *Filer un textile,* le transformer en fil : *Filer de la laine, du chanvre. Métier à filer.* — **2.** (sujet les araignées, certaines chenilles) Sécréter un fil de soie : *L'araignée file sa toile. Le ver à soie file son cocon.* — **3.** Fam. *Filer un mauvais coton,* être dans une situation critique ou être atteint d'une maladie grave. — **4.** *Filer un câble, une amarre,* etc., les dérouler lentement et de façon égale, après les avoir attachés. — **5.** Fam. *Filer le parfait amour,* être dans une période de grand bonheur, sans aucune querelle. || *Filer une métaphore, une image,* continuer à exprimer une idée en se servant des termes d'une comparaison unique. || *Filer une note,* chanter une note en faisant varier son intensité. — **6.** *Filer qqn,* le suivre secrètement pour le surveiller. — **7.** Pop. Donner, passer : *File-moi du fric!* (= donne-moi de l'argent). [→ REFILER.] ◆ v. i. **1.** (sujet un liquide, une masse) Prendre une forme rétrécie et allongée; couler sous forme onctueuse ou visqueuse : *Un sirop qui file. Faire fondre et filer du gruyère.* — **2.** (sujet qqn, un animal) Aller, partir très vite : *Elle fila vers la sortie. Ce cheval file bon train* (= galope vite). — **3.** (sujet un navire) Se déplacer à telle vitesse : *Ce bateau file trente nœuds.* — **4.** *Fam.* (sujet qqn) Partir d'un endroit en toute hâte (syn. fam. DÉGUERPIR, DÉCAMPER). — **5.** *Filer à l'anglaise,* s'en aller en tâchant de ne pas éveiller l'attention ou s'échapper. || Fam. *Filer doux,* obéir sans résistance, se tenir tranquille : *Après les ennuis qu'il a causés à ses voisins, il a intérêt à filer doux.*

filet [filɛ] n. m. (de *fil*). **1.** Réseau de ficelle ou de cordelette servant dans les sports (volley-ball, tennis, ping-pong, etc.) ou dans les jeux du cirque : *Envoyer la balle à ras du filet, dans le filet. Tendre le filet pour les équilibristes.* — **2.** Objet fait de cordes ou de fils entrecroisés et qui sert à capturer des animaux, des poissons, des crustacés, etc. : *Un filet à papillons. Pêcher des crevettes avec un filet.* — **3.** Réseau de corde ou de métal, tendu horizontalement au-dessus des places dans un train, un car, etc. : *Mettre ses bagages dans le filet.* — **4.** Fine résille que les femmes utilisent pour retenir leurs cheveux ou que les coiffeurs mettent sur des rouleaux de mise en plis pour les maintenir. — **5.** Litt. *Attirer qqn dans ses filets,* chercher à le séduire, à le tromper, etc. || *Coup de filet,* opération de police au cours de laquelle plusieurs personnes sont appréhendées pour vérification de leur identité. || *Filet à provisions,* sac en mailles pour porter les provisions. || *Travailler sans filet,* pour un équilibriste, un acrobate, exécuter son numéro sans filet au-dessous de lui; affronter les dangers les plus graves. — **6.** Rainure d'une vis. — **7.** Écoulement fin et continu : *Un mince filet d'eau coulait de la source tarie.* — **8.** *Un filet de vinaigre, de citron,* etc., une très petite quantité de vinaigre, de jus de citron. — **9.** *Filet de voix,* voix très faible. — **10.** Morceau de viande de boucherie découpé le long de l'épine dorsale : *Filet de bœuf.* — **11.** Morceau d'un seul tenant de la chair d'un poisson : *Filet de sole.* — **12.** *Faux filet,* morceau de bœuf situé le long de l'échine.

filetage [filtaʒ] n. m. **1.** Action de fileter. — **2.** Filets d'une vis.

fileter [filte] v. t. (de *filet*) [c. 7]. Creuser une rainure en forme d'hélice sur une pièce métallique cylindrique : *Fileter un axe. Vis à bout fileté.*

filial, e, aux [filjal] adj. (du lat. *filius,* fils). Propre à un enfant (à l'égard de ses parents) : *Amour filial. Piété filiale.*

filiale [filjal] n. f. Entreprise créée et contrôlée par une société mère.

filialement [filjalmɑ̃] adv. De façon filiale.

filiation [filjasjɔ̃] n. f. **1.** Lien de parenté qui unit en ligne directe des générations entre elles : *Il prétendait descendre par filiation directe d'Henri IV.* — **2.** Enchaînement logique entre des choses : *Je ne comprends pas la filiation des événements* (syn. SUITE). *La filiation des mots* (= leur étymologie).

filière [filjɛr] n. f. **1.** Pièce d'acier trouée, pour étirer le métal et le transformer en un fil de section donnée. — **2.** Succession de degrés à gravir, d'étapes à franchir, de formalités à accomplir, etc., qui se suivent dans un ordre immuable : *Pour obtenir un visa, il faut passer par la filière* (= faire la série habituelle de démarches). — **3.** *Suivre la filière,* passer par tous les grades ordinaires d'une carrière.

filiforme [filifɔrm] adj. Fin, mince, allongé comme un fil.

filigrane [filigran] n. m. (it. *filigrana*). **1.** Dessin qui apparaît en transparence dans certains papiers : *Les filigranes des billets de la Banque de France.* — **2.** *En filigrane,* se dit de ce dont on devine la présence : *Son ambition apparaît en filigrane dans toutes ses actions* (syn. À L'ARRIÈRE-PLAN, ENTRE LES LIGNES).

filin [filɛ̃] n. m. (de *fil*). Cordage de marine.

fille [fij] n. f. (lat. *filia*). **1.** Personne du sexe féminin considérée par rapport à ses parents (→ FILS). — **2.** Enfant du sexe féminin (par oppos. à *garçon*) : *Elle a deux filles et un garçon. Une école de filles.* — **3.** Personne du sexe féminin mariée ou non : *Hé les filles, vous venez!*; avec adj. : *Une jolie fille. Une chic fille.* — **4.** Femme de mauvaise vie : *Une fille qui fait le trottoir* (syn. PROSTITUÉE). — **5.** *Fille de joie,* prostituée. || Péjor. *Fille mère,* femme qui a eu un enfant sans être mariée (vieilli) [syn. admin. MÈRE CÉLIBATAIRE]. || *Grande fille,* adolescente. || *Jeune fille,* fille nubile non mariée. || *C'est une vraie jeune fille,* une fille vierge (ironiq.). || *Petite fille,* fille considérée depuis l'âge infantile jusqu'à l'adolescence. || Péjor. *Rester fille,* rester célibataire (vieilli). || *Vieille fille,* personne qui a atteint ou dépassé l'âge mûr sans se marier (au masc. VIEUX GARÇON). — **6.** *Fille de + n.* (désignant la fonction), personne qui a telle ou telle activité ou tel métier : *Fille de ferme.* || *Fille de salle,* personne salariée, chargée des travaux de ménage et de nettoyage dans un hôpital ou une clinique. (→ FILS.)

fillette [fijɛt] n. f. Petite fille considérée jusqu'à l'adolescence.

filleul, e [fijœl] n. (lat. *filiolus,* fils en bas âge). Personne dont on est le parrain ou la marraine.

film [film] n. m. (mot angl. signif. *pellicule*). **1.** Bande pelliculaire traitée chimiquement, employée pour faire des photos et du cinéma : *Mettre un film dans un appareil photo* (syn. PELLICULE). — **2.** Œuvre cinématographique : *Un film documentaire. Un film muet, parlant.* — **3.** Déroulement d'un événement dans le temps : *Le film des événements de la journée.*

filmage [filmaʒ] n. m. Action de filmer : *Le filmage d'une scène* (syn. TOURNAGE).

filmer [filme] v. t. Enregistrer un spectacle, une scène, etc., pour en faire un film de cinéma : *Filmer des chevaux en liberté. Filmer une scène de violence.*

filmique [filmik] adj. Relatif aux films : *L'œuvre filmique de Marguerite Duras.*

filmographie [filmɔgrafi] n. f. Liste des films d'un cinéaste ou de ceux interprétés par un acteur.

filmologie [filmɔlɔʒi] n. f. Étude scientifique des œuvres de cinéma.

filon [filɔ̃] n. m. (it. *filone*). **1.** Fissure plus ou moins ouverte de l'écorce terrestre qui a été remplie par divers minéraux : *Exploiter des filons contenant de l'or, du cuivre.* — **2.** *Fam.* Situation qui permet de s'enrichir facilement, d'arriver à ce qu'on veut : *Trouver le filon. Un bon filon.*

filou [filu] n. m. **1.** Voleur adroit et rusé : *C'est un filou qui lui a vendu cette montre.* — **2.** *Fam.* Enfant espiègle, coquin : *Ce petit filou m'avait caché mes lunettes.* ◆ adj. Coquin : *Il est très filou.*

filouter [filute] v. t. Voler avec adresse (vieilli).

filouterie [filutri] n. f. Petite escroquerie.

fils [fis] n. m., **fille** [fij] n. f. (lat. *filius, filia*). **1.** Personne du sexe masculin ou du sexe féminin considérée par rapport à ses parents : *Le fils aîné a hérité de la ferme de ses parents. La fille cadette.* — **2.** *Fils, fille de la maison,* fils, fille du maître et de la maîtresse de maison. || *Fils de famille,* enfant d'une famille aisée. || Fam. *Fils, fille à papa,* enfant né d'un père riche ou ayant une haute situation et qui en bénéficie. || *Fils spirituel (fille spirituelle),* celui (celle) qui est le (la) dépositaire unique ou principal de la pensée d'un maître : *Alain a eu beaucoup de fils spirituels* (syn. DISCIPLE, CONTINUATEUR). || *Fille d'Ève,* femme rusée et coquette. || Fam. *Jouer la fille de l'air,* disparaître sans avertir.

filtrage [filtraʒ] n. m. **1.** Syn. de FILTRATION. — **2.** Contrôle minutieux effectué dans un groupe d'individus : *La police a fait un filtrage sévère des suspects* (= a passé au peigne fin).

filtrant, e [filtrɑ̃] adj. **1.** *Des verres filtrants,* qui ne laissent passer que certains rayons lumineux. — **2.** *Virus* *filtrant,* germe qui traverse tous les filtres et n'est visible qu'au microscope.

filtration [filtrasjɔ̃] n. f. ou **filtrage** [filtraʒ] n. m. Passage d'un liquide à travers un corps perméable. (→ INFILTRER [S'].)

filtre [filtr] n. m. (bas lat. *filtrum*). **1.** Étoffe, cornet de papier ou appareil à travers lequel on fait passer un liquide ou un gaz pour le débarrasser des matières qui s'y trouvent en suspension, ou pour l'extraire des matières auxquelles il se trouve mélangé. — **2.** Dispositif placé devant un objectif et interceptant certains rayons lumineux : *Photographier des nuages avec un filtre jaune.* — **3.** Dispositif ne laissant passer que certaines fréquences d'un son, d'un courant électrique. — **4.** *(Café) filtre,* qu'on passe directement dans la tasse au moyen d'un filtre individuel. ‖ *Cigarette à (bout) filtre,* comportant à une extrémité un embout destiné à retenir la nicotine du tabac.

filtrer [filtre] v. t. **1.** *Filtrer un liquide, un gaz,* le faire passer dans un filtre : *Filtrer une décoction de camomille.* — **2.** *Filtrer des personnes, des nouvelles,* en contrôler sévèrement le passage, la diffusion. ◆ v. i. **1.** (sujet un liquide, un gaz) Passer lentement à travers une matière perméable : *Les sirops filtrent lentement.* — **2.** (sujet la lumière du jour) Traverser un corps, se glisser par un interstice. — **3.** (sujet un bruit, une nouvelle) Passer en dépit des obstacles, des précautions : *La nouvelle de sa mort a filtré jusqu'à nous* (= est arrivée jusqu'à nous).

1. fin [fɛ̃] n. f. (lat. *finis*). **1.** Arrêt de qqch qui se déroule dans le temps, moment où il cesse d'exister ou de se produire : *La fin de l'année* (syn. BOUT). *La fin d'une session* (syn. CLÔTURE). *La fin du jour* (syn. DÉCLIN). *La fin de la journée. La fin d'un mandat* (syn. EXPIRATION). *La fin de ses malheurs* (syn. CESSATION). *La fin de sa vie* (syn. TERME). *La fin du monde* (syn. DESTRUCTION, ANÉANTISSEMENT). *La fin d'un roman, d'un film* (syn. DÉNOUEMENT, CONCLUSION). — **2.** Mort : *La fin prématurée d'une actrice* (syn. DÉCÈS). — **3.** *À la fin,* en définitive, pour conclure : *Ils ont beaucoup discuté; à la fin, ils se sont mis d'accord* (syn. FINALEMENT); en dernier lieu : *Mettre du lait et du sucre dans une casserole, faire bouillir, et, à la fin, ajouter de la vanille* (contr. AU COMMENCEMENT); marque l'impatience : *Vas-tu venir, à la fin!* ‖ *À la fin de qqch,* au moment où cela se termine : *Vous viendrez à la fin de l'après-midi. À la fin du livre, il y a un peu plus d'images.* ‖ *Approcher de la fin,* se terminer, être sur le point de s'achever (sujet qqch); n'être pas éloigné du moment de mourir (sujet qqn). ‖ (sujet qqn) *Avoir, faire une belle fin,* mourir de façon édifiante. ‖ Fam. *C'est la fin de tout!,* c'est pire que tout, c'est désastreux. ‖ *En fin de,* dans la dernière partie de : *En fin de journée, de semaine, de saison.* ‖ *Être en fin de,* placé au bout d'une collection d'objets, d'une rangée de personnes : *Tu es en fin de liste* (syn. EN BOUT DE). ‖ (sujet qqn) *Faire une fin,* se marier : *Elle s'est décidée sur le tard à faire une fin.* ‖ *Fin mai, fin juillet,* etc., à la fin du mois de mai, de juillet, etc. ‖ *Fin de mois,* période qui précède le jour où est versé un salaire mensuel : *Avoir des fins de mois difficiles.* ‖ *Mener qqch à bonne fin,* le terminer de façon satisfaisante : *Mener à bonne fin une négociation.* ‖ *Mettre fin à qqch,* le faire cesser : *L'intervention de la police a mis fin à la bagarre.* ‖ *Mettre fin à ses jours,* se donner la mort. ‖ *Prendre fin,* se terminer, s'achever : *La réunion a pris fin à quatre heures.* ‖ *Sans fin,* sans cesse, continuellement : *Le feu reprenait sans fin dans la forêt.* — **4.** Objectif qu'on se propose en accomplissant une tâche, ou vers lequel tend le déroulement d'une action : *Parvenir à ses fins* (syn. BUT). *La fin justifie les moyens.* — **5.** *À cette fin,* pour atteindre cet objectif. ‖ *À seule fin de,* syn. admin. de AFIN DE. ‖ *À toutes fins utiles,* pour servir le cas échéant. ‖ *Fin de non-recevoir,* refus catégorique opposé à une demande : *À toutes mes lettres, elle a répondu par une fin de non-recevoir.*

2. fin, e [fɛ̃] adj. (après le n.) **1.** D'une extrême petitesse, ou formé d'éléments très petits : *C'est du fil trop fin pour coudre un bouton. Écriture fine* (syn. ↑ MICROSCOPIQUE; contr. GROS, ÉTALÉ). *Sable fin. Une pluie fine. Sel fin* (contr. GROS). — **2.** Dont l'extrémité est très pointue ou effilée : *Un pinceau fin* (= dont l'extrémité est constituée de peu de poils; contr. ÉPAIS). *Une plume fine* (= dont la pointe est aiguë; contr. GROS). *Une pointe fine* (contr. ÉMOUSSÉ). — **3.** Se dit d'une partie du corps dont l'apparence étroite, effilée est considérée comme belle : *Un visage fin* (contr. ROND, PLEIN). *Une taille fine* (contr. ÉPAIS). — **4.** De forme très aplatie, de faible épaisseur : *Dentelle fine. Papier fin. Verre fin* (contr. ÉPAIS). *Tissu fin* (contr. GROS). — **5.** Qui est du meilleur choix, de la qualité la meilleure : *Une blanchisserie fine* (= où on lave du linge délicat). *Épicerie fine* (= où on trouve des produits raffinés, peu courants). *Un repas fin.* — **6.** *Or fin,* or pur (contr. BRUT). ‖ *Perle fine, pierre fine,* perle, pierre naturelles (autre que diamant, rubis, saphir et émeraude appelés *pierres précieuses*) utilisées en joaillerie. ‖ *Vin fin,* choisi pour son goût raffiné (contr. ORDINAIRE). — **7.** (avant le n.) *Fine fleur, fines herbes* → FLEUR, HERBE. — **8.** (après le n.) Se dit d'un organe des sens qui peut percevoir des sensations très légères : *Les chiens ont l'odorat très fin* (syn. DÉLIÉ, SUBTIL). *Avoir l'ouïe* (ou *l'oreille*) *fine* (contr. DUR). — **9.** (avant ou après le n.) Qui témoigne d'une intelligence subtile, qui a le sens des nuances : *Une fine psychologue. Esprit fin* (syn. PÉNÉTRANT, DÉLICAT; contr. GROSSIER). *Observation fine* (= qui témoigne d'une sensibilité délicate). *Écrire des pensées fines* (= pleines de justesse et délicates). *Raillerie fine* (contr. GROSSIER, LOURD, BALOURD). *Plaisanterie fine* (contr. GROS). — **10.** (avant le n.) Qui fait preuve d'une adresse, d'un talent particulier dans une activité donnée ou qui excelle dans qqch : *Un fin limier* (= un policier habile). *Pour la chasse, c'est un fin connaisseur* (= il s'y connaît très bien dans ce domaine). — **11.** Qui est rusé, habile : *C'est un fin renard. Elle se croit plus fine que les autres* (syn. MALIN). — **12.** Fam. *C'est fin ce que tu as fait là!,* c'est malin! ‖ *Fin gourmet* ou *fine gueule* (fam.), personne qui sait apprécier les plats bien cuisinés. — **13.** (devant certains n.) *Le fin fond de qqch,* la partie la plus reculée : *Aller dans le fin fond des forêts.* ◆ ***fin*** adv. (devant certains adj.) Complètement, entièrement : *Ils sont fin* (ou *fins*) *prêts. Elle est fin prête.* ◆ n. m. *Jouer au plus fin,* chercher à l'emporter sur un adversaire en se montrant plus rusé que lui. ‖ Fam. *Le fin du fin,* ce qu'il y a de plus subtil, de plus raffiné.

final, e, als [final] adj. **1.** Qui est ou vient à la fin de qqch, qui termine une série de choses : *La syllabe finale d'un mot. Les accords finals de « la Marseillaise ».* — **2.** *Cause finale,* chose qui en explique une autre dans la mesure où elle en est le but. — **3.** *Proposition finale,* proposition de but introduite par *pour que, afin que,* etc. ◆ ***final*** n. m. **1.** Ce qui termine : *Le final d'un feu d'artifice.* — **2.** Dernier mouvement d'un morceau de musique (symphonie ou sonate). ◆ ***finale*** n. f. **1.** Syllabe ou voyelle qui termine un mot : *La finale de certains mots est accentuée en italien.* — **2.** Dernière épreuve d'une compétition sportive, par élimination : *L'équipe de Rennes est allée en finale. La finale de la Coupe de France.*

finalement [finalmɑ̃] adv. En fin de compte, pour terminer, pour en finir : *Elle a longtemps sonné à cette porte, puis finalement elle est repartie.*

finalisme [finalism] n. m. Doctrine philosophique fondée sur l'idée d'adaptation progressive d'un être vivant à ce qui est supposé être le terme d'une évolution allant dans le sens du meilleur.

finaliste [finalist] n. et adj. **1.** Sportif ou équipe sportive qualifiés pour une finale. — **2.** Partisan du finalisme.

finalité [finalite] n. f. Caractère d'un fait, d'un enchaînement d'événements où l'on voit un but, une évolution orientée : *Croire à la finalité en histoire.*

finance [finɑ̃s] n. f. (de l'anc. fr. *finer,* payer). **1.** Argent : *Obtenir quelque chose moyennant finance* (= en versant de l'argent). — **2.** Profession d'une personne qui manie, qui capitalise, qui investit, etc., de l'argent : *Il est entré dans la finance. La haute finance.* ◆ ***finances*** n. f. pl. **1.** Argent dont dispose qqn, un groupe : *L'état de mes finances ne me permet pas cet achat* (syn. FONDS). *Surveiller les finances d'une société* (syn. TRÉSORERIE). — **2.** Ensemble des activités concernant les mouvements d'argent de l'État : *L'administration des Finances.* — **3.** *Loi de finances,* loi par laquelle le Parlement autorise le gouvernement à engager les dépenses et à recouvrer les recettes.

financement [finɑ̃smɑ̃] n. m. Versement d'argent : *Financement d'une entreprise par l'État, par les banques. Dresser un plan de financement.*

financer [finɑ̃se] v. t. (c. 1) *Financer qqch, qqn,* verser de l'argent pour entretenir, développer, etc. : *Financer une entreprise. Financer un journal. Financer un représentant à l'étranger.*

financier, ère [finɑ̃sje] adj. Relatif à l'argent qu'on gagne, qu'on place, aux fonds qu'on gère, etc. : *Avoir des embarras financiers* (syn. PÉCUNIAIRE). *C'est un désastre financier. Équilibre financier* (syn. BUDGÉTAIRE). ◆ ***financier*** n. m. Personne qui gère des fonds.

financièrement [finɑ̃sjɛrmɑ̃] adv. Sur le plan financier : *Entreprise financièrement réalisable.*

finasser [finase] v. i. (de *finesse*). *Fam.* User de subtilités, de subterfuges pour éviter qqch : *Chaque fois que je lui parlais d'acheter son auto, elle finassait toujours* (syn. RUSER).

finasserie [finasri] n. f. *Fam.* Action de finasser; finesse rusée : *J'ai déjoué toutes ses finasseries* (syn. TROMPERIE).

finasseur, euse [finasœr] ou **finassier, ère** [finasje] n. *Fam.* Qui finasse.

finaud, e [fino] adj. et n. (de *fin* 2). Rusé sous des dehors simples et honnêtes : *Un paysan finaud* (syn. RETORS, MATOIS, MADRÉ).

finauderie [finodri] n. f. Caractère finaud : *Son visage décèle la finauderie.*

fine [fin] n. f. (de *eau-de-vie fine*). **1.** Eau-de-vie naturelle de qualité supérieure. — **2.** *Fine champagne,* variété de cognac.

finement [finmɑ̃] adv. **1.** De façon fine, délicate : *Bijou finement travaillé.* — **2.** De manière habile : *Une phrase finement tournée* (= de manière spirituelle, astucieuse). *Elle a finement calculé son coup* (= de manière rusée).

finesse [finɛs] n. f. **1.** Qualité de ce qui est fin, délicat : *La finesse d'un point de dentelle* (syn. DÉLICATESSE). *Finesse des cheveux* (syn. TÉNUITÉ). *Finesse d'une pointe* (syn. ACUITÉ). *Finesse de la taille. Finesse des traits. Finesse d'un tissu.* — **2.** *Finesse d'exécution,* exécution poussée jusque dans les petits détails. — **3.** Qualité de ce qui est pénétrant, subtil : *La finesse de l'oreille* (syn. SENSIBILITÉ). *La finesse d'une intelligence* (syn. ACUITÉ, PÉNÉTRATION). *La finesse d'une observation* (syn. JUSTESSE, PRÉCISION). *La finesse d'une plaisanterie. Rechercher des finesses là où il n'y en a pas* (syn. SUBTILITÉ). — **4.** *Connaître les finesses de qqch,* le connaître dans ses aspects les plus subtils. ‖ Litt. *Entendre finesse à qqch,* y voir une intention hostile (syn. VOIR MALICE).

1. fini, e [fini] adj. **1.** Qui a des bornes, qui est limité (philos.) : *Toutes les expériences humaines sont finies. L'homme est un être fini* (contr. INFINI). — **2.** Porté à sa perfection : *Cette voiture a été mal finie* (= son aménagement intérieur n'a pas été soigné). — **3.** (après certains n.) Se dit de qqn arrivé au dernier degré de qqch : *Un coquin fini. Un ivrogne fini. Un menteur fini* (syn. ACHEVÉ, FIEFFÉ). — **4.** Arrivé au bout de ses possibilités : *Depuis sa faillite, c'est une personne finie* (syn. PERDU, USÉ; fam. FICHU).

2. fini [fini] n. m. **1.** Ce qui est limité (philos.) : *L'esprit de l'homme peut concevoir l'infini par la négation du fini* (contr. INFINI). — **2.** Qualité d'une chose qui a été exécutée d'une façon parfaite : *Ce dessin manque de fini* (syn. POLI). *Le fini d'un ouvrage* (syn. PERFECTION).

finir [finir] v. t. (lat. *finire*). **1.** *Finir un ouvrage, un travail,* etc., le mener à son terme, l'achever : *Élève qui a fini son devoir* (syn. ACHEVER, TERMINER). *Il faut finir rapidement cette affaire* (syn. EXPÉDIER). *Finir la vaisselle* (= achever de la nettoyer). — **2.** Terminer une période de temps, épuiser une quantité d'objets, une matière, etc. : *Finir sa vie dans la misère. Finir son service militaire. Finir son assiette* (= vider son contenu). *Finir son pain. Finir un paquet de cigarettes. Finissez!* (= terminez!). — **3.** *Finir de* (+ *inf.*), cesser de faire qqch : *J'ai fini de travailler. C'est fini de rire* (= cela devient sérieux). ◆ v. i. **1.** (sujet qqch, qqn) Arriver à son terme, être au dernier moment de qqch : *Les vacances finissent* (syn. SE TERMINER). *Il est grand temps que ça finisse!* (syn. CESSER, S'ARRÊTER). *Finir dans la misère, oublié de tous* (syn. MOURIR). — **2.** (sujet qqch) *Finir en qqch,* se terminer sous la forme de : *Cette planche finit en pointe. Les infinitifs qui finissent en «er».* — **3.** (sujet qqch) *Finir par* (+ *n.*), être marqué ou accompagné vers sa fin par : *Le bal a fini par une farandole. En France, tout finit par des chansons.* ‖ (sujet qqn) *Finir par* (+ *inf.*), arriver à un résultat : *Elle finira bien par comprendre* (syn. ARRIVER À). — **4.** (sujet qqch) *Finir bien,* avoir un dénouement heureux : *Aimer les films qui finissent bien* (contr. FINIR MAL). ‖ *Mal finir* ou *finir mal,* mal se terminer (sujet qqch) : *Tout cela va mal finir;* tomber dans la débauche, devenir malhonnête (sujet qqn) : *Ce garçon finira mal* (syn. TOURNER MAL). — **5.** *À n'en plus finir,* qui dure interminablement. ‖ *En finir, en finir avec qqch,* parvenir à une solution : *Tout ça n'a que trop duré, il faut en finir. En finir avec la crise du pétrole.* ‖ *En finir avec qqn,* cesser de s'occuper de lui ou se débarrasser de lui. ‖ (sujet qqch) *N'en pas (plus) finir,* être très long (dans l'espace ou dans le temps) : *Une journée qui n'en finit pas. Une route qui n'en finit plus.* ‖ (sujet qqn) *N'en pas (plus) finir* [*de*] (+ *inf.*), être très lent à faire qqch : *Elle n'en finit pas de se maquiller le matin.*

finish [finiʃ] n. m. (mot angl.). **1.** Effort maximal fourni par un athlète au cours de la dernière partie d'une compétition : *L'emporter au finish.* — **2.** *Match au finish,* qui cesse quand l'un des adversaires est hors de combat.

finissage [finisaʒ] n. m. Opération par laquelle on termine un ouvrage, un travail manuel.

finissant, e [finisɑ̃] adj. Qui se termine : *Le XXe siècle finissant.*

finisseur, euse [finisœr] n. Concurrent qui, dans une course, manifeste des qualités spéciales en fin de parcours.

finition [finisjɔ̃] n. f. **1.** Opération par laquelle on achève un travail de confection, de construction, de mécanique, etc. : *La finition d'une robe.* — **2.** Qualité de ce qui est achevé de façon soignée : *Une robe qui manque de finition* (= où les ourlets, les boutonnières, etc., sont faits à la hâte, sans soin). *La finition d'une voiture.*

finlandais, e [fɛ̃lɑ̃dɛ] adj. et n. De la Finlande.

finnois [finwa] n. m. (bas lat. *finnicus*). Langue parlée en Finlande.

fiole [fjɔl] n. f. (gr. *phialê,* vase). Petite bouteille à col étroit.

fioriture [fjɔrityr] n. f. (de l'it. *fiorire,* fleurir). **1.** Ornement petit, compliqué ou en nombre excessif (souvent pl.) : *Un dessin plein de fioritures.* — **2.** *Fioritures de style,* tournures de style recherchées ou compliquées qui nuisent à la clarté de l'expression.

firmament [firmamɑ̃] n. m. (lat. *firmamentum*). Syn. litt. de CIEL.

firme [firm] n. f. (it. *firma,* convention). Entreprise industrielle ou commerciale.

fisc [fisk] n. m. (lat. *fiscus,* panier). Administration publique chargée de calculer et de percevoir les impôts.

fiscal, e, aux [fiskal] adj. Relatif au fisc, aux impôts : *Timbre fiscal. Une réforme fiscale.*

fiscaliste [fiskalist] n. Spécialiste des problèmes fiscaux.

fiscalité [fiskalite] n. f. **1.** Système d'après lequel sont perçus les impôts : *Refondre la fiscalité d'un pays.* — **2.** Ensemble des charges de l'impôt : *Une fiscalité excessive.*

fissile [fisil] ou **fissible** [fisibl] adj. Se dit d'un élément chimique susceptible de subir une fission : *Les matières fissiles sont l'uranium et le plutonium.*

fission [fisjɔ̃] n. f. (lat. *fissio,* action de fendre). Processus au cours duquel le noyau d'un atome lourd (uranium, plutonium, etc.) se sépare en deux parties, en libérant une certaine quantité d'énergie.

fissuration [fisyrasjɔ̃] n. f. Fait de se fendre, de se craqueler : *Fissuration due au gel.*

fissure [fisyr] n. f. (lat. *fissura*). **1.** Fente généralement légère : *Un vase dont l'émail est couvert de fissures* (syn. CRAQUELURE). *Il y a une grande fissure dans ce mur* (syn. CREVASSE). — **2.** Point faible qui compromet la solidité d'une argumentation, la cohésion d'un groupe, etc. : *Il y a une fissure dans ce raisonnement* (syn. LACUNE, FAILLE).

fissuré, e [fisyre] adj. Qui présente des fissures : *Mur fissuré* (syn. LÉZARDÉ). *Rocher fissuré* (syn. CREVASSÉ).

fissurer [fisyre] v. t. Former des fissures : *L'eau avait fissuré le plafond.* ◆ ***se fissurer*** v. pr. Se fendre : *Avec cette sécheresse, le sol se fissure* (syn. SE CRAQUELER).

fistule [fistyl] n. f. (lat. *fistula*). Canal accidentel qui fait communiquer anormalement un organe avec l'extérieur ou avec un autre organe (méd.).

fixage [fiksaʒ] n. m. Action de fixer une image photographique.

fixateur [fiksatœr] n. m. **1.** Bain utilisé pour le fixage d'une photographie. — **2.** Vaporisateur qui sert à fixer un dessin sur le papier.

fixatif [fiksatif] n. m. Préparation liquide incolore, qui permet de fixer un dessin.

fixation [fiksasjɔ̃] n. f. **1.** Action par laquelle qqch est fixé ou définitivement réglé : *Fixation d'un clou. Fixation des taxes.* — **2.** Attache, dispositif servant à fixer : *Avant de faire du ski, mettre ses fixations de sécurité.*

1. fixe [fiks] adj. (lat. *fixus*). **1.** Qui ne bouge pas d'un endroit ou qui est arrêté dans une position déterminée : *Un point fixe* (contr. MOBILE). *Un camp fixe* (contr. VOLANT). ‖ *Domicile fixe* (= lieu où qqn habite de façon permanente; contr. TEMPORAIRE). *Regard fixe* (= qui reste dirigé vers un même point). — **2.** Qui se maintient dans le même état d'une façon durable, qui ne varie pas : *Idée fixe. De l'encre d'un bleu fixe. Le baromètre, le temps est au beau fixe* (= il va faire beau de façon durable). — **3.** Qui a été déterminé, réglé à l'avance de façon précise et définitive : *Avoir des heures fixes* (syn. RÉGULIER). *Restaurant à prix fixe. Salaire, revenu fixe* (syn. RÉGULIER). — **4.** *Ne rien savoir de fixe,* ne pas avoir un renseignement auquel on puisse se fier : *Pour sa nomination, il ne savait encore rien de fixe* (syn. CERTAIN, SÛR, DÉFINITIF).

2. fixe [fiks] n. m. Appointements réguliers : *Outre ses commissions, elle touche un fixe mensuel.*

fixé, e [fikse] adj. **1.** *Être fixé sur qqn, qqch,* savoir à quoi s'en tenir sur qqn, ce qu'il faut penser de qqch. — **2.** Fam. *N'être pas fixé,* ne pas savoir exactement ce qu'on veut, ce qu'on doit faire.

fixement [fiksəmɑ̃] adv. Avec fixité : *Regarder fixement un tableau, une personne* (syn. ↓EN FACE, ↑INTENSÉMENT).

fixer [fikse] v. t. **1.** *Fixer qqch,* l'établir à une place de manière stable, durable : *Fixer un tableau au mur* (syn. ACCROCHER). *On avait fixé un poteau à l'angle du terrain* (syn. PLANTER). *Avez-vous fixé un emplacement pour la tente?* (syn. DÉTERMINER). *Fixer un souvenir dans son esprit* (syn. GRAVER). — **2.** *Fixer qqch,* le déterminer ou le définir de façon précise : *Fixer un rendez-vous* (syn. DONNER). *Fixer une date, un délai* (syn. INDIQUER, PRESCRIRE, ASSIGNER). *Fixer une règle* (syn. POSER, FORMULER). *Fixer les attributions de quelqu'un* (syn. DÉLIMITER). *Le gouvernement avait fixé le montant des importations* (syn. RÉGLEMENTER, CONTINGENTER). — **3.** *Fixer qqch, qqn,* le regarder de façon continue : *Le chasseur fixe la haie d'où le gibier peut sortir. Il s'amuse à fixer sa sœur : si elle baisse les paupières la première, elle a perdu!* ‖ *Fixer les yeux, son esprit, son attention sur qqch,* porter ses yeux, son esprit, son attention de manière durable ou concentrée sur cette chose (syn. ARRÊTER). ‖ *Fixer son choix sur qqch,* le choisir après réflexion (syn. ARRÊTER). — **4.** *Fixer une image photographique, un dessin,* les rendre inaltérables par un traitement spécial. — **5.** *Fixer qqn,* le renseigner de façon précise et définitive : *S'il ne sait encore rien de ce qui l'attend, je vais aller le fixer.* ◆ ***se fixer*** v. pr. **1.** (sujet qqch) Cesser de se déplacer, de bouger : *Son regard se fixa sur moi* (syn. S'ARRÊTER). *Son attention a de la peine à se fixer* (syn. SE CONCENTRER). — **2.** (sujet qqn) S'établir d'une façon permanente : *Après des études de médecine, elle est allée se fixer dans le Midi.* — **3.** (sujet qqn) *Se fixer un but, un objectif,* se le donner de façon précise.

fixité [fiksite] n. f. Qualité de ce qui est fixe : *Fixité d'un regard* (contr. MOBILITÉ).

fjord [fjɔr] n. m. (mot norv.). Vallée glaciaire envahie par la mer.

flacon [flakɔ̃] n. m. (lat. *flasco*). Petite bouteille de verre, de cristal, à bouchon de même matière ou de métal; son contenu : *Un flacon de parfum.*

flagellation [flaʒɛlasjɔ̃] n. f. Action de flageller : *La flagellation de Jésus-Christ.*

flageller [flaʒɛle] v. t. (lat. *flagellare,* fouetter). Litt. *Flageller qqn,* le battre à coups de fouet ou de verge (syn. FOUETTER).

flageolant, e [flaʒɔlɑ̃] adj. Qui flageole : *Se sentir flageolant pendant une convalescence. Avoir les jambes flageolantes.*

flageoler [flaʒɔle] v. i. (de l'anc. fr. *flageolet,* jambe grêle) [sujet qqn]. Avoir les jambes tremblantes, par excès de fatigue ou sous le coup d'une émotion : *Cet enfant flageole sur ses jambes.*

1. flageolet [flaʒɔlɛ] n. m. (de l'anc. fr. *flageol,* flûte). Petite flûte à bec, en bois, à six trous.

2. flageolet [flaʒɔlɛ] n. m. (it. *faginolo,* haricot).

Espèce de haricot noir à écosser, qui fournit des petits grains.

flagorner [flagɔrne] v. t. (orig. obscure). Litt. *Flagorner qqn,* le flatter de façon servile et fréquemment : *Pour obtenir ce poste, il flagorna le ministre six mois durant* (syn. ↓FLATTER ; fam. LÉCHER).

flagornerie [flagɔrnəri] n. f. *Litt.* Flatterie grossière : *Aimer la flagornerie* (syn. fam. LÈCHE).

flagorneur, euse [flagɔrnœr] n. *Litt.* Qui flagorne : *Un vil flagorneur* (syn. FLATTEUR ; fam. LÉCHEUR, LÈCHE-BOTTES).

flagrant, e [flagrɑ̃] adj. (lat. *flagrans,* brûlant). **1.** Qui apparaît de façon évidente et incontestable : *Je suis victime d'une injustice flagrante. Une erreur flagrante. Il y a là une contradiction flagrante.* — **2.** *Flagrant délit* → DÉLIT.

flair [flɛr] n. m. **1.** Odorat d'un animal. — **2.** Aptitude de qqn à deviner intuitivement, à pressentir instinctivement qqch : *Ce détective manque vraiment de flair.* — **3.** Fam. *Avoir du flair,* être doué pour deviner, pressentir, etc., qqch (syn. fam. AVOIR DU NEZ).

flairer [flɛre] v. t. (lat. *fragrare,* exhaler une odeur). **1.** (sujet un animal) *Flairer (qqch, qqn),* y appliquer son odorat pour en déceler l'odeur ; reconnaître qqch, qqn par l'odeur : *Le chien flairait le filet à provisions* (syn. HUMER, ↑RENIFLER). *Le lion a flairé une gazelle.* — **2.** (sujet qqn) *Flairer qqch,* discerner qqch d'invisible ou de secret : *Sa grande amie a flairé là-dessous un piège* (syn. DEVINER, PRESSENTIR, SOUPÇONNER, SUBODORER, SENTIR).

flamand, e [flamɑ̃] adj. et n. De la Flandre. ◆ ***flamand*** n. m. Langue germanique parlée en Flandre.

flamant [flamɑ̃] n. m. (prov. *flamenc*). Oiseau de grande taille, au plumage rose, écarlate ou noir, aux grandes pattes palmées, au cou long et souple et à gros bec.

flambage [flɑ̃baʒ] n. m. Action ou manière de flamber qqch.

flambant [flɑ̃bɑ̃] adv. *Flambant neuf,* absolument neuf : *Une voiture flambant neuve.*

flambé, e [flɑ̃be] adj. **1.** Qui a été flambé à l'alcool : *Des bananes flambées.* — **2.** *Fam.* Ruiné, perdu : *C'est un homme flambé.*

flambeau [flɑ̃bo] n. m. (lat. *flammula,* petite flamme). **1.** Torche qu'on porte à la main dans certaines circonstances : *Une retraite aux flambeaux.* — **2.** Litt. *Se passer, se transmettre le flambeau,* continuer la tradition de qqch.

flambée [flɑ̃be] n. f. **1.** Feu clair qu'on allume pour se réchauffer : *Faire une flambée de sarments dans la cheminée.* — **2.** *Flambée de qqch,* mouvement brusque et violent : *Une flambée de colère, de haine. Une flambée de terrorisme. Flambée des prix* (= rapide augmentation des prix).

flamber [flɑ̃be] v. t. (lat. *flammare*). **1.** *Flamber qqch,* le passer rapidement et légèrement à la flamme : *Flamber un poulet. Flamber une aiguille pour la stériliser.* — **2.** *Flamber un aliment,* l'arroser d'alcool qu'on fait brûler : *Flamber des cailles au cognac.* — **3.** Pop. *Flamber de l'argent,* le gaspiller. ◆ v. i. (sujet qqch) Brûler vite et en faisant une flamme claire : *Faire flamber une allumette. Le feu a gagné la maison, qui flambe comme une torche.*

flambeur [flɑ̃bœr] n. m. *Pop.* Celui qui joue gros jeu ou qui flambe de l'argent.

flamboiement [flɑ̃bwamɑ̃] n. m. Vif éclat d'un objet qui brûle ou qui reflète la lumière : *Le flamboiement de l'incendie se reflétait dans l'eau.*

1. flamboyant, e [flɑ̃bwajɑ̃] adj. **1.** Qui flamboie : *Une épée flamboyante. Des regards flamboyants.* — **2.** Se dit de la troisième et dernière période de l'art gothique, caractérisée par des lignes ondoyantes : *Le gothique flamboyant. L'architecture flamboyante ;* et comme n. m. *Le flamboyant s'est répandu à partir du XV*[e] *s.*

2. flamboyant [flɑ̃bwajɑ̃] n. m. Arbre des Antilles, à fleurs rouges.

flamboyer [flɑ̃bwaje] v. i. (du lat. *flammula,* petite flamme) [c. 3] (sujet qqch). Jeter de grands éclats lumineux, soit en brûlant, soit en réfléchissant la lumière : *On voyait flamboyer l'incendie au loin* (syn. ROUGEOYER). *Ses yeux flamboyaient de colère* (syn. ÉTINCELER, ↓BRILLER).

flamenco, ca [flamɛ̃ko] adj. et n. m. (mot esp.). Se dit de la musique, de la danse et du chant populaire andalous.

flamingant, e [flamɛ̃gɑ̃] adj. et n. (de *flameng,* forme anc. de *flamand*). **1.** Relatif au domaine des dialectes flamands. — **2.** Se dit des partisans du mouvement flamand en Belgique.

flamme [flam] n. f. (lat. *flamma*). **1.** Gaz incandescent, généralement lumineux, qui se dégage d'une matière en combustion : *La flamme d'une bougie. Les flammes de l'incendie.* — **2.** Ardeur, vivacité d'un sentiment : *Elle s'élança avec la flamme de la jeunesse* (syn. ENTHOUSIASME). *Parler avec flamme* (syn. FEU, FIÈVRE, ARDEUR ; contr. CALME). — **3.** Petite banderole de forme triangulaire, qui est hissée au haut des mâts d'un navire de guerre. — **4.** Marque postale apposée sur les lettres à côté du cachet d'oblitération (→ ENFLAMMER et INFLAMMABLE.)

flammé, e [flame] adj. Qui présente des taches, des dessins en forme de flammes : *Des soies flammées.*

flammèche [flamɛʃ] n. f. Parcelle de matière enflammée qui s'échappe d'un foyer.

flan [flɑ̃] n. m. (frq. *flado*). **1.** Tarte garnie d'une crème à base d'œufs et qu'on a passée au four. — **2.** Crème renversée : *Un flan au caramel.* — **3.** Fam. *C'est du flan !,* ce n'est pas vrai, c'est une plaisanterie (syn. fam. C'EST DU VENT). — **4.** Fam. *En être, en rester comme deux ronds de flan,* être ébahi, stupéfait.

flanc [flɑ̃] n. m. (frq. *hlanka,* côté). **1.** Partie latérale du corps, chez l'animal et chez l'homme, depuis les côtes jusqu'aux hanches : *Le cheval se coucha sur le flanc* (syn. CÔTÉ). — **2.** Partie latérale de qqch : *Le flanc d'un navire* (= paroi latérale de la coque). *Le flanc d'une colonne militaire* (= soldats situés sur le côté dans le sens de la marche). *Le flanc abrupt d'une montagne.* — **3.** *À flanc de,* sur la pente de : *Monter à flanc de coteau.* ‖ *De flanc,* de côté. ‖ Fam. *Être sur le flanc,* être à bout de fatigue (syn. EXTÉNUÉ, BRISÉ ; fam. ÉREINTÉ, HARASSÉ) ; être malade. ‖ *Mettre qqn sur le flanc,* le fatiguer jusqu'à l'épuisement. ‖ Litt. *Prêter le flanc à la critique,* donner lieu à être critiqué.

flancher [flɑ̃ʃe] v. i. (frq. *hlankjan,* plier). *Fam.* **1.** (sujet qqn) Ne pas persévérer dans une intention, un effort : *Les troupes alliées qui devaient soutenir l'offensive ont flanché* (syn. fam. MOLLIR). — **2.** (sujet qqch) Cesser de fonctionner, de résister : *Le cœur a brusquement flanché au cours de l'anesthésie. Son moral flanchait* (syn. CÉDER, ↑S'EFFONDRER).

flanelle [flanɛl] n. f. (angl. *flannel*). Tissu léger en laine ou en coton.

flâner [flane] v. i. (anc. scand. *flana*) [sujet qqn]. **1.** Se promener sans but, pour se distraire : *Flâner le long des quais de la Seine* (syn. fam. SE BALADER). — **2.** Paresser : *Le dimanche matin, elle reste chez elle à flâner.*

flânerie [flanri] n. f. Action de flâner : *J'aime les flâneries solitaires sur les Grands Boulevards.*

flâneur, euse [flanœr] n. et adj. Qui flâne (syn. BADAUD, PROMENEUR).

flanquer [flɑ̃ke] v. t. (de *flanc*). **1.** (sujet qqch) *Flanquer qqch,* y être accolé, lui servir de renfort : *Les deux tours qui flanquaient le château en ruine.* — **2.** (sujet qqn) *Flanquer qqch de qqch,* y ajouter qqch : *Il a flanqué son pavillon d'un affreux garage.* — **3.** (sujet qqn) *Être flanqué de qqn,* en être accompagné sans cesse : *Un homme politique flanqué de son garde du corps.* — **4.** Fam. *Flanquer qqch,* le jeter brutalement, le lancer, l'appliquer violemment qqpart : *Flanquer une paire de gifles à quelqu'un* (syn. ↓DONNER ; fam. FICHER, BALANCER). *J'ai flanqué une assiette par terre.* — **5.** Fam. *Flanquer qqn par terre, à la porte,* etc., le jeter par terre, le faire sortir brutalement d'un local ou le congédier, etc. — **6.** *Ça flanque tout par terre!,* se dit de qqch qui anéantit des projets.

flapi, e [flapi] adj. (du prov. *flapir,* flétrir). *Fam.* Extrêmement fatigué, épuisé : *Après cette promenade, je me sens flapi.*

flaque [flak] n. f. (de l'anc. fr. *flache,* mou). Petite mare, eau stagnant sur le sol.

flash [flaʃ] n. m. (mot angl. signif. *éclair*) [pl. *flashes* (flaʃ)]. **1.** Éclair très bref et très intense, nécessaire à une prise de vue quand l'éclairage est insuffisant : *Être ébloui par les flashes des photographes.* — **2.** Dispositif dont on équipe un appareil photographique pour prendre des photos au flash. — **3.** À la radio, à la télévision, information très brève.

flash-back [flaʃbak] n. m. inv. (mot angl.). Dans un film, séquence qui retrace une action passée par rapport à la situation présente. (On dit aussi RETOUR EN ARRIÈRE.)

1. flasque [flask] adj. (anc. fr. *flache,* mou). Qui est mou : *Chairs flasques* (contr. FERME).

2. flasque [flask] n. f. (germ. *flaska,* bouteille). Flacon plat.

flatter [flate] v. t. (du frq. *flat,* plat de la main). **1.** (sujet qqn) *Flatter qqn,* chercher à lui plaire, dans une intention intéressée, par des louanges excessives, des attentions : *Il ne cesse de flatter le directeur* (syn. COURTISER, ↑ENCENSER, ↑FLAGORNER). ‖ *Flatter les passions, les vices de qqn,* les entretenir par une complaisance coupable : *Il cherchait toutes les occasions de flatter sa manie du jeu* (syn. ENCOURAGER, FAVORISER). — **2.** (sujet qqch) *Flatter qqn,* le faire paraître plus beau qu'il n'est en réalité : *Ce portrait la flatte* (syn. EMBELLIR). *Sa nouvelle coiffure la flatte* (syn. AVANTAGER). — **3.** (sujet qqch) *Flatter les sens, les sentiments de qqn,* lui procurer un contentement profond : *Ce vin flatte le palais. Les palmes académiques flattent son amour-propre* (syn. ↑EXCITER). *Votre visite me flatte et m'honore grandement* (syn. FAIRE PLAISIR). — **4.** *Flatter un animal,* le caresser avec le plat de la main. ◆ ***se flatter*** v. pr. (sujet qqn) *Se flatter de qqch, de* (+ *inf.*), prétendre pouvoir le faire : *Elle se flatte de démasquer immédiatement les hypocrites* (syn. SE TARGUER); en tirer satisfaction, orgueil : *Elle se flatte de ses talents* (syn. SE PRÉVALOIR, SE VANTER).

flatterie [flatri] n. f. Louange intéressée : *Être sensible à la flatterie* (syn. ↑ADULATION, ↑FLAGORNERIE).

flatteur, euse [flatœr] adj. et n. Qui flatte. *Un vil flatteur* (syn. COURTISAN). *Dresser un bilan flatteur de la situation* (syn. OPTIMISTE). *Son miroir lui renvoyait une image flatteuse* (syn. AVANTAGEUX).

flatulence [flatylɑ̃s] n. f. (lat. *flatus,* vent). Accumulation de gaz dans l'estomac ou l'intestin.

fléau [fleo] n. m. (lat. *flagellum,* fouet).
— **I. 1.** Instrument qui sert à battre le blé, formé d'un manche et d'un battoir en bois reliés par des courroies. — **2.** *Fléau d'une balance,* tige métallique horizontale, aux extrémités de laquelle sont placés les deux plateaux.
— **II. 1.** Grand malheur, calamité publique : *Le cancer, l'alcoolisme sont des fléaux de la vie moderne.* — **2.** Être ou chose néfaste, funeste : *Les moustiques sont le fléau de cette région.*

fléchage [fleʃaʒ] n. m. Action de flécher : *Le fléchage d'un itinéraire.*

flèche [flɛʃ] n. f. (frq. *fliukka*). **1.** Projectile consistant en une tige de bois, munie à une extrémité d'une pointe généralement métallique, et à l'autre d'un empennage permettant de guider la trajectoire : *Décocher une flèche.* — **2.** Représentation schématique d'une flèche, utilisée en général pour indiquer une direction, pour attirer l'attention sur un détail, etc. : *La flèche sur le panneau indique le sens obligatoire.* — **3.** *Faire flèche de tout bois,* utiliser toutes les ressources possibles pour arriver au résultat qu'on désire. ‖ Litt. *La flèche du Parthe,* vérité amère, trait d'esprit ironique ou méchant, qu'on dit à qqn au moment de le quitter. ‖ *Monter en flèche,* monter en ligne droite ou très vite : *Le pilote fit monter en flèche son avion. La température du malade est montée en flèche.* ‖ *Partir en flèche, comme une flèche,* très rapidement. — **4.** Extrémité longue et effilée du clocher d'une église, du toit d'un bâtiment.

flécher [fleʃe] v. t. (c. **10**) *Flécher un parcours, une route,* etc., indiquer par des flèches le trajet à suivre, marquer de flèches.

fléchette [fleʃɛt] n. f. Petite flèche.

fléchir [fleʃir] v. t. (lat. *flectere*). **1.** *Fléchir qqch,* le faire plier, lui donner une forme courbe : *Fléchissez le corps en avant!* (syn. COURBER, PLOYER). — **2.** *Fléchir qqn,* le faire céder, l'amener à des concessions : *Elle a réussi à fléchir ses parents* (syn. ÉBRANLER, GAGNER À SA CAUSE). ◆ v. i. **1.** (sujet qqch) Plier, céder, s'incurver : *Son genou fléchit sous l'effort* (syn. PLIER, S'INFLÉCHIR). *Sous la charge, la planche fléchissait dangereusement.* — **2.** (sujet qqch [abstrait]) Perdre de son énergie, de sa force : *Sa détermination fléchit devant le danger* (syn. CÉDER, PLIER, FAIBLIR, MOLLIR). — **3.** (sujet qqn) Cesser de résister, se laisser convaincre : *Elle a fléchi devant les supplications de ses enfants.* — **4.** (sujet qqch [abstrait]) Diminuer, baisser : *Les cours de la Bourse fléchissent en ce moment.* (→ FLEXIBLE, INFLÉCHIR.)

fléchissement [fleʃismɑ̃] n. m. **1.** Action de fléchir, de faire plier : *Le fléchissement d'une barre* (syn. TORSION). *Le fléchissement des genoux.* — **2.** Action de cesser de résister; fait de diminuer : *Le fléchissement de son courage. Le fléchissement de la natalité* (syn. BAISSE, DIMINUTION).

fléchisseur [fleʃisœr] n. et adj. m. Qui fléchit : *Les muscles fléchisseurs du bras* (par oppos. à *extenseur*).

flegmatique [flɛgmatik] adj. Qui a du flegme : *Garçon flegmatique* (syn. CALME, POSÉ, TRANQUILLE, PLACIDE; contr. VIOLENT, EMPORTÉ).

flegmatiquement [flɛgmatikmɑ̃] adv. Avec flegme.

flegme [flɛgm] n. m. (gr. *phlegma,* humeur). Tempérament, comportement calme, peu émotif : *Flegme imperturbable* (contr. AGITATION, EXALTATION, EMPORTEMENT).

flemmard, e [flɛmar] adj. et n. *Fam.* Qui est paresseux : *Il est devenu flemmard avec l'âge* (syn. pop. COSSARD ; contr. ACTIF).

flemmarder [flɛmarde] v. i. *Fam.* Paresser.

flemme [flɛm] n. f. (it. *flemma*). *Fam.* Paresse : *J'ai la* *flemme de répondre à cette lettre : on verra ça une autre fois.*

flétan [fletɑ̃] n. m. (néerl. *vlete*). Poisson plat des mers froides dont le foie est riche en vitamines.

flétri, e [fletri] adj. Qui est fané : *Fleur flétrie. Peau flétrie* (syn. DÉFRAÎCHI, ↑ RATATINÉ). *Visage flétri* (syn. RIDÉ, ↑ RAVAGÉ).

1. flétrir [fletrir] v. t. (du lat. *flaccidus*, flasque). *Flétrir qqch*, lui ôter son éclat, lui faire perdre sa fraîcheur, sa jeunesse : *Le vent du nord flétrissait rapidement les fleurs. L'âge a flétri le visage de cette actrice.* ◆ ***se flétrir*** v. pr. (sujet qqch). Perdre son éclat : *Les œillets se sont flétris dans le vase* (syn. SE FANER). *Sa beauté s'est lentement flétrie* (syn. SE TERNIR, ↓ PASSER).

2. flétrir [fletrir] v. t. (mot francique). *Flétrir qqn, ses actes*, dénoncer sa conduite dans ce qu'elle a de répréhensible (soutenu) : *On a flétri publiquement l'ancien ministre* (syn. BLÂMER, CONDAMNER, STIGMATISER). *Flétrir la réputation, le souvenir de quelqu'un.*

1. flétrissure [fletrisyr] n. f. Altération de la fraîcheur : *La flétrissure de la peau, du teint.*

2. flétrissure [fletrisyr] n. f. *Litt.* Marque déshonorante : *Il a subi la flétrissure d'un blâme public.*

fleur [flœr] n. f. (lat. *flos, floris*).
— **I. 1.** Partie d'une plante servant à la reproduction, pouvant avoir des couleurs vives, et parfois d'odeur agréable : *Les fleurs de pêcher sont roses. Les cerisiers sont en fleur(s)* [= leurs fleurs sont épanouies]. — **2.** Plante qui donne de belles fleurs : *Cultiver des fleurs sur son balcon. Un bouquet de fleurs.* — **3.** Fam. *Comme une fleur*, facilement, sans aucune difficulté : *Il est arrivé le premier, comme une fleur.* || *Couvrir qqn de fleurs*, le combler de compliments, d'éloges, etc. || *Être fleur bleue*, être sentimental. || Fam. *Faire une fleur à qqn*, lui procurer un avantage sans demander de contrepartie. || *La fine fleur de*, la partie la plus soigneusement triée d'un ensemble de personnes : *Faire partie de la fine fleur de la société* (syn. ÉLITE). || *La fleur de l'âge*, la période de la vie où on est au sommet de sa beauté, de son esprit, etc.
— **II.** *À fleur de qqch*, à peu près au même niveau que qqch : *Les jeunes pousses des pivoines apparaissent à fleur de terre. Avoir les yeux à fleur de tête* (= peu enfoncés dans les orbites, presque exorbités). || *Avoir les nerfs à fleur de peau*, être très irritable. (→ AFFLEURER.)

fleurdelisé, e [flœrdəlize] adj. Orné de fleurs de lis : *Étendard fleurdelisé.*

fleurer [flœre] v. i. (lat. *flatare*, souffler). *Litt.* (sujet qqn, qqch) *Fleurer bon*, répandre une bonne odeur (syn. EMBAUMER); avec un n. désignant le type d'odeur : *Ça fleure le thym et le serpolet ici* (syn. SENTIR).

fleuret [flœrɛ] n. m. (it. *fioretto*, petite fleur). Épée à lame très fine, de section carrée, dont la pointe est garnie d'un bouton (ou mouche) et qui sert à la pratique de l'escrime.

fleurette [flœrɛt] n. f. (de *fleur*). Litt. *Conter fleurette*, tenir des propos galants à une femme.

fleurettiste [flœrɛtist] n. Escrimeur au fleuret.

fleuri, e [flœri] adj. **1.** Garni de fleurs : *Elle a suivi un sentier tout fleuri* (= bordé de fleurs). *La prairie est fleurie* (= couverte de fleurs). — **2.** *Teint fleuri*, teint rougeaud. || *Un style fleuri*, plein d'images, de tournures élégantes.

fleurir [flœrir] v. i. **1.** (sujet une plante) Se couvrir de fleurs; s'épanouir : *Des pêchers qui fleurissent fin mars. Ces roses fleurissent au début de l'été.* — **2.** (sujet qqch) Être prospère, être dans tout son éclat, jouir d'une grande notoriété (imparf. *il florissait* et part. présent *florissant*) : *Sous Louis XIV, les arts florissaient en France* (syn. PROSPÉRER, BRILLER). — **3.** Fam. *Nez qui fleurit*, qui se couvre de boutons. ◆ v. t. *Fleurir qqch* ou *qqn*, l'orner de fleurs ou lui en offrir : *À la Toussaint, on fleurit les tombes.* ◆ ***se fleurir*** v. pr. (sujet qqn) Se munir de fleurs : *Fleurissez-vous, mesdames!*

fleuriste [flœrist] n. Personne qui vend des fleurs.

fleuron [flœrɔ̃] n. m. **1.** Ornement en forme de fleur. — **2.** Litt. *Le plus beau fleuron de qqch*, le meilleur, le plus remarquable d'un ensemble d'objets : *Le plus beau fleuron de sa collection de tableaux, c'est une œuvre de Picasso* (syn. fam. LE CLOU).

fleuve [flœv] n. m. (lat. *fluvius*). **1.** Cours d'eau important, formé par la réunion de rivières et finissant dans la mer : *La Loire est le plus long fleuve de France.* — **2.** *Un fleuve de boue, de lave*, etc., une masse de boue, de lave, etc., qui s'écoule.

flexibilité [flɛksibilite] n. f. Qualité de ce qui est flexible : *La flexibilité d'une branche* (syn. SOUPLESSE).

flexible [flɛksibl] adj. (lat. *flexus*, courbé). Qui peut se courber facilement : *Roseau flexible* (contr. RIGIDE, RAIDE). *La taille flexible d'une jeune fille* (syn. SOUPLE).

flexion [flɛksjɔ̃] n. f. **1.** Action de fléchir, de replier une partie du corps sur la partie adjacente : *Flexion du bras* (contr. EXTENSION). — **2.** Ensemble des désinences caractéristiques d'une catégorie de mots et d'une fonction : *Le verbe possède une flexion.*

flexionnel, elle [flɛksjɔnɛl] adj. Relatif à la désinence : *Les désinences flexionnelles.*

flibustier [flibystje] n. m. (néerl. *vrijbuiter*, pirate). Personne vivant de vol organisé ou de trafic malhonnête (syn. BRIGAND, FILOU). [Les *flibustiers* étaient autref. des pirates des mers d'Amérique.]

flic [flik] n. m. (arg. all. *Flick*, garçon). *Pop.* Policier.

flingue [flɛ̃g] n. m. *Pop.* Fusil ou revolver.

flinguer [flɛ̃ge] v. t. Pop. *Flinguer qqn*, tirer sur lui, le tuer.

1. flipper [flipœr] n. m. (mot angl.). Billard électrique.

2. flipper [flipe] v. i. Fam. Éprouver un sentiment d'angoisse ou d'excitation : *La perspective de son examen la fait flipper.*

flirt [flœrt] n. m. (mot angl.). Rapports sentimentaux, souvent superficiels, avec une personne de l'autre sexe : *Ce n'est pas une liaison, c'est un flirt sans lendemain* (syn. AMOURETTE); la personne avec qui on flirte : *C'est un flirt à elle.*

flirter [flœrte] v. i. *Flirter (avec qqn)*, avoir avec qqn des relations amoureuses ou simplement sentimentales.

flocon [flɔkɔ̃] n. m. (lat. *flocus*). **1.** Petit amas léger d'une matière : *Flocon de laine* (syn. TOUFFE). *La neige tombait à gros flocons.* — **2.** *Flocons d'avoine*, grains d'avoine écrasés, destinés à faire du potage.

floconneux, euse [flɔkɔnø] adj. Qui ressemble à des flocons : *Des nuages floconneux.*

flonflon [flɔ̃flɔ̃] n. m. Air populaire, joué par un orchestre où dominent les instruments à vent et à percussion (généralement pl.) : *Les flonflons de la fête foraine.*

flopée [flɔpe] n. f. Fam. *Une flopée de* (+ *n. pl.*), une grande quantité de : *Une flopée d'enfants.*

floraison [flɔrɛzɔ̃] n. f. **1.** Épanouissement des fleurs d'une plante : *Les rosiers remontants ont plusieurs floraisons.* — **2.** Épanouissement de qqch, moment où il atteint son plus bel éclat, son plus grand succès, etc. : *La grande floraison des romans se situe à l'époque des prix littéraires.*

floral, e, aux [flɔral] adj. Relatif aux fleurs : *Exposition florale* (= de fleurs).

floralies [flɔrali] n. f. pl. Exposition publique de fleurs.

flore [flɔr] n. f. (lat. *Flora,* déesse des Fleurs). **1.** Ensemble des plantes qui croissent dans une région : *La flore de l'Australie.* — **2.** Livre qui contient la description des plantes d'une région déterminée. — **3.** *Flore microbienne,* ensemble des bactéries, champignons microscopiques, qui se trouvent dans une cavité de l'organisme communiquant avec l'extérieur.

floréal [flɔreal] n. m. (lat. *florem,* fleur). Huitième mois du calendrier républicain.

florès (faire) [flɔrɛs] loc. v. (prov. *faire flori,* être dans un état de prospérité). *Litt.* Avoir du succès, être à la mode.

florilège [flɔrilɛʒ] n. m. (lat. *flos, floris,* fleur, et *legere,* choisir). Recueil de poésies.

florin [flɔrɛ̃] n. m. (it. *florino*). Unité monétaire des Pays-Bas.

florissant, e [flɔrisɑ̃] adj. (de *florir,* forme anc. de *fleurir*). **1.** En pleine prospérité : *Le commerce est florissant* (syn. PROSPÈRE, EN EXPANSION, ↓ACTIF). — **2.** Qui est l'indice d'un parfait état de santé : *Un teint florissant* (syn. ↑RESPLENDISSANT). [→ FLEUR.]

flot [flo] n. m. (mot francique). **1.** Dépression et soulèvement alternatifs de la surface de l'eau (souvent pl.) : *Les flots de la mer* (syn. VAGUE). ‖ Litt. *Les flots,* la mer. — **2.** Masse d'une matière, dont l'apparence évoque le mouvement des flots : *Les flots de sa chevelure tombaient sur ses épaules* (syn. ONDULATION). — **3.** *Flot de* (+ *n. pl.*), grande quantité de : *Verser des flots de larmes* (syn. RUISSEAU, TORRENT). *Laisser sortir le flot des employés* (syn. FOULE, MASSE). *Un flot de souvenirs revint à son esprit* (syn. AFFLUX). *Couvrir quelqu'un sous un flot de paroles* (syn. PLUIE). — **4.** *À flots,* en grande quantité : *Dans cette entreprise, les capitaux coulent à flots.* ‖ *Être à flot,* se dit d'un navire qui a assez d'eau pour flotter (par oppos. à *être à sec, en cale sèche*); *fam.,* en parlant de qqn, avoir de nouveau assez d'argent pour vivre (contr. fam. ÊTRE À SEC, À FOND DE CALE). ‖ *Remettre qqn à flot,* mettre qqn en mesure de se tirer d'affaire, en lui versant de l'argent (syn. RENFLOUER).

flottable [flɔtabl] adj. Se dit d'un cours d'eau sur lequel on peut faire du flottage.

flottage [flɔtaʒ] n. m. Technique de transport du bois, consistant à le faire descendre des cours d'eau, en le laissant flotter.

flottaison [flɔtɛzɔ̃] n. f. *Ligne de flottaison,* endroit où la surface de l'eau atteint la coque d'un navire.

flottant, e [flɔtɑ̃] adj. **1.** Ample, qui ne serre pas : *Une robe flottante.* — **2.** Qui n'est pas nettement fixé : *Un esprit flottant* (syn. INDÉCIS). *Des effectifs flottants* (contr. FIXE).

flotte [flɔt] n. f. (anc. scand. *floti*). **1.** Grand nombre de bateaux naviguant ensemble : *J'ai vu rentrer à Concarneau toute la flotte des pêcheurs.* — **2.** Unité d'une marine de guerre, d'une aviation militaire : *La VIIe flotte américaine.* — **3.** Ensemble des forces navales militaires d'un pays. — **4.** *Fam.* Eau : *Qu'est-ce qu'il est encore tombé comme flotte!* (syn. PLUIE). *Piquer une tête dans la flotte.*

flottement [flɔtmɑ̃] n. m. **1.** Manque de netteté dans qqch, de précision dans les actions de qqn : *Il se produisit un certain flottement dans l'assemblée* (syn. EMBARRAS, BROUHAHA). *On observe du flottement dans la conduite de cet homme* (syn. INCERTITUDE). — **2.** État d'une monnaie dont le cours varie constamment.

flotter [flɔte] v. i. (de *flot*) [sujet qqch, qqn]. **1.** Demeurer à la surface d'un liquide, soutenu par lui : *Le bouchon flotte sur l'eau.* — **2.** (sujet qqch) Se maintenir en suspension dans l'air ou ne pas être fixé, ondoyer, être porté de-ci de-là : *Un parfum léger flottait dans la pièce. Le drapeau flotte au vent* (syn. ONDULER). *Elle laissait flotter son imagination* (syn. ERRER, VAGABONDER). — **3.** (sujet qqn) Avoir un vêtement trop grand : *Il flotte dans son manteau.* — **4.** (sujet une monnaie) Avoir une valeur variable, par rapport à l'or ou à une autre monnaie : *Le franc flotte.* — **5.** Être indécis, irrésolu : *Je flotte entre l'acceptation et un refus poli.* — **6.** *Fam.* Pleuvoir.

flotteur [flɔtœr] n. m. Dispositif permettant à un corps de se maintenir à la surface de l'eau ou entre deux eaux : *Les flotteurs d'un pédalo. Le flotteur d'une ligne de pêche* (syn. BOUCHON).

flottille [flɔtij] n. f. **1.** Ensemble de petits navires. — **2.** Formation d'appareils de combat de l'aéronavale.

flou, e [flu] adj. (lat. *flavus,* jaune, fané). Dont le contour n'apparaît pas nettement; vague, mal déterminé : *Dessin flou* (syn. FONDU; contr. PRÉCIS). *Idée floue* (syn. VAGUE; contr. CLAIR). ◆ ***flou*** n. m. Ce qui est mal déterminé, ce qui n'est pas net : *Le flou d'une pensée. Obtenir un effet de flou en photographie.*

flouer [flue] v. t. (lat. *fraudare*). Litt. *Flouer qqn,* le tromper, le duper, le berner : *Il s'est aperçu que dans cette affaire on l'avait floué.*

fluctuant, e [flyktɥɑ̃] adj. Qui fluctue, qui flotte : *Une personne fluctuante dans ses opinions* (syn. INCERTAIN, INDÉCIS). *Prix fluctuants* (syn. MOUVANT).

fluctuation [flyktɥasjɔ̃] n. f. Variation incessante de qqch, transformation alternative d'une chose en une autre et réciproquement (souvent pl.) : *Suivre les fluctuations de la Bourse* (= les hauts et les bas). *Les fluctuations d'un esprit inquiet* (syn. INCERTITUDE, INDÉCISION, IRRÉSOLUTION). *Les fluctuations de l'opinion* (syn. CHANGEMENT).

fluctuer [flyktɥe] v. i. (lat. *fluctuare,* flotter). Varier : *Une monnaie dont le cours fluctue sans cesse.*

fluet, ette [flyɛ] adj. (de *flou*). **1.** Se dit des doigts, des jambes, de la taille de qqn de mince et d'apparence délicate : *Avoir des doigts fluets comme ceux d'un enfant* (syn. FRÊLE, GRÊLE). — **2.** *Voix fluette,* qui manque de force (syn. LÉGER, ↑TÉNU).

1. fluide [flɥid] adj. (lat. *fluidus,* qui coule). **1.** Qui coule, s'écoule aisément : *Une encre très fluide* (contr. ÉPAIS). *Un style fluide* (contr. LOURD). *Une circulation routière fluide.* — **2.** Difficile à saisir, à fixer, à apprécier : *Une pensée fluide. Une situation fluide* (syn. INSTABLE).

2. fluide [flɥid] n. m. **1.** Nom donné aux liquides et aux gaz. — **2.** *Litt.* Cause invisible de certains phénomènes : *Fluide nerveux* (syn. INFLUX). *Fluide électrique* (syn. COURANT). *Le fluide d'un magnétiseur* (= la force mystérieuse qui émanerait de lui).

fluidité [[flɥidite] n. f. État fluide : *La fluidité d'un liquide.*

fluor [flyɔr] n. m. (mot lat. signif. *écoulement*). Gaz jaune vert.

fluorescence [flyɔrɛsɑ̃s] n. f. (de *fluor*). Propriété de certains corps d'émettre de la lumière quand ils reçoivent un rayonnement.

fluorescent, e [flyɔrɛsɑ̃] adj. *Lampe fluorescente, tube fluorescent,* qui servent à l'éclairage, grâce à la fluorescence de gaz soumis à une décharge électrique.

1. flûte [flyt] n. f. **1.** Instrument de musique à vent, constitué d'un tube creux, en bois ou en métal, dans lequel l'instrumentiste souffle par un orifice situé près d'une extrémité, et joue les notes en bouchant tout ou partie des trous situés le long de l'instrument. — **2.** Verre à pied, étroit et haut.

2. flûte! [flyt] interj. *Fam.* Marque la contrariété : *Il pleut encore. Flûte! on ne va pas pouvoir sortir* (syn. fam. ZUT!).

flûté, e [flyte] adj. Qui a le son de la flûte, ou qui évoque la flûte : *Une petite voix flûtée.*

flûtiste [flytist] n. Personne qui joue de la flûte.

fluvial, e, aux [flyvjal] adj. (du lat. *fluvius,* ruisseau). Relatif aux cours d'eau : *Les eaux fluviales. Pêche fluviale.*

flux [fly] n. m. (lat. *fluxus,* écoulement). **1.** Écoulement continu d'un liquide organique (méd.) : *Un flux de sang.* — **2.** Marée montante : *Le flux et le reflux de la mer.* — **3.** *Flux lumineux,* quantité de lumière transportée par un faisceau lumineux.

fluxion [flyksjɔ̃] n. f. (lat. *fluxio,* écoulement). *Fluxion de poitrine,* inflammation du poumon (vieilli).

foc [fɔk] n. m. (néerl. *fok*). Voile triangulaire à l'avant d'un bateau à voiles.

focal, e, aux [fɔkal] adj. (du lat. *focus,* foyer). **1.** Qui concerne le foyer des miroirs ou des lentilles. — **2.** *Distance focale,* distance du foyer principal à la surface réfléchissante ou réfringente.

focaliser [fɔkalize] v. t. **1.** Faire converger en un point un faisceau lumineux. — **2.** Concentrer des éléments divers : *Focaliser l'intérêt sur un point.*

fœhn [føn] n. m. (mot. all.). Vent chaud et très sec qui souffle dans certaines vallées des Alpes.

fœtal, e, aux [fetal] adj. Relatif au fœtus.

fœtus [fetys] n. m. (mot lat.). Embryon suffisamment développé pour avoir déjà les formes distinctes de l'espèce.

foi [fwa] n. f. (lat. *fides,* confiance). **1.** Croyance en la vérité d'une religion, en son dieu et en ses dogmes : *Avoir la foi, perdre la foi. Voir toute chose avec les yeux de la foi.* — **2.** *Article de foi,* dogme qu'un catholique ne peut pas refuser de croire. ‖ *Il n'y a que la foi qui sauve,* se dit ironiq. de ceux qui font une confiance aveugle à qqch ou à qqn. ‖ *N'avoir ni foi ni loi,* n'avoir ni religion ni morale. ‖ *Profession de foi,* renouvellement des promesses du baptême qu'un enfant catholique fait ordinairement vers douze ans; déclaration publique que qqn fait de ses opinions : *Son livre est une profession de foi en faveur du libéralisme économique.* — **3.** *Litt.* Engagement qu'on prend d'être fidèle à une promesse : *Violer la foi conjugale* (syn. FIDÉLITÉ). *Sous la foi du serment* (= en appuyant ses déclarations d'un serment; syn. SCEAU). ‖ *Ma foi!,* formule banale appuyant une affirmation : *Voilà une bonne idée, ma foi!* — **4.** Confiance qu'on accorde à qqch, à qqn : *Un jeune qui a foi en l'avenir.* — **5.** *Ajouter foi à qqch,* le tenir pour assuré, pour vrai. ‖ *Avoir foi, mettre sa foi en qqn, en la bonté, la clairvoyance,* etc., *de qqn,* lui faire confiance absolument (syn. SE REPOSER SUR, S'ABANDONNER À). ‖ *Bonne foi,* qualité de qqn qui agit avec l'intention d'être honnête, consciencieux, respectueux de la vérité : *Sa bonne foi ne fait pas de doute. Une personne de bonne foi. Agir de bonne foi* (= avec droiture, avec loyauté). ‖ *Digne de foi,* se dit de qqn en la sincérité de qui on peut avoir confiance, ou de ses propos. ‖ *En foi de quoi,* formule juridique précédant la signature d'un certificat. ‖ *Mauvaise foi,* malhonnêteté de qqn qui affirme des choses qu'il sait fausses, ou qui feint l'ignorance, etc. : *L'enquête a démontré la mauvaise foi du témoin.* ‖ *Sur la foi de qqch, de qqn,* en vertu de la confiance qui leur est accordée.

foie [fwa] n. m. (lat. [*jecur*] *ficatum,* foie d'oie engraissée avec des figues). **1.** Organe contenu dans l'abdomen, annexé au tube digestif, qui sécrète la bile et qui remplit plusieurs fonctions organiques. — **2.** *Foie gras,* foie d'oie ou de canard engraissés, constituant un mets recherché.

foin [fwɛ̃] n. m. (lat. *fenum*). **1.** Fourrage fauché et séché pour servir de nourriture aux animaux : *Une meule de foin.* — **2.** Fam. *Faire du foin,* faire grand bruit, causer du scandale.

foire [fwar] n. f. (lat. *feria*). **1.** Grand marché ou exposition commerciale, se tenant à des époques fixes : *La foire de Paris, de Marseille.* — **2.** *Fam.* Endroit où règne le bruit, le désordre : *Quelle foire!* — **3.** *Faire la foire,* s'amuser, boire, en faisant du bruit.

foirer [fware] v. i. *Pop.* (sujet une affaire, une conduite) Ne pas marcher, ne pas réussir : *Notre idée a foiré au dernier moment* (syn. ÉCHOUER, RATER).

foireux, euse [fwarø] adj. *Pop.* Mal préparé, dont l'échec est prévisible.

fois [fwa] n. f. (lat. *vices,* tours). **1.** Indique la répétition d'un fait : *Elle est venue me voir trois fois. Cette fois-ci, elle ne viendra plus* (syn. DÉSORMAIS; fam. CE COUP-CI). ‖ *Ne pas se faire dire qqch deux fois,* s'empresser de profiter d'une autorisation, d'obéir à un ordre agréable. ‖ *Une fois pour toutes, une bonne fois,* de façon définitive, sans qu'il y ait lieu de revenir là-dessus : *Je vous le dis une fois pour toutes, ne venez plus me déranger.* — **2.** Indique l'importance plus ou moins grande de qqch en comparaison d'autre chose : *Cette maison est deux fois plus grande que la vôtre, ou deux fois grande comme la vôtre* (= elle est le double). — **3.** Indique la répétition ou la multiplication d'une quantité qu'on ajoute à une autre : *Trois fois cinq quinze.* — **4.** *À la fois,* en même temps : *Faire deux choses à la fois* (syn. SIMULTANÉMENT). *Elle est à la fois sévère et juste* (syn. AUSSI... QUE). ‖ Fam. *Des fois,* éventuellement : *Si des fois vous allez le voir, dites-lui le bonjour de ma part* (syn. QUELQUEFOIS, PAR HASARD); parfois : *Ici, les orages sont des fois très violents.* ‖ Fam. *Des fois que,* au cas où, pour le cas où : *Je vais téléphoner, des fois qu'il serait encore chez lui.* ‖ Fam. *Non, mais des fois!,* formule de réprobation : *Non, mais des fois, pour qui me prenez-vous?* ‖ *Une fois,* à une certaine époque, généralement légendaire : *Il y avait une fois une princesse nommée Blanche-Neige.* ‖ *Une fois + part. passé, adj.,* etc., souligne l'accompli : *Une fois couchée, elle se mit à lire. Une fois dans le train, vous pourrez vous reposer.* ‖ *Une fois que* (+ *ind.*), à partir du moment où, dès que : *Une fois que j'ai décidé quelque chose, rien ne peut m'en faire démordre.*

foison [fwazɔ̃] n. f. (lat. *fusio,* action de répandre). **1.** Litt. *Une foison de qqch (pl.),* une grande abondance de : *Un commentaire illustré par une foison de citations* (syn. PROFUSION, FOULE). — **2.** *À foison,* en grande quantité : *Il y avait là des livres à foison* (syn. À PROFUSION, EN ABONDANCE, EN MASSE).

foisonnant [fwazɔnɑ̃] adj. Très abondant : *Une imagination foisonnante* (syn. RICHE).

foisonnement [fwazɔnmɑ̃] n. m. Action de foisonner : *Un foisonnement d'idées* (syn. PROFUSION, PULLULEMENT).

foisonner [fwazɔne] v. i. **1.** (sujet qqn, un animal, qqch) Exister en abondance, se trouver en grande quantité qqpart : *Les lapins foisonnaient en Australie* (syn. PULLULER, ↓ABONDER). — **2.** (sujet qqn, qqch) *Foisonner de, en qqch, qqn,* en être abondamment fourni : *Notre littérature foisonne en poètes* (syn. REGORGER DE). *Ce romancier foisonne d'idées.*

folâtre [fɔlɑtr] adj. (de *fol,* forme anc. de *fou*). **1.** Dont le caractère est enjoué et qui aime s'amuser : *Un enfant folâtre* (syn. ESPIÈGLE, ENJOUÉ). — **2.** Qui manifeste un caractère enjoué et plaisant : *Une gaieté folâtre. Une humeur folâtre. Jeux folâtres* (syn. BADIN).

folâtrer [fɔlatre] v. i. S'amuser sans souci : *Des enfants folâtraient dans la prairie.*

foliacé, e [foljase] adj. (du lat. *folium,* feuille). Qui est de la nature des feuilles ou qui en a l'apparence.

foliation [foljasjɔ̃] n. f. Moment où les bourgeons commencent à développer leurs feuilles (syn. FEUILLAISON).

folichon, onne [fɔliʃɔ̃] adj. *Fam.* Divertissant, agréable (ordinairement en phrase négative) : *Avec lui, la vie n'est pas folichonne* (syn. DRÔLE).

folie [fɔli] n. f. (de *fol,* forme anc. de *fou*). **1.** Dérèglement mental : *Folie furieuse. Folie des grandeurs* (syn. MÉGALOMANIE). *Folie de la persécution. Sa passion confine à la folie.* — **2.** Acte déraisonnable, passionné, excessif, coûteux, divertissant, etc. : *Il a passé l'âge des folies* (= l'âge des passions déréglées). *Dire des folies* (syn. ↓BÊTISE, ↓SOTTISE). — **3.** Passion excessive pour qqch, désir passionné de l'avoir : *J'ai la folie des vieux livres. Sa folie, c'est la musique* (syn. fam. ↓MAROTTE). — **4.** *Faire des folies (pour qqch, qqn),* faire des dépenses excessives : *Elle a fait des folies pour décorer sa villa.* — **5.** *À la folie,* avec passion, éperdument.

folio [fɔljo] n. m. (lat. *folium,* feuille). Feuillet d'un registre ou d'un livre numéroté sur le recto et le verso. (→ IN-FOLIO).

foliole [fɔljɔl] n. f. (lat. *folium,* feuille). Chaque division du limbe d'une feuille composée, comme celle du marronnier.

folioter [fɔljɔte] v. t. Numéroter les feuilles d'un registre, les pages d'un livre. (→ aussi IN-FOLIO.)

folklore [fɔlklɔr] n. m. (mot angl. signif. *science du peuple*). **1.** Ensemble des traditions, des usages, des chansons, des légendes qui appartiennent à un peuple, à une région, et qui lui sont liés étroitement. — **2.** Fam. *C'est du folklore,* ce n'est pas sérieux.

folklorique [fɔlklɔrik] adj. Relatif au folklore : *Costume folklorique. Danses folkloriques.*

folksong ou, fam., **folk** [fɔlk(sɔ̃g)] n. m. (mot angl.). Dans le cadre de la musique pop, chants inspirés du folklore.

follement [fɔlmɑ̃] adv. **1.** Énormément, entièrement : *Cette soirée a été follement drôle.* — **2.** *Désirer follement qqch,* le désirer au plus haut point.

follet, ette [fɔlɛ] adj. **1.** Qui est un peu fou, extravagant. — **2.** *Poils follets,* qui commencent à pousser au menton des adolescents. — **3.** *Feu follet,* flamme légère produite par la combustion spontanée de gaz inflammables se dégageant à la surface des marais ou de lieux dans lesquels se décomposent des matières animales.

follicule [fɔlikyl] n. m. (lat. *folliculus,* petit sac). Nom de divers petits organes en forme de sac (anat.) : *Follicule pileux. Follicule ovarien* (= qui contient l'ovule).

folliculine [fɔlikylin] n. f. Hormone sécrétée par l'ovaire.

fomentateur [fɔmɑ̃tatœr] ou **fomenteur, euse** [fɔmɑ̃tœr] n. Qui fomente.

fomentation [fɔmɑ̃tasjɔ̃] n. f. Action de fomenter.

fomenter [fɔmɑ̃te] v. t. (du lat. *fomentum,* calmant). *Fomenter une querelle, une agitation, des troubles,* etc., les susciter, en préparer secrètement les conditions (soutenu).

fomenteur → FOMENTATEUR.

foncé, e [fɔ̃se] adj. Se dit d'une couleur sombre : *Un teint de peau foncé* (syn. BISTRE). *Un ton foncé* (syn. SOMBRE). *Du tissu rouge foncé* (contr. CLAIR).

1. foncer [fɔ̃se] v. i. (de *fondre [sur]*) [c. **1**] (sujet véhicule, être animé). **1.** *Fam.* Aller très vite : *Il fonçait à cent à l'heure dans le virage. Tu as foncé pour lire ce livre!* — **2.** Fam. *Foncer dans le brouillard,* ne pas se préoccuper de ce qui se trouve sur sa route. — **3.** *Foncer sur qqn, sur qqch,* se précipiter sur eux : *Les blindés fonçaient sur l'ennemi* (syn. SE RUER SUR). *L'éléphant fonce sur le chasseur.*

2. foncer [fɔ̃se] v. t. (de *fond*) [c. **1**]. *Foncer qqch,* le rendre de couleur plus sombre : *Elle a foncé ses cheveux* (contr. ÉCLAIRCIR). ◆ v.i. (sujet qqch) Devenir plus sombre : *Une peinture qui fonce en vieillissant.*

1. foncier, ère [fɔ̃sje] adj. (de l'anc. fr. *fons,* fonds). Se dit d'une chose plus importante que les autres : *La différence foncière entre deux choses* (syn. PRINCIPAL, CAPITAL). *Ses qualités foncières n'apparaissent pas au premier abord* (syn. FONDAMENTAL; contr. APPARENT, SUPERFICIEL, SECONDAIRE).

2. foncier, ère [fɔ̃sje] adj. (de *fonds*). **1.** Se dit d'un bien immobilier constitué par un fonds de terre, ou du revenu qu'il procure : *Propriété foncière. Revenu foncier.* — **2.** *Propriétaire foncier,* qui possède des terres.

foncièrement [fɔ̃sjɛrmɑ̃] adv. Extrêmement, très : *Elle est foncièrement honnête* (syn. FONDAMENTALEMENT).

fonction [fɔ̃ksjɔ̃] n. f. (lat. *functio,* accomplissement). — **I. 1.** Rôle joué par un élément au sein d'un ensemble structuré (techn.) : *La fonction du volant est de commander la direction du véhicule.* — **2.** Rôle appartenant à un groupe de corps; ensemble de propriétés caractérisant ce groupe (chimie) : *Fonction acide, base.* — **3.** *Fonction algébrique,* fonction mathématique exprimée sous forme algébrique. ‖ *Fonction grammaticale,* relation existant, à l'intérieur d'une phrase, entre un mot ou un groupe de mots et le reste de la phrase, et en particulier entre un mot quelconque et le verbe. ‖ *Fonction mathématique,* grandeur mathématique dépendant d'une autre grandeur suivant un système fixe de variables. ‖ *Fonctions de nutrition,* ensemble des opérations constituées par les activités du corps, telles que la digestion, l'absorption, la circulation, la respiration et l'excrétion. ‖ *Fonction de reproduction,* opérations effectuées par les organes de la reproduction. — **4.** *En fonction de,* par rapport à : *Agir en fonction de ses intérêts* (syn. SELON). ‖ *Être fonction de,* dépendre de : *Ma décision sera fonction des circonstances.* ‖ *Faire fonction de,* jouer le rôle de, remplacer : *Ce capitaine fait fonction de commandant. Cette pièce fait fonction de bureau* (syn. FAIRE OFFICE DE). — **II. 1.** Profession, métier : *Une fonction très bien rémunérée* (syn. EMPLOI). *Les problèmes de la fonction enseignante* (syn. CARRIÈRE). *Être promu à une nouvelle fonction.* — **2.** (souvent pl.) Travail professionnel : *Entrer en fonctions* (= s'installer dans un poste). *M. X a été installé dans ses nouvelles fonctions* (syn. POSTE). *Interrompre, reprendre ses fonctions* (syn. TRAVAIL). *Être en fonction* (syn. ACTIVITÉ). *Quitter ses fonctions* (= prendre sa retraite). — **3.** *Fonction publique,* profession qui concerne les organismes d'État et dont le statut est fixé par l'État.

fonctionnaire [fɔ̃ksjɔnɛr] n. Agent d'administration publique dépendant juridiquement de l'État.

fonctionnalité [fɔ̃ksjɔnalite] n. f. Caractère fonctionnel, pratique : *La fonctionnalité d'un logiciel. La fonctionnalité des nouveaux locaux.*

fonctionnarisation [fɔ̃ksjɔnarizasjɔ̃] n. f. Action de fonctionnariser.

fonctionnariser [fɔ̃ksjɔnarize] v. t. *Fonctionnariser qqn, une profession,* leur assigner un statut de fonctionnaire, de service public.

fonctionnel, elle [fɔ̃ksjɔnɛl] adj. **1.** Qui s'adapte exactement à une fonction déterminée, bien adapté à son but : *Architecture fonctionnelle. Éducation fonctionnelle.* — **2.** Qui concerne une fonction particulière : *Troubles fonctionnels* (= troubles dans le fonctionnement d'un organe vivant). — **3.** Doué d'une fonction : *Linguistique fonctionnelle* (= qui étudie les éléments, les termes du point de vue de leur fonction dans la structure d'une langue).

fonctionnement [fɔ̃ksjɔnmɑ̃] n. m. Manière dont qqch fonctionne : *Le fonctionnement normal des institutions. Cet appareil est en état de fonctionnement* (syn. MARCHE).

fonctionner [fɔ̃ksjɔne] v. i. (sujet un appareil, un organe) Être en état de marche, remplir ses fonctions : *Une machine fonctionnant à l'électricité.*

fond [fɔ̃] n. m. (lat. *fundus*). **1.** Partie la plus basse, la plus profonde de qqch : *Les livres sont au fond de la malle. Il reste un peu de peinture dans le fond du pot. Une valise à double fond* (= qui contient un fond réel et un deuxième fond au-dessous de lui, séparé par un intervalle). — **2.** Partie solide au-dessous des eaux : *Ne pas toucher le fond.* — **3.** Dans une mine, ce qui est sous la surface, par oppos. à ce qui est au jour : *Travaux de fond. Mineur de fond* (= qui travaille au niveau le plus bas de la mine). — **4.** Ce qui reste dans la partie la plus basse d'un récipient : *Boire un fond de bouteille.* — **5.** Partie la plus éloignée de l'entrée, la plus reculée d'un lieu; partie la plus secrète de qqch ou de qqn : *Il y avait un piano au fond de la pièce. Elle a pris une retraite paisible au fond de sa province. Nous vous remercions du fond du cœur* (= très sincèrement). *Une lecture qui vous émeut jusqu'au fond de l'âme* (= profondément). *Je peux bien vous confier le fond de ma pensée.* — **6.** Ce qui fait la matière, l'essence de qqch (par oppos. à l'*apparence,* à la *forme*) : *Des comédies qui diffèrent par le fond.* — **7.** La partie essentielle, constitutive de qqch ou de qqn : *Le fond de sa nourriture, ce sont des pommes de terre. Elle est coléreuse, mais elle a bon fond* (= elle est foncièrement bonne). *On sent en elle un fond d'honnêteté, de vérité.* — **8.** Première couche de peinture par laquelle certains peintres commencent leurs tableaux; champ d'un tableau sur lequel se détache le sujet : *Dans ce tableau, les fleurs se détachent sur un fond sombre.* — **9.** *À fond,* complètement : *Il connaît à fond la vie de Napoléon. Serrer à fond un écrou.* ‖ Fam. *À fond de cale, de train,* à toute vitesse. ‖ *Aller au fond des choses,* ne pas s'en tenir à une étude superficielle, analyser les éléments fondamentaux d'une situation. ‖ *Article de fond,* dans un journal ou une revue, grand article qui donne un point de vue sur un problème, ou qui contient un grand nombre d'informations et d'idées sur un sujet important. ‖ *Au fond, dans le fond,* si on considère la vérité ultime des choses : *Au fond, vous n'avez pas tort* (syn. EN FIN DE COMPTE, EN RÉALITÉ, FINALEMENT). ‖ *De fond en comble* [dəfɔ̃tɑ̃kɔ̃bl], entièrement : *Sa maison a été détruite de fond en comble. Sa situation a changé de fond en comble.* ‖ *Envoyer un navire par le fond,* le couler. ‖ *Faire fond sur qqn, sur qqch,* compter dessus, s'y fier. ‖ *Fond de culotte, de pantalon,* la partie de ce vêtement correspondant aux fesses. ‖ *Fond sonore,* ensemble des bruits, des sons, de la musique qui mettent en relief un spectacle. ‖ *Fond de teint,* crème colorée qu'on applique sur le visage et le cou comme maquillage. ‖ Fam. *Fond de tiroir,* ultimes ressources dont on dispose : *Vider les fonds de tiroirs.* ‖ *Le fond de l'air est frais,* sans les rayons du soleil, nous n'aurions pas chaud. ‖ *Le fond d'un exposé, d'un roman,* etc., la matière, par oppos. à la *forme.* ‖ *Juger, plaider, statuer au fond,* sur le contenu essentiel du droit, de l'acte juridique en cause (par oppos. à *sur la forme*). ‖ *Regarder qqn au fond des yeux,* le regarder droit dans les yeux pour dissiper toute équivoque. — **10.** *Course de fond,* course, épreuve effectuée sur un long parcours (5 000 mètres au minimum en athlétisme); en natation, course de 1 500 mètres. ‖ *Ski de fond,* qui se pratique sur des parcours longs et de faible dénivellation, sans remontées mécaniques.

fondamental, e, aux [fɔ̃damɑ̃tal] adj. (du lat. *fundamentum,* fondement). **1.** Se dit de qqch qui a un caractère déterminant, essentiel : *L'objectivité est un principe fondamental pour un homme de science. L'idée fondamentale d'un système* (syn. DIRECTEUR, DE BASE). *L'absurdité fondamentale d'un raisonnement* (syn. RADICAL). — **2.** *Note fondamentale,* note de musique qui sert de base à un accord. — **3.** *Recherche fondamentale,* travail scientifique accompli dans un but de connaissance désintéressée et non en vue d'applications pratiques immédiates.

fondamentalement [fɔ̃damɑ̃talmɑ̃] adv. De façon fondamentale : *Une philosophie qui juge la condition humaine fondamentalement absurde* (syn. RADICALEMENT). *Conceptions fondamentalement opposées* (syn. IRRÉDUCTIBLEMENT, DIAMÉTRALEMENT). *Modifier fondamentalement quelque chose* (syn. DE FOND EN COMBLE; fam. DU TOUT AU TOUT).

fondant, e [fɔ̃dɑ̃] adj. Se dit d'un fruit juteux, d'un mets qui fond rapidement dans la bouche.

fondateur, trice [fɔ̃datœr] adj. et n. Qui fonde qqch, ou qui crée un établissement destiné à se perpétuer après sa mort.

fondation [fɔ̃dasjɔ̃] n. f. (lat. *fundatio*). **1.** Action de fonder : *La fondation de la République française remonte à la proclamation de 1790.* — **2.** Création, par voie de donation ou de legs, d'un établissement d'intérêt général; établissement ainsi fondé : *La Fondation Thiers.* — **3.** Tranchée qu'on creuse avant la construction d'une maison et destinée à recevoir la maçonnerie qui soutiendra l'édifice. — **4.** Ensemble des travaux destinés à asseoir les fondements d'un édifice : *Les travaux de fondation ne sont même pas encore commencés.*

1. fondé, e [fɔ̃de] adj. **1.** Établi solidement : *Opinion mal fondée* (= qui ne repose pas sur de bonnes raisons). *Théorie bien fondée. Accusation fondée* (= qui est justifiée par de solides arguments). — **2.** *Être fondé à* (+ *inf.*), avoir des raisons valables pour, se sentir autorisé à : *Puisqu'il ne paie pas ses dettes, je serais fondé à les lui réclamer par voie de justice* (syn. ÊTRE EN DROIT DE).

2. fondé [fɔ̃de] n. m. *Fondé de pouvoir,* personne chargée d'agir au nom d'une autre ou au nom d'une société.

fondement [fɔ̃dmɑ̃] n. m. **1.** Élément essentiel sur lequel s'appuie tout le reste (le plus souvent pl.) : *Les fondements de l'État, de la société* (syn. BASE). *Les fondements d'une théorie* (syn. PRINCIPES). — **2.** *Bruit sans fondement,* rumeur qui ne repose sur rien de vrai. ‖ *Jeter les fondements de qqch,* poser les éléments sur lesquels s'appuiera ce qui suit (syn. POSER LES PRINCIPES, JETER LES BASES). — **3.** L'anus; le derrière. ◆ ***fondements*** n. m. pl. Ensemble des travaux de maçonnerie qui servent de base à un édifice.

fonder [fɔ̃de] v. t. (lat. *fundare*). **1.** *Fonder une entreprise, un système, un État,* etc., être à l'origine de sa création, en poser les principes, les statuts, les bases, etc. : *César fonda l'Empire romain* (syn. CRÉER). *Fonder la démocratie* (syn. INSTITUER). *Il a fondé un magasin.* — **2.** *Fonder qqch sur qqch, qqn,* le faire reposer sur qqch, qqn, l'établir sur : *Fonder une démonstration sur une expérience* (syn. BASER SUR, ÉTAYER PAR). *Fonder de grands espoirs sur son enfant* (syn. PLACER EN, METTRE SUR).

fonderie [fɔ̃dri] n. f. Installation métallurgique dans laquelle on fond les métaux ou les alliages soit pour en faire des lingots, soit pour leur donner une forme utilisable.

fondeur [fɔ̃dœr] n. m. (de *fondre*). Ouvrier qui surveille ou effectue les opérations de fusion et de coulée dans une fonderie.

fondre [fɔ̃dr] v. t. (lat. *fundere,* verser) [c. **51**]. **1.** *Fondre une matière,* l'amener à l'état liquide, généralement par l'action de la chaleur : *Fondre du métal. Fondre du beurre dans la poêle.* — **2.** *Fondre un corps solide,* le dissoudre dans un liquide : *Fondre du sucre, du sel dans l'eau.* — **3.** *Fondre la glace,* faire disparaître la gêne établie entre plusieurs personnes : *L'arrivée du gâteau fondit la glace, et les conversations se nouèrent rapidement.* — **4.** *Fondre plusieurs choses,* les combiner, les joindre de façon à estomper les différences, à former un tout : *Fondre deux livres en un seul. Fondre deux sociétés pour n'en former plus qu'une* (syn. AMALGAMER, RÉUNIR). *Fondre des couleurs.* (→ FUSION.) ◆ v. t. ind. *Fondre sur qqn, sur un animal, sur qqch,* tomber vivement, descendre à vive allure sur cet être ou sur cette chose, s'en emparer brutalement : *L'épervier fondit sur sa proie* (syn. S'ABATTRE, TOMBER, SE PRÉCIPITER). *Tous les malheurs lui ont fondu dessus au même moment.* ◆ v. i. **1.** (sujet une matière) Passer de l'état solide à l'état liquide : *La glace fond à 0 °C. Le beurre fond dans la casserole.* — **2.** (sujet un corps solide) Se dissoudre dans un liquide : *Le sucre fond dans l'eau.* ‖ *Fondre dans la bouche,* s'y dissoudre sans mastication : *Ces poires fondent dans la bouche.* — **3.** (sujet qqch) Disparaître, diminuer rapidement : *L'argent lui fond dans les mains* (= il dépense beaucoup). *Son capital a fondu en peu de temps.* — **4.** *Fam.* (sujet qqn) Maigrir : *Elle a fondu de dix kilos en trois mois.* — **5.** *Faire fondre qqch,* le dissoudre : *Faire fondre un morceau de savon dans de l'eau;* le faire disparaître : *Ce geste d'amitié fit fondre son ressentiment.* — **6.** *Fondre en larmes,* se mettre à pleurer abondamment (syn. ÉCLATER EN SANGLOTS). [→ FUSION.]

fondrière [fɔ̃drijɛr] n. f. (lat. *fundus,* fond). Crevasse, dépression dans le sol.

fonds [fɔ̃] n. m. (lat. *fundus*). **1.** Désignation générique de certains bien immeubles : *Acheter un fonds de commerce.* — **2.** Ce qui constitue un capital, une richesse de base : *Le fonds d'une bibliothèque* (= l'ensemble des livres les plus importants ou les plus demandés). — **3.** *Litt.* Ce qui est considéré comme un capital : *Elle a un grand fonds d'honnêteté* (= l'honnêteté est sa qualité principale). *Ce garçon a un fonds de santé robuste* (= il ne tombe jamais gravement malade). [On écrit FOND en langue courante.] — **4.** Fam. *Prêter à fonds perdu,* prêter de l'argent à qqn qui ne le rendra pas. ◆ n. m. pl. **1.** Argent disponible pour tel ou tel usage : *Manquer de fonds pour construire un immeuble* (syn. CAPITAUX). *Un gérant inculpé pour détournement de fonds. Fonds de l'État* (= capital des sommes empruntées par l'État). *Un bailleur de fonds.* — **2.** *Fonds publics,* valeurs mobilières émises par l'État. ‖ *Fonds secrets,* somme dont la disposition appartient totalement à certains fonctionnaires.

fondu, e [fɔ̃dy] adj. **1.** Se dit d'un corps amené de l'état solide à l'état liquide : *De la neige fondue faisait une boue noire.* — **2.** Se dit d'une couleur qui est peu distincte d'une couleur voisine, ou qui se transforme progressivement en elle; se dit d'un contour peu net : *Un dessin fondu. Des contours fondus* (syn. FLOU, VAPOREUX). ◆ ***fondu*** n. m. **1.** Diminution progressive de l'intensité : *Le fondu des couleurs.* — **2.** Procédé cinématographique par lequel on fait apparaître ou disparaître progressivement une image. ‖ *Fondu enchaîné,* apparition en fondu d'une image avec disparition de la précédente.

fondue [fɔ̃dy] n. f. **1.** *Fondue (savoyarde),* plat composé de fromage fondu et de vin blanc, dans lequel on plonge des petits cubes de pain. — **2.** *Fondue (bourguignonne),* plat composé de petits morceaux de viande qu'on plonge dans de l'huile bouillante au moment d'être consommés.

fontaine [fɔ̃tɛn] n. f. (lat. *fons, fontis,* source). **1.** Source d'eau vive jaillissant du sol naturellement ou artificiellement, et se déversant généralement dans un bassin : *Aller chercher de l'eau à la fontaine.* — **2.** Construction de pierre élevée à côté d'une source ou d'une arrivée d'eau : *Une fontaine de marbre.* — **3.** *Il ne faut pas dire : fontaine, je ne boirai pas de ton eau,* nul ne peut dire qu'il ne recourra jamais à qqn ou à qqch.

fontanelle [fɔ̃tanɛl] n. f. (de *fontaine*). Espace cartilagineux situé entre les os de la boîte crânienne des jeunes enfants, avant son entière ossification.

fonte [fɔ̃t] n. f. (du lat. *fundere,* répandre). **1.** Opération par laquelle une matière est fondue et transformée en ustensile, en instrument, etc. : *Fonte de l'acier. Fonte des monnaies. Fonte d'une cloche.* — **2.** *Fonte des neiges,* époque de l'année où les neiges fondent. — **3.** Alliage de fer et de carbone dont la teneur en carbone est supérieure à 2,5 p. 100, et élaboré à l'état liquide directement à partir du minerai de fer.

fonts [fɔ̃] n. m. pl. (lat. *fons,* source). **1.** *Fonts baptismaux,* grand bassin qui contient l'eau du baptême, dans une église catholique. — **2.** *Tenir un enfant sur les fonts baptismaux,* être son parrain ou sa marraine.

football [futbol] ou, fam., **foot** [fut] n. m. (mot angl. signif. *balle au pied*). Sport qui oppose deux équipes de onze joueurs, et qui consiste à envoyer un ballon sphérique dans le but adverse, sans l'intervention des mains.

footballeur [futbolœr] n. m. Joueur de football : *Les footballeurs professionnels, amateurs.*

footing [futiŋ] n. m. (mot angl.). Marche ou course à pied, pratiquée dans un but hygiénique : *Faire du footing, une heure de footing.*

for [fɔr] n. m. (lat. *forum,* tribunal). *En mon, ton, son,* etc., *for intérieur,* au plus profond de moi-même, toi-même, etc. : *Je me disais en mon for intérieur que je n'aurais pas dû agir ainsi.*

forage [fɔraʒ] n. m. Action de forer : *Le forage d'un tunnel* (syn. PERCEMENT). *Le forage d'un puits de pétrole.*

forain, e [fɔrɛ̃] adj. (du bas lat. *foranus,* étranger). **1.** *Marchand forain* (ou *forain* n. m.), marchand qui, n'ayant pas de boutique fixe, se transporte habituellement dans les villes et les villages pour pratiquer son commerce sur les marchés, les foires, ou dans les fêtes. — **2.** *Fête foraine,* fête publique organisée par des forains et comportant de nombreuses attractions.

forban [fɔrbɑ̃] n. m. (de l'anc. fr. *forbannir,* bannir à l'étranger). Individu sans scrupule, qui ne respecte aucun droit, et, en partic., vendeur malhonnête (syn. VOLEUR, PIRATE, BANDIT).

forçage [fɔrsaʒ] n. m. *Le forçage d'une plante,* l'ensemble des procédés visant à en hâter la pousse.

forçat [fɔrsa] n. m. (it. *forzato*). **1.** Autref., criminel condamné aux travaux forcés. — **2.** *Travailler comme un forçat,* jusqu'à l'épuisement de ses forces.

force [fɔrs] n. f. (du bas lat. *fortia,* pl. neutre de *fortis,* courageux). **1.** Possibilité, pour qqn, un animal, de faire un effort physique ou intellectuel important, de résister à une épreuve : *Cette gymnaste a beaucoup de force* (contr. FAIBLESSE). *Force physique, musculaire. Deux élèves de la même force en mathématiques* (syn. NIVEAU). *Avoir beaucoup de force de caractère. Être en pleine force. Faire un exercice en force* (= en y déployant toutes ses réserves, en se raidissant dans l'effort; contr. EN SOUPLESSE). — **2.** Action exercée ou résistance opposée par un corps, par un élément naturel : *Une force dirigée vers le haut s'exerce sur un corps plongé dans* *un liquide. La force centrifuge. L'état de repos résulte d'un équilibre des forces.* — **3.** Qualité de ce qui est fort, de ce qui est apte, par son intensité, à produire un important effet physique ou moral : *Force d'une explosion. Force d'un coup de poing* (syn. VIGUEUR, VIOLENCE). *Force du vent* (= intensité avec laquelle il souffle; syn. VITESSE). *Force d'une armée* (= son nombre et son armement). *Force d'un café* (= sa concentration). *Force d'une lumière* (syn. INTENSITÉ). *Force d'un mot, d'une expression* (= degré avec lequel ils expriment une idée). — **4.** Effectifs, matériel, permettant une action : *Force publique, forces de police* (= ensemble des agents de police, des gendarmes et des troupes dont dispose un gouvernement pour faire respecter l'ordre public). *Agent de la force publique* (= policier). ‖ *Force de dissuasion* ou *force de frappe,* ensemble des armements nucléaires stratégiques d'un pays. — **5.** (comme compl. du n.) *Coup de force,* acte violent et illégal d'un gouvernement, d'un parti ou d'un homme pour exercer le pouvoir. ‖ *Épreuve de force,* affrontement inévitable entre antagonistes après l'échec de négociations. ‖ *Politique de force,* qui utilise des moyens diplomatiques d'intimidation ou pratique des agressions limitées. — **6.** *À force,* par des efforts répétés, à la longue : *Au début, cette nourriture le dégoûtait, mais à force, il s'y est habitué.* ‖ *À force de,* par le fait répété de : *Elle a réussi à force de travail. À force de chercher, tu finiras bien par trouver.* ‖ *À toute force,* malgré toutes les résistances, tous les obstacles : *Vouloir quelque chose à toute force* (= l'exiger, l'imposer, contre la volonté de tout le monde, en dépit de tous les obstacles; syn. À TOUT PRIX). ‖ *De force,* en faisant un effort particulier pour vaincre une résistance : *Faire entrer de force un objet dans une caisse.* ‖ *En force,* en groupe nombreux et puissant : *Les policiers sont venus en force pour cerner la maison* (= en nombre, avec des moyens puissants). ‖ *Être de force à faire qqch,* être capable de le réussir, de le mener à bien. ‖ *Être de première force,* avoir de grandes capacités : *Elle est de première force en anglais.* ‖ *Force de l'habitude,* pouvoir contraignant de l'habitude : *Il a été repris par la force de l'habitude et s'est remis à jouer* (syn. POIDS). ‖ *Force est à qqn de,* qqn est forcé de (litt.). ‖ *La force des choses,* fatalité à laquelle on finit par se résigner doucement. ‖ *Par force,* par nécessité, faute de pouvoir faire autrement : *Elle est restée couchée un mois par force, avec une jambe cassée.* ‖ *Travailleur de force,* dont le travail est surtout musculaire. ◆ ***forces*** n. f. pl. **1.** Capacités physiques, plus rarement intellectuelles : *Courir, sauter, travailler,* etc., *de toutes ses forces* (= avoir recours à toute son énergie physique pour courir, sauter, etc.) *Ménager ses forces* (syn. SE MÉNAGER). *Perdre ses forces* (= s'affaiblir). *Refaire ses forces* (= se reposer, se restaurer, en vue de récupérer sa vigueur physique, son courage; syn. SE REFAIRE). *Travail, tâche au-dessus des forces de quelqu'un* (= qu'il ne peut accomplir, faute de moyens physiques, intellectuels). — **2.** Moyens matériels : *Les forces d'un pays* (= l'ensemble de son matériel de guerre et de son personnel militaire; syn. POTENTIEL MILITAIRE). *Forces aériennes, navales, terrestres* (= l'aviation militaire, la marine de guerre, l'armée de terre). *Forces vives d'un pays* (= ce qui, dans un pays, produit la richesse économique).

forcé, e [fɔrse] adj. **1.** Qui est imposé : *Elle s'est trop penchée au-dessus de l'eau et a pris un bain forcé* (syn. INVOLONTAIRE). *Un atterrissage forcé* (= sous l'effet d'une nécessité). — **2.** Se dit d'un sentiment qu'on feint d'éprouver ou dont on exagère les manifestations : *Une amabilité forcée. Sourire forcé* (syn. CONTRAINT, AFFECTÉ; contr. NATUREL, OUVERT). — **3.** *C'est forcé (que + subj.),* cela est nécessaire, dans l'ordre des choses : *Il échouera à l'examen, c'est forcé! C'est forcé qu'il aille en prison, après ce qu'il a fait* (syn. ÉVIDENT). — **4.** *Travaux forcés,* peine qui s'exécutait autrefois dans les bagnes.

forcement [fɔrsəmɑ̃] n. m. Action de forcer : *Le forcement d'une serrure.*

forcément [fɔrsemɑ̃] adv. De façon obligatoire, nécessaire : *Les débuts sont forcément longs et pénibles* (syn. INÉVITABLEMENT, FATALEMENT).

forcené, e [fɔrsəne] adj. (de l'anc. fr. *forsener,* être hors de sens). Qui est l'indice d'une violente ardeur, qui dépasse toute mesure : *Il continua son travail forcené jusqu'à l'aube* (syn. ACHARNÉ). *Il s'est montré un partisan forcené de cette politique* (syn. FANATIQUE, PASSIONNÉ; contr. TIÈDE, MOU). ◆ adj. et n. Qui n'a plus le contrôle de soi et dont le comportement est dangereux : *Quatre agents maîtrisèrent le forcené.*

forceps [fɔrsɛps] n. m. (mot lat. signif. *tenailles*). Instrument de chirurgie employé dans certains accouchements difficiles (syn. FERS).

forcer [fɔrse] v. t. (c. **1**). **1.** *Forcer qqch,* exercer dessus un effort qui le fait céder, qui le déforme, qui en modifie le cours : *Nous avons dû forcer la serrure pour pénétrer dans la pièce* (syn. FRACTURER, CROCHETER). *Forcer une porte* (= l'enfoncer). *Forcer la porte de quelqu'un* (= se faire admettre chez lui contre sa volonté). *Forcer la main de quelqu'un* (= le faire agir malgré lui). *Forcer le destin* (litt.; = s'efforcer de lutter contre les circonstances défavorables ou contraires). *Forcer la consigne* (= ne pas s'y conformer). — **2.** *Forcer qqch,* le pousser au-delà de ses limites normales, de son régime : *Ne forcez pas le moteur, vous provoqueriez son usure prématurée. Il forçait l'allure pour tâcher de rattraper le retard. Forcer la dose* (= doser qqch au-delà de ce qui convient ou est prescrit). *Forcer sa nature* (= chercher à manifester des sentiments, à adopter un comportement qui ne sont pas naturels). *Forcer la nature* (= ne pas respecter les limites, la condition d'un être vivant). *Forcer la note* (= établir une note de frais plus élevée que ce qui a été réellement dépensé). *Forcer le pas* (= accélérer la marche). *Forcer une plante, des fruits* (= en hâter la pousse, la maturation). *Forcer le sens d'un mot, d'un texte,* etc. (= lui faire dire davantage que ce qu'il dit). *Forcer sa voix* (= chanter, parler plus fort, plus haut qu'on ne le peut naturellement sans se fatiguer; syn. OUTRER). — **3.** *Forcer l'attention, la conviction, le respect, l'admiration,* etc., les susciter, amener les gens à éprouver irrésistiblement ces sentiments : *Des combattants qui ont forcé l'admiration de leurs ennemis. Forcer l'estime, le respect d'un adversaire* (syn. ARRACHER, EMPORTER). *Forcer le consentement de quelqu'un* (= l'obtenir). — **4.** *Forcer qqn, qqch (à qqch, à* [+ *inf.*]), les contraindre, leur imposer une action : *Si elle ne veut pas manger, ne la forcez pas. Forcer quelqu'un au silence* (syn. RÉDUIRE). *Forcer un enfant à travailler* (syn. OBLIGER). *Forcer un prévenu à avouer.* — **5.** *Forcer un adversaire,* le poursuivre vigoureusement, l'amener à céder : *Forcer quelqu'un jusque dans ses derniers retranchements* (syn. TRIOMPHER DE, VAINCRE). *Forcer un cerf* (= le poursuivre jusqu'à épuisement). ◆ v. i. (sujet qqn) Fournir un effort particulier : *Je peux faire le trajet en deux heures, sans forcer.* ◆ ***se forcer*** v. pr. (sujet qqn) S'imposer une obligation plus ou moins pénible : *J'ai dû me forcer pour achever la lecture de ce roman. Il se force à parler très lentement. Se forcer au silence.*

forcing [fɔrsiŋ] n. m. (mot angl.). **1.** Accélération d'un rythme, d'une cadence, dans un exercice sportif : *Ce boxeur a fait le forcing pendant le dernier round.* — **2.** Fam. *Faire du forcing,* s'efforcer à tout prix d'emporter la décision.

forcir [fɔrsir] v. i. (de *fort* 1). *Fam.* Prendre de l'embonpoint, grossir : *Il a un peu forci depuis qu'il fait ce métier sédentaire.*

forclos, e [fɔrklo] adj. (de l'anc. fr. *forsclore,* exclure). *Être forclos,* se dit de qqn qui est privé du bénéfice d'un droit pour ne pas l'avoir exercé dans les délais prescrits (jurid.).

forclusion [fɔrklyzjɔ̃] n. f. Situation de qqn qui est forclos.

forer [fɔre] v. t. (lat. *forare*). Percer un trou dans une matière dure, à l'aide d'un instrument mécanique : *Forer une roche. Forer un puits.*

forestier, ère [fɔrɛstje] adj. Qui concerne la forêt : *Région forestière* (= couverte par les forêts). *Chemin forestier* (= qui traverse une forêt). *Maison forestière* (= située dans une forêt). *Exploitation forestière.* ◆ adj. et n. m. *(Agent, garde) forestier,* qui travaille à l'entretien, à l'exploitation d'une forêt.

foret [fɔrɛ] n. m. Outil employé pour percer un trou dans le métal, le bois, les matières plastiques, la pierre, etc.

forêt [fɔrɛ] n. f. (bas lat. *forestis*). Grande étendue de terrain plantée d'arbres : *Aller se promener en forêt. Une forêt de chênes-lièges.*

forêt-galerie [fɔrɛgalri] n. f. (pl. *forêts-galeries*). Forêt dense qui forme de longues bandes de part et d'autre des cours d'eau de la savane.

foreuse [fɔrøz] n. f. Appareil léger, monté sur camion, destiné au forage de puits à faible profondeur.

1. forfait [fɔrfɛ] n. m. (de l'anc. fr. *forfaire,* agir en dehors du devoir). Crime abominable (soutenu) : *Commettre un forfait.*

2. forfait [fɔrfɛ] n. m. (angl. *forfeit*). **1.** Convention fixant à l'avance un prix de manière invariable, notamment pour l'exécution de certains travaux, la fourniture de certaines marchandises, de certains services, etc. : *Travail à forfait.* — **2.** Évaluation par le fisc des revenus ou du chiffre d'affaires de certains contribuables. — **3.** *Déclarer forfait,* annoncer qu'on ne participera pas à une compétition sportive; *fam.* renoncer à qqch.

forfaitaire [fɔrfɛtɛr] adj. Se dit d'un prix dont le montant a été fixé à forfait.

forfaiture [fɔrfɛtyr] n. f. Crime commis par un fonctionnaire public dans l'exercice de ses fonctions; trahison (soutenu).

forfanterie [fɔrfɑ̃tri] n. f. (anc. fr. *forfant,* coquin). *Litt.* Vantardise impudente : *Il n'a lancé ce défit que par forfanterie* (syn. VANTARDISE, FANFARONNADE; soutenu HÂBLERIE).

forge [fɔrʒ] n. f. (lat. *fabrica*). **1.** Dans les campagnes, atelier où travaille un forgeron. — **2.** Installation dans laquelle on façonne les métaux ou les alliages par traitement mécanique à chaud.

forgé, e [fɔrʒe] adj. **1.** Qui a été travaillé : *Du fer forgé.* — **2.** *Forgé de toutes pièces,* inventé pour les besoins de la cause.

forger [fɔrʒe] v. t. (lat. *fabricare*) [c. 2]. **1.** Travailler un métal à chaud, au marteau, pour lui donner une forme bien définie; fabriquer un objet : *Forger une barre de fer. Forger de l'or.* — **2.** *C'est en forgeant qu'on devient forgeron,* on réussit dans un métier par la pratique. ‖ *Forger un caractère,* le former par des épreuves. ‖ *Forger des prétextes, des mensonges,* les inventer, les imaginer. ‖ *Se forger un idéal,* l'élaborer, le construire.

forgeron [fɔrʒərɔ̃] n. m. Ouvrier qui forge du métal.

formalisation [fɔrmalizasjɔ̃] n. f. Action de formaliser : *La formalisation d'une théorie.*

formaliser [fɔrmalize] v. t. Donner à un raisonnement une forme qui puisse recevoir une interprétation mathématique. ◆ ***se formaliser*** v. pr. Être blessé, choqué par un manquement aux formes : *Il ne faudra pas se formaliser si j'appelle les choses par leur nom* (syn. SE CHOQUER, SE SCANDALISER). *Ne vous formalisez pas si je vous dis que votre travail est mal fait* (syn. S'OFFUSQUER, PRENDRE LA MOUCHE, SE VEXER).

formalisme [fɔrmalism] n. m. **1.** Tendance d'un art, d'un artiste à préférer la forme au sujet ou à s'exprimer par des abstractions. — **2.** Système de pensée qui ramène tout à la forme. — **3.** Attachement aux formes juridiques, aux règlements, etc., ou aux conventions sociales : *Le formalisme administratif. C'est du pur formalisme !* (= c'est uniquement pour respecter les formes, cela ne sert à rien).

formaliste [fɔrmalist] adj. et n. Qui montre un grand attachement aux conventions sociales, ou qui observe strictement les règles : *Une visite toute formaliste* (syn. PROTOCOLAIRE). *Un examinateur formaliste* (syn. POINTILLEUX, ↑VÉTILLEUX). ◆ adj. Se dit d'un milieu social, d'une doctrine où les règles, les conventions sont strictement observées : *Une société formaliste* (syn. RIGORISTE). *Une religion formaliste* (syn. RITUALISTE).

formalité [fɔrmalite] n. f. **1.** Opération prescrite dans l'accomplissement de certains actes civils, judiciaires, etc. : *Remplir une formalité. Les formalités administratives.* — **2.** Acte jugé sans importance : *Sa promesse n'était qu'une formalité, car elle n'en fait qu'à sa tête.*

format [fɔrma] n. m. (de *forme*). **1.** Dimensions caractéristiques d'un objet : *Une valise d'un format pratique.* — **2.** En imprimerie, dimensions d'un livre, déterminées par le nombre de pages que contient la *forme* d'imprimerie (châssis de dimensions variables où on serre les pages composées). — **3.** *Petit format,* appareil photographique permettant d'obtenir des photographies inférieures ou égales à 24 × 36 mm.

1. formateur, trice [fɔrmatœr] adj. Qui développe les facultés intellectuelles de qqn ou qui contribue à faire naître en lui certaines aptitudes : *Exercice formateur* (syn. UTILE, PROFITABLE, ÉDUCATIF). *Ce stage a été très formateur.*

2. formateur, trice [fɔrmatœr] n. Éducateur.

formation [fɔrmasjɔ̃] n. f. **1.** Action de former, de se former, processus entraînant l'apparition de qqch qui n'existait pas antérieurement : *Formation d'une entreprise* (syn. FONDATION). *Formation d'une idée, d'un projet* (syn. ÉLABORATION). *Formation de l'unité d'un pays* (syn. GENÈSE). *Formation d'un corps chimique* (syn. PRODUCTION). — **2.** Élément militaire organisé en vue d'une mission : *Envoyer une formation aérienne bombarder un objectif.* — **3.** Association, groupement de personnes : *Les formations politiques* (syn. PARTI). *Formation de jazz* (syn. ORCHESTRE). — **4.** Ensemble d'objets ayant une forme commune, un aspect semblable qui les distingue du reste : *Formation végétale. Formation géologique. Des formations de cristaux.* — **5.** Acquisition, développement de réflexes adaptés à une tâche, de connaissances spécialisées, etc., chez un être humain : *Une formation de littéraire* (syn. CULTURE). *Formation du caractère* (syn. ÉDUCATION). *Formation professionnelle* (syn. APPRENTISSAGE). *Stage de formation.*

forme [fɔrm] n. f. (lat. *forma*). **1.** Contour extérieur de qqch ou de qqn, apparence visible extérieure d'un objet, aspect particulier pris par qqn ou par qqch : *La Terre a la forme d'une sphère. La forme d'un chapeau. La forme d'un relief* (syn. CONFIGURATION). *La forme du visage* (syn. CONTOUR). *Une tête en forme de poire. Donner à quelque chose une forme caractéristique* (syn. ASPECT, FIGURE, APPARENCE). — **2.** Manière d'être particulière de qqch d'abstrait : *Les diverses formes de l'intelligence* (syn. MODALITÉ, TYPE). *La forme d'un gouvernement* (syn. CONSTITUTION, STRUCTURE). *Les formes de l'activité humaine* (syn. ASPECT). *Les formes de l'art* (syn. MANIFESTATION). — **3.** (pl.) Contours du corps féminin : *Sa robe moulait ses formes. Elle a des formes* *superbes.* — **4.** *Ne plus avoir forme humaine,* ne plus avoir l'aspect d'un être humain. ‖ *Prendre forme,* commencer à ressembler à qqch de connu : *La masse d'argile prenait forme sous les doigts de l'artiste.* ‖ *Sous la forme de qqch* ou *qqn,* en prenant ou en donnant l'apparence de qqch ou de qqn : *L'acteur parut cette fois sous la forme d'un noble vieillard.* — **5.** Manière dont est exécuté qqch (notamment un acte juridique), par oppos. à la *matière,* au *sujet* : *Respecter la forme légale. Ils ont passé un contrat en bonne et due forme* (= selon les prescriptions légales). ‖ *De pure forme,* qui ne concerne que l'apparence extérieure : *Après des considérations de pure forme, elle entra dans le vif du sujet.* ‖ *Pour la forme,* pour respecter les conventions, les règles, les usages : *Vous devriez, pour la forme, lui notifier par lettre votre acceptation.* — **6.** Ensemble des moyens propres à chaque art ou spécifiques d'une école, permettant à cet art de s'exprimer : *Étudier la forme d'un texte littéraire* (contr. FOND). *Ce poète est plus attaché à la forme qu'au fond* (syn. EXPRESSION, STYLE). *La forme de cette œuvre est classique* (syn. FACTURE). — **7.** *Fam.* (seulem. sing.) Condition physique, intellectuelle et morale particulièrement favorable chez qqn : *La forme, elle la retrouvera quand elle se sera reposée.* — **8.** Fam. *Être en forme,* être dans de bonnes conditions; être en bonne santé ou avoir bon moral. ‖ Fam. *Tenir, avoir la forme, la grande forme,* être dans des conditions particulièrement bonnes. ◆ ***formes*** n. f. pl. Ensemble des conventions sociales, des règles auxquelles obéit un homme bien élevé : *Pour respecter les formes, il faut d'abord saluer la maîtresse de maison* (syn. USAGES, SAVOIR-VIVRE, BIENSÉANCES, PROTOCOLE). ‖ *Dans les formes,* conformément aux règles en usage.

formé, e [fɔrme] adj. *Jeune fille formée,* nubile.

formel, elle [fɔrmɛl] adj. **1.** Qui concerne uniquement l'apparence, ou davantage l'apparence que le contenu : *Des considérations formelles* (= extérieures au sujet traité). *Il a montré une politesse toute formelle.* — **2.** Se dit d'un art, d'un créateur qui cultive surtout la forme : *Une peinture, une musique formelle. Cette essayiste est essentiellement formelle.* — **3.** Qui concerne exclusivement la forme (par oppos. au *sens*) : *Une grammaire formelle.* — **4.** Formulé avec précision, sans ambiguïté : *Établir la preuve formelle de la culpabilité d'un accusé* (syn. INDUBITABLE, INCONTESTABLE). *Recevoir l'ordre formel de partir* (syn. CATÉGORIQUE). *Une intention formelle* (syn. INÉBRANLABLE).

formellement [fɔrmɛlmɑ̃] adv. **1.** De façon formelle : *Deux écrits semblables formellement, mais de sens tout différent.* — **2.** D'une façon précise et rigoureuse : *Établir formellement une preuve* (syn. INCONTESTABLEMENT). *Interdire formellement* (syn. RIGOUREUSEMENT).

former [fɔrme] v. t. (lat. *formare*). **1.** (sujet qqn) *Former qqch,* lui donner une forme particulière : *On ne peut pas lire cet enfant, il forme mal ses lettres. Former bien ses phrases.* — **2.** (sujet qqn) *Former qqch,* créer, constituer ce qui n'existait pas : *Le Premier ministre pressenti a formé son gouvernement. Nous avons formé le projet de nous associer* (syn. CONCEVOIR). *Former un numéro de téléphone sur le cadran de l'automatique* (syn. FAIRE, COMPOSER). — **3.** (sujet qqch, qqn) *Former qqch,* être disposé de telle ou telle façon, prendre la forme de : *La Seine forme une boucle à cet endroit. Ce rideau d'arbres forme écran contre les vents froids. Ces murs forment un angle aigu. Former un cortège. Former les rangs* (= se mettre en rangs). — **4.** (sujet qqch, qqn) *Former qqch,* en être la matière, le constituer : *Le riz forme la base de leur alimentation. Des badauds formaient un attroupement. Le produit que forme la multiplication de deux nombres* (syn. DONNER). *La réunion de deux personnes ne suffit pas à former une assemblée* (syn. COMPOSER). — **5.** *Former un tout,* ne composer avec qqn ou qqch qu'un seul ensemble cohérent. — **6.** *Former qqn,* lui donner un enseignement particulier, lui permettre d'acquérir certains réflexes, développer en lui certaines aptitudes, etc. : *Le professeur forme ses élèves à des techniques nouvelles.* (syn. ENTRAÎNER). *Cette aventure lui formera le caractère* (syn. FAÇONNER, FAIRE). *Former un apprenti. Les voyages, dit-on, forment la jeunesse.* ◆ ***se former*** v. pr. **1.** (sujet qqn [pl. ou collectif]) *Se former en,* prendre une certaine forme, une certaine disposition : *La troupe se forma en file indienne* (syn. SE METTRE). — **2.** (sujet qqch) Apparaître, se réaliser, s'organiser : *Une croûte se forme à la surface du liquide. L'unité nationale s'est formée progressivement.* — **3.** Se développer, s'instruire : *Cet enfant est jeune, il a le temps de se former.*

Formica [fɔrmika] n. m. (nom déposé) Matériau stratifié constitué de papier imprégné et recouvert de résine.

formidable [fɔrmidabl] adj. (lat. *formidabilis,* redoutable). **1.** (avant ou après le n.) D'une grandeur, d'une force énorme, qui cause un sentiment de respect, de peur : *La formidable stature du gorille* (syn. GIGANTESQUE). *Une détonation formidable.* — **2.** (après le n.) *Fam.* Remarquable, extraordinaire : *Les cheveux de la fille étaient formidables* (= très jolis). *C'est un type formidable!*

formidablement [fɔrmidabləmɑ̃] adv. *Fam.* Très, extraordinairement : *Une idée formidablement intéressante.*

formol [fɔrmɔl] n. m. (lat. *formica,* fourmi). Puissant antiseptique non caustique, utilisé en pharmacie.

formulable [fɔrmylabl] adj. Qui peut être formulé.

formulaire [fɔrmylɛr] n. m. **1.** Imprimé administratif ou d'un modèle standard destiné à être complété par les intéressés : *Formulaire de demande de carte d'identité, de télégramme* (syn. FORMULE). — **2.** Recueil de formules scientifiques.

formulation [fɔrmylasjɔ̃] n. f. Expression, généralement écrite, de qqch : *La formulation de cette idée est maladroite.*

formule [fɔrmyl] n. f. (lat. *formula*). **1.** Manière d'organiser qqch : *Le mélange de ces deux styles est une formule heureuse. Le voyage par bateau est la formule économique* (syn. SOLUTION). — **2.** Expression d'une idée au moyen de mots particuliers, choisis intentionnellement ou ayant une certaine valeur : *Formule diplomatique. Elle a trouvé une formule heureuse.* — **3.** *Formule de politesse,* expression consacrée par l'usage, que la politesse impose dans certaines circonstances : *Terminer sa lettre par une formule de politesse banale.* — **4.** Syn. de FORMULAIRE. — **5.** Expression concise, généralement symbolique, exprimant soit la relation qui unit des entités mathématiques, logiques, etc., soit la composition d'un corps au point de vue physique, chimique, biologique, etc., ou la méthode qu'il faut suivre pour accéder à un certain type de compréhension intellectuelle : *Formule algébrique. La formule chimique de l'eau est* H_2O. *Formule du sang. Formule dentaire* (= indication schématique du nombre et de l'emplacement des dents). — **6.** Dans les compétitions automobiles, catégorie de voitures possédant des puissances voisines : *Une épreuve réservée aux formules 1.*

formuler [fɔrmyle] v. t. *Formuler qqch (abstrait),* l'exprimer de façon précise ou non : *Formuler une objection, un souhait* (syn. EXPRIMER, EXPLIQUER, EXPOSER, EXPLICITER, FORMER).

fornication [fɔrnikasjɔ̃] n. f. Péché de la chair, dans la religion catholique.

forniquer [fɔrnike] v. i. (lat. *fornicari*). Avoir des relations charnelles coupables avec qqn (soutenu).

forsythia [fɔrsisja] n. m. (de *Forsyth,* arboriculteur anglais). Arbrisseau dont les fleurs jaunes apparaissent au début du printemps, avant les feuilles.

1. fort, e [fɔr] adj. (lat. *fortis*). **1.** (avant ou après le n.) Capable de fournir un effort physique grâce à une constitution saine et robuste : *Un homme fort. Un garçon grand et fort* (syn. ROBUSTE, VIGOUREUX, ↑ATHLÉTIQUE; contr. DÉBILE, FRÊLE). *C'est une nature forte. Avoir une forte constitution* (syn. SOLIDE). — **2.** (après le n.) Se dit de qqn qui est corpulent, d'une partie du corps qui est particulièrement développée : *Elle est un peu forte* (syn. ↓GROS). *Avoir des chevilles fortes. Elle est forte des hanches* (contr. MINCE). — **3.** (après le n.) Qui résiste, qui est solide : *Un carton fort* (syn. DUR; contr. MOU). *Un fil fort. Tissu fort* (syn. ROBUSTE, RÉSISTANT, ↑INUSABLE). — **4.** (après le n.) Qui est capable de résister aux épreuves morales, aux souffrances physiques ou aux pressions extérieures d'autrui : *Demeurer fort dans l'adversité. Les âmes fortes* (contr. FAIBLE). — **5.** (après le n.) Se dit de qqn ou d'un groupement de personnes qui a de l'autorité, de la puissance : *Un régime fort. Un gouvernement fort* (syn. PUISSANT; contr. FAIBLE). *L'homme fort d'un régime* (syn. INFLUENT, PUISSANT). — **6.** *(Être) fort (à, en qqch),* avoir de grandes capacités intellectuelles, des connaissances étendues, ou la pratique de certaines choses : *Cette élève est très forte* (syn. ↓DOUÉ, ↓CAPABLE; fam. CALÉ; contr. FAIBLE). *Il est fort aux échecs. Il est fort en mathématiques, en gymnastique.* — **7.** (avant ou après le n.) Qui se manifeste avec intensité, qui produit une impression marquée sur les sens, sur l'esprit : *Exercer une forte pression sur quelque chose* (syn. VIGOUREUX; contr. LÉGER, FAIBLE). *Une forte lumière* (syn. VIF, INTENSE). *Vent fort. Une forte explosion* (syn. PUISSANT, VIOLENT). *On sent une forte odeur de gaz. Une liqueur forte* (contr. DOUX). *De la moutarde forte* (syn. PIQUANT). *Un tabac fort* (syn. ↑ÂCRE). *La syndicaliste a critiqué cette politique en termes très forts* (syn. ÉNERGIQUE). *Le mot «trahison» n'est pas trop fort pour désigner cette défection. Hideux est un synonyme d'affreux, mais il est plus fort* (= il a une valeur intensive). — **8.** (en général avant le n.) Considérable par l'importance, la quantité : *Une forte quantité de neige est tombée* (syn. ÉLEVÉ, IMPORTANT, GRAND; contr. FAIBLE). *Une forte somme d'argent* (syn. GROS). *Une forte pente* (syn. ↑ABRUPT). *Une forte armée. Un détachement militaire fort de 300 hommes* (= qui compte 300 soldats). *Payer au prix fort* (= au prix le plus élevé, sans réduction). *Il y a de fortes chances pour que tu réussisses. On compte ici une forte proportion d'étrangers.* — **9.** Fam. *Ça, c'est trop fort,* c'est exagéré, c'est surprenant. ‖ Fam. *C'est plus fort que moi,* je ne peux pas m'en empêcher. ‖ *Être fort de qqch,* en tirer sa force, son assurance : *Être fort de l'aide de quelqu'un, de son innocence.* ‖ *Lunettes fortes,* qui grossissent beaucoup. ‖ *Se faire fort de qqch,* se déclarer, se croire capable de le faire (*fort* reste inv.) : *Ils se font fort de se passer de mon aide.* ‖ *Temps fort,* en musique celui qui est ordinairement plus marqué dans une mesure. [→ FORCIR, FORTIFIER.] ◆ ***fort*** adv. **1.** En usant de sa force physique, avec un gros effort, ou avec une grande intensité : *Serrez très fort la pince, je vais tendre le fil de fer* (syn. VIGOUREUSEMENT; contr. DOUCEMENT). *Ne tapez pas si fort* (syn. DUR). *Sonnez fort, car elle est un peu sourde. Respirez fort* (syn. FORTEMENT). *Le vent souffle fort aujourd'hui* (syn. ↑VIOLEMMENT; contr. FAIBLEMENT). *Ne crie pas si fort. Ça sent fort.* — **2.** *Ça ne va pas fort,* je ne suis pas en bonne forme physique ou morale. ‖ *De plus en plus fort!,* marque l'étonnement ou l'admiration devant un exploit qui surpasse le précédent. ‖ Fam. *Y aller fort,* exagérer : *Tu y vas fort, on ne te croira pas.* — **3.** Exprime une grande intensité ou quantité (soutenu) : *C'est fort aimable à vous de vous être dérangé* (syn. TRÈS). *Tu as presque tout pris, il en reste fort peu. J'ai été fort agréablement surpris. Elle se levait toujours de fort bonne heure. Je doute fort qu'il soit à l'heure. Ou je me trompe fort, ou bien vous n'avez pas compris* (syn. usuel BEAUCOUP). *Ils ont eu fort à faire pour le calmer* (= ils ont eu du mal à). ◆ n. m. **1.** Personne forte, puissante (surtout pl. ou sing. collectif) : *Dans un combat, les forts écrasent les faibles. La concurrence économique joue au profit du plus fort.* — **2.** *Le fort et le faible de qqn, de qqch,* son côté intéressant, valable, positif, et l'autre. ‖ *Le fort de qqn,* le domaine dans lequel il excelle : *Les mathématiques ne sont pas mon fort.* — **3.** *Au fort de, au plus fort de,* au moment où qqch atteint sa plus grande intensité : *Au fort de l'été* (= en plein été). *Au plus fort de la discussion* (= au moment où la discussion est la plus vive).

2. fort [fɔr] n. m. Ouvrage de fortification qu'on construisait autref. dans un but surtout défensif : *Le fort de Verdun. Les forts de Metz.*

forte [fɔrte] adv. et n. m. inv. (mot it.). En musique, nuance qui indique qu'il faut jouer ou chanter fort : *Passage à exécuter forte.*

fortement [fɔrtəmɑ̃] adv. **1.** Avec force : *Frapper fortement* (syn. VIGOUREUSEMENT). *Des détails fortement marqués* (syn. NETTEMENT). *Désirer fortement* (syn. INTENSÉMENT; contr. FAIBLEMENT). *Encourager fortement* (syn. VIVEMENT). *C'est fortement dit* (= avec concision et vigueur). — **2.** Avec intensité, fréquemment : *Être fortement attiré par quelque chose. Il est fortement question de sa démission* (syn. BEAUCOUP, FORT; contr. PEU).

forteresse [fɔrtərɛs] n. f. **1.** Lieu fortifié, organisé pour la défense d'une ville, d'une région : *Guerre de forteresse.* — **2.** Lieu fortifié, servant de prison d'État.

fortifiant, e [fɔrtifjɑ̃] adj. et n. m. Se dit de certains médicaments qui augmentent les forces de qqn : *Prendre un fortifiant* (syn. REMONTANT).

fortification [fɔrtifikasjɔ̃] n. f. Ouvrage de défense militaire : *Les anciennes fortifications de Paris.*

fortifier [fɔrtifje] v. t. (lat. *fortis,* fort, et *facere,* faire). **1.** *Fortifier qqn, qqch,* les rendre plus forts : *L'exercice fortifie le corps* (syn. DÉVELOPPER). *Un régime qui fortifie le malade* (syn. ↑RÉTABLIR). *Fortifier son âme* (syn. RAFFERMIR). *Fortifier son prestige* (syn. RENFORCER). — **2.** *Fortifier une ville, un retranchement,* etc., les protéger par des ouvrages de défense militaire.

fortin [fɔrtɛ̃] n. m. Petit fort.

fortiori (a) → A FORTIORI.

fortissimo [fɔrtisimo] adv. et n. m. inv. Aussi fort que possible.

fortuit, e [fɔrtɥi] adj. (lat. *fortuitus*). Qui se produit par hasard : *Un événement fortuit* (syn. INATTENDU, IMPRÉVU, INOPINÉ; contr. ATTENDU, PRÉVISIBLE). *Une découverte fortuite* (syn. ACCIDENTEL).

fortuitement [fɔrtɥitmɑ̃] adv. De façon fortuite : *J'ai appris fortuitement cette nouvelle* (syn. INCIDEMMENT, PAR HASARD).

fortune [fɔrtyn] n. f. (lat. *fortuna,* sort). **1.** Ensemble des richesses appartenant à un individu, à une collectivité : *Son fils héritera d'une belle fortune. Sa fortune n'est pas très grande* (syn. AVOIR, CAPITAL). — **2.** *Faire fortune,* devenir riche, obtenir une belle situation : *Il a fait rapidement fortune, mais il a mal placé son argent* (syn. S'ENRICHIR, RÉUSSIR). ‖ *Revers de fortune,* événement à l'occasion duquel on perd beaucoup d'argent. — **3.** *Litt.* Ce qui est censé fixer aux êtres humains leur sort : *Être favorisé par la fortune* (syn. DESTIN, HASARD). — **4.** *À la fortune du pot,* se dit d'une invitation impromptue à un repas. ‖ Litt. *Bonne, mauvaise fortune,* chance, malchance : *J'ai eu la bonne fortune de* *vous rencontrer.* || *De fortune,* improvisé, réalisé rapidement et au dernier moment pour parer au plus pressé : *Installation de fortune* (syn. IMPROVISÉ). || *Moyens de fortune,* ceux dont on dispose dans l'immédiat : *Monter une cabane avec des moyens de fortune* (syn. MOYENS DU BORD). || Litt. *Tenter fortune,* commencer une vie, une carrière : *À l'âge de vingt ans, il décida de quitter son pays et de tenter fortune ailleurs.* (→ INFORTUNÉ.)

fortuné, e [fɔrtyne] adj. Qui a de la fortune : *Elle est assez fortunée pour se permettre cette grosse dépense.*

forum [fɔrɔm] n. m. (mot lat.). **1.** Place publique, dans l'antiquité romaine. — **2.** Réunion avec débat : *Un forum sur l'éducation sexuelle.*

fosse [fos] n. f. (lat. *fossa*). **1.** Cavité creusée dans le sol, d'origine artificielle ou naturelle : *Creuser une fosse. Fosse à fumier, à purin. Fosse aux lions, aux ours.* — **2.** Dépression située au fond des mers et des océans : *Les grandes fosses du Pacifique.* — **3.** Partie d'un théâtre située en contrebas, entre l'orchestre et la scène, et dans laquelle prennent place les musiciens : *Fosse d'orchestre.* — **4.** Cavité anatomique : *Fosses nasales. Fosse iliaque.* — **5.** Trou creusé pour y placer un cercueil : *Recouvrir la fosse d'une dalle.* — **6.** *Fosse commune,* endroit d'un cimetière où sont ensevelis ceux dont les familles n'ont pas de concession de terrain.

fossé [fose] n. m. (bas lat. *fossatum*). **1.** Fosse creusée en long pour faire une séparation, pour l'écoulement des eaux ou, jadis, pour défendre une place forte : *Sa voiture a dérapé et est tombée dans le fossé le long de la route.* — **2.** *Il y a un fossé entre nous, un fossé nous sépare,* nos relations ne sont pas bonnes, nos opinions sont opposées. || *Le fossé s'élargit entre eux,* leur incompréhension s'accentue.

fossette [fosɛt] n. f. Petite cavité que quelques personnes ont naturellement au menton ou qui se forme sur la joue quand elles rient.

fossile [fosil] adj. et n. m. (lat. *fossilis,* qu'on tire de la terre). Se dit de débris, d'empreintes de plantes ou d'animaux ensevelis dans les couches terrestres antérieures à la période géologique actuelle et qui s'y sont conservés : *Des coquillages fossiles dans une mine de charbon.*

fossiliser (se) [fosilize] v. pr. Devenir fossile : *Des oiseaux préhistoriques qui se sont fossilisés.*

fossoyeur [foswajœr] n. m. **1.** Personne qui a pour métier de creuser les tombes. — **2.** *Fossoyeur de qqch,* personne dont l'activité tend à faire disparaître qqch : *Les fossoyeurs d'un régime.*

1. fou, fol, folle [fu] adj. et n. (lat. *follis,* ballon) [*fol* ne s'emploie que devant un n. masc. commençant par une voyelle] **1.** Qui a perdu la raison, ou dont le comportement sort de l'ordinaire : *Il est devenu subitement fou et on a dû l'enfermer. Un fou furieux. Il est fou à lier* (= complètement fou). *Elle est folle de gaspiller ainsi son argent.* — **2.** Fam. *Faire le fou, faire la folle,* être d'une gaieté exubérante, s'agiter. || *Histoire de fou,* aventure incompréhensible et fantastique. || *Plus on est de fous, plus on rit,* plus on est nombreux à s'amuser, mieux on se divertit. || *Tête folle,* se dit de qqn dont les intentions ne sont pas suivies de réalisation, ou dont les agissements sont imprévisibles. — **3.** *(Être) fou de qqch,* être éperdu de : *Elle est folle de joie, de chagrin.* || *(Être) fou de qqch, qqn,* en être passionnément épris : *C'est un fou de musique. Elle est folle de ce jeune homme.* ◆ adj. **1.** Qui est l'indice d'un dérangement d'esprit ou d'un comportement anormal : *Un regard fou* (syn. ÉGARÉ, FIXE, HAGARD). *Une tentative folle* (syn. ABSURDE, INSENSÉ, DÉSESPÉRÉ). *Une folle pensée* (syn. INSENSÉ, DÉMESURÉ). — **2.** Qu'on ne peut retenir, modérer : *Une terreur folle* (syn. INVINCIBLE). *Une course folle* (syn. ÉPERDU). *Une gaieté folle* (syn. DÉBRIDÉ). — **3.** Dont le mécanisme est déréglé, dont le mouvement ou le développement n'est pas contrôlé : *Une horloge folle. Des allées envahies d'herbes folles* (= qui poussent en abondance et au hasard). *Une mèche folle.* — **4.** A une valeur superlative : *Il y avait un monde fou à cette réunion* (= il y avait énormément de monde). *J'ai mis un temps fou à finir ce livre* (syn. ↓CONSIDÉRABLE; fam. INTERMINABLE).

2. fou [fu] n. m. **1.** Autref., bouffon appartenant à la cour de certains rois et chargé de les distraire. — **2.** Pièce du jeu d'échecs, qui se déplace en diagonale.

3. fou [fu] ou **fou de Bassan** n. m. Palmipède de la taille d'une oie, nichant sur les côtes rocheuses.

fouailler [fuaje] v. t. *Litt.* Frapper, cingler à coups de fouet.

foucade [fukad] n. f. (de *fougue*). *Litt.* Élan, emportement capricieux et passager.

1. foudre [fudr] n. f. (lat. *fulgur,* éclair). **1.** Décharge électrique aérienne accompagnée d'une vive lueur et d'une violente détonation : *La foudre n'est pas tombée loin. Être frappé par la foudre.* — **2.** *Coup de foudre,* amour, élan subit et irrésistible pour qqn ou qqch. — **3.** (pl.) Condamnation, reproches violents : *Il s'est attiré les foudres de la direction.*

2. foudre [fudr] n. m. Litt. *Foudre de guerre,* grand homme de guerre.

foudroyant, e [fudrwajɑ̃] adj. **1.** Qui frappe par sa soudaineté, sa violence : *Succès foudroyant* (syn. FULGURANT). *Vitesse foudroyante.* — **2.** Qui donne brutalement, soudainement la mort : *Apoplexie foudroyante. Un poison foudroyant.* — **3.** *Regard foudroyant,* chargé d'une vive désapprobation et même menaçant.

foudroyer [fudrwaje] v. t. (c. 3). **1.** Frapper d'une décharge électrique, en parlant de la foudre (souvent pass.) : *Deux arbres gisaient, foudroyés par l'orage.* — **2.** Litt. *Foudroyer qqn, un animal,* les tuer net, en partic. d'un coup de feu : *Le chasseur tira : un perdreau, foudroyé, tomba comme une pierre.* — **3.** *Foudroyer qqn du regard,* le regarder intensément, pour lui marquer un sentiment particulier d'hostilité, sa désapprobation, etc.

fouet [fwɛ] n. m. (lat. *fagus,* hêtre). **1.** Instrument formé d'une corde ou d'une lanière de cuir attachée à un manche, et dont on se sert pour dresser les animaux : *Un coup de fouet de cocher. Le fouet du dompteur.* — **2.** Ustensile de cuisine servant à battre les œufs, les crèmes. — **3.** *Coup de fouet,* stimulation dont l'action est immédiate : *Son succès à l'examen lui a donné un coup de fouet.* || *De plein fouet,* perpendiculairement à la ligne de l'obstacle : *Un tir de plein fouet. Le vent arrivait de plein fouet sur la voile* (contr. DE BIAIS, DE CÔTÉ).

fouetter [fwɛte] v. t. **1.** *Fouetter qqn, un animal,* les frapper à coups de fouet : *Fouetter un cheval.* — **2.** *Fouetter une sauce, des œufs, une crème,* etc., les battre violemment, les remuer énergiquement avec un fouet de cuisine. — **3.** *Litt.* (sujet qqch) *Fouetter qqch (concret),* le frapper violemment : *La pluie fouettait les vitres de la salle* (syn. CINGLER). *Les vagues fouettent le bateau.* — **4.** *Avoir d'autres chats à fouetter,* avoir à s'occuper de choses plus importantes. || Fam. *Il n'y a pas de quoi fouetter un chat,* ce n'est pas une faute grave.

fougère [fuʒɛr] n. f. (lat. *filix, -icis*). Plante qu'on trouve souvent dans les bois et dont les feuilles sont en général très découpées.

fougue [fug] n. f. (it. *foga,* impétuosité). Ardeur impétueuse, mouvement passionné qui anime qqn ou qqch : *Elle agit avec fougue* (syn. EMPORTEMENT, ARDEUR, feu, véhémence, impétuosité, exubérance). *Il parle avec la fougue de la jeunesse* (syn. VIOLENCE, ENTRAIN, PÉTULANCE).

fougueusement [fugøzmɑ̃] adv. Avec fougue : *Elle s'élança fougueusement* (syn. IMPÉTUEUSEMENT).

fougueux, euse [fugø] adj. Qui a de la fougue : *Un tempérament fougueux* (syn. VIOLENT, EMPORTÉ, VIF, ARDENT; contr. CALME, FLEGMATIQUE, POSÉ). *Une intervention fougueuse de l'avocat. Cheval fougueux.*

fouille [fuj] n. f. 1. Activité de qqn qui creuse ou qui dirige les travaux de creusement du sol dans un but archéologique; ces travaux eux-mêmes (surtout pl.) : *Les fouilles n'ont pas vraiment commencé*; lieu sur lequel se fait cette activité : *Aller sur la fouille.* — 2. Opération par laquelle on recherche qqch dans un endroit : *Boucler le quartier et faire la fouille de tous les suspects. La fouille des bagages.*

fouiller [fuje] v. t. et i. (lat. *fodicare*, percer). 1. *Fouiller (dans) un lieu*, creuser, suivant une méthode, pour mettre au jour des vestiges de civilisations antérieures : *Les archéologues ont fouillé toute la partie qui entoure le temple romain.* — 2. *Fouiller (dans) un local, un lieu*, etc., l'explorer minutieusement pour y trouver qqch : *J'ai fouillé toute ma chambre pour retrouver cette bague. La police fouillait tout le quartier* (syn. INSPECTER, PERQUISITIONNER; fam. PASSER AU PEIGNE FIN). *Un vieux chiffonnier fouillait dans les poubelles. Les enfants ont fouillé partout dans la bibliothèque* (syn. FURETER; fam. FOUINER, FARFOUILLER). *Fouiller dans ses poches* (= y plonger la main pour en extraire ce qu'on cherche). *Fouiller dans sa mémoire, dans ses souvenirs.* ◆ v. t. 1. *Fouiller qqn*, chercher avec soin ce qu'il peut cacher dans ses poches, ses vêtements : *La sécurité militaire fouillait tous les suspects.* — 2. *Fouiller qqch*, l'examiner de façon approfondie : *Nous avons fouillé ce problème.* ◆ ***se fouiller*** v. pr. Pop. *Il peut (toujours) se fouiller!*, il peut attendre longtemps ce qu'il désire, il ne l'aura jamais.

fouilleur, euse [fujœr] adj. et n. Qui aime à fouiller, à chercher partout pour trouver qqch : *Un fouilleur de livres* (syn. fam. FOUINEUR, FURETEUR).

fouillis [fuji] n. m. Accumulation de choses en désordre : *Les livres formaient sur la table un fouillis indescriptible* (syn. FATRAS).

fouine [fwin] n. f. (lat. *fagina* [*mustella*], [belette] des hêtres). Petit mammifère carnivore vivant dans les bois.

fouiner [fwine] v. i. (de *fouine*). *Fam.* (sujet qqn) Fourrer son nez partout, se mêler de choses qui ne vous concernent pas, rechercher vivement par curiosité : *Je n'aime pas qu'on vienne fouiner dans mes affaires* (syn. FURETER; fam. FARFOUILLER).

fouineur, euse [fwinœr] adj. et n. *Fam.* Curieux et indiscret.

fouisseur, euse [fwisœr] n. et adj. (du lat. *fodere*, creuser). Se dit d'organes, chez certains animaux, qui sont propres à creuser le sol; ou de ces animaux eux-mêmes : *Les pattes fouisseuses de la taupe.*

foulage [fulaʒ] n. m. (de *fouler*). Opération par laquelle on exerce une forte pression sur un matériau en vue de le transformer : *Foulage du papier, des peaux, des tissus.*

foulant, e [fulɑ̃] adj. (de *fouler*). 1. *Pompe foulante*, qui élève l'eau au moyen de la pression qu'elle exerce sur le liquide, par oppos. aux *pompes aspirantes.* — 2. Fam. *Ce n'est pas foulant*, ce n'est pas fatigant.

foulard [fular] n. m. (prov. *foulat*, sorte de drap). Carré de soie ou de tissu léger qu'on se met autour du cou ou que les femmes portent sur la tête.

foule [ful] n. f. (de *fouler*). 1. Multitude de personnes rassemblées indistinctement et sans ordre dans un endroit : *Une foule inquiète se massait sur le trottoir. Il y avait foule dans les amphithéâtres* (syn. AFFLUENCE). *La foule écoutait l'orateur* (syn. ASSISTANCE, PUBLIC). *La foule des amis défilait devant le catafalque. Fendre la foule. Être pris dans la foule.* — 2. Masse humaine en général : *Flatter la foule* (syn. LE PEUPLE). *Aimer la foule. Fuir la foule* (syn. MULTITUDE). *Le jugement des foules* (syn. MASSE; contr. ÉLITE). — 3. *Foule de* (+ *n. pl.*), nombre très élevé de personnes ou de choses : *Une foule d'amis* (syn. MASSE). *Une foule de faits, de documents. Une foule d'idées* (syn. TAS). — 4. *En foule*, en grand nombre : *Les amis vinrent en foule me voir. Les idées se pressaient en foule dans son esprit* (syn. EN MASSE).

foulée [fule] n. f. (de *fouler*). 1. Distance couverte par un coureur entre deux appuis des pieds au sol : *En fin de course, elle allongea la foulée.* — 2. Fam. *Dans la foulée*, sans interruption, dans le même mouvement : *J'ai fait repeindre mon bureau et, dans la foulée, j'ai changé tout le mobilier.*

fouler [fule] v. t. (bas lat. *fullare*, presser une étoffe). 1. *Fouler qqch*, le presser, l'écraser avec un instrument, avec un rouleau, avec les mains, avec les pieds : *Fouler du feutre. Autrefois, on foulait le raisin en montant dans les cuves.* — 2. *Litt.* Marcher sur : *Fouler le sol de sa patrie.* — 3. *Fouler aux pieds*, traiter avec un grand mépris : *Fouler aux pieds les droits de l'homme* (syn. PIÉTINER, BAFOUER). — 4. *Fouler un membre*, y faire une foulure ou une entorse (surtout part. passé) : *Sa chute lui a foulé le poignet.* ◆ ***se fouler*** v. pr. 1. (sujet qqn) Se faire une foulure : *Elle s'est foulé la cheville.* — 2. Fam. *Ne pas se fouler*, ne faire aucun effort, ne se donner aucun mal : *Il ne s'est pas tellement foulé pour décrocher le prix* (syn. SE FATIGUER). *Travailler sans se fouler.*

foulque [fulk] n. m. (lat. *fulica*). Échassier à plumage sombre voisin de la poule d'eau.

foulure [fulyr] n. f. Étirement accidentel des ligaments articulaires, accompagné d'un gonflement douloureux (syn. ENTORSE).

four [fur] n. m. (lat. *furnus*). 1. Partie fermée d'une cuisinière, d'un fourneau, ou enceinte indépendante et encastrable où on met des aliments à cuire ou à chauffer : *Four d'une cuisinière. Four électrique. Mettre un gâteau au four, dans le four.* — 2. Ouvrage de maçonnerie rond et voûté, qui sert à la cuisson de diverses substances : *Four à pain du boulanger.* — 3. *Fam.* Échec d'un spectacle : *On a monté sa dernière pièce à Paris, c'est un four* (syn. FIASCO). *Sa pièce a fait un four* (= a échoué). — 4. *Petit four*, petit gâteau présenté en assortiment dans une réception, un cocktail, etc.

fourbe [furb] adj. et n. (de *fourbir*, voler). Qui trompe autrui avec une ruse perfide (soutenu) : *Méfie-toi, il est fourbe* (syn. HYPOCRITE, SOURNOIS, TROMPEUR).

fourberie [furbəri] n. f. Action fourbe, attitude de fourbe : *Agir avec fourberie* (syn. FAUSSETÉ, HYPOCRISIE, DUPLICITÉ, PERFIDIE).

fourbi [furbi] n. m. (de *fourbir*). *Fam.* Ensemble de choses, d'ustensiles variés : *Partir camper avec tout son fourbi.*

fourbir [furbir] v. t. (germ. *furbjan*, nettoyer). 1. *Fourbir un objet*, le nettoyer avec soin pour le rendre brillant. — 2. Litt. *Fourbir ses armes*, s'apprêter à affronter un risque, à subir une épreuve.

fourbu, e [furby] adj. (de l'anc. fr. *se forboire*, se fatiguer en buvant à l'excès). Rompu de fatigue : *Rentrer fourbu à la maison après une journée de marche* (syn. MOULU, ÉPUISÉ, HARASSÉ, EXTÉNUÉ; fam. ÉREINTÉ, CLAQUÉ).

fourche [furʃ] n. f. (lat. *furca*). 1. Instrument à long manche, terminé par de longues dents, et servant à manier la paille, le fourrage. — 2. Division d'une route, d'une voie de chemin de fer, d'un tronc ou d'une branche d'arbre, etc., en deux directions divergentes, mais non opposées : *Suivre le chemin jusqu'à la fourche et tourner à droite* (syn. BIFURCATION, EMBRANCHEMENT).

fourcher [furʃe] v. i. **1.** Se séparer en deux ou plusieurs branches : *Un tronc qui fourche très bas.* — **2.** Fam. *Sa langue a fourché,* il a dit un mot pour un autre.

fourchette [furʃɛt] n. f. (de *fourche*). **1.** Ustensile de table terminé par des dents, faisant partie du couvert et servant à piquer la nourriture. — **2.** Fam. *Avoir un bon, un joli coup de fourchette,* avoir un bel appétit. — **3.** En termes de statistique, écart entre deux valeurs extrêmes d'une évaluation : *Les instituts de sondage donnent à cette candidate une fourchette de 41 à 47 p. 100 des voix.*

fourchu, e [furʃy] adj. Qui se divise en deux comme une fourche : *Un arbre fourchu. Le pied fourchu d'un ruminant.*

fourgon [furgɔ̃] n. m. **1.** Voiture longue et couverte, servant au transport de marchandises, d'objets : *Fourgon de déménagement.* — **2.** *Fourgon mortuaire,* voiture transportant le cercueil, dans un enterrement. — **3.** Wagon couvert incorporé dans un train de voyageurs, pour le transport des bagages.

fourgonner [furgɔne] v. i. *Fam.* Fouiller sans ménagements (vieilli) : *Ne fourgonne pas dans mes tiroirs* (syn. ↓ FOUINER).

fourgonnette [furgɔnɛt] n. f. Petite voiture commerciale à carrosserie tôlée, s'ouvrant par l'arrière.

fourguer [furge] v. t. *Pop.* Vendre, écouler à bas prix des objets dont on veut se débarrasser.

fourme [furm] n. f. (lat. *forma,* forme à fromage). **1.** Fromage de lait de vache voisin du cantal. — **2.** *Fourme d'Ambert,* bleu fabriqué dans le Forez.

fourmi [furmi] n. f. (lat. *formica*). **1.** Insecte de quelques millimètres de long, appartenant à l'ordre des hyménoptères et vivant en société : *Fourmis rouges. Fourmis ailées. La fourmi est un symbole d'activité inlassable, de prévoyance.* — **2.** *Travail de fourmi,* travail très minutieux et assidu. — **3.** *Avoir des fourmis dans les jambes, les bras,* etc., éprouver une sensation de picotement dans les membres à la suite d'une longue immobilité, ou dans certaines maladies (syn. AVOIR DES FOURMILLEMENTS).

fourmilier [furmilje] n. m. Mammifère édenté qui capture les fourmis et autres insectes avec sa langue visqueuse (syn. TAMANOIR).

fourmilière [furmiljɛr] n. f. **1.** Habitation des fourmis. — **2.** Multitude de gens qui s'agitent beaucoup.

fourmi-lion [furmiljɔ̃] n. m. (pl. *fourmis-lions*) ou **fourmilion** n. m. Insecte dont la larve capture les fourmis.

fourmillement [furmijmɑ̃] n. m. **1.** Agitation en tous sens : *Le fourmillement de la rue* (syn. GROUILLEMENT). — **2.** Grande abondance de choses : *Un fourmillement d'idées, d'erreurs* (syn. FOISONNEMENT, MULTITUDE). — **3.** Sensation de picotement : *Avoir des fourmillements dans les jambes.*

fourmiller [furmije] v. i. (de *fourmi*). **1.** (sujet être animé) S'agiter vivement, se remuer en grand nombre qqpart : *Un fromage où les vers fourmillent* (syn. GROUILLER). *Les baigneurs fourmillent sur les plages de la Côte d'Azur.* — **2.** (sujet qqch) Être en abondance : *Les fautes d'orthographe fourmillent dans ses lettres* (syn. PULLULER, ABONDER). — **3.** (sujet qqch) *Fourmiller de* (+ *n. pl.*), être abondamment pourvu de : *Les boulevards fourmillaient de promeneurs endimanchés* (syn. ÊTRE PEUPLÉ DE). *Sa biographie fourmille d'anecdotes scabreuses* (syn. ÊTRE PLEIN DE). — **4.** *Fam.* (sujet un membre) Éprouver un fourmillement.

fournaise [furnɛz] n. f. (lat. *formax, -acis,* four). **1.** Feu violent : *Les pompiers pénétrèrent dans la fournaise.* — **2.** Lieu extrêmement chaud : *La chambre sous les toits est une fournaise en été.*

fourneau [furno] n. m. (anc. fr. *forn,* four). **1.** Appareil destiné à la cuisson des aliments : *Un fourneau à gaz.* — **2.** Sorte de four dans lequel on soumet à l'action de la chaleur diverses substances que l'on veut fondre ou calciner. — **3.** *Haut fourneau,* construction spécialement établie pour effectuer la fusion des minerais de fer, en vue de produire la fonte. — **4.** Partie de la pipe où se met le tabac.

fournée [furne] n. f. (anc. fr. *forn,* four). **1.** Quantité de pain qu'on fait cuire à la fois dans un four. — **2.** Fam. *Fournée de* (+ *n. pl.*), ensemble de personnes nommées aux mêmes fonctions, aux mêmes dignités ou traitées de la même façon : *Les cars déversent des fournées de touristes.*

fourni, e [furni] adj. **1.** Se dit de qqch ou de qqn qui est équipé, approvisionné : *Un magasin fourni en alimentation. Être bien fourni* (syn. APPROVISIONNÉ, ACHALANDÉ). — **2.** Se dit d'une chevelure abondante, d'une barbe épaisse : *Des cheveux bien fournis, peu fournis.*

fournil [furni] (anc. fr. *forn,* four). n. m. Local où se trouve le four d'une boulangerie et où on pétrit la pâte.

fourniment [furnimɑ̃] n. m. (de *fournir*). Ensemble des objets formant l'équipement d'un soldat : *Déballer le fourniment pour une revue.*

fournir [furnir] v. t. (germ. *frumjan,* produire). **1.** *Fournir qqch à qqn, fournir qqn de qqch,* le lui procurer, le mettre à sa disposition : *Fournir du travail aux ouvriers. Fournir des renseignements à la police* (syn. DONNER, APPORTER). *Le dictionnaire fournit de nombreux exemples* (syn. OFFRIR). *Fournir les pièces nécessaires à un dossier. L'accusé a fourni un alibi au tribunal* (syn. PRÉSENTER, ALLÉGUER). *J'attends qu'elle me fournisse une preuve de sa bonne volonté. Les réfugiés ont été fournis de vêtements chauds* (syn. POURVOIR). — **2.** *Fournir un effort, un travail,* le faire : *Elle a dû fournir un gros effort pour s'adapter au niveau de cette classe* (syn. ACCOMPLIR). — **3.** *Fournir un magasin, un restaurant,* etc., *en* (ou *de*) *qqch,* les approvisionner en cette chose. ◆ v. t. ind. *Fournir à qqch,* contribuer totalement ou en partie à une charge : *Sa famille fournit à son entretien* (syn. SUBVENIR, PARTICIPER). ◆ ***se fournir*** v. pr. (sujet qqn) Faire son ravitaillement, se procurer le nécessaire : *Se fournir toujours chez le même commerçant.*

fournisseur [furnisœr] n. m. Personne, établissement qui fournit habituellement une marchandise : *Vous trouverez ce produit chez votre fournisseur habituel* (syn. DÉTAILLANT, COMMERÇANT). *C'est un des plus gros fournisseurs de papier de tout le pays.*

fourniture [furnityr] n. f. Action de fournir; provision fournie ou à fournir : *La fourniture du charbon est faite à domicile* (syn. LIVRAISON). ◆ ***fournitures*** n. f. pl. Accessoires nécessaires à l'exercice de certains métiers ou à certaines activités : *Payer à une couturière la façon et les fournitures* (= fil, aiguilles, etc.). *Les fournitures scolaires* (= gommes, papier, crayons, etc., dont a besoin un écolier).

fourrage [furaʒ] n. m. (frq. *fodar*). Herbe pour la nourriture et l'entretien des bestiaux.

1. fourrager, ère [furaʒe] adj. Propre à être employé comme fourrage : *Betteraves fourragères.*

2. fourrager [furaʒe] v. i. (de *fourrage*) [c. **2**]. Fam. **1.** *Fourrager dans qqch,* fouiller sans souci du désordre causé : *Fourrager dans un tiroir* (syn. FOURGONNER). — **2.** *Fourrager dans sa barbe,* la triturer.

fourragère [furaʒɛr] n. f. (orig. obscure). Cordon

porté sur l'épaule, constituant une distinction conférée à certains corps de la police ou de l'armée.

1. fourré, e [fure] adj. **1.** Garni de fourrure à l'intérieur : *Des gants fourrés. Une veste fourrée.* — **2.** Se dit d'un mets dont on garnit l'intérieur : *Bonbon fourré à la confiture. Gâteau fourré aux amandes.* — **3.** Fam. *Coup fourré,* moyen perfide utilisé contre un adversaire qui ne s'y attend pas.

2. fourré [fure] n. m. Endroit touffu où poussent des arbustes, des broussailles, etc.

fourreau [furo] n. m. (germ. *fodr,* doublure). **1.** Gaine, étui allongé servant d'enveloppe à un objet : *Fourreau de parapluie. Fourreau d'une épée.* — **2.** Robe qui moule le corps.

fourrer [fure] v. t. (de l'anc. fr. *fuerre,* fourreau). **1.** *Fourrer un vêtement,* en garnir l'intérieur de fourrure : *Faire fourrer son manteau en peau de lapin.* — **2.** Fam. *Fourrer qqch, qqn dans un lieu, une action,* etc., l'y faire entrer avec peu de soin ou peu d'à-propos, etc. : *Fourrer du linge sale dans un sac* (syn. METTRE). *Fourrer un ami dans une sale histoire* (syn. fam. FLANQUER). *Fourrer un homme en prison. Fourrer une idée fausse, ridicule dans la tête de quelqu'un.* ◆ ***se fourrer*** v. pr. **1.** *Fam.* (sujet qqn) *Se fourrer qqch dans la tête,* se mettre dans l'idée : *Il s'est fourré dans la tête qu'il partirait à pied en vacances.* — **2.** (sujet qqch, qqn) *Se fourrer qqpart,* se placer, se glisser qqpart : *La balle est partie se fourrer sous l'armoire. Je ne sais pas où cet enfant a encore été se fourrer.* — **3.** Fam. *Ne plus savoir où se fourrer,* être rempli de confusion ou de honte.

fourre-tout [furtu] n. m. inv. **1.** *Fam.* Endroit où on rencontre pêle-mêle les personnes, les objets les plus divers : *Ce petit cabinet de débarras est un vrai fourre-tout.* — **2.** Sac de voyage souple.

fourreur [furœr] n. m. Personne qui confectionne ou qui vend des vêtements de fourrure.

fourrier [furje] n. m. (anc. fr. *fuerre,* fourrage). **1.** Sous-officier qui était chargé de distribuer les vivres ou de pourvoir au logement des troupes en déplacement. — **2.** *Être le fourrier de qqn, qqch,* faciliter l'arrivée illégitime de qqch ou l'avènement illégal de qqn : *Les fourriers du fascisme.*

fourrière [furjɛr] n. f. (anc. fr. *fuerre,* fourrage). Lieu de dépôt des animaux errants ou des voitures stationnées en infraction sur la voie publique.

fourrure [furyr] n. f. (de *fourrer*). **1.** Peau d'animal garnie de poils fins et serrés, qui, après une préparation particulière, peut servir de vêtement, de garniture ou d'accessoire; cette peau préparée : *Un animal qui a une belle fourrure. Manteau de fourrure. Fourrure d'astrakan. Col de fourrure.* — **2.** Manteau, veste fait de cette peau : *Mettre sa fourrure.*

fourvoyer (se) [furvwaje] v. pr. (de *fors,* hors de, et *voie*) [c. 3] (sujet qqn) **1.** *Se fourvoyer dans un lieu,* se tromper de chemin; aller où l'on n'a que faire : *Se fourvoyer dans une impasse* (syn. S'ÉGARER). — **2.** (sans compl.) Se tromper complètement, commettre une erreur de jugement : *En choisissant cette solution, il s'est fourvoyé* (syn. FAIRE FAUSSE ROUTE).

foutaise [futɛz] n. f. *Pop.* Chose sans intérêt, baliverne.

foutoir [futwar] n. m. *Pop.* Endroit où règne un très grand désordre.

foutre [futr] v. t. Syn. pop. de FICHER, FICHE.

foutu, e [futy] adj. Syn. pop. de FICHU.

fox [fɔks] ou **fox-terrier** [fɔksterje] n. m. (mot angl.) [pl. *fox-terriers*]. Chien de race terrier, d'origine anglaise.

foyer [fwaje] n. m. (bas lat. *focarium*). — **I. 1.** *Litt.* Endroit d'une maison aménagé pour y faire du feu : *La cendre du foyer.* — **2.** Partie d'un appareil de chauffage dans laquelle brûle le combustible : *Le foyer d'un poêle.* — **3.** Point central d'où provient qqch : *Le foyer d'un incendie* (syn. CENTRE). *Un foyer de rébellion. Le foyer d'une maladie.* — **4.** Point où convergent des rayons initialement parallèles de lumière ou de chaleur, après réfraction dans une lentille ou réflexion dans un miroir. (→ FOCAL.)
— **II. 1.** Lieu d'habitation d'une famille : *Elle a quitté le foyer conjugal* (syn. DOMICILE). — **2.** Famille : *Fonder un foyer* (= se marier). *Un enfant abandonné qui a trouvé un foyer.* ‖ *Femme au foyer,* femme sans profession rémunérée, qui s'occupe du ménage de sa maison, du soin des enfants, etc. ‖ *Rentrer, retourner dans ses foyers,* regagner son domicile, quand on est libéré des obligations militaires. — **3.** Local servant aux réunions : *Foyer des artistes* (= où se réunissent les acteurs d'un théâtre). *Foyer du public* (= où les spectateurs peuvent aller pendant les entractes). *Foyer du soldat* (= salle commune d'une caserne où les soldats peuvent boire et se distraire). — **4.** Établissement réservé à certaines catégories de personnes : *Foyer pour travailleurs immigrés.*

frac [frak] n. m. (angl. *frock*). Habit noir de cérémonie, serré à la taille et à basques étroites.

fracas [fraka] n. m. (it. *fracasso*). Bruit violent : *Le fracas d'un torrent. S'écrouler avec fracas. Vivre loin du fracas de la ville* (syn. TUMULTE, VACARME, ↓ BRUIT). *Le fracas des armes.*

fracassant, e [frakasɑ̃] adj. Qui fait un grand bruit : *On entendit un coup de tonnerre fracassant* (syn. ASSOURDISSANT). *Ce film a remporté un succès fracassant* (syn. ÉCLATANT). *Un discours fracassant* (syn. RÉVOLUTIONNAIRE).

fracasser [frakase] v. t. *Fracasser qqch,* le briser avec violence : *Il fracassa la porte d'un coup d'épaule. Il lui fracassa la mâchoire d'un coup de poing* (syn. BRISER, CASSER). ◆ ***se fracasser*** v. pr. (sujet qqch) Se briser : *Le vase s'est fracassé en tombant sur le carrelage* (= il s'est cassé en mille morceaux).

fraction [fraksjɔ̃] n. f. (du lat. *frangere,* briser). **1.** Expression numérique indiquant une ou plusieurs parties de l'unité divisée en parties égales : *2/5 est une fraction.* — **2.** Partie d'un tout : *Une fraction de l'Assemblée a applaudi l'orateur. Hésiter une fraction de seconde.*

fractionnel, elle [fraksjɔnɛl] adj. Qui tend à la désunion d'un parti : *Une activité fractionnelle.*

fractionnement [fraksjɔnmɑ̃] n. m. Action de fractionner : *Le fractionnement d'une propriété foncière* (syn. DIVISION, DÉMEMBREMENT).

fractionner [fraksjɔne] v. t. *Fractionner qqch,* le diviser en parties : *Fractionner un train en plusieurs rames.* ◆ ***se fractionner*** v. pr. Se diviser : *Le groupe se fractionna en plusieurs éléments.*

fractionnisme [fraksjɔnism] n. m. Action visant à détruire l'unité d'un parti politique (syn. SCISSIONNISME).

fracture [fraktyr] n. f. (lat. *fractura*). **1.** Lésion osseuse par choc, pression ou torsion : *Une fracture du poignet.* — **2.** Rupture brutale de qqch : *La fracture d'une serrure.*

fracturer [fraktyre] v. t. **1.** *Fracturer un os,* le briser (syn. plus usuel CASSER); surtout comme pr. : *Elle s'est fracturé le poignet.* — **2.** *Fracturer une porte, une serrure,* etc., l'ouvrir par la force, en la cassant : *Les cambrioleurs avaient fracturé le coffre-fort.*

fragile [fraʒil] adj. (lat. *fragilis*). **1.** Qui se casse facilement : *Une porcelaine fragile. Un verre fin et fragile.* — **2.** Mal assuré, sujet à disparaître, à s'effondrer :

Des sentiments fragiles (syn. INSTABLE, INCERTAIN). *Une théorie fragile* (syn. MAL FONDÉ). *Des projets fragiles* (syn. CHANCELANT). — **3.** Se dit de qqn dont la santé est précaire ou d'un organe sujet à la maladie : *Un enfant fragile* (syn. ↑DÉBILE, ↑CHÉTIF; litt. VALÉTUDINAIRE). *Avoir une santé fragile* (syn. DÉLICAT; contr. ROBUSTE, VIGOUREUX, SOLIDE). *Avoir l'estomac fragile.*

fragiliser [fraʒilize] v. t. Rendre qqn, qqch plus fragile : *Sa maladie l'avait fragilisé.*

fragilité [fraʒilite] n. f. État fragile : *La fragilité du verre, d'une théorie* (syn. INCONSISTANCE).

fragment [fragmɑ̃] n. m. (lat. *fragmentum*). **1.** Partie, le plus souvent isolée ou rare, d'un objet qui a été cassé ou déchiré (soutenu) : *Ce fragment de poterie a retenu l'attention des archéologues* (syn. usuel MORCEAU). *Des fragments de cheveux ont été soumis à une analyse toxicologique. Elle rassemblait les fragments épars de la photographie. Les fragments d'une vitre* (syn. ÉCLAT, DÉBRIS). — **2.** Morceau d'une œuvre littéraire : *Dans nos livres, nous n'étudions que des fragments de tragédies* (syn. EXTRAIT).

fragmentaire [fragmɑ̃tɛr] adj. Qui constitue un fragment; divisé en parcelles : *Avoir des connaissances fragmentaires* (syn. PARTIEL; contr. COMPLET). *Elle avait une vue fragmentaire de la situation* (syn. INCOMPLET, PARCELLAIRE). *Travail fragmentaire.*

fragmentation [fragmɑ̃tasjɔ̃] n. f. Action de se partager en fragments : *La fragmentation des roches sous l'effet du gel.*

fragmenter [fragmɑ̃te] v. t. Mettre, réduire en fragments : *Fragmenter un film en épisodes pour la télévision* (syn. DIVISER, DÉCOUPER).

frai [frɛ] n. m. (de *frayer*). **1.** Époque, acte de la génération chez les poissons. — **2.** Œufs de poissons fécondés ou très jeunes poissons.

fraîche [frɛʃ] n. f. *À la fraîche,* au moment du jour où il fait frais : *Sortir à la fraîche.*

fraîchement [frɛʃmɑ̃] adv. **1.** Depuis peu de temps, très récemment : *Terre fraîchement labourée* (syn. NOUVELLEMENT). — **2.** *Fam.* Sans aucun enthousiasme, avec froideur : *Recevoir fraîchement une proposition.*

fraîcheur [frɛʃœr] n. f. **1.** État de ce qui est frais, légèrement froid : *Aimer la fraîcheur du soir. La fraîcheur d'un coloris. La fraîcheur d'un accueil.* — **2.** État de ce qui n'est pas encore altéré : *La fraîcheur d'un poisson.* — **3.** État de ce qui a gardé son éclat : *La fraîcheur du teint* (syn. ÉCLAT). *La fraîcheur d'un souvenir* (syn. VIVACITÉ, ACTUALITÉ). *La fraîcheur d'un sentiment* (syn. CANDEUR, PURETÉ).

fraîchir [frɛʃir] v. i. (sujet l'atmosphère, la température, etc.) Devenir plus frais : *Le temps fraîchit, il faut mettre un chandail.*

1. frais, fraîche [frɛ] adj. (germ. *frisk*). **1.** Qui produit une impression de froid léger : *Un vent frais. Une rue fraîche. Une boisson fraîche.* — **2.** (parfois avant le n.) Qui produit une sensation agréable, analogue à la fraîcheur : *Un parfum frais. Des couleurs fraîches. Une voix fraîche. Le frais coloris d'un papier peint.* — **3.** Qui manifeste de la réserve, de la froideur : *Recevoir un accueil frais.* — **4.** Se dit d'une denrée alimentaire qui n'a pas encore subi d'altération : *Des œufs frais* (syn. ↑DU JOUR). *Du pain frais* (contr. RASSIS). *Du beurre frais* (contr. RANCE). *Des poissons frais* (contr. AVARIÉ). — **5.** Se dit d'une denrée alimentaire qu'on consomme directement, sans séchage ni conservation : *Manger des légumes frais* (contr. SEC). *Des sardines fraîches* (contr. EN CONSERVE). — **6.** Qui est nouveau, qui vient de se produire : *Trouver des traces fraîches du passage d'un animal. Une blessure fraîche. Une nouvelle fraîche* (syn. RÉCENT). — **7.** Qui n'est pas encore sec : *Attention, peinture fraîche!* — **8.** *Argent frais,* argent qui vient d'arriver. ‖ *De fraîche date,* se dit d'un événement tout récent. — **9.** (parfois avant le n.) Se dit de qqn (de son corps) ou d'une plante qui est en bonne santé, qui a conservé sa vigueur, son éclat : *Cet homme est encore très frais pour son âge* (syn. VERT). *Frais comme une rose. Une fraîche jeune fille. Le teint frais et reposé. Des joues fraîches* (contr. FLÉTRI). *Mettre de l'eau dans un vase pour conserver les fleurs fraîches* (contr. FANÉ). *Des troupes fraîches* (= qui viennent d'effectuer un temps de repos). — **10.** *Litt.* Se dit de sentiments, d'une sensibilité, d'un souvenir, etc., que le temps n'a pas altérés : *Elle a conservé l'âme fraîche de sa jeunesse* (syn. CANDIDE, PUR). *J'ai encore le souvenir très frais de cet incident* (syn. VIVANT, PRÉSENT). — **11.** *Fam.* Qui est dans une situation fâcheuse : *Te voilà frais, avec ton pantalon tout déchiré!* (syn. fam. DANS DE BEAUX DRAPS). ◆ ***frais*** adv. **1.** *Boire frais,* boire une boisson préalablement refroidie. ‖ *Il fait frais,* on éprouve une sensation de fraîcheur (syn. fam. FRISQUET). — **2.** Nouvellement : *Être frais débarqué à Paris. Frais émoulu de l'Université;* en cet emploi la forme fém. *fraîche* est usitée dans quelques express. : *Une fleur fraîche éclose.* ◆ n. m. **1.** Atmosphère légèrement froide ou humide : *On sent le frais, il faut rentrer* (syn. FRAÎCHEUR). *Mettre au frais un aliment* (= le mettre dans un endroit naturellement frais). — **2.** *Prendre le frais,* se tenir, se promener dans un lieu où il fait frais.

2. frais [frɛ] n. m. pl. (du lat. *frangere,* briser). **1.** Dépenses occasionnées par qqch : *La réparation de la toiture vous entraînera à des frais considérables. Je voyage à grands frais* (= avec de grandes dépenses d'argent). *Construire à peu de frais* (syn. ÉCONOMIQUEMENT). — **2.** *En être pour ses frais,* ne tirer aucun profit de ses dépenses; s'être donné de la peine pour rien. ‖ *Faire des frais,* dépenser de l'argent. ‖ *Faire des frais pour qqn,* ne pas ménager sa peine pour lui plaire. ‖ *Faire les frais de la conversation,* en être l'objet : *Les derniers événements faisaient les frais de la conversation.* ‖ Fam. *Faire les frais de qqch,* en supporter les conséquences pénibles. ‖ *Faux frais,* dépenses supplémentaires non prévisibles. ‖ *Frais de déplacement,* somme allouée pour le déplacement de certains employés ou fonctionnaires. ‖ *Frais généraux,* dépenses d'une entreprise qui n'entrent pas dans les frais de fabrication d'un produit. ‖ *Se mettre en frais,* dépenser plus que de coutume; prodiguer sa peine, ses efforts. ‖ *Rentrer dans ses frais,* être remboursé de ses dépenses. ‖ *Réussir à peu de frais,* en se donnant peu de mal. (→ DÉFRAYER.)

fraisage [frɛzaʒ] n. m. Action de fraiser.

1. fraise [frɛz] n. f. (lat. *fragum*). Fruit du fraisier.

2. fraise [frɛz] n. f. (de l'anc. fr. *fraiser,* dépouiller de son enveloppe). **1.** Mèche en forme de cône, pour évaser l'orifice d'un trou. — **2.** Outil monté sur le tour du dentiste et servant aux interventions portant sur les lésions ou les tissus durs de la dent.

fraisé, e [frɛze] adj. *Vis fraisée,* vis dont la tête a une forme conique.

fraiser [frɛze] v. t. *Fraiser un trou,* en évaser l'orifice avant d'y mettre une vis.

fraiseur, euse [frɛzœr] n. Ouvrier, ouvrière qui travaille sur une fraiseuse.

fraiseuse [frɛzøz] n. f. Machine à fraiser.

fraisier [frɛzje] n. m. Plante basse et rampante, dont le fruit, récolté à l'état sauvage ou cultivé, est comestible.

fraisure [frɛzyr] n. f. Évasement pratiqué à l'orifice d'un trou.

framboise [frɑ̃bwaz] n. f. (frq. *brambasi*). Fruit du framboisier.

framboisier [frɑ̃bwazje] n. m. Arbrisseau voisin de la ronce, dont le fruit est comestible.

1. franc, franche [frɑ̃] adj. (frq. *frank*). **1.** (ordinairement après le n.) Qui ne cherche pas à dissimuler sa pensée, qui agit sans détour : *Je vais être franc avec vous : vous n'avez aucune chance de réussir* (syn. NET, DIRECT). *Une femme franche* (syn. HONNÊTE, LOYAL, SINCÈRE ; contr. HYPOCRITE, FOURBE, SIMULATEUR). *Un visage franc* (syn. OUVERT). *Un regard franc. Un rire franc.* — **2.** (avant un n. de pers.) *Litt.* Exprime un degré élevé dans un défaut : *Une franche canaille* (syn. VÉRITABLE). — **3.** (après ou avant le n.) Pur, sans mélange, net : *Une couleur franche* (syn. NET ; contr. DOUTEUX, FLOU). *Montrer une franche hostilité* (syn. OUVERT, NET, DÉCLARÉ ; contr. SOURD, SOURNOIS). — **4.** *Huit jours francs,* délai de huit jours entiers, sans retenir le premier ni le dernier jour. ‖ *Jouer franc jeu,* agir sans intention cachée. — **5.** Libre de toute contrainte (dans quelques express.) : *Avoir les coudées franches.* — **6.** *Corps francs,* troupes qui ne font pas partie d'une armée régulière. ‖ *Franc de port,* se dit d'un colis, d'un envoi, etc., pour lequel les frais de port sont payés au départ par l'expéditeur. ‖ *Port franc, zone franche,* port ou région frontière où les marchandises étrangères pénètrent librement, sans formalités ni droits à payer. ‖ *Franc de toute servitude,* libre de toute servitude, telle que taxes, etc. ◆ ***franc*** adv. *Parler franc,* sans détour, ouvertement.

2. franc [frɑ̃] n. m. (de *Francorum rex,* roi des Francs). Unité monétaire principale de la France, de la Belgique, du Luxembourg et de la Suisse.

français, e [frɑ̃sɛ] adj. Relatif à la France : *Le drapeau français est tricolore. Le territoire français. La langue française. L'industrie française.* ◆ n. Habitant ou originaire de France : *Les Gaulois étaient les ancêtres des Français.* ◆ ***français*** n. m. **1.** Langue parlée en France, en Belgique, en Suisse, au Canada, en Afrique francophone, etc. — **2.** *Parler français,* parler la langue française ; s'exprimer d'une manière claire, intelligible.

franchement [frɑ̃ʃmɑ̃] adv. **1.** De façon directe, sans détour, sans ambiguïté : *Agir franchement* (syn. OUVERTEMENT). *Parler franchement* (syn. À CŒUR OUVERT, SINCÈREMENT). *Je vous avouerai franchement que je n'y comprends rien* (syn. CARRÉMENT, TOUT BONNEMENT). *Sauter franchement un obstacle* (syn. SANS HÉSITER). — **2.** (avant un adj.) Indique l'intensité : *Un repas franchement médiocre* (syn. NETTEMENT, ↑ TOTALEMENT).

franchir [frɑ̃ʃir] v. t. **1.** *Franchir un obstacle,* le passer par un moyen quelconque : *Le cheval franchit la haie* (= saute par-dessus). — **2.** *Franchir une limite,* aller au-delà : *Franchir le seuil d'une maison, d'une pièce. Franchir une porte* (syn. PASSER). *Franchir les mers, les océans* (syn. TRAVERSER). *Franchir le cap de la cinquantaine. Franchir les étapes d'une hiérarchie. Franchir les bornes de la décence.*

franchise [frɑ̃ʃiz] n. f. **1.** Comportement loyal, franc : *La franchise d'un enfant* (syn. DROITURE, LOYAUTÉ). *La franchise d'un regard* (syn. NETTETÉ, SINCÉRITÉ). *Je vous avouerai en toute franchise que je ne partage pas votre enthousiasme.* — **2.** Exemption de certains droits : *Franchise douanière* (= exonération de droits pour les marchandises qui entrent ou sortent par les frontières). *Franchise postale* (= transport gratuit des correspondances ou des objets assimilés).

franchissable [frɑ̃ʃisabl] adj. Qui peut être franchi : *Une rivière franchissable à pied* (contr. INFRANCHISSABLE).

franchissement [frɑ̃ʃismɑ̃] n. m. Action de franchir : *Le franchissement d'une rivière.*

francisation [frɑ̃sizasjɔ̃] n. f. Action de franciser : *La francisation d'un mot.*

franciscain, e [frɑ̃siskɛ̃] n. (du lat. *Franciscus,* François). Religieux, religieuse de l'ordre de saint François d'Assise.

franciser [frɑ̃size] v. t. Donner le caractère français à qqch : *Franciser une prononciation, un mot.*

franciste [frɑ̃sist] n. Spécialiste de langue française.

franc-maçon, onne [frɑ̃masɔ̃] n. (angl. *freemason,* maçon libre) [pl. *francs-maçons, franc-maçonnes*]. Membre de la franc-maçonnerie.

franc-maçonnerie [frɑ̃masɔnri] n. f. (pl. *franc-maçonneries*). Société secrète et dont les membres professent des principes de fraternité, se reconnaissent entre eux à certains signes et se divisent en groupes appelés « loges ».

1. franco [frɑ̃ko] adv. (de l'it. *franco porto,* port franc). Se dit d'une expédition postale ou autre effectuée sans frais pour le destinataire : *Expédier un colis franco* (syn. FRANC DE PORT).

2. franco- [frɑ̃ko], élément préfixé à un adj. et signifiant « français » : *Les accords franco-russes.*

francophile [frɑ̃kɔfil] adj. et n. Se dit d'un ami de la France, ou de ce qui manifeste cette amitié.

francophilie [frɑ̃kɔfili] n. f. Amitié à l'égard de la France.

francophobe [frɑ̃kɔfɔb] adj. et n. Hostile à la France.

francophobie [frɑ̃kɔfɔbi] n. f. Hostilité à la France.

francophone [frɑ̃kɔfɔn] adj. et n. Dont la langue de communication est le français.

francophonie [frɑ̃kɔfɔni] n. f. Communauté linguistique constituée par les peuples francophones.

franc-parler [frɑ̃parle] n. m. (sing.) Absence de contrainte ou de réserve dans la façon de s'exprimer : *Avoir son franc-parler.*

franc-tireur [frɑ̃tirœr] n. m. (pl. *francs-tireurs*). **1.** Combattant qui ne fait pas partie d'une armée régulière : *Les groupes de francs-tireurs.* — **2.** Celui qui mène une action indépendante, sans se soucier des lois ou des usages d'un groupe : *Agir en franc-tireur.*

frange [frɑ̃ʒ] n. f. (lat. *fimbria*). **1.** Bande placée au bord d'une étoffe, garnie de fils retombants et servant à orner des vêtements ou des tentures, des meubles. — **2.** Cheveux retombant sur le front en formant une sorte de bande. — **3.** Ce qui est situé au bord, en marge : *Cette propagande vise une frange de l'électorat modéré.*

frangipane [frɑ̃ʒipan] n. f. (de *Frangipani,* marquis it. qui inventa un parfum). Crème épaisse, parfumée aux amandes, dont on garnit certaines tartes et certaines pièces de pâtisserie.

franquette (à la bonne) [frɑ̃kɛt] loc. adv. et adj. (de *franc* 1). *Fam.* Sans embarras, sans cérémonie : *Venez chez nous ce soir, ce sera à la bonne franquette, entre camarades* (syn. EN TOUTE SIMPLICITÉ).

frappant, e [frapɑ̃] adj. Qui produit une vive impression : *Une preuve frappante* (syn. ÉVIDENT, CERTAIN). *La ressemblance entre ces deux sœurs est frappante* (syn. SAISISSANT). *Un détail frappant* (syn. CARACTÉRISTIQUE).

frappe [frap] n. f. **1.** *Force de frappe* → FORCE — **2.** Manière d'attaquer un ballon, une balle. — **3.** Opération par laquelle on produit une empreinte sur une pièce de métal. — **4.** Manière dont qqn frappe une touche de machine à écrire, un instrument de musique à clavier : *Une dactylo qui a une frappe régulière.* — **5.** Action ou manière de dactylographier : *L'exemplaire de la première frappe.*

frappé, e [frape] adj. Se dit d'un vin qu'on a fait refroidir dans de la glace : *Du champagne frappé.*

frappement [frapmɑ̃] n. m. Action de frapper; bruit ainsi fait : *Entendre des frappements à la porte.*

frapper [frape] v. t. et i. (onomat.). **1.** *Frapper qqch, qqn, un animal,* leur donner un coup ou des coups : *Les marteaux viennent frapper les cordes du piano. La mer frappe la falaise. Ce joueur de tennis frappe fort la balle. César mourut frappé de vingt-trois coups de poignard. Frapper du poing sur la table* (syn. ↑ COGNER). *On applaudit en frappant dans ses mains* (syn. fam. TAPER). *Frapper à la porte* (= donner des coups, généralement assez légers, en vue de se faire ouvrir). *Entrez sans frapper. Qui est-ce qui peut bien frapper à cette heure ?* — **2.** *Frapper un grand coup,* prendre une décision énergique. ◆ v. t. **1.** *Frapper une médaille, une monnaie,* y produire une empreinte : *Une monnaie frappée à l'effigie du souverain.* — **2.** Litt. *Être frappé au coin du bon sens, de la vérité,* etc., être plein de bon sens, de vérité, etc. — **3.** *Frapper les yeux, le regard, la vue, l'oreille, les oreilles,* s'imposer soudain avec force à la vue ou à l'ouïe. ‖ *Lumière, bruit,* etc., *qui frappe un objet,* qui le rencontre comme obstacle, comme écran : *Un rayon de soleil frappe le miroir.* — **4.** *Frapper qqn, l'esprit de qqn,* faire une vive impression sur lui, attirer son attention : *Un spectacle qui frappe de stupeur tous les assistants. Son nom m'a frappé. J'ai été frappé de leur ressemblance* (= je l'ai constatée avec étonnement). — **5.** (sujet une mesure administrative, une sanction, un événement fâcheux) Atteindre, concerner : *Un impôt qui frappe certaines catégories de salariés. Le tribunal a frappé tous les accusés de la peine maximale. Le malheur s'acharne à frapper cette famille* (syn. S'ABATTRE SUR). ◆ v. t. ou v. t. ind. *Frapper qqch, sur qqch,* le toucher vivement de la main, du doigt : *Dactylo qui frappe sur les touches* (syn. TAPER). ◆ ***se frapper*** v. pr. (sujet qqn) S'émouvoir outre mesure : *Un malade qui a tendance à se frapper. Ne te frappe pas : tu n'y changeras rien* (syn. S'INQUIÉTER, SE TRACASSER, SE TOURMENTER).

frappeur [frapœr] adj. m. *Esprit frappeur,* esprit qui se manifesterait par des coups sur les meubles quand on l'invoque.

frasque [frask] n. f. (it. *frasche,* balivernes). Écart de conduite : *Frasques de jeunesse. Ses parents refusaient de payer ses frasques* (syn. INCARTADE, FREDAINE).

fraternel, elle [fratɛrnɛl] adj. (du lat. *frater,* frère). **1.** Se dit de relations affectueuses existant entre frères ou entre frères et sœurs : *Amour fraternel. Un baiser fraternel.* — **2.** Se dit de relations entre des personnes qui se considèrent comme très liées : *Adresser à quelqu'un un salut fraternel* (syn. AMICAL). *Je lui porte une amitié fraternelle.*

fraternellement [fratɛrnɛlmɑ̃] adv. De façon fraternelle : *Vivre fraternellement avec quelqu'un* (= en bonne entente avec lui).

fraternisation [fratɛrnizasjɔ̃] n. f. Action de fraterniser.

fraterniser [fratɛrnize] v. i. (sujet qqn) Cesser de traiter l'autre en ennemi, se rapprocher, se réconcilier : *Les soldats ont fraternisé avec la population.*

fraternité [fratɛrnite] n. f. Lien de solidarité et d'amitié qui existe entre des hommes; sentiment d'appartenir à une même communauté.

fratricide [fratrisid] adj. et n. (du lat. *frater,* frère, et *caedere,* tuer). **1.** Qui tue son frère, sa sœur. — **2.** Qui constitue un crime envers ceux qu'on aurait dû considérer comme frères : *Lutte fratricide.*

fraude [frod] n. f. (lat. *fraus, fraudis*). Acte qui contrevient à des dispositions légales ou réglementaires, au détriment d'autrui : *Fraude électorale, fiscale.*

frauder [frode] v. i. et t. Commettre une fraude : *Un candidat qui fraude à l'examen. Frauder à la douane. Frauder sur une marchandise. Frauder l'État, l'impôt.*

fraudeur, euse [frodœr] n. et adj. Qui fraude.

frauduleusement [frodyløzmɑ̃] adv. De façon frauduleuse : *Vendre frauduleusement des marchandises.*

frauduleux, euse [frodylø] adj. Entaché de fraude : *Marché frauduleux. Trafic frauduleux.*

frayer [frɛje] v. t. (lat. *fricare,* frotter) [c. **4**]. *Frayer une voie, un passage à qqn, qqch,* leur tracer un chemin, permettre un accès : *La police lui fraya un passage dans la foule. Cette découverte a frayé la voie à tous les travaux ultérieurs* (syn. OUVRIR). ◆ v. i. (sujet qqn) **1.** *Frayer avec qqn,* le fréquenter, avoir avec lui des relations d'amitié : *Il frayait peu avec les voisins.* — **2.** (sujet un poisson) Se reproduire : *La perche ne fraie qu'à l'âge de trois ans.* ◆ ***se frayer*** v. pr. (sujet qqn) S'ouvrir une voie : *Se frayer un passage dans la foule. Il s'est frayé un chemin jusqu'à la magistrature suprême.*

frayeur [frɛjœr] n. f. (lat. *fragor,* bruit). Peur violente, causée par le sentiment d'un danger imminent : *Trembler de frayeur* (syn. EFFROI, ÉPOUVANTE, TERREUR). *Avoir des frayeurs continuelles* (syn. ANXIÉTÉ).

fredaine [frədɛn] n. f. (de l'anc. fr. *fredain,* mauvais). Écart de conduite jugé avec indulgence : *On lui pardonne ces fredaines de jeunesse.*

fredonnement [frədɔnmɑ̃] n. m. Action de fredonner.

fredonner [frədɔne] v. t. (lat. *fritinnire,* gazouiller). Chantonner à mi-voix, sans ouvrir la bouche : *Fredonner un air d'opéra.*

free jazz [fridʒaz] n. m. École de jazz groupant des musiciens partisans de l'improvisation intégrale.

freesia [frɛzja] n. m. Herbe ornementale à bulbe, aux fleurs en grappes.

freezer [frizœr] n. m. (mot amér.). Compartiment d'un réfrigérateur dans lequel on met à congeler de l'eau ou certains aliments.

frégate [fregat] n. f. (it. *fregata*). **1.** Autref., bâtiment à voiles de la marine de guerre, à trois mâts. — **2.** Auj., bâtiment d'escorte anti-sous-marin, d'un tonnage supérieur à celui de la corvette.

frein [frɛ̃] n. m. (lat. *frenum*). **1.** Dispositif permettant de ralentir ou d'arrêter un mécanisme, un véhicule en mouvement : *Frein hydraulique. Frein à huile. Le frein à main d'une voiture.* — **2.** Litt. *Mettre un frein à qqch,* chercher à l'arrêter, à empêcher sa manifestation ou son développement : *Il a mis un frein à son éloquence, à son ardeur.* ‖ (sujet qqn) *Ronger son frein,* cacher mal son impatience : *On l'a mise dans un poste subalterne et elle y ronge son frein* (syn. ↑ BOUILLIR D'IMPATIENCE).

freinage [frɛnaʒ] n. m. Action de freiner. *On voit des traces de freinage sur plusieurs mètres.*

freiner [frɛne] v. i. (sujet qqn) Faire agir le frein d'un véhicule pour le faire ralentir : *Freiner doucement, brutalement.* ◆ v. t. **1.** *Freiner qqn,* lui faire obstacle, le modérer : *Il voulait faire un scandale, mais je l'ai freiné.* — **2.** *Freiner un mouvement, un sentiment,* etc., en ralentir le cours, en tempérer l'ardeur : *Le gouvernement s'efforçait de freiner la hausse des prix.*

frelatage [frəlataʒ] n. m. Action de frelater.

frelaté, e [frəlate] adj. **1.** Qui est falsifié : *Alcool frelaté.* — **2.** Qui ne respecte pas la morale : *Une société frelatée* (syn. CORROMPU).

frelater [frəlate] v. t. (néerl. *verlaten,* transvaser). *Frelater un produit,* le falsifier en y mêlant une ou des substances étrangères : *Un commerçant frappé d'une lourde amende pour avoir frelaté du vin.*

frêle [frɛl] adj. (lat. *fragilis*) [souvent avant le n.]. Qui semble fragile, qui manque de vitalité, de force : *Une frêle jeune fille* (syn. MINCE, FIN, FLUET). *Un frêle roseau* (syn. TÉNU). *De frêles espérances* (syn. FRAGILE). *Tout reposait sur ses frêles épaules* (contr. SOLIDE).

frelon [frəlɔ̃] n. m. (frq. *hurslo*). Grosse guêpe, dont la piqûre est très douloureuse.

freluquet [frəlykɛ] n. m. (anc. fr. *freluque*, mèche de cheveux). *Fam.* Homme de petite taille, de peu d'importance, frivole (syn. GRINGALET, GODELUREAU).

frémir [fremir] v. i. (lat. *fremere*) [sujet qqn, qqch]. Être agité par un léger tremblement, sous l'effet d'une cause physique, d'une émotion : *Le froid et la fièvre le faisaient frémir de tous ses membres. Les feuilles des peupliers frémissaient sous la brise. L'eau frémit avant de bouillir. Frémir de peur, d'impatience* (syn. TREMBLER).

frémissant, e [fremisɑ̃] adj. **1.** Agité d'un tremblement : *Se sentir frémissant de fièvre* (syn. TREMBLANT, FRISSONNANT). *Des lèvres frémissantes. Être frémissant de crainte, d'espoir,* etc. (= craindre, espérer, etc., avec une grande tension nerveuse). — **2.** Qui fait entendre un bruit continu, fait de battements, de vibrations, etc. : *Une salle frémissante d'enthousiasme* (syn. VIBRANT). *Les ailes frémissantes d'une guêpe* (syn. VROMBISSANT). — **3.** Se dit d'un sentiment particulièrement vif : *Plein d'une ardeur frémissante* (syn. ↑PASSIONNÉ). *Avoir une sensibilité frémissante* (syn. À FLEUR DE PEAU, ↑ARDENT).

frémissement [fremismɑ̃] n. m. Fait de frémir : *Le frémissement d'une salle de théâtre. Le frémissement des lèvres. Un frémissement de rage, de plaisir, d'émotion* (syn. TREMBLEMENT).

frêne [frɛn] n. m. (lat. *fraxinus*). Arbre forestier à feuilles opposées et pennées, dont l'écorce est grisâtre et assez lisse, qui peut atteindre 35 mètres de haut environ et fournit un bois dur, blanc-jaune.

frénésie [frenezi] n. f. (bas lat. *phrenesia*, délire frénétique). Degré extrême atteint par une action, par un sentiment; état d'exaltation violent : *Aimer une femme avec frénésie* (syn. VIOLENCE, ↓ARDEUR, ↑FURIE). *Jouer aux courses avec frénésie* (syn. ↓PASSION). *La frénésie de ses sentiments* (syn. DÉCHAÎNEMENT, FUREUR, DÉBORDEMENT).

frénétique [frenetik] adj. **1.** Se dit d'une passion poussée au point extrême : *Des sentiments frénétiques* (syn. PASSIONNÉ, EXALTÉ). *Un patriotisme frénétique* (syn. VIOLENT, DÉCHAÎNÉ). — **2.** Se dit d'un bruit, d'un mouvement violent ou très rythmé : *Des applaudissements frénétiques* (syn. À TOUT ROMPRE). *Musique, rythme frénétique* (syn. ENDIABLÉ).

frénétiquement [frenetikmɑ̃] adv. De façon frénétique : *Applaudir frénétiquement. Aimer frénétiquement* (syn. PASSIONNÉMENT, À LA FOLIE).

fréquemment [frekamɑ̃] adv. Avec une grande fréquence : *Elle est fréquemment fatiguée* (syn. SOUVENT, ↑CONSTAMMENT, ↑TOUJOURS; contr. PARFOIS, RAREMENT).

fréquence [frekɑ̃s] n. f. **1.** Caractère de ce qui se répète très souvent : *Elle était excédée par la fréquence de ses visites* (syn. NOMBRE, MULTIPLICITÉ, ABONDANCE). — **2.** Répétition plus ou moins importante d'un phénomène : *Étudier la fréquence des adjectifs dans un texte.*

fréquent, e [frekɑ̃] adj. (lat. *frequens*). Qui apparaît souvent, qui se répète : *Un phénomène fréquent* (syn. RÉITÉRÉ, ↑CONTINUEL; contr. RARE, SPORADIQUE). *Des averses fréquentes. Un symptôme fréquent dans une maladie* (syn. HABITUEL, ORDINAIRE, ATTENDU). *Un mot fréquent dans un texte* (syn. COURANT, USITÉ, USUEL; contr. RARE, EXCEPTIONNEL). *Un usage fréquent* (syn. RÉPANDU).

fréquentable [frekɑ̃tabl] adj. Qui peut être fréquenté : *Depuis qu'il a pris un si mauvais genre, il n'est plus du tout fréquentable.*

fréquentatif, ive [frekɑ̃tatif] adj. et n. m. Se dit d'un verbe qui marque une action plusieurs fois répétée : *« Tapoter » est un fréquentatif.*

fréquentation [frekɑ̃tasjɔ̃] n. f. Action de fréquenter; fait d'être fréquenté : *La fréquentation des cinémas. La fréquentation des artistes lui ouvre des horizons nouveaux. Elle a de bonnes fréquentations* (syn. RELATIONS, CONNAISSANCES).

fréquenté, e [frekɑ̃te] adj. **1.** Se dit d'un endroit où il y a habituellement du monde : *Rue très fréquentée* (syn. PASSANT). — **2.** *Bien, mal fréquenté,* où vont habituellement des gens dont on a bonne, mauvaise opinion : *Un hôtel mal fréquenté.*

fréquenter [frekɑ̃te] v. t. (lat. *frequentare*). **1.** *Fréquenter un lieu,* y aller habituellement : *Fréquenter les salles de spectacle, les églises, les stades.* — **2.** *Fréquenter qqn,* avoir avec lui des relations suivies, le voir souvent : *Fréquenter un ancien camarade de régiment* (syn. VOIR, FRAYER AVEC). *Fréquenter la bonne société* (syn. soutenu PRATIQUER). *Elle ne fréquente guère ses collègues;* avoir des relations sentimentales avec qqn : *Il fréquente une jeune fille : on parle déjà de mariage.*

frère [frɛr] n. m. (lat. *frater*). **1.** Personne du sexe masculin née du même père et de la même mère que qqn : *Frère aîné. Frère cadet. Ressembler à quelqu'un comme un frère* (= lui ressembler beaucoup). *Vivre comme des frères* (syn. FRATERNELLEMENT). — **2.** Se dit de personnes ayant ensemble des liens particuliers : *Frères d'armes* (= compagnons de combat, camarades unis pour une même cause). ‖ Litt. *Frères ennemis,* hommes d'un même parti qui ne s'accordent pas, mais ne peuvent se séparer. ‖ Fam. *Faux frère,* hypocrite capable de trahir ses amis. — **3.** Titre qu'on donne aux membres de certains ordres religieux. ◆ n. m. et adj. Qui a des rapports de solidarité, de communauté avec qqn d'autre (soutenu) : *Tous les hommes sont frères et doivent s'entraider* (syn. SOLIDAIRE). *Les partis frères* (= partis politiques de même idéal).

fresque [frɛsk] n. f. (de l'it. [*dipingere a*] *fresco,* [peindre] sur un enduit frais). **1.** Peinture exécutée avec des couleurs minérales trempées dans de l'eau de chaux, sur une muraille fraîchement enduite : *Les fresques bien conservées d'une vieille église.* — **2.** En littérature, tableau descriptif de grandes proportions, cherchant à représenter dans son entier une société, une époque, etc. : *Balzac a peint, dans une vaste fresque, tous les types humains et sociaux de l'époque de Louis-Philippe.*

fret [frɛ(t)] n. m. (anc. néerl. *vrecht,* cargaison). Prix d'un transport de marchandises par air, par mer ou par route.

fréter [frete] v. t. (c. **10**). **1.** *Fréter un véhicule,* le louer : *Nous avons frété un car pour la colonie de vacances.* — **2.** *Fréter un navire,* le prendre à fret, ou le donner en location.

frétillant, e [fretijɑ̃] adj. Qui frétille : *Des poissons frétillants. Être tout frétillant d'impatience.*

frétillement [fretijmɑ̃] n. m. Action de frétiller.

frétiller [fretije] v. i. (anc. fr. *freter,* frotter). **1.** (sujet un animal) Se remuer, s'agiter par des mouvements vifs et courts : *Un poisson qui frétille. Le chien frétille de la queue.* — **2.** (sujet qqn) S'agiter sous l'effet d'un sentiment : *L'enfant frétille de joie* (syn. SE TRÉMOUSSER).

fretin [frətɛ̃] n. m. (anc. fr. *fret,* menus débris). **1.** Petits poissons que le pêcheur néglige ordinairement. — **2.** Fam. *Menu fretin,* personnes dont on fait peu de cas : *Après son coup de filet, la police a relâché le menu fretin.*

freux [frø] n. m. (frq. *hrôk,* corneille). Oiseau voisin du corbeau.

friabilité [frijabilite] n. f. Caractère friable : *La friabilité d'une roche.*

friable [frijabl] adj. (du lat. *friare,* réduire en morceaux). Susceptible d'être facilement réduit en poussière, en poudre : *Roche friable* (syn. TENDRE). *Sols friables.*

1. friand, e [frijɑ̃] adj. (de *friant,* anc. part. prés. de *frire*). *Friand de qqch,* qui le recherche avidement : *Une chatte friande de lait. L'ours est friand de miel. Un vieux monsieur friand de bonbons* (syn. ↓AMATEUR). *Être friand de compliments* (syn. ↑AVIDE).

2. friand [frijɑ̃] n. m. Petit pâté fait de pâte feuilletée garnie d'un hachis de viande, de champignons, etc.

friandise [frijɑ̃diz] n. f. Bonbon, sucrerie.

fric [frik] n. m. (de *fricot,* bombance). *Pop.* Argent.

fricandeau [frikɑ̃do] n. m. (de *frire* et *casser*). Tranche de veau piquée de menus morceaux de lard.

fricassée [frikase] n. f. (de *frire* et *casser*). Ragoût de viande coupée en morceaux : *Servir un lapin en fricassée.*

fricatif, ive [frikatif] adj. et n. f. (du lat. *fricare,* frotter). Se dit des consonnes dont la prononciation se caractérise par un frottement de l'air expiré contre les lèvres et les dents : [f], [v], [s], [z], [ʃ], [ʒ].

fric-frac [frikfrak] n. m. inv. *Fam.* Cambriolage, avec effraction.

friche [friʃ] n. f. (de l'anc. néerl. *versch,* frais). **1.** Étendue de terrain inculte. — **2.** *En friche,* se dit de qqch dont on ne s'est pas occupé depuis longtemps, dont les possibilités ou les richesses n'ont pas été développées : *Intelligence en friche* (syn. INCULTE).

fricot [friko] n. m. *Fam.* Mets, plat cuisiné (vieilli).

fricoter [frikɔte] v. t. et i. (de *fricot,* bombance). *Pop.* Manigancer une affaire louche : *Je ne sais pas ce qu'il fricote à présent, mais ça ne doit pas être joli* (syn. fam. TRAFIQUER, FABRIQUER).

fricoteur, euse [frikɔtœr] n. et adj. *Pop.* Qui fricote.

friction [friksjɔ̃] n. f. (du lat. *fricare,* frotter). **1.** Frottement vigoureux sur une partie du corps : *Se faire une friction au gant de crin.* — **2.** Nettoyage du cuir chevelu avec une lotion aromatique : *Une friction à l'eau de Cologne.* — **3.** Désaccord entre personnes : *Tout était devenu cause de friction entre les époux* (syn. ACCROCHAGE, HEURT, QUERELLE). — **4.** *Point de friction,* sujet sur lequel l'entente est impossible, d'où naît la querelle (syn. POINT LITIGIEUX, ↑POMME DE DISCORDE).

frictionner [friksjɔne] v. t. Faire des frictions sur le corps : *Frictionner un enfant après le bain.* ◆ ***se frictionner*** v. pr. Se frotter vigoureusement : *Se frictionner après un bain.*

frigide [friʒid] adj. (lat. *frigidus,* froid). Se dit d'une femme incapable d'éprouver du plaisir sexuel.

frigidité [friʒidite] n. f. Absence d'orgasme chez une femme.

frigo [frigo] n. m. *Fam.* Réfrigérateur : *Mettez la viande dans le frigo.*

frigorifié, e [frigɔrifje] adj. Qui éprouve une invincible sensation de froid : *J'étais frigorifié à force de l'attendre sous la pluie* (syn. GELÉ, GLACÉ).

frigorifier [frigɔrifje] v. t. (lat. *frigus, -oris,* froid, et *facere,* faire). **1.** *Frigorifier un produit,* le soumettre au froid pour le conserver : *Un bateau équipé pour frigorifier le poisson dès qu'il est pêché.* — **2.** Fam. *Frigorifier qqn,* lui faire éprouver une forte gêne, l'intimider : *Avec son air sévère il frigorifiait les candidats les plus hardis.*

frigorifique [frigɔrifik] adj. Se dit d'une substance qui produit le froid, ou d'un objet dans lequel règne un froid artificiel : *Mélange frigorifique. Armoire frigorifique* (syn. RÉFRIGÉRATEUR). *Wagon frigorifique.* ◆ n. m. Appareil frigorifique.

frileusement [frilǿzmɑ̃] adv. De façon frileuse.

frileux, euse [frilǿ] adj. (lat. *frigus, -oris,* froid). Se dit de qqn qui est sensible au froid : *Un enfant frileux.*

frimaire [frimɛr] n. m. (de *frimas*). Troisième mois du calendrier républicain.

frimas [frimɑ] n. m. (frq. *hrîm,* givre). *Litt.* Brouillard froid et épais, qui se glace en tombant : *Les frimas de l'hiver.*

frime [frim] n. f. (anc. fr. *frume,* mine). Fam. *C'est de la frime,* se dit d'une chose mensongère, faite pour duper : *Tout ce qu'il t'a raconté, c'est de la frime* (syn. fam. C'EST DE LA BLAGUE).

frimer [frime] v. i. *Pop.* Prendre des airs entendus; bluffer.

frimousse [frimus] n. f. (de *frime*). *Fam.* Figure d'un enfant ou d'une jeune fille : *Va laver ta frimousse* (syn. FIGURE). *Une jolie frimousse* (syn. MINOIS).

fringale [frɛ̃gal] n. f. (de *faim-valle,* grande faim). **1.** *Fam.* Faim subite et pressante : *Se sentir une fringale de loup.* — **2.** Fam. *Une fringale de qqch,* un désir ardent de cette chose : *Une fringale de lecture* (syn. ENVIE).

fringant, e [frɛ̃gɑ̃] adj. (de *fringuer,* faire l'élégant). **1.** *Litt.* D'allure vive, de mise élégante et de belle humeur : *Un vieillard encore fringant pour son âge* (syn. SÉMILLANT, GUILLERET, ALERTE). *Une hôtesse fringante* (syn. PIMPANT). — **2.** *Cheval fringant,* plein de vigueur, qui gambade et s'agite.

fringue [frɛ̃g] n. f. *Pop.* Habit.

fripé, e [fripe] adj. Se dit d'une étoffe couverte de plis, d'une peau couverte de rides : *Une robe toute fripée* (syn. FROISSÉ). *Un visage fripé* (syn. RIDÉ).

friper [fripe] v. t. (de l'anc. fr. *frepe,* vieux habits). *Friper un tissu,* le chiffonner, le froisser.

friperie [fripri] n. f. Vieux habits.

fripier, ère [fripje] n. Personne qui revend d'occasion des vêtements, du linge, etc.

fripon, onne [fripɔ̃] n. et adj. (de *friper*). Enfant ou jeune fille au caractère enjoué, à la mine rieuse et éveillée : *Fripon d'enfant* (syn. ESPIÈGLE, MALICIEUX, POLISSON, COQUIN). *Une jeune friponne.* ◆ adj. Se dit d'un trait du visage qui évoque le caractère fripon : *Un nez fripon.*

friponnerie [fripɔnri] n. f. Attitude du fripon : *Rire de la friponnerie d'un enfant* (syn. ESPIÈGLERIE, MALICE).

fripouille [fripuj] n. f. (de *friper*). Personne sans scrupule, d'une grande malhonnêteté : *Cette vieille fripouille spécule sur la misère* (syn. CANAILLE, CRAPULE).

frire [frir] v. t. (lat. *frigere,* rôtir) [c. **83**]. *Frire un aliment,* le faire cuire dans une poêle ou dans une bassine, avec un corps gras bouillant : *Frire des poissons dans l'huile.* ◆ v. i. Subir la cuisson dans un corps gras : *Du boudin qui frit dans la poêle.*

frisant, e [frizɑ̃] adj. Se dit de la lumière du jour qui frappe de biais un obstacle (syn. RASANT).

frise [friz] n. f. (bas lat. *frisium,* broderie, frange). **1.** Bandeau horizontal, souvent décoré, placé au-dessus des colonnes d'un monument ancien : *Les frises du Parthénon.* — **2.** Décoration de forme allongée, en relief ou peinte, dans une pièce, une salle, etc. : *Frise d'un balcon, d'un escalier* (= sorte de panneau long et étroit, placé à hauteur d'appui). — **3.** *Frise de théâtre,* rideau étroit, fixé au cintre, qui traverse toute la longueur de la scène et vient en décorer les deux côtés.

frisé, e [frize] adj. **1.** *Cheveux frisés,* qui forment des boucles. — **2.** Dont les cheveux frisent : *Enfant tout frisé.* — **3.** Se dit d'un animal dont les poils frisent : *Un caniche frisé.* — **4.** Se dit de certaines plantes dont les feuilles sont crêpées : *Chicorée frisée.*

frisée [frize] n. f. Chicorée frisée.

friser [frize] v. i. (orig. incert.). **1.** *Cheveux, poils qui frisent,* qui forment des boucles. — **2.** *Personne, animal qui frise,* dont les cheveux, les poils forment des boucles : *Elle frise naturellement.* ◆ v. t. **1.** *Friser des cheveux,* les mettre en boucles. — **2.** *Friser qqn,* faire boucler ses cheveux. — **3.** *Friser qqch, qqn,* passer près d'eux en les touchant à peine : *Une balle de tennis qui frise le filet.* — **4.** *Friser qqch,* en être tout près : *Friser la mort* (syn. FRÔLER). — **5.** *Friser (la quarantaine),* avoir bientôt (quarante ans) [syn. ATTEINDRE].

frisette [frizɛt] n. f. Petite boucle de cheveux frisés.

frisotter [frizɔte] v. i. (sujet qqn, ses cheveux) Friser légèrement, à petites boucles.

frisquet, ette [friskɛ] adj. (flamand *frisch*). *Fam.* Légèrement froid, en parlant du temps, de l'atmosphère : *Un vent frisquet. Il fait frisquet ce soir.*

frisson [frisɔ̃] n. m. (du lat. *frigere,* avoir froid). Petit tremblement involontaire, dû à une cause physique ou morale : *Un frisson de froid. Un frisson de fièvre, de peur, d'angoisse* (syn. FRÉMISSEMENT). *Un frisson d'admiration parcourut l'assistance. Cette brusque vision lui donna un frisson* (syn. HAUT-LE-CORPS, SURSAUT). *Cette lecture donne le frisson* (= impressionne profondément, effraie).

frissonnant, e [frisɔnɑ̃] adj. Qui frissonne.

frissonnement [frisɔnmɑ̃] n. m. Léger frisson : *Entendre le frissonnement des feuilles* (syn. BRUISSEMENT). *Frissonnement de crainte* (syn. ↓ FRISSON).

frissonner [frisɔne] v. i. **1.** Être saisi de frissons : *Frissonner de froid. Elle frissonne de crainte, d'admiration, de plaisir.* — **2.** Litt. *Les feuilles d'arbres frissonnent,* elles tremblent légèrement sous la brise.

frisure [frizyr] n. f. Cheveux frisés : *La frisure que le coiffeur lui a faite ne tiendra pas plus de trois jours.*

frit, e [fri] adj. Se dit d'un aliment cuit dans la friture : *Poisson frit.*

frite [frit] n. f. Pomme de terre frite.

friterie [fritri] n. f. Établissement ambulant, dans lequel on fait et vend des frites.

friteuse [fritøz] n. f. Appareil permettant de faire cuire un aliment dans un bain de friture.

friture [frityr] n. f. **1.** Huile ou graisse fondue et bouillante dans laquelle cuisent les aliments à frire : *Un bain de friture.* — **2.** Poisson frit : *Une friture de goujons. Faire une friture.* — **3.** *Fam.* Bruit parasite dans un appareil de radio, un téléphone (syn. GRÉSILLEMENT).

frivole [frivɔl] adj. (lat. *frivolus,* de peu de prix). **1.** Sans importance, qui est uniquement divertissant : *Une lecture frivole* (syn. FUTILE, LÉGER). *Un spectacle frivole* (syn. SUPERFICIEL; contr. SÉRIEUX, GRAVE). — **2.** Qui a du goût pour les choses vaines, futiles : *Un jeune homme frivole* (syn. INSOUCIANT, LÉGER; contr. SÉRIEUX, GRAVE). *Un esprit frivole* (syn. ÉTOURDI, INCONSISTANT, VAIN; contr. RÉFLÉCHI, PONDÉRÉ, SOLIDE).

frivolité [frivɔlite] n. f. Caractère frivole : *La frivolité de ses occupations* (syn. INANITÉ, INCONSISTANCE). *La frivolité d'une lecture* (syn. FUTILITÉ). *La frivolité de cet homme dépasse les bornes* (syn. LÉGÈRETÉ, FUTILITÉ; contr. GRAVITÉ, PONDÉRATION, SÉRIEUX). *Perdre ses journées en frivolités* (= en occupations vaines).

froc [frɔk] n. m. (frq. *hrokk,* habit). **1.** Partie de l'habit des moines qui couvre la tête et tombe sur les épaules. — **2.** *Jeter le froc aux orties,* quitter la vie religieuse (→ DÉFROQUER [SE]).

1. froid, e [frwa] adj. (lat. *frigidus*) [après ou parfois avant le n.]. **1.** Qui est à basse température, ou à une température qui paraît plus basse que celle du corps humain : *Une douche froide* (syn. ↑ GLACÉ; contr. CHAUD). *Un temps froid* (syn. ↑ GLACIAL). *Saison froide. Cette soupe est froide* (= s'est refroidie). *De la viande froide* (= viande cuite et refroidie). *Un moteur froid démarre difficilement* (= qui ne s'est pas encore échauffé en tournant). — **2.** Qui conserve peu la chaleur, qui ne tient pas chaud : *Ce manteau est trop froid pour l'hiver* (= trop léger). — **3.** (après le n.) Se dit de qqn (de son comportement) qui donne une impression d'indifférence, d'impassibilité ou d'insensibilité : *Malgré toutes les larmes et les cris qu'elle répandait, il est resté froid* (syn. IMPERTURBABLE; contr. SENSIBLE). *Les menaces la laissent généralement froide* (syn. INDIFFÉRENT). *Rester froid devant le danger* (syn. IMPASSIBLE; contr. IMPRESSIONNABLE). *Avoir un abord froid* (syn. DISTANT, ↑ GLACIAL; contr. CHALEUREUX, SYMPATHIQUE). *Prendre un ton froid* (syn. RÉSERVÉ, POSÉ, GRAVE). *Cœur froid* (syn. SEC, DUR; contr. CHARITABLE, SENSIBLE). — **4.** *Colère froide,* qui n'explose pas, qui se contient. ‖ *Couleur, ton froid,* couleur du spectre autour du bleu. ‖ *Guerre froide* → GUERRE. ◆ ***froid*** adv. (seulem. dans des express.) *Attraper, prendre froid,* avoir une indisposition provoquée par le froid. ‖ *Avoir froid,* éprouver une sensation de froid générale dans le corps : *Avoir froid aux pieds, aux mains.* ‖ *Battre froid à qqn,* lui manifester ostensiblement de la réserve, de la froideur. ‖ *Donner froid dans le dos,* procurer une sensation physique de peur. ‖ *Donner froid, faire froid,* procurer une sensation de froid : *Le courant d'air lui donnait froid dans tout le corps.* ‖ *Il fait froid,* la température extérieure est basse. ‖ *Manger, boire froid,* absorber des aliments ou un liquide froids. ‖ *Ne pas avoir froid aux yeux,* avoir de la hardiesse, du courage, ou être effronté.

2. froid [frwa] n. m. **1.** État d'un objet, et spécialement de l'atmosphère ambiante, caractérisé par une température basse, ou plus basse que celle du corps humain : *Résistance des êtres, des matériaux au froid. Froid rigoureux. Dans certaines régions, l'époque des grands froids dure plusieurs mois* (= l'époque où l'atmosphère est à une température très basse). — **2.** Ensemble des techniques de la réfrigération : *Il est ingénieur dans le froid.* — **3.** *À froid,* se dit de certaines techniques qui ne font pas intervenir le chauffage du matériau, de la machine, etc. : *Battre du fer à froid. Laminer à froid* (contr. À CHAUD). ‖ *Démarrage à froid,* démarrage d'une voiture quand le moteur est froid. ‖ *Opérer à froid,* faire une opération chirurgicale quand l'inflammation a disparu; agir quand les passions sont calmées. ‖ *Prendre qqn à froid,* le prendre au dépourvu, sans lui laisser le temps de réfléchir ou d'agir. — **4.** Absence de sympathie, relâchement dans les liens d'amitié (emploi restreint) : *Il y a un certain froid entre eux deux.* — **5.** *Être en froid avec qqn,* ne plus avoir avec lui de relations amicales (syn. ÊTRE EN MAUVAIS TERMES AVEC). ‖ (sujet qqch) *Jeter un froid,* faire naître une sensation de gêne : *Cette brusque déclaration jeta un froid dans l'assemblée.*

froidement [frwadmɑ̃] adv. **1.** Sans empressement, sans manifester d'enthousiasme : *Accueillir froidement quelqu'un* (syn. FRAÎCHEMENT, AVEC INDIFFÉRENCE; contr. CHALEUREUSEMENT). *Remercier froidement.* — **2.** En gardant la tête lucide : *Écouter froidement* (syn. CALMEMENT; contr. PASSIONNÉMENT). — **3.** Sans aucun scrupule : *Il l'a froidement laissé tomber.*

froideur [frwadœr] n. f. Absence de sensibilité, indifférence ostensible, etc. : *La froideur de son tempé-*

rament (syn. FLEGME; contr. CHALEUR, ARDEUR, VIVACITÉ). *Accueil plein de froideur* (syn. RÉSERVE, HOSTILITÉ; contr. CHALEUR, SYMPATHIE).

froidure [frwadyr] n. f. *Litt.* Froid de l'hiver.

froissable [frwasabl] adj. Qui peut se froisser.

froissement [frwasmɑ̃] n. m. Action de froisser; fait d'être froissé : *Le froissement du papier s'entendait du bout de la classe. Le froissement d'un muscle. Un froissement d'amour-propre* (= vexation).

froisser [frwase] v. t. (bas lat. *frustiare,* briser). **1.** *Froisser qqch,* lui faire prendre de faux plis, le chiffonner : *Froisser une robe, un manteau, du papier.* — **2.** *Froisser un muscle, le poignet,* etc., à *qqn,* lui causer une meurtrissure, une entorse. — **3.** *Froisser qqn,* le blesser moralement, l'offenser en lui manquant de respect : *Il m'a froissé par son manque de tact. Froisser quelqu'un dans sa dignité, dans sa pudeur* (syn. HEURTER, CHOQUER, ↑FÂCHER, ↓DÉSOBLIGER). ◆ ***se froisser*** v. pr. **1.** Se chiffonner : *Ce tissu se froisse facilement.* — **2.** Se meurtrir : *Elle s'est froissé un muscle.* — **3.** Se vexer : *Il s'est froissé de cette remarque* (syn. ↓SE PIQUER).

frôlement [frolmɑ̃] n. m. Action de frôler; bruit léger ainsi fait : *Sentir le frôlement des herbes sur ses jambes.*

frôler [frole] v. t. (formé sur les consonnes *f, r, l,* qui évoquent un bourdonnement). **1.** *Frôler qqn, qqch,* les toucher légèrement en passant ou passer très près d'eux sans les toucher : *Frôler un passant dans la rue* (syn. EFFLEURER). *La balle a frôlé le filet* (syn. ↑TOUCHER). *Frôler les murs* (syn. RASER). — **2.** *Frôler la mort, le ridicule,* y être grandement exposé (syn. FRISER). ◆ ***se frôler*** v. pr. Passer très près l'un de l'autre en se touchant légèrement : *Les deux voitures se sont frôlées.*

fromage [frɔmaʒ] n. m. (bas lat. *formaticus*). **1.** Aliment qui a pour base le lait caillé : *Fromage blanc. Fromage de vache, de chèvre.* — **2.** *Fromage de tête,* sorte de pâté composé de morceaux de tête de porc enrobés de gelée.

1. fromager, ère [frɔmaʒe] adj. Relatif au fromage : *La production fromagère. L'industrie fromagère.* ◆ n. Personne qui fabrique ou vend du fromage.

2. fromager [frɔmaʒe] n. m. Très grand arbre d'Afrique à bois blanc et tendre, dont les fruits fournissent du kapok.

fromagerie [frɔmaʒri] n. f. Endroit où on fait, où on garde, où on vend du fromage.

froment [frɔmɑ̃] n. m. (lat. *frumentum*). Syn. de BLÉ (techn. ou litt.) : *La farine de froment.*

fronce [frɔ̃s] n. f. Petite ondulation de l'étoffe, obtenue par le resserrement d'un fil coulissé : *Faire des fronces. Un rang de fronces.*

froncement [frɔ̃smɑ̃] n. m. Action de froncer : *Un froncement de sourcils.*

froncer [frɔ̃se] v. t. (du frq. *hrunkja,* ride) [c. 1]. **1.** *Froncer un tissu,* y faire des plis, des fronces : *Couturière qui fronce une jupe.* — **2.** *Froncer le nez,* le rider en le contractant. ‖ *Froncer les sourcils,* se rider le front verticalement, en rapprochant légèrement les sourcils (marque de mauvaise humeur ou de concentration d'esprit).

frondaison [frɔ̃dɛzɔ̃] n. f. (lat. *frons, -ondis,* feuillage). *Litt.* Apparition du feuillage ou le feuillage lui-même : *Au moment de la frondaison, la nature reverdit. Les oiseaux gazouillent dans les frondaisons du parc.*

fronde [frɔ̃d] n. f. (lat. *funda*). **1.** Instrument fait d'un morceau de cuir et de deux bouts de corde ou de caoutchouc, et avec lequel on lance des projectiles. — **2.** *Esprit de fronde, vent de fronde,* état d'esprit, courant d'idées qui tend à critiquer qqn, qqch, à s'en désolidariser, etc., mais sans rompre avec eux : *Un vent de fronde soufflait sur les députés.*

fronder [frɔ̃de] v. t. Critiquer, railler qqn ou qqch qui est généralement puissant : *Fronder les institutions, les usages établis* (syn. DÉFIER).

frondeur, euse [frɔ̃dœr] adj. et n. Se dit de qqn, d'une attitude caractérisés par le goût de la critique, de la raillerie : *Un peuple frondeur* (syn. ↓CRITIQUE). *Un esprit frondeur* (syn. MOQUEUR).

front [frɔ̃] n. m. (lat. *frons, frontis*). **1.** Région antérieure du crâne, allant de la naissance des cheveux jusqu'aux sourcils : *Un front haut, bas, fuyant. Avoir le front brûlant de fièvre.* — **2.** *Avoir le front de* (+ *inf.*), avoir l'impudence, l'insolence de faire qqch : *Il a eu le front de m'accuser de l'avoir trompé.* — **3.** *Faire front à qqch, à qqn,* se présenter de face par rapport à lui : *Il tourna sa chaise et fit front à son voisin* (syn. FAIRE FACE); résister ouvertement et courageusement : *Malgré son inexpérience, elle faisait front à toutes les difficultés. Faire front à ses ennemis* (syn. RÉSISTER, TENIR BON). — **4.** *Baisser, courber le front,* éprouver un sentiment de honte. ‖ *Relever le front,* retrouver confiance, recouvrer sa dignité, etc. — **5.** Ligne extérieure présentée par une troupe en ordre de bataille; limite avant de la zone de combat (par oppos. à l'*arrière*). — **6.** Zone des combats : *Aller au front, monter au front.* — **7.** Ligne de démarcation : *Front de mer* (= bande de terrain, avenue située sur la côte, le long de la mer). — **8.** Se dit de la coalition de partis politiques sur un programme minimal commun (en général avec adj.) : *Le Front populaire.* — **9.** *De front,* de face, par-devant : *Les deux voitures se sont heurtées de front;* ouvertement et résolument : *Attaquer quelqu'un de front;* carrément, sans biaiser : *Aborder de front un problème;* se dit de choses ou de personnes qui sont placées sur une même ligne, sur un même plan : *Deux voitures ne pourraient rouler de front dans cette rue* (syn. CÔTE À CÔTE); simultanément : *Mener de front plusieurs tâches.* ‖ *Faire, offrir un front commun contre qqch* ou *contre qqn,* unir ses forces contre un adversaire commun.

frontal, e, aux [frɔ̃tal] adj. **1.** Relatif au front : *Os frontal.* — **2.** De front : *Attaque frontale.*

frontalier, ère [frɔ̃talje] adj. et n. Situé, habitant à la frontière entre deux pays ou près de celle-ci : *Zone frontalière. Les frontaliers ont des facilités de passage pour la douane.*

frontière [frɔ̃tjɛr] n. f. (de *front*). **1.** Limite séparant deux États, deux divisions administratives, deux régions caractérisées par des phénomènes physiques ou humains différents : *La frontière entre la France et l'Allemagne. Les Pyrénées sont une frontière naturelle entre la France et l'Espagne. Frontière linguistique* (= ligne théorique, séparant, dans un seul pays, une seule région, deux groupes humains de langues différentes). — **2.** Ce qui marque une limite entre des choses, un terme : *Les frontières de la vie et de la mort. Faire reculer les frontières de l'univers connu* (syn. LIMITES, BORNES). ◆ adj. *Gardes frontières,* douaniers qui ont une organisation militaire. ‖ *Poste frontière, place frontière,* situés à la frontière entre deux pays.

frontispice [frɔtispis] n. m. (bas lat. *frontispicium*). **1.** Face principale d'un monument. — **2.** Titre d'un livre imprimé, placé à la première page, et ornements qui l'entourent.

fronton [frɔ̃tɔ̃] n. m. (it. *frontone*). **1.** Ornement de l'architecture classique, placé au-dessus de la porte principale d'un édifice : *Le fronton du Panthéon.* — **2.** Mur contre lequel on lance la balle, à la pelote basque.

frottement [frɔtmɑ̃] n. m. Action de frotter; bruit

ainsi fait : *L'usure causée par le frottement. Entendre le frottement du saphir sur le disque.*

frotter [frɔte] v. t. (bas lat. *frictare*). **1.** *Frotter qqch (sur, contre qqch),* passer une chose sur une autre, en appuyant : *Frotter sa main sur une table. Frotter une allumette* (= la passer sur le frottoir, pour l'allumer). — **2.** *Frotter qqch (avec qqch),* le nettoyer ou le faire reluire par friction : *Frotter un tableau avec un chiffon. Frotter le plancher, les carreaux, les cuivres* (syn. fam. ASTIQUER, BRIQUER). ◆ v. i. (sujet qqch) Produire un frottement : *Une roue qui frotte contre le garde-boue.* ◆ ***se frotter*** v. pr. (sujet qqn) **1.** Se passer la main en appuyant sur : *Se frotter le dos avec une serviette* (syn. SE FRICTIONNER). *Se frotter les mains* (= les passer l'une contre l'autre, en signe de contentement). — **2.** *Se frotter à qqn,* s'en prendre à lui : *Une personne à laquelle il vaut mieux ne pas se frotter.* — **3.** Litt. *Se frotter à la bonne société, aux artistes, etc.,* commencer à fréquenter la bonne société, les artistes, etc. — **4.** *Qui s'y frotte, s'y pique,* celui qui s'y risque s'en repent.

frottis [frɔti] n. m. (de *frotter*). Étalement sur une plaque de verre d'un liquide organique qu'on examine au microscope : *Frottis vaginal, frottis sanguin.*

frottoir [frɔtwar] n. m. Surface enduite d'une substance spéciale, sur laquelle on frotte les allumettes pour les enflammer.

froufrou ou **frou-frou** [frufru] n. m. (pl. *frous-frous*). Bruit léger que produit le froissement d'une étoffe : *Le froufrou d'une robe du soir.*

froufroutant, e [frufrutɑ̃] adj. Qui froufroute.

froufrouter [frufrute] v. i. (sujet qqch) Produire un bruit léger.

froussard, e [frusar] adj. et n. *Fam.* Qui a une peur extrême : *Être terriblement froussard* (syn. PEUREUX, POLTRON, CRAINTIF ; contr. COURAGEUX, HARDI).

frousse [frus] n. f. (orig. obscure). *Fam.* Peur extrême.

fructidor [fryktidɔr] n. m. (lat. *fructus,* fruit). Douzième mois du calendrier républicain.

fructification [fryktifikasjɔ̃] n. f. Formation des fruits chez une plante; époque de cette formation.

fructifier [fryktifje] v. i. **1.** Produire des fruits : *Un arbre qui fructifie tardivement.* — **2.** (sujet qqch) Avoir des résultats heureux, profitables : *L'idée qu'il avait lancée avait germé et fructifié* (syn. SE DÉVELOPPER). *Faire fructifier de l'argent, un capital* (syn. RAPPORTER).

fructose [fryktoz] n. m. Sucre contenu dans le miel et de nombreux fruits.

fructueusement [fryktɥøzmɑ̃] adv. Avec profit : *Collaborer fructueusement avec une associée.*

fructueux, euse [fryktɥø] adj. Qui est profitable, qui procure des avantages : *Opération fructueuse. Commerce fructueux. Tentative fructueuse* (syn. RENTABLE, FÉCOND, PROFITABLE, LUCRATIF, AVANTAGEUX).

frugal, e, aux [frygal] — adj. (lat. *frugalis*). **1.** (parfois avant le n.) Qui se compose d'une nourriture peu recherchée et peu abondante : *Se contenter d'un repas frugal* (syn. MAIGRE; contr. COPIEUX, ABONDANT, RICHE). — **2.** (après le n.) Qui se contente d'aliments simples; qui est empreint de simplicité : *Un homme frugal. Des habitudes frugales* (syn. SIMPLE, ↑ AUSTÈRE, ↑ ASCÉTIQUE).

frugalité [frygalite] n. f. Caractère frugal : *La frugalité d'un repas. La frugalité d'un moine* (syn. SOBRIÉTÉ).

fruit [frɥi] n. m. (lat. *fructus*). **1.** Organe végétal qui succède à la fleur et qui contient les semences : *Les fruits du figuier sont les figues. De nombreuses plantes portent des fruits comestibles.* — **2.** *Fruit défendu,* chose dont il n'est pas permis de jouir. ‖ *Fruit sec,* fruit desséché pour être consommé en l'état, comme les raisins secs, les figues sèches, etc. — **3.** Profit, bien matériel, avantage retiré de qqch : *Une découverte qui est le fruit de plusieurs années de recherches. Recueillir le fruit de ses peines* (syn. RÉSULTAT). *Le fruit de son travail a été exploité par un autre* (syn. PRODUIT). *Le fruit de l'expérience* (syn. BÉNÉFICE). *Lire avec fruit un ouvrage de philosophie.* — **4.** *Fruits de mer,* coquillages et crustacés comestibles. ‖ Litt. *Les fruits de la chasse, de la pêche* (= les animaux, les poissons, les crustacés, etc., pris à la chasse ou à la pêche). — **5.** (sujet qqch) *Porter ses fruits,* être efficace : *Cet enseignement a porté ses fruits.*

fruité, e [frɥite] adj. Qui a un goût de fruit frais : *Vin fruité. Huile fruitée.*

fruiterie [frɥitri] n. f. Boutique où on vend des fruits.

1. fruitier, ère [frɥitje] adj. Qui produit des fruits : *Les arbres fruitiers.* ◆ n. Personne qui vend des fruits : *Boutique de fruitier.*

2. fruitier [frɥitje] n. m. Local où on conserve les fruits au frais.

fruitière [frɥitjɛr] n. f. Coopérative formée, dans certaines régions, pour l'exploitation du lait et principalement pour la fabrication du fromage (gruyère).

fruste [fryst] adj. (it. *frusto,* usé). **1.** Dont l'apparence, l'attitude manquent de finesse, de politesse : *Un paysan fruste* (syn. ↑ RUSTRE). *Des manières très frustes.* — **2.** Dont la surface est rugueuse au contact : *Un marbre encore fruste.*

frustrant, e [frystrɑ̃] adj. Qui frustre : *Un échec frustrant.*

frustration [frystrasjɔ̃] n. f. État de qqn dont une tendance ou un besoin fondamental n'ont pu être satisfaits : *Éprouver un sentiment de frustration* (syn. MANQUE, DÉSAPPOINTEMENT, DÉCEPTION, PRIVATION). *La frustration entraîne chez certains une forme d'agressivité.*

frustré, e [frystre] adj. et n. Qui souffre de frustration.

frustrer [frystre] v. t. (lat. *frustrari,* tromper). **1.** *Frustrer qqn,* le priver de qqch auquel il peut légitimement prétendre : *Frustrer un héritier de sa part. Elle a été frustrée du profit de son travail* (syn. DÉPOSSÉDER). — **2.** *Frustrer un espoir, une espérance,* les décevoir.

fuchsia [fyʃja] n. m. (du n. du botaniste all. *Fuchs*). Arbrisseau aux fleurs rouges décoratives.

fucus [fykys] n. m. (mot lat.; du gr. *phûkos,* algue). Algue brune appelée communément *goémon.*

fuel [fjul] n. m. (mot angl.). Huile combustible industrielle, extraite du pétrole brut par distillation (syn. MAZOUT).

fugace [fygas] adj. (lat. *fugax, -acis,* qui fuit). Qui dure peu, qui échappe facilement ou rapidement : *Une lueur fugace* (syn. BREF, RAPIDE; contr. CONTINU, PERSISTANT). *Une couleur fugace* (= qui passe facilement; contr. STABLE). *Un souvenir fugace* (syn. PÉRISSABLE, FUGITIF; contr. TENACE, PERMANENT).

fugacité [fygasite] n. f. Caractère fugace : *La fugacité d'une lueur, d'une couleur, d'un moment, d'un souvenir, d'une image.*

fugitif, ive [fyʒitif] adj. et n. Qui a pris la fuite : *Un soldat fugitif. Rattraper des fugitifs.* ◆ adj. Qui disparaît rapidement : *Vision fugitive* (syn. ÉVANESCENT). *Bonheur fugitif* (syn. FUGACE, ÉPHÉMÈRE; contr. DURABLE, STABLE). *Un moment fugitif de plaisir* (syn. PASSAGER, COURT; contr. DURABLE).

fugitivement [fyʒitivmɑ̃] adv. De façon fugitive.

1. fugue [fyg] n. f. (it. *fuga,* fuite). Composition musicale reposant sur le contrepoint, et procédant à partir d'un thème généralement court et caractéristique, nommé « sujet » : *Les fugues pour orgue de J.-S. Bach. Écrire une fugue à quatre voix.*

2. fugue [fyg] n. f. Action de qqn qui s'enfuit momentanément de son milieu familial, de sa résidence habituelle.

fugué, e [fyge] adj. *Passage fugué,* en forme de fugue.

fuguer [fyge] v. i. *Fam.* Faire une fugue.

fugueur, euse [fygœr] n. et adj. Qui fait une fugue : *Un enfant fugueur.*

fuir [fɥir] v. i. (bas lat. *fugire*) [c. **17**]. **1.** (sujet être animé) S'éloigner pour échapper à qqch ou à qqn, pour l'éviter : *Les ennemis fuyaient avant même de se battre* (syn. S'ENFUIR). *Fuir de sa maison, de son pays. Fuir de chez ses parents* (syn. SE SAUVER, ↓S'ESQUIVER; fam. ↑DÉCAMPER). *Ce chien fuit quand on l'appelle* (syn. SE SAUVER). *Fuir devant ses responsabilités, ses obligations* (syn. ↑RECULER). — **2.** *Liquide, gaz qui fuit,* qui s'échappe par une fêlure, un orifice mal bouché, etc. : *L'eau de ce vase fuit. Le robinet n'était pas bien fermé, et le gaz a fui.* — **3.** *Récipient qui fuit,* qui laisse son contenu s'échapper : *Le réservoir, le robinet fuit.* ◆ v. t. *Fuir qqn, qqch,* chercher à l'éviter, à s'y soustraire : *Elle le fuit, elle fuit sa présence* (syn. ÉVITER; contr. RECHERCHER). *Fuir le danger. Les fautes qu'on doit fuir* (syn. SE GARDER DE). *Fuir ses responsabilités* (syn. ESQUIVER).

fuite [fɥit] n. f. **1.** Action de fuir : *Une fuite éperdue. C'est la fuite générale. Soldats en fuite. On lui reproche sa fuite devant ses responsabilités.* — **2.** *Délit de fuite,* dont se rend coupable l'auteur d'un accident qui, sachant qu'il en est cause, continue sa route. ‖ *Être en fuite,* en train de fuir. ‖ *Fuite en avant,* action d'échapper à un danger ou à une difficulté présente, en s'engageant dans un processus plus important, sans être capable de le contrôler. ‖ *Mettre en fuite,* faire fuir : *Le mauvais temps a mis en fuite tous les campeurs.* ‖ *Prendre la fuite,* s'enfuir. — **3.** Écoulement, infiltration, dégagement accidentels d'un liquide ou d'un gaz : *Fuite de gaz dans la cuisine. Fuite d'eau dans un bateau.* — **4.** Divulgation clandestine de renseignements ou de documents : *Il y aurait eu des fuites dans les sujets d'examens.*

fulgurant, e [fylgyrɑ̃] adj. (du lat. *fulgurare,* faire des éclairs). **1.** Qui se produit très rapidement : *La fusée part avec une vitesse fulgurante* (= très grande). *Réponse fulgurante* (syn. ↓PROMPT). *Des progrès fulgurants* (syn. ↓RAPIDE; contr. LENT). *Douleur fulgurante* (= très vive et très courte). — **2.** Qui jette une lueur vive et rapide : *Jeter un regard fulgurant* (syn. ÉTINCELANT, BRILLANT; contr. ÉTEINT, MORNE, STUPIDE). — **3.** Qui frappe vivement l'esprit, l'imagination : *Une découverte fulgurante est venue tout bouleverser* (syn. ÉCLAIRANT, LUMINEUX).

fuligineux, euse [fyliʒinø] adj. (du lat. *fuligo,* suie). **1.** Qui a la couleur de la suie : *Un enduit fuligineux.* — **2.** Qui donne de la suie, de la fumée : *Une flamme fuligineuse.*

full [ful] n. m. (mot angl. signif. *plein*). Au poker, réunion d'un brelan et d'une paire entre les mains d'un joueur.

fulminant, e [fylminɑ̃] adj. **1.** Se dit d'une substance qui produit une détonation : *La nitroglycérine est une matière fulminante.* — **2.** Qui marque la colère : *Un regard fulminant.*

fulminer [fylmine] v. i. (lat. *fulminare,* lancer la foudre) [sujet qqn]. Entrer dans une violente colère : *Fulminer contre quelqu'un. Fulminer contre les abus* (syn. TEMPÊTER, ÉCLATER).

fumage [fymaʒ] n. m. Action de fumer (de la viande) : *Le fumage de la saucisse.*

fumant, e [fymɑ̃] adj. **1.** Qui émet de la fumée : *Des cendres fumantes.* — **2.** *Pop.* Extraordinaire, sensationnel : *Réussir un coup fumant.*

fumé, e [fyme] adj. **1.** Qui a été soumis au fumage (poisson, viande) : *Du saumon fumé.* — **2.** *Verres fumés,* verres colorés sombres, permettant soit d'observer un objet d'une luminosité intense, soit de reposer la vue.

fume-cigarette [fymsigarɛt] n. m. inv. Petit tuyau de bois, d'ambre, etc., auquel on adapte une cigarette pour la fumer.

fumée [fyme] n. f. **1.** Mélange de produits gazeux, plus ou moins opaques, de couleur variée, qui se dégage d'un corps en combustion : *La fumée d'un volcan. Des murs noirs de fumée. L'incendie dégageait une fumée noire.* — **2.** Vapeur s'exhalant d'un corps humide plus chaud que l'air ambiant : *La fumée qui sort des naseaux d'un cheval.* — **3.** (sujet qqch) *S'en aller, partir en fumée,* disparaître sans résultat ou profit : *Tous ses projets sont partis en fumée* (syn. S'ÉVANOUIR, TOMBER À L'EAU). ‖ *Il n'y a pas de fumée sans feu,* toute rumeur repose sur un fond de vérité, si mince soit-il.

fumer [fyme] v. i. (lat. *fumare*). **1.** (sujet qqch) Émettre de la fumée : *Les cendres fumaient encore. Les cheminées des usines fumaient. Un volcan qui fume.* — **2.** (sujet qqch) Émettre une vapeur légère due à la condensation : *Une soupe bien chaude qui fume sur la table.* — **3.** *Pop.* Être furieux, être violemment en colère. ◆ v. t. **1.** (sujet qqn) Faire brûler du tabac en aspirant la fumée : *Fumer une cigarette, la pipe;* sans compl. : *J'ai décidé d'arrêter de fumer.* — **2.** *Fumer de la viande, du poisson,* etc., les exposer à la fumée pour les faire sécher et en assurer la conservation. — **3.** *Fumer la terre, un champ,* etc., les enrichir avec du fumier.

fumerie [fymri] n. f. *Fumerie d'opium,* lieu clandestin où des gens se droguent en fumant de l'opium.

fumerolle [fymrɔl] n. f. Émission gazeuse d'un volcan, pendant une période d'inactivité.

fumeron [fymrɔ̃] n. m. Morceau de combustible incomplètement brûlé et qui fume encore.

fumet [fymɛ] n. m. Arôme des viandes, des vins : *Le fumet d'un rôti. Le fumet d'un bordeaux.*

fumeur, euse [fymœr] n. Personne qui fume : *Monter dans un compartiment pour fumeurs.*

fumeux, euse [fymø] adj. Qui manque de clarté, de netteté : *Idées fumeuses* (syn. BRUMEUX, CONFUS, NÉBULEUX; contr. CLAIR, EXPLICITE). *Un esprit fumeux.*

fumier [fymje] n. m. (bas lat. *femarium*). **1.** Mélange composé de la litière et des déjections des animaux domestiques, et utilisé comme engrais : *Mettre du fumier de cheval dans un champ.* — **2.** *Pop.* Terme d'injure.

fumigation [fymigasjɔ̃] n. f. Technique par laquelle on utilise la fumée ou la vapeur dégagée d'un corps à des fins thérapeutiques, hygiéniques, etc. : *Faire des fumigations contre le rhume.*

fumigène [fymiʒɛn] adj. Se dit de produits qui font de la fumée : *Grenades fumigènes.*

fumiste [fymist] n. m. (de *fumée*). Personne dont le métier est d'entretenir les cheminées ou de fabriquer des appareils de chauffage. ◆ adj. et n. *Fam.* Qui ne prend pas son travail au sérieux, sur qui on ne peut pas compter : *S'il était moins fumiste, il réussirait brillamment.*

fumisterie [fymistəri] n. f. **1.** Profession de fumiste. — **2.** *Fam.* Caractère de qqn, de qqch qui manque de sérieux.

fumoir [fymwar] n. m. Pièce réservée aux fumeurs, dans certaines maisons.

fumure [fymyr] n. f. Ensemble des fumiers et des engrais qu'on applique à une culture : *Fumure d'entretien.*

funambule [fynɑ̃byl] n. (lat. *funis,* corde, et *ambulare,* marcher). Équilibriste qui marche sur une corde : *Aller au cirque voir des funambules.*

funambulesque [fynɑ̃bylɛsk] adj. *Litt.* Se dit de qqch de bizarre, d'extravagant : *Projet funambulesque* (syn. FANTAISISTE).

funèbre [fynɛbr] adj. (du lat. *funus, -eris,* funérailles). **1.** Qui évoque la mort, qui suscite un sentiment de profonde tristesse : *Les murs funèbres d'une prison* (syn. LUGUBRE, SINISTRE). *Une couleur funèbre* (syn. SOMBRE, MACABRE). *Prendre un air funèbre* (contr. GAI, ENJOUÉ). *Une voix funèbre* (syn. SÉPULCRAL). — **2.** (seulem. épithète) Qui concerne les funérailles : *Pompes funèbres. Marche funèbre. Service funèbre.*

funérailles [fynerɑj] n. f. pl. Ensemble des cérémonies solennelles qui accompagnent l'enterrement d'une personnalité.

funéraire [fynerɛr] adj. **1.** Qui est relatif à l'enterrement de qqn : *Frais funéraires* (= dépenses pour une inhumation). *Magasin funéraire* (= où on vend les objets nécessaires aux cérémonies d'enterrement). — **2.** Relatif au tombeau, au lieu de sépulture : *Colonne funéraire* (= qui surmonte certains tombeaux). *Croix funéraire.* — **3.** *Mobilier funéraire,* ensemble des objets trouvés dans les tombeaux datant de la préhistoire ou de la haute Antiquité.

funeste [fynɛst] adj. (lat. *funestus*) [avant ou, plus souvent, après le n.] Qui apporte le malheur, la mort, ou qui conduit à une situation dangereuse, nuisible : *Un conseil, un dessein funeste.*

funiculaire [fynikylɛr] n. m. (lat. *funiculus,* petit câble). Chemin de fer à traction par câble ou à crémaillère, qui est utilisé sur les rampes très fortes.

fur [fyr] n. m. (lat. *forum,* marché). *Au fur et à mesure (que + ind.), (de + n.),* dans le même temps et dans la même proportion : *Tout ce qu'il apprend, il l'oublie au fur et à mesure. Au fur et à mesure qu'on lui donne de l'argent, il le dépense. Dépenser son argent au fur et à mesure de ses besoins.*

furet [fyrɛ] n. m. (bas lat. *furittus,* petit voleur). Petit mammifère carnivore, au pelage blanc ou jaunâtre, aux yeux rouges.

fureter [fyrte] v. i. (de *furet*) [c. 7]. Fouiller partout avec soin pour découvrir des choses cachées ou secrètes : *Fureter de tous côtés. Fureter dans un grenier* (syn. fam. FARFOUILLER).

fureteur, euse [fyrtœr] n. et adj. Qui furette : *Un fureteur qui connaît tous les antiquaires de la région. De petits yeux fureteurs.*

fureur [fyrœr] n. f. (lat. *furor,* délire). **1.** Violente colère, à l'égard de qqn ou de qqch : *À ces mots, elle entra dans une fureur noire.* — **2.** Sentiment passionné et démesuré : *Sa passion allait jusqu'à la fureur* (syn. ↑FOLIE). *Aimer les sports avec fureur* (syn. ↓ARDEUR, ↓ACHARNEMENT). — **3.** *Fureur de qqch,* passion violente pour cette chose : *Elle a été prise par la fureur du jeu, la fureur de lire* (syn. PASSION, RAGE). *La fureur de vivre* (= le goût violent des plaisirs de la vie). — **4.** (sujet qqch) *Faire fureur,* jouir d'une grande vogue.

furibond, e [fyribɔ̃] ou, fam., **furibard, e** [fyribar] adj. Très furieux : *Jeter des regards furibonds. Elle va être furibarde en apprenant la nouvelle.*

furie [fyri] n. f. (lat. *furia*). **1.** *Fam.* Femme déchaînée, qui ne se maîtrise pas : *Deux furies qui se crêpent le chignon.* — **2.** Emportement violent de qqn : *La moindre contradiction le met en furie.* — **3.** *Litt.* Agitation violente de qqch : *La mer en furie grondait.*

furieusement [fyrjøzmɑ̃] adv. De façon furieuse.

furieux, euse [fyrjø] adj. **1.** En proie à une violente colère; qui manifeste cette colère : *Elle est furieuse qu'on lui dise cela. Il est furieux contre elle.* — **2.** *Fou furieux,* personne dont l'emportement est voisin de la folie. — **3.** (parfois avant le n.) Se dit de ce qui a un caractère violent : *Un combat furieux* (syn. ENRAGÉ). *Une tempête furieuse* (syn. DÉCHAÎNÉ). *Un furieux tapage* (syn. VIOLENT). *Donner un furieux coup de poing sur la table* (syn. RETENTISSANT).

furoncle [fyrɔ̃kl] n. m. (lat. *furunculus*). Inflammation sous-cutanée, d'origine microbienne (syn. fam. CLOU).

furonculose [fyrɔ̃kyloz] n. f. Maladie caractérisée par l'apparition d'un certain nombre de furoncles.

furtif, ive [fyrtif] adj. (lat. *furtivus,* dérobé). Fait à la dérobée, de façon à échapper à l'attention : *Jeter des regards furtifs* (syn. DISCRET, RAPIDE). *Sourire furtif* (syn. FUGACE).

furtivement [fyrtivmɑ̃] adv. De façon furtive : *S'en aller furtivement* (syn. DISCRÈTEMENT). *Regarder quelqu'un furtivement* (syn. À LA DÉROBÉE; contr. EN FACE, OUVERTEMENT).

fusain [fyzɛ̃] n. m. (lat. *fusus,* fuseau). **1.** Arbrisseau à feuilles luisantes : *Une haie de fusains.* — **2.** Charbon de bois fait avec le fusain, servant à dessiner : *Dessiner au fusain.* — **3.** Dessin exécuté à l'aide de ce charbon : *Faire un fusain.*

fuseau [fyzo] n. m. (lat. *fusus*). **1.** Petit instrument en bois, utilisé jadis pour filer la laine et employé auj. pour faire certaines dentelles. — **2.** Pantalon de sport dont les jambes vont en se rétrécissant vers le bas, et qui se terminent par un sous-pied. — **3.** *En fuseau,* de forme allongée et dont les extrémités sont fines : *Jambes en fuseau. Des arbres taillés en fuseau.* — **4.** *Fuseau horaire,* chacune des vingt-quatre portions entre lesquelles est divisée conventionnellement la surface de la Terre, et qui sont comprises entre deux méridiens.

fusée [fyze] n. f. (lat. *fusus,* fuseau). Projectile ou élément moteur dont la propulsion est assurée par la poussée qui résulte de la combustion continue d'une substance : *Fusée spatiale. Fusée de feu d'artifice.*

fuselage [fyzlaʒ] n. m. (anc. fr. *fuisel,* fuseau). Corps d'un avion, auquel sont fixées les ailes, et qui contient généralement la partie habitable de l'appareil.

fuselé, e [fyzle] adj. Se dit d'objets qui rappellent la forme d'un fuseau : *Colonne fuselée.*

fuser [fyze] v. i. (lat. *fundere,* verser). *Cris, rires, exclamations,* etc., *qui fusent,* qui jaillissent vivement.

fusette [fyzɛt] n. f. Petit tube de carton ou de plastique sur lequel est enroulé le fil à coudre.

fusible [fyzibl] adj. (bas lat. *fusibilis,* qui peut fondre). Se dit d'un métal qui fond facilement sous l'effet de la chaleur : *L'étain est l'un des métaux les plus fusibles.* ◆ n. m. Fil d'un alliage spécial ou de plomb qu'on place dans un circuit électrique, et qui fond si l'intensité de ce courant dépasse une certaine limite.

fusil [fyzi] n. m. (bas lat. *focilis* [*petra*], [pierre] à feu). **1.** Arme à feu portative, utilisée pour la chasse ou comme arme de guerre. — **2.** *C'est un excellent fusil,* un bon tireur.

fusilier [fyzilje] n. m. **1.** Soldat armé d'un fusil. — **2.** *Fusilier marin,* marin des unités de l'armée de terre, destiné à combattre à terre.

fusillade [fyzijad] n. f. Décharge simultanée de fusils; échange de coups de feu.

fusiller [fyzije] v. t. **1.** *Fusiller qqn,* le tuer à coups de fusil : *L'espion a été fusillé.* — **2.** *Fusiller qqn du regard,* le regarder avec une violente animosité.

fusil-mitrailleur [fyzimitrajœr] n. m. (pl. *fusils-*

mitrailleurs). Arme automatique pouvant tirer par rafales.

fusion [fyzjɔ̃] n. f. (du lat. *fusus,* de *fundere,* couler). **1.** Passage d'un corps de l'état solide à l'état liquide : *Un métal en fusion. Point de fusion* (= température au-dessus de laquelle un corps passe de l'état solide à l'état liquide). — **2.** Union résultant de l'interpénétration de plusieurs choses distinctes : *La fusion de deux partis politiques* (syn. UNIFICATION). *La fusion des races* (syn. INTÉGRATION). *Fusion de deux sociétés* (syn. CONCENTRATION, UNION).

fusionnement [fyzjɔnmɑ̃] n. m. Action de fusionner : *Le fusionnement des deux entreprises a été décidé.*

fusionner [fyzjɔne] v. i. S'associer en un tout : *Les deux syndicats rivaux ont fini par s'entendre et par fusionner* (syn. SE RÉUNIR). ◆ v. t. Réunir par fusion : *Fusionner deux entreprises.*

fustiger [fystiʒe] v. t. (du lat. *fustis,* bâton) [c. 2] Litt. *Fustiger qqn, qqch,* les critiquer vivement : *L'orateur a fustigé ses adversaires politiques.*

fût [fy] n. m. (lat. *fustis,* bâton). **1.** Portion de la tige d'un arbre qui ne porte pas de rameaux : *Débiter en planches un fût de chêne* (syn. TRONC). — **2.** *Fût de colonne,* partie d'une colonne comprise entre la base et le chapiteau. — **3.** *Fût d'une arme à feu,* bois sur lequel est monté le canon. — **4.** Tonneau dans lequel on met du vin, du cidre, de l'eau-de-vie. — **5.** Grand récipient cylindrique en métal.

futaie [fytɛ] n. f. (de *fût*). Forêt dont on exploite les arbres quand ils sont parvenus à une grande dimension.

futaille [fytaj] n. f. Tonneau : *Une énorme futaille de cidre.*

futé, e [fyte] adj. et n. (du lat. *fugere,* fuir). Intelligent et rusé : *Un homme futé* (syn. ASTUCIEUX, RUSÉ, MALIN). *Une petite futée* (syn. ROUÉ). *Prendre un air futé.*

futile [fytil] adj. (lat. *futilis,* qui laisse échapper ce qu'il contient). **1.** Sans importance, qui n'a pas de valeur ou d'intérêt : *Une conversation futile* (syn. INSIGNIFIANT; contr. GRAVE). *Des préoccupations futiles* (syn. VAIN, CREUX). *Agir pour des raisons futiles* (syn. PUÉRIL; contr. SÉRIEUX). — **2.** Qui s'occupe de choses frivoles, superficielles : *Un esprit futile* (syn. LÉGER; contr. SÉRIEUX). *Une personne futile.*

futilité [fytilite] n. f. Caractère futile; chose futile : *La futilité d'un raisonnement* (syn. INANITÉ). *S'attacher à des futilités* (syn. BAGATELLES, RIENS).

futon [fytɔ̃] n. m. Matelas d'origine japonaise, constitué de flocons de coton.

futur, e [fytyr] adj. (lat. *futurus,* à venir). **1.** (après le n.) Qui va se produire, qui arrivera ultérieurement : *Les temps futurs. Les biens présents, passés et futurs* (syn. ULTÉRIEUR). *La vie future* (= l'existence promise après la mort, selon certaines religions). — **2.** (avant le n.) Se dit de la position, de l'état, de l'appellation, etc., ultérieurs de qqn ou de qqch : *Les futurs époux. Votre future situation.* ◆ ***futur*** n. m. **1.** Avenir dans ce qu'il a d'indéterminé : *L'attente du futur.* — **2.** Système de formes verbales situant l'action dans l'avenir par rapport au moment présent ou à un moment considéré. ‖ *Futur simple,* forme verbale qui exprime la postériorité d'une action par rapport au moment où on parle. ‖ *Futur antérieur,* forme verbale qui exprime l'antériorité d'une action future par rapport à une autre action future. ‖ *Futur du passé, futur dans le passé,* forme verbale identique au conditionnel présent et référant à l'avenir dans le style indirect. ‖ *Futur antérieur du passé,* forme composée du futur du passé, identique au conditionnel passé.

futurisme [fytyrism] n. m. (it. *futurismo*). Mouvement artistique du début du XXe s. qui condamne la tradition esthétique et cherche à intégrer le monde moderne, dans ses manifestations technologiques et sociales, à l'expression plastique.

futuriste [fytyrist] adj. et n. Qui appartient au futurisme : *Une peinture futuriste.* ◆ adj. Qui cherche à évoquer la société, les techniques de l'avenir : *Un film futuriste.*

futurologie [fytyrɔlɔʒi] n. f. Science qui a pour objet de prévoir quel sera, à un moment donné de l'avenir, l'état du monde ou d'un pays dans les domaines technique, social, politique, etc.

futurologue [fytyrɔlɔg] n. Spécialiste de futurologie.

fuyant, e [fɥijɑ̃] adj. (de *fuir*). **1.** Qui se dérobe à l'analyse, aux regards, etc. : *Un homme fuyant* (syn. INSAISISSABLE). *Regard fuyant* (contr. FRANC). — **2.** Qui paraît s'éloigner sous l'effet de la perspective : *Lignes fuyantes. Horizon fuyant.* — **3.** Se dit des traits du visage lorsqu'ils s'incurvent fortement vers l'arrière : *Un menton fuyant* (contr. CARRÉ). *Un front fuyant* (contr. DROIT).

fuyard [fɥijar] n. m. Personne qui prend la fuite par lâcheté.

g

g [ʒe] n. m. Septième lettre de l'alphabet notant selon les cas le son [g], gutturale sonore, ou [ʒ], fricative sonore.

gabardine [gabardin] n. f. (esp. *gabardina*). **1.** Manteau en laine croisée imperméabilisée. — **2.** Tissu de laine ou de coton croisé, serré, à fines côtes en diagonale sur l'endroit : *Un pantalon de gabardine, en gabardine.*

gabarit [gabari] n. m. (mot prov.). **1.** Dimensions, forme imposée d'un objet : *Un camion chargé conformément au gabarit. Des bateaux de tout gabarit.* — **2.** *Fam.* Dimensions physiques, corpulence ou stature de qqn : *Une personne d'un gabarit respectable.*

gabegie [gabʒi] n. f. (de l'anc. fr. *gaber*, tromper). Désordre provenant d'une gestion financière défectueuse ou malhonnête : *Le nouveau directeur ne tolérera plus une telle gabegie.*

gabelle [gabɛl] n. f. (ar. *gabāla*, impôt). Sous l'Ancien Régime, impôt sur le sel (hist.).

gabonais, e [gabɔnɛ] adj. et n. Du Gabon.

gâchage [gɑʃaʒ] n. m. **1.** Action de gâcher, de détruire : *Le gâchage de ses dons, de ses facultés.* — **2.** Action de gâcher du plâtre.

gâcher [gɑʃe] v. t. (frq. *waskôn*, laver). **1.** *Gâcher qqch*, compromettre ou détruire la qualité ou l'existence de qqch, le résultat d'une action, par un emploi ou un procédé mauvais : *Gâcher une occasion. Gâcher un beau sujet. Gâcher le métier* (= travailler ou vendre à trop bon marché; faire plus qu'il n'est demandé). *Gâcher son argent* (= jeter l'argent par les fenêtres). *Gâcher son temps, sa vie, son talent* (syn. GASPILLER). *Cela va lui gâcher son plaisir.* — **2.** *Gâcher du mortier, du plâtre*, les délayer avec de l'eau.

gâchette [gɑʃɛt] n. f. Pièce d'une arme à feu sur laquelle le tireur agit pour provoquer le départ du coup : *Avoir le doigt sur la gâchette* (= être prêt à tirer).

gâcheur, euse [gɑʃœr] adj. et n. **1.** Qui gâche du plâtre. — **2.** Qui gâche le métier : *C'est un gâcheur : il travaille pour rien.*

gâchis [gɑʃi] n. m. **1.** Mortier fait de plâtre, de chaux, de sable et de ciment. — **2.** Résultat de la confusion, du désordre, de la mauvaise organisation : *Un gâchis politique, financier. Quel gâchis! Nous sommes dans le gâchis.*

gadget [gadʒɛt] n. m. (mot amér.). Petit objet plus ou moins utile, mais amusant et nouveau.

gadoue [gadu] ou, fam., **gadouille** [gaduj] n. f. Boue épaisse : *Marcher, patauger dans la gadoue.*

gaélique [gaelik] n. m. (de *Gaëls*, habitants du nord de l'Écosse). Groupe des dialectes celtiques d'Irlande.

gaffe [gaf] n. f. (du prov. *gafar*, saisir). **1.** Instrument composé d'un croc et d'une pointe métallique fixés au bout d'un manche en bois, qui sert dans la marine pour accrocher, accoster, etc. — **2.** *Fam.* Parole ou action maladroite, malencontreuse : *Commettre, faire une gaffe. C'est une gaffe d'avoir oublié de le prévenir.* — **3.** Pop. *Faire gaffe (à qqch, qqn)*, se méfier, faire attention (à) : *Fais gaffe. Fais gaffe à la casse.*

gaffer [gafe] v. i. *Fam.* Faire une gaffe : *Il a gaffé lourdement.*

gaffeur, euse [gafœr] adj. et n. Qui gaffe.

gag [gag] n. m. (mot. angl.). Péripétie, retournement de situation comique, jeu de scène burlesque : *Ce film n'est qu'une suite de gags irrésistibles.*

gaga [gaga] adj. et n. Syn. fam. de GÂTEUX.

gage [gaʒ] n. m. (frq. *waddi*). **1.** Tout objet, tout bien qu'on donne à un créancier en garantie d'une dette : *Prêter sur gages.* — **2.** Tout ce qui représente une garantie : *Son honnêteté est le gage d'une gestion irréprochable* (syn. CAUTION). *Il n'a pu se faire élire qu'en donnant des gages à l'électorat modéré* (= en se liant par des promesses). — **3.** Preuve, témoignage : *Donner à quelqu'un un gage d'amitié, de sympathie.* — **4.** Dans certains jeux de société, petite brimade imposée à celui qui s'est trompé : *Comme gage, tu feras le tour de la pièce à cloche-pied.* ◆ ***gages*** n. m. pl. **1.** Salaire des gens de maison (vieilli) : *Les gages d'une femme de chambre.* — **2.** *À gages*, payé pour remplir un rôle : *Tueur à gages.*

gager [gaʒe] v. t. (c. 2). **1.** *Gager qqch*, le garantir par un gage : *Gager un emprunt, une monnaie, la circulation monétaire par la réserve d'or.* — **2.** *Gager que* (+ *ind.*), émettre une opinion personnelle qui implique un pari (soutenu) : *Je gage qu'il ne vous trouvera pas* (syn. usuel PARIER).

gageure [gaʒyr] n. f. **1.** Action qui semble impossible ou incroyable : *Elle a accompli la gageure de réussir où toutes avaient échoué.* — **2.** Pari impossible : *Cela ressemble à une gageure.*

gagnant, e [gaɲɑ̃] adj. et n. Qui gagne (surtout au jeu, à la loterie) : *Billet, numéro gagnant. Tout le monde la donne gagnante* (= tout le monde est sûr de son succès). *Jouer gagnant* (= compter sur la victoire, ne jouer qu'à coup sûr). *Les gagnants et les perdants.*

gagne-pain [gaɲpɛ̃] n. m. inv. **1.** Travail ou instrument de travail qui sert à gagner sa vie : *Perdre son gagne-pain. Un modeste gagne-pain.* — **2.** Personne qui assure la subsistance d'autres personnes.

gagne-petit [gaɲpəti] n. m. inv. Celui qui ne fait que de petits gains : *S'attaquer aux gagne-petit plutôt qu'aux gros trafiquants.*

gagner [gaɲe] v. t. (frq. *waidanjan*) [sujet qqn]. **1.** *Gagner qqch* (moyen de subsistance, récompense), l'acquérir par son travail : *Gagner son pain, sa vie. Gagner de quoi vivre. Gagner de l'argent. C'est toujours ça de gagné* (fam.; = c'est toujours ça de pris). *Gagner un prix. Gagner ses galons sur le champ de bataille*; et, *fam.*, sans compl. (+ adv.) : *Gagner gros, bien, largement* (= toucher un salaire élevé). — **2.** Acquérir par le sort : *Gagner un lot, un million à la loterie.* — **3.** *Gagner qqch (maladie, événement fâcheux)*, en être atteint involontairement : *Je suis sorti par ce froid, j'ai gagné un bon rhume* (syn.

usuels ATTRAPER, PRENDRE). — **4.** *Gagner qqch (compétition, lutte),* remporter la victoire : *Gagner une bataille, la guerre, un match, une partie, un procès* (syn. REMPORTER; contr. PERDRE). *Gagner un pari. Avoir partie gagnée* (= être victorieux avant d'avoir commencé). — **5.** *Gagner qqn* (dans une compétition), le vaincre (soutenu) : *Il me gagne aux échecs.* — **6.** *Gagner qqn de vitesse,* aller plus vite que lui et le devancer au but. — **7.** *Bien gagner,* obtenir à juste titre, mériter : *Elle a bien gagné son argent. Un repos bien gagné. Il l'a bien gagné* (se dit souvent d'un châtiment, d'un échec, avec une valeur péjor.; syn. fam. IL NE L'A PAS VOLÉ). — **8.** *Gagner du temps,* différer une échéance, temporiser; éviter de perdre du temps : *Le déplacement par avion nous permet de gagner du temps.* ‖ *Gagner de la place,* l'économiser : *Cette nouvelle mise en pages nous fait gagner un paragraphe.* — **9.** *Gagner de* (+ *inf.*), obtenir le résultat que : *Elle a gagné à cette sortie d'attraper un bon rhume.* — **10.** (sujet qqn) *Gagner qqn, gagner la sympathie, l'affection,* etc., *de qqn,* se rendre cette personne favorable, se concilier sa sympathie, etc. : *Gagner des amis. J'ai été gagné par son amabilité* (syn. CONQUÉRIR). *Gagner des sympathisants à sa cause.* — **11.** *Gagner des témoins, gagner ses gardiens,* les corrompre, les acheter pour se les concilier. — **12.** (sujet qqch) *Gagner qqn,* l'envahir progressivement : *Le froid, le sommeil me gagne. Il est gagné par le découragement.* — **13.** *Gagner qqch,* l'atteindre dans sa progression : *La gangrène gagne la cuisse. Le feu gagne les maisons voisines, le toit.* — **14.** (sujet être animé ou moyen de transport) *Gagner un lieu,* se diriger vers ce lieu et l'atteindre : *Gagner la frontière, un refuge. Gagner le maquis* (syn. PRENDRE). *Gagner la porte* (= partir, s'esquiver). — **15.** (sujet qqn, qqch) *Gagner du terrain,* avancer : *L'ennemi gagne du terrain dans nos positions;* progresser, se répandre : *Les idées nouvelles gagnent du terrain.* — **16.** (sujet qqn) *Gagner le large,* s'enfuir (syn. PRENDRE LE LARGE). ◆ v. i. **1.** (sujet être animé, qqch) Être vainqueur : *Ce cheval a gagné d'une longueur. Gagner aux échecs, aux courses, à la loterie. L'as de pique gagne. L'impair gagne.* — **2.** (sujet qqn, qqch) *Y gagner, gagner à qqch, à ce que* (+ *subj.*), avoir du bénéfice, de l'avantage à qqch : *Achetez plutôt dans ce magasin, voys y gagnerez. Vous gagnerez à ce qu'on ne sache rien.* — **3.** (sujet qqn, qqch) *Gagner à* (+ *inf.*), *en* (+ *gérondif*), s'améliorer, prendre de l'avantage : *Ce vin gagne à vieillir, en vieillissant. Un tel gagne à être connu.* — **4.** (sujet qqn, qqch) *Gagner en qqch (abstrait),* s'améliorer du point de vue de : *Son style a gagné en rigueur. Elle a gagné en beauté.* — **5.** (sujet qqch) Se propager, avancer : *L'incendie gagne. La mer gagne chaque année sur la côte.*

gagneur, euse [gaɲœr] n. Qui gagne habituellement : *Un gagneur de batailles, de matchs. C'est une gagneuse* (= elle réussit dans ses entreprises).

gai, e [gɛ] adj. (frq. *wāhi,* impétueux). **1.** Qui est d'humeur à rire, à s'amuser : *Être gai, d'humeur gaie* (syn. JOVIAL, JOYEUX, ENJOUÉ, RÉJOUI, RIEUR, ALLÈGRE; contr. TRISTE). *Avoir un caractère gai. Un visage gai, une voix gaie. Un repas très gai. Une conversation gaie. Il commence à être gai* (= un peu ivre). — **2.** Qui suscite le rire, la bonne humeur : *Une comédie gaie* (contr. TRISTE). *Un auteur gai.* — **3.** Se dit d'une couleur claire et fraîche : *Être habillé de couleurs gaies. Une jupe gaie. Une chambre gaie.* — **4.** Se dit d'un temps clair et serein : *Un soleil gai.* — **5.** *C'est gai!,* se dit par antiphrase d'une situation plus ou moins catastrophique : *J'ai perdu la clef, c'est gai!*

gaiement [gɛmɑ̃] adv. **1.** Avec gaieté : *Chanter gaiement.* — **2.** De bon cœur, avec entrain : *Allez-y gaiement. Se mettre gaiement au travail.*

gaieté [gɛte] n. f. **1.** Bonne humeur, humeur qui porte à rire ou à s'amuser : *Avoir, montrer de la gaieté. Perdre, retrouver sa gaieté* (syn. ENTRAIN). *Un accès de gaieté* (syn. JOIE, ↑ HILARITÉ). *Être plein de gaieté* (syn. JOVIALITÉ). — **2.** Caractère de ce qui manifeste de la bonne humeur ou de ce qui y dispose : *La gaieté du repas, de la conversation. La gaieté d'une couleur.* ◆ ***gaietés*** n. f. pl. Les amusements, les côtés drôles propres à un groupe social, à une activité, à une région (souvent ironiq.) : *Les gaietés du métier, de la province.*

1. gaillard, e [gajar] adj. (du gaul. *galia,* force). **1.** Plein de vigueur, d'entrain, de santé : *Se sentir gaillard. Il est plus gaillard que jamais. Il est encore très gaillard* (syn. VIF, VIGOUREUX, FRAIS ET DISPOS, FRINGANT). *Elle y va d'un pas gaillard. Il a une allure gaillarde* (syn. DÉCIDÉ). [→ RAGAILLARDIR.] — **2.** Qui enfreint la bienséance par un caractère érotique mêlé d'une certaine gaieté : *Tenir des propos gaillards* (syn. CRU, LESTE, LÉGER, LICENCIEUX, GRIVOIS, ÉGRILLARD, GRAVELEUX). *Une chanson gaillarde.* ◆ ***gaillard*** n. m. **1.** Homme plein de vigueur et d'allant : *Un solide, un grand gaillard.* — **2.** Fam. Individu adroit, malin, peu scrupuleux : *Ah? je te tiens, mon gaillard!* (syn. GARS, BONHOMME; fam. LASCAR); enfant rusé ou vigoureux : *C'est un gaillard qui promet.* ◆ ***gaillarde*** n. f. Femme pleine de santé, de gaieté, et d'une conduite fort libre : *Une rude gaillarde.*

2. gaillard [gajar] n. m. *Gaillard d'avant,* partie extrême à l'avant du pont supérieur d'un bateau.

gaillardement [gajardəmɑ̃] adv. **1.** Avec entrain et bonne humeur : *Supporter gaillardement une épreuve.* — **2.** Avec décision et courage, sans hésiter : *Attaquer gaillardement une montée.*

gaillardise [gajardiz] n. f. **1.** Bonne humeur se complaisant à des allusions plus ou moins érotiques : *Des propos pleins d'une gaillardise assez lourde.* — **2.** Action ou parole assez libre : *Lâcher des gaillardises* (syn. GAULOISERIE, GRIVOISERIE; fam. GAUDRIOLE).

gain [gɛ̃] n. m. **1.** Action de gagner : *Les renforts ont décidé du gain de la bataille* (contr. PERTE). — **2.** Profit, bénéfice : *Réaliser des gains considérables* (contr. PERTE). *Avoir la passion du gain. Tirer du gain de quelque chose. Je n'ai qu'un gain médiocre* (= un salaire insuffisant). — **3.** *Gain de qqch,* avantage (en profit ou en économie) : *Un gain de temps, de place* (contr. PERTE). — **4.** *Gain de cause* → CAUSE .

gaine [gɛn] n. f. (lat. *vagina,* fourreau). **1.** Étui d'un instrument aigu ou tranchant, ou d'une arme de petite dimension : *Sortir un poignard de sa gaine.* — **2.** Ce qui recouvre, enveloppe pour protéger, isoler : *La gaine d'un tuyau.* — **3.** Sous-vêtement féminin en tissu élastique enserrant la taille et les hanches.

gainer [gɛne] v. t. **1.** Recouvrir d'une gaine : *Gainer une canalisation d'eau.* — **2.** Mouler comme une gaine : *Cette robe vous gaine un peu trop.*

gala [gala] n. m. (anc. fr. *gale,* réjouissance). **1.** Grande fête officielle : *Un gala à l'Opéra. Un gala de bienfaisance.* — **2.** *De gala,* qui est de mise dans les occasions solennelles ou les sorties officielles : *Il arborait son grand habit de gala. Un repas de gala.*

galactique [galaktik] adj. Relatif à une galaxie.

galamment [galamɑ̃] adv. Avec galanterie : *Céder galamment sa place à une femme.*

galant, e [galɑ̃] adj. (de l'anc. fr. *galer,* s'amuser) [avant ou après le n.]. **1.** Se dit d'un homme empressé, prévenant avec les femmes : *En homme galant, il céda sa place à une femme.* — **2.** Qui a trait aux relations sentimentales et amoureuses : *Un rendez-vous galant. Être en galante compagnie. Être d'humeur galante.* — **3.** Péjor. et litt. *Femme galante,* femme de mœurs légères. ◆ ***galant*** n. m. Amoureux, soupirant (vieilli) : *Elle est entourée de tous ses galants.*

galanterie [galɑ̃tri] n. f. **1.** Politesse empressée auprès des femmes : *Proposer à une dame, par galanterie, de lui porter sa valise.* — **2.** Propos, compliment flatteur adressé à une femme : *Une galanterie d'un goût douteux. Dire des galanteries.*

galantine [galɑ̃tin] n. f. (anc. fr. *galatine,* gelée). Pâté de viande ou de volaille enrobé de gelée.

galaxie [galaksi] n. f. (gr. *gala, galaktos,* lait). Gigantesque groupement d'étoiles.

galbe [galb] n. m. (it. *garbo,* belle forme). Contour gracieux du corps ou d'une partie du corps humain, d'un meuble, etc. : *Des jambes d'un galbe parfait. Le galbe d'une commode Louis XV.*

galbé, e [galbe] adj. Dont le profil présente une ligne convexe : *Un corps bien galbé. Une armoire galbée.*

gale [gal] n. f. (lat. *galla,* excroissance). **1.** Affection contagieuse de la peau, due à un parasite et caractérisée par des démangeaisons. — **2.** Fam. *Être mauvais comme la gale,* avoir très mauvais caractère, ne dire que du mal des autres.

galéjade [galeʒad] n. f. (prov. *galejado,* plaisanterie). Histoire exagérée ou invraisemblable, qui tient de la mystification, et propre au folklore provençal : *C'est une galéjade! Dire des galéjades.*

galéjer [galeʒe] v. i. (c. **10**) *Fam.* Dire des galéjades : *Tu galèjes?*

galère [galɛr] n. f. (catalan *galera*). **1.** Autref., gros navire allant à la voile et à la rame. — **2.** *Litt.* Métier, condition très durs : *Ce travail sans répit au fond de la mine, c'était la galère.*

galerie [galri] n. f. (it. *galleria*). **1.** Lieu de passage plus long que large, situé à l'extérieur (syn. BALCON, LOGGIA) ou à l'intérieur (syn. CORRIDOR, COULOIR) d'un bâtiment : *La galerie des Glaces à Versailles.* — **2.** Passage souterrain : *Galerie de mine. Creuser une galerie* (syn. BOYAU, TUNNEL). *Les galeries d'une fourmilière.* — **3.** Au théâtre, balcon à plusieurs rangs de spectateurs : *Les premiers applaudissements partirent des galeries.* — **4.** *La galerie,* l'ensemble des personnes qui regardent des joueurs, des acteurs; l'assistance, le public qu'on prend à témoin : *Les applaudissements de la galerie n'en finissaient plus. Il veut épater, amuser la galerie.* — **5.** *Pour la galerie,* seulement pour les apparences : *Elle dit ça pour la galerie, mais elle n'y croit pas* (syn. fam. POUR LA FRIME). — **6.** Lieu disposé pour recevoir une collection d'objets, principalement d'objets d'art : *Les galeries du Louvre.* — **7.** Magasin ou salle d'exposition pour le commerce des tableaux et des objets d'art : *Visiter une galerie de peinture.* — **8.** *Galerie marchande,* passage couvert bordé de boutiques. — **9.** Collection formant une suite de sujets : *Une galerie de médailles.* — **10.** *Galerie de portraits,* suite de portraits littéraires. — **11.** Cadre métallique fixé sur le toit d'une voiture pour le transport des bagages.

galérien [galerjɛ̃] n. m. *Litt.* Forçat, bagnard : *Mener une vie de galérien* (= très rude, très pénible).

galet [galɛ] n. m. (anc. fr. *gal,* caillou). Caillou poli et arrondi par le frottement, qu'on trouve sur le rivage de la mer et dans le lit des torrents.

galetas [galtɑ] n. m. (du n. de la tour de *Galata* à Constantinople). *Litt.* Logement misérable : *Il habite un galetas au fond d'une cour* (syn. TAUDIS, RÉDUIT).

galette [galɛt] n. f. (de *galet*). **1.** Gâteau rond et plat, fait le plus souvent de pâte feuilletée : *La galette des Rois.* — **2.** *Pop.* Argent.

galeux, euse [galø] adj. et n. Atteint de la gale : *Un chien galeux.* ◆ adj. Sale et sordide : *Une banlieue galeuse.*

galimatias [galimatja] n. m. (orig. obscure). Discours confus, inintelligible : *Je ne comprends rien à son galimatias* (syn. CHARABIA; fam. PATHOS).

galion [galjɔ̃] n. m. (anc. fr. *galie,* galère). Grand navire armé dont les Espagnols se servaient à partir du XVIᵉ s. pour transporter les marchandises précieuses.

galipette [galipɛt] n. f. (orig. obscure). *Fam.* Culbute, cabriole.

gallican, e [galikɑ̃] adj. (lat. *gallicanus,* gaulois). Qui concerne l'Église catholique de France.

gallicanisme [galikanism] n. m. Doctrine consistant à revendiquer pour l'Église catholique de France certaines libertés à l'égard de l'autorité du pape.

gallicisme [galisism] n. m. (du lat. *gallicus,* français). Tour ou emploi propre à la langue française ou calqué sur cette langue.

gallinacé [galinase] n. m. (lat. *gallinaceus,* de poule). Oiseau omnivore au vol lourd (coq, perdrix, caille, faisan, pintade, dindon).

gallois, e [galwa] adj. et n. Du Pays de Galles. ◆ ***gallois*** n. m. Langue celte parlée au Pays de Galles.

gallon [galɔ̃] n. m. (mot angl.). Unité de mesure anglo-saxonne équivalent à 4,546 litres.

galoche [galɔʃ] n. f. (anc. fr. *gal,* caillou). **1.** Chaussure de cuir à semelle de bois. — **2.** Fam. *Menton en galoche,* fortement accusé et recourbé en avant.

galon [galɔ̃] n. m. (orig. obscure). **1.** Ruban épais, qui sert à orner des vêtements, des rideaux. — **2.** Signe distinctif des grades militaires : *Des galons de lieutenant.* ‖ *Prendre du galon,* monter en grade.

galonné, e [galɔne] adj. Orné d'un galon. ◆ ***galonné*** n. m. *Fam.* Officier ou sous-officier.

galop [galo] n. m. **1.** Allure la plus rapide du cheval : *Un cheval au galop* (= en train de galoper). *Faire un temps de galop* (= galoper sur un espace assez court). — **2.** *Au galop,* très vite : *L'enfant s'est sauvé au galop. Parcourir un livre au galop.* ‖ *Galop d'essai,* épreuve permettant de connaître les capacités de qqn.

galopade [galɔpad] n. f. Course précipitée : *On entendait des galopades d'élèves dans les couloirs.*

galopant, e [galɔpɑ̃] adj. Qui progresse très rapidement : *Démographie galopante.*

galoper [galɔpe] v. i. (frq. *wala hlaupan,* bien courir). **1.** (sujet le cheval) Aller au galop : *Les chevaux galopent ventre à terre.* — **2.** (sujet qqn) Monter un cheval qui court au galop. — **3.** *Fam.* (sujet qqn) Aller avec précipitation : *Passer sa journée à galoper d'un bout à l'autre de Paris.* — **4.** (sujet qqch) Se mouvoir d'un mouvement très rapide : *Ses doigts galopent sur le clavier;* avoir une activité fiévreuse : *Son imagination galope.* ◆ v. t. ind. *Galoper après qqn, qqch,* les rechercher ardemment.

galopin [galɔpɛ̃] n. m. (de *galoper*). Petit garçon espiègle, effronté.

galoubet [galubɛ] n. m. (mot prov.). Petite flûte aux sons aigus, en usage dans le midi de la France.

galvanisation [galvanizasjɔ̃] n. f. Action de galvaniser.

galvaniser [galvanize] v. t. (de *Galvani,* physicien it.). **1.** *Galvaniser du fer,* le recouvrir d'une couche de zinc pour le protéger de l'oxydation : *Du fil de fer galvanisé.* — **2.** *Galvaniser un groupe,* l'animer d'une énergie, d'un enthousiasme intenses, mais peu durables : *Cet orateur galvanise la foule.*

galvaudage [galvodaʒ] n. m. Action de galvauder.

galvauder [galvode] v. t. (orig. incert.). *Galvauder qqch,* le compromettre, le déshonorer en en faisant un mauvais usage : *Galvauder son nom, son talent.* ◆ ***se***

galvauder v. pr. S'avilir : *Se galvauder dans une affaire louche.*

gamba [gɑ̃ba] n. f. (mot esp.). Grosse crevette.

gambade [gɑ̃bad] n. f. (prov. *cambo,* jambe). Bond qui marque de la gaieté : *Faire des gambades dans l'herbe.*

gambader [gɑ̃bade] v. i. **1.** Faire des gambades, s'ébattre : *Les enfants gambadent dans le jardin.* — **2.** Se laisser aller à sa fantaisie : *Son esprit gambade.*

gamelle [gamɛl] n. f. (it. *gamella*). Récipient métallique individuel, muni d'un couvercle, pour faire la cuisine ou transporter un plat chaud.

gamète [gamɛt] n. m. (gr. *gamos,* mariage). Cellule reproductrice, mâle ou femelle, dont le noyau ne contient qu'un seul chromosome de chaque paire : *Le gamète mâle s'appelle «spermatozoïde», le gamète femelle «ovule».*

gamin, e [gamɛ̃] n. (orig. obscure). *Fam.* Enfant : *Une bande de gamins* (syn. GOSSE). *Quand j'étais gamine. Se conduire comme un gamin.* ◆ adj. Qui a un caractère insouciant, espiègle, malicieux : *Elle a un air, un esprit gamin.*

gaminerie [gaminri] n. f. Action, parole de gamin : *Je n'arrive pas à me faire à ses gamineries.*

gamme [gam] n. f. (de la lettre grecque *gamma*). **1.** Suite de notes musicales dans l'intervalle d'une octave, rangées selon un ordre croissant ou décroissant : *Chanter la gamme.* — **2.** *Faire des gammes,* faire des exercices musicaux en forme de gammes; s'initier à qqch par des exercices élémentaires assidus : *Elle fait ses gammes.* — **3.** Série continue dont les éléments sont classés selon une gradation : *La gamme des couleurs. La gamme des vins de Bordeaux. Produit haut de gamme* (= qui dans une série est le plus cher et le plus fini).

gammée [game] adj. f. *Croix gammée,* croix dont les quatre branches sont coudées à angle droit, dans le même sens par rapport à chacune : *La croix gammée était l'emblème du parti national-socialiste allemand.*

ganache [ganaʃ] n. f. (it. *ganascia,* mâchoire). *Fam.* Personne incapable et stupide.

gandin [gɑ̃dɛ̃] n. m. (de l'anc. boulevard de *Gand,* à Paris). Jeune homme qui a un soin excessif de son élégance.

gandoura [gɑ̃dura] n. f. (mot ar.). Tunique sans manches, portée en Orient et en Afrique sous le burnous.

gang [gɑ̃g] n. m. (mot. angl. signif. *équipe*). Bande organisée de malfaiteurs : *Un gang spécialisé dans les attaques à main armée.*

ganglion [gɑ̃glijɔ̃] n. m. (mot gr. signif. *glande*). Renflement sur le trajet d'un nerf ou d'un vaisseau lymphatique.

ganglionnaire [gɑ̃glijɔnɛr] adj. Relatif aux ganglions.

gangrène [gɑ̃grɛn] n. f. (gr. *gangraina,* pourriture). **1.** Putréfaction des tissus : *Une jambe rongée par la gangrène.* — **2.** Cause de corruption, de destruction progressive : *La corruption est la gangrène de cette société.*

gangrener [gɑ̃grəne] v. t. (c. **9**). **1.** *Gangrener un membre,* l'attaquer par la gangrène : *Un membre gangrené.* — **2.** *Gangrener qqn, une société,* les corrompre par de mauvais exemples : *Une société gangrenée par la corruption.* ◆ ***se gangrener*** v. pr. Être attaqué par la gangrène : *Un membre qui se gangrène est perdu.*

gangreneux, euse [gɑ̃grənø] adj. Atteint de gangrène : *Ulcère gangreneux.*

gangster [gɑ̃gstɛr] n. m. (mot amér.). Membre d'un gang : *Voir un film de gangsters.*

gangstérisme [gɑ̃gsterism] n. m. Mœurs, manières d'agir des gangsters; banditisme : *Le gangstérisme sévit.*

gangue [gɑ̃g] n. f. (all. *Gang,* chemin). **1.** Matière sans valeur qui entoure un minerai, une pierre précieuse, dans son gisement naturel : *Débarrasser des cristaux de leur gangue.* — **2.** Couche épaisse d'une matière quelconque recouvrant un objet : *Il faut sans cesse décoller la gangue de terre qui alourdit la pelle.*

ganse [gɑ̃s] n. f. (prov. *ganso*). Cordonnet de fil, de soie, etc., employé dans l'industrie du costume, de l'ameublement, etc.

gant [gɑ̃] n. m. (frq. *want*). **1.** Partie de l'habillement qui couvre la main jusqu'au poignet ou plus haut, et chaque doigt séparément : *Porter des gants fourrés. Mettre, retirer ses gants. Une paire de gants.* — **2.** Objet de forme analogue, destiné à divers usages (les doigts ne sont pas séparés dans ce cas) : *Des gants de boxe. Un gant de toilette* (= poche en tissu-éponge dont on se sert pour se laver). — **3.** *Aller comme un gant,* convenir à la perfection : *Ce rôle lui va comme un gant.* ‖ *Jeter le gant à qqn,* le défier, le provoquer. ‖ *Mettre, prendre des gants,* agir avec ménagement, délicatesse : *Je ne vais pas prendre des gants pour lui dire ce que je pense.* ‖ *Relever le gant,* accepter un défi. ‖ *Retourner qqn comme un gant,* le faire complètement changer d'opinion. ‖ *Se donner les gants de* (+ *inf.*), s'attribuer le mérite de ce qu'on n'a pas : *Il se donne les gants d'être objectif;* avoir l'effronterie, l'insolence, l'impudence de : *Ils se sont donné les gants de lui faire faire leur propre travail.*

ganter [gɑ̃te] v. t. **1.** Mettre des gants à : *De grosses mains, difficiles à ganter. Ganter quelqu'un* (= lui passer les gants). — **2.** (sujet des gants) Aller, convenir : *Ces gants de sport vous gantent très joliment.*

ganterie [gɑ̃tri] n. f. Fabrication ou commerce des gants.

gantier, ière [gɑ̃tje] n. Personne qui fabrique ou vend des gants.

garage [garaʒ] n. m. (de *garer*). **1.** Lieu couvert, destiné à servir d'abri aux véhicules : *Mettre sa voiture au garage. Stationnement interdit : sortie de garage.* — **2.** Entreprise de réparation et d'entretien d'automobiles : *Conduire sa voiture au garage pour la faire réviser.* — **3.** *Voie de garage,* voie secondaire où on gare des wagons de chemins de fer; fonction secondaire sans possibilité d'avancement : *Mettre quelqu'un sur une voie de garage.*

garagiste [garaʒist] n. m. Exploitant d'un garage de réparation : *Le garagiste a dépanné la voiture.*

garance [garɑ̃s] adj. inv. (frq. *wratja*). Rouge vif : *Un ruban garance. Des pantalons garance.* (La *garance* est une plante qui fournit une substance colorante rouge.)

garant, e [garɑ̃] n. et adj. (du frq. *werjan,* garantir comme vrai). **1.** Personne qui répond de la dette d'une autre : *Être garant d'une créance.* — **2.** État qui garantit le respect d'une situation politique : *Les pays garants d'un pacte. Les garants d'un traité.* — **3.** Personne qui prend la responsabilité de : *Se porter garant du succès. J'en suis garant. Je suis garant que...* (= j'assure, j'affirme que). — **4.** Personnage ou auteur dont le témoignage et l'autorité appuient une assertion : *Ne rien avancer que sur de bons garants. Aristote est le garant de cette opinion.* — **5.** Qui sert de caution, qui garantit : *Son passé est le garant de sa bonne conduite à l'avenir. Votre amitié est mon meilleur garant.*

garantie [garɑ̃ti] n. f. **1.** Engagement par lequel on répond de la qualité de qqch : *Un bon de garantie est joint à la facture.* — **2.** Ce qui assure la possession ou l'exécution de qqch : *Demander, donner, prendre des garanties. Servir de garantie. Demander à quelqu'un* *des garanties de sa bonne foi.* — **3.** Ce qui assure la protection des droits ou des personnes : *Les garanties constitutionnelles.*

garantir [garɑ̃tir] v. t. **1.** *Garantir qqch,* en assurer sous sa responsabilité le maintien, l'exécution : *Garantir une créance. Garantir l'indépendance d'un pays.* — **2.** *Garantir qqch, que* (+ *ind.*), donner pour certain, authentique : *Garantir le succès. Je vous garantis qu'il ne lui est rien arrivé* (syn. AFFIRMER, CERTIFIER). *Je vous garantis son soutien* (syn. ASSURER DE). *Garantir un tableau.* — **3.** *Garantir qqn, qqch de qqch,* le mettre à l'abri, le préserver de : *Le parapluie nous garantit de la pluie.*

garce [gars] n. f. (fém. de *gars*). **1.** Fille ou femme de mauvaise vie. — **2.** *Fam.* Femme ou fille mauvaise ou désagréable. ◆ adj. Pop. *Garce de* (+ *n.*), indique qqch de désagréable, de pénible : *Cette garce de maladie qui me tient.*

garçon [garsɔ̃] n. m. (frq. *wrakjo,* valet). **1.** Enfant du sexe masculin : *Ils ont trois garçons et deux filles. Les garçons sont plus turbulents que les filles.* — **2.** *Un grand garçon,* garçon qui est déjà par la taille un adolescent (se dit aussi par flatterie à un petit enfant); jeune homme qui a droit à une certaine indépendance : *C'est un grand garçon maintenant.* ‖ *Un jeune garçon,* un adolescent : *Un jeune garçon timide.* ‖ *Un petit garçon,* enfant depuis l'âge où il n'est plus un bébé jusque vers douze ans (syn. GARÇONNET). ‖ *Être traité en petit garçon,* avec désinvolture. ‖ *Garçon manqué,* fille turbulente, un peu brusque. ‖ *Se sentir, être (très, tout) petit garçon,* avoir le sentiment de son infériorité. ‖ — **3.** Jeune homme : *Un garçon de vingt ans. Un garçon jeune, dynamique, plein d'avenir.* — **4.** Homme jeune : *Il est beau garçon, joli garçon. Un bon, un brave, un gentil garçon* (= un homme serviable, facile à vivre). *Un mauvais garçon* (= un homme de mauvaise vie). — **5.** Homme célibataire : *Être, rester garçon. Un vieux garçon* (= un homme âgé qui ne s'est jamais marié). *Enterrer sa vie de garçon* (= faire la fête avec ses amis hommes, avant de se marier). — **6.** (avec un poss.) *Fam.* Fils : *J'ai envoyé mes garçons à la campagne.* — **7.** *Fam.* Sert à interpeller qqn de plus jeune que soi (avec le poss.) : *Dites donc! mon garçon, ne vous gênez pas!* — **8.** Jeune ouvrier travaillant chez un patron artisan : *Un garçon tailleur. Un garçon coiffeur. Un garçon boucher. Un garçon boulanger.* — **9.** Employé subalterne : *Un garçon de bureau, de laboratoire.* — **10.** *Garçon (de café),* employé chargé de servir la clientèle, dans un restaurant, un café (au fém. SERVEUSE) : *Donner un pourboire au garçon.*

garçonne [garsɔn] n. f. Fille ou femme qui se donne des allures masculines ou mène la vie d'un garçon (vieilli).

garçonnet [garsɔnɛ] n. m. Petit garçon : *C'est encore un garçonnet. Vous trouverez cela dans notre nouveau magasin au rayon garçonnets.*

garçonnière [garsɔnjɛr] n. f. Petit logement, convenant à un homme seul. ◆ adj. f. Se dit de ce qui, chez une fille, rappelle les manières d'un garçon.

1. garde [gard] n. Personne chargée de la surveillance de qqn : *La vigilance de ses gardes s'était relâchée* (syn. GARDIEN). *Nous avons laissé l'enfant avec la garde. La garde s'était endormie vers le matin* (syn. GARDE-MALADE) ◆ n. m. **1.** Homme qui a la charge d'assurer la surveillance d'un lieu : *Garde champêtre* (= agent d'une commune rurale). *Garde forestier.* — **2.** *Garde du corps,* homme chargé de protéger qqn contre des attentats éventuels. — **3.** Tout soldat d'un corps appelé *garde : Un garde républicain. Un garde mobile* (= gendarme affecté au maintien de l'ordre). — **4.** Autref., soldat de l'escorte d'un souverain : *Le roi était entouré de ses gardes. Gardes, emmenez-le!* — **5.** *Garde des Sceaux,* ministre de la Justice.

2. garde [gard] n. f.
— **I. 1.** Action de surveiller qqch, afin de le conserver ou de le protéger : *Confier des documents, des bagages, une maison, une frontière à la garde de quelqu'un. Laisser quelque chose en garde à quelqu'un. Veiller à la garde de quelque chose. Être chargé (se charger) de la garde de. Avoir (être préposé à, être commis à) la garde de. On a mis les lingots sous bonne garde. Il fait bonne garde autour de la caisse. Chien de garde* (= qui garde une maison). — **2.** Action de surveiller qqn ou un animal, afin de le protéger, de le soigner : *Prendre (tenir) un enfant* (*un troupeau,* etc.) *sous sa garde. Confier un enfant à la garde de ses grands-parents.* — **3.** Action de surveiller qqn pour l'empêcher de nuire : *Mettre (tenir) un prisonnier* (*un malfaiteur,* etc.) *sous bonne garde. Être sous la garde de la police.* ‖ *Garde à vue,* institution qui permet à la police de garder pendant une période limitée toute personne suspecte. — **4.** Action d'assurer un service de surveillance périodique et temporaire : *Être de garde. C'est son tour de garde. Prendre la garde. L'interne de garde. La pharmacie de garde.* ‖ *Monter la garde, être de garde* (à l'armée), être de faction dans un poste. — **5.** Action d'adopter une position de défense (en escrime, en boxe) : *Se mettre (se tenir, être, tomber) en garde. En garde!* (= mettez-vous en garde). — **6.** Action d'adopter une attitude vigilante : *Mettre quelqu'un en garde contre quelque chose. Une mise en garde* (= un avertissement). ‖ *Être (se mettre, se tenir) sur ses gardes,* dans une attitude vigilante, aux aguets. — **7.** *Prendre garde* (sans compl.), être vigilant, se préparer à un danger : *Prenez garde!* (peut être une exhortation ou une menace). ‖ *Prendre garde à qqn, à qqch,* faire très attention à : *Prends garde à toi. Prenez garde aux voitures. Sans y prendre garde* (= sans s'en rendre compte). ‖ *Prendre garde de* (+ *inf.*), *que ne* (+ *subj.*), *à ce que* (+ *subj.*), faire tous ses efforts pour éviter de : *Prends garde de te refroidir après avoir couru. Prends garde de ne pas te salir. Prenez garde qu'on ne vous voie, qu'on ne vous entende.* ‖ *Prendre garde que* (+ *ind.*), se rendre bien compte que : *Prenez garde qu'on vous voit de tous les côtés ici.* — **8.** *La garde d'une épée, d'une arme blanche,* le rebord entre la lame et la poignée, pour protéger la main : *Enfoncer un poignard jusqu'à la garde. Mettre la main sur (à) la garde de son épée.* — **9.** *Les gardes d'un livre, les pages de garde,* les feuillets qui séparent la couverture de la première et de la dernière page d'un livre. — **10.** *Avoir la garde à pique, à trèfle, à carreau, au roi,* avoir dans son jeu une petite carte qui en défend une plus forte de la même couleur. — **11.** Espace libre qui évite un contact : *Laisser une garde suffisante à la pédale d'embrayage* (= une course libre avant l'embrayage).
— **II. 1.** Corps de troupes assigné à la protection d'un personnage officiel ou des édifices où siègent les pouvoirs publics : *La garde impériale. Les grenadiers de la Garde. La garde républicaine de Paris* (= corps de gendarmerie et de parade). — **2.** Détachement de militaires qui gardent un poste : *Appeler, renforcer la garde. Relever la garde* (= changer les hommes de faction). *La relève de la garde. La garde montante* (= celle qui va prendre sa faction). *La garde descendante* (= celle qui a terminé sa faction). — **3.** *Garde d'honneur,* troupe qui escorte un personnage officiel dans ses déplacements. ‖ *La vieille garde,* les vieux partisans, les derniers amis fidèles d'une personnalité politique.

garde-à-vous [gardavu] n. m. inv. Position prise sur un commandement militaire, prescrivant l'immobilité dans une attitude tendue, talons serrés, bras le long du corps : *Être, se mettre, rester au garde-à-vous. Être figé dans un garde-à-vous irréprochable.*

garde-barrière [gard(ə)barjɛr] n. (pl. *gardes-barrière*[s]). Personne qui a la garde d'un passage à niveau.

garde-boue [gard(ə)bu] n. m. inv. Bande de métal placée au-dessus d'une roue de bicyclette, de motocyclette, pour protéger des projections de boue.

garde-chasse [gard(ə)ʃas] n. m. (pl. *gardes-chasse*[s]). Celui qui veille à la conservation du gibier d'un domaine.

garde-chiourme [gard(ə)ʃjurm] n. m. (pl. *gardes-chiourmes*). *Péjor.* Surveillant dur et brutal.

garde-côte [gard(ə)kot] n. m. (pl. *garde-côtes*). Navire de guerre spécialisé dans la défense des côtes.

garde-fou [gard(ə)fu] n. m. (pl. *garde-fous*). **1.** Balustrade ou parapet d'un pont, d'un quai, etc., pour empêcher de tomber : *Se retenir aux garde-fous.* — **2.** Avertissement : *Que ces conseils vous servent de garde-fou.*

garde-malade [gard(ə)malad] n. (pl. *gardes-malade*[s]). Personne qui garde les malades et leur donne les soins élémentaires.

garde-manger [gard(ə)mɑ̃ʒe] n. m. inv. Petite armoire garnie de toile métallique, ou placard, où on conserve les aliments.

garde-meuble [gard(ə)mœbl] n. m. (pl. *garde-meuble*[s]). Lieu où on entrepose des meubles : *Mettre tout son mobilier au garde-meuble en attendant d'emménager.*

gardénia [gardenja] n. m. (de *Garden,* botaniste écossais). Plante ornementale aux fleurs odorantes.

garden-party [gardɛnparti] n. f. (mot angl.) [pl. *garden-parties*]. Réception mondaine donnée dans un grand jardin ou dans un parc.

garde-pêche [gardəpɛʃ] n. m. (pl. *gardes-pêche*[s]). Personne chargée de faire observer les règlements sur la pêche.

garder [garde] v. t. (frq. *wardôn,* veiller sur). **1.** *Garder qqn, un animal,* les surveiller pour les protéger ou pour les empêcher de s'échapper : *Garder un malade, un enfant. Garder un troupeau de chèvres. Garder un prisonnier. Il est gardé par un policier en civil. Plusieurs manifestants ont été gardés à vue dans les locaux de la police* (= retenus momentanément sous surveillance). — **2.** (sujet qqn, qqch) *Garder qqn de qqch, de* (+ *inf.*), le protéger, le préserver de quelque danger : *Nous avons en vain tenté de les garder de l'erreur. Dieu vous garde de ce fléau, de commettre cette maladresse! Cette veste de fourrure vous gardera du froid.* — **3.** *Garder un lieu,* en prendre soin, le surveiller, le défendre : *Le concierge garde l'immeuble. L'armée garde le pont. Le chien garde la basse-cour. Toutes les entrées sont gardées par des hommes en armes. Voudriez-vous être assez aimable pour me garder ma place?* (= pour empêcher que qqn ne l'occupe pendant mon absence). ‖ *Chasse gardée,* dont l'accès est interdit par le propriétaire; domaine réservé. — **4.** (sujet qqch) *Garder un lieu,* être situé à l'entrée de ce lieu : *Un cyprès garde le cimetière. La statue de la Liberté garde le port de New York.* — **5.** *Garder qqch,* le conserver pour soi ou sur soi, ne pas s'en dessaisir : *Garder copie d'un document. Il a tendance à garder ce qu'on lui prête. Elle ne peut rien garder* (= elle donne, elle dissipe tout ce qu'elle a). *Vous n'allez pas garder votre manteau, il fait si chaud.* — **6.** *Garder qqch,* le conserver en dépôt, pour un temps limité : *Je garderai votre courrier pendant les vacances.* — **7.** *Garder qqch pour (à) qqn, pour qqch,* le conserver en vue d'une utilisation ultérieure, le mettre en réserve : *Garder une bonne bouteille pour des amis. Garder le meilleur pour la fin* (syn. RÉSERVER). *Gardez-en pour demain. Garder une part de gâteau à un enfant.* — **8.** *Garder une denrée, une boisson,* la conserver en bon état : *Du lait qu'on ne peut pas garder plus d'une semaine.* — **9.** Tenir, avoir de manière constante (+ adj. attribut du compl. d'objet) : *L'enfant garde les yeux levés vers la maîtresse.* ‖ *Garder la tête froide,* rester de sang-froid. — **10.** *Garder qqn,* le faire rester près de soi en l'occupant, en l'invitant : *Nous allons vous garder pour dîner.* — **11.** *Garder un secret, garder qqch pour soi,* n'en faire part à personne : *Garder le secret sur une entrevue. Je compte sur votre discrétion pour que vous gardiez cela pour vous.* — **12.** *Garder qqch, un sentiment, un état,* rester dans tel ou tel état, conserver tel ou tel sentiment : *Garder ses habitudes, ses illusions, sa liberté. Garder rancune. Garder de l'espoir. Garder fidélité à quelqu'un. Garder toutes ses facultés. Il n'arrive pas à garder son sérieux. Elle vous garde une reconnaissance très grande. Garder les apparences, le silence, l'anonymat. Tu ne sais pas garder la mesure.* — **13.** Ne pas quitter le lieu où on se trouve : *Garder la chambre, le lit.* — **14.** (sujet qqn, qqch) Rester marqué par, ne pas perdre : *Je garde une cicatrice de ma blessure. Un pantalon qui ne garde pas le pli. Ce vin garde un goût de bouchon. Un bois qui garde sa souplesse en séchant.* — **15.** (sujet qqch) Renfermer, tenir caché : *Le tombeau qui garde les cendres de l'Empereur.* ◆ ***se garder*** v. pr. (sujet qqn) **1.** Être sur la défensive, sur ses gardes : *Gardez-vous!* — **2.** *Se garder de qqn, qqch (abstrait),* se défendre contre, se défier de : *Il faut se garder des médisants, de la flatterie.* — **3.** *Se garder de* (+ *inf.*), avoir soin de ne pas faire : *Gardez-vous de manquer votre train. Je me garderai bien de la détromper sur mon compte.* — **4.** (sujet une denrée, une boisson) Se conserver.

garderie [gardəri] n. f. Dans une école, une usine, etc., local où sont gardés les enfants en bas âge, en dehors des heures de classe.

garde-robe [gard(ə)rɔb] n. f. (pl. *garde-robes*). **1.** Ensemble des vêtements de qqn : *Avoir une garde-robe fournie, abondante.* — **2.** Placard, armoire où on range les vêtements : *Sa garde-robe est pleine à craquer* (syn. DRESSING, PENDERIE).

gardian [gardjɑ̃] n. m. (mot prov.). Gardien de troupeaux, en Camargue.

gardien, enne [gardjɛ̃] n. (de *garder*). **1.** Personne préposée à la garde de qqch ou qqn : *Le gardien de l'immeuble* (= le concierge). *La gardienne des enfants. Le détenu a échappé à la surveillance de ses gardiens. Les gardiens d'un musée.* ‖ *Gardien (de but),* au football, au hockey, au handball, etc., joueur chargé de défendre les buts. — **2.** *Gardien de qqch (abstrait),* qqn, organisme chargé de le défendre : *Les gardiens de l'ordre public. Le Sénat, gardien de la tradition. La Constitution est la gardienne des libertés.* — **3.** *Gardien de la paix,* agent de police. ◆ adj. *Ange gardien,* ange qui protège; et, en parlant de qqn : *Vous êtes mon ange gardien* (syn. SAUVEUR, PROTECTEUR).

gardiennage [gardjɛnaʒ] n. m. Emploi, service du gardien d'un immeuble.

gardon [gardɔ̃] n. m. **1.** Poisson d'eau douce. — **2.** Fam. *Frais comme un gardon,* en pleine forme, qui se porte bien.

1. gare [gar] n. f. (de *garer*). **1.** Ensemble des installations de chemin de fer destinées à l'embarquement et au débarquement des voyageurs, au transbordement des marchandises, en un point déterminé : *La gare de départ, d'arrivée. Le chef de gare. Arriver (aller) à la gare. Entrer en gare.* — **2.** *Gare routière, maritime* → ROUTE, MARITIME.

2. gare! [gar] interj. **1.** *Gare à qqch, qqn, à* (+ *inf.*), sert à prévenir qqn d'un danger ou à le menacer : *Gare aux conséquences! Gare à toi, si tu continues à conduire ta voiture aussi imprudemment! Gare à ne pas recommencer une telle sottise!* — **2.** *Sans crier gare,* sans prévenir, sans avertissement : *Elle est arrivée hier à l'heure du repas sans crier gare* (syn. À L'IMPROVISTE, SOUDAIN).

garenne [garɛn] n. f. (bas lat. *warenna*). Endroit boisé où les lapins vivent en liberté. ◆ n. m. Lapin de garenne.

garer [gare] v. t. (frq. *warôn,* avertir). **1.** *Garer un véhicule,* le rentrer dans un garage ou dans un endroit aménagé, ou le ranger à l'écart de la circulation : *Garer sa voiture au bord du trottoir. Garer un convoi pour laisser passer un autre train.* — **2.** *Garer qqch,* le mettre à l'abri, en lieu sûr : *Garer ses récoltes. Garer sa fortune.* ◆ ***se garer*** v. pr. (sujet qqn) **1.** Ranger sa voiture : *Je me suis garé en haut de la rue.* — **2.** *Se garer de qqch, de qqn,* l'éviter : *Se garer des coups. Se garer des passants.* (→ GARAGE.)

gargantuesque [gargɑ̃tɥɛsk] adj. (de *Gargantua,* personnage de Rabelais). *Appétit gargantuesque,* très gros appétit (syn. PANTAGRUÉLIQUE).

gargariser (se) [gargarize] v. pr. (gr. *gargarizein*). **1.** Se rincer le fond de la bouche avec un liquide : *Se gargariser avec de l'eau salée.* — **2.** Fam. *Se gargariser de qqch,* s'en délecter : *Se gargariser de grands mots. Se gargariser de son succès.*

gargarisme [gargarism] n. m. Médicament liquide pour se gargariser.

gargote [gargɔt] n. f. (de l'anc. fr. *gargueter,* faire du bruit). Restaurant bon marché, où on mange mal.

gargotier, ère [gargɔtje] n. Personne qui tient une gargote.

gargouille [garguj] n. f. (de *garg-,* onomat. qui évoque le bruit produit par le gosier quand on avale, et *goule,* gueule). Gouttière saillante, en forme d'animal (démon, dragon, etc.) dont la gueule éjecte les eaux de pluie.

gargouillement [gargujmɑ̃] n. m. ou **gargouillis** [garguji] n. m. Fait de gargouiller : *Les gargouillements de l'estomac* (syn. BORBORYGME).

gargouiller [garguje] v. i. (de *gargouille*). **1.** (sujet un liquide) Produire un bruit d'eau courante rencontrant un obstacle : *L'eau gargouille dans le robinet.* — **2.** (sujet l'estomac, l'intestin, etc.) Produire un bruit dû au passage d'un liquide dans le tube digestif : *J'ai l'estomac qui gargouille.*

gargoulette [gargulɛt] n. f. (anc. fr. *gargoule*). Récipient poreux où l'eau se rafraîchit par évaporation.

garnement [garnəmɑ̃] n. m. (de *garnir*). Enfant turbulent, insupportable (syn. GALOPIN).

garni, e [garni] adj. **1.** Pourvu du nécessaire : *Un buffet bien garni.* — **2.** Se dit d'un plat de viande accompagné de légumes : *Une entrecôte garnie.* — **3.** *Assiette garnie,* assiette de charcuterie assortie. ‖ *Avoir un portefeuille bien garni,* avoir de l'argent. ‖ *Chevelure bien garnie,* abondante, touffue. ‖ *Choucroute garnie,* accompagnée de jambon, de saucisses. ◆ adj. et n. m. Chambre, maison meublée destinée à la location (vieilli) [auj. MEUBLÉ] : *Habiter un garni. Un hôtel garni.*

garnir [garnir] v. t. (frq. *warnjan,* protéger). **1.** *Garnir qqch (de qqch),* le pourvoir du nécessaire : *Garnir une vitrine de bibelots, une bibliothèque de livres;* l'orner, l'enjoliver : *Garnir une table de fleurs. Garnir une étagère de bibelots.* — **2.** *Garnir un lieu, un espace, etc.,* l'occuper, le remplir, le couvrir : *Les spectateurs garnissaient déjà les balcons et les galeries. Les livres garnissent la bibliothèque.* — **3.** *Garnir un fauteuil,* le rembourrer. ◆ ***se garnir*** v. pr. (sujet un lieu) Se remplir : *Le théâtre se garnit lentement.*

garnison [garnizɔ̃] n. f. (de *garnir*). **1.** Ensemble des troupes stationnées dans une ville : *La vie de garnison* (= le genre de vie d'un militaire qui fait partie d'une garnison). — **2.** Ville où se tient une garnison : *Le régiment a changé de garnison.* — **3.** *Être en garnison dans telle ville,* en parlant de soldats, y être stationné.

garnissage [garnisaʒ] n. m. Action de garnir un appareil, un fauteuil, etc.

garniture [garnityr] n. f. **1.** Ce qui sert à garnir une chose, pour la renforcer, l'embellir ou l'accompagner : *Une garniture métallique. Une garniture de toilette en porcelaine. Voulez-vous des frites ou des haricots comme garniture?* — **2.** Assortiment d'objets : *Une garniture de bureau* (= ensemble d'accessoires de bureau assortis). *Une garniture de foyer* (= la pelle, les pincettes, le tisonnier).

garrigue [garig] n. f. (prov. *garriga*). Formation végétale de la région méditerranéenne, constituée de chênes verts mélangés à des buissons et à des plantes aromatiques, qui apparaît sur un sol calcaire après destruction de la forêt.

1. garrot [garo] n. m. (mot prov.). Partie saillante de l'encolure d'un quadrupède, au-dessus de l'épaule : *Un cheval blessé au garrot par le harnais.*

2. garrot [garo] n. m. (du frq. *wrokkôn,* tordre avec force). Lien servant à comprimer un membre pour arrêter une hémorragie : *Poser, mettre, serrer un garrot.*

garrotter [garɔte] v. t. (de *garrot* 2). **1.** *Garrotter qqn,* le lier étroitement et très fort : *Garrotter un prisonnier.* — **2.** *Garrotter qqch (abstrait),* lier moralement, priver de toute liberté d'action : *Garrotter l'opposition* (syn. MUSELER).

gars [ga] n. m. (de *garçon*). *Fam.* Garçon, homme : *C'est un drôle de gars* (syn. TYPE). *Un gars du milieu. Eh! les gars! Par ici, les gars!*

gas-oil ou **gasoil** [gazwal, gazɔjl] n. m. (mot angl.). Produit pétrolier utilisé comme carburant et comme combustible.

gaspacho [gaspatʃo] n. m. (mot esp.). Potage froid composé de tranches de pain, de concombres et de tomates coupés en petits morceaux, assaisonné de piment et d'ail.

gaspillage [gaspijaʒ] n. m. Action de gaspiller.

gaspiller [gaspije] v. t. **1.** *Gaspiller l'argent,* le dépenser follement, inutilement : *Gaspiller ses économies* (syn. DILAPIDER; soutenu DISSIPER; fam. JETER L'ARGENT PAR LES FENÊTRES). — **2.** *Gaspiller qqch,* le mal employer : *Gaspiller son temps, sa santé, son talent* (syn. GÂCHER).

gaspilleur, euse [gaspijœr] n. et adj. Qui gaspille.

gastrique [gastrik] adj. (du gr. *gastêr, -tros,* estomac). **1.** Relatif à l'estomac. — **2.** *Suc gastrique,* suc digestif acide qui contribue à la digestion.

gastrite [gastrit] n. f. Inflammation de l'estomac.

gastronome [gastrɔnɔm] n. Personne qui connaît et pratique l'art de bien manger (syn. GOURMET).

gastronomie [gastrɔnɔmi] n. f. (gr. *gastêr,* ventre, et *nomos,* usage). Art de bien manger.

gastronomique [gastrɔnɔmik] adj. Relatif à la gastronomie : *Menu gastronomique* (= fin et abondant). *Relais gastronomique* (= restaurant où la cuisine est soignée et abondante).

gastropode [gastrɔpɔd] ou **gastéropode** [gasterɔpɔd] n. m. (gr. *gastêr,* ventre, et *pous, podos,* pied). Membre de la classe des mollusques qui rampent sur un pied élargi (escargot, limace).

gâteau [gɑto] n. m. (frq. *wastil*). **1.** Pâtisserie faite de farine, de beurre, d'œufs, de sucre, etc. : *Un gâteau aux amandes, à la crème. Des gâteaux secs* (syn. BISCUIT). — **2.** Fam. *Avoir part au gâteau,* partager le profit d'une affaire (syn. BUTIN). ‖ Pop. *C'est du gâteau,* c'est extrêmement facile à faire. ◆ adj. inv. Fam. *Papa, maman gâteau,* qui gâte ses enfants, ses petits-enfants.

gâter [gɑte] v. t. (lat. *vastare,* dévaster). **1.** *Gâter qqch (concret),* le putréfier, le pourrir : *La chaleur gâte la viande. Il faut manger ces fruits, demain ils seront gâtés* (syn. ABÎMER). *Avoir des dents gâtées* (syn. CARIÉ). — **2.** *Gâter qqch,* le compromettre, en dégrader l'aspect : *Cette maison gâte le paysage. Un détail mal placé peut gâter un ensemble* (syn. GÂCHER). — **3.** *Gâter qqch,* en compromettre le résultat : *Gâter une affaire par sa maladresse. Il va tout gâter* (syn. GÂCHER). — **4.** *Gâter qqch (abstrait),* le corrompre, en altérer la nature : *Gâter le plaisir de quelqu'un. Ses lectures lui ont gâté l'esprit.* — **5.** *Cela ne gâte rien,* c'est un avantage qui vient par surcroît. — **6.** *Gâter un enfant, qqn,* le combler d'attentions, de soins, de cadeaux, etc. : *Cet enfant est gâté par sa grand-mère* (syn. CHOYER). *Merci pour vos fleurs, vous m'avez gâtée!* (syn. COMBLER). *Enfant gâté* (= auquel on passe tous ses caprices et qui se conduit de manière odieuse; personne capricieuse). *Elle est l'enfant gâtée de la fortune, du succès* (= celle à qui tout réussit). — **7.** (sujet qqn) *Être gâté,* avoir de la chance : *Il a fait un temps superbe pendant tout notre séjour, nous avons été gâtés;* jouer de malchance (ironiq.) : *Encore la pluie, nous sommes gâtés!* ◆ ***se gâter*** v. pr. (sujet qqch) **1.** Se putréfier : *Les fruits se gâtent facilement.* — **2.** S'altérer : *Faute de travail, elle a laissé ses dons se gâter.* — **3.** *Cela (ça) se gâte,* la situation prend une mauvaise tournure. ‖ *Le temps se gâte,* il devient mauvais.

gâterie [gɑtri] n. f. Petit cadeau, friandise (souvent pl.) : *Apporter des gâteries aux enfants.*

gâteux, euse [gɑtø] n. et adj. (de *gâter*). **1.** Diminué intellectuellement du fait de l'âge ou de la maladie : *Un vieillard gâteux* (syn. fam. RETOMBÉ EN ENFANCE, GAGA). — **2.** Qui perd tout bon sens sous l'emprise d'un sentiment violent : *Il l'aime tellement qu'il en est gâteux* (syn. fam. GAGA).

gâtisme [gɑtism] n. m. État de qqn qui est gâteux.

1. gauche [goʃ] adj. (de *gauchir*). **1.** Se dit de ce qui, par rapport au corps humain, est situé du côté du cœur (par oppos. à *droit*) : *La main gauche. L'œil gauche. La rive gauche de la Seine* (= celle qu'on a à sa gauche si on suit le cours de l'eau). *L'aile gauche du château* (= la partie qui est à gauche quand on regarde le château). *L'ailier gauche d'une équipe de joueurs.* — **2.** Qui est emprunté, embarrassé, maladroit et mal à l'aise : *Il est, il se sent gauche. Elle a l'air un peu gauche. Renverser une tasse d'un geste gauche. Un style gauche.* — **3.** De travers, tordu : *Une planche, une règle toute gauche.* ◆ n. m. En boxe, poing gauche : *Un crochet du gauche.*

2. gauche [goʃ] n. f. **1.** Côté gauche : *Asseyez-vous à ma gauche. La voiture déboucha sur notre gauche. Il roulait tout à fait sur la gauche* (de la chaussée). — **2.** *À gauche,* du côté gauche. ‖ *À gauche de,* sur le côté gauche de : *L'escalier est à gauche de la loge du concierge.* ‖ Fam. *Mariage de la main gauche,* union libre. ‖ Fam. *Mettre de l'argent à gauche,* économiser, mettre de côté. — **3.** Ensemble de ceux qui, dans l'opinion publique, au Parlement, etc., professent des idées progressistes (par oppos. à *droite*) : *Les progrès de la gauche aux élections. Une politique de gauche. Une électrice de gauche. Être de gauche, être à gauche* (= professer les opinions de la gauche). *Le rassemblement des gauches* (= des partis de gauche). *L'extrême gauche* (= ceux qui soutiennent les idées politiques jugées les plus révolutionnaires).

gauchement [goʃmɑ̃] adv. D'une manière gauche, maladroite : *Saisir gauchement un objet.*

gaucher, ère [goʃe] adj. et n. Qui se sert mieux de la main gauche que de la main droite (contr. DROITIER).

gaucherie [goʃri] n. f. Manque d'aisance, d'adresse; acte, geste gauche : *La gaucherie d'une question* (syn. MALADRESSE).

gauchir [goʃir] v. i. (anc. fr. *guenchir,* faire des détours) [sujet un objet]. Se contourner, se tordre : *Une règle qui gauchit.* ◆ v. t. **1.** *Gauchir qqch (concret),* le déformer : *L'humidité a gauchi cette planche.* — **2.** *Gauchir qqch (abstrait),* le détourner de sa direction première ou de son sens véritable : *Gauchir une idée, un sentiment* (syn. DÉNATURER, FAUSSER). *Gauchir les faits* (syn. DÉVIER). ◆ ***se gauchir*** v. pr. (sujet qqch) Subir une déformation : *Cette planche s'est gauchie.*

gauchisant, e [goʃizɑ̃] adj. et n. Dont les sympathies politiques vont aux mouvements de gauche.

gauchisme [goʃism] n. m. Attitude de ceux qui, à l'extrême gauche, préconisent des solutions politiques extrêmes et des actions révolutionnaires immédiates.

gauchissement [goʃismɑ̃] n. m. Action de gauchir : *Le gauchissement d'une porte sous l'action de l'humidité. Le gauchissement d'un récit transmis de bouche en bouche.*

gauchiste [goʃist] adj. et n. Qui appartient au gauchisme.

gaucho [goʃo] n. m. (mot esp.). Gardien de troupeaux, en Amérique du Sud.

gaudriole [godrijɔl] n. f. (du lat. *gaudere,* se réjouir). **1.** *Fam.* Plaisanterie grivoise (surtout pl.) : *Dire, débiter des gaudrioles* (syn. GAULOISERIE, GAILLARDISE). — **2.** Fam. *La gaudriole,* les relations sexuelles : *Ne penser qu'à la gaudriole* (syn. fam. LA BAGATELLE).

gaufre [gofr] n. f. (frq. *wafel,* rayon de miel). Pâtisserie légère, cuite dans un moule formé de deux plaques métalliques, appelé *gaufrier.*

gaufrer [gofre] v. t. (de *gaufre*). *Gaufrer du papier, un tissu,* etc., y imprimer en relief ou en creux des dessins (surtout part. passé).

gaufrette [gofrɛt] n. f. Petite gaufre sèche.

gaulage [golaʒ] n. m. Action de gauler : *Le gaulage des noix.*

gaule [gol] n. f. (frq. *walu*). **1.** Grande perche pour abattre les fruits d'un arbre. — **2.** Canne à pêche.

gauler [gole] v. t. **1.** Battre les branches d'un arbre avec une gaule pour en faire tomber les fruits : *Gauler un pommier.* — **2.** *Gauler des noix, des châtaignes,* les faire tomber avec une gaule.

gaulois, e [golwa] adj. et n. **1.** De la Gaule : *Les peuplades gauloises. Nos ancêtres les Gaulois. Moustaches à la gauloise* (= longues moustaches pendantes). — **2.** *Le coq gaulois,* emblème français symbolisant la fierté nationale. ◆ adj. D'une gaieté un peu libre, grivoise : *Une plaisanterie gauloise* (syn. LESTE). *Des propos gaulois* (syn. OSÉ, VERT, PAILLARD).

gauloise [golwaz] n. f. Cigarette de tabac brun de la Régie française.

gauloisement [golwazmɑ̃] adv. Avec une gaieté un peu libre.

gauloiserie [golwazri] n. f. Plaisanterie libre : *La gauloiserie de Rabelais* (syn. GAILLARDISE, GRIVOISERIE, PAILLARDISE).

gausser (se) [gose] v. pr. (orig. obscure). *Litt.* (sujet qqn) *Se gausser de qqn, de qqch,* s'en moquer, en rire.

gavage [gavaʒ] n. m. Action de gaver : *Le gavage des oies dans le Périgord.*

gave [gav] n. m. (béarnais *gabe*). Torrent issu des Pyrénées.

gaver [gave] v. t. (de l'anc. fr. *gave,* gorge). **1.** *Gaver un animal,* le faire manger beaucoup et par force : *Gaver des oies pour les engraisser.* — **2.** *Gaver qqn,* le faire manger beaucoup : *Gaver un enfant de sucre-*

ries (syn. BOURRER, GORGER, RASSASIER). *Je suis gavé* (= je n'en peux plus). ◆ ***se gaver*** v. pr. (sujet qqn) **1.** *Se gaver d'un mets,* en manger trop : *Elle se gave de chocolat.* — **2.** *Se gaver de qqch,* en absorber en grande quantité par la lecture, le spectacle, etc. : *Se gaver de romans policiers. Se gaver de films* (syn. SE REPAÎTRE, S'ABREUVER).

gavial [gavjal] n. m. (d'une langue de l'Inde) [pl. *gavials*]. Grand reptile de l'ordre des crocodiles, à museau long et fin.

gavroche [gavrɔʃ] n. m. (de *Gavroche,* personnage des *Misérables* de V. Hugo). Gamin parisien, spirituel, brave et généreux (syn. fam. TITI). ◆ adj. Qui relève de ce type de gamin : *Un air gavroche.*

gaz [gaz] n.m. (créé sur le gr. *khaos,* gouffre). **1.** Tout corps à l'état de fluide, expansible et compressible : *Gonfler un ballon avec un gaz. Un gaz plus lourd que l'air.* — **2.** *Le gaz (de ville),* le gaz qui sert à chauffer : *Payer la note de gaz. Allumer, éteindre le gaz. Une cuisinière à gaz. Employé du gaz* (= du service public du Gaz de France). — **3.** Gaz asphyxiant : *Mettre son masque à gaz.* — **4.** Émission d'air par le fondement : *Faire des gaz. Avoir un gaz* (syn. PET). — **5.** *Chambre à gaz,* dans certains États des États-Unis, pièce où on exécute par asphyxie les condamnés à mort; dans les camps de concentration nazis, salle où on exterminait les déportés par des gaz toxiques. ‖ *Gaz naturel,* gaz combustible qu'on trouve dans des gisements souterrains. ‖ Pop. *Il y a de l'eau dans le gaz,* il y a qqch qui ne va pas, ou une dispute est imminente. ◆ n. m. pl. Mélange d'air et de vapeurs d'essence fourni par le carburateur et dont la combustion assure le fonctionnement d'un moteur à explosion : *Mettre (donner) les gaz* (= donner de la vitesse en appuyant sur l'accélérateur). *Le moteur tourne à pleins gaz* (= à pleine vitesse). *Rouler pleins gaz* (fam. ; = très vite).

gazé, e [gaze] adj. et n. Personne qui a subi l'action de gaz nocifs : *Il y a eu beaucoup de gazés pendant la Première Guerre mondiale.*

gaze [gaz] n. f. (de *Gaza,* v. de Palestine). **1.** Étoffe légère et transparente, de coton ou de soie : *Un voile, une écharpe, un rideau de gaze.* — **2.** Bande d'étoffe légère stérilisée, pour pansements : *Mettre une compresse de gaze sur une plaie.*

gazéification [gazeifikasjɔ̃] n. f. Production de gaz à partir du charbon.

gazéifier [gazeifje] v. t. Rendre une boisson gazeuse en y faisant dissoudre du gaz carbonique : *Une eau minérale gazéifiée.*

gazelle [gazɛl] n. f. (ar. *gazēl*). Mammifère ruminant voisin de l'antilope.

gazer [gaze] v. t. *Gazer qqn,* le soumettre à l'action de gaz asphyxiants. ◆ v. i. Pop. *Ça gaze,* ça prend une bonne tournure, ça va bien.

gazette [gazɛt] n. f. (it. *gazzetta*). Nom donné à certains journaux.

gazeux, euse [gazø] adj. **1.** De la nature des gaz : *Un corps gazeux.* — **2.** *Eau gazeuse,* qui contient des gaz en dissolution.

gazier [gazje] n. m. Employé du gaz.

gazoduc [gazɔdyk] n. m. Canalisation de gaz naturel à très longue distance.

gazomètre [gazɔmɛtr] n. m. Réservoir pour emmagasiner le gaz de ville avant de le distribuer.

gazon [gazɔ̃] n. m. (frq. *waso*). **1.** Herbe courte et fine : *Semer, tondre du gazon.* — **2.** Terrain couvert de cette herbe : *S'allonger sur le gazon* (syn. PELOUSE).

gazouillement [gazujmɑ̃] ou **gazouillis** [gazuji] n. m. Action de gazouiller; bruit ainsi fait : *Le gazouillement des hirondelles* (syn. RAMAGE). *Le gazouillis d'une source* (syn. MURMURE). *Les gazouillements d'un enfant* (syn. BABIL).

gazouiller [gazuje] v. i. (onomat.). **1.** (sujet un oiseau) Faire entendre un chant doux et confus : *Une hirondelle gazouille.* — **2.** *Litt.* (sujet l'eau) Produire un murmure : *Un ruisseau qui gazouille.* — **3.** (sujet un enfant) Émettre des sons inarticulés, commencer seulement à parler : *Le bébé gazouille dans son berceau* (syn. BABILLER, JASER).

geai [ʒɛ] n. m. (bas lat. *gaius*). Oiseau à plumage brun clair tacheté de bleu, de blanc et de noir, commun dans les bois.

géant, e [ʒeɑ̃] n. (gr. *gigas*). **1.** Personne, animal, végétal, etc., dont la taille est anormalement grande : *Au cirque, on a vu un géant et des nains. Ce sapin était le géant de la forêt.* — **2.** Personne qui surpasse ses semblables par des capacités exceptionnelles : *Homère, Eschyle sont des géants* (syn. GÉNIE, SURHOMME, TITAN). — **3.** Firme, société d'une grande importance, dominant l'économie : *Les géants de l'automobile.* ◆ adj. **1.** Se dit d'un animal, de qqch, de très grand : *Un singe géant. Un arbre géant. Agglomération géante* (syn. COLOSSAL, ÉNORME, GIGANTESQUE, IMMENSE). — **2.** Considérable, très important (avec un n. abstrait) : *Une clameur, une entreprise géante.* (→ GIGANTISME.)

geignard, e [ʒɛɲar] adj. et n. **1.** *Fam.* Qui se plaint sans cesse : *C'est un geignard* (syn. PLEURNICHEUR). — **2.** Qui a le ton de celui qui geint : *Une voix geignarde.*

geignement [ʒɛɲmɑ̃] n. m. Plainte inarticulée : *Entendre un geignement lointain.*

geindre [ʒɛ̃dr] v. i. (lat. *gemere*) [c. 55]. **1.** (sujet qqn) Se plaindre d'une voix faible et inarticulée : *Un blessé qui geint. Geindre de douleur* (syn. GÉMIR). — **2.** *Fam.* (sujet qqn) Se plaindre de tout sans grande raison : *Tu passes ton temps à geindre* (syn. PLEURNICHER). — **3.** *Litt.* (sujet qqch) Faire entendre un bruit qui rappelle une plainte : *Ce vent fait geindre la girouette.*

geisha [gɛʃa] n. f. (mot jap.). Chanteuse et danseuse japonaise.

gel [ʒɛl] n. m. (lat. *gelu*). **1.** Temps où il gèle : *Le gel persiste depuis trois jours. Les victimes du gel.* — **2.** Congélation des eaux : *Les dégâts causés par le gel.* — **3.** Suspension d'une action, arrêt d'une activité : *Le gel des rapports Est-Ouest.* ‖ *Gel des crédits,* blocage des crédits.

gélatine [ʒelatin] n. f. (it. *gelatina*). Substance plus ou moins molle et transparente, provenant de tissus animaux, et notamment des os.

gélatineux, euse [ʒelatinø] adj. **1.** Formé de gélatine, qui en contient : *Capsule gélatineuse.* — **2.** Qui a l'apparence, la consistance de la gélatine : *Les méduses gélatineuses laissées sur le sable par la mer.*

gelé, e [ʒ(ə)le] adj. **1.** Qui a subi l'atteinte du froid, du gel : *Je suis gelée* (syn. TRANSI). *Tu as les mains gelées, mets tes gants* (FROID, GLACÉ, GLACIAL). — **2.** Dont l'utilisation est interdite : *Crédits gelés* (= bloqués, immobilisés).

gelée [ʒ(ə)le] n. f. **1.** Abaissement de la température au-dessous du point de congélation de l'eau : *Les premières gelées matinales. La gelée nocturne. Gelée blanche* (= rosée congelée avant le lever du soleil). — **2.** Suc de viande coagulé après refroidissement : *Manger du bœuf en gelée.* — **3.** Jus de fruits cuits avec le sucre et qui se solidifie après refroidissement : *De la gelée de groseilles.*

geler [ʒ(ə)le] v. t. (lat. *gelare*) [c. 5]. **1.** Transformer en glace : *Le froid gèle l'eau. Le fleuve est gelé.* — **2.** Durcir par le froid : *Le froid gèle le sol.* — **3.** Atteindre les tissus vivants, animaux et végétaux, dans leurs fonctions vitales, en parlant du froid : *Le froid a gelé les mains de cet alpiniste.* — **4.** Interdire la circulation ou l'utilisation : *Le gouvernement a décidé de geler les crédits.* ◆ v. i. **1.** Se transformer en glace : *Le lac a gelé pendant la nuit.* — **2.** Devenir dur sous l'action de la glace : *Tout le linge dehors a gelé.* — **3.** Être atteint dans ses fonctions vitales par le froid : *Ses oreilles ont gelé. Les blés ont gelé.* — **4.** Avoir très froid : *On gèle ici.* — **5.** *Il gèle,* il fait un temps de gel. ‖ *Il gèle à pierre fendre,* à faire éclater les pierres, tant il fait froid. ◆ ***se geler*** v. pr. *Fam.* Avoir très froid : *On se gèle ici.*

gelinotte [ʒelinɔt] n. f. (anc. fr. *geline,* poule). Oiseau gallinacé à plumage roux, vivant dans les forêts des régions montagneuses.

gélule [ʒelyl] n. f. Capsule formée de deux demi-cylindres gélatineux emboîtés, pour administrer un médicament en poudre par la bouche.

Gémeaux [ʒemo] n. m. pl. Troisième signe du zodiaque, correspondant à la période du 21 mai au 22 juin.

gémination [ʒeminasjɔ̃] n. f. Doublement de consonnes, de voyelles, etc. : *La gémination de «l» dans le mot «illicite».*

géminé, e [ʒemine] adj. (du lat. *geminus,* jumeau). Se dit de choses groupées par deux : *Colonnes géminées. Consonnes géminées* (syn. DOUBLE).

gémir [ʒemir] v. i. (lat. *gemere*). **1.** (sujet qqn) Faire entendre des plaintes d'une voix inarticulée : *Un chat qui gémit* (syn. GEINDRE). *Sous le coup, elle gémit de douleur.* — **2.** (sujet qqch, un animal) Faire entendre un bruit semblable à une plainte : *Le vent gémit. La porte gémit. Le lit gémit. La colombe gémit.* — **3.** *Gémir sous (dans, sur, de) qqch,* souffrir, être malheureux à cause de qqch : *Gémir sous la tyrannie. Gémir sous le poids des années. Gémir de (sur) son sort.*

gémissant, e [ʒemisɑ̃] adj. Qui gémit : *Voix gémissante.*

gémissement [ʒemismɑ̃] n. m. **1.** Plainte inarticulée : *La douleur lui arrachait des gémissements. Un sourd, un long gémissement.* — **2.** Son qui ressemble à une plainte : *Le gémissement du vent.*

gemme [ʒɛm] n. f. (lat. *gemma*). Pierre précieuse ou pierre fine de couleur. ◆ adj. *Sel gemme,* sel fossile à l'état de minerai.

gémonies [ʒemɔni] n. f. pl. (lat. *gemaniae*). *Vouer aux gémonies,* livrer au mépris public (soutenu).

gênant, e [ʒɛnɑ̃] adj. Qui gêne : *J'étais dans une position très gênante à l'égard de mon associé. Cette armoire est gênante* (syn. ENCOMBRANT, EMBARRASSANT). *Un regard gênant* (syn. INDISCRET). *Une présence gênante.*

gencive [ʒɑ̃siv] n. f. (lat. *gingiva*). **1.** Muqueuse qui recouvre la base des dents. — **2.** Pop. *En prendre un coup dans les gencives,* recevoir un affront. (→ GINGIVAL.)

gendarme [ʒɑ̃darm] n. m. (de *gens d'armes,* soldats). **1.** Militaire appartenant à la gendarmerie : *Les gendarmes lui ont passé les menottes.* — **2.** *Avoir peur du gendarme,* n'être retenu de mal faire que par la crainte du châtiment. ‖ *C'est un gendarme,* se dit d'une personne autoritaire. ‖ *Chapeau de gendarme,* bicorne en papier. ‖ *Faire le gendarme,* exercer sur qqn une surveillance incessante et déplaisante.

gendarmer (se) [ʒɑ̃darme] v. pr. **1.** *Se gendarmer (contre qqn, qqch),* protester vivement, âprement contre eux : *Se gendarmer contre les entraves à la liberté.* — **2.** (sans compl.) Hausser la voix sévèrement : *Je dus me gendarmer pour me faire obéir.*

gendarmerie [ʒɑ̃darməri] n. f. **1.** Corps militaire chargé de veiller à la sécurité intérieure du territoire : *La gendarmerie mobile. Brigade de gendarmerie.* — **2.** Caserne, bureaux administratifs des gendarmes : *Aller à la gendarmerie.*

gendre [ʒɑ̃dr] n. m. (lat. *gener*). Mari de la fille, par rapport aux parents de celle-ci.

gène [ʒɛn] n. m. (gr. *genos,* origine). Élément du chromosome, conditionnant la transmission et la manifestation d'un caractère héréditaire.

gêne [ʒɛn] n. f. (de l'anc. fr. *gehir,* avouer). **1.** Malaise physique diffus, oppression : *Éprouver une gêne à respirer* (syn. DIFFICULTÉ). *Sentir de la gêne dans le genou. Garder une gêne à remuer le bras à la suite d'une fracture.* — **2.** Désagrément imposé : *Sa présence m'est devenue une gêne* (syn. CHARGE, EMBARRAS, ENNUI). *Causer une gêne à quelqu'un. Il n'y a pas de gêne entre amis* (syn. CONTRAINTE). — **3.** Manque d'argent : *Être, se trouver dans la gêne* (syn. BESOIN). — **4.** Embarras, malaise moral : *Son comportement montrait de la gêne* (syn. CONFUSION, TROUBLE). *Éprouver une certaine gêne. Il y eut un moment de gêne* (syn. FROID). — **5.** Fam. *Être sans gêne,* prendre ses aises sans se préoccuper des autres.

gêné, e [ʒɛne] adj. Mal à l'aise : *Avoir un air (l'air) gêné. Avoir un sourire gêné.*

généalogie [ʒenealɔʒi] n. f. (gr. *genos,* race, et *logos,* science). **1.** Dénombrement des ancêtres : *Dresser la généalogie d'une famille.* — **2.** Science de la filiation des individus et des familles.

généalogique [ʒenealɔʒik] adj. *Arbre généalogique,* tableau qui donne la filiation des membres d'une même famille sous la forme d'un arbre.

généalogiste [ʒenealɔʒist] n. Personne chargée des recherches sur la généalogie des familles.

gêner [ʒɛne] v. t. **1.** *Gêner qqn,* lui causer une gêne physique : *Ce costume est étroit, il me gêne* (syn. COMPRIMER). *Ces chaussures vont vous gêner un peu au début* (syn. SERRER). *Tout ce matériel me gêne* (syn. ENCOMBRER, EMBARRASSER). *Est-ce que la fumée vous gêne?* (syn. DÉRANGER, INCOMMODER). — **2.** *Gêner qqn, qqch,* constituer un obstacle, un désagrément pour eux : *C'est le manque de temps qui me gêne le plus. Dites-le-moi si je vous gêne* (syn. IMPORTUNER). *Ce camion gêne la circulation. Restez, vous ne gênez pas.* — **3.** *Gêner qqn,* le mettre dans une gêne financière : *Cette dépense ne va-t-elle pas vous gêner en ce moment?* ‖ *Être gêné,* manquer d'argent : *A la fin du mois, elle était toujours un peu gênée* (syn. À COURT). — **4.** *Gêner qqn,* lui causer une impression d'embarras, le rendre confus : *Son regard me gêne* (syn. INTIMIDER). *Se sentir gêné.* ◆ ***se gêner*** v. pr. S'imposer une gêne : *Faites comme chez vous, ne vous gênez pas* (peut se dire ironiq. à une personne sans gêne). *Il faut savoir se gêner un peu si on veut mettre de l'argent de côté.*

1. général, e aux [ʒeneral] adj. (lat. *generalis*). **1.** Qui se rapporte, s'applique globalement à un ensemble de choses ou d'êtres : *C'est une loi générale. Des traits, des caractères généraux* (contr. PARTICULIER). *En règle générale. Nous prenons ce terme au sens le plus général. Ce phénomène est trop général pour que nous puissions le négliger* (syn. COURANT, RÉPANDU). *Brosser un tableau général de la situation* (syn. D'ENSEMBLE). *Avoir le goût des idées générales* (= qui ont une large portée). — **2.** Vague, sans précision : *Se perdre dans des considérations générales* (syn. ABSTRAIT). *N'avoir qu'une idée générale de la question* (syn. SUPERFICIEL, SOMMAIRE; contr. PRÉCIS). *Ce que vous dites est beaucoup trop général.* — **3.** Qui concerne la plupart des hommes, des membres d'un groupe social; qui est le fait de la majorité ou de la totalité : *Dans l'intérêt général* (syn. COMMUN). *L'opinion générale. De l'avis général, cette pièce est mal jouée. La tendance générale de la science moderne. L'indignation,* *la curiosité étaient générales. À l'étonnement général, elle ne fit pas allusion à cet événement. Une amnistie générale. La mobilisation générale. La grève générale. Concours général* (= entre les meilleurs élèves de tous les lycées de France). — **4.** En parlant de la santé, qui concerne tout le corps humain : *État général satisfaisant. Être atteint de paralysie générale.* — **5.** Qui intéresse l'ensemble d'une administration, d'un service public, d'un commandement : *Un inspecteur général. Le procureur général. Le secrétaire général d'un parti. Les officiers généraux.* — **6.** *Médecine générale,* dont le domaine englobe toutes les spécialités. — **7.** *En général,* le plus souvent : *En général, c'est ce qui se produit dans ce cas-là;* d'une manière générale : *C'est la prononciation des Parisiens, et de tous les Français cultivés en général;* d'un point de vue général : *Parler en général. L'humanisme traditionnel poursuit l'étude de l'homme en général.* ◆ ***général*** n. m. Ensemble des principes généraux (le plus souvent en oppos. à *particulier*) : *Aller du particulier au général et du général au particulier. Avoir la notion, le sens du général.*

2. général [ʒeneral] n. m. (de *capitaine général*) [pl. *généraux*]. **1.** Officier titulaire d'un des grades les plus élevés dans la hiérarchie des armées de terre et de l'air : *Général en chef. Général de brigade, de division, de corps d'armée, d'armée. Général d'infanterie.* — **2.** Supérieur d'un ordre religieux : *Le général des Jésuites.*

générale [ʒeneral] n. f. **1.** Dernière répétition avant la représentation publique d'une pièce, réservée à la presse et à des invités (abrév. de RÉPÉTITION GÉNÉRALE). — **2.** Femme d'un général : *Madame la générale.*

généralement [ʒeneralmɑ̃] adv. En général.

généralisable [ʒeneralizabl] adj. Qui peut être généralisé : *Un procédé coûteux qui n'est pas généralisable.*

généralisation [ʒeneralizasjɔ̃] n. f. Action de généraliser; fait d'être généralisé : *Faire des généralisations abusives. En cas de généralisation du conflit.*

généralisé, e [ʒeneralize] adj. Qui implique la totalité d'un ensemble : *Un cancer généralisé* (contr. LOCALISÉ).

généraliser [ʒeneralize] v. t. **1.** *Généraliser qqch,* le rendre applicable à un ensemble de personnes ou de choses : *Généraliser une méthode.* — **2.** (sans compl.) Étendre à un ensemble ce qu'on sait d'un cas particulier : *Avoir tendance à généraliser. Il vaut mieux ne pas généraliser trop vite.* ◆ ***se généraliser*** v. pr. (sujet qqch) Devenir général, concerner un ensemble : *Le progrès technique se généralise de plus en plus. L'infection a eu le temps de se généraliser.*

généralissime [ʒeneralisim] n. m. Général commandant en chef toutes les troupes d'un pays ou d'une coalition.

généraliste [ʒeneralist] adj. et n. Médecin de médecine générale (par oppos. à *spécialiste*).

généralité [ʒeneralite] n. f. **1.** Caractère de ce qui est général : *Classer les termes d'une série par degré de généralité.* — **2.** *La généralité de,* le plus grand nombre de : *Dans la généralité des cas que nous avons étudiés* (syn. LA PLUPART). *La généralité des hommes.* ◆ ***généralités*** n. f. pl. Notions générales, vagues : *Se perdre dans les généralités. Ne trouver à dire, à répondre que des généralités.*

1. générateur, trice [ʒeneratœr] adj. (du lat. *generare,* engendrer). Se dit de qqch (abstrait) qui est à l'origine, qui sert à la formation de qqch : *Un manque de discipline générateur de désordres.*

2. générateur [ʒeneratœr] n. m. Appareil produisant du courant électrique à partir d'autres sources d'énergie.

génératif, ive [ʒeneratif] adj. *Grammaire générative,* grammaire comportant comme base des types de phrases et des catégories grammaticales à partir desquelles sont obtenues, par des transformations, les phrases effectivement produites.

génération [ʒenerasjɔ̃] n. f. (du lat. *generare,* engendrer). **1.** Fonction de reproduction : *La thèse de la génération spontanée a été réfutée par Pasteur. Les organes de la génération.* — **2.** Degré de descendance dans la filiation : *De père à petit-fils, il y a deux générations.* — **3.** Ensemble des individus qui ont à peu près le même âge en même temps : *C'est une femme de ma génération. La génération de 1830.*

généreusement [ʒenerøzmɑ̃] adv. Avec générosité : *Il le gratifia généreusement d'un pourboire royal. Lutter généreusement pour une cause noble.*

généreux, euse [ʒenerø] adj. et n. (lat. *generosus,* de bonne race). **1.** Qui donne largement : *Être, se montrer généreux. Il n'est pas généreux, même avec ses amis* (syn. LARGE). *Elle a tort d'être si généreuse de son temps. Faire le généreux* (= donner avec ostentation). — **2.** Qui est dévoué, désintéressé et montre des sentiments nobles : *Un caractère généreux* (= qui pardonne de bonne grâce). *Elle a gardé les illusions généreuses de sa jeunesse. Avoir (céder à) un mouvement généreux.* ◆ adj. **1.** Qui est riche : *Un vin généreux* (= riche et de bonne qualité; syn. CORSÉ). *Une terre généreuse* (syn. FERTILE, FÉCOND). — **2.** Presque trop abondant : *Un repas généreux* (syn. COPIEUX). *Elle avait une poitrine généreuse* (syn. PLANTUREUX).

1. générique [ʒenerik] adj. et n. m. (du lat. *genus, generis,* genre, sorte). *Nom, terme générique,* qui convient à un ensemble d'êtres ou de choses dont chaque élément a un nom particulier : *« Voie » est un terme générique désignant les chemins, routes, rues,* etc. (syn. COMMUN, GÉNÉRAL; contr. SPÉCIFIQUE).

2. générique [ʒenerik] n. m. Partie d'un film, d'une émission de télévision où sont indiqués les noms du producteur, du metteur en scène, des acteurs, etc.

générosité [ʒenerozite] n. f. **1.** Caractère de qqn qui donne largement : *Une générosité déplacée, exagérée. Donner avec générosité.* — **2.** Disposition de qqn à la bonté, à l'indulgence, même aux dépens de son intérêt personnel : *Faire preuve de générosité envers un ennemi vaincu* (syn. MAGNANIMITÉ). *Avoir la générosité de ne pas tirer parti de son avantage. Céder à un mouvement de générosité* (contr. PETITESSE, MESQUINERIE). ◆ ***générosités*** n. f. pl. Dons généreux : *Faire des générosités* (syn. LARGESSES, CADEAUX).

genèse [ʒənɛz] n. f. (lat. *genesis,* naissance). Ensemble des étapes à travers lesquelles se forme un concept ou s'élabore une création de l'esprit : *La genèse d'une idée, d'un sentiment, d'une œuvre d'art.*

genêt [ʒənɛ] n. m. (lat. *genesta*). Arbrisseau à fleurs jaunes.

généticien, enne [ʒenetisjɛ̃] n. Spécialiste de génétique.

génétique [ʒenetik] adj. (du gr. *genos,* race). Qui relève de la génétique ou des gènes : *Mutations génétiques.* ◆ n. f. Science de l'hérédité.

genette [ʒənɛt] n. f. (ar. *djarnait*). Mammifère carnassier, au pelage clair taché de noir.

gêneur, euse [ʒɛnœr] n. Personne gênante : *Se retirer loin des gêneurs* (syn. IMPORTUN, FÂCHEUX; fam. RASEUR).

génial, e, aux [ʒenjal] adj. **1.** Qui a du génie : *Un savant, un artiste génial.* — **2.** Qui porte la marque du génie : *Une invention géniale. Une idée géniale.* — **3.** Fam. *C'est génial,* c'est fantastique, extraordinaire.

génialement [ʒenjalmɑ̃] adv. De façon géniale : *Un concerto génialement interprété.*

génie [ʒeni] n. m. (lat. *genius*).
— **I. 1.** Aptitude naturelle et supérieure de l'esprit, qui rend l'homme capable de concevoir, d'imaginer, de créer des choses d'une qualité exceptionnelle : *Le génie de Shakespeare, de Molière, de J.-S. Bach. Avoir un éclair (un trait) de génie* (= une pensée très ingénieuse). *Le génie est sans commune mesure avec le talent.* — **2.** *Personne, œuvre de génie,* qui montre du génie : *Une artiste de génie. Une découverte de génie* (= géniale). *Une idée de génie* (= d'une astuce remarquable ou, ironiq., d'une inspiration malheureuse). — **3.** Personne douée de génie à un point exceptionnel : *Existe-t-il vraiment des génies méconnus? Se prendre pour un génie. Ce n'est pas un génie* (= c'est qqn de très médiocre). — **4.** *Avoir le génie de qqch,* avoir un talent et un goût naturel pour cette chose, poussés à un point remarquable : *Avoir le génie des affaires* (syn. fam. BOSSE). — **5.** *Le génie d'un peuple, d'une langue,* etc., l'ensemble des caractères naturels qui en font l'originalité : *Le génie de la Grèce. Le génie de la langue française.*
— **II. 1.** Être surnaturel de certaines mythologies : *Un génie des airs, des bois.* — **2.** *Bon génie, mauvais génie,* qui a une influence bonne ou mauvaise sur qqn : *Cet homme a été le mauvais génie de son chef* (syn. ÂME DAMNÉE).
— **III.** *Génie militaire,* ensemble des services techniques de l'armée chargés des travaux de fortification et de l'aménagement des voies de communication : *Les sapeurs du génie. Faire son service dans le génie. Un soldat dans le génie.* ‖ *Génie civil,* art des constructions civiles; ensemble des services qui en sont chargés. ‖ *Génie maritime,* corps des ingénieurs militaires chargés des constructions navales.

genièvre [ʒənjɛvr] n. m. **1.** Nom du *genévrier* ou de son fruit. — **2.** Eau-de-vie à base de baies de genièvre.

génisse [ʒenis] n. f. (lat. *junis, junicis*). Jeune vache n'ayant pas encore eu de veau.

génital, e, aux [ʒenital] adj. (lat. *genitalis,* qui engendre). Qui concerne la reproduction : *Les organes génitaux. L'appareil génital* (= les organes assurant la fonction de reproduction).

géniteur [ʒenitœr] n. m. Personne ou animal qui engendre.

génitif [ʒenitif] n. m. (du lat. *genitivus,* qui engendre). Dans les langues à déclinaison, cas indiquant la dépendance ou la possession.

génocide [ʒenɔsid] n. m. (gr. *genos,* race, et lat. *caedere,* tuer). Extermination d'un groupe humain, national ou religieux : *Le génocide est un crime contre le droit des gens.*

genou [ʒənu] n. m. (lat. *geniculum*) [pl. *genoux*]. **1.** Partie des membres inférieurs formée par l'articulation de la cuisse et de la jambe : *S'enfoncer dans la neige jusqu'au genou. Des pantalons usés aux genoux* (= à l'endroit des genoux). — **2.** *À genoux,* les genoux sur le sol : *Être à genoux. Prier à genoux.* ‖ *Demander qqch à genoux, à deux genoux,* le demander avec insistance. ‖ *Être à genoux devant qqn,* être en adoration devant lui. ‖ Fam. *Être sur les genoux,* être très fatigué. ‖ *Faire du genou à qqn,* le toucher discrètement du genou pour attirer son attention. (→ AGENOUILLER et GÉNUFLEXION.)

genouillère [ʒənujɛr] n. f. **1.** Bande de tricot élastique pour maintenir le genou. — **2.** Enveloppe rembourrée qui sert à protéger le genou dans certains sports (football, planche à roulettes, hockey, etc.).

genre [ʒɑ̃r] n. m. (lat. *genus, generis*). **1.** Ensemble des traits caractéristiques communs à un groupe de choses ou d'êtres animés : *Aimez-vous ce genre de spectacle?* (syn. TYPE). *Les livres qu'il préfère sont tous du même genre. On ne fait pas mieux dans le genre. J'en entends tous les jours, des protestations de ce genre* (syn. ESPÈCE, SORTE). *J'aime ce genre de fille(s). Vêtements en tout genre* (ou *en tous genres*). — **2.** En littérature, catégorie d'œuvres définies par des lois et des caractères communs : *Le genre romanesque, épistolaire, oratoire, dramatique.* — **3.** Ensemble des caractères qui font l'unité de ton en rapport avec le choix des sujets : *Le genre sérieux. Le genre comique* (syn. STYLE). — **4.** *Le genre de qqn,* sa manière de se comporter, de vivre : *Il y a du bruit ici? Non, ce n'est pas le genre des gens qui habitent la maison. Elle a un drôle de genre* (syn. ALLURE, MANIÈRES). *Il a le genre artiste* (syn. ALLURE). *Avoir, faire bon genre, mauvais genre* (= avoir des manières distinguées, vulgaires). *Se donner un genre, faire du genre* (= affecter une allure particulière). *Cet individu n'est pas mon genre, ce n'est pas mon genre* (= il n'est pas de mon goût, ce n'est pas dans mes goûts). — **5.** *Le genre de qqch,* son allure : *Cet hôtel est d'un genre douteux* (= il n'est pas de bon goût). — **6.** *Ancien, nouveau genre,* ancien, nouveau modèle, type : *Une robe d'un nouveau genre. Cet appareil est d'un ancien genre.* ‖ *Genre humain,* ensemble des hommes : *Le misanthrope est l'ennemi du genre humain* (syn. HOMME). *Les bienfaiteurs du genre humain* (syn. HUMANITÉ). ‖ *Genre de vie,* ensemble des manières, des comportements qui caractérisent un individu ou un groupe social (syn. MODE DE VIE). ‖ *Tableau, peintre de genre,* qui représente des scènes d'intérieur, des animaux, des natures mortes (par oppos. aux *paysages,* aux *portraits,* etc.). — **7.** Caractéristique grammaticale d'un nom par laquelle celui-ci se trouve placé dans la classe des masculins ou dans celle des féminins. (Cette répartition correspond à un sexe différencié [noms d'êtres animés] ou à un classement arbitraire, le plus souvent en rapport avec la terminaison ou le suffixe [noms d'êtres inanimés].)

gens [ʒɑ̃] n. m. et f. pl. (lat. *gens,* race, famille, peuple). **1.** Personnes en nombre indéterminé : *La plupart des gens vous répondront comme moi. Une foule de gens s'amassaient sur le trottoir.* ‖ Fam. *Un tas de gens,* beaucoup de personnes. — **2.** Avec un adj. épithète ou suivi de *de* avec un n. déterminatif ne désignant pas une profession (les adj. qui suivent *gens* sont toujours au masc.; les adj. qui précèdent sont au fém. et avec eux les indéfinis) : *Seules certaines gens savaient ce qui se passait. Seuls les gens intelligents me comprennent. De pauvres gens. Des gens braves* (= courageux). *De braves gens* (= des gens honnêtes et bons). *De vieilles gens. Des gens du peuple. Des gens de la campagne.* ‖ Fam. *Des gens bien, des gens comme il faut,* dont les qualités et le comportement sont appréciés. ‖ *Des jeunes gens,* pl. de *jeune homme,* ou des garçons et des filles en général (syn. ADOLESCENTS). — **3.** (sans compl.) Les hommes envisagés collectivement : *Tout le monde souffrait du froid, les bêtes comme les gens.* ‖ Fam. Se dit d'une seule personne, supposée connue, parfois de soi-même : *On ne laisse pas tomber les gens comme ça! Vous avez une manière de parler aux gens!* — **4.** *Gens de* (+ *n. sans art.*), désigne une profession : *Les gens d'Église* (= les ecclésiastiques, les prêtres). *Les gens de mer* (= les marins, les pêcheurs). *Les gens d'affaires. Les gens de lettres* (= les auteurs, les écrivains). *Les gens de maison* (vieilli) [= les employés de maison]. — **5.** *Droit des gens,* droit des nations, droit public international.

gent [ʒɑ̃] n. f. Litt. Race, espèce : *La gent canine* (= les chiens).

gentiane [ʒɑ̃sjan] n. f. (lat. *gentiana*). **1.** Plante des montagnes à fleurs jaunes, bleues ou violettes. — **2.** Boisson apéritive faite avec la racine de cette plante.

gentil, ille [ʒɑ̃ti] adj. (lat. *gentilis,* de race) [avant ou après le n.]. **1.** Agréable à voir pour sa délicatesse, son charme gracieux : *Cette petite est gentille* (syn. MIGNON). *Cette robe est tout à fait gentille* (syn. PLAISANT). *Un gentil visage.* — **2.** Aimable et complaisant : *Merci de votre gentille lettre. Un gentil garçon* (contr. DÉSAGRÉABLE). *Être gentil avec (pour) quelqu'un. C'est gentil à vous (de votre part). Vous seriez gentil de lui faire la commission. Les enfants ont été très gentils* (syn. SAGE, OBÉISSANT). — **3.** Se dit de qqch dont on ne fait pas grand cas (exprime un compliment mitigé) : *C'est gentil, mais ça n'a rien d'extraordinaire.* — **4.** *Une gentille somme, la gentille somme de...,* une somme importante (syn. COQUET, RONDELET).

gentilhomme [ʒɑ̃tijɔm] n. m. (de *gentil,* noble, et *homme*) [pl. *gentilshommes*]. Nom donné autref. à un noble.

gentilhommière [ʒɑ̃tijɔmjɛr] n. f. Petit château campagnard, coquettement aménagé.

gentillesse [ʒɑ̃tijɛs] n. f. **1.** Grâce et douceur de l'aspect, des manières : *La gentillesse d'un enfant.* — **2.** Complaisance attentive et aimable : *Il a été avec moi d'une grande gentillesse* (syn. AMABILITÉ, COMPLAISANCE). *Avoir la gentillesse de... Remercier quelqu'un de (pour) sa gentillesse* (syn. BIENVEILLANCE). — **3.** Action, geste aimable : *Combler quelqu'un de gentillesses* (syn. ATTENTIONS, PRÉVENANCES). *Faire une gentillesse à quelqu'un.*

gentiment [ʒɑ̃timɑ̃] adv. Avec gentillesse : *Les enfants s'amusent gentiment* (syn. SAGEMENT). *Merci de m'avoir si gentiment reçu* (syn. AIMABLEMENT).

gentleman [dʒɛntləman] n. m. (mot angl.) [pl. *gentlemen*]. Homme d'une parfaite éducation, qui se comporte de façon irréprochable (syn. HOMME DU MONDE).

génuflexion [ʒenyflɛksjɔ̃] n. f. Action de fléchir le genou ou les genoux en signe de respect, de soumission : *Je fis une génuflexion en passant devant l'autel.* ◆ ***génuflexions*** n. f. pl. Manifestations exagérées de respect, de politesse : *Se confondre, se répandre en génuflexions* (syn. FLATTERIES, COURBETTES, FLAGORNERIES).

géodésie [ʒeɔdezi] n. f. (gr. *gê,* terre, et *daiein,* partager). Science qui a pour objet l'étude de la forme de la Terre et la mesure de ses dimensions.

géodésique [ʒeɔdezik] adj. Relatif à la géodésie : *Coordonnées géodésiques.*

géographe [ʒeɔgraf] n. Spécialiste de géographie.

géographie [ʒeɔgrafi] n. f. (gr. *gê,* terre, et *graphein,* décrire). **1.** Science qui a pour objet la description de la Terre : *Géographie physique, économique, humaine, politique.* — **2.** La réalité physique, humaine qu'étudie cette science : *La géographie de la France, des Alpes.*

géographique [ʒeɔgrafik] adj. Qui relève de la géographie : *Une carte géographique.*

géographiquement [ʒeɔgrafikmɑ̃] adv. Sur le plan géographique.

geôle [ʒol] n. f. (bas lat. *caveola*). *Litt.* Prison, cachot.

geôlier, ère [ʒolje] n. *Litt.* Gardien d'une prison.

géologie [ʒeɔlɔʒi] n. f. (gr. *gê,* terre, et *logos,* science). Étude des éléments (matériaux, terrains, etc.) constituant le globe terrestre et de leurs transformations.

géologique [ʒeɔlɔʒik] adj. Relatif à la géologie : *Carte géologique.*

géologue [ʒeɔlɔg] n. Spécialiste de la géologie.

géomètre [ʒeɔmɛtr] n. **1.** Spécialiste de géométrie. — **2.** Technicien procédant à des opérations de levés de terrain.

géométrie [ʒeɔmetri] n. f. (gr. *gê,* terre, et *metron,* mesure). Science de l'espace, sous les trois aspects de la ligne, de la surface et du volume : *Géométrie plane, dans l'espace. Géométrie euclidienne, non euclidienne.*

géométrique [ʒeɔmetrik] adj. **1.** Relatif à la géométrie : *Une démonstration, une figure géométrique.* — **2.** Se dit de ce qui est caractérisé par des formes régulières et simples : *Une décoration géométrique.*

géométriquement [ʒeɔmetrikmɑ̃] adv. De façon géométrique.

géopolitique [ʒeopɔlitik] n. f. Science qui étudie les rapports entre la géographie des États et leur politique. ◆ adj. Relatif à la géopolitique.

gérance [ʒerɑ̃s] n. f. Mode d'exploitation d'un fonds de commerce par qqn qui n'en est en fait que le locataire : *Prendre un restaurant en gérance.*

géranium [ʒeranjɔm] n. m. (mot lat.; du gr. *geranos,* grue). Plante ornementale à fleurs rouges.

gérant, e [ʒerɑ̃] n. Personne qui gère une affaire commerciale pour le compte d'une autre : *Il n'est pas propriétaire, mais gérant du garage. Un gérant d'immeuble* (= qui gère un immeuble pour le compte des copropriétaires).

gerbe [ʒɛrb] n. f. (frq. *garba*). **1.** Botte de céréales coupées et liées : *Mettre le blé en gerbes. Mettre les gerbes en meule.* — **2.** Botte de fleurs coupées avec de longues tiges : *Offrir une gerbe de glaïeuls.* — **3.** Jet d'eau, ou faisceau, groupe de fusées qui jaillit en forme de gerbe : *La plongeuse souleva une gerbe d'eau. Le feu d'artifice retombait en gerbes colorées.*

gerboise [ʒɛrbwaz] n. f. (ar. *yarbū'*). Petit mammifère rongeur remarquable par sa longue queue et ses pattes de derrière démesurément allongées : *La gerboise se déplace par bonds.*

gercer [ʒɛrse] v. t. (gr. *kharassein,* entailler) [c. **1**] (sujet le froid). Faire de petites crevasses : *Un froid vif qui gerce les mains* (syn. CREVASSER). ◆ v. i., **être gercé** v. pass. ou ***se gercer*** v. pr. Se couvrir de petites crevasses : *Avoir les lèvres gercées. Les mains, les lèvres gercent ou se gercent. La terre se gerce.*

gerçure [ʒɛrsyr] n. f. Petite crevasse de la peau : *Souffrir de gerçures aux lèvres.*

gérer [ʒere] v. t. (lat. *gerere*) [c. **10**]. **1.** Administrer une affaire, des intérêts pour le compte d'un autre : *Gérer un portefeuille d'actions. Gérer les biens d'un enfant mineur. Gérer une société.* — **2.** Administrer ses affaires : *Bien, mal gérer son capital, sa fortune.*

gerfaut [ʒɛrfo] n. m. (anc. fr. *gir,* vautour, et *fauc,* faucon). Espèce de faucon à plumage clair qui vit dans les pays du Nord.

gériatre [ʒerjatr] n. Médecin spécialiste de gériatrie.

gériatrie [ʒerjatri] n. f. (gr. *gerôn,* vieillard, et *iatreia,* traitement). Partie de la médecine qui étudie les maladies dues au vieillissement.

gériatrique [ʒerjatrik] adj. Qui relève de la gériatrie.

germain, e [ʒɛrmɛ̃] adj. (lat. *germen,* qui est du même sang). *Cousin germain, cousine germaine,* né du frère ou de la sœur du père ou de la mère. ‖ *Cousin issu de germain,* né d'un parent cousin germain (syn. PETIT COUSIN).

germanique [ʒɛrmanik] adj. (lat. *Germanicus,* de Germanie). **1.** De l'Allemagne. — **2.** Relatif à la civilisation allemande : *Une sensibilité germanique.*

germanisation [ʒɛrmanizasjɔ̃] n. f. Action de germaniser.

germaniser [ʒɛrmanize] v. t. Imposer le caractère germanique, la domination allemande à : *Germaniser un pays.*

germanisme [ʒɛrmanism] n. m. Tour propre à la langue allemande.

germaniste [ʒɛrmanist] n. Spécialiste de la langue, de la littérature allemande.

germano- [ʒermano], élément signif. « allemand » : *germanophile, germanophone,* etc.

germe [ʒɛrm] n. m. (lat. *germen*). **1.** Élément primitif de tout être vivant : *Des germes de pomme de terre. Pain aux germes de blé.* — **2.** Microbe : *Être porteur de germes de la tuberculose.* — **3.** *Germe de qqch (abstrait),* principe, cause, origine du développement de qqch : *Le germe d'une maladie. La jalousie est un germe de discorde.* ‖ *En germe,* à l'état caché et prêt à se développer : *Le premier livre contenait en germe toute son œuvre.*

germer [ʒɛrme] v. i. (lat. *germinare*). **1.** (sujet une plante) Avoir un germe qui commence à croître : *Les haricots ont germé. Les pommes de terre commencent à germer.* — **2.** (sujet qqch [abstrait]) Commencer à se développer : *Une idée, un sentiment, une ambition germe dans votre esprit.*

germinal [ʒɛrminal] n. m. (lat. *germen,* germe). Septième mois du calendrier républicain.

germination [ʒɛrminasjɔ̃] n. f. Action de germer : *La germination des idées révolutionnaires.*

gérondif [ʒerɔ̃dif] n. m. (lat. *gerundivus,* de *gerere,* faire). **1.** En français, forme en *-ant* du verbe, précédée de la préposition *en.* — **2.** En latin, forme verbale à valeur de substantif.

gérontologie [ʒerɔ̃tɔlɔʒi] n. f. (gr. *gerôn,* vieillard, et *logos,* science). Étude de la vieillesse et des phénomènes de vieillissement sous leurs divers aspects : *La gériatrie fait partie de la gérontologie.*

gérontologue [ʒerɔ̃tɔlɔg] n. Spécialiste de gérontologie.

gésier [ʒezje] n. m. (lat. *gigerium*). Dernière poche de l'estomac des oiseaux : *Les volailles triturent leurs aliments dans le gésier.*

gésir [ʒezir] v. i. (lat. *jacere*) [c. 32]. *Litt.* **1.** (sujet qqn, un animal) Être couché, étendu sans mouvement : *Le chien, blessé, gisait sur le flanc.* — **2.** (sujet qqch [abstrait]) Être, se trouver, résider : *C'est là que gît la difficulté.* (→ CI-GÎT et GISANT.)

gestation [ʒɛstasjɔ̃] n. f. (du lat. *gestare,* porter). **1.** État d'une femelle de mammifère qui porte son petit : *La gestation dure environ onze mois chez la jument. Chez la femme, l'organe de la gestation est l'utérus* (syn. GROSSESSE). — **2.** Élaboration secrète qui précède la création proprement dite, la mise au jour d'une œuvre de l'esprit : *La gestation d'un roman.*

1. geste [ʒɛst] n. m. (lat. *gestus*). **1.** Mouvement du corps, surtout des bras, des mains ou de la tête, porteur ou non d'une intention de signification : *Faire des gestes en parlant. S'exprimer par gestes. Encourager quelqu'un du geste et de la voix. Faire un geste de refus* (syn. SIGNE). *Avoir un geste malheureux. Avoir le geste noble, élégant* (= avoir une attitude noble, une allure élégante). — **2.** Fam. *Faire un geste,* accomplir une action généreuse : *Allons, faites un geste!* (syn. AVOIR UN BON MOUVEMENT). ‖ *Joindre le geste à la parole,* faire aussitôt ce qu'on vient de dire. ‖ Fam. *N'avoir qu'un geste à faire pour,* être capable d'obtenir qqch sans la moindre difficulté, sans le moindre effort.

2. geste [ʒɛst] n. f. (lat. *gesta,* exploits). **1.** Ensemble de poèmes épiques du Moyen Âge relatant les exploits d'un même héros : *La geste de Garin de Monglane.* — **2.** *Chanson de geste,* un des poèmes de cet ensemble : *La Chanson de Roland est la plus ancienne des chansons de geste connues.* ◆ ***gestes*** n. f. pl. *Les faits et gestes de qqn,* le détail de ses actions, toute sa conduite.

gesticulation [ʒɛstikylasjɔ̃] n. f. Action de gesticuler.

gesticuler [ʒɛstikyle] v. i. (lat. *gesticulari*). Faire beaucoup de gestes : *Il gesticulait sans arrêt.*

gestion [ʒɛstjɔ̃] n. f. (lat. *gestio*). **1.** Action de gérer des affaires : *Avoir la gestion d'un patrimoine, d'une fortune.* — **2.** Période pendant laquelle qqn gère une affaire : *Au cours de sa gestion.*

gestionnaire [ʒɛstjɔnɛr] adj. et n. Qui est chargé d'une gestion, d'une gérance.

gestuel, elle [ʒɛstɥɛl] adj. Relatif au geste : *Mimique gestuelle. Langage gestuel.*

geyser [ʒɛzɛr] n. m. (mot islandais signif. *jaillisseur*). Source d'eau chaude jaillissant par intermittence : *Les geysers sont nombreux dans les régions volcaniques.*

ghanéen, enne [ganeɛ̃] adj. et n. Du Ghana.

ghetto [gɛto] n. m. (mot it. signif. *quartier juif*). **1.** Autref., quartier où les juifs étaient tenus de résider : *Le siège du ghetto de Varsovie par les Allemands.* — **2.** Lieu où une minorité est séparée du reste de la société : *À New York, Harlem est un ghetto noir.* — **3.** Milieu refermé sur lui-même : *Le ghetto de la littérature d'avant-garde.*

gibbon [ʒibɔ̃] n. m. Singe d'Asie, aux bras très longs.

gibecière [ʒibsjɛr] n. f. (de *gibier*). Sacoche portée en bandoulière, à l'usage des chasseurs, des pêcheurs.

gibelotte [ʒiblɔt] n. f. (anc. fr. *gibelet,* plat préparé avec de petits oiseaux). *Gibelotte de lapin, lapin en gibelotte,* fricassée de lapin au vin blanc.

giberne [ʒibɛrn] n. f. (bas lat. *zaberna*). Anc. boîte à cartouches des soldats.

gibet [ʒibɛ] n. m. (frq. *gibb,* bâton fourchu). Instrument qui servait au supplice de la pendaison (syn. POTENCE).

gibier [ʒibje] n. m. (anc. fr. *gibiez,* chasse aux oiseaux). **1.** Se dit collectivement des animaux qu'on chasse pour les manger : *Du gibier à plume* (perdreau, faisan), *à poil* (lièvre), *du gibier d'eau* (canard), *du gros gibier* (cerf, sanglier). — **2.** La viande de l'animal chassé : *Du gibier faisandé.* — **3.** *Gibier de potence,* criminel qui mérite la mort ou personne peu recommandable.

giboulée [ʒibule] n. f. (orig. incert.). Pluie soudaine et de courte durée, accompagnée souvent de chute de grêle : *Les premières giboulées de mars.*

giboyeux, euse [ʒibwajø] adj. Qui abonde en gibier : *Un pays giboyeux.*

gibus [ʒibys] n. m. (du n. du fabricant). Chapeau haut de forme, monté sur des ressorts qui permettaient de l'aplatir (vieilli). [On dit aussi CHAPEAU CLAQUE.]

giclée [ʒikle] n. f. Jet de liquide qui gicle.

giclement [ʒikləmɑ̃] n. m. Action de gicler : *Un giclement de sang.*

gicler [ʒikle] v. i. (orig. incert.) [sujet un liquide]. Jaillir en éclaboussant : *L'eau gicle du robinet. Le sang gicle de la blessure.*

gicleur [ʒiklœr] n. m. Pièce du carburateur servant à limiter l'arrivée d'essence dans un moteur.

gifle [ʒifl] n. f. (frq. *kifel,* mâchoire). **1.** Coup donné sur la joue avec le plat ou le dos de la main : *Donner, recevoir, flanquer une gifle.* — **2.** Humiliation infligée à qqn : *Ce démenti public a été pour lui une gifle retentissante.*

gifler [ʒifle] v. t. *Gifler qqn,* lui donner une gifle : *Gifler un enfant* (syn. soutenu SOUFFLETER); le frapper violemment : *La pluie et le vent lui giflaient la figure.*

gigantesque [ʒigɑ̃tɛsk] adj. (it. *gigantesco*). **1.** Se dit d'un être animé, d'un objet extrêmement grand par rapport à l'homme : *Un animal gigantesque. Un arbre, une statue gigantesque.* — **2.** Se dit de qqch qui dépasse toute mesure : *Une entreprise, une œuvre gigantesque.*

gigantisme [ʒigɑ̃tism] n. m. (gr. *gigas, -antos,* géant). **1.** Développement anormal du corps ou de certaines de ses parties : *Être atteint de gigantisme.* — **2.** Développement excessif d'un organisme quelconque : *Une entreprise atteinte de gigantisme.* (→ GÉANT.)

gigogne [ʒigɔɲ] adj. (altér. de *cigogne*). Se dit d'objets qui s'emboîtent les uns dans les autres : *Une table gigogne. Des lits gigognes.*

gigolo [ʒigɔlo] n. m. (de *gigue,* jambe). Jeune homme entretenu par une femme plus âgée que lui.

gigot [ʒigo] n. m. (anc. fr. *gigue,* instrument de musique). **1.** En boucherie, cuisse de mouton, d'agneau ou de chevreuil : *Une tranche de gigot. Le manche du gigot* (= le bout de l'os par où on peut tenir le gigot). — **2.** *Manche (à) gigot,* manche de robe, de corsage dont la partie supérieure est bouffante.

gigotement [ʒigɔtmɑ̃] n. m. *Fam.* Action de gigoter : *Cesse ce gigotement, tu m'énerves.*

gigoter [ʒigɔte] v. i. (anc. fr. *giguer,* gambader). *Fam.* Agiter sans cesse ses jambes, ses bras, ou tout son corps.

1. gigue [ʒig] n. f. (angl. *jig*). **1.** Danse et air au rythme vif : *Une gigue de Bach.* — **2.** *Danser la gigue,* danser en se trémoussant fortement.

2. gigue [ʒig] n. f. (de *gigot*). **1.** *Gigue de chevreuil,* cuisse de cet animal, coupée pour la table (syn. CUISSOT). — **2.** Fam. *Grande gigue,* fille grande et maigre.

gilet [ʒilɛ] n. m. (esp. *jileco*). **1.** Vêtement masculin court et sans manches, boutonné sur le devant, qui se porte sous la veste. — **2.** *Gilet de flanelle, de coton, de laine,* sous-vêtement chaud. — **3.** Tricot de femme ouvert devant et à manches longues (syn. CARDIGAN).

gin [dʒin] n. m. (mot angl. signif. *genièvre*). Eau-de-vie de grain d'origine anglaise.

gin-fizz [dʒinfiz] n. m. inv. Cocktail constitué d'un mélange de gin et de jus de citron.

gingembre [ʒɛ̃ʒɑ̃br] n. m. (lat. *zingiber*). Plante utilisée en cuisine comme condiment.

gingival, e, aux [ʒɛ̃ʒival] adj. (du lat. *gingiva,* gencive). Qui appartient, qui a rapport aux gencives : *Muqueuse gingivale.*

gingivite [ʒɛ̃ʒivit] n. f. Inflammation des gencives.

giorno (a) [dʒjɔrno] adv. (mot it.). Se dit d'un éclairage aussi vif que la lumière du jour : *Une salle éclairée a giorno.*

girafe [ʒiraf] n. f. (ar. *zarāfa*). Mammifère d'Afrique de taille élevée, au cou long et rigide.

girafeau [ʒirafo] ou **girafon** [ʒirafɔ̃] n. m. Petit de la girafe.

girandole [ʒirɑ̃dɔl] n. f. (it. *girandola*). Candélabre à plusieurs branches.

giratoire [ʒiratwar] adj. (du lat. *girare,* faire tourner). *Mouvement giratoire,* mouvement circulaire. ‖ *Sens giratoire,* sens obligatoire dans lequel doivent tourner les véhicules autour d'un obstacle, d'un rond-point.

girelle [ʒirɛl] n. f. (prov. *girello*). Poisson aux couleurs vives, très commun dans la Méditerranée.

girl [gœrl] n. f. (mot angl. signif. *fille*). Danseuse de music-hall.

girofle [ʒirɔfl] n. m. (lat. *caryophyllon*). *Clou de girofle,* bouton desséché des fleurs de l'arbre appelé *giroflier,* utilisé en cuisine comme condiment.

giroflée [ʒirɔfle] n. f. (de l'anc. fr. *girofler,* parfumer de girofle). Plante vivace cultivée pour ses fleurs de couleur jaune plus ou moins mêlé de brun.

girolle [ʒirɔl] n. f. (de l'anc. fr. *girer,* tourner). Champignon des bois, de couleur jaune d'or, très apprécié (syn. CHANTERELLE).

giron [ʒirɔ̃] n. m. (frq. *gêro,* pièce d'étoffe en pointe). **1.** Partie du corps allant de la ceinture aux genoux, chez une personne assise (ironiq.) : *Aller se blottir dans le giron de sa mère.* — **2.** *Rentrer dans le giron de,* revenir à un cercle, un parti, etc., qu'on avait quitté.

girouette [ʒirwɛt] n. f. (de l'anc. fr. *girer,* tourner). **1.** Plaque mobile autour d'un axe, fixée au sommet d'un édifice, et qui indique, par son orientation, la direction du vent. — **2.** *Fam.* Personne qui change souvent d'opinion.

gisant [ʒizɑ̃] n. m. (de *gésir*). Statue funéraire représentant un mort couché. (→ GÉSIR.)

gisement [ʒizmɑ̃] n. m. (de *gésir*). Masse importante de minéraux disposée dans le sol : *Un gisement de houille, de pétrole. Un gisement à ciel ouvert. Un pays riche en gisements de fer.*

gitan, e [ʒitɑ̃] n. (altér. de l'esp. *Egiptano,* Égyptien). Membre d'un des groupes tziganes dispersés en Espagne, en Afrique du Nord et dans le sud de la France. ◆ adj. Caractéristique de la culture des gitans : *Une danse, une musique gitane.*

gitane [ʒitan] n. f. Cigarette de tabac brun de la Régie française.

1. gîte [ʒit] n. m. (de *gésir*).
— **I.** **1.** *Litt.* Endroit où on peut trouver à se loger : *Être à la recherche d'un gîte pour la nuit. Rentrer, revenir au gîte* (= rentrer chez soi). — **2.** Abri du lièvre.
— **II.** *Gîte à la noix,* morceau de la partie inférieure de la cuisse du bœuf.

2. gîte [ʒit] n. f. Inclinaison d'un navire sous l'effet du vent : *Donner de la gîte.*

1. gîter [ʒite] v. i. Avoir son gîte : *Le fossé où gîte un lièvre* (= qui lui sert de gîte).

2. gîter [ʒite] v. i. Donner de la gîte, de la bande.

givrage [ʒivraʒ] n. m. Dépôt de glace sur une surface froide.

givre [ʒivr] n. m. Fins cristaux de glace qui se déposent par suite de la condensation du brouillard, de la congélation de gouttelettes d'eau : *Les arbres sont blancs de givre.*

givré, e [ʒivre] adj. **1.** Couvert de givre : *Les fenêtres sont givrées.* — **2.** *Pop.* Fou, ivre, drogué. — **3.** *Orange, citron givré,* dont l'intérieur est fourré de glace aromatisée avec la pulpe du fruit.

givrer [ʒivre] v. t. Couvrir de givre.

glabre [glabr] adj. (lat. *glaber*). Dépourvu de barbe et de moustache : *Un visage glabre* (syn. IMBERBE).

glaçage [glasaʒ] n. m. **1.** Action de glacer. — **2.** Apprêt brillant de certains tissus.

glaçant, e [glasɑ̃] adj. Qui rebute par sa froideur, sa sévérité : *Un air glaçant. Un accueil glaçant.*

glace [glas] n. f. (lat. *glacies*). **I.** **1.** Eau congelée par le froid : *Patiner sur la glace. Faire du hockey sur glace. Briser la glace* (= la couche de glace formée sur l'eau). *Couche, bloc, cristaux de glace. Aller chercher des cubes de glace au réfrigérateur.* — **2.** *Être de glace, avoir un cœur de glace, un visage de glace,* être, se montrer insensible. ‖ *Rompre la glace,* faire cesser toute gêne qui paralyse un entretien : *Pour rompre la glace, elle commença à parler de leurs amis communs. Au bout d'un quart d'heure, la glace était rompue.* — **3.** Crème sucrée et aromatisée à base de lait ou de sirop qu'on congèle dans un moule : *Manger une glace à la vanille, au citron. Sucer sa glace dans un cornet.* — **II. 1.** Plaque de verre transparente et épaisse : *La glace d'une vitrine. Un bris de glace.* — **2.** Vitre d'une voiture : *Baisser, monter, lever la glace.* — **3.** Plaque de verre rendue réfléchissante par une couche de tain : *Se regarder dans une glace. Il y a une glace au-dessus de la cheminée* (syn. MIROIR). ◆ ***glaces*** n. f. pl. Eaux congelées des mers polaires, des cours d'eau : *Un bateau pris par les glaces* (= bloc, morceau de glace ou banquise). *Un fleuve pris par les glaces.*

glacé, e [glase] adj. **1.** Solidifié, durci par le froid : *Les caniveaux sont glacés. La terre est glacée* (syn. GELÉ). — **2.** Très froid : *Une maison glacée. Un lit glacé. Un vent glacé. Une pluie glacée. Une boisson glacée.* — **3.** *Être glacé, avoir les mains glacées, les pieds glacés,* être transi de froid, avoir très froid aux mains, aux pieds. — **4.** Qui manifeste une froideur extrême, une réserve hautaine : *Un air, un abord, un accueil glacé* (syn. ↓FROID). *Une politesse glacée.* — **5.** *Marrons glacés,* confits dans du sucre. — **6.** Rendu lisse et brillant : *Col de chemise glacé. Des gants glacés. Du papier glacé.*

glacer [glase] v. t. (c. **1**). **1.** *Glacer qqch (constitué d'eau),* le faire prendre en glace : *Le froid a glacé la rivière* (syn. usuel GELER). — **2.** *Glacer qqn, une partie du corps,* lui causer une vive sensation de froid : *Le froid (la pluie, l'eau, le vent) glace les mains (le visage). Ce vent vous glace* (syn. TRANSIR). — **3.** *Glacer qqn,* l'intimider, au plus haut point : *Son attitude, son expression, son air, son sourire me glace* (syn. PARALYSER). *Sa vue me glace. Il me glace.* — **4.** *Glacer qqn d'effroi, d'horreur,* le frapper d'effroi, d'une horreur profonde : *Ce spectacle nous a glacés d'horreur* (syn. PARALYSER). — **5.** *Glacer un gâteau, une crème,* les recouvrir d'une couche lisse de sucre. — **6.** *Glacer un rôti,* l'arroser de jus de façon à le rendre brillant à la cuisson. — **7.** *Glacer un tissu, du papier,* etc., lui donner du lustrage, du poli, le rendre lisse et brillant. ◆ v. i. *Il glace,* il fait froid au point que l'eau se transforme en glace (syn. usuel IL GÈLE). ◆ ***se glacer*** v. pr. **1.** (sujet l'eau) Prendre en glace : *L'eau du seau s'est glacée* (syn. usuel GELER). — **2.** *Mon sang se glace,* je suis pris d'une frayeur soudaine et violente : *À cette vue, mon sang s'est glacé* (syn. SE FIGER).

glaciaire [glasjɛr] adj. **1.** Se dit, en géographie, de ce qui concerne les glaciers : *Érosion glaciaire. Calotte glaciaire.* — **2.** *Période glaciaire,* période géologique marquée par le développement des glaciers. ‖ *Régime glaciaire,* régime d'un cours d'eau caractérisé par de hautes eaux d'été et de basses eaux d'hiver.

glacial, e, als [glasjal] adj. **1.** D'un froid extrême et pénétrant : *Un vent glacial. Une pluie glaciale. Une nuit glaciale.* — **2.** Se dit des régions polaires : *L'océan glacial.* — **3.** *Personne glaciale, air, abord, accueil, sourire, silence,* etc., *glacial,* qui intimide fortement par sa froideur, son indifférence.

glacialement [glasjalmɑ̃] adv. De façon glaciale : *Il nous a accueillis glacialement.*

glaciation [glasjasjɔ̃] n. f. Période glaciaire.

1. glacier [glasje] n. m. Amas de glace, dans les montagnes ou les régions polaires : *Les glaciers des Alpes.*

2. glacier [glasje] n. m. Fabricant ou marchand de glaces, de sorbets.

glacière [glasjɛr] n. f. **1.** Garde-manger maintenu à basse température par de la glace. — **2.** Pièce très froide : *Cette chambre est une glacière.*

glacis [glasi] n. m. Terrain découvert en avant d'une fortification.

glaçon [glasɔ̃] n. m. **1.** Morceau de glace naturelle : *Le fleuve transporte (charrie) des glaçons.* — **2.** Petit cube de glace artificielle : *Mettre un glaçon dans son verre.* — **3.** *Fam.* Personne insensible, indifférente ou d'un abord très froid.

gladiateur [gladjatœr] n. m. (lat. *gladiator,* qui combat avec le glaive). Homme qui, à Rome, combattait dans l'arène contre d'autres hommes ou contre des bêtes féroces.

glaïeul [glajœl] n. m. (lat. *gladius,* glaive). Plante à bulbe, cultivée pour ses fleurs ornementales.

glaire [glɛr] n. f. (du lat. *clarus,* clair). **1.** Sécrétion visqueuse et blanchâtre des muqueuses (souvent pl.). — **2.** Blanc d'œuf cru.

glaireux, euse [glɛrø] adj. Qui a la consistance des glaires : *Des matières glaireuses.*

glaise [glɛz] n. f. (gaul. *gliso*). Terre argileuse, compacte et imperméable dont on fait des tuiles et la poterie. ◆ adj. f. Relatif à la glaise : *Faire des modelages en terre glaise.*

glaiseux, euse [glɛzø] adj. De la nature de la glaise : *Terre glaiseuse.*

glaive [glɛv] n. m. (lat. *gladius*). **1.** Épée à deux tranchants des soldats, des gladiateurs romains. — **2.** *Le glaive et la balance,* la justice et ceux qui l'exécutent.

glanage [glanaʒ] n. m. Action de glaner.

gland [glɑ̃] n. m. (lat. *glans, glandis*). **1.** Fruit du chêne. — **2.** Ornement de fil tressé, de verroterie, etc., en forme de gland : *Les glands d'un cordon.* — **3.** Extrémité de la verge.

glande [glɑ̃d] n. f. (lat. *glandula*). **1.** Organe producteur de sécrétions externes ou internes : *Les glandes salivaires. Les glandes endocrines.* — **2.** *Fam.* Ganglion enflammé et tuméfié du cou, de l'aisselle, de l'aine.

glandulaire [glɑ̃dylɛr] adj. Qui concerne les glandes : *Troubles glandulaires.*

glaner [glane] v. t. (bas lat. *glenare*). **1.** *Glaner du blé, glaner un champ,* ramasser les épis qui restent dans un champ après la moisson. — **2.** *Glaner qqch (abstrait),* recueillir au hasard des connaissances fragmentaires qui peuvent être utiles : *Glaner des anecdotes, des renseignements, des détails sur la vie de quelqu'un.*

glaneur, euse [glanœr] n. Qui glane.

glapir [glapir] v. i. (lat. *glattire,* japper). Pousser un cri aigu, en parlant du renard, de la grue, du chien. ◆ v. t. (sujet qqn) Crier d'une voix très aiguë : *Un ivrogne glapit des injures;* sans compl. : *Une chanteuse qui glapit.*

glapissant, e [glapisɑ̃] adj. Qui glapit : *Une voix glapissante.*

glapissement [glapismɑ̃] n. m. Action de glapir.

glas [glɑ] n. m. (lat. *classicum,* sonnerie de trompette). **1.** Tintement d'une cloche pour les obsèques de qqn : *Les cloches sonnent (tintent) le glas.* — **2.** *Sonner le glas de qqch,* annoncer sa fin : *Un échec qui sonne le glas de nos espérances.*

glauque [glok] adj. (gr. *glaukos*). De couleur bleu-vert : *La mer est glauque. Une eau glauque.*

glèbe [glɛb] n. f. (lat. *gleba*). *Litt.* La terre cultivée.

glissade [glisad] n. f. Action de glisser, de se déplacer sur une surface lisse : *Les enfants font des glissades.*

glissant, e [glisɑ̃] adj. **1.** Qui fait glisser : *La chaussée est glissante. Déraper sur un sol glissant.* — **2.** Qui est si lisse qu'on ne peut le retenir ou qu'on ne peut s'y retenir : *Un savon glissant. Une rampe glissante.* — **3.** *Terrain glissant, pente glissante,* affaire risquée; circonstance délicate et difficile.

glisse [glis] n. f. *Fam.* Qualité de skis qui, du fait de leur fabrication ou de leur fartage, glissent bien : *Ces skis ont une bonne glisse.*

glissement [glismɑ̃] n. m. **1.** Action de glisser sur une surface; mouvement de ce qui glisse : *Le glissement de la barque sur le lac. Des maisons menacées par un glissement de terrain.* — **2.** Action de passer insensiblement d'un état à un autre : *Les dernières élections ont marqué un glissement à droite.*

1. glisser [glise] v. i. (frq. *glidan*). **1.** (sujet qqn, qqch) Se déplacer, volontairement ou non, d'un mouvement continu sur une surface lisse : *Les patineurs glissent sur la glace. Glisser dans la boue et tomber. Son pied a glissé. Les pneus ont glissé sur la chaussée mouillée* (syn. DÉRAPER). *Les anneaux glissent sur la tringle* (syn. COULISSER). — **2.** (sujet qqch) Être glissant : *Attention, ça glisse ici.* — **3.** Avancer, progresser d'un mouvement continu : *Ce sont des terrains qui glissent vers la mer. Elle laissa glisser son manteau de ses épaules jusqu'à terre. La barque glisse sur le lac.* — **4.** (sujet une lumière, une clarté) Passer, apparaître furtivement : *Un rayon de soleil glisse dans la chambre par les volets entrouverts* (syn. PÉNÉTRER, S'INFILTRER, FILTRER). *Un sourire glisse sur son visage* (syn. PASSER, ERRER). — **5.** (sujet qqch [abstrait]) *Glisser (sur qqn),* ne pas faire d'impression sur lui : *Les reproches, les injures, tout glisse sur lui. On peut lui dire n'importe quoi, ça glisse.* — **6.** (sujet qqn) *Glisser (sur qqch)* [abstrait]), ne pas y insister : *Glissons sur le passé. Glissons, voulez-vous?* — **7.** (sujet qqn, qqch) *Glisser à, dans, vers,* indique le passage progressif à un autre état, un autre genre : *Il a glissé dans la corruption. L'ensemble des électeurs a glissé vers la gauche. La confession, ici, commence à glisser au pamphlet.* — **8.** (sujet qqch) *Glisser des mains de qqn,* lui échapper : *Le verre m'a glissé des mains.*

2. glisser [glise] v. t. **1.** *Glisser qqch (concret),* le faire passer adroitement ou en cachette dans un endroit : *Glisser une lettre sous une porte. Glisser sa clé dans sa poche. Glisser un billet à quelqu'un.* — **2.** *Glisser qqch (abstrait)* [*à qqn*], le communiquer, l'adresser en cachette : *Glisser un secret à quelqu'un. Glisser un regard en coulisse à sa voisine. Glisser un mot à l'oreille de quelqu'un.* ◆ ***se glisser*** v. pr. **1.** (sujet être animé) Entrer, passer d'un mouvement adroit ou furtif : *Se glisser dans son lit (dans ses draps). Le chat s'est glissé sous l'armoire* (syn. SE FAUFILER). *Se glisser le long d'un mur.* — **2.** (sujet qqch [abstrait]) S'introduire insensiblement dans : *L'inquiétude (l'envie, le soupçon, l'espoir) se glisse dans son cœur* (ou *en lui*). *Il s'est glissé une erreur dans les calculs.*

glissière [glisjɛr] n. f. **1.** Pièce métallique, destinée à guider dans son mouvement, par l'intermédiaire d'une rainure, une pièce mobile : *Une porte, une fermeture à glissière.* — **2.** *Glissière de sécurité,* bande métallique bordant une route ou une autoroute et destinée à empêcher de sortir de la voie un véhicule dont le conducteur a perdu le contrôle de la direction.

global, e, aux [glɔbal] adj. (de *globe*). **1.** Pris en bloc : *La somme globale.* — **2.** *Méthode globale,* méthode de lecture qui fait reconnaître le mot avant d'en analyser les éléments (lettres).

globalement [glɔbalmɑ̃] adv. De façon globale : *On ne peut pas condamner globalement ses théories* (syn. EN BLOC).

globaliser [glɔbalize] v. t. Réunir en un tout unique : *Globaliser les problèmes en suspens entre les deux pays.*

globalité [glɔbalite] n. f. Qualité de ce qui constitue un tout : *Il faut envisager le problème dans sa globalité* (syn. ENSEMBLE, INTÉGRALITÉ, TOTALITÉ).

globe [glɔb] n. m. (lat. *globus*). **1.** *Le globe (terrestre),* la Terre : *La surface du globe.* ‖ *Un globe (terrestre),* une sphère où est représentée la carte de la Terre (syn. MAPPEMONDE). — **2.** Sphère en verre pour couvrir et préserver qqch : *Une pendule sous globe.* ‖ *Mettre sous globe,* garder précieusement. — **3.** Corps sphérique en général : *Le globe oculaire* (= l'œil).

globe-trotter [glɔbtrɔtœr] n. m. (mot angl.) [pl. *globe-trotters*]. Voyageur qui parcourt le monde.

globulaire [glɔbylɛr] adj. *Numération globulaire,* dénombrement des globules rouges et blancs contenus dans le sang.

globule [glɔbyl] n. m. (lat. *globulus,* petite boule). **1.** Très petit corps rond : *Globule d'air.* — **2.** Cellule du sang : *Les globules rouges, les globules blancs.*

globuleux, euse [glɔbylø] adj. *Des yeux globuleux,* saillant hors de l'orbite.

gloire [glwar] n. f. (lat. *gloria*). **1.** Renommée, répandue dans un public très vaste, résultant de qualités, d'actions, d'œuvres remarquables : *Être au sommet de la gloire* (syn. ↓ CÉLÉBRITÉ). *Courir après la gloire. Se couvrir de gloire. Une gloire naissante, solide, durable, immortelle. Pour la plus grande gloire de (Dieu,* etc.) [= pour contribuer à accroître la majesté, le rayonnement de]. — **2.** Mérite qui revient à qqn : *S'attribuer la gloire de la réussite. Tirer gloire de ce qui ne vous appartient pas. Ils ont partagé à deux la gloire de cette découverte. Sa plus grande gloire a été l'invention de ce procédé.* — **3.** *La gloire de qqch,* ce qui assure son renom : *Cette collection d'estampes est la gloire du musée* (syn. ↓ FIERTÉ, ↓ RÉPUTATION). — **4.** Personne qui a une renommée incontestée : *C'est une des gloires du pays* (syn. CÉLÉBRITÉ). — **5.** *Christ en gloire,* représenté entouré d'une auréole qui enveloppe son corps. — **6.** *Gloire à,* formule d'hommage : *Gloire à Dieu. Gloire à tous ceux qui sont morts pour la patrie.* ‖ *Pour la gloire,* pour rien, sans aucun profit : *Travailler pour la gloire.* ‖ *Rendre gloire à qqn,* lui rendre un hommage de respect mêlé d'admiration ou de dévotion : *Rendre gloire à Dieu. Rendre gloire aux vaillants défenseurs de la patrie.* ‖ *Se faire gloire de qqch,* s'en vanter, en tirer orgueil.

glorieusement [glɔrjøzmɑ̃] adv. De façon glorieuse : *Les soldats morts glorieusement pour leur pays.*

glorieux, euse [glɔrjø] adj. (lat. *gloriosus*). **1.** Qui donne de la gloire : *Un combat glorieux. Action (vie, existence, mort) glorieuse* (syn. ILLUSTRE, CÉLÈBRE). — **2.** Qui s'est acquis de la gloire, surtout par des actions militaires : *Un héros glorieux.* — **3.** *Glorieux de qqch,* qui en tire vanité : *Être glorieux de sa naissance, de sa richesse, de son rang.* ‖ *Air glorieux,* vaniteux (syn. SUFFISANT).

glorification [glɔrifikasjɔ̃] n. f. Action de glorifier : *La glorification d'une héroïne.*

glorifier [glɔrifje] v. t. *Glorifier qqn, qqch,* leur rendre gloire : *Glorifier ceux qui sont morts pour la patrie. Glorifier la mémoire d'un héros. Glorifier une victoire, un exploit, une découverte. Glorifier Dieu.* ◆ ***se glorifier*** v. pr. *Se glorifier de qqch, qqn,* tirer gloire de, se faire un mérite de : *Se glorifier d'un exploit. La France se glorifie de ses grands hommes.*

gloriole [glɔrjɔl] n. f. **1.** Gloire tirée de petites choses. — **2.** *Par gloriole,* par une vanité mesquine.

glose [gloz] n. f. (gr. *glôssa,* langue). Commentaire explicatif : *Mettre des gloses en marge d'un texte* (syn. NOTE).

gloser [gloze] v. i. Litt. *Gloser sur qqn, qqch,* faire des commentaires malveillants sur qqn, discuter vainement sur n'importe quoi : *Gloser sur les gens, sur tout.*

glossaire [glosɛr] n. m. (lat. *glossarium*). Dictionnaire expliquant les mots anciens ou rares d'une langue, d'un dialecte, d'une œuvre littéraire : *Cette édition est suivie d'un glossaire* (syn. LEXIQUE).

glotte [glɔt] n. f. (gr. *glôtta,* langue). Orifice du larynx.

glouglou [gluglu] n. m. (onomat.). *Fam.* Bruit d'un liquide qui s'échappe d'une bouteille, d'un conduit.

gloussement [glusmɑ̃] n. m. Action de glousser : *Les gloussements de la poule. Les propos de l'orateur provoquèrent les gloussements de l'assistance.*

glousser [gluse] v. i. (lat. *glocire*). **1.** (sujet la poule) Appeler ses petits. — **2.** *Fam.* (sujet qqn) Rire à petits cris : *Des fillettes gloussaient.*

glouton, onne [glutɔ̃] adj. et n. (du lat. *gluttus,* gosier). Qui mange en se bourrant de nourriture avec avidité : *Cet enfant est glouton* (syn. GOINFRE, GOULU, GOURMAND). *Un appétit glouton.*

gloutonnement [glutɔnmɑ̃] adv. De façon gloutonne.

gloutonnerie [glutɔnri] n. f. Comportement de glouton; goinfrerie : *Cette indigestion est une conséquence de sa gloutonnerie.*

glu [gly] n. f. (lat. *glus, glutis,* colle). Colle végétale qui sert à prendre les oiseaux.

gluant, e [glyɑ̃] adj. Visqueux et collant : *Un liquide gluant.*

glucide [glysid] n. m. (gr. *glukus,* de saveur douce, et *eidos,* aspect). Composant de la matière vivante, formé de carbone, d'hydrogène et d'oxygène : *Les glucides sont aussi appelés «sucres».*

glucose [glykoz] n. m. (du gr. *glukus,* de saveur douce). Sucre contenu dans certains fruits (raisin) et entrant dans la composition de presque tous les glucides.

glycémie [glisemi] n. f. (gr. *glukus,* doux, et *haima,* sang). Présence de glucose dans le sang : *Le taux normal de la glycémie est de 1 g de glucose par litre de sang.*

glycérine [gliserin] n. f. (du gr. *glukeros,* de saveur douce). Produit sirupeux, incolore, extrait des corps gras.

glycine [glisin] n. f. (du gr. *glukus,* de saveur douce). Plante grimpante, à fleurs mauves très odorantes et réunies en grappes.

gnangnan [ɲɑ̃ɲɑ̃] adj. inv. (onomat.). *Fam.* Indolent, qui se plaint sans cesse.

gnocchi [ɲɔki] n. m. (mot it.). Sorte de quenelle de semoule pochée à l'eau bouillante, puis gratinée dans une sauce au fromage.

gnognote [ɲɔɲɔt] n. f. Fam. *C'est de la gnognote,* c'est une chose de peu de valeur.

gnole ou **gnôle** [ɲol] n. f. *Fam.* Eau-de-vie.

gnome [gnom] n. m. (gr. *gnômê,* esprit). Homme petit et difforme (syn. NAIN).

gnon [ɲɔ̃] n. m. *Pop.* Coup, marque d'un coup.

gnou [gnu] n. m. (mot hottentot). Antilope d'Afrique du Sud, à tête épaisse et à cornes recourbées.

go (tout de) [go] adv. (de *gober*). *Fam.* Sans préparation, sans préliminaires : *Elle m'a dit tout de go que j'avais tort.*

goal [gol] n. m. (mot angl. signif. *but*). Gardien de but au football, au polo, au hockey, etc. (vieilli).

gobelet [gɔblɛ] n. m. (anc. fr. *gobel*). Récipient pour boire, en métal, en matière plastique, etc., de forme légèrement évasée, sans pied ni anse.

gobe-mouches [gɔbmuʃ] n. m. inv. Oiseau passereau qui capture des insectes au vol.

gober [gɔbe] v. t. (d'un rad. gaul. *gobbo-,* bouche). **1.** *Gober un aliment,* l'avaler en aspirant et sans mâcher : *Gober un œuf, une huître.* — **2.** Fam. *Gober un propos,* le croire naïvement : *Il gobe tout ce qu'on lui dit.* — **3.** *Gober le morceau,* se laisser prendre. ‖ Fam. *Gober qqn,* avoir de la sympathie pour lui (surtout à la forme négative) : *Celui-là, je ne peux pas le gober* (syn. fam. ENCAISSER, ENCADRER). ◆ ***se gober*** v. pr. *Fam.* et *péjor.* Avoir une très haute opinion de soi-même.

goberger (se) [gɔbɛrʒe] v. pr. (de l'anc. fr. *gobert,* facétieux) [c. 2]. *Fam.* Faire de bons repas ou se prélasser.

godailler [gɔdaje] v. i. (de *godet*) [sujet un vêtement]. Faire des faux plis : *Une robe qui godaille par-devant.*

godasse [gɔdas] n. f. *Pop.* Chaussure.

godelureau [gɔdlyro] n. m. (de l'onomat. *god-,* cri d'appel, et anc. fr. *galureau,* galant). *Fam.* Jeune homme qui fait l'intéressant auprès des femmes.

godet [gɔdɛ] n. m. (anc. néerl. *kodde,* cylindre de bois). **1.** Petit récipient à divers usages : *Délayer de la peinture dans un godet.* — **2.** *Jupe à godets,* à gros plis souples et ronds.

godiche [gɔdiʃ] adj. et n. f. (de *Godon,* forme pop. de *Claude*). *Fam.* Niais et maladroit : *Il a un air godiche!*

godille [gɔdij] n. f. (orig. obscure). **1.** Aviron qu'on manœuvre à l'arrière d'une barque avec un mouvement alternatif. — **2.** En ski, suite de virages rapprochés et rythmés, le long de la ligne de pente.

godiller [gɔdije] v. i. **1.** Faire avancer une barque à l'aide d'une godille. — **2.** *Le skieur godille,* descend en godille.

godillot [gɔdijo] n. m. (de *Godillot,* fournisseur de l'armée). *Fam.* Grosse chaussure de marche.

goéland [gɔelɑ̃] n. m. (breton *gwelan*). Oiseau de mer du genre *mouette.*

goélette [gɔelɛt] n. f. (de *goéland*). Voilier rapide et léger qui porte en général deux mâts.

goémon [gɔemɔ̃] n. m. (breton *gwemon*). Nom donné au varech, en Bretagne et en Normandie.

1. gogo [gogo] n. m. (de *Gogo,* personnage de comédie, facile à duper). *Fam.* Personne crédule, facile à tromper (syn. NAÏF).

2. gogo (à) [gogo] adv. (de l'anc. fr. *gogue,* réjouissance). *Fam.* En abondance : *Il y avait du whisky à gogo* (syn. À DISCRÉTION).

goguenard, e [gɔgnar] adj. (de l'anc. fr. *gogue,* réjouissance). Qui se moque ouvertement de qqn d'autre : *Elle le regardait, goguenarde. Un ton, un sourire goguenard.*

goguenardise [gɔgnardiz] n. f. Attitude de goguenard : *Sa goguenardise m'irritait* (syn. RAILLERIE, MOQUERIE).

goguette (en) [gɔgɛt] adv. (de l'anc. fr. *gogue,* joie). Fam. *Mettre, être en goguette,* en léger état d'ivresse : *Ça nous avait mis en goguette* (syn. EN GAIETÉ).

goinfre [gwɛ̃fr] adj. et n. m. Qui mange beaucoup et salement : *Il est goinfre. Il se comportait au repas comme un goinfre* (syn. GLOUTON, GOULU).

goinfrer [gwɛ̃fre] v. i. ou **se goinfrer** v. pr. (orig. inc.). *Pop.* Manger comme un goinfre.

goinfrerie [gwɛ̃frəri] n. f. Comportement de goinfre.

goitre [gwatr] n. m. (anc. prov. *goitron,* gorge). Augmentation de volume de la glande thyroïde, produisant une grosseur au bas du cou (méd.).

goitreux, euse [gwatrø] adj. et n. Atteint d'un goitre.

golden [gɔldɛn] n. f. inv. (mot. angl. signif. *doré*). Variété de pomme à peau jaune.

golf [gɔlf] n. m. (mot angl.). **1.** Sport qui consiste à envoyer, en un minimum de coups, une balle à l'aide de crosses *(clubs),* dans les dix-huit trous successifs d'un vaste terrain. — **2.** *Culotte, pantalon de golf,* pantalon bouffant, resserré au-dessous du genou.

golfe [gɔlf] n. m. (it. *golfo*). Vaste avancée de la mer à l'intérieur des terres : *Le golfe de Gascogne.*

golfeur, euse [gɔlfœr] n. Joueur de golf.

gommage [gɔmaʒ] n. m. Action de gommer.

gomme [gɔm] n. f. (gr. *kommi*). **1.** Substance visqueuse suintant de certains arbres, en partic. des acacias *(gomme arabique),* employée en pharmacie et dans l'industrie. — **2.** *Boule de gomme,* bonbon adoucissant à base de gomme. ‖ *Gomme (à mâcher),* produit pharmaceutique ou de confiserie, de consistance élastique, fait pour être mâché. — **3.** Petit bloc de caoutchouc, servant à effacer le crayon ou l'encre : *Effacer d'un coup de gomme.* — **4.** Pop. *À la gomme,* qui n'a pas de valeur : *Une idée à la gomme* (syn. À LA NOIX). — **5.** Pop. *Mettre (toute) la gomme,* accélérer, forcer l'allure.

gommé, e [gɔme] adj. *Enveloppe gommée, papier gommé,* recouverts d'une couche de gomme adhésive sèche qu'on mouille pour fermer ou coller.

gommer [gɔme] v. t. **1.** Effacer avec une gomme. — **2.** Atténuer, tendre à faire disparaître : *Le metteur en scène a essayé de gommer le côté trop tragique de l'histoire.*

gommette [gɔmɛt] n. f. Petit disque de couleur en papier gommé.

gommeux [gɔmø] n. m. *Fam.* Jeune homme d'une élégance prétentieuse (vieilli).

gond [gɔ̃] n. m. (gr. *gomphos,* cheville). **1.** Pièce métallique sur laquelle pivote un battant de porte ou de fenêtre. — **2.** Fam. *Hors de ses gonds,* hors de soi, furieux : *Mettre (jeter, faire sortir) quelqu'un hors de ses gonds.* ‖ *Sortir de ses gonds,* exploser de colère.

gondolage [gɔ̃dɔlaʒ] ou **gondolement** [gɔ̃dɔlmɑ̃] n. m. Action de gondoler.

gondolant, e [gɔ̃dɔlɑ̃] adj. *Pop.* Qui fait se tordre de rire.

gondole [gɔ̃dɔl] n. f. (it. *gondola,* petit bateau). Barque vénitienne longue et plate, à un aviron.

gondoler [gɔ̃dɔle] v. i. ou **se gondoler** v. pr. (de *gondole*) [sujet qqch]. Se bomber, se gonfler en se déformant : *Une planche qui gondole. La cloison s'est gondolée.* ◆ ***se gondoler*** v. pr. *Pop.* (sujet qqn) Se tordre de rire.

gondolier [gɔ̃dɔlje] n. m. Batelier qui conduit une gondole.

gonflable [gɔ̃flabl] adj. Qui peut être gonflé : *Un ballon gonflable.*

gonflage [gɔ̃flaʒ] n. m. Action de gonfler.

gonflement [gɔ̃fləmɑ̃] n. m. État de ce qui est gonflé.

gonfler [gɔ̃fle] v. t. (lat. *conflare,* souffler). **1.** *Gonfler qqch,* le faire augmenter de volume sous l'action de l'air, de l'eau ou d'autre chose : *Gonfler un ballon. Faire gonfler les pneus de sa voiture. Le vent gonfle les voiles du bateau. L'orage a gonflé la rivière* (syn. GROSSIR). *Gonfler sa poitrine* (syn. BOMBER). *Elle a les yeux encore gonflés de sommeil* (syn. BOUFFIR, BOURSOUFLER). — **2.** Remplir d'un sentiment qu'on a peine à contenir : *Son cœur est gonflé de joie (d'indignation, d'enthousiasme, d'espoir).* — **3.** *Gonfler une estimation, un résultat,* etc., les exagérer à dessein : *Gonfler le nombre des assistants* (syn. GROSSIR). *Gonfler les chiffres.* — **4.** Fam. *Être gonflé,* être plein de courage, d'ardeur : *Maintenant qu'elle a eu ce qu'elle voulait, elle est gonflée à bloc* (syn. REMONTÉ); exagérer : *Il est gonflé de faire ça!* (= il a du culot). ◆ v. i. Augmenter de volume : *Le gâteau a gonflé. Le bois gonfle par l'humidité. Son genou s'est mis à gonfler* (syn. ENFLER). ◆ ***se gonfler*** v. pr. **1.** (sujet qqch) Augmenter de volume : *Les eaux de la rivière se sont gonflées à la suite des dernières pluies. Sa poitrine se gonflait.* — **2.** (sujet qqn ou son cœur) *Se gonfler (de),* être envahi par (un sentiment) : *Elle se gonfle de fierté. Son cœur se gonfle d'espoir.* — **3.** (sujet qqn et sans compl.) *Fam.* Être plein de vanité : *Regarde-le, comme il se gonfle!*

gonfleur [gɔ̃flœr] n. m. Appareil servant à gonfler les pneus, les matelas pneumatiques, etc.

gong [gɔ̃g] n. m. (mot malais). **1.** Instrument de musique ou d'appel formé d'un disque de métal bombé que l'on fait vibrer à l'aide d'un maillet recouvert de tissu. — **2.** Timbre qui annonce le début et la fin de chaque reprise d'un combat de boxe.

gordien [gɔrdjɛ̃] adj. m. (de *Gordios,* n. d'un laboureur phrygien qui devint roi). *Trancher le nœud gordien,* résoudre une difficulté d'une manière violente mais décisive.

goret [gɔrɛ] n. m. (anc. fr. *gore,* truie). Jeune cochon.

gorge [gɔrʒ] n. f. (lat. *gurges,* gouffre). **1.** Gosier : *Avoir mal à la gorge. Un sanglot lui monte à la gorge. S'éclaircir (se racler) la gorge.* ‖ *Cela m'est resté dans la gorge,* je ne peux pas l'admettre, l'oublier ou je n'ai pas pu le dire. ‖ *Faire rentrer à qqn ses mots dans la gorge,* le forcer à rétracter ses paroles. ‖ *Faire des gorges chaudes de qqch, de qqn,* s'en moquer bruyamment et méchamment. ‖ *Rire à gorge déployée, à pleine gorge,* sans retenue, de bon cœur. ‖ *Rendre gorge,* restituer ce qu'on avait pris d'une manière illicite. — **2.** Partie antérieure du cou : *Il lui saute à la gorge. Saisir à la gorge.* ‖ *Prendre qqn à la gorge,* le mettre dans une situation matérielle ou morale où il n'ait plus de recours. ‖ *Se couper la gorge,* s'entre-tuer. ‖ *Tenir qqn à la gorge,* le tenir à sa merci, lui avoir enlevé tout recours (financier, moral). [→ ÉGORGER.] — **3.** *Litt.* Seins de la femme : *Avoir une gorge opulente* (syn. BUSTE, POITRINE). [→ SOUTIEN-GORGE.] — **4.** Passage étroit entre deux montagnes (surtout pl.) : *Les gorges du Tarn. Une gorge encaissée* (syn. DÉFILÉ).

gorge-de-pigeon [gɔrʒdəpiʒɔ̃] adj. inv. Se dit d'une couleur à reflets changeants.

gorgée [gɔrʒe] n. f. Ce qu'on peut avaler de liquide en une seule fois : *Boire (prendre, avaler) une gorgée de café. Boire à petites gorgées.*

gorger [gɔrʒe] v. t. (c. **2**). **1.** *Gorger qqn, un animal,* le nourrir avec excès (soutenu) : *Gorger des oies. Gorger un enfant de sucreries* (syn. usuels BOURRER, GAVER). — **2.** *Gorger qqn, qqch,* les remplir jusqu'à saturation : *Des terres gorgées d'eau. Gorger quelqu'un d'or et d'argent.* ◆ ***se gorger*** v. pr. *Se gorger de qqch,* se remplir jusqu'à saturation, se bourrer avec excès de : *Se gorger de pâtisseries, d'air pur.* (→ DÉGORGER, ENGORGER, REGORGER.)

gorgonzola [gɔrgɔ̃zɔla] n. m. (de *Gorgonzola,* v. d'Italie). Fromage italien proche du roquefort.

gorille [gɔrij] n. m. (gr. *gorillai*). **1.** Grand singe d'Afrique, qui se nourrit de fruits. — **2.** *Fam.* Garde du corps d'un personnage officiel, d'un homme d'État, etc.

gosier [gozje] n. m. (mot gaul.). Partie interne du cou : *Avoir le gosier serré* (syn. GORGE).

gospel [gɔspɛl] n. m. (amér. *gospel song,* chant d'évangile). Chant religieux des Noirs d'Amérique du Nord.

gosse [gɔs] n. (orig. obscure). **1.** *Fam.* Enfant, garçon ou fille : *Les gosses sortent de l'école* (syn. GAMIN; pop. MÔME). *Un sale gosse.* — **2.** Fam. *Beau gosse, belle gosse,* beau garçon, belle fille (en parlant d'adultes).

gothique [gɔtik] adj. (bas lat. *gothicus,* relatif aux Goths). **1.** *Architecture gothique,* ogivale. ‖ *Cathédrale (église) gothique,* de style ogival. — **2.** Se dit d'une écriture dans laquelle les traits courbes des lettres étaient remplacés par des traits droits formant des angles. ◆ n. m. Le style gothique : *Le gothique ancien. Le gothique flamboyant.*

gouache [gwaʃ] n. f. (it. *guazzo,* endroit où il y a de l'eau). Peinture à l'eau, de consistance pâteuse, où les couleurs sont opaques (par oppos. à *l'aquarelle*); tableau ainsi fait : *Peindre à la gouache. Avoir de jolies gouaches.*

gouaille [gwaj] n. f. *Fam.* Attitude moqueuse et insolente.

gouailler [gwaje] v. i. (d'un rad. *gab-,* gorge). *Fam.* Plaisanter de façon vulgaire.

gouailleur, euse [gwajœr] adj. Fam. *Ton (sourire) gouailleur,* moqueur et vulgaire.

gouape [gwap] n. f. (esp. *guapo*). *Pop.* Voyou.

goudron [gudrɔ̃] n. m. (ar. *qatrān*). Résidu de distillation du charbon, utilisé surtout comme revêtement de route : *Une chaussée revêtue de goudron.*

goudronnage [gudrɔnaʒ] n. m. Action de goudronner : *Le goudronnage de la route.*

goudronner [gudrɔne] v. t. Recouvrir de goudron : *Goudronner une route. Du papier goudronné. De la toile goudronnée.*

goudronneuse [gudrɔnøz] n. f. Machine à goudronner.

gouffre [gufr] n. m. (gr. *kolpos,* golfe). **1.** Trou extrêmement profond et large : *Un gouffre béant* (syn. ABÎME). *Un gouffre sous-marin* (syn. FOSSE). *Descendre au fond d'un gouffre* (syn. PRÉCIPICE). — **2.** Immense tourbillon dans la mer : *Le gouffre du Malström.* — **3.** Qui dépense ou fait dépenser beaucoup d'argent : *Ce procès est un gouffre* (= on y engloutit des sommes énormes). — **4.** *Au bord du gouffre,* dans une situation morale ou matérielle inquiétante.

gouge [guʒ] n. f. (bas lat. *gubia,* burin). Ciseau creusé servant à faire des entailles.

goujat [guʒa] n. m. (anc. gascon *gojat,* garçon). Homme mal élevé, qui se conduit grossièrement, surtout envers une femme (syn. MUFLE).

goujaterie [guʒatri] n. f. Caractère, action de goujat (syn. MUFLERIE).

goujon [guʒɔ̃] n. m. (lat. *gobio, -onis*). Petit poisson de rivière : *Une friture de goujons.*

goulache ou **goulasch** [gulaʃ] n. m. (hongr. *gulyas*). Plat hongrois qui consiste en un ragoût de bœuf préparé avec des oignons hachés, et assaisonné au paprika.

goulag [gulag] n. m. (du russe *Glavnoïe Oupravenie Laguereï,* direction générale des camps de travail). Camp de travail forcé.

goulée [gule] n. f. (anc. fr. *goule,* gueule). *Fam.* Grande gorgée : *Respirer une goulée d'air.*

goulet [gulɛ] n. m. (anc. fr. *goule,* gueule). Entrée étroite d'un port : *Le goulet de Brest.*

gouleyant, e [gulɛjɑ̃] adj. Fam. *Vin gouleyant,* agréable, frais et léger.

goulot [gulo] n. m. (anc. fr. *goule,* gueule). Col étroit d'un vase, d'une bouteille.

goulu, e [guly] adj. et n. Qui mange et boit avec avidité ou qui montre de l'avidité pour qqch : *Être goulu* (syn. GOINFRE, GLOUTON). *Des regards goulus* (syn. AVIDE).

goulûment [gulymɑ̃] adv. De façon goulue : *Manger, boire goulûment.*

goupil [gupi] n. m. Nom du renard au Moyen Âge.

goupille [gupij] n. f. Cheville ou broche métallique servant à assembler deux pièces percées chacune d'un trou.

goupiller [gupije] v. t. **1.** Fixer avec des goupilles. — **2.** Pop. *Goupiller qqch,* l'arranger, le combiner : *Tu goupilles mal ton affaire.*

goupillon [gupijɔ̃] n. m. (frq. *wisp,* bouchon de paille). **1.** Instrument avec lequel on asperge d'eau bénite dans une cérémonie religieuse. — **2.** Fam. *Le sabre et le goupillon,* l'Armée et l'Église. — **3.** Brosse cylindrique, à long manche pour nettoyer les bouteilles.

gourbi [gurbi] n. m. (mot ar.). *Fam.* Local mal tenu, habitation misérable (syn. CAHUTE, ↑TAUDIS).

gourd, e [gur] adj. (lat. *gurdus,* lourdaud). *Avoir les doigts, les membres gourds,* engourdis par le froid.

1. gourde [gurd] n. f. (lat. *cucurbita,* courge). Récipient portatif, utilisé en voyage pour conserver la boisson.

2. gourde [gurd] n. f. et adj. *Fam.* Dont la maladresse, la gaucherie révèle la bêtise, la stupidité : *Ce garçon est une vraie gourde. Avoir l'air gourde.*

gourdin [gurdɛ̃] n. m. (it. *cordino*). Gros bâton court.

gourer (se) [gure] v. pr. *Pop.* (sujet qqn) Se tromper.

gourgandine [gurgɑ̃din] n. f. (mot dial.). *Fam.* Femme de mauvaise vie, coureuse.

gourmand, e [gurmɑ̃] adj. et n. **1.** Qui aime manger de bonnes choses, et qui en mange beaucoup : *Elle est très gourmande. Elle est surtout gourmande de choses sucrées.* — **2.** *Jeter des regards gourmands sur qqch, sur qqn,* les regarder avec un plaisir avide.

gourmandise [gurmɑ̃diz] n. f. (orig. obscure). Défaut du gourmand : *Manger avec gourmandise.* ◆ ***gourmandises*** n. f. pl. Mets dont on est friand, généralement sucreries (syn. FRIANDISES).

gourme [gurm] n. f. (frq. *worm,* pus). **1.** Maladie de peau caractérisée par des croûtes (syn. fam. IMPÉTIGO). — **2.** Litt. *Jeter sa gourme,* en parlant d'un jeune homme, se dévergonder, avoir des aventures.

gourmé, e [gurme] adj. (de *gourme*). *Litt.* Qui affecte un maintien grave : *Air gourmé* (syn. AFFECTÉ, COMPASSÉ, GUINDÉ).

gourmet [gurmɛ] n. m. (orig. obscure). Connaisseur raffiné en ce qui concerne la nourriture et le vin : *C'est un fin gourmet.* (→ GOURMAND.)

gourmette [gurmɛt] n. f. (de *gourme,* chaînette). Chaîne de montre; bracelet à mailles aplaties.

gourou [guru] n. m. (mot sanskrit). Maître spirituel.

gousse [gus] n. f. (orig. inc.).**1.** Fruit des légumineuses, formé de deux cosses et des graines qui y sont attachées : *Une gousse de petits pois.* — **2.** *Gousse d'ail,* tête ou partie de tête d'ail.

gousset [gusɛ] n. m. (de *gousse*). Petite poche du gilet.

goût [gu] n. m. (lat. *gustus*). **1.** Sens qui permet de discerner les saveurs des aliments : *La langue est l'organe du goût.* — **2.** Saveur d'un aliment : *Cette viande a bon goût. Une sauce sans goût* (syn. INSIPIDE). *Ce vin a un goût de bouchon. Cette crème a un goût* (= un mauvais goût). — **3.** Appétit, désir de manger : *N'avoir aucun goût pour les sucreries. Manger avec goût.* — **4.** *Mettre qqn en goût,* lui donner envie de manger : *Cet apéritif vous mettra en goût.* — **5.** Penchant qui attire vers qqch ou vers qqn : *Avoir du goût pour les mathématiques* (= s'intéresser à). *Le goût de l'ordre (des livres, du risque). Prendre goût à ce qu'on fait* (= se mettre à aimer ce qu'on fait). *Faire quelque chose* *par goût.* — **6.** *Être au goût de qqn,* lui plaire. ‖ *N'avoir plus de goût pour qqch, ne prendre, ne trouver goût à rien,* ne plus y avoir d'intérêt, ne s'intéresser à rien. — **7.** Sens intuitif des valeurs esthétiques, aptitude à discerner ce qui est beau, élégant, distingué et ce qui est laid, vulgaire, etc. : *Avoir du goût. Manquer de goût. Une faute de goût. Être habillé avec goût, sans goût. Homme de goût. Le goût ne s'apprend pas.* — **8.** (+ adj.) Manière de sentir, de juger propre à qqn : *Vous avez bon goût, mauvais goût. Avoir le goût difficile, étroit, délicat. Juger selon (d'après) son goût. À mon goût.* — **9.** (+ adj.) Qui révèle ou non la finesse d'appréciation de qqn, son sens des valeurs esthétiques, la conformité aux convenances de qqch : *Une plaisanterie d'un goût douteux. Un costume de bon goût.* — **10.** *Au goût du jour,* selon le genre à la mode : *Se mettre au goût du jour.* ‖ *Dans ce goût-là,* de cette sorte : *Elle s'appelle Dupond, ou Durand, enfin quelque chose dans ce goût-là.* ‖ *Dans le goût* (+ adj. ou compl.), dans la manière, le style de : *Des nouvelles dans le goût français du XVIIIe s. Dans le goût de l'époque.* ◆ ***goûts*** n. m. pl. L'ensemble des penchants, des préférences qui font la personnalité de chacun : *Nous avons des goûts communs.* ‖ *Des goûts et des couleurs, on ne discute pas,* chacun peut légitimement avoir ses préférences, voir les choses à sa manière. ‖ *Tous les goûts sont dans la nature,* il ne faut reprocher à personne sa façon d'apprécier les choses. (→ DÉGUSTATION, GUSTATION.)

1. goûter [gute] v. t. (lat. *gustare*). **1.** *Goûter un aliment, une boisson,* en apprécier la saveur par le sens du goût : *Goûte ma sauce, il me semble qu'elle n'est pas assez salée.* — **2.** *Goûter qqch (abstrait),* l'apprécier, en jouir : *Goûter un repos, un bonheur bien mérité. Goûter le silence, le calme, l'ombre, la fraîcheur d'un lieu.* — **3.** *Goûter qqn, qqch,* estimer qqn, apprécier, approuver qqch : *Un peintre très goûté sous le second Empire. Je n'ai pas goûté la plaisanterie.* ◆ v. t. ind. **1.** *Goûter à, de qqch (plat, vin,* etc.), en prendre une petite quantité pour en discerner la saveur ou la vérifier : *Goûtez à cette sauce. Goûtez-y. Goûte de mon gâteau. Goûtez-en.* — **2.** *Goûter à, de qqch (abstrait),* en faire l'expérience : *Goûter à un métier* (syn. ESSAYER, EXPÉRIMENTER). *Goûter de la prison* (syn. fam. TÂTER). ◆ v. i. Faire un léger repas dans l'après-midi : *Les enfants ont goûté à quatre heures.*

2. goûter [gute] n. m. Léger repas qu'on prend dans l'après-midi : *Les enfants ont mangé leur goûter.*

goûteux, euse [gutø] adj. Qui a du goût, un bon goût : *Une viande goûteuse* (syn. SAVOUREUX, SUCCULENT).

1. goutte [gut] n. f. (lat. *gutta*). **1.** Très petite quantité de liquide, qui se détache avec une forme sphérique : *Une goutte d'eau. La pluie commence à tomber à grosses gouttes.* — **2.** Très petite quantité de boisson : *Boire une goutte de vin.* — **3.** Eau-de-vie : *Un verre de goutte.* — **4.** *Avoir la goutte au nez,* avoir le nez qui coule. ‖ *C'est une goutte d'eau dans la mer,* un effort insignifiant, un apport insuffisant en comparaison des besoins. ‖ *C'est la goutte d'eau qui fait déborder le vase,* ce qui, venant après bien d'autres choses, fait exploser la colère de qqn. ‖ *Goutte à goutte,* goutte après goutte; petit à petit. ‖ *Se ressembler comme deux gouttes d'eau,* être tout à fait semblables. — **5.** Litt. *Ne voir, n'entendre, ne comprendre goutte,* ne rien voir, entendre, comprendre : *On n'y voit goutte ici. Je n'y entends goutte, à votre affaire.* ◆ ***gouttes*** n. f. pl. Médicament liquide : *Des gouttes pour le nez.*

2. goutte [gut] n. f. Maladie caractérisée notamment par des douleurs articulaires.

goutte-à-goutte [gutagut] n. m. inv. Appareil médical permettant de régler le débit d'une perfusion; la perfusion elle-même.

gouttelette [gutlɛt] n. f. Petite goutte.

goutter [gute] v. i. Couler goutte à goutte : *De l'eau qui goutte. Un robinet qui goutte.*

goutteux, euse [gutø] adj. et n. Atteint de la goutte.

gouttière [gutjɛr] n. f. (de *goutte*). **1.** Conduite métallique placée à la base d'un toit pour recueillir l'eau de pluie. — **2.** *Chat de gouttière,* chat d'espèce commune. — **3.** En chirurgie, appareil destiné à immobiliser un membre fracturé.

gouvernable [guvɛrnabl] adj. Qui peut être gouverné : *Un pays difficilement gouvernable.*

gouvernail [guvɛrnaj] n. m. (lat. *gubernaculum*). **1.** Partie d'un bateau, d'un sous-marin, d'un avion qui assure sa direction. — **2.** *Gouvernail automatique,* mécanisme qui, sous l'effet du vent, permet de maintenir un voilier au cap désiré, sans intervention humaine. — **3.** Commandement, direction d'une entreprise, de l'État, etc. : *Être au gouvernail* (syn. ÊTRE À LA BARRE).

gouvernant, e [guvɛrnɑ̃] adj. Qui gouverne : *La classe gouvernante* (= qui gouverne un pays). ◆ ***gouvernants*** n. m. pl. Ceux qui gouvernent un État.

gouvernante [guvɛrnɑ̃t] n. f. **1.** Femme chargée de la garde et de l'éducation d'un ou de plusieurs enfants (vieilli). — **2.** Femme qui tient la maison d'un homme seul.

gouverne [guvɛrn] n. f. *Pour ma (ta, sa, notre, votre, leur) gouverne,* pour servir de règle de conduite (rappel à l'ordre) : *Sachez, pour votre gouverne, qu'il est interdit de fumer dans le bureau.*

gouvernement [guvɛrnəmɑ̃] n. m. **1.** Autorité politique qui gouverne un pays : *Le gouvernement français (anglais,* etc.). — **2.** Ensemble des membres d'un même ministère, en régime parlementaire : *Constituer (former) le gouvernement* (syn. CABINET). *Le Premier ministre a présenté son gouvernement. Entrer au gouvernement. Soutenir, faire tomber le gouvernement.* — **3.** Constitution politique : *Gouvernement monarchique, républicain* (syn. RÉGIME, SYSTÈME). — **4.** Action d'exercer l'autorité politique : *La pratique, l'exercice du gouvernement. L'art du gouvernement.* — **5.** Litt. *Le gouvernement de soi-même,* la maîtrise de soi.

gouvernemental, e, aux [guvɛrnəmɑ̃tal] adj. **1.** Qui concerne le ministère : *La politique gouvernementale. L'équipe gouvernementale.* — **2.** Qui soutient le ministère : *Un journal gouvernemental.*

gouverner [guvɛrne] v. t. (lat. *gubernare*). **1.** *Gouverner une barque, un navire, une péniche,* les diriger, diriger leurs manœuvres. — **2.** Exercer l'autorité politique sur : *Gouverner un pays, un État, un peuple, une nation.* — **3.** (sans compl.) Avoir entre ses mains l'autorité : *Gouverner sagement* (syn. DIRIGER). *Gouverner en tyran. Ceux qui gouvernent. Ici, ce ne sont pas les parents qui gouvernent, mais les enfants* (syn. COMMANDER). — **4.** Litt. *Gouverner ses sentiments, son cœur, sa pensée,* etc., les dominer, les maîtriser. — **5.** (sujet qqch) *Gouverner qqn,* exercer une influence puissante sur lui : *C'est la jalousie qui le gouverne. La raison gouverne les sens. Nous ne savons rien des mobiles qui gouvernent ses faits et gestes.* — **6.** (sujet qqch) *Gouverner qqch,* faire mouvoir, régir qqch : *C'est le ressort qui gouverne toutes les pièces dans une montre.* ◆ ***se gouverner*** v. pr. Dominer, maîtriser ses sentiments, sa pensée, etc.

gouvernés [guvɛrne] n. m. pl. Ceux qui sont soumis à un pouvoir politique.

gouverneur [guvɛrnœr] n. m. *Gouverneur militaire,* général qui gouverne une place forte (Paris, Metz, Lyon, etc.). ‖ *Gouverneur de la Banque de France,* directeur de la Banque de France.

goyave [gɔjav] n. f. (esp. *guyaba*). Fruit tropical sucré et rafraîchissant qui se mange cru ou confit.

grabat [graba] n. m. (gr. *krabbatos*). Lit misérable, lit de malade : *Une infirme clouée sur son grabat.*

grabataire [grabatɛr] adj. et n. Se dit d'un malade qui ne quitte pas le lit.

grabuge [grabyʒ] n. m. (orig. obscure). Fam. *Faire du grabuge,* du scandale : *Ça va faire du grabuge* (syn. fam. FAIRE DU VILAIN). ‖ Fam. *Il y a du grabuge,* de la bataille, de la bagarre.

grâce [grɑs] n. f. (lat. *gratia*). **1.** Faveur, chose qui n'est pas due et qu'on accorde à qqn librement : *Demander (solliciter, obtenir, recevoir, accorder, octroyer) une grâce. Elle nous a fait la grâce d'accepter notre invitation. Vous me faites trop de grâce* (syn. HONNEUR). — **2.** Aide surnaturelle accordée par Dieu en vue du salut : *Demander la grâce de Dieu* (syn. SECOURS). *Les sacrements fortifient la grâce.* — **3.** Mesure de clémence par laquelle on accorde à un condamné la remise ou la réduction de sa peine : *Le condamné à mort a été avisé que sa grâce lui avait été accordée par le président de la République. Le droit de grâce. Un recours en grâce.* — **4.** Beauté, charme dans l'attitude, les mouvements ou l'aspect : *Avoir de la grâce* (syn. CHARME). *La grâce d'une danseuse* (contr. GAUCHERIE, LOURDEUR). *Mouvements pleins de grâce* (syn. ÉLÉGANCE). *Un corps sans grâce.* — **5.** Élégance du style : *S'exprimer avec grâce.* — **6.** *À la grâce de Dieu,* comme il plaira à Dieu (en laissant les choses se faire toutes seules). ‖ *Avoir mauvaise grâce à* (+ *inf.*), être mal placé pour : *Vous auriez mauvaise grâce à vous plaindre.* ‖ *Bonne, mauvaise grâce,* bonne, mauvaise volonté. ‖ *C'est la grâce que je vous souhaite,* c'est le bonheur que je vous souhaite. ‖ *De bonne grâce,* spontanément, avec bonne volonté : *Faire quelque chose (s'exécuter) de bonne grâce* (syn. VOLONTIERS). ‖ Litt. *De grâce,* je vous en prie. ‖ *Demander, crier grâce,* se déclarer vaincu, à bout de forces. ‖ *De meilleure grâce,* plus spontanément, sans se faire prier. ‖ *Donner à qqn un délai (un jour,* etc.) *de grâce,* un délai supplémentaire par faveur spéciale. ‖ *Donner (porter) le coup de grâce à qqn,* l'achever, lui donner la mort ou lui porter un coup définitif, alors qu'il est en difficulté (financière, etc.). ‖ *Être en grâce, rentrer en grâce auprès de qqn,* être, rentrer en faveur auprès de lui. ‖ *Faire grâce à qqn de qqch,* l'en dispenser, le lui épargner : *Faites-moi grâce de vos observations* (= dispensez-vous de me les faire). *Je te fais grâce des dix centimes qui restent* (= je te dispense de me les rendre). ‖ Litt. *Grâce !,* interj. pour implorer le pardon, la pitié. ‖ *Grâce à qqn, qqch,* exprime une valeur causale et implique un résultat heureux (opposé à *par suite, à cause de, par la faute de, du fait de*) : *C'est grâce à vous que nous sommes là. Grâce à vos conseils, j'ai évité une catastrophe. Grâce à ce renseignement, la police a mis la main sur le coupable.* ‖ *Grâce à Dieu, grâce au ciel,* par bonheur : *Grâce à Dieu, nous sommes arrivés à temps!* ‖ *L'an de grâce...,* se dit des années de l'ère chrétienne. ‖ *Rendre grâce* (ou *rendre grâces*) *à qqn,* le remercier (relig. ou litt.) : *Rendre grâce à Dieu pour les bienfaits dont on est comblé. Tout un peuple qui rend grâce à son libérateur.* ‖ *Trouver grâce devant, auprès de qqn,* lui plaire, obtenir son indulgence. ◆ ***grâces*** n. f. pl. *Action de grâces,* manifestation de gratitude; prière adressée à Dieu en reconnaissance de ses dons : *Un cantique d'action de grâces. Se recueillir pour faire son action de grâces après la communion.* ‖ *Dire les grâces,* faire la prière qui rend grâces à Dieu après le repas. ‖ *Les bonnes grâces de qqn,* ses faveurs : *Rechercher, gagner, se concilier, perdre les bonnes grâces de... Chercher à entrer dans les bonnes grâces de ses chefs.*

gracier [grasje] v. t. *Gracier un condamné,* lui remettre sa peine ou la commuer en une peine moins grave : *Le président de la République peut gracier un condamné à mort.*

gracieusement [grasjøzmɑ̃] adv. **1.** De façon gracieuse : *Une jeune fille qui salue gracieusement l'assistance.* — **2.** Gratuitement : *Une prime est remise gracieusement par la maison à tout acheteur.*

gracieuseté [grasjøzte] n. f. Gratification donnée en plus de ce qu'on doit. ◆ ***gracieusetés*** n. f. pl. Amabilités : *Faire mille gracieusetés à quelqu'un.*

gracieux, euse [grasjø] adj. (lat. *gratiosus*). **1.** Qui a de la grâce : *Un corps jeune et gracieux. Gestes gracieux.* — **2.** *À titre gracieux,* gratuitement, bénévolement : *Faire une chose à titre gracieux.* ‖ *Prêter à qqn un concours gracieux,* gratuit, bénévole.

gracile [gracil] adj. (lat. *gracilis,* mince). Qui a une grâce fragile : *Un enfant gracile. Un corps gracile* (syn. FRÊLE; contr. ÉPAIS, TRAPU).

gracilité [grasilite] n. f. *Litt.* Caractère gracile : *Une gracilité enfantine.*

gradation [gradasjɔ̃] n. f. (lat. *gradus,* degré). Progression par degrés successifs : *Une gradation insensible.*

1. grade [grad] n. m. (lat. *gradus*). **1.** Degré de la hiérarchie militaire : *Le grade de lieutenant. Avancer (monter en grade.* — **2.** *Grade universitaire,* titre sanctionné par un examen et attesté par un diplôme : *Le grade de bachelier, de licencié.* — **3.** Fam. *En prendre pour son grade,* recevoir une sévère réprimande.

2. grade [grad] n. m. Unité de mesure des angles géométriques et des arcs de cercle (symb. gr).

gradé [grade] n. m. et adj. Militaire qui a un grade inférieur à celui d'officier : *Tous les gradés de la compagnie. Il n'est pas gradé.*

gradin [gradɛ̃] n. m. (it. *gradino*). Chacun des bancs superposés d'un amphithéâtre, d'un stade : *Le public commence à remplir (garnir, s'entasser sur) les gradins.*

graduation [gradɥasjɔ̃] n. f. Division par degrés.

gradué, e [gradɥe] adj. **1.** Qui présente une graduation : *Une règle graduée.* — **2.** Qui va progressivement : *Des exercices gradués.*

graduel, elle [gradɥɛl] adj. Qui progresse par degrés : *Un réchauffement graduel* (syn. PROGRESSIF; contr. BRUSQUE, SOUDAIN).

graduellement [gradɥɛlmɑ̃] adv. De façon graduelle (syn. PETIT À PETIT, PROGRESSIVEMENT).

graduer [gradɥe] v. t. (du lat. *gradus,* degré). **1.** Augmenter par degrés : *Graduer les effets. Graduer les difficultés, l'intérêt de quelque chose.* — **2.** Diviser en degrés : *Graduer un thermomètre.*

graffiti [grafiti] n. m. (it. *graffito*) [pl. *graffiti* ou *graffitis*]. Inscription, dessin griffonné sur un mur : *Des graffiti obscènes, politiques.*

graillon [grɑjɔ̃] n. m. (de *griller*). Mauvaise odeur de graisse brûlée : *Une cuisine qui sent le graillon.*

grain [grɛ̃] n. m. (lat. *granum*). **1.** Fruit ou semence d'une céréale : *Des grains de riz, de blé. Récolter (semer, vanner, cribler, rentrer, moudre) le grain* (ou *les grains*). *De l'eau-de-vie de grain. Un poulet de grain* (= nourri exclusivement de grain). [→ ÉGRENER.] — **2.** Petit fruit d'autres plantes : *Des grains de raisin. Des grains de café.* — **3.** *Grains d'un collier, d'un chapelet,* etc., perles, petites billes qui les composent. — **4.** Fragment infime de matière : *Un grain de métal (de sable, de poussière, de sel).* — **5.** Aspect plus ou moins marqué d'aspérités d'une surface : *Le grain de la peau. Le grain d'un cuir, d'une pierre.* — **6.** Fam. *Avoir un grain,* être légèrement fou. ‖ *Grain de beauté,* petite tache brune sur la peau (syn. NÆVUS). ‖ Fam. *Mettre son grain de sel,* se mêler de ce qui ne vous regarde pas en intervenant dans une conversation. || *Séparer le bon grain de l'ivraie,* séparer le bien du mal, les bons des méchants. || *Un grain de qqch (abstrait),* une petite quantité de : *Un grain de bon sens, de folie.* — 7. Averse brusque. — **8.** En mer, coup de vent violent et subit. — **9.** *Veiller au grain,* prendre ses précautions; être sur ses gardes. ◆ ***grains*** n. m. pl. Céréales.

graine [grɛn] n. f. (lat. *grana*). **1.** Semence d'une plante : *De la graine de poireaux. Des graines d'œillets. Semer des graines.* — **2.** *Graine de* (*voyou, assassin,* etc.), individu qui prend le chemin d'être un... || Péjor. *Mauvaise graine,* mauvais sujet. || (sujet une plante) *Monter en graine,* se développer jusqu'à la production des graines; (sujet qqn) grandir. || Fam. *En prendre de la graine,* s'inspirer de qqn ou de qqch comme d'un modèle.

graineterie [grɛntri] n. f. Commerce, magasin de grainetier.

grainetier, ère [grɛntje] n. Commerçant en graines, oignons, bulbes, etc.

graissage [grɛsaʒ] n. m. Action de graisser un moteur, un mécanisme : *Faire faire le graissage et la vidange de sa voiture.*

graisse [grɛs] n. f. (du lat. *crassus,* épais). **1.** Substance onctueuse, répandue dans les tissus sous la peau des hommes, des animaux : *Avoir de la graisse* (= avoir un excès de graisse; syn. EMBONPOINT). *Prendre de la graisse* (= devenir trop gras). — **2.** Tout corps gras d'origine animale, végétale ou minérale, utilisé en cuisine ou dans l'industrie, la pharmacie, etc. : *Faire fondre de la graisse d'oie. Faire des frites à la graisse végétale. Mettre de la graisse sur une machine* (syn. LUBRIFIANT). *Un mécanicien qui a les mains pleines de graisse. Une tache de graisse.*

graisser [grɛse] v. t. **1.** Enduire de graisse ou d'un corps gras : *Graisser une machine. Graisser une poêle.* — **2.** Tacher de graisse : *Graisser son pull-over.* — 3. Fam. *Graisser la patte à qqn,* lui donner de l'argent pour obtenir de lui un service.

graisseux, euse [grɛsø] adj. **1.** Qui contient de la graisse : *Les sécrétions graisseuses de la peau. Le tissu graisseux.* — **2.** Taché de graisse : *Un carnet graisseux.*

grammaire [gram(m)ɛr] n. f. (gr. *grammatikê,* art de lire et d'écrire). **1.** Étude d'une langue, en particulier des structures morphologiques et syntaxiques : *Les constatations de la* GRAMMAIRE DESCRIPTIVE *peuvent être érigées en règles enseignées dans les classes afin d'amener les membres d'une communauté linguistique à éviter les écarts qui sont jugés des fautes* (GRAMMAIRE NORMATIVE). *La* GRAMMAIRE HISTORIQUE *étudie le développement de la langue dans le temps. La* GRAMMAIRE COMPARÉE *procède à des comparaisons entre les structures de différentes langues. La* GRAMMAIRE GÉNÉRALE *s'efforce de distinguer les lois communes à toutes les langues.* — **2.** Livre qui contient les règles d'une langue : *Acheter une grammaire française, d'anglais.*

grammairien, enne [gram(m)ɛrjɛ̃] n. Spécialiste de grammaire.

grammatical, e, aux [gram(m)atikal] adj. **1.** Qui concerne la grammaire : *Donner des exercices grammaticaux à des élèves. L'analyse grammaticale étudie la fonction des mots dans une proposition.* — **2.** Se dit d'un énoncé conforme aux règles de la grammaire.

grammaticalité [gramatikalite] n. f. Caractère grammatical d'un énoncé.

gramme [gram] n. m. (gr. *gramma,* petit poids). **1.** Unité de masse valant un millième de kilogramme (symb. g). — **2.** *N'avoir pas un gramme de,* être dépourvu de : *Il n'a pas un gramme de bon sens* (syn. SOU).

grand, e [grɑ̃] (devant un n. ou un adj. à initiale vocalique, on articule un [t] de liaison : *grand arbre* [grɑ̃tarbr]) adj. (lat. *grandis*).
— **I.** SANS VALEUR SPÉCIALEMENT INTENSIVE. **1.** (normalement, *grand* précède le n., sauf cas d'obligation grammaticale ou effet de style) Se dit d'un être animé de taille élevée : *Un homme grand* (cf. UN GRAND HOMME en II, 6). *Une grande femme* (contr. PETIT). *Une femme grande. Un grand rhinocéros. Cet enfant est grand et maigre.* — **2.** Se dit d'un enfant qui a atteint une taille élevée, ou un certain âge : *Vous avez de grands enfants déjà. Elle est grande pour son âge* (= de taille élevée). *Tu es grand maintenant* (= tu n'es plus un petit enfant). *Être assez grand pour* (= être capable de). — **3.** Se dit des parties du corps humain qui ont des dimensions supérieures à la moyenne : *Avoir de grands yeux. Un grand nez. De grands pieds.* — **4.** Qui a des dimensions très étendues : *Une grande forêt. Un grand immeuble. Une grande ville* (syn. VASTE). *Un grand fleuve.* — **5.** Se dit de phénomènes de la nature ou d'actions humaines qui se distinguent par leur intensité relative : *Il fait un grand froid. Il souffle un grand vent. Les grandes marées. Les grandes eaux de Versailles. Les grandes chaleurs. Un grand bruit* (syn. INTENSE). *De grands éclats de voix. Un grand soupir. Un grand coup de poing. De grandes dépenses. Le grand air* (= l'air vif du dehors). — **6.** Se dit d'une mesure de l'espace ou du temps qui atteint une importance notable, ou qui est difficilement appréciable : *Les grandes vacances. Descendre à une grande profondeur. Parvenir à un grand âge. Sur une grande surface. Sur une grande échelle.* — **7.** (précédé d'un nombre et suivi d'un n. de mesure, généralement du temps) Qui dépasse en réalité la mesure indiquée ou semble la dépasser : *Attendre deux grandes heures* (syn. LONG). *Un grand quart d'heure* (syn. BON). *Un grand mois.*
— **II.** AVEC VALEUR INTENSIVE. **1.** (formant avec un v. et un n. sans art. une loc. toute faite) Considérable : *Avoir grand besoin de. Faire grand cas de. Faire grand tort. Cela vous fera le plus grand bien. Je n'y vois pas grand mal. Aller grand train* (litt.; = très vite). *Il n'y a pas grand monde;* à la forme masculine avec un n. féminin (en ce cas, lié au n. par un trait d'union) : *Avoir grand-faim, grand-soif, grand-peur.* — **2.** (formant une loc. adverbiale avec une prép. et un n. sans art.) Même sens : *Boire à grands traits. À grands frais. À grande eau. Au grand complet. À grande vitesse. Au grand jamais. De grand matin. À grand-peine. Au grand jour* (= à la lumière du soleil). — **3.** (formant avec un n., précédé le plus souvent de l'art. déf., un mot composé à valeur de superlatif absolu; surtout avec des n. désignant des phénomènes sociaux) Qui est le plus considérable : *La Grande Guerre. La Grande Armée. Le Grand Siècle. Les grandes famines.* — **4.** Qui revêt une importance particulière dans l'ordre politique, social, économique, intellectuel : *Les grands problèmes. Une grande puissance. Les grands trusts. Les grands patrons. La grande industrie. Une grande école.* — **5.** Qui l'emporte sur les autres par son retentissement, sa qualité, sa renommée : *Le grand jour (c'est un grand jour). Les grands crus (un grand bourgogne). Le grand art.* — **6.** Se dit de l'homme, du point de vue de sa qualité, de sa condition, de sa situation, qui réalise cette qualité, cette condition, cette situation à un degré exceptionnel : *Un grand homme* (= un homme célèbre, qui a réalisé de grandes choses). *Un grand artiste. Une grande travailleuse. Un grand buveur. Un grand imbécile. Un grand brûlé. Un grand blessé* (syn. GRAVE). *Un grand seigneur, une grande dame* (= se disent des gens qui se conduisent comme tels). — 7. Avec des titres : *Grand officier de la Légion d'honneur.* || Se dit d'une dignité accordée à un seul homme : *Le grand prêtre. Le grand veneur.* — **8.** Se dit d'actions, d'œuvres, de qualités humaines qui sont

particulièrement remarquables : *Une grande civilisation. Un grand cœur. Une grande âme. Un grand cerveau. Un exploit de grande classe.* — **9.** (précédant un n. propre) Qui s'est rendu illustre : *Le grand Molière. Le Grand Condé. Le Grand Frédéric.* ‖ (suivant le n. propre) Titre de gloire qui joue également un rôle distinctif : *Louis le Grand.* ◆ n. **1.** Se dit, dans le milieu scolaire, des enfants les plus âgés (par oppos. aux *petits*) : *C'est un grand qui l'a fait tomber dans la cour. La cour des grandes. Se conduire comme une grande.* — **2.** Personne adulte : *Une émission destinée aux petits et aux grands.* ◆ ***grand*** adv. **1.** *Grand ouvert,* tout à fait ouvert (*grand* est inv. pour certains) : *Portail grand ouvert. Porte grande ouverte. Les yeux grands ouverts* (moins souvent *grand ouverts*). *Les fenêtres grandes ouvertes* (ou *grand ouvertes*). — **2.** *En grand,* à fond ; sur une plus grande échelle : *Faire le ménage en grand. Voir les choses en grand.* ‖ *Voir grand,* avoir de vastes ambitions, concevoir des projets grandioses : *Il ne faut pas craindre de voir grand.* ◆ n. m. **1.** *L'infiniment grand* (par oppos. à *l'infiniment petit*), l'univers à l'échelle de l'astronomie. — **2.** Personne qui occupe une position sociale élevée : *Les grands de ce monde.* — **3.** *Les quatre grands, les deux grands,* etc., les grandes puissances mondiales.

grand-angle [grɑ̃tɑ̃gl] ou **grand-angulaire** [grɑ̃tɑ̃gylɛr] n. m. (pl. *grands-angles, grands-angulaires*). Objectif photographique couvrant un grand champ.

grand-chose [grɑ̃ʃoz] pron. indéf. *Ne... pas grand-chose,* presque rien : *Cela ne vaut pas grand-chose* (= cela ne vaut pas cher). *Ce n'est pas grand-chose* (= c'est peu de chose). *Il n'en sortira pas grand-chose* (= il n'y aura guère de résultat positif). *Il n'en sortira pas grand-chose de bon* (= il ne peut en sortir que qqch de mauvais). ◆ n. inv. Fam. *Un (une, des) pas-grand-chose,* qqn qui ne mérite pas de considération.

grand-duc [grɑ̃dyk] n. m. (pl. *grands-ducs*). **1.** Titre de quelques princes souverains. — **2.** Prince de la famille impériale de Russie.

grand-duché [grɑ̃dyʃe] n. m. (pl. *grands-duchés*). Pays gouverné par un grand-duc ou une grande-duchesse : *Le grand-duché de Luxembourg.*

grande-duchesse [grɑ̃ddyʃɛs] n. f. (pl. *grandes-duchesses*). **1.** Femme d'un grand-duc ou souveraine d'un grand-duché. — **2.** Titre des princesses de la famille impériale russe.

grandement [grɑ̃dmɑ̃] adv. **1.** Extrêmement, beaucoup : *Vous vous trompez grandement* (syn. DE BEAUCOUP). — **2.** Indique un degré atteint sans peine : *Vous en avez grandement assez comme ça* (syn. LARGEMENT, AMPLEMENT). — **3.** Largement, en abondance : *Elle a grandement fait les choses* (= sans regarder à la dépense, avec générosité).

grandeur [grɑ̃dœr] n. f. **1.** Supériorité affirmée dans l'ordre social, politique : *La grandeur d'un État, de Napoléon. Une politique de grandeur* (syn. PUISSANCE, SUPRÉMATIE). *Du haut de sa grandeur* (syn. FORTUNE, PROSPÉRITÉ). — **2.** Caractère de ce qui est important par son ampleur, sa qualité : *La grandeur d'une entreprise* (syn. IMPORTANCE). *La grandeur d'un danger* (syn. ÉTENDUE). *La grandeur d'un sacrifice.* — **3.** Qualité de ce qui est susceptible d'être mesuré : *Un transistor de la grandeur d'une boîte d'allumettes* (syn. TAILLE, DIMENSION, FORMAT). — **4.** *Avoir la folie des grandeurs,* avoir une ambition démesurée, le goût de ce qui est grand. ‖ *Grandeur nature,* qui représente qqch selon ses dimensions réelles : *Un dessin grandeur nature.* ‖ *Ordre de grandeur,* dimension ou quantité approximative : *De quel ordre de grandeur seront les dépenses ?* ‖ *Regarder qqn du haut de sa grandeur,* le regarder de haut en bas, avec dédain, le toiser.

grand-guignol [grɑ̃giɲɔl] n. m. *C'est du grand-guignol,* c'est un affreux mélodrame, aux péripéties sanglantes.

grand-guignolesque [grɑ̃giɲɔlɛsk] adj. Qui relève du grand-guignol : *Des aventures grand-guignolesques.*

grandiloquence [grɑ̃dilɔkɑ̃s] n. f. Manière pompeuse de parler, de s'exprimer (syn. EMPHASE).

grandiloquent, e [grɑ̃dilɔkɑ̃] adj. (du lat. *grandis,* grand, et *loqui,* parler). Qui s'exprime ou qui est exprimé avec grandiloquence : *Un conférencier grandiloquent. Un discours grandiloquent* (syn. POMPEUX, EMPHATIQUE).

grandiose [grɑ̃djoz] adj. (it. *grandioso*). Qui impressionne par sa grandeur physique ou morale : *Spectacle grandiose* (syn. IMPOSANT). *Drame grandiose.*

grandir [grɑ̃dir] v. i. **1.** (sujet être animé ou plante) Devenir plus grand : *Cet arbre a grandi* (syn. POUSSER, ALLONGER). *Cet enfant a grandi de plusieurs centimètres* (syn. SE DÉVELOPPER). — **2.** (sujet un phénomène physique ou moral) Devenir plus important : *Le bruit grandissait toujours plus* (syn. AUGMENTER). *Le malaise (l'inquiétude) ne fait que grandir* (syn. CROÎTRE, S'ACCROÎTRE). — **3.** *Grandir en force, en beauté, en sagesse,* etc., devenir plus grand, plus beau, plus sage, etc. — **4.** *Sortir grandi de qqch,* retirer un bénéfice moral de : *Elle sort grandie de ces difficultés.* ◆ v. t. **1.** (sujet qqch) Faire paraître plus grand : *Elle portait des talons qui la grandissaient.* — **2.** (sujet qqch [abstrait]) Donner plus de prestige : *Le succès l'a grandie à ses propres yeux.* ◆ ***se grandir*** v. pr. Se faire paraître plus grand qu'on n'est : *Se grandir en se haussant sur la pointe des pieds* (contr. SE RAPETISSER).

grandissant, e [grɑ̃disɑ̃] adj. Se dit d'un phénomène physique ou moral qui grandit sans cesse : *Un bruit grandissant. Une inquiétude grandissante* (syn. CROISSANT).

grand-messe [grɑ̃mɛs] n. f. (pl. *grand(s)-messes*). Messe solennelle chantée.

grand-oncle [grɑ̃tɔ̃kl] n. m. (pl. *grands-oncles*). Frère du grand-père ou de la grand-mère.

grand-papa [grɑ̃papa] n. m., **grand-maman** [grɑ̃mamɑ̃] n. f. (pl. *grands-papas, grand[s]-mamans*). Forme fam. de GRAND-PÈRE, GRAND-MÈRE.

grand-père [grɑ̃pɛr] n. m., **grand-mère** [grɑ̃mɛr] n. f. (pl. *grands-pères, grand[s]-mères*). Père, mère, du père ou de la mère (syn. AÏEUL[E]).

grand-rue [grɑ̃ry] n. f. (pl. *grand-rues*). Rue principale d'un village ou d'une bourgade.

grands-parents [grɑ̃parɑ̃] n. m. pl. Le grand-père et la grand-mère, du côté paternel ou maternel, ou des deux côtés.

grand-tante [grɑ̃tɑ̃t] n. f. (pl. *grands-tantes*). Sœur du grand-père ou de la grand-mère.

grand-voile [grɑ̃vwal] n. f. (pl. *grand-voiles* ou *grands-voiles*). Voile du grand mât.

grange [grɑ̃ʒ] n. f. (lat. *granum,* grain). Bâtiment rural qui sert à abriter la paille, le foin, les récoltes.

granit ou **granite** [granit] n. m. (de l'it. *granito,* à grains). Roche dure, cristalline et grenue : *Un bloc de granit. Un monument de granit.*

granité, e [granite] adj. Qui présente des grains comme le granit.

granitique [granitik] adj. Relatif au granit : *Roche granitique. Relief granitique.*

granivore [granivɔr] adj. et n. Qui se nourrit de grains : *Les poulets sont des granivores.*

granulation [granylasjɔ̃] n. f. Agglomération en petits grains.

granule [granyl] n. m. Petit grain.

granulé, e [granyle] adj. Qui se présente sous forme de petits grains. ◆ ***granulé*** n. m. **1.** Syn. de GRANULE. — **2.** Préparation pharmaceutique faite de grains irréguliers, et qui contient du sucre.

granuleux, euse [granylø] adj. **1.** Composé de petits grains : *Une roche granuleuse.* — **2.** Dont la surface semble couverte de petits grains : *Avoir la peau granuleuse.*

graphe [graf] n. m. (du gr. *graphein,* dessiner). Représentation graphique d'une fonction.

graphème [grafɛm] n. m. Syn. de LETTRE.

graphie [grafi] n. f. (du gr. *graphein,* écrire). Manière d'écrire un mot (scientif.) : *Écrire un nom propre sans fautes de graphie* (syn. usuel ORTHOGRAPHE).

graphique [grafik] adj. Qui représente par des signes ou des lignes : *Un système de signes graphiques nommé «alphabet». Les arts graphiques comportent l'ensemble des procédés d'impression utilisés à des fins artistiques, comme la gravure, la typographie et la photographie.* ◆ n. m. Tracé ou courbe représentant les variations d'un phénomène, d'une grandeur : *Un graphique représentant les variations de température* (syn. COURBE).

graphisme [grafism] n. m. Manière de tracer un trait, de dessiner : *Le graphisme de Dürer.*

graphiste [grafist] n. Professionnel des arts graphiques.

graphologie [grafɔlɔʒi] n. f. (gr. *graphein,* écrire, et *logos,* science). Étude de l'écriture en fonction des indications qu'elle peut fournir sur son auteur.

graphologique [grafɔlɔʒik] adj. Relatif à la graphologie : *Expertise graphologique.*

graphologue [grafɔlɔg] n. Spécialiste de graphologie : *Il faudrait soumettre cette lettre à l'examen d'un graphologue.*

grappe [grap] n. f. (germ. *krappa,* crochet). **1.** Groupe de fleurs ou de fruits poussant sur une tige commune : *Une grappe de lilas. Manger une grappe de raisins.* — **2.** Assemblage d'objets imitant cette forme : *Les fourmis déposent leurs œufs en grappes. Des oignons qui sont accrochés par grappes.* — **3.** Groupe serré d'êtres animés : *Des grappes d'enfants s'accrochent aux touristes.*

grappillage [grapijaʒ] n. m. Action de grappiller.

grappiller [grapije] v. t. (de *grappe*). *Grappiller qqch,* recueillir de côté et d'autre des restes épars : *Grappiller des cerises. Grappiller des nouvelles.* ◆ v. i. *Fam.* et *péjor.* Faire des petits gains, souvent de façon illégale : *Grappiller à droite et à gauche.*

grappilleur, euse [grapijœr] n. Qui grappille.

grappin [grapɛ̃] n. m. (de *grappe*). **1.** Petite ancre à pattes recourbées et pointues. — **2.** Fam. *Mettre le grappin sur qqn, sur qqch,* les accaparer, s'en emparer : *Une fois qu'il a mis le grappin sur vous, vous ne pouvez plus vous en défaire. Mettre le grappin sur un héritage.*

gras, grasse [grɑ] adj. (lat. *crassus,* épais). **1.** Formé de graisse ou qui en contient : *Le beurre, l'huile sont des corps gras. Évitez les aliments gras. Ce bouillon est trop gras. Manger du foie gras.* — **2.** *Eaux grasses,* eaux de vaisselle. — **3.** Se dit d'un être animé qui a beaucoup de graisse : *Elle est un peu grasse aux hanches. Un poulet bien gras.* — **4.** Sali par de la graisse, enduit de graisse : *Jeter des papiers gras.* — **5.** *Cheveux gras, peau grasse,* à l'aspect luisant, résultant des sécrétions graisseuses de la peau (contr. SEC). — **6.** Qui a une consistance onctueuse : *Une boue grasse. Terre grasse* (= argileuse et fertile). — **7.** Dont la surface est visqueuse, glissante : *Attention, la chaussée est grasse ce matin.* — **8.** Qui présente un aspect épais : *Des caractères d'imprimerie gras. Un crayon gras* (= qui donne des traits larges, épais). *Des plantes grasses* (= à feuilles épaisses). — **9.** Qui produit un son pâteux : *Une toux grasse* (= accompagnée de glaires; contr. SEC). — **10.** (avant le n.) Abondant, copieux, fertile : *De grasses récoltes (moissons, prairies), de gras pâturages. Distribuer de grasses récompenses.* ◆ ***gras*** adv. *Faire gras,* manger de la viande (contr. FAIRE MAIGRE). ◆ n. m. Partie grasse d'une viande (contr. MAIGRE).

grassement [grɑsmɑ̃] adv. **1.** *Vivre grassement,* dans le confort et le luxe (syn. CONFORTABLEMENT). — **2.** *Payer grassement qqn,* largement, avec excès.

grasseyant, e [grasɛjɑ̃] adj. Qui grasseye : *Une voix grasseyante.*

grasseyement [grasɛjmɑ̃] n. m. Action de grasseyer.

grasseyer [grasɛje] v. i. (c. **4**) [sujet qqn] Prononcer les *r* du fond de la gorge, sans l'action de la langue (par oppos. à *rouler*).

grassouillet, ette [grasujɛ] adj. *Fam.* Légèrement gras : *Un enfant grassouillet* (syn. POTELÉ, DODU).

gratifiant, e [gratifjɑ̃] adj. Qui procure une satisfaction psychologique (contr. FRUSTRANT).

gratification [gratifikasjɔ̃] n. f. Somme d'argent accordée à qqn en plus d'une rémunération : *Une employée qui reçoit une gratification en fin d'année* (syn. PRIME).

gratifier [gratifje] v. t. (lat. *gratificari,* se rendre agréable). **1.** *Gratifier qqn de qqch,* lui accorder généreusement qqch (cadeau, faveur, etc.) : *Elle a gratifié la serveuse d'un bon pourboire. Gratifier ses voisins d'un sourire* (syn. OCTROYER). — **2.** Donner en rétribution qqch de désagréable (ironiq.) : *Il s'est vu gratifier d'une amende.*

gratin [gratɛ̃] n. m. (de *gratter*). **1.** Plat saupoudré de chapelure et de fromage râpé, et passé au four; la croûte qui se forme à la surface d'un plat ainsi préparé : *Du chou-fleur au gratin. Un gratin au fromage.* — **2.** *Fam.* La partie la plus distinguée d'une société : *Tout le gratin de la ville* (syn. ÉLITE; fam. CRÈME).

gratiné, e [gratine] adj. **1.** Cuit au gratin. — **2.** *Pop.* Qui sort de l'ordinaire : *Une cuite gratinée.*

gratinée [gratine] n. f. Soupe à l'oignon, saupoudrée de fromage râpé, que l'on fait gratiner au four.

gratiner [gratine] v. i. *Faire gratiner un plat,* le passer au four pour faire un gratin.

gratis [gratis] adv. (mot lat.). *Fam.* Pour rien, sans rien dépenser ou faire dépenser : *On a mangé gratis* (syn. GRATUITEMENT).

gratitude [gratityd] n. f. (du lat. *gratus,* reconnaissant). Sentiment de reconnaissance qu'on éprouve pour celui qui vous a rendu service : *Comment puis-je vous témoigner ma gratitude?*

grattage [grataʒ] n. m. Action de gratter : *Le grattage des vieilles affiches sur un mur.*

gratte [grat] n. f. *Fam.* Petit profit illégitime.

gratte-ciel [gratsjɛl] n. m. inv. (traduction de l'angl. *sky-scraper*). Immeuble ayant un très grand nombre d'étages.

grattement [gratmɑ̃] n. m. Bruit fait en grattant : *Elle fut intriguée par un grattement à sa porte.*

gratte-papier [gratpapje] n. m. inv. *Fam.* et *péjor.* Petit employé de bureau.

gratter [grate] v. t. (frq. *krattôn*). **1.** *Gratter qqch,* en frotter la surface de manière à l'entamer légèrement, pour la nettoyer, la polir, etc. : *Gratter un plancher avec de la paille de fer* (syn. RACLER). *Gratter un mur au couteau* (ou *avec un couteau*). — **2.** *Gratter une étiquette, une inscription, une croûte,* etc., les faire disparaître en frottant, en raclant : *Un mot a été gratté dans le texte. Gratter la peinture d'une cloison.* — **3.** (sujet qqn) *Gratter qqn, une partie du corps,* frotter la peau pour faire cesser une démangeaison : *Gratte-moi dans le dos. Ne gratte pas tes boutons;* (sujet qqch) irriter : *Mon col de chemise me gratte.* ‖ Fam. *Ça me gratte,* je sens une démangeaison. — **4.** *Gratter qqch (sur qqch),* faire un petit bénéfice en prélevant discrètement à son profit ou en mettant de côté de petites sommes d'argent : *Elle gratte quelques billets sur chaque commande. On a réussi à gratter 1 000 F sur nos économies.* — **5.** *Gratter un concurrent,* le dépasser : *Il les a tous grattés au poteau d'arrivée.* ◆ v. i. **1.** *Gratter à la porte,* frapper discrètement pour avertir de sa présence. ‖ Fam. *Gratter du violon, de la guitare,* etc., en jouer mal (syn. fam. RACLER). — **2.** *Pop.* Travailler. ◆ ***se gratter*** v. pr. Se frotter avec les ongles : *Un enfant qui a la varicelle est sans cesse tenté de se gratter. Il se grattait la tête avec perplexité.*

grattoir [gratwar] n. m. Canif pour gratter le papier et en faire disparaître l'écriture ou les taches.

gratuit, e [gratɥi] adj. (lat. *gratuitus*). **1.** Qu'on donne sans faire payer ou qu'on reçoit sans payer : *Une consultation gratuite. Entrée gratuite* (syn. LIBRE; contr. PAYANT). ‖ *À titre gratuit,* sans avoir rien à payer (syn. GRATUITEMENT; contr. À TITRE ONÉREUX). — **2.** Se dit d'une opinion ou d'une action sans fondement, sans justification : *Affirmation gratuite* (syn. ARBITRAIRE). — **3.** *Acte gratuit,* qui n'a aucun motif.

gratuité [gratɥite] n. f. Caractère gratuit : *La gratuité de l'enseignement, d'une hypothèse.*

gratuitement [gratɥitmɑ̃] adv. De façon gratuite : *Les prospectus sont distribués gratuitement* (syn. GRACIEUSEMENT, GRATIS). *Vous affirmez cela gratuitement.*

gravats [grava] n. m. pl. (de *grève,* au sens anc. de *gravier*). Débris de plâtre, de pierres, etc., provenant d'une démolition : *Un tas de gravats* (syn. PLÂTRAS).

grave [grav] adj. (lat. *gravis*). **1.** Qui manifeste un très grand sérieux : *Un personnage grave. Une assemblée grave. Son visage prit une expression grave. Un air grave* (syn. COMPASSÉ, SOLENNEL). — **2.** D'une très grande importance : *S'absenter pour une raison grave* (syn. SÉRIEUX). *J'ai des choses graves à vous dire. Un grave avertissement* (syn. SOLENNEL). *Les nouvelles sont graves* (syn. ALARMANT, INQUIÉTANT). — **3.** Qui peut avoir des conséquences sérieuses, tragiques, ou qui peut être jugé sévèrement : *La situation est grave* (syn. CRITIQUE). *De graves ennuis. Une blessure, une opération, une maladie grave* (contr. BÉNIN). *Sa faute n'est pas très grave. Un blessé grave* (= atteint d'une blessure grave). — **4.** *Accent grave* → ACCENT. ‖ *Son grave,* qui occupe le bas de l'échelle musicale par sa faible fréquence : *Une note grave* (contr. AIGU). *Une voix chaude et grave* (syn. BAS). ◆ n. m. Son bas dans l'échelle musicale.

graveleux, euse [gravlø] adj. (de *gravelle,* gravier). Licencieux, mais de façon à provoquer plus le dégoût que la complicité : *Tenir des propos graveleux* (syn. CRU, ÉGRILLARD, GRIVOIS, LIBRE, ↑ OBSCÈNE).

gravement [gravmɑ̃] adv. De façon grave : *Elle regarda gravement son interlocutrice avant de répondre. J'ai été gravement malade* (syn. SÉRIEUSEMENT), *blessé* (syn. GRIÈVEMENT). *Vous êtes gravement coupable.*

graver [grave] v. t. (frq. *graban,* creuser). **1.** Tracer en creux sur une matière : *Graver son nom sur un arbre.* — **2.** Faire une empreinte qui servira à l'impression d'un texte, d'un dessin : *Faire graver des cartes de visite, des faire-part. Une planche, une illustration gravée sur cuivre, sur bois.* — **3.** *Graver un disque,* enregistrer la musique, les paroles, qu'il est destiné à pouvoir reproduire. — **4.** *Graver qqch* (abstrait) *dans sa mémoire, dans son esprit, sur son visage,* etc., l'y imprimer fortement et de façon durable; le fixer par une marque visible, apparente (surtout pass. ou pronominal) : *Cette image est restée gravée dans mon souvenir* (syn. FIXER). *Un détail s'est gravé dans mon cœur. Les soucis sont gravés sur son front. Ces années de captivité se sont gravées sur son visage* (syn. S'IMPRIMER).

graveur [gravœr] n. m. Artiste, ouvrier qui fait des gravures.

gravier [gravje] n. m. (de *grève* au sens de *sable*). **1.** Très petit caillou : *Retirer un gravier de sa chaussure.* — **2.** Ensemble de très petits cailloux : *Le gravier de l'allée crissait sous ses pas.*

gravillon [gravijɔ̃] n. m. Gravier fin, servant surtout à la couverture des routes : *Il y a des risques de projection de gravillons sur un kilomètre.*

gravir [gravir] v. t. (frq. *krawjan,* s'aider de ses griffes). **1.** Monter avec effort : *Gravir péniblement les étages* (syn. MONTER, GRIMPER). — **2.** *Gravir les échelons d'une hiérarchie,* les franchir un à un.

gravitation [gravitasjɔ̃] n. f. (lat. *gravitas,* pesanteur). Force par laquelle les corps s'attirent en raison directe de leur masse et en raison inverse du carré de leur distance (scientif.) : *La loi de la gravitation universelle. Les planètes tournent autour du Soleil sous l'effet de la gravitation.*

gravité [gravite] n. f. (lat. *gravitas,* fermeté, pesanteur).

— **I.** Qualité de qqn de grave; caractère grave de qqch : *Elle n'arrivait pas à garder sa gravité* (syn. SÉRIEUX). *Je ne vois pas la gravité du problème. La gravité de ces nouvelles impose des mesures urgentes. La gravité d'une maladie, d'une faute. Une blessure sans gravité* (= bénigne).

— **II. 1.** Attraction de la Terre qui s'exerce sur un corps (scientif.) : *Le liquide descend dans le tube par gravité* (syn. PESANTEUR). — **2.** *Centre de gravité,* point sur lequel un corps se tient en équilibre dans toutes ses positions; lieu principal.

graviter [gravite] v. i. **1.** (sujet un astre) Tourner sur son orbite autour d'un centre d'attraction : *La Terre gravite autour du Soleil.* — **2.** (sujet qqn) Évoluer autour des hommes au pouvoir, afin d'en recueillir des bénéfices : *Les courtisans qui gravitaient autour du roi. Graviter dans l'orbite du pouvoir.*

gravure [gravyr] n. f. **1.** Art de graver : *La gravure sur bois. La gravure à l'eau-forte.* — **2.** Reproduction de l'ouvrage du graveur : *Une gravure de Dürer. Un livre orné de gravures romantiques.* — **3.** Toute reproduction d'un dessin, d'un tableau : *Mettre des gravures au mur.* — **4.** Reproduction, enregistrement d'un disque : *La gravure de ce disque est mauvaise.*

gré [gre] n. m. (lat. *gratum,* ce qui est agréable). **1.** *Au gré de qqn,* selon son goût : *Avez-vous trouvé la chambre à votre gré?* (syn. CONVENANCE); selon sa volonté (avec un v. d'action) : *Il en fait à son gré* (syn. À SA GUISE); selon son opinion, son sentiment : *Ce roman est trop long à mon gré. À mon gré, cette version est la meilleure.* ‖ *À ton gré, à votre gré,* comme tu voudras, comme vous voudrez (soutenu) : *«Je pars maintenant. — À ton (votre) gré»* (syn. À TA [VOTRE] GUISE). — **2.** *Au gré de qqch,* selon, en se laissant aller à : *Vagabonder au gré de sa fantaisie, de son imagination, de son caprice. Être ballotté au gré des événements* (syn. FIL). *Ses cheveux flottent au gré du vent.* ‖ *Bon gré mal gré,* qu'on le veuille ou non, qu'on l'ait souhaité ou qu'on accepte en maugréant : *Bon gré mal gré, il faut y aller.* ‖ *Contre le gré de qqn,* contre sa volonté : *Elle a obéi contre son gré* (= malgré elle, à contrecœur). ‖ Litt. *De bon gré, de son plein gré,* en acceptant volontiers : *Vous êtes venu de votre plein gré ?* ‖ *De gré ou de force,* même s'il faut recourir à la contrainte (syn. PAR TOUS LES MOYENS). ‖ Litt. *Savoir gré à qqn de qqch* (et, soutenu, *savoir bon gré, savoir un gré infini*), être reconnaissant à qqn de qqch : *Je vous sais gré de cette attention.* ‖ Litt. *Savoir mauvais gré (peu de gré) à qqn de,* être mécontent de ce que qqn a dit ou fait : *On vous saura peu de gré d'avoir dit ces vérités.*

grèbe [grɛb] n. m. (mot savoyard). Oiseau palmipède qui pêche dans les étangs poissons et insectes, et construit un nid flottant.

grec, grecque [grɛk] adj. et n. (lat. *graecus*). **1.** De la Grèce. — **2.** *Eglise grecque,* Église chrétienne d'Orient. ‖ *Rite grec,* rite de l'Église grecque (syn. BYZANTIN). — **3.** *Nez grec,* nez droit, formant une ligne continue avec celle du front. — **4.** *Croix grecque,* à quatre branches égales. ◆ ***grec*** n. m. La langue grecque : *Le grec ancien. Le grec moderne* (→ HELLÈNE).

gréco-latin, e [grekolatɛ̃] adj. Qui concerne le latin et le grec comme langues.

gréco-romain, e [grekorɔmɛ̃] adj. Qui concerne l'art, la civilisation des Grecs et des Romains.

gredin, e [grədɛ̃] n. (de l'anc. néerl. *grelich,* avide) [surtout masc.]. **1.** Individu malhonnête : *Ce gredin de comptable avait falsifié les chiffres* (syn. CANAILLE). — **2.** Garnement, fripon : *Oh, le petit gredin a mangé toute la confiture !*

gréement [gremɑ̃] n. m. Ensemble des éléments qui servent à la manœuvre des voiles d'un navire.

gréer [gree] v. t. (scand. *greida,* équiper). *Gréer un voilier,* l'équiper de ses voiles, cordages et accessoires : *Gréer un trois-mâts. Gréer un navire en goélette.*

greffage [grɛfaʒ] n. m. Ensemble des opérations concernant la greffe des végétaux.

1. greffe [grɛf] n. m. (lat. *graphium,* poinçon). Endroit où sont déposées les minutes des jugements et où se font les déclarations intéressant la procédure : *Être convoqué au greffe du Palais de Justice.*

2. greffe [grɛf] n. f. **1.** Pousse, branche, bourgeon d'une plante qu'on insère sur une autre plante; cette opération elle-même. — **2.** Opération chirurgicale qui consiste à transférer sur un individu *(receveur)* des parties de tissu ou d'organe prélevées sur lui-même ou sur un autre individu *(donneur).*

greffer [grɛfe] v. t. Faire une greffe : *Greffer un pommier. Greffer un rein.* ◆ ***se greffer*** v. pr., **être greffé** v. pass. *Se greffer, être greffé sur qqch (abstrait),* s'introduire dans qqch, s'y ajouter : *De nouvelles difficultés sont venues se greffer sur celles qui existaient déjà.*

greffier [grɛfje] n. m. Fonctionnaire préposé au greffe : *Le greffier dirige les services du greffe, prend les notes d'audience, recueille les dépositions des témoins, transcrit les jugements sur les minutes et en délivre les copies.*

greffon [grɛfɔ̃] n. m. Pousse végétale ou fragment de tissu animal que l'on destine à être greffé sur un sujet.

grégaire [gregɛr] adj. (du lat. *grex, gregis,* troupeau). **1.** *Animal grégaire,* qui vit en troupes : *Le mouton est un animal grégaire.* — **2.** *Instinct grégaire,* tendance qui pousse les individus à s'assembler et à adopter un même comportement.

grégarisme [gregarism] n. m. Instinct grégaire.

grège [grɛʒ] adj. f. (de l'it. [*seta*] *greggia,* [soie] brute). *Soie grège,* soie écrue dont on n'a pas fait disparaître l'enduit gommeux. ◆ adj. et n. m. Qui tient du gris et du beige à la fois.

grégorien, enne [gregɔrjɛ̃] adj. **1.** *Chant grégorien,* chant liturgique codifié par le pape Grégoire Ier. — **2.** *Calendrier grégorien,* calendrier julien réformé par le pape Grégoire XIII en 1582 : *Le calendrier grégorien fut adopté en Russie en 1917.* ◆ ***grégorien*** n. m. Le chant grégorien (syn. PLAIN-CHANT).

1. grêle [grɛl] n. f. (frq. *grisilôn*). **1.** Pluie congelée qui tombe en grains : *Une averse de grêle a saccagé les vignes.* — **2.** *Une grêle de coups, de pierres,* etc., des coups, des pierres, etc., qui tombent, qui arrivent en abondance.

2. grêle [grɛl] adj. (lat. *gracilis*). **1.** Se dit de qqn d'une maigreur dépourvue de grâce, ou de qqch qui est long et mince : *Des jambes grêles. Une apparence grêle et chétive. La silhouette grêle d'un arbuste.* — **2.** Se dit d'un son aigu et faible : *Une voix grêle.* — **3.** *Intestin grêle,* portion de l'intestin comprise entre l'estomac et le début du gros intestin.

grêlé, e [grɛle] adj. *Visage grêlé,* marqué par la petite vérole.

grêler [grɛle] v. i. *Il grêle,* il tombe de la grêle.

grêlon [grɛlɔ̃] n. m. Grain de grêle.

grelot [grəlo] n. m. (du germ. *grell,* aigu). Sonnette faite d'une boule métallique creuse, enfermant un morceau de métal qui la fait résonner quand elle est agitée : *Un tintement de grelots annonce l'arrivée du troupeau.*

grelottant, e [grəlɔtɑ̃] adj. Qui grelotte : *Elle était toute grelottante.*

grelottement [grəlɔtmɑ̃] n. m. Action de grelotter : *Un grelottement de fièvre.*

grelotter [grəlɔte] v. i. (de *grelot*) [sujet qqn]. Trembler très fort : *Grelotter de froid, de fièvre.*

grenade [grənad] n. f. (lat. *granatum,* fruit à grains).
— **I.** Fruit du grenadier, d'une saveur aigrelette : *Du jus de grenade.*
— **II.** Projectile explosif léger : *Une grenade incendiaire, fumigène, lacrymogène. Une grenade à main.*

grenadier [grənadje] n. m.
— **I.** Arbrisseau à fleurs rouges cultivé dans les pays méditerranéens.
— **II. 1.** Soldat chargé de lancer des grenades. — **2.** Soldat appartenant à certaines unités d'élite : *Les grenadiers de la garde impériale.*

grenadine [grənadin] n. f. (de *grenade*). Boisson de couleur rouge à base de sirop de sucre additionné d'extraits végétaux.

grenat [grəna] adj. inv. et n. m. (lat. *granatum*). Rouge sombre.

grenier [grənje] n. m. (lat. *granum,* grain). **1.** Le plus haut étage d'une maison, sous le toit, en général non destiné à l'habitation : *Nous avons fouillé de la cave au grenier sans rien trouver* (syn. COMBLES). — **2.** À la campagne, partie d'un bâtiment située sous le toit et destinée à entreposer les grains ou le foin : *Un grenier à blé.* — **3.** *Litt.* Région dont la fertilité est utile à tout un pays : *La Beauce est le grenier de la France.*

grenouillage [grənujaʒ] n. m. *Fam.* et *péjor.* Dans le domaine politique, ensemble d'intrigues, de manœuvres : *Le grenouillage électoral.*

grenouille [grənuj] n. f. (bas lat. *ranucula*). **1.** Animal sauteur et nageur, sans queue, aux pattes postérieures longues et palmées, à la peau lisse, verte ou rousse, et à température variable, qui vit près des mares et des étangs : *La larve de la grenouille est le têtard. La grenouille coasse.* — **2.** *Fam. Grenouille de bénitier,* femme dévote.

grenouiller [grənuje] v. i. (de *grenouille*). *Fam.* et *péjor.* S'agiter dans l'entourage de personnalités politiques pour obtenir un avantage.

grenu, e [grəny] adj. (du lat. *granum,* grain). *Cuir grenu,* qui présente à l'œil ou au toucher de nombreux grains rapprochés.

grès [grɛ] n. m. (frq. *greot,* gravier). **1.** Roche très dure, utilisée pour la construction ou le pavage : *Une carrière de grès. Une meule de grès. Un pavé de grès.* — **2.** Poterie très dure, épaisse et opaque : *Un pot de grès. Du grès cérame.*

grésil [grezil] n. m. (de l'anc. néerl. *grîselen,* grésiller). Grêle blanche, dure et menue : *La pluie, avec le froid, se change en grésil.*

grésillement [grezijmɑ̃] n. m. Action de grésiller.

grésiller [grezije] v. i. (anc. fr. *grédiller,* griller). Produire ou faire entendre des petits crépitements : *L'huile grésille dans la poêle* (syn. CRÉPITER). *Le téléphone grésille.*

1. grève [grɛv] n. f. (bas lat. *grava,* sable). Terrain plat, couvert de gravier et de sable, au bord de la mer ou le long d'un cours d'eau (soutenu) : *Les vagues déferlent sur la grève* (syn. PLAGE, RIVAGE).

2. grève [grɛv] n. f. (de l'anc. place de *Grève,* à Paris, où se réunissaient les ouvriers en chômage). **1.** Arrêt collectif et concerté du travail ou de l'activité, décidé par un ensemble de salariés ou par les membres d'autres professions ou catégories sociales, pour des raisons économiques ou politiques : *Faire grève. Se mettre en grève. Une grève partielle. La grève générale. La grève de l'électricité. Grève perlée* (= consistant en un ralentissement du travail). *Grève sur le tas* (= arrêt du travail sur place, avec occupation des lieux par les ouvriers). *Grève tournante* (= qui affecte l'un après l'autre plusieurs secteurs de l'économie). — **2.** *Faire la grève de la faim,* refuser toute nourriture, en signe de protestation. ‖ *Grève du zèle,* manifestation de mécontentement consistant à faire son travail avec une minutie excessive, ce qui ralentit l'activité générale.

grever [grəve] v. t. (lat. *gravare,* alourdir) [c. **9**] (sujet qqch). **1.** *Grever qqn, une maison,* etc., l'accabler d'une charge financière excessive (souvent pass.) : *Être grevé d'impôts. Une propriété grevée d'hypothèques.* — **2.** *Grever un budget,* constituer une lourde dépense pour lui : *Des frais imprévus ont grevé notre budget* (syn. SURCHARGER).

gréviste [grevist] n. Personne qui participe à une grève.

gribouillage [gribujaʒ] ou **gribouillis** [gribuji] n. m. Écriture illisible, ou dessin informe.

gribouille [gribuj] n. m. (d'un n. pr.). Individu qui, par naïveté, se jette dans le danger qu'il pensait éviter.

gribouiller [gribuje] v. t. (néerl. *kriebelen,* griffonner). *Gribouiller qqch* (*mot, dessin,* etc.), écrire de façon illisible, ou faire des dessins, des peintures informes : *Un enfant qui gribouille des mots indéchiffrables;* sans compl. : *Gribouiller sur son cahier.*

gribouilleur, euse [gribujœr] n. Qui gribouille.

gribouillis → GRIBOUILLAGE.

grief [grijɛf] n. m. (du lat. *gravis,* pénible). **1.** Motif de plainte qu'on estime avoir contre qqn : *Exposer, formuler ses griefs.* — **2.** *Faire grief de qqch à qqn,* le lui reprocher : *Je ne lui fais pas grief de cet oubli* (syn. TENIR RIGUEUR).

grièvement [grijɛvmɑ̃] adv. (de l'anc. fr. *grief,* grave). *Grièvement blessé,* très gravement blessé (syn. ↓SÉRIEUSEMENT).

griffe [grif] n. f. **1.** Ongle crochu d'un animal : *Les oiseaux de proie ont des griffes puissantes et acérées* (syn. SERRE). *Le chat sort ses griffes.* — **2.** *Arracher qqn des griffes de qqn,* le mettre à l'abri, le soustraire à son pouvoir. ‖ *Lancer (donner) un coup de griffe,* dire une parole méchante. ‖ *Montrer, rentrer ses griffes,* se montrer menaçant, conciliant. ‖ *Rogner les griffes de qqn,* prendre des mesures pour l'empêcher de nuire. ‖ *Tomber sous la griffe (dans les griffes) de qqn,* sous sa domination. — **3.** Signature d'un fabricant, d'un fonctionnaire, etc., reproduite sur un tampon : *Apposer sa griffe au bas d'un document.* — **4.** Nom ou sigle propre à un créateur, à un fournisseur, et destiné à marquer sa production : *La griffe d'un grand couturier.* — **5.** Marque d'une personnalité, qui se reconnaît dans ses œuvres : *On reconnaît là sa griffe* (syn. fam. PATTE).

griffer [grife] v. t. (germ. *grîpan,* saisir). Marquer d'un coup de griffe : *Le chat l'a griffé* (syn. ÉGRATIGNER).

griffon [grifɔ̃] n. m. (lat. *gryphus*). Chien de chasse ou d'agrément à poil long et rude au toucher.

griffonnage [grifɔnaʒ] n. m. Action de griffonner; écriture grossière et hâtive : *Un griffonnage illisible.*

griffonner [grifɔne] v. t. (de *griffe*). *Griffonner qqch* (*mot, dessin,* etc.), écrire très mal et hâtivement; dessiner grossièrement : *Griffonner son nom sur un bout de papier. Griffonner une note au crayon;* sans compl. : *Les enfants ont griffonné sur les murs.*

griffu, e [grify] adj. Armé de griffes : *Des pattes griffues.*

griffure [grifyr] n. f. Égratignure causée par une griffe ou par un ongle (syn. ÉCORCHURE, ÉRAFLURE).

grignotage [griɲɔtaʒ] n. m. Action de grignoter, de gagner peu à peu : *La tactique du grignotage des suffrages électoraux.*

grignotement [griɲɔtmɑ̃] n. m. Action de grignoter, de ronger.

grignoter [griɲɔte] v. t. et i. (anc. fr. *grigner,* grincer). **1.** Manger très peu; manger qqch en le rongeant petit à petit : *Elle ne mange pas, elle grignote. Grignoter un bout de pain.* — **2.** Fam. *Grignoter qqn,* gagner peu à peu sur lui : *Grignoter un concurrent.* — **3.** Fam. *Grignoter qqch, sur qqch,* se l'approprier progressivement, en prendre petit à petit une partie.

grigou [grigu] n. m. (mot languedocien signif. *gredin*). *Fam.* Personne d'une avarice sordide : *Un vieux grigou* (syn. soutenu LADRE).

gri-gri [grigri] ou **grigri** n. m. (orig. inc.) [pl. *gris-gris*]. *Fam.* Syn. de AMULETTE.

gril [gril] n. m. (lat. *craticulum*). **1.** Ustensile de cuisine constitué de tiges métalliques parallèles ou d'une plaque de métal strié pour faire rôtir à feu vif de la viande, du poisson, etc. : *Faire cuire un bifteck sur le gril.* — **2.** Fam. *Être sur le gril,* être dans une extrême anxiété ou dans une grande impatience (syn. ÊTRE SUR DES CHARBONS ARDENTS).

grillade [grijad] n. f. Viande grillée.

grillage [grijaʒ] n. m. (de *grille*). Assemblage de fils de fer entrecroisés, utilisé pour protéger ou fermer une ouverture, pour servir de clôture : *Le grillage d'un poulailler.*

grillager [grijaʒe] v. t. (c. **2**) *Grillager un lieu,* le fermer ou l'entourer par un grillage.

grille [grij] n. f. (lat. *craticula*). **1.** Assemblage de barreaux fermant une ouverture ou constituant une clôture : *Les religieuses peuvent communiquer avec les visiteurs à travers la grille du parloir. Le square est entouré de grilles.* — **2.** Carton percé de trous conventionnels, qui permet la lecture d'un message en code. — **3.** *Grille de mots croisés,* figure divisée en cases destinées aux lettres formant les mots croisés. — **4.** *Grille des programmes de radio, de télévision,* plan d'ensemble des émissions. — 5. *Grille des salaires,* hiérarchie des salaires d'une profession.

grille-pain [grijpɛ̃] n. m. inv. Appareil pour griller des tranches de pain.

griller [grije] v. t. (de *grille*). 1. (sujet qqn) Faire rôtir en exposant à la flamme, à la braise, etc. : *Griller une côtelette. Manger des sardines grillées. Du pain grillé. Un épicier qui grille du café* (syn. TORRÉFIER). — 2. (sujet qqch) Soumettre à une température excessive (chaud ou froid) qui dessèche et racornit : *La chaleur torride a grillé les fleurs. La gelée grille les bourgeons.* — 3. Fam. *Griller qqn,* parvenir à le devancer ou à le supplanter. ‖ Fam. *Griller une cigarette,* la fumer. ‖ Fam. *Griller une étape,* ne pas y faire halte, pour arriver plus vite au but (syn. BRÛLER). ‖ Fam. *Griller un feu rouge,* le franchir sans s'y arrêter (syn. BRÛLER). ‖ Fam. *Griller une lampe, une résistance,* la mettre hors de service par un court-circuit. ‖ Fam. *Être grillé,* avoir été démasqué, reconnu. ◆ v. i. 1. Être exposé à une chaleur trop forte : *On grille dans cette pièce.* — 2. *Griller (d'envie) de* (+ *inf.*), être en proie au désir de, être impatient de : *Elle grille de vous le dire, mais elle n'ose pas.*

grilloir [grijwar] n. m. Dispositif d'un four destiné à cuire à feu vif.

grillon [grijɔ̃] n. m. (lat. *grillus*). Insecte sauteur, qui produit un bruit caractéristique (syn. CRI-CRI).

grimaçant, e [grimasɑ̃] adj. Qui grimace : *Visage grimaçant.*

grimace [grimas] n. f. (frq. *grima,* masque). 1. Contorsion du visage faite par jeu ou exprimant un sentiment de dégoût, de douleur, de dépit, etc. : *Rire des grimaces d'un clown. Les enfants se font des grimaces. Faire une grimace de douleur.* — 2. *Faire la grimace devant qqch,* montrer de l'aversion pour qqch, ou du mécontentement. ◆ ***grimaces*** n. f. pl. 1. *Litt.* Mines hypocrites : *Ce sont des grimaces de circonstance, qui ne trompent personne.* — 2. Faux pli d'un vêtement.

grimacer [grimase] v. i. (c. 1). 1. (sujet qqn) Faire une grimace, des grimaces : *Grimacer de douleur.* — 2. (sujet qqch) Faire un faux pli : *Cette manche tombe mal, elle grimace.* ◆ v. t. *Litt.* Faire qqch en affectant des sentiments qu'on n'éprouve pas : *Grimacer un bonjour. Grimacer un sourire.*

grimacier, ère [grimasje] adj. et n. Qui fait des grimaces, des manières ; qui fait le difficile.

grimage [grimaʒ] n. m. Action de grimer.

grimer [grime] v. t. (du frq. *grima,* masque). *Grimer un acteur,* le maquiller. ◆ ***se grimer*** v. pr. Se maquiller, en parlant d'un acteur.

grimoire [grimwar] n. m. (altér. de *grammaire*). Écrit indéchiffrable, illisible, ou livre incompréhensible.

grimpant, e [grɛ̃pɑ̃] adj. *Plante grimpante,* dont la tige s'élève en s'enroulant, en se cramponnant aux corps voisins (arbre, mur, etc.).

1. grimper [grɛ̃pe] v. i. (de *gripper*). 1. (sujet qqn, qqch) Monter en s'agrippant : *Les enfants grimpent à l'échelle. Le lierre grimpe sur la façade de la maison.* — 2. (sujet être animé) Monter vers un point élevé ou peu commode d'accès : *Une voiture qui grimpe jusqu'au col. Grimper sur une chaise pour attraper un livre sur la bibliothèque.* — 3. *Chemin, route qui grimpe,* qui suit une pente montante très raide. — 4. (sujet qqch) S'élever rapidement : *Les valeurs françaises grimpent à la Bourse. La fièvre grimpe.* ◆ v. t. Monter, avec un certain effort, en haut de qqch : *Grimper les escaliers quatre à quatre.*

2. grimper [grɛ̃pe] n. m. Exercice qui consiste à monter à la corde lisse ou à la corde à nœuds.

grimpette [grɛ̃pɛt] n. f. *Fam.* Courte montée en pente raide (syn. RAIDILLON).

grimpeur, euse [grɛ̃pœr] n. 1. Alpiniste. — 2. Cycliste doué pour la montée des côtes (par oppos. à *descendeur*).

grinçant, e [grɛ̃sɑ̃] adj. Qui produit un grincement : *Une porte grinçante.*

grincement [grɛ̃smɑ̃] n. m. 1. Action de grincer : *On n'entendait que le grincement des plumes sur le papier.* — 2. *Il y aura des pleurs et des grincements de dents,* beaucoup de personnes seront mécontentes (allusion à l'Enfer).

grincer [grɛ̃se] v. i. (anc. fr. *grisser,* crisser) [c. 1]. 1. (sujet qqch) Produire, par frottement, un bruit plus ou moins strident : *Une porte aux gonds rouillés grince. Le sommier du lit grince.* — 2. (sujet qqn) *Grincer des dents,* produire un crissement en se frottant les dents du bas contre celles du haut, nerveusement ou par agacement ou douleur.

grincheux, euse [grɛ̃ʃø] adj. et n. (mot dial. ; de *grincer*). Qui est de mauvaise humeur ou qui se plaint tout le temps : *Un enfant grincheux* (syn. BOUGON).

gringalet [grɛ̃galɛ] n. m. (orig. inc.). 1. Homme petit et chétif : *Son ami est un gringalet.* — 2. Personnage falot, inconsistant : *Ce ne sont que des gringalets à côté de lui.*

griot [grijo] n. m. En Afrique noire, poète musicien, gardien de la tradition orale.

griotte [grijɔt] n. f. (prov. *agriota,* cerise aigre). Variété de cerise aigre.

grippage [gripaʒ] n. m. Blocage d'un mécanisme mal lubrifié (techn.).

grippal, e, aux [gripal] adj. Relatif à la grippe : *État grippal.*

grippe [grip] n. f. (de *gripper*). 1. Maladie contagieuse, due à un virus, caractérisée par de la fièvre, souvent accompagnée de rhume : *Une épidémie de grippe.* — 2. *Prendre qqn, qqch en grippe,* éprouver envers eux une antipathie soudaine.

grippé, e [gripe] adj. et n. Atteint de la grippe.

gripper [gripe] v. t. (frq. *grîpan,* saisir). Provoquer un arrêt dans un mécanisme par défaut de graissage : *Le moteur est grippé.* ◆ v. i. ou ***se gripper*** v. pr. Adhérer fortement par défaut de graissage, en parlant de pièces mécaniques en mouvement : *Les rouages grippent. Le moteur s'est grippé.*

grippe-sou [gripsu] n. m. et adj. *Fam.* Avare qui ne dédaigne pas les petits gains les plus dérisoires : *Ils ont toujours été grippe-sou* (ou *grippe-sous*).

gris, e [gri] adj. (mot francique). 1. D'une couleur intermédiaire entre le blanc et le noir : *Avoir des cheveux gris aux tempes.* — 2. Se dit d'un temps sombre, couvert : *Le ciel est gris. Il fait gris.* — 3. *La matière* ou *la substance grise,* le tissu qui constitue l'écorce cérébrale. — 4. Fam. *Faire travailler sa matière grise,* son intelligence, sa réflexion. ‖ *Vie grise,* sans intérêt, sans distraction, monotone (syn. MORNE, TERNE). — 5. *Fam.* Qui est plus ou moins ivre : *À la fin du banquet, il commençait à être un peu gris* (syn. fam. ÉMÉCHÉ). ◆ ***gris*** n. m. La couleur grise : *Un gris clair. Un gris ardoise.*

grisaille [grizaj] n. f. 1. Jeu de tons gris sur gris, propre aux paysages d'hiver ou de brume : *La grisaille de l'horizon. Les grisailles de l'aube.* — 2. Atmosphère triste et monotone ; caractère d'une vie terne et sans intérêt : *La grisaille de l'existence quotidienne.*

grisant, e [grizɑ̃] adj. (de *griser*). Qui a un pouvoir exaltant, surexcitant : *Un succès grisant. Un parfum grisant.*

grisâtre [grizɑtr] adj. 1. Qui tire sur le gris : *Ciel grisâtre. Couleur sale et grisâtre.* — 2. Se dit de ce qui est terne et triste : *Mener une existence grisâtre.*

grisé [grize] n. m. Teinte grise donnée à un tableau, un plan, une carte.

griser [grize] v. t. (de *gris,* ivre). **1.** *Griser qqn,* le mettre en état d'ivresse : *Le champagne le grise facilement* (syn. ENIVRER). — **2.** *Griser qqn,* le mettre dans un état d'excitation physique : *Elle se laisse griser par la vitesse* (syn. ÉTOURDIR). — **3.** *Griser qqn,* le transporter d'enthousiasme : *Il est grisé par toutes les flatteries qu'on lui prodigue. Son bonheur le grisait* (syn. TOURNER LA TÊTE À). ◆ ***se griser*** v. pr. Se mettre en état d'ivresse ou s'exalter : *Se griser d'air pur, de vitesse.*

griserie [grizri] n. f. **1.** Excitation physique semblable à un début d'ivresse : *La griserie de l'action, de la vitesse, du grand air.* — **2.** Excitation morale, intellectuelle, qui fait perdre en partie la notion claire de la réalité : *Se laisser aller à la griserie du succès.*

grisonnant, e [grizɔnɑ̃] adj. Qui grisonne : *Avoir les tempes grisonnantes.*

grisonnement [grizɔnmɑ̃] n. m. Fait de grisonner.

grisonner [grizɔne] v. i. (sujet qqn) Commencer à avoir des cheveux gris.

grisou [grizu] n. m. (mot wallon). **1.** Gaz inflammable qui se dégage des mines de houille et qui forme avec l'air un mélange détonant. — **2.** *Coup de grisou,* explosion de grisou.

grive [griv] n. f. (de l'anc. fr. *grieu,* grec). **1.** Oiseau migrateur au plumage brun, tacheté sur la poitrine, qui se nourrit de raisin pendant les vendanges et que l'on chasse pour sa chair. — **2.** *Faute de grives, on mange des merles,* il faut se contenter de ce qu'on a.

grivèlerie [grivɛlri] n. f. (de *grive,* parce que cet oiseau vole le raisin). Délit qui consiste à consommer dans un café ou dans un restaurant sans avoir de quoi payer.

grivois, e [grivwa] adj. (anc. fr. *grief,* pénible). D'une gaieté assez libre : *Raconter des histoires grivoises. Tenir des propos grivois* (syn. GAULOIS, GRAVELEUX, INDÉCENT, LESTE, LIBRE, LICENCIEUX).

grivoiserie [grivwazri] n. f. Caractère grivois; action, parole grivoise : *Dire des grivoiseries.*

grizzli ou **grizzly** [grizli] n. m. (de l'angl. *grizzle,* gris). Grand ours gris de l'Amérique du Nord.

grœnendael [grɔnɛndal] n. m. (du n. d'une localité belge). Chien de berger, à poils longs et noirs.

grog [grɔg] n. m. (mot angl.). Boisson faite de rhum et d'eau chaude sucrée.

groggy [grɔgi] adj. (mot angl. signif. *ivre*). Étourdi, assommé par un choc physique ou moral.

grogne [grɔɲ] n. f. *Fam.* Expression d'un mécontentement : *La grogne des petits commerçants.*

grognement [grɔɲmɑ̃] n. m. **1.** Murmure de mécontentement. — **2.** Cri du cochon, du sanglier, de l'ours, etc.

grogner [grɔɲe] v. i. (lat. *grunnire*). **1.** Exprimer son mécontement en protestant sourdement, de manière indistincte : *Il grogne, mais il obéit* (syn. BOUGONNER, GROMMELER; fam. RONCHONNER). — **2.** (sujet un animal) Émettre un ronflement sourd, un grondement : *Le chien grogne d'un air menaçant.* ◆ v. t. (sujet qqn) *Grogner qqch,* l'exprimer sourdement, de manière indistincte : *Il a grogné un vague bonjour.*

grognon [grɔɲɔ̃] adj. et n. Qui a l'habitude de grogner : *Un enfant grognon* (syn. PLEURNICHEUR). *Air grognon. Elle est grognon* (syn. BOUGON, MAUSSADE). [Le fém. *grognonne* est rare.]

grognonner [grɔɲɔne] v. i. *Fam.* Grogner sans cesse.

groin [grwɛ̃] n. m. (du lat. *grunnire,* gronder). **1.** Museau du porc, du sanglier : *Le porc fouille la terre avec son groin.* — **2.** *Fam.* Visage bestial et très laid.

grommeler [grɔmle] v. t. (anc. néerl. *grommen*) [c. 6]. *Grommeler qqch,* le dire entre ses dents, de manière indistincte : *Grommeler des menaces* (syn. MARMONNER); sans compl. : *Obéir en grommelant* (syn. BOUGONNER, GROGNER).

grommellement [grɔmɛlmɑ̃] n. m. Action de grommeler.

grondement [grɔ̃dmɑ̃] n. m. Bruit sourd et prolongé : *Le grondement du canon. Le grondement d'un torrent. Un grondement de tonnerre. Les grondements menaçants du chien de garde.*

gronder [grɔ̃de] v. i. (lat. *grundire*). **1.** (sujet un animal, un élément naturel, etc.) Produire un bruit sourd et menaçant : *Le chien gronde. Le tonnerre gronde. Le canon gronde.* — **2.** (sujet qqch [abstrait]) Être menaçant, imminent : *La colère grondait en lui. L'émeute gronde dans la rue. Le conflit gronde et est près d'éclater.* ◆ v. t. *Gronder un enfant,* lui faire des reproches sans gravité : *Sa mère l'a grondée parce qu'elle ne s'était pas lavé les dents* (syn. RÉPRIMANDER; soutenu TANCER).

gronderie [grɔ̃dri] n. f. Action de gronder qqn : *Une gronderie amicale. Les gronderies de ses parents* (syn. RÉPRIMANDE).

grondeur, euse [grɔ̃dœr] adj. Qui exprime la gronderie : *Une voix grondeuse.*

grondin [grɔ̃dɛ̃] n. m. (de *gronder,* parce que ce poisson, quand il est pris, émet un grondement). Poisson marin à museau proéminent. (Certaines variétés roses sont appelées *rougets grondins.*)

groom [grum] n. m. (mot angl.). Jeune employé en livrée dans certains hôtels, restaurants (syn. CHASSEUR).

gros, grosse [gro] adj. (bas lat. *grossus*) [généralement avant le n.]. **1.** Qui a des dimensions importantes, en volume, en épaisseur : *Un gros arbre. Une grosse pierre* (syn. ↑ÉNORME). *Un gros bâton. Un gros chien. Il pleut à grosses gouttes. Un gros homme. Une grosse femme* (syn. CORPULENT, OBÈSE, REPLET; contr. MAIGRE). *Avoir un gros nez, un gros ventre.* — **2.** Qui a des proportions particulièrement importantes : *Une grosse averse. Avoir un gros appétit* (syn. SOLIDE). *Une grosse fièvre. Un gros rhume* (syn. BON). *De gros soucis* (syn. GRAVE). *Il y a eu de gros dégâts. Faire une grosse faute* (syn. LOURD). *Une grosse mer* (= une mer houleuse). *Un gros temps* (= du mauvais temps en mer). *Une grosse fortune. Avoir une grosse situation. Gagner le gros lot. Jouer gros jeu* (= risquer beaucoup d'argent). — **3.** Se dit de qqn de très riche, important (avec un n. désignant une catégorie sociale) : *Un gros industriel. Un gros banquier. Un gros capitaliste* (syn. GRAND). *Un gros fermier.* — **4.** Avec un n. désignant une caractéristique (peut être péjor.) : *Un gros mangeur. Un gros buveur. Un gros joueur* (syn. GRAND). — **5.** Qui n'a pas de finesse dans l'expression, l'exécution, la qualité : *Du gros drap. Du gros rouge* (fam.; = du vin rouge très ordinaire). *Ton histoire est un peu grosse, c'est gros!* (= exagéré, abusif). *Un gros rire* (= un rire sonore ou graveleux). *Un gros bon sens* (= bon sens élémentaire). *Les gros travaux* (= ceux qu'on fait en premier, dans une construction, ou les travaux les plus pénibles). — **6.** *Gros de promesses, de conséquences,* etc., se dit de ce qui annonce certains résultats, qui paraît devoir entraîner des conséquences importantes, etc. — **7.** *Avoir les yeux gros (de larmes),* gonflés de larmes. ‖ *Avoir le cœur gros,* avoir du chagrin. ‖ *Faire la grosse voix,* prendre un ton sévère, menaçant. ◆ ***grosse*** adj. f. Se dit d'une femme enceinte : *Elle est grosse de sept mois.* ◆ n. **1.** Personne grosse : *Un bon gros* (contr. MAIGRE). — **2.** *Fam.* Personne riche, influente (souvent pl.) : *Les gros s'en tirent toujours, mais il faut penser* *aux difficultés des petits.* — **3.** *Le gros de qqch,* la partie la plus importante de cette chose : *Le gros des troupes. Faites le plus gros seulement, laissez le reste* (syn. L'ESSENTIEL). — **4.** *En gros,* dans l'ensemble et de manière approximative, sans entrer dans le détail : *En gros, la situation est la suivante. Voilà, en gros, ce que je voulais dire* (syn. GROSSO MODO). *Dites-moi seulement en gros comment ça s'est passé.* ◆ ***gros*** adv. **1.** Beaucoup : *Risquer gros. Je donnerais gros pour savoir qui vaincra. Il y a gros à parier que* (= il est à peu près certain que). — **2.** *Écrire gros,* en gros caractères. — **3.** *En avoir gros sur le cœur,* avoir beaucoup de chagrin, de remords, etc. — **4.** *Gagner, jouer, parier,* etc., *gros,* des sommes importantes : *Cela va vous coûter gros* (syn. CHER). ◆ n. m. Commerce portant sur de grosses quantités, à l'exclusion du détail : *Ce magasin ne fait que le gros et le demi-gros. Prix de gros. Acheter (achat) en gros, vendre (vente) en gros.*

gros-porteur [groportœr] n. m. (pl. *gros-porteurs*). Avion de grande capacité.

groseille [grozɛj] n. f. (frq. *krusil*). Petit fruit rouge ou blanc qui vient par grappes sur un arbrisseau appelé *groseillier.* ◆ adj. inv. De couleur rouge.

1. grosse [gros] n. f. (de *gros*). Douze douzaines de certaines marchandises : *Une grosse de boutons.*

2. grosse [gros] n. f. Expédition d'un contrat, d'un jugement, en gros caractères : *Délivrer la grosse d'un acte notarié.*

grossesse [grosɛs] n. f. État d'une femme enceinte; durée de cet état.

grosseur [grosœr] n. f. **1.** Volume, dimensions en général : *Un trou de la grosseur du poing* (syn. TAILLE). *Il est d'une grosseur maladive* (contr. MAIGREUR). — **2.** Tumeur, enflure (méd.) : *Avoir une grosseur.*

grossier, ère [grosje] adj. **1.** D'une élaboration rudimentaire ou de mauvaise qualité : *Un tissu grossier* (contr. FIN). *Un travail grossier* (contr. DÉLICAT, RAFFINÉ). — **2.** Qui manque de finesse, de délicatesse : *Des traits grossiers.* — **3.** (avant ou après le n.) Qui reste sommaire, approximatif : *Avoir une grossière idée de la question.* — **4.** (avant ou après le n.) Qui manque de culture et d'éducation : *Un public grossier* (syn. RUSTRE). *Un grossier personnage* (= un individu mal élevé, un mufle). — **5.** Qui indique de l'ignorance, de la sottise : *Une faute grossière. Une erreur grossière.* — **6.** Qui choque les bienséances, la pudeur : *Dire des mots grossiers* (syn. CRU, ↑ TRIVIAL). *Faire un geste grossier* (syn. INCONVENANT, ↑ OBSCÈNE). *Une plaisanterie grossière.*

grossièrement [grosjɛrmɑ̃] adv. **1.** De façon rudimentaire : *Un objet grossièrement emballé. Un dessin grossièrement esquissé. Voilà grossièrement le sujet de la pièce* (syn. SOMMAIREMENT, GROSSO MODO). — **2.** De façon très forte : *Se tromper grossièrement* (syn. LOURDEMENT). — **3.** De façon brutale et inconvenante : *Répondre grossièrement.*

grossièreté [grosjɛrte] n. f. **1.** Caractère de ce qui est grossier : *La grossièreté de ses manières est choquante* (contr. DÉLICATESSE). — **2.** Action ou parole grossière : *On ne peut tolérer de telles grossièretés.*

grossir [grosir] v. i. (sujet qqn, qqch) Devenir ou paraître plus gros, plus important : *Vous avez grossi depuis la dernière fois que je vous ai vu* (syn. ENGRAISSER, FORCIR; contr. MAIGRIR). *Le fleuve a grossi à la fonte des neiges. L'avion, qui n'était qu'un point, grossit à vue d'œil. La foule grossit et s'amasse autour de l'accident* (syn. AUGMENTER). ◆ v. t. Rendre ou faire paraître plus volumineux, plus important : *La fonte des neiges a grossi le fleuve. La loupe grossit suffisamment ces lettres minuscules. Les déserteurs vont grossir le nombre des rebelles* (syn. ACCROÎTRE). *Pendant ce temps, elle grossit sa fortune* (syn. ARRONDIR). *Votre imagination a grossi le danger* (syn. EXAGÉRER). *Les journaux grossissent l'affaire* (syn. AMPLIFIER); sans compl. : *Un microscope qui grossit trois cents fois.*

grossissant, e [grosisɑ̃] adj. **1.** Qui devient de plus en plus nombreux, important : *Une foule grossissante remplissait la place.* — **2.** Qui fait grossir : *Le pain est un aliment grossissant.* — **3.** *Verre grossissant,* qui augmente les dimensions apparentes.

grossissement [grosismɑ̃] n. m. Action de grossir : *Suivre un régime alimentaire contre le grossissement. Un microscope à fort grossissement.*

grossiste [grosist] n. Marchand de gros et de demi-gros (contr. DÉTAILLANT).

grosso modo [grɔsomɔdo] adv. (mots lat. signif. *d'une manière grosse*). Sans entrer dans le détail : *Voici grosso modo de quoi il s'agit* (syn. EN GROS, GROSSIÈREMENT).

grotesque [grɔtɛsk] adj. (it. *grottesco*). **1.** D'un ridicule invraisemblable : *Se trouver dans une situation grotesque.* — **2.** Qui fait rire par son extravagance : *Un accoutrement grotesque.* ◆ n. m. Ce qui est extravagant : *C'est d'un grotesque!* (syn. RIDICULE).

grotte [grɔt] n. f. (gr. *kruptê*, crypte). Petite caverne : *Une grotte préhistorique.*

grouillant, e [grujɑ̃] adj. Qui grouille : *Une foule grouillante. Une rue grouillante de monde* (syn. FOURMILLANT).

grouillement [grujmɑ̃] n. m. Action de grouiller : *Le grouillement des vers, de la foule* (syn. FOURMILLEMENT).

grouiller [gruje] v. i. (orig. obscure). **1.** (sujet qqn, qqch [pl.]) S'agiter ensemble et en grand nombre : *Des asticots qui grouillent dans la viande avariée* (syn. FOURMILLER, PULLULER). *Les enfants grouillent dans la cour à la récréation.* — **2.** (sujet qqch) *Grouiller de personnes, de choses,* être plein d'une masse confuse et en mouvement : *La rue grouille de monde à la sortie des bureaux.* ◆ v. i. ou ***se grouiller*** v. pr. *Pop.* Se dépêcher : *Grouillez-vous, vous allez être en retard. Grouille!*

groupage [grupaʒ] n. m. Action de grouper des colis ayant une même destination.

groupe [grup] n. m. (it. *groppo*, nœud). **1.** Ensemble de personnes rapprochées dans un endroit : *Des groupes animés discutent dans la rue. Un groupe de curieux. Les écolières sortent par petits groupes.* — **2.** Ensemble de personnes qui partagent une même condition ou les mêmes opinions, la même activité : *Travailler en groupe. Appartenir à un groupe politique. Un groupe folklorique.* — **3.** Ensemble d'objets rapprochés les uns des autres ou ayant des caractères communs : *Un groupe de maisons. Groupe de mots* (= mots formant une unité syntaxique). — **4.** *Cabinet, médecine de groupe,* où plusieurs praticiens exercent dans les mêmes locaux. ‖ *Groupe de combat,* unité élémentaire de combat de l'infanterie. ‖ *Groupe industriel,* ensemble d'entreprises qui s'unissent pour accroître leur production. ‖ *Groupe sanguin,* ensemble d'individus entre lesquels on peut faire des transfusions de sang. ‖ *Groupe scolaire,* ensemble des bâtiments d'une école communale, réunissant les filles, les garçons et la maternelle.

groupement [grupmɑ̃] n. m. Réunion importante de personnes ou de choses : *Un groupement politique, syndical.*

grouper [grupe] v. t. **1.** Assembler en groupe, réunir : *Parti qui groupe tous les mécontents.* — **2.** *Grouper les jambes,* ramener ses genoux le plus haut possible : *Effectuer un saut groupé.* ◆ ***se grouper*** v. pr. Se réunir : *Se grouper autour d'un chef.*

groupuscule [grupyskyl] n. m. *Péjor.* Petit groupe de personnes d'une même tendance politique.

grouse [gruz] n. f. (mot écossais). Syn. de LAGOPÈDE.

gruau [gryo] n. m. (anc. fr. *gru,* gruau). *Farine de gruau,* farine fine et pure obtenue en faisant passer la partie du froment qui enveloppe le germe du grain de céréale dans un broyeur. ‖ *Pain de gruau,* fabriqué avec cette farine.

grue [gry] n. f. (lat. *grus*).
— **I. 1.** Oiseau échassier de grande taille : *La grue vole par bandes.* — **2.** *Faire le pied de grue,* attendre longtemps, debout, au même endroit. — **3.** *Pop.* Prostituée. — **II.** Appareil de levage pour soulever et déplacer de lourdes charges : *Une grue montée sur rails.*

gruger [gryʒe] v. t. (néerl. *gruizen,* écraser) [c. 2]. *Gruger qqn,* le tromper en affaires (syn. DUPER ; fam. ROULER).

grume [grym] n. f. (lat. *gruma,* écorce). *Bois de grume, bois en grume,* bois coupé couvert de son écorce.

grumeau [grymo] n. m. (lat. *grumulus*). Petite portion de matière coagulée : *Une bouillie qui fait des grumeaux.*

grumeleux, euse [grymlø] adj. **1.** Qui contient des grumeaux : *Une bouillie grumeleuse.* — **2.** Qui a l'aspect de grumeaux, qui présente des aspérités à la surface ou à l'intérieur : *Une peau grumeleuse. Une poire grumeleuse.*

grutier [grytje] n. m. Conducteur d'une grue.

gruyère [gryjɛr] n. m. (de *Gruyère,* région de Suisse). Fromage de lait de vache cuit, à pâte dure percée de trous.

guadeloupéen, enne [gwadəlupeɛ̃] adj. et n. De la Guadeloupe.

guano [gwano] n. m. Engrais provenant d'excréments et de cadavres d'oiseaux marins.

guatémaltèque [gwatemaltɛk] adj. et n. Du Guatémala.

gué [ge] n. m. (frq. *wad,* endroit peu profond). Endroit d'une rivière où on peut passer à pied : *Passer à gué.*

guéable [geabl] adj. Qu'on peut passer à gué.

guenille [gənij] n. f. (orig. inc.). Vêtements sales, déchirés (souvent pl.) : *Fouiller dans un tas de guenilles* (syn. HAILLONS, HARDES, LOQUES).

guenon [gənɔ̃] n. f. (orig. obscure). Femelle du singe.

guépard [gepar] n. m. (it. *gattopardo,* chat-léopard). Mammifère carnassier d'Afrique et d'Asie au pelage fauve clair tacheté de noir, très rapide à la course.

guêpe [gɛp] n. f. (lat. *vespa*). **1.** Insecte à abdomen annelé jaune et noir : *Être piqué par une guêpe. Nid de guêpes.* — **2.** Fam. *Pas folle, la guêpe,* se dit de qqn qui agit de façon avisée. ‖ *Taille de guêpe,* très fine.

guêpier [gepje] n. m. **1.** Nid de guêpes. — **2.** *Tomber, donner, se fourrer dans un guêpier,* tomber dans un piège, se mettre dans une situation difficile.

guère [gɛr] adv. (frq. *waigaro,* beaucoup) [le plus souvent avec *ne;* parfois sans *ne* (langue parlée)]. Indique **1.** Une quantité très minime, avec un adj. : *Tu n'es guère raisonnable* (syn. PEU ; contr. TRÈS); devant un comparatif : *Elle ne va guère mieux* (syn. PAS BEAUCOUP ; contr. BIEN). *Il n'y a guère plus de deux kilomètres jusqu'au village;* avec un verbe : *Je n'aime guère cette peinture. Cette coiffure ne lui va guère. Je n'y vois guère;* sans *ne,* dans les réponses : *« Vous aimez les endives ? — Guère »* (contr. BEAUCOUP). — **2.** Un temps minime, une fréquence faible : *On peut attendre, elle ne tardera guère* (syn. PAS BEAUCOUP). *Je ne vais guère au cinéma* (= j'y vais rarement). *Vous ne venez guère à la maison* (contr. FRÉQUEMMENT, SOUVENT); avec *ne... plus* : *Les cravates en tweed ne sont plus guère à la mode. Il n'écrit plus guère depuis qu'il a quitté la France.* — **3.** *Guère de* (+ *n.*), indique une faible quantité : *Je n'ai guère de loisirs en ce moment. Je ne fais guère de frais.*

guéridon [geridɔ̃] n. m. (d'un n. pr.). Petite table ronde, à pied central ou à trois pieds.

guérilla [gerija] n. f. (esp. *guerrilla,* petite guerre). Guerre qui consiste à harceler sans cesse l'adversaire par des embuscades, des sabotages, etc.

guérillero [gerijero] n. m. Combattant de guérilla (syn. MAQUISARD, PARTISAN).

guérir [gerir] v. t. (frq. *warjan,* protéger). **1.** *Guérir qqn,* le délivrer d'une maladie, d'un mal, d'un défaut : *Le médecin m'a guéri de ma bronchite. Ce médicament vous guérira* (syn. RÉTABLIR). *Pourra-t-on le guérir de sa timidité ?* (syn. CORRIGER). — **2.** *Guérir une maladie, un mal, un défaut,* les faire passer, y trouver un remède : *Il a guéri mon ulcère à l'estomac. Le secret, pour guérir votre timidité...* (syn. CORRIGER, PALLIER). *Le temps guérira sa douleur.* ◆ v. i. **1.** (sujet qqn) Être délivré d'une maladie ou de qqch de pénible : *Si vous voulez guérir, il faut vous soigner. Il n'est pas guéri de son divorce.* — **2.** (sujet une maladie, un mal) Disparaître : *Un rhume qui ne veut pas guérir. Sa plaie a guéri. Une passion qui ne guérira pas.* ◆ ***se guérir*** v. pr. **1.** Recouvrer la santé : *Il va falloir te guérir vite* (syn. SE RÉTABLIR). — **2.** Disparaître : *Une grippe qui met longtemps à se guérir.* — **3.** Se débarrasser d'un mal : *Elle ne se guérit pas de sa peur* (syn. SE CORRIGER).

guérison [gerizɔ̃] n. f. Action de guérir : *Être en voie de guérison. La guérison d'une maladie, d'un chagrin.*

guérissable [gerisabl] adj. Qui peut être guéri : *Un malade, une maladie guérissable.*

guérisseur, euse [gerisœr] n. Personne qui soigne les malades par des procédés magiques et empiriques, en dehors de l'exercice légal de la médecine.

guérite [gerit] n. f. (de l'anc. fr. *garir,* protéger). **1.** Abri d'une sentinelle. — **2.** Petite baraque en bois ou en tôle.

guerre [gɛr] n. f. (frq. *werra*). **1.** Lutte organisée et sanglante entre des États ou entre des groupes humains : *Déclarer la guerre. Entrer en guerre (dans la guerre). Gagner la guerre. Déclencher la guerre. La guerre a éclaté. Aller à la guerre (en guerre). La déclaration de guerre. L'entrée en guerre. Une marraine de guerre. Blessé, prisonnier de guerre. Fusil (navire, marine) de guerre.* ‖ *Conseil de guerre,* réunion des chefs d'une armée pour discuter de la poursuite des opérations; tribunal militaire spécial. ‖ *Guerre civile,* entre partis d'une même nation. ‖ *Guerre sainte,* menée par des fidèles au nom de leur foi. — **2.** Conflit non armé : *Une guerre idéologique, psychologique. Une guerre de propagande. La guerre des nerfs.* ‖ *Guerre froide,* état des relations entre deux pays, caractérisé par une attitude constante d'hostilité en tout domaine. ‖ *Faire la guerre à qqch (abstrait),* chercher à le faire disparaître : *Faire la guerre aux abus.* ‖ *Faire la guerre à qqn,* lui faire des reproches constants. ‖ *Petite guerre,* lutte plus ou moins sournoise entre personnes. — **3.** Fam. *A la guerre comme à la guerre,* il faut se contenter de ce qu'on a, faire contre mauvaise fortune bon cœur. ‖ *De bonne guerre,* se dit d'un moyen employé légitimement. ‖ *De guerre lasse,* en renonçant à la lutte par lassitude : *De guerre lasse, il a fini par nous recevoir.*

1. guerrier, ère [gɛrje] adj. **1.** *Litt.* Qui a trait à la guerre : *Des exploits guerriers. Un chant guerrier.* — **2.** Qui a du goût pour la guerre : *Une peuplade guer-*

rière. Un caractère guerrier. Être d'humeur guerrière (syn. BELLIQUEUX).

2. guerrier [gɛrje] n. m. Celui qui fait la guerre par métier (litt. ou en parlant des soldats du passé) : *De vaillants guerriers. L'armement des guerriers francs.*

guerroyer [gɛrwaje] v. i. (c. 3) *Litt.* Faire la guerre : *Les seigneurs passaient leur temps à chasser ou à guerroyer* (syn. SE BATTRE, COMBATTRE).

guet [gɛ] n. m. *Faire le guet,* guetter (syn. ÊTRE AUX AGUETS).

guet-apens [gɛtapɑ̃] n. m. (de *guet* et anc. fr. *apenser,* préméditer) [pl. *guets-apens* (gɛtapɑ̃)]. Piège préparé contre qqn pour qu'il y tombe par surprise : *Tomber dans (être victime d') un guet-apens. Tendre des guets-apens. Ils l'ont attiré dans un guet-apens.*

guêtre [gɛtr] n. f. (frq. *wrist,* cou-de-pied). Morceau de toile ou de cuir, qui couvre le bas de la jambe et le dessus de la chaussure.

guetter [gɛte] v. t. (frq. *wahtôn,* veiller). **1.** (sujet être animé) *Guetter qqn, un animal,* le surveiller en cachette, avec une intention hostile : *Guetter le gibier. Le chat guette une souris. Guetter l'ennemi* (syn. ÉPIER). — **2.** (sujet être animé) *Guetter qqn,* attendre avec impatience qqn dont la venue est prévue ou espérée : *Guetter le facteur. Le chien guette son maître.* — **3.** (sujet qqch [abstrait]) *Guetter qqn,* faire peser sur lui une menace imminente : *La maladie le guette. La nuit, le sommeil guette les automobilistes.* — **4.** (sujet qqn) *Guetter qqch,* l'attendre avec impatience : *Guetter l'occasion, le bon moment. Guetter un signal. Guetter la sortie de quelqu'un.*

guetteur [gɛtœr] n. m. Personne qui a une mission d'alerte et de surveillance.

gueulante [gœlɑ̃t] n. f. **1.** *Arg. scol.* Cris d'acclamation. — **2.** Pop. *Pousser une gueulante,* se mettre en colère, réprimander vivement qqn.

gueulard, e [gœlar] adj. et n. *Très fam.* Qui parle beaucoup et très fort.

gueule [gœl] n. f. (lat. *gula,* gosier). **1.** Bouche des animaux carnassiers, des poissons, des gros reptiles : *Le chien ouvre sa gueule.* — **2.** Ouverture béante de certains objets : *La gueule du four, du tunnel, du canon.* — **3.** *Pop.* Bouche de qqn. — **4.** *Pop.* Figure, visage de qqn : *Avoir une bonne, une sale gueule. Tu en fais une gueule!* — **5.** Fam. *Avoir de la gueule,* de l'allure. ‖ Pop. *Avoir la gueule de bois,* avoir mal à la tête, la langue pâteuse, après des excès de boisson. ‖ Pop. *Crever la gueule ouverte,* mourir sans secours. ‖ Pop. *(Ferme) ta gueule!,* tais-toi. ‖ Pop. *Il est fort en gueule, c'est une grande gueule,* il crie beaucoup sans agir. ‖ *Se jeter dans la gueule du loup,* s'exposer imprudemment à un danger certain.

gueule-de-loup [gœldəlu] n. f. (pl. *gueules-de-loup*). Plante dont les fleurs, réunies en grappes, rappellent un mufle d'animal (syn. MUFLIER).

gueuler [gœle] v. t. *Pop.* Crier ou parler très fort : *Il a gueulé quelque chose que je n'ai pas compris;* sans compl. : *Ce voyou gueule tout le temps* (= il crie, il rouspète). *Les voisins font gueuler leur télévision* (syn. fam. BEUGLER).

gueuleton [gœltɔ̃] n. m. *Fam.* Repas copieux entre amis.

gueux, euse [gø] n. (anc. néerl. *guit,* coquin). *Litt.* Mendiant vagabond (syn. CLOCHARD, MISÉREUX, NÉCESSITEUX).

gui [gi] n. m. (lat. *viscum*). Plante à fruits blancs, qui vit en parasite sur les branches de certains arbres (peuplier, pommier).

guiches [giʃ] n. f. pl. (bas lat. *vitica,* vrilles de la vigne). *Fam.* Mèches de cheveux en accroche-cœur.

guichet [giʃɛ] n. m. (anc. scand. *vik,* cachette). **1.** Ouverture (ou parfois simple comptoir) par laquelle le public communique avec un employé dans une administration, une banque, un théâtre, une gare, etc. : *Faire la queue au guichet. Les guichets de location sont ouverts.* — **2.** Petite porte aménagée dans une plus grande : *Le guichet d'une prison. Le portail est muni d'un guichet.* — **3.** *À guichets fermés,* sans accueillir de nouveaux spectateurs à l'ouverture, tellement la salle, le stade est comble : *Jouer à guichets fermés* (syn. À BUREAUX FERMÉS). ‖ *Guichet (d'une cellule),* ouverture à hauteur du visage, dans une porte de prison, par laquelle on peut faire passer des objets. ‖ *Les guichets du Louvre,* passages voûtés qui donnent de la cour du Louvre sur l'extérieur.

guichetier [giʃtje] n. m. Employé auquel s'adresse le public, au guichet.

guidage [gidaʒ] n. m. Action de guider.

1. guide [gid] n. m. (anc. prov. *guida*). **1.** Celui qui conduit, qui montre le chemin (en montagne, dans un musée). — **2.** Personne qui conseille dans la vie quotidienne, qui oriente le goût, etc. : *Prendre quelqu'un pour guide. Un guide spirituel.* — **3.** Principe d'après lequel on se dirige : *Ne prendre que ses passions pour guides. N'avoir d'autre guide que l'amour de la vérité.* — **4.** Ouvrage qui contient des renseignements classés sur tel ou tel sujet : *Le guide touristique du Jura. Le guide de l'étudiant.*

2. guide [gid] n. f. Lanière attachée au mors d'un cheval attelé et servant à le conduire (surtout pl.) : *Tirer sur les guides* (syn. RÊNE).

3. guide [gid] n. f. Jeune fille faisant partie d'une association scoute catholique.

guider [gide] v. t. (de *guide* 1). **1.** (sujet qqn, un animal) *Guider qqn,* l'accompagner pour lui montrer le chemin : *Guider un étranger qui demande son chemin. Un aveugle guidé par son chien;* lui indiquer une voie morale, intellectuelle : *Guider un enfant dans ses études.* — **2.** (sujet qqch) *Guider qqn,* l'aider à trouver son chemin : *Les poteaux indicateurs vous guideront. Son flair le guide infailliblement;* le pousser, le mener, être le principe qui le fait agir : *Elle a une sorte de sagesse qui la guide. La ballerine est guidée par une discipline de fer.* ◆ ***se guider*** v. pr. *Se guider sur qqn, qqch,* se diriger d'après eux : *Se guider sur la boussole. Je me guide sur votre exemple.*

guidon [gidɔ̃] n. m. (it. *guidone,* étendard). Barre munie de poignées, commandant la roue directrice d'une bicyclette, d'une motocyclette, etc.

1. guigne [giɲ] n. f. (frq. *wîhsila,* griotte). **1.** Petite cerise à longue queue. — **2.** Fam. *Se soucier de qqn, de qqch comme d'une guigne,* ne pas s'en soucier du tout.

2. guigne [giɲ] n. f. (de *guigner*). *Fam.* Malchance qui s'attache à qqn : *Avoir la guigne.*

guigner [giɲe] v. t. (frq. *wingjan,* faire signe). **1.** *Guigner qqn, qqch,* porter ses yeux dessus à la dérobée : *Elle guigne mon jeu* (syn. LORGNER). — **2.** *Guigner qqch,* le convoiter : *Guigner un héritage, un poste.*

guignol [giɲɔl] n. m. (mot lyonnais; n. d'un personnage de marionnettes). **1.** Théâtre de marionnettes sans fils, animées par les doigts : *Mener les enfants au guignol. Un spectacle de guignol.* — **2.** Personne ridicule, qui fait le clown : *Faire le guignol.*

guignolet [giɲɔlɛ] n. m. Liqueur faite avec des guignes.

guilledou [gijdu] n. m. (de l'anc. fr. *guiler,* attraper). Fam. *Courir le guilledou,* chercher des aventures galantes.

guillemet [gijmɛ] n. m. (du n. de l'inventeur, *Guillaume*). Signe typographique qu'on emploie par paire («...»), pour mettre en valeur un mot ou signaler une citation : *Mettre un passage entre guillemets. Ouvrir, fermer les guillemets.*

guilleret, ette [gijrɛ] adj. (de l'anc. fr. *guiler*, séduire). Qui est vif et gai : *Être tout guilleret. Avoir un air guilleret* (syn. FRINGANT, RÉJOUI).

guillotine [gijɔtin] n. f. (de *Guillotin*, qui proposa en 1789 le principe de la décollation par une machine). **1.** Instrument servant à décapiter les condamnés à mort. — **2.** Peine de mort : *Condamner à la guillotine.* — **3.** *Fenêtre à guillotine*, s'ouvrant verticalement au moyen d'un châssis glissant entre deux rainures.

guillotiner [gijɔtine] v. t. *Guillotiner qqn*, l'exécuter au moyen de la guillotine.

guimauve [gimov] n. f. (du gr. *hibiskos*, mauve, croisé avec *gui*, et *mauve*). **1.** Plante des prés humides, à tige dressée, aux fleurs rosées. — **2.** *Pâte de guimauve*, ou *guimauve*, confiserie faite d'une pâte molle et sucrée. — **3.** *Fam.* Sentimentalité niaise : *Cette chanson, c'est de la guimauve.*

guimbarde [gɛ̃bard] n. f. (prov. *guimbardo*, danse). **1.** Petit instrument de musique, qu'on tient serré entre ses dents et dont on tire le son en faisant vibrer une languette d'acier avec la main. — **2.** *Fam.* Vieille voiture (syn. fam. TACOT).

guimpe [gɛ̃p] n. f. (frq. *wimpil*). **1.** Pièce de toile qui encadre le visage des religieuses. — **2.** Petite chemisette en tissu léger qui se porte avec des robes très décolletées.

guindé, e [gɛ̃de] adj. (de l'anc. scand. *vinda*, hausser). Qui manque de naturel, qui témoigne d'une certaine raideur et d'une certaine solennité : *Un air guindé* (syn. CONTRAINT). *Un style, un écrivain guindé* (syn. AFFECTÉ, EMPHATIQUE, POMPEUX).

guinéen, enne [gineɛ̃] adj. et n. De Guinée.

guingois (de) [gɛ̃gwa] adv. (de l'anc. fr. *guinguer*, sautiller). *Litt.* De travers : *Une lampe, posée de guingois sur des livres, menaçait de tomber.*

guinguette [gɛ̃gɛt] n. f. (orig. obscure). Cabaret populaire situé hors d'une ville, dans la verdure.

guirlande [girlɑ̃d] n. f. (it. *ghirlanda*). Feuillage ou fleurs, réels, peints ou sculptés, disposés en cordons ou en couronnes : *Des guirlandes de roses. Accrocher des guirlandes lumineuses en travers des rues pour les fêtes de Noël. Des porcelaines décorées de guirlandes à l'ancienne mode* (syn. FESTON).

guise [giz] n. f. (frq. *wisa*, manière). **1.** *À ma* (*ta, sa*, etc.) *guise*, selon ma manière propre d'agir, suivant mes propres vues : *Il n'en fait qu'à sa guise* (= il agit comme il lui plaît; syn. À SA TÊTE). *«Je préfère partir le matin de bonne heure. — À votre guise.»* — **2.** *En guise de*, pour remplacer qqch : *Elle écrivait sur ses genoux en guise de pupitre* (syn. À LA PLACE DE); pour servir de : *En guise de consolation, je lui fis cadeau d'un livre* (syn. COMME, À TITRE DE).

guitare [gitar] n. f. (esp. *guitarra*). **1.** Instrument de musique à caisse plate et à six cordes, qu'on pince avec les doigts. — **2.** *Guitare électrique*, guitare dont le son est amplifié électriquement.

guitariste [gitarist] n. Joueur de guitare.

gustatif, ive [gystatif] adj. (du lat. *gustus*, goût). Relatif au goût : *Sensibilité gustative.*

gustation [gystasjɔ̃] n. f. Action de percevoir les saveurs : *La langue est l'organe de la gustation.*

guttural, e, aux [gytyral] adj. (du lat. *guttur*, gosier). **1.** *Voix gutturale*, qui vient de la gorge (syn. RAUQUE). — **2.** *Consonne gutturale* (ou *gutturale* n. f.), ancien nom des occlusives vélaires [g] et [k].

guyanais, e [gɥijanɛ] adj. et n. De Guyane.

gymkhana [ʒimkana] n. m. (hindī *gendkhāna*, salle de jeu de balle). Ensemble d'épreuves disputées en voiture ou à moto, où les concurrents doivent suivre un parcours compliqué de chicanes, de barrières, etc.

gymnase [ʒimnaz] n. m. Salle ou bâtiment aménagés pour l'athlétisme et la gymnastique.

gymnaste [ʒimnast] n. Sportif qui exécute des exercices de gymnastique.

gymnastique [ʒimnastik] n. f. (du gr. *gumnastikos*, qui concerne les exercices du corps). **1.** Ensemble d'exercices propres à assouplir et fortifier le corps : *Faire de la gymnastique tous les matins.* — **2.** Effort intellectuel pour débrouiller une difficulté : *Se livrer à toute une gymnastique pour résoudre un problème.*

gymnique [ʒimnik] adj. De gymnastique : *Des exercices gymniques.*

gynécologie [ʒinekɔlɔʒi] n. f. (gr. *gunê*, femme, et *logos*, science). Science médicale consacrée à l'appareil génital de la femme.

gynécologique [ʒinekɔlɔʒik] adj. Relatif à la gynécologie.

gynécologue [ʒinekɔlɔg] n. Spécialiste de gynécologie.

gypaète [ʒipaɛt] n. m. (gr. *gups*, vautour, et *aetos*, aigle). Oiseau rapace diurne, qui vit dans les hautes montagnes et se nourrit de charognes.

gypse [ʒips] n. m. (gr. *gupsos*, plâtre). Roche sédimentaire saline, qui s'est déposée dans les lagunes.

gyrophare [ʒirofar] n. m. (du gr. *gûros*, cercle, et *phare*). Lanterne rotative à feu clignotant placée sur le toit de certains véhicules (ambulances, voitures de police, de pompiers).

gyroscope [ʒiroskɔp] n. m. (gr. *gûros*, cercle, et *skopein*, examiner). Appareil fournissant une direction invariable.

h

h [aʃ] n. m. **1.** Huitième lettre de l'alphabet qui ne représente aucun son. Si l'*h* est muet, il y a élision ou liaison : *l'homme, les hommes.* Si l'*h* est aspiré (le mot est précédé d'un [*] dans l'ouvrage), il n'y a ni élision ni liaison : *le *héros, les *héros.* — **2.** *L'heure H,* l'heure que l'état-major a fixée pour l'attaque d'une armée ou, plus communément, l'heure fixée pour une opération quelconque : *Au jour J et à l'heure H, j'étais au rendez-vous.*

***ha!** [a] interj. *Ha! ha!,* transcrit le rire.

habile [abil] adj. (lat. *habilis,* bien adapté) [avant ou après le n.] **1.** (sans compl.) Qui agit avec adresse, avec ingéniosité ou avec ruse : *Une couturière habile et expérimentée* (syn. CAPABLE). *Un prestidigitateur habile* (syn. ADROIT). *Le faux billet a été dessiné par un habile faussaire* (contr. MALHABILE). *Il est trop habile pour être honnête* (syn. RUSÉ; fam. ROUBLARD; contr. NAÏF). *Ce qu'elle a fait là est très habile* (syn. FIN). *Le scénario du film est conduit sur une intrigue très habile* (contr. MALADROIT). — **2.** *Être habile à qqch, à* (+ *inf.*), exceller à : *Il est habile à détourner la conversation des sujets qu'il ne connaît pas.*

habilement [abilmɑ̃] adv. De façon habile : *Figure habilement dessinée* (syn. ADROITEMENT). *Discours habilement fait pour calmer les oppositions* (contr. MALADROITEMENT).

habileté [abilte] n. f. **1.** Qualité de qqn, de qqch qui est habile : *Être doué d'une grande habileté manuelle* (syn. ADRESSE, DEXTÉRITÉ). *L'habileté d'un avocat qui détruit les témoignages adverses* (syn. TALENT). *Parvenir avec habileté à ses fins.* — **2.** Ce qui est fait avec ingéniosité, finesse (surtout pl.) : *Ce sont des habiletés qui retardent l'échéance, mais ne résolvent pas le problème* (syn. ARTIFICE; fam. TRUC).

habilitation [abilitasjɔ̃] n. f. Action d'habiliter.

habiliter [abilite] v. t. (lat. *habilitare,* rendre apte). *Habiliter qqn à* (+ *inf.*), lui donner la capacité légale d'accomplir certaines actions (jurid.; souvent pass.) : *Le ministre fut habilité à signer le traité* (= eut qualité pour).

habillage [abijaʒ] n. m. Action de mettre une enveloppe protectrice, de recouvrir, d'arranger : *L'habillage d'un livre avec une couverture, une jaquette.*

habillé, e [abije] adj. **1.** Qui a mis des vêtements élégants : *Tout le monde était habillé pour cette soirée.* — **2.** Qui donne de l'élégance : *Elle avait une robe très habillée. Cette couleur fait très habillé* (syn. CHIC). — **3.** *Dîner, soirée,* etc., *habillé,* où on est en tenue élégante.

habillement [abijmɑ̃] n. m. **1.** Action de fournir des vêtements : *L'habillement des troupes. Les dépenses d'habillement sont très élevées dans une famille.* — **2.** Costume dont on est vêtu (emploi restreint par *vêtement* et *costume*) : *Les diverses pièces de l'habillement militaire.*

habiller [abije] v. t. (anc. fr. *abillier,* préparer une bille de bois, avec l'infl. de *habit*). **1.** *Habiller qqn,* lui mettre un vêtement; faire un vêtement pour lui; le couvrir d'un vêtement de telle ou telle nature : *Habiller un enfant* (syn. VÊTIR). *Elle habille ses enfants elle-même. L'Administration habille les gardiens de la paix* (syn. ÉQUIPER); surtout pass. : *Être habillé par un grand couturier. Être mal habillé. Être habillé de noir. Un enfant habillé en Indien* (syn. DÉGUISER). — **2.** (sujet un vêtement) *Habiller qqn,* lui convenir parfaitement : *Un rien l'habille* (= tout lui va); sans compl. : *Ce costume bleu marine habille bien* (= fait habillé). — **3.** *Habiller qqch (concret),* le recouvrir de qqch : *Habiller les fauteuils de housses* (syn. ENVELOPPER). — **4.** *Habiller qqch (abstrait),* l'arranger en le présentant sous un aspect plus séduisant : *Habiller une demande d'argent d'excuses diverses* (syn. DÉGUISER). ◆ ***s'habiller*** v. pr. **1.** Mettre ses vêtements; revêtir des habits de telle ou telle manière : *Aider un enfant à s'habiller* (syn. moins usuel SE VÊTIR). *Elle s'habille avec élégance. Faut-il s'habiller pour le dîner de ce soir?* (= se mettre en toilette, mettre une tenue de soirée). *La petite fille s'habilla en Colombine* (syn. SE DÉGUISER). — **2.** Se faire confectionner des vêtements : *S'habiller chez un tailleur réputé. S'habiller sur mesure.*

habilleur, euse [abijœr] n. Personne qui aide les acteurs à s'habiller et qui est chargée de l'entretien des costumes.

habit [abi] n. m. (lat. *habitus,* manière d'être). **1.** Vêtement masculin de cérémonie, en drap noir, dont les basques pendent par-derrière : *L'habit est de rigueur à ce dîner officiel.* — **2.** Vêtement qui couvre le corps (+ adj. ou compl. du n. indiquant l'usage, l'origine, etc.) : *Un habit de gala. Un habit d'huissier. L'habit ecclésiastique. L'habit vert* (= la tenue des académiciens). — **3.** (pl.) Ensemble de vêtements : *Ne jette pas tes habits n'importe comment sur la chaise* (syn. AFFAIRE). *Une brosse à habits.* — **4.** *L'habit ne fait pas le moine,* il ne faut pas juger les gens sur leur aspect.

habitabilité [abitabilite] n. f. Qualité de ce qui est habitable : *Les conditions d'habitabilité de cette résidence sont exceptionnelles.*

habitable [abitabl] adj. Où on peut habiter : *Cette maison est très habitable hiver comme été.*

habitacle [abitakl] n. m. (bas lat. *habitaculum,* demeure). Partie d'un avion, d'un véhicule spatial réservée à l'équipage.

habitant, e [abitɑ̃] n. Personne qui vit ou réside ordinairement en un lieu : *La France avait 53 millions d'habitants en 1978* (= la population de la France était de). *Les habitants de la banlieue, de l'immeuble;* se dit aussi des animaux (litt.) : *Les habitants de ces forêts.*

habitat [abita] n. m. Mode particulier de peuplement; ensemble des conditions de logement (admin.) : *Des subventions ont été consenties pour améliorer l'habitat rural.*

habitation [abitasjɔ̃] n. f. **1.** Action de résider dans une maison d'une façon durable : *Locaux à usage d'habitation. Améliorer les conditions d'habitation* (syn. HABITAT). — **2.** Lieu, maison où on demeure :

Changer d'habitation (syn. DOMICILE, DEMEURE, RÉSIDENCE). *Construire des habitations à loyer modéré ou H. L. M.*

habité, e [abite] adj. Occupé par des habitants, par des personnes qui y résident actuellement : *Mars est-elle habitée ?* (contr. INHABITÉ). *Quitter les zones habitées pour entrer dans le désert* (syn. PEUPLÉ).

habiter [abite] v. t. et i. (lat. *habitare*). **1.** *Habiter qq part,* y avoir sa demeure, sa résidence (le compl. peut être introduit directement ou par une prép.) : *J'habite Paris* ou *à Paris* (syn. DEMEURER À). *Elle est venue habiter la Côte d'Azur* ou *sur la Côte d'Azur* (syn. VIVRE). *Habiter le Quartier latin* ou *au Quartier latin. Il habite un immeuble neuf* ou *dans un immeuble neuf. J'habite la banlieue* ou *en banlieue* (syn. RÉSIDER). — **2.** *Litt.* (sujet un sentiment) Être d'une façon permanente dans l'esprit, le cœur, etc. : *L'enthousiasme habite son cœur.*

habitude [abityd] n. f. (lat. *habitudo,* manière d'être). **1.** Manière d'être, de voir, d'agir, de se comporter qu'on a acquise par des actes répétés et qui est devenue constante ; aptitude acquise par l'expérience : *Se conformer aux habitudes du pays* (syn. USAGE, COUTUME). *Cela est contraire à nos habitudes occidentales* (syn. TRADITION). *L'insensibilité qu'engendre l'habitude* (syn. ACCOUTUMANCE). *Comme à son habitude, il protesta. J'ai l'habitude de prendre mes repas au restaurant. Prendre des habitudes de paresse.* — **2.** *D'habitude,* en général, d'ordinaire : *D'habitude, elle sort plus tôt de chez elle* (syn. HABITUELLEMENT, ORDINAIREMENT ; contr. EXCEPTIONNELLEMENT). *Servez-moi, comme d'habitude, un café.* ‖ *Par habitude,* d'une manière machinale, sans réflexion : *Tourner par habitude le bouton de la radio* (syn. MACHINALEMENT).

habitué, e [abitɥe] n. Personne qui fréquente un lieu d'une manière habituelle : *Le garçon de café servait toujours en premier les habitués* (= les clients habituels). *C'est une habituée de la maison* (syn. FAMILIER).

habituel, elle [abitɥɛl] adj. **1.** Devenu une habitude : *Une expression habituelle dans sa bouche* (syn. FAMILIER ; contr. RARE). *Les conversations habituelles avec les collègues du bureau* (syn. ORDINAIRE). *Le cinéma est ma distraction habituelle* (contr. EXCEPTIONNEL, OCCASIONNEL). — **2.** Devenu très fréquent ou qui est normal : *La chaleur habituelle au mois d'août* (syn. COURANT). *Cette gentillesse ne lui est pas habituelle* (contr. ANORMAL).

habituellement [abitɥɛlmɑ̃] adv. De façon habituelle : *Il a habituellement une serviette noire* (syn. D'ORDINAIRE).

habituer [abitɥe] v. t. *Habituer qqn à qqch, à* (+ *inf.*), lui en faire prendre l'habitude : *On l'a habitué à être poli* (syn. APPRENDRE À) ; souvent pass. : *J'ai été habitué dès l'enfance à me lever tôt* (syn. FORMER). *Elle est habituée à de tels spectacles et elle n'y fait plus attention* (syn. FAMILIARISÉ). ◆ ***s'habituer*** v. pr. *S'habituer à qqch, qqn, à* (+ *inf.*), s'accoutumer à supporter qqch, qqn ; prendre l'habitude de vivre en un lieu : *Il faut s'habituer à ses sautes d'humeur. Je ne m'habitue pas à mon nouvel horaire de travail* (syn. S'ADAPTER, SE FAIRE). *L'oiseau s'habitue à sa cage* (syn. S'ACCLIMATER).

***hâbleur, euse** [ablœr] adj. et n. (de l'esp. *hablar,* parler). *Litt.* Qui a l'habitude de se vanter, qui tient de longs discours sur des succès qu'il s'attribue (syn. BEAU PARLEUR, VANTARD).

***hache** [aʃ] n. f. (frq. *hâppja*). Instrument tranchant muni d'un manche, qui sert à fendre, à couper.

***hacher** [aʃe] v. t. **1.** *Hacher qqch (concret),* le couper en petits morceaux avec un instrument tranchant : *Hacher de la viande, des herbes et des oignons pour faire de la chair à pâté.* — **2.** *Hacher qqch (énoncé, discours,* etc.), l'interrompre fréquemment, en briser la continuité : *Les applaudissements hachaient le discours. La conversation était hachée d'éclats de rire* (syn. ENTRECOUPER). *Un style haché* (= heurté, saccadé, fait de petites phrases).

***hachette** [aʃɛt] n. f. Petite hache.

***hachis** [aʃi] n. m. Morceaux de viande, de volaille, de poisson coupés menu et utilisés surtout comme farce.

***hachisch** → HASCHISCH.

***hachoir** [aʃwar] n. m. Couperet ou appareil servant à hacher.

***hachure** [aʃyr] n. f. (de *hacher*). Chacun des traits parallèles ou croisés qui servent à indiquer les ombres, les demi-teintes, les accidents de terrain sur une carte, etc. (surtout pl.).

***hachurer** [aʃyre] v. t. Couvrir, marquer de hachures : *La dessinatrice hachurait à grands traits l'ombre de son personnage. La partie hachurée de la carte.*

***haddock** [adɔk] n. m. (mot angl.). Poisson de la famille des morues qui se mange fumé.

***hagard, e** [agar] adj. (anc. angl. *hagger,* sauvage). En proie à un trouble violent, manifesté par un air, un visage affolé : *Les sinistrés avaient tous le visage hagard de ceux qui ont vécu des moments effroyables* (syn. EFFARÉ).

***haie** [ɛ] n. f. (frq. *hagja*). **1.** Clôture faite d'arbustes, de buissons, de petits arbres, de branchages, qui sert à limiter un champ, à le protéger du vent, etc. : *Une haie vive est faite d'arbustes en pleine végétation.* — **2.** Obstacle artificiel employé dans certaines courses : *Course de haies* (= où les chevaux ont à franchir des haies artificielles ; où un athlète doit franchir un certain nombre de cadres de bois disposés sur un parcours de 110 mètres ou de 400 mètres). — **3.** Rangée de personnes placées le long d'une rue, d'une voie, etc., sur le passage de qqn : *Une haie d'agents de police* (syn. CORDON).

***haillon** [ajɔ̃] n. m. (germ. *hadel,* lambeau). Vêtement en loques (surtout pl.) : *Clochard vêtu de haillons* (syn. GUENILLES).

***haine** [ɛn] n. f. Sentiment violent d'hostilité ou de répugnance : *Vouer une haine mortelle, farouche, à un adversaire* (syn. ↓INIMITIÉ, ↓RESSENTIMENT ; contr. AFFECTION). *La haine de la médiocrité* (syn. AVERSION). *Exciter les haines entre les partis politiques* (syn. DISSENSION, ↓RIVALITÉ ; contr. ENTENTE).

***haineusement** [ɛnøzmɑ̃] adv. De façon haineuse.

***haineux, euse** [ɛnø] adj. Qui manifeste de la haine, de l'hostilité : *Des gens haineux, aigris, prêts à toutes les méchancetés. Tenir contre un ennemi des propos haineux* (contr. BIENVEILLANT).

***haïr** [air] v. t. (frq. *hatjan*) [c. **13**]. **1.** *Haïr qqn,* lui vouloir du mal, être animé contre lui de sentiments violemment hostiles : *Se faire haïr par ses subordonnés* (syn. DÉTESTER ; contr. AIMER). — **2.** *Haïr qqch,* avoir un grand dégoût ou une forte répugnance pour cette chose : *Haïr l'hypocrisie* (syn. DÉTESTER, EXÉCRER).

***haïssable** [aisabl] adj. Qui peut, qui doit être haï : *Un individu haïssable, hypocrite, et fourbe. Une bassesse particulièrement haïssable* (syn. DÉTESTABLE).

haïtien, enne [aisjɛ̃] adj. et n. D'Haïti.

***halage** [alaʒ] n. m. Action de haler : *Le chemin de halage, le long d'un cours d'eau, permettait à des animaux ou à des machines de haler un bateau, une péniche.*

***hâle** [al] n. m. Brunissement de la peau par le soleil ou par l'air de la mer, de la montagne.

haleine [alɛn] n. f. (du lat. *anhelare,* souffler). **1.** Air qui sort des poumons : *On voyait l'haleine sortir de sa bouche comme une légère buée. Avoir l'haleine forte* ou *mauvaise haleine* (= sentir mauvais de la bouche). — **2.** Respiration, souffle (surtout dans des loc.) : *Être hors d'haleine* (= très essoufflé). *Courir à perdre haleine* (= jusqu'à l'essoufflement). *Reprendre haleine* (= reprendre une respiration régulière après un effort). — **3.** *Tenir qqn en haleine,* retenir son attention ; le maintenir dans l'incertitude sur la suite des événements : *Ce romancier sait tenir ses lecteurs en haleine jusqu'à la fin.* ‖ *Travail, ouvrage de longue haleine,* qui demande de la persévérance et beaucoup de temps.

***hâler** [ale] v. t. (bas lat. *assulare,* griller). Rendre le teint brun (surtout pass.) : *Elle est revenue hâlée de son séjour à la montagne* (syn. BRONZER, BRUNIR).

***haler** [ale] v. t. (germ. *halon,* amener). Tirer au moyen d'une corde : *Haler un canot le long d'une rivière.*

***haletant, e** [altɑ̃] adj. Qui halète : *La respiration courte et haletante d'un agonisant* (syn. PRÉCIPITÉ).

***halètement** [alɛtmɑ̃] n. m. Action de haleter : *Le halètement du chien qui a couru.*

***haleter** [alte] v. i. (du lat. *halare,* exhaler) [c. 7]. Respirer avec gêne ou à un rythme précipité : *Haleter après une course* (= être hors d'haleine, essoufflé).

***hall** [ol] n. m. (mot angl.). Salle de grandes dimensions, qui est contiguë à l'entrée d'un hôtel, d'un établissement public, d'une maison particulière : *Quelqu'un vous attend dans le hall de l'hôtel* (syn. VESTIBULE). *Les guichets se trouvent dans le hall de la gare.*

hallali [alali] n. m. (de l'anc. fr. *haler,* exciter les chiens). Cri ou fanfare qui annonce la prise prochaine de l'animal poursuivi par les chasseurs et donc sa mort. (Parfois litt. avec valeur symbolique.)

***halle** [al] n. f. (frq. *halla*). **1.** Grand bâtiment servant au commerce en gros d'une marchandise (indiquée comme compl. du n.) : *La halle aux vins.* — **2.** (pl.) Bâtiment, place publique généralement couverte, où se tient le principal marché des denrées alimentaires d'une ville : *Les halles de la petite ville datent du XIVe s.*

***hallebarde** [albard] n. f. (anc. all. *helmbarte*). Fam. *Il pleut des hallebardes,* il pleut très fort. (Une *hallebarde* est une ancienne arme à fer tranchant.)

hallucinant, e [alysinɑ̃] adj. Qui frappe de façon saisissante : *Il y a entre les deux frères une ressemblance hallucinante* (syn. EXTRAORDINAIRE).

hallucination [alysinasjɔ̃] n. f. (lat. *hallucinatio*). Perception d'objets non réels ; interprétation erronée d'une sensation : *J'ai cru le voir dans le métro, mais j'ai dû être victime d'une hallucination* (syn. ILLUSION).

hallucinatoire [alysinatwar] adj. Relatif aux hallucinations.

halluciné, e [alysine] adj. et n. Qui a des hallucinations : *Un regard halluciné* (syn. HAGARD).

hallucinogène [alysinɔʒɛn] adj. et n. m. Se dit de substances qui provoquent des hallucinations : *Des plantes hallucinogènes.*

***halo** [alo] n. m. (gr. *halôs,* aire). **1.** Zone circulaire, blanche ou colorée, diffuse autour d'une source lumineuse : *Le halo des réverbères.* — **2.** *Un halo (de qqch),* un rayonnement de : *Être entouré d'un halo de gloire* (= d'une réputation brillante).

halogène [alɔʒɛn] adj. et n. m. **1.** Se dit du chlore et d'autres corps de la même famille. — **2.** *Lampe (à) halogène* (ou *halogène* n. m.), lampe à incandescence contenant un halogène améliorant sa durée et sa luminosité.

***halte** [alt] n. f. (all. *Halt*). **1.** Moment d'arrêt pendant une marche ou un voyage : *Après une courte halte, on a repris la route* (syn. PAUSE, REPOS). *Faire halte* (= s'arrêter). — **2.** Lieu établi pour l'arrêt d'une marche : *Il faut arriver de bonne heure à la halte fixée* (syn. ÉTAPE). — **3.** *Dire halte à qqch,* l'arrêter : *Il faut dire halte à l'inflation menaçante.* ‖ *Halte !, halte-là !,* arrêtez-vous ; en voilà assez, ça suffit.

haltère [altɛr] n. m. (gr. *haltêres,* balanciers) [souvent fém. dans l'usage] **1.** Instrument formé de deux masses sphériques ou de disques métalliques de poids variable, réunis par une tige et servant à des exercices de gymnastique (le plus souvent pl.) : *Faire des haltères.* — **2.** *Les poids et haltères,* sport consistant à soulever les haltères les plus lourds possible, selon des mouvements déterminés.

haltérophile [alterɔfil] adj. et n. Qui pratique l'haltérophilie.

haltérophilie [alterɔfili] n. f. Sport des poids et haltères.

***hamac** [amak] n. m. (mot d'une langue des Caraïbes). Filet ou toile rectangulaire, suspendus horizontalement par les extrémités et servant de lit.

***hamburger** [ɑ̃burgœr] n. m. (mot angl.). Bifteck haché grillé servi entre deux tranches de pain chaud.

***hameau** [amo] n. m. (frq. *haim,* petit village). Groupe de maisons situées hors de l'agglomération principale d'une commune.

hameçon [amsɔ̃] n. m. (lat. *hamus,* crochet). **1.** Crochet de métal placé au bout d'une ligne de pêche et sur lequel on fixe un appât pour prendre le poisson. — **2.** (sujet qqn) *Mordre à l'hameçon,* se laisser prendre au piège, se laisser séduire par un attrait trompeur.

***hammam** [amam] n. m. Établissement où l'on prend des bains de vapeur.

***hampe** [ɑ̃p] n. f. (lat. *hasta,* lance). **1.** Long manche de bois sur lequel sont fixés un drapeau, une bannière, le fer d'une lance, etc. — **2.** Trait d'écriture vertical des lettres *t, h, j,* etc., au-dessus ou au-dessous de la ligne.

***hamster** [amstɛr] n. m. (mot all.). Petit rongeur au pelage jaune ocre clair.

***hanche** [ɑ̃ʃ] n. f. (germ. *hanka*). Articulation de la jambe et du tronc ; région du corps qui lui correspond : *Combien fais-tu de tour de hanches ?*

***handball** [ɑ̃dbal] n. m. (all. *Hand,* main, et *Ball,* ballon). Sport d'équipe qui se joue avec un ballon rond et uniquement avec les mains.

***handballeur, euse** [ɑ̃dbalœr] n. Joueur de handball.

***handicap** [ɑ̃dikap] n. m. (mot angl.). **1.** Épreuve sportive dans laquelle on désavantage certains concurrents pour égaliser les chances de chacun : *Une course de chevaux par handicap.* —**2.** Désavantage supporté par un concurrent ou désavantage quelconque qui met qqn en état d'infériorité : *La défection de deux joueurs fait subir un handicap sérieux à cette équipe. Sa faiblesse en mathématiques est un handicap pour la suite de ses études.*

***handicapé, e** [ɑ̃dikape] adj. et n. Atteint d'un handicap naturel, d'une infirmité (surtout physique).

***handicaper** [ɑ̃dikape] v. t. Faire subir un handicap : *Sa blessure au genou a sérieusement handicapé le coureur cycliste pendant les étapes de montagne* (syn. DÉSAVANTAGER). *Elle a été handicapée pendant son voyage par son ignorance de la langue du pays.*

***hangar** [ɑ̃gar] n. m. (frq. *haimgard*). Grand abri servant à divers usages : *Un hangar a été construit près de la ferme pour le matériel agricole* (syn. REMISE). *Les hangars du port ont été ravagés par un incendie* (syn. ENTREPÔT).

***hanneton** [antɔ̃] n. m. (frq. *hano,* coq). Insecte nuisible, très commun en France, et dont la larve est connue sous le nom de *ver blanc.*

***hanté, e** [ɑ̃te] adj. Qui est habité par des fantômes : *Maison hantée.*

***hanter** [ɑ̃te] v. t. (anc. scand. *heimta,* retrouver). **1.** *Hanter un lieu,* y apparaître, y habiter : *La demeure seigneuriale est hantée par le fantôme de son dernier propriétaire.* — **2.** *Vision, idée, souvenir qui hante qqn,* qui occupe entièrement sa pensée : *Il est hanté par le remords* (syn. OBSÉDER, POURSUIVRE).

***hantise** [ɑ̃tiz] n. f. Idée, souvenir, etc., dont on ne peut se débarrasser : *Il a la hantise du suicide* (syn. OBSESSION). *Elle est poursuivie par la hantise de l'examen* (syn. IDÉE FIXE).

***happening** [apəniŋ] n. m. (mot angl. signif. *événement*). Spectacle de création spontanée avec participation des spectateurs.

***happer** [ape] v. t. (néerl. *happen,* mordre). **1.** (sujet un animal) *Happer qqch,* le saisir brusquement par un mouvement rapide avec la gueule, le bec : *Le chat bondit et happa la souris* (syn. ATTRAPER). — **2.** (sujet un train, un véhicule) *Happer qqn,* l'accrocher brusquement : *Le train a happé une cycliste sur le passage à niveau* (syn. ↓AGRIPPER).

***hara-kiri** [arakiri] n. m. (mot jap. signif. *ouverture du ventre*) [pl. *hara-kiris*]. Mode de suicide japonais, qui consiste à s'ouvrir le ventre.

***harangue** [arɑ̃g] n. f. (it. *aringo,* place publique). **1.** Discours prononcé par un orateur devant une assemblée, devant la foule d'un meeting, etc. — **2.** Discours solennel, fait d'une suite de remontrances ennuyeuses : *Quand aura-t-il fini sa harangue?*

***haranguer** [arɑ̃ge] v. t. Adresser une harangue à : *Haranguer la foule* (syn. S'ADRESSER À, PARLER À).

***haras** [ara] n. m. (de l'anc. scand. *hârr,* au poil gris). Lieu, établissement où des étalons et des juments sont réunis en vue de la reproduction et de l'amélioration de la race.

***harassant, e** [arasɑ̃] adj. Qui harasse : *Une besogne harassante.*

***harasser** [arase] v. t. (du germ. *hare,* cri pour exciter). *Harasser qqn,* l'accabler d'une grande fatigue (souvent pass.) : *Rentrer harassé d'une journée de travail* (syn. fam. ÉREINTER). *Être harassé par une longue marche* (syn. EXTÉNUER).

***harcèlement** [arsɛlmɑ̃] n. m. Action de harceler : *Poursuivre une guerre de harcèlement.*

***harceler** [arsəle] v. t. (anc. fr. *herser,* frapper) [c. 5 ou 6] *Harceler qqn,* le soumettre à des attaques incessantes, à des critiques, des réclamations continuelles : *Les convois étaient harcelés par l'ennemi* (syn. ATTAQUER). *On le harcela de questions sur son emploi du temps* (syn. PRESSER). *Le service de renseignements est harcelé de réclamations* (syn. ASSAILLIR, ↑IMPORTUNER).

***hardes** [ard] n. f. pl. (aragonais *farda,* habit). *Péjor* et *litt.* Ensemble de vêtements usagés (syn. NIPPES).

***hardi, e** [ardi] adj. (du frq. *hardjan,* rendre dur) [avant ou, plus souvent, après le n.] **1.** Qui manifeste de l'audace et de la décision en face d'une difficulté, d'un obstacle : *Des alpinistes hardis ont entrepris l'ascension de l'Eiger* (syn. DÉTERMINÉ, COURAGEUX). *Votre entreprise est hardie, mais elle peut réussir* (syn. AUDACIEUX). *Prendre sur un problème une position hardie* (syn. EN FLÈCHE; péjor. AVENTUREUX; contr. RÉSERVÉ, EN RETRAIT). *Vous n'êtes pas très hardi; à votre place, je lui aurais répondu* (syn. BRAVE; contr. PUSILLANIME, ↑LÂCHE). — **2.** Qui manifeste un mépris des convenances qui va jusqu'à l'insolence : *Vous êtes bien hardi de m'interrompre ainsi* (syn. EFFRONTÉ, IMPUDENT). *Une fille hardie* (contr. TIMIDE, RÉSERVÉ). *Le roman contient des passages hardis* (syn. OSÉ, LESTE). — **3.** *Hardi!* interj. Sert à encourager dans l'effort.

***hardiesse** [ardjɛs] n. f. Caractère hardi de qqn, de qqch : *La hardiesse d'une alpiniste* (syn. COURAGE, INTRÉPIDITÉ). *Il manque de hardiesse* (contr. PUSILLANIMITÉ, ↑LÂCHETÉ). *Je prends la hardiesse de vous adresser cette requête* (syn. LIBERTÉ). *Quelle hardiesse! aller dire cela!* (syn. IMPUDENCE). *Les hardiesses de la décoratrice* (syn. AUDACE).

***hardiment** [ardimɑ̃] adv. De façon hardie : *S'attaquer hardiment à la bureaucratie* (syn. BRAVEMENT). *Vous vous êtes engagé bien hardiment* (syn. À LA LÉGÈRE). *Nier hardiment l'évidence* (syn. EFFRONTÉMENT).

***harem** [arɛm] n. m. (ar. *harām,* chose sacrée). **1.** Endroit de la maison réservé aux femmes, chez les musulmans; les femmes qui y demeurent. — **2.** Famille où les femmes sont très nombreuses et vivent sous le même toit : *Il avait autour de lui tout un harem.*

***hareng** [arɑ̃] n. m. (frq. *hâring*). Poisson au dos bleu-vert et au ventre argenté, très abondant dans la Manche et la mer du Nord.

***hargne** [arɲ] n. f. (du frq. *harmjan,* tourmenter). Irritation qui se manifeste par une attitude agressive, des paroles dures : *Répondre avec hargne* (syn. COLÈRE, AGRESSIVITÉ).

***hargneusement** [arɲøzmɑ̃] adv. De façon hargneuse.

***hargneux, euse** [arɲø] adj. Qui manifeste de la hargne : *Une personne hargneuse* (syn. ↓GROGNON, ↓MOROSE, ↓DÉSAGRÉABLE).

***haricot** [ariko] n. m. (anc. fr. *harigoter,* couper en morceaux). **1.** Plante qui comprend de nombreuses espèces comestibles, cultivées pour leurs gousses vertes *(haricots verts)* ou pour leurs graines récoltées plus ou moins mûres *(flageolets, haricots blancs).* — **2.** Pop. *C'est la fin des haricots,* c'est le désastre total, c'est la fin de tout. ‖ Pop. *Des haricots!,* exclamation indiquant qu'on n'aura rien, qu'on en sera pour ses frais.

harmonica [armɔnika] n. m. (du lat. *harmonicus,* harmonieux). Petit instrument de musique populaire, dont le son est produit par de petites lames qu'on met en vibration en soufflant et en aspirant.

harmoniciste [armɔnisist] n. Joueur d'harmonica.

harmonie [armɔni] n. f. (gr. *harmonia,* accord). **1.** Accord ou succession de divers sons agréables à l'oreille : *La douce harmonie de sa voix* (syn. SONORITÉ). *L'harmonie d'une phrase* (syn. MÉLODIE). — **2.** Système musical qui a pour objet l'emploi de sons simultanés : *Traité d'harmonie.* — **3.** Accord bien réglé entre les parties d'un tout : *Mettre en harmonie les nouveaux immeubles avec le caractère de la ville* (syn. ACCORD). *L'harmonie des couleurs d'un tableau* (syn. BEAUTÉ). *L'harmonie d'un visage* (syn. GRÂCE). — **4.** Accord des sentiments entre des personnes, à l'intérieur d'un groupe : *L'harmonie de la famille* (syn. UNION; contr. MÉSENTENTE). *Vivre en harmonie avec son entourage* (syn. AMITIÉ, PAIX; contr. DISSENTIMENT). *Une harmonie de sentiments établie entre deux amis* (syn. COMMUNION, CONFORMITÉ).

harmonieusement [armɔnjøzmɑ̃] adv. De façon harmonieuse.

harmonieux, euse [armɔnjø] adj. **1.** Agréable à l'oreille : *Voix harmonieuse* (syn. MÉLODIEUX; contr. DUR). — **2.** Dont l'accord entre les diverses parties produit un effet agréable : *Le développement harmonieux de l'économie* (syn. COHÉRENT, ÉQUILIBRÉ). *Visage harmonieux* (syn. BEAU, ↓AGRÉABLE).

1. harmonique [armɔnik] adj. Relatif à l'harmonie.

2. harmonique [armɔnik] n. m. Son musical dont la

fréquence est un multiple entier du son fondamental. (Il se surajoute à ce son pour donner le timbre.)

harmonisation [armɔnizasjɔ̃] n. f. Action d'harmoniser : *L'harmonisation des divers intérêts en présence.*

harmoniser [armɔnize] v. t. **1.** *Harmoniser qqch (avec qqch),* le mettre en accord, en harmonie : *Harmoniser l'action des ministères entre eux* (syn. COORDONNER). *Harmoniser les couleurs d'un tableau* (syn. ÉQUILIBRER). — **2.** *Harmoniser une chanson,* en composer la musique d'accompagnement. ◆ ***s'harmoniser*** v. pr. Être en accord, en harmonie : *Sa tristesse s'harmonisait avec ce paysage d'automne* (syn. CORRESPONDRE À).

harmonium [armɔnjɔm] n. m. Instrument de musique à vent, dont le mécanisme est commandé par un clavier.

***harnachement** [arnaʃmɑ̃] n. m. **1.** Équipement d'un cheval de selle. — **2.** Accoutrement pesant et encombrant : *Le harnachement des fantassins.*

***harnacher** [arnaʃe] v. t. **1.** *Harnacher un cheval,* lui mettre le harnais. — **2.** *Être harnaché,* être habillé d'une façon ridicule ou être muni d'objets encombrants, d'une tenue lourde.

***harnais** [arnɛ] ou ***harnois** [arnwa] (vieilli) n. m. (anc. scand. *hernest*). **1.** Autref., armure. — **2.** Ensemble des pièces composant l'équipement d'un cheval de trait ou de selle.

***haro** [aro] n. m. (du germ. *hare,* cri pour exciter les chiens). Litt. *Crier haro sur qqn, qqch,* soulever contre eux la colère de tous.

***harpe** [arp] n. f. (germ. *harpa*). Instrument de musique triangulaire, à cordes inégales, qu'on pince des deux mains.

***harpie** [arpi] n. f. (de *Harpies,* déesses grecques des Tempêtes). Femme très méchante, violente et coléreuse.

***harpiste** [arpist] n. Joueur de harpe.

***harpon** [arpɔ̃] n. m. (germ. *harpa,* crochet). Instrument muni de fers recourbés et acérés, dont on se sert pour la pêche des gros poissons et des baleines.

***harponnage** [arpɔnaʒ] ou ***harponnement** [arpɔnmɑ̃] n. m. Action de harponner.

***harponner** [arpɔne] v. t. **1.** *Harponner un animal,* le saisir ou le percer avec un harpon. — **2.** Fam. *Harponner qqn,* l'arrêter au passage : *Je me suis fait harponner par un importun qui m'a mis en retard.*

***hasard** [azar] n. m. (ar. *az-zahr,* jeu de dés). **1.** Événement heureux ou fâcheux, dû à un ensemble de circonstances imprévues : *Elle a profité d'un hasard heureux* (syn. OCCASION, CHANCE). *Une rencontre de hasard* (= fortuite). *Les hasards de la carrière d'ambassadeur l'avaient amené en Amérique du Sud. Les hasards de la guerre* (syn. RISQUE, PÉRIL). — **2.** Cause attribuée aux événements considérés comme inexplicables logiquement et soumis seulement à la loi des probabilités : *La loterie est un jeu de hasard. Le hasard décidera* (syn. SORT). *Je ne laisse rien au hasard. Il faut faire la part du hasard dans sa réussite* (syn. CHANCE). — **3.** *Au hasard,* n'importe où, n'importe comment : *Aller au hasard à travers les rues. Elle a donné ce conseil un peu au hasard* (syn. fam. AU PETIT BONHEUR). ‖ *À tout hasard,* en prévision d'un événement possible : *Je suis venu à tout hasard voir si elle était là.* ‖ *Au hasard de,* selon les hasards, l'imprévu de : *Apprendre un fait au hasard d'une conversation.* ‖ *Par hasard,* d'une façon accidentelle, fortuite : *Nous avons eu par hasard la même idée;* et ironiq. : *Auriez-vous par hasard l'intention de me rendre le livre que je vous ai prêté?* ‖ *Par le plus grand des hasards,* d'une manière extraordinaire.

***hasardé, e** [azarde] adj. Qui est entrepris en courant des risques : *La demande était hasardée* (syn. HARDI, RISQUÉ, OSÉ).

hasarder** [azarde] v. t. **1.** *Hasarder qqch,* l'exposer à un risque : *Hasarder sa vie* (syn. EXPOSER). *Hasarder sa fortune dans des spéculations* (syn. RISQUER, JOUER). — **2.** *Hasarder qqch (action),* entreprendre qqch, avancer une opinion, une idée en risquant d'échouer ou de déplaire : *Je hasardai une explication de ce phénomène extraordinaire* (syn. RISQUER). *Hasarder une démarche* (syn. TENTER). ◆ ***se hasarder v. pr. **1.** *Se hasarder qqpart,* aller, se rendre dans un endroit peu sûr : *Se hasarder la nuit dans une rue obscure* (syn. S'AVENTURER). — **2.** *Se hasarder à* (+ *inf.*), se décider à faire qqch en dépit du risque : *Je me hasardai à sortir malgré le temps menaçant.*

***hasardeux, euse** [azardø] adj. Qui comporte un risque : *Une affaire hasardeuse* (syn. ALÉATOIRE, DANGEREUX). *Une vie hasardeuse* (syn. AVENTUREUX).

***hasch** [aʃ] n. m. Abrév. fam. de HASCHISCH.

***haschisch, *haschich** ou ***hachisch** [aʃiʃ] n. m. (ar. *hachīch,* herbe). Substance excitante tirée du chanvre indien, qui, mâchée ou fumée, produit des troubles mentaux.

***hase** [ɑz] n. f. (all. *Hase,* lièvre). Femelle du lièvre.

***hâte** [ɑt] n. f. (frq. *haist*). **1.** Grande rapidité mise à faire qqch (soutenu) : *Une hâte excessive* (syn. soutenus EMPRESSEMENT, PROMPTITUDE; contr. LENTEUR). *Quelle hâte à vouloir prendre la parole!* (syn. IMPATIENCE). *Répondre sans hâte* (= calmement). — **2.** *À la hâte,* avec une rapidité très grande ou excessive : *Manger à la hâte.* ‖ *Avoir hâte de* (+ *inf.*), être pressé de (faire). ‖ *En hâte,* sans perdre de temps : *On envoya en hâte chercher le médecin* (syn. D'URGENCE).

hâter** [ɑte] v. t. *Hâter qqch,* le faire arriver plus tôt, le rendre plus rapide : *Hâter son départ* (syn. AVANCER, BRUSQUER; contr. AJOURNER, RETARDER). *L'arrivée du ministre hâta l'évolution des pourparlers* (syn. ACCÉLÉRER, ACTIVER). *Hâter le pas* (= marcher plus vite). *Hâter le mouvement* (syn. PRESSER; contr. RALENTIR). ◆ ***se hâter v. pr. **1.** Aller plus vite : *Hâtez-vous, le spectacle va commencer* (syn. SE DÉPÊCHER; CONTR. ATTENDRE). — **2.** *Se hâter de* (+ *inf.*), ne pas perdre de temps pour : *Elle se hâta de finir ses devoirs pour regarder la télévision* (syn. SE PRESSER).

***hâtif, ive** [ɑtif] adj. **1.** *Fruits, légumes hâtifs,* qui arrivent à maturité avant les autres de même espèce (syn. PRÉCOCE). — **2.** Trop vite fait : *Des précautions hâtives et inutiles* (syn. PRÉCIPITÉ). *Travail hâtif* (syn. fam. BÂCLÉ).

***hâtivement** [ɑtivmɑ̃] adv. Avec précipitation.

***hauban** [obɑ̃] n. m. (scand. *höfudbenda*). Nom collectif des cordages servant à maintenir les mâts par le travers ou par l'arrière.

***haubert** [obɛr] n. m. (frq. *halsberg*). Cotte de mailles des hommes d'armes au Moyen Âge.

***hausse** [os] n. f. **1.** Augmentation de quantité, de valeur, de prix : *Hausse de la température* (syn. ÉLÉVATION; contr. BAISSE). *Hausse du coût de la vie* (syn. AUGMENTATION; contr. DIMINUTION, BAISSE). *Les cours de la Bourse sont en hausse* (= ils montent). — **2.** Appareil servant au pointage des armes à feu.

***haussement** [osmɑ̃] n. m. Action de hausser : *Haussement d'épaules.*

***hausser** [ose] v. t. (du lat. *altus,* haut). **1.** *Hausser qqch,* le rendre plus haut, le mettre dans une position plus élevée : *Hausser un mur. Hausser une armoire avec des cales* (syn. REHAUSSER). *Hausser les sourcils* (= les lever). — **2.** *Hausser les épaules,* les soulever en signe de mépris, d'indifférence. ‖ *Hausser la voix,* lui donner plus d'ampleur, plus d'intensité, pour imposer son avis, donner un ordre : *Il haussa la voix pour récla-*

mer le silence. — **3.** *Hausser les prix, les impôts,* etc., les augmenter. ◆ ***se hausser*** v. pr. Se mettre dans une position plus élevée : *Se hausser sur la pointe des pieds* (syn. SE DRESSER). *Se hausser à la hauteur de quelqu'un* (syn. S'ÉLEVER).

haut, e** [o] adj. (lat. *altus*). **1.** (après le n.) Qui a une certaine dimension dans le sens vertical (+ compl. indiquant cette dimension) : *Un mur haut de deux mètres.* — **2.** (avant ou après le n.) Qui a une grande dimension dans le sens vertical : *J'ai aperçu sa haute silhouette dans la rue* (syn. GRAND). *Les hautes branches d'un arbre* (= les branches les plus élevées). *La rivière est très haute; on peut craindre qu'elle ne déborde. Les nuages sont hauts dans le ciel* (contr. BAS). *À marée haute, la mer vient jusqu'aux cabines* (contr. MARÉE BASSE). *Elle marche la tête haute* (contr. BAS). *Une pièce haute de plafond.* — **3.** (avant ou après le n.) Élevé, qui a beaucoup d'intensité : *Parler à voix haute* (syn. FORT; contr. BAS). *Il ne dit jamais une parole plus haute que l'autre* (= il parle avec calme). *C'est du plus haut comique* (= très amusant). *Les hautes températures du mois d'août* (syn. FORT, ÉLEVÉ; contr. BAS). *Produits vendus à très hauts prix* (syn. FORT, ÉLEVÉ). — **4.** (avant le n.) Supérieur par la qualité : *Calculs d'une haute précision* (syn. ↓GRAND); supérieur sur le plan social ou dans une hiérarchie : *La haute bourgeoisie. Les hautes sphères de l'armée.* — **5.** (avant ou après le n.) Aigu : *Une note haute.* — **6.** (avant le n.) Dans la partie supérieure d'un cours en parlant d'une rivière, la partie la plus éloignée de la mer en parlant d'une région : *La haute Loire. La haute Normandie.* — **7.** (avant le n.) Reculé dans le temps : *Depuis la plus haute Antiquité.* — **8.** *Haut comme trois pommes,* très petit. ‖ *La haute mer,* la mer profonde, loin des côtes. ◆ ***haut adv. *L'avion vole haut dans le ciel. Parler tout haut* (contr. À VOIX BASSE). *S'adresser à des personnages haut placés* (= dans une haute situation). *Les prix sont montés très haut. Il parle haut et fort* (= avec autorité). *Elle a pris le chant trop haut* (= trop aigu). *Voyez plus haut dans le livre* (= dans les pages précédentes). ◆ n. m. **1.** *Le haut de qqch,* sa partie la plus élevée : *Le haut de la colline est couvert d'un bois. Le haut du vase est ébréché.* — **2.** Ce qu'il y a d'élevé, d'important, d'excellent : *Occuper le haut de l'échelle sociale. Le haut de la gamme* (= les articles les plus luxueux). — **3.** *De haut* (suivant un n. de nombre), dont la dimension verticale de la base au sommet est de tant : *Le mur a quatre mètres de haut* (= sa hauteur est de 4 m, il est haut de 4 m). — **4.** *De haut,* avec dédain : *Traiter quelqu'un de haut;* d'une façon superficielle : *Voir, regarder les choses de haut.* ‖ *Du haut de,* de l'endroit élevé, du sommet de : *Du haut du balcon, elle me fit signe.* ‖ *En haut,* sur un lieu élevé, à l'étage supérieur : *«Qu'as-tu fait de la valise? — Elle est restée en haut.»* ‖ *En haut de, au haut de,* au sommet de, au point le plus élevé de : *La concierge est en haut de l'escalier. L'oiseau s'était posé au haut de l'arbre.* ‖ *Venir de haut, d'en haut,* d'un supérieur très élevé dans une hiérarchie : *C'est un ordre qui vient de haut.* — **5.** *Les hauts et les bas* → BAS. ◆ ***haute*** n. f. Pop. *Les gens de la haute,* les gens des hautes classes de la société, les gens riches et puissants (vieilli).

***hautain e** [otɛ̃] adj. Qui montre un orgueil autoritaire à l'égard de ceux qui sont ses inférieurs ou qui sont considérés comme tels : *Un chef hautain et dur. Prendre un air hautain* (syn. MÉPRISANT, DÉDAIGNEUX, CONDESCENDANT).

***hautbois** [obwa] n. m. (de *haut* et *bois*). Instrument à vent appartenant à la même catégorie que la clarinette.

***hautboïste** [oboist] n. Joueur de hautbois.

***haut-commissaire** [okɔmisɛr] n. m. (pl. *hauts-commissaires*). Titre donné à certains hauts fonctionnaires : *Le haut-commissaire à l'énergie atomique.*

***haut-commissariat** [okɔmisarja] n. m. Fonction de haut-commissariat; organisme assurant certaines fonctions spécifiques.

***haut-de-forme** [odəfɔrm] n. m. (pl. *hauts-de-forme*). Chapeau d'homme de forme cylindrique, haut et à bords plus ou moins larges, qu'on met pour les cérémonies.

***haute(-)fidélité** [otfidelite] n. f. et adj. inv. Technique visant à obtenir une grande qualité de reproduction du son : *Des chaînes haute fidélité.*

***hautement** [otmɑ̃] adv. **1.** À un haut degré : *Événement hautement improbable.* — **2.** De façon ouverte, déclarée : *Professer hautement des opinions non conformistes.*

***hauteur** [otœr] n. f. **1.** Dimension verticale par rapport au sol ou à un repère déterminé : *L'armoire a 1,50 m de hauteur* (contr. LARGEUR, PROFONDEUR). *Le saut en hauteur* (= au-dessus d'une barre placée transversalement). — **2.** Dans une figure géométrique, perpendiculaire abaissée d'un sommet au côté, à la base ou à la face opposée. — **3.** Altitude : *Avion qui prend de la hauteur* (= qui s'élève), *qui perd de la hauteur* (= qui descend). — **4.** Caractère élevé, noble ou fier : *La hauteur de ses sentiments* (syn. NOBLESSE). *Parler avec hauteur* (syn. ARROGANCE, FIERTÉ). *J'admire sa hauteur de vues* (syn. AMPLEUR). — **5.** Lieu naturel élevé : *Monter sur une hauteur* (syn. COLLINE). — **6.** *À (la) hauteur de qqch (concret), de qqn,* sur la même ligne, au même niveau : *Arrivée à ma hauteur, elle me salua. Le bateau est maintenant à la hauteur, à hauteur des Açores.* ‖ *À la hauteur de qqn, qqch (abstrait),* à son niveau intellectuel, moral, etc. : *Il a repris l'affaire mais il est loin d'être à la hauteur de son prédécesseur. Le débat a été à la hauteur du sujet traité.* ‖ *À la hauteur d'une tâche, d'une situation,* etc., capable de s'en acquitter : *Elle s'est montrée à la hauteur de cette situation délicate;* sans compl., se dit de qqn qui a les plus grandes capacités : *Une avocate remarquable, vraiment à la hauteur.* ‖ *Tomber de toute sa hauteur,* tomber de tout son long par terre (syn. fam. S'ÉTALER).

***haut-fond** [ofɔ̃] n. m. (pl. *hauts-fonds*). Élévation du fond de la mer ou d'un cours d'eau rendant la navigation dangereuse : *Navire échoué sur des hauts-fonds.*

***haut-le-cœur** [oləkœr] n. m. inv. Dégoût violent, qui peut aller jusqu'à la nausée : *Cette boisson trop sucrée lui donnait des haut-le-cœur.*

***haut-le-corps** [oləkɔr] n. m. inv. Mouvement brusque du corps indiquant une vive répulsion, une forte indignation ou un grand étonnement : *Avoir un haut-le-corps.*

***haut-parleur** [oparlœr] n. m. (trad. de l'angl. *loud-speaker*) [pl. *haut-parleurs*]. Appareil qui transforme en ondes sonores les courants électriques correspondant aux sons de la parole ou de la musique.

***haut-relief** [orəljɛf] n. m. (pl. *hauts-reliefs*). Sculpture qui se détache fortement d'un fond uni de pierre. (→ BAS-RELIEF.)

***hauturier, ère** [otyrje] adj. *Navigation hauturière,* qui a lieu en haute mer.

***havane** [avan] n. m. Tabac, cigare de La Havane. ◆ adj. inv. Couleur marron clair : *Drap havane.*

***hâve** [ɑv] adj. (frq. *haswa*). *Litt.* Pâle et maladif (se dit surtout du visage) : *Des joues hâves* (syn. ÉMACIÉ, CREUX, LIVIDE, BLAFARD).

***havre** [avr] n. m. (néerl. *havene*). **1.** Petit port très à l'abri. — **2.** *Litt.* Refuge contre l'adversité : *Un havre de liberté, de bonheur.*

***hayon** [ajɔ̃] n. m. (de *haie*). Partie mobile à l'arrière d'une voiture, d'une camionnette et qu'on ouvre en la levant.

***hé !** [e] interj. (onomat.). Indique la surprise, l'indignation, etc., et les interpellations : *Hé ! vous, là-bas. Hé bien ! que dites-vous là ?* (→ EH !) ‖ *Hé ! hé !*, indique la malice, l'hésitation : *Hé ! hé ! peut-être que oui.*

***heaume** [om] n. m. (frq. *helm*). Casque d'homme d'armes, au Moyen Âge.

hebdomadaire [ɛbdɔmadɛr] adj. (du gr. *hebdomas*, semaine). Qui a lieu, se renouvelle chaque semaine : *Le carnet de notes hebdomadaire d'un élève.* ◆ n. m. et adj. Publication qui paraît chaque semaine : *Un hebdomadaire illustré pour les jeunes.*

hebdomadairement [ɛbdɔmadɛrmɑ̃] adv. Chaque semaine.

hébergement [ebɛrʒəmɑ̃] n. m. Action d'héberger : *L'hébergement des touristes* (syn. LOGEMENT).

héberger [ebɛrʒe] v. t. (frq. *heribergôn*) [c. 2]. *Héberger qqn*, le loger ou l'abriter provisoirement chez soi : *Héberger des amis en visite à Paris* (syn. RECEVOIR).

hébétement [ebetmɑ̃] n. m. ou **hébétude** [ebetyd] n. f. *Litt.* État d'une personne hébétée.

hébéter [ebete] v. t. (lat. *hebetare*, émousser) [c. 10] *Hébéter qqn*, lui faire perdre toute intelligence, toute volonté de réagir ; le rendre stupide (surtout pass.) : *Un ivrogne hébété par l'alcool* (syn. ABRUTI). *Rester hébété devant un spectacle effroyable* (syn. AHURI, SIDÉRÉ).

1. hébreu [ebrø] ou **hébraïque** [ebraik] adj. (du gr. *Hebraiôs*, Hébreu). Qui concerne le peuple juif (réservé à la période ancienne) : *L'alphabet hébreu. La poésie hébraïque.*

2. hébreu [ebrø] n. m. **1.** Langue sémitique parlée par les Juifs de l'Antiquité et remise en usage par l'État d'Israël, où elle est langue officielle. — **2.** Fam. *C'est de l'hébreu*, c'est incompréhensible (syn. C'EST DU CHINOIS).

hécatombe [ekatɔ̃b] n. f. (gr. *hecatombê*). **1.** Massacre d'un grand nombre de personnes, d'animaux : *Les guerres provoquent d'atroces hécatombes* (syn. TUERIE, CARNAGE). — **2.** Grand nombre de refusés à un concours, à un examen : *Une hécatombe de candidats.*

hectare [ɛktar] n. m. (du gr. *hekaton*, cent, et *are*). Mesure de superficie égale à cent ares (symb. ha).

hectogramme [ɛktɔgram] n. m. Masse de cent grammes (symb. hg).

hectolitre [ɛktɔlitr] n. m. Mesure de volume égale à cent litres (symb. hl).

hégémonie [eʒemɔni] n. f. (gr. *hêgemonia*). Suprématie d'un État, d'une nation sur d'autres : *Une hégémonie politique et économique* (syn. DOMINATION, POUVOIR). *L'hégémonie de la France en Europe au* XVIIe *s.* (syn. PRÉPONDÉRANCE, SUPRÉMATIE).

hégémonique [eʒemɔnik] adj. Qui relève de l'hégémonie : *Le rôle hégémonique d'un parti.*

hégire [eʒir] n. f. Ère de l'islam qui commence en 622 de l'ère chrétienne (fuite de Mahomet à Médine).

***hein !** [ɛ̃] interj. (onomat.). *Fam.* Sollicite de l'interlocuteur la répétition de ce qu'il a dit ou une explication de ses paroles : « *Vous êtes un sot. — Hein ?* » (syn. QUOI ?, COMMENT ?) ; renforce une interrogation : *C'est bien joué, hein ?* (syn. N'EST-CE PAS ?).

hélas ! [elas] interj. (de *hé !* et anc. fr. *las*, malheureux). Exprime la douleur, le désespoir, la plainte, parfois l'ennui : *C'est, hélas ! vrai, j'ai encore échoué à mon examen. Hélas ! Elle a beaucoup souffert.*

***héler** [ele] v. t. (angl. *to hail*, saluer) [c. 10]. *Héler qqn, un véhicule*, les appeler de loin pour les faire venir.

hélianthe [eljɑ̃t] n. m. (gr. *hêlios*, soleil, et *anthos* fleur). Plante à grandes fleurs jaunes (syn. SOLEIL, TOURNESOL).

hélice [elis] n. f. (gr. *helix*, spirale). **1.** Appareil formé de pales fixées sur un axe et dont la rotation sert à la propulsion, à la traction, etc. — **2.** *Escalier en hélice*, qui a la forme d'une spirale autour d'un axe (syn. EN COLIMAÇON).

hélicoïdal, e, aux [elikɔidal] adj. En forme d'hélice.

hélicoptère [elikɔptɛr] n. m. (gr. *helix*, spirale, et *pteron*, aile). Appareil d'aviation qui se déplace grâce à des hélices *(pales)* horizontales.

héliotrope [eljɔtrɔp] n. m. (gr. *hêliotropion*, qui se tourne vers le soleil). Nom donné à une plante aux fleurs odorantes ; en général plante dont la fleur se tourne vers le soleil, comme l'*hélianthe*.

héliport [elipɔr] n. m. (de *héli[coptère]* et *port* 1). Aéroport pour hélicoptères.

héliporté, e [elipɔrte] adj. Transporté par hélicoptère.

hélium [eljɔm] n. m. (gr. *hêlios*, soleil). Gaz très léger et ininflammable, découvert dans l'atmosphère solaire et qui existe en très petite quantité dans l'air : *Ballon gonflé à l'hélium.*

hellène [elɛn] ou **hellénique** [elenik] adj. (du gr. *Hellên*, Grec). Qui appartient à la Grèce ancienne.

hellénisant, e [elenizɑ̃] n. Qui étudie le grec.

hellénisme [elenism] n. m. **1.** Expression particulière à la langue grecque ancienne. — **2.** Civilisation de la Grèce ancienne.

helléniste [ɛlenist] n. Spécialiste de la langue et de la civilisation de la Grèce ancienne.

helvétique [ɛlvetik] adj. (lat. *helveticus*, de l'Helvétie). De Suisse.

helvétisme [ɛlvetism] n. m. Façon de parler propre aux habitants de la Suisse romande.

***hem !** [ɛm] interj. Marque le début d'un énoncé (pour attirer l'attention, s'éclaircir la voix, etc.), ou l'impatience, le doute, l'hésitation (souvent redoublé) : *Hem ! hem ! je n'en suis pas sûr* (syn. HUM).

hématie [emasi] n. f. (gr. *haima, -atos*, sang). Globule rouge du sang.

hématologie [ematɔlɔʒi] n. f. (gr. *haima*, sang, et *logos*, science). Partie de la médecine qui traite des maladies du sang.

hématome [ematom] n. m. (gr. *haima, -atos*, sang). Épanchement de sang sous la peau, consécutif à une rupture des vaisseaux.

hémicycle [emisikl] n. m. (gr. *hêmi*, à demi, et *kuklos*, cercle). Espace semi-circulaire, où sont disposés des gradins pour des spectateurs ou les membres d'une assemblée : *L'hémicycle de l'Assemblée nationale.*

hémiplégie [emipleʒi] n. f. (gr. *hêmi*, à demi, et *plêgê*, coup). Paralysie de la moitié du corps, due à une lésion du cerveau.

hémiplégique [emipleʒik] adj. et n. Atteint d'hémiplégie.

hémisphère [emisfɛr] n. m. (gr. *hêmisphairion*, demi boule). **1.** Moitié d'une sphère, et en partic., moitié du globe terrestre : *L'hémisphère austral, boréal.* — **2.** Moitié du cerveau : *Les hémisphères cérébraux.*

hémisphérique [emisferik] adj. Qui a la forme d'une demi-sphère.

hémistiche [emistiʃ] n. m. (gr. *hêmi*, à demi, et *stikhos*, vers). Chacune des deux parties d'un vers coupé par la césure.

hémoglobine [emɔglɔbin] n. f. (gr. *haima, -atos,* sang). Pigment des globules rouges du sang.

hémophile [emɔfil] adj. et n. (du gr. *haima,* sang, et *philein,* aimer). Atteint d'hémophilie.

hémophilie [emɔfili] n. f. Anomalie du sang caractérisée par un retard ou une absence de coagulation qui provoque à la moindre blessure des hémorragies importantes.

hémorragie [emɔraʒi] n. f. (gr. *haima,* sang, et *rhagê,* rupture). **1.** Écoulement de sang hors des vaisseaux sanguins (méd.) : *Une hémorragie nasale* (= un saignement de nez). — **2.** Grave déperdition de ce qui est essentiel pour la vie ou la richesse d'un pays, d'un État, etc. : *Les guerres ont causé de graves hémorragies* (= pertes de vies humaines). *L'hémorragie des capitaux pendant la crise économique* (= la sortie des capitaux).

hémorroïde [emɔrɔid] n. f. (gr. *haima,* sang, et *rheîn,* couler). Varice des veines de l'anus.

hémostatique [emɔstatik] adj. et n. m. (du gr. *haima,* sang, et *stasis,* arrêt). Propre à arrêter les hémorragies : *Une pince hémostatique.*

***henné** [ene] n. m. (ar. *hanna*). Arbuste d'Arabie, dont les feuilles fournissent une teinture rouge pour les cheveux, appelée elle aussi *henné.*

***hennin** [enɛ̃] n. m. (néerl. *henninck,* coq). Coiffe de femme haute et conique, en usage au XVe s.

***hennir** [enir] v. i. (lat. *hinnire*) [sujet le cheval]. Pousser le cri propre à son espèce.

***hennissement** [enismɑ̃] n. m. Action de hennir.

***hep!** [ɛp] interj. Sert à interpeller : *Hep! vous, là-bas, taisez-vous donc.*

hépatique [epatik] adj. Relatif au foie, à sa fonction (méd.) : *Insuffisance hépatique.* ◆ n. Qui souffre du foie : *Une famille d'hépatiques.*

hépatite [epatit] n. f. (gr. *hêpar, -atos,* foie). Inflammation du foie (syn. courant JAUNISSE).

héraldique [eraldik] adj. (du bas lat. *heraldus,* héraut). Relatif aux blasons, aux armoiries. ◆ n. f. Science du blason.

***héraut** [ero] n. m. (frq. *heriwald*). *Héraut (d'armes),* officier public chargé de porter les messages, d'annoncer les déclarations de guerre au Moyen Âge.

herbacé, e [ɛrbase] adj. *Plantes herbacées,* plantes frêles qui meurent après la fructification.

herbage [ɛrbaʒ] n. m. Prairie naturelle qui sert au pâturage des bestiaux.

herbe [ɛrb] n. f. (lat. *herba*). **1.** Plante dont la tige, molle et verte, est plus ou moins haute et meurt chaque année (nom donné à de nombreuses plantes de ce type) : *Arracher les mauvaises herbes* (= plantes parasites). *Les fines herbes (persil, civette, estragon) sont aromatiques et utilisées en cuisine. Les herbes médicinales* (= entrant dans la composition de remèdes). *Les hautes herbes des bords du lac.* — **2.** (sing.) Réunion de plantes de ce type, formant une végétation peu élevée : *Se coucher dans l'herbe. L'herbe bien entretenue des plates-bandes* (syn. GAZON). — **3.** *En herbe,* se dit d'une céréale qui n'est pas encore mûre : *Des blés en herbe;* se dit d'un enfant, d'un adolescent qui manifeste des aptitudes à une activité : *C'est une artiste en herbe* (syn. EN PUISSANCE). *Un avocat en herbe* (= un futur avocat). ‖ *Manger son blé en herbe,* dépenser son capital avant d'avoir touché le revenu.

herbeux, euse [ɛrbø] adj. *Litt.* Où il y a de l'herbe : *Les fossés herbeux le long d'une petite route* (syn. HERBU).

herbicide [ɛrbisid] n. m. et adj. Produit destiné à détruire les mauvaises herbes.

herbier [ɛrbje] n. m. Collection de plantes desséchées et pressées, et conservées entre des feuilles de papier.

herbivore [ɛrbivɔr] adj. et n. m. Qui se nourrit de végétaux, d'herbes, de feuilles : *Les chèvres sont des herbivores.*

herboriser [ɛrbɔrize] v. i. Recueillir des plantes pour les étudier, pour en faire un herbier, etc.

herboriste [ɛrbɔrist] n. Commerçant qui vend des plantes médicinales, des produits d'hygiène, de la parfumerie (à l'exclusion des produits pharmaceutiques).

herboristerie [ɛrbɔristəri] n. f. Commerce de l'herboriste.

herbu, e [ɛrby] adj. Syn. de HERBEUX.

hercule [ɛrkyl] n. m. (de *Hercule,* dieu romain). Homme d'une très grande force physique : *Être bâti en hercule* (syn. COLOSSE).

herculéen, enne [ɛrkyleɛ̃] adj. Digne du héros grec Hercule : *Force herculéenne* (syn. COLOSSAL). *Travail herculéen* (syn. TITANESQUE).

***hère** [ɛr] n. m. (de l'anc. fr. *haire,* malheureux). *Un pauvre hère,* un malheureux qui inspire de la pitié.

héréditaire [ereditɛr] adj. Transmis par hérédité : *Une maladie héréditaire.*

héréditairement [ereditɛrmɑ̃] adv. De façon héréditaire.

hérédité [eredite] n. f. (lat. *hereditas*). **1.** Transmission de certains caractères des êtres vivants à leur descendance; ensemble des caractères ainsi transmis : *Les lois de l'hérédité. Avoir une lourde hérédité* (= des tares physiques ou mentales). — **2.** Caractère d'une possession, d'une dignité transmise par voie de succession : *L'hérédité de la couronne.*

hérésie [erezi] n. f. (gr. *hairesis,* choix). **1.** Opinion religieuse, philosophique ou politique contraire aux principes essentiels d'une religion ou d'une doctrine établie : *Hérésie condamnée par l'Église* (syn. HÉTÉRODOXIE). — **2.** Opinion ou usage contraires aux manières de penser ou aux habitudes du plus grand nombre : *Servir du vin blanc avec une entrecôte est une hérésie* (syn. ↑SACRILÈGE).

hérétique [eretik] adj. et n. Qui relève de l'hérésie : *Les hérétiques étaient condamnés par l'Église au supplice du feu. Des opinions hérétiques* (contr. ORTHODOXE).

hérisser** [erise] v. t. (de *hérisson*). **1.** (sujet un animal) *Hérisser ses poils, sa crinière,* etc., les dresser : *Le chat hérisse ses poils de colère.* — **2.** (sujet partie du corps, qqn) *Être hérissé de,* être couvert sur toute la surface de la peau de : *Des jambes hérissées de poils.* — **3.** (sujet qqch) *Hérisser qqch,* faire saillie à sa surface (surtout pass.) : *La planche est hérissée de clous.* — **4.** *Hérisser qqch,* le garnir d'objets dangereux, le remplir de choses difficiles : *Des obstacles hérissent la course. Un concours hérissé de difficultés* (syn. fam. TRUFFÉ). — **5.** *Hérisser qqn,* le mettre en colère : *En vous obstinant, vous le hérissez davantage* (syn. IRRITER). ◆ ***se hérisser v. pr. **1.** Se dresser : *Ses cheveux se hérissent sur sa tête.* — **2.** S'indigner : *Elle se hérisse dès qu'elle l'aperçoit* (= s'irriter).

***hérisson** [erisɔ̃] n. m. (lat. *ericius*). **1.** Mammifère qui se nourrit d'insectes, dont le corps est couvert de piquants et qui peut se rouler en boule. — **2.** Brosse métallique servant au ramonage des cheminées.

héritage [eritaʒ] n. m. **1.** Bien transmis par voie de succession : *L'héritage de son oncle était très important.* — **2.** Ce qui est transmis par les parents, par la génération antérieure : *Sauvegarder l'héritage culturel de la France.*

hériter [erite] v. t. et t. ind. (lat. *hereditare*). **1.** *Hériter qqch de qqn* ou *hériter de qqch,* recevoir un bien transmis par succession (la construction indirecte est la plus fréquente) : *Il a hérité d'une ferme* ou *il a hérité une ferme de ses parents. Il a dépensé tout l'argent dont il avait hérité.* — **2.** *Hériter qqch (abstrait), de qqch (abstrait),* le tenir de qqn, l'avoir reçu de ses parents : *Le fils a hérité la finesse de sa mère. Hériter d'une longue tradition d'honneur* (syn. RECUEILLIR).

héritier, ère [eritje] n. **1.** Personne qui hérite : *Les héritiers directs* (= fils, fille). *L'héritier spirituel d'un savant* (syn. DISCIPLE, CONTINUATEUR). — **2.** *Fam.* Enfant : *Sa femme attend un héritier.* — **3.** *Une riche héritière,* jeune fille qui apporte l'espoir d'une riche succession.

hermaphrodisme [ɛrmafrɔdism] n. m. État d'hermaphrodite.

hermaphrodite [ɛrmafrɔdit] adj. et n. (de *Hermaphrodite,* fils bissexué d'Hermès et Aphrodite, dieux grecs). Qui possède les organes reproducteurs des deux sexes (syn. BISEXUÉ).

hermétique [ɛrmetik] adj. (de *Hermes* [*Trismegistus*], fondateur égyptien de l'alchimie). **1.** Qui ferme parfaitement sans rien laisser passer : *La fermeture hermétique d'un bocal* (syn. ÉTANCHE). *Boîte hermétique.* — **2.** Impossible ou difficile à comprendre : *Une poésie hermétique* (syn. ÉSOTÉRIQUE). *Garder un visage hermétique* (syn. IMPÉNÉTRABLE).

hermétiquement [ɛrmetikmɑ̃] adv. **1.** De façon hermétique, étanche : *Boîte hermétiquement close.* — **2.** De façon hermétique, ésotérique : *S'exprimer hermétiquement* (syn. OBSCURÉMENT).

hermétisme [ɛrmetism] n. m. Caractère hermétique : *L'hermétisme d'une poésie* (syn. OBSCURITÉ).

hermine [ɛrmin] n. f. (lat. *Armenius mus,* rat d'Arménie). **1.** Petit mammifère dont le pelage, blanc en hiver, constitue une fourrure précieuse. — **2.** Bande de fourrure de cet animal, fixée au costume de cérémonie des magistrats et des professeurs.

***herniaire** [ɛrnjɛr] adj. Relatif à une hernie.

***hernie** [ɛrni] n. f. (lat. *hernia*). Sortie d'un organe, d'une partie de cet organe hors de la cavité où il se trouve naturellement; tuméfaction de cet organe sous la peau.

héroï-comique [erɔikɔmik] adj. Dont l'intrigue, le déroulement sont faits d'incidents tragiques et comiques : *L'accident tourna en une aventure héroï-comique.*

héroïne [erɔin] n. f. (gr. *hêrôinê*). **1.** Féminin de HÉROS. — **2.** Stupéfiant, dérivé de la morphine.

héroïnomane [erɔinɔman] n. Intoxiqué à l'héroïne.

héroïque [erɔik] adj. **1.** Qui chante les héros : *Poésie héroïque* (syn. ÉPIQUE). — **2.** Qui se conduit en héros : *Une secouriste héroïque* (syn ↓BRAVE). — **3.** Digne d'un héros : *Avoir une mort héroïque.* — **4.** Dont la conséquence même peut être dangereuse : *Une résolution héroïque* (syn. ↓ÉNERGIQUE). *Prendre un parti héroïque. Un remède héroïque* (= puissant mais dangereux). — **5.** *Époque héroïque, temps héroïques,* époque où ont eu lieu des faits remarquables, où une technique n'en était qu'à ses débuts, etc., et qui fait figure de légende : *L'époque héroïque de l'aviation.*

héroïquement [erɔikmɑ̃] adv. De façon héroïque : *Supporter héroïquement la torture.*

héroïsme [erɔism] n. m. Comportement de héros : *Montrer de l'héroïsme* (syn. ↓COURAGE). *Acte d'héroïsme* (syn. ↓DÉVOUEMENT).

***héron** [erɔ̃] n. m. (frq. *haigro*). Oiseau à long cou et à long bec, haut sur pattes, qui vit au bord des eaux.

***héros** [ero] n. m., **héroïne** [erɔin] n. f. (gr. *hêrôs*). **1.** (masc.) Personnage légendaire à qui on attribue des qualités et des exploits (surtout guerriers) extraordinaires : *Les héros de l'Antiquité.* — **2.** Celui, celle qui se distingue par son très grand courage, par sa vertu exceptionnelle, son dévouement, etc. : *Un héros de la dernière guerre. Mourir en héros.* — **3.** Principal personnage d'une œuvre (roman, poème, pièce de théâtre, film) : *Les héroïnes de Corneille, d'Euripide. Les héros du cinéma muet.* — **4.** Personnage central d'une situation : *Être le héros d'une aventure* (= celui qui en a été l'acteur principal). *L'héroïne de la fête* (= celle en l'honneur de qui la fête a été donnée, ou qui s'y est fait remarquer). *Le héros du jour* (= celui qui joue le rôle principal dans l'événement le plus remarqué de la journée).

***herse** [ɛrs] n. f. (lat. *hirpex*). **1.** Instrument agricole muni de dents de fer, avec lequel on égalise la surface d'un terrain labouré en brisant les mottes. — **2.** Grille armée de pointes qu'on abaissait pour fermer l'entrée d'une forteresse.

hésitant, e [ezitɑ̃] adj. Qui hésite, doute : *Il est de caractère hésitant* (syn. IRRÉSOLU). *Les pas hésitants d'un enfant* (contr. ASSURÉ, SÛR).

hésitation [ezitasjɔ̃] n. f. Fait d'hésiter : *Elle a obéi après bien des hésitations* (syn. ATERMOIEMENT, TERGIVERSATION). *Cette réponse lève mes hésitations* (syn. DOUTE, INCERTITUDE). *Marquer une hésitation avant de parler* (syn. ARRÊT). *Accepter sans hésitation* (syn. RÉTICENCE).

hésiter [ezite] v. i. (lat. *haesitare*). **1.** (sujet qqn) Être dans l'incertitude sur ce qu'on va dire ou faire : *J'ai longtemps hésité avant de faire cette démarche* (syn. BALANCER). *Elle a pris sans hésiter cette décision* (syn. TERGIVERSER). *N'hésite pas, ce départ est nécessaire* (syn. ATTENDRE). — **2.** Marquer son irrésolution, son ignorance par un arrêt : *L'élève hésitait en récitant sa leçon* (syn. ↑ÂNONNER). — **3.** *Hésiter sur qqch,* ne savoir que faire sur un sujet précis : *Elle hésite sur la route à suivre.* — **4.** *Hésiter entre deux ou plusieurs choses,* rester irrésolu entre plusieurs partis possibles : *J'hésite entre divers projets* (syn. FLOTTER). ◆ v. t. ind. *Hésiter à* (+ *inf.*), avoir peur de, ne pas oser : *Il hésitait à dire la vérité* (syn. AVOIR SCRUPULE À, CRAINDRE DE, REDOUTER DE).

hétéroclite [eterɔklit] adj. (bas lat. *heteroclitus,* irrégulier). Fait d'un mélange bizarre d'éléments disparates : *Objets hétéroclites trouvés chez un brocanteur.*

hétérodoxe [eterɔdɔks] adj. (du gr. *heteros,* autre, et *doxa,* opinion). Qui ne se conforme pas à la doctrine reçue : *Des idées hétérodoxes* (syn. NON CONFORMISTE, ↑HÉRÉTIQUE; contr. ORTHODOXE).

hétérodoxie [eterɔdɔksi] n. f. Caractère hétérodoxe : *L'hétérodoxie de ses ouvrages était mal jugée par les traditionalistes* (syn. INDÉPENDANCE; contr. CONFORMISME).

hétérogène [eterɔʒɛn] adj. (du gr. *heteros,* autre, et *genos,* origine). Formé d'éléments dissemblables, disparates : *Une classe hétérogène* (= dont les élèves sont de niveau très différent; contr. HOMOGÈNE). *La population hétérogène du Bassin méditerranéen* (syn. DISPARATE). *L'œuvre hétérogène d'un écrivain à la fois poète, romancier et homme de théâtre* (syn. COMPOSITE).

hétérogénéité [eterɔʒeneite] n. f. Caractère hétérogène.

hétérosexualité [eterɔsɛksɥalite] n. f. État hétérosexuel.

hétérosexuel, elle [eterɔsɛksɥɛl] adj. et n. Qui éprouve une attirance sexuelle pour les personnes du sexe opposé (contr. HOMOSEXUEL).

***hêtre** [ɛtr] n. m. (frq. *haistr*). Arbre à écorce lisse, dont le bois blanc est utilisé en menuiserie.

***heu!** ou **euh!** [ø] interj. (onomat.). Marque le début hésitant d'un énoncé ou son interruption (souvent redoublé) : « *Quelle est la capitale du Honduras? — Heu!... heu!... je ne sais pas.* »

heur [œr] n. m. (lat. *augurium,* présage). *N'avoir pas l'heur de plaire à qqn,* n'avoir pas la chance, le bonheur de lui plaire (soutenu).

heure [œr] n. f. (lat. *hora*). **1.** Vingt-quatrième partie de la journée, unité de mesure du temps, de la durée (symb. h) : *Retarder son départ de deux heures. Je vous remettrai ce dossier dans vingt-quatre heures* (= un jour), *dans quarante-huit heures* (= deux jours). *Faire des journées de travail de huit heures. Vitesse limitée à cent kilomètres à l'heure.* — **2.** Chiffre indiquant une des divisions de la journée; moment déterminé du jour (les subdivisions suivent le mot *heure,* avec ou sans *et,* suivant les cas) : *Le car est à huit heures et demie. Il est neuf heures un quart* (ou *et quart*). *Le train arrive à vingt-trois heures cinq. Je suis resté éveillé jusqu'à trois heures du matin. Est-ce que tu as l'heure?* (= as-tu une montre pour me faire connaître l'heure?). *L'horloge n'est pas à l'heure* (= elle ne marque pas l'heure juste). *L'heure légale* (= déterminée par les règlements en usage dans un pays). *L'heure d'été* (= adoptée par de nombreux pays et qui avance de 60 minutes sur l'heure légale). — **3.** Mesure de la distance évaluée d'après le temps passé à la parcourir : *Londres est à une heure de Paris par l'avion.* — **4.** Moment ou durée quelconque dans la journée ou dans la vie : *Je n'ai pas une heure à moi* (= je suis surchargé). *Le livre vient à son heure* (= au moment favorable). *C'est l'heure du dîner. Il a cru sa dernière heure arrivée* (= le moment de sa mort). *Les nouvelles de dernière heure* (= celles qui sont arrivées juste avant l'édition du journal). *En dernière heure, on nous apprend que les alpinistes ont été retrouvés. J'ai connu des heures de désespoir* (syn. PÉRIODE). *Il y a une heure, une grande heure, une bonne heure que je l'attends. À ses heures, il est complaisant* (= quand cela lui convient). *Anne était là à l'heure, à l'heure juste, juste à l'heure, à l'heure fixée* (= au moment déterminé). *C'est la bonne heure, profitons-en. C'est la mauvaise heure de la journée, tous les commerçants sont fermés. Son heure est venue* (= son moment de gloire ou sa mort). *Il est mort avant l'heure* (= encore jeune). *Le pays a traversé des heures critiques* (syn. MOMENT). — **5.** Unité de travail et de salaire, correspondant en général à la vingt-quatrième partie du jour : *C'est l'heure de français* (syn. CLASSE, LEÇON). *Être payé à l'heure. Toucher des heures supplémentaires.* — **6.** *À l'heure qu'il est, pour l'heure, à l'heure actuelle, à cette heure,* en ce moment précis, à notre époque, dans la période présente : *À l'heure qu'il est, elle doit être arrivée à Rome. À l'heure actuelle, la tension internationale diminue.* ‖ *À l'heure de,* à l'époque de. ‖ *À la bonne heure,* voilà qui est bien. ‖ *À toute heure,* d'une manière continue, sans interruption : *La pharmacie est ouverte à toute heure de la journée.* ‖ *De bonne heure,* très tôt le matin; au début de la vie : *Se lever de bonne heure* (syn. TÔT). *Cet enfant a appris à lire de très bonne heure.* ‖ *De meilleure heure,* syn. litt. de PLUS TÔT. ‖ *D'heure en heure,* progressivement : *D'heure en heure, l'inquiétude se faisait plus vive.* ‖ *Quart d'heure* → QUART. ‖ *Sur l'heure,* à l'instant même : *Obéissez sur l'heure* (syn. SUR-LE-CHAMP). ‖ *Tout à l'heure,* dans très peu de temps (v. au présent, au futur, au futur antérieur, etc.) : *Elle va sortir tout à l'heure;* il y a très peu de temps (v. au passé) : *Tout à l'heure, il est tombé un peu de grêle.*

heureusement [œrøzmɑ̃] adv. **1.** D'une façon avantageuse, favorable : *L'aventure finit heureusement* (syn. FAVORABLEMENT). — **2.** Par une chance extraordinaire : *Heureusement, le train avait quelques minutes de retard* (syn. PAR BONHEUR). *Heureusement que vous avez téléphoné, sans cela vous vous dérangiez inutilement.* — **3.** D'une façon originale : *Rime heureusement trouvée.*

heureux, euse [œrø] adj. (de *heur*) [avant ou après le n.]. **1.** Qui jouit du bonheur, favorisé par le sort; qui exprime ce bonheur, en porte la marque : *Être heureux au jeu* (syn. fam. VEINARD). *Être heureux en ménage. Elle a un air heureux* (syn. ↑RADIEUX). *Des souvenirs heureux.* — **2.** Qui procure un avantage, qui a des suites favorables : *L'heureuse issue de l'entreprise* (syn. FAVORABLE). *Votre conseil s'est révélé très heureux* (syn. BON, AVANTAGEUX). — **3.** Qui manifeste une grande originalité, une parfaite justesse ou adaptation : *Une heureuse trouvaille de style. Repartie heureuse* (syn. ↑BRILLANT). — **4.** *Être heureux de qqch,* en être satisfait, s'en réjouir : *Je suis heureuse de votre succès, de vous revoir.* ◆ n. *Faire un, des heureux,* procurer à qqn un plaisir ou un avantage qu'il n'espérait pas.

***heurt** [œr] n. m. Action de heurter (soutenu; souvent avec une négation) : *Déplacez sans heurt ce vase fragile* (syn. usuel CHOC). *Il y avait entre eux des heurts continuels* (syn. FRICTION).

***heurté, e** [œrte] adj. **1.** Qui est en contraste : *Couleurs heurtées* (syn. CONTRASTÉ). — **2.** Qui offre des oppositions, des saccades : *Style heurté* (= aux oppositions rudes). *Il a une manière heurtée de vous parler* (syn. SACCADÉ).

heurter** [œrte] v. t. (du frq. *hurt,* bélier) [soutenu]. **1.** *Heurter qqch, qqn,* entrer rudement en contact avec eux : *La voiture a heurté un arbre. Dans sa précipitation, il avait heurté plusieurs convives. Il est tombé et sa tête a heurté le trottoir* (syn. fam. COGNER). *Tâche de porter ces bouteilles sans les heurter* (syn. CHOQUER; fam. COGNER). — **2.** *Heurter qqn,* lui causer un choc moral, contrarier ses goûts, ses idées : *Ces paroles risquent de heurter certains auditeurs* (syn. CHOQUER, ↓ÉMOUVOIR, ↑FROISSER, ↑OFFENSER, ↑BLESSER, ↑SCANDALISER). — **3.** *Heurter qqch (abstrait),* être en opposition totale avec lui : *Heurter le bon sens, le goût, les convenances, les préjugés, etc. Votre initiative va heurter de vieilles traditions* (syn. BOUSCULER, BOULEVERSER). ◆ v. t. ind. **1.** *Heurter contre qqch,* entrer rudement en contact avec qqch : *Le navire a heurté contre un rocher.* — **2.** *Heurter à la porte, à la fenêtre, etc.,* y donner des coups, généralement discrets, en vue de se faire ouvrir (syn. FRAPPER; fam. COGNER, ↑TAPER). ◆ ***se heurter v. pr. *Se heurter à qqch, qqn,* les rencontrer comme obstacle : *Il s'est heurté à un lampadaire, à un passant* (syn. BUTER CONTRE; fam. SE COGNER). *Se heurter à l'incompréhension de tous. Ce projet se heurte à de grosses difficultés.*

***heurtoir** [œrtwar] n. m. Marteau de porte monté sur un pivot et qui retombe sur une plaque de métal.

hévéa [evea] n. m. Arbre cultivé en Asie pour son latex, dont on tire le caoutchouc.

hexagonal, e, aux [ɛgzagɔnal] adj. Relatif à l'hexagone.

hexagone [ɛgzagon] n. m. (gr. *hexa,* six, et *gônia,* angle). Polygone ayant six angles et six côtés : *On appelle parfois la France l'« Hexagone ».*

hexamètre [ɛgzamɛtr] n. m. (gr. *hexa,* six, et *metron,* mesure). Vers de six pieds.

hiatus [jatys] n. m. (mot lat. signif. *ouverture*). **1.** Rencontre de deux voyelles à l'intérieur d'un mot *(créa)* ou entre deux mots *(Elle dîna à Amiens).* — **2.** Brusque interruption entre deux faits, deux ensembles, qui auraient dû être continus ou joints : *Il y a un hiatus entre nos deux générations* (syn. DÉCALAGE, ↑FOSSÉ).

hibernal, e, aux [ibɛrnal] adj. Qui a lieu l'hiver : *Sommeil hibernal.*

hibernant, e [ibɛrnɑ̃] adj. Qui hiberne : *Le loir est un animal hibernant.*

hibernation [ibɛrnasjɔ̃] n. f. **1.** Fait d'hiberner : *L'hibernation de la marmotte.* — **2.** *Hibernation artificielle,* refroidissement du corps humain dans un but thérapeutique ou chirurgical.

hiberner [ibɛrne] v. i. (lat. *hibernare,* passer l'hiver) [sujet certains animaux]. Passer l'hiver dans un état d'engourdissement.

hibiscus [ibiskys] n. m. (gr. *hibiskos,* guimauve). Arbre tropical à belles fleurs.

***hibou** [ibu] n. m. (onomat.) [pl. *hiboux*]. Oiseau de proie nocturne, qui mange les rats, les souris, les mulots.

***hic** [ik] n. m. inv. (du lat. *hic est quaestio,* ici est la question). Fam. *Voilà le hic, c'est là le hic, le hic, c'est que...,* c'est la principale difficulté de l'affaire, l'obstacle majeur.

***hideusement** [idøzmɑ̃] adv. De façon hideuse.

***hideux, euse** [idø] adj. (de l'anc. fr. *hisde,* peur) [avant ou après le n.]. D'une laideur horrible, repoussante : *Un spectacle hideux* (syn. AFFREUX, ATROCE, IGNOBLE). *Une hideuse hypocrisie* (syn. RÉPUGNANT).

hier [(i)jɛr] adv. (lat. *heri*). **1.** Le jour qui précède immédiatement celui où on est (par rapport au présent [*aujourd'hui*]) : *Elle est partie hier soir* (ou *hier au soir*). *Sa colère d'hier est passée. Hier, il faisait encore beau* (syn. IL Y A VINGT-QUATRE HEURES). *J'ai attendu vainement toute la journée d'hier, tout hier.* — **2.** Dans un passé récent : *L'enseignement d'hier ne peut être celui d'aujourd'hui.* — **3.** *Ne pas dater d'hier,* être fort ancien, n'être pas nouveau : *C'est une théorie qui ne date pas d'hier.* ‖ Fam. *Ne pas être né d'hier,* avoir de l'expérience, ne pas être naïf : *Toutes ces ruses ne sauraient me tromper; je ne suis tout de même pas né d'hier.*

***hiérarchie** [jerarʃi] n. f. (du gr. *hieros,* sacré, et *arkhein,* commander). Classement à l'intérieur d'un ensemble, et en partic. à l'intérieur d'un groupe social, de telle manière que chaque terme soit supérieur au terme précédent, selon des critères d'importance, de responsabilité, de valeur, etc. : *La hiérarchie militaire. Elle est arrivée au sommet de la hiérarchie. La hiérarchie sociale a été bouleversée par la Révolution* (syn. ORDRE). *Notre hiérarchie des valeurs n'est plus celle de l'époque précédente* (syn. CLASSEMENT, CLASSIFICATION).

***hiérarchique** [jerarʃik] adj. Qui relève de la hiérarchie : *Un supérieur hiérarchique. Passer par la voie hiérarchique.*

***hiérarchiquement** [jerarʃikmɑ̃] adv. De façon hiérarchique.

***hiérarchisation** [jerarʃizasjɔ̃] n. f. Action de hiérarchiser.

***hiérarchiser** [jerarʃize] v. t. Donner une structure, un ordre conforme à une hiérarchie : *L'indemnité a été hiérarchisée* (= elle varie selon l'échelle des traitements).

hiératique [jeratik] adj. (gr. *hieros,* sacré). **1.** Dont la raideur solennelle est imposée par un rite, par une tradition : *La figure hiératique des icônes grecques.* — **2.** D'une raideur majestueuse, figée : *Attitude hiératique.*

hiéroglyphe [jerɔglif] n. m. (du gr. *hieros,* sacré, et *gluphein,* graver). Caractère de l'écriture des anciens Egyptiens. ◆ ***hiéroglyphes*** n. m. pl. Écriture difficile à lire : *Les hiéroglyphes d'une ordonnance médicale.*

***hi-fi** [ifi] n. f. inv. (abrév. de l'angl. *high fidelity,* haute fidélité). Abrév. de HAUTE-FIDÉLITÉ.

hilarant, e [ilarɑ̃] adj. Qui provoque le rire : *Histoire hilarante.*

hilare [ilar] adj. (gr. *hilaros,* joyeux). Qui montre une joie béate, un grand contentement, une grande gaieté : *Des spectateurs hilares* (syn. RÉJOUI; contr. RENFROGNÉ, MAUSSADE).

hilarité [ilarite] n. f. Mouvement brusque de gaieté, qui se manifeste par une explosion de rire : *La plaisanterie déclencha l'hilarité générale* (syn. RIRE).

hindi [indi] n. m. Langue officielle de l'Inde.

hindou, e [ɛ̃du] adj. et n. Adepte de l'hindouisme : *Rites hindous.*

hindouisme [ɛ̃duism] n. m. Religion propre à l'Inde.

***hip!** [ip] interj. Toujours triplée avec *hourra!,* exprime l'enthousiasme : *Hip! hip! hip! hourra!*

***hippie** ou ***hippy** [ipi] n. (mot angl.) [pl. *hippies*]. Adepte d'une morale et d'un mode de vie fondés sur l'hostilité à la société industrielle de consommation, sur l'aspiration à la liberté intégrale dans les mœurs et l'habillement, et sur la non-violence. ◆ adj. Conforme au mode de vie des hippies : *Mouvement hippy. Mode hippie.*

hippique [ipik] adj. Relatif aux chevaux, à l'équitation : *Un concours hippique.* (→ ÉQUESTRE.)

hippisme [ipism] n. m. Sport équestre (syn. ÉQUITATION).

hippocampe [ipɔkɑ̃p] n. m. (gr. *hippos,* cheval, et *kampê,* courbure). Poisson marin, dont la tête horizontale rappelle celle d'un cheval et dont le corps se prolonge par une queue préhensile.

hippodrome [ipɔdrom] n. m. (gr. *hippos,* cheval, et *dromos,* course). Lieu où se déroulent des courses de chevaux (syn. CHAMP DE COURSES).

hippophagique [ipɔfaʒik] adj. (du gr. *hippos,* cheval, et *phagein,* manger). *Boucherie hippophagique,* où on vend de la viande de cheval (syn. CHEVALIN).

hippopotame [ipɔpɔtam] n. m. (gr. *hippos,* cheval, et *potamos,* rivière). Gros mammifère d'Afrique, qui vit dans les fleuves et se nourrit d'herbes fraîches.

hirondelle [irɔ̃dɛl] n. f. (lat. *hirundo*). **1.** Petit oiseau à dos noir et à ventre blanc, quittant l'Europe en septembre-octobre et revenant en mars-avril. — **2.** *Une hirondelle ne fait pas le printemps,* un seul exemple ne peut autoriser des déductions aboutissant à une conclusion générale.

hirsute [irsyt] adj. (lat. *hirsutus*). Dont la chevelure ou la barbe très fournie est en désordre; se dit de cette chevelure ou de cette barbe elle-même.

hispanique [ispanik] adj. (du lat. *Hispanus,* Espagnol). Relatif à la civilisation ou à la langue espagnole : *Institut d'études hispaniques.*

hispanisant, e [ispanizɑ̃] adj. et n. Qui étudie la langue et la civilisation espagnoles.

hispano-américain, e [ispanɔamerikɛ̃] adj. et n. (pl. *hispano-américains*). Qui appartient à l'Amérique du Sud de langue espagnole.

hisser** [ise] v. t. (néerl. *hijsen*). Faire monter en tirant ou en soulevant avec effort : *Hisser un drapeau* (syn. ARBORER) *Hisser les valises sur le porte-bagages. Hisse! ho! hisse!* (interj. accompagnant l'effort de plusieurs pour tirer ou pour soulever). ◆ ***se hisser v. pr. (sujet qqn) S'élever avec effort ou difficulté : *Il se hissa à la force du poignet le long du rocher* (syn. GRIMPER). *Se hisser aux premières places* (syn. SE HAUSSER, S'ÉLEVER).

histoire [istwar] n. f. (lat. *historia*). **1.** Partie de la vie de l'humanité, d'un peuple, connue par des documents; période dans l'existence d'un État; suite des événements qui ont marqué une période : *L'histoire de*

France. L'histoire de la révolution russe. — **2.** Science qui étudie le passé de l'humanité : *Faire de l'histoire. Spécialiste d'histoire. L'objectivité en histoire.* (→ PRÉHISTOIRE.) — **3.** Étude d'un passé, d'une évolution : *Histoire de l'art. L'histoire d'un mot* (= son évolution). — **4.** Mémoire que la postérité garde du passé : *Son nom restera dans l'histoire. L'histoire nous jugera.* — **5.** *La petite histoire,* les petits événements, les anecdotes en marge d'une période historique. — **6.** Récit d'actions, d'événements réels ou imaginaires : *Relater l'histoire d'un procès. C'est sa propre histoire qu'elle raconte dans ce film* (syn. BIOGRAPHIE, VIE). *Tous les soirs on lui racontait une histoire* (syn. RÉCIT, CONTE, LÉGENDE). — **7.** Propos mensonger, récit visant à tromper : *Tu nous racontes des histoires, tout cela est faux* (syn. MENSONGE; fam. BLAGUE). — **8.** Affaire, série d'événements quelconques : *Il m'est arrivé une histoire extraordinaire* (syn. AVENTURE). *Elle est l'héroïne de l'histoire* (syn. AFFAIRE). — **9.** Incident, complication ou sujet fâcheux (souvent fam.) : *Tu vas t'attirer des histoires. C'est une histoire d'argent qui les divise* (syn. QUESTION). *Je ne veux pas d'histoires* (syn. ENNUI). *Il me cherche une histoire* (= il me cherche querelle). *Il en fait des histoires pour si peu de chose* (fam.; = il fait des embarras). — **10.** *C'est une autre histoire,* c'est un sujet tout différent. ‖ *C'est de l'histoire ancienne,* c'est oublié. ‖ *C'est toute une histoire,* c'est long à raconter. ‖ Fam. *Histoire de* (+ *inf.*), dans la seule intention de : *Je suis sorti, histoire de fumer* (syn. fam. QUESTION DE).

historicité [istɔrisite] n. f. Caractère de ce qui est attesté par l'histoire : *Prouver l'historicité d'un document.*

historien, enne [istɔrjɛ̃] n. Personne qui étudie l'histoire, qui écrit des ouvrages d'histoire.

historiette [istorjɛt] n. f. Petit récit d'une aventure plaisante, souvent imaginée.

historiographe [istɔrjɔgraf] n. m. Écrivain chargé officiellement d'écrire l'histoire de son temps, d'un souverain.

historique [istɔrik] adj. **1.** Qui appartient à l'histoire : *Un fait historique. Un monument historique* (= qui présente un intérêt pour l'histoire). — **2.** Attesté par l'histoire : *Le poète a fait de ces personnages historiques des êtres légendaires. Des paroles historiques* (= qui sont restées ou resteront dans l'histoire). *C'est historique* (= cela a vraiment existé). ◆ n. m. Relation des faits dans l'ordre chronologique : *Faire l'historique d'un mot, c'est indiquer les transformations successives qu'il a subies depuis son apparition dans la langue.*

***hit-parade** [itparad] n. m. (angl. *hit,* succès, et *parade,* défilé) [pl. *hit-parades*]. Dans le langage de la radio et de la télévision, classement des chansons à succès.

hiver [ivɛr] n. m. (bas lat. *hibernum*). Saison la plus froide de l'année (du 21 ou 22 décembre au 20 ou 21 mars), dans l'hémisphère Nord : *L'hiver a été court* (= la période de froid).

hivernage [ivɛrnaʒ] n. m. **1.** Temps de relâche pour les navires pendant l'hiver; port abrité où les navires demeurent pendant la mauvaise saison. — **2.** Labour qu'on donne aux terres pendant l'hiver.

hivernal, e, aux [ivɛrnal] adj. Propre à l'hiver : *Température hivernale* (contr. ESTIVAL). *Les stations hivernales* (= où on peut pratiquer le ski).

hivernale [ivɛrnal] n. f. En hiver, ascension ou course en haute montagne.

hivernant, e [ivɛrnɑ̃] n. Qui passe l'hiver en un lieu (contr. ESTIVANT).

hiverner [ivɛrne] v. i. Passer l'hiver à l'abri, dans les zones de grands froids : *L'expédition polaire hiverna deux ans de suite.*

H. L. M. [aʃɛlɛm] n. m. ou f. (initiales de *habitation à loyer modéré*). Immeuble dont les logements sont destinés aux familles à revenus modestes ou moyens.

***hobby** [ɔbi] n. m. (mot angl.) [pl. *hobbies*]. Passe-temps favori (syn. DADA, VIOLON D'INGRES).

***hobereau** [obro] n. m. (anc. fr. *hobe,* faucon). *Litt.* Propriétaire terrien d'origine noble, qui vit sur ses terres.

***hochement** [ɔʃmɑ̃] n. m. Action de hocher (la tête) : *Approuver d'un hochement de tête.*

***hochequeue** [ɔʃkø] n. m. Nom usuel de la *bergeronnette.*

***hocher** [ɔʃe] v. t. (frq. *hottisôn,* secouer). *Hocher la tête,* la remuer de haut en bas, ou plus rarement de gauche à droite.

***hochet** [ɔʃɛ] n. m. **1.** Petit jouet qui fait un léger bruit quand on l'agite. — **2.** *Litt.* Babiole qui flatte quelque désir enfantin de l'homme : *Cet honneur est pour lui le hochet de la vanité.*

***hockey** [ɔkɛ] n. m. (mot angl. signif. *crosse*). Jeu de balle qui se pratique avec une crosse, soit sur un gazon *(hockey sur gazon),* soit sur la glace *(hockey sur glace)* et dont les règles rappellent celles du football.

***hockeyeur, euse** [ɔkɛjœr] n. Joueur de hockey.

***holà!** [ɔla] interj. Sert à appeler, à attirer l'attention vers soi, à avertir d'un danger : *Holà! vous, là-bas, venez donc ici* (syn. HÉ!) ◆ n. m. inv. *Mettre le holà à qqch,* en arrêter le cours désordonné, y mettre fin.

***holding** [ɔldiŋ] n. m. ou f. (de l'angl. *to hold,* tenir). Société anonyme qui, grâce à ses participations financières, contrôle un groupe d'entreprises de même nature.

***hold-up** [ɔldœp] n. m. inv. (mot angl.). Attaque à main armée contre un établissement bancaire, un commerce, un bureau de poste, etc., en vue de le dévaliser.

hollandais, e** [ɔlɑ̃dɛ] adj. et n. De la Hollande. ◆ ***hollandais n. m. Langue parlée aux Pays-Bas.

***hollande** [ɔlɑ̃d] n. m. Fromage à croûte souvent rouge, en forme de boule ou plat.

holocauste [ɔlɔkost] n. m. (du gr. *holos,* entier, et *kaeiein,* brûler). **1.** Chez les juifs, sacrifice religieux où la victime était entièrement brûlée; victime ainsi sacrifiée. — **2.** Litt. *S'offrir en holocauste,* se sacrifier.

hologramme [ɔlɔgram] n. m. Image obtenue par un procédé de photographie en relief utilisant les interférences produites par deux faisceaux laser.

***homard** [ɔmar] n. m. (danois *hummer*). Crustacé marin à grosses pinces dont le corps bleu marbré de jaune devient rouge à la cuisson.

***home** [om] n. m. (mot angl. signif. *maison*). **1.** Domicile considéré sous son aspect familial et intime (syn. CHEZ SOI). — **2.** Refuge, centre d'accueil : *Home d'enfants.*

homélie [ɔmeli] n. f. (gr. *homilia,* réunion). Sermon familier sur une matière religieuse.

homéopathe [ɔmeɔpat] adj. et n. Spécialiste de l'homéopathie : *Un médecin homéopathe.*

homéopathie [ɔmeɔpati] n. f. (gr. *homoios,* semblable, et *pathos,* maladie). Thérapeutique consistant à soigner les malades à l'aide de remèdes qui, à dose normale, produiraient des affections analogues à celles que l'on veut combattre, mais qui sont donnés à dose infinitésimale.

homéopathique [ɔmeɔpatik] adj. **1.** Relatif à l'homéopathie : *Traitement homéopathique.* — **2.** *À dose homéopathique,* minime.

homérique [ɔmerik] adj. (de *Homère*). Dont le

caractère énorme fait date : *Chahut homérique. Rire homérique* (= bruyant, inextinguible).

homicide [ɔmisid] n. m. (lat. *homicida*). Acte de celui qui tue un être humain : *Homicide involontaire, par imprudence.* ◆ adj. Qui provoque la mort de qqn ou qui cherche à le tuer : *Guerre homicide. Avoir des intentions homicides.* ◆ n. *Litt.* Celui qui a tué.

hommage [ɔmaʒ] n. m. (de *homme*). Témoignage de courtoisie ou de respect (dans quelques express.) : *Recevoir l'hommage de nombreux admirateurs. Cette cérémonie est un hommage à la science. Rendre hommage au talent d'une pianiste. Fuir les hommages* (syn. HONNEURS). ◆ ***hommages*** n. f. pl. Compliments adressés à qqn : *Présenter ses hommages à la maîtresse de maison* (syn. CIVILITÉS, RESPECTS).

hommasse [ɔmas] adj. *Péjor.* Se dit d'une femme d'allure masculine.

homme [ɔm] n. m. (lat. *homo*). **1.** Terme générique désignant l'espèce humaine, douée de langage et d'abstraction (par oppos. à *animal, divinité,* etc.); membre de cette espèce : *L'origine de l'homme;* et au pl. : *Les rapports des hommes entre eux. Ne pas craindre le jugement des hommes.* — **2.** (+ compl ou adj.) Individu qui a tel ou tel caractère, qualités ou défauts (le fém. est souvent *femme*); individu considéré par rapport à son activité, sa fonction, son métier (dans un grand nombre d'express.) : *Un homme d'affaires. Homme du monde, homme d'action, homme de génie. Homme politique, homme d'État.* — **3.** (+ adj. poss.) La personne qui convient, dont il est question : *Voilà mon homme* (= c'est la personne que j'attendais). *Je suis votre homme* (= je suis prêt à faire ce que vous voulez). *Il a trouvé son homme* (= l'homme plus fort ou plus intelligent qui a réussi à le battre). — **4.** Dans un groupe hiérarchisé, exécutant (civil ou militaire) : *Un chef qui dirige bien ses hommes.* — **5.** *Comme un seul homme,* à l'unanimité, avec un ensemble parfait : *Comme un seul homme, ils acceptèrent.* ‖ *D'homme à homme,* en toute franchise : *Parlons d'homme à homme.* ‖ *Être homme à,* être capable de : *Il n'est pas homme à manquer de parole.* — **6.** Mâle de l'espèce humaine, par oppos. à *femme : Des vêtements d'homme.* — **7.** Individu qui est parvenu à maturité d'esprit, ou qui jouit de certaines qualités viriles : *C'est déjà un homme à seize ans. Si tu es un homme, montre-le.* (→ MASCULIN, VIRIL.)

homme-grenouille [ɔmgrənuj] n. m. (pl. *hommes-grenouilles*). Plongeur muni d'un appareil pour la respiration, qui lui permet d'effectuer sous l'eau certains travaux.

homme-orchestre [ɔmɔrkɛstr] n. m. (pl. *hommes-orchestres*). **1.** Musicien jouant de nombreux instruments à la fois. — **2.** Celui qui est capable d'effectuer des travaux très divers, qui a des compétences en des domaines très éloignés les uns des autres.

homme-sandwich [ɔmsɑ̃dwiʃ] n. m. (pl. *hommes-sandwichs*). Celui qui est payé pour promener un panneau publicitaire sur son dos et sur sa poitrine.

homogène [ɔmɔʒɛn] adj. (gr. *homos,* semblable, et *genos,* origine). Formé d'éléments de même nature, cohérents entre eux : *Mélange homogène* (contr. HÉTÉROGÈNE). *Ministère homogène* (= dont tous les ministres appartiennent au même parti; contr. BIPARTITE, TRIPARTITE, etc.).

homogénéisation [ɔmɔʒeneizasjɔ̃] n. f. Action d'homogénéiser.

homogénéisé, e [ɔmɔʒeneize] adj. *Lait homogénéisé,* dont on a réduit la grosseur des globules gras de telle sorte que, ne remontant plus à la surface, il ne se forme plus de crème.

homogénéiser [ɔmɔʒeneize] v. t. *Homogénéiser qqch,* le rendre homogène.

homogénéité [ɔmɔʒeneite] n. f. Caractère homogène : *L'homogénéité d'un corps. L'homogénéité d'un parti politique* (syn. COHÉSION).

homographe [ɔmɔgraf] adj. et n. m. (gr. *homos,* semblable, et *graphein,* écrire). Se dit de mots dont l'orthographe est la même, mais dont le sens est différent. (Ex. *pignon* d'une rue et *pignon* d'une roue; *mâtin,* gros chien, et *mâtin,* taquin; *mâche,* plante, et *il mâche;* etc.) [→ HOMONYME.]

homologation [ɔmɔlɔgasjɔ̃] n. f. Action d'homologuer.

homologue [ɔmɔlɔg] adj. et n. (gr. *homologos,* semblable). Se dit de qqn, de qqch qui correspond exactement à qqn ou qqch d'autre : *L'homologue d'un professeur français, aux États-Unis, a un service mieux rémunéré.*

homologuer [ɔmɔlɔge] v. t. (gr. *homologeîn,* reconnaître). *Homologuer qqch,* l'approuver, l'enregistrer ou l'autoriser d'une manière officielle, administrative : *Homologuer les tarifs de transport. Homologuer un record* (syn. RATIFIER).

homonyme [ɔmɔnim] adj. et n. m. (gr. *homos,* semblable, et *onoma,* nom). **1.** Mot de même prononciation qu'un autre, mais d'orthographe et de sens différent, ou de même orthographe, mais de sens différent : *«Sceau» et «seau» sont homonymes entre eux et sont homonymes de l'adjectif «sot»; «ferme» (n. f.) et «ferme» (du verbe «fermer») sont homonymes.* — **2.** Celui qui porte le même nom qu'un autre.

homonymie [ɔmɔnimi] n. f. Caractère homonyme d'un mot, d'un nom.

homophone [ɔmɔfɔn] adj. et n. m. (gr. *homos,* semblable, et *phonê,* son). Se dit d'un homonyme de même prononciation qu'un autre, mais d'orthographe et de sens différents : *«Sot», «seau» «sceau» sont des homophones.* (→ HOMOGRAPHE, HOMONYME.)

homosexualité [ɔmosɛksɥalite] n. f. État homosexuel.

homosexuel, elle [ɔmosɛksɥɛl] adj. et n. Qui éprouve une attirance sexuelle pour les personnes de son sexe (contr. HÉTÉROSEXUEL).

***hondurien, enne** [ɔ̃dyrjɛ̃] adj. et n. Du Honduras.

***hongre** [ɔ̃gr] n. et adj. m. (de *hongrois*). Se dit d'un cheval châtré.

hongrois, e** [ɔ̃grwa] adj. et n. De la Hongrie. ◆ ***hongrois n. m. Langue parlée en Hongrie.

honnête [ɔnɛt] adj. (lat. *honestus,* honorable). **1.** (surtout après le n.) Qui respecte rigoureusement la loyauté, la justice, sur le plan de l'argent, en particulier, ou de l'honneur : *Une commerçante honnête* (syn. PROBE). *Un juge honnête* (syn. INCORRUPTIBLE, DROIT, INTÈGRE). *Elle a une conduite très honnête* (syn. MORAL, LOUABLE, ↑VERTUEUX). *Ses buts sont honnêtes* (syn. AVOUABLE). — **2.** (surtout avant le n.) Conforme au bon sens, à la vérité, à la situation, à la moyenne : *Son travail est honnête* (syn. CORRECT, CONVENABLE). *Il a un honnête talent de musicien* (syn. PASSABLE). *Nous avons fait un honnête repas* (syn. SATISFAISANT). *Elle est restée dans une honnête moyenne* (syn. HONORABLE). *Ce film est honnête* (syn. MOYEN). *Une honnête récompense* (syn. JUSTE). — **3.** Litt. *Honnête homme,* homme cultivé dont le langage et les manières répondent à l'idéal du XVIIe s.

honnêtement [ɔnɛtmɑ̃] adv. De façon honnête : *Honnêtement, je ne l'ai pas fait exprès* (syn. SINCÈREMENT). *Je vous ai honnêtement mis en garde* (syn. LOYALEMENT).

honnêteté [ɔnɛtte] n. f. Attitude honnête, loyale;

conformité à ce sentiment de justice, de loyauté : *Son honnêteté est connue de tous* (syn. PROBITÉ, LOYAUTÉ).

honneur [ɔnœr] n. m. (lat. *honor*). **1.** Vif sentiment de sa propre dignité, qui pousse à agir de manière à conserver l'estime des autres; principes moraux qui sont à la base de ce sentiment : *Avoir le sentiment de l'honneur. Un homme d'honneur* (= qui tient sa parole). *Il a manqué à l'honneur.* — **2.** Réputation ou gloire que donnent le courage, le talent, la vertu, la dignité : *Mon honneur est en jeu* (syn. DIGNITÉ). *Jurer sur son honneur* (ou *sur l'honneur*) *qu'on a dit la vérité. Sauver l'honneur de la famille. L'honneur lui en revient* (syn. MÉRITE). *Je mets mon honneur à ne laisser aucune question sans réponse. Elle est l'honneur de la famille* (syn. GLOIRE). — **3.** Traitement particulier, privilège donné afin de marquer la considération : *Je n'ai pas mérité cet honneur. Honneur à ceux qui sont morts pour la patrie* (= louons ceux...). *La gagnante de la course a fait un tour d'honneur. Être à la place d'honneur* (= place donnée à celui que l'on veut distinguer). *Je n'ai pas l'honneur de vous connaître* (formule de politesse). *Faites-moi l'honneur de me présenter à votre amie.* — **4.** Chacune des cartes les plus hautes à certains jeux : *Au bridge, l'as, le roi, la dame, le valet, le dix sont des honneurs.* — **5.** *Dame d'honneur,* dame attachée au service d'une princesse, d'une reine. ‖ *Demoiselle, garçon d'honneur,* jeunes gens qui accompagnent les mariés le jour du mariage. ‖ *En honneur,* particulièrement apprécié, entouré de considération : *Le roman a été fort en honneur au XIXe s.* ‖ *En l'honneur de,* pour rendre hommage à : *Réception donnée en l'honneur d'un diplomate.* ‖ *Faire honneur à qqch,* y rester fidèle : *Faire honneur à ses engagements* (= les respecter); en user pleinement : *Faire honneur à un dîner en reprenant de chaque plat.* ‖ *Faire honneur à qqn,* lui valoir de la considération, être un sujet de gloire pour lui : *Ces nouveaux bâtiments font honneur à l'architecte.* ‖ *Point d'honneur,* ce qui met en jeu l'honneur, la réputation : *Mettre son point d'honneur à finir dans les délais le travail demandé.* ‖ *Pour l'honneur,* gratuitement, sans aucune rémunération. ◆ ***honneurs*** n. f. pl. Marques de distinction; fonctions ou titres qui donnent de l'éclat : *Être comblé d'honneurs, au sommet des honneurs. Il fut reçu avec tous les honneurs dus à son rang. Troupe qui rend les honneurs à un chef militaire* (= salue). *Les honneurs funèbres* (= hommages rendus lors des funérailles). *La nouvelle a les honneurs de la première page des journaux* (= elle y est mentionnée). *Nous lui avons fait les honneurs de la maison* (= nous la lui avons fait visiter avec une prévenance particulière). *Se rendre avec les honneurs de la guerre* (= avec des conditions honorables).

***honnir** [ɔnir] v. t. (frq. *haunjan*). Litt. *Honnir qqch, qqn,* les mépriser, les détester (souvent pass.) : *Un dictateur honni du peuple* (syn. VOMI PAR).

honorabilité [ɔnɔrabilite] n. f. Qualité d'une personne honorable, digne : *La parfaite honorabilité de cet hôtelier.*

honorable [ɔnɔrabl] adj. **1.** Digne de considération : *Un commerçant honorable* (syn. PROBE). *Exercer une profession honorable* (syn. DIGNE). — **2.** Dont la qualité, la quantité sont jugées suffisantes : *Avoir une fortune honorable* (syn. HONNÊTE). *Obtenir une note honorable à un examen* (syn. MOYEN, CONVENABLE). — **3.** Qualificatif de politesse entre membres d'une même assemblée : *Le discours de mon honorable collègue ne m'a pas convaincu.*

honorablement [ɔnɔrabləmɑ̃] adv. De façon honorable : *Être honorablement connu dans son quartier. Gagner honorablement sa vie* (= assez bien).

1. honoraire [ɔnɔrɛr] adj. (lat. *honorarius*). Qui a le titre sans exercer la fonction : *La présidente honoraire d'une société.*

2. honoraires [ɔnɔrɛr] n. m. pl. Rétribution des personnes exerçant des professions libérales (notaire, médecin, avocat, etc.).

honorer [ɔnɔre] v. t. **1.** *Honorer qqn,* le traiter avec respect, estime et considération, rendre hommage à son mérite : *Historien honoré de son vivant, oublié après sa mort* (syn. GLORIFIER). *Honorer la mémoire d'un savant* (syn. CÉLÉBRER). — **2.** *Honorer qqn, qqch,* leur procurer de l'honneur, de la considération : *Ces scrupules l'honorent. Elle honore la profession.* — **3.** *Honorer qqn de qqch,* lui accorder une distinction, une marque de faveur (parfois ironiq.) : *Il m'honora d'un titre dont je suis bien indigne* (syn. GRATIFIER). — **4.** *Honorer un chèque,* le payer. ‖ *Honorer sa signature,* remplir ses engagements financiers. ◆ ***s'honorer*** v. pr. *S'honorer de qqch,* en tirer fierté : *Rouen s'honore d'être la patrie de Corneille.*

honorifique [ɔnɔrifik] adj. *Titre, fonction,* etc., *honorifiques,* qui procurent seulement de la considération sans apporter d'avantages matériels.

***honte** [ɔ̃t] n. f. (frq. *haunita*). **1.** Sentiment pénible de son déshonneur, de sa confusion, de son abaissement devant les autres, ou simplement de son ridicule : *Éprouver de la honte devant un échec. Être rouge de honte* (= confus). — **2.** Déshonneur ou humiliation : *Être couvert de honte. Les regrets ne peuvent effacer la honte d'une telle action* (syn. litt. FLÉTRISSURE). *C'est une honte de loger les gens dans de pareils taudis. Honte à ceux qui trahissent* (= que soient déshonorés). — **3.** *Avoir honte de,* avoir du remords, être dégoûté de, être gêné de : *J'ai honte de toi, tu n'es qu'un chenapan! Vous n'avez pas honte de la taquiner ainsi? Elle a honte de venir vous parler* (syn. ÊTRE EMBARRASSÉ). ‖ *Avoir perdu toute honte, avoir toute honte bue,* être sans pudeur, insensible au déshonneur. ‖ *Faire honte à qqn,* être pour lui un sujet de déshonneur, lui faire des reproches afin de lui donner du remords : *Il fait honte à ses parents. Fais-lui honte de sa conduite* (= fais-le rougir). ‖ *Fausse honte, mauvaise honte,* embarras ou gêne qui proviennent d'un sentiment de timidité, de modestie, d'un scrupule inutile : *Acceptez sans fausse honte cette récompense.* (→ ÉHONTÉ.)

***honteusement** [ɔ̃tøzmɑ̃] adv. De façon honteuse : *Elle est honteusement payée pour ses travaux* (= d'une manière ridicule).

***honteux, euse** [ɔ̃tø] adj. **1.** Qui cause de la honte : *Une attitude honteuse* (syn. IGNOBLE, INFÂME). *Une accusation honteuse* (syn. DÉSHONORANT). *Il est honteux de se défier d'un ami* (syn. VIL, DÉGOÛTANT). — **2.** Qui éprouve de la honte (sens 1) : *Je suis honteuse d'être en retard* (syn. CONFUS, ↑CONSTERNÉ). *Être honteux de son ignorance. Un pauvre honteux* (= qui cache sa pauvreté par dignité). *Un partisan honteux* (= qui n'ose pas avouer ouvertement ses convictions).

hôpital [ɔpital] n. m. (lat. *hospitalis,* hospitalier) [pl. *hôpitaux*]. Établissement public ou privé qui reçoit et traite les malades. (→ C. H. U.)

***hoquet** [ɔkɛ] n. m. (onomat.). **1.** Contraction involontaire de la gorge, produisant un appel d'air qui fait un bruit rauque : *Avoir le hoquet.* — **2.** Bruit qui accompagne les larmes et qui est provoqué par l'irrégularité de la respiration : *De gros sanglots entrecoupés de hoquets.*

***hoqueter** [ɔkte] v. i. (c. **8**) Émettre des sanglots accompagnés de hoquets.

horaire [ɔrɛr] adj. (lat. *horarius,* de *hora,* heure). Relatif à l'heure : *Le salaire horaire* (= de l'heure de travail). ◆ n. m. Tableau des heures d'arrivée et de départ des trains, des avions, etc.; tableau et répartition des heures de travail : *Où est l'horaire de départ des cars?*

***horde** [ɔrd] n. f. (tartare *horda*). **1.** Tribu tartare. — **2.** Groupe ou troupe d'hommes, plus ou moins disciplinés, qui commettent des actes de violence : *Une horde de gamins bousculait les passants* (syn. BANDE).

***horion** [ɔrjɔ̃] n. m. (anc. fr. *oreillon,* coup sur l'oreille). *Litt.* Coup violent donné à qqn : *Échanger des horions.*

horizon [ɔrizɔ̃] n. m. (du gr. *horizein,* borner). **1.** Partie de la terre et du ciel qui est à la limite visible d'un plan circulaire dont un observateur est le centre : *Le soleil est encore au-dessus de l'horizon. Quelques bateaux se détachaient à l'horizon* (= dans le lointain). *De ma fenêtre, j'avais pour tout horizon un mur gris* (syn. PANORAMA, POINT DE VUE). — **2.** Domaine qui s'ouvre à l'esprit ou à l'activité de qqn : *Ce livre nous ouvre des horizons nouveaux. L'horizon politique s'éclaircit* (syn. PERSPECTIVES). — **3.** *À l'horizon,* dans l'avenir : *On voit se profiler à l'horizon la menace d'une crise.* ‖ *Faire un tour d'horizon d'une question, d'un sujet, etc.,* en étudier succinctement tous les aspects.

horizontal, e, aux [ɔrizɔ̃tal] adj. Perpendiculaire au plan vertical de l'observateur. ◆ ***horizontale*** n. f. Ligne horizontale.

horizontalement [ɔrizɔ̃talmɑ̃] adv. Parallèlement à l'horizon.

horloge [ɔrlɔʒ] n. f. (gr. *hôrologion,* qui dit d'heure). **1.** Appareil, muni ou non d'une sonnerie, qui marque les heures : *Elle a une précision d'horloge* (= elle est très ponctuelle). *Il est réglé comme une horloge* (= il a des habitudes d'une régularité parfaite). *L'orateur parla deux heures d'horloge* (= deux heures entières). — **2.** *Horloge parlante,* procédé servant à diffuser d'une façon continue l'heure au téléphone.

horloger, ère [ɔrlɔʒe] n. Personne qui fabrique, répare ou vend des montres, des pendules, etc. ◆ adj. Relatif à l'horlogerie : *Industrie horlogère.*

horlogerie [ɔrlɔʒri] n. f. Commerce, industrie, magasin de l'horloger; ouvrage d'horloger.

***hormis** [ɔrmi] prép. *Litt.* Indique ce qui est exclu d'une totalité, d'un ensemble : *La majorité, hormis deux personnes, vota le projet* (syn. EXCEPTÉ, SAUF).

hormonal, e, aux [ɔrmɔnal] adj. Relatif aux hormones : *Insuffisance hormonale.*

hormone [ɔrmɔn] n. f. (du gr. *hormân,* exciter). Substance sécrétée par des glandes et qui, transportée par le sang, agit sur des organes ou des tissus situés à distance.

horodateur, trice [ɔrɔdatœr] adj. et n. m. Se dit d'un appareil imprimant la date et l'heure sur un document.

horoscope [ɔrɔskɔp] n. m. (gr. *hôroskopos,* qui observe l'heure de la naissance). Prédictions que les astrologues prétendent déduire de l'étude des influences astrales qui peuvent s'exercer sur un individu.

horreur [ɔrœr] n. f. (lat. *horror*). **1.** Violente impression de répulsion, de dégoût, de peur : *Être saisi, rempli d'horreur* (syn. ↓PEUR). *Un cri d'horreur* (syn. ÉPOUVANTE, EFFROI). *Inspirer une sainte horreur* (syn. AVERSION, RÉPUGNANCE). *Elle l'a pris en horreur depuis ce geste indélicat* (syn. HAINE). — **2.** Caractère de ce qui inspire ce sentiment : *L'horreur d'un crime, de la guerre.* — **3.** Ce qui inspire le dégoût ou l'effroi (surtout pl.) : *Les horreurs de la guerre* (syn. ATROCITÉ, MONSTRUOSITÉ). *Cet article de journal est une horreur* (= il est ignoble). *Débiter des horreurs sur ses voisins* (syn. CALOMNIE). *Écrire des horreurs* (syn. OBSCÉNITÉ). — **4.** *Avoir horreur de,* détester : *J'ai horreur de ces bavardages. Il a horreur d'être contredit.* ‖ *Faire horreur à qqn,* le dégoûter, en être détesté : *Ta conduite me fait horreur.*

horrible [ɔribl] adj. (lat. *horribilis*) [avant ou après le n.]. **1.** Qui suscite l'horreur : *Spectacle horrible* (syn. AFFREUX). *Une horrible blessure* (syn. ATROCE, ÉPOUVANTABLE). *C'est horrible de penser qu'elle est morte ainsi* (syn. EFFRAYANT, ABOMINABLE). *Il a une écriture horrible* (= très mauvaise). *Un temps horrible* (syn. ÉPOUVANTABLE). — **2.** Qui dépasse tout ce qu'on peut imaginer : *J'ai un horrible mal de tête* (syn. TERRIBLE). *Une horrible confusion* (syn. EXTRÊME).

horriblement [ɔribləmɑ̃] adv. De façon horrible : *Souffrir horriblement. Elle est horriblement vexée. Les fruits sont horriblement chers.*

horrifiant, e [ɔrifjɑ̃] adj. Qui horrifie, terrifie : *Il fit un tableau horrifiant de la situation.*

horrifier [ɔrifje] v. t. *Horrifier qqn,* lui causer un sentiment d'effroi (souvent pass.) : *Elle était horrifiée par la dépense* (syn. SCANDALISER, TERRIFIER, ÉPOUVANTER).

horripilant, e [ɔripilɑ̃] adj. Qui horripile, exaspère : *Un bruit horripilant.*

horripiler [ɔripile] v. t. (lat. *horripilare,* avoir le poil hérissé). *Horripiler qqn,* l'énerver fortement : *Cette manière d'éluder le sujet m'horripile* (syn. ↓IMPATIENTER, ↑EXASPÉRER). *Être horripilé par les conversations des voisins* (syn. ↓AGACER).

hors** [ɔr] prép. (lat. *de foris*). Indique **1.** l'extériorité dans quelques expressions : *Saint-Paul-hors-les-Murs* (= hors des limites anciennes de Rome). *Être hors jeu* (= se dit d'un joueur qui n'a pas la position requise par rapport au ballon). — **2.** l'exclusion (litt.) : *Hors son goût pour le jeu vous ne trouverez guère de passion chez lui.* ◆ ***hors de prép. Indique **1.** l'extériorité locale : *Vivre hors de son pays* (= à l'étranger). *Il s'est sauvé hors de chez ses parents. La carpe faisait des bonds hors de l'eau. Hors de son milieu habituel, elle devient une tout autre femme.* — **2.** l'extériorité temporelle : *Il vit hors du temps* (= il n'a pas le sens des réalités, il n'a pas les pieds sur terre). *L'achat de ce réfrigérateur est vraiment hors de saison* (= inopportun). — **3.** l'exclusion (limité à quelques expressions) : *Vous voici hors de danger* (= à l'abri). *Elle est hors d'affaire* (= sauvée). *Hors d'usage, hors de doute, hors de question* (→ à l'autre mot). — **4.** l'excès (limité à quelques expressions) : *Il est hors de lui* (= furieux). *Vous la mettez hors d'elle* (= vous l'exaspérez).

***hors-bord** [ɔrbɔr] n. m. inv. Bateau de sport, dont le moteur est placé hors de la coque.

***hors-d'œuvre** [ɔrdœvr] n. m. inv. **1.** Mets servis au début d'un repas : *Des hors-d'œuvre variés.* — **2.** Partie d'une œuvre littéraire qu'on peut retrancher sans nuire à l'ensemble.

***hors-jeu** [ɔrʒø] n. m. inv. Dans certains sports d'équipe, faute commise par un joueur placé d'une manière interdite par les règles.

***hors-la-loi** [ɔrlalwa] n. m. inv. Individu qui se met volontairement en dehors des lois par ses crimes.

***hors-piste** [ɔrpist] n. m. inv. Ski hors des pistes balisées.

***hors-texte** [ɔrtɛkst] n. m. inv. Illustration tirée à part et intercalée dans les cahiers d'un livre.

hortensia [ɔrtɑ̃sja] n. m. (du prénom *Hortense*). Petit arbuste cultivé pour ses grosses fleurs blanches, roses ou bleues.

horticole [ɔrtikɔl] adj. Relatif à l'horticulture : *Une exposition horticole.*

horticulteur, trice [ɔrtikyltœr] n. Qui pratique l'horticulture.

horticulture [ɔrtikyltyr] n. f. (du lat. *hortus,* jardin, et *culture*). Culture des jardins; production des légumes, des fleurs, des arbres fruitiers, etc.

hospice [ɔspis] n. m. (lat. *hospitium*). Établissement destiné à accueillir des vieillards, des enfants abandonnés ou orphelins, etc. (vieilli et péjor.).

hospitalier, ère [ɔspitalje] adj. **1.** Relatif à l'hôpital : *Établissement hospitalier* (= hôpital). *Les services hospitaliers.* — **2.** Qui accueille avec libéralité et bonne grâce les hôtes, les invités, les étrangers : *Les peuples méditerranéens sont très hospitaliers.* — **3.** Qui a un aspect accueillant : *Une terre hospitalière.* ◆ adj. et n. Personne employée dans un hôpital.

hospitalisation [ɔspitalizasjɔ̃] n. f. Action d'hospitaliser : *L'état du malade réclame son hospitalisation.*

hospitaliser [ɔspitalize] v. t. *Hospitaliser qqn,* le faire entrer à l'hôpital : *Hospitaliser d'urgence un blessé.*

hospitalité [ɔspitalite] n. f. Action de recevoir chez soi par politesse ou pour aider : *Remercier la maîtresse de maison de sa charmante hospitalité* (syn. ACCUEIL). *Offrir l'hospitalité pour une nuit* (syn. LOGIS).

hostellerie [ɔstɛlri] → HÔTELLERIE.

hostie [ɔsti] n. f. (lat. *hostia,* victime). Pain mince et sans levain, que le prêtre consacre à la messe.

hostile [ɔstil] adj. (du lat. *hostis,* ennemi). *Hostile (à qqn, qqch),* qui manifeste des intentions agressives ou peu favorables à leur égard, qui se conduit en ennemi : *Le pays tout entier est hostile à la guerre* (= contre la guerre). *La foule hostile s'apprêtait à les lyncher* (contr. BIENVEILLANT). *Elle posa sur moi un regard hostile* (syn. ↓INAMICAL; contr. AMICAL, AFFECTUEUX).

hostilité [ɔstilite] n. f. Attitude hostile : *Regarder quelqu'un avec hostilité* (syn. ANTIPATHIE, MALVEILLANCE, ↑HAINE; contr. AMITIÉ, BIENVEILLANCE). ◆ ***hostilités*** n. f. pl. Actes de guerre : *Les hostilités ont repris.*

***hot dog** [ɔtdɔg] n. m. (mots amér. signif. *chien chaud*) [pl. *hot dogs*]. Petit pain fourré d'une saucisse chaude.

1. hôte [ot], **hôtesse** [otɛs] n. (lat. *hospes, hospitis*). **1.** Personne qui reçoit qqn chez elle : *Remercier ses hôtes de leur hospitalité.* — **2.** *Table d'hôte,* table où les clients sont réunis pour un repas à prix fixe.

2. hôte [ot] n. m. **1.** Celui, celle qui reçoit l'hospitalité : *Le Premier ministre du Canada est l'hôte de la France.* — **2.** *Hôte d'un appartement, d'une chambre,* etc., celui, celle qui l'occupe (syn. OCCUPANT, LOCATAIRE).

hôtel [otɛl] n. m. (lat. *hospitale,* chambre pour les hôtes). **1.** Maison meublée où on peut loger (en voyage ou comme résidence provisoire) : *L'hôtel loue des chambres à la journée, au mois.* — **2.** *Hôtel particulier,* en ville, maison entièrement occupée par un riche particulier et sa famille. — **3.** Grand édifice destiné à un établissement ou à un organisme public : *L'hôtel de ville* (= où siègent la mairie et le conseil municipal).

hôtelier, ère [otəlje] n. Personne qui tient un hôtel. ◆ adj. Relatif à l'hôtellerie : *Industrie hôtelière. École hôtelière* (= où on forme les professionnels de l'hôtellerie).

hôtellerie [otɛlri] n. f. **1.** Métier ou profession des hôteliers. — **2.** Hôtel ou restaurant élégant, situé à la campagne ou d'allure rustique. (Aussi, en ce sens, HOSTELLERIE.)

hôtesse [otɛs] n. f. **1.** Féminin de HÔTE. — **2.** Femme chargée de veiller au confort des passagers à bord des avions commerciaux *(hôtesse de l'air),* d'accueillir et de renseigner les visiteurs dans une entreprise, une administration, une exposition, etc. *(hôtesse d'accueil).*

***hotte** [ɔt] n. f. (frq. *hotta*). **1.** Grand panier d'osier, fixé sur le dos avec des bretelles : *Les hottes des vignerons.* — **2.** Construction, de forme évasée, qui termine le bas d'une cheminée : *Une hotte de pierre.* — **3.** Dispositif destiné à recueillir les vapeurs dans une cuisine : *Une hotte aspirante* (= munie d'un ventilateur).

***houblon** [ublɔ̃] n. m. (anc. néerl. *hoppe*). Plante grimpante cultivée dans l'est et le nord de la France, et dont les fleurs sont utilisées pour donner son arôme à la bière.

***houe** [u] n. f. (frq. *hauwa*). Pioche à fer large et recourbé, servant à remuer la terre.

***houille** [uj] n. f. (frq. *hukila*). **1.** Roche sédimentaire due à la décomposition des débris végétaux et utilisée comme combustible : *Un gisement de houille* (syn. CHARBON). — **2.** *Houille blanche,* énergie obtenue par les chutes d'eau et utilisée notamment dans les centrales hydrauliques.

***houiller, ère** [uje] adj. Relatif à la houille : *Le bassin houiller du nord de la France.*

***houillères** [ujɛr] n. f. pl. Ensemble des mines de houille : *Les houillères du Nord et du Pas-de-Calais* (syn. CHARBONNAGES).

***houle** [ul] n. f. (du germ. *hol,* creux). Mouvement, sous forme d'ondes successives, qui agite la mer sans que les vagues déferlent.

***houlette** [ulɛt] n. f. (de l'anc. fr. *houler,* lancer). **1.** Bâton des bergers. — **2.** *Être sous la houlette de qqn,* être sous son autorité.

***houleux, euse** [ulø] adj. **1.** *Mer houleuse,* agitée par la houle. — **2.** Se dit d'une assemblée agitée de sentiments contraires : *Séance houleuse à la Chambre aujourd'hui* (syn. AGITÉ, MOUVEMENTÉ, ↑ORAGEUX).

***houppe** [up] n. f. (frq. *huppo,* touffe). **1.** Assemblage de brins de laine, de soie, de duvet, formant une touffe : *Une houppe pour se poudrer le visage.* — **2.** Touffe de cheveux (syn. TOUPET).

***houppelande** [uplɑ̃d] n. f. (orig. incert.). Ample manteau sans manches.

***houppette** [upɛt] n. f. Petite houppe.

***hourra** [ura] n. m. (angl. *hurra*). Cri d'enthousiasme ou d'acclamation : *Un immense hourra salua l'entrée de l'équipe sur le terrain* (syn. ACCLAMATION, BRAVO). *Des hourras enthousiastes.* ◆ interj. Exprime une grande satisfaction ou est utilisée en guise d'acclamation (généralement avec *hip!*) : *Hip! hip! hip! hourra! Mon cheval est arrivé premier.*

***houspiller** [uspije] v. t. (anc. fr. *houssepignier,* frapper avec du houx). *Houspiller qqn,* lui faire de vifs reproches, une sévère critique : *Houspiller un enfant qui a traversé la rue en courant* (syn. GRONDER, RÉPRIMANDER).

***houspilleur, euse** [uspijœr] n. Qui houspille.

***housse** [us] n. f. (frq. *hulftia*). Enveloppe qui sert à recouvrir les meubles, à protéger les vêtements, les sièges d'une voiture, etc.

***houx** [u] n. m. (frq. *hulis*). Arbuste épineux à feuilles vertes et luisantes, dont l'écorce sert à fabriquer la glu.

hovercraft [ɔvœrkraft] n. m. (angl. *to hover,* planer, et *craft,* embarcation). Syn. de AÉROGLISSEUR.

***hublot** [yblo] n. m. (anc. fr. *huve,* bonnet). **1.** Ouverture, généralement ronde, pratiquée dans la coque d'un navire ou d'un avion pour donner du jour et de l'air, tout en permettant une fermeture étanche. — **2.** *Hublot de four, de cuisinière, de machine à laver,* etc., partie vitrée qui permet de surveiller l'opération en cours.

***huche** [yʃ] n. f. (bas lat. *hutica*). Coffre de bois pour garder le pain.

***hue!** [y] interj. **1.** S'emploie pour inciter un cheval à avancer. — **2.** *Tirer à hue et à dia,* agir de façon désordonnée, contradictoire.

***huées** [ɥe] n. f. pl. Cris hostiles : *L'artiste sortit de scène sous les huées des spectateurs* (syn. SIFFLET).

***huer** [ɥe] v. t. (de *hue!*). *Huer qqn, un spectacle,* les accueillir par des cris d'hostilité, de réprobation, de mépris : *Les spectateurs huèrent la pièce et l'auteur* (syn. CONSPUER, SIFFLER; contr. APPLAUDIR, ACCLAMER).

huilage [ɥilaʒ] n. m. Action de huiler : *L'huilage des pièces d'un moteur.*

huile [ɥil] n. f. (lat. *oleum*). **1.** Substance grasse, liquide et insoluble dans l'eau, d'origine végétale (*huile d'olive, huile d'arachide,* etc.) ou animale (*huile de baleine, de foie de morue,* etc.), qui sert à l'alimentation ou à des usages industriels. — **2.** Combustible liquide obtenu à partir du pétrole *(huile lourde),* ou le pétrole lui-même *(huile minérale).* — **3.** Produit obtenu en faisant macérer une substance végétale ou animale dans de l'huile (*huile solaire,* etc.). — **4.** *Pop.* Personnage influent, officiel : *Toutes les huiles de l'industrie étaient là.* — **5.** Fam. *Huile de bras, de coude,* énergie, force physique déployée dans l'accomplissement d'une tâche. ‖ *Jeter, verser, mettre de l'huile sur le feu,* exciter, envenimer une querelle, une passion. ‖ *Mer d'huile,* très calme. ‖ *Peinture à l'huile,* ou *huile,* matière colorante mélangée à de l'huile; tableau fait avec cette peinture.

huilé, e [ɥile] adj. **1.** Enduit d'huile : *Papier huilé* (= imprégné d'huile). — **2.** *Bien huilé,* se dit d'un mécanisme, d'un organisme qui fonctionne bien.

huiler [ɥile] v. t. *Huiler qqch,* le frotter avec de l'huile, y mettre de l'huile : *Huiler une poêle, une serrure qui grince* (syn. GRAISSER).

huilerie [ɥilri] n. f. Usine fabriquant de l'huile végétale.

huileux, euse [ɥilø] adj. **1.** De la nature de l'huile, qui en a l'aspect, la consistance, qui en contient : *Substance huileuse. Un sirop huileux* (syn. VISQUEUX). — **2.** Comme imbibé d'huile : *Des cheveux huileux* (syn. GRAS).

huilier [ɥilje] n. m. Accessoire de table contenant les burettes de vinaigre et d'huile pour les assaisonnements.

***huis** [ɥi] n. m. (lat. *ostium,* porte). *À huis clos,* sans que le public soit admis (jurid.) : *Audience à huis clos.*

***huis clos** [ɥiklo] n. m. Fait que l'audience n'est pas publique : *Le tribunal ordonna le huis clos.*

huisserie [ɥisri] n. f. Partie fixe en bois ou en métal constituant l'encadrement de la porte.

huissier [ɥisje] n. m. (de *huis*). **1.** Employé chargé d'introduire les visiteurs près d'un ministre, d'un chef de service, etc. (syn. APPARITEUR). — **2.** Officier ministériel chargé de mettre à exécution certaines décisions de justice ou de dresser des constats.

***huit** [ɥi(t)] adj. num. cardin. inv. (lat. *octo*). **1.** Sept plus un. — **2.** Huitième : *Charles VIII.* — **3.** *Dans huit jours,* dans une semaine. ‖ *Lundi, mardi,* etc., *en huit,* pas celui de cette semaine mais celui de la semaine d'après. ◆ n. m. inv. Chiffre, numéro, etc., qui représente ce nombre.

***huitaine** [ɥitɛn] n. f. **1.** Ensemble de huit choses. — **2.** Ensemble de huit jours consécutifs : *Nous pourrions nous revoir dans une huitaine* (syn. SEMAINE). *Le jugement est remis à huitaine.*

***huitième** [ɥitjɛm] adj. num. ordin. et n. **1.** Qui occupe un rang marqué par le numéro huit. — **2.** Qui se trouve huit fois dans le tout.

***huitièmement** [ɥitjɛmmɑ̃] adv. En huitième lieu.

huître [ɥitr] n. f. (lat. *ostrea*). Mollusque marin, comestible, dont la coquille est fixée aux rochers : *La culture des huîtres s'appelle l'ostréiculture.*

hululement, hululer → ULULEMENT, ULULER.

***hulotte** [ylɔt] n. f. (de l'anc. fr. *huler,* hurler). Oiseau rapace nocturne (syn. usuel CHAT-HUANT).

***hum!** [ym] interj. Syn. de HEM.

humain, e [ymɛ̃] adj. (lat. *humanus*). **1.** Relatif à l'homme, distingué des autres espèces animales : *L'organisme humain. Les races humaines. Les sciences humaines ou sciences de l'homme. Le respect de la vie humaine. Les choses humaines* (= tout ce qui concerne l'homme). *C'est au-dessus des forces humaines. Les êtres humains* (= les hommes). — **2.** Qui marque de la sensibilité, de la compassion ou de la compréhension à l'égard d'autres hommes : *Un juge humain, accessible à la pitié. Il n'a plus rien d'humain* (= il est très dur). — **3.** Qui a les qualités ou les faiblesses attribuées à l'homme : *Les personnages de la pièce restent humains* (contr. INHUMAIN). *L'erreur est humaine.* ◆ ***humain*** n. m. Ce qui appartient en propre à l'homme : *Perdre le sens de l'humain.* ◆ ***humains*** n. m. pl. Syn. litt. de HOMMES : *L'ensemble des humains.*

humainement [ymɛnmɑ̃] adv. De façon humaine : *On a fait tout ce qui était humainement possible pour le sauver. Traiter humainement ses subordonnés.*

humanisation [ymanizasjɔ̃] n. f. Action d'humaniser : *L'humanisation des conditions de travail.*

humaniser [ymanize] v. t. *Humaniser qqch, qqn,* les rendre plus humains (sens 1) : *Humaniser les conditions de travail dans les mines* (syn. ADOUCIR). ◆ ***s'humaniser*** v. pr. (sujet qqn) Devenir plus doux, plus compréhensif, bienveillant.

humanisme [ymanism] n. m. Attitude philosophique qui se donne pour fin le développement des qualités de l'homme dans l'univers réel.

humaniste [ymanist] adj. et n. **1.** Partisan de l'humanisme. — **2.** Versé dans la connaissance des langues et littératures anciennes.

humanitaire [ymanitɛr] adj. Qui vise à faire le bien de l'humanité (en parlant d'idées, de sentiments) : *Ces sentiments humanitaires vous honorent.*

humanité [ymanite] n. f. (lat. *humanitas*). **1.** Ensemble des êtres humains : *Les origines de l'humanité. Une bienfaitrice de l'humanité.* — **2.** Sentiment de bienveillance : *Homme plein d'humanité* (syn. SENSIBILITÉ, BONTÉ). ◆ ***humanités*** n. f. pl. *Faire ses humanités,* étudier les langues et les littératures gréco-latines.

humanoïde [ymanɔid] n. Dans le langage de la science-fiction, être ressemblant par certains traits à l'homme.

humble [œ̃bl] adj. (lat. *humilis*) [avant ou, plus rarement, après le n.]. **1.** *Litt.* De modeste condition sociale; qui dénote une condition sociale modeste : *Une humble fonctionnaire subalterne* (syn. OBSCUR). *Une humble situation* (syn. MODESTE). *Une humble demeure* (syn. PAUVRE). — **2.** (après ou, plus rarement, avant le n.) Qui s'abaisse volontairement devant les autres, par sentiment de sa faiblesse, de son insuffisance vraie ou fausse; qui donne aux autres des témoignages de déférence : *La profondeur de notre ignorance nous rend humbles* (contr. ORGUEILLEUX). *Se faire humble devant un supérieur* (syn. SERVILE, PLAT). — **3.** (après ou, plus rarement, avant le n.) Qui témoigne de ce sentiment : *Faire l'humble aveu de ses fautes. Demander d'une voix humble son pardon* (syn. TIMIDE). — **4.** *À mon humble avis,* si je puis exprimer mon opinion. (→ HUMILITÉ.) ◆ ***humbles*** n. m. pl. *Litt.* Les gens de modeste situation.

humblement [œbləmɑ̃] adv. **1.** De façon humble, pauvre : *Vivre humblement* (syn. MODESTEMENT). — **2.** Avec humilité : *Je vous fait humblement remarquer que vous avez commis une erreur.*

humecter [ymɛkte] v. t. (lat. *humectare*). *Humecter qqch,* le rendre humide, le mouiller légèrement : *L'herbe est humectée de rosée* (syn. IMPRÉGNER). *La sueur humectait son front.* ◆ ***s'humecter*** v. pr. Se mouiller légèrement : *S'humecter les lèvres.*

***humer** [yme] v. t. (onomat.). **1.** *Humer une odeur, un parfum,* aspirer par le nez pour sentir : *Humer l'odeur d'un vin.* — **2.** *Humer l'air frais, glacé,* etc., le respirer.

humérus [ymerys] n. m. (lat. *humerus*). Os du bras, articulé à l'épaule et au coude.

humeur [ymœr] n. f. (lat. *humor,* liquide).
— **I. 1.** Disposition, tendance naturelle de qqn, dominante ou momentanée : *Ce garçon est d'humeur batailleuse* (syn. CARACTÈRE). *L'humeur m'a pris d'aller me promener* (syn. ENVIE). *Je ne suis pas d'humeur à vous écouter* (= je ne suis pas disposé). *Tu es d'une humeur massacrante. Être de bonne humeur* (= gai). *Être de mauvaise humeur* (= triste, morose, irrité). *Son inégalité d'humeur est pénible pour son entourage.* — **2.** Disposition à l'irritation, à la colère (litt., ou dans quelques express.) : *Dans un mouvement d'humeur, elle le mit à la porte.*
— **II.** Liquide organique du corps humain ou d'un animal (seulement pour désigner la lymphe ou en anatomie) : *Humeur vitrée, humeur aqueuse.*

humide [ymid] adj. (lat. *humidus*). Imprégné d'eau, de liquide : *Le linge est encore humide* (syn. ↑MOUILLÉ). *Avoir le front humide de sueur* (syn. ↓MOITE). *Le pays est très humide* (contr. SEC). *L'automne est une saison humide* (= où il pleut beaucoup). *Ses yeux sont humides de larmes* (syn. litt. EMBUÉ).

humidificateur [ymidifikatœr] n. m. Appareil servant à maintenir ou à augmenter le degré d'humidité de l'air.

humidification [ymidifikasjɔ̃] n. f. Action d'humidifier.

humidifier [ymidifje] v. t. *Humidifier qqch,* le rendre humide : *Humidifier l'air.*

humidité [ymidite] n. f. État humide : *Serrure rouillée par l'humidité.*

humiliant, e [ymiljɑ̃] adj. Qui humilie : *Un échec humiliant.*

humiliation [ymiljasjɔ̃] n. f. Action d'humilier; fait d'être humilié : *Éprouver l'humiliation d'un refus* (syn. HONTE, MORTIFICATION). *Infliger une humiliation à quelqu'un* (syn. AFFRONT, VEXATION).

humilier [ymilje] v. t. (du lat. *humilis,* humble). *Humilier qqn (son orgueil, sa fierté,* etc.), le rabaisser d'une façon qui outrage ou qui couvre de confusion : *Humilier un adversaire vaincu* (syn. ÉCRASER, ACCABLER). *Sa fierté a été humiliée par mon indifférence* (syn. MORTIFIER). *Se sentir humilié par un échec* (syn. OFFENSER, VEXER). ◆ ***s'humilier*** v. pr. (sujet qqn) Se rabaisser : *Refuser de s'humilier devant un vainqueur* (syn. S'ABAISSER).

humilité [ymilite] n. f. Sentiment de celui qui est humble; caractère de ce qui est humble : *Une fausse humilité qui cache un grand orgueil* (syn. MODESTIE). *En toute humilité, je vous avoue mon ignorance.*

humoral, e, aux [ymɔral] adj. Relatif aux humeurs du corps.

humoriste [ymɔrist] n. Celui qui s'exprime, écrit ou dessine avec humour.

humoristique [ymɔristik] adj. Propre à l'humour : *Un dessin humoristique* (syn. SATIRIQUE).

humour [ymur] n. m. (mot angl.). Forme d'esprit qui consiste à présenter sous une forme plaisante ou comique les traits absurdes ou même cruels de la réalité; qualité de qqn qui peut comprendre cette forme d'esprit : *L'humour noir souligne avec amertume l'incohérence du monde. Manquer d'humour. Avoir le sens de l'humour* (= savoir se moquer de soi-même).

humus [ymys] n. m. (mot lat. signif. *terre*). Terre noirâtre qui résulte de la décomposition dans le sol de déchets animaux et végétaux.

***hune** [yn] n. f. (anc. scand. *hûnn*). Sur un navire, plate-forme ronde qui se trouve à la partie haute d'un mât.

***huppe** [yp] n. f. (lat. *upupa*). **1.** Touffe de plumes que certains oiseaux ont sur la tête. — **2.** Oiseau passereau ayant une touffe de plumes sur la tête.

***huppé, e** [ype] adj. Qui se classe parmi les personnes distinguées et riches ou dans la noblesse : *C'est quelqu'un de très huppé.*

***hurlant, e** [yrlɑ̃] adj. Qui hurle : *La meute hurlante des loups. Des couleurs hurlantes* (syn. CRIARD).

***hurlement** [yrləmɑ̃] n. m. Action de hurler : *Les hurlements d'un chien. Pousser un hurlement de colère* (syn. CRI). *Le hurlement de la sirène. Les hurlements de la foule* (syn. VOCIFÉRATION).

***hurler** [yrle] v. i. (lat. *ululare*). **1.** (sujet un chien, un loup, etc.) Pousser des cris prolongés : *Le chien a hurlé toute la nuit.* — **2.** (sujet qqn) Pousser des cris aigus et violents, sous l'effet de la douleur, de la peur, etc. : *La blessée hurlait de douleur* (syn. ↓CRIER). — **3.** (sujet qqch) Faire entendre un bruit effrayant : *Le vent hurlait dans la cheminée.* — **4.** (sujet qqch) Produire un effet de contraste violent et désagréable : *Ces deux couleurs hurlent ensemble* (syn. JURER). — **5.** *Hurler avec les loups,* se joindre à ceux qui attaquent, critiquent qqn; faire comme les autres. ◆ v. t. Dire, prononcer, chanter en criant très fort : *Cet acteur hurle ses tirades* (syn. fam. BEUGLER). *Hurler des injures contre ses adversaires* (syn. CLAMER); sans compl : *Hurler comme un sourd. La foule hurlait.*

***hurleur** [yrlœr] adj. et n. m. *Singe hurleur,* ou *hurleur,* singe de l'Amérique du Sud, dont les hurlements s'entendent très loin.

hurluberlu, e [yrlybɛrly] n. et adj. (de l'anc. fr. *berlu,* inconsidéré). *Fam.* Personne qui agit d'une façon bizarre, extravagante : *Un hurluberlu nous a téléphoné à une heure du matin* (syn. ÉCERVELÉ). *Elle est un peu hurluberlue* (syn. fam. FARFELU).

***hurrah** [ura] n. m. et interj. Syn. de HOURRA.

***hussard** [ysar] n. m. (hongr. *huszar*). Soldat d'un corps de cavalerie légère créé en France au XVIIe s. et dont l'uniforme fut primitivement emprunté aux Hongrois.

***hutte** [yt] n. f. (frq. *hutta*). Habitation rudimentaire en torchis, branchages, paille, etc. : *Les huttes d'un village africain* (syn. CASE). *Une hutte de roseaux* (syn. CABANE, CAHUTE).

hybride [ibrid] adj. (lat. *hybrida,* de sang mêlé). Composé de deux ou de plusieurs éléments de nature différente; qui appartient à plusieurs espèces : *Une solution hybride. Un mot hybride est formé de radicaux provenant de langues différentes : ainsi «bicyclette» est composé du radical «cycle», d'origine grecque, et du préfixe «bi», d'origine latine. Un genre hybride qui tient du roman et de la dissertation philosophique.* ◆ n. m. Animal ou plante provenant de deux sujets d'espèce différente : *Le mulet est un hybride.*

hydratant, e [idratɑ̃] adj. Qui hydrate : *Crème, lotion hydratante.*

hydratation [idratasjɔ̃] n. f. Action d'hydrater.

hydrater [idrate] v. t. (du gr. *hudôr,* eau). **1.** *Hydrater un corps, une substance,* les combiner avec de l'eau : *Hydrater de la chaux.* — **2.** *Hydrater un tissu organique,* y introduire un supplément d'eau : *Peau sèche qui a besoin d'être hydratée.*

hydraulique [idrolik] adj. (du gr. *hudôr,* eau). **1.** Qui fonctionne à l'aide d'un liquide, d'une pompe : *Des freins hydrauliques.* — **2.** Relatif à la circulation de l'eau : *Installation hydraulique.* ◆ n. f. Science et technique qui traitent des lois régissant l'écoulement des liquides et des problèmes posés par l'utilisation de l'eau.

hydravion [idravjɔ̃] n. m. Avion construit pour pouvoir se poser et prendre son départ sur l'eau.

hydre [idr] n. f. (gr. *hudra*). **1.** Monstre fabuleux, serpent d'eau douce : *L'hydre de Lerne était un serpent à sept têtes qui repoussaient au fur et à mesure qu'on les tranchait.* — **2.** *Litt.* Symbole de ce qui se développe monstrueusement et dangereusement, sans qu'on puisse le détruire : *L'hydre de l'anarchie.*

hydrocarbure [idrɔkarbyr] n. m. Corps formé par la combinaison de carbone et d'hydrogène : *Le butane est un hydrocarbure.*

hydrocéphale [idrɔsefal] adj. et n. (de *hydro-* et gr. *kephalê,* tête). Atteint d'une anomalie de l'encéphale entraînant l'augmentation du volume du crâne.

hydrocution [idrɔkysjɔ̃] n. f. Accident survenant brusquement au moment où qqn entre dans l'eau froide, et qui se caractérise par une perte de connaissance et un arrêt respiratoire.

hydrogène [idrɔʒɛn] n. m. (de *hydro-* et gr. *gennân,* produire). Corps simple, gazeux, qui entre dans la composition de l'eau.

hydroglisseur [idrɔglisœr] n. m. Bateau à fond plat, propulsé par une hélice aérienne.

hydrographe [idrɔgraf] n. (de *hydro-* et gr. *graphein,* décrire). Spécialiste d'hydrographie.

hydrographie [idrɔgrafi] n. f. **1.** Science qui étudie la partie liquide (mers, fleuves, etc.) du globe terrestre. — **2.** Ensemble des eaux courantes d'un pays, d'une région.

hydrographique [idrɔgrafik] adj. Relatif à l'hydrographie.

hydromel [idrɔmɛl] n. m. (*hydro-* et gr. *meli,* miel). Boisson, fermentée ou non, faite d'eau et de miel.

hydrophile [idrɔfil] adj. (de *hydro-* et gr. *philein,* aimer). *Coton hydrophile,* qui absorbe facilement les liquides.

hydrothérapie [idrɔterapi] n. f. (de *hydro-* et gr. *therapeuin,* soigner). Soins du corps donnés au moyen de l'eau.

hyène [jɛn] n. f. (gr. *huaina*). Mammifère d'Afrique et d'Asie, qui se nourrit surtout d'animaux morts. (On dit aussi bien *l'hyène* ou *la hyène.*)

hygiène [iʒjɛn] n. f. (gr. *hugieinon,* sain). **1.** Étude des mesures propres à conserver la santé en améliorant le milieu dans lequel l'homme est appelé à vivre; moyens et pratiques mis en œuvre pour parvenir à cette amélioration : *Les règles, les principes d'hygiène élémentaire. Hygiène alimentaire* (= régime d'alimentation). *Manquer d'hygiène* (syn. SOIN, PROPRETÉ). *Le rayon des articles d'hygiène dans un grand magasin.* — **2.** *Hygiène mentale,* ensemble des mesures propres à maintenir intactes les fonctions psychiques, à préserver de la maladie mentale. ‖ *Hygiène publique,* ensemble des moyens mis en œuvre par l'État, les communes, etc., pour sauvegarder la santé publique.

hygiénique [iʒjenik] adj. **1.** Favorable à la santé : *Promenade hygiénique.* — **2.** Utilisé dans les soins d'hygiène, de propreté : *Papier hygiénique. Serviette, tampon hygiénique.*

1. hymen [imɛn] ou **hyménée** [imene] n. m. (du n. d'une divinité qui présidait au mariage). *Litt.* Mariage.

2. hymen [imɛn] n. m. Membrane qui obstrue le vagin d'une jeune fille vierge.

hyménoptère [imenɔptɛr] n. m. (gr. *humên,* membrane, et *pteron,* aile). Type d'insecte à deux paires d'ailes membraneuses : *L'abeille est un hyménoptère.*

1. hymne [imn] n. m. (gr. *humnos*). **1.** Chant, poème à la gloire de Dieu, d'un héros, d'un personnage puissant, d'une entité quelconque : *Les hymnes révolutionnaires.* — **2.** *Hymne (national),* chant patriotique adopté par chaque pays pour être exécuté dans les cérémonies solennelles.

2. hymne [imn] n. f. Poème religieux de la liturgie catholique.

hyperbole [ipɛrbɔl] n. f. (gr. *huperbolê,* excès). **1.** Emploi d'un mot ou d'une locution dont le sens dépasse de loin ce qu'il convient d'exprimer, et va jusqu'à l'exagération. (Ex. *Un travail titanesque* pour *un grand travail.*) — **2.** Courbe formée par l'ensemble des points d'un plan dont la différence des distances à deux points fixes, appelés *foyers,* est constante (math.).

hyperbolique [ipɛrbɔlik] adj. Qui relève de l'hyperbole, de l'emphase, de l'exagération : *Adresser des louanges hyperboliques à un chef d'État* (syn. EXAGÉRÉ). *Courbe hyperbolique.*

hypermarché [ipɛrmarʃe] n. m. Magasin exploité en libre-service et présentant une superficie consacrée à la vente supérieure à 2 500 m^2.

hypermétrope [ipɛrmetrɔp] adj. et n. Qui voit mal les objets rapprochés (contr. MYOPE).

hypermétropie [ipɛrmetrɔpi] n. f. (*hyper-,* gr. *metron,* mesure et *ops,* vue). Anomalie de la vision due à un défaut du cristallin (l'image se forme en arrière de la rétine).

hypernerveux, euse [ipɛrnɛrvø] adj. et n. D'une nervosité excessive.

hypersensibilité [ipɛrsɑ̃sibilite] n. f. Sensibilité extrême.

hypersensible [ipɛrsɑ̃sibl] adj. et n. D'une sensibilité excessive.

hypertendu, e [ipɛrtɑ̃dy] adj. et n. Qui a de l'hypertension.

hypertension [ipɛrtɑ̃sjɔ̃] n. f. Tension artérielle audessus de la normale.

hypertrophie [ipɛrtrɔfi] n. f. (*hyper-* et gr. *trophê,* nourriture). Développement excessif d'un organe, d'un caractère chez qqn, d'une activité dans un pays : *L'hypertrophie du foie chez les alcooliques* (contr. ATROPHIE). *Une hypertrophie de la sensibilité. L'hypertrophie d'industries parasitaires.*

hypertrophié, e [ipɛrtrɔfje] adj. Atteint d'hypertrophie : *Glande hypertrophiée. Administration hypertrophiée.*

hypertrophier (s') [ipɛrtrɔfje] v. pr. Se développer excessivement : *Les services administratifs se sont hypertrophiés.*

hypertrophique [ipɛrtrɔfik] adj. Relatif à l'hypertrophie; qui en a les caractères.

hypnose [ipnoz] n. f. (gr. *hupnos,* sommeil). Sommeil provoqué par des moyens artificiels (chimiques ou psychologiques).

hypnotique [ipnɔtik] adj. Propre à l'hypnose : *Sommeil hypnotique. État hypnotique.* ◆ adj. et n. m. Qui provoque le sommeil : *Médicament hypnotique.*

hypnotiser [ipnɔtize] v. t. **1.** *Hypnotiser qqn,* le mettre en état d'hypnose. — **2.** *Hypnotiser qqn,* retenir son attention au point de l'empêcher d'agir ou de réfléchir : *Être hypnotisé par les obstacles d'une entreprise* (syn. OBNUBILER). ◆ ***s'hypnotiser*** v. pr. (sujet qqn) Concentrer toute son attention sur qqch : *Il s'est hypnotisé sur l'idée qu'il allait échouer à l'examen.*

hypnotiseur [ipnɔtizœr] n. m. Celui qui hypnotise.

hypnotisme [ipnɔtism] n. m. Ensemble des phénomènes qui constituent l'hypnose, ou procédés par lesquels on parvient à créer un sommeil artificiel chez qqn.

hypocondriaque [ipɔkɔ̃drijak] adj. et n. Qui est toujours anxieux de sa santé, qui se croit toujours malade.

hypocondrie [ipɔkɔ̃dri] n. f. (*hypo-* et gr. *khondros,* cartilage). Inquiétude pathologique sur sa santé.

hypocoristique [ipɔkɔristik] n. m. et adj. Mot qui exprime une affection tendre : *Les hypocoristiques sont souvent des diminutifs («bichette») ou des redoublements expressifs («fifille»).*

hypocrisie [ipɔkrizi] n. f. Comportement hypocrite : *L'hypocrisie d'une réponse* (syn. DUPLICITÉ, FOURBERIE). *Toute sa conduite n'est que pure hypocrisie* (syn. COMÉDIE, SIMAGRÉE, TARTUFERIE).

hypocrite [ipɔkrit] adj. et n. (du gr. *hupokritês,* acteur). Qui déguise ou cache ses véritables sentiments, qui montre une vertu ou des qualités qui n'existent pas en réalité : *Les flatteurs hypocrites* (syn. MENTEUR ; contr. SINCÈRE). *L'habileté d'un hypocrite.* ◆ adj. (avant ou, plus souvent, après le n.) Qui dénote cette attitude : *Un air hypocrite* (syn. DISSIMULÉ, SOURNOIS ; contr. FRANC). *Verser des larmes hypocrites* (syn. FAUX, AFFECTÉ ; contr. SINCÈRE). *Des promesses hypocrites* (syn. FALLACIEUX).

hypocritement [ipɔkritmɑ̃] adv. De façon hypocrite : *Répondre hypocritement.*

hypodermique [ipɔdɛrmik] adj. (de *hypo-* et gr. *derma,* peau). Qui est, qui permet d'aller sous la peau : *Seringue hypodermique.*

hypophysaire [ipɔfizɛr] adj. Relatif à l'hypophyse : *Hormones hypophysaires.*

hypophyse [ipɔfiz] n. f. (*hypo-* et gr. *phusis,* production). Glande endocrine située sous l'encéphale et qui produit de nombreuses hormones.

hypotendu, e [ipɔtɑ̃dy] adj. et n. Qui a de l'hypotension.

hypotension [ipɔtɑ̃sjɔ̃] n. f. Tension artérielle au-dessous de la normale.

hypoténuse [ipɔtenyz] n. f. (gr. *hupoteinousa pleura,* côté se tendant sous les angles). Côté opposé à l'angle droit dans un triangle rectangle.

hypothécaire [ipɔtekɛr] adj. Relatif à une hypothèque : *Prêt hypothécaire.*

hypothèque [ipɔtɛk] n. f. (gr. *hupothêkê,* gage). **1.** Droit accordé à un créancier sur un bien, sans que le propriétaire en soit dépossédé : *Avoir une hypothèque sur un immeuble.* — **2.** Ce qui empêche l'accomplissement de qqch, ce qui est une cause de difficulté : *Une lourde hypothèque pèse sur les relations entre les deux pays* (syn. CONTENTIEUX). — **3.** *Prendre une hypothèque sur l'avenir,* disposer de qqch avant de le posséder.

hypothéquer [ipɔteke] v. t. (c. **10**). *Hypothéquer qqch,* l'affecter, le grever d'une hypothèque : *Les fermes sont hypothéquées ; on ne tirera rien de leur vente. Tu as hypothéqué imprudemment l'avenir* (syn. ENGAGER).

hypothèse [ipɔtɛz] n. f. (gr. *hupothêsis*). **1.** Proposition, donnée initiale admise provisoirement pour servir de base à un raisonnement, à une démonstration, à une explication, et qu'on justifiera par les conséquences, par l'expérience : *Démontrer par des expériences la validité d'une hypothèse.* — **2.** Supposition concernant les causes d'un événement quelconque, la probabilité qu'il a ou non de se produire : *Envisager l'hypothèse d'un accident* (syn. ÉVENTUALITÉ, POSSIBILITÉ). *Dans l'hypothèse où elle n'accepterait pas votre proposition, que feriez-vous ?* (= en supposant que). *En toute hypothèse, nous agirons comme s'il ne savait rien* (= en tout cas).

hypothétique [ipɔtetik] adj. Qui n'est pas certain, qui repose sur une hypothèse, une supposition : *Un accord hypothétique entre les grandes puissances* (syn. PROBLÉMATIQUE, DOUTEUX ; contr. SÛR). *Son succès à l'examen est tout à fait hypothétique.*

hypotonie [ipɔtɔni] n. f. (de *hypo-* et *tonus*). Diminution de la force musculaire.

hystérie [isteri] n. f. (gr. *hustera,* utérus). Excitation poussée jusqu'au délire : *Des manifestations d'hystérie collective accueillirent la jeune vedette* (syn. FOLIE). [L'*hystérie* est une maladie mentale.]

hystérique [isterik] adj. et n. Qui est en proie à l'hystérie : *Des hystériques voulaient les lyncher* (syn. ↓ EXCITÉ). *Une foule hystérique.* ◆ adj. Propre à l'hystérie : *Un rire hystérique.*

i

i [i] n. m. Neuvième lettre de l'alphabet correspondant à la voyelle [i].

ïambe [jɑ̃b] n. m. (gr. *iambos*). Dans la versification ancienne, pied composé d'une syllabe brève suivie d'une syllabe longue accentuée.

ïambique [jɑ̃bik] adj. Composé d'ïambes : *Vers ïambique.*

ibérique [iberik] adj. Relatif à l'Espagne et au Portugal.

ibis [ibis] n. m. (gr. *îbis*). Oiseau échassier à bec long et courbé.

iceberg [ajsbɛrg,isbɛrg] n. m. (mot angl.; du norv. *ijsberg,* montagne de glace). Masse de glace flottante, dans les mers polaires.

ichtyologie [iktjɔlɔʒi] n. f. (gr. *ikhthus,* poisson, et *logos,* science). Étude scientifique des poissons.

ici [isi] adv. (lat. ecce *hic,* voici ici). Indique : **1.** un lieu identifié avec celui où on est (par oppos. à *là*) : *Ne répétez pas ici ce que vous avez entendu là-bas. D'ici, il ira à Lyon dimanche. Sortez d'ici, vous nous dérangez. Elle est passée par ici il y a quelques minutes. Non, il n'est pas ici en ce moment. Notre ami, ici présent, va nous dire quelques mots. Elle habite ici.* — **2.** un lieu quelconque à l'intérieur duquel on se trouve : *Les gens d'ici sont très hospitaliers* (= de cette région). *Vous n'êtes pas d'ici? Cela se voit* (= de ce pays). *Près d'ici, il y a une source délicieuse* (= près de ce lieu-ci). *Mon séjour ici est achevé* (= en ce pays). — **3.** un endroit précis (mais qui n'est pas forcément l'endroit où on se trouve) : *Regardez ici, dans ce livre, ce que l'on dit de la question. Il y a ici une faute d'orthographe. Allô, 45 44 38 17? Ici M. X., qui voudrait parler à*... (au téléphone). — **4.** le moment du temps où on est (présent), dans *d'ici à, d'ici peu, d'ici là, jusqu'ici : D'ici à vendredi, j'aurai fini ce travail urgent. Jusqu'ici, je n'avais rien à lui reprocher. D'ici peu, tu auras de mes nouvelles* (= dans peu de temps). *D'ici à ce qu'il vous le rende, il se passera du temps. Faites-moi savoir d'ici là quelles sont vos intentions* (= entre le moment où nous sommes et cette époque). — **5.** la situation où on se trouve, les circonstances dans lesquelles on est actuellement placé, l'ouvrage qu'on écrit, le discours qu'on prononce : *Il faut répéter ici ce que nous avons dit dans d'autres circonstances. Ici, on voit les techniques les plus audacieuses et, là, les machines les plus anciennes. J'ai voulu raconter ici l'histoire de ma jeunesse. J'évoquerai ici les toutes dernières années de ce XIXᵉ siècle.* — **6.** *Ici et là,* de côté et d'autre : *Ici et là, il y avait encore des plaques de neige.*

ici-bas [isibɑ] adv. Sur cette terre, en ce bas monde : *Les choses d'ici-bas. Ce n'est pas la justice qui règne ici-bas.*

icône [ikon] n. f. (russe *ikona;* du gr. *eikonion,* petite image). Image représentant la Vierge et les saints, dans l'Église orthodoxe russe et grecque.

iconoclaste [ikɔnɔklast] n. (gr. *eikôn,* image, et *klazein,* briser). **1.** Hérétique qui détruisait les images saintes dans l'Empire byzantin. — **2.** *Litt.* Qui ne respecte pas les traditions.

iconographe [ikɔnɔgraf] n. Spécialiste d'iconographie.

iconographie [ikɔnɔgrafi] n. f. (gr. *eikôn,* image, et *graphein,* décrire). **1.** Étude des sujets représentés par des œuvres d'art. — **2.** Ensemble d'illustrations relatives à un sujet donné.

iconographique [ikɔnɔgrafik] adj. Relatif à l'iconographie : *Recherches iconographiques.*

ictère [iktɛr] n. m. (gr. *ikteros*). Syn. de JAUNISSE (méd.).

ictus [iktys] n. m. (mot lat. signif. *coup*). Affection subite qui frappe le malade, en particulier hémorragie cérébrale.

1. idéal, e, als [ideal] ou **aux** adj. (bas lat. *idealis*). **1.** Qui n'existe que dans la pensée, qui ne peut pas être perçu par les sens : *Un monde idéal* (syn. IMAGINAIRE). — **2.** Qui possède ses qualités, ses caractéristiques à un degré parfait : *La beauté idéale* (syn. PARFAIT). *Rêver à un bonheur idéal* (syn. ABSOLU). *Les vacances idéales* (syn. RÊVÉ). *Solution idéale. Vous avez là la voiture idéale. Il est le fonctionnaire idéal.*

2. idéal [ideal] n. m. (pl. *idéals* ou *idéaux*). **1.** Type, modèle de la perfection absolue dans un ordre quelconque, moral, artistique, etc.; ce qui remplit complètement l'aspiration à la perfection : *Un idéal de beauté. Réaliser son idéal. Avoir des idéaux de grandeur.* — **2.** Système de valeurs morales et intellectuelles constituant un but : *Une personne sans idéal* (= bassement réaliste). — **3.** *L'idéal est (serait,* etc.) *de* (+ *inf.*), *que* (+ *subj.*), la meilleure solution est (serait, etc.) : *L'idéal serait que vous puissiez vous libérer pour le début de septembre.* ‖ Fam. *Ce n'est pas l'idéal,* ce n'est pas ce qui est le meilleur.

idéalement [idealmɑ̃] adv. De façon idéale.

idéalisation [idealizasjɔ̃] n. f. Action d'idéaliser : *L'idéalisation du personnage de Napoléon.*

idéaliser [idealize] v. t. *Idéaliser qqch, qqn,* lui attribuer toutes les perfections : *Idéaliser une situation qui n'est pas brillante* (syn. EMBELLIR). *Idéaliser la personne aimée* (syn. ENNOBLIR). *Idéaliser sa propre vie dans ses Mémoires* (syn. MAGNIFIER, ↑FLATTER). ◆ ***s'idéaliser*** v. pr. S'embellir, être embelli : *Elle s'est idéalisée dans son œuvre. Le passé s'idéalise dans le souvenir.*

idéalisme [idealism] n. m. **1.** Système philosophique qui n'admet la réalité qu'à travers l'esprit (contr. MATÉRIALISME). — **2.** Attitude d'esprit de celui qui aspire à un idéal, souvent utopique : *Son idéalisme est constamment déçu par la réalité.*

idéaliste [idealist] adj. et n. Qui relève de l'idéalisme : *Une philosophie idéaliste* (contr. MATÉRIALISTE). *Avoir une vue trop idéaliste de la situation* (syn. UTOPIQUE).

idée [ide] n. f. (lat. *idea*). **1.** Représentation abstraite d'un être, d'un objet, d'un rapport, etc., élaborée par la pensée : *Une idée générale* (syn. NOTION). *Les rapports du mot et de l'idée qu'il représente* (syn. CONCEPT). *L'idée de beauté. L'expression des idées. L'idée qu'on se fait du monde. Suggérer quelques idées* (syn. PENSÉE). *Il a eu l'idée du moteur à explosion.* — **2.** Aperçu sommaire : *Ces photographies vous donneront une idée du pays. Venez, vous vous ferez vous-même une idée de la situation. N'avoir pas la moindre idée de l'heure* (= ne pas la connaître). *Il n'a aucune idée de la politesse* (= il y est totalement indifférent). *As-tu une idée de l'endroit où tu iras pour les vacances? J'ai idée des difficultés que vous avez rencontrées* (= j'imagine aisément). — **3.** Manière de voir les choses, impliquant un jugement de valeur; vue plus ou moins originale, juste ou fausse : *Laissez-le faire, c'est son idée* (syn. DESSEIN, PROJET). *Avoir une haute idée de soi* (syn. OPINION). *Avoir des idées noires* (= être pessimiste). *Qu'elle fasse à son idée* (syn. GUISE, FANTAISIE). *Chacun a ses idées. Il a des idées politiques de gauche. Je ne partage pas vos idées* (syn. VUES). *Avoir des idées larges* (= être tolérant). *Il faut se faire à cette idée. Suivre le fil de ses idées* (syn. RAISONNEMENT). *Quelle est l'idée maîtresse du livre?* (syn. SUJET, THÈME). *J'ai mon idée* (= je sais ce que je veux). *Avoir des idées de derrière la tête* (= des arrière-pensées). *C'est chez lui une idée fixe* (= pensée dominante; syn. MANIE, OBSESSION). *Elle est pleine d'idées* (= de pensées originales). *Il a eu la bonne idée de ne pas venir. Vous vous faites des idées sur lui* (= votre opinion sur lui est erronée). — **4.** Esprit qui élabore la pensée : *On ne m'ôtera pas de l'idée qu'il nous a entendus. Cela ne lui viendrait même pas à l'idée* (syn. ESPRIT). *J'ai dans l'idée qu'elle veut partir.*

idée-force [idefɔrs] n. f. (pl. *idées-forces*). Idée principale, pivot d'un raisonnement et germe d'action.

idem [idɛm] adv. (mot lat. signif. *la même chose*). S'emploie pour éviter une répétition dans une liste, une énumération, etc. (abrév. *id.*).

identifiable [idɑ̃tifjabl] adj. Qui peut être identifié : *Les cadavres, atrocement brûlés, n'étaient pas identifiables.*

identification [idɑ̃tifikasjɔ̃] n. f. **1.** Action de s'identifier : *Jean cherche à ressembler à son père, ce processus d'identification est courant à son âge.* — **2.** Action d'identifier, d'établir l'identité : *L'identification des voleurs sera difficile.*

identifier [idɑ̃tifje] v. t. **1.** *Identifier qqch, qqn à qqch, qqn,* le considérer comme identique à, le confondre avec : *Identifier Robespierre à la Révolution.* — **2.** *Identifier qqn, un véhicule,* en établir l'identité : *Identifier son agresseur* (= pouvoir dire qui il est). — **3.** *Identifier qqch,* en reconnaître la nature, pouvoir préciser son appartenance, son espèce, etc. : *Identifier un tableau de maître, un parfum.* ◆ ***s'identifier*** v. pr. Se pénétrer des sentiments d'un autre : *L'actrice s'est complètement identifiée à son personnage.*

identique [idɑ̃tik] adj. (du lat. *idem,* le même). *Identique (à qqn, qqch),* qui n'en diffère en rien, qui y ressemble parfaitement : *Mon opinion est identique à la vôtre* (syn. SEMBLABLE À; contr. DIFFÉRENT DE). *J'ai abouti à des conclusions identiques* (syn. MÊME [avant le n.]; contr. AUTRE). *Les deux vases sont rigoureusement identiques* (syn. PAREIL). *Un raisonnement identique* (syn. ANALOGUE; contr. OPPOSÉ). *Il est toujours identique à lui-même* (= il ne change pas).

identité [idɑ̃tite] n. f. **1.** Ce qui fait que qqch est de même nature qu'une autre : *Une identité de goûts, de sentiments* (syn. ACCORD; contr. DIFFÉRENCE, OPPOSITION). *L'identité de ces paysages américains avec ceux de la France est frappante* (syn. RESSEMBLANCE). — **2.** Ensemble des caractères (signalement), des circonstances (état civil) qui font que qqn est reconnu comme étant telle personne, sans confusion avec une autre; se dit aussi d'un véhicule : *Découvrir l'identité de l'agresseur* (= le nom). *Une fausse identité. La carte d'identité porte le signalement de la personne, sa photographie, son état civil, ses empreintes. Les papiers d'identité de la voiture.*

idéogramme [ideɔgram] n. m. (gr. *idea,* idée, et *gramma,* signe). Signe graphique qui représente un mot d'une langue (par oppos. aux signes qui indiquent un son, ou phonème [écriture phonétique], ou une syllabe [écriture syllabique]).

idéologie [ideɔlɔʒi] n. f. (gr. *idea,* idée, et *logos,* science). Toute doctrine politique, économique et sociale qui inspire les actes d'une classe sociale, d'un gouvernement, de qqn, d'un groupe : *Une idéologie révolutionnaire. L'idéologie bourgeoise.*

idéologique [ideɔlɔʒik] adj. Relatif à l'idéologie : *Des divergences idéologiques.*

ides [id] n. f. pl. (mot lat.). Quinzième jour de mars, de mai, de juillet et d'octobre, treizième jour des autres mois, dans le calendrier romain.

idiolecte [idjɔlɛkt] n. m. Ensemble des habitudes verbales de qqn.

idiomatique [idjɔmatik] adj. Propre à une langue : *Les expressions idiomatiques sont intraduisibles* (= idiotisme).

idiome [idjom] n. m. (gr. *idiôma,* particularité propre à une langue). Langue propre à une communauté étendue, en général langue d'une nation, d'un peuple, d'une région : *L'alsacien est un idiome germanique* (syn. DIALECTE). *Le malenké est un des idiomes de la Guinée* (syn. LANGUE).

idiot, e [idjo] adj. et n. (gr. *idiôtês,* ignorant). Complètement dépourvu d'intelligence, de bon sens ou de finesse : *Est-ce qu'il me prend pour un idiot? As-tu fini de faire l'idiot?* (= faire des bêtises). *Raconter une histoire idiote* (syn. STUPIDE). *Une réflexion idiote* (syn. INEPTE).

idiotie [idjɔsi] n. f. Absence d'intelligence; parole, actes idiots : *C'est une idiotie de refuser* (syn. STUPIDITÉ). *Ne dis pas d'idioties. Il lit des idioties* (= des livres stupides).

idiotisme [idjɔtism] n. m. (du gr. *idios,* particulier). Locution propre à une langue, et dont la traduction, par une forme analogue, dans une autre langue est pratiquement impossible : *« Il y a » est un idiotisme du français, ou gallicisme.*

idoine [idwan] adj. (lat. *idoneus,* propre à). *Litt.* Qui convient parfaitement : *Un endroit idoine pour camper* (syn. APPROPRIÉ).

idolâtre [idɔlatr] adj. (gr. *eidôlolatrês*). Qui manifeste un sentiment d'adoration pour qqn, qui lui voue une sorte de culte : *Une mère idolâtre de ses enfants. Une foule idolâtre et fanatique.*

idolâtrer [idɔlatre] v. t. Aimer avec passion : *Elle idolâtre son fils. Idolâtrer l'argent* (syn. ADORER).

idolâtrie [idɔlatri] n. f. **1.** Admiration excessive, amour allant jusqu'au culte passionné : *L'actrice était pour la foule un objet d'idolâtrie.* — **2.** Culte rendu à des statues, des images, etc., adorées comme des divinités.

idolâtrique [idɔlatrik] adj. Propre à l'idolâtrie : *Attachement idolâtrique.*

idole [idɔl] n. f. (gr. *eidôlon,* image). **1.** Représentation d'une divinité sous une forme matérielle (statue, image, etc.), qui est adorée comme s'il s'agissait du dieu lui-même. — **2.** Personne qui est l'objet d'un culte passionné, et en partic., vedette de la chanson, du music-hall, etc. : *Elle est l'idole de sa vie. Un chanteur, idole des jeunes.*

idylle [idil] n. f. (gr. *eidullion,* petit poème lyrique). **1.** Relation d'amour tendre : *Une idylle passagère s'ébaucha entre les deux jeunes gens* (syn. FLIRT, AMOURETTE). — **2.** Petit poème amoureux du genre pastoral ou bucolique.

idyllique [idilik] adj. Qui a un caractère idéal et naïf : *Il fit un tableau idyllique de ce que devait être leur existence* (syn. DE RÊVE).

if [if] n. m. (gaul. *ivos*). Arbre à feuillage vert persistant et à baies rouges, souvent planté dans les parcs et les cimetières.

igloo [iglu] n. m. (mot esquimau). Habitation des Esquimaux, faite de blocs de neige, en forme de coupole.

igname [iɲam] n. f. (mot esp.). Plante cultivée dans les régions chaudes pour ses tubercules riches en amidon.

ignare [iɲar] adj. et n. (lat. *ignarus*). Suprêmement ignorant : *Il est ignare en peinture* (syn. ↓ INCULTE).

ignifugation [iɲifygasjɔ̃] n. f. Action d'ignifuger.

ignifuge [iɲifyʒ] adj. et n. m. (du lat. *ignis,* feu, et *fugare,* mettre en fuite). Propre à rendre ininflammables les objets combustibles.

ignifuger [iɲifyʒe] v. t. (c. 2) *Ignifuger qqch, un matériau,* le rendre ininflammable (souvent pass.) : *Les décors de théâtre sont ignifugés.*

ignoble [iɲɔbl] adj. (lat. *ignobilis,* non noble). **1.** D'une bassesse écœurante : *Des propos ignobles* (syn. HORRIBLE, IMMONDE). *Un ignoble individu* (syn. INFÂME). *Il a eu une conduite ignoble* (syn. ABJECT; contr. GÉNÉREUX). — **2.** D'une saleté repoussante; qui soulève le cœur : *La nourriture ici est ignoble* (syn. DÉGOÛTANT, ↑ INFECT).

ignominie [iɲɔmini] n. f. (lat. *ignominia*). État de qqn qui a perdu tout honneur pour avoir commis une action infamante ou avoir fait un outrage; cette action elle-même : *Se couvrir d'ignominie* (syn. ABJECTION, INFAMIE; contr. NOBLESSE). *S'abaisser aux pires ignominies* (syn. TURPITUDE).

ignominieusement [iɲɔminjøzmɑ̃] adv. De façon ignominieuse (syn. HONTEUSEMENT).

ignominieux, euse [iɲɔminjø] adj. *Litt.* Qui cause de l'ignominie : *Une condamnation ignominieuse* (syn. INFAMANT).

ignorance [iɲɔrɑ̃s] n. f. **1.** État de qqn qui ne connaît pas une chose déterminée : *Je suis dans l'ignorance complète de l'endroit où elle passe ses vacances. L'ignorance du danger passe pour du courage* (syn. MÉCONNAISSANCE). — **2.** (sans compl.) Manque de connaissance, de savoir, d'instruction : *Il croupit dans son ignorance* (contr. CULTURE). *C'est une ignorance bien excusable.*

ignorant, e [iɲɔrɑ̃] adj. et n. Qui ne sait pas; qui manque de connaissance, de savoir : *Être ignorant des usages. Être ignorant en géographie* (syn. INCOMPÉTENT, ↑ IGNARE). *Un être ignorant et borné* (syn. INCULTE; contr. LETTRÉ, INSTRUIT). *Ne fais pas l'ignorant; tu sais qui a renversé la bouteille.*

ignorer [iɲɔre] v. t. (lat. *ignorare*). **1.** *Ignorer qqch,* ne pas le connaître, n'en rien savoir : *Nul n'est censé ignorer la loi. Elle a changé de métier, vous ne l'ignorez pas* (= vous le savez). *Ses travaux restent ignorés* (syn. INCONNU). — **2.** *Ignorer que* (+ *subj.*) [litt.] ou (+ *ind.*) [courant], *ignorer si, quand, comment,* etc. (+ *ind.*), ne pas savoir : *J'ignorais qu'il pût ou qu'il pouvait se vexer pour ça. J'ignore s'il revient cette semaine ou dans quinze jours. J'ignore où elle habite.* ‖ *Ne pas ignorer que* (+ *ind.*), savoir : *Je n'ignorais pas que tu avais quitté Paris.* — **3.** *Ignorer qqn,* lui manifester une indifférence complète, feindre de ne pas le connaître. ◆ ***s'ignorer*** v. pr. **1.** *Sentiment, passion,* etc., *qui s'ignore,* dont on n'a pas pris conscience. — **2.** *Un malade, un génie,* etc., *qui s'ignore,* qui ne sait pas qu'il est malade, génial, etc.

iguane [igwan] n. m. (esp. *iguana,* mot des Caraïbes). Reptile d'Amérique tropicale, d'environ 1,50 m et portant une crête dorsale d'écailles pointues.

il [il], **ils** [il] pron. pers. de la 3e personne (→ introduction PRONOMS PERSONNELS).

il- → IN-.

île [il] n. f. (lat. *insula*). Étendue de terre entourée d'eau de tous côtés : *L'île de Ré. Un chapelet d'îles.* (→ INSULAIRE.)

illégal, e, aux [il(l)egal] adj. Qui n'est pas légal : *Décision illégale.*

illégalement [il(l)egalmɑ̃] adv. De façon illégale.

illégalité [il(l)egalite] n. f. Caractère illégal : *L'illégalité d'une mesure.*

illégitime [il(l)eʒitim] adj. Qui n'est pas légitime : *Prétention illégitime* (syn. INJUSTE).

illégitimement [il(l)eʒitimmɑ̃] adv. De façon illégitime.

illettré, e [il(l)etre] adj. et n. Qui ne sait ni lire ni écrire; qui n'a aucune culture (syn. ANALPHABÈTE). [→ LETTRES.]

illettrisme [iletrism] n. m. État d'une personne qui, ayant appris à lire et à écrire, en a complètement perdu la pratique.

illicite [il(l)isit] adj. Qui n'est pas licite : *Avoir une activité illicite* (syn. INTERDIT, DÉFENDU). *Vous avez obtenu cet avantage par des moyens illicites* (syn. COUPABLE).

illico [il(l)iko] adv. (mot lat.). *Fam.* Immédiatement : *Elle est partie illico* (syn. AUSSITÔT, SUR-LE-CHAMP).

illimité, e [il(l)imite] adj. Sans limites : *Il a une confiance illimitée en sa femme* (syn. ABSOLU). *Congé d'une durée illimitée* (syn. INDÉTERMINÉ). *Pays qui dispose de ressources illimitées* (syn. INFINI, IMMENSE).

illisibilité [il(l)izibilite] n. f. Caractère illisible.

illisible [il(l)izibl] adj. Qui n'est pas lisible : *Elle a une écriture illisible* (syn. INDÉCHIFFRABLE). *Il écrit des romans illisibles, dont le caractère abstrait rebute le lecteur* (syn. INCOMPRÉHENSIBLE).

illogique [il(l)ɔʒik] adj. Qui manque de logique : *Sa conduite est illogique* (syn. ABSURDE, INCOHÉRENT).

illogisme [il(l)ɔʒism] n. m. Manque de logique : *L'illogisme de son plan saute aux yeux* (syn. ABSURDITÉ).

illumination [il(l)yminasjɔ̃] n. f. **1.** Action d'illuminer, d'éclairer : *L'illumination de la cathédrale.* — **2.** Ensemble des lumières disposées pour servir de décoration, pour éclairer les monuments publics : *Les illuminations du 14-Juillet.* — **3.** Inspiration subite, idée qui traverse l'esprit : *Une illumination subite lui fit trouver la solution* (syn. INSPIRATION, TRAIT DE GÉNIE).

illuminé, e [il(l)ymine] n. Personne qui suit aveuglément, sans critique, ses intuitions ou une doctrine considérée comme révélée (syn. VISIONNAIRE).

illuminer [il(l)ymine] v. t. (lat. *illuminare*). **1.** *Illuminer qqch,* l'éclairer d'une vive lumière : *Les éclairs illuminaient le ciel. Le salon est brillamment illuminé.* — **2.** *Illuminer qqn, son regard,* etc., lui donner de l'éclat, du brillant, de la clarté : *La joie illumine son regard* (syn. ALLUMER, ↑ EMBRASER). ◆ ***s'illuminer*** v. pr. (sujet qqch) Devenir lumineux : *La pièce s'illumine* (syn. S'ÉCLAIRER). *Ses yeux s'illuminent de colère, de joie* (syn. BRILLER).

illusion [il(l)yzjɔ̃] n. f. (lat. *illusio,* de *illudere,* se jouer de). **1.** Erreur de perception qui fait prendre une apparence pour la réalité : *Être le jouet d'une illusion. Le décor donne l'illusion de la perspective. C'est une illusion d'optique* (= erreur due à la perspective visuelle). — **2.** Effet artistique qui donne l'impression d'une réalité : *Les illusions des prestidigitateurs.* — **3.** Croyance fausse, idée erronée qui s'impose par un caractère flatteur, séduisant : *Les illusions de la jeunesse* (syn. RÊVE). *Caresser de dangereuses illusions* (syn. CHIMÈRE, UTOPIE). *Perdre ses illusions. La gloire n'est qu'une illusion* (syn. SONGE ; contr. RÉALITÉ). — **4.** *Faire illusion,* donner une image flatteuse mais fausse de ce qu'on est, de la réalité. ‖ *Se faire des illusions,* s'abuser : *Elle se fait des illusions si elle croit m'avoir persuadé* (syn. SE TROMPER).

illusionner [il(l)yzjɔne] v. t. Litt. *Illusionner qqn,* le tromper par l'effet d'une idée erronée. ◆ ***s'illusionner*** v. pr. *S'illusionner sur qqch, qqn,* se tromper sur eux : *Il s'illusionne sur ses capacités réelles* (syn. S'ABUSER).

illusionniste [il(l)yzjɔnist] n. Artiste qui exécute des tours d'adresse, des tours qui nécessitent des truquages (syn. PRESTIDIGITATEUR).

illusoire [il(l)yzwar] adj. Qui trompe par une fausse apparence : *Des promesses illusoires* (syn. TROMPEUR). *La prospérité est illusoire* (syn. FAUX ; contr. RÉEL, VRAI).

illustrateur [il(l)ystratœr] n. m. Artiste qui dessine des illustrations, concourt à leur mise en pages.

illustration [il(l)ystrasjɔ̃] n. f. **1.** Action d'illustrer, de montrer de manière éclairante : *L'illustration d'une analyse par des exemples concrets.* — **2.** Photographie, gravure, dessin ornant un livre : *Les illustrations d'une revue;* ensemble des images illustrant un texte : *L'illustration d'un dictionnaire.*

illustre [il(l)ystr] adj. (lat. *illustris,* lumineux). Dont le renom, la gloire, le mérite est éclatant : *L'illustre Corneille* (syn. FAMEUX). *Les personnages illustres de la cour de Louis XIV* (syn. CÉLÈBRE ; contr. OBSCUR). *Quel est cet illustre inconnu ?* (ironiq.).

1. illustré, e [il(l)ystre] adj. Orné de gravures, de dessins : *Les journaux illustrés pour enfants.*

2. illustré [il(l)ystre] n. m. Journal, revue contenant des dessins : *Les illustrés sont des périodiques composés essentiellement de dessins, accompagnés d'un texte court.*

illustrer [il(l)ystre] v. t. (lat. *illustrare,* éclairer). **1.** *Illustrer un pays, une famille, un nom,* etc., les rendre illustres : *Illustrer son pays par une grande invention* (syn. FAIRE HONNEUR À). — **2.** *Illustrer qqch,* le mettre en lumière d'une façon saisissante, éclatante, en soulignant par des exemples : *Cette attitude illustre bien la manière dont elle se conduit d'habitude* (syn. MONTRER). — **3.** *Illustrer un texte, un livre,* etc., les orner de gravures, de dessins, de cartes, d'images : *Illustrer un livre de gravures du XVIII*e *s.* ◆ ***s'illustrer*** v. pr. (sujet qqn) Devenir illustre, célèbre : *S'illustrer par une victoire éclatante* (syn. SE DISTINGUER).

îlot [ilo] n. m. **1.** Petite île. — **2.** Petit groupe d'arbres, de maisons, etc., isolé au milieu d'un grand espace vide : *L'oasis, un îlot de verdure.* — **3.** Bloc de maisons délimité sur toutes ses faces par des rues. — **4.** Petit groupe d'hommes isolé au milieu d'un ensemble : *L'insurrection est vaincue; il ne reste plus que quelques îlots de résistance* (syn. CENTRE).

ilote [ilɔt] n. (gr. *heilotôs,* celui qui est au dernier rang). Personne réduite au dernier degré de la servilité, de la sujétion, de la misère, de l'abaissement ou de l'ignorance : *Il a fait de son employé un véritable ilote* (syn. ESCLAVE).

îlotier [ilɔtje] n. m. Agent de police chargé de la surveillance d'un îlot de maisons.

il y a [ilija] v. impers. Formule d'introduction et de présentation : *Il y a des fruits cet automne. Il y a eu un accident au carrefour. Il y en a qui disent* (= il y a des gens qui disent). *Quand il n'y en a plus, il y en a encore* (= c'est inépuisable). *Il n'y a qu'à* (+ *inf.*) : *Il n'y a qu'à commander pour être servi* (= il faut seulement).

im- → IN-.

image [imaʒ] n. f. (lat. *imago*). **1.** Dessin, gravure, photographie, film, etc., représentant qqn, qqch, un sujet quelconque : *Un livre d'images. Une image de Paris au XVII*e *s.* (syn. DESSIN). *L'enfant regarde les images du livre* (syn. ILLUSTRATION). *Les images d'un film.* — **2.** Représentation de qqn, de qqch par l'effet de certains phénomènes optiques, par réflexion sur une glace, etc. : *Regarder son image dans l'eau du lac* (syn. REFLET). *Image radiographique. Régler l'image d'un téléviseur.* — **3.** Vision intérieure que qqn a d'un être ou d'une chose : *Être poursuivi par l'image d'un être cher disparu* (syn. SOUVENIR). *Se forger une image fausse d'un ami.* — **4.** Manière de rendre une idée plus sensible, plus belle, en donnant à ce dont on parle des formes empruntées à d'autres objets similaires : *S'exprimer par images* (syn. MÉTAPHORE). — **5.** Ce qui imite ou reproduit qqn ou qqch d'une façon exacte ou analogique : *Il se représente tous les hommes à son image* (= selon son caractère, ses goûts). *Donner une image fidèle de la situation* (syn. TABLEAU, DESCRIPTION). *Ces atrocités sont une image des guerres modernes* (syn. ASPECT, MANIFESTATION). *Offrir l'image du bonheur* (syn. APPARENCE, EXPRESSION). — **6.** *Image d'Épinal,* image populaire illustrant une chanson, un épisode historique ou légendaire, et fabriquée à Épinal; récit héroïque ou élogieux, de caractère simpliste. ‖ *Image de marque,* idée favorable ou défavorable que le public se fait d'un produit, d'une personnalité, d'une institution, etc.

imagé, e [imaʒe] adj. *Style imagé,* où les images, les comparaisons sont nombreuses (syn. COLORÉ).

imagerie [imaʒri] n. f. Ensemble d'images représentant des faits, des personnages, etc., de même origine, de même inspiration : *L'imagerie populaire a beaucoup aidé à construire la légende napoléonienne.*

imaginable [imaʒinabl] adj. Qui peut être imaginé : *Il a pour elle toutes les attentions imaginables* (syn. CONCEVABLE).

imaginaire [imaʒinɛr] adj. Qui n'existe que dans l'esprit, qui ne correspond pas à la réalité : *Personnage imaginaire* (syn. INVENTÉ ; contr. HISTORIQUE). *Ses craintes sont purement imaginaires* (syn. CHIMÉRIQUE ; contr. RÉEL). *Souffrir de maux imaginaires* (syn. ILLUSOIRE). *Vivre dans un monde imaginaire* (syn. IRRÉEL, FANTASTIQUE ; contr. RÉEL, VÉRITABLE).

imaginatif, ive [imaʒinatif] adj. et n. Capable d'inventer facilement : *Un esprit imaginatif* (syn. INVENTIF).

imagination [imaʒinasjɔ̃] n. f. **1.** Capacité à imaginer, évoquer des images, inventer, etc. : *Se laisser emporter par son imagination. Manquer d'imagination. Avoir de l'imagination* (= être inventif). *S'évader par l'imagination* (syn. RÊVE). — **2.** Idée chimérique, fantaisie née de l'esprit, etc. (surtout pl.) [soutenu] : *Se repaître d'imaginations* (syn. ILLUSION). *Être le jouet de ses imaginations* (syn. CHIMÈRE).

imaginer [imaʒine] v. t. (lat. *imaginari*). **1.** *Imaginer qqch, que* (+ *subj.* ou *ind.*), se le représenter dans l'esprit : *On ne peut imaginer plus belles fleurs* (syn. SE FIGURER). *Imaginez la vie que nous pourrions mener ensemble* (syn. ENVISAGER). *Imaginons que je finisse par céder* (syn. SUPPOSER, ADMETTRE). *Sa lenteur dépasse tout ce qu'on peut imaginer* (syn. CONCEVOIR). *Je ne peux pas imaginer qu'elle ait disparu* (syn. CROIRE). — **2.** *Imaginer qqch, de* (+ *inf.*), trouver un nouveau moyen, inventer qqch de nouveau : *Qu'est-ce qu'il a pu encore imaginer pour taquiner sa sœur?* (syn. TROUVER). *Imaginer un mécanisme plus efficace* (syn. INVENTER). *Imaginer un roman. Il a imaginé d'acheter un garage.* ◆ ***s'imaginer*** v. pr. **1.** Se représenter soi-même en esprit : *Elle s'imagine sur le sable chaud de la plage!* (syn. SE VOIR). — **2.** *S'imaginer qqch, qqn, que* (+ *ind.*), s'en faire une idée, concevoir que : *Elle se l'imaginait très différent de ce qu'il était* (syn. SE FIGURER). *Elle s'est imaginé qu'on ferait le travail à sa place* (syn. CROIRE).

imam [imam] n. m. Chef religieux musulman.

imbattable [ɛ̃batabl] adj. Qui ne peut être battu : *Une équipe imbattable* (syn. INVINCIBLE).

imbécile [ɛ̃besil] adj. et n. (lat. *imbecillus,* faible). Totalement dépourvu d'intelligence : *Passer pour un imbécile* (syn. IDIOT, ABRUTI; fam. ↑ CRÉTIN). *Une réponse imbécile* (syn. BÊTE, SOT, STUPIDE).

imbécillité [ɛ̃besilite] n. f. Comportement stupide; parole, action stupide : *Déplorer l'imbécillité de quelqu'un* (syn. BÊTISE). *Il est prêt à toutes les imbécillités* (syn. SOTTISE, IDIOTIE).

imberbe [ɛ̃bɛrb] adj. (du lat. *barba,* barbe). Dont les poils du visage, la barbe, n'ont pas poussé : *Un adolescent encore imberbe.*

imbiber [ɛ̃bibe] v. t. (lat. *imbibere,* absorber). *Imbiber qqch d'un liquide,* l'imprégner de ce liquide (souvent pass.) : *Imbiber un tampon d'éther* (syn. IMPRÉGNER, ↓ MOUILLER). *Après les pluies, la terre est imbibée d'eau* (syn. DÉTREMPER).

imbrication [ɛ̃brikasjɔ̃] n. f. État de choses imbriquées : *L'imbrication des divers éléments du récit donne au roman une grande cohérence* (syn. LIEN, ENCHEVÊTREMENT).

imbriqué, e [ɛ̃brike] adj. Se dit d'objets disposés de façon à se chevaucher : *Tuiles imbriquées.*

imbriquer (s') [ɛ̃brike] v. pr., **être imbriqué** v. pass. (du lat. *imbricatus,* disposé comme des tuiles) [sujet qqch] Être lié, mêlé, enchevêtré de façon étroite : *Des questions économiques sont venues s'imbriquer dans la discussion. Les deux affaires sont si étroitement imbriquées qu'il est impossible de les dissocier.*

imbroglio [ɛ̃brɔ(g)l(i)jo] n. m. (mot it.). Situation confuse; affaire embrouillée : *Démêler un imbroglio inextricable. L'imbroglio politique né des élections* (syn. CONFUSION, DÉSORDRE).

imbu, e [ɛ̃by] adj. (du lat. *imbuere,* imbiber). *Être imbu d'un sentiment, d'une opinion, d'une idée,* en être pénétré, imprégné profondément : *Être imbu de sa valeur* (syn. INFATUÉ). *Imbu de préjugés* (syn. PLEIN, REMPLI). ‖ *Être imbu de soi-même,* se croire supérieur aux autres.

imbuvable [ɛ̃byvabl] adj. **1.** Qu'on ne peut pas boire : *Cette eau croupie est imbuvable.* — **2.** *Fam.* Qui provoque le rejet : *Ce film est absolument imbuvable* (syn. INSUPPORTABLE). *Cet homme est tellement snob qu'il en est imbuvable* (syn. DÉTESTABLE, ↓ DÉPLAISANT).

imitateur, trice [imitatœr] n. Qui s'attache à imiter qqn, qqch, qui met son talent à imiter : *Des imitateurs sans talent* (syn. PLAGIAIRE; contr. NOVATEUR). *Cet artiste est un extraordinaire imitateur* (= celui dont la profession est d'imiter des personnalités, des bruits, etc.).

imitatif, ive [imitatif] adj. *Harmonie imitative,* qui suggère les bruits naturels que les mots doivent exprimer.

imitation [imitasjɔ̃] n. f. Action d'imiter; chose produite en imitant : *L'imitation d'une signature* (syn. REPRODUCTION). *Une imitation ridicule des attitudes d'un personnage officiel* (syn. CARICATURE). *Avoir le don d'imitation* (syn. PARODIE). *L'imitation servile d'un prédécesseur* (syn. COPIE). *Ce roman est une pâle imitation de ceux de Balzac* (syn. DÉMARQUAGE, PLAGIAT). *Un sac imitation cuir.*

imiter [imite] v. t. (lat. *imitari*). **1.** (sujet qqn, un animal) *Imiter qqn,* chercher à faire la même chose que lui, s'inspirer de sa conduite, de sa pensée, de sa manière d'écrire, etc.; le prendre pour modèle : *L'enfant imite sa mère. Élève qui imite le professeur* (syn. SINGER). *Le singe imitait les gestes du spectateur* (syn. REPRODUIRE). *Imiter la conduite d'une camarade plus âgée* (syn. ADOPTER). — **2.** (sujet qqn) *Imiter qqch,* le reproduire, le copier : *Imiter la signature de son père* (syn. COPIER). *Imiter un billet de banque* (syn. CONTREFAIRE). *Imiter le cri d'un animal* (syn. SIMULER). — **3.** (sujet qqch) *Imiter qqch,* produire le même effet : *Une pierre qui imite le rubis.*

immaculé, e [imakyle] adj. (du lat. *macula,* tache). Sans tache : *Une nappe d'une blancheur immaculée. Ciel immaculé* (= sans un nuage).

immanence [imanɑ̃s] n. f. État immanent.

immanent, e [imanɑ̃] adj. (du lat. *immanere,* résider dans). **1.** *Immanent à qqch,* contenu dans la nature même de qqch : *L'absurdité immanente à la société actuelle* (syn. INHÉRENT À). — **2.** *Justice immanente,* qui résulte du cours naturel des choses et qui se manifeste un jour ou l'autre.

immangeable [ɛ̃mɑ̃ʒabl] adj. Qui ne peut être mangé : *Ces lentilles sont immangeables* (syn. ↓ MAUVAIS).

immanquable [ɛ̃mɑ̃kabl] adj. Qui ne peut être manqué : *L'échec est immanquable si vous ne faites pas plus attention* (syn. OBLIGATOIRE). *Une méthode immanquable* (syn. INFAILLIBLE).

immanquablement [ɛ̃mɑ̃kabləmɑ̃] adv. De façon infaillible : *Un tel geste attire immanquablement l'attention sur vous* (syn. SÛREMENT, INÉVITABLEMENT).

immatériel, elle [imaterjɛl] adj. Sans consistance matérielle.

immatriculation [imatrikylasjɔ̃] n. f. Action d'immatriculer; fait d'être immatriculé : *Numéro d'immatriculation d'une voiture.*

immatriculer [imatrikyle] v. t. (du lat. *matrix, -icis,* registre). *Immatriculer qqn, un véhicule,* les inscrire sur un registre public : *Voiture immatriculée dans la Vienne. L'étudiante se fait immatriculer à la faculté.*

immature [imatyr] adj. Qui n'a pas atteint la maturité (intellectuelle, affective ou psychologique).

immaturité [imatyrite] n. f. État immature.

immédiat, e [imedja] adj. (bas lat. *immediatus,* de *medius,* au milieu). Qui précède ou suit sans qu'il y ait un intermédiaire ou un intervalle : *Nous habitons dans le voisinage immédiat de la gare du Nord* (= très près de). *La piqûre lui procura un soulagement immédiat* (syn. INSTANTANÉ). ◆ n. m. *Dans l'immédiat,* pour le moment.

immédiatement [imedjatmɑ̃] adv. À l'instant même : *Sortez immédiatement* (syn. TOUT DE SUITE, SUR-LE-CHAMP). *Elle est arrivée immédiatement après votre départ* (syn. AUSSITÔT).

immémorial, e, aux [imemɔrjal] adj. (du lat. *memoria,* mémoire). *De temps immémorial, aux temps immémoriaux,* qui remonte à la plus haute antiquité, très éloigné dans le passé. ‖ *Dans un temps immémorial,* depuis très longtemps. ‖ *Usage immémorial, coutume immémoriale,* si anciens qu'on n'en connaît pas l'origine. (→ MÉMOIRE.)

immense [imɑ̃s] adj. (lat. *immensus,* qui ne peut être mesuré) [après ou avant le n.] D'une très grande étendue, d'une grandeur, d'une importance, d'une valeur considérable : *La mer immense* (syn. VASTE). *Avoir une immense fortune* (syn. COLOSSAL, GIGANTESQUE). *Tu disposes d'un crédit immense auprès de tes amis* (contr. INFIME). *Son chagrin est immense* (syn. INFINI). *Avoir un immense succès* (syn. GROS, ÉNORME; contr. PETIT).

immensément [imɑ̃semɑ̃] adv. De façon immense : *Être immensément riche* (syn. EXTRÊMEMENT).

immensité [imɑ̃site] n. f. Très vaste étendue ou quantité : *L'immensité de la mer.*

immerger [imɛrʒe] v. t. (lat. *immergere*) [c. 2] *Immerger qqch,* le plonger entièrement dans un liquide, spécialement dans la mer : *Immerger des caissons de matières radio-actives dans la mer. Les rochers sont immergés à marée haute* (= recouverts d'eau). ◆ ***s'immerger*** v. pr. Plonger de manière à être recouvert d'eau : *Le sous-marin s'immerge rapidement* (contr. ÉMERGER).

immérité, e [imerite] adj. Qu'on n'a pas mérité : *Des reproches immérités* (syn. INJUSTE). [→ DÉMÉRITER.]

immersion [imɛrsjɔ̃] n. f. Action de plonger un corps dans un liquide, de s'immerger : *L'immersion d'un câble téléphonique.*

immettable [ɛ̃mɛtabl] adj. Qui ne peut être mis, qu'on ne peut plus porter : *Une veste immettable.*

1. immeuble [imœbl] adj. (lat. *immobilis,* immobile). *Bien immeuble* (ou *immeuble* n. m.), bien qui ne peut être déplacé (maison, terrain, etc.) [dr.].

2. immeuble [imœbl] n. m. Grand bâtiment urbain de plusieurs étages. (→ IMMOBILIER.)

immigrant, e [imigrɑ̃] n. Personne qui immigre : *Les services d'accueil pour les immigrants* (contr. ÉMIGRANT).

immigration [imigrasjɔ̃] n. f. Action d'immigrer; ensemble des immigrés : *L'immigration portugaise en France* (contr. ÉMIGRATION).

immigré, e [imigre] adj. et n. Qui a immigré : *En France, les travailleurs immigrés ont droit à la Sécurité sociale.*

immigrer [imigre] v. i. (lat. *immigrare*) [sujet qqn] Venir s'installer dans un pays étranger, d'une façon durable ou définitive : *Des Irlandais ont immigré aux États-Unis* (contr. ÉMIGRER).

imminence [iminɑ̃s] n. f. Caractère imminent : *L'imminence d'un départ* (syn. PROXIMITÉ).

imminent, e [iminɑ̃] adj. (du lat. *imminare,* menacer). Qui va avoir lieu dans très peu de temps : *Un danger imminent* (syn. ↑ IMMÉDIAT). *Le conflit est imminent* (syn. PROCHE, MENAÇANT; contr. LOINTAIN).

immiscer (s') [imise] v. pr. (lat. *immiscere*) [sujet qqn] *S'immiscer dans une affaire, une conversation, la vie de qqn,* etc., y intervenir de façon indiscrète (syn. S'INGÉRER, SE MÊLER DE).

immixtion [imiksjɔ̃] n. f. (bas lat. *immixtio*). Action de s'immiscer : *Condamner toute immixtion dans les affaires intérieures d'un pays étranger* (syn. INGÉRENCE, INTERVENTION).

immobile [imɔbil] adj. Qui reste sans bouger : *Elle était là, immobile devant la fenêtre.*

immobilier, ère [imɔbilje] adj. Relatif à un, des immeubles : *Vente immobilière* (= d'immeubles). *Société immobilière* (= qui s'occupe de la construction d'immeubles). ◆ ***immobilier*** n. m. Activité consistant dans la vente, l'achat, la location de logements, maisons, immeubles : *Travailler dans l'immobilier.*

immobilisation [imɔbilizasjɔ̃] n. f. Action d'immobiliser : *Attendre l'immobilisation complète du véhicule* (syn. ARRÊT).

immobiliser [imɔbilize] v. t. **1.** *Immobiliser qqn, une partie de son corps,* l'empêcher de se mouvoir : *Sa fracture l'a immobilisé un mois.* — **2.** *Immobiliser qqch, un véhicule,* arrêter son mouvement. — **3.** *Immobiliser qqn, un groupe,* les priver de tout moyen d'agir. — **4.** *Immobiliser de l'argent, des capitaux,* les rendre indisponibles. ◆ ***s'immobiliser*** v. pr. S'arrêter au milieu d'un mouvement et rester immobile, fixe : *En la voyant, il s'immobilisa de surprise* (syn. SE FIGER). [→ MOBILE.]

immobilisme [imɔbilism] n. m. Opposition systématique à toute nouveauté, à toute modification de l'état actuel.

immobiliste [imɔbilist] adj. et n. Qui relève de l'immobilisme : *Un gouvernement immobiliste.*

immobilité [imɔbilite] n. f. État immobile : *L'immobilité des eaux d'un lac.*

immodéré, e [imɔdere] adj. Qui dépasse la mesure : *Dépenses immodérées.*

immodérément [imɔderemɑ̃] adv. De façon immodérée : *Boire immodérément.*

immodeste [imɔdɛst] adj. Qui manque de modestie.

immoler [imɔle] v. t. (lat. *immolare*). **1.** *Immoler qqn, un animal,* les offrir en sacrifice. — **2.** Litt. *Immoler qqn, qqch à qqch,* les sacrifier en considération de certains motifs ou intérêts : *Immoler son amour à son devoir* (syn. RENONCER À). ◆ ***s'immoler*** v. pr. *Litt.* Sacrifier sa vie, ses intérêts.

immonde [imɔ̃d] adj. (lat. *immundus,* sale) [avant ou après le n.] **1.** *Litt.* D'une saleté extrême qui provoque le dégoût : *Habiter un immonde taudis* (syn. IGNOBLE). — **2.** D'une bassesse qui écœure : *Un crime immonde* (syn. RÉPUGNANT, ↓ DÉGOÛTANT).

immondices [imɔ̃dis] n. f. pl. (lat. *immunditiae*). Ordures ménagères; débris ou déchets de toute nature, issus de l'activité commerciale, industrielle, etc.

immoral, e, aux [imɔral] adj. **1.** Qui se conduit contrairement aux règles de la morale : *Une personne immorale, prête à toutes les trahisons* (syn. DÉPRAVÉ). — **2.** Contraire aux bonnes mœurs, à la justice : *Un roman immoral, qui décrit avec complaisance les pires dépravations* (syn. ↑ PORNOGRAPHIQUE, ↑ OBSCÈNE). *Cette inégalité est profondément immorale* (syn. HONTEUX).

immoralisme [imɔralism] n. m. Mépris de la morale établie.

immoralité [imɔralite] n. f. Caractère immoral; acte immoral : *Sans doute, son immoralité est-elle plus affectée que réelle* (syn. CYNISME). *L'immoralité d'une politique qui ne considère que l'efficacité.*

immortaliser [imɔrtalize] v. t. Rendre à jamais immortel : *Cette découverte a immortalisé son nom* (= l'a rendu célèbre pour toujours).

immortalité [imɔrtalite] n. f. État de celui ou de ce qui est immortel : *L'immortalité de l'âme.*

immortel, elle [imɔrtɛl] adj. Qui n'est pas sujet à la mort, qui n'est pas susceptible de disparaître dans la mémoire des hommes : *Héros immortel.* ◆ n. *Fam.* Académicien.

immortelle [imɔrtɛl] n. f. Nom donné à plusieurs plantes dont les fleurs persistent longtemps.

immotivé, e [imɔtive] adj. Sans motif : *Des craintes immotivées* (syn. INJUSTIFIÉ, INFONDÉ).

immuabilité [imɥabilite] n. f. Caractère de ce qui est immuable.

immuable [imɥabl] adj. (du lat. *mutare,* changer) [avant ou après le n.] Qui ne change pas : *L'horaire immuable des classes* (syn. CONSTANT). *Son immuable sourire* (syn. ÉTERNEL).

immuablement [imɥabləmɑ̃] adv. De façon immuable.

immunisation [imynizasjɔ̃] n. f. Action d'immuniser : *Faire un rappel de vaccin pour prolonger l'immunisation.*

immuniser [imynize] v. t. (du lat. *immunis,* exempt). 1. *Immuniser qqn, un animal (contre une maladie),* le rendre réfractaire à cette maladie (souvent pass.) : *Être immunisé contre la typhoïde.* — 2. *Immuniser qqn (contre qqch),* le mettre à l'abri d'un mal quelconque : *Cet échec m'a immunisé contre tout désir de recommencer* (syn. GARANTIR).

immunitaire [imynitɛr] adj. Relatif à l'immunité d'un organisme : *Stimuler les réactions immunitaires.*

immunité [imynite] n. f. 1. Droit de bénéficier de certains privilèges particuliers (jurid.) : *Les ambassadeurs possèdent l'immunité diplomatique* (= sont soustraits aux juridictions des pays où ils sont en fonctions). — 2. Propriété naturelle ou acquise, que possède un organisme d'être réfractaire à une maladie : *Le vaccin confère l'immunité.*

immunologie [imynɔlɔʒi] n. f. Partie de la médecine qui étudie les phénomènes d'immunité.

impact [ɛ̃pakt] n. m. (lat. *impactus,* de *impingere,* heurter). 1. Collision entre plusieurs corps. — 2. Influence sur le déroulement des événements : *L'impact des sondages sur les résultats des élections.* — 3. *Point d'impact,* endroit où un projectile touche l'objectif ou un obstacle.

1. impair, e [ɛ̃pɛr] adj. Contr. de PAIR.

2. impair [ɛ̃pɛr] n. m. (lat. *impar*). *Fam.* Maladresse choquante, faute de goût, de tact : *Commettre un impair* (syn. fam. BOURDE, GAFFE).

impalpable [ɛ̃palpabl] adj. Si ténu qu'il ne peut être palpé, perçu au toucher : *Une poussière impalpable* (syn. ↓ FIN).

imparable [ɛ̃parabl] adj. Qu'on ne peut parer : *Coup imparable.*

impardonnable [ɛ̃pardɔnabl] adj. Qu'on ne peut pas pardonner : *Vous êtes impardonnable d'avoir négligé cette précaution élémentaire* (= gravement coupable). *Étourderie impardonnable* (syn. INCONCEVABLE).

1. imparfait, e [ɛ̃parfɛ] adj. Contr. de PARFAIT (sens 1, surtout pour qqch) : *Réussite imparfaite. Sa prononciation de l'anglais reste très imparfaite.* (→ PERFECTION.)

2. imparfait [ɛ̃parfɛ] n. m. Temps passé du verbe qui indique la répétition, l'habitude, ou qui marque une action qui n'était pas achevée quand une autre a eu lieu.

imparfaitement [ɛ̃parfɛtmɑ̃] adv. De façon imparfaite : *Ouvrage imparfaitement rédigé.*

imparisyllabique [ɛ̃parisilabik] adj. et n. m. Se dit des mots latins qui ont au génitif singulier une syllabe de plus qu'au nominatif.

impartial, e, aux [ɛ̃parsjal] adj. Qui n'est pas partial, qui ne sacrifie pas la vérité à ses sentiments personnels : *Juge impartial* (syn. INTÈGRE). *Arbitrage impartial* (syn. ÉQUITABLE). *Historien impartial* (syn. OBJECTIF).

impartialement [ɛ̃parsjalmɑ̃] adv. De façon impartiale.

impartialité [ɛ̃parsjalite] n. f. Caractère impartial : *Je vous donnerai mon avis sur cette personne en toute impartialité.*

impartir [ɛ̃partir] v. t. (lat. *impartiri,* accorder) [seulement à l'inf. et aux temps composés] (sujet une autorité administrative) Accorder : *Un délai lui a été imparti pour payer ses impôts.*

impasse [ɛ̃pas] n. f. (de *in-,* priv., et *passer*). 1. Rue sans issue (syn. CUL-DE-SAC). — 2. Situation sans issue favorable : *Les négociations sont dans l'impasse.* — 3. *Impasse budgétaire,* fraction des dépenses de l'État qu'on espère couvrir non par des ressources budgétaires, mais par des ressources de trésorerie ou un recours à un emprunt. — 4. *Faire une impasse,* ne pas étudier une des matières du programme en espérant être interrogé sur d'autres.

impassibilité [ɛ̃pasibilite] n. f. Caractère impassible : *L'accusé garda son impassibilité pendant le verdict* (syn. FLEGME ; contr. TROUBLE).

impassible [ɛ̃pasibl] adj. (de *in-,* priv., et lat. *pati,* souffrir). Qui ne manifeste aucune émotion, aucun trouble, aucun sentiment : *Rester impassible devant le danger* (syn. FROID, ↓ CALME). *Le visage impassible* (syn. IMPÉNÉTRABLE).

impassiblement [ɛ̃pasibləmɑ̃] adv. Avec impassibilité.

impatiemment [ɛ̃pasjamɑ̃] adv. Avec impatience.

impatience [ɛ̃pasjɑ̃s] n. f. Manque de patience : *Donner des signes d'impatience. Trépigner, brûler d'impatience* (syn. HÂTE). *Attendre avec impatience* (syn. ↑ FIÈVRE). *Maîtriser son impatience* (syn. ÉNERVEMENT, ↑ IRRITATION).

impatient, e [ɛ̃pasjɑ̃] adj. Qui manque de patience : *Être extrêmement impatient de voir quelqu'un, d'agir. Un geste impatient* (contr. PATIENT).

impatienter [ɛ̃pasjɑ̃te] v. t. *Impatienter qqn,* lui faire perdre patience (souvent pass.) : *Sa lenteur m'impatiente.* ◆ ***s'impatienter*** v. pr. Perdre patience : *Ne vous impatientez pas ; elle va revenir.*

impavide [ɛ̃pavid] adj. (lat. *pavidus,* peureux). Qui n'éprouve ou ne trahit aucune peur (soutenu) [syn. INÉBRANLABLE].

impayable [ɛ̃pɛjabl] adj. *Fam.* Qui fait beaucoup rire ; d'une bizarrerie incroyable : *Elle est impayable quand elle raconte ses histoires de cœur* (syn. COCASSE, DRÔLE, ↓ AMUSANT).

impayé, e [ɛ̃pɛje] adj. Qui n'est pas payé : *La facture est restée impayée.*

impeccable [ɛ̃pɛkabl] adj. (du lat. *peccare,* pécher). Sans défaut : *Cet avion a une pureté de ligne impeccable* (syn. PARFAIT). *Une tenue impeccable* (syn. ↓ PROPRE). *Une conduite impeccable* (syn. IRRÉPROCHABLE).

impeccablement [ɛ̃pɛkabləmɑ̃] adv. De façon impeccable.

impécunieux, euse [ɛ̃pekynjø] adj. (du lat. *pecunia,* argent). *Litt.* Qui manque d'argent.

impénétrable [ɛ̃penetrabl] adj. Qu'on ne peut pénétrer, traverser : *Cuirasse impénétrable aux balles. Secret impénétrable. Desseins impénétrables. Cette femme est restée impénétrable.*

impénitent, e [ɛ̃penitɑ̃] adj. et n. 1. *Pécheur impénitent,* qui ne se repent pas. — 2. Qui ne renonce pas à une habitude : *Un fumeur impénitent* (syn. INVÉTÉRÉ).

impensable [ɛ̃pɑ̃sabl] adj. Qu'il est impossible d'imaginer ; extraordinaire : *Il est impensable qu'elle ait oublié notre rendez-vous.*

imper [ɛ̃pɛr] n. m. → IMPERMÉABLE 2.

1. impératif, ive [ɛ̃peratif] adj. (du lat. *imperare,* commander). 1. Qui exprime un ordre absolu : *Le caractère impératif de la loi.* — 2. Qui a le caractère du commandement : *Parler d'un ton impératif* (syn. AUTORITAIRE). — 3. Qui s'impose comme une nécessité absolue : *Les besoins impératifs de l'économie.*

2. impératif [ɛ̃peratif] n. m. 1. Nécessité absolue : *Les impératifs de la défense nationale.* — 2. Mode utilisé pour traduire un ordre, un appel, et qui est suppléé en français aux 1re et 3e personnes par le subjonctif.

impérativement [ɛ̃perativmɑ̃] adv. De façon impérative.

impératrice [ɛ̃peratris] n. f. (lat. *imperatrix*). **1.** Femme d'un empereur. — **2.** Fém. d'EMPEREUR.

imperceptible [ɛ̃pɛrsɛptibl] adj. Qui échappe à la vue, qui est trop petit pour retenir l'attention : *Un déplacement imperceptible suffit à compromettre l'équilibre* (syn. MINIME, INFIME). *Les changements phonétiques sont imperceptibles, mais continus* (syn. INSENSIBLE).

imperceptiblement [ɛ̃pɛrsɛptibləmɑ̃] adv. De façon imperceptible : *Une plante qui pousse sans cesse imperceptiblement* (syn. INSENSIBLEMENT).

imperdable [ɛ̃pɛrdabl] adj. Qui ne peut être perdu : *Avec le jeu que vous avez, la partie est imperdable.*

imperfection [ɛ̃pɛrfɛksjɔ̃] n. f. Détail imparfait de qqch : *La qualité médiocre de l'émission était due à l'imperfection des moyens techniques. On remarque quelques imperfections dans le cristal de ce vase* (syn. ↑ DÉFAUT).

impérial, e, aux [ɛ̃perjal] adj. (du lat. *imperium*, empire). **1.** Qui appartient à un empereur, à un empire ; qui caractérise cette autorité : *Le pouvoir impérial.* — **2.** Dont les manières, le ton, l'attitude ont un caractère souverain, dominateur : *Une allure impériale.*

impériale [ɛ̃perjal] n. f. Étage d'un autobus ou d'un autocar, d'un train.

impérialisme [ɛ̃perjalism] n. m. (angl. *imperialism*). Politique d'expansion et de domination manifestée par une nation au détriment de peuples divers, qu'elle cherche à placer dans une subordination économique et politique.

impérialiste [ɛ̃perjalist] adj. et n. Qui relève de l'impérialisme : *Les doctrines impérialistes.*

impérieusement [ɛ̃perjøzmɑ̃] adv. De façon impérieuse.

impérieux, euse [ɛ̃perjø] adj. (lat. *imperiosus*, de *imperium*, empire). **1.** Qui commande de façon absolue, sans qu'il soit possible de répliquer ou de résister : *Chef impérieux* (syn. AUTORITAIRE, DICTATORIAL). *Ton impérieux.* — **2.** Qui oblige à céder, qui s'impose sans qu'on puisse résister : *Nécessité impérieuse* (syn. PRESSANT).

impérissable [ɛ̃perisabl] adj. Qui ne saurait périr, disparaître : *Laisser après soi une gloire impérissable* (syn. ÉTERNEL, IMMORTEL). *Cette œuvre est un monument impérissable* (syn. DURABLE).

impéritie [ɛ̃perisi] n. f. (lat. *imperitia*, de *peritus*, expérimenté). *Litt.* Manque de capacité dans la profession ou la fonction qu'on exerce : *La criminelle impéritie qui a présidé à l'organisation des secours* (syn. INCAPACITÉ).

imperméabilisation [ɛ̃pɛrmeabilizasjɔ̃] n. f. Action d'imperméabiliser ; fait d'être imperméabilisé.

imperméabiliser [ɛ̃pɛrmeabilize] v. t. *Imperméabiliser un tissu*, le rendre imperméable à l'eau, à la pluie : *Imperméabiliser de la toile d'emballage.*

imperméabilité [ɛ̃pɛrmeabilite] n. f. État imperméable : *L'imperméabilité du sol.*

1. imperméable [ɛ̃pɛrmeabl] adj. **1.** Qui ne se laisse pas traverser par un liquide : *Un tissu, une étoffe imperméable. Le terrain argileux est imperméable. Un joint imperméable* (syn. ÉTANCHE). — **2.** Qui ne se laisse pas toucher : *Être imperméable à tout conseil* (syn. INACCESSIBLE). *Elle reste imperméable à toute flatterie* (syn. INSENSIBLE).

2. imperméable [ɛ̃pɛrmeabl] ou, fam., **imper** [ɛ̃pɛr] n. m. Vêtement qui a été apprêté de manière à ne pas laisser passer l'eau.

impersonnel, elle [ɛ̃pɛrsɔnɛl] adj. **1.** Qui manque de personnalité, d'originalité : *Un style impersonnel* (syn. BANAL, PLAT). — **2.** *Construction impersonnelle*, où le sujet apparent du verbe est le pronom neutre *il* et où le sujet réel se place après le verbe (ex. : *il manque deux livres* [= deux livres manquent]). ‖ *Mode impersonnel*, qui n'exprime pas la personne grammaticale : *En français, l'infinitif et le participe sont les deux modes impersonnels.* ‖ *Verbe impersonnel*, qui ne se conjugue qu'à la troisième personne du singulier et ne représente aucun nom (ex. : *il pleut, il gèle, il faut*, etc.).

impersonnellement [ɛ̃pɛrsɔnɛlmɑ̃] adv. De façon impersonnelle : *Un verbe employé impersonnellement.*

impertinence [ɛ̃pɛrtinɑ̃s] n. f. Caractère impertinent ; parole, action impertinente : *Toiser quelqu'un avec impertinence. Répliquer par une impertinence* (syn. INSOLENCE).

impertinent, e [ɛ̃pɛrtinɑ̃] adj. et n. (bas lat. *impertinens*, qui ne convient pas). Qui parle, agit d'une façon offensante, qui manque de respect : *Une réponse impertinente* (syn. INSOLENT). *Vous n'êtes qu'un impertinent.*

imperturbabilité [ɛ̃pɛrtyrbabilite] n. f. Caractère imperturbable : *Rien ne m'énerve plus que son imperturbabilité* (syn. IMPASSIBILITÉ, FLEGME, PLACIDITÉ, ↓ CALME).

imperturbable [ɛ̃pɛrtyrbabl] adj. Se dit de qqn (de son attitude) que rien ne trouble : *Garder un sérieux imperturbable.*

imperturbablement [ɛ̃pɛrtyrbabləmɑ̃] adv. De façon imperturbable.

impétigo [ɛ̃petigo] n. m. (mot lat., de *impetere*, attaquer). Affection contagieuse de la peau, caractérisée par l'éruption de pustules qui, en se desséchant, forment des croûtes épaisses.

impétrant, e [ɛ̃petrɑ̃] n. (du lat. *impetrare*, obtenir). Personne qui obtient un titre, un diplôme, une charge, etc. (admin.).

impétueusement [ɛ̃petɥøzmɑ̃] adv. De façon impétueuse : *Se jeter impétueusement au-devant du danger.*

impétueux, euse [ɛ̃petɥø] adj. (du lat. *impetus*, impulsion). **1.** *Litt.* Violent et rapide : *Le mouvement impétueux des eaux du torrent* (syn. FURIEUX). *Le rythme impétueux de l'orchestre* (syn. ENDIABLÉ, DÉCHAÎNÉ). — **2.** Qui met de la fougue, de la violence dans la manière de se conduire : *Un caractère impétueux* (syn. EMPORTÉ, VIF, ARDENT, BOUILLANT ; contr. MOU). *La jeunesse impétueuse et impatiente* (syn. PÉTULANT ; contr. NONCHALANT). *Une ardeur impétueuse* (syn. VÉHÉMENT).

impétuosité [ɛ̃petɥozite] n. f. Caractère impétueux : *Maîtriser l'impétuosité de sa colère* (syn. ARDEUR, FOUGUE, VIOLENCE, VIVACITÉ, ↑ FURIE).

impie [ɛ̃pi] adj. et n. *Litt.* Qui marque du mépris à l'égard des croyances religieuses : *Un livre impie* (syn. ↑ SACRILÈGE). [→ PIEUX.]

impiété [ɛ̃pjete] n. f. *Litt.* Mépris pour les croyances religieuses.

impitoyable [ɛ̃pitwajabl] adj. Qui n'a, ne manifeste aucune pitié : *Jugement impitoyable* (= très dur ; syn. IMPLACABLE).

impitoyablement [ɛ̃pitwajabləmɑ̃] adv. De façon impitoyable.

implacable [ɛ̃plakabl] adj. (du lat. *placare*, apaiser) [avant ou après le n.] **1.** Dont on ne peut apaiser la violence, adoucir la dureté, l'inhumanité : *Un juge implacable* (syn. IMPITOYABLE). *Une haine implacable* (syn. ACHARNÉ). *La répression fut implacable* (syn. ↓ SÉVÈRE, ↓ DUR). *Une logique implacable* (syn. RIGOUREUX, INTRAITABLE). — **2.** Dont il est impossible de changer l'évolution malheureuse : *Un sort implacable pèse sur cette famille.*

implacablement [ɛ̃plakabləmɑ̃] adv. De façon implacable.

implant [ɛ̃plɑ̃] n. m. Pastille contenant un médicament, que l'on place dans le tissu cellulaire souscutané où elle se résorbe lentement.

implantation [ɛ̃plɑ̃tasjɔ̃] n. f. **1.** Action d'implanter : *L'implantation de nouvelles industries* (syn. INSTALLATION, ÉTABLISSEMENT). — **2.** Manière dont les cheveux sont plantés dans le cuir chevelu.

implanter [ɛ̃plɑ̃te] v. t. (lat. *implantare,* placer). **1.** Installer dans une région une industrie, un organisme, de la main-d'œuvre, etc. : *Implanter à Dunkerque des entreprises sidérurgiques.* — **2.** Introduire dans l'esprit de façon durable (souvent pass.) : *Des préjugés solidement implantés* (syn. ENRACINER, ANCRER). ◆ ***s'implanter*** v. pr. (sujet qqn, qqch) S'introduire, s'établir : *Des émigrants se sont implantés dans le Sud. Un parti qui n'a pas réussi à s'implanter dans une région.*

implication [ɛ̃plikasjɔ̃] n. f. Ce qui est impliqué; action d'impliquer : *Avez-vous prévu toutes les implications de cet accord?* (syn. CONSÉQUENCE).

implicite [ɛ̃plisit] adj. (lat. *implicitus*). Contenu virtuellement dans qqch sans être formulé, qui est la conséquence nécessaire de qqch : *La remise à neuf de l'appartement est la condition implicite que nous mettons à son achat* (contr. EXPLICITE). *Une volonté implicite* (= qui se manifeste par la conduite, non par des affirmations).

implicitement [ɛ̃plisitmɑ̃] adv. De manière implicite : *Son silence constitue implicitement une acceptation.*

impliquer [ɛ̃plike] v. t. (lat. *implicare,* envelopper). **1.** *Impliquer qqn dans qqch,* le compromettre dans une affaire fâcheuse, le mettre en cause dans une accusation (souvent pass.) : *Il a été impliqué dans une affaire de fraude* (syn. MÊLER). — **2.** *Impliquer qqch, que* (+ *subj.* ou *ind.*), avoir pour conséquence nécessaire, logique, inéluctable : *La collaboration implique qu'on se fasse confiance* (syn. SUPPOSER). *L'existence d'états sociaux différents n'implique pas nécessairement la guerre* (syn. ENTRAÎNER). *Ces propos impliquent un refus de sa part* (syn. VOULOIR DIRE, SIGNIFIER; contr. EXCLURE).

implorant, e [ɛ̃plɔrɑ̃] adj. Qui implore : *Une voix implorante* (syn. SUPPLIANT).

implorer [ɛ̃plɔre] v. t. (lat. *implorare,* invoquer avec des larmes). **1.** *Implorer qqn,* le supplier avec insistance en cherchant à émouvoir sa pitié (soutenu) : *Implorer Dieu. Implorer ses juges.* — **2.** *Implorer qqch,* le demander en suppliant, d'une manière pressante (soutenu) : *Implorer le pardon* (syn. ↓ RÉCLAMER).

imploser [ɛ̃ploze] v. i. Faire implosion.

implosion [ɛ̃plozjɔ̃] n. f. (du lat. *in,* dans, et [ex]*plosion*). Irruption d'un fluide à l'intérieur d'une enceinte où la pression est beaucoup plus faible qu'à l'extérieur, et qui, de ce fait, est détruite : *L'implosion d'un téléviseur.*

impoli, e [ɛ̃pɔli] adj. Qui n'est pas poli : *Demande impolie* (syn. DISCOURTOIS). *Visiteur impoli.*

impoliment [ɛ̃pɔlimɑ̃] adv. De façon impolie.

impolitesse [ɛ̃pɔlitɛs] n. f. Caractère impoli; parole, action impolie : *Répondre avec impolitesse* (syn. ↑ GROSSIÈRETÉ). *C'est une impolitesse que de ne pas l'avoir remercié.*

impondérable [ɛ̃pɔ̃derabl] n. m. (du lat. *ponderare,* peser). Facteur, événement qui ne peuvent être ni prévus ni calculés, parce que dus au hasard : *La politique est souvent faite d'impondérables, de circonstances imprévues comme la vie elle-même.*

impopulaire [ɛ̃pɔpylɛr] adj. Qui n'est pas populaire : *Mesures impopulaires. Gouvernement impopulaire.*

impopularité [ɛ̃pɔpylarite] n. f. Caractère impopulaire.

importable [ɛ̃pɔrtabl] adj. Qu'on peut importer.

importance [ɛ̃pɔrtɑ̃s] n. f. **1.** Caractère de ce qui est important : *Accorder de l'importance aux problèmes scolaires. Le problème est d'une importance capitale, de première importance* (syn. PORTÉE). *Une communication de la plus haute importance* (syn. INTÉRÊT). *C'est de peu d'importance* (syn. GRAVITÉ). *C'est sans importance* (syn. CONSÉQUENCE). *Il n'a pas plus d'importance qu'un modeste employé* (syn. CRÉDIT, INFLUENCE). — **2.** *D'importance,* considérable : *L'affaire est d'importance;* fortement (soutenu) : *Rosser quelqu'un d'importance.* ‖ *Se donner de l'importance,* faire l'important.

important, e [ɛ̃pɔrtɑ̃] adj. (it. *importante*) [avant ou après le n.] **1.** Qui est considérable en valeur, en nombre, en quantité, en conséquence : *Une affaire importante* (syn. GRAVE, SÉRIEUX, ↓ CAPITAL). *L'important retard de l'économie* (syn. GROS). *Un important héritage* (syn. CONSIDÉRABLE). *Le fait le plus important des dernières vingt-quatre heures* (syn. MARQUANT). *Le point important* (syn. ESSENTIEL). *Rendre d'importants services à la nation* (syn. ↓ APPRÉCIABLE). *Rien d'important aujourd'hui* (syn. NOTABLE). — **2.** *Important à* (+ *inf.*), utile, nécessaire : *C'est important à savoir, à faire.* — **3.** Dont l'influence morale, sociale, intellectuelle est grande, dont la position sociale est élevée : *Un personnage important* (syn. INFLUENT, HAUT PLACÉ). ◆ adj. et n. *Péjor.* Qui veut paraître plus considérable qu'il n'est : *Prendre des airs importants. Faire l'important.* ◆ n. m. *L'important est de* (+ *inf.*), *que* (+ *subj.*), l'essentiel, le principal est : *L'important est qu'ils soient tous deux heureux.* ‖ *Le plus important,* le principal : *Parer au plus important* (syn. URGENT, PRESSÉ).

importateur, trice [ɛ̃pɔrtatœr] adj. et n. Qui importe : *Les pays importateurs de blé. La France est un gros importateur de cacao.*

importation [ɛ̃pɔrtasjɔ̃] n. f. Action d'importer; chose importée : *Les importations se sont accrues considérablement* (contr. EXPORTATION).

1. importer [ɛ̃pɔrte] v. t. (lat. *importare,* porter dans). **1.** *Importer des marchandises,* les faire entrer dans un pays, en provenance d'un autre pays (contr. EXPORTER). — **2.** *Importer une manière de penser, une mode,* etc., introduire dans un pays des façons de penser, de se conduire, etc., appartenant à un autre pays : *Ces danses modernes sont importées d'Amérique.*

2. importer [ɛ̃pɔrte] v. t. ind. et i. (it. *importare,* être d'importance). **1.** (sujet qqch, ou impers.) *Importer (à qqn),* avoir de l'importance ou de l'intérêt pour lui : *Vos histoires m'importent peu* (syn. INTÉRESSER). *Ce qui importe avant tout, c'est de conserver la santé* (syn. COMPTER). *Il importe de lui faire parvenir le chèque dans les plus brefs délais* (syn. ÊTRE NÉCESSAIRE). — **2.** *N'importe,* indique l'indifférence : *« Quelle cravate mets-tu? — Oh! n'importe »* (= cela m'est égal); l'opposition, la concession : *Son roman est discuté; n'importe, il a eu du succès.* ‖ *N'importe où, n'importe comment, n'importe quand,* indiquent un lieu, une manière, un moment indéfinis : *Je partirai n'importe où, mais je m'en irai. Travailler n'importe comment* (= sans méthode). *Venez n'importe quand, je suis chez moi.* ‖ *N'importe qui, n'importe quoi, n'importe lequel, n'importe quel,* indiquent qqn ou qqch d'indéfini : *N'importe qui pourrait le faire. Ce n'est pas n'importe qui* (= c'est un personnage important). *N'importe quoi plutôt que de manger encore ces endives. Acheter à* *n'importe quel prix.* || *Qu'importe!, peu importe!,* indiquent le dédain, le mépris : *Qu'importe son avis! Peu importent les difficultés!* ou (le v. restant au sing.) : *Peu importe ses objections. Qu'importe que vous soyez ou non content! Prenez l'autobus ou le métro, peu importe* (= cela est indifférent).

import-export [ɛ̃pɔrɛkspɔr] n. m. Importation et exportation de produits commerciaux.

importun, e [ɛ̃pɔrtœ̃] adj. et n. (lat. *importunus,* difficile à aborder). *Litt.* Qui ennuie ou gêne en intervenant mal à propos : *Des visiteurs importuns* (syn. FÂCHEUX). *Se rendre importun par des questions continuelles* (syn. ↑ INSUPPORTABLE). *Je crains d'être importun en restant plus longtemps* (syn. INDISCRET). *Se débarrasser d'un importun.* ◆ adj. *Litt.* Se dit de qqch qui cause du tracas, de l'incommodité, par sa fréquence, sa répétition, son arrivée hors de propos : *Des plaintes importunes en la circonstance* (syn. INOPPORTUN, INTEMPESTIF). *Une visite importune* (syn. GÊNANT).

importuner [ɛ̃pɔrtyne] v. t. (sujet qqn, qqch) *Importuner qqn,* lui causer du désagrément, de l'ennui, par une conduite intempestive ou par la répétition : *Vous importunez votre voisine par votre bavardage* (syn. GÊNER, ENNUYER, DÉRANGER, ↑ EXASPÉRER; fam. ASSOMMER). *Être importuné par le bruit de la rue* (syn. ↓ INCOMMODER).

importunité [ɛ̃pɔrtynite] n. f. Caractère de ce qui est importun : *L'importunité d'une démarche* (syn. INDISCRÉTION). *Poursuivre une femme de ses importunités* (= assiduités importunes).

imposable [ɛ̃pozabl] adj. Qu'on peut imposer : *La part du revenu imposable* (= qui doit être soumise à l'impôt). *Les personnes imposables* (= qui peuvent être assujetties à l'impôt).

imposant, e [ɛ̃pozɑ̃] adj. **1.** Qui impressionne par la grandeur, le nombre, la force : *Une taille imposante. Une foule imposante* (syn. ÉNORME, CONSIDÉRABLE). *La mise en scène imposante de ce film* (syn. GRANDIOSE). — **2.** Se dit ironiq. de qqn de corpulent : *Imposante paysanne.*

imposé, e [ɛ̃poze] adj. *Figures, mouvements imposés,* qui doivent obligatoirement être exécutés par tous, dans les concours de gymnastique ou de patinage (contr. LIBRE). || *Prix imposé,* qui doit être strictement appliqué.

imposer [ɛ̃poze] v. t. (lat. *imponere,* poser sur). **1.** (sujet qqch, qqn) *Imposer qqch à qqn,* l'obliger à l'accepter, à le faire, à le subir : *La situation nous impose des décisions rapides* (syn. COMMANDER). *Ses parents lui imposèrent une punition sévère* (syn. INFLIGER). *L'institutrice imposa silence à la classe* (= fit taire). *Imposer des règles de stationnement rigoureuses* (syn. FIXER). *Je ne vous impose pas de terminer ce travail avant ce soir* (syn. CONTRAINDRE, FORCER À, EXIGER DE). *Imposer ses idées à son entourage.* — **2.** *Imposer le respect,* provoquer, inspirer des sentiments de respect. — **3.** *En imposer (à),* commander le respect, la crainte, l'admiration : *Son intelligence en impose* (syn. IMPRESSIONNER). || *S'en laisser imposer,* se laisser tromper par des apparences faussement remarquables. — **4.** *Imposer qqn, une société,* etc., les charger, les frapper d'un impôt : *Imposer les contribuables.* — **5.** *Imposer un produit, une marchandise, un revenu,* etc., y faire porter un impôt, les taxer : *Imposer les boissons alcoolisées.* — **6.** *Imposer les mains sur la tête de qqn,* les lui poser sur la tête pour le bénir, lui conférer certains sacrements (relig.). ◆ ***s'imposer*** v. pr. **1.** (sujet qqch) Devenir une obligation pressante : *La plus grande prudence s'impose.* — **2.** (sujet qqn) *S'imposer qqch,* s'en faire une obligation, une règle : *Il s'impose de ne plus fumer à table.* — **3.** Se faire reconnaître, admettre par sa valeur; se faire accepter par une contrainte morale : *Elle s'impose comme la meilleure joueuse de tennis actuelle. Il a réussi à s'imposer dans cette famille* (péjor.; = y faire la loi).

imposition [ɛ̃pozisjɔ̃] n. f. **1.** Action d'imposer; ce qui est imposé, impôt : *Le gouvernement réexamine les conditions générales de l'imposition.* — **2.** Action de poser les mains sur qqch : *L'imposition des mains.*

impossibilité [ɛ̃pɔsibilite] n. f. Caractère de ce qui est impossible; chose impossible : *Je suis dans l'impossibilité de vous recevoir cette semaine* (= il m'est impossible de).

impossible [ɛ̃pɔsibl] adj. **1.** Contr. de POSSIBLE : *Entreprise, projet impossible. C'est impossible! Il m'est impossible de vous répondre maintenant.* — **2.** Se dit de qqn avec qui on ne peut pas vivre, qu'on ne peut supporter : *Ce garçon est vraiment impossible* (syn. INSUPPORTABLE). ◆ n. m. Chose impossible : *Ne me demande pas l'impossible.* || *Faire l'impossible,* recourir à tous les moyens pour : *Les médecins ont fait l'impossible pour le sauver.*

imposteur [ɛ̃pɔstœr] n. m. Qui trompe sous de fausses apparences : *Démasquer un imposteur.*

imposture [ɛ̃pɔstyr] n. f. (bas lat. *impostura,* de *imponere,* tromper). Action de tromper par de fausses apparences, en partic. tromperie de celui qui cherche à se faire passer pour ce qu'il n'est pas : *Renommée qui repose sur une imposture* (syn. MYSTIFICATION). *Cette affirmation n'est qu'une imposture* (syn. MENSONGE).

impôt [ɛ̃po] n. m. Contribution, taxe levée sur des revenus, des transactions, des produits, etc., pour assurer le fonctionnement du budget de l'État ou des collectivités locales : *L'impôt foncier* (= sur la propriété foncière). *L'impôt sur le revenu est un impôt direct. L'impôt sur les apéritifs est un impôt indirect. Augmenter les impôts* (syn. CONTRIBUTION, TAXE). *Faire sa déclaration d'impôts.*

impotent, e [ɛ̃pɔtɑ̃] adj. et n. (lat. *impotens,* impuissant). Qui ne peut se mouvoir, qui a une extrême difficulté à marcher, à remuer les membres : *Un vieillard impotent* (syn. INFIRME). *Les rhumatismes l'ont rendu impotent* (syn. soutenu PERCLUS); se dit aussi d'un membre : *Elle a le bras droit impotent* (syn. PARALYSÉ).

impraticable [ɛ̃pratikabl] adj. **1.** Se dit d'un chemin, d'une voie où on ne peut pas passer, où on passe très difficilement : *Les routes ont été rendues impraticables par le verglas. Sentier impraticable.* — **2.** Qu'on ne peut mettre à exécution : *Projet impraticable* (syn. IRRÉALISABLE). *La méthode envisagée est impraticable* (syn. INAPPLICABLE).

imprécation [ɛ̃prekasjɔ̃] n. f. (du lat. *imprecari,* prier). *Litt.* Malédiction proférée contre qqn, souhait de malheur : *Se répandre en imprécations* (syn. JURON). *Les imprécations des personnages tragiques* (syn. litt. ANATHÈME).

imprécis, e [ɛ̃presi] adj. Qui manque de précision : *Évaluation très imprécise* (syn. APPROXIMATIF). *Avoir des notions imprécises sur une question* (syn. VAGUE).

imprécision [ɛ̃presizjɔ̃] n. f. Manque de précision; chose imprécise : *Un projet qui reste d'une grande imprécision. Il y a plusieurs imprécisions dans ce compte-rendu* (= plusieurs points imprécis).

imprégnation [ɛ̃preɲasjɔ̃] n. f. Action d'imprégner; fait d'être imprégné.

imprégner [ɛ̃preɲe] v. t. (bas lat. *impraegnare,* féconder) [c. **10**]. **1.** (sujet un liquide, une odeur) *Imprégner qqch,* le pénétrer (souvent pass.) : *Tampon imprégné d'alcool* (syn. IMBIBER, HUMECTER). *Mouchoir imprégné de lavande.* — **2.** *Imprégner qqn,* le pénétrer de façon profonde, décisive (souvent pass.) : *Elle était tout imprégnée de son souvenir* (syn. ENVAHIR). *Son enfance fut imprégnée par l'atmosphère de la maison* (syn.

MARQUER). ◆ ***s'imprégner*** v. pr. Se pénétrer profondément : *Les prairies se sont imprégnées d'humidité. S'imprégner d'une langue étrangère en séjournant dans le pays* (syn. APPRENDRE, ASSIMILER).

imprenable [ɛ̃prənabl] adj. Qui ne peut être pris : *Cette maison a une vue imprenable* (= aucune construction ne pourra cacher la vue qu'elle offre).

impréparation [ɛ̃preparasjɔ̃] n. f. Absence ou insuffisance de préparation.

imprésario ou **impresario** [ɛ̃presarjo] n. m. (mot it., de *impresa,* entreprise) [pl. *imprésarios* ou *impresarii*]. Celui qui s'occupe des engagements d'un artiste (chanteur, artiste de music-hall, vedette de cinéma, etc.), qui organise des spectacles moyennant un pourcentage sur les contrats ou les bénéfices.

imprescriptible [ɛ̃prɛskriptibl] adj. Qui n'est pas susceptible de prescription : *Les droits imprescriptibles et sacrés* (= dont on ne peut être privé).

impression [ɛ̃prɛsjɔ̃] n. f. (lat. *impressio,* application). — **I. 1.** Effet produit dans l'esprit de qqn par un phénomène quelconque; réaction morale, sentimentale devant qqch, qqn : *Produire une vive impression* (= émouvoir). *Elle m'a fait une bonne, une mauvaise impression. Cela m'a laissé une impression de tristesse* (syn. SENTIMENT). *Ressentir une impression de calme* (syn. SENSATION). *Quelle est votre impression sur lui?* (= que pensez-vous de lui?). *Raconter ses impressions de voyage.* — **2.** *Avoir l'impression de* (+ *inf.*), *que* (+ *ind.*), *de* (+ *n.*), avoir le sentiment vrai ou faux de, que : *Il a l'impression qu'on se moque de lui. On a l'impression d'un dialogue de sourds.* ‖ *Donner l'impression de* (+ *inf.*), inspirer la croyance, le sentiment vrai ou faux de : *Elle donne l'impression d'être très occupée en ce moment.* ‖ *Faire impression (sur qqn),* susciter son intérêt, provoquer son admiration, son étonnement : *Sa déclaration a fait grande impression.* — **3.** Action de marquer, de faire une empreinte : *L'impression des pas sur la neige* (syn. MARQUE).
— **II.** Action d'imprimer; ce qui est imprimé : *Le livre est à l'impression* (= on est en train de l'imprimer). *Les fautes d'impression.*

impressionnable [ɛ̃prɛsjɔnabl] adj. Qui est facile à impressionner : *Cet enfant est très impressionnable* (syn. ÉMOTIF, SENSIBLE).

impressionnant, e [ɛ̃prɛsjɔnɑ̃] adj. Qui agit vivement sur la sensibilité, par sa grandeur, son importance, etc. : *Déployer des forces militaires impressionnantes* (syn. IMPOSANT). *Une démonstration impressionnante* (syn. CONVAINCANT). *Le spectacle impressionnant de la mer déchaînée* (syn. GRANDIOSE, EFFRAYANT).

impressionner [ɛ̃prɛsjɔne] v. t. **1.** *Impressionner qqn,* produire une vive impression sur lui : *La nouvelle nous a beaucoup impressionnés* (syn. AFFECTER, FRAPPER). *Je suis impressionné par la force de ses arguments* (syn. ÉBRANLER). *Elle s'est laissé impressionner par son discours* (syn. INFLUENCER). *Vos menaces ne m'impressionnent pas* (syn. TOUCHER, INTIMIDER). — **2.** *Impressionner une pellicule photographique,* y laisser une image.

impressionnisme [ɛ̃prɛsjɔnism] n. m. Forme d'art (surtout peinture) qui consiste à traduire l'impression ressentie et non à représenter objectivement la réalité.

impressionniste [ɛ̃prɛsjɔnist] adj. et n. Qui relève de l'impressionnisme : *Monet, Renoir, Degas, Seurat sont des peintres impressionnistes.*

imprévisible [ɛ̃previzibl] adj. Qu'on ne peut prévoir.

imprévoyance [ɛ̃prevwajɑ̃s] n. f. Manque de prévoyance : *Faire preuve d'imprévoyance.*

imprévoyant, e [ɛ̃prevwajɑ̃] adj. Qui manque de prévoyance : *Jeune homme imprévoyant.*

imprévu, e [ɛ̃prevy] adj. Qui arrive sans avoir été prévu : *Incident imprévu* (syn. INATTENDU, INOPINÉ). ◆ ***imprévu*** n. m. Événement qui arrive à l'improviste : *Une précaution contre l'imprévu.*

imprimante [ɛ̃primɑ̃t] n. f. Machine permettant de sortir sur papier les résultats d'un ordinateur.

imprimé [ɛ̃prime] n. m. **1.** Livre, brochure, formule administrative : *Des imprimés distribués pour les déclarations d'impôts.* — **2.** Motif imprimé sur un tissu; ce tissu : *Un imprimé à fleurs.*

imprimer [ɛ̃prime] v. t. (lat. *imprimere,* presser sur). — **I. 1.** *Imprimer un mouvement, une pression,* etc., *à qqch,* les lui communiquer, les lui transmettre : *Imprimer un mouvement de rotation à un mécanisme. Modifier la direction jusqu'ici imprimée à une politique.* — **2.** *Imprimer une empreinte, une marque,* etc., *dans, sur qqch,* l'y faire, l'y laisser par pression : *Imprimer la marque de ses doigts sur une vitre.*
— **II. 1.** *Imprimer un papier, un tissu, imprimer un dessin, un texte,* reporter sur du papier, du tissu, etc., un texte, un dessin, par pression d'une surface portant des caractères, des clichés enduits d'encre, selon les techniques de l'imprimerie : *Imprimer un ouvrage en tel ou tel caractère. Remplir une formule imprimée pour sa déclaration d'impôts. Une étoffe imprimée.* — **2.** *Imprimer un auteur, les paroles de qqn,* publier son ouvrage, ses paroles : *Le journal peut tout imprimer* (syn. EXPRIMER).

imprimerie [ɛ̃primri] n. f. Technique de reproduction de textes, de dessins, etc.; établissement industriel où on imprime : *Envoyer un manuscrit à l'imprimerie.*

imprimeur [ɛ̃primœr] n. m. Propriétaire, directeur d'une imprimerie; professionnel de l'imprimerie.

improbabilité [ɛ̃probabilite] n. f. Caractère improbable : *L'improbabilité d'un conflit armé.*

improbable [ɛ̃prɔbabl] adj. Qui a peu de chances de se produire : *Événement improbable.*

improductif, ive [ɛ̃prɔdyktif] adj. Qui ne produit rien : *Des terres improductives* (syn. STÉRILE).

improductivité [ɛ̃prɔdyktivite] n. f. Caractère improductif.

impromptu, e [ɛprɔ̃pty] adj. (du lat. *in promptu,* sous la main). Qui n'a pas été préparé; fait sur-le-champ, selon les nécessités : *Une visite impromptue.* ◆ ***impromptu*** adv. D'une manière inattendue, brusque : *Arriver impromptu chez des amis* (syn. À L'IMPROVISTE).

imprononçable [ɛ̃prɔnɔ̃sabl] adj. Qui ne peut être prononcé : *Une phrase comme «un chasseur sachant chasser sans son chien» est-elle imprononçable?*

impropre [ɛ̃prɔpr] adj. **1.** Qui ne convient pas : *Utiliser un terme impropre pour exprimer une idée* (syn. INADÉQUAT). — **2.** Qui n'est pas adapté à : *Un ouvrier impropre à un travail* (syn. INAPTE). *Produit impropre à la consommation.*

improprement [ɛ̃prɔprəmɑ̃] adv. De façon impropre : *Un groupe improprement qualifié de socialiste.*

impropriété [ɛ̃prɔprijete] n. f. Caractère d'un mot, d'une phrase, etc., impropre : *Je lui ai fait observer l'impropriété du terme. Traduction pleine d'impropriétés et d'inexactitudes.*

improuvable [ɛ̃pruvabl] adj. Qu'on ne peut prouver : *Voilà une hypothèse improuvable.*

improvisateur, trice [ɛ̃prɔvizatœr] n. Qui improvise : *Elle a un réel talent d'improvisatrice.*

improvisation [ɛ̃prɔvizasjɔ̃] n. f. Action d'improviser; ce qui est ainsi fait : *Jouer une courte improvisation à l'orgue.*

improvisé, e [ɛ̃prɔvize] adj. Fait sans préparation et

rapidement : *Des réformes improvisées* (syn. DE FORTUNE, HÂTIF).

improviser [ɛ̃prɔvize] v. t. (du lat. *improvisus,* imprévu). *Improviser qqch,* le composer, l'organiser sur-le-champ, sans préparation préalable : *Improviser un discours. Elle dut improviser le dîner. Improviser une excuse;* sans compl. : *Rien n'avait été prévu : on dut improviser.* ◆ ***s'improviser*** v. pr. Se faire sur-le-champ, sans préparation : *Les secours s'improvisèrent* (syn. S'ORGANISER). *On ne s'improvise pas mannequin aussi facilement* (= on ne devient pas).

improviste (à l') [ɛ̃prɔvist] adv. (it. *improvvisto,* imprévu). De façon inattendue : *Arriver à l'improviste* (syn. INOPINÉMENT).

imprudemment [ɛ̃prydamɑ̃] adv. De façon imprudente : *S'éloigner imprudemment du rivage* (syn. TÉMÉRAIREMENT).

imprudence [ɛ̃prydɑ̃s] n. f. Manque de prudence; acte imprudent : *Accident dû à l'imprudence du conducteur. Commettre une imprudence. Ne faites pas d'imprudences.*

imprudent, e [ɛ̃prydɑ̃] adj. et n. Qui manque de prudence : *Il est imprudent de se confier à lui* (syn. ↑DANGEREUX). *Le projet est imprudent* (syn. AVENTUREUX, ↑FOU). *Une imprudente s'est fait happer par une voiture.*

impubère [ɛ̃pybɛr] adj. Qui n'a pas atteint l'âge de la puberté : *Enfant impubère.*

impubliable [ɛ̃pyblijabl] adj. Qu'on ne peut publier : *Ce manuscrit est impubliable dans son état actuel.*

impudence [ɛ̃pydɑ̃s] n. f. Insolence extrême : *Mentir avec impudence* (syn. CYNISME, AUDACE, APLOMB, ↓EFFRONTERIE).

impudent, e [ɛ̃pydɑ̃] adj. et n. (lat. *impudens,* de *pudere,* avoir honte). D'une insolence poussée au cynisme : *Un impudent qui ne rougit pas de contredire la vérité* (syn. CYNIQUE, EFFRONTÉ). *Un mensonge impudent* (syn. INSOLENT).

impudeur [ɛ̃pydœr] n. f. Absence de pudeur, de retenue : *Son impudeur est gênante pour tout le monde* (syn. INDÉCENCE).

impudique [ɛ̃pydik] adj. Qui blesse la pudeur : *Un geste impudique* (syn. INDÉCENT, ↑OBSCÈNE).

impuissance [ɛ̃pɥisɑ̃s] n. f. Manque de force, incapacité : *Réduire quelqu'un à l'impuissance. Son impuissance à résoudre la difficulté était manifeste.*

impuissant, e [ɛ̃pɥisɑ̃] adj. Qui manque de pouvoir ou de la force nécessaire pour faire qqch : *Un ennemi impuissant. Être impuissant devant une catastrophe. Un gouvernement impuissant à réprimer des abus. Un effort impuissant.* ◆ adj. et n. m. Incapable d'accomplir l'acte sexuel.

impulser [ɛ̃pylse] v. t. *Impulser une action, un service,* etc., les diriger dans un certain sens.

impulsif, ive [ɛ̃pylsif] adj. et n. (bas lat. *impulsivus,* de *impellere,* pousser à). Qui agit sans réfléchir, de façon spontanée; qui cède à ses tendances : *Un garçon impulsif* (syn. FOUGUEUX). *Elle a les réactions vives d'une impulsive* (syn. EMPORTÉ).

impulsion [ɛ̃pylsjɔ̃] n. f. **1.** Mouvement communiqué à un corps, à un organisme, etc., par une force quelconque : *Ces mesures donnèrent une nouvelle impulsion au commerce extérieur. Sous l'impulsion des dirigeants, le club prit de l'extension.* — **2.** Force, penchant irrésistible qui pousse qqn à une action : *Agir sous l'impulsion de la vengeance. Céder à des impulsions irréfléchies* (syn. ÉLAN, TENDANCE). *Une impulsion morbide* (syn. INSTINCT).

impulsivement [ɛ̃pylsivmɑ̃] adv. De manière impulsive.

impulsivité [ɛ̃pylsivite] n. f. Comportement impulsif.

impunément [ɛ̃pynemɑ̃] adv. Sans être puni : *Cet enfant ne se moquera pas impunément de son professeur.*

impuni, e [ɛ̃pyni] adj. Qui n'est pas puni : *Un crime impuni.*

impunité [ɛ̃pynite] n. f. Absence de punition, de châtiment : *L'impunité encourage au crime.*

impur, e [ɛ̃pyr] adj. Qui n'est pas pur : *Eau impure. Air impur. Sentiments impurs* (syn. TROUBLE, PERVERTI).

impureté [ɛ̃pyrte] n. f. Ce qu'il y a d'impur qqpart : *Il reste encore quelques impuretés dans le métal* (syn. SCORIE). *Cette eau est pleine d'impuretés qui flottent à la surface* (syn. SALETÉ). *L'impureté de ses sentiments* (= leur caractère trouble).

imputable [ɛ̃pytabl] adj. Qu'on peut imputer : *Le déficit est imputable à la baisse des ventes. Cette erreur est imputable à son inexpérience.*

imputation [ɛ̃pytasjɔ̃] n. f. Action d'imputer, d'attribuer qqch à qqn : *Vos imputations sont calomnieuses* (syn. ALLÉGATION). *Se justifier des imputations dont on est l'objet* (syn. ACCUSATION). *L'imputation d'un chèque à un compte.*

imputer [ɛ̃pyte] v. t. (lat. *imputare,* porter au compte de). **1.** *Imputer qqch à qqn, à qqch,* en attribuer la responsabilité à qqn, à qqch : *Le crime fut imputé à un rôdeur* (syn. ATTRIBUER). *On impute l'échec des négociations au mauvais vouloir d'une des délégations* (syn. RENDRE RESPONSABLE DE). — **2.** *Imputer une dépense à qqch,* la mettre au compte d'un chapitre particulier d'un budget (admin.) : *Les dépenses nouvelles furent imputées aux frais généraux.*

imputrescible [ɛ̃pytrɛsibl] adj. Qui ne peut se putréfier.

in-, il-, im-, ir-, préfixes joints à un grand nombre d'adjectifs, de noms et de verbes dérivés, pour indiquer la privation, la négation, le contraire; *in-* peut prendre, en s'assimilant à la consonne suivante, les formes *il-, im-, ir- : illisible, imbattable, inachevé, inaudible, incohérent, indéfini, indépendant, irréfléchi,* etc.

inabordable [inabɔrdabl] adj. **1.** Qui n'est pas abordable, qu'on ne peut accoster : *Côte inabordable.* — **2.** D'un prix trop élevé : *Les séjours de vacances en hôtel étaient inabordables cet été. Les fraises sont encore inabordables.*

inaccentué, e [inaksɑ̃tɥe] adj. *Un pronom, une syllabe inaccentués,* sur lesquels ne porte pas l'accent.

inacceptable [inaksɛptabl] adj. Qu'on ne peut accepter : *Il a tenu en ma présence des propos inacceptables* (syn. INADMISSIBLE). *Une telle proposition est inacceptable* (syn. IRRECEVABLE).

inaccessible [inaksɛsibl] adj. Dont l'accès est impossible : *La forêt, très dense, est inaccessible aux promeneurs* (syn. IMPÉNÉTRABLE). *Une île inaccessible* (syn. INABORDABLE). *Rien ne lui paraît inaccessible* (syn. IMPOSSIBLE). *Ce sont des poèmes pratiquement inaccessibles* (syn. INCOMPRÉHENSIBLE). *Je suis inaccessible à la pitié* (syn. INSENSIBLE). *Elle est tellement occupée qu'elle reste inaccessible* (syn. INABORDABLE).

inaccompli [inakɔ̃pli] n. m. et adj. Se dit, en linguistique, d'une forme verbale exprimant qu'une action est considérée dans son développement (syn. IMPERFECTIF, NON-ACCOMPLI).

inaccoutumé, e [inakutyme] adj. Qui n'est pas habituel : *Bruit inaccoutumé* (syn. INHABITUEL, INSOLITE). *Recevoir des honneurs inaccoutumés* (= qui ne se produisent pas habituellement) [syn. ↑ INATTENDU, EXCEPTIONNEL].

inachevé, e [inaʃəve] adj. Qui n'est pas terminé : *Remettre un devoir inachevé* (syn. INCOMPLET). *Maison encore inachevée.*

inachèvement [inaʃɛvmɑ̃] n. m. Fait de ne pas achever, de n'être pas achevé : *L'inachèvement des travaux est scandaleux.*

inactif, ive [inaktif] adj. Qui n'est pas actif, qui n'a pas d'activité : *Elle ne reste pas inactive* (syn. péjor. INDOLENT, OISIF, DÉSŒUVRÉ). *Le commerce est inactif en ce moment de l'année* (syn. CALME, ↑ MORT). *Être las de sa vie inactive* (syn. DÉSŒUVRÉ).

inaction [inaksjɔ̃] n. f. Absence de toute action, de toute activité, de tout travail : *Je supporte difficilement l'inaction* (syn. DÉSŒUVREMENT, OISIVETÉ).

inactivité [inaktivite] n. f. État de repos, d'immobilité; absence d'activité : *L'inactivité forcée d'un malade* (syn. INACTION, IMMOBILITÉ).

inactuel, elle [inaktɥɛl] adj. Qui ne convient pas au moment présent : *La réforme communale est apparue inactuelle aux yeux du gouvernement* (syn. INOPPORTUN). *Avoir des préoccupations inactuelles* (= d'un autre âge; syn. ANACHRONIQUE).

inadaptation [inadaptasjɔ̃] n. f. Fait d'être inadapté : *Inadaptation d'un vieillard à la vie moderne.*

inadapté, e [inadapte] adj. et n. Qui n'est pas adapté : *Enfant inadapté à la vie scolaire. Rééducation des inadaptés* (syn. ASOCIAL). *L'enfance inadaptée.*

inadéquat, e [inadekwa] adj. Qui n'est pas adéquat : *En raison de l'accroissement de la population, les plans de construction sont devenus inadéquats.*

inadmissible [inadmisibl] adj. Qu'on ne saurait admettre : *Il est inadmissible que tout n'ait pas été tenté pour secourir le blessé* (syn. INTOLÉRABLE, SCANDALEUX). *Afficher des prétentions inadmissibles* (syn. INACCEPTABLE, INSOUTENABLE). *Sa paresse est inadmissible.*

inadvertance [inadvɛrtɑ̃s] n. f. (du lat. *advertere*, faire attention). **1.** Résultat de l'inattention, de l'étourderie (soutenu) : *Ces fautes d'orthographe ne sont que des inadvertances.* — **2.** *Par inadvertance*, par inattention (syn. PAR MÉGARDE).

inaliénable [inaljenabl] adj. Qu'on ne peut céder : *Cette propriété est inaliénable tant que son fils n'a pas atteint sa majorité.*

inaltérable [inalterabl] adj. Qui ne peut être altéré : *Un métal inaltérable* (syn. INOXYDABLE). *Une peinture inaltérable. Elle est d'une douceur inaltérable.*

inamical, e, aux [inamikal] adj. Contraire à l'amitié : *Cela constitue de votre part un geste inamical* (syn. HOSTILE).

inamovible [inamɔvibl] adj. Qui ne peut être déplacé, changé : *Certains magistrats sont inamovibles* (= ne peuvent être destitués ou déplacés).

inanalysable [inanalizabl] adj. Qu'on ne peut analyser : *Des sentiments inanalysables.*

inanimé, e [inanime] adj. Qui a perdu la vie ou semble, par son immobilité, l'avoir perdue : *Rester inanimé sur le sol* (syn. INERTE). *On a trouvé près de la voiture le corps inanimé du conducteur.*

inanité [inanite] n. f. (du lat. *inanis*, vide). *Litt.* Qualité de ce qui est inutile, sans objet : *L'inanité des efforts déployés me découragea* (syn. VANITÉ, INUTILITÉ). *Elle fut frappée par l'inanité de la querelle* (syn. FUTILITÉ).

inanition [inanisjɔ̃] n. f. *Mourir, tomber d'inanition*, mourir, s'évanouir, épuisé par le manque de nourriture.

inaperçu, e [inapɛrsy] adj. Qui échappe aux regards : *Un détail resté inaperçu.*

inapplicable [inaplikabl] adj. Qui ne peut être appliqué : *Les mesures décidées se sont révélées en fait inapplicables.*

inapplication [inaplikasjɔ̃] n. f. **1.** Absence de mise en pratique, d'application : *L'inapplication d'un règlement.* — **2.** Défaut d'application dans le travail.

inappliqué, e [inaplike] adj. Qui manque d'application, de zèle : *Cet enfant est inappliqué.*

inappréciable [inapresjabl] adj. Dont on ne peut estimer la valeur : *Tu m'as procuré une aide inappréciable dans ce moment pénible* (syn. INESTIMABLE). *Fournir une collaboration inappréciable* (syn. PRÉCIEUX).

inapprochable [inaprɔʃabl] adj. Qu'on ne peut approcher : *Une vedette pratiquement inapprochable* (syn. INABORDABLE).

inapte [inapt] adj. Qui manque d'aptitude : *Il s'est montré inapte à diriger cette entreprise* (syn. INCAPABLE DE). *Être déclaré inapte au service armé.*

inaptitude [inaptityd] n. f. Manque de capacité, d'aptitude : *Une mauvaise vue est un facteur d'inaptitude au pilotage* (syn. INCAPACITÉ).

inarticulé, e [inartikyle] adj. Émis sans netteté : *Pousser des cris inarticulés.*

inassimilable [inasimilabl] adj. Qu'on ne peut assimiler : *Certaines ethnies sont restées inassimilables parmi les populations au milieu desquelles elles vivaient.*

inassouvi, e [inasuvi] adj. Qui n'est pas assouvi : *Depuis des années, il ruminait une vengeance inassouvie. Des désirs inassouvis* (syn. INSATISFAIT).

inattaquable [inatakabl] adj. Qu'on ne peut attaquer : *Des arguments inattaquables. Sa conduite est inattaquable* (syn. IRRÉPROCHABLE; contr. INDÉFENDABLE).

inattendu, e [inatɑ̃dy] adj. Qu'on n'attendait pas : *Un bruit inattendu le surprit* (syn. BRUSQUE). *Une arrivée inattendue* (syn. IMPRÉVU, INOPINÉ). *C'est inattendu de sa part* (syn. EXCEPTIONNEL; contr. NORMAL).

inattentif, ive [inatɑ̃tif] adj. Qui ne fait pas attention : *Élève inattentif en classe* (syn. DISTRAIT, ÉTOURDI).

inattention [inatɑ̃sjɔ̃] n. f. Défaut d'attention : *Commettre une erreur par inattention* (syn. DISTRACTION). *Une faute d'inattention* (syn. ÉTOURDERIE).

inaudible [inodibl] adj. Qu'on ne peut percevoir par l'ouïe : *Dans cette région, les émissions d'une des chaînes de radio sont inaudibles. La musique contemporaine est, pour moi, inaudible* (= je n'en supporte pas l'audition).

inaugural, e, aux [inogyral] adj. Relatif à l'inauguration : *Séance inaugurale d'un congrès. Discours inaugural.*

inauguration [inogyrasjɔ̃] n. f. Action d'inaugurer; fait d'être inauguré : *L'inauguration d'une ligne aérienne. Un discours d'inauguration.*

inaugurer [inogyre] v. t. (lat. *inaugurare*, consulter les augures). **1.** *Inaugurer un édifice, un organisme, etc.*, procéder, par une cérémonie solennelle, à leur mise en service, à leur ouverture : *Inaugurer une exposition. Le maire inaugura la nouvelle école.* — **2.** *Inaugurer qqch*, en marquer le début; entreprendre pour la première fois (avec l'adj. *nouveau*) : *Inaugurer une nouvelle politique.*

inavouable [inavwabl] adj. Qui ne peut être avoué : *Sa conduite est inspirée par des motifs inavouables.*

inca [ɛ̃ka] adj. inv. Relatif aux Incas, peuple indigène ancien de l'Amérique du Sud : *La civilisation inca.*

incalculable [ɛ̃kalkylabl] adj. **1.** Qu'on ne peut calculer, apprécier : *Le nombre des étoiles est incalculable* (= on ne peut le dénombrer). — **2.** Qui peut difficilement être évalué, prévu : *Les conséquences de cette décision sont incalculables* (syn. IMPRÉVISIBLE). *Vous vous heurterez à des difficultés incalculables* (syn. INNOMBRABLE, ÉNORME).

incandescence [ɛ̃kɑ̃dɛsɑ̃s] n. f. État incandescent : *Le filament de la lampe porté à l'incandescence.*

incandescent, e [ɛ̃kɑ̃dɛsɑ̃] adj. (du lat. *incandescere,* être en feu). Devenu blanc ou rouge vif, sous l'effet d'une très haute température : *Des charbons incandescents.*

incantation [ɛ̃kɑ̃tasjɔ̃] n. f. (du lat. *incantare,* prononcer des formules magiques). Chant, formule, etc., auxquels on attribue le pouvoir d'agir sur les éléments, les esprits, etc. : *La mélopée ressemblait à une incantation magique.*

incantatoire [ɛ̃kɑ̃tatwar] adj. Relatif à l'incantation : *Des paroles incantatoires.*

incapable [ɛ̃kapabl] adj. Qui n'est pas capable de faire qqch : *Je suis incapable de lire cette écriture. C'est un livre incapable de vous intéresser. Je vous crois incapable d'une telle lâcheté.* ◆ adj. et n. Qui manque de capacité, de compétence : *On ne doit pas être surpris qu'une affaire menée par des incapables ait si mal tourné.*

incapacité [ɛ̃kapasite] n. f. **1.** Manque d'aptitude à faire qqch : *Nous sommes dans l'incapacité de juger.* — **2.** Manque de compétence : *À la fin du stage, certains ingénieurs ont été éliminés pour incapacité* (syn. INCOMPÉTENCE).

incarcération [ɛ̃karserasjɔ̃] n. f. Action d'incarcérer; fait d'être incarcéré. (Syn. EMPRISONNEMENT.)

incarcérer [ɛ̃karsere] v. t. (du lat. *carcer,* prison) [c. **10**] *Incarcérer qqn,* le mettre en prison (admin.) : *Être incarcéré à Fresnes* (syn. EMPRISONNER).

incarnat [ɛ̃karna] adj. inv. et n. m. (it. *incarnato,* couleur de chair). Rouge vif.

incarnation [ɛ̃karnasjɔ̃] n. f. **1.** *Litt.* Manifestation visible, type même de qqch (abstrait) : *Cette femme est l'incarnation de la générosité* (syn. PERSONNIFICATION). — **2.** *L'incarnation du Christ,* mystère de Dieu fait homme. — **3.** Acte par lequel un être s'incarne dans le corps d'un autre être.

incarné, e [ɛ̃karne] adj. **1.** *C'est le diable incarné,* qqn de très méchant ou qui fait beaucoup de bruit. ‖ *C'est la jalousie, le vice, etc., incarné,* qqn d'extrêmement jaloux, vicieux, etc. (syn. FAIT HOMME). — **2.** *Ongle incarné,* qui s'enfonce dans la chair.

incarner [ɛ̃karne] v. t. (du lat. *caro, carnis,* chair). **1.** *Incarner qqch (abstrait),* lui donner une forme matérielle et visible : *Le magistrat incarne la justice. La Commune incarnait les espoirs des classes pauvres en 1871* (syn. REPRÉSENTER). — **2.** (sujet un acteur) *Incarner un rôle,* l'interpréter au cinéma, au théâtre. ◆ ***s'incarner*** v. pr. **1.** Se matérialiser : *Tous nos espoirs s'incarnent maintenant en elle* (= sont représentés par elle). — **2.** Revêtir un corps charnel, en parlant d'une divinité (relig.). — **3.** (sujet un ongle) Entrer dans la chair.

incartade [ɛ̃kartad] n. f. (it. *inquartata,* parade d'escrime). Léger écart de conduite, de langage : *Les incartades de la jeunesse* (syn. ↑FAUTE). *À la moindre incartade, vous serez sévèrement puni* (syn. ERREUR, ↓PECCADILLE).

incassable [ɛ̃kasabl] adj. Qui ne peut se casser : *Verre, lunettes incassables.*

incendiaire [ɛ̃sɑ̃djɛr] n. Qui allume volontairement un incendie (syn. PYROMANE). ◆ adj. **1.** Propre à causer un incendie : *Une bombe incendiaire.* — **2.** Qui enflamme les esprits, pousse à la révolte : *Tenir des propos incendiaires* (syn. SÉDITIEUX).

incendie [ɛ̃sɑ̃di] n. m. (lat. *incendium*). Grand feu qui cause d'importantes destructions, en se propageant : *Maîtriser, circonscrire un incendie. On voyait les flammes de l'incendie à des kilomètres* (syn. ↑BRASIER).

incendier [ɛ̃sɑ̃dje] v. t. **1.** *Incendier qqch,* y mettre le feu, le détruire par le feu : *Les émeutiers ont incendié une voiture* (syn. BRÛLER). *Ville incendiée.* — **2.** Fam. *Se faire incendier par qqn,* être accablé par lui de reproches.

incertain, e [ɛ̃sɛrtɛ̃] adj. (après le n.) Qui n'est pas certain : *Elle est partie pour un voyage d'une durée incertaine* (syn. INDÉTERMINÉ). *C'est beaucoup de travail pour un résultat incertain* (syn. DOUTEUX, ALÉATOIRE). *L'avenir reste incertain. Le temps est incertain* (= il risque de pleuvoir). *Les experts eux-mêmes sont incertains sur l'issue des délibérations* (syn. INDÉCIS, PERPLEXE). *Il fit quelques pas vers nous d'une démarche incertaine* (syn. HÉSITANT, MAL ASSURÉ). *Une petite fenêtre donnait à la pièce un jour incertain* (syn. INDÉCIS, VAGUE).

incertitude [ɛ̃sɛrtityd] n. f. État d'une chose ou d'une personne incertaine; point sur lequel il y a des doutes : *L'incertitude de sa réponse laissait tout le monde dans une attente pénible. L'incertitude du candidat se lisait sur son visage* (syn. EMBARRAS).

incessamment [ɛ̃sɛsamɑ̃] adv. D'un instant à l'autre : *Nous aurons des nouvelles incessamment* (syn. SOUS PEU, TRÈS BIENTÔT).

incessant, e [ɛ̃sɛsɑ̃] adj. (avant ou, plus souvent, après le n.) Qui ne cesse pas, qui dure ou qui se répète continuellement : *Malgré son âge, elle continue à faire preuve d'une activité incessante. Je suis dérangé par des coups de téléphone incessants. Au prix d'incessants efforts, nous avons réussi à nous tirer d'affaire* (syn. CONTINUEL, ININTERROMPU).

inceste [ɛ̃sɛst] n. m. (du lat. *incestus,* impur). Rapport sexuel entre un homme et une femme qui sont parents proches par le sang.

incestueux, euse [ɛ̃sɛstɥø] adj. **1.** Qui a commis un inceste; qui constitue un inceste : *Un couple incestueux. Un amour incestueux entre frère et sœur.* — **2.** Issu d'un inceste : *Un fils incestueux.*

inchangé, e [ɛ̃ʃɑ̃ʒe] adj. Qui n'a subi aucun changement : *C'est toujours pareil : la situation est inchangée.*

inchauffable [ɛ̃ʃofabl] adj. Se dit d'un local difficile à chauffer.

inchoatif [ɛ̃koatif] n. m. (du lat. *inchoare,* commencer). Verbe qui exprime le commencement, la progression de l'action (ex. *verdir, enlaidir,* etc. = devenir vert, laid, etc.).

incicatrisable [ɛ̃sikatrizabl] adj. Qui ne peut se cicatriser.

incidemment [ɛ̃sidamɑ̃] adv. De façon incidente : *Je vous rappellerai incidemment la promesse que vous m'aviez faite* (syn. ENTRE PARENTHÈSES). *Prononcer incidemment le nom de quelqu'un* (syn. ACCIDENTELLEMENT).

incidence [ɛ̃sidɑ̃s] n. f. Conséquence que peut avoir un fait précis sur une affaire, un phénomène : *L'incidence de la hausse des prix sur le pouvoir d'achat* (syn. RÉPERCUSSION, EFFET).

1. incident, e [ɛ̃sidɑ̃] adj. (du lat. *incidere,* survenir). Qui se produit par hasard, d'une manière accessoire, secondaire : *Faire une observation incidente* (= ouvrir une parenthèse).

2. incident [ɛ̃sidɑ̃] n. m. **1.** Événement fâcheux, qui trouble le cours d'une action, d'une affaire, etc. : *Un incident imprévu interrompit notre voyage. Le moindre* *incident peut ruiner l'entreprise. Tout s'est déroulé sans incident* (= normalement). — **2.** Difficulté peu importante, mais dont les conséquences peuvent être graves : *Un incident diplomatique.*

incinérateur [ɛ̃sineratœr] n. m. Appareil, four pour l'incinération.

incinération [ɛ̃sinerasjɔ̃] n. f. Action d'incinérer : *L'incinération des ordures.*

incinérer [ɛ̃sinere] v. t. (du lat. *cinis, cineris,* cendre) [c. **10**] *Incinérer un cadavre, des ordures,* les réduire en cendres.

incise [ɛ̃siz] n. f. (du lat. *incisa,* coupée). Phrase formant une sorte de parenthèse dans une phrase plus longue, pour évoquer une réflexion, rappeler le personnage qui s'exprime, etc. (Ex. *Il était,* JE PENSE, *parfaitement inconscient de la bévue qu'il venait de faire.*) ◆ adj. Qui forme une incise : *Proposition incise.*

inciser [ɛ̃size] v. t. (du lat. *incidere,* couper). Fendre avec un instrument tranchant : *Inciser l'écorce d'un arbre pour le greffer* (syn. ENTAILLER). *Inciser la peau* (syn. SCARIFIER).

incisif, ive [ɛ̃sizif] adj. (bas lat. *incisivus*). Qui va droit au but, de façon mordante, acerbe : *Une repartie incisive. Son ironie est incisive* (syn. ACÉRÉ).

incision [ɛ̃sizjɔ̃] n. f. Action d'inciser.

incisive [ɛ̃siziv] n. f. (du lat. *incidere,* couper). Chacune des dents situées sur le devant de chaque mâchoire : *L'homme a huit incisives.*

incitation [ɛ̃sitasjɔ̃] n. f. Action d'inciter : *Le journal fut condamné pour incitation à la violence* (syn. APPEL).

inciter [ɛ̃site] v. t. (lat. *incitare*). *Inciter qqn à qqch, à* (+ *inf.*), l'y pousser, l'y encourager : *Je l'incitais à oublier son ressentiment* (syn. EXHORTER). *La publicité incite le client à consommer* (syn. ENGAGER, INVITER).

incivil, e [ɛ̃sivil] adj. *Litt.* Qui manque de civilité, de politesse : *Son attitude est incivile* (syn. GROSSIER).

incivilité [ɛ̃sivilite] n. f. *Litt.* Manque de civilité ; faute contre les bons usages (syn. IMPOLITESSE, INCORRECTION, GROSSIÈRETÉ, ↑MUFLERIE, ↑GOUJATERIE).

inclassable [ɛ̃klasabl] adj. Qu'on ne peut classer, définir précisément : *Une œuvre inclassable.*

inclémence [ɛ̃klemɑ̃s] n. f. *Litt.* Rigueur de la température : *L'inclémence du temps.*

inclinable [ɛ̃klinabl] adj. Qui peut s'incliner : *Fauteuil à dossier inclinable.*

inclinaison [ɛ̃klinɛzɔ̃] n. f. État de ce qui est incliné : *L'inclinaison de la route* (syn. PENTE).

inclination [ɛ̃klinasjɔ̃] n. f. **1.** Action d'incliner le corps, la tête : *Saluer d'une inclination de tête.* — **2.** Disposition, tendance naturelle à qqch : *Avoir de l'inclination pour la musique* (syn. GOÛT). *Montrer de l'inclination pour quelqu'un* (syn. ↑AMOUR).

incliner [ɛ̃kline] v. t. (lat. *inclinare,* pencher). **1.** *Incliner qqch,* le mettre dans une position faisant un angle avec un plan ; le porter vers le bas, de côté : *Le vent incline la cime des arbres* (syn. COURBER). *Incliner le front vers le sol* (syn. BAISSER). *La tête inclinée sur l'épaule. Incliner la bouteille pour verser du vin* (syn. PENCHER). *Un plan incliné* (syn. OBLIQUE). — **2.** *Incliner qqn à qqch, à* (+ *inf.*), l'y pousser, l'y inciter : *Cela m'incline à croire qu'elle réussira* (syn. AMENER, PORTER). *Sa meilleure conduite inclina le professeur à l'indulgence.* ◆ v. t. ind. *Incliner à* (+ *inf.*), *vers qqch,* être poussé vers qqch ; avoir du penchant pour : *J'incline à accepter son offre. Incliner vers les solutions extrêmes* (syn. TENDRE VERS). ◆ ***s'incliner*** v. pr. **1.** (sujet qqch) Être placé obliquement par rapport à un plan : *Le mur s'incline dangereusement* (syn. PENCHER). — **2.** (sujet qqn) Donner des marques de respect, de politesse, en partic. en courbant la tête, le corps : *S'incliner profondément pour saluer. S'incliner devant l'autel* (syn. ↑SE PROSTERNER). *Je m'incline devant votre chagrin.* — **3.** (sujet qqn) *S'incliner (devant qqch, qqn),* renoncer à la lutte, à la discussion, en s'avouant vaincu : *S'incliner devant les faits* (syn. CÉDER). *Les autres concurrents durent s'incliner devant elle ; elle était plus forte* (syn. SE RÉSIGNER ; fam. BAISSER LES BRAS).

inclure [ɛ̃klyr] v. t. (lat. *includere,* enfermer) [c. **68**]. **1.** (sujet qqn) *Inclure qqch dans qqch,* l'y mettre, de telle sorte qu'il y soit contenu : *Inclure un nom dans une liste. Inclure un chèque dans une lettre* (syn. INTRODUIRE, INSÉRER). *Incluez cette dépense dans les frais généraux.* — **2.** (sujet qqch) *Inclure qqch, que* (+ *subj.*), entraîner comme conséquence nécessaire : *Cette acceptation inclut pour vous que vous partagiez les risques de l'entreprise* (syn. IMPLIQUER).

inclus, e [ɛ̃kly] adj. **1.** Qui est contenu dans : *Apprenez jusqu'à la troisième leçon incluse* (syn. COMPRIS). — **2.** *Ci-inclus* → ce mot. ‖ *Dent incluse,* qui n'a pas entièrement fait irruption hors du maxillaire.

inclusif, ive [ɛ̃klyzif] adj. Qui contient en soi : *« Nous » est inclusif quand il se substitue à « je » et « tu »* (contr. EXCLUSIF).

inclusion [ɛ̃klyzjɔ̃] n. f. Action d'inclure ; fait d'être inclus : *L'inclusion d'un nouveau paragraphe dans un texte* (syn. INTRODUCTION).

inclusivement [ɛ̃klyzivmɑ̃] adv. En le comprenant : *Du premier au sixième chapitre inclusivement* (syn. Y COMPRIS).

incoagulable [ɛ̃kɔagylabl] adj. Qui ne se coagule pas.

incoercibilité [ɛ̃kɔɛrsibilite] n. f. Caractère incoercible.

incoercible [ɛ̃kɔɛrsibl] adj. Qu'on ne peut retenir, réprimer (soutenu) : *Un rire incoercible* (syn. FOU RIRE). *Un désir incoercible.*

incognito [ɛ̃kɔɲito,ɛ̃kɔgnito] adv. (mot it. signif. *inconnu*). De façon non officielle ; sans révéler sa véritable identité : *Ce chef d'État a fait un voyage incognito à l'étranger. Descendre incognito dans un hôtel* (syn. SECRÈTEMENT). ◆ n. m. Situation de qqn qui cache son identité : *Garder l'incognito.*

incohérence [ɛ̃kɔerɑ̃s] n. f. Caractère incohérent : *L'incohérence d'un discours. Les incohérences dans son récit sont flagrantes.*

incohérent, e [ɛ̃kɔerɑ̃] adj. Qui manque de suite : *Des paroles incohérentes.*

incollable [ɛ̃kɔlabl] adj. **1.** *Fam.* Qui ne peut pas être collé, qui répond à toutes les questions : *Cette candidate est vraiment forte, elle est incollable.* — **2.** Qui ne colle pas à la cuisson : *Riz incollable.*

incolore [ɛ̃kɔlɔr] adj. **1.** Qui n'est pas coloré : *L'eau est incolore* (syn. LIMPIDE, CLAIRE). *Une couche de vernis incolore* (contr. TEINTÉ). — **2.** Qui manque d'éclat, de vivacité : *Style incolore* (syn. TERNE, FADE, PLAT).

incomber [ɛ̃kɔ̃be] v. t. ind. (lat. *incumbere,* peser sur) [sujet une charge, une responsabilité] *Incomber à qqn,* lui appartenir : *C'est à vous qu'incombe le devoir de prévenir la famille* (syn. REVENIR À). *Ces réparations incombent au propriétaire* (syn. RETOMBER SUR).

incombustible [ɛ̃kɔ̃bystibl] adj. Qui ne peut être brûlé : *L'amiante est incombustible.*

incomestible [ɛ̃kɔmɛstibl] adj. Qui n'est pas comestible.

incommensurable [ɛ̃kɔmɑ̃syrabl] adj. (du lat. *mensura,* mesure). Si grand qu'on ne peut le mesurer : *Une foule incommensurable* (syn. INNOMBRABLE, ÉNORME, immense). *Être d'une bêtise incommensurable* (syn. ILLIMITÉ).

incommodant, e [ɛ̃kɔmɔdɑ̃] adj. Qui incommode, cause un malaise : *Une odeur incommodante.*

incommode [ɛ̃kɔmɔd] adj. 1. Qui n'est pas d'usage facile ; qui cause de la gêne : *Il est pénible de travailler avec un outil aussi incommode. J'étais fatigué de ma position incommode* (syn. INCONFORTABLE).

incommodément adv. De façon incommode : *Être installé incommodément.*

incommoder [ɛ̃kɔmɔde] v. t. *Incommoder qqn,* lui causer une gêne, un malaise physique : *La chaleur commençait à nous incommoder.*

incommodité [ɛ̃kɔmɔdite] n. f. État de gêne, de malaise : *On a dû choisir un autre lieu de réunion, à cause de l'incommodité de la salle.*

incommunicabilité [ɛ̃kɔmynikabilite] n. f. Impossibilité de communiquer avec autrui.

incommunicable [ɛ̃kɔmynikabl] adj. Qu'on ne peut communiquer, faire partager à autrui.

incomparable [ɛ̃kɔ̃parabl] adj. D'une supériorité, d'une qualité qui défie toute comparaison : *Des fleurs d'une beauté incomparable* (syn. litt. HORS DE PAIR). *Une joie, un spectacle incomparable* (syn. UNIQUE).

incomparablement [ɛ̃kɔ̃parabləmɑ̃] adv. De façon incomparable (renforce un comparatif) : *Ceci est incomparablement plus utile que cela.*

incompatibilité [ɛ̃kɔ̃patibilite] n. f. Impossibilité de s'accorder.

incompatible [ɛ̃kɔ̃patibl] adj. Qui n'est pas compatible : *Ces solutions sont incompatibles* (syn. INCONCILIABLE). *Des dépenses incompatibles avec l'état des finances.*

incompétence [ɛ̃kɔ̃petɑ̃s] n. f. Manque de compétence : *Un employé renvoyé pour incompétence* (syn. INCAPACITÉ).

incompétent, e [ɛ̃kɔ̃petɑ̃] adj. Qui n'a pas la compétence requise : *Comme je n'ai aucune notion de cette science, je me déclare incompétent.*

incomplet, ète [ɛ̃kɔ̃plɛ] adj. Qui n'est pas complet : *Nos renseignements sont incomplets* (syn. PARTIEL, FRAGMENTAIRE). *Cette romancière a laissé à sa mort plusieurs manuscrits incomplets* (syn. INACHEVÉ).

incomplètement [ɛ̃kɔ̃plɛtmɑ̃] adv. De façon incomplète : *Des bûches incomplètement consumées.*

incompréhensibilité [ɛ̃kɔ̃preɑ̃sibilite] n. f. Qualité incompréhensible.

incompréhensible [ɛ̃kɔ̃preɑ̃sibl] adj. 1. Qui ne peut être compris : *Des propos incompréhensibles* (syn. OBSCUR, HERMÉTIQUE). *Un accident incompréhensible* (syn. INEXPLICABLE, MYSTÉRIEUX). — 2. Qui déconcerte : *Tu as agi avec une précipitation incompréhensible* (syn. INEXCUSABLE).

incompréhensif, ive [ɛ̃kɔ̃preɑ̃sif] adj. Qui ne comprend pas les autres : *On ne peut pas discuter avec lui : il est incompréhensif* (syn. BUTÉ, INTRANSIGEANT).

incompréhension [ɛ̃kɔ̃preɑ̃sjɔ̃] n. f. Incapacité de comprendre : *Leur brouille repose sur une incompréhension mutuelle.*

incompressible [ɛ̃kɔ̃prɛsibl] adj. Qu'on ne peut pas réduire : *Des dépenses incompressibles.*

incompris, e [ɛ̃kɔ̃pri] adj. Qui échappe à la compréhension : *Un énoncé incompris.* ◆ adj. et n. Qui n'est pas apprécié à sa juste valeur : *Beaucoup d'écrivains ont été incompris de leur vivant. Il prétend être un incompris.*

inconcevable [ɛ̃kɔ̃svabl] adj. Qu'on ne peut concevoir : *Vous avez agi avec une légèreté inconcevable* (syn. INCROYABLE, INADMISSIBLE, INIMAGINABLE, ↑STUPÉFIANT). *Il est inconcevable que vous ayez agi de cette façon* (syn. IMPENSABLE).

inconciliable [ɛ̃kɔ̃siljabl] adj. Que l'on ne peut concilier : *La grandeur d'âme et la vengeance sont inconciliables* (syn. INCOMPATIBLE, ↓OPPOSÉ). [→ RÉCONCILIER.]

inconditionnel, elle [ɛ̃kɔ̃disjɔnɛl] adj. et n. Qui n'est soumis ou ne se soumet à aucune condition : *Elle m'a promis son appui inconditionnel* (syn. SANS RÉSERVE, TOTAL). *Les inconditionnels d'un parti.*

inconditionnellement [ɛ̃kɔ̃disjɔnɛlmɑ̃] adv. De façon inconditionnelle : *Se soumettre inconditionnellement.*

inconduite [ɛ̃kɔ̃dɥit] n. f. Dérèglement des mœurs, manière de vivre peu conforme à la morale.

inconfort [ɛ̃kɔ̃fɔr] n. m. Manque de confort : *L'inconfort d'un appartement trop petit.*

inconfortable [ɛ̃kɔ̃fɔrtabl] adj. Qui n'est pas confortable : *Un siège, une situation inconfortable* (syn. INCOMMODE).

inconfortablement [ɛ̃kɔ̃fɔrtabləmɑ̃] adv. De façon inconfortable : *Être couché inconfortablement.*

incongru, e [ɛ̃kɔ̃gry] adj. (du lat. *congruere,* s'accorder). Contraire à la bienséance, aux règles du savoir-vivre, aux convenances : *Faire une réponse incongrue* (syn. DÉPLACÉ, INCONVENANT).

incongruité [ɛ̃kɔ̃grɥite] n. f. Caractère incongru : *Commettre une incongruité* (syn. INCORRECTION).

inconnu, e [ɛ̃kɔny] adj. et n. Qui n'est pas connu : *Son visage m'est inconnu* (syn. ÉTRANGER). *Un(e) inconnu(e) m'a adressé la parole. J'ai éprouvé une sensation encore inconnue. Un continent inconnu* (syn. INEXPLORÉ).

inconnue [ɛ̃kɔny] n. f. Élément d'un problème qu'on ignore, donnée qu'on ne possède pas : *La grande inconnue, c'est le temps qu'il faudra pour réaliser ce projet.*

inconsciemment [ɛ̃kɔ̃sjamɑ̃] adv. De façon inconsciente : *L'habitude lui a fait faire inconsciemment un geste malencontreux* (syn. MACHINALEMENT).

inconscience [ɛ̃kɔ̃sjɑ̃s] n. f. Absence de réflexion : *Entreprendre une telle escalade, c'est de l'inconscience* (syn. ↓LÉGÈRETÉ).

1. inconscient, e [ɛ̃kɔ̃sjɑ̃] adj. 1. Qui n'a pas conscience de ses actes : *Des enfants inconscients de la portée de leurs paroles. Il est un peu inconscient pour proposer une chose pareille* (= il ne se rend pas compte de ce qu'elle a de déplacé). — 2. Dont on n'a pas conscience : *Elle faisait des gestes inconscients en dormant.*

2. inconscient [ɛ̃kɔ̃sjɑ̃] n. m. Ensemble des faits psychiques qui échappent totalement à la conscience.

inconséquence [ɛ̃kɔ̃sekɑ̃s] n. f. Défaut de logique, de cohérence : *On relève plusieurs inconséquences dans sa théorie* (syn. ILLOGISME).

inconséquent, e [ɛ̃kɔ̃sekɑ̃] adj. Qui est incohérent, déraisonnable : *Vous êtes inconséquent : vous prétendez mépriser l'opinion d'autrui, et vous vous indignez de cette critique* (syn. ILLOGIQUE).

inconsidéré, e [ɛ̃kɔ̃sidere] adj. (lat. *inconsideratus,* qui ne réfléchit pas). Qui est fait sans réflexion : *Une remarque inconsidérée* (syn. IRRÉFLÉCHI).

inconsidérément [ɛ̃kɔ̃sideremɑ̃] adv. De manière inconsidérée : *Agir inconsidérément* (= avec étourderie).

inconsistance [ɛ̃kɔ̃sistɑ̃s] n. f. Manque de fermeté, de netteté : *Un roman qui pèche par l'inconsistance de l'action.*

inconsistant, e [ɛ̃kɔ̃sistɑ̃] adj. Qui manque de substance, de fermeté, de netteté : *Comment rallier des électeurs avec un programme aussi inconsistant?* (syn. FAIBLE, ↑ INEXISTANT).

inconsolable [ɛ̃kɔ̃sɔlabl] adj. Qu'on ne peut consoler : *Une veuve, une peine inconsolables.*

inconstance [ɛ̃kɔ̃stɑ̃s] n. f. Comportement inconstant : *Elle se plaignait de l'inconstance de son mari* (syn. INFIDÉLITÉ). *L'inconstance de son humeur le rend imprévisible* (syn. VERSATILITÉ, ↓ MOBILITÉ).

inconstant, e [ɛ̃kɔ̃stɑ̃] adj. Se dit de qqn, plus rarement de qqch, qui manque de constance, de stabilité : *Un homme inconstant en amour* (syn. INFIDÈLE, VOLAGE). *Le temps est inconstant* (syn. INSTABLE, CHANGEANT, VARIABLE).

inconstitutionnalité [ɛ̃kɔ̃stitysjɔnalite] n. f. État de ce qui est inconstitutionnel.

inconstitutionnel, elle [ɛ̃kɔ̃stitysjɔnɛl] adj. Contraire à la constitution.

inconstitutionnellement [ɛ̃kɔ̃stitysjɔnɛlmɑ̃] adv. De façon inconstitutionnelle.

inconstructible [ɛ̃kɔ̃stryktibl] adj. Se dit d'un terrain sur lequel on ne peut pas construire.

incontestable [ɛ̃kɔ̃tɛstabl] adj. Qui ne peut être contesté : *Sa bonne foi est incontestable* (syn. ASSURÉ, CERTAIN, HORS DE DOUTE, INDISCUTABLE). *Un droit incontestable* (syn. SÛR).

incontestablement [ɛ̃kɔ̃tɛstabləmɑ̃] adv. De manière incontestable : *Ce trajet est plus court, mais il est incontestablement moins pittoresque* (syn. ASSURÉMENT, INDISCUTABLEMENT, SANS AUCUN DOUTE, À COUP SÛR).

incontinence [ɛ̃kɔ̃tinɑ̃s] n. f. **1.** Manque de retenue en face des plaisirs de l'amour (vieilli). — **2.** *Incontinence d'urine,* émission involontaire d'urine.

1. incontinent, e [ɛ̃kɔ̃tinɑ̃] adj. et n. (de *continent* 1). **1.** Qui manque de sobriété, de retenue. — **2.** Qui est atteint d'incontinence d'urine.

2. incontinent [ɛ̃kɔ̃tinɑ̃] adv. (lat. *in continenti [tempore]*, dans un temps continu). *Litt.* Sans le moindre retard : *Elle ne demanda pas son reste et partit incontinent* (syn. AUSSITÔT, IMMÉDIATEMENT, SUR-LE-CHAMP).

incontournable [ɛ̃kɔ̃turnable] adj. Qu'on ne peut éviter, dont on doit tenir compte : *Argument incontournable.*

incontrôlable [ɛ̃kɔ̃trolabl] adj. Qu'on ne peut contrôler : *Des rumeurs incontrôlables.*

incontrôlé, e [ɛ̃kɔ̃trole] adj. Qui n'est pas contrôlé : *Des éléments incontrôlés de l'armée ont commis des pillages* (= échappant au contrôle des autorités).

inconvenance [ɛ̃kɔ̃vnɑ̃s] n. f. Manquement aux bons usages : *C'est une inconvenance de ne pas répondre à une invitation* (syn. INCORRECTION, ↓ GROSSIÈRETÉ).

inconvenant, e [ɛ̃kɔ̃vnɑ̃] adj. Qui blesse les convenances : *Il montrait une joie inconvenante devant cette famille en deuil* (syn. DÉPLACÉ, INDÉCENT, MALSÉANT). *Tenir des propos inconvenants* (syn. GROSSIER, OBSCÈNE).

inconvénient [ɛ̃kɔ̃venjɑ̃] n. m. (du lat. *inconveniens,* qui ne convient pas). Ce qui est fâcheux, nuisible, dans une action, une situation, ce qui a un résultat désavantageux : *Cette décision présente de sérieux inconvénients* (syn. DÉFAUT; contr. AVANTAGE). *Le départ un samedi comporte plus d'inconvénients que d'avantages* (syn. DÉSAVANTAGE). *On peut modifier sans inconvénient notre itinéraire de vacances* (syn. MAL). *N'y a-t-il pas d'inconvénients à laisser cet enfant jouer près de la rivière?* (syn. RISQUE, ↑ DANGER).

inconvertibilité [ɛ̃kɔ̃vɛrtibilite] n. f. Qualité d'une monnaie inconvertible.

inconvertible [ɛ̃kɔ̃vɛrtibl] adj. Qui ne peut être converti : *Monnaie inconvertible.*

incorporation [ɛ̃kɔrpɔrasjɔ̃] n. f. Action d'incorporer; fait d'être incorporé : *L'incorporation d'une indemnité au traitement. Obtenir un sursis d'incorporation.*

incorporer [ɛ̃kɔrpɔre] v. t. (du lat. *corpus, corporis,* corps). **1.** *Incorporer qqch (à, dans qqch),* le faire entrer dans qqch d'autre de façon à former un tout; le mêler intimement à qqch : *Incorporer un nouveau paragraphe dans un texte* (syn. INTRODUIRE, INCLURE). *Territoires étrangers incorporés dans un empire* (syn. ANNEXER, INTÉGRER). *Incorporer un jaune d'œuf à une sauce* (syn. MÊLER). — **2.** *Incorporer une recrue,* l'affecter à un corps de troupes. ◆ ***s'incorporer*** v. pr. (sujet qqn, qqch) Entrer dans un tout : *Elle a réussi à s'incorporer à notre petit groupe d'amis* (syn. S'INTÉGRER).

incorrect, e [ɛ̃kɔrɛkt] adj. **1.** Qui n'est pas correct : *Le mauvais fonctionnement de l'appareil était dû à un montage incorrect* (syn. MAUVAIS [avant le n.], DÉFECTUEUX). *L'erreur résulte d'une lecture incorrecte.* — **2.** Qui manque aux règles de la bienséance : *Il s'est montré très incorrect en ne répondant pas à cette invitation* (syn. MAL ÉLEVÉ). *Des propos incorrects* (syn. MALSÉANT, INCONVENANT).

incorrectement [ɛ̃kɔrɛktəmɑ̃] adv. De façon incorrecte : *Un dessin incorrectement reproduit. Rien ne peut vous autoriser à vous conduire incorrectement.*

incorrection [ɛ̃kɔrɛksjɔ̃] n. f. **1.** Faute contre la grammaire : *Un texte plein d'incorrections.* — **2.** Faute contre les bienséances; attitude de qqn qui commet de telles fautes : *Ce retard est une grave incorrection.*

incorrigible [ɛ̃kɔriʒibl] adj. (avant ou après le n.) Qu'on ne peut corriger : *Un incorrigible taquin. Une paresse incorrigible.*

incorrigiblement [ɛ̃kɔriʒibləmɑ̃] adv. De façon incorrigible : *Elle est incorrigiblement bavarde.*

incorruptibilité [ɛ̃kɔryptibilite] n. f. Qualité incorruptible : *L'incorruptibilité d'un matériau. Une employée d'une incorruptibilité exemplaire* (syn. INTÉGRITÉ).

incorruptible [ɛ̃kɔryptibl] adj. (bas lat. *incorruptibilis,* de *corrumpere,* gâter). Qui ne se corrompt pas : *Une matière incorruptible à l'humidité* (syn. IMPUTRESCIBLE). *Un fonctionnaire incorruptible* (syn. ↓ INTÈGRE).

incrédule [ɛ̃kredyl] adj. et n. (lat. *incredulus,* de *credere,* croire). Qui n'est pas convaincu de la réalité de qqch : *Rester incrédule à l'annonce d'un événement. Secouer la tête d'un air incrédule* (syn. SCEPTIQUE).

incrédulité [ɛ̃kredylite] n. f. Absence de crédulité : *Quelle autre preuve faut-il pour venir à bout de votre incrédulité?* (syn. SCEPTICISME).

increvable [ɛ̃krəvabl] adj. **1.** *Pneus increvables,* conçus de façon à éviter les crevaisons. — **2.** *Fam.* Qui n'est jamais fatigué par le travail, par l'effort, etc. : *Il est vraiment increvable : debout à six heures, couché à minuit, et il a soixante-dix ans* (syn. INFATIGABLE, RÉSISTANT, ROBUSTE).

incriminable [ɛ̃kriminabl] adj. Qui peut être incriminé : *Sa conduite n'est pas incriminable dans cette affaire.*

incriminer [ɛ̃krimine] v. t. (du lat. *crimen, -inis,* accusation). **1.** *Incriminer qqn,* le rendre responsable d'un acte blâmable, le mettre en cause : *On l'avait incriminé à tort* (syn. ↑ ACCUSER). — **2.** *Incriminer la conduite, les actions de qqn,* les attaquer comme blâmables : *Ses articles dans la presse sont incriminés* (syn. METTRE EN CAUSE). *On incriminera sa bonne foi* (syn. SUSPECTER).

incrochetable [ɛ̃krɔʃtabl] adj. Se dit d'une serrure qu'on ne peut crocheter, forcer.

incroyable [ɛ̃krwajabl] adj. Qui est difficile ou impossible à croire : *Une violence, une chance incroyable* (syn. EXTRAORDINAIRE). *Elle a surmonté d'incroyables difficultés* (syn. INIMAGINABLE, PRODIGIEUX).

incroyablement [ɛ̃krwajabləmɑ̃] adv. De façon incroyable : *Elle est incroyablement distraite.*

incroyance [ɛ̃krwajɑ̃s] n. f. Absence de foi religieuse.

incroyant, e [ɛ̃krwajɑ̃] adj. et n. Qui n'a pas la foi religieuse : *Les messages du pape furent écoutés avec attention par les incroyants aussi bien que par les croyants.*

incrustation [ɛ̃krystasjɔ̃] n. f. Action d'incruster; ce qui est incrusté : *Des incrustations d'ivoire.*

incruster [ɛ̃kryste] v. t. (du lat. *crusta,* croûte). **1.** Insérer des fragments d'une matière dans une autre pour former des ornements (souvent pass.) : *Manche de poignard incrusté d'ivoire.* — **2.** *Être incrusté,* être couvert d'un dépôt pierreux : *Le radiateur de la voiture est incrusté* (syn. ENTARTRÉ). ◆ ***s'incruster*** v. pr. *Fam.* (sujet qqn) *S'incruster (chez qqn),* rester chez lui de façon prolongée et inopportune (syn. S'ENRACINER).

incubateur [ɛ̃kybatœr] n. m. Syn. de COUVEUSE.

incubation [ɛ̃kybasjɔ̃] n. f. **1.** Action des oiseaux et de certains ovipares qui couvent leurs œufs. — **2.** Temps qui s'écoule entre le moment où les microbes s'introduisent dans l'organisme et celui où apparaissent les symptômes de la maladie.

incuber [ɛ̃kybe] v. t. (lat. *incubare,* être couché sur). Opérer l'incubation : *Certains poissons incubent leurs œufs dans la cavité buccale. Elle n'a pas l'air bien, elle doit incuber une maladie quelconque* (syn. COUVER).

inculpation [ɛ̃kylpasjɔ̃] n. f. Action d'inculper : *Arrêter quelqu'un sous l'inculpation de vol.*

inculpé, e [ɛ̃kylpe] n. Personne qui est inculpée : *L'inculpé a été écroué à Fresnes.*

inculper [ɛ̃kylpe] v. t. (du lat. *culpa,* faute). *Inculper qqn (de qqch),* l'accuser officiellement d'un crime ou d'un délit (admin.) : *Le juge d'instruction l'a inculpé d'homicide.*

inculquer [ɛ̃kylke] v. t. (lat. *inculcare,* pénétrer dans). *Inculquer qqch à qqn,* le lui faire entrer durablement dans l'esprit : *On lui inculqua de solides principes d'honnêteté* (syn. APPRENDRE, ENSEIGNER).

inculte [ɛ̃kylt] adj. (lat. *incultus*). **1.** Qui n'est pas cultivé : *Région inculte.* — **2.** Qui est sans culture intellectuelle : *Un esprit inculte.*

inculture [ɛ̃kyltyr] n. f. Manque total de connaissances, ignorance.

incurable [ɛ̃kyrabl] adj. et n. (du lat. *curare,* soigner). Qui ne peut être guéri : *Un mal incurable. Dans cette salle de l'hôpital, il n'y a que des incurables.*

incurie [ɛ̃kyri] n. f. (lat. *cura,* soin). *Litt.* Manque total de soin dans l'exécution de qqch : *Faire preuve d'incurie* (syn. LAISSER-ALLER, NÉGLIGENCE).

incuriosité [ɛ̃kyrjɔzite] n. f. *Litt.* Absence complète de curiosité intellectuelle.

incursion [ɛ̃kyrsjɔ̃] n. f. (lat. *incursio,* de *incurrere,* courir sur). **1.** Invasion brutale, mais de peu de durée, dans un territoire étranger : *Incursion de troupes parachutées dans un pays ennemi* (syn. RAID). — **2.** Arrivée soudaine dans un lieu, causant des perturbations, du dérangement : *L'incursion des enfants dans son bureau la mit en colère* (syn. IRRUPTION). — **3.** Fait de s'introduire momentanément dans un domaine qui n'est pas le sien : *C'est une incursion dans mon passé que je ne supporterai pas.*

incurver [ɛ̃kyrve] v. t. (lat. *incurvare,* courber). *Incurver qqch,* lui donner une forme courbe (surtout pass.) : *Incurver une tige de fer* (syn. COURBER). *Les pieds incurvés du fauteuil.* ◆ ***s'incurver*** v. pr. (sujet qqch) Prendre une forme courbe : *La côte s'incurve pour former une large baie.*

indécelable [ɛ̃desəlabl] adj. Qu'on ne peut déceler.

indécemment [ɛ̃desamɑ̃] adv. De façon indécente : *Un luxe qui s'étale indécemment.*

indécence [ɛ̃desɑ̃s] n. f. Caractère indécent : *Plusieurs personnes ont été scandalisées par l'indécence de ses propos. Nous ne supporterons pas de telles indécences.*

indécent, e [ɛ̃desɑ̃] adj. Contraire à la décence, aux convenances, qui choque : *Des chansons indécentes* (syn. GAULOIS, PAILLARD, GRIVOIS, OBSCÈNE). *Il a manifesté une joie indécente en apprenant la mort de son rival* (syn. IMPUDENT, INCONVENANT, DÉPLACÉ).

indéchiffrable [ɛ̃deʃifrabl] adj. Qu'on ne peut déchiffrer : *Écriture indéchiffrable.*

indécidable [ɛ̃desidabl] adj. Sur quoi aucune décision ne peut être prise.

indécis, e [ɛ̃desi] adj. et n. (bas lat. *indecisus,* non tranché). Qui a de la peine à prendre un parti, à se décider : *Rester indécis devant (sur) la solution à adopter* (syn. PERPLEXE, EMBARRASSÉ). *Un caractère indécis* (syn. IRRÉSOLU; contr. DÉCIDÉ). *C'est un indécis dont on ne tirera jamais rien.* ◆ adj. **1.** Qui n'a pas reçu de solution, qui n'est pas sûr : *La victoire est indécise* (syn. DOUTEUX, FLOTTANT). *La question reste indécise* (= non tranchée). *Le temps est indécis* (syn. INCERTAIN). — **2.** Qu'il est difficile de reconnaître, d'apprécier, de définir : *Un sourire indécis* (syn. INDÉFINISSABLE). *Donner une réponse indécise* (syn. VAGUE, DILATOIRE). *Apercevoir dans l'obscurité une forme indécise* (syn. INDISTINCT; contr. NET, PRÉCIS).

indécision [ɛ̃desizjɔ̃] n. f. État de qqn d'indécis : *Mettre fin à son indécision* (syn. HÉSITATION, DOUTE, IRRÉSOLUTION).

indéclinable [ɛ̃deklinabl] adj. Qui ne se décline pas : *Des adjectifs numéraux indéclinables.*

indécomposable [ɛ̃dekɔ̃pozabl] adj. Qui ne peut être décomposé.

indécrochable [ɛ̃dekrɔʃabl] adj. Qu'on ne peut décrocher.

indécrottable [ɛ̃dekrɔtabl] adj. *Fam.* D'une ignorance, d'une sottise résistant à tout; qu'on ne peut pas dégrossir.

indéfectible [ɛ̃defɛktibl] adj. (du lat. *deficere,* faire défaut). Se dit d'un sentiment qui dure toujours, qui ne cesse pas d'exister (soutenu) : *Jurer un amour indéfectible* (syn. ÉTERNEL; contr. ÉPHÉMÈRE).

indéfectiblement [ɛ̃defɛktibləmɑ̃] adv. De manière indéfectible : *Rester indéfectiblement attaché à un idéal.*

indéfendable [ɛ̃defɑ̃dabl] adj. Qu'on ne peut défendre : *Une cause indéfendable. Recourir à des méthodes indéfendables* (syn. INJUSTIFIABLE).

indéfini, e [ɛ̃defini] adj. **1.** Qu'on ne peut pas définir, délimiter exactement : *Un gaz qui se répand dans un espace indéfini* (syn. INDÉTERMINÉ). — **2.** *Adjectifs, pronoms indéfinis,* déterminants (ex. *quelque, chaque, tous,* etc.) et pronoms (ex. *rien, chacun, nul,* etc.) ayant une valeur d'indétermination, de quantité, etc. ‖ *Article indéfini,* nom donné aux articles *un, une, des.* ‖ *Passé indéfini,* syn. de PASSÉ COMPOSÉ. ‖ *Un temps indéfini,* un temps qui paraît très long.

indéfiniment [ɛ̃definimɑ̃] adv. Pendant un temps ou un espace illimité : *Répéter indéfiniment la même chose.*

indéfinissable [ɛ̃definisabl] adj. Qu'on ne saurait

définir : *J'éprouvais un malaise indéfinissable* (syn. VAGUE, CONFUS).

indéformable [ɛ̃defɔrmabl] adj. Qui ne peut être déformé : *Une armature indéformable.*

indéfrisable [ɛ̃defrizabl] n. f. Ondulation durable, donnée aux cheveux par un coiffeur.

indélébile [ɛ̃delebil] adj. (lat. *indelebilis,* de *delere,* détruire). Qu'on ne peut effacer : *Encre indélébile* (syn. INEFFAÇABLE). *Une impression indélébile* (syn. INDESTRUCTIBLE).

indélicat, e [ɛ̃delika] adj. Qui manque d'honnêteté : *Un employé indélicat* (syn. MALHONNÊTE).

indélicatesse [ɛ̃delikatɛs] n. f. Manque d'honnêteté : *Commettre une indélicatesse* (syn. MALHONNÊTETÉ, ↑ ESCROQUERIE).

indémaillable [ɛ̃demajabl] adj. Dont les mailles ne peuvent se défaire.

indemne [ɛ̃dɛmn] adj. (du lat. *damnum,* dommage). Qui n'a subi aucune blessure, aucun dommage, à la suite d'un accident, d'une épreuve difficile, etc. : *Sortir indemne d'une collision* (syn. SAIN ET SAUF).

indemnisation [ɛ̃dɛmnizasjɔ̃] n. f. Action d'indemniser ; fait d'être indemnisé : *L'indemnisation des sinistres.*

indemniser [ɛ̃dɛmnize] v. t. *Indemniser qqn,* le dédommager de ses pertes, de ses frais : *Indemniser un propriétaire exproprié.*

indemnité [ɛ̃dɛmnite] n. f. (lat. *indemnitas*). **1.** Somme d'argent donnée à qqn en réparation d'un dommage subi, en compensation de certains frais : *Payer une indemnité* (syn. DOMMAGES-INTÉRÊTS). *Indemnité de logement, de transport, de déplacement.* — **2.** *Indemnité parlementaire,* émoluments que reçoivent les membres du Parlement.

indémodable [ɛ̃demɔdabl] adj. Qui ne risque pas de se démoder : *Un tailleur classique, indémodable.*

indémontable [ɛ̃demɔ̃tabl] adj. Qu'on ne peut démonter.

indémontrable [ɛ̃demɔ̃trabl] adj. Qu'on ne peut démontrer : *Un axiome est une proposition indémontrable.*

indéniable [ɛ̃denjabl] adj. Qu'on ne peut dénier : *Sa réussite est indéniable* (syn. INCONTESTABLE). *Il est indéniable que la situation s'est améliorée* (syn. ÉVIDENT, CERTAIN).

indéniablement [ɛ̃denjabləmɑ̃] adv. De façon indéniable.

indénombrable [ɛ̃denɔ̃brabl] adj. Impossible à dénombrer.

indépendamment de [ɛ̃depɑ̃damɑ̃] prép. **1.** En faisant abstraction de : *Indépendamment de ses origines, elle a réussi par son travail.* — **2.** En plus de : *Indépendamment de mon salaire, j'ai de nombreux revenus.*

indépendance [ɛ̃depɑ̃dɑ̃s] n. f. Situation de qqn, d'un pays, etc. indépendants : *Son goût de l'indépendance l'a amené à démissionner* (syn. LIBERTÉ). *Un peuple qui a conquis son indépendance* (syn. AUTONOMIE). *Juger en toute indépendance d'esprit.*

indépendant, e [ɛ̃depɑ̃dɑ̃] adj. et n. **1.** Qui a son autonomie et ne dépend de personne : *Un peuple devenu depuis peu indépendant* (syn. LIBRE, AUTONOME, SOUVERAIN). — **2.** Qui a le goût de la liberté, qui répugne à toute soumission : *Mener une existence indépendante. Elle est trop indépendante pour accepter ce métier. Il juge tout d'un esprit indépendant. Un artiste indépendant.* ◆ adj. **1.** Se dit de qqch qui n'est pas solidaire de qqch d'autre : *Un véhicule à roues indépendantes* (= qui ne sont pas reliées par un essieu rigide). *Une chambre indépendante* (= à laquelle on peut accéder sans passer par une autre pièce). — **2.** *Indépendant de qqch,* sans relation avec qqch : *La vitesse de la chute des corps dans le vide est indépendante de leur masse.* ◆ ***indépendante*** adj. et n. f. En grammaire, proposition qui constitue à elle seule une phrase, sans dépendre d'aucune autre proposition et sans qu'aucune proposition dépende d'elle. (Ex. *Le camion roulait à vive allure.*)

indéracinable [ɛ̃derasinabl] adj. Qu'on ne peut déraciner : *Un vice indéracinable.*

indéréglable [ɛ̃dereglabl] adj. Qu'on ne peut dérégler : *Montre indéréglable.*

indescriptible [ɛ̃dɛskriptibl] adj. Qu'on ne peut pas décrire : *Chahut indescriptible.*

indésirable [ɛ̃dezirabl] adj. et n. Qui n'est pas accepté dans un milieu déterminé : *Des voisins indésirables* (= difficiles à supporter). *Chasser un indésirable.*

indestructible [ɛ̃dɛstryktibl] adj. Qui ne peut être détruit : *Une forteresse restée longtemps indestructible.*

indéterminable [ɛ̃detɛrminabl] adj. Qui ne peut être déterminé : *Une teinte indéterminable.*

indétermination [ɛ̃detɛrminasjɔ̃] n. f. **1.** Caractère indéterminé de qqch : *Une évaluation de la distance qui laisse subsister une certaine indétermination* (syn. IMPRÉCISION). — **2.** Absence de résolution, manque de formalité : *Son indétermination naturelle l'a empêché de réagir à temps* (syn. INDÉCISION).

indéterminé, e [ɛ̃detɛrmine] adj. Qui n'est pas déterminé, précisé : *Une somme d'un montant indéterminé.*

1. index [ɛ̃dɛks] n. m. (mot lat. signif. *indicateur*). Deuxième doigt de la main, le plus proche du pouce.

2. index [ɛ̃dɛks] n. m. **1.** Table alphabétique des noms cités, des sujets traités, etc., placée à la fin d'un livre et permettant de les retrouver dans l'ouvrage. — **2.** *Mettre qqn, qqch à l'index,* les signaler comme dangereux et les exclure d'un groupe : *Sa trahison le fit mettre à l'index par tous ses amis.* (L'*Index* était le catalogue des livres dont le Saint-Siège interdisait la lecture.)

indexation [ɛ̃dɛksasjɔ̃] n. f. Action d'indexer.

indexer [ɛ̃dɛkse] v. t. Lier les variations d'une valeur (titre, salaire, emprunt, etc.) à celles d'un élément donné comme référence (or, coût de la vie, etc.) : *Indexer les salaires sur l'indice général des prix de détail.*

indianisme [ɛ̃djanism] n. m. Sciences des civilisations de l'Inde.

indianiste [ɛ̃djanist] n. Spécialiste d'indianisme.

1. indicateur, trice [ɛ̃dikatœr] adj. Qui indique : *Un poteau indicateur* (= qui indique le chemin).

2. indicateur, trice [ɛ̃dikatœr] n. Personne qui est à la solde de la police pour dénoncer les agissements des malfaiteurs (abrév. fam. *indic*). ◆ ***indicateur*** n. m. **1.** Livre, brochure contenant des renseignements divers : *Indicateur des chemins de fer* (= qui en indique les horaires). *Indicateur des rues de Paris.* — **2.** Instrument servant à fournir des renseignements : *Indicateur de pression, d'altitude.*

1. indicatif, ive [ɛ̃dikatif] adj. Se dit de ce qui indique : *L'état indicatif des dépenses. À titre indicatif, je vous signale que le magasin ferme au mois d'août.*

2. indicatif [ɛ̃dikatif] n. m. **1.** Fragment musical ou visuel répété au début d'une émission radiophonique ou télévisée régulière, et destiné à l'identifier : *L'indicatif du journal télévisé.* — **2.** Mode du verbe, comportant une série de temps simples (présent, passé simple, imparfait, futur) et une série correspondante de temps composés (passé composé, passé antérieur, plus-que-parfait, futur antérieur).

indication [ɛ̃dikasjɔ̃] n. f. **1.** Action d'indiquer; ce qui indique : *Donner une fausse indication* (syn. RENSEIGNEMENT). *Ces empreintes sont une indication suffisante pour suivre cette piste* (syn. INDICE). *L'indication du prix doit être portée d'une manière évidente* (syn. MARQUE). *L'indication d'un virage dangereux* (syn. ANNONCE). *Suivre les indications du médecin* (syn. ORDONNANCE, PRESCRIPTIONS). — **2.** Cas où un remède, un traitement est efficace, utile.

indice [ɛ̃dis] n. m. (lat. *indicium,* signe révélateur). **1.** Signe apparent qui met sur la trace de qqch, de qqn, qui révèle qqch de façon très probable : *La hausse des prix est l'indice d'un déséquilibre économique* (syn. SIGNE, SYMPTÔME, MARQUE). *On ne peut les condamner sur d'aussi faibles indices* (syn. PREUVE). — **2.** Indication numérique qui sert à caractériser une grandeur : a *indice 1 s'écrit* a_1. — **3.** Rapport moyen entre des prix, des quantités, des valeurs qui en montre l'évolution : *L'indice des prix* (= tableau indiquant, pour certains articles, le prix moyen à une date déterminée). *Les indices de la production* (= niveau moyen de la production dans chaque branche d'activité). *Les indices des traitements* (= les niveaux hiérarchisés). *L'indice d'écoute des chaînes de télévision.*

indiciaire [ɛ̃disjɛr] adj. Attaché à un indice : *Le classement indiciaire d'un fonctionnaire* (= son indice de traitement).

indicible [ɛ̃disibl] adj. (du lat. *dicere,* dire). D'une intensité, d'une force, d'une grandeur telle qu'on ne peut l'exprimer : *Une joie indicible* (syn. INEXPRIMABLE, INDESCRIPTIBLE, EXTRAORDINAIRE).

indiciel, elle [ɛ̃disjɛl] adj. Qui a valeur d'indice.

indien, enne [ɛ̃djɛ̃] adj. et n. **1.** Relatif à l'Inde. — **2.** Relatif aux populations autochtones de l'Amérique. (On dit aussi, en ce sens, AMÉRINDIEN.)

indifféremment [ɛ̃diferamɑ̃] adv. Sans faire de différence : *Elle est courtoise avec tout le monde indifféremment* (syn. INDISTINCTEMENT).

indifférence [ɛ̃diferɑ̃s] n. f. État de qqn d'indifférent, qui n'est pas touché : *Marquer son indifférence par une attitude désinvolte* (syn. ↑DÉDAIN). *Regarder avec indifférence un spectacle* (syn. ↑ENNUI). *Cette proposition n'a rencontré que l'indifférence générale. Jouer l'indifférence* (syn. FROIDEUR, INSENSIBILITÉ).

indifférencié, e [ɛ̃diferɑ̃sje] adj. Qui n'est pas distingué d'un autre de même espèce.

indifférent, e [ɛ̃diferɑ̃] adj. (lat. *indifferens,* ni bon ni mauvais). *Indifférent (à qqn),* se dit de qqch ou qqn qui touche peu, qui ne provoque aucun intérêt particulier : *Elle ne t'est pas indifférente* (= elle t'inspire un sentiment amoureux). *Parler de choses indifférentes* (= de la pluie et du beau temps). *Ce n'est pas une chose indifférente!* (= sans importance, sans intérêt). *Il lui est indifférent de partir ou de rester* (syn. ÉGAL). ◆ adj. et n. *Indifférent (à qqn, qqch),* se dit de qqn qui n'éprouve pas d'intérêt pour qqn, qqch, qui y est insensible : *Indifférent à la misère humaine. Indifférent à l'argent* (= désintéressé). *Demeurer indifférent devant le danger* (syn. IMPERTURBABLE, IMPASSIBLE). *Poser un regard indifférent sur l'auditoire* (syn. DÉTACHÉ, DÉDAIGNEUX). *C'est un indifférent, que rien ne peut émouvoir* (syn. BLASÉ, ÉGOÏSTE).

indifférer [ɛ̃difere] v. t. (c. **10**) *Indifférer qqn,* ne présenter aucun intérêt pour lui : *La question d'argent l'indiffère profondément.*

indigence [ɛ̃diʒɑ̃s] n. f. Grande pauvreté; état d'indigent : *Vivre dans la plus terrible indigence* (syn. DÉNUEMENT, MISÈRE). *Témoigner d'une rare indigence intellectuelle* (syn. PAUVRETÉ, FAIBLESSE).

indigène [ɛ̃diʒɛn] adj. et n. (lat. *indigena,* qui est né dans le pays). Originaire du pays où il vit, où il se trouve (se dit surtout des populations autres que celles de l'Europe et de l'Amérique du Nord, mais l'emploi du mot s'étend) : *La population indigène, les indigènes* (syn. AUTOCHTONE). *Utiliser la main-d'œuvre indigène* (= celle de la région où on est installé).

indigent, e [ɛ̃diʒɑ̃] adj. et n. (du lat. *indigere,* avoir besoin). Qui vit dans le plus extrême dénuement, dans la plus grande pauvreté : *Un vieillard indigent* (syn. NÉCESSITEUX). *Des indigents qui vivent de la charité publique.* ◆ adj. *Litt.* Qui manifeste une grande pauvreté de moyens : *Une imagination indigente* (syn. ↓PAUVRE).

indigeste [ɛ̃diʒɛst] adj. **1.** Difficile à digérer : *La crème Chantilly est indigeste.* — **2.** Difficile à assimiler : *Un roman indigeste* (= d'une lecture pénible).

indigestion [ɛ̃diʒɛstjɔ̃] n. f. **1.** Trouble momentané des fonctions digestives, particulièrement de celles de l'estomac : *Il a eu une indigestion et il a vomi son repas.* — **2.** Satiété qui provoque une aversion : *J'ai une indigestion de cinéma.*

indignation [ɛ̃diɲasjɔ̃] n. f. Fait de s'indigner : *Protester avec indignation* (syn. COLÈRE). *Indignation générale* (syn. TOLLÉ, RÉVOLTE).

indigne [ɛ̃diɲ] adj. **1.** Qui inspire le mépris, la révolte : *Ces parents indignes ont été déchus de leurs droits parentaux. On lui a infligé un traitement indigne* (syn. HONTEUX, SCANDALEUX). — **2.** Qui n'est pas digne de qqch : *Un roman indigne de figurer dans votre bibliothèque. Il s'est montré indigne de la faveur qu'on lui a faite.*

indigné, e [ɛ̃diɲe] adj. Qui marque l'indignation : *Protestation indignée. Regards indignés.*

indignement [ɛ̃diɲəmɑ̃] adv. De façon indigne : *On l'a indignement traité.*

indigner [ɛ̃diɲe] v. t. (lat. *indignari*). *Indigner qqn,* exalter sa colère, sa révolte par l'absence de moralité, de justice, etc. : *Sa conduite m'indigne* (syn. SCANDALISER, ↓IRRITER). ◆ ***s'indigner*** v. pr., **être indigné** v. pass. *S'indigner, être indigné de qqch, que* (+ *subj.*), éprouver un sentiment de colère, de révolte contre l'amoralité, l'injustice, en raison de, de ce que : *Je suis indigné qu'on puisse être aussi cruel* (syn. OUTRER). *Je m'indigne de la condamnation de cette innocente* (syn. S'OFFENSER). *S'indigner contre l'injustice sociale* (syn. S'EMPORTER).

indignité [ɛ̃diɲite] n. f. **1.** Caractère de qqn ou d'un acte indigne : *L'indignité de ses propos scandalisait l'assistance.* — **2.** *Indignité nationale,* peine comportant la privation de certains droits civils ou civiques. — **3.** État de qqn qui n'est pas digne de qqch : *Un prêtre qui refuse le chapeau de cardinal en alléguant son indignité.*

indigo [ɛ̃digo] n. m. (mot esp.). Couleur bleue tirant légèrement sur le violet.

indiqué, e [ɛ̃dike] adj. Spécialement utile pour qqch, qqn, efficace contre qqch : *Ce médicament est tout à fait indiqué dans votre cas* (syn. RECOMMANDÉ, ADÉQUAT; contr. CONTRE-INDIQUÉ).

indiquer [ɛ̃dike] v. t. (lat. *indicare*). **1.** (sujet qqn, qqch) *Indiquer qqn, qqch,* les désigner, les faire voir d'une manière précise, par un geste, un signal, etc. : *Elle m'indiqua une place libre dans le compartiment* (syn. SIGNALER). *Je lui indiquais du doigt la direction* (syn. MONTRER). *Ma montre indique trois heures et demie* (syn. MARQUER). *La flèche vous indiquera la direction* (syn. DONNER). — **2.** (sujet qqn) *Indiquer qqn, qqch à qqn,* le lui faire connaître : *Pouvez-vous m'indiquer une bonne couturière? Il nous indiqua l'origine du phénomène* (syn. DIRE, ENSEIGNER). *Indiquez-moi l'heure* *de la réunion* (syn. DONNER, DIRE, FIXER). — **3.** (sujet qqch) *Indiquer qqch,* révéler, faire connaître l'existence ou la caractéristique d'un être ou d'un événement : *La fièvre indique une aggravation de la maladie* (syn. MARQUER). *Tout indique qu'elle est partie précipitamment* (syn. MONTRER, PROUVER). *Cette réponse indique une grande intelligence* (syn. DÉCELER, DÉNOTER, REFLÉTER). — **4.** Représenter à grands traits, légèrement : *Le peintre a indiqué dans le fond de la toile un paysage d'hiver* (syn. ESQUISSER). *Indiquer un jeu de scène à une actrice.*

indirect, e [ɛ̃dirɛkt] adj. Qui n'est pas direct : *Arriver au même but par un chemin indirect* (syn. DÉTOURNÉ). *Être en rapport indirect avec quelqu'un. Complément indirect.*

indirectement [ɛ̃dirɛktəmɑ̃] adv. De manière indirecte : *J'ai appris cela indirectement, par sa secrétaire.*

indiscernable [ɛ̃disɛrnabl] adj. Qu'on ne peut discerner.

indisciplinable [ɛ̃disiplinabl] adj. Qu'on ne peut discipliner.

indiscipline [ɛ̃disiplin] n. f. Manquement à la discipline : *Un élève exclu pour indiscipline.*

indiscipliné, e [ɛ̃disipline] adj. Rebelle à la discipline : *Troupe indisciplinée.*

indiscret, ète [ɛ̃diskrɛ] adj. **1.** Qui manque de retenue; curieux de ce qu'on ne tient pas à dévoiler : *Vous êtes indiscret dans vos questions. Jeter un regard indiscret par la fenêtre. Il serait indiscret de lui demander son âge.* — **2.** Qui révèle ce qui aurait dû rester secret : *Le complot a été découvert à cause de bavardages indiscrets.*

indiscrètement [ɛ̃diskrɛtmɑ̃] adv. De façon indiscrète : *Il se mêle indiscrètement des affaires des autres.*

indiscrétion [ɛ̃diskresjɔ̃] n. f. Manque de discrétion : *C'est une indiscrétion de lire le courrier qui ne vous est pas adressé. J'ai appris la nouvelle par une indiscrétion.*

indiscutable [ɛ̃diskytabl] adj. Qu'on ne peut discuter : *Une preuve indiscutable* (syn. CERTAIN, ÉVIDENT, INCONTESTABLE, IRRÉFUTABLE).

indiscutablement [ɛ̃diskytabləmɑ̃] adv. De manière indiscutable : *Cette affaire est indiscutablement plus avantageuse que l'autre* (syn. INCONTESTABLEMENT, ASSURÉMENT, CERTAINEMENT).

indiscuté, e [ɛ̃diskyte] adj. Qui n'offre pas matière à discussion (syn. INCONTESTÉ, CERTAIN).

indispensable [ɛ̃dispɑ̃sabl] adj. et n. m. Dont on ne peut pas se dispenser, se passer : *J'ai réclamé les crédits indispensables pour cette entreprise* (syn. NÉCESSAIRE). *La persévérance est indispensable au succès. Nous avons emporté l'indispensable.*

indisponibilité [ɛ̃dispɔnibilite] n. f. État de qqn qui est indisponible : *En cas d'indisponibilité, j'enverrai quelqu'un à ma place.*

indisponible [ɛ̃dispɔnibl] adj. Dont on ne peut pas disposer, qui est empêché de s'adonner à un travail : *Un local indisponible. Un ouvrier indisponible.*

indisposer [ɛ̃dispoze] v. t. (du lat. *indispositus,* mal ordonné). **1.** (sujet qqch) *Indisposer qqn,* le rendre un peu malade; le mettre mal à l'aise physiquement : *Cette chaleur m'a indisposé* (syn. INCOMMODER). — **2.** (sujet qqn) *Être indisposé,* être légèrement souffrant; (sujet une femme) avoir ses règles (fam.). — **3.** (sujet qqn, qqch) *Indisposer qqn,* le mettre dans une disposition d'esprit peu favorable : *Avec ses critiques, il a réussi à indisposer tout le monde contre lui* (syn. SE METTRE À DOS). *Des longueurs qui indisposent le lecteur* (syn. DÉPLAIRE À, HÉRISSER). *Vos remarques l'ont indisposé* (syn. FROISSER, ↑VEXER).

indisposition [ɛ̃dispozisjɔ̃] n. f. Léger malaise : *Quitter le travail à cause d'une légère indisposition* (syn. FATIGUE). *Une indisposition après un trop bon repas* (syn. ↑INDIGESTION).

indissociable [ɛ̃disɔsjabl] adj. Qui ne peut être séparé en plusieurs éléments : *Cet élément est indissociable des autres.*

indissolubilité [ɛ̃disɔlybilite] n. f. Qualité de ce qui est indissoluble : *L'Église catholique proclame l'indissolubilité du mariage.*

indissoluble [ɛ̃disɔlybl] adj. *Amitié, union indissoluble,* que rien ne peut faire cesser (syn. INDÉFECTIBLE, INDESTRUCTIBLE).

indissolublement [ɛ̃disɔlybləmɑ̃] adv. De manière indissoluble : *Deux êtres indissolublement liés.*

indistinct, e [ɛ̃distɛ̃] adj. Qui manque de netteté : *Souvenir indistinct* (syn. VAGUE, OBSCUR, CONFUS). *Couleur indistincte* (syn. INDÉCIS).

indistinctement [ɛ̃distɛ̃ktəmɑ̃] adv. **1.** Sans netteté : *Des formes grises apparaissaient indistinctement dans la brume* (syn. VAGUEMENT, CONFUSÉMENT). — **2.** Sans aucun choix, en bloc, aussi bien d'une façon que d'une autre : *Vous ne pouvez pas les condamner indistinctement. Cette cuisinière marche indistinctement au gaz ou à l'électricité* (syn. INDIFFÉREMMENT). [→ DISTINGUER.]

individu [ɛ̃dividy] n. m. (lat. *individuum,* indivisible). **1.** Être humain considéré comme une unité isolée, opposé à la collectivité, au groupe : *Les droits de l'individu* (syn. PERSONNE HUMAINE). *L'individu écrasé par la société.* — **2.** *Péjor.* Homme indéterminé ou dont on parle avec mépris : *Un individu suspect, louche, peu recommandable, indésirable* (syn. PERSONNE).

individualisation [ɛ̃dividɥalizasjɔ̃] n. f. Action d'individualiser.

individualiser [ɛ̃dividɥalize] v. t. Rendre distinct des autres par des caractères propres : *Individualiser les peines en adaptant la loi aux circonstances et au milieu. Un groupe fortement individualisé.*

individualisme [ɛ̃dividɥalism] n. m. Attitude visant à affirmer son indépendance vis-à-vis des groupes sociaux et à ne considérer que son intérêt ou ses droits propres (syn. NON-CONFORMISME).

individualiste [ɛ̃dividɥalist] adj. et n. Qui ne songe qu'à lui : *Une individualiste qui réagit contre les idées toutes faites. Il est trop individualiste, il ne pense qu'à lui-même* (syn. ↑ÉGOÏSTE).

individualité [ɛ̃dividɥalite] n. f. **1.** Ce qui constitue le caractère propre et original : *L'individualité d'une province* (syn. ORIGINALITÉ). — **2.** Personne dont le caractère est nettement différent des autres, qui a une forte personnalité : *Ce roman manifeste une forte individualité* (syn. usuel PERSONNALITÉ).

individuel, elle [ɛ̃dividɥɛl] adj. Qui concerne une seule personne, qui appartient à un seul individu : *La responsabilité individuelle* (syn. PERSONNEL; contr. COLLECTIF). *La propriété individuelle* (contr. PUBLIC). *Le travail individuel* (contr. D'ÉQUIPE). *Les cas individuels seront examinés* (syn. PARTICULIER). *La liberté individuelle* (= de chacun).

individuellement [ɛ̃dividɥɛlmɑ̃] adv. De façon individuelle : *S'occuper de chacun, individuellement* (syn. ISOLÉMENT).

indivis, e [ɛ̃divi] adj. (lat. *indivisus,* qui n'est pas séparé). *Succession indivise,* qui ne peut être partagée (jurid.).

indivisibilité [ɛ̃divizibilite] n. f. Caractère indivisible : *L'indivisibilité de leur union* (syn. INDISSOLUBILITÉ).

indivisible [ɛ̃divizibl] adj. Étroitement uni, qu'on ne peut pas séparer : *Une famille qui forme un bloc indivisible. Alliance indivisible* (syn. INDISSOLUBLE).

indochinois, e [ɛ̃dɔʃinwa] adj. et n. De l'Indochine.

indocile [ɛ̃dɔsil] adj. Qui ne se laisse pas mener : *Un caractère indocile* (syn. DIFFICILE, REBELLE, RÉFRACTAIRE).

indocilité [ɛ̃dɔsilite] n. f. Caractère indocile : *Les professeurs se plaignent de son indocilité.*

indo-européen, enne [ɛ̃doøʀɔpeɛ̃] adj. et n. (du lat. *indus,* de l'Inde, et *européen*). Se dit d'un groupe de langues parlées d'abord en Europe et en Asie, auxquelles on a trouvé une parenté d'origine; se dit aussi des personnes qui les parlaient.

indolemment [ɛ̃dɔlamɑ̃] adv. *Litt.* Avec indolence.

indolence [ɛ̃dɔlɑ̃s] n. f. Comportement indolent : *Secouer son indolence* (syn. ↑APATHIE, ↑INERTIE). *L'indolence d'une personne désœuvrée* (syn. MOLLESSE, NONCHALANCE; contr. ARDEUR).

indolent, e [ɛ̃dɔlɑ̃] adj. et n. (lat. *indolens,* de *dolere,* souffrir). Qui ne se donne aucune peine, qui agit avec mollesse : *Un élève indolent* (syn. MOU, NONCHALANT, INSOUCIANT, ↑APATHIQUE; contr. ACTIF). *Un indolent que rien n'intéresse* (syn. ↑FAINÉANT).

indolore [ɛ̃dɔlɔʀ] adj. Qui ne cause pas de douleur : *La piqûre est indolore* (contr. DOULOUREUX).

indomptable [ɛ̃dɔ̃tabl] adj. Qu'on ne peut dompter, maîtriser : *Un animal indomptable. Énergie indomptable* (syn. FAROUCHE).

indompté, e [ɛ̃dɔ̃te] adj. *Litt.* Qu'on n'a pas pu dompter : *Courage indompté.*

indonésien, enne [ɛ̃dɔnezjɛ̃] adj. et n. De l'Indonésie.

indu, e [ɛ̃dy] adj. *Heure indue,* celle où il n'est pas convenable de faire telle ou telle chose (en général très tard dans la nuit).

indubitable [ɛ̃dybitabl] adj. Se dit de qqch dont on ne peut pas douter : *On a des preuves indubitables de sa culpabilité* (syn. INCONTESTABLE). *Il est indubitable que vous avez raison* (syn. HORS DE DOUTE, CERTAIN, ÉVIDENT). [→ DOUTER.]

indubitablement [ɛ̃dybitabləmɑ̃] adv. De façon indubitable : *Elle est indubitablement innocente* (syn. SANS AUCUN DOUTE).

induction [ɛ̃dyksjɔ̃] n. f. **1.** Raisonnement qui va du particulier au général. — **2.** Raisonnement allant de la cause à la conséquence ou inversement : *Par induction, je remontai aux mobiles du crime.*

induire [ɛ̃dɥiʀ] v. t. (lat. *inducere,* conduire à) [c. **70**]. **1.** *Induire qqn à mal faire,* le pousser à commettre une faute, à céder à une tentation. — **2.** *Induire qqn en erreur,* l'amener à se tromper (syn. TROMPER). — **3.** *Induire qqch, que* (+ *ind.*) *de qqch,* en tirer telle conclusion : *J'induis de ton silence que tu es d'accord. Que peut-on induire de faits aussi disparates?* (syn. INFÉRER).

indulgence [ɛ̃dylʒɑ̃s] n. f. (lat. *indulgentia*). Facilité à pardonner : *Réclamer l'indulgence* (syn. CLÉMENCE, BIENVEILLANCE, ↑PARDON). *L'indulgence du jury* (syn. COMPRÉHENSION; contr. RIGUEUR). *Écouter sans indulgence un bavard* (syn. MANSUÉTUDE).

indulgent, e [ɛ̃dylʒɑ̃] adj. Qui pardonne aisément les fautes : *Une mère trop indulgente* (syn. BON). *Un juge indulgent* (syn. CLÉMENT, BIENVEILLANT; contr. SÉVÈRE, DUR, IMPITOYABLE). *Sous le regard indulgent des parents* (syn. DÉBONNAIRE, COMPRÉHENSIF; contr. IMPLACABLE).

indûment [ɛ̃dymɑ̃] adv. D'une façon qui n'est pas légitime : *Toucher indûment de l'argent.*

industrialisation [ɛ̃dystʀijalizasjɔ̃] n. f. Action d'industrialiser; fait d'être industrialisé : *L'industrialisation des pays en voie de développement.*

industrialiser [ɛ̃dystʀijalize] v. t. **1.** Exploiter sous une forme industrielle : *Industrialiser l'agriculture.* — **2.** Équiper en usines, en industries (souvent pass.) : *Les régions industrialisées de Lorraine.* ◆ ***s'industrialiser*** v. pr. S'équiper en industries : *La Chine s'industrialise.*

industrie [ɛ̃dystʀi] n. f. (lat. *industria,* activité). **1.** Ensemble des activités qui ont pour objet de fabriquer des produits à partir de matières premières, d'exploiter les mines et les sources d'énergie : *L'industrie automobile, pétrolière, alimentaire, textile, métallurgique, etc. Les ouvriers d'industrie. Industrie lourde* (= celle qui met en œuvre directement les matières premières). *Industrie légère* (= celle qui transforme les produits de l'industrie lourde). *La grande, la petite industrie* (selon l'importance des moyens de production). — **2.** Établissement industriel : *Diriger une petite industrie.*

industriel, elle [ɛ̃dystʀijɛl] adj. **1.** Relatif à l'industrie : *L'activité industrielle. L'équipement industriel d'une région. Produits industriels.* — **2.** Où l'industrie est importante : *Ville industrielle.* — **3.** Fam. *En quantité industrielle,* en très grande quantité. ◆ n. Propriétaire, dirigeant d'une usine, d'établissements industriels.

industriellement [ɛ̃dystʀijɛlmɑ̃] adv. De façon industrielle : *Produit fabriqué industriellement.*

industrieux, euse [ɛ̃dystʀijø] adj. (lat. *industriosus,* actif). *Litt.* Qui a de l'habileté, du savoir-faire dans son métier.

inébranlable [inebʀɑ̃labl] adj. Qu'on ne peut pas fléchir.

inédit, e [inedi] adj. (lat. *ineditus*). **1.** Qui n'a pas été publié, édité : *Les Mémoires inédits d'un chef d'État. Un jeune écrivain inédit.* — **2.** D'un caractère nouveau, original : *Un numéro encore inédit de prestidigitation.* ◆ ***inédit*** n. m. Non encore publié, dit, fait : *Voilà de l'inédit!*

ineffable [inɛfabl] adj. (lat. *ineffabilis,* qu'on ne peut exprimer). Se dit de sentiments, de sensations dont la force, la beauté ne peuvent être exprimées par des mots (soutenu) : *Un bonheur ineffable* (syn. INDICIBLE, INEXPRIMABLE, EXTRAORDINAIRE).

ineffaçable [inɛfasabl] adj. Qu'on ne peut effacer : *Un souvenir ineffaçable* (syn. VIVACE, ÉTERNEL). *Son éducation l'a marqué de traits ineffaçables* (syn. INDÉLÉBILE).

inefficace [inɛfikas] adj. Qui ne produit pas d'effet : *Une réponse totalement inefficace. Un secrétaire inefficace.*

inefficacité [inɛfikasite] n. f. Manque d'efficacité : *Constater l'inefficacité d'une cure thermale* (syn. INUTILITÉ). *L'inefficacité de certains services. L'inefficacité d'une équipe.*

inégal, e, aux [inegal] adj. Contr. de ÉGAL, mais sans compl. : *Des arbres inégaux. Un sol inégal. Un pouls inégal. Deux nombres inégaux. Des conditions sociales très inégales. Des romans d'un intérêt inégal* (syn. VARIABLE).

inégalable [inegalabl] adj. Qui ne peut pas être égalé : *Un vin d'une qualité inégalable.*

inégalé, e [inegale] adj. Qui n'a pas été égalé : *Record inégalé.*

inégalement [inegalmɑ̃] adv. De manière inégale : *Des ressources minières inégalement réparties. Des films inégalement intéressants* (syn. DIVERSEMENT).

inégalitaire [inegalitɛʀ] adj. Fondé sur l'inégalité : *Une société inégalitaire.*

inégalité [inegalite] n. f. Caractère inégal : *L'inégalité des deux montants, de la surface. Une inégalité de fortune, de chances.*

inélégance [inelegɑ̃s] n. f. Manque d'élégance : *L'inélégance de cette remarque* (= manque de courtoisie).

inélégant, e [inelegɑ̃] adj. Qui manque de courtoisie; contraire aux bienséances : *Ce rappel à l'ordre est inélégant* (syn. DISCOURTOIS, INCORRECT, ↑GROSSIER).

inéligibilité [ineliʒibilite] n. f. État de qqn d'inéligible.

inéligible [ineliʒibl] adj. Qui n'a pas le droit d'être élu.

inéluctable [inelyktabl] adj. (du lat. *eluctari*, surmonter en luttant). Qu'il est impossible d'éviter, contre quoi on ne peut lutter : *La mort inéluctable* (syn. IMPLACABLE). *Les conséquences inéluctables d'un conflit* (syn. INÉVITABLE).

inéluctablement [inelyktabləmɑ̃] adv. De manière inéluctable.

inemployé, e [inɑ̃plwaje] adj. Qui n'est pas utilisé : *Main-d'œuvre inemployée.*

inénarrable [inenarabl] adj. D'une bizarrerie, d'un comique extraordinaires : *Une aventure inénarrable.* (→ NARRER.)

inepte [inɛpt] adj. D'une grande bêtise : *Un film inepte* (syn. STUPIDE, IDIOT, ABSURDE). *J'ai été mal renseigné par un employé inepte* (syn. NIAIS, SOT).

ineptie [inɛpsi] n. f. Caractère absurde; parole, action inepte : *L'ineptie d'un raisonnement* (syn. STUPIDITÉ). *Ce roman est une ineptie* (syn. IDIOTIE). *Raconter des inepties* (syn. SOTTISE).

inépuisable [inepɥizabl] adj. Qu'on ne peut épuiser : *Le vent et la mer sont des sources inépuisables d'énergie* (syn. INTARISSABLE). *Sa fortune paraissait inépuisable. Elle reprenait ses explications avec une patience inépuisable* (syn. INLASSABLE).

inépuisablement [inepɥizabləmɑ̃] adv. De façon inépuisable : *La carrière qui fournit inépuisablement de la pierre.*

inéquitable [inekitabl] adj. Inégal, injuste.

inerte [inɛrt] adj. (lat. *iners, inertis*, inactif). **1.** Sans mouvement : *Un corps inerte* (= où il n'y a plus signe de vie). *Le blessé soutenait son bras inerte* (syn. IMMOBILE). — **2.** Sans énergie morale, sans réaction : *Elle restait inerte devant l'étendue du désastre* (syn. APATHIQUE, PARALYSÉ).

inertie [inɛrsi] n. f. **1.** Résistance d'un corps au mouvement : *Les corps opposent au mouvement la force d'inertie.* — **2.** Manque d'énergie : *Quand sortiras-tu de ton inertie ?* (syn. APATHIE). *Elle oppose une force d'inertie incroyable* (= une résistance passive).

inespéré, e [inɛspere] adj. Qu'on n'espérait plus : *Victoire inespérée* (syn. ↓INATTENDU).

inesthétique [inɛstetik] adj. Qui n'est pas esthétique : *Une attitude, un visage inesthétique* (syn. ↑LAID).

inestimable [inɛstimabl] adj. Qui ne peut être estimé : *Une valeur inestimable* (syn. INAPPRÉCIABLE). *Son aide est inestimable* (= très précieuse).

inévitable [inevitabl] adj. Qu'on ne peut éviter : *Accident inévitable* (syn. FATAL). *Un effet inévitable* (syn. NÉCESSAIRE, FORCÉ). *Il est inévitable qu'il en soit ainsi* (syn. INÉLUCTABLE). *Il a débité ses inévitables plaisanteries* (syn. INVARIABLE, ÉTERNEL).

inévitablement [inevitabləmɑ̃] adv. De façon inévitable.

inexact, e [inɛgza(kt)] adj. Qui n'est pas exact : *Renseignements inexacts* (syn. ↑FAUX). *Traduction inexacte* (syn. INFIDÈLE). *Il est inexact au rendez-vous.*

inexactement [inɛgzaktəmɑ̃] adv. De façon inexacte : *Rapporter inexactement les paroles de quelqu'un.*

inexactitude [inɛgzaktityd] n. f. Caractère de ce qui est inexact : *Les inexactitudes d'un témoignage* (syn. ERREUR, ↑MENSONGE).

inexcusable [inɛkskyzabl] adj. Qu'on ne peut excuser : *Faute inexcusable. Je suis inexcusable de ne pas avoir laissé mon adresse en partant* (syn. IMPARDONNABLE).

inexécutable [inɛgzekytabl] adj. Qu'on ne peut exécuter : *Ces ordres sont inexécutables.*

inexécution [inɛgzekysjɔ̃] n. f. Absence d'exécution : *L'inexécution d'un décret* (= non-application). *L'inexécution de ce travail dans les délais prévus entraînera la résiliation du contrat.*

inexercé, e [inɛgzɛrse] adj. Qui n'est pas exercé : *Une oreille inexercée.*

inexistant, e [inɛgzistɑ̃] adj. Qui n'existe pas ou ne vaut rien : *Les résultats sont inexistants* (syn. NUL).

inexistence [inɛgzistɑ̃s] n. f. Défaut d'existence ou de valeur.

inexorable [inɛgzɔrabl] adj. (de *in-*, priv., et lat. *exorare*, obtenir par prière). *Litt.* Qu'on ne peut fléchir; d'une dureté implacable : *Être inexorable à toutes les prières* (syn. INSENSIBLE). *Une volonté inexorable. Sa mère a été inexorable : elle n'a pas pu sortir dimanche* (syn. INFLEXIBLE, IMPITOYABLE).

inexorablement [inɛgzɔrabləmɑ̃] adv. De manière inexorable : *Marcher inexorablement à sa perte* (syn. FATALEMENT).

inexpérience [inɛksperjɑ̃s] n. f. Manque d'expérience : *Son inexpérience des affaires a failli causer la ruine de la société* (syn. IGNORANCE).

inexpérimenté, e [inɛksperimɑ̃te] adj. Qui n'a pas d'expérience : *Je ne me sentais pas en sécurité avec un conducteur aussi inexpérimenté* (syn. NOVICE).

inexpert, e [inɛkspɛr] adj. Qui manque d'habileté : *Être inexpert en musique.*

inexpiable [inɛkspjabl] adj. **1.** Qui ne peut être expié : *Des crimes de guerre inexpiables* (syn. ATROCE, MONSTRUEUX, IMPARDONNABLE). — **2.** Sans merci, sans pitié : *Une haine inexpiable* (syn. IMPLACABLE).

inexplicable [inɛksplikabl] adj. Qu'on ne peut expliquer : *Sa disparition est inexplicable* (syn. INCOMPRÉHENSIBLE). *Elle s'obstine dans un silence inexplicable.*

inexplicablement [inɛksplikabləmɑ̃] adv. De manière inexplicable.

inexpliqué, e [inɛksplike] adj. Qui n'a pas reçu d'explication : *Sa disparition est restée inexpliquée.*

inexploitable [inɛksplwatabl] adj. Qu'on ne peut exploiter.

inexploité, e [inɛksplwate] adj. Qui n'a pas été exploité : *Richesses inexploitées.*

inexplorable [inɛksplɔrabl] adj. Qu'on ne peut explorer : *Les profondeurs inexplorables de la Terre.*

inexploré, e [inɛksplɔre] adj. Qui n'est pas exploré : *Région encore inexplorée du globe. Caverne inexplorée.*

inexpressif, ive [inɛksprɛsif] adj. Dépourvu d'expression : *Visage inexpressif* (syn. IMPASSIBLE).

inexprimable [inɛksprimabl] adj. Que l'on ne peut exprimer : *Joie, surprise inexprimable* (syn. INDICIBLE, EXTRAORDINAIRE, IMMENSE).

inexpugnable [inɛkspyɲabl] adj. (de *in-*, priv., et lat. *expugnare*, prendre d'assaut). *Litt.* Qui résiste à tous les assauts, à la force : *Occuper une position inexpugna-*

ble. Un château perché sur un piton rocheux, inexpugnable (syn. IMPRENABLE).

inextensible [inɛkstɑ̃sibl] adj. Qui ne peut être allongé.

in extenso [inɛkstɛ̃so] adv. (mots lat. signif. *en entier*). Tout au long, en entier : *Publier un discours in extenso.*

inextinguible [inɛkstɛ̃gibl] adj. (de *in-*, priv., et lat. *exstinguere*, éteindre). Litt. *Rire inextinguible*, qu'on ne peut arrêter (syn. FOU RIRE). ‖ *Soif inextinguible*, qu'on ne peut calmer.

in extremis [inɛkstremis] adv. (mots lat. signif. *à l'extrémité*). Au dernier moment : *Sauvé in extremis.*

inextricable [inɛkstrikabl] adj. (de *in-*, priv., et lat. *extricare*, démêler). Si embrouillé qu'on ne peut le démêler, qu'on ne peut s'en retirer : *Un inextricable enchevêtrement de ferrailles tordues. Une situation inextricable.*

inextricablement [inɛkstrikabləmɑ̃] adv. De manière inextricable.

infaillibilité [ɛ̃fajibilite] n. f. **1.** Impossibilité de faire une erreur : *Prétendre à l'infaillibilité.* — **2.** *L'infaillibilité pontificale*, dogme selon lequel le pape est infaillible en matière de doctrine.

infaillible [ɛ̃fajibl] adj. **1.** Qui ne peut se tromper : *Se croire infaillible. Nul n'est infaillible.* — **2.** Qui ne peut manquer de produire le résultat attendu : *Un remède infaillible contre la migraine* (syn. ↓EFFICACE). [→ FAILLIBLE.]

infailliblement [ɛ̃fajibləmɑ̃] adv. De manière infaillible : *Si vous continuez vos imprudences, l'accident arrivera infailliblement* (syn. SÛREMENT, INÉVITABLEMENT).

infaisable [ɛ̃fəzabl] adj. Qui ne peut être fait.

infalsifiable [ɛ̃falsifjabl] adj. Qui ne peut être falsifié.

infamant, e [ɛ̃famɑ̃] adj. Qui nuit à la réputation, à l'honneur : *L'épithète infamante d'«escroc»* (syn. DÉSHONORANT). *Une peine infamante* (syn. FLÉTRISSANT).

infâme [ɛ̃fɑm] adj. (lat. *infamis*, de *fama*, réputation) [avant ou après le n.]. **1.** Qui cause du dégoût par sa bassesse : *Un infâme coquin. Un crime infâme* (syn. ATROCE, HORRIBLE, IGNOBLE). *Une complaisance infâme* (syn. ABJECT, INDIGNE, HONTEUX). — **2.** Qui cause de la répugnance par sa laideur, sa saleté : *Un logis infâme* (syn. SALE, ↓MALPROPRE).

infamie [ɛ̃fami] n. f. Atteinte à l'honneur; action, parole vile : *Être couvert d'infamie* (syn. HONTE). *L'infamie d'un crime* (syn. IGNOMINIE). *Commettre une infamie* (syn. BASSESSE, VILENIE). *Dire des infamies sur quelqu'un* (syn. CALOMNIE).

infanterie [ɛ̃fɑ̃tri] n. f. (lat. *infans*, valet). Ensemble des troupes à pied chargées de l'occupation du terrain : *Unités d'infanterie. Soldat d'infanterie* (= fantassin).

infanticide [ɛ̃fɑ̃tisid] n. et adj. (lat. *infans, -antis*, enfant, et *caedere*, tuer). Personne qui tue un enfant, en partic. un nouveau-né : *Une mère infanticide.* ◆ n. m. Meurtre d'un enfant : *Commettre un infanticide.*

infantile [ɛ̃fɑ̃til] adj. (du lat. *infans, -antis*, enfant). **1.** Relatif à l'enfant en bas âge : *Les maladies infantiles. Médecine infantile* (syn. PÉDIATRIE). — **2.** *Péjor.* Comparable à un enfant par son intelligence ou par sa sensibilité : *Des réactions infantiles* (syn. PUÉRIL). *Un esprit infantile* (syn. ↓ENFANTIN).

infantiliser [ɛ̃fɑ̃tilize] v. t. Maintenir chez un adulte une mentalité infantile.

infantilisme [ɛ̃fɑ̃tilism] n. m. Persistance chez l'adulte d'une mentalité puérile.

infarctus [ɛ̃farktys] n. m. (du lat. *in*, dans, et *farcire*, remplir de farce). *Infarctus (du myocarde)*, occlusion aiguë de l'artère coronaire, qui provoque une irrigation insuffisante du muscle cardiaque.

infatigable [ɛ̃fatigabl] adj. (avant ou, plus souvent, après le n.) Qui n'éprouve ou ne paraît pas éprouver de fatigue à la suite d'un travail, d'un effort prolongé : *Elle aime les longues promenades en montagne; c'est une marcheuse infatigable* (syn. RÉSISTANT, ROBUSTE; fam. INCREVABLE). *Il avait repris l'explication avec une infatigable patience* (syn. INLASSABLE).

infatigablement [ɛ̃fatigabləmɑ̃] adv. Sans se lasser : *Elle revenait infatigablement à la charge, le pressant de questions.*

infatuation [ɛ̃fatɥasjɔ̃] n. f. *Litt.* Satisfaction excessive de soi : *Une insupportable infatuation* (syn. SUFFISANCE, VANITÉ, PRÉTENTION).

infatuer (s') [ɛ̃fatɥe] v. pr., **être infatué** v. pass. (du lat. *fatuus*, sot). *S'infatuer, être infatué de soi-même, de ses mérites*, etc., en avoir une opinion très avantageuse : *Il est très infatué de sa petite personne* (syn. ÊTRE FIER). *Un homme très infatué de lui-même* (= très prétentieux, fat).

infécond, e [ɛ̃fekɔ̃] adj. **1.** Impropre à la reproduction : *Femelle inféconde.* — **2.** *Litt.* Stérile : *Plaine inféconde* (syn. INFERTILE).

infécondité [ɛ̃fekɔ̃dite] n. f. *Litt.* Stérilité.

infect, e [ɛ̃fɛkt] adj. (lat. *infectus*, de *inficere*, souiller) [avant ou, surtout, après le n.] **1.** Qui excite le dégoût par son odeur puante, son goût répugnant ou, simplement, qui est très mauvais : *Il règne ici une infecte odeur de viande pourrie. Ce café est infect! Avec quoi l'avez-vous fait?* (syn. ↑ATROCE). *Un marais infect* (syn. PUTRIDE, PESTILENTIEL). *Il fait un temps infect.* — **2.** (avant ou, surtout, après le n.) Qui suscite une répulsion morale : *Il a été infect avec ce pauvre homme* (syn. RÉPUGNANT). *Un roman infect* (syn. ABJECT). *C'est un infect personnage* (syn. IGNOBLE).

infecter [ɛ̃fɛkte] v. t. **1.** *Infecter une plaie, une blessure*, etc., la contaminer par des germes infectieux : *Avec tes mains sales, tu risques d'infecter ta blessure.* — **2.** *Infecter un lieu, l'air*, l'imprégner d'émanations puantes ou malsaines : *Les voitures contribuent à infecter l'air des grandes villes* (syn. EMPESTER). ◆ ***s'infecter*** v. pr. Devenir contaminé par des germes : *La plaie s'est infectée.*

infectieux, euse [ɛ̃fɛksjø] adj. *Germe infectieux*, qui communique une maladie, une infection. ‖ *Maladie infectieuse*, qui résulte ou s'accompagne d'une infection.

infection [ɛ̃fɛksjɔ̃] n. f. **1.** Maladie caractérisée par la pénétration et par le développement de germes dans l'organisme : *Infection généralisée à la suite d'un manque de soins.* — **2.** Odeur répugnante : *C'est une infection dans cette pièce; ouvre la fenêtre* (syn. PUANTEUR). *Cette viande est une infection.*

inféoder (s') [ɛ̃feɔde] v. pr., **être inféodé** v. pass. (du lat. *feodum*, fief). *S'inféoder, être inféodé à qqn, qqch*, se mettre sous sa dépendance : *Un petit pays inféodé à une grande puissance* (syn. SOUMETTRE). *Le journal s'est inféodé à un groupe financier.* (→ FÉODAL.)

inférer [ɛ̃fere] v. t. (lat. *inferre*, être la cause de) [c. **10**] *Inférer qqch, que* (+ *ind.*) *de qqch*, en tirer une conséquence : *Peut-on inférer de ce témoignage que l'accusé est coupable?* (syn. DÉDUIRE, CONCLURE).

inférieur, e [ɛ̃ferjœr] adj. (lat. *inferior*, qui est situé plus bas). **1.** Situé au-dessous, en bas : *La mâchoire inférieure* (contr. SUPÉRIEUR). *Les étages inférieurs de la maison. Les membres inférieurs* (= les jambes). — **2.** Se dit de la partie d'un fleuve qui est la plus voisine de la mer : *Le cours inférieur de la Seine* (contr. SUPÉRIEUR). — **3.** *Inférieur (à qqch, qqn),* qui a une valeur moins grande, qui occupe un degré plus bas dans une classification, qui est à un rang moins considéré : *Note inférieure à la moyenne. Roman inférieur à ce qu'on pouvait attendre de l'auteur. Des forces inférieures en nombre. Être inférieur à sa tâche* (= ne pas être à la hauteur de son travail). *Avoir une situation inférieure* (syn. SUBALTERNE). ◆ n. Personne qui, par son rang ou sa dignité, est située au-dessous d'une autre ou en bas de la hiérarchie (syn. SUBORDONNÉ ; contr. SUPÉRIEUR, CHEF).

infériorité [ɛ̃ferjɔrite] n. f. Désavantage en rang, en valeur, etc. : *Avoir un complexe, un sentiment d'infériorité* (= le sentiment d'une faiblesse, réelle ou fausse). *L'adverbe « moins » sert à former les comparatifs d'infériorité (« moins cher »).*

infernal, e, aux [ɛ̃fɛrnal] adj. (du lat. *infernus,* lieu d'en bas). **1.** Qui appartient aux enfers : *Les puissances infernales* (= les dieux des enfers). *Les démons infernaux.* — **2.** Digne de l'enfer par son caractère horrible, furieux, désordonné : *Une ruse infernale* (syn. TERRIBLE, DIABOLIQUE). *La ronde infernale des voitures sur le circuit du Mans* (syn. ENDIABLÉ). *Le cycle infernal des salaires et des prix* (= que rien ne peut arrêter). *Une machine infernale fit exploser le camion dès qu'on le mit en marche* (= un engin explosif). — **3.** *Fam.* Qu'il est impossible de supporter : *Cet enfant est infernal* (syn. INSUPPORTABLE). *Un métier infernal.*

infertile [ɛ̃fɛrtil] adj. *Litt.* Qui n'est pas fertile : *Une terre infertile.*

infester [ɛ̃fɛste] v. t. (du lat. *infestus,* ennemi). *Infester un lieu,* le ravager par une invasion violente, des actes de brigandage, des attaques brutales (en parlant d'êtres humains), ou causer des dommages par le pullulement (en parlant d'animaux) [surtout pass.] : *La montagne est infestée de bandes de rebelles. La région était infestée de moustiques* (syn. ENVAHIR).

infidèle [ɛ̃fidɛl] adj. et n. **1.** Qui manque à ses engagements : *Un mari infidèle.* — **2.** Qui manque d'exactitude : *Une mémoire, un compte-rendu infidèle* (syn. INEXACT). ◆ n. Personne qui n'est pas adepte de la religion considérée comme vraie : *Évangéliser les infidèles.*

infidélité [ɛ̃fidelite] n. f. **1.** Manque de fidélité à ses engagements, en partic. dans le mariage : *L'infidélité d'une épouse.* — **2.** Manque d'exactitude : *L'infidélité d'une description.*

infiltration [ɛ̃filtrasjɔ̃] n. f. **1.** Passage d'un liquide à travers un corps : *Des infiltrations se sont produites jusque dans les fondations.* — **2.** Action de s'insinuer chez qqn : *Infiltration d'un esprit de révolte* (syn. PÉNÉTRATION).

infiltrer (s') [ɛ̃filtre] v. pr. **1.** (sujet un fluide) Pénétrer peu à peu, insensiblement, à travers un corps, par des interstices : *L'eau s'infiltre à travers les terrains calcaires. Le vent s'infiltre par les joints de la fenêtre.* — **2.** Pénétrer furtivement à travers des lignes fortifiées, dans l'esprit de qqn, etc. : *Quelques adversaires se sont infiltrés jusque dans les organismes dirigeants* (syn. SE GLISSER, S'INTRODUIRE). *Des doctrines subversives se sont infiltrées* (syn. S'INSINUER).

infime [ɛ̃fim] adj. (lat. *infimus,* le plus bas) [avant ou après le n.] D'une intensité, d'un degré, d'une grandeur extrêmement petits, faibles : *Des détails infimes m'ont échappé* (syn. MINUSCULE). *Une quantité infime* (syn. INFINITÉSIMAL, MINIME). *Une infime minorité.*

1. infini, e [ɛ̃fini] adj. (lat. *infinitus*). **1.** Qui n'a pas de limite (sens restreint aux mathématiques, à la philosophie et à la religion) : *La suite infinie des nombres. La béatitude infinie des élus dans le ciel* (syn. ÉTERNEL). — **2.** D'une grandeur, d'une quantité, d'une intensité si grande qu'on ne peut communément le mesurer : *Une plaine infinie* (syn. ILLIMITÉ). *La distance infinie qui nous sépare des étoiles* (syn. IMMENSE). *Une foule infinie* (syn. INNOMBRABLE). *Un bavardage infini* (syn. INTERMINABLE). *Avoir une patience infinie* (syn. EXTRÊME).

2. infini [ɛ̃fini] n. m. **1.** Ce qui est sans limite : *L'infini mathématique.* — **2.** Ce qui paraît sans bornes par son intensité ou sa grandeur : *L'infini des cieux.* — **3.** *À l'infini,* sans fin, sans bornes : *Les champs de blé s'étendent à l'infini. Varier les hypothèses à l'infini* (syn. INDÉFINIMENT).

infiniment [ɛ̃finimɑ̃] adv. Extrêmement : *L'infiniment petit* (= les corps très petits). *Je vous suis infiniment obligé de votre geste* (syn. TRÈS). *Montrer infiniment de bonté. Je vais infiniment mieux* (syn. INCOMPARABLEMENT).

infinité [ɛ̃finite] n. f. **1.** Caractère de ce qui est infini : *L'infinité de la puissance divine.* — **2.** *Une infinité de* (+ *n. pl.*), un grand nombre de : *On lui posa une infinité de questions.*

infinitésimal, e, aux [ɛ̃finitezimal] adj. (angl. *infinitesimal,* infiniment petit). D'une extrême petitesse : *Une quantité infinitésimale de ce produit peut entraîner la mort* (syn. INFIME).

infinitif, ive [ɛ̃finitif] adj. et n. m. (du lat. *infinitivus modus,* mode qui est indéfini). Se dit de la forme nominale du verbe (ex. *aimer, finir, vouloir, prendre, rire*) : *Mode infinitif. La proposition infinitive est celle dont le verbe est à l'infinitif.*

infirme [ɛ̃firm] adj. et n. (lat. *infirmus,* faible). Qui n'a plus toutes ses facultés physiques ; privé de telle ou telle fonction physique : *Elle est restée infirme à la suite de cette chute* (contr. VALIDE). *Donner ses soins à un infirme* (syn. HANDICAPÉ, INVALIDE). *Un pauvre enfant infirme des jambes* (syn. PARALYSÉ).

infirmer [ɛ̃firme] v. t. (lat. *infirmare,* affaiblir). *Infirmer qqch,* en détruire la force, l'autorité, l'importance : *L'hypothèse a été infirmée par les résultats* (syn. DÉTRUIRE, DÉMENTIR). *L'enquête est venue infirmer son témoignage* (syn. RUINER). *Le jugement de la cour a été infirmé* (jurid. ; syn. CASSER ; contr. CONFIRMER).

infirmerie [ɛ̃firməri] n. f. Local où on donne des soins aux malades, dans les collèges, les casernes, les communautés, etc.

infirmier, ère [ɛ̃firmje] n. (de *infirme*). Personne qui soigne les malades dans les hôpitaux, les cliniques, les infirmeries, etc.

infirmité [ɛ̃firmite] n. f. **1.** Incapacité chronique de l'organisme de remplir telle ou telle fonction : *La surdité est une pénible infirmité.* — **2.** Imperfection ou faiblesse intéressant l'intelligence, l'organisation d'un État, etc. : *Cette timidité est une véritable infirmité pour lui* (syn. HANDICAP).

inflammable [ɛ̃flamabl] adj. (du lat. *inflammare,* allumer). Qui prend feu, s'enflamme facilement, qui brûle rapidement : *L'essence est un liquide inflammable.*

inflammation [ɛ̃flamasjɔ̃] n. f. Réaction de l'organisme là où il a subi une atteinte, généralement microbienne, et qui se traduit par une tuméfaction, une rougeur, etc. : *Une inflammation des bronches, de l'intestin.*

inflammatoire [ɛ̃flamatwar] adj. Caractérisé par une inflammation : *Réaction inflammatoire.*

inflation [ɛ̃flasjɔ̃] n. f. (du lat. *inflare,* enfler). **1.** Déséquilibre économique caractérisé par la hausse des prix et l'accroissement de la circulation monétaire : *Mesures d'économie contre l'inflation* (contr. DÉFLATION). — **2.** Augmentation excessive de moyens ou d'hommes : *Il y a une inflation d'étudiants en lettres, par rapport au nombre d'emplois possibles.*

inflationniste [ɛ̃flasjɔnist] adj. Relatif à l'inflation : *Poussée inflationniste.*

infléchir [ɛ̃fleʃir] v. t. *Infléchir qqch,* en modifier la direction, l'orientation : *La colonne de troupes infléchit sa route vers l'ouest* (syn. INCLINER). *Infléchir le cours d'une politique.* ◆ ***s'infléchir*** v. pr. (sujet qqch) Prendre une autre direction : *Le cours du fleuve s'infléchit vers le sud* (syn. DÉVIER).

infléchissement [ɛ̃fleʃismɑ̃] n. m. Modification d'orientation : *Infléchissement d'une politique.*

inflexibilité [ɛ̃flɛksibilite] n. f. Caractère de celui qui est inflexible.

inflexible [ɛ̃flɛksibl] adj. Que rien ne peut émouvoir, fléchir; qui résiste à la pitié, à la persuasion : *Se montrer inflexible dans ses décisions* (syn. INÉBRANLABLE). *Juge inflexible* (syn. DUR, IMPLACABLE; contr. CLÉMENT). *Être inflexible dans l'application de la loi* (syn. INTRANSIGEANT, IMPITOYABLE). *Une sévérité inflexible* (syn. RIGOUREUX).

inflexiblement [ɛ̃flɛksibləmɑ̃] adv. De façon inflexible : *Suivre inflexiblement une ligne de conduite* (syn. INEXORABLEMENT).

inflexion [ɛ̃flɛksjɔ̃] n. f. **1.** Action de fléchir, d'incliner : *Une inflexion du corps* (syn. INCLINATION). — **2.** Modification du ton de la voix, de l'accent : *Cette inflexion (de voix) trahit son émotion.*

infliger [ɛ̃fliʒe] v. t. (lat. *infligere,* frapper) [c. 2]. **1.** *Infliger qqch à qqn,* lui faire subir qqch de pénible : *On lui infligea une contravention pour excès de vitesse* (syn. DONNER). *Infliger une correction à un enfant désobéissant* (syn. ADMINISTRER). *Il m'a infligé le récit de ses mésaventures* (syn. IMPOSER). — **2.** *Infliger un démenti,* démentir de façon catégorique : *Les événements lui infligèrent un cruel démenti.*

influençable [ɛ̃flyɑ̃sabl] adj. Qu'on peut influencer : *Cet enfant est influençable* (syn. MALLÉABLE, MANIABLE).

influence [ɛ̃flyɑ̃s] n. f. Action qu'une chose exerce sur qqn ou sur une autre chose; action qu'une personne exerce sur une autre : *Influence du climat sur la végétation* (syn. ACTION). *Agir sous l'influence de la colère* (syn. EFFET, IMPULSION). *Exercer une grande influence sur son entourage* (syn. EMPIRE). *Elle subit l'influence de sa sœur* (syn. ASCENDANT, COUPE, EMPRISE). *Avoir de l'influence dans les milieux politiques* (syn. CRÉDIT, POUVOIR, AUTORITÉ). *La zone d'influence d'un État* (syn. RAYONNEMENT).

influencer [ɛ̃flyɑ̃se] v. t. (c. 1) *Influencer qqn,* exercer une influence sur lui : *Il se laisse facilement influencer par les autres* (syn. ENTRAÎNER). *Influencer la population par des nouvelles alarmantes* (syn. PESER SUR).

influent, e [ɛ̃flyɑ̃] adj. Qui a du crédit, du prestige, de l'influence : *Personnage très influent* (syn. IMPORTANT). *Un critique influent* (= dont l'avis fait autorité).

influer [ɛ̃flye] v. t. ind. (lat. *influere,* couler dans). *Influer sur qqn, qqch,* exercer une action sur eux de façon à les modifier : *La crise politique influe sur la situation économique* (syn. PESER SUR). *La maladie a influé sur son caractère* (syn. AGIR).

influx [ɛ̃fly] n. m. (lat. *influxus,* action de couler dans). *Influx nerveux,* phénomène de propagation de l'excitation nerveuse.

in-folio [infɔljo] adj. inv. (mots lat. signif. *en feuille*). Se dit d'une feuille d'impression qui, ayant été pliée une fois, forme 2 feuillets ou 4 pages; format ainsi obtenu. ◆ n. m. inv. Livre de format in-folio.

infondé, e [ɛ̃fɔ̃de] adj. Dénué de fondement : *Des craintes infondées* (syn. INJUSTIFIÉ, FAUX).

informateur, trice [ɛ̃fɔrmatœr] n. Personne qui, par métier, par fonction, donne ou recueille des informations, des renseignements.

informaticien, enne [ɛ̃fɔrmatisjɛ̃] n. Spécialiste en informatique.

informatif, ive [ɛ̃fɔrmatif] adj. Qui vise à informer : *C'est une question purement informative.*

information [ɛ̃fɔrmasjɔ̃] n. f. **1.** Action de mettre au courant des événements : *Assurer l'information de ses lecteurs. Un journal d'informations* (= qui ne donne pas de commentaires politiques). *Faire un voyage d'information.* — **2.** Renseignement obtenu de qqn ou sur qqn ou qqch : *Manquer d'informations sur un événement. Recueillir d'utiles informations* (syn. fam. TUYAU). *N'avoir aucune information sur l'accident d'avion survenu à midi* (syn. NOUVELLE). ◆ ***informations*** n. f. pl. Les nouvelles, à la radio, à la télévision.

informatique [ɛ̃fɔrmatik] n. f. (de *information* et *automatique*). Science du traitement automatique et rationnel de l'information, c'est-à-dire de tout écrit, fait, notion ou instruction susceptible d'être traité par des moyens automatiques (calculateurs, ordinateurs, etc.).

informatisation [ɛ̃fɔrmatizasjɔ̃] n. f. Action d'informatiser.

informatiser [ɛ̃fɔrmatize] v. t. Doter de moyens informatiques : *Informatiser une entreprise.*

informe [ɛ̃fɔrm] adj. (lat. *informis,* affreux). Sans forme : *Masse informe. Un visage informe* (syn. ↓ LAID). *Un projet informe* (= sans plan, incomplet).

informé, e [ɛ̃fɔrme] adj. Qui sait ce qu'il faut savoir : *Une opinion mal informée. Un journal généralement bien informé. Dans les milieux bien informés* (= qui ont des renseignements politiques sérieux).

informel, elle [ɛ̃fɔrmɛl] adj. Qui n'a pas de forme précise : *Réunion informelle* (= sans ordre du jour).

informer [ɛ̃fɔrme] v. t. (lat. *informare,* donner une forme). *Informer qqn de qqch* ou *que* (+ *ind.*), le mettre au courant de qqch, lui donner des renseignements sur lui : *Elle m'a informé par télégramme de son arrivée* (syn. PRÉVENIR). *On nous a informés que les magasins seront fermés le 15 août* (syn. FAIRE SAVOIR, AVERTIR). *Il a été informé des difficultés* (syn. AVISER). ◆ ***s'informer*** v. pr. *S'informer (de, sur qqch),* interroger sur qqch pour être renseigné : *S'informer de la santé d'une amie* (syn. S'ENQUÉRIR). *Chercher à s'informer avant de se décider* (= recueillir des renseignements).

informulé, e [ɛ̃fɔrmyle] adj. Non formulé : *Pensée informulée.*

infortune [ɛ̃fɔrtyn] n. f. Malheur inattendu (soutenu) : *Son infortune fait peine à voir.*

infortuné, e [ɛ̃fɔrtyne] adj. et n. Malheureux, accablé par le sort (soutenu).

infraction [ɛ̃fraksjɔ̃] n. f. (lat. *infractio,* de *frangere,* briser). Violation d'un engagement, d'un règlement, d'une loi (soutenu) : *Une infraction à la loi* (syn. DÉLIT, CRIME). *Être en infraction. Une grave infraction aux usages du pays* (syn. ↑ ATTENTAT). *Infraction aux règles de stationnement en vigueur* (syn. CONTRAVENTION). [→ ENFREINDRE.]

infranchissable [ɛ̃frɑ̃ʃisabl] adj. Qu'on ne peut franchir : *Obstacle infranchissable.*

infrarouge [ɛ̃fraruʒ] adj. et n. m. (du lat. *infra,* au-dessous, et *rouge*). Se dit du rayonnement électromagnétique de longueur d'onde comprise entre un micron et un millimètre, émis par les corps chauds et utilisé pour le chauffage, et dont la détection est employée en photographie aérienne ou dans certains armements.

infrason [ɛ̃frasɔ̃] n. m. Vibration inaudible, d'une fréquence (nombre de vibrations) très basse.

infrastructure [ɛ̃frastryktyr] n. f. **1.** Base économique, technique, industrielle, etc., d'une société, d'un pays, etc. — **2.** *Infrastructure aérienne,* ensemble des installations au sol servant de base aux avions (aérodrome). ‖ *Infrastructure des routes, des voies ferrées,* etc., ensemble des travaux et des ouvrages constituant les fondations d'une route, la plate-forme (remblai) d'une voie de chemin de fer.

infroissable [ɛ̃frwasabl] adj. Qu'on ne peut froisser : *Du tissu infroissable.*

infructueusement [ɛ̃fryktɥøzmɑ̃] adv. De façon infructueuse.

infructueux, euse [ɛ̃fryktɥø] adj. Qui ne donne aucun résultat : *Efforts infructueux* (syn. VAIN).

infuse [ɛ̃fyz] adj. f. (lat. *infusus,* versé dans). *Avoir la science infuse,* prétendre tout savoir naturellement, sans avoir besoin d'un long travail.

infuser [ɛ̃fyze] v. t. (lat. *infundere,* verser dans). **1.** *Infuser du sang,* le faire pénétrer dans le corps par transfusion. — **2.** *Infuser du courage, un sang nouveau,* etc., *à qqn,* lui communiquer du courage, de l'ardeur (soutenu). — **3.** *Infuser du thé, du tilleul, de la verveine,* etc., verser sur du thé, du tilleul, etc., un liquide bouillant, afin qu'il en prenne l'odeur. ◆ v. i. Faire macérer une plante dans un liquide bouillant qui en prend l'odeur : *Laisser le thé infuser.*

infusion [ɛ̃fyzjɔ̃] n. f. Action d'infuser; liquide où on a infusé une plante : *Prendre une infusion* (syn. TISANE).

ingagnable [ɛ̃gaɲabl] adj. Qu'on ne peut gagner : *Un match ingagnable.*

ingambe [ɛ̃gɑ̃b] adj. (it. *in gamba,* en jambe). Qui se meut avec facilité, avec vivacité (soutenu) : *Un vieillard encore ingambe* (syn. ALERTE, GAILLARD; contr. IMPOTENT).

ingénier (s') [ɛ̃ʒenje] v. pr. (du lat. *ingenium,* esprit). *S'ingénier à* (+ *inf.*), chercher avec toutes les ressources de son esprit le moyen de faire qqch : *S'ingénier à trouver une solution à un problème difficile* (syn. S'ÉVERTUER). *Il s'ingéniait à me mettre en colère en me contredisant sans cesse.*

ingénierie [ɛ̃ʒeniri] n. f. (de *ingénieur*). Ensemble des plans et des études permettant la réalisation d'un ouvrage.

ingénieur [ɛ̃ʒenjœr] n. m. (anc. fr. *engin,* machine de guerre). Personne appelée à élaborer, organiser ou diriger des plans, des recherches et des travaux techniques, dans le cadre d'une entreprise industrielle, agricole ou d'un service public : *Ingénieur de l'aéronautique. Ingénieur sorti de Polytechnique, de l'École centrale.* ‖ *Ingénieur du son,* ingénieur électricien spécialisé dans la technique du son.

ingénieusement [ɛ̃ʒenjøzmɑ̃] adv. De façon ingénieuse : *Rapprocher ingénieusement deux idées.*

ingénieux, euse [ɛ̃ʒenjø] adj. **1.** Qui a un esprit inventif, fertile en ressources : *Elle est trop ingénieuse, et ses explications sont inutilement compliquées* (syn. ASTUCIEUX, SUBTIL). — **2.** Qui témoigne de l'habileté, de l'intelligence de la part de celui qui en est l'auteur : *Une trouvaille ingénieuse* (syn. ↓HABILE). *L'explication est ingénieuse, mais inexacte* (contr. STUPIDE).

ingéniosité [ɛ̃ʒenjozite] n. f. Qualité de celui qui est ingénieux : *Faire preuve d'ingéniosité* (syn. HABILETÉ; fam. ASTUCE). *Déployer beaucoup d'ingéniosité pour masquer la vérité* (syn. SUBTILITÉ, ESPRIT).

ingénu, e [ɛ̃ʒeny] adj. et n. (lat. *ingenuus,* né libre). D'une naïveté excessive, d'une candeur un peu sotte : *Une jeune fille ingénue* ou *une jeune ingénue* (syn. CANDIDE). ◆ adj. Qui manifeste une innocence, une naïveté un peu simple : *Réponse ingénue* (syn. NAÏF). *Prendre un air ingénu* (syn. INNOCENT).

ingénue [ɛ̃ʒeny] n. f. Au théâtre, rôle de jeune fille naïve.

ingénuité [ɛ̃ʒenɥite] n. f. Caractère ingénu : *L'ingénuité de l'enfant* (syn. PURETÉ, CANDEUR). *L'ingénuité d'une question* (syn. NAÏVETÉ).

ingénument [ɛ̃ʒenymɑ̃] adv. Avec ingénuité : *Faire ingénument confiance à une publicité* (syn. NAÏVEMENT).

ingérence [ɛ̃ʒerɑ̃s] n. f. Action de s'ingérer : *Dénoncer les ingérences d'un pays étranger dans la politique intérieure d'un État* (syn. IMMIXTION, INTERVENTION).

ingérer [ɛ̃ʒere] v. t. (lat. *ingerere,* porter dans) [c. **10**] Prendre par la bouche, avaler (méd.) : *Ingérer un médicament sous forme de pilules. Il a vomi tout ce qu'il avait ingéré* (syn. ABSORBER). ◆ ***s'ingérer*** v. pr. (sujet qqn, un pays). *S'ingérer dans qqch,* intervenir, sans en avoir le droit, dans l'activité d'autrui : *S'ingérer dans les affaires intérieures des États* (syn. SE MÊLER DE). *S'ingérer dans la vie des gens* (syn. S'IMMISCER).

ingestion [ɛ̃ʒɛstjɔ̃] n. f. Action d'ingérer, d'avaler : *L'ingestion des aliments.*

ingouvernable [ɛ̃guvɛrnabl] adj. Qu'on ne peut gouverner : *Un pays ingouvernable.*

ingrat, e [ɛ̃gra] adj. et n. (lat. *ingratus*). Qui n'a aucune reconnaissance pour les bienfaits ou les services reçus : *La jeunesse ingrate* (syn. OUBLIEUX; contr. RECONNAISSANT). *Vous n'aurez pas affaire à un ingrat* (= je me souviendrai du service rendu). ◆ adj. **1.** Qui ne répond pas aux efforts qu'on fait, à la peine qu'on se donne : *Sol ingrat* (syn. STÉRILE; contr. FERTILE). *Métier ingrat* (syn. PÉNIBLE, REBUTANT; contr. PLAISANT). *Mémoire ingrate* (syn. INFIDÈLE). — **2.** Qui n'est pas agréable, qui manque de grâce : *Visage ingrat* (syn. DISGRACIEUX; contr. AVENANT). *Contrée ingrate* (syn. HOSTILE). — **3.** *L'âge ingrat,* le début de l'adolescence, caractérisé par les phénomènes de la puberté et qui entraîne souvent chez l'enfant des difficultés relationnelles.

ingratitude [ɛ̃gratityd] n. f. Manque de reconnaissance : *L'ingratitude des enfants envers leurs parents* (contr. RECONNAISSANCE).

ingrédient [ɛ̃gredjɑ̃] n. m. (du lat. *ingredi,* entrer dans). Ce qui entre dans une composition, un mélange (substance, liquide) : *Les ingrédients divers dont est faite la sauce* (syn. CONSTITUANT).

inguérissable [ɛ̃gerisabl] adj. Qu'on ne peut guérir (syn. INCURABLE).

ingurgiter [ɛ̃gyrʒite] v. t. (lat. *ingurgitare,* engouffrer). **1.** *Ingurgiter un aliment, un liquide,* l'avaler rapidement, souvent en grande quantité : *Ingurgiter son repas en quelques minutes. Il ingurgitait plusieurs litres de vin par jour.* — **2.** *Ingurgiter qqch (abstrait),* acquérir massivement des connaissances, sans les assimiler : *Ingurgiter des mathématiques à haute dose.*

inhabile [inabil] adj. Qui manque d'adresse, de diplomatie, d'aptitude : *Un discours inhabile qui parut une provocation.*

inhabileté [inabilte] n. f. Manque d'adresse : *Son inhabileté à éviter les heurts avec les autres.*

inhabitable [inabitabl] adj. Qu'on ne peut habiter : *La ville, après le tremblement de terre, est devenue inhabitable.*

inhabité, e [inabite] adj. Qui n'est pas habité : *Une maison inhabitée depuis longtemps. Un village inhabité* (syn. DÉSERT).

inhabituel, elle [inabitɥɛl] adj. Qui n'est pas habituel : *Le silence inhabituel de la maison* (syn. ANORMAL, INSOLITE). *C'est chez elle une réaction inhabituelle.*

inhalateur [inalatœr] n. m. Appareil servant à prendre des inhalations.

inhalation [inalasjɔ̃] n. f. Absorption par les voies respiratoires d'un gaz, d'une vapeur, d'un liquide réduit en fines gouttelettes : *Faire des inhalations pour guérir un rhume.*

inhaler [inale] v. t. (lat. *inhalare,* souffler sur). Aspirer par inhalation.

inhérence [inerɑ̃s] n. f. État de ce qui est inhérent.

inhérent, e [inerɑ̃] adj. (lat. *inhaerens,* attaché à). Se dit de qqch lié de façon inséparable, nécessaire, à qqch d'autre ou à qqn : *La responsabilité est inhérente à l'autorité. La versatilité est inhérente à son caractère inconstant.*

inhiber [inibe] v. t. (lat. *inhibere,* retenir). *Inhiber qqn,* supprimer en lui toute possibilité de réaction, toute activité (souvent pass.) : *Ma volonté était comme inhibée par sa personnalité écrasante* (syn. PARALYSER).

inhibition [inibisjɔ̃] n. f. Action d'inhiber; fait d'être inhibé : *La timidité provoquait chez lui une sorte d'inhibition quand il voulait prendre la parole.*

inhospitalier, ère [inɔspitalje] adj. Qui n'est pas hospitalier : *Un peuple, un rivage inhospitalier* (contr. ACCUEILLANT).

inhumain, e [inymɛ̃] adj. Qui n'est pas humain : *Une loi inhumaine* (syn. IMPITOYABLE, CRUEL). *Un cri inhumain* (= qui semble ne pas être celui d'un homme). *Faire subir un traitement inhumain* (syn. BARBARE). *L'univers inhumain d'une tragédie* (syn. ARTIFICIEL).

inhumanité [inymanite] n. f. Cruauté indigne de qqn, de qqch : *L'inhumanité de la guerre* (syn. FÉROCITÉ, BARBARIE).

inhumation [inymasjɔ̃] n. f. Action d'inhumer : *L'inhumation a eu lieu dans le village natal du défunt* (contr. EXHUMATION).

inhumer [inyme] v. t. (du lat. *in,* dans, et *humus,* terre). Mettre en terre un corps humain (admin. et relig.; souvent pass.) : *Le corps a été inhumé dans le caveau de famille* (syn. usuel ENTERRER). *Obtenir le permis d'inhumer.*

inimaginable [inimaʒinabl] adj. Qui dépasse toute imagination : *Sa paresse est inimaginable* (syn. EXTRAORDINAIRE, INCROYABLE).

inimitable [inimitabl] adj. Qu'on ne peut pas imiter : *Talent inimitable* (syn. UNIQUE). *Artiste inimitable* (syn. EXTRAORDINAIRE).

inimité, e [inimite] adj. Qui n'a pas été imité.

inimitié [inimitje] n. f. (du lat. *inimicus,* ennemi). Sentiment d'hostilité, moins vif que la haine et plus fort que l'antipathie : *Nourrir de l'inimitié à l'égard de ses voisins* (syn. RESSENTIMENT). *Encourir l'inimitié de ses collègues* (syn. ANIMOSITÉ).

ininflammable [inɛ̃flamabl] adj. Qui ne peut s'enflammer : *Une matière ininflammable.*

inintelligemment [inɛ̃teliʒamɑ̃] adv. Sans intelligence (syn. STUPIDEMENT).

inintelligence [inɛ̃teliʒɑ̃s] n. f. Manque d'intelligence.

inintelligent, e [inɛ̃tɛliʒɑ̃] adj. Qui manque d'intelligence : *Une remarque inintelligente* (syn. STUPIDE).

inintelligible [inɛ̃tɛliʒibl] adj. Qu'on ne peut comprendre : *Un texte inintelligible* (syn. INCOMPRÉHENSIBLE). *Marmonner des phrases inintelligibles* (syn. INAUDIBLE).

inintéressant, e [inɛ̃terɛsɑ̃] adj. Qui est sans intérêt : *Film inintéressant* (syn. BANAL, QUELCONQUE).

ininterrompu, e [inɛ̃tɛrɔ̃py] adj. Qui n'est pas interrompu : *Un bruit ininterrompu* (syn. CONTINU). *Un flot ininterrompu de touristes. Musique ininterrompue.*

inique [inik] adj. (lat. *iniquus,* injuste). **1.** D'une injustice grave, criante : *Un jugement inique rendu par passion* (syn. INJUSTE). *Loi inique. Impôt inique qui touche lourdement les familles* (contr. ÉQUITABLE). — **2.** Qui ne respecte pas l'équité : *Juge inique* (syn. PARTIAL).

iniquité [inikite] n. f. Acte inique : *Être victime d'une iniquité révoltante* (syn. INJUSTICE). *L'iniquité d'un arbitre* (contr. IMPARTIALITÉ).

initial, e, aux [inisjal] adj. (du lat. *initium,* début). Qui est au début, au commencement de qqch : *La cause initiale de son succès est dans sa persévérance* (syn. PREMIER). *La syllabe initiale d'un mot. L'état initial* (syn. ORIGINEL, PRIMITIF).

initiale [inisjal] n. f. Première lettre du nom de qqn, d'un organisme, etc., qui représente le mot tout entier : *Signer un reçu de ses initiales. Les initiales O. N. U. sont l'abréviation d'« Organisation des Nations unies »* (syn. SIGLE).

initialement [inisjalmɑ̃] adv. À l'origine : *Initialement, je n'avais pas confiance en lui* (syn. AU DÉBUT).

initiateur, trice [inisjatœr] n. Qui fait participer à la première connaissance de qqch, qui ouvre une voie nouvelle : *C'est en sa matière une véritable initiatrice* (syn. PRÉCURSEUR, NOVATEUR). *Ils ont été les initiateurs de la révolte* (syn. PROMOTEUR).

initiation [inisjasjɔ̃] n. f. Action d'initier : *Initiation au latin. Initiation à la politique, aux affaires. Rites d'initiation d'une secte.*

initiatique [inisjatik] adj. Qui relève de l'initiation : *Rites initiatiques.*

initiative [inisjativ] n. f. **1.** Action de celui qui est le premier à proposer ou à faire qqch : *Elle a eu l'initiative de l'expédition. Prendre les initiatives nécessaires* (syn. MESURES). *Sur* ou *à l'initiative de quelqu'un* (= sur sa proposition). *S'en remettre à l'initiative privée, individuelle.* — **2.** Qualité de qqn qui sait prendre les décisions nécessaires : *Faire preuve d'initiative. Avoir l'esprit d'initiative. Manquer d'initiative.*

initié, e [inisje] adj. et n. Qui est dans le secret d'un art, d'une science, d'une connaissance : *Poésie réservée aux seuls initiés.*

initier [inisje] v. t. (lat. *initiare,* commencer). **1.** *Initier qqn à qqch,* être le premier à lui apprendre les éléments d'une science, d'une technique, d'une connaissance quelconque : *Un maître excellent nous a initiés à la philosophie* (syn. APPRENDRE, ENSEIGNER). *Être initié à la peinture. Initier une amie aux secrets de la maison* (syn. RÉVÉLER À). — **2.** *Initier qqn,* l'introduire parmi les adeptes d'une religion, d'une secte, d'une société secrète, au cours d'une cérémonie rituelle. ◆ ***s'initier*** v. pr. *S'initier (à qqch),* se mettre au courant des premiers éléments d'une connaissance : *S'initier aux pratiques d'un métier. S'initier à une méthode nouvelle d'enseignement.*

injecté, e [ɛ̃ʒɛkte] adj. Qui a reçu un afflux de liquide : *Yeux injectés de sang* (= rougis par l'afflux du sang).

injecter [ɛ̃ʒɛkte] v. t. (lat. *injectare,* jeter sur). Introduire par jet, par pression un liquide, un gaz dans un organisme, dans un corps, dans une substance poreuse, etc. : *Injecter du ciment dans le rocher pour consolider un barrage. Injecter de l'huile dans un moteur.*

injection [ɛ̃ʒɛksjɔ̃] n. f. Action d'injecter; gaz, liquide ainsi injecté : *Faire une injection de morphine* (syn. PIQÛRE). *Une injection d'air dans une canalisation. Moteur à injection* (= où l'alimentation en carburant se fait directement dans les cylindres, sans carburateur).

injonctif [ɛ̃ʒɔ̃ktif] n. m. En linguistique, syn. de IMPÉRATIF.

injonction [ɛ̃ʒɔ̃ksjɔ̃] n. f. (bas lat. *injunctio,* action d'imposer). Ordre formel d'obéir sur-le-champ, souvent accompagné de menace de sanctions (admin. ou soutenu) : *Obtempérer aux pressantes injonctions de ses parents. Sur l'injonction du commissaire de police* (syn. SOMMATION). [→ ENJOINDRE.]

injouable [ɛ̃ʒwabl] adj. Qui ne peut être joué : *Une pièce injouable.*

injure [ɛ̃ʒyr] n. f. (lat. *injuria,* injustice). Parole, action, procédé qui offense de façon grave et consciente : *Le mépris des injures* (syn. INSULTE, AVANIE). *Elle considéra cet oubli comme une injure personnelle* (syn. AFFRONT, OUTRAGE). *Il m'a fait l'injure de refuser mon invitation. Proférer des injures. Couvrir d'injures* (syn. INVECTIVES).

injurier [ɛʒyrje] v. t. *Injurier qqn,* lui adresser des injures, l'offenser par des paroles, par des actes : *J'ai été injurié par une inconnue que j'avais bousculée* (syn. INVECTIVER). *Injurier la mémoire d'un mort* (syn. OFFENSER, INSULTER).

injurieusement [ɛ̃ʒyriøzmɑ̃] adv. De façon injurieuse.

injurieux, euse [ɛ̃ʒyrjø] adj. Qui porte atteinte à la réputation, à la dignité de qqn : *Des mots injurieux furent échangés* (syn. INSULTANT). *Article injurieux* (syn. OFFENSANT). *Soupçons injurieux* (syn. BLESSANT).

injuste [ɛ̃ʒyst] adj. Qui va à l'encontre de la justice : *Vous êtes injuste à son égard. Sa colère est injuste* (syn. ILLÉGITIME). *Châtiment injuste* (syn. ↑INIQUE). *D'injustes soupçons* (syn. INJUSTIFIÉ).

injustement [ɛ̃ʒystəmɑ̃] adj. De manière injuste : *Se plaindre injustement. Accuser injustement quelqu'un.*

injustice [ɛ̃ʒystis] n. f. Caractère injuste : *Être révolté par l'injustice sociale. Réparer une injustice. Être victime d'une injustice criante* (syn. INIQUITÉ).

injustifiable [ɛ̃ʒystifjabl] adj. Qu'on ne peut justifier : *Une conduite injustifiable* (syn. INDÉFENDABLE).

injustifié, e [ɛ̃ʒystifje] adj. Qui n'est pas justifié : *Des réclamations injustifiées.*

inlassable [ɛ̃lasabl] adj. Qui ne se lasse pas, qui ne laisse pas paraître sa fatigue : *Une lectrice inlassable* (syn. INFATIGABLE).

inlassablement [ɛ̃lasabləmɑ̃] adv. Sans se lasser : *Poser inlassablement les mêmes questions* (= sans arrêt).

inné, e [in(n)e] adj. (lat. *in,* dans, et *natus,* né). Qui existe chez qqn dès la naissance et qu'il n'a pas eu à acquérir : *Avoir un goût inné pour la musique* (syn. NATUREL; contr. ACQUIS). *Elle a le sens inné de la justice.*

innervation [inɛrvasjɔ̃] n. f. Répartition des nerfs dans un organe, une partie du corps.

innerver [inɛrve] v. t. (sujet un nerf) *Innerver un organe, une partie du corps,* l'atteindre, le fournir en éléments nerveux : *L'hypoglosse est le nerf qui innerve la langue.*

innocemment [inɔsamɑ̃] adv. De façon innocente, naïve : *Je tombai bien innocemment dans le piège qu'on m'avait tendu* (syn. SOTTEMENT).

innocence [inɔsɑ̃s] n. f. **1.** Absence de culpabilité : *Proclamer son innocence* (contr. CULPABILITÉ). — **2.** Pureté et simplicité d'esprit : *L'innocence d'un jeune enfant* (syn. PURETÉ, CANDEUR). *Abuser de l'innocence de quelqu'un* (syn. NAÏVETÉ).

innocent, e [inɔsɑ̃] adj. et n. (*in-,* priv., et lat. *nocens,* qui nuit). **1.** (après le n.) Qui n'est pas coupable : *Être innocent du crime, de la faute dont on est accusé. Condamner un innocent.* — **2.** (avant ou après le n.) Pur, qui ignore le mal ou n'en est pas souillé : *Une innocente jeune fille* (syn. INGÉNU, NAÏF). *Prendre un air innocent* (syn. IGNORANT; contr. MALIN). *Des sourires innocents* (syn. CANDIDE). — **3.** (avant le n.) Dont l'ignorance, la naïveté ou la simplicité d'esprit est grande : *Une bien innocente personne* (syn. NIAIS, CRÉDULE). *Quel innocent d'aller croire un pareil conte!* (syn. ↑IMBÉCILE). *L'innocent du village* (syn. IDIOT). — **4.** (après le n.) Inoffensif, sans danger, qu'on ne peut blâmer : *Une manie bien innocente, celle de collectionner les timbres* (contr. NOCIF). *Railleries innocentes* (contr. MÉCHANT, MALFAISANT). *Un baiser innocent* (syn. CHASTE). *Ce ne sont pas des jeux innocents* (contr. DANGEREUX, BLÂMABLE).

innocenter [inɔsɑ̃te] v. t. **1.** *Innocenter qqn,* le déclarer non coupable : *Le témoignage innocenta le malheureux* (syn. DISCULPER). *Elle sortit du tribunal innocentée* (syn. RÉHABILITER). — **2.** *Innocenter qqch,* l'excuser : *Innocenter la conduite blâmable de son fils* (syn. JUSTIFIER).

innocuité [inɔkɥite] n. f. (du lat. *inocuus,* qui n'est pas nuisible). Qualité de ce qui n'est pas nuisible : *L'innocuité d'un remède.* (→ NOCIF.)

innombrable [inɔ̃brabl] adj. En une quantité, une masse si grande qu'on ne peut l'évaluer : *Une foule innombrable emplissait la place* (syn. NOMBREUX, CONSIDÉRABLE, ↑INFINI). *D'innombrables tentes couvraient la plage* (syn. BEAUCOUP).

innommable [inɔmabl] adj. (avant ou après le n.) Trop vil, trop dégoûtant pour être nommé : *S'abaisser à des procédés innommables* (syn. INQUALIFIABLE).

innovateur, trice [inɔvatœr] adj. et n. Qui innove : *Des innovateurs conçurent une architecture adaptée aux nouveaux besoins.*

innovation [inɔvasjɔ̃] n. f. Action d'innover; chose nouvelle créée : *Avoir horreur des innovations* (syn. CHANGEMENT, NOUVEAUTÉ). *Innovation heureuse dans la mise en scène* (syn. CRÉATION).

innover [inɔve] v. t. et i. (du lat. *novus,* nouveau). *Innover (qqch, en qqch),* introduire qqch de nouveau pour remplacer qqch d'ancien : *Innover en matière d'art* (syn. CRÉER). *Ne rien vouloir innover* ou *ne vouloir innover en rien* (syn. CHANGER).

inobservable [inɔpsɛrvabl] adj. Qu'on ne peut voir, observer : *Étoiles inobservables à l'œil nu.*

inobservance [inɔpsɛrvɑ̃s] n. f. Attitude de qqn qui n'observe pas une règle, une loi.

inobservation [inɔpsɛrvasjɔ̃] n. f. Fait de ne pas observer : *L'inobservation de cette loi entraînera des poursuites.*

inobservé, e [inɔpsɛrve] adj. Qui n'est pas observé : *Un règlement inobservé.*

inoccupation [inɔkypasjɔ̃] n. f. État de qqn qui n'a ni travail ni activité : *Végéter dans l'inoccupation* (syn. OISIVETÉ).

inoccupé, e [inɔkype] adj. **1.** Qui n'est pas occupé : *Un appartement inoccupé* (syn. INHABITÉ). — **2.** Qui est sans occupation : *Il lui est pénible de rester inoccupé* (syn. OISIF).

in-octavo [inɔktavo] adj. inv. (lat. *in,* en, et *octavus,* huitième). Se dit d'une feuille d'impression qui, ayant été pliée trois fois, forme 8 feuillets ou 16 pages; format de cette feuille. ◆ n. m. inv. Livre de ce format.

inoculation [inɔkylasjɔ̃] n. f. Action d'inoculer : *L'inoculation de la fièvre typhoïde.*

inoculer [inɔkyle] v. t. (lat. *inoculare,* greffer). **1.** *Inoculer qqch à qqn,* introduire un virus, un germe, un vaccin dans son corps pour l'immuniser contre une maladie; transmettre une maladie : *Inoculer le vaccin contre la variole. La morsure du chien lui avait inoculé la rage.* — **2.** *Inoculer qqch (abstrait) à qqn,* lui transmettre un sentiment, une doctrine, assimilés à un virus dangereux : *Inoculer une passion, un goût* (syn. COMMUNIQUER).

inodore [inɔdɔr] adj. Sans odeur : *Un produit inodore.*

inoffensif, ive [inɔfɑ̃sif] adj. **1.** Qui ne fait de mal à personne : *Un animal inoffensif* (contr. NUISIBLE). — **2.** Qui est sans danger : *Un remède inoffensif.*

inondation [inɔ̃dasjɔ̃] n. f. Action d'inonder un terrain, un lieu : *Les terribles inondations de 1910 à Paris. Une inondation de produits étrangers sur les marchés nationaux.*

inonder [inɔ̃de] v. t. (du lat. *in,* dans, et *unda,* onde). **1.** (sujet un fleuve, la mer, l'eau, etc.) *Inonder un terrain, une terre, un lieu,* les couvrir d'eau : *La Loire a inondé les terrains bas de la rive gauche* (= a débordé et a submergé). *Les caves ont été inondées par la pluie d'orage;* (sujet qqn) : *Attention, en jouant dans ton bain, tu vas inonder la salle de bains!* — **2.** (sujet un liquide) *Inonder qqn, qqch,* les tremper : *La sueur inonde son visage* (syn. RUISSELER SUR). *Les joues inondées de larmes* (syn. BAIGNER, ↓ MOUILLER). — **3.** (sujet qqn, qqch) *Inonder un lieu, qqch,* affluer dans un endroit au point de l'envahir; remplir qqch complètement : *En août, Paris est inondé de touristes* (syn. SUBMERGER). *Les fabricants ont inondé le marché d'articles textiles à bas prix. Le journal fut inondé de lettres de protestation. La plage est inondée de soleil* (syn. REMPLIR). *Une joie immense inonde son cœur* (syn. PÉNÉTRER). — **4.** (sujet qqn) *Inonder qqn de qqch,* l'en combler : *Il l'inonde de cadeaux.* ◆ ***s'inonder*** v. pr. (sujet qqn) *S'inonder de qqch,* s'en asperger : *Elle s'inonde de parfum.*

inopérable [inɔperabl] adj. Qui ne peut subir une opération chirurgicale : *Un malade, une maladie inopérable.*

inopérant, e [inɔperɑ̃] adj. Qui est sans effet : *Renoncer à un remède inopérant* (syn. INEFFICACE).

inopiné, e [inɔpine] adj. (lat. *inopinatus,* imprévu). Qui arrive sans qu'on l'ait prévu : *Une arrivée inopinée* (syn. IMPRÉVU). *La nouvelle inopinée de sa maladie* (syn. INATTENDU). *Une rencontre inopinée* (syn. FORTUIT).

inopinément [inɔpinemɑ̃] adv. De façon inopinée : *Recevoir inopinément l'ordre de partir.*

inopportun, e [inɔpɔrtœ̃] adj. Qui n'est pas opportun : *Une démarche inopportune* (= à contretemps; syn. DÉPLACÉ).

inopportunément [inɔpɔrtynemɑ̃] adv. De façon inopportune.

inopportunité [inɔpɔrtynite] n. f. Caractère inopportun : *L'inopportunité d'une démarche.*

inorganisation [inɔrganizasjɔ̃] n. f. Manque d'organisation : *Dénoncer l'inorganisation d'un service public* (syn. DÉSORDRE; fam. PAGAILLE).

inorganisé, e [inɔrganize] adj. **1.** Qui n'a pas été organisé : *Un secteur de l'industrie encore inorganisé.* — **2.** Qui ne sait pas s'organiser : *Une personne inorganisée* (syn. DÉSORDONNÉ, BROUILLON).

inoubliable [inublijabl] adj. Que l'on ne peut oublier : *Une rencontre inoubliable.*

inouï, e [inwi] adj. (*in-,* priv., et lat. *auditus,* entendu). Sans exemple par son caractère extraordinaire : *La nouvelle est inouïe. La vogue inouïe de ce chanteur* (syn. INCROYABLE, PRODIGIEUX). *Anne est inouïe, elle n'a peur de rien* (syn. ÉTONNANT).

Inox [inɔks] n. m. (nom déposé). Acier, métal inoxydable : *Un évier en Inox. Des couverts en Inox.*

inoxydable [inɔksidabl] adj. Qui ne s'oxyde pas : *Un couteau en acier inoxydable.*

in-plano [inplano] adj. inv. (mots lat. signif. *en plan*). Se dit d'une feuille d'impression ne formant qu'un feuillet ou 2 pages; format de cette feuille. ◆ n. m. inv. Livre de ce format.

inqualifiable [ɛ̃kalifjabl] adj. Qui ne peut être qualifié assez sévèrement : *Avoir une attitude inqualifiable à l'égard de ses supérieurs* (syn. INNOMMABLE). [→ DISQUALIFIER.]

in-quarto [inkwarto] adj. inv. (mots lat. signif. *en quart*). Se dit d'une feuille d'impression qui, ayant été pliée deux fois, forme 4 feuillets ou 8 pages; format de cette feuille. ◆ n. m. inv. Livre de ce format.

inquiet, ète [ɛ̃kjɛ] adj. et n. (lat. *inquietus,* agité). Agité par la crainte d'un danger, l'incertitude, l'appréhension de l'avenir : *Je suis inquiet de son retard* (syn. SOUCIEUX). *La population de la ville est inquiète* (syn. TROUBLÉ). *Être inquiet pour l'avenir de son enfant* (syn. ANXIEUX). *C'est une inquiète qu'un rien émeut.* ◆ adj. Qui manifeste cet état d'esprit : *Attente inquiète* (syn. FIÉVREUX; contr. PAISIBLE).

inquiétant, e [ɛ̃kjetɑ̃] adj. Qui cause de l'inquiétude : *Des nouvelles inquiétantes* (syn. SOMBRE, ↑ ALARMANT). *L'avenir est inquiétant* (syn. ↑ ANGOISSANT). *Personnage inquiétant* (syn. TROUBLE).

inquiéter [ɛ̃kjete] v. t. (c. **10**) *Inquiéter qqn,* troubler son repos, sa tranquillité : *Il ne faut pas l'inquiéter en lui parlant de cet accident* (syn. ALARMER). *La santé de sa fille l'inquiète* (syn. TRACASSER, TROUBLER). *Il a été inquiété par la police* (= elle a enquêté à son sujet et a cherché à savoir s'il était coupable). ◆ ***s'inquiéter*** v. pr. **1.** *S'inquiéter de qqch, de* (+ *inf.*), avoir de la crainte, de l'appréhension : *Elle s'inquiète de ne pas la voir rentrer* (syn. ↑ S'ALARMER). *Vous n'avez pas là de quoi vous inquiéter* (syn. SE SOUCIER, S'ÉMOUVOIR). *Il ne s'inquiète jamais de rien* (= il ne se fait aucun souci). — **2.** *S'inquiéter de qqch,* prendre des renseignements sur qqch : *S'inquiéter de la santé de quelqu'un* (syn. S'ENQUÉRIR). *S'inquiéter de l'heure de fermeture d'un magasin.*

inquiétude [ɛ̃kjetyd] n. f. État pénible de qqn qui est inquiet : *L'état du blessé n'inspire aucune inquiétude* (syn. SOUCI, CRAINTE). *Avoir beaucoup de sujets d'inquiétude* (syn. ANGOISSE, ↓ APPRÉHENSION, ↑ ALARME). *Fou d'inquiétude* (syn. ANXIÉTÉ).

inquisiteur, trice [ɛ̃kizitœr] adj. et n. Qui cherche à découvrir les pensées secrètes, les détails insoupçonnés, etc. : *Un regard inquisiteur. Des procédés d'inquisiteur.*

inquisition [ɛ̃kizisjɔ̃] n. f. (du lat. *inquirere,* rechercher). *Litt.* Enquête rigoureuse et arbitraire : *L'inquisition du fisc, de la censure.* (Le mot [avec majusc.] désignait un tribunal ecclésiastique chargé de la répression des hérésies.)

insaisissable [ɛ̃sɛzisabl] adj. **1.** Qui ne peut être arrêté : *Une espionne insaisissable.* — **2.** Qui ne peut être perçu : *Différence insaisissable* (syn. IMPERCEPTIBLE). — **3.** Qu'on ne peut saisir : *Biens insaisissables* (= qui échappent à toute saisie).

insalubre [ɛ̃salybr] adj. Malsain : *Climat insalubre.*

insalubrité [ɛ̃salybrite] n. f. Manque de salubrité. *L'insalubrité d'une région marécageuse.*

insanité [ɛ̃sanite] n. f. (angl. *insanity,* démence). Caractère de ce qui manque de bon sens; acte ou parole déraisonnable : *L'insanité de tels propos est révoltante* (syn. SOTTISE, STUPIDITÉ). *Dire des insanités* (syn. BÊTISE).

insatiable [ɛ̃sasjabl] adj. (du lat. *satiare,* rassasier). Qui ne peut être assouvi : *Appétit insatiable* (syn. VORACE). *Être insatiable d'honneurs et d'argent* (syn. ↓ AVIDE). [→ SATIÉTÉ.]

insatisfaction [ɛ̃satisfaksjɔ̃] n. f. Manque de satisfaction : *Je lui ai exprimé mon insatisfaction* (syn. MÉCONTENTEMENT).

insatisfait, e [ɛ̃satisfɛ] adj. et n. Qui n'est pas satisfait : *Un client insatisfait. Un désir insatisfait.*

inscription [ɛ̃skripsjɔ̃] n. f. **1.** Action d'inscrire qqch ou qqn : *Inscription d'un étudiant à une faculté. Inscription à un concours.* — **2.** Ensemble de caractères écrits ou gravés sur la pierre, sur une médaille, etc., pour consacrer le souvenir de qqn ou de qqch, donner un renseignement, un avis : *Une inscription injurieuse sur le mur de la mairie* (syn. GRAFFITI). *L'inscription portée sur le poteau indicateur* (syn. INDICATION).

inscrire [ɛ̃skrir] v. t. (lat. *inscribere,* écrire sur) [c. **71**]. **1.** *Inscrire qqch,* l'écrire sur un registre, un cahier, etc.; le graver sur la pierre, sur le métal, etc., de manière à ce qu'il demeure : *Inscrire son nom et son adresse* (syn. INDIQUER). *Inscrire un rendez-vous sur son carnet* (syn. NOTER). *Inscrire de nouvelles dépenses au budget* (syn. PORTER). *L'épitaphe inscrite sur la tombe* (syn. GRAVER). *Inscrivez bien cette date dans votre mémoire.* — **2.** *Inscrire qqn,* le mettre sur une liste, le porter sur un registre, etc., pour qu'il fasse partie d'un groupe, qu'il figure parmi ceux qui possèdent une dignité, etc. : *Inscrire son enfant à une école du quartier. Inscrire un élève au tableau d'honneur.* — **3.** Tracer une figure à l'intérieur d'une autre (math.) : *Inscrire un triangle dans un cercle.* ◆ ***s'inscrire*** v. pr. **1.** (sujet qqn) Entrer dans un groupe, un organisme, un établissement, etc. : *S'inscrire à la faculté* (= y entrer comme étudiant). *S'inscrire à un parti, à un club* (= s'y affilier). *S'inscrire à un examen.* — **2.** (sujet qqn) *S'inscrire en faux contre qqch,* lui opposer un démenti formel : *Elle s'inscrit en faux contre tous les bruits qui courent sur elle* (syn. DÉMENTIR). — **3.** (sujet qqch) Se situer : *Cette mesure s'inscrit dans le cadre de la campagne contre la hausse des prix* (syn. S'INSÉRER).

inscrit, e [ɛ̃skri] n. Personne dont le nom est porté sur une liste.

insecte [ɛ̃sɛkt] n. m. (du lat. *insectus,* coupé). Petit animal invertébré, articulé.

insecticide [ɛ̃sɛktisid] adj. et n. m. Produit destiné à détruire les insectes.

insectivore [ɛ̃sɛktivɔr] adj. et n. m. Se dit d'un animal qui se nourrit principalement ou exclusivement d'insectes.

insécurité [ɛ̃sekyrite] n. f. Manque de sécurité : *Sa situation financière est mauvaise et elle vit dans l'insécurité la plus complète. L'insécurité dans les banlieues des grandes villes.*

in-seize [insɛz] adj. inv. Se dit d'une feuille d'impression qui, ayant été pliée quatre fois, forme 16 feuillets ou 32 pages; format de cette feuille. ◆ n. m. inv. Livre de ce format.

insémination [ɛ̃seminasjɔ̃] n. f. *Insémination artificielle,* procédé de fécondation artificielle, par dépôt dans les voies génitales de semence prélevée sur un mâle.

inséminer [ɛ̃semine] v. t. (bas lat. *inseminare,* semer dans). Procéder à l'insémination artificielle.

insensé, e [ɛ̃sɑ̃se] adj. et n. *Litt.* Se dit de qqn qui semble avoir perdu la raison, de ses actes qui ne sont pas conformes au bon sens : *N'y allez pas, insensé que vous êtes, vous allez vous faire tuer. Ce que vous dites est insensé.* ◆ adj. Démesuré, contraire à la raison : *Joie insensée* (syn. FOU, ↓EXTRAORDINAIRE).

insensibilisation [ɛ̃sɑ̃sibilizasjɔ̃] n. f. Privation de réaction de la sensibilité.

insensibiliser [ɛ̃sɑ̃sibilize] v. t. **1.** *Insensibiliser qqn, une partie de son corps,* le priver de la sensibilité à la douleur : *Insensibiliser un malade qu'on veut opérer.* — **2.** *Insensibiliser qqn,* le priver de réaction émotive : *Les malheurs l'avaient insensibilisé.*

insensibilité [ɛ̃sɑ̃sibilite] n. f. Manque de sensibilité (syn. DURETÉ).

insensible [ɛ̃sɑ̃sibl] adj. **1.** Qui n'est pas touché par la pitié : *Une personne insensible* (syn. ↑DUR). — **2.** Imperceptible : *Progrès insensibles* (syn. ↑LÉGER).

insensiblement [ɛ̃sɑ̃sibləmɑ̃] adv. De façon insensible : *Il va insensiblement à sa perte* (syn. PEU À PEU.)

inséparable [ɛ̃separabl] adj. Qui ne peut être séparé : *L'effet est inséparable de la cause. Deux amis inséparables* (ou, substantiv., *deux inséparables*).

inséparablement [ɛ̃separabləmɑ̃] adv. De façon à ne pouvoir être séparé.

insérer [ɛ̃sere] v. t. (lat. *inserere,* mettre dans) [c. **10**]. **1.** *Insérer une chose (dans une autre),* l'y introduire, l'y faire entrer : *Insérer des exemples dans une démonstration* (syn. AJOUTER, INTERCALER). *Insérer une annonce dans un journal.* — **2.** *Insérer un objet (sous, dans un autre),* le glisser dans un espace libre, l'intercaler : *Insérer une feuille dans un livre. Insérer une photo sous une glace.* — **3.** *Insérer qqn (dans un milieu),* l'y intégrer. ◆ ***s'insérer*** v. pr. (sujet qqch, qqn) *S'insérer (dans qqch, un milieu),* s'y rattacher, y trouver sa place : *Ces événements s'insèrent dans un contexte d'émeutes* (syn. SE DÉROULER, SE SITUER). *Ce projet de loi s'insère dans un ensemble de réformes* (syn. SE PLACER). *Les nouveaux venus ont eu du mal à s'insérer* (syn. S'INTRODUIRE).

insertion [ɛ̃sɛrsjɔ̃] n. f. Action d'insérer, de s'insérer : *L'insertion d'une annonce dans un journal. L'insertion des travailleurs immigrés dans la société.*

insidieusement [ɛ̃sidjøzmɑ̃] adj. De manière insidieuse : *Il cherche insidieusement à obtenir ce qu'on lui a déjà refusé.*

insidieux, euse [ɛ̃sidjø] adj. (du lat. *insidiae,* embûches). **1.** (après le n.) Qui cherche habilement à induire en erreur, à faire tomber dans un piège (soutenu) : *Un homme insidieux qui, par d'adroites questions, s'efforce de découvrir un secret* (syn. RUSÉ). — **2.** (avant ou après le n.) Qui a le caractère d'une ruse, d'une tromperie : *D'insidieuses questions. Des manières insidieuses et hypocrites* (syn. SOURNOIS). — **3.** *Odeur insidieuse, parfum insidieux,* qui pénètre insensiblement, doucement. — **4.** *Maladie insidieuse,* dont les débuts, apparemment bénins, cachent la gravité.

1. insigne [ɛ̃siɲ] adj. (lat. *insignis,* remarquable) [avant ou après le n.] Qui s'impose par sa grandeur, son éclat, son importance (soutenu) : *Les honneurs insignes qu'elle a reçus* (syn. ÉCLATANT). *Occuper une place insigne dans le monde scientifique* (syn. ÉMINENT); (ironiq.) *Faire preuve d'une insigne maladresse* (syn. REMARQUABLE).

2. insigne [ɛ̃siɲ] n. m. (lat. *insignia,* enseignes). Marque extérieure d'un grade, d'une dignité, de l'appartenance à un groupement : *Maire revêtu des insignes de sa fonction. L'insigne de garde-champêtre* (syn. PLAQUE). *L'insigne de la Légion d'honneur* (syn. DÉCORATION). *Porter sur son blouson l'insigne de son club sportif.*

insignifiant, e [ɛ̃siɲifjɑ̃] adj. **1.** Qui manque de personnalité, de qualités marquantes : *Un être insignifiant* (syn. INCONSISTANT, FALOT, TERNE). *Actrice insignifiante* (syn. ↓MÉDIOCRE). — **2.** Sans importance, sans valeur : *Un film insignifiant* (syn. BANAL, QUELCONQUE). *Je l'ai eu à un prix insignifiant* (syn. DÉRISOIRE, MINIME).

insinuant, e [ɛ̃sinɥɑ̃] adj. Qui a le talent de s'insinuer : *Il agit toujours d'une manière insinuante* (syn. INDIRECT).

insinuation [ɛ̃sinɥasjɔ̃] n. f. **1.** Manière adroite et subtile de faire entendre qqch sans l'exprimer formellement : *Procéder par insinuation* (syn. ALLUSION). —

2. Chose ainsi suggérée : *Une insinuation calomnieuse publiée dans la presse* (syn. ATTAQUE, ACCUSATION).

insinuer [ɛ̃sinɥe] v. t. (du lat. *in,* dans, et *sinus,* repli). *Insinuer qqch,* le faire entendre adroitement, sans le dire expressément : *Tu insinues que la mésentente règne dans leur ménage* (syn. PRÉTENDRE). *Qu'insinuez-vous par là ?* (syn. VOULOIR DIRE). ◆ ***s'insinuer*** v. pr. **1.** (sujet qqn) Pénétrer adroitement dans un lieu, auprès de qqn : *S'insinuer dans la foule pour parvenir au premier rang* (syn. SE FAUFILER). *S'insinuer partout pour se faire voir* (syn. fam. SE FOURRER). *Je me suis insinué dans ses bonnes grâces* (= j'ai réussi à capter sa confiance). — **2.** (sujet qqch) Pénétrer doucement qqpart : *L'eau s'est insinuée dans les fentes de la maçonnerie* (syn. S'INFILTRER).

insipide [ɛ̃sipid] adj. (*in-,* priv., et lat. *sapidus,* qui a du goût). **1.** Qui n'a pas de goût : *Une boisson insipide* (syn. FADE ; contr. SAVOUREUX). — **2.** Qui n'a rien d'attirant ; qui dégage l'ennui : *Un film insipide* (syn. ENNUYEUX ; contr. DIVERTISSANT).

insipidité [ɛ̃sipidite] n. f. État de ce qui est insipide.

insistance [ɛ̃sistɑ̃s] n. f. Action d'insister : *Réclamer une augmentation avec insistance. Revenir sur le sujet avec insistance* (syn. OBSTINATION).

insistant, e [ɛ̃sistɑ̃] adj. Qui insiste : *Un regard insistant* (syn. PRESSANT). *Ses demandes se faisaient insistantes.*

insister [ɛ̃siste] v. t. ind. (lat. *insistere,* s'appuyer sur). **1.** *Insister sur qqch (abstrait),* le souligner avec force, s'y arrêter : *Elle insista sur la discrétion nécessaire* (syn. METTRE L'ACCENT SUR). *Insister sur un point particulier* (syn. S'ÉTENDRE SUR) ; sans compl. : *N'insistez pas : il ne comprendra jamais* (= passez). — **2.** *Insister pour qqch, pour (+ inf.), pour que (+ subj.),* continuer à demander qqch pour l'obtenir : *J'insiste pour la réponse, pour lui parler ;* sans compl. : *Je n'insiste pas, mais vous le regretterez* (syn. CONTINUER).

insociabilité [ɛ̃sɔsjabilite] n. f. Caractère insociable.

insociable [ɛ̃sɔsjabl] adj. Qui n'est pas sociable : *Caractère insociable.*

insolation [ɛ̃sɔlasjɔ̃] n. f. (du lat. *insolare,* exposer au soleil). **1.** Action de la lumière solaire sur qqch (techn.) : *Insolation d'une pellicule photographique.* — **2.** Accident dû à une exposition excessive au soleil (méd.) : *Attraper une insolation* (syn. ↓COUP DE SOLEIL). — **3.** Nombre d'heures pendant lesquelles le soleil a brillé : *L'insolation au mois d'août a été très faible* (syn. ENSOLEILLEMENT).

insolemment [ɛ̃sɔlamɑ̃] adv. De façon insolente : *Parler insolemment à ses supérieurs.*

insolence [ɛ̃sɔlɑ̃s] n. f. Comportement insolent : *Répondre avec insolence à ses parents* (syn. IRRESPECT, IMPERTINENCE ; contr. DÉFÉRENCE). *Braver avec insolence des reproches mérités* (syn. ARROGANCE, EFFRONTERIE ; contr. MODESTIE).

insolent, e [ɛ̃sɔlɑ̃] adj. et n. (lat. *insolens,* qui n'a pas l'habitude). Qui manifeste un manque de respect injurieux envers qqn : *Un enfant insolent envers ses parents* (syn. EFFRONTÉ, GROSSIER ; contr. DÉFÉRENT, POLI). *Faire une réponse insolente* (syn. INSULTANT, INJURIEUX). *Prendre un ton insolent* (syn. INCONVENANT, DÉPLACÉ). *Un air insolent* (syn. ARROGANT, IMPERTINENT). ◆ adj. Qui surprend par son caractère insolite et semble constituer une provocation : *Montrer une joie insolente* (syn. INDÉCENT). *Étaler une santé insolente.*

insolite [ɛ̃sɔlit] adj. (*in-,* priv., et lat. *solitus,* habituel). Contraire aux usages, qui surprend par son caractère inhabituel : *Un bruit insolite attira mon attention* (syn. INACCOUTUMÉ, INHABITUEL). *Il avait une tenue insolite pour la saison* (syn. ↑EXTRAVAGANT). *Votre demande est insolite* (syn. BIZARRE, DÉROUTANT, ↓ANORMAL).

insoluble [ɛ̃sɔlybl] adj. **1.** Qui ne peut être dissous : *La résine est insoluble dans l'eau.* — **2.** Se dit d'un problème, d'une question, etc., qui ne peuvent être résolus.

insolvabilité [ɛ̃sɔlvabilite] n. f. Caractère insolvable.

insolvable [ɛ̃sɔlvabl] adj. Qui n'a pas de quoi payer : *Débiteur insolvable.*

insomniaque [ɛ̃sɔmniak] adj. et n. Atteint d'insomnie.

insomnie [ɛ̃sɔmni] n. f. (*in-,* priv., et lat. *somnus,* sommeil). Impossibilité de dormir ; phase de veille interrompant anormalement le sommeil : *Pendant mes nuits d'insomnie, je lis. Avoir des insomnies fréquentes.*

insondable [ɛ̃sɔ̃dabl] adj. Dont on ne peut connaître la profondeur : *Abîmes insondables. Bêtise insondable* (= très grande).

insonore [ɛ̃sɔnɔr] adj. Qui n'est pas sonore, qui étouffe les bruits : *Matériaux insonores.*

insonorisation [ɛ̃sɔnɔrizasjɔ̃] n. f. Action d'insonoriser.

insonoriser [ɛ̃sɔnɔrize] v. t. Rendre insonore : *Salle insonorisée.*

insouciance [ɛ̃susjɑ̃s] n. f. Caractère insouciant de qqn.

insouciant, e [ɛ̃susjɑ̃] ou, litt., **insoucieux, euse** [ɛ̃susjø] adj. et n. Qui ne s'inquiète de rien : *Un enfant insouciant.*

insoumis, e [ɛ̃sumi] adj. et n. Qui ne s'est pas soumis : *Un soldat insoumis* (= qui refuse de satisfaire à ses obligations militaires).

insoumission [ɛ̃sumisjɔ̃] n. f. Fait de ne pas se soumettre.

insoupçonnable [ɛ̃supsɔnabl] adj. Qui ne peut être soupçonné : *Une femme insoupçonnable.*

insoupçonné, e [ɛ̃supsɔne] adj. Dont on n'entrevoyait pas ou dont on ne peut pas entrevoir l'existence ou les limites : *Un trésor d'une valeur insoupçonnée.*

insoutenable [ɛ̃sutnabl] adj. Qu'on ne peut soutenir : *Une opinion insoutenable.*

inspecter [ɛ̃spɛkte] v. t. (lat. *inspectare,* examiner). **1.** *Inspecter qqch,* l'examiner avec soin pour contrôler, vérifier : *Inspecter une école, une classe, un lycée. Inspecter des travaux. Bagages inspectés par la douane.* — **2.** *Inspecter qqch,* l'observer attentivement : *Inspecter l'horizon* (syn. EXPLORER). *Inspecter tous les recoins de la maison pour découvrir quelques indices* (syn. FOUILLER).

inspecteur, trice [ɛ̃spɛktœr] n. et adj. **1.** Agent, fonctionnaire chargé de contrôler le fonctionnement d'un organisme, d'une administration, etc., de vérifier l'application des règlements, de veiller à l'activité normale d'autres employés : *Inspecteur général des lycées et collèges. Inspecteur du travail. Inspecteur des finances. Général inspecteur des armées.* — **2.** *Inspecteur de police,* agent sans uniforme, attaché à une préfecture de police, à un commissariat.

inspection [ɛ̃spɛksjɔ̃] n. f. Action d'inspecter : *Procéder à l'inspection des lieux* (syn. VISITE). *L'inspection des comptes a révélé des détournements* (syn. CONTRÔLE).

inspirateur, trice [ɛ̃spiratœr] adj. et n. Qui inspire, suscite qqch : *L'inspirateur du complot réside à l'étranger* (syn. INSTIGATEUR).

inspiration [ɛ̃spirasjɔ̃] n. f.
— **I.** Action d'inspirer, de faire pénétrer l'air dans les

poumons : *La respiration se décompose en inspiration et expiration.*
— **II. 1.** Enthousiasme créateur : *Il cherche l'inspiration. Manquer d'inspiration.* — **2.** Action de faire naître une idée, un sentiment : *Suivre l'inspiration d'une amie* (syn. CONSEIL, SUGGESTION). *Crime commis sous l'inspiration d'un complice plus âgé* (= à l'instigation de). — **3.** Idée brusque, spontanée : *Elle agit selon l'inspiration du moment* (syn. IMPULSION). *Tu as eu une mauvaise inspiration en l'invitant. Avoir d'heureuses inspirations* (syn. INTUITION). — **4.** Influence exercée sur une œuvre littéraire, artistique : *Musique d'inspiration orientale. Roman d'inspiration philosophique.*

inspiré, e [ɛ̃spire] adj. et n. Mû par une impulsion intérieure, par l'enthousiasme : *Une artiste inspirée. Un moine inspiré* (syn. MYSTIQUE). *Prendre un air inspiré pour dire des choses banales* (syn. ILLUMINÉ).

inspirer [ɛ̃spire] v. t. (lat. *inspirare,* souffler dans).
— **I.** *Inspirer (de l'air),* le faire entrer dans ses poumons : *Inspirer profondément* (contr. EXPIRER).
— **II. 1.** *Inspirer qqch à qqn, inspirer qqn,* faire naître chez lui, dans son esprit, une idée, un sentiment : *Sa santé inspire de l'inquiétude à son médecin* (syn. DONNER). *Le ressentiment inspire ses propos* (syn. DICTER, ANIMER, CONDUIRE). *Elle lui a inspiré une passion violente* (= elle a éveillé en lui). *Cela ne m'inspire pas confiance. Le projet lui fut inspiré par un ami* (syn. SUGGÉRER). *Être bien, mal inspiré de* (= avoir l'idée heureuse, malheureuse de). — **2.** *Inspirer qqn,* faire naître dans son esprit l'enthousiasme créateur, être à l'origine d'une œuvre créée : *Montmartre a inspiré de nombreux peintres. Elle lui a inspiré son premier roman. L'amour lui a inspiré des vers déchirants.* ◆ ***s'inspirer*** v. pr. *S'inspirer de qqn, de qqch,* prendre ses idées à qqn, les tirer de qqch : *Il s'est manifestement inspiré de la traduction pour faire cette version* (syn. SE SERVIR). *S'inspirer de l'exemple de sa mère.*

instabilité [ɛ̃stabilite] n. f. Caractère instable : *L'instabilité d'un échafaudage, des prix.*

instable [ɛ̃stabl] adj. Qui n'a pas de stabilité : *Équilibre instable. Temps instable* (= sujet à changer; syn. VARIABLE). ◆ adj. et n. Qui n'est pas constant dans sa conduite, dans ses idées, dans ses sentiments.

installateur [ɛ̃stalatœr] n. m. Personne qui assure la pose et la mise en service d'un appareil.

installation [ɛ̃stalasjɔ̃] n. f. Action d'installer, ensemble des appareils, des locaux mis en place : *L'installation de la salle de bains dans cette pièce a été difficile* (syn. AMÉNAGEMENT). *L'installation électrique est défectueuse. Les superbes installations du château.*

installer [ɛ̃stale] v. t. (bas lat. *installare,* mettre dans une stalle). **1.** *Installer qqch (à une place déterminée),* le disposer, le mettre en place selon un plan précis : *Il est difficile d'installer la tente par ce vent* (syn. DRESSER). *On a enfin installé le téléphone* (syn. POSER). — **2.** *Installer un local,* l'aménager, en y disposant tout ce qui est nécessaire : *Leur appartement est bien mal installé.* — **3.** *Installer qqn à une place déterminée,* l'y poser, l'y mettre : *Installer un enfant sur son siège. Installer un blessé sur une civière.* — **4.** *Installer qqn en un lieu précis,* l'y établir pour un certain temps : *Installer sa famille à Lyon* (syn. LOGER). — **5.** *Installer un fonctionnaire, un magistrat,* etc., l'établir officiellement dans ses fonctions. — **6.** *Être installé,* être parvenu à une situation sociale qui assure l'aisance et le confort. ◆ ***s'installer*** v. pr. **1.** (sujet qqn) *S'installer à une place déterminée, en un lieu précis,* s'y mettre, s'y fixer, s'y établir : *S'installer à la terrasse d'un café* (syn. S'ASSEOIR). *Les employés se sont installés dans leurs nouveaux bureaux. Nous nous sommes installés à l'hôtel en attendant* (syn. LOGER). *S'installer dans un fauteuil pour lire à son aise* (syn. SE CARRER). — **2.** (sujet qqn) *S'installer dans qqch (abstrait),* s'établir dans une situation, un état d'esprit de façon durable : *Elle s'est installée dans le confort et ne veut en sortir.* — **3.** (sujet qqch [abstrait]) *S'installer en qqn,* s'y imposer durablement : *Cette idée obsédante s'est installée dans son esprit* (syn. SE FIXER).

instamment [ɛ̃stamɑ̃] adv. De façon instante, pressante : *Demander instamment le silence.*

instance [ɛ̃stɑ̃s] n. f. (lat. *instantia,* de *instare,* presser vivement). **1.** Prière, demande pressante (surtout pl.) : *Les instances répétées dont elle est l'objet* (syn. SOLLICITATION). — **2.** Organisme, bureau, service qui a un pouvoir d'autorité, de décision : *Les hautes instances internationales* (syn. AUTORITÉS). *Le chef de l'État représente l'instance suprême.* — **3.** *En instance,* se dit d'une affaire dont on attend la solution : *Le traité est en instance devant les comités d'experts* (syn. EN DISCUSSION). ‖ *En instance de,* sur le point de : *Le train est en instance de départ. Être en instance de divorce* (= sur le point de divorcer, l'affaire étant en cours).

1. instant, e [ɛ̃stɑ̃] adj. (du lat. *instare,* presser) [avant ou après le n.] Qui presse vivement (soutenu) : *Céder aux instantes prières de ses amis. Avoir un besoin instant d'argent* (syn. IMMÉDIAT).

2. instant [ɛ̃stɑ̃] n. m. **1.** Espace de temps très court : *Le souvenir de ces instants de bonheur. Attendez un instant* (syn. PETIT MOMENT). *Revenez dans un instant* (syn. BIENTÔT). *Un instant, je suis occupé* (= attendez un petit moment). *Pas un seul instant je ne me suis méfié. En un instant, la grange fut brûlée* (= très rapidement). *Par instants, je me demande s'il pense ce qu'il dit* (= de temps en temps). *À chaque instant, on la dérange* (= tout le temps). *Au même instant, on frappa à la porte* (= en même temps). — **2.** *À l'instant,* aussitôt, il y a très peu de temps : *Je l'ai quitté à l'instant.* ‖ *À l'instant où,* au moment précis où : *À l'instant où j'allais sortir, le téléphone sonna.* ‖ *Dès l'instant que,* indique la cause dont la conséquence immédiate est traduite par la principale : *Dès l'instant que vous êtes satisfait, c'est le principal* (syn. DU MOMENT QUE).

1. instantané, e [ɛ̃stɑ̃tane] adj. Qui se produit subitement, en un instant : *La mort fut instantanée* (syn. IMMÉDIAT). *Riposte instantanée* (syn. PROMPT). *L'explosion fut presque instantanée.*

2. instantané [ɛ̃stɑ̃tane] n. m. Cliché photographique obtenu après un temps très court d'exposition à la lumière.

instantanément [ɛ̃stɑ̃tanemɑ̃] adv. De façon instantanée : *Arrêtez-vous instantanément* (syn. TOUT DE SUITE, IMMÉDIATEMENT).

instar de (à l') [ɛ̃star] prép. (lat. *ad instar,* à la ressemblance). *Litt.* En suivant l'exemple donné par qqn : *À l'instar de ses aînées* (syn. À L'IMITATION DE).

instauration [ɛ̃storasjɔ̃] n. f. Action d'instaurer : *L'instauration du socialisme* (syn. ÉTABLISSEMENT).

instaurer [ɛ̃store] v. t. (lat. *instaurare*). *Instaurer qqch,* en établir les bases : *Il instaura une nouvelle politique* (syn. INAUGURER). *Instaurer la République* (syn. INSTITUER ; contr. RENVERSER).

instigateur, trice [ɛ̃stigatœr] n. Qui pousse à faire qqch : *Les instigateurs du complot furent arrêtés* (syn. DIRIGEANT). *Elle est l'instigatrice de cette équipée* (syn. PROTAGONISTE).

instigation [ɛ̃stigasjɔ̃] n. f. (du lat. *instigare,* pousser). *À (sur) l'instigation, sur les instigations de qqn,* sur ses conseils, sur son encouragement (souvent péjor.) : *Le vol a été commis à l'instigation du plus âgé de la bande. Sur l'instigation de sa femme, il se décida à faire cette demande* (syn. INCITATION, SUGGESTION).

instinct [ɛ̃stɛ̃] n. m. (lat. *instinctus,* impulsion). **1.** Tendance innée, involontaire, impérative, commune à tous les êtres vivants appartenant à la même espèce : *L'instinct sexuel. L'instinct maternel. L'instinct grégaire.* — **2.** Impulsion naturelle, irréfléchie, propre à qqn et qui le détermine dans ses actions : *Pressentir par instinct un danger* (syn. INTUITION). *Avoir l'instinct de l'ordre* (= le goût inné). — **3.** Disposition naturelle permanente : *Avoir l'instinct des affaires* (syn. usuel SENS). — **4.** *D'instinct,* par un mouvement naturel, irréfléchi : *D'instinct, je pris au carrefour le sentier de gauche* (= par une sorte d'intuition ; syn. SPONTANÉMENT).

instinctif, ive [ɛ̃stɛ̃ktif] adj. Poussé par un instinct : *Elle a eu un geste instinctif* (syn. INCONSCIENT, IRRÉFLÉCHI). *Avoir une sympathie instinctive pour le plus faible* (syn. NATUREL, SPONTANÉ).

instinctivement [ɛ̃stɛ̃ktivmɑ̃] adv. De manière instinctive : *Agir instinctivement* (= sans réfléchir, spontanément).

instituer [ɛ̃stitɥe] v. t. (lat. *instituere,* établir). **1.** *Instituer qqch,* l'établir, le fonder d'une façon permanente, dans l'intention de le voir durer : *Instituer de nouveaux règlements de circulation* (syn. METTRE EN VIGUEUR, INSTAURER). *C'est Richelieu qui a institué l'Académie française* (syn. CRÉER). — **2.** *Instituer qqn (son) héritier,* le désigner comme héritier de ses biens : *Il a institué sa nièce héritière de sa fortune.* ◆ ***s'instituer*** v. pr. Se faire : *S'instituer l'ardent défenseur d'une cause. Des relations commerciales se sont instituées entre les deux pays.*

institut [ɛ̃stity] n. m. (lat. *institutum,* ce qui est établi). **1.** (avec majusc.) Nom donné à certains établissements de recherche scientifique, d'enseignement : *Institut universitaire de technologie. L'Institut Pasteur.* — **2.** (avec majusc.) Nom donné, en France, à la réunion des cinq Académies. — **3.** *Institut de beauté,* établissement où l'on donne des soins de beauté.

instituteur, trice [ɛ̃stitytœr] n. Personne chargée de l'instruction des enfants dans les écoles primaires.

institution [ɛ̃stitysjɔ̃] n. f. **1.** Action d'instituer qqch : *L'institution d'un nouveau régime politique* (syn. FONDATION). *L'institution de relations amicales entre les deux États* (syn. CRÉATION). — **2.** Ce qui est institué (organisme, loi, établissement, groupement, etc.) : *Les institutions internationales* (= organismes). *Une institution de jeunes filles* (= établissement scolaire privé). ◆ ***institutions*** n. f. Ensemble des lois fondamentales, des structures politiques et sociales d'un État : *Des institutions démocratiques* (syn. RÉGIME).

institutionnalisation [ɛ̃stitysjɔnalizasjɔ̃] n. f. Action d'institutionnaliser.

institutionnaliser [ɛ̃stitysjɔnalize] v. t. *Institutionnaliser qqch (abstrait),* lui donner le caractère d'une institution.

institutionnel, elle [ɛ̃stitysjɔnɛl] adj. Relatif aux institutions : *La réforme institutionnelle* (= celle des institutions).

instructeur [ɛ̃stryktœr] n. m. et adj. m. **1.** Militaire chargé d'instruire les jeunes soldats : *Officier instructeur.* — **2.** *Magistrat instructeur,* chargé d'instruire une affaire de justice.

instructif, ive [ɛ̃stryktif] adj. Qui apporte des connaissances : *Un livre instructif. Cette conversation a été très instructive pour moi* (syn. ÉDIFIANT).

instruction [ɛ̃stryksjɔ̃] n. f. **1.** Action d'instruire : *L'instruction donnée au lycée* (syn. ENSEIGNEMENT, FORMATION). *L'instruction des jeunes soldats* (= la formation militaire). *Cela servira à son instruction* (syn. ÉDIFICATION). — **2.** Organisation de l'enseignement : *Instruction publique. L'instruction primaire, secondaire, supérieure.* — **3.** Savoir de qqn qui a reçu un enseignement scolaire, qui a appris beaucoup : *Avoir une solide instruction* (syn. CONNAISSANCES). *Être sans instruction* (syn. CULTURE). — **4.** Action d'instruire une affaire : *L'instruction d'un procès.* ◆ ***instructions*** n. f. pl. Renseignements verbaux ou écrits donnés à qqn en vue d'une action particulière, d'une mission, de l'usage particulier de qqch, etc. : *Recevoir, donner des instructions* (syn. ORDRES, DIRECTIVES). *Conformément aux instructions reçues* (syn. CONSIGNES).

instruire [ɛ̃strɥir] v. t. (lat. *instruere,* bâtir) [c. **70**]. **1.** (sujet qqn) *Instruire qqn,* former son esprit par un enseignement, lui faire acquérir des connaissances : *Elle instruit de jeunes élèves dans une école du quartier* (syn. ENSEIGNER À). *Instruire des recrues* (= leur enseigner le maniement des armes). *Être instruit dans une science* (syn. FORMER). *Instruire les enfants par l'image;* (sujet qqch) : *Ce livre m'a beaucoup instruit sur des questions qui m'étaient étrangères* (syn. APPRENDRE). — **2.** *Instruire qqn de qqch,* le mettre au courant de qqch, lui faire connaître un fait particulier : *Elle m'a instruit de votre désir de collaborer à cet ouvrage* (syn. AVERTIR, PRÉVENIR). *La presse n'a pas été instruite de cette affaire* (syn. INFORMER, RENSEIGNER). — **3.** *Instruire une affaire, un procès,* rechercher et réunir les preuves d'un délit commis par qqn (dr.). ◆ ***s'instruire*** v. pr. Accroître ses connaissances : *Elle cherche à s'instruire* (syn. APPRENDRE). *S'instruire auprès d'un employé des formalités à accomplir* (syn. S'INFORMER).

instruit, e [ɛ̃strɥi] adj. Qui a beaucoup de connaissances : *Une personne instruite* (syn. CULTIVÉ, ↑ ÉRUDIT).

instrument [ɛ̃strymɑ̃] n. m. (lat. *instrumentum,* de *instruere,* outiller). **1.** Objet fabriqué servant à exécuter un travail, à faire une opération : *Instruments aratoires* (syn. OUTILLAGE). *Le baromètre est un instrument de mesure. Des instruments de précision. Les tenailles sont des instruments pour couper ou arracher* (syn. OUTIL). *Les crayons, le stylo, le papier sont nos instruments de travail.* — **2.** Qqn ou qqch grâce auquel on obtient un résultat : *Ce pacte de non-agression a été un instrument décisif de la paix* (syn. MOYEN). *Il est un simple instrument au service de gens plus puissants* (syn. EXÉCUTANT). *La télévision peut être un instrument efficace de propagande.* — **3.** *Instrument (de musique),* appareil propre à produire des sons musicaux : *Les musiciens de l'orchestre accordent leurs instruments. Jouer d'un instrument. Instrument à vent, à percussion.*

1. instrumental [ɛ̃strymɑ̃tal] n. m. Cas des langues à déclinaisons qui indique l'instrument, le moyen de l'action.

2. instrumental, e, aux [ɛ̃strymɑ̃tal] adj. Qui s'exécute avec un instrument de musique : *Musique instrumentale* (contr. VOCALE).

instrumentation [ɛ̃strymɑ̃tasjɔ̃] n. f. Choix des instruments correspondant à chaque partie d'une œuvre musicale.

instrumentiste [ɛ̃strymɑ̃tist] n. Musicien qui joue d'un instrument dans un orchestre.

insubmersible [ɛ̃sybmɛrsibl] adj. Qui ne peut couler : *Canot insubmersible.*

insubordination [ɛ̃sybɔrdinasjɔ̃] n. f. Indiscipline.

insubordonné, e [ɛ̃sybɔrdɔne] adj. Indiscipliné.

insuccès [ɛ̃syksɛ] n. m. Manque de succès (syn. ÉCHEC).

insu de (à l') [ɛ̃sy] prép. Sans qu'on le sache : *Sortir à l'insu de ses parents. A son insu, il m'a livré le fond de sa pensée* (syn. INCONSCIEMMENT). *À l'insu de tout le monde, le mal se développait* (contr. AU VU ET AU SU DE).

insuffisamment [ɛ̃syfizamɑ̃] adv. De manière insuffisante : *Travailler insuffisamment.*

insuffisance [ɛ̃syfizɑ̃s] n. f. Manque de la quantité nécessaire : *L'insuffisance de la récolte, de la production industrielle.*

insuffisant, e [ɛ̃syfizɑ̃] adj. Qui ne suffit pas : *Nombre insuffisant. Ressources insuffisantes.*

insufflation [ɛ̃syflasjɔ̃] n. f. Action d'insuffler dans l'organisme : *Insufflation d'air dans les poumons.*

insuffler [ɛ̃syfle] v. t. (lat. *in,* dans, et *sufflare,* souffler). **1.** *Insuffler un gaz,* l'introduire dans un organisme en soufflant : *Insuffler de l'oxygène à un noyé.* — **2.** *Insuffler un sentiment à qqn,* le lui communiquer, le lui inspirer : *Cette première réussite lui insuffla une nouvelle ardeur* (syn. INSPIRER).

insulaire [ɛ̃sylɛr] adj. Qui habite une île : *Un peuple insulaire. La flore insulaire du Pacifique Sud* (= celle qui pousse dans les îles). ◆ n. Habitant d'une île : *Les insulaires de Tahiti* (= habitants de l'île).

insularité [ɛ̃sylarite] n. f. Caractère particulier d'un pays formé par une île ou un groupe d'îles : *L'insularité de la Grande-Bretagne.*

insuline [ɛ̃sylin] n. f. (lat. *insula,* île [cette hormone étant extraite des « îlots » du pancréas]). Hormone du pancréas, utilisée dans le traitement du diabète.

insultant, e [ɛ̃syltɑ̃] adj. Qui constitue une insulte : *Des propos insultants* (syn. INSOLENT, INJURIEUX).

insulte [ɛ̃sylt] n. f. Acte ou parole qui offense, qui blesse la dignité, l'honneur, etc., de qqn : *Proférer des insultes* (syn. INJURE, INVECTIVE). *Je ressens son attitude à mon égard comme une insulte grave* (syn. AFFRONT, OFFENSE, OUTRAGE). *Une insulte au courage* (syn. ATTEINTE, DÉFI).

insulter [ɛ̃sylte] v. t. (lat. *insultare,* sauter sur). *Insulter qqn,* l'offenser par des actes méprisants et surtout par des paroles injurieuses : *Se faire insulter par quelqu'un* (syn. INJURIER). *On l'insulta mort, alors qu'on l'avait célébré de son vivant* (syn. OUTRAGER). ◆ v. t. ind. Litt. *Insulter à qqn, à qqch,* avoir une attitude offensante, méprisante à leur égard : *Ces propos insultent à la misère des gens.*

insulteur [ɛ̃syltœr] n. m. Qui insulte.

insupportable [ɛ̃sypɔrtabl] adj. Qu'on ne peut supporter : *Douleur insupportable* (syn. ATROCE, CRUELLE, INTOLÉRABLE). *Enfant insupportable* (syn. ↓DIABLE, ↓TURBULENT; fam. INTENABLE).

insurgé, e [ɛ̃syrʒe] n. Qui est mis en état d'insurrection : *Les insurgés sont maîtres d'une partie du pays* (syn. RÉVOLTÉ).

insurger (s') [ɛ̃syrʒe] v. pr. (lat. *insurgere,* se lever contre) [c. **2**] (sujet qqn, un peuple) *S'insurger contre une autorité, un gouvernement,* se soulever contre eux : *Le peuple s'insurgea contre la dictature* (syn. SE DRESSER, SE REBELLER). *S'insurger contre les abus de l'Administration* (syn. PROTESTER, ↑SE RÉVOLTER).

insurmontable [ɛ̃syrmɔ̃tabl] adj. Qu'on ne peut surmonter : *Difficulté insurmontable.*

insurrection [ɛ̃syrɛksjɔ̃] n. f. Soulèvement d'armes : *Mater, briser une insurrection* (syn. SÉDITION, RÉVOLTE).

insurrectionnel, elle [ɛ̃syrɛksjɔnɛl] adj. Qui relève de l'insurrection : *Gouvernement insurrectionnel* (= issu de l'insurrection). *Journées insurrectionnelles* (= qui ont vu une insurrection).

intact, e [ɛ̃takt] adj. (lat. *intactus,* de *tangere,* toucher). Se dit de qqch qui n'a pas subi de dommage, d'altération, ou de qqn qui n'a souffert aucune atteinte physique ou morale : *Les fresques sont intactes, préservées de l'humidité. Les passagers sont sortis intacts de la voiture accidentée* (syn. INDEMNE). *Sa réputation est restée intacte* (syn. SAUF).

intangibilité [ɛ̃tɑ̃ʒibilite] n. f. Caractère intangible : *L'intangibilité de la Constitution.*

intangible [ɛ̃tɑ̃ʒibl] adj. Qui doit rester intact : *Des droits intangibles* (syn. INVIOLABLE, SACRÉ).

intarissable [ɛ̃tarisabl] adj. **1.** Qui ne peut être tari : *Fontaine intarissable.* — **2.** Qui ne cesse pas de parler : *Bavard intarissable.*

intégral, e, aux [ɛ̃tegral] adj. (lat. *integer,* entier). Dont on n'a rien retiré : *Le remboursement intégral d'une dette* (syn. COMPLET, ENTIER; contr. PARTIEL). *L'édition intégrale d'un roman* (= sans coupures).

intégrale [ɛ̃tegral] n. f. Édition complète des œuvres d'un écrivain, d'un musicien.

intégralement [ɛ̃tegralmɑ̃] adv. D'une manière intégrale : *Vous serez payé intégralement* (syn. EN TOTALITÉ).

intégralité [ɛ̃tegralite] n. f. État de qqch de complet : *Dépenser l'intégralité de son salaire.*

intégrant, e [ɛ̃tegrɑ̃] adj. *Partie intégrante,* qui fait partie d'un tout : *Les biens acquis sont devenus une partie intégrante du bien familial.* ‖ *Faire partie intégrante de qqch,* en faire entièrement partie.

intégration [ɛ̃tegrasjɔ̃] n. f. Action d'intégrer, de s'intégrer : *L'intégration économique de l'Europe* (syn. FUSION, UNIFICATION). *L'intégration des émigrants dans la population autochtone* (syn. ASSIMILATION).

intègre [ɛ̃tɛgr] adj. (lat. *integer,* entier). D'une très grande honnêteté, qu'on ne peut corrompre avec de l'argent : *Juge intègre* (contr. CORROMPU). *Vie intègre* (syn. HONNÊTE).

intégrer [ɛ̃tegre] v. t. (lat. *integrare,* rendre complet) [c. **10**] *Intégrer qqch dans qqch,* le faire entrer dans un ensemble, dans un groupe plus vaste : *Intégrer les nouveaux apports de la science dans l'enseignement. Intégrer un paragraphe dans un exposé* (syn. INCORPORER). ◆ v. i. *Fam.* (sujet qqn) Entrer dans une grande école : *Intégrer à Polytechnique.* ◆ ***s'intégrer*** v. pr. (sujet qqn) S'assimiler entièrement au groupe dans lequel on entre : *Les réfugiés se sont parfaitement intégrés au reste de la population.*

intégrisme [ɛ̃tegrism] n. m. Attitude de certains catholiques qui, se réclamant de la tradition, se refusent à toute évolution.

intégriste [ɛ̃tegrist] adj. et n. Partisan de l'intégrisme.

intégrité [ɛ̃tegrite] n. f. **1.** Qualité de qqn d'intègre : *Être d'une parfaite intégrité* (syn. PROBITÉ). — **2.** État de qqch qui est demeuré intact, qui n'a pas subi de diminution, d'altération, de retranchement : *Conserver dans sa vieillesse l'intégrité de ses facultés* (syn. PLÉNITUDE). *Défendre l'intégrité du territoire.*

intellect [ɛ̃tɛlɛkt] n. m. (lat. *intellectus,* de *intelligere,* comprendre). Esprit, intelligence (philos.).

intellectualisme [ɛ̃tɛlɛktɥalism] n. m. Tendance de qqn à donner la primauté aux facultés intellectuelles.

intellectuel, elle [ɛ̃tɛlɛktɥɛl] adj. Qui appartient à la faculté de raisonner, de comprendre, aux connaissances et à l'activité de l'esprit, à l'intelligence : *La vie intellectuelle d'une ville de province. Le mouvement intellectuel au début du XXe s.* ◆ adj. et n. **1.** Qui a un goût affirmé pour les activités de l'esprit (parfois péjor.) : *Un romancier très intellectuel, qui organise son roman comme une partie d'échecs. C'est une intellectuelle, les choses matérielles ne l'intéressent pas.* — **2.** Dont la profession comporte une activité de l'esprit (par oppos. à *manuel*) : *Les travailleurs intellectuels.*

intellectuellement [ɛ̃tɛlɛktɥɛlmɑ̃] adv. Sur le plan intellectuel : *Intellectuellement, on ne saurait le comparer à celui qu'il remplace.*

intelligemment [ɛ̃tɛliʒamɑ̃] adv. Avec intelligence :

Sortir intelligemment d'une situation difficile (syn. HABILEMENT).

intelligence [ɛ̃tɛliʒɑ̃s] n. f. (du lat. *intelligere,* comprendre). **1.** Faculté de comprendre, de connaître, de donner une signification, un sens : *Avoir une grande intelligence. Les défauts de son intelligence.* — **2.** Aptitude de qqn à s'adapter à la situation, à choisir des moyens d'action en fonction des circonstances (par oppos. à *instinct*) : *Faire preuve d'intelligence* (syn. DISCERNEMENT ; contr. STUPIDITÉ). *Elle met beaucoup d'intelligence dans ce qu'elle fait* (syn. JUGEMENT ; contr. BÊTISE). *Agir sans intelligence* (syn. CLAIRVOYANCE). — **3.** *Intelligence de qqch,* capacité de comprendre telle ou telle chose : *Pour l'intelligence de ce qui va suivre, lisez la préface* (syn. COMPRÉHENSION). — **4.** Être humain qui a une grande faculté de compréhension : *C'est une intelligence supérieure.* — **5.** *D'intelligence,* qui est un témoignage d'entente secrète, tacite entre deux personnes : *Adresser un signe d'intelligence* (syn. CONNIVENCE, COMPLICITÉ). ‖ *Être, agir d'intelligence avec qqn,* secrètement d'accord avec lui. ‖ *Vivre en bonne, en mauvaise intelligence avec qqn,* être en bons, en mauvais termes avec lui. ◆ ***intelligences*** n. f. pl. Relations secrètes établies entre des personnes appartenant à des camps opposés : *Être accusé d'intelligences avec une puissance étrangère* (= d'être un espion à son service).

intelligent, e [ɛ̃tɛliʒɑ̃] adj. Qui a, manifeste de l'intelligence : *Une élève intelligente* (syn. ÉVEILLÉ). *Une réponse intelligente* (syn. fam. ASTUCIEUX).

intelligentsia [ɛ̃tɛliʒɛ̃sja] n. f. (mot russe). L'ensemble des intellectuels d'un pays.

intelligibilité [ɛ̃tɛliʒibilite] n. f. Caractère intelligible : *L'intelligibilité de cette peinture pose un problème pour le profane.*

intelligible [ɛ̃tɛliʒibl] adj. **1.** (après le n.) Qui peut être compris : *S'exprimer de façon intelligible* (syn. COMPRÉHENSIBLE, CLAIR). — **2.** (avant le n.) Qui peut être entendu : *Parler à haute et intelligible voix.*

intelligiblement [ɛ̃tɛliʒibləmɑ̃] adv. De façon intelligible : *Expliquez-vous intelligiblement* (syn. CLAIREMENT).

intempérance [ɛ̃tɑ̃perɑ̃s] n. f. Manque de modération dans le boire, le langage : *Victime de son intempérance, il est mort dans un accident. Intempérance de langage* (= liberté excessive de langage).

intempérant, e [ɛ̃tɑ̃perɑ̃] adj. Qui fait preuve d'intempérance (contr. TEMPÉRANT).

intempéries [ɛ̃tɑ̃peri] n. f. pl. (lat. *tempus,* temps). Mauvais temps, rigueurs du climat, de la saison : *Les agriculteurs victimes des intempéries.*

intempestif, ive [ɛ̃tɑ̃pɛstif] adj. (lat. *intempestivus,* hors de saison). Se dit de qqch qu'on fait à un moment où il ne convient pas de le faire, qui se produit mal à propos : *Une demande intempestive* (syn. INOPPORTUN). *Une joie intempestive* (syn. INCONVENANT, DÉPLACÉ).

intempestivement [ɛ̃tɑ̃pɛstivmɑ̃] adv. De manière intempestive.

intemporel, elle [ɛ̃tɑ̃pɔrɛl] adj. Hors du temps.

intenable [ɛ̃t(ə)nabl] adj. Qu'on ne peut supporter, tenir : *C'est intenable ici, tellement ça sent mauvais! Enfant intenable* (= turbulent, insupportable).

intendance [ɛ̃tɑ̃dɑ̃s] n. f. Service de l'intendant; bureau où est installé ce service : *L'intendance militaire pourvoit aux besoins de l'armée.*

intendant, e [ɛ̃tɑ̃dɑ̃] n. (du lat. *intendere,* surveiller). **1.** Fonctionnaire chargé de la direction ou de la surveillance administrative ou financière d'un service public, d'un grand établissement : *L'intendant d'un lycée est chargé de la gestion financière.* — **2.** Personne chargée d'administrer une propriété importante pour le compte d'un propriétaire : *L'intendant d'un château.*

intense [ɛ̃tɑ̃s] adj. (lat. *intensus,* tendu). D'une force, d'une puissance très grande; qui agit vivement, qui dépasse la mesure, la moyenne : *Une chaleur, un froid intense. Circulation intense sur l'autoroute* (syn. ↓ FORT). *Une émotion intense* (syn. ↓ VIF). *Activité intense sur le chantier* (syn. ↓ GRAND ; contr. FAIBLE).

intensément [ɛ̃tɑ̃semɑ̃] adv. D'une manière intense : *Vivre, travailler intensément* (= plus activement que les autres).

intensif, ive [ɛ̃tɑ̃sif] adj. Qui met en œuvre des moyens importants, qui fait l'objet d'un effort considérable : *Propagande intensive. La culture intensive vise à obtenir de hauts rendements* (contr. EXTENSIF).

intensification [ɛ̃tɑ̃sifikasjɔ̃] n. f. Action d'intensifier : *Intensification des efforts pour accroître la production.*

intensifier [ɛ̃tɑ̃sifje] v. t. Rendre plus intense : *Intensifier ses efforts* (syn. AUGMENTER). *Le gouvernement intensifie son action contre les prix élevés.* ◆ ***s'intensifier*** v. pr. (sujet qqch) Devenir plus intense : *La construction d'immeubles s'intensifie dans la région. Son travail s'intensifie* (syn. S'ACCROÎTRE ; contr. DIMINUER).

intensité [ɛ̃tɑ̃site] n. f. Très haut degré d'énergie, de force, de puissance atteint par qqch : *La tempête perd de son intensité* (syn. VIOLENCE). *L'intensité de son regard me faisait baisser les yeux* (syn. ACUITÉ). *L'intensité dramatique de cette pièce de théâtre.*

intensivement [ɛ̃tɑ̃sivmɑ̃] adv. De manière intensive.

intenter [ɛ̃tɑ̃te] v. t. (lat. *intentare,* diriger). *Intenter une action en justice contre qqn,* engager contre lui des poursuites judiciaires.

intention [ɛ̃tɑ̃sjɔ̃] n. f. (lat. *intentio,* action de diriger). **1.** Disposition d'esprit par laquelle on se propose délibérément un but; ce but lui-même : *Agir dans une bonne intention. Je n'ai aucun doute sur ses intentions* (syn. DESSEIN). *Il n'est pas dans mes intentions de vous révéler ce secret* (syn. IDÉE, PROPOS). *L'intention de l'artiste m'échappe* (syn. PENSÉE). *Je n'avais pas mauvaise intention en agissant ainsi* (syn. MOBILE). *Nourrir des intentions perfides* (syn. CALCUL). *L'enfer est pavé de bonnes intentions* (= les bonnes intentions ne coûtent rien et peuvent aboutir aux pires résultats). *Faire un procès d'intention à qqn* (= l'accuser non sur ses actes, mais sur des desseins supposés). — **2.** *À l'intention de qqn,* spécialement destiné à lui : *Film dont le scénario a été écrit à l'intention des enfants* (syn. POUR). ‖ *Avoir l'intention de* (+ *inf.*), se proposer de.

intentionné, e [ɛ̃tɑ̃sjɔne] adj. *Être bien, mal intentionné,* avoir de bonnes, de mauvaises dispositions d'esprit à l'égard de qqn.

intentionnel, elle [ɛ̃tɑ̃sjɔnɛl] adj. Fait de propos délibéré, dans un dessein déterminé : *L'oubli intentionnel d'un rendez-vous* (syn. VOLONTAIRE). *Une gaffe intentionnelle* (syn. CONSCIENT).

intentionnellement [ɛ̃tɑ̃sjɔnɛlmɑ̃] adv. De façon intentionnelle.

inter- [ɛ̃tɛr], préfixe (lat. *inter,* entre, parmi) indiquant la réciprocité, l'action mutuelle ou l'intervalle.

interactif, ive [ɛ̃tɛraktif] adj. **1.** Se dit de phénomènes qui agissent les uns sur les autres. — **2.** Qui est doué d'interactivité; qui permet un échange avec l'utilisateur, le public : *Émission, livre interactifs.*

interaction [ɛ̃tɛraksjɔ̃] n. f. Influence réciproque.

interactivité [ɛ̃tɛraktivite] n. f. Faculté d'échange entre l'utilisateur d'un système informatique et la machine, par l'intermédiaire d'un terminal.

interallié, e [ɛ̃tɛralje] adj. Commun aux alliés d'une coalition.

interarmes [ɛ̃tɛrarm] adj. inv. Commun à plusieurs armes (artillerie, infanterie, etc.) de l'armée de terre.

intercalaire [ɛ̃tɛrkalɛr] adj. Inséré : *Feuille intercalaire* (= ajoutée à l'intérieur d'un fascicule, d'un livre).

intercalation [ɛ̃tɛrkalasjɔ̃] n. f. Action d'intercaler; fait d'être intercalé : *L'intercalation d'un paragraphe dans un article, de l'arrière dans la ligne des trois quarts, au rugby.*

intercaler [ɛ̃tɛrkale] v. t. (lat. *intercalare,* de *calare,* appeler). *Intercaler qqch,* l'introduire entre deux autres, dans une série, dans un ensemble : *Intercaler une phrase dans un énoncé. Il sera difficile d'intercaler ce rendez-vous dans une journée si chargée.* ◆ ***s'intercaler*** v. pr. (sujet qqn, qqch) Se mettre entre deux autres : *Le demi-centre est venu s'intercaler dans la ligne d'attaque.*

intercéder [ɛ̃tɛrsede] v. i. (lat. *intercedere*) [c. **10**] *Intercéder pour, en faveur de qqn,* intervenir en sa faveur : *Intercéder auprès de la directrice pour obtenir un congé. Intercéder pour un élève coupable* (= parler pour).

intercepter [ɛ̃tɛrsɛpte] v. t. (du lat. *interceptus,* pris au passage) [sujet qqn, qqch] *Intercepter qqch, qqn,* le prendre, l'arrêter au passage; interrompre qqch dans sa course, dans son déroulement : *La police a intercepté le message téléphonique* (syn. SURPRENDRE, CAPTER). *Le store intercepte les rayons du soleil* (syn. ARRÊTER). *L'arrière intercepta le ballon* (syn. S'EMPARER DE).

interception [ɛ̃tɛrsɛpsjɔ̃] n. f. Action d'intercepter : *Interception d'une lettre. Mission d'interception confiée à une escadrille de chasse.*

intercesseur [ɛ̃tɛrsɛsœr] n. m. Celui qui intercède.

intercession [ɛ̃tɛrsɛsjɔ̃] n. f. Action d'intercéder (relig. surtout) : *L'intercession de la Vierge.*

interchangeable [ɛ̃tɛrʃɑ̃ʒabl] adj. Se dit de choses qu'on peut intervertir, ou de personnes qu'on peut remplacer les unes par les autres : *On peut utiliser l'une ou l'autre de ces pièces : elles sont interchangeables.*

interclasse [ɛ̃tɛrklas] n. f. ou m. Intervalle qui sépare deux heures de classe.

interclubs [ɛ̃tɛrklœb] adj. inv. Se dit d'une compétition où sont opposés plusieurs clubs.

intercommunal, e, aux [ɛ̃tɛrkɔmynal] adj. Qui concerne plusieurs communes.

interconnecter [ɛ̃tɛrkɔnɛkte] v. t. Mettre en relation deux ou plusieurs circuits.

interconnexion [ɛ̃tɛrkɔnɛksjɔ̃] n. f. Action d'interconnecter.

intercontinental, e, aux [ɛ̃tɛrkɔ̃tinɑ̃tal] adj. Établi entre des continents : *Lignes aériennes intercontinentales.*

intercostal, e, aux [ɛ̃tɛrkɔstal] adj. Qui se situe entre les côtes (partie du corps) : *Douleur intercostale.*

interdépartemental, e, aux [ɛ̃tɛrdepartəmɑ̃tal] adj. Qui concerne plusieurs départements : *Une compétition sportive interdépartementale.*

interdépendance [ɛ̃tɛrdepɑ̃dɑ̃s] n. f. Dépendance mutuelle : *L'interdépendance des problèmes politiques et économiques.*

interdépendant, e [ɛ̃tɛrdepɑ̃dɑ̃] adj. Se dit de choses qui dépendent l'une de l'autre : *Niveau de vie et expansion économique sont interdépendants.*

interdiction [ɛ̃tɛrdiksjɔ̃] n. f. Action d'interdire : *Interdiction absolue de stationner* (syn. DÉFENSE; contr. AUTORISATION). *Interdiction de sortir* (contr. PERMISSION).

interdire [ɛ̃tɛrdir] v. t. (lat. *interdicere*) [c. **72**]. **1.** *Interdire qqch, de* (+ *inf.*) [*à qqn*], le lui défendre, l'empêcher de l'utiliser, de le faire, etc. : *L'accès du bureau est interdit aux personnes étrangères. Son état de santé lui interdit tout déplacement* (contr. PERMETTRE). *Interdire le stationnement dans le centre de Paris* (contr. AUTORISER). *Le journal a été interdit pendant deux mois* (= empêché de paraître). *Passage interdit. Film interdit aux moins de seize ans* (contr. CONSEILLER). *Je vous interdis de me parler sur ce ton. Il est interdit d'ouvrir la portière pendant la marche du train.* — **2.** *Interdire qqn,* lui défendre d'exercer ses fonctions (souvent part. passé) [admin. ou relig.] : *Un prêtre interdit.* — **3.** *Être interdit de séjour,* se dit d'un condamné libéré qui ne peut résider en un lieu déterminé.

interdisciplinaire [ɛ̃tɛrdisiplinɛr] adj. Qui établit ou nécessite des relations entre plusieurs sciences : *Colloque interdisciplinaire.*

1. interdit, e [ɛ̃tɛrdi] adj. Qui éprouve un grand étonnement et ne sait plus que dire ou que faire : *Rester interdit devant tant d'ignorance* (syn. AHURI, STUPÉFAIT). *La nouvelle les laissa interdits* (syn. CONFONDU, PANTOIS).

2. interdit [ɛ̃tɛrdi] n. m. Décision interdisant l'emploi de qqch, excluant une personne d'un groupe, etc. : *Jeter l'interdit contre quelqu'un* (syn. EXCLUSIVE). *Lever un interdit* (syn. CENSURE).

intéressant, e [ɛ̃terɛsɑ̃] adj. **1.** Qui procure un avantage matériel : *Acheter à un prix intéressant* (syn. AVANTAGEUX; contr. ÉLEVÉ). *Avoir une situation intéressante* (syn. LUCRATIF). — **2.** Qui retient l'attention, excite la curiosité, la bienveillance : *Un livre intéressant* (syn. ↑PRENANT). *Une précision intéressante* (contr. INSIGNIFIANT). *Nous vivons à une époque intéressante* (syn. ↑PASSIONNANT). *Une conférencière intéressante* (syn. ↑BRILLANT). — **3.** Digne d'intérêt par sa situation particulière : *Cette famille offre un cas intéressant.* — **4.** *Chercher à se rendre intéressant, faire l'intéressant,* se dit péjor. de qqn qui cherche à se faire remarquer.

intéressé, e [ɛ̃terɛse] adj. Qui n'a en vue que son intérêt personnel, et en partic. son intérêt pécuniaire; inspiré par l'intérêt : *Un homme intéressé, qui ne travaille jamais pour rien* (syn. ↑CUPIDE). *Une amitié intéressée. Être mû par des motifs intéressés.* ◆ adj. et n. Mis en cause dans une affaire, qui y a une part importante : *Les personnes intéressées devront passer à l'économat. Il est le principal intéressé à la réussite de l'entreprise. Il faut consulter les intéressés* (= les personnes concernées).

intéressement [ɛ̃terɛsmɑ̃] n. m. Action de rémunérer le personnel, en plus de son salaire, sur les bénéfices de l'entreprise.

intéresser [ɛ̃terɛse] v. t. **1.** (sujet qqch) *Intéresser qqn, qqch,* avoir de l'importance, de l'utilité pour eux : *Le plan économique intéresse l'avenir du pays. Les nouveaux règlements intéressent les automobilistes* (syn. TOUCHER). — **2.** (sujet qqn) *Intéresser qqn,* lui donner une part financière, un intérêt : *Intéresser le personnel à la marche de l'entreprise. Être intéressé dans une affaire commerciale.* — **3.** (sujet qqch) *Intéresser qqn,* exciter sa curiosité, retenir son attention : *Un enfant que tout intéresse. La comédie nous a intéressés* (syn. ↑CAPTIVER). *Votre idée nous intéresse beaucoup* (syn. ↑PASSIONNER). *Sa proposition m'intéresse* (syn. ↓CONVENIR). — **4.** (sujet qqn) *Intéresser qqn à qqch,* l'amener à prendre intérêt, goût à qqch : *Intéresser un enfant à la lecture.* — **5.** (sujet qqn) *Intéresser qqn,* exciter sa bienveillance, sa sympathie : *Elle a su intéresser le public au sort de l'accusée. On dirait que Paul intéresse ta cousine!* (syn. PLAIRE À). ◆ ***s'intéresser*** v. pr. *S'intéresser à qqn, qqch,* y porter de l'intérêt, être attiré par eux : *S'intéresser à la politique. Ne s'intéresser à rien* (syn. SE SOUCIER). *S'intéresser aux nouvelles du jour* (syn. SE PRÉOCCUPER). *S'intéresser* au sort d'un ami, à sa santé. *Il s'intéresse beaucoup à elle. Elle mérite qu'on s'intéresse à elle.*

intérêt [ɛ̃terɛ] n. m. (du lat. *interest,* il importe). **1.** Ce qui est avantageux, profitable à qqn; ce qui est utile à qqch : *Ce n'est pas votre intérêt de vous conduire ainsi* (syn. AVANTAGE). *Il trouve son intérêt dans cette affaire* (syn. COMPTE). *J'ai intérêt à me taire. Il y a intérêt à se dépêcher.* — **2.** Somme due au créancier par celui qui emprunte, en plus du capital prêté; bénéfice que le prêteur retire de l'argent prêté : *Le nouvel emprunt d'Etat sera à 4 % d'intérêt par an. Percevoir les intérêts de son compte épargne-logement.* — **3.** Souci exclusif de ce qui est pour soi avantageux, et en particulier attachement exclusif à l'argent : *Agir uniquement par intérêt* (syn. ÉGOÏSME). — **4.** Sentiment de curiosité à l'égard de qqch; agrément que l'on y prend : *Écouter avec intérêt un exposé. Son intérêt fut éveillé par un petit détail* (syn. ATTENTION). *Prendre intérêt à une conversation. Cette découverte suscite un intérêt considérable.* — **5.** Sentiment de bienveillance pour qqn; attention qu'on lui porte : *Porter de l'intérêt à quelqu'un, lui donner des marques d'intérêt* (syn. SOLLICITUDE; contr. INDIFFÉRENCE). *Je vous remercie de l'intérêt que vous lui portez.* — **6.** Originalité, importance, etc., de qqch ou de qqn, qui attire ou séduit : *Quel est l'intérêt de ces recherches? Sa conversation manque d'intérêt* (syn. ORIGINALITÉ). *Le ministre a fait une déclaration du plus haut intérêt* (syn. IMPORTANCE). ◆ ***intérêts*** n. m. pl. Ensemble des biens, des avantages, etc., qui appartiennent à qqn; la cause de qqn : *L'avocate a pris soin des intérêts de son client.*

interférence [ɛ̃tɛrferɑ̃s] n. f. Fait d'interférer; résultat de cette superposition : *Les interférences du politique et du social* (syn. CONJONCTION). *Les interférences entre les langues parlées par un bilingue.*

interférer [ɛ̃tɛrfere] v. i. (*inter-* et lat. *ferre,* porter) [c. **10**] (sujet qqch) *Interférer (avec qqch),* se mêler, se superposer en créant des oppositions : *La crise agricole interfère avec d'autres problèmes économiques et crée une situation difficile. Quand il parle en anglais, certains tours français de syntaxe interfèrent.*

1. intérieur, e [ɛ̃terjœr] adj. (lat. *interior*). **1.** Qui est au-dedans, dans l'espace compris entre les limites de qqch : *La poche intérieure d'une veste. La cour intérieure de l'immeuble. La politique intérieure de la France* (contr. EXTÉRIEUR). — **2.** Relatif à la vie morale, psychologique de l'homme : *Il y a chez elle une flamme intérieure. Quels sont ses sentiments intérieurs? La vie intérieure* (= la vie secrète de l'esprit, du cœur).

2. intérieur [ɛ̃terjœr] n. m. **1.** Ce qui est au-dedans, par oppos. à ce qui est au-dehors (extérieur) : *L'intérieur d'une église. Vider l'intérieur d'une boîte* (syn. CONTENU). *Nettoyer l'intérieur d'une pipe. L'intérieur d'un pays* (= la partie la plus éloignée des frontières, des côtes). — **2.** Lieu qui se trouve dans un bâtiment, qui est à l'abri : *Attendez-moi à l'intérieur* (contr. EXTÉRIEUR). — **3.** Endroit où on habite (appartement, maison) : *Elle a su arranger coquettement son intérieur. Un vêtement d'intérieur* (= qu'on met chez soi). *Une femme d'intérieur est celle qui sait tenir sa maison, son ménage.* — **4.** *À l'intérieur de,* au-dedans de : *Regarde à l'intérieur de la poche, tu trouveras mon carnet.* ‖ *De l'intérieur, par l'intérieur,* en faisant partie d'un groupe, d'une société, en participant à la chose elle-même : *Juger un parti de l'intérieur. Étudier une question de l'intérieur* (= en étant soi-même un spécialiste). ‖ *Ministère de l'Intérieur,* chargé des affaires intérieures d'un pays, de son administration.

intérieurement [ɛ̃terjœrmɑ̃] adv. **1.** Au-dedans : *Le palais est intérieurement décoré de façon magnifique.* — **2.** Dans l'esprit : *Il ne fait que protester intérieurement* (= en lui-même).

intérim [ɛ̃terim] n. m. (mot lat. signif. *pendant ce temps*). **1.** Espace de temps pendant lequel une fonction est vacante, un emploi n'est pas assuré : *Assurer l'intérim jusqu'à l'arrivée de son successeur.* — **2.** *Par intérim,* à titre provisoire, pendant l'absence du titulaire.

intérimaire [ɛ̃terimɛr] adj. et n. Se dit de qqn qui, provisoirement, exerce des fonctions à la place du titulaire.

intériorisation [ɛ̃terjɔrizasjɔ̃] n. f. Action d'intérioriser.

intérioriser [ɛ̃terjɔrize] v. t. Ne pas exprimer, manifester : *Elle intériorise ses réactions devant les personnes étrangères* (= garder pour soi, contenir; contr. EXTÉRIORISER).

interjectif, ive [ɛ̃tɛrʒɛktif] adj. Qui tient lieu d'une interjection : *«Au secours!», «à l'aide!» sont des locutions interjectives.*

interjection [ɛ̃tɛrʒɛksjɔ̃] n. f. (lat. *interjectio,* de *jacere,* lancer). Mot qui exprime un sentiment violent, un ordre, etc., et qui, à lui seul, constitue un énoncé.

interligne [ɛ̃tɛrliɲ] n. m. Espace entre deux lignes d'écriture ou d'impression : *La dactylo a tapé son discours à la machine avec de grands interlignes pour qu'il puisse lire clairement son texte.*

interlocuteur, trice [ɛ̃tɛrlɔkytœr] n. (du lat. *interloqui,* interrompre). **1.** Personne à qui on parle ou avec qui on parle : *Votre interlocuteur aura mal compris. Contredire son interlocuteur.* — **2.** Personne avec laquelle on engage des négociations, des pourparlers : *Ce gouvernement provisoire n'est pas considéré comme un interlocuteur valable.*

interlope [ɛ̃tɛrlɔp] adj. (de l'angl. *interloper,* intrus). **1.** Qui se fait en fraude : *Commerce interlope.* — **2.** Qui est le lieu de trafics louches, qui est suspect de combinaisons malhonnêtes, etc. : *Un bar interlope. Un personnage interlope qui a des relations avec des hommes du milieu* (syn. ÉQUIVOQUE).

interloquer [ɛ̃tɛrlɔke] v. t. (lat. *interloqui,* interrompre). *Interloquer qqn,* le mettre dans l'impossibilité de parler à la suite d'un effet de surprise : *Ma réponse l'a interloqué* (syn. DÉCONTENANCER). *Rester interloqué devant tant d'impudence* (syn. INTERDIT).

interlude [ɛ̃tɛrlyd] n. m. (*inter-* et lat. *ludus,* jeu). Divertissement musical ou filmé entre deux parties d'un spectacle, d'une émission de télévision, etc.

intermède [ɛ̃tɛrmɛd] n. m. (*inter-* et lat. *medium,* milieu). **1.** Temps pendant lequel une action s'interrompt, ou qui sépare deux événements de même nature : *L'année passée à l'étranger fut un intermède inattendu dans sa carrière.* — **2.** Divertissement musical ou dramatique joué pendant les entractes d'une pièce de théâtre.

intermédiaire [ɛ̃tɛrmedjɛr] adj. (lat. *intermedius,* intercalé). Qui se trouve entre deux limites, entre deux termes : *Occuper une position intermédiaire dans une hiérarchie. Une solution intermédiaire* (= de juste milieu). *Nous vivons une époque intermédiaire* (= de transition). *Une couleur intermédiaire entre le rouge et le rose.* ◆ n. m. **1.** Personne qui sert de lien entre deux autres : *Servir d'intermédiaire pour résoudre un conflit* (syn. MÉDIATEUR). *Je ne suis que l'intermédiaire entre elle et vous.* — **2.** Personne qui intervient pour faire conclure une affaire commerciale (représentant, courtier, etc.). — **3.** *Par l'intermédiaire de,* grâce à l'entremise de qqn, au moyen de qqch : *La nouvelle nous est parvenue par l'intermédiaire d'une agence* (syn. PAR LE CANAL DE).

interminable [ɛ̃tɛrminabl] adj. Qui dure très longtemps : *Discours interminable* (syn. ↓ LONG).

interminablement [ɛ̃tɛrminabləmɑ̃] adv. Sans fin.

interministériel, elle [ɛ̃tɛrministerjɛl] adj. Qui concerne plusieurs ministres ou ministères.

intermittence [ɛ̃tɛrmitɑ̃s] n. f. **1.** Interruption momentanée : *Pendant les intermittences de la fièvre* (syn. RÉMISSION). — **2.** *Par intermittence,* de façon discontinue, par moments : *On entend par intermittence un bruit d'avion. Je travaille par intermittence* (syn. IRRÉGULIÈREMENT).

intermittent, e [ɛ̃tɛrmitɑ̃] adj. (du lat. *intermittere,* discontinuer). Qui s'arrête et reprend par intervalles : *Un bruit intermittent* (contr. RÉGULIER, CONTINU). *Un signal lumineux intermittent. Effort intermittent* (syn. DISCONTINU; contr. PERMANENT).

internat [ɛ̃tɛrna] n. m. **1.** Situation d'interne dans un établissement scolaire; établissement où sont reçus des élèves internes (contr. EXTERNAT). — **2.** Concours des internes des hôpitaux.

1. international, e, aux [ɛ̃tɛrnasjɔnal] adj. **1.** Qui se fait entre deux ou plusieurs nations : *Des championnats internationaux de tennis.* — **2.** Qui se rapporte aux relations entre nations, entre États : *La politique, la situation internationale. Le droit international* (= qui régit les rapports entre nations). — **3.** Qui concerne plusieurs nations : *Un port, une zone internationale.*

2. international [ɛ̃tɛrnasjɔnal] n. m. Athlète qui appartient à l'équipe nationale d'un pays : *Les internationaux de l'équipe de France de football.*

3. internationale [ɛ̃tɛrnasjɔnal] n. f. (avec majusc.) 1. Association générale d'ouvriers appartenant à diverses nations, pour la défense des intérêts de la classe ouvrière dans son ensemble. — **2.** *L'Internationale,* hymne révolutionnaire des travailleurs de l'Internationale.

internationalisation [ɛ̃tɛrnasjɔnalizasjɔ̃] n. f. Action d'internationaliser; fait d'être internationalisé : *L'internationalisation d'un conflit.*

internationaliser [ɛ̃tɛrnasjɔnalize] v. t. Donner un caractère international, porter sur le plan international : *Internationaliser un port. Internationaliser une guerre locale.*

internationalisme [ɛ̃tɛrnasjɔnalism] n. m. Doctrine politique qui a pour base le développement de la solidarité entre les peuples, entre les membres d'une classe sociale, par-delà les frontières, entre tous les États.

1. interne [ɛ̃tɛrn] adj. (lat. *internus,* intérieur). Situé en dedans, à l'intérieur : *Les parois internes d'une cuve* (syn. INTÉRIEUR; contr. EXTERNE). *Des troubles internes.*

2. interne [ɛ̃tɛrn] n. et adj. **1.** Élève logé et nourri dans un établissement scolaire : *Être interne dans un lycée* (contr. EXTERNE). — **2.** Étudiant en médecine qui, après concours, seconde le chef de service dans un hôpital.

interné, e [ɛ̃tɛrne] n. Personne enfermée, mise en prison : *Les internés politiques.*

internement [ɛ̃tɛrnəmɑ̃] n. m. Action d'interner; fait d'être interné : *L'internement d'un suspect est une mesure administrative de sûreté, mais non une condamnation* (syn. EMPRISONNEMENT). *Demander l'internement d'un aliéné.*

interner [ɛ̃tɛrne] v. t. (de *interne*). *Interner qqn,* le mettre en prison ou dans un hôpital psychiatrique : *Être interné à Fresnes* (syn. EMPRISONNER). *Interner un dément dangereux* (syn. ENFERMER).

interpellateur [ɛ̃tɛrpɛlatœr] n. m. Qui interpelle : *La présidente fit monter l'interpellateur à la tribune.*

interpellation [ɛ̃tɛrpɛlasjɔ̃] n. f. Action d'interpeller : *Cette interpellation me surprit* (syn. APOSTROPHE). *Interpellation sur la politique agricole du gouvernement.*

interpeller [ɛ̃tɛrpɛle] v. t. (lat. *interpellare,* interrompre). **1.** *Interpeller qqn,* lui adresser la parole de façon brusque, pour l'interrompre, pour attirer son attention : *L'agent interpelle l'automobiliste qui a commis une infraction. L'ivrogne interpelle les passants* (syn. APOSTROPHER). — **2.** *Interpeller un ministre, un membre du gouvernement,* etc., lui demander une explication à l'Assemblée nationale. — **3.** *Être interpellé par la police,* être arrêté.

interpénétration [ɛ̃tɛrpenetrasjɔ̃] n. f. Pénétration mutuelle.

interpénétrer (s') [ɛ̃tɛrpenetre] v. pr. Se pénétrer mutuellement : *La politique et l'économie s'interpénètrent profondément.*

Interphone [ɛ̃tɛrfɔn] n. m. (nom déposé). Système de liaison téléphonique par haut-parleurs installés à l'entrée d'un immeuble et dans les appartements ou entre différentes pièces d'un appartement, d'un bureau, d'une entreprise, etc.

interplanétaire [ɛ̃tɛrplanetɛr] adj. Entre les planètes : *Espaces interplanétaires.*

interpolateur, trice [ɛ̃tɛrpɔlatœr] n. Qui interpole.

interpolation [ɛ̃tɛrpɔlasjɔ̃] n. f. Action d'interpoler; texte ainsi inséré : *La deuxième édition contient des interpolations qui transforment l'esprit du livre* (= des passages intercalés).

interpoler [ɛ̃tɛrpɔle] v. t. (lat. *interpolare,* refaire). Introduire dans un texte ou un ouvrage, un mot, une phrase, un passage qui n'en fait pas partie (techn.) : *Le copiste avait interpolé son commentaire dans le texte* (syn. INTERCALER, INSÉRER).

interposer [ɛ̃tɛrpoze] v. t. (lat. *interponere*). **1.** *Interposer qqch,* le mettre, le placer entre deux choses, deux personnes ou deux groupes : *Interposer un filtre coloré entre l'objectif d'un appareil photographique et la lumière. Interposer un barrage de police entre les deux groupes de manifestants.* — **2.** *Par personne interposée,* par l'entremise d'une autre personne : *Les deux gouvernements négocièrent par personne interposée.* ◆ ***s'interposer*** v. pr. Se placer entre deux choses, deux personnes : *Des obstacles se sont interposés entre ses projets et leur réalisation* (syn. SE DRESSER). *Des passants se sont interposés pour les séparer* (syn. S'ENTREMETTRE).

interposition [ɛ̃tɛrpozisjɔ̃] n. f. Action d'interposer : *L'interposition d'une cloison entre les bureaux a atténué le bruit.*

interprétariat [ɛ̃tɛrpretaria] n. m. Métier d'interprète (sens 1).

interprétation [ɛ̃tɛrpretasjɔ̃] n. f. **1.** Action d'interpréter, d'expliquer : *Votre interprétation du livre est justifiée* (syn. EXPLICATION). *L'interprétation abusive d'un règlement. Une phrase à double interprétation* (syn. SENS). — **2.** Action d'interpréter une œuvre, un rôle, etc. : *L'interprétation de ce concerto est excellente. Donner une interprétation nouvelle du Dom Juan de Molière.*

interprète [ɛ̃tɛrprɛt] n. (lat. *interpres, -pretis*). **1.** Personne qui traduit oralement une langue dans une autre, pour permettre la communication entre des personnes de langue différente. — **2.** Personne chargée de faire connaître la volonté, les désirs de qqn : *Je suis son interprète auprès de vous* (syn. PORTE-PAROLE). *Je suis l'interprète des sentiments de tous en disant cela.* — **3.** Personne qui exécute une œuvre musicale, vocale ou instrumentale, qui joue un rôle au théâtre, au cinéma :

Cette pianiste est une grande interprète de Bach. Les interprètes du film (syn. ACTEUR).

interpréter [ɛ̃tɛrprete] v. t. (lat. *interpretari,* expliquer) [c. **10**]. **1.** *Interpréter qqch (texte, propos, etc.),* chercher à le rendre compréhensible, à le traduire, à lui donner un sens : *Interpréter un passage obscur d'un texte ancien* (syn. COMMENTER). *Interpréter un rêve* (syn. EXPLIQUER). *Comment doit-on interpréter ces propos équivoques?* (syn. COMPRENDRE). *Tu as mal interprété mes paroles* (syn. PRENDRE). — **2.** *Interpréter qqch (œuvre, rôle, etc.),* exécuter une œuvre musicale, jouer un rôle au théâtre, au cinéma : *Une virtuose qui interprète excellemment Liszt. Interpréter le rôle d'une ingénue au théâtre* (syn. INCARNER). *Interpréter les personnages les plus divers au cinéma* (syn. JOUER). ◆ ***s'interpréter*** v. pr. (sujet qqch) Être compris d'une certaine façon : *Cette réponse peut s'interpréter différemment.*

interprofessionnel, elle [ɛ̃tɛrprɔfɛsjɔnɛl] adj. Relatif à plusieurs professions à la fois : *Des conversations interprofessionnelles ont eu lieu au siège du syndicat.*

interrègne [ɛ̃tɛrrɛɲ] n. m. Intervalle pendant lequel un État est sans chef.

interrogateur, trice [ɛ̃tɛrɔgatœr] adj. Qui interroge : *Un regard interrogateur.*

interrogatif, ive [ɛ̃tɛrɔgatif] adj. Qui indique une interrogation : *Regarder quelqu'un d'un air interrogatif;* surtout en grammaire : *Pronoms, adjectifs interrogatifs. Une proposition interrogative directe (ex. « Viendra-t-il ? »), indirecte (ex. « Je me demande s'il viendra »).* ◆ ***interrogatif*** n. m. Mot (pronom, adjectif, adverbe) qui introduit une proposition interrogative. ◆ ***interrogative*** n. f. Proposition interrogative.

interrogation [ɛ̃tɛrɔgasjɔ̃] n. f. **1.** Action de poser des questions à qqn; question, série de questions ainsi posées : *Répondre à une interrogation. Donner aux élèves une interrogation écrite* (syn. ÉPREUVE). — **2.** *Point d'interrogation,* signe de ponctuation (?) mis à la fin d'une interrogation directe. — **3.** *Interrogation directe,* question posée directement (ex. *« Qui est venu ? »*). ‖ *Interrogation indirecte,* question posée par l'intermédiaire d'un verbe comme *savoir, demander* (ex. *« Je me demande qui est venu »*).

interrogatoire [ɛ̃tɛrɔgatwar] n. m. Ensemble de questions posées à qqn par un magistrat, un agent de la force publique, etc. : *Faire subir un interrogatoire à un inculpé.*

interroger [ɛ̃tɛrɔʒe] v. t. (lat. *interrogare*) [c. **2**]. **1.** *Interroger qqn,* lui poser des questions (avec ou sans idée d'autorité, avec ou sans obligation de répondre) : *Le juge d'instruction interrogea les inculpés. L'examinatrice interroge une candidate* (syn. QUESTIONNER). *On l'interrogea sur le vol commis à la banque* (= faire subir un interrogatoire). *Interroger quelqu'un sur ses goûts* (syn. S'INFORMER; litt. S'ENQUÉRIR AUPRÈS). *Interroger un écrivain sur ses projets* (syn. INTERVIEWER). — **2.** *Interroger qqch,* l'examiner avec attention pour en tirer un renseignement (soutenu) : *Interroger le ciel pour savoir s'il fera beau* (syn. CONSULTER, ÉTUDIER). *Interroger le passé pour comprendre le présent.* ‖ *Interroger sa mémoire,* essayer de se remémorer un fait, fouiller dans ses souvenirs. ◆ ***s'interroger*** v. pr. Se poser des questions, être dans l'incertitude : *Je m'interroge moi-même sur la valeur de ce que j'écris.*

interrompre [ɛ̃tɛrɔ̃pr] v. t. (lat. *interrumpere,* rompre par le milieu) [c. **53**]. **1.** *Interrompre qqch,* en briser la continuité, en rompre la continuation : *La récréation interrompit la classe* (syn. SUSPENDRE). *Interrompre une conversation* (contr. RENOUER). *Notre voyage fut interrompu par le mauvais temps* (syn. ARRÊTER). — **2.** *Interrompre qqn,* l'arrêter dans son discours, dans sa conversation : *Interrompre un interlocuteur* (syn. COUPER LA PAROLE À). *L'arrivée d'une étrangère les interrompit.* — **3.** Arrêter qqn dans son action : *Il m'a interrompu dans mon travail* (syn. DÉRANGER). ◆ ***s'interrompre*** v. pr. **1.** (sujet qqn) S'arrêter de faire qqch, et en particulier de parler : *Je m'interrompis pour aller saluer un ami.* — **2.** (sujet qqch) Être arrêté dans son développement : *L'émission de télévision s'est interrompue.*

1. interrupteur, trice [ɛ̃tɛryptœr] n. Personne qui en interrompt une autre : *Imposer silence aux interrupteurs.*

2. interrupteur [ɛ̃tɛryptœr] n. m. Dispositif permettant d'interrompre ou de rétablir un courant électrique dans un circuit.

interruption [ɛ̃tɛrypsjɔ̃] n. f. **1.** Action d'interrompre : *L'interruption des études* (syn. SUSPENSION). *L'interruption des vacances* (= la coupure dans les activités que constituent les vacances). *Après une interruption de quelques semaines, elle reprit son travail* (syn. INTERVALLE). — **2.** Paroles qui interrompent : *Laissez-la parler, cessez vos interruptions.* — **3.** *Sans interruption,* d'une façon continue, sans arrêt.

intersection [ɛ̃tɛrsɛksjɔ̃] n. f. (lat. *intersectio,* de *secare,* couper). Endroit où deux lignes, deux routes, deux chemins, etc., se croisent : *Prenez à droite à la prochaine intersection* (syn. CROISEMENT).

intersidéral, e, aux [ɛ̃tɛrsideral] adj. (de *inter-* et lat. *sidus, -eris,* astre). Situé entre les astres.

interstellaire [ɛ̃tɛrstɛlɛr] adj. (de *inter-* et lat. *stella,* étoile). Situé entre les étoiles d'une galaxie.

interstice [ɛ̃tɛrstis] n. m. (du lat. *interstare,* se trouver entre). Petit espace vide entre deux corps, entre deux parties d'un tout : *Les interstices entre les lames du parquet. Obturer les interstices de la fenêtre avec des joints de feutre.*

intersyndical, e, aux [ɛ̃tɛrsɛ̃dikal] adj. Entre divers syndicats : *Réunion intersyndicale pour décider une grève.*

intertropical, e, aux [ɛ̃tɛrtrɔpikal] adj. Qui se trouve entre les tropiques.

interurbain, e [ɛ̃tɛryrbɛ̃] adj. Établi entre des villes différentes d'un même pays : *Communications interurbaines en automatique ou en semi-automatique* (par oppos. à *international*).

intervalle [ɛ̃tɛrval] n. m. (du lat. *intervallum,* entre deux palissades). **1.** Espace plus ou moins large entre deux corps, deux parties d'un tout : *Ménager des intervalles réguliers entre les arbres d'une plantation* (syn. ESPACE, DISTANCE). *Laisser un large intervalle entre des lignes d'écriture* (syn. INTERLIGNE). — **2.** Espace de temps entre deux dates, deux périodes, deux époques : *Je téléphonerai samedi; dans l'intervalle, finissez ce que je vous ai demandé* (= pendant ce temps). *Un court intervalle, elle resta silencieuse* (syn. MOMENT). *À intervalles rapprochés* (= de moment en moment). *Par intervalles, on entendait le bruit d'un avion* (= de temps en temps).

intervenant, e [ɛ̃tɛrvənɑ̃] adj. et n. Se dit d'une personne qui intervient dans un procès, un débat.

intervenir [ɛ̃tɛrvənir] v. i. (lat. *intervenire,* venir entre) [c. **22**; auxil. *être*]. **1.** (sujet qqn) Prendre part volontairement à une action en cours, pour influer sur son déroulement : *L'avocat intervint pour poser une question au témoin. Intervenir dans les affaires intérieures d'un État* (syn. S'IMMISCER, S'INGÉRER). *Les pompiers interviennent pour éteindre l'incendie. Intervenir auprès du proviseur pour demander une mesure d'indulgence à l'égard d'un élève* (syn. INTERCÉDER). — **2.** (sujet qqn) Agir énergiquement pour éviter l'évolution d'un mal : *Après un examen rapide, le chirurgien décida d'intervenir immédiatement* (syn. OPÉRER). — **3.** (sujet qqch)

Survenir au cours d'une action, d'une négociation : *Un facteur imprévu est intervenu qui modifie la situation* (syn. ENTRER EN JEU). *Un accord de salaires est intervenu dans la métallurgie.*

intervention [ɛ̃tɛrvɑ̃sjɔ̃] n. f. Action d'intervenir : *L'intervention d'un orateur dans un débat. Son intervention a été relatée dans la presse* (= ce qu'il a dit). *L'intervention du gouvernement pour maintenir les prix* (syn. ACTION). *Je compte sur votre intervention en ma faveur* (= appui; syn. INTERCESSION). *Intervention dans la politique économique d'un autre pays* (syn. IMMIXTION, INGÉRENCE). *Une intervention chirurgicale était impossible* (syn. OPÉRATION).

interventionniste [ɛ̃tɛrvɑ̃sjɔnist] adj. et n. Favorable à une intervention politique, économique ou militaire pour le règlement d'un différend entre États, ou qui préconise une intervention de l'État dans l'économie d'un pays.

interversion [ɛ̃tɛrvɛrsjɔ̃] n. f. Renversement de l'ordre habituel : *Interversion de lettres dans un mot.*

intervertir [ɛ̃tɛrvɛrtir] v. t. (lat. *intervertere,* détourner de sa destination). Renverser ou déplacer l'ordre naturel, habituel des éléments : *Les feuilles du manuscrit ont été interverties* (syn. DÉRANGER). *Intervertir les mots d'une phrase* (syn. INVERSER). *Il a interverti les rôles* (= il prend l'attitude qui conviendrait à son interlocuteur).

interview [ɛ̃tɛrvju] n. f. (mot angl. signif. *entrevue*). Entretien d'un journaliste avec une personne, en vue de l'interroger sur ses actes, ses projets, etc., d'enregistrer ses réponses et de les diffuser par écrit ou autrement : *Donner une interview à la radio.*

1. interviewer [ɛ̃tɛrvjuve] v. t. Soumettre à une interview : *Interviewer une artiste.*

2. interviewer [ɛ̃tɛrvjuvœr] n. m. Personne qui conduit l'interview : *L'interviewer conduit la conversation par ses questions.*

1. intestin [ɛ̃tɛstɛ̃] n. m. (lat. *intestinus,* intérieur). Portion du tube digestif allant de l'estomac à l'anus, divisé en intestin grêle et gros intestin, et où s'effectue une partie de la digestion.

2. intestin, e [ɛ̃tɛstɛ̃] adj. *Querelle, lutte, guerre intestine,* qui se produit entre deux groupes d'adversaires appartenant à une même communauté, à une même nation.

intestinal, e, aux [ɛ̃tɛstinal] adj. Relatif à l'intestin : *Des embarras intestinaux. Une grippe intestinale.*

intime [ɛ̃tim] adj. (lat. *intimus,* superl. de *interior*). 1. Se dit d'un sentiment, d'une opinion qui réside au plus profond de qqn : *J'ai le sentiment intime que tu gardes une certaine méfiance à notre égard* (syn. PROFOND). *J'ai l'intime conviction qu'il est coupable.* — 2. Qui est caché des autres et appartient à ce qu'il y a de tout à fait privé : *Sa vie intime ne nous regarde pas* (syn. PRIVÉ, PERSONNEL). *Journal intime* (syn. SECRET). — 3. Avec qui on est étroitement lié : *Une amie intime.* — 4. Qui se passe entre quelques personnes plus ou moins étroitement unies par des liens d'amitié : *Un dîner intime. Ce sera une cérémonie intime où il n'y aura que des amis.* — 5. Où on se sent bien; propice à des relations familières, chaleureuses : *Le cadre intime d'un restaurant.* ◆ n. Personne amie, confident : *Les intimes du président* (syn. FAMILIER, CONSEILLER). *Nous serons entre intimes* (syn. AMI).

intimement [ɛ̃timmɑ̃] adv. De façon intime : *Je suis intimement persuadé de mon erreur première* (syn. PROFONDÉMENT). *Il est intimement lié avec un ministre.*

intimer [ɛ̃time] v. t. (lat. *intimare,* notifier). *Intimer un ordre à qqn,* lui donner un ordre impératif, absolu (soutenu) : *La maîtresse intime à l'élève l'ordre de sortir de la classe* (syn. ENJOINDRE).

intimidant, e [ɛ̃timidɑ̃] adj. Qui intimide : *Il y avait quelque chose d'intimidant dans ce silence.*

intimidation [ɛ̃timidasjɔ̃] n. f. Action d'intimider, d'effrayer : *Des mesures d'intimidation* (syn. PRESSION). *User d'intimidation* (syn. MENACE).

intimider [ɛ̃timide] v. t. (lat. *timere,* craindre). **1.** *Intimider qqn,* lui inspirer une crainte, un trouble dû à la timidité, lui faire perdre son assurance : *L'examinateur intimidait les candidats* (syn. IMPRESSIONNER). — **2.** *Intimider qqn,* lui inspirer de l'effroi par la force, la violence : *Chercher à intimider la partie adverse* (syn. EFFRAYER). *Ses menaces ne m'intimident pas.*

intimiste [ɛ̃timist] adj. Qui représente la vie, les sentiments intimes.

intimité [ɛ̃timite] n. f. Caractère, qualité de ce qui est intime : *Dans l'intimité de sa conscience* (= dans le plus profond). *L'intimité de leurs rapports* (syn. FAMILIARITÉ). *Ce malheur commun a renforcé leur intimité* (syn. AMITIÉ). *L'intimité conjugale. Le mariage a eu lieu dans l'intimité* (= entre intimes). *Dans l'intimité, c'est une femme charmante* (= dans sa vie personnelle).

intitulé [ɛ̃tityle] n. m. Titre d'un jugement, d'une loi, d'un livre, d'un chapitre, etc.

intituler [ɛ̃tityle] v. t. (du lat. *titulus,* titre). *Intituler qqch,* le désigner par un titre : *Film intitulé « Terreur sur la ville »* (= qui a pour titre). ◆ ***s'intituler*** v. pr. Avoir pour titre : *Le livre s'intitule « Histoire anecdotique de la France ».* (syn. S'APPELER).

intolérable [ɛ̃tɔlerabl] adj. Qu'on ne peut supporter : *Bruit intolérable. Abus intolérables.*

intolérance [ɛ̃tɔlerɑ̃s] n. f. Attitude hostile à l'égard de ceux qui n'ont pas les mêmes croyances ou opinions : *Intolérance religieuse, politique.*

intolérant, e [ɛ̃tɔlerɑ̃] adj. **1.** *Intolérant à qqch,* qui ne le supporte pas : *Son organisme est intolérant à de tels médicaments.* — **2.** (sans compl.) Qui ne respecte pas la liberté de pensée (syn. FANATIQUE).

intonation [ɛ̃tɔnasjɔ̃] n. f. (du lat. *intonare,* faire retentir). Mouvement mélodique de la voix, caractérisé par des variations de hauteur : *L'intonation montante de la phrase interrogative. Prendre une intonation tendre* (syn. TON, INFLEXION).

intouchable [ɛ̃tuʃabl] adj. Qu'on ne peut toucher, atteindre : *Un personnage intouchable.*

intoxication [ɛ̃tɔksikasjɔ̃] n. f. Action d'intoxiquer : *Intoxication alimentaire* (syn. EMPOISONNEMENT). *L'intoxication des esprits par une propagande continuelle.*

intoxiqué, e [ɛ̃tɔksike] adj. et n. Qui a l'habitude d'absorber certaines substances toxiques : *Être complètement intoxiqué par le tabac. C'est un intoxiqué* (syn. DROGUÉ, TOXICOMANE).

intoxiquer [ɛ̃tɔksike] v. t. **1.** (sujet une substance toxique) *Intoxiquer un être vivant,* lui causer des troubles plus ou moins graves : *Toute la famille a été intoxiquée par des champignons vénéneux* (syn. EMPOISONNER). — **2.** (sujet qqch) *Intoxiquer qqn,* imprégner son esprit au point de le rendre incapable d'une autre activité, de supprimer chez lui tout jugement : *La propagande cherche à intoxiquer l'opinion publique.* ◆ ***s'intoxiquer*** v. pr. S'empoisonner : *S'intoxiquer en buvant trop de café.*

intraduisible [ɛ̃tradɥizibl] adj. Qu'on ne peut traduire : *Expression intraduisible dans une autre langue.*

intraitable [ɛ̃trɛtabl] adj. Qui ne se plie à aucun accommodement, qui n'accepte aucun compromis : *Elle est intraitable sur tout ce qui touche à l'honneur* (syn. INTRANSIGEANT).

intra-muros [ɛ̃tramyros] adv. (mots lat. signif. *en*

dedans des murs). Dans l'intérieur de la ville : *Habiter intra-muros.*

intramusculaire [ɛ̃tramyskylɛr] adj. Qui se trouve ou s'effectue dans l'intérieur d'un muscle : *Injection intramusculaire.*

intransigeance [ɛ̃trɑ̃ziʒɑ̃s] n. f. Caractère intransigeant : *L'intransigeance de la jeunesse* (syn. péjor. INTOLÉRANCE). *Garder une intransigeance absolue* (syn. péjor. SECTARISME; contr. SOUPLESSE).

intransigeant, e [ɛ̃trɑ̃ziʒɑ̃] adj. et n. Qui ne fait aucune concession, qui n'admet aucun compromis, aucun adoucissement : *Une honnêteté intransigeante* (syn. FAROUCHE, INFLEXIBLE). *Être intransigeant sur les principes* (syn. INTRAITABLE; contr. ACCOMMODANT). *Révolutionnaire intransigeant* (syn. péjor. SECTAIRE; contr. TIÈDE). *Le médecin est intransigeant; il lui interdit le tabac* (syn. IRRÉDUCTIBLE).

intransitif, ive [ɛ̃trɑ̃zitif] adj. et n. m. Se dit des verbes qui n'admettent pas de complément d'objet.

intransitivement [ɛ̃trɑ̃zitivmɑ̃] adv. Sans complément d'objet.

intransitivité [ɛ̃trɑ̃zitivite] n. f. Fait d'être intransitif : *L'intransitivité d'un verbe.*

intransmissible [ɛ̃trɑ̃smisibl] adj. Qui ne peut être transmis.

intransportable [ɛ̃trɑ̃spɔrtabl] adj. Qu'on ne peut transporter : *Un malade intransportable qui est en réanimation.*

intraveineux, euse [ɛ̃travɛnø] adj. Qui est ou qui se fait à l'intérieur d'une veine : *Piqûre intraveineuse.*

intrépide [ɛ̃trepid] adj. (avant ou, plus souvent, après le n.) et n. (*in-*, priv., et lat. *trepidus*, tremblant). Qui ne craint pas le danger et affronte les obstacles sans être rebuté : *Des sauveteurs intrépides sont partis à la recherche des alpinistes en péril* (syn. BRAVE, COURAGEUX). *Une expédition intrépide au cœur de l'Amazonie* (syn. HARDI). ◆ adj. (avant ou, plus souvent, après le n.) Qui manifeste une assurance, une détermination, une persévérance imperturbable : *Un intrépide bavard. Une féministe intrépide.*

intrépidement [ɛ̃trepidmɑ̃] adv. De façon intrépide.

intrépidité [ɛ̃trepidite] n. f. Caractère intrépide : *Se lancer avec intrépidité dans une entreprise périlleuse* (syn. HARDIESSE, COURAGE). *L'intrépidité de sa démarche nous a surpris* (syn. AUDACE).

intrication [ɛ̃trikasjɔ̃] n. f. (du lat. *intricare*, embrouiller). État de choses qui sont emmêlées.

intrigant, e [ɛ̃trigɑ̃] adj. et n. Qui recourt à l'intrigue pour parvenir à ses fins : *Un intrigant, prêt à toutes les bassesses* (syn. ARRIVISTE).

intrigue [ɛ̃trig] n. f. **1.** Manœuvre secrète ou déloyale, jeu de combinaisons habiles pour obtenir une faveur, un avantage ou pour nuire à qqn : *Nouer une intrigue contre quelqu'un* (syn. ↑COMPLOT). *Les intrigues parlementaires* (syn. MENÉE). *Déjouer une intrigue* (syn. ↑MACHINATION). — **2.** Liaison amoureuse passagère : *Intrigue sentimentale* (syn. AVENTURE). — **3.** Ensemble des événements qui forment l'action d'une pièce de théâtre, d'un roman, etc. : *Suivre avec passion les rebondissements de l'intrigue. Comédie d'intrigue* (= où le comique résulte des péripéties).

intriguer [ɛ̃trige] v. i. (lat. *intricare*, embrouiller). Faire des intrigues, mener des intrigues : *Intriguer pour obtenir une place* (syn. MANŒUVRER). ◆ v. t. *Intriguer qqn*, exciter vivement sa curiosité, le rendre perplexe : *Les visites qu'elle recevait intriguèrent les voisins.*

intrinsèque [ɛ̃trɛ̃sɛk] adj. (du lat. *intresecus*, au-dedans). Qui appartient à l'objet lui-même, indépendamment de tous les facteurs externes : *Les inconvénients et les difficultés intrinsèques de l'entreprise* (syn. INHÉRENT À; contr. EXTRINSÈQUE). *Reconnaître la valeur intrinsèque de l'œuvre d'une romancière.*

intrinsèquement [ɛ̃trɛ̃sɛkmɑ̃] adv. De façon intrinsèque.

intriquer [ɛ̃trike] v. t. *Intriquer des choses*, les emmêler (souvent pass.) : *Des événements intriqués les uns dans les autres* (syn. ENTREMÊLER).

introducteur, trice [ɛ̃trɔdyktœr] n. **1.** Personne qui introduit qqn auprès d'une autre : *Elle a été mon introductrice auprès de cette personnalité.* — **2.** Personne qui introduit la première un usage, une idée, etc. : *Parmentier fut l'introducteur de la pomme de terre en France.*

introductif, ive [ɛ̃trɔdyktif] adj. Qui sert à introduire un problème, une question : *À la tribune, un premier orateur fit un exposé introductif* (syn. PRÉALABLE).

introduction [ɛ̃trɔdyksjɔ̃] n. f. **1.** Action d'introduire : *Aller voir quelqu'un avec une lettre d'introduction* (= qui facilite l'accès auprès de lui). *L'introduction de produits alimentaires étrangers sur le marché français* (syn. IMPORTATION). *L'introduction d'idées subversives* (syn. PÉNÉTRATION). — **2.** Ce qui sert de préparation à une étude; ouvrage d'initiation à une science : *Introduction aux mathématiques modernes.* — **3.** Texte explicatif placé en tête d'un ouvrage : *L'introduction explique la conception de l'ouvrage* (syn. PRÉFACE). — **4.** Dans une dissertation, un exposé, entrée en matière dans laquelle on expose le problème traité et le plan (syn. PRÉAMBULE, EXPOSITION).

introduire [ɛ̃trɔdɥir] v. t. (lat. *introducere*, conduire dans) [c. **70**]. **1.** *Introduire qqn, qqch (dans un endroit déterminé)*, l'y faire entrer : *Introduire une invitée au salon* (syn. CONDUIRE). *Introduire des marchandises en fraude dans un pays.* — **2.** *Introduire qqch (dans qqch)*, l'y faire pénétrer : *Introduire la clef dans la serrure* (syn. ENGAGER, ENFONCER). *Introduire l'aiguille de la seringue dans le bras* (contr. RETIRER). — **3.** *Introduire qqch*, le faire adopter par l'usage : *Introduire des idées nouvelles* (syn. IMPLANTER, RÉPANDRE). *Des danses d'Amérique ont été introduites en France* (syn. IMPORTER). *De nouveaux mots ont été introduits dans la langue* (syn. INCORPORER). — **4.** *Introduire qqn*, le faire admettre dans un lieu, lui donner accès dans une société : *Introduire une amie dans sa famille* (syn. PRÉSENTER À). *Être introduit dans le monde* (= avoir ses entrées). *Introduire quelqu'un dans un club* (syn. RECEVOIR). ◆ ***s'introduire*** v. pr. (sujet qqn, qqch) Entrer, pénétrer, être adopté : *Le voleur s'introduisit dans la maison sans que personne le vît. Ces techniques se sont introduites au début du siècle.*

intronisation [ɛ̃trɔnizasjɔ̃] n. f. Action d'introniser : *L'intronisation d'un pape.*

introniser [ɛ̃trɔnize] v. t. (gr. *enthronizein*, placer sur un trône). **1.** *Introniser un pape, un roi, un évêque*, l'installer solennellement dans ses fonctions. — **2.** *Introniser qqch*, l'établir de façon officielle et souveraine : *Introniser une nouvelle doctrine, une mode.*

introspectif, ive [ɛ̃trɔspɛktif] adj. Fondé sur l'introspection : *Méthode introspective en psychologie.*

introspection [ɛ̃trɔspɛksjɔ̃] n. f. (du lat. *introspicere*, regarder à l'intérieur). Analyse de la conscience, de ses sentiments, de ses mobiles par le sujet lui-même.

introuvable [ɛ̃truvabl] adj. Qu'on ne peut pas trouver : *Objet introuvable. Solution introuvable.*

introversion [ɛ̃trɔvɛrsjɔ̃] n. f. (mot all.; du lat. *introversus*, vers l'intérieur). Action de l'introverti.

introverti, e [ɛ̃trɔvɛrti] adj. et n. Attentif à ce qui se passe en lui-même plus qu'au monde extérieur (contr. EXTRAVERTI).

intrus, e [ɛ̃try] adj. et n. (du lat. *intrudere,* introduire de force). Qui s'introduit dans une société, un groupe, un milieu sans y être invité ou sans y avoir droit.

intrusion [ɛ̃tryzjɔ̃] n. f. **1.** Action de s'introduire sans droit, sans invitation : *L'intrusion d'un visiteur importun.* — **2.** Action d'intervenir dans un domaine où il ne conviendrait pas de le faire : *L'intrusion de la politique dans les relations familiales.*

intuitif, ive [ɛ̃tɥitif] adj. Propre à l'intuition : *Connaissance intuitive.* ◆ adj. et n. Qui a de l'intuition, qui saisit directement ou pressent les choses au lieu de les découvrir par le raisonnement.

intuition [ɛ̃tɥisjɔ̃] n. f. (du lat. *intueri,* regarder). **1.** Connaissance directe de la vérité, sans le secours du raisonnement : *Comprendre par intuition.* — **2.** Sentiment irraisonné, mais non vérifiable, qu'un événement va se produire, que qqch existe : *Avoir l'intuition d'un danger* (syn. PRESSENTIMENT). *Ne pas se fier à sa première intuition* (syn. INSPIRATION). *Avoir de l'intuition* (syn. fam. FLAIR).

intuitivement [ɛ̃tɥitivmɑ̃] adv. De manière intuitive.

inusable [inyzabl] adj. Qui ne peut pas s'user : *Des chaussures inusables.*

inusité, e [inyzite] adj. Dont on ne se sert plus : *Le terme est pratiquement inusité* (syn. RARE).

inutile [inytil] adj. Qui ne sert à rien : *Inutile d'insister. Un long développement inutile interrompt la narration.* ◆ n. Personne qui n'a aucune fonction sociale : *C'est un inutile qui vit aux dépens des autres* (syn. PARASITE).

inutilement [inytilmɑ̃] adv. De façon inutile : *J'ai essayé inutilement de lui téléphoner* (= sans succès).

inutilisable [inytilizabl] adj. Qu'on ne peut utiliser : *Une voiture accidentée inutilisable.*

inutilisé, e [inytilize] adj. Qu'on n'utilise pas : *Les ressources inutilisées des pays sous-développés.*

inutilité [inytilite] n. f. Manque d'utilité : *Les démarches faites auprès du ministère se sont révélées d'une parfaite inutilité* (syn. INEFFICACITÉ).

invaincu, e [ɛ̃vɛ̃ky] adj. Qui n'a jamais été vaincu : *L'équipe est restée invaincue depuis le début du championnat.*

invalidant, e [ɛ̃validɑ̃] adj. Qui entraîne une incapacité physique : *Maladie invalidante.*

invalidation [ɛ̃validasjɔ̃] n. f. Action d'invalider, fait d'être invalidé : *L'invalidation d'une élection.*

invalide [ɛ̃valid] adj. et n. (lat. *invalidus,* faible). Qui n'est pas en état de mener une vie active normale ou dont la capacité de travail est diminuée du fait d'un accident, d'une maladie (syn. ↓HANDICAPÉ, ↑INFIRME).

invalider [ɛ̃valide] v. t. Déclarer non valable : *Invalider une élection* (syn. ANNULER).

invalidité [ɛ̃validite] n. f. **1.** État de qqn dont la capacité de travail est réduite : *Une pension d'invalidité.* — **2.** Manque de validité rendant l'acte nul : *L'invalidité d'une requête.*

invariabilité [ɛ̃varjabilite] n. f. Caractère invariable : *L'invariabilité d'un mot.*

invariable [ɛ̃varjabl] adj. Qui ne subit pas de modification, qui ne change pas : *L'adverbe est un mot invariable.*

invariablement [ɛ̃varjabləmɑ̃] adv. De façon invariable, constante : *Être invariablement en retard.*

invariant [ɛ̃varjɑ̃] n. m. Ce qui ne varie pas, ce qui est constant.

invasion [ɛ̃vazjɔ̃] n. f. (du lat. *invadere,* envahir). **1.** Pénétration massive de forces armées sur le territoire d'un pays étranger ou de populations en migration qui envahissent un pays par la force : *Les réfugiés fuient devant l'invasion. Les grandes invasions du Ve s.* — **2.** Arrivée massive d'animaux nuisibles : *Invasion de sauterelles, de moustiques.* — **3.** Action d'entrer soudainement en grand nombre dans un lieu (sans idée hostile) : *L'invasion d'une exposition par la foule* (syn. IRRUPTION, ↓INCURSION). — **4.** Diffusion massive de qqch : *L'invasion des produits étrangers sur le marché européen* (syn. ↓PÉNÉTRATION).

invective [ɛ̃vɛktiv] n. f. (bas lat. *invectivae* [*orationes*], [discours] agressifs). Paroles violentes, injures adressées à qqn (surtout pl.) [soutenu] : *Se répandre en invectives contre un conducteur maladroit. Se lancer des invectives* (syn. INSULTE).

invectiver [ɛ̃vɛktive] v. t. Dire des invectives : *L'ivrogne invectivait les passants* (syn. INJURIER).

invendable [ɛ̃vɑ̃dabl] adj. Qu'on ne peut vendre.

invendu, e [ɛ̃vɑ̃dy] adj. et n. m. Se dit d'un objet qui n'a pas trouvé d'acquéreur.

inventaire [ɛ̃vɑ̃tɛr] n. m. (bas lat. *inventarium,* de *invenire,* trouver). **1.** État des biens laissés par qqn pour sa succession. — **2.** Évaluation des marchandises en magasin, afin de constater les profits et les pertes : *Le commerçant fait un inventaire en fin d'année.* — **3.** Revue détaillée, minutieuse d'un ensemble : *Procéder à l'inventaire des ressources touristiques d'un département* (syn. DÉNOMBREMENT, RECENSEMENT).

inventer [ɛ̃vɑ̃te] v. t. (lat. *invenire,* trouver). **1.** Créer une chose originale ou nouvelle, à laquelle personne n'avait encore pensé, dans tous les domaines de l'activité : *Inventer un nouveau procédé de fabrication* (syn. IMAGINER). — **2.** Concevoir qqch qui, dans une occasion déterminée, serve à un usage particulier : *Inventer un moyen de se sortir d'un mauvais pas* (syn. TROUVER). *Il invente toujours quelque chose pour taquiner sa sœur* (syn. IMAGINER). — **3.** Concevoir de façon arbitraire, fausse, qqch de fictif : *Inventer une histoire pour se disculper* (syn. FORGER). *On avait inventé pour le perdre une fausse accusation* (syn. FABRIQUER). *Une histoire inventée de toutes pièces.* — **4.** Fam. *Ne pas avoir inventé la poudre, le fil à couper le beurre,* n'être pas très intelligent. ◆ ***s'inventer*** v. pr. Être conçu faussement : *Ce sont des choses qui ne s'inventent pas* (syn. S'IMAGINER).

inventeur, trice [ɛ̃vɑ̃tœr] n. Personne qui invente un procédé, un nouvel objet, qui crée qqch d'original : *Gutenberg, l'inventeur de l'imprimerie.*

inventif, ive [ɛ̃vɑ̃tif] adj. Qui a le don d'inventer : *Un esprit inventif* (syn. FERTILE). *La nécessité l'a rendu inventif. Elle est très inventive quand il s'agit d'aider les autres* (syn. ASTUCIEUX).

invention [ɛ̃vɑ̃sjɔ̃] n. f. **1.** Action d'inventer : *L'invention de l'écriture. Esprit fertile en inventions de toute sorte.* — **2.** Faculté d'inventer, don d'imagination : *Cette histoire est de son invention. Un esprit d'invention* (= imaginatif). — **3.** Chose inventée : *Une belle invention!* (syn. fam. TROUVAILLE). *Rien n'est vrai, ce sont de pures inventions!* (syn. MENSONGE).

inventorier [ɛ̃vɑ̃tɔrje] v. t. *Inventorier qqch,* en faire l'inventaire : *Inventorier des marchandises entreposées.*

invérifiable [ɛ̃verifjabl] adj. Qu'on ne peut vérifier : *Hypothèse invérifiable.*

inverse [ɛ̃vɛrs] adj. (lat. *inversus,* de *invertere,* retourner). Opposé exactement à la direction, à la fonction actuelle ou habituelle : *L'ordre inverse des mots. Venir en sens inverse* (= de la direction opposée). *Faire un mouvement inverse* (= exactement contraire). *Faire l'opération inverse de celle qu'on avait prévue.* ◆ n. m. *L'inverse,* la chose contraire : *C'est l'inverse qu'il fallait faire. Ce projet va à l'inverse de nos intentions.*

inversement [ɛ̃vɛrsəmɑ̃] adv. De façon inverse : *Je l'aiderai pour son devoir de mathématiques et, inversement, elle me donnera quelques idées pour la dissertation* (syn. RÉCIPROQUEMENT).

inverser [ɛ̃vɛrse] v. t. *Inverser des choses,* en renverser la direction, en changer la position relative : *Inverser les propositions dans une phrase. Les rôles sont inversés* (= l'avantage a changé de côté).

inversion [ɛ̃vɛrsjɔ̃] n. f. **1.** Construction où l'ordre des mots n'est pas conforme à l'ordre habituel de la phrase déclarative (ling.) : *Dans les interrogatives directes, on peut avoir l'inversion du sujet (ex. « Viendra-t-il ? »).* — **2.** Tendance de l'inverti.

invertébré, e [ɛ̃vɛrtebre] adj. et n. m. Animal dépourvu de colonne vertébrale, comme les insectes, les crustacés, etc.

inverti, e [ɛ̃vɛrti] n. (du lat. *invertere,* retourner). Qui a une affinité sexuelle pour les personnes de son sexe (syn. HOMOSEXUEL).

investigateur, trice [ɛ̃vɛstigatœr] n. Qui fait des recherches suivies. ◆ adj. Qui examine avec soin : *Un regard investigateur.*

investigation [ɛ̃vɛstigasjɔ̃] n. f. (du lat. *investigare,* rechercher avec soin). Recherche menée avec persévérance et attention, jusque dans les détails : *La police poursuit ses investigations dans l'appartement pour retrouver des indices* (syn. ENQUÊTE). *Pousser assez loin ses investigations* (syn. ↓ EXAMEN).

investir [ɛ̃vɛstir] v. t. (lat. *investire,* revêtir). **1.** *Investir qqn d'une autorité, d'une fonction,* etc., le mettre en possession de cette autorité, l'installer dans cette fonction : *On l'a investi de tous les pouvoirs* (syn. DOTER). — **2.** *Investir qqn de sa confiance,* lui accorder une confiance absolue. — **3.** *Investir une ville, une position,* etc., l'encercler en coupant ses communications avec l'extérieur : *Le feu menace et investit le village. La police investit le refuge de la bande* (syn. CERNER, ASSIÉGER). — **4.** *Investir de l'argent, des capitaux (dans qqch),* les placer pour en tirer un revenu ou permettre l'expansion de qqch : *Investir son argent dans l'industrie chimique. Des capitaux importants ont été investis dans les grands magasins pour développer les succursales.* ◆ v. i. *Investir dans qqch,* donner à qqch une signification personnelle, lui attacher des valeurs affectives : *Elle investit beaucoup dans son travail* (= elle y met beaucoup d'elle-même).

investissement [ɛ̃vɛstismɑ̃] n. m. **1.** Action d'investir, d'encercler : *L'investissement de Paris en 1870.* — **2.** Action de placer de l'argent : *Tu as fait là un excellent investissement* (syn. PLACEMENT). *Les investissements ont diminué au cours du premier trimestre* (= les capitaux investis). — **3.** Action de mettre beaucoup de soi dans qqch.

investisseur [ɛ̃vɛstisœr] n. m. Qui investit.

investiture [ɛ̃vɛstityr] n. f. Désignation par un parti politique pour être candidat.

invétéré, e [ɛ̃vetere] adj. (du lat. *inveterare,* faire vieillir). **1.** Qui s'est fortifié, enraciné chez qqn avec le temps : *L'habitude invétérée de fumer.* — **2.** Qui a laissé une manière d'être s'enraciner en soi : *Un bavard invétéré* (syn. IMPÉNITENT). *Un buveur invétéré* (syn. ENDURCI).

invincibilité [ɛ̃vɛ̃sibilite] n. f. Caractère invincible : *L'invincibilité d'une armée, d'un adversaire, d'un sommet.*

invincible [ɛ̃vɛ̃sibl] adj. **1.** Qu'on ne peut vaincre : *Ennemi invincible. Résistance, obstacle invincible.* — **2.** Qu'on ne peut maîtriser, surmonter : *Peur invincible.*

invinciblement [ɛ̃vɛ̃sibləmɑ̃] adv. D'une manière qu'on ne peut maîtriser : *Résister invinciblement.*

inviolabilité [ɛ̃vjɔlabilite] n. f. Caractère inviolable.

inviolable [ɛ̃vjɔlabl] adj. Qu'on ne doit pas violer, enfreindre : *Droit inviolable* (syn. SACRÉ). *Secret inviolable.*

invisibilité [ɛ̃vizibilite] n. f. État de ce qui est invisible.

invisible [ɛ̃vizibl] adj. **1.** Qui ne peut être vu : *« L'Homme invisible » a été un roman à succès.* — **2.** Trop petit pour être aperçu : *D'invisibles insectes le piquaient au visage.*

invitation [ɛ̃vitasjɔ̃] n. f. Action d'inviter; fait d'être invité : *Une lettre d'invitation. Envoyer les invitations à un mariage* (syn. FAIRE-PART). *Invitation à se retirer* (syn. AVERTISSEMENT). *Je ne l'ai fait que sur votre invitation* (syn. APPEL, PRIÈRE). *Ce beau temps est une invitation à la promenade.*

invité, e [ɛ̃vite] n. Personne qu'on a priée de venir assister à un repas, à une cérémonie, etc. : *Recevoir les invités dans le salon. Des invitées de marque.*

invite [ɛ̃vit] n. f. Manière adroite, plus ou moins directe, d'amener qqn à faire qqch : *Ne pas répondre aux invites d'un adversaire* (syn. APPEL).

inviter [ɛ̃vite] v. t. (lat. *invitare*). **1.** *Inviter qqn* (à [+ *inf.*]), lui demander par courtoisie, par politesse, etc., de faire telle ou telle chose, de venir en un lieu, d'assister à telle ou telle cérémonie : *Inviter une jeune fille à danser. Je suis invité à dîner ce soir* (syn. CONVIER). *L'addition n'est pas pour vous, c'est moi qui vous invite* (= qui offre le repas). — **2.** (sujet qqn) *Inviter qqn à* (+ *inf.*), lui demander avec autorité de faire qqch : *Le président de séance invita les assistants à se taire* (syn. EXHORTER, ↑ ORDONNER). *Je vous invite à modérer vos expressions* (syn. PRIER, CONSEILLER). — **3.** (sujet qqch) *Inviter à qqch,* engager à faire qqch, donner envie de : *Ce temps chaud invite à la paresse* (syn. INCITER, PORTER). *Ce petit chemin ombragé invite à la promenade* (syn. ENGAGER).

in vitro [invitro] adv. (mots lat. signif. *dans le verre*). Qui se fait en dehors de l'organisme (dans des tubes, des éprouvettes, etc.).

invivable [ɛ̃vivabl] adj. Impossible à vivre, à supporter : *Une personne invivable* (= d'un caractère exécrable). *Une existence invivable* (syn. INSUPPORTABLE).

in vivo [invivo] adv. (mots lat. signif. *dans l'être vivant*). Qui se fait dans l'organisme.

invocation [ɛ̃vɔkasjɔ̃] n. f. **1.** Action d'implorer une divinité par des prières ou des cérémonies particulières : *L'invocation à la Vierge* (syn. PRIÈRE). — **2.** *Sous l'invocation de,* sous la protection de, en se réclamant de : *Mettre toute son œuvre sous l'invocation de la lutte contre le conformisme.*

involontaire [ɛ̃vɔlɔ̃tɛr] adj. Qui n'est pas volontaire : *Un geste involontaire* (= qu'on fait sans le vouloir).

involontairement [ɛ̃vɔlɔ̃tɛrmɑ̃] adv. De façon involontaire, instinctive.

invoquer [ɛ̃vɔke] v. t. (lat. *invocare*). **1.** *Invoquer qqn, son appui,* etc., implorer son aide, réclamer son secours, par des prières, des supplications : *Invoquer Dieu. L'élève invoque la clémence du professeur* (syn. ADJURER, CONJURER). *Invoquer l'aide immédiate de ses alliés.* — **2.** *Invoquer qqch,* le donner comme argument, comme justification, comme cause : *Invoquer en sa faveur le témoignage des gens présents* (syn. EN APPELER À). *Invoquer son ignorance pour excuser sa faute* (syn. ALLÉGUER). *Invoquer un texte pour soutenir son point de vue* (syn. CITER).

invraisemblable [ɛ̃vrɛsɑ̃blabl] adj. Qui ne semble pas vrai : *Histoire invraisemblable.*

invraisemblance [ɛ̃vrɛsɑ̃blɑ̃s] n. f. Caractère invraisemblable : *L'invraisemblance d'un témoignage.*

invulnérabilité [ɛ̃vylnerabilite] n. f. État invulnérable.

invulnérable [ɛ̃vylnerabl] adj. Qui ne peut être atteint, qui résiste à tout : *Position invulnérable. Elle est invulnérable aux critiques.*

iode [jɔd] n. m. (gr. *iodês,* violet). Corps chimique utilisé en solution alcoolique, en partic. comme antiseptique *(teinture d'iode).*

iodé, e [jɔde] adj. Qui contient de l'iode : *Alcool iodé.*

ion [jɔ̃] n. m. (mot angl.; du gr. *ion,* allant). Atome ou groupe d'atomes portant une charge électrique.

ionique [jɔnik] adj. *Ordre ionique,* ordre de l'architecture grecque caractérisé surtout par un chapiteau orné de deux volutes latérales.

ionisation [jɔnizasjɔ̃] n. f. Formation d'ions.

ioniser [jɔnize] v. t. Produire des ions dans un milieu.

ionosphère [jɔnɔsfɛr] n. f. Ensemble des régions de la haute atmosphère (entre 60 et 600 km), où l'air, très ionisé, est conducteur de l'électricité.

iota [jɔta] n. m. (mot gr.). *Il ne manque pas un iota,* il ne manque rien. (L'*iota* est une lettre de l'alphabet grec correspondant à *i.*)

ipso facto [ipsofakto] adv. (loc. lat. signif. *par le fait même*). Par le fait même, par une conséquence obligée : *Signer ce traité, c'est reconnaître ipso facto cet État.*

ir- → IN-.

irakien, enne [irakjɛ̃] adj. et n. De l'Irak.

iranien, enne [iranjɛ̃] adj. et n. De l'Iran.

irascibilité [irasibilite] n. f. Caractère irascible.

irascible [irasibl] adj. (du lat. *irasci,* se mettre en colère). Qui se met en colère facilement, prompt à s'irriter : *Tomber à l'examen sur un examinateur irascible* (syn. DIFFICILE, OMBRAGEUX). *Une humeur irascible* (syn. IRRITABLE, ↑COLÉREUX).

1. iris [iris] n. m. (mot gr.). Plante cultivée pour ses grandes fleurs ornementales.

2. iris [iris] n. m. Membrane colorée de l'œil, percée d'un orifice, la pupille.

irisé, e [irize] adj. (du lat. *iris,* arc-en-ciel). Qui a les couleurs de l'arc-en-ciel : *Verre irisé.*

irlandais, e [irlɑ̃dɛ] adj. et n. D'Irlande ◆ ***irlandais*** n. m. Langue celte parlée en Irlande.

ironie [irɔni] n. f. (gr. *eirôneia,* interrogation). **1.** Attitude de raillerie qui consiste à faire comprendre le contraire de ce qu'on dit, l'intonation aidant : *Manier l'ironie avec finesse. Parler sans ironie* (= sérieusement). — **2.** Contraste entre la réalité cruelle, décevante, et ce qui pouvait être attendu : *Par une cruelle ironie du sort, ce sont les immeubles neufs qui ont souffert le plus du tremblement de terre* (syn. DÉRISION). *Je ne goûte pas l'ironie de la situation.*

ironique [irɔnik] adj. (avant ou après le n.). Qui relève de l'ironie : *Réponse ironique* (syn. RAILLEUR). *Un sourire ironique* (syn. MOQUEUR, NARQUOIS). *Un ironique coup du destin.*

ironiquement [irɔnikmɑ̃] adv. Avec ironie.

ironiser [irɔnize] v. t. ind. *Ironiser sur qqch, qqn,* les traiter avec ironie : *Tu ironises sur l'embarras dans lequel je suis.*

ironiste [irɔnist] n. Personne qui aime employer l'ironie.

irradiation [iradjasjɔ̃] n. f. **1.** Propagation d'une douleur. — **2.** Exposition à un rayonnement radioactif.

irradier [iradje] v. t. (lat. *irradiare,* rayonner). *Irradier qqch,* le soumettre à l'action de certaines radiations, en partic. à un rayonnement radioactif : *Irradier une tumeur au moyen de la bombe au cobalt.* ◆ v. i., ou ***s'irradier*** v. pr. (sujet qqch) Se propager à partir d'un centre, en rayonnant : *La douleur du genou irradiait dans toute la jambe.*

irraisonné, e [irɛzɔne] adj. Qui n'est pas justifié par la raison, qui n'est pas raisonné : *Une peur irraisonnée.*

irrationnel, elle [irasjɔnɛl] adj. Qui n'est pas rationnel : *Une conduite irrationnelle.*

irrattrapable [iratrapabl] adj. Qu'on ne peut rattraper.

irréalisable [irealizabl] adj. Qui ne peut être réalisé : *Ce projet est irréalisable dans les conditions actuelles* (syn. UTOPIQUE).

irréalisme [irealism] n. m. Manque du sens du réel : *Une politique qui se caractérise par son irréalisme.*

irréaliste [irealist] adj. Qui ne tient pas compte de la réalité.

irréalité [irealite] n. f. Caractère de ce qui n'est pas réel.

irrecevabilité [irəsəvabilite] n. f. Caractère irrecevable : *L'irrecevabilité d'une demande.*

irrecevable [irəsəvabl] adj. Non acceptable : *Témoignage irrecevable. Conclusions irrecevables.*

irréconciliable [irekɔ̃siljabl] adj. Qu'on ne peut réconcilier : *Ennemis irréconciliables.*

irrécupérable [irekyperabl] adj. Qu'on ne peut récupérer : *Des outils rouillés, irrécupérables* (= dont on ne peut plus tirer parti).

irrécusable [irekyzabl] adj. Qui ne peut être récusé : *Des preuves irrécusables.*

irrécusablement [irekyzabləmɑ̃] adv. De façon irrécusable.

irréductibilité [iredyktibilite] n. f. Caractère irréductible : *L'irréductibilité d'une équation.*

irréductible [iredyktibl] adj. **1.** Qu'on ne peut ramener à une expression, à une forme plus simple : *Fraction irréductible.* — **2.** Qu'on ne peut résoudre, faire cesser : *Antagonismes irréductibles.* — **3.** Qui ne transige pas; qu'on ne peut fléchir : *Ennemi, opposition irréductible.*

irréel, elle [ireɛl] adj. et n. m. **1.** Qui n'est pas réel : *Paysage irréel.* — **2.** En grammaire, forme verbale ou construction qui présente une action ou un état comme une hypothèse irréalisable.

irréellement [ireɛlmɑ̃] adv. De façon irréelle.

irréfléchi, e [irefleʃi] adj. **1.** Fait ou dit sans réflexion : *Parole, action irréfléchie.* — **2.** Qui parle ou agit sans réflexion : *Personne irréfléchie.*

irréflexion [ireflɛksjɔ̃] n. f. Défaut de réflexion.

irréfrénable [irefrenabl] adj. *Litt.* Qu'on ne peut réfréner : *Passion irréfrénable.*

irréfutable [irefytabl] adj. Qu'on ne peut pas réfuter : *Preuve irréfutable.*

irréfutablement [irefytabləmɑ̃] adv. De façon irréfutable.

irréfuté, e [irefyte] adj. Qui n'a pas été réfuté : *Argument irréfuté.*

irrégularité [iregylarite] n. f. **1.** Manque de régularité : *L'irrégularité des visites d'un docteur. L'irrégularité des traits.* — **2.** Ce qui est fait en violation d'une loi, d'un règlement : *Une affaire dont l'instruction comporte des irrégularités.*

irrégulier, ère [iregylje] adj. **1.** Qui n'est pas régulier, symétrique : *Polygone irrégulier.* — **2.** Qui n'est pas ponctuel, qui n'est pas constant dans son travail : *Élève irrégulier.* — **3.** Non conforme aux lois, aux règlements, à l'usage : *Une décision irrégulière.*

irrégulièrement [iregyljɛrmɑ̃] adv. De façon irrégulière.

irréligieux, euse [ireliʒjø] adj. **1.** Qui n'a pas de conviction religieuse : *Homme irréligieux.* — **2.** Qui blesse la religion : *Comportement irréligieux.*

irréligion [ireliʒjɔ̃] n. f. (lat. *irreligio*). Absence de conviction religieuse.

irrémédiable [iremedjabl] adj. À quoi on ne peut remédier : *Échéance, perte irrémédiable.*

irrémédiablement [iremedjabləmɑ̃] adv. De façon irrémédiable : *Malade irrémédiablement perdu* (syn. DÉFINITIVEMENT).

irrémissible [iremisibl] adj. **1.** Qui ne mérite pas de rémission, de pardon : *Une faute irrémissible.* — **2.** Implacable, fatal : *Le cours irrémissible des événements.*

irrémissiblement [iremisibləmɑ̃] adv. *Litt.* Sans rémission.

irremplaçable [irɑ̃plasabl] adj. Qu'on ne peut remplacer; indispensable : *Collaboratrice irremplaçable. Personne n'est irremplaçable.*

irréparable [ireparabl] adj. Qu'on ne peut réparer : *Dommage, perte irréparable.*

irrépréhensible [irepreɑ̃sibl] adj. *Litt.* Qu'on ne peut blâmer : *Conduite irrépréhensible* (syn. IRRÉPROCHABLE).

irrépressible [iresprɛsibl] adj. Qu'on ne peut arrêter, retenir dans son expansion : *Colère irrépressible.*

irréprochable [ireprɔʃabl] adj. Qui ne mérite aucun reproche : *Employé irréprochable. Toilette irréprochable.*

irréprochablement [ireprɔʃabləmɑ̃] adv. De façon irréprochable.

irrésistible [irezistibl] adj. **1.** À quoi on ne peut résister : *Une force, un charme irrésistible.* — **2.** À qui on ne peut résister : *C'est une femme irrésistible.*

irrésistiblement [irezistibləmɑ̃] adv. De façon irrésistible : *Être irrésistiblement attiré par l'argent.*

irrésolu, e [irezɔly] adj. Qui a de la peine à se résoudre, à prendre un parti : *Caractère irrésolu* (syn. HÉSITANT, INDÉCIS).

irrésolution [irezɔlysjɔ̃] n. f. État de qqn d'irrésolu : *Être victime de son irrésolution* (syn. INDÉCISION).

irrespect [irɛspɛ] n. m. Manque de respect.

irrespectueusement [irɛspɛktɥøzmɑ̃] adv. De façon irrespectueuse.

irrespectueux, euse [irɛspɛktɥø] adj. Qui manque au respect : *Des propos irrespectueux.*

irrespirable [irɛspirabl] adj. Non respirable : *Atmosphère irrespirable* (syn. ÉTOUFFANT, INFECT).

irresponsabilité [irɛspɔ̃sabilite] n. f. Caractère irresponsable : *Plaider l'irresponsabilité d'un accusé.*

irresponsable [irɛspɔ̃sabl] adj. et n. **1.** Qui n'est pas capable de répondre de ses actes, de sa conduite : *Sa maladie mentale le rend partiellement irresponsable.* — **2.** Qui manque de sérieux : *Une décision irresponsable.* — **3.** Qui agit sans mandat : *Un attentat commis par des éléments irresponsables.*

irrétrécissable [iretresisabl] adj. Qui ne peut se rétrécir : *Tissu irrétrécissable au lavage.*

irrévérence [ireverɑ̃s] n. f. Manque de respect; parole, action irrespectueuse : *Cet article est rempli d'irrévérences à l'égard du pouvoir.*

irrévérencieusement [ireverɑ̃sjøzmɑ̃] adv. De façon irrévérencieuse.

irrévérencieux, euse [ireverɑ̃sjø] adj. Qui manque de respect (syn. IMPUDENT).

irréversibilité [irevɛrsibilite] n. f. Caractère irréversible.

irréversible [irevɛrsibl] adj. Qui n'agit que dans un sens et ne peut revenir en arrière.

irrévocable [irevɔkabl] adj. Sur quoi il est impossible de revenir : *Arrêt irrévocable. Décision irrévocable* (syn. DÉFINITIF).

irrévocablement [irevɔkabləmɑ̃] adv. De manière irrévocable : *Date irrévocablement fixée.*

irrigation [irigasjɔ̃] n. f. Action d'irriguer : *Des canaux d'irrigation.*

irriguer [irige] v. t. (lat. *irrigare*). Arroser artificiellement un sol, des terres, etc. : *Des travaux ont été entrepris pour irriguer la plaine.*

irritabilité [iritabilite] n. f. Disposition de qqn qui s'irrite facilement.

irritable [iritabl] adj. Qui s'irrite facilement : *L'attente prolongée la rend irritable* (syn. NERVEUX). *De caractère irritable* (syn. IRASCIBLE; contr. CALME). *Avoir la peau très irritable.*

irritant, e [iritɑ̃] adj. **1.** Qui met en colère : *Il a la manie irritante de tapoter sur la table* (syn. AGAÇANT). — **2.** Qui cause une irritation, une inflammation : *Un savon irritant.*

irritation [iritasjɔ̃] n. f. **1.** Action d'irriter, d'énerver : *Dans l'état d'irritation où je me trouve* (syn. EXASPÉRATION, ↑ COLÈRE). — **2.** Action de causer de l'inflammation : *L'irritation de la gorge, des bronches* (syn. INFLAMMATION). *Irritation de la peau* (syn. ↑ BRÛLURE).

irriter [irite] v. t. (lat. *irritare*). **1.** (sujet qqn, qqch) *Irriter qqn,* provoquer chez lui un certain énervement, pouvant aller jusqu'à la colère : *Tu ne cesses de l'irriter avec tes plaintes continuelles* (syn. ÉNERVER, ↓ AGACER, ↑ HORRIPILER, ↑ EXASPÉRER). *Cette obstination l'irritait* (syn. IMPATIENTER, CONTRARIER). — **2.** (sujet qqch) *Irriter un organe,* provoquer une inflammation légère : *La fumée des cigarettes irrite sa gorge. Ce produit irrite la peau* (syn. ↑ BRÛLER). ◆ ***s'irriter*** v. pr., **être irrité** v. pass. **1.** (sujet qqn) *S'irriter de qqch, de* (+ *inf.*), se mettre en colère à cause de cela : *S'irriter du retard des invités, d'attendre vainement.* — **2.** (sans compl.) [sujet qqch] S'enflammer : *L'œil s'est irrité, il est tout rouge.*

irruption [irypsjɔ̃] n. f. (lat. *irruptio*). **1.** Brusque et violente entrée de qqn dans un lieu : *L'irruption des manifestants dans l'hôtel de ville* (syn. INVASION). *Les enfants firent irruption dans la classe* (= se précipiter). — **2.** Envahissement violent et subit de qqch : *L'irruption des eaux dans la ville* (syn. INONDATION).

isard [izar] n. m. (mot basque). Chamois des Pyrénées.

isba [izba] n. f. (mot russe). Petite maison en bois de sapin.

islam [islam] n. m. (mot ar. signif. *soumission à Dieu*). Religion et civilisation musulmanes; pays habités par des musulmans (en ce dernier sens, avec majusc.).

islamique [islamik] adj. Relatif à l'islam : *Culture islamique.*

islamisation [islamizasjɔ̃] n. f. Action d'islamiser.

islamiser [islamize] v. t. Convertir à l'islam.

islandais, e [islɑ̃dɛ] adj. et n. De l'Islande. ◆ ***islandais*** n. m. Langue du groupe nordique parlée en Islande.

isobare [izobar] adj. (du gr. *isos,* égal, et *baros,* pesanteur). D'égale pression atmosphérique. ◆ n. f.

Ligne imaginaire qui joint les points de la Terre où la pression est la même à un moment déterminé.

isocèle [izɔsɛl] adj. (du gr. *isos,* égal, et *skelos,* jambe). *Triangle, trapèze isocèles,* qui ont deux côtés égaux.

isolant, e [izɔlɑ̃] adj. Qui isole. ◆ ***isolant*** n. m. Matériau qui empêche la propagation des bruits, qui ne conduit pas la chaleur, l'électricité.

isolation [izɔlasjɔ̃] n. f. Action de réaliser un isolement thermique, électrique ou phonique.

isolationnisme [izɔlasjɔnism] n. m. Doctrine politique visant à s'isoler des autres pays sur le plan politique et économique.

isolationniste [izɔlasjɔnist] adj. et n. Qui relève de l'isolationnisme.

isolé, e [izɔle] adj. Mis à part, séparé des autres choses : *Mot isolé* (= détaché de la phrase). *Protestation isolée* (syn. INDIVIDUEL; contr. COLLECTIF). *Ne déduisez rien de ce fait isolé* (syn. UNIQUE). *Maison isolée* (syn. ÉCARTÉ, ↑ PERDU). ◆ adj. et n. Séparé des autres hommes : *Vivre isolé. Se sentir isolé* (syn. SEUL, DÉLAISSÉ).

isolement [izɔlmɑ̃] n. m. État de qqn, de qqch d'isolé : *L'isolement de la ferme. Se complaire dans son isolement* (syn. SOLITUDE).

isolément [izɔlemɑ̃] adv. De façon isolée : *Agir, travailler isolément* (syn. INDIVIDUELLEMENT). *Étudier isolément chaque partie de l'ensemble.*

isoler [izɔle] v. t. (de l'it. *isolato,* séparé comme une île). **1.** *Isoler qqch, un objet,* le séparer de ce qui l'environne, du milieu extérieur (souvent pass.) : *La ville est isolée du monde extérieur depuis la catastrophe. Isoler un événement de son contexte politique* (syn. ABSTRAIRE). — **2.** *Isoler un fil, un câble électrique,* lui ôter tout contact avec ce qui pourrait lui faire perdre son électricité. — **3.** *Isoler qqn,* le séparer des autres hommes, lui interdire toute relation avec la société des autres : *Isoler un malade contagieux. Ses opinions l'isolent au sein de sa famille.* ◆ ***s'isoler*** v. pr. (sujet qqn) **1.** Rechercher la solitude, se mettre à l'écart : *Elle cherche à s'isoler pour pouvoir travailler dans le silence.* — **2.** Se séparer par la pensée de ce qui entoure : *S'isoler dans sa méditation* (syn. S'ENFERMER).

isoloir [izɔlwar] n. m. Cabine où l'électeur s'isole pour mettre son bulletin de vote dans une enveloppe.

isomère [izɔmɛr] adj. et n. m. (du gr. *isos,* égal, et *meros,* partie). Se dit de composés chimiques formés des mêmes éléments, en mêmes proportions, mais de propriétés différentes, ce qui s'explique par une disposition différente des atomes dans la molécule.

isotherme [izɔtɛrm] adj. **1.** De même température. — **2.** Qui se fait ou se maintient à température constante : *Camion isotherme.* ◆ n. f. Courbe qui joint les points de température identique pour une période donnée.

isotope [izɔtɔp] adj. et n. m. (du gr. *isos,* égal, et *topos,* lieu). Se dit d'éléments chimiquement identiques (même numéro atomique), mais de masses atomiques différentes : *Les isotopes radioactifs sont utilisés en médecine.*

israélien, enne [israeljɛ̃] adj. et n. D'Israël.

israélite [israelit] adj. et n. Qui appartient à la religion juive.

issu, e [isy] adj. (de l'anc. fr. *issir,* sortir). **1.** *Être issu de qqn, d'une famille, de parents,* etc., en être né, en descendre : *Issu d'une humble famille paysanne* (syn. DESCENDANT). — **2.** Se dit de qqch qui est la conséquence de qqch d'autre : *Une décision issue des circonstances* (syn. NÉ DE, DÉRIVANT DE, RÉSULTANT DE).

issue [isy] n. f. **1.** Lieu (passage, ouverture, porte, etc.) par lequel peut sortir, s'échapper qqn ou qqch : *Le château avait une issue secrète* (syn. SORTIE). *Fermer toutes les issues pour que la chaleur reste dans la maison* (syn. ORIFICE). *Une voie sans issue* (= une impasse). — **2.** Moyen de sortir d'une affaire dangereuse, d'une difficulté : *Il n'y a pas d'autre issue* (syn. SOLUTION). *La situation est sans issue.* — **3.** Manière dont une affaire trouve sa solution, dont qqch aboutit : *L'issue malheureuse de la conférence* (syn. RÉSULTAT). *On craint une issue fatale* (= la mort). — **4.** *À l'issue de,* à la fin de : *À l'issue du conseil des ministres, il y eut une conférence de presse.*

isthme [ism] n. m. (gr. *isthmos,* passage étroit). Bande ou langue de terre resserrée entre deux mers et réunissant deux terres.

italianisant, e [italjanizɑ̃] adj. et n. Spécialiste de la langue et de la civilisation italiennes.

italien, enne [italjɛ̃] adj. et n. De l'Italie. ◆ ***italien*** n. m. Langue romane parlée en Italie.

italique [italik] adj. et n. m. (de *Italie*). Se dit d'un caractère d'imprimerie légèrement incliné vers la droite : *Les exemples sont en italique dans le dictionnaire.*

item [itɛm] n. m. (mot lat. signif. *de même*). Question d'un test psychologique.

itératif, ive [iteratif] adj. (du lat. *iterare,* recommencer). **1.** Fait ou répété plusieurs fois : *Sommation itérative.* — **2.** *Verbe itératif,* indiquant la répétition de l'action (ling.).

itinéraire [itinerɛr] n. m. (lat. *iter, itineris,* chemin). Chemin à suivre pour aller d'un lieu à un autre : *Un itinéraire touristique* (syn. TRAJET). *Étudier l'itinéraire le plus court* (syn. PARCOURS).

itinérant, e [itinerɑ̃] adj. (du lat. *itinerari,* voyager). Qui se déplace, qui va successivement en plusieurs endroits.

I. U. T. [iyte] n. m. Abrév. d'INSTITUT UNIVERSITAIRE DE TECHNOLOGIE, établissement d'enseignement supérieur assurant une formation de technicien supérieur.

ivoire [ivwar] n. m. (lat. *ebur, eboris*). **1.** Substance osseuse dure, qui forme la plus grande partie des dents de l'homme, des défenses de l'éléphant, ou d'autres animaux (hippopotame, rhinocéros, etc.) : *Une statuette d'ivoire.* — **2.** Objet d'art fait en cette matière : *De petits ivoires du Moyen Âge.*

ivoirien, enne [ivwarjɛ̃] adj. et n. De Côte-d'Ivoire.

ivraie [ivrɛ] n. f. (du lat. *ebriacus,* ivre). Plante commune qui gêne la croissance des céréales.

ivre [ivr] adj. (lat. *ebrius*). **1.** (sans compl.) Qui a le cerveau troublé à la suite de l'absorption d'alcool : *Être à moitié ivre* (syn. GRIS). *Ivre mort* (= ivre au point d'avoir perdu toute conscience). — **2.** *Ivre de qqch,* exalté par une idée, un sentiment, au point de ne pouvoir se retenir de les exprimer violemment, d'agir en conséquence : *Ivre de joie, de passion* (syn. TRANSPORTÉ PAR). *Ivre d'enthousiasme, de colère* (syn. FOU).

ivresse [ivrɛs] n. f. État de qqn qui est ivre : *L'air frais dissipera l'ivresse* (syn. ÉBRIÉTÉ). *Quelle ivresse de glisser à toute vitesse sur la neige!* (syn. GRISERIE, EXCITATION, EXALTATION).

ivrogne [ivrɔɲ] n. Personne qui a l'habitude de s'enivrer : *Un ivrogne invétéré* (syn. ALCOOLIQUE). [Fém. pop. IVROGNESSE.]

ivrognerie [ivrɔɲri] n. f. Comportement d'ivrogne : *Sombrer dans l'ivrognerie* (syn. ALCOOLISME).

J

j [ʒi] n. m. **1.** Dixième lettre de l'alphabet, notant la fricative sonore [ʒ]. — **2.** *Le jour J,* le jour où doit se déclencher une attaque, se faire une opération quelconque.

jabot [ʒabo] n. m. (mot auvergnat). Poche que possèdent certains oiseaux à la base du cou, et où les aliments séjournent avant d'aller dans l'estomac.

jacassement [ʒakasmɑ̃] n. m. Fait de jacasser.

jacasser [ʒakase] v. i. (de *jacque,* n. dial. du *geai*). **1.** (sujet la pie, la perruche, etc.) Crier, piailler. — **2.** (sujet qqn) Parler avec volubilité sur des sujets banals, pour ne rien dire : *La concierge jacassait avec un locataire au bas de l'escalier.*

jachère [ʒaʃɛr] n. f. (bas lat. *gascaria*). État d'une terre labourable qu'on laisse reposer *(champs en jachère);* terre non cultivée.

jacinthe [ʒasɛ̃t] n. f. (du gr. *Huakinthos,* personnage myth.). Plante à bulbe aux fleurs en grappes.

1. jacobin [ʒakɔbɛ̃] n. m. (du lat. *Jacobus,* Jacques). Démocrate intransigeant (du nom du club des Jacobins pendant la Révolution).

2. jacobin, e [ʒakɔbɛ̃] adj. Propre aux Jacobins : *Professer des opinions jacobines* (= révolutionnaires).

jacquard [ʒakar] n. m. (de *Jacquard,* n. de l'inventeur du métier à tisser). **1.** Tricot qui présente des bandes ornées de dessins géométriques sur un fond de couleur différente. — **2.** Métier à tisser.

jacquerie [ʒakri] n. f. Révolte paysanne.

jacquet [ʒakɛ] n. m. (de *Jacques*). Jeu qu'on joue avec des pions et des dés, sur une tablette divisée en quatre compartiments.

jacquier [ʒakje] n. m. (portug. *jaca,* fruit du jacquier). Autre nom de l'ARBRE À PAIN.

jactance [ʒaktɑ̃s] n. f. (lat. *jactantia,* vanterie). Attitude de qqn qui manifeste par des propos vaniteux la haute opinion qu'il a de lui-même (soutenu) : *Un homme plein de jactance* (syn. SUFFISANCE).

jade [ʒad] n. m. (esp. *ijada*). Pierre précieuse d'un vert foncé, dans laquelle on sculpte des objets d'art.

jadis [ʒadis] adv. (de l'anc. fr. *ja a dis,* il y a déjà des jours). En un temps éloigné dans le passé : *Il n'avait plus l'enthousiasme de jadis* (syn. AUTREFOIS). *Au temps jadis* (= dans l'ancien temps).

jaguar [ʒagwar] n. m. (mot tupi-guarani). Mammifère carnassier de l'Amérique du Sud, voisin de la panthère, à taches noires.

jaillir [ʒajir] v. i. (rad. gaul. *gali-,* bouillir). **1.** (sujet un liquide, une vapeur, une lumière, un son, etc.) *Jaillir de qqpart,* en sortir impétueusement, se produire soudainement et vivement : *Le sang jaillit de la blessure* (syn. ↓ GICLER). *Le gaz jaillit des puits de forage. Une lumière jaillit de l'obscurité. Les flammes jaillissaient du brasier. Un cri jaillit de toutes les poitrines. Les rires jaillissaient de partout* (syn. FUSER). — **2.** *Litt.* Sortir soudainement, vivement d'un endroit : *Il jaillit des flots de spectateurs par toutes les portes du stade.* — **3.** S'élever au-dessus d'autres objets en une forme élancée : *Quelques gratte-ciel jaillissent au-dessus de la cité.* — **4.** Se manifester soudainement avec vivacité : *Les réponses jaillissent de tous côtés* (syn. SURGIR, FUSER). *De la discussion peut jaillir une solution* (syn. ↓ SE DÉGAGER).

jaillissant, e [ʒajisɑ̃] adj. Qui jaillit : *Eaux jaillissantes.*

jaillissement [ʒajismɑ̃] n. m. Action de jaillir : *Le jaillissement de la source. C'était à cette époque un jaillissement d'idées nouvelles.*

jais [ʒɛ] n. m. (lat. *gagates,* pierre de Gages). **1.** Pierre d'un noir brillant. — **2.** *Noir de jais,* noir très brillant. ‖ Litt. *Des yeux de jais,* noirs.

jalon [ʒalɔ̃] n. m. (du lat. pop. *galire,* lancer). **1.** Piquet de métal, tige de bois, marque quelconque, plantés en terre pour établir des alignements, déterminer une direction : *Placer des jalons pour rectifier le tracé d'une rue.* — **2.** Ce qui sert de point de repère, de première marque pour aller dans une voie déterminée : *Planter des jalons pour un travail futur.* — **3.** *Poser des jalons,* donner des indications, placer des repères ou prendre des précautions préliminaires pour entreprendre qqch (syn. PRÉPARER LE TERRAIN).

jalonnement [ʒalɔnmɑ̃] n. m. Action, manière de jalonner.

jalonner [ʒalɔne] v. t. **1.** Déterminer une direction, les limites d'un terrain; marquer l'alignement de qqch : *Jalonner une allée de plants de buis. Des arbres jalonnent l'avenue* (= s'échelonner le long de). — **2.** Servir de point de repère, de marque dans le cours d'une vie, d'une carrière, etc. : *Des succès éclatants jalonnent sa vie d'actrice* (syn. MARQUER). *Route jalonnée d'obstacles.*

jalousement [ʒaluzmɑ̃] adv. Avec jalousie : *Garder jalousement un secret* (syn. SOIGNEUSEMENT). *Regarder jalousement l'équipe rivale.*

jalouser [ʒaluze] v. t. *Jalouser qqn, qqch,* en être jaloux : *Jalouser ses amis plus riches* (syn. ENVIER). *Jalouser la situation de quelqu'un* (syn. PORTER ENVIE À).

jalousie [ʒaluzi] n. f. **1.** Dépit du jaloux : *Cette coquetterie excitait sa jalousie. Il y avait entre eux une jalousie professionnelle* (syn. RIVALITÉ). *Crever de jalousie* (syn. DÉPIT). — **2.** Persienne formée d'une série de petites planchettes réunies par des chaînes et dont l'inclinaison peut être modifiée pour donner plus ou moins de jour dans la pièce.

jaloux, ouse [ʒalu] adj. et n. (gr. *zêlos,* zèle). **1.** *Jaloux (de qqn),* qui manifeste pour un autre un attachement exclusif et vit dans la crainte de son infidélité : *Être jaloux de sa femme. Un mari jaloux* (syn. EXCLUSIF, POSSESSIF). — **2.** *Jaloux (de qqch),* qui éprouve du dépit ou de l'envie devant les avantages d'autrui : *Jaloux du succès de ses camarades* (syn. ENVIEUX). *Jeter un regard jaloux sur un concurrent plus heureux.* ◆ adj. *Jaloux de qqch,* très attaché à qqch, qui marque ce sentiment : *Jalouse de son indépendance, elle préféra ne pas se marier* (syn. SOUCIEUX). *Être jaloux de son autorité, de ses privilèges.*

jamaïcain, e [ʒamaikɛ̃] adj. et n. De Jamaïque.

jamais [ʒamɛ] adv. (anc. fr. *ja,* jamais, et *mais,* davantage). **1.** Accompagné de *ne,* exprime la continuité dans l'absence, dans l'inexistence, dans la négation (d'un moment du passé à l'heure actuelle, dans la totalité du temps ou du présent dans l'avenir) : *Elle ne m'a jamais vu. Jamais je n'avais pensé à vous le dire. Je n'ai jamais autant pleuré. Elle n'en a jamais rien su. Il sera peut-être reçu à son examen : on ne sait jamais* (= il est des circonstances extraordinaires). *Il pleut comme il n'a jamais plu;* avec *sans* ou avec *ne... plus, ne... que* : *Il regarde les malheurs des autres sans jamais s'attendrir. Je ne l'ai jamais plus revu* (= du moment passé à nos jours). *Il n'a jamais fait que ce que vous lui avez dit* (= il a seulement fait). *Elle n'a jamais fait que s'en moquer* (= elle s'en est toujours moquée). ‖ *Jamais, au grand jamais,* indique un refus : *Jamais, au grand jamais, protesta-t-il, je n'ai renversé l'encrier.* — **2.** Sans *ne,* dans les réponses : *«Accepterez-vous sa collaboration? — Jamais»;* ou renforcé : *Jamais de la vie;* accompagné ou non de *mais* et *ou* : *Je travaille plusieurs heures par jour, mais jamais après dîner. C'est le moment ou jamais de se taire* (= il est en ce moment préférable de se taire). *Fais-le maintenant ou jamais* (invitation pressante à l'action); avec un adj. : *Des leçons jamais sues.* — **3.** Sans *ne,* en un moment quelconque, un jour dans le passé ou l'avenir (soutenu) [avec *si* et dans les comparaisons] : *Si jamais vous le voyez, vous lui direz que j'ai besoin de son aide. Elle est plus belle que jamais. Il est plus souriant que jamais. C'est pire que jamais.* — **4.** *À jamais, à tout jamais,* dans tout le temps à venir : *C'est à tout jamais fini entre nous* (syn. POUR TOUJOURS).

jambage [ʒɑ̃baʒ] n. m. (de *jambe*). Dans l'écriture, trait vertical ou légèrement incliné des lettres *p, l, q, g, m, n, u.*

jambe [ʒɑ̃b] n. f. (bas lat. *gamba*). **1.** Membre inférieur de l'homme dans son ensemble, y compris la cuisse et le genou : *Aller se dégourdir les jambes. Avoir de bonnes jambes* (= être capable de marcher longtemps, sans fatigue). *Je ne tiens plus sur mes jambes* (= je suis éreinté). *Prendre ses jambes à son cou* (= partir, s'enfuir rapidement). *La peur donne des jambes* (= fait courir). *Cet enfant est tout le temps dans mes jambes* (= continuellement près de moi). *S'enfuir à toutes jambes* (= très vite). — **2.** Fam. *Cela (me, te,* etc.) *fait une belle jambe!,* ça ne sert à rien, c'est parfaitement inutile. ‖ *Faire qqch par-dessus la jambe,* d'une manière peu consciencieuse. ‖ *Tenir la jambe à qqn,* l'importuner, le retenir par une conversation ennuyeuse. ‖ *Tirer dans les jambes de qqn,* l'attaquer en traître, chercher à lui nuire d'une façon déloyale. ‖ *Traiter qqn par-dessus la jambe,* le traiter avec mépris. — **3.** Patte de certains animaux. — **4.** *Jambe (de pantalon),* partie du pantalon qui recouvre la jambe.

jambière [ʒɑ̃bjɛr] n. f. Morceau de tissu ou de cuir façonné pour envelopper et protéger la jambe.

jambon [ʒɑ̃bɔ̃] n. m. (de *jambe*). Cuisse ou épaule salée ou fumée d'un porc : *Du jambon de Paris, d'York.*

jambonneau [ʒɑ̃bɔno] n. m. Partie de la patte du porc située au-dessous de l'articulation du genou.

jam-session [dʒamseʃən] n. f. (angl. *jam,* foule, et *session,* réunion) [pl. *jam-sessions*]. Réunion de musiciens de jazz, improvisant pour leur seul plaisir.

jansénisme [ʒɑ̃senism] n. m. (de *Jansenius,* n. pr.). Vertu austère, rigoureuse. (Le mot désigne une doctrine religieuse du XVIIe-XVIIIe s.)

janséniste [ʒɑ̃senist] adj. et n. Partisan du jansénisme.

jante [ʒɑ̃t] n. f. (gaul. *cambo,* courbe). Cercle extérieur d'une roue de véhicule (en bois, en métal), relié au moyeu par les rayons.

janvier [ʒɑ̃vje] n. m. (lat. *januarius*). Premier mois de l'année.

japonais, e [ʒapɔnɛ] adj. et n. Du Japon. ◆ ***japonais*** n. m. Langue parlée au Japon.

jappement [ʒapmɑ̃] n. m. Action de japper.

japper [ʒape] v. i. (onomat.) [sujet un petit chien] Aboyer faiblement, de façon aiguë.

jaquette [ʒakɛt] n. f. (de *jacques,* sobriquet du paysan). **1.** Veste de cérémonie, portée par les hommes, et dont les pans ouverts se prolongent par derrière. — **2.** Veste de femme qui, avec la jupe assortie, compose le tailleur. — **3.** Chemise de protection d'un livre. — **4.** Prothèse en porcelaine ou en matière plastique qui reconstitue la couronne de la dent.

jardin [ʒardɛ̃] n. m. (frq. *gard*). **1.** Terrain, généralement clos, où on cultive des légumes *(jardin potager)* ou des fleurs *(jardin d'agrément)* : *Jardin anglais* (= aux allées irrégulières et d'apparence désordonnée, mais en réalité disposé artistiquement). *Jardin public* (= espace vert ménagé dans une ville et à la disposition de tous). *Jardin botanique* (= où on étudie scientifiquement les plantes). *Jardin zoologique* (ou *zoo*). — **2.** Région riche, fertile (soutenu) : *La Touraine est le jardin de la France.* — **3.** *Jardin d'hiver,* pièce munie de grandes fenêtres, aménagée pour la culture des plantes d'appartement. — **4.** Au théâtre, côté de la scène à la droite des acteurs (par oppos. à *cour*). — **5.** *Jardin d'enfants,* établissement ou partie d'un établissement où on occupe les jeunes enfants de moins de six ans à des jeux éducatifs.

jardinage [ʒardinaʒ] n. m. Culture des jardins familiaux : *Consommer les produits de son jardinage.*

jardiner [ʒardine] v. i. Travailler dans un jardin, l'entretenir (sans le faire par métier) : *Prendre plaisir à jardiner pour se distraire.*

jardinet [ʒardinɛ] n. m. Petit jardin.

jardinier, ère [ʒardinje] n. Personne qui cultive les jardins, fait la culture des légumes, des fleurs. ◆ ***jardinière*** n. f. **1.** *Jardinière d'enfants,* personne qui a pour métier de s'occuper des enfants dans un jardin d'enfants. — **2.** Bac à fleurs, à plantes vertes. — **3.** *Jardinière de légumes,* plat composé de légumes variés coupés en petits morceaux.

jargon [ʒargɔ̃] n. m. (rad. onomat. *garg-,* gosier). **1.** *Péjor.* Langue savante d'un groupe professionnel, d'une science, d'une technique, d'une activité quelconque (distincte de l'argot) : *Le jargon des médecins. Le jargon du sport.* — **2.** *Fam.* Langue qu'on ne comprend pas : *Des étrangers me parlent dans leur jargon.*

jarre [ʒar] n. f. (prov. *jarra;* mot ar.). Grand vase de grès dans lequel on conserve des liquides, des salaisons.

jarret [ʒarɛ] n. m. (gaul. *garra,* jambe). **1.** Partie de la jambe située derrière l'articulation du genou. — **2.** Morceau de boucherie situé au bas de la cuisse.

jarretelle [ʒartɛl] n. f. (de *jarret*). Ruban élastique fixé à la gaine, et servant à maintenir les bas tendus.

jarretière [ʒartjɛr] n. f. (de *jarret*). Bande de tissu élastique servant à maintenir le haut d'un bas.

jars [ʒar] n. m. (frq. *gard*). Mâle de l'oie.

jaser [ʒaze] v. i. (onomat.). **1.** Bavarder sans fin pour le plaisir de parler ou pour dire du mal de qqn : *Les visites que tu reçois font jaser les voisins* (syn. CAUSER). — **2.** Trahir un secret par un bavardage imprudent : *Un* *complice a jasé* (syn. PARLER). — **3.** Émettre des sons modulés proches de ceux de la parole : *Bébé qui jase dans son berceau* (syn. GAZOUILLER).

jasmin [ʒasmɛ̃] n. m. (ar. *yāsemīn*). Arbuste à fleurs très odorantes, utilisées en parfumerie.

jaspe [zasp] n. m. Roche colorée par bandes ou par taches et employée en joaillerie.

jatte [ʒat] n. f. (lat. *gabata*, plat). Petit récipient rond et sans rebord : *Une jatte de lait* (syn. ÉCUELLE).

jauge [ʒoʒ] n. f. (frq. *galga*). **1.** Évaluation de la capacité intérieure d'un navire : *La jauge des bateaux est exprimée en tonneaux.* — **2.** Instrument permettant de mesurer la capacité d'un récipient, d'un réservoir : *La jauge d'huile, d'essence.*

jaugeage [ʒoʒaʒ] n. m. Action de jauger.

jauger [ʒoʒe] v. t. (de *jauge*) [c. **2**]. **1.** Mesurer la capacité d'un réservoir : *Jauger une barrique.* — **2.** *Jauger qqn*, apprécier rapidement sa valeur, ses capacités : *D'un coup d'œil, il jaugea la candidate à cet emploi* (syn. JUGER). ◆ v. i. (sujet un navire). Avoir une capacité ou un tirant d'eau de : *Navire qui jauge 1 000 tonneaux. Bateau qui jauge 6 mètres.*

jaunâtre [ʒonɑtr] adj. Qui tire sur le jaune ; d'un jaune pâle, défraîchi, sale : *Des murs jaunâtres.*

jaune [ʒon] adj. (lat. *galbinus*). Se dit d'une couleur située dans le spectre entre le vert et l'orangé : *Le mélange du jaune et du bleu donne le vert. Un teint jaune et maladif.* ◆ adj. et n. Se dit d'une race d'hommes, caractérisée par un teint jaune. ◆ n. m. **1.** Couleur jaune. — **2.** Partie jaune de l'œuf (par oppos. au *blanc*). — **3.** *Péjor.* Ouvrier qui travaille quand les autres sont en grève (syn. BRISEUR DE GRÈVE).

jaunir [ʒonir] v. t. Rendre jaune : *La sécheresse a jauni l'herbe des prés.* ◆ v. i. Devenir jaune : *Les feuilles des arbres commencent à jaunir.*

jaunissant, e [ʒonisɑ̃] adj. Qui jaunit : *Les épis jaunissants.*

jaunisse [ʒonis] n. f. **1.** Affection hépatique aiguë caractérisée par la coloration jaune de la peau (syn. ICTÈRE). — **2.** Fam. *En faire une jaunisse*, éprouver un violent dépit à la suite d'un événement.

jaunissement [ʒonismɑ̃] n. m. Action de rendre jaune ; fait de devenir jaune : *Le jaunissement de son teint annonce une crise de foie.*

java [ʒava] n. f. (de *Java*, île d'Indonésie). Danse populaire à trois temps.

javanais [ʒavanɛ] n. m. (de *Java*). Forme d'argot qui consiste à intercaler dans les mots les syllabes *av* ou *va*, de façon à les rendre incompréhensibles pour les non-initiés (ainsi « bonjour » devient « bavonjavour ».)

Javel (eau de) [ʒavɛl] n. f. (de *Javel*, anc. village, auj. quartier de Paris, où l'on fabriquait ce produit). Produit désinfectant et décolorant.

javelle [ʒavɛl] n. f. (bas lat. *gabella*). Petit tas de blé, d'orge, etc., coupé, qu'on laisse sur le champ jusqu'à ce qu'on le lie en gerbe.

javellisation [ʒavelizasjɔ̃] n. f. Action de javelliser.

javelliser [ʒavelize] v. t. *Javelliser de l'eau*, la stériliser en y ajoutant de l'eau de Javel.

javelot [ʒavlo] n. m. (empr. au gaul.). Instrument en forme de lance, employé en athlétisme dans un des sports du lancer.

jazz [dʒaz] n. m. (mot amér.). Musique d'origine négro-américaine, largement répandue aux États-Unis et en Europe, et caractérisée par son élément rythmique.

jazzman [dʒazman] n. m. (pl. *jazzmen*). Musicien de jazz.

je [ʒə], pron. pers. (lat. *ego*) sujet de la 1re personne (→ introduction PRONOMS PERSONNELS).

jean [dʒin] n. m. Abrév. de BLUE-JEAN.

jeannette [ʒanɛt] n. f. Petite planche à repasser montée sur un support.

Jeep [dʒip] n. f. (nom déposé ; prononc. de *G. P.*, initiales de *General Purpose* signif. « tous usages »). Petite voiture d'origine américaine, capable d'aller en tous terrains et utilisée surtout par l'armée.

je-ne-sais-quoi [ʒənsɛkwa] n. m. inv. Chose qu'on ne peut définir : *Il y a chez lui un je-ne-sais-quoi qui inquiète* (syn. QUELQUE CHOSE).

jérémiades [ʒeremjad] n. f. pl. (par allusion aux Lamentations de *Jérémie*, dans la Bible). *Fam.* Plaintes fatigantes et importunes : *Des jérémiades sans fin* (syn. LAMENTATION). *Être excédé par les jérémiades d'un enfant* (syn. PLEURNICHERIE).

jerez → XÉRÈS.

jerk [dʒɛrk] n. m. (mot angl. signif. *secousse*). Danse qui consiste à imprimer à tout le corps un rythme saccadé.

jerrycan, jerrican ou **jerricane** [ʒerikan] n. m. (de *Jerry*, surnom donné aux Allemands par les Anglais, et angl. *can*, bidon). Récipient de forme quadrangulaire, dont la contenance est d'environ vingt litres et qui sert à transporter l'essence.

jersey [ʒɛrzɛ] n. m. (de l'île de *Jersey*). **1.** Tissu à mailles réalisé sur un métier. — **2.** Sorte de pull qui moule le corps. — **3.** *Point de jersey*, point de tricot obtenu en alternant un rang de mailles à l'endroit et un rang de mailles à l'envers.

jésuite [ʒezɥit] n. m. (de *Jésus*). Membre d'un ordre religieux, la Compagnie de Jésus. ◆ adj. et n. *Péjor.* Qui admet que ses actes puissent être en contradiction avec ses paroles (syn. HYPOCRITE, FOURBE).

jésuitisme [ʒezɥitism] n. m. *Péjor.* Hypocrisie.

jésus [ʒezy] n. m. Gros saucisson.

1. jet [ʒɛ] n. m. **1.** Action de jeter, de lancer un projectile loin de soi : *Athlète qui réussit au javelot un jet exceptionnel. Le jet d'une grenade.* — **2.** Mouvement d'un liquide, de la vapeur, etc., qui s'échappe avec force : *Un jet de vapeur sortit du tuyau* (syn. JAILLISSEMENT). *Brûlé par un jet de liquide bouillant.* — **3.** Apparition brusque et vive (d'une lumière) : *Un jet de lumière éclaira la façade de l'immeuble.* — **4.** *Jet d'eau*, gerbe d'eau jaillissant d'un bassin, de motifs sculptés, etc. — **5.** *À jet continu*, d'une façon ininterrompue. ‖ *Le premier jet*, la première esquisse, l'ébauche d'un travail intellectuel : *Le premier jet d'un livre.* ‖ *Du premier jet*, du premier coup, sans brouillon, sans hésitation. ‖ *D'un (seul) jet*, sans tâtonnements, sans retouches : *Le roman a été écrit d'un seul jet* (syn. D'UNE SEULE VENUE).

2. jet [dʒɛt] n. m. (mot angl.). Avion long courrier à réaction.

jetable [ʒətabl] adj. Se dit d'un objet qu'on peut jeter après usage.

jeté [ʒəte] n. m. **1.** Saut lancé, exécuté d'une jambe sur l'autre (chorégraphie). — **2.** En haltérophilie, mouvement amenant la barre de l'épaule au bout des bras tendus verticalement.

jetée [ʒəte] n. f. Construction en pierre, en bois, formant une avancée dans la mer pour protéger un port contre les vagues (syn. DIGUE).

jeter [ʒəte] v. t. (lat. *jactare*) [c. **8**]. **1.** *Jeter qqch (qqpart)*, l'envoyer dans l'espace en le lançant ou le laisser tomber : *Jeter une pierre dans l'eau* (syn. LANCER). *Jeter des graviers contre une fenêtre* (syn. PROJETER). *Jeter son sac par terre. Jeter les dés. Jeter l'ancre.*

Jeter des bombes sur un objectif. — **2.** *Jeter qqch à un animal, à qqn,* le lancer pour le lui donner : *Jeter du grain aux poules. Jeter un morceau de pain à un animal du zoo.* — **3.** Se débarrasser de qqch de gênant, d'inutile : *Jeter des papiers dans une corbeille. Jeter aux ordures de vieilles chaussures.* — **4.** *Jeter qqch (sur soi, dans un lieu),* l'y mettre rapidement ou sans soin : *Jeter un manteau sur ses épaules. Jeter ses vêtements sur son lit. Jeter une lettre dans la boîte* (syn. METTRE, DÉPOSER). — **5.** *Jeter qqch (abstrait) [sur un papier],* le tracer, le mettre rapidement par écrit : *Jeter une idée sur le papier* (syn. NOTER). *Jeter quelques mots sur une carte* (syn. ÉCRIRE). — **6.** Faire mouvoir rapidement, dans une direction, une partie de son corps : *Jeter les bras en l'air* (syn. LANCER). *Jeter la tête en arrière. Jeter les bras autour du cou de quelqu'un* (= l'embrasser). *Jeter un coup d'œil vers sa voisine* (= la regarder rapidement). — **7.** *Jeter qqch,* le disposer, le mettre en place, l'établir : *Jeter les fondations d'un immeuble* (syn. DRESSER). *Jeter un pont, une passerelle,* etc. (= les installer d'une rive à l'autre d'un cours d'eau). *Jeter les bases, les fondements d'un livre* (= en fixer les grandes lignes ; syn. POSER). — **8.** (sujet qqch, qqn) *Jeter qqn, qqch,* le pousser violemment dans une direction : *Jeter dehors un importun* (syn. ↓METTRE). *Jeter à terre un adversaire* (= faire tomber). *Le bateau a été jeté sur les rochers par la tempête.* — **9.** (sujet qqch, qqn) Produire une impression, susciter un sentiment d'une façon soudaine : *Cette nouvelle jeta le trouble dans le pays* (syn. FAIRE NAÎTRE, SEMER). *Le crime jeta l'effroi dans la ville* (syn. CAUSER). *Cette interruption jeta un froid* (= provoqua un silence gêné). — **10.** (sujet qqch) *Jeter qqn (dans qqch [abstrait]),* le mettre brusquement dans un état d'esprit déterminé : *Sa mort jeta sa famille dans le désespoir* (syn. PLONGER). *Cette proposition me jeta dans l'embarras* (syn. METTRE). — **11.** Répandre hors de soi, émettre un son, une clarté : *Jeter un cri* (syn. PROFÉRER). *Le soleil jette ses dernières clartés. Jeter une lueur. Jeter des menaces. Jeter des insultes à la tête de quelqu'un.* — **12.** *Jeter l'argent par les fenêtres,* le dépenser n'importe comment, le gaspiller. ‖ *Jeter qqch à la tête, au visage, au nez de qqn,* lui reprocher vivement ou lui dire brutalement qqch. ‖ *Jeter une pierre dans le jardin de qqn,* l'attaquer directement ou indirectement, surtout par des paroles blessantes. ‖ Fam. *N'en jetez plus,* n'ajoutez rien (compliments ou critiques), c'est assez. ◆ ***se jeter*** v. pr. **1.** (sujet qqn) Se porter vivement dans une direction, vers qqn, s'engager sans restriction dans une action : *Se jeter à l'eau, contre un mur. Se jeter sur son lit* (= s'y laisser tomber). *Se jeter à genoux* (syn. TOMBER). *Se jeter sur quelqu'un pour le frapper* (syn. SE PRÉCIPITER). *Se jeter à la tête du premier venu* (= lui donner toute sa confiance). *Se jeter dans la mêlée* (= participer au combat). *Se jeter dans la politique* (syn. SE LANCER, S'ENGAGER). *Se jeter en travers des projets de quelqu'un* (= y faire obstacle). — **2.** (sujet un cours d'eau) Déverser ses eaux (dans un fleuve ou dans la mer) : *La Durance se jette dans le Rhône.*

jeteur, euse [ʒətœr] n. *Jeteur de sort,* sorcier qui jette un sort.

jeton [ʒ(ə)tɔ̃] n. m. (de *jeter,* calculer). **1.** Petite pièce ronde en métal, en ivoire, etc., utilisée pour marquer ou pour payer dans certains jeux de société, dans certains services publics : *Jetons servant à la roulette. Jeton de téléphone.* — **2.** *Jeton de présence,* somme forfaitaire donnée comme rémunération aux membres d'un conseil d'administration, d'une académie, etc., présents à une réunion. — **3.** *Pop.* Coup. — **4.** Pop. *Avoir les jetons,* avoir peur. ‖ Fam. *Faux jeton,* hypocrite, à qui on ne peut se fier.

jeu [ʒø] n. m. (lat. *jocus*). **1.** Activité visant au plaisir, à la distraction de soi-même ou des autres ; manière de s'y livrer : *Interrompre les jeux des enfants pour le goûter* (syn. RÉCRÉATION, AMUSEMENT). *Le jeu d'échecs. Elle fait ce problème par jeu* (syn. PLAISIR). *Joueuse de tennis qui a un jeu rapide, efficace. C'est un jeu d'enfant* (= c'est très facile). *J'ai perdu, c'est le jeu. Ce n'est pas de jeu* (= c'est irrégulier). — **2.** Espace délimité à l'intérieur duquel une partie doit se dérouler : *La balle est sortie du jeu* (syn. TERRAIN). *Joueur mis hors jeu.* — **3.** Au tennis, division d'un set. — **4.** Ce qui sert à jouer : *Un jeu de cartes, de dames.* — **5.** Ensemble des cartes données à un joueur : *Tenir son jeu dans la main. Ne pas laisser voir son jeu.* — **6.** Amusement, distraction où on risque de l'argent : *Des jeux d'argent. Le jeu de la roulette, du baccara. Avoir la passion du jeu. Maison de jeu* (= établissement où on joue de l'argent). — **7.** Somme d'argent mise en jeu : *Jouer gros jeu à la Bourse. Faites vos jeux.* — **8.** Manière d'interpréter un rôle : *Le jeu d'une actrice. Un jeu très sobre.* — **9.** Manière dont on se sert d'un instrument de musique : *Le jeu brillant d'un violoniste.* — **10.** Manière d'agir en général : *C'est un jeu, ce n'est pas sérieux. Tu n'arrêtes pas de lui faire des compliments, puis de la critiquer, à quel jeu joues-tu ? Je lis dans ton jeu, méfie-toi* (= tes intentions). — **11.** Fonctionnement d'un organisme, d'un système : *Le libre jeu des institutions. Le jeu des forces contraires.* — **12.** Péjor. *Avoir beau jeu de* (+ *inf.*), profiter de certaines circonstances pour triompher aisément : *Il a beau jeu de vous reprocher maintenant votre dédain.* ‖ *Cacher son jeu,* dissimuler ses intentions. ‖ *Entrer en jeu (entrée en jeu),* intervenir dans une affaire, une entreprise, un combat : *Des forces puissantes sont entrées en jeu. L'entrée en jeu de nouvelles troupes fit pencher la balance.* ‖ *Entrer dans le jeu de qqn,* s'associer à ses entreprises, prendre son parti : *Il est entré dans le jeu de l'adversaire pour mieux le ruiner.* ‖ *Être en jeu,* être mis en question, être exposé à un danger : *C'est votre honneur qui est en jeu* (syn. ÊTRE EN CAUSE). *La vie de cette personne est en jeu.* ‖ *(Mettre) en jeu,* employer dans une action déterminée : *Les intérêts mis en jeu. Les forces en jeu* (syn. EN ACTION) ; risquer : *Mettre en jeu d'importants capitaux.* ‖ *Être pris à son propre jeu,* être amené, à son insu, à prendre au sérieux ce que, primitivement, on ne faisait que par jeu. ‖ *Faire le jeu de qqn,* agir sans le vouloir dans l'intérêt de qqn. ‖ *Jeu à XIII,* sport dérivé du rugby, pratiqué par deux équipes de treize joueurs. ‖ *Jeu d'écritures,* opération de comptabilité à laquelle ne correspond aucune réalité matérielle. ‖ *Jeu de mots,* plaisanterie fondée sur la ressemblance des mots (syn. CALEMBOUR). ‖ *Jeu de physionomie,* mouvement du visage exprimant tel ou tel sentiment. ‖ *Jeu de scène,* effet produit par les gestes, les mouvements d'un acteur. ‖ *Jouer un double jeu,* agir de deux façons différentes dans l'intention de tromper. ‖ *Jouer franc jeu,* loyalement. ‖ *Jouer le jeu,* respecter les conditions, les conventions. ‖ *(Jouer) le grand jeu,* mettre en œuvre toutes ses ressources pour réussir. ‖ *Les jeux sont faits,* l'affaire est engagée et il n'y a plus moyen de revenir en arrière. ‖ *Se faire un jeu de* (+ *inf.*), faire facilement qqch, s'amuser à. ‖ *Se laisser prendre au jeu,* se passionner pour qqch auquel on ne portait d'abord aucun intérêt. ‖ *Tirer son épingle du jeu,* se dégager adroitement d'une mauvaise affaire. ‖ *Vieux jeu,* démodé, d'une autre époque. — **13.** Série complète d'objets de même espèce : *Jeu de clefs* (= ensemble de clefs pouvant ouvrir différentes portes). — **14.** *Jeu d'orgue,* suite de tuyaux correspondant à un même timbre. — **15.** Mouvement régulier d'un organe : *Le jeu d'un ressort.* — **16.** Espace aménagé pour qu'un organe se meuve, ou défaut de serrage dû à l'usure : *Donner du jeu à une serrure. Laisser un peu de jeu entre les pièces d'un mécanisme.* ◆ ***jeux*** n. m. pl. Compétition sportive : *Les jeux universitaires.* (→ aussi HORS-JEU.)

jeudi [ʒødi] n. m. (lat. *Jovis dies,* jour de Jupiter). Quatrième jour de la semaine.

jeun (à) [ʒœ̃] adv. (du lat. *jejunus*). Sans avoir rien mangé ou rien bu depuis le début de la journée : *Venir à jeun se faire faire une prise de sang. Quand il est à jeun, cet ivrogne devient méchant* (= quand il n'a pas bu).

jeune [ʒœn] adj. (surtout avant le n.) et n. (lat. *juvenis*). **1.** Qui n'est pas avancé en âge ou moins avancé en âge qu'une autre personne : *Elle était la plus jeune des deux sœurs. Se marier jeune. Un jeune homme. Une jeune fille. Une femme jeune. Mourir jeune. Une maison, un club de jeunes* (contr. VIEUX). *Dans mon jeune temps. Comprendre les jeunes* (= la jeunesse). — **2.** Cadet : *Durand jeune et Cie* (contr. AÎNÉ). ◆ adj. (avant ou après le n.) **1.** Qui est peu avancé en âge par rapport à l'âge normal d'un métier, d'une fonction, d'un état : *Un jeune directeur, un jeune professeur. Une jeune artiste.* — **2.** Se dit d'un animal qui n'a pas fini sa croissance : *Un jeune chien.* — **3.** Se dit d'un végétal qui n'a pas atteint son plein développement : *De jeunes pousses.* — **4.** Qui existe depuis relativement peu de temps : *Une jeune république. Un pays jeune* (syn. NEUF). *La jeune industrie des pays sous-développés* (syn. RÉCENT). — **5.** (après le n.) Qui a gardé les caractères physiques ou moraux de la jeunesse (vivacité, spontanéité, etc.) : *Rester jeune malgré son âge. Elle paraît encore jeune. Un visage jeune.* — **6.** Qui n'a pas encore les qualités de la maturité : *Il s'est laissé prendre à sa rouerie : c'est qu'il est encore bien jeune* (syn. NAÏF, CANDIDE). *Elle est jeune dans le métier* (= elle est inexpérimentée). — **7.** Se dit de qqch qui n'a pas encore atteint la plénitude de ses qualités : *Un vin encore un peu jeune pour être bu.* — **8.** Fam. *C'est un peu jeune,* c'est insuffisant, c'est un peu juste, un peu court. ◆ adv. *Faire jeune,* paraître jeune. ‖ *S'habiller jeune,* à la manière des jeunes.

jeûne [ʒøn] n. m. Privation d'aliments : *Le médecin prescrit un jeûne complet pendant quarante-huit heures.*

jeûner [ʒøne] v. i. (lat. *jejunare*). S'abstenir de manger ou manger très peu, par nécessité ou pour satisfaire à une obligation religieuse : *Son manque d'argent l'obligeait parfois à jeûner tout un jour. Jeûner pendant le carême.*

jeunesse [ʒœnɛs] n. f. **1.** Période de la vie située entre l'enfance et l'âge mûr : *Dans le temps de ma jeunesse* (contr. VIEILLESSE). *Elle n'est plus de la première jeunesse* (= elle est déjà âgée). *Péché de jeunesse* (= erreur due au manque de maturité). *Œuvre de jeunesse. Une seconde jeunesse* (= un renouvellement de vigueur, de santé). — **2.** Ensemble des caractères physiques et moraux de qqn de jeune; fait d'être jeune : *La jeunesse de son cœur, de son visage. Avoir l'emportement de la jeunesse. Avoir un air de jeunesse* (= une apparence jeune). *En raison de son extrême jeunesse, il lui fut pardonné.* — **3.** Ensemble des personnes jeunes : *Une auberge de la jeunesse. Émission de radio spécialement destinée à la jeunesse* (= aux enfants et aux adolescents). — **4.** Caractère d'une chose nouvellement créée : *La jeunesse d'un équipement industriel. La jeunesse du monde* (= le début de l'histoire du monde). — **5.** Caractère de qqch qui n'a pas encore atteint la plénitude de ses qualités : *La jeunesse d'un vin, d'une œuvre.*

jeunet, ette [ʒœnɛ] adj. et n. *Fam.* Un peu jeune : *Elle est encore bien jeunette.*

jeunot [ʒœno] adj. et n. m. *Fam.* et *péjor.* D'une jeunesse naïve.

jiu-jitsu [(d)ʒjy(d)ʒitsy] n. m. (jap. *jūjitsu,* art de la souplesse). Méthode de lutte japonaise qui est à la fois un système d'entraînement physique et un art de se défendre sans arme.

joaillerie [ʒɔajri] n. f. Commerce, art du joaillier; articles vendus par le joaillier. (→ JOYAU.)

joaillier, ère [ʒɔaje] n. Personne qui monte les pierres précieuses sur des métaux précieux pour faire des bijoux; personne qui vend ces bijoux.

job [dʒɔb] n. m. (mot angl.). *Fam.* Emploi, travail rémunérateur, mais souvent provisoire.

jobard [ʒɔbar] adj. et n. m. (anc. fr. *jobe;* sans doute de *Job*). Naïf, crédule qu'on dupe facilement.

jobardise [ʒɔbardiz] n. f. Comportement de jobard (syn. CRÉDULITÉ).

jockey [ʒɔkɛ] n. m. (mot angl.). Professionnel qui monte les chevaux de course : *La casaque des jockeys est aux couleurs des propriétaires.*

jogging [dʒɔgiŋ] n. m. (mot angl.). Course à pied pratiquée dans un but hygiénique.

joie [ʒwa] n. f. (lat. *gaudia*). **1.** Sentiment de grande satisfaction, de vif plaisir, que la possession d'un bien réel ou imaginaire fait éprouver : *Ressentir une grande joie* (syn. ↓SATISFACTION; contr. CHAGRIN, AFFLICTION, TRISTESSE). *Pousser un cri de joie* (contr. DOULEUR). *Être au comble de la joie* (syn. ALLÉGRESSE, ↑JUBILATION, ↓GAIETÉ; contr. DÉSESPOIR). *La joie de vivre* (contr. ENNUI). *J'accepte avec joie votre invitation* (syn. PLAISIR). *Elle se fait une joie de passer ses vacances à la campagne* (= elle se réjouit). *Cet incident mit l'assistance en joie* (= provoqua la gaieté). — **2.** Ce qui est la cause d'un grand plaisir (souvent pl.) : *Les joies de l'existence* (syn. PLAISIR). *Ses enfants sont sa seule joie.* — **3.** *À cœur joie,* pleinement, sans retenue : *Les élèves sont sans surveillance, alors ils s'en donnent à cœur joie.* ‖ *Ne plus se sentir de joie,* être extrêmement content.

joindre [ʒwɛ̃dr] v. t. (lat. *jungere*) [c. **55**]. **1.** *Joindre deux choses (concret),* les mettre en contact ou les mettre ensemble de telle façon qu'elles forment un tout continu ou qu'elles communiquent : *Joindre les deux bouts de la ficelle par un nœud* (syn. ATTACHER). *Une digue joint l'île au continent* (syn. RELIER). *Joindre les mains* (= les unir en entrecroisant les doigts). — **2.** *Joindre qqch à qqch,* l'y ajouter pour former un tout : *Joignez ce témoignage aux autres* (syn. ADJOINDRE). *J'ai joint ma signature aux autres au bas du document. Je joins à cette lettre un chèque de cent francs* (syn. INSÉRER); et en parlant de qqch d'abstrait : *Il joint ses prières aux miennes. Joindre l'utile à l'agréable. Ils joignent leurs efforts pour tirer la barque* (syn. CONJUGUER). — **3.** *Joindre qqn,* parvenir à le rencontrer, à lui parler : *J'ai essayé de le joindre par téléphone* (syn. TOUCHER). *Je n'arrive pas à le joindre pour lui parler de cette affaire.* — **4.** *Joindre une personne à une autre, joindre des personnes,* les unir par un lien moral, religieux, etc. (soutenu) : *Joindre par les liens du mariage. L'amitié qui les joint.* ◆ v. i. (sujet qqch) Être en contact : *La porte du placard joint mal.* ◆ ***se joindre*** v. pr. **1.** (sujet qqn) *Se joindre à qqn, à un groupe,* s'y associer : *Se joindre au cortège* (syn. SE MÊLER). *Elle s'est jointe à nous pour demander la levée de la punition.* — **2.** (sujet qqch [pl.]) Être réuni en un tout : *Leurs mains se joignent.*

1. joint, e [ʒwɛ̃] adj. Uni : *Avoir les mains jointes. Sauter à pieds joints* (= avec les pieds en contact).

2. joint [ʒwɛ̃] n. m. **1.** Endroit où deux choses sont contiguës, se trouvent réunies; dispositif assurant une fermeture à l'articulation de deux pièces : *Les joints entre deux pierres de la maçonnerie. Fuite du radiateur causée par l'usure d'un joint.* — **2.** *Chercher, trouver le joint,* chercher, trouver le moyen habile de résoudre une difficulté. — **3.** *Fam.* Cigarette de hachich, de marijuana, que plusieurs fumeurs se passent de l'un à l'autre.

jointif, ive [ʒwɛ̃tif] adj. Qui joint sans laisser d'intervalle : *Des éléments jointifs* (= qui se joignent bord à bord).

jointure [ʒwɛ̃tyr] n. f. **1.** Endroit où deux os se joignent : *À la jointure du poignet* (syn. ARTICULATION). *Faire craquer les jointures des doigts.* — **2.** Endroit où deux objets, deux choses sont en contact : *La jointure de deux pierres.*

joker [ʒɔkɛr] n. m. (mot angl.). Dans certains jeux, carte qui prend la valeur que lui donne celui qui la possède.

joli, e [ʒɔli] adj. (anc. scand. *jôl*) [avant ou, plus rarement, après le n.] **1.** Qui séduit par la grâce, le charme, par un agrément extérieur : *Une fille très jolie* (syn. BEAU). *Avoir de jolies jambes. Une jolie bouche* (syn. GRACIEUX, ↓MIGNON). *Avoir une jolie voix de soprano* (syn. ↑RAVISSANT). *Il a chez lui de très jolies statuettes grecques. Faire le joli cœur* (= agir avec une coquetterie exagérée). — **2.** *Fam.* Avantageux, qui mérite de retenir l'attention : *Avoir une jolie situation* (syn. INTÉRESSANT). *Toucher une jolie somme aux courses* (syn. CONSIDÉRABLE). *Obtenir de très jolis résultats.* — **3.** Laid, mauvais, etc. (ironiq.) : *Un joli monsieur!* (= peu recommandable). *Jouer un joli tour à quelqu'un* (syn. VILAIN, SALE). *Elle est jolie, votre idée!* (= stupide). *C'est joli, ce que vous lui avez fait!* (= méchant); et, fam., répété : *C'est pas joli, joli, ce que vous avez fait!* ◆ ***joli*** n. m. Fam. *C'est du joli,* c'est très mal.

joliment [ʒɔlimɑ̃] adv. **1.** De façon jolie, belle : *Salon joliment aménagé* (syn. AGRÉABLEMENT). — **2.** *Fam.* Marque l'intensité : *Tu es joliment en retard* (syn. CONSIDÉRABLEMENT). *Elle est joliment moqueuse* (syn. TRÈS).

jonc [ʒɔ̃] n. m. (lat. *juncus*). Plante des lieux humides, à tige cylindrique, droite.

joncher [ʒɔ̃ʃe] v. t. (de *jonc*). **1.** (sujet qqn, qqch) *Joncher un lieu de qqch,* répandre ça et là, étendre sur le sol des feuilles, des fleurs, etc. (souvent pass.) : *Les fidèles ont jonché le sol de fleurs sur le passage de la procession. Suivre une route jonchée d'obstacles.* — **2.** (sujet qqch) *Joncher un lieu,* être épars sur le sol : *Les feuilles jonchent les allées du jardin* (syn. COUVRIR).

jonction [ʒɔ̃ksjɔ̃] n. f. (lat. *junctio*). **1.** Action d'unir des choses séparées : *La jonction de deux câbles.* — **2.** Action de joindre, d'entrer en contact : *La jonction des troupes est opérée* (syn. RENCONTRE). — **3.** *Point de jonction,* endroit où deux choses se rencontrent : *Au point de jonction de la route nationale et de la route départementale* (syn. CROISEMENT).

jonglage [ʒɔ̃glaʒ] n. m. Action de jongler.

jongler [ʒɔ̃gle] v. i. (anc. fr. *jogler,* se jouer de). **1.** *Jongler avec des choses,* faire des tours d'adresse en lançant en l'air divers objets, qu'on relance à mesure qu'on les reprend : *Jongler avec des assiettes, avec des ballons.* — **2.** *Jongler avec qqch,* en user avec adresse, comme si c'était un jeu : *Jongler avec les chiffres, avec les idées. Jongler avec les difficultés* (syn. SURMONTER, SE JOUER DE).

jonglerie [ʒɔ̃gləri] n. f. *Péjor.* Tour de charlatan : *Cette manière de présenter les faits est une simple jonglerie pour détourner les gens des choses sérieuses.*

jongleur, euse [ʒɔ̃glœr] n. (lat. *joculator,* rieur). Personne qui pratique l'art de jongler : *Les tours d'un jongleur.*

jonque [ʒɔ̃k] n. f. (mot javanais). Bateau de mer ou de rivière servant, en Extrême-Orient, au transport des marchandises ou à la pêche.

jonquille [ʒɔ̃kij] n. f. (esp. *junquillo*). Plante cultivée pour ses fleurs jaunes. ◆ adj. inv. De couleur blanche et jaune : *Une robe jonquille.*

jordanien, enne [ʒɔrdanjɛ̃] adj. et n. De Jordanie.

jouable [ʒwabl] adj. Qui peut être joué : *Le rôle n'est jouable que par une grande comédienne.*

joual [ʒwal] n. m. (prononciation de *cheval*). Parler populaire des Canadiens francophones.

joue [ʒu] n. f. (bas lat. *gauta*). **1.** Chacune des parties latérales du visage, limitées par le nez, la bouche, le menton, les oreilles, les tempes, les yeux : *Embrasser sur la joue, sur les joues. Tendre la joue pour recevoir un baiser. Tendre l'autre joue* (= s'exposer à être de nouveau outragé). — **2.** *En joue!,* ordre donné à des soldats de mettre l'arme en position de tir. ‖ *Mettre en joue, tenir, coucher en joue,* viser avec une arme à feu.

jouer [ʒwe] v. t. ind. (lat. *jocare*). **1.** *Jouer (à qqch, avec qqch),* s'adonner à un divertissement qui n'a d'autre but que le plaisir, la distraction, l'amusement : *Les élèves jouent dans la cour* (syn. S'AMUSER). *L'enfant joue avec son jeu de construction. Jouer aux cartes, aux dés, au football. À vous de jouer!* (= à vous de commencer à jouer ou à vous d'agir). — **2.** *Jouer (à qqch),* engager une somme d'argent au jeu : *Jouer au tiercé, à la Bourse.* — **3.** *Jouer (sur qqch),* se livrer à des spéculations en vue d'en tirer un profit : *Jouer sur la hausse du café. Jouer sur la victoire* (syn. MISER). ‖ *Jouer à la hausse, à la baisse,* spéculer, en Bourse, sur la hausse ou la baisse des valeurs. — **4.** *Jouer avec qqch (concret),* s'amuser distraitement avec : *Elle joue avec son collier* (= elle le touche, le manipule). — **5.** *Jouer avec qqch (abstrait),* l'engager, l'exposer avec légèreté : *Jouer avec sa vie, avec sa santé, avec sa fortune.* — **6.** *Jouer de bonheur, de malheur,* être chanceux, malchanceux. ‖ *Jouer sur les mots,* chercher à tirer parti d'une équivoque de sens ou d'une analogie de forme entre deux mots. — **7.** *Jouer d'un instrument de musique,* s'en servir : *Jouer du piano, du violon, de la flûte.* — **8.** *Jouer d'un instrument, d'un objet,* le manier avec plus ou moins d'adresse : *Jouer du bâton, du couteau, du revolver.* — **9.** *Jouer de qqch (abstrait),* en tirer parti : *Jouer de son ascendant sur quelqu'un* (= en profiter). — **10.** *Jouer à,* se donner des airs : *Jouer au grand seigneur* (= faire comme si on l'était). *Jouer à l'homme compétent.* ◆ v. t. **1.** Faire une partie de ce qui constitue un divertissement, un amusement; avancer, jeter ce avec quoi on joue : *Jouer une partie d'échecs. Jouer un pion dans une partie de dames. Jouer atout, pique, cœur. Jouer une belle balle.* — **2.** Mettre comme enjeu sur : *Jouer dix francs sur un cheval. Jouer gros jeu. Jouer une fortune* (syn. RISQUER). *Jouer sa réputation sur un coup de tête* (syn. EXPOSER). *Jouer son avenir.* — **3.** *Jouer qqn,* le tromper (surtout pass.) [soutenu] : *Il a été joué par un escroc.* — **4.** Représenter au théâtre, au cinéma, etc., interpréter : *Jouer une tragédie. Que joue-t-on au cinéma? Cette scène doit être jouée très gaiement.* — **5.** Faire semblant d'avoir tel ou tel sentiment : *Jouer la douleur* (syn. FEINDRE, SIMULER). *Jouer la comédie* (= simuler certains sentiments pour tromper les autres). — **6.** (sujet un acteur) *Jouer un rôle,* représenter un personnage au cinéma, au théâtre : *Il joue Harpagon dans «l'Avare». Elle joue toujours des rôles de jeune première;* (sujet qqn) se conduire de telle ou telle manière : *Jouer un rôle ridicule dans une affaire;* (sujet qqch) avoir une certaine importance : *La lecture joue un grand rôle dans ma vie.* — **7.** Exécuter sur un instrument : *Jouer un concerto. Jouer du Chopin.* ◆ v. i. **1.** (sujet un acteur) Interpréter un rôle : *Jouer dans un film, au théâtre.* — **2.** (sujet qqch) Intervenir, produire un effet : *Ces circonstances jouent contre vous. L'assurance ne joue pas en ce cas* (syn. AGIR). — **3.** (sujet qqch) Fonctionner, se mouvoir aisément, sans résistance : *La clef joue dans* *la serrure. Faire jouer un ressort.* — **4.** (sujet qqch) Ne plus joindre, par suite de contraction, de dilatation : *La porte a joué par suite de l'humidité* (syn. SE GONDOLER). ◆ ***se jouer*** v. pr. **1.** Être joué : *Le bridge se joue à quatre.* — **2.** Être en jeu : *C'est son sort qui se joue.* — **3.** Être représenté : *La pièce se joue à la Comédie-Française. Le drame s'est joué au début de la soirée.* — **4.** Être exécuté : *Ce morceau se joue au piano.* — **5.** *Se jouer de qqch,* ne pas se laisser arrêter par qqch, ne faire aucun cas de : *Se jouer des difficultés. Se jouer des lois* (= s'en moquer, les ignorer). — **6.** *Se jouer de qqn,* le tromper, l'induire en erreur (soutenu) : *Se jouer d'un mari trop crédule* (syn. SE MOQUER). *Il s'est joué de vous* (syn. DUPER).

jouet [ʒwɛ] n. m. **1.** Objet dont les enfants se servent pour s'amuser : *Le rayon des jouets dans un grand magasin. Enfant qui casse ses jouets.* — **2.** (sujet qqn, qqch) *Être le jouet de,* être la victime d'autres personnes, d'une volonté supérieure, des éléments : *Être le jouet d'enfants cruels* (syn. CIBLE). *Être le jouet d'une hallucination. Barque qui est le jouet des vents.*

joueur, euse [ʒwœr] n. **1.** Personne qui joue à un jeu quelconque : *Un joueur de football. Les joueurs de cartes, de boules.* — **2.** *Être beau joueur,* savoir perdre sans se fâcher. ‖ *Se montrer mauvais joueur,* accepter mal sa défaite. — **3.** Personne qui joue d'un instrument de musique : *Une joueuse de flûte.* ◆ adj. et n. **1.** Qui aime à jouer : *Des joueurs infatigables. Un enfant très joueur.* — **2.** Qui a la passion du jeu, en partic. des jeux d'argent : *Elle est très joueuse. Un joueur incorrigible.*

joufflu, e [ʒufly] adj. (de *joue* et *gifle*). Aux joues rebondies : *Un bébé joufflu.*

joug [ʒu] n. m. (lat. *jugum*). **1.** Pièce de bois qu'on attache sur la tête des bœufs pour les atteler. — **2.** Dure contrainte, matérielle ou morale, exercée à l'encontre de qqn (soutenu) : *Tomber sous le joug des ennemis* (syn. DOMINATION). *Secouer le joug de la puissance occupante* (syn. OPPRESSION).

jouir [ʒwir] v. t. ind. (lat. *gaudere*). **1.** (sujet qqn) *Jouir de qqch,* en tirer un vif plaisir, une grande joie, un profit : *Jouir de la vie* (syn. PROFITER DE). *Jouir de sa victoire* (syn. SAVOURER). *Jouir de la paix, du bien-être. Il jouissait de son embarras évident* (syn. usuel SE RÉJOUIR DE). — **2.** (sujet qqn, qqch) *Jouir de qqch,* avoir la possession de qqch dont on tire des avantages : *Jouir d'une bonne santé* (syn. BÉNÉFICIER DE). *Jouir d'une grosse fortune* (syn. POSSÉDER). *Le pays jouit d'un heureux climat* (syn. AVOIR). *Cet individu ne jouit pas de toute sa raison* (= il n'en a pas l'entière disposition). ◆ v. i. Éprouver un plaisir sexuel.

jouissance [ʒwisɑ̃s] n. f. Plaisir extrême dû à la possession de qqch : *Ce succès lui a procuré une vive jouissance* (syn. ↓SATISFACTION). *Les jouissances de la vie* (syn. PLAISIRS). *Avoir la libre jouissance d'un appartement dès son achat* (syn. USAGE).

jouisseur, euse [ʒwisœr] n. Personne qui jouit de la vie, de tous les plaisirs qu'elle procure.

jouissif, ive [ʒwisif] adj. *Fam.* Qui procure un plaisir intense.

joujou [ʒuʒu] n. m. **1.** Dans le langage enfantin, syn. fam. de JOUET. — **2.** Fam. *Faire joujou,* jouer, s'amuser.

joule [ʒul] n. m. (du n. du physicien angl. J. P. *Joule*). Unité de travail, d'énergie et de quantité de chaleur (symb. J).

jour [ʒur] n. m. (du lat. pop. *diurnus,* de jour). — **I. 1.** Espace de temps correspondant à une rotation complète de la Terre sur elle-même; durée de vingt-quatre heures prise comme unité de temps, ou espace de temps qui sépare le moment présent d'un autre évalué selon cette unité : *Elle est restée deux jours à Marseille. Quinze jours après* (= deux semaines). *Elle est malade depuis huit jours* (= depuis une semaine). *En deux jours, j'avais repeint la cuisine* (= en quarante-huit heures). *L'Italie est à deux jours de voiture;* âge d'un nourrisson : *Un bébé de huit jours.* — **2.** Date correspondant à cette durée : *Choisissez un jour pour notre rendez-vous. Le jour d'après, il reçut ma lettre. Jusqu'à ce jour, je n'ai rien su* (= aujourd'hui). *Un jour ou l'autre, vous vous ferez prendre. Venez donc un autre jour. Quel est votre jour?* (= le jour où vous êtes libre). *C'est venu à son jour* (= au jour fixé par le destin). *Le jour où vous comprendrez n'est pas encore proche. C'est son jour* (= celui où il reçoit). *Les nouvelles du jour* (= du jour où nous sommes). *C'est le jour d'ouverture de la chasse. Un beau jour, vous verrez ce qui arrivera* (= à un moment donné). *L'autre jour il m'a dit* (= il y a peu de temps). *Un jour d'orage. Le jour de son arrivée. Le jour du marché.* — **3.** Espace de temps compris entre le lever et le coucher du soleil : *Travailler le jour et la nuit. En hiver, les jours raccourcissent;* considéré sur le plan de la température : *Avec le mois d'avril, les beaux jours reviennent* (= le printemps). — **4.** *À jour,* conforme à un programme, à un ordre établi dans le temps : *Avoir ses comptes à jour* (contr. EN RETARD). *Mettre à jour un ouvrage* (= le rendre actuel). ‖ *Au jour le jour,* en se limitant à la journée présente : *Vivre au jour le jour* (= sans savoir ce qui se passera demain); régulièrement, sans passer une seule journée : *Noter ses dépenses au jour le jour* (syn. AU FUR ET À MESURE). ‖ *Chaque jour, tous les jours,* quotidiennement, journellement. ‖ *De nos jours,* à notre époque (syn. ACTUELLEMENT, AUJOURD'HUI). ‖ *De tous les jours,* ordinaire, courant, habituel : *C'est mon costume de tous les jours.* ‖ *Du jour,* de notre époque : *Le goût du jour. L'homme du jour* (= le plus célèbre en ce moment). ‖ *Du jour au lendemain,* d'un moment à l'autre, subitement. ‖ *D'un jour* (après un n.), très bref : *Ce fut un bonheur d'un jour.* ‖ *Être dans un bon, un mauvais jour,* être de bonne, de mauvaise humeur. ‖ *Jour pour jour,* exactement à la même date. ‖ *Par jour,* indique que l'action se répète chaque espace de vingt-quatre heures : *Gagner tant par jour. Plusieurs fois par jour* (syn. JOURNELLEMENT). ◆ ***jours*** n. m. pl. Indique une durée, une époque indéterminée : *Nous avons passé des jours critiques* (syn. MOMENTS). *Aux jours héroïques de la Grèce du Vᵉ s.;* indique aussi la durée de la vie : *Il coule des jours heureux. Il a attenté à ses jours* (= tenté de se suicider). *Les vieux jours* (= la vieillesse). — **II. 1.** Clarté, lumière que le Soleil répand sur la Terre : *Le jour se lève. Les premières lueurs du jour. À la tombée du jour. Les volets fermés ne laissent entrer qu'un faible jour dans la pièce* (syn. CLARTÉ). — **2.** Manière dont les objets sont éclairés : *La façade de la cathédrale est sous un mauvais jour; on ne peut pas prendre de photo. Le tableau est dans un faux jour* (= dans un mauvais éclairage, qui masque certains aspects). — **3.** *C'est le jour et la nuit,* ils sont le contraire l'un de l'autre, ils n'ont aucun point de ressemblance. ‖ *Clair comme le jour,* évident. ‖ *Donner le jour à un enfant,* le mettre au monde. ‖ *Exposer, étaler, etc., qqch au grand jour, en plein jour,* le faire savoir à tous : *Le scandale fut étalé au grand jour* (= divulgué). ‖ *Jeter un jour nouveau sur qqch,* le faire apparaître d'une manière nouvelle. ‖ *Mettre au jour,* sortir de terre, découvrir : *Les restes d'une ville ancienne ont été mis au jour.* ‖ *Montrer, présenter, voir, etc., qqch sous un jour favorable, nouveau, etc.,* sous une apparence, un aspect favorable, nouveau, etc. ‖ *Percer à jour,* deviner ce qui est secret, caché : *Percer à jour les mauvais desseins d'un adversaire.* ‖ (sujet qqch) *Se faire jour,* se montrer à tous, émerger de l'obscurité : *La vérité finit par se faire jour.* ‖ Litt. *Voir le jour,* naître : *Elle a vu le jour dans un petit village de Bretagne;* être publié, édité : *Son roman n'a vu le jour que vingt ans* *après avoir été écrit.* — **4.** Ouverture par où passe la lumière : *Mur où il y a des jours.* — **5.** En couture, ouverture décorative pratiquée en tirant les fils d'un tissu. (→ AJOURÉ.)

journal [ʒurnal] n. m. (lat. *diurnalis,* journalier) [pl. *journaux*]. **1.** Publication, quotidienne ou périodique, qui donne des nouvelles, relate les événements d'actualité, fait passer des annonces, etc. : *Un journal du matin, du soir* (syn. QUOTIDIEN). *J'ai lu cela dans le journal ou sur le journal. Un journal paraissant chaque semaine* (syn. HEBDOMADAIRE). — **2.** Bulletin d'information transmis par la radio, la télévision. — **3.** Direction et bureaux d'un journal : *Écrire à un journal.* — **4.** Relation au jour le jour des faits intéressant la vie de qqn : *Le «Journal» des Goncourt. Un journal intime* (= relatant les impressions personnelles).

1. journalier, ère [ʒurnalje] adj. Qui se fait chaque jour : *Accomplir sa tâche journalière* (syn. QUOTIDIEN).

2. journalier [ʒurnalje] n. m. Ouvrier agricole payé à la journée.

journalisme [ʒurnalism] n. m. Profession de ceux qui écrivent dans les journaux, qui participent à la rédaction d'un journal (écrit, parlé, télévisé).

journaliste [ʒurnalist] n. Personne qui exerce le journalisme : *Journaliste sportif* (syn. REPORTER). *Journaliste littéraire* (syn. CHRONIQUEUR). *Journaliste à la radio* (syn. COMMENTATEUR).

journalistique [ʒurnalistik] adj. De journaliste : *Style journalistique.*

journée [ʒurne] n. f. **1.** Durée imprécise, correspondant à un espace de vingt-quatre heures : *Deux journées entières ne lui avaient pas suffi pour faire ce travail. Une journée passa : elle n'était toujours pas là.* — **2.** Espace de temps compris entre le lever et le coucher du soleil : *En fin de journée. Quel est l'emploi de la journée? J'ai perdu ma journée. Je ne suis pas libre à ce moment de la journée. Je ne l'ai pas vu de toute la journée. La radio marche toute la journée. Bonne journée! La journée m'a paru courte;* sur le plan de la température, toujours avec un adj. : *Quelle belle journée! Une journée chaude, fraîche, tiède. Une journée pluvieuse, orageuse.* — **3.** Travail fourni pendant l'espace de temps compris entre le lever et le coucher du soleil : *Être payé à la journée. Faire des journées de huit heures. La journée continue réduit la pause de midi. J'ai bien gagné ma journée.*

journellement [ʒurnɛlmɑ̃] adv. Chaque jour : *Le président est tenu journellement au courant de la négociation* (syn. QUOTIDIENNEMENT). *Je le rencontre journellement* (syn. TOUS LES JOURS).

joute [ʒut] n. f. (du lat. *juxta,* près de). **1.** Lutte entre deux adversaires, rivalité : *Joute oratoire* (syn. DUEL). — **2.** *Joute nautique, joute lyonnaise,* divertissement où deux hommes, debout chacun sur l'arrière d'une barque, cherchent à se faire tomber à l'eau au moyen d'une perche.

jouteur [ʒutœr] n. m. Personne qui rivalise avec une autre : *Un rude jouteur* (= un adversaire difficile).

jouvenceau, celle [ʒuvɑ̃so] n. (bas lat. *juvencellus, -cella*). Adolescent (ironiq.).

jouxter [ʒukste] v. t. Litt. *Jouxter qqch,* être situé à côté, avoisiner.

jovial, e, als [ʒɔvjal] ou **aux** adj. (lat. *jovialis,* qui concerne Jupiter). D'une gaieté familière; qui s'exprime avec franchise, bonhomie, simplicité : *Une personne joviale* (syn. ENJOUÉ; contr. RENFROGNÉ). *Avoir un caractère jovial* (syn. GAI; contr. MAUSSADE).

jovialité [ʒɔvjalite] n. f. Humeur joviale.

joyau [ʒwajo] n. m. (anc. fr. *joi*) [pl. *joyaux*]. **1.** Objet fait de matière précieuse, qui sert à la parure. — **2.** Chose belle et d'un grand prix.

joyeusement [ʒwajøzmɑ̃] adv. Avec joie : *Fêter joyeusement Noël* (syn. GAIEMENT).

joyeux, euse [ʒwajø] adj. (avant ou, plus souvent, après le n.) **1.** Qui éprouve de la joie : *Elle est joyeuse à la pensée de la revoir* (syn. HEUREUX, GAI; contr. TRISTE, SOMBRE). *La bande joyeuse des enfants* (contr. MORNE). — **2.** Qui témoigne de tels sentiments : *Des cris joyeux. Le dîner a été très joyeux. Mener joyeuse vie* (= une vie de plaisirs, de débauche). — **3.** (surtout avant le n.) Qui apporte de la joie : *Une joyeuse nouvelle* (syn. HEUREUX; contr. DOULOUREUX).

jubilation [ʒybilasjɔ̃] n. f. Joie intérieure très vive.

jubilé [ʒybile] n. m. (bas lat. *jubilaeus;* hébr. *yôbel,* son de cor). **1.** Dans la religion catholique, année privilégiée *(année sainte)* où les pèlerins de Rome bénéficient d'une indulgence plénière accordée par le pape. — **2.** Cinquantenaire d'un mariage, de l'exercice d'une fonction, etc.

jubiler [ʒybile] v. i. (lat. *jubilare*). Se réjouir très vivement, le plus souvent sans extérioriser sa joie : *Je jubile de voir mon équipe gagner.*

jucher [ʒyʃe] v. t. (du frq. *juk,* perchoir). *Jucher qqch, qqn qqpart,* le placer à une hauteur relativement grande (souvent pass.) : *Juché en haut de l'échelle* (syn. PERCHER). *Une petite maison juchée au sommet de la colline.* ◆ ***se jucher*** v. pr. Se percher : *L'enfant se jucha sur l'âne.*

judaïque [ʒydaik] adj. (lat. *judaicus*). Qui appartient aux juifs : *La loi judaïque.*

judaïsme [ʒydaism] n. m. (lat. *judaismus*). Religion des juifs.

judas [ʒydɑ] n. m. (de *Judas,* n. du disciple qui trahit Jésus-Christ). Petite ouverture ménagée dans une porte et permettant de regarder sans être vu.

judiciaire [ʒydisjɛr] adj. (lat. *judiciarius*). Qui appartient à la justice, à son administration, à l'autorité qu'elle concerne : *Le pouvoir judiciaire doit être indépendant du pouvoir exécutif. Enquête judiciaire* (= ordonnée par la justice). *Police judiciaire* (= qui constate les infractions à la loi pénale). *Erreur judiciaire.*

judicieusement [ʒydisjøzmɑ̃] adv. De façon judicieuse : *Elle m'a fait judicieusement remarquer que j'avais oublié un point important* (syn. INTELLIGEMMENT).

judicieux, euse [ʒydisjø] adj. (du lat. *judicium,* jugement). **1.** Qui a une façon saine, bonne, de juger, de voir les choses : *Un homme judicieux est de bon conseil* (syn. SAGE). — **2.** Qui manifeste un bon jugement : *Une critique judicieuse* (syn. PERTINENT; contr. ABSURDE). *Faire un emploi judicieux de l'argent reçu* (syn. RATIONNEL). *Il serait judicieux de le prévenir de votre absence* (syn. SENSÉ, LOGIQUE).

judo [ʒydo] n. m. (jap. *jū,* souple, et *dō,* méthode). Sport de combat où les qualités de souplesse sont prééminentes.

judoka [ʒydɔka] n. Personne qui pratique le judo.

juge [ʒyʒ] n. m. (lat. *judex, judicis*). **1.** Magistrat chargé de rendre la justice, d'appliquer les lois : *Les juges de la cour d'assises. Le juge d'instruction est spécialement chargé de faire les enquêtes sur les délits, de faire arrêter les coupables et de rechercher les preuves.* — **2.** Personne appelée à décider, à apprécier telle ou telle chose (souvent attribut ou sans art.) : *Être bon juge en la matière. Je vous fais juge de ma bonne foi* (= je vous laisse le soin d'apprécier, je m'en remets à vous pour). *Il est seul juge de ce qu'il doit faire. Être à la fois juge et partie* (= être appelé à juger ses propres actes et n'avoir pas l'impartialité nécessaire). — **3.** Arbitre désigné dans certains sports ou commissaire adjoint à l'arbitre : *Les juges de la course. Les juges d'un match de boxe.*

jugé [ʒyʒe] n. m. *Au jugé,* selon une appréciation sommaire : *Tirer au jugé.*

jugement [ʒyʒmɑ̃] n. m. **1.** Décision résultant de l'acte de juger; action de juger : *Le jugement du tribunal* (syn. SENTENCE). *Quel est votre jugement sur elle?* (syn. OPINION). *Formuler un jugement hâtif* (syn. APPRÉCIATION). *Je m'en remets à votre jugement* (syn. AVIS, SENTIMENT). — **2.** Faculté permettant de comparer et de décider : *Avoir du jugement* (syn. INTELLIGENCE). *Faire une grave erreur de jugement.*

jugeote [ʒyʒɔt] n. f. Fam. *Avoir de la jugeote,* avoir du bon sens, juger sainement des choses.

juger [ʒyʒe] v. t. (lat. *judicare*) [c. **2**]. **1.** *Juger une affaire, qqn,* prononcer une sentence à leur propos, en qualité de juge : *Juger une affaire criminelle. Juger un assassin;* sans compl. : *Le tribunal a jugé* (syn. STATUER). — **2.** *Juger qqn, qqch,* prendre une décision, en qualité d'arbitre, entre des concurrents, des antagonistes, etc. : *Juger un différend* (syn. RÉGLER). *Le jury a jugé les candidats au concours.* — **3.** *Juger qqn, qqch, juger que* (+ *ind.* ou *subj.*), donner une opinion, en bien ou en mal, à leur sujet : *Il est difficile de juger la valeur de l'ouvrage sur ce seul extrait* (syn. ESTIMER, APPRÉCIER). *Juger que la situation est très mauvaise* (syn. CONSIDÉRER). *Il ne juge pas que votre présence soit nécessaire* (syn. PENSER). *Il juge qu'on l'a trompé* (syn. ESTIMER, ÊTRE D'AVIS); sans compl. : *Il juge selon les principes d'une morale austère* (syn. CRITIQUER). ◆ v. t. ind. *Juger de qqch, de qqn,* porter une appréciation sur eux : *Juger de la conduite de quelqu'un* (syn. CONCLURE SUR). *Si j'en juge par mon expérience* (= si je compare à d'autres cas). *Autant que j'en puisse juger* (= à ce qu'il me semble). *Vous pouvez juger de ma joie quand je la revis!* (syn. SE REPRÉSENTER). ◆ ***se juger*** v. pr. **1.** (sujet qqn) Porter une appréciation, donner son opinion sur soi-même, ses actes, etc. : *Il se juge toujours avec une grande indulgence. Se juger perdue* (syn. S'ESTIMER). — **2.** (sujet qqch) Être soumis à la justice ou à l'appréciation : *Le procès se jugera à l'automne. Une décision politique se juge à son efficacité.*

jugulaire [ʒygylɛr] n. f. (lat. *jugulum,* gorge). Courroie d'un casque, qui, passée sous le menton, sert à le maintenir sur la tête.

juguler [ʒygyle] v. t. (lat. *jugulare,* égorger). *Juguler qqch (action),* en arrêter le développement : *Juguler une crise. Juguler une hémorragie.*

juif, ive [ʒɥif] adj. et n. (lat. *Judaeus,* de Judée). Qui appartient au peuple d'Israël; qui appartient à une communauté religieuse professant la religion judaïque : *Le peuple juif. Les persécutions contre les juifs* (= inspirées par l'antisémitisme). *La religion juive.*

juillet [ʒɥijɛ] n. m. (lat. *Julius,* mois de *Jules* César). Septième mois de l'année.

juin [ʒɥɛ̃] n. m. (lat. *Junius,* mois de *Junius* Brutus). Sixième mois de l'année.

juke-box [dʒukbɔks] n. m. (mot amér.) [pl. *juke-boxes*]. Électrophone automatique qu'on met en marche avec une pièce de monnaie et qui comprend un choix de disques.

jumeau, elle [ʒymo] adj. et n. (lat. *gemellus*). Se dit de deux enfants nés d'un même accouchement et présentant des caractéristiques communes : *Des frères jumeaux* ou *des jumeaux. Des sœurs jumelles* ou *des jumelles.* ◆ adj. Se dit de choses qui ont des caractères semblables, parallèles ou symétriques : *De petites maisons jumelles bordent l'avenue. Des lits jumeaux* (= semblables, placés l'un à côté de l'autre et parallèlement).

jumelage [ʒymlaʒ] n. m. Action de jumeler.

jumelé, e [ʒymle] adj. Associé en un couple : *Villes jumelées.*

jumeler [ʒymle] v. t. (c. **6**). **1.** Disposer par couple : *Roues jumelées* (= roues arrière des véhicules lourds, munies de deux pneus juxtaposés). — **2.** Associer deux villes étrangères pour susciter des échanges culturels.

jumelle [ʒymɛl] n. f. (de *jumeau*). Double lorgnette (au sing. comme au pl.) : *Une jumelle marine. Des jumelles de théâtre.*

jument [ʒymɑ̃] n. f. (lat. *jumentum,* bête de somme). Femelle du cheval.

jumping [dʒœmpiŋ] n. m. (de l'angl. *to jump,* sauter). Concours hippique consistant surtout en sauts d'obstacles.

jungle [ʒœ̃gl] n. f. (hindī *jangal*). **1.** Végétation très épaisse et exubérante de l'Inde, où vivent de grands fauves. — **2.** Société humaine où règne seulement la loi du plus fort : *La jungle du monde des affaires.*

junior [ʒynjɔr] adj. et n. (mot lat. signif. *plus jeune*). Se dit d'un jeune sportif qui n'a pas atteint vingt et un ans *(senior),* mais a dépassé seize ans *(cadet).* ◆ adj. inv. **1.** (après un n. propre) Désigne le plus jeune d'une famille (commercial) : *Dubois junior.* — **2.** (après un prénom) Désigne le fils par rapport au père quand ils ont le même prénom.

junte [ʒœ̃t] n. f. (esp. *junta,* de *junto,* joint). Gouvernement installé par un soulèvement militaire.

jupe [ʒyp] n. f. (ar. *djubba*). Partie du vêtement féminin qui descend de la ceinture à mi-jambe ou plus bas, selon la mode.

jupe-culotte [ʒypkylɔt] n. f. (pl. *jupes-culottes*). Sorte de pantalon très ample ayant l'allure d'une jupe.

jupette [ʒypɛt] n. f. Jupe très courte.

jupon [ʒypɔ̃] n. m. Pièce de lingerie qui soutient l'ampleur d'une jupe, d'une robe.

1. juré, e [ʒyre] adj. *Ennemi juré,* adversaire implacable avec lequel on ne peut se réconcilier.

2. juré [ʒyre] n. m. Citoyen composant le jury d'une cour d'assises.

jurer [ʒyre] v. t. (lat. *jurare*). **1.** *Jurer qqch, de* (+ *inf.*), *que* (+ *ind.*), s'engager à faire qqch, promettre qqch solennellement ou par serment : *Il leur a juré un attachement indéfectible. Ils ont juré ma perte* (syn. DÉCIDER). *Jurer de garder un secret. Je jure que je n'étais pas là au moment de l'agression* (syn. ↓ AFFIRMER). — **2.** *Jurer qqch, que* (+ *ind.*), l'affirmer fortement : *On jurerait son portrait.* — **3.** *Jurer ses grands dieux,* prendre à témoin sous serment la divinité ou une chose jugée sacrée : *Elle jura ses grands dieux qu'elle n'était pas au courant* (syn. ↓ ASSURER). — **4.** (sans compl.) Prêter serment : *Le témoin jura sur la Bible.* — **5.** *Il ne faut jurer de rien,* il ne faut jamais affirmer qu'on ne fera pas telle chose ou qu'elle n'arrivera jamais. ‖ *Je vous jure,* expression incidente renforçant une affirmation ou indiquant un moment d'indignation : *Il faut être patient, je vous jure, pour supporter de telles bêtises.* ‖ *On ne jure plus que par lui,* on le croit aveuglément, à cause de l'admiration qu'on lui porte. ◆ v. i. **1.** Prononcer des blasphèmes, des paroles offensantes à l'égard de tout ce qui est saint ou sacré : *Pris dans un embarras de voitures, il ne cessait de jurer* (syn. ↓ PESTER). *« Bon dieu de bon dieu », jurait-il* (syn. ↓ CRIER). — **2.** (sujet qqch) *Jurer avec qqch (sing.),* être mal assorti avec une autre chose : *De telles paroles jurent avec son caractère* (syn. DÉTONNER). ‖ (sujet qqch [pl.]) *Jurer entre eux,* être mal assortis : *Ces deux couleurs jurent entre elles* (syn. ↑ HURLER). ◆ ***se jurer*** v. pr. *Se jurer qqch, de* (+ *inf.*), *que* (+ *ind.*), se le promettre intérieurement à soi-même : *Je me jurai bien qu'on ne m'y reprendrait plus.*

juridiction [ʒyridiksjɔ̃] n. f. (lat. *juris dictio,* droit de rendre la justice). **1.** Pouvoir, droit de rendre la justice; ressort ou limite du territoire où s'exerce ce pouvoir : *Exercer sa juridiction dans les limites du département. La juridiction ecclésiastique.* — **2.** Ensemble des tribunaux appelés à juger des affaires de même nature : *La juridiction criminelle.*

juridique [ʒyridik] adj. Relatif aux formes judiciaires, à la justice, aux règles et aux lois qui fixent les rapports des citoyens entre eux : *Acte juridique. Vocabulaire juridique* (= du droit). *Avoir une formation juridique* (= de juriste).

juridiquement [ʒyridikmɑ̃] adv. De façon juridique.

jurisprudence [ʒyrisprydɑ̃s] n. f. (lat. *juris prudentia,* sciende du droit). Ensemble des décisions prises par les tribunaux et qui constituent une source de droit : *Cette condamnation a fait jurisprudence* (= fait maintenant autorité et sert d'exemple).

juriste [ʒyrist] n. Spécialiste du droit.

juron [ʒyrɔ̃] n. m. Exclamation grossière ou blasphématoire marquant le dépit, la colère : *« Nom de Dieu » est un juron.*

jury [ʒyri] n. m. (mot angl.). **1.** Commission de simples citoyens qui remplissent occasionnellement une fonction judiciaire : *Le jury de la cour d'assises se prononce sur la culpabilité du prévenu.* — **2.** Commission de professeurs, d'experts, etc., chargés de classer les candidats à un examen, un concours, de désigner le titulaire d'un prix, de délibérer sur une question : *Les jurys du baccalauréat.*

jus [ʒy] n. m. (lat. *jus,* sauce). **1.** Suc tiré d'une substance par pression, cuisson, macération, etc. : *Du jus de citron, de raisin. Faire cuire un poulet dans son jus.* — **2.** *Pop.* Café noir. — **3.** *Pop.* Courant électrique. — **4.** Pop. *Laisser cuire qqn dans son jus,* le laisser avec ses propres difficultés, avec sa mauvaise humeur.

jusqu'au-boutisme [ʒyskobutism] n. m. Attitude des partisans des solutions extrêmes, en partic. de la guerre, pour régler les différends.

jusqu'au-boutiste [ʒyskobutist] n. Partisan du jusqu'au-boutisme.

jusque [ʒysk] adv. (anc. fr. *enjusque;* du lat. *inde,* de là, et *usque,* jusque). **1.** *Jusqu'à,* indique la limite spatiale ou temporelle, la limite de valeur qu'on ne dépasse pas : *Aller jusqu'au bout du jardin. Jusqu'à dix ans, elle fut élevée par ses grands-parents. Jusqu'à quel point pense-t-il ce qu'il dit? Du matin jusqu'au soir. Avoir de l'eau jusqu'au genou. Jusqu'à concurrence de mille francs;* indique l'inclusion dans un tout : *Tout a brûlé, jusqu'aux écuries. Tous jusqu'au dernier* (syn. MÊME, Y COMPRIS). *Il n'est pas jusqu'à ses amis qui ne le désapprouvent.* ‖ *Jusqu'à* (+ *inf.*), indique l'action limite : *Il est allé jusqu'à l'interrompre dans son exposé. J'irai jusqu'à te prêter de l'argent.* ‖ *Jusqu'en, jusque vers, jusque dans,* etc. (avec indication du lieu), indiquent la limite extrême : *Je vous accompagne jusque chez vous. Il l'a crié jusque sur les toits. Il y avait des souris jusque dans le buffet de la salle à manger. Elle fouilla partout et regarda jusque sous le lit.* ‖ *Jusque(s) et y compris* (inv.), indique la limite extrême : *Vous reverrez les leçons jusque et y compris la page 30.* — **2.** *Jusqu'à ce que* (+ *subj.*), indique une limite temporelle : *Restez jusqu'à ce que je revienne.* ‖ *Jusqu'au moment où* (+ *ind.*), indique la limite temporelle précise : *Elle a été malheureuse jusqu'au moment où, par hasard, elle l'a rencontré.* — **3.** *Jusqu'ici, jusque-là, jusque, jusqu'à* (+ adv. de temps), indiquent une limite qu'on ne dépasse pas : *Jusqu'ici je n'ai pas eu de nouvelles. Le sentier va jusque-là. Il a lu jusque très tard le soir. Jusqu'à présent, elle n'a pas téléphoné. Jusqu'à aujourd'hui. Jusqu'à quand l'attendrons-nous?*

justaucorps [ʒystokɔr] n. m. (de *juste au corps*). Vêtement collant d'une seule pièce, formé d'un slip et d'un maillot à manches courtes ou longues, pour la danse et certains sports.

juste [ʒyst] adj. (lat. *justus*). **1.** (avant ou, plus souvent, après le n.) Parfaitement adapté à sa destination, qui convient bien; conforme à la règle, à la réalité : *Avez-vous l'heure juste* (syn. EXACT, PRÉCIS). *Une expression très juste. À la minute juste où vous arriviez... Estimer à sa juste valeur* (syn. CONVENABLE). *L'addition est juste* (contr. FAUX). *Se tenir dans un juste milieu* (= éloigné des extrêmes). — **2.** (après le n.) Qui fonctionne avec précision : *Avoir une montre juste* (syn. PRÉCIS). — **3.** (après le n.) Conforme aux règles de l'harmonie musicale : *Une note juste* (contr. FAUX). *Elle a la voix juste.* — **4.** (après le n.) Qui a le sens de la précision, de la vérité, qui apprécie qqch ou qqn avec raison, exactitude : *Avoir le coup d'œil juste, une oreille juste. Il a une idée très juste de la situation.* (contr. FAUX, INEXACT). *Tenir un raisonnement juste* (syn. LOGIQUE; contr. BOITEUX). *Votre remarque est très juste* (syn. PERTINENT, JUDICIEUX). — **5.** Avec les adv. *bien, trop, un peu,* se dit d'un vêtement étroit, trop ajusté : *Chaussures trop justes. Le veston est un peu juste aux entournures.* — **6.** (attribut) Qui suffit à peine : *Le gigot sera un peu juste pour nous six* (= sera insuffisant). *Vous avez trois jours pour faire ce travail; ce sera juste!* — **7.** (après le n.) Qui agit avec équité, en respectant les droits, la valeur d'autrui : *Un professeur juste dans ses notations* (syn. IMPARTIAL). *Il est juste à l'égard de ses subordonnés* (syn. ÉQUITABLE; contr. INJUSTE). — **8.** (après, ou, plus souvent, avant le n.) Conforme au droit, à la justice : *Rendre une sentence juste. La juste récompense des services rendus* (syn. HONNÊTE). *Recevoir une juste indemnité* (syn. CORRECT). *Une juste colère* (syn. FONDÉ). *Présenter de justes revendications* (syn. LÉGITIME). *Il n'est pas juste de le traiter ainsi* (syn. BIEN). — **9.** *Juste Ciel!, Juste Dieu!,* exclamations d'indignation, d'étonnement. ◆ adv. **1.** Avec exactitude, comme il convient : *Chanter juste* (contr. FAUX). *Penser, voir juste. Elle est tombée juste sur la réponse. J'ai frappé juste* (= visé là où il fallait). — **2.** Avec précision : *Vous trouverez le café juste au coin de la rue. Donnez-moi juste ce qu'il faut* (syn. EXACTEMENT). *Ce manteau est juste assez grand pour moi. Il est 8 h juste* (syn. PILE). — **3.** De façon insuffisante : *Il a mesuré trop juste le tissu pour le costume. Être chaussé un peu juste* (syn. À L'ÉTROIT). *C'est tout juste si j'ai pu payer* (syn. À PEINE). *Il est arrivé bien juste* (= au dernier moment). — **4.** Seulement : *Je reste juste quelques minutes. Il y avait juste Anne, Jacques et moi.* — **5.** *Au juste,* exactement : *Au juste, qu'est-ce qu'il lui est arrivé?* (syn. PRÉCISÉMENT). *Tu ne sais pas au juste ce qu'il faut faire.* ‖ *Au plus juste,* de façon très précise : *Calculer au plus juste les dépenses.* ‖ *Comme de juste,* comme il se doit : *Comme de juste, tu t'attendais au succès de ce roman?* ◆ n. m. Personne qui agit selon l'équité : *Avoir la conscience du juste. Dormir du sommeil du juste* (= d'un sommeil profond et tranquille).

justement [ʒystəmɑ̃] adv. **1.** De façon légitime : *Être justement inquiet des nouvelles* (syn. LÉGITIMEMENT). *Craindre justement pour sa vie* (= avec raison). *Justement puni de son indiscrétion* (= avec justice). — **2.** De façon précise, exacte : *On a justement trouvé votre lettre au moment où nous rentrions. On parlait justement de vous* (syn. PRÉCISÉMENT). *Comme on l'a dit si justement* (syn. PERTINEMMENT).

justesse [ʒystɛs] n. f. **1.** Qualité de ce qui est juste, exact : *La justesse d'une expression* (syn. EXACTITUDE; contr. FAUSSETÉ). *La justesse d'une comparaison* (syn. CONVENANCE). *La justesse de son coup d'œil. Avoir une* *grande justesse d'esprit* (syn. RECTITUDE). — **2.** *De justesse,* de très peu : *On a gagné de justesse. Elle a pu attraper de justesse l'autobus. Je l'ai évité de justesse.*

justice [ʒystis] n. f. (lat. *justitia*). **1.** Caractère de ce qui est juste, équitable, conforme au droit : *En bonne justice, en toute justice* (= selon le droit strict). *Ce n'est que justice qu'il soit réhabilité. J'ai la justice pour moi* (syn. DROIT). *Il faut lui rendre cette justice qu'il ne nous a jamais menti* (= il faut avouer, reconnaître). — **2.** Vertu morale qui inspire le respect absolu du droit des autres : *Traiter les gens avec justice* (syn. ÉQUITÉ). — **3.** Pouvoir ou action de faire droit aux réclamations des autres, de faire régner le droit : *Exercer la justice avec rigueur. Une cour de justice* (= lieu où on rend la justice). *Demander justice pour le tort causé.* — **4.** Organisation, administration publique chargée de ce pouvoir : *Passer en justice* (= devant le tribunal). *Avoir maille à partir avec la justice* (= être arrêté pour avoir commis un délit). *La justice militaire, maritime.* — **5.** *Faire justice de qqch,* en montrer les défauts, le caractère injuste, nocif, odieux : *Il a fait justice des accusations portées contre lui* (= il a réduit à néant). ‖ *Rendre, faire justice à qqn,* réparer le tort qui lui a été fait; reconnaître ses mérites. ‖ *Se faire justice,* se venger; se suicider pour se punir d'un crime.

justiciable [ʒystisjabl] adj. Qui relève de certains tribunaux : *Criminel justiciable de la cour d'assises.*

justicier [ʒystisje] n. m. Celui qui agit en redresseur de torts sans en avoir reçu le pouvoir légal.

justifiable [ʒystifjabl] adj. Qui peut être justifié : *Une telle négligence n'est pas justifiable* (syn. EXCUSABLE).

justificatif, ive [ʒystifikatif] adj. Qui sert à justifier : *Un mémoire justificatif. Les pièces justificatives d'un droit de propriété.* ◆ ***justificatif*** n. m. Document servant à justifier.

justification [ʒystifikasjɔ̃] n. f. Action de justifier, de se justifier : *Quelle peut être la justification de cette guerre? Demander une justification des frais à un entrepreneur* (syn. COMPTE). *Fournir des justifications* (syn. EXCUSE). *La justification d'un acte* (syn. EXPLICATION).

justifié, e [ʒystifje] adj. Qui repose sur une preuve, sur des raisons solides : *Des craintes justifiées. Une réclamation justifiée* (= légitime).

justifier [ʒystifje] v. t. (lat. *justificare*). **1.** *Justifier qqn,* le mettre hors de cause, dégager sa responsabilité, le défendre d'une accusation : *Justifier un ami devant ses accusateurs* (syn. DISCULPER). *Sa conduite le justifie pleinement* (syn. INNOCENTER, EXCUSER). — **2.** *Justifier qqch,* en prouver le bien-fondé, le caractère légitime, nécessaire, etc. : *Les événements ont justifié mon opinion* (syn. VÉRIFIER). *Elle a justifié les espoirs mis en elle* (syn. CONFIRMER). *Il justifie son attitude par sa méfiance* (syn. EXPLIQUER). *Rien ne justifie ses craintes* (syn. MOTIVER). *Il faut justifier que vous avez bien effectué ce paiement* (syn. PROUVER). ◆ v. t. ind. *Justifier de qqch,* en apporter la preuve concrète : *Justifier de certains titres universitaires.* ◆ ***se justifier*** v. pr. **1.** (sujet qqn) Dégager sa responsabilité, prouver son innocence : *Se justifier devant ses accusateurs.* — **2.** (sujet qqch) Être légitime, être fondé : *De tels propos ne se justifient guère en cette occasion.*

jute [ʒyt] n. m. (mot angl.; d'une langue de l'Inde *jhuto*). Textile tiré des tiges d'une plante cultivée aux Indes et qui sert à faire la toile à sacs.

juter [ʒyte] v. i. (de *jus*). *Fam.* (sujet un fruit) Rendre du jus : *La pêche trop mûre a juté dans mes doigts.*

juteux, euse [ʒytø] adj. Qui a beaucoup de jus : *Poire juteuse* (syn. FONDANT).

juvénile [ʒyvenil] adj. (lat. *juvenilis*). Se dit d'un trait physique, d'une qualité morale propre à la jeunesse : *Ardeur, silhouette juvénile* (syn. JEUNE).

juvénilité [ʒyvenilite] n. f. *Litt.* Caractère juvénile.

juxtaposer [ʒykstapoze] v. t. (lat. *juxta,* près de, et *poser*). *Juxtaposer des choses,* placer une chose à côté d'une autre, à la suite d'une autre (souvent pass.) : *Les divers paragraphes sont simplement juxtaposés; ils ne forment pas un tout. Les phrases juxtaposées ne sont reliées entre elles par aucune conjonction.*

juxtaposition [ʒykstapozisjɔ̃] n. f. Action de juxtaposer.

k

k [ka] n. m. Onzième lettre de l'alphabet notant l'occlusive sourde [k].

kaki [kaki] adj. et n. m. inv. (mot d'une langue de l'Inde signif. *couleur de poussière*). D'une couleur jaunâtre tirant sur le brun clair : *Des chemises kaki. Le kaki est la couleur de la tenue de campagne de nombreuses armées.*

kaléidoscope [kaleidɔskɔp] n. m. (gr. *kalos,* beau, *eidos,* aspect, et *skopein,* regarder). Tube cylindrique, à l'intérieur duquel des miroirs reflètent les images de morceaux de verre multicolores.

kamikaze [kamikaz] n. m. (mot jap. signif. *tempête providentielle*). Volontaire pour une mission suicide.

kangourou [kɑ̃guru] n. m. (angl. *kangaroo;* d'une langue australienne). Mammifère australien herbivore dont les longs membres postérieurs permettent des déplacements par bonds : *Les femelles des kangourous abritent leurs petits dans une poche ventrale.*

kaolin [kaɔlɛ̃] n. m. (de *Kaoling,* colline de Chine). Argile blanche très pure utilisée dans l'industrie de la porcelaine.

kapok [kapɔk] n. m. (mot angl.; du malais). Fibre végétale très légère, dont on se sert pour rembourrer des matelas, des coussins, etc.

karaté [karate] n. m. (mot jap.). Méthode de combat, d'origine japonaise, basée sur des coups de poing et des coups de pied, ressemblant un peu à la boxe française.

karatéka [karateka] n. Personne qui pratique le karaté.

karité [karite] n. m. (mot soudanais). Arbre dont les graines fournissent une matière grasse.

kart [kart] n. m. (mot angl.). Petit véhicule automobile de compétition, à embrayage automatique, sans boîte de vitesses, ni carrosserie ni suspension.

karting [kartiŋ] n. m. (mot angl.). Sport pratiqué avec le kart.

kayak [kajak] n. m. (mot esquimau). [*Canoë*] *kayak,* canot en toile huilée ou goudronnée, utilisé par les sportifs pour la descente des rivières.

kelvin [kɛlvin] n. m. (de *Kelvin,* physicien angl.). Unité de base de température (symb. K).

kenyan, anne [kenjɑ̃] adj. et n. Du Kenya.

képi [kepi] n. m. (suisse all. *käppi;* de l'all. *Kappe,* bonnet). Coiffure rigide et légère, munie d'une visière, portée en France par les officiers, les gendarmes, les agents de police, les douaniers.

kermesse [kɛrmɛs] n. f. (mot néerl. signif. *messe de l'église*). **1.** Fête populaire, en partic. dans le nord de la France, en Belgique et aux Pays-Bas (syn. FOIRE). — **2.** Fête de charité, qui a lieu souvent en plein air.

kérosène [kerozɛn] n. m. (gr. *keros,* cire). Produit pétrolier intermédiaire entre l'essence et le gasoil et utilisé pour les avions.

ketchup [kɛtʃœp] n. m. inv. (mot angl.). Condiment anglais, à base de tomates assaisonnées d'épices.

kibboutz [kibuts] n. m. (mot hébr. signif. *réunion, collectivité*) [pl. *kibboutz* ou *kibboutzim*]. Ferme collective, en Israël.

kick [kik] n. m. (de l'angl. *to kick,* donner des coups de pied). Dispositif de mise en marche d'une moto à l'aide du pied.

kidnapper [kidnape] v. t. (angl. *to kidnap*). *Kidnapper qqn* (surtout un enfant), l'enlever pour obtenir une rançon, ou pour tout autre motif.

kidnappeur, euse [kidnapœr] n. Personne qui fait un kidnapping.

kidnapping [kidnapiŋ] n. m. Enlèvement (syn. RAPT).

kif [kif] n. m. (mot ar.). Mélange de tabac et de chanvre indien.

kif-kif [kifkif] adj. inv. (mot ar.). Fam. *C'est kif-kif,* c'est pareil.

kilogramme ou **kilo** [kilɔ(gram)] n. m. Unité de base de masse (symb. kg).

kilométrage [kilɔmetraʒ] n. m. Mesure en kilomètres : *Une voiture d'occasion qui a déjà un fort kilométrage* (= nombre de kilomètres parcourus).

kilomètre [kilɔmɛtr] n. m. Unité pratique de distance qui vaut 1 000 mètres (symb. km) : *Nous avons fait cinq cents kilomètres dans la journée avec la voiture. La vitesse du train a dépassé cent vingt kilomètres/heure.*

kilométrique [kilɔmetrik] adj. Relatif au kilomètre : *Les bornes kilométriques marquent chaque kilomètre le long des routes.*

kilowatt [kilɔwat] n. m. Unité de puissance égale à 1 000 watts.

kilt [kilt] n. m. (mot angl.). **1.** Jupe plissée portée par les Écossais. — **2.** Jupe plissée en tissu écossais.

kimono [kimɔno] n. m. (mot jap.). **1.** Tunique japonaise, très ample, croisée devant et maintenue par une large ceinture. — **2.** Sorte de peignoir léger. — **3.** Tenue des judokas, des karatékas, etc., composée d'une veste et d'un pantalon amples.

kinésithérapeute [kineziterapøt] n. Professionnel exerçant la kinésithérapie. (Abrév. fam. KINÉSI.)

kinésithérapie [kineziterapi] n. f. (gr. *kinêsis,* mouvement, et *therapeia,* soin). Ensemble des traitements qui utilisent le mouvement pour donner ou rendre au malade ou au blessé le geste et la fonction des différentes parties du corps.

kiosque [kjɔsk] n. m. (turc *kiösk,* pavillon de jardin). **1.** Petit abri établi dans les rues, sur les places publiques, dans les gares, etc., pour la vente de journaux, de revues, de livres ou de fleurs. — **2.** Abri installé dans un jardin public et destiné en particulier aux concerts en plein air.

kir [kir] n. m. (du chanoine *Kir,* anc. maire et député de Dijon). Apéritif constitué par un mélange de vin blanc et de liqueur de cassis.

kirsch [kirʃ] n. m. (all. *Kirsch,* cerise). Eau-de-vie de cerises et de merises.

kit [[kit] n. m. (mot angl.). Ensemble d'éléments qu'on peut assembler soi-même : *Acheter un voilier en kit.*

kitchenette [kitʃənɛt] n. f. (angl. *kitchen,* cuisine). Syn. de CUISINETTE.

kitsch [kitʃ] n. m. inv. (mot all.). Décor, mobilier, œuvre d'art dont la forme, l'aspect disparate relèvent d'un mauvais goût jugé par certains esthétique.

kiwi [kiwi] n. m. (mot angl.). Oiseau de Nouvelle-Zélande, dont les ailes sont presque inexistantes et dont les plumes ressemblent à des crins.

Klaxon [klaksɔn] n. m. (nom déposé). Nom commercial d'une marque d'avertisseur sonore pour véhicules : *L'emploi des Klaxons est interdit dans les grandes villes.*

klaxonner [klaksɔne] v. t. et i. Avertir au moyen d'un Klaxon : *Klaxonner un cycliste pour l'obliger à se ranger. Klaxonner à un croisement.*

kleptomane, kleptomanie → CLEPTOMANE, CLEPTOMANIE.

knickers [nikœrs] n. m. pl. (mot angl.). Pantalon large et court, serré aux genoux.

knock-out, abrév. **k.-o.** [nɔkaut,kao] n. m. inv. (angl. *knock,* coup, et *out,* dehors). Mise hors de combat d'un boxeur qui, à la suite d'un coup de poing, est resté à terre plus de deux secondes : *Battu par knock-out à la troisième reprise.* ◆ adj. inv. Mis hors de combat en parlant d'un boxeur ou, *fam.,* assommé en parlant de qqn.

koala [kɔala] n. m. (mot australien). Mammifère grimpeur, aux oreilles rondes, vivant en Australie.

kola → COLA.

kolkhoze [kɔlkoz] n. m. (mot russe). En U.R.S.S., coopérative agricole de production.

kolkhozien, enne [kɔlkɔzjɛ̃] adj. et n. Membre d'un kolkhoze.

kopeck [kɔpɛk] n. m. (russe *kopeïka*). Monnaie d'U.R.S.S. valant 1/100 de rouble.

krach [krak] n. m. (mot. all. signif. *craquement*) [pl. *krachs*]. Effondrement du cours des actions de la Bourse, débâcle financière.

kraft [kraft] n. m. (mot all.). Papier d'emballage foncé, très résistant.

kril [kril] n. m. Banc de petits crustacés dont se nourrissent les baleines.

krypton [kriptɔ̃] n. m. (du gr. *kruptos,* caché). Gaz rare.

kung-fu [kungfu] n. m. (mot chin.). Sport de combat originaire de l'Extrême-Orient.

kyrielle [kirjɛl] n. f. (des mots gr. *Kyrie,* seigneur, et *eleison,* aie pitié, formule liturgique). *Kyrielle de* (+ *n. pl.*), suite nombreuse de : *Une kyrielle d'injures. Elle a des kyrielles d'amis* (syn. FOULE, QUANTITÉ).

kyste [kist] n. m. (gr. *kustis,* vessie). Tumeur bénigne, dont le contenu est liquide ou semi-liquide : *Le dentiste a enlevé le kyste qui s'était formé à la racine de la dent gâtée.*

kystique [kistik] adj. Relatif à un kyste : *Tumeur kystique.*

l

l [ɛl] n. m. Douzième lettre de l'alphabet notant la consonne latérale [l].

la [la] n. m. inv. **1.** Note de musique, sixième degré de la gamme de *do.* — **2.** *Donner le «la»,* donner le ton, l'exemple.

là [la] adv. (lat. *illac*). Indique. **1.** un lieu autre que celui où on se trouve (par oppos. à *ici*) : *Votre stylo n'est pas ici, je le vois là, sur l'autre bureau. Elle est allée à Londres et de là à New York. N'allez pas là, tournez ici, à la première rue à droite. De là au bourg, il y a bien deux kilomètres. Vous connaissez Albi? Ce n'est pas loin de là.* ‖ *Là où : J'irai passer mes vacances là où vous êtes allé cet été.* — **2.** un lieu éloigné quelconque, désigné d'une façon vague, sans opposition avec *ici* (*là* est devenu l'adverbe usuel) : *Je pense que là je serai tranquille, enfin seul;* comme antécédent d'un relatif : *C'est là, près de Verdun, qu'il fut blessé.* — **3.** le lieu où on est (remplace *ici* dans l'emploi qui lui était propre) : *«Puis-je lui parler? — Non, elle n'est pas là»* (= elle n'est pas présente). *Déjà là, à cette heure! C'est là où nous sommes que l'accident s'est produit. «Qu'as-tu fait ce dimanche? — Je suis resté là à lire et à regarder la télévision.»* ‖ *Fam.* (sujet qqn) *Être un peu là,* ne pas passer inaperçu, avoir un rôle important dont les autres doivent tenir compte. — **4.** un moment imprécisé du temps (passé ou futur; en partic. dans *d'ici là* et *jusque-là*) : *Elle viendra demain et là vous pourrez la féliciter personnellement. Je n'eus plus de nouvelles et c'est là que je la crus perdue. Vous m'écrirez en février, jusque-là ne faites rien. D'ici là, vous pourrez toujours juger de la situation* (= entre maintenant et un moment postérieur). *À quelques semaines de là, il sortit de l'hôpital* (= quelques semaines plus tard). — **5.** une situation, précisée ou non, dans des circonstances données : *Ne voyez là aucun reproche* (= en cela). *Là est toute sa pensée* (= dans cela, dans cette œuvre). *Et dire que j'ai fait tout cela pour en arriver là. La situation en est là* (= à ce point). *Vous êtes en bonne santé, tout est là* (= c'est ce qui est le plus important). *Hors de là, il n'y a pas de remède* (= en dehors de cela). *C'est là que nous l'attendons* (= sur ce point). *Il passera par là comme tous les autres* (= par cet état). *Il faut user de l'autorité là où la persuasion ne suffit pas* (= lorsque, dans le cas où). *Là où il croit être simple, il est plat et banal* (= alors que). *De là vient qu'elle est très timide* (= c'est pourquoi). *Le métro a eu une panne, de là mon retard* (= en conséquence). — **6.** Sert de renforcement (souvent avec un relatif ou avec *c'est*) : *Vous me dites là des choses incroyables. Qu'as-tu fait là! le tapis est déchiré. Ce sont là des erreurs impardonnables. C'est bien là qu'est la difficulté. Qu'entends-tu par là* (= par ces mots). — **7.** Répété ou renforçant *oh, ah, hé,* exprime une mise en garde, une exhortation, un appel, la surprise, le mécontentement, etc. : *Là, là! restez calme, ce n'est pas encore fait. Hé là, vous, s'il vous plaît!* — **8.** *Çà et là,* disséminés de tous côtés, de côté et d'autre : *Il y avait çà et là sur la nappe des taches de graisse.* ‖ *Là-bas,* en un lieu situé plus bas : *Là-bas, dans la vallée, tout est dans la brume;* indique un lieu éloigné : *Une fois arrivés là-bas, nous nous arrangerons. Il était en Australie, il est revenu de là-bas en avion.* ‖ *Là-haut,* en un lieu situé au-dessus : *Ma maison de campagne est là-haut sur la colline. Montez là-haut sur la terrasse, vous verrez un très beau panorama;* dans le ciel, dans la vie future : *Quand je serai là-haut.* — **9.** Postposées à un nom et en corrélation avec le démonstratif *ce (cet, cette),* les formes avec *-là* indiquent l'éloignement : *a*) Éloignement dans l'espace : *Cette chaise est peu confortable, prenez plutôt ce fauteuil-là; b*) Éloignement dans le temps : *Ce jour-là, il y avait du verglas. Ce soir-là, cette nuit-là. En ce temps-là, les transports étaient plus lents.* ‖ Avec *celui (celle, ceux), là* et *ci* forment des pron. démonstratifs composés.

là-bas [labɑ] adv. → LÀ.

label [labɛl] n. m. (mot angl. signif. *étiquette*). Marque apposée sur un produit pour en certifier l'origine, la qualité, etc. : *Label d'origine, de qualité.*

labeur [labœr] n. m. (lat. *labor*). *Litt.* Travail pénible et prolongé : *Réussir grâce à un patient, un dur labeur* (syn. TRAVAIL).

labial, e, aux [labjal] adj. (du lat. *labium,* lèvre). *Consonne labiale* (ou *labiale* n. f.), dont l'articulation principale se fait au niveau des lèvres, comme [p], [b], [m].

labile [labil] adj. (lat. *labilis,* de *labi,* glisser). Se dit d'une humeur changeante.

laborantin, e [labɔrɑ̃tɛ̃] n. Personne employée dans un laboratoire d'analyse ou de recherche.

laboratoire [labɔratwar] n. m. (du lat. *laborare,* travailler). Local aménagé pour faire des recherches scientifiques, des essais industriels, des travaux de photos, etc. : *Un garçon de laboratoire* (= un préparateur). *Des examens de laboratoire* (= d'analyses médicales).

laborieusement [labɔrjøzmɑ̃] adv. De façon laborieuse : *Arriver laborieusement au bout de son travail* (= avec difficulté, avec peine).

laborieux, euse [labɔrjø] adj. (lat. *laboriosus,* de *labor,* travail). **1.** *Litt.* Qui travaille beaucoup : *Une élève laborieuse* (syn. TRAVAILLEUR; contr. PARESSEUX). — **2.** Qui coûte beaucoup de peine, qui exige un travail soutenu : *Des recherches laborieuses* (syn. DIFFICILE). *Une laborieuse négociation* (= longue et pénible). — **3.** *Masses, classes laborieuses,* la classe ouvrière.

labour [labur] n. m. Travail fait en retournant la terre pour la culture : *Un champ en labour. Bœuf, cheval de labour* (= utilisés pour le labourage). ◆ ***labours*** n. m. pl. Terres labourées.

labourable [laburabl] adj. Propre à être labouré : *Terre labourable* (syn. CULTIVABLE).

labourage [laburaʒ] n. m. Action, manière de labourer la terre : *Le labourage d'un champ.*

labourer [labure] v. t. (lat. *laborare,* travailler). **1.** *Labourer la terre,* la retourner avec une charrue, une bêche, une pioche, etc. : *Labourer un champ. Le soc de la charrue laboure la terre.* — **2.** *Labourer qqch*, y creuser des entailles profondes, des sillons : *Les obus ont labouré le sol. Le visage labouré de coups de griffes* (syn. DÉCHIRER, TAILLADER).

laboureur [laburœr] n. m. Syn. anc. de CULTIVATEUR.

labrador [labradɔr] n. m. Race de grand chien à poil ras.

labyrinthe [labirɛ̃t] n. m. (gr. *laburinthos*, palais des haches). **1.** Réseau compliqué de chemins, de galeries, dont on a du mal à trouver l'issue : *Le labyrinthe des ruelles d'une vieille ville* (syn. ENCHEVÊTREMENT). — **2.** *Un labyrinthe de difficultés*, des complications inextricables dues à des difficultés.

lac [lak] n. m. (lat. *lacus*). **1.** Étendue d'eau stagnante, entourée de terre : *Le lac d'Annecy.* — **2.** *Fam.* (sujet qqch) *Tomber, être dans le lac*, ne pas avoir de suite, d'aboutissement; échouer : *Tous nos beaux projets sont tombés dans le lac.* (→ LACUSTRE.)

laçage [lasaʒ] n. m. Action de lacer.

lacer [lase] v. t. (lat. *laqueare*, de *laqueus*, lacet) [c. **1**] *Lacer ses chaussures*, les serrer, les maintenir avec un lacet.

lacérer [lasere] v. t. (lat. *lacerare*, déchirer) [c. **10**] *Lacérer qqch*, le mettre en pièces, en lambeaux : *Lacérer un livre* (syn. DÉCHIRER).

lacet [lasɛ] n. m. (de *lacs*, nœud coulant). **1.** Cordon qu'on passe dans les œillets pour attacher une chaussure, pour serrer un vêtement. — **2.** Courbe sinueuse, zigzag : *Les lacets d'une route de montagne.*

lâchage [lɑʃaʒ] n. m. Action de lâcher : *Le lâchage d'un ballon. Le lâchage de bombes sur la ville. Le lâchage de ses amis* (fam.; = action de les quitter brusquement).

1. lâche [lɑʃ] adj. (de *lâcher*). **1.** Qui n'est pas tendu : *Le nœud est lâche, on peut le desserrer facilement* (contr. SERRÉ). *La veste est un peu lâche aux épaules* (syn. FLOTTANT). *Une corde lâche* (syn. MOU). — **2.** Qui manque de concision, de brièveté, de précision : *Un style lâche* (contr. DENSE). *Une expression lâche* (contr. VIGOUREUX).

2. lâche [lɑʃ] adj. et n. **1.** Qui manque de courage, d'énergie, qui n'ose pas affronter le danger : *C'est un lâche, qu'il est facile d'intimider* (syn. POLTRON, ↓PEUREUX). — **2.** Qui manifeste de la bassesse, de la cruauté, en sachant qu'il ne sera pas puni : *Un lâche qui ne s'attaque qu'aux faibles.* ◆ adj. (avant ou après le n.) Qui manifeste une absence de courage, de loyauté : *Un lâche attentat* (syn. MÉPRISABLE). *User de lâches procédés* (syn. VIL).

lâchement [lɑʃmɑ̃] adv. Sans courage, avec lâcheté : *Fuir lâchement devant le danger* (contr. VAILLAMMENT, COURAGEUSEMENT).

1. lâcher [lɑʃe] v. t. (lat. *laxare*). **1.** *Lâcher qqch*, le tenir moins serré, le rendre moins tendu : *Elle lâcha sa ceinture d'un cran* (syn. DÉTENDRE, DESSERRER, RELÂCHER). *Lâcher un peu la ligne pour fatiguer le poisson* (= donner du mou). — **2.** *Lâcher qqch (concret)*, cesser de le retenir, le laisser tomber : *Lâcher un verre. Lâcher les amarres. Lâcher des bombes sur une ville.* — **3.** *Lâcher qqch (concret)*, cesser de le tenir : *Ne lâche pas la rampe. Elle a lâché son ballon. L'enfant lâcha la main de sa mère.* — **4.** *Lâcher qqch (abstrait)*, le laisser échapper par mégarde ou contre son gré : *Lâcher une sottise. Voilà le grand mot lâché. Lâcher prise. Lâcher le morceau* (fam.; = avouer). — **5.** *Lâcher qqn, qqch*, le quitter, s'en détacher : *Il ne me lâche pas d'une semelle. J'ai lâché mes études* (syn. ABANDONNER). *Le coureur lâcha le peloton.* — **6.** *Lâcher des animaux*, les libérer : *Lâcher des pigeons* (= les faire s'envoler). *Lâcher les chiens contre un cerf* (= les lancer à sa poursuite). — **7.** *Lâcher pied*, s'enfuir. ◆ v. i. (sujet qqch) Cesser de retenir, céder : *Les freins ont lâché. Ses nerfs ont lâché. La corde a lâché* (syn. CASSER, CRAQUER).

2. lâcher [lɑʃe] n. m. Action de lâcher (sens 1, 2) : *Un lâcher de ballons, de pigeons.*

lâcheté [lɑʃte] n. f. Manque de courage : *Céder par lâcheté* (syn. FAIBLESSE; contr. COURAGE). *Cet abandon est une lâcheté* (syn. INDIGNITÉ). *C'est une lâcheté de s'attaquer à cette malheureuse* (syn. BASSESSE).

lâcheur, euse [lɑʃœr] n. *Fam.* Qui abandonne ceux avec qui il est engagé : *Nous l'avions invité; c'est un lâcheur, il n'est pas venu.*

lacis [lasi] n. m. (de *lacer*). Réseau compliqué de fils, de rues, etc. : *Se perdre dans le lacis des ruelles étroites de la vieille ville* (syn. ENTRELACEMENT, LABYRINTHE).

laconique [lakɔnik] adj. (gr. *Lakônikos*, à la manière des Laconiens [ou Lacédémoniens], célèbres pour leur langage concis). Qui s'exprime ou est exprimé en peu de mots : *Se montrer très laconique en face de questions indiscrètes. Une réponse laconique* (syn. CONCIS, COURT). *Une dépêche laconique annonce l'attentat* (syn. BREF).

laconiquement [lakɔnikmɑ̃] adv. De façon laconique.

laconisme [lakɔnism] n. m. Façon laconique de s'exprimer : *Le laconisme des dépêches d'agence* (syn. CONCISION).

là-contre [lakɔ̃tr] adv. → CONTRE.

lacrymal, e, aux [lakrimal] adj. (lat. *lacrimalis*, de *lacrima*, larme). Relatif à la production des larmes (anat.) : *Glande lacrymale.*

lacrymogène [lakrimɔʒɛn] adj. Qui provoque la sécrétion des larmes : *Des grenades lacrymogènes.*

lacté, e [lakte] adj. (du lat. *lac, lactis*, lait). **1.** À base de lait : *Chocolat lacté. Farine lactée.* — **2.** *Voie lactée*, bande blanchâtre qui fait le tour de la sphère céleste, constituée par un amas d'étoiles et d'autres corps célestes.

lacunaire [lakynɛr] adj. Qui présente des lacunes : *Texte lacunaire.*

lacune [lakyn] n. f. (lat. *lacuna*). Absence, omission, interruption qui brise l'enchaînement, la continuité de qqch, qui le rend insuffisant : *Ce manuscrit est rendu incompréhensible par de nombreuses lacunes. Sa culture présente des lacunes* (syn. INSUFFISANCE). *Sa mémoire a des lacunes* (syn. TROU, DÉFAILLANCE).

lacustre [lakystr] adj. (lat. *lacustris*, de *lacus*, lac). Relatif aux lacs; qui se trouve sur les bords, vit dans les eaux ou sur les rives d'un lac : *Une cité lacustre est bâtie sur pilotis.*

lad [lad] n. m. (mot angl.). Garçon d'écurie qui soigne les chevaux de course et aide à leur entraînement.

là-dedans [lad(ə)dɑ̃] adv. → DEDANS.

là-dessous [lad(ə)su] adv. → DESSOUS.

là-dessus [lad(ə)sy] adv. → DESSUS.

ladre [ladr] adj. et n. (du lat. *Lazarus*, n. du pauvre couvert d'ulcères dans la parabole de saint Luc). Syn. litt. de AVARE.

ladrerie [ladrəri] n. f. Avarice mesquine et sordide.

lagon [lagɔ̃] n. m. (esp. *lago*, lac). Étendue d'eau fermée vers le large par un récif corallien.

lagopède [lagɔpɛd] n. m. (gr. *lagôs*, lièvre, et lat. *pes, pedis*, pied). Oiseau gallinacé habitant les hautes montagnes et le nord de l'Europe : *Le lagopède d'Écosse est aussi appelé grouse.*

lagune [lagyn] n. f. (it. *laguna*). Étendue d'eau de mer retenue derrière un cordon littoral : *Venise est construite sur les îles d'une lagune.*

là-haut [lao] adv. → LÀ.

laïc → LAÏQUE.

laïcisation [laisizasjɔ̃] n. f. Action de laïciser : *La laïcisation de l'enseignement.*

laïciser [laisize] v. t. *Laïciser qqch,* lui donner un statut laïque en éliminant tout principe de caractère religieux : *Laïciser des écoles, des hôpitaux.*

laïcité [laisité] n. f. Système qui exclut les Églises de l'exercice du pouvoir politique ou administratif, et notamment de l'enseignement.

laid, e [lɛ] adj. (mot francique). **1.** Qui, par son aspect, son apparence, sa forme, etc., produit une impression désagréable à la vue, qui est contraire au beau : *Être laid à faire peur* (syn. ↑HIDEUX, ↑AFFREUX, ↑HORRIBLE ; fam. MOCHE). *Une ville laide, aux maisons grises, uniformes* (syn. ↓DÉPLAISANT). — **2.** Qui inspire un sentiment de dégoût, de recul, de mépris, par son caractère contraire à la morale, aux usages : *Il est laid de mentir ainsi à ses parents* (syn. ↑HONTEUX, ↑IGNOBLE). *C'est laid de parler en mangeant* (syn. MALSÉANT).

laideron [lɛdrɔ̃] n. m. Jeune femme, jeune fille laide.

laideur [lɛdœr] n. f. État de ce qui ou de celui qui est laid : *La laideur d'un monument, d'un visage* (contr. BEAUTÉ). *La laideur du vice* (syn. ↑ TURPITUDE). *Les laideurs de la guerre* (syn. ↑ HORREUR).

laie [lɛ] n. f. (frq. *lêha*). Femelle du sanglier.

lainage [lɛnaʒ] n. m. **1.** Vêtement de laine tricotée : *Mettre un gros lainage en hiver.* — **2.** Étoffe de laine : *La fabrication des lainages.*

laine [lɛn] n. f. (lat. *lana*). **1.** Poils épais, doux et frisés, qui proviennent de la toison du mouton ou d'autres ruminants; étoffe tissée avec ce textile : *De la laine à tricoter. Des vêtements en laine. Un tapis de laine.* — **2.** *Fam.* Vêtement en laine, pull : *Prendre une petite laine.* — **3.** Produit qui se présente comme de la laine naturelle : *La laine de verre, faite de verre filé, est utilisée comme isolant.*

laineux, euse [lɛnø] adj. **1.** Qui a beaucoup de laine : *Une étoffe très laineuse.* — **2.** *Cheveux laineux,* frisés et fournis comme la laine.

lainier, ère [lɛnje] adj. Qui concerne la laine : *L'industrie lainière.*

laïque [laik] ou **laïc, ïque** adj. et n. (gr. *laikos,* du peuple). **1.** Se dit d'un chrétien baptisé qui ne fait pas partie du clergé : *Les laïcs sont appelés à aider les prêtres dans l'enseignement religieux. Les prêtres sont autorisés à revêtir l'habit laïque* (= qui appartient aux laïques). — **2.** *École, enseignement laïque,* indépendant de toute appartenance religieuse (contr. CONFESSIONNEL, RELIGIEUX).

laisse [lɛs] n. f. (de *laisser*). **1.** Lanière servant à mener, à retenir un chien. — **2.** *Tenir qqn en laisse,* lui imposer sa volonté, le contraindre à agir selon des règles déterminées.

laissé-pour-compte [lɛsepurkɔ̃t] n. m. (pl. *laissés-pour-compte*). **1.** Article non vendu resté en magasin. — **2.** *Fam.* Personne dont on n'a pas voulu.

laisser [lɛse] v. t. (lat. *laxare,* détendre). **1.** (sujet qqn) *Laisser qqch,* ne pas le prendre, alors qu'on pourrait en disposer : *Laisser des restes dans son assiette* (= ne pas manger toute sa part). *Laisse des fruits pour ce soir* (syn. GARDER). *Laissez une marge suffisante. Laisser un peu plus de blanc entre chaque ligne* (syn. CONSERVER). *Laissez ça pour demain* (= ne le faites pas maintenant). — **2.** *Laisser qqch à qqn, qqch,* le lui réserver, ne pas le prendre, afin qu'il puisse en disposer : *Laisse de telles plaisanteries aux imbéciles. Ne rien laisser au hasard* (syn. ABANDONNER). *Je te laisse le soin de recevoir ces gens* (syn. CONFIER); le lui remettre en partant : *Laisser la clef au gardien. Laisser un pourboire au garçon* (syn. VERSER). *Laissez-moi une note à ce sujet* (syn. DONNER); le lui donner par testament, par succession : *Il a laissé toute sa fortune à ses enfants* (syn. LÉGUER); ne pas le lui enlever : *Laisse-lui le temps d'agir. Le jugement a laissé la garde des enfants à la mère* (syn. CONFIER); consentir à le vendre : *Je vous laisse cette cravate à 70 F.* — **3.** *Laisser qqch (qqpart),* l'abandonner : *J'ai laissé mes gants chez elle* (syn. OUBLIER). *Ils ont laissé leur appartement de Paris pour aller habiter en banlieue.* — **4.** *Laisser qqch, qqn (qqpart),* ne pas l'emporter, ne pas l'emmener avec soi, le perdre : *J'ai laissé mon manteau et mon chapeau au vestiaire* (syn. METTRE; contr. GARDER). *Laisser ses enfants à la campagne. Laisser ses bagages à la consigne. Il m'a laissé en plan* (fam.; = il m'a quitté brusquement). *Laisser la vie au combat* (= perdre la vie); abandonner une direction : *Laissez la première rue à gauche et prenez la seconde à votre droite.* — **5.** *Laisser qqn, qqch dans tel ou tel état* (compl. ou adj. attribut), les maintenir dans cet état : *Le prévenu a été laissé en liberté* (syn. GARDER). *Laissez-la tranquille, laissez-le en paix. Cela me laisse indifférente. Ça me laisse froid* (fam.; = ça ne m'intéresse pas). *Laisser les choses en l'état* (= telles qu'on les a trouvées). *Laisser de côté les détails insignifiants* (= omettre). *Laisser des terres en friche.* — **6.** (sujet qqn, qqch) *Laisser une trace, une marque, un souvenir,* etc., abandonner derrière soi, après sa disparition, son passage, une trace, une marque, etc. : *L'accrochage a laissé des traces sur l'aile. Sa disparition ne laisse que des regrets. Elle laisse après elle trois enfants. Laisser des dettes. Le fleuve, dans la décrue, a laissé sur des berges des débris de toute sorte* (syn. DÉPOSER). — **7.** *Laisser à désirer,* appeler les plus grandes réserves sur le soin, l'application, etc. : *Son travail laisse beaucoup à désirer* (= est insuffisant). ‖ *Laisser à penser,* donner matière à réflexion. — **8.** *Laisser qqn* (+ *inf.*), lui donner pleine liberté, lui permettre, ne pas l'empêcher de faire (le participe reste inv. en général; lorsque le compl. de *laisser* est sujet de l'inf., il peut y avoir accord) : *Je ne la laisserai pas faire* (= je ne lui permettrai pas d'agir comme elle veut). *Je ne les ai pas laissés* ou *laissé partir. Ne laissez entrer personne. Laissez-moi rire. Rien ne laissait voir son exaspération* (= découvrait, montrait). — **9.** *Laisser qqch* (+ *inf.*), agir de telle façon que qqch se fait (attitude passive, l'auxil. *faire* indiquant une attitude active) : *Laisser tomber un verre. Laisser passer les voitures avant de traverser. Laisser faire le temps.* ◆ ***se laisser*** v. pr. **1.** (sujet qqn) *Se laisser* (+ *inf.*), avoir une attitude passive devant une action, un événement : *Ils se sont laissé surprendre par l'orage. Je me laisse aller à lui faire quelques confidences. Se laisser faire* (= céder aux désirs, à la volonté de qqn). — **2.** *Se laisser dire que,* entendre dire sans objection, mais sans grande conviction que. ‖ *Fam.* (sujet qqch) *Se laisser voir, lire, entendre,* être vu, lu, entendu avec plaisir.

laisser-aller [lɛseale] n. m. inv. Négligence dans la tenue, les manières; absence de soin : *Sévir contre le laisser-aller dans le travail, dans la correction vestimentaire.*

laissez-passer [lɛsepase] n. m. inv. Permis de circuler librement donné par une autorité : *Il fallait un laissez-passer pour aller dans la tribune officielle* (syn. COUPE-FILE, PERMIS).

lait [lɛ] n. m. (lat. *lac, lactis*). **1.** Liquide sécrété par les glandes mammaires des femelles des mammifères et servant à l'alimentation : *Acheter une bouteille de lait chez le crémier. Du lait de chèvre, de vache. Le lait bout, monte, se sauve* (= passe par-dessus les bords de la casserole). *Du lait en poudre, du lait concentré.*

Un café au lait. — **2.** Fam. *Boire du lait, du petit-lait,* éprouver une très vive satisfaction devant des éloges, des flatteries, un succès. ‖ *Frère, sœur de lait,* enfants qui ont eu la même nourrice. — **3.** Liquide ayant l'apparence du lait : *Lait d'amande, de coco.* — **4.** Préparation liquide destinée à adoucir l'épiderme ou à démaquiller : *Lait de toilette.* — **5.** *Lait de poule,* jaune d'œuf battu dans du lait chaud avec du sucre.

laitage [lɛtaʒ] n. m. Aliment fait avec du lait.

laiterie [lɛtri] n. f. Usine où est traité le lait recueilli dans les fermes, en vue de sa transformation en beurre, fromage, etc.

laiteux, euse [lɛtø] adj. Dont la couleur blanchâtre ressemble à celle du lait : *La clarté laiteuse de la lune.*

laitier, ière [lɛtje] n. Personne qui livre du lait. ◆ adj. Du lait : *L'industrie laitière. Les fromages, le beurre sont des produits laitiers. Une vache laitière* (ou *une laitière*) [= élevée en vue de la production de lait].

laiton [lɛtɔ̃] n. m. (mot ar. signif. *cuivre*). Alliage de cuivre et de zinc : *Un fil de laiton.*

laitue [lɛty] n. f. (lat. *lactuca,* de *lac, lactis,* lait). Plante herbacée qu'on mange en salade ou braisée.

laïus [lajys] n. m. (de *Laïus,* père d'Œdipe). *Fam.* Discours, exposé, généralement long et verbeux.

1. lama [lama] n. m. (esp. *llama*). Mammifère ruminant des Andes.

2. lama [lama] n. m. (mot du Tibet). Religieux bouddhiste chez les Tibétains.

lamantin [lamɑ̃tɛ̃] n. m. (esp. *manati*). Mammifère herbivore au corps massif, vivant dans les fleuves de l'Afrique et de l'Amérique tropicales.

lambda [lɑ̃bda] n. m. inv. (lettre de l'alphabet grec correspondant à *l*). Fam. (en apposition). *Individu lambda,* individu quelconque, moyen, ordinaire.

lambeau [lɑ̃bo] n. m. (frq. *labba,* chiffon). **1.** Morceau déchiré d'une étoffe, morceau arraché de papier, de chair, de cuir, etc. : *Un habit en lambeaux* (syn. LOQUE). *Mettre en lambeaux* (= déchirer). *Un lambeau de chair.* — **2.** Partie détachée d'un tout : *Il lui parvenait des lambeaux de conversation* (syn. BRIBE).

lambin, e [lɑ̃bɛ̃] adj. et n. (du frq. *labba,* chose qui pend, qui est molle). *Fam.* Qui agit avec lenteur, avec mollesse, avec paresse (surtout un enfant) : *Un lambin qu'il faut toujours attendre* (syn. TRAÎNARD).

lambiner [lɑ̃bine] v. i. *Fam.* Agir trop lentement : *Elle lambine dans la rue au lieu de rentrer* (syn. S'ATTARDER, LANTERNER ; contr. SE PRESSER).

lambris [lɑ̃bri] n. m. (lat. *labrusca,* vigne sauvage). Revêtement en bois, en marbre, en stuc sur les murs d'une pièce; revêtement en bois d'un plafond.

lambrissé, e [lɑ̃brise] adj. Revêtu d'un lambris : *Les plafonds lambrissés d'un hôtel particulier.*

lame [lam] n. f. (lat. *lamina*). **1.** Vague de la mer : *Être emporté par une lame.* — **2.** *Lame de fond,* vague puissante qui s'élève soudain du fond de la mer; bouleversement qui modifie complètement une situation (syn. RAZ DE MARÉE). — **3.** Morceau de métal, de verre, de bois, etc., plat et très mince : *Une lame de rasoir. Les lames du parquet.* — **4.** Fer d'un couteau, d'une épée, d'un canif, d'un instrument tranchant. — **5.** *Une fine lame,* un bon escrimeur. ‖ *Visage en lame de couteau,* mince et allongé à profil saillant.

lamé, e [lame] adj. et n. m. Se dit d'un tissu orné de minces lames d'or ou d'argent ou tissé avec des fils de métal : *Robe lamée d'or.*

lamelle [lamɛl] n. f. (lat. *lamella*). **1.** Petite lame, petit morceau : *Lamelle de mica.* — **2.** *Découper en lamelles,* en tranches minces.

lamentable [lamɑ̃tabl] adj. (après ou, plus rarement, avant le n.) Qui fait pitié (par sa misère, sa pauvreté, sa nullité, etc.) : *Le sort lamentable des naufragés* (syn. PITOYABLE, NAVRANT). *Spectacle lamentable* (syn. ↓ DOULOUREUX, ↓ TRISTE). *Orateur lamentable* (syn. MINABLE).

lamentablement [lamɑ̃tabləmɑ̃] adv. De façon lamentable : *La révolte a échoué lamentablement.*

lamentation [lamɑ̃tasjɔ̃] n. f. Plainte, gémissement (surtout pl.) : *Ses lamentations perpétuelles sur la dureté de la vie* (syn. JÉRÉMIADES).

lamenter (se) [lamɑ̃te] v. pr. (lat. *lamentari*). *Se lamenter sur qqch, qqn,* se répandre en plaintes, en gémissements, en regrets sur eux : *Se lamenter sur son sort* (syn. GÉMIR). *Se lamenter sur la mauvaise tenue d'un enfant* (syn. SE DÉSOLER DE).

lamifié, e [lamifje] adj. Constitué de plusieurs feuilles de matériaux.

laminage [laminaʒ] n. m. Action de laminer : *Le laminage des tôles d'acier.*

laminer [lamine] v. t. (du lat. *lamina,* lame). **1.** *Laminer du métal,* l'étirer en le comprimant, afin de lui donner la forme de feuille, de barre, etc. — **2.** *Laminer qqch,* le réduire progressivement : *La hausse rapide des prix lamine le pouvoir d'achat des salariés.*

lamineur [laminœr] n. m. Ouvrier employé au laminage des métaux.

laminoir [laminwar] n. m. **1.** Machine servant à laminer les métaux. — **2.** *Passer au laminoir,* soumettre à de rudes épreuves.

lampadaire [lɑ̃padɛr] n. m. (lat. *lampadarium,* qui porte la lampe). Support vertical muni d'un système d'éclairage à sa partie supérieure.

lamparo [lɑ̃paro] n. m. (mot prov.). Lampe ou phare utilisés par les pêcheurs, surtout en Méditerranée, pour attirer le poisson : *La pêche au lamparo.*

lampe [lɑ̃p] n. f. (lat. *lampas, lampadis*). **1.** Appareil d'éclairage par l'électricité (source de lumière proprement dite ou ensemble de l'appareil) : *La lampe a sauté, il faut la changer* (syn. AMPOULE). *L'abat-jour de la lampe de bureau. Allumer, éteindre une lampe électrique. Une lampe de poche.* — **2.** Tube servant aux émissions et aux réceptions de radio : *Un poste à six lampes.* — **3.** Appareil, ustensile produisant une flamme et utilisés comme source d'éclairage ou de chaleur : *Une lampe à pétrole. Une lampe à souder.*

lampion [lɑ̃pjɔ̃] n. m. (it. *lampione*). **1.** Lanterne en papier translucide et coloré, employée dans les fêtes, les illuminations, les retraites aux flambeaux : *Allumer, éteindre les lampions.* — **2.** *Sur l'air des lampions,* avec des cris, des appels rythmés, répétés plusieurs fois de suite.

lampiste [lɑ̃pist] n. m. **1.** Personne chargée, en partic. dans les mines, de l'entretien et de la réparation des lampes. — **2.** Employé subalterne ou personne qui n'a pas de responsabilités importantes dans une entreprise.

lampisterie [lɑ̃pistəri] n. f. Lieu où on garde et répare les appareils d'éclairage d'une exploitation industrielle.

lamproie [lɑ̃prwa] n. f. (bas lat. *lampreda*). Poisson cartilagineux, en forme de serpent, à la peau gluante, qui vit dans la mer ou les eaux douces.

lampyre [lɑ̃pir] n. m. (lat. *lampyris ;* du gr., *lampein,* briller). Insecte coléoptère dont la femelle est connue sous le nom de *ver luisant.*

1. lance [lɑ̃s] n. f. (lat. *lancea*). **1.** Arme offensive faite d'un long manche muni d'un fer pointu : *Brandir une lance.* — **2.** Tube métallique adapté à l'extrémité d'un tuyau de pompe et servant à diriger le jet d'eau : *Une lance à incendie.*

2. lance- [lɑ̃s], entre dans des composés (n. inv.) désignant des appareils servant à lancer des projectiles : *Lance-bombes, lance-flammes, lance-fusées, lance-grenades, lance-missiles, lance-pierres, lance-roquettes, lance-torpilles,* etc.

lancée [lɑ̃se] n. f. *Sur sa lancée,* en profitant de l'élan qu'on a pris pour atteindre un objectif : *L'ailier courut le long de la touche, continua sur sa lancée et dribbla deux adversaires. Elle exposa tous ses griefs et, sur sa lancée, en vint même à offrir sa démission* (syn. DANS SON ÉLAN).

lancement [lɑ̃smɑ̃] n. m. Action de lancer : *Une rampe de lancement pour les fusées. Le lancement du javelot. Le lancement d'un nouveau satellite. Le lancement d'une campagne de presse, d'un emprunt. Le lancement d'une nouvelle vedette.*

lance-pierres [lɑ̃spjɛr] n. m. inv. Petite fourche munie de deux caoutchoucs pour lancer des projectiles.

1. lancer [lɑ̃se] v. t. (lat. *lanceare,* manier la lance) [c. 1]. **1.** (sujet qqn, qqch) *Lancer qqch (projectile)* [*vers, sur, à, dans,* etc., *qqch, qqn*], le jeter loin de soi, avec plus ou moins de force, pour atteindre qqch ou qqn, le faire partir dans une direction déterminée : *Lancer une pierre contre un arbre* (syn. JETER). *Lancer la balle à son partenaire* (syn. ENVOYER). *Lancer son cahier sur le bureau. Lancer le ballon en l'air* (syn. PROJETER). *Lancer le disque, le poids, le javelot, le marteau dans une épreuve d'athlétisme. Lancer une fusée. L'avion a lancé ses bombes sur l'objectif.* — **2.** *Lancer une partie de son corps,* la faire mouvoir rapidement : *Lancer ses bras en avant* (syn. TENDRE). *Lancer un coup de pied dans les jambes de quelqu'un. Lancer la tête en avant. Elle lui a lancé un regard furieux* (syn. JETER). — **3.** (sujet qqch) *Lancer qqch,* le faire jaillir hors de soi : *Le volcan lançait des torrents de lave. Un diamant qui lance mille feux.* — **4.** Dire soudainement et vivement ou avec force : *Lancer un cri strident* (syn. POUSSER). *Lancer une fausse note* (syn. LÂCHER). *Lancer une plaisanterie.* — **5.** Émettre, envoyer qqch avec l'intention d'atteindre qqn ou d'obtenir un résultat : *Lancer des invitations. Le navire lança un S. O. S. Lancer un mandat d'amener. Lancer un appel à la radio.* — **6.** *Lancer des troupes, des animaux,* les envoyer contre qqn ou qqch avec hostilité ou violence : *Lancer les troupes à l'assaut. Lancer les chiens à la poursuite des voleurs.* — **7.** Animer d'un mouvement vif, mettre en mouvement, en marche : *Lancer une cloche à toute volée. Le train est lancé à toute vitesse. Lancer un moteur.* ‖ *Lancer un navire,* le mettre à l'eau par glissement sur sa cale de construction. — **8.** *Lancer qqch,* le mettre en train : *Lancer une affaire. Lancer une campagne électorale* (= entreprendre, déclencher). *Lancer une mode* (= en être l'initiateur). *Lancer un nouveau produit sur le marché* (= le mettre en vente). — **9.** (sujet qqch, qqn) *Lancer qqn,* le faire connaître, le mettre en vedette : *Son nouveau roman l'a définitivement lancé. Son premier film a lancé cette jeune vedette.* — **10.** *Lancer qqn, qqch (dans),* le pousser, le mettre dans telle ou telle voie : *Il a lancé son fils dans les affaires. Lancer son pays dans une folle aventure. Elle est lancée, elle ne se taira plus* (= elle s'est mise à parler). ◆ ***se lancer*** v. pr. **1.** *Se lancer dans, contre,* etc., *qqch, qqn,* se jeter dans, contre, etc., eux : *Se lancer dans la rivière du haut du pont. Se lancer contre l'obstacle;* sans compl., prendre son élan : *Le sauteur recula pour se lancer* (syn. S'ÉLANCER). — **2.** *Se lancer dans qqch (abstrait),* s'y engager avec hardiesse : *Se lancer dans des dépenses inconsidérées* (syn. fam. S'EMBARQUER). *Se lancer dans des explications confuses* (syn. ENTRER DANS). *Se lancer dans la politique. Se lancer dans la lecture d'un livre difficile* (syn. ENTAMER). — **3.** (sans compl.) Se mettre en vedette, se faire connaître : *Elle cherche à se lancer; elle est présente à tous les cocktails.*

2. lancer [lɑ̃se] n. m. **1.** Épreuve d'athlétisme, consistant dans le jet du poids, du javelot, du disque ou du marteau; ce jet lui-même : *Les athlètes auront droit à six lancers.* — **2.** *Pêche au lancer,* qui consiste à lancer l'appât au loin et à le ramener lentement au moyen d'un moulinet.

lancette [lɑ̃sɛt] n. f. (de *lance*). Instrument de chirurgie en forme de canif, qui sert à ouvrir une veine, un abcès, etc.

lanceur, euse [lɑ̃sœr] n. Athlète qui effectue un lancer : *Les lanceurs de javelot.*

lancier [lɑ̃sje] n. m. Soldat d'un corps de cavalerie armé d'une lance.

lancinant, e [lɑ̃sinɑ̃] adj. Qui lancine : *Une douleur lancinante. Une musique lancinante.*

lancinement [lɑ̃sinmɑ̃] n. m. Élancement douloureux.

lanciner [lɑ̃sine] v. t. (lat. *lancinare*). **1.** *Lanciner qqn,* le faire souffrir par des élancements répétés : *Cet abcès au doigt me lancine.* — **2.** *Lanciner qqn,* le tourmenter de façon persistante : *La pensée de la maladie le lancinait* (syn. OBSÉDER).

lançon [lɑ̃sɔ̃] n. m. (de *lance*). Autre nom de l'ÉQUILLE.

land [lɑ̃d] n. m. (mot all.) [pl. *länder*]. Nom donné aux États de la République fédérale d'Allemagne.

landau [lɑ̃do] n. m. (de *Landau,* v. d'Allemagne où cette voiture fut d'abord fabriquée) [pl. *landaus*]. Voiture d'enfant à capote rabattable.

lande [lɑ̃d] n. f. (gaul. *landa*). Paysage caractérisé par une végétation d'ajoncs, de genêts, de bruyère, poussant sur des terrains granitiques : *Les landes bretonnes.*

langage [lɑ̃gaʒ] n. m. (de *langue*). **1.** Faculté que les hommes ont de communiquer entre eux et d'exprimer leur pensée au moyen de signes vocaux (la langue), qui peuvent éventuellement être transcrits : *Avoir des troubles du langage.* — **2.** (souvent + adj. ou compl. du n.) Manière de parler propre à une communauté linguistique, à un groupe, à un individu, etc. : *Le langage familier, littéraire* (syn. LANGUE). *Le langage administratif, technique. Son langage est expressif, incompréhensible. Le langage de l'enfant. Surveiller son langage* (syn. STYLE, VOCABULAIRE). — **3.** Contenu de la communication elle-même : *Tenir un langage mensonger. C'est le langage de la raison, de l'amour.* — **4.** Voix, cri, chant des animaux : *Le langage des bêtes.* — **5.** Manière de s'exprimer au moyen de symboles, de formes artistiques, etc. : *Langage chiffré. Le langage des fleurs.* ‖ *Langage machine,* langage spécifique d'un ordinateur, dans lequel les instructions sont exprimées en un code directement assimilable par la machine.

lange [lɑ̃ʒ] n. m. (du lat. *laneus,* de laine). Rectangle de tissu qui sert à envelopper un nourrisson : *Changer les langes d'un enfant.*

langer [lɑ̃ʒe] v. t. (c. 2) *Langer un nourrisson,* l'envelopper dans un lange, dans des couches.

langoureusement [lɑ̃gurøzmɑ̃] adv. De façon langoureuse.

langoureux, euse [lɑ̃gurø] adj. Qui manifeste de la langueur amoureuse : *Jeter un regard langoureux. Le rythme langoureux d'un slow.*

langouste [lɑ̃gust] n. f. (prov. *langosta;* du lat. *locusta,* sauterelle). Crustacé à fortes antennes, mais sans pinces, vivant sur les fonds rocheux de la mer.

langoustier [lɑ̃gustje] n. m. Bateau ou filet pour la pêche des langoustes.

langoustine [lɑ̃gustin] n. f. Petit crustacé voisin de

l'écrevisse par sa forme, à longues pinces, vivant dans l'Océan.

langue [lɑ̃g] n. f. (lat. *lingua*).
— **I. 1.** Organe charnu fixé au plancher de la bouche, qui intervient dans la déglutition et la parole, et dont les papilles assurent la gustation : *Avoir la langue blanche, pâteuse ;* se dit aussi des animaux : *Une langue de bœuf.* — **2.** Ce qui a la forme d'une langue : *Une langue de terre* (= une bande de terre entourée d'eau). *Des langues de feu* (= des flammes allongées). — **3.** *Avoir la langue bien pendue, bien affilée, bien déliée,* être très bavard. ‖ *Donner sa langue au chat,* renoncer à deviner qqch. ‖ *Il a avalé sa langue,* il est silencieux (alors que d'habitude il parle beaucoup). ‖ *Mauvaise langue, langue de vipère,* personne médisante. ‖ *Tenir sa langue,* garder un secret. ‖ *Tirer la langue,* la sortir de la bouche en signe de moquerie ; être dans le besoin. (→ LINGUAL.)
— **II. 1.** Système structuré de signes vocaux (ou transcrits graphiquement), utilisé par les hommes pour communiquer entre eux : *La langue française du XVIIe s. L'étude phonologique, morphologique, lexicale d'une langue. Le français est ma langue maternelle. Le latin est une langue morte ; l'anglais, une langue vivante. La langue écrite est différente de la langue parlée. Un professeur de langues* (= de langues étrangères). — **2.** (+ adj. ou compl. du n.) Système de signes particulier à un groupe, à un milieu, à une activité, à un individu : *La langue philosophique. La langue savante, populaire. La langue de Mallarmé. La langue verte* (= l'argot). *Langue de bois* (= phraséologie stéréotypée) [→ LINGUISTIQUE.]

langue-de-chat [lɑ̃gdəʃa] n. f. (pl. *langues-de-chat*). Petit gâteau sec, long et plat.

languette [lɑ̃gɛt] n. f. Objet en cuir, en métal, en bois, etc., dont la forme rappelle celle d'une petite langue : *La languette de cuir d'une chaussure.*

langueur [lɑ̃gœr] n. f. (lat. *languor*). **1.** Abattement physique ou moral, qui se manifeste par une absence d'activité, de dynamisme : *Tomber en langueur* (syn. DÉPRESSION). — **2.** Rêverie douce et mélancolique ; sentiment d'attendrissement amoureux : *Une douce langueur l'envahit.*

languir [lɑ̃gir] v. i. (lat. *languere*). **1.** (sujet qqn) *Languir (de qqch), languir après qqch, qqn,* être dans un état d'abattement, conséquence de la durée d'une attente, d'un besoin, d'une souffrance physique : *Elle languit d'ennui* (syn. ↓SE MORFONDRE). *Languir d'amour pour quelqu'un. Je languis après vous* (= je vous attends impatiemment). — **2.** (sujet qqch) Manquer d'activité, d'animation : *La conversation languit.* — **3.** Fam. *Faire languir qqn,* le laisser dans l'attente : *Ne la fais pas languir ; préviens-la tout de suite.* ◆ ***se languir*** v. pr. *Fam.* S'ennuyer. (→ ALANGUIR.)

languissamment [lɑ̃gisamɑ̃] adv. De façon languissante.

languissant, e [lɑ̃gisɑ̃] adj. Qui languit : *Une conversation languissante* (= qui se traîne ; syn. MORNE). *Une industrie languissante* (= qui se meurt).

lanière [lanjɛr] n. f. (anc. fr. *lasne*). Longue et étroite bande de cuir ou d'étoffe (syn. COURROIE).

lanoline [lanɔlin] n. f. (lat. *lana,* laine). Graisse jaune retirée du suint du mouton et employée dans la composition de nombreuses pommades.

lanterne [lɑ̃tɛrn] n. f. (lat. *lanterna*). **1.** Boîte à armature rigide et garnie d'une matière transparente, dans laquelle on met une source de lumière : *La lanterne du veilleur de nuit.* — **2.** *Éclairer la lanterne de qqn,* lui fournir des explications pour qu'il comprenne. ‖ *Lanterne rouge,* dernier d'un classement, d'un concours ; dernier d'une file. ◆ ***lanternes*** n. f. pl. Lampes de phares d'une voiture qui donnent le plus faible éclairage (syn. VEILLEUSES).

lanterner [lɑ̃tɛrne] v. i. (de *lanterne*). **1.** *Faire lanterner qqn,* le faire attendre. — **2.** S'attarder en perdant son temps, en hésitant, en traînant (syn. LAMBINER).

laotien, enne [laɔsjɛ̃] adj. et n. Du Laos.

lapalissade [lapalisad] n. f. (de *La Palice,* personnage d'une chanson). Réflexion d'une banalité et d'une évidence proches de la niaiserie : *« Deux heures avant sa mort, il était encore en vie » est une lapalissade.*

lapement [lapmɑ̃] n. m. Action de laper.

laper [lape] v. t. et i. (onomat.) [sujet un chien, un chat, etc.]. Boire en prenant le liquide avec de petits coups de langue.

lapereau [lapro] n. m. (préroman *laparo*). Jeune lapin.

1. lapidaire [lapidɛr] n. m. (lat. *lapidarius,* de *lapis, lapidis,* pierre). Artisan qui taille les pierres précieuses autres que le diamant.

2. lapidaire [lapidɛr] adj. **1.** Qui concerne les pierres précieuses ou la taille de ces pierres. — **2.** *Inscription lapidaire,* gravée sur une pierre. ‖ *Musée lapidaire,* consacré à des sculptures en pierre. — **3.** *Formule lapidaire,* composée d'un minimum de mots, d'une concision brutale, expressive.

lapider [lapide] v. t. *Lapider qqn,* l'attaquer ou même le tuer à coups de pierres.

lapin, e [lapɛ̃] n. (de *lapereau*). **1.** Mammifère rongeur dont la race sauvage *(lapin de garenne)* est répandue en toutes régions, et dont certaines espèces sont l'objet d'élevage domestique *(lapin domestique).* — **2.** Chair comestible du lapin : *Du civet de lapin.* — **3.** Fam. *Chaud lapin,* homme à l'activité sexuelle intense. ‖ *Peau de lapin,* fourrure du lapin. ‖ Fam. *Poser un lapin,* ne pas venir à un rendez-vous qu'on a fixé à qqn.

lapiner [lapine] v. i. (sujet une lapine) Mettre bas.

lapis [lapis] ou **lapis-lazuli** [lapis-lazyli] n. m. (lat. *lapis,* pierre, et *lazuli,* d'azur). Pierre fine bleue.

lapon, onne ou **one** [lapɔ̃] adj. et n. De Laponie. ◆ ***lapon*** n. m. Langue parlée en Laponie.

laps [laps] n. m. (du lat. *lapsus,* écoulé). *Laps de temps,* espace de temps.

lapsus [lapsys] n. m. (mot lat.). Faute commise en parlant ou en écrivant, et qui consiste à employer un mot pour un autre, à mutiler un mot : *« Un mou de veau, madame » pour « Un mot de vous, madame » est un lapsus.*

laquais [lakɛ] n. m. (gr. médiév. *oulakês ;* turc *ulaq,* coureur). **1.** Valet de pied qui porte la livrée : *Un laquais recevait les invités à la porte du château.* — **2.** Homme servile : *Les laquais du régime.*

laque [lak] n. f. (ar. *lakk*). **1.** Substance transparente, colorée ou non, servant pour vernir, peindre. — **2.** Produit qu'on vaporise sur les cheveux pour les fixer. ◆ n. m. Objet d'Extrême-Orient laqué.

laqué, e [lake] adj. **1.** Revêtu d'une couche de laque : *Un bureau laqué.* — **2.** *Canard laqué,* accommodé à la façon chinoise et recouvert d'une couche de caramel brillant.

larbin [larbɛ̃] n. m. (arg. *habin,* chien). *Fam.* et *péjor.* **1.** Domestique de grande maison. — **2.** Homme servile, qui a une mentalité d'esclave.

larcin [larsɛ̃] n. m. (lat. *latrocinium*). Vol de peu d'importance, commis furtivement ; l'objet volé : *Commettre un larcin. Dissimuler son larcin* (= le produit du vol).

lard [lar] n. m. (lat. *lardum*). Graisse qui se trouve

sous la peau épaisse de certains animaux (en partic. du porc) : *Du lard fumé.*

larder [larde] v. t. **1.** *Larder une viande,* la piquer de petits morceaux de lard. — **2.** *Larder qqn de coups,* le percer de coups (de couteau, etc.), le blesser.

lardon [lardɔ̃] n. m. Petit morceau de lard pour accommoder un plat.

largage [largaʒ] n. m. Action de larguer.

large [larʒ] adj. (lat. *largus*) [avant ou après le n.] **1.** Qui a une dimension (en général dans le sens latéral) plus grande que la moyenne : *Des épaules larges* (contr. ÉTROIT). *La rivière est large en cet endroit* (contr. RESSERRÉ). *Une large avenue. Un large sourire se peignit sur son visage* (syn. ÉPANOUI). *De larges fenêtres éclairaient la pièce* (syn. GRAND). *La veste est trop large* (syn. AMPLE; contr. SERRÉ). *Décrire un large cercle* (syn. ÉTENDU; contr. PETIT). *De larges gouttes de pluie* (syn. GROS). — **2.** *Large de,* qui a telle dimension dans le sens latéral : *Une allée large de 2 mètres.* — **3.** Dont l'importance, la quantité est très grande : *Faire de larges concessions* (syn. ↑CONSIDÉRABLE). *Tu disposes d'un large pouvoir. Dans une large mesure, elle a raison. Prendre un mot dans son acception la plus large* (contr. STRICT). — **4.** Qui n'est pas borné, limité, restreint : *Être large d'idées* (syn. LIBÉRAL). *Faire un large tour d'horizon. Mener une vie large* (syn. AISÉ). — **5.** *Être large avec qqn,* se montrer généreux à son égard. ◆ adv. Fam. *Ne pas en mener large,* être plein d'inquiétude, de peur; être dans une situation difficile, dangereuse. ‖ *Voir large,* voir grand ou voir sans préjugés. ◆ n. m. **1.** *De large,* qui a une étendue de : *Une rivière de vingt mètres de large* (= en largeur). — **2.** La haute mer : *Gagner le large.* — **3.** *Au large de,* dans les parages de : *Le bateau s'est perdu au large de Cherbourg.* ‖ *Être au large,* être à son aise, avoir suffisamment de place; être dans l'aisance. ‖ *Prendre le large,* s'enfuir.

largement [larʒəmɑ̃] adv. **1.** De façon abondante, importante : *La Seine a largement débordé sur les quais. Le sel a été trop largement utilisé* (syn. ABONDAMMENT). *Gagner largement sa vie* (syn. ↓BIEN). — **2.** Sur une grande surface, d'une manière large : *Les baies sont largement ouvertes sur la mer. Robe largement décolletée* (syn. AMPLEMENT). — **3.** Au minimum : *Il a largement deux mille francs par mois. Il était largement onze heures quand il est arrivé* (= onze heures étaient depuis longtemps passées). — **4.** Avec largesse : *Elle donne largement à ses enfants* (syn. BEAUCOUP, GÉNÉREUSEMENT).

largesse [larʒɛs] n. f. Qualité de celui qui est généreux : *Sa largesse excessive passe pour de la naïveté* (syn. GÉNÉROSITÉ, LIBÉRALITÉ; contr. AVARICE). ◆ ***largesses*** n. f. pl. Dons généreux : *Prodiguer des largesses.*

largeur [larʒœr] n. f. **1.** Dimension latérale d'un corps : *La largeur de la route* (contr. LONGUEUR). *La largeur d'une fenêtre* (contr. HAUTEUR). *La largeur d'une rivière* (contr. PROFONDEUR). *Mesurer une table dans le sens de la largeur* (= en travers). — **2.** Caractère de ce qui n'est pas borné, étriqué : *Sa largeur d'esprit* (contr. MESQUINERIE, ÉTROITESSE). *Traiter les problèmes difficiles avec une grande largeur de vues* (syn. ÉLÉVATION, AMPLEUR). — **3.** Fam. *Dans les grandes largeurs,* complètement.

larghetto [largɛto] adv. et n. m. (mot it.). Un peu moins lent que largo.

largo [largo] adv. (mot it.). Indication musicale invitant à exécuter un mouvement le plus lentement possible. ◆ n. m. Morceau de musique exécuté dans ce mouvement.

larguer [large] v. t. (prov. *larga,* élargir). **1.** *Larguer les amarres,* les détacher de manière que le navire puisse quitter le quai. ‖ *Larguer une voile,* la laisser aller. — **2.** Lâcher d'un avion : *Larguer des bombes. Larguer un parachutiste.* — **3.** Fam. *Larguer qqch, qqn,* se débarrasser d'eux.

larigot (à tire-) [larigo] adv. *Fam.* En grande quantité : *Gagner de l'argent à tire-larigot* (= beaucoup).

larme [larm] n. f. (lat. *lacrima*). **1.** Liquide qui coule des yeux sous l'effet d'une émotion, d'une douleur physique ou morale : *Retenir ses larmes. Écraser une larme au coin de l'œil* (syn. litt. PLEUR). *Avoir les larmes aux yeux* (= être ému). *Pleurer à chaudes larmes* (= beaucoup). *Rire aux larmes* (= au point que les larmes coulent des yeux). *Avoir toujours la larme à l'œil* (= être d'une sensibilité exagérée). *Être en larmes* (= pleurer). — **2.** *Une larme (de qqch),* une très petite quantité de (syn. UNE GOUTTE). [→ LACRYMAL.]

larmoiement [larmwamɑ̃] n. m. Action de larmoyer.

larmoyant, e [larmwajɑ̃] adj. Qui larmoie : *Voix larmoyante* (= où s'entremêlent des larmes). *Récit larmoyant* (= qui incite aux larmes).

larmoyer [larmwaje] v. i. (c. 3). **1.** Pleurer : *Des yeux qui larmoient à cause de de la fumée.* — **2.** Se lamenter continuellement (syn. PLEURNICHER).

larron [larɔ̃] n. m. (lat. *latro*). *S'entendre comme larrons en foire,* s'entendre à merveille, être d'accord pour jouer un mauvais tour.

larvaire [larvɛr] adj. Relatif à la larve : *Les formes larvaires des insectes.*

larve [larv] n. f. (lat. *larva,* fantôme). Stade de développement, différent par la forme de l'état adulte, que présentent certains animaux (batraciens, insectes, crustacés, etc.).

larvé, e [larve] adj. (de *larve*). Qui ne s'est pas encore manifesté de manière nette : *Une révolte larvée* (syn. LATENT; contr. OUVERT).

laryngé, e [larɛ̃ʒe] ou **laryngien, enne** [larɛ̃ʒjɛ̃] adj. Relatif au larynx : *Cavité laryngienne.*

laryngite [larɛ̃ʒit] n. f. Inflammation du larynx.

laryngologie [larɛ̃gɔlɔʒi] n. f. Étude du larynx, de ses affections.

laryngologue [larɛ̃gɔlɔg] ou **laryngologiste** [larɛ̃gɔlɔʒist] n. Spécialiste de laryngologie.

larynx [larɛ̃ks] n. m. (gr. *larugx,* gosier). Partie supérieure du canal respiratoire, où se trouvent les cordes vocales.

1. las [las] interj. *Litt.* Hélas. « Las! Le temps, non, mais nous nous en allons » (Ronsard).

2. las, lasse [lɑ] adj. (lat. *lassus*). *Litt.* **1.** Qui éprouve une grande fatigue physique : *Se sentir las* (syn. FATIGUÉ; ↑ÉPUISÉ; fam. ↑ÉREINTÉ; contr. DISPOS.). *Les jambes lasses après une longue marche.* — **2.** *Las de qqn, de qqch, las de* (+ *inf.*), qui ne peut plus supporter qqn, qqch, qui est ennuyé de faire qqch : *Las de vivre* (syn. DÉGOÛTÉ). *Être las de faire des remontrances à ses enfants* (syn. ↑EXCÉDÉ). *Las d'attendre en vain* (syn. ↑IRRITÉ).

lasagne [lazaɲ] n. f. (it. *lasagna*). Pâte alimentaire fraîche taillée en larges rubans.

lascar [laskar] n. m. (persan *lachkar,* soldat). *Fam.* Individu malin, prêt à des actes hardis, quelquefois répréhensibles : *Nos deux lascars s'entendent pour me tromper.*

lascif, ive [lasif] adj. (lat. *lascivus*). **1.** *Litt.* Qui est porté vers les plaisirs des sens : *Une femme lascive* (syn. SENSUEL). — **2.** Qui excite à la sensualité : *Danse, posture lascive* (syn. VOLUPTUEUX).

laser [lazɛr] n. m. (mot angl.). Source lumineuse pouvant produire des éclairs très intenses, utilisée dans le domaine des télécommunications, de l'armement, de la médecine, etc.

lassant, e [lasɑ̃] adj. Qui lasse, fatigue : *Des reproches lassants* (syn. ENNUYEUX).

lasser [lɑse] v. t. (lat. *lassare*). *Lasser qqn,* le rendre las : *Lasser ses lecteurs par les mêmes récits* (syn. ENNUYER). *Lasser son entourage par de continuelles jérémiades* (syn. FATIGUER, IMPORTUNER, ↑EXCÉDER). *Il a fini par lasser ma bonté* (syn. ÉPUISER). *Esprit lassé de tout* (syn. DÉCOURAGER, DÉSABUSER). ◆ ***se lasser*** v. pr. *Se lasser (de qqch, de* [+ *inf.*]), se fatiguer de qqch par ennui : *On se lasse de vos réclamations. Elle se lassa de l'attendre en vain. Il parle des heures sans se lasser.*

lassitude [lasityd] n. f. (lat. *lassitudo*). **1.** Sensation de fatigue physique : *La lassitude due à l'âge* (syn. FATIGUE). — **2.** État moral de celui qui ne peut plus supporter qqch : *Céder par lassitude. La lassitude des combattants* (syn. DÉCOURAGEMENT ; contr. ENTHOUSIASME).

lasso [laso] n. m. (esp. *lazo*). Longue lanière de cuir, terminée par un nœud coulant et qui sert à capturer des animaux.

latence [latɑ̃s] n. f. État de ce qui est caché.

latent, e [latɑ̃] adj. (lat. *latens,* de *latere,* être caché). Qui ne se manifeste pas à l'extérieur, qui reste caché : *Le mécontentement latent finit par éclater. La maladie reste à l'état latent* (= sans se déclarer). *Un foyer latent de troubles* (syn. LARVÉ ; contr. OUVERT).

latéral, e, aux [lateral] adj. (lat. *lateralis,* de *latus, lateris,* flanc). Relatif au côté ; qui est sur le côté : *Une porte latérale. Les galeries latérales dans une église.*

latéralement [lateralmɑ̃] adv. Sur le côté.

latex [latɛks] n. m. (mot latin signif. *liqueur*). Liquide blanc sécrété par certains végétaux (hévéa, pissenlit, laitue) : *On tire le caoutchouc du latex de l'hévéa.*

latin, e [latɛ̃] adj. et n. (lat. *latinus*). **1.** Qui appartient à la Rome ancienne, à l'empire qu'elle avait constitué : *La mythologie latine.* — **2.** Qui appartient à la langue parlée par les Romains : *Les déclinaisons latines.* — **3.** Qui appartient à une civilisation où la langue est d'origine latine : *L'Amérique latine. Les Français sont des Latins.* — **4.** *Quartier latin,* quartier de Paris, sur la rive gauche de la Seine, où se trouvent les facultés. ◆ ***latin*** n. m. **1.** La langue des anciens Romains : *Le latin est une langue morte.* — **2.** *Latin de cuisine,* jargon formé de mots français, à désinence latine. ‖ *Y perdre son latin,* être dans l'embarras le plus grand pour comprendre, pour expliquer qqch.

latinisation [latinizasjɔ̃] n. f. Action de latiniser.

latiniser [latinize] v. t. Donner une forme ou une terminaison latine à un mot ; donner le caractère latin à.

latinisme [latinism] n. m. Forme propre à la langue latine.

latiniste [latinist] n. Spécialiste du latin.

latinité [latinite] n. f. Civilisation des peuples latins.

latino-américain, e [latinoamerikɛ̃] adj. et n. (pl. *latino-américains, es*). De l'Amérique latine.

latitude [latityd] n. f. (lat. *latitudo, -dinis,* largeur). **1.** Écart séparant de l'équateur un point quelconque de la surface terrestre (par oppos. à *longitude*) : *La latitude est mesurée en degrés.* — **2.** *Sous toutes les latitudes,* sous tous les climats, dans toutes les régions. — **3.** *Avoir toute latitude, donner, laisser toute latitude à qqn,* avoir toute liberté d'agir, donner, laisser à qqn tout pouvoir d'agir à son gré.

latrines [latrin] n. f. pl. (lat. *latrina*). Lieux pour les besoins naturels (dans une caserne, dans un camp, dans une prison, etc.).

latte [lat] n. f. (bas lat. *latta*). Morceau de bois long, étroit et mince, qui sert dans la construction.

lattis [lati] n. m. Ensemble en lattes destiné à recevoir un enduit, un revêtement : *Le lattis d'un plafond.*

laudatif, ive [lodatif] adj. (lat. *laudativus,* de *laudare,* louer). Qui loue, qui célèbre : *Parler d'une amie en termes laudatifs* (syn. ÉLOGIEUX). *Un article très laudatif a été publié sur son livre.*

lauréat, e [lorea] n. (du lat. *laureatus,* couronné de lauriers). Personne qui a remporté un prix, une récompense dans un concours : *Les lauréats du prix Nobel.*

laurier [lorje] n. m. (lat. *laurus*). **1.** Arbre des régions tempérées et chaudes, dont les feuilles persistantes sont utilisées comme condiment. — **2.** *Se couvrir de lauriers,* se couvrir de gloire. ‖ *S'endormir, se reposer sur ses lauriers,* se contenter du succès remporté et ne pas poursuivre son effort. ‖ *Les lauriers de la victoire,* la gloire issue du succès.

laurier-rose [lorjeroz] n. m. (pl. *lauriers-roses*). Arbuste cultivé pour ses fleurs roses ou blanches.

lavable [lavabl] adj. Qu'on peut laver : *Tissu lavable* (= qui peut se laver sans dommage).

lavabo [lavabo] n. m. (mot lat. signif. *je laverai*). **1.** Appareil sanitaire, en forme de cuvette et alimenté en eau, permettant de faire sa toilette. — **2.** Pièce contenant un ou plusieurs de ces appareils. ◆ ***lavabos*** n. m. pl. Toilettes publiques.

lavage [lavaʒ] n. m. **1.** Action de laver, de nettoyer : *La blanchisserie assure le lavage et le repassage du linge* (syn. BLANCHISSAGE, NETTOYAGE). — **2.** *Lavage de cerveau* → CERVEAU.

lavallière [lavaljɛr] n. f. (de Mlle de *La Vallière,* favorite de Louis XIV). Cravate formée d'un large nœud flottant.

lavande [lavɑ̃d] n. f. (de l'it. *lavanda,* qui sert à laver). Plante aux fleurs odorantes bleues ou violacées, en épi, cultivée sur les terrains secs de Provence et des Alpes du Sud pour le parfum qu'on en tire. ◆ adj. inv. *Bleu lavande,* bleu mauve assez clair.

lavandière [lavɑ̃djɛr] n. f. (de *laver*). *Litt.* Femme qui lave le linge à la main.

lavasse [lavas] n. f. *Fam.* Boisson, soupe ou sauce dans laquelle on a mis trop d'eau.

lave [lav] n. f. (it. *lava ;* du lat. *labes,* éboulement). Matière visqueuse, en fusion, émise par un volcan.

lave-glace [lavglas] n. m. (pl. *lave-glaces*). Appareil qui envoie un jet de liquide sur le pare-brise d'une automobile.

lave-linge [lavlɛ̃ʒ] n. m. inv. Machine à laver le linge.

lavement [lavmɑ̃] n. m. Injection d'un liquide dans le gros intestin, à l'aide d'un appareil (méd.).

laver [lave] v. t. (lat. *lavare*). **1.** *Laver qqch, qqn,* enlever avec un liquide ce qui le salit, le souille : *Laver du linge. Laver les carreaux de la cuisine à grande eau* (syn. NETTOYER). *Laver la vaisselle dans l'évier. Laver la figure d'un enfant* (syn. DÉBARBOUILLER). *Laver une plaie à l'alcool. Machine à laver* (= appareil actionné par un moteur électrique et destiné au lavage du linge ou de la vaisselle). — **2.** Litt. *Laver un affront, une injure,* les effacer par la vengeance. ‖ *Laver qqn d'une accusation,* le disculper, le justifier. ‖ Fam. *Laver son linge sale en famille,* régler à l'intérieur de la famille ou entre soi des querelles intimes. ◆ ***se laver*** v. pr. **1.** Laver son corps : *Se laver dans la salle de bains* (syn. FAIRE SA TOILETTE). *Se laver la figure.* — **2.** (sujet qqch) Être lavé : *Un pull qui se lave à l'eau froide.* — **3.** Fam. *S'en laver les mains,* décliner toute responsabilité dans une affaire.

laverie [lavri] n. f. Établissement équipé de machines

à laver pour nettoyer séparément le linge de chaque client.

lavette [lavɛt] n. f. 1. Petite brosse ou petite éponge fixée à un manche pour laver la vaisselle. — 2. *Pop.* Homme veule et sans énergie.

laveur, euse [lavœr] n. Personne dont le métier est de laver, de nettoyer : *Laveur de carreaux. Un laveur de vaisselle* (syn. PLONGEUR). *Un laveur de voitures.*

lave-vaisselle [lavvɛsɛl] n. m. inv. Appareil qui lave et sèche automatiquement la vaisselle.

lavis [lavi] n. m. (de *laver*). Manière de colorer un dessin avec de l'encre de Chine ou toute autre couleur étendue d'eau; dessin ainsi peint.

lavoir [lavwar] n. m. Lieu où on lave le linge en commun : *Le lavoir municipal.*

lavure [lavyr] n. f. Eau qui a servi à nettoyer la vaisselle.

laxatif, ive [laksatif] adj. et n. m. (lat. *laxativus,* de *laxare,* relâcher). Se dit d'un médicament ou d'un produit naturel (miel, pruneaux, etc.) qui débarrasse le canal intestinal en facilitant l'élimination des selles.

laxisme [laksism] n. m. (du lat. *laxus,* large). Libéralisme jugé excessif, en matière de morale, de politique, de grammaire, etc.

laxiste [laksist] adj. et n. Qui relève du laxisme.

layette [lɛjɛt] n. f. (anc. fr. *laie,* tiroir). Ensemble du linge, des vêtements destinés aux nouveau-nés.

lazzi [la(d)zi] n. m. (mot. it.) [pl. *lazzis* ou *lazzi*]. Plaisanterie ironique, piquante : *Être l'objet des lazzi de ses camarades* (syn. MOQUERIE). *Cette étourderie suscita des lazzis* (syn. RAILLERIE).

1. le [lə], **la** [la], **les** [lɛ] art. défini. (→ introduction ARTICLES.)

2. le [lə], **la** [la], **les** [lɛ] pron. pers. compl. de la 3e personne. (→ introduction PRONOMS PERSONNELS.)

lé [le] n. m. 1. Largeur d'une étoffe entre ses deux lisières. — 2. Largeur d'une bande de papier peint.

leader [lidœr] n. m. (mot angl. signif. *guide*). Celui qui est à la tête d'un parti, d'une équipe, etc. : *Leader politique. Le leader de l'opposition au Sénat. Le leader du championnat.*

lèche [lɛʃ] n. f. Fam. *Faire de la lèche (à qqn),* le flatter servilement.

lèchefrite [lɛʃfrit] n. f. (de *lèche* et anc. fr. *froie,* frotte). Plat creux en métal placé, dans un four, sous la broche ou le gril pour recevoir le jus et la graisse d'une viande mise à rôtir.

lécher [leʃe] v. t. (frq. *lekkon*) [c. 10]. 1. *Lécher qqch,* passer sa langue dessus : *Le chien lèche la main de sa maîtresse. Lécher sa cuillère.* — 2. Enlever avec la langue : *Le chat lèche le lait dans la soucoupe.* — 3. Effleurer légèrement : *Les flammes léchaient les murs de l'immeuble voisin. Les vagues venaient lécher le bas de la falaise.* — 4. Exécuter avec un soin excessivement minutieux (surtout pass.) : *Un tableau trop léché.* — 5. Fam. *Lécher les pieds, les bottes,* etc., de ou à *qqn,* avoir à son égard une attitude servile. ‖ Fam. *Lécher les vitrines,* flâner en s'attardant aux vitrines des magasins. ◆ ***se lécher*** v. pr. *Se lécher les lèvres, les doigts,* etc., se passer la langue sur les lèvres, les doigts, etc. ‖ *S'en lécher les doigts,* manifester un vif plaisir en mangeant un plat délicieux.

lécheur, euse [leʃœr] adj. et n. *Fam.* Personne qui fait de la lèche.

lèche-vitrines [lɛʃvitrin] n. m. inv. Fam. *Faire du lèche-vitrines,* lécher les vitrines.

leçon [ləsɔ̃] n. f. (lat. *lectio,* lecture). 1. Enseignement donné par un professeur, un maître, en une séance, à une classe, à un auditoire : *Une leçon de danse, de dessin. Prendre des leçons* (= se faire donner un enseignement particulier). *Donner des leçons particulières à un élève faible* (syn. COURS). — 2. Ce qu'un élève doit apprendre : *Sa mère lui a fait réciter sa leçon. Revoir sa leçon.* — 3. Avertissement donné à qqn; enseignement tiré d'une faute, d'un événement : *Cela lui donnera une bonne leçon* (= cette mésaventure lui servira de punition). *Il faut lui faire la leçon* (= le réprimander). *Infliger une terrible leçon* (syn. ↓RÉPRIMANDE). *Je me souviendrai de la leçon* (syn. ADMONESTATION). *Les leçons de l'expérience.* — 4. *Leçon de choses,* exercice scolaire visant à développer le vocabulaire de tout jeunes enfants et à leur donner des notions scientifiques en partant de l'observation des objets ou des êtres qui les entourent. ‖ *Réciter sa leçon,* répéter fidèlement ce qu'on vous ordonne de dire.

1. lecteur, trice [lɛktœr] n. 1. Personne qui lit un ouvrage imprimé : *Un grand lecteur de romans* (syn. LISEUR). *Le courrier des lectrices d'un hebdomadaire féminin.* — 2. Professeur étranger chargé d'exercices pratiques sur la langue du pays dont il est originaire.

2. lecteur [lɛktœr] n. m. 1. Appareil destiné à reproduire les sons enregistrés : *Lecteur de cassettes.* — 2. Dispositif permettant l'introduction des données dans un ordinateur à partir d'un support extérieur (bande magnétique, carte perforée, etc.).

lecture [lɛktyr] n. f. (lat. médiév. *lectura*). 1. Action de lire; ce qu'on lit : *La lecture du journal, d'une carte. Faire de mauvaises lectures.* — 2. Fait de savoir lire : *Enseigner la lecture à de jeunes enfants. Un livre de lecture* (= où on apprend à lire). — 3. Action de délibérer sur une loi, dans une assemblée législative : *Le texte du gouvernement est venu en première lecture au Sénat.* — 4. Reproduction de sons enregistrés : *Le bras, la tête de lecture d'un électrophone.*

ledit [lədi], **ladite** [ladit] adj. Qqch, qqn dont on vient de parler (surtout jurid.) : *Ladite maison. Lesdits plaignants.*

légal, e, aux [legal] adj. (lat. *legalis,* de *lex, legis,* loi). 1. Conforme à la loi, prescrit par la loi : *Une expulsion légale des occupants d'un appartement* (syn. RÉGULIER). *Le cours légal de la monnaie. L'âge légal pour voter* (syn. RÉGLEMENTAIRE). — 2. Qui appartient à la loi : *Les dispositions légales actuellement en vigueur* (syn. JURIDIQUE). — 3. *Médecine légale,* médecine appliquée à différentes questions de droit, de criminologie (causes, circonstances d'un décès). ‖ *Pays légal,* ensemble des habitants d'un pays qui exercent des droits politiques.

légalement [legalmɑ̃] adv. D'une manière légale : *Prononcer légalement la dissolution de l'Assemblée nationale* (contr. ARBITRAIREMENT).

légalisation [legalizasjɔ̃] n. f. Action de légaliser : *La légalisation d'un acte, d'une signature.*

légaliser [legalize] v. t. 1. *Faire légaliser sa signature,* en faire certifier l'authenticité par une autorité officielle. — 2. Rendre légal, légitimer : *De nouvelles élections légalisèrent le régime.*

légaliste [legalist] adj. et n. Qui a un respect scrupuleux, parfois excessif, de ce qui est légal, de la loi.

légalité [legalite] n. f. Caractère de ce qui est légal; pouvoir politique conforme à la loi; ensemble des choses prescrites par les lois : *La légalité d'un régime. Respecter la légalité. Sortir de la légalité. Rester dans la légalité.*

légat [lega] n. m. (lat. *legatus,* envoyé). *Légat du pape,* son représentant dans un pays étranger.

légataire [legatɛr] n. (du lat. *legare,* léguer). Bénéficiaire d'un legs.

légation [legasjɔ̃] n. f. Mission diplomatique entretenue par un gouvernement dans un pays où il n'a pas d'ambassade; lieu où réside cette mission.

légendaire [leʒɑ̃dɛr] adj. **1.** Qui n'a pas d'existence réelle; déformé par l'imagination populaire : *Les animaux légendaires des sculptures du Moyen Âge* (syn. MYTHIQUE, FABULEUX). — **2.** Passé à la célébrité : *Le chapeau légendaire de Napoléon. Un exploit légendaire.*

légende [leʒɑ̃d] n. f. (lat. *legenda,* ce qui doit être lu). **1.** Récit traditionnel dont les événements fabuleux ont pu avoir une base historique, réelle, mais ont été transformés par l'imagination populaire : *Les légendes du Moyen Âge.* — **2.** Histoire déformée et embellie par l'imagination : *La légende napoléonienne* (syn. ÉPOPÉE). *Il est entré vivant dans la légende.* — **3.** Explication jointe à une illustration, une gravure, une carte, un plan, afin d'en faciliter l'intelligence.

léger, ère [leʒe] adj. (lat. *levis*) [avant ou après le n.] **1.** Dont le poids est peu élevé; dont la densité n'est pas grande : *N'avoir que des bagages légers* (contr. LOURD, PESANT). *L'hydrogène est le plus léger des gaz* (contr. DENSE). — **2.** Qui a peu d'épaisseur : *Porter des vêtements légers. Passer une légère couche de vernis* (syn. MINCE). *Une neige légère recouvrait le sol* (syn. FIN; contr. ÉPAIS). — **3.** Facile à digérer : *Aliments légers* (= qui ne pèsent pas sur l'estomac). *Repas léger* (syn. ↑FRUGAL). — **4.** Qui a peu de force, de violence, de gravité, d'importance : *Café léger* (contr. FORT). *Une légère tape sur la joue* (contr. VIOLENT). *Douleur légère* (contr. VIF). *Blessure légère* (contr. GRAVE). *Des blessés légers. On voyait une légère tristesse dans ses yeux. La différence est légère* (syn. ↑INFIME, ↑INSENSIBLE). *Une faute légère* (contr. GRAVE). *Un léger mouvement de tête* (syn. PETIT). *Payer des impôts légers* (contr. LOURD, GROS). — **5.** Qui donne une impression de vivacité, de délicatesse, de grâce : *Démarche légère* (syn. ALERTE, SOUPLE; contr. LOURD). *Une ballerine légère et souple* (syn. VIF). *Une voix légère* (= qui peut monter aux aigus). — **6.** Qui a peu de sérieux, de profondeur, de stabilité : *Il a été bien léger de lui confier ce dossier* (syn. IMPRUDENT). *Une tête légère* (= une tête sans cervelle, un étourdi). *Un caractère léger* (syn. FRIVOLE). *Porter un jugement léger* (syn. IRRÉFLÉCHI). *Femme légère* (syn. VOLAGE). *Musique légère* (= de danse, de variétés). *Une conversation légère* (syn. ↑GRIVOIS). — **7.** *À la légère,* sans réfléchir : *Parler, agir à la légère* (syn. INCONSIDÉRÉMENT). ‖ *Avoir le cœur léger,* être sans souci, sans remords. ‖ *Avoir la main légère,* être prompt à frapper. ‖ *Avoir le sommeil léger,* avoir un sommeil qu'interrompt le moindre bruit. ‖ *Prendre les choses à la légère,* avec insouciance.

légèrement [leʒɛrmɑ̃] adv. De façon légère : *Être habillé légèrement* (contr. CHAUDEMENT). *Remuer légèrement la tête* (= à peine). *Manger légèrement* (= sans excès). *Il est légèrement plus gros que son frère* (= un peu). *Vous agissez légèrement* (= à la légère). *Parler légèrement de la maladie des autres* (= avec désinvolture). *Être blessé légèrement* (= sans gravité).

légèreté [leʒɛrte] n. f. Qualité de ce qui est léger, de qqn de léger : *La légèreté d'un ballon. La légèreté d'un repas* (contr. LOURDEUR). *La légèreté d'une punition* (contr. GRAVITÉ). *Danser avec légèreté* (syn. AISANCE, SOUPLESSE). *Faire preuve de légèreté* (syn. IRRÉFLEXION, FRIVOLITÉ; contr. SÉRIEUX). *La légèreté de sa conduite. C'est une légèreté indigne de vous* (syn. SOTTISE). *Légèreté du style* (syn. FACILITÉ).

légiférer [leʒifere] v. i. (du lat. *legifer,* qui établit des lois) [c. **10**] Faire des lois (admin.) : *Le Parlement légifère.*

légion [leʒjɔ̃] n. f. (lat. *legio*). **1.** *Légion (étrangère),* formation militaire, composée de volontaires surtout étrangers. (Chez les Romains, la *légion* était un corps de troupes.) — **2.** *Légion d'honneur,* décoration donnée en récompense de services civils et militaires. — **3.** Grand nombre d'êtres vivants (soutenu) : *Une légion de cousins, de solliciteurs* (syn. MULTITUDE).

légionnaire [leʒjɔnɛr] n. m. **1.** Militaire de la Légion étrangère. — **2.** Membre de l'ordre de la Légion d'honneur.

législateur, trice [leʒislatœr] adj. et n. (du lat. *legislator*). **1.** Qui fait les lois, qui les fait voter (admin.) : *Un souverain législateur. Une volonté législatrice.* — **2.** *Le législateur,* la loi.

législatif, ive [leʒislatif] adj. **1.** Qui fait les lois, qui a la mission de les faire : *Le pouvoir législatif. Une assemblée législative.* — **2.** Relatif à la loi : *Un acte législatif. Les dispositions législatives.* — **3.** *Élections législatives,* où on procède à l'élection des députés à l'Assemblée nationale.

législation [leʒislasjɔ̃] n. f. Ensemble des lois concernant tel ou tel domaine : *La législation financière, électorale.*

législature [leʒislatyr] n. f. Période pour laquelle est élue une assemblée législative (cinq ans en France).

légiste [leʒist] n. m. (lat. *lex, legis,* loi). Celui qui connaît, qui étudie les lois. ◆ adj. *Médecin légiste,* chargé d'expertises afin d'aider la justice dans les affaires criminelles.

légitimation [leʒitimasjɔ̃] n. f. Action de légitimer : *La légitimation d'un enfant.*

légitime [leʒitim] adj. (lat. *legitimus*). **1.** (avant ou, plus souvent, après le n.) Conforme au droit, à la justice, à l'équité, à la raison : *Faire valoir ses droits légitimes sur une succession* (syn. LÉGAL). *Des revendications légitimes* (syn. JUSTE; contr. DÉRAISONNABLE). *Rien de plus légitime que cette demande* (syn. FONDÉ, NORMAL, RAISONNABLE). *Une sévérité légitime* (syn. JUSTIFIÉ; contr. ARBITRAIRE). — **2.** (après le n.) Consacré ou admis par la loi : *La femme légitime* (= l'épouse selon la loi). *Enfant légitime* (contr. NATUREL).

légitimement [leʒitimmɑ̃] adv. D'une manière légitime : *Elle s'estime légitimement satisfaite.*

légitimer [leʒitime] v. t. **1.** *Légitimer une action,* la justifier, la faire admettre comme excusable, comme juste : *Rien ne légitime son refus de discuter. Tenter de légitimer sa conduite* (syn. JUSTIFIER). — **2.** *Légitimer un enfant,* donner à un enfant naturel, par un acte juridique, les droits d'un enfant légitime.

légitimité [leʒitimite] n. f. **1.** Qualité de ce qui est fondé en justice, en équité : *La légitimité de ses droits* (syn. BIEN-FONDÉ). — **2.** Qualité de ce qui est fondé en droit : *La légitimité du pouvoir établi* (syn. LÉGALITÉ).

legs [lɛ ou lɛg] n. m. (anc. fr. *lais;* de *laisser*). **1.** Don fait par testament : *Faire un legs à une institution charitable.* — **2.** *Le legs du passé,* la tradition, les coutumes.

léguer [lege] v. t. (lat. *legare*) [c. **10**]. **1.** *Léguer qqch (un bien) à qqn,* le lui donner par testament : *Il légua toute sa collection de tableaux au Louvre.* — **2.** *Léguer qqch à qqn,* le transmettre à ceux qui viennent ensuite : *Le lourd bilan financier légué au gouvernement par le précédent.*

légume [legym] n. m. (lat. *legumen*). **1.** Plante potagère dont les graines, les feuilles, les tiges ou les racines entrent dans l'alimentation : *Les épinards, les pommes de terre, les tomates sont des légumes.* — **2.** Fam. *Grosse légume,* personnage important.

légumineuse [legyminøz] n. f. (de *légume*). Plante dont le fruit est une gousse (ex. la fève, le haricot).

leitmotiv [lɛj/lajtmotif] n. m. (mot all.) [pl. *leitmotive* ou *leitmotivs*]. Formule, idée qui revient sans cesse dans un discours, une œuvre littéraire, etc. : *L'éloge du passé et la critique du présent forment le leitmotiv de* *ses propos.* (Le *leitmotiv* est un motif musical conducteur.)

lemming [lɛmiŋ] n. m. (mot norv.). Petit mammifère rongeur vivant dans des terriers en Scandinavie.

lendemain [lɑ̃dmɛ̃] n. m. (anc. fr. *l'endemain*). **1.** (toujours avec l'art.) Le jour qui suit celui dont on parle, par rapport à un moment passé ou futur (par rapport à un moment présent, on dit *demain*) : *Nous arriverons vendredi à Marseille, et le lendemain, samedi, nous nous embarquerons pour Alger* (syn. VINGT-QUATRE HEURES APRÈS). *Le lendemain de son arrivée à Rome, elle alla voir le Colisée. Les lendemains de fête sont toujours pénibles.* — **2.** Temps futur très proche, avenir plus ou moins immédiat : *Je ne pense jamais au lendemain* (syn. AVENIR). *Tu prends des décisions sans lendemain* (= sans durée). *Cette affaire a eu de sombres lendemains* (syn. CONSÉQUENCES). *Au lendemain de l'armistice* (= aussitôt après).

lénifiant, e [lenifjɑ̃] adj. (lat. *lenis,* doux). **1.** *Paroles lénifiantes,* qui calment une peine, apaisent la colère, atténuent la rigueur, la dureté. — **2.** *Climat, atmosphère lénifiants,* amollissants.

lent, e [lɑ̃] adj. (lat. *lentus,* souple). **1.** (après le n.) Dont les actions, les mouvements durent un temps plus long qu'il n'est prévu : *Il est lent dans tout ce qu'il fait* (syn. MOU ; contr. RAPIDE). *Elle est lente à se décider* (contr. PROMPT À). *Il a l'esprit lent* (contr. VIF). *Marcher d'un pas lent* (contr. ACCÉLÉRÉ). *Parler d'une voix lente* (contr. PRÉCIPITÉ). — **2.** (avant ou après le n.) Dont l'effet tarde à se manifester ou qui est fait avec beaucoup de temps : *Un poison lent. La lente progression de la maladie. Une mort lente* (contr. BRUSQUE).

lente [lɑ̃t] n. f. (lat. *lens, lendis*). Œuf de pou.

lentement [lɑ̃tmɑ̃] adv. Avec lenteur : *Les journées s'écoulent lentement* (syn. DOUCEMENT). *Parler lentement* (syn. POSÉMENT).

lenteur [lɑ̃tœr] n. f. Manque de rapidité : *Parler avec lenteur* (contr. VIVACITÉ). *Une grande lenteur d'esprit* (syn. ↑APATHIE, ↑PARESSE). *La lenteur de la construction* (syn. LONGUEUR, ↑RETARD).

lentille [lɑ̃tij] n. f. (lat. *lenticula*).
— **I.** Plante dont les graines sont utilisées pour l'alimentation ; la graine elle-même.
— **II. 1.** Disque de verre taillé servant, dans les instruments d'optique, à grossir les images. — **2.** Syn. de VERRE DE CONTACT.

lento [lɛnto] adv. (mot it.). Indication musicale invitant à exécuter un mouvement lentement et gravement.

1. léonin, e [leɔnɛ̃] adj. (lat. *leoninus,* de *leo, leonis,* lion). *Partage, contrat léonin,* où un des participants ou des associés se réserve la plus grosse part.

2. léonin, e [leɔnɛ̃] adj. (de *Léon,* poète du XIIIe s.). *Rimes léonines,* très riches (plusieurs syllabes sont semblables). ‖ *Vers léonins,* dont les deux hémistiches riment ensemble.

léopard [leɔpar] n. m. (lat. *leo,* lion, et *pardus,* panthère). Panthère d'Afrique au pelage fauve tacheté de noir.

lépiote [lepjɔt] n. f. (gr. *lepion,* petite écaille). Champignon à chapeau couvert d'écailles, poussant dans les bois, les prés : *La lépiote élevée s'appelle aussi « coulemelle ».*

lèpre [lɛpr] n. f. (lat. *lepra*). Maladie infectieuse caractérisée surtout par des pustules et par la formation d'écailles sur la peau.

lépreux, euse [leprø] adj. et n. Atteint de la lèpre : *Un hôpital pour lépreux* (ou *léproserie*). ◆ adj. Couvert de taches, de traces de moisissure : *Des murs lépreux.*

léproserie [leprɔzri] n. f. Hôpital pour lépreux.

lequel [ləkɛl], **laquelle, lesquels, lesquelles** pron. rel. **1.** Dans la langue écrite, s'emploie pour renvoyer à un antécédent éloigné, quand il y aurait ambiguïté avec *qui* ou *que* (en partic., quand l'antécédent est suivi d'un compl. du nom), ou en langue juridique : *C'est la maison d'un ami, laquelle n'est pas neuve.* — **2.** Quand l'antécédent est qqch, s'emploie obligatoirement avec une prép. autre que *de : Cette recherche sur laquelle nous fondons de grands espoirs* (au contraire : *Le garçon sur qui nous fondons de grands espoirs*). *L'énergie avec laquelle elle mène toute chose. C'est un point auquel vous n'avez pas pensé.* — **3.** Quand le pronom est compl. d'un nom précédé d'une prép., on emploie *duquel (desquels),* au lieu de *dont* : *Le pays à l'avenir duquel je pense. Les gens intelligents, au nombre desquels je me compte.* — **4.** *Auquel cas,* dans cette circonstance (seul emploi comme adj. relatif) : *Auquel cas je ne puis rien faire.* ◆ pron. interr. Implique un choix entre des personnes ou des choses exprimées avant ou après, dans une phrase différente ou dans la même phrase sous la forme d'un compl. (avec *préférer, aimer mieux* ou des adv. comme *le plus*) : *Lequel des enfants est le plus vif ? Laquelle de ces cravates préférez-vous ? J'hésite entre ces tissus ; lequel convient le mieux ? Vous ne savez pas auquel des employés je dois m'adresser ?*

lès ou **lez** [lɛ] prép. Près de (uniquement dans les noms de lieux) : *Plessis-lez-Tours.*

lesbienne [lɛsbjɛn] n. f. (de *Lesbos,* île grecque). Femme homosexuelle.

lèse-majesté [lɛzmaʒɛste] n. f. inv. (lat. [*crimen*] *laesae majestatis*). *Crime de lèse-majesté,* attentat à la majesté souveraine.

léser [leze] v. t. (du lat. *laesus,* blessé) [c. **10**] *Léser qqn,* lui faire tort, porter atteinte à ses intérêts (souvent pass.) : *Le testament lésait gravement la famille du disparu* (syn. DÉSAVANTAGER). *Être lésé dans un contrat* (contr. AVANTAGER).

lésiner [lezine] v. i. (de l'it. *lesina,* alêne). *Lésiner (sur qqch),* ne faire à ce sujet que le minimum de dépenses : *Lésiner sur tout* (syn. ROGNER). *Il ne lésinait pas quand il s'agissait de ses propres distractions.*

lésion [lezjɔ̃] n. f. (lat. *laesio*). Perturbation, dommage apportés dans un organe, tels que plaie, coup, inflammation, tumeur, dégénérescence, etc. : *Une lésion du cerveau, du poumon.*

lésionnel, elle [lezjɔnɛl] adj. Qui relève d'une lésion.

lessivage [lesivaʒ] n. m. Action de lessiver : *Le lessivage du carrelage de la cuisine.*

lessive [lɛsiv] n. f. (lat. pop. *lixiva,* de *lix, licis*). **1.** Produit commercial pour le nettoyage : *Une marque de lessive.* — **2.** Action de laver le linge : *Faire la lessive.* — **3.** Linge lavé ou à laver : *Étendre sa lessive sur un séchoir.*

lessiver [lɛsive] v. t. **1.** *Lessiver qqch,* le nettoyer avec de la lessive : *Lessiver les murs avant de repeindre.* — **2.** Fam. *Être lessivé,* être fatigué, éreinté.

lessiveuse [lɛsivøz] n. f. Récipient spécial où on fait bouillir le linge.

lest [lɛst] n. m. (néerl. *last*). **1.** Matière pesante (poids, plomb, sable, etc.) dont on charge un navire, un véhicule, un ballon, un filet, une ligne de pêche pour leur donner de la stabilité, les alourdir, etc. — **2.** *Jeter du lest,* faire un sacrifice pour rétablir une situation compromise, pallier un échec.

leste [lɛst] adj. (it. *lesto,* dégagé). **1.** Agile, souple dans ses mouvements : *Un vieillard encore leste* (syn. ALERTE). *Marcher d'un pas leste* (syn. VIF). *Avoir la main leste* (= être prompt à frapper). — **2.** Contraire à la pudeur (souvent + adv.) : *Une plaisanterie un peu leste* (syn. GRIVOIS, CRU). *Un conte très leste de La Fontaine* (syn. ↑ LICENCIEUX).

lestement [lɛstəmɑ̃] adv. Avec souplesse : *Sauter lestement dans le train en marche* (= avec agilité). *Mener lestement une affaire* (syn. RONDEMENT).

lester [lɛste] v. t. Charger de lest : *Lester un navire.* (→ DÉLESTER.)

let [lɛt] adj. inv. (mot angl., de *to let,* permettre). Se dit, au tennis, au ping-pong, d'une balle qui touche le filet, au service, avant de tomber de l'autre côté (syn. NET).

léthargie [letarʒi] n. f. (gr. *léthargia,* de *léthê,* oubli). **1.** État pathologique dans lequel les fonctions de la vie sont atténuées et où le sujet est plongé dans un sommeil profond. — **2.** État d'affaiblissement extrême de qqn; diminution considérable de l'activité de qqch : *Sortir de sa léthargie* (syn. TORPEUR, ENGOURDISSEMENT). *Artisanat qui tombe en léthargie.*

léthargique [letarʒik] adj. Qui relève de la léthargie : *Sommeil léthargique.*

lettre [lɛtr] n. f. (lat. *littera*). **1.** Chacun des signes graphiques, des caractères imprimés de l'alphabet, servant à transcrire une langue : *Le français a vingt-six lettres. Une lettre minuscule, majuscule.* — **2.** *Dire, écrire qqch en toutes lettres,* sans rien dissimuler. ‖ *Écrit en lettres d'or,* digne d'être rappelé, d'être gardé dans la mémoire. ‖ *Écrit en lettres de sang,* marqué par une série de crimes, de cruautés. ‖ *En toutes lettres,* sans abréviation ou avec des mots (et non des chiffres) : *Mettez la somme en toutes lettres sur le chèque.* — **3.** Sens étroit, strict des mots : *S'attacher à la lettre de la loi et non à son esprit.* — **4.** *À la lettre, au pied de la lettre,* au sens exact, propre des termes : *Elle a pris mon conseil ironique au pied de la lettre;* ponctuellement, sans rien omettre : *Exécuter à la lettre les ordres reçus.* ‖ *Avant la lettre,* avant que la chose soit ainsi nommée; qui précède l'état complet et normal. — **5.** Écrit adressé à qqn (mis sous enveloppe pour être envoyé par la poste) : *Mettre une lettre à la poste. Le contenu de sa lettre m'a déplu* (syn. soutenu MISSIVE). *Recevoir une lettre de condoléances, de remerciements. Une lettre recommandée.* — **6.** *Lettre ouverte,* article conçu sous forme de lettre adressée à qqn en particulier, et publié dans la presse. ‖ *Lettres de créance,* lettres que remet un diplomate, à son arrivée, au chef du gouvernement auprès duquel il est accrédité. ‖ Fam. *Passer comme une lettre à la poste,* être admis sans difficulté, sans qu'on y fasse obstacle. ‖ *Rester, devenir lettre morte,* rester sans effet; être qqch dont on ne tient pas compte : *Mes recommandations restèrent lettre morte. Le traité est devenu lettre morte.* (→ ÉPISTOLAIRE.) ◆ ***lettres*** n. f. pl. **1.** Ensemble des connaissances et des études littéraires : *Une licence ès lettres. La faculté des lettres. Une élève forte en lettres, mais faible en sciences.* — **2.** *Avoir des lettres,* avoir une certaine culture littéraire. ‖ *Homme, femme, gens de lettres,* écrivains, personnes qui font profession d'écrire. (→ LITTÉRAL.)

lettré, e [lɛtre] adj. et n. Qui a de la culture, des lettres (syn. CULTIVÉ, ÉRUDIT).

lettrine [lɛtrin] n. f. (it. *letterina*). Grande initiale ornée.

leucémie [løsemi] n. f. (gr. *leukos,* blanc, et *haima,* sang). Maladie caractérisée par l'augmentation anormale des globules blancs dans le sang.

leucémique [løsemik] adj. et n. Atteint de leucémie.

leucocytaire [løkɔsitɛr] adj. Relatif au leucocyte.

leucocyte [løkɔsit] n. m. (gr. *leukos,* blanc, et *kutos,* cellule). Globule blanc du sang, assurant la défense contre les microbes.

1. leur [lœr] pron. pers. compl. de la 3e personne du pluriel (→ introduction PRONOMS PERSONNELS.)

2. leur [lœr] adj. poss. (du lat. *illorum,* d'eux). Qui est à eux : *Elles aiment leur mère.* ◆ pron. poss. (avec l'article défini) : *Nous avons un petit appartement; le leur est très vaste.* ◆ n. m. pl. *Les leurs,* leur famille (→ introduction POSSESSIFS.)

leurre [lœr] n. m. (frq. *lôder,* appât). **1.** Moyen d'attirer et de tromper : *Ce beau projet n'est qu'un leurre* (syn. DUPERIE). *Cet avenir magnifique qu'on lui avait fait miroiter était un leurre* (syn. MYSTIFICATION, IMPOSTURE). — **2.** Appât factice pour la pêche.

leurrer [lœre] v. t. *Leurrer qqn,* l'attirer par des espérances trompeuses, par de vaines paroles : *Il leurrait le malheureux par des promesses extraordinaires* (syn. BERNER, DUPER, MYSTIFIER). ◆ ***se leurrer*** v. pr. Se faire des illusions : *Ne vous leurrez pas : les études sont longues et difficiles* (syn. S'ILLUSIONNER).

levage [ləvaʒ] n. m. *Appareil de levage,* appareil destiné à soulever, à hisser des fardeaux (grue, élévateur, etc.).

levain [ləvɛ̃] n. m. (de *lever*). Substance (levure, pâte fermentée, etc.) propre à produire la fermentation de la pâte à pain : *Du pain sans levain.*

levant [ləvɑ̃] adj. m. *Au soleil levant,* au moment où le soleil se lève (contr. COUCHANT). ◆ n. m. Côté où le soleil se lève; est, orient.

levé [ləve] n. m. Établissement d'un plan : *Un levé de terrain.* (On écrit aussi LEVER.)

levée [ləve] n. f. **1.** Action d'enlever, d'ôter, de faire cesser (sens 4 du v. t.) : *La levée des punitions à l'occasion d'une fête. La levée des difficultés. La levée de la séance. La levée du blocus.* — **2.** Action de prélever, de recueillir : *La levée des impôts. Les heures des levées sont indiquées sur les boîtes postales.* — **3.** *Faire une levée,* ramasser les cartes après avoir gagné un coup (syn. PLI). ‖ *Levée du corps,* l'enlèvement du corps de la maison mortuaire. ‖ *Levée en masse,* appel de tous les hommes valides pour défendre un pays. — **4.** Remblai retenant les eaux d'un cours d'eau et servant de chaussée : *Les levées des bords de la Loire.* (→ RELEVER.)

1. lever [ləve] v. t. (lat. *levare*) [c. **9**]. **1.** *Lever qqch,* le mouvoir de bas en haut : *Lever la glace du compartiment dans un train* (contr. ABAISSER). *Lever son verre à la santé de quelqu'un* (= porter un toast en son honneur). *Il leva de terre ce poids énorme* (syn. plus usuel SOULEVER). *Lever l'ancre.* ‖ *Lever le rideau* (= l'écarter du devant de la scène [en le soulevant ou en le tirant sur les côtés] pour commencer la représentation). — **2.** Porter ou diriger vers le haut une partie du corps : *Elle lève le doigt pour poser une question* (contr. BAISSER). *Lever le poing pour frapper. Les policiers ordonnèrent aux bandits de lever les mains en l'air. Elle leva le coude pour se protéger la figure. Le chien lève la patte. Lever le visage vers quelqu'un* (contr. INCLINER, PENCHER). *Il leva la tête de son livre* (syn. REDRESSER; contr. BAISSER). *Elle leva vers lui un regard suppliant. Lever les épaules* (= les soulever en signe de mépris, d'indifférence; syn. HAUSSER). — **3.** *Lever qqn (malade, enfant),* le faire sortir du lit. — **4.** Faire disparaître, faire cesser, enlever (dans des express.) : *Lever une interdiction* (= cesser d'interdire). *Ces assurances levèrent ses scrupules* (syn. ÉCARTER). *Tous les obstacles sont levés* (syn. SUPPRIMER). *Lever une difficulté. Lever le siège* (= mettre fin aux opérations d'un siège et, fam., s'en aller, se retirer). *Lever la séance* (= la clore). *Lever les scellés* (= les retirer). — **5.** *Lever un animal,* le faire partir de son gîte (à la chasse). ‖ *Lever une armée,* enrôler des soldats. ‖ *Lever les impôts,* les percevoir. ‖ *Lever les lettres* (en parlant d'un facteur), les retirer de la boîte postale pour les porter à la poste centrale. ‖ *Lever un plan, une carte,* en faire le relevé sur le terrain. ◆ v. i.

1. (sujet une plante) Sortir de terre : *Le blé commence à lever.* — 2. Fermenter en gonflant : *La pâte lève.* ◆ ***se lever*** v. pr. 1. (sujet qqch) Être mû de bas en haut : *Les mains se levèrent. Le rideau s'est levé.* — 2. (sujet qqn) Se dresser sur ses pieds, se mettre debout : *Se lever de son fauteuil pour reconduire un visiteur.* — 3. (sujet qqn) Sortir de son lit : *Je me lève tous les matins à six heures. Se lever tôt, tard. C'est l'heure de se lever* (contr. SE COUCHER). — 4. *Le soleil se lève,* il apparaît à l'horizon (contr. SE COUCHER). — 5. Commencer à se former, à s'étendre, à souffler : *La tempête se lève. La mer se lève* (= les vagues deviennent fortes). *Le vent se lève.* — 6. *Le temps se lève,* il commence à faire beau.

2. lever [ləve] n. m. 1. *À son lever, au lever, dès son lever,* au moment où qqn sort de son lit. ‖ *Le lever du jour, du soleil,* l'aurore. ‖ *Lever de rideau,* moment où on lève le rideau, au théâtre, pour que commence la pièce; petite pièce jouée en prélude. — 2. Syn. de LEVÉ.

lève-tard [lɛvtar] n. inv. *Fam.* Personne qui se lève le matin très tard.

lève-tôt [lɛvto] n. inv. *Fam.* Personne qui se lève tôt le matin.

levier [ləvje] n. m. (de *lever*). 1. Barre rigide pouvant basculer autour d'un point d'appui, d'un pivot, pour soulever un objet pesant, pour commander un mécanisme : *Soulever une pierre avec un levier. Le levier du changement de vitesse dans une voiture.* — 2. Moyen d'action : *L'argent est un puissant levier.*

lévitation [levitasjɔ̃] n. f. (mot angl.; du lat. *levitas,* légèreté). Phénomène selon lequel un corps est soulevé du sol et s'y maintient sans aucun appui naturel.

levraut [ləvro] n. m. Jeune lièvre.

lèvre [lɛvr] n. f. (lat. *labrum*). Chacune des parties charnues de la bouche qui couvrent les dents : *La lèvre supérieure, inférieure. Il n'a pas desserré les lèvres de la soirée. Les auditeurs étaient suspendus aux lèvres de la narratrice.* ◆ ***lèvres*** n. f. pl. Bords d'une plaie. (→ LABIAL.)

levrette [ləvrɛt] n. f. Femelle du lévrier.

lévrier [levrije] n. m. (de *lièvre*). Chien à longues jambes, très rapide.

levure [ləvyr] n. f. (de *lever*). Champignon qui produit la fermentation des solutions sucrées ou qui fait lever la pâte à pain.

lexical, e, aux [lɛksikal] adj. Qui appartient au lexique : *Les mots sont les unités lexicales de la langue.*

lexicographe [lɛksikɔgraf] n. Spécialiste de lexicographie : *Littré et P. Larousse ont été les principaux lexicographes de la fin du XIXe s.*

lexicographie [lɛksikɔgrafi] n. f. Science de la composition des dictionnaires.

lexicologie [lɛksikɔlɔʒi] n. f. Partie de la linguistique qui étudie le vocabulaire, considéré dans son histoire, dans son fonctionnement, etc.

lexicologue [lɛksikɔlɔg] n. Spécialiste de lexicologie.

lexique [lɛksik] n. m. (gr. *lexikon,* de *lexis,* mot). 1. Ensemble des mots, ayant une valeur de dénomination, et formant la langue d'une communauté, d'une activité humaine, d'un écrivain : *Le renouvellement du lexique au XXe s. a été très rapide. Le lexique de Mallarmé. Le lexique de l'aviation.* — 2. Livre comprenant la liste des termes utilisés par un auteur, par une science ou une technique (avec ou sans définitions); dictionnaire bilingue réduit à l'essentiel : *Un lexique français-latin.*

lez → LÈS.

lézard [lezar] n. m. (lat. *lacertus*). 1. Petit reptile vivant près des murs ou dans les bois, et dont la peau, tannée, est utilisée en maroquinerie. — 2. *Faire le lézard,* se chauffer paresseusement au soleil.

lézarde [lezard] n. f. Fente ou crevasse irrégulière et étroite, qui se produit dans un mur, un plafond.

1. lézarder [lezarde] v. i. *Fam.* Faire le lézard.

2. lézarder [lezarde] v. t. Produire des lézardes (souvent pass.) : *Les travaux du chantier voisin ont lézardé les murs de l'immeuble. Un plafond lézardé.* ◆ ***se lézarder*** v. pr. Se crevasser.

liaison [ljɛzɔ̃] n. f. (de *lier*). 1. Relations établies entre plusieurs personnes, par le moyen des télécommunications : *Liaison télégraphique, téléphonique. L'avion reste en liaison avec la tour de contrôle. Se tenir en liaison permanente avec l'état-major* (syn. CONTACT). — 2. Communication assurée entre deux villes par le moyen d'avions, de trains, etc. : *Une liaison aérienne entre Paris et Montréal. Une liaison ferroviaire, routière, maritime.* — 3. Procédé culinaire destiné à épaissir une sauce en y ajoutant un ingrédient (farine, œuf, etc.). — 4. Union plus ou moins stable de deux amants : *Avoir, rompre une liaison.* — 5. *En liaison avec qqn,* en accord avec lui : *Travailler en liaison étroite avec ses collaborateurs.* — 6. Rapport entre deux choses : *Manque de liaison entre les parties du sujet* (syn. SUITE). *Je n'ai pas établi la liaison entre les deux événements* (syn. CORRESPONDANCE). *Je vois mal la liaison des idées* (syn. ENCHAÎNEMENT). — 7. Mode de prononciation qui consiste à faire entendre la dernière consonne d'un mot, habituellement muette, avec la voyelle initiale du mot suivant : *Dans «les enfants»* [lezɑ̃fɑ̃], *on fait la liaison.* ‖ *Mot de liaison,* en grammaire, conjonction ou adverbe de coordination.

liane [ljan] n. f. (du lat. *ligare,* lier). Plante possédant des tiges grimpantes et vivaces.

1. liant, e [ljɑ̃] adj. Qui se lie facilement avec les gens (syn. SOCIABLE).

2. liant [ljɑ̃] n. m. Matière ajoutée à une autre pour en agglomérer les parties composantes.

liasse [ljas] n. f. (de *lier*). Paquet de papiers, de billets de banque réunis, tenus ensemble : *Sortir une liasse de son portefeuille.*

libanais, e [libanɛ] adj. et n. Du Liban.

libations [libasjɔ̃] n. f. pl. (lat. *libatio,* de *libare,* verser un liquide). *Faire de copieuses, de joyeuses libations,* prendre beaucoup de boissons alcoolisées, s'enivrer (soutenu).

libelle [libɛl] n. m. (lat. *libellus,* dimin. de *liber,* livre). *Litt.* Petit écrit satirique, violent, injurieux (syn. PAMPHLET, TRACT).

libellé [libɛle] n. m. Termes dans lesquels est rédigé un texte officiel : *Le libellé d'un jugement.*

libeller [libɛle] v. t. (de *libelle*). *Libeller qqch,* l'exposer par écrit dans les formes légales ou requises (admin.) : *Libeller une demande de congé* (syn. FORMULER). *Libeller un télégramme, une réclamation.*

libellule [libɛl(l)yl] n. f. (lat. *libella,* niveau, par allusion au vol plané de l'insecte). Insecte au vol rapide, dont la larve est aquatique.

libérable [liberabl] adj. 1. Qui est dans les conditions voulues pour être mis en liberté : *Prisonnier libérable.* — 2. Qui va être rendu à la vie civile : *Militaire libérable.*

libéral, e, aux [liberal] adj. et n. (lat. *liberalis*). 1. Partisan de la plus grande liberté individuelle possible dans le domaine politique ou économique, hostile à toute intervention de l'État : *C'est un libéral en matière d'échanges internationaux. Un régime libéral sur le plan économique* (contr. DIRIGISTE). — 2. Tolérant à l'égard de toutes les tendances, de toutes les manifestations individuelles : *Elle est très libérale et accepte* *volontiers d'avoir des contradicteurs.* — **3.** Qui donne largement, généreusement : *Se montrer libéral envers ses amis* (syn. LARGE; contr. AVARE, MESQUIN). *Avoir un geste libéral* (syn. GÉNÉREUX). ◆ adj. *Professions libérales,* professions indépendantes, d'ordre intellectuel : *Les médecins, les avocats appartiennent aux professions libérales; ils ne reçoivent pas de salaires ou de traitements, mais des honoraires.*

libéralement [liberalmɑ̃] adv. **1.** De façon libérale, avec générosité. — **2.** Avec une grande largeur de vue : *Interpréter libéralement une loi.*

libéralisation [liberalizasjɔ̃] n. f. Action de libéraliser.

libéraliser [liberalize] v. t. Rendre plus libre, donner à la liberté et à l'initiative individuelles une part plus grande dans l'activité sociale; rendre les interventions de l'État moins rigoureuses : *Libéraliser un régime politique, économique.*

libéralisme [liberalism] n. m. **1.** Doctrine ou attitude des libéraux (en matière politique, économique), par oppos. à *socialisme.* — **2.** Tolérance à l'égard des opinions, de la conduite d'autrui.

libéralité [liberalite] n. f. **1.** Disposition à donner généreusement : *Manifester une grande libéralité* (syn. GÉNÉROSITÉ, LARGESSE). *Donner avec libéralité* (syn. ↑ PRODIGALITÉ). — **2.** Don fait avec largesse (surtout pl.) : *Vivre des libéralités de ses parents.*

libérateur, trice [liberatœr] adj. et n. Qui libère : *Le libérateur de la patrie* (syn. ↑ SAUVEUR). *Un rire libérateur détendit l'atmosphère.*

libération [liberasjɔ̃] n. f. Action de libérer, de mettre en liberté : *Libération des prisonniers* (syn. ÉLARGISSEMENT). *Libération d'un pays* (syn. DÉLIVRANCE). *Le mouvement de libération de la femme* (syn. AFFRANCHISSEMENT). *La libération du contingent.*

libérien, enne [liberjɛ̃] adj. et n. Du Liberia.

libérer [libere] v. t. (lat. *liberare*) [c. **10**]. **1.** *Libérer un prisonnier,* le mettre en liberté : *Libérer un détenu* (syn. RELÂCHER). — **2.** *Libérer un pays, un peuple,* etc., le délivrer de la domination ennemie. — **3.** *Libérer qqn de qqch,* le décharger de quelque obligation, de qqch qui est une charge, une peine : *Libérer un ami d'une dette* (syn. DÉLIER, DÉGAGER). — **4.** *Libérer qqch,* le dégager de ce qui l'entrave, le gêne, l'empêche de fonctionner : *Libérer le passage, libérer le cran de sûreté d'un fusil. Libérer les échanges économiques.* — **5.** *Libérer sa conscience; son cœur,* faire une confession qui délivre du remords. ‖ *Libérer de l'énergie,* en parlant d'un corps, dégager une certaine énergie, notamment dans une réaction chimique. ‖ *Libérer des soldats, un contingent,* les renvoyer dans leurs foyers. ◆ ***se libérer*** v. pr. **1.** Se rendre libre d'occupations : *J'essaierai de me libérer cet après-midi pour aller à cette réunion.* — **2.** *Se libérer de qqch,* se dégager de ce qui gêne, de ce à quoi on reste assujetti : *Se libérer d'une dette* (syn. ACQUITTER). *Se libérer de la tutelle de ses parents* (syn. S'ÉMANCIPER).

liberté [libɛrte] n. f. (lat. *libertas*). Fait d'être libre : *Rendre sa liberté à un oiseau* (= le libérer). *Laisser trop de liberté à ses enfants* (syn. INDÉPENDANCE). *Donner à quelqu'un toute liberté d'action* (= toute possibilité d'agir). *La liberté de pensée. S'exprimer avec une grande liberté* (syn. FRANCHISE). *Une grande liberté de jugement* (= indépendance d'esprit). *Je prends la liberté de vous écrire* (formule épistolaire; = je me permets de vous écrire). *Parler en toute liberté* (= sans se contraindre). *Liberté individuelle* (= droit de ne pas être arrêté, sauf dans les cas prévus par la loi). *Liberté économique* (= droit de commercer librement). *Liberté de la presse* (= droit d'exprimer librement son opinion). ◆ ***libertés*** n. f. pl. **1.** Ensemble des droits concernant l'indépendance, l'autonomie : *Les libertés communales.* — **2.** *Prendre des libertés avec un texte,* ne pas le citer exactement, l'interpréter plus que le traduire. ‖ *Prendre des libertés avec qqn,* agir avec lui avec trop de familiarité.

libertin, e [libɛrtɛ̃] adj. et n. (lat. *libertinus,* affranchi). Qui s'adonne sans retenue aux plaisirs charnels, qui manifeste un dérèglement dans la conduite (soutenu) : *Avoir la réputation d'un libertin* (syn. DÉBAUCHÉ). *Une gravure libertine.*

libertinage [libɛrtinaʒ] n. m. Manière libertine de vivre : *Vivre dans le libertinage* (syn. DÉVERGONDAGE).

libidineux, euse [libidinø] adj. (du lat. *libido,* désir). *Litt.* Qui manifeste des désirs sexuels : *Des regards libidineux* (syn. LUBRIQUE).

libraire [librɛr] n. (lat. *librarius,* de *liber,* livre). Commerçant qui vend des livres, des ouvrages imprimés, etc.

librairie [librɛri] n. f. Commerce du libraire; magasin où on vend des livres.

libre [libr] adj. (lat. *liber*).
— **I.** SANS COMPL. (avant ou après le n.) **1.** Qui ne dépend de personne, qui n'est soumis à aucune autorité, à aucune nécessité absolue; qui jouit du pouvoir d'agir à sa guise : *Se sentir, se croire libre. Rester libre* (syn. INDÉPENDANT). *Être libre comme l'air* (= complètement indépendant). **2.** Se dit de qqn, d'un groupe, d'une nation qui ne sont pas soumis à une autorité arbitraire ou dictatoriale, à un pouvoir qu'ils ne contrôlent pas : *Les citoyens libres des nations libres* (contr. OPPRIMÉ, ESCLAVE). *Les pays libres* (= non soumis à une autorité étrangère ou dictatoriale). — **3.** Qui n'est pas privé de la possibilité d'aller et venir, qui n'est pas emprisonné : *Un prévenu libre* (contr. DÉTENU). *Être libre sur parole* (= moyennant certains engagements). — **4.** Qui n'est pas entravé ou interdit par le pouvoir politique, par une autorité, etc., et dont le fonctionnement, l'usage sans limitation est garanti par les lois, les règlements : *Presse libre* (contr. SOUMIS, ↑ ENCHAÎNÉ). *Avoir la libre disposition d'un local. La libre entreprise* (contr. NATIONALISÉ). *Les prix de la viande sont libres* (contr. SURVEILLÉ, ↑ FIXÉ). — **5.** Qui n'est pas occupé, retenu : *Êtes-vous libre? Le taxi est libre. Je tâcherai de me rendre libre lundi. Une chambre libre* (syn. INOCCUPÉ). *La voie est libre* (contr. ENCOMBRÉ). *La route est libre* (syn. DÉGAGÉ). *Il me reste du temps libre* (syn. DISPONIBLE). *Vous avez une heure libre?*; qui n'est pas engagé dans les liens du mariage, des fiançailles : *Elle lui répondit qu'elle n'était pas libre.* — **6.** Qui agit sans retenue, sans contrainte, sans souci des règles : *Être libre dans ses manières* (contr. TIMIDE, RÉSERVÉ). *Une improvisation libre* (= faite avec fantaisie). *Être très libre avec un ami* (= s'exprimer avec une pleine franchise). — **7.** Qui n'est pas attaché : *Les cheveux libres* (= flottants). — **8.** Qui manifeste du détachement à l'égard des convenances : *Des propos très libres* (syn. ↑ LICENCIEUX; contr. RÉSERVÉ). — **9.** *À l'air libre,* en plein air, à l'air : *Après plusieurs jours passés dans la grotte, ils remontèrent à l'air libre.* ‖ *École, enseignement libre,* qui dépend d'organismes ou de sociétés privés (contr. PUBLIC). ‖ *Figure libre,* imaginée par le concurrent, en patinage artistique, gymnastique, etc. (contr. IMPOSÉ). ‖ *Traduction libre,* où le texte n'est pas exactement suivi.
— **II.** SUIVI D'UN COMPL. **1.** *Libre de qqch,* qui ne subit pas la contrainte de qqch : *Elle est libre de tout préjugé. Je suis libre de tout engagement.* — **2.** *Libre de* (+ *inf.*), qui peut, qui a le droit de (faire) : *Je suis libre d'agir comme je l'entends. Libre à vous d'accepter ou de refuser* (= vous pouvez accepter ou refuser).

libre-échange [librefɑ̃ʒ] n. m. Commerce entre nations, sans interdiction pour certains produits et sans faire payer de droits de douane.

librement [librəmɑ̃] adv. De façon libre, sans contrainte : *Circuler librement* (= sans interdiction légale). *Parler, s'expliquer librement* (= avec franchise). *La discipline librement consentie* (= sans y être obligé). *Traduire très librement* (= sans suivre le texte).

libre-service [librəsɛrvis] n. m. (pl. *libres-services*). **1.** Méthode de vente où le client se sert lui-même sans intervention d'un vendeur. — **2.** Magasin, restaurant où on se sert ainsi. (Pour un restaurant, on dit aussi SELF ou SELF-SERVICE.)

librettiste [librɛtist] n. m. Auteur du livret d'une œuvre musicale.

libyen, enne [libjɛ̃] adj. et n. De Libye.

1. lice → LISSE.

2. lice [lis] n. f. (frq. *listja*). *Entrer en lice,* s'engager dans une lutte, intervenir dans une discussion.

1. licence [lisɑ̃s] n. f. (lat. *licentia,* liberté d'agir).
— **I.** Autorisation donnée par une autorité administrative d'exercer certaines activités économiques, un commerce, un sport : *Une licence de débit de boissons. Joueur titulaire d'une licence.*
— **II. 1.** *Litt.* Liberté excessive prise avec les bienséances. — **2.** *Licence poétique, grammaticale,* liberté prise par un écrivain avec les règles de la poésie, de la grammaire.

2. licence [lisɑ̃s] n. f. Grade universitaire, décerné dans les facultés après trois années d'études au-delà du baccalauréat : *Licence ès lettres, ès sciences. Licence en droit.*

licencié, e [lisɑ̃sje] adj. et n. **1.** Sportif titulaire d'une licence. — **2.** Qui a obtenu une licence (grade universitaire).

licenciement [lisɑ̃simɑ̃] n. m. Action de licencier : *Le licenciement d'une employée* (syn. RENVOI). *Protester contre les licenciements* (contr. EMBAUCHE).

licencier [lisɑ̃sje] v. t. (lat. *licentiare*). *Licencier qqn (salarié),* le priver de son emploi : *Licencier une partie du personnel* (syn. RENVOYER).

licencieux, euse [lisɑ̃sjø] adj. (lat. *licentiosus*). Qui incite au dévergondage, à la débauche ; qui vise à exciter la sensualité : *Gravures licencieuses* (syn. ↑OBSCÈNE). *Écrits licencieux* (syn. ÉROTIQUE). *Tenir des propos licencieux* (syn. GRIVOIS).

lichen [likɛn] n. m. (mot lat. ; du gr. *leikhein,* lécher). Végétal vivant sur le sol, les pierres, les arbres, et formé d'un champignon et d'une algue.

licite [lisit] adj. (lat. *licitus,* de *licet,* il est permis). Permis par la loi : *Des profits licites.*

licorne [likɔrn] n. f. (du lat. *unicornis,* qui n'a qu'une corne). Animal fabuleux à corps de cheval, avec une corne au milieu du front.

licou [liku] ou **licol** [likɔl] n. m. (de *lier* et *cou*). Courroie de cuir qu'on met autour du cou des chevaux, des ânes, des mulets, pour les attacher ou les mener.

lie [li] n. f. (gaul. *liga*). Dépôt qui se forme dans un liquide et qui tombe au fond d'un récipient.

lied [lid] n. m. (mot. all. signif. *chant*) [pl. *lieder*]. Chant ou mélodie dans les pays germaniques.

lie-de-vin [lidvɛ̃] adj. inv. D'une couleur violette.

liège [ljɛʒ] n. m. (du lat. *levis,* léger). Tissu végétal très léger, constituant l'écorce de certains arbres et dont on se sert pour faire des bouchons, des flotteurs, des revêtements, etc.

liégeois [ljeʒwa] adj. (de *Liège,* v. de Belgique). *Café* ou *chocolat liégeois,* glace au café ou au chocolat, servie avec de la crème Chantilly.

lien [ljɛ̃] n. m. (lat. *ligamen*). **1.** Bande, courroie, corde, etc., flexible, servant à attacher, à serrer étroitement : *Retenir un jeune arbre à son tuteur par des liens de paille.* — **2.** Ce qui unit des personnes : *Les liens du sang, de la parenté. Le lien qui unit les deux époux* (syn. ATTACHEMENT). *Servir de lien entre deux personnes* (syn. INTERMÉDIAIRE). — **3.** Ce qui unit plusieurs choses entre elles : *Il y a un lien logique entre cet événement et la situation actuelle* (syn. RAPPORT). *Il n'y a pas de lien entre les deux affaires* (syn. LIAISON). ◆ ***liens*** n. m. pl. Ce qui tient dans la contrainte : *S'affranchir des liens du serment* (syn. CHAÎNES, SERVITUDE).

lier [lje] v. t. (lat. *ligare*). **1.** *Lier qqn, qqch,* l'attacher avec qqch de souple, de flexible, de manière à tenir serré : *Lier un prisonnier avec une corde* (syn. LIGOTER). *Lier ses cheveux avec un ruban* (syn. NOUER). *Lier des fleurs ensemble pour faire un bouquet. Les mains liées derrière le dos.* — **2.** Assembler, joindre à l'aide d'une substance : *Lier des pierres avec du ciment.* — **3.** *Lier une sauce,* l'épaissir avec un ingrédient. — **4.** *Lier des personnes,* les unir par l'intérêt, par l'amitié, par les sentiments, les goûts, etc. (souvent pass.) : *Ils sont liés d'amitié. Je suis peu lié avec elle. Un commun mépris des honneurs les avait liés* (syn. RAPPROCHER ; contr. ÉLOIGNER). — **5.** *Lier qqn,* l'enchaîner moralement, l'obliger (souvent pass.) : *Être lié par une promesse, un vœu.* — **6.** *Avoir partie liée avec qqn,* être engagé avec lui dans une affaire commune. ‖ *Lier connaissance avec qqn,* commencer à entrer en relation avec lui. ‖ *Lier conversation,* engager, entamer la conversation. — **7.** *Lier des choses,* les unir par la logique, par le raisonnement, par un rapport quelconque : *Lier ses idées* (syn. ENCHAÎNER). *Lier une phrase à la précédente par un mot de liaison. Ces deux crimes sont étroitement liés. Ces souvenirs étaient liés à son enfance.* ◆ ***se lier*** v. pr. **1.** *Se lier (avec qqn),* s'unir à une autre personne par un lien affectif : *Se lier d'amitié avec un camarade d'école. Elle ne se lie pas facilement.* — **2.** *Se lier par un serment, un vœu,* etc., s'imposer une obligation.

lierre [ljɛr] n. m. (de *l'ierre ;* du lat. *hedera*). Plante grimpante, à feuilles vertes persistantes.

liesse [ljɛs] n. f. (lat. *laetitia*). Litt. *En liesse,* en joie : *Une foule en liesse.*

1. lieu [ljø] n. m. (lat. *locus*) [pl. *lieux*]. **1.** Partie déterminée de l'espace : *Un lieu charmant* (syn. plus usuel ENDROIT). *Choisir un lieu pour ses vacances. C'est un lieu dangereux ;* (+ de et un compl. sans art.) : *Un lieu de séjour. Quel est votre lieu de naissance ? Sur le lieu de travail. Un lieu de promenade. Un lieu de pèlerinage ;* (+ de et un compl. du n., un adj. poss., etc.) : *Le lieu du crime. Le lieu de la scène est à Séville. Indiquer le lieu de son domicile.* — **2.** *Adverbe, préposition, complément de lieu,* en grammaire, qui indiquent une relation de lieu. — **3.** *Au lieu de qqch, de* (+ *inf.*), à la place de : *Il a pris le cartable de sa sœur au lieu du sien. Employer un mot au lieu d'un autre* (syn. POUR). *Au lieu de vous lamenter, essayez de réagir* (syn. PLUTÔT QUE DE). ‖ *Au lieu que* (+ *subj.* ou *ind.*), marque une opposition : *Au lieu qu'il reconnaisse ses erreurs, il s'entête à soutenir l'impossible.* ‖ *Avoir lieu,* se produire en un endroit et à un moment donnés : *Le bal aura lieu dans la salle des fêtes* (syn. SE TENIR). *Des manœuvres militaires auront lieu en Champagne* (syn. SE DÉROULER). ‖ *Avoir lieu de* (+ *inf.*), avoir une raison pour : *Je n'ai pas lieu de me louer de son aide* (syn. AVOIR SUJET). *Il a lieu de se féliciter.* ‖ *Ce n'est pas le lieu de,* ce n'est pas l'endroit ou le moment pour : *Ce n'est ni le temps ni le lieu de discuter : il faut agir.* ‖ *Donner lieu à qqch,* fournir le prétexte, l'occasion de : *Son retour donna lieu à des scènes d'enthousiasme* (syn. OCCASIONNER, PROVOQUER). ‖ *Donner lieu de* (+ *inf.*), autoriser, permettre (soutenu) : *La montée de la fièvre donne lieu de craindre une issue fatale.* ‖ *En dernier lieu,* enfin, finalement. ‖ *En haut lieu,* près des personnes influentes, près des dirigeants : *Je me plaindrai en haut lieu.* ‖ *En lieu et place,* à la place de (admin.). ‖ *En premier, en second lieu,* premièrement (d'abord), deuxièmement (ensuite). ‖ *Haut lieu,* lieu rendu célèbre par un événement ou des chefs-d'œuvre artistiques : *Le Vercors est un des hauts lieux de la Résistance.* ‖ *Il y a lieu de* (+ *inf.*), il convient de (surtout dans des phrases négatives ou hypothétiques) : *Vous appellerez l'infirmière s'il y a lieu. Elle n'y a pas lieu de m'inquiéter outre mesure.* ‖ *Lieu public,* endroit où le public peut aller (cinéma, jardin, café). ‖ *Tenir lieu de* (+ *n.*), remplacer, tenir la place de : *Elle lui tient lieu de mère* (syn. SERVIR DE). ‖ *Un mauvais lieu,* un lieu de débauche, un café mal famé. (→ LOCAL.) ◆ ***lieux*** n. m. pl. **1.** Endroit où on est, où on habite, maison, appartement (admin.) : *Dresser l'état des lieux. Visiter les lieux avant d'emménager.* — **2.** *Les lieux saints* → SAINT. ‖ *Être, se rendre sur les lieux,* en parlant de la police, être, aller à l'endroit où un délit, un crime a été commis.

2. lieu [ljø] n. m. (anc. scand. *lyr*) [pl. *lieus*]. Poisson de l'Océan et de la Manche, voisin du merlan (syn. COLIN).

lieu commun [ljøkɔmœ̃] n. m. (pl. *lieux communs*). Idée toute faite, sujet banal que tout le monde utilise : *Un roman qui s'écarte des lieux communs* (syn. CLICHÉ, PONCIF).

lieu-dit [ljødi] n. m. (pl. *lieux-dits*). Lieu qui, à la campagne, porte un nom rappelant une particularité : *Les lieux-dits «la Pierre au Diable» et «Les Trois-Épis».*

lieue [ljø] n. f. (lat. *leuca*). **1.** Unité utilisée autref. pour la mesure des distances, et valant environ 4 kilomètres. — **2.** *Être à cent, à mille lieues de* (+ *n.* ou *inf.*), être très éloigné de.

lieuse [ljøz] n. f. Dispositif qu'on adapte sur une moissonneuse pour lier les gerbes.

lieutenant [ljøtnɑ̃] n. m. (lat. *locum tenens,* qui tient un lieu). Officier des armées de terre et de l'air dont le grade se situe avant celui de capitaine. (Il a deux galons.)

lieutenant-colonel [ljøtnɑ̃kɔlɔnɛl] n. m. (pl. *lieutenants-colonels*). Officier supérieur des armées de terre et de l'air dont le grade se situe entre celui de commandant et celui de colonel. (Il a cinq galons.)

lièvre [ljɛvr] n. m. (lat. *lepus, leporis*). **1.** Mammifère rongeur, à longues pattes postérieures : *La femelle du lièvre est la hase. Lever un lièvre.* — **2.** Chair de cet animal : *Un civet de lièvre.* — **3.** *Courir deux lièvres à la fois,* poursuivre plusieurs buts différents en même temps. ‖ *Soulever, lever un lièvre,* soulever une question embarrassante, mais importante. — **4.** Coureur chargé d'entraîner un champion dans une tentative de record.

lift [lift] n. m. (de l'angl. *to lift,* soulever). Au tennis, effet donné à la balle, en la frappant de bas en haut, pour en augmenter le rebond.

lifter [lifte] v. t. et i. Exécuter un lift.

liftier [liftje] n. m. (angl. *lift,* ascenseur). Garçon d'ascenseur.

ligament [ligamɑ̃] n. m. (lat. *ligamentum,* de *ligare,* lier). Tissu conjonctif qui retient les os au niveau des articulations.

ligamentaire [ligamɑ̃tɛr] ou **ligamenteux, euse** [ligamɑ̃tø] adj. Qui concerne un ligament.

ligature [ligatyr] n. f. (du lat. *ligare,* lier). **1.** Opération consistant à serrer avec une bande, avec un lien, afin de comprimer : *Faire une ligature à la jambe d'un blessé pour empêcher l'hémorragie. Fixer par une ligature un arbrisseau à un tuteur.* — **2.** Trait qui, dans l'écriture, réunit deux lettres.

ligaturer [ligatyre] v. t. Attacher, serrer avec une ligature.

ligne [liɲ] n. f. (lat. *linea,* fil de lin). **1.** Trait long, fin et continu : *Tracer, tirer une ligne. Une ligne verticale, oblique. Une ligne courbe. À l'intersection de deux lignes. Une ligne pointillée. Lire dans les lignes de la main* (= prédire l'avenir d'après les rides sillonnant la paume de la main). — **2.** Ce qui forme une séparation, une limite entre deux choses : *Cette rivière indique la ligne de démarcation entre les deux pays* (syn. FRONTIÈRE). *Le navire a franchi la ligne* (= l'équateur). — **3.** Ensemble de fortifications protégeant la frontière; retranchement : *La ligne Maginot. Forcer les lignes adverses. Monter en ligne* (= aller à l'assaut). *En première ligne* (= au plus près du combat). — **4.** Forme, dessin, contour d'un objet, d'un corps, d'une représentation picturale, etc. : *Les montagnes forment à l'horizon une ligne continue. La ligne d'une voiture. Quelle est la ligne cette année dans la mode?* (= la forme générale); forme mince et élégante du corps de qqn : *Garder la ligne. Perdre la ligne* (= prendre de l'embonpoint). — **5.** Direction déterminée : *Cela fait vingt kilomètres en ligne droite. Avoir une ligne générale de conduite* (syn. RÈGLE). *S'écarter de sa ligne* (syn. VOIE). *Être dans la ligne* (= être dans la stricte orthodoxie). *La ligne de tir d'une arme à feu.* — **6.** Installation servant à la communication, à la transmission, au transport d'énergie : *Une ligne téléphonique, télégraphique. Une ligne à haute tension* (syn. CÂBLE); circuit de communication téléphonique : *La ligne n'est pas libre.* — **7.** Ensemble de points desservis par un même moyen de transport; ce service de transport : *Une ligne de chemin de fer. La ligne aérienne Paris-Tōkyō. Les lignes de banlieue. Une ligne d'autobus, de métro. Un avion de ligne. Un pilote de ligne* (= qui assure un service régulier de transport par avion). *Un cargo de ligne* (= qui assure un service régulier de navigation). — **8.** Fil avec hameçon servant à la pêche : *La pêche à la ligne. Lancer la ligne.* — **9.** Suite continue de personnes ou de choses : *Une ligne d'arbres le long de la route* (syn. ALIGNEMENT). *Écoliers rangés sur deux lignes. Une ligne de produits de beauté* (= une série de produits qui se complètent dans leur utilisation). — **10.** Suite de caractères imprimés ou manuscrits : *Intervalle entre deux lignes* (= interligne). *Écrire quelques lignes. Aller à la ligne* (= laisser une ligne inachevée et en commencer une autre). *Lire de la première à la dernière ligne* (= entièrement). *Lire entre les lignes* (= deviner ce qui est sous-entendu). *L'élève a fait cent lignes* (= copié cent lignes comme punition). — **11.** *Ligne d'avants, d'arrières, de demis,* ensemble formé par les joueurs occupant des positions parallèles (au football, au rugby, etc.). — **12.** Ensemble des ascendants ou des descendants d'une famille : *Descendre en ligne directe, en droite ligne d'une noble famille bretonne. La ligne collatérale* (= descendance par le frère ou la sœur). — **13.** *Entrer, faire entrer en ligne de compte,* être pris, prendre en considération. ‖ *Être en ligne,* être branché téléphoniquement avec un correspondant. ‖ *Hors ligne,* d'une valeur supérieur, exceptionnel. ‖ *Ligne jaune, blanche, continue,* trait divisant une route en plusieurs voies. ‖ *Mettre en ligne,* présenter pour affronter l'adversaire : *Mettre en ligne tous les meilleurs joueurs pour essayer de vaincre l'équipe adverse.* ‖ *Sur la même ligne,* de même force. ‖ *Sur toute la ligne,* complètement. (→ ALIGNER et INTERLIGNE.)

lignée [liɲe] n. f. (de *ligne*). Ensemble des descendants : *N'avoir qu'un fils pour toute lignée* (syn. POSTÉRITÉ). *Elle était la dernière d'une lignée de paysans* (syn. RACE).

ligneux, euse [liɲø] adj. (lat. *lignosus,* de *lignum,* bois). De la nature du bois, qui lui appartient (techn) : *Tige, fibre ligneuse.*

lignite [liɲit] n. m. (lat. *lignum,* bois). Roche combustible proche du charbon.

ligoter [ligɔte] v. t. (de *ligote,* mot gascon signif. *corde*). **1.** (sujet qqn) *Ligoter qqn,* l'attacher solidement avec un lien : *Ligoter un prisonnier* (syn. LIER). — **2.** (sujet qqch) *Ligoter qqn,* le priver de la liberté d'agir : *Il est complètement ligoté par ses engagements* (syn. ENCHAÎNER, ↓ GÊNER).

ligue [lig] n. f. (it. *liga;* du lat. *ligare,* lier). Nom donné à des associations, des groupements dont les buts sont moraux, politiques, etc. : *La Ligue française de l'enseignement. Ligue contre l'alcoolisme.*

liguer [lige] v. t. Unir dans une même coalition, dans une même alliance : *Liguer tous les mécontents* (syn. COALISER). ◆ ***se liguer*** v. pr. S'unir : *Ils se liguèrent pour le contraindre à avouer.*

ligueur, euse [ligœr] n. Membre d'une ligue politique.

lilas [lila] n. m. (mot persan). Arbuste cultivé pour ses grappes de fleurs mauves ou blanches, odorantes; les fleurs elles-mêmes. ◆ adj. inv. De couleur violette tirant sur le rose : *Une robe lilas* (syn. MAUVE).

lilliputien, enne [lilipysjɛ̃] adj. et n. (de *Lilliput,* pays imaginaire des *Voyages de Gulliver*). De très petite taille.

limace [limas] n. f. (lat. *limax*). Petit mollusque sans coquille apparente, qui, en mangeant les feuilles, cause de grands dégâts dans les jardins.

limaçon [limasɔ̃] n. m. (de *colimaçon*). **1.** Escargot (syn. COLIMAÇON). — **2.** Pièce d'un mécanisme d'horlogerie.

limaille [limaj] n. f. Parcelles de métal détachées par le frottement de la lime : *Limaille de fer.*

limande [limɑ̃d] n. f. (anc. fr. *lime*). Poisson plat, comestible, de la Manche et de l'Atlantique.

1. limbe [lɛ̃b] n. m. (lat. *limbus,* bord). Partie élargie d'une feuille d'arbre.

2. limbes [lɛ̃b] n. m. pl. *Être dans les limbes,* se dit de ce qui est vague, incertain, qui n'a pas pris corps (soutenu) : *Ces projets de réforme sont encore dans les limbes.* (Les *limbes* sont, dans la religion chrétienne, le séjour des âmes des enfants morts sans baptême.)

lime [lim] n. f. (lat. *lima*). **1.** Outil d'acier trempé, dont la surface est entaillée de dents, et qui sert à détacher par frottement des parcelles de matières (bois, métaux, etc.). — **2.** *Lime à ongles,* petit instrument de manucure en acier strié ou en carton recouvert de papier émeri.

limer [lime] v. t. (lat. *limare*). Polir avec une lime : *Limer ses ongles. Limer un barreau.*

limier [limje] n. m. (de l'anc. fr. *liem,* tenu en laisse). **1.** Grand chien de chasse à courre. — **2.** *Fin limier,* policier sagace.

liminaire [liminɛr] adj. (du lat. *limen, liminis,* seuil). Qui se trouve au début d'un livre, d'un discours, d'un débat : *Le président lut une déclaration liminaire.*

limitatif, ive [limitatif] adj. Qui précise, fixe les limites : *Les dispositions limitatives de la loi.*

limitation [limitasjɔ̃] n. f. Action de limiter : *La limitation des prix* (syn. FIXATION). *La limitation des naissances* (syn. CONTRÔLE). *Sans limitation de temps, de durée* (syn. RESTRICTION).

limite [limit] n. f. (lat. *limes, limitis*). **1.** Ligne séparant deux pays, deux territoires contigus, etc. : *Le Rhin marque la limite entre les deux pays* (syn. FRONTIÈRE). *Les limites d'une propriété* (syn. BORNES). *Marquer, fixer les limites d'un champ.* — **2.** Ce qui marque la fin d'une étendue, d'une période; partie extrême : *Un horizon sans limite. Dans les limites du temps qui m'est imparti* (syn. CADRE). *La dernière limite pour les inscriptions est fixée au 15 mai* (syn. TERME; contr. COMMENCEMENT, DÉBUT). *Fonctionnaire qui est atteint par la limite d'âge* (= âge au-delà duquel on ne peut exercer une fonction). — **3.** Borne, point au-delà desquels on ne peut aller dans son action, dans son influence, etc. : *Ce film a dépassé la limite de l'horreur* (syn. COMBLE). *Ma patience a des limites. Elle a en vous une confiance sans limite. Je connais mes limites* (= mes possibilités intellectuelles). *Un pouvoir sans limite* (syn. FREIN, RESTRICTION). ◆ adj. Qu'on ne peut dépasser : *Des prix limites* (syn. PLAFOND). *C'est le cas limite* (syn. EXTRÊME). *La vitesse limite des véhicules*

limité, e [limite] adj. Qui ne doit durer qu'un certain temps; restreint à un certain domaine : *Une mesure de durée limitée. Cette politique a des objectifs limitée* (contr. VASTE, IMMENSE). *Un décret de portée limitée. Le tirage limité d'un livre. J'ai une confiance très limitée en lui* (syn. RÉDUIT; contr. ABSOLU, TOTAL).

limiter [limite] v. t. (lat. *limitare*). *Limiter qqch,* l'enfermer, le restreindre dans certaines limites : *Limiter la durée de parole des orateurs. Les montagnes limitent l'horizon* (syn. BORNER). *Limiter les dégâts* (syn. CIRCONSCRIRE). *Limitez vos dépenses.* ◆ ***se limiter*** v. pr. **1.** (sujet qqn) *Se limiter (dans qqch), se limiter à qqch,* à (+ *inf.*), s'imposer des limites : *Savoir se limiter dans son activité. Vous allez devoir vous limiter dans vos recherches. Je vais me limiter à exposer l'essentiel.* — **2.** (sujet qqch) *Se limiter à qqch,* avoir pour limites : *Mes connaissances en anglais se limitent à quelques phrases* (syn. SE RESTREINDRE À).

limitrophe [limitrɔf] adj. Immédiatement voisin d'un pays, d'une région, etc. : *Les villes limitrophes de la frontière* (syn. PROCHE).

limogeage [limɔʒaʒ] n. m. Action de limoger.

limoger [limɔʒe] v. t. (de *Limoges,* où 134 officiers généraux furent placés en résidence en 1914) [c. 2] *Limoger un officier, un haut fonctionnaire,* le priver de son emploi, par révocation, mise à la retraite, déplacement, etc. (syn. DESTITUER).

limon [limɔ̃] n. m. (lat. *limus*). Terre fine et légère, déposée par les fleuves sur les rives.

limonade [limɔnad] n. f. Boisson composée de citron, de sucre et d'eau gazeuse.

limonadier [limɔnadje] n. m. Commerçant vendant des boissons au détail, consommées sur place.

limoneux, euse [limɔnø] adj. Plein de limon : *Eau limoneuse.*

limpide [lɛ̃pid] adj. (lat. *limpidus*). **1.** D'une parfaite transparence, qui n'est troublé par rien : *Eau limpide* (syn. ↓ CLAIR; contr. TROUBLE). *Le ciel est limpide* (= sans nuages). *Regard limpide* (syn. PUR). — **2.** Très facile à comprendre : *Explication limpide* (syn. ↓ CLAIR).

limpidité [lɛ̃pidite] n. f. Qualité de ce qui est limpide : *Limpidité d'une source, d'un ciel sans nuages, d'un regard. Limpidité d'une démonstration* (syn. ↓ CLARTÉ; contr. OBSCURITÉ).

lin [lɛ̃] n. m. (lat. *linum*). Plante cultivée pour ses fibres textiles et pour ses graines, utilisées pour faire de l'huile.

linceul [lɛ̃sœl] n. m. (lat. *linteolum,* toile de lin). Toile dans laquelle on ensevelit les morts.

linéaire [lineɛr] adj. (lat. *linearis,* de *linea,* ligne). Relatif aux lignes droites, à une suite continue d'éléments disposés sur une même ligne, se déroulant selon une ligne.

linéament [lineamɑ̃] n. m. (lat. *lineamentum,* de *linea,* ligne). *Litt.* Ébauche (surtout pl.) : *Les premiers linéaments d'un ouvrage* (syn. ESQUISSE).

linéarité [linearite] n. f. Caractère linéaire.

linge [lɛ̃ʒ] n. m. (du lat. *lineus,* de lin). **1.** Étoffe, tissu de coton, de lin, de Nylon, etc., servant aux divers usages du ménage (toilette, service de table, lit, etc.) : *Du linge de toilette* (= des serviettes). *Du linge de table* (= nappes, serviettes, etc.). *Laver, faire sécher, étendre du linge. Un paquet de linge sale. Le gros linge* (= les draps). — **2.** Sous-vêtements *(linge de corps)* ou certaines pièces de l'habillement (mouchoir, chaussettes, pyjama, chemise) : *Changer de linge. Mettre du linge propre.* — **3.** Pièce d'étoffe, de tissu : *Frotter avec un linge* (syn. CHIFFON). *Mettre un linge mouillé sur le front brûlant.* — **4.** *Blanc comme un linge,* blême.

lingère [lɛ̃ʒɛr] n. f. Personne chargée de l'entretien et de la distribution du linge dans une communauté, un hôpital, etc.

lingerie [lɛ̃ʒri] n. f. **1.** Linge de corps, ensemble des pièces composant les sous-vêtements de qqn : *De la lingerie fine. Le rayon de lingerie d'un grand magasin.* — **2.** Pièce où on range et où on entretient le linge.

lingot [lɛ̃go] n. m. (anc. prov.). Morceau de métal précieux solidifié après fusion et conservant la forme du moule : *Des lingots d'or, d'argent.*

linguiste [lɛ̃gɥist] n. Spécialiste de linguistique.

linguistique [lɛ̃gɥistik] n. f. (du lat. *lingua,* langue). Étude scientifique du langage humain : *La linguistique décrit les langues du monde, leur histoire et leur fonctionnement, et étudie le langage comme activité humaine.* ◆ adj. Qui relève de la linguistique : *Analyse linguistique.*

linoléum ou, fam., **lino** [linɔ(leɔm)] n. m. (mot angl. ; du lat. *linum,* lin, et *oleum,* huile). Revêtement pour planchers fait d'une toile de jute recouverte d'un enduit imperméable.

linotte [linɔt] n. f. (de *lin*). **1.** Petit oiseau brun et rouge, au chant agréable. — **2.** *Tête de linotte,* étourdi.

linteau [lɛ̃to] n. m. (du lat. *liminaris,* du seuil). Pièce horizontale en pierre, en bois, en métal, qui soutient la maçonnerie au-dessus d'une porte.

lion, lionne [ljɔ̃] n. (lat. *leo, leonis*). Grand mammifère carnivore d'Afrique et d'Asie, au pelage fauve : *Les rugissements d'un lion.* ◆ ***lion*** n. m. (avec majusc.) Cinquième signe du zodiaque, correspondant à la période du 22 juillet au 23 août.

lionceau [ljɔ̃so] n. m. Petit du lion.

lipide [lipid] n. m. (gr. *lipos,* graisse). Nom générique des corps gras (huile, beurre, graisse), insolubles dans l'eau.

lippe [lip] n. f. (néerl. *lippe,* lèvre). Lèvre inférieure, épaisse et avancée.

lippu, e [lipy] adj. *Bouche lippue,* à grosses lèvres.

liquéfaction [likefaksjɔ̃] n. f. Passage d'un gaz à l'état liquide.

liquéfiable [likefjabl] adj. Qu'on peut liquéfier.

liquéfiant, e [likefjɑ̃] adj. Qui liquéfie.

liquéfier [likefje] v. t. (lat. *liquefacere*). Rendre liquide : *Liquéfier un gaz.* ◆ ***se liquéfier*** v. pr. Devenir liquide : *Le goudron, sous l'action de la chaleur, se liquéfie.*

liqueur [likœr] n. f. (lat. *liquor,* liquide). Boisson à base d'eau-de-vie ou d'alcool, sucrée et aromatisée.

liquidateur, trice [likidatœr] n. Qui liquide.

liquidation [likidasjɔ̃] n. f. Action de liquider : *La liquidation d'une succession, d'un compte* (syn. RÈGLEMENT). *La liquidation d'une propriété* (syn. VENTE). *La liquidation de marchandises en solde* (syn. RÉALISATION). *La liquidation d'un témoin gênant* (fam. ; syn. MEURTRE).

1. liquide [likid] adj. (lat. *liquidus,* fluide). Se dit d'un corps qui coule ou qui tend à couler : *Le sang est liquide. Un gaz qui passe à l'état liquide* (contr. GAZEUX ou SOLIDE). *Cette sauce est trop liquide* (syn. FLUIDE). *Des aliments liquides.* ◆ n. m. **1.** Corps qui se présente à l'état liquide : *L'eau est un liquide transparent. Les fluides comprennent les liquides et les gaz. Liquide qui bout.* — **2.** Boisson, aliment liquide : *Cette malade ne peut absorber que des liquides.*

2. liquide [likid] adj. (it. *liquido,* libre de dettes). *Argent liquide,* immédiatement disponible : *Avoir un peu d'argent liquide pour régler de petits achats.* ◆ n. m. Argent disponible : *Payer en liquide* (syn. ESPÈCES ; contr. CHÈQUE).

liquider [likide] v. t. (de *liquide* 2). **1.** Fam. *Liquider qqch,* le mener à sa fin, lui donner une solution ou s'en débarrasser en le faisant disparaître : *Liquider une affaire* (syn. RÉGLER). *Je liquide rapidement ce travail et je suis à vous* (syn. ACHEVER). *Qui veut liquider la tarte ?* (syn. FINIR, TERMINER). — **2.** *Liquider ses dettes,* les payer. ‖ *Liquider des actions, des biens, des terres,* les vendre. — **3.** Vendre au rabais des marchandises : *Le commerçant liquide son stock.* — **4.** Fam. *Liquider qqn,* s'en débarrasser en le tuant : *Ils ont liquidé un complice* (syn. SE DÉBARRASSER) ; ou en le renvoyant : *Il liquide rapidement ses derniers visiteurs avant de sortir.*

liquidités [likidite] n. f. pl. Sommes disponibles pour faire face à des créances.

liquoreux, euse [likɔrø] adj. Qui a la saveur douce de la liqueur : *Vins liquoreux.*

1. lire [lir] v. t. (de *legere*) [c. 73]. **1.** *Lire un texte,* parcourir des yeux ce qui est écrit ou imprimé, en prenant connaissance du contenu : *Lire une lettre, un roman, le journal. Lire ses notes avant d'aller au cours. Elle lit couramment le russe ;* sans compl. : *Tu te fatigues les yeux à lire dans l'obscurité.* — **2.** *Lire un texte (à qqn),* le prononcer à haute voix : *Lire un discours à la tribune de l'Assemblée* (syn. PRONONCER). *Le tribunal lit le jugement. Lire une histoire à ses enfants.* — **3.** *Lire une écriture,* identifier les lettres et les assembler pour comprendre le lien qui existe entre ce qui est écrit et la parole : *Lire les caractères chinois. Lire une écriture difficile* (syn. DÉCHIFFRER) ; sans compl. : *Un enfant qui apprend à lire.* — **4.** *Lire qqch,* en pénétrer le sens, grâce à des signes qu'on interprète : *Lire une carte. Lire dans les lignes de la main. Lire l'avenir dans le marc de café* (syn. DÉCOUVRIR). *J'ai lu dans ses yeux une sorte de regret* (syn. DISCERNER). *On a lu dans ton jeu* (= on a vu tes intentions). ◆ ***se lire*** v. pr. (sujet qqch) Être vu, compris, interprété : *L'inquiétude se lit sur son visage. Ce livre se lit facilement.*

2. lire [lir] n. f. (it. *lira*). Unité monétaire de l'Italie.

lis ou **lys** [lis] n. m. (lat. *lilium*). Plante à fleurs blanches et odorantes : *Le lis est le symbole de la pureté. La fleur de lis était l'emblème de la royauté en France.*

liseré [lizre] ou **liséré** [lizere] n. m. (de *lisière*). Ruban étroit dont on borde un vêtement ou une étoffe.

liseron [lizrɔ̃] n. m. (de *lis*). Plante vivace à fleurs blanches, à corolle en entonnoir.

liseur, euse [lizœr] n. *Un grand liseur,* celui qui lit beaucoup.

liseuse [lizøz] n. f. (de *lire* 1). **1.** Couverture mobile pour protéger un livre. — **2.** Petite veste, chaude et légère, que les femmes mettent pour lire au lit (vieilli).

lisibilité [lizibilite] n. f. Fait d'être lisible.

lisible [lizibl] adj. Facile à lire, à déchiffrer : *Une écriture à peine lisible. Un roman qui n'est pas lisible.*

lisiblement [lizibləmɑ̃] adv. De manière lisible : *Écrire lisiblement.*

lisière [lizjɛr] n. f. (anc. fr. *lis,* fil de trame). Partie, bord extrême d'un terrain : *À la lisière d'un bois* (syn. LIMITE). ◆ ***lisières*** n. f. pl. Litt. *Tenir qqn en lisières,* le diriger avec rigueur, le maintenir dans une étroite dépendance.

lissage [lisaʒ] n. m. Action de lisser.

1. lisse [lis] adj. (de *lisser*). Dont la surface est égale ou douce au toucher : *Avoir les cheveux lisses* (syn. PLAT; contr. FRISÉ). *Un rocher lisse* (contr. RUGUEUX). *Avoir le visage lisse après s'être rasé* (contr. BARBU). *La surface lisse du lac* (syn. UNI).

2. lisse ou **lice** [lis] n. f. (lat. *licium,* fil de trame). Fil de métal ou de lin portant un maillon dans lequel passe le fil de chaîne, sur un métier à tisser.

lisser [lise] v. t. (lat. *lixare,* repasser). *Lisser qqch,* le rendre lisse : *Lisser sa moustache. L'oiseau lisse ses plumes.*

listage [listaʒ] n. m. Action de lister.

liste [list] n. f. (germ. *lista*). **1.** Suite de noms de personnes ou de choses, de signes numériques, etc., inscrits à la suite les uns des autres : *Une liste des abréviations se trouve en tête du livre* (syn. TABLEAU). *Faire la liste des absents* (syn. ÉNUMÉRATION). *Son nom n'est pas dans, sur la liste. Être inscrit sur la liste électorale* (= des électeurs). *Liste noire* (= qui contient des gens ou des pays suspects, à surveiller ou à boycotter). *Liste de mariage* (= cadeaux sélectionnés chez un commerçant par de futurs époux). — **2.** Énumération importante : *La liste des revendications.*

lister [liste] v. t. *Lister des personnes, des choses,* les mettre en liste.

listing [listiŋ] n. m. (mot angl.). Document présentant une liste complète d'informations.

lit [li] n. m. (lat. *lectus*). **1.** Meuble sur lequel on se couche pour dormir ou se reposer; ensemble des objets qui le composent : *Un lit pour une, pour deux personnes. Un lit de repos* (= un lit très bas, une chaise longue où on s'allonge pour se reposer). *Un lit de camp* (= dont le fond est garni de sangles ou de grosse toile et qui est pliant et portatif). *Aller au lit, se mettre au lit* (= se coucher). *Être au lit* (= être couché). *Sauter, sortir du lit. Faire son lit* (= le préparer pour qu'on puisse s'y coucher). *Mourir dans son lit* (= de mort naturelle). *Faire lit à part* (= en parlant de deux époux, avoir chacun son lit). *Les enfants du premier lit* (= du premier mariage). — **2.** Tout ce qui, sur le sol, peut être utilisé pour se coucher, ce qui a la mollesse d'un lit : *Un lit de feuillage* (syn. TAPIS). *Un lit de mousse.* — **3.** Couche horizontale d'une matière quelconque, de choses, d'objets rangés les uns à côté des autres : *Un lit de sable, de cendres.* — **4.** Chenal creusé par un cours d'eau et par où il s'écoule : *Le lit ensablé de la Loire. La crue a détourné le torrent de son lit.* (→ ALITER.)

litanie [litani] n. f. (gr. *litaneia,* prière). *Fam.* Répétition ennuyeuse et longue (de reproches, de plaintes, etc.) : *Une litanie d'injures.* ◆ ***litanies*** n. f. pl. Longue suite de prières, faites de formules brèves récitées sur le même ton et constituées de phrases de structure analogue : *Les litanies de la Vierge, des saints.*

litchi ou **lychee** [litʃi] n. m. (mot chin.). Arbre originaire de Chine dont le fruit est sucré et comestible; fruit de cet arbre.

literie [litri] n. f. Tout ce qui concerne l'équipement d'un lit (drap, matelas, couvertures, etc.).

lithographie [litɔgrafi] n. f. (gr. *lithos,* pierre, et *graphein,* écrire). Reproduction par impression de dessins tracés avec une encre ou un crayon gras sur une pierre calcaire; gravure imprimée par ce procédé (abrév. LITHO, en ce sens).

lithographier [litɔgrafje] v. t. Imprimer par les moyens de la lithographie.

lithosphère [litɔsfɛr] n. f. (du gr. *lithos,* pierre, et *sphère*). Couche externe, rigide, du globe terrestre.

litière [litjɛr] n. f. (de *lit*). Paille, fourrage, etc., qu'on répand sur le sol d'une étable ou d'une écurie et sur quoi les animaux se couchent.

litige [litiʒ] n. m. (lat. *litigium,* de *lis, litis,* procès). Contestation entre deux parties : *Le Conseil de sécurité de l'O. N. U. fut appelé à régler le litige entre les deux nations* (syn. DIFFÉREND, ↑CONFLIT). *Quels sont les points en litige?* (syn. DISCUSSION, CAUSE).

litigieux, euse [litiʒjø] adj. Qui est l'objet d'un litige : *Arbitrer une affaire litigieuse. Les points litigieux* (syn. CONTESTÉ).

litote [litɔt] n. f. (gr. *litotês,* simplicité). Emploi d'une expression, d'un terme qui atténuent la pensée et suggèrent beaucoup plus qu'on ne dit. (Ex. *Ce n'est pas très bon,* pour *c'est mauvais; elle ne m'est pas antipathique,* pour *elle m'est très sympathique.*)

litre [litr] n. m. (gr. *litra,* poids de douze onces). **1.** Unité de mesure de capacité pour les liquides et les matières sèches (symb. l). — **2.** Bouteille, récipient contenant cette quantité de liquide : *Acheter deux litre de lait.* — **3.** Contenu de ce récipient : *Boire un litre de vin.*

littéraire [literɛr] adj. (lat. *litterarius*). **1.** Relatif à la littérature, à l'écrivain : *La comédie est un genre littéraire. Faire une explication littéraire en classe* (= sur un texte tiré de la littérature). *La vie littéraire, artistique. Les milieux littéraires* (= ceux que fréquentent des écrivains). *L'histoire littéraire* (= qui traite des œuvres de la littérature). *Langue littéraire* (= celle de la littérature). *Revue littéraire* (= où on édite, commente les œuvres des écrivains). *Avoir un réel talent littéraire* (= d'écrivain). — **2.** Qui a les qualités esthétiques reconnues à une œuvre de la littérature : *La valeur littéraire d'un ouvrage.* ◆ adj. et n. Qui se consacre aux lettres, à la philosophie, à l'histoire, à la littérature (par oppos. à *scientifique*).

littérairement [literɛrmɑ̃] adv. Sur le plan littéraire.

littéral, e, aux [literal] adj. (bas lat. *litteralis,* de *littera,* lettre). Pris rigoureusement à la lettre; qui s'en tient à la lettre : *Au sens littéral du mot* (syn. PROPRE). *Traduction littérale* (= mot à mot). *Copie littérale d'un texte* (= exactement conforme à l'original).

littéralement [literalmɑ̃] adv. Absolument : *Elle était littéralement hors d'elle.*

littérateur [literatœr] n. m. Écrivain de métier (souvent péjor.).

littérature [literatyr] n. f. (lat. *litteratura,* écriture). **1.** Ensemble des œuvres orales ou écrites d'un pays, d'une époque, qui dépassent dans leur objet la simple communication et visent à une valeur esthétique, morale ou philosophique : *La littérature contemporaine. Les grandes œuvres de la littérature classique. La littérature engagée.* — **2.** Métier, travail de l'écrivain : *Faire de la littérature. Considérer la littérature comme une distraction.* — **3.** Ensemble des ouvrages consacrés à un sujet, une question : *Le Masque de Fer a suscité une abondante littérature.*

1. littoral, e, aux [litɔral] adj. (du lat. *litus, litoris,* rivage). Qui appartient au bord de la mer : *Les dunes littorales. La faune littorale.*

2. littoral [litɔral] n. m. (pl. *littoraux*). Étendue de pays qui borde la mer : *Le littoral de l'Atlantique, de la Manche. Le littoral breton* (syn. CÔTE). *Un littoral sablonneux* (syn. RIVAGE).

liturgie [lityrʒi] n. f. (gr. *leitourgia,* de *leitos,* public, et *ergon,* œuvre). Ordre des cérémonies et des prières déterminé par l'autorité religieuse : *La liturgie catholique.*

liturgique [lityrʒik] adj. Relatif ou conforme à la liturgie.

livide [livid] adj. (lat. *lividus*). Extrêmement pâle : *Le froid était vif, ses lèvres étaient livides* (syn. ↑ BLEU). *À la lueur des lampes au néon, son teint paraissait livide* (syn. BLAFARD, BLÊME, TERREUX).

lividité [lividite] n. f. *Litt.* État livide : *La lividité cadavérique* (= coloration violacée de la peau d'un cadavre).

living-room ou **living** [liviŋ(rum)] n. m. (mot angl. signif. *pièce où l'on vit*) [pl. *living-rooms* ou *livings*]. Pièce de séjour dans un appartement (syn. SALLE DE SÉJOUR).

livrable [livrabl] adj. Qui peut être livré : *Appareil livrable à domicile.*

livraison [livrɛzɔ̃] n. f. Action de livrer; chose livrée : *Effectuer une livraison. Prendre livraison de la marchandise* (= venir chercher une marchandise achetée).

1. livre [livr] n. m. (lat. *liber*). **1.** Volume imprimé d'une certaine étendue, considéré du point de vue de l'objet matériel ou de celui du contenu : *Livre relié, broché. Les livres scolaires* (= destinés à l'enseignement). *Couper les pages d'un livre. Quel est le sujet du livre ?* — **2.** *À livre ouvert,* couramment : *Traduire le grec à livre ouvert.* ‖ *Connaître la vie par les livres,* par l'étude, par la théorie, et non par l'expérience ‖ *Livre blanc,* recueil de documents sur un problème déterminé, publié par un gouvernement, un organisme. ‖ *Livre de compte,* registre où on note la comptabilité d'une maison. ‖ *Livre d'or,* registre où sont inscrits les noms de visiteurs connus, où sont réunis des éloges, des réflexions sur un lieu célèbre. ‖ *Parler comme un livre,* de façon savante.

2. livre [livr] n. f. (lat. *libra*). Unité monétaire de la Grande-Bretagne et de l'Irlande du Nord *(livre sterling),* et de nombreux autres pays : Égypte, Israël, Liban, Soudan, Turquie, Syrie, etc.

3. livre [livr] n. f. Demi-kilo.

livrée [livre] n. f. (de *livrer*). Costume particulier que portent les domestiques masculins d'une grande maison : *Un valet en livrée.*

livrer [livre] v. t. (lat. *liberare,* délivrer). **1.** *Livrer qqn à qqn,* le remettre en son pouvoir, le soumettre à son action : *Livrer un coupable à la police* (syn. REMETTRE). *L'assassin a été livré à la justice* (syn. jurid. DÉFÉRER). *Livrer une victime à ses bourreaux.* — **2.** *Livrer qqn, qqch à qqch, qqn,* le donner, l'abandonner pour qu'il soit soumis à l'action de qqch, de qqn : *Livrer une ville au pillage, à l'émeute. Jeanne fut livrée au bûcher. Livrer son âme au diable.* — **3.** *Livrer qqn, qqch (à qqn),* les lui remettre par trahison : *Le voleur arrêté a livré ses complices* (syn. DÉNONCER, TRAHIR). *Livrer des secrets d'État à l'ennemi.* — **4.** *Livrer un combat, livrer (une) bataille,* se battre. ‖ *Livrer passage,* laisser passer. — **5.** *Livrer une marchandise (à qqn),* la remettre à celui qui l'a commandée ou payée : *La maison livrera les meubles dès que possible;* sans compl. : *Nous ne livrons pas le samedi* (= ne faisons pas de livraisons). — **6.** *Livrer qqn,* lui apporter à domicile la marchandise achetée : *Vous serez livré demain.* ◆ ***se livrer*** v. pr. **1.** *Se livrer (à qqn),* se confier à lui, découvrir ses secrets, ses pensées intimes : *Elle ne se livre pas facilement, on ne sait pas ce qu'elle pense.* — **2.** *Se livrer à qqn,* se remettre complètement en son pouvoir : *La coupable se livra à la police* (syn. SE CONSTITUER PRISONNIER). — **3.** *Se livrer à qqch,* s'y abandonner complètement : *Se livrer au désespoir, à une joie exubérante;* s'y donner volontairement : *Se livrer à l'étude* (syn. SE CONSACRER). *Se livrer à une enquête* (syn. PROCÉDER À).

livresque [livrɛsk] adj. Qui provient des livres et non d'une expérience personnelle : *Un savoir livresque.*

livret [livrɛ] n. m. (de *livre* 1). **1.** Petit registre sur lequel sont reproduites des indications concernant le titulaire : *Livret militaire* (= donnant les renseignements relatifs à la situation militaire du titulaire). *Le livret scolaire contient le relevé des notes et les appréciations des professeurs. Un livret de caisse d'épargne. Le livret de famille* (= remis aux époux pour recevoir mention des actes de l'état civil). — **2.** Texte mis en musique pour le théâtre lyrique : *Le livret d'un opéra.* (→ LIBRETTISTE.)

livreur, euse [livrœr] n. Personne qui livre une marchandise achetée.

lob [lɔb] n. m. (mot angl.). Au tennis, au football, etc., action consistant à faire passer la balle ou le ballon au-dessus de la tête du joueur adverse, pour qu'il ne puisse pas l'intercepter.

lobby [lɔbi] n. m. (mot angl. signif. *couloir*) [pl. *lobbies*]. Groupe de pression.

lobe [lɔb] n. m. (gr. *lobos,* lobe de l'oreille). **1.** Partie arrondie d'un organe du corps : *Lobes du poumon, du cerveau.* — **2.** *Lobe de l'oreille,* partie arrondie et molle du bas de l'oreille.

lober [lɔbe] v. t. et i. Faire un lob.

1. local, e, aux [lɔkal] adj. (du lat. *locus,* lieu). Relatif à une région précise, à un lieu déterminé : *Les produits locaux. Les questions d'intérêt local. Les libertés locales* (= l'autonomie des communes). *Une notabilité locale* (= régionale). *Effectuer une anesthésie locale* (= qui ne touche qu'une partie du corps).

2. local [lɔkal] n. m. (pl. *locaux*). Partie d'un bâtiment qui a une destination déterminée : *Un local commercial. Des locaux à usage d'habitation. Détruire des locaux insalubres* (syn. LOGEMENT).

localement [lɔkalmɑ̃] adv. De façon locale : *Demain, le ciel sera localement nuageux* (= par endroits).

localisable [lɔkalizabl] adj. Qui peut être localisé : *Douleur difficilement localisable.*

localisation [lɔkalizasjɔ̃] n. f. Action de localiser.

localiser [lɔkalize] v. t. **1.** *Localiser qqch, qqn,* déterminer l'emplacement de qqch, qqn, l'origine, la cause de qqch : *Localiser le siège d'une lésion cérébrale.* — **2.** *Localiser qqch,* en arrêter l'extension à des limites précises : *Localiser un incendie* (syn. CIRCONSCRIRE). *Des conflits localisés* (= limités à une région). ◆ ***se localiser*** v. pr. (sujet qqch) Se fixer en un lieu : *L'épidémie se localise dans une ville.*

localité [lɔkalite] n. f. Petite ville, bourg, village : *L'autocar dessert toutes les localités entre Tours et Vendôme* (syn. AGGLOMÉRATION).

locataire [lɔkatɛr] n. (lat. *locare,* louer). Personne qui loue un appartement, une maison (contr. PROPRIÉTAIRE).

1. locatif, ive [lɔkatif] adj. *Valeur locative,* revenu d'un immeuble en location.

2. locatif [lɔkatif] n. m. Cas des langues à déclinaison indiquant le lieu où se passe l'action.

location [lɔkasjɔ̃] n. f. (lat. *locatio,* de *locare,* louer). **1.** Action de louer un local d'habitation, une voiture, un appareil, etc. : *Prendre, donner en location* (syn. À BAIL). *La location d'un pavillon pour les vacances.* — **2.** Maison ou appartement loué : *Chercher une location.* ‖ *Être en location,* être locataire (contr. ÊTRE PROPRIÉTAIRE). — **3.** Action de retenir à l'avance une place dans un train, un avion, etc. : *La location d'une place de théâtre* (syn. RÉSERVATION).

lock-out [lɔkawt] n. m. inv. (de l'angl. *to lock out,* mettre à la porte). Fermeture d'une entreprise par la direction, pour faire pression sur le personnel qui menace de faire grève.

lock-outer [lɔkawte] v. t. Exclure par lock-out : *Les*

ouvriers lock-outés ont manifesté devant les portes de l'usine.

locomoteur, trice [lɔkɔmɔtœr] adj. Qui assure la locomotion : *Organes locomoteurs.*

locomotion [lɔkɔmɔsjɔ̃] n. f. (lat. *locus,* lieu, et *movere,* mouvoir). Action de se déplacer d'un point à un autre; fonction qui assure ce mouvement : *Les organes de la locomotion chez les animaux. Moyens de locomotion* (= moyens de transport).

locomotive [lɔkɔmɔtiv] n. f. (lat. *locus,* lieu, et *motivus,* mobile). Machine à vapeur, véhicule de traction mû par un moteur électrique ou un moteur Diesel, qui sont utilisés pour le déplacement de wagons et de voitures sur une voie ferrée.

locuteur, trice [lɔkytœr] n. (du lat. *loqui,* parler). Personne qui parle (ling.) [syn. SUJET PARLANT].

locution [lɔkysjɔ̃] n. f. (lat. *locutio,* de *loqui,* parler). Groupe figé de mots constituant une unité sur le plan du sens et de la syntaxe de la phrase : *Les locutions verbales équivalent à un verbe* (ex. *faire grâce, avoir peur, avoir pitié*).

loden [lɔdɛn] n. m. (mot all.). **1.** Lainage épais et feutré : *Un manteau en loden.* — **2.** Manteau de ce tissu.

lœss [løs] n. m. (mot all.). Variété de limon.

loft [lɔft] n. m. (mot angl.). Ancien local professionnel (usine, etc.) aménagé en appartement, en studio d'artiste.

logarithme [lɔgaritm] n. m. (gr. *logos,* rapport, et *arithmos,* nombre). Exposant de la puissance à laquelle il faut élever *a* pour retrouver le nombre considéré.

loge [lɔʒ] n. f. (frq. *laubja*). **1.** Logement au rez-de-chaussée d'un immeuble, destiné à l'habitation du concierge. — **2.** Dans une salle de spectacle, compartiment cloisonné et comprenant plusieurs places : *Louer une loge à la Comédie-Française.* — **3.** Dans un théâtre, petite pièce, dans les coulisses, où s'habillent et se maquillent les artistes : *Aller féliciter une actrice dans sa loge après le spectacle.* — **4.** Fam. *Être aux premières loges,* être le témoin bien placé d'un événement.

logeable [lɔʒabl] adj. **1.** Où l'on peut loger commodément : *La pièce est très logeable.* — **2.** Où l'on peut mettre facilement qqch : *Ce sac est très logeable.*

logement [lɔʒmɑ̃] n. m. **1.** Action de loger qqn, de lui donner une habitation : *La crise du logement.* — **2.** Lieu où on habite : *Chercher un logement* (syn. APPARTEMENT, HABITATION). — **3.** Lieu, cavité où se place une pièce mobile d'un mécanisme : *Le logement du percuteur dans un fusil.*

loger [lɔʒe] v. t. (de *loge*) [c. 2] (sujet qqn) **1.** *Loger qqn,* lui donner un lieu d'habitation, une maison, une résidence : *L'hôtelier logea les nouveaux arrivés à l'annexe de l'hôtel* (syn. INSTALLER); (sujet qqch) abriter, contenir : *Le lycée peut loger une centaine d'internes* (syn. RECEVOIR). — **2.** *Loger qqch,* le mettre, l'introduire, le placer dans un endroit : *Loger de vieux tableaux au grenier. J'ai logé toutes mes balles dans la cible* (syn. PLACER). *Nous n'arrivons pas à loger cette armoire dans cette petite chambre* (syn. CASER). ◆ v. i. ou **être logé** v. pass. Avoir une habitation permanente ou temporaire en un endroit : *Où êtes-vous logé?* (syn. HABITER). *Loger dans un appartement au centre ville* (syn. RÉSIDER). *Loger rue du Bac* (syn. DEMEURER). ◆ ***se loger*** v. pr. *Se loger qqch dans une partie du corps,* l'y faire pénétrer : *Se loger une balle dans le cœur* (= se tuer).

logeur, euse [lɔʒœr] n. Personne qui loue des chambres meublées.

loggia [lɔdʒja] n. f. (mot it. signif. *loge*). Balcon spacieux fermé sur les côtés.

logiciel [lɔʒisjɛl] n. m. (trad. de l'angl. *software*). Ensemble des programmes relatifs au fonctionnement d'un traitement informatique de l'information.

logicien, enne [lɔʒisjɛ̃] n. Personne qui étudie la logique.

1. logique [lɔʒik] adj. (du gr. *logikê,* de *logos,* raison). **1.** Conforme au bon sens, aux règles de cohérence d'un bon raisonnement : *Un plan logique* (syn. JUDICIEUX; contr. ABSURDE). *La suite logique d'un événement* (syn. ATTENDU, NÉCESSAIRE). *Il est logique de l'inviter à nos discussions* (syn. NATUREL; contr. DÉRAISONNABLE). — **2.** Qui raisonne de façon cohérente : *Elle reste logique avec elle-même, avec ce qu'elle pense.*

2. logique [lɔʒik] n. f. **1.** Suite cohérente d'idées, d'événements : *Son raisonnement manque de logique* (syn. COHÉRENCE). *Sa démission est dans la logique des choses.* — **2.** Manière de raisonner : *Il est souvent difficile de comprendre la logique de l'enfant* (syn. RAISONNEMENT). *La logique du cœur.* — **3.** En philosophie, science du raisonnement.

logiquement [lɔʒikmɑ̃] adv. De façon logique : *Logiquement, nous devrions avoir une lettre ce matin.*

logis [lɔʒi] n. m. (de *loger*). Syn. litt. et vieilli de LOGEMENT : *Rentrer au logis* (= chez soi). *Le corps de logis* (= la partie principale d'un bâtiment, par oppos. aux *dépendances*).

logistique [lɔʒistik] n. f. (du gr. *logistikos,* relatif à l'art du calcul). Ensemble des activités intéressant le ravitaillement, l'entretien, le transport et l'évacuation des armées.

logo [logo] n. m. Représentation graphique d'une marque commerciale, d'un organisme : *Une semeuse figure dans le logo des Éditions Larousse.*

loi [lwa] n. f. (lat. *lex, legis*). **1.** (sing.) Règle ou ensemble de règles obligatoires, établies par l'autorité souveraine d'une société pour l'organiser ou y maintenir l'ordre : *Nul n'est censé ignorer la loi. Un homme de loi* (= un avocat, un magistrat, etc.). *Cet acte tombe sous le coup de la loi. J'ai la loi pour moi* (= le droit). *Le procureur requiert au nom de la loi une peine d'emprisonnement.* — **2.** (sing. ou pl.) Acte voté par le Parlement et rendu applicable par le chef de l'État : *Un projet de loi. Les lois en vigueur.* — **3.** Commandement, ordre impératif imposé à qqn par une autre personne, par les circonstances, par la vie sociale, etc. : *Les lois de l'honneur* (syn. CODE). *Les lois morales* (syn. RÈGLE). *Les lois de la guerre.* — **4.** Énoncé d'une propriété d'un objet ou d'une relation entre des phénomènes, vérifiée selon une méthode définie : *La loi de la pesanteur. Les lois phonétiques.* — **5.** (sujet qqch) *Avoir force de loi,* obliger au même titre que la loi. ‖ *Faire la loi,* dominer arbitrairement. ‖ *Se faire une loi de* (+ *inf.*), s'imposer l'obligation de. (→ LÉGAL, LÉGALITÉ.)

loin [lwɛ̃] adv. (lat. *longe*). **1.** À une distance d'un lieu déterminé jugée comme relativement grande : *Mettez-vous un peu plus loin. Vous êtes trop loin, rapprochez-vous. Tu n'iras pas loin avec une pareille voiture.* — **2.** À une distance du moment présent jugée comme relativement grande : *Le temps n'est pas loin où il te faudra renoncer à ces ascensions. Il prend les choses de trop loin.* — **3.** Au-delà d'une limite fixée; d'une portée plus grande, etc. (dans des loc. verbales) : *Ne cherchez pas si loin. Il a poussé trop loin.* ‖ *Aller loin,* être promis à la réussite, au succès : *Cette fille a des qualités, elle ira loin.* ‖ *Ne pas aller loin,* être de peu de valeur (sujet qqch); être près de la mort (sujet qqn) : *Il n'ira plus loin maintenant* (= il ne vivra plus très longtemps). ‖ *Aller, mener loin,* avoir de grandes conséquences : *C'est un conflit qui peut mener loin. Ça n'ira pas plus loin : nous étoufferons l'affaire.* ‖ *Aller plus loin,* oser dépasser ce qui est dit : *J'irai même plus* *loin et je dirai que...* ‖ *Aller trop loin,* dépasser ce qui est convenable, exagérer : *Il a été trop loin dans ses critiques, il l'a blessé.* ‖ *Au loin,* à une grande distance : *On aperçoit au loin un bouquet d'arbres.* ‖ *Bien loin que* (+ *subj.*), marque le contraire de ce qui est affirmé dans la principale (soutenu) : *Bien loin qu'elle ait des sentiments hostiles, elle proclame son estime pour vous.* ‖ *D'aussi loin que, du plus loin que* (+ *ind.* ou *subj.*), indiquent une distance très grande : *D'aussi loin qu'il me vit, il agita son mouchoir. Du plus loin qu'il m'en souvienne.* ‖ *De loin,* d'une distance assez grande relativement à un point déterminé : *Regarde de loin, n'approche pas. Elle suit de loin les événements;* dans le temps : *Cela date de loin. C'est une coutume qui vient de loin;* d'une quantité très grande : *C'est de loin le garçon le plus intelligent que je connaisse* (syn. DE BEAUCOUP). ‖ *De loin en loin,* à des intervalles très espacés : *Ils revenaient nous voir de loin en loin.* ‖ *Être loin,* être perdu dans ses pensées, être absent. ‖ *Il y a loin de... à,* il y a une grande différence entre : *Il y a loin d'un projet à sa réalisation. De là à dire que tout est perdu, il y a loin* (contr. IL N'Y A QU'UN PAS). ‖ *Loin de* (+ *n.*), à une grande distance de (dans l'espace ou le temps) : *Orléans n'est pas loin de Paris* (= est proche). *Nous sommes encore loin des vacances;* en tête de phrases exclamatives, pour rejeter : *Loin de moi l'idée de vous imposer cette corvée.* ‖ *Loin de là,* bien au contraire : *Elle n'est pas antipathique, loin de là.* ‖ *Loin de, bien loin de* (+ *inf.*), indique une négation renforcée : *Il était loin de s'attendre à pareille mésaventure* (= il ne s'y attendait pas du tout). *Cet enfant est loin de me donner toute satisfaction dans son travail* (= il ne me donne pas du tout satisfaction). ‖ *Pas loin de* (+ *numéral*), presque : *Il n'est pas loin de dix heures du soir. Cela ne fait pas loin de cent francs.* ‖ *Voir loin,* avoir de la prévoyance, être perspicace : *Quand il s'agit de ses intérêts, il voit loin.* (→ ÉLOIGNER.)

lointain, e [lwɛ̃tɛ̃] adj. (bas lat. *longitanus*) [avant (litt.) ou, plus souvent, après le n.]. Qui se trouve à une grande distance dans l'espace ou dans le temps, relativement au lieu où on se trouve ou au moment où on est : *Pays lointains* (syn. ÉLOIGNÉ; contr. PROCHE, VOISIN). *Époque lointaine* (syn. RECULÉ; contr. RAPPROCHÉ, RÉCENT). *Les perspectives d'accord sont encore lointaines* (contr. IMMINENT, PROCHAIN). *Il n'y a qu'un rapport lointain entre les deux affaires* (contr. DIRECT). ◆ ***lointain*** n. m. *Dans le lointain, au lointain,* dans un lieu éloigné, mais visible, par rapport à l'endroit où on est : *Dans le lointain s'élève un nuage de poussière* (syn. À L'HORIZON, AU LOIN).

loir [lwar] n. m. (lat. *glis, gliris*). Petit mammifère rongeur, hibernant d'octobre à avril.

loisible [lwazibl] adj. (de *loisir*). *Il m' (t', lui, nous, vous, leur) est loisible,* il m'est permis, tu as la possibilité, vous êtes libre de, etc. (soutenu) : *Il vous est loisible de refuser l'offre qui vous est faite.*

loisir [lwazir] n. m. (du lat. *licere,* être permis). **1.** (pl.) Temps dont on dispose en dehors de ses occupations régulières, de son métier, pour se distraire, pour se reposer, pour ne rien faire : *Mon travail me laisse peu de loisirs* (syn. LIBERTÉ). *À quoi occupez-vous vos loisirs?* (= temps libre). — **2.** (sing. ou pl.) Distraction à laquelle on se livre pendant les moments où on est libre de tout travail : *Collectionner les timbres est un loisir comme un autre* (syn. PASSE-TEMPS). *Des loisirs qui coûtent cher* (syn. ACTIVITÉ). — **3.** *À loisir, tout à loisir,* en prenant tout son temps, sans être pressé par le temps. ‖ *Avoir le loisir de* (+ *inf.*), avoir le temps disponible de (faire) : *Je n'ai encore pas eu le loisir de lui écrire.*

lombaire [lɔ̃bɛr] adj. (du lat. *lumbus,* rein). Relatif aux lombes : *Douleur lombaire* (= dans les reins).

lombes [lɔ̃b] n. m. pl. (lat. *lumbus,* rein). Régions situées dans le bas du dos (anat.).

lombric [lɔ̃brik] n. m. (lat. *lumbricus*). Nom scientifique du VER DE TERRE.

long, longue [lɔ̃] adj. (lat. *longus*). **1.** (avant ou après le n.) Au point de vue de l'espace, qui s'étend sur une distance, sur une étendue plus grande que la moyenne ou simplement grande : *Elle avait de longues jambes minces* (syn. GRAND; contr. PETIT). *La mode des robes longues* (contr. COURT). *Canon à longue portée. J'ai fait un long détour avant de venir ici* (syn. GRAND). *Une longue suite de noms* (syn. ↑ INTERMINABLE). *Écrire une longue lettre.* — **2.** *Long de,* envisagé dans sa plus grande dimension, d'une extrémité à l'autre : *Une corde longue de trois mètres.* — **3.** (avant le n.) Au point de vue du temps, qui dure longtemps : *Il resta un long moment silencieux* (contr. COURT). *Sa carrière est déjà longue* (contr. BREF). *Une longue maladie. Elle trouve le temps long; elle s'impatiente. Vous êtes trop long* (= vous parlez trop). *J'ai une longue habitude de ces sortes d'affaires* (= qui date de loin). *Nous sommes amis de longue date* (= depuis longtemps). *La réponse est longue à venir* (syn. LENT). — **4.** *Voyelle longue,* dont la prononciation a une durée plus grande que la voyelle brève correspondante. ◆ ***long*** adv. (sujet qqch) *En dire long,* être éloquent, avoir une signification importante : *Sa mine en dit long!* ‖ *En savoir long,* être bien renseigné sur qqch. ◆ n. m. **1.** Dimension dans le sens de la longueur (avec prép.) : *Une rue d'un kilomètre de long. Tomber de tout son long* (= dans toute sa longueur). *En long, la table a un mètre cinquante.* — **2.** *Au long, tout au long,* en entier : *Raconter une histoire au long* (= sans rien omettre). ‖ *De long en large,* en tous sens : *Aller et venir de long en large* (= alternativement dans le sens de la longueur et de la largeur. ‖ *En long et en large,* sous tous les aspects, de toutes les manières. ‖ *Le long de,* en suivant, en allant sur la plus grande dimension de; pendant toute la durée de : *Se promener le long de la rivière. Les arbres le long de la route* (= au bord de). *Tout au long de ma vie, je n'ai cessé de lutter.* ‖ *Tout du long,* d'un bout à l'autre : *Parcourir une allée tout du long.* ◆ ***longue*** n. f. **1.** Voyelle ou syllabe longue. — **2.** *À la longue,* avec le temps.

longanimité [lɔ̃ganimite] n. f. (lat. *longus,* patient, et *animus,* esprit). *Litt.* Patience à supporter les offenses des autres ou ses propres malheurs.

long-courrier [lɔ̃kurje] n. m. (pl. *longs-courriers*). Avion, bateau assurant le transport des passagers sur de longues distances.

1. longe [lɔ̃ʒ] n. f. (de *long*). Courroie pour attacher ou pour conduire un cheval.

2. longe [lɔ̃ʒ] n. f. (lat. *lumbus,* rein). *Longe de veau,* moitié de l'échine d'un veau.

longer [lɔ̃ʒe] v. t. (de *long*) [c. 2]. **1.** (sujet qqch) *Longer qqch,* s'étendre le long de : *La voie de chemin de fer longe la mer.* — **2.** (sujet qqn, un véhicule) *Longer qqch,* aller le long de : *On va longer le bois. Le bateau longe la côte* (= la suit à faible distance).

longévité [lɔ̃ʒevite] n. f. (lat. *longus,* long, et *aevum,* âge). **1.** Longue durée de la vie d'un être animé : *Un cas exceptionnel de longévité.* — **2.** Durée maximale de la vie : *La longévité du chien est de vingt ans. La longévité de l'homme est de cent trente ans.*

longiligne [lɔ̃ʒiliɲ] adj. (du lat. *longus,* long, et *ligne*). Qui a des membres, un corps allongé et mince.

longitude [lɔ̃ʒityd] n. f. (lat. *longitudo,* longueur). Angle que fait le plan méridien d'un point à la surface du globe avec un plan méridien d'origine.

longitudinal, e, aux [lɔ̃ʒitydinal] adj. Dans le sens de la longueur : *Faire une coupe longitudinale* (= en long).

longitudinalement [lɔ̃ʒitydinalmɑ̃] adv. En longueur.

longtemps [lɔ̃tɑ̃] adv. **1.** Pendant un long espace de temps : *Elle vivra encore longtemps* (contr. PEU). *Ils parlèrent assez longtemps* (syn. LONGUEMENT). *Longtemps après sa mort, on parlera de ses livres.* — **2.** *Avant, depuis, pendant, pour longtemps,* avant, depuis, pendant, pour un long espace de temps. ‖ *De longtemps,* pour une très longue durée : *Je ne le verrai pas de longtemps.* ‖ *Il y a longtemps, voilà, voici longtemps que...,* depuis un long espace de temps.

longuement [lɔ̃gmɑ̃] adv. Pendant un long moment : *Parler longuement. Projet longuement médité* (syn. LONGTEMPS).

longuet, ette [lɔ̃gɛ] adj. *Fam.* Qui dure un peu trop longtemps.

longueur [lɔ̃gœr] n. f. **1.** Qualité de ce qui est long (espace et durée) : *La longueur du chemin. Les unités de longueur* (= qui sont utilisées pour mesurer). *La longueur des négociations* (syn. LENTEUR). *En longueur, dans le sens de la longueur, la pièce a quatre mètres. Le saut en longueur* (contr. HAUTEUR). — **2.** Développement trop long, inutile, qui alourdit, encombre un texte : *Le livre a des longueurs.* — **3.** Unité servant à exprimer la distance qui sépare les concurrents d'une course, à l'arrivée, et qui est égale aux dimensions d'un cheval, d'une bicyclette, etc. : *Le cheval a gagné de deux longueurs.* — **4.** *À longueur de journée, de semaine,* etc., pendant toute la journée, la semaine, etc., sans arrêter. ‖ *Tirer les choses en longueur,* les faire durer. ‖ *Traîner en longueur,* durer trop longtemps.

longue-vue [lɔ̃gvy] n. f. (pl. *longues-vues*). Lunette d'approche.

looping [lupiŋ] n. m. (angl. *looping the loop,* bouclement de la boucle). Exercice de voltige aérienne consistant à faire une boucle dans un plan vertical.

lopin [lɔpɛ̃] n. m. (anc. fr. *lope,* masse informe). *Lopin de terre,* petit morceau de terrain, petit champ.

loquace [lɔkas] adj. (lat. *loquax,* bavard). Qui parle volontiers; très expansif : *Elle devient loquace chaque fois qu'on parle de théâtre* (syn. BAVARD, ÉLOQUENT; contr. MUET).

loquacité [lɔkasite] n. f. Disposition à parler; expansivité.

loque [lɔk] n. f. (anc. néerl. *locke,* boucle de cheveux). **1.** (pl.) Lambeaux d'une étoffe déchirée, usée : *Sa veste tombe en loques* (syn. HAILLON). — **2.** Personne sans énergie, incapable de toute réaction : *Depuis la mort de sa femme, il n'est plus qu'une loque* (syn. ÉPAVE).

loquet [lɔkɛ] n. m. (anc. fr. *loc,* loquet). Barre mobile autour d'un pivot, servant à fermer une porte par la pression d'un ressort ou par son propre poids.

loqueteux, euse [lɔktø] adj. En loques : *Des vêtements loqueteux. Un mendiant loqueteux* (= vêtu de haillons).

lorgner [lɔrɲe] v. t. (de l'anc. fr. *lorgne,* louche). **1.** *Lorgner qqn,* le regarder avec insistance et avec une intention particulière : *Lorgner une femme* (syn. fam. RELUQUER). — **2.** *Lorgner qqch,* le convoiter secrètement : *Lorgner l'héritage d'un oncle riche* (syn. fam. LOUCHER SUR).

lorgnette [lɔrɲɛt] n. f. (de *lorgner*). **1.** Petite lunette d'approche portative. — **2.** *Regarder, voir par le petit bout de la lorgnette,* ne regarder que le petit côté des choses, grossir un détail secondaire, un élément accessoire.

lorgnon [lɔrɲɔ̃] n. m. (de *lorgner*). Lunettes sans branches qu'on tient à la main ou maintenues sur le nez par une pince à ressort.

loriot [lɔrjo] n. m. (du lat. *aureolus,* d'or). Oiseau passereau jaune et noir (mâle) ou verdâtre (femelle).

lors [lɔr] adv. (lat. *illa hora,* à cette heure). Litt. *Pour lors,* en conséquence et sur le moment : *La situation est confuse, pour lors, essayons de voir les divers problèmes.* ‖ *Depuis lors* → DEPUIS. ‖ Litt. *Lors même que + conditionnel,* marque une opposition : *Lors même que vous me montreriez cette lettre, je ne pourrais pas croire à sa culpabilité* (syn. MÊME AU CAS OÙ).

lorsque [lɔrsk(ə)] conj. Suivi de l'ind., marque un rapport de temps (concomitance, simultanéité) : *Lorsque vous y penserez, vous me rapporterez ce livre* (syn. usuel QUAND). *J'allais sortir lorsque vous avez téléphoné* (syn. AU MOMENT OÙ).

losange [lɔzɑ̃ʒ] n. m. (gaul. *lausa,* pierre plate). Quadrilatère dont les côtés ont la même longueur : *Le carré est un losange dont les angles sont droits.*

lot [lo] n. m. (frq. *hlot,* sort). **1.** Ce qui revient à chaque billet gagnant, dans une loterie (argent, denrées, etc.) : *Gagner le gros lot. Les lots de consolation.* — **2.** Portion d'un tout partagé entre plusieurs personnes (langue du droit, du commerce) : *La propriété fut partagée en une dizaine de lots.* — **3.** Quantité de choses, d'objets assortis : *Un lot de livres anciens* (syn. ASSORTIMENT). — **4.** *Litt.* Ce qui échoit à chacun : *La mort est le lot commun de l'humanité* (syn. DESTIN).

loterie [lɔtri] n. f. (mot néerl.). **1.** Jeu de hasard consistant dans le tirage au sort de numéros qui désignent les billets dont les possesseurs ont droit à des lots : *Un billet de loterie.* — **2.** *C'est une loterie,* c'est réglé uniquement par le hasard : *Ces concours sont de véritables loteries.*

lotion [lɔsjɔ̃] n. f. (bas lat. *lotio,* de *lavare,* laver). Eau de toilette parfumée et légèrement alcoolisée, utilisée pour les soins de la peau ou des cheveux.

lotir [lɔtir] v. t. **1.** *Lotir qqch,* le diviser en lots : *Lotir un terrain.* — **2.** *Être bien, mal loti,* favorisé ou défavorisé par le sort.

lotissement [lɔtismɑ̃] n. m. Ensemble des parcelles d'un terrain vendu pour la construction d'immeubles.

loto [loto] n. m. (it. *lotto,* sort). Jeu de hasard où les joueurs couvrent les cases de cartons numérotés, à mesure qu'ils tirent d'un sac les quatre-vingt-dix numéros correspondants.

lotte ou **lote** [lɔt] n. f. (gaul. *lotta*). Poisson d'eau douce ou d'eau de mer à chair estimée.

lotus [lɔtys] n. m. (mot lat.; gr. *lôtos*). Nom donné à plusieurs espèces de nénuphars.

1. louable [lwabl] adj. Que l'on peut louer, donner en location : *Chambre louable au mois.*

2. louable [lwabl] adj. Dont on peut faire l'éloge : *Un effort louable* (syn. MÉRITOIRE, ESTIMABLE).

louage [lwaʒ] n. m. *Contrat de louage,* par lequel on donne en location des choses (terres, objets).

louange [lwɑ̃ʒ] n. f. **1.** Action de louer, fait d'être loué : *Il faut dire ceci à sa louange qu'elle avait vu la première le danger* (syn. HONNEUR). *Son attitude est digne de louange* (syn. ÉLOGE). — **2.** Paroles par lesquelles on fait l'éloge de qqn ou de qqch (surtout pl.) : *Prodiguer des louanges* (syn. COMPLIMENTS). *Ce fut un concert de louanges : on n'avait rien vu de plus beau!* (syn. APPLAUDISSEMENTS).

louangeur, euse [lwɑ̃ʒœr] adj. Qui manifeste une grande estime (souvent exagérée) : *Des paroles louangeuses.* (→ LAUDATIF.)

1. louche [luʃ] n. f. (frq. *lôtja*). Grande cuiller à long manche, pour servir le potage.

2. louche [luʃ] adj. (lat. *luscus,* borgne). Qui manque de franchise, de netteté, de clarté; dont l'attitude est équivoque : *Des manœuvres louches* (syn. TROUBLE). *Une conduite louche* (syn. SUSPECT). *Fréquenter un milieu louche* (syn. INTERLOPE). *Cette histoire est louche* (= peu vraisemblable). *Un individu au passé louche* (syn. DOUTEUX). ◆ n. m. Ce qui est louche : *Il y a du louche dans cette proposition.*

loucher [luʃe] v. i. 1. Être atteint d'un défaut de parallélisme dans les yeux : *Avoir l'œil droit qui louche* (= regarde de travers). — 2. Fam. *Loucher sur qqch, qqn,* jeter sur eux un regard d'envie, de convoitise (syn. LORGNER).

loucheur, euse [luʃœr] n. Qui louche.

1. louer [lwe] v. t. (lat. *locare*). 1. (sujet un propriétaire) *Louer un appartement, une voiture, un appareil,* etc. *(à qqn),* lui en donner la jouissance, moyennant un loyer, une rémunération, pour un temps déterminé, et en en conservant la propriété (par oppos. à *vendre*) : *Louer des chambres aux estivants. Appartement à louer.* — 2. Avoir la possession, pour un temps déterminé, d'un local, d'un appareil, etc., moyennant le paiement d'une somme au propriétaire (par oppos. à *acheter*) : *Louer un appartement, une voiture.* — 3. *Louer une place, une chambre d'hôtel,* la retenir à l'avance : *Louer sa place dans le train* (syn. RÉSERVER). *Louer un fauteuil d'orchestre dans un théâtre.*

2. louer [lwe] v. t. (lat. *laudare*). 1. *Louer qqn, qqch,* déclarer qqn comme digne d'estime, vanter les mérites ou les qualités de qqn, qqch : *Louer une élève de* (ou *pour*) *son travail* (syn. FÉLICITER ; contr. BLÂMER). *Louer la prudence d'un conducteur* (syn. VANTER ; contr. CRITIQUER). *Louer les beautés d'un pays* (syn. CÉLÉBRER ; contr. DÉPRÉCIER). — 2. *Dieu soit loué !,* indique le soulagement et la satisfaction. ◆ ***se louer*** v. pr. 1. *Se louer de qqn, de qqch,* en être pleinement satisfait : *Je me loue des services de ma secrétaire.* — 2. *Se louer de* (+ *inf.*), témoigner sa satisfaction de : *Je me loue d'avoir été très prudent* (syn. SE FÉLICITER).

loueur, euse [lwœr] n. Personne qui donne en location.

loufoque [lufɔk] adj. et n. (anc. fr. *lof,* nigaud). *Fam.* Dont la conduite est bizarre ; déséquilibré : *Il est complètement loufoque* (syn. INSENSÉ, FOU).

loufoquerie [lufɔkri] n. f. Action, parole loufoque.

louis [lwi] n. m. (de *Louis* XIII). Pièce d'or française de 20 francs.

loukoum [lukum] n. m. (ar. *râḥat al-ḥulqum,* le repos des gorges). Confiserie de pâte sucrée aux amandes.

loulou [lulu] n. m. (de *loup*). Petit chien à poil long.

loup [lu] n. m. (lat. *lupus*). 1. Mammifère carnivore, au pelage gris jaunâtre, aux oreilles droites, au museau pointu, qui vit dans les forêts d'Europe, d'Asie et d'Amérique : *Les hurlements du loup.* — 2. *Avoir une faim de loup,* avoir très faim. ‖ *Connu comme le loup blanc,* très connu. ‖ *Un froid de loup,* une température rigoureuse. ‖ *Un (vieux) loup de mer,* un vieux marin qui a beaucoup navigué. — 3. Nom usuel de plusieurs poissons voraces, dont le *bar.* — 4. Demi-masque de velours ou de satin noir, qu'on se met sur le visage dans les bals masqués, au moment du carnaval, etc.

loup-cervier [lusɛrvje] n. m. (du lat. *cervarius,* qui attaque les cerfs) [pl. *loups-cerviers*]. Autre nom du LYNX.

loupe [lup] n. f. (frq. *luppa,* masse informe). 1. Lentille de verre qui sert à grossir les objets. — 2. *Regarder qqch à la loupe,* avec minutie.

loupé [lupe] n. m. Erreur commise par une mauvaise exécution (syn. RATAGE).

louper [lupe] v. t. (de *loup,* au sens de « défaut dans un travail »). 1. Fam. *Louper qqch, qqn,* ne pas réussir à l'avoir, à l'atteindre, à l'obtenir, à le réaliser : *Louper son métro* (syn. RATER). *Elle a loupé l'occasion* (syn. MANQUER). — 2. *Ça n'a pas loupé !,* il fallait s'y attendre.

loup-garou [lugaru] n. m. (de *loup* et *garou,* de l'anglo-saxon *verewolf,* homme-loup) [pl. *loups-garous*]. Être légendaire, qui commettait des méfaits en errant la nuit, dans la campagne, sous la forme d'un loup.

lourd, e [lur] adj. (lat. *luridus,* blême). 1. (avant ou, plus rarement, après le n.) Dont le poids est élevé, supérieur à la moyenne ; difficile à porter, à soulever à cause de son poids : *Transporter deux lourdes malles à la gare* (syn. PESANT ; contr. LÉGER). *Une lourde masse de fonte* (syn. GROS, MASSIF). — 2. (après ou avant le n.) Dont la quantité, la force, la violence, etc., est difficile à supporter ; pénible à faire, à accomplir : *Des frais très lourds* (syn. ↑ ÉCRASANT). *De lourdes présomptions pèsent contre lui* (syn. GRAVE, FORT). *Une phrase lourde de menaces* (= chargée de). *Une chaleur lourde présageant un orage* (syn. ACCABLANT). *Une lourde tâche à accomplir* (contr. FACILE). — 3. Difficile à digérer : *Des aliments lourds.* — 4. (après ou, plus rarement, avant le n.) Qui se fait avec lenteur ; qui donne une impression de pesanteur, de masse : *Le vol lourd d'un oiseau de proie. Une démarche lourde* (contr. LÉGER). *L'édifice est écrasé par une tour lourde et inélégante* (syn. MASSIF). — 5. Qui manque de finesse, d'intelligence, d'adresse : *Avoir l'esprit lourd* (syn. ÉPAIS ; contr. SUBTIL). *Une lourde plaisanterie* (syn. MALADROIT ; contr. DÉLICAT, FIN). *Une phrase lourde* (syn. GAUCHE, EMBARRASSÉ). — 6. *Artillerie lourde,* à gros calibre. ‖ *Avoir la main lourde,* frapper durement ; peser ou verser qqch en trop grande quantité. ‖ *Avoir la tête lourde, les jambes lourdes, les yeux lourds,* etc., éprouver une sensation de pesanteur relative à la migraine, la fatigue, le sommeil, etc. ‖ *Eau lourde,* liquide employé comme ralentisseur dans certains réacteurs nucléaires. ‖ *Gaz lourd,* dont la densité est élevée. ‖ *Industrie lourde,* grosse industrie sidérurgique. ‖ *Sommeil lourd,* profond. ‖ *Temps lourd,* orageux, accablant. ‖ *Terrain lourd,* rendu mou par la pluie. ◆ ***lourd*** adv. *Cela pèsera lourd dans la balance,* quand il s'agira de décider, cela aura une grande importance. ‖ *Il fait lourd,* chaud, orageux. ‖ Fam. *Il n'en sait pas lourd,* son ignorance est grande. ‖ *Peser lourd,* avoir un poids plus élevé que la moyenne.

lourdaud, e [lurdo] adj. et n. Maladroit, gauche dans ses mouvements, dans son attitude, sa conduite (syn. ↑ BALOURD).

lourdement [lurdəmɑ̃] adv. 1. De façon pesante : *Voiture lourdement chargée* (contr. LÉGÈREMENT). *Tomber lourdement.* — 2. De façon maladroite : *Se tromper lourdement* (syn. GROSSIÈREMENT).

lourdeur [lurdœr] n. f. 1. État de ce qui est lourd, pesant, massif, de ce qui est difficile à supporter : *La lourdeur d'un fardeau, d'une démarche. Avoir des lourdeurs d'estomac* (= sensation de pesanteur). — 2. État de ce qui est gauche, maladroit : *La lourdeur du style* (contr. LÉGÈRETÉ). *La lourdeur d'esprit* (contr. AGILITÉ). *S'exprimer avec lourdeur* (syn. MALADRESSE ; contr. AISANCE, ↑ BRIO).

loustic [lustik] n. m. (de l'all. *lustig,* gai). *Fam.* Celui qui fait des farces aux autres, qui plaisante en se moquant d'autrui, dont l'attitude manque de sérieux (syn. PLAISANTIN).

loutre [lutr] n. f. (lat. *lutra*). Mammifère carnivore, qui se nourrit de poissons et qu'on chasse pour sa fourrure.

louve [luv] n. f. (lat. *lupa*). Femelle du loup.

louveteau [luvto] n. m. 1. Petit loup. — 2. Jeune scout (âgé de moins de douze ans).

louvoiement [luvwamɑ̃] n. m. Action de louvoyer.

louvoyer [luvwaje] v. i. (de *lof,* terme de marine) [c. 3]. 1. (sujet un voilier) Naviguer contre le vent, tantôt à droite, tantôt à gauche de la route à suivre. — **2.** (sujet qqn) Prendre des détours pour parvenir à un but qu'on ne peut pas atteindre directement : *Elle louvoya quelque temps avant de refuser* (syn. TERGIVERSER). *Il est inutile de louvoyer* (syn. BIAISER).

lover (se) [lɔve] v. pr., **être lové** v. pass. (bas all. *lofen,* tourner) [sujet qqn, un animal]. Se pelotonner : *Le chat se love dans le fauteuil.*

loyal, e, aux [lwajal] adj. (lat. *legalis,* conforme à la loi) [surtout après le n.] Qui obéit aux lois de la probité, de l'honnêteté, de l'honneur : *Une adversaire loyale* (syn. HONNÊTE). *Se montrer un ami loyal et sûr* (syn. FIDÈLE; contr. HYPOCRITE). *User de procédés loyaux* (syn. RÉGULIER, CORRECT; contr. PERFIDE).

loyalement [lwajalmɑ̃] adv. De façon loyale : *Accepter loyalement sa défaite.*

loyalisme [lwajalism] n. m. Fidélité aux institutions politiques établies, à des dirigeants, à une cause : *Un loyalisme à toute épreuve* (syn. DÉVOUEMENT).

loyauté [lwajote] n. f. Caractère loyal : *Reconnaître avec loyauté son erreur* (syn. HONNÊTETÉ). *Se conduire avec loyauté* (syn. DROITURE).

loyer [lwaje] n. m. (lat. *locarium,* de *locare,* louer). **1.** Prix auquel on loue une maison, un logement, une propriété quelconque. — **2.** *Loyer de l'argent,* son taux d'intérêt.

L. S. D. [ɛlɛsde] n. m. (all. *Lyserg Säure Diäthylamid*). Puissant hallucinogène.

lubie [lybi] n. f. (orig. obscure). Idée extravagante, capricieuse ou folle : *Avoir des lubies.*

lubricité [lybrisite] n. f. Comportement lubrique.

lubrifiant, e [lybrifjɑ̃] adj. et n. m. Substance servant à graisser.

lubrification [lybrifikasjɔ̃] n. f. Action de lubrifier; fait d'être lubrifié.

lubrifier [lybrifje] v. t. (du lat. *lubricus,* glissant). *Lubrifier une pièce d'une machine,* la graisser pour en faciliter le fonctionnement.

lubrique [lybrik] adj. (lat. *lubricus,* glissant). Qui marque un penchant effréné pour les plaisirs sexuels : *Un regard lubrique* (syn. LIBIDINEUX, SENSUEL). *Danses lubriques* (syn. ↓LASCIF).

lucarne [lykarn] n. f. (lat. *lucerna,* lampe). Ouverture pratiquée dans le toit d'une maison, pour éclairer et aérer le grenier, les combles; petite ouverture pratiquée dans le mur, dans une cloison d'un lieu clos.

lucide [lysid] adj. (lat. *lucidus,* lumineux). En pleine possession de ses facultés de compréhension : *Le mourant était encore lucide* (syn. CONSCIENT). *Un témoin lucide des événements* (syn. CLAIRVOYANT, PERSPICACE; contr. AVEUGLE). [→ EXTRALUCIDE.]

lucidement [lysidmɑ̃] adv. De manière lucide : *Regarder en face, lucidement, une situation dangereuse.*

lucidité [lysidite] n. f. Qualité de qqn de lucide : *Juger avec lucidité* (syn. PÉNÉTRATION). *Le malade garde sa pleine lucidité* (syn. CONNAISSANCE, CONSCIENCE).

luciole [lysjɔl] n. f. (it. *luciola,* de *luce,* lumière). Insecte voisin du ver luisant.

lucratif, ive [lykratif] adj. (lat. *lucrativus*). Qui rapporte de l'argent, qui procure un profit : *Un travail lucratif.*

lucre [lykr] n. m. (lat. *lucrum,* profit). Litt. *L'appât du lucre,* le désir d'un profit exagéré et souvent illicite.

ludique [lydik] adj. (du lat. *ludus,* jeu). Relatif au jeu : *L'activité ludique des enfants.*

luette [lɥɛt] n. f. (pour *l'uette,* dimin. du lat. *uva,* grappe). Appendice charnu et mobile qui pend à l'entrée du gosier et contribue à la fermeture des fosses nasales pendant la déglutition.

lueur [lɥœr] n. f. (du lat. *lucere,* luir). **1.** Clarté faible ou intermittente : *La lueur vacillante de la bougie.* — **2.** Éclat vif du regard : *Une lueur de colère passa dans ses yeux* (syn. ÉCLAIR, FLAMME). — **3.** Manifestation passagère, mais vive, d'un sentiment, de la conscience, etc. : *Il reste une lueur d'espoir de la sauver* (syn. RAYON).

luge [lyʒ] n. f. (mot savoyard; du gaul.). Petit traîneau utilisé pour glisser sur la neige.

lugubre [lygybr] adj. (du lat. *lugere,* être en deuil). Qui indique ou provoque une grande tristesse; qui incite à de sombres pensées : *Maison lugubre* (syn. SINISTRE). *Atmosphère lugubre. Chanson lugubre* (syn. FUNÈBRE; contr. GAI). *Figure lugubre* (contr. RÉJOUI).

lugubrement [lygybrəmɑ̃] adv. De façon lugubre.

lui [lɥi] pron. pers. compl. de la 3ᵉ personne (→ introduction PRONOMS PERSONNELS.)

luire [lɥir] v. i. (lat. *lucere*) [c. **69**, sauf part. passé *lui*]. **1.** Émettre ou réfléchir de la lumière (soutenu) : *Le soleil commence à luire* (syn. usuel BRILLER). *Son front luisait de sueur.* — **2.** *Un espoir luit encore,* il reste un espoir. (→ RELUIRE.)

luisant, e [lɥizɑ̃] adj. **1.** Qui luit : *Des yeux luisants de fièvre. Une peau luisante.* — **2.** *Ver luisant,* insecte qui brille la nuit (syn. LAMPYRE).

lumbago [lɔ̃bago] n. m. (lat. *lumbus,* rein). Douleur violente dans la région des reins, due à une atteinte des articulations des vertèbres.

lumière [lymjɛr] n. f. (lat. *lumen, luminis*). **1.** Ce qui éclaire naturellement les objets et les rend visibles : *La lumière du soleil m'éblouit. Ouvre les volets pour que la lumière pénètre* (contr. OBSCURITÉ). *Travailler à la lumière du jour* (syn. CLARTÉ). — **2.** Ce qui éclaire artificiellement les objets; source d'éclairage : *Ouvre la lumière, on ne voit rien* (syn. ÉLECTRICITÉ). *La lumière aveuglante des phares. Il y a encore de la lumière chez la voisine.* — **3.** *Habit de lumière,* costume du torero consacré. — **4.** Expression du visage qui reflète les qualités de l'esprit, dévoile les sentiments : *Une lumière d'intelligence se reflétait sur son visage.* — **5.** *À la lumière de qqch,* en se référant à. ‖ *Avoir, acquérir quelque lumière sur une chose,* avoir quelque connaissance sur elle. ‖ *Ce n'est pas une lumière,* c'est un sot (ironiq.). ‖ *Faire, apporter, jeter la lumière sur une affaire,* réussir à l'éclaircir, alors qu'elle était mystérieuse, obscure : *On a fait la lumière sur le meurtre de la rue Clovis.* ‖ *Mettre qqch en lumière, en pleine lumière,* le signaler à l'attention ou le découvrir (syn. METTRE EN ÉVIDENCE). ‖ *Trait de lumière,* connaissance soudaine. ◆ ***lumières*** n. f. pl. Capacités intellectuelles, ensemble des connaissances que possède qqn : *Nous allons avoir recours à vos lumières.* (→ ALLUMER, ILLUMINER.)

lumignon [lymiɲɔ̃] n. m. (lat. *lumen, luminis,* lumière). Faible source de lumière; bout de chandelle, petite lampe, etc.

luminaire [lyminɛr] n. m. Tout appareil d'éclairage à lumière électrique.

luminescent, e [luminɛsɑ̃] adj. *Éclairage luminescent,* obtenu avec des tubes fluorescents.

lumineusement [lyminøzmɑ̃] adv. De façon lumineuse : *Expliquer lumineusement un problème difficile* (syn. ↓CLAIREMENT).

lumineux, euse [lyminø] adj. **1.** Qui émet de la lumière ou la réfléchit : *Une enseigne lumineuse. Une fontaine lumineuse* (= dont les jeux d'eau sont éclairés). — **2.** Qui appartient à la lumière : *L'intensité lumineuse d'une lampe.* — **3.** D'une grande clarté, d'une grande lucidité : *Une idée lumineuse* (syn. INGÉNIEUX; contr. OBSCUR).

luminosité [lyminozite] n. f. Qualité de ce qui est lumineux : *La luminosité du ciel* (syn. CLARTÉ).

lump [lɔ̃p,lœp] n. m. (mot angl.). Poisson des mers froides, connu en France pour ses œufs noirs qui ressemblent au caviar.

lunaire [lynɛr] adj. (lat. *lunaris*). Relatif à la lune : *Clarté lunaire* (= de la lune). *Paysage lunaire* (= sinistre et accidenté). *Face lunaire* (= figure ronde et pâle).

lunaison [lynɛzɔ̃] n. f. (bas lat. *lunatio*). Espace de temps qui s'écoule entre deux nouvelles lunes consécutives.

lunatique [lynatik] adj. et n. (bas lat. *lunaticus*). Dont l'humeur est changeante, bizarre : *Une personne lunatique, qui vous sourit un jour et ne vous connaît pas le lendemain* (syn. FANTASQUE).

lunch [lœʃ] n. m. (mot angl.) [pl. *lunchs* ou *lunches*]. Repas léger, composé de sandwiches, de viandes froides, de pâtisseries, etc., et qu'on prend debout, après une cérémonie, au cours d'une réception, etc.

lundi [lœdi] n. m. (lat. *lunae dies*, jour de la lune). Premier jour de la semaine.

lune [lyn] n. f. (lat. *luna*). **1.** Planète satellite de la Terre, autour de laquelle elle tourne : *La Lune est à son premier quartier. La pleine lune. Il fait un très beau clair de lune. La lune rousse* (= lunaison située en avril-mai). — **2.** *Aller décrocher la lune pour qqn,* tenter l'impossible pour lui. ‖ *Demander, promettre la lune,* demander, promettre l'impossible. ‖ *Être dans la lune,* être distrait, manquer de réalisme (syn. ÊTRE DANS LES NUAGES). ‖ *Lune de miel,* premier temps du mariage; entente parfaite entre deux personnes.

luné, e [lyne] adj. (de *lune*). Fam. *Être bien, mal luné,* être dans de bonnes, de mauvaises dispositions d'humeur.

lunetier [lyntje] n. m. Commerçant, fabricant de lunettes.

lunette [lynɛt] n. f. (de *lune,* à cause de la forme). **1.** Instrument d'optique destiné à faire voir de manière distincte des objets éloignés : *Une lunette d'approche* (syn. LONGUE-VUE). *Une lunette astronomique* (syn. TÉLESCOPE). — **2.** *Lunette arrière,* vitre arrière d'une voiture. — **3.** Ouverture de la cuvette des W.C. ◆ ***lunettes*** n. f. pl. **1.** Paire de verres enchâssés dans une monture faite de manière à être placée sur le nez devant les yeux : *Porter des lunettes. Des lunettes de soleil.* — **2.** *Serpent à lunettes,* nom usuel du NAJA.

lunetterie [lynɛtri] n. f. Commerce du lunetier.

lunule [lynyl] n. f. (lat. *lunula,* petite lune). Tache blanche, en forme de croissant, située à la base de l'ongle.

lupanar [lypanar] n. m. (mot lat., de *lupa,* fille publique). *Litt.* Maison de prostitution.

lupin [lypɛ̃] n. m. (lat. *lupinus*). Plante cultivée comme fourrage ou pour ses fleurs ornementales disposées en grappes.

lurette [lyrɛt] n. f. (de *heurette,* dimin. de heure). Fam. *Il y a belle lurette (que),* il y a bien longtemps (que).

luron, onne [lyrɔ̃] n. (orig. incert.). *Fam.* Personne joyeuse, sans souci, hardie en amour : *Une bande de joyeux lurons.*

lustrage [lystraʒ] n. m. Action de lustrer.

1. lustre [lystr] n. m. (it. *lustro;* du lat. *lustrare,* éclairer). Appareil d'éclairage suspendu au plafond et portant plusieurs lampes : *Un lustre de cristal.*

2. lustre [lystr] n. m. **1.** Éclat naturel ou artificiel d'une surface quelconque : *Le vernis donne du lustre au parquet.* — **2.** *Litt.* Éclat que donne le mérite ou la beauté : *Le festival a redonné du lustre à la petite ville* (syn. RÉPUTATION).

3. lustre [lystr] n. m. (lat. *lustrum,* période de cinq ans). *Litt.* Période de cinq ans (pris dans le sens de « longue durée » en général) : *Je ne l'ai pas vu depuis des lustres.*

lustrer [lystre] v. t. **1.** *Lustrer qqch (objet),* le rendre brillant : *Lustrer une carrosserie de voiture.* — **2.** *Lustrer un vêtement,* le rendre brillant par l'usure, le frottement (surtout pass.) : *Des manches de veste lustrées.*

lustrine [lystrin] n. f. (it. *lustrino,* de *lustro,* éclat). Étoffe de coton apprêtée.

luth [lyt] n. m. (ar. *al'ūd*). Instrument de musique ancien, à cordes pincées.

luthéranisme [lyteranism] n. m. Doctrine de Luther, théologien allemand du XVIe s.; religion des luthériens.

lutherie [lytri] n. f. Profession du luthier.

luthérien, enne [lyterjɛ̃] adj. et n. Qui relève de la doctrine de Luther.

luthier [lytje] n. m. Fabricant d'instruments de musique à cordes.

1. lutin [lytɛ̃] n. m. (du lat. *Neptunus,* Neptune, dieu de la Mer, rangé ensuite parmi les démons). Petit génie espiègle, qui apparaît la nuit.

2. lutin, e [lytɛ̃] adj. *Litt.* Qui a l'esprit éveillé, l'humeur malicieuse.

lutrin [lytrɛ̃] n. m. (bas lat. *lectrum*). Pupitre élevé, placé dans le chœur d'une église, pour porter les livres de l'office religieux.

lutte [lyt] n. f. **1.** Effort fait par qqn, combat mené par qqn ou un groupe pour venir à bout d'un rival, d'un obstacle, d'un danger ou pour résister à une attaque : *La lutte d'un peuple pour son indépendance* (syn. COMBAT). *La lutte contre le cancer* (syn. DÉFENSE). *Après sept années de lutte, la guerre cessa* (syn. CONFLIT; contr. ENTENTE, ACCORD). *Les luttes civiles* (syn. GUERRE). *Abandonner la lutte.* — **2.** Sport consistant à essayer de renverser et de maintenir à terre un adversaire. — **3.** Action de deux ou plusieurs forces agissant en sens contraire : *Des luttes d'intérêts* (syn. CONFLIT). *La lutte du devoir et de la pitié* (syn. ANTAGONISME). — **4.** *De haute lutte,* en l'emportant sur ses adversaires par la force, par un effort de volonté, d'autorité.

lutter [lyte] v. i. (lat. *luctare*) [sujet qqn]. Entrer en lutte avec qqn, qqch : *Les deux boxeurs ont lutté avec acharnement* (syn. SE BATTRE). *Lutter corps à corps. Lutter contre la mort, la maladie. Lutter contre le sommeil* (= s'efforcer de ne pas dormir). *Cesser de lutter* (syn. RÉSISTER).

lutteur, euse [lytœr] n. **1.** Personne qui pratique le sport de la lutte. — **2.** Personne qui fait preuve d'ardeur, de ténacité, d'énergie : *Tempérament de lutteur.*

lux [lyks] n. m. (mot lat. signif. *lumière*). Unité d'éclairement lumineux (symb. lx).

luxation [lyksasjɔ̃] n. f. Action de se luxer un membre : *Une luxation du coude.*

luxe [lyks] n. m. (lat. *luxus*). **1.** Manière de vivre caractérisée par des richesses superflues; caractère de ce qui est coûteux, raffiné : *Le luxe d'un appartement. Magasin de luxe, d'objets de luxe. Faire étalage de luxe* (syn. RICHESSE). *Le luxe insolent des nouveaux riches* (syn. FASTE). — **2.** Ce qui est coûteux et plus ou moins superflu : *Ces cigares constituent mon seul luxe. C'est un luxe que mon salaire ne me permet pas!* — **3.** *Un luxe de qqch (pl.),* une grande quantité de :

Raconter un accident avec un luxe de détails (syn. PROFUSION). *S'entourer d'un luxe de précautions.* — **4.** Fam. *Ce n'est pas du luxe,* c'est nécessaire. ‖ *De luxe,* qui présente un caractère de raffinement coûteux : *Une voiture de luxe.* ‖ *S'offrir, se payer le luxe de* (+ *inf.*), sortir de ses habitudes pour se permettre qqch d'extraordinaire, d'audacieux.

luxembourgeois, e [lyksɑ̃burʒwa] adj. et n. Du Luxembourg.

luxer (se) [lykse] v. pr. (lat. *luxare*). *Se luxer l'épaule, le genou,* etc., en faire sortir l'os de sa place normale : *Se luxer l'épaule* (syn. SE DÉMETTRE). *Se luxer le genou* (syn. SE DÉBOÎTER).

luxueusement [lyksɥøzmɑ̃] adv. De manière luxueuse.

luxueux, euse [lyksɥø] adj. Qui se caractérise par le luxe : *Installation luxueuse* (syn. RICHE). *Hôtel luxueux* (syn. ↑ SOMPTUEUX). *Un train de vie luxueux* (syn. ↑ PRINCIER ; contr. MODESTE).

luxure [lyksyr] n. f. (lat. *luxuria*). *Litt.* Recherche déréglée des plaisirs sexuels : *Vie de luxure* (syn. DÉBAUCHE).

luxuriance [lyksyrjɑ̃s] n. f. État luxuriant : *La luxuriance des forêts tropicales.*

luxuriant, e [lyksyrjɑ̃] adj. (lat. *luxurians,* surabondant). Qui pousse, se développe avec abondance : *Végétation luxuriante* (syn. SURABONDANT). *Imagination luxuriante* (syn. RICHE, EXUBÉRANT).

luxurieux, euse [lyksyrjø] adj. Qui relève de la luxure : *Attitude luxurieuse* (syn. SENSUEL, LASCIF, VOLUPTUEUX).

luzerne [lyzɛrn] n. f. (prov. *luzerno,* ver luisant [à cause de l'éclat des graines]). Plante utilisée comme fourrage.

lycée [lise] n. m. (du gr. *Lukeion,* gymnase situé près d'Athènes où enseignait Aristote). Établissement d'enseignement du second cycle du second degré (de la seconde aux classes terminales) : *Le lycée est dirigé par un proviseur.*

lycéen, enne [liseɛ̃] n. Élève d'un lycée.

lychee [liʃi] → LITCHI.

1. lymphatique [lɛ̃fatik] adj. Relatif à la lymphe : *Vaisseaux lymphatiques.*

2. lymphatique [lɛ̃fatik] adj. et n. **1.** Atteint d'un état de déficience physique — **2.** Dont l'attitude est molle, nonchalante.

lymphatisme [lɛ̃fatism] n. m. État lymphatique.

lymphe [lɛ̃f] n. f. (lat. *lympha,* eau). Liquide organique limpide et incolore, formé de plasma et de globules blancs.

lynchage [lɛ̃ʃaʒ] n. m. Action de lyncher : *Le lynchage d'un assassin.*

lyncher [lɛ̃ʃe] v. t. (de [*loi de*] *Lynch*) [sujet une foule] *Lyncher qqn,* lui faire subir des violences ou l'exécuter sommairement, sans jugement : *Le bandit fut lynché par les passants.*

lyncheur, euse [lɛ̃ʃœr] n. Qui lynche.

lynx [lɛ̃ks] n. m. (gr. *lunx,* loup-cervier). **1.** Mammifère carnivore, ressemblant à un grand chat. — **2.** *Avoir des yeux de lynx,* des yeux vifs et perçants.

lyophilisation [ljɔfilizasjɔ̃] n. f. (du gr. *luein,* dissoudre). Action de lyophiliser.

lyophiliser [ljɔfilize] v. t. Faire disparaître temporairement l'eau que contiennent certaines substances, à basse température et sous vide, pour les conserver : *Du café lyophilisé.*

lyre [lir] n. f. (lat. *lyra ;* mot gr.). Instrument de musique à cordes pincées, en usage dans l'Antiquité gréco-latine.

lyrique [lirik] adj. (gr. *lurikos*). **1.** *Poésie lyrique,* qui exprime les sentiments personnels du poète, ses émotions, ses passions. — **2.** Relatif à ce genre de poésie : *Style lyrique.* — **3.** Destiné à être mis en musique, à être chanté : *Comédie lyrique.* ‖ *Artiste lyrique,* chanteur, chanteuse d'opéra, d'opéra-comique. ◆ adj. et n. **1.** Qui cultive ce genre de poésie : *Poète lyrique. Les grands lyriques grecs.* — **2.** D'une expression exaltée, d'une grande émotion : *Elle devient lyrique quand elle parle de son auteur préféré* (syn. PASSIONNÉ).

lyrisme [lirism] n. m. Expression poétique ou exaltée de sentiments personnels, d'émotions, de passions : *S'exprimer avec lyrisme sur son bonheur* (syn. EXALTATION).

lys → LIS.

m

m [ɛm] n. m. Treizième lettre de l'alphabet, notant la consonne nasale sonore [m].

macabre [makabr] adj. (de *Maccabées*). Qui a trait à la mort, qui l'évoque : *C'est une plaisanterie macabre, de l'humour noir* (syn. SINISTRE).

macadam [makadam] n. m. (du n. de l'inventeur *McAdam*). Revêtement des routes formé de pierres concassées, mêlées de sable et agglomérées au moyen d'un rouleau compresseur.

macadamiser [makadamize] v. t. Recouvrir de macadam.

macaque [makak] n. m. (portug. *macaco*). Singe d'Asie à corps trapu.

macareux [makarø] n. m. (orig. inc.). Oiseau palmipède des mers arctiques, au bec aplati bleu et rouge, voisin des pingouins.

macaron [makarɔ̃] n. m. (it. *macarone,* macaroni). **1.** Pâtisserie croquante, ronde, faite de pâte d'amande et de sucre. — **2.** Natte de cheveux roulée sur l'oreille. — **3.** *Fam.* Décoration ou insigne de forme ronde : *Sur le pare-brise de la voiture officielle, il y a un macaron tricolore.*

macaroni [makarɔni] n. m. (mot it.) [pl. *macaronis*]. Pâte alimentaire moulée en tubes longs et creux.

macchabée [makabe] n. m. (de *Maccabées*). *Pop.* Cadavre.

macédoine [masedwan] n. f. (de *Macédoine,* région des Balkans). Plat composé de plusieurs sortes de fruits ou de légumes coupés en morceaux.

macération [maserasjɔ̃] n. f. Action de macérer.

macérer [masere] v. t. (lat. *macerare,* rendre doux) [c. **10**]. Laisser tremper une substance assez longtemps dans un liquide (surtout pass.) : *Des cornichons macérés dans du vinaigre.* ◆ v. i. Tremper dans un liquide (surtout avec FAIRE, LAISSER) : *Faire macérer une plante dans l'huile pour fabriquer un baume.*

mach [mak] n. m. inv. *Voler à mach 1, 2, 3,* en parlant d'un avion, voler à 1, 2 ou 3 fois la vitesse du son.

machaon [makaɔ̃] n. m. (de *Machaon,* héros de la guerre de Troie). Papillon diurne à ailes jaunes tachetées de noir, de rouge et de bleu, appelé aussi GRAND PORTE-QUEUE.

mâche [mɑʃ] n. f. (de *mâcher*). Plante potagère mangée en salade.

mâchefer [mɑʃfɛr] n. m. (de l'anc. fr. *macher,* écraser, et *fer*). Résidu provenant de la combustion ou de la fusion de minéraux.

mâcher [mɑʃe] v. t. (lat. *masticare*). **1.** *Mâcher un aliment,* le broyer avec les dents, avant d'avaler, ou le triturer dans la bouche : *Mâcher la viande. Mâcher du chewing-gum.* — **2.** *Mâcher qqch (abstrait) à qqn,* l'expliquer mot à mot pour le lui faire comprendre, le lui faire assimiler : *Il faut tout lui mâcher. Mâcher la besogne de quelqu'un.* — **3.** *Ne pas mâcher ses mots,* exprimer son opinion avec une franchise brutale. (→ MÂCHOIRE.)

machette [maʃɛt] n. f. (mot esp.). Grand couteau à lame épaisse, à usages multiples (arme ou outil), répandu surtout dans les régions tropicales.

machiavélique [makjavelik] adj. (de *Machiavel,* écrivain it.). Qui vise à tromper par une habileté perfide, par le mensonge, etc. : *Un homme machiavélique, qui use de n'importe quels moyens pour parvenir à ses fins* (syn. PERFIDE).

machiavélisme [makjavelism] n. m. Comportement machiavélique.

machin, e [maʃɛ̃] n. (de *machine*). *Fam.* Tout objet ou toute personne dont on ignore le nom ou qu'on ne cherche pas à dénommer : *Il y avait sur son établi un tas de machins que je ne connaissais pas* (syn. TRUC, CHOSE). *Il y a machine qui t'a téléphoné. — Qui ça ? — Je ne sais plus son nom.*

machinal, e, aux [maʃinal] adj. Accompli comme par une machine, sans l'intervention de la volonté : *Geste machinal* (syn. MÉCANIQUE). *Réponse machinale* (syn. AUTOMATIQUE ; contr. RAISONNÉ, RÉFLÉCHI).

machinalement [maʃinalmɑ̃] adv. De façon machinale : *Prendre machinalement une cigarette.*

machination [maʃinasjɔ̃] n. f. Menées secrètes en vue de nuire : *Déjouer les machinations de ses adversaires* (syn. MANŒUVRE, INTRIGUE). *D'obscures machinations* (syn. COMBINAISON).

machine [maʃin] n. f. (lat. *machina ;* mot gr.). **1.** Ensemble de mécanismes combinés pour recevoir une certaine forme définie d'énergie, la transformer et la restituer sous une forme plus appropriée ou pour produire un effet donné : *Le rôle des machines dans le monde moderne. Ne pas être esclave de la machine ;* suivi de à (+ *inf.*) ou (+ *n.*) : *Une machine à laver, à coudre, à calculer. Machine à vapeur, à air comprimé ;* suivi d'un adj. : *Machine électrique, électronique ;* suivi de *de* (+ *n.*) : *Machine de bureau, d'imprimerie.* — **2.** Machine à écrire : *Taper à la machine.* — **3.** Nom générique de véhicules (bicyclette, moto, locomotive, etc.) : *Le mécanicien grimpe sur sa machine.* — **4.** Personne qui remplit certaines fonctions à la façon d'une machine : *Je ne suis pas une machine !* — **5.** Ensemble de moyens, de services, d'organismes dont la marche régulière a un aspect automatique, sans âme : *La grande machine de l'État. La machine administrative.* — **6.** *Faire machine arrière,* revenir sur ce qu'on a dit. ‖ *Machine à sous,* appareil dans lequel on introduit une pièce de monnaie et qui, en jouant, en redonne parfois plusieurs. ‖ *Machine de guerre,* engin de guerre ; moyen d'amener la destruction de l'adversaire. ‖ *Machine infernale,* engin contenant un explosif et réglé pour tuer. — 7. (pl.) Ensemble des moteurs, des turbines, etc., qui assurent la propulsion d'un navire : *La salle des machines.*

machine-outil [maʃinuti] n. f. (pl. *machines-outils*).

Machine destinée à façonner la matière au moyen d'outils mus mécaniquement.

machiner [maʃine] v. t. *Machiner qqch,* préparer en secret des combinaisons plus ou moins illégales ou malhonnêtes : *Ils ont machiné toute l'histoire pour me perdre* (syn. MANIGANCER).

machinerie [maʃinri] n. f. Ensemble de machines servant à effectuer un travail déterminé.

machinisme [maʃinism] n. m. Emploi généralisé des machines, dans l'industrie.

machiniste [maʃinist] n. m. **1.** Ouvrier chargé de mettre en place et de démonter les décors et les accessoires de théâtre, de cinéma. — **2.** Conducteur d'autobus, de métro.

macho [matʃo] n. m. et adj. (mot esp.) Homme persuadé de sa supériorité sur les femmes (syn. PHALLOCRATE).

mâchoire [mɑʃwar] n. f. Os de la face portant les dents : *La mâchoire supérieure, inférieure.*

mâchonnement [mɑʃɔnmɑ̃] n. m. Action de mâchonner.

mâchonner [mɑʃɔne] v. t. (de *mâcher*). **1.** *Mâchonner qqch (concret),* le triturer avec les dents lentement, continuellement : *Mâchonner son crayon en réfléchissant.* — **2.** *Mâchonner des paroles,* les émettre d'une façon indistincte : *Mâchonner des injures.*

mâchouiller [mɑʃuje] v. t. *Fam.* Mâchonner.

maçon [masɔ̃] n. m. (mot francique). Ouvrier qui exécute la partie des travaux constituant le gros œuvre d'une construction et les revêtements.

maçonnerie [masɔnri] n. f. Partie de la construction faite de matériaux (pierres, briques, etc.) assemblés par du mortier, du ciment, du plâtre, etc. : *Une maçonnerie de pierres. Un mur de maçonnerie.*

maçonnique [masɔnik] adj. Relatif à la franc-maçonnerie : *Une assemblée maçonnique.*

macreuse [makrøz] n. f. (mot normand; néerl. *meerkol*). Grand canard au plumage sombre, dont les troupes fréquentent en hiver les côtes françaises pour y capturer mollusques et crustacés.

macroscopique [makrɔskɔpik] adj. (gr. *makos,* grand, et *skopein,* regarder). Qui se voit à l'œil nu (contr. MICROSCOPIQUE).

maculer [makyle] v. t. *Maculer qqch,* le salir de taches : *Chemise maculée de sang* (syn. SOUILLER, TACHER). *Papier maculé d'encre* (syn. NOIRCIR).

madame [madam] n. f. (pl. *mesdames*). **1.** Titre donné à une femme mariée et, de plus en plus, à toute femme mariée ou non (sans art.; abrév. Mme [sing.] et Mmes [pl.]) : *Madame Durand;* précédé d'un adj. (apostrophe, en tête de lettre, etc.) : *Chère madame.* — **2.** Titre désignant toute femme exerçant une fonction : *Madame la Directrice;* suivi d'un nom masc. : *Madame le Ministre.*

madeleine [madlɛn] n. f. (du prénom *Madeleine*). Petit gâteau léger, de forme arrondie.

mademoiselle [madmwazɛl] n. f. (pl. *mesdemoiselles*). Titre donné aux jeunes filles et aux femmes non mariées (sans art.; abrév. Mlle [sing.], Mlles [pl.] : *Mademoiselle Dupont.*

madone [madɔn] n. f. (it. *madonna,* madame). Image de la Vierge.

madrague [madrag] n. f. (prov. *madraga*). Engin de pêche au thon formé de filets et de pieux.

madras [madrɑs] n. m. (de *Madras,* en Inde, où l'on fabriqua d'abord cette étoffe). **1.** Étoffe à chaîne de soie et trame de coton, de couleurs vives. — **2.** Foulard noué sur la tête, porté surtout par les Antillaises.

madré, e [madre] adj. (de l'anc. fr. *masdre,* bois veiné). *Litt.* Malin, rusé et sans scrupule : *Un paysan madré* (syn. RETORS, FINAUD).

madrier [madrije] n. m. (lat. *materia,* bois de construction). Pièce de bois très épaisse, employée dans la construction : *La charpente est faite en madriers de chêne.*

madrigal [madrigal] n. m. (it. *madrigale*) [pl. *madrigaux*]. Petite pièce de vers exprimant des sentiments tendres.

maestoso [maɛstozo] adv. (mot it.). Indication musicale invitant à exécuter un mouvement lentement et majestueusement.

maestria [maɛstrija] n. f. (mot. it. signif. *maîtrise*). Maîtrise et vivacité dans l'exécution, la réalisation de qqch (souvent avec la prép. *avec*) : *Diriger un orchestre avec maestria. La maestria avec laquelle elle s'est tirée de cette affaire est étonnante* (syn. BRIO).

maestro [maɛstro] n. m. (mot it. signif. *maître*). Nom donné à un compositeur de musique ou à un chef d'orchestre célèbre.

maffia ou **mafia** [mafja] n. f. (mot it.). **1.** Association secrète de malfaiteurs (commerce de drogue, entreprises de chantage, etc.). — **2.** *Fam.* et *péjor.* Groupe de gens unis par des intérêts communs : *La maffia des collectionneurs.*

maffieux [mafjø], **maffioso** ou **mafioso** [mafjozo] n. m. (pl. *maf[f]iosi*). Membre de la maffia.

magasin [magazɛ̃] n. m. (ar. *makhâzin,* lieu de dépôt). **1.** Établissement de commerce où on expose des marchandises en vue de les vendre (se substitue à *boutique,* qui désigne un commerce plus petit) : *Les magasins d'alimentation. Les grands magasins de Paris* (= grands établissements de vente réunissant de nombreux rayons spécialisés). *Un magasin* (ou *une boutique*) *d'antiquités. Courir les magasins* (= faire des courses). — **2.** Lieu où on conserve des marchandises, des provisions : *Les magasins à blé installés près du port* (syn. ENTREPÔT). *Le magasin des accessoires et des décors dans un théâtre. Je n'ai pas cet article en magasin* (= dans mon stock de marchandises). [→ EMMAGASINER.] — **3.** *Magasin d'une arme, d'un appareil photographique,* partie ménagée pour l'approvisionnement en cartouches, en pellicule photographique.

magasinage [magazinaʒ] n. m. Action de mettre en dépôt dans un magasin.

magasinier [magazinje] n. m. Employé chargé de garder les objets amenés en magasin et d'en assurer la distribution.

magazine [magazin] n. m. (mot angl.). **1.** Revue périodique, souvent illustrée, traitant de sujets divers. — **2.** À la télévision, émission périodique sur un sujet choisi.

mage [maʒ] n. m. et adj. (lat. *magus;* mot gr.). **1.** *Les Rois mages,* les personnages qui, selon l'Évangile, vinrent de l'Orient à Bethléem pour rendre hommage à l'Enfant Jésus *(Adoration des Mages).* — **2.** Celui qui se prétend versé dans les sciences occultes, grand prêtre d'une religion secrète.

maghrébin, e [magrebɛ̃] adj. et n. Du Maghreb, de l'Afrique du Nord.

magicien, enne [maʒisjɛ̃] n. **1.** Personne qui pratique la magie : *Être ensorcelé par un magicien.* — **2.** Artiste de music-hall qui fait des tours d'adresse simulant des phénomènes mystérieux. — **3.** Personne capable de produire des choses extraordinaires : *Un véritable magicien, qui peut retourner une foule hostile en sa faveur.*

magie [maʒi] n. f. (lat. *magia;* mot gr.). **1.** Art supposé de produire par des procédés mystérieux, secrets, des phénomènes qui vont contre les lois de la nature : *La magie et la sorcellerie du Moyen Âge. Les formules de magie.* — **2.** *C'est de la magie,* c'est un phénomène extraordinaire. || *Comme par magie,* de façon inexplicable (syn. PAR ENCHANTEMENT). — **3.** Effet étonnant ou influence surprenante exercés par un sentiment très vif : *La magie des mots* (syn. PUISSANCE, PRESTIGE).

magique [maʒik] adj. **1.** Qui tient de la magie : *Formule magique* (syn. CABALISTIQUE). *Pouvoir magique* (syn. OCCULTE). *La baguette magique d'une fée* (syn. ENCHANTÉ). — **2.** Qui produit un effet d'étonnement, d'enchantement : *Le mot magique de «liberté». Le spectacle magique du feu d'artifice sur le lac.* — **3.** *Lanterne magique,* instrument d'optique avec lequel on projette sur un écran des images agrandies.

magistère [maʒistɛr] n. m. (lat. *magister,* maître). Litt. *Exercer un magistère,* exercer une autorité doctrinale de façon absolue.

magistral, e, aux [maʒistral] adj. **1.** Qui porte la marque de qqn d'éminent, qui a des qualités supérieures incontestées : *Laisser derrière soi une œuvre magistrale. Réussir un coup magistral* (= un coup de maître). — **2.** *Fam.* D'une force remarquable : *Une fessée magistrale* (syn. SUPERBE). — **3.** Dispensé par un maître : *Cours magistral* (= donné par le professeur, par oppos. aux travaux pratiques).

magistralement [maʒistralmɑ̃] adv. De façon magistrale; avec une grande maîtrise.

magistrat [maʒistra] n. m. (lat. *magistratus*). Fonctionnaire ou officier civil ayant une autorité de juridiction (membres des tribunaux) ou d'administration (préfet, maire) : *Les magistrats municipaux d'une ville;* fonctionnaire chargé de la justice : *Les magistrats de la cour d'assises.*

magistrature [maʒistratyr] n. f. Charge, fonction, corps des magistrats : *La magistrature suprême* (= la présidence de la République). *Faire carrière dans la magistrature* (= la justice).

magma [magma] n. m. (mot gr. signif. *pâte pétrie*). **1.** Masse fondue, de température élevée, dont la cristallisation par refroidissement donne les roches éruptives. — **2.** Mélange inextricable.

magmatique [magmatik] adj. Relatif au magma : *Roche magmatique* (syn. ÉRUPTIVE).

magnanime [maɲanim] adj. (du lat. *magnus,* grand, et *animus,* esprit). Dont la générosité se manifeste par la bienveillance envers les faibles ou le pardon aux vaincus : *Se montrer magnanime* (syn. CLÉMENT, GÉNÉREUX). *Cœur magnanime* (syn. NOBLE).

magnanimité [maɲanimite] n. f. Comportement magnanime : *Agir avec magnanimité* (syn. GRANDEUR D'ÂME). *La magnanimité de son pardon* (syn. GÉNÉROSITÉ).

magnat [magna] n. m. (du lat. *magnus,* grand). *Magnat de l'industrie, de la finance, du pétrole, de la métallurgie,* etc., personnage important de l'industrie, de la finance, etc., où il représente de puissants intérêts économiques (souvent péjor.).

magnésium [maɲezjɔm] n. m. (du lat. *magnes,* aimant). Métal blanc argenté, utilisé dans les alliages, et qui brûle dans l'air avec une flamme éblouissante.

magnétique [maɲetik] adj. **1.** Qui possède les propriétés de l'aimant : *Corps magnétique. Champ magnétique.* — **2.** Qui a une influence puissante et mystérieuse : *Regard magnétique.* — **3.** *Bande magnétique* → BANDE.

magnétiser [maɲetize] v. t. **1.** *Magnétiser qqch,* lui donner les propriétés de l'aimant : *Barre de fer magnétisée* (syn. AIMANTER). — **2.** *Magnétiser qqn,* le soumettre à une influence magnétique : *L'orateur magnétisait la foule* (syn. FASCINER, HYPNOTISER).

magnétiseur [maɲetizœr] n. m. Personne qui prétend utiliser le «fluide humain», en effectuant des passes à distance sur un sujet (syn. GUÉRISSEUR).

magnétisme [maɲetism] n. m. (lat. *magnes,* aimant). **1.** Ensemble des propriétés des aimants et des phénomènes s'y rapportant : *L'aiguille de la boussole est soumise à l'action du magnétisme terrestre.* — **2.** Attraction exercée par une personne sur une autre.

magnéto [maɲeto] n. f. Génératrice de courant électrique.

magnétophone [maɲetɔfɔn] n. m. (gr. *magnês, -êtos,* aimant, et *phônê,* voix). Appareil d'enregistrement et de restitution des sons par aimantation d'un ruban (bande).

magnétoscope [maɲetɔskɔp] n. m. (gr. *magnês, -êtos,* aimant, et *skopeîn,* regarder). Appareil qui enregistre les images de télévision sur bande magnétique et qui les repasse ensuite sur l'écran.

magnificence [maɲifisɑ̃s] n. f. **1.** Qualité de ce qui est magnifique (soutenu) : *La magnificence de la réception* (syn. ÉCLAT, FASTE). *La magnificence d'un spectacle* (syn. SPLENDEUR, SOMPTUOSITÉ). — **2.** *Litt.* Attitude de celui qui donne avec une grande libéralité : *Traiter quelqu'un avec magnificence* (syn. GÉNÉROSITÉ, PRODIGALITÉ).

magnifier [maɲifje] v. t. (du lat. *magnus,* grand). *Litt.* (sujet qqn, qqch) *Magnifier qqn, qqch,* le célébrer comme grand, le rendre plus grand, plus beau : *Il magnifia dans son discours l'héroïsme de ceux qui étaient morts* (syn. VANTER, GLORIFIER). *Son sacrifice le magnifie.*

magnifique [maɲifik] adj. (lat. *magnificus*) [avant ou après le n.]. **1.** Se dit de qqch qui a de la grandeur, une beauté majestueuse, de l'éclat : *Le magnifique portail de la cathédrale de Chartres* (syn. SPLENDIDE, SUPERBE). *Un paysage magnifique* (syn. ↓ BEAU). *La nuit était magnifique* (syn. ADMIRABLE). — **2.** Se dit de qqn de très beau, très fort : *Une femme magnifique. De magnifiques athlètes.*

magnifiquement [maɲifikmɑ̃] adv. De façon magnifique : *Livre magnifiquement illustré. L'équipe s'est magnifiquement comportée au cours du match.*

magnolia [maɲɔlja] n. m. (du botaniste *Magnol*). Arbre ornemental, aux fleurs opulentes à l'odeur suave, planté dans les parcs.

magnum [magnɔm] n. m. (du lat. *magnum,* grand). Grosse bouteille contenant l'équivalent de deux bouteilles normales (1,5 l à 2 l).

magot [mago] n. m. (anc. fr. *mugot,* lieu où l'on conserve les fruits). *Fam.* Argent, économies cachés dans un lieu jugé sûr : *Les malfaiteurs cherchèrent vainement où était le magot.*

magouillage [magujaʒ] n. m. *Fam.* Action de magouiller; magouille : *Magouillage électoral.*

magouille [maguj] n. f. (orig. incert.). *Fam.* Combinaison douteuse entre des organisations ou des personnes dans un groupe.

magouiller [maguje] v. i. *Fam.* Se livrer à des magouilles.

magouilleur, euse [magujœr] adj. et n. *Fam.* Qui magouille.

mah-jong [maʒɔ̃(g)] n. m. (mots chin. signif. *je gagne*). Sorte de jeu de dominos, d'origine chinoise.

mai [mɛ] n. m. (lat. *Maius mensis,* mois de [la déesse] Maia). **1.** Cinquième mois de l'année. — **2.** *Le Premier-Mai,* le jour de la fête du Travail.

maigre [mɛgr] adj. et n. (lat. *macer*). **1.** (après le n.) Qui a très peu de graisse : *Elle est devenue très maigre avec l'âge* (syn. ↑SQUELETTIQUE; contr. GRAS, GROS, ↑OBÈSE). *Être maigre comme un clou* (fam.; = être très maigre). *Des jambes maigres* (syn. ↑DÉCHARNÉ; contr. POTELÉ). *Visage maigre* (syn. HÂVE). *C'est un grand maigre.* — **2.** (après le n.) Se dit d'un aliment qui ne contient pas de graisse : *Une viande maigre* (contr. GRAS). *Du fromage maigre. Préférer le maigre du jambon.* ‖ *Jours maigres,* où on ne mange, par prescription religieuse, ni viande ni aliments gras. ◆ adj. **1.** (avant le n.). Où il y a peu à manger : *Le menu est bien maigre aujourd'hui* (contr. PLANTUREUX). — **2.** (avant le n.) Peu abondant : *La maigre végétation de ce paysage désertique* (syn. PAUVRE). *Un maigre filet d'eau. Les moissons sont bien maigres* (contr. RICHE). — **3.** (avant le n.) Peu important : *Toucher un maigre salaire* (syn. MÉDIOCRE, PETIT). *Le profit est maigre* (syn. MINCE). *Le résultat de ses efforts est maigre* (syn. ↑INSIGNIFIANT). ◆ adv. *Faire maigre,* ne manger ni viande ni aliments gras les jours prescrits par la religion catholique.

maigrement [mɛgrəmɑ̃] adv. De façon pauvre : *Vivre maigrement d'un salaire misérable. Être maigrement payé.*

maigreur [mɛgrœr] n. f. État de qqn, de qqch qui est maigre : *Être d'une maigreur effrayante* (syn. ↓MINCEUR). *La maigreur de la végétation* (syn. PAUVRETÉ). *La maigreur d'un sujet* (= son peu d'importance).

maigrichon, onne [mɛgriʃɔ̃] ou **maigrelet, ette** [mɛgrəlɛ] adj. et n. Un peu trop maigre : *Des jambes maigrelettes. Une petite fille maigrichonne.*

maigrir [mɛgrir] v. t. *Maigrir qqn,* le faire paraître maigre : *Cette robe te maigrit* (syn. MINCIR). ◆ v. i. (sujet qqn) Devenir maigre : *Elle a beaucoup maigri* (syn. PERDRE DU POIDS). *Je l'ai trouvé maigri* (= amaigri).

1. maille [mɑj] n. f. (lat. *macula,* boucle). **1.** Chaque boucle que forme le fil, la laine, etc., dans les tissus tricotés, dans les filets : *Laisser échapper une maille en tricotant.* — **2.** Ouverture que les boucles de ces tissus laissent entre elles : *Passer entre les mailles du filet. Tissu à mailles fines.* — **3.** (sing.) Tissu tricoté : *L'industrie de la maille.*

2. maille [mɑj] n. f. (du lat. *medius,* demi). *Avoir maille à partir avec qqn,* avoir avec lui des difficultés, une dispute.

maillet [majɛ] n. m. (lat. *malleus,* marteau). **1.** Marteau en bois très dur, à deux têtes. — **2.** Instrument similaire à long manche, avec lequel on joue au croquet.

maillon [majɔ̃] n. m. (de *maille* 1). **1.** Anneau d'une chaîne. — **2.** *Être un maillon de la chaîne,* un élément dans un organisme dont tous les services dépendent les uns des autres.

maillot [majo] n. m. (de *maille* 1). **1.** Vêtement souple qui couvre une partie du corps et se porte sur la peau : *Maillot de bain. Maillot de danseur.* — **2.** Vêtement ne recouvrant que le haut du corps : *Les maillots d'une équipe de football. Le maillot jaune d'un coureur cycliste.* ‖ *Maillot de corps,* sous-vêtement d'homme, en tissu à mailles. (→ DÉMAILLOTER, EMMAILLOTER.)

main [mɛ̃] n. f. (lat. *manus*). **1.** Organe qui termine le bras de l'homme et qui lui sert à prendre, à tenir, à toucher, à exécuter, etc. : *Les cinq doigts de la main. Tenir quelque chose dans la paume de la main. Le stylo est à portée de la main. Le verre lui a échappé des mains.* — **2.** Symbole de l'autorité, de la possession, de la violence, de l'effort, de l'aide : *Trouver une main secourable* (= une aide). *Tomber entre des mains sacrilèges* (= en la possession de). *Une main de fer dans un gant de velours* (= une autorité rigoureuse sous une apparence douce). — **3.** Au jeu de cartes, distribution des cartes : *Prendre la main* (= prendre son tour de distribuer). *Avoir une belle main* (= avoir une belle distribution de cartes). — **4.** *(Main + adj.) À deux mains,* en se servant des deux mains. ‖ *À main armée,* en ayant des armes à la main : *Attaque à main armée.* ‖ *À main levée,* rapidement, d'un seul trait de crayon : *Dessin à main levée.* ‖ *À mains nues,* sans armes, sans gants. ‖ *À pleines mains,* abondamment, largement, sans compter. ‖ *Avoir la haute main sur qqch,* jouir de la principale autorité sur cette chose. ‖ *Avoir la main heureuse, malheureuse,* avoir de la chance, de la malchance au moment d'un choix. ‖ *Avoir les mains libres,* avoir l'entière liberté d'agir. ‖ *Avoir les mains liées,* ne plus être libre de faire telle ou telle chose. ‖ *D'une main,* en ne se servant que d'une seule main. ‖ *De longue main,* en s'y prenant longtemps à l'avance. ‖ *De première main,* directement, sans intermédiaire : *Renseignements obtenus de première main.* ‖ *De seconde main,* qui vient d'un intermédiaire, indirectement : *Savoir une nouvelle de seconde main.* ‖ *Des deux mains,* avec un grand empressement : *Je souscris des deux mains au projet que vous présentez.* ‖ *En main(s) propre(s),* à la personne même : *Le télégramme doit être remis en main propre à son destinataire.* ‖ *Être en bonnes mains,* confié à qqn d'honnête ou de compétent. ‖ *Faire main basse sur qqch,* s'en emparer sans en avoir le droit, voler. ‖ *Main courante,* partie supérieure d'une rampe de balcon, d'une barre d'appui sur laquelle se pose la main : *Prière de tenir la main courante en prenant l'escalier mécanique.* ‖ *Mettre la dernière main à qqch,* le terminer. ‖ *Ne pas y aller de main morte,* agir avec brutalité, dureté, violence. ‖ *Petite main,* apprentie couturière. ‖ *Première main,* première ouvrière d'une maison de couture. — **5.** (*Main* compl. d'un v.) *Avoir qqch bien en main,* le tenir solidement. ‖ *Avoir qqn bien en main,* exercer sur lui une autorité incontestée. ‖ *Changer de main(s),* passer d'un possesseur à un autre : *La ferme a changé de main.* ‖ *Demander, obtenir la main d'une femme,* demander, obtenir de l'épouser. ‖ *En mettre la* (ou *sa*) *main au feu,* être prêt à jurer que ce qu'on avance est vrai; être fortement persuadé de qqch : *Je mettrais ma main au feu qu'il a encore oublié de la prévenir.* ‖ *En venir aux mains,* finir par se battre. ‖ *Fait main, fait à la main,* exécuté avec la main et non avec une machine. ‖ *Lever, porter la main sur qqn,* se préparer à le frapper. ‖ *Mettre la main à la pâte,* participer personnellement à un travail. ‖ *Mettre la main sur qqn,* l'arrêter. ‖ *Mettre la main sur qqch,* le découvrir, le retrouver. ‖ *Passer la main,* transmettre son pouvoir, se démettre. ‖ *Passer par des mains, par les mains de,* venir en la possession de qqn : *Ce tableau est passé par bien des mains avant de venir dans le musée.* ‖ *Perdre la main,* perdre l'habitude de faire qqch. ‖ *Prendre qqch, qqn en main,* s'en charger, s'en occuper. ‖ *Reprendre qqch, qqn en main,* en redresser la situation compromise. ‖ Péjor. *Se donner la main,* avoir la même valeur : *Ils peuvent se donner la main; ils sont aussi bêtes l'un que l'autre.* ‖ *Se faire la main* s'essayer à faire qqch. ‖ *Serrer, donner la main à qqn,* la lui serrer en signe d'amitié ou de paix. ‖ *Tendre la main,* demander l'aumône; faire une offre de réconciliation. — **6.** (*Main* précédé d'une prép.) *À main,* manœuvré ou actionné avec la main et non mécaniquement : *Frein à main;* qui se tient à la main : *Sac à main.* ‖ *À la main,* en tenant par la main : *Tenir un chapeau à la main.* ‖ *De la main (de la propre main) de,* par la personne même : *Tableau exécuté de la main même de Rubens;* de la part de : *J'ai reçu le manuscrit de la main même de l'auteur.* ‖ *De main en main,* en allant d'une personne à une autre : *L'objet d'art passa de main en main pour que chacun pût l'examiner.* ‖ *De la main à la main,* sans passer par un intermédiaire : *J'ai versé à la vendeuse, de la main à la main, une partie de la somme due.* ‖ *En main,* en la possession de : *Tu as en main le livre que j'aurais désiré lire.* || *Entre les mains de qqn,* en sa possession, en son pouvoir, à sa disposition : *Votre demande est maintenant entre les mains de la personne intéressée.* || *Sous main,* secrètement, à l'insu des autres : *Agir sous main.* || *Sous la main,* à la disposition immédiate : *Je n'ai pas sous la main les papiers nécessaires.* — **7.** (*Main* compl. d'un n.) *Coup de main,* action militaire locale, visant à obtenir des renseignements; aide apportée à qqn : *Donne-moi un coup de main pour soulever l'armoire.* || *Homme de main,* homme sans scrupule faisant les basses besognes pour le compte de qqn d'autre. — **8.** (*Main* suivi d'un compl.) *De main de maître,* d'une manière magistrale, remarquable : *Peinture exécutée de main de maître.* — **9.** (*Main* + adv.) *Haut la main,* sans difficulté, avec aisance, brio. || *Haut les mains,* les mains au-dessus de la tête (en signe de reddition).

mainate [menat] n. m. (mot malais). Oiseau noir, au bec orangé, apte à imiter la parole humaine.

main-d'œuvre [mɛ̃dœvr] n. f. (pl. *mains-d'œuvre*). **1.** Travail de l'ouvrier, dans la fabrication d'un produit, dans la confection d'un ouvrage, considéré sur le plan du prix de revient : *Les frais de main-d'œuvre. Fournir la main-d'œuvre.* — **2.** Ensemble des ouvriers, des salariés d'une entreprise, d'une région, d'un pays : *Faire appel à la main-d'œuvre étrangère.*

main-forte [mɛ̃fɔrt] n. f. *Prêter main-forte à qqn,* l'assister, lui venir en aide pour assurer son autorité dans des circonstances difficiles (syn. fam. DONNER UN COUP DE MAIN).

mainmise [mɛ̃miz] n. f. Action de mettre la main sur qqch, d'en prendre possession, d'avoir une influence exclusive : *La mainmise de l'État sur certaines entreprises.*

maint, e [mɛ̃] adj. indéf. (mot germ.) [surtout pl. et dans quelques express. litt.]. **1.** Un grand nombre de : *En maints endroits* (= plus d'un endroit). *À maintes reprises* (= de nombreuses fois). — **2.** *Maintes et maintes fois, à maintes et maintes reprises,* très fréquemment.

maintenance [mɛ̃tnɑ̃s] n. f. Ensemble de tout ce qui permet d'entretenir et de maintenir un matériel en bon état de marche.

maintenant [mɛ̃tnɑ̃] adv. (part. présent de *maintenir*). **1.** Dans le moment présent, à l'époque actuelle (v. à l'ind. prés.) : *Maintenant, elle connaît la nouvelle* (syn. À PRÉSENT, PRÉSENTEMENT). *C'est maintenant trop tard* (syn. AUJOURD'HUI). *Nous avons maintenant plus de moyens de guérir qu'autrefois* (syn. ACTUELLEMENT; contr. JADIS); avec un passé composé : *Il est maintenant arrivé à Lyon* (syn. À L'HEURE QU'IL EST); avec un imparfait (style indirect libre) : *Maintenant, il se sentait découragé.* — **2.** À partir de l'instant où on est (avec le futur) : *Elle sera maintenant plus prudente* (syn. DÉSORMAIS). — **3.** Introduit une considération nouvelle et conclusive après une affirmation : *C'est mon idée; maintenant, vous pourrez agir comme vous l'entendez.* — **4.** *Maintenant que,* indique une relation causale entre deux événements qui se suivent dans le temps : *Maintenant que le temps s'est remis au beau, nous allons pouvoir sortir* (syn. DU MOMENT QUE, PUISQUE).

maintenir [mɛtnir] v. t. (bas lat. *manu tenere,* tenir avec la main) [c. **22**]. **1.** *Maintenir qqch,* le tenir dans une position fixe, en état de stabilité : *Le mur maintient la terre qu'emporterait l'eau de pluie* (syn. RETENIR, FIXER). *Maintenir la tête au-dessus de l'eau* (syn. SOUTENIR). — **2.** *Maintenir qqn,* l'empêcher de remuer, d'avancer : *Deux oreillers maintiennent le malade assis. Un cordon de police maintenait la foule loin du cortège* (syn. CONTENIR). — **3.** Tenir pendant longtemps dans le même état; faire durer, subsister : *Maintenir les impôts à leur taux actuel* (syn. GARDER). *Chercher à maintenir ses privilèges* (syn. CONSERVER). *Maintenir sa candidature* (syn. CONFIRMER). *Les traditions sont maintenues* (syn. SAUVEGARDER). *Maintenir un adversaire en respect* (= le tenir éloigné par crainte). — **4.** *Maintenir qqch, que* (+ *ind.*), l'affirmer avec insistance, répéter avec force : *Maintenir une opinion* (syn. SOUTENIR). *Je maintiens que cette erreur ne vient pas de moi.* ◆ ***se maintenir*** v. pr. Rester dans le même état, dans une même situation : *La paix s'est maintenue vingt ans* (syn. DURER). *Le candidat se maintient au second tour* (= maintient sa candidature). *L'élève se maintient dans une honnête moyenne* (syn. RESTER).

maintien [mɛ̃tjɛ̃] n. m. **1.** Action de faire durer : *Le maintien des libertés* (syn. CONSERVATION; contr. SUPPRESSION). *Le maintien des prix. Les forces du maintien de l'ordre* (= la police). — **2.** Manière habituelle de se comporter en société, de se tenir physiquement : *Maintien modeste* (syn. ATTITUDE). *Avoir de la gaucherie dans son maintien* (syn. TENUE, ALLURE). *Elle cherche à se donner du maintien* (syn. CONTENANCE).

maire [mɛr] n. m. (du lat. *major,* plus grand). Membre du conseil municipal élu pour diriger les affaires de la commune.

mairie [mɛri] n. f. **1.** Édifice où se trouvent les bureaux, l'administration de la commune, du maire. (On dit aussi HÔTEL DE VILLE.) — **2.** Administration de la commune elle-même.

1. mais [mɛ] adv. (lat. *magis,* davantage). Litt. *N'en pouvoir mais,* n'avoir aucune possibilité de modifier la situation : *Vous m'accusez, mais je n'en peux mais* (= je ne suis pas responsable; syn. usuel N'Y POUVOIR RIEN).

2. mais [mɛ] conj. **1.** Introduit une opposition à ce qui a été affirmé, une restriction à ce qui a été dit : *Ils ne sont pas là, mais il est déjà huit heures* (syn. POURTANT, CEPENDANT, TOUTEFOIS; litt. NÉANMOINS). *Il est intelligent, certes, mais très paresseux* (syn. EN REVANCHE). *Elle n'est pas riche, mais au moins, elle, elle est honnête* (syn. PAR CONTRE). *J'ai invité non seulement Durand, mais aussi son père.* — **2.** Renforce les réponses : *Mais oui, bien sûr, je viendrai demain* (syn. ASSURÉMENT). *Mais non, je vous assure, je n'ai reçu aucune lettre;* lie un mot et sa répétition insistante : *C'était d'un drôle, mais d'un drôle!;* renforce une exclamation ou une interrogation : *Ah çà, mais! ne me dites pas que vous ne l'avez pas fait exprès;* marque l'impatience : *Mais enfin, qu'est-ce que vous avez? Mais encore, quelle décision prenez-vous?* || *Non mais,* marque l'indignation (fam.) : *Non mais, des fois! pour qui me prends-tu?* — **3.** Sert de particule de transition : *Mais j'y pense, que faites-vous demain? Mais, à propos, avez-vous de bonnes nouvelles de votre fille? Mais passons!* (= ne nous appesantissons pas). *Mais quoi! revenons à notre sujet.* ◆ n. m. Objection : *Que veut dire ce mais?* (syn. OPPOSITION; contr. OUI, ACQUIESCEMENT). *Il y a un mais* (= une difficulté).

maïs [mais] n. m. (mot esp.; d'une langue haïtienne). Céréale cultivée pour ses graines comestibles.

maison [mɛzɔ̃] n. f. (lat. *mansio, -onis,* de *manere,* rester). **1.** Bâtiment construit pour servir d'habitation à l'homme (par oppos. à *appartement, immeuble*) : *Une maison de dix pièces. Avoir une maison de campagne.* — **2.** Logement qu'on habite, quel qu'il soit; son aménagement : *Rentrer à la maison* (= chez soi; syn. DOMICILE). *Venez à la maison* (= chez moi). *La maîtresse de maison* (syn. LOGIS). *La maison est bien tenue. Savoir tenir sa maison* (syn. INTÉRIEUR). — **3.** Édifice servant à un usage particulier : *Maison de Dieu* (= église). *Maison de santé* (= établissement où on soigne les personnes atteintes de maladies nerveuses ou mentales). *Maison d'arrêt* (= prison). *Maison du peuple* (= mairie). *Maison de retraite* (= où sont reçus les vieillards). *Maison* *de famille* (= hôtel, pension de famille). *Maison close, maison de tolérance* (= maison de prostitution). *La maison mère* (= le principal établissement d'un ordre religieux, d'une maison de commerce). — **4.** Entreprise commerciale *(maison de commerce, industrielle) : La maison a été fondée en 1880. Une maison de tissus, de vins en gros. Avoir trente ans de maison* (= être employé depuis trente ans dans la même entreprise). — **5.** Membres d'une même famille, vivant ensemble : *C'est un familier, un ami de la maison* (= de la famille). ◆ adj. inv. **1.** Fait à la maison, selon des recettes traditionnelles : *Une tarte maison.* — **2.** *Fam.* Particulier à un établissement d'enseignement, une entreprise, etc. : *Un syndicat maison. Elle a pris le genre maison.*

maisonnée [mɛzɔne] n. f. Ensemble des personnes de la même famille vivant dans la même maison.

maisonnette [mɛzɔnɛt] n. f. Petite maison.

1. maître [mɛtr] n. m. (lat. *magister*). **1.** *Maître d'armes,* celui qui enseigne l'escrime. ‖ *Maître d'étude,* surveillant dans une école (vieilli). ‖ *Maître nageur,* celui qui enseigne la natation dans les piscines, dans les lieux où on se baigne. — **2.** Celui dont on est le disciple, qui est pris comme modèle; artiste, écrivain célèbre : *Suivre l'exemple d'un maître. Il est pour tous un maître à penser* (syn. MODÈLE). *Une toile de maître.* — **3.** Titre donné aux avocats et aux gens de loi : *Maître Un tel, avocat.* — **4.** Titre donné aux personnes titulaires de certaines charges. — **5.** *Maître de ballet,* celui qui dirige un corps de ballet dans un théâtre. ‖ *Maître d'équipage,* officier marinier. ‖ *Maître de forges,* propriétaire d'une usine sidérurgique. ‖ *Maître d'hôtel,* celui qui, dans un restaurant ou dans une grande maison, veille au service de la table. ‖ *Maître d'œuvre,* personne ou organisme qui conçoit et dirige la construction d'un édifice ou d'un ouvrage. ‖ *Second maître, maître, premier maître, maître principal,* grades des officiers de la Marine nationale, correspondant à ceux de sergent, sergent-chef, adjudant et adjudant-chef dans les armées de terre et de l'air.

2. maître, maîtresse [mɛtr] n. **1.** Personne qui exerce un pouvoir, une autorité sur d'autres, qui a la possibilité de leur imposer sa volonté, qui dirige : *Le maître et l'esclave. Le maître et son chien. Le maître, la maîtresse de maison. Parler en maître* (syn. DIRIGEANT). *S'installer en maître dans un pays* (syn. DOMINATEUR). [→ MAGISTRAL.] — **2.** Personne qui possède un bien et en dispose (vieilli) : *Le maître d'un domaine* (syn. POSSESSEUR). *La maîtresse d'une ferme* (syn. PROPRIÉTAIRE). — **3.** *Coup de maître,* action remarquablement réussie. ‖ *Être, rester maître, maîtresse de soi,* avoir, garder la maîtrise de soi, de ses sentiments : *Elle est restée maîtresse d'elle-même* (= elle a gardé son sang-froid; syn. SE DOMINER). ‖ *Être maître de qqch,* en disposer librement : *Elle est maîtresse de son temps, de ses loisirs, de son destin. Être maître de son sujet* (= le dominer). *Rester maître de la situation.* ‖ *Être maître de* (+ *inf.*), être libre de, pouvoir librement : *Vous êtes maître de refuser.* ‖ *Être maître à telle couleur,* aux cartes, avoir les cartes les plus importantes dans cette couleur. ‖ *Être maître dans qqch,* avoir une compétence incontestée dans qqch. ‖ *Être son (propre) maître,* ne dépendre de personne. ‖ *Passer maître dans qqch,* y être fort habile. ‖ *Se rendre maître de qqn,* s'en emparer, le maîtriser; *de qqch,* l'occuper, le maîtriser : *Se rendre maître d'un pays, d'un incendie.* ‖ *Trouver son maître,* rencontrer qqn qui vous est supérieur. — **4.** Personne qui enseigne, éduque : *Une maîtresse d'école, un maître d'école* (= professeurs d'écoles primaires; syn. INSTITUTRICE, INSTITUTEUR). *Donner un maître à ses enfants* (syn. PRÉCEPTEUR). *Le maître interroge l'élève* (syn. PROFESSEUR). *Une maîtresse de piano, de français. Un maître, une maîtresse d'internat* (= chargés de la surveillance d'un internat). ◆ adj. **1.** Le plus important, le principal, essentiel : *L'idée maîtresse de son exposé. La poutre maîtresse. La branche maîtresse de l'arbre. Jouer ses cartes maîtresses* (= les plus fortes dans la couleur). *Abattre un atout maître* (= carte d'atout la plus forte). — **2.** *Une maîtresse femme,* une femme énergique, volontaire, qui sait commander. ‖ *Un maître fripon, un maître filou,* un homme devenu très habile dans le vol, l'escroquerie. (→ MAGISTRAL.)

maître-autel [mɛtrotɛl] n. m. (pl. *maîtres-autels*). Autel principal d'une église.

maîtresse [mɛtrɛs] n. f. (masc. *amant*). Femme qui a des relations sexuelles avec un homme qui n'est pas son mari.

maîtrisable [mɛtrizabl] adj. Qu'on peut maîtriser (dans des phrases négatives) : *La douleur n'est pas facilement maîtrisable.*

1. maîtrise [mɛtriz] n. f. **1.** *Maîtrise (de soi),* qualité de celui qui a du sang-froid, qui se domine : *Retrouver la maîtrise de soi. Perdre sa maîtrise* (syn. CALME). — **2.** Possession de qqch dont on dispose librement : *Les physiciens ont la maîtrise de l'atome. Avoir la maîtrise des mers, de l'air* (syn. DOMINATION, EMPIRE, PRÉPONDÉRANCE). — **3.** Perfection, sûreté dans la technique : *Opération exécutée avec maîtrise* (syn. ↓ HABILETÉ). *Faire preuve d'une maîtrise exceptionnelle* (syn. VIRTUOSITÉ).

2. maîtrise [mɛtriz] n. f. **1.** Grade universitaire sanctionnant le second cycle de l'enseignement supérieur. — **2.** Ensemble des contremaîtres et des chefs d'équipe d'une entreprise. — **3.** Ensemble des chanteurs d'une église : *La maîtrise paroissiale.* — **4.** *Agent de maîtrise,* employé qui surveille et dirige l'exécution des travaux effectués par les ouvriers.

maîtriser [mɛtrize] v. t. **1.** *Maîtriser qqn, un animal,* les soumettre, les contenir par la force : *Maîtriser un cheval sauvage* (syn. DOMPTER). *Les agents maîtrisèrent le forcené* (= le réduisirent à l'impuissance). — **2.** *Maîtriser une réaction, un sentiment,* les dominer : *Maîtriser son émotion* (syn. RÉPRIMER). *Maîtriser sa colère* (syn. CONTENIR, SURMONTER). *Maîtriser un geste d'énervement* (syn. RETENIR). ◆ ***se maîtriser*** v. pr. Se dominer, se rendre maître de son émotion : *Ne pleurez pas, maîtrisez-vous* (contr. S'ABANDONNER).

majesté [maʒɛste] n. f. (lat. *majestas*). **1.** Caractère de grandeur, de dignité, de souveraineté qui impose le respect : *La majesté solennelle des juges de la cour.* — **2.** Caractère extérieur de noblesse, de beauté admirable : *La majesté du palais du Louvre. Son visage est empreint d'une grande majesté* (contr. VULGARITÉ). — **3.** Titre qu'on donne aux souverains héréditaires (avec majusc.; abrév. *S. M.*) : *Sa Majesté la reine d'Angleterre.*

majestueusement [maʒɛstɥøzmɑ̃] adv. De façon majestueuse : *Le cortège s'avançait majestueusement vers l'estrade.*

majestueux, euse [maʒɛstɥø] adj. (avant ou après le n.) **1.** Qui a de la grandeur, de la dignité : *Un majesteux vieillard présidait l'assemblée* (syn. SOLENNEL). *Démarche majestueuse* (syn. GRAVE, NOBLE; contr. QUELCONQUE, VULGAIRE). — **2.** D'une beauté grandiose et admirable : *La façade majestueuse de la cathédrale de Chartres* (syn. MONUMENTAL).

majeur, e [maʒœr] adj. (lat. *major,* plus grand). **1.** Qui l'emporte sur tous les autres; important : *Avoir un empêchement majeur. Un cas de force majeure* (= situation, événement qui empêche de faire qqch et dont on n'est pas responsable). *L'intérêt majeur du pays nous commande d'agir ainsi. C'est une raison majeure pour refuser le projet* (syn. CAPITAL, ESSENTIEL). — **2.** *En majeure partie,* pour la plus grande partie. ‖ *La majeure partie,* la plus grande quantité, le plus grand nombre. — **3.** Se dit d'un accord, d'une gamme, d'un intervalle et d'un mode dont la tierce se compose de deux tons (mus.). ◆ adj. et n. **1.** Se dit de qqn qui a atteint l'âge de la majorité (dix-huit ans en France) : *Il est majeur maintenant. Une fille majeure* (contr. MINEUR). — **2.** Qui sait se diriger lui-même : *Un peuple majeur.* ◆ ***majeur*** n. m. Le troisième et le plus grand des doigts de la main (syn. MÉDIUS).

major [maʒɔr] n. m. (du lat. *major,* plus grand). **1.** Médecin militaire (vieilli). — **2.** Premier d'une promotion, dans une grande école; candidat reçu premier à un concours.

majoration [maʒɔrasjɔ̃] n. f. Action de majorer : *Majoration du prix des transports* (syn. AUGMENTATION ; contr. DIMINUTION). *Majoration des frais, d'une taxe* (syn. HAUSSE ; contr. BAISSE).

majordome [maʒɔrdɔm] n. m. (it. *maggiordomo;* du lat. *major domus,* chef de la maison). Chef des domestiques d'une grande maison.

majorer [maʒɔre] v. t. (du lat. *major,* plus grand). *Majorer qqch,* augmenter le prix d'une marchandise, le montant d'un salaire, l'estimation d'un objet; porter à un chiffre plus élevé : *Les commerçants ont majoré leurs prix* (syn. AUGMENTER ; contr. BAISSER). *Majorer les salaires* (syn. RELEVER).

majorette [maʒɔrɛt] n. f. (mot amér.). Jeune fille en uniforme qui participe à des défilés, des fêtes.

majoritaire [maʒɔritɛr] adj. Qui appartient à la majorité : *Un gouvernement majoritaire* (= qui s'appuie sur une majorité à l'Assemblée; contr. MINORITAIRE). ◆ adj. et n. **1.** Qui fait partie de la majorité politique. — **2.** Qui s'appuie sur une majorité : *Un groupe financier majoritaire dans une société.*

majorité [maʒɔrite] n. f. (de *majeur*). **1.** Le plus grand nombre, la plus grande partie : *La majorité des personnes interrogées n'avait rien vu. Nous sommes en majorité hostiles à cette opinion. Dans la majorité des cas* (= la plus grande partie). — **2.** Groupement de voix qui, dans un vote, donne à une personne, à un parti ou au gouvernement la supériorité par le nombre des suffrages obtenus : *Obtenir la majorité à l'Assemblée nationale. La majorité absolue* (= la moitié plus un des suffrages exprimés). *La majorité relative* (= qui groupe plus de voix que chacun des autres concurrents, mais sans atteindre la majorité absolue). — **3.** Ensemble de ceux qui, dans une assemblée, représentent le plus grand nombre : *La majorité soutient le gouvernement* (contr. OPPOSITION). *Les députés de la majorité* (contr. MINORITÉ). — **4.** Âge à partir duquel on est légalement responsable de ses actes (en France, dix-huit ans).

majuscule [maʒyskyl] n. f. et adj. (du lat. *majusculus,* un peu plus grand). Lettre plus grande que les autres et de forme différente, qu'on met aux noms propres, au premier mot d'une phrase, au début des vers, etc. (syn. CAPITALE ; contr. MINUSCULE).

maki [maki] n. m. (mot malgache). Mammifère de Madagascar, à museau allongé et à longue queue couverte d'une fourrure épaisse, de mœurs arboricoles et nocturnes.

1. mal [mal] n. m. (lat. *malum*) [pl. *maux*]. **1.** Ce qui cause une souffrance, une douleur physique : *Se faire du mal en tombant. Il y a plus de peur que de mal. « Vous n'avez rien ? — Non, il n'y a pas de mal. » Faire du mal à quelqu'un, à un animal* (= agir brutalement à leur égard). *Elle ne ferait pas de mal à une mouche* (= elle est tout à fait pacifique ou inoffensive); sans art. dans des express. : *Avoir mal à la tête, à l'estomac, à la gorge* (= souffrir de). *Avoir mal au cœur* (= avoir envie de vomir). *Faire mal à quelqu'un* (= lui causer une douleur physique). *Se faire mal* (= se blesser); avec un compl. de n. : *Mal, maux de cœur* (= nausée). *Mal, maux de dents. Avoir des maux d'estomac, de rein. Souffrir de maux de tête* (syn. MIGRAINE). *Mal de mer, de l'air* (= malaise causé par les oscillations d'un bateau, d'un avion). — **2.** Maladie : *Le mal s'est aggravé.* ‖ *Mal blanc,* nom usuel du PANARIS. ‖ *Prendre (du) mal,* tomber malade. — **3.** Dégâts matériels : *Il y a eu une vitre cassée, mais le moteur n'a pas de mal.* ‖ *Mettre qqch à mal,* l'abîmer. — **4.** Ce qui exige de l'effort, de la peine : *J'ai du mal à travailler le soir* (contr. FACILITÉ). *Ils se donnent du mal pour payer les études de leurs enfants. Traduire sans trop de mal une lettre écrite en allemand* (syn. DIFFICULTÉ). — **5.** Ce qui cause une douleur morale, de la peine : *Le mal est fait. Je ne veux de mal à personne. Supporter des maux cruels* (syn. ÉPREUVE). *Sa jalousie est la cause de tous ses maux* (syn. MALHEUR ; contr. BONHEUR). ‖ *Avoir le mal du pays,* avoir très envie de revoir son pays (syn. NOSTALGIE). ‖ *Ça me fait mal (au cœur, au ventre) de* (+ *inf.*), ça m'inspire de la peine, du regret ou du dégoût. ‖ *Faire du mal, faire mal à qqn,* se conduire méchamment à son égard (sujet qqn); le faire souffrir (sujet qqch) : *Tes critiques lui ont fait du mal.* ‖ *Le mal du siècle,* attitude pessimiste, inquiétude propre à une génération. — **6.** Ce qui est contraire à la morale, au bien : *Faire le mal pour le mal. Penser du mal d'un voisin. Je ne vois aucun mal à cela. Penser, songer à mal* (= avoir de mauvaises pensées, des intentions malhonnêtes). ‖ *Dire du mal de qqn,* le calomnier (syn. MÉDIRE DE). ‖ *Vouloir du mal à qqn,* chercher à lui nuire. — **7.** (sujet qqn) *Être en mal de qqch,* souffrir de son absence : *Journaliste en mal de copie, d'inspiration.* ‖ (sujet qqch) *Ne pas faire de mal à qqn,* lui être bénéfique physiquement ou moralement : *Bois un coup, ça ne te fera pas de mal. L'internat ne lui fera pas de mal.* ◆ adj. inv. *C'est mal de* (+ *inf.*), c'est contraire à la morale. ‖ Fam. *Être pas mal,* être bien de sa personne.

2. mal [mal] adv. (lat. *male*). **1.** D'une façon mauvaise : *Écrire, s'exprimer mal. Un travail mal fait. Un mariage mal assorti. Les affaires vont mal. La situation tourne mal. Ça va mal. La porte ferme mal* (= imparfaitement). *Ce chapeau lui va mal* (= ne lui convient pas). *Le moment est mal choisi* (= inopportun). *Être mal fichu* (fam.). *Être mal en point* (= dans une mauvaise situation; malade) *Être très mal, au plus mal* (= très malade). *Son échec s'explique mal* (= difficilement). *Il est au plus mal avec ses collègues* (= est brouillé). *Être mal nourri* (contr. BIEN). *Le moteur fonctionne mal. Agir mal* (= contrairement à la morale). *Ce voyou finira mal.* — **2.** Fam. *Pas mal,* équivaut à un adv. de quantité (souvent sans *ne*) : *Il y avait pas mal de badauds* (syn. BEAUCOUP). *Elle en sait pas mal sur ton compte. J'ai déjà vu pas mal de choses. « Ça va ? — Pas mal »* (= assez bien). ‖ *De mal en pis,* de plus en plus mal : *La situation va de mal en pis.*

malade [malad] adj. (lat. *male habitus,* mal disposé). **1.** Se dit d'un être vivant dont l'organisme, les fonctions souffrent de troubles, qui a subi une altération dans sa santé : *Être gravement malade* (syn. ↓SOUFFRANT). *Tomber malade. Elle s'est rendue malade en mangeant trop. Avoir l'air malade* (syn. ↓INDISPOSÉ ; contr. BIEN PORTANT, DISPOS). *Ma plante est malade, ses feuilles jaunissent. Le vétérinaire soigne les animaux malades.* — **2.** Troublé, altéré dans ses fonctions : *Avoir le foie malade.* — **3.** Dont le fonctionnement est déréglé, dont l'état a subi un grave dérangement : *L'entreprise est bien malade; elle ne peut faire face à ses échéances.* — **4.** *Malade de* (+ *n.*), dont le mal réside dans : *Il est malade du cœur;* dans un état moral voisin de la maladie : *Elle est malade d'inquiétude* (syn. ↑FOU). ◆ n. Personne malade : *Une grande malade. Un malade mental.*

maladie [maladi] n. f. **1.** Altération, trouble, dérangement de l'organisme humain, des organes ou des fonctions propres aux animaux, aux végétaux : *Soigner, gué-*

rir une maladie. Les maladies professionnelles (= contractées dans l'exercice d'une profession). *Les maladies mentales.* — **2.** Trouble dans la manière de se conduire, dans l'état d'esprit : *La maladie de la vitesse* (syn. PASSION, MANIE). *C'est une maladie chez elle de s'occuper des affaires des autres.* — **3.** Fam. *En faire une maladie,* être très contrarié de qqch.

maladif, ive [maladif] adj. **1.** Sujet à être malade : *Un enfant maladif* (syn. MALINGRE; contr. ROBUSTE). — **2.** Qui manifeste une constitution fragile, un état de maladie : *La pâleur maladive de son visage.* — **3.** Qui dénote un trouble mental, un comportement malsain : *Une curiosité maladive* (syn. ↑MORBIDE). *Le besoin maladif de persécuter son entourage.*

maladresse [maladrɛs] n. f. **1.** Manque d'adresse : *Casser un vase par maladresse. Il manque de délicatesse; sa maladresse lui a fait beaucoup de tort* (syn. GAUCHERIE). — **2.** Action, parole maladroite : *Il accumule les maladresses* (syn. BÉVUE; fam. GAFFE). *Commettre une maladresse* (syn. ↑ERREUR).

maladroit, e [maladrwa] adj. et n. Qui manque d'adresse : *Un maladroit qui renverse un verre* (syn. fam. EMPOTÉ). *Un architecte maladroit qui a mal conçu le plan de la maison* (syn. ↑INCAPABLE). *Être maladroit dans sa conduite avec les autres* (syn. MALAVISÉ). *Un mot maladroit a éveillé sa susceptibilité* (syn. INCONSIDÉRÉ, MALHEUREUX).

maladroitement [maladrwatmɑ̃] adv. De façon maladroite : *Une lettre maladroitement rédigée* (syn. GAUCHEMENT).

malais, e [malɛ] adj. et n. De Malaisie.

malaise [malɛz] n. m. (de *mal* et *aise*). **1.** Sensation pénible d'un trouble de l'organisme, provoquée en particulier par les affections du cœur : *Éprouver, avoir un malaise* (syn. VERTIGE, INDISPOSITION). — **2.** Sentiment pénible et mal défini : *Un malaise inexplicable grandissait en lui* (syn. TROUBLE, ↑ INQUIÉTUDE). — **3.** Début de crise, de troubles économiques, politiques : *Le malaise général du monde des affaires. Le malaise politique.*

malaisé, e [malɛze] adj. Qui n'est pas facile à faire; qui présente des difficultés : *C'est une tâche malaisée que de finir ce travail en si peu de temps* (syn. ARDU). *Il est malaisé de le faire revenir sur sa décision* (syn. DIFFICILE). *Un chemin rocailleux, malaisé* (syn. PÉNIBLE).

malaisément [malɛzemɑ̃] adv. Avec difficulté : *Accepter malaisément de renoncer à un avantage* (contr. FACILEMENT).

malappris, e [malapri] adj. et n. Qui a reçu une mauvaise éducation : *Un garçon malappris* (syn. IMPOLI, MAL ÉLEVÉ). *Espèce de malappris! faites donc attention.*

malaria [malarja] n. f. (it. *mala aria,* mauvais air). Syn. anc. de PALUDISME.

malaxage [malaksaʒ] n. m. Action de malaxer (syn. MIXAGE).

malaxer [malakse] v. t. (lat. *malaxare,* amollir). *Malaxer une substance,* la pétrir de façon à la rendre plus molle ou pour la mêler à une autre : *Malaxer du beurre, de la farine et des jaunes d'œufs* (syn. TRITURER).

malaxeur [malaksœr] n. m. Appareil servant à malaxer.

malchance [malʃɑ̃s] n. f. **1.** Circonstance malheureuse ayant abouti à un échec : *Une série de malchances* (syn. fam. TUILE). *Par malchance, elle a tout entendu* (contr. fam. VEINE). — **2.** Mauvaise chance persistante : *Jouer de malchance* (syn. MALHEUR). *Avoir de la malchance* (syn. fam. DÉVEINE; pop. GUIGNE, POISSE). *Être victime de la malchance* (syn. ADVERSITÉ).

malchanceux, euse [malʃɑ̃sø] adj. et n. Qui a de la malchance : *Un malchanceux qui a raté son existence.*

malcommode [malkɔmɔd] adj. Se dit de ce qui n'est pas commode : *Cette armoire trop haute est très malcommode. Un horaire de trains malcommode* (= mal adapté).

maldonne [maldɔn] n. f. **1.** Mauvaise distribution des cartes. — **2.** Fam. *Il y a maldonne,* ce n'était pas prévu ainsi; il y a un malentendu, il faut revenir au point de départ.

mâle [mɑl] adj. (lat. *masculus*). **1.** Qui appartient, qui est propre au sexe fécondant : *Gamète mâle. Une perdrix mâle* (contr. FEMELLE). — **2.** Qui est du sexe masculin : *Un enfant mâle.* — **3.** (avant ou après le n.) Qui annonce de la force, de l'énergie : *Une voix mâle* (syn. GRAVE). *La mâle beauté d'un visage* (contr. EFFÉMINÉ). *Une mâle assurance* (syn. VIRIL). — **4.** Se dit d'une partie d'un instrument, d'un organe qui entre dans un autre : *Prise mâle* (contr. FEMELLE). ◆ n. m. **1.** Animal ou végétal qui ne porte que les organes du sexe mâle. — **2.** L'homme, par oppos. à la femme : *Maladie transmise par les mâles.*

malédiction [malediksjɔ̃] n. f. **1.** Action de maudire, d'appeler sur qqn le malheur; paroles par lesquelles on souhaite du mal à qqn (soutenu) : *La malédiction paternelle. Poursuivi dans l'escalier par les malédictions de la concierge* (syn. INJURE, IMPRÉCATION). — **2.** Malheur fatal qui semble s'abattre sur qqn, sur qqch : *La malédiction semble peser sur ce navire, trois fois atteint par l'incendie;* comme interj. : *Malédiction! j'ai oublié de fermer le gaz.*

maléfice [malefis] n. m. (lat. *maleficium,* méfait). Sortilège qui vise à nuire à qqn, à des animaux; mauvais sort qu'on peut jeter sur eux : *Elle portait au doigt une émeraude qui, disait-elle, écarte les maléfices.*

maléfique [malefik] adj. Se dit de qqch doué d'une influence surnaturelle et mauvaise : *Exercer un pouvoir maléfique.*

malencontreusement [malɑ̃kɔ̃trøzmɑ̃] adv. De façon malencontreuse.

malencontreux, euse [malɑ̃kɔ̃trø] adj. (de *mal* et anc. fr. *encontre,* rencontre). Qui cause de l'ennui en survenant mal à propos : *Une panne malencontreuse m'a mis en retard* (syn. FÂCHEUX). *Faire une allusion malencontreuse au cours d'une conversation* (syn. MALHEUREUX; contr. OPPORTUN).

mal-en-point ou **mal en point** [malɑ̃pwɛ̃] adj. inv. En mauvais état de santé, de fortune, de situation : *Un blessé bien mal-en-point.*

malentendant, e [malɑ̃tɑ̃dɑ̃] adj. et n. Atteint d'un certain degré de surdité.

malentendu [malɑ̃tɑ̃dy] n. m. Divergence d'interprétation sur le sens d'une action, d'une parole, entraînant un désaccord, une mésentente, une contestation : *Faire cesser, dissiper un malentendu* (syn. QUIPROQUO). *Cette querelle repose sur un malentendu* (syn. MÉPRISE, ERREUR).

malfaçon [malfasɔ̃] n. f. Défaut, défectuosité dans un ouvrage, imputable à la négligence ou au désir de nuire.

malfaisance [malfəzɑ̃s] n. f. Comportement nuisible.

malfaisant, e [malfəzɑ̃] adj. Qui fait, qui cause du mal : *Un être malfaisant* (= qui cherche à nuire). *Avoir une influence malfaisante* (syn. PERNICIEUX; contr. BIENFAISANT). *Une bête malfaisante* (syn. NUISIBLE).

malfaiteur [malfɛtœr] n. m. (lat. *malefactor,* qui agit mal). Personne qui a commis des vols, des crimes : *On a arrêté un dangereux malfaiteur* (syn. BANDIT). *La police recherche les malfaiteurs* (syn. VOLEUR).

malfamé, e ou **mal famé, e** [malfame] adj. (de *mal* et lat. *fama,* renommée). *Maison, rue, hôtel, etc.,* *mal famés,* fréquentés par des individus louches, qui ont mauvaise réputation.

malformation [malfɔrmasjɔ̃] n. f. Vice de conformation apparu dès la naissance.

malfrat [malfra] n. m. (du languedocien *malfar,* malfaire). *Arg.* Malfaiteur, truand.

malgache [malgaʃ] adj. et n. De Madagascar.

malgré [malgre] prép. (de *mal,* mauvais, et *gré*). Indique une opposition : *Elle s'est mariée malgré ses parents* (syn. CONTRE). *Il y est arrivé presque malgré lui* (= involontairement). *Il y a consenti malgré soi* (= à contrecœur). *Je continue malgré les critiques malveillantes* (syn. EN DÉPIT DE). *Malgré les ordres reçus* (syn. AU MÉPRIS DE). ‖ *Malgré tout,* en dépit des obstacles qui se présentent : *Il faut malgré tout que je réussisse à cet examen;* par oppos. avec ce qui précède : *Elle suivait un entraînement fantaisiste, mais c'était malgré tout une grande championne;* par oppos. à ce qu'on pense d'habitude : *Je connais votre duplicité et, malgré tout, je me suis laissé prendre.* ◆ ***malgré que*** conj. Suivi du subj., indique une opposition : *Malgré que cela ne puisse vous servir à rien, je veux bien vous le prêter* (syn. BIEN QUE, ENCORE QUE [soutenu]; QUOIQUE [usuel]). — L'emploi de *malgré que* est restreint par quelques grammairiens au verbe *avoir* dans la subordonnée, cela afin de respecter l'origine de *que* (*malgré qu'on en ait* = en dépit de l'opposition qu'on manifeste) : *Il faut se plier à une certaine discipline, malgré qu'on en ait.*

malhabile [malabil] adj. Qui manque d'adresse : *L'enfant s'efforçait avec ses doigts malhabiles de saisir le verre* (syn. MALADROIT).

malheur [malœr] n. m. (de *mal* et *heur,* chance). **1.** Événement pénible, douloureux, ou simplement regrettable, qui affecte qqn : *Il lui est arrivé un grand malheur : elle a perdu son enfant* (syn. DEUIL, PERTE). *Les malheurs m'assaillent* (syn. ÉPREUVE, COUP DU SORT, REVERS). *Un malheur arrive si vite!* (syn. ACCIDENT). *Un affreux malheur se prépare* (syn. CATASTROPHE, CALAMITÉ). *Cette rencontre fut le malheur de sa vie* (contr. BONHEUR). *Le maheur, c'est que je n'ai pas sur moi son adresse* (syn. ENNUI, INCONVÉNIENT). — **2.** Sort pénible, douloureux, funeste qui est celui de qqn : *Il fait le malheur de toute sa famille* (syn. CHAGRIN). *Montrer du courage dans le malheur* (syn. ADVERSITÉ). *Faire l'expérience du malheur* (syn. INFORTUNE). *Être frappé par le malheur* (syn. ↓MALCHANCE). — **3.** Fam. *Faire un malheur,* se montrer violent (sujet qqn); remporter un grand succès (sujet qqch, qqn). ‖ *Malheur!,* exprime le désespoir, la surprise peinée. ‖ *Malheur à* (+ *n. de personne*), interj. par laquelle on souhaite qu'il arrive un malheur à qqn. ‖ *Oiseau de malheur,* personne qui porte malheur. ‖ *Par malheur,* par un effet de la malchance.

malheureusement [malørøzmɑ̃] adv. De façon malheureuse : *Je ne pourrai malheureusement pas venir* (syn. PAR MALHEUR). *Vous êtes arrivé bien malheureusement à la fin* (syn. MALENCONTREUSEMENT).

malheureux, euse [malørø] adj. et n. **1.** (le plus souvent après le n.) Qui se trouve dans une situation douloureuse; victime d'un malheur; qui est dans l'ennui : *Il la rend très malheureuse* (contr. HEUREUX). *Une famille malheureuse* (syn. MISÉRABLE, ↑PITOYABLE). *Je suis malheureux de ne pouvoir lui venir en aide* (syn. PEINÉ). *Les malheureux sinistrés du tremblement de terre* (syn. INFORTUNÉ). *Secourir les malheureux* (syn. PAUVRE, INDIGENT, MISÉREUX). *Elle est malheureuse comme les pierres* (= très malheureuse). — **2.** (avant le n.) Qui inspire un sentiment de mépris mêlé de pitié : *Un malheureux qui passe sa vie à envier le sort des autres* (syn. MISÉRABLE). *Ce n'est qu'un malheureux ivrogne* (syn. PAUVRE). — **3.** *Malheureux!,* exclamation adressée à qqn pour le mettre en garde ou pour déplorer sa conduite. ◆ adj. **1.** (après le n.) Qui exprime ou est marqué par le malheur; qui en est victime : *Prendre un air malheureux* (syn. TRISTE, ↑LAMENTABLE). *Mener une existence malheureuse* (syn. DUR, PÉNIBLE). *La situation malheureuse dans laquelle se trouve cette famille* (syn. ↑PITOYABLE). — **2.** (avant ou après le n.) Dont les conséquences entraînent le malheur : *Une entreprise malheureuse* (syn. DÉSASTREUX, ↑FUNESTE; contr. AVANTAGEUX). *Geste malheureux* (syn. FÂCHEUX, DÉPLORABLE). *Mot malheureux* (syn. MALENCONTREUX; contr. HEUREUX). — **3.** (après le n.) Qui manque de chance, à qui la réussite fait défaut : *Être malheureux au jeu* (syn. MALCHANCEUX). *Il est malheureux que vous ne l'ayez pas rencontré* (syn. REGRETTABLE). *Avoir une initiative malheureuse* (contr. ADROIT, HABILE). — **4.** (avant le n.) Sans importance, sans valeur : *Se mettre en colère pour une malheureuse petite erreur?* (syn. INSIGNIFIANT; contr. GROS).

malhonnête [malɔnɛt] adj. Qui n'a ni probité ni honneur : *Un associé malhonnête* (syn. INDÉLICAT). *Un joueur malhonnête. Un livre intellectuellement malhonnête* (= non conforme à la vérité). *Il est malhonnête de se conduire ainsi* (syn. IMPOLI, INDÉCENT).

malhonnêtement [malɔnɛtmɑ̃] adv. De façon malhonnête : *Agir malhonnêtement avec ses collaborateurs.*

malhonnêteté [malɔnɛtte] n. f. Manque de probité : *Frauder témoigne d'une grande malhonnêté. La malhonnêteté de ses intentions* (syn. DÉLOYAUTÉ).

malice [malis] n. f. (lat. *malitia,* méchanceté). **1.** Attitude d'esprit consistant à s'amuser ironiquement aux dépens d'autrui; penchant à jouer des tours à qqn; parole ou action reflétant cet état d'esprit : *Sa réponse était pleine de malice* (syn. MOQUERIE). *Il y eut dans ses yeux un éclair de malice. Une malice bien innocente!* (syn. PLAISANTERIE, FARCE). — **2.** *Par malice,* par méchanceté, par désir de nuire : *Rapporter un incident par pure malice.*

malicieusement [malisjøzmɑ̃] adv. De façon malicieuse.

malicieux, euse [malisjø] adj. Qui a de la malice : *Enfant malicieux* (syn. ESPIÈGLE). *Réflexion malicieuse* (syn. NARQUOIS, SPIRITUEL). *Regard malicieux* (syn. IRONIQUE, RAILLEUR).

malien, enne [maljɛ̃] adj. et n. Du Mali.

malignité [maliɲite] n. f. **1.** Caractère de celui qui cherche à nuire bassement (soutenu) : *Dénonciation faite par malignité* (syn. BASSESSE). *Être en butte à la malignité publique* (syn. MÉCHANCETÉ, MALVEILLANCE). — **2.** *La malignité d'une tumeur,* son caractère dangereux, mortel.

malin, igne [malɛ̃] adj. et n. (lat. *malignus,* méchant). Qui a de la finesse d'esprit, de la ruse, et qui s'en sert pour se tirer d'embarras ou se moquer (le fém. en ce sens est parfois *maline*) : *Une fille maligne et débrouillarde* (syn. ASTUCIEUX, DÉLURÉ). *Il ne faut pas jouer avec moi au plus malin* (syn. fam. FUTÉ). *Elle n'est pas très maligne* (syn. INTELLIGENT, FINAUD). *Il a fait le malin et s'est fait berner* (= il a voulu montrer son esprit). ◆ adj. **1.** (après le n.) Qui manifeste ou demande de la finesse, de l'intelligence : *Elle a toujours sur les lèvres un sourire malin* (syn. SPIRITUEL). ‖ Fam. *Ce n'est pas malin,* ce n'est pas difficile à faire ou à comprendre (syn. COMPLIQUÉ). ‖ Fam. *C'est malin!,* c'est stupide. — **2.** (avant le n.) Qui montre de la méchanceté : *Tu éprouves un malin plaisir à relever toutes mes erreurs* (syn. MÉCHANT). — **3.** *Influence maligne,* pernicieuse, dangereuse. ‖ *Tumeur maligne,* susceptible de provoquer la mort en se généralisant.

malingre [malɛ̃gr] adj. (de *mal* et anc. fr. *haingre,* décharné). De constitution délicate, fragile : *Enfant malingre* (syn. CHÉTIF, FRÊLE ; contr. ROBUSTE).

malle [mal] n. f. (frq. *malha*). **1.** Coffre en bois, en osier, etc., où on enferme les objets et les vêtements qu'on emporte en voyage : *Défaire ses malles.* — **2.** *Malle arrière,* coffre d'une voiture.

malléabilité [maleabilite] n. f. Qualité de qqch, de qqn de malléable.

malléable [maleabl] adj. (lat. *malleatus,* battu au marteau). **1.** Se dit d'un métal qui peut être réduit en lamelles minces ou de toute matière qui se laisse travailler, modeler : *L'argile est malléable.* — **2.** Qui se laisse facilement diriger, influencer : *Caractère malléable* (syn. DOCILE, INFLUENÇABLE, MANIABLE).

mallette [malɛt] n. f. (de *malle*). Petite valise rigide.

malmener [malməne] v. t. (c. 9). **1.** *Malmener qqn,* le traiter avec dureté, violence, sans douceur, en actions ou en paroles : *La foule malmena les manifestants* (syn. BRUTALISER). *La vedette de la pièce fut malmenée par la critique* (syn. fam. ÉREINTER, ESQUINTER). — **2.** *Malmener qqn,* lui faire subir un échec, le battre durement : *Le champion malmena son adversaire dès le premier round.*

malnutrition [malnytrisjɔ̃] n. f. Mauvaise adaptation de l'alimentation aux conditions de vie d'un individu ; déséquilibre alimentaire en général.

malodorant, e [malɔdɔrɑ̃] adj. Qui a une mauvaise odeur (soutenu) : *Des vapeurs malodorantes* (syn. FÉTIDE).

malotru, e [malɔtry] n. (du lat. *male astrucus,* né sous une mauvaise étoile). Individu mal élevé, grossier dans ses propos et dans ses attitudes : *Un malotru m'a bousculé pour monter le premier dans l'autobus* (syn. GOUJAT, MUFLE).

malpoli, e [malpɔli] adj. et n. Mal élevé, grossier.

malpropre [malprɔpr] adj. **1.** Contr. de PROPRE : *Torchon malpropre* (syn. SALE). *Enfant malpropre. Chambre d'hôtel malpropre. Travail malpropre* (= mal fait). — **2.** Qui n'est pas conforme à l'honnêteté, à la décence, à la délicatesse : *Un individu malpropre* (syn. MALHONNÊTE). *Refuser d'entrer dans des combinaisons malpropres. Raconter des histoires malpropres* (syn. INCONVENANT). *Un mot malpropre* (syn. GROSSIER).

malproprement [malprɔprəmɑ̃] adv. De manière malpropre : *Manger malproprement.*

malpropreté [malprɔprəte] n. f. **1.** Défaut de propreté : *La malpropreté de ses vêtements.* — **2.** Malhonnêteté : *En l'évinçant, il a commis une malpropreté* (syn. soutenu ↓ INDÉLICATESSE).

malsain, e [malsɛ̃] adj. **1.** Qui nuit à la santé physique : *Climat malsain. Logement malsain* (syn. INSALUBRE). *Métier malsain* (= dangereux pour la santé). *Les eaux malsaines du fleuve en aval de Paris* (syn. IMPUR). — **2.** Qui nuit à la santé morale : *Des doctrines malsaines* (syn. ↑ IMMORAL). *Excercer une influence malsaine* (syn. FUNESTE). *Une curiosité malsaine* (syn. ↑ MORBIDE).

malséant, e [malseɑ̃] adj. (de *mal* et *séant,* convenable). Contraire à la politesse, aux bonnes mœurs, à la pudeur (soutenu) : *Des propos malséants* (syn. INCONVENANT, GROSSIER). *Il est malséant de laisser cette femme debout ; cédez-lui votre place* (syn. CHOQUANT, INCORRECT).

malsonnant, e [malsɔnɑ̃] adj. Contraire aux convenances, à la pudeur (soutenu) : *Des qualificatifs malsonnants* (syn. GROSSIER).

malt [malt] n. m. (mot angl.). Orge germée, séchée et réduite en farine pour faire de la bière.

maltais, e [maltɛ] adj. et n. De Malte.

malthusianisme [maltyzjanism] n. m. (du n. de l'économiste angl. *Malthus*). **1.** Restriction volontaire des naissances. — **2.** Limitation volontaire de l'expansion économique.

malthusien, enne [maltyzjɛ̃] adj. et n. Qui relève du malthusianisme : *Politique malthusienne.*

maltraiter [maltrɛte] v. t. *Maltraiter un être vivant* (ou ses œuvres), le traiter avec violence, dureté, sévérité ; lui faire subir de mauvais traitements : *Maltraiter un enfant* (syn. BRUTALISER, MALMENER). *Maltraiter un chien* (syn. FRAPPER). *La pièce a été fort maltraitée par les critiques* (syn. fam. ÉREINTER).

malus [malys] n. m. (mot lat. signif. *mauvais*). Majoration d'un tarif d'assurance effectuée vis-à-vis de certains clients en fonction de leurs sinistres (contr. BONUS).

malveillance [malvɛjɑ̃s] n. f. **1.** Disposition d'esprit de celui qui est malveillant : *Regarder avec malveillance* (syn. ANIMOSITÉ). — **2.** Intention de nuire : *Accident dû à la malveillance.*

malveillant, e [malvɛjɑ̃] adj. et n. (de *mal* et *vueillant,* anc. part. présent de *vouloir*). **1.** Porté à vouloir, à souhaiter du mal à autrui : *Une voisine malveillante avait répandu sur lui des calomnies* (syn. MÉDISANT). — **2.** Inspiré par des intentions hostiles : *Tenir des propos malveillants à l'égard de quelqu'un* (syn. DÉSOBLIGEANT).

malvenu, e [malvəny] adj. Litt. *Être malvenu de, à* (+ *inf.*), être peu qualifié pour : *Vous êtes malvenu de juger les autres.*

malversation [malvɛrsasjɔ̃] n. f. (du lat. *male versari,* se comporter mal). Détournement d'argent, de fonds, commis par un employé dans l'exercice de sa charge : *Une caissière coupable de malversations.*

malvoyant, e [malvwajɑ̃] adj. et n. Atteint d'un certain degré de cécité.

maman [mamɑ̃] n. f. (lat. *mamma*). Nom donné à la mère par les enfants et par ceux qui leur parlent.

mamelle [mamɛl] n. f. (lat. *mamma*). Organe qui, chez les mammifères femelles, sécrète le lait.

mamelon [mamlɔ̃] n. m. **1.** Bout de la mamelle. — **2.** Petite colline de forme arrondie.

mamelonné, e [mamlɔne] adj. Qui présente des proéminences : *Paysage mamelonné* (syn. ACCIDENTÉ).

mammaire [mamɛr] adj. Relatif aux mamelles : *Glandes mammaires.*

mammifère [mamifɛr] n. m. (lat. *mamma,* mamelle, et *ferre,* porter). Animal vertébré, à température constante, pourvu de mamelles, de poumons, d'un cœur et d'un encéphale relativement développé.

mammouth [mamut] n. m. (mot russe ; d'une langue sibérienne). Éléphant fossile de la période quaternaire.

management [manaʒmɑ̃ *ou* manedʒmɛnt] n. m. (mot angl.). Technique de direction et de gestion de l'entreprise.

manager [manadʒœr] n. m. (mot angl., de *to manage,* diriger). Celui qui gère les intérêts financiers des champions professionnels, des artistes, en leur procurant des contrats, qui organise des spectacles, des concerts, etc.

manant [manɑ̃] n. m. (du lat. *manere,* rester). **1.** Paysan ou habitant d'un village, sous l'Ancien Régime. **2.** *Litt.* Homme grossier, rustre.

1. manche [mɑ̃ʃ] n. f. (lat. *manica,* de *manus,* main). **1.** Partie du vêtement qui couvre le bras : *Manches courtes, longues.* — **2.** Fam. *Avoir qqn dans sa manche,* pouvoir disposer pour ses intérêts personnels du crédit, de l'autorité de cette personne. ‖ Fam. *C'est une autre paire de manches,* c'est une affaire tout à fait différente, beaucoup plus difficile. — **3.** *Manche à air,* conduit métallique servant à aérer l'intérieur d'un navire; tube en toile placé au haut d'un mât pour indiquer la direction du vent sur un aérodrome. — **4.** Chacune des parties liées d'un jeu (aux cartes, au tennis, dans une compétition, etc.) : *Le joueur de tennis a gagné la première manche par six jeux à deux.*

2. manche [mɑ̃ʃ] n. m. (lat. *manicum,* ce qu'on tient avec la main). **1.** Partie allongée par laquelle on tient un outil, un instrument : *Un manche de couteau, de pelle, de fourchette. Un manche à balai. Le manche d'une casserole, d'un violon.* — **2.** *Manche à gigot,* pince par laquelle on tient l'os du gigot pour découper la viande. — **3.** *Fam.* (sujet qqch) *Branler dans le manche,* n'être pas solide, être dans une situation mal assurée. ‖ Fam. *Se mettre du côté du manche,* se ranger du côté du plus fort.

3. manche [mɑ̃ʃ] n. f. (prov. *mancho,* quête). Pop. *Faire la manche,* mendier.

mancheron [mɑ̃ʃrɔ̃] n. m. (de *manche* 2). Chacune des deux poignées d'une charrue.

manchette [mɑ̃ʃɛt] n. f. (de *manche* 1). **1.** Bande de tissu, adaptée aux poignets d'une chemise : *Mettre ses boutons de manchettes.* — **2.** Coup donné avec l'avant-bras. — **3.** Dans un journal, titre en gros caractères de la première page.

manchon [mɑ̃ʃɔ̃] n. m. (de *manche* 1). **1.** Fourrure en forme de rouleau creux, dans laquelle on met les mains pour les protéger du froid. — **2.** Pièce cylindrique servant à divers usages (techn.).

1. manchot, e [mɑ̃ʃo] adj. et n. (anc. fr. *manc,* estropié). **1.** Privé ou estropié d'un bras, d'une main ou des deux mains, des deux bras. — **2.** *Ne pas être (un) manchot,* être habile, actif.

2. manchot [mɑ̃ʃo] n. m. Oiseau palmipède de l'Antarctique, dont les membres antérieurs, impropres au vol, sont utilisés comme nageoires.

mandant, e [mɑ̃dɑ̃] n. Celui qui confie un mandat à qqn.

mandarin [mɑ̃darɛ̃] n. m. (mot portug.; du sanskr.). **1.** Autref., haut fonctionnaire public de la Chine impériale. — **2.** *Péjor.* Personnage important, en partic. professeur d'université.

mandarinat [mɑ̃darina] n. m. **1.** Fonction de mandarin. — **2.** *Péjor.* Autorité professorale.

mandarine [mɑ̃darin] n. f. (esp. [*naranja*] *mandarina,* orange de mandarin). Fruit doux et parfumé du *mandarinier,* arbrisseau plus petit que l'oranger.

mandat [mɑ̃da] n. m. (lat. *mandatum*). **1.** Pouvoir, fonction, mission donnés par une personne (mandant) à une autre (mandataire) de s'acquitter de qqch : *Remplir le mandat qu'on a reçu d'un ami* (syn. COMMISSION, MISSION). — **2.** Fonction et obligations d'un membre élu d'une assemblée : *La présidente a demandé le renouvellement de son mandat.* — **3.** Ordre donné de comparaître, d'arrêter, etc. (admin.) : *Le juge d'instruction a délivré un mandat d'amener* (= de comparaître). *Mandat d'arrêt, de dépôt* (= de conduire en prison). — **4.** Titre reçu par le service des postes pour faire parvenir une somme à un correspondant : *Envoyer un mandat, payer par mandat* (la forme ou la destination est indiquée par un adj., un n. : *Mandat télégraphique. Mandat-poste. Mandat-carte* [= qui a la forme d'une carte postale]. *Mandat-contributions* [= qui sert pour le paiement des impôts directs]. *Mandat-lettre* [= qui contient une partie réservée à la correspondance]).

mandataire [mɑ̃datɛr] n. **1.** Personne à qui on a confié un mandat : *Les députés sont les mandataires des électeurs* (syn. REPRÉSENTANT, DÉLÉGUÉ). — **2.** *Mandataire aux Halles,* intermédiaire entre les producteurs de province et les revendeurs de Paris, sur le marché de la viande, des fruits, etc.

mandater [mɑ̃date] v. t. **1.** *Mandater une somme,* la payer par mandat. — **2.** *Mandater qqn,* lui confier une mission, au nom d'un autre : *Les locataires ont mandaté l'un des leurs pour négocier avec le propriétaire.*

mandement [mɑ̃dmɑ̃] n. m. Écrit adressé par un évêque aux fidèles de son diocèse, par lequel il leur donne ses instructions.

mander [mɑ̃de] v. t. (lat. *mandare*). *Litt.* **1.** *Mander qqch à qqn,* le lui faire savoir par une lettre, un message : *On nous mande d'Iran qu'un tremblement de terre s'est produit.* — **2.** *Mander qqn* lui demander de venir (syn. usuel APPELER).

mandibule [mɑ̃dibyl] n. f. (bas lat. *mandibula,* mâchoire). Chacune des deux parties du bec des oiseaux ou des deux pièces buccales de certains insectes.

mandoline [mɑ̃dɔlin] n. f. (it. *mandolina*). Instrument de musique à cordes pincées et à caisse de résonance bombée.

mandragore [mɑ̃dragɔr] n. f. (gr. *mandragoras*). Plante des régions chaudes dont la racine rappelle la forme d'un corps humain et qui était utilisée autref. en sorcellerie.

mandrill [mɑ̃dril] n. m. (d'une langue de Guinée). Singe d'Afrique à museau bleu et rouge.

mandrin [mɑ̃drɛ̃] n. m. (mot occitan signif. *manivelle, tourbillon*). Appareil qui maintient une pièce ou un outil à travailler; outil pour percer, agrandir ou égaliser un trou, pour emboutir une pièce.

manège [manɛʒ] n. m. (de l'it. *maneggiare,* manier). — **I. 1.** Lieu où on forme des cavaliers, où on fait le dressage des chevaux. — **2.** Attraction foraine où des figures d'animaux, des véhicules, etc., qui servent de montures à des enfants, sont animés d'un mouvement circulaire.
— **II.** Conduite rusée : *Je me méfie du manège de mes adversaires* (syn. MANŒUVRE, ↑ ROUERIE).

mânes [mɑn] n. m. pl. (lat. *manes,* âmes des morts). Chez les Romains, âmes des morts considérées comme des divinités.

manette [manɛt] n. f. (de *main*). Clef, poignée ou petit levier qui commande un mécanisme et qu'on manœuvre à la main.

manganèse [mɑ̃ganɛz] n. m. (mot it.). Métal employé en alliage, pour la fabrication d'aciers spéciaux.

mangeable [mɑ̃ʒabl] adj. Qu'on peut manger : *C'est mangeable, mais on n'en prendrait pas tous les jours.*

mangeoire [mɑ̃ʒwar] n. f. Bac, auge où mangent les animaux.

1. manger [mɑ̃ʒe] v. t. (lat. *manducare,* mâcher) [c. 2]. **1.** *Manger un aliment,* le mâcher et l'avaler pour se nourrir : *Manger du pain* (syn. CONSOMMER). *Vous mangerez bien un fruit?* (syn. PRENDRE); sans compl. : *Il mange mal* (syn. S'ALIMENTER, SE NOURRIR). *Aller manger au restaurant. Tu manges comme quatre* (= beaucoup). *Donner à manger à un enfant. Les oiseaux mangent des graines.* — **2.** (sujet un insecte, une souris, etc.) *Manger qqch,* le détruire en le rongeant : *Vêtement mangé aux mites;* (sujet qqch) : *Barre de fer mangée par la rouille* (syn. ATTAQUER). — **3.** (sujet qqch) *Manger qqch,* le faire disparaître en l'altérant : *Le soleil a mangé la couleur bleue du papier;* en le cachant, en le recouvrant : *Son visage est comme mangé par sa barbe.* — **4.** (sujet qqn, qqch) *Manger qqch,* le faire disparaître en l'utilisant, en le consommant : *Le poêle mange trop de charbon* (fam.; syn. DÉVORER); en le dissipant, en le perdant : *Ces discussions ont mangé* *toute ma soirée. Elle a mangé sa fortune* (syn. DÉPENSER, DILAPIDER); en l'absorbant : *Cette entreprise a mangé toutes les petites affaires concurrentes.* — **5.** *À quelle sauce sera-t-il mangé?*, comment va-t-on le dépouiller, l'éliminer. ‖ *Manger de baisers*, couvrir de baisers. ‖ *Manger la consigne, la commission*, les oublier. ‖ *Manger des yeux*, regarder avidement. ◆ v. i. (sujet qqn) Prendre un repas : *Inviter une amie à manger* (syn. DÉJEUNER, DÎNER).

2. manger [mɑ̃ʒe] n. m. *Fam.* Nourriture, aliments, repas : *Préparer le manger des enfants.*

mange-tout [mɑ̃ʒtu] n. et adj. m. inv. Haricot ou pois dont la cosse se mange avec le grain.

mangeur, euse [mɑ̃ʒœr] n. *Gros, grand mangeur*, personne de gros appétit, qui mange beaucoup.

mangouste [mɑ̃gust] n. f. (esp. *mangosta*). Mammifère carnassier d'Asie et d'Afrique qui attaque les serpents, même venimeux.

mangue [mɑ̃g] n. f. (portug. *manga*). Fruit du *manguier*, à chair jaune très parfumée.

maniabilité [manjabilite] n. f. Qualité maniable de qqch : *La maniabilité d'un avion.*

maniable [manjabl] adj. Aisé à manier : *Instrument maniable* (syn. PRATIQUE, COMMODE). *Une voiture très maniable en ville. Elle n'est pas de caractère maniable* (syn. SOUPLE; contr. INTRAITABLE).

maniaque [manjak] adj. et n. (de *manie*). **1.** Qui a une idée fixe, bizarre ou perverse : *Un maniaque qui vit entouré de ses chats* (syn. ↓ORIGINAL). *Les meurtres ont été commis par un dangereux maniaque* (syn. FOU). — **2.** Très attaché à ses habitudes : *Elle est maniaque dans ses rangements* (syn. POINTILLEUX, MÉTICULEUX).

maniaquerie [manjakri] n. f. Caractère maniaque.

manichéen, enne [manikeɛ̃] adj. et n. Qui relève du manichéisme.

manichéisme [manikeism] n. m. **1.** Doctrine fondée sur la coexistence des deux principes opposés du bien et du mal. — **2.** État d'esprit qui fait apprécier les choses en bien ou en mal, sans nuance intermédiaire.

manie [mani] n. f. (lat. *mania*, folie; mot gr.). **1.** Goût, habitude bizarre, ridicule qui provoque l'irritation ou la moquerie : *Elle a la fâcheuse manie de dire toujours «N'est-ce pas?»* (syn. TIC). *Les manies d'un écrivain* (syn. ↓HABITUDE). *Avoir la manie de la contradiction* (syn. ↑ RAGE). *Chacun a ses petites manies* (syn. MAROTTE, DADA). — **2.** Trouble mental, caractérisé par l'exubérance et l'agitation.

maniement [manimɑ̃] n. m. **1.** Action de manier : *Le maniement d'un outil, d'un fusil, d'une voiture* (syn. USAGE). *Appareil d'un maniement très simple* (syn. UTILISATION). *Le maniement des affaires* (syn. GESTION). *Le maniement des mots* (syn. EMPLOI). — **2.** *Maniement d'armes*, ensemble de mouvements réglementaires effectués par les soldats et qui font partie de l'instruction ou d'une démonstration dans un défilé.

manier [manje] v. t. (du lat. *manus*, main). **1.** *Manier un objet, un véhicule, un instrument*, prendre un objet entre les mains, le tourner et le retourner pour l'examiner, utiliser un instrument, un véhicule avec adresse : *Manier un paquet avec précaution* (syn. MANIPULER). *Un camion difficile à manier dans les rues étroites.* — **2.** *Manier de l'argent, des fonds*, avoir pour fonction, pour tâche habituelle de verser et d'encaisser des sommes assez considérables; gérer des affaires. — **3.** *Manier des idées, des mots*, etc., les utiliser avec habileté. — **4.** *Manier un groupe*, le soumettre à une direction : *Savoir manier la foule, le peuple* (syn. MENER, MANŒUVRER). ◆ ***se manier*** v. pr. (sujet qqch) Être utilisé facilement : *Ce vélomoteur se manie très bien* (syn. SE CONDUIRE).

manière [manjɛr] n. f. (de l'anc. fr. *manier*, exercé). **1.** Façon particulière de penser, de parler, de se conduire, d'agir, propre à qqn : *Sa manière d'agir avec toi est inqualifiable* (= sa conduite). *Une curieuse manière de s'exprimer* (syn. FAÇON). *Refusez, mais mettez-y la manière* (= sachez vous y prendre). *Employer la manière forte* (= la force). *C'est une manière de parler* (= il ne faut pas prendre cela au pied de la lettre). *La manière d'un écrivain, d'un peintre, d'un acteur* (= son genre, sa personnalité). *D'une manière générale, il n'est pas très soigneux* (= pour voir les choses en gros). *D'une manière générale, il faut être très prudent sur une route mouillée* (= en règle générale). *De cette manière, vous n'y arriverez pas* (= en agissant ainsi). *D'une certaine manière, en quelque manière, elle a raison* (= sous un certain angle). *L'accident ne s'est pas produit de cette manière* (= ainsi). *Agir de manière brutale, adroite. De toute manière, tu réussiras* (= quoi qu'il arrive). — **2.** *Adverbe, complément de manière*, qui indique la manière dont une chose est faite (ex. : *travailler* AVEC ARDEUR). — **3.** *Une manière de* (+ *n.*), qqch, qqn qui approche : *C'est une manière de roman philosophique* (syn. UNE SORTE DE, UNE FAÇON DE). *C'est une manière de secrétaire particulier.* ‖ *À la manière de* (+ *n.*), *à la manière* (+ *adj.*), selon les habitudes de, à l'imitation de : *Écrire à la manière de Saint-Simon. Elle se levait avec l'aube, à la manière paysanne.* — **4.** *De manière à* (+ *inf.*), *de manière que, à ce que* (+ *subj.*), indique le but : *Il travaillait le soir, de manière à ne pas être à la charge de ses parents* (syn. AFIN DE, DE FAÇON À). *Écrivez-moi par retour du courrier, de manière à ce que j'aie une réponse rapide.* ‖ *De manière que* (litt.), *de telle manière que* (+ *ind.*), indique la conséquence : *Elle a crié de telle manière qu'elle m'a réveillé* (syn. TELLEMENT QUE, DE TELLE SORTE QUE). *Vous tournez les choses de manière que vous mécontentez tout le monde.* ◆ ***manières*** n. f. pl. **1.** Façons habituelles de parler, d'agir en société : *Avoir des manières désinvoltes* (syn. ATTITUDE, GENRE). *En voilà des manières! Quel grossier personnage.* — **2.** *Apprendre les belles manières*, la distinction, les usages du monde. ‖ *Faire des manières*, hésiter à accepter, se faire prier. ‖ *Manquer de manières*, ne pas connaître la courtoisie, la politesse. ‖ Fam. *Sans manières*, en toute simplicité.

maniéré, e [manjere] adj. Qui manque de naturel, de simplicité : *Prendre un ton maniéré* (syn. AFFECTÉ, COMPASSÉ). *Le style maniéré d'un écrivain* (syn. APPRÊTÉ, PRÉCIEUX).

maniérisme [manjerism] n. m. Affectation et manque de naturel en matière artistique et littéraire.

manieur [manjœr] n. m. *Manieur d'argent, de fonds*, homme d'affaires, de finance.

manifestant, e [manifɛstɑ̃] n. Qui prend part à une manifestation : *Des manifestants ont été arrêtés par la police.*

manifestation [manifɛstasjɔ̃] n. f. **1.** Action de manifester un sentiment; fait de se manifester : *Se livrer à des manifestations de tendresse* (syn. MARQUE, TÉMOIGNAGE, DÉMONSTRATION). *La manifestation de la vérité* (syn. EXPRESSION). *La manifestation soudaine de la maladie a surpris ses proches* (syn. APPARITION). — **2.** Action de manifester collectivement ses opinions : *Le préfet a interdit toute manifestation* (syn. RASSEMBLEMENT). [Abrév. fam. MANIF.]

1. manifeste [manifɛst] adj. (lat. *manifestus*, évident). Évident, hors de contestation : *Une erreur manifeste* (syn. INDÉNIABLE). *Sa jalousie est manifeste* (syn. FLAGRANT). *Ces billets sont des faux manifestes* (syn. VISIBLE). *Il est manifeste que nous ne pouvons plus rien faire pour elle* (syn. CLAIR).

2. manifeste [manifɛst] n. m. (it. *manifesto*). Déclaration écrite par laquelle un parti, un groupe de personnes, un homme politique, etc., définit ses vues, son programme, justifie son action passée : *Un manifeste littéraire, politique.*

manifestement [manifɛstəmɑ̃] adv. De façon manifeste : *Manifestement, il n'est pas prêt pour son examen. Ce raisonnement est manifestement erroné* (syn. INDISCUTABLEMENT, VISIBLEMENT).

manifester [manifɛste] v. t. (lat. *manifestare*) [sujet qqn, qqch] *Manifester qqch (sentiment, état, qualité, défaut,* etc.), le laisser apparaître : *Manifester à haute voix son indignation* (syn. EXPRIMER). *Manifester clairement son opinion* (syn. PROCLAMER, AFFIRMER). *Elle m'a toujours manifesté son amitié* (syn. MONTRER). *Ces contradictions manifestent un grand désarroi* (syn. INDIQUER, RÉVÉLER, TRADUIRE). ◆ v. i. (sujet qqn) Faire une démonstration collective publique, en faveur d'une opinion : *Les étudiants ont manifesté pour réclamer des locaux.* ◆ ***se manifester*** v. pr. **1.** (sujet qqch) Apparaître, se montrer au grand jour : *Sa satisfaction se manifeste nettement* (syn. ↑ÉCLATER). *L'irritation de l'opinion publique se manifeste par les journaux* (syn. SE RÉVÉLER). — **2.** (sujet qqn) Donner des signes de son existence : *Elle se manifeste de temps en temps par un article retentissant.*

manigance [manigɑ̃s] n. f. *Fam.* Petite manœuvre qui a pour but de tromper, de cacher qqch : *Voilà encore une de ses manigances pour vous ennuyer* (syn. ↑MÉCHANCETÉ). *Arriver à un poste par une série de manigances* (syn. COMBINAISON, AGISSEMENT).

manigancer [manigɑ̃se] v. t. (orig. obscure) [c. 1]. Fam. *Manigancer qqch,* le machiner secrètement : *Les voleurs ont bien manigancé leur coup* (syn. COMBINER).

manille [manij] n. f. (it. *maniglia*). Pièce de métal en forme d'anneau ouvert ou d'étrier, servant à relier deux parties d'une chaîne.

manioc [manjɔk] n. m. (mot tupi). Plante dont la racine fournit une fécule nourrissante, servant à faire le tapioca.

manipulateur, trice [manipylatœr] n. Qui manipule.

manipulation [manipylasjɔ̃] n. f. **1.** Action de manipuler, de manier : *Les explosifs sont d'une manipulation délicate* (syn. MANIEMENT). — **2.** (pl.) Travaux pratiques de physique et chimie, dans les établissements scolaires ou universitaires. — **3.** Manœuvre visant à tromper, à frauder : *Manipulations électorales.*

manipuler [manipyle] v. t. (du lat. *manipulus,* poignée). **1.** *Manipuler un objet, un instrument,* le remuer, le déplacer, le faire fonctionner avec la main : *Manipuler un vase avec précaution* (syn. MANIER, DÉPLACER). *Apprendre à manipuler un appareil* (syn. UTILISER). — **2.** *Manipuler qqch (abstrait),* le transformer par des opérations suspectes : *Manipuler les statistiques.* — **3.** *Manipuler qqn,* le diriger à sa guise, lui faire faire ce qu'on veut.

manitou [manitu] n. m. (mot algonquin). Fam. *Grand manitou,* personnage puissant et influent, dont l'autorité est incontestée (syn. GRAND PATRON).

manivelle [manivɛl] n. f. (lat. *manicula,* de *manus,* main). **1.** Levier coudé à angle droit, à l'aide duquel on imprime un mouvement rotatif à l'arbre sur lequel il est placé. — **2.** *Retour de manivelle,* choc produit, au moment de la mise en marche à la manivelle, par un moteur qui se met à tourner à l'envers; *fam.,* choc en retour.

manne [man] n. f. (hébr. *man*). **1.** Nourriture miraculeuse envoyée par Dieu aux Israélites dans le désert (relig.). — **2.** *La manne céleste,* bienfaits inattendus, qui semblent un don de Dieu.

mannequin [mankɛ̃] n. m. (anc. néerl. *mannekijn,* petit homme). **1.** Forme humaine utilisée en couture pour les essayages; statue humaine articulée à l'usage des peintres. — **2.** Personne présentant les modèles d'une maison de couture.

manœuvrable [manœvrabl] adj. Qu'on peut facilement manœuvrer.

1. manœuvre [manœvr] n. m. (de *manœuvrer*). Ouvrier, employé, exécutant des travaux manuels n'exigeant pas de grandes qualifications.

2. manœuvre [manœvr] n. f. (lat. *manu,* avec la main, et *opera,* travail). **1.** Manière ou action de régler la marche d'une machine, d'un instrument, d'un appareil, d'un véhicule : *Surveiller la manœuvre d'une grue. La manœuvre d'un fusil* (syn. MANIEMENT). *Je manquai ma manœuvre et rentrai dans un arbre.* — **2.** Exercice faisant partie de l'instruction militaire donnée aux troupes : *Un terrain de manœuvres. Les grandes manœuvres de printemps.* — **3.** Moyen mis en œuvre pour atteindre un but, pour obtenir le résultat cherché (souvent péjor.) : *Des manœuvres électorales* (= pour exercer une influence sur les votes). *S'opposer aux manœuvres de ses adversaires* (syn. AGISSEMENTS, MENÉES). *Victime de manœuvres frauduleuses* (syn. ACTION, MACHINATION). — **4.** *Fausse manœuvre,* opération mal appropriée ou mal exécutée.

manœuvrer [manœvre] v. t. (lat. *manu operare,* travailler avec la main). **1.** Faire fonctionner une machine; faire exécuter des mouvements à un appareil, à un véhicule, etc. : *Manœuvrer un levier* (syn. MANIER). *Manœuvrer un bateau, une voiture* (syn. CONDUIRE); sans compl. : *Manœuvrer habilement pour se dégager d'un embouteillage.* — **2.** Prendre des mesures, agir habilement de façon à obtenir le résultat désiré : *Cet hypocrite l'a bien manœuvré* (= mené à sa guise); sans compl. : *C'est bien manœuvré.* ◆ v. i. Exécuter une manœuvre militaire : *Les soldats manœuvrent dans la cour de la caserne.*

manœuvrier, ère [manœvrije] adj. et n. Qui manœuvre habilement.

manoir [manwar] n. m. (du lat. *manere,* demeurer). Petit château servant de résidence de campagne.

manomètre [manɔmɛtr] n. m. (gr. *manos,* rare, et *metron,* mesure). Instrument servant à mesurer la pression des fluides.

manquant, e [mɑ̃kɑ̃] adj. et n. Qui manque : *Les livres manquants devront être restitués dans les huit jours.*

manque [mɑ̃k] n. m. **1.** Absence de qqch : *Le manque de sommeil* (syn. INSUFFISANCE). *Le manque de logements* (syn. PÉNURIE; contr. ABONDANCE). *Manque de chance. Un manque de mémoire* (syn. DÉFAILLANCE). *Manque de conviction.* — **2.** Chose qui fait défaut : *Il y a beaucoup de manques dans ce travail* (syn. LACUNE, OMISSION). — **3.** Pop. *À la manque,* mauvais, raté : *Un sportif à la manque.* ‖ *État de manque,* chez un drogué, état d'anxiété et de malaise physique entraîné par la privation de la drogue. ‖ *Manque à gagner,* perte portant sur un bénéfice escompté et non réalisé. ‖ *Par manque de,* en raison de l'absence de : *Par manque de précaution, un accident est vite arrivé* (syn. FAUTE DE). ‖ Fam. *Manque de,* faute de.

manqué, e [mɑ̃ke] adj. Qui n'est pas devenu ce qu'il devait ou prétendait être : *Un poète manqué. Un garçon manqué* (= fille qui a l'allure et les goûts d'un garçon).

manquement [mɑ̃kmɑ̃] n. m. Action de manquer à un devoir, à une loi, etc. : *Tout manquement à la discipline sera sévèrement puni* (syn. INFRACTION).

manquer [mɑ̃ke] v. t. (it. *mancare,* être insuffisant). **1.** *Manquer qqch,* ne pas le réussir; ne pas atteindre son but : *Manquer une photo* (syn. fam. RATER, LOUPER). *Tu as manqué ton coup* (fam. ; = tu n'as pas obtenu le succès attendu). *Il a manqué sa vie* (= il n'a pas réalisé ce qu'il espérait). *Le gardien de but a manqué le ballon* (= il ne l'a pas attrapé). *Elle a manqué son objectif. Il a manqué la marche et il est tombé.* — **2.** *Manquer qqn,* ne pas le recontrer alors qu'on veut le voir : *Vous l'avez manqué de quelques minutes.* — **3.** Être absent de ; ne pas assister à, ne pas venir à : *Manquer l'école* (syn. fam. SÉCHER). *Nous avons manqué le début du film* (= nous n'avons pas vu). *Elle ne manquait pas une réunion. Manquer un rendez-vous.* — **4.** *Manquer un train, un bus,* etc., ne pas le prendre (parce qu'on est en retard) [syn. fam. RATER]. — **5.** *Manquer qqch (abstrait),* le laisser passer, sans pouvoir ou vouloir le prendre : *Manquer une occasion. Vous n'avez rien manqué !* (syn. PERDRE). — **6.** *Ne pas manquer qqn,* lui donner une leçon dès qu'on le retrouve. ◆ v. t. ou v. t. ind. *Manquer de* (+ *inf.*) ou *manquer* (+ *inf.*), être sur le point de (au passé composé) : *J'ai manqué (de) me faire écraser* (syn. FAILLIR). ‖ *Ne pas manquer de* (+ *inf.*), ne pas oublier de, ne pas omettre de : *Je ne manquerai pas de l'avertir ;* être certainement : *Elle ne manqua pas d'être surprise. Ça n'a pas manqué (d'arriver)* [= cela devait arriver]. ◆ v. t. ind. **1.** (sujet qqn, qqch) *Manquer de qqch,* ne pas en avoir suffisamment : *La police manque de preuves pour l'arrêter. Manquer d'expérience* (syn. ↑ ÊTRE DÉPOURVU DE). *Elle ne manque pas d'esprit* (= elle a de l'esprit). — **2.** (sujet qqch) *Manquer à qqn,* lui faire défaut (surtout avec un pron. pers.) : *Les occasions ne lui manquent pas de se mettre en avant. Les mots me manquent pour vous exprimer mon admiration. Le cœur lui manque* (= il s'évanouit). *Mes enfants me manquent beaucoup. Le pied lui manque* (= il tombe). *La voix me manque* (= je ne peux parler). *Le temps me manque pour aller la voir.* — **3.** *Litt.* (sujet qqn) *Manquer à qqn,* ne pas lui témoigner de respect : *Il m'a gravement manqué* (syn. OFFENSER). *Manquer à un supérieur.* — **4.** (sujet qqn) *Manquer à qqch,* ne pas y assister, être absent : *Manquer à l'école. Un homme manque à l'appel ;* ne pas s'y conformer : *Manquer à l'honneur* (syn. DÉROGER). *Il manque à tous ses devoirs* (syn. S'ÉCARTER DE). *Il manque à l'honnêteté la plus élémentaire* (syn. ENFREINDRE). *Manquer à sa parole* (= ne pas la respecter). ◆ v. i. **1.** (sujet qqn, qqch) Être absent, faire défaut : *Rien ne manque. Il manque deux élèves. Il ne manque plus que cela !* (= c'est le comble, on ne peut pas avoir une situation plus mauvaise). — **2.** (sujet qqch) Ne pas réussir : *L'expérience a manqué* (syn. ÉCHOUER ; fam. RATER).

mansarde [mɑ̃sard] n. f. Petite chambre ménagée sous le comble d'un immeuble, dont un mur est en pente et le plafond très bas, éclairée par une petite fenêtre, par un vasistas.

mansardé, e [mɑ̃sarde] adj. *Chambre mansardée, étage mansardé,* aménagés sous les combles d'une maison et en forme de mansarde.

mansuétude [mɑ̃sɥetyd] n. f. (lat. *mansuetudo*). Douceur de caractère qui incline à la patience, au pardon (soutenu) : *Juger avec mansuétude* (syn. INDULGENCE).

1. mante [mɑ̃t] n. f. (gr. *mantis,* devineresse). *Mante (religieuse),* insecte abondant dans le midi de la France, dont les pattes antérieures lui permettent d'attraper des proies et dont la femelle dévore le mâle après l'accouplement.

2. mante [mɑ̃t] n. f. (prov. *manta,* manteau). Cape portée autref. par les femmes.

manteau [mɑ̃to] n. m. (lat. *mantellum,* voile). **1.** Vêtement à manches longues qu'on porte au-dessus des autres vêtements pour se protéger du froid. — **2.** *Sous le manteau,* d'une manière secrète, en se cachant : *Ouvrage vendu sous le manteau* (syn. CLANDESTINEMENT). — **3.** *Le manteau de la cheminée,* la partie en saillie au-dessus du foyer.

mantelet [mɑ̃tlɛ] n. m. Petit manteau court, sans manches, que portaient les femmes et qui couvrait les épaules et les bras.

mantille [mɑ̃tij] n. f. (lat. *mantilla*). Écharpe de dentelle, que les femmes portent sur la tête.

manucure [manykyr] n. (lat. *manus,* main, et *curare,* soigner). Personne dont le métier est de soigner les ongles des mains, dans un salon de coiffure, dans un institut de beauté.

1. manuel, elle [manɥɛl] adj. (du lat. *manus,* main). *Travail, métier manuel,* ordre d'activité où le travail des mains joue le rôle principal (contr. INTELLECTUEL). ◆ adj. et n. Qui exerce un métier manuel ; habile pour les travaux manuels.

2. manuel [manɥɛl] n. m. Ouvrage scolaire ou d'intention didactique, qui présente les notions essentielles d'une science, d'une technique, etc. (syn. LIVRE, COURS).

manuellement [manɥɛlmɑ̃] adv. Avec les mains : *Travailler manuellement.*

manufacture [manyfaktyr] n. f. (lat. *manufactura,* travail fait à la main). Vaste établissement industriel (le mot ne s'emploie plus que pour certaines fabrications ; dans les autres cas, il est remplacé par USINE) : *Une manufacture de tabac.*

manufacturé, e [manyfaktyre] adj. *Produits, articles manufacturés,* issus de la transformation des matières premières en usine.

manu militari [manymilitari] adv. (mots lat. signif. *par la main militaire*). Par emploi de la force armée ; par la force, la violence : *Expulser quelqu'un manu militari.*

manuscrit, e [manyskri] adj. (lat. *manu scriptus,* écrit à la main). Écrit à la main : *Une lettre manuscrite de Mme de Sévigné* (syn. AUTOGRAPHE). ◆ ***manuscrit*** n. m. **1.** Ouvrage écrit à la main. — **2.** Texte original d'un ouvrage destiné à l'impression : *Lire un manuscrit envoyé par l'auteur.*

manutention [manytɑ̃sjɔ̃] n. f. Action de manipuler des marchandises, de les emmagasiner, de les emballer pour l'expédition ou la vente (techn.) : *Le service de manutention d'un grand magasin. Les appareils de manutention permettent de charger et de transporter les marchandises.*

manutentionnaire [manytɑ̃sjɔnɛr] n. Employé chargé d'effectuer la manutention.

manutentionner [manytɑ̃sjɔne] v. t. (lat. *manu tenere,* tenir avec la main). Soumettre à une opération de manutention : *Manutentionner des livres.*

maoïsme [maɔism] n. m. Doctrine qui s'inspire de la pensée de Mao Zedong (ou Mao Tsö-tong).

maoïste [maɔist] adj. et n. Partisan du maoïsme (abrév. fam. MAO).

mappemonde [mapmɔ̃d] n. f. (lat. *mapa mundi,* nappe du monde). Carte représentant le globe terrestre.

1. maquereau [makro] n. m. (néerl. *makelaer*). Poisson de mer comestible, très commun, au dos vert et bleu.

2. maquereau [makro] n. m. (anc. néerl. *makelâre,* courtier). *Pop.* Proxénète.

maquerelle [makrɛl] n. f. *Pop.* Tenancière de maison close.

maquette [makɛt] n. f. (it. *macchietta,* petite tache). **1.** Modèle réduit d'une maison, d'un décor, d'une machine ou d'un ouvrage quelconque : *La maquette* *d'un avion.* — **2.** Présentation, avant exécution finale d'une affiche, d'une couverture de livre, ou de la mise en pages (texte et illustrations) d'un ouvrage, etc.

maquettiste [makɛtist] n. Celui qui exécute des maquettes.

maquignon [makiɲɔ̃] n. m. (du néerl. *makelen,* trafiquer). **1.** Marchand de chevaux. — **2.** Commerçant, agent d'affaires peu scrupuleux.

maquignonnage [makiɲɔnaʒ] n. m. **1.** Métier du maquignon. — **2.** Procédés indélicats ou tromperies dans des négociations, des affaires.

maquillage [makijaʒ] n. m. Action de modifier l'aspect du visage à l'aide de produits, de fards; son résultat.

maquiller [makije] v. t. (néerl. *maken,* faire). **1.** *Maquiller qqn* ou *se maquiller,* mettre sur le visage des produits de beauté, des fards : *Maquiller un acteur. Elle était très maquillée* (syn. FARDER). — **2.** *Maquiller qqch,* en modifier les apparences afin de tromper : *Maquiller une voiture volée* (syn. fam. CAMOUFLER). *Maquiller la vérité* (syn. DÉGUISER). *Ces statistiques sont maquillées* (syn. TRUQUER). *Maquiller un meurtre en suicide.*

maquilleur, euse [makijœr] n. Qui maquille : *La maquilleuse d'un studio de cinéma.*

maquis [maki] n. m. (de l'it. *macchia,* fourré). **1.** Paysage méditerranéen dont la végétation dense et touffue est composée de petits arbustes, de bruyères, de lauriers, poussant sur des terrains rocheux. — **2.** Réseau inextricable de complications : *Se perdre dans le maquis de la procédure.* — **3.** Lieu retiré, en général boisé ou montagneux, dans lequel se réfugiaient et luttaient les résistants, pendant l'occupation allemande en France, de 1940 à 1944; ces hommes eux-mêmes : *Prendre le maquis* (= se réfugier dans le maquis). *Le maquis du Vercors.*

maquisard [makizar] n. m. Résistant d'un maquis.

1. marabout [marabu] n. m. (portug. *marabuto;* mot ar.). Échassier d'Asie et d'Afrique, au bec énorme et dont le cou, déplumé, est enfoncé entre les ailes.

2. marabout [marabu] n. m. Saint religieux musulman.

maraîcher, ère [marɛʃe] n. (de *marais*). Cultivateur qui se livre à la production en grand des légumes, des primeurs. ◆ adj. Relatif à la production de légumes : *Cultures maraîchères.*

marais [marɛ] n. m. (mot francique). **1.** Nappe d'eaux stagnantes, accumulées sur une faible épaisseur, dans les régions basses (syn. MARÉCAGE). — **2.** *Marais salant,* terrain où on fait venir la mer pour extraire le sel par évaporation.

marasme [marasm] n. m. (gr. *marasmos,* consomption). Arrêt de l'activité commerciale, industrielle et économique : *Le marasme des affaires* (= la crise; syn. RALENTISSEMENT, STAGNATION).

marathon [maratɔ̃] n. m. (de *Marathon,* v. de Grèce). **1.** Course pédestre de grand fond (42, 195 km). — **2.** Épreuve, séance, négociations longues et difficiles : *Un marathon de danse. Le marathon des dernières séances de la session parlementaire.*

marâtre [marɑtr] n. f. (lat. *mater,* mère). **1.** Autref., seconde femme du père (syn. BELLE-MÈRE). — **2.** Mère dénaturée qui traite ses enfants avec méchanceté.

maraude [marod] n. f. ou **maraudage** [marodaʒ] n. m. **1.** Action de marauder : *Vivre de mendicité et de maraude* (syn. VOL, RAPINE). — **2.** *Taxi en maraude,* qui circule lentement en cherchant le client, au lieu de stationner.

marauder [marode] v. i. (de *maraud,* n. du *matou* dans l'Ouest). Commettre des vols de fruits, de légumes, de volailles, à la campagne : *Marauder dans les vergers* (syn. CHAPARDER, VOLER).

maraudeur [marodœr] n. m. Qui maraude (syn. ↑VOLEUR).

marbre [marbr] n. m. (lat. *marmor*). **1.** Pierre calcaire très dure, souvent veinée de couleurs diverses et capable de recevoir un beau poli : *Une statue en marbre de Carrare. Un visage de marbre* (= insensible). — **2.** Œuvre en marbre : *Des marbres antiques.* — **3.** Table sur laquelle, dans une imprimerie, on place la composition pour l'impression ou la correction.

marbrer [marbre] v. t. Faire, sur la peau, des marques longues et étroites : *Les coups lui avaient marbré le visage.*

marbrerie [marbrəri] n. f. Art et atelier du marbrier; industrie du marbre.

marbrier [marbrije] n. m. Celui qui fabrique ou vend des ouvrages en marbres (cheminées, plaques, marches d'escalier, etc.) et des monuments funéraires.

marbrière [marbrijɛr] n. f. Carrière de marbre.

marbrure [marbryr] n. f. Marque sur la peau : *Des marbrures causées par le froid.*

marc [mar] n. m. (de l'anc. fr. *marcher,* broyer). **1.** Résidu de certaines substances qu'on fait infuser, bouillir, etc. : *Marc de café.* — **2.** Eau-de-vie obtenue en distillant du marc de raisin.

marcassin [markasɛ̃] n. m. (de *marquer* [les marcassins portent des rayures sur le dos]). Petit sanglier au-dessous d'un an.

1. marchand, e [marʃɑ̃] n. (lat. *mercatus,* marché). **1.** Personne dont le métier est de vendre des produits (remplacé auj. par COMMERÇANT, il n'est plus usuel qu'avec un compl. qui en limite l'acception) : *Un marchand de meubles, de légumes, de poisson.* — **2.** *Marchand de biens,* celui qui fait profession d'acheter, pour les revendre, des terrains, des immeubles ou des fonds de commerce. ‖ *Marchand de couleurs,* quincaillier, droguiste. ‖ (Péjor.) *Marchand de canons,* fabricant d'armes de guerre. ‖ Péjor. *Marchand de soupe,* restaurateur économe ou de basse qualité. ‖ *Marchand(e) des quatre-saisons* → QUATRE-SAISONS.

2. marchand, e [marʃɑ̃] adj. *Marine marchande,* qui assure le transport des marchandises. ‖ *Valeur marchande d'un objet,* sa valeur dans le commerce.

marchandage [marʃɑ̃daʒ] n. m. Action de marchander : *Un marchandage diplomatique entre deux puissances.*

marchander [marʃɑ̃de] v. t. (de *marchand* 1). **1.** *Marchander qqch (concret),* essayer de l'acheter meilleur marché en discutant le prix avec le vendeur : *Marchander une voiture d'occasion.* — **2.** *Marchander qqch (abstrait)* [*à qqn*], l'accorder à regret, ou en exigeant en retour certains avantages : *Elle ne nous a pas marchandé son appui.*

marchandise [marʃɑ̃diz] n. f. Tout produit faisant l'objet d'un commerce : *De la marchandise de premier choix. Le transport des marchandises.*

marche [marʃ] n. f.

— **I. 1.** Action de marcher; façon de marcher : *Une marche rapide, pesante* (syn. ALLURE, DÉMARCHE, PAS). *Poursuivre sa marche* (syn. ROUTE). *Ouvrir la marche, fermer la marche* (= marcher le premier, le dernier dans un rang, un défilé). *Régler la marche d'un cortège* (= l'ordre des participants, l'horaire du défilé). *Le village est situé à une heure de marche* (= temps mis en marchant). — **2.** Manifestation sous forme de défilé : *Marche de la paix.* — **3.** Pièce de musique de rythme marqué, destinée à régler le pas des troupes, d'un

cortège, etc. : *Jouer une marche militaire, une marche nuptiale.* — **4.** Action de se déplacer, d'avancer, de se développer, de fonctionner : *La voiture fit marche arrière* (= recula). *La marche irrégulière d'un navire. Régler la marche d'une horloge* (syn. FONCTIONNEMENT). *La marche du typhon vers le Japon* (syn. PROGRESSION, AVANCE). *Cela est nécessaire pour la bonne marche du service. La marche d'une maladie* (syn. COURS). *La marche d'une affaire* (syn. DÉVELOPPEMENT). — **5.** *Être en marche,* se développer, fonctionner. ‖ *La marche à suivre,* l'ensemble des démarches, des actions pour arriver à un but : *La marche à suivre pour déposer sa demande* (= les papiers à remplir). ‖ *Mettre en marche,* faire fonctionner. ‖ *Monter en marche, prendre un véhicule en marche,* y monter alors qu'il est déjà en mouvement. ‖ *Se mettre en marche,* commencer à progresser, à fonctionner. — **6.** *Marche avant, marche arrière d'un véhicule,* position des engrenages qui permettent d'avancer ou de reculer.
— **II.** Chacune des surfaces horizontales, placées à des hauteurs différentes, qui servent à monter et à descendre, et dont l'ensemble constitue un escalier : *Monter, descendre les marches.*

marché [marʃe] n. m. (lat. *mercatus*). **1.** Lieu public, en plein air ou couvert, où des commerçants vendent des marchandises (en partic. des denrées comestibles, des tissus, etc.); réunion périodique, dans une localité ou le quartier d'une ville, de commerçants, pour la vente de leurs marchandises : *Les ménagères vont au marché. Le marché aux fleurs de Paris. Un marché aux bestiaux. Les jours de marché.* — **2.** Endroit, ville où se font principalement certaines transactions : *Lyon a été un grand marché pour les soieries.* — **3.** Débouché économique : *Les pays en voie de développement offrent d'importants marchés aux industries européennes. Faire une étude de marché avant de commercialiser un produit;* circuits commerciaux : *Inonder le marché de produits de mauvaise qualité. Offrir sur le marché un appareil nouveau* (= à la vente). — **4.** Ensemble des conditions de vente, d'achat, de commerce : *Les marchés internationaux.* — **5.** État de l'offre et de la demande : *Le marché du travail* (= les conditions d'engagement de la main-d'œuvre). — **6.** Convention d'achat et de vente ou accord quelconque : *Faire un marché avantageux. Conclure un marché* (syn. AFFAIRE). *Rompre un marché* (syn. ACCORD, CONVENTION). *Marché conclu* (= affaire faite). — **7.** *(À) bon marché,* à bas prix, d'un prix abordable : *Vendre, acheter bon marché, à bon marché* (contr. CHER); à peu de frais : *S'en tirer à bon marché* (= sans graves inconvénients). ‖ *(À) meilleur marché,* moins cher. ‖ *Faire bon marché de qqch,* en tenir peu de compte, lui accorder peu de valeur : *Tu fais bon marché de l'opinion des autres.* ‖ *Faire son marché,* aller acheter ses provisions. ‖ *Marché commun,* la Communauté économique européenne, dans laquelle un certain nombre d'échanges de produits est facilité par la suppression des droits de douane. ‖ *Marché noir* → NOIR. ‖ *Mettre le marché en main à qqn,* lui donner le choix de décider l'acceptation ou le refus de qqch. ‖ *Par-dessus le marché,* en outre, en plus de ce qui a été convenu. (→ SUPERMARCHÉ, HYPERMARCHÉ.)

marchepied [marʃəpje] n. m. **1.** Marche servant à monter dans un train, un bus, etc. — **2.** Moyen de parvenir à ses fins pour s'élever : *Cet emploi lui a servi de marchepied.*

marcher [marʃe] v. i. (frq. *markôn,* marquer). **1.** (sujet être animé) Changer de place en déplaçant les pieds l'un après l'autre; se déplacer à pied vers un lieu déterminé : *Marcher sur une route, dans la rue. J'ai besoin de marcher un peu. Apprendre à marcher à un enfant. Marcher pieds nus, à quatre pattes. Les écoliers marchent en rang* (syn. AVANCER). — **2.** Faire mouvement vers un but : *Marcher à la conquête de la gloire.* — **3.** *Marcher sur, dans qqch,* mettre le pied sur qqch en avançant : *Ne marche pas sur la pelouse. Marcher sur le pied de quelqu'un. Marcher dans une flaque d'eau.* — **4.** (sujet un véhicule) Se mouvoir, avancer régulièrement : *La voiture marche à 120 kilomètres à l'heure* (syn. ROULER). — **5.** (sujet un mécanisme, un organe, etc.) Fonctionner : *La pendule marche bien* (= elle marque exactement l'heure). *Faire marcher un appareil. De nouvelles commandes font marcher l'usine* (syn. TOURNER). — **6.** (sujet qqch [abstrait]) Faire des progrès, aller (en parlant d'une activité quelconque) : *Les affaires marchent* (syn. PROSPÉRER). *Comment ça marche aujourd'hui? Ca marche mal. Rien ne marche* (syn. fam. TOURNER ROND); aller vers un but : *La crise marche vers son dénouement.* — **7.** *Fam.* (sujet un élève) Bien suivre un enseignement : *Cet enfant marche bien en maths.* — **8.** *Fam.* (sujet qqn) Donner son acceptation, consentir : *Vous pouvez lui proposer, il marchera;* croire naïvement : *Elle n'a pas marché dans cette histoire.* — **9.** Fam. *Faire marcher qqn,* abuser de sa crédulité pour se moquer de lui.

marcheur, euse [marʃœr] n. Personne qui marche, qui aime à marcher; athlète qui participe à une épreuve de marche.

mardi [mardi] n. m. (lat. *Martis dies,* jour de Mars). **1.** Deuxième jour de la semaine. — **2.** *Mardi gras,* dernier jour avant le début du carême.

mare [mar] n. f. (anc. scand. *marr,* mer). **1.** Petite nappe d'eau dormante : *Il y a des grenouilles dans la mare.* — **2.** Grande quantité de liquide répandue sur le sol : *Une mare de sang* (syn. ↓ FLAQUE).

marécage [marekaʒ] n. m. (de *maresc,* anc. forme de *marais*). Terrain bas, humide, couvert de marais.

marécageux, euse [marekaʒø] adj. Relatif aux marécages : *Plaine marécageuse.*

maréchal [mareʃal] n. m. (frq. *marhskalk,* serviteur responsable des chevaux) [pl. *maréchaux*]. **1.** Officier général titulaire d'une dignité qui est conférée à certains commandants en chefs victorieux devant l'ennemi et dont l'insigne est un *bâton de maréchal.* — **2.** *Maréchal des logis,* sous-officier de cavalerie, d'artillerie, du train, dont le grade correspond à celui de sergent dans l'infanterie.

maréchale [mareʃal] n. f. Femme d'un maréchal.

maréchal-ferrant [mareʃalfɛrɑ̃] n. m. (pl. *maréchaux-ferrants*). Artisan dont le métier est de ferrer les chevaux (syn. FORGERON).

maréchaussée [mareʃose] n. f. (de *maréchal*). *Fam.* Syn. de GENDARMERIE.

marée [mare] n. f. (de *mer*). **1.** Mouvement régulier et périodique des eaux de la mer, montant et descendant chaque jour dans un même lieu, provoqué par l'attraction de la Lune et du Soleil : *À la marée montante, descendante. À marée haute, basse. Les grandes marées d'équinoxe.* — **2.** *Marée humaine,* masse de personnes qui se répand, déferle irrésistiblement (syn. FLOT). ‖ *Marée noire,* arrivée sur un rivage de nappes de pétrole provenant le plus souvent d'un navire accidenté. — **3.** Poissons de mer frais et crustacés destinés à la consommation.

marelle [marɛl] n. f. (anc. fr. *merel,* jeton). Jeu consistant à pousser à cloche-pied un palet dans des cases tracées sur le sol.

marémoteur, trice [maremɔtœr] adj. Relatif à la force motrice des marées; qui utilise cette force : *Usine marémotrice.*

mareyeur [marɛjœr] n. m. Grossiste vendant les produits de la pêche en mer.

margarine [margarin] n. f. (gr. *margaron,* perle).

Substance grasse comestible, préparée à partir de graisses végétales.

marge [marʒ] n. f. (lat. *margo,* bord). **1.** Espace blanc autour d'un texte imprimé ou écrit, et en particulier espace blanc à gauche d'une page manuscrite. — **2.** Intervalle (temps, espace) dont on dispose ou facilité qu'on se donne pour faire qqch : *Prévoir une marge d'erreur de cinq pour cent* (syn. LATITUDE). *Marge de sécurité* (= intervalle dont on dispose avant d'atteindre un point critique; syn. VOLANT). *Laisser un peu de marge à ses collaborateurs dans l'exécution d'un travail* (syn. FACILITÉ). *Tu as de la marge; ne te presse pas* (= tu as du temps). — **3.** *Marge (bénéficiaire),* différence entre le prix de vente et le prix d'achat d'une marchandise, évaluée en pourcentage du prix de vente. — **4.** *En marge de,* plus ou moins en dehors de : *Vivre en marge de la société* (syn. À L'ÉCART DE). *On signale en marge de cette affaire un incident curieux;* et, sans compl., qui ne s'intègre pas à la société : *Un destin en marge. Vivre en marge.*

margelle [marʒɛl] n. f. (lat. *margo,* bord). Ensemble des pierres qui forment le rebord d'un puits.

marginal, e, aux [marʒinal] adj. **1.** Mis en marge : *Des notes marginales.* — **2.** Qui est en marge d'une activité essentielle, principale, qui n'a qu'un rôle ou une importance secondaire : *Entreprise marginale* (syn. SECONDAIRE). *Un travail marginal* (syn. ACCESSOIRE). ◆ adj. et n. Qui vit en marge de la société.

marginalement [marʒinalmɑ̃] adv. De façon marginale : *Vivre marginalement.*

marginaliser [marʒinalize] v. t. Mettre à l'écart, rendre marginal.

marginalité [marʒinalite] n. f. Caractère, état, de qqch ou de qqn qui est marginal.

margoulin [margulɛ̃] n. m. (de *goule,* mot de l'Ouest signif. *gueule*). *Fam.* Individu sans scrupule en affaires; commerçant malhonnête.

marguerite [margərit] n. f. (lat. *margarita,* perle). Nom de plusieurs plantes communes à fleurs blanches et à cœur jaune.

mari [mari] n. m. (lat. *maritus*). Homme uni à une femme par le mariage (syn. ÉPOUX).

mariage [marjaʒ] n. m. **1.** Union légale d'un homme et d'une femme (contr. CÉLIBAT, DIVORCE). *Un mariage mal assorti* (syn. UNION). *Donner sa fille en mariage;* sa célébration : *Fixer la date du mariage* (syn. NOCES). — **2.** Combinaison harmonieuse de plusieurs choses : *Mariage de mots* (syn. ASSOCIATION).

marié, e [marje] n. **1.** Personne unie à une autre par le mariage : *Les mariés arrivent à la mairie* (= ceux dont on va célébrer le mariage). *De jeunes mariés* (= qui viennent de se marier). — **2.** Fam. *Se plaindre que la mariée est trop belle,* de ce dont on devrait se féliciter.

marier [marje] v. t. (lat. *maritare*). **1.** (sujet une autorité civile ou religieuse) *Marier qqn à, avec qqn,* unir un homme et une femme par les liens du mariage : *Le maire les a mariés vendredi;* (sujet un père, une mère, etc.) donner comme époux, épouse; établir dans le mariage : *Il a marié sa fille à (avec) un cultivateur. Il marie son fils le mois prochain.* — **2.** *Marier des choses,* les associer, les allier (soutenu) : *Marier des couleurs* (syn. ASSORTIR). *Marier l'intelligence au sens de l'humain* (syn. JOINDRE). ◆ ***se marier*** **v. pr., être marié** v. pass. **1.** (sujet qqn) Contracter, avoir contracté mariage : *Elle s'est mariée avec un ingénieur* (contr. DIVORCER). *Ils se sont mariés religieusement. Ils sont mariés depuis quatre ans. Une femme mariée.* — **2.** (sujet des choses) S'associer, se combiner : *Ces deux couleurs se marient bien.*

marieuse [marjøz] n. f. Femme qui s'entremet pour faciliter des mariages (vieilli).

marigot [marigo] n. m. (orig. incert.). Dans les pays tropicaux, ruisseau ou trou d'eau.

marijuana ou **marihuana** [marirwana] n. f. (mot esp.). Feuilles de chanvre indien, réduites en poudre et fumées comme stupéfiant.

1. marin, e [marɛ̃] adj. (du lat. *mare,* mer). **1.** Relatif à la mer : *Un courant marin* (= de la mer). *La brise marine* (= qui souffle de la mer). *Le sel marin* (par oppos. à *sel gemme*). — **2.** Qui sert à la navigation maritime : *Une carte marine.* — **3.** *Costume marin,* vêtement bleu foncé d'enfant dont la coupe (le col en particulier) rappelle la tenue des marins français.

2. marin [marɛ̃] n. m. **1.** Personne dont la profession est de naviguer sur mer : *Marin péri en mer.* — **2.** Homme d'équipage (par oppos. à *officier*).

marina [marina] n. f. (mot it. signif. *plage*). Ensemble immobilier situé au bord de la mer, jumelé à un port de plaisance.

marinade [marinad] n. f. Liquide dans lequel un aliment marine.

1. marine [marin] n. f. (lat. *marina,* eau de mer). **1.** Ensemble des marins et des navires effectuant les transports commerciaux ou destinés à la guerre sur mer : *La marine marchande. La marine de guerre. La marine nationale.* — **2.** Administration et services ayant trait à la navigation maritime : *Ministère de la Marine.* — **3.** La navigation maritime : *Le vocabulaire de la marine.* — **4.** Peinture ayant pour sujet la mer. ◆ adj. inv. *Bleu marine,* ou *marine,* bleu foncé.

2. marine [marin] n. m. (mot angl. signif. *marin*). Fusilier marin de l'armée américaine.

mariné, e [marine] adj. Qui a trempé dans une marinade : *Du thon mariné.*

mariner [marine] v. i. (de *marine,* eau de mer) [sujet un aliment] Tremper dans une saumure faite de vinaigre, de sel, d'huile, d'épices, etc., pour être conservé ou pour s'imprégner d'un arôme particulier : *Faire mariner des harengs.*

marinier, ère [marinje] n. Personne dont la profession est de conduire ou d'entretenir les bateaux destinés à la navigation intérieure; homme qui navigue sur une péniche.

marinière [marinjɛr] n. f. (de *marin* 1). **1.** Blouse de femme très ample, qui se passe par la tête. — **2.** *(À la) marinière,* dans un court-bouillon additionné de vin blanc : *Moules marinière.*

marionnette [marjɔnɛt] n. f. (de *Marion,* n. pr.). **1.** Petite figure de bois, de carton, articulée ou non, que qqn fait mouvoir à l'aide de ses mains ou de fils. — **2.** Personne sans caractère, qu'on manœuvre comme on veut (syn. PANTIN).

marionnettiste [marjɔnɛtist] n. Montreur de marionnettes.

marital, e, aux [marital] adj. *Puissance maritale,* celle du mari (jurid.).

maritalement [maritalmɑ̃] adv. *Vivre maritalement,* comme des époux mais sans être mariés légalement.

maritime [maritim] adj. (lat. *maritimus,* de *mare,* mer). **1.** Au bord de la mer : *Port maritime* (par oppos. à *port fluvial*). *La gare maritime du Havre* (= qui dessert le port pour l'embarquement des voyageurs). — **2.** Qui concerne la navigation, la marine : *Le trafic maritime. Le droit maritime.*

marivaudage [marivodaʒ] n. m. *Litt.* Action de marivauder.

marivauder [marivode] v. i. (de *Marivaux,* n. pr.).

Litt. Échanger des galanteries précieuses, des badinages recherchés : *Elle marivaudait avec ses invités.*

marjolaine [marʒɔlɛn] n. f. (orig. obscure). Plante aromatique (syn. ORIGAN).

mark [mark] n. m. (mot all.). Unité monétaire de l'Allemagne et de la Finlande.

marketing [markətiŋ] n. m. (mot angl. signif. *mise en vente*). Ensemble d'activités commerciales (étude de marché, publicité, promotion, etc.) qui concourent au développement des ventes d'un produit.

marmaille [marmɑj] n. f. (de *marmot*). *Fam.* Groupe de jeunes enfants, souvent bruyants et tapageurs.

marmelade [marməlad] n. f. (portug. *marmelo,* coing). **1.** Compote de fruits écrasés et cuits avec du sucre. — **2.** *En marmelade,* en bouillie.

marmite [marmit] n. f. (de l'anc. fr. *marmite,* hypocrite). **1.** Récipient avec couvercle, dans lequel on fait bouillir et cuire des aliments ; son contenu. — **2.** Gros obus (vieilli et fam.). — **3.** Fam. *Faire bouillir la marmite,* contribuer à faire subsister un ménage.

marmiton [marmitɔ̃] n. m. Apprenti attaché au service de la cuisine dans un grand restaurant.

marmonnement [marmɔnmɑ̃] n. m. Action de marmonner.

marmonner [marmɔne] v. t. (onomat.). *Marmonner qqch,* le murmurer entre ses dents, de façon confuse ou avec hostilité : *Marmonner des injures, des menaces* (syn. MARMOTTER, BREDOUILLER).

marmot [marmo] n. m. *Fam.* Petit enfant.

marmotte [marmɔt] n. f. (de *marmotter*). Petit mammifère rongeur, qui hiberne plusieurs mois dans un terrier.

marmotter [marmɔte] v. t. (onomat.). Fam. *Marmotter qqch,* le murmurer confusément entre ses dents : *Marmotter des prières* (syn. BREDOUILLER, MARMONNER).

marne [marn] n. f. (mot gaul.). Roche argileuse, contenant beaucoup de calcaire.

marneux, euse [marnø] adj. Qui contient de la marne : *Sol marneux.*

marocain, e [marɔkɛ̃] adj. et n. Du Maroc.

maronner [marɔne] v. i. (onomat.). *Fam.* (sujet qqn) Rager, exprimer son mécontentement en marmonnant : *Tu as fini de maronner tout seul ?* (syn. fam. RÂLER).

maroquin [marɔkɛ̃] n. m. (de *Maroc*). Peau de chèvre tannée, teinte et utilisée pour la reliure, la confection de porte-feuilles, de sacs, d'étuis, etc.

maroquinerie [marɔkinri] n. f. Fabrication et commerce des articles de cuir.

maroquinier [marɔkinje] n. m. Personne qui fabrique ou vend des articles de maroquinerie.

marotte [marɔt] n. f. (dimin. de *Marie*). *Fam.* Idée fixe (syn. MANIE ; fam. DADA).

marquage [markaʒ] n. m. Action de marquer : *Le marquage du linge.*

marquant, e [markɑ̃] adj. Qui marque, laisse un souvenir durable : *Les événements marquants de la semaine* (syn. IMPORTANT). *Les personnages marquants de la IIIe République* (= en vue).

marque [mark] n. f. **1.** Empreinte ou signe servant à reconnaître, à distinguer qqch : *Faire une marque devant chaque mot à retenir. La marque de fabrique* (syn. LABEL, ESTAMPILLE). *Mettre une marque à la page d'un livre* (syn. SIGNET). — **2.** Ce qui distingue qqn : *Les marques d'une fonction* (syn. INSIGNE). — **3.** Trace laissée par qqch : *Des marques de doigts sur un verre* (syn. TACHE). — **4.** Signe, indice qui révèle qqch : *Donner des marques de sa confiance* (syn. TÉMOIGNAGE, PREUVE). — **5.** Décompte de points au cours d'une partie, d'un match : *La marque, à la mi-temps, est de deux à zéro.* — **6.** *La marque de qqn,* son style personnel, sa manière de faire. ‖ *Personnage, hôte de marque,* personnalité, hôte importants. — **7.** Signe distinctif d'une entreprise commerciale : *Une grande marque de champagne.* — **8.** *Produit, article de (grande) marque,* de grande qualité. — **9.** *À vos marques !,* en athlétisme, ordre donné par le starter pour amener les athlètes sur la ligne de départ.

marqué, e [marke] adj. Accentué, net : *Elle a une préférence marquée pour l'aîné. Une ironie marquée.*

marquer [marke] v. t. (du germ. *marka,* signe). **1.** (sujet qqn) *Marquer qqch de, à, par,* etc., lui mettre un signe qui permette de le distinguer, de le reconnaître : *Marquer les fautes d'une croix faite en marge* (syn. SIGNALER, INDIQUER). *Marquer sa place avec ses gants. Marquer le linge à ses initiales.* — **2.** (sujet qqn) Indiquer par écrit (souvent pass.) : *Marquer un rendez-vous sur un agenda* (syn. NOTER). *Les frontières sont marquées sur la carte* (syn. INDIQUER). *Marquer les points d'un match* (= les enregistrer par écrit). — **3.** (sujet qqch) Être un signe qui permet de distinguer, de noter : *Ces bornes marquent les limites de la propriété* (syn. INDIQUER). *Le lever du rideau marque le début du spectacle* (syn. SIGNALER). *L'anniversaire du débarquement a été marqué par des cérémonies importantes* (syn. COMMÉMORER, CÉLÉBRER). — **4.** (sujet qqch) Laisser des traces, des empreintes sur qqch : *La fatigue marque ses yeux. Elle a le visage marqué* (= ridé). — **5.** (sujet qqn, qqch) Souligner en faisant ressortir, en mettant en évidence : *Marquer la mesure* (syn. SCANDER). *Marquer un temps d'arrêt. Ces attitudes divergentes marquent bien la différence qui existe entre eux.* — **6.** (sujet qqn) Faire connaître aux autres : *Marquer son désaccord* (syn. EXPRIMER). *Marquer sa fidélité* (syn. MANIFESTER). — **7.** *Marquer* (*un but, un panier, un essai,* etc.), réussir un but dans les jeux de ballon. — **8.** (sujet qqn, qqch) *Marquer qqn, une époque,* etc., y laisser une trace durable par son importance, son influence, etc. : *Cette institutrice a marqué ses élèves, aucune d'entre elles ne l'a oubliée. C'est un événement douloureux qui l'a beaucoup marqué.* — **9.** *Marquer un joueur,* surveiller de près un adversaire, dans les jeux d'équipe, afin de l'empêcher d'aller librement vers le but. ◆ v. i. **1.** (sujet qqch) Laisser une marque : *Stylo qui ne marque pas* (syn. ÉCRIRE). *Un boxeur dont les coups marquent.* — **2.** (sujet qqch, qqn) Laisser son empreinte : *Ces événements ont marqué dans ma vie* (= ils ont été très importants, décisifs). ◆ ***se marquer*** v. pr. (sujet qqch) Être indiqué, marqué : *La colère se marque chez elle par un silence obstiné.*

marqueterie [markɛtri] n. f. (de *marquer*). Assemblage composé de feuilles de bois précieux, de métal ou de marbre, plaquées sur un ouvrage de menuiserie et formant des dessins variés.

marqueur [markœr] n. m. **1.** Celui qui inscrit les points dans un jeu, un sport ; celui qui marque le but, l'essai, le panier dans les jeux de ballon. — **2.** Crayon-feutre formant un trait large.

marquis [marki] n. m. (anc. fr. *marchis,* seigneur d'une marche [circonscription territoriale]). Titre de noblesse entre ceux de duc et de comte.

marquise [markiz] n. f.
— **I.** Femme d'un marquis.
— **II. 1.** Auvent vitré construit au-dessus d'une porte pour la protéger de la pluie. — **2.** Bague à chaton oblong.

marraine [marɛn] n. f. (lat. *mater,* mère). **1.** Celle qui présente un enfant au baptême ou à la confirmation. — **2.** Celle qui préside au baptême d'un navire, d'un ouvrage d'art, etc., qui lui donne son nom. (→ PARRAIN et FILLEUL.)

marrant, e [marɑ̃] adj. (de *se marrer*). *Pop.* Amusant.

marre [mar] adv. (de l'esp. *marearse,* avoir la nausée). Pop. *En avoir marre (de qqn, qqch),* être excédé, écœuré (syn. EN AVOIR ASSEZ).

marrer (se) [mare] v. pr. *Pop.* Rire.

marri, e [mari] adj. (de l'anc. fr. *marrir,* affliger). Litt. *Être marri de qqch* ou *de* (+ *inf.*), en être désolé.

1. marron [marɔ̃] n. m. (rad. préroman *marr-,* caillou). **1.** Nom usuel donné au fruit comestible du châtaignier. — **2.** *Marron d'Inde,* fruit non comestible du marronnier d'Inde utilisé en pharmacie. — **3.** *Tirer les marrons du feu,* courir des risques pour le profit de qqn d'autre. ◆ adj. inv. et n. m. De la couleur jaune-brun ou brun-rouge des marrons : *Des yeux marron.*

2. marron, onne [marɔ̃] adj. (esp. *cimarrón,* réfugié dans un fourré). *Médecin, avocat,* etc., *marron,* qui exerce cette profession d'une manière irrégulière, en se livrant à des pratiques illégales.

marronnier [marɔnje] n. m. **1.** Châtaignier cultivé. — **2.** *Marronnier (d'Inde),* arbre à feuilles composées palmées, souvent planté sur les voies publiques.

mars [mars] n. m. (lat. *martius,* de Mars [dieu de la Guerre]). Troisième mois de l'année.

marsouin [marswɛ̃] n. m. (scand. *marsvin,* porc de mer). Mammifère marin voisin du dauphin.

marsupial [marsypjal] n. m. (lat. *marsupium,* bourse) [pl. *marsupiaux*]. Mammifère dont la femelle a une poche ventrale destinée à recevoir les petits : *Le kangourou, le koala sont des marsupiaux.*

marte → MARTRE.

marteau [marto] n. m. (bas lat. *martellus*). **1.** Outil formé d'une tête en métal et d'un manche de bois, dont on se sert pour frapper : *Enfoncer un clou avec un marteau;* outil servant à percer, à perforer, etc. : *Le marteau pneumatique est une machine fonctionnant à l'air comprimé et mettant en jeu un outil de percussion (marteau piqueur);* heurtoir d'une porte. — **2.** Pièce garnie de feutre qui frappe chaque corde d'un piano. — **3.** Sphère métallique, munie d'un fil d'acier et d'une poignée, que les athlètes lancent après l'avoir fait tournoyer. — **4.** *(Requin) marteau,* requin des mers chaudes, à tête aplatie en deux lobes latéraux portant les yeux.

marteau-pilon [martopilɔ̃] n. m. (pl. *marteaux-pilons*). Gros marteau de forge.

martel [martɛl] n. m. (bas lat. *martellus,* marteau). *Se mettre martel en tête,* se faire beaucoup de souci.

martelage [martəlaʒ] n. m. **1.** Action de marteler, de frapper à coups de marteau : *Le martelage d'une pièce sur l'enclume.* — **2.** Marquage, à l'aide d'un marteau portant des lettres en relief, des arbres qui doivent être abattus ou réservés dans une forêt.

martèlement [martɛlmɑ̃] n. m. Action de frapper, d'ébranler : *Le martèlement des pas* (= bruit cadencé).

marteler [martəle] v. t. (c. 5). **1.** *Marteler un métal, un objet,* le frapper à coups de marteau : *Le forgeron martelait le fer sur l'enclume.* — **2.** *Marteler qqch, le corps de qqn,* frapper fort et à coups redoublés : *Le boxeur martelait le visage de son adversaire. L'artillerie martèle les positions ennemies* (syn. PILONNER). — **3.** *Marteler la tête de qqn,* ébranler qqn par un bruit fort et répété : *Le bruit des pétards lui martelait le crâne.* — **4.** *Marteler des mots,* les articuler avec force, en détachant les syllabes.

martial, e, aux [marsjal] adj. (de *Mars,* dieu de la Guerre). **1.** Qui manifeste du goût pour le combat; qui encourage cet état d'esprit : *Un discours martial. Le petit groupe s'avança d'un air martial* (syn. ↓ DÉCIDÉ). *Une voix martiale* (= assurée, énergique). — **2.** *Arts martiaux,* ensemble des sports de combat d'origine japonaise (judo, aïkido) fondés sur un code moral qui était celui des samouraïs. ‖ *Cour martiale,* tribunal militaire exceptionnel, fonctionnant en cas d'état de guerre ou de troubles. ‖ *Loi martiale,* loi autorisant l'intervention de la force armée en cas de troubles intérieurs.

martien, enne [marsjɛ̃] adj. Relatif à la planète Mars. ◆ n. Habitant présumé de cette planète.

1. martinet [martinɛ] n. m. (de *marteau*). Sorte de fouet formé de brins de cuir ou de corde.

2. martinet [martinɛ] n. m. (de *Martin,* n. pr.). Petit oiseau ressemblant à l'hirondelle.

martingale [martɛ̃gal] n. f. (prov. *martegalo,* de Martigues). **1.** Demi-ceinture placée à la taille, dans le dos d'un vêtement. — **2.** Au jeu, procédé fondé sur des calculs de probabilités, et qui prétend assurer un bénéfice certain.

martiniquais, e [martinikɛ] adj. et n. De Martinique.

martin-pêcheur [martɛ̃pɛʃœr] n. m. (pl. *martins-pêcheurs*). Petit passereau au plumage brillant qui se tient d'ordinaire au bord des cours d'eau.

martre [martr] ou **marte** [mart] n. f. (mot germ.). Mammifère carnassier à fourrure estimée dont il existe trois espèces : la *martre ordinaire,* la *fouine* et la *zibeline.*

martyr, e [martir] n. (gr. *martus,* témoin). Personne qui souffre, qui meurt pour ses croyances religieuses, pour une cause politique : *Les martyrs de la liberté.* ◆ adj. et n. Qui souffre de mauvais traitements systématiques : *Un enfant martyr.*

martyre [martir] n. m. (lat. *martyrium*). **1.** Souffrance, mort endurée pour une cause : *Le martyre de saint Sébastien.* — **2.** Grande souffrance morale ou physique : *Sa vie fut un long martyre* (syn. CALVAIRE). *Elle souffre le martyre. C'est un martyre de l'écouter pendant une heure* (syn. SUPPLICE).

martyriser [martirize] v. t. *Martyriser qqn,* le faire souffrir beaucoup (syn. ↑ TORTURER).

martyrologe [martirɔlɔʒ] n. m. Liste de martyrs.

marxisme [marksism] n. m. (du n. de Karl *Marx*). Doctrine philosophique, politique et économique issue de Marx, qui analyse les processus historiques selon des méthodes dialectiques et matérialistes, à la lumière de la lutte des classes.

marxisme-léninisme [marksismleninism] n. m. Théorie et pratique politique s'inspirant de Marx et de Lénine.

marxiste [marksist] adj. et n. Qui relève du marxisme.

marxiste-léniniste [marksistleninist] adj. et n. Qui relève du marxisme-léninisme.

mas [mɑ(s)] n. m. (mot prov.; du lat. *manere,* demeurer). Maison de campagne, ferme dans le midi de la France.

mascara [maskara] n. m. Cosmétique pour les cils.

mascarade [maskarad] n. f. (it. *mascherata*). **1.** Autref. ou au théâtre, divertissement dans lequel les gens sont masqués et déguisés. — **2.** Mise en scène trompeuse, hypocrite.

mascaret [maskarɛ] n. m. (mot gascon). Brusque surélévation des eaux à l'estuaire de certains fleuves, qui prend l'aspect d'une grande vague.

mascotte [maskɔt] n. f. (prov. *mascoto,* sortilège). Objet, animal fétiche, considéré comme un porte-bonheur.

masculin, e [maskylɛ̃] adj. (lat. *masculinus*, de *masculus*, mâle). **1.** Propre à l'homme, au mâle : *Sexe masculin. Métier masculin* (contr. FÉMININ). — **2.** Qui rappelle les caractéristiques de l'homme : *Voix masculine* (syn. MÂLE). *Force masculine* (syn. VIRIL). — **3.** Composé d'hommes : *La main-d'œuvre masculine d'un pays.* ◆ adj. et n. m. Se dit d'un des deux genres du nom (des déterminants, des qualificatifs), qui ne porte en français aucune marque distinctive. — Ce genre correspond au sexe mâle (êtres animés), ou à une répartition qui est fonction de la terminaison (les mots en -ès sont masculins : *abcès, procès*), du suffixe (les mots en -*age* et -*ment* sont masculins) ou de la classe sémantique (les noms de métaux : *le fer, le zinc, l'aluminium*, sont masculins) [contr. FÉMININ].

masculiniser [maskylinize] v. t. Rendre masculin : *Ce tailleur la masculinise.*

masculinité [maskylinite] n. f. Ensemble des caractères psychologiques masculins.

masochisme [mazɔʃism] n. m. (de *Sacher-Masoch*, romancier autrichien). Attitude de qqn qui trouve de la satisfaction dans sa propre souffrance, dans son humiliation.

masochiste [mazɔʃist] adj. et n. Qui relève du masochisme.

masquage [maskaʒ] n. m. Action de masquer : *Le masquage de la vérité dans les journaux.*

masque [mask] n. m. (it. *maschera*). **1.** Objet (pièce de tissu, forme de carton, appareil, etc.) dont on se couvre le visage, soit pour le cacher, soit pour le protéger : *Les enfants mettent des masques au moment du carnaval. Les masques de la comédie grecque. Le masque métallique de l'escrimeur. Un masque à gaz.* — **2.** Moulage de la face, pris sur le vif ou sur le cadavre : *Le masque mortuaire de Pascal.* — **3.** *Litt.* Aspect du visage considéré sur le plan des traits généraux de la physionomie : *Un masque impénétrable* (syn. AIR, VISAGE, EXPRESSION). — **4.** Apparence trompeuse (soutenu) : *Sous un masque de courtoisie se cachait un esprit férocement ironique* (syn. DEHORS). — **5.** *Arracher le masque à qqn*, dévoiler sa duplicité. ‖ *Lever, ôter le masque*, dévoiler son jeu.

masqué, e [maske] adj. **1.** Qui porte un masque : *Des bandits au visage masqué.* — **2.** *Bal masqué*, où les invités portent des masques et sont déguisés.

masquer [maske] v. t. *Masquer qqch*, le cacher à la vue, à la pensée, etc. : *L'entrée du souterrain était masquée par d'épais buissons* (syn. DÉROBER AUX REGARDS). *Masquer ses projets véritables* (syn. DISSIMULER).

massacrant, e [masakrɑ̃] adj. *Être d'une humeur massacrante*, être de très mauvaise humeur.

massacre [masakr] n. m. **1.** Action de tuer sauvagement et en masse des gens qui ne peuvent se défendre : *Le massacre de la Saint-Barthélemy à Paris* (syn. TUERIE). *Le massacre des déportés dans les camps de concentration* (syn. EXTERMINATION); et, en parlant d'animaux : *Les chasseurs se livrèrent à un véritable massacre* (syn. CARNAGE). — **2.** Action d'endommager qqch par brutalité ou par maladresse : *Le découpage de la dinde fut un véritable massacre;* action de défigurer une œuvre musicale, théâtrale, etc., en l'exécutant mal. — **3.** *Jeu de massacre*, jeu de foire qui consiste à renverser avec des balles des pantins placés à distance.

massacrer [masakre] v. t. (bas lat. *matteuculare*, tuer en frappant avec acharnement). **1.** *Massacrer des personnes, des animaux*, les tuer sauvagement et en masse : *Massacrer des populations civiles* (syn. EXTERMINER). *On a retrouvé toute une famille odieusement massacrée* (syn. ÉGORGER, ASSASSINER). — **2.** Fam. *Massacrer qqn*, le mettre à mal : *Le boxeur massacra son adversaire* (syn. fam. DÉMOLIR). — **3.** *Massacrer qqch*, l'abîmer par maladresse, par un travail sans soin, par une mauvaise exécution, etc. : *Massacrer un texte en le remaniant* (syn. SACCAGER). *Le paysage a été massacré par les panneaux publicitaires* (syn. DÉFIGURER).

massacreur [masakrœr] n. m. Qui massacre.

massage [masaʒ] n. m. Action de masser.

1. masse [mas] n. f. (lat. *massa*). **1.** Grande quantité d'une matière, d'une substance, etc., sans forme précise, mais compacte : *La masse d'eau retenue par un barrage* (syn. VOLUME). *Une énorme masse de rocher* (syn. BLOC). *Des masses d'air froid* (syn. FLUX). *Statue taillée dans la masse* (= dans un seul bloc de pierre, de marbre). — **2.** Ensemble imposant dont on ne distingue pas les parties : *On voyait dans la brume la masse du paquebot.* — **3.** Ensemble d'un ouvrage d'architecture; principaux éléments d'une composition picturale : *Plan de masse d'un immeuble* (= plan d'ensemble). *Répartition des masses dans un tableau* (syn. VOLUME). — **4.** *Masse d'un corps*, rapport de la force appliquée à ce corps à l'accélération qu'elle lui communique. (L'unité principale de masse est le *kilogramme.*) — **5.** Grand groupe humain, caractérisé par une fonction déterminée (surtout pl.) : *Les masses laborieuses, les masses paysannes.* — **6.** Le plus grand nombre, la grande majorité des hommes (avec ou sans compl.) : *La masse des électeurs* (syn. LE GROS). *Une manifestation de masse. Plaire à la masse* (syn. GRAND PUBLIC). — **7.** (pl.) La classe ouvrière, les classes populaires : *Discours qui a de l'influence sur les masses* (syn. PEUPLE). — **8.** *Une masse de, des masses de* (+ *n. pl.*), un grand nombre de : *Une masse de documents* (syn. ↑MONCEAU). *Il y a une masse de mots dont je ne connais pas le sens* (syn. QUANTITÉ). *Des masses de lettres à écrire. Des masses de touristes envahissent l'Italie en été* (syn. FOULE). — **9.** *En masse*, en grand nombre : *Venir en masse à une réunion* (syn. EN FOULE). ‖ Fam. *Il n'y en a pas des masses*, il n'y en a pas beaucoup. ‖ *Masse de manœuvre*, argent mis de côté pour servir éventuellement à une opération financière. ‖ *Masse monétaire*, ensemble des billets en circulation. ‖ *Masse salariale*, ensemble des salaires (directs ou indirects) payés par une entreprise ou dans un pays donné. ‖ *Tomber comme une masse*, d'une manière pesante. — **10.** Ensemble des pièces conductrices qui, dans une installation électrique, sont mises en communication avec le sol.

2. masse [mas] n. f. (lat. *mateola*, marteau). **1.** Gros marteau lourd. — **2.** *Masse (d'armes)*, arme formée d'un manche et d'une tête de métal souvent garnie de pointes.

1. masser [mase] v. t. (de *masse* 1). *Masser des personnes qqpart*, les y assembler en grand nombre : *Masser des troupes à la frontière* (syn. RÉUNIR). ◆ ***se masser*** v. pr. Se rassembler en masse : *La foule s'est massée au passage du cortège.*

2. masser [mase] v. t. (ar. *mass*, palper). *Masser qqn*, presser, en pétrissant avec les mains ou avec un appareil, différentes parties de son corps, pour leur donner de la souplesse, pour enlever la fatigue, une douleur, etc. : *Se faire masser le cou.*

masseur, euse [masœr] n. Qui masse.

massicot [masiko] n. m. (de *Massicot*, n. de l'inventeur). Machine à couper le papier, à rogner les tranches des livres.

massicoter [masikɔte] v. t. Couper au massicot.

1. massif, ive [masif] adj. (de *masse* 1). **1.** Qui forme une masse épaisse, imposante, lourde, compacte : *Les portes massives du château* (syn. PESANT). *Un homme au visage massif* (syn. ÉPAIS). — **2.** Qui forme un bloc compact, sans présenter de creux ni être plaqué : *Bijou en or massif.* — **3.** En grande quantité; qui réunit un grand nombre de personnes : *Une dose massive de poison. Une manifestation massive. Les départs massifs de juillet.*

2. massif [masif] n. m. **1.** Ensemble de montagnes formant une masse : *Le massif du Mont-Blanc.* — **2.** Ensemble de fleurs, d'arbustes groupés sur un espace de terre (syn. PARTERRE).

massivement [masivmɑ̃] adv. De façon massive.

mass media [masmedja] → MÉDIA.

massue [masy] n. f. (bas lat. *matteuca*). **1.** Gros bâton noueux, dont une des extrémités était plus grosse que l'autre et qui pouvait servir d'arme. — **2.** *Argument massue,* qui laisse sans réplique l'interlocuteur. ‖ *Coup de massue,* événement brutal, catastrophique et inattendu.

mastic [mastik] n. m. (gr. *mastikhê,* gomme de lentisque). Pâte adhésive, faite de craie pulvérisée et d'huile de lin, dont on se sert pour boucher les trous, pour faire tenir les vitres, etc.

masticage [mastikaʒ] n. m. Action de joindre ou de remplir avec du mastic.

mastication [mastikasjɔ̃] n. f. Action de mâcher.

1. mastiquer [mastike] v. t. (de *mastic*). Procéder au masticage : *Mastiquer les fentes d'un mur.*

2. mastiquer [mastike] v. t. (lat. *masticare*). *Mastiquer (un aliment),* le broyer avec les dents avant de l'avaler (syn. usuel MÂCHER).

mastoc [mastɔk] adj. inv. (de l'all. *Mastochs,* bœuf à l'engrais). *Péjor.* Dont les formes sont grossières, massives, lourdes : *Des édifices mastoc.*

mastodonte [mastɔdɔ̃t] n. m. (gr. *mastos,* mamelle, et *odontos,* dent). **1.** Mammifère fossile, voisin de l'éléphant. — **2.** *Fam.* Personne énorme.

masturbation [mastyrbasjɔ̃] n. f. Action de se masturber.

masturber (se) [mastyrbe] v. pr. (lat. *manus,* main, et *stuprare,* polluer). Se toucher les parties génitales pour se procurer du plaisir.

m'as-tu-vu [matyvy] n. m. inv. *Fam.* Personne toujours prête à se vanter.

masure [mazyr] n. f. (bas lat. *mansura,* demeure). Vieille maison délabrée.

1. mat [mat] adj. inv. et n. m. (persan *mât,* mort). Terme du jeu d'échecs indiquant que le roi ne peut plus quitter sa place sans être pris, ce qui termine la partie.

2. mat, e [mat] adj. (lat. *mattus,* humide). **1.** Qui n'a pas d'éclat ou de poli, en parlant d'un métal, d'une couleur, etc. : *De l'acier mat* (contr. BRILLANT). *Couleur mate* (contr. VIF, BRILLANT, ÉCLATANT). — **2.** *Son, bruit mat,* qui n'a pas de résonance (syn. SOURD; contr. SONORE). — **3.** *Teint mat, peau mate,* légèrement bistrés (contr. BLANC, ROSÉ).

mât [mɑ] n. m. (frq. *mast*). **1.** Dans un navire, pièce de bois verticale ou oblique, portant la voilure, les antennes de radio, les signalisations, etc. — **2.** Poteau servant à divers usages : *Un mât de tente.*

matador [matadɔr] n. m. (mot esp. signif. *tueur*). Celui qui, dans les courses de taureaux, est chargé de mettre à mort l'animal.

matamore [matamɔr] n. m. Personne qui n'est courageuse qu'en paroles (syn. BRAVACHE, FANFARON). [*Matamore* était un personnage de la comédie espagnole.]

match [matʃ] n. m. (mot angl.) [pl. *matches* ou *matchs*]. **1.** Épreuve sportive disputée entre deux adversaires ou deux équipes : *Un match de football.* — **2.** *Faire match nul,* terminer le match à égalité, sans vainqueur ni vaincu. ‖ *Match aller, match retour,* chacune des deux rencontres qui opposent deux équipes.

matelas [matla] n. m. (ar. *matrash,* chose jetée à terre). **1.** Pièce de literie, composée d'un long et large coussin piqué et rembourré, et qui est posé sur le sommier. — **2.** *Matelas pneumatique,* enveloppe de toile caoutchoutée ou de plastique gonflable, utilisée pour le camping, la plage, etc. — **3.** *Matelas d'air,* couche d'air entre deux parois, protégeant contre les bruits.

matelasser [matlase] v. t. *Matelasser qqch,* le garnir de laine, d'étoffe, de coussinets : *Les épaules du costume sont fortement matelassées* (syn. REMBOURRER). *Des murs matelassés de toile.*

matelassier, ère [matlasje] n. Personne dont le métier est de confectionner des matelas.

matelot [matlo] n. m. (anc. néerl. *mattenoot,* compagnon). Homme de l'équipage d'un navire qui participe à sa manœuvre.

matelote [matlɔt] n. f. (de *matelot*). Préparation culinaire à base de poisson (anguille), assaisonné de vin rouge et d'oignons.

mater [mate] v. t. (de *mat* 1). **1.** *Mater qqn,* le soumettre à son autorité par la violence, par la sévérité, en brisant sa résistance : *Mater un enfant indiscipliné* (syn. DOMPTER). — **2.** *Mater qqch,* s'en rendre maître, en empêcher le développement dangereux : *Mater une révolte* (syn. ÉTOUFFER).

matérialisation [materjalizasjɔ̃] n. f. Action de matérialiser.

matérialiser [materjalize] v. t. (du lat. *materia,* matière). *Matérialiser qqch (abstrait),* lui donner une forme concrète, le rendre réel, effectif : *Matérialiser un rêve, un projet* (syn. CONCRÉTISER, RÉALISER). ◆ ***se matérialiser*** v. pr. Devenir réel : *Ses rêves se matérialisèrent quand elle put acheter cette petite maison.*

matérialisme [materjalism] n. m. **1.** Doctrine, attitude philosophique qui considère la nature, l'être, la matière comme une donnée première existant indépendamment de l'homme pensant et qui fait de la pensée, de la conscience un second phénomène. — **2.** État d'esprit, attitude de celui pour qui seuls comptent les biens matériels et la recherche immédiate du plaisir.

matérialiste [materjalist] adj. et n. Qui relève du matérialisme.

matérialité [materjalite] n. f. *Établir la matérialité des faits,* leur existence réelle.

matériau [materjo] n. m. Matière entrant dans la construction : *La pierre est un matériau.* ◆ ***matériaux*** n. m. pl. **1.** Ensemble des matières entrant dans la construction des bâtiments, des voies de communication, etc. — **2.** Ensemble de faits, d'idées entrant dans la composition d'une œuvre littéraire, d'un ouvrage savant : *Classer, répertorier des matériaux* (syn. DOCUMENT).

1. matériel [materjɛl] n. m. (lat. *materialis,* de *materia,* matière). Ensemble des objets, des équipements, des machines utilisés dans une usine, dans des bureaux, une exploitation, etc. : *Le matériel agricole.*

2. matériel, elle [materjɛl] adj. **1.** Formé par la matière : *L'univers matériel. Un être matériel* (contr. SPIRITUEL). — **2.** Qui existe effectivement, de façon réelle, tangible : *Avoir les preuves matérielles d'un mensonge. Je suis dans l'impossibilité matérielle de le joindre. Ne pas avoir le temps matériel d'accomplir une action* (= nécessaire). — **3.** Qui appartient aux nécessités de la vie humaine, aux moyens financiers d'existence; qui est fait des biens possédés : *Le confort matériel* (contr. MORAL). *Les avantages matériels accordés aux employés de l'entreprise* (par oppos. aux salaires proprement dits). *Avoir des soucis matériels. Apporter une aide matérielle aux pays sous-développés.*

matériellement [materjɛlmɑ̃] adv. D'une manière réelle, positive : *C'est matériellement impossible. Elle n'a pas matériellement le temps avant ce soir* (syn. EFFECTIVEMENT).

maternage [matɛrnaʒ] n. m. Relation entre deux personnes sur le modèle de mère à enfant.

maternel, elle [matɛrnɛl] adj. (lat. *maternus*). **1.** Propre à une mère, à son rôle : *L'allaitement maternel. L'amour maternel.* — **2.** Semblable à ce qui vient d'une mère : *Elle était affectueuse, presque maternelle avec lui. Avoir des gestes maternels.* — **3.** Relatif à la mère : *Son grand-père maternel* (= du côté de sa mère). *La protection maternelle et infantile* (= de la mère et de l'enfant). — **4.** *École maternelle,* ou *la maternelle* n. f., école qui reçoit les enfants entre deux et six ans. ‖ *Langue maternelle,* celle qu'on a parlée dans son enfance, qu'on a apprise de ses parents.

maternellement [matɛrnɛlmɑ̃] adv. De façon maternelle.

materner [matɛrne] v. t. *Materner qqn,* l'entourer de soins à la manière d'une mère.

maternité [matɛrnite] n. f. (lat. *mater,* mère). **1.** État, qualité de mère : *Elle n'était pas préparée à la maternité. Les maternités répétées l'ont fatiguée* (= le fait de mettre des enfants au monde). — **2.** Établissement hospitalier, service d'un hôpital, clinique où s'effectuent les accouchements.

mathématicien, enne [matematisjɛ̃] n. Personne qui étudie, qui enseigne les mathématiques.

mathématique [matematik] adj. (gr. *mathêmatikos,* de *mathêma,* science). **1.** Relatif aux mathématiques : *Des connaissances mathématiques.* — **2.** Qui a la rigueur des mathématiques : *Une précision mathématique.* — **3.** Fam. *C'est mathématique,* c'est absolument nécessaire ou inévitable. ◆ ***mathématiques*** n. f. pl. Science qui a pour objet l'étude des grandeurs, de leur comparaison et de leur mesure : *Étudier les mathématiques.* (Abrév. fam. MATH ou MATHS.) [REM. On emploie fréquemment maintenant le mot au sing.]

mathématiquement [matematikmɑ̃] adv. Comme si cela était calculé : *Mathématiquement, l'accident devait se produire* (syn. NÉCESSAIREMENT).

mathématiser [matematize] v. t. *Mathématiser un domaine, qqch,* y introduire les méthodes mathématiques.

matheux, euse [matø] n. *Fam.* Doué pour les mathématiques, qui étudie les mathématiques.

matière [matjɛr] n. f. (lat. *materia*). **1.** Substance constituant les corps : *Désintégration de la matière. La matière vivante.* — **2.** (+ adj.) Substance ayant des caractéristiques, des formes déterminées : *Matière combustible, inflammable.* — **3.** *Matière première,* produit destiné à être transformé. — **4.** Ce qui constitue le fond, le sujet d'un ouvrage, d'un discours, etc. : *La matière d'un livre. La table des matières.* — **5.** Discipline qui est l'objet d'un enseignement : *Quelle matière préfères-tu ? Le français ou les maths ?* — **6.** *En matière* (+ *adj.*), en ce qui concerne : *En matière juridique.* ‖ *En matière de* (+ *n.*) sous le rapport de : *En matière de religion.* ‖ *Entrée en matière,* début, introduction d'un discours ou d'un écrit. ‖ *Entrer en matière,* aborder un sujet. ‖ *Être, donner,* etc., *matière à* (+ *n.* ou *inf.*), être l'occasion, la cause de : *Donner matière à plaisanter. Être matière à réflexion.* (→ MATÉRIEL.)

matin [matɛ̃] n. m. (lat. *matutinum*). **1.** Temps compris entre minuit et midi, et usuellement, partie du jour comprise entre le lever du soleil et midi : *Elle sortit par un froid matin de décembre* (contr. SOIR). *Les matins d'automne brumeux et tristes. On s'est couchés à une heure du matin* (= une heure après minuit). *Je ne travaille que le matin* (= dans la matinée). — **2.** Considéré comme une date ou un moment de la journée, avec un déterminant : *Ils ont dansé jusqu'au matin* (= jusqu'au lever du jour). *Il chante du matin au soir ;* sans déterminant, particulièrement après un mot désignant un jour de la semaine (inv. dans ce cas) : *Prendre ce cachet matin et soir. Faire une promenade tous les dimanches matin. À demain matin.* — **3.** *Au matin de la vie,* expression poétique désignant la jeunesse (contr. AU SOIR DE LA VIE). ‖ *De grand matin, de bon matin, dès le petit matin, au petit matin,* de très bonne heure : *Il est obligé, pour se rendre à son travail, de partir de grand matin. Au petit matin, il se mit à l'affût.* ‖ *Un beau matin,* un jour indéterminé (où se passe un incident) : *Un beau matin, on retrouva son portefeuille derrière le radiateur.*

mâtin, e [mɑtɛ̃] n. (du lat. *mansuetus,* apprivoisé). Personne vive, astucieuse (vieilli) [syn. COQUIN].

matinal, e, aux [matinal] adj. **1.** Qui se fait, qui a lieu le matin : *La toilette matinale.* — **2.** Se dit de qqn qui se lève tôt : *Vous êtes bien matinal pour un dimanche.*

mâtiné, e [mɑtine] adj. **1.** Se dit d'un chien, d'un chat qui n'est pas de race pure : *Épagneul mâtiné de dogue.* — **2.** Mêlé à qqch d'autre : *Elle parle un français mâtiné d'italien.*

matinée [matine] n. f. (de *matin*). **1.** Durée comprise entre le lever du soleil et midi : *La matinée se passa bien. Venez me voir à la fin de la matinée, au début de la matinée. Je suis resté chez moi toute la matinée. Ils passeront dimanche dans la matinée.* — **2.** Spectacle, fête, réunion qui a lieu en général au début de l'après-midi (elle peut commencer le matin et finir avant le dîner) : *Qu'est-ce que la Comédie-Française donne en matinée ? Assister à une matinée théâtrale* (contr. SOIRÉE). *Une matinée dansante* (= un bal dans l'après-midi). — **3.** *Faire la grasse matinée,* s'attarder dans son lit le matin.

matois, e [matwa] adj. et n. *Litt.* Rusé, finaud (syn. MADRÉ).

maton [matɔ̃] n. m. (de l'arg. *mater,* épier). *Pop.* Gardien de prison.

matou [matu] n. m. (onomat.). *Fam.* Chat mâle.

matraquage [matrakaʒ] n. m. Action de matraquer : *Le matraquage publicitaire.*

matraque [matrak] n. f. (ar. *matraq,* gourdin). Arme constituée par un bâton de bois ou de caoutchouc durci.

matraquer [matrake] v. t. **1.** Frapper d'un coup de matraque : *Les manifestants ont été matraqués par la police.* — **2.** *Fam.* Faire payer un prix excessif : *On s'est fait matraquer au restaurant.* — **3.** Infliger au public par la radio, la publicité, etc., un slogan, une image, en les répétant sans arrêt.

matriarcal, e, aux [matrijarkal] adj. Qui relève du matriarchat : *Société matriarcale.*

matriarcat [matrijarka] n. m. (lat. *mater,* mère). Forme de société dans laquelle, chez certains peuples, les femmes donnent leur nom aux enfants et exercent une autorité prépondérante au sein de la famille.

matrice [matris] n. f. (lat. *matrix,* de *mater,* mère). **1.** Syn. vieilli de UTÉRUS. — **2.** Moule en creux ou en relief servant à reproduire une empreinte sur un objet soumis à son action.

1. matricule [matrikyl] n. f. (lat. *matricula,* petit registre). Registre où sont inscrites les personnes qui entrent dans une collectivité ou un organisme : *Matricule militaire.*

2. matricule [matrikyl] n. m. Numéro d'inscription sur ce registre : *Le prisonnier matricule 390.* ◆ adj. Qui relève du matricule : *Numéro matricule.*

matrimonial, e, aux [matrimɔnjal] adj. (du lat. *matrimonium,* mariage). Relatif au mariage : *Régime matrimonial. L'agence matrimoniale met en rapport des personnes désireuses de se marier.*

matrone [matrɔn] n. f. (lat. *matrona*). *Péjor.* Grosse femme, d'âge mûr, aux manières vulgaires.

maturation [matyrasjɔ̃] n. f. (du lat. *maturare,* mûrir). Processus conduisant au développement complet d'un phénomène; processus par lequel un fruit, un fromage arrivent à maturité.

mature [matyr] adj. Arrivé à maturité (soutenu).

mâture [mɑtyr] n. f. Ensemble des mâts d'un navire.

maturité [matyrite] n. f. **1.** État des fruits, des fromages quand ils sont mûrs. — **2.** Période de la vie comprise entre la jeunesse et la vieillesse; état de qqn qui a atteint son plein développement physique et intellectuel : *Être en pleine maturité* (= dans la force de l'âge). *La maturité précoce d'une adolescente.* — **3.** État de l'esprit, d'un talent, de qqch, etc., qui a atteint son complet développement : *Talent en pleine maturité. Maturité d'esprit. Projet, réflexion qui vient à maturité.*

maudire [modir] v. t. (lat. *maledicere,* dire du mal) [c. **15**]. **1.** *Maudire qqn,* lancer contre lui une malédiction, attirer sur lui la colère divine (litt. ou relig.). — **2.** *Maudire qqn, qqch,* manifester contre eux son exaspération, sa colère, son impatience : *Elle maudissait ceux qui lui avaient conseillé de prendre ce chemin* (syn. PESTER CONTRE, S'EMPORTER CONTRE). *Maudire la guerre* (syn. HAÏR, EXÉCRER). [→ MALÉDICTION.]

maudit, e [modi] adj. et n. Voué à la damnation; rejeté par la société : *Les supplices des maudits* (syn. DAMNÉ). *L'amour maudit* (syn. INTERDIT). ◆ adj. (avant le n.) Injure manifestant la colère, l'impatience contre qqn, contre qqch : *Maudit soit l'importun qui m'appelle à une heure pareille! Ce maudit téléphone* (syn. fam. SATANÉ, SACRÉ).

maugréer [mogree] v. i. (de *mal* et *gré*). Manifester de la mauvaise humeur, du mécontentement, en prononçant des paroles à mi-voix : *Maugréer contre tout le monde* (syn. fam. RONCHONNER, RÂLER, ROUSPÉTER). ◆ v. t. Dire en maugréant : *Il maugréa une injure.*

mauricien, enne [morisjɛ̃] adj. et n. De l'île Maurice.

mauritanien, enne [moritanjɛ̃] adj. et n. De Mauritanie.

mausolée [mozɔle] n. m. (de *Mausole,* gouverneur de l'Empire perse). Monument funéraire somptueux et de grandes dimensions.

maussade [mosad] adj. (de *mal* et anc. fr. *sade,* agréable). **1.** Qui manifeste de la mauvaise humeur : *Il nous a accueillis d'un air maussade* (syn. RENFROGNÉ, MÉCONTENT). *Devenir maussade avec l'âge* (syn. CHAGRIN, GROGNON). *Des propos maussades* (syn. DÉSABUSÉ). — **2.** Qui provoque l'ennui, le désagrément : *Le temps est maussade* (syn. TERNE, TRISTE).

maussadement [mosadmɑ̃] adv. *Litt.* Avec mauvaise humeur.

maussaderie [mosadri] n. f. *Litt.* Caractère maussade de qqn ou de qqch.

mauvais, e [mɔvɛ] adj. (lat. *malifatius,* de *malum fatum,* mauvais sort) [le plus souvent avant le n.] **1.** Se dit de qqch qui présente un défaut, une imperfection : *De la mauvaise marchandise* (syn. DÉFECTUEUX; contr. BON). *Une mauvaise route* (syn. ↑ÉPOUVANTABLE, ↑HORRIBLE). *Une mauvaise mémoire* (syn. INFIDÈLE). *Parler un mauvais français* (syn. INCORRECT). *Faire un mauvais calcul* (syn. FAUX). *Faire une mauvaise politique* (syn. ↑DÉSASTREUX). — **2.** Insuffisant, qui rapporte peu : *Une mauvaise note* (contr. BON). *Une mauvaise affaire* (contr. AVANTAGEUX). — **3.** Se dit de qqn (de son attitude) qui n'a pas les qualités qu'il devrait avoir : *De mauvais acteurs* (contr. EXCELLENT). *Un mauvais père* (syn. ↑INDIGNE). — **4.** Qui ne convient pas, qui n'est pas opportun : *Elle s'est décidée au mauvais moment* (syn. INOPPORTUN). *Il n'est pas mauvais que nous puissions discuter entre nous de ce projet* (= il est utile). — **5.** Se dit de ce qui nuit, cause du mal, présente un danger : *Je me suis fait une mauvaise fracture. C'est mauvais pour votre santé* (syn. NUISIBLE À). — **6.** Se dit de ce qui est désagréable, de ce qui déplaît, cause de la peine : *Passer un mauvais quart d'heure* (syn. PÉNIBLE). — **7.** Qui manifeste de l'hostilité, de l'opposition : *Être de mauvaise humeur.* — **8.** Qui fait le mal; qui manifeste de la méchanceté : *Il est mauvais comme la gale* (syn. MÉCHANT). *Jouer un mauvais tour. Avoir de mauvaises intentions.* — **9.** *Trouver mauvais que* (+ *subj.*), considérer comme néfaste (syn. DÉSAPPROUVER). ◆ ***mauvais*** adv. *Il fait mauvais,* le temps n'est pas beau (= il pleut, il neige, il fait froid, etc.). ‖ *Sentir mauvais,* exhaler une odeur désagréable (syn. PUER). ◆ n. m. Ce qui est mauvais : *Le bon et le mauvais.*

mauve [mov] n. f. (lat. *malva*). Plante à fleurs roses ou violacées. ◆ adj. D'une couleur violet pâle. ◆ n. m. Cette couleur.

mauviette [movjɛt] n. f. (anc. fr. *mauve,* mouette). *Fam.* Individu faible, chétif; poltron.

maxillaire [maksilɛr] n. m. (lat. *maxilla,* mâchoire). Chacun des deux os qui constituent la mâchoire.

maximal, e, aux [maksimal] adj. Syn. de l'adj. MAXIMUM : *Les températures maximales* (contr. MINIMAL).

maxime [maksim] n. f. (lat. *maxima sententia,* sentence générale). Formule énonçant une règle de morale ou de conduite : *Des maximes populaires* (syn. DICTON).

maximum [maksimɔm] adj. et n. m. (mot lat. signif. *le plus grand*) [pl. *maximums* ou *maxima*]. Se dit du degré le plus haut qu'une chose puisse atteindre; la plus grande quantité : *Payer le tarif maximum* (contr. MINIMUM). *Courir le maximum de risques. Pousser la vitesse au maximum. Le condamné a eu le maximum* (= la peine la plus forte qui soit prévue). *Au grand maximum, nous mettrons dix heures pour aller à Marseille. Les maximums* (ou *maxima*) *de température du mois d'août sont élevés.* [Abrév. fam. de l'adj. MAXI.]

mayonnaise [majɔnɛz] n. f. (de *Port-Mahon,* en souvenir de la prise de la ville). Sauce froide, composée d'huile et de jaune d'œuf battus jusqu'à émulsion.

mazagran [mazagrɑ̃] n. m. Récipient épais, en forme de verre à pied, pour servir le café.

mazout [mazut] n. m. (mot russe). Mélange noirâtre et visqueux de résidus de la distillation du pétrole, utilisé comme combustible.

mazurka [mazyrka] n. f. (mot polon.). Danse (et musique) à trois temps, d'origine polonaise.

me [mə] pron. pers. compl. de la 1re personne (→ introduction PRONOMS PERSONNELS).

mea culpa [meakylpa] n. m. inv. (mots lat. signif. *par ma faute*). *Faire son mea culpa,* se repentir, avouer sa faute, son erreur.

méandre [meɑ̃dr] n. m. (gr. *Maiandros,* n. d'un fleuve sinueux d'Asie Mineure). **1.** Sinuosité décrite par un cours d'eau : *Les méandres de la Seine.* — **2.** Détours sinueux, tortueux (soutenu) : *Il est difficile de suivre les méandres de sa pensée* (syn. ZIGZAG).

mec [mɛk] n. m. *Pop.* Homme, individu.

mécanicien, enne [mekanisjɛ̃] n. **1.** Personne qui a pour métier de construire, de réparer des machines, etc. (syn. fam. MÉCANO). — **2.** Personne qui conduit une locomotive — **3.** *Ingénieur mécanicien,* celui qui s'occupe des applications de la mécanique (construction de machines).

mécanique [mekanik] adj. (du gr. *mêkhanê,* machine). **1.** Qui est mis en mouvement par une machine, par un mécanisme : *Un escalier mécanique. Des jouets mécaniques.* — **2.** Relatif au mouvement et à ses propriétés : *Les agents mécaniques de l'érosion* (= qui dépendent des seules lois du mouvement). *Les lois mécaniques.* — **3.** Se dit d'une attitude humaine qui ne semble pas dépendre de la volonté ni de la réflexion : *Un geste mécanique* (syn. MACHINAL). — **4.** *Avoir des ennuis mécaniques,* avoir une panne de moteur. ◆ n. f. **1.** Étude scientifique du mouvement des corps. — **2.** Ensemble complexe de pièces ou d'organes assemblés de manière à produire un mouvement : *La mécanique d'une montre* (syn. MÉCANISME).

mécaniquement [mekanikmɑ̃] adv. De façon mécanique : *Le chargement se fait mécaniquement.*

mécanisation [mekanizasjɔ̃] n. f. Action de mécaniser.

mécaniser [mekanize] v. t. *Mécaniser un travail, une activité,* y introduire l'emploi des machines : *Mécaniser l'agriculture.*

mécanisme [mekanism] n. m.
— **I. 1.** Combinaison de pièces, d'organes destinés à assurer un fonctionnement; ce fonctionnement lui-même : *Le mécanisme d'une serrure.* — **2.** Mode de fonctionnement de qqch qui est comparé à une machine : *Les mécanismes économiques* (syn. PROCESSUS).
— **II.** Théorie philosophique qui explique les phénomènes par les lois de la mécanique et ramène tous les processus naturels à des processus mécaniques.

mécaniste [mekanist] adj. et n. Qui relève du mécanisme : *Explication mécaniste de l'univers.*

mécanographe [mekanɔgraf] n. Employé à la mécanographie.

mécanographie [mekanɔgrafi] n. f. (gr. *mêkhanê,* machine, et *graphein,* écrire). Utilisation de machines (machines à écrire, comptables, à cartes ou à bandes perforées, duplicateurs) pour l'exécution du travail de bureau.

mécanographique [mekanɔgrafik] adj. Propre à la mécanographie.

mécénat [mesena] n. m. (lat. *Maecenas,* n. du ministre d'Auguste). Protection des lettres, des arts, des sciences par une personne riche, un groupe financier.

mécène [mesɛn] n. m. Personne qui protège les écrivains, les artistes, les savants, en les aidant financièrement.

méchamment [meʃamɑ̃] adv. Avec méchanceté : *Il rit méchamment de ma mésaventure* (syn. CRUELLEMENT; contr. GENTIMENT).

méchanceté [meʃɑ̃ste] n. f. Caractère, attitude d'une personne méchante; parole, acte qui vise à nuire : *Agir par pure méchanceté* (contr. BONTÉ). *Elle l'a fait sans méchanceté. La méchanceté de ses paroles* (syn. DURETÉ). *Se dire des méchancetés* (syn. fam. ROSSERIE).

méchant, e [meʃɑ̃] adj. (surtout après le n.) et n. (de l'anc. fr. *meschoir,* tomber mal). **1.** Qui fait consciemment du mal, qui cherche à nuire aux autres : *Il est plus bête que méchant* (contr. BON). *Un homme méchant ou un méchant homme* (syn. MALVEILLANT, ↑ODIEUX). *Être méchant envers les faibles* (syn. SANS-CŒUR, BRUTAL; contr. BIENVEILLANT, HUMAIN); en parlant d'un animal : *Chien méchant* (= qui cherche à mordre). — **2.** Fam. *Faire le méchant,* s'opposer à qqch en protestant violemment ou avec colère. ◆ adj. **1.** (surtout après le n.) Qui marque la volonté de nuire, la malveillance ou l'hostilité : *Un sourire méchant* (syn. ↑DIABOLIQUE). *Tu nous as joué un méchant tour. Un article de journal méchant et dur* (syn. ↑VENIMEUX). *Être de méchante humeur* (syn. MAUVAIS). — **2.** (avant le n.) Qui n'a aucune valeur, qui est insignifiant (surtout litt.) : *Il fait de bien méchants vers* (= mauvais); qui attire des ennuis, cause des difficultés : *S'attirer une méchante affaire* (= dangereuse). — **3.** Fam. *Ce n'est pas (bien) méchant,* ce n'est pas grave, ni dangereux.

1. mèche [mɛʃ] n. f. (lat. pop. *micca;* du gr. *muxa*). **1.** Assemblage de fils employé dans la confection des bougies ou pour conduire un liquide combustible dans un appareil. — **2.** Touffe de cheveux, qui se distingue du reste de la chevelure par sa couleur ou sa position. — **3.** Gaine de poudre noire servant à enflammer un explosif. — **4.** Pièce de gaze longue et étroite qui, introduite dans une plaie, permet l'écoulement du pus. — **5.** Tige d'acier servant à percer des trous. — **6.** *Éventer, vendre la mèche,* dévoiler un projet secret.

2. mèche [mɛʃ] n. f. (it. *mezzo,* moitié). Fam. *Être de mèche avec qqn,* être son complice dans une affaire louche.

méchoui [meʃwi] n. m. (mot ar.). Mouton entier cuit à la broche.

mécompte [mekɔ̃t] n. m. (de l'anc. fr. *mesconter,* se tromper). Attente, espérance trompée : *Subir de graves mécomptes* (syn. DÉCEPTION, DÉSILLUSION).

méconnaissable [mekɔnɛsabl] adj. Devenu difficile à reconnaître : *La ville est maintenant méconnaissable* (syn. ↓TRANSFORMÉ). *Elle est méconnaissable depuis son accident* (syn. ↓CHANGÉ).

méconnaissance [mekɔnɛsɑ̃s] n. f. Action de méconnaître : *Une méconnaissance des problèmes* (syn. IGNORANCE, INCOMPRÉHENSION).

méconnaître [mekɔnɛtr] v. t. (c. **64**). **1.** *Méconnaître qqch,* ne pas le comprendre, ne pas en voir les caractéristiques, les qualités, etc. (soutenu) : *Il méconnaît les principes mêmes de la méthode scientifique* (syn. IGNORER). *Je ne méconnais pas les difficultés de votre entreprise* (syn. OUBLIER, NÉGLIGER). — **2.** *Méconnaître qqn,* ne pas l'apprécier à sa juste valeur (surtout pass.) : *Les génies méconnus.*

méconnu, e [mekɔny] n. Personne dont on n'a pas reconnu la valeur : *Cette historienne est une grande méconnue.*

mécontent, e [mekɔ̃tɑ̃] adj. et n. Qui n'est pas content, qui éprouve du dépit, du ressentiment : *Je suis très mécontent de votre travail. Elle semblait mécontente de n'avoir pas été invitée* (syn. ↑IRRITÉ, ↑FÂCHÉ). *L'opposition faisait des adeptes parmi les nombreux mécontents.*

mécontentement [mekɔ̃tɑ̃tmɑ̃] n. m. Manque de satisfaction : *Elle a exprimé son mécontentement en termes énergiques* (syn. ↑IRRITATION).

mécontenter [mekɔ̃tɑ̃te] v. t. Rendre mécontent : *Une augmentation des impôts mécontente tout le monde* (syn. DÉPLAIRE À, ↑IRRITER, ↑HÉRISSER).

mécréant, e [mekreɑ̃] n. (de l'anc. fr. *mescroire,* ne pas croire). Personne qui n'a aucune religion ou qui ne croit pas en Dieu.

médaille [medaj] n. f. (it. *medaglia*). **1.** Pièce de métal frappée en mémoire d'un personnage ou d'une action glorieuse. — **2.** Pièce de métal donnée en prix au lauréat d'un concours ou attribuée pour récompenser divers mérites : *Médaille d'or aux jeux Olympiques. Médaille militaire, du travail.* — **3.** Pièce de métal représentant des sujets divers, portée en breloque : *Il porte une médaille de saint Christophe autour du cou.*

— **4.** Pièce de métal sur laquelle sont gravés des renseignements : *Le chien a une médaille portant le nom de son propriétaire accrochée à son collier.*

médaillé, e [medaje] adj. et n. Se dit de qqn qui a reçu une médaille : *Un médaillé du travail.*

médaillon [medajɔ̃] n. m. (it. *medaglione*). **1.** Médaille de grandes dimensions. — **2.** Bijou de forme circulaire ou ovale, où on place un portrait, des cheveux, etc. — **3.** Objet ou élément décoratif de forme ronde ou ovale. — **4.** Préparation culinaire de forme ronde ou ovale : *Médaillon de foie gras.*

médecin [medsɛ̃] n. m. (lat. *medicus*). Personne qui est titulaire du diplôme de docteur en médecine et qui exerce la médecine : *Appeler le médecin* (syn. DOCTEUR). *Le médecin de famille. Une femme médecin* (= doctoresse).

médecine [medsin] n. f. (lat. *medicina*). Science qui a pour but de conserver ou de rétablir la santé; profession du médecin : *Faire sa médecine* (= faire des études de médecine). *La pratique de la médecine. Médecine générale. Exercer la médecine.*

média [medja] n. m. ou **mass media** [masmedja] n. m. pl. (mot angl., de *mass,* masse, et *media,* moyens). Ensemble des techniques de diffusion de la culture de masse (radio, télévision, presse, etc.).

médian, e [medjɑ̃] adj. (lat. *medius,* qui est au milieu). Placé au milieu (techn.) : *La ligne médiane du corps.*

médiane [medjan] n. f. Droite parallèle aux côtés, qui divise un carré, un rectangle en deux parties égales; dans un triangle, segment de droite qui joint un des sommets au milieu du côté opposé.

médiateur, trice [medjatœr] n. (bas lat. *mediator,* de *mediare,* être au milieu). Qui s'entremet entre deux personnes, deux groupes, etc. : *Un pays neutre fut pris comme médiateur* (syn. ARBITRE). *Une médiatrice choisie avec l'accord des deux parties* (syn. CONCILIATEUR). ◆ ***médiateur*** n. m. Fonctionnaire qui, en France et dans certains autres pays, est l'intermédiaire entre les pouvoirs publics et les particuliers, ceux-ci pouvant lui exprimer leurs revendications concernant l'Administration.

médiation [medjasjɔ̃] n. f. Entremise destinée à faciliter un accord : *Offrir sa médiation* (syn. ARBITRAGE). *La médiation de l'O. N. U.* (syn. INTERVENTION).

médiator [medjatɔr] n. m. Petite lame d'écaille avec laquelle on joue de certains instruments à cordes (guitare, mandoline, etc.).

médiatrice [medjatris] n. f. Perpendiculaire élevée sur le milieu d'un segment de droite.

médical, e, aux [medikal] adj. Propre à la médecine ou aux médecins : *Passer une visite médicale. Le corps médical* (= l'ensemble des médecins).

médicalement [medikalmɑ̃] adv. Sur le plan proprement médical.

médicalisation [medikalizasjɔ̃] n. f. Développement des structures médicales; diffusion du recours à la médecine.

médicaliser [medikalize] v. t. Procéder à la médicalisation d'une région, d'un pays.

médicament [medikamɑ̃] n. m. (lat. *medicamentum*). Substance préparée et utilisée pour traiter une maladie (syn. vieilli REMÈDE).

médicamenteux, euse [medikamɑ̃tø] adj. Relatif aux médicaments : *Traitement médicamenteux* (par oppos. à *traitement chirurgical*).

médication [medikasjɔ̃] n. f. (lat. *medicatio*). Choix de médicaments, de moyens thérapeutiques pour combattre une maladie déterminée : *Quelle est la médication de la grippe ?*

médicinal, e, aux [medisinal] adj. *Herbe, plante médicinale,* qui sert de remède, qui entre dans la composition de médicaments.

médico-légal, e, aux [medikolegal] adj. **1.** Qui concerne la médecine légale. — **2.** *Institut médico-légal,* nom donné à la morgue de Paris.

médico-pédagogique [medikopedagɔʒik] adj. Se dit d'organismes, de commissions qui s'occupent d'enfants présentant des troubles psychologiques allant de l'échec scolaire aux perturbations graves de la personnalité.

médiéval, e, aux [medjeval] adj. (du lat. *medium aevum,* âge du milieu). Relatif au Moyen Âge.

médiéviste [medjevist] n. Spécialiste de la littérature, de l'histoire, de la civilisation du Moyen Âge.

médina [medina] n. f. (mot ar. signif. *ville*). Partie ancienne d'une ville arabe.

médiocre [medjɔkr] adj. (lat. *mediocrus,* modéré) [avant ou après le n.] **1.** Au-dessous de ce qui est normal ou suffisant : *Avoir des ressources médiocres* (syn. MODIQUE). *Il a une situation médiocre* (syn. ↓MODESTE). *Un médiocre roman* (syn. ↑MAUVAIS). *Elle a eu une note médiocre* (syn. FAIBLE, INSUFFISANT, ↑BAS). — **2.** Peu important : *Je n'ai qu'un médiocre intérêt à cette affaire* (syn. INSIGNIFIANT, PETIT). ◆ adj. et n. Qui a peu d'intelligence, de capacités, de valeur : *Un écrivain médiocre. Un élève médiocre* (syn. FAIBLE). *Un médiocre, jaloux des succès des autres.*

médiocrement [medjɔkrəmɑ̃] adv. De façon médiocre : *Je suis médiocrement satisfait de votre travail* (syn. NE... GUÈRE).

médiocrité [medjɔkrite] n. f. État, qualité de qqn, de qqch de médiocre : *La médiocrité de son existence* (contr. ÉCLAT). *La médiocrité de son salaire* (syn. MODICITÉ). *La médiocrité d'un film* (syn. PLATITUDE). *C'est un signe de sa médiocrité* (contr. VALEUR).

médire [medir] v. t. ind. (c. 72) *Médire de qqn,* en révéler les défauts, les fautes, en dire du mal avec l'intention de nuire (syn. DÉNIGRER, ↑CALOMNIER, ↓CRITIQUER).

médisance [medizɑ̃s] n. f. Action de médire; propos de celui qui médit : *Être victime de la médisance* (syn. CALOMNIE). *Elle méprisait les médisances* (syn. RAGOT, COMMÉRAGE).

médisant, e [medizɑ̃] adj. et n. Qui médit : *Un journaliste médisant.*

méditatif, ive [meditatif] adj. Qui indique un esprit porté à la méditation : *Prendre un air méditatif* (syn. PENSIF, RÊVEUR).

méditation [meditasjɔ̃] n. f. Réflexion demandant une grande concentration d'esprit : *Ce livre est le fruit de ses méditations* (syn. PENSÉE).

méditer [medite] v. t. (lat. *meditari,* réfléchir). *Méditer qqch, méditer de* (+ *inf.*), le préparer en y réfléchissant longuement : *Méditer une terrible vengeance* (syn. PROJETER, COMBINER). *Un ouvrage longtemps médité* (syn. MÛRIR). *Elle médite de supplanter son adversaire.* ◆ v. t. ind. *Méditer (sur qqch),* y réfléchir longuement.

méditerranéen, enne [mediteraneɛ̃] adj. **1.** Relatif à la Méditerranée. — **2.** *Climat méditerranéen,* climat aux étés chauds et secs et aux hivers doux et pluvieux.

médium [medjɔm] n. m. (du lat. *medius,* qui est au milieu). Personne pouvant servir d'intermédiaire entre les hommes et les esprits, selon les spirites.

médius [medjys] n. m. (lat. *digitus medius,* doigt du milieu). Doigt du milieu de la main (syn. MAJEUR).

médullaire [medylɛr] adj. (du lat. *medulla,* moelle). Relatif à la moelle osseuse ou à la moelle épinière : *Canal médullaire* (= canal des os longs rempli de moelle).

méduse [medyz] n. f. (de *Méduse,* n. myth. grec). Animal marin, formé d'une ombrelle contractile d'apparence gélatineuse dont le bord porte des filaments susceptible de piquer comme une ortie.

méduser [medyze] v. t. *Méduser qqn,* le frapper de stupeur (souvent pass.) : *Je fus médusé par son effronterie* (syn. STUPÉFIER).

meeting [mitiŋ] n. m. (mot angl., de *to meet,* rencontrer). **1.** Réunion publique organisée pour débattre d'un problème politique ou social. — **2.** Réunion sportive : *Meeting d'athlétisme.* — **3.** *Meeting aérien,* démonstration d'avions en vol.

méfait [mefɛ] n. m. **1.** Résultat désastreux, conséquences pernicieuses de qqch : *Les méfaits du mauvais temps, de l'alcool.* — **2.** Mauvaise action : *Être puni pour ses méfaits* (syn. FAUTE).

méfiance [mefjɑ̃s] n. f. Disposition à soupçonner; à se méfier : *Cette lettre a éveillé sa méfiance* (syn. SOUPÇONS).

méfiant, e [mefjɑ̃] adj. Qui se méfie : *Être de caractère méfiant* (contr. CONFIANT).

méfier (se) [mefje] v. pr. **1.** *Se méfier de qqn, de son attitude,* ne pas avoir confiance en lui, soupçonner une mauvaise intention : *Je me méfie de lui, de ses jugements* (syn. ↑SE DÉFIER DE; contr. SE FIER À). — **2.** (sans compl.) Se tenir sur ses gardes, avoir une attitude soupçonneuse : *Méfie-toi! il nous écoute.*

méforme [mefɔrm] n. f. Mauvaise condition physique d'un sportif.

mégalithe [megalit] n. m. (gr. *megas, megalos,* grand, et *lithos,* pierre). Monument préhistorique formé d'un ou de plusieurs blocs de pierre.

mégalithique [megalitik] adj. Relatif aux mégalithes : *Les dolmens sont des monuments mégalithiques.*

mégalomane [megalɔman] adj. et n. Qui manifeste un désir excessif, anormal, de grandeur, de gloire, de puissance.

mégalomanie [megalɔmani] n. f. (gr. *megas,* grand, et *mania,* folie). Comportement de mégalomane.

mégaphone [megafɔn] n. m. (gr. *megas,* grand, et *phônê,* voix). Amplificateur de sons, porte-voix.

mégarde (par) [megard] adv. (de l'anc. fr. *mesgarder,* se mal garder). Par défaut d'attention (soutenu) : *Elle est entrée par mégarde dans le salon* (syn. PAR ERREUR; fam. SANS LE FAIRE EXPRÈS; soutenu PAR INADVERTANCE).

mégère [meʒɛr] n. f. (de *Mégère,* n. de la myth. romaine). Femme méchante, hargneuse et acariâtre.

mégot [mego] n. m. (du tourangeau *mégauder,* téter). *Fam.* Bout de cigarette ou de cigare qu'on a fini de fumer.

meilleur, e [mejœr] adj. (lat. *melior*) [avant ou après le n.] **1.** Comparatif avec les sens correspondant à *bon* (adj.) : «plus avantageux, plus accompli», etc. : *Le repas est meilleur qu'hier* (= sa qualité est supérieure). *Ce vin est bien meilleur. Nous avons l'espoir d'un monde meilleur* (= plus juste). *Je vous souhaite une meilleure santé. Il n'y a rien de meilleur qu'un bon vin.* — **2.** Superlatif avec l'art. déf. pour l'adv., l'art. déf. ou indéf., un poss., un démonstratif ou un interrogatif pour *meilleur* qui varie avec le mot qualifié : *Les plaisanteries les plus courtes sont souvent les meilleures. Il a la meilleure part. Cette information est puisée aux meilleures sources. Je vous présente mes meilleurs vœux, mes souhaits les meilleurs. Elle lui a consacré le meilleur de sa vie. Ils sont unis pour le meilleur et pour le pire.* — **3.** *J'en passe et des meilleures,* je ne parle pas d'autres aventures extraordinaires qui ont eu lieu. ‖ *Prendre le meilleur sur qqn,* remporter un avantage sur lui : *Un coureur cycliste qui, au sprint, prend le meilleur sur ses adversaires.*

méiose [mejoz] n. f. (gr. *meiôsis,* décroissance). Mode de division des cellules vivantes.

méjuger [meʒyʒe] v. t. ind. (c. 2) Litt. *Méjuger de ses forces, de son talent,* etc., commettre une erreur d'interprétation sur sa propre valeur en l'estimant en dessous de ce qu'elle est. ◆ v. t. *Litt.* Méconnaître, mésestimer. ◆ ***se méjuger*** v. pr. Se juger mal.

mélancolie [melɑ̃kɔli] n. f. (lat. *melancholia;* du gr. *melas, -anos,* noir, et *kholê,* bile). État de tristesse vague, de dégoût de la vie, humeur sombre, accompagnés de rêveries : *Un accès de mélancolie* (syn. VAGUE À L'ÂME; fam. CAFARD). *Les souvenirs du passé incitent à la mélancolie* (syn. NOSTALGIE).

mélancolique [melɑ̃kɔlik] adj. et n. Porté à la mélancolie : *La nouvelle de sa disparition m'a rendu mélancolique* (syn. SOMBRE). ◆ adj. Qui marque ou inspire la mélancolie : *Une chanson mélancolique* (syn. TRISTE). *Un regard mélancolique* (syn. MORNE; contr. GAI).

mélancoliquement [melɑ̃kɔlikmɑ̃] adv. De façon mélancolique.

mélange [melɑ̃ʒ] n. m. **1.** Action de mettre ensemble des choses diverses : *Effectuer un mélange. Un mélange de races* (syn. BRASSAGE). — **2.** Ensemble de choses différentes réunies pour former un tout : *Un mélange détonant. Les produits entrant dans ce mélange* (syn. COMPOSITION, MIXTURE). *Un mélange de tabacs. Un mélange d'indulgence et de rigueur morale* (syn. RÉUNION). *Ce récit est un mélange inextricable de vérités et de mensonges* (syn. AMAS). — **3.** *Sans mélange,* pur : *Bonheur, joie sans mélange.*

mélanger [melɑ̃ʒe] v. t. (c. 2). **1.** *Mélanger des choses, des personnes,* les mettre ensemble pour former un tout, souvent hétérogène : *Mélanger des vins. Mélanger des laines pour faire un pull-over* (syn. MÊLER). *Une assistance très mélangée* (= composite). — **2.** *Mélanger des choses,* les mettre en désordre : *Mélanger des fiches* (syn. BROUILLER).

mélangeur [melɑ̃ʒœr] n. m. Appareil, dispositif servant à mélanger : *Un mélangeur d'eau chaude et d'eau froide.*

mélanine [melanin] n. f. (du gr. *melas, -anos,* noir). Pigment brun qui colore la peau, les cheveux.

mélasse [melas] n. f. (esp. *melaza*). **1.** Liquide sirupeux, résidu de la distillation du sucre. — **2.** Fam. *Être dans la mélasse,* dans la misère, dans la gêne.

melba [mɛlba] adj. inv. (du n. d'une cancatrice). *Pêche, fraises,* etc., *melba,* servies sur une couche de glace à la vanille et nappées de purée de framboises et de crème Chantilly.

mêlée [mɛle] n. f. **1.** Combat tumultueux, opiniâtre, confus et désordonné : *Il a été blessé dans la mêlée* (syn. RIXE, BATAILLE). *La mêlée fut générale.* — **2.** Groupement ordonné *(mêlée fermée)* ou spontané *(mêlée ouverte),* formé au cours d'un match de rugby par les avants de chaque équipe se disputant le ballon projeté au sol au milieu d'eux. — **3.** *Rester, se tenir en dehors, à l'écart de la mêlée,* rester en dehors du conflit.

mêler [mɛle] v. t. (bas lat. *misculare,* de *miscere*). **1.** *Mêler qqch à (et) qqch, mêler des choses,* les mettre ensemble pour former un tout : *Mêler de l'eau et du vin* (syn. MÉLANGER). *Les fleurs mêlaient leurs parfums* (syn. CONFONDRE). *Elle mêlait la sévérité à un souci extrême de la justice* (syn. JOINDRE). — **2.** Unir dans un accord, dans un tout (surtout pass.) : *Une société* *mêlée* (= composite, disparate). — **3.** Mettre en désordre : *Mêler une pelote de fil* (syn. EMBROUILLER, EMMÊLER). *Il a mêlé tous les dossiers* (syn. MÉLANGER, BROUILLER). — **4.** *Mêler les cartes,* les battre avant de les distribuer. — **5.** *Mêler qqn à une affaire,* l'y faire participer, l'y impliquer. ◆ ***se mêler*** v. pr. **1.** Se mélanger : *Les races les plus diverses se mêlent dans la ville de Singapour* (syn. FUSIONNER). *Les laines se sont mêlées* (syn. S'EMMÊLER). — **2.** *Se mêler à,* se joindre à, s'unir à, entrer dans un tout : *Se mêler à un cortège* (syn. SE JOINDRE À). *Les éclatements des pétards se mêlaient aux cris.* — **3.** (sujet qqch) *Se mêler de* (et pass. *être mêlé de*), être mélangé à, teinté de : *Sa colère se mêlait d'amertume. Plaisir mêlé de crainte.* — **4.** (sujet qqn) *Se mêler à une action, de qqch* ou *de* (+ *inf.*), participer à qqch, souvent mal à propos : *Se mêler à une querelle. Se mêler des affaires des autres* (syn. S'IMMISCER, S'INGÉRER DANS). *Ne vous mêlez pas de les réconcilier!* (syn. INTERVENIR POUR). *Mêlez-vous de ce qui vous regarde.* — **5.** *Se mêler de* (+ *inf.*), avoir la prétention de : *Depuis quand se mêle-t-elle d'apprendre le chinois?* (syn. S'AVISER).

mélèze [melɛz] n. m. (mot dauphinois). Arbre à aiguilles caduques, croissant dans les montagnes.

méli-mélo [melimelo] n. m. (pl. *mélis-mélos*). *Fam.* Mélange confus, désordonné, de choses diverses : *Il y a un de ces mélis-mélos sur son bureau!* (syn. FOUILLIS). *Cette affaire est un méli-mélo* (syn. EMBROUILLAMINI).

mélioratif, ive [meljɔratif] adj. et n. m. (du lat. *meliorare,* améliorer). Se dit d'un terme propre à présenter l'idée sous un jour favorable (contr. PÉJORATIF).

mélisse [melis] n. f. (gr. *melissa,* abeille). *Eau de mélisse,* produit obtenu par la distillation des feuilles d'une plante appelée *mélisse* dans de l'alcool et employé contre les maux de cœur.

mélodie [melɔdi] n. f. (gr. *melos,* cadence, et *ôdê,* chant). **1.** Suite de sons ordonnés selon un certain rythme, généralement agréable à entendre. — **2.** Composition vocale avec accompagnement d'un instrument de musique : *Chanter une mélodie* (syn. AIR). — **3.** Caractère de ce qui est propre à flatter l'oreille : *La mélodie d'un vers.*

mélodieusement [melɔdjøzmɑ̃] adv. De façon mélodieuse.

mélodieux, euse [melɔdjø] adj. Se dit d'un son, d'une suite de sons agréables à l'oreille : *Une voix mélodieuse* (syn. HARMONIEUX).

mélodique [melɔdik] adj. Dans le style de la mélodie : *La ligne mélodique de la phrase.*

mélodramatique [melɔdramatik] adj. Qui tient du mélodrame par l'exagération pathétique : *Prendre une attitude mélodramatique.*

mélodrame [melɔdram] n. m. (gr. *melos,* cadence, et *drama,* action). Drame populaire, caractérisé par l'accumulation d'épisodes pathétiques, outrés, violents, par la multiplication d'intrigues compliquées et par des incidents imprévus (souvent péjor.) [abrév. fam. MÉLO] : *Le mélodrame comporte nécessairement une simplification des personnages, qui s'opposent en deux groupes, les bons et les mauvais (ou les traîtres). La scène tourna au mélodrame.*

mélomane [melɔman] adj. et n. (du gr. *melos,* chant, et *mania,* folie). Passionné de musique.

melon [məlɔ̃] n. m. (lat. *melo, -onis*). **1.** Plante dont le fruit arrondi a une chair juteuse et sucrée, jaunâtre ou rougeâtre selon les espèces. — **2.** *Melon d'eau,* pastèque. — **3.** *Chapeau melon* ou *melon,* chapeau rond et bombé.

mélopée [melɔpe] n. f. (gr. *melos,* chant, et *poiein,* faire). Chant monotone, long récitatif sur la même mélodie.

membrane [mɑ̃bran] n. f. (lat. *membrana,* peau qui recouvre les membres). Tissu mince et souple, qui enveloppe, forme ou tapisse les organes (*membrane des intestins, du tympan,* etc.) ou une partie d'un végétal (celle qui recouvre la graine d'une plante), ou qui constitue une mince cloison.

membraneux, euse [mɑ̃branø] adj. De la nature de la membrane.

membre [mɑ̃br] n. m. (lat. *membrum*). **1.** Partie du corps des vertébrés servant à la locomotion (jambes) ou à la préhension (bras). — **2.** Partie d'une phrase correspondant à une unité syntaxique (groupe nominal, verbal) ou à une unité significative (mot); en mathématiques, chacune des expressions d'une égalité ou d'une inégalité. — **3.** Personne, pays, etc., faisant partie d'un ensemble organisé : *Les membres d'un équipage. Un membre de l'assistance se leva.* — **4.** *Membre viril,* pénis. ◆ adj. Se dit d'un pays qui fait partie d'un tout : *Les États membres de l'O. N. U.* (→ DÉMEMBRER, REMEMBRER.)

même [mɛm] adj. (lat. pop. *metipsimum,* de *egomet ipse,* moi-même). **1.** (entre l'article et le n.) Indique l'identité, la ressemblance, l'égalité : *Ils ont les mêmes goûts* (syn. IDENTIQUE, PAREIL). *Je ne suis pas du même avis. Le cheval a gardé la même allure jusqu'au poteau;* suivi d'une proposition comparative introduite par *que* : *Il fait la même température qu'hier.* — **2.** (après le n. ou pron.) Renforce un n., un pron. démonstratif ou personnel (avec trait d'union) : *Ce sont les propos mêmes que j'ai tenus* (syn. PROPRE). *Elle est la loyauté même* (syn. EN PERSONNE). *Il ne cesse de gémir sur lui-même* (= sur son propre sort). — **3.** *C'est un autre moi-même* (= il peut me remplacer en toute circonstance). ‖ *De lui-même, de toi-même,* etc., spontanément, de son propre mouvement : *D'eux-mêmes, ils sont venus me trouver.* ‖ *En même temps,* ensemble, au même moment : *Ils sont arrivés en même temps;* à la fois : *Elle est travailleuse et, en même temps, elle est intelligente.* ◆ pron. indéf. **1.** Précédé de l'article, joue le rôle d'un substantif indiquant l'identité, la ressemblance : *Tu es toujours la même* (= tu gardes le même caractère). *On prend les mêmes et on recommence. Ce sont toujours les mêmes qui travaillent.* — **2.** *Cela revient au même,* on obtient ainsi le même résultat. ◆ adv. **1.** (avant ou après un adj., un adv., un v., avant un n., un pron.) Introduit un terme qui renchérit dans une énumération, une opposition, une gradation, qui insiste sur le mot : *Elle est réservée et même timide* (syn. QUI PLUS EST). *Dans le bateau, même lui était malade* (= lui aussi). *Je ne l'ai même pas vu. Je vous dirai même que j'ai été surpris.* — **2.** (après un adv. de lieu ou de temps, un pron. dém.) Indique une valeur exclusive : *C'est ici même que l'accident s'est produit* (syn. PRÉCISÉMENT). *Voici une amie, celle-là même dont je vous ai parlé.* — **3.** *À même,* directement : *Boire à même la bouteille* (= au goulot même). *Coucher à même le sol* (= sur la terre même). *Creuser à même la roche* (= dans le rocher même). ‖ *De même,* pareillement, de façon identique. ‖ *De même que,* introduit une comparative. ‖ *Être à même de* (+ *inf.*), être capable de : *Je ne suis pas à même de vous renseigner.* ‖ Fam. *Même que,* introduit une addition qui renchérit (en tête de phrase) : *Même que je lui ai parlé il n'y a pas dix minutes* (syn. À PREUVE QUE). ‖ *Tout de même, quand même* → TOUT et QUAND.

mémento [memɛ̃to] n. m. (du lat. *memento,* souviens-toi). **1.** Agenda où on inscrit les rendez-vous, les adresses, etc. — **2.** Ouvrage où sont résumées les parties essentielles d'une question.

1. mémoire [memwar] n. f. (lat. *memoria*). 1. Faculté de conserver et de rappeler des sentiments éprouvés, des idées, des connaissances antérieurement acquises : *Garder dans sa mémoire le souvenir d'années heureuses. Ce vers s'est gravé dans ma mémoire. Cela m'est sorti de la mémoire. Remettez-moi en mémoire les aspects principaux du projet* (= faites-moi souvenir). *Il a perdu la mémoire* (= il ne se souvient de rien ou il est amnésique). *Avoir une bonne mémoire, une mémoire fidèle. Avoir la mémoire courte. J'ai un trou de mémoire. Rafraîchir la mémoire. Son nom demeurera dans la mémoire des hommes. Je n'ai pas la mémoire des visages. Avoir de la mémoire* (= avoir une excellente aptitude à se souvenir). — 2. Ce qui reste d'une personne ou d'une chose, après sa disparition, dans le souvenir des hommes : *Venger la mémoire de son père.* — 3. Dans les calculatrices, les ordinateurs, dispositif électronique capable de stocker les informations et de les restituer à la demande. — 4. *À la mémoire de,* en l'honneur de. ‖ *De mémoire,* en s'aidant seulement de la mémoire, sans avoir le texte sous les yeux (syn. PAR CŒUR). ‖ *De mémoire d'homme,* du plus loin qu'on puisse se souvenir. ‖ *Pour mémoire,* à titre de renseignement. ◆ ***Mémoires*** n. m. pl. (avec majusc.) Souvenirs écrits par une personne sur sa vie publique ou privée : *Les «Mémoires» de Saint-Simon. Écrire ses Mémoires. Les «Mémoires d'outre-tombe».*

2. mémoire [memwar] n. m. 1. Écrit sommaire, contenant un exposé, une requête, etc. : *Mémoire adressé au chef de l'État pour lui demander la grâce d'un condamné.* — 2. Dissertation sur un sujet déterminé et destinée à être présentée à une société savante, à un jury de concours, etc.

mémorable [memɔrabl] adj. Digne de mémoire : *Une parole mémorable* (syn. INOUBLIABLE). *La mémorable séance du conseil* (syn. FAMEUX).

mémorandum [memɔrɑ̃dɔm] n. m. (mot lat. signif. *chose qu'on doit se rappeler*) [pl. *mémorandums*]. 1. Note diplomatique contenant l'exposé d'une question. — 2. Carnet de notes, mémento.

1. mémorial [memɔrjal] n. m. (pl. *mémoriaux*) [avec majusc.] Recueil de faits mémorables : *Le «Mémorial de Sainte-Hélène».*

2. mémorial [memɔrjal] n. m. (pl. *mémoriaux*). Monument commémoratif.

mémorialiste [memɔrjalist] n. Auteur de Mémoires.

mémorisation [memɔrizasjɔ̃] n. f. Action de mémoriser.

mémoriser [memɔrize] v. t. 1. Fixer dans sa mémoire. — 2. Enregistrer des données en mémoire (scientif.).

menaçant, e [mənasɑ̃] adj. Qui menace : *Une voix menaçante, des gestes menaçants* (= qui constituent une menace). *Foule menaçante* (contr. CALME, APAISÉE). *Orage menaçant* (syn. IMMINENT).

menace [mənas] n. f. (lat. pop. *minacia,* de *minae,* menaces). 1. Parole, geste, action par lesquels on exprime son intention de faire mal, par lesquels on manifeste sa colère : *Proférer des menaces de mort. On l'a obligé sous la menace à se retirer* (syn. INTIMIDATION). *Mettre ses menaces à exécution* (syn. ↓AVERTISSEMENT). — 2. Signe qui fait craindre qqch : *Locataire qui est sous la menace d'une expulsion. La hausse des prix constitue une menace pour l'économie* (syn. DANGER, PÉRIL).

menacer [mənase] v. t. (c. 1). 1. (sujet qqn) *Menacer qqn de qqch, de* (+ *inf.*), l'avertir en lui faisant craindre qqch, en lui manifestant son intention de faire mal : *Dans sa colère, il me menaça de sa canne. Il le menaça de mort. Menacer un élève de le renvoyer.* — 2. (sujet qqch) *Menacer qqn, qqch,* constituer un danger, un objet de crainte pour eux (souvent pass.) : *Son bonheur est menacé.* — 3. (sujet qqch) Laisser prévoir, être à craindre : *Les murs branlants menacent de tomber. La maison menace ruine* (= tombe presque en ruine); sans compl. : *La pluie menace* (= est prête à tomber).

ménage [menaʒ] n. m. (lat. *mansio,* maison). 1. Homme et femme vivant ensemble et formant la base de la famille : *Un jeune ménage* (syn. COUPLE). *Un ménage sans enfants. Se mettre en ménage* (= se marier ou vivre avec qqn). *Querelles, scènes de ménage* (= entre mari et femme). — 2. Unité élémentaire de population (famille, couple, personne seule) : *La consommation des ménages.* — 3. *Faire bon, mauvais ménage avec qqn,* s'entendre bien ou mal avec lui (syn. S'ACCORDER). — 4. Ensemble de ce qui concerne la conduite, l'entretien d'une maison, et, en partic., travaux concernant la propreté de l'intérieur : *Vaquer aux soins du ménage.* — 5. *Faire le ménage,* nettoyer la maison. ‖ *Faire des ménages,* assurer, contre une rémunération, les travaux du ménage chez des particuliers. ‖ *Femme de ménage,* qui fait le ménage pour un particulier, moyennant un salaire. ‖ *Monter son ménage,* acheter les ustensiles, le mobilier nécessaires à la vie domestique.

ménagement [menaʒmɑ̃] n. m. Réserve, modération dont on use à l'égard de qqn : *Traiter quelqu'un avec ménagement* (syn. CIRCONSPECTION; contr. BRUTALITÉ). *Parler sans ménagement* (= avec une franchise brutale).

ménager, ère [menaʒe] adj. Relatif aux soins du ménage, à tout ce qui concerne l'entretien, la propreté, la conduite d'une maison : *Les ustensiles, les appareils ménagers* (= balai, aspirateur, etc.). *Les travaux ménagers. Le Salon des arts ménagers. L'enlèvement des ordures ménagères.*

ménager [menaʒe] v. t. (de *ménage*) [c. 2]. 1. *Ménager qqn,* le traiter avec respect, avec prudence, avec considération, de manière à ne pas lui déplaire ou l'humilier : *Il ne ménage pas ses adversaires* (syn. ÉPARGNER). — 2. *Ménager qqn, son caractère,* le traiter avec délicatesse, avec respect, avec modération : *Elle ménage la susceptibilité de ses amis.* — 3. *Ménager qqch,* en user avec modération, l'utiliser avec économie : *Ménager son argent* (syn. ÉPARGNER). *Ménager son temps* (= ne pas le perdre). *Ménager ses paroles* (= parler peu). *Ménagez vos expressions* (= parlez avec plus de modération). *Elle n'a pas ménagé le sel* (= elle en a trop mis). *Ménager une santé délicate. Ménager la vie de ses hommes* (= éviter de l'exposer). — 4. *Ménager qqch (action),* le préparer avec attention, avec prudence, avec un soin minutieux : *Ménager un entretien* (syn. ARRANGER). *Je lui ménage une surprise* (syn. RÉSERVER). *Ménager l'avenir.* — 5. Réserver, disposer une place; pratiquer une ouverture : *Ménager une fenêtre dans un mur* (syn. OUVRIR). — 6. *Qui veut aller loin ménage sa monture,* il faut user modérément des choses dont on veut se servir longtemps. ◆ ***se ménager*** v. pr. Ménager sa santé.

ménagère [menaʒɛr] n. f. 1. Femme qui a soin du ménage : *La Caisse d'allocations familiales lui a envoyé une aide-ménagère.* — 2. Femme qui s'occupe de l'administration du foyer. — 3. Service de couverts de table dans un coffret.

ménagerie [menaʒri] n. f. (de *ménage*). Lieu où sont rassemblés des animaux généralement rares ou curieux, soit pour les étudier, soit pour les montrer au public; ces animaux.

1. mendiant, e [mɑ̃djɑ̃] n. Qui mendie : *Donner de l'argent à un mendiant* (= lui faire l'aumône).

2. mendiant [mɑ̃djɑ̃] n. m. Dessert composé de quatre fruits secs (amandes, noisettes, raisins, figues).

mendicité [mɑ̃disite] n. f. Condition de mendiant : *Il avait tout perdu et était réduit à la mendicité.*

mendier [mɑ̃dje] v. t. (lat. *mendicare*). **1.** *Mendier qqch,* demander humblement à qqn d'accorder un secours nécessaire; faire appel à la pitié secourable, à la charité d'autrui : *Mendier un morceau de pain. Mendier du travail;* sans compl. : *Mendier à la porte d'une église* (= demander de l'argent). — **2.** *Mendier qqch,* le rechercher avec empressement, avec une insistance servile ou humble : *Mendier des éloges* (syn. SOLLICITER). *Mendier un regard* (syn. IMPLORER).

menées [məne] n. f. pl. (de *mener*). Manœuvres secrètes et malveillantes qui visent à faire réussir un projet (syn. AGISSEMENTS, MACHINATIONS).

mener [məne] v. t. (lat. *minare,* pousser des bêtes devant soi en criant) [c. 9]. **1.** (sujet qqn) *Mener qqn, un véhicule qqpart,* le conduire vers un endroit, le faire aller avec soi (en ce sens, *emmener* est plus usuel) : *Mener son enfant à l'école. Mener sa voiture au garage. Mener des troupes au combat* (syn. AMENER). *Mener le condamné à l'échafaud.* — **2.** (sujet un véhicule, un chemin) *Mener (qqn) qqpart,* le transporter d'un lieu à un autre, lui servir de moyen, de voie de communication : *Le rapide le mène en huit heures à Marseille. Cette route mène à la ville. Tous les chemins mènent à Rome* (syn. CONDUIRE). — **3.** (sujet qqch) *Mener qqn, qqch à qqch* (ou + *adv. de lieu*), le faire arriver à un certain état, une certaine situation : *Ces dépenses mèneront l'entreprise à la ruine. Cela ne vous mènera à rien* (= ne vous servira à rien). *Cet acte irréfléchi l'a mené en cour d'assises.* — **4.** (sujet qqn) *mener qqch (action),* en assurer le déroulement : *La présidente mène les débats* (syn. DIRIGER). *Les policiers ont mené l'enquête avec diligence. Mener une partie difficile* (syn. DISPUTER). *Mener de front deux activités* (= s'en occuper simultanément). — **5.** *Mener (un jeu, une partie, un match),* être en tête au cours du jeu, etc. : *Qui est-ce qui mène ?* — **6.** *Mener une vie, une existence* (+ *adj.* ou *compl.*), vivre (+ adv.) : *Mener une vie honnête* (= vivre honnêtement). ‖ Fam. *Ne pas en mener large* → LARGE. — **7.** *Mener (une figure géométrique),* la tracer : *Mener une parallèle à une droite.* — **8.** *Mener grand bruit autour d'une affaire,* attirer l'attention sur elle en faisant du bruit. ‖ *Mener bien sa barque,* gérer bien ses affaires. ◆ v. i. (sujet une équipe, un joueur) Avoir l'avantage (à la marque) : *L'équipe mène à la mi-temps par deux buts à zéro.*

ménestrel [menɛstrɛl] n. m. (lat. *ministerium,* service). Poète ou musicien ambulant du Moyen Âge.

meneur, euse [mənœr] n. **1.** Personne qui dirige, entraîne les autres dans une entreprise : *Quelques meneurs sont à l'origine de ce chahut.* — **2.** *Meneur d'hommes,* celui qui sait diriger les hommes. ‖ *Meneur de jeu,* chargé d'animer une émission radiophonique, télévisée, etc., d'enchaîner les parties d'un spectacle.

menhir [mɛnir] n. m. (breton *men,* pierre, et *hir,* longue). Pierre dressée verticalement par les hommes de la préhistoire (surtout en Bretagne).

méninge [menɛ̃ʒ] n. f. (lat. *meninga ;* du gr. *mênigx*). Chacune des trois membranes *(pie-mère, arachnoïde, dure-mère)* qui entourent les centres nerveux. ◆ ***méninges*** pl. *Fam.* Cerveau, esprit : *Ne pas se fatiguer les méninges.*

méningé, e [menɛ̃ʒe] adj. Relatif aux méninges : *Phénomènes méningés.*

méningite [menɛ̃ʒit] n. f. Inflammation des méninges (méd.).

ménisque [menisk] n. m. (gr. *mêniskos,* petite lune). Cartilage situé entre les os dans certaines articulations (le genou par ex.).

ménopause [menɔpoz] n. f. (gr. *mên, mênos,* mois, et *pausis,* cessation). Cessation définitive de l'ovulation et des règles, chez la femme.

menotte [mənɔt] n. f. Petite main d'enfant (langage enfantin). ◆ ***menottes*** n. f. pl. Bracelets métalliques avec lesquels on attache les poignets des prisonniers.

mensonge [mɑ̃sɔ̃ʒ] n. m. (lat. pop. *mentionica,* de *mentiri,* mentir). Affirmation contraire à la vérité : *C'est vrai, ce mensonge-là ?* (syn. ↓HISTOIRE). *Un pieux mensonge* (= fait dans l'intention de cacher une vérité pénible ou offensante). *Être victime d'un mensonge* (syn. MYSTIFICATION, TROMPERIE). *Vivre dans le mensonge* (syn. HYPOCRISIE, FAUSSETÉ). [→ MENTIR.]

mensonger, ère [mɑ̃sɔ̃ʒe] adj. Qui est contraire à la vérité : *Affirmations mensongères* (syn. TROMPEUR, FAUX; contr. VRAI). *Récit mensonger* (syn. INVENTÉ; soutenu CONTROUVÉ ; contr. VÉRIDIQUE).

menstruation [mɑ̃stryasjɔ̃] n. f. (de *menstrues*). Fonction physiologique existant chez la femme pendant la période d'activité génitale, caractérisée par des périodes cycliques (28 à 31 jours) dans lesquelles se produisent l'ovulation et l'écoulement sanguin des règles; l'écoulement sanguin lui-même.

menstruel, elle [mɑ̃stryɛl] adj. Relatif à la menstruation : *Cycle menstruel.*

menstrues [mɑ̃stry] n. f. pl. (lat. *menstrua,* de *mensis,* mois). Écoulement sanguin de la menstruation (vieilli) [syn. RÈGLES].

mensualisation [mɑ̃sɥalizasjɔ̃] n. f. Action de mensualiser; fait d'être mensualisé.

mensualiser [mɑ̃sɥalize] v. t. *Mensualiser un salarié,* lui donner le statut de mensuel.

mensualité [mɑ̃sɥalite] n. f. Somme versée chaque mois : *Payer une voiture par mensualités.*

mensuel, elle [mɑ̃sɥɛl] adj. (du lat. *mensis,* mois). Qui se fait tous les mois : *Une revue mensuelle. Le salaire mensuel* (= du mois). ◆ n. Employé payé au mois (par oppos. aux ouvriers payés chaque quinzaine, chaque jour). ◆ ***mensuel*** n. m. Magazine qui paraît tous les mois.

mensuellement [mɑ̃sɥɛlmɑ̃] adv. Chaque mois.

mensurations [mɑ̃syrasjɔ̃] n. f. pl. (lat. *mensura,* mesure). Ensemble des dimensions caractéristiques du corps humain, chez un individu.

mental, e, aux [mɑ̃tal] adj. (du lat. *mens, mentis,* esprit). **1.** Relatif au fonctionnement psychique : *Son état mental est très déficient. La démence est une maladie mentale.* — **2.** Qui se fait dans l'esprit : *Calcul mental* (par oppos. au calcul fait par écrit).

mentalement [mɑ̃talmɑ̃] adv. Par la pensée, de tête : *Élève qui repasse mentalement sa table de multiplication.*

mentalité [mɑ̃talite] n. f. **1.** Ensemble de croyances, d'idées, de coutumes caractérisant une société déterminée; manière habituelle de penser d'un groupe humain : *Les mentalités primitives. Nos enfants ont une mentalité très différente de la nôtre;* état d'esprit : *Il a une mentalité de commerçant* (= il pense comme un commerçant). — **2.** Conduite, comportement moral : *La belle mentalité de la jeunesse actuelle!* (syn. MORALITÉ).

menterie [mɑ̃tri] n. f. Syn. vieilli de MENSONGE.

menteur, euse [mɑ̃tœr] adj. et n. Qui ment : *C'est un menteur, tout ce qu'il dit est faux.* ◆ adj. Qui trompe, qui induit en erreur : *Le proverbe est menteur qui affirme que la fortune vient en dormant.*

menthe [mɑ̃t] n. f. (gr. *minthê*). Plante aromatique avec laquelle on prépare des infusions et une essence qui sert à parfumer des bonbons ou qui entre dans la fabrication de liqueurs, de sirops, etc.

menthol [mɑ̃/mɛ̃tɔl] n. m. Alcool extrait de l'essence de menthe.

mentholé, e [mɑ̃/mɛ̃tɔle] adj. Qui contient du menthol.

mention [mɑ̃sjɔ̃] n. f. (lat. *mentio*, de *mens, mentis*, esprit). **1.** Note fournie sur qqch; citation ou bref renseignement donné par écrit : *Je ne vois nulle part mention de cet ouvrage, de cet accident.* — **2.** *Faire mention de qqch, qqn,* le signaler, le citer : *J'ai fait mention de vos travaux dans mon livre.* — **3.** Appréciation élogieuse donnée à la suite de certains examens : *Mention « bien », « très bien ».*

mentionner [mɑ̃sjɔne] v. t. *Mentionner qqch, qqn,* l'indiquer, le citer : *Le journal mentionne plusieurs incendies de voitures* (syn. SIGNALER).

mentir [mɑ̃tir] v. i. (lat. *mentiri*) [c. **19**] (sujet qqn) **1.** *Mentir (à qqn),* lui donner pour vrai ce qu'on sait être faux : *Il ment comme il respire* (= continuellement). — **2.** *Faire mentir le proverbe,* contredire par son attitude, sa conduite, une idée communément admise. ‖ *Mentir sur qqch, sur qqn,* ne pas dire, sciemment, la vérité à son sujet. ‖ *Sans mentir,* à dire vrai, en vérité (renforcement d'une affirmation) : *Sans mentir, la salle était comble.* ‖ *Se mentir à soi-même,* refuser d'avouer à soi-même la vérité : *Elle se ment à elle-même quand elle affirme ne pas douter de son succès.*

menton [mɑ̃tɔ̃] n. m. (lat. *mentum*). Partie saillante du visage formée par le maxillaire inférieur : *Avoir un double, un triple menton* (= être gras au point d'avoir deux ou trois plis au-dessous du menton).

mentonnière [mɑ̃tɔnjɛr] n. f. Bande d'étoffe passant sous le menton, pour attacher certaines coiffures; pièce entourant le menton et assurant la tenue d'un casque.

mentor [mɛ̃tɔr] n. m. (de *Mentor*, personnage de la mythologie grecque). Conseiller sage et expérimenté d'un jeune homme (soutenu).

1. menu, e [məny] adj. (lat. *minutus*, petit). **1.** (avant ou après le n.) Très petit; de très faible volume : *Une tige menue* (syn. GRÊLE). *Un menu grain de poussière* (contr. GROS). *Une écriture menue* (syn. FIN). *Une enfant menue* (= petite et mince). — **2.** (avant le n.) De peu d'importance : *De menus frais. Raconter une aventure dans le menu détail. La menue monnaie* (syn. PETIT). ◆ ***menu*** adv. *Couper, hacher menu,* en petits morceaux. ◆ n. m. *Expliquer, raconter par le menu,* en détail. (→ AMENUISER.)

2. menu [məny] n. m. **1.** Liste détaillée des mets, des plats servis à un repas : *Quel est le menu aujourd'hui?* — **2.** Repas à prix fixe servi dans un restaurant.

menuet [mənɥɛ] n. m. (dim. de *menu* 1). Danse (et musique) du XVIIe s.

menuiserie [mənɥizri] n. f. Art et entreprise du menuisier : *Atelier de menuiserie.*

menuisier [mənɥizje] n. m. (du bas lat. *minutiare*, rendre menu). Ouvrier, artisan exécutant des travaux en bois pour le bâtiment et des meubles.

méprendre (se) [meprɑ̃dr] v. pr. (c. **54**). **1.** *Se méprendre sur qqn, sur qqch,* se tromper à leur sujet (soutenu) : *Je me suis mépris sur ses intentions réelles.* — **2.** *À s'y méprendre,* d'une façon telle qu'il est possible de commettre une confusion, une erreur : *Ils se ressemblent à s'y méprendre.*

mépris [mepri] n. m. **1.** Sentiment par lequel on juge qqn ou qqch indigne d'estime ou d'attention, condamnable, inférieur sur le plan moral, intellectuel, etc. : *Montrer du mépris. Regarder avec mépris* (syn. ↓DÉDAIN). *Des termes de mépris* (= des injures). — **2.** Absence de considération, d'attention pour qqch; sentiment par lequel on s'élève au-dessus des émotions et des passions : *Le mépris des convenances* (contr. RESPECT, ↑VÉNÉRATION). *Le mépris des honneurs* (contr. ENVIE). *Le mépris de la mort* (contr. CRAINTE). — **3.** *Au mépris de qqch,* contrairement à, sans considérer (syn. MALGRÉ).

méprisable [meprizabl] adj. Digne de mépris : *Des gens méprisables* (syn. ↑IGNOBLE). *Des procédés méprisables* (syn. VIL).

méprisant, e [meprizɑ̃] adj. Qui montre du mépris : *Sourire méprisant* (syn. FIER). *Une personne méprisante* (syn. DÉDAIGNEUX).

méprise [mepriz] n. f. Erreur commise sur qqn, sur son attitude, sur qqch : *Victime d'une méprise* (syn. MALENTENDU, CONFUSION). *Elle m'a adressé par méprise une lettre qui ne m'était pas destinée* (syn. INADVERTANCE).

mépriser [meprize] v. t. (de *priser* 2). *Mépriser qqn* ou *qqch,* témoigner pour eux du mépris : *Un orgueilleux qui méprise ses subordonnés* (syn. DÉDAIGNER). *Un homme méprisé* (syn. ↑DÉTESTER). *Mépriser le mensonge* (syn. litt. HONNIR). *Mépriser les flatteries* (syn. IGNORER). *Mépriser la fortune, la gloire* (syn. SE DÉSINTÉRESSER DE). *Mépriser le danger* (syn. BRAVER). *Mépriser la morale, les conventions* (syn. ↓NÉGLIGER).

mer [mɛr] n. f. (lat. *mare*). **1.** Vaste étendue d'eau salée qui couvre une partie de la surface du globe : *Un coup de mer* (= une courte tempête). *La mer est démontée. La mer est basse, haute* (= elle a atteint, au moment de la marée, son niveau le plus bas, le plus haut). *Un voyage par mer. Un homme à la mer* (= tombé du bateau). *En pleine mer* (= au large des côtes). *L'Angleterre a eu la maîtrise de la mer au XVIIIe s.* — **2.** (+ compl. ou adj.) Partie déterminée de cette étendue : *La mer du Nord. La mer Rouge.* — **3.** (+ compl.) Vaste étendue, immense superficie de : *Une mer de sable. Une mer de feu.* — **4.** *Ce n'est pas la mer à boire,* ce n'est pas une tâche insurmontable. (→ MARIN et MARITIME.)

mercanti [mɛrkɑ̃ti] n. m. (it. *mercante*, marchand). *Péjor.* Commerçant malhonnête.

mercantile [mɛrkɑ̃til] adj. *Esprit mercantile,* attitude de qqn préoccupé surtout de réaliser par tous les moyens des bénéfices, des gains.

mercantilisme [mɛrkɑ̃tilism] n. m. Âpreté au gain.

mercenaire [mɛrsənɛr] adj. et n. (du lat. *merces*, salaire). Personne de nationalité indifférente recrutée pour combattre dans un conflit armé, moyennant des avantages matériels importants : *Mercenaires à la solde d'un gouvernement étranger.*

mercerie [mɛrsəri] n. f. (lat. *merx, mercis*, marchandise). Commerce et boutique du mercier; rayon spécialisé dans un grand magasin.

mercerisé, e [mɛrsərize] adj. (de *Mercer*, chimiste anglais). *Coton mercerisé,* qui a subi un traitement (le *mercerisage*) qui rend ses fils brillants et soyeux.

1. merci [mɛrsi] interj. de politesse (du lat. *merces*, *-edis*, salaire). **1.** Employée pour remercier : *Merci mille fois. Merci bien;* suivie d'un n. compl. : *Merci de votre cadeau;* suivie d'un inf. : *Merci de m'avoir répondu si vite.* — **2.** Accompagne ou appuie une affirmation, un refus : *Non, merci, je ne fume pas.* ◆ n. m. Paroles de remerciement : *Dites-lui mille mercis de ma part. Dis merci à ta mère* (= remercie).

2. merci [mɛrsi] n. f. **1.** *Être à la merci de qqch, de qqn,* être dans une situation telle qu'on dépend d'eux entièrement : *Ce petit navire est à la merci des flots déchaînés* (= est le jouet de). — **2.** *Lutte, combat,* etc., *sans merci,* sans pitié, avec un acharnement extraordinaire.

mercier, ère [mɛrsje] n. Personne qui vend des articles relatifs à la couture (fil, boutons, etc.) et à la toilette (dentelles, rubans, etc.).

mercredi [mɛrkrədi] n. m. (lat. *Mercurii dies,* jour de Mercure). Troisième jour de la semaine.

mercure [mɛrkyr] n. m. (de *Mercure,* messager des dieux). Corps métallique liquide, utilisé dans la construction d'appareils de physique (thermomètre, baromètre, etc.), pour l'étamage des glaces et en médecine.

mercuriale [mɛrkyrjal] n. f. (lat. *mercurialis,* de Mercure). Liste des prix moyens des denrées alimentaires sur les marchés.

merde [mɛrd] n. f. (lat. *merda*). Excrément de l'homme et de quelques animaux (triv.). [Ce mot, utilisé comme interj., entre dans la formation de nombreux dérivés pop. : *merdeux, merdier, emmerder, démerder,* etc.]

mère [mɛr] n. f. (lat. *mater*). **1.** Femme qui a au moins un enfant. — **2.** Femelle d'un animal qui a eu des petits. — **3.** Femme qui joue le même rôle que la mère (sens 1) : *Une mère adoptive. Elle fut une seconde mère pour moi.* — **4.** Supérieure d'un couvent. — **5.** *La mère Un tel,* appellation fam. appliquée à une femme du peuple d'un certain âge. — **6.** Entre dans un certain nombre de proverbes au sens de «cause», «source» : *L'oisiveté est la mère de tous les vices.* ◆ adj. f. Qui est l'origine, le centre, etc. : *La maison mère. La langue mère* (= celle dont une autre est issue). *L'idée mère d'un ouvrage* (= principale). [→ MATERNEL.]

merguez [mɛrgɛz] n. f. (mot ar.). Saucisse pimentée.

méridien [meridjɛ̃] n. m. (lat. *meridies,* midi). Cercle imaginaire passant par les deux pôles terrestres.

méridional, e, aux [meridjɔnal] adj. (du lat. *meridies,* midi). Situé au sud : *La côte méridionale de la Grande-Bretagne* (contr. SEPTENTRIONAL). ◆ adj. et n. Qui est du midi de la France : *Avoir un accent méridional. Les Méridionaux ont la réputation d'être très liants.*

meringue [mərɛ̃g] n. f. (polon. *marzynka*). Pâtisserie légère, à base de sucre et de blancs d'œufs.

mérinos [merinos] n. m. (mot esp.). Mouton de race espagnole dont la laine est très fine.

merise [məriz] n. f. Fruit noir et légèrement acide du merisier.

merisier [mərizje] n. m. (de *amer* et *cerisier*). Cerisier sauvage qui a donné des variétés cultivées, et dont le bois est utilisé en ébénisterie.

méritant, e [meritɑ̃] adj. Qui a du mérite : *Des élèves méritants* (= dont le travail mérite récompense).

mérite [merit] n. m. (lat. *meritum,* gain). **1.** Ce qui rend qqn, une action digne d'estime, de récompense : *Elle a un grand mérite à se consacrer ainsi à ses parents malades. Il a eu le mérite d'avoir aperçu le premier les conséquences de cette découverte. Tout le mérite de l'affaire lui revient. Il se fait un mérite de refuser tous les honneurs* (syn. GLOIRE). — **2.** Qualités intellectuelles, morales qui font que qqn, une œuvre est digne d'éloges : *Apprécier le mérite d'une artiste, d'un ouvrage* (syn. VALEUR). — **3.** Nom donné à certaines décorations : *Mérite agricole.*

mériter [merite] v. t. **1.** (sujet qqn, qqch) *Mériter qqch, de* (+ *inf.*), *que* (+ *subj.*), être digne d'une récompense ou passible d'un châtiment, appeler telle ou telle attitude : *Mériter le premier prix. Il mériterait d'être sévèrement puni. Mériter un blâme sévère* (syn. ENCOURIR). *Cette injure mérite le mépris. Il ne mérite pas qu'on se fasse du souci pour lui* (syn. VALOIR). *J'ai bien mérité de me reposer* (syn. GAGNER). — **2.** (sujet qqn) *Mériter qqn,* être digne de vivre à ses côtés : *Elle n'a pas mérité le mari qu'elle a.* — **3.** (sujet qqch) Avoir besoin de qqch : *La nouvelle mérite confirmation* (syn. RÉCLAMER). *Cette lettre mérite une réponse* (syn. ↑ EXIGER). — **4.** *Toute peine mérite salaire,* chacun doit être récompensé de son travail, aussi petit qu'il ait été. ◆ v. t. ind. *Bien mériter de la patrie,* avoir droit à sa reconnaissance.

méritoire [meritwar] adj. Digne de récompense, d'estime : *Faire des efforts méritoires* (syn. LOUABLE). *Sa conduite a été très méritoire* (contr. INDIGNE, BLÂMABLE).

merlan [mɛrlɑ̃] n. m. (de *merle*). Poisson à chair estimée, pêché sur les côtes françaises.

merle [mɛrl] n. m. (lat. *merula*). **1.** Oiseau à plumage noir (mâle) ou gris (femelle) : *Le merle siffle.* — **2.** *Le merle blanc,* personne ou objet extrêmement rare.

merluche [mɛrlyʃ] n. f. ou **merlu** [mɛrly] n. m. (it. *merluccio*). **1.** Autre nom du COLIN. — **2.** Morue sèche non salée.

mérou [meru] n. m. (esp. *mero*). Gros poisson des mers chaudes estimé pour sa chair.

merveille [mɛrvɛj] n. f. (lat. *mirabilia,* choses étonnantes). **1.** Ce qui suscite l'admiration, l'étonnement, par sa beauté, sa perfection, ses qualités extraordinaires : *Ce bas-relief est une pure merveille. Un mécanisme qui est une merveille d'ingéniosité* (syn. PRODIGE, MIRACLE). — **2.** *À merveille,* d'une façon qui approche la perfection : *Ils s'entendent à merveille* (syn. ADMIRABLEMENT, PARFAITEMENT). ‖ *Au pays des merveilles,* dans le monde des contes de fées. ‖ *Faire merveille, faire des merveilles,* obtenir ou produire des résultats étonnants : *La nouvelle machine à laver fait merveille.* ‖ *Les Sept Merveilles du monde,* les sept ouvrages les plus remarquables de l'Antiquité (pyramides d'Égypte, jardins suspendus de Sémiramis et murs de Babylone, statue de Zeus par Phidias, colosse de Rhodes, temple d'Artémis à Éphèse, mausolée d'Halicarnasse, phare d'Alexandrie).

merveilleusement [mɛrvɛjøzmɑ̃] adv. De façon merveilleuse.

merveilleux, euse [mɛrvɛjø] adj. (avant ou après le n.) *Une merveilleuse réussite* (syn. PRODIGIEUX, ↑ ÉTOURDISSANT). *Une actrice merveilleuse* (syn. ADMIRABLE, MAGNIFIQUE). ◆ ***merveilleux*** n. m. Caractère de ce qui appartient au surnaturel, au monde de la magie, de la féerie : *L'emploi du merveilleux dans les films de J. Cocteau.*

mésalliance [mezaljɑ̃s] n. f. Mariage avec qqn appartenant à une classe jugée inférieure, avec qqn n'ayant pas de fortune.

mésallier (se) [mezalje] v. pr. Épouser qqn de condition inférieure : *Sa famille a considéré qu'elle se mésalliait en épousant un petit fonctionnaire.*

mésange [mezɑ̃ʒ] n. f. (frq. *meisinga*). Petit oiseau très commun, grand destructeur d'insectes.

mésaventure [mezavɑ̃tyr] n. f. Aventure désagréable, qui a des conséquences fâcheuses : *L'enfant conta ses mésaventures* (syn. DÉBOIRES). *Cette mésaventure l'avait rendu prudent pour l'avenir* (syn. ACCIDENT).

mésentente [mezɑ̃tɑ̃t] n. f. Mauvaise entente, désaccord.

mésestimer [mezɛstime] v. t. *Mésestimer qqn (ses actes, son œuvre),* ne pas lui reconnaître son vrai mérite, en faire trop peu de cas (soutenu) : *Il souffrait de se sentir mésestimé de ses contemporains* (syn. MÉCONNAÎTRE).

mesquin, e [mɛskɛ̃] adj. (it. *meschino,* chétif). Qui manque de grandeur, de noblesse, de générosité : *Ce refus est de sa part un geste mesquin* (= qui témoigne d'une étroitesse d'esprit). *Une personne mesquine* (syn. ↑AVARE). *Calculs mesquins* (syn. SORDIDE; contr. GÉNÉREUX).

mesquinement [mɛskinmɑ̃] adv. Avec mesquinerie.

mesquinerie [mɛskinri] n. f. Caractère mesquin : *La mesquinerie de ses reproches* (syn. ÉTROITESSE D'ESPRIT). *Je ne la crois pas capable d'une telle mesquinerie* (syn. BASSESSE; contr. GÉNÉROSITÉ).

mess [mɛs] n. m. (mot angl. signif. *réunion*). Salle où les officiers, les sous-officiers prennent leurs repas.

message [mɛsaʒ] n. m. (lat. *missus,* envoyé). **1.** Communication, nouvelle généralement importante, transmise à qqn : *Être porteur d'un message* (syn. DÉPÊCHE). *Être chargé d'un message* (syn. ↓COMMISSION). — **2.** Pensée profonde, réflexion sur le monde communiquée par qqn dans son œuvre : *Le dernier message d'un écrivain.*

messager, ère [mɛsaʒe] n. Personne chargée de transmettre un message, une nouvelle (syn. ENVOYÉ).

messagerie [mɛsaʒri] n. f. Transport des marchandises, des colis, par chemin de fer, par bateau, par route, par avion; organisme qui s'en charge (surtout pl.).

messe [mɛs] n. f. (lat. d'Église *missa,* action de renvoyer). **1.** Dans la religion catholique, repas eucharistique qui rend présent aujourd'hui le sacrifice du corps et du sang de Jésus-Christ et qui se fait à l'autel sous les espèces du pain et du vin par le ministère du prêtre : *Aller à la messe. Messe basse* (= celle dont toutes les parties sont lues et récitées et non chantées). — **2.** Composition musicale pour une grand-messe. — **3.** Fam. *Messes basses,* entretien particulier entre deux personnes, à voix basse (syn. APARTÉS). ‖ *Messe noire,* pratique de sorcellerie, consistant en une parodie sacrilège de la messe, célébrée en l'honneur du diable.

messianique [mɛsjanik] adj. Relatif au Messie, au messianisme.

messianisme [mɛsjanism] n. m. Croyance en l'avènement du royaume de Dieu sur terre ou en l'avènement d'un monde meilleur *(messianisme révolutionnaire).*

messidor [mɛsidɔr] n. m. (lat. *messis,* moisson, et gr. *dôron,* don). Dixième mois du calendrier républicain.

messie [mɛsi] n. m. (de l'araméen *meschîkhâ,* sacré par le seigneur). **1.** Dans le judaïsme, envoyé de Dieu qui rétablira Israël et inaugurera l'ère de la justice. — **2.** (avec majusc.) *Le Messie,* pour les chrétiens, le Christ. — **3.** *Être attendu comme le Messie,* avec une grande impatience.

mesurable [məzyrabl] adj. Qui peut être mesuré : *La distance est difficilement mesurable.*

mesure [məzyr] n. f. (lat. *mensura*). **1.** Action d'évaluer une grandeur par comparaison avec une autre de même espèce prise pour unité de référence : *La mesure de la vitesse. Un appareil de mesure. Effectuer une mesure. Les unités, les systèmes de mesure.* — **2.** Quantité servant d'unité de base pour cette évaluation : *Le mètre est la mesure de longueur* (= étalon). *Le service des poids et mesures.* — **3.** Quantité, grandeur déterminée par cette évaluation : *Prendre les mesures d'un costume, d'une pièce* (syn. TAILLE, DIMENSION). — **4.** Récipient servant à mesurer les volumes. — **5.** Division de la durée musicale en parties égales : *Mesure à deux temps;* le rythme ainsi déterminé : *Jouer en mesure.* — **6.** Structure rythmique d'un vers. — **7.** *À mesure,* par degrés successifs, d'une manière progressive : *Le chemin devenait à mesure plus difficile* (syn. PEU À PEU). ‖ *À mesure que* (+ *ind.*), indique la durée progressive ou la simultanéité : *À mesure que l'orateur parlait, l'auditoire s'assoupissait.* ‖ *À la mesure de,* proportionné à : *Des rêves à la mesure de l'homme* (syn. À L'ÉCHELLE DE). ‖ *Dans la mesure où,* dans la proportion où. ‖ *Dans la mesure du possible,* autant qu'il est possible. ‖ *Donner la mesure de son talent, donner toute sa mesure,* montrer pleinement, dans une circonstance, ce dont on est capable. ‖ *Être en mesure de* (+ *inf.*), être capable de; avoir la possibilité de (syn. ÊTRE À MÊME DE). ‖ *Faire bonne mesure,* donner à un acheteur un peu au-delà de ce qui lui revient (en parlant d'un commerçant). ‖ *Il n'y a pas de commune mesure entre deux choses, deux personnes,* il est impossible de les comparer. ‖ *Sur mesure,* spécialement adapté à son but, à la personne : *Un emploi du temps sur mesure. Un costume sur mesure.* — **8.** Manière d'agir, moyen mis en œuvre pour obtenir un résultat précis : *Prendre des mesures contre la hausse des prix* (syn. DISPOSITION). *La saisie des journaux était une mesure arbitraire* (syn. ACTE). — **9.** Modération mise dans sa façon d'agir : *Tu n'as pas le sens de la mesure* (syn. ÉQUILIBRE). *Discuter avec mesure* (syn. MÉNAGEMENT; contr. VIOLENCE). *Homme plein de mesure* (syn. RETENUE; contr. DÉMESURE). — **10.** *Outre mesure, sans mesure,* de façon exagérée : *Dépenser outre mesure.* ‖ *Passer toute mesure,* dépasser ce qui est permis (syn. PASSER LES BORNES).

mesuré, e [məzyre] adj. Modéré, fait avec mesure, calculé : *Être mesuré dans ses paroles* (contr. DÉPLACÉ). *Prendre un ton mesuré. Un effort mesuré* (syn. CALCULÉ; contr. ↑GIGANTESQUE).

mesurer [məzyre] v. t. **1.** *Mesurer qqch, qqn, une grandeur,* etc., évaluer une grandeur par comparaison avec l'unité, déterminer une quantité, une longueur, un volume par cette évaluation : *Mesurer le tour du cou* (= prendre la pointure). *Mesurer la distance de la Terre à la Lune* (syn. CALCULER). *Mesurer la pression dans une chaudière.* — **2.** Donner d'une façon restreinte, limitée, avec parcimonie : *Elle mesure strictement l'argent de poche de ses enfants* (syn. DISTRIBUER). *Le temps nous est mesuré; pressons-nous* (= nous avons peu de temps). — **3.** *Mesurer qqch (abstrait),* en déterminer la valeur : *Savoir mesurer les risques. Je n'ai pas mesuré la portée de mon intervention* (= je n'en ai pas vu les conséquences). *Mesurez vos paroles* (= faites attention à ce que vous dites). ◆ v. i. *Mesurer* (+ express. d'une quantité), avoir pour mesure : *Cette pièce mesure trois mètres sur cinq. Il mesure un mètre soixante-dix.* ◆ ***se mesurer*** v. pr. *Se mesurer avec qqn,* lutter, se battre avec lui. ‖ *Se mesurer des yeux,* se considérer réciproquement pour évaluer les forces respectives avant la lutte (syn. SE TOISER).

métabolisme [metabɔlism] n. m. (gr. *metabolê,* changement). Ensemble des transformations subies dans un organisme vivant par les substances qu'il absorbe.

métairie [metɛri] n. f. Domaine agricole exploité par un métayer.

métal [metal] n. m. (lat. *metallum,* mine) [pl. *métaux*]. Corps simple, doué d'un éclat particulier et en général bon conducteur de la chaleur et de l'électricité (ex. cuivre, fer, argent, etc.).

métallifère [metalifɛr] adj. Qui renferme un métal : *Gisement métallifère.*

métallique [metalik] adj. **1.** Fait d'un métal : *Charpente métallique.* — **2.** Qui rappelle le métal par son apparence, par ses caractéristiques : *Reflet métallique. Bruit métallique.*

métallisé, e [metalize] adj. Recouvert d'une mince couche de métal ou d'alliage, qui a un éclat métallique : *Voiture bleu métallisé.*

métallurgie [metalyrʒi] n. f. (du gr. *metallourgein,* exploiter une mine). Industrie de l'extraction et du travail des métaux.

métallurgique [metalyrʒik] adj. Relatif à la métallurgie.

métallurgiste [metalyrʒist] adj. et n. Qui travaille les métaux : *Ouvrier métallurgiste.* (Abrév. fam. MÉTALLO.)

métamorphose [metamɔrfoz] n. f. (gr. *metamorphôsis,* changement de forme). Changement de forme ou de structure survenant chez un être vivant ou dans une chose, tel qu'ils deviennent qualitativement différents de ce qu'ils étaient : *Les métamorphoses du papillon. Il s'est opéré en lui une véritable métamorphose* (syn. TRANSFORMATION).

métamorphoser [metamɔrfoze] v. t. Modifier complètement la nature, la forme : *Ce déguisement le métamorphosait complètement* (syn. CHANGER). ◆ ***se métamorphoser*** v. pr. Changer de forme, d'aspect : *L'enfant qu'elle était s'est métamorphosée en une jeune fille réfléchie* (syn. SE TRANSFORMER).

métaphore [metafɔr] n. f. (gr. *metaphora,* transport). Procédé d'expression qui consiste à donner à un mot la valeur d'un autre présentant avec le premier une analogie. (Ex. *La situation qu'on lui offre est un* TREMPLIN *pour de plus hautes fonctions.*)

métaphorique [metafɔrik] adj. Relatif à la métaphore.

métaphysicien, enne [metafizisjɛ̃] n. Spécialiste de métaphysique.

métaphysique [metafizik] n. f. (du gr. *meta ta phusika,* après la physique). Recherche philosophique des causes et des principes premiers. ◆ adj. Propre à la métaphysique : *Problèmes métaphysiques.*

métayage [metɛjaʒ] n. m. Contrat de métayer.

métayer, ère [metɛje] n. (anc. fr. *meitier,* moitié). Personne qui loue à bail un domaine rural en s'engageant à le cultiver et à donner une partie des récoltes au propriétaire.

métempsycose [metɑ̃psikoz] n. f. (gr. *metempsukhôsis*). Passage des âmes d'un corps dans un autre (relig.).

météore [meteɔr] n. m. (du gr. *meteôros,* élevé dans les airs). **1.** Phénomène qui a lieu dans l'atmosphère, et, en partic., phénomène lumineux qui résulte de l'entrée dans l'atmosphère terrestre d'un objet solide venant de l'espace. — **2.** *Passer comme un météore,* briller d'un éclat vif et passager.

météorique [meteɔrik] adj. Relatif aux météores.

météorite [meteɔrit] n. f. Objet solide de l'espace et qui atteint la surface de la Terre sans être vaporisé par l'échauffement dû au frottement dans l'atmosphère.

météorologie ou **météo** [meteɔ(rɔlɔʒi)] n. f. (gr. *meteôrologia*). Étude scientifique des phénomènes atmosphériques, en partic. pour la prévision du temps; organisme chargé de cette étude : *Le bulletin de la météo.*

météorologique [meteɔrɔlɔʒik] adj. Relatif à la météorologie : *Prévisions météorologiques.*

météorologiste [meteɔrɔlɔʒist] n. Spécialiste de météorologie.

métèque [metɛk] n. m. (gr. *metoikos,* qui change de maison). *Péjor.* Étranger établi dans un pays et dont le comportement est jugé défavorablement.

méthane [metan] n. m. (gr. *methu,* boisson fermentée). Gaz des matières en putréfaction et constituant du gaz naturel.

méthode [metɔd] n. f. (gr. *methodos,* poursuite). **1.** Manière d'exposer des idées, de découvrir la vérité, etc., selon certains principes et dans un certain ordre, caractérisant une démarche organisée de l'esprit : *Chaque science a ses méthodes.* — **2.** Démarche raisonnée, ordonnée de l'esprit pour parvenir à un certain but : *Avoir une excellente méthode de travail. Manquer totalement de méthode* (syn. LOGIQUE). — **3.** Manière de se comporter, technique raisonnée pour obtenir un résultat : *Changez de méthode si vous voulez qu'on vous écoute* (syn. MANIÈRE DE FAIRE). *Trouver une méthode pour augmenter la productivité* (syn. SYSTÈME). *Les méthodes nouvelles de la pédagogie* (syn. PROCÉDÉ). — **4.** Ouvrage groupant logiquement les éléments d'une science, d'un art ou d'une technique : *Méthode de piano. Méthode de lecture.*

méthodique [metɔdik] adj. **1.** Qui raisonne, qui agit selon certains principes et dans un ordre voulu : *Un esprit méthodique* (syn. RÉFLÉCHI; contr. BROUILLON, DISPERSÉ, DÉSORDONNÉ). — **2.** Réalisé par une démarche raisonnée de l'esprit : *Le classement méthodique des fiches.*

méthodiquement [metɔdikmɑ̃] adv. De façon méthodique : *Procéder méthodiquement* (= avec réflexion, suivant un certain plan).

méthodologie [metɔdɔlɔʒi] n. f. Étude des méthodes propres à une science.

méthodologique [metɔdɔlɔʒik] adj. Propre à la méthodologie.

méthylène [metilɛn] n. m. (gr. *methu,* boisson fermentée, et *hulê,* bois). *Bleu de méthylène,* colorant et désinfectant extrait de la houille.

méticuleusement [metikyløzmɑ̃] adv. Avec méticulosité (syn. MINUTIEUSEMENT).

méticuleux, euse [metikylø] adj. et n. (lat. *meticulosus,* craintif). Qui a ou manifeste de la minutie, le goût du petit détail : *Être méticuleux dans son travail* (syn. MINUTIEUX). *Propreté méticuleuse* (syn. SCRUPULEUX).

méticulosité [metikylozite] n. f. Caractère méticuleux.

métier [metje] n. m. (lat. *ministerium,* service).
— **I. 1.** Travail dont on tire des moyens d'existence : *Exercer un métier manuel, intellectuel* (syn. PROFESSION). *Le métier des armes* (= le métier militaire). *Elle connaît son métier* (= elle a de l'expérience dans son travail). *Il est du métier* (= c'est un spécialiste de ce genre de travail). *L'argot de métier* (= termes techniques ou non propres à une profession). *Il est horloger de son métier.* — **2.** *Apprendre son métier à qqn,* lui donner une leçon, le remettre à sa place. ‖ *Faire son métier de,* remplir les devoirs de sa charge, de sa fonction : *Elle fait bien son métier de citoyenne.* — **3.** Expérience acquise, qui se manifeste par une grande habileté technique : *Il a du métier. Le roman policier demande du métier.*
— **II. 1.** Machine servant à confectionner divers ouvrages et surtout des tissus : *Métier à tisser.* — **2.** *Mettre qqch sur le métier,* en entreprendre la réalisation.

métis, isse [metis] adj. et n. (lat. *mixtus,* mélangé). Issu du croisement de sujets de races différentes.

métissage [metisaʒ] n. m. Croisement de deux races.

métisser [metise] v. t. (surtout part. passé) Croiser par métissage : *Race métissée.*

métonymie [metonimi] n. f. (gr. *metonumia,* changement de nom). Procédé stylistique par lequel on exprime le tout par la partie, l'effet par la cause, le contenu par le contenant, etc. (Ex. *la ville* pour *les habitants de la ville.*)

métonymique [metonimik] adj. Relatif à la métonymie.

métrage [metraʒ] n. m. **1.** Action de métrer : *Le métrage d'un tissu.* — **2.** Coupon de tissu d'une certaine longueur. — **3.** Longueur d'un film : *Film de court, de long métrage.*

1. mètre [mɛtr] n. m. (gr. *metron*, mesure). **1.** Unité de longueur dans le système légal des poids et mesures (symb. m). — **2.** Règle, ruban servant à mesurer, divisé en centimètres, et ayant la longueur d'un mètre (ou plus). — **3.** *Mètre carré* (symb. m^2), unité de mesure de superficie correspondant à un carré de 1 m sur 1 m. ‖ *Mètre cube* (symb. m^3), unité de mesure de volume équivalant au volume d'un cube de 1 m de côté.

2. mètre [mɛtr] n. m. (gr. *metron*, vers). **1.** Unité du vers dans la prosodie grecque et latine : *Le mètre comporte une suite déterminée de syllabes longues et brèves.* — **2.** Type de vers, déterminé en français par le nombre de syllabes.

métrer [metre] v. t. (c. **10**) Mesurer avec un mètre un terrain, une construction, du tissu, etc. (techn.).

métreur [metrœr] n. m. Professionnel chargé de mesurer (dans la construction, en partic.).

1. métrique [metrik] adj. *Système métrique*, système des poids et mesures ayant pour base le mètre et adopté en France depuis 1790.

2. métrique [metrik] n. f. Science de la versification.

métro [metro] n. m. (abrév. de [*chemin de fer*] *métropolitain*, [chemin de fer] d'une grande ville). Chemin de fer souterrain ou aérien qui dessert les quartiers d'une grande ville et sa banlieue : *Métro est l'abréviation de métropolitain.*

métronome [metrɔnɔm] n. m. (gr. *metron*, mesure, et *nomos*, règle). Instrument qui indique la vitesse à laquelle doit être exécuté un morceau musical.

métropole [metrɔpɔl] n. f. (gr. *mêtêr*, mère, et *polis*, ville). **1.** Capitale politique ou économique d'un pays, d'une région : *San Francisco, la grande métropole de l'Ouest américain.* — **2.** Pays considéré relativement à des territoires extérieurs qui dépendent de lui : *Retour en métropole de troupes stationnées outre-mer.*

métropolitain, e [metrɔpɔlitɛ̃] adj. Qui relève de la métropole : *Troupes métropolitaines.*

mets [mɛ] n. m. (bas lat. *missum*, ce qui est mis sur la table). Aliment préparé pour entrer dans la composition d'un repas (soutenu) : *Des mets régionaux.*

mettable [mɛtabl] adj. Se dit d'un vêtement qu'on peut porter (surtout dans des phrases négatives) : *Ce chapeau n'est plus mettable* (syn. UTILISABLE).

metteur [mɛtœr] n. m. (+ n. compl.) Technicien, ouvrier, spécialiste qui réalise tel ou tel projet, qui assure telle ou telle fonction : *Metteur en pages. Metteur en scène.* (→ au mot compl.)

mettre [mɛtr] v. t. (lat. *mittere*, envoyer) [c. **57**]. **1.** *Mettre qqch qqpart*, le faire passer d'un endroit dans un autre : *Mettez le livre sur la table* (syn. POSER). *Mettre la main sur le front* (syn. PLACER). *Mettre sa tête à la portière* (syn. PASSER). *Où ai-je mis mes lunettes? Mettre des papiers dans un tiroir* (syn. RANGER). *Mettre la clé dans la serrure* (syn. INTRODUIRE). *Mettre du vin en bouteilles;* l'y ajuster : *Mettre un manche à un balai;* l'y passer : *Mettre du shampooing (sur les cheveux).* — **2.** *Mettre qqn qqpart*, l'y mener, l'y accompagner : *Mettre ses enfants dans le train. Le taxi nous a mis à la gare.* — **3.** *Mettre qqch d'une certaine façon*, le placer dans telle ou telle position : *Mettre les bras en croix.* — **4.** *Mettre qqn à un certain rang, dans une certaine situation*, l'y placer : *Mettre un ami à la direction commerciale. Mettre un auteur au nombre des meilleurs. Mettre un malade en observation.* — **5.** *Mettre qqch (abstrait) à, dans qqch, à (+ inf.)*, l'y consacrer, l'y employer : *Mettre toutes ses forces au service des opprimés. Elle met son orgueil à ne pas céder. Mettre tous ses espoirs dans un avenir incertain* (syn. FONDER). — **6.** *Mettre du temps à, pour (+ inf.)*, l'utiliser, l'employer : *J'ai mis plusieurs jours à venir. La viande a mis longtemps à cuire* (= a été très longue). — **7.** *Mettre (de l'argent) sur, dans qqch*, l'engager dans : *Mettre une grosse somme sur le numéro 8 aux courses.* — **8.** *Mettre un mot, un nom*, etc., *qqpart*, l'inscrire : *Mettre sa signature au bas d'une lettre. Mettre son nom sur une pétition* (syn. INSCRIRE). — **9.** *Mettre un vêtement, un bijou, ses lunettes*, revêtir un vêtement, porter un bijou, placer sur son nez ses lunettes. — **10.** *Mettre la radio, la télé, la première chaîne*, etc., mettre en marche la radio, la télé, choisir la première chaîne, etc. — **11.** *Mettre qqch à (+ inf.)*, le soumettre à une action : *Mettre du café à chauffer* (= faire chauffer du café). — **12.** Avec un nom compl. (avec ou sans article) forme des loc. verbales souvent équivalentes à un autre verbe : *Mettre à l'épreuve* (= éprouver). *Mettre en liberté* (= libérer). *Mettre en scène un film* (= réaliser). *Mettre en vente. Mettre à jour, mettre en pages*, etc. (→ au mot compl.). — **13.** *Mettre sous les yeux, sous le nez*, montrer. ‖ *Y mettre du sien*, faire qqch avec de la bonne volonté. ◆ ***se mettre*** v. pr. **1.** (sujet être animé) *Se mettre qqpart*, aller occuper un lieu, une place, etc. : *Se mettre derrière quelqu'un. Se mettre au piano. Se mettre dans une mauvaise situation. Se mettre à l'eau* (= se baigner, ou risquer tout). *Se mettre dans un fauteuil* (= s'y asseoir). *Elle ne sait plus où se mettre* (= elle est honteuse). *Se mettre du côté du plus fort* (= se ranger du côté...). — **2.** (sujet qqn, qqch) *Se mettre* (+ *attribut* ou *compl. de manière*), prendre tel ou tel état, devenir : *Se mettre nu. Se mettre à son aise. Le temps se met au froid* (= devient). *Se mettre en colère. Se mettre d'accord sur l'heure du départ* (= s'accorder). *Mettez-vous en communication avec nous* (= entrez en communication). — **3.** (sujet qqn, qqch) *Se mettre à, en* (+ *n.*), à (+ *inf.*), commencer (à), entreprendre (de) : *Se mettre au travail, à travailler. Se mettre en route. Se mettre aux mathématiques. Il commence à s'y mettre* (= à travailler). *Se mettre à rire. Il se met à pleuvoir.* — **4.** *Se mettre qqch*, le mettre sur soi, dans son esprit, etc. : *Se mettre une couronne. Quelle drôle d'idée il s'est mise dans la tête!* (syn. fam. SE FOURRER). *Tu t'es mis de l'encre sur les doigts. Elle n'a plus rien à se mettre* (= elle n'a plus de vêtements pour s'habiller convenablement). — **5.** *Se mettre debout*, se lever.

1. meuble [mœbl] adj. (lat. *mobilis*, qu'on peut changer de place). **1.** *Bien meuble* (ou *meuble* n. m.), bien susceptible d'être déplacé (dr.). [→ MOBILIER.] — **2.** *Roche meuble*, friable. ‖ *Terre, sol meuble*, qui se laboure facilement.

2. meuble [mœbl] n. m. **1.** Objet mobile qui sert à l'usage ou à la décoration des lieux d'habitation (table, siège, armoire, bureau, etc.). [→ MOBILIER]. — **2.** *Être dans ses meubles*, dans un appartement où les meubles appartiennent à celui qui habite les lieux.

meublé, e [mœble] adj. *Chambre meublée, appartement meublé*, etc., ou *un meublé* n. m., local loué avec tout le mobilier.

meubler [mœble] v. t. **1.** (sujet qqn) *Meubler un lieu*, le garnir, l'équiper, le remplir de meubles : *Meubler un appartement;* (sujet un meuble) : *Un lit et une chaise meublent la chambre.* — **2.** Remplir ce qui est vide, enrichir de connaissances : *Meubler son imagination de rêves insensés. Savoir meubler ses loisirs* (syn. OCCUPER). ◆ v. i. Produire un effet d'ornementation : *Ces rideaux meublent bien.*

meuglement [møgləmɑ̃] n. m. Fait de meugler; beuglement.

meugler [møgle] v. i. (altér. de *beugler*). Syn. de BEUGLER.

1. meule [møl] n. f. (lat. *mola*). **1.** Corps circulaire solide qui sert à broyer *(meule de moulin)* ou à aiguiser. — 2. Gros fromage en forme de disque : *Meule de gruyère.*

2. meule [møl] n. f. Gros tas de foin, de gerbes de blé, etc., dressé après la moisson dans les champs.

meulière [møljɛr] n. f. Pierre calcaire abondante dans le Bassin parisien. (On dit aussi PIERRE MEULIÈRE.)

meunerie [mønri] n. f. Industrie, commerce du meunier.

meunier, ère [mønje] n. (lat. *molinarius*). 1. Personne qui exploite un moulin à blé. — 2. *À la meunière* ou *meunière*, se dit d'un poisson cuit à la poêle, avec un peu de farine.

meurtre [mœrtr] n. m. (de *meurtrir*). Action de tuer volontairement un être humain : *Être inculpé, accusé de meurtre* (syn. HOMICIDE, ASSASSINAT).

meurtrier, ère [mœrtrije] adj. 1. Qui cause la mort : *Main meurtrière* (syn. CRIMINEL). *Épidémie meurtrière* (syn. DESTRUCTEUR). *Combats meurtriers* (syn. SANGLANT). — 2. Qui incite au meurtre, qui l'évoque : *Fureur meurtrière.* ◆ n. Qui commet un meurtre : *Le meurtrier a laissé ses empreintes* (syn. ASSASSIN).

meurtrière [mœrtrijɛr] n. f. Ouverture pratiquée dans le mur d'une fortification, et qui permettait de tirer sur des assaillants.

meurtrir [mœrtrir] v. t. (frq. *murthrjan*, assassiner). 1. *Meurtrir qqn, une partie de son corps,* le blesser par un choc qui produit une marque livide (souvent pass.) : *Le visage meurtri par les coups* (syn. CONTUSIONNER, MARQUER). — 2. *Fruit meurtri,* qui a une tache due à un choc. — 3. *Meurtrir qqn,* provoquer une douleur morale profonde (soutenu) : *Une âme meurtrie* (syn. BLESSER).

meurtrissure [mœrtrisyr] n. f. Contusion avec tache bleuâtre : *Les liens lui avaient laissé des meurtrissures aux poignets* (syn. MARQUE, ↓ BLEU).

meute [møt] n. f. (du lat. *movere*, mouvoir). 1. Troupe de chiens courants dressés pour la chasse à courre. — 2. Bande de gens acharnés à la poursuite de qqn : *Une meute de photographes épie la célèbre actrice.*

mévente [mevɑ̃t] n. f. Vente mauvaise, difficile.

mexicain, e [mɛksikɛ̃] adj. et n. Du Mexique.

mezzanine [mɛdzanin] n. f. (it. *mezzanino*, entresol). 1. Dans une salle de spectacle, petit étage situé entre l'orchestre et le premier balcon. — 2. Petit étage entre deux grands.

mezzo-soprano [mɛdzosoprano] n. m. ou f. (mots it.) [pl. *mezzo-sopranos*]. Voix de femme plus grave et plus étendue que le soprano; personne qui a cette voix.

1. mi [mi] n. m. inv. (première syllabe de *mira* dans l'hymne à saint Jean-Baptiste). Note de musique, troisième degré de la gamme de *do*.

2. mi- [mi], préfixe (du lat. *medius*, qui est au milieu) qui entre dans la composition de noms en signifiant «à moitié», «à demi» : *à mi-corps, à mi-côte, la mi-août,* etc.

miasme [mjasm] n. m. (gr. *miasma*, souillure). Émanation pestilentielle provenant des marais, des déchets en décomposition.

miaulement [mjolmɑ̃] n. m. Action de miauler.

miauler [mjole] v. i. (onomat.) [sujet le chat, le tigre] Crier.

mica [mika] n. m. (mot lat. signif. *parcelle*). Minéral brillant, qu'on peut cliver en lamelles, utilisé pour sa transparence ou pour sa résistance à la chaleur.

mi-carême [mikarɛm] n. f. Troisième jeudi du carême, marqué par des fêtes, des déguisements, etc.

miche [miʃ] n. f. (lat. *mica*, parcelle). *Miche de pain,* gros pain rond.

mi-chemin (à) [miʃmɛ̃] adv. 1. Vers le milieu du chemin : *Le bois est situé à mi-chemin entre les deux villages.* — 2. Avant d'avoir atteint son but : *S'arrêter à mi-chemin dans une entreprise.*

micmac [mikmak] n. m. (anc. fr. *mutemaque*, rébellion). *Fam.* Affaire obscure et embrouillée : *La situation politique a abouti à ce micmac invraisemblable.*

mi-corps [mikɔr], **mi-côte** [mikot] → CORPS, CÔTE.

micro [mikro] ou **microphone** [mikrofɔn] n. m. (gr. *mikros*, petit, et *phônê*, voix). Instrument qui, transformant le son en vibrations électriques, permet d'enregistrer ou de transmettre ce son.

microbe [mikrɔb] n. m. (gr. *mikros*, petit, et *bios*, vie). Micro-organisme responsable de maladies infectieuses.

microbien, enne [mikrɔbjɛ̃] adj. Relatif aux microbes : *Maladie microbienne.*

microchirurgie [mikrɔʃiryrʒi] n. f. Chirurgie pratiquée sous le contrôle du microscope.

microclimat [mikrɔklima] n. m. Climat particulier à un espace de très faible étendue.

microcosme [mikrɔkɔsm] n. m. (gr. *mikros*, petit, et *kosmos*, monde). Monde en abrégé; résumé de l'univers.

microfilm [mikrɔfilm] n. m. Photographie de très petit format d'un document.

microfilmer [mikrɔfilme] v. t. Reproduire sous forme de microfilm.

micro-informatique [mikroɛ̃fɔrmatik] n. f. (pl. *micro-informatiques*). Domaine de l'informatique relatif aux micro-ordinateurs.

micron [mikrɔ̃] n. m. (du gr. *mikros*, petit). Ancienne unité de mesure de longueur (symb. µ), égale à un millionième de mètre (remplacée par le *micromètre*).

micro-ondes [mikroɔ̃d] n. m. inv. Four dans lequel le rayonnement d'ondes électromagnétiques à fréquence très élevée permet une cuisson très rapide des aliments (on dit aussi *four à micro-ondes*).

micro-ordinateur [mikroɔrdinatœr] n. m. (pl. *micro-ordinateurs*). Petit ordinateur constitué d'un ou de plusieurs microprocesseurs.

micro-organisme [mikrɔɔrganism] n. m. Organisme vivant très petit, visible seulement au microscope : *Les microbes sont des micro-organismes.*

microphone → MICRO.

microprocesseur [mikrɔprɔsɛsœr] n. m. Organe de traitement de l'information constitué de circuits électroniques de très petite dimension.

microscope [mikrɔskɔp] n. m. (du gr. *mikros*, petit, et *skopein*, observer). Instrument d'optique formé de plusieurs lentilles, qui permet de voir des objets très petits.

microscopique [mikrɔskɔpik] adj. 1. Fait au moyen du microscope. — 2. Qui ne peut être vu qu'avec un microscope : *Particules microscopiques.* — 3. Infiniment petit : *Écriture microscopique* (syn. ↓ MINUSCULE).

microsillon [mikrɔsijɔ̃] n. m. Disque qui permet une longue durée d'audition.

miction [miksjɔ̃] n. f. (lat. *mictio*). Action d'uriner (méd.).

midi [midi] n. m. (du lat. *medius*, au milieu, et *dies*, jour). 1. Milieu du jour; heure du milieu du jour (douzième heure) : *Demain (à) midi, venez chez nous. Le repas de midi. À midi juste* (contr. MINUIT). *Fermé de midi à deux heures, entre midi et une heure. Nous irons ce midi au restaurant.* — REM. On dit *tous les midis* (= tous les jours à midi) et *vers les midi* (= aux alentours de midi). — 2. *Chercher midi à quatorze* *heures,* chercher des difficultés là où il n'y en a pas. — **3.** Syn. de SUD (inv. en ce sens) : *Appartement exposé au midi;* avec une majusc., les régions du sud de la France : *Descendre dans le Midi. L'accent du Midi.* (→ MÉRIDIONAL.)

midinette [midinɛt] n. f. (mot signif. [*qui se contente d'une*] *dînette à midi*). **1.** Autref., jeune ouvrière parisienne de la mode ou de la couture. — **2.** Jeune fille simple et sentimentale (souvent péjor.).

mie [mi] n. f. (lat. *mica,* parcelle). Partie molle de l'intérieur du pain, par oppos. à la CROÛTE.

miel [mjɛl] n. m. (lat. *mel*). **1.** Substance sucrée, parfumée, jaunâtre, produite par certains insectes (abeilles), à partir du nectar des fleurs. — **2.** *Être tout miel,* être d'une grande affabilité pour obtenir ce qu'on veut.

mielleusement [mjɛløzmɑ̃] adv. D'un ton mielleux.

mielleux, euse [mjɛlø] adj. D'une douceur hypocrite, affectée : *Des paroles mielleuses* (syn. DOUCEREUX; contr. BRUTAL).

mien, mienne [mjɛ̃] adj. (lat. *meus*). *Litt.* Qui est à moi : *Je ne fais pas mienne votre idée.* ◆ pron. poss. (avec l'article défini) Ce qui est à moi (→ introduction POSSESSIFS) ◆ n. m. pl. *Les miens,* ma famille.

miette [mjɛt] n. f. (de *mie*). **1.** Petite parcelle qui tombe du pain lorsqu'on le coupe. — **2.** Débris, fragment de qqch (surtout pl.) : *Mettre un vase en miettes* (= casser, briser). *Réduire en miettes une tasse* (syn. MORCEAU). *Elle ne reçut que des miettes de la fortune de son oncle.* — **3.** *Ne pas perdre une miette de qqch,* (*exposé, spectacle,* etc.), y prêter une grande attention pour n'en rien perdre.

mieux [mjø] adv. (lat. *melius*). **1.** Comme comparatif, modifie surtout un verbe; suivi d'un adj., il est litt. et est remplacé dans la langue usuelle par *plus.* Il peut être compl. de *rien, quelque chose, personne,* etc. Comme compl. d'un verbe, il est alors équivalent à *quelque chose de mieux : Elle travaille mieux que cela. Cela vaut mieux pour vous* (= est préférable). *Il se porte mieux, il se sent mieux, il est mieux* (= en meilleure santé). *Nous ferons beaucoup mieux. Ça ne vaut guère mieux. C'est mieux ainsi. J'attendais quelque chose de mieux. Je ne peux pas vous dire mieux;* avec prép. : *Je m'attendais à mieux* (= à qqch de mieux fait). *Elle a changé en mieux* (= elle s'est améliorée); introduisant une phrase qui indique une précision : *J'accepte tous vos projets; mieux, je vous soutiendrai.* — **2.** Comme superlatif, précédé de *le* « ce qui est excellent dans qqn ou qqch » : *C'est cette façon de vivre qui me convient le mieux. Son fils cadet est le mieux doué* (litt. : syn. usuel LE PLUS). *On fera le mieux qu'on pourra.* — **3.** *Aller mieux,* être en meilleure santé; être en situation plus favorable : *Le malade va mieux. Ça ira mieux demain, vous aurez oublié.* ‖ *À qui mieux mieux,* en rivalisant les uns avec les autres : *Tous, à qui mieux mieux, faisaient assaut de bassesse et de flatterie* (syn. À L'ENVI). ‖ *Au mieux,* de la meilleure façon possible : *Arrangez l'affaire au mieux* (syn. plus usuel POUR LE MIEUX). *En mettant les choses au mieux, nous serons à Marseille dans trois heures* (= en prenant l'hypothèse la plus favorable). *Acheter, vendre au mieux* (= au meilleur prix). *Être au mieux avec qqn* (= avoir avec lui d'excellents rapports). ‖ *Au mieux de,* de la manière la plus favorable à : *Il a réglé la succession au mieux de nos intérêts;* dans l'état le meilleur : *Un athlète qui est au mieux de sa forme.* ‖ *De mieux en mieux,* progressivement vers un état plus favorable, en s'améliorant : *Je me porte de mieux en mieux;* souvent ironiq. : *De mieux en mieux, le froid augmente et nous avons une panne d'électricité.* ‖ *De mon* (*ton, son,* etc.) *mieux,* aussi bien qu'il est en mon (ton, son) pouvoir : *J'ai toujours fait de mon mieux pour ne pas vous déplaire.* ‖ *Faire mieux,* faire des progrès, obtenir de meilleurs résultats. ‖ *Faire mieux de* (+ *inf.*), avoir avantage à (souvent dans des conseils impératifs) : *Vous feriez mieux de vous taire.* ‖ *Faute de mieux,* en raison de l'absence d'une solution meilleure, de qqch de plus favorable : *Faute de mieux, nous nous arrêterons dans cette auberge.* ‖ *Pour le mieux,* d'une manière excellente, favorable : *Tout est pour le mieux dans le meilleur des mondes. Faites pour le mieux. Tout va pour le mieux* (= la situation se présente sous un jour favorable). ◆ n. m. *Un mieux,* une amélioration : *Le médecin a constaté un mieux* (syn. AMÉLIORATION). *La situation est moins mauvaise, il y a du mieux* (syn. PROGRÈS).

mieux-être [mjøzɛtr] n. m. inv. Amélioration de la situation matérielle, physique de qqn : *Tout faire pour aboutir à un mieux-être général.*

mièvre [mjɛvr] adj. (anc. scand. *snaefr,* rapide). D'une gentillesse, d'une grâce, etc., plutôt enfantine, un peu affectée et fade : *Des paroles mièvres* (syn. DOUCEREUX). *Elle avait une beauté un peu mièvre.*

mièvrerie [mjɛvrəri] n. f. Caractère mièvre : *La mièvrerie d'une poésie.*

mignard, e [miɲar] adj. (de *mignon*). *Litt.* D'une grâce, d'une douceur, d'une délicatesse affectée, recherchée : *Une petite femme au sourire mignard, aux mines enfantines.*

mignardise [miɲardiz] n. f. *Litt.* Gentillesse affectée : *La mignardise de ses manières* (= ses minauderies).

mignon, onne [miɲɔ̃] adj. (de *minet*). Gracieux, gentil, délicat : *Un mignon petit nez* (syn. JOLI). *Un petit enfant mignon et souriant* (syn. CHARMANT). ◆ n. Personne mignonne (en parlant d'un enfant, d'une jeune fille).

migraine [migrɛn] n. f. (gr. *hêmi,* à demi, et *kranion,* crâne). Violente douleur affectant un côté de la tête, de durée variable, accompagnée souvent de nausées (syn. MAL DE TÊTE).

migraineux, euse [migrɛnø] adj. et n. Qui a la migraine.

migrant, e [migrɑ̃] adj. et n. Personne qui effectue une migration.

migrateur, trice [migratœr] adj. et n. m. Qui effectue des migrations : *Oiseau migrateur.*

migration [migrasjɔ̃] n. f. **1.** Déplacement de populations, de groupes humains importants, qui passent d'un pays dans un autre pour s'y établir : *Les grandes migrations dans les premiers siècles de notre ère.* — **2.** Déplacement, en groupe et dans une direction déterminée, qu'entreprennent périodiquement certains animaux : *La migration des hirondelles.*

migratoire [migratwar] adj. Relatif aux migrations : *Un mouvement migratoire des campagnes vers les grandes villes.*

migrer [migre] v. i. (lat. *migrare,* changer de résidence). Effectuer une migration.

mijaurée [miʒore] n. f. (de *mijolée,* mot dial.). Femme, jeune fille qui prend des manières affectées et ridicules : *Faire la mijaurée.*

mijoter [miʒɔte] v. t. (de l'anc. fr. *mijot,* lieu où les fruits mûrissent lentement). **1.** *Mijoter un plat,* le faire cuire longtemps et à petit feu. — **2.** *Mijoter qqch,* le préparer avec soin, minutieusement et dans le secret : *Qu'est-ce qu'il mijote encore contre nous? Elle mijotait depuis longtemps d'acquérir la propriété.* ◆ v. i. (sujet un plat) Cuire lentement. ◆ ***se mijoter*** v. pr. (sujet qqch) Se préparer : *Il se mijote des intrigues pour l'écarter de cette entreprise.*

mikado [mikado] n. m. (mot jap. signif. *souverain*). Jeu de bâtonnets qu'on met en tas et qu'il faut recueillir un à un sans faire remuer les autres.

1. mil [mil] n. m. Syn. de MILLET.

2. mil [mil] → MILLE.

milan [milɑ̃] n. m. (bas lat. *milanus*). Oiseau rapace diurne d'assez grande taille, à la queue longue et fourchue.

mildiou [mildju] n. m. (angl. *mildew*). Nom d'une maladie de la vigne.

mile [majl] n. m. (mot angl.). Mesure anglo-saxonne, égale à 1 609 m.

milice [milis] n. f. (lat. *militia*, service militaire). Garde auxiliaire, constituée en général par des volontaires, qui supplée ou renforce l'armée ou la police régulière : *Des milices ouvrières, populaires.*

milicien, enne [milisjɛ̃] n. Qui appartient à la milice.

milieu [miljø] n. m. (de *mi-* et *lieu* 1).
— **I. 1.** Ce qui est à égale distance des deux extrémités (dans l'espace et dans le temps), des deux bords : *Une ride parcourt le milieu de son front. Le milieu du jour. Depuis le milieu du XVᵉ s.* — **2.** Ce qui est éloigné des extrêmes (dans des express.) : *Il n'y a pas de milieu entre la soumission et la résistance* (syn. ENTRE-DEUX). *Garder le juste milieu* (syn. MESURE). — **3.** *Au milieu de*, à égale distance de, au centre de : *Un arbre se dresse au milieu du champ;* entre le début et la fin : *Au milieu de la journée. Au milieu de l'hiver;* à l'intérieur de : *Se perdre au milieu de la foule. Une oasis au milieu du désert;* en compagnie de : *Trouver la joie au milieu de sa famille;* entouré de qqch : *Travailler au milieu du bruit* (syn. DANS). *Rester impassible au milieu du danger. Elle a fini son anecdote au milieu des rires.* ‖ *Au beau milieu, en plein milieu de,* formes intensives de *au milieu de* : *Au beau milieu du film, il y eut une panne d'électricité* (= en plein film).
— **II. 1.** Circonstances, conditions physiques, biologiques qui entourent un être vivant, le conditionnent : *Le milieu physique, géographique, humain. Adaptation au milieu.* — **2.** Entourage social qui influence un être humain : *Changer de milieu. Fréquenter un milieu bourgeois. Elle ne se sent pas dans son milieu parmi nous. La nouvelle vient des milieux généralement bien informés* (= des gens). *Les milieux scientifiques.* — **3.** *Le milieu,* groupe social vivant de la prostitution et de trafics illicites.

militaire [militɛr] adj. (lat. *militaris*). **1.** Qui concerne les forces armées, les soldats, la guerre : *Les autorités civiles et militaires d'un pays. Une tenue militaire. Un gouvernement militaire* (= fondé sur les forces armées). — **2.** Considéré comme propre à l'armée : *Avoir une exactitude toute militaire.* ◆ n. m. Membre des forces armées : *Un militaire de carrière* (syn. SOLDAT).

militairement [militɛrmɑ̃] adv. **1.** De façon militaire : *Saluer militairement.* — **2.** Avec les armes : *Occuper militairement une base ennemie.*

militant, e [militɑ̃] adj. Qui manifeste de l'activité au service d'une idée, d'une cause, d'un parti, etc. : *Une politique militante* (syn. ACTIF). ◆ n. Membre actif d'un syndicat, d'un parti : *Les militants ouvriers.*

militantisme [militɑ̃tism] n. m. Attitude, activité du militant.

militarisation [militarizasjɔ̃] n. f. Action de militariser.

militariser [militarize] v. t. *Militariser un pays, une région,* etc., les pourvoir de forces armées, leur donner une structure, une organisation militaire (surtout part. passé) : *Une zone militarisée.*

militarisme [militarism] n. m. Politique fondée sur l'usage ou la menace des forces armées.

militariste [militarist] adj. et n. Partisan du militarisme.

militer [milite] v. i. (lat. *militare,* de *miles, -itis,* soldat). **1.** (sujet qqn) Participer d'une manière active à la vie d'un parti, d'un syndicat, d'une association : *Militer dans un parti révolutionnaire.* — **2.** (sujet qqch) Agir pour ou contre qqn, qqch : *Son passé milite en faveur de l'accusé* (syn. PLAIDER). *Ces arguments militent contre une décision brusquée.*

1. mille [mil] adj. num. cardin. inv. (lat. *milia*). **1.** Dix fois cent : *Deux mille neuf cents;* employé comme ordinal : *Page mille;* dans la numération des années : *Le monde de l'an deux mille* (on peut écrire, dans ce dernier cas, MIL). *L'an mil cinq cent quatre-vingt-treize.* — **2.** Indique un nombre indéterminé considérable : *Je l'ai aidé en mille occasions.* ◆ n. m. inv. **1.** Nombre composé de mille unités : *Le roman a dépassé son centième mille* (= en nombre d'exemplaires). — **2.** *Avoir, gagner des mille et des cents,* avoir, gagner beaucoup d'argent. ‖ *Mettre dans le mille, en plein dans le mille,* toucher sa cible, viser juste.

2. mille [mil] n. m. (lat. *mille*). Unité marine de longueur, égale à 1 852 mètres.

mille-feuille [milfœj] n. m. (pl. *mille-feuilles*). Gâteau fait de pâte feuilletée et de crème.

millénaire [millenɛr] n. m. Mille années : *Le premier millénaire avant J.-C.*

mille-pattes [milpat] n. m. inv. Petit animal articulé, de la grandeur d'un vers, dont le corps formé d'anneaux porte de nombreuses pattes.

millésime [mil(l)ezim] n. m. (lat. *millesemus,* millième). Numéro d'une année civile, qui peut figurer comme date sur la monnaie, les médailles, certaines bouteilles de vin.

millésimé, e [mil(l)ezime] adj. Qui porte un millésime : *Des bouteilles de vin millésimées.*

millet [mijɛ] n. m. (lat. *milium*). Nom donné à plusieurs céréales, cultivées en Afrique (syn. MIL).

milliard [miljar] n. m. Mille millions.

milliardaire [miljardɛr] adj. et n. Personne très riche (dont le capital ou les revenus se comptent en milliards).

milliardième [miljardjɛm] adj. num. ordin. et n. Qui se trouve un milliard de fois dans le tout.

millibar [milibar] n. m. Un millième de bar.

millième [miljɛm] adj. num. ordin. et n. **1.** Qui occupe un rang marqué par le nombre mille. — **2.** Chacune des parties d'un tout divisé en mille parties égales. — **3.** Très petite partie d'un tout : *Je n'ai pas le millième de ce que vous me demandez.*

millier [milje] n. m. Quantité, nombre de mille unités environ, ou quantité considérable : *Un millier d'hommes. Par milliers les gens étaient atteints de la grippe* (= en très grand nombre).

milligramme [miligram] n. m. Millième partie du gramme (symb. mg).

millimètre [milimɛtr] n. m. Millième partie du mètre (symb. mm).

millimétrique [milimetrik] ou **millimétré, e** [milimetre] adj. Relatif au millimètre; gradué en millimètres : *Papier millimétré.*

million [miljɔ̃] n. m. (it. *milione*). **1.** Mille fois mille. — **2.** Somme équivalente à un million de francs : *Riche à millions.* — **3.** Très grand nombre : *Des millions d'étoiles.*

millionième [miljɔnjɛm] adj. num. ordin. et n. **1.** Qui occupe un rang marqué par le nombre d'un million : *Le millionième visiteur de l'exposition.* — **2.** Contenu un million de fois dans un tout.

millionnaire [miljɔnɛr] adj. et n. Personne très riche.

mime [mim] n. m. (lat. *mimus;* du gr. *mimos*). 1. Acteur qui joue dans des pièces sans paroles, où l'intrigue est évoquée par de simples gestes. — 2. Art de cet acteur, ce genre de comédie. (→ PANTOMIME.)

mimer [mime] v. t. *Mimer qqn, qqch,* l'exprimer ou l'imiter par les gestes, les attitudes ou les jeux de physionomie sans l'aide de paroles : *Les élèves miment leur professeur* (syn. CONTREFAIRE; fam. SINGER).

mimétique [mimetik] adj. Relatif au mimétisme : *Réaction mimétique.*

mimétisme [mimetism] n. m. (du gr. *mimeisthai,* imiter). Imitation mécanique de gestes ou d'attitudes : *Il était arrivé à ressembler à son père par un mimétisme parfait.*

mimique [mimik] n. f. (de *mime*). Ensemble de gestes, d'attitudes, de jeux de physionomie qui expriment des sentiments sans paroles : *Elle cherchait à me prévenir par une mimique très expressive.*

mimodrame [mimɔdram] n. m. Œuvre dramatique interprétée par gestes, mimiques, sans texte, mais avec accompagnement musical.

mimosa [mimɔza] n. m. (du lat. *mimus,* qui se contracte comme un mime). Plante cultivée dans le midi de la France, pour ses fleurs jaunes réunies en petites boules très odorantes.

minable [minabl] adj. et n. (de *miner*). D'une pauvreté, d'une médiocrité pitoyable : *Toucher un salaire minable. Un être minable, sans volonté, sans ambition* (syn. PITEUX). *Son exposé a été minable* (syn. LAMENTABLE). *Ce n'est qu'un minable.*

minage [minaʒ] n. m. Action de miner.

minaret [minarɛ] n. m. (ar. *manāra,* phare). Tour d'une mosquée : *Du haut du minaret, le muezzin appelle les fidèles à la prière.*

minauder [minode] v. i. (de *mine* 1). Prendre des manières affectées pour plaire.

minauderie [minodri] n. f. Attitude affectée (souvent pl.) : *Être exaspéré par les minauderies d'une coquette* (syn. CHICHIS, SIMAGRÉES, MANIÈRES).

1. mince [mɛ̃s] adj. (de l'anc. fr. *mincier,* couper en menus morceaux). 1. Qui a peu d'épaisseur : *Une lame très mince* (syn. EFFILÉ). *Couper la viande en tranches minces* (syn. FIN; contr. ÉPAIS). *Une mince couche de neige* (contr. PROFOND). *Un mince filet d'eau* (contr. LARGE). *Avoir la taille mince* (syn. ÉLANCÉ, SVELTE; contr. GROS). — 2. Qui a peu de valeur, peu considérable : *Avoir un rôle très mince dans une affaire* (syn. INSIGNIFIANT). *Le prétexte est mince* (syn. FAIBLE). *Ses connaissances sont bien minces* (syn. MÉDIOCRE). *Ce n'est pas une mince affaire que de la joindre par téléphone* (syn. PETIT).

2. mince! [mɛ̃s] interj. *Fam.* Exprime l'étonnement, la surprise : *Mince! je n'ai plus d'essence* (syn. fam. ZUT!).

minceur [mɛ̃sœr] n. f. Qualité de ce qui est mince : *La minceur de son nez* (contr. GROSSEUR). *La minceur d'une feuille* (contr. ÉPAISSEUR). *La minceur de sa taille* (contr. AMPLEUR).

mincir [mɛ̃sir] v. i. (sujet qqn) Devenir plus mince.

1. mine [min] n. f. (breton *min,* museau). 1. Aspect de la physionomie, ensemble des traits du visage, exprimant l'état général du corps, l'humeur, les sentiments : *Elle revient de vacances et elle a une mine resplendissante. Un enfant à la mine éveillée. Avoir bonne, mauvaise mine* (= avoir l'air en bonne, en mauvaise santé). *Avoir une mine renfrognée* (syn. VISAGE). *Avoir la mine souriante* (syn. FIGURE). — 2. Aspect extérieur de qqn, manière apparente dont il se conduit : *Ne jugez pas les gens sur la mine* (syn. DEHORS, EXTÉRIEUR). *Elle a la mine de quelqu'un qui va jouer un bon tour* (= elle ressemble à quelqu'un qui...); en parlant de choses : *Ce gigot a vraiment bonne mine* (= est très appétissant). — 3. *Avoir bonne mine,* avoir l'air ridicule : *Il a bonne mine, maintenant que ses affirmations se sont révélées des vantardises.* ‖ *Faire grise mine à qqn,* l'accueillir froidement. ‖ *Faire mine de* (+ *inf.*), faire semblant de : *Je fis mine de m'intéresser à ses réflexions absurdes et pédantes.* ‖ *Faire triste mine,* avoir l'air dépité. ‖ Fam. *Mine de rien,* sans en avoir l'air (syn. EN FAISANT COMME SI DE RIEN N'ÉTAIT). ‖ *Ne pas payer de mine,* ne pas inspirer confiance par son extérieur : *Le restaurant ne paie pas de mine, mais on y mange bien.* ◆ ***mines*** pl. Jeux de physionomie (souvent péjor.) : *Faire des mines pour attirer l'attention* (syn. SIMAGRÉES).

2. mine [min] n. f. (gaul. *mina*). 1. Gisement d'un minerai utile : *Des mines de fer. Exploiter une mine.* — 2. Cavité creusée dans le sol et installation souterraine établie pour l'extraction du minerai : *Descendre dans une mine.* — 3. Fonds très riche, ressource importante : *Ces archives sont une mine inépuisable de renseignements.* — 4. Petit bâton formant l'axe d'un crayon et qui est constitué d'une matière qui laisse une trace sur le papier et qu'on peut effacer. — 5. Charge explosive, engin explosif souterrain ou immergé dont l'explosion est déclenchée par le passage d'un véhicule ou d'un individu dans le premier cas, d'un navire dans le deuxième.

miner [mine] v. t. 1. *Miner un lieu,* le garnir de mines, de charges explosives : *Miner une rivière, un pont, une route.* — 2. (sujet qqch [concret]) *Miner qqch,* le creuser lentement à sa base ou en dessous : *La rivière mine peu à peu la berge* (syn. RONGER). *La falaise est minée par la mer* (syn. SAPER). — 3. (sujet qqch [abstrait]) *Miner qqn, qqch,* les attaquer, les ruiner peu à peu, de façon continue : *Le chagrin le mine* (syn. USER, CONSUMER). *Ces excès minent sa santé* (syn. AFFAIBLIR). *Être miné par la passion* (syn. BRÛLER). *De telles doctrines minent les bases mêmes de la société* (syn. DÉTRUIRE). *Le régime, miné de l'intérieur, s'effondra* (syn. DÉSINTÉGRER).

minerai [minrɛ] n. m. (de *mine* 2). Roche contenant un métal sous la forme de combinaison, qu'on peut isoler par des procédés industriels : *Minerai de fer.*

1. minéral, e, aux [mineral] adj. (du lat. *minera,* mine). 1. Qui appartient aux minéraux. — 2. *Eau minérale,* qui contient des minéraux en dissolution : *Boire un verre d'eau minérale gazeuse, plate.*

2. minéral [mineral] n. m. (pl. *minéraux*). Corps inorganique et solide, élément constituant de l'écorce terrestre.

minéralier [mineralje] n. m. Cargo servant au transport des minerais.

minéralogie [mineralɔʒi] n. f. Étude scientifique des minéraux.

minéralogique [mineralɔʒik] adj. Qui relève de la minéralogie : *Des recherches minéralogiques.*

minéralogiste [mineralɔʒist] n. Spécialiste de minéralogie.

minet, ette [minɛ] n. (de *mine,* n. pop. du chat). *Fam.* 1. Chat, chatte. — 2. Jeune homme, jeune fille à la mode et aux manières un peu affectées.

1. mineur [minœr] n. m. (de *mine* 2). Ouvrier qui travaille dans une mine.

2. mineur, e [minœr] adj. et n. (lat. *minor,* plus petit). Qui n'a pas encore atteint l'âge requis pour exercer pleinement les droits fixés par la loi (dix-huit ans en France) : *Les enfants mineurs ont un tuteur à la mort d'un des parents* (contr. MAJEUR). *Les mineurs ne sont pas pleinement responsables en matière pénale.*

3. mineur, e [minœr] adj. 1. D'une importance, d'un intérêt secondaire, accessoire : *Les écrivains mineurs d'une époque* (= de second plan). *Se perdre dans des* *problèmes mineurs* (contr. MAJEUR, CAPITAL). — **2.** En musique, se dit d'un accord, d'une gamme, d'un intervalle et d'un mode dont la tierce se compose d'un ton et d'un demi-ton.

mini [mini] préfixe et adj. inv. (du lat. *minus,* moins). Plus petit que la taille ordinaire, moins important que normalement : *Une minijupe. Une robe mini. Des mini-vacances.*

miniature [minjatyr] n. f. (it. *miniatura,* de *minio,* minium). **1.** Peinture de petites dimensions, faite avec des couleurs fines, et servant d'illustration ou de petit tableau. (La *miniature* était une lettre ornementale [rouge au minium] des têtes de chapitre des manuscrits du Moyen Âge.) — **2.** *En miniature,* en réduction, en tout petit : *Les magasins du centre donnent à la ville la physionomie d'un Paris en miniature.*

miniaturisation [minjatyrizasjɔ̃] n. f. Action de miniaturiser.

miniaturiser [minjatyrize] v. t. *Miniaturiser un appareil,* le réduire à de plus petites dimensions, sans que le fonctionnement soit modifié : *Miniaturiser les postes de radio par les transistors.*

miniaturiste [minjatyrist] n. Peintre auteur de miniatures.

minibus [minibys] ou **minicar** [minikar] n. m. Petit autocar pouvant transporter une dizaine de personnes.

minicassette [minikasɛt] n. m. Magnétophone portatif à cassettes.

minier, ère [minje] adj. Relatif aux mines : *Industrie minière.*

minima → MINIMUM.

minimal, e, aux [minimal] adj. Syn. de l'adj. MINIMUM : *Donnez-lui la dose minimale* (contr. MAXIMAL).

minime [minim] adj. (lat. *minimus*). Très peu important : *Devoir une somme minime* (syn. INSIGNIFIANT). *Il y a entre elles une minime différence d'âge.* ◆ n. Jeune sportif de onze à treize ans.

minimisation [minimizasjɔ̃] n. f. Action de minimiser.

minimiser [minimize] v. t. *Minimiser qqch,* en réduire l'importance : *Elle cherche à minimiser les conséquences de son acte* (contr. EXAGÉRER, GROSSIR).

minimum [minimɔm] adj. et n. m. (mot lat. signif. *la plus petite chose*) [pl. *minimums* ou *minima*]. Se dit du degré le plus bas que qqch puisse atteindre ; de la plus petite quantité de qqch : *Prendre le minimum de précautions* (contr. MAXIMUM). *Les températures minimums* (ou *minima*). *Le salaire minimum interprofessionnel de croissance (S. M. I. C.). Avoir le minimum vital. Il nous faut au minimum un appartement de trois pièces* (= pour le moins).

ministère [ministɛr] n. m. (lat. *ministerium,* service). **1.** Ensemble des ministres constituant l'organe exécutif de l'État : *La formation du ministère* (syn. GOUVERNEMENT). *Un ministère d'union nationale.* — **2.** Temps pendant lequel dure un gouvernement. — **3.** Administration dépendant d'un ministre (sens 1) ; bâtiment où se trouvent ses services : *Elle travaille au ministère de l'Éducation nationale.* — **4.** *Ministère public,* magistrature qui a la mission, auprès d'un tribunal, de requérir l'exécution des lois au nom de la société. — **5.** Charge remplie par le prêtre, par le pasteur : *Le prêtre exerce son ministère dans une paroisse.* — **6.** *Par le ministère de,* par l'intermédiaire de, par l'entremise de (jurid.).

ministériel, elle [ministerjɛl] adj. **1.** Relatif au ministère (sens 1) : *Crise ministérielle.* — **2.** Partisan du gouvernement, de la majorité : *Les journaux ministériels* (syn. GOUVERNEMENTAL).

ministrable [ministrabl] adj. *Fam.* Susceptible de devenir ministre.

ministre [ministr] n. m. (lat. *minister,* serviteur). **1.** Homme d'État chargé de la direction d'un ensemble de services publics constituant un département ministériel : *Le ministre de l'Éducation nationale. La réunion du conseil des ministres aura lieu mercredi.* — **2.** Diplomate de rang inférieur à celui d'ambassadeur : *Le ministre (plénipotentiaire) de la France à Sofia.* — **3.** Pasteur d'un culte réformé.

minium [minjɔm] n. m. (mot lat.). Produit chimique qui, délayé dans l'huile, fournit une peinture rouge vif qui protège les métaux de la rouille.

minois [minwa] n. m. (de *mine* 1). Visage frais et éveillé d'enfant ou de jeune fille (souvent avec un adj. indiquant la grâce, l'esprit) : *Un gracieux minois.*

minoration [minɔrasjɔ̃] n. f. Action de minorer.

minorer [minɔre] v. t. (lat. *minorare*). *Minorer une quantité,* la fixer ou l'évaluer au-dessous de sa valeur : *Minorer le taux d'une pension* (contr. MAJORER).

minoritaire [minɔritɛr] adj. et n. Qui appartient à la minorité : *Parti minoritaire. Les minoritaires à l'Assemblée nationale.*

minorité [minɔrite] n. f. (du lat. *minor,* plus petit). **1.** *Minorité de* (+ *n. pl.*), plus petit nombre de personnes, de choses, dans un ensemble : *Dans la minorité des cas, la responsabilité du conducteur n'est pas engagée* (contr. MAJORITÉ). *Une minorité de gens a conscience de travailler au bien-être des générations futures.* — **2.** Groupe réunissant le moins grand nombre de voix dans une élection, un vote (par oppos. à *la majorité*) : *Mettre en minorité le gouvernement* (= le battre, faire qu'il n'ait plus la majorité). — **3.** Tout groupe humain, toute collectivité, englobée dans une population majoritaire et qui s'en distingue par ses idées, sa langue, sa race, sa religion, etc. : *Une minorité agissante. Les minorités arabe et juive de ce quartier.* — **4.** État d'une personne mineure ; temps pendant lequel elle est mineure (contr. MAJORITÉ).

minoterie [minɔtri] n. f. Usine pour la préparation des farines.

minotier [minɔtje] n. m. (de *minot,* anc. mesure de grains). Industriel exploitant une minoterie.

minuit [minɥi] n. m. (de *mi-* et *nuit*) [sans art.] Moment correspondant au milieu de la nuit et marqué d'une manière précise par la vingt-quatrième heure de la journée : *Il est minuit* (ou *zéro heure*). *Veiller jusqu'à minuit.*

minus [minys] n. m. (du lat. *minus habens,* qui a le moins). *Fam.* Personne peu intelligente ou sans force.

minuscule [minyskyl] adj. (lat. *minusculus,* de *minor,* plus petit). Très petit : *Un minuscule bouton sur le nez* (syn. ↑MICROSCOPIQUE). *Avoir une écriture minuscule.* ◆ n. f. et adj. *(Lettre) minuscule,* petite lettre (par oppos. à *majuscule*) : *Un « f » minuscule.*

minutage [minytaʒ] n. m. Action de minuter.

1. minute [minyt] n. f. (du lat. *minutus,* menu). **1.** Soixantième partie d'une heure (symb. min) : *Observer une minute de silence.* — **2.** Court espace de temps : *Je ne peux pas rester une minute de plus* (syn. INSTANT). *Je serai de retour dans une minute* (syn. SECONDE). *Elle va revenir d'une minute à l'autre. J'ai espéré jusqu'à la dernière minute* (syn. MOMENT). *La minute de vérité est arrivée* (= le moment où on va connaître la vérité). *Il est arrivé à la minute même où j'allais partir. Ce n'est pas à la minute* (= ce n'est pas urgent). ◆ interj. *Minute !,* doucement ! ; attendez !

2. minute [minyt] n. f. (lat. *minuta,* écriture menue). Original d'un jugement ou d'un acte passé devant notaire.

minuter [minyte] v. t. *Minuter une action,* en fixer

d'une manière précise la durée : *Minuter le temps de parole de chacun.*

minuterie [minytri] n. f. Appareil électrique, muni d'un mouvement d'horlogerie, destiné à garder la lumière allumée pendant un certain temps.

minuteur [minytœr] n. m. Appareil permettant de régler ou de contrôler la durée d'une opération ménagère.

minutie [minysi] n. f. (lat. *minutia,* parcelle). Soin donné aux petits détails : *Décrire avec minutie les péripéties d'un voyage* (syn. EXACTITUDE, PRÉCISION). *Corriger une copie d'élève avec minutie* (contr. NÉGLIGENCE).

minutier [minytje] n. m. Registre qui contient les minutes d'un notaire.

minutieusement [minysjøzmɑ̃] adv. De façon minutieuse : *Il notait minutieusement toutes les indications* (syn. CONSCIENCIEUSEMENT).

minutieux, euse [minysjø] adj. et n. Qui a soin des détails : *Observateur minutieux* (syn. SCRUPULEUX). *Esprit tatillon et minutieux* (syn. POINTILLEUX). ◆ adj. Fait avec minutie : *Inspection minutieuse* (syn. MÉTICULEUX). *Le dessin minutieux d'une machine* (syn. DÉTAILLÉ, SOIGNÉ). *S'attacher aux détails les plus minutieux* (= petit).

mioche [mjɔʃ] n. (de *mie*). *Fam.* Jeune enfant.

mirabelle [mirabɛl] n. f. (it. *mirabella*). Petite prune jaune, douce et parfumée; eau-de-vie tirée de ce fruit.

miracle [mirakl] n. m. (lat. *miraculum,* prodige). **1.** Effet dont la cause échappe à la raison et qu'on attribue au surnaturel. — **2.** Chose extraordinaire ou inattendue, qui suscite l'étonnement ou l'admiration : *Le miracle d'une guérison inespérée* (syn. MYSTÈRE). *La cathédrale de Chartres est un miracle de l'art* (syn. MERVEILLE). *Ce sauvetage tient du miracle* (= est étonnant). *Ce serait un miracle si elle arrivait à l'heure.*

miraculé, e [mirakyle] adj. et n. Qui a échappé à la mort ou à la maladie par miracle.

miraculeusement [mirakyløzmɑ̃] adv. De façon miraculeuse : *Miraculeusement sauvé des flammes.*

miraculeux, euse [mirakylø] adj. **1.** Qui tient du miracle; inexplicable : *Une guérison miraculeuse* (syn. EXTRAORDINAIRE, SURNATUREL). — **2.** Extraordinaire par ses effets : *Il n'y a pas de remède miraculeux* (syn. ↓MERVEILLEUX).

mirador [miradɔr] n. m. (mot esp., de *mirar,* regarder). Poste d'observation et de surveillance surélevé, dans les camps de prisonniers, dans les prisons, etc.

1. mirage [miraʒ] n. m. Action de mirer un œuf.

2. mirage [miraʒ] n. m. **1.** Illusion d'optique consistant à apercevoir, dans les pays chauds, une image renversée d'objets, en réalité très éloignés, qui semblent se refléter sur une nappe d'eau. — **2.** Apparence trompeuse, qui séduit pendant un court instant : *Se laisser prendre aux mirages de la gloire* (syn. MENSONGE). *Les mirages de l'amour* (syn. ILLUSION, CHIMÈRE).

mire [mir] n. f. (de *mirer*). **1.** Règle graduée, signal fixe utilisés dans le nivellement. — **2.** À la télévision, image simple permettant de vérifier et de mettre au point l'appareil. — **3.** *Ligne de mire,* ligne droite déterminée par l'œil du tireur et les points qui, sur l'arme à feu (fusil), servent à viser : *Le chasseur avait le lièvre dans sa ligne de mire.* — **4.** *Avoir en point de mire,* avoir en vue (le but à atteindre) : *Le poursuivant a maintenant son adversaire en point de mire.* ‖ *Être le point de mire de tout le monde,* la personne vers qui convergent tous les regards, qui attire l'attention de tous.

mirer [mire] v. t. (bas lat. *mirare,* regarder avec attention). *Mirer un œuf,* l'examiner à la lumière par transparence, pour voir s'il est bon. ◆ ***se mirer*** v. pr. *Litt.* Regarder longuement et avec complaisance son reflet : *Se mirer dans l'eau d'un lac.*

mirifique [mirifik] adj. (lat. *mirificus*). Si étonnant, si admirable, si magnifique qu'on doute de sa réalité : *Des projets mirifiques* (syn. MERVEILLEUX; fam. MIROBOLANT).

mirliton [mirlitɔ̃] n. m. (d'un anc. refrain). **1.** Flûte faite d'un roseau creusé et garni aux deux bouts d'un morceau de baudruche. — **2.** Fam. *Vers de mirliton,* mauvais vers.

mirobolant, e [mirɔbɔlɑ̃] adj. (de *myrobolan,* fruit desséché de l'Inde). *Fam.* Trop extraordinaire, trop beau pour être réalisable : *Promesses mirobolantes* (syn. MIRIFIQUE, MERVEILLEUX).

miroir [mirwar] n. m. (de *mirer*). **1.** Surface polie ou verre étamé qui réfléchissent la lumière et donnent des images des objets ou des personnes qui sont placés en face : *Se regarder dans un miroir* (syn. GLACE). — **2.** *Litt.* Toute surface unie qui réfléchit les objets : *Le miroir du lac, des eaux.* — **3.** Ce qui est l'image, la représentation de qqn, des choses, etc. (soutenu) : *Les journaux sont-ils le miroir fidèle de la nation ?* — **4.** *Miroir aux alouettes,* instrument garni de morceaux de miroir qu'on fait tourner au soleil pour attirer les oiseaux; ce qui fascine en n'étant qu'une apparence trompeuse.

miroitement [mirwatmɑ̃] n. m. *Litt.* Éclat produit par une surface qui miroite : *Le miroitement des eaux de la mer* (syn. REFLET).

miroiter [mirwate] v. i. (de *miroir*). **1.** Réfléchir la lumière en jetant des reflets par intervalles : *L'eau du lac miroitait sous la clarté de la lune* (syn. SCINTILLER). *Sa robe de soie miroite* (syn. CHATOYER). — **2.** *Faire miroiter qqch aux yeux de qqn, à qqn,* le lui faire entrevoir comme possible, comme accessible, de façon séduisante et souvent trompeuse (syn. BRILLER).

miroiterie [mirwatri] n. f. Industrie ou commerce des miroirs, des glaces.

miroitier [mirwatje] n. m. Personne qui coupe, encadre ou vend des glaces, des miroirs.

miroton [mirɔtɔ̃] n. m. (orig. incert.). Ragoût de viandes cuites, assaisonnées aux oignons.

misaine [mizɛn] n. f. (catalan *mitjana,* voile du milieu). *Mât de misaine,* premier mât vertical à l'avant d'un navire.

misanthrope [mizɑ̃trɔp] adj. et n. (du gr. *miseîn,* haïr, et *anthrôpos,* homme). D'une humeur constamment maussade, agressive, hostile; qui aime la solitude (syn. ASOCIABLE, SAUVAGE).

misanthropie [mizɑ̃trɔpi] n. f. Comportement de misanthrope.

misanthropique [mizɑ̃trɔpik] adj. Qui relève de la misanthropie.

miscible [misibl] adj. (du lat. *miscere,* mêler). Qui peut être mêlé à un autre corps, à un autre liquide (techn.).

mise [miz] n. f.
— **I. 1.** Action de mettre : *Mise en liberté d'un détenu* (= libération). *Adresser une mise en demeure. La mise en disponibilité d'un fonctionnaire. Demander sa mise à la retraite. La mise à jour d'un dictionnaire. La mise en scène d'une pièce de théâtre. La mise hors de combat d'un adversaire. La mise au point d'un appareil. La mise en pages d'un livre. La mise en vente de nouveaux produits.* — **2.** *Ne pas être de mise,* ne pas être opportun, ne pas convenir aux bienséances : *Ces propos pessimistes ne sont plus de mise dans la situation présente* (= ne sont plus admissibles).
— **II. 1.** Somme d'argent qu'on risque dans un jeu, dans une affaire, etc. : *Récupérer sa mise* (= ses fonds). *Sauver la mise* (= retirer son enjeu sans rien perdre ni

gagner). — **2.** *Mise de fonds,* somme d'argent, capital engagé dans une entreprise. — **3.** *Sauver la mise à qqn,* lui éviter un désagrément.

— **III.** Manière d'être habillé : *Ne jugez pas les gens à leur mise* (syn. EXTÉRIEUR, TENUE).

miser [mize] v. t. *Miser de l'argent sur,* mettre comme enjeu une somme d'argent : *Aux courses, miser cent francs sur un cheval.* ◆ v. t. ind. *Miser sur qqn, qqch,* compter sur qqn, qqch pour assurer la réussite d'une entreprise.

misérabilisme [mizerabilism] n. m. Tendance à représenter la réalité humaine sous ses aspects les plus misérables.

misérable [mizerabl] adj. (lat. *miserabilis*). **1.** (après le n.) Qui témoigne d'une extrême pauvreté, qui excite la compassion par le dénuement : *Chambre misérable* (syn. MINABLE). *Existence misérable* (syn. PITOYABLE). — **2.** (avant le n.) D'une grande insignifiance, d'une totale absence de valeur : *Un misérable salaire* (syn. INSIGNIFIANT). — **3.** (avant le n.) Qui inspire le mépris : *Un misérable acte de vengeance* (syn. HONTEUX, MESQUIN). ◆ n. Personne digne de mépris, de ressentiment : *Le misérable m'a encore trompé.*

misérablement [mizerabləmɑ̃] adv. De façon misérable : *Mourir misérablement* (= dans la misère, dans l'abandon). *Vivre misérablement* (syn. ↓ PAUVREMENT).

1. misère [mizɛr] n. f. (lat. *miseria,* de *miser,* malheureux). **1.** État d'extrême pauvreté, de faiblesse, d'impuissance : *Être dans la misère* (syn. DÉNUEMENT ; contr. RICHESSE). *Un salaire de misère* (= insuffisant pour faire face aux dépenses indispensables). *La misère morale* (syn. DÉTRESSE). *La misère physiologique* (= état désastreux de l'organisme). — **2.** Événements douloureux, pénibles, qui suscitent la pitié (surtout pl.) : *Les misères de la guerre* (syn. MALHEURS). *Les misères de l'âge* (syn. ↓ DISGRÂCES). *C'est une misère de la voir dans un tel état* (syn. PITIÉ). — **3.** Chose sans importance, sans valeur : *Elle a eu cette maison pour une misère* (= une très petite somme). — **4.** Fam. *Faire des misères à qqn,* le taquiner, lui créer des ennuis légers par des tracasseries.

2. misère [mizɛr] n. f. Nom usuel d'une plante d'appartement à feuillage coloré.

miséreux, euse [mizerø] adj. et n. Qui est dans une extrême pauvreté : *Les miséreux qui mendient à la porte de l'église* (syn. MENDIANT, PAUVRE).

miséricorde [mizerikɔrd] n. f. (lat. *misericordia*). Pitié qui pousse à pardonner à un vaincu, à un coupable (litt. ou relig.) : *Implorer la miséricorde divine.* ◆ interj. Marque la surprise effarée.

miséricordieux, euse [mizerikɔrdjø] adj. Enclin au pardon : *Le Christ miséricordieux.*

misogyne [mizɔʒin] adj. et n. (du gr. *miseîn,* haïr, et *gunê,* femme). Qui a une hostilité manifeste ou du mépris à l'égard des femmes.

misogynie [mizɔʒini] n. f. Comportement misogyne.

missel [misɛl] n. m. (lat. *missalis liber,* livre de messe). Livre contenant les prières de la messe.

missile [misil] n. m. (mot angl. ; du lat. *missile,* arme de jet). Fusée ou engin portant des charges nucléaires, doté d'un système de propulsion autonome.

mission [misjɔ̃] n. f. (lat. *missio,* action d'envoyer). **1.** Charge, fonction, mandat donnés à qqn de faire qqch : *Remplir une mission délicate. Prêtres qui reçoivent la mission d'évangéliser des peuples d'Afrique. Mission a été donnée aux enquêteurs d'agir avec circonspection. Elle avait la difficile mission de prévenir la famille du terrible accident* (syn. TÂCHE). *Patrouille qui part en mission de reconnaissance.* — **2.** Ensemble de personnes faisant partie d'un groupe, d'une organisation chargés d'une mission temporaire, déterminée : *La mission scientifique est parvenue en terre Adélie;* en partic., organisation de religieux chargés de propager la foi chrétienne, lieu où ils sont installés : *Les missions catholiques à Madagascar.* — **3.** Devoir essentiel qu'on se propose à soi-même, ou but auquel qqn ou qqch semble destiné : *Se donner pour mission de soigner et guérir. La mission d'un journal est d'informer ses lecteurs* (syn. RÔLE, FONCTION).

missionnaire [misjɔnɛr] n. m. et adj. Prêtre, pasteur, etc., envoyé pour prêcher une religion.

missive [misiv] n. f. (du lat. *mittere,* envoyer). Lettre (litt. ou admin.) : *Envoyer une missive.*

mistral [mistral] n. m. (anc. prov. *maëstral,* vent maître). Vent violent qui descend la vallée du Rhône, et souffle le long du rivage méditerranéen, surtout vers l'est.

mitaine [mitɛn] n. f. (anc. fr. *mite,* moufle). Gant recouvrant la main jusqu'à la deuxième phalange des doigts.

mite [mit] n. f. (anc. néerl. *mîte*). Insecte dont la larve ronge les vêtements de laine, les tapis, etc.

mité, e [mite] adj. Mangé aux mites : *Couverture mitée.*

1. mi-temps [mitɑ̃] n. f. inv. **1.** Chacune des deux parties d'égale durée dans certains matchs; temps d'arrêt entre ces deux parties. — **2.** *À mi-temps,* pendant la moitié de la durée normale du travail : *Travailler, être employé à mi-temps* (contr. À PLEIN TEMPS).

2. mi-temps [mitɑ̃] n. m. inv. Travail à mi-temps.

miter (se) [mite] v. pr. Être troué par les mites : *Étoffe qui se mite.*

miteux, euse [mitø] adj. D'une pauvreté pitoyable, misérable, d'apparence piteuse : *Un hôtel miteux* (syn. MISÉRABLE).

mitigé, e [mitiʒe] adj. (du lat. *mitigare,* adoucir). **1.** Qui n'a pas la rigueur, la force réclamée : *Avoir pour le travail un zèle mitigé.* — **2.** Qui est adouci : *Verdict mitigé.* — **3.** Fam. Mêlé : *Éloges mitigés de critiques.*

mitigeur [mitiʒœr] n. m. Appareil de robinetterie permettant un réglage manuel ou thermostatique de la température de l'eau.

mitonner [mitɔne] v. t. (de *miton,* mie de pain, dans l'Ouest). **1.** *Mitonner un plat,* le faire cuire longtemps et doucement (syn. MIJOTER). — **2.** *Mitonner qqch,* le préparer soigneusement : *Mitonner une affaire. Mitonner un bon petit dîner.* ◆ v. i. (sujet un plat) Cuire longtemps et doucement : *La soupe mitonne.*

mitose [mitoz] n. f. (gr. *mitos,* filament). Mode de division de la cellule vivante, assurant le maintien du même nombre de chromosomes.

mitoyen, enne [mitwajɛ̃] adj. (de *mi-* et anc. fr. *moiteen,* moitié). Qui appartient à deux personnes et sépare leurs propriétés : *Mur mitoyen.*

mitoyenneté [mitwajɛnte] n. f. État mitoyen.

mitraillade [mitrajad] n. f. Action de tuer avec des armes automatiques.

mitraillage [mitrajaʒ] n. m. Action de mitrailler.

mitraille [mitrɑj] n. f. (anc. fr. *mitaille,* menu métal). Projectiles divers déchargés par les armes automatiques, les canons, etc. : *Fuir sous la mitraille.*

mitrailler [mitraje] v. t. **1.** *Mitrailler qqn, qqch,* tirer sur eux par rafales avec une arme automatique : *Les avions mitraillent les nids de résistance* (= attaquent à la mitrailleuse); ou avec des projectiles quelconques : *Mitrailler le plafond à coups de boulettes de papier.* — **2.** Fam. Prendre des photographies ou filmer sans arrêt : *Les touristes mitraillent la cathédrale sous tous les angles.*

mitraillette [mitrajɛt] n. f. Arme à tir automatique portative.

mitrailleur [mitrajœr] n. m. Militaire se servant d'une mitrailleuse. ◆ adj. m. *Fusil mitrailleur,* arme automatique portative.

mitrailleuse [mitrajøz] n. f. Arme automatique à tir rapide, montée sur un affût.

mitre [mitr] n. f. (gr. *mitra,* bandeau). Coiffure haute et pointue de certains prélats, des évêques, portée au cours des cérémonies de l'Église.

mitron [mitrɔ̃] n. m. (de *mitre*). Apprenti boulanger ou pâtissier.

mi-voix (à) [mivwa] adv. En émettant un faible son de voix (syn. À VOIX BASSE).

mixage [miksaʒ] n. m. Enregistrement simultané, sur une bande, des images et du son nécessaire (bruits de fond, musique, paroles, etc.).

mixer [mikse] v. t. (angl. *to mix,* mélanger). *Mixer un film,* procéder à son mixage.

mixeur ou **mixer** [miksœr] n. m. Appareil ménager servant à broyer, à mélanger des denrées alimentaires.

mixité [miksite] n. f. Caractère mixte d'un enseignement : *Généraliser la mixité dans les écoles.*

mixte [mikst] adj. (lat. *mixtus,* mêlé). **1.** Formé d'éléments de natures diverses, d'origines différentes : *Une équipe mixte du Racing et du P. U. C.* (= composée de joueurs appartenant à ces deux associations). *Mariage mixte* (= entre deux personnes de religion différente). *Cargo mixte* (= transportant des marchandises et des passagers). *La commission mixte chargée de la réforme de l'enseignement* (= formée de membres de l'Administration et de l'enseignement). — **2.** *École mixte, classe mixte,* où sont admis des garçons et des filles.

mixture [mikstyr] n. f. (lat. *mixtura*). Boisson dont les composants sont nombreux et dont le goût est désagréable.

mnémonique [mnemɔnik] ou **mnésique** [mnezik] adj. (gr. *mnêmonikos*). Relatif à la mémoire (langue savante).

mnémotechnique [mnemɔtɛknik] adj. (du gr. *mnêmê,* mémoire, et *tekhnê,* art). Qui développe, qui aide la mémoire : *Des procédés mnémotechniques.*

1. mobile [mɔbil] n. m. (lat. *mobilis,* de *movere,* mouvoir). **1.** Impulsion qui incite à agir de telle ou telle façon; ce qui détermine une action volontaire : *Découvrir les mobiles d'un crime* (syn. MOTIF, RAISON). — **2.** Tout objet qui se déplace dans l'espace : *Vitesse d'un mobile.* — **3.** Objet décoratif dont les divers éléments entrent en mouvement au moindre souffle d'air.

2. mobile [mɔbil] adj. **1.** Qui peut se mouvoir, être mis en mouvement, se déplacer : *La mâchoire inférieure de l'homme est mobile.* — **2.** Qui change sans cesse, qui se déplace continuellement : *Un visage très mobile* (syn. ANIMÉ). *Une main-d'œuvre mobile* (syn. MOUVANT; contr. SÉDENTAIRE). — **3.** Qui manifeste une grande instabilité (vieilli) : *Un esprit mobile, qui saute d'un sujet à l'autre* (syn. CHANGEANT). — **4.** Dont la date ou la valeur peut varier : *Fête mobile* (= fête religieuse dont la date change chaque année). *Échelle mobile des salaires.*

1. mobilier [mɔbilje] n. m. Ensemble des meubles servant, dans les appartements, à l'usage ou à la décoration.

2. mobilier, ère [mɔbilje] adj. Qui concerne les biens susceptibles d'être déplacés, ou biens meubles (dr.) : *La propriété mobilière* (contr. IMMOBILIER). *La contribution mobilière* (= calculée sur la valeur locative).

mobilisable [mɔbilizabl] adj. Qui peut être mobilisé : *Il est trop jeune et n'est pas mobilisable.*

mobilisateur, trice [mɔbilizatœr] adj. Qui mobilise : *Des slogans mobilisateurs.*

mobilisation [mɔbilizasjɔ̃] n. f. Action de mobiliser : *Décréter la mobilisation générale* (= mise sur le pied de guerre de la nation). *La mobilisation de toutes les bonnes volontés suffira-t-elle?*

mobiliser [mɔbilize] v. t. (de *mobile* 2). **1.** *Mobiliser des troupes, un pays,* etc., mettre sur le pied de guerre les forces militaires d'un pays, adapter ses structures économiques au temps de guerre : *Mobiliser plusieurs classes pour faire face à une menace extérieure* (syn. APPELER). *Mobiliser les réservistes* (syn. RAPPELER). *Être mobilisé dans le génie.* — **2.** *Mobiliser qqn,* le mettre en état d'alerte, le requérir pour accomplir une œuvre collective : *Elle mobilisa tous ses amis pour son déménagement.* — **3.** *mobiliser qqch,* le mettre en œuvre en réunissant, en concentrant : *Mobiliser toutes les bonnes volontés* (syn. FAIRE APPEL À). *Il mobilisa tout son courage pour faire cette démarche.* ◆ **se mobiliser** v. pr. (sujet des personnes) Se préparer à l'action.

mobilité [mɔbilite] n. f. Facilité à se mouvoir, à se déplacer, à changer : *La mobilité du piston dans le cylindre. La mobilité d'un regard* (contr. FIXITÉ). *La mobilité de la population.*

Mobylette [mɔbilɛt] n. f. (nom déposé). Cyclomoteur.

mocassin [mɔkasɛ̃] n. m. (de *makisin,* mot de l'Amérique du Nord). Chaussure simple et basse, sans lacets, en cuir très souple. (Le *mocassin* est la chaussure des Indiens d'Amérique du Nord, en peau non tannée.)

moche [mɔʃ] adj. (de *amocher*). *Fam.* Laid (sur le plan esthétique, moral, etc.) : *Une robe moche* (syn. ↑ AFFREUX). *Le temps est plutôt moche* (syn. VILAIN). *C'est moche de sa part* (syn. MESQUIN, ↑ MÉPRISABLE). [→ AMOCHER.]

modal, e, aux [mɔdal] adj. Relatif au mode : *Les formes modales du verbe français.*

modalité [mɔdalite] n. f. Forme particulière sous laquelle se présente un fait, une pensée, un acte juridique, etc. : *Fixer les modalités de paiement d'une voiture* (= de quelle manière les paiements seront effectués). *Les modalités d'application de la loi seront fixées par décret.*

1. mode [mɔd] n. m. (lat. *modus,* manière d'être). **1.** (+ n. compl. sans art.) Manière générale dont un phénomène se présente, dont une action se fait : *Changer de mode de vie* (= de manière de vivre). *Le mode de paiement par chèque est le plus commode* (= la façon de payer). *Un mode de locomotion. Le mode d'emploi se trouve dans la boîte* (= les indications sur la manière de s'en servir). — **2.** En grammaire, forme verbale qui définit le type de phrase (énonciative, impérative, etc.) ou la relation du sujet à l'énoncé (possible, éventuel, réel, etc.) : *Les modes indicatif, subjonctif, impératif en français.*

2. mode [mɔd] n. f. **1.** Manière passagère d'agir, de vivre, de penser, etc., liée à un milieu et à une époque déterminés : *La mode du livre de poche. Un auteur à la mode. Cette danse est passée de mode* (= démodée). *Une plage à la mode. Lancer une mode. Les caprices, les fantaisies de la mode.* — **2.** Manière passagère de s'habiller conforme aux goûts d'une certaine société : *Un journal de mode. Être habillé à la dernière mode.* — **3.** Industrie, commerce de la toilette et de l'habillement : *Travailler dans la mode.* — **4.** *À la mode,* en vogue : *Le bleu est à la mode cette saison.* ‖ *À la mode de,* préparé à la manière de (en cuisine) : *Tripes à la mode de Caen.* ◆ adj. inv. Au goût du jour : *Un* *manteau très mode.* || *Bœuf mode,* cuit avec des carottes et des oignons.

modelage [mɔdlaʒ] n. m. Action de modeler : *Le modelage d'une poterie.*

modèle [mɔdɛl] n. m. (it. *modello*). **1.** Ce qui sert d'objet d'imitation; ce qui est offert pour servir à la reproduction, à l'imitation : *Se conformer au modèle. Donner un modèle à la jeunesse* (syn. EXEMPLE). *Ne le prenez pas pour modèle. Sa conduite est un modèle pour tous. Un modèle de corrigé pour une dissertation.* — **2.** Personne qui pose pour un artiste. — **3.** *Modèle de* (+ *n.*), personne ou objet qui possède à la perfection certaines caractéristiques : *C'est un modèle de loyauté.* — **4.** Catégorie, variété particulière; objet industriel qui sera reproduit en série, caractérisé par sa forme, sa matière, etc. : *Le modèle d'une nouvelle voiture. La présentation des modèles de haute couture. Un fusil modèle 1936.* — **5.** *Modèle réduit,* représentation, à échelle réduite, d'un objet plus grand. ◆ adj. Parfait en son genre : *Une élève modèle* (syn. EXEMPLAIRE). *Une ferme modèle. Une cuisine modèle.*

modelé [mɔdle] n. m. Relief des formes en sculpture, en peinture.

modeler [mɔdle] v. t. (de *modèle*) [c. 5]. **1.** *Modeler une matière, un objet,* pétrir une matière pour lui donner une forme, façonner un objet dans une matière : *Modeler une statuette. De la pâte à modeler.* — **2.** *Modeler qqch,* lui donner une forme, un relief particulier : *La robe modelait son corps. Un relief accidenté, modelé par l'érosion.* — **3.** *Modeler qqch (abstrait),* le régler sur quelque modèle : *Modeler sa conduite sur celle de son père* (syn. CONFORMER). ◆ ***se modeler*** v. pr. Régler sa conduite, son caractère sur qqn ou d'après qqch : *Elle s'était modelée sur les goûts de sa mère.*

modéliste [mɔdelist] n. et adj. **1.** Personne qui fabrique des modèles réduits. — **2.** Personne qui crée des modèles dans la couture.

modérateur, trice [mɔderatœr] adj. et n. Qui modère, freine, retient : *Pouvoir modérateur. Jouer le rôle de modérateur dans un conflit.* ◆ adj. *Ticket modérateur,* quote-part du coût des soins que l'assurance maladie laisse à la charge de l'assuré.

modération [mɔderasjɔ̃] n. f. Qualité de qqn, de qqch qui est éloigné de tout excès : *Faire preuve de modération* (syn. DOUCEUR, SAGESSE, RETENUE; contr. EXCÈS).

moderato [mɔderato] adv. (mot it.). Indication musicale invitant à exécuter un mouvement de façon modérée (souvent avec un autre mot : *allegro moderato*).

modéré, e [mɔdere] adj. et n. **1.** Éloigné de tout excès : *Être modéré dans ses prétentions* (syn. MESURÉ). — **2.** Qui professe des opinions politiques conservatrices : *Les députés modérés à l'Assemblée nationale.* ◆ adj. Situé entre des extrêmes : *Un vent modéré* (contr. FORT ou FAIBLE). *Des prix modérés* (contr. EXCESSIF ou BAS). *Habitation à loyer modéré (ou H. L. M.).*

modérément [mɔderemɑ̃] adv. De façon modérée : *Boire, fumer modérément* (contr. EXCESSIVEMENT).

modérer [mɔdere] v. t. (du lat. *modus,* mesure) [c. **10**] *Modérer qqch,* en diminuer la force, l'intensité, jugées excessives : *Modérer sa colère* (syn. TEMPÉRER, APAISER, FREINER, RETENIR). *Modérer la vitesse de la voiture* (= ralentir). *Modérez vos paroles* (= atténuez-en la violence). *Modérer les dépenses* (syn. LIMITER). ◆ ***se modérer*** v. pr. (sujet qqn) S'écarter de tout excès, contenir des sentiments violents : *Modère-toi, la faute n'est pas si grave* (syn. SE CALMER).

moderne [mɔdɛrn] adj. (du lat. *modo,* récemment). **1.** Qui appartient ou convient au temps présent ou à une époque récente (par oppos. au *passé*) : *La vie moderne* (syn. ACTUEL). *La science moderne* (syn. CONTEMPORAIN). *Le matériel le plus moderne* (syn. RÉCENT, NOUVEAU; contr. DÉSUET). — **2.** Qui se conforme aux évolutions les plus récentes : *Être moderne dans sa manière de s'habiller. La linguistique moderne* (contr. TRADITIONNEL). — **3.** *Histoire moderne,* de la fin du Moyen Âge à 1789. ◆ n. m. **1.** Ce qui appartient à l'époque actuelle, ce qui en suit le goût : *Dans son ameublement, elle a choisi le moderne* (contr. L'ANCIEN). — **2.** Homme (écrivain, artiste) de l'époque contemporaine, par oppos. aux *anciens.*

modernisation [mɔdɛrnizasjɔ̃] n. f. Action de moderniser.

moderniser [mɔdɛrnize] v. t. *Moderniser qqch,* l'organiser en l'adaptant aux techniques présentes, le rajeunir en le conformant à l'esthétique ou aux goûts actuels : *Moderniser une entreprise. Moderniser ses méthodes de vente* (syn. RÉNOVER). *Moderniser l'orthographe d'un texte ancien* (syn. ADAPTER). ◆ ***se moderniser*** v. pr. Se conformer aux usages modernes.

modernisme [mɔdɛrnism] n. m. **1.** Goût, recherche de ce qui est moderne. — **2.** Doctrines des modernistes (relig.).

moderniste [mɔdɛrnist] adj. et n. Partisan de la réinterprétation des croyances chrétiennes en fonction de l'évolution générale du monde et des découvertes de la science (relig.).

modeste [mɔdɛst] adj. (après le n.) et n. (lat. *modestus,* modéré). Qui a sur lui-même une opinion mesurée, qui parle sans orgueil ni ostentation : *Un savant modeste, qui n'aime pas les honneurs* (syn. EFFACÉ, DISCRET; contr. VANITEUX). *C'est une timide et une modeste.* ◆ adj. (avant ou après le n.) D'une grande simplicité, sans faste, sans importance : *Un modeste présent* (syn. MODIQUE). *Mener un train de vie modeste* (contr. LUXUEUX, FASTUEUX). *Un modeste commerçant* (syn. PETIT). *Elle est modeste dans ses prétentions* (syn. MODÉRÉ).

modestement [mɔdɛstəmɑ̃] adv. De façon modeste.

modestie [mɔdɛsti] n. f. Caractère modeste : *La modestie de ce grand homme* (syn. RÉSERVE, SIMPLICITÉ; contr. ORGUEIL, VANITÉ).

modicité [mɔdisite] n. f. Caractère modique d'une valeur : *La modicité d'un prix.*

modifiable [mɔdifjabl] adj. Qui peut être modifié.

modificateur, trice [mɔdifikatœr] adj. Qui modifie.

modification [mɔdifikasjɔ̃] n. f. Action de modifier : *La modification d'un projet* (syn. CHANGEMENT, TRANSFORMATION, ↑REFONTE). *Le manuscrit a subi des modifications* (syn. REMANIEMENT, ADAPTATION).

modifier [mɔdifje] v. t. (lat. *modificare*). **1.** *Modifier qqch,* en changer la forme, la qualité, etc. : *Modifier l'ordre des paragraphes dans une rédaction* (syn. CHANGER). *Modifier une loi* (syn. AMENDER). *Modifier sa ligne de conduite* (syn. RECTIFIER, TRANSFORMER). — **2.** *Modifier un verbe, un adjectif, un adverbe,* en parlant d'un adverbe, déterminer ou préciser le sens de ce verbe, de cet adjectif, de cet adverbe. ◆ ***se modifier*** v. pr. Se transformer : *Ses idées se sont modifiées avec l'âge* (syn. ÉVOLUER, CHANGER).

modique [mɔdik] adj. (lat. *modicus*). Se dit d'une somme d'argent peu importante, de ce qui est de faible valeur : *J'ai acheté ce stylo pour une somme modique* (syn. INFIME, ↓INSIGNIFIANT; contr. GROS). *Elle vivait d'une modique pension* (syn. MODESTE, MAIGRE, PETIT).

modiste [mɔdist] n. Personne qui crée, exécute et vend des chapeaux de femmes.

modulaire [mɔdylɛr] adj. Construit à l'aide de modules.

modulation [mɔdylasjɔ̃] n. f. (lat. *modulatio,* de *modulus,* cadence). **1.** Inflexion de la voix, de la ligne mélodique : *Les modulations harmonieuses du rossignol.* — **2.** Action de moduler, de nuancer, d'adapter : *La modulation des couleurs. La modulation d'un tarif selon la saison.* — **3.** *Émission par modulation de fréquence,* émission radiophonique obtenue par variation de la fréquence d'une oscillation électrique.

module [mɔdyl] n. m. (lat. *modulus*). **1.** Élément permettant de réaliser un ensemble par juxtaposition ou assemblage. — **2.** Élément autonome d'un vaisseau spatial : *Module lunaire.*

moduler [mɔdyle] v. t. (du lat. *modulus,* cadence). **1.** *Moduler des sons,* les émettre avec des changements de ton, de hauteur, d'accent. — **2.** *Moduler des couleurs,* en varier les tons grâce à des nuances. — **3.** *Moduler qqch, une action,* l'adapter de façon souple à des circonstances diverses. ◆ v. i. Passer d'un ton à un autre, en musique.

modus vivendi [mɔdysvivɛ̃di] n. m. inv. (mots lat. signif. *manière de vivre*). Transaction mettant d'accord deux parties, sans résoudre leur litige sur le fond.

moelle [mwal] n. f. (lat. *medulla*). **1.** Tissu riche en graisse, situé à l'intérieur des os longs. — **2.** *Moelle (épinière),* centre nerveux abrité par la colonne vertébrale. — **3.** *Jusqu'à la moelle (des os),* au plus profond du corps. ‖ *Tirer toute la moelle d'un sujet,* en retirer toute la substance (syn. SUC). ‖ Fam. *Vidé jusqu'à la moelle,* anéanti par la fatigue. (→ MÉDULLAIRE.)

moelleusement [mwaløzmɑ̃] adv. *Litt.* De façon moelleuse : *Être moelleusement étendu sur son lit* (syn. MOLLEMENT).

moelleux, euse [mwalø] adj. **1.** Doux et d'une mollesse agréable au toucher : *Le tapis moelleux de l'escalier. Un fauteuil moelleux* (= confortable, où l'on enfonce un peu). — **2.** Agréable à goûter, à entendre, à voir, etc., à cause de sa douceur et de son velouté : *Voix moelleuse* (= d'une belle sonorité douce). *Vin moelleux* (= légèrement sucré ; syn. ↑ONCTUEUX).

moellon [mwalɔ̃] n. m. (lat. *modiolus,* moyeu). Pierre de construction de petite dimension : *Maison, mur en moellons.*

mœurs [mœr, mœrs] n. f. pl. (lat. *mores*). **1.** Habitudes ou pratiques morales de qqn, d'un groupe : *La pureté de ses mœurs* (syn. CONDUITE). *Être irréprochable dans ses mœurs. Une femme de mœurs faciles, de mauvaises mœurs* (= une femme légère, une prostituée). *Un mot contraire aux bonnes mœurs* (= à la décence). *Attentat aux mœurs* (= crime contre les bonnes mœurs). *Demander un certificat de bonne vie et mœurs* (= qui atteste l'excellente conduite de qqn). — **2.** Pratiques sociales, habitudes de vie d'un groupe, d'un peuple, d'une époque, de qqn, d'une espèce animale : *Les mœurs des peuples primitifs* (syn. COUTUMES). *Les mœurs du XIII*[e] *s. Les mœurs politiques. Ce roman est une étude de mœurs. Avoir des mœurs simples* (syn. MODE DE VIE). *Les mœurs des abeilles.*

mohair [mɔɛr] n. m. (mot angl. ; de l'ar.). Poil de la chèvre angora, dont on fait des étoffes légères et des laines à tricoter ; étoffe faite avec cette laine.

moi [mwa] pron. pers. de la 1re pers. du sing. (lat. *me*).

moignon [mwaɲɔ̃] n. m. (de l'anc. fr. *moignier,* mutiler). Extrémité d'un membre coupé, amputé.

moindre [mwɛ̃dr] adj. (lat. *miror*). **1.** (avant ou après le n.) Comparatif de *petit* (dans des express.) : *Des nouvelles de moindre importance* (= moins grande). *Acheter à moindre prix* (= à un prix plus bas). *Une bière de moindre qualité* (syn. INFÉRIEUR). — **2.** Précédé de l'article, superlatif relatif de *petit* : *Le moindre effort lui coûte. Je n'ai pas la moindre idée de ce qui s'est passé. La moindre des choses est de vous excuser* (= le minimum).

moindrement [mwɛ̃drəmɑ̃] adv. Litt. *Le moindrement* (dans une phrase négative), pas du tout : *Je n'ai pas le moindrement du monde l'intention de vous blesser.*

moine [mwan] n. m. (du gr. *monakhos,* solitaire). Membre d'une communauté religieuse d'hommes : *Les moines de la Trappe* (syn. RELIGIEUX). *Les moines bouddhistes.*

moineau [mwano] n. m. (de *moine,* à cause de la couleur du plumage). Petit oiseau brun et noir, très commun en France.

1. moins [mwɛ̃] adv. de quantité (lat. *minus*). Indique une quantité inférieure. **1.** Devant un adj. ou un adv., comparatif d'infériorité (le compl. du comparatif est introduit par la conj. *que*) : *L'hiver a été beaucoup moins rude que l'année dernière. Parlez moins vite. La consommation de gaz est moins forte ce mois-ci. Cette voiture va moins vite que la mienne ; Pas moins que,* indique une égalité (syn. TOUT AUTANT QUE) : *La situation n'est pas moins grave aujourd'hui qu'hier. Cette façon de parler est plus rare, mais non moins correcte.* — **2.** Devant un adj. ou un adv., avec l'article défini *(le moins),* superlatif relatif (le compl. du superlatif est introduit par la prép. *de* suivie d'un n. ou par la conj. *que,* ou suivi de *possible : Annie est la moins ordonnée de mes enfants. C'est lui qui a le moins de capacité pour ce travail. Le climat le moins humide du continent. Restez dans cette pièce glaciale le moins longtemps possible ; Des moins* (+ adj.), indique qu'on range ce qui est qualifié parmi ce qui est le moins (litt.) : *C'est un roman des moins connus.* — **3.** Devant ou après un v. qu'il modifie, *moins,* comparatif ; *le moins,* superlatif : *Ce lustre éclaire moins que celui du salon. Le réfrigérateur consomme moins que je ne croyais. Je n'en suis pas le moins du monde choqué. Le moins qu'on puisse dire, c'est qu'il n'a pas raison. Elle m'a remercié, c'est bien le moins !* (= c'est le minimum de ce qu'elle pouvait faire). — **4.** Suivi de la prép. *de* et d'un *n.* (*moins* de), *moins* peut être modifié par *un peu, beaucoup,* etc. : *Il y a moins d'une semaine que je l'ai rencontré sur les Boulevards. Il n'y avait pas moins de dix mille personnes sur la place. Je l'ai acheté pour moins de mille francs* (= pour une somme inférieure à). — **5.** *Moins que, pas moins que,* suivi d'un part. ou d'un adj., indique que la quantité en question a été ou non dépassée : *Je suis bien moins que préoccupé* (= très peu). — **6.** Précédé d'un adv. (*tellement, beaucoup,* etc.), d'un n. de nombre multiplicatif *(trois fois)* ou d'un mot désignant un espace (lieu, temps) : *Trois fois moins. Un peu plus ou un peu moins, finalement cela ne change rien. Il a reçu nettement moins que la dernière fois.* — **7.** *De moins,* précédé d'un n. et d'une indication de nombre, indique une quantité qu'on soustrait : *Je touche cent francs de moins que lui par mois. Il y a un carreau en moins dans la cuisine.* ‖ *En moins,* précédé ou suiv. d'un n. et d'un numéral, indique une quantité qu'on soustrait : *C'est une simple réédition, avec les illustrations en moins.* — **8.** Répété pour exprimer une comparaison : *Moins la pièce est éclairée, et plus vous vous faites mal aux yeux. Moins vous venez, et moins on pense à vous.* — **9.** *A moins,* pour un motif moins important, pour une quantité plus petite (en fin de phrase) : *On serait surpris à moins. Tu ne l'auras pas à moins.* ‖ *A moins de* (+ *inf.*), *à moins que* (+ *subj.*), indiquent une hypothèse restrictive : *Venez samedi, à moins de recevoir un contrordre. Nous resterons dimanche chez nous, à moins que le temps ne s'améliore.* ‖ *A tout le moins, pour le moins,* indiquent que l'affirmation est volontairement restreinte : *Vous auriez pu, à tout le moins, me prévenir de ce contretemps. Cette attitude est pour le* *moins désinvolte.* || *Au moins* (avec un numéral), indique la quantité inférieure d'une évaluation : *L'appartement vaut au moins cinquante mille francs. Cela lui a rapporté au moins dix mille francs. Elle est sortie il y a au moins une heure. Vous savez la nouvelle, au moins ? Ne le gronde pas, au moins, il n'a rien fait.* || *D'autant moins (... que),* indique la proportion, la mesure : *On lui pardonne d'autant moins qu'il exerce des responsabilités plus lourdes.* || *De moins en moins,* indique une diminution par degrés : *Il a de moins en moins de ressources. On était de moins en moins sûr qu'elle puisse rétablir sa santé.* || *Du moins,* indique une restriction : *La paix n'est pas menacée, du moins est-ce le sentiment des milieux bien informés* (syn. CEPENDANT, NÉANMOINS, POURTANT). || *En moins bien, en moins grand,* moins bien, moins grand par comparaison. || *En moins de rien, en moins de deux,* en très peu de temps : *Ne t'inquiète pas, en moins de rien j'aurai changé la roue.* || *Moins que rien,* négligeable : *Ce malaise est moins que rien, votre mère sera vite rétablie.*

2. moins [mwɛ̃] prép. Avec soustraction de : *Le signe moins (−) indique une soustraction. Sept moins un égalent six. Il est dix heures moins cinq* (au-delà de dix heures, on dit *dix heures cinq*). *Elle est sortie à moins le quart* (= à l'heure indiquée, moins un quart d'heure). *Il était moins cinq, moins une, un peu plus il m'écrasait* (fam. ; = le danger est passé tout près).

moire [mwar] n. f. (angl. *mohair;* mot ar.). Tissu à reflets changeants : *Robe de moire.*

moiré, e [mware] adj. *Litt.* Qui a des reflets brillants : *L'eau moirée du lac.*

mois [mwa] n. m. (lat. *mensis*). **1.** Chacune des douze divisions de l'année légale ; sa durée : *Les mois sont de trente ou trente et un jours ; le mois de février de vingt-huit jours (de vingt-neuf les années bissextiles). Chaque mois* (= mensuellement). *Tous les trois mois* (= par trimestre). *Tous les six mois* (= par semestre). — **2.** Unité de travail et de salaire correspondant à un mois légal : *Être payé au mois. Toucher son mois* (= salaire d'un mois de travail). *La fin de mois est difficile* (= période où le salaire du mois est presque épuisé). — **3.** Espace de temps d'environ trente jours : *Il y a six mois qu'il est parti.* (→ MENSUEL.)

moisi, e [mwazi] adj. Détérioré par la moisissure : *De la confiture, du pain, des gâteaux moisis* (syn. GÂTER). ◆ ***moisi*** n. m. Ce qui est moisi : *Sentir le moisi. Une odeur de moisi. Un goût de moisi.*

moisir [mwazir] v. i. (lat. *mucere,* de *mucus,* morve). **1.** (sujet qqch) Se couvrir de moisissures sous l'effet de l'humidité, et commencer à s'altérer : *Le fromage, le pain ont moisi. Des meubles ont moisi au fond de la cave.* — **2.** *Fam.* (sujet qqn) Rester longtemps dans le même endroit à s'ennuyer, à ne rien faire : *Nous n'allons pas moisir ici, partons.*

moisissure [mwazisyr] n. f. Mousse blanchâtre ou verdâtre, faite de champignons microscopiques : *La moisissure d'un fromage.*

moisson [mwasɔ̃] n. f. (lat. *messio*). **1.** Récolte des céréales (blé, avoine, orge, etc.) : *Faire la moisson.* — **2.** Ensemble des céréales qui ont été récoltées ou qui vont l'être : *La moisson est bonne, abondante, mauvaise.* — **3.** *Une moisson de qqch (pl.),* une grande quantité de : *Revenir de voyage avec une moisson de souvenirs* (syn. MASSE).

moissonner [mwasɔne] v. t. **1.** *Moissonner du blé, de l'orge,* etc., les faucher en vue de la récolte. — **2.** *Moissonner un champ,* y faire la récolte des céréales.

moissonneur, euse [mwasɔnœr] n. Personne qui fait la moisson.

moissonneuse [mwasɔnøz] n. f. Machine à moissonner les céréales.

moissonneuse-batteuse [mwasɔnøzbatøz] n. f. (pl. *moissonneuses-batteuses*). Machine qui sert à moissonner les céréales et à les battre.

moite [mwat] adj. (orig. incert.). Légèrement humide : *Avoir les mains moites. Une chaleur moite par une après-midi orageuse.*

moiteur [mwatœr] n. f. Légère humidité : *La moiteur du front d'un malade fiévreux.*

moitié [mwatje] n. f. (lat. *medietas, -atis,* milieu). **1.** Une des deux parties égales ou presque égales d'un tout : *Vingt est la moitié de quarante. Partager le pain en deux moitiés. La moitié de la route a déjà été parcourue. La seconde moitié du XX*[e] *s. a vu les premiers voyages dans l'espace. À peine la moitié des passagers a été sauvée (ou ont été sauvés) du naufrage. Elle est sortie la moitié du temps* (= presque toujours). — **2.** *Fam.* L'épouse, pour le mari (ironiq.). — **3.** *À moitié,* en partie : *Son verre est rempli à moitié* (syn. À DEMI). *Une pomme à moitié pourrie.* || *À moitié chemin,* au milieu du parcours, du trajet : *S'arrêter à moitié chemin* (syn. À MI-CHEMIN). || *À moitié prix,* pour la moitié du prix fixé : *L'antiquaire me l'a laissé finalement à moitié prix.* || *De moitié,* dans la proportion de un à deux : *Impôts réduits de moitié.* || *Être de moitié,* participer à égalité avec qqn aux bénéfices ou aux pertes d'une entreprise. || *Être pour moitié dans qqch,* en être responsable pour une assez large part. || Fam. *Faisons moitié-moitié,* partageons en deux parts égales. || *Moitié..., moitié,* en partie..., en partie : *Un groupe de touristes moitié Allemands, moitié Suisses.* || *Moitié-moitié,* ni bien ni mal : *« La santé est bonne ? — Moitié-moitié, je souffre de mes rhumatismes. »* || *Par moitié,* par la moitié, en deux parties égales.

moka [mɔka] n. m. (de *Moka,* port du Yémen). **1.** Variété de café très parfumé. — **2.** Gâteau fourré d'une crème au beurre parfumée au café.

molaire [mɔlɛr] n. f. (lat. *dens molaris,* dent en forme de meule). Grosse dent servant à broyer les aliments.

môle [mol] n. m. (it. *molo ;* du gr. *môlos*). Ouvrage en maçonnerie destiné à protéger l'entrée d'un port (syn. DIGUE).

moléculaire [mɔlekylɛr] adj. Relatif aux molécules : *Poids moléculaire.*

molécule [mɔlekyl] n. f. (lat. *moles,* masse). La plus petite portion d'un corps qui puisse exister à l'état libre en conservant ses propriétés.

moleskine [mɔlɛskin] n. f. (angl. *moleskin,* peau de taupe). Toile recouverte d'un enduit et imitant le cuir.

molester [mɔlɛste] v. t. (du lat. *molestus,* importun). *Molester qqn,* lui faire subir des brutalités, des violences : *Le voleur a été molesté par la foule* (syn. MALMENER, ↑LYNCHER). *La police molesta quelques manifestants* (syn. BRUTALISER).

molette [mɔlɛt] n. f. (lat. *mola,* meule). Petite roue striée : *La molette d'un briquet. Clef à molette* (= dont une roulette actionne la mâchoire mobile).

mollasse [mɔlas] adj. *Péjor.* Très mou, sans vigueur : *Un grand garçon mollasse* (syn. ENDORMI, NONCHALANT).

mollasson, onne [mɔlasɔ̃] adj. et n. *Fam.* Mou, sans énergie : *Sa mollassonne de fille restait des heures sans rien faire.*

mollement [mɔlmɑ̃] adv. De façon molle : *Mollement étendu sur un canapé* (syn. NONCHALAMMENT). *Se balancer mollement dans son fauteuil basculant* (syn. PARESSEUSEMENT). *Refuser mollement des demandes pressantes* (syn. FAIBLEMENT). *Sévir trop mollement contre des abus criants* (syn. TIMIDEMENT).

mollesse [mɔlɛs] n. f. (du lat. *mollis,* mou). État, caractère mou de qqch, de qqn : *La mollesse de l'argile. La mollesse de son visage* (syn. ATONIE). *Diriger avec mollesse une entreprise* (syn. INDOLENCE, FAIBLESSE). *Résister avec mollesse* (syn. TIMIDITÉ ; contr. VIGUEUR). *Il avait cédé par mollesse* (syn. LÂCHETÉ).

1. mollet [mɔlɛ] adj. m. (lat. *mollis,* mou). *Œuf mollet,* cuit de telle façon que le blanc seul soit coagulé, le jaune restant liquide. || *Petit pain mollet,* blanc et léger.

2. mollet [mɔlɛ] n. m. Partie saillante des muscles postérieurs de la jambe, entre la cheville et le jarret : *Des mollets musclés.*

molletière [mɔltjɛr] adj. f. *Bande molletière,* bande de tissu que les soldats s'enroulaient autour de la jambe.

molleton [mɔltɔ̃] n. m. (de *mollet* 2). Étoffe épaisse de laine ou de coton, moelleuse et chaude, dont on fait des peignoirs, de la doublure de manteaux, etc.

molletonné, e [mɔltɔne] adj. Garni de molleton : *Robe de chambre molletonnée.*

molletonneux, euse [mɔltɔnø] adj. Qui ressemble à du molleton : *Étoffe molletonneuse.*

mollir [mɔlir] v. i. **1.** Perdre de sa force : *Le vent mollit. Devant le danger, je sentis mes jambes mollir.* — **2.** Perdre de sa vigueur, de son énergie : *Il mollit dans ses exigences* (syn. RABATTRE DE). *Son courage mollit* (syn. DIMINUER, FAIBLIR).

mollusque [mɔlysk] n. m. (lat. *mollusca nux,* noix à écorce molle). Animal à corps mou, recouvert d'une coquille calcaire.

molosse [mɔlɔs] n. m. (gr. *molossos,* chien du pays des Molosses). Gros chien de garde, d'allure féroce.

môme [mom] n. *Pop.* Enfant : *Un petit môme* (syn. fam. GOSSE). *Il est encore tout môme.* ◆ n. f. *Pop.* Jeune fille, jeune femme.

moment [mɔmɑ̃] n. m. (lat. *momentum*). **1.** Espace de temps (avec ou sans idée de brièveté) : *Attendez un moment* (syn. INSTANT). *C'est le moment de la journée où je suis occupé. Dans le moment présent* (syn. HEURE). *Les grands moments de l'histoire* (syn. DATE). *Un moment! J'arrive* (syn. SECONDE, MINUTE). *Elle resta lucide jusqu'à ses derniers moments* (= sa mort). *Je n'ai pas un moment à moi* (= un instant libre). *Ce disque est le grand succès du moment* (= d'aujourd'hui). *Elle en a pour un bon moment* (= longtemps). *En un moment, tout a été fini* (= en très peu de temps). *Il est très fatigué en ce moment* (= dans le temps présent). *J'hésitai un moment.* — **2.** *Au moment de* (+ *n.* ou *inf.*), indique la simultanéité, la coïncidence : *Au moment de l'accident, elle regardait justement par la fenêtre. Au moment de partir, il s'aperçut qu'il oubliait son portefeuille.* || *Au moment où,* indique le temps précis où un événement s'est produit. || *À partir du moment où,* indique le point de départ, l'origine (dès l'instant que). || *À tout moment, à tous moments,* continuellement, sans cesse : *Elle tourne la tête à tout moment.* || *De moment en moment,* à intervalles réguliers. || *Du moment que* (+ *ind.*), indique une relation de cause : *Du moment que vous vous connaissez, je ne vous présente pas* (syn. PUISQUE). || *D'un moment à l'autre,* très prochainement (syn. INCESSAMMENT). || *Par moments,* de temps à autre. || *Pour le moment,* dans l'instant présent. || *Sur le moment,* au moment précis où une chose s'est faite : *Sur le moment, j'ai été surpris, puis j'ai compris.*

momentané, e [mɔmɑ̃tane] adj. Qui ne dure qu'un bref instant : *La panne d'électricité a été momentanée* (syn. BREF). *Ne fournir qu'un effort momentané* (syn. ÉPHÉMÈRE ; contr. DURABLE).

momentanément [mɔmɑ̃tanemɑ̃] adv. De façon momentanée : *Il est momentanément arrêté* (syn. PROVISOIREMENT, TEMPORAIREMENT).

momeries [mɔmri] n. f. pl. (de l'anc. fr. *momer,* se déguiser). *Litt.* Affectation hypocrite, outrée, d'un sentiment qu'on n'éprouve pas (syn. SIMAGRÉES).

momie [mɔmi] n. f. (ar. *mumiyā,* cire). Dans l'Égypte ancienne, cadavre conservé embaumé et desséché : *Une momie entourée de bandelettes.*

momifier [mɔmifje] v. t. Transformer en momie (surtout part. passé) : *Un cadavre momifié.* ◆ ***se momifier*** v. pr. Se dessécher.

mon [mɔ̃], **ma** [ma], **mes** [mɛ] adj. poss. (lat. *meus*). Qui est à moi : *Rends-moi mon livre, mes crayons et ma serviette.*

monacal, e, aux [mɔnakal] adj. (du lat. *monachus,* moine). *Vie, existence monacale,* comparable au genre de vie des moines.

monarchie [mɔnarʃi] n. f. (du gr. *monos,* seul, et *arkhein,* commander). Régime dans lequel un roi héréditaire gouverne l'État : *La monarchie anglaise* (syn. ROYAUTÉ). *La monarchie parlementaire* (= où l'autorité du roi est limitée par un parlement).

monarchique [mɔnarʃik] adj. Propre à la monarchie : *Le pouvoir monarchique.*

monarchiste [mɔnarʃist] n. et adj. Partisan de la monarchie (syn. ROYALISTE).

monarque [mɔnark] n. m. Syn. de ROI : *Un monarque absolu.*

monastère [mɔnastɛr] n. m. Établissement où vivent des moines ou des religieuses (syn. COUVENT).

monastique [mɔnastik] adj. Relatif aux moines et aux monastères : *Vie monastique* (= des moines au couvent). *Règles monastiques.*

monceau [mɔ̃so] n. m. (lat. *monticellus,* petit mont). *Monceau de qqch (pl.),* grande quantité de choses accumulées en tas, en amas : *Un monceau d'ordures* (syn. AMONCELLEMENT). *Des monceaux de livres s'entassent sur tous les sièges du bureau* (syn. ↓ PILE).

mondain, e [mɔ̃dɛ̃] adj. Relatif au monde, à la vie des classes riches : *La vie mondaine. Donner une soirée mondaine. Le carnet mondain donne dans les journaux les nouvelles du monde.* ◆ adj. et n. **1.** Qui fréquente ce milieu, qui aime les divertissements qu'on y donne : *Un danseur mondain. Elle est très mondaine.* — **2.** *La (police) mondaine,* chargée des délits contre les mœurs et de la surveillance de certains lieux publics.

mondanités [mɔ̃danite] n. f. pl. Divertissements du monde, de la vie mondaine : *Ce bal tient une place considérable dans les mondanités parisiennes.*

monde [mɔ̃d] n. m. (lat. *mundus*). **1.** Ensemble de tout ce qui existe : *La connaissance du monde. Les lois qui gouvernent le monde* (syn. UNIVERS). *Une conception, une vision du monde.* || *Mettre au monde,* enfanter. || *Venir au monde,* naître. — **2.** Système planétaire formé par la Terre et les astres visibles : *On avait placé la Terre au centre du monde. Les origines du monde.* — **3.** La Terre elle-même, où vivent les hommes : *Donner des nouvelles du monde entier. Faire le tour du monde. Aux quatre coins du monde. Le monde est petit; nous nous rencontrerons encore. Le Nouveau Monde* (= l'Amérique). *L'Ancien Monde* (= l'Europe, l'Asie et l'Afrique). *Se croire le centre du monde* (= se croire regardé par tous les hommes). *Au bout du monde* (= en un endroit très éloigné). — **4.** La terre, par oppos. au ciel, où, d'après certaines religions, les âmes habitent après la mort : *Dans le monde d'ici-bas. Dans l'autre monde* (= au ciel). *Elle n'est plus de ce monde* (= elle est morte). *Envoyer dans l'autre monde* (= tuer). — **5.** Ensemble des hommes vivant sur la

Terre : *Les idées qui mènent le monde* (syn. HUMANITÉ). *Les révolutions du début du siècle ont bouleversé le monde. Depuis que le monde est monde* (= depuis qu'il y a des hommes). *C'est une histoire vieille comme le monde* (= cela se répète depuis qu'il y a des hommes). — **6.** (+ adj. ou compl. du n.) Société déterminée (humaine ou animale); groupement humain défini : *Le monde capitaliste, socialiste. Le monde chrétien. Le monde du travail* (= l'ensemble des travailleurs). *Le petit monde des fourmis. Le monde des affaires, des lettres. Le monde du spectacle* (= les acteurs). *Ils sont du même monde* (= du même milieu). — **7.** Domaine particulier, distinct, spécifique : *Le monde de la poésie.* — **8.** Ensemble de personnes; grand nombre ou nombre indéfini de personnes : *Il y a du monde dans les magasins aujourd'hui* (syn. ↑ FOULE). *Est-ce qu'il y a du monde dans le salon?* (syn. QUELQU'UN). *Le monde est méchant* (syn. LES GENS). *J'ai du monde à dîner ce soir. Le match avait attiré un monde fou. Il se moque du monde.* — **9.** *Tout le monde,* tous les gens, chacun des hommes : *Il arrive à tout le monde de se tromper.* — **10.** (avec un possessif) Personnes qu'on a sous ses ordres ou l'ensemble de ses amis, de sa famille : *Régenter tout son monde. Elle a tout son petit monde autour d'elle.* — **11.** *Fam.* Grande différence : *Il y a un monde entre son frère et lui.* — **12.** Fam. *C'est un monde!,* indique l'indignation devant une chose exagérée. ‖ *Du monde,* renforce un superlatif : *C'est la chose la plus amusante du monde. Elle n'est pas le moins du monde fâchée.* ‖ *Pour rien au monde,* en aucun cas, nullement : *Je ne voudrais pour rien au monde vous causer une gêne.* ‖ *Se faire un monde de qqch,* lui donner une importance exagérée. ‖ *Se retirer du monde,* s'isoler. — **13.** Ensemble des personnes appartenant aux classes les plus riches des villes et formant une société caractérisée par son luxe, ses divertissements particuliers : *Se lancer dans le monde. Le grand monde* (syn. HAUTES CLASSES). *Faire son entrée dans le monde.* ‖ *Homme, femme du monde,* qui connaissent les usages de cette société aristocratique à laquelle ils appartiennent.

mondial, e, aux [mɔ̃djal] adj. Qui concerne le monde entier, la terre tout entière : *Les guerres mondiales. Un événement d'importance mondiale.*

mondialement [mɔ̃djalmɑ̃] adv. Dans le monde entier : *Un site mondialement connu* (syn. UNIVERSELLEMENT).

mondovision [mɔ̃dɔvizjɔ̃] n. f. Transmission d'une émission télévisée dans diverses parties du monde.

monégasque [mɔnegask] adj. et n. De Monaco.

monétaire [mɔnetɛr] adj. (lat. *monetarius,* de *moneta,* monnaie). Relatif aux monnaies : *L'unité monétaire est en France le franc. La circulation monétaire a augmenté.*

mongol, e [mɔ̃gɔl] adj. et n. De Mongolie. ◆ ***mongol*** n. m. Langue parlée par les Mongols.

mongolien, enne [mɔ̃gɔljɛ̃] adj. et n. Atteint de mongolisme.

mongolisme [mɔ̃gɔlism] n. m. État congénital, constaté dès la naissance, caractérisé par une déficience intellectuelle profonde et des modifications morphologiques particulières.

1. moniteur, trice [mɔnitœr] n. (lat. *monitor,* de *monere,* avertir). Instructeur auxiliaire dans certaines disciplines, certaines activités; personne servant à l'encadrement de groupes d'enfants : *Des moniteurs de colonies de vacances. Moniteur d'éducation physique* (= chargé de l'enseignement de certains sports dans les établissements de l'État). *Monitrice de ski.*

2. moniteur [mɔnitœr] n. m. Appareil enregistrant tous les phénomènes physiologiques et utilisé pour la surveillance des malades.

monitorat [mɔnitɔra] n. m. Fonction de moniteur.

monitoring [mɔnitɔriŋ] n. m. (mot angl.). Utilisation médicale du moniteur.

monnaie [mɔnɛ] n. f. (du n. de *Junon Moneta,* Junon la Conseillère, dans le temple de laquelle on fabriquait la monnaie). **1.** Moyen d'échanger des biens, de conserver des valeurs acquises, consistant en pièces frappées ou en billets émis par un État pour être utilisés dans un pays déterminé : *La dévaluation, la stabilisation de la monnaie. Une monnaie forte. Fabriquer de la fausse monnaie* (= contrefaire la monnaie d'un pays). *Le dollar, le mark sont des monnaies étrangères.* — **2.** Pièce de métal frappée par l'État pour servir de moyen d'échange : *Des pièces de monnaie. Je n'ai pas de monnaie sur moi, je n'ai que des billets. Battre monnaie* (= fabriquer de la monnaie). *De la petite monnaie* (= des pièces de petite valeur). — **3.** Équivalent de la valeur d'un billet ou d'une pièce en billets ou en pièces de valeur moindre : *Faire la monnaie. Donnez-moi la monnaie de cent francs. — Je n'ai pas la monnaie.* — **4.** Différence entre la somme représentée par le billet ou la pièce donnés en paiement d'une marchandise et le prix de cette marchandise : *J'attends ma monnaie. La vendeuse me rend la monnaie sur cent francs.* — **5.** *C'est monnaie courante,* cela arrive fréquemment. ‖ *Rendre à qqn la monnaie de sa pièce,* lui rendre le mal, le mauvais tour qu'il vous a fait. ‖ *Servir de monnaie d'échange,* être utilisé comme moyen d'échange dans une négociation.

monnaie-du-pape [mɔnɛdypap] n. f. (pl. *monnaies-du-pape*). Plante dont les fruits ont la forme de disques blanc argenté.

monnayable [mɔnɛjabl] adj. Qui peut être monnayé.

monnayer [mɔnɛje] v. t. (c. 4). **1.** *Monnayer un terrain, une valeur,* etc., les vendre pour les transformer en argent liquide. — **2.** *Monnayer son talent, son génie,* etc., en tirer un profit pécuniaire (syn. FAIRE ARGENT DE).

monocle [mɔnɔkl] n. m. (gr. *monos,* seul, et lat. *oculus,* œil). Petit verre correcteur de la vue qu'on maintient sous l'arcade de l'œil.

monocorde [mɔnɔkɔrd] adj. (gr. *monokhordon,* à une seule corde). Dont le son, le ton est monotone : *Le timbre monocorde de sa voix. Un discours monocorde, ennuyeux.*

monoculture [mɔnɔkyltyr] n. f. Utilisation d'une terre pour une seule culture permanente.

monogramme [mɔnɔgram] n. m. (*mono-* et gr. *gramma,* lettre). Marque, signe formés de la lettre initiale ou de plusieurs lettres entrelacées d'un nom.

monographie [mɔnɔgrafi] n. f. Étude limitée à un point d'histoire, de géographie, de littérature, etc.; étude particulière sur qqn, sa vie, ses œuvres.

monolingue [mɔnɔlɛ̃g] adj. et n. Qui ne parle qu'une langue. (→ BILINGUE.)

monolithe [mɔnɔlit] n. m. (*mono-* et gr. *lithos,* pierre). Monument fait d'un seul bloc de pierre.

monolithique [mɔnɔlitik] adj. Qui forme un bloc rigide et d'un dogmatisme inébranlable : *Parti monolithique. Système monolithique* (contr. NUANCÉ, SOUPLE).

monolithisme [mɔnɔlitism] n. m. Caractère monolithique : *Le monolithisme d'une doctrine.*

monologue [mɔnɔlɔg] n. m. (*mono-* et gr. *logos,* discours). **1.** Discours de qqn qui parle seul : *Il avait oublié son auditoire et son exposé devint un monologue qui ne s'adressait qu'à lui-même* (syn. SOLILOQUE). *Monologue intérieur* (= suite de pensées non extériorisées, analogue à la rêverie). — **2.** Dans une pièce de théâtre, scène où un personnage est seul et se parle à lui-même.

monologuer [mɔnɔlɔge] v. i. Parler seul ou pour soi-même.

monomoteur [mɔnɔmɔtœr] adj. et n. m. Se dit d'un avion à un moteur.

monoparental, e, aux [mɔnɔparɑ̃tal] adj. D'un seul des deux parents; où il n'y a que le père ou la mère : *Autorité, famille monoparentales.*

monopole [mɔnɔpɔl] n. m. (de *mono-* et gr. *pôleîn,* vendre). **1.** Privilège exclusif, légal ou de fait, qu'une entreprise, un gouvernement ou un individu possède pour fabriquer et vendre un produit ou pour exploiter certains services : *L'État a le monopole des tabacs et des allumettes.* — **2.** Privilège exclusif et souvent arbitraire : *Elle n'a pas le monopole de la générosité* (syn. EXCLUSIVITÉ).

monopoliser [mɔnɔpɔlize] v. t. **1.** *Monopoliser un produit, un service,* le soumettre au régime du monopole. — **2.** *Monopoliser qqch,* l'accaparer pour son seul usage, s'en réserver le profit exclusif : *Un bavard qui monopolise la conversation. Il a monopolisé ce livre de la bibliothèque et personne ne peut s'en servir.*

monoski ou **mono** [mɔnɔ(ski)] n. m. Ski nautique sur un seul ski; le ski lui-même.

monosyllabe [mɔnɔsilab] n. m. Mot qui n'a qu'une syllabe : *« Seau, roi, vie » sont des monosyllabes.*

monosyllabique [mɔnɔsilabik] adj. Qui n'a qu'une syllabe.

monothéisme [mɔnɔteism] n. m. (*mono-* et gr. *theos,* dieu). Croyance en un Dieu unique (contr. POLYTHÉISME).

monothéiste [mɔnɔteist] adj. et n. Partisan du monothéisme.

monotone [mɔnɔtɔn] adj. (de *mono-* et gr. *tonos,* ton). Qui ennuie par la régularité, le peu de variété, l'uniformité, la répétition : *Un chant monotone* (syn. UNIFORME). *Le débit monotone d'un orateur* (contr. VARIÉ). *Un paysage monotone. Mener une existence monotone* (syn. PLAT, BANAL ; contr. DIVERTISSANT).

monotonie [mɔnɔtɔni] n. f. Caractère monotone de qqch : *La monotonie d'une voix* (syn. UNIFORMITÉ). *La monotonie des journées d'hiver* (syn. GRISAILLE ; contr. DIVERSITÉ). *Cet incident rompit la monotonie de sa vie* (syn. PLATITUDE, BANALITÉ ; contr. VARIÉTÉ).

monseigneur [mɔ̃sɛɲœr] n. m. Titre d'honneur donné à des évêques, des princes, etc. (abrév. Mgr).

monsieur [məsjø] n. m. (de *mon* et *sieur*) [pl. *messieurs*]. **1.** Titre donné à tout homme à qui on écrit, à qui on parle ou dont on parle (+ n. propre, titre, ou en apostrophe) : *Monsieur Durand. Messieurs, la séance est ouverte. Monsieur le Président.* (Abrév. *M.* [sing.] et *MM.* [pl.].) — **2.** Titre donné par un domestique au maître de la maison, ou par un commerçant, un garçon de café, etc., à son client : *Monsieur est sorti. Ces messieurs désirent déjeuner?* — **3.** Homme quelconque dont on ne connaît pas le nom : *Un monsieur très bien. Un vilain monsieur.* — **4.** *C'est un monsieur, un grand monsieur,* un homme de grande valeur intellectuelle ou morale.

1. monstre [mɔ̃str] n. m. (lat. *monstrum*). **1.** Être vivant présentant une importante malformation, une absence ou une position anormale des membres (méd.). — **2.** Être fantastique des mythologies, des légendes, généralement formé de parties d'êtres ou d'animaux différents : *Un centaure, monstre à moitié cheval, à moitié homme.* — **3.** Animal effrayant de grande taille : *Les monstres marins.* — **4.** Personne dont les sentiments inhumains, pervers, provoquent l'horreur : *Un monstre de cruauté, d'ingratitude. Tu es un monstre avec les autres.* — **5.** *Monstre sacré,* grande vedette du cinéma ou de la scène.

2. monstre [mɔ̃str] adj. *Fam.* D'une grandeur, d'une quantité extraordinaire : *Son intervention au congrès fit un effet monstre* (syn. PRODIGIEUX). *Une publicité monstre* (syn. FANTASTIQUE).

monstrueusement [mɔ̃stryøzmɑ̃] adv. De façon prodigieuse, extraordinaire : *Être monstrueusement laid.*

monstrueux, euse [mɔ̃stryø] adj. **1.** D'une conformation contre nature : *Un corps monstrueux* (syn. DIFFORME). — **2.** D'une grandeur, d'une force extraordinaire : *Un bruit monstrueux réveilla les habitants en pleine nuit* (syn. ÉNORME). — **3.** D'une cruauté, d'une perversion qui provoque l'horreur : *Commettre un crime monstrueux* (syn. ABOMINABLE, ↓ AFFREUX). *Des massacres monstrueux* (syn. EFFROYABLE, ÉPOUVANTABLE). *Une idée monstrueuse germa dans son esprit* (syn. HORRIBLE).

monstruosité [mɔ̃stryozite] n. f. Caractère monstrueux; ce qui est horrible : *La monstruosité du geste indigna l'opinion publique* (syn. ATROCITÉ, HORREUR).

mont [mɔ̃] n. m. (lat. *mons, montis*). **1.** Élévation de terrain variable, mais généralement importante (+ n. propre) : *Le mont Blanc. Les monts d'Auvergne.* (Litt. en emploi libre.) — **2.** *Par monts et par vaux,* de tous côtés : *La nouvelle s'est vite répandue par monts et par vaux. Elle est toujours par monts et par vaux* (= en voyage). ‖ *Promettre monts et merveilles,* faire des promesses extraordinaires, exagérées et trompeuses.

montage [mɔ̃taʒ] n. m. **1.** Action d'assembler les pièces d'un mécanisme, de mettre en état de fonctionner : *Le montage d'une tente, d'un moteur. Le montage des appareils de télévision à l'usine.* — **2.** Assemblage des diverses séquences d'un film en une bande définitive.

montagnard, e [mɔ̃taɲar] adj. et n. Qui habite les montagnes, qui y vit : *Populations montagnardes. Les montagnards de Savoie.*

montagne [mɔ̃taɲ] n. f. (lat. *mons, montis,* mont). **1.** Forme de relief caractérisée par son altitude relativement élevée et par un relief généralement accidenté : *Escalader une montagne* (syn. litt. MONT). *Caverne creusée dans la montagne* (syn. ↓ COLLINE). *Village construit au pied de la montagne, au flanc de la montagne. Sur le versant sud de la montagne.* — **2.** Région d'altitude élevée, avec des vallées encaissées (par oppos. à la *plaine,* la *vallée*) : *Une route de montagne. Les stations de montagne. Faire une excursion en montagne. Une école de haute montagne* (= où on enseigne l'alpinisme). — **3.** *Une montagne de qqch (pl.),* une grande quantité de : *Une montagne de livres.* ‖ *Se faire une montagne de qqch,* s'en exagérer l'importance, les dangers, les difficultés. — **4.** *Montagnes russes,* attraction foraine constituée d'une série de montées et de descentes rapides sur lesquelles on se laisse glisser dans un wagonnet.

montagneux, euse [mɔ̃taɲø] adj. Formé de montagnes, où il y a des montagnes : *Les régions montagneuses de l'Algérie.*

1. montant, e [mɔ̃tɑ̃] adj. Qui monte : *La marée montante* (contr. DESCENDANT). *Un chemin montant* (syn. ↑ ESCARPÉ). *Un col montant, une robe montante* (= qui cache la gorge, les épaules).

2. montant [mɔ̃tɑ̃] n. m. Pièce de bois, de métal posée verticalement, dans un ouvrage de menuiserie ou de serrurerie, pour servir de soutien : *Les montants d'une échelle* (= pièces dans lesquelles s'emboîtent les barreaux). *Les montants d'un lit.*

3. montant [mɔ̃tɑ̃] n. m. Total d'un compte : *Le montant d'une note d'hôtel. Le montant de l'impôt* (syn. CHIFFRE). *Le montant des dettes de l'État* (syn. SOMME).

mont-de-piété [mɔ̃dəpjete] n. m. (it. *monte di pietà,* crédit de pitié) [pl. *monts-de-piété*]. Établissement public qui prête de l'argent à intérêt, moyennant la mise en gage d'objets mobiliers.

monte [mɔ̃t] n. f. Manière de monter à cheval.

monte-charge [mɔ̃tʃarʒ] n. m. inv. Appareil servant à monter les fardeaux d'un étage à l'autre.

montée [mɔ̃te] n. f. **1.** Action de monter sur un lieu élevé : *La montée a été rude; reposons-nous* (syn. ASCENSION). *Elle a voulu faire la montée à pied* (syn. ESCALADE). — **2.** Action de croître en valeur, en grandeur : *La montée des prix* (syn. AUGMENTATION). *La montée de la température. La montée des eaux du fleuve* (syn. CRUE). — **3.** Pente plus ou moins raide, chemin par où l'on monte vers une éminence : *Une petite montée mène directement à la ferme* (syn. RAIDILLON).

monte-plats [mɔ̃tpla] n. m. inv. Monte-charge qui, dans un restaurant, monte les plats de la cuisine dans la salle à manger.

monter [mɔ̃te] v. i. (lat. *montare,* de *mons, montis,* mont).
— **I.** [auxil. *être*] (SUJET QQN) **1.** Se transporter en un lieu plus élevé : *Monter au sommet de la montagne* (syn. GRIMPER; contr. DESCENDRE DE). *Monter dans un arbre avec une échelle. Le député monte à la tribune;* (+ inf.) : *Les enfants sont montés se coucher.* — **2.** Se placer sur ou dans ce qui peut transporter : *Monter à cheval. Monter à bicyclette. Monter en voiture. Les passagers montent sur le bateau* (= embarquer). *Monter dans le train, dans un taxi, dans un avion* (syn. PRENDRE [*le train,* etc.]). *Monter à Paris* (= se déplacer de province vers Paris). — **3.** Progresser en passant d'un degré à un autre plus élevé : *Officier qui monte en grade. Monter au faîte des honneurs. Les générations qui montent* (= celles qui parviennent à l'âge adulte).
— **II.** [auxil. *être*] (SUJET QQCH) **1.** S'élever dans l'espace, venir d'un lieu moins élevé : *L'avion monte dans le ciel. Les flammes montent de l'immeuble en feu. Le brouillard monte de la vallée* (contr. DESCENDRE SUR). *La tour Eiffel monte à plus de trois cents mètres. Les bruits qui montent de la rue. Le sang lui monte au visage. Les larmes me sont montées aux yeux.* — **2.** Aller en pente d'un lieu moins élevé vers un autre : *La rue monte vers l'église. Le chemin monte* (syn. GRIMPER).
— **III.** [auxil. *avoir*] (SUJET QQCH) **1.** Devenir plus haut, accroître son niveau : *La banlieue se construit; de nouveaux immeubles montent chaque jour. La mer monte, on peut se baigner* (contr. DESCENDRE). *La rivière monte* (= est en crue). *Le fleuve a monté hier encore de quelques centimètres. Sa renommée monte dans le public. Sa température a encore monté.* — **2.** (sujet un prix, une valeur) Augmenter : *Les prix ont monté* (contr. DESCENDRE). *Les cours des actions n'ont cessé de monter* (contr. BAISSER). — **3.** S'élever à un certain total : *Les frais ont monté à plusieurs milliers de francs.* — **4.** Passer du grave à l'aigu : *La voix monte par tons et demi-tons.*
— **IV.** v. t. (auxil. *avoir*) **1.** Parcourir en s'élevant, en allant de bas en haut : *Monter les escaliers, les marches. Monter une côte* (syn. ESCALADER). — **2.** Transporter en un lieu plus élevé : *Monter une valise dans la chambre d'hôtel. La femme de chambre vous montera votre petit déjeuner.* — **3.** *Monter un cheval,* se placer dessus, l'utiliser comme monture : *Ce cheval n'a jamais été monté.* — **4.** *Monter la gamme,* aller du grave à l'aigu (contr. DESCENDRE). || *Monter la garde,* être de service à un poste de garde, exercer une surveillance attentive.
— **V. 1.** Mettre un objet en état de fonctionner; en assembler les parties de façon à le faire servir : *Monter une ligne pour pêcher. Monter une tente. Monter un diamant sur une bague* (syn. ENCHÂSSER). — **2.** Entreprendre, constituer en organisant : *Monter une affaire, une usine. Monter une pièce de théâtre* (= la préparer pour qu'elle soit représentée). *Monter un coup, une farce, un complot, un canular* (syn. COMBINER, ORGANISER). *C'est un coup monté* (= préparé à l'avance et en secret). — **3.** Fournir de ce qui est nécessaire (souvent pass.) : *Monter son ménage. Monter sa maison. Elle est bien montée en chaussures. Les nouvelles rames de métro sont montées sur pneus* (syn. ÉQUIPER).
— **VI. 1.** *Monter la tête à qqn,* provoquer chez lui une exaltation par des espérances trompeuses : *On lui a monté la tête, il ne gagnera pas tant.* || *Monter qqn contre qqn,* l'exciter contre un autre. — **2.** *Être monté,* être en colère : *Il est très monté contre toi.* ◆ ***se monter*** v. pr. **1.** (sujet qqch) *Se monter à,* s'élever à un total de : *Les réparations se montent à plus de mille francs.* — **2.** (sujet qqn) Se pourvoir de ce qui est nécessaire. — **3.** *Se monter la tête,* s'exalter, se faire des idées, des illusions.

monteur, euse [mɔ̃tœr] n. Spécialiste du montage.

montgolfière [mɔ̃gɔlfjɛr] n. f. (du n. des frères *Montgolfier*). Aérostat dont la sustentation est assurée par de l'air chaud.

monticule [mɔ̃tikyl] n. m. Petite bosse de terrain, amas de matériaux, de pierres, etc. : *Des monticules se profilaient à l'horizon* (syn. BUTTE). *Un monticule de pierres s'élevait au milieu du jardin* (syn. TAS).

montrable [mɔ̃trabl] adj. Qui peut être montré : *Tu n'es pas montrable dans cette tenue!* (syn. PRÉSENTABLE).

1. montre [mɔ̃tr] n. f. (de *montrer*). **1.** Petit instrument qui indique l'heure et qu'on porte sur soi. — **2.** *Course contre la montre,* épreuve cycliste où chaque coureur part seul, et où le classement se fait selon le temps mis pour parcourir une distance fixée; affaire qui doit être menée à bien en un temps court, fixé à l'avance. || *Montre en main,* de façon précise, en vérifiant sur une montre.

2. montre [mɔ̃tr] n. f. *Faire montre de qqch,* manifester, prouver aux autres : *Faire montre de courage* (syn. FAIRE PREUVE). *Faire montre d'un talent exceptionnel* (syn. MONTRER).

montre-bracelet [mɔ̃trəbraslɛ] n. f. (pl. *montres-bracelets*). Montre qui se fixe au poignet.

montrer [mɔ̃tre] v. t. (lat. *monstrare*). **1.** *Montrer qqch,* le faire ou laisser voir en mettant devant les yeux : *Montrer sa carte d'identité* (syn. EXHIBER). *Le vendeur montre au client plusieurs paires de chaussures* (syn. PRÉSENTER). *Je lui ai montré la lettre. Montrer ses bijoux* (syn. ARBORER). *Montrer ses jambes* (syn. DÉCOUVRIR; contr. CACHER). *Le film montre les diverses péripéties du combat.* — **2.** *Montrer qqch, qqn,* les faire voir par un geste, un signe; donner une indication : *Montrer le chemin à un étranger* (syn. INDIQUER). *Elle me montra une ville sur la carte* (syn. DÉSIGNER). *Le panneau montre la direction de la sortie.* — **3.** *Montrer qqch,* le faire paraître : *Les nouvelles reçues nous montrent un pays en proie à l'anarchie* (syn. DÉCRIRE). *Ce livre montre la vie sous un jour très sombre* (syn. DÉPEINDRE). *Elle a montré un courage exceptionnel* (syn. RÉVÉLER). *Montrer un zèle intempestif* (syn. MANIFESTER, TÉMOIGNER). *Montrer ses intentions. Montrer son amitié* (syn. MARQUER). — **4.** *Montrer qqch (à qqn),* le lui faire constater : *Montrer sa science. Montrer ses fautes à un élève* (syn. SIGNALER). *Cela montre jusqu'à quel point elle est minutieuse* (syn. DÉMONTRER, PROUVER). — **5.** *Montrer qqch* ou *à* (+ *inf.*) [*à qqn*], le lui apprendre : *L'avenir montrera qui a raison* (syn. ENSEIGNER). *Montrer le fonctionnement d'un appareil. Montrer l'exemple* (= donner le modèle à suivre). *Montrer à un enfant à écrire.* ◆ ***se montrer*** v. pr. **1.** Apparaître à la vue : *Elle se montre toujours en ta compagnie. Le soleil se montre à l'horizon* (syn. PARAÎTRE, SURGIR). — **2.** *Se montrer* (+ *attribut, adv.,* etc.), apparaître comme tel aux yeux d'autrui (sujet qqn), se révéler (sujet qqch) : *Il se montre intransigeant. Elle se montre à la hauteur de la situation. Les mesures se montrent efficaces* (syn. S'AVÉRER).

montreur, euse [mɔ̃trœr] n. Personne qui présente un spectacle, une attraction : *Un montreur de marionnettes.*

1. monture [mɔ̃tyr] n. f. Bête sur laquelle on monte : *Le cavalier enfourche sa monture.*

2. monture [mɔ̃tyr] n. f. Armature, garniture d'un objet, d'un outil, d'un appareil, qui en maintient les diverses parties et permet de l'utiliser facilement : *La monture d'une scie. La monture des lunettes* (syn. GARNITURE). *La pierre est sertie dans une monture de platine.*

monument [mɔnymɑ̃] n. m. (lat. *monumentum*). **1.** Ouvrage d'architecture ou de sculpture, remarquable par son intérêt esthétique, historique, religieux, ou par sa masse : *Un monument aux morts de la guerre. Visitez les principaux monuments de la ville : la cathédrale, l'hôtel de ville, le musée* (syn. ÉDIFICE). *Le monument le plus ancien est ici l'amphithéâtre romain* (syn. CONSTRUCTION). — **2.** *Monument funéraire*, ouvrage élevé sur la sépulture de qqn. — **3.** Œuvre dont l'importance et les dimensions sont considérables : *Le dictionnaire de Littré et le Larousse du XIXe s. sont des monuments de la lexicographie française.* — **4.** Fam. *Être un monument de bêtise*, être très bête.

monumental, e, aux [mɔnymɑ̃tal] adj. **1.** Qui a les proportions d'un monument, qui en a la masse, la grandeur : *Une statue monumentale* (syn. ↑ COLOSSAL). *Les fontaines monumentales de Rome* (syn. MAJESTUEUX). *Les sculptures monumentales de la façade du palais* (syn. GIGANTESQUE). — **2.** De caractère démesuré, de proportions énormes : *Commettre une erreur monumentale* (syn. COLOSSAL). *Une thèse monumentale. Être d'une stupidité monumentale* (syn. PRODIGIEUX).

moquer (se) [mɔke] v. pr. (d'une onomat.). **1.** *Se moquer de qqn (de son attitude)*, en faire un objet d'amusement, de plaisanterie, le tourner en ridicule : *Elle se moquait de son lourdaud de voisin* (syn. SE DIVERTIR DE, RAILLER). *On se moquait de ses continuelles gaffes* (syn. PLAISANTER SUR; soutenu DAUBER SUR). *Ne vous moquez pas de lui : il est très vaniteux* (syn. RIRE DE; fam. BLAGUER). — **2.** *Se moquer de qqch, de qqn*, ne pas en tenir compte, ne pas y faire attention : *Elle se moque de tous les conseils qu'on peut lui donner* (syn. MÉPRISER, NÉGLIGER). *Je me moque pas mal de ce qu'on peut dire* (fam.; syn. SE DÉSINTÉRESSER DE; fam. S'EN FICHER). *Il se moque de commettre une injustice si cela lui est profitable. Le contrebandier se moquait bien des gendarmes.* — **3.** *Tu te moques de moi (des gens, du monde)*, tu me prends (tu prends les gens, etc.), pour un sot, tu exagères : *Vous vous moquez des gens en leur racontant de pareilles balivernes.*

moquerie [mɔkri] n. f. Action, geste, parole par lesquels on s'amuse aux dépens de qqn : *Être en butte aux moqueries de ses proches* (syn. RAILLERIE, QUOLIBET, PLAISANTERIE).

moquette [mɔkɛt] n. f. (orig. incert.). Étoffe épaisse dont on recouvre uniformément le sol d'un appartement.

moqueur, euse [mɔkœr] adj. Qui a l'habitude de se moquer, ou inspiré par le désir de railler : *L'enfant était très moqueur* (syn. FACÉTIEUX). *Regarder d'un air moqueur* (syn. IRONIQUE, NARQUOIS).

moraine [mɔrɛn] n. f. (savoyard *morêna*). Débris arrachés à la montagne et entraînés par le glacier.

1. moral, e, aux [mɔral] adj. (du lat. *mores*, mœurs). **1.** Qui concerne les règles de conduite en usage dans une société déterminée : *Les valeurs morales se modifient au cours de l'histoire. Les principes moraux. Porter un jugement moral. La conscience morale.* — **2.** Conforme à ces manières de se conduire; considéré comme bien par une société : *Avoir le sens moral* (= discerner le bien et le mal). *Ce film n'est guère moral. L'obligation morale de secourir les pauvres. Mener une vie morale* (= conforme aux habitudes sociales). — **3.** Relatif à l'esprit; intellectuel (par oppos. à *matériel*) : *La misère morale. Trouver la force morale de faire face aux difficultés. Le courage moral* (contr. PHYSIQUE).

2. moral [mɔral] n. m. **1.** Ensemble des phénomènes relatifs au caractère, à la pensée : *Au moral, c'est une personne d'une parfaite loyauté.* — **2.** État d'esprit de la personne considérée dans sa volonté plus ou moins grande de faire face au danger, à la fatigue, etc. : *Le moral des troupes est très bas* (syn. COMBATIVITÉ). *Avoir un moral élevé. Après son échec, son moral est atteint.*

3. morale [mɔral] n. f. **1.** Ensemble des règles de conduite considérées comme impératives et érigées souvent en doctrine : *La morale chrétienne. Un traité de morale. La morale de notre époque* (syn. LES MŒURS). — **2.** Précepte qui découle d'une histoire; conclusion qu'on peut tirer d'un événement : *La morale d'une fable. La morale de cette histoire est que nous ne prenons jamais assez de précautions* (syn. MORALITÉ). — **3.** *Faire la morale à qqn*, le réprimander en invoquant des considérations morales.

moralement [mɔralmɑ̃] adv. **1.** Du point de vue des règles de conduite, des habitudes de la société, de la justice : *Attitude moralement estimable.* — **2.** Du point de vue de l'esprit, de la pensée : *Je suis moralement sûr de ce que j'avance* (= selon une appréciation fondée sur l'opinion, le sentiment).

moralisant, e [mɔralizɑ̃] adj. Qui moralise.

moralisateur, trice [mɔralizatœr] adj. et n. Qui cherche à élever les sentiments, le sens moral, selon la morale d'une époque; qui fait la morale (souvent péjor.) : *Un roman moralisateur* (syn. ÉDIFIANT).

moraliser [mɔralize] v. t. *Moraliser qqch*, le rendre plus conforme aux règles morales : *S'efforcer de moraliser la vie politique.*

moraliste [mɔralist] n. Écrivain qui décrit les mœurs d'une époque et développe, à partir de là, ses réflexions sur la nature humaine : *Pascal, Vauvenargues, La Bruyère sont des moralistes.*

moralité [mɔralite] n. f. **1.** Attitude, conduite de qqn jugée dans sa conformité aux préceptes de la morale : *Une personne d'une moralité irréprochable.* — **2.** Conclusion morale tirée d'un texte : *La moralité d'une fable* (syn. ENSEIGNEMENT).

moratoire [mɔratwar] n. m. (lat. *moratorium*, ajournement). Suspension légale de certaines obligations (loyers, paiement de dettes, etc.) pendant un temps déterminé.

morbide [mɔrbid] adj. (lat. *morbidus*, de *morbus*, maladie). **1.** *État morbide*, maladif. — **2.** Qui a un caractère anormal, malsain; qui dénote un déséquilibre maladif : *Une imagination morbide, qui se complaît dans l'horreur. Une littérature morbide.*

morbidité [mɔrbidite] n. f. État, caractère morbide.

morceau [mɔrso] n. m. (anc. fr. *mors*; du lat. *morsus*, morsure). **1.** Partie d'un corps, d'une substance, d'un aliment, etc., séparée d'un tout; fragment d'un corps solide : *Manger un morceau de pain* (syn. BOUT). *Couper un morceau de jambon* (syn. TRANCHE). *Mettez dans le café deux morceaux de sucre. Acheter un morceau d'étoffe* (syn. PIÈCE, COUPON). *Un morceau de savon.*

Mettre en morceaux (= briser). *Réduire en mille morceaux* (= en miettes). *Les bas morceaux du bœuf* (par oppos. aux *morceaux de choix*). — **2.** Fragment d'une œuvre écrite : *Un recueil de morceaux choisis.* — **3.** Partie d'une œuvre musicale ou œuvre musicale formant un tout : *Le dernier morceau d'un concert.* — **4.** Fam. *Manger un morceau,* faire un petit repas, un repas rapide. ‖ Fam. *Manger, lâcher le morceau,* faire des aveux complets, parler.

morceler [mɔrsəle] v. t. (c. **6**) *Morceler qqch,* le diviser en parties, le partager en petits morceaux : *La propriété a été morcelée à la mort des parents* (syn. DÉMEMBRER ; contr. REGROUPER). *Ne produire que des efforts morcelés* (syn. FRAGMENTER ; contr. CONCENTRER).

morcellement [mɔrsɛlmɑ̃] n. m. Action de morceler ; fait d'être morcelé : *Le morcellement des terres* (contr. REMEMBREMENT). *Le morcellement politique de l'Afrique* (syn. DIVISION).

1. mordant, e [mɔrdɑ̃] adj. **1.** Qui critique, qui raille avec dureté, avec l'intention de blesser : *Une ironie mordante* (syn. INCISIF). *Répondre par un article mordant à des insinuations malveillantes* (syn. CAUSTIQUE). *Un écrivain mordant* (syn. SATIRIQUE). — **2.** *Voix mordante,* dont le timbre est dur, pénétrant.

2. mordant [mɔrdɑ̃] n. m. Énergie, dynamisme, vivacité dans l'action : *L'équipe attaque avec mordant ses adversaires* (syn. ↑FOUGUE). *La troupe a du mordant.*

mordicus [mɔrdikys] adv. (mot lat. signif. *en mordant*). Fam. *Soutenir, affirmer mordicus qqch,* le soutenir avec opiniâtreté, obstination.

mordillement [mɔrdijmɑ̃] n. m. Action de mordiller.

mordiller [mɔrdije] v. t. et i. Mordre légèrement et à plusieurs reprises : *Le jeune chien mordillait la balle en jouant.*

mordoré, e [mɔrdɔre] adj. (de *More* et *doré,* doré comme un More). *Litt.* D'un brun chaud, à reflets dorés : *De la soie mordorée.*

mordre [mɔrdr] v. t. et t. ind. (lat. *mordere*) [c. **52**]. **1.** (sujet qqn, un animal) *Mordre qqn, qqch, mordre dans qqch,* serrer, saisir fortement avec les dents, en entamant, en blessant, etc. : *Le chat m'a mordu la main. Mordre dans une tranche de pain. Quand elle réfléchit, elle mord son crayon. La vipère me mordit à la jambe* (syn. PIQUER) ; et, sans compl., attaquer avec les dents : *Ce chien aboie, mais ne mord pas.* — **2.** (sujet qqch) *Mordre qqch, dans qqch,* pénétrer dans qqch : *La lime mord le métal* (syn. ATTAQUER, RONGER). *La vis mord dans le bois ;* et, sans compl., s'accrocher, trouver prise : *L'ancre n'a pas mordu.* — **3.** *Mordre qqch, sur qqch,* pénétrer en brûlant, en rongeant, etc. : *Le froid sec mord au visage. L'acide mord le métal.* — **4.** *Mordre qqch, sur qqch,* aller au-delà de la limite fixée, empiéter sur qqch : *Le départ doit être redonné, un des concurrents a mordu sur la ligne. La balle a mordu légèrement la ligne.* — **5.** Fam. *Mordre à qqch,* le comprendre, manifester des aptitudes pour l'apprendre : *L'élève commence à mordre aux mathématiques.* — **6.** *Poisson qui mord à l'appât,* qui s'en saisit, qui s'y laisse prendre ; et, sans compl., venir à l'appât, en parlant du poisson : *Ça mord !* — **7.** Fam. *Ça ne mord pas,* la ruse ne réussit pas (syn. fam. ÇA NE PREND PAS). ◆ ***se mordre*** v. pr. *Se mordre les doigts de qqch,* s'en repentir amèrement. ‖ *Se mordre la langue,* regretter d'avoir dit qqch.

mordu, e [mɔrdy] adj. et n. *Fam.* Qui a une vive passion pour qqch ou qqn : *Un mordu du jazz* (syn. FOU, FANATIQUE).

morfondre (se) [mɔrfɔ̃dr] v. pr. (prov. *mourre,* museau, et *fondre,* s'enrhumer) [c. **51**] S'ennuyer, s'attrister à attendre longuement : *Elle reste à se morfondre dans sa chambre* (syn. ↑SE DÉSESPÉRER). ◆ ***être morfondu*** v. pass. *Litt.* Être atterré par une blessure cruelle d'amour-propre.

1. morgue [mɔrg] n. f. (du bas lat. *murricare,* faire la moue). Attitude hautaine et méprisante ; sentiment affecté et exagéré de sa dignité : *Un être plein de morgue* (syn. ARROGANCE, SUFFISANCE).

2. morgue [mɔrg] n. f. (de *morgue* 1). Lieu où on met les cadavres des personnes décédées sur la voie publique, dont on ignore l'identité, etc.

moribond, e [mɔribɔ̃] adj. et n. (du lat. *mori,* mourir). Près de mourir, de disparaître : *Un blessé moribond gisait sur le bord de la route* (syn. AGONISANT, MOURANT). *Industrie moribonde.*

moricaud, e [mɔriko] adj. et n. (de *More*). *Fam.* Qui a la peau très brune : *Une petite moricaude aux cheveux noirs.*

morigéner [mɔriʒene] v. t. (du bas lat. *morigenatus,* bien élevé) [c. **10**] Litt. *Morigéner un subordonné, un enfant,* etc., les réprimander (syn. TANCER, ↓GRONDER).

morille [mɔrij] n. f. (du lat. *maurus,* brun foncé). Champignon des bois, à chapeau jaune-brun creusé d'alvéoles.

morne [mɔrn] adj. (du frq. *mornan,* être triste). **1.** Accablé par la tristesse, le désespoir : *Rester morne et silencieux devant un désastre* (syn. ABATTU, SOMBRE). *Jeter un regard morne* (syn. TRISTE). — **2.** (parfois avant le n.) Qui porte à la tristesse par son aspect sombre : *Une morne soirée. Une ville de province morne et grise. Conversation morne* (= sans intérêt). *Style morne* (syn. PLAT). *Vie morne* (= sans éclat ni originalité). *Journée morne* (syn. TERNE).

morose [moroz] adj. (lat. *morosus,* sévère). D'humeur maussade, triste : *Vieillard morose* (syn. GROGNON). *Air morose* (syn. SOMBRE, MORNE).

morosité [mɔrɔzite] n. f. Caractère morose.

morphème [mɔrfɛm] n. m. (gr. *morphê,* forme). Plus petit élément doué de sens dans un énoncé ou un mot (ling.) : *Le mot « inlassable » comprend un morphème lexical (lass-) et deux morphèmes grammaticaux (in-, -able).*

morphine [mɔrfin] n. f. (de *Morphée,* dieu du Sommeil). Produit tiré de l'opium et doué de propriétés soporifiques et calmantes.

morphinomane [mɔrfinɔman] adj. et n. Qui s'intoxique à la morphine.

morphologie [mɔrfɔlɔʒi] n. f. (gr. *morphê,* forme, et *logos,* science). **1.** Étude de la forme des mots. — **2.** Étude des formes et des structures du relief (en géographie) ou de celles des êtres vivants (en sciences naturelles et en anatomie) ; ces formes et ces structures elles-mêmes : *La morphologie du relief terrestre et de son évolution a reçu le nom de géomorphologie. La morphologie d'un organe.* — **3.** Forme structurée : *Morphologie d'un relief, d'un tissu.*

morphologique [mɔrfɔlɔʒik] adj. Relatif à la morphologie : *Le nom est défini, sur le plan morphologique, par ses marques de genre et de nombre.*

mors [mɔr] n. m. (du lat. *mordere,* mordre). **1.** Barre métallique passée dans la bouche du cheval et maintenue par la bride. — **2.** *Prendre le mors aux dents,* se jeter dans l'action avec une ardeur soudaine et vive.

1. morse [mɔrs] n. m. (du n. de l'inventeur). Système de transmission télégraphique utilisant un code conventionnel fait de traits et de points.

2. morse [mɔrs] n. m. (finnois *mursu*). Mammifère marin des régions arctiques, dont le mâle porte d'énormes canines supérieures.

morsure [mɔrsyr] n. f. (de *mors*). Plaie faite en mordant.

1. mort, e [mɔr] adj. (lat. *mortuus*). **1.** Qui a cessé de vivre : *Enterrer un cheval mort. Le jardinier ramasse les feuilles mortes.* — **2.** Qui a cessé d'être actuel, utilisable, efficace : *Le latin est une langue morte* (contr. VIVANT). *Le passé est bien mort pour moi. Un amour mort. Les pneus sont morts* (syn. USÉ). *Une balle morte* (= qui n'a plus de force de pénétration). — **3.** Qui manque de vie, d'animation : *À cette époque, la ville est morte. Une eau morte* (syn. STAGNANT). — **4.** Qui éprouve une sensation ou un sentiment violents : *Être mort de froid, de chaleur, de soif. J'étais morte de peur.* — **5.** *Plus mort que vif,* paralysé par la peur.

2. mort [mɔr] n. **1.** Personne qui a cessé de vivre : *Deux morts et trois blessés dans un accident de la circulation. Monument aux morts de la guerre. La messe des morts* (syn. DÉFUNT). — **2.** *Faire le mort,* rester immobile en contrefaisant une personne morte; ne donner aucun signe de vie, ne manifester aucune activité; au bridge, être celui des quatre joueurs qui étale son jeu.

3. mort [mɔr] n. f. (lat. *mors, mortis*). **1.** Cessation de la vie; terme de la vie : *Mort accidentelle, subite. Mourir de sa belle mort* (= de mort naturelle). *Nous avons appris sa mort il y a quelques jours* (syn. DÉCÈS). *Échapper à la mort. Être en péril, en danger de mort. Le chien hurle à la mort* (= d'une manière sinistre, comme après la mort de qqn). *Être entre la vie et la mort* (= en danger de mourir). *J'ai hérité d'une grosse fortune à la mort de mon oncle. Proférer des menaces de mort.* — **2.** Arrêt total de l'activité : *Sans des mesures de soutien, c'est la mort de cette industrie* (syn. FIN). — **3.** *À mort,* d'une manière qui entraîne la mort : *Frapper à mort. Un combat à mort.* ‖ *Amis à la vie et à la mort,* pour toujours. ‖ *En vouloir à mort à qqn,* le détester jusqu'à souhaiter sa mort. ‖ *Être brouillés à mort,* être animés l'un contre l'autre d'une haine mortelle. ‖ *La mort dans l'âme,* à regret. ‖ *Mort à (qqn)!, À mort!,* interj. par lesquelles on menace de mort. ‖ *Silence de mort,* absolu, total.

mortadelle [mɔrtadɛl] n. f. (it. *mortadella*). Gros saucisson d'Italie, fait de porc et de bœuf.

mortaise [mɔrtɛz] n. f. (de l'ar. *murtazza,* fixé). Entaille faite dans une pièce pour recevoir le tenon d'une autre pièce qui doit s'ajuster avec elle.

mortalité [mɔrtalite] n. f. Rapport entre le nombre de décès survenus au cours d'un temps donné et celui de la population, dans un lieu déterminé : *Diminution de la mortalité infantile.*

mort-aux-rats [mɔrora] n. f. inv. Préparation empoisonnée destinée à détruire les rats.

morte-eau [mɔrto] n. f. (pl. *mortes-eaux*). Faible marée qui se produit entre la nouvelle lune et la pleine lune.

mortel, elle [mɔrtɛl] adj. (avant ou, plus souvent, après le n.) **1.** Qui cause la mort, qui entraîne la mort : *Courir un danger mortel. Une blessure mortelle. Un poison mortel. Donner un coup mortel.* — **2.** *Ennemi mortel,* qu'on hait profondément. ‖ *Pâleur mortelle,* qui ressemble à celle de la mort. — **3.** Qui provoque de la souffrance, de la peine, de l'ennui : *Il fait une chaleur mortelle* (= très grande). *Un silence mortel* (syn. SINISTRE). *Une frayeur mortelle. Nous avons passé une soirée mortelle* (syn. ↓ENNUYEUX). *Faire un long discours pendant deux mortelles heures* (syn. LUGUBRE). *Il est mortel avec son pédantisme prétentieux* (fam.; syn. PÉNIBLE). ◆ adj. et n. *Litt.* Sujet à la mort : *Tous les hommes sont mortels. Voici un heureux mortel* (= homme heureux de vivre).

mortellement [mɔrtɛlmɑ̃] adv. De façon mortelle : *Être blessé mortellement* (syn. À MORT). *Être mortellement jaloux. Il est mortellement ennuyeux* (syn. EXTRÊMEMENT, TERRIBLEMENT).

morte-saison [mɔrtəsɛzɔ̃] n. f. Temps pendant lequel, dans certaines professions, on a moins de travail qu'à l'ordinaire : *Les mortes-saisons de l'hôtellerie.*

mortier [mɔrtje] n. m. (lat. *mortarium,* auge de maçon). **1.** Mélange de sable et de chaux ou de ciment, délayé dans l'eau, qui durcit à l'air et sert à lier les pierres, les briques d'une construction. — **2.** Récipient en matière dure, servant à broyer des couleurs, des drogues, etc. — **3.** Canon à tir courbe, servant à lancer des bombes *(obus de mortier).*

mortifiant, e [mɔrtifjɑ̃] adj. Qui mortifie, humilie : *Il est mortifiant de se voir préférer quelqu'un que l'on croit moins intelligent* (syn. BLESSANT, ↑INJURIEUX).

mortification [mɔrtifikasjɔ̃] n. f. **1.** Action de mortifier; fait d'être mortifié, humilié : *Subir des mortifications* (syn. VEXATION, CAMOUFLET). *Cet échec fut pour elle une très dure mortification* (syn. HUMILIATION). — **2.** Mort d'un tissu organique (syn. NÉCROSE). — **3.** Traitement pénible que qqn inflige à son corps dans une intention religieuse.

mortifier [mɔrtifje] v. t. (lat. *mors, mortis,* mort, et *facere,* faire). *Mortifier qqn,* le blesser en l'humiliant, en froissant son amour-propre : *Cet échec l'a mortifié* (syn. VEXER).

mort-né, e [mɔrne] adj. et n. **1.** Se dit d'un enfant mort en venant au monde. — **2.** Qui échoue dès le début : *Projets mort-nés.*

mortuaire [mɔrtyɛr] adj. Relatif au mort, à la cérémonie des funérailles : *Le drap mortuaire* (= linceul). *La cérémonie mortuaire.*

morue [mɔry] n. f. (celtique *mor,* mer, et anc. fr. *luz,* brochet). Gros poisson vivant dans les mers arctiques, consommé frais *(cabillaud)* ou salé, et dont le foie fournit une huile utilisée comme fortifiant *(huile de foie de morue).*

morutier [mɔrytje] n. m. Navire ou homme qui fait la pêche à la morue.

morve [mɔrv] n. f. (frq. *worm,* gourme). Sécrétion visqueuse qui coule des narines.

morveux, euse [mɔrvø] adj. et n. Qui a la morve au nez : *Un enfant morveux et sale.* ◆ n. *Fam.* Jeune prétentieux.

mosaïque [mɔzaik] n. f. (it. *mosaico*). **1.** Assemblage de petits cubes ou fragments multicolores en pierre, en verre, etc., formant un motif décoratif et incrustés dans du ciment : *Le revêtement en mosaïque d'une salle de bains.* — **2.** Ensemble formé d'éléments nombreux et disparates : *Une mosaïque de populations diverses.*

mosquée [mɔske] n. f. (ar. *masdjid,* lieu où l'on adore). Temple consacré au culte musulman.

mot [mo] n. m. (bas lat. *muttum,* grognement). **1.** Ensemble de sons ou de lettres formant une unité autonome susceptible d'être utilisée dans les diverses combinaisons des énoncés : *La phrase «le chat est un animal domestique» comprend six mots. Le mot «léger» est un adjectif. Un mot d'emprunt* (syn. TERME). *Le sens d'un mot. Un néologisme est un mot nouveau* (syn. VOCABLE). *Elle cherche ses mots* (= elle hésite en parlant). *Un mot à double sens* (syn. ÉQUIVOQUE). *«Chou-fleur» est un mot composé* (= formé de plusieurs mots). — **2.** Énoncé, ensemble de paroles, de termes constituant un message court : *Glisser un mot à quelqu'un. Je n'ai qu'un mot à dire pour régler l'affaire. Envoyer un mot à une amie. Sur ces mots, à ces mots, elle s'en alla* (= aussitôt après avoir dit cela). *Je m'en vais lui dire deux mots* (formule de menace; = lui faire des reproches). *Il ne dit pas un mot, il ne dit mot* (= il reste silencieux). *C'est mon dernier mot* (= c'est ma dernière proposition). *Pas un mot sur ce que vous avez entendu. Je n'ai pas peur des mots :*

c'est un imbécile! Échanger des mots violents (syn. PAROLE). *Elle aime placer des bons mots, faire des mots* (= des remarques spirituelles). — **3.** *Au bas mot,* en évaluant au plus bas : *Cet appartement vaut au bas mot cinq cent mille francs.* ‖ *Avoir le dernier mot,* l'emporter dans une discussion. ‖ *Avoir son mot à dire,* être autorisé à donner son avis. ‖ *Bon mot, mot d'esprit,* plaisanterie. ‖ *Le dernier mot de la bêtise, de la sagesse,* etc., *humaine,* ce qu'il y a de plus parfait, de plus achevé en ce domaine. ‖ *En un mot,* bref, pour résumer. ‖ *En un mot comme en cent,* pour dire les choses en une seule expression. ‖ *Le fin mot de l'histoire,* ce qui explique complètement qqch ou qui en est la cause profonde. ‖ *Grand mot,* terme emphatique, dont la valeur est disproportionnée avec ce qu'on doit dire : *Parler de trahison est un bien grand mot en cette circonstance.* ‖ *Gros mot,* mot grossier, parole injurieuse. ‖ *Le mot de la fin,* mot spirituel ou profond qui termine une discussion, une querelle. ‖ *Mot à mot, mot pour mot,* sans rien changer : *Répéter mot à mot une conversation* (syn. TEXTUELLEMENT). ‖ *Ne pas avoir dit son dernier mot,* ne pas avoir encore montré tout ce dont on est capable. ‖ *Se donner le mot,* se mettre d'accord, convenir à l'avance de ce qu'il faut dire, de ce qu'il faut faire. ‖ *Traduction mot à mot,* qui consiste à rendre un mot par un mot d'une autre langue, sans envisager l'ensemble de la phrase ou le sens total de l'énoncé. ‖ *Trancher le mot,* parler avec une brutale netteté, sans ménagement.

mot-à-mot [motamo] n. m. Traduction mot après mot, très proche du texte original.

motard [mɔtar] n. m. Motocycliste, et en partic., gendarme qui exerce son service en moto.

motel [mɔtɛl] n. m. (mot amér.). Hôtel spécialement aménagé pour accueillir des automobilistes.

1. moteur, trice [mɔtœr] adj. (du lat. *motor,* de *motus,* mû). Qui produit un mouvement ou qui le transmet : *Les muscles moteurs. Nerfs moteurs. La force motrice. Les roues motrices sont à l'avant.*

2. moteur [mɔtœr] n. m. **1.** Appareil servant à transformer en énergie mécanique d'autres formes d'énergie : *Un moteur à essence, à réaction. Un moteur électrique.* — **2.** Ce qui pousse à agir, qui donne l'élan : *Elle est le véritable moteur de l'entreprise* (syn. INSTIGATEUR, ÂME). *L'exportation est le moteur de l'économie.*

motif [mɔtif] n. m. (du bas lat. *motivus,* mobile). **1.** Raison d'ordre psychologique qui pousse à agir de telle ou telle façon, à faire qqch : *Quels sont les motifs de sa conduite?* (syn. MOBILE). *Je cherche vainement les motifs réels de sa démarche* (syn. INTENTION). *Sa colère est sans motif* (syn. SUJET). *L'exposé des motifs d'une loi* (= de ce qui a motivé son dépôt). — **2.** Sujet d'une peinture; ornement d'une architecture, le plus souvent répété : *Un motif décoratif. Le motif très simple d'un papier peint.* — **3.** Dessin musical qui est développé au cours d'une œuvre. (→ LEITMOTIV.)

motion [mosjɔ̃] n. f. (lat. *motio,* mise en mouvement). Proposition faite dans une assemblée par un ou plusieurs membres : *Rédiger une motion de protestation.*

motivant, e [mɔtivɑ̃] adj. Qui motive, pousse à agir : *Un travail motivant qui incite à l'effort, au renouvellement.*

motivation [mɔtivasjɔ̃] n. f. Ensemble des motifs qui expliquent un acte, une conduite, surtout en psychologie.

motiver [mɔtive] v. t. **1.** (sujet qqn, qqch) *Motiver qqch (action, attitude),* le justifier : *Elle motive son refus par l'insuffisance de ses moyens* (syn. FONDER). *Leurs revendications sont motivées.* — **2.** (sujet qqch) *Motiver qqch,* servir de motif à qqch : *Son attitude est motivée par la méfiance* (syn. EXPLIQUER, DICTER). *Les troubles ont motivé l'intervention de l'O. N. U.* (syn. ↑NÉCESSITER). — **3.** (sujet qqch, qqn) *Motiver qqn,* être un motif suffisant pour qu'il agisse : *Seule la perspective d'un avancement pourra la motiver pour travailler.*

moto ou (vieilli) **motocyclette** [mɔtɔ(siklɛt)] n. f. Véhicule à deux roues, actionné par un moteur de plus de 125 cm³ : *Monter sur une moto. Aller à, en moto.*

moto-cross [mɔtɔkrɔs] n. m. inv. Course à moto sur un terrain très accidenté.

motoculteur [mɔtɔkyltœr] n. m. Appareil agricole léger, utilisé pour des labours superficiels ou en terrain impraticable aux tracteurs.

motoculture [mɔtɔkyltyr] n. f. Culture pratiquée à l'aide d'engins mécaniques.

motocyclisme [mɔtɔsiklism] n. m. Sport de la moto.

motocycliste [mɔtɔsiklist] n. Personne qui conduit une moto.

motopompe [mɔtɔpɔ̃p] n. f. Pompe actionnée par un moteur.

motorisation [mɔtɔrizasjɔ̃] n. f. Action de motoriser.

motoriser [mɔtɔrize] v. t. (de *moteur* 2). **1.** Pourvoir d'instruments ou de véhicules à moteur (surtout pass.) : *Motoriser une division d'infanterie* (= la doter de moyens de transport automobiles). *L'agriculture est fortement motorisée.* — **2.** (sujet qqn) *Être motorisé,* avoir une voiture pour se déplacer.

motrice [mɔtris] n. f. Voiture qui, dans un convoi ferroviaire, est munie d'un moteur électrique ou à explosion, et qui entraîne le convoi.

motricité [mɔtrisite] n. f. Fonction assurée par le squelette, les muscles et le système nerveux, permettant les mouvements et le déplacement.

mots croisés [mokrwaze] n. m. pl. Jeu consistant à trouver, d'après leurs définitions, des mots qui doivent entrer dans une grille, où ils sont disposés verticalement et horizontalement, de telle sorte que certaines de leurs lettres coïncident. (→ CRUCIVERBISTE.)

motte [mɔt] n. f. (orig. incert.). **1.** *Motte (de terre),* petite masse de terre compacte : *La charrue laissait derrière elle de grosses mottes.* — **2.** *Motte de beurre, du beurre en motte,* masse de beurre préparée pour la vente au détail.

motus! [mɔtys] interj. (latinisation de *mot*). *Fam.* Invitation à garder le silence, à être discret sur ce qui se fait ou sur ce qui va suivre : *Et puis, hein? motus! vous ne m'avez pas vu* (syn. SILENCE!, CHUT!).

1. mou [mu] ou **mol** [mɔl] (devant un n. masc. commençant par une voyelle), **molle** adj. (lat. *mollis*). **1.** (après le n.) Qui cède facilement au toucher, qui manque de fermeté : *Une pâte molle* (contr. DUR). *L'humidité rend le pain mou. Un oreiller mou. Les traits mous de son visage* (syn. AVACHI, FLASQUE). *La chair molle de ses joues* (contr. FERME). — **2.** (après le n.) Qui manque de rigidité, qui plie facilement : *Porter un col mou* (contr. RAIDE). *Un chapeau mou.* — **3.** (souvent avant le n.) Qui a de la souplesse, de la douceur : *Les molles inflexions de la voix* (syn. DOUX). *De molles ondulations.* — **4.** (après le n.) Qui manque de force : *Un bruit mou* (contr. FORT, VIOLENT). *Le vent est mou ce matin* (syn. FAIBLE). *J'étais étourdi, j'avais les jambes molles* (syn. FLASQUE). *Un temps mou* (= chaud et humide). — **5.** (après le n.) Qui n'a pas d'énergie, de fermeté morale : *Des gestes mous. Un homme mou* (syn. INDOLENT, APATHIQUE, AVACHI). *Mener une vie molle* (syn. LANGUISSANT). — **6.** (avant le n.) Qui manifeste un manque de ténacité, de vigueur : *Élever de molles protestations* (contr. FERME). *Opposer une molle résistance à des prétentions inadmissibles* (contr. VIGOUREUX, VIF, ↑INDOMPTABLE). ◆ n. Personne sans énergie : *C'est un* *mou facilement influençable.* ◆ ***mou*** n. m. *Donner du mou à une corde,* la laisser détendue.

2. mou [mu] n. m. Poumon de certains animaux de boucherie : *Mou de veau.*

mouchard [muʃar] n. m. (de *mouche,* espion). *Fam.* 1. Personne qui en espionne une autre, qui la surveille, qui dénonce ses actes : *Les prisonniers se taisaient par crainte des mouchards* (syn. DÉLATEUR, RAPPORTEUR ; fam. CAFARD). — 2. Appareil de contrôle et de surveillance.

mouchardage [muʃardaʒ] n. m. Action de moucharder.

moucharder [muʃarde] v. t. Fam. *Moucharder qqn, sa conduite,* le dénoncer auprès de qqn (syn. fam. CAFARDER).

mouche [muʃ] n. f. (lat. *musca*).
— I. 1. Insecte ailé commun, qui est souvent dans les maisons. — 2. *Faire la mouche du coche,* s'agiter beaucoup, sans rendre des services effectifs. || *Fine mouche,* femme habile, rusée, qui ne se laisse pas duper aisément. || *On entendrait voler une mouche,* le plus grand silence règne. || *Poids mouche,* boxeur de la catégorie la plus légère. || *Prendre la mouche,* se mettre en colère. || Fam. *Quelle mouche le pique?,* pourquoi se met-il en colère (on n'en voit pas la raison)?
— II. 1. Petite rondelle de taffetas noir que les femmes se collaient sur le visage par coquetterie. — 2. Point noir au centre d'une cible. — 3. *Faire mouche,* placer une balle en plein centre de la cible; atteindre exactement le but visé. — 4. Bouton de cuir à la pointe d'un fleuret pour éviter toute blessure.

moucher [muʃe] v. t. (du lat. *muccus,* morve). 1. *Moucher son nez, moucher un enfant,* débarrasser les narines des sécrétions nasales. — 2. Pop. *Se faire moucher,* se faire sèchement remettre à sa place; en sports, se faire battre. ◆ ***se moucher*** v. pr. Moucher son nez : *Se moucher avec bruit.*

moucheron [muʃrɔ̃] n. m. Petite mouche.

moucheté, e [muʃte] adj. 1. Marqué de petits points, de taches d'une couleur autre que celle du fond : *La panthère a une peau mouchetée de noir* (syn. usuel TACHETÉ). — 2. *Fleuret moucheté,* dont la pointe est garnie d'une mouche.

mouchoir [muʃwar] n. m. Pièce de linge servant à se moucher, à essuyer ses larmes, etc. || Fam. *Arriver dans un mouchoir,* arriver dans une course en peloton serré, si bien que le premier est difficile à reconnaître. || *Terrain, jardin,* etc., *grand comme un mouchoir de poche,* très petit.

moudre [mudr] v. t. (lat. *molere*) [c. **58**] Broyer du grain avec une meule; réduire en poudre avec un moulin : *Moudre du blé. Moudre du café. Acheter du café tout moulu.* ◆ ***être moulu*** v. pass. Être brisé de fatigue, endolori : *Arriver moulu après vingt heures de voyage* (syn. ÉREINTÉ, FOURBU).

moue [mu] n. f. (frq. *mauwa*). Grimace faite en avançant les lèvres, et manifestant un sentiment de mécontentement, de mépris, etc. : *Une moue de dédain, d'incrédulité, de dépit. Elle a fait la moue en voyant la facture.*

mouette [mwɛt] n. f. (frq. *mauwe*). Oiseau palmipède vivant sur les côtes.

moufette ou **mouffette** [mufɛt] n. f. (it. *moffetta,* odeur fétide). Mammifère carnassier d'Amérique, qui se défend en lançant un liquide infect (syn. SCONSE).

moufle [mufl] n. f. (germ. *muffel,* museau rebondi). Gros gant fourré, où le pouce seul est isolé des autres doigts.

mouflon [muflɔ̃] n. m. (it. *muflone*). Grand mouton à fourrure épaisse, dont le mâle porte des cornes recourbées en volutes.

mouillage [mujaʒ] n. m. 1. Action de mouiller : *Le mouillage d'un bateau. Le mouillage des mines pendant la guerre.* — 2. Plan d'eau favorable au stationnement des navires.

mouiller [muje] v. t. (bas lat. *molliare,* amollir).
— I. 1. (sujet un liquide, qqn) *Mouiller qqn, qqch,* le rendre humide, l'imbiber d'eau ou d'un autre liquide : *Mouiller légèrement un chiffon* (syn. HUMIDIFIER, IMBIBER). *Mouiller son doigt pour tourner les pages* (syn. HUMECTER). *Sa chemise est toute mouillée; il est en sueur* (syn. TREMPER). *La pluie avait mouillé le bas de son pantalon. J'ai été surpris par l'averse, je suis tout mouillé.* — 2. *Avoir le regard, les yeux mouillés,* pleins de larmes. || *Avoir la voix mouillée,* légèrement troublée sous l'effet de l'émotion. || *Mouiller du vin, du lait,* etc., y ajouter un peu d'eau, l'étendre avec de l'eau. — 3. Fam. *Mouiller qqn,* le compromettre : *Ses prétendus amis ont réussi à le mouiller dans une sale affaire.* ◆ ***se mouiller*** v. pr. 1. Recevoir la pluie : *Tu vas te mouiller en sortant par ce mauvais temps.* — 2. *Fam.* Se compromettre, prendre des risques : *Elle a préféré ne pas répondre, elle ne veut pas se mouiller.*
— II. v. i. (sujet un navire) Jeter l'ancre, s'arrêter dans un port, une rade, etc. : *Le navire a mouillé dans le port de Gênes* (syn. S'ANCRER). ◆ v. t. Laisser tomber qqch au fond de l'eau : *Mouiller une ancre pour retenir un bateau. Mouiller une sonde. Mouiller des mines.*

mouillette [mujɛt] n. f. Petit morceau de pain long et mince, qu'on trempe dans les œufs à la coque.

mouilleur [mujœr] n. m. 1. Appareil pour mouiller des étiquettes, des timbres-poste. — 2. *Mouilleur de mines,* petit bâtiment de guerre aménagé pour immerger des mines.

mouillure [mujyr] n. f. Trace laissée par l'humidité : *On voyait sur le papier de la chambre de larges mouillures.*

moulage [mulaʒ] n. m. Action de mouler; objet obtenu avec un moule : *Prendre un moulage du visage d'une vedette. Les moulages de ces statues sont exposés au musée.*

moulant, e [mulɑ̃] adj. Qui moule bien le corps : *Un pantalon moulant.*

1. moule [mul] n. m. (lat. *modulus,* mesure). 1. Objet présentant en creux la forme d'un objet qu'on veut reproduire : *On verse dans le moule une substance liquide ou pâteuse qui, devenue solide, prend la forme du moule. Retirer un objet du moule. Le moule à gaufres, le moule à glaces, etc., sont utilisés en pâtisserie. Les enfants font des pâtés de sable avec de petits moules de différentes formes.* — 2. *Personnes faites sur le même moule,* qui se ressemblent physiquement et moralement.

2. moule [mul] n. f. (lat. *musculus,* coquillage). Coquillage comestible, commun sur les côtes de France : *L'élevage des moules s'appelle la mytiliculture.*

mouler [mule] v. t. 1. Obtenir un objet en versant dans un moule la substance qui, par solidification, en prendra la forme : *Mouler une statue.* — 2. Prendre une empreinte en appliquant sur l'objet une matière qui en épouse les contours : *Mouler le visage d'un mort. Mouler un bas-relief.* — 3. *Écriture moulée,* d'une netteté parfaite. || *Mouler sa pensée, son style,* etc., *sur un modèle, dans une forme,* les adapter à ce modèle, les faire entrer dans cette forme. — 4. (sujet un vêtement) *Mouler (qqn, son corps),* en épouser étroitement la forme : *Une robe de soie qui moule* (syn. COLLER, SERRER).

moulin [mulɛ̃] n. m. (lat. *mola,* meule). 1. Machine ou appareil servant à moudre le grain des céréales, à broyer, à écraser certaines matières : *Un moulin à vent,* à eau. *Un moulin à légumes. Un moulin à café, à poivre.* — **2.** Bâtiment où la machine à broyer des céréales est installée : *On habite un ancien moulin.* — **3.** *Apporter de l'eau au moulin de qqn,* lui donner un appui en lui fournissant des arguments. ‖ Fam. *Moulin à paroles,* bavard impénitent. ‖ *On entre ici comme dans un moulin,* on y entre comme on veut. ‖ *Se battre contre des moulins à vent,* s'en prendre à des ennemis imaginaires.

moulinet [mulinɛ] n. m. **1.** Appareil qui fonctionne par un mouvement de rotation : *Moulinet d'un treuil. Le moulinet d'une canne à pêche sert à enrouler la ligne.* — **2.** *Faire des moulinets avec un bâton,* lui donner un mouvement de rotation rapide, pour parer un coup ou pour éloigner un adversaire ; *avec les bras,* les faire tourner vite.

moulure [mulyr] n. f. (de *mouler*). Élément de forme allongée, à profil constant, servant d'ornement en architecture, en menuiserie, en ébénisterie.

moumoute [mumut] n. f. **1.** *Fam.* Perruque. — **2.** Veste en peau de mouton.

mourant, e [murɑ̃] adj. et n. En train de mourir : *Être mourant. Le prêtre fut appelé auprès du mourant* (syn. MORIBOND). ◆ adj. **1.** Près de disparaître : *Une voix mourante* (= à peine perceptible). *Ranimer le feu mourant* (= presque éteint). *Des regards mourants* (= languissants). — **2.** Fam. *Il y a des scènes mourantes* (= à mourir de rire).

mourir [murir] v. i. (bas lat. *morire*) [c. **25** ; auxil. *être*]. **1.** (sujet être animé) Cesser de vivre : *Mourir de vieillesse. Mourir de sa belle mort* (= de mort naturelle). *Elle est morte d'un cancer* (syn. PARTIR). *Mourir dans son lit* (syn. S'ÉTEINDRE). *Mourir assassiné* (syn. PÉRIR). *Mourir muni des derniers sacrements* (syn. DÉCÉDER). *Mourir jeune, vieux. Mourir pour une juste cause* (syn. TOMBER). *Le chien est allé mourir au fond du jardin* (syn. fam. CREVER) ; en parlant d'un végétal : *Les fleurs sont mortes sous la gelée.* — **2.** (sujet qqch) Cesser d'exister, d'avoir de la force : *Les civilisations peuvent mourir* (syn. DISPARAÎTRE). *Laisser mourir la conversation* (syn. TOMBER). *Les vagues viennent mourir sur la plage.* — **3.** (sujet qqn) *Mourir de* (+ *n.*), éprouver une peine très vive, un sentiment violent, une grande souffrance physique ou morale : *Mourir de tristesse. Elle me fait mourir d'impatience. Je m'ennuie à mourir. Mourir de chaleur, de soif, de froid* (= avoir très chaud, etc.). *Mourir d'amour.* ◆ ***se mourir*** v. pr. (sujet qqn, qqch) Être sur le point de disparaître, de cesser d'être : *Il se meurt sur un lit d'hôpital.*

mouron [murɔ̃] n. m. (moyen néerl. *muer*). Petite plante commune, à fleurs rouges ou bleues.

mousquet [muskɛ] n. m. (it. *moschetto*). Arme à feu portative qu'on appuyait sur une fourche pour tirer.

mousquetaire [muskətɛr] n. m. (de *mousquet*). Gentilhomme qui servait dans une des deux compagnies à cheval de la maison du roi.

mousqueton [muskətɔ̃] n. m. (it. *moschettone*). **1.** Arme à feu individuelle, plus légère et plus courte qu'un fusil. — **2.** Système d'accrochage constitué par une lame métallique recourbée formant boucle à ressort.

moussaillon [musajɔ̃] n. m. Petit mousse.

moussant, e [musɑ̃] adj. Qui produit de la mousse : *Un savon moussant.*

1. mousse [mus] n. m. (esp. *mozo,* garçon). Jeune marin de quinze à seize ans.

2. mousse [mus] n. f. (frq. *mossa*). Petite plante verte, formant une plaque sur le sol, les arbres, les murs : *Un tapis de mousse au pied d'un arbre.*

3. mousse [mus] n. f. (de *mousse* 2). **1.** Écume, amas de bulles qui se forme à la surface d'un liquide : *La mousse de la bière déborde du verre.* — **2.** Dessert ou entremets fait de crème et de blancs d'œufs fouettés : *Mousse au chocolat.* ◆ adj. inv. Se dit de toute matière semblable à une éponge : *Caoutchouc mousse. Balle mousse.*

mousseline [muslin] n. f. (de la ville de *Mossoul,* en Mésopotamie). Tissu peu serré, léger, souple et transparent. ◆ adj. inv. *Pommes mousseline,* purée de pommes de terre très légère. ‖ *Sauce mousseline,* à la crème fouettée.

mousser [muse] v. i. (de *mousse* 3). **1.** Produire de la mousse : *Le champagne, le cidre moussent. Ce savon mousse beaucoup.* — **2.** Fam. *Faire mousser qqn, qqch,* le vanter, le faire valoir d'une manière exagérée : *Se faire mousser auprès de ses supérieurs. Faire mousser l'organisation de son entreprise.*

mousseron [musrɔ̃] n. m. (bas lat. *mussirio*). Champignon comestible poussant en cercle dans les prés, les clairières.

mousseux, euse [musø] adj. Qui produit de la mousse : *Du shampooing mousseux. Vin mousseux* (ou *mousseux* n. m.) [= qui, après préparation, donne de la mousse par fermentation].

mousson [musɔ̃] n. f. (ar. *mausim,* saison). Vents (Asie du Sud-Est) qui soufflent alternativement vers la mer et vers la terre, et qui, en ce dernier cas, apportent la pluie.

moussu, e [musy] adj. (de *mousse* 2). Couvert de mousse : *Des pierres moussues.*

moustache [mustaʃ] n. f. (gr. *mustax,* lèvre supérieure). **1.** Partie de la barbe qui pousse sur la lèvre supérieure. — **2.** Poils longs et raides qui poussent sur la lèvre de certains animaux (chat, lion, phoque, souris, etc.).

moustachu, e [mustaʃy] adj. et n. Qui a de la moustache.

moustiquaire [mustikɛr] n. f. Rideau de mousseline dont on entoure les lits pour se préserver des moustiques.

moustique [mustik] n. m. (esp. *mosquito,* petite mouche). Variété d'insecte dont la femelle pique la peau de l'homme et des animaux.

moût [mu] n. m. (lat. *mustum*). Jus de raisin non encore fermenté.

moutarde [mutard] n. f. (de *moût*). **1.** Assaisonnement fait avec la graine broyée de la plante appelée *moutarde* et de l'eau, du vinaigre, des aromates. — **2.** *La moutarde lui monte au nez,* il commence à se mettre en colère. ◆ adj. inv. Jaune verdâtre : *Une jupe moutarde.*

moutardier [mutardje] n. m. Récipient à moutarde.

mouton [mutɔ̃] n. m. (lat. pop. *multo,* bélier ; mot gaul.). **1.** Mammifère ruminant à cornes, domestiqué, caractérisé par sa toison de laine. (Le mâle reproducteur est le *bélier ;* la femelle, la *brebis.*) — **2.** Viande de cet animal, vendue dans les boucheries : *Acheter du mouton. Faire un ragoût de mouton.* — **3.** Personne qui modèle son attitude sur ceux qui l'entourent. — **4.** *Pop.* Mouchard que la police met dans la même cellule qu'un détenu, qu'il est chargé de faire parler. — **5.** *Mouton à cinq pattes,* qqn ou qqch d'extrêmement rare. ‖ *Retournons, revenons à nos moutons,* reprenons notre conversation, revenons à notre sujet. ◆ ***moutons*** n. m. pl. **1.** Petites vagues couvertes d'écume qui se forment à la surface de la mer quand le vent souffle. — **2.** *Fam.* Amas de poussière d'aspect laineux.

moutonné, e [mutɔne] adj. *Ciel moutonné,* couvert de nuages blancs.

moutonnement [mutɔnmɑ̃] n. m. Action de moutonner : *Le moutonnement des vagues.*

moutonner [mutɔne] v. i. Rappeler, par ses ondulations blanches, par son aspect, la toison d'un mouton : *Les vagues moutonnaient à l'horizon. Les nuages moutonnent dans le ciel.*

moutonnier, ère [mutɔnje] adj. Qui suit aveuglément et stupidement : *Les foules moutonnières.*

mouture [mutyr] n. f. (du lat. *molere,* moudre). 1. Opération consistant à moudre le grain dans une meunerie. — 2. *Péjor.* Reprise d'un sujet déjà traité et qu'on présente d'une manière différente : *La pièce n'est qu'une mouture nouvelle de son roman.*

mouvance [muvɑ̃s] n. f. (de *mouvoir*). Domaine où s'exerce l'influence de qqn.

mouvant, e [muvɑ̃] adj. 1. *Terrain mouvant,* dont le fond n'est pas solide; peu connu, où on risque à tout moment de commettre une erreur fatale (contr. SOLIDE). — 2. Qui change continuellement d'aspect : *Une pensée mouvante* (contr. STABLE). *La situation actuelle est mouvante* (syn. INSTABLE, CHANGEANT).

mouvement [muvmɑ̃] n. m. 1. Changement de position d'un corps par rapport à un point fixe dans l'espace et à un moment déterminé du temps : *Le mouvement d'un pendule* (syn. DÉPLACEMENT). *Le mouvement des astres* (syn. COURS). *Les mouvements des navires dans le port* (= les entrées et les sorties). *Les mouvements de fonds* (= les opérations financières). — 2. Ensemble d'organes, de mécanismes engendrant un déplacement régulier : *Le mouvement d'un appareil* (syn. MÉCANISME). *Un mouvement d'horlogerie devait faire exploser l'engin à une heure précise.* — 3. Action ou façon de mouvoir son corps ou une partie de son corps dans l'espace : *D'un mouvement involontaire, elle renversa le verre* (syn. GESTE). *Un mouvement d'épaules marqua sa désapprobation* (syn. HAUSSEMENT). *Faire un faux mouvement* (= un geste maladroit). *En deux temps trois mouvements* (= très rapidement). *Être sans cesse en mouvement* (= ne pas tenir en place). *J'ai besoin de mouvement, je reste assis toute la journée* (syn. ACTIVITÉ, EXERCICE). — 4. Changement de place d'un groupe : *Des mouvements de foule. Les armées ont fait mouvement vers la frontière* (= se déplacer, avancer). *Le mouvement du personnel* (= les mutations). *Guerre de mouvement* (par oppos. à *guerre de position*). — 5. Animation, dans le langage, dans les compositions littéraires ou artistiques : *La phrase a du mouvement* (syn. VIVACITÉ, ↑ FOUGUE). *Le mouvement dramatique d'une scène. Une peinture sans mouvement* (syn. VIE). — 6. En musique, degré de vitesse ou de lenteur dans l'exécution : *Indication du mouvement sur la partition;* partie d'une œuvre musicale exécutée dans un mouvement donné : *Le deuxième mouvement d'une symphonie.* — 7. *Mouvement de terrain,* vallonnement, accident du terrain. — 8. Impulsion qui porte à manifester une émotion, une réaction : *Un mouvement de colère, d'indignation, de joie. En proie à des mouvements divers* (syn. SENTIMENT). *Dans un bon mouvement, elle lui pardonna. Son premier mouvement fut d'accepter* (syn. INSPIRATION). *Il a agi de son propre mouvement* (syn. INITIATIVE). — 9. Modification dans l'état social, politique, économique : *Le mouvement des idées. Un mouvement d'opinion. Le mouvement de l'histoire* (syn. PROGRÈS). — 10. Action collective qui vise à produire un changement, ou courant d'idées qui témoigne de cette transformation : *Un mouvement insurrectionnel. Le mouvement humaniste en France au XVI*ᵉ *s.;* organisation politique, sociale, etc., qui tend à diriger ce changement : *Le mouvement syndical. Les mouvements de jeunesse* (syn. GROUPEMENT). — 11. Modification, variation dans le prix, dans les valeurs, dans les quantités : *Mouvement de baisse sur les ventes à la Bourse.*

mouvementé, e [muvmɑ̃te] adj. Troublé ou agité par des événements subits, violents : *Séance mouvementée à l'Assemblée nationale* (syn. ANIMÉ).

mouvoir [muvwar] v. t. (lat. *movere*) [c. **36**; surtout inf. et pass.]. 1. *Mouvoir qqch,* le mettre en mouvement : *Les turbines de la centrale sont mues par la force hydraulique* (syn. ACTIONNER). *Je ne pouvais mouvoir ma jambe* (syn. REMUER). — 2. *Être mû par qqch,* être poussé, incité par : *Être mû par un intérêt sordide* (syn. POUSSER). *Il était mû par un sentiment de bonté* (syn. ANIMER, PORTER). ◆ ***se mouvoir*** v. pr. Exécuter des mouvements : *Il ne pouvait se mouvoir qu'avec difficulté* (syn. BOUGER, REMUER, SE DÉPLACER).

1. moyen [mwajɛ̃] n. m. (du lat. *medius,* qui est au milieu). 1. Ce qui sert pour parvenir à un but : *Utiliser des moyens illégitimes, adroits, mystérieux, indirects, dangereux, etc. J'ai trouvé le moyen d'éviter cette corvée* (syn. fam. TRUC). *Il n'y a pas moyen de faire tout ce qu'il demande* (= il est impossible). *Tous les moyens lui sont bons pour parvenir à ses fins* (= il n'a aucun scrupule). *Elle a lutté par tous les moyens pour empêcher le désastre. C'est l'unique moyen de la persuader* (syn. MANIÈRE). *Employer les grands moyens* (= énergiques). *Se servir des moyens du bord* (= de ceux qui sont immédiatement à la disposition). — 2. *Moyen de* (+ *n. sans art.*), ce qui permet de faire qqch (objet, véhicule, etc.) : *Les moyens d'action dont elle dispose sont restreints. Les moyens de défense d'un pays* (= son armement). *Les moyens de transport* (= les véhicules servant au transport). *La presse est un moyen d'expression.* — 3. *Au moyen de,* grâce à l'aide apportée par qqch : *Monter au grenier au moyen d'une échelle.* ‖ *Le moyen de* (+ *inf.*), la possibilité de : *Le moyen de lui refuser ce qu'elle demande!* ‖ *Par le moyen de,* par l'intermédiaire de : *Annoncer la nouvelle par le moyen des ondes* (syn. PAR LE CANAL DE). ‖ *Par ses propres moyens,* avec ses seules ressources, par sa seule action : *Il a réussi par ses propres moyens.* ◆ ***moyens*** n. m. pl. 1. Capacités intellectuelles ou physiques : *Cet élève manque de moyens* (syn. DONS). *Je perds mes moyens au moment des examens. Athlète en pleine possession de ses moyens. C'est au-dessus de mes moyens* (syn. FORCES). — 2. Ressources pécuniaires : *Je n'ai pas les moyens de me payer une croisière. Il mène un grand train de vie, mais il a les moyens* (= il est riche).

2. moyen, enne [mwajɛ̃] adj. (avant ou après le n.) 1. Qui tient le milieu entre deux extrémités, entre deux périodes extrêmes, entre deux choses : *Le cours moyen du Rhône. Personne de taille moyenne. C'est une moyenne entreprise* (contr. IMPORTANT ou PETIT). *Le Français moyen. Le spectateur moyen réclame des spectacles de variétés* (syn. ORDINAIRE). *Les classes moyennes* (= dont le niveau d'existence est aisé et qui comprennent les cadres de l'industrie, du commerce, les professions libérales, les fonctionnaires des grades supérieurs, etc.). — 2. Ni bon ni mauvais : *Intelligence moyenne. Il fait un temps moyen* (syn. ↓ MÉDIOCRE). *Il est moyen en français.* — 3. Qu'on calcule en divisant la somme de plusieurs quantités par leur nombre : *La température moyenne de cet hiver a été basse. Le cours moyen de la viande pendant le mois écoulé.*

moyenâgeux, euse [mwajɛnɑʒø] adj. 1. Qui appartient au Moyen Âge : *La France moyenâgeuse* (syn. MÉDIÉVAL). — 2. Qui évoque le Moyen Âge : *Des rues moyenâgeuses.* — 3. Syn. de SURANNÉ : *Des idées moyenâgeuses.*

moyen-courrier [mwajɛ̃kurje] n. m. (pl. *moyen-cour-*

riers). Avion commercial servant au transport de passagers sur des distances moyennes.

moyennant [mwajɛnɑ̃] prép. Par le moyen de; à la condition de : *Moyennant une somme modique, vous pourrez louer cet appareil* (syn. POUR). *Il y parviendra moyennant un effort soutenu* (syn. GRÂCE À). *Moyennant ce petit service, vous aurez droit à son appui* (syn. EN ÉCHANGE DE).

moyenne [mwajɛn] n. f. **1.** Ce qui s'éloigne des extrêmes, ce qui est au milieu de deux choses : *Intelligence au-dessus de la moyenne. Elle est dans la bonne moyenne. Dans une notation de 0 à 20, la moyenne est 10.* — **2.** Nombre obtenu en divisant la somme de plusieurs quantités par leur nombre : *Calculer, faire la moyenne. Rouler à une moyenne de 80 km à l'heure. Dans cette classe, la moyenne d'âge est de treize ans.* — **3.** *En moyenne,* si on prend approximativement la moyenne (sens 2) : *Il y a en moyenne trente accidents mortels chaque fin de semaine.*

moyennement [mwajɛnmɑ̃] adv. Ni peu ni beaucoup : *Travailler moyennement* (syn. MÉDIOCREMENT). *Je vais moyennement bien.*

Moyen-Orient → ORIENT.

moyeu [mwajø] n. m. (lat. *modiolus,* petit vase). Partie centrale d'une roue, que traverse l'essieu autour duquel elle tourne.

mozambicain, e [mɔzɑ̃bikɛ̃] adj. et n. Du Mozambique.

mucosité [mykɔzite] n. f. (du lat. *mucosus,* muqueux). Liquide épais sécrété par les muqueuses du nez.

mue [my] n. f. **1.** Changement dans le plumage, le poil, la peau auquel les animaux vertébrés sont sujets à certaines époques de l'année; époque où arrive ce changement. — **2.** Changement qui s'opère dans le timbre de la voix des jeunes gens au moment de la puberté.

muer [mɥe] v. i. (lat. *mutare,* changer). **1.** (sujet un animal) Changer de peau, de plumage ou de poil : *Les serpents, les oiseaux muent.* — **2.** (sujet un jeune homme, sa voix) Avoir un timbre de voix plus grave au moment de la puberté. ◆ ***se muer*** v. pr. (sujet qqch) *Se muer en qqch,* se transformer en : *Sa sympathie s'est muée en amour* (syn. SE CHANGER).

muet, muette [mɥɛ] adj. et n. (lat. *mutus*). Qui n'a pas ou n'a plus l'usage de la parole : *Il est sourd et muet de naissance.* ◆ adj. **1.** Se dit de celui qu'un sentiment empêche de parler, qui ne veut pas manifester son opinion, qui ne veut pas répondre : *Rester muet d'étonnement. Être muet comme une carpe* (syn. SILENCIEUX; contr. BAVARD, PROLIXE). *Muet comme une tombe.* — **2.** (avant ou après le n.) Se dit d'une émotion d'un sentiment, etc., qui n'est pas exprimé par la parole; qui n'est pas explicite : *De muets reproches. Un désespoir muet. La loi est muette sur cette question.* — **3.** *«E» muet,* qui est écrit, mais ne se prononce pas. ‖ *Film muet,* qui n'est pas accompagné d'un son enregistré (contr. SONORE, PARLANT). ‖ *«H» muet,* qui n'est pas aspiré. ◆ n. m. *Le muet,* le cinéma à l'époque des films muets.

muezzin [mɥɛdzin/ɛ̃] n. m. (mot ar.). Fonctionnaire qui annonce du haut du minaret les prières de l'islām.

mufle [myfl] n. m. (moyen fr. *moufle,* visage rebondi). Extrémité du museau de certains mammifères : *Le mufle du lion, du bœuf.* ◆ adj. et n. m. *Fam.* Individu grossier : *Se conduire comme un mufle* (syn. MALOTRU). *Quel mufle!* (syn. GOUJAT). *Ce qu'il peut être mufle!*

muflerie [myfləri] n. f. Comportement du mufle : *Attitude d'une muflerie révoltante* (syn. GROSSIÈRETÉ, GOUJATERIE).

muflier [myflije] n. m. (de *mufle*). Autre nom de la GUEULE-DE-LOUP.

mugir [myʒir] v. i. (lat. *mugire*). **1.** (sujet un bœuf, une vache) Pousser un cri sourd et long : *Le taureau mugit* (syn. BEUGLER, MEUGLER). — **2.** (sujet qqch) Faire entendre un bruit qui ressemble à ce cri : *Le vent mugit. La sirène mugit dans la nuit.*

mugissant, e [myʒisɑ̃] adj. Qui mugit : *Vagues mugissantes.*

mugissement [myʒismɑ̃] n. m. **1.** Cri des vaches, des bœufs : *Les mugissements des bœufs* (syn. BEUGLEMENT). — **2.** Bruit qui ressemble à ce cri : *Le mugissement des flots.*

1. muguet [mygɛ] n. m. (anc. fr. *mugue,* musc [à cause de l'odeur]). Plante des bois, dont les fleurs, petites et blanches, sont groupées en grappes d'odeur douce, et qui fleurit en mai : *Un brin de muguet. La vente du muguet le 1ᵉʳ mai.*

2. muguet [mygɛ] n. m. Maladie des muqueuses, due à un champignon.

mulâtre, mulâtresse [mylɑtr] n. et adj. (esp. *mulato,* mulet). Homme ou femme de couleur, né d'un Noir et d'une Blanche ou d'une Noire et d'un Blanc.

1. mule [myl] n. f. (lat. *mula*). **1.** Femelle du mulet. — **2.** *Avoir une tête de mule,* être d'un entêtement borné. ‖ *Têtu comme un mule,* très têtu.

2. mule [myl] n. f. (lat. *mulleus calceus,* soulier rouge). Pantoufle laissant le talon découvert.

1. mulet [mylɛ] n. m. (lat. *mulus*). Animal issu de l'accouplement d'un âne et d'une jument.

2. mulet [mylɛ] n. m. (lat. *mullus,* rouget). Poisson à large tête, vivant près des côtes.

muleta [mulɛta] n. f. (mot esp.). Morceau d'étoffe écarlate dont se sert le matador pour fatiguer le taureau.

muletier [myltje] n. m. Conducteur de mulets.

mulot [mylo] n. m. (d'un mot germ. signif. *taupe*). Petit rat gris, qui vit sous terre, dans les bois et dans les champs.

multicolore [myltikɔlɔr] adj. Qui présente un grand nombre de couleurs.

multiforme [myltifɔrm] adj. Qui a ou prend plusieurs formes.

multilatéral, e, aux [myltilateral] adj. Qui engage toutes les parties : *Pacte multilatéral.*

multimillionnaire [myltimiljɔnɛr] adj. et n. Qui possède beaucoup de millions.

multinational, e, aux [myltinasjɔnal] adj. **1.** Qui concerne plusieurs nations. — **2.** *Société multinationale* (ou *multinationale* n. f.), groupe industriel, financier ou commercial, dont les activités se répartissent entre plusieurs États.

multiple [myltipl] adj. (lat. *multiplex*) [après ou avant un n. pl.] **1.** Qui se produit de nombreuses fois, qui existe à de nombreux exemplaires : *Je l'ai averti à de multiples reprises* (syn. NOMBREUX). *Les aspects multiples de son activité* (syn. DIVERS, VARIÉ). — **2.** (après un n. sing.) Qui est composé de plusieurs parties : *Une prise multiple* (= sur laquelle on peut brancher plusieurs appareils). ◆ n. m. et adj. Nombre qui en contient un autre plusieurs fois exactement (math.) : *9 est un multiple de 3.*

multiplicateur [myltiplikatœr] n. m. Qui multiplie.

multiplication [myltiplikasjɔ̃] n. f. **1.** Action de multiplier; fait d'être multiplié : *La multiplication des points de vente simplifiera la distribution des produits* (= accroissement en nombre). *La multiplication des cellules cancéreuses* (syn. PROLIFÉRATION). — **2.** Opération qui a pour but, étant donné deux nombres, l'un appelé *multiplicande,* l'autre *multiplicateur,* d'en obtenir un troisième (le produit).

multiplicité [myltiplisite] n. f. Caractère de ce qui est nombreux et varié : *La multiplicité des points de vue, des opinions* (= le grand nombre).

multiplier [myltiplije] v. t. (lat. *multiplicare*). 1. Augmenter le nombre de; accroître en quantité : *Multiplier les expériences diverses pour comprendre un phénomène* (syn. RÉPÉTER). *Multiplier les citations d'auteurs.* — 2. Faire l'opération arithmétique *(multiplication)* consistant à obtenir le total *(produit)* formé par la répétition d'un nombre *a (multiplicande)* en nombre de fois *b (multiplicateur) : Multiplier 5 par 4 pour avoir le produit 20. Le signe × signifie multiplié par.* ◆ ***se multiplier*** v. pr. S'accroître en nombre, en quantité : *Les moyens de communication se multiplient* (syn. SE DÉVELOPPER). *Les incidents se sont multipliés au cours des dernières vingt-quatre heures* (syn. AUGMENTER).

multiracial, e, aux [myltirasjal] adj. Qui concerne plusieurs races.

multirisque [myltirisk] adj. Se dit d'une assurance qui couvre simultanément plusieurs risques.

multisalles [myltisal] adj. et n. m. inv. Se dit d'un cinéma comportant plusieurs salles.

multitude [myltityd] n. f. (lat. *multitudo*). 1. *Une multitude de* (+ *n. pl.*), une très grande quantité d'êtres, d'objets, de choses : *Une multitude d'événements. Une multitude de gens* (syn. FOULE). — 2. (sans compl.) *Litt.* La masse importante des gens, le plus grand nombre des hommes : *Fuir les acclamations de la multitude* (syn. FOULE, MASSE).

municipal, e, aux [mynisipal] adj. (lat. *municipalis*). Relatif à l'administration des communes : *Le conseil municipal* (= assemblée élue, chargée de l'administration de la commune sous la présidence du maire). *Des élections municipales.*

municipalité [mynisipalite] n. f. 1. Ensemble formé par le maire et le conseil municipal — 2. Syn. de COMMUNE.

munificence [mynifisɑ̃s] n. f. (lat. *munificentia,* de *munus,* cadeau, et *facere,* faire). *Litt.* Disposition qui porte à donner avec largesse, avec libéralité.

munir [mynir] v. t. (lat. *munire,* fortifier). *Munir qqn, qqch de qqch,* le pourvoir de ce qui est nécessaire ou utile : *Munir un voyageur de provisions. Munir une voiture de ceintures de sécurité* (syn. ÉQUIPER). *Laboratoire muni du matériel le plus moderne* (syn. DOTER). ◆ ***se munir*** v. pr. 1. *Se munir de qqch,* le prendre avec soi : *Munissez-vous de votre passeport. Munissez-vous d'un parapluie.* — 2. *Se munir de patience,* se préparer à supporter avec patience ce qui va arriver (syn. S'ARMER).

munitions [mynisjɔ̃] n. f. pl. (lat. *munitio,* fortification). Projectiles et charges explosives nécessaires à l'approvisionnement des armes à feu : *Des munitions pour l'artillerie.*

munster [mœstɛr] n. m. (de la ville de *Munster*). Fromage à pâte molle fabriqué en Alsace.

muqueuse [mykøz] n. f. (lat. *mucus,* morve). Membrane tapissant certaines cavités du corps humain, et dont la surface est humectée d'un liquide dit *muqueux.*

mur [myr] n. m. (lat. *murus*). 1. Ouvrage de maçonnerie, élevé verticalement, qui constitue un des côtés de la maison et supporte les étages, ou qui sert à séparer des espaces ou à soutenir qqch : *Les murs sont percés d'étroites fenêtres. Poser du papier peint sur les murs intérieurs. Ravaler le mur de façade d'un immeuble. Le mur de clôture du jardin;* ouvrage analogue d'une autre matière que la maçonnerie : *Un mur de terre. Un mur taillé dans le roc.* — 2. Personne insensible ou inébranlable, qu'on ne peut faire changer d'opinion : *C'est un mur d'indifférence. On parle à un mur.* — 3. Ce qui constitue un obstacle au rapprochement, à la communication entre personnes : *Un mur d'incompréhension s'élève entre eux.* — 4. *Entre quatre murs,* à l'intérieur d'une pièce. ‖ *Être au pied du mur, mettre qqn au pied du mur,* être, mettre qqn devant ses responsabilités, sans pouvoir reculer ni différer la réponse; être forcé, forcer à prendre parti. ‖ *Être dans ses murs,* propriétaire d'une maison, d'un appartement. ‖ *Être le dos au mur,* ne plus pouvoir fuir. ‖ *Faire le mur,* sortir sans permission, en parlant d'élèves internes, de soldats; être sur une ligne serrée, lorsqu'on tire un coup franc direct, en parlant des joueurs d'une équipe de football. ‖ *Franchir le mur du son,* atteindre une vitesse voisine de celle du son, en parlant d'un avion, d'un engin. ‖ *Les murs ont des oreilles,* on peut être entendu (= parlons bas).

mûr, e [myr] adj. (lat. *maturus*). 1. Se dit d'un fruit, d'une graine qui ont atteint leur complet développement et peuvent être cueillis : *Le raisin est mûr à l'automne.* (→ MATURITÉ.) — 2. Qui est tellement usé qu'il est près de se déchirer : *La toile du matelas est mûre.* — 3. Se dit de ce qui, après une longue évolution, est arrivé au stade de la réalisation : *Le projet n'est pas mûr* (= il exige encore de la réflexion). *L'abcès est mûr* (= il est près de crever). — 4. *Mûr pour qqch, pour* (+ *inf.*), prêt à faire qqch, après une série d'événements : *Elle est maintenant mûre pour cette expédition.* — 5. Qui a atteint son plein développement physique ou intellectuel : *Un homme mûr a atteint la quarantaine. L'âge mûr.* (→ MATURITÉ.) — 6. *Après mûre réflexion,* après avoir pesé les avantages et les inconvénients.

muraille [myrɑj] n. f. Mur épais, assez élevé, servant le plus souvent de fortification : *La Grande Muraille de Chine.*

mural, e, aux [myral] adj. Relatif aux murs : *Plante murale* (= qui pousse sur les murs). *Décoration murale* (= faite sur les murs). *Tableau mural* (= accroché au mur).

mûre [myr] n. f. (lat. *mora*). 1. Fruit noir comestible de la ronce. — 2. Fruit du mûrier.

mûrement [myrmɑ̃] adv. Avec beaucoup de réflexion : *J'ai mûrement réfléchi à la question* (= beaucoup, longuement).

murène [myrɛn] n. f. (lat. *muraena*). Poisson des fonds rocheux des côtes de la Méditerranée, à corps allongé comme l'anguille, très vorace et causant des morsures dangereuses.

murer [myre] v. t. 1. *Murer une fenêtre, une porte,* etc., les fermer par un mur, par des pierres, etc. : *La cheminée a été murée.* — 2. *Murer qqn,* l'enfermer dans un endroit dont les issues sont bouchées : *Les mineurs sont restés murés deux jours au fond de la mine.* ◆ ***se murer*** v. pr. ou **être muré** v. pass. *Être muré dans son orgueil,* être enfermé, séparé des autres à cause de son orgueil. ‖ *Se murer dans un silence (hostile),* rester obstinément silencieux. (→ EMMURER.)

muret [myrɛ] n. m. ou **murette** [myrɛt] n. f. Petit mur.

mûrier [myrje] n. m. Arbre dont les feuilles servent de nourriture aux vers à soie.

mûrir [myrir] v. i. (sujet qqch, qqn) Devenir mûr : *Les fruits ont bien mûri avec la chaleur. Elle a beaucoup mûri* (= elle a acquis de l'expérience, de la réflexion, de la sagesse). *L'idée a lentement mûri dans son esprit.* (→ MATURATION.) ◆ v. t. 1. *Mûrir qqch, qqn,* le rendre mûr : *Le soleil a mûri les fruits. La vie l'a mûri* (= lui a donné du sérieux). — 2. *Mûrir qqch (abstrait),* y réfléchir longuement pour le mettre en état d'être utilisé : *Mûrir un projet de vengeance* (syn. MÉDITER, PRÉPARER).

murmure [myrmyr] n. m. (lat. *murmur*). **1.** Bruit sourd et confus de voix humaines : *Des murmures, puis des rires s'élevèrent* (syn. CHUCHOTEMENT). *Un murmure d'admiration.* — **2.** *Litt.* Bruit léger et harmonieux : *Le murmure d'un ruisseau.* — **3.** Plainte de gens mécontents (souvent pl.) : *Ce projet excita les murmures de la presse* (syn. PROTESTATION). *Obéir sans murmure.*

murmurer [myrmyre] v. t. *Murmurer qqch, que* (+ *ind.*), le dire à mi-voix, le prononcer à voix basse : *Murmurer quelques mots à l'oreille de sa voisine* (syn. CHUCHOTER). *Murmurer des paroles inintelligibles* (syn. MARMONNER). *On murmurait dans la maison qu'elle avait un amant.* ◆ v. i. **1.** *Litt.* (sujet qqch) Faire entendre un murmure : *Le vent murmure dans les feuilles.* — **2.** (sujet qqn) Faire entendre une protestation, une plainte : *À l'annonce des sanctions, les élèves murmurèrent* (syn. PROTESTER). *Elle murmure entre ses dents* (syn. fam. RONCHONNER, RÂLER).

musaraigne [myzarɛɲ] n. f. (lat. *musaranea,* souris-araignée). Petit mammifère, de la taille d'une souris, qui mange des insectes.

musarder [myzarde] v. i. (de *muser*). *Litt.* Perdre son temps, s'amuser à des riens : *Musarder le long d'un chemin* (syn. MUSER, FLÂNER).

musc [mysk] n. m. (lat. *muscus*). Substance odorante produite par certains mammifères (cerf) et utilisée en parfumerie.

muscade [myskad] n. f. et adj. (anc. prov. *notz muscada,* noix musquée). **1.** Fruit d'un arbrisseau des pays chauds *(muscadier),* dont la graine *(noix muscade)* est utilisée comme épice à cause de son odeur aromatique. — **2.** *Passez muscade,* le tour a été exécuté avec une adresse telle que les assistants n'ont rien vu.

muscadet [myskadɛ] n. m. (de *muscat*). Vin blanc sec de la région de Nantes.

muscat [myska] adj. et n. m. (mot prov.; de *musc*). *Raisin muscat,* ou *muscat,* raisin à saveur musquée; vin qu'on en extrait.

muscle [myskl] n. m. (lat. *musculus,* petite souris). Organe formé de fibres capables de se contracter et de provoquer le mouvement : *Développer ses muscles par la gymnastique. Avoir des muscles d'acier. Avoir du muscle* (= de la force). *Être tout en muscle* (= sans graisse).

musclé, e [myskle] adj. **1.** Qui a des muscles très développés : *Un homme musclé.* — **2.** *Fam.* Énergique ou autoritaire : *Une réplique musclée. Un régime musclé.*

musculaire [myskylɛr] adj. Relatif aux muscles : *Tissu musculaire. Force musculaire.*

musculation [myskylasjɔ̃] n. f. Ensemble d'exercices visant à développer les muscles : *Exercices de musculation.*

musculature [myskylatyr] n. f. Ensemble des muscles du corps humain : *Avoir une solide musculature.*

muse [myz] n. f. (lat. *musa;* du gr. *moûsa*). **1.** (avec majusc.) Chacune des neuf déesses de la mythologie qui présidaient aux arts : *Les Muses, filles de Zeus et de Mnémosyne, sont Clio (histoire), Euterpe (musique), Thalie (comédie), Melpomène (tragédie), Terpsichore (danse), Erato (élégie), Polymnie (poésie lyrique), Uranie (astronomie), Calliope (éloquence).* — **2.** *Litt.* Inspiratrice d'un poète; inspiration poétique : *La muse de Musset dans «les Nuits».*

museau [myzo] n. m. (bas lat. *musus*). Partie saillante de la face de certains mammifères et poissons : *Le museau du chien, du chat.*

musée [myze] n. m. (gr. *mouseîon,* temple des Muses). **1.** Édifice où sont rassemblées et présentées au public des collections d'objets d'intérêt historique, esthétique, scientifique : *Un musée de peinture. Un musée lapidaire. Le musée de l'Homme.* — **2.** *Pièce de musée,* objet rare et précieux.

museler [myzle] v. t. (c. 6). **1.** *Museler un animal,* lui mettre un appareil pour l'empêcher de mordre. — **2.** *Museler qqn, un journal,* l'empêcher de s'exprimer, le réduire au silence : *Saisir les journaux était un moyen de museler la presse* (syn. BÂILLONNER).

muselière [myzəljɛr] n. f. Appareil servant à museler un animal.

muséologie [myzeɔlɔʒi] n. f. Science de l'organisation des musées.

muser [myze] v. i. (de l'anc. fr. *mus,* museau [rester le museau en l'air]). Syn. de MUSARDER.

1. musette [myzɛt] n. f. (de *muse,* musette). Sac en toile, servant à divers usages et qu'on porte en bandoulière.

2. musette [myzɛt] n. m. **1.** *Bal musette* (ou *musette* n. m.), bal populaire, où on danse au son de l'accordéon. — **2.** Genre de musique particulier aux orchestres des bals musettes.

muséum [myzeɔm] n. m. (mot lat.) [pl. *muséums*]. Musée destiné à contenir des collections de sciences naturelles.

musical, e, aux [myzikal] adj. **1.** Qui a les caractères de la musique : *Des sons musicaux. Une voix musicale* (syn. MÉLODIEUX). *Une phrase musicale* (syn. HARMONIEUX). — **2.** Propre à la musique, qui la concerne : *La critique musicale d'un journal. Une émission musicale.* — **3.** *Avoir l'oreille musicale,* distinguer avec précision les sons de la musique.

musicalement [myzikalmɑ̃] adv. Du point de vue musical.

musicalité [myzikalite] n. f. Qualité musicale, mélodieuse : *L'excellente musicalité d'un poste de radio.*

music-hall [mysikol] n. m. (mot angl.) [pl. *music-halls*]. Établissement spécialisé dans des spectacles de fantaisie, de variétés, où la musique sert de fond; ce genre de spectacle.

musicien, enne [myzisjɛ̃] n. Personne qui compose ou exécute des morceaux de musique. ◆ adj. et n. Qui a le goût de la musique; qui a des aptitudes pour la musique : *Elle est très musicienne. Avoir l'oreille musicienne.*

musicographe [myzikɔgraf] n. Auteur qui écrit sur la musique.

musicographie [myzikɔgrafi] n. f. Activité du musicographe.

musicologie [myzikɔlɔʒi] n. f. Science de l'histoire de la musique, de l'esthétique musicale.

musicologue [myzikɔlɔg] n. Spécialiste de musicologie.

musique [myzik] n. f. (gr. *mousikê,* art des Muses). **1.** Art de combiner les sons de manière à produire une impression esthétique; théorie de cet art : *L'étude, l'histoire de la musique. Musique légère* (= sans prétention). *Musique de chambre* (= pour un petit nombre d'instruments). *Faire de la musique.* — **2.** Notation écrite d'une composition musicale : *La pianiste joue de mémoire, sans musique.* — **3.** Réunion de musiciens appartenant à un corps de troupes, à une fanfare : *La musique du régiment. Chef de musique.* — **4.** Suite de sons donnant une impression analogue à celle de la musique proprement dite : *La musique du vers, de la phrase* (syn. HARMONIE). — **5.** Fam. *Connaître la musique,* savoir de quoi il s'agit.

musiquette [myzikɛt] n. f. Petite musique sans prétention, dépourvue de valeur artistique.

musqué, e [myske] adj. Qui a le goût ou l'odeur du musc.

mustang [mystɑ̃g] n. m. (de l'anc. esp. *mestengo,* sans maître). Cheval sauvage des pampas d'Amérique.

musulman, e [myzylmɑ̃] adj. et n. (ar. *muslim,* fidèle, croyant). Qui appartient à l'islām et à la culture qui en est issue.

mutant [mytɑ̃] n. m. **1.** Animal ou végétal qui présente des caractères nouveaux par rapport à ses ascendants. — **2.** Dans la science-fiction, être issu de la lignée humaine, mais qui présente des qualités hors du commun.

mutation [mytasjɔ̃] n. f. (lat. *mutatio,* de *mutare,* changer). **1.** Variation, modification brusque dans un groupe, dans une espèce vivante : *Les grandes mutations historiques* (syn. RÉVOLUTION). *Les mutations biologiques.* — **2.** Changement d'affectation d'un fonctionnaire.

muter [myte] v. t. (lat. *mutare,* changer). *Muter un fonctionnaire, un employé,* le changer d'affectation, de poste.

mutilation [mytilasjɔ̃] n. f. Action de mutiler; fait d'être mutilé : *Le corps portait encore les traces des mutilations subies* (syn. BLESSURE). *La mutilation du texte en transforme le sens.*

mutilé, e [mytile] n. Personne qui a subi une mutilation : *Les mutilés de la guerre. Un mutilé des deux bras* (syn. AMPUTÉ).

mutiler [mytile] v. t. (lat. *mutilare*). **1.** *Mutiler qqn, un animal,* lui enlever un membre, lui infliger une blessure grave qui altère son intégrité physique (souvent pass.) : *Les occupants de l'appartement furent atrocement mutilés par l'explosion.* — **2.** *Mutiler qqch,* le détériorer gravement : *Mutiler une statue. Mutiler un texte* (= en retrancher une partie essentielle; syn. AMPUTER).

1. mutin [mytɛ̃] n. m. (anc. fr. *meute,* émeute). Celui qui refuse de se soumettre à l'autorité établie : *Les mutins furent mis à la raison* (syn. REBELLE).

2. mutin, e [mytɛ̃] adj. Qui aime à taquiner; qui manifeste du goût pour les facéties, les espiègleries : *L'air mutin d'une fillette* (syn. ESPIÈGLE, ASTUCIEUX).

mutiner (se) [mytine] v. pr. (de *mutin* 1). Se révolter avec violence contre une autorité : *Les prisonniers se mutinèrent et massacrèrent les gardiens.*

mutinerie [mytinri] n. f. Action de se mutiner : *Une mutinerie éclata dans le pénitencier* (syn. RÉVOLTE).

mutisme [mytism] n. m. (du lat. *mutus,* muet). Attitude de celui qui refuse de parler, de s'exprimer, qui garde le silence : *S'enfermer dans un mutisme hostile. Le mutisme de la presse au sujet de cette affaire.*

mutité [mytite] n. f. (bas lat. *mutitas*). Impossibilité réelle de parler (méd.).

mutualiste [mytɥalist] adj. *Société mutualiste,* syn. de MUTUELLE.

mutualité [mytɥalite] n. f. Forme de prévoyance sociale fondée sur les mutuelles.

1. mutuel, elle [mytɥɛl] adj. (lat. *mutuus,* réciproque) [avant ou surtout après le n.] Qui comporte un rapport de réciprocité, un échange : *Affection mutuelle. Amour mutuel* (syn. PARTAGÉ). *Des torts mutuels* (syn. RÉCIPROQUE).

2. mutuelle [mytɥɛl] n. f. Société d'entraide reposant sur les cotisations de ses membres.

mutuellement [mytɥɛlmɑ̃] adv. De manière réciproque : *Se jurer mutuellement fidélité* (syn. RÉCIPROQUEMENT).

mycologie [mikɔlɔʒi] n. f. (gr. *mukês,* champignon, et *logos,* science). Étude scientifique des champignons.

mycologue [mikɔlɔg] n. Spécialiste de mycologie.

mycose [mikoz] n. f. (gr. *mukês,* champignon). Affection provoquée par des champignons parasites (méd.).

mygale [migal] n. f. (gr. *mugalê,* musaraigne). Grosse araignée des régions chaudes.

myocarde [mjɔkard] n. m. (gr. *mus,* muscle, et *kardia,* cœur). Muscle du cœur.

myope [mjɔp] adj. et n. (gr. *muôps*). Qui ne voit pas nettement les objets éloignés; dont la vue est courte.

myopie [mjɔpi] n. f. Défaut de la vision dû à un excès de courbure du cristallin, qui forme les images en avant de la rétine.

myosotis [mjɔzɔtis] n. m. (gr. *muosôtis,* oreille de souris). Plante à petites fleurs bleues.

myriade [mirjad] n. f. (du gr. *murias,* dix mille). *Myriade (de + n. pl.),* quantité innombrable de personnes, de choses (soutenu) : *Des myriades d'étoiles.*

myrrhe [mir] n. f. (lat. *myrrha;* mot gr.). Résine odorante et médicinale fournie par un arbre d'Arabie.

myrte [mirt] n. m. (gr. *murtos*). Arbuste des régions chaudes, à feuillage persistant et à petites fleurs blanches, d'odeur agréable.

myrtille [mirtij] n. f. (de *myrte*). Baie noire, comestible, qu'on trouve sur les arbrisseaux du même nom.

mystère [mistɛr] n. m. (lat. *mysterium;* du gr. *mustês,* initié). **1.** Ce qui n'est pas accessible à la connaissance, ce qui est incompréhensible, ce qui est obscur, caché, inconnu : *Un mystère entoure sa disparition. Lever les voiles du mystère* (syn. SECRET). *La politique n'a plus de mystère pour lui.* — **2.** Question difficile, obscure : *Les enquêteurs devront éclaircir ce mystère* (syn. ÉNIGME). — **3.** Discrétion volontaire, afin d'empêcher qu'une chose ne soit divulguée; ensemble de précautions prises pour cacher qqch : *Pas tant de mystères! dites clairement ce que vous savez* (syn. CACHOTTERIE). *Faire grand mystère de quelque chose* (= le cacher, être très discret à son sujet). — **4.** Dogme religieux inaccessible à la raison : *Le mystère de la Trinité dans la religion catholique.*

mystérieusement [misterjøzmɑ̃] adv. De façon mystérieuse.

mystérieux, euse [misterjø] adj. (avant ou, plus souvent, après le n.) **1.** Difficile à comprendre, ou dont le contenu est tenu secret : *Cette affaire est bien mystérieuse. Un hasard mystérieux* (syn. INEXPLICABLE). *Le monde mystérieux des abîmes sous-marins* (syn. INCONNU). *Ils se sont rencontrés en un lieu mystérieux* (syn. SECRET). — **2.** Dont l'identité n'est pas connue; entouré de mystère : *Un mystérieux personnage. Échanger des paroles mystérieuses.*

mysticisme [mistisism] n. m. Attitude religieuse qui admet la réalité d'une communication directe et personnelle avec Dieu.

mystificateur, trice [mistifikatœr] adj. et n. Qui mystifie.

mystification [mistifikasjɔ̃] n. f. Action de mystifier; fait d'être mystifié : *Être le jouet d'une mystification plaisante* (syn. FARCE). *Les étudiants montèrent une mystification* (syn. CANULAR). *La mystification de la race pure* (syn. TROMPERIE, MENSONGE).

mystifier [mistifje] v. t. (de *mystère*). **1.** *Mystifier qqn,* abuser de sa crédulité pour se moquer de lui : *Elle l'a mystifié en lui faisant croire une histoire invraisemblable* (syn. DUPER). — **2.** Tromper en donnant de la réalité une idée séduisante, mais trompeuse : *L'opinion a été mystifiée par quelques journalistes.*

mystique [mistik] adj. et n. (gr. *mustikos,* relatif aux mystères). **1.** Dont les idées, les attitudes sont empreintes de mysticisme : *Les auteurs mystiques. Les grands mystiques espagnols.* — **2.** Dont le caractère est exalté, dont les idées sont absolues : *Les révolutions ont leurs mystiques* (syn. ILLUMINÉ). ◆ adj. Qui concerne le mysticisme ou qui en est empreint : *L'amour mystique.* ◆ n. f. Croyance absolue qui se forme autour d'une idée, de qqn : *La mystique de la force. La mystique de la paix.*

mythe [mit] n. m. (gr. *muthos,* récit, fable). **1.** Récit d'origine populaire, transmis par la tradition et exprimant d'une manière allégorique, ou sous les traits d'un personnage historique déformé par l'imagination collective, un grand phénomène naturel : *Le mythe solaire. Les mythes grecs* (syn. LÉGENDE). *Le mythe de Prométhée.* — **2.** Amplification et déformation par l'imagination populaire d'un personnage ou de faits historiques, de phénomènes sociaux, etc. : *Le mythe napoléonien. Le mythe de l'argent, du héros, de la jeunesse.* — **3.** Construction de l'esprit qui ne repose pas sur un fond de réalité : *Sa fortune est un mythe.*

mythique [mitik] adj. Relatif à un mythe : *Les héros mythiques de l'Antiquité* (syn. LÉGENDAIRE).

mythologie [mitɔlɔʒi] n. f. **1.** Ensemble des légendes, des mythes qui appartiennent à une civilisation, à un peuple, à une religion, et en partic. à l'Antiquité gréco-latine. — **2.** Étude scientifique des mythes, de leurs origines.

mythologique [mitɔlɔʒik] adj. Relatif à la mythologie : *Les divinités mythologiques.*

mythomane [mitɔman] n. et adj. Déséquilibré qui a tendance à fabuler.

mythomanie [mitɔmani] n. f. Tendance à la fabulation.

myxomatose [miksɔmatoz] n. f. (gr. *muxa,* morve). Maladie contagieuse et mortelle du lapin, due à un virus.

n

n [ɛn] n. m. Quatorzième lettre de l'alphabet notant la dentale sourde [n].

nabab [nabab] n. m. (mot d'une langue de l'Inde; de l'ar. *nawwāb*). Homme riche qui fait étalage de son opulence.

nabot, e [nabo] n. (de *nain* et *bot*). *Péjor.* Personne de très petite taille (syn. NAIN).

nacelle [nasɛl] n. f. (bas lat. *navicella,* de *navis,* navire). Grand panier suspendu à un ballon aérien pour y recevoir l'équipage.

nacre [nakr] n. f. (it. *naccaro*). Substance irisée, blanc rosé, constituant la couche interne de la coquille de certains mollusques et dont on se sert en bijouterie, en ébénisterie, etc.

nacré, e [nakre] adj. Qui a la couleur, l'aspect de la nacre : *Peau nacrée.*

nage [naʒ] n. f. **1.** Action de nager : *La nage sur le dos. Le deux cents mètres nage libre* (= en crawl). — **2.** *À la nage,* en nageant : *Gagner la rive à la nage.* ‖ *(Être) en nage,* (être) inondé de sueur : *Cette course l'a mis en nage.*

nageoire [naʒwar] n. f. Membre ou organe court et plat qui permet à des animaux aquatiques (poissons) de se soutenir et d'avancer dans l'eau.

nager [naʒe] v. i. (lat. *navigare,* naviguer) [c. **2**]. **1.** (sujet qqn, un animal) Se déplacer sur l'eau ou dans l'eau grâce à des mouvements particuliers : *Traverser la rivière en nageant. Il sait nager. Les poissons rouges nagent dans le bocal. Les cent mètres qu'il a nagés l'ont fatigué.* — **2.** (sujet qqch) Flotter sur l'eau, être dans un liquide : *Les débris de l'appareil nageaient sur l'eau. De petits morceaux de viande nagent dans une sauce épaisse* (syn. BAIGNER). — **3.** *Nager dans la joie, le bonheur,* etc., être dans un état de joie, de bonheur, etc., sans mélange. ‖ *Nager dans la prospérité,* être très riche. ‖ *Nager entre deux eaux,* se ménager adroitement deux partis opposés. ‖ Fam. *Savoir nager,* savoir se conduire selon les circonstances (syn. fam. SE DÉBROUILLER). — **4.** Fam. *Nager dans un vêtement,* y être très au large : *Je nage dans ce pull.* — **5.** *Fam.* Ne pas comprendre qqch; être dans des difficultés, dans une situation compliquée : *Tu veux m'expliquer, je nage complètement. Nous nageons dans la confusion la plus complète.* ◆ v. t. Pratiquer une certaine forme de nage ou parcourir à la nage une distance : *Nager la brasse, le crawl. Nager un cent mètres.*

nageur, euse [naʒœr] n. Personne qui nage : *Une excellente nageuse.*

naguère [nagɛr] adv. (de *n'a guère,* il n'y a guère [de temps]). Il y a quelque temps : *Il était naguère encore plein d'entrain; maintenant, la maladie l'a abattu.*

naïf, ive [naif] adj. et n. (lat. *nativus,* natif). **1.** Simple et confiant par inexpérience ou par irréflexion; ce qui dénote cette attitude : *Une jeune fille naïve* (syn. CANDIDE, INGÉNU). *Une réponse naïve. Faire une réflexion naïve.* — **2.** *Péjor.* Trop confiant, crédule, au point de passer pour ridicule : *Tu es naïve de penser qu'il agit par pur désintéressement* (syn. NIAIS, SIMPLE). *Elle me prend pour plus naïf que je ne suis* (syn. BÊTE). *C'est un naïf, toujours dupe des autres* (syn. fam. JOBARD). ◆ adj. *Litt.* D'une grande simplicité, sans artifice : *Les grâces naïves de l'enfance* (syn. NATUREL).

nain, e [nɛ̃] adj. et n. (lat. *nanus*). **1.** Dont la taille est très inférieure à la normale (contr. GÉANT). — **2.** *Nain jaune,* nom d'un jeu de cartes. ◆ adj. Se dit de végétaux, d'animaux, d'objets de taille minuscule ou plus petite que la normale : *Un chêne nain.*

naissance [nɛsɑ̃s] n. f. (lat. *nascentia*). **1.** Commencement de la vie, de l'existence, pour un être vivant; origine, début d'une chose : *La naissance d'un enfant. Elle a donné naissance à une fille. Acte de naissance délivré par la mairie. Aveugle de naissance* (= depuis sa naissance). *La naissance d'une idée* (syn. APPARITION). *Cette fausse nouvelle a donné naissance à des commentaires absurdes. La naissance du jour* (syn. COMMENCEMENT). — **2.** *À la naissance de qqch,* à l'endroit où cela commence : *À la naissance de la gorge, des cheveux. À la naissance de la colonne* (= à la base).

naissant, e [nɛsɑ̃] adj. Qui naît : *Une barbe naissante* (= qui commence à apparaître). *Le jour naissant* (= l'aube; contr. FINISSANT).

naître [nɛtr] v. i. (lat. *nasci*) [c. **65**; auxil. *être*]. **1.** (sujet être animé) Venir au monde; (sujet un végétal) commencer à pousser : *Enfant qui naît avant terme, qui vient de naître, qui est né il y a trois jours. Molière naquit à Paris. Les fleurs naissent au printemps* (contr. MOURIR). *Je ne suis pas né d'hier, de la dernière pluie* (= je ne me laisse pas duper). — **2.** Litt. *Naître à qqch,* commencer à montrer de l'intérêt pour qqch, s'éveiller à : *Naître à l'amour, à une vie nouvelle.* — **3.** (sujet qqch) Commencer à se manifester, à exister (soutenu) : *La guerre est née d'un conflit économique* (syn. RÉSULTER). *Il fait naître de nouvelles difficultés pour faire échouer le projet* (syn. PROVOQUER). *Un sourire naît sur ses lèvres* (syn. APPARAÎTRE). *Une amitié naquit entre eux deux* (syn. SE DÉVELOPPER). [→ NAISSANCE, NATIF, RENAÎTRE.]

naïvement [naivmɑ̃] adv. De façon naïve : *Dire tout naïvement ce qu'on pense* (syn. INGÉNUMENT).

naïveté [naivte] n. f. **1.** Caractère naïf de qqn : *La naïveté d'un enfant* (syn. CANDEUR, INGÉNUITÉ). *En toute naïveté, je la croyais convaincue* (syn. CRÉDULITÉ). — **2.** Excès de crédulité : *C'est une naïveté de croire que les difficultés ont disparu* (syn. BÊTISE).

naja [naʒa] n. m. (orig. ar.). Serpent venimeux d'Asie et d'Afrique (syn. COBRA, SERPENT À LUNETTES).

nana [nana] n. f. *Pop.* Femme.

nandou [nɑ̃du] n. m. (mot esp.). Oiseau coureur d'Amérique, voisin de l'autruche.

nanisme [nanism] n. m. Infirmité des nains (contr. GIGANTISME).

nanti, e [nɑ̃ti] adj. et n. Qui a de la fortune, une situation aisée.

nantir [nɑ̃tir] v. t. (de l'anc. fr. *nant,* gage). Litt. *Nantir qqn de qqch,* le pourvoir, le mettre en possession de cette chose (souvent pass.) : *Nantir un enfant d'un peu d'argent de poche* (syn. MUNIR). *Nanti de titres universitaires.* ◆ ***se nantir*** v. pr. *Litt.* Prendre avec soi : *Se nantir d'un parapluie.*

napalm [napalm] n. m. (de *Na,* symb. du sodium, et *palm[itate]*). Essence solidifiée, utilisée pour le chargement de projectiles incendiaires.

naphtaline [naftalin] n. f. (de *naphte*). Substance blanche, tirée du goudron de houille et utilisée pour préserver les tissus des mites.

naphte [naft] n. m. (de *naphta*). Pétrole brut.

napoléonien, enne [napoleɔnjɛ̃] adj. Relatif aux Napoléons et plus particulièrement à Napoléon Ier : *L'épopée napoléonienne.*

nappage [napaʒ] n. m. Action de napper.

1. nappe [nap] n. f. (lat. *mappa*). Linge dont on couvre la table pour prendre un repas.

2. nappe [nap] n. f. Vaste étendue d'eau, de liquide, de gaz, etc. : *Une nappe d'eau souterraine. Atteindre par le forage une nappe de pétrole. Une nappe de feu* (= une étendue embrasée).

napper [nape] v. t. *Napper un mets,* le recouvrir avec une sauce d'accompagnement.

napperon [naprɔ̃] n. m. Petite nappe placée sous une assiette, sur un coin de table, sur un guéridon, etc., comme décoration ou pour protéger la nappe.

narcisse [narsis] n. m. (de *Narcisse,* personnage myth.). Plante bulbeuse à fleurs jaunes ou blanches : *Le narcisse des bois s'appelle également «jonquille».*

narcissique [narsisik] adj. Relatif au narcissisme.

narcissisme [narsisism] n. m. (de *Narcisse,* personnage myth.). Contemplation complaisante de soi-même.

narcotique [narkɔtik] n. m. (gr. *narkê,* engourdissement). Médicament qui provoque l'assoupissement, le sommeil, en diminuant la sensibilité (syn. SOMNIFÈRE, SOPORIFIQUE).

narguer [narge] v. t. (du lat. *naris,* narine). *Narguer qqn, qqch (abstrait),* les braver avec insolence : *Narguer les autorités, le danger.*

narguilé ou **narghilé** [nargile] n. m. (mot persan). Pipe orientale à long tuyau flexible, dans laquelle la fumée passe par un flacon rempli d'eau parfumée.

narine [narin] n. f. (lat. *naris*). Chacune des deux ouvertures du nez chez l'homme et, moins fréquemment, chez certains animaux tels que le cheval, le taureau, le bœuf (on dit alors NASEAU).

narquois, e [narkwa] adj. (mot d'arg.). Qui se moque avec ironie : *Un sourire narquois* (syn. IRONIQUE, CAUSTIQUE, RAILLEUR).

narrateur, trice [naratœr] n. Personne qui raconte par écrit ou par oral.

narratif, ive [naratif] adj. Qui appartient au récit, à son style : *Poésie narrative.*

narration [narasjɔ̃] n. f. **1.** Action de narrer, de raconter : *Faire une longue narration des événements. Elle interrompit sa narration* (syn. EXPOSÉ, RELATION, RÉCIT). — **2.** Exercice scolaire consistant à faire un récit circonstancié sur un sujet donné.

narrer [nare] v. t. (lat. *narrare,* raconter). *Narrer qqch,* le faire connaître dans le détail, par un récit généralement assez long (soutenu) : *Le témoin narra les circonstances du drame* (syn. EXPOSER). *Narrer une belle histoire à des enfants* (syn. RACONTER, CONTER).

narval [narval] n. m. (dan. *nahrwal*) [pl. *narvals*]. Mammifère cétacé des mers arctiques, caractérisé par la longue dent (2 à 3 m) que porte le mâle.

nasal, e [nazal] adj. (du lat. *nasus,* nez) [le masc. pl. *nasaux* est peu usité]. Relatif au nez (techn.) : *Une hémorragie nasale. Les fosses nasales* (= cavités par où l'air passe en venant des narines). *Consonne, voyelle nasale* (= prononcée alors que le voile du palais est abaissé, c'est-à-dire avec une résonance nasale, comme [m], [n], [ɑ̃], [ɛ̃], [ɔ̃]).

nasalisation [nazalizasjɔ̃] n. f. Action de nasaliser; fait d'être nasalisé.

nasaliser [nazalize] v. t. Prononcer avec une résonance nasale : *Un «a» nasalisé.*

naseau [nazo] n. m. (lat. *nasus,* nez). Chacune des deux ouvertures du nez chez le cheval, le taureau, etc.

nasillard, e [nazijar] adj. Qui vient du nez : *Un ton nasillard. Le son nasillard d'un disque ancien.*

nasillement [nazijmɑ̃] n. m. Action de nasiller.

nasiller [nazije] v. i. (du lat. *nasus,* nez). Avoir une voix modifiée par la fermeture plus ou moins complète des fosses nasales («parler du nez»), ou émettre des sons dont la résonance est analogue à cette voix : *Elle nasille légèrement en parlant.*

nasse [nas] n. f. (lat. *nassa*). Panier en osier ou en fil de fer pour prendre les poissons.

natal, e, als [natal] adj. (du lat. *natus,* né). *Pays natal, terre natale, ville natale,* où on est né.

nataliste [natalist] adj. Qui vise à favoriser l'accroissement de la natalité : *Une politique nataliste.*

natalité [natalite] n. f. Rapport entre le nombre des naissances et celui des habitants d'un pays, d'une région, pendant une période déterminée : *L'accroissement du taux de natalité. Pays à forte, à faible natalité.*

natation [natasjɔ̃] n. f. (du lat. *natare,* nager). Sport de la nage : *Faire de la natation* (syn. NAGE).

natatoire [natatwar] adj. *Vessie natatoire,* sac membraneux de certains poissons qui peut se remplir de gaz et sert à leur équilibre dans l'eau.

natif, ive [natif] adj. et n. (lat. *nativus*). *Natif de tel lieu,* se dit de qqn qui est né en ce lieu, où sa famille a résidé : *Elle est native de Toulouse.* ◆ adj. Se dit d'un sentiment, d'une qualité apportés en naissant : *Sa peur native pour les serpents.*

nation [nasjɔ̃] n. f. (lat. *natio*). Grande communauté humaine, installée en général sur un même territoire ou dans des territoires dépendants et qui se caractérise par des traditions historiques et culturelles communes, par des intérêts économiques convergents et par une unité linguistique ou religieuse : *La nation française. C'est une nation de marchands, de soldats, de colonisateurs. La nation se distingue de l'État* (= forme d'organisation institutionnelle) *et du peuple* (= ensemble des individus appartenant à une même communauté) *par ses bases historiques et culturelles, mais, dans l'usage courant, les mots sont souvent équivalents. L'Organisation des Nations unies (O. N. U.).*

national, e, aux [nasjɔnal] adj. **1.** Propre à une nation ou qui en est issu : *«La Marseillaise» est l'hymne national de la France. La production nationale. L'Assemblée nationale.* — **2.** Qui intéresse l'ensemble du pays et non une seule région : *L'équipe nationale de football* (contr. LOCAL, RÉGIONAL). *Une route nationale ou une nationale,* n. f., construite et entretenue par l'État (par oppos. à route *départementale*); et, par oppos. à *international : Mener une politique nationale.*

nationalisation [nasjɔnalizasjɔ̃] n. f. Action de nationaliser : *La nationalisation des houillères.*

nationaliser [nasjɔnalize] v. t. *Nationaliser une entreprise, une industrie,* transférer à l'État la propriété de certains moyens de production ou de certaines exploitations appartenant à des particuliers : *Nationaliser les chemins de fer.*

nationalisme [nasjɔnalism] n. m. Doctrine politique qui préconise la prise de conscience ou la défense des intérêts nationaux et se fonde sur l'exaltation de l'idée de patrie ou de nation.

nationaliste [nasjɔnalist] adj. et n. Qui relève du nationalisme : *Un parti nationaliste.*

nationalité [nasjɔnalite] n. f. État de celui qui a le statut juridique de membre d'une nation déterminée : *Acquérir, avoir, perdre la nationalité française.*

national-socialisme [nasjɔnalsɔsjalism], **national-socialiste** [nasjɔnalsɔsjalist] → NAZISME, NAZI.

nationaux [nasjɔno] n. m. pl. Membres d'une nation déterminée, qui ont une nationalité précise.

nativité [nativite] n. f. (lat. *nativitas*). *Fête de la Nativité,* syn. de NOËL.

natte [nat] n. f. (lat. *matta*). **1.** Pièce de tissu fait avec des végétaux entrelacés (paille, jonc), et dont on recouvre le sol pour marcher, pour s'étendre. — **2.** Tresse de cheveux : *Nattes qui retombent derrière la tête.*

natter [nate] v. t. Mettre en natte, en tresse : *Des cheveux nattés en deux longues tresses.*

naturalisation [natyralizasjɔ̃] n. f. Action de naturaliser; fait d'être naturalisé : *Demander sa naturalisation. La naturalisation d'un animal.*

naturalisé, e [natyralize] adj. et n. Qui a reçu sa naturalisation : *Un naturalisé de fraîche date.*

naturaliser [natyralize] v. t. **1.** *Naturaliser qqn,* donner à un étranger le statut juridique et les droits attachés à une nationalité déterminée : *Se faire naturaliser français.* — **2.** *Naturaliser un animal,* procéder à la conservation d'un animal mort, afin de lui garder l'aspect qu'il avait étant vivant (syn. EMPAILLER).

naturalisme [natyralism] n. m. **1.** Système philosophique de ceux qui considèrent la nature comme le premier principe (et non Dieu). — **2.** École littéraire du XIXe s., qui s'est proposé de décrire les aspects réels de la vie humaine, même les plus laids.

naturaliste [natyralist] n. **1.** Personne qui naturalise les animaux (syn. EMPAILLEUR). — **2.** Personne qui étudie les sciences naturelles. ◆ adj. et n. Qui relève du naturalisme : *Les romanciers naturalistes comme É. Zola, G. de Maupassant.*

nature [natyr] n. f. (lat. *natura*). **1.** Ensemble des caractères fondamentaux, physiques ou moraux, propres à un être, à une chose : *La nature de l'homme* (syn. CONDITION). *Quelle est la nature de ses sentiments? Ce n'est pas dans sa nature* (syn. CARACTÈRE). *Avoir une nature enjouée* (syn. TEMPÉRAMENT). *La nature du poisson est de vivre dans l'eau. La nature des réformes envisagées nous inquiète* (syn. GENRE). *On vend ici des fruits de toute nature* (syn. ESPÈCE). *C'est une heureuse nature* (= un optimiste), *une petite nature* (= une personne de faible constitution physique). — **2.** Principe fondamental instinctif admis dans le cadre de l'ordre moral : *Crime contre nature. Le cri, la voix de la nature* (= du sang). — **3.** Principe d'organisation du monde; le monde physique lui-même : *L'ordre de la nature. La place de l'homme dans la nature.* — **4.** Réalité physique existant indépendamment de l'homme, considérée affectivement ou esthétiquement : *Les sciences de la nature. Aimer la nature* (syn. CAMPAGNE). *Le spectacle de la nature au printemps.* — **5.** *De nature à* (+ *inf.*), capable de, propre à : *Une objection de nature à ruiner tout un raisonnement.* ‖ *En nature,* avec des produits du sol, des objets : *Payer en nature, don en nature* (par oppos. à *en argent*). ‖ *Force de la nature,* homme d'une force, d'une puissance physique très grande. ‖ *Les forces de la nature,* éléments naturels considérés comme non dominés par l'homme (feu, vent, eau, etc.). ‖ *Nature morte,* tableau représentant des objets ou des animaux morts, groupés en un ensemble artistique. ‖ *Par nature,* essentiellement : *Cette loi est par nature irrévocable* (syn. EN SOI). ‖ Fam. (*Partir, disparaître, envoyer, expédier,* etc.) *dans la nature,* dans un endroit indéterminé, mais écarté : *Elle s'est perdue dans la nature.* ◆ adj. inv. **1.** *Fam.* Servi seul, sans accompagnement : *Du café nature.* — **2.** Fam. *Il est nature,* il est spontané, sans détour. (→ DÉNATURER.)

naturel, elle [natyrɛl] adj. **1.** Qui appartient à la nature (monde physique, organisation, ordre habituel) : *Les phénomènes naturels. Les productions naturelles d'un pays. Un lac naturel* (contr. ARTIFICIEL). *Les sciences naturelles* (= celles qui étudient les plantes, les minéraux, les animaux). — **2.** Qui tient à la nature particulière de l'espèce ou de l'individu; qui est conforme à la raison ou à l'usage : *Avoir des dispositions naturelles pour la peinture* (syn. INNÉ). *Il est naturel qu'on en vienne à des négociations* (syn. NORMAL). *Je ne trouve pas cela naturel.* — **3.** Exempt de recherche, d'artifice, d'affectation : *Rester naturel en toute circonstance. Un style naturel.* — **4.** *Enfant naturel,* né hors du mariage. ‖ *Mort naturelle,* mort résultant de l'âge, de la maladie, et non d'un accident. (→ SURNATUREL.)

naturel [natyrɛl] n. m.
— **I. 1.** Ensemble des tendances et des caractères propres à un individu : *Être d'un naturel bavard* (syn. TEMPÉRAMENT). — **2.** Absence d'affectation, de contrainte : *Se conduire avec naturel.* — **3.** *Au naturel,* se dit d'aliments préparés sans assaisonnement : *Des conserves au naturel.*
— **II.** Habitant d'un pays (surtout pl.) [syn. AUTOCHTONE].

naturellement [natyrɛlmɑ̃] adv. **1.** Par une impulsion naturelle, conformément au tempérament, à la nature physique : *Être naturellement gai. Ses cheveux frisent naturellement.* — **2.** De façon aisée, simple : *Écrire naturellement.* — **3.** D'une manière inévitable, comme il est normal : *Naturellement, elle n'est pas encore arrivée* (syn. ÉVIDEMMENT, FORCÉMENT, BIEN ENTENDU, BIEN SÛR).

naturisme [natyrism] n. m. Doctrine recommandant de vivre le plus près possible de la nature, en pratiquant le nudisme, en se nourrissant d'aliments naturels, en vivant en plein air, etc.

naturiste [natyrist] adj. et n. Qui pratique le naturisme.

naufrage [nofraʒ] n. m. (lat. *navis,* bateau, et *frangere,* briser). **1.** Perte accidentelle d'un bâtiment en mer : *Le navire a fait naufrage. Son père avait fait naufrage sur les côtes de Bretagne.* — **2.** Perte totale, ruine complète : *Le naufrage de son ambition, de sa réputation.*

naufragé, e [nofraʒe] adj. et n. Qui a fait naufrage : *Des naufragés réfugiés sur une île.*

naufrageur [nofraʒœr] n. m. Qui cause la ruine : *Les naufrageurs d'un projet.*

nauséabond, e [nozeabɔ̃] adj. (lat. *nauseabundus*). Dont l'odeur cause des nausées, incommode : *Une flaque nauséabonde* (syn. ÉCŒURANT, FÉTIDE).

nausée [noze] n. f. (lat. *nausea,* mal de mer). **1.** Envie de vomir : *Avoir la nausée* (syn. MAL AU CŒUR). *Cette odeur me donne la nausée* (syn. HAUT-LE-CŒUR). — **2.** Sentiment profond de dégoût : *Tant de bassesse donne la nausée.*

nauséeux, euse [nozeø] adj. Qui donne des nausées : *Ce médicament peut provoquer un état nauséeux.*

nautique [notik] adj. (lat. *nauticus,* naval). Qui appartient à la navigation de plaisance, aux jeux et aux sports de l'eau : *Fête nautique* (= sur l'eau). *Faire du ski nautique.*

nautisme [notism] n. m. Sports nautiques, en partic. la navigation de plaisance.

naval, e, als [naval] adj. (du lat. *navis,* navire). Relatif aux navires, à la marine : *La construction navale. Un combat naval. Une base navale.* (→ AÉRONAVAL.)

navarin [navarɛ̃] n. m. (de *Navarin,* port de Grèce où eut lieu une bataille). Ragoût de mouton préparé avec des navets.

navet [navɛ] n. m. (anc. fr. *nef,* navet). **1.** Plante dont la racine, longue et ronde, est comestible. — **2.** *Fam.* Œuvre d'art, roman, film sans intérêt ni originalité.

navette [navɛt] n. f. (dimin. de *nef*). **1.** Véhicule (train, car, bateau, etc.) servant à des liaisons courtes et répétées entre deux lieux : *Prendre la navette.* — **2.** *Faire la navette,* aller et venir continuellement entre deux lieux déterminés : *Sa profession l'oblige à faire la navette entre Tours et Paris* (syn. L'ALLER ET RETOUR).

navigabilité [navigabilite] n. f. **1.** État d'un cours d'eau navigable. — **2.** État d'un navire, d'un avion en état de tenir la mer ou de voler : *Certificat de navigabilité.*

navigable [navigabl] adj. Où un bateau peut naviguer : *Rivière navigable.*

navigant [navigɑ̃] adj. et n. m. Qui fait partie de l'équipage d'un avion : *Personnel navigant.*

navigateur [navigatœr] n. m. **1.** Syn. de MARIN (soutenu) : *Les Normands étaient de hardis navigateurs.* — **2.** Membre de l'équipage d'un avion chargé de déterminer la route à suivre.

navigation [navigasjɔ̃] n. f. **1.** Action de naviguer; voyage de qqn ou marche d'un navire sur mer, sur l'eau : *Navigation au long cours, côtière.* — **2.** Ensemble du trafic sur l'eau : *Compagnies de navigation. La navigation fluviale, maritime* (syn. TRANSPORT). — **3.** *Navigation aérienne,* transports aériens, voyages en avion. ‖ *Navigation interplanétaire, intersidérale, spatiale,* voyages dans le cosmos.

naviguer [navige] v. i. (lat. *navigare*). **1.** (sujet un navire, qqn) Voyager sur mer, sur l'eau : *Ce navire a beaucoup navigué. Nous avons navigué par un calme plat.* — **2.** (sujet qqn) Faire suivre à un navire ou un avion une route déterminée : *Le pilote naviguait en direction d'Amsterdam.* — **3.** *Savoir naviguer,* savoir éviter les obstacles, les difficultés.

Naviplane [naviplan] n. m. (nom déposé). Aéroglisseur.

navire [navir] n. m. (lat. *navigium*). Bateau, en général de fort tonnage, destiné à la navigation en pleine mer : *Navire de guerre. Navire de commerce* ou *navire marchand* (= cargo).

navrant, e [navrɑ̃] adj. Qui cause de la peine : *Situation navrante* (syn. ATTRISTANT, DÉPLORABLE). *Nouvelle navrante* (syn. DOULOUREUX, DÉSOLANT). *Ce malentendu est navrant* (syn. ↓ENNUYEUX).

navrer [navre] v. t. (norrois *nafarra,* percer). *Navrer qqn,* lui causer une peine très vive (souvent pass.) : *Ses échecs me navrent* (syn. DÉSOLER). *Je suis navré de l'avoir vexé* (syn. ↓CONTRARIER). *Elle prit, pour refuser, un air navré* (syn. ↓ENNUYER).

nazi [nazi] adj. et n. (mot all., abrév. de *Na*[*tional-So*]*zi*[*alist*]). Qui a adhéré aux doctrines racistes et politiques de Hitler (syn. NATIONAL-SOCIALISTE).

nazisme [nazism] n. m. Doctrine des nazis (syn. NATIONAL-SOCIALISME).

ne [nə] (**n'** devant une voyelle ou un *h* muet) adv. de négation (lat. *non*) [le plus souvent *ne* disparaît dans la langue parlée].
— **I. 1.** Dans une proposition principale ou indépendante, *ne* employé seul indique une négation, mais cet emploi est restreint à des express. figées, ou reste facultatif dans quelques constructions, qui appartiennent à la langue littéraire ou soutenue : *Je n'ai cure de vos plaintes continuelles. Il n'a garde de l'importuner par ses questions. Qu'à cela ne tienne, je me passerai de votre avis. Il n'empêche que vous auriez pu m'avertir à temps. N'était l'orage qui menace, nous sortirions. Que ne suis-je déjà en vacances! Je n'ai que faire de tous ces meubles qui m'embarrassent. Il fait froid. N'importe! nous sommes bien chauffés. Je ne peux faire un pas sans que tu t'inquiètes. Elle ne cesse, elle ne peut, elle n'ose parler* (plus souvent : *elle ne cesse pas, elle ne peut pas, elle n'ose pas parler*). *Il ne sait ce qu'il veut* (= il ne sait pas). *Il est venu une personne pour vous voir, je ne sais qui* (= je ne sais pas qui). *Je n'ai d'autre désir que de vous satisfaire* (plus souvent : *je n'ai pas d'autre*). — **2.** Dans une proposition subordonnée, l'emploi de *ne* avec la valeur négative est restreint à des express. figées ou à des constructions en nombre limité. (Remplacé par *ne... pas* dans la langue usuelle.) : *Si je ne me trompe, je vous ai bien rencontré l'année dernière? Il n'est pas de jour où il ne se plaigne. Voici cinq ans que je ne l'ai vu* (= je ne l'ai pas vu depuis cinq ans). *Il s'est passé bien des choses depuis que je ne vous ai vu. J'ai refusé, mais ce n'est pas que je n'en aie eu envie.* — **3.** Dans certaines propositions subordonnées, en nombre limité, *ne* n'a pas de valeur négative. (Le plus souvent, la langue parlée le supprime; *ne* se conserve dans la langue soutenue ou littéraire.) : *Je crains, j'ai peur, j'appréhende qu'elle n'apprenne cette nouvelle. J'évite, j'empêche, je prends garde qu'elle ne vienne* (plus souvent sans *ne*). *Il ne doute pas, il ne désespère pas, il ne disconvient pas, il ne méconnaît pas, il ne dissimule pas, il ne nie pas qu'il ne se soit trompé. Est-ce qu'elle nie que cette erreur ne se soit produite? Il faut la prévenir avant qu'elle ne fasse cette sottise. Peu s'en faut qu'il n'ait tout abandonné. Prends le pain chez le boulanger, à moins qu'il ne soit déjà fermé. Elle est plus fine qu'on ne croit. Il veut faire mieux qu'il n'est pratiquement possible.* — **4.** *Ne... que* indique une restriction (syn. SEULEMENT) : *Il n'y a que dix minutes que je suis là. Je n'ai que peu de temps à vous consacrer. Il n'y a pas que des paresseux.*
— **II. 1.** Indique une négation avec «aucun», «personne», «nul», «rien» : *Je ne l'ai dit à personne. Nul ne l'a compris. Il n'y a rien de compromettant dans le dossier;* avec «pas», «point», «plus», «guère», «aucunement», «nullement» : *Elle ne le connaît pas. Vous n'êtes plus satisfait de votre métier. Je ne l'ai guère rencontré ces temps-ci. Je voudrais ne pas sortir cet après-midi. Il ne faut pas qu'elle se méprenne;* pas de, plus de, etc., + n. : *Il n'y avait pas d'homme plus connu dans cette ville. Je n'ai pas de disques;* avec «ni» : *Elle n'a plus ni parents ni amis. Elle n'a pas de parents ni d'amis.* — **2.** Avec pas, plus, jamais, peut être la négation d'un verbe lui-même suivi d'une proposition subordonnée ou d'un infinitif négatif (parfois affirmation renforcée) : *Il n'est pas sans savoir* (= il sait très bien). *Il n'est pas d'homme qui ne le connaisse pas* (= tout le monde le connaît). *Je ne suis pas mécontent de ne pas l'avoir attendu.*

né, e [ne] adj. (de *naître*). **1.** *Être né de,* être issu par sa naissance de : *Être né d'un père lorrain et d'une mère parisienne. Né d'une famille d'ouvriers.* — **2.** *Être né pour* (+ *inf.* ou *n.*), avoir des dispositions naturelles pour, être destiné à : *Il est né pour commander. Ils* *sont nés l'un pour l'autre* (syn. FAIRE). — **3.** *Né* (après un n. avec un trait d'union), qui a un don, un talent inné : *Un orateur-né. C'est une bricoleuse-née.* — **4.** *Bien né,* qui est de naissance noble.

néanmoins [neɑ̃mwɛ̃] adv. (de *néant* et *moins*). Marque une opposition à ce qui vient d'être dit (soutenu) : *La foule était dense, néanmoins elle se sentait isolée dans un monde indifférent* (syn. POURTANT, ↓MAIS). *Rien ne semblait changé dans sa vie, néanmoins il avait repris espoir* (syn. CEPENDANT, TOUTEFOIS).

néant [neɑ̃] n. m. (du lat. *ne gentem,* pas un être). Absence d'existence ou de notoriété : *Arracher, tirer une œuvre du néant où elle était tombée. Réduire à néant les espérances de quelqu'un* (= anéantir, détruire). *Retourner au néant. Signes particuliers : néant* (= aucun).

nébuleuse [nebyløz] n. f. (de *nébuleux*). Masse lumineuse diffuse observée dans le ciel : *Une nébuleuse galactique ou extra-galactique.*

nébuleux, euse [nebylø] adj. (lat. *nebulosus,* de *nebula,* nuage). **1.** Assombri par les nuages : *Un ciel nébuleux.* — **2.** Qui manque de clarté, qui est peu compréhensible, ou a peu de sens : *Développer une théorie nébuleuse* (syn. CONFUS, FUMEUX). *Ses projets sont encore nébuleux* (syn. VAGUE, OBSCUR; contr. PRÉCIS).

nébulosité [nebylozite] n. f. Rapport entre la surface du ciel couverte de nuages et la surface totale du ciel au-dessus d'une région (techn.) : *Nébulosité variable.*

nécessaire [nesesɛr] adj. (lat. *necessarius*). **1.** Qui est exigé pour qu'une autre chose existe, pour qu'un résultat soit obtenu, pour réussir : *Elle a les qualités nécessaires à (pour) cet emploi* (syn. REQUIS PAR; contr. INUTILE). *Une inscription préalable est nécessaire pour se présenter au concours* (syn. OBLIGATOIRE). *Est-il nécessaire de la prévenir? Un repos prolongé sera nécessaire* (syn. ↓UTILE, ↑INDISPENSABLE). *C'est un mal nécessaire* (= mauvais en soi mais dont la suppression serait plus mauvaise encore). — **2.** *Nécessaire (à qqn),* dont on a absolument besoin : *Elle sait se rendre nécessaire* (syn. INDISPENSABLE). *Le silence m'est nécessaire quand je travaille.* — **3.** Qui arrive d'une façon inévitable dans une suite d'événements (soutenu) : *Le désordre, résultat nécessaire de l'imprévoyance* (syn. INÉLUCTABLE). ◆ n. m. **1.** Ensemble des choses indispensables à la vie, à un voyage, à une action, etc. : *N'avoir chez soi que le strict nécessaire.* — **2.** *Faire le nécessaire,* ce qui est indispensable dans une circonstance donnée : *Faire le nécessaire en cas d'accident.* — **3.** Sac, mallette, étui, etc., renfermant un ensemble d'accessoires destinés à un usage précis : *Nécessaire de couture, à ongles.*

nécessairement [nesesɛrmɑ̃] adv. D'une manière nécessaire : *Cette fièvre a nécessairement une cause* (syn. FORCÉMENT). *De telles mesures seront nécessairement impopulaires* (syn. FATALEMENT, MATHÉMATIQUEMENT).

nécessité [nesesite] n. f. (lat. *necessitas*). **1.** Caractère de ce qui est nécessaire; chose nécessaire : *La nécessité de prendre une décision* (syn. OBLIGATION). *Je me trouve dans la nécessité de refuser* (= je suis obligé). — **2.** *Par nécessité,* par l'effet d'une contrainte matérielle ou morale : *Je dois m'absenter par nécessité.* — **3.** Chose (moyen, condition) nécessaire, inhérente à une autre chose : *Les nécessités de la concurrence. Faire face à des nécessités financières imprévues* (syn. ↓BESOIN). — **4.** *De première nécessité,* qui est nécessaire pour satisfaire des besoins essentiels : *Des dépenses de première nécessité.* ‖ *Les nécessités de la vie,* les besoins indispensables à l'existence.

nécessiter [nesesite] v. t. *Nécessiter qqch,* rendre qqch nécessaire : *Les dégâts causés par la tempête nécessitent d'urgentes réparations* (syn. EXIGER, RÉCLAMER). *La situation a nécessité l'envoi d'importants moyens dans la région* (syn. REQUÉRIR).

nécessiteux, euse [nesesitø] adj. et n. Qui manque du nécessaire, qui est dans la pauvreté, le dénuement : *Des familles nécessiteuses* (syn. INDIGENT).

nécrologie [nekrɔlɔʒi] n. f. (gr. *nekros,* mort, et *logos,* discours). Écrit consacré à un défunt.

nécrologique [nekrɔlɔʒik] adj. *Article, notice nécrologique,* consacrés à un défunt et où l'on retrace sa carrière. ‖ *Rubrique nécrologique,* où on annonce les décès récents.

nécromancie [nekrɔmɑ̃si] n. f. (gr. *nekros,* mort, et *manteia,* prédiction). Évocation des morts pour apprendre d'eux l'avenir.

nécromancien, enne [nekrɔmɑ̃sjɛ̃] n. Qui pratique la nécromancie.

nécropole [nekrɔpɔl] n. f. (gr. *nekros,* mort, et *polis,* ville). *Litt.* Cimetière d'une grande ville.

nécrose [nekroz] n. f. (gr. *nekrôsis,* mortification). Mort des cellules et des tissus cellulaires.

nectar [nɛktar] n. m. (gr. *nektar*). **1.** Boisson exquise : *Ce vin est un vrai nectar.* — **2.** Liquide sucré sécrété par les fleurs : *Les abeilles transforment le nectar en miel.* — **3.** Jus de fruits dilué à 50 p. 100 d'eau.

nectarine [nɛktarin] n. f. Hybride de pêche à peau lisse, dont le noyau n'adhère pas à la chair (syn. BRUGNON).

néerlandais, e [neɛrlɑ̃dɛ] adj. et n. Des Pays-Bas. ◆ ***néerlandais*** n. m. Langue germanique appelée aussi *hollandais* aux Pays-Bas et *flamand* en Belgique.

nef [nɛf] n. f. (lat. *navis*). Partie d'une église qui s'étend du chœur à la porte principale.

néfaste [nefast] adj. (lat. *nefastus,* interdit par la loi divine). Qui a des conséquences nuisibles, désastreuses : *Politique néfaste* (syn. FUNESTE).

nèfle [nɛfl] n. f. (bas lat. *mespila;* mot gr.). **1.** Fruit comestible d'un arbrisseau appelé *néflier.* — **2.** Fam. *Des nèfles!,* exprime un refus, un doute indigné.

négateur, trice [negatœr] n. et adj. Qui est porté à nier, à contester : *Les négateurs du surnaturel. Un esprit négateur.*

1. négatif, ive [negatif] adj. (du lat. *negare,* nier). **1.** Qui sert à nier ou à exprimer un refus : *« Non » est un adverbe négatif* (contr. AFFIRMATIF). *Faire une réponse négative à une demande.* — **2.** Dépourvu d'éléments constructifs, d'efficacité; qui n'aboutit à rien : *Une critique négative* (= qui n'aide pas à améliorer). *L'attitude purement négative de mes interlocuteurs. Les résultats négatifs d'une conférence internationale* (contr. POSITIF). — **3.** *Analyse médicale négative, résultats d'analyse négatifs,* révélant l'absence de l'élément pathologique recherché. — **4.** En mathématiques, se dit d'un nombre, d'une grandeur affectés du signe − (contr. POSITIF). — **5.** En électricité, se dit du pôle (d'une charge, etc.) opposé au pôle (à la charge, etc.) positif. — **6.** En photographie, se dit d'un cliché dont les parties normalement lumineuses sont sombres, et inversement.

2. négatif [negatif] n. m. Cliché photographique négatif.

négation [negasjɔ̃] n. f. **1.** Action de rejeter comme fausse une idée, de nier l'existence de : *La négation de Dieu.* — **2.** Acte contraire à qqch : *Cette mesure est la négation de toute justice, du droit.* — **3.** Adverbe ou conjonction de coordination qui sert à nier (ex. *ne, non, pas, point, ni,* etc.).

négative [negativ] n. f. Refus : *Répondre par la néga-*

tive (= dire «non»). *Dans la négative, nous nous adresserons ailleurs* (= en cas de refus).

négativement [negativmɑ̃] adv. De façon négative, en refusant : *Secouer la tête négativement.*

négligé, e [negliʒe] adj. Qui manque de soin : *Avoir une barbe négligée. Tenue négligée* (contr. IMPECCABLE). ◆ ***négligé*** n. m. **1.** Absence de recherche; genre négligé (syn. LAISSER-ALLER, ↑DÉBRAILLÉ). — **2.** Vêtement léger d'intérieur (syn. DÉSHABILLÉ).

négligeable [negliʒabl] adj. Qui peut être négligé : *Détail négligeable* (syn. MINCE). *En quantité négligeable* (= très petite). *Avoir une influence non négligeable* (syn. MÉDIOCRE).

négligemment [negliʒamɑ̃] adv. De façon négligente; avec négligence : *Regarder négligemment autour de soi* (= avec nonchalance).

négligence [negliʒɑ̃s] n. f. (lat. *negligentia*). **1.** Manque de soin, d'application, de prudence : *Montrer de la négligence dans son travail* (syn. ↑PARESSE). *Négligence qui coûte cher* (syn. OMISSION, INATTENTION). *Réparer la négligence de sa tenue* (syn. LAISSER-ALLER). — **2.** Manque de précision, faute légère : *Des négligences de style.*

négligent, e [negliʒɑ̃] adj. et n. Qui montre de la négligence : *Employé, élève négligent* (syn. PARESSEUX; contr. APPLIQUÉ, CONSCIENCIEUX). *Désigner une chose d'un geste négligent* (syn. VAGUE).

négliger [negliʒe] v. t. (lat. *negligere,* ne pas s'occuper de) [c. 2]. **1.** *Négliger qqch, de* (+ *inf.*), le laisser de côté, omettre de le faire : *Négliger un avertissement* (syn. DÉDAIGNER). *Ne rien négliger pour obtenir ce qu'on désire* (syn. OMETTRE). *Elle a négligé de m'avertir de son changement d'adresse* (syn. OUBLIER). — **2.** *Négliger qqch,* le laisser sans soin, ne lui accorder aucune importance : *Négliger sa santé, ses affaires* (syn. SE DÉSINTÉRESSER; contr. SOIGNER). *Négliger sa tenue.* — **3.** *Négliger qqn,* le traiter sans attention, sans considération, l'oublier : *Négliger ses amis* (syn. ↑ABANDONNER). ◆ ***se négliger*** v. pr. Ne plus prendre soin de soi-même.

négoce [negɔs] n. m. (lat. *negotium,* affaire). Activité commerciale intéressant surtout le commerce de gros ou les grandes affaires (vieilli) : *S'enrichir dans le négoce* (syn. COMMERCE).

négociable [negɔsjabl] adj. Qui peut être négocié : *Un titre négociable. Un traité difficilement négociable.*

négociant, e [negɔsjɑ̃] n. Personne qui fait du commerce en gros : *Négociant en vins* (contr. DÉTAILLANT). *Négociant en tissus* (syn. MARCHAND).

négociateur, trice [negɔsjatœr] n. Qui négocie : *Les négociateurs se sont rencontrés en terrain neutre.*

négociation [negɔsjasjɔ̃] n. f. **1.** Action de négocier, de discuter pour arriver à un accord : *Enregistrer des progrès dans les négociations salariales* (syn. DISCUSSION). *Régler un conflit par voie de négociation. Les deux parties ont entamé des négociations* (syn. DISCUSSION). — **2.** Transmission d'un effet de commerce.

négocier [negɔsje] v. t. (lat. *negotiari,* faire du commerce). **1.** *Négocier qqch (avec qqn),* en discuter afin d'arriver à un accord : *Négocier la paix, un traité, une reddition, un accord de salaires;* sans compl. : *Négocier avec une puissance étrangère* (syn. TRAITER). *Refuser de négocier* (syn. DISCUTER, COMPOSER). — **2.** *Négocier une valeur, un titre,* les transmettre à un acheteur contre de l'argent liquide (syn. MONNAYER). — **3.** *Négocier un virage* (en voiture), manœuvrer de façon à le prendre le mieux possible à grande vitesse.

nègre [nɛgr], **négresse** [negrɛs] n. et adj. (du lat. *niger,* noir). **1.** Homme, femme de race noire (péjor. dans la langue commune, remplacé auj. par NOIR, E); a désigné l'esclave noir (au masc.) : *La traite des nègres.* — **2.** *Parler petit nègre,* un français simplifié et incorrect. ‖ *Travailler comme un nègre,* avec acharnement et sans repos. — **3.** *Motion nègre blanc,* rédigée en termes équivoques, pour tenir la balance égale entre des tendances contraires. ◆ ***nègre*** n. m. *Fam.* Personne, au service d'un écrivain, qui rédige des ouvrages que ce dernier signe de son nom.

négrier [negrije] n. m. et adj. Bâtiment qui servait à la traite des Noirs; capitaine ou armateur qui faisait le commerce des esclaves.

négrillon, onne [negrijɔ̃] n. Enfant de race noire.

négritude [negrityd] n. f. Ensemble des caractères particuliers à la race noire.

négroïde [negrɔid] adj. et n. Qui a certains caractères de la race noire.

negro spiritual [negrospiritɥol] n. m. (mot amér.) [pl. *negro spirituals*]. Chant religieux des Noirs d'Amérique, d'inspiration chrétienne, en langue américaine.

neige [nɛʒ] n. f. **1.** Eau congelée qui tombe en flocons blancs et légers : *Des pas sur la neige fraîche. Les neiges éternelles des hautes montagnes. De la neige fondue* (= pluie mêlée de neige). *Les classes de neige sont organisées pendant l'hiver pour de jeunes citadins. Les trains de neige conduisent les vacanciers aux stations de sports d'hiver. Ses espoirs ont fondu comme neige au soleil.* — **2.** *Neige carbonique,* gaz carbonique solidifié. ‖ *Œufs à la neige,* blancs d'œufs battus, servis en entremets.

neiger [nɛʒe] v. i. (lat. pop. *nivicare,* de *nix, nivis,* neige) [c. 2] Tomber, en parlant de la neige : *Il neige sur toute la région.*

neigeux, euse [nɛʒø] adj. **1.** Couvert de neige : *Les cimes neigeuses.* — **2.** *Temps neigeux,* qui laisse prévoir des chutes de neige. — **3.** Qui rappelle la neige : *Mousse neigeuse.*

nénuphar [nenyfar] n. m. (ar. *nainūfar*). Plante aquatique aux larges feuilles et aux fleurs blanches, jaunes ou rouges.

néocalédonien, enne [neɔkaledɔnjɛ̃] adj. et n. De Nouvelle-Calédonie.

néocolonialisme [neɔkɔlɔnjalism] n. m. Forme nouvelle du colonialisme : *Le néocolonialisme vise à substituer la domination économique d'un pays à l'administration directe.*

néocolonialiste [neɔkɔlɔnjalist] adj. et n. Qui relève du néocolonialisme.

néologisme [neɔlɔʒism] n. m. (gr. *neos,* nouveau, et *logos,* parole). Mot de création récente ou emprunté depuis peu à une autre langue; acception nouvelle d'un mot déjà ancien (contr. ARCHAÏSME).

néon [neɔ̃] n. m. (du gr. *neon,* nouveau). Gaz rare de l'atmosphère, employé dans l'éclairage : *Des enseignes au néon.* ‖ *Tube au néon,* tube fluorescent.

néonatal, e, als [neɔnatal] adj. Relatif au nouveau-né.

néophyte [neɔfit] n. et adj. (du gr. *neophutos,* nouvellement engendré). Adepte récent d'une doctrine, d'un parti, d'une religion : *Je suis encore une néophyte* (syn. NOVICE; fam. BLEU). *Ardeur de néophyte.*

néo-zélandais, e [neɔzelɑ̃dɛ] adj. et n. De Nouvelle-Zélande.

népalais, e [nepalɛ] adj. et n. Du Népal.

néphrétique [nefretik] adj. (du gr. *nephros,* rein). *Coliques néphrétiques,* crise douloureuse due ordinairement au passage d'un calcul du rein dans la vessie.

néphrite [nefrit] n. f. Inflammation du rein : *Néphrite aiguë, chronique.*

néphrologie [nefrɔlɔʒi] n. f. Partie de la médecine qui étudie les reins.

néphrologue [nefrɔlɔg] n. Spécialiste de néphrologie.

népotisme [nepɔtism] n. m. (lat. *nepos, -otis,* neveu). Attitude d'un homme en place (ministre, haut fonctionnaire, etc.) qui fait un emploi abusif de son influence ou de son pouvoir en faveur de sa famille.

nerf [nɛr] n. m. (lat. *nervus,* ligament). **1.** Organe conducteur de la sensibilité et du mouvement chez un être vivant (anat.). — **2.** *Fam.* Vigueur physique et morale de qqn : *Elle a du nerf. Un peu de nerf et vous y arriverez. Ça manque de nerf.* — **3.** Tendon, fibre coriace de la viande. — **4.** *Le nerf de la guerre,* l'argent. ‖ *Nerf de bœuf,* matraque faite d'un ligament du bœuf. ◆ ***nerfs*** n. m. pl. Système nerveux, ensemble de la sensibilité : *J'ai les nerfs ébranlés.* ‖ Fam. *Avoir les nerfs en boule, en pelote,* être très énervé. ‖ *Crise de nerfs,* état dépressif qui se manifeste par des cris, des larmes, des gestes désordonnés. ‖ *Être à bout de nerfs,* épuisé nerveusement. ‖ *Être, vivre sur les nerfs,* dans un état de tension nerveuse permanente. ‖ *Guerre des nerfs,* ensemble de procédés de propagande visant à créer chez l'adversaire un affaiblissement du moral. ‖ *Porter, taper sur les nerfs de qqn,* l'énerver. ‖ Fam. *Un paquet de nerfs,* une personne nerveuse, très agitée.

nerveusement [nɛrvøzmɑ̃] adv. Avec nervosité : *Frapper nerveusement sur la table.*

nerveux, euse [nɛrvø] adj. et n. Qui a les nerfs facilement irritables; agité : *Il est très nerveux en ce moment.* ◆ adj. **1.** Qui dénote chez qqn le manque de contrôle de ses nerfs : *Exaltation nerveuse. Rire nerveux. Geste nerveux* (= mal contrôlé). — **2.** Qui concerne les nerfs et le système nerveux : *Cellule nerveuse. Une maladie nerveuse* (= des troubles moteurs ou psychiques). — **3.** Qui a de la vigueur, de la vivacité : *Elle n'est pas très nerveuse dans son travail. Une voiture nerveuse* (= qui a des reprises très vives). *Un style nerveux* (= ferme, concis). — **4.** *Viande nerveuse,* viande ferme, tendineuse. — **5.** *Système nerveux,* ensemble des nerfs, ganglions et centres nerveux qui assurent la commande et la coordination des fonctions vitales et la réception des messages sensoriels.

nervi [nɛrvi] n. m. (mot prov.). Homme de main d'une organisation qui pratique la violence.

nervosité [nɛrvɔzite] n. f. Excitation passagère ou permanente de qqn : *Faire preuve de nervosité devant les lenteurs administratives* (syn. IRRITATION). *Ce geste trahit sa nervosité* (syn. AGACEMENT, ÉNERVEMENT).

nervure [nɛrvyr] n. f. (de *nerf*). **1.** *Nervure d'une feuille,* filet ramifié et saillant, où passe la sève. — **2.** *Nervure d'une reliure,* saillie formée sur le dos d'un livre relié. — **3.** *Nervure d'une voûte,* moulure arrondie formant l'arête saillante d'une voûte.

n'est-ce pas [nɛspa] adv. **1.** Appelle l'acquiescement de l'auditeur à ce qui vient d'être dit (souvent simple articulation de la phrase) : *Ce livre est excellent, n'est-ce pas? Vous me croyez, n'est-ce pas? La vérité, n'est-ce pas, c'est que les difficultés la rebutent.* — **2.** *N'est-ce pas que,* renforce une interrogation : *N'est-ce pas que cette voiture est très maniable* (= EST-CE QUE.)

1. net, nette [nɛt] adj. (lat. *nitidus,* brillant). **1.** Qui n'est sali par rien : *Elle soigne son intérieur, qui est toujours net* (syn. PROPRE, ↑IMPECCABLE; contr. SALE). — **2.** Dont les limites, les contours, les formes sont distinctes : *Une écriture nette* (syn. CLAIR; contr. CONFUS). *Les photographies étaient très nettes* (contr. FLOU). *Parler d'une voix nette* (syn. DISTINCT). *Avoir des idées nettes* (contr. IMPRÉCIS, VAGUE). — **3.** (après ou, plus rarement, avant le n.) Qui est évident, qui ne prête à aucun doute : *Il y a une différence très nette entre eux deux* (syn. MARQUÉ, ACCUSÉ). *Présenter un tableau très net de la question* (syn. EXACT, PRÉCIS). *Son refus est net* (syn. CATÉGORIQUE). *J'ai un avis très net sur ceci* (syn. FORMEL; contr. INDÉCIS). *Sa position est nette* (contr. LOUCHE). *On note une nette amélioration de l'état de santé du malade* (syn. FRANC). — **4.** Dont on a retiré tout élément étranger : *Poids net. Prix net* (= toutes déductions ou majorations effectuées). *Bénéfice net* (= une fois retirées les charges). — **5.** *Avoir la conscience nette,* se juger irréprochable. ‖ *Net de,* exempt de (charge) : *Intérêts nets de tout impôt sur le revenu.* ◆ ***net*** adv. **1.** D'une façon brutale, unie, tout d'un coup : *S'arrêter net. Il a été tué net* (syn. SUR LE COUP). *La lame s'est cassée net.* — **2.** D'une façon précise, franche : *Parler net. Refuser tout net* (syn. CARRÉMENT). ◆ n. m. *Mettre au net,* mettre au propre, recopier un brouillon.

2. net [nɛt] adj. inv. Syn. de LET.

nettement [nɛtmɑ̃] adv. **1.** D'une façon précise, distincte, claire : *Prendre nettement position. S'exprimer nettement.* — **2.** D'une façon incontestable, claire aux yeux de tous : *L'équipe de France l'a emporté nettement.* — **3.** Renforce un superlatif ou un comparatif : *Elle est nettement la plus forte. Aller nettement plus mal* (syn. BEAUCOUP).

netteté [nɛtte] n. f. Qualité de ce qui est net : *La netteté d'un intérieur* (syn. PROPRETÉ). *La netteté d'une photographie. Répondre, parler avec netteté* (contr. AMBIGUÏTÉ).

nettoiement [nɛtwamɑ̃] n. m. Opération consistant à nettoyer, en partic. des rues, des ports, etc. : *Les services du nettoiement à Paris.*

nettoyage [nɛtwajaʒ] n. m. Action de nettoyer : *Le nettoyage des bureaux.*

nettoyant [netwajɑ̃] n. m. Produit qui sert à nettoyer.

nettoyer [nɛtwaje] v. t. (de *net* 1) [c. 3]. **1.** *Nettoyer qqch,* le rendre propre en le débarrassant de tout ce qui le salit, le souille : *Nettoyer le parquet* (= le balayer), *des meubles* (= les essuyer). *Nettoyer une chambre, un appartement* (syn. FAIRE LE MÉNAGE DE). *Nettoyer un bassin* (syn. CURER). *Nettoyer une plaie.* — **2.** Fam. *Nettoyer qqn,* lui faire perdre totalement une grosse somme d'argent : *Il s'est fait nettoyer au poker* (syn. RUINER). — **3.** *Nettoyer un lieu,* le débarrasser des gens dangereux, des ennemis qui s'y trouvent. — **4.** Fam. *Nettoyer qqn,* provoquer chez lui une fatigue, un abattement le laissant sans réaction : *Cette promenade a été éreintante; je suis nettoyé* (syn. fam. LESSIVER).

1. neuf [nœf] adj. num. cardin. inv. (lat. *novem*). **1.** Huit plus un. — **2.** Neuvième : *Charles IX.* ◆ n. m. inv. Chiffre, numéro, etc., qui représente ce nombre.

2. neuf, neuve [nœf] adj. (lat. *novus,* nouveau). **1.** Qui vient d'être fait, fabriqué, acheté, construit depuis peu de temps et qui n'a pas encore été utilisé : *Acheter un appartement neuf* (contr. ANCIEN). *Son costume n'est plus neuf* (= il est usagé). *Ces livres d'occasion sont à l'état neuf, comme neufs. Des chaussures neuves.* — **2.** Qu'on exprime ou traite pour la première fois : *Une expression, une idée neuve* (syn. ORIGINAL). — **3.** Qui se produit, qu'on ressent pour la première fois : *Une amitié toute neuve. L'amour est un sentiment tout neuf pour elle.* — **4.** *Œil, regard neuf,* sans idée préconçue. ‖ *Pays neuf,* qui n'a pas encore connu la civilisation industrielle. ◆ ***neuf*** n. m. **1.** Ce qui est nouveau, récent : *Alors, quoi de neuf? Il y a du neuf dans cette affaire.* — **2.** *Habillé, vêtu de neuf,* avec des vêtements qui viennent d'être achetés. — **3.** *Rebâtir, repeindre, refaire, remettre qqch à neuf,* lui redonner l'aspect du neuf. (→ NOUVEAU, RÉNOVER.)

neurasthénie [nørasteni] n. f. (gr. *neuron,* nerf, et *asthenia,* manque de force). État plus ou moins durable d'abattement, de tristesse, pouvant aller jusqu'à un trouble mental caractérisé.

neurasthénique [nørastenik] adj. et n. Atteint de neurasthénie.

neuroleptique [nørɔlɛptik] adj. et n. m. (du gr. *neuron,* nerf, et *leptos,* faible). Se dit de médicaments employés comme calmants du système nerveux.

neurologie [nørɔlɔʒi] n. f. (gr. *neuron,* nerf, et *logos,* science). Science médicale qui a pour objet les maladies du système nerveux.

neurologique [nørɔlɔʒik] adj. Qui appartient à la neurologie : *Examen neurologique.*

neurologue [nørɔlɔg] n. Spécialiste de neurologie.

neurone [nørɔn] n. m. (gr. *neuron,* nerf). Cellule nerveuse.

neutralisation [nøtralizasjɔ̃] n. f. Action de neutraliser : *La neutralisation d'un objectif par des tirs de barrage.*

neutraliser [nøtralize] v. t. **1.** *Neutraliser une ville, un territoire,* les déclarer neutres, les placer hors d'un conflit entre plusieurs États : *Neutraliser une zone entre deux armées.* — **2.** *Neutraliser un objectif militaire,* en paralyser l'activité, le mettre hors d'état de continuer la lutte. — **3.** *Neutraliser qqn, qqch,* les empêcher d'agir, les annihiler : *Neutraliser un adversaire dangereux. Neutraliser l'action d'un médicament.*

neutralisme [nøtralism] n. m. Doctrine politique préconisant le refus d'adhérer à aucun bloc de puissances antagonistes.

neutraliste [nøtralist] adj. et n. Partisan du neutralisme.

neutralité [nøtralite] n. f. État de ce qui est neutre, de celui qui reste neutre dans un conflit : *Garder la neutralité dans un conflit. La neutralité scolaire.*

1. neutre [nøtr] adj. et n. m. (du lat. *neuter,* ni l'un ni l'autre). En grammaire, se dit d'une catégorie qui n'a les caractéristiques ni du masculin ni du féminin : *Genre neutre. Pronoms neutres.*

2. neutre [nøtr] adj. et n. Qui ne participe pas à un conflit, qui s'abstient de prendre parti dans une lutte, une querelle mettant aux prises plusieurs puissances, plusieurs groupes, plusieurs personnes : *Les États neutres d'Afrique et d'Asie. Rester neutre dans une discussion, un débat.* ◆ adj. **1.** Objectif; qui n'interprète pas selon les sentiments d'un parti, d'un gouvernement : *Exiger une information neutre* (contr. ENGAGÉ, PARTISAN, DIRIGÉ). — **2.** Qui manque d'éclat, de relief : *Voix neutre. Style neutre.* — **3.** *Se rencontrer en terrain neutre, sur un terrain neutre,* choisir un lieu hors du conflit pour parlementer, négocier; se donner rendez-vous chez un tiers pour régler un différend. — **4.** Se dit, en électricité, de ce qui n'est ni positif, ni négatif.

neutron [nøtrɔ̃] n. m. (mot angl., de *neutral,* neutre). Particule électriquement neutre, constituant, avec les protons, les noyaux des atomes.

neuvième [nœvjɛm] adj. num. ordin. et n. **1.** Qui occupe un rang marqué par le numéro neuf. — **2.** Qui se trouve neuf fois dans le tout.

neuvièmement [nœvjɛmmɑ̃] adv. En neuvième lieu.

névé [neve] n. m. (lat. *nix, nivis,* neige). En haute montagne, amas de neige en cours de transformation en glace; plaque de neige persistante.

neveu [nəvø] n. m., **nièce** [njɛs] n. f. (lat. *nepos, -otis;* lat. *neptis*). Fils, fille du frère ou de la sœur.

névralgie [nevralʒi] n. f. (gr. *neuron,* nerf, et *algos,* douleur). Douleur vive sur le trajet d'un nerf : *Une névralgie faciale.*

névralgique [nevralʒik] adj. **1.** Relatif à la névralgie : *Douleur névralgique.* — **2.** *Centre, point névralgique,* point sensible qui commande les divers accès à un lieu, les communications, ou qui commande l'issue d'une entreprise : *Les grandes gares de triage sont les centres névralgiques du réseau ferroviaire. Le point névralgique d'une situation* (syn. SENSIBLE).

névrite [nevrit] n. f. (gr. *neuron,* nerf). Lésion inflammatoire des nerfs.

névrose [nevroz] n. f. (gr. *neuron,* nerf). Maladie mentale caractérisée par des troubles nerveux d'origine psychique.

névrosé, e [nevroze] adj. et n. Atteint de névrose.

névrotique [nevrɔtik] adj. Relatif à la névrose.

nez [ne] n. m. (lat. *nasus*). **1.** Partie saillante du visage, entre la lèvre supérieure et le front, qui abrite les organes de l'odorat et joue un rôle dans la respiration et la parole : *Un nez droit, aquilin. Nez en trompette, retroussé. Les ailes du nez. Parler du nez. Saignement de nez. Avoir le nez bouché pendant un rhume.* — **2.** Visage, tête en entier : *Elle baissa le nez de honte.* — **3.** Museau d'un animal. — **4.** Partie avant d'un navire, d'un bateau : *L'avion piqua du nez vers la mer.* — **5.** Sens de l'odorat : *Chien qui a du nez* (syn. FLAIR). — **6.** *Au nez de qqn,* devant lui, sans se cacher : *Rire au nez de quelqu'un. Fermer la porte au nez de quelqu'un* (= ne pas le recevoir). ‖ Fam. *Avoir qqn dans le nez,* avoir pour lui de l'antipathie, de l'hostilité. ‖ Fam. *Avoir le nez creux, avoir le nez fin, avoir du nez,* avoir du discernement, de la clairvoyance (syn. AVOIR DU FLAIR). ‖ Pop. *Avoir un verre dans le nez,* être ivre. ‖ Fam. *À vue de nez,* de loin, approximativement, sans approfondir. ‖ Fam. *(Il a gagné) les doigts dans le nez,* sans aucune difficulté, avec de l'avance. ‖ *Le nez en l'air,* la tête levée, sans faire attention. ‖ *Lever le nez,* lever la tête. ‖ Fam. *Mener qqn par le bout du nez,* lui faire faire tout ce qu'on veut. ‖ Fam. *Mettre* (ou, fam., *fourrer*) *le nez dans qqch,* se mêler indiscrètement d'une affaire : *Fourrer son nez partout.* ‖ Fam. *Mettre* (ou, fam., *fourrer*) *le nez dehors,* sortir : *Il fait un temps à ne pas mettre le nez dehors.* ‖ Fam. *Montrer le bout du nez,* se montrer, laisser voir ses intentions secrètes. ‖ Fam. *Ne pas voir plus loin que le bout de son nez,* être incapable de voir plus loin que son intérêt immédiat, ne voir que les conséquences les plus proches et non celles qui sont lointaines. ‖ Fam. *Passer sous le nez de qqn,* lui échapper, alors qu'il aurait pu en profiter : *L'affaire lui est passée sous le nez.* ‖ *Pied de nez,* geste de moquerie qui consiste à appuyer le pouce sur le bout du nez, les quatre doigts de la main étant écartés. ‖ *Regarder qqn sous le nez,* l'examiner avec indiscrétion, le toiser avec insolence (syn. NARGUER). ‖ Fam. *Sentir à plein nez,* répandre une odeur très forte : *Ça sent le gaz à plein nez.* ‖ *Se trouver nez à nez avec qqn,* se rencontrer face à face avec lui. ‖ *Tu as le nez dessus,* tu as près de toi, devant les yeux, la chose que tu cherches. (→ NASAL.)

ni [ni] conj. (lat. *nec*). **1.** Indique une addition ou alternative, de caractère négatif (avec *ne*) [souvent répété] : *Je ne veux ni ne peux refuser. Il ne croit ni à Dieu ni au diable. Il n'est ni plus paresseux ni plus sot que d'autres. Elle n'est ni peureuse ni téméraire. Ni* sans *ne,* avec *sans : Sans queue ni tête* (= incohérent). *Sans rime ni raison;* ou dans les réponses : *« Êtes-vous libre ? — Ni aujourd'hui ni demain. » Ni sa maladie, ni son échec électoral n'ont altéré son moral. Je ne les envie ni les uns ni les autres. Il ne connaît ni toi ni ton père. Ne croyez pas que j'ignore la question ni que je m'en désintéresse. Elle ne perd son calme ni quand on l'injurie, ni quand on cherche à la ridiculiser. Ni le compromis ne me paraît justifié, ni l'acceptation pure et simple ne me paraît nécessaire.* — **2.** Souvent rem-

placé par *ou* ou par *et* : *Les conseils ou* (= et) *les reproches n'ont rien pu sur elle* (= *ni* les conseils *ni* les reproches n'ont rien pu). *Ni* peut être renforcé : *ni même.*
Rem. Quand deux sujets singuliers sont réunis par *ni*, le verbe est au singulier quand *ni* remplace *ou* et au pluriel quand il remplace *et* : *Ni lui ni elle ne le sait* ou *ne le savent.* Lorsqu'il y a un pronom, le verbe se met au pluriel et à la personne de celui-ci : *Ni ta mère ni toi ne la connaissez.*

niable [njabl] adj. Qui peut être nié (dans des phrases négatives) : *Cela n'est pas niable.*

niais, e [njɛ] adj. et n. (du lat. *nidus*, nid). Qui est d'une grande ignorance associée à une naïveté un peu sotte : *Un grand garçon niais et gauche* (syn. BENÊT, INNOCENT; fam. GODICHE). *Pauvre niais! tu as encore beaucoup à apprendre* (syn. SOT). *Prendre un air niais pour écarter les soupçons* (syn. IDIOT, ↑STUPIDE). *Une chanson niaise* (syn. IMBÉCILE).

niaisement [njɛzmɑ̃] adv. Avec niaiserie.

niaiserie [njɛzri] n. f. Caractère niais : *La niaiserie d'une remarque* (syn. SOTTISE). *Sa niaiserie est déroutante* (syn. NAÏVETÉ). *Débiter des niaiseries sentimentales* (syn. FADAISE). *Raconter toujours les mêmes niaiseries* (syn. STUPIDITÉ, ÂNERIE).

nicaraguayen, enne [nikaragwejɛ̃] adj. et n. Du Nicaragua.

1. niche [niʃ] n. f. (it. *nicchia*, coquille). **1.** Petit abri en forme de cabane, destiné au logement d'un chien. — **2.** Petit enfoncement pratiqué dans un mur afin d'y placer une statue, un vase.

2. niche [niʃ] n. f. (de *nique*). Fam. *Faire une niche, des niches à qqn*, lui jouer un tour, des farces.

nichée [niʃe] n. f. **1.** Oisillons au nid. — **2.** *Fam.* Groupe de jeunes enfants d'une famille.

nicher [niʃe] v. i. ou **se nicher** v. pr. (du lat. *nidus*, nid). **1.** Faire son nid : *Les oiseaux nichent* (ou *se nichent*) *dans les arbres.* — **2.** *Fam.* (sujet qqn) Avoir sa demeure, son logement : *Où est-ce que tu niches maintenant?* (syn. HABITER, SE LOGER). ◆ v. pr. (sujet qqch) Se loger, s'installer : *Où sa pruderie va-t-elle se nicher?* (syn. fam. SE FOURRER).

nickel [nikɛl] n. m. (mot all.). Métal blanc argenté, très résistant, dont on se sert en alliage avec d'autres métaux dans la fabrication de la monnaie, des aciers spéciaux, etc.

nickelé, e [nikle] adj. Recouvert de nickel : *Acier nickelé.*

nicotine [nikɔtin] n. f. (de *Nicot*, diplomate français qui introduisit le tabac [herbe à Nicot] en France). Composé chimique contenu dans le tabac, et qui, à forte dose, est un poison.

nid [ni] n. m. (lat. *nidus*). **1.** Construction faite par certains oiseaux ou poissons, pour y déposer leurs œufs, élever leurs petits, ou abri que se ménagent certains insectes : *Un nid de mésange, d'hirondelle. Un nid d'abeilles. Détruire un nid de guêpes.* — **2.** Habitation intime et confortable : *Se ménager un nid douillet. Un nid d'amoureux.* — **3.** Endroit où se trouvent rassemblés des personnes, des animaux dangereux, des engins : *Un nid de brigands* (syn. REPAIRE). *Un nid de vipères. Un nid de mitrailleuses.* — **4.** *Nid d'abeilles*, cloisonnement multiple en forme d'alvéoles. ‖ *Nid d'aigle*, château placé sur le sommet d'une montagne, d'une colline escarpée et inaccessible.

nidation [nidasjɔ̃] n. f. Implantation de l'œuf ou de l'embryon dans l'utérus des mammifères.

nid-de-poule [nidpul] n. m. (pl. *nids-de-poule*). Trou dans une route défoncée.

nièce → NEVEU.

nier [nje] v. t. (lat. *negare*). *Nier qqch* (ou + *inf.*), *nier que* (+ *subj.* ou, plus rarement, *ind.*), affirmer avec force l'inexistence d'un fait, rejeter comme faux : *Elle nie la réalité des preuves* (syn. CONTESTER). *Tu vas jusqu'à nier l'évidence* (syn. REFUSER). *Nier une théorie* (= mettre en cause sa justesse). *Il nie être sorti après dix heures. Il nie qu'il soit (qu'il est) coupable*; sans compl. : *Je continue de nier.* (Lorsque la principale est interrogative ou négative, on emploie ou non *ne* dans la subordonnée : *Je ne nie pas que le problème ne soit* ou *soit difficile.*) [→ DÉNIER, NÉGATIF, NÉGATION.]

nigaud, e [nigo] adj. et n. (dimin. de *Nicodème*, n. pr.). D'une crédulité et d'une naïveté excessives : *Son grand nigaud de frère* (syn. DADAIS; fam. BÊTA, GODICHE).

nigérian, ane [niʒerjɑ̃] adj. et n. Du Nigeria.

nigérien, enne [niʒerjɛ̃] adj. et n. Du Niger.

nihilisme [niilism] n. m. (du lat. *nihil*, rien). Attitude consistant à rejeter toute croyance ou toute autorité, toute forme d'organisation sociale.

nihiliste [niilist] adj. et n. Partisan du nihilisme.

nimbe [nɛ̃b] n. m. (lat. *nimbus*, nuage). **1.** Cercle lumineux entourant la tête des saints, dans l'iconographie religieuse (syn. AURÉOLE). **2.** Halo lumineux qui entoure qqch.

nimbé, e [nɛ̃be] adj. Orné, entouré d'un nimbe, d'un halo : *Des rochers nimbés de brume.*

nipper [nipe] v. t. *Fam.* Vêtir (surtout pass.) : *Elle est nippée comme une princesse. Il est mal nippé* (syn. pop. FRINGUER).

nippes [nip] n. f. pl. (orig. obscure). *Fam.* Vêtements usagés ou vêtements quelconques.

nique [nik] n. f. (onomat.). Fam. *Faire la nique à qqn*, lui faire un signe de moquerie, le braver.

nitroglycérine [nitrɔgliserin] n. f. (du gr. *nitron*, salpêtre, et *glycérine*). Explosif puissant entrant dans la composition de la dynamite.

niveau [nivo] n. m. (lat. *libella*). **1.** Hauteur d'un point, degré d'élévation par rapport à un plan de référence : *Le niveau des eaux a atteint la cote d'alerte. À deux cents mètres au-dessus du niveau de la mer. Elle avait une cicatrice sur la joue au niveau du lobe de l'oreille.* — **2.** Degré social, intellectuel, moral; situation par rapport à un point de référence : *Les divers niveaux sociaux* (= degrés de l'échelle sociale). *La production automobile a atteint son niveau le plus haut depuis un an. Des élèves du même niveau* (syn. VALEUR). *Mettez-vous à son niveau* (syn. PORTÉE). *La décision sera prise au niveau du département* (syn. ÉCHELON). — **3.** Étage d'un bâtiment : *Vous êtes ici au niveau 1.* — **4.** *Niveau de langue*, vocabulaire, tournure, emploi de mot, particuliers à un groupe social ou à certaines situations : *Niveau familier, populaire, littéraire.* ‖ *Niveau de vie*, mesure des conditions d'existence d'un individu, d'une population : *Avoir un niveau de vie élevé.*

niveler [nivle] v. t. (c. **6**). **1.** *Niveler une surface*, la rendre plane en faisant disparaître les inégalités : *Niveler un terrain pour y installer un tennis* (syn. APLANIR). — **2.** *Niveler qqch (abstrait)*, le rendre égal : *Niveler les fortunes* (syn. ÉGALISER).

nivellement [nivɛlmɑ̃] n. m. Action de niveler; fait d'être nivelé : *Le nivellement des salaires* (syn. ÉGALISATION).

nivôse [nivoz] n. m. (du lat. *nivosus*, neigeux). Quatrième mois du calendrier républicain.

nô [no] n. m. (mot jap.). Drame lyrique japonais combinant la musique, la danse et la poésie.

nobiliaire [nɔbiljɛr] adj. Propre à la noblesse : *Titre nobiliaire. Orgueil nobiliaire.*

noble [nɔbl] adj. (avant ou après le n.) et n. (lat. *nobilis*). Qui fait partie d'une catégorie de personnes qui possèdent des titres les distinguant des autres, et qui est issu historiquement d'une classe jouissant, sous les régimes monarchiques et impériaux, de privilèges soit de naissance, soit concédés par les souverains : *Les nobles de l'Ancien Régime* (syn. ARISTOCRATE ; contr. BOURGEOIS, ROTURIER). *Être issu d'une noble famille.* ◆ adj. **1.** (après le n.) Qui appartient aux nobles : *De sang noble* (syn. ILLUSTRE). — **2.** (avant ou après le n.) Qui indique de grandes qualités morales ou intellectuelles, une élévation d'esprit : *Un noble caractère* (syn. GÉNÉREUX, MAGNANIME ; contr. ↑ABJECT). *De nobles sentiments* (contr. BAS). *La noble tâche de venir en aide à ses semblables* (syn. MAGNIFIQUE). — **3.** (après ou avant le n.) Qui commande le respect par son autorité, sa majesté : *Une noble prestance* (syn. MAJESTUEUX). *Une allure noble* (syn. IMPOSANT ; contr. COMMUN). *Jouer les pères nobles au théâtre. Un style noble* (syn. ÉLEVÉ, SOUTENU).

noblement [nɔbləmɑ̃] adv. Avec générosité, grandeur : *Répondre noblement à une accusation calomnieuse* (syn. DIGNEMENT).

noblesse [nɔblɛs] n. f. **1.** Condition de noble ; classe des nobles : *Noblesse de naissance* (contr. BOURGEOISIE, ROTURE). *Titre de noblesse. Privilèges de la noblesse* (syn. ARISTOCRATIE). — **2.** Caractère généreux, noble : *La noblesse de cœur* (syn. GÉNÉROSITÉ ; contr. MESQUINERIE). *Manquer de noblesse* (syn. GRANDEUR). *La noblesse de ses vues* (syn. ÉLÉVATION ; contr. BASSESSE). *La noblesse d'une attitude* (syn. MAJESTÉ). *Personne sans noblesse* (syn. DISTINCTION).

noce [nɔs] n. f. (lat. *nuptiae*). **1.** (sing. et pl.) Cérémonie du mariage, ensemble des réjouissances qui l'accompagnent : *Être invité à la noce d'une amie. Voyage de noce(s). Repas de noce(s).* — **2.** (sing.) Ensemble de ceux qui participent à cette cérémonie : *Toute la noce a traversé le village.* — **3.** *Épouser qqn en secondes noces,* faire un second mariage. || *Épouser qqn en justes noces,* faire un mariage légitime. || Fam. *Ne pas être à la noce,* être dans une situation embarrassante, gênante, désagréable. || *Noces d'argent, noces d'or,* vingt-cinquième, cinquantième anniversaire de mariage. — **4.** Fam. *Faire la noce,* prendre part à une partie de plaisir en s'amusant, en buvant (syn. FAIRE LA BOMBE, LA BRINGUE, LA FOIRE). [→ NUPTIAL.]

noceur, euse [nɔsœr] n. Personne qui fait la noce.

nocif, ive [nɔsif] adj. (du lat. *nocere,* nuire). Qui peut nuire beaucoup : *Exercer une influence nocive sur son entourage* (syn. FUNESTE, NUISIBLE ; contr. BÉNÉFIQUE). *Un climat nocif, chaud et humide* (syn. DANGEREUX, PERNICIEUX).

nocivité [nɔsivite] n. f. Caractère nocif de qqch : *La nocivité d'une doctrine* (contr. BIENFAISANCE).

noctambule [nɔktɑ̃byl] n. (lat. *nox, noctis,* nuit, et *ambulare,* marcher). Personne qui aime sortir tard le soir, se divertir la nuit.

nocturne [nɔktyrn] adj. (du lat. *nox, noctis,* nuit). **1.** Qui a lieu la nuit : *Une agression nocturne dans un quartier désert. Tapage nocturne.* — **2.** *Oiseau nocturne,* qui sort, vole la nuit (contr. DIURNE). ◆ n. f. ou m. Ouverture en soirée d'un magasin, d'une exposition ; réunion sportive en soirée. ◆ n. m. Nom donné à des mélodies romantiques du XIXe s.

nodosité [nɔdozite] n. f. (lat. *nodus,* nœud). Formation noueuse, dans un tissu végétal ou animal : *Les nodosités d'un arbre. Des nodosités apparaissent au poignet après une crise de rhumatisme.*

nodule [nɔdyl] n. m. **1.** Petite nodosité. — **2.** Concrétion arrondie. (→ NŒUD.)

Noël [nɔɛl] n. m. (lat. [*dies*] *natalis,* [jour] de naissance). **1.** Fête de la naissance du Christ : *Noël tombe un samedi cette année. Tous les Noëls, il neige. À la Noël, nous serons installés* (= pour la fête de Noël, le 25 décembre). — **2.** *Arbre de Noël,* arbuste vert (sapin) sur lequel on accroche des jouets, des ampoules électriques, des friandises, pour la fête de Noël ; distribution de cadeaux, vers Noël, aux enfants du personnel d'une entreprise. — **3.** *Noël au balcon, Pâques au tison,* si le temps est beau à Noël, il fera froid à Pâques.

nœud [nø] n. m. (lat. *nodus*). **1.** Enlacement d'un fil, d'une corde, d'un ruban, etc., qui est d'autant plus serré qu'on tire davantage sur les deux extrémités : *Faire un nœud* (= nouer). *Ton nœud de cravate est mal fait. Nœud coulant* (= fait de manière à former une boucle qu'on peut rétrécir ou agrandir à volonté). — **2.** Point essentiel d'une affaire compliquée : *Vous êtes au nœud de la question, du problème. Trancher, couper le nœud gordien* (= résoudre d'une manière violente une difficulté jusque-là insoluble). *Le nœud d'une tragédie, le nœud de l'action* (= le moment où l'intrigue sur laquelle repose toute l'action prend un nouveau cours vers le dénouement). — **3.** *Avoir un nœud à la gorge,* avoir la gorge serrée. || *Nœud de vipères,* enlacement de vipères dans le nid. — **4.** Partie du tronc d'un arbre d'où part une branche et où les fibres prennent une nouvelle orientation : *La scie a cassé sur le nœud de la planche.* — **5.** Unité de vitesse utilisée dans la marine correspondant à un mille marin à l'heure : *Le navire file 25 nœuds.* ◆ ***nœuds*** n. m. pl. *Litt.* Liens très étroits qui unissent des personnes : *Rompre des nœuds déjà anciens* (= une amitié, un amour). [→ NOUER, DÉNOUER.]

noir, e [nwar] adj. (lat. *niger*). **1.** Se dit (par oppos. à *blanc*) d'une couleur foncée analogue à celle du charbon : *Un marbre noir veiné de vert. Une encre noire. La fumée noire de l'incendie. Des yeux noirs. Des cheveux noirs* (par oppos. à *blanc, blond, châtain, roux, brun*). *Raisin noir. Des nuages noirs à l'horizon. Du café noir* (= sans lait). *Du pain noir.* — **2.** Se dit de ce qui est sale : *Avoir les ongles noirs. Avoir les mains noires* (syn. CRASSEUX). — **3.** Qui n'est pas éclairé, qui est dans l'obscurité : *Une rue noire* (syn. OBSCUR, SOMBRE). *Arriver à la nuit noire* (= en pleine nuit). — **4.** Assombri par la tristesse, la mélancolie : *Avoir des idées noires. Faire un tableau très noir de la situation* (syn. SOMBRE). *Être d'une humeur noire.* — **5.** Qui manifeste de l'hostilité, de la haine, du mal : *Jeter un regard noir sur un adversaire. Faire preuve d'une noire ingratitude.* — **6.** *Caisse noire,* fonds secrets utilisés sans contrôle, par une administration, un gouvernement, et qui n'apparaissent pas en comptabilité. || Pop. *Être noir,* être ivre. || *Marché noir,* trafic illicite de marchandises (lors des périodes de pénurie). || *Roman, film noir,* ceux qui ont une intrigue dramatique à dénouement malheureux ou qui cherchent à créer des sentiments d'épouvante chez les lecteurs, les spectateurs. || *Travail noir,* effectué en infraction à la législation du travail. ◆ adj. et n. Qui appartient à une race caractérisée par une pigmentation très foncée de la peau (le n. avec une majusc.) : *L'Afrique noire. Les Noirs d'Amérique.* ◆ ***noir*** adv. *Il fait noir,* l'obscurité est complète. ◆ n. m. **1.** Couleur noire : *Des cheveux d'un beau noir.* — **2.** Matière colorante, fard de couleur noire : *Se mettre du noir sur les yeux.* — **3.** Étoffe noire ; vêtement de deuil : *Être, se mettre en noir.* — **4.** Marque, trace de salissure : *Avoir du noir sur le front.* — **5.** Obscurité : *Avoir peur dans le noir.* — **6.** *Fam.* Syn. de TRAVAIL NOIR : *Travailler au noir.* — **7.** *Être dans le noir,* ne pas avoir les idées claires. || *Noir de fumée,* suie servant à divers usages. || *Voir tout en noir,* être très pessimiste. ◆ ***noire*** n. f. Note de musique qui vaut le quart d'une ronde.

noirâtre [nwaratr] adj. Qui tire sur le noir, qui n'est pas franchement noir : *Une traînée noirâtre sur le sol.*

noiraud, e [nwaro] adj. et n. Qui a les cheveux noirs et le teint très brun : *Une petite noiraude.*

noirceur [nwarsœr] n. f. **1.** Qualité de ce qui est noir : *La noirceur du ciel, de ses yeux, des cheveux.* — **2.** Très grande méchanceté : *La noirceur de ses sentiments* (syn. PERFIDIE). *La noirceur d'un crime* (syn. HORREUR).

noircir [nwarsir] v. t. (lat. *nigrescere*). **1.** Rendre noir : *La fumée a noirci le plafond.* — **2.** Peindre sous des couleurs noires : *Noircir la situation. On a noirci sa réputation* (syn. DÉSHONORER). — **3.** *Noircir du papier,* écrire beaucoup. ◆ v. i. ou ***se noircir*** v. pr. Devenir noir : *Le ciel se noircit* (syn. S'ASSOMBRIR). *Ce tableau a noirci au cours des siècles.*

noircissement [nwarsismɑ̃] n. m. Action de noircir; fait d'être noirci.

noise [nwaz] n. f. (lat. *nausea,* mal de mer). *Chercher noise à qqn,* lui chercher querelle; trouver un prétexte pour se disputer avec lui.

noisetier [nwaztje] n. m. Arbrisseau des pays tempérés.

noisette [nwazɛt] n. f. (de *noix*). Fruit contenant une graine riche en huile, produit par le noisetier. ◆ adj. inv. D'un gris roux.

noix [nwa] n. f. (lat. *nux, nucis*). **1.** Fruit du noyer qui fournit une huile comestible; fruit d'autres arbres *(noix de coco, noix muscade).* — **2.** *Noix de veau,* partie charnue placée au-dessus de la cuisse de l'animal. — **3.** *Noix de beurre,* petit morceau de beurre en forme de noix. — **4.** Pop. *À la noix,* sans valeur, très mauvais : *C'est une explication à la noix.* ‖ Pop. *Des noix!,* exprime un refus, un doute indigné. — **5.** *Pop.* Imbécile : *C'est une noix* (syn. fam. BALLOT).

nom [nɔ̃] n. m. (lat. *nomen, -inis*). **1.** Mot servant à désigner un individu, dénomination sous laquelle il est connu : *Le nom de personne est formé d'un nom de famille (Durand) et d'un ou de plusieurs prénoms (Georges). L'enfant répond au nom de Marie* (= s'appelle). *Je n'arrive pas à mettre un nom sur ce visage* (= à me souvenir du nom de cette personne). *Je ne prêterai pas mon nom à cette entreprise* (= je n'engagerai pas ma responsabilité). *Mettre son nom au bas d'un contrat* (syn. SIGNATURE). *J'agis en son nom* (= à sa place). *Donner à un enfant le nom de son grand-père* (= le prénom). *La femme prend ordinairement le nom de son mari* (= nom de famille). *Nom de guerre* (= pseudonyme occasionnel). — **2.** Mot servant à désigner un animal, un lieu, un objet : *Médor est le nom de mon chien. J'ai vu le nom du pays sur le poteau indicateur. Quel est le nom de la rue?* — **3.** Terme servant à désigner les choses ou les êtres de même espèce : *Ne pas trouver le nom d'un objet. La cardiologie, comme son nom l'indique, est une partie de la médecine qui traite du cœur. Il est digne du nom de savant qu'on lui donne. On l'a accablé de tous les noms* (= épithètes injurieuses). *Une dictature qui n'ose pas dire son nom* (= honteuse). *Il faut nommer les choses par leur nom et appeler ce geste une infamie* (= s'exprimer sans ménagement). — **4.** Terme grammatical désignant les substantifs et les mots substantivés (le plus souvent, *nom* et *substantif* sont confondus) : *«Maison», «Nicolas» sont des noms.* — **5.** *Au nom de,* en lieu et place de, sous la responsabilité de : *Je prends la parole au nom de la majorité des assistants. Arrêter un individu au nom de la loi;* en considération de : *Au nom de ce que vous avez de plus cher, soyez prudent.* ‖ Fam. *Nom de Dieu!, nom d'un chien!, nom d'une pipe!, nom de nom!,* jurons exprimant l'indignation, la surprise, etc.

nomade [nɔmad] adj. et n. (gr. *nomas, -ados,* qui fait paître). **1.** Se dit d'une population, de gens qui n'ont pas d'habitation fixe, permanente : *Les tribus nomades du désert* (contr. SÉDENTAIRE). *Un camp installé pour les nomades aux abords de la ville.* — **2.** Se dit de qqn qui se déplace continuellement : *C'est une nomade, elle est sans cesse en voyage. Mener une vie nomade* (syn. VAGABOND).

no man's land [nomanslɑ̃d] n. m. (express. angl. signif. *terrain qui n'est à personne*). Zone comprise entre deux postes douaniers de nationalité différente; terrain neutre.

nombrable [nɔ̃brabl] adj. Qu'on peut compter, dénombrer.

nombre [nɔ̃br] n. m. (lat. *numerus*). **1.** Concept attaché à la notion de grandeur, de quantité : *Les mathématiques sont la science des nombres.* — **2.** Symbole définissant une unité, ou une réunion de plusieurs unités, ou une fraction d'unité : *Le nombre cinq. Les nombres entiers. Élever un nombre au carré.* — **3.** Quantité plus ou moins grande de personnes ou de choses : *Quel est le nombre d'habitants dans cette ville? Le plus grand nombre des votes s'est porté* (ou *se sont portés*) *sur le nom de cet homme politique* (= la majorité). *Un nombre infini de grains de sable* (= une infinité). *Un bon nombre de spectateurs sortirent mécontents* (= beaucoup). ‖ *Sans nombre,* qui ne peut être compté, en très grande quantité : *Des erreurs sans nombre défigurent le livre.* — **4.** Catégorie grammaticale qui permet l'expression de l'opposition entre le singulier et le pluriel. ‖ *Noms de nombre,* adjectifs ou substantifs servant à exprimer soit le nombre, la quantité ou la date *(noms de nombre cardinaux),* soit le rang précis *(noms de nombre ordinaux).* — **5.** *Au nombre de,* au total : *Les accusés sont au nombre de trois* (= il y a trois accusés); indique que le compl. est compris dans un ensemble : *Je la compte au nombre de mes amies* (syn. PARMI). ‖ *En nombre,* en masse : *Attaquer, venir en nombre.* ‖ *Êtes-vous du nombre?,* serez-vous parmi les présents. ‖ *Le nombre,* la masse, la grande quantité : *Succomber sous le nombre. Dans le nombre, nous trouverons ce qu'il nous faut.* ‖ *N'être là que pour faire nombre,* pour figurer dans un groupe, sans avoir de rôle actif. ‖ Litt. *Nombre de, bon nombre de,* beaucoup de : *Nombre d'entre eux étaient morts.*

nombreux, euse [nɔ̃brø] adj. **1.** (avec un n. sing. surtout; avant ou après le n.) Composé d'éléments en très grand nombre : *Il faut contenter notre nombreuse clientèle.* — **2.** (avec un n. pl.) En très grand nombre : *On a à déplorer de nombreuses victimes.*

nombril [nɔ̃bril] n. m. (lat. *umbilicus*). Petite cicatrice du cordon ombilical, au milieu du ventre (syn. OMBILIC).

nomenclature [nɔmɑ̃klatyr] n. f. (lat. *nomenclatura,* désignation par le nom). **1.** Ensemble des termes, strictement définis, composant le lexique d'une technique, d'une science : *La nomenclature chimique. La nomenclature grammaticale a été fixée par des instructions ministérielles.* — **2.** Liste méthodique énumérant les objets d'une collection, les événements d'une période, etc. : *Dresser la nomenclature des châteaux de la Loire.*

nominal, e, aux [nɔminal] adj. **1.** *Appel nominal,* qui se fait en désignant les noms. ‖ *Liste nominale,* qui contient les noms d'une catégorie, d'une espèce déterminée de personnes. — **2.** Qui n'a que le nom, sans avoir de réalité, d'importance : *Être le chef nominal d'un parti. C'est une satisfaction purement nominale, qui ne me rapporte pratiquement rien* (syn. THÉORIQUE; contr. RÉEL). — **3.** Relatif au nom grammatical (sens 4) : *L'infinitif est une forme nominale du verbe. Le groupe nominal est formé d'un nom accompagné de ses déterminants, ou d'un pronom.*

nominalement [nɔminalmɑ̃] adv. Par son nom : *Figurer nominalement sur une liste.*

1. nominatif, ive [nɔminatif] adj. (du lat. *nominare*, appeler). **1.** *Liste nominative, état nominatif,* qui contient les noms de la catégorie concernée (personnes ou surtout choses). — **2.** *Titre nominatif,* action, obligation, etc., portant le nom du propriétaire.

2. nominatif [nɔminatif] n. m. Dans les langues à déclinaison, cas des noms, adjectifs et pronoms propre au sujet.

nomination [nɔminasjɔ̃] n. f. Action de nommer; fait d'être nommé : *Obtenir sa nomination au grade de commandant* (syn. PROMOTION).

nominativement [nɔminativmɑ̃] adv. En spécifiant le nom : *Désigner nominativement les responsables.*

nommé, e [nɔme] n. *Le nommé, la nommée, les nommés,* la ou les personnes de tel nom (admin.) : *La nommée Laure Dupuis est accusée de recel.*

nommément [nɔmemɑ̃] adv. En spécifiant le nom : *Être dénoncé nommément comme l'auteur du crime.*

nommer [nɔme] v. t. (lat. *nominare*). **1.** *Nommer qqn, qqch,* les désigner par un nom : *Ses parents l'ont nommée Laurence* (syn. APPELER). *Nommer un nouveau produit.* — **2.** *Nommer qqn, qqch,* les qualifier d'un nom : *On l'a nommé «le Sauveur de la patrie». Il l'a nommé son bienfaiteur et ami.* — **3.** *Nommer qqn, qqch,* en indiquer (prononcer, écrire) le nom : *Nommer ses complices* (syn. DÉNONCER). *Nommez-moi le nom de cette plante. Monsieur X..., pour ne pas le nommer.* — **4.** *Nommer qqn,* le désigner à un emploi, une fonction : *On l'a nommé à une ambassade. Institutrice récemment nommée. Le conseil municipal l'a nommé maire* (syn. ÉLIRE, CHOISIR COMME). ◆ ***se nommer*** v. pr. **1.** Avoir pour nom : *Elle se nomme Lise Dubois.* — **2.** Se faire connaître par son nom : *L'inconnue s'avança et se nomma.*

non [nɔ̃] adv. de négation (lat. *non*). **1.** Seul, indique une réponse négative à une question, un refus à une proposition : *«Veux-tu lui téléphoner? — Non»* (contr. OUI). *«Vous n'avez pas pu accepter ce poste? — Non»* (contr. SI); renforcé par un adverbe *(sûrement, vraiment, certes, certainement, mais, ah çà! ma foi, merci),* par que *(que non),* ou une formule *(non, rien à faire)* : *Sortir par cette pluie battante? Non merci. Je ne ferai pas son travail à sa place, ah çà! non* (contr. OUI). — **2.** Renforce une question, une réponse, une exclamation, une affirmation : *Tu as fini de t'agiter, non? Ce n'est pas beau, non?;* dans une réponse : *Non, mille fois non! je ne lui en veux pas. Il a été reçu? Non, pas possible?; Ah non! par exemple, vous ne sortirez pas avant d'avoir fini. Non mais, qu'est-ce qui vous prend? Non, sans blague, vous croyez que je vous laisserai faire! Non! tu as eu le courage de lui répondre?;* renforcement de la réponse négative par la reprise d'un terme de la phrase qui précède : *«Je suis désolé. — Moi non.»;* renforcement d'une affirmation par un système de double négation *(non sans)* : *J'ai accepté son invitation, non sans hésitation. Elle s'est aventurée sur le rocher, non sans avoir pris toutes ses précautions.* — **3.** Indique une négation totale de la phrase ou d'un membre de phrase précédent : *Vous dites qu'elle vous a téléphoné. Elle prétend que non* (syn. LE CONTRAIRE). *Il répond non à toutes les sollicitations* (= il refuse). *Faire non de la tête. Il dit non à tout* (= il refuse tout). *Je ne dis ni oui ni non* (= je refuse de donner une réponse définitive). — **4.** *Et non, mais non, ou non, non pas,* indiquent une opposition absolue ou négation d'un membre de phrase précédent (avec ou sans coordination) : *Tu l'as fait par pitié et non par conviction. Je veux bien de ce livre, mais non de ton disque. Venez-vous ou non? «Vous avez jeté les papiers qui étaient sur mon bureau? — Non pas, nous les avons rangés»;* l'opposition peut se faire par juxtaposition : *Elle a besoin de toi, moi non* (soutenu). *Je l'ai fait pour mon frère, non pour ma belle-sœur. C'est mon opinion, non la vôtre, je le sais. C'est mon désir, le vôtre non, je le sais.* — **5.** *Et non pas, mais non pas,* renforcent l'opposition : *C'est un conseil et non pas un ordre.* ‖ *Non seulement,* en opposition avec *mais encore, mais aussi, mais même* : *Non seulement elle ne fait rien, mais encore elle proteste.* ‖ *Non que, non pas que,* indiquent la cause : *Il ne réussit pas, non qu'il soit paresseux, mais parce qu'il est très malchanceux. J'aimais ce quartier de Paris, non pas qu'il fût beau, mais parce qu'il était tranquille.* ‖ *Non plus que, non moins que,* ont le sens de *aussi* ou *et aussi,* avec des phrases négatives : *Elle n'a pas été blessée dans cet accident, non plus que moi d'ailleurs.* — **6.** *Non* modifie un adj., un adv., ou un participe : *Des objets de luxe non indispensables. Les peuples non engagés.* ◆ n. m. inv. Assertion ou réponse négative : *Ils se disputent pour un oui ou pour un non* (= pour un rien, pour un détail futile). *Je répondis par un non très sec* (syn. REFUS; contr. OUI). *Les non au référendum* (= ceux qui votèrent non).

non-accompli [nɔnakɔ̃pli] n. m. Syn. de INACCOMPLI.

nonagénaire [nɔnaʒenɛr] adj. et n. (lat. *nonagenarius*). Âgé de quatre-vingt-dix ans.

non-agression [nɔnagrɛsjɔ̃] n. f. Fait de ne pas attaquer : *Un pacte de non-agression* (= par lequel des pays s'engagent à ne pas commettre d'agression l'un envers l'autre).

non-aligné, e [nɔnaliɲe] adj. et n. (pl. *non-alignés*). *Pays non-alignés,* neutres.

non-alignement [nɔnaliɲmɑ̃] n. m. Attitude de pays qui gardent une neutralité politique à l'égard des antagonismes des grandes puissances.

nonante [nɔnɑ̃t] adj. num. cardin. Quatre-vingt-dix (en Suisse et en Belgique).

non-assistance [nɔnasistɑ̃s] n. f. Abstention volontaire de porter assistance : *Être poursuivi devant les tribunaux pour non-assistance à personne en danger.*

non-belligérance [nɔ̃bɛliʒerɑ̃s] n. f. État d'un pays qui ne participe pas à un conflit militaire : *Se considérer en état de non-belligérance* (syn. NEUTRALITÉ).

non-belligérant, e [nɔ̃bɛliʒerɑ̃] adj. et n. (pl. *non-belligérants*). Qui ne participe pas à un conflit : *Les non-belligérants sont ceux qui ne participent pas directement à un conflit armé sans pour cela être nécessairement neutres.*

nonce [nɔ̃s] n. m. (it. *nunzio,* envoyé). *Nonce (apostolique),* ambassadeur du pape auprès d'un gouvernement étranger.

nonchalamment [nɔ̃ʃalamɑ̃] adv. De façon nonchalante : *Assise nonchalamment dans un fauteuil* (syn. PARESSEUSEMENT).

nonchalance [nɔ̃ʃalɑ̃s] n. f. Comportement nonchalant de qqn : *La nonchalance des gestes, de la démarche* (syn. MOLLESSE). *Qui pourra le faire sortir de sa nonchalance naturelle?* (syn. APATHIE).

nonchalant, e [nɔ̃ʃalɑ̃] adj. et n. (de *non* et anc. fr. *chaloir,* être d'intérêt pour). Qui manque d'ardeur, de vivacité, qui ne se soucie de rien : *Un élève nonchalant* (syn. MOU, INSOUCIANT). *Avoir des gestes nonchalants* (syn. LANGUISSANT).

non-combattant, e [nɔ̃kɔ̃batɑ̃] adj. et n. m. (pl. *non-combattants*). Qui ne participe pas effectivement à un combat, une guerre : *Les infirmières et les médecins sont considérés comme des non-combattants.*

non-conformisme [nɔ̃kɔ̃fɔrmism] n. m. Tendance à ne pas se conformer aux usages établis : *Le non-conformisme est le refus des usages établis ou des opinions* *reçues* (syn. INDÉPENDANCE; péjor. ANARCHISME). *L'anticonformisme est un refus de s'intégrer aux structures d'une société.*

non-conformiste [nɔ̃kɔ̃fɔrmist] adj. et n. (pl. *non-conformistes*). Qui fait preuve de non-conformisme.

non-conformité [nɔ̃kɔ̃fɔrmite] n. f. Défaut de conformité : *La non-conformité d'une installation de chauffage aux règles de la sécurité.*

non-croyant, e [nɔ̃krwajɑ̃] n. (pl. *non-croyants*). Qui n'a pas de foi religieuse.

non-directif, ive [nɔ̃dirɛktif] adj. (pl. *non-directifs*). Qui évite toute directivité.

non-directivité [nɔ̃dirɛktivite] n. f. Absence de méthode directive.

non-engagé [nɔnɑ̃gaʒe] n. et adj. (pl. *non-engagés*). Personne qui n'est pas engagée politiquement.

non-engagement [nɔnɑ̃gaʒmɑ̃] n. m. Attitude d'un État, de qqn qui reste libre à l'égard de toute position politique.

non-exécution [nɔnekzekysjɔ̃] n. f. Fait de ne pas exécuter.

non-figuratif, ive [nɔ̃figyratif] adj. et n. (pl. *non-figuratifs*). Se dit d'un peintre abstrait.

non-fumeur, euse [nɔ̃fymœr] n. Qui ne fume pas : *Compartiments pour non-fumeurs.*

non-ingérence [nɔnɛ̃ʒerɑ̃s] n. f. Attitude politique qui consiste à ne pas s'ingérer dans les affaires d'autrui.

non-initié, e [nɔninisje] adj. et n. (pl. *non-initiés*). Personne profane dans un certain domaine.

non-inscrit [nɔnɛ̃skri] adj. et n. m. (pl. *non-inscrits*). Se dit d'un député qui n'est pas inscrit à un groupe parlementaire.

non-intervention [nɔnɛ̃tɛrvɑ̃sjɔ̃] n. f. Fait de s'abstenir de toute intervention dans les affaires d'un pays étranger.

non-lieu [nɔ̃ljø] n. m. (pl. *non-lieux*). Décision du juge d'instruction constatant qu'il n'y a pas lieu de poursuivre en justice : *Une ordonnance de non-lieu a été prise en faveur du prévenu.*

nonne [nɔn] n. f. (lat. *nonna,* nourrice). *Fam.* Religieuse.

non-observation [nɔ̃ɔpsɛrvasjɔ̃] n. f. Fait de ne pas observer une loi, un règlement.

nonobstant [nɔnɔpstɑ̃] prép. et adv. (de *non* et anc. fr. *obstant,* faisant obstacle). Marque une opposition très forte à ce qui vient d'être dit (admin. ou ironiq.) : *Nonobstant ses protestations, elle fut emmenée au commissariat* (syn. MALGRÉ, EN DÉPIT DE). *Il perd le plus souvent, nonobstant il continue à jouer* (syn. CEPENDANT).

non-paiement [nɔ̃pɛmɑ̃] n. m. (pl. *non-paiements*). Défaut de paiment : *Le non-paiement des traites entraîne la restitution de l'appareil.*

non-prolifération [nɔ̃prɔliferasjɔ̃] n. f. Politique visant à interdire la possession d'armes nucléaires.

non-retour [nɔ̃rətur] n. m. *Point de non-retour,* moment à partir duquel il est devenu impossible de revenir sur une décision, d'arrêter une action en cours.

non-sens [nɔ̃sɑ̃s] n. m. inv. Ce qui, dans qqch, est dépourvu de sens ou de signification, ou ce qui va à l'encontre de ce qui est rationnel : *C'est un non-sens que de fabriquer des automobiles sans construire de routes* (syn. ABSURDITÉ). (→ CONTRESENS, FAUX-SENS.)

non-spécialiste [nɔ̃spesjalist] adj. et n. (pl. *non-spécialistes*). Qui n'est pas spécialiste.

non-stop [nɔnstɔp] adj. inv. (mots angl.). Continu, sans interruption : *Une émission de radio non-stop.* ◆ n. m. *Faire du non-stop,* accomplir une activité sans s'interrompre. ◆ n. f. Descente à skis, effectuée la veille d'une compétition pour reconnaître la piste.

non-violence [nɔ̃vjɔlɑ̃s] n. f. Attitude politique de ceux qui refusent le recours à la violence en quelque circonstance que ce soit.

non-violent, e [nɔ̃vjɔlɑ̃] adj. et n. (pl. *non-violents*). Qui est partisan de la non-violence : *Les non-violents ont remplacé les pacifistes du début du XXe s.*

nopal [nɔpal] n. m. (mot aztèque) [pl. *nopals*]. Plante grasse épineuse à la tige aplatie en raquettes, dont les fruits *(figues de Barbarie)* sont comestibles.

nord [nɔr] n. m. (anc. angl. *norp*). **1.** Un des quatre points cardinaux, dans la direction de l'étoile polaire, du pôle situé dans l'hémisphère où se trouvent l'Europe et une partie de l'Asie : *Pôle Nord. Appartement exposé au nord, en plein nord* (= dans la direction de ce pôle). *Le vent du nord.* — **2.** (avec majusc.) Ensemble des pays situés près du pôle Nord : *Expédition vers le Nord, vers le Grand Nord.* — **3.** Ensemble des régions d'un pays qui se trouvent le plus au nord relativement aux autres parties : *Le nord de la Suède. La France du Nord* (contr. MIDI). *Un homme du Nord* (par oppos. à *un homme du Midi, de l'Est, de l'Ouest, du Centre*). — **4.** *Au nord de,* dans une région située plus près du nord, relativement à une autre : *On annonce des pluies et du vent dans les régions au nord de la Loire.* — **5.** Fam. *Perdre le nord,* ne plus savoir que faire, être affolé (syn. PERDRE LA TÊTE). ◆ adj. inv. Qui est au nord : *Les côtes nord du Brésil.*

nord-africain, e [nɔrafrikɛ̃] adj. et n. (pl. *nord-africains*). D'Afrique du Nord.

nord-américain, e [nɔramerikɛ̃] adj. et n. (pl. *nord-américains*). D'Amérique du Nord.

nord-coréen, enne [nɔrkɔreɛ̃] adj. et n. (pl. *nord-coréens*). De Corée du Nord.

nord-est [nɔr(d)ɛst] n. m. Point de l'horizon situé entre le nord et l'est; partie d'un pays située dans cette direction : *Le nord-est de l'Angleterre.*

nordique [nɔrdik] adj. et n. Du nord de l'Europe : *Les pays nordiques* (= Suède, Norvège, Finlande, Danemark, Islande). *Les touristes étaient des Nordiques blonds et grands.*

nord-ouest [nɔr(d)wɛst] n. m. Point de l'horizon situé entre le nord et l'ouest; partie d'un pays située dans cette direction.

normal, e, aux [nɔrmal] adj. (de *norme*). Conforme à l'état le plus fréquent, le plus habituel, qui n'est pas modifié par un accident, qui n'a aucun caractère exceptionnel : *Ce n'est pas le jour normal* (syn. HABITUEL). *La situation sociale est redevenue normale. Les conditions normales de l'existence* (contr. INSOLITE). *La maladie suit son cours normal* (syn. NATUREL). *Il n'est pas dans son état normal* (= il est malade, ivre, etc.). *En temps normal* (= ordinairement). ◆ adj. f. *Écoles normales,* où on forme les futurs instituteurs. ‖ *Écoles normales supérieures,* où on forme les futurs professeurs. ◆ ***normale*** n. f. État normal, habituel : *Revenir à la normale. Des capacités intellectuelles au-dessous de la normale* (syn. MOYENNE).

normalement [nɔrmalmɑ̃] adv. D'une manière normale : *Normalement, le train arrive à dix heures* (contr. EXCEPTIONNELLEMENT). *Elle est normalement chez elle à cette heure* (syn. HABITUELLEMENT).

normalien, enne [nɔrmaljɛ̃] n. Élève d'une école normale.

normalisation [nɔrmalizasjɔ̃] n. f. Action de normaliser : *La normalisation des appareils sanitaires* (syn. STANDARDISATION).

normaliser [nɔrmalize] v. t. **1.** Unifier et simplifier des produits industriels, des chaînes de fabrication, des règlements de travail, etc., pour obtenir un meilleur rendement (syn. STANDARDISER). — **2.** Faire revenir à une situation normale.

normalité [nɔrmalite] n. f. Caractère de ce qui est normal : *La normalité d'un comportement.*

normand, e [nɔrmɑ̃] adj. et n. (du frq. *northmann,* homme du Nord). **1.** De Normandie. — **2.** *Faire une réponse de Normand,* répondre d'une manière équivoque.

normatif, ive [nɔrmatif] adj. Qui établit la norme ou qui vise à imposer une norme : *Grammaire normative.*

norme [nɔrm] n. f. (lat. *norma,* équerre, règle). **1.** État habituel, conforme à la moyenne générale des cas et considéré le plus souvent comme la règle : *La norme grammaticale. Rester dans la norme* (syn. RÈGLE). — **2.** Règle fixant le type d'un objet, les procédés techniques de fabrication, de production : *L'appareil est conforme aux normes de fabrication. Les normes de production n'ont pas été respectées* (= heures rationnellement nécessaires à la fabrication d'un objet).

noroît ou **norois** [nɔrwa] n. m. (forme altérée de *nord-ouest*). Vent soufflant du nord-ouest.

norvégien, enne [nɔrveʒjɛ̃] adj. et n. De Norvège. ◆ ***norvégien*** n. m. Langue scandinave parlée en Norvège.

nostalgie [nɔstalʒi] n. f. (gr. *nostos,* retour, et *algos,* souffrance). Tristesse vague causée par l'éloignement de ce qu'on a connu, par le regret d'un passé révolu, par un désir insatisfait : *Avoir la nostalgie des longs voyages, la nostalgie de sa jeunesse* (syn. REGRET). *Un regard plein de nostalgie* (syn. MÉLANCOLIE).

nostalgique [nɔstalʒik] adj. Empreint de nostalgie : *Des souvenirs nostalgiques* (syn. MÉLANCOLIQUE).

notabilité [nɔtabilite] n. f. Personne en vue par sa situation, sa renommée, son autorité intellectuelle, morale ou administrative.

1. notable [nɔtabl] adj. (lat. *notabilis,* de *notare,* remarquer) [avant ou après le n.] Important, digne d'être remarqué, d'être pris en considération : *Un fait notable. Une élève qui a fait de notables progrès* (syn. REMARQUABLE, APPRÉCIABLE). *Notable amélioration du temps* (syn. SENSIBLE).

2. notable [nɔtabl] n. m. Personne qui a une situation sociale de premier rang dans une ville, une région : *Un dîner entre notables.*

notablement [nɔtabləmɑ̃] adv. D'une manière notable : *La tension a notablement diminué* (syn. BEAUCOUP).

notaire [nɔtɛr] n. m. (lat. *notarius,* scribe). Officier ministériel qui rédige les actes, les contrats, etc.

notamment [nɔtamɑ̃] adv. En particulier, entre autres : *Les fruits sont chers, et notamment les fraises.*

notarial, e, aux [nɔtarjal] adj. Relatif aux notaires : *Fonctions notariales.*

notariat [nɔtarja] n. m. Fonction de notaire : *École de notariat* (= où on apprend le métier de notaire).

notarié, e [nɔtarje] adj. *Acte notarié,* passé devant notaire.

notation [nɔtasjɔ̃] n. f. **1.** Action de noter, de représenter par des signes convenus : *La notation algébrique, phonétique.* — **2.** Remarque brève : *Elle jeta sur le papier quelques notations rapides.* — **3.** Action de mettre une note : *La notation des leçons.*

note [nɔt] n. f. (lat. *nota,* marque).
— **I. 1.** Courte remarque faite sur un texte pour le rendre intelligible : *Les notes d'une édition. Une note de l'auteur. Mettre une note manuscrite dans la marge* (syn. ANNOTATION). — **2.** Courte indication recueillie par écrit pendant un exposé, une lecture, etc. : *Prendre des notes à un cours. Prendre en note le numéro de téléphone d'une amie. Prendre note d'un renseignement* (= noter). *Je prends bonne note de ce qui vous venez de dire* (=je me souviendrai). — **3.** Brève communication écrite faite à un service, à une ambassade, etc. : *Faire passer une note dans tous les services. Une note diplomatique. Une note officielle du gouvernement français* (syn. MÉMORANDUM). — **4.** Appréciation donnée selon un certain barème sur le travail, la conduite de qqn et indiquée par un chiffre, une lettre, etc. : *Avoir une note au-dessus, au-dessous de la moyenne. Le carnet de notes d'un lycéen.* — **5.** Détail d'un compte à payer : *Demander la note de l'hôtel* (syn. ADDITION). *Une note de frais.*
— **II. 1.** Signe de musique figurant un son ; son correspondant à ce signe : *Les notes de la gamme.* — **2.** Marque distinctive, touche, nuance dans un ensemble : *Ces rideaux blancs mettent une note gaie dans la pièce.* — **3.** *Donner la note,* indiquer le ton : *Le compte-rendu vous donnera la note de ce qu'ont pu être les discussions.* ‖ *Être dans la note,* être dans le style de qqch ou de qqn, être en accord avec eux : *Cette remarque ironique est bien dans la note de son esprit sarcastique.* ‖ *Fausse note,* son discordant ; détail qui brise l'harmonie d'un ensemble : *Ce repas était excellent, il n'y a eu aucune fausse note du début à la fin.* ‖ *Forcer la note,* exagérer. ‖ *Note juste,* détail parfaitement en accord avec la situation.

noter [nɔte] v. t. **1.** *Noter qqch avec, par,* etc., *qqch,* marquer d'un signe ce qu'on veut retenir : *Noter d'une croix un passage intéressant.* — **2.** *Noter qqch,* le mettre par écrit pour en conserver la mémoire : *Noter un rendez-vous sur son agenda* (syn. INSCRIRE). *Noter quelques idées sur le papier* (syn. JETER). — **3.** *Noter qqch qqpart, chez qqn,* y faire attention : *Je n'ai noté aucun changement dans son attitude* (syn. CONSTATER, REMARQUER). *Noter une faute d'orthographe dans un texte* (syn. RELEVER). — **4.** *Noter un travail, qqn,* apprécier sa valeur, en partic. en l'affectant d'une note : *Devoir noté dix sur vingt. Une fonctionnaire bien notée.* — **5.** *Noter un air,* le transcrire.

notice [nɔtis] n. f. (lat. *notitia,* connaissance). Court écrit qui donne des indications sommaires ou qui forme un résumé sur un sujet particulier : *Une notice explicative est jointe à l'appareil. Une notice biographique, nécrologique, bibliographique.*

notification [nɔtifikasjɔ̃] n. f. Action de notifier ; fait d'être notifié : *La notification du jugement à l'accusé* (syn. COMMUNICATION). *Recevoir la notification de sa nouvelle affectation* (syn. AVIS).

notifier [nɔtifje] v. t. (lat. *notificare*). *Notifier qqch (à qqn),* le lui faire connaître d'une façon officielle, expressément : *Notifier l'ordre d'expulsion à des locataires* (syn. INTIMER). *On lui a notifié son renvoi* (syn. SIGNIFIER).

notion [nɔsjɔ̃] n. f. (lat. *notio,* connaissance). **1.** Connaissance qu'on a de qqch : *Tu n'as pas la moindre notion du temps ; tu es toujours en retard* (syn. IDÉE). *Perdre la notion de la réalité* (syn. CONSCIENCE). — **2.** Connaissance élémentaire (surtout pl.) : *Des notions de physique et de chimie données à l'école primaire.* — **3.** *La notion de bien, de mal,* la connaissance de ce qu'est le bien, le mal (syn. IDÉE, CONCEPT).

notoire [nɔtwar] adj. (lat. *notorius,* qui fait connaître). Connu de tous : *Son mauvais caractère est notoire* (syn. RECONNU). *Le fait est notoire* (syn. PUBLIC). *Un criminel notoire* (syn. ↑ CÉLÈBRE).

notoirement [nɔtwarmɑ̃] adv. De façon notoire.

notoriété [nɔtɔrjete] n. f. Caractère notoire : *Leur dissentiment est de notoriété publique. Sa notoriété dépasse le cadre étroit de sa spécialité* (syn. RENOMMÉE, RÉPUTATION). *Ses publications lui ont acquis une grande notoriété* (syn. RENOM).

notre [nɔtr] adj. poss., **nôtre** [notr] adj. et pron. poss. → introduction POSSESSIFS.

notule [nɔtyl] n. f. (bas lat. *notula,* de *nota,* marque). Remarque sur un point particulier d'un texte, d'un exposé (syn. ANNOTATION).

nouba [nuba] n. f. (ar. *nuba*). Fam. *Faire la nouba,* faire la fête, s'amuser.

nouer [nwe] v. t. (lat. *nodare*). **1.** *Nouer qqch (avec qqch),* le serrer, le lier par un ou plusieurs nœuds : *Nouer un paquet avec une ficelle. Nouer une gerbe.* — **2.** *Nouer qqch,* y faire un nœud : *Nouer les lacets de ses chaussures* (syn. ATTACHER). *Nouer sa cravate.* — **3.** *Avoir les articulations nouées,* raidies par les rhumatismes. ‖ *Avoir la gorge nouée par l'émotion,* ne plus pouvoir parler. ‖ *Nouer une amitié, une alliance,* etc., *nouer amitié avec qqn,* former des liens amicaux avec lui. ‖ *Nouer un complot, une intrigue,* organiser, être le promoteur d'un conflit. ‖ *Nouer la conversation,* engager une conversation avec qqn. ◆ ***se nouer*** v. pr. Être organisé, engagé, etc. : *Les intrigues se nouent. Une amitié qui s'est nouée pendant les vacances.*

noueux, euse [nwø] adj. **1.** Se dit d'un arbre, d'un végétal qui a beaucoup de nœuds. — **2.** *Doigts noueux,* qui présentent aux articulations des renflements dus aux rhumatismes. (→ NODOSITÉ.)

nougat [nuga] n. m. (mot prov.). Confiserie faite d'amandes, de sucre et de miel.

nougatine [nugatin] n. f. (de *nougat*). Nougat brun utilisé en pâtisserie et en confiserie.

nouille [nuj] n. f. (all. *Nudel*). **1.** Pâte alimentaire coupée en lanières minces (généralement pl.). — **2.** *Fam.* Personne sans énergie, molle et lente : *C'est une nouille : il est incapable de faire quelque chose lui-même.* ◆ adj. *Fam.* Maladroit, gauche et naïf : *Ce que tu peux être nouille!* (syn. BÊTE).

nourrice [nuris] n. f. (lat. *nutrix, -icis*). **1.** Femme qui allaite un enfant qui n'est pas le sien. — **2.** Femme gardant des enfants à son domicile contre rémunération. — **3.** Réservoir supplémentaire pour contenir un liquide comme l'eau, l'essence.

nourricier, ère [nurisje] adj. **1.** Qui assure la nutrition d'un organisme : *Sève nourricière.* —**2.** *Père nourricier, mère nourricière,* père adoptif, mère adoptive.

nourrir [nurir] v. t. (lat. *nutrire*). **1.** *Nourrir un être animé,* lui donner les aliments nécessaires à sa vie : *Nourrir un bébé* (syn. ALLAITER). *On nourrit cette malade avec du bouillon* (syn. ALIMENTER). *Les élèves sont bien nourris à la cantine* (= mangent bien). *Nourrir des oiseaux avec des graines.* — **2.** *Nourrir qqn,* lui donner les moyens de vivre, de subsister : *J'ai cinq personnes à nourrir* (syn. ENTRETENIR). *Les industries chimiques nourrissent des milliers d'ouvriers.* — **3.** *Nourrir qqch,* l'entretenir pendant quelque temps en accroissant son importance, sa force (souvent pass.) : *Le fourrage sec nourrissait l'incendie. Une fusillade nourrie* (= dense). *Un feu nourri* (= intense). *La conversation était nourrie* (= abondante). — **4.** *Nourrir qqn,* lui donner une formation, le pourvoir d'idées, de sentiments, etc. (souvent pass.) : *Être nourri de sentiments généreux, de préjugés tenaces. Nourrir son esprit de saines lectures.* — **5.** Entretenir un sentiment, une idée : *Nourrir un préjugé, de la haine contre quelqu'un. Nourrir de noirs desseins.* ◆ ***se nourrir*** v. pr. **1.** (sujet être animé) Absorber les aliments nécessaires à la vie : *Se nourrir de viande. Bien se nourrir.* — **2.** (sujet qqn) Entretenir en soi : *Se nourrir d'illusions* (syn. SE REPAÎTRE). [→ NUTRITION.]

nourrissant, e [nurisɑ̃] adj. Qui nourrit bien : *Aliments particulièrement nourrissants.*

nourrisson [nurisɔ̃] n. m. Enfant en bas âge (jusqu'à deux ans).

nourriture [nurityr] n. f. **1.** Aliment destiné à entretenir la vie : *Une nourriture légère, lourde* (syn. ALIMENTATION). *Nourriture solide, liquide. Assurer la nourriture et le logement de quelqu'un.* — **2.** *Les nourritures de l'esprit,* ce qui sert à sa formation.

nous [nu] pron. pers. de la 1re pers. du pluriel (→ introduction PRONOMS PERSONNELS).

nouveau [nuvo] ou **nouvel** (devant voyelle ou *h* muet), **nouvelle** adj. (lat. *novellus*). **1.** (avant ou, plus souvent, après le n.) Qui n'existe ou n'est connu que depuis très peu de temps, qui vient d'apparaître : *Un modèle nouveau de voiture* (contr. ANCIEN). *La nouvelle mode. Un mot nouveau* (= un néologisme). *Du beaujolais nouveau* (= de l'année). *Qu'y a-t-il de nouveau depuis mon départ? Il n'y a rien de nouveau dans la situation ce matin.* — **2.** Qui a un caractère d'originalité, de hardiesse propre à ce qui apparaît pour la première fois : *Un esprit nouveau souffle sur l'Université* (syn. NEUF). *Une vue toute nouvelle* (syn. ORIGINAL). *Style politique nouveau* (syn. INSOLITE). — **3.** Qui était jusqu'alors inconnu : *Voir des visages nouveaux. Tout est nouveau pour elle dans ce nouveau métier.* — **4.** (avant le n.) Qui succède, s'ajoute à qqch d'autre : *La nouvelle saison. Mettre une nouvelle robe. Au nouvel an* (= au 1er janvier). *Acheter une nouvelle voiture. La nouvelle édition d'un livre* (contr. ANCIEN). — **5.** Se dit de qqn qui est tel depuis peu de temps (avec adj. substantivé) : *Les nouveaux riches. Les nouveaux mariés. Le nouvel élu. Les nouveaux venus.* ◆ n. Celui, celle qui vient d'arriver dans une école, une classe, un atelier : *La nouvelle était très intimidée. L'arrivée des nouveaux dans la classe* (syn. en arg. scol. BIZUTH). ◆ ***nouveau*** n. m. **1.** Ce qui est original, neuf, inattendu, récent : *Les journalistes cherchent du nouveau. Il y a du nouveau dans cette affaire.* — **2.** *À nouveau,* en recommençant d'une nouvelle façon : *Reprendre à nouveau le problème*; une seconde fois : *Entendre à nouveau un disque.* ‖ *De nouveau,* indique la répétition (encore une fois) : *Commettre de nouveau la même erreur.* (→ RENOUVELER.)

nouveau-né, e [nuvone] n. et adj. (pl. *nouveau-nés*). Enfant qui vient de naître.

nouveauté [nuvote] n. f. **1.** Caractère de ce qui est nouveau : *La nouveauté d'un mot, d'une mode. Le problème garde sa nouveauté* (syn. ACTUALITÉ). *La nouveauté du livre apparaît à tous les critiques* (syn. ORIGINALITÉ). — **2.** Ce qui est nouveau : *Les nouveautés l'effraient* (syn. CHANGEMENT, INNOVATION). — **3.** Produit, ouvrage nouveau : *Les dernières nouveautés sont dans la vitrine de la librairie.*

nouvelle [nuvɛl] n. f. **1.** Première annonce d'un événement arrivé récemment : *On a donné la nouvelle à la radio. Une fausse nouvelle. Bonne, mauvaise nouvelle. On confirme cette nouvelle.* — **2.** Petit récit assez court. ◆ ***nouvelles*** n. f. pl. **1.** Renseignements fournis sur qqch, sur qqn : *Donner des nouvelles de sa santé. Nous sommes sans nouvelles de Marie. Aux dernières nouvelles, elle était encore à Paris.* — **2.** Renseignements donnés par la presse, la télévision, la radio : *Quelles sont les nouvelles aujourd'hui? Écouter les nouvelles* (syn. INFORMATIONS). — **3.** Fam. *Tu auras, vous aurez,* etc., *de mes nouvelles,* se dit pour menacer qqn de lui causer des ennuis. ‖ Fam. *Tu m'en diras, vous m'en direz,* etc., *des nouvelles,* tu m'en feras, vous m'en ferez, etc., des compliments.

nouvellement [nuvɛlmɑ̃] adv. Depuis peu : *Être nouvellement arrivé* (syn. RÉCEMMENT).

nouvelliste [nuvɛlist] n. m. Auteur de nouvelles.

novateur, trice [nɔvatœr] adj. et n. (du lat. *novare,* renouveler). Qui innove, tend à innover : *Esprit novateur* (syn. CRÉATEUR, INITIATEUR).

novembre [nɔvɑ̃br] n. m. (du lat. *novem,* neuf [l'année romaine commençant au mois de mars]). Onzième mois de l'année.

novice [nɔvis] adj. et n. (lat. *novus,* nouveau). Qui montre de l'inexpérience dans un métier, dans une activité : *Une jeune institutrice, encore novice dans sa profession* (contr. EXPÉRIMENTÉ). *Se laisser prendre comme un novice* (syn. APPRENTI, DÉBUTANT). ◆ n. Personne qui fait l'apprentissage de la vie religieuse avant son entrée dans un ordre religieux.

noviciat [nɔvisja] n. m. Temps d'épreuve imposé aux novices (relig.).

noyade [nwajad] n. f. Action de se noyer : *Une noyade tragique. Sauver quelqu'un de la noyade.*

noyau [nwajo] n. m. (lat. *nodus,* nœud). **1.** Partie dure qui se trouve à l'intérieur de certains fruits : *Noyaux de cerise, de pêche, d'abricot.* — **2.** Corps sphérique qu'on observe à l'intérieur de presque toutes les cellules vivantes (biologie). — **3.** Partie centrale d'un atome, formée de protons et de neutrons et où est rassemblée sa masse (physique). — **4.** Partie centrale autour de laquelle s'organise un groupe, un ensemble, un système : *Le verbe est le noyau de la phrase.* — **5.** Petit groupe d'individus solidement liés les uns aux autres et formant un élément essentiel : *Il ne restait plus qu'un noyau d'opposants. Détruire les derniers noyaux de résistance ennemie* (= groupes isolés).

noyautage [nwajotaʒ] n. m. Action de noyauter.

noyauter [nwajote] v. t. Introduire dans un groupement (parti, syndicat, etc.) des éléments isolés chargés de le diviser, de le désorganiser ou d'en prendre la direction pour en modifier le but : *Les administrations avaient été noyautées et étaient inefficaces.*

noyé, e [nwaje] n. Personne morte par noyade : *Ranimer un noyé par la respiration artificielle.*

1. noyer [nwaje] n. m. (de *noix*). Grand arbre des régions tempérées, qui porte des noix; bois de cet arbre.

2. noyer [nwaje] v. t. (lat. *necare,* tuer) [c. 3]. **1.** *Noyer un être animé,* le faire périr par asphyxie en le plongeant dans un liquide : *Noyer des petits chats.* — **2.** Faire disparaître sous les eaux; recouvrir d'une grande quantité d'eau : *La rupture des digues a noyé toutes les basses terres* (syn. SUBMERGER, INONDER). *Les pompiers ont noyé l'incendie sous des tonnes d'eau* (syn. ↓ÉTEINDRE). — **3.** Mouiller abondamment (surtout pass.) : *Son visage est noyé de larmes*; étendre d'une trop grande quantité d'eau : *Noyer son vin.* — **4.** *Être noyé,* disparaître dans une masse : *Être noyé dans la foule. Le cri fut noyé par le bruit de la fête* (syn. ÉTOUFFER). *Cette idée originale est noyée dans un ensemble très confus*; être dépassé par les difficultés, ne pouvoir les surmonter. — **5.** *Litt.* Recouvrir entièrement, envelopper (en parlant d'autre chose que d'un liquide) : *La pièce est noyée dans l'ombre* (= elle est très obscure). — **6.** *Noyer un carburateur,* provoquer un afflux trop grand d'essence, qui empêche le moteur de démarrer. ‖ *Noyer son chagrin dans l'alcool,* s'enivrer pour oublier son chagrin. ‖ *Noyer le poisson,* embrouiller une question, un problème, de telle manière que l'adversaire soit fatigué et cède. ‖ *Noyer qqn sous les mots,* l'assourdir par son bavardage. ‖ *Noyer une révolte dans le sang,* la réprimer avec violence. ‖ *Qui veut noyer son chien l'accuse de la rage,* quand on en veut à qqn, on l'accuse faussement. ◆ ***se noyer*** v. pr. **1.** Mourir asphyxié dans l'eau. — **2.** *Se noyer dans les détails,* être incapable de les dépasser pour aller à l'essentiel. ‖ *Se noyer dans un verre d'eau,* échouer devant une petite difficulté.

nu, e [ny] adj. (lat. *nudus*). **1.** Se dit de qqn (d'une partie de son corps) qui n'a sur lui aucun vêtement : *Nu jusqu'à la ceinture. À moitié nue. Les bras nus. Tête nue* ou *nu-tête. Pieds nus* ou *nu-pieds.* — **2.** Se dit d'un lieu dépourvu d'ornement, d'un objet qui n'est pas recouvert ou protégé : *Une chambre nue* (= sans meubles). *Des murs nus. Un fil électrique nu* (= sans gaine isolante). *Épée nue* (= hors du fourreau). — **3.** Sans végétation, sans feuilles : *Paysage nu. Arbre nu.* — **4.** *Dire la vérité toute nue,* simplement, sans adoucissement ni déguisement. ‖ *Mettre à nu,* découvrir, dévoiler : *Mettre son cœur à nu;* enlever ce qui recouvre : *Mettre à nu un fil électrique* (syn. DÉNUDER). ◆ ***nu*** n. m. Œuvre d'art (dessin, peinture, sculpture) représentant le corps humain nu.

nuage [nɥaʒ] n. m. (lat. *nubes*). **1.** Masse de vapeur d'eau en suspension dans l'atmosphère et près de se condenser : *Des nuages noirs s'amoncelaient dans le ciel. De petits nuages blancs.* — **2.** Masse compacte de vapeur, de menues particules, etc., qui empêche de voir : *Un nuage de poussière, de fumée. Un nuage artificiel.* — **3.** *Bonheur sans nuages,* parfait, sans souci. ‖ *Être dans les nuages,* être distrait, rêver. ‖ *Un nuage de lait,* une petite quantité de lait versée dans du thé, du café (syn. SOUPÇON).

nuageux, euse [nɥaʒø] adj. Couvert de nuages : *Temps nuageux. Ciel nuageux.*

nuance [nɥɑ̃s] n. f. (de l'anc. fr. *nuer,* nuancer). **1.** Chacun des degrés différents par lesquels peut passer une même couleur : *Les nuances du rouge (cerise, cramoisi, vermillon, etc.).* — **2.** Chacun des états par lesquels peut passer une odeur, un sentiment, etc. : *Les nuances d'un parfum. Les nuances de l'amour.* — **3.** Différence minime, fine, entre deux choses de même genre : *Les nuances d'une pensée. Il y a plus qu'une nuance entre ces deux points de vue. Une personne sans nuance* (= intransigeante).

nuancer [nɥɑ̃se] v. t. (c. 1) Exprimer d'une façon délicate, en tenant compte des différences (souvent pass.) : *Nuancer sa pensée. Opinion nuancée* (contr. ENTIER).

nubile [nybil] adj. (lat. *nubilis,* de *nubere,* se marier). *Fille nubile,* en âge de se marier; pubère.

nubilité [nybilite] n. f. État d'une personne nubile.

nucléaire [nykleɛr] adj. (lat. *nucleus,* noyau). **1.** Relatif au noyau de l'atome : *Réaction nucléaire.* — **2.** Relatif à l'utilisation de l'énergie atomique : *Énergie nucléaire. Centrale nucléaire. Explosion nucléaire.* ◆ n. m. Ensemble des industries concourant à la mise en œuvre de l'énergie nucléaire.

nudisme [nydism] n. m. Pratique de la vie en plein air dans un état de nudité complète (syn. NATURISME).

nudiste [nydist] n. et adj. Qui pratique le nudisme : *Un camp de nudistes.*

nudité [nydite] n. f. **1.** État d'une personne nue, d'une partie du corps nue. — **2.** État de qqch qui n'est pas recouvert, orné par rien : *La nudité d'un mur. La nudité du désert.* — **3.** *Dans toute sa (leur) nudité,* sans masque, en parlant des choses : *Les horreurs et les crimes de cette dictature se montraient dans toute leur nudité.*

nuée [nɥe] n. f. (lat. *nubes,* nuage). *Nuée (de + n. pl.),* multitude dense d'animaux, de gens, d'objets : *Une nuée de sauterelles, de flèches. Vedette assaillie par une nuée d'admirateurs* (syn. ↓FOULE).

nues [ny] n. f. pl. (lat. *nubes*). *Porter, élever qqn aux nues,* le louer avec un enthousiasme excessif.

nuire [nɥir] v. t. ind. (lat. *nocere*) [c. **69**]. **1.** (sujet qqn, qqch) *Nuire à qqn, à qqch (qui lui appartient),* lui faire du mal, du tort, lui causer du dommage : *Chercher à nuire à quelqu'un auprès de ses amis* (syn. DISCRÉDITER). *Cette manière de faire nuit à sa réputation* (syn. ↑RUINER). *En agissant ainsi, elle nuit à sa santé;* sans compl., faire du mal, être malfaisant : *Sa volonté de nuire est incontestable.* — **2.** (sujet qqch) *Nuire à qqch,* constituer une gêne, un obstacle : *Cet incident risque de nuire aux négociations* (syn. CONTRARIER). *Ce retard nuit à l'efficacité de notre action* (syn. GÊNER). ◆ ***se nuire*** v. pr. Nuire à soi-même : *Il se nuit en insistant trop.* (→ NOCIF.)

nuisance [nɥizɑ̃s] n. f. Facteur de gêne, parfois de danger, d'origine industrielle ou sociale : *Le bruit, la pollution de l'air sont des nuisances de la vie moderne.*

nuisible [nɥizibl] adj. Qui nuit : *Animal nuisible* (= parasite, dangereux). *Climat particulièrement nuisible à la santé* (syn. NÉFASTE; contr. BIENFAISANT). ◆ n. m. Animal, insecte parasite ou destructeur.

nuit [nɥi] n. f. (lat. *nox, noctis*). **1.** Temps pendant lequel le Soleil n'est pas visible en un point de la Terre : *Être réveillé pendant la nuit. En pleine nuit, au milieu de la nuit* (contr. JOUR). *Les régions polaires connaissent une nuit de plusieurs mois. Souhaiter une bonne nuit.* — **2.** Obscurité qui règne pendant cette durée : *Il fait nuit, nuit noire. À la nuit tombante, à la tombée de la nuit.* — **3.** *De nuit,* qui se passe la nuit : *Travail, service de nuit*; qui sert pendant la nuit : *Sonnette de nuit*; qui vit la nuit : *Oiseau de nuit.* ‖ *La nuit des temps,* une époque très ancienne, très reculée. ‖ *Nuit et jour,* continuellement. (→ NOCTAMBULE, NOCTURNE.)

nuitamment [nɥitamɑ̃] adv. *Litt.* Pendant la nuit : *Un vol commis nuitamment.*

nuitée [nɥite] n. f. Durée d'une nuit dans un hôtel, de midi au jour suivant à midi.

1. nul, nulle [nyl] adj. indéf. (lat. *nullus*) [avant le n.] Indique, avec *ne,* l'absence totale (soutenu) : *Nous n'avons nul besoin de votre aide. Je n'ai nulle envie de travailler sous ses ordres*; avec *autre,* de sens comparatif : *Nulle autre qu'elle ne peut réaliser cette entreprise* (= aucune autre personne). *Livre qui ne peut se comparer à nul autre.* ‖ *Nulle part,* en aucun lieu. ‖ *Sans nul doute, nul doute que* → DOUTE. ◆ pron. indéf. (presque toujours sujet et masc.; admin. ou jurid.) : *Nul n'a le droit de pénétrer dans cette salle* (syn. PERSONNE). *Nul n'est censé ignorer la loi. À l'impossible, nul n'est tenu. Nul n'est prophète en son pays.*

2. nul, nulle [nyl] adj. **1.** Indique la réduction à rien, l'inexistence, l'absence de validité : *Résultat nul : deux buts partout. Ils ont fait match nul. La récolte du vin est presque nulle dans la région* (syn. INEXISTANT). *L'élection est nulle par suite de cette intervention illégale* (syn. INVALIDÉ). *Le testament a été déclaré nul* (= sans validité). — **2.** Sans aucune valeur : *Intelligence nulle. Ce devoir est nul, j'ai mis un zéro.* — **3.** Qui n'a aucune disposition pour les études ou qui ne sait rien : *Cet élève est nul en mathématiques* (= complètement ignorant ou incapable dans cette matière).

nullard, e [nylar] adj. et n. *Fam.* et *péjor.* Tout à fait nul intellectuellement.

nullement [nylmɑ̃] adv. En aucune façon : *Elle n'en est nullement responsable* (syn. AUCUNEMENT). *Il n'en est nullement question.*

nullité [nyl(l)ite] n. f. **1.** Caractère d'une chose sans valeur, d'une personne sans intelligence, sans connaissances, sans compétence : *La nullité d'un raisonnement. Cet élève est d'une parfaite nullité* (syn. ↓FAIBLESSE). *Cet homme est une complète nullité, incapable de la moindre originalité* (syn. ZÉRO). — **2.** Caractère d'un acte juridique qui ne peut avoir d'effet parce qu'il n'a pas d'existence légale : *Testament frappé de nullité.*

nûment [nymɑ̃] adv. *Litt.* Sans rien ajouter ni atténuer : *Dire tout nûment la vérité* (= sans la déguiser; syn. CRÛMENT).

numéraire [nymerɛr] n. m. (du lat. *numerare,* compter). Toute monnaie ayant cours légal : *Payer en numéraire* (syn. EN ESPÈCES; contr. PAR CHÈQUE).

numéral, e, aux [nymeral] adj. (du lat. *numerus,* nombre). *Ajectif numéral,* qui indique le nombre *(cardinal)* ou le rang *(ordinal).* ‖ *Système numéral,* ensemble des symboles utilisés pour représenter les nombres.

numérateur [nymeratœr] n. m. Terme d'une fraction placé au-dessus de la barre horizontale et indiquant de combien de parties de l'unité se compose cette fraction (math.).

numération [nymerasjɔ̃] n. f. (lat. *numerus,* nombre). **1.** Action d'énoncer et d'écrire les nombres, de compter (math.) : *La numération décimale* (= à base 10), *binaire* (= à base 2). — **2.** *Numération globulaire* → GLOBULAIRE.

numérique [nymerik] adj. Évalué par des nombres, qui se fait sur des nombres donnés : *La force numérique de l'adversaire* (= en nombre). *Quelles sont les données numériques du problème? Calcul numérique.*

numériquement [nymerikmɑ̃] adv. Du point de vue du nombre : *Vaincre un ennemi numériquement supérieur.*

1. numéro [nymero] n. m. (mot it.; du lat. *numerus,* nombre). **1.** Nombre qui indique la place d'un objet dans une série, qui sert à distinguer une chose d'autres choses de même nature : *Elle habite au numéro trente de la rue de Vaugirard. Des témoins ont relevé le numéro de la voiture.* — **2.** Nombre marqué sur les billets, les boules, etc., utilisés dans les loteries, les jeux de hasard : *Le numéro gagnant à la loterie. Tirer le mauvais numéro.* — **3.** Partie d'une revue, d'un périodique publiée à une date donnée : *Un numéro spécial d'une revue. Son article vient de paraître dans le dernier numéro. La suite au prochain numéro* (= la suite de l'article, de l'histoire paraîtra dans le numéro suivant du journal, de la revue; ce qui reste à faire est remis à plus tard).

2. numéro [nymero] n. m. **1.** Chacune des divisions d'un spectacle de cirque, de music-hall : *Un numéro de clown, de jongleurs. Présenter un nouveau numéro.* — **2.** Fam. *Faire son numéro,* se faire remarquer en se donnant en spectacle. — **3.** *Fam.* Personne singulière, bizarre : *C'est un drôle de numéro.*

numérotation [nymerɔtasjɔ̃] n. f. Action de numéroter.

numéroter [nymerɔte] v. t. *Numéroter qqch,* le marquer d'un numéro : *Numéroter des feuillets, des fiches.*

numerus clausus [nymerysklozys] n. m. (mots lat. signif. *nombre arrêté*). Nombre auquel on limite la quantité de personnes admises à une fonction, à un grade, etc., conformément à une réglementation préalablement établie.

numismate [nymismat] n. Spécialiste de numismatique.

numismatique [nymismatik] n. f. (du gr. *nomisma,* monnaie). Science des monnaies et des médailles.

nunchaku [nunʃaku] n. m. (mot jap.). Fléau d'armes d'origine japonaise.

nu-pieds [nypje] n. m. inv. Chaussure à semelle mince retenue au pied par des courroies.

nuptial, e, aux [nypsjal] adj. (du lat. *nuptiae,* noces).

Relatif au mariage : *Bénédiction nuptiale. Anneau nuptial.*

nuptialité [nypsjalite] n. f. Proportion des mariages dans un pays : *L'élévation du taux de nuptialité* (nombre annuel des mariages par groupe de 1 000 habitants).

nuque [nyk] n. f. (ar. *nuqa,* moelle épinière). Partie postérieure du cou.

nurse [nyrs,nœrs] n. f. (mot angl.). Bonne d'enfants.

nutritif, ive [nytritif] adj. **1.** Qui a la propriété de nourrir : *Aliments très nutritifs* (syn. NOURRISSANT). *Les qualités nutritives d'un aliment.* — **2.** Qui concourt à la nutrition : *L'appareil nutritif d'un animal.*

nutrition [nytrisjɔ̃] n. f. (du lat. *nutrire,* nourrir). Ensemble des fonctions de l'organisme qui assurent la digestion et l'assimilation des aliments (techn.) : *Troubles de la nutrition.*

nutritionnel, elle [nytrisjɔnɛl] adj. Relatif à la nutrition, aux régimes alimentaires.

nutritionniste [nytrisjɔnist] n. Spécialiste de la nutrition et des troubles qui l'affectent.

Nylon [nilɔ̃] n. m. Nom déposé d'une fibre textile artificielle : *Des bas en Nylon.*

1. nymphe [nɛ̃f] n. f. (gr. *numphê,* jeune fille). Déesse des bois, des montagnes, des eaux, de la mythologie grecque.

2. nymphe [nɛ̃f] n. f. Chez certains insectes, état intermédiaire entre celui de larve, ou ver, et celui d'insecte parfait.

nymphéa [nɛ̃fea] n. m. (de *nymphe*). Nénuphar dont une espèce est le *lotus sacré* des Égyptiens de l'Antiquité.

nymphomane [nɛfɔman] adj. et n. f. (de *nymphe* 1 et gr. *mania,* folie). Se dit d'une femme atteinte de nymphomanie.

nymphomanie [nɛ̃fɔmani] n. f. Exagération des besoins sexuels chez la femme.

o [o] n. m. Quinzième lettre de l'alphabet, notant la voyelle [o].

ô [o] interj. Marque le début d'une apostrophe, d'une invocation (toujours avec un n. ou un adj.; soutenu) : *Ô cruelle! Ô mon Maître et Seigneur, ayez pitié de moi!*

oasien, enne [ɔazjɛ̃] adj. et n. Habitant d'une oasis.

oasis [ɔazis] n. f. (mot gr.; orig. égypt.). **1.** Endroit d'une région désertique où se trouve un point d'eau, qui permet à la végétation de croître. — **2.** Litt. *Une oasis de* (+ *n. sing.*), un lieu ou un moment qui contraste avec la situation environnante : *Ce quartier résidentiel est une oasis de calme dans la ville* (syn. REFUGE, ÎLOT). *Ils considèrent les vacances comme une oasis de paix dans le tumulte de la vie* (= moment privilégié).

obédience [ɔbedjɑ̃s] n. f. (lat. *oboedientia,* obéissance). **1.** Soumission à un supérieur ecclésiastique (relig.). — **2.** Fidélité à une doctrine philosophique, politique, etc.; soumission à une autorité : *Les pays d'obédience communiste. Ils ne sont pas de même obédience* (syn. APPARTENANCE).

obéir [ɔbeir] v. t. ind. (lat. *oboedire*). **1.** (sujet qqn, un animal) *Obéir à qqn, à qqch,* se soumettre aux ordres de qqn, aux stipulations d'un règlement, ou se conformer aux impulsions d'un sentiment, etc. : *N'obéir qu'à ses instincts* (syn. ÉCOUTER, SUIVRE). *Le chien obéit au sifflement de son maître* (syn. RÉPONDRE À); sans compl. : *Cette enfant obéit facilement.* — **2.** *Être obéi, se faire obéir,* obtenir que qqn vous obéisse : *Un chef qui n'a pas été obéi. Cette monitrice sait se faire obéir des enfants.* — **3.** (sujet qqch) *Obéir à une loi, à un principe,* etc., y être soumis, les confirmer : *Tout objet lancé obéit à la loi de la chute des corps* (syn. SUIVRE). — **4.** (sujet un animal, un mécanisme) *Obéir à qqch,* suivre une impulsion donnée, y répondre : *Le cheval obéit à l'éperon. Le bateau obéit à la barre;* sans compl. : *Le moteur obéit bien.*

obéissance [ɔbeisɑ̃s] n. f. Action d'obéir : *Obéissance d'un soldat à ses chefs* (syn. DOCILITÉ, DISCIPLINE, ↑SOUMISSION). *Refus d'obéissance* (= insoumission, révolte).

obéissant, e [ɔbeisɑ̃] adj. Qui obéit : *Une enfant obéissante* (syn. DOCILE). *Élèves obéissants* (syn. DISCIPLINÉ). *La foule, obéissante, s'est dispersée en silence* (syn. PASSIF, ↑SOUMIS).

obélisque [ɔbelisk] n. m. (gr. *obeliskos,* broche à rôtir). Pierre levée, très allongée, quadrangulaire à sa base, et terminée en pointe : *Les faces des obélisques égyptiens sont le plus souvent gravées d'hiéroglyphes.*

obérer [ɔbere] v. t. (du lat. *obaeratus,* endetté) [c. **10**] Accabler d'une lourde charge financière (soutenu) : *Les conflits armés obèrent toujours les ressources d'un pays* (syn. GREVER). *Obéré de dettes* (= très endetté).

obèse [ɔbɛz] adj. et n. (lat. *obesus,* gras). Anormalement gros (syn. ÉNORME; contr. MAIGRE, ÉTIQUE).

obésité [ɔbezite] n. f. Excès de poids de qqn : *L'exercice physique est recommandé pour lutter contre l'obésité* (syn. EMBONPOINT; contr. MAIGREUR).

obier [ɔbje] n. m. (it. *obbio*). Arbrisseau dont une variété cultivée dans les jardins doit à ses fleurs blanches, groupées en boule, le nom de *boule-de-neige.*

objecter [ɔbʒɛkte] v. t. (lat. *objectare,* placer devant). *Objecter à qqn qqch, que* (+ *ind.*), lui opposer une réfutation, émettre une protestation ou une affirmation contraire à ce qu'il dit : *Objecter le peu de chance de succès d'une expérience* (syn. ALLÉGUER). *On vous objectera que votre projet est utopique* (syn. RÉTORQUER).

objecteur [ɔbʒɛktœr] n. m. *Objecteur de conscience,* celui qui pour des motifs religieux ou philosophiques refuse le service militaire.

1. objectif [ɔbʒɛktif] n. m. (du lat. *objectus,* placé devant).

— **I. 1.** Système optique d'une lunette, d'un microscope, etc., qui est tourné vers l'objet à examiner (par oppos. à l'*oculaire,* contre lequel on place l'œil) : *La distance focale d'un objectif.* — **2.** Système optique d'un appareil photographique, contenant les lentilles et qui donne des objets une image réelle, enregistrée sur une plaque sensible ou un film; l'appareil photographique lui-même : *Objectif grand angulaire. Sourire devant l'objectif.*

— **II. 1.** But précis à atteindre : *Mon seul objectif est de pouvoir m'acheter une maison* (syn. AMBITION, DESSEIN, VISÉE). — **2.** Point contre lequel est dirigée une opération militaire : *Bombarder les objectifs stratégiques.*

2. objectif, ive [ɔbʒɛktif] adj. **1.** Qui existe hors de l'esprit, comme objet ou comme matière, qui fait partie du monde extérieur et peut être perçu par les sens (philos.) : *La réalité objective* (contr. SUBJECTIF). — **2.** Qui ne fait pas intervenir d'éléments affectifs, personnels dans ses jugements, qui décrit avec exactitude la réalité : *C'est l'historien le plus objectif pour la période d'avant-guerre* (syn. IMPARTIAL). *Des constatations objectives* (contr. SUBJECTIF). *Un compte-rendu objectif* (contr. PARTIAL).

objection [ɔbʒɛksjɔ̃] n. f. (de *objecter*). **1.** Argument opposé à une affirmation : *Je réfuterai d'abord vos objections à mon projet. Prévenir d'éventuelles objections de la part de ses adversaires.* — **2.** *Objection de conscience,* refus de remplir ses obligations militaires, pour des raisons morales ou religieuses.

objectivement [ɔbʒɛktivmɑ̃] adv. De façon objective : *Le monde existe objectivement* (= indépendamment de nous). *Objectivement je n'en sais rien.*

objectivisme [ɔbʒɛktivism] n. m. Absence systématique de parti pris.

objectivité [ɔbʒɛktivite] n. f. Qualité de qqch, de qqn qui est objectif : *L'objectivité de la science* (contr. SUBJECTIVITÉ). *L'objectivité d'une romancière, d'un cinéaste* (syn. IMPARTIALITÉ). *Son jugement est dénué de toute objectivité* (contr. PARTIALITÉ).

objet [ɔbʒɛ] n. m. (lat. *objectum,* chose placée devant). **1.** Chose définie par sa matière, sa forme, sa couleur, destinée à un usage quelconque : *Cette* *enfant commence à découvrir les objets. Des objets traînent dans la pièce : ses livres, ses vêtements, ses papiers. Rassembler ses objets personnels* (= ses affaires). *Le bureau des objets trouvés. Collection d'objets d'art* (= d'œuvres d'art). — **2.** *Être l'objet, faire l'objet de qqch,* se dit de qqn, de qqch qui est la cause, le motif de qqch, d'une pensée, d'un sentiment, d'une action : *Cet enfant malade est l'objet d'un dévouement constant. Le choix des horaires a fait l'objet de violentes discussions.* — **3.** But d'une action, matière d'une activité : *L'objet d'une démarche* (syn. BUT). *L'objet de la discussion est très important* (syn. CONTENU, SUJET). — **4.** *Sans objet,* qui n'est pas fondé : *Une question sans objet.* — **5.** Par oppos. à *sujet* grammatical, terme de la proposition désignant l'être ou la chose sur lesquels s'exerce l'action exprimée par le verbe : *Complément d'objet direct, indirect.*

objurgations [ɔbʒyrgasjɔ̃] n. f. pl. (du lat. *objurgare,* blâmer). *Litt.* Paroles par lesquelles on essaie, avec une vive insistance, de détourner qqn d'agir comme il a l'intention de le faire : *J'ai cédé à vos objurgations* (syn. EXHORTATION).

oblation [ɔblasjɔ̃] n. f. (du lat. *oblatus,* offert). Offrande faite à Dieu ; acte par lequel le prêtre offre à Dieu le pain et le vin qu'il doit consacrer à la messe.

obligataire [ɔbligatɛr] n. Propriétaire d'obligations. ◆ adj. *Un emprunt obligataire,* constitué par des obligations.

obligation [ɔbligasjɔ̃] n. f. **1.** Engagement qu'imposent la loi, la morale, qui est imposé par les usages, les convenances : *Les déjeuners d'affaire font partie de ses obligations professionnelles* (syn. TÂCHE). *Remplir ses obligations militaires* (= répondre à l'appel, faire son service militaire). *Avoir des obligations mondaines* (= visites ou invitations à faire ou à rendre). *Cette réunion n'est pas très importante, ne vous faites pas une obligation d'y assister* (syn. DEVOIR). — **2.** Lien juridique par lequel qqn est tenu de faire ou de ne pas faire qqch : *Obligation alimentaire* (= devoir, pour qqn, de fournir les ressources nécessaires à la vie de ses proches parents et alliés). *Il lui faut d'abord s'acquitter de ses obligations* (= dettes, contrats). — **3.** Nécessité, caractère inévitable ou contraignant d'une situation : *Être dans l'obligation de démissionner. Je vous propose ce travail, mais c'est sans obligation pour vous* (syn. CONTRAINTE). *J'ai reçu ce poste de télévision à l'essai, sans obligation de l'acheter* (syn. ENGAGEMENT). — **4.** Sentiment ou devoir de reconnaissance de qqn envers un bienfaiteur (soutenu, et le plus souvent au sing.) : *Avoir beaucoup d'obligation à quelqu'un pour des services rendus. S'acquitter d'anciennes obligations* (= dettes de reconnaissance). — **5.** Titre négociable, nominatif ou au porteur, remis par une société ou une collectivité publique à ceux qui lui prêtent des capitaux, et constituant une part d'un emprunt.

obligatoire [ɔbligatwar] adj. Imposé par la loi ou par des circonstances particulières : *L'assistance aux travaux pratiques est obligatoire* (syn. INDISPENSABLE ; contr. FACULTATIF). *Tenue de soirée obligatoire* (syn. EXIGÉ, DE RIGUEUR).

obligatoirement [ɔbligatwarmɑ̃] adv. De façon obligatoire : *En suivant cette rue, on arrive obligatoirement sur la place* (syn. NÉCESSAIREMENT, FATALEMENT, INÉVITABLEMENT).

obligé, e [ɔbliʒe] adj. et n. Se dit de qqn qui a un devoir de reconnaissance : *Je suis dans cette affaire votre obligée.*

obligeamment [ɔbliʒamɑ̃] adv. De façon obligeante : *Elle a très obligeamment proposé de nous reconduire* (syn. GENTIMENT, AIMABLEMENT).

obligeance [ɔbliʒɑ̃s] n. f. Disposition à rendre service : *Auriez-vous l'obligeance de me prêter vos documents ?* (syn. COMPLAISANCE).

obligeant, e [ɔbliʒɑ̃] adj. **1.** Qui est prêt à rendre service : *Cette employée est particulièrement obligeante* (syn. AIMABLE, SERVIABLE ; contr. DÉSOBLIGEANT). — **2.** *Paroles obligeantes,* paroles flatteuses.

obliger [ɔbliʒe] v. t. (lat. *obligare,* lier par un contrat) [c. 2].

— **I. 1.** (sujet qqch) *Obliger qqn,* le lier par une loi, une convention : *Le contrat oblige les deux parties signataires* (syn. ENGAGER). — **2.** (sujet qqch, qqn) *Obliger qqn à* (+ *inf.*), le forcer à une action : *La nécessité m'oblige à accepter ce travail* (syn. CONTRAINDRE À). *Rien ne l'obligeait à intervenir dans le débat ;* (sujet qqn) *être obligé de* (+ *inf.*) : *Elle a été obligée de réparer les dégâts* (syn. CONDAMNER, ASTREINDRE À). *Je suis obligé de partir* (= il faut que je parte).

— **II.** *Obliger qqn,* lui rendre un service par pure complaisance (soutenu) : *Vous m'obligeriez beaucoup en ne répétant pas ce que je vous ai dit* (= vous me feriez un très grand plaisir en...). *Je vous serais fort obligé de bien vouloir m'accorder un entretien* (syn. RECONNAISSANT).

oblique [ɔblik] adj. (lat. *obliquus*). **1.** Se dit d'une droite, d'un chemin ou d'un tracé qui n'est pas dans le prolongement d'une ligne, ou qui n'est pas perpendiculaire à une droite ou à un plan : *Tracer une ligne oblique par rapport à une droite. Le chemin suit un tracé oblique par rapport à la rivière* (= qui fait un angle aigu avec). — **2.** *En oblique,* de biais, en diagonale.

obliquement [ɔblikmɑ̃] adv. De façon oblique : *Regarder quelqu'un obliquement* (syn. DE CÔTÉ, DE BIAIS).

obliquer [ɔblike] v. i. Prendre une direction de côté : *Arrivés sur la place, vous obliquerez à droite pour rattraper l'autoroute* (syn. TOURNER).

obliquité [ɔblikɥite] n. f. Inclinaison d'une ligne ou d'une surface par rapport à une autre : *Le degré d'obliquité des rayons solaires permet d'apprécier l'heure.*

oblitération [ɔbliterasjɔ̃] n. f. Action d'oblitérer ; fait d'être oblitéré : *Les timbres de cette lettre ne portaient trace d'aucune oblitération. L'oblitération d'une artère.*

oblitérer [ɔblitere] v. t. (lat. *oblitterare,* effacer) [c. **10**]. **1.** *Oblitérer un timbre,* le marquer d'un cachet spécial : *Ce timbre a beaucoup moins de valeur oblitéré que neuf.* — **2.** *Oblitérer un vaisseau, un conduit,* l'obstruer (méd.) : *Avoir une artère oblitérée par un caillot.* — **3.** *Oblitérer qqch,* l'effacer, l'user progressivement (soutenu) : *Les inscriptions murales sont partiellement oblitérées par le temps* (syn. EFFACÉ).

oblong, oblongue [ɔblɔ̃] adj. (lat. *longus,* long). De forme allongée : *Fruit, visage oblong.*

obnubiler [ɔbnybile] v. t. (lat. *obnubilare,* couvrir de nuages) [sujet une idée, un sentiment] *Obnubiler qqn,* dominer son esprit, éclipser les autres idées (surtout pass.) : *Il est complètement obnubilé par la peur de mourir* (syn. OBSÉDER).

obole [ɔbɔl] n. f. (gr. *obolos*). Petite offrande, contribution en argent peu importante : *Vous remettrez votre obole à la sortie* (syn. OFFRANDE).

obscène [ɔpsɛn] adj. (lat. *obscenus,* de mauvais présage). Qui choque la pudeur par sa trivialité ou sa crudité : *Tenir des propos obscènes* (syn. DÉGOÛTANT, GROSSIER, INCONVENANT ; contr. CHASTE, PUDIQUE, CONVENABLE). *Mur couvert de graffiti obscènes.*

obscénité [ɔpsenite] n. f. Caractère obscène ; parole, action obscène : *L'obscénité de ce film l'a fait censurer* (syn. INCONVENANCE). *Des gens qui ne savent dire que des obscénités* (syn. GROSSIÈRETÉ).

obscur, e [ɔpskyr] adj. (lat. *obscurus*). **1.** Mal éclairé, privé de lumière, qui n'est pas lumineux : *Ce rez-de-chaussée est très obscur* (syn. SOMBRE; contr. CLAIR). *Fréquenter les salles obscures* (= aller au cinéma). — **2.** Qu'on comprend difficilement (avant le n.; litt.) : *Traduire ses idées de façon obscure* (contr. CLAIR). *Je ne peux suivre un exposé fait en termes aussi obscurs* (syn. INCOMPRÉHENSIBLE). *Un sentiment obscur de crainte* (syn. CONFUS). *Au plus obscur d'elle-même* (= au plus profond). — **3.** Qui reste inconnu, peu célèbre : *Mener une vie obscure* (syn. EFFACÉ, HUMBLE). *Occuper dans la hiérarchie administrative un poste obscur* (syn. INSIGNIFIANT; contr. IMPORTANT). *Un poète obscur* (syn. INCONNU).

obscurantisme [ɔpskyrɑ̃tism] n. m. (de *obscur*). Attitude d'opposition à l'instruction, à la raison et au progrès : *Le XVIIIe s. a dénoncé l'obscurantisme et l'intolérance.*

obscurantiste [ɔpskyrɑ̃tist] adj. et n. Partisan de l'obscurantisme.

obscurcir [ɔpskyrsir] v. t. *Obscurcir qqch,* le rendre obscur : *Les feuillages obscurcissent le jardin en été* (syn. ASSOMBRIR). *Le vin lui obscurcit les idées* (syn. BROUILLER; contr. ÉCLAIRCIR). ◆ ***s'obscurcir*** v. pr. Devenir obscur : *Le temps s'obscurcit* (syn. SE COUVRIR). *Son esprit s'obscurcit* (= devient confus).

obscurcissement [ɔpskyrsismɑ̃] n. m. Action d'obscurcir; fait d'être obscurci.

obscurément [ɔpskyremɑ̃] adv. D'une façon confuse, imprécise : *Elle sentit obscurément la crainte l'envahir* (syn. CONFUSÉMENT).

obscurité [ɔpskyrite] n. f. **1.** État, qualité de ce qui est obscur : *On dit que les chats voient dans l'obscurité* (syn. LA NUIT; contr. LE JOUR). *Rechercher avant tout la simplicité et l'obscurité* (syn. ↑ ANONYMAT). *Laisser un problème dans l'obscurité* (= ne pas le traiter). *L'obscurité de la poésie mallarméenne* (= difficulté de la comprendre). — **2.** Phrase, pensée obscure : *Son langage est plein d'obscurités.*

obsédant, e [ɔpsedɑ̃] adj. Qui frappe les sens d'une façon presque intolérable : *Le rythme obsédant d'une musique* (syn. PERSISTANT, ↑ LANCINANT).

obsédé, e [ɔpsede] n. et adj. Qui est la proie d'une idée fixe : *Un obsédé sexuel. C'est un obsédé de la montagne* (syn. FOU, MANIAQUE; fam. MALADE).

obséder [ɔpsede] v. t. (lat. *obsidere,* assiéger) [c. **10**]. **1.** (sujet qqch) *Obséder qqn,* lui occuper l'esprit de façon exclusive et continuelle : *L'idée de la maladie l'obsède* (syn. HARCELER, HANTER). — **2.** *Être obsédé,* avoir une idée fixe : *Être obsédée par les questions d'argent.*

obsèques [ɔpsɛk] n. f. pl. (lat. *obsequiae,* de *obsequi,* suivre). Cérémonie en l'honneur d'un mort (admin.) : *Se rendre à des obsèques* (syn. ENTERREMENT). *Les obsèques nationales d'un homme politique* (syn. FUNÉRAILLES).

obséquieusement [ɔpsekjøzmɑ̃] adv. De façon obséquieuse : *S'incliner obséquieusement.*

obséquieux, euse [ɔpsekjø] adj. (lat. *obsequiosus,* de *obsequium,* complaisance). Poli et empressé à l'excès : *Un subordonné obséquieux* (syn. PLAT, SERVILE). *Des manières obséquieuses.*

obséquiosité [ɔpsekjozite] n. f. Politesse, respect exagérés : *S'adresser à quelqu'un avec obséquiosité* (syn. SERVILITÉ).

observable [ɔpsɛrvabl] adj. Qui peut être remarqué, étudié : *L'éclipse de Soleil totale n'est que très rarement observable.*

observance [ɔpsɛrvɑ̃s] n. f. Obéissance à une règle, le plus souvent religieuse : *Il vit dans la plus stricte observance des préceptes du Coran* (syn. SOUMISSION). *Religieuse qui appartient à telle observance* (= ordre).

observateur, trice [ɔpsɛrvatœr] n. **1.** Personne qui assiste à une action en spectateur : *Les gens s'étaient tous postés aux fenêtres, en observateurs curieux* (syn. SPECTATEUR; contr. PARTICIPANT). — **2.** Personne attentive à un fait particulier, ou qui a pour fonction d'étudier scientifiquement un phénomène : *L'observateur, placé dans une cabine spéciale, enregistre les mouvements des différents appareils.* — **3.** Personne qui a pour mission d'assister à un événement sans y participer : *Des observateurs ont été admis au Concile* (syn. AUDITEUR). ◆ adj. Qui sait regarder avec attention ou esprit critique : *Les enfants sont très observateurs* (= remarquent tout). *Avoir l'esprit observateur* (syn. ATTENTIF). *Promener un œil observateur sur les lieux* (syn. SCRUTATEUR).

observation [ɔpsɛrvasjɔ̃] n. f. **1.** Fait de considérer qqch avec attention : *Avoir l'esprit d'observation. Leurs rapports de voisinage commencèrent par une période d'observation muette* (syn. EXAMEN). — **2.** Étude attentive ou scientifique d'un phénomène : *Sciences d'observation. Cycle d'observation* (= d'étude des aptitudes des élèves). *Mettre un malade en observation* (= étudier la marche de sa maladie). — **3.** Remarque exprimant le résultat d'un examen, d'une étude, une appréciation sur le contenu d'un texte : *Consigner ses observations par écrit. Placer des observations en marge* (syn. COMMENTAIRE, REMARQUE). — **4.** Remarque, critique : *Mériter des observations* (syn. REPROCHE, RAPPEL À L'ORDRE). *Je n'ai pas d'observation à faire.* — **5.** Action d'observer, de se conformer à qqch : *L'observation du règlement* (syn. OBÉISSANCE, RESPECT).

observatoire [ɔpsɛrvatwar] n. m. **1.** Lieu où on procède à des études d'astronomie et de météorologie. — **2.** Endroit d'où on peut aisément observer, surveiller.

observer [ɔpsɛrve] v. t. (lat. *observare*). **1.** *Observer qqn, qqch,* le considérer attentivement, l'étudier en détail : *Vous observerez son visage : il nous cache certainement quelque chose* (syn. ↓ REGARDER). *Observer une éclipse de Soleil. Il vaut mieux observer l'adversaire avant de choisir une tactique. Ne rien dire et observer.* — **2.** *Observer qqch,* l'étudier scientifiquement : *Observer un insecte au microscope. Je me contente d'observer les faits sans les interpréter* (syn. EXAMINER). — **3.** *Observer qqn,* épier ses faits et gestes : *Elle se sait observée et se méfie* (syn. SURVEILLER). *Tout le monde observe les nouveaux venus.* — **4.** *Observer qqch,* le remarquer : *Enfin, on a observé un mieux chez cette convalescente* (syn. NOTER). — **5.** Faire une remarque particulière : *C'est très beau, observa-t-elle.* — **6.** *Faire observer qqch à qqn,* attirer son attention sur qqch : *Je vous ferai observer que vous êtes en retard* (syn. REMARQUER). — **7.** *Observer un règlement, un principe,* etc., s'y conformer : *Observer le Code de la route. Observer la règle du jeu. Observer les coutumes d'un pays* (syn. ADOPTER, SE PLIER À; contr. MANQUER À). *Observer les usages* (syn. SUIVRE). *Observer les règles de la grammaire* (syn. S'EN TENIR À). ◆ ***s'observer*** v. pr. Exercer sur ses propres actions un contrôle constant pour éviter un geste déplacé, une maladresse, etc.

obsession [ɔpsɛsjɔ̃] n. f. (lat. *obsessio*). Idée fixe : *L'obsession de grossir* (syn. HANTISE). *Être toujours en proie aux mêmes obsessions.*

obsessionnel, elle [ɔpsɛsjɔnɛl] adj. Se dit d'un état morbide caractérisé par une idée fixe : *Une névrose obsessionnelle.*

obsolète [ɔpsɔlɛt] adj. (lat. *obsoletus,* de *solere,* avoir coutume). Sorti de l'usage (soutenu) : *Mot obsolète.*

obstacle [ɔpstakl] n. m. (lat. *obstaculum,* de *obstare,* se tenir devant). **1.** Ce qui empêche de passer : *La voiture a fait une embardée en essayant d'éviter un obstacle.* — **2.** En sports, difficulté qu'on place sur le parcours d'une course de haies ou d'un concours hippique. — **3.** Ce qui entrave la réalisation de qqch : *Projet qui se heurte à des obstacles insurmontables* (syn. DIFFICULTÉ). *Le principal obstacle à ce mariage est l'âge des intéressés* (syn. EMPÊCHEMENT, ENTRAVE). *Réussir à franchir tous les obstacles dans ses études* (syn. BARRIÈRE). ‖ *Faire obstacle à qqch,* s'y opposer. ‖ *Mettre obstacle à qqch,* l'empêcher.

obstétrical, e, aux [ɔpstetrikal] adj. Relatif à l'obstétrique.

obstétricien, enne [ɔpstetrisjɛ̃] n. Spécialiste d'obstétrique.

obstétrique [ɔpstetrik] n. f. (lat. *obstetrix,* accoucheuse). Partie de la médecine relative aux accouchements.

obstination [ɔpstinasjɔ̃] n. f. Caractère obstiné : *Faire preuve d'obstination* (syn. ACHARNEMENT, PERSÉVÉRANCE, ↓ CONSTANCE; contr. SOUPLESSE). *Son obstination l'a acculé à la ruine* (syn. ENTÊTEMENT). *Réussir à un examen à force d'obstination* (syn. TÉNACITÉ). *Vaincre l'obstination des parents* (syn. ENTÊTEMENT).

obstiné, e [ɔpstine] adj. et n. Qui manifeste de l'obstination : *Je n'ai jamais vu un obstiné pareil* (syn. OPINIÂTRE, ENTÊTÉ). *Un travail obstiné* (syn. ACHARNÉ).

obstinément [ɔpstinemɑ̃] adv. Avec obstination : *Elle maintient obstinément son veto.*

obstiner (s') [ɔpstine] v. pr. (lat. *obstinare*) [sujet qqn] *S'obstiner à* (+ *inf.*), persévérer dans son entreprise sans se laisser détourner par qui ou quoi que ce soit : *S'obstiner à tout contrôler soi-même, au lieu de faire confiance aux autres* (syn. S'ACHARNER, S'ENTÊTER; soutenu ↑ S'OPINIÂTRER); sans compl. : *Tu as tort de t'obstiner, elle ne cèdera pas* (syn. INSISTER, POURSUIVRE, PERSISTER, SE BUTER).

obstruction [ɔpstryksjɔ̃] n. f. **1.** En politique, tactique consistant à paralyser les débats : *Les députés faisaient de l'obstruction systématique.* — **2.** En médecine, engorgement d'un canal, d'un vaisseau, etc. : *L'obstruction des voies biliaires par des calculs est visible à la radio.* — **3.** Dans les sports d'équipe, action de s'opposer de façon déloyale à un adversaire : *Sanctionner l'obstruction d'une équipe.*

obstructionnisme [ɔpstryksjɔnism] n. m. Tactique parlementaire consistant à employer l'obstruction de façon systématique.

obstructionniste [ɔpstryksjɔnist] adj. et n. Qui pratique systématiquement l'obstruction.

obstruer [ɔpstrye] v. t. (lat. *obstruere,* construire devant). *Obstruer une canalisation, un passage,* etc., y rendre difficile ou impossible la circulation des matières ou des personnes : *Le conduit est obstrué par des détritus* (syn. BOUCHER). *Des paquets accumulés qui obstruent un couloir* (syn. ENCOMBRER, EMBARRASSER). *Un bouchon de circulation obstrue le passage sur la nationale 20* (syn. ARRÊTER, ENTRAVER).

obtempérer [ɔptɑ̃pere] v. t. ind. (lat. *obtemperare*) [c. **10**] *Obtempérer à un ordre,* s'y soumettre sans répliquer (surtout admin.) : *Elle n'avait pas le choix : elle dut obtempérer à la décision de sa patronne;* sans compl. : *Il sait que s'il n'obtempère pas immédiatement, il sera puni.*

obtenir [ɔptənir] v. t. (lat. *obtinere,* tenir fortement) [c. **22**]. **1.** *Obtenir qqch,* se le faire donner, parvenir à se le faire accorder : *Elle a obtenu la permission de sortir une fois par semaine* (syn. fam. ↑ ARRACHER). *Ils ont obtenu leur bac* (syn. fam. DÉCROCHER). *Obtenir une augmentation. Ce groupe politique a obtenu quinze pour cent des voix aux élections* (syn. AVOIR). *Je tâcherai de vous obtenir cet ouvrage gratuitement* (syn. PROCURER). *Elle a obtenu de lui qu'il se taise sur cette affaire.* — **2.** *Obtenir qqch,* atteindre un but, arriver à un résultat : *Il faut obtenir une température de − 25 °C* (syn. RÉALISER, PARVENIR À). *Faites l'addition; quel total obtenez-vous?* (syn. TROUVER). ◆ ***s'obtenir*** v. pr. Être obtenu : *Cette espèce de tulipe s'obtient par croisement* (= résulte de).

obtention [ɔptɑ̃sjɔ̃] n. f. Action d'obtenir; fait d'être obtenu : *L'obtention d'un diplôme, d'une nouvelle variété de rose par bouturage.*

1. obturateur, trice [ɔptyratœr] adj. Qui obture : *Plaque obturatrice.*

2. obturateur [ɔptyratœr] n. m. **1.** Appareil qui assure l'étanchéité d'un récipient : *Fermer l'obturateur* (syn. VALVE, CLAPET, ROBINET). — **2.** Dispositif d'un appareil photographique pour obtenir des temps de pose différents.

obturation [ɔptyrasjɔ̃] n. f. Action d'obturer; fait d'être obturé : *L'obturation d'une dent.*

obturer [ɔptyre] v. t. (lat. *obturare,* boucher). *Obturer qqch,* le boucher hermétiquement : *Obturer un trou dans le mur* (syn. FERMER). *Obturer une ouverture* (syn. CONDAMNER). *Obturer une dent* (syn. PLOMBER).

1. obtus [ɔpty] adj. m. (lat. *obtusus,* émoussé, stupide). *Angle obtus,* plus grand qu'un angle droit.

2. obtus, e [ɔpty] adj. Lent à comprendre : *Élève obtus* (contr. FIN). *Esprit obtus* (syn. BORNÉ, LOURD, ÉPAIS; contr. PÉNÉTRANT, VIF).

obus [ɔby] n. m. (all. *Haubitze,* canon). Projectile de forme cylindrique, lancé par une bouche à feu.

obvier [ɔbvje] v. t. ind. (lat. *obviare,* aller au-devant). *Obvier à qqch,* parer à un danger, à un inconvénient (soutenu) : *Faire poser une balustrade pour obvier aux accidents* (syn. PRÉVENIR, REMÉDIER).

oc [ɔk] adv. (mot prov. signif. *oui*). *Langue d'oc,* ensemble des langues ou dialectes du midi de la France, à l'exception du Pays basque (contr. LANGUE D'OÏL).

ocarina [ɔkarina] n. m. (mot it., de *oca,* oie). Petit instrument de musique à vent, de forme ovoïde, muni d'un bec et percé de huit trous.

occasion [ɔkazjɔ̃] n. f. (lat. *occasio,* ce qui échoit). **1.** Circonstance, et en partic. circonstance qui vient à propos : *Puisque je vous vois, je profite de l'occasion pour vous dire ma satisfaction* (syn. ÉVÉNEMENT). *Sauter sur l'occasion* (fam.; syn. AUBAINE). *J'ai laissé échapper plusieurs occasions de vendre ma maison. Venez si vous en avez l'occasion* (syn. POSSIBILITÉ). *C'est une occasion inespérée* (syn. CHANCE). *Vous avez eu l'occasion de vous justifier* (syn. FACULTÉ). *Je n'ai jamais eu l'occasion de la gronder* (= je n'ai jamais eu de raison de). *Le sport lui fournit des occasions de se dépenser* (= lui permet de). *Le noir convient en toute occasion* (syn. CIRCONSTANCE). *Sortir la bouteille de champagne des grandes occasions* (= des grands jours). *À la première occasion, il faudra s'échapper. À l'occasion, venez dîner* (= le cas échéant, éventuellement). *On a organisé une surprise-partie à l'occasion de ses vingt ans* (= à propos de, pour). *Passer dans un quartier par occasion* (= par hasard). *L'occasion fait le larron* (= les circonstances vous font faire des choses auxquelles on n'aurait pas pensé). — **2.** Objet, meuble, véhicule, etc., qui n'est pas neuf et qu'on achète de seconde main : *Cette machine à laver est une occasion avantageuse. Acheter une voiture d'occasion.*

occasionnel, elle [ɔkazjɔnɛl] adj. Qui arrive par

hasard : *Travail occasionnel* (syn. TEMPORAIRE; contr. RÉGULIER, HABITUEL, PERMANENT).

occasionnellement [ɔkazjɔnɛlmɑ̃] adv. Par occasion, d'une manière temporaire : *Remplir occasionnellement un emploi.*

occasionner [ɔkazjɔne] v. t. *Occasionner qqch,* en être la cause : *Je vous ai occasionné des ennuis* (syn. CRÉER, CAUSER, SUSCITER). *Ce voyage a occasionné des frais* (syn. ENTRAÎNER, PROVOQUER).

occident [ɔksidɑ̃] n. m. (lat. *occidens,* qui se couche). **1.** *Litt.* Côté de l'horizon où le Soleil se couche : *Le vent vient de l'occident* (syn. plus usuel. OUEST; contr. ORIENT, EST). — **2.** (avec majusc.) Partie ouest du continent européen; ensemble des États du pacte de l'Atlantique Nord (par oppos. aux États de l'est de l'Europe et de l'Asie) : *L'évolution de l'Occident* (syn. L'OUEST).

occidental, e, aux [ɔksidɑ̃tal] adj. et n. De l'Occident : *La côte occidentale de la Corse* (contr. ORIENTAL). *Les pays du bloc occidental* (= de l'Ouest; contr. DE L'EST). *Les Occidentaux* (= ceux qui habitent l'Occident).

occidentalisation [ɔksidɑ̃talizasjɔ̃] n. f. Fait de s'occidentaliser.

occidentaliser (s') [ɔksidɑ̃talize] v. pr. Prendre les caractères des civilisations occidentales.

occipital, e, aux [ɔksipital] adj. *Lobe occipital* (= lobe postérieur du cerveau, où sont localisés les centres visuels). ‖ *Os occipital* (ou *occipital* n. m.), os qui forme la paroi postérieure du crâne.

occiput [ɔksipyt] n. m. (mot lat., de *caput,* tête). Partie inférieure et postérieure de la tête.

occitan [ɔksitɑ̃] n. m. (de *oc*). Ensemble des dialectes de langue d'oc, et, plus spécialement, l'ancien provençal.

occlusion [ɔklyzjɔ̃] n. f. (du lat. *occludere,* fermer). *Occlusion intestinale,* arrêt des matières et des gaz dans un segment de l'intestin.

occlusive [ɔklyziv] adj. et n. f. (du lat. *occludere,* fermer). *Consonne occlusive* (ou *occlusive* n. f.), produite par une fermeture momentanée du canal buccal : [p], [b], [t], [d], [k], [g].

occultation [ɔkyltasjɔ̃] n. f. Action d'occulter.

occulte [ɔkylt] adj. (lat. *occultus,* caché). **1.** Qui agit ou qui est fait d'une façon secrète, clandestine (soutenu) : *Une politique guidée par des forces occultes.* — **2.** *Sciences occultes,* qui intéressent des faits échappant à l'explication rationnelle (astrologie, alchimie, magie, nécromancie).

occulter [ɔkylte] v. t. (lat. *occultare,* cacher). **1.** *Occulter une région,* la priver d'une émission de télévision. — **2.** *Occulter qqch,* le rendre obscur, le dissimuler : *Occulter certains aspects d'un problème.*

occultisme [ɔkyltism] n. m. Pratique des sciences occultes.

occultiste [ɔkyltist] adj. et n. Qui pratique l'occultisme.

occupant, e [ɔkypɑ̃] adj. Qui occupe : *Une répression atteint ceux qui ont collaboré avec la puissance occupante.* ◆ n. Personne qui occupe un lieu : *Être le premier occupant d'un appartement* (syn. HABITANT). *L'occupant, en temps de guerre* (= la puissance étrangère qui a envahi un pays).

occupation [ɔkypasjɔ̃] n. f. **1.** Fait de prendre possession d'un lieu ou d'être en possession d'un lieu : *L'occupation des lieux rend des aménagements nécessaires.* — **2.** (avec majusc.) Période où la France était occupée par les Allemands, de 1940 à 1945. — **3.** Activité rémunérée ou non : *Chercher une occupation* (syn. TRAVAIL). *Il faudrait, au milieu de toutes ces occupations, garder du temps libre* (syn. ACTIVITÉ).

occupé, e [ɔkype] adj. **1.** Se dit d'un lieu dont qqn a pris possession : *Un appartement occupé* (contr. LIBRE). *Poste occupé* (contr. VACANT). *La place est occupée* (syn. PRIS; contr. DISPONIBLE). *Zone occupée [par l'ennemi]* (syn. ENVAHI). — **2.** Très absorbé par son travail, ses activités : *Une personne très occupée* (syn. PRIS). *Avoir l'esprit occupé par des projets de vacances* (syn. PLEIN DE, ABSORBÉ PAR). *Être toujours occupé* (syn. ACTIF, AFFAIRÉ, ↑SURCHARGÉ).

occuper [ɔkype] v. t. (lat. *occupare,* s'emparer de). **1.** (sujet qqn) *Occuper un lieu,* l'envahir et s'y installer de force; s'y maintenir militairement : *Les grévistes ont occupé l'usine. Les Allemands ont occupé la France pendant la Seconde Guerre mondiale* (syn. ENVAHIR). — **2.** (sujet qqn, qqch) *Occuper un lieu,* en avoir la possession, s'y trouver, en remplir l'espace : *J'occupe cet appartement depuis dix ans* (syn. HABITER). *Ce vieux meuble occupe trop de place* (syn. PRENDRE, TENIR). — **3.** (sujet qqn) *Occuper un poste, une fonction,* l'avoir comme charge, comme fonction : *Occuper un poste de secrétaire.* — **4.** (sujet qqn) *Occuper qqn,* l'employer à un travail, ou lui fournir des distractions : *L'usine ne peut occuper que six cents ouvriers* (syn. EMPLOYER). *En vacances, le problème est d'occuper les enfants les jours de pluie* (syn. DISTRAIRE, AMUSER, INTÉRESSER). — **5.** (sujet qqch) *Occuper qqn,* remplir complètement son activité, sa pensée : *Ce travail l'a occupée tout l'après-midi* (syn. ABSORBER, PRENDRE, RETENIR). *Le ménage l'occupe beaucoup* (= lui prend beaucoup de temps). — **6.** (sujet qqch) *Occuper un espace de temps,* le remplir : *La séance a occupé tout l'après-midi;* (sujet qqn) faire en sorte qu'il ne soit pas vide d'activités : *À quoi peut-on occuper le temps ici?* (syn. TUER). *Encore une heure à occuper* (syn. REMPLIR, MEUBLER). ◆ ***s'occuper*** v. pr. **1.** *S'occuper à qqch,* à (+ *inf.*), employer son temps à qqch, à faire qqch : *Depuis sa retraite, il ne sait à quoi s'occuper* (syn. S'EMPLOYER, S'INTÉRESSER). *S'occuper à classer des fiches;* et, sans compl., ne pas rester oisif, meubler son temps : *Avec cette grande maison à remettre en état, il y a de quoi s'occuper* (syn. FAIRE, TRAVAILLER). — **2.** *S'occuper de qqch, de qqn,* ou *de* (+ *inf.*), leur consacrer son activité, les prendre en charge : *Elle n'a absolument pas le temps de s'occuper de ses affaires* (syn. PENSER À, VEILLER À). *Est-ce que je me suis déjà occupé de cette affaire?* (syn. SUIVRE, ÉTUDIER). *Occupe-toi de toi au lieu de critiquer les autres* (syn. S'INQUIÉTER DE, SE SOUCIER DE). *Pour l'instant nous ne nous occuperons que des verbes* (syn. S'INTÉRESSER À). *Ne pas s'occuper de politique* (syn. S'INTÉRESSER À, SE MÊLER DE). *S'occuper des malades* (syn. SE CONSACRER À). *Une minute, et je m'occupe de vous* (syn. SE CONSACRER À, ÊTRE À, ÉCOUTER). *Elle s'occupera de vous procurer les pièces nécessaires* (syn. SE CHARGER).

occurrence [ɔkyrɑ̃s] n. f. (du lat. *occurrens,* qui court à la rencontre de). *En l'occurrence, en pareille occurrence,* dans la circonstance présente. (Dans la langue scientifique, une *occurrence* est un événement fortuit.)

océan [ɔseɑ̃] n. m. (gr. *ôkeanos*). Vaste étendue d'eau salée, d'un seul tenant, qui occupe la plus grande partie (71 p. 100) du globe terrestre; partie de cette étendue : *L'océan Pacifique. L'océan Atlantique. L'océan Indien. Les océans et les mers couvrent la plus grande partie de la Terre.*

océanique [ɔseanik] adj. Relatif à l'océan : *Le climat océanique.*

océanographe [ɔseanɔgraf] ou **océanologue** [ɔseanɔlɔg] n. Spécialiste d'océanographie.

océanographie [ɔseanɔgrafi] ou **océanologie**

[ɔseanɔlɔʒi] n. f. Étude des océans et de la vie dans les océans.

océanographique [ɔseanɔgrafik] adj. Relatif à l'océanographie : *L'Institut océanographique.*

ocelot [ɔslo] n. m. (mot aztèque). Mammifère carnivore d'Amérique du Sud, à robe fauve tachetée de brun.

ocre [ɔkr] n. f. et adj. inv. (gr. *ôkhra,* sorte de terre jaune). Jaune-brun ou jaune-rouge : *Murs tapissés d'un papier de couleur ocre.*

octal, e, aux [ɔktal] adj. Qui a pour base le nombre huit.

octave [ɔktav] n. f. (du lat. *octavus,* huitième). En musique, intervalle de huit degrés; ensemble des notes contenues dans cet intervalle : *Jouer un morceau à l'octave supérieure* (= le jouer une octave plus haut qu'il n'est écrit).

octet [ɔktɛt] n. m. Élément d'information de huit bits.

octobre [ɔktɔbr] n. m. (du lat. *october,* huitième [l'année romaine commençant en mars]). Dixième mois de l'année.

octogénaire [ɔktɔʒenɛr] adj. et n. (lat. *octogenarius*). Qui a quatre-vingts ans.

octogonal, e, aux [ɔktɔgɔnal] adj. Qui a la forme d'un octogone : *Une tour octogonale* (= dont la section est un octogone).

octogone [ɔktɔgon] n. m. (du gr. *oktagônes,* à huit angles). Polygone qui a huit angles : *Un octogone régulier.*

octroi [ɔktrwa] n. m. **1.** Action d'octroyer, d'accorder : *Le gouvernement a décidé l'octroi d'un jour de congé pour fêter ce glorieux anniversaire.* — **2.** Taxe que certaines municipalités percevaient sur certaines denrées à leur entrée dans la ville; bureau chargé de percevoir cette taxe.

octroyer [ɔktrwaje] v. t. (bas lat. *auctoridiare*) [c. **3**] *Octroyer qqch à qqn,* le lui concéder, le lui accorder à titre de faveur (soutenu) : *La direction a octroyé une prime à tout le personnel.* ◆ ***s'octroyer*** v. pr. *S'octroyer qqch,* le prendre sans permission : *S'octroyer huit jours de vacances supplémentaires* (syn. S'ACCORDER).

1. oculaire [ɔkylɛr] adj. (du lat. *oculus,* œil). **1.** Relatif à l'œil : *Le globe oculaire* (= le globe de l'œil). — **2.** *Témoin oculaire,* qui a vu la chose dont il témoigne.

2. oculaire [ɔkylɛr] n. m. Système optique d'une lunette, d'un microscope, etc., placé du côté de l'œil de l'observateur et qui sert à examiner l'image fournie par l'objectif.

oculiste [ɔkylist] n. Syn. vieilli de OPHTALMOLOGISTE ou OPHTALMOLOGUE.

odalisque [ɔdalisk] n. f. (turc *oda,* chambre). *Litt.* Courtisane.

ode [ɔd] n. f. (gr. *ôidê,* chant). **1.** Chez les Anciens, tout poème destiné à être mis en musique : *Les « Odes » de Pindare.* — **2.** Poème lyrique, divisé en strophes, destiné soit à célébrer de grands événements ou de hauts personnages, soit à exprimer des sentiments plus familiers.

odelette [ɔdlɛt] n. f. Petite ode.

odeur [odœr] n. f. (lat. *odor*). **1.** Émanation volatile d'un corps, qui provoque une sensation olfactive : *Elle est allergique à l'odeur du jasmin* (syn. SENTEUR). *Aimer l'odeur de l'encens* (syn. PARFUM). *Une épouvantable odeur de putréfaction* (= une puanteur). — **2.** *Ne pas être en odeur de sainteté auprès de qqn,* n'être pas bien vu de lui.

odieusement [odjøzmɑ̃] adv. De façon odieuse : *Se conduire odieusement* (= de façon ignoble). *Des prisonniers odieusement torturés.*

odieux, euse [odjø] adj. (lat. *odiosus,* de *odium,* haine). **1.** (après ou, parfois, avant le n.) Se dit de qqn, d'un acte, etc., qui excite la haine, l'indignation : *Un crime odieux* (syn. ABOMINABLE, IGNOBLE, IMMONDE, MONSTRUEUX, RÉVOLTANT). *Se conduire d'odieuse façon* (syn. EXÉCRABLE). — **2.** Dont le comportement est irritant : *Cette enfant a été odieuse pendant les vacances* (syn. INSUPPORTABLE, ↑ EXÉCRABLE).

odorant, e [odɔrɑ̃] adj. (de l'anc. fr. *odorer,* sentir). Qui répand une bonne odeur : *Des essences odorantes* (syn. PARFUMÉ).

odorat [odɔra] n. m. (lat. *odoratus*). Sens par lequel on perçoit les odeurs : *Avoir l'odorat fin, émoussé. Manquer d'odorat.*

odoriférant, e [odɔriferɑ̃] adj. Qui répand une bonne odeur.

odyssée [ɔdise] n. f. (de *l'Odyssée,* poème d'Homère). Voyage riche en aventures : *Leur voyage au Portugal a été une véritable odyssée.*

œcuménique [økymenik] adj. (du gr. *oikoimenê,* l'univers). **1.** Qui tend à rassembler diverses confessions religieuses : *Le mouvement œcuménique est né en 1948.* — **2.** *Concile œcuménique,* qui rassemble, intéresse l'ensemble des Églises.

œcuménisme [økymenism] n. m. Tendance à l'union de toutes les Églises chrétiennes en une seule.

œdémateux, euse [ødematø] adj. De la nature de l'œdème : *Gonflement œdémateux.*

œdème [ødɛm] n. m. (gr. *oidêma,* tumeur). Gonflement pathologique du tissu sous-cutané ou de certains organes : *Avoir un œdème du poumon.*

œil [œj] n. m. (lat. *oculus*) [pl. *yeux*]. **1.** Organe de la vue : *Avoir les yeux bleus. Des yeux bridés. Avoir les yeux cernés. Ciller, cligner des yeux.* — **2.** *Yeux du bouillon,* ronds de graisse qui nagent à la surface du bouillon chaud. ● LOCUTIONS ET EXPRESSIONS. **1.** [avec *œil* au sing.] Fam. *À l'œil,* gratuitement, pour rien : *Faire faire un travail à l'œil.* ‖ *À l'œil nu,* sans l'aide d'un instrument d'optique. ‖ Fam. *Avoir qqn à l'œil, avoir l'œil sur qqn,* le surveiller. ‖ *Avoir l'œil à tout, avoir l'œil,* être attentif. ‖ *Du coin de l'œil,* discrètement. ‖ Fam. *Faire de l'œil à qqn,* cligner de l'œil dans sa direction, en signe de connivence ou pour l'aguicher. ‖ *L'œil du maître,* la surveillance du patron, du chef. ‖ Fam. *Mon œil!,* ce n'est pas vrai, ce n'est pas possible (exprime l'incrédulité). ‖ *Ne pas pouvoir fermer l'œil,* ne pas pouvoir dormir. ‖ *Œil pour œil, dent pour dent,* une peine infligée à qqn est égale à l'offense qu'il vous a faite (loi du talion). ‖ Fam. *Ouvrir l'œil,* faire attention, être attentif à un danger, à un événement imprévu, etc. ‖ *Sous l'œil de,* sous la surveillance de. ‖ *Voir qqch d'un bon œil, d'un mauvais œil,* de façon favorable, défavorable. — **2.** [avec *yeux* au pl.] *Aux yeux de qqn,* à son jugement, selon son appréciation. ‖ Fam. *Avoir les yeux plus gros que le ventre,* avoir plus d'appétit que de possibilité de manger; avoir plus d'ambition que ne vous en permettent vos possibilités réelles. ‖ *Baisser les yeux, tenir les yeux baissés,* prendre un air modeste. ‖ *Entre quatre yeux* [ɑ̃trkatdzjø], dans l'intimité, en tête à tête. ‖ *Être tout yeux,* être attentif. ‖ Fam. *Faire les gros yeux,* regarder avec sévérité. ‖ *Fermer les yeux sur qqch,* faire semblant de ne pas le voir, l'ignorer. ‖ *Les yeux fermés,* en toute confiance, sans vérification. ‖ *N'avoir d'yeux que pour qqn,* ne regarder que lui. ‖ Fam. *N'avoir pas les yeux en face des trous,* ne pas voir ce qui est devant soi; être mal réveillé. ‖ Fam. *Ne pas avoir les yeux dans sa poche,* être très observateur. ‖ *Ouvrir les yeux à qqn,* faire cesser son aveuglement, lui découvrir une réalité qu'il ignore. ‖ Fam. *Pour les* *beaux yeux de qqn,* pour lui plaire, gratuitement, pour rien. ‖ *Regarder qqn dans les yeux, dans le blanc des yeux,* le regarder bien en face. ‖ Fam. *Sortir par les yeux,* rebuter, inspirer du dégoût à qqn parce qu'il en est rassasié. ‖ *Sous les yeux,* devant soi. ‖ *Sous les yeux de qqn,* sous la surveillance, le contrôle de. (→ OCULAIRE.)

œil-de-bœuf [œjdəbœf] n. m. (pl. *œils-de-bœuf*). Fenêtre ronde ou ovale, dans un comble, un pignon.

œil-de-perdrix [œjdəpɛrdri] n. m. (pl. *œils-de-perdrix*). Cor entre les doigts de pied.

œillade [œjad] n. f. Coup d'œil furtif, lancé pour marquer la tendresse ou la connivence.

œillère [œjɛr] n. f. Petite coupe ovale pour prendre des bains d'yeux. ◆ ***œillères*** n. f. pl. *Avoir des œillères,* ne pas voir ou ne pas comprendre certaines choses, par étroitesse d'esprit ou parti pris : *Cette personne a des œillères* (= elle est bornée). [Les *œillères* d'un cheval sont des pièces de la bride qui l'empêchent de voir de côté.]

1. œillet [œjɛ] n. m. (dimin. de *œil*). Plante comportant de nombreuses variétés cultivées pour leurs fleurs parfumées et de couleurs variées; la fleur même.

2. œillet [œjɛ] n. m. Trou circulaire ou ovale, pratiqué dans du cuir, une étoffe, etc., pour passer un lacet ou un crochet; cercle de métal qui entoure ce trou : *Faire des œillets supplémentaires à une ceinture.*

œnilisme [enilism] n. m. (gr. *oînos,* vin). Forme d'alcoolisme due à l'abus presque exclusif du vin.

œnologie [enɔlɔʒi] n. f. (gr. *oînos,* vin, et *logos,* science). Science de la fabrication et de la conservation des vins.

œnologue [enɔlɔg] n. Spécialiste d'œnologie.

œsophage [ezɔfaʒ] n. m. (gr. *oisophagos,* qui porte ce qu'on mange). Première partie du tube digestif de l'homme et des animaux, qui va du pharynx à l'estomac.

œstrogène [ɛstrɔʒɛn] adj. et n. m. Se dit des hormones qui permettent le développement de l'œuf fécondé.

œuf [œf] n. m. (lat. *ovum*). **1.** Corps arrondi, protégé par une coquille, que produisent les femelles des oiseaux et qui, s'il est fécondé, peut donner naissance à un jeune; produit de la ponte des femelles des reptiles, des insectes, des poissons, des batraciens : *Les œufs de poule. Des œufs de tortue.* — **2.** Cellule initiale d'un être vivant, et en partic. d'un être humain, avant la formation de l'embryon. — **3.** *Dans l'œuf,* au tout début (d'une affaire) : *Écraser une révolte dans l'œuf* (syn. EN GERME). ‖ Fam. *Marcher sur des œufs,* agir, parler avec les plus grandes précautions. ‖ Fam. *Mettre tous ses œufs dans le même panier,* mettre tous ses espoirs du même côté, dans la même affaire. ‖ *Œuf de Pâques,* œuf en chocolat qu'on offre en cadeau le jour de Pâques. ‖ *Œuf au plat, sur le plat,* œuf qu'on casse et fait cuire légèrement, sans le brouiller, dans un corps gras.

1. œuvre [œvr] n. f. (lat. *opera,* travail). **1.** Activité, travail (soutenu) : *La modernisation de ce quartier sera une œuvre de longue haleine* (syn. ENTREPRISE, TÂCHE). ‖ Litt. *Être fils de ses œuvres,* ne devoir sa réussite qu'à ses seuls efforts. ‖ (sujet qqch) *Faire son œuvre,* agir. ‖ (sujet qqn) *Être, se mettre à l'œuvre,* travailler. ‖ *Faire œuvre utile,* faire un travail utile. ‖ *Juger qqn à l'œuvre,* selon ses actes. ‖ *Voir qqn à l'œuvre,* le voir travailler. — **2.** *Mettre en œuvre,* mettre en action; employer à quelque usage : *On a tout mis en œuvre pour éteindre le feu* (= on a essayé tous les moyens). ‖ *Mise en œuvre,* commencement de réalisation. — **3.** Résultat d'un travail, d'une action : *La décoration de la salle est l'œuvre de l'école tout entière* (= résulte du travail de). *L'éducation doit être l'œuvre de toute la nation* (syn. OUVRAGE). ‖ Litt. *Femme grosse des œuvres de qqn,* enceinte de. — **4.** Action humaine envisagée d'un point de vue moral (surtout pl.) : *Faire œuvre pie. Bonnes œuvres* (= actions charitables). *Dame d'œuvres* (= qui se consacre aux actions charitables). *Œuvres d'une paroisse* (= les organisations de charité). — **5.** Composition, production littéraire ou artistique : *L'œuvre romanesque de Colette* (syn. PRODUCTION). *Œuvres complètes. Des œuvres d'art.* — **6.** Ensemble des œuvres d'un artiste, peintre ou graveur (parfois masc.) : *L'œuvre gravé de Jacques Callot.* ◆ ***œuvres*** n. f. pl. Parties d'un navire (techn.) : *Œuvres vives* (= parties immergées), *œuvres mortes* (= parties émergées).

2. œuvre [œvr] n. m. (lat. *opera,* travaux). **1.** *Gros œuvre,* en architecture, ensemble des parties principales d'une bâtisse (fondations, murs et toiture). — **2.** *À pied d'œuvre,* sur le chantier, sur place. ‖ *Être à pied d'œuvre,* être prêt à travailler.

œuvrer [œvre] v. i. *Œuvrer pour qqch,* y travailler (soutenu) : *J'ai œuvré pour votre succès.*

off [ɔf] adj. inv. (mot angl. signif. *hors de* [*l'écran*]). Se dit d'une voix, d'un bruit dont l'origine est extérieure à la scène filmée; hors champ.

offensant, e [ɔfɑ̃sɑ̃] adj. Qui offense : *Paroles offensantes pour quelqu'un* (syn. BLESSANT). *Attitude offensante à l'égard des autres.*

offense [ɔfɑ̃s] n. f. **1.** Parole ou action blessant qqn dans sa dignité : *Une offense impardonnable* (syn. OUTRAGE). *Pardonner, venger une offense* (syn. AFFRONT, INJURE). *Offense au bon goût, à la pudeur. Il y a offense envers le chef de l'État.* — **2.** Péché, dans la religion chrétienne : *Demander pardon à Dieu de ses offenses* (syn. FAUTE).

offensé, e [ɔfɑ̃se] adj. et n. Qui a reçu une offense : *Elle s'est sentie offensée par ses paroles* (syn. OUTRAGÉ, HUMILIÉ). *Prendre un air offensé* (syn. BLESSÉ). *Dans un duel, le choix des armes était souvent laissé à l'offensé.*

offenser [ɔfɑ̃se] v. t. (lat. *offendere,* heurter). *Offenser qqn,* le blesser par des paroles ou par des actes : *Elle l'a offensée sans le vouloir* (syn. ↑ HUMILIER, ↓ FROISSER). *Ne soyez pas offensé de ce que je dis* (syn. VEXÉ). *Soit dit sans vous offenser* (= sans vouloir vous faire de la peine). ◆ ***s'offenser*** v. pr. *S'offenser de qqch,* s'en sentir blessé moralement, s'en vexer : *S'offenser d'une plaisanterie innocente.*

offenseur [ɔfɑ̃sœr] n. m. *Litt.* Personne qui offense : *Dans cette querelle, l'offenseur criait et récriminait plus que l'offensé.*

offensif, ive [ɔfɑ̃sif] adj. (du lat. *offendere,* attaquer). Qui sert à attaquer; qui prend le caractère d'une attaque : *Armes offensives* (contr. DÉFENSIF). *Retour offensif du mauvais temps* (syn. BRUTAL, VIOLENT).

offensive [ɔfɑ̃siv] n. f. **1.** Initiative, attaque : *Prendre l'offensive* (= prendre les devants; s'oppose à *être, se tenir, rester sur la défensive*). *Nouvelle offensive de l'hiver* (syn. ASSAUT). *Offensive généralisée des commerçants contre la taxation* (syn. ATTAQUE). — **2.** Action d'une force militaire qui attaque l'ennemi : *Garder les avantages de l'offensive* (contr. DÉFENSIVE).

offertoire [ɔfɛrtwar] n. m. (du lat. *offerre,* offrir). Partie de la messe pendant laquelle le prêtre offre à Dieu le pain et le vin, avant de les consacrer.

1. office [ɔfis] n. m. (lat. *officium*). **1.** Fonction, charge exercée par qqn; rôle joué par qqch (dans des express.) : *Remplir l'office de gérant* (syn. RÔLE). *Faire office de chauffeur* (= servir de). *Recommandation qui a fait son office* (= qui a servi à qqch). *Papier qui fait* *office de passeport* (= qui tient lieu de). — **2.** Fonction publique, dépendante *(office ministériel)* ou indépendante *(office public)* de l'administration de la justice et dont le titulaire est nommé à vie : *Office de notaire* (syn. CHARGE). — **3.** Bureau, agence : *Office de publicité* (syn. AGENCE). *Office commercial* (syn. BUREAU). — **4.** Service public : *Office de radio-télévision française.* — **5.** *Bons offices,* service occasionnel rendu par qqn : *Recourir aux bons offices de quelqu'un* (syn. OBLIGEANCE). *Proposer, offrir ses bons offices* (syn. MÉDIATION). — **6.** *D'office,* par décision administrative, sans que cela ait été demandé par l'intéressé : *Avocat commis d'office dans une affaire. Elle sera promue d'office* (syn. AUTOMATIQUEMENT). — **7.** Cérémonie liturgique (soutenu) : *Aller à l'office* (messe, vêpres, etc.). *L'office des morts* (syn. SERVICE).

2. office [ɔfis] n. f. ou m. Pièce attenante à la cuisine où on met tout ce qui dépend du service de la table (vieilli).

officialisation [ɔfisjalizasjɔ̃] n. f. Action d'officialiser; fait d'être officialisé.

officialiser [ɔfisjalize] v. t. *Officialiser qqch,* le rendre officiel : *Officialiser une nomination.*

officiant [ɔfisjɑ̃] n. m. Celui qui célèbre un office religieux : *L'officiant se tient devant l'autel* (syn. CÉLÉBRANT, PRÊTRE).

officiel, elle [ɔfisjɛl] adj. (angl. *official;* du lat. *officialis*). **1.** Qui émane d'une autorité reconnue, publique : *Information de source officielle* (contr. OFFICIEUX). *Journal officiel. Acte officiel* (syn. AUTHENTIQUE). *Visite officielle* (contr. PRIVÉ). — **2.** Qui concerne une cérémonie ou un acte public : *Personnage officiel. Voiture officielle. Fiançailles officielles.* ◆ ***officiel*** n. m. Personnage qui a une autorité reconnue, publique.

officiellement [ɔfisjɛlmɑ̃] adv. De façon officielle : *Nouvelle officiellement connue.*

1. officier [ɔfisje] v. i. (lat. *officiare,* de *officium,* service). Célébrer un office religieux (généralement la messe).

2. officier [ɔfisje] n. m. (lat. *officium,* fonction publique). **1.** Militaire qui a un grade au moins égal à ceux de sous-lieutenant ou d'enseigne de vaisseau : *Élève officier. Officier de gendarmerie.* ‖ *Officier subalterne,* sous-lieutenant, lieutenant, capitaine; enseigne et lieutenant de vaisseau. ‖ *Officier supérieur,* commandant, lieutenant-colonel, colonel; capitaine de corvette, capitaine de frégate, capitaine de vaisseau. ‖ *Officier de marine* ou *de vaisseau,* officier appartenant au corps de commandement de la marine de guerre. — **2.** Grade de certains ordres : *Officier d'académie* (= officier dans l'ordre des Palmes académiques). *Officier de la Légion d'honneur* (= grade immédiatement supérieur à celui de chevalier). — **3.** Titulaire d'une charge : *Officier ministériel* (= notaire, agent de change, etc., investi pour dresser et recevoir des actes authentiques). — **4.** *Officier de l'état civil,* le maire ou son délégué, responsable de la tenue des registres de l'état civil. ‖ *Officier municipal,* personne qui a une charge dans l'administration d'une commune. ‖ *Officier de police,* fonctionnaire de police en civil, chargé de missions d'investigation et de renseignement. ‖ *Officier de police judiciaire,* personne (juge, maire, commissaire de police) chargée de constater les infractions à la loi et d'en livrer les auteurs à la justice.

officieusement [ɔfisjøzmɑ̃] adv. De manière officieuse : *J'ai pu savoir officieusement les décisions du conseil* (contr. OFFICIELLEMENT).

officieux, euse [ɔfisjø] adj. (lat. *officiosus,* de *officium,* service rendu). Qui émane d'une source autorisée, mais dont l'authenticité n'est pas garantie : *Nomination connue de façon officieuse* (contr. OFFICIEL). *De source officieuse* (syn. PRIVÉ).

officinal, e, aux [ɔfisinal] adj. Utilisé en pharmacie : *Herbe, plante officinale.*

officine [ɔfisin] n. f. (lat. *officina,* atelier). Réserve et laboratoire d'une pharmacie; la pharmacie elle-même.

offrande [ɔfrɑ̃d] n. f. Don en argent ou en nature, offert à une divinité, à une église au cours d'un office religieux ou à une œuvre charitable : *Déposer son offrande* (syn. PRÉSENT, OBOLE).

offrant [ɔfrɑ̃] n. m. *Au plus offrant,* à l'acheteur qui propose le prix le plus élevé : *Vendre sa maison au plus offrant, aux enchères.*

offre [ɔfr] n. f. **1.** Proposition faite à qqn : *Une offre avantageuse, intéressante. Offre d'emploi* (contr. DEMANDE). *Offres d'entente, de paix* (syn. OUVERTURES). *Il faudrait qu'il y ait des offres de négociation dans chaque camp pour aboutir à une trêve* (contr. REFUS). — **2.** En économie politique, quantité de marchandises disponibles à un moment donné sur le marché : *L'offre croissante d'appareils ménagers* (contr. DEMANDE). *La loi de l'offre et de la demande.*

offrir [ɔfrir] v. t. (lat. *offerre*) [c. **16**]. **1.** (sujet qqn) *Offrir qqch à qqn,* le lui donner en cadeau : *Elle a offert une bicyclette à sa fille pour son anniversaire* (syn. DONNER; contr. ACCEPTER, RECEVOIR). — **2.** (sujet qqn) *Offrir qqch à qqn, offrir de* (+ *inf.*), le mettre à sa disposition, le lui proposer : *Offrir son aide à quelqu'un* (contr. REFUSER). *On lui offre mille francs pour ce travail. Je lui ai offert de la loger chez moi. Qu'est-ce que je vous offre comme apéritif? Offrir le bras à quelqu'un* (= le lui présenter). — **3.** (sujet qqch) Comporter, être caractérisé par : *Cette solution offre de nombreux avantages. Son dernier roman offre une certaine analogie avec le précédent* (syn. PRÉSENTER). *La situation ne nous offre pas le choix* (syn. LAISSER). ◆ ***s'offrir*** v. pr. **1.** *S'offrir à* (+ *inf.*), se proposer pour, se montrer disposé à : *En nous voyant en panne sur la route, elle s'est aimablement offerte à nous aider.* — **2.** *S'offrir qqch,* s'accorder le plaisir de cette chose : *Ils se sont offert des vacances en Égypte* (syn. fam. SE PAYER). — **3.** (sujet qqch) Apparaître, se manifester : *Nous saisirons la première occasion qui s'offrira* (syn. SE RENCONTRER, SE PRÉSENTER).

offset [ɔfsɛt] n. m. inv. (de l'angl. *off,* dehors, et *to set,* placer). Procédé d'impression au moyen d'une machine rotative, par l'intermédiaire d'un rouleau de caoutchouc passant sur les caractères encrés d'une feuille de zinc ou d'aluminium, dont il reporte l'encre sur le papier.

offusquer [ɔfyske] v. t. (lat. *offuscare,* obscurcir). *Offusquer qqn,* le choquer, lui déplaire fortement : *Sa conduite m'offusque. Ne soyez pas offusqué par ses manières* (syn. FROISSER, HEURTER). ◆ ***s'offusquer*** v. pr. *S'offusquer de qqch,* se scandaliser de.

ogival, e, aux [ɔʒival] adj. Relatif à l'ogive, à l'arc brisé : *Forme ogivale. Architecture ogivale* (= architecture gothique).

ogive [ɔʒiv] n. f. (mot ar.). **1.** Arcade formée de deux arcs qui se croisent de manière à former au sommet un angle aigu. — **2.** En artillerie, partie antérieure d'un projectile, de forme conique : *L'ogive d'un obus porte la fusée. Ogive nucléaire* (= extrémité de forme conique d'un projectile à charge nucléaire; syn. TÊTE).

ogre [ɔgr] n. m., **ogresse** [ɔgrɛs] n. f. (du lat. *Orcus,* dieu de la Mort). **1.** (masc.) Dans les contes de fées, géant qui mange les petits enfants : *L'Ogre et le Petit Poucet.* — **2.** Personne affamée et vorace. — **3.** Personne méchante et cruelle : *Selon elle, son propriétaire était un véritable ogre.*

oh! [o] interj. Exprime la joie, la douleur, l'impatience, l'indignation, etc. : *Oh! quelle horreur! Oh! vous m'ennuyez à la fin! Oh! ayez pitié! Oh! attention, vous allez vous faire mal!*; et, substantiv. : *Pousser des oh! d'indignation.* (*Oh!* peut être redoublé pour plus d'expressivité.)

ohé! [ɔe] interj. Sert à appeler : *Ohé! vous venez?*

ohm [om] n. m. (du n. d'un physicien allemand). Unité de mesure de résistance électrique (symb. Ω).

oie [wa] n. f. (lat. *avica*, de *avis*, oiseau). **1.** Oiseau palmipède, sauvage ou domestique : *Les oies sauvages émigrent en bandes en hiver. L'oie domestique est élevée pour sa chair, et spécialement pour son foie. Le jars est le mâle de l'oie.* — **2.** *Fam.* Personne très sotte, niaise : *C'est une petite oie. Oie blanche* (= jeune fille candide). — **3.** *Pas de l'oie*, pas de parade militaire.

oignon [ɔɲɔ̃] n. m. (lat. *unio, unionis*). **1.** Plante potagère à bulbe comestible. — **2.** Bulbe souterrain de certaines plantes : *Des oignons de tulipe.* — **3.** Callosité du pied, à la naissance du gros orteil. — **4.** Fam. *Aux petits oignons*, préparé avec un soin particulier; parfait. ‖ Fam. *Ce n'est pas mes (tes, ses) oignons*, cela ne me (te, le) regarde pas. ‖ Fam. *En rang d'oignons*, sur une seule ligne. — **5.** *Pelure d'oignon*, sorte de vin rosé.

oïl [ɔjl] adv. (anc. forme de *oui*). *Langue d'oïl*, ensemble des dialectes qu'on parlait au nord d'une ligne Poitiers-Grenoble (contr. LANGUE D'OC).

oindre [wɛ̃dr] v. t. (lat. *ungere*) [c. **82**] *Oindre qqn*, lui appliquer de l'huile sainte sur une partie du corps pour le bénir ou le consacrer : *L'évêque oint les enfants auxquels il administre le sacrement de confirmation.*

oiseau [wazo] n. m. (bas lat. *aucellus*). **1.** Animal vertébré ovipare, couvert de plumes, pourvu d'ailes, de deux pattes et d'un bec, capable ordinairement de voler. — **2.** *Être comme l'oiseau sur la branche*, dans une situation instable. ‖ *Un drôle d'oiseau*, un personnage peu recommandable (syn. INDIVIDU). ‖ *Oiseau rare*, qqn qui a d'éminentes qualités (le plus souvent ironiq.). ‖ *Petit à petit l'oiseau fait son nid*, à force de persévérance, on vient à bout de ce qu'on a entrepris.

oiseau-lyre [wazolir] n. m. (pl. *oiseaux-lyres*). Oiseau passereau d'Australie qui doit son nom aux longues plumes recourbées de la queue des mâles.

oiseau-mouche [wazomuʃ] n. m. (pl. *oiseaux-mouches*). Autre nom du COLIBRI.

oiselet → OISILLON.

oiseleur [wazlœr] n. m. Celui qui fait métier de prendre les oiseaux.

oiselier, ère [wazəlje] n. Personne dont le métier est d'élever et de vendre des oiseaux.

oisellerie [wasɛlri] n. m. Commerce de l'oiselier.

oiseux, euse [wazø] adj. (lat. *otiosus*, inutile). Qui ne sert à rien, à cause de son caractère superficiel : *Nous avons dû écouter une conversation sur des questions oiseuses* (= sans intérêt). *Il est inutile d'ajouter au texte des commentaires oiseux* (syn. ↓ INUTILE).

oisif, ive [wazif] adj. et n. (de *oiseux*). Qui ne travaille pas ou qui dispose de beaucoup de loisirs : *C'est une distraction pour gens oisifs* (syn. DÉSŒUVRÉ, INOCCUPÉ). ◆ adj. Caractérisé par le désœuvrement, qui se passe dans l'inaction : *Mener une vie oisive* (contr. ACTIF, OCCUPÉ).

oisillon [wazijɔ̃] ou **oiselet** [wazlɛ] n. m. Petit oiseau.

oisivement [wazivmɑ̃] adv. De façon oisive.

oisiveté [wazivte] n. f. **1.** État de qqn qui est oisif : *Finir ses jours dans l'oisiveté* (syn. DÉSŒUVREMENT). — **2.** *L'oisiveté est la mère de tous les vices*, n'avoir rien à faire, c'est s'exposer aux tentations.

oison [wazɔ̃] n. m. Très jeune oie.

o. k.! [ɔke] interj. (abrév. de l'angl. *all correct*). *Fam.* D'accord, c'est entendu : *«À vendredi? — O. K.! nous y serons.»*

okapi [ɔkapi] n. m. (d'un mot bantou). Mammifère ruminant d'Afrique, voisin de la girafe, à cou plus court et à pelage rayé à l'arrière.

okoumé [ɔkume] n. m. (mot gabonais). Arbre d'Afrique, au bois rose, utilisé en menuiserie.

oléagineux, euse [ɔleaʒinø] adj. (du lat. *oleum*, huile). **1.** Se dit des végétaux (ou de leurs parties) dont on tire de l'huile : *Le colza est une plante oléagineuse.* — **2.** De la nature de l'huile : *Les liquides oléagineux se figent à une température proche de zéro.* ◆ ***oléagineux*** n. m. Plante oléagineuse.

oléicole [ɔleikɔl] adj. Relatif à l'oléiculture.

oléiculteur, trice [ɔleikyltœr] n. Qui cultive l'olivier.

oléiculture [ɔleikyltyr] n. f. (lat. *oleum*, huile). Culture de l'olivier.

oléoduc [ɔleɔdyk] n. m. (lat. *oleum*, huile, et *ducere*, conduire). Pipe-line servant au transport des produits pétroliers liquides.

olfactif, ive [ɔlfaktif] adj. (du lat. *olfactus*, odorat). Relatif à l'odorat, à la perception des odeurs : *Les organes olfactifs.*

olibrius [ɔlibrijys] n. m. (du n. d'un empereur d'Occident). *Fam.* Individu au comportement bizarre.

olifant [ɔlifɑ̃] n. m. (du lat. *elephantus*, éléphant). Petit cor d'ivoire dont se servaient les chevaliers à la chasse ou à la guerre.

oligarchie [ɔligarʃi] n. f. (gr. *oligoi*, peu nombreux, et *arkhê*, commandement). **1.** Régime politique dans lequel le pouvoir est aux mains d'une classe restreinte, ou d'un petit nombre de personnes ou de familles : *L'oligarchie de Sparte.* — **2.** Puissance de fait de quelques personnes : *Une oligarchie financière contrôle les trois quarts des intérêts de ce pays.*

oligarchique [ɔligarʃik] adj. Qui relève de l'oligarchie.

olivaie → OLIVERAIE.

olivâtre [ɔlivɑtr] adj. Verdâtre.

olive [ɔliv] n. f. (lat. *oliva*). **1.** Petit fruit comestible à noyau, dont on tire en particulier de l'huile de table : *Les olives vertes et les olives noires.* — **2.** Nom de divers objets ayant la forme d'une olive : *Appuyer sur une olive pour allumer une lampe* (= un interrupteur). *L'olive est un ornement d'architecture utilisé en frise.* ◆ adj. inv. De couleur verdâtre : *Une robe olive.*

oliveraie [ɔlivrɛ] ou **olivaie** [ɔlivɛ] n. f. Lieu planté d'oliviers.

olivette [ɔlivɛt] n. f. **1.** Nom commun à divers raisins dont les grains sont en forme d'olive. — **2.** Variété de tomates oblongues.

olivier [ɔlivje] n. m. Arbre des pays chauds, dont le fruit est l'olive.

olympiade [ɔlɛ̃pjad] n. f. **1.** Espace de quatre ans qui s'écoulait entre les jeux Olympiques chez les Grecs. — **2.** Les jeux Olympiques (surtout pl.) : *S'entraîner pour les prochaines olympiades.*

olympien, enne [ɔlɛ̃pjɛ̃] adj. (de *Olympe*, montagne de Grèce, résidence légendaire des dieux). Majestueux et serein (soutenu) : *Garder un calme olympien.*

olympique [ɔlɛ̃pik] adj. (de *Olympie*, v. du Péloponnèse). **1.** *Jeux Olympiques*, rencontres sportives internationales, qui ont lieu tous les quatre ans : *Les jeux*

Olympiques de Moscou. Les jeux Olympiques d'hiver. — **2.** Se dit de tout ce qui a trait à ces rencontres : *Une championne olympique.* — **3.** Conforme aux règles des jeux Olympiques : *Piscine olympique.*

ombilic [ɔ̃bilik] n. m. (lat. *umbilicus*). **1.** Orifice de l'abdomen, qui, chez le fœtus, laisse passer le cordon ombilical. — **2.** Cicatrice arrondie laissée sur l'abdomen après la chute du cordon ombilical (syn. NOMBRIL).

ombilical, e, aux [ɔ̃bilikal] adj. **1.** Relatif au nombril : *Avoir une hernie ombilicale.* — **2.** *Cordon ombilical,* tige flexible contenant les vaisseaux qui assurent la nutrition du fœtus dans le ventre de la mère et qui est coupée lorsque celui-ci vient à terme.

ombrage [ɔ̃braʒ] n. m. **1.** Ensemble de branches et de feuilles qui donnent de l'ombre; cette ombre elle-même : *Se promener sous les ombrages du parc. Ce noyer donne beaucoup trop d'ombrage, il faudra le tailler.* — **2.** *Litt.* Blessure d'amour-propre causée à qqn ou ressentie par qqn (dans des express.) : *Causer de l'ombrage à quelqu'un. Elle a pris ombrage de mon refus d'aller chez elle* (= elle s'est vexée). *Sa gloire porte ombrage à ses rivaux.*

ombragé, e [ɔ̃braʒe] adj. Se dit d'un lieu où des arbres donnent de l'ombre : *Chercher un coin ombragé.*

ombrager [ɔ̃braʒe] v. t. (c. 2) Couvrir d'ombre : *Les pommiers ombragent le jardin.*

ombrageux, euse [ɔ̃braʒø] adj. Très susceptible : *Regarder quelqu'un d'un air ombrageux* (syn. SOUPÇONNEUX, MALVEILLANT). *Un caractère ombrageux* (syn. JALOUX).

1. ombre [ɔ̃br] n. f. (lat. *umbra*). **1.** Zone sombre créée par un corps qui intercepte les rayons lumineux : *S'asseoir à l'ombre* (contr. AU SOLEIL). *Il fait 40⁰ à l'ombre. Faire de l'ombre* (contr. LUMIÈRE). — **2.** Reproduction sombre et plus ou moins déformée d'un corps éclairé : *Ombre portée* (= tache noire, ombre d'un objet sur le sol). *Les ombres des arbres s'allongent vers le soir. Ombres chinoises* (= silhouettes fortement éclairées par derrière et apparaissant sur un écran transparent). — **3.** *À l'ombre de qqch,* sous le couvert de : *Se mettre à l'ombre d'un arbre.* ‖ *À l'ombre de qqn,* sous sa protection. ‖ *Avoir peur de son ombre,* être très peureux. ‖ Fam. *Être, mettre à l'ombre,* en prison. ‖ *Il y a une ombre au tableau,* un inconvénient dans cette affaire. ‖ *Il n'y a pas l'ombre d'un doute,* le moindre doute. ‖ *Lâcher la proie pour l'ombre,* abandonner un avantage certain pour s'attacher à une espérance vaine. ‖ *Laisser qqch dans l'ombre,* ne pas l'expliquer, laisser un doute. ‖ *Laisser qqn dans l'ombre,* dans une situation inférieure et modeste. ‖ *N'être plus que l'ombre de soi-même,* avoir beaucoup maigri. ‖ *Vivre, rester dans l'ombre,* rester effacé.

2. ombre [ɔ̃br] n. f. (de *Ombrie,* région d'Italie). *Terre d'ombre,* ou *ombre,* ocre brun et rougeâtre qu'on utilise en peinture. (On dit aussi TERRE DE SIENNE.)

ombré, e [ɔ̃bre] adj. Marqué de traits faisant des ombres.

ombrelle [ɔ̃brɛl] n. f. (it. *ombrello;* du lat *umbrella,* parasol). **1.** Petit parasol de femme. — **2.** Organe d'une méduse, en forme de cloche, dont les contractions assurent la nage de l'animal.

ombrer [ɔ̃bre] v. t. *Ombrer un dessin, un tableau,* lui mettre des ombres.

ombreux, euse [ɔ̃brø] adj. *Litt.* Où il y a de l'ombre : *Forêt ombreuse.*

omelette [ɔmlɛt] n. f. (anc. fr. *alumelle,* petite lame). **1.** Préparation culinaire constituée d'œufs battus et cuits dans une poêle. — **2.** *On ne fait pas d'omelette sans casser des œufs,* on n'arrive pas à un résultat sans peine ni sacrifices.

omettre [ɔmɛtr] v. t. (lat. *omittere*) [c. 57] *Omettre qqch, qqn, de* (+ *inf.*), *que* (+ *ind.*), négliger de faire ou de dire qqch (soutenu) : *Omettre une négation* (syn. SAUTER). *J'ai omis de vous donner le nom de la maison d'édition* (syn. OUBLIER). *Je crois n'avoir omis personne sur cette liste* (syn. LAISSER DE CÔTÉ).

omission [ɔmisjɔ̃] n. f. **1.** Action d'omettre : *Péché par omission* (syn. ABSENCE, DÉFAUT). *L'omission de l'article dans une énumération* (syn. ABSENCE). — **2.** Chose oubliée, volontairement ou non : *Il y a des omissions dans votre liste* (syn. LACUNE, MANQUE, OUBLI).

omnibus [ɔmnibys] adj. et n. m. inv. (mot lat. signif. *pour tous*). [*Train*] omnibus, qui dessert toutes les stations (par oppos. à *express, rapide*).

omnipotence [ɔmnipɔtɑ̃s] n. f. *Litt.* Toute-puissance.

omnipotent, e [ɔmnipɔtɑ̃] adj. (lat. *omnis,* tout, et *potens,* puissant). *Litt.* Tout-puissant : *Personne omnipotente dans l'Administration.*

omnipraticien, enne [ɔmnipratisjɛ̃] adj. et n. Médecin qui exerce la médecine générale (syn. GÉNÉRALISTE).

omniprésence [ɔmniprezɑ̃s] n. f. Présence partout.

omniprésent, e [ɔmniprezɑ̃] adj. Présent en tous lieux.

omniscience [ɔmnisjɑ̃s] n. f. Connaissance de toutes choses.

omniscient, e [ɔmnisjɑ̃] adj. (du lat. *omnis,* tout, et *sciens,* sachant). *Litt.* Qui sait tout.

omnisports [ɔmnispɔr] adj. inv. Où on pratique tous les sports : *Stade omnisports.*

omnium [ɔmnjɔm] n. m. (mot angl.; du lat. *omnis,* tout). **1.** Compagnie financière ou commerciale qui fait indistinctement tous les genres d'opérations. — **2.** En sports, compétition cycliste sur piste, comportant plusieurs épreuves.

omnivore [ɔmnivɔr] adj. et n. m. (du lat. *omnis,* tout, et *vovare,* dévorer). Qui se nourrit indifféremment de substances animales ou végétales (par oppos. à *carnivore* ou à *herbivore*) : *L'homme, le chien, le porc sont omnivores.*

omoplate [ɔmɔplat] n. f. (gr. *ômos,* épaule, et *platê,* chose plate). Os large, mince et triangulaire, situé à la partie postérieure de l'épaule.

on [ɔ̃] pron. pers. de la 3ᵉ pers. (lat. *homo,* homme) [→ introduction PRONOMS PERSONNELS].

onagre [ɔnagr] n. m. (gr. *onagros,* âne sauvage). Mammifère ongulé sauvage, intermédiaire entre le cheval et l'âne.

1. once [ɔ̃s] n. f. (lat. *uncia,* mesure d'un douzième). **1.** Mesure anglaise de poids valant 28,35 g. — **2.** *Une once de* (+ *n. sing.*), une très petite quantité de (rare) : *Mettre une once de beurre dans la pâte* (syn. POINTE).

2. once [ɔ̃s] n. f. (lat. *lynx*). Espèce de grand chat d'Afrique et d'Asie.

oncle [ɔ̃kl] n. m. (lat. *avunculus*). **1.** Frère du père ou de la mère ou mari de la tante. — **2.** *Oncle d'Amérique,* parent riche qui laisse un héritage inattendu.

onction [ɔ̃ksjɔ̃] n. f. (lat. *unctio,* de *ungere,* oindre). **1.** Geste rituel consistant à appliquer une huile sainte sur qqn : *Les rois de France recevaient l'onction du sacre.* — **2.** Douceur particulière dans les gestes ou la manière de parler (soutenu) : *Parler avec une onction tout ecclésiastique.*

onctueux, euse [ɔ̃ktɥø] adj. (du lat. *ungere,* oindre). Qui donne à la vue, au toucher ou au goût une sensation de douceur : *Potage onctueux* (syn. LIÉ, VELOUTÉ).

onctuosité [ɔ̃ktɥozite] n. f. Qualité de ce qui est onctueux : *L'onctuosité d'une crème.*

onde [ɔ̃d] n. f. (lat. *unda*). **1.** Mouvement de la surface de l'eau formant des rides concentriques : *Des ondes apparaissent à la surface d'une mare quand on y jette un caillou.* — **2.** *Litt.* Eau de la mer, d'un lac, d'une rivière. — **3.** En physique, mouvement vibratoire à fonction périodique : *Onde sonore, électromagnétique. Ondes hertziennes, radioélectriques.* — **4.** Fam. *Être sur la même longueur d'onde,* se comprendre, parler le même langage. ‖ *Longueur d'onde,* espace parcouru par la vibration pendant une période. ‖ *Ondes courtes, petites ondes, grandes ondes,* les différentes gammes dans lesquelles sont placées les longueurs d'onde en matière de radiodiffusion. ‖ *Sur les ondes,* à la radio : *Allocution diffusée sur les ondes.*

ondée [ɔ̃de] n. f. (de *onde*). Pluie soudaine et de peu de durée : *Recevoir une ondée* (syn. AVERSE).

on-dit [ɔ̃di] n. m. inv. Rumeur, bruit répété de bouche en bouche (surtout pl.) : *Se méfier des on-dit* (syn. fam. CANCAN, COMMÉRAGE).

ondoiement [ɔ̃dwamɑ̃] n. m. **1.** Mouvement d'ondulation : *Ondoiement des herbes sous l'effet du vent* (syn. FRÉMISSEMENT). — **2.** Action d'ondoyer un enfant (relig.).

ondoyant, e [ɔ̃dwajɑ̃] adj. Mouvant, variable : *Démarche ondoyante* (syn. SOUPLE, LÉGÈRE, DANSANTE).

ondoyer [ɔ̃dwaje] v. i. (de *onde*) [c. 3] (sujet qqch) Avoir un mouvement semblable à celui de la surface d'un liquide parcourue par des ondes (soutenu) : *Blé, herbe qui ondoie* (syn. FRÉMIR). ◆ v. t. *Ondoyer un enfant,* lui administrer le baptême sans les cérémonies extérieures (relig.).

ondulant → ONDULEUX.

ondulation [ɔ̃dylasjɔ̃] n. f. Mouvement alternatif de la surface d'un liquide; mouvement sinueux : *Les ondulations des vagues. Ondulations des cheveux* (syn. CRAN).

ondulatoire [ɔ̃dylatwar] adj. Relatif aux ondes : *Théorie, mécanique ondulatoire.*

ondulé, e [ɔ̃dyle] adj. Qui présente des ondulations : *Cheveux ondulés* (contr. RAIDE).

onduler [ɔ̃dyle] v. i. (du bas lat. *undula,* petite onde) [sujet qqch] Avoir un léger mouvement sinueux : *Cheveux qui ondulent* (syn. BOUCLER, FRISER).

onduleux, euse [ɔ̃dylø] ou **ondulant, e** [ɔ̃dylɑ̃] adj. Qui ondule : *Former des plis onduleux.*

onéreux, euse [ɔnerø] adj. (lat. *onerosus,* de *onus,* charge). **1.** Qui provoque de grosses dépenses (soutenu) : *Un voyage onéreux* (syn. COÛTEUX, CHER; plus rare DISPENDIEUX; contr. ÉCONOMIQUE). — **2.** *À titre onéreux,* en payant (jurid.) [contr. À TITRE GRACIEUX].

ongle [ɔ̃gl] n. m. (lat. *ungula,* griffe). Partie cornée qui couvre le dessus du bout des doigts.

onglée [ɔ̃gle] n. f. Engourdissement douloureux du bout des doigts, causé par un grand froid (méd.).

onglet [ɔ̃glɛ] n. m. **1.** Petite rainure sur la lame d'un couteau pliant ou d'un canif, sur un couvercle, etc., pour permettre de les ouvrir avec l'ongle. — **2.** Petit morceau de papier fort ou de toile qui dépasse de la tranche d'un livre, ou échancrure pratiquée dans cette tranche, pour faciliter l'ouverture à une page donnée. — **3.** Morceau de viande de boucherie (bœuf) constitué par les muscles du diaphragme.

onglier [ɔ̃glije] n. m. Nécessaire pour la toilette des ongles.

onguent [ɔ̃gɑ̃] n. m. (lat. *unguentum*). Médicament à base de corps gras, destiné à être appliqué sur la peau : *Passer un onguent sur une brûlure* (syn. POMMADE, CRÈME).

ongulé, e [ɔ̃gyle] adj. et n. m. (du lat. *ungula,* ongle). Se dit des mammifères dont les doigts sont terminés par des sabots.

onguligrade [ɔ̃gyligrad] adj. Se dit des mammifères ongulés qui marchent sur des sabots : *Le cheval est onguligrade.*

onirique [ɔnirik] adj. (du gr. *oneiros,* rêve). Relatif au rêve.

onomatopée [ɔnɔmatɔpe] n. f. (gr. *onomatopoiia,* citation de mot). Mot dont le son imite celui de la chose qu'il représente : *Les personnages des bandes dessinées s'expriment souvent par onomatopées, telles que «plouf!» «vlan!», etc.*

ontogenèse [ɔ̃tɔʒənɛz] n. f. (gr. *ôn, ontos,* être, et *genesis,* génération). Série de transformations subies par l'individu depuis la fécondation de l'œuf jusqu'à l'être achevé.

onyx [ɔniks] n. m. (gr. *onux,* ongle). Variété d'agate présentant des zones concentriques régulières de diverses couleurs, et dont on fait des camées, des vases, etc.

onze [ɔ̃z] adj. num. cardin. inv. (lat. *undecim*). **1.** Dix plus un. — **2.** Onzième : *Louis onze.* ◆ n. m. inv. **1.** Chiffre, numéro, etc., qui représente ce nombre. — **2.** Équipe de onze joueurs, au football : *Le onze de France.*

onzième [ɔ̃zjɛm] adj. num. ordin. et n. **1.** Qui occupe un rang marqué par le numéro onze. — **2.** Qui se trouve onze fois dans le tout.

onzièmement [ɔ̃zjɛmmɑ̃] adv. En onzième lieu.

opacification [ɔpasifikasjɔ̃] n. f. Action de rendre opaque; fait de devenir opaque.

opacifier [ɔpasifje] v. t. Rendre opaque : *Deux verres de couleurs complémentaires opacifient la lumière.*

opacité [ɔpasite] n. f. Qualité de ce qui est opaque : *Opacité des nuages.*

opale [ɔpal] n. f. (lat. *opalus*). Pierre fine, à reflets irisés : *Elle possédait une opale montée en bague.*

opalescence [ɔpalɛsɑ̃s] n. f. *Litt.* Reflet opalin.

opalescent, e [ɔpalɛsɑ̃] adj. *Litt.* Qui a des reflets opalins : *Lueur opalescente.*

opalin, e [ɔpalɛ̃] adj. Qui a la teinte laiteuse et blanchâtre, les reflets irisés de l'opale : *Matière opaline.*

opaline [ɔpalin] n. f. Substance vitreuse dont on fait des objets d'ornement : *Vase en opaline.*

opaque [ɔpak] adj. (lat. *opacus,* touffu). **1.** Qui ne se laisse pas traverser par la lumière : *Vitre opaque* (contr. TRANSPARENT, TRANSLUCIDE). — **2.** Sombre ou impénétrable : *Une nuit opaque* (syn. NOIR). *Des mots opaques* (syn. INCOMPRÉHENSIBLE).

opéra [ɔpera] n. m. (it. *opera,* œuvre). **1.** Ouvrage dramatique entièrement chanté, comprenant des récitatifs, des airs et des chœurs, et joué avec accompagnement d'orchestre : *Elle écoutait un opéra de Mozart.* — **2.** Genre lyrique auquel appartiennent ces sortes d'ouvrages : *Aimer l'opéra.* — **3.** Théâtre, édifice où sont joués les drames lyriques : *Aller à l'Opéra.* — **4.** Ensemble des acteurs, chœurs et orchestre qui jouent un même répertoire : *Entendre «la Flûte enchantée» par l'opéra de Munich.*

opérable [ɔperabl] adj. Qui peut être opéré : *Malade opérable.*

opéra bouffe [ɔperabuf] n. m. (pl. *opéras bouffes*). Opéra dont l'action est entièrement comique, en vogue au XVIIIe s.

opéra-comique [ɔperakɔmik] n. m. (pl. *opéras-comiques*). Pièce dans laquelle se mêlent des passages parlés et des épisodes chantés avec accompagnement orchestral.

opérant, e [ɔperɑ̃] adj. Efficace : *Méthode très opérante.*

1. opérateur, trice [ɔperatœr] n. Personne qui fait fonctionner des appareils : *Une défaillance de l'opérateur* (syn. MACHINISTE). *L'opérateur a dû déplacer sa caméra.*

2. opérateur [ɔperatœr] n. m. Symbole d'une opération mathématique à effectuer sur l'être mathématique (nombre, fonction, vecteur, etc.) qui se trouve indiqué à sa droite : *Dans « 2×», × est l'opérateur de la multiplication.*

opération [ɔperasjɔ̃] n. f. (lat. *operatio,* travail). **1.** Série de mesures en vue d'atteindre un résultat : *Une opération de sauvetage* (syn. ACTE). *Une opération de publicité* (syn. CAMPAGNE, OFFENSIVE). — **2.** Affaire financière : *Elle a fait une opération malheureuse en Bourse* (syn. TRANSACTION). — **3.** Ensemble de mouvements militaires faits dans un but précis : *Les opérations du débarquement.* ‖ *Opérations « Primevère », « Tonnerre »,* etc., ensemble de mesures de police, d'opérations militaires, etc., baptisées « Primevère », « Tonnerre », etc. — **4.** Fam. *Par l'opération du Saint-Esprit,* par une intervention divine, miraculeusement (ironiq.). — **5.** Action de pratiquer une intervention chirurgicale : *Opération chirurgicale* (syn. INTERVENTION). *Salle d'opération. Table d'opération.* — **6.** Processus mathématique de nature définie, permettant de trouver un nombre nouveau à partir de nombres constants : *Les quatre opérations arithmétiques* (= l'addition, la soustraction, la multiplication, la division). *Ce problème se résume à deux ou trois opérations* (syn. CALCUL). *Poser une opération* (= en écrire les chiffres). *Faire une opération de tête. Les termes d'une opération.*

opérationnel, elle [ɔperasjɔnɛl] adj. **1.** Relatif aux opérations militaires : *Zone opérationnelle.* — **2.** Se dit de qqch, de qqn qui peut immédiatement entrer en action ou en fonction. — **3.** Qui permet d'effectuer certaines opérations : *Recherche opérationnelle* (= analyse d'un problème par la méthode mathématique). *Hypothèse opérationnelle* (= qui n'est posée que pour permettre un certain nombre d'analyses, de calculs, etc.).

opératoire [ɔperatwar] adj. Relatif aux opérations chirurgicales : *Bloc opératoire d'un hôpital* (= ensemble de locaux et d'installations permettant les opérations). *Choc opératoire.*

opercule [ɔpɛrkyl] n. m. (lat. *operculum,* couvercle). **1.** Mince couvercle de cire qui ferme les cellules des abeilles. — **2.** Volet osseux qui recouvre les branchies chez les poissons osseux. — **3.** Pièce cornée qui sert aux mollusques gastropodes à fermer leur coquille.

opéré, e [ɔpere] adj. et n. Qui a subi une intervention chirurgicale : *Quel est le bras opéré ? Un grand opéré* (= qqn qui a subi une opération importante).

opérer [ɔpere] v. t. (lat. *operari,* travailler) [c. **10**]. **1.** (sujet qqch) Produire un effet, donner un résultat : *Les vacances ont opéré sur elle un heureux changement* (syn. PRODUIRE); sans compl. : *Le charme a opéré, elle s'est éprise de lui* (syn. AGIR, FAIRE SON EFFET, RÉUSSIR). — **2.** (sujet qqn) Accomplir une action : *J'ai opéré un redressement de mes finances* (syn. RÉALISER). *Opérer des prises de vues avec une caméra* (syn. EXÉCUTER); sans compl. : *Pour installer votre maison, il faut opérer avec méthode* (syn. PROCÉDER, AGIR, S'Y PRENDRE). *Une bande de voyous opère dans cette banlieue* (= se livre à certaines activités). *Où les troupes opèrent-elles ?* — **3.** *Opérer qqn, une partie du corps, un organe,* pratiquer une intervention chirurgicale : *Opérer quelqu'un de l'appendicite* (= lui enlever l'appendice). *Se faire opérer du nez;* sans compl. : *Il faut opérer* (syn. INTERVENIR).

opérette [ɔperɛt] n. f. (it. *operetta,* dimin. de *opera,* opéra). **1.** Œuvre théâtrale de caractère léger où se mêlent des parties chantées et parlées : *Les opérettes d'Offenbach.* — **2.** *D'opérette,* qu'on ne peut prendre au sérieux.

ophiure [ɔfjyr] n. f. (gr. *ophis,* serpent, et *oura,* queue). Animal marin ayant l'aspect d'une étoile de mer, mais à bras longs, grêles et souples.

ophtalmologie [ɔftalmɔlɔʒi] n. f. (gr. *ophtalmos,* œil, et *logos,* science). Partie de la médecine qui concerne l'œil et la vision.

ophtalmologiste [ɔftalmɔlɔʒist] ou **ophtalmologue** [ɔftalmɔlɔg] n. Médecin spécialiste des affections de l'œil et des troubles de la vision.

opiner [ɔpine] v. i. (lat. *opinari,* émettre une opinion). **1.** Exprimer son opinion (soutenu) : *Tous les membres du bureau ont opiné dans le même sens que le président.* — **2.** *Opiner de la tête, du bonnet,* acquiescer en hochant la tête.

opiniâtre [ɔpinjɑtr] adj. (du lat. *opinio,* pensée). **1.** Obstiné dans sa résolution ou tenace dans sa manière d'être (soutenu) : *Avoir un caractère opiniâtre* (syn. ACHARNÉ, VOLONTAIRE; contr. VERSATILE). *Courage opiniâtre* (syn. DÉTERMINÉ, IRRÉDUCTIBLE). — **2.** Durable dans son état : *Rhume opiniâtre* (syn. PERSISTANT; contr. PASSAGER).

opiniâtrement [ɔpinjɑtrəmɑ̃] adv. Avec opiniâtreté (soutenu).

opiniâtreté [ɔpinjɑtrəte] n. f. Volonté tenace (soutenu) : *Travailler avec opiniâtreté* (syn. ACHARNEMENT).

opinion [ɔpinjɔ̃] n. f. (lat. *opinio*). **1.** Jugement, façon de penser sur un sujet : *Donner son opinion sur une question* (syn. AVIS). *Se faire une opinion à propos d'une chose* (syn. IDÉE). *C'est une opinion* (syn. POINT DE VUE). *Avoir le courage de ses opinions* (syn. IDÉE). *Journal d'opinion* (syn. TENDANCE; contr. INFORMATION). *Avoir bonne, mauvaise opinion de soi-même* (= être content, mécontent de soi). — **2.** *L'opinion (publique),* la manière de penser la plus répandue dans une société : *Flatter, amuser l'opinion publique* (syn. fam. LE PUBLIC). *Braver l'opinion* (syn. QU'EN-DIRA-T-ON). *Informer l'opinion* (= les gens, les lecteurs, les auditeurs, etc.).

opiomane [ɔpjɔman] n. Fumeur d'opium.

opium [ɔpjɔm] n. m. (gr. *opion,* suc de pavot). **1.** Suc des capsules du pavot, utilisé en médecine comme calmant et par certains comme drogue. — **2.** Tout ce qui assoupit les facultés intellectuelles et morales : *Marx considérait la religion comme l'opium du peuple.*

opossum [ɔpɔsɔm] n. m. (algonquin *oposon*). Mammifère d'Amérique, recherché pour sa fourrure; cette fourrure.

opportun, e [ɔpɔrtœ̃] adj. (lat. *opportunus*). Qui vient à propos : *Faire une démarche opportune* (contr. INOPPORTUN, DÉPLACÉ). *Choisir le moment opportun* (syn. CONVENABLE, PROPICE). *Vous nous le montrerez en temps opportun* (syn. UTILE).

opportunément [ɔpɔrtynemɑ̃] adv. Avec opportunité : *Elle est arrivée opportunément* (= au bon moment; syn. À PROPOS).

opportunisme [ɔpɔrtynism] n. m. Tactique ou politique de celui qui cherche à tirer le meilleur parti des circonstances en transigeant avec les principes.

opportuniste [ɔpɔrtynist] n. et adj. Qui manifeste de l'opportunisme : *Faire une politique opportuniste.*

opportunité [ɔpɔrtynite] n. f. Qualité de ce qui est

opportun : *S'interroger sur l'opportunité d'une visite* (syn. À PROPOS, CONVENANCE; contr. INOPPORTUNITÉ).

opposable [ɔpozabl] adj. **1.** Qui peut être mis vis-à-vis de qqch : *Le pouce est opposable aux autres doigts.* — **2.** Qui peut être un obstacle à qqch : *Un argument opposable à une décision. Droit opposable à quelqu'un* (= qu'on peut juridiquement faire valoir contre lui).

opposant, e [ɔpozɑ̃] adj. **1.** Qui s'oppose à un acte, à un jugement : *La partie opposante.* — **2.** Qui s'oppose à une mesure, à une loi : *La minorité opposante* (contr. CONSENTANT). ◆ n. Adversaire : *Les opposants au régime* (contr. DÉFENSEUR, SOUTIEN).

opposé, e [ɔpoze] adj. **1.** Se dit de deux choses placées vis-à-vis, de deux directions allant en sens inverse : *Les angles opposés d'un carré. Elles habitent à deux points diamétralement opposés de Paris* (= aux deux bouts de Paris). *Partir dans des directions opposées* (syn. CONTRAIRE). — **2.** Se dit de choses très différentes l'une de l'autre, et souvent contradictoires : *Après leur baccalauréat, ils ont suivi des voies opposées* (syn. CONTRAIRE, DIVERGENT). *Ces deux enfants sont de caractère opposé. Sur cette question, nous sommes d'un avis opposé* (syn. ↓ DIFFÉRENT, ↑ INVERSE). — **3.** Défavorable, hostile à qqch : *Je suis opposée à la télévision pour les enfants jeunes* (syn. HOSTILE, ENNEMI DE). *Seriez-vous opposé au progrès?* (syn. DÉFAVORABLE). ◆ ***opposé*** n. m. *À l'opposé (de),* dans une situation, une position contraire (à) : *Être à l'opposé l'un de l'autre* (syn. AUX ANTIPODES). *Marie est une pure intellectuelle, Jeanne est tout à l'opposé.* ‖ *L'opposé,* le contraire : *C'est tout l'opposé de son frère. Vous dites une chose et vous faites l'opposé* (contr. INVERSE).

opposer [ɔpoze] v. t. (lat. *opponere*). **1.** *Opposer deux choses,* les mettre en vis-à-vis, en correspondance : *Opposer deux gros meubles dans une pièce. Opposer deux masses sombres dans un tableau* (= faire qu'elles se répondent). — **2.** *Opposer qqn à qqn,* les faire s'affronter : *Ce match opposera l'équipe de Reims à celle de Montpellier. Venez faire un bridge, nous avons de très bons joueurs à vous opposer.* — **3.** *Opposer des choses, des personnes,* les mettre en parallèle pour faire ressortir les contrastes, les différences : *Opposer des couleurs vives à des couleurs tendres. Opposer les avantages de la mer et ceux de la montagne* (contr. RAPPROCHER). *Opposer les Anciens aux Modernes.* — **4.** *Opposer qqch à qqn, à qqch,* le lui présenter comme obstacle, matériel ou non : *Opposer un barrage au déferlement des eaux. Opposer des arguments valables* (syn. ALLÉGUER). *Je n'ai rien à opposer à ce projet* (syn. OBJECTER). *Opposer une résistance à tous les ordres reçus.* ◆ ***s'opposer*** v. pr. **1.** (sujet qqn) *S'opposer à qqn, à qqch, à ce que* (+ *subj.*), leur faire front, leur faire obstacle : *Ce garçon s'oppose continuellement à son père* (syn. ↑ ENTRER EN LUTTE AVEC). *De nombreux orateurs se sont opposés au cours du débat* (syn. S'AFFRONTER). *S'opposer à tout progrès technique* (syn. LUTTER CONTRE, ÊTRE HOSTILE À). *S'opposer à des mesures de licenciement* (syn. EMPÊCHER, ÉVITER). *La propriétaire s'oppose à ce qu'on modifie en quoi que ce soit l'appartement* (contr. PERMETTRE, CONSENTIR). — **2.** (sujet qqch) *S'opposer à qqch,* constituer un obstacle : *Qu'est-ce qui s'oppose à votre départ?* (syn. EMPÊCHER, GÊNER, INTERDIRE). — **3.** Contraster : *Leurs goûts, leurs caractères s'opposent* (contr. SE RESSEMBLER, SE RÉPONDRE). *Nos positions s'opposent sur ce problème* (syn. DIVERGER; contr. CONCORDER).

opposite (à l') [ɔpozit] adv. À l'opposé (soutenu).

opposition [ɔpozisjɔ̃] n. f. **1.** Position de deux choses situées en face l'une de l'autre : *Remarquer l'opposition des masses dans un tableau* (= rapport, répartition, équilibre). *Phase où la Lune est en opposition avec le Soleil* (contr. CONJONCTION). — **2.** Différence extrême, contraste entre deux choses : *Opposition de couleurs* (syn. CONTRASTE). *Opposition de caractère entre deux personnes* (syn. ANTAGONISME). ‖ *Par opposition à,* au contraire de : *Elle aime mieux se lever et se coucher tôt que l'inverse, par opposition à toute sa famille.* — **3.** Rapport de tension, de lutte, entre deux choses ou deux personnes : *Opposition d'intérêts* (syn. CONFLIT). *Être en opposition avec ses parents* (syn. RÉACTION, RÉBELLION, ↑ RÉVOLTE). — **4.** Fait de mettre obstacle à qqch, de lutter contre : *Faire de l'opposition systématique* (syn. RÉACTION, ↑ OBSTRUCTION; contr. SOUMISSION, ADHÉSION). *Pas d'opposition? Je continue* (syn. OBJECTION, CRITIQUE). *Ce projet rencontre beaucoup d'opposition parmi les intéressés eux-mêmes* (syn. RÉSISTANCE, ↓ DÉSAPPROBATION). — **5.** Ensemble des personnes hostiles à un gouvernement : *Les partis de l'opposition* (= antigouvernementaux). *Faire parti de l'opposition* (syn. MINORITÉ; contr. MAJORITÉ). — **6.** Déclaration de la volonté de faire obstacle à qqch par un acte juridique : *Faire opposition à un chèque* (= empêcher que qqn ne le touche).

oppositionnel, elle [ɔpozisjɔnɛl] adj. Qui est dans l'opposition ou propre à l'opposition : *Tactique oppositionnelle.*

oppressant, e [ɔprɛsɑ̃] adj. Qui accable, étouffe : *Une chaleur oppressante. Des souvenirs oppressants* (= qui serrent fortement le cœur).

oppresser [ɔprɛse] v. t. (du lat. *oppressus,* accablé). **1.** (sujet qqch) *Oppresser qqn,* gêner sa respiration : *La chaleur m'oppresse* (syn. ACCABLER). *Se sentir oppressé* (= avoir l'impression d'étouffer, de suffoquer). — **2.** *Sentiment qui oppresse qqn,* qui l'étreint, l'accable : *L'angoisse m'oppresse.*

oppresseur [ɔprɛsœr] n. m. Personne ou peuple qui accable un inférieur.

oppressif, ive [ɔprɛsif] adj. Qui vise à l'oppression : *Des mesures oppressives. Système de censure, de contrôle oppressif* (syn. COERCITIF, ↑ TYRANNIQUE; contr. LIBÉRAL).

oppression [ɔprɛsjɔ̃] n. f. **1.** Sensation de suffocation : *Souffrir d'oppression à cause de la chaleur.* — **2.** Action de faire violence, abus d'autorité : *L'oppression fut exercée sur les vaincus par tous les moyens.* — **3.** État de celui qui est opprimé : *Ce peuple vit dans un état d'oppression permanente.*

opprimé, e [ɔprime] n. Personne, peuple injustement ou violemment traités : *La révolte des opprimés.*

opprimer [ɔprime] v. t. (lat. *opprimere,* peser sur). **1.** *Opprimer qqn,* l'écraser sous le poids d'une autorité arbitraire, le soumettre à des violences : *Opprimer un peuple* (syn. ASSERVIR, ASSUJETTIR). — **2.** *Opprimer qqch (abstrait),* l'empêcher de s'exprimer : *Opprimer l'opinion, la presse* (syn. BÂILLONNER, MUSELER).

opprobre [ɔprɔbr] n. m. (du lat. *probrum,* infamie). *Litt.* **1.** Honte, humiliation infligée à qqn : *Couvrir, accabler quelqu'un d'opprobre.* — **2.** Sujet de honte, de déshonneur : *Être l'opprobre de sa famille.*

optatif [ɔptatif] n. m. (du lat. *optare,* souhaiter). Mode verbal existant dans certaines langues et exprimant le souhait.

opter [ɔpte] v. i. (lat. *optare,* choisir). *Opter pour qqch,* le choisir entre deux ou plusieurs possibilités : *À sa majorité, elle pourra opter pour la nationalité française ou américaine* (syn. CHOISIR). *J'opte pour une carrière diplomatique* (syn. SE DÉCIDER).

opticien, enne [ɔptisjɛ̃] n. Fabricant ou marchand d'instruments d'optique, en particulier de lunettes.

optimal, e, aux [ɔptimal] adj. Se dit de l'état le plus

favorable : *La température optimale d'une chambre de malade* (syn. OPTIMUM).

optimiser [ɔptimize] v. t. Organiser de manière à obtenir la meilleure valeur possible.

optimisme [ɔptimism] n. m. (lat. *optimus,* le meilleur). 1. Tournure d'esprit qui dispose à prendre les choses du bon côté : *Son optimisme foncier l'empêche de croire à la méchanceté humaine. Être d'un optimisme béat* (syn. CONTENTEMENT, SATISFACTION). — 2. Confiance dans l'avenir : *Elle envisage la situation avec optimisme* (syn. CONFIANCE, ↑ESPOIR; contr. PESSIMISME). — 3. Système philosophique selon lequel le mal n'est jamais absolu ou définitif : *Voltaire a réfuté l'optimisme dans son « Candide ».*

optimiste [ɔptimist] adj. et n. 1. Qui voit ou qui prend les choses du bon côté : *Avoir un naturel, un caractère optimiste* (syn. HEUREUX). — 2. Qui a confiance dans l'avenir : *Le pronostic du médecin est optimiste* (syn. BON, RASSURANT; contr. PESSIMISTE, SOMBRE). *Elle tient des propos optimistes* (syn. ENCOURAGEANT).

optimum [ɔptimɔm] n. m. (mot lat. signif. *le meilleur*). État d'une chose considéré comme le plus favorable : *Atteindre l'optimum de production. Les optimums* (ou *optima*) *de rendement.* ◆ adj. Optimal : *L'effet optimum* (= le meilleur).

option [ɔpsjɔ̃] n. f. (lat. *optio,* choix). 1. Faculté, action d'opter : *Se trouver devant une option délicate* (syn. CHOIX). *Matière à option* (= facultative; par oppos. à *obligatoire*). — 2. Chose choisie : *Bac de série A avec option mathématiques.* — 3. Droit de choisir entre plusieurs situations juridiques : *Avoir un droit d'option.* — 4. Promesse d'achat ou de vente : *Avoir une option de deux mois sur un appartement.*

optionnel, elle [ɔpsjɔnɛl] adj. Qui donne lieu à un choix, à une option : *Matière optionnelle.*

1. optique [ɔptik] n. f. (gr. *optikê tekhnê,* art de la vision). 1. Partie de la physique qui traite de la lumière et de la vision. — 2. Ensemble des conditions de la vision dans un cas particulier : *Les mirages sont une illusion d'optique.* — 3. Manière de juger particulière, point de vue : *Elle savait se placer dans l'optique des élèves* (syn. MANIÈRE DE VOIR, CONCEPTION).

2. optique [ɔptik] adj. (gr. *optikos*). Relatif à l'œil, à la vision : *Angle optique* (= de vision). *Nerf optique.*

opulence [ɔpylɑ̃s] n. f. *Litt.* 1. Abondance de biens : *Vivre, nager dans l'opulence* (syn. ↓RICHESSE). — 2. Qualité de ce qui est opulent, développé : *L'opulence d'une poitrine* (syn. RONDEUR).

opulent, e [ɔpylɑ̃] adj. (lat. *opulentus,* de *opes,* richesses). 1. *Litt.* Très riche : *Une famille opulente* (syn. AISÉ, ↓RICHE). *Une maison opulente* (syn. COSSU). — 2. Qui a des formes corporelles développées : *Avoir une poitrine opulente* (syn. GÉNÉREUX).

opus [ɔpys] n. m. inv. (mot lat. signif. *œuvre*). Indication d'un morceau de musique avec son numéro d'ordre dans l'œuvre d'un compositeur : *La sonate opus 109 de Beethoven.*

opuscule [ɔpyskyl] n. m. (du lat. *opus,* ouvrage). Petit ouvrage de science ou de littérature.

1. or [ɔr] n. m. (lat. *aurum*). 1. Métal précieux, jaune et brillant : *Bracelet en or. Or blanc, jaune, gris, rouge* (= alliage d'or et d'un ou plusieurs autres métaux). — 2. Ce métal considéré du point de vue de sa valeur : *Le cours de l'or. Un emprunt indexé sur l'or.* — 3. Richesse, fortune (dans certaines express.) : *Une affaire en or* (= très avantageuse). *Pour tout l'or du monde* (= pour rien au monde). *Rouler sur l'or* (= être très riche). *C'est de l'or en barre* (= c'est très avantageux). — 4. Indique l'excellence : *Un mari en or* (= parfait). *L'âge d'or du rationalisme* (= l'époque où il triomphait). — 5. Indique une nuance de jaune : *Jaune d'or* (= doré, chaud). *Les ors et les bruns de la peinture siennoise.* — 6. *L'or noir,* le pétrole. ‖ *Règle d'or,* principe qu'on a tout intérêt à suivre si on veut réussir. ‖ *Tout ce qui brille n'est pas or,* il ne faut pas se fier aux apparences.

2. or [ɔr] conj. de coordination (lat. *hac hora,* à cette heure). Marque une transition entre deux idées, dans le cours d'un raisonnement, entre deux moments distincts d'un récit, ou introduit une réflexion incidente (toujours en tête de la proposition) : *On comptait beaucoup sur elle; or elle a eu un empêchement au dernier moment.*

oracle [ɔrakl] n. m. (lat. *oraculum*). 1. Réponse que les dieux étaient censés faire, dans l'Antiquité, à certaines questions que leur adressaient les hommes; sanctuaire où on consultait le dieu : *L'oracle d'Apollon, à Delphes.* — 2. Décision émanant de qqn qui a une grande autorité, un grand savoir; cette personne.

orage [ɔraʒ] n. m. (du lat. *aura,* vent). 1. Perturbation atmosphérique violente, accompagnée de tonnerre, de vent et de pluie : *L'orage menace, gronde.* — 2. Trouble et violence dans les sentiments ou les rapports humains : *Sentir venir l'orage* (= les reproches, l'explosion de colère, etc.). *Il y a de l'orage dans l'air* (fam.; = cela va mal se passer).

orageusement [ɔraʒøzmɑ̃] adv. De façon orageuse : *Réunion qui se termine orageusement.*

orageux, euse [ɔraʒø] adj. 1. Qui caractérise l'orage : *Temps orageux.* — 2. Tumultueux, troublé : *La discussion a été orageuse* (syn. AGITÉ, HOULEUX).

oraison [ɔrɛzɔ̃] n. f. (lat. *oratio,* discours). 1. Prière religieuse. — 2. *Oraison funèbre,* éloge public et solennel d'un mort.

1. oral, e, aux [ɔral] adj. (du lat. *os, oris,* bouche). 1. Exprimé de vive voix, transmis par la voix (par oppos. à *écrit*) : *Déposition orale. Examen oral. Promesse orale* (syn. VERBAL; contr. ÉCRIT). *Tradition orale.* — 2. *Voyelle orale,* qui ne comporte pas de nasalisation ([a], [e], [ɛ], [i], [o], [ɔ], [u], [y]).

2. oral [ɔral] n. m. (pl. *oraux*). Partie orale d'un examen ou d'un concours : *Avoir un oral à passer* (contr. ÉCRIT).

oralement [ɔralmɑ̃] adv. En paroles : *Accord conclu oralement* (contr. PAR ÉCRIT).

orange [ɔrɑ̃ʒ] n. f. (ar. *nārandj*). Fruit comestible de l'oranger, de couleur jaune mêlée de rouge. ◆ n. m. et adj. inv. D'une couleur jaune mêlée de rouge.

orangé, e [ɔrɑ̃ʒe] adj. et n. m. D'une couleur qui tire sur l'orange.

orangeade [ɔrɑ̃ʒad] n. f. Boisson faite de jus d'orange allongé d'eau sucrée.

oranger [ɔrɑ̃ʒe] n. m. Arbre cultivé dans les pays méditerranéens, et dont le fruit est l'orange.

orangeraie [ɔrɑ̃ʒrɛ] n. f. Lieu planté d'oranges.

orangerie [ɔrɑ̃ʒri] n. f. Serre où on met les orangers pendant l'hiver.

orang-outang ou **orang-outan** [ɔrɑ̃utɑ̃] n. m. (malais *orang outan,* homme de la forêt) [pl. *orangs-outan(g)s*]. Singe anthropoïde mesurant de 1,20 m à 1,50 m.

orateur [ɔratœr] n. m. (du lat. *orare,* parler). 1. Personne qui prononce un discours devant une assemblée, un public : *L'orateur avait captivé l'assistance.* — 2. Personne qui a le don de la parole en public : *C'est un très bon orateur.*

1. oratoire [ɔratwar] adj. (du lat. *orare,* parler). Qui concerne l'art de parler en public : *Elle connaît toutes les règles de l'art oratoire* (= de l'éloquence).

2. oratoire [ɔratwar] n. m. (du lat. *orare,* prier). Lieu d'une maison destiné à la prière; petite chapelle.

oratorio [ɔratɔrjo] n. m. (mot it.). Composition musicale dramatique sur un sujet religieux : *Les oratorios de Haendel.*

orbital, e, aux [ɔrbital] adj. *Rendez-vous orbital* (= rencontre provoquée de deux engins satellisés). *Station orbitale* (= station spatiale sur orbite).

1. orbite [ɔrbit] n. f. (lat. *orbita,* ligne circulaire). Chacune des cavités osseuses de la face, où sont les yeux : *Les yeux lui sortent des orbites.* (→ EXORBITÉ.)

2. orbite [ɔrbit] n. f. **1.** En physique, trajectoire fermée décrite par un corps animé d'un mouvement périodique : *Orbite décrite dans un atome par un électron autour du noyau.* — **2.** Courbe décrite par une planète autour du Soleil ou par un satellite autour de sa planète : *L'orbite décrite en un an par la Terre autour du Soleil. Mise sur orbite* (= ensemble des opérations visant à placer un satellite artificiel sur une orbite déterminée). — **3.** *Dans l'orbite de qqn,* dans la zone d'influence exercée par lui.

orchestral, e, aux [ɔrkɛstral] adj. Relatif à l'orchestre : *Musique orchestrale.*

orchestration [ɔrkɛstrasjɔ̃] n. f. **1.** Répartition des notes entre les instruments de l'orchestre en vue de la sonorité d'ensemble. — **2.** Action d'orchestrer, d'organiser : *L'orchestration d'une campagne de presse.*

orchestre [ɔrkɛstr] n. m. (gr. *orkhêstra,* de *orkheîsthai,* danser). **1.** Groupe d'instrumentistes qui exécutent une œuvre musicale : *Un concerto pour violon et orchestre. Orchestre de jazz. Orchestre de chambre* (= formation d'instrumentistes réduite, où dominent les instruments à corde). — **2.** Partie d'un théâtre située devant et un peu en contrebas de la scène et où les musiciens prennent place pour la représentation d'un opéra, d'une opérette, etc. : *À l'orchestre, les musiciens accordaient leurs instruments* (syn. FOSSE). — **3.** Partie d'une salle de spectacle réservée aux spectateurs et située au rez-de-chaussée, près de la scène : *Les applaudissements de l'orchestre* (= des spectateurs assis à l'orchestre).

orchestrer [ɔrkɛstre] v. t. **1.** *Orchestrer une œuvre,* la composer ou l'adapter pour un orchestre. — **2.** *Orchestrer une campagne, un mouvement revendicatif,* etc., les organiser de façon à leur donner le maximum d'ampleur et de retentissement.

orchidée [ɔrkide] n. f. (du gr. *orkhis,* testicule). Plante à fleurs ornementales.

ordinaire [ɔrdinɛr] adj. (lat. *ordinarius,* rangé par ordre). **1.** Qui ne se distingue pas des autres choses du même genre, qui est conforme à l'ordre établi, à l'usage habituel : *Manière ordinaire de procéder* (syn. HABITUEL, COURANT, NORMAL; contr. EXCEPTIONNEL). *Menu ordinaire* (= de tous les jours; contr. EXTRAORDINAIRE). *Ça alors, ce n'est pas ordinaire!* (= c'est surprenant, bizarre). — **2.** De valeur moyenne, commune : *Tissu de qualité ordinaire* (syn. COURANT, ↑MÉDIOCRE). *Avoir des manières ordinaires* (syn. ↑GROSSIER; contr. RAFFINÉ). *Une personne très ordinaire* (syn. COMMUN, ↑VULGAIRE; contr. DISTINGUÉ). *C'est un esprit très ordinaire* (syn. BANAL, QUELCONQUE; contr. EXCEPTIONNEL, REMARQUABLE). [→ EXTRAORDINAIRE.] ◆ n. m. **1.** Ce qui est courant, banal : *Un film qui sort de l'ordinaire.* — **2.** Menu de tous les jours : *Je ne prendrai pas d'extra, je me contenterai de l'ordinaire.* — **3.** *À l'ordinaire, d'ordinaire,* de façon habituelle, le plus souvent : *Elle est venue dimanche à midi, comme à l'ordinaire* (syn. D'HABITUDE). *D'ordinaire, nous déjeunons à midi et demi* (syn. EN GÉNÉRAL).

ordinairement [ɔrdinɛrmɑ̃] adv. Le plus souvent : *Elle est ordinairement à l'heure* (syn. HABITUELLEMENT).

ordinal, e, aux [ɔrdinal] adj. (du lat. *ordo, -dinis,* rang). *Adjectifs numéraux ordinaux, noms de nombre ordinaux,* ceux qui indiquent un rang précis, comme *deuxième, vingtième, millième.*

ordinand [ɔrdinɑ̃] n. m. Celui qui reçoit le sacrement de l'ordre.

ordinant [ɔrdinɑ̃] n. m. Évêque qui confère le sacrement de l'ordre.

ordinateur [ɔrdinatœr] n. m. (lat. *ordo, -dinis,* rang; repris pour traduire l'angl. *computer*). Calculateur composé d'unités spécialisées, permettant, sans l'intervention de l'homme, d'effectuer des ensembles d'opérations arithmétiques et logiques complexes.

ordination [ɔrdinasjɔ̃] n. f. (lat. *ordinatio,* action de mettre en rang). Acte par lequel est administré le sacrement de l'ordre.

1. ordonnance [ɔrdɔnɑ̃s] n. f. (de *ordonner*). **1.** Ordre, arrangement d'un ensemble : *Un incident qui trouble l'ordonnance d'un repas* (syn. AGENCEMENT, ORGANISATION). *Admirer l'ordonnance d'une œuvre d'architecture* (syn. DISPOSITION, PLAN). — **2.** Disposition législative prise par le gouvernement dans le cadre d'une délégation de pouvoir : *Le gouvernement a pris plusieurs ordonnances en matière militaire.* — **3.** Ensemble des prescriptions d'un médecin; papier sur lequel elles sont consignées : *Faire une ordonnance.*

2. ordonnance [ɔrdɔnɑ̃s] n. m. ou f. Soldat mis à la disposition d'un officier.

ordonnancement [ɔrdɔnɑ̃smɑ̃] n. m. Action d'ordonnancer.

ordonnancer [ɔrdɔnɑ̃se] v. t. (c. **1**) *Ordonnancer qqch,* le disposer dans un certain ordre : *Ordonnancer les différentes parties d'un spectacle* (syn. AGENCER).

ordonnateur, trice [ɔrdɔnatœr] n. Qui ordonne, dispose : *L'ordonnateur des pompes funèbres.*

ordonné, e [ɔrdɔne] adj. **1.** Bien rangé, régulièrement disposé : *Maison ordonnée* (= en ordre). *Coiffure ordonnée* (syn. NET). *Discours bien ordonné* (syn. ARRANGÉ). — **2.** Qui a de l'ordre, qui sait ranger ses affaires : *Une enfant ordonnée* (syn. SOIGNEUX, MÉTHODIQUE).

ordonnée [ɔrdɔne] n. f. (de *ordonner*). Coordonnée verticale caractérisant un point dans un plan (math.) [contr. ABSCISSE].

ordonner [ɔrdɔne] v. t. (lat. *ordinare,* mettre en rang). — **I. 1.** *Ordonner qqch à qqn,* lui donner un ordre : *Je vous ordonne de vous taire* (syn. ENJOINDRE, PRIER, ↓DEMANDER). *Faites ce qu'on vous ordonne* (syn. ↓DIRE). — **2.** Prescrire comme ordonnance : *Le médecin a ordonné des antibiotiques.* — **3.** *Ordonner qqn,* lui conférer le sacrement de l'ordre : *Être ordonné prêtre* (syn. CONSACRER).
— **II.** *Ordonner des choses,* les mettre en ordre : *Il va falloir ordonner ces différents paragraphes dans votre dissertation* (syn. CLASSER). *Savoir ordonner ses idées* (syn. ORGANISER). ◆ ***s'ordonner*** v. pr. (sujet qqch) Se disposer en ordre, se classer : *Les faits s'ordonnent autour de deux dates principales. Les maisons s'ordonnent le long des routes* (= sont placées).

ordre [ɔrdr] n. m. (lat. *ordo, -dinis,* rang).
— **I. 1.** Organisation, disposition des choses, des personnes selon la place qui leur convient : *Une maison en ordre* (contr. DÉSORDRE). *Mettre de l'ordre dans ses affaires* (= les ranger, les classer). *Exposer les faits dans l'ordre* (= successivement, chronologiquement). *Ils ont été promus par ordre d'ancienneté* (syn. RANG). *L'ordre des mots dans une phrase. Défiler en ordre. Laisser des comptes en ordre* (= bien tenus, nets). *Armée en ordre de marche, de bataille* (syn. FORMATION). — **2.** Catégorie dans laquelle se classent les choses, les idées, les

personnes : *Dans le même ordre d'idée* (syn. GENRE, DOMAINE). *Remplacer une récompense par une dignité du même ordre* (syn. VALEUR, IMPORTANCE). *Pour donner un ordre de grandeur* (= une approximation). *Affaire de premier ordre* (= très importante). *Personne de second ordre* (syn. PLAN). — **3.** Qualité de qqn qui sait ranger, organiser : *Avoir de l'ordre. Manquer d'ordre. Elle travaille avec ordre* (syn. MÉTHODE). — **4.** Organisation de la société, stabilité des institutions, respect des règlements : *Troubler l'ordre social* (syn. CALME, PAIX). *Les C. R. S. ont assuré le maintien de l'ordre* (contr. DÉSORDRE). *Les forces de l'ordre. Le parti de l'ordre* (= les conservateurs). *Un homme d'ordre* (= rangé). *Que tout rentre dans l'ordre. Mettre bon ordre à quelque chose* (= remédier à une situation fâcheuse). *C'est dans l'ordre des choses* (= c'est normal, régulier). — **5.** *Ordre du jour,* matières, sujets de délibération pour une séance d'assemblée : *Voter l'ordre du jour* (= la motion résumant les décisions prises). *Ce problème est à l'ordre du jour* (= figure parmi les questions d'actualité). — **6.** Association obligatoire de personnes appartenant à certaines professions libérales (avocats, médecins, architectes, etc.) et dont les membres élus veillent au respect des règles internes de la profession : *Le conseil de l'ordre des avocats.* — **7.** Institution par laquelle l'État récompense le mérite personnel de qqn : *Ordre de la Légion d'honneur, du mérite.* — **8.** Société de personnes liées par des vœux solennels de religion : *L'ordre des Carmélites.* — **9.** Division de la société française sous l'Ancien Régime : *Les trois ordres étaient le clergé, la noblesse et le tiers état.* — **10.** Dans la classification des plantes et des animaux, échelon intermédiaire entre la classe et la famille. — **11.** Sacrement qui donne le pouvoir d'exercer les fonctions ecclésiastiques, notamment la prêtrise. ‖ *Être, entrer dans les ordres,* se faire prêtre, religieuse. — **12.** Système, style architectural antique : *Il y a trois ordres grecs : dorique, ionique, corinthien.*
— **II. 1.** Manifestation de l'autorité, commandement : *Donner un ordre* (syn. INSTRUCTION, ↓DIRECTIVE). *Donner l'ordre de se disperser* (syn. CONSIGNE, INJONCTION). *Avoir un ordre de mission. Je suis à vos ordres* (= à votre service, à votre disposition). *Jusqu'à nouvel ordre* (= en attendant une nouvelle décision). — **2.** *Mot d'ordre,* consigne donnée à une ou plusieurs personnes en vue d'une circonstance précise : *Elle a donné comme mot d'ordre de ne laisser entrer personne.* — **3.** Endossement d'un billet, d'une lettre de change, pour les passer au profit d'une autre personne : *Billet à ordre. Ordre de Bourse.*

ordure [ɔrdyr] n. f. (de l'anc. fr. *ord,* sale). **1.** (pl.) Déchets, saletés : *Les éboueurs enlèvent tous les matins les ordures ménagères* (syn. DÉTRITUS). *La boîte à ordures* (= la poubelle). *Un tas d'ordures* (syn. IMMONDICES). — **2.** Propos, écrit obscène : *Dire des ordures* (syn. ↑OBSCÉNITÉ ; pop. COCHONNERIE). — **3.** Personne abjecte : *C'est une ordure, ce type.*

ordurier, ère [ɔrdyrje] adj. **1.** Qui dit ou écrit des choses obscènes : *Tenir des propos orduriers* (syn. ↓GROSSIER). — **2.** Qui contient des propos ou des mots obscènes : *Publier un article ordurier.*

orée [ɔre] n. f. (lat. *ora,* bord). Litt. *À l'orée d'un bois,* à la lisière de ce bois.

oreillard [orɛjar] n. m. Petite chauve-souris aux énormes oreilles en forme de cornets.

oreille [ɔrɛj] n. f. (lat. *auricula*). **1.** Organe de l'ouïe et, en partic., partie externe de cet organe, située de chaque côté de la tête. — **2.** Sens par lequel on perçoit les sons : *Être dur d'oreille, avoir l'oreille dure* (= entendre mal). *Elle a l'oreille fine. Avoir de l'oreille, manquer d'oreille.* — **3.** *Aux oreilles de qqn,* à sa connaissance : *J'espère que cela n'arrivera pas à ses oreilles.* ‖ *Avoir l'oreille de qqn,* être écouté favorablement par lui. ‖ *Cela entre par une oreille et sort par l'autre,* cela sort rapidement de l'esprit. ‖ *Dire qqch à qqn dans le creux, dans le tuyau de l'oreille,* tout bas et en secret. ‖ *Dresser l'oreille, ouvrir l'oreille, tendre l'oreille,* écouter très attentivement ; avoir brusquement l'attention attirée par qqch. ‖ *Être tout oreilles,* écouter attentivement (syn. ÊTRE TOUT OUÏE). ‖ Fam. *Frotter, tirer les oreilles à qqn,* le gronder. ‖ *L'oreille basse,* humilié, confus, penaud. ‖ *Se faire tirer l'oreille,* se faire prier. — **4.** Se dit de toutes sortes d'objets, allant généralement par paires et ayant très approximativement la forme d'une oreille : *Les oreilles d'un écrou. Un vieux fauteuil à oreilles. Les oreilles d'une soupière* (syn. ANSE).

oreiller [ɔrɛje] n. m. Coussin carré ou rectangulaire qui soutient la tête quand on est couché.

oreillette [ɔrɛjɛt] n. f. Chacune des deux cavités supérieures du cœur, recevant le sang des veines.

oreillons [ɔrɛjɔ̃] n. m. pl. Maladie infectieuse, caractérisée par une inflammation des glandes parotides et des douleurs dans les oreilles.

ores [ɔr] adv. (lat. *hac hora,* à cette heure). *D'ores et déjà,* dès maintenant, dès à présent, dès aujourd'hui (souvent avec *mais,* indique que le fait prévisible est pour ainsi dire en voie de réalisation) : *La production d'énergie électrique sera accrue, mais, d'ores et déjà, elle couvre les besoins actuels.*

orfèvre [ɔrfɛvr] n. (bas lat. *aurifaber,* artisan en or). **1.** Artisan dont le métier est de faire des objets en métal précieux : *Orfèvre-joaillier.* — **2.** *Être orfèvre en la matière,* être expert en qqch, s'y connaître.

orfèvrerie [ɔrfɛvrəri] n. f. **1.** Métier de l'orfèvre ; corporation des orfèvres : *L'orfèvrerie suisse est très réputée.* — **2.** Magasin d'orfèvre : *Une grande orfèvrerie-bijouterie.* — **3.** Ouvrage de l'orfèvre : *Une pièce d'orfèvrerie* (= d'argenterie).

orfraie [ɔrfrɛ] n. f. (lat. *ossifraga,* qui brise les os). **1.** Oiseau de proie diurne. — **2.** *Pousser des cris d'orfraie,* pousser des hurlements.

organdi [ɔrgɑ̃di] n. m. (orig. incert.). Mousseline de coton légère et apprêtée : *Robe en organdi.*

organe [ɔrgan] n. m. (gr. *organon,* instrument). **1.** Partie nettement délimitée d'un corps vivant, remplissant une fonction déterminée et nécessaire à la vie : *Les organes de la digestion constituent l'appareil digestif. Les organes génitaux* (syn. PARTIES). — **2.** Chacun des éléments essentiels d'un appareil, d'une machine, etc. : *Les organes d'assemblage, de transmission* (syn. INSTRUMENT). — **3.** Voix humaine : *Cette cantatrice a un bel organe.* — **4.** Voix autorisée, porte-parole, interprète officiel : *L'organe officiel du gouvernement* (syn. REPRÉSENTANT). *Ce journal est l'organe des modérés* (syn. VOIX). — **5.** Institution chargée de faire fonctionner certains services de l'État, d'une administration, d'une collectivité : *Les organes directeurs de l'État.*

organigramme [ɔrganigram] n. m. (de *organi[ser]* et gr. *gramma,* graphique). Schéma des différents services d'une entreprise ou d'une administration et des rapports qui existent entre eux.

organique [ɔrganik] adj. **1.** Relatif aux organes du corps : *Avoir des troubles organiques* (= des organes). — **2.** Qui provient de tissus vivants : *De l'engrais organique* (syn. ANIMAL, VÉGÉTAL ; contr. SYNTHÉTIQUE, CHIMIQUE). *Le rôle des matières organiques dans la fermentation.* — **3.** *Chimie organique,* partie de la chimie qui étudie les composés du carbone (contr. CHIMIE MINÉRALE). — **4.** Qui concerne la constitution d'un être : *Vice organique* (syn. CONGÉNITAL, CONSTITUTIONNEL). — **5.** Relatif à l'essentiel de la Constitution d'un État : *Loi organique relative aux élections.*

organiquement [ɔrganikmɑ̃] adv. Sur le plan organique : *Être vivant organiquement déficient* (= du point de vue des organes).

organisateur, trice [ɔrganizatœr] n. et adj. Qui organise qqch, qui a l'art d'organiser : *L'organisatrice d'une cérémonie. Il est très organisateur.*

organisation [ɔrganizasjɔ̃] n. f. **1.** Action d'organiser, de préparer : *L'organisation d'une fête* (syn. ÉLABORATION, PRÉPARATION). *L'organisation d'un service* (syn. AMÉNAGEMENT, CRÉATION, FORMATION, MISE SUR PIED). — **2.** Fait d'être organisé de telle ou telle manière : *L'organisation de ce bureau est déplorable.* — **3.** Association qui se propose des buts déterminés : *L'Organisation des Nations unies, c'est-à-dire l'O. N. U.*

organisé, e [ɔrganize] adj. **1.** En biologie, qui est pourvu d'organes dont le fonctionnement constitue la vie : *La matière organisée* (contr. INERTE). — **2.** Qui est constitué, aménagé d'une certaine façon : *Travail bien organisé* (syn. PLANIFIÉ, PROGRAMMÉ). *Parti organisé.* — **3.** Qui sait organiser sa vie, ses affaires : *C'est une personne organisée.* — **4.** *Voyage organisé,* voyage collectif dont le déroulement a été réglé d'avance.

organiser [ɔrganize] v. t. (de *organe*). **1.** *Organiser qqch,* le préparer dans un but et selon un plan précis : *Organiser une grande réception* (syn. ÉLABORER, METTRE SUR PIED). *Organiser un voyage* (syn. COMBINER, ARRANGER, AGENCER). *Organiser son emploi du temps, son travail* (syn. AMÉNAGER, RÉPARTIR). — **2.** *Organiser qqch,* lui donner une structure pour qu'il fonctionne : *Organiser une entrevue. Organiser un service* (syn. CRÉER). ◆ ***s'organiser*** v. pr. **1.** (sujet qqn) Agencer son travail, ses affaires de façon efficace : *Il faut savoir s'organiser* (syn. S'ARRANGER). *Comment vais-je m'organiser?* — **2.** (sujet qqch) S'arranger, se clarifier : *Peu à peu, tout ça va s'organiser.*

organisme [ɔrganism] n. m. **1.** Ensemble des organes qui constituent un être vivant : *Assurer aux enfants un développement sain de l'organisme* (= un développement physique; syn. CORPS). — **2.** Être vivant doté ou non d'organes : *Organisme unicellulaire.* — **3.** Tout ensemble organisé : *L'organisme social* (syn. MACHINE). — **4.** Association de personnes, société officiellement reconnue : *Avoir affaire à un organisme privé* (syn. AGENCE, BUREAU). *Organisme syndical* (syn. ASSOCIATION).

organiste [ɔrganist] n. (lat. *organum,* orgue). Personne dont la profession est de jouer de l'orgue.

orgasme [ɔrgasm] n. m. (du gr. *orgân,* bouillonner d'ardeur). Le plus haut point du plaisir sexuel.

orge [ɔrʒ] n. f. (parfois masc.) [lat. *hordeum*]. **1.** Plante portant des épis munis de longues barbes, et dont une espèce est cultivée pour l'alimentation et pour la fabrication de la bière. — **2.** *Sucre d'orge,* friandise faite de sucre cuit avec une décoction d'orge et présentée sous la forme de bâtonnets colorés.

orgeat [ɔrʒa] n. m. (de *orge*). Sirop préparé avec une émulsion d'amandes.

orgelet [ɔrʒəlɛ] n. m. (bas lat. *hordeolus,* grain d'orge). Furoncle en forme de grain d'orge, situé au bord de la paupière (syn. fam. COMPÈRE-LORIOT).

orgiaque [ɔrʒjak] adj. *Litt.* Relatif aux orgies : *Une nuit orgiaque* (= où on se livre à des excès).

orgie [ɔrʒi] n. f. (lat. *orgia,* fêtes de Bacchus). 1. Débauche. — **2.** *Litt.* Surabondance, profusion : *Une orgie de fleurs, de musique, de lumières.*

orgue [ɔrg] n. m. (lat. *organum*). **1.** Instrument de musique à un ou plusieurs claviers, à vent et à tuyaux, principalement en usage dans les églises : *Buffet d'orgue. Facteur d'orgues.* (Parfois au fém. pl. pour désigner un seul instrument : *De très belles orgues.*) — **2.** *Orgue de Barbarie,* orgue portatif, actionné par une manivelle. ‖ *Orgue électrique,* orgue à clavier dont les tuyaux sont remplacés par des amplificateurs et dont les sons sont produits par des courants électriques.

orgueil [ɔrgœj] n. m. (frq. *urgôli,* fierté). Sentiment exagéré que qqn a de sa valeur ou de son importance : *Crever d'orgueil* (contr. MODESTIE, HUMILITÉ). *Être bouffi d'orgueil. Cacher ses ennuis par orgueil* (syn. FIERTÉ).

orgueilleusement [ɔrgøjøzmɑ̃] adv. Avec orgueil : *Bomber le torse orgueilleusement.*

orgueilleux, euse [ɔrgøjø] adj. et n. Qui manifeste de l'orgueil : *Caractère orgueilleux. C'est une orgueilleuse.*

orient [ɔrjɑ̃] n. m. (lat. *oriens,* qui se lève). **1.** Côté de l'horizon où le soleil se lève : *Regarder vers l'orient* (syn. EST; contr. OCCIDENT). *Se diriger du côté de l'orient* (syn. LEVANT; contr. OUEST). — **2.** (avec majusc.) Ensemble des pays d'Asie par rapport à l'Europe, ou de l'est du bassin méditerranéen par rapport à l'ouest : *Proche-Orient* (= Syrie, Égypte, Liban, Israël, Turquie et Libye). *Moyen-Orient* (= les pays du Proche-Orient et ceux du golfe Persique [États de la péninsule d'Arabie, Irak et Iran]). *Extrême-Orient* (= extrémité de l'U. R. S. S., Corée, Chine, Indochine, Japon). — **3.** *Le Grand Orient de France,* la loge centrale des francs-maçons.

orientable [ɔrjɑ̃tabl] adj. Qu'on peut orienter : *Bras orientable d'une machine.*

oriental, e, aux [ɔrjɑ̃tal] adj. Qui se situe à l'orient, à l'est : *La frontière occidentale et la frontière orientale d'un pays.* ◆ adj. et n. Qui a trait à la région ou aux peuples de l'Orient : *Pays orientaux* (contr. OCCIDENTAL). *Langues orientales.*

orientalisme [ɔrjɑ̃talism] n. m. **1.** Science des choses ou des langues de l'Orient : *Les progrès de l'orientalisme en Europe.* — **2.** Goût pour les choses de l'Orient : *La mode de l'orientalisme.*

orientaliste [ɔrjɑ̃talist] n. Spécialiste des langues et des civilisations de l'Orient.

orientation [ɔrjɑ̃tasjɔ̃] n. f. **1.** Action de se repérer géographiquement par rapport aux quatre points cardinaux : *Avoir le sens de l'orientation.* — **2.** Position d'un objet, d'un édifice par rapport aux points cardinaux : *L'orientation sud d'une pièce.* — **3.** Direction, tendance donnée à une action, à un ouvrage : *L'orientation d'un exposé, d'une enquête* (syn. TENDANCE). — **4.** *Orientation professionnelle,* système qui dirige les adolescents vers une carrière déterminée, en tenant compte de leurs aptitudes et de leurs goûts, ainsi que des débouchés.

orienté, e [ɔrjɑ̃te] adj. Qui manifeste une opinion, une tendance idéologique; qui est au service d'une cause précise, d'une propagande : *Article de journal nettement orienté* (syn. TENDANCIEUX, ENGAGÉ).

orienter [ɔrjɑ̃te] v. t. (de *orient*). **1.** *Orienter qqch,* le disposer par rapport aux points cardinaux ou à une direction déterminée : *Maison bien orientée* (syn. EXPOSER). *Orienter la lumière vers le papier* (syn. DIRIGER). *Orienter un projecteur vers la droite* (syn. TOURNER). — **2.** *Orienter qqn,* lui indiquer la direction à prendre, le guider vers une activité, une carrière, etc. : *Orienter un élève vers les sections modernes* (syn. DIRIGER). *Avoir été bien, mal orienté.* ◆ ***s'orienter*** v. pr. (sujet qqn) **1.** Déterminer la position qu'on occupe par rapport aux points cardinaux ou à tout autre repère : *Comment s'orienter dans le noir?* (syn. SE REPÉRER, SE RETROUVER, SE RECONNAÎTRE). — **2.** *S'orienter vers qqch,* tourner son activité vers : *Elle s'oriente vers de nouvelles recherches, vers des études de médecine.*

orienteur, euse [ɔrjɑ̃tœr] n. Conseiller d'orientation scolaire et professionnelle.

orifice [ɔrifis] n. m. (lat. *orificium,* de *os, oris,* bouche). Entrée ou issue d'une cavité ou d'un organe du corps, qui permet l'écoulement d'un fluide : *Boucher un orifice* (syn. OUVERTURE). *Orifice intestinal.*

oriflamme [ɔriflam] n. f. (lat. *aurea flamma,* flamme d'or). Drapeau ou bannière d'apparat.

origan [ɔrigɑ̃] n. m. (gr. *origanon*). Autre nom de la MARJOLAINE.

originaire [ɔriʒinɛr] adj. Qui tire son origine de : *Être originaire de Tchécoslovaquie* (syn. NÉ EN). *Elle est originaire du pays* (= autochtone; contr. ÉTRANGER).

originairement [ɔriʒinɛrmɑ̃] adv. À l'origine : *Nous étions originairement dans la même siuation; mais nous avons évolué différemment* (syn. AU POINT DE DÉPART).

1. original, e, aux [ɔriʒinal] adj. (de *origine*). **1.** Se dit d'une pièce, d'un document émanant directement de son auteur, de sa source : *Illustrations originales* (= dues à l'artiste lui-même). *Édition originale* (= la première sortie). *Se référer à l'acte original* (contr. COPIE). *Gravure originale* (contr. REPRODUCTION). — **2.** Unique en son genre, qui ne ressemble à rien d'autre : *Une femme originale* (contr. COMMUN, ORDINAIRE). *Installation originale* (syn. PERSONNEL, INÉDIT; contr. TRADITIONNEL, CONFORMISTE, HABITUEL). ◆ n. Personne excentrique, qui ne ressemble à aucune autre : *C'est un original* (syn. FANTAISISTE, PHÉNOMÈNE; fam. FARFELU, NUMÉRO). *Un vieil original* (syn. ↑EXCENTRIQUE; fam. TOQUÉ).

2. original [ɔriʒinal] n. m. Modèle, ouvrage, texte primitif d'un auteur : *Faire collection d'originaux* (= tableaux, dessins, etc.). *Copie conforme à l'original. L'original de l'acte* (syn. MINUTE; contr. COPIE, DOUBLE). *Comparer la traduction à l'original.*

originalité [ɔriʒinalite] n. f. **1.** Caractère de ce qui est nouveau, singulier : *Manquer d'originalité* (syn. PERSONNALITÉ, FANTAISIE). *L'originalité d'un écrivain* (contr. CLASSICISME, BANALITÉ). — **2.** Marque ou preuve de fantaisie et de nouveauté : *Se faire remarquer par certaines originalités* (syn. BIZARRERIE).

origine [ɔriʒin] n. f. (lat. *origo, -inis*). **1.** Principe, commencement : *L'origine des temps. L'origine du monde* (syn. NAISSANCE, GENÈSE). *Histoire des peuples des origines à nos jours* (syn. DÉBUT). — **2.** Point de départ : *Étudier l'origine du langage* (syn. NAISSANCE, FORMATION). *Rechercher l'origine d'une croyance, d'une superstition* (syn. FONDEMENT). *Remonter à l'origine d'une idée* (syn. SOURCE). — **3.** Cause d'un événement : *L'origine du conflit était contenue dans le traité conclu quelques années auparavant* (syn. GERME). *À l'origine de cette maladie, il y a souvent un traumatisme. Souvenir d'enfance à l'origine d'une vocation* (syn. BASE). — **4.** Milieu d'où sont issues des personnes, des idées, des choses : *Être d'origine bourgeoise, paysanne* (syn. EXTRACTION, FAMILLE, NAISSANCE, ASCENDANCE). *Musique d'origine africaine* (syn. PROVENANCE). — **5.** Introduction, étymologie d'un mot : *Mot d'origine savante, étrangère, populaire* (syn. FORMATION). — **6.** *À l'origine,* dès *l'origine,* au début, dès le début.

originel, elle [ɔriʒinɛl] adj. Qui date de l'origine : *Le péché originel. Le sens originel d'un terme* (syn. PREMIER, INITIAL). *Parler sa langue originelle* (syn. NATALE, MATERNELLE).

originellement [ɔriʒinɛlmɑ̃] adv. Primitivement : *Cette maison devait originellement rester un bien indivis entre frères et sœurs* (= dans le plan primitif, au point de départ). *Contrat originellement vicié* (syn. À LA BASE).

orignal [ɔriɲal] n. m. (basque *oregnac*) [pl. *orignaux*]. Autre nom de l'ÉLAN, au Canada.

oripeaux [ɔripo] n. m. pl. (lat. *aurea pellis,* peau d'or). Vêtements usés ou de mauvais goût (vieilli) : *Être vêtu d'oripeaux* (syn. HAILLONS, GUENILLES).

ormaie [ɔrmɛ] ou **ormoie** [ɔrmwa] n. f. Lieu planté d'ormes.

orme [ɔrm] n. m. (lat. *ulmus*). Arbre haut de 20 à 30 mètres, à feuilles dentelées, dont le bois est utilisé en charpente et en ébénisterie : *Une allée plantée d'ormes.*

1. ormeau [ɔrmo] n. m. Jeune orme.

2. ormeau [ɔrmo] n. m. (lat. *auris maris,* oreille de mer). Mollusque à coquille plate.

ormoie → ORMAIE.

ornement [ɔrnəmɑ̃] n. m. (lat. *ornamentum*). **1.** Qualité de ce qui est purement décoratif : *Dessin d'ornement* (= décoratif). *Broder un ouvrage d'ornement. Jardin d'ornement.* — **2.** Détail qui sert à la décoration, qui agrémente un ensemble : *Ornements de cheminée* (syn. GARNITURE). *Elle s'habille avec élégance et sans aucun ornement* (syn. COLIFICHET, FANFRELUCHE, FANTAISIE). *Ornements d'architecture* (syn. MOTIF). *Ornements de style* (syn. FIORITURE, ÉLÉGANCE). — **3.** Groupe de notes brèves représentées par des signes et destinées à assouplir le contour d'une mélodie (mus.). ◆ ***ornements*** n. m. pl. Dans la liturgie catholique, vêtements revêtus pour les cérémonies du culte : *Ornements sacerdotaux.*

ornemental, e, aux [ɔrnəmɑ̃tal] adj. **1.** Qui concerne les ornements : *Style ornemental* (contr. SOBRE, DÉPOUILLÉ). — **2.** Qui sert à l'ornement : *Motif ornemental* (syn. DÉCORATIF).

ornementation [ɔrnəmɑ̃tasjɔ̃] n. f. Action de décorer un ensemble, de garnir d'ornements : *L'ornementation d'un monument* (syn. DÉCORATION). *Dessin d'ornementation* (= décoratif).

ornementer [ɔrnəmɑ̃te] v. t. Enrichir d'ornements.

orner [ɔrne] v. t. (lat. *ornare*). *Orner qqch,* l'arranger, l'embellir par un ou plusieurs éléments décoratifs : *Orner un balcon avec des plantes vertes* (syn. GARNIR). *Orner un discours de citations* (syn. ENJOLIVER, ÉMAILLER). *Il faut orner cette robe d'un bijou* (syn. ÉGAYER). *Orner un livre de dessins* (syn. ILLUSTRER).

ornière [ɔrnjɛr] n. f. (lat. *orbita*). **1.** Trace creusée par les roues de voiture dans un chemin de terre : *Les ornières boueuses d'un chemin.* — **2.** Habitude, routine : *Savoir sortir de l'ornière* (syn. CHEMIN BATTU).

ornithologie [ɔrnitɔlɔʒi] n. f. (du gr. *ornis, ornithos,* oiseau, et *logos,* science). Science des oiseaux.

ornithologue [ɔrnitɔlɔg] ou **ornithologiste** [ɔrnitɔlɔʒist] n. Spécialiste d'ornithologie.

ornithorynque [ɔrnitɔrɛ̃k] n. m. Mammifère d'Australie et de Tasmanie, caractérisé par son bec de canard, ses pattes palmées et sa reproduction ovipare.

orogenèse [ɔrɔʒənɛz] n. f. (du gr. *oros,* montagne, et *genesis,* génération). Formation des chaînes de montagnes.

orogénique [ɔrɔʒenik] adj. *Mouvements orogéniques,* mouvements de l'écorce terrestre qui donnent naissance à des montagnes.

oronge [ɔrɔ̃ʒ] n. f. (prov. *ouronjo,* orange). Nom usuel de plusieurs espèces de champignons du genre amanite.

orphelin, e [ɔrfəlɛ̃] n. et adj. (bas lat. *orphanus*). Enfant qui a perdu l'un de ses parents, ou les deux : *Être orpheline de père* (= avoir perdu son père).

orphelinat [ɔrfəlina] n. m. Établissement où sont élevés les enfants orphelins.

orphéon [ɔrfeɔ̃] n. m. (de *Orphée,* n. myth.). Fanfare, en général masculine.

orque [ɔrk] n. f. (lat. *orca*). Autre nom de l'ÉPAULARD.

orteil [ɔrtɛj] n. m. (lat. *articulus,* jointure). Doigt de pied : *Le gros orteil. Se casser le petit orteil.*

orthodoxe [ɔrtɔdɔks] adj. (du gr. *orthos,* droit, et *doxa,* opinion). **1.** Conforme à un dogme religieux, ou à une doctrine : *Théologie orthodoxe* (contr. HÉRÉTIQUE). *Avoir toujours une opinion orthodoxe* (syn. CONFORMISTE). — **2.** Qui concerne les Églises chrétiennes d'Orient : *Église de rite orthodoxe. Clergé orthodoxe.* ◆ n. Chrétien de rite oriental : *Congrès réunissant des catholiques romains, des orthodoxes et des protestants.*

orthodoxie [ɔrtɔdɔksi] n. f. Dogme ou doctrine officielle d'une Église ou d'un groupe social : *L'orthodoxie catholique* (contr. HÉRÉSIE). *Orthodoxie politique* (contr. DÉVIATIONNISME, HÉTÉRODOXIE).

orthogonal, e, aux [ɔrtɔgɔnal] adj. (du gr. *orthos,* droit, et *gônia,* angle). Se dit de droites, de plans, ou d'une droite et d'un plan qui se coupent à angle droit : *Projection orthogonale* (= projection d'une figure faite à l'aide de perpendiculaires abaissées sur un plan).

orthographe [ɔrtɔgraf] n. f. (du gr. *orthos,* droit, et *graphein,* écrire). Manière d'écrire les mots d'une langue en conformité avec des usages définis et des règles traditionnelles (syn. GRAPHIE [techn.]) : *Avoir une mauvaise orthographe, c'est commettre des erreurs dans la transcription des mots ou des phrases. L'orthographe d'un mot est définie par l'ensemble des signes graphiques servant à transcrire ce terme.*

orthographier [ɔrtɔgrafje] v. t. Écrire suivant l'orthographe : *Orthographiez correctement mon nom : Gautier, sans «h».*

orthographique [ɔrtɔgrafik] adj. Relatif à l'orthographe : *Les habitudes orthographiques sont maintenues par l'enseignement.*

orthopédie [ɔrtɔpedi] n. f. (gr. *orthos,* droit, et *pais, paidos,* enfant). Partie de la chirurgie qui a pour objet le traitement des affections du squelette et des articulations.

orthopédique [ɔrtɔpedik] adj. Relatif à l'orthopédie : *Chirurgie orthopédique. Chaussures orthopédiques.*

orthopédiste [ɔrtɔpedist] n. et adj. Qui pratique l'orthopédie : *Un chirurgien orthopédiste.*

orthophonie [ɔrtɔfɔni] n. f. (gr. *orthos,* droit, et *phônê,* son). Ensemble des traitements destinés à corriger les troubles du langage.

orthophoniste [ɔrtɔfɔnist] n. et adj. Spécialiste d'orthophonie.

ortie [ɔrti] n. f. (lat. *urtica*). Plante couverte de poils contenant un liquide irritant qui pénètre dans la peau au moindre contact : *Des piqûres d'ortie.*

ortolan [ɔrtɔlɑ̃] n. m. (mot prov. signif. *jardinier*). Petit oiseau recherché pour sa chair délicate.

orvet [ɔrvɛ] n. m. (de l'anc. fr. *orb,* aveugle). Reptile sans pattes, dont la queue se brise facilement.

O. S. [oɛs] n. m. Abrév. de OUVRIER SPÉCIALISÉ.

os [ɔs] n. m. (lat. *ossum*). **1.** Partie dure et solide qui forme la charpente du corps de l'homme et des animaux vertébrés : *Avoir de gros os* (= un fort squelette). *Viande avec os, sans os. Donner un os à ronger à un chien.* — **2.** Fam. *Il y a un os,* une difficulté. ‖ Pop. *L'avoir dans l'os,* subir un échec. ‖ Fam. *Ne pas faire de vieux os,* ne pas vivre vieux. ‖ Fam. *Tomber sur un os,* une difficulté imprévue.

oscar [ɔskar] n. m. (de *Oscar,* n. pr.). **1.** Récompense cinématographique décernée chaque année aux États-Unis : *Cette actrice a eu l'oscar de la meilleure interprétation féminine en telle année.* — **2.** Récompense décernée par un jury, dans divers domaines : *Ce disque de chansons a eu un oscar l'an dernier* (syn. PRIX).

oscillant, e [ɔsilɑ̃] adj. Qui oscille : *Esprit perpétuellement oscillant* (syn. HÉSITANT).

oscillation [ɔsilasjɔ̃] n. f. **1.** Mouvement de balancement alternatif : *Étudier la période et l'amplitude d'une oscillation.* — **2.** Va-et-vient, variation : *Vos perpétuelles oscillations me fatiguent* (= votre indécision).

oscillatoire [ɔsilatwar] adj. De la nature de l'oscillation : *Mouvement oscillatoire d'un pendule.*

osciller [ɔsile] v. i. (lat. *oscillare,* balancer). **1.** (sujet qqch) Être animé d'un mouvement de va-et-vient : *Le balancier d'une pendule oscille régulièrement* (syn. SE BALANCER). — **2.** (sujet qqn) Hésiter entre deux choses : *J'oscille entre deux partis contraires* (syn. BALANCER).

osé, e [oze] adj. Risqué, audacieux : *Une plaisanterie osée* (syn. LIBRE, LESTE).

oseille [ozɛj] n. f. (du lat. *acidulus,* aigrelet). Plante potagère à feuilles comestibles, de goût acide.

oser [oze] v. t. (bas lat. *ausare*). *Oser* (+ *inf.* sans *prép.*), avoir l'audace, le courage de : *Oser poser une question dans un débat* (contr. CRAINDRE DE). *Je voudrais faire cette démarche, mais je n'ose pas;* avoir le front de, se permettre de : *Il a osé porter plainte, alors qu'il était dans son tort* (syn. pop. AVOIR LE CULOT DE). *Qu'osez-vous dire?*

osier [ozje] n. m. (mot francique). Variété de saule dont les rameaux sont employés en vannerie.

osmose [ɔsmoz] n. f. (gr. *osmos,* poussée). **1.** Phénomène de diffusion d'une solution à travers une membrane semi-perméable (scientif.). — **2.** Interpénétration, influence réciproque : *Une lente osmose s'est produite entre ces civilisations.*

osmotique [ɔsmɔtik] adj. Relatif à l'osmose.

ossature [ɔsatyr] n. f. **1.** Ensemble des os dans le corps de l'homme ou de l'animal : *Une forte ossature* (syn. SQUELETTE, CHARPENTE). — **2.** Toute charpente qui soutient un ensemble : *L'ossature d'un bâtiment* (syn. CHARPENTE).

osselet [ɔslɛ] n. m. **1.** *Jouer aux osselets,* lancer et rattraper sur le dos de la main de petits os provenant du gigot ou du pied de mouton. — **2.** *Les osselets de l'oreille,* les petits os de l'oreille moyenne.

ossements [ɔsmɑ̃] n. m. pl. Os décharnés d'un cadavre humain ou d'un animal : *Les nombreux ossements découverts ici attestent l'existence d'une nécropole préhistorique.*

osseux, euse [ɔsø] adj. **1.** Qui se rapporte aux os : *Le tissu osseux* (= le tissu organique qui constitue les os). *Maladie osseuse.* — **2.** *Visage osseux, main osseuse,* très maigres (contr. GRASSOUILLET, REBONDI, DODU, CHARNU).

ossification [ɔsifikasjɔ̃] n. f. Fait de s'ossifier.

ossifier (s') [ɔsifje] v. pr. Se transformer en tissu osseux : *Le crâne s'ossifie chez l'embryon.*

ossuaire [ɔsɥɛr] n. m. Bâtiment, lieu où sont conservés des ossements humains : *Ossuaire érigé sur le lieu d'une bataille.*

ostensible [ɔstɑ̃sibl] adj. (du lat. *ostendere,* montrer). Qu'on ne cache pas, qu'on cherche à montrer : *S'afficher de façon ostensible avec quelqu'un* (syn. VISIBLE; contr. DISCRET, FURTIF).

ostensiblement [ɔstɑ̃sibləmɑ̃] adv. De façon ostensible : *Porter ostensiblement un insigne* (= sans se cacher).

ostensoir [ɔstɑ̃swar] n. m. (du lat. *ostensus,* montré). Pièce d'orfèvrerie dans laquelle on expose l'hostie consacrée.

ostentation [ɔstɑ̃tasjɔ̃] n. f. (du lat. *ostendere,* montrer). Étalage excessif d'un avantage ou d'une qualité ; geste, attitude de qqn qui cherche à se faire remarquer : *Agir avec ostentation* (syn. AFFECTATION ; contr. DISCRÉTION). *Faire ostentation de sa culture* (syn. ÉTALAGE, MONTRE). *Par pure ostentation* (syn. ORGUEIL, VANITÉ).

ostentatoire [ɔstɑ̃tatwar] adj. Fait avec ostentation : *Un luxe ostentatoire* (syn. AFFECTÉ ; contr. DISCRET).

ostracisme [ɔstrasism] n. m. (gr. *ostrakon,* coquille sur laquelle, à Athènes, on inscrivait le nom de celui qu'on voulait bannir). Action d'exclure, d'écarter qqn d'un groupe, d'un parti politique ou d'une société : *Être frappé d'ostracisme.*

ostréicole [ɔstreikɔl] adj. Relatif à l'ostréiculture.

ostréiculteur, trice [ɔstreikyltœr] n. Qui pratique l'ostréiculture.

ostréiculture [ɔstreikyltyr] n. f. (lat. *ostreum,* huître). Élevage des huîtres.

ostrogoth, e [ɔstrɔgo] adj. et n. (de *Ostrogoths*). *Fam.* Personne grossière, bourrue ou bizarre. (Les *Ostrogoths* étaient un peuple germanique.)

otage [ɔtaʒ] n. m. (de *hôte*). Personne livrée, capturée ou reçue en garantie de l'exécution d'une promesse, d'une exigence : *Les bandits ont gardé la caissière comme otage.*

otarie [ɔtari] n. f. (gr. *ôtarion,* petite oreille). Mammifère marin voisin du phoque.

ôter [ote] v. t. (lat. *obstare,* faire obstacle). **1.** *Ôter un objet,* l'enlever de l'endroit où il se trouve : *J'ai ôté cette garniture de cheminée que je trouve affreuse* (syn. SUPPRIMER). — **2.** *Ôter un vêtement, des chaussures,* etc., les enlever : *Ôtez votre manteau* (syn. RETIRER ; contr. METTRE, GARDER). — **3.** *Ôter qqch à qqn,* l'en déposséder, l'en débarrasser : *Je voudrais vous ôter cette idée de la tête* (syn. ENLEVER, RETIRER). *Cette affaire m'a ôté bien des illusions* (= m'a fait perdre). *L'alcool m'ôte toutes mes forces* (syn. COUPER). *La naissance de cet enfant aurait pu ôter la vie à sa mère* (syn. COÛTER). — **4.** *Ôter une chose d'une autre, à une autre,* la retrancher de cette autre chose : *Ôter la moitié de 100, puis encore la moitié du reste, cela fait 25* (syn. RETRANCHER, SOUSTRAIRE, ENLEVER). *Le sucre ôte son amertume au cacao.* ◆ ***s'ôter*** v. pr. Fam. *Ôte-toi de là,* retire-toi, va-t'en.

otite [ɔtit] n. f. (gr. *oûs, ôtos,* oreille). Inflammation de l'oreille (méd.).

oto-rhino-laryngologie [ɔtɔrinɔlarɛ̃gɔlɔʒi] n. f. (gr. *oûs, ôtos,* oreille, *rhinos,* nez, *laruggos,* gosier, et *logos,* science). Partie de la médecine qui s'occupe des maladies des oreilles, du nez et de la gorge. (Abrév. O. R. L.)

oto-rhino-laryngologiste [ɔtɔrinɔlarɛ̃gɔlɔʒist] n. Spécialiste d'oto-rhino-laryngologie. (Abrév. OTO-RHINO et O. R. L.)

ou [u] conj. (lat *aut*). Indique une alternative qui a valeur de distinction, allant jusqu'à l'exclusion ou à l'indifférence : *Il m'est indifférent de parler maintenant ou plus tard. Qui d'elle ou de toi se chargera de cette commission ? Tôt ou tard, vous accepterez. Qu'il préfère Nice ou Biarritz, peu importe. Fondés ou non, ces reproches l'ont blessée.* Avec un numéral : *Il y avait dans cette salle vingt ou trente personnes* (= de vingt à trente). *Tu passes ton temps à bavarder avec les autres ou à rêvasser tout seul. De près ou de loin, on admire toujours cette église. Je lui ai demandé si elle resterait une semaine ou si elle serait absente un mois. Que vous alliez à gauche ou que vous alliez tout droit, vous vous retrouverez sur la grande place. Viens-tu au théâtre avec nous, ou préfères-tu aller seule au cinéma ?* ; en ce cas, on pose souvent l'alternative *ou... ou bien : Ou nous allons nous promener ou nous restons, mais décide-toi. Ou vous acceptez, ou bien je m'en vais faire cette proposition à un autre. (Ou* peut être renforcé : *ou bien, ou plutôt, ou même, ou pour mieux dire.)*
— Rem. Le verbe qui suit un groupe de noms unis par *ou* est au singulier : *Son frère ou sa sœur viendra te prévenir.* Lorsqu'il y a un pronom, le verbe se met au pluriel et à la personne de celui-ci : *Ta sœur, toi ou moi, nous pourrions aller le chercher.*

où [u] adv. interr. et rel. (lat. *ubi*). Indique le lieu (avec ou sans adjonction d'une prép.) : *Où va-t-il ? D'où vient-il ? Par où passeras-tu ? Je me demande où elle est allée. Le document n'est plus dans le dossier où il avait été mis* (= dans lequel). *Elle n'habite plus la ville où elle était il y a cinq ans.* ◆ adv. rel. **1.** Indique la date, le temps : *À l'époque où j'étais au lycée. Le soir où il y eut la représentation.* — **2.** *Au moment où,* quand : *Au moment où il arrivera, nous serons prêts.* ‖ *D'où,* introduit un terme exprimant la conséquence : *Elle ne s'y attendait pas, d'où sa surprise.* (→ aussi QUI 2.) ‖ *Là où* → LÀ.

ouailles [waj] n. f. pl. (lat. *ovis,* brebis). *Litt.* Ensemble des paroissiens d'un prêtre ou d'un pasteur.

ouais ! [wɛ] interj. *Fam.* **1.** Exprime le doute, l'ironie, la perplexité, la surprise (souvent redoublé) : *Toi, un inventeur ? Ouais ! raconte ça à d'autres !* — **2.** Forme parlée de OUI.

ouate [wat] n. f. (it. *ovatta*) [l'élision d'un *e* muet précédant ce mot est souvent évitée] Coton étalé en nappe et préparé pour servir de pansement ou de doublure à des vêtements chauds ou à des objets de literie : *Un paquet d'ouate hydrophile. De la ouate chirurgicale. Robe de chambre doublée d'ouate.*

ouaté, e [wate] adj. Se dit d'un endroit où on se sent à l'abri des dérangements, où on vit confortablement, etc. : *Une atmosphère ouatée.*

ouater [wate] v. t. Garnir d'ouate.

ouatine [watin] n. f. Étoffe molletonnée utilisée comme doublure : *Ouatine double face.*

oubli [ubli] n. m. **1.** Effacement, disparition du souvenir, chez qqn ou dans une collectivité : *Rechercher l'oubli dans l'alcool. L'oubli croît avec l'âge* (contr. MÉMOIRE). *Cet écrivain est tombé dans l'oubli* (= il n'est plus connu). *Tirer un nom de l'oubli* (contr. CÉLÉBRITÉ). — **2.** Défaillance précise de la mémoire ou de l'attention : *Un oubli involontaire* (syn. ÉTOURDERIE, NÉGLIGENCE). *Réparer un oubli* (syn. INADVERTANCE, OMISSION, INATTENTION). — **3.** Manquement à des règles ou habitudes : *L'oubli des convenances* (syn. INOBSERVATION, MANQUEMENT ; contr. RESPECT). — **4.** *Oubli de soi,* renoncement à ses goûts, à ses intérêts personnels, en faveur de qqn, d'une cause (syn. ABNÉGATION, DÉVOUEMENT).

oublier [ublije] v. t. (bas lat. *oblitare*). **1.** *Oublier qqch, qqn,* en perdre le souvenir, ne pas en garder mémoire : *J'ai oublié votre nom* (contr. RETENIR). *Avoir oublié une histoire, une affaire* (= ne pas se les rappeler). *Cette chanteuse est complètement oubliée aujourd'hui* (= personne ne s'en souvient). *J'ai oublié comment on prépare ce gâteau* (= ne plus savoir). — **2.** *Oublier qqch, qqn, de* (+ *inf.*), l'abandonner par étourderie ; ne pas y penser : *Oublier son parapluie dans le métro* (syn. LAISSER). *Oublier un anniversaire* (syn. NÉGLIGER). *Oublier l'heure* (= laisser passer). *Je l'ai oubliée sur le palmarès* (syn. OMETTRE). *J'ai oublié de passer chez vous* (contr. PENSER À). *N'oublie pas que ce paquet est très fragile.* — **3.** Manquer à une règle : *Oublier sa famille, son travail, ses devoirs* (syn. NÉGLIGER). *Oublier les règles de la politesse* (syn. MANQUER À). — **4.** *Oublier qqn,* ne pas penser à lui comme il le mérite : *Oublier ses amis* (syn. fam. LAISSER TOMBER). *Allez, on ne vous* *oublie pas* (= on pense à vous). — **5.** *Oublier qqch,* n'en être plus préoccupé : *Vous m'avez fait oublier mes soucis* (syn. DISTRAIRE DE ; contr. SONGER À, RUMINER). *Oublier avec le temps* (= ne plus penser à ses ennuis, à ses soucis, à ses aventures sentimentales, etc.). — **6.** Pardonner : *Oublier les offenses. Faire oublier ses erreurs de jeunesse* (= se faire pardonner). — **7.** *Se faire oublier,* faire en sorte de passer inaperçu, éviter de se faire remarquer : *Après toutes ces bêtises, mieux vaut que tu te fasses oublier.* ◆ ***s'oublier*** v. pr. **1.** (sujet qqch) Être oublié : *De tout ce qu'on apprend au lycée, beaucoup de choses s'oublient* (contr. RESTER). — **2.** Faire passer l'intérêt d'autrui avant le sien propre, par abnégation : *Elle ne s'est pas oubliée dans le partage* (contr. PENSER À SOI). — **3.** *Fam.* (sujet un enfant, un malade, un animal) Faire ses besoins : *L'enfant s'est oublié dans sa culotte.*

oubliette [ublijɛt] n. f. (de *oublier*). **1.** Cachot souterrain et obscur, où on enfermait autref. certains prisonniers (souvent pl.). — **2.** (sujet qqch, qqn) *Être mis aux oubliettes, tomber dans les oubliettes,* être mis volontairement de côté, tomber dans l'oubli.

oublieux, euse [ublijø] adj. Qui oublie : *Être oublieux de ses devoirs.*

oued [wed] n. m. (mot ar. signif. *cours d'eau*). Cours d'eau temporaire d'Afrique du Nord ou des régions arides.

ouest [wɛst] n. m. (angl. *west*). **1.** Un des quatre points cardinaux situé du côté où le soleil se couche : *Vent d'ouest* (syn. OCCIDENT ; contr. EST, LEVANT). *Regarder vers l'ouest* (syn. COUCHANT). *Neuilly est à l'ouest de Paris.* — **2.** (avec majusc.) *L'Ouest,* l'ensemble des départements de l'ouest de la France; l'ensemble des pays de l'ouest de l'Europe et de l'Amérique du Nord, par oppos. à ceux de l'est de l'Europe : *La politique de l'Ouest* (syn. OCCIDENT). ◆ adj. inv. Qui est à l'ouest : *La côte ouest de la Corse est plus découpée que la côte est* (syn. OCCIDENTAL).

ouf! [uf] interj. (onomat.). **1.** Exprime le soulagement après une épreuve, un travail difficile, une sensation d'oppression : *Ouf! elle est enfin partie. Ouf! enfin, on respire.* — **2.** Fam. *Sans avoir le temps de dire ouf, sans faire ouf,* sans pouvoir répliquer, sans qu'on ait le temps de prononcer un mot.

ougandais, e [ugɑ̃dɛ] adj. et n. De l'Ouganda.

oui [wi] adv. d'affirmation (de l'anc. fr. *o,* cela, et *il*). **1.** Indique une réponse positive à une question (contr. NON) : *« Avez-vous vu ce film ? — Oui. » « La voyez-vous souvent ? — Oui, nous prenons le même autobus. » « Est-elle rétablie ? — Oui, le docteur lui a permis de se lever. »* En combinaison avec *et non,* indique une réponse dubitative : *« Vous êtes content en ce moment de vos affaires ? — Oui et non. »* — **2.** Sert de renforcement à une affirmation : *C'est un paresseux, oui, oui, un paresseux. Tu aurais peur, oui! Tu as fini de faire du bruit, oui!* — **3.** Peut représenter, après un verbe d'énonciation ou d'opinion, une phrase ou un membre de phrase précédents, en confirmant la réalité de l'affirmation : *« Serez-vous libre samedi ? — Je pense que oui. » Tu dis toujours oui, mais, finalement, tu n'en fais qu'à ta tête* (= tu parais accepter). *Répondez par oui ou par non. Je crois que oui* (= je suis presque sûr). — **4.** Peut être renforcé par *certes, ma foi, vraiment, mais, ah ça, certainement, assurément, sûrement,* et fam., *que* : *« Et ce livre vous a plu ? — Mais oui ! » « Alors vous êtes d'accord ? — Ma foi oui. » « Tu aimes les gâteaux ? — Que oui, trop même ! »*; avec *merci,* remplace une négation : *Lui servir de secrétaire ? Ah bien oui, merci ! vous ne le connaissez pas.* ◆ n. m. inv. Réponse affirmative : *Les oui au référendum* (contr. NON). *Se fâcher pour un oui ou pour un non* (= pour un motif futile).

ouï-dire [widir] n. m. inv. (du lat. *audire,* entendre, et *dire*). *Apprendre, savoir,* etc., *qqch par ouï-dire,* l'apprendre, le savoir par la rumeur publique.

1. ouïe! ou **ouille!** [uj] interj. (onomat.). Exprime une douleur vive.

2. ouïe [wi] n. f. (de *ouïr*). Sens de la perception des sons : *Les organes de l'ouïe. Avoir l'ouïe fine* (= entendre très bien). *Je suis tout ouïe* (fam. ; = je vous écoute ; syn. TOUT OREILLES). ◆ ***ouïes*** n. f. pl. **1.** Ouvertures que les poissons ont aux côtés de la tête et qui donnent issue à l'eau amenée dans la bouche par la respiration. — **2.** Ouvertures en forme d'S pratiquées sur la table supérieure d'un violon.

ouïr [wir] v. t. (lat. *audire,* entendre). *Avoir ouï dire que* (+ *ind.*), avoir entendu dire que. (Les formes de *ouïr* autres que le part. passé sont pratiquement inusitées.)

ouistiti [wistiti] n. m. (onomat.). Singe de très petite taille, portant une longue queue et une touffe de poils à la pointe de chaque oreille.

oukase ou **ukase** [ukaz] n. m. (russe *ukaz,* décret). Décision autoritaire et impérative. (Les *oukases* étaient les édits des tsars.)

ouragan [uragɑ̃] n. m. (esp. *huracan,* tornade). **1.** Temps caractérisé par un vent très violent, accompagné ou non de pluie et d'orage : *Se trouver dans un ouragan* (syn. TEMPÊTE). — **2.** Ce qui a l'impétuosité de l'ouragan : *Déchaîner un ouragan de protestations* (syn. TEMPÊTE).

ourdir [urdir] v. t. (lat. *ordiri*). Litt. *Ourdir un complot, une intrigue,* etc., en disposer, combiner les éléments : *Ourdir une conspiration en secret* (syn. TRAMER, MACHINER).

ourler [urle] v. t. (lat. pop. *orulare,* de *ora,* bord). **1.** *Ourler qqch,* y faire un ourlet : *Elle ourlait un mouchoir.* — **2.** *Oreille bien ourlée,* au repli régulier.

ourlet [urlɛ] n. m. (lat. *ora,* bord). Repli cousu au bord d'une étoffe : *Faire un ourlet à un vêtement trop long.*

ours [urs] n. m. (lat. *ursus*). **1.** Mammifère carnivore, au corps lourd et massif : *L'ours peut peser jusqu'à six cents kilos.* — **2.** Homme bourru, qui fuit ses semblables. — **3.** Fam. *Ours mal léché,* personne mal élevée, bourrue. ‖ Fam. *Tourner comme un ours en cage,* aller et venir sans raison.

ourse [urs] n. f. Femelle de l'ours.

oursin [ursɛ̃] n. m. (autre forme du mot *hérisson*). Animal marin à carapace calcaire couverte de piquants, en partie comestible.

ourson [ursɔ̃] n. m. Petit de l'ours.

oust! ou **ouste!** [ust] interj. (onomat.). *Fam.* Exprime un mouvement brusque, qui vise souvent à l'expulsion, ou incite à presser le mouvement : *Et puis oust! dehors, on vous a assez vus. Allons, ouste! dépêche-toi.*

out [awt] adv. (mot angl. signif. *dehors*). Au tennis, indique que la balle est tombée hors des limites du court.

outarde [utard] n. f. (du lat. *avis tarda,* oiseau lent). Oiseau échassier habitant les grandes plaines, recherché pour sa chair savoureuse.

outil [uti] n. m. (du lat. *ustensilia,* ustensiles). **1.** Instrument fabriqué par l'homme pour faire un travail manuel : *Une boîte à outils bien montée. Outils de jardinage* (syn. INSTRUMENT, USTENSILE). — **2.** Tout instrument de travail : *Ce livre est un outil de travail précieux.*

outillage [utijaʒ] n. m. Ensemble des outils, des machines nécessaires à l'exercice d'une activité ou d'une profession manuelle : *Un outillage moderne* (syn. ÉQUIPEMENT). *L'outillage du parfait bricoleur.*

outillé, e [utije] adj. Muni des outils, des instruments nécessaires à un travail : *Atelier bien outillé* (syn. MONTÉ, ÉQUIPÉ). *Je suis mal outillé pour ce travail.*

outrage [utraʒ] n. m. (de *outre*). Affront ou offense grave, manquement à une règle morale : *Outrage à magistrat* (syn. AFFRONT). *Outrage au bon sens* (syn. INJURE). *Être condamné pour outrage à la pudeur* (syn. ATTENTAT).

outrageant, e [utraʒɑ̃] adj. Qui outrage : *Soupçon outrageant* (syn. INSULTANT).

outrager [utraʒe] v. t. (c. 2) *Outrager qqn,* l'offenser gravement : *Outrager un agent de police dans l'exercice de ses fonctions* (syn. INSULTER). *Prendre un air outragé* (syn. OFFENSÉ).

outrageusement [utraʒøzmɑ̃] adv. De façon excessive : *Elle est outrageusement maquillée.*

outrageux, euse [utraʒø] adj. Excessif : *Se vanter d'une manière outrageuse* (syn. ABUSIF, OUTRANCIER).

outrance [utrɑ̃s] n. f. (de *outrer*). **1.** Excès dans les paroles ou le comportement : *Un jugement qui perd toute valeur par son outrance.* — **2.** Chose excessive, exagérée : *Une outrance verbale.* — **3.** *À outrance,* jusqu'à l'excès, à fond : *En travaillant à outrance, il me faut une semaine.*

outrancier, ère [utrɑ̃sje] adj. Qui pousse les choses à l'excès : *Caractère outrancier* (= qui exagère). *Propos outranciers* (syn. EXCESSIF).

1. outre [utr] n. f. (lat. *uter*). Peau de bouc cousue en forme de sac, pour conserver et transporter des liquides.

2. outre [utr] prép. (lat. *ultra,* au-delà de). En plus de, en sus de (soutenu) : *Outre son travail régulier, elle fait des heures supplémentaires* (syn. EN PLUS DE). ◆ adv. **1.** *Passer outre,* ne pas s'arrêter, ne pas s'attarder sur un point : *Cet employé travaille lentement, mais je préfère passer outre* (= ne rien dire). ‖ *Passer outre à qqch,* n'en pas tenir compte. — **2.** *En outre,* de plus. ‖ *Outre mesure* → MESURE.

outré, e [utre] adj. Poussé à l'excès : *Propos outrés* (syn. EXAGÉRÉ, EXCESSIF). *Elle est partie outrée* (syn. INDIGNÉ, SCANDALISÉ).

outre-Atlantique [utratlɑ̃tik] adv. De l'autre côté de l'Atlantique, par rapport à l'Europe, c'est-à-dire aux États-Unis.

outrecuidance [utrəkɥidɑ̃s] n. f. (de *outre* 2 et anc. fr. *cuidier,* penser). Confiance excessive en soi-même (soutenu) : *Parler avec outrecuidance* (syn. FATUITÉ, ORGUEIL). *Répondre à quelqu'un avec outrecuidance* (syn. ↓SUFFISANCE, ↑ARROGANCE). *Quelle outrecuidance!* (syn. ↓PRÉSOMPTION).

outrecuidant, e [utrəkɥidɑ̃] adj. Qui manifeste de l'outrecuidance : *Personne outrecuidante* (= infatuée d'elle-même; syn. ↓PRÉSOMPTUEUX). *Attitude outrecuidante.*

outre-Manche [utrəmɑ̃ʃ] adv. Au-delà de la Manche, par rapport à la France, c'est-à-dire en Grande-Bretagne.

outremer [utrəmɛr] n. m. Couleur d'un beau bleu, extraite d'une pierre fine.

outre-mer [utrəmɛr] adv. Au-delà des mers, par rapport à la France : *Départements et territoires d'outre-mer.*

outrepasser [utrəpase] v. t. *Outrepasser ses droits,* aller au-delà de ce qui est prescrit, de ce qui est légal.

outrer [utre] v. t. (de *outre*). **1.** *Outrer qqch,* lui donner une importance, une grandeur, une force exagérée (soutenu) : *Il a outré certains détails* (syn. CHARGER, GROSSIR). — **2.** *Outrer qqn,* provoquer chez lui une vive indignation : *Vos propos m'ont outrée* (syn. INDIGNER).

outre-tombe [utrətɔ̃b] adv. Après la mort.

outsider [awtsajdœr] n. m. (mot angl. signif. *celui qui est en dehors*). Concurrent d'une épreuve, sportive ou autre, qui peut gagner, mais n'est pas parmi les favoris : *Cette course a été gagnée par un outsider.*

ouvert, e [uvɛr] adj. **1.** Qui n'est pas fermé : *Valise ouverte. Porte ouverte. Ville ouverte* (contr. FORTIFIÉ). — **2.** *Ouvert à qqn,* se dit d'un lieu accessible à qqn : *Bibliothèque ouverte aux étudiants seulement. Un bureau ouvert au public* (contr. FERMÉ). — **3.** Se dit d'un groupe humain ou de qqn qui est accueillant, accessible : *Une famille, un milieu très ouverts. Caractère très ouvert* (= franc, qui aime se livrer). *Une physionomie ouverte* (syn. AVENANT, FRANC). — **4.** *Match ouvert, compétition ouverte,* dont l'issue est incertaine en raison de la valeur égale des adversaires en présence.

ouvertement [uvɛrtəmɑ̃] adv. Sans déguisement, sans cacher ses intentions : *Elle a déclaré ouvertement qu'elle ne craignait personne* (syn. PUBLIQUEMENT, ↑OSTENSIBLEMENT).

ouverture [uvɛrtyr] n. f. **1.** Action d'ouvrir : *Des clients faisaient la queue dehors une demi-heure avant l'ouverture du magasin. L'ouverture de deux nouvelles routes à la circulation. L'ouverture de la chasse a lieu en septembre. Les formalités nécessaires à l'ouverture d'un compte en banque.* — **2.** Espace vide permettant une communication entre deux lieux, entre l'intérieur et l'extérieur : *Il y a plusieurs ouvertures dans le vieux mur de la propriété* (syn. TROU, BRÈCHE). *Les ouvertures d'une maison* (= les portes et les fenêtres). — **3.** Offre, proposition qu'un parti fait à un parti politiquement voisin, en vue de s'allier avec lui : *Faire des ouvertures à gauche.* — **4.** Morceau de musique instrumentale qui précède un opéra, un oratorio, etc., et qui est destiné à mettre dans l'atmosphère de l'œuvre qui va suivre. — **5.** En rugby, action d'adresser le ballon aux joueurs des lignes d'arrière, par l'intermédiaire du *demi d'ouverture* ou directement. — **6.** *Ouverture d'un angle,* grandeur de cet angle. ‖ *Ouverture de compas,* écartement des pointes de ses deux branches. — **7.** *Ouverture d'esprit,* aptitude à comprendre des questions diverses, à s'y intéresser.

ouvrable [uvrabl] adj. (de *ouvrer,* travailler). *Jour ouvrable,* où on travaille (par oppos. au *dimanche* et aux *jours fériés*).

ouvrage [uvraʒ] n. m. (de *œuvre*). **1.** Travail, besogne : *Avoir de l'ouvrage* (syn. fam. DU PAIN SUR LA PLANCHE). *Mettre la main à l'ouvrage* (= à la pâte [fam.]). *Avoir du cœur à l'ouvrage* (= travailler avec entrain, avec ardeur). *Elle se met à l'ouvrage* (syn. ŒUVRE). — **2.** Objet produit par le travail d'un ouvrier, d'un artiste : *Un ouvrage de menuiserie, de sculpture.* — **3.** Travail de couture, de tricot. ‖ *Sac, boîte, panier à ouvrage,* où les femmes rangent leurs travaux de couture ou de tricot en cours d'exécution et leurs accessoires. — **4.** Fortification : *Un ouvrage avancé.* — **5.** Texte littéraire ou scientifique; livre : *Un gros ouvrage de chimie* (syn. TRAITÉ). *Publier un ouvrage* (syn. LIVRE). — **6.** Fam. *De la belle ouvrage,* se dit d'une chose réussie.

ouvragé, e [uvraʒe] adj. Travaillé avec minutie : *Un lambris ouvragé* (syn. SCULPTÉ; contr. GROSSIER). *Un napperon ouvragé* (syn. BRODÉ).

ouvrant, e [uvrɑ̃] adj. Qui peut être ouvert : *Une voiture à toit ouvrant.*

ouvré, e [uvre] adj. (du lat. *operari,* travailler). Travaillé, façonné avec soin : *Métal ouvré. Bague ouvrée.*

ouvre-boîtes [uvrəbwat] n. m. inv. Instrument pour ouvrir les boîtes de conserve.

ouvre-bouteilles [uvrəbutɛj] n. m. inv. Syn. de DÉCAPSULEUR.

ouvreur, euse [uvrœr] n. **1.** Dans certains jeux de cartes, personne qui commence les enchères. — **2.** Personne qui ouvre la piste lors d'une compétition de ski. ◆ ***ouvreuse*** n. f. Femme chargée de placer les spectateurs dans un cinéma, un théâtre.

ouvrier, ère [uvrije] n. (lat. *operarius*). Homme ou femme qui exécute un travail manuel ou mécanique, le plus souvent en usine, et dont le salaire est généralement horaire ou fixé aux pièces : *Ouvrier spécialisé. Ouvrière agricole.* ◆ adj. Qui concerne les ouvriers : *Le monde ouvrier* (= les ouvriers). *Habiter une cité ouvrière* (= destinée au logement des ouvriers).

ouvriérisme [uvrijerism] n. m. Doctrine qui considère les ouvriers comme seuls qualifiés pour diriger le mouvement socialiste.

ouvriériste [uvrijerist] adj. et n. Qui relève de l'ouvriérisme.

ouvrir [uvrir] v. t. (lat. *aperire*) [c. **16**] (Le contr., dans presque tous les emplois, est FERMER.) **1.** Ôter ou écarter l'obstacle qui sépare l'intérieur de l'extérieur; permettre d'accéder, de voir à l'intérieur : *Ouvrir une bouteille* (= en retirer le bouchon). *Ouvrir une boîte de conserves* (= enlever le couvercle). *Ouvrir une armoire* (= écarter les portes). *Les enquêteurs ont ouvert toutes les pièces de la maison. Une commerçante qui ouvre sa boutique. Ouvrir un paquet* (syn. DÉBALLER). *Il se hâta d'ouvrir la lettre* (syn. DÉCACHETER). ‖ *Ouvrir la porte à qqn* ou *ouvrir à qqn,* le faire pénétrer dans un local. — **2.** Provoquer une déchirure, une plaie en coupant : *Le chirurgien a ouvert l'abcès* (syn. INCISER). *Un éclat d'obus lui avait ouvert la jambe.* — **3.** Écarter des parties appliquées l'une sur l'autre ou sur autre chose : *Ouvrez votre livre à la page 100. Elle ouvrit son journal. L'oiseau ouvre ses ailes pour s'envoler* (syn. DÉPLOYER). — **4.** *Ouvrir la bouche,* desserrer les lèvres : *Ouvrir la bouche pour crier. Tu n'as pas ouvert la bouche de la soirée* (= tu n'as rien dit). *Ouvrez bien vos yeux, vos oreilles* (= regardez, écoutez attentivement). — **5.** *Ouvrir une porte, une fenêtre, une barrière,* etc., les disposer de telle sorte qu'elles permettent le passage, la vue : *Ouvrez le vasistas, on étouffe ici. Ouvrir les volets. L'automobiliste ouvrit sa portière et descendit.* — **6.** *Ouvrir une brèche, un passage,* etc., les pratiquer, les établir : *Un obus a ouvert un trou dans le mur de la maison. On a ouvert une large avenue dans ce quartier* (syn. PERCER). — **7.** *Ouvrir un magasin, un établissement,* etc., les créer : *Une maison de commerce qui a ouvert plusieurs succursales en province* (syn. FONDER). — **8.** *Ouvrir la lumière, la radio,* etc., faire fonctionner l'éclairage, la radio, etc. — **9.** *Ouvrir un crédit, un compte à qqn,* commencer à lui faire crédit. ‖ *Ouvrir un emprunt,* décider que les inscriptions à un emprunt public peuvent être enregistrées. — **10.** *Ouvrir qqch (abstrait),* le commencer, l'inaugurer : *Un bref discours du président ouvrit la cérémonie. Ouvrir le bal par une valse. Ouvrir des négociations. Le nom qui ouvre la liste* (= est en tête). *Ouvrir la chasse. Ouvrir une piste de ski* (= la descendre avant le début d'une compétition pour s'assurer de son bon état). — **11.** *Ouvrir l'appétit,* l'aiguiser. ‖ *Ouvrir l'esprit à qqn,* le rendre plus capable de comprendre : *Je ne m'étais rendu compte de rien, mais ce détail m'a soudain ouvert l'esprit* (= m'a éclairé). ‖ *Ouvrir des horizons à qqn,* lui faire découvrir des choses insoupçonnées. ◆ v. i. **1.** *Porte, fenêtre qui ouvre sur,* qui donne accès à, qui regarde vers (syn. DONNER). — **2.** *Magasin, commerçant qui ouvre à telle heure,* qui reçoit les clients à partir de telle heure. — **3.** *Ouvrir à cœur, à trèfle,* etc., au jeu de cartes, commencer à enchérir ou à jouer dans cette couleur. ◆ ***s'ouvrir*** v. pr. **1.** (sujet une fleur) S'épanouir. — **2.** *La séance, le procès,* etc., *s'ouvre,* ils commencent. — **3.** (sujet qqn) *S'ouvrir à qqn d'un projet, d'une intention,* lui en faire part. — **4.** *Personne, esprit qui s'ouvre aux arts, aux problèmes économiques,* etc., qui s'y intéresse, qui les découvre.

ouvroir [uvrwar] n. m. (de *ouvrer,* travailler). Endroit où se réunissent les dames d'une paroisse, ou les religieuses d'un couvent, pour faire des travaux d'aiguille bénévoles (vieilli).

ovaire [ɔvɛr] n. m. (du lat. *ovum,* œuf). Glande génitale femelle, où se forment les ovules.

ovale [ɔval] adj. (du lat. *ovum,* œuf). Se dit d'une courbe fermée et allongée rappelant la forme d'un œuf en plan ou en volume : *Une table ovale. Un ballon ovale.* ◆ n. m. Courbe plane imitant l'ellipse.

ovarien, enne [ɔvarjɛ̃] adj. Relatif aux ovaires.

ovation [ɔvasjɔ̃] n. f. (lat. *ovatio*). Manifestation bruyante d'approbation réservée à qqn par une assemblée, une foule : *On lui a fait une véritable ovation à son entrée* (syn. ACCLAMATION).

ovationner [ɔvasjɔne] v. t. Saluer par une ovation : *La cantatrice a été ovationnée* (syn. ACCLAMER, APPLAUDIR; contr. HUER).

overdose [ɔvœrdoz] n. f. (mot angl.). Quantité mortelle d'une drogue.

ovin, e [ɔvɛ̃] adj. (du lat. *ovis,* brebis). Qui concerne les moutons et les brebis : *Les races bovines et les races ovines.*

ovipare [ɔvipar] adj. et n. (du lat. *ovum,* œuf, et *parere,* engendrer). Se dit d'un animal qui se reproduit par des œufs pondus avant l'éclosion : *Les poules sont ovipares* (contr. VIVIPARE).

ovni [ɔvni] n. m. (sigle de *Objet Volant Non Identifié*). Engin volant d'origine mystérieuse que certains prétendent avoir aperçu dans l'atmosphère terrestre.

ovulation [ɔvylasjɔ̃] n. f. Libération périodique d'un ovule par l'ovaire.

ovule [ɔvyl] n. m. (du lat. *ovum,* œuf). Cellule femelle destinée à être fécondée.

ovuler [ɔvyle] v. i. Avoir une ovulation.

oxhydrique [ɔksidrik] adj. (du gr. *oxus,* oxygène, et *hudôr,* eau). Se dit d'un mélange d'hydrogène et d'oxygène dont la combustion dégage une très grande quantité de chaleur.

oxydable [ɔksidabl] adj. Qui peut être oxydé.

oxydation [ɔksidasjɔ̃] n. f. Action d'oxyder, de s'oxyder : *L'oxydation du fer produit la rouille.*

oxyde [ɔksid] n. m. (gr. *oxus,* acide). Composé résultant de la combinaison d'un corps avec l'oxygène : *L'oxyde de carbone a pour formule CO.*

oxyder [ɔkside] v. t. Faire passer à l'état d'oxyde, couvrir d'oxyde : *L'air oxyde l'argent qui noircit.* ◆ ***s'oxyder*** v. pr. Se couvrir d'oxyde : *L'argent s'oxyde à l'air.*

oxygène [ɔksiʒɛn] n. m. (du gr. *oxus,* acide, et *gennân,* engendrer). **1.** Corps simple gazeux entrant pour un cinquième dans la composition de l'air atmosphérique : *L'oxygène est un gaz incolore, inodore et sans saveur.* — **2.** Air pur, non vicié : *Aller faire une cure d'oxygène à la montagne.*

oxygéné, e [ɔksiʒene] adj. *Eau oxygénée,* solution aqueuse employée surtout comme antiseptique.

oxygéner (s') [ɔksiʒene] v. pr. *Fam.* Respirer de l'air pur : *S'oxygéner le dimanche à la campagne.*

oyat [ɔja] n. m. (orig. inc.). Plante utilisée pour fixer les dunes.

ozone [ɔzon] n. m. (du gr. *ozein,* exhaler une odeur). Gaz d'odeur forte, servant en partic. à la stérilisation des eaux.

ozonisation [ɔzɔnizasjɔ̃] n. f. Stérilisation des eaux par l'ozone.

p

p [pe] n. m. Seizième lettre de l'alphabet, notant l'occlusive labiale sourde [p].

pacage [pakaʒ] n. m. (lat. *pascuum,* pâturage). Terrain couvert d'herbe où on fait paître les bestiaux.

pacemaker [pɛsmekœr] n. m. (mot angl. signif. *qui règle l'allure*). Petit appareil qui stimule le cœur électriquement (syn. STIMULATEUR CARDIAQUE).

pacha [paʃa] n. m. (mot turc). Fam. *Vie de pacha,* vie paisible et fastueuse où on se fait servir par les autres. (*Pacha* était un titre honorifique des gouverneurs de province, dans l'ancienne Turquie.)

pachyderme [paʃidɛrm] n. m. (gr. *pakhus,* épais, et *derma,* peau). Animal à peau épaisse (éléphant, hippopotame, rhinocéros).

pacificateur, trice [pasifikatœr] adj. et n. Qui pacifie.

pacification [pasifikasjɔ̃] n. f. Action de rétablir l'ordre : *Des opérations militaires de pacification.*

pacifier [pasifje] v. t. (lat. *pax, pacis,* paix, et *facere,* faire). Rétablir le calme, la paix, dans un pays en état de guerre, parmi des populations révoltées, dans un esprit troublé : *Pacifier une région en proie à des désordres. Tout le pays est maintenant pacifié* (contr. RÉVOLTER). *Pacifier les esprits* (syn. CALMER ; contr. AMEUTER).

pacifique [pasifik] adj. **1.** Se dit de qqn, d'un groupe d'hommes qui désire vivre en paix avec les autres : *Un peuple pacifique* (syn. ↓ PAISIBLE). *Avoir des intentions pacifiques.* — **2.** Fait avec une intention de paix, qui tend à la paix, qui n'a pas de caractère agressif : *L'utilisation pacifique de l'atome* (contr. À DES FINS GUERRIÈRES). *Sa volonté pacifique est indéniable* (contr. BELLIQUEUX). *La coexistence pacifique* (contr. LA GUERRE FROIDE). — **3.** *Océan Pacifique,* situé entre l'Amérique, l'Asie et l'Australie.

pacifiquement [pasifikmɑ̃] adv. De façon pacifique : *Le gouvernement chercha à rétablir l'ordre pacifiquement dans les régions troublées.*

pacifisme [pasifism] n. m. Doctrine politique préconisant la recherche à tout prix de la paix par des négociations ou des moyens pacifiques (sens 1 de *paix*) : *Le pacifisme est le renoncement à l'action révolutionnaire violente.*

pacifiste [pasifist] adj. et n. Qui relève du pacifisme : *Idéal pacifiste. Campagne pacifiste pour le désarmement.*

pack [pak] n. m. (mot angl. signif. *paquet*). **1.** Ensemble des avants d'une équipe de rugby. — **2.** Emballage qui maintient et permet de porter ensemble plusieurs petites bouteilles ou pots.

pacotille [pakɔtij] n. f. (esp. *pacotilla*). *De pacotille,* de peu de valeur, de qualité inférieure.

pacte [pakt] n. m. (du lat. *pacisci,* faire un pacte). Convention solennelle entre des États ou entre des particuliers : *Un pacte d'alliance* (syn. TRAITÉ). *Conclure un pacte* (syn. MARCHÉ).

pactiser [paktize] v. t. ind. Péjor. *Pactiser (avec qqn, qqch),* se mettre d'accord avec lui : *Pactiser avec l'ennemi. Pactiser avec le crime* (syn. COMPOSER, TRANSIGER).

pactole [paktɔl] n. m. (de *Pactole,* rivière de Lydie, qui roulait des paillettes d'or). *Litt.* Source de richesse.

paddock [padɔk] n. m. (mot angl. signif. *parc*). Dans un hippodrome, enceinte réservée où les chevaux sont promenés en main.

paella [pael(j)a] n. f. (mot esp.). Plat espagnol composé de riz, de viande, de poissons, de crustacés, de chorizo et de légumes divers.

pagaie [pagɛ] n. f. (malais *pengajoeh*). Aviron court qu'on manie sans le fixer sur l'embarcation.

pagaille [pagaj] n. f. (du prov. [*en*] *pagaio,* [en] désordre). *Fam.* **1.** Désordre : *Quelle pagaille sur son bureau ! C'est une pagaille complète dans cette administration.* — **2.** *En pagaille,* en grande quantité (syn. EN MASSE).

paganisme [paganism] n. m. (lat. *paganus,* paysan). État de ceux qui ne sont pas chrétiens.

pagayer [pagɛje] v. i. (c. **4**) Conduire à la pagaie.

1. page [paʒ] n. f. (lat. *pagina*). **1.** Chacun des deux côtés d'une feuille de papier capable de recevoir un texte imprimé ou manuscrit, des dessins, etc. : *La catastrophe est racontée à la première page du journal. Un livre de deux cents pages. Le metteur en pages met en pages* (ou *fait la mise en pages*) *du texte* (= assemble les différentes parties de la composition typographique, pour obtenir des pages d'un format déterminé). *Belle page* (= page de droite d'un livre). — **2.** Feuillet complet : *Déchirer une page. Il manque une page dans le livre.* — **3.** Passage d'une œuvre littéraire ou musicale : *Les plus belles pages d'un roman.* — **4.** *Être à la page,* être au courant de ce qui se passe, de ce qui se fait. ‖ *Les belles pages de l'histoire d'un pays,* les événements les plus glorieux de cette histoire. ‖ *Tourner la page,* passer sous silence, oublier le passé sans se perdre en regrets ou en reproches inutiles. ‖ *Une page est tournée,* on est passé à une période, un état tout différent du précédent : *Avec la prise de la Bastille une page est tournée.*

2. page [paʒ] n. m. (gr. *paidion,* petit garçon). Jeune noble qui était au service d'un noble de rang supérieur pour apprendre le métier des armes et le servir en quelques occasions.

pagination [paʒinasjɔ̃] n. f. Action de paginer : *Une erreur de pagination.*

paginer [paʒine] v. t. Numéroter les pages d'un cahier, d'un livre.

pagne [paɲ] n. m. (esp. *paño*). Morceau d'étoffe dont certains Africains ou Asiatiques se couvrent de la ceinture aux genoux.

pagode [pagɔd] n. f. (portug. *pagoda*). Temple de l'Extrême-Orient : *Pagode chinoise, japonaise.*

paie [pɛ] ou **paye** [pɛj] n. f. **1.** Action de payer : *Le jour de paye.* — **2.** Salaire : *Bulletin, feuille de paie. La paie des ouvriers. Recevoir une haute paie.* — **3.** Pop. *Ça fait une paye,* il y a longtemps.

paiement [pɛmɑ̃] n. m. Action de verser une somme d'argent pour s'acquitter d'une obligation; somme payée : *Faire un paiement* (= payer). *Le paiement d'une amende, des frais de notaire. Demander un délai, des facilités de paiement. Exiger le paiement immédiat en espèces* (= en argent).

païen, enne [pajɛ̃] adj. et n. (lat. *paganus,* paysan). **1.** Se dit de tous les peuples non chrétiens de l'Antiquité : *Les religions païennes. Les païens adoraient plusieurs dieux.* — **2.** Qui n'a pas de religion : *Un païen qui ne se soucie pas de la morale!* (syn. ATHÉE, INCROYANT).

paierie [pɛri] n. f. Bureau du trésorier-payeur.

paillard, e [pajar] adj. et n. (de *paille*). Qui recherche les plaisirs charnels, qui tient des propos grivois : *Les personnages paillards de Rabelais.* ◆ adj. Qui a un caractère grivois et assez grossier : *Une histoire paillarde* (syn. ↓ POLISSON ; pop. COCHON).

paillardise [pajardiz] n. f. Acte ou parole grivoise, manifestant un penchant aux plaisirs de la chair.

paillasse [pajas] n. f. (de *paille*). **1.** Grand sac de toile bourré de paille, de balle d'avoine, dont on garnit le fond d'un lit ou qui sert de lit rudimentaire. — **2.** Partie d'un évier, située à côté de la cuve, sur laquelle on peut poser et laisser égoutter la vaisselle.

paillasson [pajasɔ̃] n. m. (de *paillasse*). Natte en fibres dures qu'on met devant la porte d'un appartement, au bas d'un escalier, etc., pour s'essuyer les pieds.

paille [pɑj] n. f. (lat. *palea*). **1.** Tiges des céréales dépouillées de leur grain (s'emploie surtout collectivement pour désigner un amas de tiges) : *Une botte de paille. Brin, fétu de paille.* — **2.** Tige creuse de paille ou d'une autre matière servant à aspirer un liquide : *Boire une citronnade avec une paille.* — **3.** *Chapeau de paille,* coiffure d'été en paille, d'homme ou de femme. ‖ *Être sur la paille,* être ruiné. ‖ *Feu de paille* → FEU 2. ‖ *Homme de paille,* complice qui prête son nom dans une affaire malhonnête, qui aide qqn dans une entreprise criminelle. ‖ *Mettre qqn sur la paille,* le ruiner. ‖ *Paille de fer,* fins copeaux de métal réunis en paquet pour nettoyer les parquets. ‖ *Tirer à la courte paille,* tirer au sort avec des brins de paille de longueur inégale. (Celui qui tire la paille la plus courte est choisi.) ‖ Fam. *Une paille!,* une chose insignifiante (ironiq.) : *Cent mille francs à verser en deux ans, une paille pour lui!* ◆ adj. inv. De couleur jaune clair : *Des gants paille.*

pailleté, e [pajte] adj. Orné de paillettes.

paillette [pajɛt] n. f. (de *paille*). **1.** Petite lame très mince, faite de métal brillant, et qu'on applique sur une étoffe pour la faire scintiller : *Une robe à paillettes d'or.* — **2.** *Savon, lessive en paillettes,* en petites lamelles. — **3.** Parcelle d'or qu'on trouve dans le sable de quelques rivières.

paillote [pajɔt] n. f. (de *paille*). Hutte de paille, dans les pays chauds.

pain [pɛ̃] n. m. (lat. *panis*). **1.** Aliment fait de farine pétrie, fermentée et cuite au four : *Le pain est surtout fait de farine de blé, mais il y a aussi du pain de seigle. Pain dur ou pain rassis. Pain frais. Pain complet* (= où entrent de la farine brute et du petit son). *Pain de campagne* (= à croûte épaisse et dont la pâte est pétrie à la main). *Du pain (de) fantaisie* (= vendu à la pièce et non au poids). *Pain de mie* (= qui a peu de croûte). *Du gros pain* (= vendu au poids). *Pain bis* (= dont la farine contient encore le son, et qui est de couleur grise). *Pain noir* (= fait avec de la farine de sarrasin). *Pain viennois* (= dont la pâte contient un peu de lait). *Petit pain* (= pain individuel de 50 g, vendu à la pièce). — **2.** (+ compl. ou adj.) Nom donné à certains aliments où entre de la farine : *Pain de Gênes* (= gâteau à base d'œufs, de sucre, de farine et d'amandes). *Pain perdu* (= pain rassis trempé dans du lait aromatisé et doré à la poêle). *Pain d'épice* (= gâteau de farine de seigle, de sucre et de miel). — **3.** Préparation culinaire où entre de la mie de pain : *Pain de poisson.* — **4.** Masse de matière qui a une forme allongée : *Pain de sucre, de savon.* — **5.** *Arbre à pain,* nom usuel du JACQUIER, arbre des pays chauds, dont les fruits (pesant de 1 à 3 kg) riches en amidon sont utilisés dans l'alimentation. — **6.** Fam. *Avoir du pain sur la planche,* avoir beaucoup de travail à faire. ‖ Fam. *Ça se vend, ça part comme des petits pains,* très facilement, très vite. ‖ *Gagner son pain quotidien,* ce qui est nécessaire pour la subsistance journalière. ‖ *Long comme un jour sans pain,* très long (durée). ‖ *Manger son pain blanc le premier,* profiter de circonstances favorables qui ne vont pas durer. ‖ *Ne pas manger de ce pain-là,* ne pas accepter certains procédés. ‖ *Retirer, enlever le pain de la bouche à qqn,* lui ôter les moyens de gagner sa vie.

1. pair, e [pɛr] adj. (lat. *par,* égal). *Nombre pair,* divisible par deux : *Deux, quatre, trente-deux sont des nombres pairs.* ‖ *Numéro pair,* qui est représenté par un nombre pair : *Les numéros pairs gagnent dix francs.* ‖ *Jouer pair,* à la roulette, jouer les numéros pairs. ◆ ***pair*** n. m. *Au pair,* se dit de qqn qui est logé et nourri gratuitement, en échange de certains services : *Une jeune fille au pair.* ‖ *Aller, marcher de pair,* se dit de choses qui vont ensemble : *La paresse et l'ignorance vont de pair.* ‖ *Hors (de) pair,* qui n'a pas son égal, qui est supérieur à tout : *Une collaboratrice hors pair. Un succès hors pair.*

2. pair [pɛr] n. m. **1.** Membre de la Chambre des lords, en Angleterre. — **2.** *Pair de France,* membre de la Chambre haute, entre 1814 et 1848. (Le fém. *pairesse* est peu usuel.) ◆ ***pairs*** n. m. pl. Ceux qui ont la même fonction sociale (soutenu) : *Être jugé par ses pairs* (= par ses égaux).

paire [pɛr] n. f. (de *pair* 1). **1.** Réunion de deux choses semblables ou identiques, utilisées en même temps : *Une paire de gants, de chaussettes. Une paire de draps;* formant un seul objet : *Une paire de lunettes* (= des lunettes). — **2.** Couple d'animaux de la même espèce, composé d'un mâle et d'une femelle; réunion de deux animaux employés ou vendus ensemble : *Une paire de pigeons. Une charrue tirée par une paire de bœufs.* — **3.** Réunion de deux personnes unies par quelque lien : *Une paire d'amis* (= des amis inséparables). *Ces deux-là font la paire* (= ils ont les mêmes défauts). — **4.** Tout ensemble de choses ou d'éléments qui vont par deux : *Une paire de gifles. Avoir une paire de dames dans son jeu.* — **5.** Certaines parties symétriques du corps : *Une bonne paire de joues. Une paire de fesses.* (→ APPARIER, DÉPARIER.)

pairie [pɛri] n. f. Dignité de pair.

paisible [pɛzibl] adj. (de *paix*) [après ou, moins souvent, avant le n.] **1.** D'humeur douce et tranquille : *Une personne paisible* (syn. ↑ PACIFIQUE ; contr. AGRESSIF, EMPORTÉ). *Avoir un air paisible* (syn. PLACIDE, CALME ; contr. INQUIET, TROUBLÉ, TOURMENTÉ). — **2.** Que rien ne trouble, où règne la paix : *Elle mène une vie paisible* (syn. TRANQUILLE ; contr. AGITÉ). *Un quartier paisible. Passer une nuit paisible.*

paisiblement [pɛzibləmɑ̃] adv. De façon paisible : *Discuter paisiblement* (syn. CALMEMENT). *Reposer paisiblement après une nuit agitée et fiévreuse.*

paître [pɛtr] v. i. (lat. *pascere*) [c. **80**]. **1.** (sujet des animaux herbivores) Manger de l'herbe en broutant :

Faire, mener paître un troupeau. — **2.** Fam. *Envoyer paître* → ENVOYER.

paix [pɛ] n. f. (lat. *pax, pacis*). **1.** Situation d'un État, d'un peuple qui n'est pas en guerre, qui n'a pas avec d'autres des rapports de violence, de lutte : *La paix entre les nations* (contr. GUERRE, CONFLIT). *La volonté de paix. Sauvegarder, maintenir, préserver, torpiller, violer, mettre en danger la paix. La paix armée.* — **2.** Cessation des hostilités, traité qui met fin à l'état de guerre : *Demander, signer la paix. Les pourparlers de paix. Conclure, rompre la paix.* — **3.** État d'accord entre les membres d'un groupe, d'une nation : *Vivre en paix avec son voisin. Avoir la paix chez soi. Faire la paix avec un adversaire* (= se réconcilier). *Manifestations qui troublent la paix* (syn. ORDRE). *Ramener la paix entre les citoyens.* — **4.** État de qqn qui n'est pas troublé, inquiet, qui a le calme, la tranquillité : *Goûter une paix profonde* (syn. ↓REPOS). *Avoir la conscience en paix. Être en paix avec sa conscience* (= ne pas avoir de remords). *Allez en paix. Qu'il repose en paix* (en parlant d'un mort). *Je voudrais bien avoir la paix* (= qu'on me laisse tranquille). *Laissez-la donc en paix* (= ne le dérangez pas). *La paix!* (= silence). — **5.** État d'un lieu qui ne connaît ni bruit ni agitation : *La paix des cimetières* (syn. CALME). *La paix de la maison aujourd'hui vide* (syn. SILENCE). [→ PAISIBLE, PACIFIER.]

pakistanais, e [pakistanɛ] adj. et n. Du Pakistan.

pal [pal] n. m. (lat. *palus*, pieu) [pl. *pals*]. Pieu aiguisé à un bout : *Le pal a servi d'instrument de supplice.*

palabrer [palabre] v. i. Discuter longuement et de façon oiseuse : *Elle dut palabrer un long moment avant de pouvoir obtenir ce qu'elle désirait.*

palabres [palabr] n. f. pl. (esp. *palabra*, parole). Discussions, conversations longues et ennuyeuses : *Après des palabres interminables, on finit par aborder les sujets essentiels.*

palace [palas] n. m. (mot angl. signif. *palais*). Hôtel luxueux de réputation internationale, en général dans des villes d'eaux, des stations balnéaires, etc.

paladin [paladɛ̃] n. m. (lat. *palatinus*, officier du palais). Seigneur du Moyen Âge en quête d'aventures héroïques.

1. palais [palɛ] n. m. (lat. *palatum*). **1.** Partie supérieure interne de la bouche, formée d'une voûte osseuse *(dôme du palais* ou *palais dur)* et d'une membrane *(voile du palais)* en arrière. — **2.** Syn. de GOÛT dans quelques express. : *Avoir le palais fin.* (→ PALATAL.)

2. palais [palɛ] n. m. (lat. *Palatium*, le Palatin, où Auguste fit construire son palais). **1.** Résidence vaste et somptueuse d'un chef d'État, d'un riche particulier; ancienne demeure d'une famille royale ou princière : *Le palais présidentiel. La cour d'honneur du palais de l'Élysée. Le palais des Papes, à Avignon. Le palais des Doges, à Venise.* — **2.** Vaste édifice abritant un musée, des assemblées, des services publics, etc. (parfois avec majusc.) : *Le Grand Palais. Le palais des Expositions. Le palais des Sports.* — **3.** *Palais (de justice)*, édifice affecté aux services de la justice : *Se rendre au palais pour y plaider.*

palan [palɑ̃] n. m. (it. *palanco*). Appareil de levage utilisé pour déplacer de lourds fardeaux : *Un palan est formé de poulies actionnées par des cordages ou des chaînes.*

palanquin [palɑ̃kɛ̃] n. m. (portug. *palanquim*). Litière, portée par des hommes, utilisée autref. en Orient.

palatal, e, aux [palatal] adj. et n. f. (du lat. *palatum*, palais). Se dit de sons verbaux dont le point d'articulation est dans la région du palais dur. ([e] et [i] sont des voyelles palatales; [ʃ] et [f], des consonnes palatales.)

palatalisation [palatalizasjɔ̃] n. f. Fait d'être palatalisé.

palatalisé, e [palatalize] adj. Se dit d'un phonème dont l'articulation est reportée vers le palais dur.

pale [pal] n. f. (prov. *pala*, pelle). **1.** Partie plate d'un aviron, qui entre dans l'eau quand on rame. — **2.** Élément d'une hélice de bateau, d'avion, etc., qui a la forme d'une aile vrillée.

pâle [pɑl] adj. (lat. *pallidus*). **1.** (après le n.) Se dit de qqn, de son visage, etc., qui a perdu ses couleurs; d'une blancheur terne, mate : *La figure pâle d'un convalescent* (syn. BLAFARD, ↑BLÊME; contr. ROSE, COLORÉ). *Des lèvres pâles. Être pâle comme un linge. Elle est pâle de colère.* — **2.** (parfois avant le n.) Qui est faible de couleur, qui n'a pas d'éclat : *Un bleu pâle. Une cravate vert pâle. Une lueur pâle* (syn. DOUCE). *À la pâle clarté de la bougie* (syn. FAIBLE). — **3.** (avant le n.) *Péjor.* Se dit de qqn qui manque d'éclat, d'originalité : *Un pâle imitateur de Racine;* et, fam. : *Un pâle voyou* (= un triste individu). — **4.** *Les Visages pâles*, les Blancs, d'après les Indiens d'Amérique. ‖ Pop. *Se faire porter pâle*, se faire inscrire comme malade.

palefrenier [palfrənje] n. m. (anc. prov. *palafren*, palefroi). Garçon d'écurie chargé de soigner et de panser les chevaux.

palefroi [palfrwa] n. m. (bas lat. *paraveredus*, cheval de renfort). Cheval de parade, au Moyen Âge.

paléographe [paleɔgraf] n. Spécialiste de paléographie.

paléographie [paleɔgrafi] n. f. (du gr. *palaios*, ancien, et *graphein*, écrire). Science du déchiffrement des anciennes écritures.

paléolithique [paleɔlitik] adj. et n. m. (gr. *palaios*, ancien, et *lithos*, pierre). Première époque de la préhistoire, caractérisée par l'apparition de l'industrie de la pierre taillée.

paléontologie [paleɔ̃tɔlɔʒi] n. f. (gr. *palaios*, ancien, et *logos*, science). Science des fossiles.

paléontologue [paleɔ̃tɔlɔg] n. Spécialiste de paléontologie.

palestinien, enne [palɛstinjɛ̃] adj. et n. De Palestine.

palet [palɛ] n. m. (lat. *pala*, pelle). Pierre ou pièce de métal plate et ronde, qu'on jette le plus près possible d'un but marqué, dans certains jeux.

paletot [palto] n. m. (anc. angl. *paltok*, jaquette). Sorte de gilet, de veste qui tient chaud, qu'on porte sur les autres vêtements.

palette [palɛt] n. f. (lat. *pala*, pelle). **1.** Plaque de bois, large et aplatie, sur laquelle les artistes peintres disposent et mélangent leurs couleurs; petit instrument de bois de forme analogue servant à divers usages. — **2.** Ensemble des couleurs habituellement utilisées par un artiste peintre.

palétuvier [paletyvje] n. m. (mot d'une langue du Brésil). Nom donné à de grands arbres tropicaux, aux racines abondantes, croissant dans les eaux saumâtres.

pâleur [pɑlœr] n. f. Aspect, couleur pâle : *La pâleur du visage. La pâleur des couleurs. La pâleur des joues.*

pâlichon, onne [pɑliʃɔ̃] adj. Syn. de PÂLOT.

palier [palje] n. m. (de l'anc. fr. *paele*, poêle). **1.** Plateforme aménagée à chaque étage d'une maison : *Les voisins de palier* (= de l'appartement qui se trouve au même étage). — **2.** Partie plane d'une voie ferrée, d'une route : *La route montait par paliers vers le col* (= par plans horizontaux entre deux déclivités). — **3.** État stable, étape après une modification en hausse : *Les prix ont atteint un nouveau palier. Procéder par paliers* (syn. ÉCHELON, DEGRÉ).

palière [paljɛr] adj. f. *Porte palière,* qui s'ouvre sur un palier.

palinodie [palinɔdi] n. f. (gr. *palin,* de nouveau, et *ôdê,* chant). Changement brusque et fréquent d'opinion selon les circonstances et l'intérêt personnel (soutenu et souvent pl.) : *Les palinodies des politiciens* (syn. VOLTE-FACE, REVIREMENT).

pâlir [pɑlir] v. i. **1.** (sujet qqn, qqch) Devenir pâle : *Elle pâlit sous l'injure* (syn. BLÊMIR). *La lumière pâlit* (syn. FAIBLIR). *Les couleurs du papier ont pâli* (syn. PASSER). *Elle vit avec le petit jour les étoiles pâlir* (= perdre leur clarté). — **2.** *Faire pâlir qqn,* lui inspirer des sentiments de jalousie : *Son intelligence et sa réussite faisaient pâlir d'envie ses camarades.* ‖ *Pâlir sur les livres,* consacrer de longues heures à l'étude. ‖ *Son étoile pâlit,* son influence, son crédit diminue. ◆ v. t. Rendre pâle (surtout part. passé) : *L'encre pâlie du manuscrit. Les traits pâlis par la maladie.*

palissade [palisad] n. f. (du lat. *palus,* pieu). Clôture, barrière faite de pieux ou de planches reliés les uns aux autres, ou mur de verdure fait d'une rangée d'arbustes.

palissandre [palisɑ̃dr] n. m. (d'une langue de la Guyane). Bois exotique, lourd et dur, de couleur brun foncé, utilisé en ébénisterie.

palliatif, ive [paljatif] adj. et n. m. Qui n'a qu'une efficacité incomplète ou provisoire : *Ces nouveaux impôts ne sont que des palliatifs* (syn. EXPÉDIENT).

pallier [palje] v. t. (lat. *palliare,* couvrir d'un manteau). *Pallier qqch* (*inconvénient, difficulté,* etc.) ou *pallier à qqch* (rejeté par les puristes), y remédier d'une façon provisoire ou incomplète : *Chercher à pallier les conséquences de son erreur* (syn. OBVIER À, ATTÉNUER).

palmarès [palmarɛs] n. m. (lat. *palmaris,* digne de la palme). **1.** Liste des lauréats d'un concours, d'une rencontre sportive, d'une distribution des prix, etc. — **2.** Liste des succès remportés par un sportif, un club. — **3.** Liste de chansons à succès.

palme [palm] n. f. (lat. *palma*). **1.** Feuille de palmier. — **2.** *Vin, huile de palme,* de palmier. — **3.** Insigne ou décoration en forme de feuilles de palmier : *Les palmes académiques* (= attribuées pour services rendus à l'enseignement). — **4.** *Litt.* Symbole de la victoire, de la supériorité : *Remporter la palme* (= être vainqueur). — **5.** Nageoire en caoutchouc qui s'ajuste à chaque pied du nageur pour lui permettre une plus forte propulsion dans l'eau.

palmé, e [palme] adj. *Patte, pied palmé,* dont les doigts sont réunis par un tissu *(membrane),* comme chez le canard, la grenouille.

palmeraie [palmərɛ] n. f. Lieu planté de palmiers.

palmier [palmje] n. m. Arbre dont le tronc est couronné par un bouquet de feuilles et dont certaines espèces portent des fruits (noix de coco, dattes), et d'autres fournissent des produits alimentaires (huile de palme) ou industriels (raphia, rotin).

palmipède [palmipɛd] adj. et n. m. (du lat. *palma,* paume, et *pes, pedis,* pied). Oiseau, le plus souvent aquatique, appartenant à une espèce dont les pieds sont palmés (oie, canard, cygne, pingouin, pélican, etc.).

palombe [palɔ̃b] n. f. (lat. *palumbus*). Autre nom du PIGEON RAMIER.

pâlot, otte [pɑlo] ou, fam., **pâlichon, onne** [pɑliʃɔ̃] adj. Assez pâle : *Il est un peu pâlot, pâlichon.*

palourde [palurd] n. f. (lat. *peloris*). Mollusque comestible, à coquille striée, vivant dans le sable.

palpable [palpabl] adj. Dont on peut s'assurer de soi-même l'existence; qu'on peut vérifier : *Des avantages palpables* (syn. RÉEL, CONCRET). *Des preuves palpables* (syn. ÉVIDENT, MANIFESTE).

palpation [palpasjɔ̃] n. f. Action de palper.

palper [palpe] v. t. (lat. *palpare*). **1.** *Palper qqch (concret),* le toucher avec la main à plusieurs reprises et doucement, afin d'examiner, de connaître : *Le médecin lui a palpé le cou* (syn. TÂTER). *Elle palpa les murs dans l'obscurité* (syn. TOUCHER). — **2.** Fam. *Palper (de l'argent),* en recevoir, en toucher.

palpitant, e [palpitɑ̃] adj. **1.** Qui palpite : *Avoir le cœur palpitant. Palpitant d'émotion* (syn. FRÉMISSANT, HALETANT, TREMBLANT). — **2.** Qui excite l'émotion : *Le moment palpitant d'un film* (syn. POIGNANT, CAPTIVANT, PASSIONNANT).

palpitation [palpitasjɔ̃] n. f. Frémissement convulsif (le plus souvent pl.) : *Les palpitations des paupières;* (sans compl. et pl.) Battements précipités et déréglés du cœur : *Avoir des palpitations.*

palpiter [palpite] v. i. (lat. *palpitare*). **1.** (sujet le cœur, le pouls, les paupières, etc.) Battre d'une manière précipitée, être agité de frémissements, de mouvements convulsifs : *Elle a le cœur qui palpite* (syn. ↓ FRÉMIR). *Ses paupières palpitent face à la lumière trop forte* (syn. PAPILLOTER). — **2.** (sujet qqn) Avoir des palpitations (de cœur) : *Palpiter d'émotion, de peur.* — **3.** (sujet la chair d'animaux fraîchement tués) Être animé de mouvements brusques : *Le corps du cerf palpitait encore.*

paludéen, enne [palydeɛ̃] adj. *Fièvre paludéenne,* syn. de PALUDISME.

paludisme [palydism] n. m. (du lat. *palus, paludis,* marais). Maladie contagieuse, transmise par un moustique des régions chaudes et marécageuses, et caractérisée par de violents accès de fièvre (syn. MALARIA).

pâmer (se) [pɑme] v. pr., **être pâmé** v. pass. (lat. *spasmare,* avoir un spasme). *Se pâmer, être pâmé d'amour, d'effroi, de plaisir,* etc., se laisser aller à un sentiment, une sensation très vive de : *Être pâmé d'admiration devant quelqu'un. Se pâmer de rire* (= s'y abandonner complètement). ‖ *Se pâmer d'aise* → AISE.

pâmoison [pɑmwazɔ̃] n. f. *Tomber en pâmoison,* s'évanouir (ironiq.).

pampa [pɑ̃pa] n. f. (mot esp.). Vaste prairie de l'Amérique du Sud.

pamphlet [pɑ̃flɛ] n. m. (mot angl.). Écrit, souvent satirique, qui attaque violemment les institutions, le régime, la religion ou les hommes politiques : *Écrire, lancer un pamphlet.*

pamphlétaire [pɑ̃fletɛr] n. Auteur de pamphlets : *Être en butte à l'hostilité des pamphlétaires de la presse.*

pamplemousse [pɑ̃pləmus] n. m. (néerl. *pompel,* gros, et *limoes,* citron). Fruit jaune à goût acide d'un arbre proche de l'oranger (syn. GRAPE-FRUIT).

pampre [pɑ̃pr] n. m. (lat. *pampinus*). Rameau de vigne avec ses feuilles et ses fruits.

1. pan [pɑ̃] n. m. (lat. *pannus,* morceau d'étoffe). **1.** Partie tombante et flottante d'un vêtement : *Les pans d'un habit de cérémonie* (syn. BASQUES). *Être en pans de chemise* (= en chemise, les pans n'étant pas rentrés). — **2.** Partie d'une pièce d'étoffe : *Ramener sur le lit un pan de la couverture.* — **3.** *Pan de mur,* partie plus ou moins grande d'un mur : *Il ne restait plus de la maison que des pans de mur calcinés.*

2. pan! [pɑ̃] interj. Exprime un bruit sec : *Pan! pan! on entendit deux coups de feu.*

panacée [panase] n. f. (gr. *panakeia*). Ce qu'on croit capable de guérir de tous les maux, de résoudre tous les problèmes : *Le droit des peuples à disposer d'eux-mêmes est pour certains la panacée universelle* (ou *la panacée*).

panachage [panaʃaʒ] n. m. Action de panacher.

panache [panaʃ] n. m. (it. *pennachio;* du lat. *penna,* plume). **1.** Assemblage de plumes flottantes dont on ornait un casque, un drapeau, un corbillard, etc. : *Ralliez-vous à mon panache blanc.* — **2.** *Aimer le panache,* avoir du goût pour la gloire militaire, les parades, les attitudes chevaleresques. ‖ *Avoir du panache,* avoir de l'éclat, du brio, une fière allure. ‖ *Panache de fumée,* nuages de fumée ondoyante.

panaché, e [panaʃe] adj. **1.** Composé de couleurs variées (en parlant de fleurs) : *Œillet panaché.* — **2.** *Un demi panaché* (ou *un panaché*), une bière mélangée à de la limonade. — **3.** *Fruits panachés,* mélangés. ‖ *Glace panachée,* composée de différents parfums. — **4.** Composé de noms divers : *Liste, bulletin de vote panachés.*

panacher [panaʃe] v. t. (de *panache*). *Panacher une liste électorale,* mêler sur une même liste des candidats qui appartiennent à des listes différentes.

panade [panad] n. f. (it. *pane,* pain). Soupe faite d'eau, de pain, de lait et de beurre, qui ont bouilli ensemble (vieilli).

panaméen, enne [panameɛ̃] adj. et n. Du Panama.

panaméricain, e [panamerikɛ̃] adj. (du gr. *pan,* tout, et *américain*). Relatif aux deux Amériques.

panaméricanisme [panamerikanism] n. m. Doctrine visant à soustraire les affaires américaines à l'ingérence des nations des autres continents.

panarabe [panarab] adj. (du gr. *pan,* tout, et *arabe*). Relatif à l'ensemble des pays de langue arabe et de civilisation musulmane.

panarabisme [panarabism] n. m. Doctrine politique préconisant l'union des pays arabes.

panaris [panari] n. m. (lat. *panaricium*). Inflammation locale d'un doigt.

pancarte [pɑ̃kart] n. f. (gr. *pan,* tout, et *khartês,* livre). Plaque de bois, de carton, etc., sur laquelle sont donnés des avis, des renseignements, des slogans, etc. : *Une pancarte à la grille de l'usine annonce les licenciements. Porter une pancarte dans un défilé.*

pancréas [pɑ̃kreas] n. m. (gr. *pan,* tout, et *kreas,* chair). Glande située en arrière de l'estomac, dans l'abdomen.

pancréatique [pɑ̃kreatik] adj. Relatif au pancréas : *Suc pancréatique.*

panda [pɑ̃da] n. m. (mot du Népal). Mammifère carnivore voisin de l'ours, qui habite l'Himalaya.

pandémonium [pɑ̃demɔnjɔm] n. m. (gr. *pan,* tout, et *daimôn,* démon). Lieu où règnent l'agitation et le désordre (soutenu). [*Pandémonium* est la capitale imaginaire de l'Enfer.]

pané, e [pane] adj. Couvert de chapelure : *Des escalopes panées.*

panégyrique [paneʒirik] n. m. (gr. *panêgurikos,* éloge). Parole, écrit à la louange de qqn, qqch : *Faire le panégyrique d'un professeur* (syn. DITHYRAMBE, ↑APOLOGIE).

panégyriste [paneʒirist] adj. et n. Personne qui fait un panégyrique : *Se faire le panégyriste de quelqu'un.*

paner [pane] v. t. (du lat. *panis,* pain). *Paner de la viande, du poisson,* les couvrir de chapelure avant de les faire frire.

pangermanisme [pɑ̃ʒɛrmanism] n. m. (gr. *pan,* tout, et *germanisme*). Idéologie et mouvement visant à regrouper en un État unique toutes les populations d'origine germanique.

pangermaniste [pɑ̃ʒɛrmanist] adj. et n. Qui relève du pangermanisme.

pangolin [pɑ̃gɔlɛ̃] n. m. (malais *pang-goling,* celui qui s'enroule). Mammifère d'Afrique et d'Asie, au corps couvert d'écailles, qui se nourrit de termites et de fourmis grâce à une langue enduite de salive visqueuse.

panier [panje] n. m. (lat. *panarium,* corbeille à pain). **1.** Ustensile d'osier, de jonc, ou formé d'une matière rigide, muni d'une anse, avec lequel on transporte des provisions, des marchandises, etc. ; son contenu : *Elle mettait les œufs dans son panier. Un plein panier de fraises.* — **2.** *Mettre, jeter qqch au panier,* s'en débarrasser. ‖ *Mettre tout le monde dans le même panier,* estimer aussi peu les uns que les autres. ‖ *Panier de crabes* → CRABE. ‖ *Panier de la ménagère,* budget destiné aux dépenses alimentaires ou d'entretien de la maison, et qui sert au calcul du coût de la vie. ‖ *Panier percé,* personne dépensière. ‖ *Panier à salade,* ustensile de cuisine ajouré pour secouer et égoutter la salade après qu'elle a été lavée; *fam.,* car de police. — **3.** Au basket-ball, but formé d'une armature métallique circulaire et horizontale soutenant un filet sans fond, à travers laquelle on doit faire passer le ballon; point marqué en y envoyant le ballon : *Réussir un panier.*

panier-repas [panjerəpɑ] n. m. (pl. *paniers-repas*). Repas froid distribué à des touristes lors d'une excursion.

panifiable [panifjabl] adj. *Farine panifiable,* qui est propre à être transformée en pain.

panification [panifikasjɔ̃] n. f. Action de panifier.

panifier [panifje] v. t. Transformer en pain.

panique [panik] n. f. (du n. de *Pan,* dieu qui passait pour effrayer). Terreur subite et violente de caractère collectif : *Un début d'incendie provoqua la panique parmi les spectateurs* (syn. AFFOLEMENT, ↑SAUVE-QUI-PEUT). *La foule fut prise de panique* (syn. ↓PEUR). *Ces fausses rumeurs ont semé la panique* (syn. EFFROI). ◆ adj. *Terreur panique,* effroi violent.

paniquer [panike] v. t. *Paniquer qqn,* l'affoler, le frapper de panique. ◆ v. i. ou ***se paniquer*** v. pr., **être paniqué** v. pass. *Fam.* S'affoler, avoir très peur.

panislamique [panislamik] adj. (gr. *pan,* tout, et *islamique*). Qui concerne tous les pays de religion musulmane.

1. panne [pan] n. f. (lat. *penna,* plume). Arrêt accidentel dans le fonctionnement d'une machine quelconque : *La voiture a une panne* (syn. ENNUI MÉCANIQUE). *Tomber en panne* (= avoir un arrêt accidentel). *Être en panne. Avoir une panne d'essence* (ou *panne sèche*). *Une panne d'électricité nous a plongés dans le noir.*

2. panne [pan] n. f. Graisse qui se trouve sous la peau du porc et qui entoure aussi les rognons.

panneau [pano] n. m. (lat. *pannellus,* petit pan). **1.** Plaque de bois ou de métal servant de support à des inscriptions : *Des panneaux de signalisation* (ou *panneaux indicateurs*). *Les programmes des candidats sont affichés sur les panneaux électoraux.* — **2.** Surface plane constituant une partie d'un meuble, d'un ouvrage d'architecture, etc. : *Les panneaux d'une armoire. Les panneaux vitrés du hall de départ à l'aéroport d'Orly.* — **3.** *Tomber, donner dans le panneau,* se laisser prendre au piège de qqn.

panneton [pantɔ̃] n. m. (anc. fr. *penon,* petit étendard). Partie d'une clef qui, entrant dans la serrure, en fait mouvoir le mécanisme.

panonceau [panɔ̃so] n. m. (anc. fr. *penon,* petit étendard). **1.** Plaque métallique placée à la porte des notaires et huissiers. — **2.** Enseigne qui signale certains établissements (hôtels, etc.).

panoplie [panɔpli] n. f. (gr. *pan,* tout, et *hoplon,* arme). **1.** Jouet d'enfant constitué par un déguisement présenté sur un carton et comprenant plusieurs pièces : *Une panoplie d'Indien, de pompier.* — **2.** Ensemble d'armes présentées et disposées sur un panneau, et servant de trophée, d'ornement. — **3.** Ensemble d'instruments, d'accessoires nécessaires à une activité : *La panoplie du parfait bricoleur.* — **4.** *Panoplie* (*de qqch* [*pl.*]), assortiment de moyens de même nature dont dispose qqn : *Il y a une panoplie de sanctions contre les chauffards* (syn. ENSEMBLE, SÉRIE).

panorama [panɔrama] n. m. (gr. *pan,* tout, et *horama,* spectacle). Vaste paysage qu'on découvre d'une hauteur : *Découvrir un panorama splendide depuis un belvédère* (syn. ↓VUE).

1. panoramique [panɔramik] adj. Relatif au panorama : *Un croquis panoramique* (= qui représente un terrain). *Un restaurant panoramique* (= d'où on a une vue sur tout le paysage). *Un car, une voiture panoramique* (= dont la surface vitrée très étendue permet de voir largement le paysage).

2. panoramique [panɔramik] n. m. Procédé consistant à faire pivoter la caméra pendant la prise de vues.

pansage [pɑ̃saʒ] n. m. Action de panser.

panse [pɑ̃s] n. f. (lat. *pantex, panticis,* intestins). 1. Première poche de l'estomac des ruminants. — 2. Partie arrondie d'un récipient : *La panse d'un vase.*

pansement [pɑ̃smɑ̃] n. m. **1.** Application sur une plaie de ce qui sert à panser; ce qui est appliqué sur une plaie : *Faire un pansement. Un pansement humide, sec* (syn. COMPRESSE). *L'infirmière a changé le pansement du blessé* (syn. BANDAGE). *Appliquer un pansement sur une carie dentaire.* — **2.** *Pansement gastrique,* médicament administré par la bouche dans le traitement des affections de l'estomac.

panser [pɑ̃se] v. t. (lat. *pensare,* soigner). **1.** *Panser qqn, une partie du corps,* appliquer sur une plaie une compresse, un coton, une bande, etc., accompagnés ou non de médicaments pour la soigner ou la protéger : *Panser un bras blessé* (syn. BANDER). *Panser un malade. Panser une blessure.* — **2.** *Panser un cheval,* lui donner des soins de propreté, l'étriller.

pansu, e [pɑ̃sy] adj. Qui est renflé : *Un vase pansu.*

pantagruélique [pɑ̃tagryelik] adj. (de *Pantagruel,* personnage de Rabelais). *Repas, appétit pantagruélique,* très abondant, énorme.

pantalon [pɑ̃talɔ̃] n. m. (de *Pantalon,* personnage de la comédie italienne). Longue culotte descendant de la ceinture aux pieds et enveloppant séparément chaque jambe : *Enfiler son pantalon.*

pantalonnade [pɑ̃talɔnad] n. f. **1.** Bouffonnerie, farce burlesque et grossière. — **2.** Attitude faite de regrets hypocrites dont l'exagération ne trompe personne : *Les ridicules pantalonnades d'un petit escroc pris sur le fait.*

pantelant, e [pɑ̃tlɑ̃] adj. (de *pantois*). Qui respire avec peine : *Être pantelant d'émotion* (syn. HALETANT). *Elle tomba pantelante sur le sol.*

panthéisme [pɑ̃teism] n. m. (gr. *pan,* tout, et *theos,* dieu). Doctrine religieuse ou philosophique qui identifie le monde et Dieu, qui en constitue l'unité.

panthéiste [pɑ̃teist] adj. et n. Qui relève du panthéisme.

panthéon [pɑ̃teɔ̃] n. m. (gr. *pan,* tout, et *theos,* dieu). Monument consacré à la mémoire des grands hommes d'une nation : *Le Panthéon de Paris.*

panthère [pɑ̃tɛr] n. f. (gr. *panthêr*). Mammifère carnivore, à robe tachetée ou noire, vivant en Asie. (C'est le *léopard* en Afrique, le *jaguar* en Amérique.)

pantin [pɑ̃tɛ̃] n. m. (anc. fr. *pantine,* écheveau de soie). **1.** Jouet constitué par une figure de carton peint représentant un personnage burlesque dont on agite les membres à l'aide d'un fil : *Gesticuler comme un pantin.* — **2.** Personne sans volonté, qui change sans cesse d'opinion.

pantois, e [pɑ̃twa] adj. (de l'anc. fr. *pantoisier,* haleter). *Être, rester pantois,* déconcerté, stupéfait devant un événement imprévu.

pantomime [pɑ̃tɔmim] n. f. (gr. *pantomimos,* qui imite tout). Représentation théâtrale où la parole est entièrement remplacée par des gestes et des attitudes : *Le mime Marceau cultive l'art de la pantomime* (syn. MIMODRAME).

pantouflard, e [pɑ̃tuflar] adj. et n. *Fam.* Personne qui aime à rester chez elle (syn. CASANIER).

pantoufle [pɑ̃tufl] n. f. (orig. inc.). **1.** Chaussure d'intérieur, sans talon ni tige. — **2.** *Ne pas quitter ses pantoufles, passer sa vie dans ses pantoufles,* mener une vie paisible, confinée chez soi, sans ambition ni idéal.

paon [pɑ̃] n. m., **paonne** [pan] n. f. (lat. *pavo, -onis*). **1.** Oiseau originaire d'Asie, dont les longues plumes décorées de taches rondes peuvent, chez le mâle, se dresser en éventail lorsqu'il «fait la roue». — **2.** *Se parer des plumes du paon,* tirer vanité de ce qu'on a emprunté et qui ne vous appartient pas. || *Se rengorger comme un paon,* faire le vaniteux.

papa [papa] n. m. (onomat.). **1.** Nom donné au père par les enfants et par ceux qui leur parlent. — **2.** Fam. *À la papa,* sans se hâter, tranquillement : *Conduire à la papa.*

papal, e, aux [papal] adj. Relatif au pape : *L'autorité papale.*

papauté [papote] n. f. **1.** Administration, gouvernement d'un pape : *Histoire de la papauté.* — **2.** Dignité, fonction de pape : *Le cardinal Wojtyla fut élevé à la papauté et prit le nom de Jean-Paul II* (syn. PONTIFICAT).

papaye [papaj] n. f. (malais *papaya*). Fruit comestible, semblable à un gros melon, du *papayer,* arbre de l'Amérique tropicale.

pape [pap] n. m. (gr. *pappas,* père). Chef de l'Église catholique, élu par un conclave de cardinaux. (On l'appelle aussi SOUVERAIN PONTIFE, SAINT-PÈRE.)

papelard, e [paplar] adj. (de l'anc. fr. *papeler,* marmonner des prières). *Litt.* Qui manifeste une hypocrisie doucereuse : *Un air papelard* (syn. MIELLEUX).

papelardise [paplardiz] n. f. *Litt.* Hypocrisie.

paperasserie [paprasri] n. f. Quantité abusive de papiers administratifs.

paperasses [papras] n. f. pl. Ensemble de papiers écrits ou imprimés, considérés comme inutiles, sans valeur : *Des paperasses administratives.*

paperassier, ère [paprasje] adj. et n. Qui multiplie les formalités écrites; qui s'embarrasse inutilement de papiers : *Une administration paperassière.*

papeterie [pap(ɛ)tri] n. f. **1.** Fabrique de papier. — **2.** Commerce de papier (cahiers, papier à écrire, etc.) et de petits articles de bureau (crayons, stylos, etc.).

papetier, ère [paptje] n. **1.** Personne qui fabrique du papier. — **2.** Personne qui tient une papeterie (sens 2).

papier [papje] n. m. (lat. *papyrus*). **1.** Matière à base de cellulose, obtenue à partir de substances végétales réduites en pâte, et dont on fait des feuilles qui servent à écrire, imprimer, envelopper, recouvrir, etc. (+ adj. ou compl. avec à qui indique l'usage) : *De la pâte à papier. Une feuille de papier. Le format du papier. Elle écrit sur un bout de papier. Du papier à cigarette, à dessin. Du papier hygiénique* (= pour l'usage des toilettes). *Du papier libre* (= sans en-tête). *Du papier journal* (= pour imprimer les journaux). *Du papier peint*

(= qu'on colle sur les parois intérieures des murs d'une maison). *Du papier à musique* (= où sont inscrites les portées et qui sert à écrire de la musique). *Papier mâché* (= pâte à papier contenant de la colle et pouvant être moulée). *Un bloc de papier à lettres* (= utilisé pour la correspondance). — **2.** Feuille, morceau de papier écrits ou imprimés ; article rédigé : *Jeter des papiers dans la corbeille. Brûler des papiers compromettants* (syn. ÉCRIT). *Elle a envoyé un papier au journal* (syn. ARTICLE). *Ranger ses papiers* (syn. NOTE). — **3.** (pl.) Documents : *Les papiers d'identité* (syn. PIÈCE). *Perdre ses papiers* (= ses pièces d'identité). *Les papiers militaires* (= les pièces concernant la situation militaire de qqn). — **4.** Fam. *Être dans les petits papiers de qqn,* être bien vu de lui. ‖ *Figure de papier mâché,* d'une pâleur maladive. ‖ *Rayez cela de vos papiers,* n'y comptez pas. ‖ *Sur le papier,* en projet ; par écrit : *C'est très beau sur le papier, mais c'est irréalisable.*

papier-monnaie [papjemɔnɛ] n. m. (pl. *papiers-monnaies*). Papier créé par un gouvernement comme instrument de paiement, mais qui n'est pas convertible en or.

papille [papij] n. f. (lat. *papilla*). Petite éminence saillante à la surface de la peau, en partic. sur la langue *(papilles gustatives).*

papillon [papijɔ̃] n. m. (lat. *papilio, -onis*). **1.** Insecte diurne ou nocturne, qui a quatre ailes couvertes d'écailles fines et parées de diverses couleurs : *Faire la chasse aux papillons. Un filet à papillons.* — **2.** Petite feuille de papier contenant un avis et, en partic., une contravention : *Trouver un papillon sur son pare-brise.* ◆ adj. *Brasse papillon* (ou *papillon* n. m.), type de brasse où le nageur semble sauter hors de l'eau en projetant les bras d'arrière en avant, les jambes restant jointes. ‖ *Nœud papillon,* nœud de cravate affectant la forme d'un papillon.

papillonner [papijɔne] v. i. (de *papillon*). *Fam.* (sujet qqn) Aller d'un objet à l'autre, d'une personne à l'autre sans jamais se fixer : *Incapable d'approfondir une question, il ne cessait de papillonner d'un sujet à l'autre. Papillonner autour d'une femme.*

papillotant, e [papijɔtɑ̃] adj. Qui papillote : *Des lumières papillotantes.*

papillote [papijɔt] n. f. (lat. *papilio,* papillon). **1.** Morceau de papier sur lequel on enroulait les cheveux pour les faire friser (vieilli). — **2.** Papier frisé dont on enveloppe les bonbons. — **3.** Papier huilé ou d'aluminium dont on enveloppe certaines viandes ou certains poissons pour les cuire : *Côtelettes, rougets en papillotes.*

papillotement [papijɔtmɑ̃] n. m. Fait de papilloter.

papilloter [papijɔte] v. i. (de *papillote*). **1.** (sujet les yeux, les paupières) Être animé d'un mouvement continuel, involontaire, qui empêche de voir distinctement : *Sous le soleil vif, les yeux papillotent* (syn. CLIGNOTER). — **2.** (sujet la lumière) Avoir des reflets, des miroitements, des scintillements.

papisme [papism] n. m. *Péjor.* Terme par lequel les protestants désignèrent l'Église catholique.

papotage [papɔtaʒ] n. m. Action de papoter.

papoter [papɔte] v. i. (anc. fr. *papeter,* babiller). *Fam.* Parler beaucoup et d'une façon insignifiante ou frivole : *Les deux vieilles dames papotaient dans un coin du salon* (syn. BAVARDER).

paprika [paprika] n. m. (mot hongr.). Piment très fort qui sert de condiment.

papyrologie [papirɔlɔʒi] n. f. Étude des papyrus.

papyrologue [papirɔlɔg] n. Spécialiste de papyrologie.

papyrus [papirys] n. m. (mot lat.). Texte écrit sur la feuille d'une plante qui pousse sur les bords du Nil et que les Anciens utilisaient comme papier : *Déchiffrer un papyrus. Les papyrus égyptiens.*

pâque [pɑk] n. f. (gr. *paskha ;* d'un mot hébr. signif. *passage*). Fête annuelle juive, qui commémore la sortie d'Égypte du peuple hébreu, sa libération et sa création en tant que peuple. ◆ ***pâques*** n. m. (avec majusc. et sans art.) Fête annuelle, mobile, de l'Église chrétienne en mémoire de la résurrection du Christ : *Le dimanche de Pâques. Elle reviendra à Pâques prochain.* ◆ n. f. pl. (avec minusc.) Le jour, la fête de Pâques : *Joyeuses pâques.* ‖ *Faire ses pâques,* communier un jour du temps pascal.

paquebot [pakbo] n. m. (angl. *packet-boat,* bateau qui transporte les dépêches). Grand navire aménagé pour le transport des passagers : *Les paquebots des lignes transatlantiques.*

pâquerette [pɑkrɛt] n. f. (de *Pâques*). **1.** Petite fleur blanche qui fleurit dans les prés au début du printemps. — **2.** Fam. *Au ras des pâquerettes,* très terre à terre.

paquet [pakɛ] n. m. (néerl. *pak*). **1.** Réunion de plusieurs choses attachées ou enveloppées ensemble pour être transportées ; marchandise, objet, etc., enveloppés ou attachés pour la vente, le transport, etc. : *Apporter un paquet de linge à la blanchisserie. Expédier un paquet par la poste. Un paquet de sucre, de lessive. Un paquet de cigarettes.* — **2.** *Un paquet de qqch,* une masse importante de : *Un paquet d'actions. Un paquet de billets de banque. Des paquets de neige.* — **3.** Fam. *Avoir, recevoir son paquet,* recevoir une juste réprimande. ‖ *Faire ses paquets,* s'apprêter à partir, s'en aller. ‖ Fam. *Lâcher son paquet,* dire tout ce qu'on a sur le cœur. ‖ Fam. *Mettre le paquet,* risquer au jeu une grosse somme d'argent ; fournir un gros effort, ne pas lésiner. ‖ *Paquet de mer,* grosse vague, masse d'eau de mer arrivant d'un seul coup. ‖ *Par paquets,* par masses successives, par groupes.

paquetage [paktaʒ] n. m. Ensemble des effets et des objets militaires d'un soldat.

par [par] prép. (lat. *per,* par le moyen de). Indique : **1.** AGENT. Suivi d'un nom d'être animé ou d'un collectif accompagné d'un déterminant et dépendant d'un verbe, souvent au passif, ou d'un nom d'action (en *-ment,* en *-tion,* etc.) : Avec un verbe : *Cet avis a été exprimé par l'un d'entre vous à la dernière réunion. Le vase a été cassé par cet enfant. Elle a fait prendre la lettre par une amie. Le progrès se fait par quelques individus. Il ne fait rien par lui-même. Je l'apprends par les voisins.* Avec un nom : *L'exploitation des faibles par les forts. L'écrasement de l'armée par des forces supérieures en nombre.* — **2.** MOYEN, MANIÈRE, CAUSE MOBILE. Suivi d'un nom de chose accompagné ou non d'un déterminant et dépendant d'un verbe ou d'un nom d'action : *Il cherche à arriver par tous les moyens. Elle a été avertie par votre dépêche. Voyager par le train. Obtenir des renseignements par la torture. La mort par le poison. Une porte fermée par un verrou* (syn. AU MOYEN DE). *Elle s'est imposée par son intelligence* (syn. GRÂCE À). *Envoyer un colis par la poste ;* il peut être suivi d'un nom désignant une partie du corps ou un caractère particulier : *Elle le retint par le bras. Il le saisit par la taille pour le jeter à terre. Une prise par le cou. Prendre quelqu'un par son faible. Ils diffèrent par le caractère ;* les emplois sans déterminant forment de nombreuses locutions à valeur adverbiale ou prépositive : *C'est une parente par alliance. J'ai dû arrêter mes recherches par manque de temps* (syn. FAUTE DE). *C'est par excellence le moyen le plus sûr de l'émouvoir* (syn. SURTOUT). *Mettez-le par écrit. Par approximations successives. Avaler par petites bouchées ;* il introduit dans des formules toutes faites des jurons ou des invocations : *Je jure par tous les dieux que je ne l'ai pas fait.*

— 3. N'est suivi d'un inf. qu'avec *finir* et *commencer*. Peut être suivi d'une phrase avec *finir, terminer, commencer* : *Elle commença par s'exercer quelques instants avant d'entrer en scène. Tu finis par nous ennuyer avec tes récriminations continuelles. Il termine par où il aurait dû commencer.* — 4. DISTRIBUTION. Suivi d'un nom de chose au pluriel ou moins souvent au singulier, ou précédé et suivi du même nom : *On l'a interrompue par deux fois. Par moments il ne sait plus ce qu'il dit. Je le vois plusieurs fois par mois. Elle gagne tant par jour. Entrez dans la salle trois par trois.* — 5. LIEU. Suivi d'un nom de lieu ou d'un nom indiquant soit le lieu où se fait un passage, le plus souvent avec un déterminant ou un nom abstrait, soit la position ou le milieu où se situe une action : *Nous irons en voiture par Tours et Vierzon. Il passe par son bureau. Elle est sortie par l'escalier de service. Ils sont revenus par la Touraine. Le bruit se répand par la ville. C'est passé par tant de mains. Passer par de rudes épreuves. Cette idée lui est passée par l'esprit. Aller de par le monde;* sans déterminant : *Voyager par terre, par mer, par voie aérienne, par voie maritime. Aborder par le flanc. Le heurt par l'avant de deux véhicules. Envoyer un navire par le fond;* sans déterminant : *Être assis par terre. Un navire par tribord!* — 6. TEMPS. Introduit un compl. indiquant le moment pendant lequel se déroule l'action : *Il se promène par cette température glaciale! Par le temps qui court* (= en ce moment); sans déterminant : *Par temps de brouillard, il est préférable de ne pas sortir.*

para [para] n. m. *Fam.* Soldat parachutiste appartenant à des troupes de choc.

1. parabole [parabɔl] n. f. (gr. *parabolê,* comparaison). Récit allégorique derrière lequel il y a une morale.

2. parabole [parabɔl] n. f. (gr. *parabolê,* action d'égaler). 1. Courbe géométrique plane dont chacun des points est également distant d'un point fixe appelé «foyer» et d'une droite fixe appelée «directrice». — 2. Courbe décrite par un projectile.

parachèvement [paraʃɛvmɑ̃] n. m. Action de parachever : *Le parachèvement des préparatifs de la fête.*

parachever [paraʃve] v. t. (c. 9) *Parachever qqch,* le mener à son achèvement complet avec le plus grand soin, le conduire à sa perfection : *Parachever un roman* (syn. fam. FIGNOLER). *Parachever un travail* (syn. PARFAIRE).

parachutage [paraʃytaʒ] n. m. Action de parachuter : *Un parachutage d'armes à un maquis pendant la guerre.*

parachute [paraʃyt] n. m. (de *parer* et *chute*). Appareil composé d'une toile et de sangles, qui est utilisé pour ralentir la chute d'un corps qui descend d'une grande hauteur ou pour freiner un avion au sol.

parachuter [paraʃyte] v. t. 1. *Parachuter qqn, qqch,* les lâcher d'un avion avec un parachute : *Parachuter des vivres, des troupes.* — 2. Fam. *Parachuter qqn,* le nommer brusquement à un poste où sa nomination n'était pas prévue.

parachutisme [paraʃytism] n. m. Sport consistant dans la pratique du saut en parachute.

parachutiste [paraʃytist] n. et adj. Personne, soldat, entraînés à sauter en parachute.

parade [parad] n. f. (de *parer*).
— I. 1. Geste, action par lesquels on pare un coup donné par un adversaire : *Une escrimeuse, un boxeur qui ont la parade rapide.* — 2. Riposte immédiate et généralement efficace à une affirmation ou une accusation : *Une avocate qui trouve la bonne parade pour sauver son client* (syn. REPARTIE, RÉPLIQUE).
— II. 1. Rassemblement d'unités militaires pour les passer en revue ou les faire évoluer : *Assister à une parade militaire.* — 2. Exhibition burlesque à la porte d'une baraque foraine ou devant un cirque, pour attirer les clients. — 3. *Faire parade de qqch,* en faire étalage, par vanité : *Faire parade de son savoir, de ses relations* (syn. ÉTALER). — 4. *De parade,* destiné à être vu, à servir d'ornement : *Habit de parade;* ostentatoire et faux : *Amitié de parade.* ‖ *Lit de parade,* où on expose après leur mort de hauts personnages.

parader [parade] v. i. Se donner un air avantageux en attirant l'attention de tous : *Parader au milieu de jolies femmes* (syn. SE PAVANER). *Parader dans un salon* (syn. PLASTRONNER).

paradigmatique [paradigmatik] adj. Relatif au paradigme : *Axe paradigmatique.*

paradigme [paradigm] n. m. (gr. *paradeigma*). 1. En linguistique, ensemble des formes diverses appartenant au même mot (paradigme du verbe). — 2. Ensemble des termes qui appartiennent à la même classe grammaticale, lexicale ou sémantique, et qui sont substituables dans le même cadre de phrase (contr. CLASSE SYNTAGMATIQUE).

paradis [paradi] n. m. (gr. *paradeisos,* jardin). 1. Dans la religion chrétienne, lieu de séjour des âmes des morts auprès de Dieu et des saints; état de bonheur qui en résulte (syn. CIEL; contr. ENFER). ‖ *Paradis terrestre,* jardin merveilleux où Dieu plaça Adam et Ève. — 2. Lieu, état enchanteur : *Cette plage est le paradis des enfants. Les paradis artificiels* (= états de bien-être procurés par la drogue). — 3. *Oiseau de paradis* → PARADISIER.

paradisiaque [paradizjak] adj. *Litt.* Qui appartient au paradis : *Séjour paradisiaque* (= enchanteur).

paradisier [paradizje] n. m. Passereau de Nouvelle-Guinée au plumage nacré (syn. OISEAU DE PARADIS).

paradoxal, e, aux [paradɔksal] adj. Qui a le caractère d'un paradoxe : *Son refus est paradoxal, puisque sur le fond elle est d'accord* (syn. BIZARRE; contr. NORMAL). *Idée paradoxale.*

paradoxalement [paradɔksalmɑ̃] adv. De façon paradoxale.

paradoxe [paradɔks] n. m. (gr. *para,* contre, et *doxa,* opinion). Opinion, chose qui va contre la façon de penser habituelle, qui heurte la raison ou la logique : *Soutenir un étonnant paradoxe. Cette victoire du plus faible est un paradoxe.*

parafe, parafer → PARAPHE, PARAPHER.

paraffinage [parafinaʒ] n. m. Action de paraffiner.

paraffine [parafin] n. f. (du lat. *parum affinis,* de faible affinité). Substance solide, blanche, qui sert à imperméabiliser certains tissus, à fabriquer les bougies : *L'huile de paraffine est utilisée comme lubrifiant.*

paraffiner [parafine] v. t. Enduire de paraffine.

parages [paraʒ] n. m. pl. (esp. *paraje,* lieu de station). 1. *Les parages d'une côte,* la zone maritime, plus ou moins étendue, proche de la côte : *Les parages du cap de Bonne-Espérance ont vu bien des naufrages.* — 2. *Dans les parages (de),* au voisinage de, dans des lieux proches de : *Les embouteillages sont importants dans les parages de la Madeleine, à Paris. Elle doit être dans les parages* (= non loin d'ici).

paragraphe [paragraf] n. m. (du gr. *paragraphos,* écrit à côté). Petite division d'un texte en prose, formant une unité : *Les députés repoussèrent ce paragraphe de la loi.*

paraguayen, enne [paragwejɛ̃] adj. et n. Du Paraguay.

paraître [parɛtr] v. i. (lat. *parere*) [c. 64; auxil. *avoir*]. 1. (sujet qqn, qqch) Se faire voir subitement ou peu à peu (soutenu) : *Un sourire parut sur son visage* (syn.

usuel APPARAÎTRE). *Un avion parut dans le ciel* (syn. SURGIR). *Le président paraît au balcon* (syn. SE MONTRER). *La conférencière tarde à paraître.* — **2.** (sujet qqn) Se montrer en un endroit, manifester sa présence qqpart : *Il n'a fait que paraître à son bureau. Elle n'a pas paru à la réunion* (syn. VENIR). *Le témoin paraît à la barre. Paraître en justice* (syn. COMPARAÎTRE). *Paraître en scène, à l'écran* (= se produire). — **3.** *Chercher, aimer à paraître,* chercher, aimer à se faire remarquer. ‖ *Désir de paraître,* de briller. ‖ *Faire paraître, laisser paraître,* faire voir, montrer : *Laisser paraître son irritation* (syn. MANIFESTER, TÉMOIGNER). ‖ *Il y paraît,* cela se voit : *Il a été vexé et il y paraît encore. Malgré sa maladie, elle continue à travailler sans qu'il y paraisse rien.* ‖ *Paraître à son avantage,* se montrer sous son meilleur jour. — **4.** *Paraître + n., adj., part. attributs, paraître* (+ *inf.*), avoir l'apparence de, donner l'impression de : *Elle paraît souffrante, malade* (syn. SEMBLER). *Cela me paraît vraisemblable. Ces agissements me paraissent une pure provocation. Elle paraît surprise de votre question. Il ne paraît pas très intelligent. Elle paraît trente ans* (= elle semble avoir trente ans). *Il ne paraît pas son âge* (= il semble plus jeune que son âge réel). *Elle paraît douter de votre affirmation. Il paraît être convaincu. Elle paraît approuver cette idée.* — **5.** *À ce qu'il paraît, il paraît* (+ *adj.*), *de* (+ *inf.*), *que* (+ *ind.*), selon les apparences : *Il paraît absurde de revenir sur cette décision. Il paraît préférable que nous partions un jeudi.* ‖ *Il paraît que* (+ *ind.*), on prétend que, on dit que : *Il paraît que vous êtes allée en Grèce cet été.* ‖ *Il me paraît que* (+ *ind.*), *il ne me paraît pas que* (+ *subj.*), j'ai l'impression, je n'ai pas l'impression que : *Il ne me paraît pas que la situation soit si mauvaise.* — **6.** (auxil. *avoir* ou plus souvent *être*) [sujet une publication] Être mis en vente dans les librairies : *L'ouvrage est paru en librairie* (syn. PUBLIER). *Faire paraître les œuvres complètes de Balzac* (= éditer). *Une édition de ses poésies a paru l'année dernière.*

parallèle [paralɛl] adj. (du gr. *para,* à côté de, et *allêlos,* l'un l'autre). **1.** Se dit d'une ligne, d'une surface qui est également distante d'une autre ligne ou d'une autre surface sur toute son étendue : *Une rue parallèle à une autre* (contr. PERPENDICULAIRE). *Deux droites parallèles.* — **2.** Se dit de choses qui se développent dans la même direction, qui ont lieu en même temps ou présentent des caractères semblables : *Les difficultés économiques des deux pays sont parallèles. Des vies parallèles* (contr. DIVERGENT). — **3.** Qui porte sur le même objet, mais d'une manière illégale, non officielle ou dans l'intention de nuire : *Le marché parallèle de l'or* (syn. ↑ MARCHÉ NOIR). *Mener une action parallèle* (syn. EN MARGE). *Une police parallèle* (syn. SECRET). ◆ n. m. **1.** Cercle imaginaire situé sur la Terre, dans un plan parallèle à celui de l'équateur. — **2.** Comparaison entre deux personnes ou deux choses pour en estimer les qualités ou les défauts : *Établir, faire un parallèle entre deux auteurs* (syn. RAPPROCHEMENT). *Mettre en parallèle les avantages et les inconvénients* (syn. EN BALANCE). ◆ n. f. Droite, ligne parallèle à une autre droite ou à un plan.

parallèlement [paralɛlmɑ̃] adv. De façon parallèle : *On va aménager des parcs de stationnement parallèlement au boulevard pour dégager la circulation.*

parallélépipède [paralelepipɛd] n. m. (gr. *parallêlos,* parallèle, et *epipedon,* surface). **1.** Polyèdre à six faces, qui sont toutes des parallélogrammes, les faces opposées étant égales et parallèles entre elles. — **2.** *Parallélépipède droit,* dont les arêtes sont perpendiculaires aux plans de base. ‖ *Parallélépipède rectangle,* parallélépipède droit dont la base est un rectangle.

parallélisme [paralelism] n. m. **1.** État de droites ou de surfaces parallèles : *Vérifier le parallélisme des roues d'une voiture.* — **2.** État de ce qui est parallèle : *On constate un parallélisme complet dans les réactions des divers syndicats à ces mesures* (syn. ACCORD).

parallélogramme [paralelɔgram] n. m. (gr. *parallêlos,* parallèle, et *grammê,* ligne). Quadrilatère dont les côtés opposés sont parallèles deux à deux.

paralysant, e [paralizɑ̃] adj. Qui paralyse : *Peur paralysante.*

paralysé, e [paralize] adj. et n. Frappé de paralysie : *Vieillard paralysé. Bras paralysé.*

paralyser [paralize] v. t. **1.** *Paralyser qqn,* le frapper de paralysie : *Une attaque l'a paralysée du côté droit.* — **2.** *Paralyser qqch, qqn,* l'empêcher de produire, d'agir; le frapper d'impuissance, lui faire perdre tous ses moyens : *La panne d'électricité a paralysé les activités* (syn. ARRÊTER, BLOQUER). *La dureté de l'examinateur paralysait les candidats* (syn. GLACER, FIGER).

paralysie [paralizi] n. f. (gr. *paralusis,* relâchement). **1.** Privation ou diminution considérable du mouvement volontaire et de la sensibilité (méd.) : *Être frappé de paralysie.* — **2.** Impossibilité d'agir, arrêt complet : *La paralysie de l'État en face de l'anarchie grandissante* (syn. INERTIE, IMPUISSANCE).

paralytique [paralitik] adj. et n. Atteint de paralysie, d'une privation de motricité.

paramédical, e, aux [paramedikal] adj. *Professions paramédicales,* qui ont trait, sur le plan thérapeutique ou administratif, aux activités relatives à la santé (kinésithérapeutes, pédicures, infirmières, secrétaires médicales, etc.).

paramètre [paramɛtr] n. m. (gr. *para,* à côté de, et *metron,* mesure). Variable d'une fonction (math.).

paramilitaire [paramilitɛr] adj. Se dit d'une organisation civile dont la structure et la discipline imitent celles de l'armée.

parangon [parɑ̃gɔ̃] n. m. (mot esp.). *Litt.* Modèle : *Cette femme passe pour un parangon de vertu.*

paranoïa [paranɔja] n. f. (gr. *paranoia,* folie). Maladie mentale des paranoïaques.

paranoïaque [paranɔjak] adj. et n. Dont la maladie mentale *(paranoïa)* se caractérise par un orgueil démesuré, de la méfiance, avec susceptibilité exagérée favorisant une tendance à se croire persécuté.

parapet [parapɛ] n. m. (it. *parapetto,* qui protège la poitrine). Mur, balustrade à hauteur d'appui qui sert de garde-fou : *Le parapet d'un pont.*

paraphe ou **parafe** [paraf] n. m. (de *paragraphe*). **1.** Signature abrégée de forme schématique : *Apposer son paraphe au bas d'un document.* — **2.** Trait de plume de forme variée qui accompagne la signature.

parapher ou **parafer** [parafe] v. t. Signer d'un paraphe : *Parapher un procès-verbal.*

paraphrase [parafraz] n. f. (gr. *paraphrasis,* phrase qui amplifie). **1.** Explication développée d'un texte. — **2.** *Péjor.* Commentaire diffus, qui ne fait qu'allonger un texte sans l'enrichir.

paraphraser [parafraze] v. t. *Paraphraser un texte,* le développer en d'autres termes plus diffus.

paraplégie [parapleʒi] n. f. (gr. *para,* contre, et *plêgê,* choc). Paralysie des deux jambes.

paraplégique [parapleʒik] adj. et n. Atteint de paraplégie.

parapluie [paraplɥi] n. m. (de *parer* et *pluie*). Objet portatif, formé d'un manche et d'une étoffe tendue sur des tiges flexibles, pour se protéger de la pluie.

parascolaire [paraskɔlɛr] adj. Qui est en marge de l'école, parallèle à l'école : *Activités parascolaires.*

parasitaire [parazitɛr] adj. **1.** Dû à des parasites :

Une maladie parasitaire. — **2.** Qui se développe au détriment des autres : *Un commerce parasitaire.*

parasite [parazit] n. m. (gr. *para,* à côté de, et *sîtos,* nourriture). Personne qui vit dans l'oisiveté, aux dépens des autres, de la société qui l'entretient : *Un tas de parasites gravitent autour de cette chanteuse.* ◆ n. m. et adj. **1.** Être vivant qui prélève une partie ou la totalité de sa nourriture sur un autre être vivant *(hôte) : Le ténia est un parasite de l'homme. Le mildiou est un parasite (un champignon parasite) de la vigne.* — **2.** Bruit qui trouble la perception radiophonique (souvent pl.) : *Le moteur de l'aspirateur provoque des parasites dans le poste. Des bruits parasites empêchent d'écouter l'émission.* ◆ adj. Gênant et inutile : *Des constructions parasites enlaidissent cette vieille demeure* (syn. SUPERFLU).

parasiter [parazite] v. t. **1.** (sujet être vivant) *Parasiter un organisme animal* ou *végétal,* l'envahir pour en tirer la source de sa subsistance. — **2.** Perturber par des bruits parasites : *Le moteur de l'atelier parasite les émissions.*

parasitisme [parazitism] n. m. État de qqn vivant en parasite.

parasol [parasɔl] n. m. (it. *parasole,* qui écarte le soleil). Grand objet de même forme que le parapluie, qu'on fixe à un endroit pour se protéger du soleil.

paratonnerre [paratɔnɛr] n. m. Appareil destiné à préserver les bâtiments des effets de la foudre.

paravent [paravɑ̃] n. m. Écran composé de panneaux verticaux mobiles et isolant qqch ou qqn des regards.

parbleu! [parblø] interj. (de *par Dieu*). Exprime l'approbation ou souligne une évidence : *«Elle est contente. — Parbleu! C'est justement ce qui lui convenait»* (syn. fam. PARDI!, BIEN SÛR!, DAME!).

parc [park] n. m. (orig. germ.). **1.** Étendue boisée de terrain clos, dépendant d'une grande maison, d'un château, aménagée pour la promenade : *Le parc de Versailles.* ‖ *Parc national,* territoire où la flore et la faune sont rigoureusement protégées. ‖ *Parc naturel régional,* région où la flore et la faune sont sauvegardées. — **2.** Pré entouré ou non de fossés, où on met les bœufs à l'engrais, où on enferme le bétail. — **3.** Lieu clos où sont entreposés des munitions, du matériel militaire : *Le parc d'artillerie. Parc à munitions.* — **4.** Petit enclos où on place les bébés pour qu'ils y jouent et puissent y apprendre à marcher sans danger. — **5.** Ensemble des machines, des véhicules d'une entreprise, d'un pays : *Le parc automobile français augmente chaque année* (= le nombre de voitures immatriculées). — **6.** *Parc à huîtres,* bassin où sont engraissés ces coquillages. ‖ *Parc de stationnement,* ensemble de places réservées pour le stationnement des véhicules (syn. PARKING).

parcage [parkaʒ] n. m. Action de parquer : *Le parcage des moutons. Le parcage des voitures dans le sous-sol d'un immeuble.*

parcellaire [parsɛlɛr] adj. Fait, divisé par parcelles.

parcellarisation [parsɛlarizasjɔ̃] ou **parcellisation** [parsɛlizasjɔ̃] n. f. Action de parcellariser.

parcellariser [parsɛlarize] ou **parcelliser** [parselize] v. t. Réduire à des unités de plus petites dimensions, fractionner : *Parcellariser les tâches, un travail.*

parcelle [parsɛl] n. f. (lat. *particula*). **1.** Très petite partie : *Une parcelle d'or, de mica* (syn. FRAGMENT). *Il n'y a pas une parcelle de vérité dans ce qu'il dit* (= la moindre vérité). — **2.** Pièce de terrain d'étendue variable, où on pratique la culture : *Une parcelle de terre.*

parce que [pars(ə)kə] conj. **1.** Indique la cause, la raison, le motif (en réponse à la question *pourquoi*) : *Nous avons renoncé à notre promenade parce qu'il commençait à pleuvoir* (syn. CAR). *Je ne peux vous croire parce que les faits vont contre votre argumentation* (syn. PUISQUE, ÉTANT DONNÉ QUE). *Parce que tout semble se retourner contre lui il désespère* (syn. COMME). *Il ne répondit rien parce que très embarrassé;* fam., dans une réponse sans principale exprimée : *«Vous êtes pressée? — Non. — Parce que nous aurions pu prendre l'apéritif ensemble.»* — **2.** Indique le refus de répondre (employé seul) : *Pourquoi ne viens-tu pas? — Parce que.*

parchemin [parʃəmɛ̃] n. m. (gr. *pergamênê,* peau de Pergame). **1.** Peau de mouton, d'agneau, de chevreau, etc., séchée à l'air et non tannée, de façon à recevoir une écriture manuscrite ou imprimée, à servir à la reliure; document écrit sur parchemin : *Les scribes grattaient les parchemins afin d'écrire de nouveaux textes.* — **2.** *Fam.* Diplôme universitaire (syn. PEAU D'ÂNE).

parcheminé, e [parʃəmine] adj. *Visage parcheminé,* ridé et grisâtre.

par-ci → CI.

parcimonie [parsimɔni] n. f. (lat. *parcimonia,* de *parsus,* épargné). *Avec parcimonie,* avec une économie rigoureuse et mesquine dans les dépenses, les dons : *Donner avec parcimonie de l'argent de poche* (contr. GÉNÉROSITÉ, PRODIGALITÉ). *N'accorder ses éloges qu'avec parcimonie* (syn. RÉSERVE; contr. PROFUSION).

parcimonieusement [parsimɔnjøzmɑ̃] adv. Avec parcimonie.

parcimonieux, euse [parsimɔnjø] adj. Qui fait preuve de parcimonie : *Une distribution parcimonieuse de récompenses* (contr. ABONDANT).

parcmètre [parkmɛtr] ou **parcomètre** [parkɔmɛtr] n. m. Appareil dans lequel un automobiliste doit déposer une somme correspondant à la durée de son stationnement.

parcourir [parkurir] v. t. (lat. *percurrere,* courir à travers) [c. **29**]. **1.** *Parcourir un lieu,* le traverser en divers sens pour trouver, visiter : *Parcourir le village à la recherche d'une boulangerie. Parcourir une région en touriste.* — **2.** Accomplir un trajet déterminé : *Le train parcourt cette distance en deux heures* (syn. FRANCHIR). — **3.** (sujet qqch) *Parcourir qqn,* le traverser de part en part : *Un frisson me parcourut tout entière.* — **4.** *Parcourir un texte,* le lire rapidement : *À peine eut-il parcouru la lettre qu'il poussa un cri de joie.* — **5.** *Parcourir un lieu des yeux, du regard,* l'examiner rapidement sans se déplacer : *En parcourant la pièce du regard, elle remarqua plusieurs tableaux anciens.*

parcours [parkur] n. m. Trajet suivi par qqn, un véhicule, qqch : *Les organisateurs du Tour de France ont étudié le parcours des coureurs. Le fleuve traverse plusieurs villes sur son parcours* (syn. COURS). *S'informer du parcours d'un autobus* (syn. ITINÉRAIRE). *Incident de parcours* (= difficulté imprévue qui retarde la réalisation de qqch).

par-delà, par-derrière, par-dessous, par-dessus → DELÀ, DERRIÈRE, DESSOUS, DESSUS.

pardessus [pardəsy] n. m. Manteau d'homme.

par-devant, par-devers → DEVANT, DEVERS.

pardi! [pardi] interj. (de *par Dieu*). *Fam.* Renforce un énoncé, qui a une valeur de conclusion : *«Il n'est pas là. — Pardi! il aura encore oublié le rendez-vous»* (syn. NATURELLEMENT, BIEN SÛR).

pardon [pardɔ̃] n. m. **1.** Décision de ne pas tenir rigueur d'une faute : *Demander, obtenir, mériter son pardon. Devant un repentir si sincère, elle ne pouvait pas refuser le pardon de cette faute. Prêcher le pardon des injures.* — **2.** Pèlerinage et fête populaire en Bretagne. — **3.** Interj. ou formule de politesse adressée à qqn qu'on dérange plus ou moins ou qu'on prie de ne pas se formaliser : *Pardon, madame, pourriez-vous me dire l'heure? Je vous demande pardon, je dois m'absenter;* formule qui appuie une contradiction : *« Vous n'étiez pas à cette réunion? — Pardon, j'y étais. » « Tu as oublié de me prévenir! — Je te demande bien pardon : je t'ai signalé la chose dans ma dernière lettre. »* ‖ Pop. *Pardon!*, interj. marquant l'admiration : *Tu as vu sa nouvelle voiture? Oh! pardon! ce n'est pas de la camelote!*

pardonnable [pardɔnabl] adj. À qui ou qu'on peut pardonner : *Il est pardonnable de l'avoir oublié. C'est une légère erreur bien pardonnable à son âge* (syn. EXCUSABLE).

pardonner [pardɔne] v. t. et t. ind. (bas lat. *perdonare*, concéder). *Pardonner qqch, pardonner à qqn,* ne pas tenir rigueur à la personne qui est responsable d'un acte hostile, contrariant : *Veuillez pardonner mon indiscrétion* (syn. EXCUSER). *Je lui pardonne sa rude franchise. Ces enfants sont bruyants, mais on leur pardonne, car ils n'ont pas l'habitude de la vie en appartement.* ‖ (sujet qqn, qqch) *Être pardonné,* être excusé : *Vous êtes pardonné. Cette faute est pardonnée depuis longtemps.* ◆ v. i. (sujet qqch) *Ne pas pardonner,* avoir des conséquences fatales : *Une maladie qui ne pardonne pas.*

pare-balles [parbal] adj. et n. m. inv. Plaque d'acier, vêtement spécial servant à protéger contre les balles.

pare-brise [parbriz] n. m. inv. Plaque de verre spécial ou de matière transparente à l'avant d'un véhicule, qui préserve le conducteur de l'action de l'air, de la pluie, de la poussière.

pare-chocs [parʃɔk] n. m. inv. Garniture servant à protéger la carrosserie d'une voiture à l'avant et à l'arrière.

pare-feu [parfø] n. m. inv. Dispositif empêchant la propagation d'un incendie.

pareil, eille [parɛj] adj. (du lat. *par, paris,* égal). **1.** (après le n.) Qui présente une ressemblance ou une similitude : *Toutes les assiettes du service sont pareilles* (syn. IDENTIQUE). *Les deux itinéraires sont pareils en longueur* (syn. ÉGAL). *Sa maison est pareille à* (ou, très fam., *que*) *la mienne* (syn. SEMBLABLE). *Ils ont l'un et l'autre un pareil goût du risque* (syn. MÊME). *Ce n'est plus pareil* (= c'est différent!). — **2.** (souvent avant le n.) Avec une valeur démonstrative, indique le cas présent, la situation actuelle, la singularité de qqn, d'une action : *Je n'ai encore jamais vu une pareille obstination* (syn. TEL). *En pareil cas, il convient d'être prudent. Qui peut bien m'appeler à pareille heure?* (= à une heure aussi inhabituelle). *A-t-on jamais vu un pareil homme!* ◆ n. Qui présente une certaine ressemblance : *Elle n'a pas sa pareille pour réussir ce plat* (= elle est supérieure à n'importe qui, incomparable). *C'est un désordre sans pareil* (= que rien n'égale). *On a beau appeler ça autrement, c'est toujours du pareil au même* (fam.; = c'est toujours la même chose, cela revient au même). *Vous et vos pareils, vous croyez toujours que tout vous est dû* (= les gens de votre espèce). ◆ ***pareil*** adv. *Fam.* De la même façon : *Ils sont habillés pareil.* ◆ ***pareille*** n. f. *Rendre la pareille à qqn,* le traiter de la même façon qu'on a été traité par lui, et particulièrement se venger.

pareillement [parɛjmɑ̃] adv. De la même manière : *Deux pièces tapissées pareillement* (= de la même façon). *Ils étaient tous pareillement mécontents* (syn. ÉGALEMENT, AUSSI). *Vous souhaitez terminer le plus vite possible; je le souhaite pareillement* (syn. DE MÊME).

parement [parmɑ̃] n. m. **1.** Revers des manches de certains vêtements. — **2.** Revêtement en pierres de taille d'une construction.

parent, e [parɑ̃] adj. et n. (lat. *parens,* de *parere,* engendrer). **1.** Qui a des liens familiaux plus ou moins étroits avec qqn : *Leurs grand-mères étaient cousines : elles sont donc parentes éloignées. Deux beaux-frères sont parents par alliance* (ou *alliés*). *Elle annonça la nouvelle à ses plus proches parents. J'ai encore une vieille parente dans ce village.* — **2.** *Traiter qqn, qqch en parent pauvre,* le négliger, le considérer comme secondaire : *Le ministre se plaignait que son département fût traité en parent pauvre.* ◆ adj. Qui a des affinités, des traits communs avec qqch : *L'italien est parent du français. L'art mycénien est parent de l'art crétois.* ◆ ***parents*** n. m. pl. Le père et la mère : *Ses parents sont commerçants. Le tribunal a condamné des parents indignes* (= qui maltraitaient leurs enfants). *Avoir des parents jeunes. L'association des parents d'élèves d'un établissement scolaire.*

parental, e, aux [parɑ̃tal] adj. Qui concerne le père ou la mère ensemble : *L'autorité parentale.*

parenté [parɑ̃te] n. f. **1.** Situation de personnes parentes : *Ils ont le même nom, mais il n'y a entre eux aucune parenté, aucun lien de parenté. Degré de parenté.* — **2.** Ensemble des parents et des alliés : *Être brouillé avec toute sa parenté.* — **3.** Ressemblance, points communs entre des choses : *Une littérature qui a une parenté évidente avec le romantisme. La parenté des goûts, des caractères* (syn. AFFINITÉ).

parenthèse [parɑ̃tɛz] n. f. (gr. *parenthesis,* action de mettre de côté). **1.** Remarque incidente, développement accessoire qui s'écarte du sujet principal : *Faire une parenthèse pour répondre à une question.* ‖ *Ouvrir une parenthèse, fermer la parenthèse,* faire, cesser une digression. — **2.** Chacun des signes de ponctuation () qui indiquent une intercalation d'un mot ou d'une phrase dans un texte. ‖ *Ouvrir, fermer la parenthèse,* placer le premier ou le deuxième signe d'une parenthèse. — **3.** *Entre parenthèses, par parenthèse,* soit dit en passant (souligne une remarque incidente) : *J'ai à vous transmettre les amitiés de Luce — entre parenthèses, elle a bien vieilli.*

paréo [pareo] n. m. (mot tahitien). Pagne, porté à Tahiti par les hommes et les femmes.

parer [pare] v. t. (lat. *parare,* disposer).
— **I. 1.** (sujet qqn) *Parer qqch, qqn,* l'embellir par des ornements (souvent part. passé) : *On avait paré de fleurs la table du banquet* (syn. DÉCORER, ORNER). *Une toilette richement parée. Elle était parée de ses plus beaux atours* (syn. HABILLER, VÊTIR). — **2.** (sujet qqch) Être disposé comme ornement : *Le ruban qui parait ses cheveux.* ◆ ***se parer*** v. pr. (sujet qqn) **1.** Revêtir des vêtements élégants, accompagnés d'ornements choisis (soutenu) : *Elle se pare pour le bal.* — **2.** *Se parer de qqch (abstrait),* s'en attribuer le nom, le titre plus ou moins mérité : *Il se parait abusivement du titre d'ingénieur.*
— **II. 1.** *Parer un coup, une manœuvre,* etc., détourner de soi ce coup, se protéger contre cette manœuvre, etc. : *Un boxeur qui pare un direct du droit. On l'a attaquée sur la gestion de son entreprise, mais elle a adroitement paré le coup.* — **2.** *Être paré (contre qqch),* être en sécurité, à l'abri : *J'ai une bonne provision de combustible, je suis paré contre le froid. La question ne l'a pas prise au dépourvu : elle était parée.* ◆ v. t. ind. *Parer à qqch* (*danger, inconvénient,* etc.), y remédier, y pourvoir : *Il avait heureusement paré à cet incident* (= il avait pris des mesures pour s'en préserver). ‖ *Parer au plus pressé, au plus urgent,* prendre les dispositions les plus urgentes pour éviter ou atténuer un mal. ‖ *Paré!,* indique, dans la marine, qu'un ordre a été exécuté ou qu'on est prêt pour son exécution.

paresse [parɛs] n. f. (lat. *pigritia*). Répugnance au travail, à l'effort, à l'activité pénible, goût pour l'inaction :

Un climat amollissant qui incite à la paresse (syn. OISIVETÉ, ↓INDOLENCE, ↓NONCHALANCE; contr. ÉNERGIE). *S'abandonner à la paresse* (syn. FAINÉANTISE). *Paresse intellectuelle* (syn. APATHIE, ASSOUPISSEMENT). *C'est une solution de paresse* (= celle qui demande le moins d'effort). *Paresse d'esprit* (= lenteur à concevoir).

paresser [parɛse] v. i. Se laisser aller à la paresse en évitant l'effort, le travail : *Paresser le matin dans son lit. Elle paresse toute l'après-midi chez elle* (syn. fam. TRAÎNASSER).

paresseusement [parɛsøzmɑ̃] adv. Sans énergie.

1. paresseux, euse [parɛsø] adj. et n. Qui montre, manifeste de la paresse : *Être paresseux comme une couleuvre* (= très paresseux). *Un élève paresseux* (syn. fam. COSSARD, FLEMMARD; contr. BÛCHEUR). *Il est paresseux à se lever le matin* (= il tarde par paresse). *Estomac paresseux* (= qui digère avec lenteur). *Choisir une solution paresseuse.*

2. paresseux [parɛsø] n. m. Autre nom de l'AÏ.

parfaire [parfɛr] v. t. (lat. *perficere*) [c. **76**] *Parfaire qqch,* l'amener à l'achèvement complet, à la plénitude (s'emploie seulement à l'inf.) : *Pour parfaire la ressemblance, elle avait pris l'accent nasillard du professeur* (syn. PARACHEVER). *J'espère parfaire la somme rapidement en faisant des heures supplémentaires* (syn. COMPLÉTER).

1. parfait, e [parfɛ] adj. (lat. *perfectus*). **1.** (avant ou, plus souvent, après le n.) Qui ne présente aucun défaut, ou qui a telle ou telle qualité au degré le plus élevé : *Personne n'est parfait. Un garçon d'une parfaite correction* (syn. IRRÉPROCHABLE, ACCOMPLI). *Elle a été parfaite de discrétion* (= elle ne pouvait être plus judicieusement discrète). *Une imitation d'une ressemblance parfaite* (syn. COMPLET). *Un travail parfait* (syn. IMPECCABLE). *Jouir d'un calme parfait* (syn. ABSOLU, TOTAL). *Elle aspire au bonheur parfait* (syn. IDÉAL). — **2.** *C'est parfait,* tout est pour le mieux : *Puisque rien d'anormal ne s'est produit, c'est parfait, je peux me retirer* (syn. C'EST TRÈS BIEN). ‖ *Parfait!,* souligne qu'on a pris note d'un fait : *Vous ne voulez pas m'écouter? Parfait, nous verrons bien le résultat!* (syn. BON!, BIEN!). — **3.** (avant le n.) Qui est tel, sans aucune réserve : *Il a agi comme un parfait imbécile* (syn. ACCOMPLI, ACHEVÉ). *Ce récit est d'une parfaite invraisemblance* (syn. COMPLET, TOTAL). *J'étais dans la plus parfaite ignorance de ce détail.*

2. parfait [parfɛ] n. m. (de *parfaire,* achever complètement). Temps du verbe qui marque une époque écoulée ou une action présentement accomplie (syn. ACCOMPLI).

3. parfait [parfɛ] n. m. (lat. *perfectum*). Crème glacée à un seul parfum.

parfaitement [parfɛtmɑ̃] adv. **1.** De façon parfaite : *Une photographie parfaitement réussie* (syn. TRÈS BIEN, À LA PERFECTION). *La boîte est parfaitement étanche* (syn. TOUT À FAIT). — **2.** Insiste sur la véracité absolue d'une affirmation : *Vous avez parfaitement le droit de refuser* (syn. INCONTESTABLEMENT, ASSURÉMENT). *C'est parfaitement exact* (syn. ABSOLUMENT). *«Tu y crois, toi, à cette histoire? — Parfaitement, j'y crois»* (syn. BIEN SÛR, CERTAINEMENT).

parfois [parfwa] adv. Indique que le fait se produit dans des circonstances relativement rares ou à des moments espacés (soutenu) : *Au mois d'avril, il y a parfois encore de fortes gelées* (syn. QUELQUEFOIS, DE TEMPS À AUTRE). *Les pièces de boulevard sont parfois excellentes* (= dans certains cas). *Il a parfois des mots qui me touchent profondément* (contr. TOUJOURS, CONSTAMMENT). *Parfois elle se montre gaie, parfois elle est morose, sans qu'on sache pourquoi* (syn. fam. DES FOIS).

parfum [parfœ̃] n. m. (it. *perfumo*). **1.** Odeur agréable : *Une rose qui répand un parfum délicat* (syn. ARÔME). *Le riche parfum de l'ambre* (syn. SENTEUR). *Le parfum capiteux d'un vin* (syn. BOUQUET). *Un parfum frais, chaud, léger, lourd.* — **2.** Composition odorante, souvent à base d'alcool : *Un flacon de parfum.* — **3.** Substance aromatique incorporée à un aliment : *«À quel parfum est cette glace? — Au café.»* — **4.** *Litt.* Impression agréable, souvenir évoqués par qqch : *Ce conte a un charmant parfum d'autrefois.*

parfumer [parfyme] v. t. **1.** *Parfumer qqch,* le remplir ou l'imprégner de parfum : *Un bouquet qui parfume la pièce* (syn. EMBAUMER). *Un sachet de fleurs de lavande pour parfumer le linge.* — **2.** *Parfumer qqn,* lui mettre du parfum : *Je vous parfume, madame?* ◆ ***se parfumer*** v. pr. Mettre du parfum sur soi : *Cette femme se parfume discrètement.*

parfumerie [parfymri] n. f. Industrie ou commerce des parfums, ainsi que des cosmétiques et autres produits pour la toilette.

parfumeur, euse [parfymœr] n. Fabricant ou marchand de parfums.

pari [pari] n. m. **1.** Convention entre des personnes qui soutiennent des opinions contradictoires et qui s'engagent soit à verser une somme à celle dont il sera prouvé qu'elle a dit vrai, soit à exécuter qqch : *Gagner, perdre un pari. Faire un pari dangereux. Je tiens le pari* (= j'accepte de le soutenir). — **2.** Jeu d'argent où le gain dépend de l'issue d'une épreuve, d'une compétition sportive : *Recueillir des paris sur un match de boxe.* — **3.** *Le pari mutuel urbain* (P. M. U.), organisme qui a le monopole d'organiser et d'enregistrer les paris sur les courses de chevaux. ‖ *Les paris sont ouverts,* se dit quand le dénouement d'une affaire est incertain.

paria [parja] n. m. (mot portug.). *Litt.* Homme méprisé, considéré comme un être inférieur, mis au ban de la société : *Vivre en paria. Traiter quelqu'un en paria.* (En Inde, le *paria* est un individu qui, par son origine, est privé de tous droits religieux ou sociaux.)

parier [parje] v. t. (de *pair,* égal). *Parier qqch, que* (+ *ind.*), faire un pari : *Parier cent francs. Parier gros sur un cheval. Je parie tout ce que tu veux qu'elle ne viendra pas. Il y a gros à parier qu'il a raté son train* (= il y a beaucoup de chances pour que). *Je parie que tu as oublié de lui téléphoner* (= je suis sûr que); sans compl. : *Chacun de nous a parié. Je parie contre toi.*

pariétal, e, aux [parjetal] adj. (du lat. *paries, parietis,* paroi). **1.** Se dit des deux os qui forment les côtés et la voûte du crâne. — **2.** *Peinture pariétale,* faite sur les parois ou la voûte d'une grotte (syn. RUPESTRE).

parieur, euse [parjœr] n. Qui parie : *Les parieurs du champ de courses.*

parisianisme [parizjanism] n. m. Usage, habitude, langage propres aux Parisiens.

parisien, enne [parizjɛ̃] adj. et n. De Paris : *La mode parisienne. La banlieue parisienne* (= autour de Paris). *Un événement bien parisien* (= caractéristique de la vie mondaine de Paris). *Les Parisiens s'évadent de la capitale au mois d'août.*

parisyllabique [parisilabik] adj. et n. m. (du lat. *par,* égal, et *syllabique*). Se dit des mots latins qui ont dans leur déclinaison le même nombre de syllabes à tous les cas du singulier.

paritaire [paritɛr] adj. *Commission paritaire,* où siègent à égalité de nombre les représentants des parties en présence (patrons et employés, par ex.).

parité [parite] n. f. (du lat. *par, paris,* égal). Équivalence parfaite (restreint auj. à un emploi économique) : *La parité des prix et des salaires. La parité des changes* (entre les cours de deux monnaies). [→ DISPARITÉ.]

parjure [parʒyr] n. m. Faux serment ou violation de serment : *Être coupable de parjure envers son pays* (syn. TRAÎTRISE). ◆ adj. et n. Qui viole son serment (soutenu) : *Parjure à ses amis, il a abusé de leur confiance* (syn. INFIDÈLE, TRAÎTRE; contr. FIDÈLE).

parjurer (se) [parʒyre] v. pr. (lat. *perjurare*). Violer son serment; faire un faux serment : *Le témoin s'est parjuré et a fait condamner la malheureuse.*

parka [parka] n. m. (mot esquimau). Manteau court à capuche, en tissu imperméable.

parking [parkiŋ] n. m. (mot angl.). **1.** Emplacement réservé à une voiture dans un garage, un parc de stationnement. — **2.** Syn. usuel de PARC DE STATIONNEMENT.

parlant, e [parlɑ̃] adj. **1.** Expressif, suggestif : *Image parlante. La comparaison est parlante* (syn. ÉLOQUENT). — **2.** *Film, cinéma parlant,* accompagné de paroles synchronisées (contr. MUET). [On dit aussi LE PARLANT n. m.]

1. parlé, e [parle] adj. Manifesté par la parole : *La langue parlée se distingue par bien des traits de la langue écrite. Un texte parlé.*

2. parlé [parle] n. m. Partie d'une œuvre exprimée par la parole : *Le parlé et le chanté dans un opéra.*

parlement [parləmɑ̃] n. m. (de *parler*) [avec majusc.] Assemblée ou ensemble d'assemblées chargées d'exercer le pouvoir législatif : *En France, le Parlement comprend l'Assemblée nationale et le Sénat.*

parlementaire [parləmɑ̃tɛr] adj. Relatif au Parlement : *Les débats parlementaires* (= du Parlement). *Régime parlementaire* (= dans lequel les ministres sont responsables devant le Parlement). ◆ n. Membre d'un Parlement. ◆ n. m. Celui qui, en temps de guerre, a pour mission d'entrer en pourparlers ou de poursuivre des négociations avec le commandement adverse.

parlementarisme [parləmɑ̃tarism] n. m. Syn. de RÉGIME PARLEMENTAIRE.

parlementer [parləmɑ̃te] v. i. (de *parlement*). **1.** Négocier avec un adversaire en vue d'un armistice, d'une reddition. — **2.** Discuter en vue d'un accommodement : *Il fallut parlementer longtemps avec le gardien pour se faire ouvrir la porte.*

1. parler [parle] v. i. et t. ind. (bas lat. *parabolare*). **1.** Articuler des paroles : *Les enfants commencent à parler vers le début de la deuxième année. Parler tout haut, tout bas. Il parle en dormant. Parler du nez* (= prononcer les mots avec un son nasal). — **2.** Exprimer sa pensée, ses sentiments par la parole : *Si je pouvais parler librement, je révélerais des faits surprenants* (syn. S'EXPRIMER). *Une négociatrice qui parle habilement. Parler en maître* (= avec autorité). *Parler d'or* (= dire ce qu'il y a de mieux à dire). ‖ *Voilà qui est parler, ça, c'est parler,* exprime une pleine approbation de la déclaration de qqn. — **3.** Prononcer un discours, une allocution : *Un orateur qui parle devant un auditoire attentif. Il déteste parler en public* (syn. DISCOURIR). — **4.** *Parler à qqn,* lui adresser la parole : *Tu parlais à un de tes amis, je n'ai pas voulu t'interrompre. Depuis qu'il est brouillé avec sa cousine, il ne lui parle plus.* ‖ Fam. *Trouver à qui parler,* rencontrer une vive opposition. — **5.** *Parler avec qqn,* s'entretenir avec lui (syn. CAUSER, CONFÉRER, CONVERSER). — **6.** *Faire parler de soi,* se signaler par quelque action remarquable, en bien ou en mal. ‖ *Parler de qqn, de qqch, de* (+ *inf.*), en faire le sujet d'une conversation, d'un exposé : *Nous parlions d'elle quand elle est entrée. Le ministre a parlé à la radio des objectifs du plan. On parle d'abattre ces immeubles* (= on fait le projet). *Ne m'en parlez pas!* (= je ne le sais que trop). ‖ *Sans parler de...,* indique une considération accessoire : *Cela va vous coûter très cher, sans parler de tous les ennuis que vous vous attirerez* (syn. INDÉPENDAMMENT DE, OUTRE). — **7.** Exprimer une pensée, un sentiment autrement qu'en paroles : *Parler par gestes. Dans sa lettre, elle me parle de ses soucis* (syn. FAIRE PART DE, EXPOSER); en parlant d'écrits, avoir pour sujet : *De quoi parle ce livre?* (syn. TRAITER DE). — **8.** (sujet qqch) Être un témoignage de : *Tout ici nous parle du passé;* dicter la conduite : *Quand le devoir a parlé, il n'hésite jamais.* ‖ *Parler aux yeux, au cœur, à l'imagination,* etc., flatter le regard, plaire, porter à la rêverie, etc. ‖ *Son cœur a parlé,* il (elle) a éprouvé de l'amour. — **9.** Fam. *Tu parles! Vous parlez!,* naturellement, je crois bien! — **10.** *Parlant,* précédé d'un adv. en *-ment : Scientifiquement, administrativement,* etc., *parlant,* en termes scientifiques, du point de vue administratif, etc. ◆ v. t. **1.** *Parler une langue,* être capable de s'exprimer en cette langue, l'employer : *Elle parle un peu l'anglais* (ou *anglais*). *Vous parlez français? Le français est parlé dans une grande partie de l'Afrique.* — **2.** *Parler politique, affaires,* etc., s'entretenir de. ◆ ***se parler*** v. pr. **1.** (sujet qqn) *Se parler à soi-même,* tenir un monologue intérieur. — **2.** (sujet une langue) Être parlé : *L'espagnol se parle en Amérique latine.* — **3.** (sujet qqn [pl.]) S'adresser la parole : *Ils ne se parlent plus, ils sont fâchés.*

2. parler [parle] n. m. **1.** Manière dont qqn s'exprime : *Un parler doux, nasillard* (syn. SON). *Un parler truculent* (syn. LANGAGE). *Avoir le parler tranchant* (syn. PAROLE). — **2.** Langue particulière à une région : *Les parlers méridionaux* (syn. DIALECTE, PATOIS).

parleur [parlœr] n. m. et adj. m. *Beau parleur,* celui qui s'exprime avec agrément, dont la parole est séduisante (généralement péjor.) : *Elle s'est laissé enjôler par un beau parleur. Un garçon beau parleur.*

parloir [parlwar] n. m. Salle où on reçoit les visiteurs dans certains établissements : *Le parloir d'un lycée, d'un monastère.*

parlote [parlɔt] n. f. *Fam.* Conversation, discussion de peu d'utilité : *La réunion du comité s'est passée en vaines parlotes.*

parmesan [parməzɑ̃] n. m. (de *Parme,* v. d'Italie). Fromage italien à pâte dure fait avec du lait écrémé.

parmi [parmi] prép. (de *mi,* qui est au milieu). Indique : **1.** Toujours avec un pluriel ou un collectif, un ensemble dont fait partie qqch ou qqn que l'on distingue soit pour l'isoler, soit pour l'englober : *a*) avec des noms de choses : *Parmi toutes les solutions possibles, il a choisi la plus simple* (= de toutes les solutions). *Ranger le mot «loyal» parmi les adjectifs; b*) avec des noms de personnes : *Parmi tous ceux qui se sont présentés, elle est la seule à avoir réussi toutes les épreuves de ce jeu. Il n'est qu'un employé parmi d'autres.* — **2.** Un ensemble qui sert de cadre à l'action considérée : *Elle s'avance parmi les blés mûrs* (syn. AU MILIEU DE). *Venez vous asseoir parmi nous* (syn. À CÔTÉ DE). *Aller à l'aventure parmi les rues obscures* (syn. DANS). — **3.** Un groupe de personnes de qui relève telle ou telle chose abstraite : *On trouve rarement l'égalité parmi les hommes* (syn. CHEZ). *Ce geste provoqua l'étonnement parmi ceux qui l'avaient connue. Parmi les savants, son nom est respecté.*

parodie [parɔdi] n. f. (gr. *para,* à côté de, et *ôdê,* chant). **1.** Travestissement plaisant d'une œuvre ou d'un passage d'œuvre littéraire ou artistique : *Des étudiants qui interprètent une parodie du «Cid».* — **2.** Imitation grossière, de caractère ironique ou cynique : *Tout ce procès n'a été qu'une sinistre parodie, les accusés étant condamnés d'avance.*

parodier [parɔdje] v. t. Imiter ironiquement : *Parodier une tragédie, une symphonie. Parodier le ton doctoral de quelqu'un* (syn. fam. SINGER).

parodiste [parɔdist] n. Auteur d'une parodie littéraire.

paroi [parwa] n. f. (lat. *paries, -etis*). **1.** Surface intérieure latérale d'un récipient, d'un conduit : *Un dépôt qui se fixe aux parois du réservoir. Paroi étanche.* — **2.** Face intérieure des murs, cloison qui sépare les pièces d'une habitation. — **3.** *Paroi (rocheuse),* surface de rocher à peu près unie et proche de la verticale. — **4.** Partie qui circonscrit, limite une cavité anatomique : *Les parois du crâne, de l'estomac.*

paroisse [parwas] n. f. (gr. *paroikia,* groupement d'habitations voisines). Territoire sur lequel s'étend la juridiction spirituelle d'un curé; église principale de ce territoire : *L'église de la paroisse. Aller à la paroisse.*

paroissial, e, aux [parwasjal] adj. De la paroisse : *Les œuvres paroissiales.*

paroissien, enne [parwasjɛ̃] n. **1.** Catholique fidèle d'une paroisse. — **2.** Fam. *Un drôle de paroissien,* un drôle d'individu. ◆ ***paroissien*** n. m. Missel à l'usage des fidèles.

parole [parɔl] n. f. (lat. *parabola*). **1.** Faculté de parler, aptitude à parler : *La parole est le propre de l'homme* (syn. LANGAGE). *Une conférencière qui a la parole facile* (= qui s'exprime avec facilité). *Avoir le don de la parole* (= s'exprimer avec agrément). *L'accusé semblait avoir perdu la parole* (= être devenu muet). — **2.** Mot, phrase qu'on prononce : *Elle nous a regardés sans dire une parole. Des paroles de bienvenue. Elle n'a pas osé lui adresser la parole. Citer une parole de Napoléon* (= une phrase mémorable, sentencieuse). — **3.** Assurance donnée à qqn, engagement formel : *Vous pouvez y compter, vous avez ma parole. Je vous en donne ma parole* (= je vous le promets fermement). *Reprendre sa parole* (= se dédire, se rétracter). *Je n'ai qu'une parole* (= je ne reviens pas sur mes promesses). *C'est un homme de parole* (= fidèle, sûr). *Inutile de m'apporter des preuves, je vous crois sur parole* (= je vous fais confiance). *Prisonnier sur parole* (= auquel on accorde sa liberté sous la promesse de se soumettre à certaines formalités). — **4.** *Avoir la parole,* avoir le droit de parler; aux cartes, être le premier à faire une enchère. ‖ *La parole de Dieu,* l'Écriture sainte. ‖ *Parole !,* je passe (aux cartes). ‖ *Parole d'honneur !, Ma parole !,* formules par lesquelles on atteste la vérité de ce qu'on dit. ‖ *Passer la parole à qqn,* l'inviter à parler. ‖ *Prendre la parole,* commencer à parler. ◆ ***paroles*** n. f. pl. Texte d'une chanson : *Faire la musique et les paroles.*

parolier, ère [parɔlje] n. Auteur des paroles d'une chanson.

paronyme [parɔnim] n. m. (gr. *para,* à côté de, et *onoma,* nom). Mot proche d'un autre par sa forme, son orthographe, sa sonorité (ex. *conjecture* et *conjoncture*).

paronymie [parɔnimi] n. f. Caractère des paronymes.

paronymique [parɔnimik] adj. Relatif à la paronymie.

parotide [parɔtid] n. f. et adj. (gr. *para,* à côté de, et *oûs, ôtos,* oreille). Glande salivaire située au voisinage de l'oreille : *Les oreillons sont une inflammation des parotides.*

paroxysme [parɔksism] n. m. (gr. *paroxusmos,* action d'exciter). Extrême intensité d'une maladie, d'une douleur, d'un sentiment, d'une passion : *Mal de tête poussé à son paroxysme. La folie atteignit son paroxysme. Au paroxysme de la colère, il se jeta sur son adversaire.*

paroxysmique [parɔksismik] ou **paroxystique** [parɔksistik] adj. Poussé à son paroxysme.

paroxyton [parɔksitɔ̃] n. m. et adj. (gr. *para,* à côté de, *oxus,* aigu, et *tonos,* ton). Se dit d'un mot qui a l'accent tonique sur l'avant-dernière syllabe.

parpaing [parpɛ̃] n. m. (orig. incert.). Bloc rectangulaire de matériaux agglomérés (ciment, gravillons, mâchefer), de la grandeur d'une pierre de taille, servant à la construction des murs.

parquer [parke] v. t. **1.** *Parquer des animaux,* les mettre dans un lieu entouré d'une clôture, d'un fossé : *Parquer des bœufs dans un pâturage.* — **2.** *Parquer qqch,* le mettre, le placer dans une enceinte, dans un endroit protégé ou caché : *Parquer de l'artillerie dans un camp militaire. Parquer des vivres, des provisions.* — **3.** *Parquer sa voiture* (ou *se parquer*), la mettre en stationnement : *Elle a parqué sa voiture dans une rue avoisinante.* — **4.** *Parquer des gens,* les enfermer dans un espace étroit : *Les déportés étaient parqués dans les baraquements des camps de concentration nazis* (syn. ENTASSER).

1. parquet [parkɛ] n. m. (de *parc*). Ensemble des magistrats sous l'autorité du ministère public ou du procureur général (magistrats de l'accusation) : *Le parquet s'est transporté sur les lieux du crime.*

2. parquet [parkɛ] n. m. Assemblage de lames de bois qui garnissent le sol d'une pièce : *Le plancher était fait d'un parquet de chêne. Cirer, frotter, nettoyer un parquet.*

parquetage [parkətaʒ] n. m. Action de parqueter.

parqueter [parkəte] v. t. (c. **8**) Garnir d'un parquet.

parrain [parɛ̃] n. m. (du lat. *pater,* père). **1.** Celui qui présente un enfant au baptême ou à la confirmation et se porte garant de sa fidélité à l'Église : *Le parrain et la marraine tiennent l'enfant sur les fonts baptismaux.* — **2.** Celui qui présente qqn dans une société, qui lui sert de répondant.

parrainage [parɛnaʒ] n. m. Qualité, fonction de parrain ou de marraine.

parrainer [parɛne] v. t. *Parrainer qqn, une entreprise,* leur servir de répondant, de garant (syn. PATRONNER).

parricide [parisid] n. m. (du lat. *pater,* père, et *cadere,* tuer). Meurtre du père ou de la mère ou de tout autre ascendant. ◆ adj. et n. Qui a commis ce crime.

parsemer [parsəme] v. t. (c. **9**). **1.** (sujet qqn, qqch) *Parsemer qqch,* le couvrir de choses répandues çà et là (surtout pass.) : *L'ennemi avait parsemé le sol de mines. Un discours parsemé de citations* (syn. TRUFFÉ). *Le parcours était parsemé d'obstacles.* — **2.** (sujet qqch) Être épars sur une surface, dans qqch : *Quelques feuilles mortes parsèment les allées* (syn. ↑JONCHER). *Les fautes d'orthographe qui parsèment un texte. Les fleurs qui parsèment le gazon* (syn. ÉMAILLER).

part [par] n. f. (lat. *pars, partis*). **1.** Portion d'un tout destinée à qqn, affectée à un emploi : *Diviser un gâteau en six parts égales. Il a abandonné à ses frères sa part d'héritage. Consacrer une part importante de son salaire au loyer* (syn. PARTIE). *Chacun a sa part de bonheur et de misère* (syn. LOT). *La part du lion* (= la plus grosse, celle que s'attribue le plus fort dans un partage, au mépris de la justice). — **2.** Ce qui est apporté à une œuvre commune, participation, concours : *Chacun doit fournir sa part d'efforts. Je me félicite d'avoir pu contribuer pour une petite part à ce résultat.* — **3.** Jouer son rôle dans : *Remercier tous ceux qui ont eu part au succès d'une entreprise.* — **4.** Titre garantissant à un actionnaire des dividendes ou des droits sur une fraction du capital d'une société anonyme. — **5.** *Avoir part à qqch,* recevoir ce qui vous revient : *Elle a eu part à la distribution.* ‖ *De la part de qqn,* en son nom, venant de lui : *J'ai un paquet à vous remettre de la part de vos parents. Cette réponse ne me surprend pas de sa part.* ‖ *Faire la part de qqch,* tenir compte de l'influence exercée par cette chose : *Il faut faire la part du mauvais temps dans l'analyse des causes de la hausse des prix.* ‖ *Faire la part du feu,* abandonner qqch pour ne pas tout perdre. ‖ *Faire part* de *qqch à qqn,* l'en informer : *Je lui ai fait part de mes projets.* ‖ *Membre à part entière d'un groupe,* etc., qui jouit pleinement de tous les droits reconnus aux membres de ce groupe. ‖ Fam. *Part à deux!,* partageons. ‖ *Pour une part,* indique un des mobiles, une des causes qu'on considère séparément : *Sa décision résulte pour une part du souci de ne gêner personne. Des considérations électorales entraient pour une bonne (une large) part dans les mesures prises par le gouvernement* (= dans une large mesure). ‖ *Pour ma (ta,* etc.) *part,* en ce qui me (te, etc.) concerne : *Pour ma part, je trouve ce choix excellent* (syn. QUANT À MOI [TOI, etc.]). ‖ *Prendre des paroles, des actes en bonne, en mauvaise part,* ne pas s'en offenser, s'en offenser : *Ne prenez pas en mauvaise part ces quelques remarques.* ‖ *Prendre part à qqch, prendre une part dans qqch,* participer activement à, s'associer à : *Plusieurs députés n'ont pas pris part au vote. Elle a pris la principale part dans ces négociations. Je prends part à vos soucis.* — **6.** *À part,* séparément : *Il faut ranger ces livres à part. Une question qui sera examinée à part. Prendre quelqu'un à part pour lui confier un secret;* qui se distingue nettement des autres, du reste : *C'est un garçon à part* (syn. SPÉCIAL). *Considérer chaque fait comme un cas à part* (syn. PARTICULIER). ‖ *À part qqn, qqch,* excepté : *À part toi, personne n'est au courant* (syn. SAUF). *À part cela, tout va bien. Le mauvais temps à part, nous avons passé de bonnes vacances.* ‖ *À part moi (toi,* etc.), en mon (ton, etc.) for intérieur : *J'ai gardé mes réflexions à part moi.* ‖ *Autre part* → AUTRE. ‖ *De part et d'autre* → AUTRE. ‖ *De part en part,* d'un côté à l'autre en traversant l'épaisseur : *Le projectile a transpercé le blindage de part en part.* ‖ *De toute(s) part(s),* de tous côtés, partout (indiquant soit la provenance, soit la présence) : *Des lettres de félicitations qui arrivent de toutes parts. De toute part on pouvait observer des signes de reprise économique.* ‖ *D'une part..., d'autre part...* → AUTRE. ‖ *Nulle part* → NUL. ‖ *Quelque part* → QUELQUE.

partage [partaʒ] n. m. **1.** Action ou manière de partager : *On a procédé au partage de l'héritage entre les successeurs. Un partage à l'amiable.* — **2.** *En partage,* comme lot, comme don naturel : *Elle s'est retirée dans la maison qui lui était échue en partage à la mort de ses parents. Une romancière qui a reçu en partage une imagination débordante.* ‖ *Sans partage,* exclusif, total, sans réserve : *Exiger des adhérents une fidélité sans partage.*

partageable [partaʒabl] adj. Qui peut être partagé : *Vous avez émis une opinion difficilement partageable.*

partager [partaʒe] v. t. (de l'anc. fr. *partir,* partager) [c. 2]. **1.** *Partager qqch (entre, avec qqn),* le diviser en plusieurs parts : *Partager les bénéfices entre les associés. La propriété a été partagée et vendue par lots* (syn. MORCELER, LOTIR). *Partager une pomme en deux par la moitié* (syn. COUPER); sans compl. : *C'est un égoïste : il n'aime pas partager avec ses voisins.* — **2.** *Partager le pouvoir, les responsabilités, un droit,* etc., *avec qqn,* être associé à lui dans ce domaine : *Le directeur technique et le directeur commercial partagent la responsabilité de la situation financière de l'entreprise.* — **3.** *Partager les sentiments, l'opinion de qqn,* éprouver les mêmes sentiments que lui, être du même avis : *Je partage votre joie, votre peine, vos soucis, votre embarras* (syn. S'ASSOCIER À). *Je ne partage pas ses idées politiques.* — **4.** *Être partagé,* être animé de sentiments, de tendances contraires (sujet qqn) : *Elle restait partagée entre la crainte et l'espoir;* être divers, en désaccord (sujet qqn, qqch [pl.]) : *Les avis sont partagés sur la question. Les spécialistes sont très partagés sur ce point;* ne pas être le fait d'une seule personne (sujet qqch [pl.]) : *Dans cette querelle, les torts sont partagés.* — **5.** (sujet qqn) *Être bien, mal partagé,* être favorisé, défavorisé : *Il n'est pas trop bien partagé sous le rapport de la santé.* ◆ ***se partager*** v. pr. **1.** (sujet qqn [pl.]) *Se partager qqch,* le diviser entre plusieurs, le répartir : *Ils se partagèrent l'héritage. Nous allons nous partager la besogne.* — **2.** (sujet qqch) Être divisé : *Les responsabilités ne se partagent pas.* — **3.** (sujet qqn) *Se partager entre des personnes, des activités,* donner aux uns et aux autres une part de son temps, de ses soins, etc. : *Elle se partage entre son travail et sa famille.*

partance [partɑ̃s] n. f. *En partance pour un lieu,* sur le point de partir vers une destination éloignée (en parlant d'un navire, d'un train, d'un avion ou des passagers) : *Navire en partance pour Alexandrie.*

1. partant, e [partɑ̃] adj. *Être partant (pour),* être disposé, prêt (à faire qqch). ◆ ***partant*** n. m. Qui part, concurrent qui se présente à une course : *Il y avait cinquante partants pour cette course.*

2. partant [partɑ̃] conj. *Litt.* Indique la conséquence : *Elle se voyait abandonnée, partant son désarroi était grand* (syn. AUSSI, C'EST POURQUOI, DONC).

partenaire [partənɛr] n. (angl. *partner*). Personne à qui on est associé dans un jeu, un sport, une danse, etc., avec qui on est en relation dans une entreprise.

partenariat [partənarja] n. m. Système associant des partenaires sociaux ou économiques.

parterre [partɛr] n. m. **1.** Partie d'un jardin où des fleurs variées sont disposées de façon ornementale : *Les parterres d'un jardin à la française.* — **2.** Partie d'un théâtre située au rez-de-chaussée, derrière les fauteuils d'orchestre. — **3.** Spectateurs qui y sont placés : *Un parterre enthousiaste.*

parti [parti] n. m. (de l'anc. fr. *partir,* partager). — **I. 1.** Groupe organisé de personnes réunies par une communauté d'opinions (en général politiques), d'intérêts : *Un parti politique qui tient son congrès annuel. Il y a traditionnellement deux grands partis en Angleterre : les conservateurs et les travaillistes. L'union des partis du centre et de la gauche.* — **2.** Ensemble inorganisé de gens ayant des tendances communes : *Des électeurs qui sont allés grossir le parti des mécontents.* — **3.** *Esprit de parti,* attitude de ceux qui, exclusivement attachés à l'idéologie d'un parti, manquent d'objectivité à l'égard des autres (syn. SECTARISME). [→ PARTISAN.] — **II. 1.** Solution à prendre pour résoudre une situation : *Elle a opté pour le parti le plus avantageux.* — **2.** *Faire un mauvais parti à qqn,* le malmener ou le tuer. ‖ Péjor. *Parti pris,* opinion préconçue qui empêche de juger objectivement : *Je le crois, sans parti pris, incapable d'occuper ce poste* (syn. PARTIALITÉ). ‖ *Prendre parti pour qqn, en faveur de qqn, contre qqn,* se prononcer pour ou contre lui. ‖ *Prendre son parti de qqch,* l'accepter comme inévitable, s'y résigner : *Il faut prendre son parti de la lenteur des formalités administratives.* ‖ *Prendre un parti,* fixer son choix, arrêter sa résolution : *C'est assez tergiversé, il est temps de prendre un parti* (syn. DÉTERMINATION). *En voyant le peu d'ardeur des autres, elle a pris le parti d'agir seule* (= elle a décidé). ‖ *Tirer parti de qqch, qqn, tirer le meilleur parti de qqch,* en profiter, l'utiliser : *Il a tiré parti de ses relations pour obtenir cette place. L'architecte a tiré le meilleur parti possible du terrain.* — **3.** *Un beau parti,* personne à marier, considérée du point de vue des avantages financiers : *Il épouse la fille de son patron : c'est un beau parti.*

partial, e, aux [parsjal] adj. (de *parti*). Qui a du parti pris en faveur de qqn ou de qqch : *L'œuvre de cet historien est partiale par ses tendances politiques marquées. Un juge partial* (syn. soutenu ↑INIQUE).

partialement [parsjalmɑ̃] adv. Avec partialité : *Il a*

été trop impliqué dans cette affaire, il ne peut la juger que partialement.

partialité [parsjalite] n. f. Préférence injuste : *On a critiqué la partialité de ce choix. Juger sans partialité les mérites et les défauts de quelqu'un.*

participant, e [partisipɑ̃] n. et adj. Qui participe : *Le nombre des participants à ce concours a été très élevé. Une conférence où s'est manifestée l'unanimité des nations participantes.*

participation [partisipasjɔ̃] n. f. Action de participer : *Ce monument a pu être restauré grâce à la participation des pouvoirs publics* (syn. CONCOURS). *Être accusé de participation à un complot* (syn. AIDE, COLLABORATION, COMPLICITÉ).

participe [partisip] n. m. (lat. *participium*). Forme adjective du verbe qui joue le rôle tantôt d'un adjectif (variable), tantôt d'un verbe (invariable).

participer [partisipe] v. t. ind. (du lat. *particeps*, qui prend part). **1.** (sujet qqn) *Participer à qqch*, y avoir part, en recevoir sa part : *Les actionnaires participent aux bénéfices de l'affaire* (syn. ÊTRE INTÉRESSÉ À); s'y associer, y prendre part : *Les organisations syndicales qui participent à la grève. Je participe à votre joie* (syn. COMPATIR, PARTAGER); payer sa part : *Participer aux frais du repas.* — **2.** (sujet qqch) *Participer de qqch*, en présenter certains caractères (soutenu) : *Le drame, en littérature, participe à la fois de la tragédie et de la comédie* (syn. RELEVER DE).

participial, e, aux [partisipjal] adj. Qui est propre au participe : *La proposition participiale a son verbe au participe et un sujet indépendant de la principale.*

particulariser [partikylarize] v. t. Rendre particulier (contr. GÉNÉRALISER).

particularisme [partikylarism] n. m. Attitude d'une population, d'un groupe social, d'une région et même d'un individu qui maintient ses caractères particuliers, originaux, qui veut conserver son autonomie par rapport à l'ensemble dont il fait partie.

particularité [partikylarite] n. f. Caractère particulier : *Cette horloge a, offre, présente la particularité d'indiquer les mois et les jours* (syn. CARACTÉRISTIQUE). *Quelles sont les particularités de ce dialecte?* (= les traits distinctifs). *Chercher à définir les particularités d'une œuvre littéraire* (= les traits pertinents). *Les particularités de la formation du pluriel en français* (= les exceptions).

particule [partikyl] n. f. (lat. *particula*, petite partie). **1.** Très petite partie, parcelle d'une chose matérielle : *Une poudre composée de fines particules.* — **2.** Chacun des constituants de l'atome (électron, neutron). — **3.** Petit mot invariable déterminant d'autres mots ou indiquant des rapports grammaticaux : *Dans «celui-ci», «-ci» est une particule qui indique la proximité.* — **4.** Préposition (en français *de*, en allemand *von*, etc.) qui précède certains noms de famille, mais n'indique pas nécessairement une origine noble : *Un nom à particule.*

1. particulier, ère [partikylje] adj. (lat. *particularis*). **1.** Qui appartient ou est affecté en propre à qqn ou à qqch : *J'utilise tantôt une voiture de l'usine, tantôt ma voiture particulière* (syn. PERSONNEL). *Une partie du lycée est réservée aux appartements particuliers du proviseur* (syn. PRIVÉ). *Il a sa secrétaire particulière. Une entreprise qui a son service particulier de distribution du courrier* (syn. PROPRE). — **2.** Qui concerne spécialement un individu : *S'efforcer de concilier les intérêts particuliers avec l'intérêt général* (syn. INDIVIDUEL). *Elle a des raisons toutes particulières d'agir ainsi* (syn. PERSONNEL). ‖ *Avoir un entretien particulier, une conversation particulière avec qqn*, parler avec lui seul à seul (syn. PRIVÉ). ‖ *Leçon particulière*, leçon faite à un seul élève et non à une classe. — **3.** Qui distingue qqn ou qqch, qui sort de l'ordinaire : *Un écrivain qui a un style très particulier* (syn. SPÉCIAL). *Ce phénomène ne peut se produire que dans certaines circonstances particulières* (syn. EXCEPTIONNEL). *C'est un film d'un genre particulier* (syn. ↑ UNIQUE). *Ce travail a été exécuté avec un soin tout particulier. Je l'ai écoutée avec une particulière attention.* — **4.** *Particulier à qqn, à qqch*, qui ne se rencontre, ne s'observe que chez eux : *Un plat particulier à une région* (syn. SPÉCIAL). *Cette habitude lui est particulière. Un symptôme particulier à une maladie* (syn. SPÉCIFIQUE DE). ◆ ***particulier*** n. m. Ce qui concerne seulement un élément d'un ensemble : *La conférencière, passant du général au particulier, raconta quelques anecdotes.* ‖ *En particulier*, à part, séparément : *Cette question a été laissée de côté dans la discussion générale : elle devra être examinée en particulier. Je vous raconterai cela en particulier* (syn. EN PRIVÉ; contr. EN PUBLIC); spécialement, notamment, entre autres (souvent avant n., pron., adj., adv., phrase) : *Il a fait beau toute la semaine, en particulier hier. J'aimerais connaître l'avis d'une spécialiste : le vôtre en particulier. On a fait des travaux importants; en particulier, il a fallu élargir le pont.*

2. particulier [partikylje] n. m. Personne privée, par oppos. au public, à l'ensemble des citoyens : *N'importe quel particulier peut intenter un procès à une collectivité locale. Le président de la République vote comme un simple particulier.*

particulièrement [partikyljɛrmɑ̃] adv. **1.** Spécialement : *Il est particulièrement intelligent.* — **2.** De façon personnelle : *Je ne la connais pas particulièrement* (= d'une manière intime).

partie [parti] n. f. (de l'anc. fr. *partir*, partager).
— **I. 1.** Portion, élément d'un tout : *Un exposé en trois parties* (syn. POINT). *Toute la première partie de la séance a été consacrée au compte-rendu financier. Les cinq parties du monde* (= les cinq continents). *Les parties du corps. Une partie de l'assemblée acclama l'orateur* (syn. FRACTION). — **2.** Chacune des voix, instrumentale ou non, d'une composition musicale. — **3.** *En partie*, s'oppose à *totalement, en totalité* : *Le bâtiment a été en partie détruit par un incendie* (syn. PARTIELLEMENT). *C'est en partie pour elle que j'avais fait cela* (contr. UNIQUEMENT). ‖ *Faire partie de qqch*, en être un élément : *La France fait partie de l'Europe. Un livre qui fait partie de la littérature policière* (syn. APPARTENIR). *Vous faites partie des heureuses gagnantes* (syn. ÊTRE AU NOMBRE DE). ‖ *Partie du discours*, syn. de CLASSE GRAMMATICALE. — **4.** (souvent avec un poss.) Profession, spécialité de qqn, domaine qu'il connaît bien : *Je ne prétends pas lui en remontrer dans sa partie. La chimie, ce n'est pas ma partie* (syn. fam. RAYON). *Quand on lui parle publicité, elle est dans sa partie* (= à son affaire [fam.]). *Je ne peux pas discuter de cette question : je ne suis pas de la partie.* — **5.** Personne qui participe à un acte juridique ou qui est engagée dans un procès, un débat (jurid.) : *L'avocat a contesté les arguments de la partie adverse. Un arbitre qui s'efforce de mettre d'accord les parties en présence.* — **6.** *Avoir affaire à forte partie*, avoir un adversaire redoutable. ‖ *Être juge et partie* → JUGE. ‖ *Partie civile*, plaideur qui demande réparation des dommages que lui a causés l'accusé : *Se constituer, se porter partie civile.* ‖ *Prendre qqn à partie*, s'en prendre à lui, l'attaquer. ◆ ***parties*** n. f. pl. Organes génitaux (mâles surtout).
— **II. 1.** Totalité des coups qu'il faut jouer ou des points qu'il faut obtenir pour gagner ou perdre à un jeu, un sport : *La partie d'échecs est terminée quand un des rois est échec et mat. Une partie de ping-pong, de tennis.* — **2.** Ensemble de manœuvres, d'opérations à accomplir demandant une certaine habileté : *Il va falloir obtenir l'accord du ministère des Finances : la par-*

tie est délicate. *Entre les deux candidates, la partie a été serrée* (= chacune a exploité à fond ses avantages). *Gagner, perdre la partie* (= réussir, échouer). *Abandonner la partie* (= se décourager devant les difficultés, renoncer à une entreprise). — **3.** *Ce n'est pas une partie de plaisir,* c'est un travail pénible, une occupation ennuyeuse. ‖ *Ce n'est que partie remise,* ce n'est que différé. ‖ *Partie de campagne,* promenade, excursion à la campagne, à plusieurs et généralement pour une journée. ‖ *Partie de chasse, de pêche,* etc., divertissement qu'on prend à plusieurs en pratiquant ces exercices. ‖ *Partie de plaisir,* divertissements collectifs variés.

partiel, elle [parsjɛl] adj. Qui constitue, qui concerne une partie seulement d'un ensemble : *Elle n'a obtenu qu'un succès partiel* (syn. INCOMPLET). *Le dépouillement partiel du scrutin donne une idée approximative des tendances* (contr. TOTAL, EXHAUSTIF). ◆ ***partiel*** n. m. Examen entrant dans le contrôle continu des connaissances.

partiellement [parsjɛlmɑ̃] adv. De façon partielle : *Cette demande n'a été que partiellement satisfaite* (syn. EN PARTIE). *Réponse partiellement fausse.*

partir [partir] v. i. (lat. *partiri,* partager) [c. **26**; auxil. *être*]. **1.** (sujet être animé ou véhicule) Quitter un lieu, se mettre en route : *Vous ne pouvez pas voir cette personne : elle est déjà partie. Quand partez-vous en vacances? Partons vite, nous allons être en retard* (syn. S'EN ALLER). *Le train part dans dix minutes* (syn. DÉMARRER). *Un avion qui part pour l'Amérique.* — **2.** (sujet être animé) Prendre son élan, se mettre en mouvement : *Les coureurs partent au coup de pistolet du starter.* — **3.** (sujet qqn) Entreprendre qqch : *Un conférencier qui part sur un paradoxe* (syn. COMMENCER, DÉBUTER). *Vous êtes mal parti : vous devriez changer de méthode.* — **4.** (sujet qqn, qqch) *Partir de qqch,* le prendre comme base, comme origine, comme point de départ : *Partir d'une hypothèse fausse. C'est le quatrième de la rangée, en partant de la droite. Elle est partie de rien, ses débuts ont été très modestes. Sa démonstration part d'une hypothèse discutable.* — **5.** (sujet qqch) S'échapper, se dégager : *Un bouchon de champagne qui part au plafond* (syn. SAUTER). *Des cris partaient à l'adresse de l'orateur* (syn. ÉCLATER, FUSER). *Le coup est parti tout seul. Faire partir une fusée;* se détacher; disparaître : *Deux boutons de sa veste étaient partis dans la bagarre. Une tache qui part à la lessive.* — **6.** (sujet un moteur, un véhicule) Se mettre à fonctionner : *Un moteur qui part au quart de tour. Ma voiture part mal le matin* (syn. DÉMARRER). — **7.** (sujet qqch) Avoir tel ou tel début : *L'affaire part très bien* (syn. S'ENGAGER). ‖ Fam. *C'est parti,* l'affaire est commencée, le processus est en route. — **8.** (sujet qqch) Avoir pour origine dans l'espace, dans le temps, dans l'enchaînement des choses : *Une route qui part du faubourg nord de la ville* (contr. ABOUTIR À). *La fissure part du sol. Les vacances partent du 1er juillet* (syn. COMMENCER). *Une réponse fausse qui part d'une erreur de calcul* (syn. PROVENIR, ÉMANER). *Votre proposition part d'un bon sentiment.* — **9.** *À partir de,* à dater de, depuis : *À partir de maintenant, tout va changer. À partir d'ici, on change de département.* ‖ Fam. *Être parti,* être ivre. ‖ *Partir d'un éclat de rire,* rire tout à coup aux éclats.

1. partisan, e [partizɑ̃] adj. (it. *partigiano*). **1.** Favorable à une idée (le fém. est parfois *partisante*) : *Je ne suis pas partisan de cette thèse. Êtes-vous partisan de la mettre au courant de nos projets?* (syn. D'AVIS). — **2.** *Péjor.* Inspiré de l'esprit de parti (le fém. est toujours *partisane*) : *Des luttes, des querelles partisanes. Un choix partisan.*

2. partisan [partizɑ̃] n. m. **1.** Personne attachée aux idées d'un parti, à une doctrine, à un homme politique, à un régime : *Un leader qui obtient un appui massif de ses partisans. Les partisans d'un système de libéralisme économique* (syn. ADEPTE). *Les partisans d'une dictature.* — **2.** (sans compl.) Combattant volontaire n'appartenant pas à une armée régulière et luttant pour un idéal national, politique : *La lutte des partisans contre les armées d'occupation pendant la Seconde Guerre mondiale* (syn. MAQUISARD).

partitif [partitif] adj. et n. m. (lat. *partitus,* partagé). Article *du (de la, des)* lorsqu'il désigne une partie d'un tout. (Ex. *Manger du chocolat, de la confiture, des épinards.*)

partition [partisjɔ̃] n. f. (lat. *partitio,* partage). Ensemble des parties d'une composition musicale réunies pour être lues simultanément : *Les musiciens ont devant eux la partition.*

partout [partu] adv. **1.** En tout lieu, n'importe où : *C'est une plante qui ne pousse pas partout. Partout se manifestaient des signes de reprise économique* (= dans tous les domaines). *L'odeur s'était répandue partout dans l'appartement.* — **2.** Se dit lorsque deux joueurs, deux équipes totalisent le même nombre de points (on dit aussi [À] ÉGALITÉ) : *On est à trois partout.*

parure [paryr] n. f. **1.** *Litt.* Ce qui embellit, met en valeur : *La grâce est la parure de l'adolescence. Au printemps, les prés ont revêtu leur parure de fleurs.* — **2.** Garniture de pierres précieuses ou de perles comprenant collier, bracelets, etc. : *Une parure de diamants.* — **3.** *Parure de lit,* ensemble constitué d'un drap de dessus et de taies d'oreiller assorties.

parution [parysjɔ̃] n. f. Fait de paraître, d'être publié : *La parution de ce roman provoqua des critiques acerbes* (syn. PUBLICATION).

parvenir [parvənir] v. i. (lat. *pervenire*) [c. **22**; auxil. *être*]. **1.** (sujet qqn, qqch) *Parvenir qqpart, à un état,* arriver qqpart, à un certain état, à un certain degré : *Au bout de deux heures d'ascension, les alpinistes étaient parvenus au refuge* (= avaient atteint). *À cette distance, le son ne parvenait pas jusqu'à nous. La lettre ne lui est pas parvenue en temps utile. Des fruits qui ne parviennent pas à maturité sous ce climat* (syn. VENIR). — **2.** (sujet qqn) *Parvenir à* (+ *inf.*), réussir au prix d'un certain effort : *Je ne parviens pas à déchiffrer son écriture* (syn. ARRIVER). *Elle était parvenue à amasser sou à sou une somme considérable.* — **3.** (sujet qqn) [sans compl.] S'élever socialement, faire fortune : *Il a mis vingt ans à parvenir* (syn. ARRIVER, RÉUSSIR).

parvenu, e [parvəny] n. *Péjor.* Personne qui s'est enrichie, mais dont les manières, les mœurs manquent de distinction.

parvis [parvi] n. m. (bas lat. *paradisus,* paradis). Place qui se trouve devant l'entrée principale d'une église.

1. pas [pɑ] n. m. (lat. *passus,* trace). **1.** Mouvement que fait l'homme ou l'animal en portant un pied devant l'autre pour marcher : *Faire un pas en avant, en arrière. Marcher à petits pas, à grands pas* (syn. ENJAMBÉE). *Le bruit d'un pas dans le jardin. Entendre des pas dans l'escalier. Avancer pas à pas* (= lentement et avec précaution). *Faire les cent pas* (= aller et venir dans un lieu déterminé). *La mère apprend à l'enfant à faire les premiers pas* (= à marcher). *Faire un faux pas* (= glisser en appuyant mal le pied sur le sol). *La trace des pas dans la neige* (= trace laissée par les semelles, le pied). *Revenir sur ses pas* (= retourner en arrière). *Arriver sur les pas de quelqu'un* (= immédiatement derrière lui). *J'y vais de ce pas* (= tout de suite, sans délai). — **2.** Longueur d'une enjambée : *Dix pas plus loin on trouva le corps étendu, sans vie. C'est à deux pas d'ici* (= c'est très près). *Ne le quitte pas d'un pas* (= suis-le de près). — **3.** Manière de marcher des êtres humains et des animaux : *Aller, marcher à pas comptés* (= prudemment), *à pas de loup* (= silencieusement), *à pas de géant*

(= très vite). *Marcher d'un bon pas* (= vite). *Le pas lourd du vieillard* (syn. DÉMARCHE). *Presser le pas* (syn. ALLURE). *Doubler le pas* (= marcher deux fois plus vite; accélérer). *Ralentir le pas* (= aller moins vite). *Je reconnais son pas. Marcher, aller au pas, au pas cadencé, au pas de course, au pas de gymnastique, au pas redoublé. Voiture qui roule au pas* (= à une vitesse réduite). *Marquer le pas* (= conserver la cadence du pas, sans avancer). *Changer de pas* (= passer d'un pied sur l'autre pour marcher sur le même rythme que les autres). *Le pas d'une girafe, d'un bœuf. Le cheval va au pas* (= selon l'allure naturelle la plus lente, par oppos. au *trot,* au *galop*). — **4.** Mouvement, figure exécuté par un danseur, un sportif, etc. : *Pas des patineurs dans la valse. Pas de deux.* — **5.** Progrès, cheminement : *Cette découverte fait faire un pas en avant à la lutte contre le cancer. C'est un grand pas de fait. Avancer à grands pas* (= faire de grands progrès). — **6.** *C'est un pas difficile,* c'est un moment pénible à passer. || *C'est (il n'y a que) le premier pas qui coûte,* c'est le début, le commencement qui est le plus difficile. || *Faire un faux pas,* commettre une erreur de conduite, une maladresse. || *Faire le(s) premier(s) pas,* faire les premières avances; prendre l'initiative : *Ce n'est pas à vous de faire les premiers pas; elle vous doit tout.* || *Marcher sur les pas de qqn,* suivre son exemple, l'imiter. || *Mettre qqn au pas,* le dresser, le réduire à l'obéissance (syn. ↑METTRE À LA RAISON). || *Prendre le pas sur qqn, qqch,* prendre la prééminence sur qqn, la priorité sur qqch. || *Un mauvais pas,* une situation critique. || *Un pas de clerc,* une gaffe, une grosse méprise, une imprudence. || *Sur le pas de la porte,* devant la porte d'entrée. — **7.** *Pas de vis, d'écrou,* distance entre deux filets d'une vis, d'un écrou.

2. pas [pɑ] adv. de négation (de *pas* 1). **1.** En corrélation avec *ne,* rend un énoncé négatif : *Je ne viendrai pas;* avec un adverbe ou une formule de renforcement, après une question affirmative ou négative : *« Tu acceptes? — Absolument pas.» «Elle est rentrée? — Pas encore.» «Tu ne le lui as pas donné par hasard? — Sûrement pas, pas le moins du monde.» «Vous viendrez avec nous cet été? — Pourquoi pas?»;* dans une interrogative ou exclamative (fam.) : *Tu es reçue, pas vrai? Voilà-t-il pas qu'il prend la parole! Tu m'écriras, pas?* (pour *n'est-ce pas*). *Tombera, tombera pas?;* pop. : *Faut pas s'en faire. Si c'est pas malheureux!;* dans une exclamation, avec un participe : *Pas changé depuis que je le connais, ce numéro-là!* (fam.). *Pas vu!;* dans les phrases sans verbe, *pas de* (+ *n.*) : *Pas d'histoires! Pas de blagues!;* même rôle de renforcement que *non* : *«Je suis très content. — Moi, pas»* (ou *pas moi*); renforcement d'une affirmation par une double négation *(n'est pas sans) : Ce n'est pas sans hésitation qu'elle a accepté votre invitation. Il ne s'est pas approché sans avoir regardé autour de lui.* — **2.** *Et pas, mais pas, ou pas,* indiquent une opposition : *C'est la peur qui t'a fait agir, et pas ta conviction intérieure. Je veux bien que tu viennes, mais pas lui. Ceci est à vous ou pas?* (fam.). L'opposition peut se faire par juxtaposition : *Elle a eu la grippe cet hiver, moi pas* (langue commune). *Il l'a fait pour elle, pas pour toi. C'est ton avis, pas le mien en tout cas. C'est votre désir, le mien pas.* || *Ne... pas seulement,* indique une restriction : *Il ne fait pas seulement de l'aquarelle, mais il est aussi bon musicien* (syn. UNIQUEMENT); avec *que* (cause) : *Ce n'est pas qu'il soit sot, mais il est vraiment apathique.* || *Pas plus, pas moins que,* indiquent une égalité : *Je n'en sais pas plus que vous* (= j'en sais autant que vous). *Elle n'est pas moins intelligente que toi* (= elle est aussi intelligente que toi). || *Pas un* → à son ordre. — Rem. *Pas* sans *ne* est fam., sauf devant adj. : *Ce sont des enfants pas sages. Il a un travail pas fatigant. Raconter une histoire pas drôle.*

pascal, e, als [paskal] adj. De Pâques : *Le temps pascal va de Pâques à la Trinité.*

pas-de-porte [pɑdpɔrt] n. m. inv. **1.** Ensemble des éléments d'un fonds commercial (maison de commerce) faisant l'objet d'un prix spécial lors de la vente. — **2.** Somme demandée illégalement par le vendeur à l'acheteur d'un appartement, d'un fonds de commerce, pour entrer dans les lieux.

passable [pasabl] adj. D'une qualité acceptable, suffisante sans être bonne : *Café à peine passable* (= médiocre). *Devoir passable* (syn. MOYEN). *Le déjeuner était passable* (= assez bon).

passablement [pasabləmɑ̃] adv. De façon passable : *Élève qui travaille passablement* (syn. MOYENNEMENT). *J'ai passablement voyagé dans ma jeunesse* (syn. PAS MAL).

passade [pasad] n. f. (it. *passata*). Aventure amoureuse de très courte durée; caprice passager : *Une simple passade qui disparaîtra en quelques semaines* (syn. TOQUADE).

passage [pasaʒ] n. m. **1.** Action de passer (v. i.) : *Le passage des hirondelles dans le ciel. Le passage de l'équateur par un navire* (syn. FRANCHISSEMENT). *Le passage de la Berezina* (syn. TRAVERSÉE). *Le passage des voyageurs se fait par le couloir souterrain. Attendre le passage de l'autobus* (syn. ARRIVÉE). *Le passage d'un train, d'un car. Elle prenait au passage un journal* (= en passant). *Hôte de passage* (= qui ne reste que peu de temps). *Guetter le passage de quelqu'un* (syn. VENUE). *Un lieu de passage* (= où on passe beaucoup). *Le passage de l'enfance à l'adolescence. Le passage du jour à la nuit, de la crainte à l'espoir.* — **2.** Traversée d'un voyageur sur un navire : *Payer son passage jusqu'à Alexandrie.* — **3.** Lieu où on passe nécessairement pour aller d'un endroit à un autre (v. t. et i.) : *Les passages à travers les Alpes* (syn. TROUÉE, COL). *Un passage difficile en montagne. Barrer le passage à quelqu'un* (syn. ACCÈS). *Laisser le passage* (= le lieu pour passer). *N'obstruez pas le passage. Les gens se découvraient sur le passage du cortège* (= au lieu où passait). *J'eus le malheur de me trouver sur son passage. Se frayer un passage* (syn. CHEMIN). *Passage clouté pour piétons. Passage à niveau* (= endroit où une voie ferrée est coupée par une route au même niveau). *Passage souterrain* (= tunnel servant de voie de communication). *Passage protégé* (= croisement où la priorité est enlevée à la voie de droite au bénéfice de la voie principale). — **4.** *Passage à vide,* perte momentanée de dynamisme. — **5.** Fragment bref d'un texte, d'une œuvre musicale : *Lire un passage des «Mémoires d'outre-tombe»* (syn. EXTRAIT). *Supprimer un passage d'un discours* (syn. MORCEAU). *Un passage de la 5e symphonie de Beethoven.*

1. passager, ère [pasaʒe] adj. **1.** Dont la durée est brève : *Malaise passager* (syn. COURT). *Bonheur passager* (syn. FUGITIF, ÉPHÉMÈRE, FUGACE). *Ce n'est qu'un moment d'orgueil passager* (syn. MOMENTANÉ). *Averse passagère.* — **2.** *Rue passagère,* très fréquentée (syn. PASSANTE).

2. passager, ère [pasaʒe] n. Personne qui emprunte un moyen de transport, bateau, avion ou voiture, sans faire partie de l'équipage ou sans en assurer la marche : *Passager clandestin* (= qui n'a pas payé la traversée). *La passagère de la voiture a été grièvement blessée dans l'accident.*

passagèrement [pasaʒɛrmɑ̃] adv. De façon passagère : *Elle réside passagèrement à l'hôtel* (syn. PROVISOIREMENT).

1. passant, e [pasɑ̃] adj. *Rue passante,* où il y a beaucoup de circulation (syn. FRÉQUENTÉ, PASSAGER). ◆ n. Qui circule à pied dans une agglomération : *Les passants s'arrêtaient pour regarder la vitrine* (syn. PIÉTON, PROMENEUR).

2. passant [pasɑ̃] n. m. **1.** Anneau de cuir ou de métal qui maintient le bout libre d'une courroie ou d'une sangle : *Le passant d'une ceinture.* — **2.** Bande étroite de tissu fixée au pantalon pour y glisser la ceinture.

passation [pasasjɔ̃] n. f. **1.** *Passation des pouvoirs,* action de transmettre les pouvoirs administratifs, politiques à son successeur. — **2.** *Passation d'un contrat,* action de signer un contrat.

1. passe [pɑs] n. f. **1.** Action d'envoyer le ballon à un partenaire mieux placé dans un jeu d'équipe (football, rugby, basket, etc.) : *Faire une belle passe à l'avant-centre. Une passe en arrière au gardien.* — **2.** En escrime, action d'avancer sur l'adversaire; en tauromachie, mouvement par lequel le matador fait passer le taureau près de lui. — **3.** Mouvement de la main que fait un magnétiseur pour endormir son sujet : *Faire des passes (magnétiques).* — **4.** *Être dans une bonne, une mauvaise passe,* être dans une situation avantageuse, mauvaise. || *Être en passe de* (+ *inf.*), être sur le point de, être en état, en situation de : *Elle est en passe d'être nommée inspectrice. Il est en passe de devenir célèbre.* || *Maison, hôtel de passe,* de prostitution. || *Mot de passe,* formule ou mot convenus grâce auxquels on se fait reconnaître et on passe librement. || *Passe d'armes,* dispute entre deux personnes échangeant de vives répliques. — **5.** Chenal étroit ouvert à la navigation entre des écueils, des bancs de sable, etc. : *La passe est balisée. Le petit bateau chercha la passe entre les récifs.*

2. passe [pɑs] n. m. Syn. de PASSE-PARTOUT.

1. passé [pɑse] n. m. **1.** Événement appartenant au temps écoulé; partie de ce temps : *Songer avec regret au passé* (contr. AVENIR). *Tout ça, c'est du passé* (syn. fam. DE L'HISTOIRE ANCIENNE). *Dans le plus lointain passé* (= autrefois). *Cela appartient au passé.* — **2.** *Passé (de qqn),* vie écoulée antérieurement au moment présent : *Le passé de cet homme m'est inconnu. On ne peut oublier le passé. Elle revoyait les images de son passé. Se pencher sur son passé* (= sur ses souvenirs). — **3.** Temps du verbe représentant l'action comme faite dans un temps passé. || *Passé antérieur,* temps de l'indicatif exprimant un fait passé qui a eu lieu avant un autre fait passé (ex. *Dès qu'elle eut fini d'écrire, elle fut soulagée*). || *Passé composé,* temps de l'indicatif qui exprime un fait achevé dans une période de temps qui n'est pas encore achevée au moment où l'on parle (ex. *Cette semaine, j'ai beaucoup lu*). || *Passé simple,* temps de l'indicatif qui exprime un fait complètement achevé au moment où on parle ou un fait qui s'est passé à un moment précis (ex. *Elle sortit furieuse. Napoléon mourut à Sainte-Hélène*).

2. passé, e [pɑse] adj. **1.** Se dit du temps ou d'un moment du temps écoulé qui précède le temps présent : *Les siècles passés. La semaine passée* (= dernière). — **2.** Dépassé depuis peu : *Il est huit heures passées. Elle a trente ans passés.* — **3.** Qui a perdu son éclat : *Des couleurs passées* (syn. ALTÉRÉ). ◆ ***passé*** prép. inv. (avant le n.) Après : *Passé dix heures, il ne faut pas faire de bruit.*

passe-droit [pɑsdrwa] n. m. (pl. *passe-droits*). Faveur accordée à l'encontre de ce qui est juste, légitime (syn. PRIVILÈGE).

passée [pɑse] n. f. Moment où les chasseurs profitent du déplacement de certains oiseaux (canards, bécasses) pour les tirer au vol à un point de leur passage; chasse ainsi pratiquée.

passéisme [pɑseism] n. m. Attachement au passé.

passéiste [pɑseist] adj. et n. Tourné vers le passé; qui veut conserver les traditions et les pratiques d'autrefois.

passe-lacet [pɑslasɛ] n. m. (pl. *passe-lacets*). Grosse aiguille servant à passer un lacet dans des œillets ou un élastique dans un ourlet.

passementerie [pɑsmɑ̃tri] n. f. (de *passer*). Commerce de bandes de tissus, de dentelles, de galons, etc., dont on orne des meubles, des tentures, des habits, etc.; marchandises de cette nature.

passe-montagne [pɑsmɔ̃taɲ] n. m. (pl. *passe-montagnes*). Cagoule en laine qui couvre le cou et les oreilles en laissant le visage découvert.

passe-partout [pɑspartu] n. m. inv. Clef qui permet d'ouvrir plusieurs serrures : *Ouvrir la porte d'une chambre d'hôtel avec un passe-partout* (syn. PASSE). ◆ adj. inv. Dont on peut faire usage en toutes circonstances; d'un emploi très étendu : *Mot, réponse passe-partout.*

passe-passe [pɑspɑs] n. m. inv. **1.** *Tour de passe-passe,* tour d'adresse des prestidigitateurs consistant à faire disparaître ou changer de place un objet devant les spectateurs. — **2.** Habileté visant à tromper adroitement qqn : *Par un tour de passe-passe, elle réussit à me faire croire que je lui devais encore mille francs.*

passeport [pɑspɔr] n. m. Document délivré à ses ressortissants par une autorité administrative nationale en vue de certifier leur identité au regard des autorités étrangères : *Présenter son passeport à la frontière. Ambassadeur qui demande ses passeports* (= qui sollicite son départ en cas de difficultés diplomatiques).

passer [pɑse] v. i. (du lat. *passus,* pas) [auxil. *être* ou, plus rarement, *avoir*] **1.** (sujet être animé ou qqch en mouvement) Aller d'un lieu à un autre par rapport à un point situé soit sur la ligne du mouvement, soit hors de cette ligne : *Les voitures ne cessent de passer dans la rue* (syn. CIRCULER). *Elle passe sur le pont* (= elle traverse). *Il est passé à Paris* (= il est venu quelques instants). *Passez à la caisse* (syn. ALLER, SE RENDRE). *Le facteur est passé* (= il a déposé les lettres). *Il m'est passé devant* (= il m'a dépassé). *Le camion lui est passé dessus* (= l'a écrasé). *Le courant ne passe plus* (= il n'y a plus de courant électrique). *Ces garnitures empêchent l'air de passer sous la porte* (syn. FILTRER). *Je suis passée voir Paul à l'hôpital* (= j'ai été). *Nous allons passer dans le salon pour prendre le café. Je passe te prendre en voiture* (= je viens); (sujet qqch [concret ou abstrait]) traverser dans son parcours : *La route passe par Étampes. Cette idée m'est passée par la tête* (= m'est venue à l'esprit). — **2.** *Passer aux aveux,* avouer. || *Passer aux ordres,* aller prendre les ordres d'un supérieur. || *Passer à la radio, à la visite médicale,* subir un examen médical. — **3.** *Passer pour* (+ *n. attribut*), être considéré comme : *Passer pour un imbécile. Elle la fait passer pour sa nièce.* — **4.** (+ *adj. attribut*) Rester dans un état défini : *Passer inaperçu* (= rester). — **5.** (sujet qqn, qqch) Aller d'un lieu à un autre en franchissant une limite, avec ou sans changement qualitatif : *Les ennemis ne passeront pas* (= ne briseront pas la ligne de combat). *Laissez-la passer* (syn. ENTRER, VENIR). *Le café passe. Le déjeuner ne passe pas* (= je ne le digère pas). *Cette réplique ne passe pas* (= n'atteint pas les spectateurs). *Il est passé une loi réprimant ce genre de délit* (= l'Assemblée nationale a voté une loi qui...). *Un fil passe* (syn. DÉPASSER). *Le jupon passe sous la jupe* (= dépasse la jupe). *Ça fait mal quand ça passe* (= quand on avale). *Elle l'a senti passer* (= elle a subi qqch qui l'a profondément atteinte). *Le candidat a passé à l'écrit, mais a échoué à l'oral de son examen* (syn. ÊTRE ADMIS). *L'élève est passée en classe de première* (= elle a été admise en première). *Ces marchandises sont passées en fraude à la frontière* (syn. FRANCHIR). *Ce mot a passé dans la langue* (= est devenu usuel). *À sa mort, cette propriété passera à sa fille* (syn. ALLER, REVENIR À). *Le voleur a passé entre les mail-*

les du filet (= a réussi à s'échapper). *Il faut en passer par là* (= il faut subir cette épreuve). *Je passe sur les détails* (= je ne les mentionne pas). — **6.** *Passe encore de* (+ *inf.*), indique une concession : *Passe encore de n'être pas à l'heure, mais il aurait dû nous prévenir.* || *Passer outre* → OUTRE. — **7.** S'écouler, avec ou sans modification qualitative (en parlant d'un mouvement dans le temps et relativement à un moment déterminé) : *Les jours passent* (syn. S'ÉCOULER). *Le temps a passé où il était capable d'un réel enthousiasme* (= est fini). — **8.** Avoir une durée limitée, disparaître, cesser d'être : *La jeunesse passe* (= ne dure qu'un moment). *La douleur va passer* (syn. FINIR). *La mode passe* (syn. CHANGER). *Cette étoffe a passé de mode* (= n'est plus à la mode). *Ces cachets m'ont fait passer mon mal de tête* (= ont mis fin à). *Le papier bleu passe au soleil* (= change de couleur). *Cette pastille fait passer le goût du tabac* (= fait oublier). *Il agonise, il va passer* (= mourir). *Elle est passée de vie à trépas.* — **9.** *Y passer*, subir une épreuve : *Tout le monde y passe* (= ce sont des difficultés que tout le monde a connues); mourir : *Si tu conduis aussi vite, nous allons tous y passer;* être dilapidé : *Tout son capital y a passé.* — **10.** Se produire sur scène, à la télévision (sujet qqn); être représenté ou projeté en public (sujet une pièce, un film, etc.) : *Demain, je passe à la télévision* (= on me verra sur l'écran). *Il est passé une bonne pièce à la télévision* (= on a représenté). — **11.** *Passer avant qqch*, avoir plus d'importance : *Son intérêt passe avant tout.* || *Passer en première, en seconde*, etc., changer de vitesse. — **12.** *En passant*, au premier coup d'œil et sans approfondir : *Il a relevé quelques erreurs en passant* (syn. INCIDEMMENT). || *Soit dit en passant*, en signalant qqch sans s'appesantir dessus. ◆ v. t. (auxil. *avoir*) **1.** Faire aller d'un lieu à un autre : *Passer le bras par la portière* (syn. TENDRE). *Passe-moi le ballon* (syn. ENVOYER). *Passer la cire sur le parquet* ou *passer le parquet à la cire* (= le cirer). *Je lui ai passé mon stylo* (syn. PRÊTER). *Elle a passé sa grippe à toute la famille* (syn. DONNER, TRANSMETTRE). *Passe-moi l'appareil, je vais lui répondre* (= donne-moi le téléphone). — **2.** *Passer une limite*, la franchir, la dépasser : *Elle a passé la grille du jardin. Passer la frontière. Il passe le pont rapidement* (syn. TRAVERSER). *La candidate a passé le bachot* (= a réussi le baccalauréat). *Cela passe mes forces* (= est au-dessus de mes forces). *Passer le café, le thé* (= le filtrer, le faire). — **3.** *Passer commande à un fournisseur*, lui faire une commande. || *Passer ses ordres à qqn*, les lui donner. || *Passer qqch à qqn*, ne pas le lui reprocher, admettre de sa part qqch de blâmable : *Il passe tous leurs caprices à ses enfants. Elle lui passe tout.* || *Passer la radio, la visite, l'oral*, subir un examen radiologique, médical, oral. || *Passer en revue*, examiner en détail. || *Passer sa seconde, sa troisième*, changer de vitesse (en parlant d'un automobiliste). || *Passer un vêtement*, le mettre sur soi. — **4.** *Passer un temps*, le laisser, le faire s'écouler : *Il a passé sa vie à la campagne. Il a bien passé la semaine. Passer son tour* (= ne pas parler à son tour, ne pas jouer); l'employer, l'occuper à : *Il passe ses journées à ne rien faire. Il passe son temps à taquiner sa sœur* (= il ne cesse de). || *Passer le temps*, s'occuper à qqch pour que le temps s'écoule. — **5.** Provoquer une modification qui peut aller jusqu'à la disparition : *Les comprimés passent la douleur* (= font disparaître). *Le soleil passe les couleurs* (= fait pâlir). — **6.** *Passer un disque*, l'écouter sur un électrophone. || *Passer un film*, le projeter. || *Passer une pièce*, la représenter. ◆ ***se passer*** v. pr. **1.** Avoir lieu : *La scène se passe en Italie. Il se passe ici d'étranges choses. Que se passe-t-il?* (syn. SE PRODUIRE). — **2.** S'écouler : *La journée se passe bien. Il ne se passe pas de jour qu'elle ne vienne.* — **3.** *Se passer les mains dans l'eau*, se les laver. — **4.** *Se passer de qqch*, ne pas l'utiliser, ne pas en user : *J'essaie de me passer de tabac* (syn. S'ABSTENIR). *Elle se passera de manger. Je m'en passe. Cela se passe de commentaires* (= cela parle de soi-même, cela n'a pas besoin de commentaires).

passereau [pasro] n. m. (du lat. *passer*, moineau). Nom désignant une classe de petits oiseaux : *Les moineaux sont des passereaux.*

passerelle [pasrɛl] n. f. (de *passer*). **1.** Pont étroit réservé aux piétons : *Une passerelle passe au-dessus de la voie de chemin de fer.* — **2.** Plan incliné, escalier mobile par lequel on peut accéder à un navire, à un avion. — **3.** Plate-forme placée au-dessus des ponts d'un navire, sur laquelle se tiennent certains membres de l'équipage. — **4.** *Une passerelle entre deux choses*, un passage, une relation entre elles : *La réforme de l'enseignement s'efforçait de ménager des passerelles entre les divers établissements.*

passe-temps [pastɑ̃] n. m. inv. Occupation sans importance qui divertit, qui fait passer le temps : *Un passe-temps agréable* (syn. AMUSEMENT). *Chercher en vacances un passe-temps pour les jours de pluie* (syn. DISTRACTION).

passeur [pasœr] n. m. **1.** Celui qui conduit un bac, un bateau pour traverser un cours d'eau. — **2.** Celui qui fait clandestinement passer une frontière à qqn ou qui passe qqch en fraude.

passible [pasibl] adj. (du lat. *pati*, souffrir). *Être passible d'une peine*, avoir mérité de la subir : *Être passible d'une amende. Il est passible de la peine de mort* (= il encourt).

1. passif, ive [pasif] adj. (bas lat. *passivus*, susceptible de souffrir). **1.** Qui subit sans réagir, qui manque d'énergie, qui ne manifeste aucune activité personnelle : *Rester passif devant les événements* (syn. INDIFFÉRENT). *Un élève passif en classe* (syn. ↑ APATHIQUE; contr. ACTIF). *Obéissance passive* (syn. ↑ AVEUGLE). *Faire de la résistance passive* (= non violente). — **2.** *Défense passive*, ensemble des moyens ou des actions militaires mis en œuvre pour défendre la population civile.

2. passif [pasif] n. m. Ensemble des dettes et des charges qui pèsent sur une entreprise industrielle, commerciale ou sur un patrimoine : *Le lourd passif de l'année passée. Le passif d'une succession.*

3. passif, ive [pasif] adj. et n. m. Se dit de l'ensemble des formes verbales qui traduisent la transformation de la phrase active (sujet - verbe actif - objet direct) en une autre phrase où l'objet direct devient le sujet et le sujet devient le complément d'agent. (Ex. *La voiture a renversé le piéton; le piéton a été renversé par la voiture;* la forme *a été renversé* est dite *passive*. L'ensemble des formes passives est appelé *voix passive*.)

passion [pasjɔ̃] n. f. (lat. *passio*, souffrance). Mouvement très vif qui pousse qqn vers ce qu'il désire de toutes ses forces, vers ce qu'il aime avec violence, avec intensité, en aveugle : *La passion qu'il ressentait pour cette femme* (syn. ↓ AMOUR). *Une passion subite, irrésistible* (syn. EMBALLEMENT). *La passion du jeu* (syn. ↑ FRÉNÉSIE). *La passion de l'argent* (syn. AVIDITÉ). *Elle a peint dans ses romans la passion violente, exclusive et destructrice. Une œuvre pleine de passion* (syn. ↓ FLAMME, ↓ ÉMOTION, ↑ EXALTATION; contr. CALME, SÉRÉNITÉ). *Se laisser emporter par la passion* (syn. COLÈRE). || *Passion du Christ*, ses souffrances et son supplice : *La semaine de la Passion précède dans l'office chrétien la semaine sainte.*

passionnant, e [pasjɔnɑ̃] adj. Capable de susciter un vif intérêt : *Une histoire passionnante* (syn. CAPTIVANT, ↓ INTÉRESSANT; fam. PALPITANT). *Le match entre les deux équipes a été passionnant* (syn. EXCITANT).

passionné, e [pasjɔne] adj. **1.** Animé par la passion : *Des amants passionnés* (syn. EXALTÉ). *Un jugement* *passionné* (syn. PARTIAL). *Un lecteur passionné* (syn. ENTHOUSIASTE). *Une haine passionnée* (syn. ↓VIF). — **2.** *Être passionné de qqch,* avoir pour qqch un vif attachement : *Elle est passionnée de cinéma.* ◆ n. Personne qui agit avec passion ou qui a de la passion pour qqch : *C'est un passionné qui est incapable d'agir avec calme et objectivité* (syn. ↑FRÉNÉTIQUE, ↑FORCENÉ). *Une passionnée de politique* (syn. fam. MORDU, ENRAGÉ).

passionnel, elle [pasjɔnɛl] adj. Inspiré par la passion : *Crime passionnel.*

passionnément [pasjɔnemɑ̃] adv. Avec passion.

passionner [pasjɔne] v. t. **1.** *Passionner qqn,* éveiller chez lui un intérêt puissant, exclusif : *Ce roman m'a passionnée* (syn. CAPTIVER, ↑FASCINER, ↓INTÉRESSER). *Cette lutte passionnait les spectateurs* (syn. ↑ENTHOUSIASMER). — **2.** *Passionner un débat, une discussion,* lui donner un caractère violent, animé; attiser les passions dans une discussion. ◆ ***se passionner*** v. pr. *Se passionner pour qqch,* y prendre un très vif intérêt, s'y attacher avec passion : *Se passionner pour les courses de chevaux* (syn. S'ENTICHER DE). *Ne vous passionnez pas pour une affaire sans importance* (syn. ↑S'EMBALLER).

passivement [pasivmɑ̃] adv. De façon passive : *Obéir passivement.*

passivité [pasivite] n. f. Nature, état passifs : *Sa passivité en classe est cause de ses mauvais résultats* (syn. INERTIE, APATHIE; contr. INITIATIVE).

passoire [pɑswar] n. f. Ustensile de cuisine percé de petits trous, destiné à égoutter des légumes, à filtrer grossièrement certains liquides.

pastel [pastɛl] n. m. (it. *pastello*). **1.** Bâtonnet fait d'une pâte pigmentée : *Peindre au pastel.* — **2.** Dessin en couleurs exécuté avec des crayons de pastel : *Les pastels des peintres de portraits du XVIIIe s.*

pastèque [pastɛk] n. f. (portug. *pateca*). Plante cultivée dans les pays méditerranéens pour ses gros fruits; fruit de cette plante (syn. MELON D'EAU).

pasteur [pastœr] n. m. (lat. *pastor,* de *pascere,* paître). **1.** *Litt.* Celui qui garde les troupeaux (syn. usuel BERGER). — **2.** Ministre du culte protestant : *Un pasteur de l'Église réformée de France.* — **3.** Prêtre, considéré dans sa fonction auprès des fidèles de l'Église. — **4.** *Le Bon Pasteur,* le Christ.

pasteurisation [pastœrizasjɔ̃] n. f. Action de pasteuriser.

pasteuriser [pastœrize] v. t. Détruire les microbes d'un liquide en le portant à haute température : *Lait pasteurisé* (syn. STÉRILISER).

pastiche [pastiʃ] n. m. (it. *pasticcio,* pâté). Imitation de la façon d'écrire, du style d'un écrivain, de la façon de parler, de jouer, etc., d'un artiste : *Faire un pastiche de Saint-Simon. C'est un pastiche très réussi de Proust.*

pasticher [pastiʃe] v. t. Imiter ironiquement ou de façon caricaturale : *Pasticher un romancier à la mode* (syn. soutenu CONTREFAIRE).

pastille [pastij] n. f. (esp. *pastilla*). Bonbon de sucre, de chocolat, etc., pâte pharmaceutique ou médicamenteuse ayant la forme d'un petit disque plat : *Des pastilles de menthe. Elle doit prendre une pastille après chaque repas.*

pastis [pastis] n. m. (mot prov.). Liqueur anisée prise comme apéritif.

pastoral, e, aux [pastɔral] adj. (du lat. *pastor,* berger). **1.** Qui évoque les bergers, la campagne, les mœurs rustiques : *La vie pastorale* (= celle des bergers). *Un roman pastoral* (syn. CHAMPÊTRE). — **2.** Qui relève des pasteurs (protestants) ou des évêques (catholiques) : *Tournée pastorale. Anneau pastoral.*

pastorale [pastɔral] n. f. Ouvrage littéraire ou musical dont les thèmes évoquent la vie champêtre.

pas un, une [pazœ̃] adj. et pron. indéf. Indique l'absence totale de qqch ou d'un être vivant : *Pas une voiture sur la route pendant presque une heure! Il n'y a pas un roman dans sa bibliothèque. Il n'en est pas un qui ne sache la réponse. «Combien de réponses? — Pas une.» Il est menteur comme pas un* (fam.; = extrêmement menteur).

patachon [pataʃɔ̃] n. m. Fam. *Mener une vie de patachon,* avoir une vie désordonnée (syn. FAIRE LA FÊTE).

pataquès [patakɛs] n. m. (d'après la fausse liaison [*je ne sais*] *pas-t-à qu'est-ce*). Erreur de parole consistant à faire de fausses liaisons ou à mutiler un mot en substituant un son à un autre (ex. *les «quatre-z-enfants»* [au lieu de : *les quatre enfants*]).

patate [patat] n. f. (esp. *batate*). **1.** Plante cultivée en Amérique et en Asie pour ses tubercules comestibles. — **2.** Syn. fam. de POMME DE TERRE. — **3.** Pop. *En avoir gros sur la patate,* éprouver un gros chagrin ou une vive déception (syn. EN AVOIR GROS SUR LE CŒUR).

patati [patati] interj. (onomat.). *Et patati et patata,* se dit pour résumer des bavardages incessants ou des propos insignifiants.

patatras! [patatra] interj. Exprime une chute bruyante.

pataud, e [pato] adj. et n. (de *patte*). À la démarche ou à l'allure lourde et lente.

pataugeage [patoʒaʒ] n. m. Action de patauger.

patauger [patoʒe] v. i. (de *patte*) [c. **2**]. **1.** *Patauger dans qqch (liquide),* marcher sur un sol bourbeux, détrempé par la pluie, dans l'eau : *Les chasseurs pataugeaient dans la boue du marais en guettant l'envol des canards. Les enfants pataugent dans le ruisseau.* — **2.** *Patauger dans qqch (abstrait),* s'embarrasser dans des difficultés : *Patauger dans un raisonnement, une traduction.*

patchouli [patʃuli] n. m. (angl. *patchleaf*). Parfum très fort extrait d'une plante aromatique d'Asie et d'Océanie.

patchwork [patʃwœrk] n. m. (mot angl.). Ouvrage constitué par l'assemblage de morceaux de tissu disparates dans un but décoratif.

pâte [pɑt] n. f. (lat. *pasta*). **1.** Préparation alimentaire, à base de farine délayée dans l'eau et pétrie : *Pétrir, aplatir la pâte. Une pâte à frire. Une pâte à crêpes, à tarte. La pâte lève.* — **2.** Substance plus ou moins consistante entrant dans des produits alimentaires, pharmaceutiques, techniques : *Fromage à pâte dure. De la pâte d'amandes. Des pâtes pectorales. Un tube de pâte dentifrice. Pâte à papier. Colle de pâte. Les enfants jouaient avec de la pâte à modeler. Le peintre dispose sur la toile des pâtes diversement colorées* (= des couleurs). *Pâte de fruits* (= confiserie obtenue par la cuisson d'un mélange de sucre et de pulpe ou de jus de fruits). *Pâte de coings* (= gelée). — **3.** *Être comme un coq en pâte,* mener une vie très heureuse, étant choyé chez soi. ‖ Fam. *Être une bonne pâte,* avoir un caractère facile, accommodant. ◆ ***pâtes*** n. f. pl. Produits alimentaires faits avec de la semoule de blé et prêts à l'emploi culinaire : *Le vermicelle, les nouilles, les spaghetti, etc., sont des pâtes* (ou *pâtes alimentaires*).

pâté [pɑte] n. m. **1.** Hachis de viande, de poisson, de volaille enveloppé dans une pâte feuilletée ou conservé dans une terrine : *Un pâté de foie gras. Un pâté en croûte. De la chair à pâté. Un pâté de campagne. Un pâté de lapin, de lièvre.* — **2.** Grosse tache d'encre sur du papier : *Le pâté dissimule une faute d'orthographe.* — **3.** *Pâté de maisons,* groupe de maisons formant un bloc, que ne traverse aucune rue. || *Pâté (de sable),* petite masse de sable que les enfants façonnent dans des seaux ou des moules sur une plage, dans un jardin public.

pâtée [pɑte] n. f. Nourriture préparée pour les animaux domestiques au moyen de divers aliments réduits en une sorte de bouillie (pain, son, pommes de terre, éventuellement viande, etc.) : *La fermière porte la pâtée aux canards.*

1. patelin [patlɛ̃] n. m. (de l'anc. fr. *pastiz,* pacage). *Fam.* Pays, région, village : *Est-ce qu'il y a un hôtel dans ce patelin ?*

2. patelin, e [patlɛ̃] adj. (de *Maître Pathelin,* personnage de fable). *Fam.* D'une douceur affectée, qui cherche à séduire hypocritement : *Demander une faveur d'un ton patelin.*

patelle [patɛl] n. f. (lat. *patella,* écuelle). Autre nom de la BERNIQUE.

patène [patɛn] n. f. (lat. *patena,* plat). Vase sacré en forme d'assiette utilisé par le prêtre pour recevoir l'hostie.

patenôtres [patnotr] n. f. pl. (altér. du lat. *Pater noster*). *Fam.* et *péjor.* Prières : *Après quelques patenôtres, on descendit le cercueil dans la fosse.*

patent, e [patɑ̃] adj. (lat. *patens,* ouvert). Qui apparaît avec évidence, qui ne prête à aucune contestation : *L'accroissement de l'espérance de vie dans de nombreux pays est un fait patent* (syn. ÉVIDENT, MANIFESTE, INCONTESTABLE). *Elle a subi une injustice patente* (syn. CRIANT).

patente [patɑ̃t] n. f. Impôt direct qui servait de base à l'établissement de certaines taxes dues par les commerçants, les industriels et quelques professions libérales, et qui a été remplacé par la taxe professionnelle.

patenté, e [patɑ̃te] adj. 1. *Commerçant patenté,* qui paie patente. — 2. *Fam.* Qui, par habitude, a reçu le titre de qqch : *Le défenseur patenté des nobles causes* (syn. ATTITRÉ).

Pater [patɛr] n. m. inv. (mot lat. signif. *père*). Prière chrétienne commençant en latin par ce mot, appelée en français *Notre Père* ou *Oraison dominicale.*

patère [patɛr] n. f. (lat. *patera,* coupe). Support fixé à un mur pour accrocher des vêtements.

paternalisme [patɛrnalism] n. m. (angl. *paternalism*). Attitude marquée de bienveillance condescendante d'un directeur, d'un supérieur envers son personnel.

paternaliste [patɛrnalist] adj. Qui relève du paternalisme : *Gestion paternaliste.*

paterne [patɛrn] adj. (lat. *paternus,* paternel). *Ton, air paterne, paroles paternes,* d'une bienveillance doucereuse (vieilli).

paternel, elle [patɛrnɛl] adj. 1. Propre au père : *Une enfant élevée loin du domicile paternel. Être déchu de ses droits paternels. L'autorité paternelle. Oncle, cousin, grand-père, etc., paternel* (= du côté du père). — 2. Qui manifeste une grande bonté, une grande indulgence : *Un professeur très paternel avec ses élèves. Un regard, un ton paternel.* ◆ ***paternel*** n. m. *Fam.* Père : *Il a reçu une lettre de son paternel.*

paternellement [patɛrnɛlmɑ̃] adv. De manière paternelle, avec bienveillance.

paternité [patɛrnite] n. f. 1. État, qualité de père : *Les joies, les soucis de la paternité. La paternité adoptive.* — 2. Qualité d'auteur, d'inventeur : *Revendiquer la paternité d'un projet. La paternité de certains poèmes a été faussement attribuée à Homère.* (→ PAPA.)

pâteux, euse [pɑtø] adj. 1. Qui a la consistance épaisse de la pâte : *Encre pâteuse* (contr. FLUIDE). *Une poire pâteuse* (syn. COTONNEUX ; contr. JUTEUX). — 2. *Avoir la bouche, la langue pâteuse,* avoir la bouche, la langue comme empâtée : *La bouche pâteuse après avoir bu.* || *Style pâteux,* façon d'écrire lourde, sans élégance. || *Voix pâteuse,* qui manque de netteté, de sonorité. (→ EMPÂTER.)

pathétique [patetik] adj. (gr. *pathêtikos,* relatif à la passion). Qui émeut fortement, qui reflète une forte émotion : *Un film pathétique* (syn. ÉMOUVANT). *Lancer un appel pathétique en faveur des sinistrés.* ◆ n. m. Ce qui est pathétique : *Une scène d'un grand pathétique.*

pathétiquement [patetikmɑ̃] adv. De façon pathétique : *Elle clamait pathétiquement son innocence.*

pathogène [patɔʒɛn] adj. (gr. *pathos,* maladie, et *gennân,* engendrer). Se dit, dans la langue de la biologie, de ce qui provoque une maladie : *Des microbes pathogènes. Le bacille de Koch est l'agent pathogène de la tuberculose.*

pathologie [patɔlɔʒi] n. f. (gr. *pathos,* maladie, et *logos,* science). Étude scientifique des maladies.

pathologique [patɔlɔʒik] adj. Relatif à la pathologie.

pathologiste [patɔlɔʒist] n. Spécialiste de pathologie.

pathos [patos] n. m. (mot gr. signif. *passion*). *Fam.* Propos pleins d'emphase et plus ou moins incompréhensibles : *Un article de critique littéraire écrit dans un pathos insupportable* (syn. GALIMATIAS).

patibulaire [patibylɛr] adj. (du lat. *patibulum,* gibet). *Mine, air patibulaire,* qui inspirent la défiance, qui dénotent un individu peu recommandable : *Les soupçons se portèrent aussitôt sur un rôdeur à la mine patibulaire.*

patiemment [pasjamɑ̃] adv. Avec patience : *Je l'ai laissée patiemment se plaindre. Elle a patiemment recollé les morceaux du vase.*

patience [pasjɑ̃s] n. f. (du lat. *pati,* supporter). 1. Qualité de celui qui est patient, qui supporte : *Une malade qui endure ses souffrances avec une patience admirable* (syn. RÉSIGNATION). *Ma patience est à bout : je ne me laisserai plus insulter. Il faillit perdre patience en entendant ces reproches. Prenez patience, vous serez bientôt guérie. Prendre son mal en patience* (= le supporter sans se plaindre). — 2. Qualité de celui qui persévère sans se lasser : *La patience d'un pêcheur à la ligne, d'une dentellière* (syn. PERSÉVÉRANCE). — 3. *Patience!,* interj. invitant à ne pas s'irriter ou se lasser, ou exprimant une menace : *Patience! le spectacle va commencer dans quelques minutes. Patience! je saurai prendre ma revanche.* — 4. Jeu de cartes consistant pour une personne seule à employer toutes les cartes en usant d'une ou plusieurs combinaisons (syn. RÉUSSITE).

patient, e [pasjɑ̃] adj. 1. (après le n.) Qui supporte sans réagir des maux, des incommodités, des injures ou des critiques, etc. : *Une malade patiente. Il n'est pas très patient : il n'admet pas la contradiction* (contr. IRRITABLE). — 2. (avant ou après le n.) Qui manifeste une persévérance, un travail continu : *Une enquête patiente. À l'issue d'un patient travail, des savants ont déchiffré cette inscription.* ◆ n. Personne qui se soumet à un examen ou à un traitement médical, qui subit une intervention chirurgicale.

patienter [pasjɑ̃te] v. i. Attendre sans irritation : *Prier un visiteur de patienter dans l'antichambre.*

patin [patɛ̃] n. m. 1. *Patin (à glace),* chaussure spéciale sous laquelle est fixée une lame métallique, pour glisser sur la glace. || *Patin (à roulettes),* semelle munie de 3 ou 4 roulettes, qui s'adapte à la chaussure, pour glisser sur une surface unie; sports ainsi pratiqués. — 2. *Patin d'un frein,* pièce qui frotte sur la jante d'une roue (de bicyclette) pour freiner. — **3.** Semelle de feutre qu'on utilise pour avancer, en glissant, sur un parquet, afin de ne pas le salir.

patinage [patinaʒ] n. m. Action de patiner : *Un spectacle de patinage artistique sur glace. Le patinage des roues d'une voiture sur la neige durcie.*

patine [patin] n. f. (it. *patina*). Aspect d'un objet patiné : *Une statuette de bronze qui a pris une belle patine. La patine d'un manche d'outil.*

1. patiner [patine] v. i. (de *patte*). **1.** (sujet qqn) Évoluer avec des patins à glace ou à roulettes. — **2.** (sujet un objet, un véhicule) Glisser par manque d'adhérence : *Les disques de l'embrayage patinent sur le verglas. La voiture patine dans la boue.*

2. patiner [patine] v. t. (de *patine*). *Patiner un meuble, un objet,* lui donner une teinte plus foncée, l'aspect de l'ancien, par le contact répété des mains ou par un traitement artificiel : *Plusieurs générations ont patiné cette rampe d'escalier. Un buffet bien patiné.*

patinette [patinɛt] n. f. Jouet comportant une planchette montée sur deux petites roues et un guidon qui dirige la roue avant (syn. TROTTINETTE).

patineur, euse [patinœr] n. Qui patine : *Les patineurs évoluent sur l'étang gelé.*

patinoire [patinwar] n. f. **1.** Lieu spécialement aménagé pour patiner sur la glace. — **2.** Lieu très glissant : *Quand il gèle, cette route est une patinoire.*

patio [patjo, pasjo] n. m. (mot esp.). Cour intérieure d'une maison (surtout dans le Midi).

pâtir [pɑtir] v. t. ind. (lat. *pati*, subir). Litt. *Pâtir de qqch*, en éprouver un dommage, une souffrance : *Je ne veux pas avoir à pâtir de ses négligences. Avec une mine si épanouie, elle n'a pas l'air de pâtir de la vie qu'elle mène* (syn. SOUFFRIR).

pâtisserie [pɑtisri] n. f. (du lat. *pasta*, pâte). **1.** Pâte sucrée cuite au four et souvent garnie de crème, de fruits, etc. ; gâteau : *La pâtisserie se mange spécialement au dessert.* — **2.** Profession de pâtissier ; magasin où on fabrique, où on vend des gâteaux : *Aller à la pâtisserie acheter des gâteaux.*

pâtissier, ère [pɑtisje] n. Personne qui fabrique, qui vend de la pâtisserie. ◆ adj. f. *Crème pâtissière*, qu'on met dans certaines pâtisseries (choux, éclairs).

patois [patwa] n. m. Parler propre à une région rurale : *Le patois d'Auvergne, le patois savoyard.*

patraque [patrak] adj. (prov. *patraco*). Souffrant, fatigué : *Je me sens un peu patraque.*

pâtre [pɑtr] n. m. (lat. *pastor*). Syn. litt. de BERGER.

patriarcal, e, aux [patrijarkal] adj. **1.** *Une vie patriarcale*, qui rappelle des mœurs paisibles, rustiques et simples. — **2.** *Société patriarcale*, où le père a la prépondérance sur tous les autres membres de la communauté.

patriarcat [patrijarka] n. m. **1.** Dignité, fonction de patriarche. — **2.** Type de société patriarcale.

patriarche [patrijarʃ] n. m. (gr. *patriarkhês*, chef de famille). **1.** Titre des chefs de l'Église grecque et de quelques communautés orthodoxes. — **2.** Vieillard respectable entouré d'une nombreuse famille.

patrie [patri] n. f. (lat. *patria*). **1.** Pays où on est né, considéré sous le rapport du territoire, de la civilisation, du mode de vie : *Un voyageur qui retrouve avec émotion le sol de sa patrie en rentrant de l'étranger. Défendre par les armes sa patrie envahie.* ‖ *Mère patrie*, la métropole, par rapport à l'étranger. — **2.** Ville, village, région d'où on est originaire : *Rouen était la patrie de Corneille.*

patrimoine [patrimwan] n. m. (lat. *patrimonium*, de *pater*, père). **1.** Ensemble des biens de famille reçus en héritage : *Dilapider le patrimoine maternel.* — **2.** Bien commun d'une collectivité, d'un groupe humain, de l'humanité considéré comme un héritage transmis par les ancêtres : *Les œuvres littéraires sont le patrimoine de la nation.*

patrimonial, e, aux [patrimɔnjal] adj. Relatif au patrimoine : *Biens patrimoniaux.*

patriotard, e [patrijɔtar] adj. et n. *Fam.* et *péjor.* Qui manifeste un patriotisme bruyant et xénophobe.

patriote [patrijɔt] adj. et n. (gr. *patriôtês*). Très attaché à sa patrie : *Dans sa famille, on est traditionnellement très patriote. Des groupes de patriotes avaient organisé la résistance à l'occupant.*

patriotique [patrijɔtik] adj. Propre au patriotisme : *Des chants patriotiques. Un poème d'inspiration patriotique.*

patriotisme [patrijɔtism] n. m. Amour de la patrie : *Faire preuve d'un ardent patriotisme. Patriotisme chauvin* (= chauvinisme, nationalisme poussé).

1. patron, onne [patrɔ̃] n. (lat. *patronus*, protecteur). **1.** Personne qui dirige une entreprise industrielle ou commerciale : *Le patron d'une usine* (syn. CHEF D'ENTREPRISE, EMPLOYEUR, DIRECTEUR). *La patronne du restaurant est à la caisse.* — **2.** *Pop.* Le maître ou la maîtresse de maison par rapport aux employés. — **3.** Saint, sainte dont on porte le nom ou qui sont désignés comme protecteurs d'une paroisse, d'une ville, etc. : *Sainte Geneviève est la patronne de Paris.*

2. patron [patrɔ̃] n. m. (de *patron*, chef). Modèle, généralement en papier, sur lequel on taille un vêtement ou toute autre chose en tissu, en bois, etc.

patronage [patrɔnaʒ] n. m. **1.** Protection d'un saint ou d'une sainte : *Une église placée sous le patronage de sainte Geneviève.* — **2.** *Patronage (scolaire, paroissial)*, organisation visant à donner aux enfants un complément de formation et des distractions les jours de congé ; lieu où cette organisation a son siège.

patronal, e, aux [patrɔnal] adj. Qui relève du patron, des employeurs : *Syndicat patronal* (= qui réunit les chefs d'entreprise). *Les cotisations patronales à la Sécurité sociale.*

patronat [patrɔna] n. m. Ensemble des employeurs : *La Confédération nationale du patronat français.*

patronner [patrɔne] v. t. *Patronner qqn, une entreprise*, leur donner le soutien de son autorité, de son influence.

patronnesse [patrɔnɛs] adj. f. *Dame patronnesse*, femme qui dirige une œuvre, une fête de bienfaisance (souvent ironiq.).

patronyme [patrɔnim] n. m. (gr. *patêr*, père, et *onoma*, nom). Nom de famille, par oppos. au *prénom.* (On dit aussi NOM PATRONYMIQUE.)

patrouille [patruj] n. f. (de *patte*). **1.** Ronde d'agents, de gendarmes chargés d'une surveillance ou d'une garde ; ces agents eux-mêmes : *Les patrouilles de police ont vérifié l'identité des passants. Une patrouille motorisée surveille l'autoroute.* — **2.** Groupe de soldats qui ont pour mission de surveiller les actions ennemies. — **3.** Cette mission elle-même : *Aller en patrouille. Être envoyé en patrouille. Exécuter une patrouille.*

patrouiller [patruje] v. i. Parcourir un lieu en mission de surveillance, de garde : *De petits groupes en armes patrouillent dans les rues.*

patrouilleur [patrujœr] n. m. Navire, avion chargé de la surveillance des côtes, d'un convoi, etc.

patte [pat] n. f. (orig. obscure). **1.** Membre articulé du corps des animaux, jouant un rôle dans la marche, dans la préhension : *Le chien lève la patte. Les pattes* *d'un homard. La poule fouillait la terre de sa patte. Le chat mit sa patte sur la soucoupe.* — **2.** Syn. fam. ou pop. de JAMBE, PIED (de l'homme) : *Se casser la patte. Traîner la patte après une longue marche. Avoir une patte folle* (= boiter légèrement). *Je vais à pattes jusqu'au métro* (= à pied). — **3.** (pl.) Cheveux qui descendent sur les tempes et le long des oreilles. — **4.** Fam. *Coup de patte,* critique malveillante faite, en passant, à qqn. ‖ Fam. *Faire patte de velours,* mettre une douceur habile dans ses manières d'agir. ‖ *Marcher à quatre pattes,* en posant les mains et les pieds par terre. ‖ *Montrer patte blanche,* présenter toutes les garanties nécessaires pour pénétrer dans un lieu, pour être admis dans une société. ‖ Fam. *Patte d'un artiste,* son originalité, sa virtuosité. ‖ *Pattes de mouche,* petite écriture fine et souvent illisible. ‖ Fam. *Se tirer des pattes de qqn,* se délivrer de sa domination. ‖ Fam. *Tirer dans les pattes de qqn,* lui causer des ennuis, des difficultés. — **5.** Languette de cuir à l'intérieur d'une chaussure, d'un portefeuille, petit morceau de tissu d'une poche de vêtement, servant à la fermeture. ‖ *Patte d'épaule,* syn. d'ÉPAULETTE.

patte-d'oie [patdwa] n. f. (pl. *pattes-d'oie*). **1.** Point de réunion de deux routes qui coupent obliquement une voie principale : *Les chemins convergent en des pattes-d'oie très dangereuses pour la circulation* (syn. CROISEMENT, CARREFOUR). — **2.** Petites rides divergentes à l'angle extérieur de l'œil.

pattemouille [patmuj] n. f. (du germ. *paita,* morceau d'étoffe, et *mouiller*). Linge mouillé dont on se sert pour repasser un tissu à la vapeur.

pâturage [pɑtyraʒ] n. m. (du lat. *pascere,* paître). Lieu couvert d'herbe où les bestiaux prennent leur nourriture : *Les hauts pâturages des Alpes. Les verts pâturages de Normandie* (syn. HERBAGE). *De maigres, gras pâturages.* (→ PAÎTRE.)

pâture [pɑtyr] n. f. **1.** Ce qui sert d'aliment aux animaux (soutenu) : *Les oiseaux cherchent leur pâture.* — **2.** Ce sur quoi on peut exercer une activité (dans quelques express.) : *Faire sa pâture de romans policiers. Être offert en pâture à l'opinion publique* (= comme proie). *Cet incident a servi de pâture à des journalistes en mal de copie.*

paume [pom] n. f. (lat. *palma*). **1.** Dedans de la main : *Lancer une balle avec la paume de la main.* — **2.** Jeu de balle au mur (syn. PELOTE).

paumé, e [pome] adj. et n. *Pop.* Qui vit en dehors de la réalité, perdu.

paumer [pome] v. t. Pop. *Paumer qqch,* le perdre : *J'ai paumé mon portefeuille.* ◆ ***se paumer*** v. pr. *Pop.* Se perdre, se tromper.

paupérisation [poperizasjɔ̃] n. f. Appauvrissement d'une population.

paupériser [poperize] v. t. Frapper de paupérisme.

paupérisme [poperism] n. m. (mot angl.; du lat. *pauper,* pauvre). Phénomène social consistant dans l'état de grande pauvreté d'un groupe humain.

paupière [popjɛr] n. f. (lat. *palpebra*). Peau mobile qui couvre ou découvre la partie antérieure de l'œil : *Elle avait les paupières rougies par les larmes.*

paupiette [popjɛt] n. f. (du lat. *pulpa,* viande). Tranche de viande de veau roulée et farcie.

pause [poz] n. f. (lat. *pausa*). Interruption momentanée dans un travail, une marche, etc. : *Des manœuvres qui font cinq minutes de pause toutes les heures. Les points et les virgules, dans un texte, correspondent à des pauses* (syn. ARRÊT, SUSPENSION).

pause-café [pozkafe] n. f. (pl. *pauses-café*). Interruption dans le travail faite pour prendre une tasse de café.

pauvre [povr] adj. (après le n.) et n. (lat. *pauper*). Qui a peu de ressources, peu de biens : *Une jeune fille née d'une famille pauvre* (syn. NÉCESSITEUX, INDIGENT, ↑MISÉREUX; contr. RICHE, ↓AISÉ). *Des paysans pauvres qui ne mangeaient presque jamais de viande. Faire l'aumône à un pauvre.* ◆ adj. **1.** (après le n.) Insuffisant, qui n'a pas la richesse voulue : *Récolte pauvre* (contr. ABONDANT). *Un devoir pauvre. L'orchestration de cette symphonie est bien pauvre.* ‖ *Pauvre (en qqch),* qui est peu pourvu en : *Une alimentation pauvre en vitamines. Un mélange pauvre en gaz d'essence.* — **2.** (après le n.) Qui produit peu : *Sol pauvre* (syn. STÉRILE, INGRAT; contr. FERTILE, GÉNÉREUX). — **3.** (avant le n.) Exprime la pitié, la commisération : *Le pauvre garçon était tout désemparé* (syn. MALHEUREUX; litt. INFORTUNÉ). *Mon pauvre ami, jamais vous ne viendrez à bout de ce travail!;* et comme n. : *Oh! ma pauvre!* — **4.** (avant le n.) Médiocre, de peu de valeur : *Sa pauvre petite robe ne la protégeait guère du froid.*

pauvrement [povrəmɑ̃] adv. De façon pauvre : *Elle vit pauvrement d'une maigre pension. Un ouvrier pauvrement vêtu* (syn. ↑MISÉRABLEMENT).

pauvresse [povrɛs] n. f. Femme pauvre, mendiante : *Une pauvresse qui tendait la main au coin de la rue.*

pauvret, ette [povrɛ] adj. et n. Diminutif de *pauvre : La pauvrette était tout intimidée devant un personnage si important.*

pauvreté [povrəte] n. f. État de qqn ou de qqch qui est pauvre : *Sa pauvreté ne lui permettait pas de se nourrir convenablement* (syn. DÉNUEMENT, GÊNE, INDIGENCE, ↑MISÈRE). *La pauvreté d'un terrain. La pauvreté des moyens consacrés à l'amélioration de l'habitat.*

pavage [pavaʒ] n. m. **1.** Action de paver : *Le pavage de l'avenue a été effectué en deux jours.* — **2.** Lieu pavé : *Un vase qui se casse en tombant sur le pavage de la pièce* (syn. CARRELAGE).

pavaner (se) [pavane] v. pr. (du lat. *pavo, -onis,* paon) [sujet qqn] Prendre des airs avantageux, faire l'important : *Il se pavanait au milieu d'un cercle d'admirateurs.*

pavé [pave] n. m. **1.** Petit bloc de pierre dont on revêt le sol des rues : *Des pavés de grès.* — **2.** *Battre le pavé,* marcher dans les rues, sans but précis. ‖ *Être sur le pavé,* être sans domicile (syn. ÊTRE À LA RUE); être sans emploi. ‖ *Pavé publicitaire,* annonce publicitaire de grandes dimensions, dans un journal. ‖ *Pavé dans la mare,* vérité qui jette la perturbation. ‖ *Tenir le haut du pavé,* être au plus haut rang social.

pavement [pavmɑ̃] n. m. Pavage de luxe : *Pavement de marbre, de mosaïque.*

paver [pave] v. t. (lat. *pavire,* niveler). Revêtir de pavés : *On a pavé la rue, la cour.*

paveur [pavœr] n. m. Ouvrier qui pave.

1. pavillon [pavijɔ̃] n. m. (lat. *papilio,* tente). Maison particulière de petite ou de moyenne dimension : *Elle habite un modeste pavillon de banlieue. Le pavillon des gardiens se trouve à l'entrée du domaine. Un pavillon de chasse.*

2. pavillon [pavijɔ̃] n. m. **1.** Petit drapeau indiquant la nationalité d'un navire : *Un cuirassé battant pavillon anglais. Hisser son pavillon. Amener le pavillon* (= se rendre). — **2.** *Baisser pavillon, mettre pavillon bas devant qqn,* lui céder. — **3.** *Pavillon de complaisance,* nationalité fictive donnée par un armateur à un navire pour échapper aux lois fiscales et sociales de son pays. — **4.** Extrémité évasée d'un instrument à vent. — **5.** *Pavillon de l'oreille,* la partie extérieure de l'oreille.

pavois [pavwa] n. m. (de l'it. *pavese,* de Pavie). **1.** *Élever, hisser qqn sur le pavois,* le mettre en grand honneur, faire son panégyrique. — **2.** *Hisser le grand* *pavois,* hisser, sur un navire, l'ensemble des pavillons en signe de réjouissance.

pavoiser [pavwaze] v. t. **1.** *Pavoiser (un édifice, un navire),* l'orner de drapeaux à l'occasion d'une fête, de la réception d'une personnalité, etc. : *On a pavoisé les bâtiments publics pour le 14-Juillet. Pavoiser pour l'arrivée du président d'un État voisin.* — **2.** *Fam.* (sans compl.) Manifester une grande fierté : *Il pavoise maintenant qu'il a réussi.*

pavot [pavo] n. m. (lat. *papaver*). Plante cultivée pour ses capsules qui fournissent de l'opium.

payable [pɛjabl] adj. Se dit d'une somme, d'un article qu'il faut payer : *Acheter un téléviseur payable en dix mensualités.*

payant, e [pɛjɑ̃] adj. **1.** Qui paie : *Recevoir chez soi des hôtes payants.* — **2.** Qu'on obtient en payant : *Les places gratuites et les places payantes. Spectacle payant.* — **3.** Qui rapporte, qui est profitable : *Une entreprise payante* (syn. RENTABLE). *La persévérance est payante.*

paye [pɛj] → PAIE.

payer [pɛje] v. t. (lat. *pacare,* apaiser) [c. **4**]. **1.** *Payer une somme,* la verser : *Elle n'a pas encore payé sa cotisation. Les impôts doivent être payés avant le 15 du mois prochain* (syn. ACQUITTER). *Je viens payer mes dettes;* sans compl. : *Régalez-vous, c'est moi qui paie.* — **2.** *Payer qqn,* lui donner (généralement en argent) ce qui lui est dû : *On le paie bien cher pour ce qu'il fait. Vous serez payé à la fin du mois. Préférez-vous être payé par chèque ou en espèces?* (syn. RÉGLER). *Être payé en nature;* sans compl. : *C'est une maison qui paie bien.* — **3.** *Payer qqn de qqch,* l'en récompenser : *Ce succès me paie de tous mes efforts. Elle a été payée de ses peines par une belle lettre de félicitations.* — **4.** *Payer un travail, un service, qqch,* en acquitter le montant, verser une somme correspondante : *Il faut payer les réparations. Payez-lui son déplacement. Combien avez-vous payé votre appartement?* — **5.** Fam. *Payer qqch à qqn,* le lui offrir en se chargeant de la dépense : *Elle nous a payé l'apéritif. Ses parents lui ont payé un mois de vacances à la mer.* — **6.** *Être payé pour le savoir,* avoir appris qqch à ses dépens, souvent par une expérience fâcheuse. ‖ *Payer cher qqch,* l'obtenir au prix de grands efforts, ou en subissant des dommages : *Nos troupes ont payé cher cette victoire.* ‖ *Payer une faute, un crime,* etc., les expier : *Payer de dix ans de prison une tentative de meurtre.* ‖ *Tu me le paieras!,* je me vengerai (formule de menace). ◆ v. i. **1.** (sujet qqch) Être de bon rapport, être profitable, rapporter : *C'est un métier qui paie. Des efforts qui paient. Le crime ne paie pas.* — **2.** (sujet qqn) *Payer d'audace,* chercher à sortir d'une situation difficile par une action résolue, presque désespérée. ‖ *Payer de sa personne,* agir par soi-même, ne pas ménager ses efforts. ‖ *Payer pour qqn, qqch,* subir les conséquences fâcheuses d'une faute : *C'est lui qui a été puni, il a payé pour tous les autres.* ◆ ***se payer*** v. pr. **1.** Fam. *Se payer qqch,* se l'offrir : *Elle s'est payé une nouvelle voiture.* — **2.** *Se payer de mots,* s'en tenir aux discours sans passer à l'action.

payeur, euse [pɛjœr] adj. et n. Qui paye : *Organisme payeur. Mauvais payeur* (= celui qui paie mal ses dettes).

1. pays [pei] n. m. (lat. *pagus,* canton). **1.** Territoire d'une nation : *Parcourir des pays étrangers. Défendre son pays par les armes* (syn. PATRIE). — **2.** Région, contrée : *La Savoie est un pays montagneux. Voir du pays* (= voyager). — **3.** Village, agglomération : *C'est un petit pays perdu dans la montagne.* — **4.** Contrée, ville, village d'où on est originaire : *Écrire au pays. Recevoir des nouvelles du pays.* — **5.** Ensemble des habitants, des forces économiques et sociales d'une nation : *Le pays l'acclamait. Les pays qui ont signé le pacte. La renaissance économique d'un pays.* — **6.** Fam. *En pays de connaissance,* parmi les gens connus, dans une situation connue.

2. pays, e [pei] n. *Fam.* Personne qui est du même pays, de la même région qu'une autre (vieilli) : *Elle a rencontré un pays séjournant comme elle à l'étranger* (syn. COMPATRIOTE).

paysage [peizaʒ] n. m. (de *pays*). **1.** Vue d'ensemble d'une région, d'un site : *Arrivé au sommet, on découvre un paysage magnifique* (syn. PANORAMA). *Cette maison nous masque le paysage* (syn. VUE). — **2.** Tableau représentant un site généralement champêtre : *Les paysages de Corot.*

paysager, ère [peizaʒe] adj. Disposé de façon à produire des effets de paysage : *Jardin paysager.*

paysagiste [peizaʒist] adj. et n. **1.** Artiste qui peint des paysages. — **2.** *(Architecte) paysagiste,* personne spécialisée dans la conception et la réalisation des plans de parcs, jardins, etc.

paysan, anne [peizɑ̃] n. (de *pays*). Personne de la campagne, qui cultive le sol : *Des paysans qui se rendent à la foire. Les citadins connaissent souvent mal la vie des paysans* (syn. CULTIVATEUR, AGRICULTEUR). *Des manières de paysan* (= peu raffinées). ◆ adj. Relatif aux paysans : *Le malaise paysan. La vie paysanne. L'agitation paysanne.*

paysannat [peizana] n. m. Ensemble des paysans; condition paysanne.

paysannerie [peizanri] n. f. Ensemble des paysans : *La paysannerie française.*

P.-D. G. [pedeʒe] n. m. Abrév. de PRÉSIDENT-DIRECTEUR GÉNÉRAL.

péage [peaʒ] n. m. (bas lat. *pedaticum,* droit de mettre le pied). Droit qu'on paie pour emprunter un pont, une autoroute, etc. : *Une autoroute à péage.*

peau [po] n. f. (lat. *pellis*). **1.** Couche de tissu organique recouvrant le corps de l'homme et des animaux : *Des veines visibles sous la peau. Une peau délicate, gercée, ridée, mate, lisse. Une épine qui érafle la peau.* — **2.** Cuir détaché du corps d'un animal et traité : *Une fourrure en peau de lapin. Un sac à main en peau de lézard* (on dit plus couramment *en lézard,* etc.). *Des livres reliés pleine peau* (= dont toute la couverture est revêtue de peau). — **3.** Partie consistante qui recouvre un fruit : *Manger une pomme avec la peau. Glisser sur une peau de banane* (syn. PELURE). — **4.** Couche consistante qui se forme à la surface d'un liquide : *La peau du lait bouilli. Si vous laissez votre boîte ouverte, la peinture fera une peau* (syn. PELLICULE). — **5.** *Peau de phoque,* bande de fourrure de phoque ou, plus souvent, de peluche synthétique qui, fixée sous le ski, empêche de glisser vers l'arrière quand on monte. — **6.** *Fam.* La vie de qqn : *Défendre cher sa peau. J'aurai sa peau* (= je parviendrai à le tuer). — **7.** Pop. *Avoir qqn dans la peau,* en être éperdument amoureux. ‖ *Entrer, se mettre dans la peau de qqn,* s'identifier à lui, se mettre à sa place. ‖ *Être, se sentir bien (mal) dans sa peau,* être mal à l'aise ou non. ‖ *Faire peau neuve,* changer complètement de manières, d'aspect. ‖ *N'avoir que la peau et (sur) les os,* être très maigre. ‖ Fam. *Peau d'âne,* diplôme. ‖ Fam. *Peau de vache,* personne très dure, très rigoureuse. (→ PELAGE, PELER, PELURE, PEAUSSIER.)

peaufinage [pofinaʒ] n. m. Action de peaufiner : *Le peaufinage d'un projet de loi.*

peaufiner [pofine] v. t. *Peaufiner qqch (abstrait),* apporter un soin minutieux dans sa finition : *Peaufiner son discours avant de le prononcer.*

peausserie [posri] n. f. Commerce du peaussier.

peaussier [posje] n. et adj. m. Celui qui prépare les peaux ou en fait commerce.

pécari [pekari] n. m. (de *begare,* mot des Caraïbes). Cochon sauvage d'Amérique.

peccadille [pekadij] n. f. (esp. *pecadillo*). Faute légère : *Ne vous inquiétez pas, c'est une peccadille qu'on vous pardonnera facilement.*

1. pêche [pɛʃ] n. f. **1.** Action ou manière de pêcher : *Un filet, une barque de pêche. La pêche est ouverte. La pêche à la ligne.* — **2.** Poisson pêché : *Une pêche abondante.* — **3.** Endroit où on pêche : *Pêche réservée.*

2. pêche [pɛʃ] n. f. (du lat. *Persica arbor,* arbre de Perse). **1.** Fruit juteux et à chair savoureuse, à noyau dur : *La peau duvetée de la pêche. Une compote de pêches.* — **2.** *Avoir une peau de pêche,* une peau douce, rose et veloutée.

péché [peʃe] n. m. (lat. *peccatum,* faute). **1.** Transgression de la loi divine : *La théologie distingue entre les péchés mortels, qui donnent la mort à l'âme, et les péchés véniels. On appelle «péchés capitaux» ceux qui sont considérés comme la source de tous les autres.* — **2.** *À tout péché miséricorde,* il faut savoir pardonner à qqn qui se repent. ‖ *Péché mignon,* petit défaut auquel on s'abandonne volontiers : *La gourmandise est son péché mignon.* ‖ *Péché originel,* que tous les hommes, selon la croyance chrétienne, ont contracté, à l'origine de l'humanité, en la personne d'Adam. ‖ *Remettre les péchés à qqn,* les lui pardonner (relig.).

pécher [peʃe] v. i. (c. **10**). **1.** Commettre un péché, des péchés : *Un pénitent qui prend la résolution de ne plus pécher.* — **2.** Se mettre en faute : *Elle a péché par excès d'optimisme.* — **3.** (sujet qqch) Être en défaut : *Ce raisonnement pèche sur un point. Un plan qui pèche par imprévoyance.*

1. pêcher [pɛʃe] n. m. Arbre dont le fruit est la pêche.

2. pêcher [pɛʃe] v. t. (lat. *piscari*). **1.** *Pêcher (du poisson),* le prendre ou essayer de le prendre : *Il pêche à la ligne au bord de l'étang. On pêche le hareng au filet.* — **2.** Fam. *Pêcher qqch,* le prendre, le trouver : *Où est-ce qu'elle est allée pêcher ce renseignement? Un bibelot pêché chez un brocanteur* (syn. fam. DÉNICHER). ◆ v. i. *Pêcher en eau trouble,* profiter du désordre pour en tirer un avantage personnel.

pêcherie [pɛʃri] n. f. Lieu où on pêche : *Les pêcheries de Terre-Neuve.*

pécheur, eresse [peʃœr] n. et adj. (lat. *peccator*). **1.** Personne qui commet des péchés. — **2.** *Ne pas vouloir la mort du pécheur,* ne pas demander de sanctions excessives.

pêcheur, euse [pɛʃœr] n. (lat. *piscator*). Personne qui pêche ou qui fait profession de pêcher.

pécore [pekɔr] n. f. (it. *pecora,* brebis). *Fam.* Femme stupide, prétentieuse (syn. PIMBÊCHE).

pectoral, e, aux [pɛktɔral] adj. (du lat. *pectus, -oris,* poitrine). Qui concerne la poitrine (techn.) : *Muscles pectoraux. Pâte pectorale* (= contre la toux).

pectoraux [pɛktɔro] n. m. pl. Muscles de la poitrine : *Bomber ses pectoraux.*

pécule [pekyl] n. m. (du lat. *pecus,* bétail). Somme d'argent, généralement faible, économisée par qqn sur ce qu'il gagne par son travail ou qui lui est versée par un organisme : *Pécule militaire, pécule de prisonnier. Amasser un petit pécule. Se constituer un modeste pécule.*

pécuniaire [pekynjɛr] adj. (du lat. *pecunia,* argent). Qui consiste en argent, relatif à l'argent : *Une aide pécuniaire de l'État sera nécessaire. Elle n'a tiré aucun avantage pécuniaire de ses travaux personnels. Avoir de sérieux ennuis pécuniaires* (syn. FINANCIER).

pécuniairement [pekynjɛrmɑ̃] adv. Sur le plan pécuniaire : *Être pécuniairement dans une situation difficile* (syn. FINANCIÈREMENT).

pédagogie [pedagɔʒi] n. f. (gr. *pais, paidos,* enfant, et *agein,* conduire). Science ou méthode dont l'objet est l'instruction ou l'éducation des enfants.

pédagogique [pedagɔʒik] adj. **1.** Relatif à la pédagogie : *La formation pédagogique des futurs professeurs. De nouvelles méthodes pédagogiques.* — **2.** Qui a les qualités d'un bon enseignement : *Cet exercice est bien peu pédagogique.*

pédagogiquement [pedagɔʒikmɑ̃] adv. De façon pédagogique.

pédagogue [pedagɔg] n. Personne qui a les qualités d'un bon professeur, qui connaît la façon efficace d'instruire les enfants : *Cette excellente pédagogue réussit fort bien dans son enseignement.*

pédale [pedal] n. f. (it. *pedale;* du lat. *pes, pedis,* pied). **1.** Organe de transmission ou de commande d'un appareil, d'une machine, qu'on actionne avec le pied : *Appuyer sur la pédale de l'accélérateur* (d'une voiture). *La pédale du frein. Les pédales du piano assourdissent le son ou en prolongent la résonance. Les pédales d'une bicyclette. Lâcher les pédales.* — **2.** Fam. *Perdre les pédales,* perdre le fil de son discours, s'embarrasser dans ses explications, perdre son sang-froid.

pédaler [pedale] v. i. **1.** Actionner les pédales d'une bicyclette : *Pédaler dans les descentes pour rattraper son retard.* — **2.** Rouler à bicyclette : *Le peloton des coureurs pédalait à toute allure vers l'arrivée de l'étape.*

pédalier [pedalje] n. m. Mécanisme comprenant l'axe, les manivelles, les pédales et le plateau d'une bicyclette.

pédant, e [pedɑ̃] adj. et n. (it. *pedante*). *Péjor.* Qui fait étalage de sa science, de son savoir, qui donne des leçons sur un ton prétentieux : *Les pédants qui se posent en censeurs intraitables du langage des autres* (syn. ↑ CUISTRE). *Prendre un ton pédant. Un discours pédant* (syn. SUFFISANT, DOCTORAL).

pédantesque [pedɑ̃tɛsk] adj. Syn. litt. de l'adj. PÉDANT.

pédantisme [pedɑ̃tism] n. m. Affectation propre au pédant; caractère de ce qui est pédant : *Le pédantisme de ses explications exaspère ses auditeurs* (syn. PRÉTENTION; contr. SIMPLICITÉ).

pédéraste [pederast] n. m. (gr. *pais, paidos,* enfant, et *erân,* aimer). Homme qui s'adonne à des pratiques homosexuelles.

pédérastie [pederasti] n. f. Toute pratique homosexuelle.

pédestre [pedɛstr] adj. (du lat. *pes, pedis,* pied). *Randonnée pédestre,* excursion qui se fait à pied.

pédiatre [pedjatr] n. (gr. *pais, paidos,* enfant, et *iatros,* médecin). Spécialiste des maladies de l'enfance.

pédiatrie [pedjatri] n. f. Partie de la médecine traitant des maladies de l'enfant.

pédicure [pedikyr] n. (lat. *pes, pedis,* pied, et *curare,* soigner). Spécialiste traitant les affections de la peau et des ongles du pied.

pedigree [pedigre] n. m. (mot angl.). Généalogie d'un animal de race (chien, chat, etc.).

pédoncule [pedɔ̃kyl] n. m. (lat. *pedunculus,* petit pied). Queue d'une fleur ou d'un fruit.

pègre [pɛgr] n. f. (de l'it. dial. *pegro,* lâche). Groupe social formé des voleurs, escrocs, bandits, etc. : *La pègre des grandes villes.*

peigne [pɛɲ] n. m. (lat. *pecten, -inis*). **1.** Instrument d'écaille, de matière plastique, etc., taillé en forme de dents et qui sert à démêler et à coiffer les cheveux, ou instrument incurvé analogue dont les femmes se servent pour retenir leurs cheveux : *Un peigne de poche. Se passer le peigne dans les cheveux. Se donner un coup de peigne* (= se peigner rapidement). — **2.** *Passer qqch au peigne fin,* l'examiner minutieusement pour retrouver un objet égaré ou qqn de recherché : *La police passa au peigne fin tous les bars de la ville, mais on ne trouva aucune trace des voleurs.*

peigner [pɛɲe] v. t. *Peigner qqn,* lui démêler et lui coiffer les cheveux : *La mère peignait ses jeunes enfants avant leur départ en classe.* ◆ ***se peigner*** v. pr. Se coiffer les cheveux : *Sortir un petit peigne de sa poche pour se peigner rapidement.*

peignoir [pɛɲwar] n. m. **1.** Blouse légère et ample qu'on met par-dessus ses vêtements chez le coiffeur. — **2.** Vêtement en tissu-éponge, ouvert devant et retenu par une ceinture, qu'on met en sortant du bain ou que certains athlètes revêtent avant et après la compétition, le match. — **3.** Sorte de robe de chambre en tissu léger que portent les femmes quand elles ne sont pas habillées.

peinard, e [pɛnar] adj. et n. *Pop.* Se dit de qqn de tranquille, à l'abri des risques, des tracas : *Rester peinard dans son coin. Il vit en peinard avec une retraite confortable.* ◆ adj. Se dit d'un travail, d'une existence qui ne fatiguent pas : *Elle a trouvé un petit emploi bien peinard. Mener une vie peinarde.*

peinardement [pɛnardəmɑ̃] adv. *Pop.* De façon peinarde : *Il s'est tenu peinardement chez lui, loin de l'agitation générale.*

peindre [pɛ̃dr] v. t. (lat. *pingere*) [c. **55**]. **1.** *Peindre un mur, un meuble, une carrosserie,* etc., y appliquer une couche de couleur : *Elle a fait peindre ses volets en vert.* — **2.** *Peindre un paysage, une personne,* etc., les représenter par des lignes, des couleurs : *Une aquarelliste qui peint les quais de la Seine, à Paris. Un portrait de François Ier peint par Clouet.* — **3.** *Peindre une scène, une personne, un caractère,* etc., les décrire, les représenter par la parole ou l'écriture : *Balzac a peint des types variés de la société de son temps* (syn. DÉPEINDRE). [→ PICTURAL.]

peine [pɛn] n. f. (lat. *poena,* châtiment). **1.** Punition infligée à un coupable : *Les accusés ont été condamnés à des peines sévères* (syn. litt. CHÂTIMENT). *La peine de mort a été abolie dans de nombreux pays. Un escroc qui purge sa peine en prison. Défense de pêcher sous peine d'amende. Tu es en retard; pour ta peine, tu seras servie après tous les autres* (= pour te punir). — **2.** Douleur morale : *Cette mort a plongé toute une famille dans la peine* (syn. AFFLICTION). *Elle me fait part de ses joies et de ses peines* (syn. CHAGRIN). *Je ne voudrais pas vous faire de la peine, mais il me faut vous contredire. Son air abattu faisait peine à voir.* — **3.** *Être, se mettre en peine de (pour) qqn, qqch,* avoir, se donner du souci, de l'inquiétude pour : *Ne vous mettez pas en peine de moi : je me débrouillerai bien.* — **4.** Effort pour venir à bout d'une difficulté : *Elle se donne beaucoup de peine pour satisfaire tout le monde* (syn. MAL). *On peut manœuvrer à grand-peine ce levier avec la main. Un texte qui se comprend sans peine* (= aisément). *Je me suis donné la peine de recopier tout ce texte de ma main.* — **5.** *Avoir peine à* (+ *inf.*), parvenir difficilement à : *J'ai peine à déchiffrer une écriture aussi confuse. J'ai peine à croire qu'il n'y ait pas d'autre solution.* ‖ *C'est la peine de* (+ *inf.*), *que* (+ *subj.*), il est utile, il y a lieu de, que (dans des phrases négatives ou interr.) : *Ce n'est pas la peine de me le répéter, j'ai très bien compris* (= il est inutile). *Ce n'était pas la peine que vous vous dérangiez, il suffisait d'envoyer une lettre.* ‖ *C'est peine perdue,* c'est inutile. ‖ *Donnez-vous la peine de lire cet article du règlement. Donnez-vous la peine d'entrer* (= entrez, je vous prie). ‖ *Homme de peine,* celui qui fait les travaux les plus pénibles. ‖ *Mourir à la peine,* travailler péniblement jusqu'à sa mort. ‖ *Perdre sa peine,* travailler sans résultat. ‖ *Valoir la peine* → VALOIR. — **6.** *À peine,* très peu, de façon peu sensible, presque pas, tout juste : *C'est à peine si on remarque son accent étranger. Elle est à peine plus âgée que moi. Savoir à peine lire.* ‖ *À peine...* (*que* [+ *ind.*]), indique une succession très rapide entre deux actions : *À peine entré, il se mit à sa table de travail* (syn. AUSSITÔT, SITÔT). *À peine étiez-vous parti qu'elle arrivait.*

peiner [pɛne] v. t. *Peiner qqn,* lui causer de la peine (souvent pass.) : *Son ingratitude m'a beaucoup peinée* (syn. CHAGRINER, ATTRISTER). *Nous sommes peinés de ne pouvoir rien faire pour vous* (syn. DÉSOLER, ↑AFFLIGER). ◆ v. i. Éprouver de la fatigue, de la difficulté : *La cycliste peinait en grimpant la côte. Peiner longtemps sur un problème de mathématiques. Un texte qu'on ne comprend qu'en peinant.*

peintre [pɛ̃tr] n. m. (lat. *pictor,* de *pingere,* peindre). **1.** Ouvrier ou artisan qui a pour métier d'appliquer de la peinture sur des surfaces : *Un peintre en bâtiment. Les peintres ont refait tout l'appartement.* — **2.** Personne qui peint sur une surface au moyen de couleurs, de lignes, etc., une représentation d'un monde visible ou imaginaire : *Les peintres figuratifs. Un peintre cubiste. Les peintres flamands;* se dit aussi d'un écrivain : *Balzac, le peintre de la société de son temps.*

peinture [pɛ̃tyr] n. f. **1.** Couche de couleur dont est peint un objet, une surface, etc. : *La peinture s'écaille. Attention à la peinture* (= prenez garde, la peinture est fraîche). — **2.** Toute matière colorante liquide propre à recouvrir une surface : *Une boîte de peintures. Un tube de peinture.* — **3.** Action de recouvrir d'une matière colorante : *La peinture au pistolet. Faire de la peinture au rouleau.* — **4.** Toute surface enduite d'une matière colorante : *Refaire les peintures d'un appartement.* — **5.** Représentation faite par le peintre (sens 2) : *Une peinture murale. Une peinture à l'huile. Vendre sa peinture* (= ses tableaux). — **6.** Description, représentation par l'écrit : *La peinture des mœurs.* — **7.** Art et technique du peintre (sens 2) : *Un ouvrage sur la peinture. Exposition de peinture. Faire de la peinture.* — **8.** *Ne pas pouvoir voir qqn en peinture,* ne pas pouvoir le supporter, avoir une grande animosité à son égard.

peinturlurer [pɛ̃tyrlyre] v. t. *Fam.* Peindre de couleurs criardes : *L'enfant a peinturluré son livre.*

péjoratif, ive [peʒɔratif] adj. (lat. *pejus,* plus mauvais). Qui comporte une idée défavorable, qui déprécie : *Le suffixe «-ard» est péjoratif dans «chauffard», «criard», «pleurard». Ce mot a pris un sens péjoratif* (contr. MÉLIORATIF).

péjoration [peʒɔrasjɔ̃] n. f. Addition d'une valeur dépréciative à un mot.

péjorativement [peʒɔrativmɑ̃] adv. De façon péjorative.

pékinois [pekinwa] n. m. (de *Pékin*). Petit chien à poil long et à tête massive.

pelade [pəlad] n. f. Maladie qui provoque la chute totale ou partielle des cheveux et des poils.

pelage [pəlaʒ] n. m. Ensemble des poils d'un animal : *Le pelage d'un renard* (syn. FOURRURE). *Le pelage lustré du vison* (syn. ROBE).

pelé, e [pəle] adj. **1.** Qui a perdu ses poils : *Le cou pelé d'un chien qui porte un collier. Une fourrure toute pelée.* — **2.** Qui est dépourvu de végétation : *Une campagne pelée* (syn. NU). ◆ n. Fam. *Quatre pelés et un tondu,* un tout petit nombre de personnes.

pêle-mêle [pɛlmɛl] adv. (anc. fr. *mesle-mesle*). Dans le plus grand désordre : *Tous ses papiers sont pêle-mêle sur son bureau* (syn. EN VRAC). *Les gens s'entassaient pêle-mêle dans les voitures de métro.*

peler [pəle] v. t. (lat. *pilare,* enlever le poil) [c. 5] *Peler un fruit, un légume,* en ôter la peau : *Peler une pêche, des oignons.* ◆ v. i. (sujet qqn) Avoir des petites parcelles de peau qui se détachent du corps ou d'une partie du corps : *Elle a attrapé un coup de soleil et elle a le nez qui pèle.*

pèlerin [pɛlrɛ̃] n. m. (lat. *peregrinus,* voyageur). Personne qui se rend seule ou avec d'autres en un lieu saint dans un esprit de piété : *Les pèlerins de Lourdes. Les pèlerins se plongent dans les eaux du Gange. Les pèlerins musulmans vont à La Mecque.*

pèlerinage [pɛlrinaʒ] n. m. **1.** Voyage dans un lieu saint pour un motif religieux : *Faire un pèlerinage. Les routes du pèlerinage de Saint-Jacques-de-Compostelle.* — **2.** Voyage, visite entrepris en souvenir de qqn, qqch : *Pèlerinage sentimental. Elle tenait à faire un pèlerinage sur les lieux où vécut Ronsard.*

pèlerine [pɛlrin] n. f. Manteau sans manches qui couvre les épaules.

pélican [pelikɑ̃] n. m. (lat. *pelicanus;* mot gr.). Oiseau dont les pattes sont palmées et dont le bec porte une poche où sont emmagasinés les poissons destinés à la nourriture des jeunes.

pelisse [pəlis] n. f. (lat. *pellis,* peau). Manteau garni intérieurement de fourrure.

pelle [pɛl] n. f. (lat. *pala*). **1.** Outil formé d'une plaque de fer ou de bois plus ou moins concave, munie d'un manche et dont on se sert pour déplacer de la terre, du charbon, etc., ou pour prendre toute matière solide ou pâteuse : *L'enfant joue avec une pelle et un seau. Une pelle à tarte. Une pelle mécanique est un appareil qui sert à enlever de grosses quantités de matériaux, de terre.* — **2.** *À la pelle,* en abondance. ‖ Fam. *Prendre, ramasser une pelle,* faire une chute, tomber; essuyer un échec.

pelletée [pɛlte] n. f. Quantité de matière qu'on peut enlever d'un coup de pelle : *Jeter quelques pelletées de terre dans une fosse.*

pelleter [pɛlte] v. t. (c. **8**) Remuer ou déplacer avec une pelle : *Pelleter du sable, de la terre.*

pelleterie [pɛltəri] n. f. Préparation et commerce des fourrures.

pelleteuse [pɛltøz] n. f. Pelle mécanique servant à évacuer les matériaux vers une benne, un camion, etc.

pelletier [pɛltje] n. m. Celui qui prépare, travaille ou vend des fourrures.

pelliculaire [pɛlikylɛr] adj. Qui constitue une pellicule : *Un film est une bande pelliculaire.*

pellicule [pɛlikyl] n. f. (lat. *pellicula,* petite peau). **1.** Mince lamelle de peau qui se détache du cuir chevelu : *Une lotion contre les pellicules.* — **2.** Mince couche d'une matière solide : *De fines pellicules de boue.* — **3.** Feuille cellulosique mince, sensibilisée afin de recevoir les impressions de la lumière : *Une pellicule photographique. Gâcher des kilomètres de pellicules pour tourner des scènes d'un film.*

pelotage [p(ə)lɔtaʒ] n. m. Action de peloter.

pelotari [p(ə)lɔtari] n. m. (mot basque). Joueur de pelote basque.

pelote [p(ə)lɔt] n. f. (lat. *pila,* balle). **1.** Boule formée avec de la laine, de la soie, du fil, etc., roulés sur eux-mêmes : *Une pelote de fil. Le chat joue avec une pelote de laine.* — **2.** Petit coussinet où on fiche les épingles et les aiguilles : *Une pelote d'épingles.* — **3.** Balle de caoutchouc dur utilisée dans un jeu appelé *pelote basque : Les enfants envoyaient la pelote contre le mur. Jouer à la pelote* [*basque*] (= lancer la balle contre un fronton et la reprendre après son rebond sur le fronton).

peloter [p(ə)lɔte] v. t. *Fam.* Caresser en palpant d'une manière sensuelle une partie du corps.

peloteur, euse [p(ə)lɔtœr] n. Qui pelote.

peloton [p(ə)lɔtɔ̃] n. m.
— **I.** Petite boule de laine, de fil, etc. : *Un peloton de laine pour repriser les chaussettes.*
— **II. 1.** Groupe compact de concurrents dans une course (athlétisme, cyclisme, etc.) : *Le peloton de tête. Sortir du peloton. Les attardés rejoignirent le peloton.* — **2.** Petite unité militaire : *Un peloton de gendarmerie. Peloton d'exécution* (= groupe de soldats chargés de fusiller un condamné à mort).

pelotonner [p(ə)lɔtɔne] v. t. *Pelotonner du fil,* le mettre en peloton. ◆ ***se pelotonner*** v. pr. Se blottir en repliant les jambes : *Se pelotonner dans son lit.*

pelouse [p(ə)luz] n. f. (du lat. *pilosus,* poilu). **1.** Terrain couvert d'une herbe courte et épaisse : *Les enfants jouaient sur la pelouse du jardin. Tondre la pelouse.* — **2.** Partie d'un champ de courses située entre les pistes : *Les habitués de la pelouse* (= les spectateurs qui se placent toujours en cet endroit). — **3.** Terrain couvert de gazon où se disputent les matches de football, de rugby, etc.

peluche [p(ə)lyʃ] n. f. (de l'anc. fr. *peluchier,* éplucher). **1.** Étoffe ayant d'un côté de longs poils soyeux : *Un ours en peluche.* — **2.** *Animal en peluche,* jouet d'enfant en cette étoffe.

pelucher [p(ə)lyʃe] v. i. (sujet un tissu) Se couvrir de poils, de fils : *Une cotonnade qui peluche.*

pelucheux, euse [p(ə)lyʃø] adj. Qui peluche : *Un torchon pelucheux.*

pelure [p(ə)lyr] n. f. **1.** Peau qu'on ôte de certains fruits ou légumes : *Pelure de pêche. Pelure d'un oignon.* — **2.** *Papier pelure,* très fin et translucide.

pénal, e, aux [penal] adj. (du lat. *poena,* châtiment). Relatif à la punition des infractions : *Un loi pénale. Code pénal.*

pénalement [penalmɑ̃] adv. Sur le plan pénal : *Une infraction sanctionnée pénalement.*

pénalisation [penalizasjɔ̃] n. f. Action de pénaliser; fait d'être pénalisé : *La pénalisation d'un coureur qui a bousculé un autre concurrent.*

pénaliser [penalize] v. t. *Pénaliser qqn, un acte,* les frapper d'une sanction : *Certaines infractions au Code de la route sont lourdement pénalisées. Un concurrent pénalisé dans un rallye pour avoir dépassé la vitesse autorisée. Un barème de correction qui pénalise particulièrement les fautes d'orthographe.*

pénalité [penalite] n. f. Sanction qui frappe un délit ou une faute.

penalty [penalti] n. m. (mot angl. signif. *pénalisation*) [pl. *penaltys* ou *penalties*]. Au football, sanction prise contre une équipe pour une faute commise par un des joueurs dans certaines limites situées près de son propre but.

pénates [penat] n. m. pl. (lat. *penates*). Fam. *Regagner ses pénates,* rentrer chez soi (ironiq.). [Les *pénates* étaient les dieux domestiques chez les Romains.]

penaud, e [pəno] adj. (de *peine*). Confus après avoir été pris en défaut, après avoir subi une mésaventure, etc.

penchant [pɑ̃ʃɑ̃] n. m. Tendance qui porte qqn à un certain comportement, qui l'attire vers qqch, qqn : *Elle a un penchant à l'optimisme, à la paresse, à se moquer des autres* (syn. INCLINATION). *Lutter contre ses mauvais* *penchants* (syn. INSTINCT). *Son penchant pour la musique classique apparaît dans le choix de ses disques* (syn. GOÛT).

pencher [pɑ̃ʃe] v. t. (lat. *pendere*, pendre). *Pencher qqch*, l'incliner vers le bas : *Pencher une bouteille pour verser à boire. Elle pencha la tête sur l'ouverture du puits. Une écriture penchée* (syn. ↑ COUCHÉ). ◆ v. i. (sujet qqch) Ne pas être d'aplomb, être incliné : *Un arbre qui penche. Cette pile d'assiettes penche dangereusement. Le tableau penche un peu à gauche, il faut le redresser.* ◆ v. t. ind. (sujet qqn) *Pencher pour qqch, qqn, à (+ inf.)*, être porté à un choix, une décision en faveur de qqch, qqn : *Les deux explications sont plausibles, mais je penche plutôt pour la première* (syn. ADOPTER, SE PRONONCER POUR). *Deux des jurés penchaient à l'indulgence. Je penche à croire qu'il avait raison* (syn. TENDRE). ◆ ***se pencher*** v. pr. **1.** (sujet qqn) Incliner son corps : *Il se pencha pour examiner les traces de pas* (syn. SE BAISSER). — **2.** *Se pencher sur qqch (question, cas, etc.)*, l'examiner avec attention, avec bienveillance : *Les psychologues qui se sont penchés sur le sort de l'enfance délinquante.*

pendable [pɑ̃dabl] adj. *Cas pendable*, cas de qqn qui a commis une faute grave; cette faute elle-même : *Il vous a prévenu un peu tard, c'est entendu, mais ce n'est tout de même pas un cas pendable!* ‖ *Tour pendable*, très mauvais tour joué à qqn, mauvaise farce : *Ce gamin est insupportable, il a encore joué un tour pendable à son professeur.*

pendaison [pɑ̃dɛzɔ̃] n. f. **1.** Action de pendre. — **2.** Supplice de qqn qu'on pend ou qui se pend : *Des criminels exécutés par pendaison.*

1. pendant [pɑ̃dɑ̃] n. m. **1.** Œuvre ou partie d'œuvre d'art, de mobilier, etc., symétrique d'une autre : *Dans ce salon, le portrait de la grand-mère est le pendant de celui du bisaïeul. Dans la tour nord, le boudoir était le pendant de la bibliothèque de la tour sud* (syn. RÉPLIQUE). *Une comédie où les scènes entre valets font pendant aux scènes entre maîtres.* — **2.** Personne ou chose qui est dans une situation parallèle à celle d'une autre : *Un directeur commercial qui est le pendant du directeur industriel.* — **3.** *Pendants d'oreilles*, boucles d'oreilles munies d'un ornement qui pend.

2. pendant, e [pɑ̃dɑ̃] adj. Se dit de ce qui pend : *Un épagneul aux oreilles pendantes* (syn. TOMBANT). *Il était assis sur le parapet, les jambes pendantes* (syn. BALLANT). *Les branches pendantes d'un saule pleureur.*

3. pendant [pɑ̃dɑ̃] prép. Indique la simultanéité continue ou à un moment donné du temps (langue courante) : *Nous avons eu congé pendant trois jours. Il a été malade pendant la nuit* (= dans la nuit). *Qu'as-tu donc fait pendant tout ce temps? On ne l'a pas vu pendant plusieurs jours. Pendant l'hiver, il a achevé la rédaction de son roman* (syn. AU COURS DE). *Pendant longtemps, nous l'avons cru perdu* (= longtemps); rare comme adv., ordinairement coordonné à *avant* ou *après* : *Je ne l'ai pas vu à la sortie de la séance : il était parti avant ou pendant. Il a su ma maladie, mais il n'est venu me voir ni pendant ni après.* ◆ ***pendant que*** conj. Suivi de l'indicatif, *a)* Avec une valeur temporelle à l'imparfait, au présent ou au futur de l'indicatif : *Pendant que je regardais à la fenêtre, une voiture qui voulait se ranger provoqua un embouteillage* (syn. soutenus CEPENDANT QUE, TANDIS QUE). — *b)* Avec une valeur d'opposition : *Pendant que des pays vivent dans l'abondance, des nations sous-développées meurent de faim* (syn. ALORS QUE). — *c)* Avec une valeur de cause : *Pendant que vous y étiez, vous auriez dû ramener nos affaires. Pendant que j'y pense, n'oubliez pas notre réunion de vendredi. Mais c'est ça, pendant que tu y es, ne te gêne pas, prends tout* (ironiq.).

pendard, e [pɑ̃dar] n. (de *pendre*). *Fam.* Vaurien, mauvais sujet (nuance de sympathie) : *Ce pendard-là ne m'avait pas dit qu'il était déjà au courant.*

pendeloque [pɑ̃dlɔk] n. f. (de l'anc. fr. *pendeler*, pendiller). **1.** Pierre précieuse suspendue à une boucle d'oreille. — **2.** Morceau de verre ou de cristal suspendu à un lustre (surtout pl.).

pendentif [pɑ̃dɑ̃tif] n. m. (du lat. *pendens*, qui pend). **1.** Bijou suspendu à une chaînette portée autour du cou. — **2.** Syn. de PENDELOQUE (sens 1).

penderie [pɑ̃dri] n. f. Placard, meuble ou petite pièce où on pend des vêtements.

pendiller [pɑ̃dije] v. i. (sujet qqch) Être suspendu et agité d'oscillations : *Les franges de sa robe pendillent quand elle marche.*

pendouiller [pɑ̃duje] v. i. *Fam.* (sujet qqch) Pendre d'une manière inesthétique : *Ses cheveux lui pendouillent dans le cou.*

pendre [pɑ̃dr] v. t. (lat. *pendere*) [c. **50**]. **1.** *Pendre qqch (à qqch)*, l'attacher par un point ou par une partie seulement, sa masse étant attirée vers le sol par gravité : *Pendre un pardessus au porte-manteau, un rideau à la tringle. Pendre un cadre au mur* (syn. ACCROCHER). *On a pendu le lustre au milieu du salon* (syn. SUSPENDRE). — **2.** *Pendre qqn*, l'étrangler en le suspendant par le cou : *Autrefois, les marins coupables de mutinerie étaient pendus aux vergues.* — **3.** *Être pendu aux lèvres, aux paroles de qqn*, être très attentif à ce qu'il dit : *Tout l'auditoire était pendu aux lèvres de l'orateur.* ‖ Fam. *Être pendu au téléphone, à la sonnette de qqn*, lui téléphoner sans cesse, lui rendre des visites continuelles. ◆ v. i. (sujet qqch) **1.** Être suspendu : *Des fruits qui pendent aux branches. Des tentures pendaient du plafond.* — **2.** Retomber mollement ou librement : *Son bras blessé pendait, inerte. Ses longs cheveux lui pendent dans le dos.* — **3.** *Vêtement qui pend d'un côté*, qui tombe trop bas. — **4.** Fam. *Ça lui pend au nez*, c'est un danger, un risque qui le menace. ◆ ***se pendre*** v. pr. (sujet qqn) **1.** *Se pendre au bras, au cou de qqn*, s'y agripper. — **2.** S'étrangler en se suspendant par le cou : *Le malheureux s'est pendu dans sa cave.*

pendu, e [pɑ̃dy] n. Personne qui s'est pendue ou qui a été pendue : *Villon a écrit la célèbre «Ballade des pendus».*

pendulaire [pɑ̃dylɛr] adj. *Mouvement pendulaire*, mouvement d'oscillation propre au pendule.

1. pendule [pɑ̃dyl] n. m. (lat. *pendulus*, qui pend). Corps suspendu à un point fixe et oscillant régulièrement : *Le pendule d'un sourcier.*

2. pendule [pɑ̃dyl] n. f. (de *pendule* 1). Petite horloge d'appartement souvent munie d'une sonnerie : *Regarder la pendule pour savoir l'heure.*

pendulette [pɑ̃dylɛt] n. f. Petite pendule.

pêne [pɛn] n. m. (lat. *pessulus*, verrou). Pièce principale d'une serrure, qui, actionnée par la clef, ferme la porte en s'engageant dans la gâche.

pénétrant, e [penetrɑ̃] adj. Qui pénètre : *Scie pénétrante. Regard pénétrant* (= qui découvre ce qui est caché). *Parfum pénétrant* (= qui imprègne profondément). *Esprit très pénétrant* (syn. FIN, SUBTIL, PROFOND). *Une analyse très pénétrante de la situation* (= qui fait preuve d'une grande intelligence).

pénétration [penetrasjɔ̃] n. f. **1.** Action de pénétrer : *La pénétration de l'armée ennemie sur notre territoire* (syn. INVASION). *Le développement de la culture favorise la pénétration d'idées nouvelles. La pénétration de l'eau dans le sol.* — **2.** Faculté de comprendre des choses difficiles : *C'est un esprit d'une grande pénétration* (= d'une intelligence profonde).

pénétré, e [penetre] adj. *Être pénétré de qqch*, en être très convaincu : *Il a l'air très pénétré de son importance.* ‖ *Parler d'un ton pénétré*, avec beaucoup de conviction.

pénétrer [penetre] v. i. (lat. *penetrare*) [c. **10**] (sujet qqn, qqch, un animal) *Pénétrer qqpart*, entrer, s'avancer à l'intérieur d'un lieu : *Que personne ne pénètre ici en mon absence. On pénètre dans le bureau par un petit couloir. Il a réussi à pénétrer dans ce milieu pourtant si fermé* (syn. S'INTRODUIRE, SE GLISSER). *Boucher hermétiquement un flacon pour éviter que l'air n'y pénètre. La balle a pénétré profondément dans les chairs. Un produit d'entretien qui pénètre dans le bois* (syn. S'IMPRÉGNER, S'IMBIBER). ◆ v. t. **1.** (sujet qqch) *Pénétrer qqch (concret)*, entrer à l'intérieur : *La pluie a pénétré ses vêtements.* — **2.** (sujet qqn) *Pénétrer les intentions, les idées de qqn*, découvrir ses intentions cachées, comprendre sa pensée, ses mobiles secrets : *J'ai fini par pénétrer le sens de ses paroles* (syn. SAISIR). *Le général en chef cherchait à pénétrer le plan de l'adversaire* (syn. DEVINER). *Je crois avoir pénétré son secret* (syn. PERCER). — **3.** (sujet un sentiment) *Pénétrer le cœur*, le toucher profondément (soutenu) : *Une grande pitié pour ces malheureux nous pénétrait le cœur.* ◆ ***se pénétrer*** v. pr. (sujet qqn) *Se pénétrer de qqch*, s'en convaincre profondément : *Il s'est pénétré de cette vérité. J'ai peine à me pénétrer de l'utilité de cette décision.*

pénible [penibl] adj. (avant ou après le n.) **1.** Qui cause de la peine : *Dans ces circonstances pénibles, il essayait de me réconforter. Une séparation pénible* (syn. DOULOUREUX). *J'ai appris une pénible nouvelle : Georges a été gravement accidenté* (syn. TRISTE). — **2.** Qui exige un effort, qui s'accompagne de fatigue, de souffrance : *Ascension pénible* (syn. FATIGANT, ↑ÉPUISANT, ↑HARASSANT). *Maladie très pénible* (syn. DOULOUREUX).

péniblement [peniblәmɑ̃] adv. **1.** De façon pénible, avec douleur : *J'ai été péniblement surpris de son échec.* — **2.** Avec peine, difficulté : *Soulever péniblement un meuble. Gagner péniblement sa vie* (syn. DIFFICILEMENT).

péniche [peniʃ] n. f. (esp. *pinaza*, de *pino*, pin). Bateau à fond plat servant pour le transport fluvial : *Des péniches remontent la Seine. Péniches à moteur. Un train de péniches. Une péniche de débarquement* (= utilisée pour mettre à terre troupes et matériel).

pénicilline [penisilin] n. f. (mot angl.). Substance antibiotique.

péninsulaire [penɛ̃sylɛr] adj. Relatif à une péninsule.

péninsule [penɛ̃syl] n. f. (lat. *paeninsula*, presqu'île). Région, pays qu'entoure la mer de tous côtés sauf un : *La péninsule scandinave. La péninsule Ibérique.* (→ PRESQU'ÎLE.)

pénis [penis] n. m. (lat. *penis*, queue). Organe d'accouplement mâle.

pénitence [penitɑ̃s] n. f. (lat. *paenitentia*). **1.** Sacrement de la religion chrétienne, par lequel le prêtre remet ses péchés à celui qui les confesse. **2.** Peine, châtiment, punition qu'on inflige à qqn en expiation d'une faute : *Infliger une pénitence à un coupable. Mettre un enfant en pénitence* (= le punir). *Faire pénitence* (= subir des privations par mortification). — **3.** *Pour (ta) pénitence*, pour (te) punir : *Pour ta pénitence, tu n'iras pas dimanche au cinéma.*

pénitencier [penitɑ̃sje] n. m. Prison ou bagne.

pénitent, e [penitɑ̃] n. Personne qui se confesse auprès d'un prêtre des péchés qu'elle a commis.

pénitentiaire [penitɑ̃sjɛr] adj. **1.** Relatif aux prisons ou aux prisonniers : *L'administration pénitentiaire.* — **2.** *Établissement pénitentiaire*, prison.

penne [pɛn] n. f. (lat. *penna*, plume). Longue plume de l'aile ou de la queue des oiseaux.

pénombre [penɔ̃br] n. f. (du lat. *paene*, presque, et *ombre*). Lumière faible ou tamisée : *Dans la pénombre d'une pièce dont on a baissé les stores* (syn. CLAIR-OBSCUR).

pensable [pɑ̃sabl] adj. Que l'on peut concevoir (dans des phrases négatives) : *Ce n'est pas pensable d'agir ainsi* (= c'est inimaginable, inconcevable).

pensant, e [pɑ̃sɑ̃] adj. Qui pense : *C'est une réaction indigne d'un être pensant.*

pense-bête [pɑ̃sbɛt] n. m. (pl. *pense-bêtes*). Liste, indication quelconque rappelant une tâche à accomplir.

1. pensée [pɑ̃se] n. f. **1.** Faculté de combiner des idées, de raisonner : *La pensée fait la grandeur de l'homme* (syn. RAISON). *Un site préhistorique dont les peintures révèlent déjà une pensée organisée.* — **2.** Acte particulier de l'esprit qui se porte sur un objet : *Devant ces ruines, notre pensée se porte vers les civilisations disparues. Une pensée ingénieuse lui traversa l'esprit* (syn. IDÉE). *Être assailli par de sombres pensées. Il est absorbé dans ses pensées* (syn. RÉFLEXION, MÉDITATION, RÊVERIE). — **3.** Jugement porté sur qqn ou qqch : *Il a parlé franchement, sans déguiser sa pensée* (syn. AVIS). *Un philosophe dont la pensée est difficile à comprendre* (syn. SYSTÈME, DOCTRINE). — **4.** Sentence exprimée par qqn : *Expliquer une pensée de La Rochefoucauld* (syn. MAXIME). *Les «Pensées» de Pascal sont des fragments de longueur variable.*

2. pensée [pɑ̃se] n. f. Fleur ornementale multicolore, commune en France.

penser [pɑ̃se] v. i. (lat. *pensare*, peser). **1.** Exercer ses facultés intellectuelles, former des idées : *Tout homme qui pense reconnaît la fausseté d'une telle affirmation* (syn. RÉFLÉCHIR). *Voilà un détail qui donne à penser* (= qui suggère des réflexions importantes). *Un homme qui marchait dans la rue en pensant tout haut* (= en exprimant ses pensées en paroles). — **2.** Avoir telle ou telle opinion : *Je ne pense pas comme vous sur cette question. Il pense juste* (syn. RAISONNER). *Même s'il ne dit rien, il n'en pense pas moins* (= il a son idée). — **3.** Fam. *Penses-tu!, pensez-vous!*, exprime l'incrédulité, la dénégation énergique : *Lui, un adversaire dangereux? Pensez-vous! je ne crains rien de ce côté-là!* (syn. ALLONS DONC!). *«Tu as cru ce qu'il te disait? — Penses-tu, j'ai bien compris qu'il mentait!»* ‖ Fam. *Tu penses!, vous pensez!*, renforce une affirmation ou exprime ironiquement le refus, la dénégation : *Je connais bien ce pays : tu penses, j'y ai vécu dix ans! Il voulait me voir le jour même : tu penses, j'avais autre chose à faire!* (syn. fam. TU PARLES!). ◆ v. t. **1.** *Penser qqch* (le plus souvent un pron. compl.), l'avoir dans l'esprit, avoir une opinion : *Il ne dit pas tout ce qu'il pense. Que penses-tu de cette solution? Tu dis cela, mais tu ne le penses pas.* — **2.** *Penser du bien, du mal*, etc., *de qqn, de qqch*, avoir sur cette personne ou cette chose une opinion favorable, défavorable, etc. — **3.** *Penser que* (+ *ind.*), *ne pas penser que* (+ *subj.*), considérer comme vrai (ou non), comme probable (ou non) que : *Il pense fermement que sa découverte est capitale* (syn. ÊTRE PERSUADÉ, ÊTRE CONVAINCU). *Il ne pense pas un instant qu'on puisse le tromper* (syn. IMAGINER). *Je pense que j'aurai fini ce travail demain si aucun incident ne se produit* (syn. ESPÉRER). *Je ne pense pas que ce soit très difficile* (syn. CROIRE). — **4.** *Penser* (+ *inf.*) exprime soit une conviction, soit une supposition, un fait probable : *Il a agi ainsi parce qu'il pensait devoir le faire. Au moment où je pensais être enfin libre, il m'est arrivé une visite. Je pense avoir fini ce travail demain. Pensez-vous pouvoir agir tout seul?* — **5.** *Penser une entreprise, un projet, une question*, etc., y réfléchir longuement et en régler les détails, en résoudre les difficultés (surtout pass.) : *Un plan minutieusement pensé* (syn. CONCEVOIR). *Vous n'avez pas suffisamment pensé ce problème* (syn. EXAMINER, MÛRIR, APPROFONDIR). ◆ v. t. ind. **1.** *Penser à qqch* (les pron. compléments, sauf *y*, sont introduits par la prép. *à* [à *moi, à toi, à lui, à eux,* etc.]), diriger sa pensée vers, avoir comme objet de réflexion : *Il faut penser à l'avenir. Pensez aux conséquences de vos actes* (syn. SONGER). *Je pense à tous ceux qui souffrent;* ne pas oublier, ne pas omettre dans ses réflexions : *Il avait pensé à tout : une voiture nous attendait à la gare. C'est le jour de ta fête, j'ai pensé à toi. C'est un procédé très simple, il suffisait d'y penser;* (+ inf. compl.) : *As-tu pensé à fermer le gaz avant de partir?* — **2.** *Faire penser à qqn, qqch,* évoquer par une certaine ressemblance qqn ou qqch. ‖ *Sans penser à mal,* sans mauvaise intention : *Ne vous formalisez pas, il a dit cela sans penser à mal.*

penseur [pɑ̃sœr] n. m. **1.** Personne qui réfléchit, qui émet des idées profondes : *Cet écrivain est plutôt un artiste qu'un penseur. Socrate est un des plus célèbres penseurs de l'Antiquité.* — **2.** *Libre penseur,* qui manifeste une attitude sceptique à l'égard de toute religion.

pensif, ive [pɑ̃sif] adj. Absorbé dans ses pensées : *Il était accoudé à sa fenêtre, immobile et pensif* (syn. SONGEUR). *Regarder dans le vague d'un air pensif.*

pension [pɑ̃sjɔ̃] n. f. (lat. *pensio,* paiement). **1.** Établissement d'enseignement privé où on peut être interne : *Une pension religieuse* (syn. INSTITUTION). — **2.** Internat, dans un établissement public ou privé : *Il a mis ses enfants en pension.* — **3.** *Pension de famille,* hôtel où le service est simple et où les repas sont généralement pris à une table commune. — **4.** Prix payé pour la nourriture, le logement et, éventuellement, l'entretien de qqn. — **5.** Prestation en argent versée périodiquement aux bénéficiaires des assurances invalidité ou vieillesse; allocation versée par l'État à un fonctionnaire après un certain nombre d'années de service, à un mutilé, etc.; allocation versée par son ex-mari à une femme divorcée *(pension alimentaire).*

pensionnaire [pɑ̃sjɔnɛr] n. **1.** Enfant nourri et logé dans un établissement d'enseignement : *Un lycée comprend souvent des externes, des demi-pensionnaires et des pensionnaires* (syn. INTERNE). — **2.** Personne qui est nourrie et logée pendant un certain temps dans un hôtel, chez une famille : *Dans l'hôtel où j'ai passé mes vacances, il y avait toujours plus de pensionnaires que de clients de passage. Nous avons un pensionnaire chez nous pour un mois : c'est le fils d'un ami qui séjourne à l'étranger.*

pensionnat [pɑ̃sjɔna] n. m. **1.** Syn. de PENSION : *Un pensionnat de jeunes filles.* — **2.** Ensemble des élèves de cet établissement.

pensionné, e [pɑ̃sjɔne] adj. et n. Qui reçoit une pension.

pensionner [pɑ̃sjɔne] v. t. Donner une pension à qqn.

pensivement [pɑ̃sivmɑ̃] adv. De manière pensive : *Contempler pensivement le paysage.*

pensum [pɛ̃sɔm] n. m. (mot lat. signif. *tâche*). **1.** Devoir supplémentaire donné comme punition à un élève : *Faire des pensums. Avoit trois pages à copier comme pensum.* — **2.** Besogne écrite, longue et ennuyeuse.

pentagone [pɛ̃tagon] adj. et n. m. (gr. *pente,* cinq, et *gônia,* angle). Se dit d'une figure géométrique qui a cinq côtés.

pentathlon [pɛ̃tatlɔ̃] n. m. (gr. *pente,* cinq, et *athlos,* combat). Ensemble de cinq épreuves d'athlétisme (200 m, 1 500 m plat, saut en longueur, disque et javelot) constituant un concours.

pente [pɑ̃t] n. f. (de *pendre*). **1.** État, partie d'un terrain, d'une surface, qui est incliné par rapport à l'horizontale : *La pente d'une route* (syn. DÉCLIVITÉ). *La route a une pente de dix pour cent* (= 10 mètres d'élévation sur 100 mètres de parcours). *Les pentes boisées de la montagne* (syn. VERSANT). *Une descente en pente douce. La rue est en pente.* — **2.** *Être sur une mauvaise pente,* se laisser entraîner par ses mauvais penchants. ‖ *Remonter la pente* → REMONTER.

Pentecôte [pɑ̃tkot] n. f. (gr. *pentêkostê* [*hêmera*], cinquantième [jour]). Fête chrétienne qui se célèbre cinquante jours après Pâques, en mémoire de la descente du Saint-Esprit sur les Apôtres.

pentu, e [pɑ̃ty] adj. En pente, incliné : *Un toit pentu. Un versant très pentu.*

pénultième [penyltjɛm] adj. et n. (lat. *paene,* presque, et *ultimus,* dernier). Se dit de l'avant-dernière syllabe d'un mot, de l'avant-dernier vers d'un poème.

pénurie [penyri] n. f. (lat. *penuria*). Manque complet de ce qui est nécessaire à l'alimentation, à l'activité, etc. : *Le gouvernement a dû faire face à la pénurie de charbon* (syn. MANQUE). *Une grave pénurie de main-d'œuvre. Pénurie de devises.*

pépiement [pepimɑ̃] n. m. Action de pépier.

pépier [pepje] v. i. (lat. *pippare*) [sujet des oiseaux, des moineaux] Pousser de petits cris.

pépin [pepɛ̃] n. m. **1.** Graine qu'on trouve dans certains fruits : *Les pépins d'une poire, d'un melon.* — **2.** Syn. fam. de PARAPLUIE. — **3.** *Fam.* Ennui.

pépinière [pepinjɛr] n. f. **1.** Lieu où on fait pousser de jeunes arbres ou des plantes destinés à être transplantés. — **2.** *Une pépinière de,* un lieu qui fournit des personnes propres à une profession, à une activité : *Le Conservatoire est une pépinière de jeunes talents.*

pépiniériste [pepinjerist] n. et adj. Personne qui cultive les plantes en pépinière.

pépite [pepit] n. f. (esp. *pepita,* pépin). Masse de métal (principalement d'or) telle qu'on la trouve sous terre.

péplum [peplɔm] n. m. (mot lat.; gr. *peplos*). Chez les Anciens, tunique de femme sans manches, s'agrafant sur l'épaule.

perçage → PERCEMENT.

percale [pɛrkal] n. f. (persan *pergāla,* toile très fine). Tissu de coton fin et serré.

perçant, e [pɛrsɑ̃] adj. *Froid perçant,* qui pénètre, qui saisit. ‖ *Voix perçante, cri perçant,* dont le son est très aigu. ‖ *Yeux perçants, regard perçant, esprit perçant,* qui ont une grande acuité (syn. VIF, PÉNÉTRANT).

perce [pɛrs] n. f. *Mettre un tonneau en perce,* faire une ouverture dans un tonneau pour en tirer le vin.

percée [pɛrse] n. f. **1.** Ouverture, dégagement : *Abattre des arbres pour faire une percée dans la forêt.* — **2.** Pénétration dans les lignes de défense ennemies, dans la masse du public : *Nos troupes ont fait une percée dans le dispositif ennemi.*

percement [pɛrsəmɑ̃] ou, plus rare, **perçage** [pɛrsaʒ] n. m. Action de percer : *Le percement d'une cloison. Le percement d'une rue, d'une fenêtre.*

perce-neige [pɛrsənɛʒ] n. f. inv. Plante des prés et des bois à fleurs blanches, qui s'épanouit à l'époque des neiges.

perce-oreille [pɛrsɔrɛj] n. m. (pl. *perce-oreilles*). Insecte portant une pince sur l'abdomen.

percepteur [pɛrsɛptœr] n. m. (du lat. *perceptus,* recueilli). Fonctionnaire chargé du recouvrement des impôts directs et des taxes pénales : *Adresser un mandat de versement au percepteur.*

perceptible [pɛrsɛptibl] adj. Qui peut être saisi, perçu : *Certaines étoiles sont difficilement perceptibles à l'œil nu* (syn. VISIBLE). *Le bruit devenait nettement perceptible* (syn. AUDIBLE). *Une certaine amélioration de la situation est maintenant perceptible* (syn. SENSIBLE).

perceptif, ive [pɛrsɛptif] adj. Relatif à la perception : *Champ perceptif.*

perception [pɛrsɛpsjɔ̃] n. f. Action de percevoir ; de saisir par les sens : *La perception des couleurs* (= la faculté de les percevoir). *Il n'a pas une perception nette de la situation* (syn. VUE, REPRÉSENTATION). — **2.** Action de percevoir, de recouvrer : *La perception d'un impôt, d'une amende* (syn. RECOUVREMENT). — **3.** Bureau du percepteur : *Il travaille à la perception. La perception est fermée aujourd'hui.*

percer [pɛrse] v. t. (lat. *perdundere,* trouer) [c. **1**]. **1.** *Percer qqch,* le traverser de part en part, le marquer d'un trou : *La pointe du compas perce la feuille de papier* (syn. TROUER). *La balle a percé la tôle* (syn. PERFORER). *Le médecin a percé l'abcès* (syn. CREVER, OUVRIR). *Une attaque qui a réussi à percer le front ennemi* (syn. ENFONCER). — **2.** *Percer un trou, une fenêtre,* etc., produire ce trou, ménager cette fenêtre, etc. : *Percer des trous avec une chignole pour le passage des boulons* (syn. FORER). *On a percé une large baie sur la façade de cette vieille maison* (syn. OUVRIR). ‖ *Percer une rue, une avenue,* abattre des constructions pour établir cette rue, cette avenue. — **3.** *Percer la foule,* passer à travers (syn. FENDRE, TRAVERSER). ‖ *Percer les nuages,* se dit des rayons du soleil qui filtrent à travers eux. ‖ *Percer l'obscurité, les ténèbres,* se dit d'une lumière qui apparaît dans le noir. ‖ *Percer les oreilles, le tympan,* se dit d'un bruit qui produit une impression très désagréable par son caractère strident. ‖ *Percer un mystère, une énigme,* les comprendre, trouver la solution. ◆ v. i. **1.** (sujet qqch) Se frayer une ouverture, un passage en faisant un trou : *Deux de ses dents ont déjà percé. Un abcès qui perce* (= dont le pus se répand à l'extérieur). — **2.** (sujet qqch) Commencer à apparaître, à se manifester, à être perceptible : *L'aube allait percer à l'horizon* (syn. POINDRE). *L'ironie perce dans ses paroles* (syn. TRANSPARAÎTRE). — **3.** (sujet qqn) Se distinguer, acquérir de la célébrité : *Un artiste qui a mis longtemps à percer.*

perceuse [pɛrsøz] n. f. Machine ou instrument pour percer.

percevoir [pɛrsəvwar] v. t. (lat. *percipere*) [c. **34**]. **1.** *Percevoir qqch,* le saisir par les sens ou par l'esprit : *Seul un œil exercé peut percevoir des nuances aussi délicates. L'oreille humaine ne perçoit pas les ultrasons. On perçoit dans ce livre une évolution de la pensée de l'auteur* (syn. DISCERNER). — **2.** *Percevoir de l'argent,* le toucher, l'encaisser : *Vous pouvez percevoir une indemnité de déplacement. Les taxes perçues sur les transactions immobilières.*

1. perche [pɛrʃ] n. f. (lat. *perca ;* mot gr.). Poisson des lacs et des cours d'eau lents, dont la chair est estimée.

2. perche [pɛrʃ] n. f. (lat. *pertica*). **1.** Pièce de bois, de métal, de fibre de verre, longue et mince, utilisée pour atteindre un objet éloigné, pour faire avancer un bateau, pour les échafaudages, pour un saut en athlétisme *(saut à la perche) ;* longue tige au bout de laquelle est suspendu le microphone qu'on tend au-dessus des acteurs au cinéma, à la télévision. — **2.** *Tendre la perche à qqn,* lui venir en aide en lui fournissant l'occasion de se rattraper. ‖ Fam. *Une grande perche,* personne grande et maigre.

percher [pɛrʃe] v. i. (de *perche* 2). **1.** (sujet un oiseau) Se poser sur une branche, sur un support : *Tous les soirs, les pigeons viennent percher sur ces arbres.* — **2.** Fam. Loger, résider (sujet qqn) : *Où est-ce que tu perches ? ;* se trouver (sujet un lieu) : *Un petit village qui perche en Normandie.* ◆ v. t. *Percher qqch,* le placer à un endroit élevé : *D'un bon coup de pied, il a perché le ballon sur la terrasse ;* et, pass. : *Un hameau perché dans la montagne.* ◆ ***se percher*** v. pr. **1.** Se placer à un endroit élevé : *Les corbeaux se perchent sur le toit.* — **2.** (sujet qqn) *Se percher qqpart,* se mettre en un lieu surélevé : *Se percher dans un arbre.*

percheron, onne [pɛrʃərɔ̃] n. et adj. Cheval de trait lourd et puissant du Perche, dans l'ouest du Bassin parisien.

perchiste [pɛrʃist] n. **1.** Sauteur à la perche. — **2.** Technicien chargé du maniement de la perche pendant le tournage d'un film, d'une émission de télévision. (En ce sens aussi PERCHMAN.)

perchoir [pɛrʃwar] n. m. **1.** Endroit où perchent les volailles : *Sitôt la nuit venue, toutes les poules sont sur leur perchoir.* — **2.** Bâton muni de barres transversales où perchent les oiseaux domestiques.

perclus, e [pɛrkly] adj. (lat. *perclusus,* obstrué). Privé de façon permanente ou passagère de la faculté de mouvoir ses membres : *Le corps perclus de rhumatismes* (= rendu impotent). *Être perclus de froid* (= paralysé par le froid).

percolateur [pɛrkɔlatœr] n. m. (du lat. *percolare,* filtrer). Grande cafetière à filtre qu'on emploie pour faire du café en grande quantité.

percussion [pɛrkysjɔ̃] n. f. (lat. *percussio*). **1.** *Arme à percussion,* arme à feu qui fonctionne par choc du percuteur contre l'amorce. — **2.** *Instrument de percussion,* nom générique désignant les instruments de l'orchestre dont on tire le son en les frappant, tels la grosse caisse, le tambour, les cymbales, le triangle.

percussionniste [pɛrkysjɔnist] n. Musicien utilisant des instruments de percussion.

percutant, e [pɛrkytɑ̃] adj. **1.** Qui produit une percussion : *Un mécanisme percutant.* — **2.** *Projectile percutant,* qui n'explose qu'en percutant un obstacle. — **3.** Qui produit un choc psychologique, qui entraîne la conviction : *Argument percutant.*

percuter [pɛrkyte] v. t. et t. ind. (lat. *percutere,* frapper). *Percuter qqch, contre qqch,* le frapper fortement, le heurter : *Le motard a percuté le camion à l'arrêt. Le chien de fusil percute l'amorce. Une voiture qui a percuté contre un pylône.*

percuteur [pɛrkytœr] n. m. Pièce métallique ayant pour fonction, dans une arme à feu, de frapper l'amorce pour provoquer le départ du projectile (balle, obus, etc.).

perdant, e [pɛrdɑ̃] adj. et n. Qui perd au jeu, à une loterie, etc. : *Jeter les billets perdants. Les perdants ont voulu prendre leur revanche* (contr. GAGNANT).

perdition [pɛrdisjɔ̃] n. f. (lat. *perditio*). **1.** *Lieu de perdition,* lieu où on est exposé au vice. — **2.** *Navire en perdition,* exposé au naufrage (syn. EN DÉTRESSE).

perdre [pɛrdr] v. t. (lat. *perdere*) [c. **52**]. **1.** (sujet qqn, qqch) *Perdre qqch (bien, avantage, qualité),* cesser de les avoir, en être privé, dépossédé : *Il a perdu une partie de sa fortune* (contr. GAGNER, ACQUÉRIR). *Il cherche du travail, car il a perdu sa place. Perdre son crédit, sa réputation. Le délai passé, vous perdrez tous vos droits. Ce tableau a perdu de sa fraîcheur. Un argument qui a perdu toute valeur* (contr. PRENDRE) ; sans compl., ne pas obtenir le gain, le profit attendu, ne pas bénéficier d'un avantage (sujet qqn) ; diminuer de valeur (sujet qqch) : *Un commerçant qui perd sur un article. Tu as perdu en n'assistant pas à ce spectacle extraordinaire. La plupart des actions ont encore perdu à la Bourse.* — **2.** (sujet qqn) *Perdre tel comportement, tel sentiment,* cesser de l'avoir, de l'éprouver : *Il a perdu l'habitude de fumer* (syn. SE DÉFAIRE DE ; contr.

PRENDRE). *Un enfant qui perd sa timidité en grandissant. Perdre courage* (= se décourager). *Perdre espoir* (= désespérer). — **3.** (sujet qqn, qqch) Laisser échapper une partie de soi-même : *Un arbre qui perd ses feuilles. Un vieillard qui perd ses cheveux. Une fourrure qui perd ses poils. La carriole avait perdu une roue;* sans compl., laisser échapper son contenu, en parlant d'un récipient. — **4.** (sujet qqn) *Perdre une partie du corps, une faculté,* subir une mutilation; être privé de l'usage d'une faculté : *Il a perdu un bras à la guerre. Le malheureux a perdu la raison. Avec l'âge, on perd la mémoire. Perdre l'appétit. Perdre la vue, l'ouïe, la parole.* — **5.** (sujet être animé) Ne plus pouvoir trouver : *J'ai perdu mon stylo : tu ne l'as pas vu ?* (syn. ÉGARER). *Un chien qui a perdu la piste. J'ai perdu le nom de ce produit* (syn. OUBLIER). ‖ *Perdre de vue qqch, qqn,* cesser de les apercevoir; cesser de les avoir présents à l'esprit. — **6.** (sujet qqn) *Perdre son temps, son argent, son travail,* etc., en faire un mauvais usage, le dépenser inutilement : *Il perd son temps à des futilités au lieu de travailler. Cette recherche m'a fait perdre une heure* (contr. GAGNER). *N'essayez pas de le convaincre, vous perdriez votre peine. J'ai perdu beaucoup d'argent dans ce procès* (syn. MANGER, GASPILLER). *Perdre une occasion* (= ne pas en profiter). *Vous ne perdez rien pour attendre* (= votre punition n'est que différée). — **7.** (sujet qqn) Avoir le dessous dans une lutte, une compétition : *Perdre la guerre, une partie de cartes, un procès, un match* (contr. GAGNER); sans compl. : *Il est très mauvais joueur, il ne peut pas supporter de perdre. Chaque fois qu'il a pris un billet de loterie, il a perdu.* — **8.** (sujet qqn) *Perdre qqn,* être séparé de lui par la mort : *Il est désemparé depuis qu'il a perdu sa femme.* — **9.** (sujet qqn, qqch) *Perdre qqn,* lui faire subir un grave préjudice matériel ou moral, causer sa ruine ou même sa mort : *Il a eu recours à un procédé malhonnête pour perdre ses adversaires* (syn. DISCRÉDITER, RUINER). *Sa témérité le perdra. Ce qui l'a perdu, c'est le témoignage accablant d'un voisin* (= ce qui l'a fait condamner; contr. SAUVER). ‖ *Perdre son âme,* être damné. ◆ ***se perdre*** v. pr. **1.** (sujet être animé) Ne plus retrouver son chemin, ne plus pouvoir s'orienter : *Je me suis perdu dans ce quartier inconnu* (syn. S'ÉGARER). *Se perdre dans les détails* (= s'y attarder outre mesure, au détriment de l'essentiel). *Je m'y perds* (= je n'y comprends plus rien, je m'y embrouille). *Se perdre en conjectures, en calculs, en explications,* etc. (= s'y livrer longuement). — **2.** (sujet qqch, qqn) Disparaître, échapper aux sens : *Il s'éloigna et se perdit bientôt dans la foule. Une parole qui se perd dans le tumulte.* — **3.** (sujet qqch) Rester inutilisé : *Le sous-sol de cette région offre beaucoup de ressources qui se perdent, faute d'être exploitées.* — **4.** (sujet qqch) Se gâter, s'avarier, être anéanti : *Avec cette chaleur, les fraises vont se perdre. Un bateau qui se perd en mer* (= qui fait naufrage). — **5.** (sujet qqch) Cesser d'être en usage, d'être connu : *Les métiers artisanaux se perdent. Le sens original de cette expression s'est perdu.*

perdreau [pɛrdro] n. m. Jeune perdrix de l'année.

perdrix [pɛrdri] n. f. (lat. *perdix, perdicis*). Oiseau au plumage roux ou gris, recherché comme gibier : *Les perdrix rouges, grises. Chasser la perdrix. Manger une perdrix aux choux.*

perdu, e [pɛrdy] adj. **1.** Dont le cas est désespéré : *Ce malade est perdu* (contr. SAUVÉ). *La partie est perdue* (= il n'y a plus rien à faire) [contr. GAGNÉ]. — **2.** *Être perdu dans ses réflexions, ses pensées,* s'y absorber. — **3.** Se dit d'un endroit isolé, éloigné de toute agglomération : *Il a passé ses vacances dans un village perdu des Alpes.* — **4.** *À temps perdu, à vos moments perdus,* à vos moments de loisir. ‖ *Un de perdu, dix de retrouvés,* la personne, la chose perdue est très facile à remplacer. ◆ n. Fam. *Courir, crier comme un perdu,* de toutes ses forces.

père [pɛr] n. m. (lat. *pater*). **1.** Celui qui a un ou plusieurs enfants. — **2.** *De père en fils,* par transmission du père aux enfants : *Une famille où on est vigneron de père en fils, depuis des siècles.* ‖ *Placement de père de famille,* d'un rapport modeste, mais sûr. — **3.** Créateur d'une œuvre, promoteur d'une doctrine, d'une technique, etc. : *Hérodote est parfois appelé «le Père de l'Histoire». Auguste Comte, le père du positivisme.* — **4.** (précédant un n. propre) Appellation fam., généralement pour des gens d'un certain âge : *Notre jardinier, le père Louis. Mon petit père.* ‖ *Un gros père,* un homme gros, ou un enfant bien potelé. — **5.** (pl.) Litt. *Nos* (*vos,* etc.) *pères,* nos (vos, etc.) ancêtres : *Gloire aux vertus de nos pères.* — **6.** (avec majusc.) Nom donné à certains religieux, ou à des prêtres exerçant une direction spirituelle (on écrit en abrégé *P.* au sing., *PP.* au pl.) : *Le Père X., de la Compagnie de Jésus. Un père dominicain. Une lettre de Pascal au P. Mersenne.* — **2.** (avec majusc.) Nom donné à Dieu : *Notre Père qui es aux cieux... Un vitrail qui représente Dieu le Père avec une large barbe.* ‖ *Le Père éternel,* Dieu. — **3.** *Pères conciliaires,* les évêques qui participent à un concile. ‖ *Pères de l'Église,* ou *les Pères,* les écrivains ecclésiastiques dont l'œuvre fait autorité en matière de foi.

pérégrination [peregrinasjɔ̃] n. f. (du lat. *peregrinari,* voyager à l'étranger). **1.** Long voyage, en partic. à l'étranger : *Au bout de toute cette pérégrination, il se retrouvait avec joie dans son foyer.* — **2.** *Fam.* Série d'allées et venues (surtout pl.) : *Après de nombreuses pérégrinations dans les différents ministères, il obtint enfin l'autorisation.*

péremption [perɑ̃psjɔ̃] n. f. (du lat. *perimere,* détruire). Prescription qui anéantit, passé un certain délai, les actes de procédure non exécutés (jurid.).

péremptoire [perɑ̃ptwar] adj. (lat. *peremptus,* détruit). *Ton, parole, réplique péremptoire,* qui n'admet pas la discussion, qui a un caractère décisif (syn. TRANCHANT, CATÉGORIQUE).

péremptoirement [perɑ̃ptwarmɑ̃] adv. De façon péremptoire : *Il a démontré péremptoirement la fausseté de cette théorie.*

pérennisation [perɛnizasjɔ̃] n. f. Action de pérenniser; fait d'être pérennisé.

pérenniser [perɛnize] v. t. *Pérenniser qqch,* le rendre perpétuel : *La négligence a pérennisé cet abus.*

pérennité [perɛnite] n. f. (du lat. *perennis,* qui dure toute l'année). Caractère de ce qui dure toujours, ou du moins très longtemps : *Des lois qui visent à assurer la pérennité des institutions.*

péréquation [perekwasjɔ̃] n. f. (du lat. *peraequare,* égaliser). **1.** Répartition des charges financières proportionnellement aux possibilités de chaque personne, de chaque organisme concerné. — **2.** Rajustement du montant des traitements et pensions des fonctionnaires.

perfectibilité [pɛrfɛktibilite] n. f. Qualité de ce qui est perfectible.

perfectible [pɛrfɛktibl] adj. Susceptible d'être perfectionnée : *Je vous ai exposé mes idées, mais il ne s'agit que d'un projet toujours perfectible.*

perfection [pɛrfɛksjɔ̃] n. f. (lat. *perfecto,* achèvement). **1.** Qualité de ce qui est parfait (sens 1 de l'adj.) : *Il a fait des progrès en orthographe, mais il est encore loin de la perfection. La perfection d'une statue de Phidias* (syn. ↓ BEAUTÉ). *Jouer à la perfection* (= admirablement). — **2.** (pl.) Qualités portées à un très haut degré : *Poème qui loue les perfections de la femme aimée.* — **3.** Personne ou chose parfaite en son genre : *Elle se* *plaisait à répéter que sa bonne était une perfection* (syn. PERLE). *Cette machine est une petite perfection* (syn. BIJOU, MERVEILLE).

perfectionnement [pɛrfɛksjɔnmɑ̃] n. m. Action de perfectionner; fait d'être perfectionné. *Des cours de perfectionnement. Les études entreprises pour le perfectionnement du réseau routier* (syn. ↓AMÉLIORATION). *Une caméra dotée des derniers perfectionnements.*

perfectionner [pɛrfɛksjɔne] v. t. *Perfectionner qqn, qqch,* le rendre meilleur, plus proche du modèle idéal : *Il a suivi un stage professionnel qui l'a perfectionné. Ce nouveau modèle d'aspirateur a été perfectionné* (syn. AMÉLIORER). ◆ ***se perfectionner*** v. pr. Améliorer ses performances : *Faire un séjour en Allemagne pour se perfectionner dans la langue.*

perfectionnisme [pɛrfɛksjɔnism] n. m. Recherche excessive de la perfection.

perfectionniste [pɛrfɛksjɔnist] adj. et n. Qui fait preuve de perfectionnisme.

perfide [pɛrfid] adj. (avant ou, plus souvent, après le n.) et n. (lat. *perfidus,* trompeur). Qui manque de loyauté, qui cherche à nuire sournoisement (soutenu) : *Il fut trahi par cet allié perfide* (syn. DÉLOYAL). *Il se laissa prendre à ces perfides promesses* (syn. TRAÎTRE, ↓TROMPEUR).

perfidement [pɛrfidmɑ̃] adv. Avec perfidie : *Il vous a conseillé perfidement ce qui risquait de vous nuire le plus.*

perfidie [pɛrfidi] n. f. Caractère perfide : *Je suis scandalisé de la perfidie avec laquelle il vous a induit en erreur* (contr. DROITURE, FRANCHISE, LOYAUTÉ). *On peut s'attendre de leur part à toutes les perfidies* (syn. TRAHISON, DÉLOYAUTÉ).

perforateur, trice [pɛrfɔratœr] adj. et n. Employé qui perfore des cartes, des bandes, etc.

perforation [pɛrfɔrasjɔ̃] n. f. **1.** Action de perforer : *La perforation des cartes par une machine à perforer. Une perforation intestinale* (= ouverture accidentelle des intestins). — **2.** Ouverture faite : *Les perforations d'une bande.*

perforatrice [pɛrfɔratris] n. f. Machine destinée à pratiquer des perforations.

perforer [pɛrfɔre] v. t. (lat. *perforare*). *Perforer qqch,* y faire un ou plusieurs trous en traversant : *Les cartes et les bandes perforées permettent, sur des machines mécanographiques ou sur des ordinateurs, des classements automatiques, des calculs, etc.*

performance [pɛrfɔrmɑ̃s] n. f. (mot angl.; de l'anc. fr. *parformer,* accomplir). **1.** Résultat obtenu par un athlète, une équipe dans une épreuve sportive ou dans un match, par un cheval dans une course : *Réaliser une belle performance. On attend de notre équipe du 4 × 100 une performance. La performance ne sera pas homologuée.* — **2.** (pl.) Résultats obtenus au cours d'une épreuve, d'un test. — **3.** Exploit : *C'est une belle performance que de l'avoir ainsi trompé!*

performant, e [pɛrfɔrmɑ̃] adj. **1.** Se dit d'un appareil, d'une technique au rendement élevé. — **2.** Se dit d'une entreprise, d'un produit compétitif sur le marché.

perfusion [pɛrfyzjɔ̃] n. f. (lat. *perfusio,* de *perfundere,* verser sur). Introduction lente et continue dans l'organisme d'un médicament ou de sang.

pergola [pɛrgɔla] n. f. (mot it.). Construction légère, composée de poteaux ou de colonnes et de poutrelles à claire-voie formant une toiture, qu'on aménage près d'une maison, dans un jardin.

péricliter [periklite] v. i. (lat. *periclitari,* de *periculum,* péril) [sujet qqch] Aller vers la ruine : *L'entreprise périclite. Sa puissance périclite lentement* (syn. DÉCLINER).

péril [peril] n. m. (lat. *periculum*). **1.** Ce qui menace la sécurité, la vie de qqn; ce qui fait courir de grands risques (soutenu ou litt.) : *Son imprudence a mis en péril tous les passagers de la voiture. Il y a péril à vouloir ignorer les conséquences de cet acte* (syn. ↓RISQUE). *Navire en péril au large de la côte* (= en danger de couler). *Je ne méconnais pas les périls de cette expédition* (syn. DANGER). *Au péril de sa vie* (= au risque de perdre la vie). *Le péril fasciste.* — **2.** *À mes* (*tes, ses,* etc.) *risques et périls* → RISQUER.

périlleusement [perijøzmɑ̃] adv. De façon périlleuse.

périlleux, euse [perijø] adj. (avant ou, plus souvent, après le n.) Qui fait courir des risques : *Entreprise périlleuse* (syn. DANGEREUX, ↓HASARDEUX). *Route périlleuse. Aborder un sujet périlleux* (syn. DÉLICAT).

périmé, e [perime] adj. (du lat. *perimere,* détruire). **1.** Qui est annulé, qui perd sa valeur, une fois passé un certain délai : *Le billet est périmé. La garantie est maintenant périmée* (= nulle). — **2.** Qui appartient à un temps antérieur, aujourd'hui dépassé : *Le contenu de l'enseignement est périmé* (= en retard). *Des conceptions économiques périmées* (syn. DÉSUET, ATTARDÉ). *Institutions politiques périmées* (syn. CADUC).

périmer [perime] v. i. (après *laisser*), **se périmer** v. pr. Perdre sa valeur une fois passé un certain temps : *Ne laissez pas périmer votre billet. Les livres de physique se périment vite.*

périmètre [perimɛtr] n. m. (gr. *peri,* autour, et *metron,* mesure). **1.** Ligne qui délimite un espace : *À l'intérieur du périmètre de Paris, il est interdit de se servir de l'avertisseur sonore.* — **2.** Zone qui s'étend autour d'un lieu déterminé (édifice, ville, etc.) : *Il n'y a pas de pharmacie dans le périmètre immédiat* (= à une distance rapprochée).

périnatal, e, als [perinatal] adj. Relatif à la période qui précède ou suit immédiatement la naissance.

période [perjɔd] n. f. (gr. *peri,* autour, et *hodos,* chemin). **1.** Espace de temps plus ou moins long (+ adj. ou + compl. de n.) : *Une période de deux ans* (syn. DURÉE). *Une courte période. Pendant la dernière période de sa vie, sa mémoire baissa beaucoup;* marqué par un événement : *Une période de chômage, d'expansion économique. Subir une période de sécheresse. Une période révolutionnaire* (syn. ÉPOQUE). *La période classique des XVIIe et XVIIIe s. La période comprise entre les deux guerres* (syn. INTERVALLE). *Il a traversé une période d'abattement après son échec. Les périodes géologiques* (= les grandes divisions des ères géologiques). *On parle des périodes d'un peintre* (= moments de son évolution). *Les périodes d'une maladie* (syn. PHASE). *La période électorale. Une période (d'instruction)* [= temps d'instruction militaire limité donné à un réserviste]. — **2.** Phrase composée de plusieurs propositions dont la structure s'organise selon des règles d'équilibre.

périodicité [perjɔdisite] n. f. État de ce qui est périodique : *La revue a une périodicité semestrielle. La périodicité d'un phénomène* (syn. FRÉQUENCE).

périodique [perjɔdik] adj. Qui revient à intervalles fixes : *Les crises périodiques de l'économie. Le retour périodique des hirondelles* (syn. RÉGULIER). *Une publication périodique. La presse périodique.* ◆ n. m. Journal, revue qui paraît chaque semaine, chaque mois, chaque trimestre, etc. : *Les périodiques littéraires.*

périodiquement [perjɔdikmɑ̃] adv. De façon périodique : *Le Gange cause périodiquement des inondations* (syn. RÉGULIÈREMENT).

péripétie [peripesi] n. f. (gr. *peripeteia,* événement imprévu). Événement particulier d'un phénomène, d'un fait général, marqué par un changement imprévu ou remarquable : *Les péripéties de l'enquête policière* (syn. INCIDENT). *Les péripéties de la guerre* (syn. ÉPISODE).

périphérie [periferi] n. f. (gr. *periphereia,* circonférence). Ensemble des quartiers qui se trouvent loin du centre de la ville : *À la périphérie de Lyon* (= sur le pourtour de). *Les arrondissements de la périphérie de Paris.* (La *périphérie* est, en géométrie, le périmètre d'une figure curviligne.)

périphérique [periferik] adj. **1.** Relatif à la périphérie : *La banlieue périphérique* (syn. LIMITROPHE). *Les quartiers périphériques* (syn. EXCENTRIQUE). *Boulevard périphérique* (ou *périphérique* n. m.), [= voie routière rapide entourant une ville]. *Un émetteur, une station de radio périphérique* (= situé dans des pays limitrophes, près des frontières françaises). — **2.** Se dit de tout élément d'un système de traitement informatique qui sert à communiquer avec l'extérieur et qui est indépendant de l'unité centrale.

périphrase [perifraz] n. f. (gr. *periphrasis,* circonlocution). Expression formée d'un groupe de mots dont on se sert pour exprimer une idée qui pourrait l'être par un seul terme : *Il utilisa une périphrase pour éviter le terme propre* (syn. EUPHÉMISME). *Il parle par périphrases obscures* (syn. CIRCONLOCUTION).

périphrastique [perifrastik] adj. Qui tient de la périphrase : *Une tournure périphrastique, comme «l'auteur de Ruy Blas» pour V. Hugo.*

périple [peripl] n. m. (gr. *periploos,* navigation autour). Voyage touristique où on va d'un point à un autre pour visiter : *Faire un périple en Grèce pendant les grandes vacances* (syn. TOURNÉE). *Un long périple nous mena à travers toute l'Afrique du Nord* (syn. RANDONNÉE).

périr [perir] v. i. (lat. *perire*) [sujet qqn, un animal, qqch] Syn. litt. de MOURIR : *Deux personnes ont péri dans l'incendie* (syn. SUCCOMBER). *Il périt d'ennui à la campagne. La sécheresse a fait périr de nombreuses plantes. Les marins péris en mer* (= noyés). *La liberté ne peut périr* (syn. DISPARAÎTRE).

périscope [periskɔp] n. m. (du gr. *peri,* autour, et *skopein,* examiner). Appareil optique permettant de voir par-dessus un obstacle : *Les badauds, derrière les premiers rangs, ont des périscopes de carton pour voir le défilé. Le périscope d'un sous-marin* (= tube coulissant équipé d'un système optique avec lequel on observe ce qui se passe à la surface de la mer).

périssable [perisabl] adj. Sujet à s'altérer, à se corrompre : *Les fruits sont des denrées périssables* (= qui se conservent mal).

périssoire [periswar] n. f. (de *périr*). Petite embarcation légère, longue et étroite, manœuvrée à la pagaie.

péristyle [peristil] n. m. (gr. *peri,* autour, et *stulos,* colonne). Galerie extérieure fermée d'un côté par des colonnes isolées et de l'autre par le mur de l'édifice.

péritoine [peritwan] n. m. (gr. *peritonaion,* ce qui est tendu autour). Membrane qui tapisse l'intérieur de l'abdomen.

péritonite [peritɔnit] n. f. Inflammation du péritoine.

perle [pɛrl] n. f. (it. *perla*). **1.** Petite boule de nacre qu'on trouve dans certains mollusques et qui peut avoir un grand prix : *Perle fine. Perle de culture. Un collier de perles. Les perles d'un diadème.* — **2.** Petite boule décorative en verre, en plastique, en métal, etc., percée d'un trou : *Un rideau de perles. Enfiler des perles.* — **3.** Personne qui surpasse toutes les autres en son genre : *C'est la perle des domestiques.* — **4.** Erreur grossière et ridicule : *Relever des perles dans les copies d'élèves.*

perlé, e [pɛrle] adj. **1.** Orné de perles : *Tissu perlé.* — **2.** Qui a la forme d'une perle : *Riz perlé.* — **3.** *Grève perlée* → GRÈVE.

perler [pɛrle] v. i. Tomber goutte à goutte : *La sueur lui perlait au front.*

perlier, ère [pɛrlje] adj. Qui produit des perles : *Huître perlière.*

permanence [pɛrmanɑ̃s] n. f. **1.** Caractère permanent : *La permanence d'une situation* (syn. STABILITÉ). *Assurer la permanence d'un pouvoir* (syn. CONTINUITÉ; contr. INTERRUPTION). — **2.** Service chargé d'assurer un fonctionnement permanent dans une administration, un service public; lieu où se tient ce service : *Des permanences fonctionneront dans les mairies pendant les fêtes. Tenir une permanence. La permanence électorale d'un candidat aux élections* (= lieu où il se tient prêt à recevoir les électeurs). — **3.** Salle où les élèves travaillent sous surveillance pendant les moments où ils ne sont pas en classe : *Les élèves iront en permanence de 10 à 11 heures.* — **4.** *En permanence,* de façon constante, sans arrêt : *Les policiers restèrent en permanence devant la maison pour surveiller les entrées.*

permanent, e [pɛrmanɑ̃] adj. (lat. *permanens,* qui dure). **1.** Qui dure sans changer, qui reste dans le même état pendant un certain espace de temps : *L'agriculture est un des éléments permanents de l'économie française* (syn. CONSTANT). *Un trait permanent de son caractère* (syn. STABLE; contr. FUGACE, ÉPHÉMÈRE). *Un spectacle permanent. Le cinéma est permanent* (= on y projette plusieurs fois de suite le même film). — **2.** Qui ne cesse pas; qui exerce une activité continuelle : *Maintenir un contrôle permanent sur les prix* (syn. CONTINU; contr. PROVISOIRE). *Instituer entre les deux gouvernements une collaboration permanente* (syn. DURABLE; contr. PASSAGER). *L'envoyé permanent d'un journal à New York. Un comité permanent.* ◆ n. Membre d'un syndicat, d'un parti, etc., qui est rémunéré par celui-ci pour assurer des tâches administratives, politiques, etc.

permanente [pɛrmanɑ̃t] n. f. Traitement appliqué aux cheveux pour leur assurer une ondulation durable.

perméabilité [pɛrmeabilite] n. f. Qualité de ce qui est perméable : *La perméabilité d'un sol calcaire.*

perméable [pɛrmeabl] adj. (du lat. *permeare,* passer au travers). **1.** *Perméable (à l'eau),* qui se laisse traverser par l'eau : *Un terrain très perméable.* — **2.** *Perméable (à qqch),* qui se laisse toucher par (un conseil, une suggestion, etc.) : *Un homme perméable à toutes les influences* (= influençable).

permettre [pɛrmɛtr] v. t. (lat. *permittere*) [c. 57]. **1.** (sujet qqn, qqch) *Permettre (à qqn, à qqch) qqch, de (+ inf.), que (+ subj.),* lui laisser, lui donner la liberté, la possibilité, le moyen de le faire, lui en donner l'occasion : *Les règlements ne permettent pas le stationnement à cet endroit* (syn. AUTORISER, TOLÉRER). *L'importation de ce produit n'est pas permise. Il ne permet pas que ses enfants regardent la télévision le soir* (syn. ADMETTRE). *Vous permettez qu'il assiste à l'entretien? Mon médecin m'a permis le café. Son père lui permet d'utiliser sa voiture. Ses occupations ne lui permettent pas de sortir le soir. S'il m'est permis de faire une objection, je dirai ceci. Il est permis à tout le monde de se tromper! Ses moyens financiers ne lui permettent pas de vivre de cette façon. Il se croit tout permis* (= il croit que rien ne limite sa liberté). — **2.** (sujet qqch) *Permettre qqch,* le rendre possible : *Son absence permet toutes les craintes.* — **3.** *Permettez,* formule de politesse : *Permettez, je voudrais dire un mot.* ◆ ***se permettre*** v. pr. *Se permettre qqch, de (+ inf.),* faire ou dire qqch en prenant la liberté de, en dépassant les limites admises par la morale : *Je ne me permets pas de parler de ce que je connais mal. Il se* *permet des plaisanteries stupides. Je me permettrai de vous faire observer qu'il est déjà dix heures.*

permis [pɛrmi] n. m. Autorisation écrite qui est exigée pour exercer certaines activités : *Le préfet a retiré à deux chauffards leur permis de conduire. Un permis de chasse, de pêche. Un permis de séjour pour des étrangers.*

permissif, ive [pɛrmisif] adj. Qui tolère facilement, qui laisse faire ce que d'autres condamnent au nom de la morale courante.

permission [pɛrmisjɔ̃] n. f. **1.** Action de permettre qqch à qqn : *Demander la permission de sortir* (syn. AUTORISATION). *Agir sans la permission de ses supérieurs* (syn. CONSENTEMENT). *Ils n'ont pas la permission de s'absenter. Avec votre permission* (= si vous le permettez). *Une permission de minuit* (= autorisation de ne rentrer qu'à minuit). — **2.** Congé de courte durée accordé à un militaire : *Un soldat en permission.*

permissionnaire [pɛrmisjɔnɛr] n. m. Militaire qui a une autorisation écrite de s'absenter.

permissivité [pɛrmisivite] n. f. Caractère permissif.

permutable [pɛrmytabl] adj. Susceptible de permutation.

permutation [pɛrmytasjɔ̃] n. f. Action de permuter; fait d'être permuté : *Procéder à une permutation de deux lettres pour faire un jeu de mots* (syn. INTERVERSION).

permuter [pɛrmyte] v. t. (lat. *permutare*). *Permuter des choses, des gens,* les intervertir, les changer de place : *Permuter deux chiffres dans un nombre* (syn. ÉCHANGER, TRANSPOSER). ◆ v. i. *Permuter avec un collègue,* se dit de deux fonctionnaires qui échangent leur poste.

pernicieusement [pɛrnisjøzmɑ̃] adv. De façon pernicieuse.

pernicieux, euse [pɛrnisjø] adj. (du lat. *pernicies,* ruine). Qui cause du mal, qui présente un grave danger pour la santé, pour la vie, pour la morale : *L'usage des tranquillisants est pernicieux* (syn. DANGEREUX; contr. SALUTAIRE). *L'abus de l'alcool est pernicieux pour la santé* (syn. NUISIBLE, MAUVAIS). *Doctrine pernicieuse* (syn. SUBVERSIF). *Conseils pernicieux* (syn. MALFAISANT).

péroné [perɔne] n. m. (gr. *peronê,* cheville). Os long et grêle placé à la partie externe de la jambe.

péronnelle [perɔnɛl] n. f. (n. d'un personnage de chanson). *Fam.* Femme ou fille sotte, bavarde et prétentieuse.

péroraison [perɔrɛzɔ̃] n. f. Conclusion d'un discours : *La pathétique péroraison de la plaidoirie arracha des larmes aux jurés.*

pérorer [perɔre] v. i. (lat. *perorare,* plaider). *Péjor.* Discourir longuement d'une façon prétentieuse et avec emphase : *Il pérorait au café, en se vantant de prouesses imaginaires.*

perpendiculaire [pɛrpɑ̃dikylɛr] adj. (du lat. *perpendiculum,* fil à plomb). Qui fait un angle droit avec une ligne ou un plan : *Perpendiculaire à l'horizon* (syn. VERTICAL; contr. HORIZONTAL). *Abaisser une droite perpendiculaire.* ◆ n. f. Droite qui fait un angle droit avec une autre droite ou un plan.

perpendiculairement [pɛrpɑ̃dikylɛrmɑ̃] adv. De façon perpendiculaire.

perpétration [pɛrpetrasjɔ̃] n. f. Action de perpétrer : *La perpétration d'un crime.*

perpétrer [pɛrpetre] v. t. (lat. *perpetrare,* accomplir) [c. **10**] *Perpétrer un crime, un attentat,* etc., l'exécuter (soutenu) : *L'accusé a perpétré l'assassinat avec un cynisme révoltant* (syn. COMMETTRE, ACCOMPLIR).

perpétuation [pɛrpetɥasjɔ̃] n. f. Action de perpétuer, de se perpétuer : *La perpétuation de l'espèce par la reproduction.*

perpétuel, elle [pɛrpetɥɛl] adj. (lat. *perpetuus*) [avant ou après le n.] Qui dure longtemps, qui se renouvelle constamment, qui ne cesse jamais : *Une inquiétude perpétuelle* (syn. CONTINUEL; contr. MOMENTANÉ). *Être gêné par un murmure perpétuel* (syn. INCESSANT). *Sa réussite est un miracle perpétuel. De perpétuelles difficultés d'argent* (contr. PASSAGER, TEMPORAIRE). *Je suis exaspéré par ses perpétuelles lamentations* (syn. ↓ FRÉQUENT). *Le secrétaire perpétuel de l'Académie* (= qui remplit sa charge à vie).

perpétuellement [pɛrpetɥɛlmɑ̃] adv. De manière perpétuelle : *La maison est perpétuellement en réparations* (syn. CONTINUELLEMENT). *Il arrive perpétuellement en retard* (syn. TOUJOURS, CONSTAMMENT).

perpétuer [pɛrpetɥe] v. t. (lat. *perpetuare*). *Perpétuer qqch,* le faire durer très longtemps : *Perpétuer une tradition ancienne* (syn. MAINTENIR; contr. CESSER). *Il désirait un fils pour perpétuer son nom* (syn. TRANSMETTRE). ◆ ***se perpétuer*** v. pr. Se maintenir : *Les abus se sont perpétués jusqu'à nos jours* (syn. DURER, CONTINUER; contr. FINIR).

perpétuité (à) [pɛrpetɥite] adv. **1.** *Concession à perpétuité,* terrain vendu définitivement pour servir de sépulture dans un cimetière. — **2.** Pour toute la vie : *Travaux forcés à perpétuité.*

perplexe [pɛrplɛks] adj. (lat. *perplexus,* équivoque). Qui ne sait quelle décision prendre, quel jugement porter devant une situation embarrassante : *Rester perplexe devant une réponse ambiguë* (syn. ↑ INQUIET). *Cette attitude m'a laissé perplexe* (syn. INDÉCIS).

perplexité [pɛrplɛksite] n. f. Embarras de qqn qui est perplexe : *Cette question nous a jetés dans la plus terrible perplexité* (syn. EMBARRAS, INCERTITUDE). *Je suis dans une grande perplexité après avoir entendu des avis si contradictoires* (syn. DOUTE).

perquisition [pɛrkizisjɔ̃] n. f. (du lat. *perquisitus,* recherché). Recherche faite par la police dans un lieu déterminé pour trouver des documents utiles à la découverte de la vérité : *Les policiers ont opéré une perquisition au domicile de l'accusé. La perquisition est faite de jour entre 6 et 21 heures.*

perquisitionner [pɛrkizisjɔne] v. i. et t. Faire une perquisition : *On a perquisitionné à son domicile. Les inspecteurs ont perquisitionné toutes les chambres de l'hôtel* (syn. FOUILLER).

perron [pɛrɔ̃] n. m. (de *pierre*). Escalier extérieur dont la dernière marche forme palier devant la porte d'entrée, légèrement élevée au-dessus du sol : *Le perron d'une église.*

perroquet [pɛrɔkɛ] n. m. (de *Pierre,* employé comme terme d'affection). **1.** Oiseau grimpeur de grande taille, commun en Océanie et en Amérique, au plumage souvent très coloré, et qui peut répéter des sons articulés. — **2.** Personne qui répète les paroles d'autrui sans comprendre. — **3.** Voile haute, carrée, sur les grands voiliers.

perruche [pɛryʃ] n. f. (de *perroquet,* avec un autre suffixe). **1.** Femelle du perroquet. — **2.** Oiseau grimpeur de petite taille, à longue queue et au plumage coloré, mais qui ne parle pas.

perruque [pɛryk] n. f. (it. *parrucca,* chevelure). Coiffure postiche de faux cheveux ou de cheveux naturels.

pers [pɛr] adj. (bas lat. *persus,* persan). *Yeux pers,* dont la couleur est intermédiaire entre le vert et le bleu.

persécuté, e [pɛrsekyte] n. et adj. Personne en

butte à une persécution : *Défendre les persécutés* (syn. OPPRIMÉ).

persécuter [pɛrsekyte] v. t. (lat. *persequi,* poursuivre). **1.** *Persécuter qqn,* l'opprimer d'une façon continuelle par des traitements cruels, injustes, tyranniques : *Les nazis ont persécuté les juifs.* — **2.** *Persécuter qqn,* s'acharner sur lui, l'importuner sans cesse : *Il la persécute de ses assiduités* (syn. PRESSER). *Les photographes n'ont pas cessé de persécuter la vedette lors de son séjour à Rome* (syn. HARCELER).

persécuteur, trice [pɛrsekytœr] n. et adj. Qui persécute : *Les cruels persécuteurs qui, par lâcheté, se sont acharnés contre ces malheureux.*

persécution [pɛrsekysjɔ̃] n. f. Action de persécuter; fait d'être persécuté : *Les sanglantes persécutions menées contre les chrétiens. Être en butte à la persécution. Avoir le délire de la persécution* (= se croire attaqué par des ennemis imaginaires).

persévérance [pɛrseverɑ̃s] n. f. Qualité de celui qui persévère : *Travailler avec persévérance* (= avec une énergie soutenue). *Avoir de la persévérance* (syn. CONSTANCE, TÉNACITÉ).

persévérant, e [pɛrseverɑ̃] adj. Qui persévère : *Cet enfant est persévérant et ses efforts seront récompensés* (syn. TENACE).

persévérer [pɛrsevere] v. i. (lat. *perseverare*) [c. **10**]. **1.** Demeurer constant dans une manière d'être, un comportement : *Persévérer dans son erreur* (syn. S'OBSTINER; soutenu S'OPINIÂTRER; contr. RENONCER À). — **2.** Mettre toute sa volonté à continuer ce qu'on a entrepris : *Persévérez et vous réussirez* (syn. PERSISTER). *Persévérer dans ses recherches malgré un échec initial* (syn. POURSUIVRE).

persienne [pɛrsjɛn] n. f. (de l'anc. fr. *persien,* de Perse). Panneau extérieur à claire-voie, qui sert à protéger une fenêtre du soleil ou de la pluie, tout en laissant pénétrer de l'air et de la lumière : *Ouvrir, fermer les persiennes* (syn. VOLET).

persiflage [pɛrsiflaʒ] n. m. Action de persifler.

persifler [pɛrsifle] v. t. (de *siffler*). Litt. *Persifler qqn, ses actes,* le tourner en ridicule par des paroles ironiques : *L'écrivain persiflait dans son œuvre la bourgeoisie d'affaires.*

persifleur, euse [pɛrsiflœr] adj. et n. Qui persifle : *Prendre un ton persifleur.*

persil [pɛrsi] n. m. (gr. *petroselinon*). Plante potagère aromatique dont on se sert comme condiment.

persistance [pɛrsistɑ̃s] n. f. **1.** Action de persister : *Sa persistance à croire cette histoire invraisemblable est absurde* (syn. OBSTINATION, OPINIÂTRETÉ). — **2.** Qualité de ce qui dure : *La persistance des grands froids* (syn. DURÉE; contr. CESSATION).

persistant, e [pɛrsistɑ̃] adj. Qui persiste : *Humidité persistante* (= qui ne disparaît pas). *Feuillage persistant* (= qui reste vert pendant l'hiver). *Fièvre persistante* (syn. CONTINU). *Odeur persistante* (syn. TENACE).

persister [pɛrsiste] v. i. (lat. *persistere*). **1.** (sujet qqn) *Persister dans qqch, à* (+ *inf.*), y demeurer attaché d'une façon inébranlable, en dépit des difficultés : *Il persiste dans son erreur, dans ses projets* (syn. S'OBSTINER, PERSÉVÉRER). *Il persiste à soutenir le contraire* (syn. CONTINUER). — **2.** (sujet qqch) Continuer d'exister : *Les froids ont persisté jusqu'au début d'avril* (syn. DURER). *Cette mode n'a pas persisté* (syn. RESTER, TENIR).

persona grata [pɛrsɔnagrata] loc. adj. ou adv. (mots lat. signif. *personne bienvenue*). **1.** Se dit d'un personnage qui est agréé dans des fonctions diplomatiques par la puissance où il va exercer. — **2.** Se dit de qqn qui est vu avec faveur dans une société déterminée.

personnage [pɛrsɔnaʒ] n. m. (du lat. *persona,* rôle). **1.** Personne en vue, importante par son rôle dans la société ou son influence : *Les grands personnages de l'État* (= les hauts dignitaires). *Un personnage officiel, historique.* — **2.** Personne considérée du point de vue de son aspect extérieur, de son comportement : *Un inquiétant, un singulier personnage.* — **3.** Personne imaginée par l'auteur d'une pièce de théâtre, d'un film, d'un roman ou représentée par un artiste dans une œuvre d'art : *Pièce à trois personnages. Cet acteur joue le personnage d'Hamlet* (= le rôle). — **4.** *Jouer un personnage,* ne pas être naturel, se conduire selon l'opinion d'autrui, etc. : *Avec ses amis, il cherche toujours à jouer un personnage.*

personnalisation [pɛrsɔnalizasjɔ̃] n. f. Adaptation à la personnalité : *La personnalisation d'un salon.*

personnaliser [pɛrsɔnalize] v. t. *Personnaliser qqch (objet),* donner un caractère original, personnel à un objet fabriqué en série : *Personnaliser son appartement. Personnaliser sa voiture en y ajoutant des accessoires.*

personnalité [pɛrsɔnalite] n. f. **1.** Ensemble des éléments qui constituent le comportement et les réactions de qqn : *Certains tests étudient la personnalité. Il est atteint de certains troubles de la personnalité. Dédoublement de la personnalité* (= maladie dans laquelle le sujet se sent successivement être deux personnes différentes). — **2.** Énergie, originalité plus ou moins accusée du caractère de qqn : *Avoir une forte personnalité. Il manque de personnalité* (= il est effacé, il n'est pas original, etc.). ‖ *Culte de la personnalité,* exaltation excessive des qualités d'un dirigeant. — **3.** Personne ayant une haute fonction : *L'arrivée des personnalités à l'Élysée.*

1. personne [pɛrsɔn] n. f. (lat. *persona*). **1.** Être humain, sans distinction de sexe : *Il y a des personnes qui préfèrent le cinéma au théâtre* (syn. GENS). *Plusieurs personnes ont été blessées dans cet accident. Une jeune personne* (= une jeune fille). *Grande personne* (= adulte, par rapport aux enfants). — **2.** Individu considéré en lui-même, dans l'unicité de son être : *On peut critiquer son œuvre tout en respectant sa personne. Toute sa personne respirait la joie de vivre* (= son être tout entier). *L'efficacité de la méthode dépend de la personne qui l'applique. Le respect de la personne humaine* (= de chaque humain en tant qu'être moral). — **3.** Être humain considéré sous le rapport de son corps : *Il est bien fait de sa personne* (= il a un physique agréable). *Il soigne sa personne* (= il aime ses aises, son bien-être). *Être content de sa personne* (= de soi). *Être satisfait de sa petite personne* (ironiq.). *Le ministre viendra en personne* (= lui-même; il ne se contentera pas de se faire représenter). *Payer de sa personne* (= se dépenser physiquement, ne pas craindre sa peine, le danger). — **4.** *Par personne,* indique la distribution; par individu : *On a droit à trente kilos de bagages par personne.* — **5.** Dans la langue juridique, entité représentant un ou plusieurs individus, à qui est reconnue la capacité d'être sujet de droit : *Les droits de la personne sont imprescriptibles. Personne civile* (= être moral qui a une existence juridique). *Personne morale* (= groupement d'individus auquel la loi reconnaît une personnalité juridique distincte de celle de ses membres). — **6.** Forme que prend le verbe, le pronom pour distinguer les participants de la communication (la personne qui parle, celui à qui on parle, celui de qui on parle). — **7.** *Parler à qqn à la troisième personne,* s'adresser à lui en employant la troisième personne par déférence (emploi réservé aux gens de maison ou ironiq. : *Le dîner de Madame est servi*).

2. personne [pɛrsɔn] pron. indéf. **1.** Accompagné de *ne,* exprime la négation ou l'absence de qqn (*Personne* est suivi de *de* lorsqu'il est accompagné d'un adj. ou d'un part. passé) : *Personne ne l'a retrouvé. Je ne connais personne de plus heureux que lui ou qu'elle* (*personne* est masculin). *Personne ne sera assez sot pour le faire. Il n'y a personne parmi nous pour le critiquer* (syn. AUCUN). *Ça n'est pas la faute de personne* (contr. QUELQU'UN). *Personne d'autre que lui ne pourra vous renseigner. Il n'y a personne qui connaisse l'allemand parmi vous? Qu'on ne me dérange pas, je n'y suis pour personne* (= répondez que je ne suis pas chez moi ou dans mon bureau). *Il discute toujours, mais quand il y a un travail à faire, il n'y a plus personne! Il n'y avait personne de blessé parmi eux. Personne au monde ne sait combien je lui suis attaché.* — **2.** Non accompagné de *ne*, exprime la négation dans les réponses et les phrases sans verbe : *«Quelqu'un m'a-t-il demandé? — Personne.» «Personne de blessé? — Non.»* — **3.** Non accompagné de *ne*, *personne* a le sens de *quelqu'un* dans les subordonnées dépendant d'une principale négative, dans une comparative et après *avant que, sans que, sans, trop... pour : Ne pensez pas que vous blesserez personne* (syn. QUELQU'UN). *Il ne veut pas que personne paie à sa place. Je suis parti sans que personne s'en aperçoive. Il le sait mieux que personne* (syn. QUICONQUE). *Il est trop bon pour soupçonner personne.*

1. personnel, elle [pɛrsɔnɛl] adj. **1.** Qui appartient en propre à qqn, qui le concerne spécialement : *Un livre où il raconte ses malheurs personnels* (syn. INTIME). *Il a agi par intérêt personnel. Vous ne devez pas tenir de conversations personnelles au téléphone pendant vos heures de service* (syn. PRIVÉ). *J'ai des raisons personnelles de me méfier de lui.* — **2.** Qui porte la marque nettement accusée du caractère, des idées, des goûts de qqn : *Appartement décoré de façon très personnelle* (contr. IMPERSONNEL). *Devoir riche en idées personnelles* (syn. ORIGINAL; contr. BANAL). — **3.** *Péjor.* Qui songe surtout à lui-même, qui ne partage pas volontiers avec les autres ce qu'il possède : *Il est trop personnel pour prêter ses affaires aux voisins* (syn. ÉGOÏSTE). *Un footballeur qui a un jeu trop personnel* (= qui manque d'esprit d'équipe). — **4.** Se dit des formes verbales qui reçoivent les flexions relatives aux trois personnes : *Temps personnel.* — **5.** *Modes personnels,* modes du verbe dont les désinences marquent les différentes personnes grammaticales. ‖ *Pronoms personnels,* pronoms qui désignent les êtres en marquant les personnes grammaticales (*je, tu, nous, vous, il, ils, elle, elles,* etc.). [→ PRONOM.]

2. personnel [pɛrsɔnɛl] n. m. Ensemble des personnes employées par une entreprise, un service public ou un particulier : *Le chef du personnel est un ancien militaire. Le personnel de l'Éducation nationale. Le trafic aérien est paralysé par la grève du personnel navigant. L'entreprise a licencié une partie de son personnel.*

personnellement [pɛrsɔnɛlmɑ̃] adv. En personne : *Il lui est opposé personnellement. Je le connais personnellement* (= pas seulement de réputation, de vue, etc.). *Je m'occuperai personnellement de votre affaire* (= moi-même). *Cette lettre lui est adressée personnellement. Personnellement, je ne suis pas de cet avis* (syn. POUR MA PART, QUANT À MOI, EN CE QUI ME CONCERNE).

personnification [pɛrsɔnifikasjɔ̃] n. f. Action de personnifier : *La personnification de la mort dans les tableaux du Moyen Âge* (syn. ALLÉGORIE, INCARNATION, SYMBOLISATION).

personnifié, e [pɛrsɔnifje] adj. Qui représente le type même : *Cet élève, c'est la paresse personnifiée* (= le type même du paresseux). *Le courage personnifié* (syn. INCARNÉ).

personnifier [pɛrsɔnifje] v. t. *Personnifier qqch,* représenter une notion abstraite ou une chose sous les traits d'une personne : *L'artiste peintre a voulu personnifier la patrie sous l'aspect d'une déesse guerrière.*

perspective [pɛrspɛktiv] n. f. (du lat. *perspicere,* pénétrer par le regard). **1.** Art de représenter par le dessin sur un plan les objets tels qu'ils paraissent vus à une certaine distance et dans une position donnée : *Les élèves des Beaux-Arts doivent apprendre les lois de la perspective.* — **2.** Aspect que présentent, par rapport au lieu d'où on les regarde, divers objets vus de loin ou considérés comme un tout (soutenu) : *Cette fenêtre ouvre sur une jolie perspective. D'ici, on a une belle perspective* (syn. VUE). — **3.** Manière de voir, aspect sous lequel se présentent les choses : *Il faut envisager cette situation dans une perspective historique* (syn. ANGLE, OPTIQUE, POINT DE VUE). — **4.** Espérance ou crainte d'événements considérés comme probables, quoique éloignés : *Une perspective rassurante. Vous m'ouvrez, ici, des perspectives nouvelles!* (syn. HORIZONS). *Il était rempli de joie à la perspective de quitter la ville* (syn. À L'IDÉE). — **5.** En perspective, en espérance, dans l'avenir : *Il a une belle situation en perspective.* — **5.** Grande avenue en ligne droite.

perspicace [pɛrspikas] adj. (lat. *perspicax*). Doué d'un esprit pénétrant et subtil; qui voit ce qui échappe ordinairement aux gens : *Homme fin et perspicace* (syn. PÉNÉTRANT, SAGACE, RUSÉ, FUTÉ, CLAIRVOYANT).

perspicacité [pɛrspikasite] n. f. Qualité de qqn qui est perspicace : *Ce policier a fait preuve de perspicacité dans cette affaire* (syn. CLAIRVOYANCE, SAGACITÉ, SUBTILITÉ).

persuader [pɛrsɥade] v. t. (lat. *persuadere*). **1.** *Persuader qqn* (*de qqch, que* [+ *ind.*]), le lui faire admettre comme vrai : *Il a persuadé les juges de sa bonne foi* (syn. CONVAINCRE). *Il les a persuadés qu'ils n'avaient rien à craindre de ce côté-là.* — **2.** *Persuader qqn de* (+ *inf.*), l'amener à faire qqch : *Tâche de persuader ton frère de se joindre à nous* (syn. DÉCIDER À; contr. DISSUADER). — **3.** *Être persuadé de qqch, que* (+ *ind.*), *ne pas être persuadé que* (+ *ind.* ou *subj.*), être (ne pas être) convaincu intimement de qqch : *Elle est tout à fait persuadée de la venue prochaine de son père. Je ne suis pas tellement persuadé qu'il ait été désintéressé* (syn. CERTAIN). ◆ ***se persuader*** v. pr. S'imaginer à tort, croire faussement : *Ils se sont persuadés* (ou *persuadé*) *qu'on les trompait. Elle s'est persuadée* (ou *persuadé*) *de la sincérité de ses amis.*

persuasif, ive [pɛrsɥazif] adj. **1.** Qui persuade, qui entraîne l'adhésion : *Un argument peu persuasif* (syn. CONVAINCANT). *Avoir un ton persuasif* (syn. ÉLOQUENT). — **2.** Se dit de qqn dont les discours, les arguments, etc., persuadent : *C'est un orateur très persuasif.*

persuasion [pɛrsɥazjɔ̃] n. f. Action de persuader : *Avoir le don de persuasion. L'exemple a une grande force de persuasion* (syn. CONVICTION).

perte [pɛrt] n. f. (lat. pop. *perdita,* de *perditus,* perdu). **1.** Action de perdre : *La perte de ses biens, de son honneur lui a porté un coup sensible. Une perte de prestige. Une mauvaise nouvelle qui entraîne la perte de tout espoir. Un produit qui retarde la perte des cheveux* (syn. CHUTE). *Un blessé affaibli par une importante perte de sang. La perte de la mémoire, de l'appétit. La perte d'un document. Une perte de temps. La perte d'une bataille. La perte d'un parent* (syn. MORT). *Il court à sa perte* (syn. RUINE). — **2.** Quantité perdue : *Un commerçant qui subit une perte considérable. Une perte sèche de mille francs* (= que rien ne compense). *Les pertes en hommes et en matériel ont été très lourdes durant cette bataille* (= les personnes tuées et le matériel anéanti). — **3.** *À perte,* en perdant de l'argent : *Travailler à perte. Il a dû revendre ces denrées à perte.* ‖ *À perte de vue,* jusqu'au point le plus éloigné qu'on puisse voir : *Une lande qui s'étend à perte de vue.* ‖

Fam. *Avec perte(s) et fracas,* avec éclat, de façon exemplaire : *Il a été mis à la porte avec pertes et fracas.* ‖ Fam. *Ce n'est pas une grosse perte,* se dit de qqn, de qqch dont la disparition est sans conséquence (ironiq.). ‖ *Discuter à perte de vue,* sans fin, sans aboutir à aucune conclusion. ‖ *En pure perte,* sans aucun profit; inutilement : *J'ai fait tout ce travail en pure perte, puisque le projet est abandonné.*

pertinemment [pɛrtinamɑ̃] adv. *Savoir pertinemment qqch,* le savoir de façon indubitable, sans contestation possible.

pertinence [pɛrtinɑ̃s] n. f. Qualité de qqch, de qqn de pertinent : *La pertinence de l'argument avait porté sur le jury. L'orateur avait parlé avec pertinence* (syn. À-PROPOS, BIEN-FONDÉ).

pertinent, e [pɛrtinɑ̃] adj. (lat. *pertinens,* concernant). **1.** Qui se rapporte exactement à ce dont il est question, qui dénote un esprit précis et juste : *Faire une remarque pertinente* (syn. APPROPRIÉ, JUSTIFIÉ). *Avoir un esprit pertinent* (syn. JUDICIEUX). — **2.** Qui a une valeur significative : *Les traits pertinents d'un phonème sont les éléments distinctifs.*

perturbateur, trice [pɛrtyrbatœr] adj. et n. Qui cause du trouble : *L'influence perturbatrice de quelques élèves agités. On expulse de la salle les perturbateurs.*

perturbation [pɛrtyrbasjɔ̃] n. f. Action de perturber, de causer du trouble; fait d'être agité par un violent trouble : *Ce début d'incendie jeta une grande perturbation dans la fête* (syn. AGITATION, TROUBLE, DÉSORDRE). *Une perturbation atmosphérique amènera des pluies abondantes.*

perturber [pɛrtyrbe] v. t. (lat. *perturbare,* troubler fortement). **1.** *Perturber qqch (cérémonie, programme,* etc.), y mettre du désordre : *Cet incident a perturbé la séance* (syn. TROUBLER). *Les émissions radiophoniques ont été perturbées par le cyclone* (syn. BROUILLER). *Une dépression qui perturbe l'atmosphère.* — **2.** *Perturber qqn, son calme,* etc., lui causer un trouble moral.

péruvien, enne [peryvjɛ̃] adj. et n. Du Pérou.

pervenche [pɛrvɑ̃ʃ] n. f. (lat. *pervinca*). Plante commune en France, à fleurs bleues ou mauves, poussant dans les lieux ombragés. ◆ adj. inv. De la couleur de la pervenche : *Des yeux pervenche.*

pervers, e [pɛrvɛr] adj. et n. (lat. *perversus,* renversé). **1.** Qui est enclin à faire le mal, à l'encourager : *Un piège si savamment dressé dénote un homme foncièrement pervers* (syn. MALFAISANT). — **2.** Qui recherche ce qui est contraire à la morale, spécialement à la morale sexuelle : *C'est un pervers, son cas relève de la psychiatrie* (syn. VICIEUX, DÉNATURÉ, DÉPRAVÉ).

perversion [pɛrvɛrsjɔ̃] n. f. (lat. *perversio,* renversement). **1.** Action de pervertir, de corrompre : *La perversion de la jeunesse. La perversion du goût par le tabac* (syn. PERVERTISSEMENT). — **2.** Nature du pervers : *Perversions sexuelles.*

perversité [pɛrvɛrsite] n. f. **1.** Caractère pervers : *La perversité était le fond de son caractère.* — **2.** Acte pervers : *Toutes ses perversités seront un jour punies à leur mesure.*

perverti, e [pɛrvɛrti] adj. et n. Qui est corrompu.

pervertir [pɛrvɛrtir] v. t. (lat. *pervertere,* renverser). **1.** *Pervertir qqn,* le corrompre, l'inciter au mal, à la débauche : *Socrate a été accusé d'avoir perverti la jeunesse.* — **2.** *Pervertir le goût,* le dénaturer, l'altérer.

pervertissement [pɛrvɛrtismɑ̃] n. m. Syn. litt. de PERVERSION.

pesage [pəzaʒ] n. m. **1.** Action de peser : *Le pesage des marchandises sur une bascule. Appareil de pesage.* — **2.** Endroit réservé où on pèse les jockeys dans les champs de courses; enceinte publique située autour de cet endroit.

pesamment [pəzamɑ̃] adv. D'une manière lourde : *Marcher pesamment* (= lourdement, sans grâce).

1. pesant, e [pəzɑ̃] adj. Qui pèse : *Les valises lui semblèrent bien pesantes* (syn. LOURD; contr. LÉGER). *Ses enfants sont une charge pesante pour elle* (syn. ENCOMBRANT). *Sa présence était devenue pesante aux autres* (syn. IMPORTUN). *Une architecture grandiose, mais un peu pesante* (syn. LOURD, MASSIF). *Marcher d'un pas pesant* (= d'un pas lent et lourd).

2. pesant [pəzɑ̃] n. m. *Valoir son pesant d'or,* avoir une grande valeur : *Ce livre vaut aujourd'hui son pesant d'or.*

pesanteur [pəzɑ̃tœr] n. f. **1.** Résultat des actions exercées sur les diverses parties d'un corps par l'attraction de la masse terrestre : *L'accélération d'un corps sous l'effet de la pesanteur.* — **2.** État de ce qui est lourd : *Pesanteur d'esprit* (syn. LOURDEUR). *Après ce bon repas, elle se sentait une certaine pesanteur d'estomac.*

pesé, e [pəze] adj. *Tout bien pesé,* après mûre réflexion.

pèse-bébé [pɛzbebe] n. m. (pl. *pèse-bébés*). Balance dont le plateau est conçu pour peser les nourrissons.

pesée [pəze] n. f. **1.** Action de peser; ce qu'on a pesé en une fois : *Procéder à une double pesée. Une pesée de 30 kilos.* — **2.** Effort exercé sur un instrument dans un but déterminé : *Exercer une pesée sur une barre de fer.*

pèse-lettre(s) [pɛzlɛtr] n. m. (pl. *pèse-lettres*). Petit appareil pour déterminer le poids d'une lettre.

pèse-personne [pɛzpɛrsɔn] n. m. (pl. *pèse-personnes*). Petite balance automatique pour peser des personnes.

peser [pəze] v. t. (lat. *pensare*) [c. 9]. **1.** *Peser un corps,* en déterminer le poids relativement à un autre : *Peser du pain. Les colis qu'on a pesés.* — **2.** *Peser qqch (abstrait),* l'examiner attentivement : *Pèse bien tes mots, tes paroles* (syn. MESURER, CHOISIR). — **3.** *Peser le pour et le contre,* évaluer les arguments favorables et défavorables. ◆ v. i. et t. ind. **1.** (sujet qqch, qqn) Avoir un certain poids comparativement à autre chose : *Ce pain pèse trois kilos. Les cinquante kilos qu'elle a pesé.* — **2.** (sujet qqch) *Peser à qqn,* lui donner le sentiment d'être pénible, l'impression d'être difficile à supporter, etc. : *Le climat lui pèse beaucoup* (= lui donne une impression physique d'oppression). *Les pommes de terre que j'ai mangées à midi me pèsent sur l'estomac. Son oisiveté commençait à lui peser* (= à lui être pénible; syn. TRAVAILLER, OBSÉDER, ACCABLER). — **3.** (sujet qqch) *Peser sur qqn,* exercer sur lui une pression morale, avoir une importance décisive : *La responsabilité de l'ensemble de l'œuvre pesait sur elle* (syn. INCOMBER À). *Les impôts qui pèsent sur les contribuables* (syn. ↑ACCABLER). *La mort subite de sa mère va peser sur sa décision* (syn. INFLUER SUR). *Soupçon, accusation qui pèse sur quelqu'un* (= qui le concerne, qui le vise). — **4.** (sujet qqn) *Peser sur qqch,* exercer une forte pression sur cette chose : *Peser de tout son poids sur un levier.* (→ POIDS, APPESANTIR.)

peseta [pezeta] n. f. (mot esp.). Unité monétaire espagnole.

pessimisme [pɛsimism] n. m. (du lat. *pessimus,* très mauvais). Attitude d'esprit qui consiste à considérer toute chose par ses aspects les plus mauvais, à prévoir une issue fâcheuse aux événements, à penser que tout va mal : *Elle partage votre pessimisme sur la situation. Son pessimisme foncier sur la nature humaine* (contr. OPTIMISME).

pessimiste [pɛsimist] adj. et n. Qui pense que tout va mal : *Elle reste pessimiste sur les négociations* (contr. OPTIMISTE).

peste [pɛst] n. f. (lat. *pestis,* épidémie). **1.** Maladie infectieuse et contagieuse : *Le Moyen Âge a connu de terribles épidémies de peste.* — **2.** *Fuir qqn, qqch comme la peste,* l'éviter à tout prix. — **3.** *Une (vraie) peste,* une femme odieuse. ‖ *Une petite peste,* un enfant insupportable.

pester [pɛste] v. i. *Pester contre qqn, qqch,* protester, manifester son irritation contre eux : *Il pestait contre le mauvais temps qui gâchait ses vacances.*

pesticide [pɛstisid] adj. et n. m. Se dit d'un produit destiné à lutter contre les parasites animaux et végétaux des cultures.

pestiféré, e [pɛstifere] adj. et n. (anc. fr. *pestifer,* pestilentiel). **1.** Atteint de la peste : *Le peintre Gros a peint «les Pestiférés de Jaffa».* — **2.** *Comme un pestiféré,* comme qqn de nuisible, que tout le monde évite : *On le fuit comme un pestiféré.*

pestilentiel, elle [pɛstilɑ̃sjɛl] adj. Qui répand une odeur infecte : *Air pestilentiel* (syn. PUANT, ↓NAUSÉABOND).

pet [pɛ] n. m. (lat. *peditum*). Gaz intestinal qui sort du fondement avec bruit.

pétale [petal] n. m. (gr. *petalon,* feuille). Chacune des pièces formant la corolle d'une fleur.

pétanque [petɑ̃k] n. f. (prov. *ped tanco,* pied fixe). Jeu de boules, pratiqué dans le midi de la France.

pétaradant, e [petaradɑ̃] adj. Qui pétarade : *Une motocyclette pétaradante.*

pétarade [petarad] n. f. (de *pet*). Suite de détonations : *Les pétarades d'un cyclomoteur.*

pétarader [petarade] v. i. Faire des pétarades : *Le moteur commence à pétarader.*

pétard [petar] n. m. (de *pet*). **1.** Petite charge explosive qu'on fait exploser pour provoquer un bruit ou pour démolir qqch : *En raison de l'accident, les cheminots ont déposé des pétards sur la voie pour faire arrêter le train suivant. Les enfants faisaient claquer des pétards. Lancer un pétard.* — **2.** *Fam.* Tapage, bruit : *Les voisins font un de ces pétards!*

pétaudière [petodjɛr] n. f. (de l'express. *la cour du roi Pétaud*). Groupement humain, organisme, bureau, etc., où règnent la confusion, le désordre et l'anarchie : *Cette assemblée est une véritable pétaudière.*

pet-de-nonne [pɛdnɔn] n. m. (pl. *pets-de-nonne*). Beignet soufflé très léger.

péter [pete] v. i. (c. **10**). **1.** *Fam.* Faire un pet. — **2.** Pop. *Péter plus haut que son cul,* viser plus haut que ne le permettent ses possibilités matérielles ou intellectuelles. — **3.** *Pop.* Exploser en faisant un bruit éclatant : *La grenade lui avait pété dans les mains.* — **4.** *Pop.* Casser brusquement : *Les mailles du filet ont pété.* ◆ v. t. *Pop.* Casser : *Ne tire pas si fort, tu vas péter la ficelle.*

pète-sec [pɛtsɛk] n. m. et adj. inv. *Fam.* Personne autoritaire qui commande sèchement.

pétillant, e [petijɑ̃] adj. Qui pétille : *Eau pétillante.*

pétillement [petijmɑ̃] n. m. Fait de pétiller : *Le pétillement de l'eau minérale.*

pétiller [petije] v. i. (de *péter*). **1.** Éclater en produisant de petits bruits secs et répétés : *Le bois vert pétillait dans la cheminée* (syn. ↑CRÉPITER). *Le feu pétille.* — **2.** (sujet un liquide) Dégager de petites bulles de gaz qui, en éclatant, projettent des gouttelettes : *Le champagne pétille dans les verres.* — **3.** Briller d'un vif éclat : *Les diamants pétillaient sous la lueur des lustres* (syn. SCINTILLER). — **4.** *Pétiller d'esprit,* manifester un esprit vif, éclatant, plein d'humour. ‖ *Yeux qui pétillent de rage, de joie, de malice,* qui brillent sous l'effet de la colère, de la joie, de la malice.

pétiole [pesjɔl] n. m. (lat. *petiolus,* petit pied). Partie rétrécie reliant le limbe d'une feuille à la tige.

petiot, e [pətjo] n. *Fam.* Syn. affectueux de PETIT.

petit, e [pəti] adj. (orig. obscure). **1.** (avant ou après le n.) Qui a peu de volume, d'étendue, de hauteur (contr. GRAND) : *Un petit appartement. Une petite voiture. Cette plage est toute petite* (syn. ↑MINUSCULE). *Elle monta sur une petite éminence* (syn. FAIBLE, LÉGER). — **2.** (avant le n.) Peu important en nombre, en valeur, en intensité, en durée, etc. : *Petite troupe* (contr. GROS). *Petite somme d'argent* (syn. FAIBLE). *Elle éprouve quelques petites difficultés* (syn. MENU). *On entend un petit bruit* (syn. LÉGER). *C'est un petit esprit* (= incapable d'idées élevées). *Il suffit d'un petit moment d'inattention pour tout gâcher* (syn. COURT; contr. LONG). — **3.** (après ou avant le n.) Dont le corps est peu développé : *Un petit chat. Cet enfant est petit. Une femme petite. Quand il était petit, il était très coléreux* (syn. ↓JEUNE). ‖ Fam. *Se faire tout petit,* s'efforcer de tenir le moins de place possible ou de passer inaperçu par peur de qqch. — **4.** (avant le n.) Souvent précédé d'un possessif, prend diverses valeurs affectives (sympathie, familiarité, mépris, etc.) : *Courage, mon petit gars! Ma petite dame, vous vous êtes trompée. Regardez donc ce petit monsieur, qui se croit tout permis!* ‖ Fam. *Petit(e) ami(e),* personne avec qui on a une relation amoureuse; amant, maîtresse. — **5.** (avant un n. désignant le rang social, la catégorie professionnelle) Se dit de qqn dont l'importance est mineure : *Un petit fonctionnaire* (contr. HAUT). *Un petit commerçant* (contr. GROS). *Une petite couturière.* ‖ *Les petites gens,* ou *les petits* (n. m. pl.), ceux qui ont des revenus modestes. — **6.** *En petit,* en raccourci : *Un monde en petit.* ‖ *Petit à petit,* peu à peu : *Petit à petit, l'eau montait sur la berge* (syn. INSENSIBLEMENT, PROGRESSIVEMENT). ◆ n. Petit enfant (du point de vue des parents, des adultes) : *Nous avons mis la petite à l'école* (= notre enfant). ◆ ***petits*** n. m. pl. **1.** Dans une collectivité (un lycée, etc.), groupe des enfants les plus jeunes : *La classe des petits. Les tout-petits* (= les bébés). — **2.** Progéniture des animaux : *La chatte et ses petits.*

petit-beurre [pətibœr] n. m. (pl. *petits-beurre*). Biscuit sec rectangulaire, plat et à bords festonnés, fait de farine et de beurre.

petit-bourgeois, petite-bourgeoise [pətiburʒwa] n. (pl. *petits-bourgeois*). Personne qui appartient aux éléments les moins aisés de la bourgeoisie, dont elle a les attitudes (étroitesse d'esprit, peur du changement, etc.). ◆ adj. Qui relève de l'attitude des petits-bourgeois : *Avoir l'esprit petit-bourgeois.*

petitement [pətitmɑ̃] adv. **1.** De façon étroite; chichement : *Elle est petitement logée* (contr. LARGEMENT). *Vivre petitement.* — **2.** Sans grandeur morale, mesquinement : *Se venger petitement. Faire petitement les choses.*

petitesse [pətitɛs] n. f. **1.** Caractère de ce qui est petit : *La petitesse de sa taille. La petitesse de son salaire* (syn. MODICITÉ). — **2.** Manque de générosité, attitude d'esprit marquant un esprit bas, sans noblesse : *La petitesse de ses procédés* (syn. MESQUINERIE). *Sa petitesse d'esprit* (syn. ÉTROITESSE; contr. LARGEUR). *Toutes ces petitesses répétées chaque jour l'écœuraient.*

petit-fils [pətifis] n. m., **petite-fille** [pətitfij] n. f. (pl. *petits-fils, petites-filles*). Fils, fille du fils ou de la fille par rapport au grand-père et à la grand-mère.

petit-gris [pətigri] n. m. (pl. *petits-gris*). **1.** Variété d'écureuil de Sibérie fournissant une fourrure recherchée. — **2.** Escargot à coquille brunâtre.

pétition [petisjɔ̃] n. f. (lat. *petitio,* de *petere,* demander). **1.** Écrit adressé à une autorité quelconque (gouvernement, ministre, préfet, maire, etc.) pour formuler une plainte ou une demande : *Recueillir des signatures pour une pétition. Une pétition des locataires au gérant pour protester contre le mauvais entretien de l'immeuble.* — **2.** *Pétition de principe,* faute logique qui consiste à considérer comme vrai ou démontré ce qui est l'objet même de la démonstration.

pétitionnaire [petisjɔnɛr] n. Personne qui signe une pétition.

pétitionner [petisjɔne] v. i. Adresser une pétition.

petit-lait [pətilɛ] n. m. (pl. *petits-laits*). Liquide qui se sépare du lait caillé.

petit-nègre [pətinɛgr] n. m. Manière de parler incorrecte et parfois incompréhensible, où on n'utilise pas convenablement les éléments grammaticaux (prépositions, conjonctions, désinences, etc.).

petit-neveu [pətinəvø] n. m., **petite-nièce** [pətitnjɛs] n. f. (pl. *petits-neveux, petites-nièces*). Fils, fille du neveu ou de la nièce.

petits-enfants [pətizɑ̃fɑ̃] n. m. pl. Enfants du fils ou de la fille.

petit-suisse [pətisɥis] n. m. (pl. *petits-suisses*). Petit fromage frais, cylindrique, de lait de vache.

pétoire [petwar] n. f. *Fam.* Mauvais fusil.

peton [pətɔ̃] n. m. *Fam.* Petit pied.

pétrifiant, e [petrifjɑ̃] adj. Qui pétrifie.

pétrification [petrifikasjɔ̃] n. f. Action de pétrifier.

pétrifier [petrifje] v. t. (lat. *petra,* pierre, et *facere,* faire). **1.** *Pétrifier qqn, qqch,* les transformer en pierre ou en fossile. — **2.** *Pétrifier qqn,* le frapper de stupeur, l'immobiliser sous le coup d'une violente émotion : *La nouvelle de sa mort l'avait pétrifiée* (syn. FIGER, GLACER).

pétrin [petrɛ̃] n. m. (lat. *pistrinum,* meule). **1.** Appareil destiné à pétrir la pâte à pain. — **2.** *Fam.* Situation pénible dont on sort difficilement : *Mettre dans le pétrin. Elle est dans le pétrin jusqu'au cou. Il m'a laissé dans le pétrin.*

pétrir [petrir] v. t. (bas lat. *pistrire*). **1.** *Pétrir la pâte,* remuer en tous sens de la farine détrempée avec de l'eau (syn. MALAXER). — **2.** *Pétrir de l'argile, de la cire,* etc., les presser afin de leur donner une forme (syn. FAÇONNER, MODELER). — **3.** *Pétrir un objet,* le manipuler, le presser fortement avec les mains : *Nerveuse et inquiète, elle pétrissait sa serviette de table.* — **4.** *Être pétri d'orgueil, de contradictions,* etc., en être rempli.

pétrissage [petrisaʒ] n. m. Action de pétrir.

pétrochimie [petrɔʃimi] n. f. Science et industrie des produits chimiques dérivés du pétrole.

pétrodollar [petrɔdɔlar] n. m. Dollar tiré des bénéfices de la vente du pétrole.

pétrole [petrɔl] n. m. (lat. médiév. *petroleum,* huile de pierre). Huile minérale naturelle utilisée surtout comme source d'énergie : *Des gisements de pétrole ont été découverts. Le raffinage du pétrole. Un puits de pétrole.* ◆ adj. *Bleu pétrole,* bleu tirant sur le gris-vert.

1. pétrolier, ère [petrɔlje] adj. Relatif au pétrole : *L'industrie pétrolière. Pays pétroliers* (= producteurs de pétrole). *Produits pétroliers* (= extraits du pétrole).

2. pétrolier [petrɔlje] n. m. **1.** Navire citerne pour le transport du pétrole. — **2.** Technicien spécialiste de la prospection ou de l'exploitation du pétrole.

pétrolifère [petrɔlifɛr] adj. Qui contient du pétrole : *Champ, gisement pétrolifère.*

pétulance [petylɑ̃s] n. f. Vivacité impétueuse.

pétulant, e [petylɑ̃] adj. (lat. *petulans,* querelleur). Qui manifeste un dynamisme exubérant, une impétuosité difficile à contenir.

pétunia [petynja] n. m. Plante ornementale aux fleurs blanches, violettes ou mauves.

peu [pø] adv. (lat. *paucum*). **1.** Après un verbe, indique une petite quantité ou intensité (Peut être modifié par *très, assez, trop, si*) : *Je l'ai peu vue ces temps derniers* (contr. FRÉQUEMMENT). *Travailler peu, très peu, trop peu* (syn. FAIBLEMENT). *Gagner trop peu, assez peu. La lampe éclaire peu* (contr. FORTEMENT). *Cela m'a peu coûté* (contr. CHER). — **2.** *Peu de* (quantité faible), + *n. plur.* ou *sing.* : *Avoir peu d'amis. Il y a trop peu de neige pour pouvoir skier. Elle a peu de temps à vous consacrer.* Employé seul comme sujet, indique un nombre de personnes très faible : *Peu s'en plaignent.* — **3.** Modifie un adj. ou un adv. polysyllabique : *C'est un individu peu, très peu, assez peu, fort peu recommandable* (syn. PAS TRÈS). *Ils sont peu nombreux.* (Avec un adj. monosyllabique, on emploie *pas très* : *Pas très fort.*) *Cela arrive trop peu souvent. Il est si peu scrupuleux. Il n'est pas peu satisfait de lui-même* (= il est très satisfait). — **4.** *De peu,* avec un superlatif relatif, un comparatif, après un verbe, indique une différence faible : *Elle est mon aînée de peu. C'est de peu la première de la classe. Je l'ai manqué de peu* (= j'ai failli le rencontrer). — **5.** *C'est peu de, que,* c'est d'une faible importance : *C'est peu d'avoir des connaissances, encore faut-il s'en servir.* ‖ *C'est trop peu dire,* l'expression est insuffisante : *On a froid; c'est trop peu dire : on grelotte.* ‖ *Depuis peu,* depuis un temps très court : *Elle a déménagé depuis peu.* ‖ *Être peu pour qqn,* ne représenter pour lui aucun intérêt, n'être l'objet d'aucun attachement. ‖ *Il s'en faut de peu que, peu s'en faut que* (+ *subj.*), il a manqué peu de chose pour qu'un fait se produise : *Peu s'en faut que je n'aie tout perdu dans cette spéculation.* ‖ *Peu à peu,* d'une manière progressive, par petites étapes, par degrés : *Peu à peu, il se détachait de celle qu'il avait tant aimée.* ‖ *Peu de chose,* chose sans importance : *Cette dépense est peu de chose pour lui. Ne vous alarmez pas, c'est peu de chose!* ‖ *Pour un peu,* il aurait suffi de peu de chose pour que : *Pour un peu, elle aurait tout abandonné.* ‖ *Sous peu, avant peu,* dans un temps à venir relativement court : *Sous peu, nous serons fixés sur ses intentions. J'aurai avant peu terminé le roman que j'ai commencé.* ‖ Fam. *Très peu pour moi,* refus poli : *Me baigner dans cette eau glaciale, très peu pour moi.* — **6.** Précédé de l'article défini, du démonstratif, du possessif : *le peu, ce peu,* etc. (souvent en tête de phrase comme sujet), indique la petite quantité : *Le peu que j'en sais ne m'incite pas à poursuivre mon enquête. Son peu d'intelligence est la cause de tous ses malheurs. Le peu de confiance que vous m'accordez me blesse profondément. Malgré le peu de biens qu'elle possède, elle est très généreuse.* — **7.** Précédé de l'article indéfini *un* : *un peu* (= dans une faible mesure), *un peu de* (et un nom) : *a)* indique une petite quantité, intensité, durée (avec un nom, un verbe, un adj., un adv.); *b)* atténue un ordre, une demande (souvent fam.); *c)* s'emploie au sens de *trop, bien, très* (fam.); *d)* s'emploie dans les exclamatives (fam.), au sens de *certainement* : *Donnez-moi un peu de sel. Ayez un peu de patience* (contr. BEAUCOUP). *On discute un peu après le repas. Je vais un peu mieux. Attendez un peu. Un peu plus et l'eau débordait* (= s'il s'était ajouté encore une petite quantité). *Un peu au-dessus de la moyenne* (syn. LÉGÈREMENT). *Écoute donc un peu ce que l'on dit. Viens donc un peu, si tu l'oses. Va donc voir un peu ce que fait ta sœur. C'est un peu fort* (syn. TROP). *Elle exagère un peu. C'est un peu tiré par les cheveux. «Tu en es sûr? — Un peu!»* — **8.** Précédé de *quelque* (syn. UN PEU) : *Il est quelque peu étourdi. Elle y a laissé quelque peu de sa fortune.* — **9.** *Si peu* [...] *que* (+ *subj.*), indique une concession, une opposition portant sur une quantité (syn. QUOIQUE, BIEN QUE... PEU) : *Si peu de tête qu'il ait, il doit avoir tout de même entrevu les conséquences de ses actes. Livrez-nous un peu de charbon, si peu que ce soit, cela sera suffisant.* ‖ *Pour peu que* (+ *subj.*), indique une hypothèse (syn. POURVU QUE, DÈS L'INSTANT OÙ) : *Pour peu qu'on ait réfléchi, la situation apparaît compromise. Pour peu que le temps le permette, nous irons dimanche en forêt.*

peuh! [pø] interj. Marque en général le dédain, le mépris ou l'indifférence : *« Comment trouvez-vous cet hôtel? — Peuh! vraiment de dernière catégorie. »*

peuplade [pœplad] n. f. Société humaine incomplètement organisée : *Peuplades lointaines.*

peuple [pœpl] n. m. (lat. *populus*). **1.** Ensemble d'hommes habitant un même territoire et constituant une communauté sociale unie par des liens linguistiques et culturels : *Le peuple français* (syn. NATION). — **2.** Ensemble d'hommes appartenant à une même communauté socio-culturelle, mais à plusieurs nationalités, groupés le plus souvent sous une même autorité politique : *Les peuples de l'U. R. S. S.* — **3.** La classe la plus nombreuse d'une nation ne disposant pas des moyens de production (par oppos. à classe dominante, bourgeoisie, noblesse, pouvoir, etc.). — **4.** Masse indifférenciée de personnes habitant une région ou séjournant en un endroit : *Le peuple de Paris.* — **5.** *Fam.* Abondance de personnes dans un endroit : *Le soir, il y a du peuple sur les trottoirs des Grands Boulevards.* — **6.** *Fam.* Les gens : *Il se moque du peuple.*

peuplé, e [pœple] adj. Qui a des habitants en plus ou moins grand nombre : *Région très peuplée, peu peuplée.*

peuplement [pœpləmɑ̃] n. m. Action de peupler : *Le peuplement de la région s'est fait lentement.*

peupler [pœple] v. t. **1.** *Peupler un lieu,* y établir des habitants, une espèce animale : *Les colons sont allés peupler ces régions inhabitées. Il faut peupler l'étang d'alevins* (syn. GARNIR); s'y établir, y vivre en grand nombre : *Les premiers hommes qui ont peuplé la région ont laissé des traces archéologiques.* — **2.** Litt. *Peupler l'imagination, les rêves de qqn,* les occuper : *Les souvenirs peuplent l'âme du poète* (syn. HANTER, REMPLIR). ◆ ***se peupler*** v. pr. Se remplir de monde : *Le hall des gares se peuple aux heures de pointe.*

peuplier [pœplije] n. m. (lat. *populus,* peuplier). Arbre des régions tempérées, dont le tronc étroit peut s'élever à une grande hauteur et dont le bois blanc est utilisé en ébénisterie, dans la confection de pâte à papier, etc.

peur [pœr] n. f. (lat. *pavor, -oris*). **1.** Sentiment d'inquiétude éprouvé en présence ou à la pensée d'un danger : *Être pris de peur devant le vide. Une belle peur. Une peur bleue* (= une peur très intense; syn. FRAYEUR). *La peur du danger* (= éprouvée devant le danger). *La peur de traverser la rue* (syn. CRAINTE, ↑ANGOISSE, ↑TERREUR). *La peur du ridicule* (syn. APPRÉHENSION). *La peur d'avoir été impoli* (= idée rétrospective qui produit une gêne). — **2.** *Avoir peur,* éprouver de la peur. ‖ *Avoir peur de qqch, de qqn, d'un animal, que... ne* (+ *subj.*), *de* (+ *inf.*), les redouter, les craindre : *J'ai peur qu'il ne se mette à pleuvoir. J'ai bien peur qu'il ne fasse un malheur. J'ai peur d'arriver en retard.* ‖ *En être quitte pour la peur,* échapper complètement à un danger. ‖ *Faire peur à qqn, à un animal,* provoquer chez lui un sentiment d'inquiétude : *Son chef lui a toujours fait peur. La vue du chien fit peur à l'enfant.* ‖ *Mourir de peur,* avoir une crainte très vive. ‖ *Prendre peur,* commencer à ressentir une crainte, une inquiétude. — **3.** *De peur de* (+ *inf.* ou *n.*), *de peur que* (+ *subj.,* + *ne*), par crainte de (que), pour éviter le risque de (que) : *Il n'est pas venu plus tôt de peur de vous déranger. Elle n'ose pas sortir avec ce chapeau, de peur du ridicule. De peur que vous soyez surpris, je vous préviens à l'avance. Elle annonça sa venue, de peur que ses hôtes ne fussent absents.*

peureusement [pœrøzmɑ̃] adv. De façon peureuse : *L'enfant se blottit peureusement dans les bras de sa mère.*

peureux, euse [pœrø] adj. Qui manifeste un manque de courage devant un danger : *Enfant peureux* (syn. POLTRON, ↑LÂCHE; contr. BRAVE, COURAGEUX, HARDI). *Jeter un regard peureux* (syn. CRAINTIF; contr. DÉTERMINÉ).

peut-être [pøtɛtr] adv. Indique que l'énoncé est une éventualité ou une possibilité (en tête de la phrase avec, souvent, inversion du sujet, ou après le verbe ou son auxiliaire) : *Je viendrai peut-être demain. Elle n'est peut-être pas aussi surprise que toi. Peut-être ont-ils oublié le rendez-vous* (syn. IL EST POSSIBLE QUE). *« Quel est le moyen de transport le plus commode? — Peut-être bien le métro. » Je ne sais pas conduire, peut-être?* (expression de défi). *Il n'est peut-être pas très intelligent, mais il est consciencieux* (syn. SANS DOUTE); suivi de *que* (+ conditionnel ou ind.) : *Peut-être qu'il fera beau dimanche. Peut-être bien que j'irais au bord de la mer, si mes vacances tombaient en août.*

phacochère [fakɔʃɛr] n. m. (gr. *phakos,* lentille, et *khoîros,* cochon). Mammifère proche du sanglier, à défenses incurvées, abondant dans les savanes d'Afrique.

1. phalange [falɑ̃ʒ] n. f. (lat. *phalanx,* gros bâton). Chacun des petits os qui composent les doigts et les orteils.

2. phalange [falɑ̃ʒ] n. f. **1.** Troupe nombreuse (soutenu) : *La phalange des supporters.* — **2.** Groupement politique et paramilitaire d'idéologie fasciste.

phalangiste [falɑ̃ʒist] adj. et n. Qui appartient à la phalange politique.

phalène [falɛn] n. f. (gr. *phalaina*). Papillon très commun, nocturne ou crépusculaire, au vol vacillant.

phallocrate [falɔkrat] adj. et n. m. Qui considère l'homme comme supérieur à la femme.

phallus [falys] n. m. (gr. *phallos*). Représentation symbolique du membre viril.

pharaon [faraɔ̃] n. m. Titre des anciens rois d'Égypte.

phare [far] n. m. (de *Pharos,* île égyptienne). **1.** Tour élevée portant un puissant foyer lumineux pour guider les navires et les avions pendant la nuit : *Le phare d'Ouessant.* — **2.** Dispositif d'éclairage d'une voiture comprenant les feux de croisement et les feux de route. — **3.** (pl.) Syn. anc. de FEUX DE ROUTE.

pharisaïque [farizaik] adj. Relatif aux pharisiens : *Orgueil pharisaïque.*

pharisaïsme [farizaism] n. m. *Litt.* Attitude de qqn qui affecte hypocritement d'être irréprochable.

pharisien [farizjɛ̃] n. m. (gr. *pharisaios,* distingué). *Litt.* Homme orgueilleux et hypocrite (par allus. à une ancienne secte de Juifs).

pharmaceutique [farmasøtik] adj. Qui concerne la pharmacie : *Produit pharmaceutique. Spécialité pharmaceutique.*

pharmacie [farmasi] n. f. (gr. *pharmakeia,* de *pharmakon,* remède). **1.** Science, profession qui a pour objet la préparation des médicaments. — **2.** Magasin où se fait la vente des médicaments. — **3.** Petit meuble, le plus souvent suspendu à un mur, où on range les médicaments usuels.

pharmacien, enne [farmasjɛ̃] n. Personne qui exerce la pharmacie, qui tient une pharmacie.

pharmacopée [farmakɔpe] n. f. (gr. *pharmakon,* remède, et *poieîn,* faire). Recueil de recettes et de formules pour préparer les médicaments.

pharyngite [farɛ̃ʒit] n. f. Inflammation du pharynx.

pharynx [farɛ̃ks] n. m. (gr. *pharugx,* gorge). Région située entre la bouche et l'œsophage, où les voies digestives croisent les voies respiratoires.

phase [faz] n. f. (gr. *phasis*). Chacun des aspects successifs d'un phénomène, d'une chose en évolution, en modification : *Les diverses phases de la fabrication des livres* (syn. STADE). *Le plan entre dans sa dernière phase d'exécution* (syn. FORME, PÉRIODE). *Les phases d'une maladie.*

phénix [feniks] n. m. (mot gr. signif. *pourpre*). **1.** Oiseau fabuleux qui se brûlait lui-même sur un bûcher et renaissait de ses cendres. — **2.** Personne douée de qualités exceptionnelles, qu'on estime être unique en son genre.

phénol [fenɔl] n. m. (du gr. *phainein,* briller). Dérivé du benzène utilisé comme désinfectant.

phénoménal, e, aux [fenɔmenal] adj. *Fam.* Qui sort de l'ordinaire par sa grandeur, son excentricité : *Bêtise phénoménale* (syn. ÉNORME). *Il a un aplomb phénoménal et tutoie tout le monde* (syn. PRODIGIEUX, EXTRAORDINAIRE).

phénomène [fenɔmɛn] n. m. (gr. *phainomenon,* ce qui apparaît). **1.** Ce qui se manifeste à la conscience par son existence, par une modification psychologique, affective, etc. : *Les phénomènes économiques. Les météores sont des phénomènes naturels. Aucun phénomène anormal ne s'est produit dans l'évolution de la maladie* (syn. MANIFESTATION). *Sa réaction est un phénomène explicable.* — **2.** Être, chose qui présente un aspect anormal, étonnant, qui sort de l'ordinaire : *Il dirige un orchestre à douze ans! C'est un phénomène.*

philanthrope [filɑ̃trɔp] adj. et n. (gr. *philos,* ami, et *anthrôpos,* homme). Dont la générosité désintéressée est inspirée par le désir de venir en aide aux hommes en général.

philanthropie [filɑ̃trɔpi] n. f. Caractère du philanthrope : *Ce n'est pas par philanthropie, mais par intérêt, que je les aide* (syn. GÉNÉROSITÉ).

philanthropique [filɑ̃trɔpik] adj. Qui relève de la philanthropie : *Œuvre de caractère philanthropique.*

philatélie [filateli] n. f. (gr. *philos,* ami, et *ateleia,* exemption d'impôts). Distraction consistant à collectionner les timbres-poste; activité commerciale en relation avec cette distraction.

philatéliste [filatelist] n. Collectionneur de timbres-poste.

philharmonie [filarmɔni] n. f. (gr. *philos,* ami, et *harmonie*). Association de concerts.

philharmonique [filarmɔnik] adj. Se dit de certaines associations musicales : *Orchestre philharmonique* (= qui donne des concerts de musique classique).

philippin, e [filipɛ̃] adj. et n. Des Philippines.

philologie [filɔlɔʒi] n. f. (gr. *philos,* ami, et *logos,* parole). Science qui étudie les documents écrits, et en partic. les œuvres littéraires, du point de vue de l'établissement des textes, de leur authenticité, de leurs rapports avec la civilisation et l'auteur, qui étudie aussi l'origine des mots et leur filiation : *La philologie, science historique, se distingue de la linguistique, qui étudie les langues et le langage.*

philologique [filɔlɔʒik] adj. Relatif à la philologie : *Études philologiques.*

philologiquement [filɔlɔʒikmɑ̃] adv. Sur le plan philologique.

philologue [filɔlɔg] n. Spécialiste de philologie.

philosophale [filɔzɔfal] adj. f. *Pierre philosophale,* substance recherchée par les alchimistes et qui devait transformer tous les métaux en or; chose impossible à trouver.

philosophe [filɔzɔf] n. Spécialiste de philosophie : *Le philosophe Heidegger. Sartre, un philosophe et un romancier.* ◆ adj. et n. Qui regarde la vie avec philosophie, avec résignation : *Elle est restée philosophe devant les critiques les plus violentes* (syn. CALME).

philosopher [filɔzɔfe] v. i. Tenir des considérations morales, philosophiques sur un événement.

philosophie [filɔzɔfi] n. f. (gr. *philos,* ami, et *sophia,* sagesse). **1.** Ensemble des considérations et des réflexions générales, constituées en doctrine ou en système, sur les principes fondamentaux de la connaissance, de la pensée et de l'action humaines : *La philosophie de Kant, de Hegel. La philosophie grecque. La philosophie générale, ou métaphysique. L'esthétique, la logique, la morale, etc., sont des branches de la philosophie.* — **2.** Enseignement donné dans les classes terminales des lycées et portant, d'une part, sur la logique, la morale et la métaphysique, et, d'autre part, sur la psychologie : *Une dissertation de philosophie.* — **3.** Conception qu'on se fait des problèmes de la vie : *Avoir une philosophie optimiste, pessimiste. Tirer la philosophie d'une mésaventure* (syn. MORALE). — **4.** Calme de celui qui fait face aux difficultés, aux événements imprévus de l'existence : *Supporter les échecs avec philosophie* (syn. ↑INDIFFÉRENCE). *Elle prend son mal avec philosophie* (syn. RÉSIGNATION).

philosophique [filɔzɔfik] adj. Du point de vue de la philosophie : *Réflexion philosophique sur l'univers. Des conceptions philosophiques.*

philosophiquement [filɔzɔfikmɑ̃] adv. En philosophe (dans tous les sens) : *Accepter philosophiquement son sort* (= avec résignation).

philtre [filtr] n. m. (du gr. *philein,* aimer). Breuvage magique propre à inspirer l'amour ou quelque autre passion.

phlébite [flebit] n. f. (du gr. *phleps, phlebos,* veine). Inflammation d'une veine entraînant des troubles circulatoires (méd.).

phlegmon [flɛgmɔ̃] n. m. (du gr. *phlegein,* brûler). Inflammation de certains tissus entraînant un abcès (méd.).

phobie [fɔbi] n. f. (gr. *phobos,* effroi). **1.** Peur angoissante, éprouvée par certains malades. — **2.** Aversion instinctive et irraisonnée : *Elle a la phobie de l'avion.*

phobique [fɔbik] adj. et n. Atteint de phobie.

phonation [fɔnasjɔ̃] n. f. (du gr. *phônê,* voix). Production des sons de la parole chez l'homme.

phonatoire [fɔnatwar] adj. Relatif à la production des sons vocaux : *Les organes phonatoires.*

phonème [fɔnɛm] n. m. (gr. *phônêma,* son de voix). Élément sonore produit par les organes de la parole et qui a une valeur distinctive : *Les phonèmes, voyelles ou consonnes, sont caractérisés les uns par rapport aux autres par des traits pertinents (sonorité, nasalité, etc.).*

phonéticien, enne [fɔnetisjɛ̃] n. Spécialiste de phonétique.

phonétique [fɔnetik] adj. Qui concerne les sons du langage : *L'écriture phonétique transcrit les sons du langage par les signes graphiques conventionnels de l'alphabet phonétique international.* ◆ n. f. Étude de l'émission et de la réception des sons composant le langage humain : *La phonétique utilise en particulier les données de la physique et de la physiologie.*

phono [fɔno] ou **phonographe** [fɔnɔgraf] n. m. (gr. *phônê,* voix, et *graphein,* décrire). Appareil utilisé pour reproduire par des moyens mécaniques les sons enregistrés sur des disques (vieilli).

phonologie [fɔnɔlɔʒi] n. f. Étude du fonctionnement des sons du langage dans une langue déterminée.

phonologique [fɔnɔlɔʒik] adj. De la phonologie.

phonologue [fɔnɔlɔg] n. Spécialiste de phonologie.

phonothèque [fɔnɔtɛk] n. f. Établissement, local où sont rassemblés les documents sonores, les disques, etc., constituant des archives de la parole.

phoque [fɔk] n. m. (lat. *phoca ;* mot gr.). Gros mammifère au cou très court et au pelage ras, vivant près des côtes arctiques *(veau marin),* antarctiques *(éléphant de mer)* ou en Méditerranée ; sa fourrure.

phosphate [fɔsfat] n. m. (du gr. *phôs,* lumière). Produit chimique utilisé comme engrais.

phosphore [fɔsfɔr] n. m. (gr. *phôs,* lumière, et *phoros,* qui porte). Corps chimique employé en partic. pour la fabrication des allumettes chimiques.

phosphorescence [fɔsfɔrɛsɑ̃s] n. f. (du gr. *phôsphoros,* lumineux). Propriété qu'ont certains corps d'émettre de la lumière dans l'obscurité : *La phosphorescence de la mer est due à de petits animaux marins.*

phosphorescent, e [fɔsfɔrɛsɑ̃] adj. Qui a la propriété de phosphorescence : *Le ver luisant est phosphorescent.*

photo [fɔto] ou **photographie** [fɔtɔgrafi] n. f. (gr. *phôs, phôtos,* lumière, et *graphein,* tracer). **1.** Action, art, manière de fixer par l'action de la lumière l'image des objets sur une surface sensible : *Elle fait de la photo. La photographie en couleurs. Un appareil de photo.* — **2.** Reproduction de l'image ainsi obtenue : *Prendre une photo* (= photographier). *Rater, manquer une photo. Photo d'identité* (= photographie du visage utilisée pour les pièces d'identité). *Une photo souvenir. Découper une photo dans un journal. Un album de photos.*

photocopie [fɔtokɔpi] n. f. Reproduction d'un document par photographie.

photocopier [fɔtokɔpje] v. t. Reproduire par photocopie.

photocopieur [fɔtokɔpjœr] n. m. ou **photocopieuse** [fɔtokɔpjøz] n. f. Appareil permettant de faire des photocopies.

photo-électrique [fɔtoelɛktrik] adj. *Cellule photo-électrique* → CELLULE.

photo-finish [fɔtofiniʃ] n. f. (de *photo* et angl. *to finish,* finir) [pl. *photos-finish*]. Film donnant l'ordre des concurrents à l'arrivée d'une course.

photogénique [fɔtɔʒenik] adj. (du gr. *phôs, phôtos,* lumière, et *gennân,* engendrer). Dont les traits du visage sont aussi, sinon plus, agréables en photo ou au cinéma qu'au naturel.

photographe [fɔtɔgraf] n. Personne qui photographie, qui fait métier de photographier.

photographier [fɔtɔgrafje] v. t. *Photographier qqn, qqch,* en obtenir une image par la photographie : *Photographier un paysage, une scène de plage, ses enfants.*

photographique [fɔtɔgrafik] adj. Relatif à la photographie : *Appareil photographique* (ou *appareil photo*). *Pellicule photographique.*

photogravure [fɔtɔgravyr] n. f. Procédé photographique permettant d'obtenir des planches gravées utilisables pour l'impression typographique.

Photomaton [fɔtɔmatɔ̃] n. m. (nom déposé). Appareil qui prend et développe instantanément des photographies.

photothèque [fɔtɔtɛk] n. f. Local où sont rassemblées des archives photographiques.

phrase [fraz] n. f. (gr. *phrasis,* de *phrazein,* expliquer). **1.** Unité élémentaire de l'énoncé représentant un message d'un sujet parlant : *La phrase simple, en français, est composée d'un groupe nominal et d'un verbe* (ex. *La fillette rit*). *La phrase nominale est réduite au seul groupe nominal* (ex. *Silence !*). *Une phrase interrogative, exclamative. Les longues phrases de Proust.* — **2.** *Faire des phrases,* parler de façon prétentieuse, emphatique et vide. ‖ *Phrases toutes faites,* manière de parler conventionnelle, banale (syn. FORMULES, CLICHÉS). ‖ *Sans phrases,* sans commentaires, sans prendre de détour.

phraséologie [frazeɔlɔʒi] n. f. **1.** Ensemble des expressions, des types de construction propres à une langue, à un milieu, à une science. — **2.** *Péjor.* Emploi de formules qui, sous des apparences profondes, cachent le vide de la pensée.

phraseur, euse [frazœr] n. *Péjor.* Personne qui tient des discours prétentieux et vides de pensée.

phrastique [frastik] adj. Relatif à la phrase.

phréatique [freatik] adj. (du gr. *phrear, -atos,* puits). *Nappe phréatique,* nappe d'eau souterraine formée par l'infiltration des eaux de pluie.

phrygien [friʒjɛ̃] adj. m. (de *Phrygie*). *Bonnet phrygien,* bonnet rouge, emblème républicain de l'affranchissement et de la liberté.

phtisie [ftizi] n. f. (gr. *phthisis,* dépérissement). Syn. anc. de TUBERCULOSE PULMONAIRE.

phtisique [ftizik] n. Syn. anc. de TUBERCULEUX.

phylloxéra [filɔksera] n. m. (gr. *phullon,* feuille, et *xeros,* sec). Insecte voisin du puceron, qui s'attaque à la vigne.

physicien, enne [fizisjɛ̃] n. Spécialiste de physique.

physiologie [fizjɔlɔʒi] n. f. (gr. *phusis,* nature, et *logos,* science). Science qui a pour objet l'étude du fonctionnement des organismes vivants.

physiologique [fizjɔlɔʒik] adj. Relatif à la physiologie.

physiologiste [fizjɔlɔʒist] n. Spécialiste de physiologie.

physionomie [fizjɔnɔmi] n. f. (gr. *phusis,* nature, et *gnômôn,* qui connaît). **1.** Ensemble des traits d'un visage ayant un caractère particulier et exprimant la personnalité, l'humeur, etc. : *Sa physionomie s'anima. Physionomie joyeuse, ouverte* (syn. EXPRESSION). *Physionomie énergique* (syn. FIGURE). — **2.** Aspect particulier qui distingue une chose d'une autre : *Au mois d'août, la physionomie de Paris change complètement* (syn. ASPECT). *Chaque région a sa physionomie* (syn. CARACTÈRE).

physionomiste [fizjɔnɔmist] adj. et n. Capable de reconnaître immédiatement une personne antérieurement rencontrée.

1. physique [fizik] n. f. (gr. *phusis,* nature). Science qui a pour objet l'étude des propriétés générales des corps et des lois qui modifient leur état et leur mouvement.

2. physique [fizik] adj. **1.** Qui appartient à la matière, à la nature (par oppos. aux *êtres vivants*) : *Propriétés physiques d'un corps* (par oppos. à *chimique*). *Géographie physique* (par oppos. à *économique*). — **2.** Qui concerne le corps humain : *Les exercices physiques vous feront du bien. La souffrance physique* (contr. MORAL). *La supériorité physique. Éducation, culture physique* (contr. INTELLECTUEL). *L'effort, la fatigue physique* (contr. MENTAL). *Amour, plaisir physique* (= amour, plaisir charnel). ◆ n. m. **1.** Aspect général de qqn : *Avoir un physique agréable. Avoir le physique de l'emploi* (= avoir un aspect physique qui évoque bien son activité). — 2. Constitution du corps, état de santé : *Le physique influe sur le moral.*

physiquement [fizikmɑ̃] adv. Sur le plan physique : *Ceci est physiquement impossible* (syn. MATÉRIELLEMENT). *Être diminué physiquement.*

phytothérapie [fitoterapi] n. f. (du gr. *phuton,* plante). Traitement des maladies par les plantes.

piaffement [pjafmɑ̃] n. m. Action de piaffer : *Les piaffements d'un cheval.*

piaffer [pjafe] v. i. (onomat.). 1. (sujet un cheval) Frapper le sol des pieds de devant. — 2. (sujet qqn) *Piaffer d'impatience,* s'agiter vivement (syn. TRÉPIGNER).

piaillement [pjajmɑ̃] n. m. *Fam.* Action de piailler : *Être exaspéré par les piaillements des enfants.*

piailler [pjaje] v. i. (onomat.). 1. (sujet un oiseau) Pousser des cris aigus et répétés. — 2. *Fam.* (sujet un enfant) Crier sans cesse.

pianissimo [pjanisimo] adv. Très doucement.

pianiste [pjanist] n. Personne, artiste qui joue du piano.

1. piano [pjano] adv. (mot it. signif. *doux*). 1. Indication musicale invitant à exécuter un morceau doucement. — 2. Fam. *Allez-y piano,* agissez avec douceur.

2. piano [pjano] n. m. (de l'it. *pianoforte,* doux et fort). Instrument de musique à clavier et à cordes : *Le piano a remplacé le clavecin. Un piano à queue. Un piano droit.*

pianoter [pjanɔte] v. i. 1. Jouer du piano maladroitement, comme un débutant. — 2. Tapoter sur qqch avec ses doigts comme si on jouait du piano : *Elle pianotait avec impatience sur la table.*

piastre [pjastr] n. f. (it. *piastra,* lame de métal). Unité monétaire de nombreux pays.

piaulement [pjolmɑ̃] n. m. Action de piauler.

piauler [pjole] v. i. (onomat.) [sujet des petits poulets, des enfants (fam.)] Pousser des cris aigus.

1. pic [pik] n. m. (de *piquer*). 1. Instrument de métal, courbé et pointu, muni d'un long manche et dont on se sert pour creuser, défoncer le sol, démolir un mur, etc. — 2. Montagne dont le sommet forme une pointe ; le sommet lui-même : *Le pic du Midi. Les pics enneigés.* — 3. *A pic,* d'une façon verticale : *La falaise tombe à pic sur la mer. La maison donne à pic sur la rivière* (= domine la rivière). *Le bateau a coulé à pic* (= rapidement, en allant droit au fond); *fam.,* d'une façon opportune : *Elle est arrivée à pic* (syn. soutenu À POINT NOMMÉ). *Cet argent tombe à pic* (syn. À PROPOS).

2. pic [pik] n. m. (lat. *picus*). Oiseau grimpeur qui frappe du bec l'écorce des arbres pour en faire sortir les larves.

picador [pikadɔr] n. m. (mot esp.). Cavalier qui, dans une corrida, fatigue le taureau avec une pique.

picaresque [pikarɛsk] adj. (de l'esp. *picaro,* vaurien). Se dit d'une œuvre littéraire dont l'action se situe dans le milieu pittoresque des aventuriers, des vagabonds et des truands.

pichenette [piʃnɛt] n. f. *Fam.* Petit coup brusque appliqué avec le doigt : *D'une pichenette, elle fit tomber la cendre de sa cigarette* (syn. CHIQUENAUDE).

pichet [piʃɛ] n. m. Petit broc à vin, à cidre.

pickpocket [pikpɔkɛt] n. m. (angl. *to pick,* enlever, et *pocket,* poche). Voleur à la tire.

pick-up [pikœp] n. m. inv. (de l'angl. *to pick up,* recueillir). Syn. vieilli de ÉLECTROPHONE.

picorer [pikɔre] v. t. et i. (de *piquer,* voler) [sujet des poules, des oiseaux, etc.] Prendre de la nourriture çà et là : *Les poules picorent les graines.*

picoté, e [pikɔte] adj. Marqué de trous minuscules, de points : *Visage picoté de rougeurs.*

picotement [pikɔtmɑ̃] n. m. Sensation de piqûre légère : *J'ai des picotements aux pieds* (syn. FOURMILLEMENT).

picoter [pikɔte] v. t. (de *piquer*). *Picoter qqn, une partie du corps,* lui causer une sensation de piqûre légère, mais répétée : *La fumée picote les yeux. Les chardons picotaient les jambes* (syn. ↓CHATOUILLER). *J'ai un bouton qui me picote* (syn. DÉMANGER).

picotin [pikɔtɛ̃] n. m. (de l'anc. fr. *picot,* mesure de vin). Ration d'avoine donnée à un cheval.

pictogramme [piktɔgram] n. m. Dessin stylisé destiné à signifier des indications simples : *La signalisation routière utilise les pictogrammes.*

pictural, e, aux [piktyral] adj. (du lat. *pictura,* peinture). Qui concerne la peinture : *Technique picturale.*

pidgin [pidʒin] n. m. (prononciation chin. de l'angl. *business*). Langue mixte employée dans les relations commerciales maritimes en Extrême-Orient et qui est devenue synonyme de SABIR.

1. pie [pi] n. f. (lat. *pica*). Oiseau à plumage noir et blanc et à longue queue, caractérisé par des cris continuels : *La pie jacasse. Être bavard comme une pie.*

2. pie [pi] adj. inv. (même étym.). *Cheval, jument, vache pie,* à robe noir et blanc, ou roux et blanc. ‖ *Voiture pie,* voiture noire et blanche de la police.

3. pie [pi] adj. f. (lat. *pius,* pieux). *Faire œuvre pie,* accomplir un acte pieux (soutenu).

pièce [pjɛs] n. f. (bas lat. *petia,* morceau).

— I. 1. Chaque partie séparée d'un tout, en rompant, en déchirant, en arrachant : *Mettre quelque chose en pièces* (= le briser, le déchirer). *La lampe est en pièces* (syn. FRAGMENT, MORCEAU). — 2. Chaque objet, chaque élément faisant partie d'un ensemble (souvent suivi d'un compl. du n.) : *Cela coûte dix francs pièce* (= chaque unité). *La pièce de résistance dans un repas* (= plat principal). *Les pièces d'un jeu d'échecs, de dames. Le pêcheur a pris une belle pièce* (= un beau poisson). *Un costume trois pièces* (= veste, gilet et pantalon). *Pièce de drap. Pièce de bois* (= planche, poutre). *Pièce de terre* (= espèce de terre cultivable). *Ouvrière payée à la pièce, aux pièces* (= en proportion de l'ouvrage effectué). *Pièce de vin* (= fût de vin). *Pièce d'eau* (= étang, bassin dans un parc ou un jardin). *Pièce d'artillerie* (= canon). *Pièces détachées, de rechange* (= parties d'un appareil, d'une machine, etc., qui servent à remplacer les pièces défectueuses). *Pièce montée* (= pâtisserie formant une sorte d'architecture). — 3. Document servant à établir un droit, la réalité d'un fait, une preuve : *Pièce d'identité* (= papiers établissant l'identité de qqn). *Pièces à conviction* (= preuves du délit). *Juger sur pièces* (= avec des preuves). — 4. Élément, morceau réparant une déchirure, une coupure : *Mettre une pièce à un pantalon* (= le raccommoder). — 5. *Armé de toutes pièces,* entièrement protégé de la tête aux pieds (syn. DE PIED EN CAP). ‖ *Être tout d'une pièce,* sans détour, sans finesse ni souplesse (syn. RIGIDE, INTRANSIGEANT). ‖ *Faire pièce à qqn,* s'opposer à lui et lui faire échec. ‖ *Fait de pièces et de morceaux,* qui manque d'unité, d'homogénéité ; fait de parties disparates. ‖ *Inventer, forger de toutes pièces,* inventer sans preuves, par un acte de pure imagination. — 6. Morceau de métal plat servant de monnaie : *Une pièce d'aluminium, d'argent, d'or. Une pièce de 1 franc. Donner la pièce à quelqu'un* (= lui verser un pourboire).

— II. 1. Ouvrage dramatique (comédie, tragédie,

drame, etc.) : *Pièce en cinq actes. Une troupe d'amateurs qui monte une pièce de Molière. Une pièce gaie, triste. Pièce à trois personnages.* — **2.** Ouvrage littéraire ou musical : *Une pièce de vers. Une pièce de Schubert.*
— **III.** Chaque partie d'un appartement, d'une maison, d'un logement d'une certaine superficie et ayant une ou plusieurs ouvertures vers l'extérieur (excluant la cuisine, la salle de bains, l'entrée) : *Appartement de cinq pièces. La pièce où on couche* (= chambre), *où on mange* (= salle à manger).

piécette [pjesɛt] n. f. Petite pièce de monnaie : *Une piécette de dix centimes.*

pied [pje] n. m. (lat. *pes, pedis*).
— **I. 1.** Chez l'homme, partie de l'extrémité de la jambe qui sert à soutenir et à marcher : *Les ongles des doigts de pied. La plante du pied. Se tordre le pied* (= la cheville du pied). *Aller pieds nus, nu-pieds. Être couvert de boutons de la tête aux pieds* (= sur tout le corps). *Je ne peux plus mettre un pied devant l'autre* (= marcher). *Sauter à pieds joints, d'un pied sur l'autre. Donner un coup de pied.* — **2.** Semelle des chaussures : *Elle s'essuya les pieds sur le paillasson avant d'entrer.* — **3.** Chez quelques animaux, syn. de PATTE : *Un pied de porc, de mouton.* — **4.** *À pied,* en marchant : *Aller à pied à son bureau. Partir à pied* (par oppos. à un moyen de transport). *Une course à pied.* ‖ *Au petit pied,* en raccourci, en plus petit (ironiq.). ‖ *Au pied levé,* sans préparation. ‖ *Avoir bon pied bon œil,* être en excellente santé ; être vigilant. ‖ *Avoir pied,* pouvoir se tenir debout la tête hors de l'eau. ‖ *Avoir le pied marin,* être capable de supporter les mouvements d'un bateau. ‖ Fam. *Ça lui fait les pieds,* cela lui donne une leçon, cela lui apprend à vivre. ‖ *Coup de pied de l'âne,* lâche insulte faite à qqn qui ne peut se défendre. ‖ *Coup de pied au derrière,* ou, pop., *au cul,* vexation, affront. ‖ *De pied ferme,* avec l'intention de résister énergiquement. ‖ *Être sur pied,* debout, réveillé : *Je suis sur pied dès six heures ;* guéri : *Elle est maintenant sur pied après une longue grippe* (syn. RÉTABLI). ‖ *Faire du pied à qqn,* frôler son pied contre le sien pour attirer son attention, exprimer un désir amoureux. ‖ Fam. *Faire des pieds et des mains,* employer tous les moyens (syn. SE DÉMENER). ‖ *Lever le pied,* s'enfuir après avoir commis une faute, secrètement ; s'enfuir avec la caisse. ‖ *Marcher sur les pieds de qqn,* chercher à l'évincer, à prendre sa place, à empiéter sur son domaine. ‖ *Mettre à pied un ouvrier, un employé,* le licencier. ‖ Fam. *Mettre les pieds dans le plat,* faire une gaffe, parler avec une brutale franchise et avec indiscrétion d'une question délicate. ‖ *Mettre les pieds dehors,* sortir. ‖ *Mettre, remettre les pieds qqpart,* y aller, y retourner. ‖ *Mettre pied à terre,* descendre de cheval. ‖ *Mettre, traiter qqch, qqn sur le même pied, sur un pied d'égalité,* leur accorder la même valeur, le même statut, la même importance. ‖ *Mettre sur pied qqch,* l'organiser, le mettre en état. ‖ *Perdre pied,* couler ; perdre le contrôle de soi-même, reculer ; ne plus savoir que dire. ‖ *Pied à pied,* pas à pas, graduellement : *Lutter, avancer, reculer pied à pied.* ‖ *Pieds et poings liés,* réduit à une totale impuissance. ‖ *Portrait, statue en pied,* représentant un personnage debout de la tête aux pieds. ‖ *Prendre pied,* s'établir solidement. ‖ Fam. *Retomber sur ses pieds,* se tirer à son avantage d'une situation fâcheuse ou délicate. ‖ Fam. *Se débrouiller comme un pied,* très mal. ‖ *Se jeter aux pieds de qqn,* se prosterner devant lui, le supplier. ‖ Fam. *Se lever du pied gauche,* être de mauvaise humeur. ‖ *Sur le pied de,* avec les ressources de : *Il vit sur le pied d'un grand homme d'affaires.* ‖ *Sur le pied de guerre,* prêt à combattre. ‖ *Valet de pied,* domestique de grande maison chargé d'introduire les invités. ‖ *Vivre sur un grand pied,* avoir un grand train de vie, dépenser beaucoup. — **5.** Pop. *C'est le pied !,* indique une intense satisfaction. ‖ *Prendre son pied,* éprouver un vif plaisir. (→ PÉDESTRE, PIÉTINER, PIÉTON.)
— **II. 1.** Partie d'un objet servant à le soutenir, par lequel il repose sur le sol : *Un pied de lit. Le pied d'une échelle. Le pied d'un verre. Les pieds de la table. Le pied d'un mur* (syn. BASE). *Le pied de la falaise.* — **2.** Partie d'un végétal qui touche le sol ; toute la plante : *Le pied de l'arbre. Un pied de vigne. Un pied de salade* (= une salade). *Fruits, céréales vendus sur pied* (= avant la récolte). — **3.** *Être à pied d'œuvre* → ŒUVRE. ‖ *Être au pied du mur* → MUR. — **4.** *Pied à coulisse,* instrument servant à mesurer le diamètre ou l'épaisseur d'un objet.
— **III. 1.** En métrique grecque et latine, groupe de syllabes d'un type déterminé : *L'hexamètre, ou vers de six pieds.* — **2.** En versification française, chaque syllabe d'un vers : *Les douze pieds d'un alexandrin.*
— **IV. 1.** Unité de mesure de longueur anglo-saxonne valant environ 30,47 cm. — **2.** Unité de mesure de longueur utilisée autref. en France (32,5 cm). — **3.** Fam. *Souhaiter être à cent pieds sous terre,* avoir envie de se cacher par confusion.

pied-à-terre [pjetatɛr] n. m. inv. Petit logement qu'on occupe seulement en passant.

pied-de-biche [pjedbiʃ] n. m. (pl. *pieds-de-biche*). **1.** Pied incurvé des meubles (fauteuil, secrétaire, etc.) de style Louis XV. — **2.** Petit levier métallique dont la tête, en biais, est fendue, et qui sert à arracher les clous. — **3.** Pièce de la machine à coudre prenant et guidant l'étoffe.

pied-de-poule [pjedpul] n. m. inv. Tissu de laine formé de deux couleurs en damier.

piédestal [pjedɛstal] n. m. (it. *piede,* pied, et *stallo,* support) [pl. *piédestaux*]. **1.** Support isolé sur lequel on place une statue, un vase, etc. : *Une inscription fut gravée sur le piédestal.* — **2.** *Mettre qqn sur un piédestal,* lui témoigner une grande admiration. ‖ *Tomber de son piédestal,* perdre de son prestige.

pied-noir [pjenwar] n. m. (pl. *pieds-noirs*). *Fam.* Habitant de l'Algérie, d'origine européenne, avant l'indépendance.

piège [pjɛʒ] n. m. (lat. *pedica,* lien aux pieds). **1.** Dispositif destiné à attraper des animaux, morts ou vifs, à détruire des engins de combat, etc. : *Prendre un oiseau au piège. Des pièges à rats. Les mâchoires du piège se refermèrent sur la patte du loup. Des pièges contre les chars.* — **2.** Moyen détourné qu'on emploie contre qqn pour le mettre dans une situation difficile ou dangereuse, pour le tromper : *Tendre un piège à un adversaire* (syn. litt. EMBÛCHE). *Éventer un piège* (syn. ↑ MACHINATION). *Tomber dans un piège grossier* (syn. TRAQUENARD). *Les adversaires furent attirés dans un piège* (syn. GUET-APENS). *Se laisser prendre au piège. Cette version allemande est pleine de pièges* (= de difficultés). *Être pris à son propre piège* (syn. ↓ RUSE).

piégeage [pjeʒaʒ] n. m. Action de piéger.

piéger [pjeʒe] v. t. (c. **2** et **10**). **1.** *Piéger un lieu, un objet,* etc., y disposer des pièges pour prendre un animal, détruire des ennemis (souvent pass.) : *Les braconniers ont piégé le bois. La porte de la maison avait été piégée* (= munie d'un dispositif commandant l'éclatement d'une bombe, d'une mine, au moment de l'ouverture). — **2.** *Piéger qqn,* le prendre à un piège, à un artifice quelconque.

pie-grièche [pigrijɛʃ] n. f. (de *pie* et anc. fr. *grieche,* grecque) [pl. *pies-grièches*]. Oiseau passereau à bec crochu, vivant dans les bois et les haies.

pierraille [pjɛraj] n. f. Amas de petites pierres.

pierre [pjɛr] n. f. (lat. *petra*). **1.** Matière minérale, dure et solide, dont on se sert pour la construction : *Une pierre calcaire. Un bloc de pierre* (syn. ROCHE). *Dur* *comme de la pierre* (syn. ROCHER). *De la pierre à bâtir. L'âge de pierre* (= période préhistorique caractérisée par l'utilisation d'outils en pierre). *Pierre à chaux, à plâtre.* — **2.** Morceau de cette matière, façonné ou non, plus ou moins grand : *Amas de pierres. Jeter une pierre dans l'eau* (syn. CAILLOU). *Chemin plein de pierres. Les pierres d'un mur. Démolir une maison pierre à pierre. Une pierre tombale sur laquelle on a gravé une inscription. Pierre à briquet* (= matière qui sert à faire une étincelle pour allumer un briquet). — **3.** *Pierre (précieuse),* minéral de grande valeur à cause de sa rareté, de son éclat, etc. ‖ *Pierre fine* → FIN . — **4.** *Apporter sa pierre à une œuvre,* y contribuer. ‖ *Jeter la pierre à qqn,* le blâmer, l'accuser : *Que celui qui n'a jamais commis une erreur lui jette la pierre.* ‖ *Marquer un jour d'une pierre blanche, noire,* avoir un succès, un malheur qui marque dans la vie. ‖ *Ne pas laisser pierre sur pierre,* détruire complètement. ‖ *Pierre de touche,* ce qui sert à connaître la valeur de qqn ou de qqch (syn. ÉPREUVE, TEST). ‖ *Pierre qui roule n'amasse pas mousse,* on ne s'enrichit pas en changeant souvent de lieu ou de métier. ‖ *Visage de pierre,* froid et immobile.

pierreries [pjɛrri] n. f. pl. Pierres précieuses utilisées en bijouterie : *Une montre enrichie de pierreries.*

pierreux, euse [pjɛrø] adj. **1.** De la nature de la pierre (sens 1) : *Concrétion pierreuse.* — **2.** Couvert de pierres, plein de pierres (sens 2) : *Chemin pierreux* (syn. ROCAILLEUX). *Sol pierreux.*

pietà [pjeta] n. f. (mot it. signif. *pitié*). Au Moyen Âge, peinture ou sculpture représentant une Vierge en pleurs au pied de la Croix et tenant sur ses genoux le corps du Christ.

piétaille [pjetaj] n. f. (du lat. *pes, pedis,* pied). *Fam.* et *péjor.* Ensemble de gens sans importance, de subalternes.

piété [pjete] n. f. **1.** Dévotion religieuse qui se manifeste par une grande assiduité aux pratiques de la religion. — **2.** *Piété filiale,* amour respectueux pour ses parents. (→ IMPIE.)

piétinement [pjetinmɑ̃] n. m. **1.** Action de piétiner : *Le piétinement de la file d'attente devant le cinéma. Le piétinement de l'économie* (syn. STAGNATION). — **2.** Bruit fait en piétinant : *On entendait le piétinement des chevaux dans la cour pavée de la ferme.*

piétiner [pjetine] v. i. **1.** (sujet qqn) S'agiter en frappant vivement des pieds sur le sol : *Piétiner de colère, d'impatience* (syn. TRÉPIGNER, PIAFFER). — **2.** (sujet qqn) Avancer très peu ou même ne pas pouvoir avancer alors qu'on effectue les mouvements de la marche : *La colonne piétinait dans la boue* (syn. PATAUGER). *Le cortège avançait lentement et par moments piétinait sur place* (syn. MARQUER LE PAS). — **3.** (sujet qqch) Ne pas marquer de progrès, ne pas avancer : *Les discussions piétinent; on est encore loin d'une solution.* ◆ v. t. **1.** *Piétiner qqch, qqn,* le frapper avec les pieds de manière vive et répétée : *Piétiner le sol pour durcir la terre* (syn. ↓FOULER). *Dans la panique, plusieurs femmes furent piétinées. Les enfants ont piétiné les plates-bandes du jardin.* — **2.** *Piétiner qqch (principe, règle, institution),* ne pas le respecter : *Piétiner tous les tabous.*

piéton [pjetɔ̃] n. m. Personne qui circule à pied dans une ville, sur une route : *Un piéton a été renversé sur un passage clouté.*

piétonnier, ère [pjetɔnje] ou **piéton, onne** [pjetɔ̃] adj. *Rue piétonnière,* qui est réservée aux piétons.

piètre [pjɛtr] adj. (lat. *pedester, -tris,* qui va à pied) [avant le n.] D'une valeur très médiocre : *Un piètre écrivain* (syn. ↑MINABLE). *C'est une piètre consolation que de la savoir aussi malheureuse que toi* (syn. MINCE, TRISTE). *Être un piètre convive* (= ne pas faire honneur aux plats).

piètrement [pjɛtrəmɑ̃] adv. De façon médiocre, minable : *Une symphonie piètrement exécutée* (syn. MÉDIOCREMENT).

pieu [pjø] n. m. (lat. *palus*). Pièce de bois ou de métal pointue à un bout et destinée à être enfoncée en terre : *Les pieux d'une clôture.*

pieusement [pjøzmɑ̃] adv. Avec un sentiment pieux : *L'anniversaire de sa mort fut pieusement célébré. Elle gardait pieusement les objets familiers du disparu.*

pieuvre [pjœvr] n. f. (lat. *polypus*). Mollusque portant huit bras munis de ventouses et qui vit dans le creux des rochers, près des côtes.

pieux, euse [pjø] adj. (lat. *pius*). **1.** (avant ou, plus souvent, après le n.) Animé par des sentiments de dévotion et de respect pour Dieu, pour les choses de la religion; qui manifeste de tels sentiments : *Des personnes pieuses* (syn. DÉVOT; péjor. BIGOT). *Pieuses pensées* (contr. IMPIE). *Lectures pieuses. Image pieuse* (contr. PROFANE). — **2.** (surtout avant le n.) Inspiré par un amour respectueux pour les morts, pour ses parents, pour tout ce qui est digne d'estime : *Elle gardait le pieux souvenir de sa mère* (syn. RESPECTUEUX). *Un pieux silence* (contr. IMPIE). *Un pieux mensonge pour éviter de peiner quelqu'un* (syn. CHARITABLE).

pif! [pif] interj. *Pif! paf!,* exprime un bruit sec : *Pif! paf! deux gifles sonores.*

pige [piʒ] n. f. **1.** *Travailler, être payé à la pige,* pour un journaliste, travailler, être payé à l'article (au nombre de lignes). — **2.** Fam. *Faire la pige à qqn,* faire mieux que lui, le surpasser.

pigeon [piʒɔ̃] n. m. (bas lat. *pipio, -onis,* pigeonneau). **1.** Oiseau au bec droit et un peu souple, aux ailes larges, au plumage varié, dont de nombreuses espèces sont domestiquées et comestibles : *Un pigeon ramier. Les pigeons voyageurs furent utilisés pendant le siège de Paris, en 1871, pour porter les messages. Le pigeon roucoule.* — **2.** Homme qui se laisse tromper; naïf qu'on vole.

pigeonne [piʒɔn] n. f. Femelle du pigeon.

pigeonneau [piʒɔno] n. m. Jeune pigeon.

pigeonner [piʒɔne] v. t. Fam. *Pigeonner qqn,* le duper.

pigeonnier [piʒɔnje] n. m. **1.** Petit bâtiment ou local aménagé pour élever des pigeons domestiques (syn. COLOMBIER). — **2.** Logement très haut, dans les combles.

piger [piʒe] v. t. (du lat. pop. *pedicus,* qui prend au piège) [c. 2] Syn. fam. de COMPRENDRE : *Je ne pige rien aux mathématiques.*

pigiste [piʒist] n. Personne payée à la pige.

pigment [pigmɑ̃] n. m. (lat. *pigmentum*). Substance produite par un organisme vivant et qui lui donne sa coloration.

pigmentation [pigmɑ̃tasjɔ̃] n. f. Coloration par les pigments : *La pigmentation de la peau.*

pigne [piɲ] n. f. Cône des pins, surtout du pin parasol.

1. pignon [piɲɔ̃] n. m. (du lat. *pinna,* pinacle). **1.** Partie supérieure d'un mur, terminée en triangle et supportant un toit à deux pentes : *Elle a fait installer une antenne au pignon de la maison.* — **2.** *Avoir pignon sur rue,* avoir une situation bien établie.

2. pignon [piɲɔ̃] n. m. (de *peigne*). Roue dentée servant à transmettre un mouvement à une autre roue de même forme : *Le pignon d'une bicyclette.*

pilastre [pilastr] n. m. (it. *pilastro*). Pilier engagé dans un mur.

1. pile [pil] n. f. (lat. *pila*). **1.** Côté d'une pièce où est indiquée la valeur de la monnaie. — **2.** *Jouer à pile ou face,* s'en remettre au hasard d'une décision à prendre (en lançant une pièce en l'air et en pariant sur le côté qu'elle présentera une fois retombée).

2. pile [pil] n. f. (lat. *pila,* colonne). **1.** *Pile (de qqch [pl.]),* amas d'objets entassés les uns sur les autres : *Des piles de livres* (syn. ENTASSEMENT, MONCEAU). *Une pile de briques.* (→ EMPILER.) — **2.** Massif de maçonnerie formant le pilier d'un pont. — **3.** Dispositif produisant un courant électrique par action chimique, thermique, ou par fission nucléaire : *Une pile pour un poste à transistors. Une pile atomique.* — **4.** *Fam.* Volée de coups, sérieuse défaite : *Flanquer, recevoir une pile.*

3. pile [pil] adv. Fam. *À deux heures pile,* à deux heures exactement. || *S'arrêter pile,* brusquement. || *Tomber pile,* survenir au moment opportun.

piler [pile] v. t. (lat. *pilare,* enfoncer). **1.** *Piler qqch,* le réduire en fragments, le broyer en menus morceaux : *Elle pilait des amandes dans un mortier.* — **2.** Fam. *Piler qqn,* lui infliger une défaite : *Se faire piler aux échecs* (syn. BATTRE).

pileux, euse [pilø] adj. (lat. *pilosus,* de *pilum,* poil). Relatif aux poils de la peau : *Un système pileux très développé.*

pilier [pilje] n. m. (du lat. *pila,* colonne). **1.** Colonne de pierre, de bois, support vertical en métal sur lesquels repose une charpente ou un ouvrage de maçonnerie : *Les piliers massifs du temple. Piliers métalliques du hangar.* — **2.** Personne ou chose qui assure la stabilité de qqch : *Ces vieux militants sont les piliers du parti.* — **3.** Au rugby, un des avants de première ligne qui, dans la mêlée, soutient le talonneur. — **4.** *Pilier de cabaret,* habitué des cafés, buveur invétéré.

pillage [pijaʒ] n. m. Action de piller.

pillard, e [pijar] n. et adj. *Péjor.* Qui pille : *La débâcle laissait sur les routes des soldats pillards et désorganisés.*

piller [pije] v. t. (du lat. *pilleum,* chiffon). **1.** *Piller un lieu,* emporter les biens d'autrui qui s'y trouvent, par la violence et en faisant des dégâts : *Les occupants pillèrent la ville* (syn. METTRE À SAC). *Les émeutiers pillèrent le magasin* (syn. SACCAGER). — **2.** *Piller qqn, qqch,* le voler en faisant des détournements à son profit : *Piller les finances de l'État.* — **3.** *Piller un auteur, son œuvre,* prendre dans l'œuvre littéraire ou artistique d'un autre pour faire soi-même un ouvrage : *Piller un livre pour faire une dissertation* (syn. PLAGIER).

pilleur, euse [pijœr] n. et adj. Qui vole, plagie : *Un pilleur de bons mots.*

pilon [pilɔ̃] n. m. (de *piler*). **1.** Instrument pour écraser, fouler, enfoncer : *Mettre un livre au pilon* (= en détruire les exemplaires invendus). — **2.** Partie inférieure de la cuisse d'une volaille. — **3.** *Fam.* Jambe de bois.

pilonnage [pilɔnaʒ] n. m. Action de pilonner : *Le pilonnage d'une ville par l'aviation.*

pilonner [pilɔne] v. t. Écraser sous les bombes : *L'artillerie pilonnait les positions ennemies.*

pilori [pilɔri] n. m. (du lat. *pila,* pilier). *Mettre, clouer au pilori,* signaler à l'indignation de tous. (Le *pilori* était un poteau où on attachait les condamnés, pour les exposer à la risée du public.)

pilosité [pilozite] n. f. Revêtement pileux de la peau.

pilotage [pilɔtaʒ] n. m. Action de piloter : *Le pilotage d'un avion. Le pilotage sans visibilité.*

pilote [pilɔt] n. m. (it. *pilota;* du gr. *pêdon,* gouvernail). **1.** Personne qui conduit un avion, une voiture de course, un engin blindé, etc. : *Pilote de ligne. Pilote d'essai* (= chargé des vérifications en vol d'un nouvel avion). — **2.** Personne à qui est confiée la manœuvre d'un navire dans un port ou dans des passages difficiles. — **3.** Personne qui guide, qui conduit : *Servir de pilote à des touristes.* ◆ adj. (lié à un nom par un trait d'union) Qui ouvre la route, qui montre le chemin, sert d'exemple : *Usine-pilote* (= qui utilise des modes nouveaux de fabrication). *Classe-pilote* (= où les méthodes nouvelles de pédagogie sont utilisées).

piloter [pilɔte] v. t. **1.** *Piloter un avion, un navire, une voiture,* les conduire en tant que pilote. — **2.** *Piloter qqn,* le guider à travers une ville, une exposition, etc.

pilotis [pilɔti] n. m. (de *pile* 2). Ensemble de fortes pièces de bois taillées en pointe et constituant des pieux, qu'on enfonce dans le sol pour soutenir une construction, le plus souvent sur l'eau : *Maison élevée sur pilotis. Pont sur pilotis.*

pilou [pilu] n. m. Tissu de coton pelucheux.

pilule [pilyl] n. f. (lat. *pilula,* petite balle). **1.** Médicament en forme de petite boule, destiné à être avalé : *Prendre une pilule.* — **2.** *Fam.* Contraceptif oral. — **3.** Fam. *Avaler la pilule,* subir un déplaisir sans protestation.

pimbêche [pɛ̃bɛʃ] n. f. (de *pincer* et anc. fr. *bechier,* donner des coups de bec). Femme prétentieuse, qui fait des embarras.

piment [pimɑ̃] n. m. (lat. *pigmentum,* aromate). **1.** Fruit d'une plante employé comme épice et dont une espèce, le *piment rouge,* a une saveur très piquante. — **2.** *Mettre, trouver du piment à qqch,* y mettre, y trouver qqch qui lui donne un caractère piquant, licencieux : *Ce quiproquo mettait un certain piment dans la situation* (syn. ↓ SEL).

pimenté, e [pimɑ̃te] adj. Qui contient du piment : *Sauce pimentée* (= assaisonnée avec des piments). *Récit pimenté* (syn. SALÉ).

pimpant, e [pɛ̃pɑ̃] adj. (de l'anc. fr. *pimper,* enjôler). Qui attire, séduit par un air de fraîcheur, d'élégance, de grâce coquette.

pin [pɛ̃] n. m. (lat. *pinus*). Arbre à feuillage persistant et à feuilles en aiguilles : *Le bois de pin est utilisé pour les charpentes. Les pommes de pin. Des aiguilles de pin recouvrent le sol. La résine extraite du pin.*

pinacle [pinakl] n. m. (lat. *pinnaculum,* faîte). *Mettre, être sur le pinacle,* mettre, être au plus haut degré des honneurs ou du pouvoir. || *Porter qqn au pinacle,* le louer d'une manière exceptionnelle. (Le *pinacle* est, en architecture, le couronnement du contrefort.)

pinaillage [pinajaʒ] n. m. Action de pinailler.

pinailler [pinaje] v. t. ind. (orig. incert.). Fam. *Pinailler (sur qqch),* critiquer en s'en prenant à des détails infimes : *À chaque repas, il pinaille sur la nourriture. Quand tu auras fini de pinailler à propos de tout!*

pinailleur, euse [pinajœr] n. et adj. Qui pinaille : *Son travail n'avance pas : elle est trop pinailleuse.*

pinasse [pinas] n. f. (de *pin*). Bateau de pêche à fond plat, du sud-ouest de la France.

pince [pɛ̃s] n. f. **1.** Outil à branches articulées, dont on rapproche les extrémités en les serrant, pour saisir, tenir un objet : *Pince de menuisier, pince de chirurgien.* — **2.** Extrémité des grosses pattes des écrevisses et des homards. — **3.** Pli cousu sur l'envers d'un vêtement pour l'ajuster plus près du corps. — **4.** *Pince à linge,* petit instrument à ressort, qui sert à fixer le linge sur un fil pour le faire sécher.

pincé, e [pɛ̃se] adj. Qui manifeste du dédain, de la froideur : *Vexée de voir qu'on ne s'occupait plus d'elle, elle s'éloigna d'un air pincé.*

pinceau [pɛ̃so] n. m. (lat. *peniculus,* petite queue). **1.** Instrument formé par la réunion de poils serrés à l'extrémité d'un manche : *Peindre à l'aide d'un pinceau de soie. Étendre la colle sur le mur avec un pinceau.*

— **2.** *Pinceau lumineux,* faisceau lumineux de faible ouverture.

pincée [pɛ̃se] n. f. Petite quantité d'une matière poudreuse ou granulée, qu'on peut prendre entre deux ou trois doigts : *Elle mit une pincée de sel dans le potage.*

pincement [pɛ̃smɑ̃] n. m. **1.** Action de pincer : *Le pincement des cordes du violon.* — **2.** *Pincement au cœur,* impression douloureuse à l'occasion d'une mauvaise nouvelle, d'un désagrément, etc.

pince-monseigneur [pɛ̃smɔ̃sɛɲœr] n. f. (pl. *pinces-monseigneur*). Levier court, aux extrémités aplaties, dont se servent en partic. les cambrioleurs pour forcer les portes.

pincer [pɛ̃se] v. t. (du lat. *punctus,* point, et *piccare,* piquer) [c. **1**]. **1.** (sujet qqn) *Pincer qqn,* serrer sa peau entre ses doigts : *Son petit frère l'avait pincée jusqu'au sang. Le maître d'école lui pinça la joue amicalement.* — **2.** (sujet qqn) *Pincer les cordes d'un instrument de musique,* les faire vibrer en les tirant avec les doigts. ‖ *Pincer de la guitare,* en jouer. — **3.** (sujet un objet, un vêtement) *Pincer une partie du corps,* la serrer étroitement : *La porte lui avait pincé le doigt* (syn. COINCER). *Sa robe pinçait sa taille* (syn. SERRER). — **4.** Saisir, piquer, causer une douleur physique : *Le froid pince les joues.* — **5.** *Pincer les lèvres,* les rapprocher en les serrant. — **6.** Fam. *Pincer qqn,* le prendre, le surprendre, l'arrêter : *La police l'a pincée en flagrant délit. Le voleur s'est fait pincer par deux inspecteurs.*

pince-sans-rire [pɛ̃ssɑ̃rir] n. inv. Personne qui en raille une autre, ou qui fait qqch de drôle, en gardant son sérieux.

pincettes [pɛ̃sɛt] n. f. pl. **1.** Ustensile à deux branches, employé pour arranger le feu : *Avec les pincettes elle remua les bûches pour attiser le feu.* — **2.** Petit instrument à deux branches, utilisé pour divers travaux minutieux : *Pincettes d'horloger.* — **3.** Fam. *N'être pas à prendre avec des pincettes,* être d'une humeur massacrante.

pinçon [pɛ̃sɔ̃] n. m. Marque qui reste sur la peau quand on l'a pincée.

pinède [pinɛd] n. f. Plantation de pins.

pingouin [pɛ̃gwɛ̃] n. m. (néerl. *pinguin*). Oiseau des mers arctiques, à pieds palmés et à stature verticale.

ping-pong [piŋpɔ̃g] n. m. Sport qui consiste pour deux ou quatre joueurs munis de raquettes à envoyer une balle de Celluloïd par-dessus un filet placé au milieu d'une table de dimensions standardisées (syn. TENNIS DE TABLE).

pingre [pɛ̃gr] adj. et n. (orig. incert.). *Fam.* D'une avarice sordide et mesquine (syn. fam. RADIN).

pingrerie [pɛ̃grəri] n. f. *Fam.* Comportement de pingre : *Par pingrerie il ne met qu'un demi-morceau de sucre dans son café* (syn. soutenu LADRERIE).

pinson [pɛ̃sɔ̃] n. m. (lat. *pincio*). **1.** Oiseau de la famille des passereaux, à plumage bleu et verdâtre coupé de noir, à la gorge rouge, et bon chanteur. — **2.** *Gai comme un pinson,* très gai.

pintade [pɛ̃tad] n. f. (portug. *pintada,* tachetée). Oiseau de basse-cour de la taille de la poule, au plumage sombre, originaire d'Afrique et acclimaté en Europe, élevé pour sa chair.

pintadeau [pɛ̃tado] n. m. Jeune pintade.

pinte [pɛ̃t] n. f. (du lat. *pinctus,* pourvu d'une marque). **1.** Unité de mesure anglo-saxonne, valant 0,473 litre aux États-Unis et 0,568 litre en Grande-Bretagne. — **2.** Fam. *Se faire, se payer une pinte de bon sang,* s'amuser, rire beaucoup.

pin-up [pinœp] n. f. inv. (angl. *to pin up,* épingler). Jeune femme au charme sensuel.

pinyin [pinjin] n. m. (mot chin.). Système de notation phonétique de l'écriture chinoise adopté par le gouvernement chinois depuis 1958.

piochage [pjɔʃaʒ] n. m. Action de piocher.

pioche [pjɔʃ] n. f. (de *pic* 1). **1.** Outil formé d'un fer de forme variable, muni d'un manche et servant à creuser le sol et à défoncer : *Démolir un mur à coups de pioche.* — **2.** Fam. *Tête de pioche,* personne très têtue.

piocher [pjɔʃe] v. t. **1.** Creuser avec une pioche : *Piocher la terre.* — **2.** *Fam.* Travailler avec ardeur : *Elle pioche son programme d'histoire.* ◆ v. i. Fam. *Piocher dans le tas, dans la réserve,* etc., fouiller dans le tas, prendre dans la réserve, etc.

piolet [pjɔlɛ] n. m. (piémontais *piola,* hache). Canne d'alpiniste ferrée à un bout et munie d'un petit fer de pioche à l'autre.

1. pion, pionne [pjɔ̃] n. (bas lat. *pedo, -onis,* fantassin). *Fam.* et *péjor.* Surveillant dans un établissement d'enseignement.

2. pion [pjɔ̃] n. m. **1.** Chacune des huit plus petites pièces du jeu d'échecs; pièce du jeu de dames : *Avancer un pion* (syn. PIÈCE). — **2.** (sujet qqn, un pays) *Être un pion sur l'échiquier,* ne jouer qu'un rôle mineur, dépendre de plus puissant.

pionnier [pjɔnje] n. m. (de *pion* 1). **1.** Défricheur de contrées incultes : *Les pionniers américains du XIX*e *s.* — **2.** Homme qui le premier s'engage dans une voie nouvelle, qui prépare le chemin à d'autres : *Les pionniers de la recherche atomique.*

pipe [pip] n. f. (de *piper*). **1.** Objet formé d'un fourneau et d'un tuyau et servant à fumer : *Une pipe de bruyère. Fumer la pipe. Tirer sur sa pipe. Bourrer sa pipe. Une pipe bien culottée.* — **2.** Fam. *Par tête de pipe,* par personne.

pipeau [pipo] n. m. (de *pipe*). Flûte à bec, en matière plastique ou en bois.

pipe-line ou **pipeline** [piplin] n. m. (mot angl.) [pl. *pipe-lines*]. Canalisation pour le transport à distance de liquides, notamment du pétrole, ou de gaz (syn. OLÉODUC).

piper [pipe] v. t. (lat. *pipare,* glousser). **1.** *Piper les dés, les cartes,* les truquer. — **2.** *Les dés sont pipés,* il faut se méfier. — **3.** *Ne pas piper mot, ne pas piper,* ne rien dire, garder le silence.

piperade [piperad,pipərad] n. f. (du lat. *piper,* poivre). Spécialité basque composée de tomates, de poivrons cuits et d'œufs battus en omelette.

pipette [pipɛt] n. f. (de *pipe*). Petit tube pour prélever un liquide.

pipi [pipi] n. m. (onomat.). Urine (langage des enfants) : *Faire pipi* (= uriner).

piquage [pikaʒ] n. m. Action de piquer une étoffe : *Le piquage de la jupe a demandé deux heures.*

1. piquant, e [pikɑ̃] adj. **1.** Qui pique, perce : *La tige piquante d'un rosier.* — **2.** Qui provoque une sensation vive : *Sauce piquante* (syn. FORT). *J'ai remarqué dans ce récit un détail piquant* (syn. AMUSANT, CURIEUX, ORIGINAL).

2. piquant [pikɑ̃] n. m. **1.** Épine d'une plante : *Les piquants de l'aubépine.* — **2.** *Le piquant de qqch,* ce qu'il y a de curieux, d'intéressant, de cocasse dans qqch : *Le piquant de l'affaire, c'est qu'elle ne se doute de rien* (syn. DRÔLE).

pique [pik] n. f. (de *pic* 1). **1.** Arme ancienne, faite d'un fer plat et pointu placé au bout d'une hampe de bois. — **2.** Fam. *Lancer des piques à qqn,* prononcer intentionnellement des paroles qui lui causent de petites blessures d'amour-propre. — **3.** Au jeu de cartes, une des deux couleurs noires, représentée par une figure qui rappelle un fer de pique; carte de cette couleur.

1. piqué, e [pike] adj. **1.** Se dit d'une matière marquée de petits trous de petites taches. — **2.** Fam. *Ce n'est pas piqué des vers,* ce n'est pas banal, médiocre. ◆ adj. et n. *Fam.* Se dit de qqn d'original, de bizarre, ou dont l'esprit est dérangé : *Il faudrait être complètement piqué pour laisser passer cette occasion.*

2. piqué [pike] n. m. **1.** Étoffe de coton formée de deux tissus appliqués l'un sur l'autre et unis par des points qui forment des dessins. — **2.** *Bombardement en piqué* (ou *piqué* n. m.), méthode d'attaque d'un objectif, au terme d'une descente très rapide suivie d'une brusque remontée.

pique-assiette [pikasjɛt] n. (pl. *pique-assiettes*). *Fam.* Personne qui a l'habitude de prendre ses repas aux frais des autres (syn. PARASITE).

pique-bœuf [pikbœf] n. m. (pl. *pique-bœufs*). Oiseau qui se perche sur le dos des bœufs pour en chasser les parasites.

pique-feu [pikfø] n. m. inv. Tisonnier : *Remuer des bûches avec un pique-feu.*

pique-nique [piknik] n. m. (de *piquer,* picorer, et anc. fr. *nique,* petite chose) [pl. *pique-niques*]. Repas pris en plein air, sur l'herbe.

pique-niquer [piknike] v. i. Faire un pique-nique.

pique-niqueur, euse [piknikœr] n. Qui pique-nique.

piquer [pike] v. t. (lat. pop. *pikkare*). **1.** *Piquer qqch, qqn,* les percer d'un ou de plusieurs petits trous : *Piquer un morceau de viande avec sa fourchette. Elle a piqué sa sœur avec une épingle.* — **2.** *Piquer qqn, un animal,* leur faire une injection de liquide, dans un but médical, au moyen d'une aiguille introduite dans les tissus : *Piquer un enfant contre la diphtérie.* ‖ *Faire piquer un chat, un chien,* etc., les tuer au moyen d'une piqûre. — **3.** *Insecte, serpent,* etc., *qui pique qqn, un animal,* qui leur injecte un liquide corrosif, un venin, qui les mord : *Un enfant qui crie parce qu'une abeille l'a piqué. Les fourmis vont te piquer si tu t'assois par terre. Elle a été piquée par une vipère.* — **4.** *Piquer un objet dans un autre,* en planter l'extrémité dans cet objet : *Piquer sa fourchette dans un bifteck. Piquer une aiguille dans une pelote, des fléchettes dans la cible.* — **5.** *Piquer un tissu, un vêtement,* en coudre les parties l'une sur l'autre : *La robe est bâtie : il reste à la piquer à la machine.* — **6.** *Piquer le bois,* le parsemer de petits trous, en parlant des vers; *piquer une étoffe, une glace,* la couvrir de petites taches, en parlant de l'humidité (surtout pass.) : *Linge piqué de rouille.* — **7.** (sujet qqch) Produire une sensation âpre au goût, aiguë sur la peau, etc. : *Le poivre qui pique la langue. La fumée pique les yeux, la gorge. Ce froid vif me pique les joues.* — **8.** (sujet qqn, qqch) *Piquer la curiosité, l'intérêt,* etc., *de qqn,* exciter chez lui ces sentiments : *Cette remarque a piqué son amour-propre.* — **9.** *Piquer une tête,* plonger la tête la première. — **10.** *Piquer un galop, un cent mètres,* s'élancer soudain. — **11.** *Piquer une crise, une colère,* avoir une crise, une colère subite. ‖ Fam. *Piquer un fard, un soleil,* rougir soudain très vivement sous le coup d'une émotion. — **12.** Fam. *Piquer qqn,* le prendre, l'arrêter : *Se faire piquer la main dans le sac.* — **13.** *Piquer qqch,* le voler : *On lui a piqué son portefeuille.* ◆ v. i. **1.** (sujet un vin, une boisson) **1.** Commencer à aigrir : *Un vin qui pique.* — **2.** (sujet un avion) Effectuer brusquement une descente rapide. — **3.** (sujet un bateau) *Piquer (du nez),* enfoncer par l'avant. — **4.** (sujet qqn, un animal, un véhicule) *Piquer (droit) sur qqch, qqn,* se diriger vers eux directement. ◆ ***se piquer*** v. pr. **1.** (sujet qqn) S'injecter une drogue. — **2.** (sujet qqch) Se parsemer de petits trous ou se couvrir de petites taches. — **3.** Aigrir, en parlant du vin, d'une boisson. — **4.** (sujet qqn) *Se piquer de qqch, de* (+ *inf.*), avoir des prétentions à ce sujet, se flatter de le faire : *Se piquer de connaissances médicales. Elle se piquait d'obtenir rapidement une réponse favorable du ministre.* — **5.** *Se piquer au jeu,* prendre intérêt à qqch qu'on avait entrepris sans ardeur.

piquet [pikɛ] n. m. **1.** Petit pieu destiné à être fiché en terre. — **2.** *Mettre un enfant au piquet,* le punir en le mettant au coin dans une classe (vieilli). ‖ *Piquet de grève,* groupe de grévistes surveillant l'arrêt du travail.

piqueter [pikte] v. t. (c. **8**) Parsemer de points, de taches (surtout pass.) : *Ciel piqueté d'étoiles.*

piquette [pikɛt] n. f. *Fam.* Mauvais vin.

piqûre [pikyr] n. f. **1.** Petit trou fait avec une aiguille, une pointe, ou par un insecte, etc.; injection de venin par un insecte, un serpent : *On voit sur la feuille la piqûre de la pointe du compas. Du bois plein de piqûres de vers. Une piqûre de vipère, de moustique.* — **2.** Injection médicamenteuse faite dans les tissus à l'aide d'une aiguille et d'une seringue : *Piqûre antitétanique, intraveineuse.* — **3.** Points de couture faits sur une étoffe : *Une piqûre à la machine.*

piranha [piraɲa] ou **piraya** [piraja] n. m. (mot portug.). Petit poisson carnassier très vorace des eaux douces d'Amazonie.

pirate [pirat] n. m. (lat. *pirata*). **1.** Bandit qui courait les mers pour voler, piller. — **2.** Homme d'affaires impitoyable et cupide : *Ce n'est pas un commerçant, c'est un pirate* (syn. REQUIN). — **3.** *Pirate de l'air,* personne qui, sous la menace, détourne un avion en vol de sa destination normale.

pirater [pirate] v. t. Reproduire une œuvre sans payer de droits de reproduction. ◆ v. i. Se livrer à la piraterie.

piraterie [piratri] n. f. **1.** Crime commis en mer contre un navire, dans l'air contre un avion. — **2.** Vol effronté.

pire [pir] adj. (lat. *pejor,* plus mauvais). Comparatif et, avec un déterminant, superlatif de MAUVAIS : *Cet enfant ne pourrait pas être pire à l'égard de ses parents. Un remède pire que le mal* (syn. PLUS NUISIBLE). *La pire chose qui puisse vous arriver. Voici venir votre pire ennemi.* ◆ n. m. Ce qu'il y a de plus mauvais, de plus regrettable, etc. : *Le pire, c'est que tout cela aurait pu ne pas arriver. Pratiquer la politique du pire* (= qui vise à créer une situation plus mauvaise). *Les époux sont unis pour le meilleur et pour le pire.*

pirogue [pirɔg] n. f. (esp. *piragua*). Embarcation légère d'Afrique ou d'Océanie, généralement de forme allongée, et marchant à la voile ou à la pagaie.

piroguier [pirɔgje] n. m. Celui qui conduit une pirogue.

pirouette [pirwɛt] n. f. (anc. fr. *pirouelle,* toupie). **1.** Tour entier qu'on fait sur la pointe ou sur le talon d'un seul pied, sans changer de place : *Faire une pirouette. Les pirouettes des clowns.* — **2.** Tour entier que le danseur effectue sur lui-même en prenant la jambe d'appui comme pivot. — **3.** *Répondre par une pirouette,* éviter une question embarrassante en répondant à côté.

pirouetter [pirwete] v. i. Tourner sur ses talons.

1. pis [pi] n. m. (lat. *pectus,* poitrine). Mamelle de la vache, de la brebis, de la chèvre.

2. pis [pi] adv. et adj. (lat. *pejus,* plus mauvais) [soutenu, souvent remplacé par *pire*] *Au pis aller,* en supposant une situation plus mauvaise, dans l'hypothèse la plus défavorable : *Au pis aller, elle arrivera dans une dizaine d'heures.* ‖ *C'est bien pis,* c'est plus mauvais. ‖ *Dire pis que pendre de qqn,* dire beaucoup de mal de lui. ‖ *Faire pis,* faire plus mal. ‖ *Qui pis est,* ce qui est plus fâcheux.

pis-aller [pizale] n. m. inv. Solution à laquelle on a recours, faute de mieux.

piscicole [pisikɔl] adj. (du lat. *piscis,* poisson). Relatif à la pisciculture : *Entreprise piscicole.*

pisciculteur, trice [pisikyltœr] n. Spécialiste de pisciculture.

pisciculture [pisikyltyr] n. f. Élevage des poissons.

piscine [pisin] n. f. (lat. *piscina,* vivier). Bassin artificiel pour la natation ; ensemble des installations qui l'entourent : *Piscine couverte, fermée, en plein air. Les enfants vont à la piscine le mercredi.*

pisé [pize] n. m. (du lat. *pinsare,* broyer). Maçonnerie faite avec de la terre argileuse qu'on comprime sur place : *Un mur en pisé. Une maison en pisé.*

pissaladière [pisaladjɛr] n. f. (prov. *pissaladiero*). Tarte niçoise en pâte à pain, garnie d'oignons, de filets d'anchois et d'olives noires.

pissat [pisa] n. m. Urine de quelques animaux.

pisse [pis] n. f. *Fam.* Urine.

pisse-froid [pisfrwa] n. m. inv. *Fam.* Homme chagrin, froid et ennuyeux.

pissement [pismɑ̃] n. m. *Pissement de sang,* écoulement de sang avec l'urine.

pissenlit [pisɑ̃li] n. m. (de *pisser,* à cause de ses vertus diurétiques). **1.** Plante vivace à feuilles dentelées, qu'on mange en salade et qui est très commune en France. — **2.** Fam. *Manger les pissenlits par la racine,* être mort et enterré.

pisser [pise] v. i. et t. (lat. pop. *pissiare*). *Pop.* **1.** Évacuer l'urine : *Enfant qui pisse au lit* (syn. fam. FAIRE PIPI). *Chien qui pisse contre un arbre* (syn. URINER). — **2.** *Pisser du sang,* l'évacuer avec l'urine. — **3.** Couler, laisser s'écouler fort : *Le réservoir d'eau pisse.* — **4.** *Pisser de la copie,* rédiger beaucoup et médiocrement.

pissotière [pisɔtjɛr] n. f. *Fam.* Urinoir public.

pistache [pistaʃ] n. f. (lat. *pistacium*). Graine du pistachier, utilisée en confiserie. ◆ adj. inv. *Vert pistache,* vert pâle.

pistachier [pistaʃje] n. m. Arbre des régions chaudes.

pistard [pistar] n. m. *Fam.* Coureur cycliste spécialisé dans les épreuves sur piste.

piste [pist] n. f. (it. *pista ;* du lat. *pistare,* piler). **1.** Trace laissée par un animal : *Les chasseurs avaient trouvé la piste d'un lion.* — **2.** Direction prise pour découvrir l'auteur d'un délit ou d'un crime : *Suivre une piste. Se lancer sur la piste d'un voleur. Perdre la piste.* — **3.** *Être sur la piste de qqn,* être à sa recherche et près de le trouver. — **4.** Chemin dans une forêt, une région peu habitée : *Elle s'était égarée, mais elle découvrit une piste à peine tracée qui la conduisit à la route* (syn. SENTIER). *Piste cyclable* (= chemin aménagé le long d'une route et destiné aux cyclistes). — **5.** Bande de terrain aménagée pour le décollage et l'atterrissage des avions : *L'avion s'arrête en bout de piste.* — **6.** Terrain aménagé spécialement pour les courses de chevaux, pour les épreuves d'athlétisme, pour les compétitions cyclistes en vélodrome, etc. — **7.** Pente aménagée et desservie par des remontées mécaniques pour la pratique du ski. — **8.** Emplacement, généralement circulaire, servant de scène dans un cirque, d'espace pour danser dans une boîte de nuit, etc. — **9.** Partie de la bande d'un film ou d'une bande magnétique servant à l'enregistrement et à la reproduction des sons.

pister [piste] v. t. *Pister qqn,* le suivre à la piste : *Être pisté par la police.*

pisteur [pistœr] n. m. Personne chargée de l'entretien et de la surveillance des pistes de ski.

pistil [pistil] n. m. (lat. *pistillus,* pilon). Ensemble des pièces femelles d'une fleur.

pistolet [pistɔlɛ] n. m. (tchèque *pichtal,* arme à feu). **1.** Arme à feu individuelle, légère, au canon très court, et qui se tient avec une seule main. — **2.** *Pistolet mitrailleur,* syn. de MITRAILLETTE. — **3.** Pulvérisateur de peinture ou de vernis.

piston [pistɔ̃] n. m. (it. *pistone*). **1.** Disque se déplaçant dans le corps d'une pompe, ou dans le cylindre d'un moteur à explosion ou d'une machine à vapeur. — **2.** *Fam.* Appui donné à qqn ou recommandation visant à lui obtenir un avantage, une faveur : *Arriver à une situation par piston.*

pistonner [pistɔne] v. t. *Fam.* Appuyer qqn : *Pistonner un ami auprès de la direction* (syn. RECOMMANDER).

pitance [pitɑ̃s] n. f. (de *pitié*). Nourriture journalière : *Le chien est venu chercher sa pitance. Les prisonniers ne recevaient à midi qu'une maigre pitance.*

pitchpin [pitʃpɛ̃] n. m. (angl. *pitch,* résine, et *pine,* pin). Arbre résineux d'Amérique du Nord, dont le bois jaunâtre est utilisé en ébénisterie.

piteusement [pitøzmɑ̃] adv. De façon piteuse : *Échouer piteusement.*

piteux, euse [pitø] adj. (bas lat. *pietosus,* digne de pitié). **1.** (avant le n.) Qui excite une pitié où se mêlent raillerie et mépris : *Une piteuse apparence. Chapeau en piteux état.* — **2.** (après le n.) Mauvais, médiocre : *Résultats piteux* (syn. LAMENTABLE).

pitié [pitje] n. f. (lat. *pietas, -atis*). **1.** Sentiment de compassion pour les souffrances d'autrui : *Avoir pitié des handicapés. Ce n'est pas la pitié qui l'étouffe* (= il est impitoyable). — **2.** Fam. *À faire pitié,* de façon très mauvaise : *Chanter à faire pitié.*

piton [pitɔ̃] n. m. (orig. obscure). **1.** Clou dont la tête est en forme d'anneau ou de crochet, et dont la tige est à vis ou à pointe : *L'alpiniste plante des pitons dans la paroi rocheuse pour y accrocher sa corde.* — **2.** Pointe d'une montagne élevée : *Escalader le dernier piton d'un sommet.*

pitonner [pitɔne] v. i. Planter des pitons.

pitoyable [pitwajabl] adj. (avant ou, plus souvent, après le n.) **1.** Qui excite la pitié : *Spectacle pitoyable* (syn. LAMENTABLE). *Elle est dans une situation pitoyable* (syn. TRISTE, ↑ÉPOUVANTABLE). — **2.** Mauvais, sans valeur : *Écrire de façon pitoyable* (syn. LAMENTABLE). *Un pitoyable auteur.*

pitoyablement [pitwajabləmɑ̃] adv. De façon pitoyable : *L'affaire s'achève pitoyablement* (syn. LAMENTABLEMENT, PITEUSEMENT).

pitre [pitr] n. m. (var. région. de *piètre*). Celui qui fait des facéties stupides, qui se signale par des bouffonneries : *Faire le pitre* (syn. fam. LE CLOWN).

pitrerie [pitrəri] n. f. Comportement de pitre : *Les pitreries d'un écolier* (syn. FACÉTIE, FARCE, CLOWNERIE).

pittoresque [pitɔrɛsk] adj. (it. *pittoresco,* de *pittore,* peintre). **1.** Qui frappe l'attention par sa beauté, son originalité : *Une rue pittoresque.* — **2.** Qui a une originalité sympathique, amusante : *Personnage pittoresque. Une tenue pittoresque* (syn. COCASSE). — **3.** Qui fait image, qui peint à l'esprit par la couleur, le relief, le piquant de la description : *Faire un récit pittoresque de ses aventures.*

pivert [pivɛr] n. m. (de *pic,* oiseau, et *vert*). Oiseau commun en France, à plumage vert et jaune sur le corps et à tête rouge, de la famille des pics. (On écrit aussi PIC-VERT.)

pivoine [pivwan] n. f. (gr. *paiônia*). Plante à bulbe qui donne des fleurs rouges, roses ou blanches.

pivot [pivo] n. m. (orig. incert.). **1.** Pièce cylindrique ou conique, servant de support à une autre pièce en lui permettant de tourner sur elle-même : *Le pivot d'une boussole.* — **2.** Agent, élément principal de qqch : *Être le pivot d'une conspiration.*

pivotant, e [pivɔtɑ̃] adj. **1.** Qui pivote : *Fauteuil pivotant.* — **2.** *Racine pivotante,* racine centrale qui s'enfonce verticalement dans la terre.

pivotement [pivɔtmɑ̃] n. m. Action de pivoter.

pivoter [pivɔte] v. i. Tourner autour d'un axe, sur soi : *La porte pivote sur ses gonds. Le sergent pivota sur ses talons après avoir salué* (syn. TOURNER).

pizza [pidza] n. f. (mot it.). Tarte italienne garnie de tomates, d'anchois, d'olives, etc.

pizzeria [pidzerja] n. f. (mot it.). Restaurant italien où on sert surtout des pizzas.

placage [plakaʒ] n. m. (de *plaquer*).**1.** Revêtement, en bois précieux, de la surface de certains meubles : *Placage en acajou.* — **2.** Action de plaquer un adversaire au rugby.

placard [plakar] n. m. (de *plaquer*). **1.** Armoire ménagée dans ou contre un mur : *Placard à vêtements, à balais.* — **2.** Écrit qu'on affiche comme avis : *Faire mettre un placard sur le tableau d'affichage. Placard publicitaire* (= dans un journal, annonce publicitaire d'une certaine importance).

placarder [plakarde] v. t. Afficher sur les murs un texte imprimé : *Placarder des affiches électorales.*

place [plas] n. f. (lat. *platea,* rue large).
— **I. 1.** Espace qu'occupe ou que peut occuper qqch, qqn : *Ce meuble est encombrant : il tient beaucoup de place. Elle remit le livre à sa place dans la bibliothèque. Un pêcheur qui s'installe toujours à la même place* (syn. ENDROIT). — **2.** Emplacement réservé à un voyageur dans un moyen de transport, à un spectateur dans une salle, etc. : *Il y a quatre places dans cette voiture. Un cinéma de cinq cents places. Il y a une place vide dans ce compartiment* (= qui n'est pas occupée). *Une place assise. Céder sa place dans le métro à une personne âgée.* — **3.** Rang obtenu dans un classement; rang social : *Les élèves qui ont toujours les premières places en composition. Elle est discrète, elle sait rester à sa place.* — **4.** Charge, fonctions de qqn : *Avoir une place intéressante, une bonne place* (syn. SITUATION, MÉTIER, EMPLOI). *J'ai perdu ma place et je cherche du travail. Personne en place* (= qui occupe une fonction importante). — **5.** *À la place de,* en remplacement de, en échange de, au lieu de : *Le programme a été modifié : à la place du troisième concerto, on donnera le deuxième. Elle doit évacuer l'appartement, mais on lui offre à la place un pavillon en banlieue.* ‖ *À votre place* (+ *v. au conditionnel*), si j'étais dans votre cas : *À votre place, je ne répondrais pas à cette lettre.* ‖ *Avoir sa place à tel endroit,* être naturellement désigné par ses qualités pour occuper un poste, pour figurer à un certain endroit : *Un écrivain qui a sa place à l'Académie.* ‖ *Être en place,* être à l'endroit prévu, être prêt à entrer en action : *Les forces de police étaient déjà en place en prévision de la manifestation.* ‖ *Faire place à qqn, à qqch,* être remplacé par eux; s'effacer pour laisser passer : *Les vieilles masures du quartier ont fait place à de grands immeubles.* ‖ *Faire place nette,* débarrasser un endroit de tout ce qui gêne; congédier ceux dont on veut se débarrasser. ‖ *Prendre place,* s'installer : *Elle a pris place dans l'avion.* ‖ *Remettre qqn à sa place,* le rappeler aux égards qu'il doit. ‖ *Se mettre à la place de qqn,* s'imaginer dans sa situation. ‖ *Sur place,* à l'endroit même dont il est question : *Le préfet s'était rendu sur place pendant les opérations* (syn. SUR LES LIEUX). *La voiture accidentée est restée sur place deux jours.* ‖ *Tenir sa place,* avoir l'importance qui convient, jouer un rôle non négligeable.
— **II. 1.** Large espace découvert où aboutissent plusieurs rues dans une agglomération : *La place de la Concorde. Faire une partie de boules sur la place du village.* — **2.** *Place (forte),* agglomération défendue par des fortifications. — **3.** Ensemble des négociants, des banquiers d'une ville : *Une commerçante connue sur la place de Paris.* — **4.** *Entrer, être dans la place,* s'introduire dans un milieu plus ou moins fermé. ‖ *Être maître de la place,* agir en maître.

placebo [plasebo] n. m. (mot lat. signif. *je plairai*). Substance inactive substituée à un médicament pour étudier son action psychologique sur le malade.

placement [plasmɑ̃] n. m. Action de placer de l'argent, de vendre : *Elle a fait un excellent placement en achetant ce terrain.*

placenta [plasɛ̃ta] n. m. (mot lat. signif. *galette*). Organe reliant l'embryon à l'utérus maternel pendant la gestation.

placer [plase] v. t. (c. **1**). **1.** *Placer qqch, qqn,* les mettre à telle ou telle place : *Placer des pots de confiture sur une étagère* (syn. POSER). *Placer ses pieds sur un tabouret. Placer des fleurs dans un vase* (syn. DISPOSER). *Placer un poste d'observation sur la colline* (syn. ÉTABLIR, INSTALLER). *Placer des invités autour de la table. Où placez-vous ce pays sur la carte? Ça nous place en quelle année?* (syn. SITUER). *Ne pas pouvoir placer un nom sur un visage* (= ne plus se rappeler le nom de qqn qu'on connaît de vue). — **2.** *Placer qqch dans qqch,* l'y introduire : *Placer une anecdote dans la conversation. Ne pas pouvoir placer un mot* (= ne pas pouvoir parler en raison de l'abondance des paroles de qqn). — **3.** *Placer qqn,* lui assigner un poste, lui procurer un emploi : *Quand elle est entrée dans la maison, on l'a placée à la comptabilité. Je me charge de placer votre frère* (syn. fam. CASER). — **4.** *Placer une marchandise,* la vendre pour le compte d'autrui : *Placer des billets de loterie. Un représentant qui place des aspirateurs.* — **5.** *Placer de l'argent,* le confier à un organisme en vue d'opérations financières, l'investir pour le faire fructifier : *J'ai placé mes économies à la Caisse d'épargne* (syn. DÉPOSER). *Acheter un terrain pour placer son argent.* ◆ ***se placer*** v. pr. **1.** Prendre une place, un rang : *Placez-vous autour de moi. Une élève qui s'est placée seconde à la composition* (syn. SE CLASSER). — **2.** Entrer en fonction, au service de qqn : *Elle s'est placée comme cuisinière.* — **3.** *Fam.* Se mettre en bon rang pour réussir : *Soyez sûr qu'il saura se placer.*

placide [plasid] adj. (lat. *placidus*). Doux et calme : *Rester placide sous les injures* (syn. IMPERTURBABLE). *Un sourire placide* (syn. SEREIN).

placidement [plasidmɑ̃] adv. De façon placide : *Il répond toujours placidement quand on le questionne.*

placidité [plasidite] n. f. Caractère placide : *Elle a appris cet échec avec placidité* (syn. CALME, SÉRÉNITÉ).

placier [plasje] n. m. Représentant de commerce qui propose ses marchandises aux particuliers.

plafond [plafɔ̃] n. m. (de *plat fond*). **1.** Surface horizontale, le plus souvent enduite de plâtre, qui forme la partie supérieure d'un lieu couvert, d'une pièce, d'un véhicule : *Un lustre pend au plafond. Le plafond est crevassé par endroits.* — **2.** Limite supérieure d'une vitesse, d'une valeur, d'un salaire, etc. : *Le plafond des avions était à cette époque de 10 000 mètres* (= l'altitude de vol maximale). *Une voiture qui atteint très vite son plafond consomme généralement beaucoup* (= sa vitesse maximale). *Crever le plafond* (fam. ; = dépasser la limite normale). — **3.** *Plafond nuageux,* altitude de la base des nuages les plus bas.

plafonnement [plafɔnmɑ̃] n. m. Action de plafonner : *Le plafonnement des prix, de la vitesse.*

plafonner [plafɔne] v. i. Atteindre sa hauteur, sa valeur, sa vitesse maximale : *Son salaire plafonne à deux mille francs* (= sa valeur ne dépasse pas la valeur de). *La voiture plafonne à 160 km/h.* ◆ v. t. Garnir d'un plafond : *Faire plafonner une chambre aménagée dans un grenier.*

plafonnier [plafɔnje] n. m. Appareil d'éclairage fixé au plafond : *Le plafonnier d'une voiture.*

plage [plaʒ] n. f. (it. *piaggia*). **1.** Au bord de la mer, étendue plate couverte de sable ou de galets : *Aller à la plage.* — **2.** Station balnéaire : *Les plages bretonnes, méditerranéennes.* — **3.** Surface délimitée d'un objet, d'un lieu : *La plage arrière d'un pont de navire.* ‖ *Plage arrière (d'une voiture),* tablette fixe ou amovible située sous la lunette arrière.

plagiaire [plaʒjɛr] n. (lat. *plagiarius;* mot gr.). Qui commet des plagiats; qui plagie : *Être victime d'un plagiaire* (syn. CONTREFACTEUR).

plagiat [plaʒja] n. m. Action du plagiaire : *Accuser un auteur de plagiat* (syn. COPIE, ↓EMPRUNT).

plagier [plaʒje] v. t. (du lat. *plagium,* détournement). *Plagier (un auteur, un texte),* piller les ouvrages des auteurs (écrivains, musiciens) en donnant pour siennes les parties ainsi copiées : *Plagier un roman* (syn. DÉMARQUER). *Plagier un écrivain* (syn. ↓IMITER).

plagiste [plaʒist] n. Personne qui loue ou entretient des cabines, des parasols sur les plages.

plaid [plɛd] n. m. (mot angl.). Couverture de voyage, dont on recouvre souvent les sièges d'une voiture.

plaider [plɛde] v. t. (du lat. *placitum,* volonté). **1.** *Plaider (une cause),* la soutenir en justice devant, contre, pour qqn : *Son avocate va plaider dès que le dossier sera complet. Plaider la légitime défense. Il a décidé de plaider coupable* (= de se défendre en admettant qu'il est coupable). — **2.** *Plaider le faux pour savoir le vrai,* dire à qqn qqch qu'on sait faux pour l'amener à dire la vérité. ◆ v. i. (sujet qqch) *Plaider pour, en faveur de qqn,* être à son avantage : *Son air désinvolte ne plaidait pas en sa faveur.*

plaideur, euse [plɛdœr] n. Qui plaide, qui est en procès : *Essayez d'abord de mettre d'accord les plaideurs.*

plaidoirie [plɛdwari] n. f. Exposé visant à défendre un accusé, à soutenir une cause (jurid.).

plaidoyer [plɛdwaje] n. m. **1.** Discours prononcé devant un tribunal pour défendre une cause. — **2.** Défense en faveur d'une opinion, de qqn : *Son livre est un plaidoyer contre la peine de mort.*

plaie [plɛ] n. f. (lat. *plaga,* coup). **1.** Déchirure causée dans les chairs par une blessure, un abcès ou une brûlure : *Une plaie profonde à la tête.* — **2.** Source de douleur (soutenu) : *Elle avait perdu son enfant et la plaie ne se cicatrisait que lentement. Mettre le doigt sur la plaie* (= trouver la cause de l'affliction, de la douleur d'un autre). — **3.** Personne désagréable; événement fâcheux. — **4.** *Plaie d'argent n'est pas mortelle,* une perte d'argent n'est pas un malheur irréparable.

plaignant, e [plɛɲɑ̃] n. Personne qui a déposé une plainte contre une autre, qui a fait un procès à qqn.

plaindre [plɛ̃dr] v. t. (lat. *plangere*) [c. 55]. **1.** *Plaindre qqn, un animal* (*de qqch, de* [+ *inf.*]), avoir à leur égard des sentiments de compassion : *Je vous plains très sincèrement. Je la plains d'avoir des enfants aussi difficiles.* — **2.** *Être à plaindre,* mériter la compassion, la commisération (souvent dans des phrases négatives) : *Avec ce que tu gagnes, tu n'es pas à plaindre.* ‖ *Ne pas plaindre sa peine, son temps,* se dépenser sans compter. ◆ ***se plaindre*** v. pr. *Se plaindre* (*de qqch., de* [+ *inf.*], *que* [+ *subj.* ou *ind.*] [à *qqn*]), exprimer sa souffrance : *Elle est morte sans se plaindre* (syn. GÉMIR, GEINDRE, SE LAMENTER, PLEURER). *Se plaindre de fréquents maux de tête. De quoi vous plaignez-vous? Vous ne manquez de rien;* exprimer son mécontentement : *Si vous ne m'échangez pas cet article, je vais me plaindre au chef de rayon* (syn. PROTESTER). *Il se plaint d'avoir été doublé par un chauffard. Elle se plaint que la vie est* (ou *soit*) *chère. Vous laissez votre voiture ouverte : ne vous plaignez pas si on vous vole ce qu'il y a dedans!*

plaine [plɛn] n. f. (du lat. *planus,* uni). Étendue plate, aux vallées peu enfoncées dans le sol : *La plaine du Pô, en Italie.*

plain-pied (de) [plɛ̃pje] adv. (du lat. *planus,* plan, et *pied*). Au même niveau : *Les deux pièces ne sont pas de plain-pied : on passe de l'une à l'autre par des marches. Être de plain-pied avec son interlocuteur* (= sur un pied d'égalité). *Entrer de plain-pied dans le sujet* (= directement, sans introduction ni circonlocutions).

plainte [plɛ̃t] n. f. **1.** Parole, cri, gémissement émis sous l'effet de la douleur physique ou morale : *Le blessé faisait entendre de faibles plaintes* (syn. GÉMISSEMENT). — **2.** Récrimination : *Elle commence à lasser tout le monde avec ses plaintes continuelles* (syn. péjor. JÉRÉMIADES). — **3.** Dénonciation en justice d'une infraction par la personne qui en a été la victime : *Déposer une plainte contre quelqu'un.* ‖ *Porter plainte,* rédiger un procès-verbal de dénonciation et le déposer devant le magistrat compétent.

plaintif, ive [plɛ̃tif] adj. Qui a l'accent de la plainte : *Voix plaintive* (syn. DOLENT, GÉMISSANT; péjor. GEIGNARD). *Ton plaintif* (syn. péjor. PLEURARD). *Note plaintive* (syn. TRISTE).

plaintivement [plɛ̃tivmɑ̃] adv. De façon plaintive.

plaire [plɛr] v. t. ind. (lat. *placere*) [c. 77]. **1.** (sujet qqch, qqn) *Plaire (à qqn),* lui être agréable, exercer sur lui un attrait, un charme : *Votre lampe nous plaît, nous l'achetons* (syn. CONVENIR). *Cette invitation leur a beaucoup plu* (syn. FAIRE PLAISIR). *Cette région me plairait beaucoup à habiter* (= j'aurais plaisir à l'habiter). *Il ne fait que ce qui lui plaît* (= que ce qu'il veut). *Il y a des acteurs qui cherchent à plaire par tous les moyens* (syn. FLATTER). *Elle a tout pour plaire* (= se faire aimer). *Il lui plaît de croire que tout ira bien. Il ne me plaît pas qu'on prétende s'occuper de mes affaires malgré moi.* — **2.** *S'il te plaît, s'il vous plaît,* formule de politesse pour une demande, un conseil, un ordre : *Puis-je sortir, Monsieur, s'il vous plaît? Voulez-vous signer votre carte d'électeur, s'il vous plaît?;* formule pour attirer l'attention sur ce qu'on vient de dire : *Elle a une voiture de luxe, s'il vous plaît?* ‖ *Plaît-il?,* formule pour faire répéter ce qu'on a mal entendu. ‖ *Plût, plaise au ciel que* (+ *subj.*), formules de regret ou de souhait (soutenu) : *Plût au ciel que rien de tout cela ne fût arrivé! Plaise au ciel qu'il soit encore vivant!* ◆ ***se plaire*** v. pr. **1.** (sujet qqn) *Se plaire à* (+ *inf.*), prendre du plaisir à : *Ils se plaisent à escalader les rochers le dimanche* (syn. AIMER). — **2.** (sujet être vivant) *Se plaire avec qqn, se plaire qqpart,* se trouver bien : *Alors, vous vous plaisez dans votre maison de campagne? Le muguet se plaît dans les sous-bois* (syn. PROSPÉRER). — **3.** (sujet qqn [pl.]) Se convenir réciproquement : *Ces deux jeunes gens se plaisent.*

plaisamment [plɛzamɑ̃] adv. De façon plaisante : *On disait plaisamment de lui que son principal mérite était de ne s'être occupé de rien* (contr. SÉRIEUSEMENT).

plaisance [plɛzɑ̃s] n. f. *Bateau de plaisance,* qu'on emploie pour son agrément. ‖ *Navigation de plaisance,* qu'on effectue pour son agrément, à l'occasion des vacances.

plaisancier, ère [plɛzɑ̃sje] adj. et n. Qui pratique la navigation de plaisance.

1. plaisant, e [plɛzɑ̃] adj. **1.** Qui plaît, charme : *Un séjour très plaisant* (syn. AGRÉABLE). — **2.** (avant ou après le n.) Qui fait rire : *Une histoire plaisante* (syn. AMUSANT, DIVERTISSANT, DRÔLE; fam. RIGOLO). *Une plaisante aventure lui est récemment arrivée.*

2. plaisant [plɛzɑ̃] n. m. *Mauvais plaisant,* qui joue de mauvais tours, qui fait de mauvaises farces.

plaisanter [plɛzɑ̃te] v. i. **1.** Dire des choses drôles, ne pas parler sérieusement : *On ne s'ennuie pas avec elle : elle aime à plaisanter. Je ne plaisante pas* (= je parle très sérieusement). — **2.** Faire des choses comiques ou qu'on ne prend pas au sérieux : *Je le mis en joue avec ma canne pour plaisanter.* — **3.** Fam. *Il ne plaisante pas avec la discipline, l'exactitude,* etc., il est très strict sur ce chapitre (syn. BADINER). ‖ *Il ne faut pas plaisanter avec ça,* c'est sérieux, dangereux, etc. ◆ v. t. *Plaisanter qqn,* se moquer gentiment de lui : *Elle plaisantait parfois son père sur sa Légion d'honneur. On la plaisantait de regretter le temps des bougies* (syn. RAILLER, ↓ TAQUINER; fam. BLAGUER).

plaisanterie [plɛzɑ̃tri] n. f. **1.** Propos ou acte de qqn qui plaisante : *On faisait des plaisanteries sur sa vie privée. Une plaisanterie fine, de mauvais goût.* — **2.** *C'est une plaisanterie!,* se dit de qqch auquel on ne croit pas, qui est ridicule, ou de qqch de facile à faire : *Vous ne pensiez pas qu'elle allait accepter? C'est une plaisanterie! Ce problème, c'est une plaisanterie!* ‖ *Comprendre la plaisanterie,* ne pas s'offenser de ce qui est dit en plaisantant. ‖ *Mauvaise plaisanterie,* farce qui entraîne un désagrément considérable pour celui qui en est l'objet.

plaisantin [plɛzɑ̃tɛ̃] n. m. Fam. et péjor. *C'est un (petit) plaisantin,* on ne peut pas le prendre au sérieux.

plaisir [plɛzir] n. m. (du lat. *placere,* plaire). **1.** Sensation ou sentiment qu'excite en nous la possession ou l'image de ce qui nous plaît, nous attire : *Boire avec plaisir un verre de bon vin* (syn. CONTENTEMENT, ↑ DÉLECTATION). *Ce film m'a donné beaucoup de plaisir* (syn. AGRÉMENT). *J'ai le plaisir de vous annoncer votre succès* (syn. JOIE, SATISFACTION). *J'ai eu plaisir (grand plaisir, beaucoup de plaisir) à m'entretenir avec vous. Rougir de plaisir* (syn. BONHEUR). — **2.** Ce qui plaît, divertit : *La danse est pour elle un plaisir. Les plaisirs de la vie.* — **3.** *Le plaisir,* le plaisir des sens. — **4.** *À plaisir,* par caprice, sans motif valable, sans fondement : *Se tourmenter à plaisir.* ‖ *Avoir, mettre un malin plaisir à* (+ *inf.*), faire qqch en se réjouissant de l'inconvénient qui en résultera pour autrui. ‖ *Avoir, prendre du plaisir à qqch,* y trouver de l'agrément. ‖ Fam. *Au plaisir (de vous revoir),* formule d'adieu. ‖ *Bon plaisir de qqn,* son caprice, sa fantaisie. ‖ *Faire plaisir à qqn,* lui être agréable : *Cette bonne nouvelle lui a fait plaisir. Vous nous feriez plaisir en acceptant de dîner avec nous.* ‖ *Faites-moi le plaisir de...,* formule pour rendre une prière plus aimable ou un ordre plus pressant : *Faites-moi le plaisir de passer la soirée avec moi. Faites-moi le plaisir de recommencer tout de suite ce travail.* ‖ *Je vous (leur,* etc.) *souhaite bien du plaisir!,* se dit par ironie à qqn qui va faire qqch de difficile, de désagréable. ‖ *Se faire un plaisir de* (+ *inf.*), faire très volontiers qqch : *Je me ferai un plaisir de vous raccompagner en voiture.* (→ DÉPLAISIR.)

1. plan [plɑ̃] n. m. (lat. *planum*).
— **I. 1.** Surface unie : *Si on pose une bille sur un plan bien horizontal, elle reste immobile.* — **2.** Surface illimitée qui contient en entier toute droite joignant deux de ses points (math.) : *Si deux plans verticaux se coupent, leur intersection est une droite verticale.* — **3.** *Plan d'eau,* étendue d'eau assez vaste sur laquelle on fait de la voile, du ski nautique, etc. ‖ *Plan de travail,* dans un mobilier de cuisine à éléments, surface plane servant de table.
— **II. 1.** Éloignement relatif des objets dans la perception visuelle, dans un dessin, un tableau qui représente des objets sur trois dimensions : *Au premier plan du tableau, la Vierge et l'Enfant; à l'arrière-plan, un paysage classique.* — **2.** Fragment d'un film qui est tourné en une seule fois. ‖ *Gros plan,* celui qui représente un détail, une partie d'un personnage : *L'héroïne apparut en gros plan sur l'écran.* — **3.** Aspect sous lequel on considère qqn ou qqch : *C'est une opération désastreuse sur tous les plans* (= à tous les égards). — **4.** *Au premier plan, au deuxième plan,* etc., indique un classement par ordre décroissant d'importance : *La survie de l'entreprise est au premier plan de nos préoccupations.* ‖ *De (tout) premier plan,* remarquable : *Avoir une personnalité de tout premier plan.* ‖ *Sur le même plan,* sur le même niveau, à un même degré, etc. : *Toutes les données du problème sont sur le même plan, aucune n'est plus importante que les autres.* ‖ *Sur le plan de,* dans le domaine de : *Sur le plan de la conduite, il n'y a rien à dire, mais, sur le plan intellectuel, cet élève est plutôt déficient.*
— **III. 1.** Projet élaboré servant de base à la réalisation matérielle; disposition générale d'un ouvrage : *Faire le plan d'un voyage. Faire des plans d'avenir. Dresser des plans* (= faire des projets). *Avoir son plan* (= avoir des intentions précises). *Plan d'une dissertation.* — **2.** Ensemble des mesures gouvernementales ayant pour objet l'orientation économique et sociale d'un pays pour une période donnée, ou ensemble de mesures visant à l'expansion d'une région, d'une entreprise : *Plan quinquennal. Plan de modernisation et d'équipement. Plan financier.* — **3.** *En plan,* se dit de qqch laissé inachevé ou de qqn laissé seul, abandonné : *Elle a laissé en plan son travail, me laissant le soin d'achever. Ne me laissez pas en plan dans cette ville que je ne connais pas.* — **4.** Dessin représentant un ouvrage en projet ou réalisé; carte d'une ville, d'un lieu : *Elle a acheté un appartement sur plan* (contr. CONSTRUIT, RÉALISÉ). *Plan d'architecte. Plan d'une église. Plan du métro. Plan de Paris.*

2. plan, e [plɑ̃] adj. (lat. *planus,* plat). Plat, uni, sans inégalité de niveau : *Miroir plan. Surface plane.* (→ APLANIR.)

planche [plɑ̃ʃ] n. f. (bas lat. *planca*). **1.** Pièce de bois sciée, nettement plus large qu'épaisse : *Cabane en planches. Raboter une planche.* — **2.** *Faire la planche,* en natation, se maintenir étendu sur le dos sans faire de mouvements. ‖ *Planche à billets,* plaque gravée sur laquelle on tire les billets de banque. ‖ *Planche à pain,* tablette pour couper le pain; femme très maigre, aux formes peu saillantes. ‖ *Planche à roulettes,* petite planche munie de quatre roues sur laquelle on se tient en équilibre en faisant des figures; sport ainsi pratiqué (syn. SKATEBOARD). ‖ *Planche à voile,* grande planche pourvue d'une dérive et d'un aileron immergés, et qu'on fait mouvoir sur l'eau à l'aide d'une articulation mât-voile orientable dans tous les sens; sport nautique ainsi pratiqué (syn. WINDSURF). ‖ *Planche de salut,* dernière ressource, moyen de salut dans une situation désespérée. — **3.** Ensemble de dessins, d'illustrations, dans un livre : *Une planche de papillons dans un dictionnaire.* — **4.** Portion de jardin affectée à une culture spéciale : *Une planche de salades, de radis.* ◆ ***planches*** n. f. pl. Le théâtre, la scène : *Monter sur les planches* (= devenir acteur ou jouer une pièce de théâtre).

planchéier [plɑ̃ʃeje] v. t. *Planchéier une pièce,* revêtir son sol d'un plancher.

1. plancher [plɑ̃ʃe] n. m. (de *planche*). **1.** Séparation horizontale entre deux étages d'une maison : *Les planchers sont faits de dalles de béton.* — **2.** Face supérieure de cette séparation, constituant le sol d'un appartement : *Plancher en bois. Nettoyer le plancher. Couvrir le plancher d'une moquette* (syn. PARQUET). —

3. Fam. *Débarrasser le plancher,* partir. ‖ *Le pied au plancher,* en appuyant à fond sur l'accélérateur.

2. plancher [plɑ̃ʃe] v. i. *Arg. scol.* Être interrogé au tableau; faire un exposé.

planchette [plɑ̃ʃɛt] n. f. Petite planche.

planchiste [plɑ̃ʃist] n. Adepte de la planche à voile (syn. VÉLIPLANCHISTE).

plancton [plɑ̃ktɔ̃] n. m. (gr. *plagkton,* qui erre). Ensemble des êtres microscopiques en suspension dans la mer.

plané, e [plane] adj. *Vol plané,* vol d'un oiseau qui plane; vol d'un avion en mouvement sans l'aide d'un moteur; *fam.,* chute par-dessus un obstacle.

planer [plane] v. i. (lat. *planus,* qui est à niveau). **1.** (sujet un oiseau) Se soutenir dans l'air sans mouvement apparent; (sujet qqch) flotter dans l'air : *Le vautour plane un moment au-dessus de sa proie. Une épaisse fumée planait dans la pièce.* — **2.** Litt. *Son regard plane sur* (*la campagne, la foule,* etc.), il considère de haut, il domine par le regard. — **3.** (sujet qqch) S'exercer d'une façon plus ou moins menaçante : *Un danger mortel plane sur la ville* (= être suspendu). *Laisser planer des accusations perfides.* — **4.** (sujet qqn) N'être pas en contact avec la réalité, rêver : *Tu planes complètement;* et, *fam.,* être dans un état de bien-être, sous l'effet d'une drogue. — **5.** *Laisser planer le doute, le mystère,* laisser subsister l'incertitude ou l'inquiétude dans les esprits.

planétaire [planetɛr] adj. Relatif aux planètes : *Mouvement planétaire.*

planétarium [planetarjɔm] n. m. Installation représentant les mouvements des corps célestes sur une voûte.

planète [planɛt] n. f. (gr. *planêtês,* vagabond). Corps céleste non lumineux par lui-même, gravitant autour du Soleil : *Les planètes du système solaire. Mercure, Mars, Jupiter, Saturne, Uranus, Vénus, la Terre, Neptune, Pluton sont les neuf grandes planètes.*

planeur [planœr] n. m. Avion sans moteur, qui vole mû par les courants aériens.

planificateur, trice [planifikatœr] adj. et n. Qui planifie : *Les mesures planificatrices tendent à assurer le plein-emploi.*

planification [planifikasjɔ̃] n. f. Action de planifier : *La planification détermine les objectifs économiques à atteindre et les moyens mis en œuvre.*

planifier [planifje] v. t. *Planifier qqch,* l'organiser, en régler le développement selon un plan : *Planifier la recherche scientifique. L'économie planifiée* (contr. LIBÉRAL).

planisphère [planisfɛr] n. m. (du lat. *planus,* plan, et *sphère*). Carte représentant les deux hémisphères terrestres.

planning [planiŋ] n. m. (mot angl.). **1.** Programme de fabrication dans une entreprise; plan de travail, de production. — **2.** *Planning familial,* ensemble des moyens mis au service d'une population pour l'informer et l'aider dans la régulation des naissances.

planque [plɑ̃k] n. f. **1.** *Fam.* Cachette. — **2.** *Fam.* Place où le travail est facile, où on est à l'abri des ennuis : *Trouver une planque* (syn. fam. FILON).

planqué, e [plɑ̃ke] n. *Fam.* Personne qui s'est mise à l'abri : *Pendant la guerre, les combattants étaient furieux contre les planqués* (syn. EMBUSQUÉ).

planquer [plɑ̃ke] v. t. (de *planter*). Fam. *Planquer qqch, qqn,* les mettre à l'abri en les cachant : *Planquer de l'argent à l'étranger.* ◆ ***se planquer*** v. pr. *Fam.* Se mettre à l'abri : *Se planquer derrière un mur pour éviter les projectiles.*

plant [plɑ̃] n. m. **1.** Jeune végétal au début de sa croissance, qui vient d'être planté ou qui est destiné à être repiqué : *Des plants de vigne. Des plants de salades.* — **2.** *Un plant de* (*carottes, asperges,* etc.), un ensemble de végétaux plantés dans le même endroit.

plantain [plɑ̃tɛ̃] n. m. (lat. *plantago*). Plante commune dont la semence sert de nourriture aux petits oiseaux.

plantaire [plɑ̃tɛr] adj. Relatif à la plante du pied : *Verrue plantaire* (= à la plante du pied).

plantation [plɑ̃tasjɔ̃] n. f. **1.** Action de planter : *La plantation d'arbres, des décors.* — **2.** Ensemble de végétaux plantés en un endroit : *La grêle a détruit les plantations* (syn. CULTURE). — **3.** Exploitation agricole où on cultive des plantes industrielles : *Plantation de tabac, de café, de canne à sucre.*

plante [plɑ̃t] n. f. (lat. *planta*). **1.** Nom général donné aux végétaux, aux êtres vivants fixés au sol par des racines : *Plante vivace. Les plantes grasses* (comme le cactus). *Des plantes vertes pour décorer le hall d'entrée* (= des plantes décoratives toujours vertes). *Des plantes textiles* (comme le lin). *Les plantes fourragères* (comme le trèfle). *Jardin des plantes* (= où on cultive les plantes pour l'étude de la botanique). — **2.** *Plante des pieds (du pied),* face inférieure du pied de l'homme et des animaux, qui, dans la marche, porte sur le sol.

planter [plɑ̃te] v. t. **1.** *Planter un arbre, des légumes,* etc., mettre de jeunes végétaux en terre pour qu'ils prennent racine, pour qu'ils poussent : *Planter des salades, des rosiers. On a planté des sapins pour reboiser la montagne.* — **2.** *Planter un lieu,* le garnir d'arbres, de végétaux : *Une avenue plantée d'arbres. On a planté le pays de vignes.* — **3.** *Planter un clou, un pieu,* etc., les enfoncer dans une matière plus ou moins dure, dans le sol, pour maintenir, soutenir, etc. : *Planter un clou dans un mur pour accrocher un tableau. Planter en terre des piquets pour faire une clôture* (syn. FICHER). *Le lion planta ses griffes dans le bras de la dompteuse.* — **4.** *Planter une tente, un drapeau,* etc., les installer, les placer de façon qu'ils restent droits, fixés au sol, etc. : *Les campeurs plantèrent leur tente près de la rivière* (syn. DRESSER, MONTER). *Le drapeau fut planté au sommet du fort* (syn. ARBORER). *Planter des décors* (syn. INSTALLER). *Planter son chapeau sur sa tête. Le peintre planta son chevalet sur la place de la cathédrale.* — **5.** (sujet qqn) [*Être*] *planté,* être droit, comme fixé au sol : *Un enfant bien planté sur ses jambes* (= droit et ferme). *Rester planté devant une vitrine* (= immobile). — **6.** *Planter son regard, ses yeux sur qqn,* le fixer avec insistance. ‖ *Planter un baiser sur les lèvres,* l'appliquer directement et brusquement. — **7.** Fam. *Planter là qqn,* le quitter brusquement : *Elle m'a planté là pour partir en courant vers l'autobus.* ‖ *Planter là qqch,* abandonner une entreprise, cesser d'agir : *Je suis décidé à tout planter là si vous continuez vos critiques* (syn. fam. PLAQUER, LAISSER TOMBER). ◆ ***se planter*** v. pr. **1.** (sujet qqch) Se fixer : *La balle vint se planter au milieu de la cible.* — **2.** (sujet qqn) Se tenir immobile et debout : *Il est venu se planter devant le bureau pour me parler. Elle se planta à l'écart pour observer la scène.*

planteur [plɑ̃tœr] n. m. Propriétaire d'une plantation.

plantigrade [plɑ̃tigrad] adj. et n. m. Se dit des animaux qui marchent sur la plante des pieds, au lieu de marcher seulement sur les doigts : *L'ours est plantigrade.*

plantoir [plɑ̃twar] n. m. Outil dont le jardinier se sert pour creuser des trous destinés à recevoir de jeunes plants.

planton [plɑ̃tɔ̃] n. m. **1.** Soldat assurant des liaisons entre divers services. — **2.** *Faire le planton,* attendre debout un long moment : *Je suis resté près d'une demi-heure à faire le planton, en l'attendant.*

plantureux, euse [plɑ̃tyrø] adj. (de l'anc. fr. *plentiveux*, abondant). 1. *Repas plantureux,* d'une grande abondance (syn. ↓COPIEUX). — 2. *Fam.* Se dit d'une femme bien en chair, aux formes proéminentes : *Beauté plantureuse. Avoir une poitrine plantureuse.* — 3. *Région, terre plantureuse,* où les récoltes sont abondantes (soutenu).

plaque [plak] n. f. (de *plaquer*). 1. Feuille d'une matière rigide formant une surface peu épaisse : *Plaque de cuivre. Les enfants ont cassé la plaque de marbre de la cheminée.* — 2. Objet ayant la forme, l'aspect d'une plaque : *Plaque d'égout* (= couvercle au-dessus de l'entrée d'un égout). *Plaque de four. Plaque de blindage. Les plaques chauffantes d'une cuisinière. Plaque de chocolat.* ‖ *Plaque tournante,* plate-forme servant à faire passer d'une voie à une autre des wagons, des locomotives, etc. ; lieu d'où partent diverses voies, où s'ouvrent plusieurs possibilités. — 3. Couche peu épaisse et peu étendue de qqch : *Plaques de verglas.* — 4. Pièce de métal qui porte diverses indications (identité, numéro signalétique, etc.) : *Plaque d'immatriculation. Plaque d'identité. Plaque de police.* — 5. Insigne des hauts grades de certains ordres : *Plaque de grand officier de la Légion d'honneur.* — 6. Lamelle de peau, de sang coagulé, surface couverte d'excoriations, de boutons : *Plaques d'eczéma.* — 7. Tache colorée qui se forme sur la peau : *Elle a des plaques rouges sur le visage.* — 8. *Plaque dentaire,* substance visqueuse et collante qui se forme à la surface des dents et qui est à l'origine des caries.

1. plaqué, e [plake] adj. Recouvert d'une feuille de métal précieux : *Bracelet plaqué. Montre plaquée or* (= recouverte d'une feuille d'or).

2. plaqué [plake] n. m. Métal commun recouvert d'une feuille de métal précieux : *Bijoux en plaqué.*

plaquer [plake] v. t. (anc. néerl. *placken*, coller). 1. Appliquer une feuille d'une matière rigide sur qqch : *Plaquer du métal sur du bois.* — 2. *Plaquer qqn, qqch contre, sur qqch,* l'appliquer fortement contre, sur qqch : *Je réussis à plaquer mon agresseur contre un mur* (syn. APPUYER, ADOSSER). *Plaquer sa main sur la bouche de quelqu'un.* — 3. *Plaquer ses cheveux,* les aplatir : *Elle porte ses cheveux plaqués sur le front.* — 4. *Plaquer un accord,* frapper vigoureusement plusieurs touches à la fois au piano. — 5. *Plaquer un adversaire,* au rugby, le faire tomber, pour lui prendre le ballon, en lui saisissant les jambes. — 6. Fam. *Plaquer qqn, qqch,* l'abandonner soudain : *Il a fait un bout de chemin avec moi, puis il m'a plaqué quand il a vu son amie* (syn. fam. LAISSER TOMBER). *Elle a plaqué sa situation pour se lancer dans le cinéma.*

plaquette [plakɛt] n. f. 1. Petite plaque : *Plaquette de chocolat, de marbre. Plaquette commémorative en l'honneur du président.* — 2. Petit livre de peu d'épaisseur : *J'ai écrit quelques plaquettes de vers dans ma jeunesse.*

plasma [plasma] n. m. (mot gr. signif. *ouvrage façonné*). Liquide clair du sang et de la lymphe, où sont les globules.

plastic ou **plastique** [plastik] n. m. (angl. *plastic*). Explosif brisant : *On trouva chez les terroristes plusieurs kilos de plastic et des détonateurs.*

plasticage ou **plastiquage** [plastikaʒ] n. m. Action de plastiquer.

plasticité [plastisite] n. f. Qualité de ce qui est plastique, façonnable : *La plasticité de l'argile. La plasticité du caractère* (syn. SOUPLESSE, ADAPTABILITÉ).

plastifier [plastifje] v. t. *Plastifier qqch,* le recouvrir de matière plastique.

1. plastique [plastik] adj. (gr. *plastikos,* qui concerne le modelage). 1. Qui peut être façonné, modelé : *Argile plastique.* — 2. *Arts plastiques,* arts du dessin y compris la peinture et la sculpture. — 3. Beau dans la forme : *La beauté plastique d'une sculpture.* ◆ n. f. 1. Art de sculpter : *La plastique grecque.* — 2. Conformation physique de qqn : *La belle plastique d'un athlète.*

2. plastique [plastik] adj. *Matière plastique,* matière synthétique, qu'on peut transformer à volonté par un procédé de moulage, de formage, etc. : *Vaisselle, imperméable en matière plastique.* ◆ n. m. 1. Syn. de MATIÈRE PLASTIQUE : *Des vêtements placés dans une housse en plastique.* — 2. Syn. de PLASTIC.

plastiquer [plastike] v. t. Faire sauter avec du plastic.

plastiqueur, euse [plastikœr] n. Auteur d'un attentat au plastic.

plastron [plastrɔ̃] n. m. (it. *piastrone,* haubert). 1. Empiècement qui s'applique sur le devant d'une chemise. — 2. Pièce de cuir ou de toile rembourrée que les escrimeurs mettent pour se protéger.

plastronner [plastrɔne] v. i. Avoir une attitude fière, en bombant le torse ; faire l'avantageux : *Se sentant admiré, il plastronnait devant les invités* (syn. PARADER).

1. plat, e [pla] adj. (bas lat. *plattus*) [après le n.] 1. Dont la surface est unie, qui manque de relief : *Barque à fond plat. Sol plat, terrain plat* (syn. HORIZONTAL, UNI). *Mer plate* (= sans vagues). *Poitrine plate. Cheveux plats* (= ni frisés, ni bouclés). — 2. Qui manque d'épaisseur : *Os plat. Poisson plat. Lime plate.* — 3. Peu élevé : *Elle porte des chaussures à talon plat* (contr. HAUT). — 4. *À plat,* sur la surface large : *Poser, mettre quelque chose à plat* (syn. HORIZONTALEMENT). ‖ *À plat ventre,* étendu de tout son long sur le sol, le visage tourné vers la terre : *Elle se mit à plat ventre pour regarder sous la commode.* ‖ *Assiette plate,* dont la concavité est faible (contr. CREUX). ‖ Fam. *Être, se sentir à plat,* sans forces, par suite de fatigue ou de maladie. ‖ *Pied plat,* dont la voûte plantaire est affaissée, trop large et trop aplatie. ‖ *Pneu à plat,* pneu entièrement dégonflé. ‖ *Rouler à plat,* rouler avec un véhicule dont les pneus sont à plat. ‖ Fam. *Se mettre à plat ventre devant qqn,* se montrer servile à son égard (syn. S'APLATIR, RAMPER ; fam. S'ÉCRASER). ‖ *Tomber à plat,* ne trouver aucun écho : *Sa remarque tombe à plat dans le brouhaha.* — 5. (après ou, plus rarement, avant le n.) Qui manque de caractère, de personnalité : *Un plat personnage. Vin plat. Comédie plate* (syn. BANAL, ↑FADE). *Ce film n'est qu'une plate adaptation d'un roman célèbre* (syn. ↑INSIPIDE). — 6. *Calme plat,* état où rien de notable ne se produit : *Les affaires sont dans un calme plat.* ‖ *Faire de plates excuses,* faire des excuses veules, humiliantes. (→ APLATIR.) ◆ ***plat*** n. m. 1. Partie plate de qqch : *Le plat d'un sabre. Ce cheval fait une course de plat* (= sur un terrain plat). ‖ *Plat de côtes* (ou *plates côtes*), partie du bœuf qui comprend les côtes prises dans le milieu de leur longueur et les muscles. ‖ *Plat de la main,* paume de la main dont les doigts sont étendus. — 2. Fam. *Faire du plat à qqn,* le flatter.

2. plat [pla] n. m. 1. Pièce de vaisselle de table plus grande et plus creuse qu'une assiette ; son contenu : *Un plat long, creux. La serveuse apportait les plats sur la table. Servir un plat de poisson. Manger un plat froid* (syn. METS). — 2. Chacun des éléments d'un menu : *Le premier, le deuxième plat.* — 3. Fam. *En faire tout un plat,* donner une importance exagérée à qqch. ‖ Fam. *Mettre les petits plats dans les grands,* servir un repas soigné, cérémonieux, pour impressionner les invités.

platane [platan] n. m. (lat. *platanus ;* mot gr.). Arbre commun en France, dont l'écorce se détache facilement et qui orne les avenues, les routes.

plateau [plato] n. m. (de *plat*).
— I. 1. Support plat, servant à transporter des aliments

ou de la vaisselle : *Se faire apporter son petit déjeuner au lit sur un plateau. Un plateau de fromages* (= assortiment de fromages présentés sur un plateau). — 2. Disque d'une balance recevant les matières à peser. — 3. Scène d'un théâtre; lieu d'un studio de cinéma ou de télévision où évoluent les acteurs. — 4. Pièce circulaire rotative, en métal recouvert d'une protection, sur laquelle on place le disque dans un tourne-disque. — II. Étendue de terrain relativement plane, élevée par rapport aux régions environnantes, qu'elle domine par des falaises ou par des talus en forte pente : *Les plateaux de l'Iran. Les hauts plateaux du Tibet.*

plate-bande [platbɑ̃d] n. f. (pl. *plates-bandes*). 1. Espace de terre étroit entourant un carré de jardin, et destiné à recevoir des plantes, des fleurs, etc. — 2. Fam. *Marcher sur les plates-bandes de qqn,* empiéter sur ses attributions, ses prérogatives, le domaine qui lui est réservé.

plate-forme [platfɔrm] n. f. (pl. *plates-formes*). 1. Partie d'un autobus où les voyageurs peuvent se tenir debout. — 2. Ouvrage sur lequel on construit qqch, on dispose des canons, etc. — 3. Ensemble des idées principales sur lesquelles on s'appuie pour former un programme politique.

platement [platmɑ̃] adv. De façon plate : *Texte platement traduit. S'exprimer platement* (= de façon banale). *S'excuser platement.*

1. platine [platin] n. m. (anc. esp. *platina*). Métal précieux, blanc-gris.

2. platine [platin] n. f. (de *plat*). Dans un tourne-disque, plaque sur laquelle sont fixés le moteur, le dispositif d'entraînement du disque et les différentes commandes de l'appareil.

platiné, e [platine] adj. 1. *Blond platiné,* dont la couleur blonde est comparable à celle du platine. — 2. *Vis platinée,* pièce de l'allumage d'une automobile.

platitude [platityd] n. f. 1. Absence d'originalité, d'imprévu : *Elle ne s'apercevait pas de la platitude de son existence* (syn. MÉDIOCRITÉ). *La platitude d'une œuvre musicale* (syn. BANALITÉ). — 2. Parole, acte sans originalité : *Dire des platitudes* (syn. BANALITÉ, FADAISE). — 3. Humilité excessive, manque de dignité : *La platitude de ce courtisan dépassait les bornes* (syn. AVILISSEMENT, BASSESSE). *La platitude de ses excuses est écœurante.*

platonique [platɔnik] adj. (de *Platon*). 1. Se dit d'un amour, d'un désir qui restent du domaine de l'imagination : *Son désir d'étudier les mathématiques est resté platonique. Il avait pour sa cousine un amour tout platonique* (syn. CHASTE). — 2. Se dit de manifestations, de réactions, etc., qui restent sans effet : *Protestations platoniques.*

plâtrage [plɑtraʒ] n. m. Action de plâtrer.

plâtras [plɑtra] n. m. pl. Débris de matériaux de construction.

plâtre [plɑtr] n. m. (du gr. *emplastron,* modelé). 1. Matériau qui se présente sous la forme d'une poudre blanche : *Le plâtre mélangé à l'eau donne une pâte qui durcit en séchant. Murs couverts de plâtre.* — 2. Fam. *Battre qqn comme plâtre,* le battre violemment. — 3. Appareil destiné à immobiliser les parties d'un membre cassé, et consistant en un moulage de plâtre fait sur ce membre : *Être dans le plâtre* (= avoir un membre, une partie du corps immobilisés par cet appareil).

plâtrer [plɑtre] v. t. 1. Couvrir de plâtre : *Plâtrer un mur.* — 2. *Plâtrer un membre,* le mettre dans le plâtre, l'immobiliser par un appareil.

plâtrier [plɑtrije] n. m. Ouvrier du bâtiment qui procède au plâtrage des murs et des plafonds.

plausible [plozibl] adj. (du lat. *plaudere,* applaudir). Qui mérite d'être pris en considération, d'être considéré comme vrai : *Vos motifs sont plausibles* (syn. VALABLE). *Ses excuses sont plausibles* (syn. ADMISSIBLE). *L'hypothèse est plausible* (syn. VRAISEMBLABLE).

play-back [plɛbak] n. m. inv. (mot angl. signif. *jouer derrière*). Interprétation mimée d'un enregistrement préalable.

play-boy [plɛbɔj] n. m. (mot angl. signif. *viveur*) [pl. *play-boys*]. Homme élégant au physique avantageux, qui recherche les succès féminins.

plèbe [plɛb] n. f. (lat. *plebs*). *Litt.* et *péjor.* Le peuple.

plébiscite [plebisit] n. m. (lat. *plebiscitum*). Vote direct du corps électoral, appelé à accorder sa confiance à un homme pour la direction de l'État.

plébisciter [plebisite] v. t. Élire, approuver, ratifier à une très grande majorité : *Faire plébisciter sa politique par un vote populaire.*

pléiade [plejad] n. f. (gr. *Pleias,* n. d'un groupe d'étoiles). Groupe d'écrivains, d'artistes, de célébrités : *Une pléiade de jeunes talents.*

1. plein, e [plɛ̃] adj. (lat. *plenus*). 1. (avant ou, plus souvent, après le n.) Qui contient tout ce qu'il peut contenir : *Donnez-m'en un verre plein* (ou *un plein verre*). *Une bouteille pleine de vin. La valise est pleine, on ne peut rien ajouter* (contr. VIDE). *Le théâtre est plein* (syn. ↑COMBLE). *Plein comme un œuf* (fam. ; = repu). ‖ *À plein(s)* [+ *n.*], indique l'abondance, l'intensité : *L'argent coulait à pleins bords* (= était dépensé avec largesse). *Ça sent le tabac à plein nez* (fam. ; = fortement). *Crier à pleine gorge* (= de toutes ses forces). — 2. *Plein de qqch, de gens,* qui en contient en grande quantité : *Devoir plein de fautes d'orthographe* (syn. REMPLI, BOURRÉ). *La cour était pleine de monde* (syn. NOIR). *Remarque pleine de bon sens.* — 3. *Plein de,* qui possède à un degré élevé une qualité, un trait de caractère, etc. : *Plein de bonne volonté* (syn. REMPLI). *Plein d'attentions pour quelqu'un. Être plein d'idées* (syn. ↑FOISONNANT). ‖ Péjor. *Plein de soi-même,* orgueilleux, infatué de sa personne. — 4. Dont toute la masse est occupée par la matière : *Une paroi pleine* (contr. AJOURÉ, CREUX). *Une porte pleine* (par oppos. à *porte vitrée*). *Joues pleines* (= bien rebondies). *Visage plein* (= bien en chair). — 5. Se dit de qqch qui est complètement ce qu'il est censé être, porté à son maximum : *Remporter une pleine victoire. Donner pleine satisfaction* (syn. TOTAL). *Avoir pleine conscience de quelque chose* (syn. ENTIER). *Des journées pleines. Travailler à plein temps* ou *à temps plein* (par oppos. à *temps partiel, à mi-temps*). *Moteur qui tourne à plein régime. Tableau placé en pleine lumière. En plein jour, en pleine nuit* (= quand le jour, la nuit sont bien établis). *En plein soleil, en plein hiver* (= au plus fort du soleil, de l'hiver). *Pleins pouvoirs* (= pouvoirs politiques exceptionnels conférés à qqn). — 6. Qui est au cœur de qqch (lieu) : *On est tombé en panne en pleine campagne* (= au beau milieu). *Se baigner en pleine mer.* — 7. *Le plein air,* l'air libre, l'extérieur : *Jeux de plein air* (= qui se pratiquent dehors). *Vivre en plein air* (contr. ENFERMÉ). — 8. Se dit d'une femelle qui porte des petits : *Chatte pleine.* ◆ ***plein*** prép. 1. *Plein* + *n. (avec art.),* indique une grande quantité : *Elle a des bonbons plein les poches. Avoir du cambouis plein les mains. Il y a des clients plein la boutique.* — 2. Fam. *En avoir plein le dos,* être excédé. ‖ Fam. *En jeter, en mettre plein la vue à qqn,* l'impressionner fortement, l'éblouir. ◆ adv. 1. *À plein,* entièrement, totalement : *L'argument a porté à plein. Voiture, train,* etc., *qui roule à plein* (= dont toutes les places sont occupées par des passagers, des marchandises) [contr. À VIDE]. — 2. *En plein* + *prép.,* précise une localisation : *Elle s'est arrêtée en plein au milieu de la place* (syn. EXACTEMENT). *Marcher* en plein dans la boue. L'obus est tombé en plein sur la maison. — 3. Fam. *Plein de + n.*, beaucoup de : *Je vous prêterai des livres sur la question : j'en ai plein* (syn. BEAUCOUP). — 4. *Sonner plein,* rendre le son caractéristique d'un objet qui n'est pas creux. — 5. Fam. *Tout plein,* très, extrêmement : *Depuis quelques jours, il est gentil tout plein.*

2. plein [plɛ̃] n. m. 1. Le plus gros des traits des lettres dans l'écriture : *Des pleins et des déliés.* — 2. *Battre son plein,* en parlant d'une fête, d'une manifestation, être au moment où il y a le plus d'animation, de bruit. ‖ *Faire le plein de qqch,* atteindre le maximum : *Ce parti n'a pas fait le plein des voix.* ‖ *Faire le plein (d'essence),* en remplir entièrement le réservoir.

pleinement [plɛnmɑ̃] adv. De façon complète : *Elle est pleinement satisfaite de sa voiture* (syn. TOTALEMENT, PARFAITEMENT). *Je vous approuve pleinement* (syn. ENTIÈREMENT, SANS RÉSERVE).

plein-emploi [plɛnɑ̃plwa] n. m. Emploi total de la main-d'œuvre disponible dans un pays.

plein-temps [plɛ̃tɑ̃] n. m. Activité professionnelle absorbant la totalité du temps légal de travail.

plénier, ère [plenje] adj. (de *plein*). *Assemblée, réunion plénière,* où tous les membres prévus sont présents.

plénipotentiaire [plenipɔtɑ̃sjɛr] n. m. et adj. (lat. *plenus,* plein, et *potentia,* puissance). Agent diplomatique muni des pleins pouvoirs : *Le gouvernement envoya des plénipotentiaires discuter des conditions d'armistice.*

plénitude [plenityd] n. f. (lat. *plenitudo*). Totalité, intégralité : *Un vieillard qui a conservé la plénitude de ses facultés intellectuelles.*

pléonasme [pleɔnasm] n. m. (gr. *pleonasmos,* surabondance). Expression ou mot qui répète, volontairement ou non, une idée déjà émise (ex. : *Elle a vu, de ses propres yeux vu, la scène. La splendeur et la magnificence du palais*) [syn. REDONDANCE].

pléonastique [pleɔnastik] adj. Qui constitue un pléonasme : *Un emploi pléonastique.*

pléthore [pletɔr] n. f. (gr. *plêthôrê,* surabondance). Abondance excessive de production, de denrées, de personnes, etc. : *Cette année, la pléthore de vin va entraîner une baisse des prix* (syn. SURABONDANCE). *Il y a pléthore de candidats à ce concours* (contr. PÉNURIE).

pléthorique [pletɔrik] adj. D'une abondance excessive : *Classes pléthoriques* (= où le nombre des élèves est excessif ; contr. CLAIRSEMÉ).

pleur [plœr] n. m. Syn. litt. de LARME (surtout pl.) : *Verser des pleurs. Essuyer les pleurs d'une personne affligée.*

pleurard, e [plørar] adj. et n. *Péjor.* Qui pleure souvent.

pleurer [plœre] v. i. (lat. *plorare,* crier). 1. Verser des larmes : *Cet enfant pleure toute la journée* (syn. PLEURNICHER). *À cette nouvelle, la femme se mit à pleurer* (syn. SANGLOTER). *Pleurer comme une Madeleine* (fam. ; = avec abondance). ‖ *Triste, bête à pleurer,* se dit de qqch de très triste, de très bête : *L'histoire de cette veuve est triste à pleurer.* — 2. *Pleurer sur qqn, sur qqch,* déplorer sa disparition, sa mort : *Cette jeune fille pleure sur son mariage compromis. Pleurer sur son propre malheur.* — 3. Fam. *Pleurer après qqch,* le demander instamment : *Il va pleurer après une augmentation à chaque retour de vacances.* ◆ v. t. 1. *Pleurer qqn, qqch,* en déplorer la disparition, la perte : *Il y a dix ans qu'il pleure sa mère. Elle pleure sa jeunesse disparue.* — 2. Fam. *Ne pas pleurer sa peine, son argent,* etc., ne pas les ménager. ‖ *Pleurer misère,* se lamenter sur soi-même. ‖ *Pleurer ses fautes,* les regretter vivement.

pleurésie [plœrezi] n. f. (gr. *pleura,* côté). Inflammation de la plèvre (méd.).

pleureur [plørœr] adj. m. Se dit de certains arbres à feuillage retombant : *Saule pleureur.*

pleureuse [plørøz] n. f. Femme qu'on payait pour pleurer aux funérailles.

pleurnicher [plœrniʃe] v. i. Verser des larmes, pleurer souvent et sans raison, comme un enfant.

pleurnicherie [plœrniʃri] n. f. Habitude de pleurnicher.

pleurnicheur, euse [plœrniʃœr] n. et adj. Qui pleurniche : *Un enfant pleurnicheur* (syn. GROGNON).

pleutre [pløtr] adj. et n. m. (mot flamand). Sans courage, qui s'effraie devant de petits dangers (syn. POLTRON, LÂCHE).

pleutrerie [pløtrəri] n. f. Comportement de pleutre.

pleuvoir [pløvwar] v. i. (lat. *pluere*) [c. 47]. 1. *Il pleut,* la pluie tombe : *Il pleut sur la ville. Il va pleuvoir* (syn. fam. FLOTTER). *Il a plu trois jours de suite. Il pleut des cordes* (fam. ; = beaucoup). — 2. (sujet qqch) Tomber en abondance : *Les projectiles pleuvaient. Les coups pleuvent. Les critiques pleuvaient sur lui.*

pleuvoter [pløvɔte] v. i. *Fam.* Pleuvoir légèrement.

plèvre [plɛvr] n. f. (gr. *pleura,* côté). Membrane séreuse qui enveloppe les poumons.

Plexiglas [plɛksiglas] n. m. (nom déposé). Matière synthétique employée comme verre de sécurité et à divers usages.

plexus [plɛksys] n. m. (mot lat. signif. *entrelacement*). Amas de filets nerveux enchevêtrés.

pli [pli] n. m. 1. Partie repliée d'une étoffe, d'un papier, etc. : *Un papillon qui s'était caché dans un pli du rideau.* — 2. Marque qui reste sur une chose pliée : *Faire un pli à un tissu. Repasser le pli d'un pantalon.* — 3. Fam. *Prendre un pli, le pli,* contracter une habitude : *Elle avait pris le pli de venir me voir tous les matins.* — 4. Fam. *Ça ne fait pas un pli,* cela ne présente aucune difficulté, c'est assuré. ‖ *Faux pli,* pli à une étoffe là où il ne devrait pas y en avoir. ‖ *Mise en plis,* ondulation faite à froid, sur des cheveux mouillés et séchés ensuite avec de l'air chaud. — 5. Enveloppe d'une lettre : *Mettre deux lettres sous le même pli.* — 6. Lettre (admin.) : *Envoyer un pli par un coursier.* — 7. Levée qu'on fait à un jeu de cartes.

pliable [plijabl] adj. Qu'on peut plier : *Chaise pliable.*

pliage [plijaʒ] n. m. Action de plier : *Le pliage des feuilles imprimées se fait automatiquement.*

1. pliant, e [plijɑ̃] adj. Se dit d'un objet qui peut être replié sur soi : *Siège pliant. Lit pliant.*

2. pliant [plijɑ̃] n. m. Siège portatif, sans bras ni dossier, qu'on peut replier pour le transport.

plie [pli] n. f. (bas lat. *platessa*). Poisson plat de la Manche et de l'Atlantique, à chair très estimée.

plier [plije] v. t. (lat. *plicare*). 1. *Plier un objet,* en rabattre une partie sur une autre : *Plier une feuille de papier. Plier un papier en deux, en quatre. Plier une nappe ;* en rapprocher les parties les unes des autres, en rassembler les éléments : *Plier une tente. Plier un éventail. Plier un lit. Plier ses affaires* (= les ranger). — 2. Fam. *Plier bagage* → BAGAGE. — 3. *Plier qqch,* lui faire prendre une forme courbe, une position infléchie : *Plier une branche d'arbre* (syn. COURBER). *Plier les genoux* (syn. FLÉCHIR). — 4. *Plier qqn, qqch (à qqch),* le faire céder, le soumettre à la volonté de qqn, à une contrainte : *Plier un enfant à une discipline* (syn. ASSUJETTIR). *Plier son langage aux circonstances.* ◆ v. i. 1. (sujet qqch) Prendre une forme courbe : *Les soldats qui passaient faisaient plier la passerelle* (syn. S'AFFAISSER, PLOYER). — **2.** (sujet qqn) Se soumettre, reculer devant un adversaire, une force adverse : *Plier devant l'autorité du maître. L'armée pliait sous les coups redoublés de l'ennemi* (syn. CÉDER). ◆ ***se plier*** v. pr. *Se plier à qqch,* s'y soumettre : *Se plier à la volonté de quelqu'un, aux caprices du hasard* (syn. CÉDER).

plinthe [plɛ̃t] n. f. (gr. *plinthos,* brique). Planche posée à la base des murs intérieurs d'un appartement.

plissé, e [plise] adj. Marqué de plis : *Robe plissée. Terrain plissé* (= dont les couches sont ondulées). ◆ ***plissé*** n. m. Travail fait en plissant un tissu : *Le plissé d'une robe.*

plissement [plismɑ̃] n. m. Ensemble de plis : *Les géologues étudient les plissements du terrain* (= ondulations des couches).

plisser [plise] v. t. (de *plier*). *Plisser qqch,* le marquer de plis : *Plisser une jupe avec un fer à repasser* (syn. FRONCER). *Plisser son front* (syn. RIDER).

pliure [plijyr] n. f. Marque d'une chose pliée.

ploiement [plwamɑ̃] n. m. Action de ployer : *Ploiement d'une barre de fer.*

plomb [plɔ̃] n. m. (lat. *plumbum*). **1.** Métal très dense, très malléable, d'un gris bleuâtre : *Un tuyau de plomb. Soldat de plomb* (= figurine de plomb ou d'un autre métal, représentant un soldat). — **2.** Fusible intercalé dans un circuit électrique, fondant lorsque la tension est trop forte : *Faire sauter les plombs.* — **3.** Projectile de chasse : *Cartouche à plombs. Le lièvre a reçu la décharge de plombs.* — **4.** Poids dont on garnit une ligne de pêche pour l'alourdir : *Mettre trois plombs à sa ligne.* — **5.** Fam. *Avoir du plomb dans l'aile,* être en très mauvais état physique ou moral. ‖ Fam. *Avoir un plomb sur l'estomac,* avoir une digestion difficile. ‖ Fam. *Mettre du plomb dans la tête,* rendre plus conscient. ‖ *Soleil de plomb,* chaleur écrasante par un temps radieux. ‖ *Sommeil de plomb,* profond et lourd.

plombage [plɔ̃baʒ] n. m. Action de plomber : *Aller chez le dentiste se faire faire un plombage.*

plombé, e [plɔ̃be] adj. **1.** Garni de plomb : *Canne plombée.* — **2.** Qui a la couleur du plomb : *Teint plombé.*

plomber [plɔ̃be] v. t. **1.** *Plomber une dent,* en remplir de ciment ou d'amalgame la partie cariée. — **2.** *Plomber un colis, un wagon,* etc., y apposer un sceau de plomb.

plomberie [plɔ̃bri] n. f. Métier du plombier.

plombier [plɔ̃bje] n. m. Entrepreneur, ouvrier qui établit et entretient les installations d'eau et de gaz.

plonge [plɔ̃ʒ] n. f. *Faire la plonge,* faire la vaisselle dans un restaurant.

plongeant, e [plɔ̃ʒɑ̃] adj. Qui va de haut en bas : *De sa maison, on a une vue plongeante sur le jardin contigu. Tir plongeant.*

plongée [plɔ̃ʒe] n. f. **1.** *Naviguer en plongée,* naviguer au-dessous du niveau de la mer, en parlant d'un sous-marin. — **2.** *Plongée sous-marine,* sport consistant à descendre sous la surface de l'eau, muni d'appareils divers, pour explorer, chasser, photographier ou cinématographier. — **3.** Point de vue de haut en bas. — **4.** Prise de vues effectuée par une caméra dirigée de haut en bas.

plongeoir [plɔ̃ʒwar] n. m. Tremplin du haut duquel on plonge.

plongeon [plɔ̃ʒɔ̃] n. m. **1.** Saut d'un nageur dans l'eau : *Faire un plongeon. Plongeon avec double saut périlleux.* — **2.** Détente horizontale du gardien de but, au football.

plonger [plɔ̃ʒe] v. i. (lat. pop. *plumbicare,* de *plumbum,* plomb) [c. 2]. **1.** (sujet qqn, un submersible) S'enfoncer entièrement dans l'eau : *Un sous-marin qui plonge.* — **2.** (sujet un avion, un oiseau) *Plonger sur qqn, qqch,* descendre brusquement sur : *L'avion plongea sur son objectif* (syn. PIQUER). — **3.** (sujet qqch) S'enfoncer, pénétrer profondément en descendant : *Des racines qui plongent dans le sol. L'origine de cette tradition plonge dans la nuit des temps* (syn. ÊTRE ENFOUI). — **4.** *Regard qui plonge,* qui est dirigé vers ce qui est situé au-dessous. — **5.** (sujet qqn, un animal) Faire un saut dans l'eau, la tête la première : *Plonger du haut du tremplin.* — **6.** Au football, en parlant du gardien de but, s'élancer brusquement pour attraper le ballon, et se laisser tomber par terre. ◆ v. t. **1.** *Plonger qqch dans qqch,* le faire entrer brusquement dans un liquide, dans un milieu creux : *L'enfant plongea ses doigts dans la confiture* (syn. TREMPER, INTRODUIRE). *Elle plongea son stylo dans l'encre* (syn. ENFONCER). — **2.** *Plonger son regard sur qqn* ou *sur qqch,* les fixer profondément pour les examiner. — **3.** *Plonger qqn dans un état, une situation,* l'y mettre brusquement : *La panne de courant les avait tous plongés dans l'obscurité. Votre arrivée l'a plongé dans l'embarras* (syn. JETER). ◆ ***se plonger*** v. pr., ***être plongé*** v. pass. S'absorber dans une occupation : *Se plonger dans la lecture d'un roman. Je l'ai trouvée plongée dans une profonde méditation. Un enfant plongé dans le sommeil.*

plongeur, euse [plɔ̃ʒœr] n. **1.** Personne qui plonge, s'enfonce dans l'eau. — **2.** Personne qui pratique la plongée sous-marine. — **3.** Personne qui lave la vaisselle dans un restaurant.

plot [plo] n. m. (orig. incert.). **1.** Pièce métallique destinée à assurer un contact électrique. — **2.** Dispositif de signalisation lumineuse situé au ras du sol.

plouf! [pluf] interj. Onomat. exprimant le bruit que fait un objet en tombant avec un bruit sourd.

ploutocrate [plutokrat] n. m. Homme tout-puissant grâce à sa fortune.

ploutocratie [plutokrasi] n. f. (gr. *ploutos,* richesse, et *kratos,* pouvoir). Gouvernement où le pouvoir politique appartient aux classes riches.

ploutocratique [plutokratik] adj. Qui relève de la ploutocratie.

ployer [plwaje] v. i. (lat. *plicare*) [c. 3] *Litt.* **1.** (sujet qqn, qqch) Fléchir, se courber sous l'action d'une force extérieure : *La branche ployait sous le poids des fruits* (syn. PLIER). *Ses jambes ployèrent sous elle.* — **2.** (sujet qqn) Être accablé sous le poids de qqch : *Le peuple ployait sous les impôts.* ◆ v. t. *Litt.* **1.** *Ployer qqch,* lui donner une forme courbe, le faire fléchir : *Le vent ployait les cimes des arbres.* — **2.** *Ployer les genoux,* les fléchir.

pluie [plɥi] n. f. (lat. *pluvia*). **1.** Chute d'eau sous forme de gouttes qui tombent des nuages sur terre : *Pluie fine, diluvienne, pénétrante, battante. Un jour de pluie* (= où il pleut). *Des pluies sous forme d'ondées, d'averses.* — **2.** *Pluie de qqch (concret), en pluie,* chute d'objets, de matières qui tombent à la façon de la pluie : *Pluie de cendres, de projectiles. Pluie d'étincelles.* — **3.** *Pluie de qqch (action, abstrait),* qqch qui est répandu en abondance : *Pluie d'or* (= une grande quantité d'argent). *Pluie de cadeaux* (syn. ↑AVALANCHE). *Une pluie de punitions s'abattit sur la classe.* — **4.** Fam. *Après la pluie, le beau temps,* toute situation désagréable, pénible a une fin. ‖ Fam. *Faire la pluie et le beau temps,* avoir une grosse influence. ‖ *Parler de la pluie et du beau temps,* dire des banalités.

plumage [plymaʒ] n. m. Ensemble des plumes recouvrant un oiseau : *Le plumage d'un faisan.*

plume [plym] n. f. (lat. *pluma,* duvet). **1.** Chacune des tiges souples portant des barbes qui couvrent le corps des oiseaux et qui servent à leur vol : *Arracher les plumes d'un poulet. Le perroquet lissait ses plumes. Le gibier à plume* (= les oiseaux; contr. À POIL). *Être léger comme une plume* (= très léger). — **2.** Fam. *Y laisser des plumes,* subir des pertes en une circonstance donnée. ‖ *Poids plume,* catégorie de boxeurs très légers. ‖ Fam. *Voler dans les plumes à (de) qqn,* se jeter sur lui, l'attaquer brusquement. — **3.** Morceau de métal en forme de bec, qui sert à écrire : *Stylo à plume en or. La plume est encrassée, elle crache.* — **4.** *Lire la plume à la main,* en prenant des notes. ‖ *Prendre la plume,* se mettre à écrire. ‖ *Vivre de sa plume,* faire métier d'écrivain.

plumeau [plymo] n. m. Ustensile de ménage fait de plumes assemblées autour d'un manche, et servant à épousseter : *Elle passait un coup de plumeau sur les meubles.*

plumer [plyme] v. t. **1.** *Plumer une volaille, un oiseau,* lui arracher ses plumes : *Plumer un poulet pour le faire cuire.* — **2.** *Plumer qqn,* le dépouiller de son argent.

plumet [plymɛ] n. m. Petit bouquet de plumes qui orne une coiffure militaire.

plumier [plymje] n. m. Boîte longue dans laquelle l'écolier mettait ses crayons, sa gomme, etc.

plumitif [plymitif] n. m. *Fam.* et *péjor.* Écrivain médiocre (syn. fam. GRATTE-PAPIER).

plum-pudding [plumpudiŋ] n. m. Syn. de PUDDING.

plupart (la) [plypar] adj. indéf. (de *la plus part*). **1.** *La plupart de* (+ *n. pl.* ou *collectif*), une quantité très grande, formant presque la totalité de l'ensemble considéré : *Dans la plupart des foyers, on trouve un poste de télévision* (syn. LA GÉNÉRALITÉ). *La plupart des villes connaissent des difficultés de circulation* (syn. ↓LA MAJORITÉ). *Dans la plupart des cas, il n'y a pas de motif à la jalousie. Chez la plupart des enfants, on trouve un goût marqué pour les jouets électriques* (syn. PRESQUE TOUS). *Les médecins ne considèrent pas seulement la maladie en elle-même; la plupart d'entre eux sont attentifs à la psychologie de leurs patients.* — **2.** (sans compl.) Le plus grand nombre de personnes : *La plupart pensent que les problèmes techniques, une fois posés, sont résolus immédiatement.* ‖ *Pour la plupart,* quant au plus grand nombre : *Les employés pour la plupart vont en vacances en août.* — **3.** *La plupart du temps,* de façon habituelle, courante : *La plupart du temps, elle prenait son journal à un kiosque près du métro.*

plural, e, aux [plyral] adj. (lat. *pluralis,* multiple). Se dit de ce qui contient plusieurs unités.

pluralisme [plyralism] n. m. Système qui admet plusieurs systèmes de valeurs : *Le pluralisme scolaire admet divers types d'enseignement.*

pluraliste [plyralist] adj. Relatif au pluralisme : *Une démocratie pluraliste.*

pluralité [plyralite] n. f. **1.** Fait d'exister à plusieurs : *La pluralité des dieux dans la mythologie grecque* (syn. MULTIPLICITÉ, DIVERSITÉ). — **2.** Caractère pluriel de qqch : *La marque «-nt» est la marque de la pluralité du verbe à la troisième personne du pluriel.*

pluridisciplinaire [plyridisiplinɛr] adj. Qui intéresse simultanément plusieurs sciences, disciplines.

pluridisciplinarité [plyridisiplinarite] n. f. Caractère pluridisciplinaire d'un enseignement ou d'une recherche.

1. pluriel, elle [plyrjɛl] adj. (lat. *pluralis,* multiple). Qui marque la pluralité : *Une finale plurielle.*

2. pluriel [plyrjɛl] n. m. Nombre d'un mot correspondant à plusieurs unités et qui se traduit dans la langue écrite par une marque (le nom au pluriel reçoit le plus souvent la marque *-s*), par oppos. au *singulier.*

pluripartisme [plyripartism] n. m. Système politique admettant l'existence de plusieurs partis.

1. plus [ply(s/z)] adv. de négation (lat. *plus,* davantage). **1.** *Ne... plus,* négation indiquant la cessation de l'état ou de l'action : *Je ne l'ai plus revue depuis cette date. Elle ne reviendra plus dans cet hôtel. Tu n'as plus besoin de ce livre; rends-le-moi. Vous n'avez plus de raison de partir. Il n'est plus très jeune* (= il est déjà âgé). *Je ne l'aime plus. On ne la voit plus nulle part.* — **2.** *Ne... plus de* (+ *n.*), indique l'absence de qqch : *Il n'y a plus de place dans le compartiment. Nous n'avons plus de pommes de terre : il faudra en acheter.* — **3.** *Ne... plus que,* indique que la cessation s'arrête à la restriction indiquée : *La décision ne tient plus qu'à vous* (= est désormais entre vos mains). *Il n'a plus que la peau et les os* (syn. SEULEMENT). *Il ne manque plus que ça!* (= c'est le comble! [fam.]). — **4.** *Non plus... mais,* indique une opposition entre une cessation et une présence : *Procède non plus par des improvisations, mais par des décisions mûrement réfléchies.* ‖ *Non plus,* avec un nom, un pronom, un adjectif, négation de *et aussi.* (→ AUSSI.)

2. plus ([ply(s/z)] devant une consonne; [plyz] devant une voyelle ou un *h* muet; [plys] en fin de syntagme) adv. de quantité. Indique une quantité supérieure. **1.** Devant un adj. ou un adv. : comparatif de supériorité (le compl. du comparatif est introduit par la conj. *que*) : *Rien n'est plus dangereux que de traverser la rue en courant. Revenez plus tard. Allez beaucoup plus vite. Il est plus bête que méchant. Il fait plus froid aujourd'hui qu'hier. Relisez cet ouvrage plus souvent. La pluie tombe plus fort; pas plus... que,* indique une égalité (syn. TOUT AUTANT QUE) : *La voiture n'est pas plus rapide que le train.* — **2.** Devant un adj. ou un adv., avec l'article défini *(le plus) :* superlatif relatif (le compl. du superlatif est introduit par la prép. *de* suivie d'un n. ou par la conj. *que,* ou suivi de *possible*) : *Il est le plus généreux des hommes. Les jours les plus chauds de l'année. Cours le plus vite que tu pourras; des plus* (+ *adj.*), indique qu'on range ce qui est qualifié parmi ce qui est le plus... : *Elle est des plus heureuses au jeu.* — **3.** Devant ou après un v. qu'il modifie : *plus,* comparatif, *le plus,* superlatif : *Exiger toujours plus* (syn. DAVANTAGE). *Cette étoffe me plaît plus que l'autre. Ce livre la plus intéressée que le précédent. On ne peut pas faire plus pour elle. Qui peut le plus peut le moins* (formule d'encouragement). — **4.** Suivi de la prép. *de* et d'un n. *(plus de), plus* peut être modifié par *un peu, beaucoup,* etc. : *Voici plus de trois jours que j'attends sa réponse. Versez-moi un peu plus de thé. Il n'y avait pas plus de dix personnes à la réunion. J'ai beaucoup plus de motifs qu'elle d'être satisfait.* — **5.** *Plus que, pas plus que,* suivis d'un part. ou d'un adj., indiquent que la quantité en question a été ou non dépassée : *J'en ai plus qu'assez. Il est plus qu'ennuyeux.* — **6.** Précédé d'un adv. (*tellement, beaucoup,* etc.), d'un n. de nombre multiplicatif *(trois fois)* ou d'un mot désignant un espace (lieu, temps) : *Je lis beaucoup plus maintenant que je suis à la retraite. Il y en a deux fois plus qu'il n'en faut. Il est dix ans plus vieux que moi.* — **7.** *De plus,* précédé d'un n. et d'une indication de nombre : *Elle a deux ans de plus que moi. Quelques heures de plus m'auraient permis d'achever.* ‖ *En plus,* précédé ou suivi d'un n. et d'un numéral, indique une quantité qui s'ajoute : *J'ai reçu treize bouteilles au lieu de douze; il y en a une en plus* (syn. EN TROP). *Elle fait quelques petits travaux en plus de son métier.* — **8.** Répété ou avec *moins* pour exprimer une comparaison : *plus... plus, plus... moins : Plus il parlait, et plus il s'enferrait dans ses explications. Plus il fait froid, moins le charbon arrive, car les canaux sont gelés.* —

9. *Au plus* (avec un numéral), indique la quantité supérieure d'une évaluation : *Elle est sortie il y a au plus dix minutes. Ce vol leur a rapporté au plus cent francs.* ‖ *Bien plus,* exprime un renchérissement sur l'affirmation précédente : *Cette comédie est médiocre, bien plus, elle n'a même pas le mérite de l'originalité* (syn. QUI PLUS EST). ‖ *D'autant plus (... que),* indique la proportion, la mesure : *Le regret fut d'autant plus vif que la personne était plus estimée. Elle lui en est d'autant plus reconnaissante, sachez-le bien.* ‖ *De plus, en plus,* indiquent une nouvelle considération : *Elle est fatiguée et, de plus, découragée devant tant de difficultés* (syn. EN OUTRE). *Il est stupide, et, en plus, il a une haute opinion de lui-même.* ‖ *De plus en plus,* indique un accroissement, une augmentation par degrés : *Elle a de plus en plus de raisons de se méfier.* ‖ *En mieux, en plus grand, en plus petit,* etc., mieux, plus grand, plus petit par comparaison. ‖ *Raison de plus,* c'est un motif nouveau qui s'ajoute aux autres pour renforcer une conviction : *Vous ne connaissez rien du sujet; raison de plus pour vous taire.* ‖ *Rien de plus,* aucune chose ne s'ajoutant : *Vous aurez cette indemnité, mais rien de plus.* ‖ *Sans plus,* sans ajouter quoi que ce soit : *C'est un roman que je lis pour passer le temps, sans plus.* ‖ *Tout au plus,* exprime le degré maximal : *Ils étaient tout au plus une vingtaine.* ‖ *Ni plus ni moins,* de façon exacte, juste : *Elle est ni plus ni moins la meilleure joueuse de tennis actuellement. C'est une escroquerie, ni plus ni moins.* ‖ *Plus ou moins,* indique l'incertitude, l'hésitation : *« Vous pensez avoir réussi votre examen? — Plus ou moins. » Il est plus ou moins adroit.*

3. plus [plys] prép. Introduit une addition : *Le signe plus (+) indique une addition. Six plus un égalent sept. J'avais invité les mêmes amis, plus la cousine de Jeanne. Il fut condamné à une lourde amende, plus les frais du procès.*

plusieurs [plyzjœr] adj. ou pron. indéf. pl. (du lat. *plures,* plus nombreux). Indique une pluralité de personnes ou de choses : *Y avait-il une ou plusieurs personnes? Voici plusieurs numéros. À plusieurs reprises* (syn. MAINT). *Il y a plusieurs années* (syn. QUELQUES). *Je pourrais vous citer plusieurs faits* (syn. PLUS D'UN). *J'attends des invités : ils sont plusieurs à venir. J'en ai vu plusieurs qui copiaient sur leur voisin. Plusieurs de leurs camarades sont fautifs. Ils se sont mis à plusieurs pour produire ce livre. Plusieurs m'ont déjà raconté cette histoire. Tous les invités sont venus, mais plusieurs ont dû repartir peu de temps après.*

plus-que-parfait [plyskəparfɛ] n. m. Temps du verbe exprimant une action passée, antérieure à une autre action passée. (Ex. *Il est arrivé en retard au rendez-vous : les autres étaient déjà partis.*)

plus-value [plyvaly] n. f. (de *plus* et *value,* anc. part. passé de *valoir*) [pl. *plus-values*]. 1. Profit constitué par la différence entre la valeur des biens produits et l'ensemble des salaires et des amortissements (contr. MOINS-VALUE). — 2. Excédent des recettes sur les dépenses (syn. BÉNÉFICE).

plutonium [plytɔnjɔm] n. m. (de *Pluton,* dieu des Enfers). Métal obtenu dans les piles à uranium, pouvant subir la fission et employé dans les bombes atomiques.

plutôt [plyto] adv. 1. De préférence à qqch (dans un choix entre deux possibilités) : *Ne prenez pas ce fruit qui n'est pas mûr, prenez plutôt celui-ci.* — 2. Corrige une affirmation, une expression : *Il est gentil ou plutôt il préfère ignorer la méchanceté d'autrui* (syn. POUR MIEUX DIRE, EN RÉALITÉ). *Elle est indolente plutôt que paresseuse.* — 3. (+ adj.) Passablement, assez : *Il est plutôt bavard.* — 4. *Plutôt que (ne)* [+ *ind.* ou *subj.*], *plutôt que (de)* [+ *inf.*], *plutôt que* (+ *n.*), expriment une comparaison, un choix préférentiel : *Il se distrait plutôt qu'il ne travaille* (syn. PLUS QUE). *Plutôt que de vous obstiner à nier, vous feriez mieux d'admettre votre erreur* (syn. AU LIEU DE). *Plutôt la mort que le déshonneur. Plutôt souffrir que mourir* (= mieux vaut).

pluvial, e, aux [plyvjal] adj. (du lat. *pluvia,* pluie). Qui provient de la pluie : *Les eaux pluviales alimentent des nappes souterraines.*

pluvieux, euse [plyvjø] adj. Caractérisé par l'abondance des pluies : *Temps pluvieux. L'été a été pluvieux.*

pluviomètre [plyvjɔmɛtr] n. m. Appareil servant à mesurer la quantité de pluie tombée en un lieu pendant un temps déterminé.

pluviôse [plyvjoz] n. m. (du lat. *pluvia,* pluie). Cinquième mois du calendrier républicain.

pluviosité [plyvjozite] n. f. Valeur moyenne de la quantité d'eau tombée.

1. pneu [pnø] ou **pneumatique** [pnømatik] n. m. (gr. *pneumatikos,* de *pneuma,* souffle) [pl. *pneus*]. 1. Enveloppe de toile et de caoutchouc recouvrant une chambre à air comprimé et qu'on adapte à la jante des roues de bicyclette, de voiture, etc. : *Vérifier la pression des pneus. Le pneu a éclaté.* — 2. Correspondance écrite sur un papier léger, de format déterminé, et expédiée rapidement, dans certaines villes, par le moyen de canalisations à air comprimé : *Envoyer, adresser un pneu.*

2. pneumatique [pnømatik] adj. Qui fonctionne à l'air comprimé ou qui contient de l'air emmagasiné : *Un marteau pneumatique. Canot pneumatique.*

pneumonie [pnømɔni] n. f. (gr. *pneumôn,* poumon). Maladie consistant en une inflammation aiguë du poumon.

pochade [pɔʃad] n. f. (de *pochoir*). Croquis en couleur exécuté en quelques coups de pinceau, ou œuvre littéraire sans prétention et amusante, écrite rapidement.

poche [pɔʃ] n. f. (frq. *pokka*). 1. Partie en forme de petit sac ménagée dans un vêtement et où on peut mettre de menus objets : *Une poche intérieure où on met son portefeuille. La poche-revolver, derrière le pantalon. Faire les poches de quelqu'un* (fam.; = fouiller dans ses poches). — 2. *Avoir de l'argent plein les poches,* être très riche. ‖ *Avoir qqch en poche,* en avoir la possession définitive ou assurée; être sûr de l'obtenir : *Elle a sa nomination en poche.* ‖ Fam. *Connaître qqch, qqn comme sa poche,* le connaître très bien. ‖ Fam. *En être de sa poche,* faire les frais d'une entreprise, essuyer une perte alors qu'on attendait un bénéfice. ‖ *Mettre qqn dans sa poche,* prendre une autorité absolue sur lui, de façon à s'assurer son concours ou sa neutralité. ‖ *Se remplir les poches,* gagner beaucoup d'argent en usant de procédés peu scrupuleux. — 3. Faux pli disgracieux d'un vêtement : *Son veston fait des poches.* — 4. Grande quantité de gaz, de liquide contenue dans une cavité souterraine : *Poche de gaz, d'eau.* — 5. *De poche,* se dit d'un objet de taille assez réduite pour être mis dans la poche ou spécialement conçu pour y être placé : *Couteau de poche. Mouchoir de poche. Livre de poche* (ou, fam., *poche* n. m.) [= de petit format et de prix modique]. — 6. Boursouflure sous les yeux.

pocher [pɔʃe] v. t. (de *poche*). 1. *Pocher l'œil à qqn,* lui donner un coup qui occasionne une tuméfaction à l'œil (surtout pass.) : *Sortir d'une bagarre les yeux pochés.* — 2. *Pocher des œufs,* les faire cuire, sans la coquille, dans un liquide bouillant.

pochette [pɔʃɛt] n. f. 1. Petite poche placée en haut et à gauche d'un veston. — 2. Petit mouchoir de fantaisie qu'on met dans cette poche. — 3. Sachet de papier, d'étoffe dans lequel on met des photographies, des cartes, etc.

pochette-surprise [pɔʃɛtsyrpriz] n. f. (pl. *pochettes-surprises*). Sachet renfermant, avec des bonbons, un objet inattendu, acheté ou offert comme lot dans une tombola.

pochoir [pɔʃwar] n. m. (de *poche*). Feuille de carton ou de métal découpée, permettant de peindre facilement des lettres, des dessins, etc. : *Un titre fait au pochoir.*

podium [pɔdjɔm] n. m. (mot lat.; du gr. *podion,* petit pied). Plate-forme sur laquelle monte le champion vainqueur après une épreuve sportive; estrade : *Monter sur le podium.*

1. poêle [pwal] n. m. (du lat. *pensilis,* suspendu). Appareil de chauffage fonctionnant au bois, au charbon ou au mazout : *Charger, allumer, éteindre un poêle à charbon.*

2. poêle [pwal] n. f. (lat. *patella*). Ustensile de cuisine en métal, rond et de faible profondeur, muni d'un manche : *Cuire un bifteck à la poêle. Une poêle à frire.*

3. poêle [pwal] n. m. (lat. *pallium,* manteau). *Tenir les cordons du poêle,* tenir les cordons du drap mortuaire dont on couvre le cercueil pendant le cortège funèbre.

poêlon [pwalɔ̃] n. m. Casserole en terre.

poème [pɔɛm] n. m. (gr. *poiêma,* de *poieîn,* faire). 1. Ouvrage en vers ou en prose, ayant les caractères de la poésie : *« L'Énéide » est un poème épique.* — 2. Fam. *C'est (tout) un poème,* c'est extravagant.

poésie [pɔezi] n. f. (gr. *poiêsis,* action de faire). 1. Art d'évoquer les sensations, les impressions, les émotions par un emploi particulier de la langue, utilisant les sonorités, les rythmes, les harmonies des mots et des phrases, les images, etc. : *La poésie d'Alain-Fournier est faite d'évocations et de souvenirs lyriques.* — 2. Texte en vers, généralement court : *Les poésies de Louise Labé. Une poésie lyrique.* — 3. Caractère de qqch qui parle à l'âme, qui touche le cœur, la sensibilité : *Clair de lune plein de poésie.*

poète [pɔɛt] n. m. 1. Celui qui écrit en vers, qui s'exprime de façon poétique : *Victor Hugo, Corneille, Baudelaire sont des poètes très célèbres.* — 2. *Péjor.* Celui qui n'a guère le sens des réalités, qui manque d'ordre, de logique, etc. ◆ adj. Qui écrit des poésies : *Une femme poète.*

poétesse [pɔetɛs] n. f. Femme poète : *Sappho est la plus célèbre poétesse de l'Antiquité.*

poétique [pɔetik] adj. 1. Relatif à la poésie : *Les œuvres poétiques d'Anna de Noailles* (= ses poésies). *Tournure poétique* (= réservée à la langue de la poésie). — 2. Qui porte à rêver, qui élève l'âme, etc. : *Entrer dans un univers poétique. Vision poétique de la vie* (contr. RÉALISTE). *Un coucher de soleil poétique* (syn. ROMANTIQUE). *Vous avez une nature poétique* (syn. RÊVEUR).

poétiquement [pɔetikmɑ̃] adv. De façon poétique.

poétiser [pɔetize] v. t. *Poétiser qqch, qqn,* les idéaliser, les rendre poétiques : *Poétiser de vagues souvenirs d'enfance* (syn. EMBELLIR).

pogrom [pɔgrɔm] n. m. (mot russe). Massacre de juifs.

poids [pwa] n. m. (lat. *pensum,* ce qu'une chose pèse). 1. Pression exercée par un corps sur ce qui le supporte, en raison de l'attraction terrestre; ce qui fait qu'une chose pèse, apparaît pesante : *Mesurer le poids d'un paquet sur une balance. Le poids d'un litre d'eau est supérieur à celui d'un litre d'essence. Une branche qui plie sous le poids des fruits. Un pilier qui supporte la plus grande partie du poids de la voûte* (syn. CHARGE, MASSE). *Le kilogramme est l'unité de poids.* — 2. Catégorie de sportifs établie selon leur poids : *Boxeur poids mouche. Haltérophile poids lourd.* — 3. Caractère de ce qui est pénible à supporter : *Les paysans ont été longtemps accablés sous le poids des impôts* (syn. FARDEAU). *Tout le poids de l'entreprise repose sur ses épaules* (syn. RESPONSABILITÉ). — 4. Influence, autorité : *Elle reconnaît le poids d'un tel argument* (syn. IMPORTANCE, VALEUR). *Les inconvénients sont de peu de poids en regard des avantages. C'est une personne de poids* (= on tient compte de ses avis). *Des découvertes récentes donnent du poids à cette hypothèse* (syn. CONSISTANCE). — 5. *Avoir un poids sur l'estomac,* éprouver un malaise physique au niveau de l'estomac, souvent en raison d'une inquiétude, d'une gêne. ‖ *Avoir un poids sur la conscience,* se sentir en faute, éprouver des remords. ‖ *Avoir deux poids, deux mesures,* porter des jugements divers, suivant ses intérêts; faire preuve de partialité. ‖ Fam. *Faire le poids,* être en mesure de remplir un rôle, être compétent : *On ne peut pas songer à lui pour diriger l'affaire : il ne fait pas le poids.* ‖ *Poids lourd,* camion. ‖ *Poids mort,* poids d'un appareil, d'un véhicule, qui absorbe une partie du travail utile; chose ou personne inutile ou encombrante. ‖ *Vendre qqch au poids,* le vendre d'après son poids, et non selon le nombre d'unités. ‖ *Vendre qqch au poids de l'or,* le vendre très cher. — 6. Masse de métal utilisée pour peser : *Mettre un poids dans la balance. Poids de 500 grammes.* — 7. En athlétisme, sphère métallique qu'on lance d'un bras le plus loin possible : *Le lancer du poids.* (→ PESER.)

poignant, e [pwaɲɑ̃] adj. (de l'anc. fr. *poindre,* piquer). Qui cause ou manifeste une vive douleur, une angoisse : *Douleur poignante* (syn. AIGU). *Situation poignante* (syn. DRAMATIQUE, ↑ATROCE). *Regard poignant* (syn. ÉMOUVANT, DOULOUREUX). *Adieux poignants* (syn. DÉCHIRANT).

poignard [pwaɲar] n. m. (lat. *pugnus,* poing). 1. Arme faite d'un manche et d'une lame courte, pointue et tranchante. — 2. *Coup de poignard dans le dos,* attaque lâche, trahison.

poignarder [pwaɲarde] v. t. *Poignarder qqn,* le frapper avec un poignard : *Le bandit poignarda sauvagement la malheureuse.*

poigne [pwaɲ] n. f. (de *poing*). 1. Force de la main : *Pour tordre cette barre de fer, il faut une fameuse poigne. Avoir une poigne de fer.* — 2. *À poigne,* qui a de l'énergie pour se faire obéir : *Gouvernement, homme à poigne.*

poignée [pwaɲe] n. f. 1. Petite quantité de choses qu'on peut saisir avec une main, que peut contenir la main fermée : *Une poignée de riz. Jeter une poignée de sel dans la marmite.* ‖ *À poignée, par poignées,* à pleine main, en grande quantité : *Elle jeta des dragées aux enfants par poignées.* — 2. *Une poignée de* (+ *n. pl.*), un petit nombre de personnes : *Il n'y avait qu'une poignée de spectateurs.* — 3. *Poignée de main,* action de serrer la main à qqn en guise de salutation, en signe d'accord. — 4. Partie d'un objet par laquelle on le saisit avec la main : *La poignée d'une valise, d'une épée, d'une porte. Elle voulut entrer, mais la poignée lui resta dans la main.*

poignet [pwaɲɛ] n. m. (de *poing*). 1. Articulation qui joint la main à l'avant-bras. — 2. Extrémité de la manche d'un vêtement, d'une chemise en particulier. — 3. *À la force du poignet,* grâce à ses propres ressources, par un gros effort.

poil [pwal] n. m. (lat. *pilus*). 1. Production de la peau en forme de fil, apparaissant sur le corps de certains animaux ou sur certaines parties du corps humain : *Les poils d'une fourrure. Avoir quelques poils au menton.* — 2. Fam. *Un poil,* une très petite quantité : *Pousse le tableau un poil plus à droite* (= un tout petit peu). *Il s'en est fallu d'un poil* (= de très peu). — 3. Fam. *À poil,* nu : *Être complètement à poil.* ‖ Fam. *À un poil* *près,* à peu de chose près. || Pop. *Au poil,* très bon, très satisfaisant : *Ton déjeuner est au poil! Une fille au poil* (= jolie, agréable). *Cette histoire est au poil* (= est très drôle). || *Avoir un poil dans la main,* être très paresseux. || Fam. *De tout poil,* de toute nature. || Fam. *Être de bon poil, de mauvais poil,* être de bonne, de mauvaise humeur. || Fam. *Reprendre du poil de la bête,* se ressaisir. || Fam. *Tomber sur le poil à qqn,* l'attaquer brusquement ou l'aborder à un moment inopportun.

poil-de-carotte [pwaldəkarɔt] adj. inv. *Fam.* Qui a les cheveux roux : *Son aînée est poil-de-carotte* (syn. ROUQUIN).

1. poilu, e [pwaly] adj. Couvert de poils : *Avoir les jambes poilues* (syn. VELU). [→ PILEUX.]

2. poilu [pwaly] n. m. Combattant français de la Première Guerre mondiale.

poinçon [pwɛ̃sɔ̃] n. m. (lat. *punctum,* de *pungere,* piquer). **1.** Tige d'acier pointue, servant à graver ou à percer : *Le poinçon d'un graveur, d'un cordonnier.* — **2.** Marque de contrôle mise avec un outil d'acier trempé sur certains objets : *Apposer un poinçon sur une montre en or.*

poinçonner [pwɛ̃sɔne] v. t. **1.** Marquer d'un poinçon. — **2.** Perforer des billets de chemin de fer, de métro, etc.

poindre [pwɛ̃dr] v. i. (lat. *pungere,* piquer) [c. **82**]. **1.** Litt. *Le jour point,* il commence à paraître : *Nous partirons quand le jour poindra.* — **2.** *Plantes qui commencent à poindre,* à sortir de terre.

poing [pwɛ̃] n. m. (lat. *pugnus*). **1.** Main fermée : *Un gros poing. Frapper du poing.* — **2.** *Coup de poing,* coup porté avec le poing. || *Coup de poing sur la table,* acte de qqn qui impose brutalement sa volonté. || *Dormir à poings fermés,* très profondément. || Fam. *Faire le coup de poing,* prendre part à une bataille à coups de poing, de pied, etc. || *Montrer le poing,* faire à qqn un signe de menace. || *Serrer les poings,* rassembler toute son énergie.

1. point [pwɛ̃] n. m. (lat. *punctum,* piqûre).
— **I. 1.** Petite marque en forme de rond, qui fait partie de la graphie de certaines lettres : *Mettre un point sur un «i», un «j».* — **2.** Signe de ponctuation indiquant la fin d'un énoncé (.). — **3.** *Deux points,* signe de ponctuation (:) qui indique un développement explicatif ou précède une citation entre guillemets. || Fam. *Mettre les points sur les «i»,* insister nettement, pour dissiper toute ambiguïté. || *Mettre un point final à qqch,* le terminer définitivement de façon qu'on n'ait plus à y revenir. || *Point d'orgue,* signe (.) placé sur une note de musique pour en augmenter la durée pendant un temps indéfini. — **4.** En mathématiques, lieu idéal dans l'espace, n'ayant aucune étendue : *Point d'intersection de deux droites.* — **5.** Lieu qui permet de situer qqch ou qui sert de repère; endroit précis : *Avoir des ecchymoses en plusieurs points du corps. Une banque qui a de nombreuses succursales, dispersées dans différents points d'une région. Point de départ, d'arrivée, d'arrêt.* — **6.** *Être au point mort,* être arrêté dans son évolution, ne plus progresser : *Les négociations pour la reprise du travail restent au point mort.* || *Faire le point,* chercher à déterminer la position d'un bateau; chercher à savoir où on en est, à dominer la situation dans son ensemble. || *Point d'appui,* ce sur quoi on s'appuie pour se tenir : *Trouver un point d'appui sur le bord de la fenêtre pour placer une échelle.* || *Point d'attache,* endroit où qqn retourne habituellement. || *Point chaud,* lieu névralgique où risque de se produire un conflit. || *Point de chute,* endroit où on s'arrête un certain temps. || *Point d'eau,* endroit, dans une région aride, où se trouve une source. || *Point d'impact,* endroit où un projectile touche l'objectif ou un obstacle. || *Point mort,* position du levier de changement de vitesse d'un véhicule, où celui-ci n'est engagé dans aucune vitesse. || *Point noir,* grave difficulté : *Le point noir de la rentrée scolaire, c'est l'insuffisance des locaux;* syn. fam. de COMÉDON. || *Point de vue,* endroit d'où on domine un paysage, et spectacle qui s'offre à l'observateur : *Il ne faut pas manquer le point de vue sur le gouffre;* conception générale qu'on se fait d'un problème : *Votre point de vue sur la question n'est pas valable* (syn. FAÇON DE VOIR). *D'un certain point de vue, elle n'a pas tort* (= si on se place dans une certaine optique). *Du point de vue de la forme, ce texte est critiquable. Cette hypothèse ne vaut rien au point de vue scientifique.* — **7.** Piqûre faite dans l'étoffe avec une aiguille enfilée de soie, de laine, etc. : *Couture à petits points. Faire des points espacés.* — **8.** (+ compl. du n.) Appellation de certains travaux faits à l'aiguille : *Point de croix, point de tige, point de chaînette.*
— **II. 1.** Question particulière d'un sujet, élément d'un ensemble : *Discuter sur un point important. Revenir sur un point particulier* (= un aspect du problème). *Un discours en trois points* (syn. PARTIE). *Elle n'est pas d'accord avec vous sur tous les points. Ils sont d'accord en tout point. Débattre une affaire point par point* (= méthodiquement, sans rien omettre). *Discuter un point de doctrine* (= un aspect particulier de la doctrine). — **2.** *Point de détail,* chose secondaire. || *Point faible,* partie, aspect critiquable, médiocre de qqn ou de qqch : *L'orthographe est son point faible.* — **3.** Degré atteint, moment dans le cours de qqch : *Elle reprit son exposé au point où elle l'avait laissé. La situation en est toujours au même point* (= elle n'a pas évolué). — **4.** *À point,* dans l'état qui convient (degré de cuisson d'un mets, maturité d'un fruit) : *Le rôti est cuit à point* (= ni trop cru ni trop cuit). *Vous voulez votre bifteck bleu, saignant, à point ou cuit? Des pêches bien à point.* || *À point nommé,* à l'instant fixé (soutenu) : *Arriver à point nommé pour sauver la situation.* || *Au point,* bien réglé, qui fonctionne bien : *Votre voiture est maintenant au point.* || *Au point de* (+ *inf.*), *que* (+ *ind.*), *à tel point que* (+ *ind.* ou parfois + *subj.*), marque la conséquence réelle ou éventuelle : *Il ne fait pas froid au point de mettre un chandail* (= si froid qu'il faille le mettre). *Il ne faut pas embellir l'histoire au point que les faits essentiels soient gravement altérés. Elle s'est surmenée à tel point qu'elle est tombée malade.* || *En tout point,* entièrement : *Vous serez obéi en tout point.* || *Mettre qqch au point,* le régler : *Les services compétents ont mis au point un nouveau procédé de fabrication* (= ont établi avec précision). *La mise au point d'une machine. Le gouvernement a fait une mise au point sur cette question* (= a précisé sa position sur cette question). || *Sur le point de* (+ *inf.*), indique un futur immédiat : *Sur le point de franchir le dernier obstacle, le cheval tomba* (= au moment où il allait le franchir). *Faites attention, votre valise est sur le point de tomber.* — **5.** Unité de notation d'un travail scolaire, d'une épreuve de concours ou d'examen, etc. : *Il a été convenu que chaque faute d'orthographe retirerait un point.* — **6.** Unité dans un jeu, un sport mettant en compétition deux ou plusieurs personnes : *Jouer une partie en vingt points.* — **7.** *Marquer un point,* prendre un avantage sur son adversaire dans un combat, dans une discussion. || *Rendre des points à qqn,* lui concéder des avantages parce qu'on est le plus fort, le plus habile. || *Vainqueur aux points,* se dit d'un boxeur dont le total des points qui lui sont attribués au cours du combat est supérieur à celui de l'adversaire.

2. point [pwɛ̃] adv. de négation (lat. *punctum,* toute petite parcelle). Syn. litt. de PAS (avec la négation *ne*).

pointage [pwɛ̃taʒ] n. m. **1.** Action de pointer, de contrôler, de compter : *Le pointage des électeurs inscrits sur la liste électorale.* — **2.** Action de pointer, de diriger vers un objectif : *Le pointage d'un canon.*

pointe [pwɛ̃t] n. f. (bas lat. *puncta*, estocade). — I. 1. Extrémité pointue ou étroite d'un objet qui va en s'amincissant : *La pointe d'une aiguille. La pointe d'un clocher* (= la partie extrême et la plus fine). *La pointe de l'île* (syn. EXTRÉMITÉ). *Pointe d'asperge* (= bourgeon terminal d'une asperge). — 2. Clou de même grosseur sur toute sa longueur. — 3. *En pointe*, qui a la forme d'une pointe, dont l'extrémité va en s'amincissant : *Tailler sa barbe en pointe.* || *Faire, pousser une pointe jusqu'à un lieu*, faire un détour pour y aller. || *Pointe des pieds*, partie du pied opposée au talon : *Se dresser sur la pointe des pieds* (= les orteils). || *Pointe sèche*, outil de graveur. || *Sur la pointe des pieds*, sans faire de bruit : *Marcher sur la pointe des pieds*; en prenant des précautions : *Il faut aborder ce sujet sur la pointe des pieds.* — 4. *Une pointe de qqch*, une petite quantité : *Mettre une pointe d'ail dans la salade. Parler avec une pointe d'accent méridional. Mettre dans sa question une pointe de malice* (syn. UN RIEN DE, UN SOUPÇON DE). — 5. *La pointe du jour*, la première clarté du jour (syn. AUBE, AURORE). — 6. *Litt.* Trait d'esprit recherché. ◆ ***pointes*** n. f. pl. 1. *Pointes de feu*, cautérisation cutanée (méd.). — 2. *Faire des pointes*, en parlant d'une danseuse, se dresser en équilibre sur l'extrémité de ses chaussons.
— II. 1. Moment où une activité, un phénomène atteint son maximum d'intensité : *Cette voiture fait du 180 en pointe. Vitesse de pointe* (par oppos. à *vitesse de croisière*). — 2. *Être à la pointe de qqch*, être, dans un secteur, au premier rang par rapport aux autres; être très au courant : *Journaliste à la pointe de l'actualité.* || *Heure de pointe*, moment où la consommation d'électricité, de gaz, etc., est la plus forte, où le nombre des voyageurs est le plus grand, etc. (contr. HEURE CREUSE).

pointeau [pwɛ̃to] n. m. Tige conique qui règle l'arrivée d'un fluide à travers un orifice.

pointer [pwɛ̃te] v. t. (de *pointe*). 1. Marquer d'un signe des noms, des articles d'une liste, des mots d'un texte, pour contrôler, compter, etc. : *Vous pointez sur cette liste les titres des ouvrages qui vous intéressent* (syn. COCHER). *Pointer tous les verbes dans une fable de La Fontaine* (syn. RELEVER, NOTER). — 2. *Pointer des employés, des ouvriers*, contrôler leurs heures d'arrivée et de départ dans l'entreprise. — 3. *Pointer qqch vers qqn, qqch*, le diriger vers un but, l'orienter dans leur direction : *Pointer un canon sur l'objectif. Le capitaine pointa sa jumelle vers l'îlot* (syn. BRAQUER). *Elle pointait vers son adversaire un index accusateur.* ◆ v. i. (sujet un employé, un ouvrier) 1. Enregistrer son heure d'arrivée ou de départ sur un appareil. — 2. À la pétanque, lancer sa boule le plus près possible du cochonnet (par oppos. à *tirer*). — 3. (sujet qqch) Se dresser verticalement, s'élever, commencer à pousser (soutenu) : *Les flèches de la cathédrale pointent vers le ciel. Les jeunes pousses de pivoine pointent au printemps.* ◆ ***se pointer*** v. pr. *Fam.* (sujet qqn) Arriver, se présenter à un endroit : *Elle s'est pointée chez moi à dix heures du soir.*

pointeur [pwɛ̃tœr] n. m. Servant d'une arme à feu chargé du pointage.

pointillé [pwɛ̃tije] n. m. Ligne faite de petits points nombreux et rapprochés : *Indiquer la frontière entre deux pays, sur une carte, par un pointillé gras.*

pointilleux, euse [pwɛ̃tijø] adj. et n. (it. *puntiglioso*). Exigeant ou susceptible avec les autres : *Un examinateur pointilleux* (syn. fam. PINAILLEUR). *Elle se montrait pointilleuse sur le chapitre de la politesse.*

pointillisme [pwɛ̃tijism] n. m. Procédé de l'école impressionniste, en peinture, qui pousse à l'extrême la division des tons en juxtaposant des points multicolores.

pointu, e [pwɛ̃ty] adj. 1. Qui a une extrémité amincie ou formant un angle aigu : *Se déchirer la main à un clou pointu* (syn. ACÉRÉ). *On voyait le clocher pointu de l'église au-delà des champs de blé.* — 2. *Accent pointu*, se dit, dans le Midi, de l'accent parisien. || *Voix pointue, ton pointu*, qui a un timbre très élevé et désagréable (syn. non péjor. AIGU). — 3. *Litt.* Qui manifeste de la susceptibilité ou de l'aigreur : *Quand il parlait, il avait un petit air pointu* (syn. CONTRACTÉ, PINCÉ). [→ ÉPOINTER.]

pointure [pwɛ̃tyr] n. f. (bas lat. *punctura*, piqûre). Dimension des chaussures, des gants, des chapeaux.

point-virgule [pwɛ̃virgyl] n. m. (pl. *points-virgules*). Signe de ponctuation (;) indiquant la fin d'une phrase qui forme l'articulation d'un énoncé complet.

poire [pwar] n. f. (lat. *pirum*). 1. Fruit à pépins, de forme plus ou moins allongée et s'amincissant vers la queue. — 2. Nom de certains objets en forme de poire : *Poire électrique* (= sorte de poignée portant en son centre un bouton sur lequel on appuie pour allumer ou éteindre une lampe électrique). — 3. Fam. *Entre la poire et le fromage*, à la fin du repas, lorsque la gaieté et la liberté sont plus grandes. || *Garder une poire pour la soif*, se réserver qqch pour les besoins à venir. ◆ adj. et n. f. *Fam.* et *péjor.* Facilement dupe : *Il est tellement poire qu'il s'est laissé prendre sa place.*

poireau [pwaro] n. m. (lat. *porrum*). 1. Plante potagère dont on consomme la base des feuilles : *Une botte de poireaux.* — 2. Fam. *Faire le poireau*, attendre longuement.

poireauter [pwarote] v. i. *Fam.* Attendre longuement : *Poireauter sur le quai de la gare* (= faire le poireau).

poirier [pwarje] n. m. 1. Arbre fruitier qui fournit la poire. — 2. *Faire le poirier*, se tenir en équilibre, le corps vertical et le sommet de la tête appuyé sur le sol.

pois [pwa] n. m. (lat. *pisum*). 1. Plante grimpante, cultivée pour ses graines : *Cultiver des pois.* — 2. (pl.) *Petits pois*, graines du pois : *Petits pois frais.* — 3. *À pois*, se dit de certains tissus décorés par des petits ronds d'une couleur différente de celle du fond, diversement disposés : *Une cravate à pois.* || *Pois cassés*, pois secs divisés en deux qui se mangent en purée. || *Pois chiche*, plante voisine du pois dont la gousse contient deux graines comestibles.

poison [pwazɔ̃] n. m. (lat. *potio, potionis*, breuvage). 1. Toute substance qui, introduite dans l'organisme, détruit ou altère les fonctions vitales : *Poison végétal. Certains champignons contiennent un poison violent.* — 2. *Fam.* Personne méchante, insupportable : *Cette fille, quel poison!* (syn. fam. PESTE). — 3. *Fam.* Tâche très ennuyeuse : *Écrire cette lettre, c'est un vrai poison.*

poissard, e [pwasar] adj. et n. f. Qui a un langage grossier, le verbe haut (vieilli) : *Cette fille parle comme une poissarde.*

poisse [pwas] n. f. *Pop.* Malchance.

poisser [pwase] v. t. (de *poix*). Salir, souiller, en laissant des traces gluantes : *La confiture lui a poissé les doigts.*

poisseux, euse [pwasø] adj. Qui est gluant; qui poisse : *L'enfant avait les mains poisseuses.*

poisson [pwasɔ̃] n. m. (lat. *piscis*). 1. Vertébré aquatique, à corps fuselé couvert d'écailles, se déplaçant dans l'eau à l'aide de nageoires : *Le thon est un grand poisson. Marchand de poissons. Pêcher du poisson.* — 2. Pop. *Engueuler qqn comme du poisson pourri*, le couvrir d'injures. || *Être comme un poisson dans l'eau*, parfaitement à son aise. || *Poisson d'avril*, attrape qu'on fait le 1er avril. ◆ ***poissons*** n. m. pl. (avec majusc.)

Douzième signe du zodiaque, correspondant à la période du 19 février au 21 mars.

poissonnerie [pwasɔnri] n. f. Commerce, magasin dans lequel se vendent les poissons et les produits de la mer.

poissonneux, euse [pwasɔnø] adj. Se dit d'une eau qui contient de nombreux poissons : *L'étang est très poissonneux.*

poissonnier, ère [pwasɔnje] n. Personne qui tient une poissonnerie.

poitrail [pwatraj] n. m. (lat. *pectorale,* de *pectus,* poitrine). Devant du corps du cheval et de quelques animaux, entre l'encolure et les épaules. (→ DÉPOITRAILLÉ.)

poitrine [pwatrin] n. f. (lat. *pectus, -oris*). **1.** Partie du tronc, entre le cou et l'abdomen, qui contient les poumons et le cœur : *Avoir une poitrine étroite.* — **2.** Seins d'une femme : *Elle a une belle poitrine. Avoir de la poitrine* (= avoir les seins développés). — **3.** *Voix de poitrine,* voix dont le son est plein (par oppos. à *voix de tête*). [→ PECTORAL.]

poivrade [pwavrad] n. f. Sauce vinaigrette au poivre.

poivre [pwavr] n. m. (lat. *piper*). Condiment de saveur piquante, formé par le fruit *(poivre noir)* ou la graine *(poivre blanc),* habituellement pulvérisés, du poivrier : *Mettre du poivre dans une sauce. Steak au poivre* (= recouvert de poivre concassé). ◆ adj. inv. Fam. *Cheveux poivre et sel,* grisonnants.

poivrer [pwavre] v. t. Assaisonner de poivre : *La sauce est trop poivrée.*

poivrier [pwavrije] n. m. **1.** Plante produisant le poivre. — **2.** Petit accessoire de table, contenant du poivre.

poivrière [pwavrijɛr] n. f. *Toit en poivrière,* toit conique au-dessus d'une tour ou d'une tourelle.

poivron [pwavrɔ̃] n. m. (de *poivre*). Fruit du piment doux.

poivrot, e [pwavro] n. *Pop.* Ivrogne.

poix [pwa] n. f. (lat. *pix, picis*). Matière tirée du pin et du sapin et qui a des propriétés agglutinantes.

poker [pɔkɛr] n. m. (mot angl.). **1.** Jeu de cartes. — **2.** *Coup de poker,* tentative hasardeuse. ‖ *Poker dice* ou *poker d'as,* sorte de jeu de dés.

polaire [pɔlɛr] adj. Relatif au pôle : *Zone polaire.*

polar [pɔlar] n. m. *Fam.* Roman, film policier.

polarisation [pɔlarizasjɔ̃] n. f. Action de polariser.

polariser [pɔlarize] v. t. (de *polaire*). **1.** Concentrer sur soi : *Ce problème polarise toute l'activité de l'entreprise.* — **2.** Fam. *Être polarisé sur une question,* y consacrer toutes ses pensées, toute son action.

Polaroïd [pɔlarɔid] n. m. (nom déposé). Appareil photographique à développement instantané.

polder [pɔldɛr] n. m. (mot néerl. signif. *terre endiguée*). Région fertile conquise par l'homme sur la mer ou les marais.

pôle [pol] n. m. (gr. *polos,* de *polein,* tourner). **1.** Chacun des deux points d'intersection de l'axe de rotation de la Terre avec la surface terrestre : *Le pôle Nord. Le pôle Sud.* — **2.** Chacune des deux bornes d'une pile, d'un générateur électrique : *Le pôle positif, négatif.* — **3.** *Pôle d'attraction,* ce qui retient l'attention, qui attire les regards : *Le lieu de l'accident était devenu un pôle d'attraction.*

polémique [pɔlemik] n. f. (gr. *polemikos,* qui concerne la guerre). Discussion, débat violent sur un sujet politique, scientifique, littéraire : *Engager une polémique avec un adversaire. Soutenir une polémique acharnée* (syn. CONTROVERSE). ◆ adj. Qui relève de la polémique : *Attitude polémique* (contr. CONCILIANT).

polémiquer [pɔlemike] v. i. Faire de la polémique : *Les journaux se sont mis à polémiquer entre eux.*

polémiste [pɔlemist] n. Personne qui fait de la polémique : *Une polémiste de talent écrivait dans le journal* (syn. PAMPHLÉTAIRE).

1. poli, e [pɔli] adj. (lat. *politus,* raffiné). Dont les manières sont conformes aux normes de la bonne société, ou respectueuses d'autrui : *Une enfant très polie* (syn. BIEN ÉLEVÉ). *Se montrer peu poli* (syn. COURTOIS). *Être poli avec les dames* (syn. AIMABLE, GRACIEUX, GALANT ; contr. INCONVENANT, MALOTRU, ↑MALAPPRIS). *Avoir des manières naturellement polies* (syn. ↓CORRECT, ↑CÉRÉMONIEUX ; contr. RUSTRE, ↑GROSSIER).

2. poli, e [pɔli] adj. (lat. *politus,* lisse). Rendu uni : *Surface polie* (syn. ↑LISSE).

1. police [pɔlis] n. f. (gr. *politeia,* organisation politique). **1.** Administration veillant à l'observation des règlements qui maintiennent la sécurité publique : *Car de police. Agent, officier de police* (= membre de la police en uniforme). — **2.** *Faire la police,* maintenir l'ordre, surveiller. ‖ *Police secours,* service installé dans les commissariats d'arrondissement et affecté aux cas d'urgence.

2. police [pɔlis] n. f. (anc. prov. *polissia,* quittance). *Police d'assurance,* contrat d'assurance.

policé, e [pɔlise] adj. (de *police* 1). Parvenu à un certain degré de civilisation (soutenu) : *Société policée* (syn. CIVILISÉ ; contr. BARBARE, SAUVAGE).

polichinelle [pɔliʃinɛl] n. m. (napolitain *Polecenella*). **1.** Marionnette à double bosse. — **2.** Personnage bouffon et ridicule, en qui on n'a pas confiance, etc. : *C'est un vrai polichinelle* (syn. FANTOCHE). *Faire le polichinelle.*

1. policier [pɔlisje] n. m. Personne qui appartient à la police, en uniforme ou non.

2. policier, ère [pɔlisje] adj. **1.** Propre à la police : *Des mesures policières. Employer des méthodes policières* (= comparables à celles qu'emploie la police). — **2.** *Roman, film policier,* dont l'intrigue repose sur une enquête criminelle.

policlinique [pɔliklinik] n. f. (gr. *polis,* ville, et *clinique*). Clinique ou partie d'un hôpital où on traite les malades sans les hospitaliser.

poliment [pɔlimɑ̃] adv. De façon polie : *Veux-tu parler poliment à ta mère ! Refuser poliment une invitation.*

poliomyélite ou, fam., **polio** [pɔljo(mjelit)] n. f. (gr. *polios,* gris, et *muelos,* moelle). Maladie produite par un virus et provoquant des paralysies, souvent étendues.

poliomyélitique ou, fam., **polio** [pɔljo(mjelitik)] adj. et n. Atteint de poliomyélite.

polir [pɔlir] v. t. (lat. *polire,* égaliser). **1.** *Polir une surface,* la rendre unie, lisse et luisante : *Polir une glace, une dalle de marbre, une casserole.* — **2.** *Polir un texte,* le travailler avec soin, le corriger, l'amender (soutenu) : *Le député avait fait polir son discours par un secrétaire.*

polissage [pɔlisaʒ] n. m. Action de polir : *Le polissage du verre.*

polisson, onne [pɔlisɔ̃] n. (surtout masc.) et adj. (de l'anc. arg. *polir,* vendre). **1.** Qui dit ou fait des choses licencieuses : *Jeter un regard polisson sur une vendeuse* (syn. ÉGRILLARD, ↑PAILLARD). — **2.** Enfant espiègle, désobéissant : *Petite polissonne* (syn. COQUIN). *Mon polisson de fils a encore fait des siennes* (syn. VAURIEN).

polissonnerie [pɔlisɔnri] n. f. Action ou propos licencieux : *Dire, faire des polissonneries* (syn. ↑PAILLARDISE ; fam. GAUDRIOLE).

politesse [pɔlitɛs] n. f. (de *poli* 1). **1.** Ensemble des règles de bienséance : *Manquer de la politesse la plus élémentaire* (syn. COURTOISIE). *Elle termina sa lettre par une formule de politesse.* — **2.** *Brûler la politesse à qqn,* se retirer brusquement, sans prendre congé.

politicien, enne [pɔlitisjɛ̃] n. (angl. *politician*). *Péjor.* Personne qui fait de la politique.

politique [pɔlitik] n. f. (gr. *politikos,* de *polis,* ville). **1.** Manière de diriger un État; détermination des formes de son activité : *Mener une politique de rigueur.* — **2.** Ensemble des affaires d'un État : *Politique extérieure* (= la diplomatie). *Politique intérieure* (= les affaires économiques, sociales, etc.). — **3.** Activité de qqn qui s'intéresse aux affaires de l'État : *Faire de la politique.* — **4.** Manière de diriger une affaire : *Adopter une politique judicieuse en matière d'investissements.* ◆ adj. Relatif à l'organisation et au gouvernement des affaires publiques : *Les institutions politiques. Droits politiques du citoyen. Homme politique* (= qui s'occupe des affaires publiques). ◆ adj. et n. Qui a ou manifeste beaucoup d'habileté, qui agit de façon très avisée : *Un directeur très politique* (syn. DIPLOMATE). *Une invitation toute politique.*

politiquement [pɔlitikmɑ̃] adv. D'une manière politique : *Un scrutin politiquement très significatif.*

politisation [pɔlitizasjɔ̃] n. f. Action de politiser; fait d'être politisé : *La politisation d'un syndicat.*

politiser [pɔlitize] v. t. **1.** *Politiser qqch,* lui donner un caractère politique : *Politiser un débat.* — **2.** *Politiser qqn,* l'engager, l'entraîner dans une action politique (surtout pass.) : *Les étudiants sont politisés.*

politologue [pɔlitɔlɔg] n. Spécialiste des problèmes politiques.

politologie [pɔlitɔlɔʒi] n. f. Science qui étudie les forces politiques dans un pays.

polka [pɔlka] n. f. (mot polon.). Danse à deux temps, d'origine polonaise (auj. vieillie); air sur lequel on la danse.

pollen [pɔlɛn] n. m. (mot lat. signif. *farine*). Ensemble des petits grains produits par les fleurs, et représentant les éléments mâles.

polluant, e [pɔlɥɑ̃] adj. Qui pollue : *Usine polluante.*

polluer [pɔlɥe] v. t. (lat. *polluere,* souiller). *Polluer un lieu, une rivière,* etc., les infecter, les souiller en y répandant des matières toxiques : *Les usines polluent les rivières en y jetant des déchets.*

pollueur, euse [pɔlɥœr] adj. et n. Qui contribue à la pollution : *Des pollueurs ont empoisonné la rivière.*

pollution [pɔlysjɔ̃] n. f. Action de polluer : *La pollution atmosphérique par les fumées.*

polo [polo] n. m. (mot angl.). **1.** Jeu de balle qui se joue à cheval, avec un maillet. — **2.** Chemise de sport, à manches longues et à col rabattu.

polochon [pɔlɔʃɔ̃] n. m. *Fam.* Traversin.

polonais, e [pɔlɔnɛ] adj. et n. De Pologne. ◆ ***polonais*** n. m. Langue slave parlée en Pologne.

poltron, onne [pɔltrɔ̃] adj. et n. (it. *poltrone*). Qui a peur devant des dangers insignifiants, qui manque de courage physique : *Il s'est enfui comme un poltron* (syn. COUARD, ↑LÂCHE). *La poltronne se cacha derrière un arbre* (syn. PEUREUX; contr. VAILLANT).

poltronnerie [pɔltrɔnri] n. f. Comportement de poltron : *Sa poltronnerie prête à rire* (syn. COUARDISE; contr. CRÂNERIE, ↑BRAVOURE).

polyamide [pɔliamid] n. m. Composé chimique utilisé dans la fabrication des fibres textiles.

polychrome [pɔlikrom] adj. (*poly-* et gr. *khrôma,* couleur). De diverses couleurs : *Vitrail, colonne polychrome.*

polyclinique [pɔliklinik] n. f. Clinique où sont exercées plusieurs spécialités médicales.

polycopie [pɔlikɔpi] n. f. Reproduction en plusieurs exemplaires d'un texte écrit, par décalque ou par un procédé de même nature.

polycopié [pɔlikɔpje] n. m. Texte, cours polycopié : *Distribuer à la classe des polycopiés.*

polycopier [pɔlikɔpje] v. t. Reproduire par polycopie : *Faire polycopier des cours.*

polyculture [pɔlikyltyr] n. f. Système d'exploitation du sol consistant à cultiver plusieurs sortes de produits dans une même exploitation agricole ou une même région.

polyèdre [pɔliɛdr] n. m. (*poly-* et gr. *hedra,* base). Solide limité de toutes parts par des portions de plans appelées faces : *Les prismes, les pyramides sont des polyèdres.*

polyester [pɔliɛstɛr] n. m. Matière synthétique utilisée en partic. dans l'ébénisterie, la menuiserie, etc., sous forme de moulage.

polygame [pɔligam] n. et adj. Qui pratique la polygamie.

polygamie [pɔligami] n. f. (*poly-* et gr. *gamos,* mariage). État de celui qui est marié à plusieurs femmes simultanément.

polyglotte [pɔliglɔt] adj. et n. (*poly-* et gr. *glôtta,* langue). Qui parle plusieurs langues : *Traductrice polyglotte.* (→ BILINGUE.)

polygonal, e, aux [pɔligɔnal] adj. Relatif au polygone.

polygone [pɔligɔn] n. m. (*poly-* et gr. *gônia,* angle). **1.** Figure géométrique formée d'un plan limité par des segments de droite consécutifs. — **2.** *Polygone de tir,* champ de tir pour l'artillerie.

polygraphe [pɔligraf] n. m. (*poly-* et gr. *graphein,* écrire). *Péjor.* Auteur qui écrit sur des sujets très variés, sans être un spécialiste.

polymorphe [pɔlimɔrf] adj. (*poly-* et gr. *morphê,* forme). Qui prend des formes multiples.

polymorphisme [pɔlimɔrfism] n. m. Caractère polymorphe.

polynésien, enne [pɔlinezjɛ̃] adj. et n. De Polynésie.

polynôme [pɔlinom] n. m. (*poly-* et gr. *nomos,* division). Somme algébrique de monômes.

polype [pɔlip] n. m. (gr. *pous,* pied). **1.** Animal marin dont le corps est cylindrique et à deux parois. — **2.** Tumeur molle qui se développe dans une muqueuse (méd.).

polyphonie [pɔlifɔni] n. f. (*poly-* et gr. *phônê,* voix). Art d'écrire musicalement en deux ou plusieurs parties.

polyphonique [pɔlifɔnik] adj. Relatif à la polyphonie.

polypier [pɔlipje] n. m. Squelette calcaire des colonies de polypes.

polyptyque [pɔliptik] n. m. (*poly-* et gr. *ptux, ptukhos,* pli). Ensemble de panneaux peints ou sculptés liés entre eux et comprenant en général des volets qui peuvent se replier.

polysémie [pɔlisemi] n. f. (*poly-* et gr. *sêmainein,* signifier). Caractéristique d'un mot qui présente deux ou plusieurs sens différents (ex. *cher* dans *la vie est chère* et *ma chère amie*).

polysémique [pɔlisemik] adj. Qui relève de la polysémie : *Le mot «acte» est polysémique (l'acte de loi, le troisième acte d'une comédie, un acte de courage).*

polystyrène [pɔlistirɛn] n. m. Matière plastique.

polysyllabe [pɔlisilab] ou **polysyllabique** [pɔlisilabik] adj. et n. m. Qui a plusieurs syllabes.

polytechnicien, enne [pɔliteknisjɛ̃] n. Élève ou ancien élève de Polytechnique.

polytechnique [pɔliteknik] adj. (*poly-* et gr. *tekhnê*, art). **1.** Qui embrasse plusieurs sciences : *Enseignement polytechnique.* — **2.** *École polytechnique* (ou *Polytechnique* n. f.), école supérieure formant des ingénieurs.

polythéisme [pɔliteism] n. m. (*poly-* et gr. *theos*, dieu). Religion qui admet l'existence de plusieurs dieux.

polythéiste [pɔliteist] adj. et n. Qui relève du polythéisme.

polyvalent, e [pɔlivalɑ̃] adj. (*poly-* et lat. *valere*, valoir). Qui a plusieurs fonctions différentes : *Professeur polyvalent* (= qui enseigne plusieurs matières). *Inspecteur polyvalent* (= qui inspecte des services dépendant de plusieurs administrations). *Agent polyvalent des Finances* (= chargé de vérifier les comptes des entreprises). [On dit aussi dans ce dernier cas UN POLYVALENT n. m.]

pommade [pɔmad] n. f. (it. *pomata*, cosmétique). **1.** Composition molle, grasse, parfumée ou médicamenteuse, utilisée soit pour les soins de la peau et des cheveux, soit pour un traitement médical externe : *Frotter la peau avec de la pommade.* — **2.** Fam. *Passer de la pommade à qqn*, le flatter exagérément ou avec des intentions hypocrites (syn. FLAGORNER).

pommader [pɔmade] v. t. Enduire de pommade.

pomme [pɔm] n. f. (lat. *pomum*, fruit). **1.** Fruit sphérique comestible à pépins : *Manger une pomme pour le dessert. Jus de pomme. Compote de pommes.* — **2.** Ornement, objet en forme de pomme : *La pomme d'une canne. Pomme d'arrosoir* (= bout arrondi d'un arrosoir, percé de petits trous qui permettent de verser l'eau de pluie). — **3.** Cœur du chou, de la laitue. — **4.** Syn. de POMME DE TERRE : *Un steak pommes frites.* — **5.** *Pomme d'Adam*, saillie à la partie antérieure du cou de l'homme et qui est formée par le cartilage thyroïde. ‖ *Pomme de pin*, fruit du pin. ‖ Litt. *Pomme de discorde*, sujet de division. ‖ Fam. *Tomber dans les pommes*, s'évanouir.

pommeau [pɔmo] n. m. (anc. fr. *pom*, poignée d'épée). Petite boule au bout de la poignée d'une épée, d'un sabre, d'une canne, d'un parapluie.

pomme de terre [pɔmdətɛr] n. f. (pl. *pommes de terre*). Plante cultivée pour ses tubercules riches en amidon et doués de qualités nutritives; ce tubercule lui-même : *Éplucher des pommes de terre.*

pommelé, e [pɔmle] adj. *Cheval pommelé*, marqué de taches rondes mêlées de gris et de blanc. ‖ *Ciel pommelé*, marqué de petits nuages blancs ou grisâtres de forme arrondie.

pommer [pɔme] v. i. (sujet un chou, une laitue) Se former en pomme.

pommette [pɔmɛt] n. f. Partie la plus saillante de la joue, au-dessous de l'œil.

pommier [pɔmje] n. m. Arbre fruitier qui fournit la pomme.

pompage [pɔ̃paʒ] n. m. Action de pomper : *Le pompage des eaux d'égout. Station de pompage.*

1. pompe [pɔ̃p] n. f. (mot néerl.). **1.** Machine qui permet d'élever ou de refouler un liquide : *Pompe à eau, à essence. Amorcer une pompe.* — **2.** Pop. *À toute pompe*, à toute vitesse : *Elle est arrivée à toute pompe dans sa nouvelle voiture* (syn. À TOUTE VAPEUR). ‖ Fam. *Coup de pompe* → COUP.

2. pompe [pɔ̃p] n. f. (lat. *pompa*). Solennité, éclat d'une cérémonie (soutenu) : *La pompe d'un grand mariage. En grande pompe* (= avec beaucoup d'éclat et de magnificence). ◆ ***pompes*** n. f. pl. *Service des pompes funèbres*, chargé de l'organisation des funérailles.

pompé, e [pɔ̃pe] adj. *Fam.* Épuisé de fatigue : *Elle est rentrée pompée de la balade qu'elle a faite* (syn. ÉREINTÉ, FOURBU ; fam. VANNÉ, CLAQUÉ).

pomper [pɔ̃pe] v. t. **1.** Aspirer un liquide à l'aide d'une pompe : *Il faut pomper longtemps pour vider ce bassin.* — **2.** Absorber, faire disparaître : *On a pompé toute l'eau répandue avec des éponges.* — **3.** *Arg. scol.* Copier : *Il a pompé toute sa composition sur sa voisine.*

pompette [pɔ̃pɛt] adj. *Fam.* Un peu ivre (vieilli) : *Après un verre de whisky, elle est pompette.*

pompeusement [pɔ̃pøzmɑ̃] adv. Avec pompe, emphase : *Déclamer pompeusement des vers.*

pompeux, euse [pɔ̃pø] adj. (de *pompe* 2). Qui fait étalage d'une solennité désuète et ridicule : *Discours pompeux* (syn. AMPOULÉ, EMPHATIQUE). *Réserver à des invités un accueil pompeux* (syn. SOLENNEL).

1. pompier, ère [pɔ̃pje] adj. (de *pompe* 2). *Fam.* Qui traite des sujets académiques dans un style prétentieux.

2. pompier [pɔ̃pje] n. m. (de *pompe* 1). Homme appartenant à un corps organisé pour combattre les incendies et les sinistres (syn. SAPEUR-POMPIER).

pompiste [pɔ̃pist] n. m. (de *pompe* 1). Personne chargée de distribuer l'essence dans une station-service.

pompon [pɔ̃pɔ̃] n. m. (onomat.). **1.** Petite houppe qui sert à décorer un vêtement, une tenture, etc. — **2.** Fam. *Avoir, tenir le pompon*, l'emporter sur les autres (iron.) : *Je croyais que c'était lui le plus bête de la famille; je me trompais, c'est son frère qui tient le pompon.* ◆ adj. *Rose pompon*, variété de rose à petites fleurs.

pomponner (se) [pɔ̃pɔne] v. pr. (de *pompon*). Arranger sa toilette avec recherche et coquetterie; donner à son visage des soins de beauté : *Elle se pomponne chaque matin comme si elle allait en visite* (syn. SE PARER ; fam. SE BICHONNER).

ponçage [pɔ̃saʒ] n. m. Action de poncer.

ponce [pɔ̃s] adj. (lat. *pomex*). *Pierre ponce*, roche volcanique poreuse, légère et dure, dont on se sert pour polir.

poncer [pɔ̃se] v. t. (c. 1) *Poncer un objet, une surface*, le polir, le lisser, le décaper avec la pierre ponce ou avec une substance abrasive : *Poncer du marbre.*

ponceuse [pɔ̃søz] n. f. Machine effectuant le ponçage.

poncho [pɔ̃ʃo] n. m. (mot esp.). Manteau formé d'une couverture fendue au milieu pour y passer la tête.

poncif [pɔ̃sif] n. m. (de *ponce*). *Litt.* Œuvre littéraire, artistique, idée, etc., qui n'a aucune originalité : *Sa prose est pleine de poncifs* (syn. CLICHÉ). *Toutes les idées qu'il croit originales ne sont que des poncifs* (syn. LIEUX COMMUNS).

ponction [pɔ̃ksjɔ̃] n. f. (lat. *punctio*, piqûre). **1.** Opération chirurgicale qui consiste à prélever un liquide organique avec une seringue : *Une ponction lombaire.* — **2.** Prélèvement d'argent : *Par de fréquentes ponctions, elle a épuisé tout son capital.*

ponctionner [pɔ̃ksjɔne] v. t. Pratiquer une ponction.

ponctualité [pɔ̃ktɥalite] n. f. Qualité de qqn qui est ponctuel : *Tous les jours, il arrivait à son travail avec ponctualité* (syn. EXACTITUDE, RÉGULARITÉ). *S'acquitter avec ponctualité d'un devoir* (syn. SCRUPULE).

ponctuation [pɔ̃ktɥasjɔ̃] n. f. Utilisation de signes graphiques pour noter les pauses et les variations d'intonation à l'intérieur d'un énoncé, ou pour rendre plus explicites les articulations logiques du message.

ponctuel, elle [pɔ̃ktɥɛl] adj. (du lat. *punctum,* point). 1. Qui arrive à l'heure convenue, qui est habituellement exact : *Être ponctuel à un rendez-vous.* — 2. Qui exécute avec exactitude les tâches qui lui sont confiées : *Elle est très ponctuelle en ce qui touche ses engagements.* — 3. Constitué par un point (techn.) : *Image ponctuelle.* — 4. Qui ne concerne qu'un point, un détail, un moment : *Difficulté ponctuelle.*

ponctuellement [pɔ̃ktɥɛlmɑ̃] adv. De façon ponctuelle : *Répondre ponctuellement aux lettres. Arriver ponctuellement à un rendez-vous.*

ponctuer [pɔ̃ktɥe] v. t. (lat. *punctuare,* mettre les points). 1. Mettre la ponctuation dans un texte. — 2. *Ponctuer qqch de qqch,* marquer, souligner ses mots ou ses phrases d'un geste, d'une exclamation, etc. : *Le professeur ponctuait ses phrases d'un grand coup de poing sur le bureau.*

pondération [pɔ̃derasjɔ̃] n. f. (du lat. *ponderare,* peser). Caractère pondéré : *Agir avec pondération* (syn. CALME, CIRCONSPECTION). *Faire preuve de pondération* (syn. MODÉRATION, PRUDENCE; contr. NERVOSITÉ, IMPULSIVITÉ).

pondéré, e [pɔ̃dere] adj. Qui manifeste une grande maîtrise de soi et qui ne se livre à aucun excès : *Elle s'est montrée une femme pondérée dans ces difficiles négociations* (syn. CALME, RÉFLÉCHI).

pondeuse [pɔ̃døz] adj. et n. f. Qui pond souvent : *Une poule pondeuse.*

pondre [pɔ̃dr] v. t. (lat. *ponere,* poser) [c. **51**]. 1. (sujet un oiseau, un poisson femelle) Produire des œufs : *La poule a pondu un œuf aujourd'hui.* — 2. *Fam.* (sujet qqn) Écrire, produire une œuvre littéraire : *J'ai pondu un article de quarante lignes.*

poney [pɔnɛ] n. m. (angl. *pony*). Petit cheval.

pongiste [pɔ̃ʒist] n. Joueur de ping-pong.

pont [pɔ̃] n. m. (lat. *pons, pontis*). 1. Construction en pierre, en bois ou en métal, pour relier les deux rives d'un cours d'eau, pour franchir une voie ferrée, un estuaire, ou un obstacle quelconque : *Les ponts sur la Seine. Pont de chemin de fer. Un pont enjambe le Rhône à Tarascon. Pont suspendu. Traverser un pont* (= passer dessus). — 2. Jour chômé entre deux jours fériés : *Le 14-Juillet tombait un mardi; on a fait le pont entre samedi et mercredi.* — 3. *Faire le pont,* en gymnastique, arquer le corps en arrière, les pieds et les mains posés sur le sol. ‖ *Faire un pont d'or à qqn,* lui offrir une rémunération très intéressante. ‖ Fam. *Il passera de l'eau sous le(s) pont(s) avant que...,* on peut attendre longtemps avant que... ‖ *Pont aérien,* liaison aérienne au-dessus d'une zone dans laquelle tout autre moyen de communication est impossible ou trop lent. ‖ *Pont aux ânes,* démonstration graphique du théorème sur le carré de l'hypothénuse; difficulté qui ne peut arrêter que les ignorants. ‖ *Ponts et chaussées,* partie de l'Administration qui règle les questions concernant les routes, les ponts et les canaux. ‖ *Tête de pont,* point où des éléments d'une armée s'installent dans une zone contrôlée par l'ennemi, après avoir débarqué, ou franchi un cours d'eau, de façon à permettre au gros de l'armée de les rejoindre. — 4. Plancher fermant par en haut la coque d'un bateau : *Les passagers se promenaient sur le pont arrière. Monter sur le pont.*

1. ponte [pɔ̃t] n. m. (abrév. de *pontife*). *Fam.* Personnage important, surtout sur le plan scientifique.

2. ponte [pɔ̃t] n. f. Action de pondre : *La saison de la ponte.*

ponté, e [pɔ̃te] adj. *Embarcation pontée,* munie d'un ou de plusieurs ponts.

pontife [pɔ̃tif] n. m. (lat. *pontifex*). 1. *Le souverain pontife,* le pape : *Sur la place Saint-Pierre, le souverain pontife a béni la foule assemblée.* — 2. *Fam.* Personnage gonflé de son importance, qui parle d'un ton doctoral : *Les pontifes de l'enseignement.*

pontifical, e, aux [pɔ̃tifikal] adj. Relatif au pape : *Le siège pontifical. Écouter la messe pontificale* (syn. PAPAL).

pontificat [pɔ̃tifika] n. m. (lat. *pontificatus*). Dignité de pape; période pendant laquelle s'exerce le pouvoir d'un pape : *Le pontificat de Jean XXIII a été marqué par la réunion d'un concile.*

pontifier [pɔ̃tifje] v. i. (de *ponte* 1). *Fam.* Parler avec emphase, avec prétention : *Chercher à pontifier dans tous les domaines.*

pont-levis [pɔ̃ləvi] n. m. (pl. *ponts-levis*). Pont qui, dans les constructions fortifiées du Moyen Âge, pouvait se lever ou s'abaisser : *Un pont-levis protégeait l'accès du château fort.*

ponton [pɔ̃tɔ̃] n. m. (lat. *ponto, -onis,* bac). 1. Grand chaland ponté. — 2. Plate-forme flottante ou fixée sur pilotis, qui permet aux bateaux d'accoster.

pontonnier [pɔ̃tɔnje] n. m. Militaire du génie employé à la construction des ponts.

pool [pul] n. m. (mot angl.). 1. Organisme international chargé de l'organisation d'un marché commun entre les pays adhérents : *Le pool européen du charbon et de l'acier.* — 2. Dans une entreprise, groupe de personnes travaillant en commun à des tâches identiques : *Pool de dactylos.*

pop [pɔp] adj. inv. et n. m. ou f. (abrév. de l'angl. *popular,* populaire). Musique dérivée du rock.

pop-corn [pɔpkɔrn] n. m. inv. (mot amér.). Grains de maïs gonflés et sucrés.

pope [pɔp] n. m. (russe *pop*). Prêtre de l'Église orthodoxe (russe, grecque, etc.).

popeline [pɔplin] n. f. (angl. *poplin*). Tissu lisse, uni ou rayé, fait de soie mélangée avec de la laine peignée, de lin ou de coton.

popote [pɔpɔt] n. f. (mot d'arg.). 1. *Fam.* Cuisine, préparation des aliments : *Un camp où chacun fait sa popote.* — 2. *Fam.* Dans l'armée, lieu où les officiers, les sous-officiers prennent leurs repas en commun (syn. MESS). ◆ adj. *Fam.* Se dit de qqn, surtout d'une femme très terre à terre, qui ne s'élève pas au-dessus des préoccupations ménagères (syn. fam. POT-AU-FEU).

populace [pɔpylas] n. f. (it. *popolaccio,* de *popolo,* peuple). *Péjor.* Le bas peuple.

populacier, ère [pɔpylasje] adj. *Péjor.* Relatif à la populace.

populaire [pɔpylɛr] adj. (lat. *popularis,* de *populus,* peuple). 1. Qui appartient au peuple, relève de lui dans le domaine politique : *Front populaire. Classes populaires.* — 2. Répandu dans le peuple : *Croyances populaires. Traditions populaires* (syn. FOLKLORIQUE). *Langue populaire. Latin populaire* (contr. LITTÉRAIRE). — 3. Qui s'adresse au peuple; qui est mis à la portée du peuple, adapté à ses goûts : *Édition populaire d'un texte classique* (contr. SAVANT, ÉRUDIT). *Bal populaire. Roman populaire.* — 4. *Démocratie populaire,* dénomination de certaines formes de gouvernement socialiste. — 5. Qui plaît en général, qui est aimé, connu du grand nombre : *Cette chanteuse est très populaire.* — 6. Se dit de décisions politiques, de lois, etc., destinées à satisfaire la grande masse des citoyens (surtout à la forme négative) : *Une politique financière qui n'est guère populaire.*

populariser [pɔpylarize] v. t. *Populariser qqch, qqn,* le rendre populaire, le porter à la connaissance du grand public : *Victor Hugo a popularisé le gamin de Paris sous le nom de Gavroche.*

popularité [pɔpylarite] n. f. **1.** Faveur populaire : *Jouir d'une grande popularité* (syn. FAVEUR). *La popularité d'une actrice* (syn. VOGUE, RENOM). — **2.** *Soigner sa popularité,* chercher à conserver la faveur du public par des moyens faciles.

population [pɔpylasjɔ̃] n. f. (lat. *populus,* peuple). **1.** Ensemble des individus qui habitent un pays, une région, une ville, etc. — **2.** Ensemble des personnes composant une catégorie particulière : *La population agricole de la France. La population scolaire d'une ville.* ‖ *Population active,* ensemble des personnes qui, dans une collectivité nationale, exercent une activité professionnelle. — **3.** Ensemble des personnes d'un lieu : *Un appel à la population* (syn. PEUPLE).

populeux, euse [pɔpylø] adj. Très peuplé, en partic. par les classes populaires : *Quartier populeux.*

populisme [pɔpylism] n. m. École littéraire qui s'attache à décrire la vie et les sentiments des milieux populaires dans le premier tiers du XXe s.

populiste [pɔpylist] adj. et n. Qui appartient au populisme : *Écrivain populiste.*

populo [pɔpylo] n. m. Syn. pop. de POPULACE.

porc [pɔr] n. m. (lat. *porcus*). **1.** Mammifère domestique au corps épais, dont le museau est terminé par un groin et qui est élevé pour sa chair : *Les grognements du porc* (syn. COCHON). *La femelle du porc est la truie. Rôti de porc. Graisse de porc.* — **2.** Homme grossier, sale, débauché.

porcelaine [pɔrsəlɛn] n. f. (it. *porcellana,* coquillage). **1.** Poterie blanche, imperméable, translucide, servant à faire de la vaisselle de table, des vases, etc. — **2.** Objet fait en cette matière : *Casser une porcelaine de Chine.*

porcelet [pɔrsəlɛ] n. m. Jeune porc.

porc-épic [pɔrkepik] n. m. (it. *porcospino,* porc-épine) [pl. *porcs-épics*]. Rongeur dont le corps est recouvert de piquants.

porche [pɔrʃ] n. m. (lat. *porticus*). Lieu couvert en avant de l'entrée d'un édifice ou à l'entrée d'un immeuble : *Le porche de la cathédrale. Elle s'abrita sous un porche pendant l'averse.*

porcher [pɔrʃe] n. m. (lat. *porcus,* porc). Gardien de porcs.

porcherie [pɔrʃəri] n. f. **1.** Étable à porcs. — **2.** Lieu très sale.

1. porcin, e [pɔrsɛ̃] adj. Relatif aux porcs : *Race porcine* (= celle des porcs). *Des yeux porcins* (= petits comme ceux d'un porc).

2. porcin [pɔrsɛ̃] n. m. Cochon sauvage ou cochon domestique.

pore [pɔr] n. m. (lat. *porus,* conduit). **1.** Minuscule orifice de la peau, servant à évacuer les sécrétions glandulaires : *Suer par tous les pores.* — **2.** (pl.) Petits trous, interstices dans une roche, dans une pierre.

poreux, euse [pɔrø] adj. Qui laisse passer le liquide par ses pores : *Vase poreux. Sol poreux* (syn. PERMÉABLE).

porion [pɔrjɔ̃] n. m. (mot picard). Contremaître dans une mine.

pornographie [pɔrnɔgrafi] n. f. ou, fam., **porno** n. m. (gr. *pornê,* prostituée, et *graphein,* décrire). Représentation complaisante d'actes sexuels en matière littéraire, artistique ou cinématographique.

pornographique [pɔrnɔgrafik] ou, fam., **porno** adj. Relatif à la pornographie : *Photo, revue pornographique. Un film porno.*

porosité [pɔrɔzite] n. f. État de ce qui est poreux : *La porosité de la pierre ponce* (syn. PERMÉABILITÉ).

porphyre [pɔrfir] n. m. (gr. *porphura,* pourpre). Roche éruptive diversement colorée.

porridge [pɔridʒ] n. m. (mot angl. ; du fr. *potage*). Bouillie de flocons d'avoine.

1. port [pɔr] n. m. (lat. *portus*). **1.** Abri naturel ou artificiel pour les navires, pourvu des installations nécessaires à l'embarquement et au débarquement de leur chargement : *Port maritime. Port fluvial.* — **2.** Ville qui possède cet abri : *Toulon est un port militaire.* — **3.** *Arriver au port,* toucher au but. ‖ *Arriver à bon port,* arriver à destination sans accident. ‖ *Port d'attache,* lieu où un bateau est immatriculé ; lieu où revient habituellement qqn qui fait de nombreux déplacements (syn. POINT D'ATTACHE). ‖ Litt. *Toucher le port,* être en vue du but, du succès.

2. port [pɔr] n. m. (de *porter*). **1.** Prix du transport d'une lettre, d'un colis : *Le port est compris. Un colis expédié franco de port et d'emballage.* — **2.** Fait de porter sur soi qqch : *Le port de la casquette. Le port de la barbe.* ‖ *Port d'armes,* autorisation de porter des armes sur soi. — **3.** Attitude, manière d'être : *Cette femme a un port majestueux.* ‖ *Port de tête,* manière de tenir sa tête : *Cette danseuse a un gracieux port de tête.*

portable [pɔrtabl] adj. **1.** Qui peut être porté : *Un téléviseur portable* (syn. PORTATIF). — **2.** Qu'on peut mettre : *Ce costume n'est pas neuf, mais il est encore très portable* (syn. CONVENABLE).

portage [pɔrtaʒ] n. m. Action de porter : *Le portage du matériel jusqu'à ce sommet a dû être fait à dos d'homme.*

portail [pɔrtaj] n. m. Grande porte, parfois monumentale, d'un édifice important, d'un parc, etc.

portant, e [pɔrtɑ̃] adj. **1.** *Bien, mal portant,* en bonne, en mauvaise santé. — **2.** *À bout portant,* le bout du canon touchant la personne sur laquelle on tire, ou étant tout près d'elle : *Il a tiré deux coups de revolver à bout portant sur sa victime.*

portatif, ive [pɔrtatif] adj. Aisé à porter, conçu pour être transporté : *Table portative.*

porte [pɔrt] n. f. (lat. *porta*). **1.** Ouverture permettant d'entrer dans une maison, une pièce, un jardin, un véhicule, ou d'en sortir ; panneau mobile qui sert à la fermer : *La porte du jardin donne sur une petite rue. Ouvrir la porte à un visiteur. Frapper à la porte pour se faire ouvrir. Glisser une lettre sous la porte.* — **2.** Espace délimité par deux piquets entre lesquels les skieurs doivent passer dans un slalom. — **3.** Endroit d'un boulevard, d'un faubourg, d'une ville correspondant à une ouverture aménagée anciennement dans les murs d'enceinte d'une ville : *Un embouteillage se forme à la porte d'Orléans.* — **4.** *À ma* (*ta, sa,* etc.) *porte,* tout près de chez moi : *La station d'autobus est à ma porte.* ‖ Litt. *Aux portes de la mort,* près de mourir. ‖ *Entre deux portes,* en passant rapidement. ‖ *Entrer par la grande porte,* accéder à une situation grâce à ses mérites, par voie de concours. ‖ *Entrer par la petite porte,* accéder à un poste grâce à des faveurs ou par petites étapes. ‖ *Frapper à la bonne, à la mauvaise porte,* s'adresser à qui il convient, à qui il ne convient pas, pour obtenir ce qu'on cherche. ‖ *Frapper à toutes les portes,* s'adresser à tous ceux qui pourraient vous aider, tenter tout ce qui est possible. ‖ *Il faut qu'une porte soit ouverte ou fermée,* il faut prendre un parti dans un sens ou dans un autre. ‖ *Laisser (c'est) la porte ouverte à qqch,* réserver une possibilité à : *C'est la porte ouverte à tous les abus* (= cela justifiera...). ‖ *Mettre qqn à la porte,* le chasser, le renvoyer brutalement. ‖ *Ouvrir, fermer la porte à qqch,* le permettre, le refuser. ‖ *Prendre, gagner la porte,* sortir. ‖ *Refuser, fermer, interdire sa porte à qqn,* refuser de le recevoir chez soi. ‖ *Trouver porte close,* ne pas trouver qqn chez lui. ◆ adj. *Veine porte,* celle qui amène le sang dans le foie.

porte-à-faux [pɔrtafo] n. m. inv. **1.** Partie d'une construction qui n'est pas directement soutenue par un appui. — **2.** (sans trait d'union) *En porte à faux,* qui n'est pas d'aplomb, qui est en équilibre instable : *Le rocher est en porte à faux, il risque de basculer;* dans une situation fausse, dangereuse : *Ses déclarations intempestives l'ont mise en porte à faux.*

porte-à-porte [pɔrtapɔrt] n. m. *Faire du porte-à-porte,* faire du démarchage à domicile pour proposer qqch.

porte-avions [pɔrtavjɔ̃] n. m. inv. Navire de guerre spécialement construit pour servir de base de départ à des avions.

porte-bagages [pɔrtəbagaʒ] n. m. inv. Dispositif adapté à un véhicule (bicyclette, voiture, etc.) pour transporter des bagages.

porte-bébé [pɔrtəbebe] n. m. (pl. *porte-bébé*[*s*]). Petit siège muni de poignées et servant à transporter un bébé.

porte-bonheur [pɔrtəbɔnœr] n. m. inv. Bijou ou objet quelconque, considéré comme apportant la chance (syn. FÉTICHE, AMULETTE).

porte-bouteilles [pɔrtəbutɛj] n. m. inv. Châssis à rayons servant à soutenir des bouteilles couchées, ou sorte de panier à compartiments servant à porter des bouteilles debout.

porte-cartes [pɔrtəkart] n. m. inv. Petit portefeuille muni de compartiments transparents pour les cartes de visite, les pièces d'identité, etc.

porte-cigarettes [pɔrtəsigarɛt] n. m. inv. Étui à cigarettes.

porte-clefs [pɔrtəkle] ou **porte-clés** n. m. inv. Anneau ou étui pour porter des clefs.

porte-couteau [pɔrtəkuto] n. m. (pl. *porte-couteau*[*x*]). Ustensile de table sur lequel on pose la pointe du couteau pour ne pas salir la nappe.

porte-documents [pɔrtədɔkymɑ̃] n. m. inv. Serviette très plate, en cuir ou en plastique, ayant généralement une seule poche.

porte-drapeau [pɔrtədrapo] n. m. inv. **1.** Celui qui porte le drapeau d'un régiment, d'une association. — **2.** *Être le porte-drapeau d'une doctrine, d'un mouvement révolutionnaire,* etc., en être le chef reconnu, le personnage le plus représentatif.

portée [pɔrte] n. f.
— **I. 1.** Distance la plus grande à laquelle un projectile peut être lancé par une arme : *Ce fusil a une portée de 800 mètres.* — **2.** Écartement entre deux points d'appui consécutifs : *La portée d'une arche de pont, d'une solive.* — **3.** Distance jusqu'où la voix peut se faire entendre, jusqu'où on peut voir, jusqu'où on peut atteindre avec la main (surtout dans *à (la) portée*) : *La portée d'un cri. Ne laissez pas ces cachets à la portée des enfants, à portée de main.* — **4.** En musique, ensemble des cinq lignes sur lesquelles ou entre lesquelles on porte les notes. — **5.** *Être à la portée de qqn,* lui être accessible : pouvoir être fait par lui : *Le spectacle est à la portée de toutes les bourses* (= tout le monde peut se le payer). ‖ *Hors de portée,* inaccessible. — **6.** Capacité intellectuelle, force et étendue d'un esprit : *Cela dépasse la portée d'une intelligence ordinaire* (syn. APTITUDE). *Mettez-vous à la portée de votre auditoire* (syn. NIVEAU). — **7.** Importance, valeur de qqch : *Déclaration d'une grande portée, d'une portée incalculable* (syn. CONSÉQUENCE). *La portée historique d'une prise de position.*
— **II.** Ensemble des petits que les femelles des mammifères mettent bas en une fois : *Une portée de jeunes chats, de chiots.*

porte-fenêtre [pɔrtəfənɛtr] n. f. (pl. *portes-fenêtres*). Fenêtre s'ouvrant jusqu'au sol et donnant passage.

portefeuille [pɔrtəfœj] n. m. **1.** Étui de cuir ou d'une autre matière, formé de deux parties qui se replient l'une sur l'autre, muni de compartiments où on met ses billets de banque, ses papiers, etc. — **2.** Ensemble des effets de commerce, des valeurs mobilières détenues par qqn : *Confier la gestion de son portefeuille à un agent de change.* — **3.** Titre et fonction d'un ministre; département ministériel. — **4.** *Faire* ou *mettre le lit en portefeuille,* replier le drap à mi-hauteur, de façon qu'il soit impossible d'allonger les jambes.

porte-jarretelles [pɔrtəʒartɛl] n. m. inv. Ceinture très étroite où sont fixées les jarretelles qui retiennent les bas.

portemanteau [pɔrtəmɑ̃to] n. m. Support auquel on suspend les vêtements.

porte-mine [pɔrtəmin] ou **portemine** n. m. (pl. *porte-mine*[*s*]). Sorte de stylo dans lequel on met une ou plusieurs mines de crayon.

porte-monnaie [pɔrtəmɔnɛ] n. m. inv. Bourse pour mettre les pièces de monnaie.

porte-parapluies [pɔrtəparaplɥi] n. m. inv. Ustensile dans lequel on dépose les parapluies.

porte-parole [pɔrtəparɔl] n. m. inv. **1.** Celui qui prend la parole pour apporter le point de vue de ceux qu'il représente. — **2.** Journal, revue, etc., qui se fait l'interprète de qqn, d'un parti, etc. : *Ce journal est le porte-parole de l'opposition* (syn. ORGANE).

porte-plume [pɔrtəplym] n. m. inv. Petit bâtonnet muni d'une plume et servant à écrire.

porter [pɔrte] v. t. (lat. *portare*). **1.** *Porter qqch, qqn,* soutenir un poids, une charge : *Une mère qui porte son enfant dans ses bras* (syn. TENIR). *Cette valise est bien lourde : pourrez-vous la porter?* — **2.** *Porter un vêtement, un ornement, un objet personnel,* etc., l'avoir sur soi : *Elle portait un corsage à fleurs* (syn. REVÊTIR). *Porter une bague, une décoration, des lunettes. Il porte la barbe.* — **3.** *Porter une partie du corps* (+ *adj.* ou *compl. de manière*), la tenir ou l'avoir de telle ou telle façon : *Porter la tête haute, le buste droit.* — **4.** *Porter qqch,* le laisser paraître sur soi (sujet qqn); le présenter à la vue (sujet qqch) : *Elle porte sur son visage un air de lassitude. La ville porte encore les traces du bombardement. La lettre ne porte aucune date.* — **5.** *Porter qqch qqpart,* le faire aller, l'apporter d'un lieu à un autre : *Elle vous portera ce livre à son prochain passage. Porter de l'argent à la banque. Porter la main à son front, à sa poche* (syn. METTRE). *Elle porta le verre à ses lèvres. Ils ont porté le différend devant les tribunaux. Porter un roman à l'écran* (= en faire une adaptation cinématographique). — **6.** *Porter qqch sur qqch,* l'y inscrire : *Porter un nom sur un registre. On a porté cette somme au compte profits et pertes.* — **7.** Produire : *Un arbre qui porte beaucoup de fruits. Un capital qui porte un intérêt de cinq pour cent* (syn. RAPPORTER). — **8.** Causer, faire, manifester : *Cette décision nous porte un tort considérable. Je lui porte une reconnaissance éternelle.* — **9.** Diriger, mouvoir : *Porter son regard sur* (ou *vers*) *quelqu'un. Portez votre effort sur ce point.* — **10.** *Porter qqn à qqch, à* (+ *inf.*), l'y pousser, l'y décider : *Cet échec la portera à plus de prudence* (syn. INCITER). *Tout cela me porte à croire que tu as menti. Il est porté à boire par son entourage.* — **11.** *Porter qqch à sa perfection, à son maximum,* etc., l'y amener : *Cette réponse porta sa colère à son paroxysme.* — **12.** *Porter un coup à qqn,* le frapper; lui causer une émotion forte : *Cette nouvelle lui a porté un coup* (syn. DONNER). ‖ *Porter un fait à la connaissance de qqn,* l'en informer. — **13.** *Porter,* suivi d'un n. avec ou sans article, forme une loc. équivalant souvent à un verbe : *Porter amitié à quelqu'un* (= l'estimer). *Por-*

ter atteinte à quelque chose (= le toucher, le modifier dans un sens défavorable). *Porter bonheur, malheur* (= être cause de bonheur ou de malheur à venir). *La nuit porte conseil* (= vous jugerez mieux après une nuit de repos). *Porter envie à quelqu'un* (= l'envier). *Porter secours à quelqu'un* (= le secourir). *Porter témoignage* (= témoigner). *Porter la responsabilité d'un fait* (= être responsable). — **14.** *Femelle qui porte ses petits,* qui est en état de gestation : *La femelle du castor porte jusqu'à quatre petits. La jument porte onze mois.* ◆ v. i. **1.** (sujet qqch) Envoyer, aller jusqu'à telle ou telle distance; atteindre un objectif : *Le canon porte loin. Sa voix porte. Sa remarque a porté juste* ou *a porté* (= elle a été pleinement comprise par l'intéressé). — **2.** *Porter sur qqch,* reposer sur lui : *Tout le poids de l'édifice porte sur quatre piliers* (syn. REPOSER). *Le différend porte sur un point de détail. Elle a fait porter son exposé sur la situation sociale* (= elle l'a centré là-dessus); heurter contre : *Il est tombé et sa tête a porté sur une pierre.* — **3.** *Porter beau,* avoir une allure encore jeune, de l'élégance, en dépit de l'âge. ‖ *Porter à faux,* ne pas reposer sur des bases solides : *La planche porte à faux, elle va tomber* (syn. ÊTRE EN PORTE À FAUX). ‖ *Porter à la tête,* étourdir : *Ce vin porte à la tête.* (→ PORTÉE.) ◆ ***se porter*** v. pr. (sujet qqn) **1.** Aller bien ou mal, avoir une santé bonne ou mauvaise : *Comment vous portez-vous? Elle se porte bien, mieux, admirablement, mal.* — **2.** *Se porter* (+ *attribut*), se présenter comme tel ou tel : *Se porter candidat à une élection. Se porter acquéreur. Se porter garante de l'honnêteté de quelqu'un* (= la garantir). — **3.** *Les soupçons, les regards,* etc., *se portent sur lui,* on le soupçonne, on le regarde.

porte-serviettes [pɔrtəsɛrvjɛt] n. m. inv. Support pour suspendre les serviettes de toilette.

1. porteur, euse [pɔrtœr] adj. et n. Qui porte, qui apporte : *Un messager porteur d'une bonne nouvelle. Les frères et sœurs du malade sont porteurs de germes* (= ils peuvent véhiculer des germes infectieux). ◆ adj. Se dit d'une valeur en Bourse qui, par son dynamisme, a une force d'entraînement sur le marché.

2. porteur [pɔrtœr] n. m. **1.** Personne dont le métier est de porter les bagages : *Les porteurs et les guides d'une expédition en montagne.* — **2.** Personne chargée de transmettre un message : *Vous direz au porteur qu'il n'y a pas de réponse.* — **3.** Celui qui détient une valeur mobilière, un titre qui n'indique pas le nom du titulaire : *Une action au porteur.*

porte-voix [pɔrtəvwa] n. m. inv. Instrument évasé, destiné à augmenter la portée de la voix.

portier [pɔrtje] n. m. Personne qui garde l'entrée d'un hôtel, d'un établissement public.

portière [pɔrtjɛr] n. f. **1.** Porte d'une automobile, d'un wagon : *Faire claquer les portières. Ne vous penchez pas par la portière.* — **2.** Rideau ou double porte capitonnée placés devant une porte.

portillon [pɔrtijɔ̃] n. m. Petite porte dont le battant est plus ou moins bas : *Le portillon d'accès au quai.*

portion [pɔrsjɔ̃] n. f. (lat. *portio*). **1.** Partie d'un tout divisé : *La portion d'une droite comprise entre deux points* (syn. SEGMENT). *Une certaine portion de la route n'est pas encore goudronnée* (syn. TRONÇON). *Une portion importante de l'électorat s'est abstenue* (syn. FRACTION). — **2.** Part de nourriture : *À la cantine, la portion de viande n'est guère abondante* (syn. RATION).

1. portique [pɔrtik] n. m. (lat. *porticus*). En architecture, galerie couverte, devant une façade ou dans une cour intérieure, dont la voûte est soutenue par des colonnes ou par des arcades.

2. portique [pɔrtik] n. m. Poutre horizontale soutenue par des poteaux, et à laquelle on accroche des agrès de gymnastique.

porto [pɔrto] n. m. (de *Porto,* port du Portugal). Vin du Portugal, qu'on boit en apéritif ou qu'on utilise en cuisine.

portoricain, e [pɔrtɔrikɛ̃] adj. et n. De Porto Rico.

portrait [pɔrtrɛ] n. m. (de l'anc. fr. *pourtraire,* dessiner). **1.** Représentation d'une personne par le dessin, la photographie ou la peinture : *Ce portrait est plutôt flatté par rapport au modèle.* — **2.** *Être le portrait de qqn,* lui ressembler fortement : *La fille est le portrait de la mère.* ‖ *Portrait de famille,* peinture, photographie qui représente un des aïeux de la famille. — **3.** Description orale ou écrite de qqn : *Pour que vous puissiez reconnaître la personne en question, je vous fais son portrait en quelques mots.* — **4.** *Fam.* visage, figure.

portraitiste [pɔrtrɛtist] n. Artiste qui fait des portraits.

portrait-robot [pɔrtrɛrɔbo] n. m. (pl. *portraits-robots*). Portrait d'une personne recherchée par la police, reconstitué à partir des descriptions fournies par des témoins.

Port-Salut [pɔrsaly] n. m. inv. (nom déposé). Fromage cuit de lait de vache, à pâte pressée.

portuaire [pɔrtɥɛr] adj. *Installations portuaires,* équipement nécessaire à un port (quai, docks, hangars, grues, etc.).

1. portugais, e [pɔrtygɛ] adj. et n. Du Portugal. ◆ ***portugais*** n. m. Langue parlée au Portugal et au Brésil.

2. portugaise [pɔrtygɛz] n. f. Variété d'huître.

pose [poz] n. f.
— **I. 1.** Attitude du corps, particulièrement en vue d'un portrait, d'une photographie : *Elle avait une pose légèrement abandonnée* (syn. POSITION). *Garder la pose. Une pose très étudiée.* — **2.** Affectation dans les manières : *Sa prétendue lassitude, c'est de la pose.*
— **II. 1.** Action de poser : *La pose d'un compteur d'électricité* (syn. INSTALLATION). — **2.** Durée pendant laquelle le film est exposé aux rayons lumineux de l'objectif dans l'appareil.

posé, e [poze] adj. Calme et mesuré dans son comportement : *Une personne posée* (syn. PONDÉRÉ, SÉRIEUX). *Un air posé* (syn. GRAVE, RÉFLÉCHI).

posément [pozemɑ̃] adv. Sans se presser : *Parler posément* (syn. CALMEMENT, LENTEMENT). *Il lui donne posément toutes les explications* (contr. FÉBRILEMENT).

posemètre [pozmɛtr] n. m. Instrument déterminant le temps de pose.

poser [poze] v. t. (lat. *pausare,* s'arrêter). **1.** *Poser un objet qqpart,* le mettre à une place, sur qqch qui lui sert de support ou d'appui : *Poser un livre sur une table. Pose délicatement tes pieds sur le plateau de la balance* (syn. PLACER). *Poser une échelle contre un mur* (syn. APPUYER). *Poser ses valises à terre* (syn. DÉPOSER). — **2.** *Poser qqch,* le placer, l'installer à l'endroit convenable : *Poser des rideaux* (= les accrocher au mur). *Poser une serrure* (= l'adapter à une porte et au montant). *Poser une voie de chemin de fer. Poser une mine* (= l'installer sur le terrain, l'armer). — **3.** *Poser qqch (abstrait),* l'établir, l'admettre, l'affirmer comme principe, comme hypothèse : *Poser un principe. Posons que A + B = C* (= admettons-le comme hypothèse, sans discussion). — **4.** *Poser sa candidature,* se présenter comme candidat à une fonction, à un poste (syn. DÉPOSER). ‖ *Poser un chiffre,* l'écrire selon les règles de l'arithmétique : *Cinq et dix quinze, je pose cinq et je retiens un.* ‖ *Poser une question à qqn,* l'interroger, le questionner. ‖ (sujet qqn, qqch) *Poser une question, un problème,* être un objet de préoccupations pour d'autres (personnes, collectivités, États, etc.) : *Votre cas pose un problème délicat* (syn. SOULEVER). — **5.** (sujet qqch) *Poser qqn,* lui donner de l'importance, accroître la considération dont il jouit : *La Légion d'honneur a beaucoup contribué à le poser dans le monde* (syn. METTRE EN VALEUR). ◆ v. i. **1.** (sujet qqch) Porter, prendre appui sur qqch : *La poutre pose sur le mur.* — **2.** Prendre une position, une attitude telle qu'on puisse faire un portrait, une photo : *Vous allez poser sur ce canapé.* — **3.** Se comporter de façon artificielle, chercher à produire de l'effet par des attitudes étudiées : *Il pose quand il est avec des gens qu'il ne connaît pas. Poser pour la galerie* (syn. CRÂNER, SE PAVANER). — **4.** Fam. *Poser à qqn,* chercher à se faire passer pour cette personne, prendre l'air de : *Poser au patron, au justicier. Poser à celui, à celle qui est au courant de tout.* — **5.** Laisser ouvert l'objectif d'un appareil photographique le temps nécessaire pour impressionner le film : *La photo est trop claire, tu as un peu trop posé.* ◆ ***se poser*** v. pr. **1.** Se mettre à une place : *L'oiseau fatigué s'était posé sur une branche élevée de l'arbre. Une main se pose sur son épaule* (syn. ↑S'ABATTRE). *Ses yeux se posèrent un instant sur son interlocutrice* (syn. SE FIXER, S'ARRÊTER). — **2.** (sujet qqn) Se donner pour : *Il se pose en redresseur de torts* (syn. S'ÉRIGER). *Comme égoïste, il se pose là* (fam.; = il est extrêmement égoïste).

poseur, euse [pozœr] adj. et n. Qui prend une attitude très étudiée : *Quel poseur!* (syn. SNOB, PRÉTENTIEUX). *Elle est terriblement poseuse* (syn. MANIÉRÉ, ARTIFICIEUX).

positif, ive [pozitif] adj. (lat. *positum,* établi). **1.** Qui a un caractère certain, assuré, qui repose sur les faits : *C'est un fait positif* (syn. INCONTESTABLE, RÉEL, AVÉRÉ). *Sciences positives* (contr. SPÉCULATIF). — **2.** Qui fait preuve de réalisme, qui a le sens pratique : *C'est un esprit positif* (contr. CHIMÉRIQUE). — **3.** Se dit, en technologie, en science, d'un événement, d'un phénomène doué de caractères précis et susceptible d'être privé de ces mêmes caractères ou d'être affecté du caractère inverse (s'oppose à *négatif*) : *Cuti-réaction positive* (= qui révèle la présence de l'élément recherché). *Charge positive* (en électricité). — **4.** *Épreuve positive* (ou *positif* n. m.), épreuve photographique tirée d'après un négatif, et constituant l'image définitive du sujet reproduit. — **5.** Qui apporte des éléments nouveaux, qui contribue au progrès : *Avoir une action positive* (syn. CONSTRUCTIF; contr. NÉGATIF, DESTRUCTEUR). *Le résultat des pourparlers est positif.*

position [pozisjɔ̃] n. f. (lat. *positio,* de *ponere,* placer). **1.** Manière dont se tient, dont est placé qqn ou qqch : *Se tenir sur un pied, dans une position instable. Dormir dans une position incommode* (syn. ATTITUDE). *Cette enfant est assise dans une mauvaise position* (syn. POSTURE). *Ranger un livre dans la position verticale* (= debout). — **2.** Attitude du corps déterminée par un règlement militaire : *Position du tireur couché. Rectifier la position* (= se mettre dans l'attitude réglementaire à l'approche d'un supérieur hiérarchique). — **3.** Situation de qqn ou de qqch en fonction d'un ensemble : *Le policier étudia la position des personnes et des objets dans la pièce* (syn. EMPLACEMENT, LOCALISATION). *La position des pièces sur un échiquier* (syn. PLACE). *La position d'un navire, d'un avion,* etc. (= ses coordonnées sur la carte à un moment donné). — **4.** Situation relative de qqn ou de qqch dans un ensemble hiérarchisé : *Cette concurrente occupe toujours la première position au classement général* (syn. PLACE). *Le concurrent est arrivé en première, en seconde,* etc., *position* (= il est arrivé le premier, le second, etc., au but). — **5.** Situation dans laquelle qqn se trouve du fait des circonstances : *Elle est dans une fâcheuse position, dans une position critique.* — **6.** Emplacement occupé par une troupe, une armée : *La position des assiégés paraissait imprenable. Position de repli* (= emplacement où une troupe projette de se replier, le cas échéant). *Guerre de position* (par oppos. à *guerre de mouvement*); et, pl. : *Protéger ses positions* (= les emplacements militaires). — **7.** Opinion particulière de qqn sur un problème : *On lui a demandé de définir sa position* (syn. POINT DE VUE, VUES). *La position de Jean-Paul Sartre sur le problème de la liberté* (syn. CONCEPTION). *La position de l'Église face à l'avortement* (syn. ATTITUDE). *Prendre une position avancée, nuancée, nettement défavorable,* etc. (= adopter une opinion avancée, nuancée, etc.). — **8.** Situation sociale de qqn : *Sa position lui interdit les écarts de langage* (syn. RANG). *Par sa position, elle dispose d'une voiture avec chauffeur* (syn. STANDING). — **9.** *Prendre position,* prendre parti. ‖ *Prise de position,* opinion déclarée publiquement. ‖ *Rester sur ses positions,* ne pas céder de terrain, ne pas changer d'avis.

positionner [pɔzisjɔne] v. t. Déterminer la situation précise d'un produit sur le marché.

positivement [pozitivmɑ̃] adv. **1.** Vraiment, réellement : *Elle est positivement certaine de l'utilité de ces recherches. Ce n'est pas positivement un ordre, c'est une invitation pressante* (syn. EXACTEMENT, ABSOLUMENT). — **2.** D'une manière qui révèle un élément positif : *Un morceau d'ébonite chargé positivement* (= chargé d'électricité positive). — **3.** Dans le sens positif, constructif : *Son action s'est développée positivement dans bien des secteurs.*

positivisme [pɔzitivism] n. m. (du bas lat. *positivus,* qui repose sur). Attitude d'esprit, philosophie qui se refuse à connaître de l'univers autre chose que ce qu'on en connaît par l'observation, par l'expérience.

positiviste [pɔzitivist] adj. et n. Partisan du positivisme.

posologie [pɔzɔlɔʒi] n. f. (gr. *posos,* combien, et *logos,* science). Indications données sur la manière et le moment d'administrer un médicament.

possédant, e [pɔsedɑ̃] n. Personne qui possède de grands biens, de la fortune (syn. RICHE, CAPITALISTE).

possédé, e [pɔsede] adj. et n. *(Être) possédé (du démon),* se dit de qqn dont l'esprit et le corps sont occupés par le démon.

posséder [pɔsede] v. t. (lat. *possidere*) [c. **10**]. **1.** *Posséder qqch,* l'avoir à sa disposition de façon effective, en être maître : *Elle possède des immeubles. Je te laisse deux cents francs, c'est absolument tout ce que je possède* (= je n'ai rien d'autre). *Une nation qui possède une puissante armée.* — **2.** *Posséder qqch,* en être pourvu, doté : *Posséder de grandes qualités* (syn. AVOIR). *Une commode qui possède un tiroir secret.* — **3.** *Posséder qqch,* en avoir une bonne connaissance : *Une étudiante qui possède son programme* (syn. ↓DOMINER). *Cet acteur possède bien son rôle. Elle possède son métier de journaliste* (= elle en connaît tous les aspects). — **4.** *Posséder une femme,* avoir avec elle des rapports charnels. — **5.** Fam. *Posséder qqn,* le duper, le berner. ◆ ***se posséder*** v. pr. *Ne plus se posséder,* perdre son sang-froid : *Quand il se met en colère, il ne se possède plus* (syn. SE CONTENIR, SE DOMINER, SE MAÎTRISER).

possesseur [pɔsɛsœr] n. m. Celui qui possède qqch : *Une loi qui vise les possesseurs de grosses fortunes. Les candidats possesseurs d'une licence complète seront admis par priorité.*

1. possessif, ive [pɔsɛsif] adj. Qui éprouve un besoin de possession, de domination envers qqn : *Mère possessive* (= qui maintient sur son enfant une emprise excessive).

2. possessif [pɔsɛsif] adj. m. et n. m. *Adjectif, pro-*

nom possessif, qui exprime la possession, l'appartenance, la dépendance. (→ introduction POSSESSIFS.)

possession [pɔsɛsjɔ̃] n. f. 1. Action de posséder; chose possédée : *La possession de biens immobiliers entraîne certaines obligations. Les avantages que donne la possession d'une langue étrangère* (syn. CONNAISSANCE). — 2. *Avoir qqch en sa possession,* ou *être en possession de qqch,* le posséder : *Elle avait plusieurs livres rares en sa possession. Je suis en possession du manuscrit.* ‖ (sujet qqch) *Être en la possession de qqn,* lui appartenir. ‖ *Possession de soi,* maîtrise de soi-même : *Après un long moment d'évanouissement, elle reprit lentement possession d'elle-même.* ‖ *Prendre possession de qqch,* s'en emparer (par la force ou non); le recevoir, en prendre livraison : *J'ai été ce matin prendre possession de ma nouvelle voiture.* ‖ *Rentrer en possession de qqch,* le recouvrer.

possibilité [pɔsibilite] n. f. Qualité de ce qui est possible : *Elle ne voit pas la possibilité de réaliser ce projet.* ‖ *Avoir, trouver la possibilité,* syn. de POUVOIR (soutenu, souvent avec négation) : *Je n'ai malheureusement pas la possibilité de vous venir en aide* (syn. IL N'EST PAS EN MON POUVOIR). ◆ ***possibilités*** n. f. pl. Moyens dont on dispose : *Cet élève ne manque pas de possibilités, mais il est très paresseux* (syn. RESSOURCES).

possible [pɔsibl] adj. (lat. *possibilis,* de *posse,* pouvoir) [après le n.] 1. Qui peut se produire, qui peut être fait : *Une hypothèse parfaitement possible* (syn. ADMISSIBLE). *Votre entreprise est possible* (syn. RÉALISABLE). *Le ministre a rendu possible la sortie des devises* (syn. LICITE). *La chute possible du gouvernement* (syn. ÉVENTUEL); à propos de qqn : *Les ministres possibles* (fam.; = ceux qui peuvent devenir ministres). — 2. Exprime une limite (dans certaines loc.) : *Prenez toutes les précautions possibles* (= le maximum de précautions). *Il a fait toutes les bêtises possibles et imaginables.* — 3. *C'est possible,* marque une incertitude, réserve une réponse : *«Est-elle venue pendant votre absence? — C'est possible»* (= je n'en sais rien). ‖ *Est-ce possible!,* ou, fam., *pas possible!,* marquent la surprise, le scepticisme. ‖ *Il est possible que* (+ subj.), indique une éventualité envisagée : *Il est possible qu'il y ait une erreur.* ‖ *Matériellement possible,* se dit de qqch auquel les conditions matérielles ne s'opposent pas. — 4. *Aussitôt que possible, dès que possible,* au moment le plus proche possible. ‖ *Autant que possible,* atténue une affirmation ou renforce un ordre : *J'aimerais, autant que possible, être fixé avant ce soir. Autant que possible, vous écrirez lisiblement.* ‖ *Le plus... possible, le moins... possible* (+ adj., adv.), renforce le superlatif : *Roulez le plus lentement possible. Le bateau a pris le plus grand nombre possible de personnes. Elle vient le moins souvent possible* (= aussi peu souvent qu'elle peut). ◆ n. m. *Au possible,* extrêmement : *Sa fille est gentille au possible.* ‖ *Faire (tout) son possible,* agir, travailler au mieux de ses possibilités : *Je ferai mon possible pour être là à l'heure.*

postage [pɔstaʒ] n. m. Action de poster.

postal, e, aux [pɔstal] adj. 1. Qui concerne la poste : *Le service postal. Colis postaux* (= adressés par la voie postale). *Carte postale.* — 2. *Code postal,* ensemble de cinq chiffres écrits sur l'enveloppe pour faciliter le triage du courrier.

postdater [pɔstdate] v. t. *Postdater un document,* y inscrire une date postérieure à la date à laquelle il est établi.

1. poste [pɔst] n. f. (it. *posta*). 1. Administration publique chargée du transport des lettres, des dépêches, d'envois d'argent, etc. : *Les Postes et Télécommunications. La poste aérienne. Le mandat a le cachet de la poste.* — 2. Local, bureau où le public effectue ces opérations : *La poste ouvre à huit heures et demie. Elle attendit longtemps au guichet de la poste.* — 3. *Poste restante,* système qui permet à qqn de retirer son courrier à la poste au lieu de le recevoir à domicile.

2. poste [pɔst] n. m. (it. *posto*). 1. Endroit, généralement protégé ou fortifié, où se trouvent des soldats : *Placer des postes le long de la frontière. Poste de combat. Abandonner son poste* (= déserter). — 2. *Être, rester à son poste,* demeurer fidèlement là où on a été placé. ‖ Fam. *Être fidèle au poste,* être toujours présent, jamais malade. ‖ *Poste de commandement (P. C.),* emplacement où s'établit un chef pour exercer son commandement. — 3. *Poste (de police),* lieu, local où se trouve un siège de la police, un commissariat de police. — 4. Emplacement aménagé pour recevoir certaines installations techniques : *Poste d'incendie* (= installation hydraulique pour lutter contre l'incendie). *Poste d'aiguillage* (= cabine de commande pour l'aiguillage des trains). *Poste d'essence* (= distributeur d'essence). — 5. *Poste de pilotage d'un avion, d'une fusée,* lieu où se tiennent le pilote, le commandant de bord, etc. (syn. CABINE, HABITACLE). — 6. Emploi professionnel correspondant à un degré dans une hiérarchie (généralement en parlant d'un fonctionnaire) : *Occuper un poste élevé. Elle a refusé de rejoindre son poste.* — 7. *Poste (de télévision, de radio),* appareil de télévision, de radio : *Un poste portatif. Poste à transistors.*

1. poster [pɔste] v. t. 1. *Poster une lettre, le courrier,* les mettre à la poste ou dans une boîte aux lettres. — 2. *Poster qqn qqpart,* l'y placer pour qu'il guette ou qu'il surveille, soit afin d'exécuter un mauvais coup, soit au contraire afin de l'empêcher : *Poster des policiers autour d'une maison* (syn. DISPOSER).

2. poster [pɔstɛr] n. m. (mot angl. signif. *affiche*). Reproduction, en format d'affiche, d'une photographie, d'une peinture, d'un dessin, etc.

1. postérieur, e [pɔsterjœr] adj. (lat. *posterior,* de *posterus,* qui vient après). 1. Se dit de qqch qui vient après qqch d'autre dans le temps : *La date de sa naissance est légèrement postérieure au début du siècle* (contr. ANTÉRIEUR). *Un testament postérieur annulait en partie les dispositions du premier* (syn. ULTÉRIEUR). — 2. Se dit de qqch qui est placé derrière : *La partie postérieure de la tête* (contr. ANTÉRIEUR).

2. postérieur [pɔsterjœr] n. m. *Fam.* Derrière de l'homme.

postérieurement [pɔsterjœrmɑ̃] adv. Dans un temps postérieur : *On ne tiendra pas compte des demandes parvenant postérieurement à la date limite* (syn. APRÈS).

posteriori (a) → A POSTERIORI.

postériorité [pɔsterjɔrite] n. f. État d'une chose postérieure à une autre : *Établir la postériorité d'un fait par rapport à un autre* (contr. ANTÉRIORITÉ).

postérité [pɔsterite] n. f. (lat. *posteritas*). Ensemble des générations à venir : *Artiste qui laisse à la postérité une œuvre monumentale.*

postface [pɔstfas] n. f. (du lat. *post,* après, et [*pré*]*face*). Avertissement placé à la fin d'un livre : *Mettre une lettre au lecteur à la fin du livre comme postface* (contr. PRÉFACE).

posthume [pɔstym] adj. (lat. *postumus,* dernier). 1. Se dit d'un enfant né après la mort de son père. — 2. Se dit de l'œuvre d'un écrivain, d'un auteur, etc., publiée après sa mort : *Les éditions posthumes de Sully Prudhomme.* — 3. Se dit de tout ce qui concerne qqn après son décès : *Décorer quelqu'un à titre posthume. La gloire des artistes est souvent posthume.*

postiche [pɔstiʃ] adj. (it. *posticcio*). Qu'on met pour remplacer artificiellement qqch qui manque : *Avoir des cheveux postiches* (contr. NATUREL). *L'espion por-*

tait une barbe postiche (syn. FAUX). ◆ n. m. Faux cheveux (syn. PERRUQUE).

postier, ère [pɔstje] n. Employé(e) de la poste.

postillon [pɔstijɔ̃] n. m. (it. *postiglione*).
— **I.** Autref., conducteur des chevaux d'une voiture de poste, d'un carrosse.
— **II.** Parcelle de salive projetée en parlant.

postillonner [pɔstijɔne] v. i. Lancer des postillons en parlant.

postnatal, e, als [pɔstnatal] adj. Relatif à la période qui suit immédiatement la naissance : *La mortalité postnatale.*

postopératoire [pɔstɔperatwar] adj. Qui suit une opération : *Complications postopératoires.*

postposé, e [pɔstpoze] adj. Se dit d'un élément linguistique placé après un autre : *Dans «viendras-tu?» le pronom sujet «tu» est postposé au verbe* (contr. ANTÉPOSÉ).

postposition [pɔstpozisjɔ̃] n. f. Place d'un mot à la suite d'un autre : *En français, la postposition de l'adjectif épithète au nom est la règle ordinaire pour les adjectifs indiquant une forme* (contr. ANTÉPOSITION).

post-scriptum [pɔstskriptɔm] n. m. inv. (mots lat. signif. *écrit après*). Ce qui est ajouté à une lettre après la signature. (Abrév. P.-S.)

postsynchronisation [pɔstsɛ̃krɔnizasjɔ̃] n. f. Action de postsynchroniser.

postsynchroniser [pɔstsɛ̃krɔnize] v. t. *Postsynchroniser un film,* enregistrer le son sur un film après la prise de vues.

postulant, e [pɔstylɑ̃] n. Personne qui demande une place : *Les postulants sont priés d'écrire à la main leur curriculum vitae.*

postulat [pɔstyla] n. m. (lat. *postulatum,* demande). Principe premier, indémontrable ou non démontré, et qu'il faut admettre pour établir une démonstration : *Les postulats d'Euclide.*

postuler [pɔstyle] v. t. (lat. *postulare,* demander). **1.** *Postuler un emploi,* le demander (soutenu). — **2.** *Postuler une idée, un argument,* les poser comme principe, comme hypothèse initiale : *J.-J. Rousseau postule la bonté naturelle de l'homme.*

posture [pɔstyr] n. f. (it. *postura*). **1.** Attitude particulière du corps (indique surtout que cette attitude n'est pas naturelle, ni habituelle) : *Elle était assise dans une posture inconfortable.* — **2.** *Être en bonne, en mauvaise posture,* etc., être dans une situation favorable, défavorable, difficile : *Après cette défaite, notre équipe est en mauvaise posture.*

pot [po] n. m. (bas lat. *potus*). **1.** Récipient en terre, en porcelaine, en métal, etc., destiné à divers usages domestiques : *Pot à lait. Pot à confitures. Pot à eau. Pot de fleurs* (= vase en terre où on fait pousser des fleurs). *Pot (de chambre)* [= vase destiné aux besoins naturels]. — **2.** *Pot d'échappement,* appareil où les gaz brûlés d'un moteur à explosion se détendent. — **3.** *Fam.* Boisson quelconque; réunion où on boit, cocktail : *Prendre un pot dans un café. Être invité à un pot.* — **4.** *Découvrir le pot aux roses,* le secret d'une affaire (syn. LE FIN MOT DE L'HISTOIRE). ‖ *Payer les pots cassés,* réparer les dommages qui ont été causés. — **5.** Syn. pop. de CHANCE dans *avoir du pot, manquer de pot,* etc.

potable [pɔtabl] adj. (du lat. *potare,* boire). **1.** *Eau potable,* qui peut être bue sans danger. — **2.** *Fam.* Qu'on peut admettre, passable : *Son travail est à peine potable* (syn. ACCEPTABLE).

potache [pɔtaʃ] n. m. *Fam.* Lycéen, collégien.

potage [pɔtaʒ] n. m. (de *pot*). Bouillon préparé soit avec des légumes, soit avec de la viande.

potager, ère [pɔtaʒe] adj. *Jardin potager* (ou *potager* n. m.), jardin consacré à la culture des plantes potagères. ‖ *Plantes potagères,* plantes réservées pour l'usage alimentaire.

potasse [pɔtas] n. f. (néerl. *potasch*). **1.** Solide blanc, soluble dans l'eau, utilisé pour le blanchiment du linge et pour la fabrication des savons noirs : *Les mines de potasse d'Alsace.* — **2.** Nom donné à un engrais chimique.

potasser [pɔtase] v. t. *Fam.* Étudier avec ardeur : *Potasser une leçon d'histoire;* sans compl. : *Elle n'a pas cessé de potasser avant son examen* (syn. fam. BÛCHER).

pot-au-feu [pɔtofø] n. m. inv. Mets composé de viande de bœuf bouillie avec des carottes, des poireaux, des navets, etc. ◆ adj. inv. *Fam.* et *péjor.* Se dit d'une femme trop exclusivement attachée à son ménage (syn. fam. POPOTE).

pot-de-vin [podvɛ̃] n. m. (pl. *pots-de-vin*). *Fam.* Somme qu'on verse en dehors du prix convenu, généralement pour obtenir illégalement un avantage ou pour remercier la personne par l'entremise de qui se conclut l'affaire (syn. DESSOUS DE TABLE; fam. BAKCHICH).

poteau [pɔto] n. m. (lat. *postis,* jambage de porte). **1.** Morceau de bois dressé verticalement pour servir de support, d'indicateur, etc. : *Un poteau télégraphique* (= portant des fils télégraphiques). *Douze concurrents se présentèrent au poteau de départ sur l'hippodrome. Un poteau indicateur se trouve au croisement des chemins.* — **2.** *Poteau d'exécution,* endroit où on attache parfois les condamnés avant de les fusiller. ‖ *Envoyer qqn au poteau,* le faire exécuter.

potée [pɔte] n. f. Plat composé de charcuterie et de légumes cuits ensemble.

potelé, e [pɔtle] adj. (de l'anc. fr. [*main*] *pote,* [main] enflée). Se dit de qqn (de son corps) qui a des formes rondes et pleines : *Enfant potelé* (syn. DODU; fam. GRASSOUILLET; contr. MAIGRE). *Figure potelée* (syn. REBONDI).

potence [pɔtɑ̃s] n. f. (lat. *potentia,* puissance). **1.** Instrument de supplice servant à la pendaison : *Être condamné à la potence* (syn. anc. GIBET). — **2.** Support constitué par un montant vertical et une traverse horizontale : *Une enseigne pendue à une potence.*

potentat [pɔtɑ̃ta] n. m. (du lat. *potens,* puissant). *Péjor.* Homme qui dirige de façon tyrannique, qui dispose d'une grande puissance : *Le patron dirige son entreprise en vrai potentat* (syn. DESPOTE; litt. MONARQUE). *Les gros potentats de l'industrie pétrolière* (syn. MAGNAT).

potentialité [pɔtɑ̃sjalite] n. f. Caractère potentiel.

1. potentiel, elle [pɔtɑ̃sjɛl] adj. (du lat. *potens, -entis,* puissant). Se dit de qqch qui existe en puissance, virtuellement, mais non réellement. ◆ adj. et n. m. En linguistique, se dit d'une forme verbale indiquant qu'un événement a la possibilité de se produire (ex. : *S'il se mettait à pleuvoir, nous serions obligés de prendre un parapluie*).

2. potentiel [pɔtɑ̃sjɛl] n. m. **1.** Capacité d'action, de production, de travail d'un pays, de qqn, d'un groupe humain : *Accroître le potentiel industriel d'une région. Le potentiel humain.* — **2.** État électrique d'un conducteur par rapport à un autre : *Différence de potentiel.*

potentiellement [pɔtɑ̃sjɛlmɑ̃] adv. De façon potentielle.

potentiomètre [pɔtɑ̃sjɔmɛtr] n. m. Syn. de RHÉOSTAT.

poterie [pɔtri] n. f. **1.** Fabrication d'ustensiles de terre cuite et de grès : *La poterie est un art artisanal* (syn. plus usuel CÉRAMIQUE). — **2.** Objets de ménage, ustensiles, etc., en terre cuite, en grès (spécialement les objets archéologiques) : *Des fragments de poteries préhistoriques.*

poterne [pɔtɛrn] n. f. (lat. *posterula,* porte dérobée). Passage sous un rempart, donnant sur le fossé.

potiche [pɔtiʃ] n. f. **1.** Vase de porcelaine de forme ronde. — **2.** *Fam.* Personne qui a un rôle de représentation sans pouvoir réel : *La présidente de ce comité n'est qu'une potiche.*

potier [pɔtje] n. m. Fabricant ou marchand de poteries.

potin [pɔtɛ̃] n. m. *Fam.* **1.** Commérage, bavardage sur le compte de qqn : *Certains potins désobligeants couraient sur elle* (syn. fam. CANCAN, RAGOT). — **2.** Grand bruit : *Quel potin, dans ce marché!* (syn. VACARME; fam. RAFFÛT).

potiner [pɔtine] v. i. *Fam.* Faire des potins.

potion [pɔsjɔ̃] n. f. (lat. *potio,* boisson). Remède à boire : *On lui a fait prendre une potion calmante.*

potiron [pɔtirɔ̃] n. m. (orig. incert.). Grosse plante potagère voisine de la courge.

pot-pourri [popuri] n. m. (trad. de l'esp. *olla podrida,* ragoût) [pl. *pots-pourris*]. Composition littéraire ou musicale formée de morceaux divers, assemblés de façon plaisante.

pou [pu] n. m. (lat. *pediculus*) [pl. *poux*]. **1.** Insecte qui vit en parasite sur l'homme et sur certains animaux dont il suce le sang. — **2.** Fam. *Chercher des poux à qqn,* lui chercher querelle à tout propos.

pouah! [pwa] interj. Exprime le dégoût, la répulsion.

poubelle [pubɛl] n. f. (du n. du préfet de la Seine qui la rendit obligatoire). Récipient en tôle ou en matière plastique, destiné à recevoir les ordures ménagères d'un immeuble ou d'un appartement.

pouce [pus] n. m. (lat. *polex, pollicis*). **1.** Le plus gros et le plus court des doigts, opposable aux autres doigts de la main chez l'homme. — **2.** Gros orteil du pied. — **3.** *Donner le (un) coup de pouce à qqn,* faciliter sa réussite (syn. fam. PISTONNER). ‖ *Donner le (un) coup de pouce à qqch,* intervenir pour modifier, accélérer la marche régulière des événements. ‖ *Manger sur le pouce,* à la hâte, sans s'asseoir. ‖ *Mettre les pouces,* céder après résistance. ‖ *Ne pas reculer, avancer, céder d'un pouce,* rester sur ses positions. ‖ *Pouce!,* en parlant d'un enfant, lever le pouce pour demander, au cours d'une partie, une interruption momentanée du jeu. ‖ *Se tourner les pouces,* rester sans rien faire.

poudre [pudr] n. f. (lat. *pulvis, pulveris,* poussière). **1.** Substance divisée en particules très fines : *Réduire en poudre* (= écraser en morceaux très fins, ou anéantir; syn. MOUDRE, PULVÉRISER, BROYER). *Du sucre en poudre* (par oppos. à EN MORCEAUX). *Lait en poudre* (syn. LAIT SOLUBLE). — **2.** *Jeter de la poudre aux yeux,* chercher à faire illusion. — **3.** Substance blanche ou couleur chair, composée de fines particules et utilisée comme fard. (On dit aussi POUDRE DE RIZ.) — **4.** Substance explosive utilisée dans les armes à feu, les pétards, les feux d'artifice, etc. : *La charge de poudre d'une cartouche.* — **5.** *Mettre le feu aux poudres,* déclencher un conflit, des incidents violents, la colère de qqn : *Un incident diplomatique qui risque de mettre le feu aux poudres.* ‖ *Nouvelle qui se répand comme une traînée de poudre,* très rapidement.

poudré, e [pudre] adj. Couvert de poudre : *Visage poudré.*

poudrer (se) [pudre] v. pr. Se mettre de la poudre sur le visage.

poudrerie [pudrəri] n. f. Fabrique de substances explosives.

poudreux, euse [pudrø] adj. **1.** *Litt.* Couvert de poussière : *Une route poudreuse.* — **2.** *Neige poudreuse* (ou *poudreuse* n. f.), fraîchement tombée, profonde, et qui a l'aspect de la poudre.

poudrier [pudrije] n. m. Petite boîte pour mettre de la poudre.

poudrière [pudrijɛr] n. f. Endroit dangereux, source de conflits : *La poudrière des Balkans au début du XX*[e] *s.*

pouf! [puf] interj. Exprime un bruit sourd de chute, une explosion. ◆ ***pouf*** n. m. Siège bas, en cuir ou en tissu rembourré.

pouffer [pufe] v. i. (de *pouf*). *Pouffer (de rire),* éclater de rire involontairement et comme en se retenant.

pouilleux, euse [pujø] adj. et n. (de *pou*). *Péjor.* Se dit de qqn qui vit dans la saleté, la vermine, la misère : *Une population pouilleuse s'entasse dans ces cabanes.* ◆ adj. Se dit d'un lieu qui dénote une extrême misère : *Un bidonville pouilleux* (syn. SORDIDE).

poulailler [pulaje] n. m. **1.** Local, construction où on élève des poulets. — **2.** Galerie supérieure d'un théâtre, où se trouvent les places les moins chères.

poulain [pulɛ̃] n. m. (lat. *pullus,* petit d'un animal). **1.** Jeune cheval, jeune jument (jusqu'à trente mois). — **2.** Débutant qui est aidé dans sa carrière par un personnage influent : *Ce manager a organisé un combat de boxe pour son nouveau poulain.*

poularde [pulard] n. f. Jeune poule qu'on a engraissée.

1. poule [pul] n. f. (lat. *pulla*). **1.** Femelle du coq domestique et de quelques autres oiseaux : *La poule est un oiseau de basse-cour. La poule glousse, caquette. Manger une poule au riz. Une poule faisane* (= femelle du coq faisan). *Une poule d'eau est un oiseau échassier vivant dans les roseaux, près des eaux.* — **2.** *La poule aux œufs d'or,* source de richesse ou de bénéfices sans fin. ‖ *Mère poule,* mère qui a des attentions excessives à l'égard de ses enfants. ‖ Fam. *Poule mouillée,* personne excessivement timorée. ‖ Fam. *Quand les poules auront des dents,* jamais. ‖ *Se lever comme les poules,* très tôt. ‖ *Tuer la poule aux œufs d'or,* se priver de profits à venir par désir d'un gain immédiat.

2. poule [pul] n. f. (orig. obscure). En sports, combinaison de matches dans laquelle chaque équipe (ou chaque joueur) rencontre toutes (ou tous) les autres.

poulet [pulɛ] n. m. **1.** Petit de la poule : *Le poulet piaule.* — **2.** Poule ou coq non encore adulte et destiné à la consommation : *Un poulet rôti.*

poulette [pulɛt] n. f. Jeune poule.

pouliche [puliʃ] n. f. (mot picard). Jeune jument (jusqu'à trente mois).

poulie [puli] n. f. (gr. *polos,* pivot). Appareil formé d'une roue qui reçoit une corde afin de lever des fardeaux : *Ils ont hissé l'armoire par la fenêtre avec une poulie.*

pouliner [puline] v. i. (sujet une jument) Mettre bas.

poulinière [pulinjɛr] n. f. et adj. f. Jument destinée à la reproduction.

poulpe [pulp] n. m. (lat. *polypus*). Syn. de PIEUVRE.

pouls [pu] n. m. (lat. *pulsus*). **1.** Battement des artères, perceptible notamment au poignet : *L'infirmière prend le pouls du malade. Un pouls normal de 72 pulsations.* — **2.** *Tâter le pouls,* presser légèrement l'artère du poignet pour connaître le rythme de battements artériels; s'enquérir d'une situation.

poumon [pumɔ̃] n. m. (lat. *pulmo, pulmonis*). **1.** Viscère situé dans le thorax et qui est l'organe de la respiration : *Respirer l'air à pleins poumons.* — **2.** *Pou-*

mon d'acier, bloc hermétique où on place certains paralysés pour assurer leur respiration. (→ PULMONAIRE.)

poupe [pup] n. f. (lat. *puppis*). **1.** Arrière d'un navire (par oppos. à *proue*). — **2.** *Avoir le vent en poupe,* être dans une période favorable pour réussir; être en faveur auprès des gens.

poupée [pupe] n. f. (lat. *pupa,* petite fille). **1.** Figurine humaine de carton, de matière plastique, de porcelaine, qui sert de jouet aux enfants, de décoration, etc. — **2.** *Péjor.* Femme mignonne, soignée, mais généralement futile et un peu sotte. — **3.** *Fam.* Pansement entourant un doigt : *Se faire une poupée avec un mouchoir.*

poupin, e [pupɛ̃] adj. (du lat. *pupa,* petite fille). Qui a les traits rebondis, le visage rond : *Un garçon poupin. Une figure poupine.*

poupon [pupɔ̃] n. m. **1.** Bébé (vieilli). — **2.** Poupée représentant un bébé.

pouponner [pupɔne] v. i. S'occuper assidûment d'un nourrisson, le dorloter.

pouponnière [pupɔnjɛr] n. f. Établissement où sont gardés de tout petits enfants : *Elle avait mis son enfant à la pouponnière pour pouvoir travailler.*

pour [pur] prép. (lat. *pro*). Indique : **1.** Direction vers : *Il est parti pour l'Espagne, ce mois-ci. Le train pour Lyon va entrer en gare. Pour où part-elle? Elle s'est embarquée pour New York.* — **2.** Terme d'un délai ou durée (En ce sens, il peut être suivi d'une autre préposition.) : *Je vous le promets pour la semaine prochaine, mais, pour l'heure, je ne peux vous le remettre. C'est pour aujourd'hui ou pour demain?* (formule d'impatience). *Il est parti pour toujours. Ce sera fait pour samedi. Je m'en vais à l'étranger pour six semaines. «Quand faut-il vous l'envoyer? — Pour dans huit jours, pour après les fêtes.»* — **3.** Personne intéressée directement : *Ce n'est pas un film pour les enfants. Le procès est perdu pour lui. Sa haine pour elle est étonnante* (syn. ENVERS). *Elle éprouve pour lui un tendre sentiment* (= à son égard). *Quêter pour les aveugles. Cet alcool est mauvais pour vous. J'ai une grande amitié pour vous. J'ai pris la parole pour elle* (= en sa faveur; contr. CONTRE). — **4.** Destination, but ou motif : *On l'a fait pour son bien. Travailler pour la gloire* (syn. EN VUE DE). *Je ne fais pas cela pour le plaisir. Cette représentation a été donnée pour la fête du pays, pour l'anniversaire du centenaire* (syn. EN L'HONNEUR DE). *Des cachets pour la grippe* (syn. CONTRE). *Elle est pour le vote obligatoire. Mourir pour la patrie. Formuler des vœux pour la santé de quelqu'un. Vous n'êtes pas fait pour cette vie.* — **5.** Point de vue : *Pour moi, la situation est dangereuse* (= à mes yeux; syn. SELON). *Ce n'est un secret pour personne qu'il a des ennuis. Elle est tout pour moi. Pour trop de pays, le problème essentiel reste encore celui de la faim.* — **6.** Conséquence de l'action marquée par le verbe principal : *Pour son malheur, elle n'avait pas vu le panneau d'interdiction.* (En ce sens, l'emploi est très limité [→ POUR + inf.].) — **7.** Cause d'une action : *Le café est fermé pour réparations. Il a été puni pour sa paresse. Elle m'a menti; je ne lui en veux pas pour ça.* — **8.** Concession ou opposition dans quelques express. : *Je ne m'inquiète pas pour autant. Pour une étrangère, elle parle très bien le français.* — **9.** Réciprocité, échange, remplacement, rapport de comparaison : **a)** nom précédé de l'article ou d'un numéral : *Il prend les mots les uns pour les autres. Elle a payé pour moi. J'étais enrhumé, il a parlé pour moi* (= à ma place). *La commerçante m'a laissé le coupon de tissu pour trente francs. En avez-vous eu pour votre argent? Je l'ai acheté pour une bouchée de pain* (= pour rien). *Pour un bon film, il y en a dix de médiocres. Il est assez fort pour son âge* (syn. PAR RAPPORT À). *Il fait froid pour la saison.* **b)** sans article, répété avant et après *pour : Rendre coup pour coup. La fille est trait pour trait le portrait de sa mère. C'est mot pour mot la copie de son précédent article. Dix ans après, jour pour jour, il mourait* (= exactement). **c)** sans article : *Il l'a prise pour femme. Elle a pour principe de ne jamais préjuger des résultats. Avoir eu pour maître un des meilleurs philosophes de son temps* (syn. COMME). *Se faire passer pour médecin.* **d)** avec l'article défini : *Il passe pour un maître en la matière. Il passe pour un fou* (= on le considère comme un fou). — **10.** Met en évidence un sujet, un attribut, un complément d'objet direct; équivalent de *quant à : Pour moi, je le pense* (= en ce qui me concerne). *Pour un homme qui se dit incompétent, vous savez beaucoup de choses. Pour coléreux, il l'est vraiment. Pour des connaissances, elle en a. Pour être naïf, il l'est. Pour ce qui est de la fortune, elle n'est pas à plaindre* (syn. soutenu EU ÉGARD À). ◆ ***pour*** prép. (suivi de l'inf.), ***pour que*** conj. (suivi du subj.) indiquent : **1.** But : *Va chercher une tenaille pour arracher ce clou* (syn. fam. DANS LE BUT DE). *Je t'emprunte ce livre pour le lire* (syn. AFIN DE; soutenu DANS L'INTENTION DE, DANS LE DESSEIN DE). *Tout le monde s'accorde pour lui reconnaître de grandes qualités. Je vais porter la radio chez le marchand pour qu'il répare* (syn. AFIN QUE). *Elle vient de nous avertir par télégramme pour que nous ne nous dérangions pas en vain;* dans la langue familière, la tournure négative est *pour (ne) pas que : Elle s'est enfermée dans son bureau pour (ne) pas qu'on la dérange.* — **2.** Conséquence (Lorsque le verbe de la principale est au conditionnel ou lorsqu'il y a un adverbe comme *assez, trop, suffisamment,* ou simplement un article ayant la valeur de *tel.*) : *Il aime assez cette femme pour tout lui sacrifier. Il y a des gens assez fous pour la croire. L'histoire est trop belle pour être vraie. Pour avoir de beaux légumes, il faudrait un peu de pluie. Qu'avez-vous contre moi pour vous mettre ainsi en colère? Il est trop égoïste pour qu'on lui vienne maintenant en aide. Il suffit d'un peu de bonne volonté pour que tout s'arrange. Ma voiture est assez vaste pour que tout le monde puisse y tenir.* — **3.** Cause (*Pour* presque uniquement suivi de l'inf. passé.) : *Elle s'est rendue malade pour avoir trop présumé de ses forces.* — **4.** Concession ou opposition (Il y a souvent dans la principale les adverbes *moins, toujours,* etc.) : *Pour être roi, il n'en est pas moins homme. Pour être plus âgés, ils n'en sont pas toujours plus sages. Pour rares que soient les accidents, il faut être très vigilant. Pour peu que vous le vouliez vous réussirez. Pour si longue que soit l'entreprise, il faut la mener à bonne fin.* — **5.** Succession dans le temps : *Les skieurs descendent la piste pour remonter ensuite au sommet* (= puis remontent). — **6.** *Être pour* (+ *inf.*) indique la proximité immédiate : *Elle était pour partir, quand elle se souvint de sa promesse* (syn. ÊTRE SUR LE POINT DE). *N'être pas pour* (+ *inf.*), n'être pas de nature à, propre à : *Voilà une suggestion qui n'est pas pour me déplaire. Ça n'est pas pour dire, mais...* (présentation polie, mais fam., d'une objection). ◆ n. m. *Le pour,* les bons côtés, les éléments favorables d'une situation.

pourboire [purbwar] n. m. (*pour* et *boire*). Somme d'argent dont on gratifie qqn, parfois en plus de la somme due, pour le remercier d'un service rendu ou lui témoigner sa satisfaction.

pourceau [purso] n. m. (lat. *porcellus*). **1.** *Litt.* Porc. — **2.** Litt. *Donner des perles aux pourceaux,* donner qqch de raffiné à qqn qui ne le mérite pas ou ne peut l'apprécier.

pour-cent [pursɑ̃] n. m. inv. Taux de l'intérêt de l'argent calculé sur un capital de cent francs.

pourcentage [pursɑ̃taʒ] n. m. (de *pour cent*). Proportion d'une quantité, d'une grandeur par rapport à une autre, évaluée en général sur la centaine : *Les droits d'auteur représentent un certain pourcentage du prix de l'ouvrage. Il y a eu un pourcentage élevé d'abstentions à ces élections.*

pourchasser [purʃase] v. t. *Pourchasser qqn, qqch,* les poursuivre, les rechercher avec acharnement : *Pourchasser des fuyards. Pourchasser les fautes dans un texte.*

pourfendeur [purfɑ̃dœr] adj. et n. m. *Litt.* Celui qui pourfend : *Un pourfendeur d'abus* (ironiq.).

pourfendre [purfɑ̃dr] v. t. (c. **50**) Litt. *Pourfendre des abus, des adversaires,* les attaquer avec impétuosité.

pourlécher (se) [purleʃe] v. pr. (c. **10**) *Fam.* Passer sa langue sur ses lèvres en signe de gourmandise, de satisfaction : *La confiture était fort appréciée des enfants, qui s'en pourléchaient.*

pourparlers [purparle] n. m. pl. (de l'anc. fr. *purparler,* discuter). Conversations, entretiens préalables à la conclusion d'une entente, ou en vue de régler une affaire : *Des pourparlers ont été engagés en vue d'un règlement pacifique du problème* (syn. NÉGOCIATIONS, DISCUSSIONS).

1. pourpre [purpr] n. f. (lat. *purpura*). *Litt.* Vêtement somptueux que portaient les rois, les empereurs.

2. pourpre [purpr] adj. et n. m. D'un rouge foncé tirant sur le violet : *Un manteau pourpre. Des rubans pourpres. Une robe d'un beau pourpre.* (→ EMPOURPRER.)

pourquoi [purkwa] adv. interr. **1.** Interroge sur la cause qui est à l'origine de l'action exprimée dans la phrase ou qui la motive : *Pourquoi veux-tu que j'aille en vacances en Corse? Pourquoi dit-elle cela?* (syn. DANS QUELLE INTENTION). *Pourquoi se taire? «Êtes-vous heureux? — Moi? pourquoi pas?»* (= pour quelle raison ne le serais-je pas?). *Pourquoi ce long discours? Quelques mots auraient suffi. Je ne vois pas pourquoi je n'irais pas la trouver. Puisque tu ne sais pas, demande pourquoi. Voici pourquoi elle n'y est pas parvenue. Agir sans savoir pourquoi;* avec est-ce que : *Pourquoi est-ce que vous n'y êtes pas allé? Elle me demande pourquoi est-ce qu'on ne me voit plus à la maison* (fam.). — **2.** *C'est pourquoi,* introduit une explication : *Les fumées des usines se rabattent vers la ville, c'est pourquoi celle-ci est sale et noire* (syn. EN CONSÉQUENCE). *Ce n'est pas intéressant, c'est pourquoi vous devez refuser* (syn. AUSSI). ◆ n. m. inv. La raison pour laquelle un événement se produit : *Elle m'expliqua longuement le pourquoi de toutes ces opérations compliquées;* la question par laquelle on demande une explication : *Il était fort embarrassé par les pourquoi de sa fillette.*

pourri, e [puri] adj. **1.** Qui est altéré, devenu mauvais; gâté : *Une planche de bois toute pourrie. Un enfant pourri par ses parents.* — **2.** *Temps, climat pourri,* temps, climat continuellement pluvieux.

pourrir [purir] v. t. (lat. *putrescere*). **1.** *Pourrir qqch,* en causer la putréfaction, la décomposition : *L'abondance des pluies a pourri les pommes sur les arbres* (syn. ↓AVARIER). — **2.** *Pourrir qqn,* altérer sa moralité; le gâter d'une façon excessive : *La richesse avait pourri cet homme* (syn. CORROMPRE, ↓GÂTER). *Vous pourrissez votre fille avec tous les cadeaux que vous lui faites!* ◆ v. i., ou ***se pourrir*** v. pr. **1.** (sujet une matière) Se gâter, s'altérer sous l'effet de la décomposition : *Le bois de la barque pourrissait dans l'eau. La viande se pourrit à la chaleur* (syn. SE PUTRÉFIER). — **2.** (sujet une situation) Se détériorer, devenir de plus en plus mauvais : *La situation politique pourrit.*

pourrissement [purismɑ̃] n. m. Fait de pourrir : *Le pourrissement de la situation a entraîné une intervention militaire* (syn. DÉTÉRIORATION, DÉGRADATION).

pourriture [purityr] n. f. État d'un corps en décomposition : *Quand elle entra dans la cave, elle fut prise par une odeur de pourriture* (syn. PUTRÉFACTION). *La pourriture qui règne dans un milieu social* (syn. ↓CORRUPTION).

poursuite [pursɥit] n. f. **1.** Action de poursuivre, de pourchasser, de chercher à atteindre : *Au terme d'une longue poursuite, on a rattrapé le cheval. La poursuite du bonheur est difficile.* — **2.** Action d'engager un procès : *Un article diffamatoire expose son auteur à des poursuites.* — **3.** Action de continuer sans relâche : *La poursuite des fouilles exige de nouveaux capitaux* (contr. ARRÊT). *La poursuite de l'enquête.*

poursuivant [pursɥivɑ̃] n. m. Qui poursuit : *Un malfaiteur qui réussit à distancer ses poursuivants.*

poursuivre [pursɥivr] v. t. (c. **62**). **1.** *Poursuivre un être animé, un objet en mouvement,* le suivre pour l'atteindre : *Le chien poursuivit le voleur en aboyant. Les journalistes ont poursuivi l'actrice jusqu'à son hôtel* (syn. ↑POURCHASSER). *Des gendarmes motocyclistes qui poursuivent une voiture.* — **2.** *Poursuivre qqn de sa haine* (*de ses injures,* etc.), s'acharner contre lui. — **3.** *Poursuivre qqch,* chercher à l'obtenir : *Poursuivre un rêve impossible. Poursuivre un but en commun avec d'autres* (syn. VISER). — **4.** *Poursuivre qqn en justice,* engager un procès contre lui : *Être poursuivi pour vol.* — **5.** *Poursuivre un travail, une action,* etc., les continuer sans relâche : *La journaliste avait décidé de poursuivre son enquête jusqu'au bout* (syn. POUSSER). *L'Assemblée nationale a poursuivi la discussion jusqu'à une heure tardive;* sans compl. : *Poursuivez!* (= continuez votre exposé).

pourtant [purtɑ̃] adv. Marque une opposition très forte à ce qui vient d'être dit en reliant deux propositions : *Tu t'es encore trompé : pourtant, je t'avais prévenu! Ce n'est pas facile; on peut pourtant essayer* (syn. NÉANMOINS). *On la comprenait toujours, et pourtant elle abordait des sujets très compliqués* (syn. CEPENDANT).

pourtour [purtur] n. m. (de l'anc. fr. *portorner,* retourner). Ligne, partie qui fait le tour d'un lieu : *Sur le pourtour de la place, on trouvait de belles maisons bourgeoises.*

pourvoi [purvwa] n. m. Acte par lequel un plaideur exerce un recours contre un jugement rendu en dernier ressort, contre une décision administrative (jurid.) : *Un pourvoi en cassation. Un pourvoi en Conseil d'État.*

pourvoir [purvwar] v. t. (lat. *providere*) [c. **43**]. **1.** *Pourvoir qqn de qqch,* le mettre en possession de ce qui lui est nécessaire, utile; le doter de qqch d'avantageux : *Son médecin l'a pourvue d'une recommandation auprès du spécialiste* (syn. MUNIR, NANTIR). *La nature l'avait pourvu des plus grandes qualités;* au pass. : *Elle a été engagée, pourvue d'une recommandation. Cette romancière est pourvue d'une solide imagination. Les poissons sont généralement pourvus d'écailles et de nageoires placées symétriquement.* — **2.** *Pourvoir qqch de qqch,* l'équiper de ce qui lui est utile (soutenu) : *Elle avait pourvu sa maison de campagne de toutes les commodités.* ◆ v. t. ind. *Pourvoir à qqch,* y subvenir (soutenu) : *Pourvoir aux besoins de sa famille.* (→ DÉPOURVU.) ◆ ***se pourvoir*** v. pr. Former un pourvoi : *L'accusée s'est pourvue en cassation.*

pourvoyeur, euse [purvwajœr] n. **1.** *Litt.* Personne ou chose qui fournit, ravitaille : *La misère, pourvoyeuse des prisons.* — **2.** Servant d'une arme à feu collective, chargé de ravitailler la pièce en munitions.

pourvu que [purvykə] conj. **1.** Suivi du subjonctif, exprime la condition nécessaire et suffisante pour que l'action de la principale se réalise : *Pourvu que votre travail soit fait, vous aurez la paix. J'accepte les opinions des autres, pourvu qu'ils respectent les miennes* (syn. DU MOMENT QUE, À LA CONDITION QUE). — **2.** En tête d'une phrase exclamative, indique un souhait, avec la crainte qu'il n'arrive le contraire : *Pourvu qu'il ne lui arrive aucun accident!* (= puisse-t-il ne lui arriver... [litt.]). *Pourvu qu'elle pense à rapporter le pain ce soir!*

pousse [pus] n. f. **1.** Développement des végétaux, des dents, etc. : *La chaleur active la pousse des plantes* (syn. CROISSANCE). — **2.** Bourgeon qui est à son premier état de développement; jeune plante, jeune branche : *Les arbres laissaient entrevoir de jeunes pousses.*

pousse-café [puskafe] n. m. inv. *Fam.* Petit verre d'alcool qu'on prend à la fin d'un repas, après le café (syn. DIGESTIF, LIQUEUR).

poussée [puse] n. f. **1.** Action de pousser, de déplacer par pression : *Sous la poussée de la foule, la barrière s'effondra* (syn. PRESSION). — **2.** Manifestation soudaine, violente d'un état pathologique : *Elle a fait une poussée de fièvre.* — **3.** Augmentation subite : *Les prix ont subi une brusque poussée* (syn. MONTÉE).

pousse-pousse [puspus] n. m. inv. En Extrême-Orient, voiture légère, tirée par un homme, pour le transport des personnes.

pousser [puse] v. t. (lat. *pulsare*). **1.** *Pousser qqn, qqch,* exercer une pression sur eux pour les déplacer : *Pousser son voisin* (syn. ↑BOUSCULER). *Ne poussez pas, il y a de la place pour tout le monde! Pousser une voiture devant soi. Le vent pousse les nuages* (syn. CHASSER). *Un courant poussait la barque vers le large* (syn. ENTRAÎNER). *Pousser une chaise contre le mur* (= la déplacer). *Pousser la porte* (= l'ouvrir, la fermer). ‖ *Pousser qqn du genou, du pied, du coude,* l'avertir par une légère pression. — **2.** *Pousser qqn,* le faire aller devant soi d'une manière énergique, le faire avancer : *Pousser les visiteurs vers la sortie.* — **3.** *Pousser qqch,* le faire fonctionner plus vivement, à un régime meilleur, etc. : *Pousser le feu* (syn. ACTIVER). *Pousser un moteur* (= le faire tourner à son régime maximal). *Pousser une affaire* (= l'activer). *Pousser des recherches* (= les poursuivre en profondeur). — **4.** *Pousser qqch (qualité, sentiment),* le faire aller jusqu'à un certain degré : *Elle a poussé la gentillesse jusqu'à nous raccompagner en voiture. Pousser le mépris des convenances au dernier degré. Vous poussez un peu trop loin la plaisanterie.* — **5.** *Pousser un cri, un soupir,* etc., les faire entendre. — **6.** *Pousser son avantage,* l'exploiter. ‖ *Pousser qqch à sa perfection,* le faire de manière parfaite. — **7.** *Pousser qqn à* (+ *inf.*), l'y engager vivement : *Ses parents la poussent à sortir plus souvent* (syn. EXHORTER; contr. FREINER). *Le besoin d'argent le poussait à voler.* — **8.** *Pousser un candidat, un protégé,* etc., l'aider à obtenir un résultat meilleur, à atteindre une place plus élevée. ‖ *Pousser qqn en avant,* le mettre en vue, le faire valoir. ◆ v. i. **1.** Poursuivre son chemin : *Il n'est pas tard, on pourrait pousser jusqu'à Lyon.* — **2.** *Fam.* Exagérer : *Faut pas pousser!* — **3.** (sujet une plante, les cheveux, les dents, etc.) Se développer, grandir : *Le blé pousse au printemps. Les dents de l'enfant ont poussé. Ses cheveux, sa barbe poussent très vite.* — **4.** Fam. *Un enfant qui pousse bien,* qui grandit, forcit. ◆ ***se pousser*** v. pr. **1.** (sujet qqn) Se retirer d'un endroit pour laisser la place : *Poussez-vous un peu pour que nous puissions nous asseoir.* — **2.** (sujet qqn) S'avancer dans le monde, obtenir une place plus élevée : *Cet arriviste ne rate jamais une occasion de se pousser.*

poussette [pusɛt] n. f. **1.** Petite voiture d'enfant. — **2.** Petit châssis monté sur roulettes pour transporter un sac à provisions, etc.

poussier [pusje] n. m. (forme masc. de *poussière*). Débris pulvérulents d'une matière quelconque, principalement de charbon.

poussière [pusjɛr] n. f. (lat. *pulvis, pulveris*). **1.** Matière réduite en une poudre très fine, en particules ténues : *La voiture, en passant dans le chemin creux, souleva un nuage de poussière. Passer l'aspirateur dans une pièce pour ôter la poussière.* — **2.** Particule de cette matière : *Avoir une poussière dans l'œil. Les poussières de charbon.* — **3.** Fam. *Et des poussières,* se dit d'unités qui s'ajoutent à un chiffre rond : *Trois mille francs et des poussières* (syn. ET PLUS). ‖ Litt. *Mordre la poussière,* être jeté à terre dans un combat. ‖ *Une poussière de* (+ *n. pl.*), une grande quantité de choses petites et dispersées (soutenu) : *Un archipel formé d'une poussière d'îles.*

poussiéreux, euse [pusjerø] adj. Couvert de poussière : *Une route poussiéreuse. Des souliers poussiéreux.*

poussif, ive [pusif] adj. (de *pousser*). **1.** Qui manque de souffle, qui respire difficilement : *Un gros homme poussif montait lentement l'escalier.* — **2.** Fam. *Moteur poussif,* à qui on demande un effort excessif, qui a des ratés.

poussin [pusɛ̃] n. m. (lat. *pullicenus*). Poulet qui vient d'éclore.

poussivement [pusivmɑ̃] adv. De manière poussive.

poussoir [puswar] n. m. Bouton qu'on pousse pour actionner un mécanisme, une sonnerie, etc.

poutre [putr] n. f. (bas lat. *pullitra,* jument). Pièce de charpente horizontale, supportant une construction : *Salle à manger rustique avec des poutres apparentes* (syn. SOLIVE). *Une poutre métallique.*

poutrelle [putrɛl] n. f. Petite poutre.

1. pouvoir [puvwar] v. t. (lat. *posse*) [c. **38**] *Pouvoir + inf.* (ou, plus rarement, *pron., adv. compl.*) **1.** Avoir la faculté, la possibilité matérielle de, être en état de : *Pouvez-vous soulever cette caisse? Je n'ai pas pu déchiffrer ce mot. J'ai fait tout ce que j'ai pu pour la convaincre. Vous pouvez beaucoup pour améliorer la situation. Qui peut le plus peut le moins. Une salle qui peut contenir cinq cents personnes. Du linge qui peut encore servir;* sans compl. : *Venez me voir dès que vous pourrez.* ‖ *N'en pouvoir plus,* être épuisé : *J'ai longtemps résisté, mais maintenant je n'en peux plus : j'abandonne.* — **2.** Avoir la permission de : *Un débat où chacun peut s'exprimer librement. Est-ce que je peux emprunter votre voiture?* — **3.** Indique une approximation, une probabilité, une éventualité : *Cette enfant pouvait avoir tout au plus six ans. Cela peut durer encore longtemps* (syn. RISQUER DE); dans une interrogation, souligne la perplexité : *Où peut bien être ce livre?* — **4.** Au subjonctif, avec inversion du sujet, exprime le souhait (soutenu) : *Puissiez-vous réussir! Puissent tous les autres agir de même!* ◆ ***se pouvoir*** v. pr. *Il (cela, ça) se peut,* il est (c'est) possible : *Il se peut que je me sois trompé. J'aurais aimé vous accompagner, mais cela ne se peut pas. «Croyez-vous qu'il va pleuvoir? — Ça se pourrait bien.»*

2. pouvoir [puvwar] n. m. **1.** Crédit, influence, possibilité d'action de qqn, de qqch : *Avoir beaucoup de pouvoir. Il n'est pas en mon pouvoir de m'opposer à cela.* ‖ *Pouvoir d'achat,* valeur réelle (en marchandises, services, produits alimentaires) que représente un revenu. — **2.** Gouvernement d'un pays : *Exercer, détenir le pouvoir* (= gouverner). *Parvenir au pouvoir par de longues intrigues.* ‖ *Pouvoir exécutif,* institution politique chargée de veiller à l'exécution des lois, gouvernement. ‖ *Pouvoir judiciaire,* ensemble de la magistrature chargée de rendre la justice. ‖ *Pouvoir législatif,* ensemble de ceux qui sont chargés d'élaborer et de voter les lois. — **3.** Procuration, acte donnant mandat de faire qqch : *Donner un pouvoir par-devant notaire.* ◆ ***pouvoirs*** n. m. pl. **1.** Droits d'exercer certaines fonctions : *Pouvoirs d'un ambassadeur. Fonctionnaire* *qui n'excède pas ses pouvoirs.* — **2.** *Pouvoirs publics,* ensemble des autorités qui détiennent le pouvoir dans l'État : *Une décision des pouvoirs publics.*

pragmatique [pragmatik] adj. (gr. *pragmatikos,* relatif aux faits). Susceptible d'application pratique; dont la valeur se mesure exclusivement à l'efficacité pratique : *Une politique pragmatique.*

pragmatisme [pragmatism] n. m. Comportement visant l'efficacité pratique en s'adaptant aux circonstances.

praire [prɛr] n. f. (mot prov.). Mollusque marin comestible, vivant enfoncé dans les fonds sableux.

prairial [prɛrjal] n. m. (de *prairie*). Neuvième mois du calendrier républicain.

prairie [prɛri] n. f. (du lat. *pratum,* pré). Étendue de terrain qui produit de l'herbe (en principe, d'une surface plus grande que le *pré*).

praline [pralin] n. f. (du n. du maréchal *du Plessis-Praslin,* dont le cuisinier inventa ce bonbon). Confiserie faite d'une amande rissolée dans du sucre.

praliné, e [praline] adj. Mélangé de pralines pilées : *Chocolat praliné.*

1. praticable [pratikabl] adj. Se dit d'un chemin, d'une route sur lesquels on peut circuler : *Toutes les routes de ce pays ne sont pas praticables en voiture* (syn. CARROSSABLE).

2. praticable [pratikabl] n. m. **1.** Partie d'un décor de théâtre où on peut se mouvoir. — **2.** Plate-forme amovible supportant la caméra et les projecteurs dans un studio de cinéma.

praticien [pratisjɛ̃] n. m. Médecin, dentiste qui pratique son métier (soutenu).

pratiquant, e [pratikɑ̃] adj. et n. Qui observe la pratique d'une religion : *Une catholique, un juif pratiquant. Les pratiquants subviennent à l'entretien du clergé.*

1. pratique [pratik] adj. (gr. *praktikos,* efficace). **1.** Orienté vers l'action, qui s'attache à la réalité : *C'est une personne très pratique, qui ne s'embarrasse pas de distinctions subtiles* (syn. CONCRET, POSITIF). *Un esprit fumeux qui manque de sens pratique. Elle a acquis une connaissance pratique de l'anglais.* — **2.** *La vie pratique,* la vie quotidienne, banale et matérielle. ‖ *Travaux pratiques* → TRAVAIL. — **3.** D'un usage commode; maniable, profitable : *Un appareil ménager très pratique. Cet horaire est très pratique. Passez par ici, ce sera plus pratique.*

2. pratique [pratik] n. f. (gr. *praktikê*). **1.** Action, manière de pratiquer (souvent opposé à *théorie, principes*) : *Elle a une longue pratique de la pédagogie* (syn. EXPÉRIENCE, HABITUDE). *Il y a loin de la théorie à la pratique. La pratique de l'escrime développe la rapidité des réflexes.* — **2.** Comportement habituel, usage, coutume : *Des peuplades où le troc est une pratique générale. Des geôliers qui se livraient à des pratiques inhumaines sur les prisonniers* (syn. AGISSEMENT). — **3.** *En pratique,* en réalité (par oppos. à *en théorie*) : *Vous avez le choix entre deux itinéraires : en pratique, la durée du trajet est la même* (syn. PRATIQUEMENT, EN FAIT). ‖ *Mettre en pratique une doctrine, un principe,* etc., les appliquer dans son action. — **4.** (pl.) Actes de piété. — **5.** Assiduité des fidèles dans l'observance des prescriptions religieuses : *Une région où la pratique religieuse est élevée.*

pratiquement [pratikmɑ̃] adv. **1.** En réalité, dans l'usage courant : *Théoriquement, on peut être reçu au concours la première année, mais pratiquement il faut compter deux ou trois ans de préparation* (syn. EN FAIT, EN PRATIQUE). — **2.** À très peu de chose près : *La situation est pratiquement inchangée* (syn. À PEU PRÈS; fam. QUASIMENT). *Il ne peut pratiquement rien faire sans son adjointe* (syn. POUR AINSI DIRE, AUTANT DIRE).

pratiquer [pratike] v. t. **1.** *Pratiquer un métier, un art, une méthode, un sport,* etc., l'exercer, l'appliquer, s'y livrer : *Son père pratiquait la médecine. Pratiquer la photographie en couleurs, la pêche à la ligne, le football. Pratiquer l'ironie.* — **2.** *Pratiquer (une religion),* en observer les prescriptions, les rites : *Elle a reçu une éducation religieuse, mais elle a cessé de pratiquer.* — **3.** *Pratiquer qqch,* le faire, l'opérer (soutenu) : *Pratiquer une ouverture dans un mur* (syn. MÉNAGER). *Il a fallu pratiquer une piste dans la forêt* (syn. ÉTABLIR, TRACER). ◆ ***se pratiquer*** v. pr. Être en usage, à la mode : *Elle fit venir un rebouteux, comme cela se pratique parfois encore dans les campagnes* (syn. SE FAIRE).

pré [pre] n. m. (lat. *pratum*). Étendue de terrain couverte d'herbe : *Les vaches paissent dans les prés.*

préalable [prealabl] adj. Se dit d'une chose qui doit normalement en précéder une autre, être faite avant elle : *Elle ne pouvait entreprendre cette démarche qu'avec l'accord préalable de ses supérieurs.* ◆ n. m. **1.** Ensemble des conditions que met un parti, un pays, etc., avant de conclure un accord avec un autre parti, un autre pays : *Les propositions de paix contenaient un préalable jugé inacceptable.* — **2.** *Au préalable,* auparavant : *Les candidats à ce concours doivent au préalable subir un examen médical* (syn. PRÉALABLEMENT, D'ABORD).

préalablement [prealabləmɑ̃] adv. Au préalable.

préambule [preɑ̃byl] n. m. (du lat. *prae,* en avant, et *ambulare,* marcher). **1.** Introduction par laquelle un législateur, un orateur, etc., cherche à exposer ses intentions : *Après un rapide préambule, la conférencière entra dans le vif du sujet.* — **2.** Ce qui prépare, annonce qqch : *Cette crise risque d'être le préambule à une crise beaucoup plus grave* (syn. PRÉLUDE).

préau [preo] n. m. (de *pré*). Partie couverte de la cour, dans une école.

préavis [preavi] n. m. Avertissement préalable qu'un des partenaires d'un contrat doit adresser à l'autre partenaire, dans un délai déterminé, pour lui faire connaître son intention de rompre le contrat (notamment en matière de contrat de travail entre employeur et employé) : *Recevoir un préavis de licenciement.*

prébende [prebɑ̃d] n. f. (lat. *praebendus,* qui doit être fourni). *Péjor.* et *litt.* Revenu attaché à une situation lucrative : *Ces conseillers ne font presque rien et touchent des prébendes royales.*

précaire [prekɛr] adj. (lat. *precarius,* obtenu par prière). Se dit de qqch dont l'existence n'est pas assurée, qui peut être remis en question : *Après ce vote, le gouvernement n'avait plus qu'une existence précaire* (syn. INCERTAIN). *Votre situation est précaire* (syn. INSTABLE, CHANCELANT). *Jouir d'un bonheur précaire* (syn. PASSAGER, ÉPHÉMÈRE).

précarité [prekarite] n. f. Caractère précaire : *La précarité de ses ressources ne semble pas l'inquiéter.*

précaution [prekosjɔ̃] n. f. (bas lat. *praecautio*). **1.** Disposition prise par prévoyance pour éviter un mal : *Le temps n'est pas sûr : ce serait une bonne précaution que de prendre un imperméable. Elle marchait avec précaution, de peur d'éveiller les enfants. Soulever le couvercle avec précaution* (syn. PRUDENCE). — **2.** *Précautions oratoires,* moyens plus ou moins adroits de se ménager la bienveillance de l'auditoire (souvent ironiq.).

précautionner (se) [prekosjɔne] v. pr. *Se précautionner contre qqch,* prendre ses précautions (soutenu) : *Des touristes qui s'étaient sagement précautionnés contre les changements de température.*

précautionneusement [prekosjɔnøzmɑ̃] adv. De façon précautionneuse.

précautionneux, euse [prekosjɔnø] adj. Plein de précautions (soutenu) : *Il se montre très précautionneux.*

précédemment [presedamɑ̃] adv. Auparavant : *Nous avons déjà précédemment traité de ce problème* (syn. AVANT, ANTÉRIEUREMENT).

1. précédent, e [presedɑ̃] adj. Se dit d'une chose qui a lieu juste avant une autre : *Le jour précédent* (syn. fam. D'AVANT ; contr. SUIVANT). *J'ai abordé ce point dans un article précédent* (syn. ANTÉRIEUR). [→ PRÉCÉDER.]

2. précédent [presedɑ̃] n. m. 1. Fait, exemple qu'on invoque comme autorité, ou qui permet de comprendre un événement ultérieur : *Pour étayer son jugement, le tribunal s'est appuyé sur des précédents. Invoquer un précédent* (= l'alléguer comme excuse, comme prétexte). — 2. *Créer un précédent,* faire une action qui sort des habitudes, et qui servira de justification à d'autres actions analogues : *On ne peut pas fermer les yeux sur cette négligence, ce serait créer un précédent.* ‖ *Sans précédent,* unique : *Un drame sans précédent* (= dont on n'avait jamais eu d'exemple, extraordinaire).

précéder [presede] v. t. (lat. *praecedere,* marcher devant) [c. 10]. 1. (sujet qqn) *Précéder qqn,* marcher devant qqn, être avant lui : *Laissez-moi vous précéder, je vais vous montrer le chemin. Elle précédait son frère dans la carrière théâtrale.* — 2. (sujet qqch) *Précéder qqch,* venir avant : *Le samedi précède le dimanche. Plusieurs symptômes alarmants ont précédé sa maladie. Dans tout ce qui précède, nous n'avons fait aucune allusion à l'essentiel* (= dans tout ce qui a été dit, écrit avant le moment actuel). [→ PRÉCÉDENT.]

précepte [presɛpt] n. m. (lat. *praeceptum,* règle). Formule exprimant une règle à suivre dans un domaine particulier : *« Aimez-vous les uns les autres » : c'est un précepte capital de l'Évangile* (syn. MAXIME).

précepteur, trice [presɛptœr] n. (lat. *praeceptor*). Personne chargée d'assurer l'éducation et l'instruction d'un enfant au sein d'une famille.

préceptorat [presɛptɔra] n. m. Fonction de précepteur.

prêche [prɛʃ] n. m. 1. Sermon, prédication. — 2. *Fam.* Discours moralisateur et ennuyeux.

prêcher [prɛʃe] v. t. (lat. *praedicare*). 1. Annoncer la parole de Dieu (relig.) : *Prêcher l'Évangile.* — 2. Prononcer un sermon : *Prêcher le Carême.* — 3. *Prêcher qqch à qqn,* le lui conseiller par des discours abondants, des exhortations pressantes, réitérées : *Prêcher la patience à ses collaborateurs* (syn. ↓RECOMMANDER). — 4. *Prêcher dans le désert,* parler pour rien, devant un auditoire inattentif. ‖ *Prêcher d'exemple,* remplacer des exhortations par des actes dont on veut qu'ils soient imités. ‖ Fam. *Prêcher pour son saint,* parler pour soi, dans son propre intérêt, sous des dehors désintéressés.

prêcheur, euse [prɛʃœr] adj. et n. *Péjor.* Qui aime à sermonner : *Quel ennuyeux prêcheur!* (syn. SERMONNEUR ; fam. RADOTEUR).

prêchi-prêcha [prɛʃiprɛʃa] n. m. inv. *Fam.* Discours rabâcheur et moralisateur.

précieusement [presjøzmɑ̃] adv. Avec grand soin : *Garder, conserver précieusement quelque chose* (= le conserver avec grand soin, avec précaution) [syn. JALOUSEMENT, PIEUSEMENT].

précieux, euse [presjø] adj. (lat. *pretiosus,* de *pretium,* prix). 1. (après le n.) Qui a du prix, de la valeur : *On est prié de déposer au contrôle les objets précieux, la direction ne répondant de rien en cas de vol dans les vestiaires. Pierres précieuses* (= émeraude, rubis, saphir, etc.). *Métaux précieux* (= platine, or, argent, palladium, etc.) *Bois précieux.* — 2. (avant ou, plus souvent, après le n.) Auquel on attache du prix, moralement ou sentimentalement : *Parmi les biens les plus précieux de l'homme figure la liberté. Il a perdu de précieuses minutes à tergiverser. Elle m'a apporté une aide précieuse* (syn. ↓APPRÉCIABLE, ↑INAPPRÉCIABLE). — 3. (avant le n.) Se dit de qqn dont on fait cas : *Un précieux collaborateur* (= dont on aurait du mal à se passer). ◆ adj. (après le n.) et n. Affecté dans son langage, ses manières : *C'est une femme un peu précieuse. Il parle de façon précieuse.*

préciosité [presjozite] n. f. Comportement affecté : *La préciosité de ses expressions fait sourire* (syn. AFFECTATION).

précipice [presipis] n. m. (lat. *praecipitium*). Lieu profond et escarpé : *À la vue du précipice, elle fut prise de vertige* (syn. GOUFFRE, ABÎME). *Le car s'arrêta près du précipice* (syn. RAVIN).

précipitamment [presipitamɑ̃] adv. Brusquement, à la hâte : *Entendant frapper à sa porte, elle se leva précipitamment* (= avec fébrilité). *J'ai modifié précipitamment tous mes projets* (= sans avoir le temps d'y réfléchir).

précipitation [presipitasjɔ̃] n. f. Vivacité excessive : *Agir avec précipitation* (syn. IRRÉFLEXION, ↓HÂTE).

précipité, e [presipite] adj. Fait à la hâte : *Une course précipitée dans l'escalier* (syn. ACCÉLÉRÉ, ↓RAPIDE). *Mon retour a été précipité* (syn. ↓HÂTÉ). *Avec une ardeur précipitée* (= avec une trop grande ardeur).

précipiter [presipite] v. t. (lat. *praecipitare,* de *praeceps,* qui tombe la tête en avant). 1. *Précipiter qqn, qqch qqpart,* le jeter de haut en bas : *Un fou qui a précipité sa femme du haut de son balcon.* — 2. *Précipiter qqch (action),* le hâter, l'accélérer beaucoup : *Sa venue a précipité notre départ.* ◆ ***se précipiter*** v. pr. 1. Se jeter de haut en bas : *Elle s'est précipitée dans le vide, la tête la première.* — 2. (sujet qqn) S'élancer brusquement : *Quand il vit sa mère qui l'attendait, il se précipita dans ses bras. Se précipiter à la porte pour l'ouvrir.* — 3. (sujet qqch) Prendre un cours rapide : *Soudain, les événements se précipitèrent* (syn. ↓S'ACCÉLÉRER).

1. précis, e [presi] adj. (lat. *praecisus,* abrégé). 1. Qui ne laisse aucune incertitude, qui est exactement déterminé : *Donner des instructions précises* (contr. VAGUE). *N'avoir aucune idée précise de la question* (syn. EXACT, NET). *Calcul précis* (syn. JUSTE, RIGOUREUX). *Elle sentait une douleur dans toute la jambe, sans localisation précise.* — 2. Dont les mouvements sont exactement adaptés à leur objectif : *Une ouvrière aux gestes précis. Un tireur précis.* — 3. Rigoureusement déterminé, qui coïncide exactement avec qqch d'autre : *Arriver à 15 heures précises* (syn. SONNANT ; fam. TAPANT). *Le train est arrivé au moment précis où ils faisaient leurs adieux* (= au moment même). — 4. Qui fait preuve d'exactitude : *Soyez précis, venez à 8 heures.*

2. précis [presi] n. m. Ouvrage qui expose brièvement les questions essentielles.

précisément [presizemɑ̃] adv. 1. Marque une correspondance précise : *Répondre précisément et non à côté de la question. Il est arrivé précisément comme on parlait de lui* (= au moment précis). *Ce n'est pas précisément ce que j'espérais* (syn. POSITIVEMENT, EXACTEMENT, AU JUSTE). — 2. Souligne une opposition : *Il parlait devant elle des choses qu'il fallait précisément lui cacher.* — 3. Souligne une affirmation (soutenu) : *« C'est vous qui avez écrit cela ? — Précisément, et je m'en flatte »* (syn. JUSTEMENT).

préciser [presize] v. t. *Préciser qqch,* l'indiquer avec précision : *Il faudrait que vous précisiez vos intentions* (syn. DÉFINIR). *Précisez le lieu et l'heure de l'accident.*

précision [presizjɔ̃] n. f. **1.** Caractère de qqch ou de qqn de précis : *La précision du vocabulaire qu'elle emploie montre une grande maîtrise de la langue* (syn. EXACTITUDE). *La précision de ses gestes était remarquable* (syn. SÛRETÉ). *La précision d'un calcul* (syn. RIGUEUR). *Instrument de précision* (= qui mesure avec rigueur). *La précision d'un chirurgien.* — **2.** Détail qui apporte une plus grande information : *J'ai encore une précision à ajouter.*

précoce [prekɔs] adj. (lat. *praecox, -ocis*). **1.** Se dit d'une plante qui se développe ou d'un fruit qui est mûr avant le moment habituel : *Planter des fraisiers précoces* (syn. HÂTIF ; contr. TARDIF). — **2.** Qui se produit avant le moment où on l'attendait : *Cette année, l'automne a été précoce. Être atteint d'une calvitie précoce.* — **3.** *Enfant précoce,* dont la maturité, le développement intellectuel correspondent à un âge supérieur au sien.

précocement [prekɔsmɑ̃] adv. De façon précoce : *Être précocement mûr. Enfant développé précocement.*

précocité [prekɔsite] n. f. Fait d'être précoce : *La précocité de l'automne. La précocité d'un enfant.*

préconçu, e [prekɔ̃sy] adj. *Péjor.* Se dit d'une idée, d'un jugement formulés antérieurement à toute expérience : *Une opinion préconçue. Un jugement préconçu* (syn. HÂTIF). *Des idées préconçues* (= des préjugés, des idées reçues).

préconiser [prekɔnize] v. t. (du lat. *praeco, -onis,* crieur public). *Préconiser qqch, de* (+ *inf.*), *que* (+ *subj.*), le recommander vivement : *Les médecins préconisent la pratique du sport, de pratiquer le sport, que vous pratiquiez le sport.*

précurseur [prekyrsœr] n. m. (du lat. *praecurrere,* courir en avant). Personne dont l'action a ouvert la voie à des idées, un mouvement, etc. : *Les poètes qui furent les précurseurs du romantisme.* ◆ adj. m. Se dit d'une chose qui en annonce une autre : *Les signes précurseurs de l'orage* (syn. AVANT-COUREUR).

prédateur, trice [predatœr] adj. et n. (du lat. *praeda,* proie). Se dit d'animaux qui se nourrissent de proies : *Le renard est un prédateur.*

prédécesseur [predesesœr] n. m. (du lat. *prae,* en avant, et *decedere,* s'en aller). Personne qui en a précédé une autre dans une fonction, un emploi, etc.

prédécoupé, e [predekupe] adj. Se dit d'un produit découpé à l'avance.

prédestination [predɛstinasjɔ̃] n. f. Détermination immuable des événements futurs.

prédestiner [predɛstine] v. t. (lat. *praedestinare,* réserver d'avance). *Prédestiner qqn à qqch, à* (+ *inf.*), le vouer d'avance à une action, à une situation particulière : *Ses origines le prédestinaient à jouer un grand rôle dans l'État. Une enfant qui semblait prédestinée au malheur.*

prédétermination [predetɛrminasjɔ̃] n. f. Action de déterminer d'avance.

prédéterminer [predetɛrmine] v. t. Déterminer à l'avance : *Sa conduite était prédéterminée par son éducation.*

prédicat [predika] n. m. (lat. *praedicatum,* chose énoncée). Un des deux termes de l'énoncé fondamental, exprimant ce qui est dit de l'autre terme appelé *thème* ou *sujet* (ling.) : *Dans la phrase «Cette maison est grande», le prédicat est «est grande».*

prédicateur [predikatœr] n. m. (lat. *praedicator*). Celui qui prêche, qui prononce un sermon : *Bossuet fut un grand prédicateur.*

prédicatif, ive [predikatif] adj. Propre au prédicat.

prédication [predikasjɔ̃] n. f. Action de prêcher : *Ce pasteur excelle dans la prédication.*

prédiction [prediksjɔ̃] n. f. (lat. *praedictio*). Action de prédire ; chose prédite : *Elle avait annoncé que le temps se gâterait, mais sa prédiction s'est trouvée démentie.*

prédilection [predilɛksjɔ̃] n. f. (du lat. *dilectio,* amour). **1.** Préférence marquée pour qqn, qqch : *Elle a une prédilection pour les romans policiers.* — **2.** *De prédilection,* qu'on préfère à toutes autres choses du même ordre : *Un mets de prédilection* (syn. FAVORI).

prédire [predir] v. t. (lat. *prae,* en avant, et *dicere,* dire) [c. 72] *Prédire qqch, que* (+ *ind.*) [à *qqn*], annoncer ce qui doit arriver, par intuition, par conjecture ou par divination : *Prédire l'avenir* (syn. DEVINER ; litt. AUGURER). *Prédire une crise économique* (syn. PRONOSTIQUER). *La gitane avait prédit à la jeune femme qu'elle aurait des jumeaux. Il lui avait prédit un brillant avenir.*

prédisposer [predispoze] v. t. (sujet qqch) *Prédisposer qqn à qqch,* le mettre par avance dans certaines dispositions (souvent pass.) : *Le milieu familial l'avait prédisposée à une vie austère. Cet enfant a été prédisposé héréditairement à cette maladie.*

prédisposition [predispozisjɔ̃] n. f. Disposition naturelle : *Tout jeune, il avait fait preuve d'une prédisposition certaine au commandement.*

prédominance [predɔminɑ̃s] n. f. Caractère prédominant : *La prédominance des tons bleus dans un tableau.*

prédominant, e [predɔminɑ̃] adj. Qui prédomine : *Sa passion prédominante est la musique classique.*

prédominer [predɔmine] v. i. (sujet qqch) Avoir une importance prépondérante : *C'est la culture des céréales qui prédomine dans cette région* (syn. DOMINER). *Son avis a prédominé* (syn. PRÉVALOIR, L'EMPORTER).

préélectoral, e, aux [preelɛktɔral] adj. Qui précède les élections : *Le climat préélectoral* (= marqué par l'approche des élections).

prééminence [preeminɑ̃s] n. f. (du lat. *prae,* en avant, et *eminere,* s'élever). Supériorité absolue sur les autres : *Plusieurs nations se disputaient la prééminence économique dans ce continent* (syn. SUPRÉMATIE). *Ses qualités lui donnèrent rapidement la prééminence dans le domaine scientifique* (syn. ↓ AUTORITÉ).

prééminent, e [preeminɑ̃] adj. Qui est au-dessus des autres : *Un rang prééminent* (syn. SUPÉRIEUR).

préencollé, e [preɑ̃kɔle] adj. Se dit d'un matériau enduit sur son revers d'un produit qui a des propriétés collantes quand on le trempe dans l'eau.

préétabli, e [preetabli] adj. Établi d'avance : *Les plans préétablis doivent être révisés après discussion.*

préexistant, e [preɛgzistɑ̃] adj. Qui préexiste.

préexistence [preɛgzistɑ̃s] n. f. Existence antérieure.

préexister [preɛgziste] v. i. (sujet qqch) *Préexister à qqch,* exister avant : *Une instabilité maladive préexistait à sa dépression.*

préfabrication [prefabrikasjɔ̃] n. f. Fait d'être préfabriqué.

préfabriqué, e [prefabrike] adj. Se dit d'éléments d'un ensemble (immeuble, navire, etc.) fabriqués en usine et destinés à être assemblés ultérieurement sur le lieu de construction.

préface [prefas] n. f. (lat. *praefatio,* préambule). **1.** Texte placé en tête d'un livre pour le présenter au lecteur (l'*avant-propos* et l'*avertissement* sont moins longs) : *L'auteur s'est expliqué dans sa préface. Une longue préface de la traductrice replace l'ouvrage dans* *son époque* (syn. INTRODUCTION). — **2.** Ce qui précède ou annonce un événement : *En préface à la conférence au sommet, les ministres des Affaires étrangères se sont réunis* (syn. PRÉLUDE).

préfacer [prefase] v. t. (c. **1**) *Préfacer un livre,* écrire un texte qui lui sert de préface : *Cet écrivain célèbre a préfacé les premières œuvres d'un jeune poète.*

préfacier [prefasje] n. m. Auteur d'une préface.

préfectoral, e, aux [prefɛktɔral] adj. Relatif au préfet : *Arrêté préfectoral.*

préfecture [prefɛktyr] n. f. **1.** Services et administration du préfet : *Le secrétaire général de la préfecture.* — **2.** Édifice où se trouvent ces services : *La préfecture est installée près de l'hôtel de ville.* — **3.** Ville où est installée l'administration départementale.

préférable [preferabl] adj. Qui mérite d'être préféré à cause de ses qualités, de ses avantages : *Il est préférable de ne pas s'attarder* (syn. MIEUX). *Je trouve préférable de l'avertir de notre décision* (syn. MEILLEUR). *Ce projet est préférable à ceux que vous m'aviez présentés.*

préféré, e [prefere] adj. et n. Qu'on aime mieux que les autres : *C'est ma chanson préférée. Sa dernière fille est sa préférée.*

préférence [preferɑ̃s] n. f. **1.** Action de préférer : *Je n'ai aucune préférence; choisissez vous-même. Avoir une préférence marquée pour les discussions* (syn. PRÉDILECTION). *Donner la préférence à qui propose le prix le plus bas* (= se décider pour). *Par ordre de préférence* (= en allant de ce qu'on préfère à ce qu'on aime moins). — **2.** *De préférence (à),* introduit une comparaison : *De préférence, descendez à l'hôtel de la Poste. Choisissez ce tissu de préférence aux autres* (syn. PLUTÔT QUE).

préférentiel, elle [preferɑ̃sjɛl] adj. Qui établit une préférence : *Tarif préférentiel. Bénéficier d'un traitement préférentiel* (= de faveur). *Le vote préférentiel permet de placer en tête de liste le candidat de son choix.*

préférer [prefere] v. t. (lat. *prae,* en avant, et *ferre,* porter) [c. **10**] *Préférer qqn, qqch (à qqn, qqch), préférer (+ inf.), que (+ subj.),* considérer cette personne avec plus de faveur qu'une autre, se déterminer en faveur de cette chose plutôt que d'une autre : *Elle préférait sa fille aînée à ses autres enfants* (syn. AVOIR UNE PRÉFÉRENCE POUR). *Je préfère aller cette année en Espagne* (syn. AIMER MIEUX). *Je préfère que ce soit toi qui fasses cette démarche. Si tu préfères, nous irons au cinéma* (= si cela te convient mieux). *Parmi (de, entre) toutes ces cravates, je préfère celle-ci. Je préfère que tu te taises plutôt que de la heurter inutilement.*

préfet [prefɛ] n. m. (lat. *praefectus,* préposé). **1.** Fonctionnaire qui assume l'administration civile d'un département comme représentant du gouvernement. — **2.** *Préfet des études,* dans certains établissements d'enseignement confessionnel, prêtre chargé de la discipline.

préfiguration [prefigyrasjɔ̃] n. f. Action de préfigurer.

préfigurer [prefigyre] v. t. *Préfigurer qqch,* présenter par avance le type, l'image, les caractéristiques de qqch qui va venir : *En Russie, les révoltes de 1905 préfiguraient la révolution de 1917* (syn. ANNONCER).

préfixation [prefiksasjɔ̃] n. f. Utilisation de préfixes pour former de nouvelles unités lexicales à partir de mots de base.

préfixe [prefiks] n. m. (lat. *praefixus,* fixé devant). Élément qui se place à l'initiale d'un mot (ou racine) et en modifie le sens, comme *re-* dans *relire, refaire, reprendre.*

préfixé, e [prefikse] adj. **1.** Employé comme préfixe : *Un élément préfixé.* — **2.** Pourvu d'un préfixe : *Un verbe préfixé.*

préhensile [preɑ̃sil] adj. Se dit d'un organe qui a la faculté de saisir : *Certains singes ont une queue préhensile.*

préhension [preɑ̃sjɔ̃] n. f. (du lat. *prehendere,* saisir). Acte de prendre matériellement qqch : *La trompe est, chez l'éléphant, un organe de préhension.*

préhistoire [preistwar] n. f. Période la plus reculée de l'histoire de l'humanité (celle qui précède l'apparition de l'écriture).

préhistorien, enne [preistɔrjɛ̃] n. Spécialiste de la préhistoire.

préhistorique [preistɔrik] adj. Relatif à la préhistoire : *La période préhistorique. Un art préhistorique. Elle traversait la ville dans une voiture préhistorique* (fam.; = très ancienne; syn. fam. ANTÉDILUVIEN).

préjudice [preʒydis] n. m. (lat. *praejudicium,* opinion préconçue). **1.** Atteinte portée aux droits, aux intérêts de qqn : *Subir un préjudice. Porter préjudice à quelqu'un. Il a agi à son propre préjudice* (= contre son intérêt). — **2.** *Préjudice moral,* atteinte portée à qqn concernant ses droits moraux (par oppos. à ses biens matériels) : *La mauvaise traduction de son roman constitue pour l'auteur un préjudice moral.* ‖ *Sans préjudice de qqch,* sans y renoncer, en en faisant la réserve : *Elle réclamait une participation aux bénéfices, sans préjudice de la rémunération convenue.*

préjudiciable [preʒydisjabl] adj. Qui porte préjudice : *Une erreur très préjudiciable à vos intérêts.*

préjugé [preʒyʒe] n. m. **1.** Opinion préconçue, jugement favorable ou défavorable porté d'avance (souvent péjor.) : *Être plein de vieux préjugés. Être imbu de ses préjugés.* — **2.** *Avoir un préjugé contre qqch, qqn,* avoir une certaine hostilité de principe contre eux (syn. PRÉVENTION).

préjuger [preʒyʒe] v. t. et t. ind. (lat. *praejudicare*) [c. **2**] *Préjuger (de) qqch,* s'en faire une opinion avant d'avoir tous les éléments nécessaires : *Je ne peux pas préjuger de sa réaction, alors que je ne lui ai jamais adressé la parole.*

prélasser (se) [prelase] v. pr. (de *prélat*) [sujet qqn, un animal] Se reposer nonchalamment, avec un air satisfait : *Le chat se prélassait au soleil.*

prélat [prela] n. m. (du lat. *praelatus,* porté en avant). Dans l'Église catholique, dignitaire ecclésiastique.

prélavage [prelavaʒ] n. m. Lavage préliminaire faisant partie du programme d'une machine à laver le linge ou la vaisselle.

prélèvement [prelɛvmɑ̃] n. m. Action de prélever : *Le prélèvement est proportionnel à la somme totale. On met le prélèvement de sang dans des flacons aseptisés.*

prélever [prelve] v. t. (lat. *prae,* en avant, et *lever*) [c. **9**] *Prélever qqch,* prendre une certaine portion de qqch dans un ensemble, une masse : *Le notaire a prélevé le montant de ses frais sur la succession* (syn. RETENIR). *Le médecin a prélevé du sang à la malade pour en faire l'analyse.*

préliminaire [preliminɛr] adj. (du lat. *prae,* en avant, et *limen, liminis,* seuil). Qui précède et prépare qqch : *Avant l'ouverture de la séance, les délégués avaient eu des entretiens préliminaires* (syn. PRÉALABLE, PRÉPARATOIRE). ◆ ***préliminaires*** n. m. pl. Ensemble des actes, des entretiens préparatoires à qqch : *Les préliminaires de l'accord salarial ont été signés.*

prélude [prelyd] n. m. (du lat. *praeludere,* se préparer à jouer). **1.** Pièce de musique généralement courte et de forme libre : *Les préludes de Chopin.* — **2.** Suite de notes qu'on chante, qu'on joue pour essayer sa voix ou l'instrument avant un concert. — **3.** Chose qui en précède une autre, qui l'annonce, en constitue le début : *Cet incident n'était qu'un prélude à la suite de malheurs qui allaient s'abattre sur lui.*

préluder [prelyde] v. i. (sujet qqn) Jouer ou chanter quelques notes comme prélude : *Le pianiste préluda par une suite d'accords.* ◆ v. t. ind. *Préluder à qqch,* l'annoncer, en marquer le début : *Les nuages gris de septembre, qui préludent à l'automne.*

prématuré, e [prematyre] adj. (lat. *prae,* en avant, et *maturus,* mûr). **1.** Qu'il n'est pas temps d'entreprendre encore, qui doit être différé : *Il serait prématuré d'annoncer la nouvelle maintenant* (= il est trop tôt). — **2.** Qui survient avant le temps ordinaire ou normal : *Une mort prématurée.* — **3.** *Enfant prématuré* (ou *prématuré, e* n.), enfant né avant terme, mais viable.

prématurément [prematyremɑ̃] adv. Avant le temps normal : *Démarche entreprise prématurément. Cheveux prématurément blanchis* (syn. AVANT L'ÂGE).

prémédication [premedikasjɔ̃] n. f. Soins, médicaments destinés à préparer un malade à une opération, une anesthésie.

préméditation [premeditasjɔ̃] n. f. Action de préméditer : *Crime commis avec préméditation* (= avec l'intention de le commettre avant le moment où il est perpétré).

prémédité, e [premedite] adj. Qui est longuement réfléchi : *Action préméditée* (syn. MÛRI, PRÉPARÉ). *Coup prémédité.*

préméditer [premedite] v. t. (lat. *praemeditari*). *Préméditer qqch (action), de* (+ *inf.*), y réfléchir longuement avant de l'accomplir, en mûrir le projet (souvent péjor.) : *Il avait prémédité un mauvais coup. Elle préméditait de s'enfuir.*

prémices [premis] n. f. pl. (lat. *primitiae,* de *primus,* premier). **1.** *Litt.* Les premiers produits de la terre : *Les prémices de la récolte.* — **2.** Commencement, premières manifestations de qqch (soutenu) : *Ces attentats sont les prémices d'une guerre civile.*

premier, ère [prəmje] adj. (lat. *primarius,* de *primus*) [avant le n.] **1.** Le plus ancien dans l'ordre chronologique : *Elle avait vingt ans quand elle a eu son premier emploi. Faire ses premiers pas. Le premier âge* (= les mois du début de la vie d'un bébé). *Enfant d'un premier mariage* (par oppos. à *second*). — **2.** Placé avant les autres dans un ordre spatial : *Occuper un fauteuil au premier rang. Habiter au premier étage. Prenez la première rue sur votre droite. Passez donc le premier. Elle est tombée en avant la tête la première.* — **3.** Qui passe avant tous les autres dans un ordre d'importance, de valeur : *Acheter des fruits de premier choix. Voyager en première classe. Obtenir la première place à une compétition ;* dans certaines express. désignant une fonction : *Premier clerc de notaire. Première danseuse. Premier secrétaire.* — **4.** (avant ou, plus souvent, après le n.) Se dit de qqch qui vient avant les autres et qui leur sert de fondement (philos.) : *La métaphysique s'occupe de déterminer les principes premiers de la connaissance* (syn. FONDAMENTAL). — **5.** Insiste sur l'antériorité fondamentale de qqch (soutenu) : *On n'a jamais réussi à remettre «la Cène» de Léonard de Vinci dans son état premier* (syn. ORIGINAL, ORIGINEL, PRIMITIF). — **6.** *Matières premières,* productions naturelles qui n'ont pas encore été travaillées par l'homme. ‖ *Nombres premiers,* qui ne sont divisibles que par eux-mêmes et par un (3, 5, 7, 11, 13, 17, etc.). [→ PRIMAUTÉ.] ◆ n. *Jeune premier, jeune première,* acteur, actrice qui joue les rôles d'amoureux. ◆ ***premier*** n. m. **1.** Premier étage d'un immeuble : *Habiter au premier.* — **2.** *En premier,* avant tout : *Occupez-vous en premier de ce dossier.*

première [prəmjɛr] n. f. **1.** Première représentation d'une pièce nouvelle : *Le public des grandes premières était présent dans la salle.* — **2.** *Fam.* Se dit d'un événement artistique, technique, etc., qui paraît important, ou d'une performance nouvelle dans le domaine de l'alpinisme et dont on signale la première manifestation : *Cette opération chirurgicale est une grande première mondiale.* — **3.** Place de la catégorie la plus chère (en avion, en chemin de fer, en bateau) : *Voyager en première* (abrév. usuelle de PREMIÈRE CLASSE). — **4.** Classe de l'enseignement secondaire, précédant la classe terminale. — **5.** Employée principale dans la mode ou dans la couture. — **6.** Première vitesse d'une voiture.

premièrement [prəmjɛrmɑ̃] adv. En premier lieu, d'abord (dans une énumération).

premier-né [prəmjene] adj. et n. m. (pl. *premiers-nés*). Se dit du premier enfant d'une famille : *La joie du jeune ménage à la naissance du premier-né* (syn. AÎNÉ). (Le fém. est plus rare : *Une fille premier-née* ou *première-née.*)

prémisse [premis] n. f. (lat. *prae,* en avant, et *missus,* envoyé). **1.** Chacune des deux propositions d'un syllogisme, dont on déduit la conclusion. — **2.** Fait ou proposition d'où découle une conséquence.

prémolaire [premɔlɛr] n. f. Dent située entre la canine et les molaires.

prémonition [premɔnisjɔ̃] n. f. (lat. *prae,* en avant, et *monitio,* avertissement). Avertissement inexplicable d'un événement à venir : *Elle n'a pas pris l'avion qui s'est écrasé au Japon quelques heures plus tard : on pourrait croire à une véritable prémonition.*

prémonitoire [premɔnitwar] adj. Qui relève de la prémonition : *Songe prémonitoire* (= qu'on interprète comme un avertissement).

prémunir [premynir] v. t. (lat. *praemunire,* de *munire,* protéger). *Prémunir qqn contre qqch,* le protéger contre un danger, notamment par des avertissements prodigués à l'avance (soutenu) : *Prémunir les jeunes contre les dangers de la drogue.* ◆ ***se prémunir*** v. pr. Prendre des précautions : *Il faut se prémunir contre le froid.*

prenable [prənabl] adj. Qu'on peut prendre (surtout dans des phrases négatives ou restrictives) : *Citadelle difficilement prenable.*

prenant, e [prənɑ̃] adj. **1.** Très captivant, qui intéresse profondément : *Il a fait un récit très prenant de son voyage au Mexique. Elle avait une voix chaude et prenante* (syn. CHARMEUR). — **2.** *Partie prenante,* en droit, personne qui reçoit de l'argent, une fourniture.

prénatal, e, als [prenatal] adj. Qui précède la naissance : *Allocations prénatales.*

1. prendre [prɑ̃dr] v. t. (lat. *prehendere,* saisir) [c. 54]. **A. Avec simplement un compl. d'objet.** — **I.** SUJET QQN. **1.** *Prendre qqch, qqn,* les saisir avec les mains ou avec un instrument, les emporter avec soi : *Elle ouvrit son étui et prit une cigarette. Prendre son stylo pour écrire. Prenez vos lunettes, vous verrez mieux* (syn. METTRE). *Prendre des provisions, des vêtements chauds pour le voyage* (syn. EMPORTER). *Je prends mon pain dans cette boulangerie* (syn. ACHETER, SE FOURNIR EN, DE). *Elle prit l'enfant dans ses bras. Prendre quelqu'un par la main. Prendre un malfaiteur* (= l'arrêter). *Prendre des ennemis* (= les faire prisonniers). *Prendre un animal* (= le retenir captif). ‖ *C'est à prendre ou à laisser,* il faut l'accepter tel quel ou renoncer. — **2.** *Prendre qqch (lieu),* s'en rendre maître, l'occuper : *Nos troupes ont pris plusieurs villages* (syn. S'EMPARER DE). *Prendre d'assaut une tranchée ennemie, une crête. Les Parisiens prirent la Bastille le 14 juillet 1789. L'élève prit sa place au troisième rang dans la* classe. — **3.** *Prendre un aliment, une boisson,* l'absorber, l'avaler : *J'ai pris mon petit déjeuner à sept heures. La malade n'a rien pris depuis deux jours. Prendre des comprimés contre la migraine.* — **4.** *Prendre un moyen de transport,* l'utiliser, l'emprunter : *Prendre un taxi, le métro, l'autobus, le train, le bateau, l'avion.* — **5.** *Prendre une route, une direction,* etc., s'y engager : *Prenez la première rue à droite. Prendre un raccourci.* — **6.** *Prendre qqn,* l'engager à son service, en faire son collaborateur : *Il a dû prendre une secrétaire pour l'aider* (syn. S'ADJOINDRE); aller le chercher pour l'emmener : *Je passerai te prendre à ton bureau;* s'occuper de qqn : *Je vous prendrai à 3 heures* (en parlant d'un médecin, d'un dentiste, etc.). — **7.** *À tout prendre,* tout compte fait. ‖ Fam. *Je vous y prends,* je constate que vous êtes en défaut. ‖ *Se laisser prendre,* se laisser tromper. — **8.** *Prendre + n.,* correspond souvent à un verbe (→ au n. compl.) : *Prendre un bain, une douche* (= se baigner, se doucher). *Prendre un renseignement, des nouvelles* (= s'informer). *Prendre un engagement* (= s'engager). *Prendre la mesure (les mesures) de quelque chose* (= le mesurer). *Prendre la relève de quelqu'un* (= lui succéder dans une tâche). *Prendre une photographie* (= photographier). *Prendre un rendez-vous* (= convenir du lieu et du moment où on se rencontrera).

— **II.** SUJET QQN ou QQCH. **1.** Marque le début d'une action, la modification progressive de l'état du sujet (par oppos. à *avoir* ou *être,* qui marquent le résultat, l'état atteint, ou à *donner, mettre,* qui indiquent le factitif) : *a*) avec un article, un possessif, etc. : *Un bébé qui prend du poids. Vous prendrez vite l'habitude de ce travail. Elle a pris de l'expérience* (syn. ACQUÉRIR). *Prendre de l'âge* (= vieillir). *Il prend de plus en plus d'autorité. Une propriété qui prend de la valeur* (= qui se valorise). *À l'automne, les feuilles prennent une couleur dorée. Prendre un rhume, une grippe* (syn. ATTRAPER). *Prendre un air menaçant. Prendre des manières distinguées* (syn. ADOPTER). *Prendre le deuil* (= se mettre en deuil). *Navire qui prend la mer* (= qui quitte le port); — *b*) sans article : *Prendre froid. Prendre courage, espoir, patience, peur,* etc. (= commencer à éprouver ces sentiments). *Prendre feu* (= s'enflammer). *Prendre conscience de quelque chose* (= en devenir conscient). *Prendre contact avec quelqu'un* (= entrer en relation avec lui). — **2.** *Fam.* Subir, recevoir : *Elle prit toute l'averse sur le dos. Prendre quelques coups de poing dans une bagarre. La voiture a pris un bon choc.*

— **III.** SUJET QQCH. **1.** (sujet un sentiment, un état, une sensation) *Prendre qqn,* lui faire éprouver soudain ce sentiment (colère, désespoir, etc.) : *La colère l'a prise soudain* (syn. SAISIR, S'EMPARER DE). *La fièvre l'a prise hier soir* (= elle est soudain devenue fiévreuse). *Être pris de vertige, de remords.* ‖ Fam. *Qu'est-ce qui te prend?,* pourquoi te conduis-tu ainsi? — **2.** (sujet un événement) *Prendre qqn,* survenir dans sa vie : *L'orage nous a pris sur la route* (syn. SURPRENDRE). *La guerre le prit en pleine jeunesse.* — **3.** (sujet une occupation) *Prendre qqn,* absorber son activité, son temps : *Cette tâche la prend pendant deux heures chaque jour.* — **4.** *Prendre l'eau,* ne pas être étanche, se laisser imbiber : *Des chaussures qui prennent l'eau.* ‖ *Tissu qui prend bien la teinture,* qu'on teint facilement.

B. Avec un autre compl., un adverbe, un attribut, etc. (sujet qqn, qqch) **1.** *Prendre qqch à qqn,* le lui ôter, le retenir pour soi : *Qui est-ce qui m'a pris mon couteau?* (syn. fam. CHIPER; contr. DONNER). *Les cambrioleurs lui ont pris tous ses bijoux* (syn. VOLER). *Ce travail leur prend un temps considérable.* — **2.** *Prendre telle somme,* demander comme rémunération : *Il m'a pris mille francs pour ces réparations;* et avec ellipse du deuxième compl. : *Un mécanicien qui prenait quarante francs de l'heure.* — **3.** (avec un second compl. introduit par diverses prépositions) *Prendre du plaisir, de l'intérêt,* etc., *à qqch,* y éprouver du plaisir, de l'intérêt, etc. ‖ *Prendre qqn par la douceur, par son point faible,* le traiter avec douceur, flatter ses goûts, pour obtenir qqch de lui. ‖ *Prendre qqch sur soi, sous sa responsabilité* (ou fam., *sous son bonnet*), en assumer la responsabilité. ‖ *Prendre qqn, qqch sous sa protection,* s'en faire le protecteur. ‖ *Prendre qqn au mot,* accepter d'emblée sa proposition sans lui donner le temps d'en préciser les limitations. ‖ *Prendre qqn, qqch en sympathie, en horreur, en grippe, en pitié,* etc., se mettre à éprouver pour cette personne ou cette chose de la sympathie, de l'aversion, etc. — **4.** (+ compl. de manière, gérondif, adv.) Marque un certain comportement dans une circonstance donnée (souvent fâcheuse) : *Elle a pris ce contretemps avec bonne humeur. Prendre une menace au sérieux. Prendre la vie du bon côté. Prendre les choses en riant. Il a très mal pris cette critique* (= il a manifesté de l'irritation). — **5.** *Prendre qqn, qqch pour* (+ *attribut de l'objet*), le considérer comme, le croire : *Vous me prenez pour un imbécile? On la prend souvent pour sa sœur* (= on la confond avec sa sœur). *Il prend les mots les uns pour les autres* (= il confond les mots). ‖ *Prendre qqch pour prétexte, pour cible,* etc., l'utiliser comme prétexte, comme cible, etc. — **6.** *Prendre sur qqch,* prélever une part de qqch : *Prendre sur ses économies, sur son temps de sommeil.* ‖ *Prendre sur soi,* se dominer. ‖ *Prendre sur soi de* (+ *inf.*), prendre la responsabilité de, décider de. — **7.** *Bien, mal lui en a pris,* il a eu à s'en féliciter, à s'en plaindre. ◆ ***se prendre*** v. pr. **1.** S'accrocher : *Sa robe s'est prise dans les ronces.* — **2.** *Se prendre d'amitié pour qqn,* éprouver soudain de l'amitié pour lui. — **3.** *Se prendre à* (+ *inf.*), commencer soudain à : *Il se prit à accuser ses voisins. Elle s'est prise à espérer.* — **4.** *S'y prendre,* commencer à agir : *Il est trop tard pour greffer cet arbre, il aurait fallu s'y prendre plus tôt* (= le faire). ‖ *S'y prendre bien, mal,* etc., agir avec adresse, avec maladresse, etc. : *Elle s'y prend drôlement pour annoncer la chose.* — **5.** *S'en prendre à qqn, à qqch,* l'attaquer, le critiquer, le rendre responsable : *Tu n'as voulu écouter aucun conseil : si tu te trompes, tu ne pourras t'en prendre qu'à toi-même.* — **6.** *Se prendre pour* (+ *n.,* parfois *adj.*), se croire : *Il se prend pour un fin diplomate. Elle se prend pour plus malheureuse qu'elle n'est.* ◆ ***être pris*** v. pass. **1.** (sujet qqn) Être occupé par des tâches, des engagements : *Je ne suis pas libre ce matin, je suis trop prise pour vous recevoir.* — **2.** (sujet un organe) Être atteint d'une maladie : *Avoir le nez pris, la gorge prise* (= enrhumé, gagné par les microbes [grippe, etc.]).

2. prendre [prɑ̃dr] v. i. (c. 54) [sujet qqch] **1.** *Liquide, pâte qui prend,* qui s'épaissit, se fige : *La confiture commence à prendre. Du ciment qui prend en une journée* (syn. DURCIR). — **2.** *Bouture, greffe, semis, vaccin,* etc., *qui prend,* qui réussit. — **3.** *Livre, spectacle qui prend,* qui a du succès. ‖ *Plaisanterie, mensonge,* etc., *qui prend,* qui atteint son but, qui trompe, etc. : *Il a voulu me raconter des histoires pour expliquer son retard, mais ça n'a pas pris* (= je n'y ai pas cru; syn. fam. MARCHER). — **4.** *Le feu prend,* il commence à brûler.

preneur, euse [prənœr] n. **1.** Personne qui accepte d'acheter qqch à un certain prix, ou de prendre qqch qu'on lui offre : *Elle a rapidement trouvé preneur pour son appartement. Il y a preneur* (= on peut trouver des gens intéressés par la proposition). — **2.** *Preneur de son,* technicien chargé de l'enregistrement du son.

prénom [prenɔ̃] n. m. (lat. *praenomen*). Nom précédant le nom de famille, et qui distingue les personnes d'une même famille.

prénommer [prenɔme] v. t. Donner pour prénom à qqn : *Ils ont prénommé leur fils Laurent.* ◆ ***se prénommer*** v. pr. Avoir comme prénom : *Comment se prénomme-t-elle?* (= quel est son prénom ?).

prénuptial, e, aux [prenypsjal] adj. Qui précède le mariage : *Certificat prénuptial.* (→ NOCE.)

préoccupant, e [preɔkypɑ̃] adj. Qui préoccupe : *La situation est préoccupante* (syn. ↑GRAVE, ↑CRITIQUE).

préoccupation [preɔkypasjɔ̃] n. f. Ce qui préoccupe; fait d'être préoccupé : *La maladie de sa mère est sa principale préoccupation* (syn. SOUCI, INQUIÉTUDE).

préoccupé, e [preɔkype] adj. Qui manifeste de la préoccupation, de l'inquiétude : *Elle a toujours un air préoccupé* (syn. ABSORBÉ, SOUCIEUX).

préoccuper [preɔkype] v. t. (lat. *praeoccupare*, prendre d'avance). *Préoccuper qqn*, lui causer du souci : *L'avenir de cet enfant me préoccupe* (syn. ↑INQUIÉTER). ◆ ***se préoccuper*** v. pr. Se soucier, s'inquiéter de : *Se préoccuper de sa santé, de trouver du travail.*

préopératoire [preɔperatwar] adj. Qui précède une opération chirurgicale.

préparateur, trice [preparatœr] n. *Préparateur en pharmacie*, celui qui, sans être pharmacien lui-même, aide le pharmacien dans ses tâches.

préparatifs [preparatif] n. m. pl. Arrangements pris en vue d'une action : *Les préparatifs de départ. Ce travail demande des préparatifs longs et minutieux.*

préparation [preparasjɔ̃] n. f. Action, manière de préparer; chose préparée : *La préparation du déjeuner. La mauvaise préparation d'un voyage. La préparation de la rentrée parlementaire. Préparation pharmaceutique.*

préparatoire [preparatwar] adj. Se dit de ce qui prépare à qqch : *Les classes préparatoires aux grandes écoles.*

préparer [prepare] v. t. (lat. *praeparare*). **1.** (sujet qqn) *Préparer qqch (pour qqch, qqn)*, le rendre propre à un usage : *Préparer des chambres pour des invités* (= nettoyer, arranger). *Préparer le poisson pour le dîner* (syn. APPRÊTER). *Préparer le terrain pour une affaire.* — **2.** (sujet qqn) *Préparer qqch (action, événement)*, le constituer, l'organiser, y travailler avant qu'il n'ait lieu, avant sa réalisation : *Préparer le repas. Préparer un voyage* (= rassembler des renseignements ou accomplir les formalités nécessaires). *Préparer un spectacle pour la rentrée* (syn. MONTER). *Préparer une réforme* (syn. TRAVAILLER À). *Préparer un complot* (syn. OURDIR). *Préparer une révolution* (syn. ORGANISER). *Préparer une surprise à quelqu'un* (syn. RÉSERVER, MÉNAGER). — **3.** (sujet qqn) *Préparer un examen, un cours, une école*, etc., y travailler : *Préparer une composition. Préparer une grande école* (= travailler en vue de s'y faire admettre). — **4.** (sujet qqch) *Préparer qqch à qqn*, le réserver pour l'avenir, l'annoncer : *Ce temps pluvieux nous prépare un retour difficile sur les routes* (syn. PRÉSAGER, LAISSER PRÉVOIR, PROMETTRE). — **5.** (sujet qqn) *Préparer qqn (à qqch)*, l'amener à être prêt pour qqch : *Préparer un malade pour une opération. Préparer un élève à un examen.* — **6.** *Préparer qqn à une idée, une nouvelle*, etc., l'y amener doucement, avec ménagement : *On ne peut pas lui annoncer cela si brutalement, il faut l'y préparer.* ◆ ***se préparer*** v. pr. **1.** (sujet qqn) *Se préparer à* (+ *n.* ou *inf.*), se mettre en état de, se disposer à : *Prépare-toi à une mauvaise nouvelle.* — **2.** (sujet qqn) *Se préparer* (*pour* + *n.* ou *inf.*), se rendre prêt pour : *Elle se prépare pour sortir* (= s'habille, se coiffe, etc.; syn. S'APPRÊTER). *Se préparer pour un examen. Préparez-vous, nous partons dans cinq minutes* (= prenez vos affaires, habillez-vous, etc.). — **3.** (sujet qqn) *Se préparer qqch*, se le réserver pour l'avenir : *Vous vous préparez bien des ennuis.* — **4.** (sujet qqch) Être proche : *Une grande bataille se prépare au Parlement.*

prépondérance [prepɔ̃derɑ̃s] n. f. Qualité de ce qui est prépondérant : *La prépondérance française pendant la seconde moitié du XVII*^e^ *s.*

prépondérant, e [prepɔ̃derɑ̃] adj. (du lat. *praeponderare*, avoir le dessus). Qui a une autorité supérieure, un poids moral plus grand, dans une affaire, une action particulière : *Un savant dont les travaux ont joué un rôle prépondérant* (syn. CAPITAL, PRIMORDIAL). *Dans ce vote, la voix de la présidente de l'assemblée sera prépondérante* (= en cas de partage égal des voix, on choisira la solution pour laquelle aura voté la présidente).

préposé, e [prepoze] n. **1.** Personne affectée à une fonction particulière, généralement subalterne (admin.) : *Les préposés de la douane. La préposée au vestiaire.* — **2.** Facteur, dans la terminologie officielle des postes.

préposer [prepoze] v. t. (lat. *prae*, en avant, et *poser*). *Préposer qqn à une tâche*, lui assigner cette tâche, le placer à la garde, à la surveillance de qqch : *Il faudra préposer quelqu'un à la garde de l'immeuble.*

prépositif, ive [prepozitif] adj. Relatif à une préposition : *«À côté de», «en vue de», «près de» sont des locutions prépositives.*

préposition [prepozisjɔ̃] n. f. (lat. *prae*, en avant, et *positio*, place). Mot invariable indiquant la fonction grammaticale de groupes nominaux, d'infinitifs, etc. : *«À» et «de» sont des prépositions.*

prépositionnel, elle [prepozisjɔnɛl] adj. Introduit par une préposition.

prépuce [prepys] n. m. (lat. *praeputium*). Peau mobile qui recouvre l'extrémité de la verge.

préretraite [prerətrɛt] n. f. **1.** Retraite anticipée. — **2.** Allocation versée avant l'âge normal de la retraite.

prérogative [prerɔgativ] n. f. (du lat. *prae*, en avant, et *rogare*, demander). Honneur, avantage attachés à certaines fonctions, à certains titres : *Les prérogatives du président.*

près [prɛ] adv. (lat. *pressus*, serré). **1.** Indique la proximité dans l'espace ou le temps : *Il vient de loin et j'habite près. Comme elle demeure tout près, elle vient à pied au bureau. Le coup passa très près, tout près, si près. C'est trop près, remettez à huitaine. J'ai placé le rendez-vous le plus près que j'ai pu dans la semaine. Noël est tout près.* — **2.** *À peu près, à peu de chose près*, marquent l'approximation : *Il y a à peu près huit jours que je ne l'ai pas vue* (syn. ENVIRON). *Il gagne deux mille francs, à peu de chose près.* ‖ *À beaucoup près*, marque la distance, l'écart entre l'estimation et la réalité : *Elle ne vaut pas sa mère, à beaucoup près* (syn. LOIN DE LÀ, TANT S'EN FAUT). *Il est plus jeune qu'elle, à beaucoup près.* ‖ *À cela près*, marque l'exception : *Il manque l'acte de naissance : à cela près, le dossier est complet* (= si on excepte cela). *À la douceur près, il a toutes les qualités;* indique un écart précis : *À un franc près, la somme y est;* indique que l'écart est sans conséquence : *Nous ne sommes pas à cinq minutes près. Tu n'en es pas à ça près.* ‖ *De près*, d'une manière très proche : *La voiture suivante le serrait de près, de trop près. Il est rasé de près;* de façon vigilante, attentive : *Surveillez vos affaires de près, de très près. Regardez de plus près avant de vous engager. Ne connaître qqn ni de près ni de loin* (= ne pas le connaître du tout). *Toucher de près qqn* (= avoir avec lui un lien de parenté). *Ne pas y regarder de trop près* (= se contenter d'une approximation). ◆ ***près de*** prép. **1.** *Près de qqn, de qqch*, indique la proximité (lieu ou temps) : *Il est demeuré près de sa mère mourante. Elle demeure* *tout près d'ici* (= à proximité). *Cette île est située près de l'équateur. Il a échoué près du port. On est maintenant près des vacances. Être près de son argent* (= être avare, intéressé). *Elle est près de la quarantaine. Il est passé tout près de la fortune. Il est près de onze heures.* — **2.** *Près de* (+ *inf.*), indique la proximité de l'action, l'imminence de la réalisation : *Elle est près de partir* (= elle est sur le point de partir, sur le départ). *Tu es près d'achever ce travail. Tu étais près de manquer le train* (= j'ai vu le moment où tu allais le manquer). — **3.** *Près de qqch,* indique l'approximation, la limite supérieure : *Elle a touché près de mille francs* (syn. PRESQUE).

présage [prezaʒ] n. m. (lat. *praesagium*). **1.** Signe par lequel on croit pouvoir connaître l'avenir : *La cartomancienne interpréta cet incident comme un présage de réussite. Ce dernier échec est un présage.* — **2.** Conjecture tirée de ce signe : *Tirer un présage d'un événement.*

présager [prezaʒe] v. t. (c. 2) *Présager qqch, que* (+ *ind.*), le prévoir : *Je ne présage rien de bon de ce que vous m'annoncez là* (syn. PRÉVOIR; litt. AUGURER). *Rien ne laissait présager qu'elle en viendrait à cette fâcheuse extrémité.*

pré-salé [presale] n. m. (pl. *prés-salés*). **1.** Mouton engraissé dans les prés salés, généralement voisins de la mer. — **2.** Viande de ce mouton : *Manger du pré-salé.*

presbyte [prɛsbit] adj. et n. (gr. *presbutês,* vieillard). Se dit de qqn atteint de presbytie.

presbytère [prɛsbitɛr] n. m. (gr. *presbuterion,* conseil des anciens). Habitation du curé, du pasteur.

presbytie [prɛsbisi] n. f. Diminution du pouvoir d'accommodation du cristallin de l'œil, qui empêche de voir les objets rapprochés.

prescience [presjɑ̃s] n. f. (lat. *prae,* en avant, et *scientia,* science). Connaissance de l'avenir : *Ce journaliste avait une telle habitude de la vie politique qu'il annonça avec une prescience étonnante la chute du ministère.*

préscolaire [preskɔlɛr] adj. Relatif à la période qui précède la scolarité.

prescripteur, trice [prɛskriptœr] n. Personne qui a une influence sur le choix d'un produit.

prescription [prɛskripsjɔ̃] n. f. **1.** Ordre formel donné dans le détail : *Suivre les prescriptions d'un médecin.* — **2.** Manière d'acquérir un droit par une possession non interrompue, ou de perdre un droit par son non-exercice (jurid.). — **3.** Délai à l'expiration duquel l'action publique ne peut plus être entreprise contre le criminel ou le délinquant (jurid.).

prescrire [prɛskrir] v. t. (lat. *praescribere*) [c. 71]. **1.** *Prescrire qqch à qqn,* le lui commander, lui donner un ordre précis, à exécuter scrupuleusement, en partic. en médecine : *Le médecin a prescrit un repos absolu* (syn. ORDONNER). *Il faut prescrire à cette malade de se reposer.* — **2.** Annuler par prescription (surtout part. passé) : *Un condamné dont la peine a été prescrite.*

prescrit, e [prɛskri] adj. Qui a été ordonné, déterminé précisément : *Ne pas dépasser la dose prescrite. Dans les délais prescrits.*

préséance [preseɑ̃s] n. f. (du lat. *prae,* en avant, et *sedere,* s'asseoir). Droit d'avoir une place plus honorifique qu'un autre : *Tenir compte des préséances dans le placement des personnalités à la tribune.*

présélection [preselɛksjɔ̃] n. f. Sélection préalable avant le choix définitif.

présence [prezɑ̃s] n. f. (lat. *praesentia*). **1.** Fait de se trouver présent : *Le ministre a honoré la cérémonie de sa présence. La présence de quelques milligrammes de cette poudre dans un plat est mortelle. La présence de la Grèce de Périclès* (= son rayonnement intellectuel, spirituel à travers les siècles). — **2.** *Présence d'esprit,* promptitude à dire ou à faire ce qui est le plus à propos dans une circonstance donnée. — **3.** *Avoir de la présence,* s'imposer par sa forte personnalité. ‖ *En présence (de qqn, de qqch),* alors qu'ils sont présents : *La fête s'est déroulée en présence du maire. En présence de pareils faits, on reste confondu. L'incident s'est produit en ma présence.* ‖ *Hors de la présence de qqn,* alors qu'il n'est pas là.

1. présent, e [prezɑ̃] adj. (lat. *praesens*). **1.** (après le n.) Se dit de qqn qui se trouve ou de qqch qui existe dans un lieu en même temps que la personne qui parle ou dont on parle : *Les personnes qui étaient présentes au moment de l'accident sont priées de passer au commissariat. Son enfance se trouve partout présente dans son œuvre romanesque.* — **2.** *Avoir une chose présente à l'esprit,* s'en souvenir clairement. — **3.** (après le n.) Qui a lieu, se situe dans le temps où on est, où on parle : *Dans les circonstances présentes* (syn. ACTUEL; par oppos. à *passé, futur*). *L'état présent d'une question. La minute présente* (= vécue en ce moment). *Le temps présent* (= l'époque actuelle). — **4.** (avant le n.) Dont on parle ou qu'on a sous les yeux dans le moment même (admin. ou commercial) : *Dans la présente lettre, je vous rappelle les termes de notre convention.* ◆ n. Personne présente : *Il y avait quinze présents à la réunion* (contr. ABSENT).

2. présent [prezɑ̃] n. m. **1.** Partie du temps située approximativement dans le moment, dans l'instant où on se place, par oppos. à celles qui sont avant *(passé)* ou après lui *(futur).* — **2.** *À présent,* au moment où on parle : *À présent, causons un peu* (syn. MAINTENANT). ‖ *Dès à présent,* à partir de ce moment. ‖ *Jusqu'à présent,* jusqu'au moment où on parle : *Elle n'a encore rien produit jusqu'à présent* (syn. JUSQU'ICI). — **3.** Forme verbale qui indique que l'action marquée se passe au moment où le locuteur parle, ou qu'elle est valable en tout temps.

3. présent [prezɑ̃] n. m. (de *présenter*). **1.** Cadeau (soutenu). — **2.** *Faire présent de qqch,* en faire cadeau, l'offrir.

présentable [prezɑ̃tabl] adj. Qu'on peut décemment présenter, qui n'a pas mauvais aspect : *Va te laver les mains, tu n'es pas présentable.*

présentateur, trice [prezɑ̃tatœr] n. Personne qui présente au public un programme, une émission artistique.

présentation [prezɑ̃tasjɔ̃] n. f. Action de présenter : *La présentation de la mode chez un grand couturier. Article vendu dans une présentation agréable* (= qui a bel aspect, qui est bien conditionné). ◆ ***présentations*** n. f. pl. Paroles par lesquelles qqn présente une personne à une autre : *La maîtresse de maison commença par faire les présentations, puis on passa à table.*

présente [prezɑ̃t] n. f. Lettre qu'on est en train d'écrire (commercial) : *Nous vous rappelons, par la présente, l'échéance due.*

présentement [prezɑ̃tmɑ̃] adv. Dans le moment présent : *Madame est présentement en voyage* (syn. ACTUELLEMENT). *Nous n'avons présentement plus rien à faire* (syn. MAINTENANT).

présenter [prezɑ̃te] v. t. (lat. *praesentare,* offrir). **1.** *Présenter qqch (à qqn),* l'exposer aux regards ou à l'attention de qqn pour le lui offrir, le lui faire connaître : *Des serveuses présentaient des rafraîchissements aux invités* (syn. PROPOSER). *Il présenta le bras à sa cavalière* (syn. TENDRE, DONNER). *Un libraire qui présente les nouveaux romans dans sa devanture* (syn. EXPOSER). *La conférencière a brillamment présenté ses idées. Présenter une objection à quelqu'un* (syn. OPPO-

SER). || *Présenter ses compliments, ses condoléances, ses excuses, ses félicitations, ses hommages,* etc., témoigner ces marques de politesse. || *Présenter une thèse, une requête, sa candidature,* etc., les soumettre au jugement d'un jury, à la décision de qqn. — **2.** *Présenter une personne à qqn,* la lui faire connaître en donnant son identité, en indiquant ses fonctions, qualités, liens de parenté, etc. : *Pendant le cocktail, elle présenta sa cousine à la directrice.* — **3.** *Présenter un artiste, un spectacle, une œuvre littéraire,* etc., les faire connaître au public par une causerie ou un texte d'introduction : *C'est un critique célèbre qui a présenté le nouveau film.* — **4.** *Présenter un candidat à un examen, à un concours,* l'y faire inscrire. — **5.** *Présenter qqn, qqch,* le faire apparaître sous tel ou tel aspect : *Il nous a présenté son ami comme un bel exemple de réussite. Présenter une affaire sous son jour le plus avantageux.* — **6.** (sujet qqn, qqch) *Présenter qqch,* le laisser apparaître, l'avoir en soi, le comporter : *Une malade qui présente des symptômes de tuberculose. Cette solution présente un intérêt tout particulier* (syn. AVOIR, OFFRIR). ◆ v. i. *Personne qui présente bien, mal,* dont l'aspect plaît, déplaît au premier abord. ◆ ***se présenter*** v. pr. **1.** *Se présenter (à qqn),* lui décliner son nom, ses titres, etc. : *Permettez-moi de me présenter : je suis votre nouveau collègue.* — **2.** *Se présenter qqpart, devant qqn,* y paraître : *Vous êtes prié de vous présenter au commissariat. Tu ne peux pas te présenter chez ces gens-là dans cette tenue.* — **3.** *Se présenter à qqch,* y être candidat : *Se présenter aux élections municipales.* — **4.** (sujet qqch) Survenir, se produire : *Si une occasion se présente* (ou *s'il se présente une occasion*), *ne la laisse pas échapper;* apparaître sous tel ou tel aspect, prendre telle ou telle tournure : *L'affaire se présente bien.*

présentoir [prezɑ̃twar] n. m. Dispositif servant à présenter des marchandises.

préservateur, trice [prezɛrvatœr] ou **préservatif, ive** [prezɛrvatif] adj. Qui met à l'abri, préserve : *Des moyens préservatifs ont été employés.*

préservatif [prezɛrvatif] n. m. Gaine de caoutchouc employée par les hommes pour éviter la fécondation.

préservation [prezɛrvasjɔ̃] n. f. Action de préserver : *La préservation des récoltes.*

préserver [prezɛrve] v. t. (lat. *prae,* en avant, et *servare,* garder). *Préserver qqn, qqch (de qqch),* les garantir, les mettre à l'abri de : *Vous nous avez préservés d'un grand danger* (syn. SAUVER). *Son manteau la préservait mal de la pluie* (syn. PROTÉGER). *Loi destinée à préserver les intérêts des enfants mineurs* (syn. SAUVEGARDER).

présidence [prezidɑ̃s] n. f. **1.** Fonction d'un président : *Briguer la présidence.* — **2.** Lieu où résident certains présidents : *L'ambassadeur s'est rendu à la présidence de la République.*

président [prezidɑ̃] n. m. (lat. *praesidens*). **1.** Celui qui dirige les délibérations d'une assemblée, d'un tribunal : *Président de séance. Président d'audience.* — **2.** Celui qui dirige certains organismes : *Président de l'Assemblée nationale. Président de la République* (= chef de l'État, dans certains pays). || *Président-directeur général,* dans une société par actions, personne qui a la responsabilité de la gestion (abrév. P.-D.G.).

présidente [prezidɑ̃t] n. f. **1.** Femme qui exerce une présidence. — **2.** Épouse d'un président.

présidentialisme [prezidɑ̃sjalism] n. m. Régime présidentiel.

présidentiel, elle [prezidɑ̃sjɛl] adj. **1.** Relatif au président : *Élections présidentielles. Fonctions présidentielles.* — **2.** *Régime présidentiel,* régime politique dans lequel le président de la République dispose du pouvoir exécutif. ◆ ***présidentielles*** n. f. pl. Élections présidentielles.

présider [prezide] v. t. (lat. *praesidere,* être assis en avant) [sujet qqn] Diriger les débats, occuper la première place dans une assemblée : *Présider une séance. C'est elle qui préside le comité;* sans compl., exercer les fonctions de président : *En l'absence du président, c'est le premier secrétaire qui a présidé.* ◆ v. t. ind. (sujet qqch) *Présider à qqch,* être présent et influer sur le cours de cette chose : *L'esprit de coopération qui a présidé à tous ces entretiens* (syn. RÉGNER SUR).

présomptif, ive [prezɔ̃ptif] adj. (lat. *praesumptus,* pris d'avance). *Héritier présomptif,* désigné d'avance par la parenté ou par l'ordre de naissance.

présomption [prezɔ̃psjɔ̃] n. f. (lat. *praesumptio,* conjecture). **1.** Supposition qui n'est fondée que sur des signes de vraisemblance : *Je n'ai que des présomptions* (= je n'ai aucune certitude). *Certaines présomptions pèsent contre elle* (syn. INDICE, CHARGE). — **2.** Opinion trop avantageuse que qqn a de sa valeur, de ses capacités : *Une personne pleine de présomption* (syn. SUFFISANCE, CONFIANCE EN SOI, ↑ ORGUEIL, ↑ OUTRECUIDANCE).

présomptueusement [prezɔ̃ptɥøzmɑ̃] adv. De façon présomptueuse.

présomptueux, euse [prezɔ̃ptɥø] adj. et n. Qui a une trop haute opinion de soi : *Une personne présomptueuse. Une entreprise présomptueuse. Un jeune présomptueux.*

presque [prɛsk] adv. (Ne s'élide que dans le mot *presqu'île.*) **1.** À peu de chose près, pas tout à fait (devant un adj. ou un adv.) : *Il est devenu presque sourd* (syn. QUASI; fam. QUASIMENT). *Elle est presque totalement aveugle. Presque toujours. Presque chaque matin. Il n'y avait presque personne;* après un verbe (ou l'auxil.) : *La voiture ralentit et s'arrêta presque. Elle avait presque fini son travail.* — **2.** *Ou presque* (après une affirmation), sert à corriger : *C'est sûr, ou presque.* || *La presque totalité,* l'ensemble presque entier des personnes, des choses : *La presque totalité des ouvriers était en grève* (syn. LA QUASI-TOTALITÉ).

presqu'île [prɛskil] n. f. Portion de terre entourée d'eau, à l'exception d'une seule partie, par laquelle elle communique avec la terre ferme : *La presqu'île de Quiberon.* (→ PÉNINSULE.)

pressant, e [prɛsɑ̃] adj. Qui presse, qui ne souffre pas de retard : *Un travail pressant* (syn. URGENT).

presse [prɛs] n. f. **1.** Machine, appareil destinés à exercer une pression : *Une presse hydraulique.* — **2.** Machine servant à imprimer : *Une presse d'imprimerie.* || *Livre sous presse,* sur le point de paraître. — **3.** Ensemble des périodiques (journaux, revues, etc.); activité, monde du journalisme : *Agence de presse. Presse quotidienne* (= journaux paraissant chaque jour). *Attaché de presse* (= personne chargée de dépouiller les journaux et d'assurer les communications avec la presse). *Presse du cœur* (= journaux sentimentaux). — **4.** *Avoir bonne, mauvaise presse,* avoir une bonne, une mauvaise réputation.

pressé, e [prɛse] adj. **1.** Qui est urgent : *Une besogne pressée. Depêche-toi de finir ce travail, c'est pressé. Aller, courir au plus pressé* (= faire la chose la plus urgente). — **2.** *Être pressé (de + inf.),* avoir hâte de : *Être pressé de partir. Nous sommes très pressés, dépêchez-vous.* — **3.** *N'avoir rien de plus pressé que de* (+ *inf.*), se dépêcher de faire qqch (nuance de désapprobation) : *Aussitôt qu'elle eut touché son argent, elle n'eut rien de plus pressé que de le dépenser.*

presse-citron [prɛssitrɔ̃] n. m. inv. Accessoire ménager servant à extraire le jus d'un citron, d'une orange ou d'un pamplemousse.

pressentiment [prɛsɑ̃timɑ̃] n. m. Sentiment vague que qqch peut arriver : *N'avoir qu'un vague pressentiment de quelque chose* (syn. PRÉMONITION).

pressentir [prɛsɑ̃tir] v. t. (lat. *praesentire*) [c. 19]. 1. *Pressentir qqch, que* (+ *ind.*), le prévoir vaguement, penser que cela peut arriver : *J'ai pressenti cet accident. Je ne savais pas qu'ils allaient se marier, mais j'avais pressenti quelque chose* (syn. SE DOUTER DE, FLAIRER, DEVINER). — 2. *Pressentir qqn,* s'informer de ses dispositions avant de l'appeler à certaines fonctions : *Pressentir un député comme ministre.*

presse-papiers [prɛspapje] n. m. inv. Ustensile de bureau qu'on pose sur les papiers pour les empêcher de s'envoler.

presse-purée [prɛspyre] n. m. inv. Appareil ménager servant à comprimer les pommes de terre pour les réduire en purée.

presser [prɛse] v. t. (lat. *pressare*). 1. *Presser qqn, qqch,* appuyer sur eux, les serrer avec plus ou moins de force : *Presser la main de quelqu'un. Presser une étoffe* (= la comprimer). *Elle pressa son enfant dans ses bras* (syn. SERRER). *Presser des gens les uns contre les autres* (syn. TASSER, ENTASSER). *Presser un bouton,* ou *sur un bouton* (= appuyer dessus); sans compl. : *Pour ouvrir la boîte, pressez ici.* — 2. *Presser un fruit, une éponge,* les comprimer pour en extraire le liquide. — 3. *Presser qqn de* (+ *inf.*), l'inciter vivement à faire qqch : *Elle le pressa d'avouer sa faute* (syn. ENCOURAGER, POUSSER, ↑ EXHORTER). — 4. *Presser* (*qqch* [*action*]), en accélérer le rythme : *Presser une affaire* (syn. ACTIVER). *Presser l'allure, la cadence, le rythme. Presser le pas* (= marcher plus vite). *Allons, pressons.* — 5. (sujet qqch) *Presser (qqn),* l'obliger à aller plus vite : *Le temps presse* (= il faut se dépêcher). *Rien ne nous presse* (= nous avons le temps). *Qu'est-ce qui vous presse?* ◆ ***se presser*** v. pr. 1. S'accumuler en une masse compacte : *Une foule nombreuse se pressait contre les barrières* (syn. SE TASSER, ↑ SE BOUSCULER). — 2. Hâter sa marche, ses mouvements, etc. : *Pressez-vous de partir avant la pluie* (syn. SE HÂTER, SE DÉPÊCHER).

pressing [prɛsiŋ] n. m. (mot angl.). 1. Repassage à la vapeur. — 2. Établissement où s'exécute ce travail et se fait le nettoyage des vêtements, du linge.

pression [prɛsjɔ̃] n. f. (lat. *pressio*). 1. Action de presser, ou de pousser avec effort : *Elle fit une légère pression des doigts sur sa main. Faire pression sur le couvercle d'une malle pour la fermer.* — 2. Force exercée par un corps sur une surface : *Régler la pression dans une machine à vapeur.* — 3. Bouton formé de deux parties qu'on presse l'une sur l'autre pour les solidariser. (On dit aussi BOUTON-PRESSION.) — 4. Action exercée sur qqn pour l'influencer, le faire changer d'avis : *Exercer une pression sur les plus jeunes. Faire pression sur quelqu'un pour le décider* (= l'intimider). *Se décider sous la pression des événements* (syn. CONTRAINTE).

pressoir [prɛswar] n. m. Machine servant à extraire le jus du raisin, l'huile des olives, etc.

pressurage [prɛsyraʒ] n. m. Action de pressurer.

pressurer [prɛsyre] v. t. 1. *Pressurer des fruits, des grains,* les presser pour en extraire le jus. — 2. *Pressurer qqn,* tirer de lui tout ce qu'il peut donner : *Pressurer les contribuables.*

pressurisation [prɛsyrizasjɔ̃] n. f. Action de pressuriser.

pressurisé, e [prɛsyrize] adj. Se dit d'un lieu clos dans lequel on maintient une pression égale à la pression atmosphérique au niveau du sol : *Cabine d'avion pressurisée.*

pressuriser [prɛsyrize] v. t. Maintenir une pression normale dans un avion ou un vaisseau spatial.

prestance [prɛstɑ̃s] n. f. (lat. *praestantia,* supériorité). Aspect extérieur de qqn, comportement qui en impose : *Avoir de la prestance, une belle prestance.*

prestataire [prɛstatɛr] n. Qui doit fournir une prestation.

prestation [prɛstasjɔ̃] n. f. (du lat. *praestere,* fournir). 1. Fourniture, somme d'argent versée à qqn, en vertu d'une obligation : *Prestations en nature. Prestations sociales* (= sommes versées en vertu d'une législation sociale). — 2. Action d'un artiste, d'un sportif, etc., qui se produit en public : *Cette chanteuse a fourni une remarquable prestation à ce gala.* — 3. *Prestation de serment,* action de prêter serment (dr.).

preste [prɛst] adj. (it. *presto*). Agile, rapide (soutenu) : *Un mouvement preste. Avoir la main preste.*

prestement [prɛstəmɑ̃] adv. De façon rapide.

prestesse [prɛstɛs] n. f. *Litt.* Qualité de qqn qui est preste : *Prestesse d'un mouvement* (syn. RAPIDITÉ, AGILITÉ).

prestidigitateur, trice [prɛstidiʒitatœr] n. Personne qui fait de la prestidigitation.

prestidigitation [prɛstidiʒitasjɔ̃] n. f. (de *preste* et lat. *digitus,* doigt). Art de produire des illusions, de faire apparaître ou disparaître des objets, etc., par des éclairages habiles, la rapidité des mains, etc. (syn. MAGIE).

prestige [prɛstiʒ] n. m. (lat. *praestigium,* illusion). 1. Attrait, ascendant exercé par qqn sur autrui, ou par qqch : *La façon dont elle s'est défendue ajoute à son prestige* (syn. ↑ GLOIRE). *L'horlogerie suisse jouit d'un grand prestige en France* (syn. RÉPUTATION, RENOM). *Le prestige de l'uniforme* (= effet impressionnant attribué à la tenue militaire). — 2. *Politique de prestige,* fondée sur la recherche de la gloire et de la grandeur.

prestigieux, euse [prɛstiʒjø] adj. Qui a du prestige : *Avocat prestigieux. Vin prestigieux* (syn. ↓ RÉPUTÉ).

prestissimo [prɛstisimo] adv. (mot it.). Très rapide. ◆ n. m. Morceau de musique exécuté prestissimo.

presto [prɛsto] adv. (mot it.). Indication musicale invitant à exécuter un mouvement avec rapidité. ◆ n. m. Morceau de musique exécuté presto.

présumé, e [prezyme] adj. Qu'on croit être tel : *Sa fille présumée. Une tâche présumée facile.* (→ PRÉSOMPTION, PRÉSOMPTUEUX.)

présumer [prezyme] v. t. (lat. *praesumere,* prendre d'avance). 1. *Présumer qqch, que* (+ *ind.*), juger, former une conjecture sur qqch d'après certains indices, considérer comme probable que : *Présumer l'existence d'une chose. Je présume que vous n'êtes pas fâché d'être en vacances* (syn. SUPPOSER). — 2. *Être présumé + adj.,* être supposé tel : *Être présumé coupable, innocent.* ◆ v. t. ind. *Présumer de qqch,* se faire illusion sur ce dont on est capable, prévoir au-delà de ses limites : *Il a trop présumé de ses forces, et il a dû abandonner avant la fin de la course* (syn. soutenu AUGURER).

présupposé [presypoze] n. m. Point particulier qu'on présuppose.

présupposer [presypoze] v. t. (sujet qqch) *Présupposer qqch,* l'admettre préalablement : *L'adhésion à un parti présuppose qu'on ait accepté les conséquences qui en découlent.*

présupposition [presypozisjɔ̃] n. f. Supposition préalable.

1. prêt, e [prɛ] adj. (lat. *praesto,* à portée de la main). 1. *Prêt* (*à qqch, à* [+ *inf.*]), en état de faire qqch, qui y est disposé matériellement, moralement : *Nous devons partir tôt : soyez prêts dès cinq heures. Être prêt au départ. Être prêt à partir. Prêt à toute éventualité* (syn. PARÉ). ‖ *Prêt à tout,* disposé à faire n'importe quoi pour réussir : *Il était prêt à tout pour se faire élire* (syn. DÉCIDÉ). — **2.** Qui a été préparé, mis en état pour l'usage : *Le dîner est prêt. Le couvert est prêt* (= disposé sur la table).

2. prêt [prɛ] n. m. (de *prêter*). Action de prêter; somme d'argent prêtée : *Elle a sollicité un prêt pour l'achat d'un appartement. Consentir un prêt à qqn.*

prêt-à-porter [prɛtapɔrte] n. m. (pl. *prêts-à-porter*). **1.** Fabrication de vêtements coupés suivant des mesures normalisées et qu'on adapte à la taille du client (par oppos. à *sur mesure*). — **2.** *Le prêt-à-porter,* l'ensemble de ces vêtements.

prêté [prɛte] n. m. Fam. *C'est un prêté pour un rendu,* se dit pour marquer la réciprocité dans l'échange de bons ou de mauvais procédés.

prétendant [pretɑ̃dɑ̃] n. m. **1.** Prince qui estime avoir des droits à occuper un trône. — **2.** Celui qui aspire à épouser une femme (syn. fam. SOUPIRANT).

prétendre [pretɑ̃dr] v. t. (lat. *praetendere,* mettre en avant) [c. **50**]. **1.** *Prétendre* (+ *inf.*), *que* (+ *ind.*), affirmer qqch, souvent sans entraîner l'adhésion : *Elle prétend qu'elle est* (ou *elle prétend être*) *la fille d'un inventeur célèbre.* — **2.** Litt. *Prétendre* (+ *inf.*), avoir l'intention de : *Je prétends faire valoir mes droits.* ◆ v. t. ind. Litt. *Prétendre à qqch,* aspirer à l'obtenir : *Prétendre aux honneurs du trône.*

prétendu, e [pretɑ̃dy] adj. (avant le n.) Qui n'est pas ce qu'il paraît être : *Cette prétendue maladie n'était qu'un prétexte.*

prétendument [pretɑ̃dymɑ̃] adv. D'une manière fausse : *Un homme prétendument riche* (= qu'on prétend, faussement, être riche).

prête-nom [prɛtnɔ̃] n. m. (pl. *prête-noms*). Personne qui prête son nom dans un acte où le véritable contractant ne peut ou ne veut pas figurer.

prétentieusement [pretɑ̃sjøzmɑ̃] adv. De façon prétentieuse : *Parler prétentieusement* (contr. SIMPLEMENT, NATURELLEMENT).

prétentieux, euse [pretɑ̃sjø] adj. et n. Qui cherche à en imposer, qui affiche un air de contentement de soi-même : *Une femme intelligente, mais trop prétentieuse* (syn. ORGUEILLEUX, PRÉSOMPTUEUX, VANITEUX). *Un jeune prétentieux qui fait étalage de son savoir* (syn. FAT, POSEUR ; contr. SIMPLE). *Une allure prétentieuse.*

prétention [pretɑ̃sjɔ̃] n. f. (lat. *praetentum,* de *praetendere,* mettre en avant). **1.** Le fait de revendiquer qqch; ce qu'on revendique (surtout pl.) : *Avoir des prétentions sur (à) un héritage. Ne rien rabattre de ses prétentions.* — **2.** Visée ambitieuse : *Elle a une certaine prétention à l'élégance* (= elle cherche à se faire, à se montrer élégante). ‖ *Avoir la prétention de* (+ *inf.*), pouvoir se flatter de : *J'ai la prétention de connaître cette question.* — **3.** Fait d'être prétentieux : *Être plein de prétention* (syn. FATUITÉ, VANITÉ, ORGUEIL, ↑ARROGANCE). — **4.** *Avoir des prétentions,* viser à une fonction plus importante. ‖ *Sans prétention,* se dit de qqn d'apparence réservée, de qqch de modeste.

prêter [prɛte] v. t. (lat. *praestare,* fournir). **1.** *Prêter qqch à qqn,* le mettre à sa disposition pour un certain temps : *Prêter de l'argent à un ami. Elle m'a prêté sa maison de campagne pour les vacances. Prête-moi ton stylo* (contr. EMPRUNTER). — **2.** Se substitue à *donner, offrir, fournir, présenter : Prêter son concours à une entreprise. Prêter attention à quelque chose* (= y être attentif). — **3.** *Prêter de l'importance à qqch, à qqn,* leur en donner. ‖ *Prêter serment,* jurer officiellement. ‖ *Prêter sa voix,* en parlant d'un artiste, chanter : *La grande chanteuse a bien voulu prêter sa voix dans ce gala.* — **4.** *Prêter qqch (parole, acte) à qqn,* les lui attribuer alors qu'il n'en est pas l'auteur : *Les propos que certains journaux ont prêtés au ministre sont faux. Vous me prêtez des intentions que je n'ai pas* (syn. IMPUTER). *On ne prête qu'aux riches* (= on attribue volontiers certains actes à ceux qui sont habitués à en faire de même nature). ◆ v. i. (sujet qqch) *Prêter à qqch, à* (+ *inf.*), donner matière à : *Une interprétation qui prête à discussion* (syn. ÊTRE SUJET À). *Il est d'une naïveté qui prête à rire* (= donne sujet à rire, à se moquer). ◆ ***se prêter*** v. pr. **1.** (sujet qqn) *Se prêter à qqch,* y consentir : *Se prêter à un arrangement. Elle se prêta de bonne grâce aux jeux des enfants.* — **2.** (sujet qqch) *Se prêter à qqch,* y être propre, lui convenir : *Un sujet qui se prête bien à un film.* (→ PRESTATION.)

prétérit [preterit] n. m. (lat. *praeteritum* [*tempus*], [temps] passé). En grammaire, temps exprimant le passé, dans certaines langues.

prêteur, euse [prɛtœr] n. et adj. Qui prête : *Elle cherche un prêteur de fonds. Il n'est pas prêteur.*

prétexte [pretɛkst] n. m. (lat. *praetextus,* tissé par-devant). **1.** Raison apparente dont on se sert pour cacher le vrai motif de son action : *Sa fatigue n'était qu'un prétexte pour échapper à la corvée* (syn. COUVERTURE, ÉCHAPPATOIRE). — **2.** *Donner prétexte à qqch,* servir de prétexte à cette chose. ‖ *Prendre prétexte de qqch,* le présenter comme prétexte : *Elle a pris prétexte de la pluie pour ne pas venir.* ‖ *Sous prétexte de qqch, de* (+ *inf.*), *que* (+ *ind.*), en le prenant comme prétexte : *Sous prétexte de nous servir de guide, il s'est fait inviter. Il se croit tout permis sous prétexte qu'il a des appuis. Sous aucun prétexte vous ne devez accepter* (= en aucun cas).

prétexter [pretɛkste] v. t. *Prétexter qqch,* l'alléguer comme prétexte : *Elle prétextait des maux de tête pour se retirer dans sa chambre.*

prétoire [pretwar] n. m. Salle d'audience d'un tribunal (soutenu).

prêtre [prɛtr] n. m. (lat. *presbyter*). **1.** Ministre d'un culte, en général : *Un prêtre catholique. Les prêtres de Bouddha.* — **2.** Ministre de la religion catholique.

prêtresse [prɛtrɛs] n. f. Femme attachée au culte d'une divinité.

prêtrise [prɛtriz] n. f. Caractère, dignité de prêtre.

preuve [prœv] n. f. (de *prouver*). **1.** Ce qui établit la vérité, la réalité d'une chose : *Avancer une preuve. Sa fuite précipitée semble être une preuve de sa culpabilité. Affirmer quelque chose preuves en main* (= avec une certitude absolue). *La preuve de ce qu'elle avance, c'est que...* (= ce qui prouve). — **2.** Fam. *À preuve (que), la preuve,* appuient une affirmation : *Tu le savais déjà : la preuve, tes valises étaient faites. Il a réussi à sauver la situation : à preuve qu'il ne faut jamais désespérer.* ‖ *Faire la preuve de qqch,* le démontrer. ‖ *Faire preuve de qqch,* en témoigner par son comportement : *Elle a fait preuve d'un grand courage* (syn. MONTRER). *Faire preuve d'une certaine hostilité* (syn. LAISSER PARAÎTRE). ‖ *Faire ses preuves,* montrer sa capacité, sa valeur : *Vous pouvez lui confier ce travail, elle a déjà fait ses preuves.*

preux [prø] adj. m. et n. m. *Litt.* Vaillant, brave : *Des preux chevaliers. Charlemagne et ses preux.*

prévaloir [prevalwar] v. i. (lat. *praevalere,* l'emporter sur) [c. **40**] (sujet qqch) L'emporter sur qqch, lui être supérieur (soutenu) : *Faire prévaloir ses droits* (= montrer qu'ils doivent être pris d'abord en considération). *Rien ne prévalut contre ses répugnances* (= ne put les vaincre). ◆ ***se prévaloir*** v. pr. (sujet qqn) *Se prévaloir de qqch,* le mettre en avant pour en tirer des avantages, pour s'en vanter (soutenu) : *Se prévaloir de ses diplômes.*

prévaricateur [prevarikatœr] adj. et n. m. Qui manque par intérêt aux devoirs de sa charge : *Magistrat prévaricateur.*

prévarication [prevarikasjɔ̃] n. f. (du lat. *praevaricari,* dévier). *Litt.* Action de qqn qui manque, par intérêt ou par mauvaise foi, aux devoirs de sa charge, de son ministère.

prévenances [prevnɑ̃s] n. f. pl. Menus services, attentions délicates à l'égard de qqn : *Entourer sa femme de prévenances* (syn. PETITS SOINS, DÉLICATESSES).

prévenant, e [prevnɑ̃] adj. Plein de sollicitude, d'attention à l'égard de qqn d'autre : *Une personne serviable et prévenante. Des manières prévenantes.*

prévenir [prevnir] v. t. (lat. *praevenire,* aller au-devant) [c. 22]. **1.** *Prévenir qqn (de qqch, que + ind.),* l'en avertir, le lui faire savoir : *Elle est venue la prévenir du changement intervenu en son absence* (syn. AVISER). *Je vous préviens que je serai absent cet après-midi* (syn. INFORMER). *Je vous préviens que je n'ai pas l'intention de me laisser faire* (= je vous le dis à titre d'avertissement). *S'il y a un accident, qui doit-on prévenir ?* — **2.** *Prévenir un malheur, un incident,* etc., prendre des dispositions pour l'empêcher de se produire. — **3.** *Prévenir les désirs, les souhaits, les besoins,* etc., *de qqn,* les satisfaire avant qu'ils ne se manifestent ouvertement, avant qu'ils ne soient exprimés (soutenu).

préventif, ive [prevɑ̃tif] adj. **1.** Destiné à empêcher un événement fâcheux de se produire : *Prendre des mesures préventives contre une épidémie. Médecine préventive* (= destinée à éviter les maladies). *L'arrestation préventive d'un suspect* (= faite par prudence). — **2.** *Prison, incarcération préventive,* subie avant le jugement des tribunaux.

prévention [prevɑ̃sjɔ̃] n. f. (lat. *praeventio,* action de devancer). **1.** Opinion, généralement défavorable, formée par qqn sans examen : *Être plein de prévention contre quelqu'un, contre un projet* (syn. ↓PRÉJUGÉ). *Être en butte à une prévention aveugle* (syn. HOSTILITÉ, ↓MÉFIANCE). — **2.** *Prévention routière,* ensemble des mesures prises par un organisme spécial pour éviter les accidents de la route. — **3.** Incarcération précédant un jugement : *Une réforme judiciaire qui tend à abréger la durée de la prévention.*

préventivement [prevɑ̃tivmɑ̃] adv. De façon préventive : *Vacciner préventivement les enfants. Être détenu préventivement.*

préventorium [prevɑ̃tɔrjɔm] n. m. (de *préventif,* sur *sanatorium*). Établissement où on soigne préventivement les malades atteints de tuberculose non contagieuse.

1. prévenu, e [prevny] n. Personne qui doit répondre d'une infraction devant la justice pénale.

2. prévenu, e [prevny] adj. *Être prévenu en faveur de qqn, contre qqn* ou *contre qqch,* avoir d'avance de lui une opinion favorable, défavorable (soutenu) : *Au début, j'étais un peu prévenu contre elle, mais j'ai appris à l'apprécier.*

préverbe [prevɛrb] n. m. Préfixe qui se place devant un verbe.

prévisibilité [previzibilite] n. f. Caractère prévisible.

prévisible [previzibl] adj. Qui peut être prévu : *Cette catastrophe était pourtant prévisible.*

prévision [previzjɔ̃] n. f. **1.** Action de prévoir ; chose prévue : *Quelles sont les prévisions météorologiques ?* (= l'évolution du temps prévue par la météorologie). *Ses prévisions se sont révélées exactes* (= ce qu'il avait prévu) [syn. HYPOTHÈSE, CONJECTURE]. — **2.** *En prévision (de qqch),* en pensant que cette chose pourra se produire : *Elle a pris un lainage en prévision du froid.*

prévisionnel, elle [previzjɔnɛl] adj. Qui fait l'objet d'un calcul antérieur à un événement : *Des mesures prévisionnelles.*

prévoir [prevwar] v. t. (lat. *praevidere*) [c. 42]. **1.** *Prévoir qqch (événement),* le voir, le comprendre, le deviner à l'avance : *Prévoir l'avenir* (syn. ↑PRESSENTIR). *Prévoir les conséquences d'un acte* (syn. PRONOSTIQUER, CALCULER, ENVISAGER). *Il était facile de prévoir que les prix allaient augmenter ;* sans compl. : *Gouverner, c'est prévoir.* — **2.** *Prévoir qqch,* l'organiser à l'avance : *Le faussaire croyait avoir tout prévu* (syn. ENVISAGER). *Qu'est-ce que tu as prévu pour le dîner ?* (syn. PRÉPARER).

prévoyance [prevwajɑ̃s] n. f. Qualité de celui qui sait prévoir : *Elle a fait preuve d'une grande prévoyance.*

prévoyant, e [prevwajɑ̃] adj. Qui a de la prévoyance : *Se montrer prévoyant* (contr. INSOUCIANT).

prie-Dieu [pridjø] n. m. inv. Meuble bas muni d'un accoudoir, permettant de s'agenouiller pour prier.

prier [prije] v. t. (lat. *precari*). **1.** Adresser une supplication à Dieu, à un dieu, à un saint : *Prier Dieu ;* sans compl. : *Priez pour eux* (= en leur faveur). *Aller prier sur la tombe de ses parents* (syn. SE RECUEILLIR). — **2.** *Prier qqn de* (+ *inf.*), lui demander avec déférence de faire qqch : *Elle m'a prié de m'asseoir;* ou avec fermeté : *On a prié tout le monde de sortir* (syn. ORDONNER, SOMMER). *Vous êtes priés d'arriver à l'heure.* ‖ *Se faire prier,* ne rien faire sans être longuement sollicité. ‖ *Ne pas se faire prier,* accepter avec empressement. — **3.** *Prier qqn à déjeuner, à dîner,* l'inviter (vieilli). — **4.** *Je vous prie, je vous en prie,* formules de politesse : *Voulez-vous me donner le livre qui est sur cette table, je vous prie* (syn. S'IL VOUS PLAÎT). *Je vous prie de bien vouloir accepter mes hommages. Mais faites donc, je vous en prie ;* en réponse à des remerciements : *« Merci encore de vos fleurs ! — Mais je vous en prie, c'est bien naturel. »* — **5.** *Je vous prie de* (+ *inf.*), *je vous en prie,* expriment parfois une injonction : *Je vous prie de vous taire ! Ah ! non, je vous en prie, ça suffit comme ça !*

prière [prijɛr] n. f. (lat. *precarius,* qui s'obtient en priant). **1.** Acte religieux par lequel on s'adresse à Dieu pour l'adorer ou l'implorer, ou à un saint pour demander son intercession. — **2.** Demande instante : *Malgré vos prières, je ne vous donnerai rien.* — **3.** *Prière de* (+ *inf.*), vous êtes invité à : *Prière de s'essuyer les pieds.*

prieur, e [prijœr] n. (lat. *prior,* le premier de deux). Supérieur, supérieure ecclésiastique dirigeant certaines communautés.

prieuré [prijœre] n. m. **1.** Communauté religieuse catholique dirigée par un prieur ou par une prieure. — **2.** Église ou maison de cette communauté.

prima donna [primadɔna] n. f. (mots it. signif. *première dame*) [pl. *prime donne*]. Première chanteuse dans un opéra.

primaire [primɛr] adj. (lat. *primarius,* de *primus,* premier). **1.** Qui appartient à l'enseignement du premier degré (entre les classes enfantines et la sixième) : *Enseignement primaire* (ou *le primaire*). *Inspecteur primaire.* — **2.** *Secteur primaire* → SECTEUR. — **3.** *Ère primaire* (ou *le primaire*), ère géologique, d'une durée d'environ 300 à 350 millions d'années. — **4.** *Péjor.* Qui manque de culture, qui n'a que des connaissances superficielles : *Ce brave garçon est un peu primaire. Cette explication est trop primaire* (syn. SIMPLISTE).

primat [prima] n. m. (lat. *primas,* qui est au premier rang).
— **I.** Priorité, supériorité (philos.) : *Affirmer le primat de l'intelligence sur le sentiment* (syn. PRIMAUTÉ).
— **II.** Prélat dont la juridiction domine celle des archevêques : *Le primat de Hongrie.*

primate [primat] n. m. (du lat. *primas,* qui est au premier rang). Animal appartenant à un ordre de mammifères plus ou moins proches de l'homme, comme le singe.

primauté [primote] n. f. (du lat. *primus,* premier). Supériorité, premier rang : *Affirmer la primauté de la vie humaine sur le progrès technique.*

1. prime [prim] n. f. (lat. *praemium,* récompense). **1.** Objet qu'on donne à un client pour l'encourager à acheter un produit. — **2.** Somme donnée par un employeur à un employé en plus de son salaire, soit pour le rembourser de certains frais, soit pour l'intéresser au rendement : *Prime de transport. Prime de fin d'année.* — **3.** Somme payée par un assuré à un assureur en vertu d'un contrat d'assurance. — **4.** *Faire prime,* en parlant de qqch ou de qqn, être très recherché : *L'or fait prime sur le marché des monnaies.*

2. prime [prim] adj. (lat. *primus,* premier). **1.** Se dit, en algèbre, d'une lettre affectée d'un seul accent : *a'* (se dit «a prime»). — **2.** *La prime jeunesse,* le tout jeune âge. — **3.** *De prime abord,* tout d'abord, au premier abord.

primer [prime] v. t. *Primer un concurrent, une œuvre,* etc., lui accorder un prix, une récompense (surtout pass.) : *Ce film a été primé au festival de Cannes.* ◆ v. t. et i. (sujet qqch) *Primer qqch, primer (sur qqch),* le surpasser (soutenu) : *Le bonheur prime la richesse* (syn. L'EMPORTER SUR). *Chez elle, l'intelligence prime* (= est supérieure au reste).

primesautier, ère [primsotje] adj. (de l'anc. fr. *prime,* premier, et *saut*). Qui agit suivant sa première impulsion, qui ne réfléchit pas avant d'agir : *Jeune homme primesautier* (syn. SPONTANÉ, ↑IRRÉFLÉCHI ; contr. PONDÉRÉ, RÉFLÉCHI).

primeur [primœr] n. f. (de l'anc. fr. *prime,* premier). **1.** *Avoir la primeur de qqch,* être le premier à le posséder, à en jouir, à le connaître. — **2.** *Donner, réserver à qqn la primeur de qqch,* l'en faire profiter, l'en informer avant tous les autres. ◆ ***primeurs*** n. f. pl. Fruits et légumes qui paraissent sur le marché avant la saison normale.

primevère [primvɛr] n. f. (du lat. *primo vere,* au début du printemps). Plante des prés et des bois, dont les fleurs apparaissent avec le printemps.

primipare [primipar] adj. et n. f. (lat. *primus,* premier, et *parere,* enfanter). Qui accouche pour la première fois.

primitif, ive [primitif] adj. (lat. *primitivus,* qui naît le premier). **1.** Qui est à l'origine, qui correspond à l'état premier : *Le plan primitif a été notablement modifié* (syn. INITIAL, ORIGINEL). *L'Église primitive,* ou *la primitive Église* (= les premiers temps de l'Église chrétienne). *L'art primitif* (= celui qui existait à l'origine d'une civilisation). — **2.** *Couleurs primitives,* les sept couleurs conventionnelles du spectre solaire (rouge, orangé, jaune, vert, bleu, indigo, violet). — **3.** Se dit de qqn de simple, fruste, ou de qqch de rudimentaire : *L'installation électrique est encore assez primitive* (syn. SOMMAIRE). ◆ adj. et n. Se dit des sociétés humaines (et des hommes qui les composent) qui ignorent l'usage de l'écriture et qui sont restées à l'écart de la civilisation industrielle : *Les sociétés primitives. Les primitifs d'Australie sont en voie de disparition.*

primitivement [primitivmɑ̃] adv. À l'origine, au début : *Cette voiture était primitivement jaune, mais elle l'a repeinte en bleu ciel.*

primo [primo] adv. (mot lat.). Premièrement, d'abord. (Dans une classification, est généralement suivi par *secundo,* et éventuellement par *tertio.*)

primo-infection [primoɛ̃fɛksjɔ̃] n. f. (pl. *primo-infections*). Première atteinte d'un germe infectieux, notamment de la tuberculose.

primordial, e, aux [primɔrdjal] adj. (du lat. *primordium,* commencement). D'une très grande importance : *Elle a joué un rôle primordial dans cette affaire* (syn. CAPITAL, ESSENTIEL ; contr. SECONDAIRE, MINEUR). *Il est primordial que vous vous rendiez à ce rendez-vous.*

prince [prɛ̃s] n. m. (lat. *princeps,* premier). **1.** Personne qui possède une souveraineté ou qui appartient à une famille souveraine : *Le prince de Monaco.* ‖ *Princes du sang,* se disait, en France, des fils, des neveux et des frères du roi. — **2.** Fam. *Être bon prince,* faire preuve de générosité. ‖ *Le fait du prince,* acte gouvernemental arbitraire (soutenu). ‖ *Le Prince Charmant,* jeune homme séduisant, qui semble sorti d'un conte de fées.

prince-de-galles [prɛ̃sdəgal] n. m. et adj. inv. Tissu de laine à fines raies croisées.

princesse [prɛ̃sɛs] n. f. **1.** Fille d'un souverain ou femme d'un prince. — **2.** Fam. *Aux frais de la princesse,* sans sortir un sou de sa poche : *Voyager aux frais de la princesse.*

princier, ère [prɛ̃sje] adj. Digne d'un prince : *Une réception princière. Luxe princier* (syn. ROYAL).

princièrement [prɛ̃sjɛrmɑ̃] adv. De façon princière : *Elle nous a reçus princièrement.*

1. principal, e, aux [prɛ̃sipal] adj. (lat. *principalis,* originaire) [avant ou après le n.] **1.** Qui est le plus important : *Le principal personnage de l'affaire était resté dans l'ombre* (syn. DOMINANT). *La voie principale* (contr. SECONDAIRE). *L'élément principal* (syn. ESSENTIEL, ↑CAPITAL, ↑PRIMORDIAL). *Les principaux composants d'un mélange* (syn. PRÉDOMINANT ; contr. COMPLÉMENTAIRE). *La raison principale* (syn. DÉCISIF ; contr. ACCESSOIRE). *L'entrée principale du collège.* — **2.** *Proposition principale* ou *principale* (n. f.), qui est complétée ou déterminée par une ou plusieurs propositions subordonnées qui dépendent d'elle (ling.) : *Dans la phrase «il pleuvait quand nous sommes sortis», la proposition «il pleuvait» est une principale.* ◆ ***principal*** n. m. Chose principale : *Le principal, c'est d'agir vite* (syn. ESSENTIEL).

2. principal [prɛ̃sipal] n. m. (pl. *principaux*). Autref., directeur d'un collège.

principalement [prɛ̃sipalmɑ̃] adv. Avant toute chose, par-dessus tout : *Vous remarquerez principalement, dans cette église gothique, les ogives du chœur* (contr. ACCESSOIREMENT, SECONDAIREMENT).

principauté [prɛ̃sipote] n. f. Petit État indépendant dont le chef a le titre de prince : *La principauté de Monaco.*

principe [prɛ̃sip] n. m. (lat. *principium,* commencement). **1.** Proposition fondamentale dans une discipline, une science particulière : *Le principe d'Archimède. Le principe de non-contradiction dans un système logique.* — **2.** Loi fondamentale du développement, du fonctionnement de qqch : *Je vais vous expliquer le principe de cette machine.* — **3.** (pl.) Règles sociales, politiques ou morales de la conduite individuelle, du comportement collectif : *Les principes de sa morale semblent plutôt fluctuants.* — **4.** Règle générale théorique qui doit guider une activité, une action morale (avec l'idée exprimée ou sous-jacente d'une application particulière qui la complète, la réalise ou s'y oppose) : *Le principe est séduisant, mais la pratique sera difficile.* — **5.** Fam. *Avoir des principes,* refuser d'accomplir certaines actions au nom d'idées morales ou religieuses. ‖ *En principe,* en théorie, selon les prévisions : *Je viendrai en principe, mais ne m'attendez pas au-delà de huit heures* (syn. THÉORIQUEMENT, NORMALEMENT). ‖ *Par principe,* en vertu d'une décision a priori : *Il n'est tenu aucun compte, par principe, des lettres de réclamation non signées.* ‖ *Partir du principe que...,* admettre comme point de départ que. || *Poser en principe que* (+ *ind.*), l'admettre à titre d'hypothèse, éventuellement démentie : *Je pose en principe qu'elle est honnête.*

printanier, ère [prɛ̃tanje] adj. Relatif au printemps : *Un temps printanier* (= dont la température douce est celle des jours de printemps). *Une tenue printanière.*

printemps [prɛ̃tɑ̃] n. m. (de l'anc. fr. *prin,* premier, et *temps*). **1.** Saison tempérée de l'année, qui va du 21 mars au 21 juin dans l'hémisphère Nord, du 23 septembre au 22 décembre dans l'hémisphère Sud, et qui succède à l'hiver et précède l'été : *Au printemps, la végétation renaît. Un printemps précoce, tardif.* — **2.** Litt. *Au printemps de la vie,* dans la jeunesse.

priori (a) → A PRIORI.

prioritaire [prijɔritɛr] adj. et n. Bénéficiaire d'un droit de priorité : *Les industries prioritaires.*

priorité [prijɔrite] n. f. (du lat. *prior,* premier). **1.** Le fait de précéder dans le temps : *On a discuté sur la priorité à accorder à ce point dans l'établissement de l'ordre du jour.* — **2.** Importance préférentielle accordée à qqch : *La priorité d'intérêt reconnue à cette question.* — **3.** Droit de certaines personnes de passer avant d'autres : *Laisser la priorité aux conducteurs qui viennent de droite dans un carrefour.* || *En priorité, par priorité,* avant toute autre chose : *Les femmes et les enfants ont été évacués en priorité.*

prise [priz] n. f. **1.** Action de prendre, de saisir, de s'emparer : *Prise d'une ville, d'un arsenal.* — **2.** Personne qui a été faite prisonnière, chose ou animal dont on s'est emparé (soutenu) : *Un brochet de cette taille, c'est une belle prise !* — **3.** Manière de prendre un adversaire au judo, au catch : *Certaines prises ne sont pas autorisées. Une prise à la nuque.* — **4.** Aspérité, creux où un alpiniste, un grimpeur peut se tenir pour avoir un point d'appui : *Ne pas avoir de prise.* — **5.** *Prise directe,* dispositif d'un changement de vitesse dans lequel le mouvement initial est transmis sans démultiplication : *Être en prise directe* (abrév. usuelle *être en prise*). || *Être en prise directe avec qqch,* être en contact direct avec qqch : *Ces journalistes sont en prise directe avec l'événement.* — **6.** (+ compl. du n. indiquant la chose prise) *Prise d'air,* trou par lequel certains locaux sont aérés, par où l'air pénètre dans un moteur, une canalisation. || *Prise de corps,* action de s'emparer de la personne de qqn (dr.) : *Décréter la prise de corps.* || *Prise de sang,* opération par laquelle on prélève du sang à qqn. || *Prise de son, prise de vues,* enregistrement du son, de l'image sur un film. — **7.** (+ un compl. du n. abstrait et correspondant le plus souvent à une loc. avec *prendre*) *Prise de conscience* (prendre conscience). || *Prise de contact* (prendre contact), etc. (→ aussi au n. compl.) — **8.** (+ compl. précédé d'une prép. autre que *de* et correspondant à une loc. avec *prendre*) *Prise à partie* (prendre à partie). *Prise en considération* (prendre en considération). *Prise en charge* (prendre en charge). [→ aux mots compl.] — **9.** (compl. d'un v.) *Avoir prise sur qqch, sur qqn,* avoir un moyen d'agir sur eux : *Il lui échappe sans cesse, elle n'a aucune prise sur lui.* || *Donner prise à,* exposer à, autoriser : *Son comportement donne prise aux pires suppositions.* || *Être aux prises avec qqn, avec qqch,* être en lutte avec eux : *Être aux prises avec des difficultés insurmontables.* || *Lâcher prise,* ne plus tenir ce qu'on tenait. — **10.** Action de se figer, de durcir : *Du ciment à prise rapide.* — **11.** Pincée de tabac en poudre qu'on aspire par le nez. — **12.** *Prise (de courant, électrique),* dispositif électrique relié à une ligne d'alimentation et sur lequel on peut brancher des appareils électriques : *Une prise multiple. Prise mâle, femelle. Une prise de terre.*

1. priser [prize] v. t. (de *prise*). Aspirer du tabac ou une drogue par le nez.

2. priser [prize] v. t. (lat. *pretiare,* apprécier). Litt. *Priser qqn, qqch,* l'estimer : *Je prise fort peu ce genre de plaisanterie* (syn. APPRÉCIER).

prismatique [prismatik] adj. **1.** Qui a la forme d'un prisme : *Corps prismatique.* — **2.** *Couleurs prismatiques,* couleurs produites par le prisme.

prisme [prism] n. m. (gr. *prisma,* de *prizein,* scier). **1.** Solide ayant deux bases parallèles formées par des polygones égaux. — **2.** Solide de verre ayant la forme d'un prisme triangulaire et servant à dévier ou à décomposer les rayons lumineux.

prison [prizɔ̃] n. f. (lat. *prehensio,* action de prendre). **1.** Lieu où on enferme les personnes frappées d'une peine privative de liberté ou en instance de jugement : *Mettre un voleur en prison.* — **2.** Peine de prison : *Être condamné à la prison à vie.* — **3.** Demeure sombre et triste : *Cette maison, quelle prison !*

prisonnier, ère [prizɔnje] n. **1.** Personne qui est en prison : *Un prisonnier de droit commun.* — **2.** *Prisonnier de guerre,* militaire pris au combat. ◆ adj. *Prisonnier de qqch (abstrait),* se dit de qqn dont la liberté morale est entravée : *Elle est prisonnière de certains préjugés.*

privatif, ive [privatif] adj. **1.** *Peine privative de liberté,* qui ôte la liberté. — **2.** *Jardin privatif,* dans un immeuble collectif, jardin dont on a la jouissance exclusive. — **3.** Se dit, en grammaire, des préfixes qui marquent l'absence, la négation, comme *in-* dans INsuccès, ou *a* dans Anormal.

privation [privasjɔ̃] n. f. **1.** Perte de la jouissance d'un bien : *La privation de la vue* (syn. PERTE). — **2.** (pl.) Action de se priver volontairement de qqch : *S'imposer de grandes privations* (syn. SACRIFICES). *À force de privations, elle avait économisé un petit capital.*

privatisation [privatizasjɔ̃] n. f. Action de privatiser : *Un projet de privatisation du réseau téléphonique.*

privatiser [privatize] v. t. Confier au secteur privé des activités qui étaient jusqu'alors le propre du secteur public.

privautés [privote] n. f. pl. Trop grandes familiarités qu'un homme se permet avec une femme : *Il se laissa aller à des privautés qu'elle repoussa vivement.*

privé, e [prive] adj. (lat. *privatus*). **1.** Se dit d'un endroit où le public n'a généralement pas accès : *Une voie privée. Les appartements privés d'un conservateur de musée.* — **2.** Qui n'appartient pas à la collectivité, à l'État, mais à des particuliers : *La propriété privée* (contr. COLLECTIF). *École privée, enseignement privé* (contr. PUBLIC). *Secteur privé* (par oppos. à *secteur public* et *nationalisé*). *Une entreprise privée.* — **3.** Strictement personnel, qui n'intéresse pas les autres : *La vie privée* (contr. PROFESSIONNEL, PUBLIC). *Acte sous seing privé.* — **4.** Qui est sans fonctions publiques, qui n'est qu'un simple particulier (par oppos. à *public, officiel*) : *Assister à une réunion en tant que personne privée. La souveraine a séjourné ici à titre privé* (contr. OFFICIEL). — **5.** *Droit privé,* droit qui règle les rapports entre les particuliers. ◆ ***privé*** n. m. **1.** Secteur privé de l'économie, des organisations : *Être différent dans le public et dans le privé. Prendre un emploi dans le privé.* — **2.** *En privé,* à l'écart des autres.

priver [prive] v. t. (lat. *privare*). *Priver qqn de qqch,* lui en ôter, lui en refuser la possession, la jouissance : *Priver une personne de ses droits civils.* ◆ ***se priver*** v. pr. *Se priver* (*de qqch, de* [+ *inf.*]), s'en ôter la jouissance : *Elle s'est privée de tout durant son adolescence. Il ne peut pas se priver de dire du mal des autres* (syn. S'EMPÊCHER DE, SE PASSER DE). *Elle a dû se* *priver pour élever ses enfants* (= s'imposer des privations).

privilège [privilɛʒ] n. m. (lat. *privilegium,* loi spéciale à un particulier). Avantage, droit particulier attaché à qqch ou possédé par qqn et que les autres n'ont pas : *La Révolution a aboli les privilèges attachés à la noblesse et au clergé. Les privilèges dus à son rang. Il a désormais le privilège de la voir tous les jours* (syn. AVANTAGE, CHANCE).

privilégié, e [privileʒje] adj. et n. **1.** Qui a reçu un avantage, qui jouit d'un privilège : *Seuls quelques privilégiés ont pu assister à cette réception.* — **2.** *Classes privilégiées,* classes riches ayant des prérogatives sociales, des avantages économiques.

privilégier [privileʒje] v. t. *Privilégier qqn, qqch,* l'avantager, le favoriser.

prix [pri] n. m. (lat. *pretium*). **1.** Valeur de qqch, exprimable en monnaie, relativement à sa vente, à son achat : *Quel est le prix de ce disque? Un prix élevé. Faire monter les prix. Quel est votre prix?* (= quel prix demandez-vous?). — **2.** *À aucun prix,* en aucun cas : *Il ne faut à aucun prix accepter cette proposition.* ‖ *À prix d'or,* très cher : *Il a acheté cette propriété à prix d'or.* ‖ *Au prix de,* en échange de, moyennant : *Achever un travail au prix de grands efforts.* ‖ *À tout prix,* quoi qu'il puisse coûter en fait d'argent, de peine : *Il faut rattraper cet homme à tout prix* (syn. COÛTE QUE COÛTE, ABSOLUMENT). ‖ *De prix,* se dit de qqch de grande valeur : *Elle avait une robe de prix.* ‖ *Hors de prix,* très cher : *Ce livre est hors de prix.* ‖ *Mettre qqch à prix,* y attacher une valeur monétaire : *Le commissaire-priseur a mis à prix cette commode Louis XVI à trois mille francs. Le shérif avait mis à prix la tête du gangster en fuite* (= avait promis une récompense à celui qui permettrait de l'arrêter). ‖ *N'avoir pas de prix,* être d'une très grande valeur : *Les œuvres d'art n'ont pas de prix.* (→ PRÉCIEUX.) — **3.** Récompense accordée au plus méritant, dans un concours, à celui qui remporte une compétition, etc. : *Recevoir le prix de Rome d'architecture. Aller à Longchamp voir courir le Grand Prix* (= course annuelle de chevaux). *Le prix Goncourt a récompensé cette année une romancière.* — **4.** Personne qui a reçu un prix : *C'est un ancien prix Nobel.*

1. pro [pro] n. En sports, abrév. de PROFESSIONNEL.

2. pro- [pro], préfixe (lat. *pro,* en faveur de) qui, joint à certains noms ou à certains adjectifs, a le sens de «favorable à» : *proaméricain, prosoviétique.*

probabilité [prɔbabilite] n. f. **1.** Caractère probable : *La probabilité d'une hypothèse* (= les chances qu'elle a d'être vraie; syn. VRAISEMBLANCE). *Rechercher la probabilité d'un événement* (= les chances qu'il a de se produire). — **2.** *Calcul des probabilités,* partie des mathématiques qui étudie les règles permettant d'établir le pourcentage des chances de réalisation d'un événement.

probable [prɔbabl] adj. (lat. *probabilis,* de *probare,* prouver). Se dit d'un événement qui a beaucoup de chances de se produire, mais dont la réalisation n'est pas certaine : *Sa réélection est probable* (syn. VRAISEMBLABLE, ↓POSSIBLE). *Il est probable que le temps va se gâter.*

probablement [prɔbabləmɑ̃] adv. Avec un degré de probabilité : *Il ne pleuvra probablement pas* (syn. VRAISEMBLABLEMENT, SANS DOUTE). *«Est-ce elle qui est venue? — Probablement.» Probablement qu'elle a eu un empêchement.*

probant, e [prɔbɑ̃] adj. (du lat. *probare,* prouver). Qui apporte une preuve décisive de l'existence ou de la valeur de qqch : *Argument probant. Ses raisons ne sont pas probantes* (syn. CONVAINCANT, DÉCISIF, CONCLUANT). [→ PROUVER.]

probation [prɔbasjɔ̃] n. f. Suspension de peine accordée à certains délinquants pendant une période de mise à l'épreuve, en vue de leur réinsertion sociale.

probatoire [prɔbatwar] adj. Se dit d'un examen, d'un test, etc., par lequel on s'assure que le candidat a bien les connaissances nécessaires pour se présenter à un autre examen, accéder à un niveau supérieur, etc. (→ PROUVER.)

probe [prɔb] adj. (lat. *probus*). Qui manifeste de la probité : *Une personne probe* (soutenu; syn. usuels DROIT, HONNÊTE, INTÈGRE).

probité [prɔbite] n. f. Observation rigoureuse des devoirs de la justice, de la morale : *Faire preuve de probité* (syn. DROITURE, INTÉGRITÉ, ↓HONNÊTETÉ). *Probité intellectuelle* (= honnêteté dans l'appréciation, l'interprétation des faits).

problématique [prɔblematik] adj. Dont la solution, le résultat sont douteux : *Le succès de l'entreprise est très problématique* (syn. HASARDEUX, INCERTAIN; contr. SÛR, CERTAIN). ◆ n. f. Ensemble des questions posées par une branche de la connaissance : *La problématique de ce philosophe est au fond très simple.*

problème [prɔblɛm] n. m. (gr. *problêma*). **1.** Dans le domaine scientifique, question qui appelle une solution d'ordre logique, rationnel : *Un problème mathématique. Les données d'un problème.* — **2.** Ce qui est difficile à résoudre, à expliquer : *Les problèmes de la circulation dans Paris. Chacun a ses problèmes* (syn. DIFFICULTÉ, ↑ENNUI). — **3.** Fam. *Il n'y a pas de problème,* il ne faut pas hésiter, c'est très simple.

procédé [prɔsede] n. m. **1.** Méthode qui permet d'obtenir un certain résultat : *Un procédé de fabrication. Un procédé mnémotechnique.* ‖ *Cela sent le procédé,* c'est factice, peu naturel. — **2.** Manière qu'a qqn de se comporter (souvent péjor.) : *Elle n'aime pas ses procédés* (= sa façon d'agir). *Un procédé inqualifiable.*

procéder [prɔsede] v. t. ind. (lat. *procedere,* avancer) [c. **10**]. **1.** *Procéder à une tâche,* l'exécuter dans ses diverses phases (généralement un ensemble d'opérations nécessitant du temps) : *Elle procéda à l'établissement du dossier.* — **2.** *Procéder de qqch,* tirer son origine, découler de qqch (soutenu) : *La philosophie de Marx procède de celle de Hegel et des socialistes utopiques français.* ◆ v. i. Agir de telle ou telle façon : *Procédons par ordre. Il faut procéder avec prudence.*

procédure [prɔsedyr] n. f. **1.** Ensemble de procédés; méthode scientifique. — **2.** Forme suivant laquelle les affaires sont instruites devant les tribunaux : *Le Code de procédure civile.* — **3.** Règles, formalités, etc., nécessaires pour arriver à une solution judiciaire : *C'est elle qui a entamé la procédure de divorce.*

procès [prɔsɛ] n. m. (lat. *processus,* marche en avant). **1.** Querelle, litige porté devant un tribunal : *Intenter un procès.* — **2.** *Faire le procès de qqch, de qqn,* le critiquer de façon systématique, en énumérant ses griefs. ‖ Litt. *Sans autre forme de procès,* sans plus de formalités. — **3.** En linguistique, action ou état exprimés ordinairement par un verbe : *L'opposition du présent et du passé composé correspond à une opposition entre un aspect non-accompli et un aspect accompli du procès.*

procession [prɔsɛsjɔ̃] n. f. (du lat. *procedere,* avancer). **1.** Cortège, défilé religieux empreint de solennité. — **2.** *Fam.* Longue suite de personnes : *Une procession de visiteurs attendait à l'entrée de l'exposition.*

processionnel, elle [prɔsɛsjɔnɛl] adj. Propre à une procession : *Une marche processionnelle.*

processus [prɔsɛsys] n. m. (mot lat. signif. *progression*). Ensemble de phénomènes consécutifs conçus comme formant une chaîne progressive : *Le processus biologique de la digestion* (syn. MÉCANISME). *L'apprentissage de la lecture, suivant un processus régulier* *d'acquisition. Par quel processus en est-on arrivé à une telle situation ?*

procès-verbal [prɔsɛvɛrbal] n. m. (pl. *procès-verbaux*). **1.** Pièce établie par un fonctionnaire, un agent assermenté, et constatant un fait, un délit : *L'agent dressa un procès-verbal contre l'automobiliste en faute* (syn. CONTRAVENTION). — **2.** Écrit résumant ce qui a été dit, fait dans une circonstance solennelle : *Établir le procès-verbal d'une séance* (syn. COMPTE-RENDU).

1. prochain, e [prɔʃɛ̃] adj. (du lat. *prope*, près) [avant ou après le n.] **1.** Se dit d'une date rapprochée dans le temps, d'un événement périodique qui est près de se produire (syn. SUIVANT dans le style indirect) : *L'année prochaine. Viendrez-vous nous voir le prochain week-end? Le prochain départ de l'avion a lieu demain.* — **2.** *La prochaine fois,* la première fois que tel ou tel événement se reproduira. — **3.** Qui est le plus proche : *Nous nous arrêterons au prochain village* (syn. PREMIER).

2. prochain [prɔʃɛ̃] n. m. Dans la langue religieuse, tout être humain : *Tu aimeras ton prochain comme toi-même.*

prochaine [prɔʃɛn] n. f. **1.** *Fam.* Station suivante, arrêt suivant, dans le métro, l'autobus, le train, etc. : *Vous descendez à la prochaine ?* — **2.** Fam. *À la prochaine!,* à bientôt!

prochainement [prɔʃɛnmɑ̃] adv. Dans un proche avenir, bientôt : *Elle reviendra très prochainement.*

proche [prɔʃ] adj. (de *prochain*). **1.** *Proche (de qqn, qqch),* qui n'en est pas éloigné dans l'espace ou dans le temps : *Sa maison est proche de la nôtre* (syn. VOISIN). *La nuit est proche* (= elle va tomber). *La fin des combats paraît proche* (syn. ↑ IMMINENT; contr. ÉLOIGNÉ). *Être proche de la victoire.* — **2.** *Proche (de qqch),* qui est peu différent de qqch d'autre, qui lui ressemble : *Nous avons des goûts bien proches. Le portugais est proche de l'espagnol. Ses prévisions sont proches de la vérité* (syn. APPROCHANT, VOISIN). — **3.** *De proche en proche,* par degrés, peu à peu. ‖ *Le proche avenir,* les moments qui vont suivre. ‖ *Un proche parent,* une personne à qui on est étroitement uni par la parenté (contr. ÉLOIGNÉ). ◆ ***proches*** n. m. pl. Les parents les plus proches, par le sang ou par alliance : *Elle n'a pas encore averti ses proches de son mariage.*

proclamation [prɔklamasjɔ̃] n. f. Action de proclamer; ce qui est proclamé : *La proclamation des résultats d'un examen, d'un scrutin. Lancer une proclamation* (syn. APPEL, MANIFESTE).

proclamer [prɔklame] v. t. (lat. *proclamare*). *Proclamer qqch, que* (+ *ind.*), l'annoncer à haute voix : *L'accusée a proclamé hautement qu'elle était innocente* (syn. CRIER, CLAMER). *Proclamer l'état de siège* (= le faire annoncer officiellement).

proclitique [prɔklitik] adj. et n. m. (du gr. *proklînein,* incliner en avant). Se dit d'un mot privé d'accent et qui fait corps avec le mot suivant : *L'article français est proclitique.*

procréateur, trice [prɔkreatœr] n. et adj. Qui procrée.

procréation [prɔkreasjɔ̃] n. f. Action de procréer.

procréer [prɔkree] v. t. (lat. *procreare*). *Litt.* Donner la vie à des enfants, en parlant de l'homme ou de la femme : *Procréer de nombreux descendants.*

procuration [prɔkyrasjɔ̃] n. f. (lat. *procuratio,* commission). **1.** Pouvoir que qqn donne à qqn d'autre pour agir à sa place : *Pour que j'aille toucher le mandat à votre place, vous devez me signer une procuration.* — **2.** *Par procuration,* en remettant à un autre le soin d'agir à sa place : *Voter par procuration.*

procurer [prɔkyre] v. t. (lat. *procurare*). *Procurer qqch à qqn,* le lui obtenir, le lui donner : *Procurer un avantage à quelqu'un* (syn. CONFÉRER). *Procurer un appartement à son fils. Cela m'a procuré l'occasion de la voir* (syn. FOURNIR). *Le plaisir que lui procurait la lecture* (syn. APPORTER, OFFRIR). ◆ ***se procurer*** v. pr. *Se procurer qqch,* l'obtenir par ses propres moyens : *Procurez-vous chacun un exemplaire de cet ouvrage* (syn. ACQUÉRIR).

procureur [prɔkyrœr] n. m. *Procureur général,* magistrat qui exerce les fonctions du ministère public auprès de la Cour de cassation, de la Cour des comptes ou d'une cour d'appel. ‖ *Procureur (de la République),* membre du parquet qui exerce les fonctions du ministère public auprès de certains tribunaux.

prodigalité [prɔdigalite] n. f. **1.** Caractère, conduite de qqn de prodigue : *Par sa prodigalité, il a dilapidé la plus grande partie de sa fortune.* — **2.** (pl.) Dépenses excessives : *Tous ses proches ont largement profité de ses prodigalités.*

prodige [prɔdiʒ] n. m. (lat. *prodigium*). **1.** Événement extraordinaire, qui est ou qui paraît en contradiction avec les lois de la nature : *Une éclipse de soleil apparaissait comme un prodige à ces peuplades* (syn. MIRACLE). — **2.** Action très difficile, dont la réalisation surprend : *L'achèvement de ce travail en si peu de temps est un vrai prodige* (syn. TOUR DE FORCE). *Faire des prodiges pour remettre en état un vieux moteur. Ce mécanisme est un prodige d'ingéniosité* (= est extrêmement ingénieux). — **3.** Personne exceptionnellement douée : *Cette enfant est un petit prodige* (= elle est extraordinairement précoce); et adj. : *C'est une enfant prodige.*

prodigieusement [prɔdiʒjøzmɑ̃] adv. De façon prodigieuse : *Prodigieusement grand. Prodigieusement intelligent* (syn. FANTASTIQUEMENT).

prodigieux, euse [prɔdiʒjø] adj. (avant ou, plus souvent, après le n.) Qui surprend, qui paraît extraordinaire par ses qualités, par sa grandeur, sa rareté, etc. : *Un livre prodigieux* (syn. MERVEILLEUX). *Une quantité prodigieuse* (syn. CONSIDÉRABLE, ↓ ÉTONNANT, ↑ FANTASTIQUE). *Une taille prodigieuse* (syn. COLOSSAL). *Obtenir un succès prodigieux* (syn. INOUÏ, FOU, INCROYABLE). *Artiste d'un prodigieux talent* (syn. fam. GÉNIAL).

prodigue [prɔdig] adj. (lat. *prodigus*). **1.** Qui fait des dépenses excessives, inconsidérées : *Un héritier prodigue* (syn. ↓ DÉPENSIER). — **2.** *Le retour de l'enfant prodigue,* le retour auprès des siens après une longue absence d'un jeune homme qui a mené une vie dissipée loin de sa famille (allusion à une parabole évangélique). — **3.** *Être prodigue de son temps, de conseils,* etc., ne pas ménager son temps, donner fréquemment des conseils, etc.

prodiguer [prɔdige] v. t. **1.** *Prodiguer son argent, ses biens,* les dépenser sans compter (syn. DILAPIDER, GASPILLER). — **2.** *Prodiguer des soins, des attentions, des recommandations,* etc., *à qqn,* les lui accorder sans compter.

prodrome [prodrom] n. m. (gr. *prodromos,* avant-coureur). **1.** Symptôme précurseur d'une maladie : *Les prodromes de la fièvre typhoïde.* — **2.** Fait qui laisse présager un événement, qui l'annonce : *Les prodromes d'une crise économique* (syn. SIGNES AVANT-COUREURS).

producteur, trice [prɔdyktœr] adj. et n. Qui produit : *Les pays producteurs de pétrole. Les grands producteurs de blé. Aller directement du producteur au consommateur.* ◆ n. Personne qui a la responsabilité financière d'un film, d'une émission.

productif, ive [prɔdyktif] adj. Qui produit : *Sol très peu productif.*

production [prɔdyksjɔ̃] n. f. **1.** Action de produire : *La production moyenne de cette entreprise est peu élevée* (syn. RENDEMENT). *Restreindre la production. Le secteur de la production au sein de l'économie* (par oppos. à la *consommation*). *Les moyens de produc-*

tion (= terres cultivables, machines, personnel qualifié, etc.). — **2.** Bien produit : *Productions naturelles* (= les plantes, les fruits, etc., constituant une source de richesse). *Productions du sol, du sous-sol* (syn. PRODUIT). — **3.** Fait de se produire : *La production d'une pellicule à la surface d'un liquide* (syn. FORMATION). — **4.** Création d'un film ; sa réalisation matérielle. ‖ *Directeur de production,* personne choisie par le producteur pour coordonner les opérations nécessaires à la réalisation d'un film. — **5.** Le film lui-même : *Une nouvelle production.* — **6.** Action de fournir, de montrer : *La production de ce document a disculpé l'accusée.*

productivité [prɔdyktivite] n. f. **1.** Quantité produite en considération du travail fourni et des dépenses engagées : *La productivité du travail et du capital. Accroître la productivité d'une entreprise.* — **2.** *Productivité de l'impôt,* montant de ce qu'il rapporte réellement à l'État, compte tenu des frais engagés pour le percevoir.

produire [prɔdɥir] v. t. (lat. *producere,* faire avancer) [c. **70**]. **1.** *Produire qqch,* donner naissance à un bien, à une richesse ayant une valeur économique : *La France produit en moyenne dix-sept quintaux de blé à l'hectare. Une vigne qui produit un excellent raisin* (syn. FOURNIR). *Produire des appareils de télévision* (syn. FABRIQUER) ; sans compl. : *Certaines terres produisent moins que d'autres* (syn. RENDRE, RAPPORTER). — **2.** *Produire qqch (événement, sensation,* etc.), les provoquer, en être la source, la cause : *Cette méthode a produit d'heureux résultats* (syn. DONNER). *L'eau calcaire produit un dépôt sur les parois* (syn. FORMER). *La guerre produit toutes sortes de maux* (syn. CAUSER, ENTRAÎNER). *Ce livre produit une sensation de désespoir* (syn. SUSCITER). *Ce vin produit une sensation d'amertume.* — **3.** *Produire qqch (concret),* l'avoir pour résultat : *L'eau calcaire produit un dépôt sur les parois* (syn. FORMER). — **4.** *Produire un film, une émission,* en assurer la réalisation. — **5.** *Produire qqch, qqn,* les fournir, les montrer (jurid. ou admin.) : *Produire un document, des témoins.* ◆ ***se produire*** v. pr. **1.** (sujet qqch) Arriver, survenir au cours d'une succession d'événements : *Tout à coup, un immense vacarme se produisit* (syn. INTERVENIR). *Il s'est produit un grand changement* (syn. S'ACCOMPLIR, AVOIR LIEU). — **2.** (sujet qqn) *Se produire qqpart,* se montrer, paraître en public : *Elle a débuté en se produisant dans les cabarets. Se produire sur scène.*

produit [prɔdɥi] n. m. **1.** *Produit de qqch,* résultat, bénéfice qui en est retiré : *Le produit de la récolte. Le produit des ventes. Produit brut* (par oppos. à *produit net*). — **2.** Richesse, bien économique issus de la production : *Un produit fini* (= biens, richesse prêts à être vendus ou consommés). — **3.** Objet, article manufacturé : *Un produit pour la vaisselle* (= poudre, liquide détergents). *Produit d'entretien. Produits pharmaceutiques* (= médicaments). — **4.** *Produit de qqch (abstrait, action),* résultat de : *Cet argent est le produit de mon salaire. Cette histoire n'est qu'un pur produit de ton imagination.* — **5.** Résultat d'une multiplication arithmétique ou logique : *Le produit de deux facteurs.*

proéminence [prɔeminɑ̃s] n. f. Chose proéminente ; fait d'être proéminent : *Former une proéminence* (= être proéminent). *La proéminence du nez.*

proéminent, e [prɔeminɑ̃] adj. (lat. *proeminens*). Qui dépasse notablement ce qui l'entoure, qui forme un relief : *Avoir un nez proéminent* (= qui pointe en avant). *Un front proéminent* (syn. SAILLANT).

prof [prɔf] n. m. Abrév. fam. de PROFESSEUR.

profanateur, trice [prɔfanatœr] adj. et n. Qui profane.

profanation [prɔfanasjɔ̃] n. f. Action de profaner : *Profanation de sépulture* (syn. VIOLATION).

profane [prɔfan] adj. et n. (lat. *profanus,* hors du temple). **1.** Qui n'est pas religieux ; étranger à la religion : *L'art profane* (contr. SACRÉ, RELIGIEUX). *Cantate profane. Littérature profane.* — **2.** Qui n'est pas initié à qqch, qui l'ignore : *Un profane en musique* (syn. ↑ BÉOTIEN). *Être profane en la matière* (syn. INCOMPÉTENT).

profaner [prɔfane] v. t. *Profaner un lieu, un objet sacré,* ne pas le respecter en le souillant, le dégrader : *Profaner une tombe.*

proférer [prɔfere] v. t. (lat. *proferre,* porter en avant) [c. **10**] *Proférer des paroles,* les articuler, les prononcer avec force et avec violence : *Proférer des menaces à l'égard de quelqu'un. Elle partit sans proférer un mot.*

professer [prɔfɛse] v. t. (lat. *profiteri,* déclarer). Litt. *Professer qqch, que* (+ *ind.*), avoir pour opinion, exprimer, déclarer qqch comme étant une opinion personnelle : *Professer un mépris profond pour la vie familiale* (syn. AFFICHER).

professeur [prɔfɛsœr] n. m. (lat. *professor*). Personne qui enseigne une discipline, un art, une technique (désigne un homme ou une femme) : *Un professeur de mathématiques, de piano, de mécanique. Sa femme est un bon professeur. Un professeur femme* ou *une femme professeur.*

profession [prɔfɛsjɔ̃] n. f. (lat. *professio,* déclaration). **1.** Occupation dont on tire ses moyens d'existence (admin. ; syn. MÉTIER) : *Donner son nom, son âge, sa profession. Exercer la profession de médecin.* — **2.** Ensemble de ceux qui exercent le même métier : *Défendre les intérêts de la profession.* — **3.** Litt. *Faire profession de,* déclarer ouvertement une opinion personnelle : *Faire profession d'athéisme.* ‖ *Profession de foi* → FOI.

professionnalisme [prɔfɛsjɔnalism] n. m. Caractère professionnel d'une activité.

1. professionnel, elle [prɔfɛsjɔnɛl] adj. **1.** Qui concerne une profession : *Stage de formation professionnelle* (= qui forme à une profession). *Certificat d'aptitude professionnelle. Faute professionnelle* (= manquement à une obligation de la profession). — **2.** Se dit d'un sport qu'on pratique comme une profession et de ceux qui s'y adonnent : *Le cyclisme professionnel* (contr. AMATEUR).

2. professionnel [prɔfɛsjɔnɛl] n. m. **1.** Se dit de qqn qui réussit parfaitement qqch : *Le cambriolage a été très discret ; c'était un travail de professionnel* (contr. AMATEUR). — **2.** Sportif de profession : *Une compétition entre professionnels* (contr. AMATEUR).

professionnellement [prɔfɛsjɔnɛlmɑ̃] adv. Du point de vue de la profession ; au titre de la profession.

professoral, e, aux [prɔfɛsɔral] adj. Relatif aux professeurs : *Corps professoral* (= l'ensemble des professeurs). *Un ton professoral* (= digne d'un professeur ; syn. GRAVE, DOCTORAL).

professorat [prɔfɛsɔra] n. m. Fonction de professeur : *Choisir le professorat comme métier.*

profil [prɔfil] n. m. (it. *profilo*). **1.** Ensemble des traits du visage de qqn vu de côté : *Dessiner un profil. Avoir un profil grec* (= où le nez est dans le prolongement direct du front). *Un beau profil. Un profil anguleux.* — **2.** Aspect extérieur de qqch : *Le profil d'une voiture* (syn. LIGNE). — **3.** Section théorique de certains objets pour en montrer la disposition : *Profil transversal d'une rivière* (syn. COUPE). — **4.** Ensemble des traits qui caractérisent qqn, notamment en fonction d'un emploi : *Ne pas avoir le profil voulu pour un poste.*

profiler (se) [prɔfile] v. pr. **1.** Apparaître sous une forme dont seul le contour se découpe assez nettement sur le fond : *On voyait les arbres se profiler dans le ciel* (syn. SE DÉCOUPER, SE DÉTACHER, SE DESSINER).

— 2. Apparaître à l'état d'ébauche : *Une solution commence à se profiler* (syn. S'ESQUISSER, S'ÉBAUCHER, SE FAIRE JOUR).

profit [prɔfi] n. m. (lat. *profectus*, de *proficere*, donner du profit). **1.** Avantage matériel retiré de l'exploitation d'un commerce, de la gestion d'un bien : *Une théorie économique qui met au premier plan la recherche du profit. Une source de profits illicites. Cela est à mettre au compte des profits et pertes* (= on ne le récupérera pas). — **2.** Avantage moral : *Sa connaissance de l'anglais lui a été d'un grand profit.* — **3.** *Au profit de qqn, d'un organisme,* de telle sorte qu'il en retire un avantage : *Donner de l'argent au profit des sinistrés* (syn. AU BÉNÉFICE DE). ‖ *Faire son profit, tirer profit de qqch,* en retirer un bénéfice : *Écoute et fais ton profit de ce que nous dirons. Tirer profit des malheurs d'autrui* (syn. EXPLOITER). ‖ *Mettre à profit,* utiliser, tirer parti de : *J'ai mis à profit ces quelques jours de loisir.* ‖ (sujet qqch) *Faire du profit,* durer longtemps, être d'un usage économique : *Un pantalon qui n'a pas fait beaucoup de profit.*

profitable [prɔfitabl] adj. Qui procure certains avantages : *Une source de revenus très profitable* (syn. AVANTAGEUX). *Son séjour à la campagne lui a été profitable* (syn. UTILE).

profiter [prɔfite] v. t. ind. **1.** (sujet qqn) *Profiter de qqch, de qqn,* en tirer un avantage : *Je n'admets pas qu'on profite de moi ainsi. Les enfants ont profité de ce que nous n'étions pas là pour faire des bêtises.* — **2.** (sujet qqch) *Profiter à qqn,* lui être utile : *Les conseils que vous lui avez donnés lui ont profité* (syn. SERVIR). ◆ v. i. Fam. **1.** Se développer avec profit : *Enfant qui profite bien* (= qui grandit, grossit comme il convient). *Cette année, les arbres n'ont pas profité* (= n'ont pas donné beaucoup de fruits). — **2.** *Plat, vêtement,* etc., *qui profite,* qui fournit beaucoup, qui fait un long usage.

profiterole [prɔfitrɔl] n. f. Petite boule de pâte à chou fourrée de glace ou de crème pâtissière et nappée d'une crème au chocolat servie chaude.

profiteur, euse [prɔfitœr] n. *Péjor.* Personne qui tire avantage du travail, du malheur, etc., d'autrui : *Les profiteurs de guerre.*

profond, e [prɔfɔ̃] adj. (lat. *profundus*) [avant ou, surtout, après le n.] **1.** Dont le fond est loin de la surface, de l'ouverture : *Un puits profond. Un sac profond* (= long et étroit). *Le fleuve est très profond à cet endroit. Un placard profond. Elle s'est fait une blessure profonde* (= qui pénètre fortement dans les chairs; contr. LÉGER, SUPERFICIEL). — **2.** Qui est ou qui descend loin de la surface : *Les couches de terrain les plus profondes* (contr. SUPERFICIEL). *Des racines profondes.* — **3.** Qui vient du fond du corps, des poumons : *Pousser un profond soupir* (syn. GROS). *Une voix profonde* (= grave, bien timbrée). — **4.** Qui est dirigé du haut vers le bas : *Faire une profonde révérence. Un salut profond* (= fait en inclinant le corps très bas). — **5.** (avant ou après le n.) Se dit de qqch de caché qui commande l'attitude de qqn, le cours des événements : *Une œuvre littéraire qui exprime les tendances profondes d'un écrivain. La nature profonde de l'homme* (= ce qui, en l'homme, est permanent; syn. ÉTERNEL; contr. APPARENT, SUPERFICIEL). *Distinguer les causes profondes* (syn. ESSENTIEL). *Un profond besoin de liberté* (syn. INTENSE). *Ces quelques mots révèlent son être profond* (syn. INTIME). — **6.** Se dit de qqn qui réfléchit mûrement, qui fait preuve de pénétration; se dit d'une phrase, d'une œuvre littéraire riche de substance, exprimant des pensées sérieuses : *C'est un garçon très profond. Un esprit profond* (syn. PÉNÉTRANT; contr. SUPERFICIEL). *Une remarque profonde. Tout cela est trop profond pour moi, je n'y comprends rien* (syn. DIFFICILE). — **7.** (avant ou après le n.) Intense, porté à un degré élevé : *Un sommeil profond* (contr. LÉGER). *Éprouver une profonde tristesse* (syn. VIF). *J'ai pour lui le plus profond mépris* (syn. TOTAL, COMPLET). *Une différence profonde* (syn. EXTRÊME). *Un profond amour* (syn. ARDENT). *Une ignorance profonde* (syn. CRASSE). ◆ **profond** adv. Profondément : *Creuser profond.* ◆ n. m. *Au plus profond de,* dans la partie la plus basse, la plus retirée : *Les animaux qui habitent au plus profond de la mer. Se cacher au plus profond de la forêt* (syn. AU CŒUR).

profondément [prɔfɔ̃demɑ̃] adv. **1.** De manière profonde : *Un objet enfoui profondément dans le sol. Respirer profondément* (= à fond). — **2.** De manière intense : *Elle dormait profondément* (syn. À POINGS FERMÉS). *S'ennuyer profondément* (syn. PRODIGIEUSEMENT, FORTEMENT). *Profondément dégoûté* (syn. COMPLÈTEMENT). *Différer profondément* (syn. ↑ RADICALEMENT). *Profondément malheureux. Idée profondément marquée dans l'esprit* (syn. FORTEMENT). *Profondément convaincu* (syn. INTIMEMENT). *Souhaiter profondément quelque chose* (syn. ARDEMMENT).

profondeur [prɔfɔ̃dœr] n. f. Qualité de qqch de profond : *Profondeur d'un puits. Mesurer la hauteur, la largeur, la profondeur d'une armoire. Rien n'est venu troubler la profondeur de son sommeil* (syn. INTENSITÉ). *La profondeur de son mépris éclatait sur son visage* (syn. FORCE). *La profondeur de son amour* (syn. VIVACITÉ). *Un changement en profondeur* (= radical). *Agir en profondeur* (contr. EN SURFACE). ◆ **profondeurs** n. f. pl. **1.** Endroits très profonds : *Des spéléologues qui descendent dans les profondeurs de la terre. Les grandes profondeurs* (= les grandes fosses marines). — **2.** Parties difficiles à pénétrer dans la psychologie humaine, mobiles profonds : *Les profondeurs de l'être.*

profusion [prɔfyzjɔ̃] n. f. (lat. *profusio*). **1.** *Profusion de qqch,* grande abondance de choses : *Une profusion de bagues à la devanture d'une joaillerie. Profusion de mets délicats* (syn. SURABONDANCE). *Une profusion de lumière éclairait l'avenue* (syn. fam. DÉBAUCHE). — **2.** *À profusion,* en abondance : *Au carnaval, on jette des confettis à profusion* (syn. À FOISON).

progéniture [prɔʒenityr] n. f. (du lat. *progenitus*, engendré). Enfant, ensemble des enfants engendrés, par rapport aux parents (ironiq.) : *La mère était au balcon avec toute sa progéniture.*

programmable [prɔgramabl] adj. Qui peut être programmé : *Une opération difficilement programmable.*

1. programmateur, trice [prɔgramatœr] n. Qui établit un programme.

2. programmateur [prɔgramatœr] n. m. Dispositif qui, sur certains appareils ménagers (cuisinières, machines à laver), commande automatiquement l'exécution d'une série d'opérations.

programmation [prɔgramasjɔ̃] n. f. Action de programmer.

programme [prɔgram] n. m. (gr. *programma*, affiche). **1.** Ensemble des matières, des questions sur lesquelles peuvent être interrogés les candidats à un examen ou à un concours, ou qu'on doit apprendre dans une classe déterminée : *Cette œuvre est au programme de l'agrégation ?* — **2.** Œuvres dont l'exécution ou la représentation sont prévues au cours d'un spectacle, d'une fête : *Jouer une sonate hors programme* (= qui n'est pas prévue ou annoncée). ‖ Fam. *Programme des réjouissances,* ensemble des tâches prévues (ironiq.). — **3.** Imprimé indiquant ce qui va être joué au théâtre, exécuté au concert, etc. : *Acheter le programme.* — **4.** Exposé des intentions de qqn, d'un groupe : *Se proposer un programme de travail très serré. Un programme à long terme. Le programme politique d'un parti.* — **5.** Ensemble des projets d'une entreprise industrielle ou commerciale : *Programme de fabrication.* — **6.** Ensemble d'instructions, de données, etc., nécessaires à l'exécution d'une suite d'opérations déterminées demandées à un ordinateur, un calculateur pour résoudre un problème. — **7.** Succession des opérations établies à l'avance dans le fonctionnement d'un appareil ménager : *Une machine à laver avec dix programmes.*

programmer [prɔgrame] v. t. **1.** *Programmer un film, un spectacle, une émission,* les faire figurer dans un programme de cinéma, de radio, de télévision, ou établir les programmes de ces spectacles, de ces émissions. — **2.** *Programmer un ordinateur,* le préparer pour l'exécution d'un programme. — **3.** *Programmer un problème,* le coder pour qu'il puisse entrer dans le programme d'un ordinateur. — **4.** *Programmer qqch,* l'établir à l'avance : *L'achat d'une nouvelle voiture est programmé pour l'an prochain* (syn. PRÉVOIR).

programmeur, euse [prɔgramœr] n. Spécialiste chargé de la préparation d'un programme.

progrès [prɔgrɛ] n. m. (lat. *processus,* action d'avancer). **1.** Extension d'un phénomène, accroissement (surtout pl.) : *Les journaux donnent des nouvelles des progrès de l'inondation. Les progrès de la criminalité.* — **2.** Évolution vers un état plus avancé ou vers un état meilleur, ou une meilleure connaissance : *Les progrès de la médecine. Les progrès de la science. Croire au progrès de l'humanité. On n'arrête pas le progrès.* — **3.** Acquisition de connaissances, de capacités par qqn (surtout pl.) : *Les progrès d'un apprenti. Une élève en progrès* (= qui s'améliore).

progresser [prɔgrɛse] v. i. (lat. *progredi,* avancer). **1.** (sujet une troupe, etc.) Avancer de façon continue : *L'équipe d'alpinistes progressait lentement vers le sommet.* — **2.** (sujet qqch) Se développer, s'amplifier : *L'épidémie a progressé* (syn. S'AGGRAVER). *Les idées nouvelles progressent* (syn. GAGNER DU TERRAIN). — **3.** (sujet qqn) Développer ses connaissances, améliorer ses résultats : *Cette élève progresse régulièrement.*

progressif, ive [prɔgrɛsif] adj. Qui suit une progression : *Les intérêts suivent un taux progressif* (= qui va en croissant; contr. DÉGRESSIF). *Surtaxe progressive. L'amélioration progressive du rendement* (= qui se fait peu à peu).

progression [prɔgrɛsjɔ̃] n. f. (lat. *progressio,* de *progredi,* avancer). **1.** Mouvement en avant de qqn (troupe, etc.) : *Une contre-offensive a stoppé la progression ennemie.* — **2.** Développement de qqch, évolution vers un niveau supérieur : *La température a suivi une progression régulière. L'économie a connu une période de progression* (contr. RÉGRESSION). — **3.** Suite de nombres dont chacun engendre le suivant d'après une loi constante : *Progression arithmétique* (= où le nombre qui sépare deux termes consécutifs est constant). *Progression géométrique* (= où chaque terme est égal au précédent multiplié ou divisé par un nombre constant).

progressisme [prɔgrɛsism] n. m. Mouvement politique qui tend à intégrer certaines valeurs marxistes à des systèmes libéraux, individualistes, etc.

progressiste [prɔgrɛsist] adj. et n. Qui relève du progressisme : *Politique progressiste. Député progressiste.*

progressivement [prɔgrɛsivmɑ̃] adv. De manière progressive : *Réduire progressivement sa vitesse* (syn. PEU À PEU, PETIT À PETIT).

progressivité [prɔgrɛsivite] n. f. Fait d'être progressif : *La progressivité de l'impôt selon l'imposition des revenus.*

prohibé, e [prɔibe] adj. *Armes prohibées,* dont le port ou la détention sont interdits par la loi.

prohiber [prɔibe] v. t. (lat. *prohibere,* tenir à distance). *Prohiber qqch,* le défendre, l'interdire légalement : *La loi qui prohibe le commerce des stupéfiants* (contr. AUTORISER).

prohibitif, ive [prɔibitif] adj. Qui défend, interdit : *Mesures prohibitives* (= mesures d'interdiction). *Prix prohibitifs* (= si élevés qu'ils empêchent l'achat).

prohibition [prɔibisjɔ̃] n. f. (lat. *prohibitio*). **1.** Interdiction d'importer certains produits : *Prendre des mesures de prohibition.* — **2.** *Prohibition (de l'alcool),* époque pendant laquelle la fabrication et la vente de l'alcool étaient interdites aux États-Unis (1919-1933).

proie [prwa] n. f. (lat. *praeda*). **1.** Être vivant dont un animal s'empare pour le dévorer : *Le tigre épiait sa proie.* ‖ *Oiseau de proie,* oiseau qui se nourrit d'autres animaux. — **2.** (sujet qqch, qqn) *Être la proie de qqn, de qqch,* être entre les mains, au pouvoir de qqn, être détruit, ravagé par qqch (soutenu) : *Une personne naïve qui est la proie d'escrocs* (syn. VICTIME). *La maison était la proie des flammes.* — **3.** (sujet qqn) *Être en proie à l'inquiétude, au doute, au désespoir,* etc., être sous l'emprise de ces sentiments, de ces maux.

projecteur [prɔʒɛktœr] n. m. (de *projection*). **1.** Source lumineuse intense, dont les rayons sont groupés en faisceau. — **2.** Appareil destiné à projeter des films, des photos, etc.

projectile [prɔʒɛktil] n. m. (du lat. *projectus,* jeté en avant). Corps lancé avec force, et en partic. corps lancé au moyen d'une arme à feu : *Toutes sortes de projectiles pleuvaient pendant la bagarre : carafes, soucoupes, chaises, etc. On a extrait le projectile de sa jambe* (= balle, éclat d'obus, de grenade, etc.).

projection [prɔʒɛksjɔ̃] n. f. (lat. *projectio,* de *projicere,* projeter). **1.** Action de projeter, de lancer; chose projetée : *Des projections de gravillons. Projection volcanique* (= matière volcanique projetée par un volcan). — **2.** Action de projeter, de représenter sur une surface qqch : *La projection d'une ombre sur le sol.* — **3.** Action de projeter un film : *La projection du film fut suivie d'un cocktail.* — **4.** *La projection orthogonale d'un trièdre sur un plan,* faite en abaissant des perpendiculaires sur ce plan.

projectionniste [prɔʒɛksjɔnist] n. Personne chargée de projeter des films.

projet [prɔʒɛ] n. m. **1.** Ce qu'on a l'intention de faire : *Faire des projets de vacances. Un projet grandiose. Un projet irréalisable* (syn. IDÉE, PROGRAMME). *Elle a formé le projet de constituer un orchestre d'amateurs. Faire des projets d'avenir* (= envisager qqch à long terme). — **2.** Première rédaction d'un texte : *Voici un projet de livre* (= première ébauche d'un livre). — **3.** Étude en vue d'une réalisation particulière, notamment en architecture. — **4.** *Avoir des projets sur qqn,* avoir certaines intentions à son sujet. ‖ *Avoir des projets sur qqch,* envisager de l'acquérir. ‖ *Projet de loi,* texte rédigé par un ministre ou par un parlementaire, déposé sur le bureau d'une assemblée en vue de son adoption comme loi.

projeter [prɔʒte] v. t. (lat. *pro,* en avant, et *jeter*) [c. **8**]. **1.** *Projeter qqch (qqpart),* le jeter, le lancer au loin, en l'air, etc. : *Le chalumeau du soudeur projetait des gerbes d'étincelles.* — **2.** *Projeter qqn (hors de qqch, qqpart),* l'éjecter ou le jeter, le pousser avec force : *Au moment de l'accident, elle a été projetée hors de la voiture. Dans la bagarre, il a projeté son adversaire contre le mur.* — **3.** *Projeter une ombre, une silhouette,* la faire apparaître sur une surface qui forme écran : *Les arbres projetaient leurs ombres sur les prés au soleil couchant.* — **4.** *Projeter un film, des photos,* les faire apparaître sur l'écran grâce à un dispositif lumineux spécial. — **5.** *Projeter un point, une ligne, une surface, un volume,* les porter, les représenter sur une surface, généralement un plan, selon certaines règles (math.). — **6.** *Projeter qqch, de* (+*inf.*), avoir l'intention de le faire : *Elle projette un voyage en Italie* (syn. ↓ ENVISAGER, ↑ DÉCIDER). *Ils projettent de partir en excursion. Ils projettent de nouveaux travaux.*

prolétaire [prɔletɛr] n. (lat. *proletarius*). Personne qui ne possède pour vivre que son salaire (par oppos. à *capitaliste* et à *bourgeois*).

prolétariat [prɔletarja] n. m. Classe sociale des prolétaires.

prolétarien, enne [prɔletarjɛ̃] adj. Relatif au prolétariat : *Classe prolétarienne.*

prolétarisation [prɔletarizasjɔ̃] n. f. Action de prolétariser : *La prolétarisation des petits artisans.*

prolétariser [prɔletarize] v. t. Réduire des producteurs indépendants (exploitants agricoles, artisans, etc.) à la nécessité de mettre leur force de travail à la disposition de ceux qui détiennent les moyens de production.

prolifération [prɔliferasjɔ̃] n. f. Action de proliférer; développement : *La prolifération des cellules d'une tumeur maligne. La prolifération des armes nucléaires* (= l'augmentation de leur nombre).

proliférer [prɔlifere] v. i. (lat. *proles*, descendance, et *ferre*, porter) [c. **10**] (sujet un être vivant, qqch) Se multiplier rapidement, augmenter en nombre : *Dans le cancer, les cellules prolifèrent rapidement* (= se reproduisent très vite). *Les lapins prolifèrent dans cette région* (syn. ↓ ABONDER).

prolifique [prɔlifik] adj. (du lat. *proles*, descendance). **1.** Se dit d'animaux qui se multiplient rapidement : *Les lapins sont prolifiques.* — **2.** Se dit d'un artiste, d'un écrivain particulièrement fécond.

prolixe [prɔliks] adj. (lat. *prolixus*, étendu). Qui parle ou qui écrit trop abondamment par rapport à ce qu'il exprime : *Un écrivain prolixe* (syn. BAVARD). *Fournir des explications prolixes* (syn. VERBEUX). *Un style prolixe* (syn. DIFFUS).

prolixité [prɔliksite] n. f. Caractère prolixe : *Faire preuve de prolixité* (contr. BRIÈVETÉ, CONCISION, ↑ LACONISME).

prologue [prɔlɔg] n. m. (gr. *pro*, en avant, et *logos*, discours). **1.** Partie d'une œuvre littéraire ou musicale, notamment d'une pièce de théâtre, dans laquelle on expose des événements antérieurs à ceux qui font l'objet de l'œuvre elle-même. — **2.** Introduction en général (soutenu ou ironiq.) : *Je vous présente, en guise de prologue, mes meilleurs vœux pour le nouvel an.*

prolongateur [prɔlɔ̃gatœr] n. m. Fil électrique permettant de raccorder un appareil à une prise de courant trop éloignée.

prolongation [prɔlɔ̃gasjɔ̃] n. f. **1.** Action de prolonger; temps ajouté : *Obtenir une prolongation de congé. La prolongation d'un débat, d'un cessez-le-feu.* — **2.** En sports, période accordée à deux équipes à égalité en fin de match, pour leur permettre de se départager : *Jouer les prolongations.*

prolongé, e [prɔlɔ̃ʒe] adj. Qui dure longtemps : *Un coup de sifflet prolongé. Sécheresse prolongée.*

prolongement [prɔlɔ̃ʒmɑ̃] n. m. Action de prolonger; accroissement de longueur : *Le prolongement d'une autoroute.* ◆ ***prolongements*** n. m. pl. Suites, conséquences d'un événement, d'une affaire : *Étudier les prolongements de la Révolution française dans l'Europe du XIX*^e^ s. (= ses conséquences directes et indirectes).

prolonger [prɔlɔ̃ʒe] v. t. (du lat. *pro*, en avant, et *longus*, long) [c. **2**]. **1.** *Prolonger qqch*, en augmenter la longueur : *Prolonger une rue. Prolonger le mur jusqu'au fond du jardin* (syn. CONTINUER). — **2.** *Prolonger qqch*, en augmenter la durée : *Nous avons décidé de prolonger notre séjour* (syn. ALLONGER). *Prolonger le débat à l'Assemblée* (syn. POURSUIVRE). — **3.** *Prolonger (la vie d') un malade*, la faire durer plus longtemps, retarder l'échéance de sa mort : *Grâce à cette opération, les médecins l'ont prolongée de cinq ans.* ◆ ***se prolonger*** v. pr. **1.** Se continuer : *La route se prolonge par un chemin mal pavé.* — **2.** (sujet qqch) S'étendre dans le temps au-delà du moment présent ou de la durée escomptée : *L'effet du narcotique se prolonge* (syn. PERSISTER). *La séance se prolongeait* (syn. ↑ S'ÉTERNISER).

promenade [prɔmnad] n. f. **1.** Action de se promener : *Promenade à la campagne* (syn. EXCURSION). *Une promenade sur le lac. Partir en promenade* (syn. fam. BALADE). *Faire une promenade* (syn. fam. FAIRE UN TOUR). *Une promenade en voiture, à pied.* — **2.** Lieu aménagé dans une ville pour se promener (vieilli) : *Au-dessus des remparts, il y avait une belle promenade plantée d'arbres.*

promener [prɔmne] v. t. (de *pour* et *mener*). **1.** *Promener qqn, un animal*, le conduire dehors pour lui faire prendre l'air, de l'exercice ou lui faire voir des choses : *La maman est allée promener ses enfants. Ils m'ont promené dans tout Paris. Va chercher mes cigarettes, ça te promènera* (= cela te fera une distraction). — **2.** *Promener qqch sur qqch*, le faire aller et venir : *Promener ses doigts sur les touches d'un piano* (syn. EFFLEURER, PASSER). *Promener ses yeux sur le paysage* (= les laisser aller). ◆ v. i. Fam. *Envoyer promener qqn*, le renvoyer brutalement, se débarrasser de lui. ‖ Fam. *Envoyer promener qqch*, le lancer, le rejeter dans un mouvement d'humeur : *Dans sa colère, il a envoyé promener son chapeau.* ‖ Fam. *Envoyer tout promener*, se dégoûter, se lasser de tout, abandonner une entreprise. ◆ ***se promener*** v. pr. (sujet qqn) **1.** Aller d'un endroit à un autre pour se distraire, se délasser, etc. : *Se promener à pied, en voiture, à cheval. Aller se promener dans les bois.* — **2.** *Allez vous promener, qu'il aille se promener!*, manifestations d'impatience ou d'animosité à l'égard de qqn.

promeneur, euse [prɔmnœr] n. Personne qui se promène : *Les promeneurs du dimanche occupaient toute la largeur du trottoir.*

promenoir [prɔmnwar] n. m. **1.** Lieu destiné à la promenade, dans un édifice clos (prison, hôpital). — **2.** Partie d'un théâtre où les spectateurs restent debout.

promesse [prɔmɛs] n. f. (lat. *promissa*, choses promises). Assurance donnée à qqn d'accomplir ce à quoi on s'est engagé envers lui : *Faire une promesse. Tenir sa promesse* (= la réaliser). *Elle ne dira rien : j'ai sa promesse. Promesse d'ivrogne* (= promesse dont on sait trop bien qu'elle ne sera pas tenue).

prometteur, euse [prɔmɛtœr] adj. Qui laisse bien augurer de l'avenir : *Des débuts prometteurs.*

promettre [prɔmɛtr] v. t. (lat. *promittere*) [c. **57**]. **1.** (sujet qqn) *Promettre qqch, de* (+ *inf.*), *que* (+ *ind.*) [à *qqn*], s'engager devant qqn à faire, à dire, à accorder qqch : *Je vous promets de venir vous voir. Elle avait promis à sa mère qu'elle rentrerait tôt* (syn. ASSURER, CERTIFIER, GARANTIR). *Je n'ose rien promettre. Je te promets un cadeau si tu réussis ton examen. Il lui a promis le mariage. Promettre le secret* (= assurer qu'on gardera le secret). — **2.** (sujet qqch, qqn) *Promettre qqch, de* (+ *inf.*), *que* (+ *ind.*) [à *qqn*], annoncer l'avenir, ce qui va suivre, laisser présager qqch : *La radio nous promet du beau temps pour le week-end. La saison promettait d'être belle. Ce vent nous promet de la pluie pour demain. La cartomancienne m'a promis un bel avenir* (syn. PRÉDIRE, PRÉVOIR); sans compl., faire naître des espérances pour l'avenir : *La vigne promet* *beaucoup* (= permet d'espérer une bonne récolte). *Cet enfant promet, il sera bientôt aussi grand que son père!* ‖ Fam. *Ça promet!*, exprime la désapprobation, la crainte à l'égard de l'avenir : *Il gèle déjà au mois d'octobre! Ça promet pour cet hiver!* ◆ ***se promettre*** v. pr. **1.** *Se promettre qqch*, avoir le ferme espoir d'en avoir : *Se promettre du plaisir, du bon temps.* — **2.** *Se promettre de* (+ *inf.*), prendre la résolution de, faire le projet de : *Je me suis promis de revenir ici l'année prochaine. Il se promettait bien de rester maître du terrain* (= il escomptait bien l'être).

promis, e [prɔmi] adj. (lat. *promissus*). **1.** Qui est certifié pour l'avenir : *Chose promise, chose due* (= on doit donner ce qu'on a promis). — **2.** *Promis à qqch*, se dit de qqn qui est destiné à qqch, à qui qqch doit sûrement arriver : *Une jeune femme promise à un brillant avenir.* — **3.** *Terre promise*, contrée très fertile (litt. et par allusion à la Bible).

promiscuité [prɔmiskɥite] n. f. (du lat. *promiscuus*, vulgaire). Proximité choquante de personnes : *Ils vivaient tous ensemble dans une seule pièce, dans une promiscuité éprouvante.*

promontoire [prɔmɔ̃twar] n. m. (lat. *promontorium*). Cap élevé, s'avançant dans la mer.

promoteur, trice [prɔmɔtœr] n. Qui donne l'impulsion première : *Le promoteur de cette réforme* (= celui qui en a eu l'idée; syn. INSTIGATEUR). ◆ n. m. *Promoteur (immobilier)*, personne ou société qui finance et organise la construction d'immeubles.

promotion [prɔmosjɔ̃] n. f. (bas lat. *promotio*, élévation). **1.** Action de promouvoir qqn; élévation à un grade supérieur : *Sa promotion au poste de directrice fut sa dernière joie.* — **2.** *Promotion ouvrière, sociale*, élévation du niveau de vie des classes défavorisées ou d'un individu à un niveau de vie supérieur : *Des mesures tendant à favoriser la promotion ouvrière.* — **3.** *Promotion des ventes*, technique propre à accroître la vente des produits d'une entreprise : *Un article en promotion.* — **4.** Ensemble des élèves entrés la même année dans une grande école : *Une camarade de promotion.*

promotionnel, elle [prɔmɔsjɔnɛl] adj. Qui favorise l'accroissement des ventes : *Tarifs promotionnels* (= à des conditions intéressantes). *Article promotionnel.*

promouvoir [prɔmuvwar] v. t. (lat. *promovere*, faire avancer) [c. **36**]. **1.** *Promouvoir qqch*, le mettre en œuvre, favoriser sa création, son développement, sa diffusion : *Promouvoir une politique de progrès social. Promouvoir une nouvelle marque de lessive.* — **2.** *Promouvoir qqn*, l'élever à une fonction, à un grade supérieurs : *Elle a été promue chef de service.*

prompt, e [prɔ̃] adj. (lat. *promptus*) [avant ou après le n.] Qui se produit rapidement ou qui agit rapidement (soutenu) : *Je vous souhaite un prompt rétablissement. Prompt départ* (syn. RAPIDE). *Geste prompt* (syn. BRUSQUE). *Être prompt à se mettre en colère.*

promptement [prɔ̃tmɑ̃] adv. Avec promptitude : *L'affaire a été promptement réglée.*

promptitude [prɔ̃tityd] n. f. Qualité de qqn qui agit rapidement : *Agir avec promptitude* (syn. RAPIDITÉ).

promu, e [prɔmy] adj. et n. Personne qui a reçu une promotion : *La liste des nouveaux promus dans l'ordre de la Légion d'honneur.*

promulgation [prɔmylgasjɔ̃] n. f. Action de promulguer : *La promulgation d'une loi.*

promulguer [prɔmylge] v. t. (lat. *promulgare*). *Promulguer une loi*, la publier officiellement et la rendre applicable quand elle a été régulièrement adoptée.

prône [pron] n. m. (lat. pop. *protinum*, vestibule). Syn. vieilli de SERMON (à la messe).

prôner [prone] v. t. (de *prône*, discours). *Prôner qqch*, le vanter, le louer, le recommander : *Prôner la modération* (syn. PRÉCONISER, RECOMMANDER).

pronom [prɔnɔ̃] n. m. (lat. *pro*, à la place de, et *nom*). Mot qui représente un nom, un adjectif, ou toute une phrase exprimée avant ou après lui. ‖ *Pronom démonstratif* → DÉMONSTRATIF. ‖ *Pronom indéfini* → AUCUN, PERSONNE, RIEN, etc. ‖ *Pronom personnel* → introduction PRONOMS PERSONNELS, et EN, Y, ON. ‖ *Pronom possessif* → POSSESSIF. ‖ *Pronoms relatif* et *interrogatif* → QUI et LEQUEL.

pronominal, e, aux [prɔnɔminal] adj. **1.** Propre aux pronoms : *L'emploi pronominal de «tout»* (= en fonction de pronom). — **2.** *Forme* ou *voix pronominale*, forme du verbe précédée d'un pronom personnel réfléchi *(me, te, se, nous, vous).*

pronominalement [prɔnɔminalmɑ̃] adv. En fonction du pronom : *Adjectif employé pronominalement.*

pronominalisation [prɔnɔminalizasjɔ̃] n. f. Transformation qui remplace un syntagme nominal par un pronom.

prononçable [prɔnɔ̃sabl] adj. Qui peut être prononcé : *Ce mot est à peine prononçable.*

prononcé, e [prɔnɔ̃se] adj. **1.** Qui est articulé : *Mots à peine prononcés.* — **2.** Qui apparaît tout de suite, en raison de son importance ou de son caractère marqué : *Nez d'une courbure prononcée* (syn. ACCENTUÉ, ACCUSÉ). *Avoir les traits du visage très prononcés* (contr. EFFACÉ). *Manifester un goût prononcé pour les gâteaux* (= très net).

prononcer [prɔnɔ̃se] v. t. (lat. *pronuntiare*, proclamer) [c. **1**]. **1.** *Prononcer un mot, un son*, etc., les articuler d'une manière particulière : *Comment prononcez-vous «think» en anglais? On écrit «paon» et on prononce* [pɑ̃]. *Son nom est très difficile à prononcer;* sans compl. : *Il prononce très mal.* — **2.** Syn. de DIRE (soutenu) : *Dans son émotion, elle n'a pas pu prononcer un seul mot* (syn. ARTICULER, ÉMETTRE). — **3.** *Prononcer une décision, un jugement*, les faire connaître (jurid.) : *Le juge a prononcé le huis clos. Prononcer la dissolution de l'Assemblée.* — **4.** *Prononcer des vœux*, entrer en religion, prendre des engagements religieux. ◆ ***se prononcer*** v. pr. **1.** (sujet un mot, un son) S'articuler : *Comment cela se prononce-t-il?* — **2.** Prendre une décision, prendre un parti dans un choix, une alternative : *Le jury s'est prononcé pour la culpabilité avec circonstances atténuantes. Entre les deux candidats, le directeur s'est prononcé en faveur du plus jeune* (syn. OPTER, SE DÉCIDER).

prononciation [prɔnɔ̃sjasjɔ̃] n. f. Façon de prononcer : *Cette femme a une prononciation étrangère* (syn. ACCENT). *Avoir un défaut de prononciation. Un traité de prononciation.*

pronostic [prɔnɔstik] n. m. (du gr. *prognôstikein*, proclamer d'avance). **1.** Jugement que porte un médecin sur la durée, l'issue d'une maladie : *Le docteur a réservé son pronostic.* — **2.** Conjecture sur ce qui doit arriver : *Cette journaliste se trompe rarement dans ses pronostics* (syn. PRÉVISION). *Les pronostics donnaient le cheval n° 13 gagnant.*

pronostiquer [prɔnɔstike] v. t. Faire un pronostic : *Le médecin a pronostiqué une longue maladie* (syn. PRÉDIRE). *Aucun des journalistes n'avait pronostiqué le résultat des élections* (syn. PRÉVOIR).

pronostiqueur, euse [prɔnɔstikœr] n. Qui pronostique : *Les événements ont donné tort aux pronostiqueurs.*

propagande [prɔpagɑ̃d] n. f. (du lat. *propaganda fide*, pour la propagation de la foi). Action concertée, organisée en vue de répandre une opinion, une religion, une doctrine : *Faire de la propagande politique.*

Une propagande en faveur des droits de l'homme. Propagande électorale.

propagandiste [prɔpagɑ̃dist] adj. et n. Qui fait de la propagande : *Un zélé propagandiste du marché commun européen.*

propagateur, trice [prɔpagatœr] n. Qui propage : *Un propagateur d'idées nouvelles.*

propagation [prɔpagasjɔ̃] n. f. Fait de se propager : *La vitesse de propagation des électrons.*

propager [prɔpaʒe] v. t. (lat. *propagare*) [c. 2] *Propager une nouvelle, une mode, etc.*, les répandre dans le public : *Propager une nouvelle* (syn. COLPORTER). *Propager des idées, des connaissances* (syn. POPULARISER, VULGARISER). ◆ ***se propager*** v. pr. (sujet qqch) Se répandre, s'étendre : *Le son ne peut pas se propager dans le vide. L'influx nerveux se propage de la périphérie vers le système nerveux central. L'incendie s'est propagé à travers les demeures en bois. Les idées d'indépendance se propageaient rapidement.*

propane [prɔpan] n. m. Gaz employé comme combustible.

propension [prɔpɑ̃sjɔ̃] n. f. (du lat. *propendere*, pencher). Inclination de qqn vers qqch, tendance à faire qqch : *Avoir une certaine propension à critiquer les autres* (syn. DISPOSITION, PENCHANT). *Avoir une propension naturelle au bavardage.*

prophète [prɔfɛt] n. m. (gr. *prophêtês*, qui dit d'avance) [fém. rare *prophétesse*] **1.** Personne qui prédit l'avenir : *Les prophètes de l'Ancien Testament. Nul n'est prophète en son pays* (= nul n'est apprécié à sa juste valeur dans son milieu habituel). *Je ne suis pas prophète* (= je ne connais pas l'avenir). *Pas besoin d'être prophète pour savoir qu'elle va échouer.* — **2.** Fam. *Prophète de malheur*, personne qui n'annonce que des malheurs.

prophétie [prɔfesi] n. f. Prédiction d'un événement futur : *Ses prophéties en matière politique ont été démenties.*

prophétique [prɔfetik] adj. Relatif aux prophètes, à la prophétie : *Langage prophétique. Paroles prophétiques* (= qui annonçaient un événement qui s'est réalisé).

prophétiser [prɔfetize] v. t. Prévoir, dire par avance : *Il prophétisait la chute de l'Empire et l'avènement des temps nouveaux.*

prophylactique [prɔfilaktik] adj. Relatif à la prophylaxie : *Prendre des mesures prophylactiques.*

prophylaxie [prɔfilaksi] n. f. (du gr. *prophulattein*, veiller sur). Ensemble des mesures propres à prévenir l'apparition ou la propagation de certaines maladies : *Centre de prophylaxie dentaire.*

propice [prɔpis] adj. (lat. *propitius*). Qui convient bien, se prête bien à qqch (soutenu) : *Occasion propice* (= bonne occasion, bon moment). *Un temps propice à la pêche. Elle a choisi le moment propice pour présenter sa demande* (syn. OPPORTUN, FAVORABLE ; contr. DÉFAVORABLE).

proportion [prɔpɔrsjɔ̃] n. f. (lat. *proportio*). **1.** Égalité de deux rapports mathématiques (par ex. 1/3 = 2/6). — **2.** Rapport établi entre les parties d'un tout, entre des choses comparables, etc. : *Une maison qui a de belles proportions* (= la hauteur, la longueur, la largeur sont dans un rapport qui plaît). *L'incident est hors de proportion avec ce qui l'a causé* (= sans commune mesure). *Il n'y a aucune proportion entre le prix que tu demandes et le prix réel* (= aucune commune mesure). — **3.** *En proportion*, selon des mesures appropriées, en rapport : *Elle a une famille nombreuse et un appartement en proportion.* ‖ *En proportion de*, suivant l'importance de : *Le travail est mal payé en proportion des risques. Bénéfice faible en proportion de la dépense* (syn. EU ÉGARD À). ‖ *Toute(s) proportion(s) gardée(s)*, limite une comparaison : *Toutes proportions gardées, le mobilier vaut plus cher que la maison* (= si on se réfère à la valeur normale de l'un et de l'autre). — **4.** Importance matérielle ou morale de qqch : *Un pilier de très grandes proportions* (syn. DIMENSIONS). *L'affaire a pris des proportions considérables.*

proportionnalité [prɔpɔrsjɔnalite] n. f. Caractère proportionnel : *Coefficient de proportionnalité.*

proportionné, e [prɔpɔrsjɔne] adj. *Bien proportionné*, dont les diverses parties sont dans un rapport harmonieux, surtout en parlant de qqn : *Avoir les membres bien proportionnés* (syn. BIEN FAIT ; fam. BIEN BÂTI ; contr. MAL FAIT). [→ DISPROPORTION.]

proportionnel, elle [prɔpɔrsjɔnɛl] adj. **1.** *Proportionnel (à qqch)*, se dit d'une grandeur, d'une quantité qui est en proportion avec une autre, notamment en mathématiques : *Grandeur directement proportionnelle, inversement proportionnelle. Une rétribution proportionnelle au travail effectivement fourni.* — **2.** *Représentation proportionnelle* (ou *proportionnelle* n. f.), système électoral accordant aux divers partis des représentants en nombre proportionnel aux suffrages recueillis.

proportionnellement [prɔpɔrsjɔnɛlmɑ̃] adv. Suivant une certaine proportion : *Calculer ses dépenses proportionnellement à ses revenus.*

proportionner [prɔpɔrsjɔne] v. t. *Proportionner qqch à qqch*, le mettre en exacte proportion avec qqch : *Proportionner son travail au salaire qu'on en tire.*

propos [prɔpo] n. m. (de *proposer*). **1.** Intention, but (soutenu) : *Mon propos n'est pas de faire l'éloge d'un incapable* (= je ne cherche pas à le faire). — **2.** *Avoir le ferme propos de* (+ *inf.*), avoir la ferme intention de. — **3.** *À propos !*, marque une transition dans un dialogue, entre deux idées différentes : *À propos ! il faut que je vous raconte la dernière histoire qui m'est arrivée.* ‖ *À propos, mal à propos*, de façon opportune, inopportune : *Ce mandat arriva fort à propos pour la tirer d'embarras* (syn. À POINT ; fam. À PIC). *Vous tombez mal à propos* (= à un mauvais moment). ‖ *À propos de*, au sujet de : *Parler d'une catastrophe à propos d'un événement qui n'est qu'un accident. Faire des histoires à propos de tout* (= en toute occasion). *À propos de ce que vous disiez* (= relativement à ce que vous disiez). *Elle rit à propos de tout et de rien* (= sans raison, continuellement). ‖ *À ce propos*, à ce sujet. ‖ *À tout propos*, constamment : *Il parle à tout propos de ses succès* (syn. fam. À TOUT BOUT DE CHAMP). ‖ *Hors de propos*, sans raison sérieuse ou sans rapport avec ce dont il est question : *Se fâcher hors de propos.* ◆ n. m. pl. Paroles dites, mots échangés au cours d'une conversation (soutenu) : *Tenir des propos d'une extrême banalité. Ses affirmations ne sont que propos en l'air* (syn. PAROLE).

proposer [prɔpɔze] v. t. (du lat. *propositus*, placé devant). **1.** *Proposer qqch, de* (+ *inf.*), *que* (+ *subj.*) [*à qqn*], le lui faire connaître, le lui présenter pour le soumettre à son choix, son assentiment : *Proposer un produit aux clients. Quel prix proposez-vous ? Je vous propose un plan d'action* (syn. SOUMETTRE). *Proposer une interprétation* (syn. SUGGÉRER, PRÉSENTER). *Je vous propose de venir me voir* (syn. INVITER). *Je propose que chacun donne son avis sur la question.* — **2.** *Proposer qqn à (pour) un poste, une fonction, etc.*, le désigner comme candidat à ce poste, à cette fonction : *On m'a proposé une jeune fille très bien pour le poste de secrétaire.* ◆ ***se proposer*** v. pr. **1.** Offrir ses services : *Il s'est proposé pour assurer la permanence.* — **2.** *Se proposer de* (+ *inf.*), avoir l'intention de, se donner pour but de : *Je me propose de vous démontrer qu'elle a raison.*

proposition [prɔpozisjɔ̃] n. f. **1.** Le fait de proposer; ce qui est proposé : *Vos propositions ne sont pas raisonnables* (syn. OFFRE). — **2.** *Faire des propositions à qqn,* lui proposer des rapports amoureux. ‖ *Proposition de paix,* offre qu'un pays fait à un autre de cesser la guerre, d'établir un traité de paix. ‖ *Sur (la) proposition de,* sur l'initiative de. — **3.** Unité constitutive d'un énoncé formant une phrase de base ou un élément d'une phrase complexe : *L'énoncé : «Il pleuvait quand nous sommes sortis. Heureusement, nous n'avions pas loin à aller», est composé de deux phrases limitées par un point. La première phrase comporte deux propositions : «Il pleuvait» (proposition principale) et «quand nous sommes sortis» (proposition subordonnée).* — **4.** En logique, énoncé susceptible d'être vrai ou faux.

propre [prɔpr] adj. (lat. *proprius*) [après le n.] **1.** Net, sans trace de souillure ou de poussière : *Un mouchoir propre. Va te laver les mains, elles ne sont pas propres. Passer une chemise propre* (contr. SALE, CRASSEUX). — **2.** Qui prend soin de son corps, de ses affaires, etc. : *Vous pouvez leur prêter votre appartement, ils sont très propres, ils ne saliront rien* (contr. SALE, MALPROPRE). — **3.** Se dit d'un enfant qui ne se souille plus : *Ma fille dort sans couche, car elle est propre maintenant.* — **4.** Se dit d'une activité, d'une façon de faire qui ne salit pas : *Un métier propre. Ce n'est pas propre de manger avec ses doigts.* — **5.** Se dit de ce qui est soigné, correct, convenable : *Un travail propre* (fait avec soin). *Je n'aime pas sa barbe, ça ne fait pas propre* (syn. SOIGNÉ). — **6.** Se dit de qqn, d'une activité, d'un comportement honnête : *Il n'a jamais rien fait de propre dans sa vie. Toutes ces spéculations sur les appartements, ce n'est pas très propre* (contr. IMMORAL). — **7.** *Nous voilà propres!,* nous sommes dans une mauvaise situation (syn. DANS DE BEAUX DRAPS). — **8.** (après le n. sans déterminant, dans quelques express.) *En mains propres* → MAIN. ‖ *Nom propre,* qui ne peut s'appliquer qu'à un seul être, à un seul objet, ou à une catégorie d'êtres ou d'objets (par oppos. à *nom commun*) : *«Hugo», «Paris», la «Loire», les «Espagnols» sont des noms propres.* — **9.** (avant le n., avec un possessif) Renforce l'idée possessive : *Je l'ai vue de mes propres yeux* (= moi-même, de mes yeux). *Je l'ai payée avec mon propre argent. Le miroir lui renvoyait sa propre image. Ce sont là ses propres paroles* (= c'est exactement ce qu'il a dit; syn. TEXTUEL); après un pron. poss. : *Les enfants des autres l'intéressaient autant que les siens propres.* — **10.** (après le n.) *Propre à qqn, qqch,* renforce l'idée de l'attribution spécifique d'un caractère à qqn, à qqch : *Les défauts propres à cet enfant* (= les défauts de cet enfant; syn. PARTICULIER). *Les distinctions propres à certains milieux* (syn. SPÉCIFIQUE). *Chaque être a certains goûts qui lui sont propres.* — **11.** (après le n.) Se dit d'un mot, d'une expression qui convient exactement à son objet : *Employer le mot propre* (syn. JUSTE, EXACT, APPROPRIÉ; contr. IMPROPRE). — **12.** *Sens propre d'un mot,* son sens premier, usuel, sans valeur stylistique particulière (par oppos. à *sens figuré*). — **13.** *Propre à qqch,* apte à, disposé pour (soutenu) : *Un tempérament propre à la solitude.* — **14.** *Propre à qqch, à* (+ *inf.*), de nature à produire tel ou tel effet, qui convient à tel ou tel usage (soutenu) : *Exercices propres à développer la mémoire* (= de nature à). ◆ n. m. **1.** Sens propre : *Le propre et le figuré. Une huître est au propre un mollusque et au figuré une personne stupide.* — **2.** *Avoir en propre qqch,* être seul à le posséder. ‖ *Le propre de qqch, de qqn,* ce qui le différencie des autres : *Le rire est le propre de l'homme* (= n'appartient qu'à l'homme, à l'exclusion des autres êtres vivants). ‖ *C'est du propre!,* se dit de qqch qu'on désapprouve fortement. ‖ *Mettre au propre,* recopier un texte écrit au brouillon.

propre-à-rien [prɔprarjɛ̃] n. m. (pl. *propres-à-rien*). Incapable, bon à rien.

proprement [prɔprəmɑ̃] adv. **1.** Avec propreté : *Manger proprement. Tenir proprement son appartement.* — **2.** *À proprement parler,* pour parler en termes exacts : *Les enfants ne peuvent pas, à proprement parler, être tenus pour responsables de leurs actes* (syn. AU PIED DE LA LETTRE). *À proprement parler, je n'en savais rien* (syn. À VRAI DIRE). ‖ *Proprement dit,* au sens exact et restreint du mot : *Les banlieusards et les Parisiens proprement dits.*

propreté [prɔprəte] n. f. Qualité de qqch, de qqn qui est propre : *Aimer la propreté* (contr. SALETÉ). *Propreté des vêtements. Négliger les règles élémentaires de la propreté. Avoir des habitudes de propreté.*

propriétaire [prɔprijetɛr] n. **1.** Personne qui jouit du droit de propriété : *Le propriétaire d'un droit. Propriétaire d'un immeuble, d'un lot d'actions, d'un chien.* — **2.** Personne qui possède une maison, un terrain, etc., et qui les loue : *Payer son terme au propriétaire.* — **3.** *Faire le tour du propriétaire,* faire visiter sa maison, sa propriété à des amis. ‖ *Les grands (petits) propriétaires,* ceux qui ont de grandes (de petites) propriétés.

propriété [prɔprijete] n. f. (du lat. *proprius,* propre). — **I. 1.** Droit d'user et de disposer d'un bien d'une façon exclusive et absolue, sous certaines réserves définies par la loi : *La Déclaration des droits de l'homme et du citoyen de 1789 considérait la propriété comme un droit naturel de l'homme.* — **2.** Terre, maison qui appartient à qqn : *Avoir une propriété à la campagne. De belles propriétés s'étendaient le long de l'avenue.* — **3.** *La petite propriété, la grande propriété,* régimes économiques caractérisés par des terres de petite, de grande surface : *Au Brésil, c'est le régime de la grande propriété qui domine.* ‖ *Propriété artistique, littéraire,* droit d'un artiste, d'un écrivain (et de leurs héritiers) de tirer un revenu de l'exploitation de son œuvre. ‖ *Propriété commerciale, industrielle,* droit exclusif d'exploiter un nom commercial, un brevet, une marque de fabrique, etc.

— **II. 1.** Ce qui distingue un corps des autres, au point de vue physique, chimique, etc. : *Les propriétés des acides. Propriétés physiques* (= densité, température, etc., d'un corps). *Propriétés chimiques* (= ensemble des réactions, des combinaisons auxquelles un corps donne lieu en présence d'un autre). — **2.** Convenance de l'expression à l'idée : *La propriété des termes d'une phrase* (= leur convenance par rapport à l'idée qu'on veut exprimer).

propulser [prɔpylse] v. t. (lat. *propellere,* pousser devant soi). **1.** *Propulser un avion, un bateau, une fusée,* les faire avancer à l'aide d'un propulseur : *Un moteur sert à propulser ce voilier quand le vent est insuffisant.* — **2.** *Propulser qqn, qqch,* les projeter en avant avec violence : *L'explosion les a propulsés au loin.* — **3.** Fam. *Propulser qqn,* l'installer dans un poste de responsabilité.

propulseur [prɔpylsœr] n. m. Organe mécanique assurant le déplacement d'un engin : *Un propulseur à hélice.*

propulsion [prɔpylsjɔ̃] n. f. Action de propulser : *La propulsion à réaction remplace de plus en plus la propulsion à hélice.*

prorata [prɔrata] n. m. inv. (lat. *pro rata [parte],* suivant une [part] déterminée). *Au prorata de qqch,* en proportion de : *Avoir part à un bénéfice au prorata de la mise de fonds* (syn. PROPORTIONNELLEMENT À).

prorogation [prɔrɔgasjɔ̃] n. f. Action de proroger : *Voter une prorogation des pouvoirs spéciaux* (syn. PROLONGATION).

proroger [prɔrɔʒe] v. t. (lat. *prorogare,* prolonger) [c. 2]. **1.** *Proroger qqch,* en prolonger l'existence légale ou le remettre à une date ultérieure (jurid.) : *Proroger un traité, le délai d'un paiement.* — **2.** *Proroger une* *assemblée,* suspendre ses séances et en remettre la continuation à un autre jour.

prosaïque [prɔzaik] adj. (bas lat. *prosaicus,* plat). Qui manque d'idéal, d'originalité, de fantaisie : *Une jeune fille aux goûts prosaïques* (syn. TERRE À TERRE). *Mener une vie prosaïque* (syn. PLAT, BANAL).

prosaïquement [prɔzaikmɑ̃] adv. De manière prosaïque : *Vivre prosaïquement.*

prosaïsme [prɔzaism] n. m. Caractère prosaïque : *Le prosaïsme de la vie des employés de bureau. Le prosaïsme de ses remarques* (syn. BANALITÉ, PLATITUDE).

prosateur [prɔzatœr] n. m. Écrivain qui s'exprime en prose : *Bossuet est un des plus grands prosateurs du XVIIe s.*

proscription [prɔskripsjɔ̃] n. f. (lat. *proscriptio*). Action de proscrire : *La proscription d'un usage* (syn. INTERDICTION).

proscrire [prɔskrir] v. t. (lat. *proscribere*) [c. **71**]. **1.** *Proscrire qqch,* l'interdire formellement : *Une doctrine qui proscrit le recours à la violence. Un mot proscrit par les bienséances.* — **2.** Litt. *Proscrire qqn,* le condamner au bannissement, à l'exil, l'exclure d'une société quelconque.

1. proscrit, e [prɔskri] adj. Qui a été interdit, rejeté : *Un usage proscrit.*

2. proscrit [prɔskri] n. m. *Litt.* Celui qui a été banni de son pays : *Victor Hugo vécut en proscrit pendant une vingtaine d'années* (syn. EXILÉ).

prose [proz] n. f. (lat. *prosa*). **1.** Forme ordinaire du discours parlé ou écrit : *Texte en prose. Faire de la prose* (par oppos. à *faire des vers*). *Poème en prose* (= qui ne contient pas de rimes). — **2.** Manière d'écrire particulière à qqn, texte écrit par lui (ironiq.) : *Je n'ai pas eu l'occasion de lire sa prose. La prose administrative* (syn. STYLE).

prosélyte [prɔzelit] n. m. (gr. *prosêlutos,* nouveau venu). Personne qui est gagnée à une opinion politique, à une foi religieuse : *L'ardeur des prosélytes.*

prosélytisme [prɔzelitism] n. m. Zèle à faire des prosélytes : *Faire du prosélytisme politique, religieux.*

prosodie [prɔzɔdi] n. f. (gr. *prosôdia,* accent tonique). **1.** Ensemble des règles relatives à la longueur des syllabes (surtout en grec et en latin). — **2.** *Prosodie musicale,* ensemble des règles nécessaires pour appliquer une musique à des paroles ou des paroles à une musique. — **3.** Ensemble des phénomènes linguistiques mélodiques (intonation, accents, etc.).

prosodique [prɔzɔdik] adj. Relatif à la prosodie : *Règles prosodiques.*

prospecter [prɔspɛkte] v. t. (angl. *to prospect,* regarder devant). **1.** *Prospecter un terrain,* l'étudier pour en découvrir les richesses naturelles : *Prospecter une région dans l'espoir d'y découvrir du pétrole.* — **2.** *Prospecter une région, un marché,* etc., étudier les possibilités qui s'y trouvent pour augmenter une clientèle.

prospecteur, trice [prɔspɛktœr] adj. et n. Qui prospecte : *Agent prospecteur.*

prospectif, ive [prɔspɛktif] adj. (lat. *prospectivus,* qui concerne l'avenir). Orienté vers l'avenir : *Analyse prospective d'une situation.*

prospection [prɔspɛksjɔ̃] n. f. Action de prospecter : *La prospection et l'exploitation sont les éléments moteurs d'une compagnie pétrolière. Faire de la prospection par sondages dans une région* (syn. ENQUÊTE, RECHERCHE).

prospective [prɔspɛktiv] n. f. Science qui a pour objet, d'une part, l'étude des causes techniques, scientifiques, économiques et sociales qui accélèrent l'évolution du monde moderne, et, d'autre part, la prévision des situations qui en découlent.

prospectus [prɔspɛktys] n. m. (mot lat. signif. *aspect*). Feuille imprimée destinée à vanter un produit, une maison de commerce, à faire une annonce publicitaire, etc. : *Elle distribuait des prospectus à la sortie d'un grand magasin.*

prospère [prɔspɛr] adj. (lat. *prosperus*). **1.** Qui est dans une période de succès, de réussite : *Être dans une situation prospère* (= financièrement favorable). *Vivre des années prospères. Mener une vie prospère* (syn. HEUREUX). — **2.** Qui est en bonne santé, qui a belle apparence : *Avoir une mine prospère* (syn. ↑ RESPLENDISSANT). *Elle a une santé prospère* (syn. FLORISSANT).

prospérer [prɔspere] v. i. (c. **10**). **1.** (sujet qqch) Connaître un accroissement rapide : *Son commerce prospère* (contr. PÉRICLITER). — **2.** (sujet un animal, une plante) Se développer heureusement, se multiplier en abondance : *Les tomates prospèrent sur ce terrain.*

prospérité [prɔsperite] n. f. État de ce qui est prospère : *Souhaiter bonheur et prospérité* (syn. RICHESSE, SUCCÈS). *L'état de prospérité des affaires* (contr. MARASME).

prostate [prɔstat] n. f. (gr. *prostatês,* qui se tient en avant). Corps glandulaire propre au sexe masculin, qui est situé au niveau de la partie initiale de l'urètre.

prostatique [prɔstatik] adj. et n. Atteint d'une maladie de la prostate.

prosternation [prɔstɛrnasjɔ̃] n. f. ou **prosternement** [prɔstɛrnəmɑ̃] n. m. Action de se prosterner : *Les prosternations des fidèles.*

prosterner (se) [prɔstɛrne] v. pr. (lat. *prosternere*). *Se prosterner (devant qqn, qqch),* se courber profondément devant eux, en signe d'humilité, de respect, d'adoration : *Les pèlerins se prosternaient devant la statue miraculeuse.*

prostitué, e [prɔstitɥe] n. Personne qui se prostitue.

prostituer [prɔstitɥe] v. t. (lat. *prostituere,* exposer en public). **1.** *Prostituer qqn,* le livrer à la prostitution (sens 1). — **2.** *Prostituer son talent, un art,* etc., en faire un usage avilissant, dégradant. ◆ ***se prostituer*** v. pr. **1.** (sujet qqn) Consentir à des rapports sexuels contre de l'argent. — **2.** (sujet un artiste, un écrivain) Avilir son talent.

prostitution [prɔstitysjɔ̃] n. f. **1.** Action de consentir à des rapports sexuels contre de l'argent. — **2.** Usage dégradant de ses dons, de son talent : *Ce livre est indigne de lui : c'est de la prostitution.*

prostration [prɔstrasjɔ̃] n. f. État d'abattement complet, de faiblesse totale : *Tomber dans la prostration.*

prostré, e [prɔstre] adj. (lat. *prostratus,* renversé). En état de prostration : *Elle demeura prostrée à l'annonce de cette catastrophe* (syn. ACCABLÉ, ANÉANTI ; fam. EFFONDRÉ).

protagoniste [prɔtagɔnist] n. m. (gr. *prôtagônistês,* acteur chargé du premier rôle). Celui qui joue le rôle principal dans une affaire (soutenu).

protecteur, trice [prɔtɛktœr] adj. et n. **1.** Qui protège : *Le protecteur des faibles et des opprimés. Société protectrice des animaux* (= organisation qui a pour but de défendre les animaux contre les sévices). — **2.** *Ton, air protecteur,* qui fait sentir sa supériorité envers un inférieur : *Prendre un ton protecteur en s'adressant à ses subordonnés.*

protection [prɔtɛksjɔ̃] n. f. (bas lat. *protectio*). Action de protéger : *Assurer la protection de quelqu'un* (syn. SAUVEGARDE, DÉFENSE). *Se placer sous la protection de quelqu'un* (= lui demander secours et assistance). *Elle l'a prise sous sa protection* (= elle s'est chargée de la défendre).

protectionnisme [prɔtɛksjɔnism] n. m. Système économique qui tend à protéger un pays de la concurrence étrangère par des mesures douanières (contr. LIBRE-ÉCHANGE).

protectionniste [prɔtɛksjɔnist] adj. et n. Qui relève du protectionnisme.

protectorat [prɔtɛktɔra] n. m. Système juridique qui plaçait un État sous la dépendance d'un autre, en ce qui concernait notamment sa politique étrangère et sa défense militaire; cet État lui-même : *La Tunisie et le Maroc ont été sous protectorat français.*

protégé, e [prɔteʒe] n. *Fam.* Personne qui jouit de la faveur, du soutien de qqn : *Elle s'occupera de votre petite protégée. Les protégés du professeur* (syn. fam. CHOUCHOU).

protège-cahier [prɔtɛʒkaje] n. m. (pl. *protège-cahiers*). Couverture de papier ou de matière plastique dans laquelle on introduit un cahier.

protéger [prɔteʒe] v. t. (lat. *protegere,* couvrir) [c. 2 et 10]. **1.** *Protéger qqn, qqch (de, contre qqn, qqch),* les mettre à l'abri de dangers éventuels, d'incidents fâcheux : *Plusieurs policiers sont chargés de protéger le ministre* (syn. VEILLER SUR). *Un imperméable protège de la pluie. Deux hélicoptères protégeaient la colonne militaire contre les attaques* (= leur servaient de couverture). *Vaccins qui protègent contre certaines maladies* (syn. IMMUNISER). *Elle protège ses yeux avec des lunettes de soleil* (= les mettre à l'abri). *L'étui sert à protéger les lunettes* (= à les préserver des chocs). — **2.** *Protéger qqn,* lui assurer son soutien, son patronage : *Le directeur protégeait spécialement son neveu.* — **3.** *Protéger les lettres, les arts,* favoriser leur développement en apportant une aide aux écrivains, aux artistes.

protège-tibia [prɔtɛʒtibja] n. m. (pl. *protège-tibias*). Appareil de protection porté par les joueurs de football, rugby, etc.

protéine [prɔtein] n. f. (du gr. *prôtos,* premier). Substance azotée, contenue en grande quantité dans la viande *(protéine animale)* ou dans certains végétaux *(protéine végétale),* qui est indispensable à l'organisme.

protestant, e [prɔtɛstɑ̃] adj. et n. (de *protester,* au sens anc. de *déclarer*). Qui appartient à la religion réformée (religion chrétienne qui rejette l'autorité du pape) : *La religion, l'Église protestante. Les pasteurs sont les ministres du culte protestant.*

protestantisme [prɔtɛstɑ̃tism] n. m. Ensemble des Églises protestantes (anglicanisme, calvinisme, luthéranisme, etc.); leur doctrine.

protestataire [prɔtɛstatɛr] adj. et n. Qui fait une protestation : *Les protestataires se sont réunis devant la mairie.*

protestation [prɔtɛstasjɔ̃] n. f. Action de protester : *Élever une énergique protestation. Rester sourd à toutes les protestations. Ses protestations d'amitié m'avaient émue* (syn. ASSURANCE, TÉMOIGNAGE).

protester [prɔtɛste] v. i. et t. ind. (lat. *protestari,* déclarer publiquement). **1.** *Protester (contre qqch),* déclarer avec force son opposition, son refus ou son hostilité (à qqch) : *Elle a eu beau protester, elle n'a pas obtenu satisfaction* (syn. ↓RÉCLAMER; fam. ↓ ROUSPÉTER). *La presse protesta contre cet abus de pouvoir* (syn. ↑S'ÉLEVER, ↑S'INDIGNER). — **2.** *Protester de ses bons sentiments, de son innocence, de sa bonne foi,* etc., en donner l'assurance formelle.

prothèse [prɔtɛz] n. f. (gr. *prothesis,* addition). Remplacement partiel ou total d'un organe ou d'un membre par un appareil qui en reproduit la forme et en assume en partie la fonction; cet appareil : *Une prothèse dentaire. Un appareil de prothèse, comme une jambe ou un bras articulés.*

prothésiste [prɔtezist] n. Fabricant de prothèses, en partic. des prothèses dentaires.

protide [prɔtid] n. m. Syn. de PROTÉINE.

protocolaire [prɔtɔkɔlɛr] adj. Qui relève du protocole : *Questions protocolaires* (= touchant le cérémonial, l'étiquette). *Invitation purement protocolaire* (= conforme au protocole).

protocole [prɔtɔkɔl] n. m. (gr. *prôtokollon,* ce qui est collé en premier). **1.** Ensemble des règles observées en matière d'étiquette, de préséance, etc., dans les cérémonies officielles; ensemble des règles du savoir-vivre : *Le chef du protocole au ministère des Affaires étrangères. Le protocole mondain.* — **2.** Ensemble des dispositions adoptées dans l'établissement d'un traité : *Signer un protocole d'accord.*

proton [prɔtɔ̃] n. m. (du gr. *prôtos,* premier). Particule élémentaire chargée d'électricité positive entrant avec les neutrons dans la composition des noyaux : *Le noyau de l'atome d'hydrogène est constitué d'un seul proton.*

prototype [prɔtɔtip] n. m. (du gr. *prôtos,* premier, et *type*). **1.** Premier exemplaire, modèle : *Ce tableau est le prototype de l'art moderne.* — **2.** Premier exemplaire construit industriellement d'un appareil, d'une machine, etc., et qui est destiné à en expérimenter les qualités en service afin de le construire par la suite en série.

protozoaire [prɔtɔzɔɛr] n. m. (du gr. *prôtos,* premier, et *zôon,* animal). Être vivant constitué d'une seule cellule.

protubérance [prɔtyberɑ̃s] n. f. Saillie à la surface du corps : *Une protubérance gênante derrière l'oreille* (syn. EXCROISSANCE).

protubérant, e [prɔtyberɑ̃] adj. (du lat. *pro,* en avant, et *tuber,* bosse). Qui forme saillie à la surface d'un os, de la peau, etc. : *Il a la pomme d'Adam protubérante.*

prou [pru] adv. (de l'anc. fr. *preu,* profit). Litt. *Peu ou prou,* plus ou moins, quelque peu.

proue [pru] n. f. (lat. *prora*). Partie avant d'un navire (contr. POUPE).

prouesse [pruɛs] n. f. (de *preux,* courageux). Action d'éclat (soutenu) : *Le premier vol dans l'espace a été une belle prouesse* (syn. fam. PERFORMANCE, EXPLOIT); souvent ironiq. : *Il aime à raconter ses prouesses au volant* (syn. EXPLOIT, HAUTS FAITS). *Elle a fait des prouesses pour obtenir cette autorisation* (syn. PRODIGE).

prouvable [pruvabl] adj. Qui peut être prouvé : *Allégations difficilement prouvables.*

prouver [pruve] v. t. (lat. *probare,* mettre à l'épreuve). **1.** *Prouver qqch, que (+ ind.),* démontrer que c'est vrai au moyen d'arguments, de faits incontestables, de démonstrations abstraites : *Il cherche à prouver qu'il était parti au moment du crime* (syn. ÉTABLIR). *Elle veut prouver sa bonne foi. Ce que tu dis ne prouve pas ton innocence. Il n'est pas prouvé que vous ayez raison* (= ce n'est pas évident). — **2.** *Prouver qqch,* en faire apparaître l'existence, la réalité : *Comment vous prouver ma reconnaissance?* (syn. TÉMOIGNER). *Votre réponse prouve une certaine connaissance du sujet* (syn. DÉNOTER). *Qu'est-ce que ça prouve?* (réponse pour contredire les allégations d'autrui).

provenance [prɔvnɑ̃s] n. f. Origine : *Ne pas savoir la provenance d'un colis* (= le lieu d'expédition). *Des armes de toutes provenances* (= de toute origine). *Avion en provenance de Copenhague* (= venant de Copenhague).

provençal, e, aux [prɔvɑ̃sal] adj. et n. De la Provence. ◆ ***provençal*** n. m. Langue romane parlée en Provence.

provenir [prɔvnir] v. i. (lat. *provenire,* venir en avant) [c. 22]. **1.** *Provenir de qqch,* en tirer son origine : *Ces chèques proviennent de votre carnet* (= en sont tirés). *Cette race provient du croisement de deux espèces voisines* (= en est issue; syn. DESCENDRE). *Son genre de vie provient pour une large part de l'éducation qu'elle a reçue* (= s'explique par elle; syn. DÉRIVER, RÉSULTER, DÉCOULER). *Ce résultat provient d'une erreur faite au départ.* — **2.** *Provenir d'un lieu,* en venir (surtout au part. prés.) : *Un vin provenant d'Italie* (= en provenance de).

proverbe [prɔvɛrb] n. m. (lat. *proverbium*). **1.** Sentence, maxime, exprimée souvent en peu de mots, traduisant une vérité générale et traditionnelle, et qui apparaît le plus souvent dans la langue parlée pour étayer une affirmation, confirmer une décision, etc. : *Il a beaucoup voyagé et, comme dit le proverbe «pierre qui roule n'amasse pas mousse»; il est revenu avec très peu d'argent.* — **2.** *Passer en proverbe,* devenir un exemple, une chose remarquable pour tous : *L'hospitalité des Arabes est passée en proverbe.*

proverbial, e, aux [prɔvɛrbjal] adj. **1.** Qui a le caractère d'un proverbe : *Locution proverbiale.* — **2.** Exemplaire, remarquable : *L'habileté proverbiale d'un artisan.*

proverbialement [prɔvɛrbjalmɑ̃] adv. Sous forme de proverbe : *On dit proverbialement que...*

providence [prɔvidɑ̃s] n. f. (lat. *providentia,* prévoyance). **1.** Suprême sagesse avec laquelle Dieu gouverne le monde, avec l'idée de protection, de prévoyance des besoins de l'être humain; désigne souvent Dieu lui-même (avec majusc.) : *La divine providence. Les desseins de la Providence sont impénétrables* (= il ne faut pas s'étonner des circonstances imprévisibles de la vie). — **2.** Personne qui veille, qui aide, qui protège : *Vous êtes ma providence. Elle est devenue la providence de son quartier* (= personne charitable qui secourt les malheureux, etc.). — **3.** Chance, bonheur inespéré : *C'est une providence que vous vous soyez trouvés là juste à ce moment !*

providentiel, elle [prɔvidɑ̃sjɛl] adj. Se dit d'un événement parfaitement opportun, de ce qui est un effet de la providence ou est inespéré : *Des secours providentiels* (syn. INESPÉRÉ). *Une issue providentielle* (syn. MERVEILLEUX, INATTENDU).

providentiellement [prɔvidɑ̃sjɛlmɑ̃] adv. De manière providentielle : *Elle est arrivée providentiellement* (= au bon moment).

province [prɔvɛ̃s] n. f. (lat. *provincia*). **1.** Division administrative de l'ancienne France, de certains pays : *Les provinces françaises sous l'Ancien Régime pouvaient être des régions juridiquement très différentes.* — **2.** Toute région caractérisée par ses coutumes et ses traditions : *Une collection de poupées des provinces de France : Bretagne, Alsace, etc.* — **3.** L'ensemble de la France, par oppos. à Paris : *Fonctionnaire qui est nommé en province.* ◆ adj. inv. Fam. et péjor. *Il fait très province,* son comportement dénote son origine provinciale.

provincial, e, aux [prɔvɛ̃sjal] adj. Qui se rapporte à la province, qui en a les caractères : *Les divisions provinciales. La vie provinciale.* ◆ n. Qui habite la province : *Un jeune provincial frais débarqué à Paris.*

provincialisme [prɔvɛ̃sjalism] n. m. Comportement propre aux provinciaux.

proviseur [prɔvizœr] n. m. (lat. *provisor,* qui pourvoit à). Fonctionnaire de l'enseignement chargé de l'administration d'un lycée.

provision [prɔvizjɔ̃] n. f. (lat. *provisio,* prévoyance). **1.** Ensemble de choses nécessaires ou utiles mises en réserve pour un usage particulier : *Elle avait une importante provision de boîtes de conserve dans sa maison de campagne. Faire provision de bois pour l'hiver, de cahiers pour la rentrée des classes.* — **2.** Somme déposée en banque pour couvrir les paiements qu'on est amené à faire : *Chèque sans provision.* — **3.** Somme versée à titre d'acompte à un avocat, à un commerçant, etc. (syn. AVANCE). — **4.** *Une provision (de qqch),* une forte quantité de : *Une bonne provision de courage* (syn. RÉSERVE). ◆ ***provisions*** n. f. pl. Produits alimentaires, produits d'entretien, etc., achetés : *Mettre ses provisions dans un placard. Un panier à provisions* (= où on met ses emplettes). *Faire ses provisions au marché.* (→ APPROVISIONNER.)

provisionnel, elle [prɔvizjɔnɛl] adj. Se dit d'une somme qui constitue une provision (sens 3) : *Payer le tiers provisionnel au fisc.*

provisoire [prɔvizwar] adj. (lat. *provisus,* prévu). Qui a lieu, qui se fait en attendant autre chose, qui doit être remplacé par qqch de définitif : *Le problème a reçu des solutions provisoires* (syn. TRANSITOIRE). *Une construction provisoire. Un gouvernement provisoire* (= mis en place avant la constitution d'un régime stable). ◆ n. m. État transitoire : *Vivre dans le provisoire.*

provisoirement [prɔvizwarmɑ̃] adv. De façon provisoire : *Elle loge provisoirement à l'hôtel en attendant un appartement* (syn. MOMENTANÉMENT).

provisorat [prɔvizɔra] n. m. Fonction de proviseur.

provocant, e [prɔvɔkɑ̃] adj. Qui constitue une provocation : *Attitude provocante* (syn. AGRESSIF). *Femme provocante* (= dont l'attitude incite au désir).

provocateur, trice [prɔvɔkatœr] adj. et n. Qui cherche à susciter des actes de violence : *Des agents provocateurs se sont glissés dans les rangs des manifestants. Des provocateurs sont à l'origine de l'émeute.*

provocation [prɔvɔkasjɔ̃] n. f. Action de provoquer, d'inciter à commettre un délit : *Cet article est une véritable provocation au meurtre* (syn. INCITATION, APPEL). *Avoir une attitude de provocation* (syn. DÉFI). *Ne pas répondre à une provocation.*

provoquer [prɔvɔke] v. t. (lat. *provocare,* appeler dehors). **1.** *Provoquer qqn* (à *qqch,* à [+ *inf.*]), le pousser à un acte blâmable ou violent, par une sorte d'appel ou de défi : *Ils cherchèrent à les provoquer au combat* (syn. AMENER, POUSSER). *Provoquer des militaires à la désobéissance* (syn. INCITER). *Tais-toi; ne le provoque pas, il est plus fort que toi.* — **2.** *Provoquer qqn,* exciter son désir par son attitude : *Elle n'a pas cessé de le provoquer pendant tout le dîner.* — **3.** *Provoquer qqch,* en être la cause : *Ces paroles provoquèrent sa colère* (syn. EXCITER). *Les difficultés de ravitaillement provoquèrent des troubles dans les grandes villes* (syn. AMENER, PRODUIRE, OCCASIONNER, SUSCITER). *Les bouleversements politiques provoqués par sa démission* (syn. CRÉER).

proxénète [prɔksenɛt] n. (gr. *proxenêtês,* courtier). Personne qui facilite la prostitution d'autrui et qui en tire des bénéfices.

proxénétisme [prɔksenetism] n. m. Activité du proxénète : *Condamné pour proxénétisme.*

proximité [prɔksimite] n. f. (du lat. *proximus,* proche). **1.** Faible distance d'une chose (par rapport à une autre) dans l'espace ou le temps : *La proximité des commerçants est un des avantages de cette maison* (syn. VOISINAGE; contr. ÉLOIGNEMENT). *La proximité des vacances ne les incite pas à travailler* (syn. APPROCHE). — **2.** *À proximité (de),* aux environs immédiats : *Vous trouverez à proximité un poste d'essence. La maison est à proximité de la poste* (syn. PROCHE DE).

prude [pryd] adj. et n. f. (de l'anc. fr. *preudefemme,* femme de valeur). D'une pudeur affectée, outrée ou hypocrite : *Une personne prude* (syn. ↑PUDIBONDE). *Faire la prude. Elle n'est pas prude* (syn. BÉGUEULE).

prudemment [prydamɑ̃] adv. De façon prudente : *Se risquer prudemment vers la sortie* (= avec circonspection). *Garder prudemment le silence* (syn. SAGEMENT).

prudence [prydɑ̃s] n. f. (lat. *prudentia*). Comportement prudent : *Elle a eu la prudence de se taire* (syn. SAGESSE). *Manquer de prudence* (syn. RÉFLEXION). *Mener des négociations avec prudence* (syn. PRÉCAUTION). *Par mesure de prudence, mets ton chandail ; il fait froid.*

prudent, e [prydɑ̃] adj. et n. (lat. *prudens*). Qui agit en veillant à éviter les dangers, les dommages, les fautes ; se dit aussi d'un acte accompli dans cet esprit : *Un automobiliste prudent. Elle garde dans cette affaire difficile une conduite prudente* (syn. ↑AVISÉ). *Il n'est pas prudent de se pencher par la portière. Elle jugea prudent d'attendre* (syn. BON). *Les gens prudents évitent de se baigner à marée descendante* (syn. SAGE, AVERTI, PRÉVOYANT). *C'est un prudent : il ne se compromettra pas.*

pruderie [prydri] n. f. Attitude prude : *La pruderie d'une sainte-nitouche* (syn. ↑PUDIBONDERIE).

prud'homme [prydɔm] n. m. (de l'anc. fr. *prod,* preux, sage, et *homme*). *Conseil de prud'hommes,* tribunal qui tranche les différends individuels d'ordre professionnel, entre employeurs et employés.

prune [pryn] n. f. (lat. *prunum*). Fruit de forme ronde ou allongée, à chair sucrée et comestible.

pruneau [pryno] n. m. Prune séchée, de couleur noirâtre : *Être noir comme un pruneau.*

prunelle [prynɛl] n. f. **1.** Petite prune bleue, dont on fait de l'eau-de-vie ; cette eau-de-vie. — **2.** Nom usuel de la pupille de l'œil. — **3.** *Tenir à qqch comme à la prunelle de ses yeux,* le considérer comme ce qu'on a de plus précieux.

prunier [prynje] n. m. Arbre cultivé pour ses fruits *(prunes).*

prurit [pryrit] n. m. (lat. *pruritus,* de *prurire,* démanger). Vive démangeaison, produite généralement par une éruption.

psalmodier [psalmɔdje] v. t. (du gr. *psalmos,* psaume, et *ôdê,* chant). *Psalmodier qqch,* le débiter d'une manière monotone, sur un ton uniforme : *Psalmodier une poésie.*

psaume [psom] n. m. (gr. *psalmos*). Chant sacré, cantique, poème religieux de la liturgie chrétienne et juive.

psautier [psotje] n. m. Recueil de psaumes.

pseudo- [psødo], préfixe (gr. *pseudês,* menteur) qui a le sens de « faux », « mensonger » : *Un pseudo-savant. Un pseudo-problème.*

pseudonyme [psødɔnim] n. m. (gr. *pseudês,* menteur, et *onoma,* nom). Nom sous lequel un auteur publie un ouvrage, en masquant sa véritable identité : *« George Sand » est un pseudonyme, elle s'appelait en réalité Aurore Dupin.*

psychanalyse [psikanaliz] n. f. (du gr. *psukkê,* âme, et *analyse*). Méthode d'investigation de la vie psychique inconsciente, élaborée par Freud, et traitant certains troubles mentaux par une thérapeutique issue de cette méthode.

psychanalyser [psikanalize] v. t. *Psychanalyser qqn,* le soumettre à une psychanalyse.

psychanalyste [psikanalist] n. Praticien de la psychanalyse (souvent abrégé en *analyste*).

psychanalytique [psikanalitik] adj. Qui relève de la psychanalyse : *Traitement psychanalytique.*

psyché [psiʃe] n. f. (de *Psyché,* n. pr.). Grand miroir mobile, fixé dans un châssis posé à même le sol.

psychédélique [psikedelik] adj. **1.** Se dit de l'état proche de l'hallucination de celui qui a absorbé certaines drogues. — **2.** Se dit d'un éclairage mouvant, d'un dessin, etc., qui ressemble aux visions de l'état psychédélique.

psychiatre [psikjatr] n. m. (gr. *psukkê,* âme, et *iatros,* médecin). Spécialiste des maladies mentales.

psychiatrie [psikjatri] n. f. Étude et traitement des maladies mentales.

psychiatrique [psikjatrik] adj. Relatif à la psychiatrie : *Hôpital psychiatrique.*

psychique [psiʃik] adj. (du gr. *psukkê,* âme). Qui concerne les états de conscience, la vie mentale : *Les phénomènes psychiques* (syn. MENTAL).

psychisme [psiʃism] n. m. Ensemble des caractères psychiques d'un individu.

psychodrame [psikɔdram] n. m. (gr. *psukkê,* âme, et *drama,* action). Improvisation dirigée de scènes dans lesquelles, dans un but thérapeutique, les personnes du groupe jouent un rôle proche de leur situation réelle dans l'existence.

psychologie [psikɔlɔʒi] n. f. (gr. *psukkê,* âme, et *logos,* science). **1.** Étude scientifique de la vie mentale (mémoire, raisonnement, intelligence, etc.), des sensations et des perceptions : *Psychologie expérimentale* (= fondée sur l'expérimentation). *Psychologie de l'enfant.* — **2.** Connaissance empirique des sentiments d'autrui : *Manquer de psychologie.* — **3.** Analyse des sentiments, des états de conscience : *La fine psychologie de Racine.* — **4.** Ensemble des sentiments, des façons de penser ou d'agir caractérisant qqn, un groupe : *La psychologie des Américains.*

psychologique [psikɔlɔʒik] adj. **1.** Propre à la psychologie : *Le vocabulaire psychologique* (= qui concerne la psychologie). *L'analyse psychologique. Un roman psychologique* (= qui s'attache à l'étude des sentiments). — **2.** Qui relève de la vie psychique : *Mais non tu n'es pas malade, ton problème est purement psychologique* (syn. PSYCHIQUE). ‖ *Moment, instant psychologique,* moment opportun pour agir, instant où un adversaire est dans des dispositions qui le mettent en état d'infériorité.

psychologiquement [psikɔlɔʒikmɑ̃] adv. Sur le plan psychologique : *Un personnage psychologiquement invraisemblable.*

psychologue [psikɔlɔg] n. **1.** Spécialiste de psychologie. — **2.** Personne qui a une intuition empirique des sentiments d'autrui.

psychomoteur, trice [psikɔmɔtœr] adj. (du gr. *psukkê,* âme, et *moteur*). Qui concerne à la fois les fonctions psychiques, psychologiques et les fonctions motrices : *Le développement psychomoteur de l'enfant.*

psychomotricité [psikɔmɔtrisite] n. f. Ensemble des fonctions psychomotrices.

psychopathe [psikɔpat] n. (gr. *psukkê,* âme, et *pathos,* souffrance). Malade mental.

psychopathologie [psikɔpatɔlɔʒi] n. f. Étude des maladies mentales.

psychopédagogie [psikɔpedagɔʒi] n. f. Pédagogie fondée sur le développement intellectuel de l'enfant.

psychose [psikoz] n. f. (du gr. *psukkê,* âme). **1.** Maladie mentale caractérisée par la perte de contact avec la réalité. — **2.** Crainte, appréhension d'un fléau qui s'impose à un groupe de personnes et qui prend un caractère d'obsession : *Psychose collective.*

psychosomatique [psikɔsɔmatik] adj. (du gr. *psukkê*, âme, et *sôma*, corps). *Maladie psychosomatique*, qui se manifeste physiquement mais qui est due à des troubles psychiques.

psychothérapeute [psikɔterapøt] n. Spécialiste de psychothérapie.

psychothérapie [psikɔterapi] n. f. Thérapie utilisant des méthodes psychologiques.

psychotique [psikɔtik] adj. et n. Atteint de psychose.

puant, e [pyɑ̃] adj. 1. Qui exhale une odeur nauséabonde : *Une mare puante* (syn. FÉTIDE, ↑INFECT). — 2. *Fam.* Se dit de qqn que sa vanité, son orgueil rendent insupportable : *Puant d'orgueil. Il est devenu puant depuis qu'il a été nommé directeur.*

puanteur [pyɑ̃tœr] n. f. Très mauvaise odeur : *Le cadavre dégageait une épouvantable puanteur.*

1. pub [pœb] n. m. (mot angl.). Nom des établissements où on sert des boissons alcoolisées en Grande-Bretagne ; en France, café au décor anglais.

2. pub [pyb] n. m. Abrév. fam. de PUBLICITÉ.

pubère [pybɛr] adj. et n. (lat. *puber*). Qui a atteint l'âge de la puberté.

puberté [pybɛrte] n. f. (lat. *pubertas*). Période de la vie humaine marquée par le début de l'activité des glandes reproductrices et la manifestation de certains caractères sexuels secondaires (mue de la voix, par ex.).

pubis [pybis] n. m. (lat. *pubes*, poil). Partie inférieure du ventre formant une éminence triangulaire qui se couvre de poils au moment de la puberté.

publiable [pyblijabl] adj. Qui peut être publié.

1. public, ique [pyblik] adj. (lat. *publicus*). 1. Qui appartient à une collectivité, qui en est l'expression : *L'opinion publique* (= celle qui traduit les sentiments du plus grand nombre de personnes). *Il est de notoriété publique que...* (= tout le monde sait bien que). — 2. Qui concerne un groupe pris dans son ensemble, une collectivité : *L'ennemi public nº 1. C'est un vrai danger public* (= qqn qui constitue une menace pour tous). — 3. Accessible à tous : *Jardin public. Scandale sur la voie publique. Organiser une réunion publique* (= ouverte à tous). *École publique* (contr. PRIVÉ). *Le procès a lieu en séance publique* (contr. À HUIS CLOS). — 4. Connu de tous : *Depuis qu'elle est célèbre, tous ses faits et gestes sont devenus publics.* — 5. Qui relève de l'État, de l'administration d'un pays : *Entrer dans la fonction publique* (= devenir fonctionnaire). — 6. *Autorité publique*, gouvernement d'un pays. ‖ *Charges publiques*, impositions payées par la population d'un pays. *Droit public*, partie du droit qui règle les rapports de l'État, du gouvernement et des citoyens. ‖ *La chose publique*, l'État (soutenu) : *Être tout dévoué à la chose publique.* ‖ *Les affaires publiques*, la vie politique en général, l'intérêt de l'État (soutenu). ‖ *Monument public*, qui appartient à l'État. ‖ *Personne publique*, personnalité qui a une position en vue et plus ou moins officielle dans la société. ‖ *Secteur public* → SECTEUR. ‖ *Trésor public*, ensemble des revenus de l'État. ‖ *Vie publique*, vie, conduite, actes qu'une personne publique accomplit au titre de ses fonctions (par oppos. à *vie privée*).

2. public [pyblik] n. m. 1. Ensemble des gens en général, population : *Avis au public. Porte interdite au public.* — 2. Ensemble des personnes qui lisent un livre, assistent à un spectacle, etc. : *L'écrivain a une influence certaine sur son public* (= ses lecteurs). *Le public applaudit à la pièce de théâtre* (= les spectateurs). — 3. *En public*, en présence de nombreuses personnes : *Parler en public.* ‖ *(Le) grand public*, l'ensemble du public, par oppos. aux initiés, aux professionnels : *Un film grand public.*

publication [pyblikasjɔ̃] n. f. 1. Action de publier : *Un incident technique est venu arrêter la publication de la revue. La publication des bans de mariage est obligatoire.* — 2. Œuvre, texte publiés : *On trouvait dans la devanture de la librairie des publications de toute sorte* (= livres, journaux, brochures, etc. ; syn. OUVRAGE).

publicitaire [pyblisitɛr] adj. Qui relève de la publicité : *Campagne publicitaire.* ◆ n. Agent de publicité.

publicité [pyblisite] n. f. 1. Caractère de ce qui est public : *La publicité des débats parlementaires* (soutenu ; = le fait qu'ils soient publics). — 2. Ensemble des moyens employés pour faire connaître une entreprise industrielle, commerciale, pour accroître la vente d'un produit : *Cette entreprise fait beaucoup de publicité* (syn. RÉCLAME). [Abrév. fam. PUB.]

publier [pyblije] v. t. (lat. *publicare*). 1. *Publier un livre, un écrit*, le faire paraître : *Elle a publié de nombreux romans. Ce professeur a beaucoup publié, peu publié. Une maison d'édition qui cherche à publier de bons ouvrages* (syn. ÉDITER). — 2. *Publier une nouvelle*, la répandre, la divulguer. — 3. *Publier les bans d'un mariage*, faire l'annonce légale de ce mariage.

publiquement [pyblikmɑ̃] adv. En présence de nombreuses personnes : *Confesser publiquement sa faute* (syn. EN PUBLIC). *Tout se fait ici publiquement* (= au grand jour ; syn. OUVERTEMENT).

puce [pys] n. f. (lat. *pulex, -icis*). 1. Insecte qui se nourrit du sang puisé par piqûre dans le corps des mammifères : *Être piqué par une puce.* — 2. Dans un circuit électronique, petite surface supportant un microprocesseur. — 3. *Marché aux puces* (ou *les puces*), marché où on vend des objets d'occasion. ‖ *Mettre la puce à l'oreille à qqn*, éveiller ses doutes ou ses soupçons. ‖ Fam. *Secouer les puces à qqn*, le réprimander fortement. ◆ adj. inv. D'une couleur brun-rouge.

puceau [pyso] n. m. et adj., **pucelle** [pysɛl] n. f. et adj. (bas lat. *pulicella*). *Fam.* Garçon ou fille vierge.

pucelage [pyslaʒ] n. m. *Fam.* Virginité.

puceron [pysrɔ̃] n. m. (de *puce*). Insecte qui vit en parasite sur des plantes, dont il aspire le suc.

pudding ou **pouding** [pudiŋ] n. m. (mot angl.). Gâteau composé de farine, de graisse de bœuf, de raisins secs, de lait et de rhum (syn. PLUM-PUDDING).

pudeur [pydœr] n. f. (lat. *pudor*). 1. Discrétion, retenue qui empêche de dire ou de faire ce qui peut blesser la décence ; sentiment de gêne, de réserve qu'éprouve qqn en ce qui concerne les réalités sexuelles : *Des propos qui bravent la pudeur* (syn. DÉCENCE). *Un exhibitionniste arrêté pour outrage à la pudeur. N'avoir aucune pudeur.* — 2. Réserve de qqn qui évite tout ce qui risque de choquer les autres, de causer une gêne morale : *Vous devriez avoir la pudeur de vous taire* (syn. DÉLICATESSE). *C'est manquer de pudeur que de montrer un tel luxe devant tant de misère* (syn. RETENUE, DISCRÉTION).

pudibond, e [pydibɔ̃] adj. (lat. *pudibundus*, de *pudere*, avoir honte). Qui manifeste une pudeur affectée et souvent excessive : *Après une vie assez libre, elle est devenue très pudibonde vers la quarantaine* (syn. PRUDE).

pudibonderie [pydibɔ̃dri] n. f. Attitude pudibonde.

pudique [pydik] adj. (lat. *pudicus*). 1. Qui manifeste de la pudeur : *Un geste pudique.* — 2. Plein de réserve : *Il fit une allusion pudique à sa situation difficile* (syn. DISCRET).

pudiquement [pydikmɑ̃] adv. Avec pudeur : *Une femme qui baisse pudiquement les yeux* (syn. CHASTEMENT). *Les pauvres, qu'on appelle pudiquement des «économiquement faibles».*

puer [pɥe] v. i. (lat. *putere*) [sujet qqn, qqch] **1.** Répandre une odeur très désagréable : *Un fromage qui pue. Ça pue dans cette chambre* (syn. SENTIR MAUVAIS); avec un n. désignant le type d'odeur : *Il pue le vin. Une cuisine qui pue l'ail.* — **2.** *Péjor.* Laisser apparaître un caractère désagréable, déplaisant : *Tout, dans cette maison, pue le fric.*

puéricultrice [pɥerikyltris] n. f. Spécialiste de puériculture.

puériculture [pɥerikyltyr] n. f. (du lat. *puer,* enfant, et *culture*). Ensemble des connaissances et des techniques nécessaires aux soins des tout-petits.

puéril, e [pɥeril] adj. (du lat. *puer,* enfant). Qui paraît déplacé chez un adulte, du fait de son caractère enfantin; qui manque de sérieux, de maturité (souvent péjor.) : *Avoir un comportement puéril. Vous êtes puéril de croire qu'elle va changer d'avis* (syn. NAÏF). *Avoir des amusements puérils* (syn. FRIVOLE, FUTILE).

puérilement [pɥerilmɑ̃] adv. De façon puérile : *Rester puérilement attaché à de vieilles habitudes.*

puérilité [pɥerilite] n. f. Caractère puéril, enfantin : *La puérilité de ses propos m'agaçait. Dire des puérilités* (syn. BANALITÉ, FUTILITÉ, ENFANTILLAGE).

pugilat [pyʒila] n. m. (lat. *pugilatus*). Bagarre à coups de poing : *Réunion politique qui se termine en pugilat* (syn. ↑RIXE).

pugiliste [pyʒilist] n. m. *Litt.* Boxeur.

pugnace [pygnas] adj. (lat. *pugnax*). *Litt.* Combatif : *Un tempérament pugnace.*

pugnacité [pygnasite] n. f. *Litt.* Combativité, goût pour la lutte, la compétition : *Montrer de la pugnacité.*

puîné, e [pɥine] adj. et n. (de *puis* et *né,* né après). Né après un de ses frères, une de ses sœurs (soutenu ou jurid.) : *Ma sœur puînée* (syn. CADET).

puis [pɥi] adv. (bas lat. *postius,* après). **1.** Indique une succession dans le temps : *On entendit un crissement de pneus, puis un bruit de tôles froissées* (syn. ENSUITE, APRÈS; contr. D'ABORD). *Une douleur d'abord faible, puis aiguë. Une lampe s'alluma, puis deux, puis trois.* — **2.** *Et puis,* introduit une raison supplémentaire dans une série d'arguments : *Je n'ai pas fini ce roman, car j'étais très occupé, et puis il était fort ennuyeux* (syn. D'AILLEURS). — **3.** *Et puis après?, et puis quoi?,* expriment le peu d'importance qu'on attache à ce qui vient d'être fait et à ses conséquences : *Elle n'est pas contente, et puis après? Vous avez manqué votre train, et puis quoi? il y en a un autre dans cinq minutes.*

puisard [pɥizar] n. m. (de *puits*). Égout vertical fermé, où les eaux usées et les eaux de pluie s'écoulent peu à peu par infiltration.

puisatier [pɥizatje] n. m. Terrassier spécialisé dans le forage des puits de faible diamètre.

puisement [pɥizmɑ̃] ou **puisage** [pɥizaʒ] n. m. Action de puiser : *Le puisage dans la rivière.*

puiser [pɥize] v. t. (de *puits*). **1.** *Puiser un liquide,* le prendre à l'aide d'un récipient : *Puiser de l'eau dans la rivière.* — **2.** *Puiser qqch,* l'extraire, le tirer de qqch (soutenu) : *Où puise-t-elle ce courage? Puiser des thèmes de chansons dans le folklore* (syn. PRENDRE, EMPRUNTER). — **3.** *Puiser aux sources,* avoir recours aux documents originaux.

puisque [pɥisk(ə)] conj. (Ne s'élide que devant *il, elle, en, on, un, une.*) Indique la cause d'une action, la justification d'une affirmation ou d'une question : *Puisque vous avez très souvent mal à la tête, faites-vous examiner les yeux* (syn. ÉTANT DONNÉ QUE, COMME). *Puisque vous êtes satisfait de votre emploi, je ne vois pas pourqoi je vous proposerais une nouvelle situation* (syn. DÈS L'INSTANT QUE); introduit une subordonnée justifiant le point de vue de celui qui parle : *Sa bêtise, puisqu'il faut bien l'appeler ainsi, a eu de graves conséquences;* dans une exclamative : *Mais puisque je vous le dis! c'est un incapable! Tant pis! puisqu'elle n'en saura rien!*

puissamment [pɥisamɑ̃] adv. De manière puissante : *Avion puissamment armé* (syn. FORTEMENT).

puissance [pɥisɑ̃s] n. f. **1.** Pouvoir d'exercer une action importante, matérielle, morale, etc., sur les autres : *Personne qui donne une impression de puissance* (= de force). *La puissance que lui conférait la fortune* (syn. POUVOIR). *User de sa puissance pour obtenir des avantages à ses amis* (syn. INFLUENCE, CRÉDIT). — **2.** Qualité de ce qui peut fournir de l'énergie, de qqn ou de qqch qui agit avec force : *La puissance d'un moteur est exprimée en chevaux-vapeur. La puissance d'un éclairage, d'un haut-parleur* (= l'intensité de la lumière, du son qu'ils émettent). *Une romancière qui a une grande puissance d'imagination. Sa puissance de travail est considérable* (syn. CAPACITÉ). *La puissance de son raisonnement a convaincu les plus hésitants.* — **3.** *Puissance d'une nation, d'une armée,* etc., son potentiel économique, industriel, militaire. — **4.** État souverain : *Espionnage au profit d'une puissance ennemie. Les grandes puissances.* — **5.** *Puissance d'un nombre,* chacun des degrés auxquels on élève une quantité en la multipliant par elle-même ($5^4 = 5 \times 5 \times 5 \times 5$). — **6.** *En puissance,* de manière virtuelle : *L'avenir est déjà en puissance dans le présent. Exister en puissance* (contr. EFFECTIVEMENT; philos. EN ACTE). *Un criminel en puissance* (= celui qui est capable de commettre un crime). ‖ Litt. *Les puissances des ténèbres,* les démons. ‖ *Puissances occultes,* forces, personnes qui agissent secrètement.

puissant, e [pɥisɑ̃] adj. (anc. part. prés. du v. *pouvoir*) [avant ou après le n.] **1.** Qui a beaucoup d'influence, de pouvoir : *Un puissant monarque. Un syndicat très puissant. Elle a une personnalité puissante* (syn. FORT, MARQUANT, SAILLANT). — **2.** Se dit d'un pays qui a un important potentiel économique, industriel, militaire, d'une armée qui a de gros effectifs et qui dispose d'un matériel important : *Une nation puissante. Une puissante armée.* — **3.** Qui a ou manifeste une grande force physique : *Un homme puissant. Une puissante musculature. D'un puissant coup de queue, le requin se dégagea du harpon. Une voix puissante* (syn. ↓FORT). — **4.** Qui peut fournir une énergie considérable, qui agit avec force : *Un moteur puissant. Des freins puissants. Un puissant médicament* (syn. ÉNERGIQUE). *Ces paroles nous apportèrent un puissant réconfort* (syn. ↓GRAND). ◆ ***puissant*** n. m. Celui qui a une grande autorité, qui jouit d'un grand crédit (surtout pl.) : *Les puissants de la Terre.*

puits [pɥi] n. m. (lat. *puteus*). **1.** Trou creusé dans le sol, souvent maçonné, pour tirer de l'eau : *Creuser un puits. Tirer de l'eau au puits.* — **2.** *Puits de pétrole,* trou foré pour l'extraction du pétrole. — **3.** *Puits de science,* personne au savoir prodigieux.

pullman [pulman] n. m. (du n. de l'inventeur). Voiture de luxe, dans certains trains; autocar de luxe.

pull-over [pulɔvœr,pylɔvɛr] (pl. *pull-overs*) ou **pull** [pyl] n. m. (de l'angl. *to pull over,* tirer par-dessus [la tête]). Chandail avec ou sans manches, qu'on met et enlève en le faisant passer par-dessus la tête.

pullulement [pylylmɑ̃] n. m. Fait de pulluler : *On voyait sur l'étang un pullulement d'insectes.*

pulluler [pylyle] v. i. (lat. *pullulare*). **1.** (sujet être animé) Se reproduire en grand nombre, se multiplier : *Les vers pullulaient dans le fromage* (syn. GROUILLER). — **2.** (sujet qqch) Se répandre avec profusion : *Les erreurs matérielles pullulent dans ce livre* (syn. FOURMILLER).

pulmonaire [pylmɔnɛr] adj. (du lat. *pulmo, pulmo-*

nis, poumon). Relatif au poumon : *Congestion pulmonaire. Artère pulmonaire* (= du poumon).

pulpe [pylp] n. f. (lat. *pulpa*). **1.** *Pulpe d'un fruit,* sa chair, généralement riche en sucs. — **2.** *Pulpe dentaire,* tissu mou contenu dans la cavité de la dent, qui assure par ses vaisseaux et ses nerfs la nutrition de celle-ci.

pulsation [pylsasjɔ̃] n. f. (lat. *pulsus,* pouls). Battement du cœur ou des artères (pouls) : *Les pulsations du cœur. La malade avait cent quarante pulsations à la minute.*

pulsé, e [pylse] adj. (lat. *pulsus,* poussé). *Air pulsé,* rejeté à l'extérieur par pression.

pulsion [pylsjɔ̃] n. f. Mouvement instinctif, irrépressible qui pousse à certaines actions.

pulvérisateur [pylverizatœr] n. m. Instrument permettant de projeter un liquide en fines gouttelettes.

pulvérisation [pylverizasjɔ̃] n. f. Action de pulvériser; fait d'être pulvérisé : *Des pulvérisations de produits insecticides.*

pulvériser [pylverize] v. t. (du lat. *pulvis, pulveris,* poussière). **1.** *Pulvériser une matière,* la réduire en poudre, en fines parcelles, en très petites parties : *Pulvériser de la craie dans un mortier.* — **2.** *Pulvériser un liquide,* le projeter en fines gouttelettes : *La vendeuse pulvérisait du parfum sur les vêtements des clientes.* — **3.** Fam. *Pulvériser qqch, qqn,* le détruire complètement : *La voiture a été pulvérisée par l'explosion. Pulvériser un adversaire* (= l'anéantir). — **4.** *Pulvériser un record,* battre, dépasser très largement le record précédemment établi.

pulvérulent, e [pylverylɑ̃] adj. (du lat. *pulvis, pulveris,* poussière). À l'état de poudre très fine, ou qui peut se réduire en parcelles très fines : *La chaux pulvérulente.*

puma [pyma] n. m. (mot du Pérou). Mammifère carnassier d'Amérique.

punaise [pynɛz] n. f. (du lat. *putere,* puer, et *nasus,* nez). **1.** Insecte à corps aplati et dégageant une odeur repoussante, parasite de l'homme, des animaux ou des végétaux. — **2.** Fam. *Punaise de sacristie,* bigote. — **3.** Petit clou à tête large, à pointe courte, très fine.

1. punch [pɔ̃ʃ] n. m. (mot angl.). Boisson faite avec du rhum et du sirop de sucre.

2. punch [pœnʃ] n. m. (mot angl.). **1.** Réserve de vigueur qui permet à un sportif de faire l'effort décisif au dernier moment : *Boxeur qui a du punch.* — **2.** *Fam.* Efficacité, dynamisme : *Personne qui manque de punch.*

punching-ball [pœnʃiŋbol] n. m. (angl. *punching,* en frappant) [pl. *punching-balls*]. Ballon maintenu verticalement par des liens élastiques et servant à l'entraînement des boxeurs.

puni, e [pyni] adj. et n. Personne punie : *Les punis resteront samedi soir au lycée.*

punir [pynir] v. t. (lat. *punire*). **1.** *Punir qqn,* lui infliger une peine afin de lui faire expier une faute, de le corriger, etc. : *Le tribunal a sévèrement puni le délinquant* (syn. CONDAMNER). *Punir les coupables* (syn. CHÂTIER). *Punir un accusé d'une peine d'emprisonnement* (syn. FRAPPER). *Elle a puni sa fille pour sa désobéissance.* — **2.** *Punir qqn de qqch,* lui faire subir un mal à cause de qqch (souvent pass.) : *Il a été bien puni de son orgueil. Être puni de sa curiosité.* — **3.** *Punir une faute,* la frapper d'un châtiment, d'une sanction : *La loi punit une telle escroquerie!* (syn. RÉPRIMER). *Punir une infraction* (syn. SANCTIONNER). *Punir l'injustice.*

punissable [pynisabl] adj. Qui peut être puni : *Crime punissable de dix ans de réclusion* (syn. PASSIBLE).

punitif, ive [pynitif] adj. Qui a pour objet de punir : *Expédition punitive* (= destinée à exercer des représailles).

punition [pynisjɔ̃] n. f. **1.** Action de punir : *La juste punition des coupables* (syn. CHÂTIMENT). — **2.** Peine infligée pour une faute (exclut l'idée de gravité) : *Recevoir une punition. Infliger, donner une punition* (syn. SANCTION). *Punition corporelle* (= peine physique, coups). — **3.** Conséquence pénible d'une action : *Son échec est la punition de son étourderie.*

1. pupille [pypij,pypil] n. f. (lat. *pupilla*). Orifice central de l'iris de l'œil, par où passent les rayons lumineux.

2. pupille [pypij,pypil] n. (lat. *pupillus*). **1.** Orphelin mineur, placé sous l'autorité d'un tuteur. — **2.** *Pupille de la nation,* enfant orphelin de guerre, bénéficiant de l'aide de l'État.

pupitre [pypitr] n. m. (lat. *pupitrum,* estrade). Petit meuble, souvent à plan incliné, sur lequel on peut écrire, dessiner, etc., en posant des cahiers, des feuilles, des livres : *Les pupitres d'une classe* (syn. TABLE). *Le pupitre d'une dessinatrice, d'un chef d'orchestre.*

pupitreur, euse [pypitrœr] n. Agent travaillant au pupitre d'un ordinateur.

pur, e [pyr] adj. (lat. *purus*) [après le n.] **1.** Se dit de qqch qui ne contient aucun élément étranger, dont la couleur n'est mélangée à aucune autre, qui n'est dénaturé par rien d'étranger : *Alcool pur* (contr. ÉTENDU, MÉLANGÉ). *Boire du vin pur* (= sans eau). *Rendre un son pur* (= dont le timbre est net, formé des harmoniques fondamentaux seulement). *Corps à l'état pur* (= sans mélange avec un autre corps). *Race pure* (= race animale qui ne s'est pas croisée avec une autre). *Ciel pur* (= sans nuages). *Voix pure* (= au son clair, cristallin). — **2.** D'une élégance harmonieuse et simple; sans défaut : *Femme au profil pur* (= dont le dessin se rapproche d'un modèle idéal). — **3.** Limité strictement à son objet : *Sciences pures* (= sciences théoriques, par oppos. aux *sciences appliquées*). — **4.** Se dit de qqn (de son attitude) chez qui rien de bas, de corrompu n'altère les qualités morales : *Cœur pur* (syn. DROIT). *Il n'avait pas que des intentions pures* (syn. DÉSINTÉRESSÉ; contr. TROUBLE). *Regard pur* (syn. CANDIDE; contr. PERVERS). *Demeurer pur de tout soupçon* (= au-dessus de tout soupçon). — **5.** Qui est resté étranger aux réalités physiques de l'amour : *Une jeune fille pure* (syn. VIERGE). *Un amour pur* (syn. CHASTE, PLATONIQUE; contr. CHARNEL). — **6.** (avant le n.) Qui est seulement, totalement tel ou tel : *Ce que vous dites est la pure vérité* (= est absolument vrai). *Un pur hasard* (= une coïncidence véritablement fortuite). *Une politesse de pure forme* (= tout extérieure). *Démission de pure forme* (= qui n'est pas réelle). — **7.** *Pur et simple,* sans condition ni restriction : *C'est une pure et simple formalité* (= ce n'est qu'une formalité). ◆ n. Personne qui conforme rigoureusement ses actions à ses principes : *Les purs d'un parti* (= ceux qui se sont donnés tout entiers à une doctrine). *Tout le monde avait abandonné, sauf une poignée de purs* (syn. péjor. FANATIQUE).

purée [pyre] n. f. (de l'anc. fr. *purer,* nettoyer). **1.** Mets consistant en une bouillie de légumes cuits, écrasés et passés : *Une purée de pommes de terre. Une purée de marrons.* — **2.** Fam. *Purée de pois,* brouillard très épais. ‖ Fam. *Être dans la purée,* dans la misère, dans la gêne.

purement [pyrmɑ̃] adv. **1.** Uniquement : *Agir purement par intérêt.* — **2.** *Purement et simplement,* sans réserve ni condition : *Il a purement et simplement accepté vos propositions;* tout simplement : *Elle a purement et simplement oublié son rendez-vous.*

pureté [pyrte] n. f. Caractère pur : *La pureté d'un métal. La pureté d'une eau. La pureté d'un son. La pureté de la langue* (= le fait d'en exclure les éléments étrangers ou les tournures incorrectes). *La pureté de ses intentions n'apparaissait pas clairement. La pureté de son regard frappait au premier abord* (syn. DROITURE, LIMPIDITÉ, FRANCHISE). *La pureté de son visage* (syn. DÉLICATESSE). *Avoir de la pureté de cœur. La pureté de l'enfance* (syn. INNOCENCE). *Pureté d'une jeune fille* (syn. VIRGINITÉ).

purgatif [pyrgatif] n. m. Remède qui purge : *Prendre un purgatif* (syn. LAXATIF).

purgatoire [pyrgatwar] n. m. Dans la religion catholique, état ou lieu où les pécheurs morts en état de grâce achèvent d'expier leurs péchés.

purge [pyrʒ] n. f. **1.** Action de purger. — **2.** Élimination d'éléments jugés politiquement indésirables.

purger [pyrʒe] v. t. (lat. *purgare*, purifier) [c. **2**]. **1.** *Purger qqn*, lui administrer un médicament qui facilite l'évacuation intestinale. — **2.** *Purger une conduite, une installation, un radiateur*, les vidanger, les débarrasser de l'air qu'ils contiennent. — **3.** *Purger un pays, un groupe social*, en éliminer les personnes jugées dangereuses : *Purger une région des bandits qui l'infestent.* — **4.** *Purger une peine, une condamnation*, subir cette peine : *Purger une peine de six mois de prison.*

purificateur, trice [pyrifikatœr] adj. et n. Qui purifie : *Un feu purificateur.*

purification [pyrifikasjɔ̃] n. f. Action de purifier.

purificatoire [pyrifikatwar] adj. Propre à la purification (relig.) : *Cérémonie purificatoire* (= qui lave la souillure du péché).

purifier [pyrifje] v. t. Rendre pur : *Purifier l'air* (syn. ASSAINIR). *Purifier l'eau* (syn. FILTRER).

purin [pyrɛ̃] n. m. (de l'anc. fr. *purer*, s'écouler). Liquide s'écoulant du fumier et servant d'engrais.

purisme [pyrism] n. m. (de *pur*). Souci excessif de la pureté du langage, caractérisé par le désir de fixer la langue à un stade de son évolution, considéré comme un modèle idéal.

puriste [pyrist] adj. et n. Qui appartient au purisme : *Grammairien puriste* (contr. LAXISTE, LIBÉRAL).

puritain, e [pyritɛ̃] adj. et n. (angl. *puritan*, de *purity*, pureté). Qui affecte les principes d'une morale rigoureuse : *Des parents puritains l'avaient élevée loin des tentations du monde* (syn. RIGORISTE). ◆ adj. Qui présente un tel caractère : *Éducation puritaine* (syn. AUSTÈRE; contr. LIBÉRAL). *Des mœurs puritaines* (syn. ↑PUDIBOND).

puritanisme [pyritanism] n. m. Attitude puritaine : *Un puritanisme étroit* (syn. RIGORISME).

pur-sang [pyrsɑ̃] n. m. inv. Cheval de course dont les ascendants sont de race.

purulent, e [pyrylɑ̃] adj. (du lat. *pus, puris*, pus). Qui contient ou produit du pus : *Une urine purulente. Une infection purulente.*

pus [py] n. m. (lat. *pus*). Liquide jaunâtre et visqueux, qui se forme aux points d'infection de l'organisme : *Un amas de pus* (= un abcès). *Écoulement du pus.*

pusillanime [pyzilanim] adj. (lat. *pusillus animus*, esprit mesquin). *Litt.* Qui manque de courage, qui a peur des responsabilités; qui manifeste la lâcheté : *Esprit pusillanime* (syn. PEUREUX, CRAINTIF; contr. COURAGEUX). *Conduite pusillanime* (syn. ↓TIMORÉ; contr. ÉNERGIQUE, FERME).

pusillanimité [pyzilanimite] n. f. *Litt.* Manque de courage. (Syn. COUARDISE, LÂCHETÉ.)

pustule [pystyl] n. f. (lat. *pustula*). Petite saillie de la peau contenant du pus.

pustuleux, euse [pystylø] adj. Qui comporte des pustules : *L'éruption pustuleuse de la varicelle.*

putain [pytɛ̃] ou **pute** [pyt] n. f. (de l'anc. fr. *put*, puant, sale). *Pop.* Prostituée.

putois [pytwa] n. m. (de l'anc. fr. *put*, puant). Mammifère carnivore, à la fourrure brun foncé, d'odeur nauséabonde.

putréfaction [pytrefaksjɔ̃] n. f. Fait de se putréfier, d'être putréfié : *Être, tomber en putréfaction* (syn. POURRITURE). *Le corps était en état de putréfaction avancée* (syn. DÉCOMPOSITION).

putréfier [pytrefje] v. t. (lat. *putrefacere*, de *putris*, pourri) [sujet qqch] *Putréfier qqch*, le faire pourrir, l'amener à un état de décomposition : *La chaleur humide a putréfié la viande et les fruits.* ◆ ***se putréfier*** v. pr. ou **être putréfié** v. pass. Être dans un état de décomposition : *Les cadavres se putréfiaient* (syn. POURRIR, SE DÉCOMPOSER). *La chair est putréfiée.*

putrescible [pytrɛsibl] adj. Susceptible de pourrir : *Une matière putrescible* (syn. CORRUPTIBLE).

putride [pytrid] adj. (lat. *putridus*). Produit par la putréfaction : *Un gaz putride. Des odeurs putrides s'élèvent du marécage* (= infectes).

putsch [putʃ] n. m. (mot all. signif. *échauffourée*). Coup d'État ou soulèvement organisé par un groupe armé en vue de s'emparer du pouvoir.

putschiste [putʃist] n. Qui participe à un putsch.

puzzle [pœzl] n. m. (de l'angl. [*to*] *puzzle*, embarrasser). **1.** Jeu de patience composé de fragments découpés irrégulièrement et qu'il faut rassembler pour reconstituer une image. — **2.** Vérité d'ensemble qu'il faut reconstituer à partir de détails divers : *L'enquête est difficile : cette affaire est un puzzle.*

pygmée [pigme] n. m. (gr. *Pugmaîos*). Nom donné à une race africaine d'hommes très petits.

pyjama [piʒama] n. m. (angl. *pyjamas;* du persan). Vêtement de nuit, composé d'un pantalon et d'une veste, légers et amples.

pylône [pilon] n. m. (gr. *pulôn*, portail). Poteau en ciment ou support métallique, destiné à porter des câbles électriques aériens, des antennes, etc.

pyramidal, e, aux [piramidal] adj. En forme de pyramide : *Clocher pyramidal.*

pyramide [piramid] n. f. (gr. *puramis, -idos*). **1.** Figure de géométrie dans l'espace ayant pour base un polygone et pour faces des triangles qui se réunissent en un même point *(sommet de la pyramide)*. — **2.** Monument à base rectangulaire et à quatre faces triangulaires : *Les pyramides d'Égypte, élevées par les pharaons dans la vallée du Nil.* — **3.** Entassement d'objets, de corps, etc., disposés selon cette forme : *Une pyramide de livres, de fruits. Une pyramide humaine.* — **4.** *Pyramide des âges*, représentation graphique de la population par âge, selon le nombre des hommes et des femmes séparément.

Pyrex [pirɛks] n. m. (nom déposé; du gr. *pur*, feu). Verre peu fusible et résistant.

pyrogravure [pirɔgravyr] n. f. Gravure sur bois, sur cuir avec une pointe métallique chauffée au rouge.

pyromane [pirɔman] n. (du gr. *pur*, feu, et *mania*, folie). Personne qui, par impulsion irrésistible, allume des incendies.

pyrotechnie [pirɔtɛkni] n. f. (du gr. *pur*, feu, et *tekhnê*, art). Fabrication et emploi de pièces servant dans les feux d'artifice.

python [pitɔ̃] n. m. (gr. *Puthôn*, n. d'un serpent tué par Apollon). Grand serpent d'Asie et d'Afrique, qui étouffe et broie ses proies dans ses anneaux.

pythonisse [pitɔnis] n. f. (du gr. *Puthôn*, inspiré par Apollon Pythien). *Litt.* Femme qui fait métier de prédire l'avenir (syn. VOYANTE).

q

q [ky] n. m. Dix-septième lettre de l'alphabet correspondant à l'occlusive gutturale sourde [k].

quadragénaire [k(w)adraʒenɛr] adj. et n. (du lat. *quadraginta,* quarante). Qui a quarante ans.

quadrangulaire [k(w)adrɑ̃gylɛr] adj. (du lat. *quadrangulus*). Qui a quatre angles.

quadrature [k(w)adratyr] n. f. (du lat. *quadratus,* carré). *La quadrature du cercle,* un problème insoluble : *Faire circuler à Paris plus de voitures tout en ayant le même nombre de rues, c'est la quadrature du cercle.*

quadriennal, e, aux [k(w)adrijɛnal] adj. (lat. *quadri,* quatre, et *annus,* année). Qui dure quatre ans ou revient tous les quatre ans : *Un plan quadriennal de reconstruction a été établi.*

quadrilatère [k(w)adrilatɛr] n. m. (lat. *quadri,* quatre, et *latus, lateris,* côté). Polygone à quatre côtés.

quadrillage [kadrijaʒ] n. m. Action de quadriller : *Procéder au quadrillage d'un quartier à la suite de multiples attaques à main armée.*

quadrille [kadrij] n. m. (esp. *cuadrilla*). Groupe de quatre cavaliers effectuant une figure de carrousel, ou de quatre danseurs faisant une figure de danse; cette danse.

quadriller [kadrije] v. t. (de l'esp. *cuadrillo*). **1.** *Quadriller une page, du papier,* etc., y tracer des carrés contigus qui y forment des divisions (surtout part. passé) : *Utiliser du papier quadrillé pour dessiner.* — **2.** *Quadriller une ville, une région,* etc., la diviser en zones pour y répartir systématiquement des forces de sécurité, pour y maintenir l'ordre par un contrôle rigoureux.

quadripartite [k(w)adripartit] adj. (du lat. *quadri,* quatre, et *partie*). Se dit d'un groupe comprenant des représentants de quatre pays, de quatre partis : *Conférence quadripartite.*

quadriphonie [k(w)adrifɔni] n. f. (lat. *quadri,* quatre, et gr. *phônê,* son). Procédé d'enregistrement et de reproduction des sons sur quatre canaux.

quadrupède [k(w)adrypɛd] adj. et n. m. (lat. *quadri,* quatre, et *pes, pedis,* pied). Animal à quatre pattes : *Le chien est un quadrupède.*

quadruple [k(w)adrypl] adj. et n. m. (lat. *quadruplex*). Qui vaut quatre fois autant.

quadruplement [k(w)adrypləmɑ̃] n. m. Action de quadrupler.

quadrupler [k(w)adryple] v. t. Multiplier par quatre : *La publicité a quadruplé le volume des ventes à l'étranger en deux ans.* ◆ v. i. Être multiplié par quatre : *La production industrielle a quadruplé en vingt ans.*

quadruplés, ées [k(w)adryple] n. pl. Groupe de quatre enfants nés d'un même accouchement.

quai [ke] n. m. (gaul. *caio*). **1.** Ouvrage en maçonnerie qui, le long des cours d'eau, retient les berges, empêche les inondations et sert à l'accostage, qui est utilisé dans les ports pour le chargement ou le déchargement des navires, et qui, dans les gares, s'étend le long des voies pour permettre l'embarquement ou le débarquement des voyageurs : *Le navire est, arrive à quai. Les voyageurs attendent sur le quai l'arrivée du train. Les voyageurs se pressent sur le quai du métro.* — **2.** Passage qui est aménagé, dans les villes, le long de la berge d'un fleuve : *Les bouquinistes installés sur les quais de la Seine, à Paris. Le quai des Orfèvres, à Paris, est le siège de la police. Le Quai d'Orsay* (= le ministère des Affaires étrangères).

qualifiable [kalifjabl] adj. Qui peut être qualifié : *Sa conduite n'est pas qualifiable.*

1. qualificatif, ive [kalifikatif] adj. **1.** Qui qualifie : *Épreuve qualificative* (= qui donne une qualification). — **2.** *Adjectif qualificatif,* qui indique une qualité (ex. : *bon, grand, vert,* etc.).

2. qualificatif [kalifikatif] n. m. Terme qui exprime une qualité bonne ou mauvaise, dont on se sert pour caractériser qqn : *Employer à l'égard de quelqu'un des qualificatifs injurieux* (syn. ÉPITHÈTE).

qualification [kalifikasjɔ̃] n. f. Attribution d'une qualité; fait d'être qualifié : *Cette qualification d'honnêteté ne lui convient nullement. La qualification professionnelle est l'aptitude qu'on a pour un métier déterminé. Obtenir sa qualification pour les jeux Olympiques* (= niveau de performance requis pour y participer).

qualifié, e [kalifje] adj. Qui se voit attribuer une qualité : *Un vol qualifié est un crime en raison des circonstances dans lesquelles il a eu lieu.*

qualifier [kalifje] v. t. (lat. *qualis,* quel, et *facere,* faire). **1.** *Qualifier qqn, qqch (de qqch),* les caractériser en leur donnant une qualité, un titre : *Qualifier d'escroquerie une simple négligence. Le fait a été qualifié de crime* (syn. NOMMER). *L'adjectif qualifie le nom auquel il se rapporte. Voilà une conduite qu'on ne saurait qualifier* (syn. DÉNOMMER). *Il m'a qualifié d'imbécile* (syn. APPELER). — **2.** *Qualifier qqn (pour qqch, pour* [+ *inf.*]) lui donner la qualité, la compétence pour (souvent pass.) : *Ces premiers travaux ne vous qualifient nullement pour vous poser en savant et en maître* (syn. AUTORISER). *Elle est parfaitement qualifiée pour cet emploi* (syn. ÊTRE CAPABLE). *Je ne suis pas qualifié pour lui faire des remontrances* (= je n'ai pas qualité pour). — **3.** *Qualifier un sportif, une équipe,* leur donner une qualification : *Cette victoire les a qualifiés pour la finale.* ◆ ***se qualifier*** v. pr. (sujet un sportif, une équipe) Passer avec succès des épreuves préliminaires : *Cette athlète s'est qualifiée pour la finale.*

qualitatif, ive [kalitatif] adj. Relatif à la qualité : *Les changements qualitatifs intervenus dans la situation sociale* (= qui portent sur la qualité, la nature des choses, par oppos. à QUANTITATIF).

qualitativement [kalitativmɑ̃] adv. Sur le plan qualitatif.

qualité [kalite] n. f. (lat. *qualitas,* de *qualis,* quel). 1. *Qualité de qqch,* manière d'être bonne ou mauvaise; état caractéristique : *Ces fruits sont d'excellente qualité* (syn. DE PREMIER ORDRE). *Améliorer la qualité des produits. Une marchandise de qualité* (= supérieure). *Voir un spectacle de haute qualité* (= excellent). — 2. *Qualité de qqn,* ce qui fait son mérite : *Elle a fait preuve de sérieuses qualités de jugement. La qualité d'un artiste* (syn. VALEUR). *Réunir un grand nombre de qualités* (syn. MÉRITE, VERTU; contr. DÉFAUT). *Elle a des qualités que je n'ai pas* (syn. APTITUDE, DON; contr. FAIBLESSE). — 3. Condition sociale et juridique : *Sa qualité de fonctionnaire lui donne droit à une retraite à soixante ans* (syn. FONCTION). *Sa qualité d'ancien ministre lui facilite l'entrée partout* (syn. TITRE). — 4. *En qualité de,* ayant tel ou tel titre juridique : *En qualité de tutrice, elle doit rendre compte de l'administration de la succession. En qualité de recteur, il peut nommer certains adjoints d'enseignement* (syn. COMME, À TITRE DE).

quand [kɑ̃] conj. (lat. *quando*). Indique : 1. une correspondance dans le temps (simultanéité, répétition, cause), avec l'indicatif : *Quand tu auras lu ce roman, tu me le prêteras* (syn. LORSQUE [langue écrite]). *Quand elle écrit, elle tire toujours légèrement la langue* (syn. CHAQUE FOIS QUE). *Pourquoi ne pas avoir la télévision quand tout le monde l'a?* (syn. DU MOMENT QUE, DÈS LORS QUE); précédé d'une prép. (fam.) : *Cela nous servira pour quand nous partirons en voyage. Cela date de quand nous étions des enfants.* — 2. une opposition, avec l'indicatif ou le conditionnel : *Allumer la lampe quand il fait encore jour* (syn. ALORS QUE). *Quand vous le plaindriez, il n'en serait pas pour cela sauvé* (syn. MÊME SI, ENCORE QUE); et surtout sous la forme *quand même, quand bien même : Quand bien même vous insisteriez, je n'accepterais pas. Viens-tu quand même?* ◆ adv. interr. Indique à quel moment, à quelle date un événement a lieu (interrogation directe ou indirecte) : *Quand pourrez-vous venir? J'ignore quand il sera libre. Savez-vous quand elle rentrera?*; avec est-ce que : *Quand est-ce que vous pourrez me le dire? Il ne se souvient plus quand est-ce qu'il l'a aperçue pour la dernière fois* (fam.); précédé d'une prép. : *De quand date cet événement? Cet événement date de quand* (fam.)? *Depuis quand est-elle partie? Pour quand la prochaine réunion? Je vous demande jusqu'à quand l'usine restera fermée.*

quant à [kɑ̃ta] prép. (du lat. *quantum,* combien). Se place devant un terme de la proposition sur lequel on attire l'attention en l'isolant : *Elle ne m'a rien dit quant à ses projets* (syn. DE). *Cette question est difficile; quant à moi, je ne suis pas capable de vous répondre* (syn. POUR). *Quant à sa proposition, il faut l'examiner* (syn. EN CE QUI CONCERNE). *Quant à mon fils, je le crois capable de faire mieux* (syn. POUR CE QUI EST DE). *Quant à elle, elle est d'accord pour nous rejoindre* (syn. DE SON CÔTÉ, POUR SA PART); [+ inf.] : *Quant à exiger de lui la ponctualité, je pense que c'est impossible.*

quant-à-soi [kɑ̃taswa] n. m. inv. Attitude de réserve à l'égard de tout ce qui ne concerne pas directement la personne en question et de ce qui peut empiéter sur son domaine particulier (seulement dans quelques express.) : *Rester farouchement sur son quant-à-soi* (syn. RÉSERVE).

quantième [kɑ̃tjɛm] n. m. (du lat. *quanti,* combien nombreux). Le jour du mois, d'après l'indication du chiffre : *Indiquez sur le procès-verbal le quantième du mois* (= le premier, le deux, etc.) [syn. fam. COMBIENTIÈME].

quantifiable [kɑ̃tifjabl] adj. Qui peut être quantifié.

quantification [kɑ̃tifikasjɔ̃] n. f. Action de quantifier; fait d'être quantifié.

quantifier [kɑ̃tifje] v. t. *Quantifier qqch,* le déterminer avec précision et l'exprimer par des nombres, par des quantités : *Il faut quantifier l'évolution générale d'un phénomène.*

quantitatif, ive [kɑ̃titatif] adj. Relatif à la quantité : *L'accumulation des changements quantitatifs entraîne des modifications qualitatives* (contr. QUALITATIF).

quantitativement [kɑ̃titativmɑ̃] adv. Sur le plan quantitatif.

quantité [kɑ̃tite] n. f. (lat. *quantitas,* de *quantus,* combien grand). 1. Caractère de ce qui est susceptible d'être mesuré, qui peut être dénombré : *La quantité de gaz débitée pendant cet hiver a été supérieure à la normale. La quantité d'énergie produite doit être augmentée dans de grandes proportions. Mesurer la quantité de nourriture donnée à chacun.* — 2. *Adverbe de quantité,* qui modifie la valeur d'un adjectif, d'un verbe par l'adjonction d'une idée de quantité (ex. : *très, beaucoup, moins,* etc.). ‖ *Quantité d'une syllabe, d'une voyelle,* etc., durée de la prononciation de cette syllabe, de cette voyelle, etc. (syn. LONGUEUR). — 3. *(Une) quantité de* (+ *n. pl.*), un grand nombre de : *J'ai reçu une quantité de lettres de vœux au 1er janvier* (syn. FLOT, PLUIE, ↑AVALANCHE). *Elle a accumulé une quantité de preuves* (syn. TAS, ↑MONCEAU, ↑MULTITUDE). *Il y a quantité de gens pour qui la durée du transport s'ajoute à la fatigue du travail* (syn. MASSE, FOULE).

quarantaine [karɑ̃tɛn] n. f. 1. Nombre d'environ quarante. — 2. Âge de quarante ans (jusqu'à cinquante ans). — 3. *Mettre en quarantaine un navire, un animal,* etc., l'isoler pendant un certain temps quand il vient d'une région où règne une épidémie. ‖ *Mettre qqn en quarantaine,* l'exclure d'un groupe, le priver de tout rapport avec les membres de ce groupe.

quarante [karɑ̃t] adj. num. cardin. inv. (lat. *quadraginta*). 1. Quatre fois dix. — 2. Quarantième : *Page quarante.* ◆ n. m. inv. 1. Numéro, place, etc., qui représente ce nombre. — 2. Au tennis, troisième point marqué dans un jeu.

quarantième [karɑ̃tjɛm] adj. num. ordin. et n. Qui occupe le rang marqué par le numéro quarante : *Le premier but a été marqué à la quarantième minute. Être reçu quarantième à un concours.*

quart [kar] n. m. (lat. *quartus,* quatrième).
— I. 1. Chacune des parties d'une unité divisée en quatre parties égales : *Prends le quart de ce fromage.* — 2. Quantité correspondant à 250 grammes : *Un quart de beurre;* une bouteille d'un quart de litre : *Se faire servir un quart Vichy* (= le quart d'un bouteille d'eau de Vichy). *Un quart de vin.* — 3. *Au quart de tour,* immédiatement, avec une grande précision : *Moteur qui démarre au quart de tour.* ‖ *Aux trois quarts,* indique une grande partie, une action réalisée presque complètement : *Les berges sont aux trois quarts inondées. Elle était aux trois quarts asphyxiée.* ‖ *De trois quarts,* se dit de qqn qui se tient de telle façon qu'on voit les trois quarts de son visage (par oppos. à *de face, de profil*) : *Photographie prise de trois quarts.* ‖ *Les trois quarts du temps,* presque toujours : *On le trouve les trois quarts du temps en train de discuter au café voisin.* — 4. *Et quart, un quart, moins le quart,* indiquent que l'heure est passée de quinze minutes ou qu'il reste quinze minutes avant qu'elle soit accomplie. ‖ *Il est le quart,* l'heure et un quart.
— II. Chacune des périodes de quatre heures consécutives pendant lesquelles les hommes sont tour à tour de service ou de repos sur un navire : *Être de quart* (= assurer le service de veille). *Prendre le quart. Officier de quart* (= chargé de contrôler la route suivie par le navire).

quart d'heure [kardœr] n. m. 1. Période de quinze minutes : *L'entretien a duré un quart d'heure. De quart* *d'heure en quart d'heure, mon impatience augmentait.* — **2.** *Passer un mauvais quart d'heure,* traverser un moment pénible; subir de vives remontrances de la part de qqn. (→ QUART.)

quartette [k(w)artɛt] n. m. Groupe de quatre musiciens.

quartier [kartje] n. m. (du lat. *quartus,* quart). **1.** Portion d'un objet divisé en quatre ou plus de quatre parties : *Prendre un quartier de fromage.* — **2.** Chacune des phases de la lune : *La lune est dans son premier quartier.* — **3.** Gros bloc, masse importante détachée d'un ensemble : *Quartier de viande.* — **4.** Division ou partie d'une ville; les gens qui y habitent : *Les quartiers populaires du nord-est de Paris. Les gens de ce quartier ne la connaissent pas. J'habite ce quartier depuis vingt ans. Un médecin de quartier* (= que viennent consulter ceux qui habitent le quartier). *Les quartiers commerçants du centre. La nouvelle mit tout le quartier en émoi.* — **5.** Lieu où sont casernées des troupes : *Rentrer au quartier avant minuit.* — **6.** *Avoir quartier libre,* être autorisé à sortir, en parlant d'un soldat; être libre de faire ce qu'on veut, en parlant de qqn. ‖ *Quartier général* (abrév. Q. G.), endroit où se trouvent le commandant d'une armée et son état-major; lieu habituel de réunion : *C'est dans ce café que se tenait le quartier général de la bande.* ‖ *Quartiers d'hiver,* lieu où sont installées les troupes pendant l'hiver (vieilli) — **7.** Litt. *Ne pas faire de quartier,* n'épargner personne, massacrer tout le monde.

quartier-maître [kartjemɛtr] n. m. (all. *Quartiermeister*) [pl. *quartiers-maîtres*]. Premier grade au-dessus du matelot dans la marine.

quarto [kwarto] adv. (mot lat.). Quatrièmement.

quartz [kwarts] n. m. (mot all.). Roche qu'on trouve dans le granite, le grès, le sable, etc.

quasi [kazi] adv. (lat. *quasi,* comme si). Préfixe d'un n. (avec trait d'union) ou d'un adj. (sans trait d'union), avec le sens de «presque» : *Être atteint d'une quasi-cécité. Être quasi mort* (syn. POUR AINSI DIRE).

quasiment [kazimɑ̃] adv. *Fam.* Indique une approximation : *Elle est quasiment une mère pour moi* (syn. EN QUELQUE SORTE). *J'ai quasiment fini* (syn. À PEU PRÈS).

quaternaire [kwartɛrnɛr] adj. et n. m. (du lat. *quaterni,* quatre par quatre). Se dit de la période géologique actuelle qui a commencé il y a deux ou trois millions d'années.

quatorze [katɔrz] adj. num. cardin. inv. (du lat. *quatuor,* quatre, et *decem,* dix). **1.** Dix plus quatre. — **2.** Quatorzième : *Louis quatorze.* ◆ n. m. inv. Chiffre, numéro, etc., qui représente ce nombre.

quatorzième [katɔrzjɛm] adj. num. ordin. et n. **1.** Qui occupe un rang marqué par le numéro quatorze. — **2.** Qui se trouve quatorze fois dans le tout.

quatorzièmement [katɔrzjɛmmɑ̃] adv. En quatorzième lieu.

quatrain [katrɛ̃] n. m. Strophe de quatre vers.

quatre [katr] adj. num. cardin. inv. (lat. *quatuor*). **1.** Trois plus un. — **2.** Quatrième : *Henri quatre.* — **3.** Nombre indéterminé : *Un de ces quatre matins* (= un jour). *Il lui a dit ses quatre vérités.* ◆ n. m. inv. **1.** Chiffre, numéro, etc., qui représente ce chiffre. — **2.** *Comme quatre,* d'une façon qui dépasse la normale : *Manger comme quatre* (syn. BEAUCOUP). *Elle a de l'esprit comme quatre* (syn. ÉNORMÉMENT). ‖ *Quatre à quatre,* en franchissant quatre marches à la fois : *Il descendit l'escalier quatre à quatre.* ‖ *Se mettre en quatre,* employer tout son pouvoir, toute son énergie ou tous ses moyens pour faire qqch : *Elle se met en quatre pour nous rendre service* (syn. SE DÉMENER; fam. SE DÉCARCASSER).

quatre-quarts [kat(rə)kar] n. m. inv. Gâteau dans lequel farine, beurre, œufs et sucre entrent à poids égal.

quatre-saisons [kat(rə)sɛzɔ̃] n. f. inv. *Marchand, marchande de* (ou *des*) *quatre-saisons,* qui vend des fruits, des légumes ou des fleurs dans une voiture à bras installée dans la rue.

quatre-vingtième [katrəvɛ̃tjɛm] adj. num. ordin. et n. **1.** Qui occupe un rang marqué par le numéro quatre-vingts. — **2.** Qui se trouve quatre-vingts fois dans le tout.

quatre-vingts [katrəvɛ̃] adj. num. cardin. **1.** Quatre fois vingt (*quatre-vingt* ne prend pas de *s* quand il est suivi d'un autre adjectif numéral : *quatre-vingt-deux*). — **2.** Quatre-vingtième : *Page quatre-vingt* (toujours sans *s* en ce cas). ◆ n. m. inv. Numéro, place, etc., qui représente ce nombre.

quatre-vingt-dix [katrəvɛ̃dis] adj. num. cardin. **1.** Quatre fois vingt, plus dix. — **2.** Quatre-vingt-dixième : *Page quatre-vingt-dix.* ◆ n. m. inv. Numéro, place, etc., qui représente ce nombre.

quatrième [katrijɛm] adj. num. ordin. et n. **1.** Qui occupe un rang marqué par le numéro quatre. — **2.** Qui se trouve quatre fois dans le tout. ◆ n. f. Troisième année du premier cycle des études secondaires.

quatrièmement [katrijɛmmɑ̃] adv. En quatrième lieu.

quatuor [kwatɥɔr] n. m. (mot lat. signif. *quatre*). Composition musicale à quatre parties; groupe de quatre voix ou de quatre instruments.

1. que [kə] conj. (lat. *quia,* parce que). Introduit **1.** Une proposition subordonnée (dite *complétive*) complément d'objet, sujet ou attribut dépendant d'un v., d'une loc. verbale, d'un n. d'action ou d'état : *On dit que l'hiver sera très froid. L'espoir qu'on la retrouve vivante diminue chaque jour* (= de la retrouver). *Il est vrai que votre réussite est complète* (proposition sujet). *Notre intention est que l'appartement soit refait pour la fin du mois. J'ai peur que le col ne soit fermé à la circulation des voitures.* — **2.** Une subordonnée coordonnée par *et, ou,* en se substituant à toutes les conj. (quand *que* remplace *si,* la proposition est au subj.) : *Bien que le temps fût orageux et que le sommet de la montagne fût enveloppé de brume, l'ascension fut décidée. Je vous donnerai mon avis quand j'aurai lu le rapport et que j'aurai pris connaissance des pièces du dossier. Si vous avez quelques instants de libres et que le problème vous paraisse important, je me ferai un plaisir de vous l'exposer en détail.* — **3.** Après *plus, moins, tel, autre, autant, aussi,* une subordonnée comparative, avec ou sans v. : *Le stationnement à Paris est devenu plus difficile cette année que l'année dernière. Elle semble plus préoccupée que d'habitude. Il n'est pas tel que vous le pensez.* — **4.** Une subordonnée de condition (+ *subj.*), en général en tête de phrase et suivie d'une proposition coordonnée : *Qu'il pleuve ou non, nous sortirons cet après-midi. Vous devez partir, que cela vous soit agréable ou non.* — **5.** Une subordonnée de conséquence après les adv. *si, tant, tellement,* et après *tel* (négation *que... ne* + *subj.* après une proposition négative) : *Le feu prit si rapidement que tout était brûlé quand les pompiers arrivèrent. La mer n'est pas tellement froide aujourd'hui que tu ne puisses te baigner.* — **6.** Une indépendante indiquant un ordre à la 3e pers., ou un souhait : *Qu'elle se taise! Que la fin du mois arrive vite! Que m'importe, après tout.* — **7.** *Que* entre dans la composition de conj. : *à moins que, bien que, lorsque, pourvu que, de telle sorte que,* etc.

2. que [kə] adv. **1.** Indique une grande quantité (dans les exclamatives avec un adj. ou un v.) : *Que tu es stupide, mon pauvre ami!* (fam.; = ce que tu peux être).

Qu'il faut peu de temps pour tout changer! (syn. COMBIEN, COMME); suivi de *de* et d'un n. (soutenu) : *Que de pièces de théâtre intéressantes cette année! Que de difficultés avons-nous rencontrées avant de parvenir au résultat!* (syn. COMBIEN). *Que de patience représente cet ouvrage!* (syn. usuel QUEL). — **2.** Litt. *Que ne* dans les interrogatives ou exclamatives, indique un regret ou un étonnement : *Que ne m'avez-vous prévenu?* (syn. plus usuel POURQUOI). *Que n'a-t-elle compris plus tôt l'avertissement qui lui était donné!*

3. que [kə] pron. interr. ou exclamatif (lat. *quem*). **1.** Avec un n. de chose, une phrase, est un a) sujet : *Que se passe-t-il? Qu'y a-t-il? Que te faut-il?*; *b*) compl. avec inversion du sujet : *Qu'as-tu vu? Que gagne-t-il? Qu'en dit-elle? Que faut-il en penser? Que faire?* — **2.** Il en est de même avec l'interrogation indirecte avec *ce que* : *Je ne sais pas ce que tu veux.*

4. que [kə] pron. rel (lat. *quem*). **1.** Renvoie à un n. ou à un pron. masc. ou fém. ou pl., animé ou inanimé (appelé *antécédent*), le plus souvent placé immédiatement avant le relatif comme attribut du sujet : *La fine mouche* QU'*elle est a deviné l'objet de ma démarche. Pour naïf* QU'*il soit* (antécédent adj.); comme compl. d'objet direct : *Elle saisit la main* QUE *je lui tendis. Les enfants* QUE *tu vois jouer sont ceux du voisin. Le sac* QU'*elle dit avoir perdu.* — **2.** *Ce que*, renvoie à une phrase, à une proposition, à un groupe nominal entier : CE QUE *tu dis me surprend. Il est arrivé en retard,* CE QUE, *chez lui, je trouve extraordinaire. Fais* CE QUE *bon te semble* (comme sujet au lieu de *qui*). *Il sourit,* CE QU'*il ne fait presque jamais.* — **3.** *Voici, il y a que*, remplace un compl. circonstanciel de temps : VOICI *huit jours* QU'*elle est partie.* IL Y A *cinq mois* QUE *j'attends sa lettre.* — **4.** Sans antécédent dans quelques expressions : QUE *je sache* (= à ma connaissance). *Que tu dis, que tu crois* (pour mettre en doute les paroles de son interlocuteur).

québécois, e [kebekwa] adj. et n. Du Québec.

quel, quelle [kɛl] adj. interr. ou exclam. (lat. *qualis*). Indique qu'une question est posée sur la qualité, la nature ou l'identité de qqn, de qqch : *Quel est ce fameux secret qu'elle ne voulait révéler à personne? Je me demande quelle a pu être sa réaction devant tant d'ingratitude. Quelle ne fut pas ma surprise en la voyant revenir! Quel est le plus grand des deux? Quelle heure est-il? Je ne sais plus quel jour il m'a téléphoné. Quel talent chez cet écrivain! Quel malheur est le sien! Il faut voir avec quelle énergie elle a fait front. Dieu sait quelle bêtise il aura encore été faire. Je me demande quel mal il y a à la regarder. De quel côté allez-vous?*

quelconque [kɛlkɔ̃k] adj. indéf. (lat. *qualiscumque*). Après un n., indique l'indétermination : *Si pour une raison quelconque, vous ne pouvez venir...* (syn. N'IMPORTE QUEL). *Regardez un point quelconque de l'horizon* (syn. QUEL QU'IL SOIT); avant un n. et après *un* ou *l'un* : *Être meublé d'un quelconque mobilier choisi sans goût. Présenter une quelconque observation sur le sujet. Interrogez l'un quelconque de ces élèves.* ◆ adj. qualificatif (accompagné de *très, aussi, bien*, etc.), se dit de tout ce qui n'a pas de valeur ou de qualité digne d'intérêt : *C'est un film bien quelconque* (syn. INSIGNIFIANT, MÉDIOCRE; contr. ORIGINAL). *Une personne très quelconque* (syn. ORDINAIRE). *Un comédien très quelconque* (= sans originalité).

quel que, quelle que [kɛlkə] adj. rel. Indique une opposition portant sur la qualité de telle ou telle personne ou chose (toujours suivi du subj. et d'un n., sans négation) : *Quelles que soient vos raisons, votre attitude me chagrine. Quelle que soit la politique que l'on suivra, on sera obligé de maintenir ce traité. Quel que soit le mode de chauffage employé, il sera insuffisant dans une maison aussi vaste.*

quelque [kɛlk(ə)] adj. indéf. (ne s'élide pas devant une voyelle) Indique l'indétermination **1.** Au sing., sans art. : *À quelque distance, on apercevait un banc de pierre* (= à une petite distance). *Peut-être quelque jour la reverrons-nous* (= un jour ou l'autre). *J'ai quelque peine à me souvenir de ces événements lointains* (syn. ASSEZ DE). *Il m'a répondu avec quelque retard* (= avec un certain retard). *C'est un roman aujourd'hui quelque peu oublié. Il y a quelque peu d'exagération dans ce que vous dites.* — **2.** Au pl., sans art. : *Dites quelques mots à l'assistance. Quelques jours après, elle partit pour l'Afrique. Quelques milliers de mouettes s'étaient abattues tout le long de l'immense plage de sable.* — **3.** Au pl., précédé de l'art. ou d'un déterminant, indique un petit nombre : *Avec ces quelques employés le travail pourra être fait. Les quelques articles qu'il a écrits ne suffisent pas à expliquer sa notoriété. Les quelques milliers de francs que vous avez dépensés ne l'ont pas été en vain.* ◆ adv. **1.** Indique une approximation : *Elle a quelque quarante ans* (syn. usuel DANS LES, ENVIRON, QUELQUE CHOSE COMME). — **2.** Fam. *Et quelque(s)*, indique une addition peu importante : *Je reviendrai dans un mois et quelque* (= dans un peu plus d'un mois). ‖ *Quelque part*, en un endroit indéterminé. ‖ *Quelque peu*, une certaine quantité, mais peu importante.

quelque chose [kɛlkəʃoz] pron. indéf. Indique une chose d'une façon vague. **1.** Seul ou suivi d'une relative (accord au masculin de l'adj. attribut) : *Tu attendais quelque chose? Quelque chose t'inquiète. Elle espère quelque chose qui puisse la sortir d'embarras. Croyez-vous qu'il soit encore possible de faire quelque chose? S'il m'arrivait quelque chose* (= un malheur, généralement la mort). *Vous prendrez bien quelque chose* (= invitation à boire). *Elle a quelque chose comme soixante ans* (= elle a environ). *Ça pèse quelque chose comme dix kilos. Quelque chose me paraît obscur dans son explication. Mange quelque chose avant de partir.* — **2.** Suivi de *de* et d'un adj. masc. : *Il se passe quelque chose d'extraordinaire, d'insolite, d'étonnant.* — **3.** *(Être) quelque chose*, avoir une situation sociale plus ou moins importante : *Il est quelque chose au ministère des Travaux publics. Se croire quelque chose.* — **4.** Fam. et péjor. *C'est quelque chose*, c'est extraordinaire, étonnant, important : *Il n'est jamais là quand on a besoin de lui. C'est quelque chose, quand même!* (syn. C'EST UN PEU FORT). *Une somme pareille, c'est quelque chose.*

quelquefois [kɛlkəfwa] adv. Indique que le fait se produit dans un nombre de cas relativement peu élevé ou à des moments espacés : *Elle avait quelquefois un sourire désabusé* (syn. soutenu PARFOIS). *C'est un homme énergique, quelquefois violent. Quelquefois, on parlait de l'absente* (syn. DE TEMPS À AUTRE). *C'est une maladie bénigne, mais dont les complications sont quelquefois dangereuses* (contr. CONSTAMMENT, TOUJOURS). *Les cerisiers du jardin ne donnent que quelquefois des fruits* (syn. EXCEPTIONNELLEMENT, RAREMENT). *Il est quelquefois brutal, mais toujours d'une politesse très froide* (contr. SOUVENT, FRÉQUEMMENT).

quelque... que [kɛlk(ə)kə] adj. ou adv. rel. (+ *subj.*). Indique une concession ou une opposition (ne s'élide pas devant une voyelle) **1.** Avec un n. avec lequel il s'accorde : *De quelque manière qu'on examine la question, la solution est difficile. Nous partirons par quelque temps que ce soit* (syn. usuel PAR N'IMPORTE QUEL TEMPS). *Quelques objections qu'elle mette en avant, elle finira par se rallier à notre idée.* — **2.** Litt. Avec un adj. : *Quelque étrange que fût cette musique, elle m'était cependant agréable* (syn. QUOIQUE, BIEN QUE; litt. TANT, POUR, SI... QUE). *Quelque profon-*

des que soient les réformes envisagées, elles ne feront que retarder l'échec final (syn. SI... QUE; soutenu POUR... QUE).

quelques-uns, quelques-unes [kɛlkəzœ̃] pron. indéf. pl. Indique un nombre indéterminé mais limité de personnes ou de choses : *Quelques-uns d'entre eux* (syn. UN CERTAIN NOMBRE). *Il y en a quelques-uns qui ignorent l'existence de ce problème* (syn. UN PETIT NOMBRE). *Quelques-unes de ces comédies de boulevard sont fort drôles* (syn. CERTAIN).

quelqu'un [kɛlkœ̃] pron. indéf. masc. Indique une personne d'une façon vague. **1.** Seul ou suivi d'une relative : *Quelqu'un vous demande* (syn. ON). *On entend quelqu'un marcher dans le jardin. Je connais quelqu'un qui va être content* (= j'en connais un qui). *Si quelqu'un venait, tu lui dirais que j'ai dû sortir. Y a-t-il quelqu'un qui pourrait me renseigner?* — **2.** Suivi de *de* et d'un adj. masc. : *C'est quelqu'un de sûr, de franc, d'honnête, de stupide* (= c'est une personne...). — **3.** *(Être) quelqu'un,* être un personnage important, avoir de grandes responsabilités : *Il se prend pour quelqu'un.* — **4.** Fam. et péjor. *C'est quelqu'un,* c'est extraordinaire : *Et il ne s'est même pas excusé, c'est quelqu'un, tout de même!*

quémander [kemɑ̃de] v. t. (de l'anc. fr. *caymant,* mendiant). *Quémander qqch,* le demander avec un sentiment d'humilité, en importunant celui à qui on s'adresse : *Cette enfant est toujours à quémander des bonbons. Quémander de l'argent à ses collègues* (syn. ↑MENDIER).

quémandeur, euse [kemɑ̃dœr] n. Qui quémande.

qu'en-dira-t-on [kɑ̃diratɔ̃] n. m. inv. *Fam.* Propos qui sont répandus sur qqn : *Elle est très sensible aux qu'en-dira-t-on des commerçants du quartier* (syn. CANCAN, COMMÉRAGE).

quenelle [kənɛl] n. f. (all. *Knödel,* boule de pâte). Boulette de poisson ou de viande hachés : *Quenelles de brochet.*

quenotte [kənɔt] n. f. (de l'anc. fr. *cane,* dent). *Fam.* Dent.

quenouille [kənuj] n. f. (bas lat. *conucula*). **1.** Bâton entouré vers le haut de laine, de chanvre, de lin, etc., destinés à être filés. — **2.** (sujet un domaine) *Tomber en quenouille,* passer, par succession, entre les mains d'une femme (vieilli).

querelle [kərɛl] n. f. (lat. *querela,* plainte). Opposition vive, discussion passionnée où les adversaires se disputent : *J'ai voulu rester à l'écart de cette querelle d'idées. De fréquentes querelles s'élèvent entre les deux époux* (syn. DISPUTE). *La querelle qui les oppose s'est aggravée* (syn. DÉSACCORD). *Il cherche querelle à tous ses voisins* (= il provoque).

quereller [kərɛle] v. t. *Quereller qqn,* lui adresser des reproches (soutenu). ◆ ***se quereller*** v. pr. S'adresser mutuellement des reproches : *Tu te querelles avec tout le monde* (syn. SE DISPUTER; fam. SE CHAMAILLER).

querelleur, euse [kərɛlœr] adj. et n. Qui aime à se quereller : *Un enfant querelleur, toujours à taquiner ses frères et sœurs* (syn. BATAILLEUR, AGRESSIF).

quérir [kerir] v. t. (lat. *quaerere,* chercher) [seulem. à l'inf.] *Aller, envoyer, faire, venir quérir qqch* ou *qqn,* aller (etc.) le chercher (soutenu) : *Il a de la fièvre, j'ai envoyé quérir le médecin.*

qu'est-ce qui [kɛski], **qu'est-ce que** [kɛskə], **quoi est-ce que** [kwaɛskə] pron. interr. Formes courantes de *qui, que* et *quoi* pron. interr. avec les mêmes fonctions : *Qui est-ce qui a dérangé mes affaires? Qui est-ce qui a des allumettes? Qu'est-ce que tu deviens? Qu'est-ce qui est arrivé? Qu'est-ce qui vous prend? Qu'est-ce qui est préférable? Qu'est-ce que c'est? À qui est-ce que tu penses? Pour qui est-ce qu'elle travaille? Qu'est-ce que tu fais cet après-midi? Qu'est-ce que tu dis? Qu'est-ce qu'il a pris! Qu'est-ce que ça vaut?* (syn. COMBIEN). *Qu'est-ce que c'est que ça? À quoi est-ce que je peux être utile? À quoi est-ce que tu penses? De quoi est-ce qu'elle vit? Et dans quoi est-ce que vous aviez mis les œufs? Qu'est-ce que c'est que vous voulez? Je te demande avec qui est-ce que tu sors. Il ignore qui est-ce que tu as rencontré. Elle ne sait pas qu'est-ce qui se passe. J'ignore qu'est-ce qu'il faut apporter.*

question [kɛstjɔ̃] n. f. (lat. *quaestio,* recherche). **1.** Demande adressée à qqn pour obtenir une information : *Poser une question à un élève* (= interroger). *Elle ne répondit pas à ma question. La question est absurde. On la presse de questions* (syn. INTERROGATION). *Les questions d'un examen. Je me pose la question de savoir si j'irai au rendez-vous.* — **2.** Point sur lequel on a des connaissances imparfaites, qui est à examiner ou à discuter : *La question a été débattue* (syn. PROBLÈME). *C'est une vaste question à laquelle nous ne pouvons répondre tout de suite* (syn. SUJET). *La question d'argent fut à l'origine de leur discussion* (syn. AFFAIRE). *Là est toute la question* (syn. DIFFICULTÉ). *C'est une question de prudence que de regarder avant de traverser. C'est une autre question. Ce n'est pas la question.* — **3.** *Il est question de,* le sujet est : *Il est question, dans cet ouvrage, de l'ascension de l'Himalaya* (syn. S'AGIR DE); on parle de : *Il est question de la nommer à un poste à l'étranger.* ‖ *Il n'est pas question de (+ inf.), que (+ subj.), c'est hors de question,* c'est exclu : *Il n'est pas question que tu y ailles.* — **4.** *Cela ne fait pas question, il n'y a pas de question,* cela n'est pas discutable. ‖ *En question,* qui pose un problème, qui est le sujet : *Ce qui est en question aujourd'hui, ce sont nos libertés essentielles.* ‖ *Mettre, remettre qqch en question,* le soumettre à la discussion parce qu'il fait l'objet d'un doute : *Toutes les théories sur l'origine du monde sont aujourd'hui remises en question* (syn. REMETTRE EN CAUSE); mettre en danger : *Cela remet en question ma participation à votre projet* (syn. COMPROMETTRE). ‖ Fam. *Question (+ n.),* quand il s'agit de : *Question argent, tout est réglé.* — **5.** Torture infligée à un accusé pour obtenir des aveux.

questionnaire [kɛstjɔnɛr] n. m. Liste de questions auxquelles on doit répondre.

questionner [kɛstjɔne] v. t. *Questionner qqn,* lui poser une question ou des questions : *Questionner un élève sur sa leçon. La police l'a questionnée sur son emploi du temps* (syn. INTERROGER).

questionneur, euse [kɛstjɔnœr] n. Qui questionne : *Un questionneur indiscret.*

quête [kɛt] n. f. (lat. *quaesitus,* cherché). **1.** Action de demander ou de recueillir des sommes d'argent, des aumônes, en général dans un but charitable; somme recueillie : *Une quête sera faite au profit des aveugles* (syn. COLLECTE). *Faire la quête à l'église. Une quête de mille francs.* — **2.** *En quête de qqch,* à sa recherche : *Se mettre en quête d'un appartement* (= rechercher). *Elle se mit en quête de l'hôtel où elle devait descendre.*

quêter [kɛte] v. i. Recueillir des aumônes : *Quêter pour les infirmes. On a quêté à l'église pour les pauvres de la paroisse.* ◆ v. t. *Quêter qqch,* le demander comme une faveur; chercher à l'obtenir : *Quêter un regard approbateur. Quêter la pitié des passants* (syn. MENDIER, SOLLICITER). *Quêter les dernières nouvelles.*

quêteur, euse [kɛtœr] n. Personne qui recueille les aumônes.

quetsche [kwɛtʃ] n. f. (mot alsacien; all. *Zwetschge*). Grosse prune ovale et violette; eau-de-vie faite à partir de cette prune.

queue [kø] n. f. (lat. *cauda*). **1.** Extrémité postérieure du corps de certains animaux, de forme allongée et flexible, qui est en prolongement de la colonne vertébrale; plumes du croupion d'un oiseau : *La queue d'un singe, d'un chat. La vache frappe ses flancs de sa queue pour chasser les mouches. Chien qui revient la queue basse* (= pendante). *La queue d'un serpent* (= l'extrémité de son corps). *La queue d'un paon.* — **2.** Ce qui en a la forme : *La queue d'une casserole* (syn. MANCHE, POIGNÉE). *Tisane faite avec des queues de cerise. Couper les queues des radis. La queue d'une comète, d'un cerf-volant. La queue de la robe de la mariée* (= partie qui traîne par-derrière). *Un habit à queue* (= dont les basques tombent largement). — **3.** Ce qui est à la fin, au bout de qqch : *La queue d'un cortège. Monter dans le wagon de queue* (contr. TÊTE). *Être en queue de classe* (= parmi les derniers). — **4.** Fin de qqch : *Nous avons reçu la queue de l'orage en revenant.* — **5.** File de personnes qui attendent leur tour d'être servies, d'entrer, etc. : *La queue au guichet est très longue. Les clients faisaient la queue* (= attendre). *Mettez-vous à la queue, à votre tour* (= comme dernier de la file d'attente). — **6.** *À la queue leu leu,* l'un derrière l'autre. ‖ *Faire une queue de poisson à qqn,* se rabattre brusquement devant lui, en voiture, à vélo, etc. ‖ *Finir en queue de poisson,* se terminer de façon lamentable, piteuse. ‖ *N'avoir ni queue ni tête,* n'avoir aucun sens.

queue-de-cheval [kødʃəval] n. f. (pl. *queues-de-cheval*). Coiffure de jeune fille aux cheveux ramenés au sommet de la tête et retombant ensuite sur la nuque.

queux [kø] n. m. (lat. *coquus,* cuisinier). *Maître queux,* cuisinier (soutenu).

1. qui [ki] pron. interr. et exclam. (lat. *qui*). **1.** Avec un n. d'être animé, est un *a*) sujet : *Qui a téléphoné? Qui l'a dit? Qui va là? Qui donc a pu m'envoyer ce paquet? Qui êtes-vous? «Marie m'a écrit. — Qui ça?» Qui sont-ils? Qui parmi vous l'a vu?*; *b*) complément (avec ou [fam.] sans inversion du sujet) : *À qui pensestu? Qui as-tu rencontré? Qui demandez-vous? À qui voulez-vous parler? Avec qui est-elle sortie? Tu as téléphoné à qui? Tu as rencontré qui?* — **2.** Il en est de même pour l'interrogation ou l'exclamation indirecte : *Je me demande qui a téléphoné. Il ne sait à qui s'adresser;* avec ce : *Elle ne sait pas ce qui se passe. Je me demande ce qu'il te faut encore.*

2. qui [ki] pron. rel. Renvoie à un n. ou à un pron. masc. ou fém., sing. ou pl., animé ou inanimé (appelé *antécédent*), le plus souvent placé immédiatement avant le relatif, comme **1.** sujet : *J'ai remonté* LA PENDULE QUI *était arrêtée.* TOI QUI *es si compétent en la matière, tu trouveras fort bien la solution* (accord du verbe de la relative avec la personne de l'antécédent). *Je* LA *vis* QUI *ramassait un bout de ficelle.* TEL *est pris* QUI *croyait prendre.* J'EN *connais* QUI *ne seront pas surpris. Il y aura* UN SPECTACLE *nouveau* et QUI *vous amusera.* — **2.** compl. précédé de *de*, remplaçant des noms d'êtres animés : LA PERSONNE *sur l'aide* DE QUI *je comptais m'a fait défaut. J'ai vu* CE FILS DE QUI *il est si fier.* L'AMIE *dans la maison* DE QUI *nous devons passer nos vacances* (litt.; remplacé par *dont* ou *duquel,* de *laquelle,* dans la langue usuelle). — **3.** compl. précédé de à ou d'une autre prép. (*sans, pour, par,* etc.), remplaçant des noms d'êtres animés : LA PERSONNE AVEC QUI *elle parlait.* LE PASSANT À QUI *vous avez demandé l'heure.* LE PATRON POUR QUI *ils travaillent.* (Avec des choses, on emploie *lequel* : L'AIDE SANS LAQUELLE...) — **4.** *Ce qui,* renvoie à une phrase, à une proposition, à un groupe nominal entier : *Elle a quarante ans, ce qui est un âge critique. Ce qui reste de la fortune de ta mère n'est pas suffisant pour que tu vives sans rien faire.* — **5.** *Chose qui,* renvoie à une phrase : *On ne trouve pas les documents, chose qui entraînera de sérieux retards.* — **6.** *Ce qui,* sujet de verbe impersonnel : *Ce qui te plaît ne me convient pas. Ce qui t'arrive est bien fait. Il faut ce qu'il faut. Ce qui se passe est grave.* — **7.** Sans antécédent avec *qui plus est, qui mieux est* : *Une panne d'électricité, quel ennui! et qui plus est, pas de bougies* (= en outre, à plus forte raison).

quiche [kiʃ] n. f. (mot lorrain). Tarte garnie de petits morceaux de lard, qu'on recouvre d'un mélange d'œufs battus en omelette.

quiconque [kikɔ̃k] pron. rel. indéf. (lat. *quicumque*). Introduit une relative sans antécédent (soutenu) : *Quiconque a tué périra par l'épée* (syn. QUI QUE CE SOIT QUI, CELUI QUI, QUI). *Quiconque a beaucoup voyagé sait comme les heures des repas sont variables* (syn. N'IMPORTE QUI, QUI). *Il sera critiqué par quiconque a un peu de connaissances en la matière.* ◆ pron. indéf. Après un comparatif indique une personne indéterminée (syn. N'IMPORTE QUI) : *Je sais mieux que quiconque ce qui me reste à faire* (syn. PERSONNE).

quidam [k(ɥ)idam] n. m. (mot lat. signif. *un certain*). Personne dont on ignore le nom (légèrement péjor. ou ironiq.) : *Être abordé dans la rue par un quidam.*

quiétude [kjetyd] n. f. (du lat. *quietus,* tranquille). *Litt.* État de qqn ou de qqch qui jouit de la tranquillité, du repos, de la paix : *Prendre quelques jours de vacances dans la quiétude d'un village alpestre* (syn. TRANQUILLITÉ; contr. AGITATION). *Attendre en toute quiétude le résultat d'un examen* (syn. SÉRÉNITÉ).

quignon [kiɲɔ̃] n. m. (de *coin*). *Quignon de pain,* morceau de pain comprenant beaucoup de croûte (souvent l'extrémité d'un pain).

1. quille [kij] n. f. (haut all. *kegil*). **1.** Morceau de bois long et rond posé sur le sol verticalement, et qu'on doit abattre avec une boule : *Le jeu de quilles se joue dans les «bowlings».* — **2.** Fam. *Recevoir qqn comme un chien dans un jeu de quilles,* le recevoir très mal.

2. quille [kij] n. f. (anc. scand. *kilir*). Partie inférieure de la coque d'un navire, sur laquelle repose toute la charpente : *Le paquebot se renversa la quille en l'air avant de sombrer. La quille est prolongée à l'avant par l'étrave.*

quincaillerie [kɛ̃kajri] n. f. Ensemble d'objets, d'ustensiles en métal servant au ménage, à l'outillage, etc.; commerce de ces objets; magasin où on les vend.

quincaillier, ère [kɛ̃kaje] n. Qui tient une quincaillerie.

quinconce (en) [kɛ̃kɔ̃s] adv. (lat. *quincunx,* pièce de monnaie valant cinq onces). Disposé en un groupe de cinq (quatre en carré et un au milieu) : *Dans le parc, les arbres sont plantés en quinconce.*

quinine [kinin] n. f. (de l'esp. *quina,* ambre). Substance contenue dans le quinquina et qu'on emploie contre la fièvre (en partic. contre le paludisme).

quinquagénaire [k(w)ɛ̃k(w)aʒenɛr] adj. et n. (lat. *quinquaginta,* cinquante). Qui a cinquante ans.

quinquennal, e, aux [kɛ̃kɛnal] adj. (du lat. *quinque,* cinq, et *annus,* année). Qui dure cinq ans ou qui revient tous les cinq ans.

quinquina [kɛ̃kina] n. m. (mot esp.). Arbre d'Amérique cultivé aussi en Asie et dont on extrait la quinine; vin préparé avec l'écorce de cet arbre et servi comme apéritif.

quintal [kɛ̃tal] n. m. (ar. *qinṭār,* poids de cent) [pl. *quintaux*]. Poids de cent kilogrammes (symb. q).

quinte [kɛ̃t] n. f. (lat. *quintus,* cinquième). *Quinte (de toux),* accès de toux violent et prolongé.

quintessence [kɛ̃tɛsɑ̃s] n. f. (de *quinte,* cinquième, et *essence*). *Litt.* Ce qui résume l'essentiel, le meilleur d'une idée, d'une pensée : *Elle a tiré de ce livre massif* *et confus la quintessence du sujet* (syn. litt. LA SUBSTANTIFIQUE MOELLE).

quintette [k(w)ɛ̃tɛt] n. m. (it. *quintetto*, de *quinto*, cinquième). Composition musicale à cinq parties; ensemble de cinq instruments ou de cinq voix.

quinteux, euse [kɛ̃tø] adj. Sujet à des quintes.

quintuple [k(w)ɛ̃typl] adj. et n. m. (du lat. *quintus*, cinquième). Cinq fois aussi grand.

quintupler [k(w)ɛ̃typle] v. t. Multiplier par cinq : *Il a gagné aux courses et a quintuplé sa mise.* ◆ v. i. Être multiplié par cinq : *Les effectifs des étudiants ont quintuplé en cinquante ans.*

quintuplés, ées [k(w)ɛ̃typle] n. pl. Groupe de cinq enfants nés d'un même accouchement.

quinzaine [kɛ̃zɛn] n. f. **1.** Ensemble de quinze ou d'environ quinze. — **2.** Ensemble de deux semaines : *Revenez dans une quinzaine* (= dans quinze jours). *Pendant la première quinzaine de février, il a neigé.*

quinze [kɛ̃z] adj. num. cardin. inv. (lat. *quindecim*). **1.** Dix plus cinq. — **2.** Quinzième : *Page quinze.* ◆ n. m. inv. **1.** Chiffre, numéro, etc., qui représente ce nombre. — **2.** Au tennis, premier point marqué dans un jeu. — **3.** Équipe de rugby.

quinzième [kɛ̃zjɛm] adj. num. ordin. et n. **1.** Qui occupe un rang marqué par le numéro quinze. — **2.** Qui se trouve quinze fois dans le tout.

quinzièmement [kɛ̃zjɛmmɑ̃] adv. En quinzième lieu.

quiproquo [kiprɔko] n. m. (lat. *quid pro quod*, une chose pour une autre). Erreur qui consiste à prendre une chose pour une autre ou une personne pour une autre : *Cette comédie repose sur une série de quiproquos entre la femme et la maîtresse. Il y a quiproquo et nous ne parlons pas de la même personne* (syn. MÉPRISE, MALENTENDU).

qui que [kikə] pron. rel. (+ *subj.*) Indique une concession indéterminée (seulement dans *qui que vous soyez, qui que ce soit;* ailleurs, remplacé par *quel ... que*) : *Qui que vous soyez en réalité, je resterai votre ami. Ne montre ce document à qui que ce soit* (syn. PERSONNE, N'IMPORTE QUI). *Je n'ai rien contre qui que ce soit* (syn. PERSONNE, QUICONQUE).

quittance [kitɑ̃s] n. f. (de *quitter*). Attestation écrite reconnaissant le paiement d'une somme due : *Une quittance de loyer.*

quitte [kit] adj. (lat. *quietus*, tranquille). **1.** *Quitte de, pour qqch*, libéré d'une dette, d'une obligation juridique ou financière, d'un devoir moral : *Vous êtes tenu quitte de ce que vous devez encore. On ne peut la tenir quitte de sa promesse* (syn. LIBRE). *Je ne l'en tiens pas quitte pour cela* (syn. DISPENSÉ). *Tu n'es pas quitte de cette corvée* (syn. DÉLIVRÉ). — **2.** *En être quitte pour qqch*, n'avoir à supporter qu'un inconvénient très petit en regard de ce qu'on aurait pu subir : *La voiture s'est retournée dans le fossé; nous en avons été quittes pour la peur.* ‖ *Quitte à* (+ *inf.*), en courant le risque de : *Il vaut mieux vérifier les comptes, quitte même à perdre du temps;* en admettant la possibilité de : *Nous déjeunerons à Moulins, quitte à nous arrêter plus tôt si la route est mauvaise.* ‖ *Quitte ou double*, le tout pour le tout.

quitter [kite] v. t. (de *quitte*). **1.** *Quitter une activité, un lieu*, les abandonner, s'en retirer, s'en écarter : *Quitter l'école très tôt. Quitter ses fonctions pour prendre sa retraite. Ils ont quitté Paris définitivement* (syn. PARTIR DE). *Elle quitte la maison tous les jours vers neuf heures* (syn. SORTIR DE). *La voiture quitta la route. L'avion quitte la piste* (syn. DÉCOLLER). *Il vous faudra quitter les lieux* (syn. S'EN ALLER). — **2.** *Quitter un vêtement*, l'enlever de sur soi; se déshabiller : *Quitter ses gants avant de serrer la main. Quitter sa veste parce qu'il fait trop chaud.* — **3.** *Quitter qqn*, s'éloigner de lui provisoirement ou définitivement : *Je vous quitte quelques instants pour répondre à ce visiteur* (syn. LAISSER). *Sa femme l'a quitté, il y a dix ans* (syn. ABANDONNER). *La toux ne me quitte pas. Depuis cet accident, l'appréhension ne la quitte pas* (syn. fam. LÂCHER). — **4.** *Ne pas quitter qqch, qqn des yeux*, avoir toujours les yeux fixés sur qqch, qqn; surveiller étroitement. ‖ *Ne quittez pas!*, au téléphone, ne raccrochez pas.

quitus [kitys] n. m. (mot lat.). *Donner quitus à qqn de sa gestion*, la reconnaître exacte et régulière.

qui-vive [kiviv] n. m. inv. *Être, se tenir sur le qui-vive*, être attentif à ce qui se passe autour de soi, en partic. dans l'attente d'un danger possible : *Seule dans cette grande maison, elle était tous les soirs sur le qui-vive* (syn. SUR SES GARDES).

1. quoi [kwa] pron. interr. et exclamatif (lat. *quid*). **1.** Avec un nom de chose, une phrase, avec ou sans préposition : *De quoi n'est-il pas capable? De quoi se nourrit-elle? En quoi puis-je vous être utile? Par quoi commençons-nous? Vers quoi mène une telle politique? J'ai rapporté quelque chose, devinez quoi? Quoi faire? Quoi de neuf? Quoi de plus triste que cette histoire?* — **2.** Seul, demande une explication ou indique une surprise, une indignation : *«Tu comprends ça, toi? — Quoi?» Quoi! vous vous laissez faire sans protester. Je n'ai pas de repos, le dimanche seulement, quoi!* — **3.** S'emploie aussi dans l'interrogative ou l'exclamative indirecte : *Elle ne sait pas de quoi vous parlez. Je ne sais quoi faire. Il insiste pour savoir de quoi il est question, sur quoi porte la discussion et en quoi il est intéressé.*

2. quoi [kwa] pron. rel. **1.** *Litt.* Renvoie à une phrase, précédé de *rien, chose, point* : *Il n'est rien de quoi elle puisse se formaliser. Ce n'est pas une chose à quoi vous pouvez trouver à redire. Je ne voyais rien à quoi je puisse me raccrocher.* — **2.** Avec une préposition (et éventuellement ce) : *Il me dit que sans doute il y aurait du verglas demain, ce à quoi je n'avais pas songé. Prêtez-moi un peu d'argent, sans quoi je ne pourrai pas payer le taxi. Écoutez ses conseils, moyennant quoi vous vous en sortirez.*

quoi que [kwakə] pron. rel. (+ *subj.*) **1.** Quelle que soit la chose que : *Quoi que vous disiez, je m'en tiendrai à ma première décision.* — **2.** *Quoi qu'il en soit*, malgré l'obstacle que représente la situation telle qu'elle se présente : *Il est en retard; quoi qu'il en soit, commençons sans lui, il ne tardera pas* (syn. EN TOUT ÉTAT DE CAUSE).

quoique [kwak(ə)] conj. (s'élide devant *il, elle, un, une* et *on*) Suivi du subj., indique l'existence d'un fait qui aurait pu empêcher la réalisation de l'action ou de l'état exprimé dans la principale : *Quoiqu'il se sente soutenu par tous ses amis, il hésite encore à agir* (= malgré le soutien de tous ses amis; syn. soutenu BIEN QUE). *Quoique le film fût bon, la soirée ne lui parut pas agréable* (syn. fam. ENCORE QUE, MALGRÉ QUE); sans verbe : *Elle ressemblait beaucoup à sa sœur, quoique plus jeune. Quoique atteint d'une grave maladie, il restait très gai.*

quolibet [kɔlibɛ] n. m. (lat. *quod libet*, ce qui plaît). Propos ironique ou injurieux lancé à qqn : *Le retardataire fut accueilli par des quolibets* (syn. RAILLERIE). *Il se prépara à essuyer les quolibets de tous ses camarades de travail* (syn. litt. LAZZI).

quorum [k(w)ɔrɔm] n. m. (mot lat. signif. *desquels*). Nombre des membres qu'une assemblée doit réunir pour que ses décisions soient valables : *Atteindre le quorum.*

quota [kɔta] n. m. (mot lat.). Pourcentage déterminé au préalable (admin.) : *Le gouvernement a fixé des* *quotas d'importation pour certains produits* (syn. CONTINGENT).

quote-part [kɔtpar] n. f. (lat. *quota pars,* quelle partie) [pl. *quotes-parts*]. Part que chacun doit payer ou recevoir quand on répartit une somme totale : *Pour les consommations, chacun paie sa quote-part* (syn. CONTRIBUTION).

1. quotidien, enne [kɔtidjɛ̃] adj. (lat. *quotidianus*). Qui se fait ou qui revient tous les jours : *Les difficultés de la vie quotidienne* (= de chaque jour). *Dans nos conversations quotidiennes, son nom revient sans cesse* (syn. JOURNALIER). *L'effort quotidien qu'on exige d'elle la rebute.*

2. quotidien [kɔtidjɛ̃] n. m. Journal paraissant chaque jour de la semaine.

quotidiennement [kɔtidjɛnmɑ̃] adv. Tous les jours : *Il arrive quotidiennement des accidents à ce carrefour* (syn. JOURNELLEMENT).

quotidienneté [kɔtidjɛnte] n. f. Caractère quotidien.

quotient [kɔsjɑ̃] n. m. (du lat. *quoties,* combien de fois). **1.** Résultat d'une division : *Le quotient de 12 divisé par 4 est 3.* — **2.** *Quotient intellectuel,* rapport de l'âge mental de qqn à son âge réel (abrév. Q.I.).

quotité [kɔtite] n. f. (du lat. *quot,* combien). Somme fixe représentant chaque quote-part.

r

r [ɛr] n. m. Dix-huitième lettre de l'alphabet correspondant à la consonne constrictive sonore [r].

rab [rab] n. m. → RABIOT.

rabâchage [rabɑʃaʒ] n. m. Syn. de RADOTAGE.

rabâcher [rabɑʃe] v. t. (d'un rad. expressif *rabb-*). *Rabâcher (qqch),* le redire, le répéter sans cesse, de façon fastidieuse : *Tu commences à nous fatiguer, tu rabâches toujours les mêmes histoires* (syn. RESSASSER, SERINER). *Ma voisine ne fait que rabâcher* (syn. RADOTER).

rabâcheur, euse [rabɑʃœr] adj. et n. Qui rabâche : *En vieillissant, on devient facilement rabâcheur* (syn. RADOTEUR).

rabais [rabɛ] n. m. **1.** Diminution faite sur le prix d'une marchandise, sur le montant d'une facture : *Accorder, obtenir un rabais. Vendre des livres au rabais* (syn. RÉDUCTION, REMISE, RISTOURNE). — **2.** Fam. *Au rabais,* à bon marché.

rabaisser [rabɛse] v. t. (*re-* et *abaisser*). **1.** *Rabaisser qqch (abstrait),* le ramener à un degré inférieur : *Rabaisser l'orgueil, les prétentions de quelqu'un* (syn. RABATTRE). — **2.** *Rabaisser qqn, qqch,* en réduire l'autorité, l'influence : *Rabaisser le pouvoir législatif au profit de l'exécutif* (syn. AMOINDRIR, DIMINUER, RESTREINDRE). — **3.** *Rabaisser qqn, qqch,* les mettre au-dessous de leur valeur : *Certaines doctrines tendent à rabaisser l'homme au niveau de la brute* (syn. RAVALER ; contr. ÉLEVER). *Chercher sans cesse à rabaisser les mérites, les talents de ses collègues* (syn. DÉPRÉCIER, DÉVALUER ; contr. EXALTER, VANTER). ◆ ***se rabaisser*** v. pr. Ne pas se juger à sa vraie valeur : *C'est une personne très modeste, qui déteste les éloges et se rabaisse toujours* (syn. S'HUMILIER ; contr. SE GLORIFIER).

rabane [raban] n. f. (malgache *rebana*). Tissu de fibre de raphia.

rabat [raba] n. m. Pièce d'étoffe blanche, noire ou bleue qui se rabat sur le haut de la poitrine et que portent les magistrats, les avocats, les ecclésiastiques, les membres de l'Université en tenue officielle.

rabat-joie [rabaʒwa] n. et adj. inv. *Fam.* Personne qui vient troubler le plaisir des autres : *Les rabat-joie ont souvent une triste mine. Elle est un peu rabat-joie* (syn. TROUBLE-FÊTE).

rabattage [rabataʒ] n. m. Action de rabattre le gibier : *Le rabattage du gibier vers les chasseurs.*

rabatteur, euse [rabatœr] n. **1.** Personne chargée, à la chasse, de rabattre le gibier vers les chasseurs. — **2.** *Péjor.* Personne qui tâche, par différents moyens, d'amener des clients chez un commerçant, dans une entreprise financière, ou de recruter des adhérents pour un parti.

rabattre [rabatr] v. t. (*re-* et *abattre*) [c. **56**]. **1.** *Rabattre qqch,* le ramener à un niveau plus bas : *Rabattre ses cheveux sur son front. Le vent rabattait la fumée. Rabattre sa jupe* (syn. BAISSER). *Rabattre une balle au tennis. Cheminée qui rabat* (= dont le tirage est insuffisant, de sorte que la fumée se dégage dans la maison). — **2.** *Rabattre qqch,* l'appliquer contre qqch en le pliant : *Elle a rabattu le col de son manteau* (contr. RELEVER). *Rabattre la capote d'une voiture. Rabattre un strapontin. Rabattre une feuille de papier sur une autre* (syn. REPLIER). — **3.** *Rabattre une somme du prix de qqch,* consentir un rabais : *Elle n'a pas voulu rabattre un centime de la somme qu'elle me demandait* (syn. DIMINUER, RÉDUIRE). — **4.** *Rabattre qqch (abstrait),* le ramener à un degré moindre : *Rabattre l'orgueil, les prétentions de quelqu'un* (syn. RABAISSER, DIMINUER). — **5.** *En rabattre,* abandonner ses prétentions, perdre ses illusions : *Pour le moment, il se croit le plus fort, mais à mon avis il en rabattra* (syn. DÉCHANTER); modifier l'opinion favorable que l'on avait pour qqn, qqch : *Beaucoup de gens avaient une grande confiance dans cet homme, mais il leur a fallu en rabattre.* — **6.** *Rabattre le gibier,* le forcer à aller vers l'endroit où sont les chasseurs. ◆ ***se rabattre*** v. pr. **1.** (sujet qqch) S'abaisser : *Porter une casquette dont les bords se rabattent sur les oreilles.* — **2.** (sujet qqn, un animal) Quitter brusquement une direction pour en prendre une autre ; revenir brusquement à un endroit : *Avant de se rabattre, l'automobiliste doit faire fonctionner son clignotant* (syn. DÉBOÎTER, OBLIQUER). *L'ailier se rabattit vers le centre du terrain pour passer la balle à son avant-centre. Après s'être envolées à notre arrivée, les perdrix se sont rabattues dans un champ voisin.* — **3.** *Se rabattre sur qqch,* y venir, faute de mieux : *Lorsque le bifteck est trop cher, elle se rabat sur les bas morceaux.* ‖ *Se rabattre sur qqn,* avoir recours à lui en dernier ressort ; lui confier un emploi, un poste, le charger d'une fonction qu'un autre ne peut assumer : *L'avant centre de l'équipe A étant blessé, on s'est rabattu sur celui de l'équipe B.*

rabattu, e [rabaty] adj. *Chapeau à bords rabattus,* tournés vers le bas.

rabbin [rabɛ̃] n. m. (araméen *rabbi,* mon maître). Chef spirituel d'une communauté israélite : *Le rabbin se consacre à l'enseignement de la religion, préside aux cérémonies religieuses, bénit les mariages, prononce les divorces.*

rabbinique [rabinik] adj. Relatif aux rabbins : *Les écoles rabbiniques.*

rabibochage [rabibɔʃaʒ] n. m. *Fam.* Action de réconcilier tant bien que mal : *Des amis aidèrent au rabibochage des deux époux.*

rabibocher [rabibɔʃe] v. t. (du rad. *bib-,* désignant des choses sans importance). *Fam.* Remettre d'accord des personnes brouillées : *On a eu du mal à rabibocher ces deux anciennes amies* (syn. RÉCONCILIER, RACCOMMODER).

rabiot [rabjo] n. m. (mot gascon signif. *fretin*). *Fam.* **1.** Ensemble des vivres qui restent après une première distribution : *Aller chercher du rabiot de viande à la cuisine* (syn. SUPPLÉMENT, SURPLUS). — **2.** Temps supplémentaire de travail : *Pour finir à la date fixée par le patron, on a été obligées de faire du rabiot.* [Abrév. pop. RAB.]

rabioter [rabjɔte] v. t. *Fam.* Prendre pour soi le rabiot de qqch; prélever qqch sur ce qui appartient à qqn : *Il cherche toujours à rabioter une part de gâteau.*

rabique [rabik] adj. (du lat. *rabies,* rage). Relatif à la rage : *Virus rabique.*

râble [rɑbl] n. m. (lat. *rutabulum*). Partie de certains quadrupèdes, surtout du lièvre et du lapin, qui s'étend du bas des côtes à la queue.

râblé, e [rɑble] adj. **1.** Se dit d'un animal qui a le râble épais et court, les reins vigoureux. — **2.** *Être râblé,* avoir le dos large et assez court (syn. TRAPU).

rabot [rabo] n. m. (anc. néerl. *robbe,* lapin). Outil de menuisier servant à aplanir le bois : *Passer le rabot sur un parquet. Dresser une planche avec un rabot.*

rabotage [rabɔtaʒ] n. m. Action de raboter : *Le rabotage d'une planche.*

raboter [rabɔte] v. t. **1.** *Raboter une planche, du bois,* l'aplanir avec le rabot. — **2.** Fam. *Raboter qqch,* le frotter rudement : *Raboter le bord du trottoir avec ses pneus en garant sa voiture, ou raboter ses pneus contre le trottoir* (syn. RACLER).

raboteur [rabɔtœr] n. m. Qui rabote : *Un raboteur de parquet.*

raboteux, euse [rabɔtø] adj. (de *rabot*). Dont la surface est inégale, couverte d'aspérités (soutenu) : *Un sentier raboteux* (syn. ROCAILLEUX).

rabougri, e [rabugri] adj. (de l'anc. fr. *abougrir,* affaiblir). **1.** Se dit d'un végétal qui ne s'est pas développé normalement pour une cause quelconque (mauvaise exposition, vent violent, etc.) : *Sur le plateau dénudé, on aperçoit quelques arbustes rabougris et desséchés* (syn. CHÉTIF). — **2.** Qui a le corps petit et difforme : *Elle portait dans ses bras un enfant rabougri* (syn. RACHITIQUE, ↓CHÉTIF). *Un clochard en haillons et rabougri demandait l'aumône à l'entrée du métro* (syn. RATATINÉ, RECROQUEVILLÉ).

rabougrir (se) [rabugrir] v. pr. Se recroqueviller sous l'effet de la sécheresse, de l'âge, etc.

rabouter [rabute] v. t. *Rabouter deux choses,* les assembler bout à bout : *Rabouter deux tuyaux* (syn. JOINDRE, RACCORDER). *Elle rabouta deux morceaux de tissu* (syn. COUDRE).

rabrouer [rabrue] v. t. (de l'anc. fr. *brouer,* gronder). *Rabrouer qqn,* le repousser avec rudesse, parce qu'il tient des propos ou qu'il fait des propositions qu'on désapprouve : *Rabrouer le quêteur importun qui est venu sonner à votre porte* (syn. fam. REMBARRER, ENVOYER PROMENER).

racaille [rakaj] n. f. (de l'anc. fr. *rasquer;* du lat. *radere,* racler). Ensemble des personnes considérées comme la partie la plus vile de la société : *Fréquenter la racaille du quartier* (syn. PÈGRE, CANAILLE).

raccommodable [rakɔmɔdabl] adj. Qui peut être raccommodé.

raccommodage [rakɔmɔdaʒ] n. m. Action de raccommoder, de remettre en état : *Le raccommodage des chaussettes.*

raccommodement [rakɔmɔdmɑ̃] n. m. Action de raccommoder, de réconcilier.

raccommoder [rakɔmɔde] v. t. (*re-* et *accommoder*). **1.** *Raccommoder de petits objets,* les remettre en état : *Raccommoder des assiettes, des jouets.* — **2.** *Raccommoder du linge,* le réparer à l'aide d'une aiguille : *Elle raccommodait des chaussettes* (syn. RAPIÉCER, REPRISER), *un vêtement déchiré* (syn. STOPPER), *des filets, des bas* (syn. REMAILLER). — **3.** *Raccommoder des personnes,* les réconcilier alors qu'elles sont brouillées : *Un malentendu avait séparé ces deux amis, on les a raccommodés* (syn. fam. RABIBOCHER).

raccommodeur, euse [rakɔmɔdœr] n. Qui raccommode : *Un raccommodeur de faïence et de porcelaine.*

raccompagner [rakɔ̃paɲe] v. t. Accompagner qqn qui s'en retourne : *Je vais vous raccompagner en voiture à votre hôtel.*

raccord [rakɔr] n. m. **1.** Liaison qu'on établit entre deux parties disjointes : *Faire un raccord de peinture. Il y avait eu des coupures dans cet article, il a fallu faire des raccords.* — **2.** Pièce d'acier, de caoutchouc, etc., servant à assembler deux parties d'objets qui doivent communiquer : *Un raccord de tuyau, de pompe.*

raccordement [rakɔrdəmɑ̃] n. m. **1.** Action d'unir par un raccord : *Le raccordement de deux bâtiments, de deux routes.* — **2.** *Voie de raccordement,* qui relie deux autres voies.

raccorder [rakɔrde] v. t. (*re-* et *accorder*). **1.** Relier entre elles les parties d'un ensemble : *Raccorder deux tuyaux, deux fils électriques* (syn. RABOUTER), *deux voies ferrées* (syn. RATTACHER, RELIER). — **2.** *Raccorder deux choses,* établir une communication entre elles : *Passerelle qui raccorde deux bâtiments* (syn. RÉUNIR, JOINDRE). ◆ ***se raccorder*** v. pr. Se rattacher : *Ce chapitre se raccorde mal avec le précédent* (syn. SE RELIER).

raccourci [rakursi] n. m. **1.** Chemin plus court : *En prenant ce raccourci vous arriverez plus vite* (contr. DÉTOUR). — **2.** *En raccourci,* d'une façon plus brève : *Une analyse qui présente une histoire en raccourci* (syn. EN ABRÉGÉ).

raccourcir [rakursir] v. t. *Raccourcir qqch,* le rendre plus court : *Raccourcir un pantalon, une jupe* (syn. DIMINUER; contr. ALLONGER, RALLONGER), *un article, un discours, un exposé* (syn. ABRÉGER, ÉCOURTER, RÉDUIRE). ◆ v. i. Devenir plus court : *Dès la fin du mois de juin, les jours commençent à raccourcir* (contr. ALLONGER, RALLONGER). ◆ ***se raccourcir*** v. pr. Devenir, être rendu plus court : *Cette robe ne peut se raccourcir.*

raccourcissement [rakursismɑ̃] n. m. Fait de devenir plus court; de raccourcir : *Le raccourcissement des jours.*

raccroc [rakro] n. m. *Par raccroc,* grâce à un heureux hasard : *Réussir son examen par raccroc.*

raccrochage [rakrɔʃaʒ] n. m. Action de raccrocher : *Le raccrochage d'une affaire.*

raccrocher [rakrɔʃe] v. t. (*re-* et *accrocher*). **1.** *Raccrocher qqch,* l'attacher de nouveau, le remettre en place : *Raccrocher un vêtement à un porte-manteau. Raccrocher un tableau.* — **2.** *Raccrocher une affaire,* renouer des pourparlers en vue de sa conclusion. — **3.** *Raccrocher qqch à qqch d'autre,* relier une chose à une autre : *Raccrocher un article à un chapitre* (syn. RATTACHER). — **4.** *Raccrocher qqn,* l'arrêter au passage : *Un camelot qui sait raccrocher les badauds par son bagou. Prostituée qui raccroche des passants* (syn. fam. RACOLER). ◆ v. i. Interrompre une communication téléphonique (en remettant l'écouteur à sa place) : *Elle a raccroché trop vite; j'avais encore quelque chose à lui dire* (contr. DÉCROCHER). ◆ ***se raccrocher*** v. pr. **1.** *Se raccrocher à qqch,* s'y retenir pour se sauver d'un danger : *Se raccrocher à une branche pour ne pas tomber dans un ravin* (syn. SE CRAMPONNER). — **2.** *Se raccrocher avec qqch,* y être relié : *Ce chapitre se raccroche mal avec le précédent* (syn. SE RACCORDER). — **3.** *Se raccrocher à qqch, qqn,* dans une situation difficile, trouver dans qqch un ultime réconfort, auprès de qqn un dernier appui : *Dans son désarroi, elle n'avait rien ni personne à quoi ou à qui se raccrocher.*

race [ras] n. f. (it. *razza*). **1.** Groupe d'individus se distinguant des autres par un ensemble de caractères biologiques, psychologiques ou sociaux : *La race blanche, la race noire.* — **2.** Variété d'une même espèce animale réunissant des caractères communs qui se transmettent par la reproduction : *Les éleveurs s'appliquent à la conservation et à l'amélioration des races bovines, chevalines, canines, etc.* — **3.** Catégorie de gens qui ont le même comportement, les mêmes goûts, les mêmes inclinations : *La race des exploiteurs est une race maudite. Quelle sale race que la race des usuriers!* (syn. ENGEANCE). — **4.** *Avoir de la race,* avoir une distinction, une élégance naturelle (= être racé). ‖ *Bon chien chasse de race,* on hérite généralement des qualités de sa famille. ‖ *De race,* se dit d'animaux domestiques non métissés : *Un chien, un cheval de race.*

racé, e [rase] adj. **1.** Se dit d'un animal qui possède les qualités propres à sa race : *Un chien racé* (contr. BÂTARD, CROISÉ, MÂTINÉ, MÉTISSÉ). — **2.** Se dit de qqch qui a de la distinction, de l'élégance, de qqn qui a de la finesse, physiquement et moralement : *Une voiture racée. Une femme racée.*

rachat [raʃa] n. m. Action de racheter : *Le rachat d'une voiture.*

racheter [raʃte] v. t. (c. 7). **1.** Acheter de nouveau ou en plus : *J'ai perdu mon parapluie; il faut que j'en rachète un autre. Vous n'avez pas emporté assez de pain, vous en rachèterez.* — **2.** Acheter qqch à un particulier qui le revend : *Elle a racheté la voiture de sa collègue.* — **3.** Se libérer d'une obligation par un paiement : *Racheter une rente. Racheter des cotisations à une caisse d'assurance.* — **4.** *Racheter les hommes,* en parlant de Jésus-Christ, sauver l'humanité par la rédemption : *Selon la religion chrétienne, le Fils de Dieu a racheté les hommes par sa mort.* — **5.** *Racheter une faute,* en obtenir le pardon : *Racheter ses fautes par la pénitence* (syn. EXPIER). — **6.** *Racheter un défaut,* le compenser, le faire oublier : *Sa gentillesse rachète sa laideur. Son application rachète sa lenteur.* ◆ ***se racheter*** v. pr. Réparer ses fautes, faire oublier sa mauvaise conduite : *Donner à quelqu'un l'occasion de se racheter.*

rachitique [raʃitik] adj. et n. (du gr. *rhakhis,* épine dorsale). **1.** Atteint de rachitisme; dont la croissance n'est pas normale : *Un enfant rachitique* (syn. CHÉTIF, DÉBILE, MALINGRE). — **2.** Se dit d'un végétal qui ne s'est pas développé normalement : *Un pommier rachitique* (syn. RABOUGRI).

rachitisme [raʃitism] n. m. Maladie propre à l'enfance et caractérisée par des troubles qui entraînent des déformations du squelette.

racial, e, aux [rasjal] adj. Relatif à la race : *Dans certains pays, les préjugés raciaux sont à l'origine de bien des troubles.*

racine [rasin] n. f. (lat. *radix, -icis*). **1.** Partie des végétaux par laquelle ils sont fixés au sol et y puisent certaines matières nécessaires à leur nutrition : *Les racines de certains arbres s'étendent loin sous terre.* — **2.** *Prendre racine,* commencer à se développer, en parlant d'un végétal récemment transplanté; en parlant de qqn, s'installer chez qqn, prolonger trop longtemps une visite : *Quand cet homme vient vous voir, il est difficile de s'en débarrasser, il prend racine chez vous* (syn. S'ENRACINER, S'INCRUSTER). — **3.** Partie par laquelle un organe est implanté dans un tissu : *Les racines des dents, des ongles, des cheveux.* — **4.** Principe, origine de qqch (abstrait) : *Les racines de l'orgueil. Attaquer, couper le mal dans sa racine* (syn. DÉTRUIRE, EXTIRPER). — **5.** Lien solide qui donne de la stabilité : *Parti qui a de profondes racines dans un pays* (syn. ATTACHE). — **6.** Partie d'un mot qu'on détermine en enlevant les désinences et les suffixes ou préfixes : *La racine de «armer», «armement», «désarmer», «réarmer», «armature», etc., est «arm-».* — **7.** *Racine carrée, cubique, etc., d'un nombre,* nombre qui, élevé au carré, au cube, etc., reproduit le nombre proposé.

racisme [rasism] n. m. Théorie qui attribue une supériorité à certains groupes ethniques; comportement qui en résulte.

raciste [rasist] adj. et n. Qui relève du racisme : *L'idéologie raciste a servi à justifier l'antisémitisme des nazis.*

racket [rakɛt] n. m. (mot amér.). Association de malfaiteurs se livrant au chantage sur des commerçants par la terreur; cette activité elle-même.

racketteur, euse [rakɛtœr] n. Qui exerce un racket.

raclage [raklaʒ] ou **raclement** [rakləmɑ̃] n. m. Action de racler : *Le raclage du bois. Un raclement de gorge.*

raclée [rakle] n. f. *Fam.* Volée de coups : *Pour lui faire perdre l'habitude de cafarder, ses camarades lui ont flanqué une bonne raclée* (syn. CORRECTION).

racler [rakle] v. t. (anc. prov. *rasclar;* du lat. *rastrum,* râteau). **1.** *Racler qqch,* le gratter de façon à nettoyer, à égaliser sa surface : *Racler le fond d'une casserole, d'un plat. Racler la semelle de ses chaussures pour enlever la boue* (syn. FROTTER). *Racler le sable d'une allée* (syn. RATISSER). ‖ Fam. *Racler les fonds de tiroir,* rassembler ses ultimes économies. — **2.** *Racler qqch, un endroit,* les frotter rudement : *Racler ses pneus contre le bord du trottoir* ou *racler le bord du trottoir avec ses pneus en garant sa voiture* (syn. fam. RABOTER). — **3.** Péjor. *Racler (d')un instrument à cordes,* en jouer maladroitement. — **4.** (sujet une boisson) *Râcler (le gosier),* produire une sensation d'âpreté : *Ce vin racle le gosier.* ◆ ***se racler*** v. pr. *Se racler la gorge,* respirer en produisant un bruit rauque pour la débarrasser de ses mucosités.

raclette [raklɛt] n. f. ou **racloir** [raklwar] n. m. Outil servant à racler : *Une raclette de pâtissier.*

racleur [raklœr] n. m. Péjor. *Racleur (de violon),* mauvais joueur de violon.

raclure [raklyr] n. f. Parcelle qu'on enlève de la surface d'un corps en le raclant : *Des raclures de bois.*

racolage [rakɔlaʒ] n. m. Action de racoler.

racoler [rakɔle] v. t. (de *cou*). Fam. et péjor. **1.** *Racoler qqn,* l'attirer par des moyens plus ou moins honnêtes : *Certains candidats essaient de racoler des électeurs* (syn. RECRUTER). — **2.** *Racoler (des passants),* les accoster dans un but de prostitution : *Dans certains quartiers, les filles publiques racolent les passants* (syn. RACCROCHER).

racoleur, euse [rakɔlœr] adj. et n. Personne qui racole. ◆ adj. *Fam.* et *péjor.* Qui attire, séduit d'une façon vulgaire et équivoque : *Un sourire racoleur. Un titre de journal racoleur.*

racontable [rakɔ̃tabl] adj. Qui peut être raconté : *Cette anecdote est racontable devant n'importe quel auditoire.*

racontar [rakɔ̃tar] n. m. *Fam.* Nouvelle, récit qui ne repose sur rien de sérieux; le plus souvent, propos médisants : *Ce sont des racontars propagés par des jaloux* (syn. COMMÉRAGE, CANCAN; fam. RAGOT). [→ CONTER.]

raconter [rakɔ̃te] v. t. (*re-* et anc. fr. *aconter,* conter). **1.** *Raconter qqch, que* (+ *ind.*), faire le récit, de vive voix ou par écrit, de choses vraies ou fausses : *Raconter brièvement ce qu'on a vu ou entendu* (syn. DIRE, RENDRE COMPTE). *On m'a raconté qu'elle a eu un accident* (syn. DIRE, RAPPORTER). *Vous nous raconterez comment s'est passé votre voyage* (syn. RELATER, RETRACER). *Les enfants aiment qu'on leur raconte des histoires* (syn. soutenus CONTER, NARRER). — **2.** *Raconter qqch,* dire à la légère des choses blâmables ou pernicieuses, ridicules ou absurdes : *On raconte beaucoup de choses sur le compte de cette femme* (syn. DIRE, DÉBITER).

Qu'est-ce que vous me racontez là ? Ce sont des blagues (syn. fam. CHANTER). ◆ ***se raconter*** v. pr. **1.** Parler de soi, faire le récit de sa vie : *Aimer à se raconter.* — **2.** Être raconté : *Une histoire qui ne peut se raconter devant des enfants.*

racorni, e [rakɔrni] adj. *Fam.* Devenu sec, insensible : *Une personne dont le cœur est racorni.*

racornir [rakɔrnir] v. t. *Racornir qqch,* lui donner la consistance de la corne ; le rendre dur et sec : *Le toucher des cordes du violon racornit le bout des doigts* (syn. ↓DURCIR). *La chaleur a racorni le cuir de mes chaussures qui étaient mouillées* (syn. DESSÉCHER). ◆ ***se racornir*** v. pr. Devenir dur et sec : *Vous avez laissé trop longtemps la viande sur le gril, elle s'est racornie.*

racornissement [rakɔrnismɑ̃] n. m. Fait de se racornir : *Le racornissement des plantes par le gel.*

radar [radar] n. m. (abrév. de l'angl. *RAdio Detection And Ranging,* détection et télémétrie par radio). Appareil émetteur-récepteur qui permet de déterminer la position et la distance d'un obstacle par la réflexion contre celui-ci d'ondes ultracourtes.

radariste [radarist] n. Spécialiste chargé d'assurer le fonctionnement d'un radar.

rade [rad] n. f. (anc. angl. *rad*). **1.** Grand bassin naturel ou artificiel où les navires peuvent se mettre à l'abri. — **2.** Fam. *Laisser qqn, qqch en rade,* l'abandonner : *Laisser un camarade, un projet en rade* (syn. fam. LAISSER TOMBER). ‖ Fam. *Rester, être en rade,* être dans l'impossibilité de continuer ; être en panne : *La voiture est en rade sur l'autoroute.*

radeau [rado] n. m. (anc. prov. *radel*). **1.** Assemblage de pièces de bois liées ensemble de façon à former une sorte de plancher flottant. — **2.** *Radeau de sauvetage,* canot pneumatique qui se gonfle automatiquement quand il est jeté à la mer.

radiale [radjal] n. f. (du lat. *radius,* rayon). Grande voie de circulation orientée vers le centre d'une ville (par oppos. à la *rocade* qui la contourne).

radiateur [radjatœr] n. m. (du lat. *radius,* rayon). **1.** Appareil servant au chauffage d'une pièce. — **2.** Réservoir dans lequel se refroidit l'eau chaude en provenance du moteur d'une automobile.

1. radiation [radjasjɔ̃] n. f. (lat. *radiatio,* de *radiare,* irradier). Élément constitutif d'une onde lumineuse ou électromagnétique.

2. radiation [radjasjɔ̃] n. f. Action de radier : *Obtenir la radiation des cadres d'un militaire.*

1. radical, e, aux [radikal] adj. (du lat. *radix, -icis,* racine). **1.** Qui concerne le fond de la nature de qqn ou de qqch : *Elle a constaté un changement radical dans ton caractère* (syn. COMPLET, TOTAL). — **2.** Qui vise à attaquer un mal ou un défaut dans sa racine, dans ses causes profondes : *Le gouvernement a décidé de prendre des mesures radicales pour enrayer le banditisme* (syn. DRACONIEN, ↓STRICT). *Obtenir une guérison radicale de la tuberculose.* — **3.** D'une efficacité certaine : *Trouver un remède radical pour cesser de fumer* (syn. SOUVERAIN). *Un moyen radical pour se débarrasser des bavards* (syn. INFAILLIBLE).

2. radical [radikal] n. m. (pl. *radicaux*). Partie d'un mot qu'on détermine en enlevant toutes les désinences qui constituent sa flexion, sa conjugaison ou sa déclinaison : *Les formes du verbe «aller» sont faites sur trois radicaux («all-», «v-», «ir-»), celles de «chanter» sur un seul radical («chant-»).*

3. radical, e, aux [radikal] n. et adj. Partisan d'une transformation des institutions d'un pays dans un sens républicain, démocratique et laïque : *Le parti radical, en France, a joué un rôle considérable dans l'histoire de la III*[e] *République* (abrév. de RADICAL-SOCIALISTE). *Sous le règne de Louis-Philippe on commence à qualifier de «radicaux» les partisans de la République.*

radicalement [radikalmɑ̃] adv. De façon radicale : *Ce que vous me dites là est radicalement faux* (syn. ABSOLUMENT, TOTALEMENT). *À la suite de sa cure, elle a été guérie radicalement de ses rhumatismes* (syn. COMPLÈTEMENT, ENTIÈREMENT).

radicalisation [radikalizasjɔ̃] n. f. Action de radicaliser ; fait de se radicaliser.

radicaliser [radikalize] v. t. *Radicaliser qqch (action, attitude),* le rendre plus dur, plus intransigeant : *Les mesures gouvernementales n'ont servi qu'à radicaliser les revendications* (syn. DURCIR, RENFORCER).

radicalisme [radikalism] n. m. Doctrine politique du parti radical.

radical-socialiste [radikalsɔsjalist] adj. (pl. *radicaux-socialistes*). *Parti républicain radical et radical-socialiste,* titre officiel du parti radical fondé en 1901. ◆ n. Membre du parti radical-socialiste.

radier [radje] v. t. (bas lat. *radiare,* rayer). *Radier qqn (de qqch),* rayer son nom sur un registre, sur une liste, sur un état ; lui interdire d'exercer une activité : *Cet avocat a été radié du barreau par mesure disciplinaire* (syn. EFFACER ; contr. INSCRIRE, IMMATRICULER). *Se faire radier d'une liste électorale.*

radiesthésie [radjɛstezi] n. f. (de *radiation* et gr. *aisthêsis,* sensibilité). Faculté que posséderaient certaines personnes de capter les radiations émises par différents corps.

radiesthésiste [radjɛstezist] n. Qui pratique la radiesthésie.

radieux, euse [radjø] adj. (lat. *radiosus*). **1.** *Soleil radieux,* qui émet des rayons lumineux d'un vif éclat : *À midi, un soleil radieux dardait ses rayons sur la plaine* (syn. ÉCLATANT ; contr. PÂLE). — **2.** Très ensoleillé : *Journée radieuse* (syn. SPLENDIDE). *Temps radieux* (contr. COUVERT, SOMBRE). — **3.** Rayonnant de joie : *Une jeune femme radieuse le jour de son mariage.* — **4.** Qui exprime la satisfaction, le bonheur : *Air radieux* (contr. ASSOMBRI, TRISTE). *Un sourire radieux illumine le visage de la lauréate.*

radin, e [radɛ̃] adj. et n. (arg. *radin,* gousset). *Fam.* Qui lésine sur la dépense : *Cet homme est radin avec tout le monde* (syn. PINGRE, AVARE ; fam. GRIPPE-SOU). *Elle est radine* (ou *radin*).

radinerie [radinri] n. f. *Fam.* Avarice.

1. radio [radjo] n. m. **1.** Abrév. de RADIOGRAMME. — **2.** Abrév. de RADIONAVIGANT : *Le radio de bord d'un navire, d'un avion.*

2. radio [radjo] n. f. Abrév. de RADIO-RÉCEPTEUR (poste récepteur d'ondes), RADIODIFFUSION, RADIOGRAPHIE, RADIOSCOPIE : *Elle a la radio dans sa voiture.*

3. radio- [radjo] préfixe (du lat. *radius,* rayon) indiquant un rayonnement, une radiation.

radioactif, ive [radjɔaktif] adj. Doué de radioactivité : *Le plutonium est un minerai radioactif. Des déchets radioactifs, des retombées radioactives.*

radioactivité [radjɔaktivite] n. f. Propriété que possèdent certains éléments chimiques (radium, uranium, etc.) de se transformer par désintégration en d'autres éléments avec émission de divers rayonnements.

radioamateur [radjɔamatœr] n. m. Personne qui pratique l'émission et la réception sur ondes courtes.

radiodiffuser [radjɔdifyze] v. t. Transmettre par la radio : *Radiodiffuser un discours.*

radiodiffusion ou **radio** [radjɔ(difyzjɔ̃)] n. f. **1.** Transmission par ondes hertziennes de nouvelles, de programmes littéraires, artistiques, scientifiques, etc. :

Les premières émissions de radiodiffusion réalisées en France eurent lieu en 1921 à partir de la tour Eiffel. Écouter la radio. — **2.** Organisme qui assure un service régulier de diffusions radiophoniques : *Depuis 1945, la radiodiffusion française est un monopole d'État. Travailler à la radio.*

radiographie ou **radio** [radjɔ(grafi)] n. f. Photographie obtenue par les rayons X : *On utilise la radiographie en médecine, pour l'étude de la structure des métaux, pour l'examen d'œuvres d'art.*

radiographier [radjɔgrafje] v. t. Photographier à l'aide de rayons X : *Radiographier un blessé. Radiographier les poumons.*

radioguidage [radjɔgidaʒ] n. m. **1.** Action de radioguider : *Le radioguidage d'une fusée* (syn. TÉLÉCOMMANDE). — **2.** Information par la radio sur le trafic routier.

radioguider [radjɔgide] v. t. Diriger à distance au moyen des ondes hertziennes : *Radioguider un avion, un navire* (syn. TÉLÉCOMMANDER).

radiologie [radjɔlɔʒi] n. f. Application des rayons X à l'identification des maladies et à leur traitement.

radiologique [radjɔlɔʒik] adj. Relatif à la radiologie.

radiologue [radjɔlɔg] ou **radiologiste** [radjɔlɔʒist] n. Médecin spécialisé en radiologie.

radionavigant [radjɔnavigɑ̃] n. m. Professionnel chargé d'assurer les liaisons par radio.

radiophonique [radjɔfɔnik] adj. Relatif à la radiodiffusion : *Jeux radiophoniques.*

radioreportage [radjɔrəpɔrtaʒ] n. m. Reportage transmis par le moyen de la radiodiffusion.

radioreporter [radjɔrəpɔrtɛr] n. m. Journaliste spécialisé dans les radioreportages.

radioscopie ou **radio** [radjɔ(skɔpi)] n. f. Examen d'un corps ou d'un organe d'après leur ombre portée sur un écran fluorescent au moyen des rayons X.

radio-taxi [radjɔtaksi] n. m. Taxi en liaison téléphonique avec un centre d'appel.

radiotélévisé, e [radjɔtelevize] adj. Transmis à la fois par la radiodiffusion et la télévision.

radiothérapie [radjɔterapi] n. f. Méthode de traitement fondée sur l'action biologique des rayons X.

radis [radi] n. m. (it. *radice;* du lat. *radix, -icis,* racine). Plante potagère cultivée pour ses racines comestibles.

radium [radjɔm] n. m. Métal qui possède au plus haut degré les propriétés de radioactivité.

radius [radjys] n. m. (mot lat. signif. *rayon*). Os long formant la partie externe du squelette de l'avant-bras.

radotage [radɔtaʒ] n. m. Action de radoter : *Il est pénible d'écouter ses radotages* (syn. RABÂCHAGE).

radoter [radɔte] v. i. (*re-* et anc. néerl. *doten,* tomber en enfance). *Péjor.* Tenir des propos décousus, dénués de sens; répéter sans cesse les mêmes choses : *Je l'ai trouvé bien vieilli et incapable de tenir une conversation suivie; il se met à radoter* (syn. DIVAGUER). *Tu commences à nous fatiguer, tu ne fais que radoter* (syn. RABÂCHER).

radoteur, euse [radɔtœr] n. et adj. Qui radote.

radoub [radub] n. m. (de l'anc. fr. *adouber,* équiper). *Bassin* ou *cale de radoub,* pour la réparation des navires (syn. CALE SÈCHE).

radouber [radube] v. t. *Radouber un navire, un filet,* les réparer.

radoucir [radusir] v. t. Rendre plus doux : *La pluie a radouci la température.* ◆ ***se radoucir*** v. pr. **1.** (sujet qqn) Devenir plus traitable, plus conciliant : *Il avait un ton impératif et cassant, mais il s'est vite radouci* (syn. SE CALMER, EN RABATTRE; fam. METTRE DE L'EAU DANS SON VIN). — **2.** (sujet le temps) Devenir plus doux : *Le temps se radoucit.*

radoucissement [radusismɑ̃] n. m. Fait de se radoucir : *Le radoucissement de la température, du caractère.*

rafale [rafal] n. f. (it. *raffica*). **1.** Coup de vent violent, mais de courte durée : *Le vent soufflait par rafales* (syn. BOURRASQUE). *Des rafales de pluie.* — **2.** Succession rapide de décharges d'armes automatiques ou de pièces d'artillerie : *Des rafales de mitrailleuses. Des rafales de balles, d'obus.*

raffermir [rafɛrmir] v. t. **1.** *Raffermir qqch (concret),* le rendre plus ferme : *Les massages raffermissent les muscles* (syn. DURCIR). — **2.** *Raffermir qqch, qqn,* le remettre dans une situation plus stable, le rendre plus assuré, plus fort : *Le succès remporté aux dernières élections a raffermi ce parti* (syn. AFFERMIR, CONSOLIDER, RENFORCER). ◆ ***se raffermir*** v. pr. (sujet qqch, qqn) Devenir plus ferme, plus fort : *Sa santé s'est raffermie* (syn. SE FORTIFIER). *Elle s'est raffermie dans sa résolution.*

raffermissement [rafɛrmismɑ̃] n. m. Fait de se raffermir : *Le raffermissement des chairs* (contr. RAMOLLISSEMENT). *Le raffermissement de l'autorité d'un gouvernement* (contr. FLÉCHISSEMENT, ↑ ÉBRANLEMENT).

raffinage [rafinaʒ] n. m. Action de raffiner une matière : *Le raffinage du sucre.*

raffiné, e [rafine] adj. **1.** D'une grande finesse, d'une grande délicatesse : *Une nourriture raffinée* (contr. SIMPLE, FRUGAL). *Des manières raffinées* (syn. ÉLÉGANT). — **2.** Qui offre un excès de recherche : *Plaisirs raffinés. Élégance raffinée* (syn. AFFECTÉ). ◆ adj. et n. Qui a une grande finesse de goût en art, en littérature, qui a un esprit, des sentiments très délicats : *Une femme raffinée* (contr. FRUSTE, GROSSIER, LOURD).

raffinement [rafinmɑ̃] n. m. **1.** Ce qui marque une grande recherche : *Le raffinement dans le langage* (syn. ↑ PRÉCIOSITÉ), *dans les manières* (syn. AFFECTATION). — **2.** Recherche poussée à un degré extrême : *Un amateur de raffinements gastronomiques. Des raffinements de cruauté.*

raffiner [rafine] v. t. (*re-* et *affiner*). **1.** *Raffiner qqch (matière),* le débarrasser de ses impuretés : *Raffiner du sucre, du pétrole. Du sucre raffiné* (= rendu plus pur). — **2.** *Raffiner qqn, son comportement,* le rendre plus délicat, plus subtil : *Cette personne aurait besoin de raffiner son langage, ses manières.* ◆ v. t. ind. *Raffiner sur qqch,* mettre une recherche excessive en qqch : *Raffiner sur sa toilette.*

raffinerie [rafinri] n. f. Usine où on effectue le raffinage : *Les raffineries de pétrole se sont installées à proximité des grands ports.*

raffoler [rafɔle] v. t. ind. (*re-* et *affoler*). **1.** *Raffoler de qqn,* en être follement épris : *Cet acteur a un grand succès, les femmes raffolent de lui* (syn. ADORER, ADULER). — **2.** *Raffoler de qqch,* avoir pour qqch un goût très vif : *Les jeunes filles raffolent de la danse* (syn. ÊTRE PASSIONNÉ DE, ÊTRE FOU DE). *Raffoler de chocolat.*

raffut [rafy] n. m. (de l'anc. fr. *afuster,* ajuster). *Fam.* Grand bruit produit par des personnes qui parlent fort, qui crient, qui se querellent : *Les voisins ont fait un raffut de tous les diables cette nuit* (syn. VACARME; fam. CHAHUT, TAPAGE).

rafiot [rafjo] n. m. (orig. inc.). *Fam.* Petit bateau, mauvaise embarcation qui ne tient pas la mer.

rafistolage [rafistɔlaʒ] n. m. Action de rafistoler.

rafistoler [rafistɔle] v. t. (moyen fr. *afistoler,* séduire). *Fam.* Réparer tant bien que mal un objet dont les parties sont disjointes ou usées : *Rafistoler un vieux meuble, un livre déchiré* (syn. RETAPER).

rafle [rafl] n. f. (all. *Raffel*). **1.** Action de rafler : *Des voleurs ont fait une rafle importante dans une bijouterie.* — **2.** Arrestation en masse, faite par la police, d'individus qui se trouvent dans un quartier, dans une rue, dans un établissement : *La police a effectué une rafle dans un bar et a emmené tous les suspects. Être pris dans une rafle.*

rafler [rafle] v. t. *Rafler qqch* , emporter rapidement tout ce qui tombe sous la main : *Des cambrioleurs ont raflé tout ce qu'ils ont pu* (syn. VOLER).

rafraîchir [rafrɛʃir] v. t. **1.** *Rafraîchir qqch,* le rendre frais ou plus frais; lui donner de la fraîcheur : *Mettre une boisson dans un réfrigérateur pour la rafraîchir* (contr. CHAUFFER). *La pluie a rafraîchi la température* (contr. RÉCHAUFFER). — **2.** *Rafraîchir qqn,* lui donner une sensation de fraîcheur : *Donnez-nous à boire quelque chose qui nous rafraîchisse.* — **3.** *Rafraîchir un objet,* le remettre en état : *Rafraîchir un tableau, une peinture* (= les nettoyer et en raviver les couleurs). *Rafraîchir les cheveux* (= les couper légèrement). — **4.** *Rafraîchir la mémoire à qqn,* lui rappeler le souvenir de qqch : *Quand tu as fait une promesse, il faut souvent te rafraîchir la mémoire.* ◆ v. i. (sujet qqch) Devenir plus frais : *Mettre du vin à rafraîchir.* ◆ ***se rafraîchir*** v. pr. **1.** (sujet qqn) Prendre une boisson rafraîchissante : *Nous sommes entrés dans un café pour nous rafraîchir.* — **2.** (sujet qqch) Devenir plus frais : *Après l'orage, la température s'est rafraîchie.*

rafraîchissant, e [rafrɛʃisɑ̃] adj. Qui rafraîchit : *Une brise rafraîchissante. Boisson rafraîchissante* (= qui désaltère).

rafraîchissement [rafrɛʃismɑ̃] n. m. **1.** Action de (se) rafraîchir : *Le rafraîchissement de la température, d'un tableau, de la mémoire.* — **2.** Boisson fraîche, glace, etc., qu'on sert lors d'une réception (surtout pl.).

ragaillardir [ragajardir] v. t. (de *re-* et anc. fr. *gaillard,* vigoureux). Fam. *Ragaillardir qqn,* lui redonner des forces, de l'entrain : *Depuis sa cure, elle se sent toute ragaillardie.* (→ GAILLARD.)

rage [raʒ] n. f. (lat. *rabies*). **1.** Maladie infectieuse, transmissible par morsure de certains animaux (chien et quelquefois chat, renard, etc.) à l'homme, et qui est caractérisée par des convulsions puis par la paralysie : *Le vaccin contre la rage a été utilisé pour la première fois en 1885.* — **2.** Mouvement violent de dépit, d'irritation, de colère, de haine : *Cette réprimande a excité sa rage. Passer sa rage sur quelqu'un. Entrer dans une rage folle, écumer, étouffer de rage.* — **3.** *Rage de dents,* mal de dents qui provoque de violentes douleurs. — **4.** (sujet qqch) *Faire rage,* atteindre une très grande violence : *La tempête fait rage et des bateaux ne sont pas rentrés. Un incendie a fait rage et on a dû évacuer l'immeuble* (syn. SE DÉCHAÎNER).

rageant, e [raʒɑ̃] adj. *Fam.* Qui fait rager : *Échouer à un examen quand on l'a bien préparé, c'est rageant* (syn. EXASPÉRANT ; fam. ENRAGEANT).

rager [raʒe] v. i. (c. 2) [sujet qqn] *Fam.* Être en proie à une violente irritation, à un vif sentiment de dépit, de mécontentement, quelquefois sans les manifester : *Ce qui les faisait rager, c'était d'avoir été punis injustement. Elle rageait de ne pouvoir aller au cinéma avec ses amis* (syn. ÊTRE FURIEUX ; fam. RÂLER).

rageur, euse [raʒœr] adj. **1.** Sujet à des accès de colère : *Un enfant rageur* (syn. COLÉREUX). — **2.** Qui dénote de la mauvaise humeur : *Répondre sur un ton rageur* (contr. CALME).

rageusement [raʒøzmɑ̃] adv. Avec rage : *Se précipiter rageusement sur quelqu'un.*

raglan [raglɑ̃] n. m. (de lord *Raglan,* général angl.). Vêtement dont les manches partent du col par des coutures en biais.

ragondin [ragɔ̃dɛ̃] n. m. (orig. obscure). Mammifère rongeur de l'Amérique du Sud, à fourrure estimée; sa fourrure.

ragot [rago] n. m. (de *ragoter,* grogner comme un sanglier). *Fam.* Bavardage généralement malveillant (souvent pl.) : *Ne faites pas attention à tous les ragots que vous pouvez entendre* (syn. fam. COMMÉRAGE, CANCAN, RACONTAR).

ragoût [ragu] n. m. (de l'anc. fr. *ragoûter,* réveiller le goût). Plat de viande, de légumes ou de poisson, coupés en morceaux et cuits dans une sauce : *Un ragoût de veau, de mouton.*

ragoûtant, e [ragutɑ̃] adj. (de l'anc. fr. *ragoûter,* réveiller le goût). **1.** Qui excite l'appétit (avec *pas, guère, peu*) : *Vous nous avez servi un plat qui est peu ragoûtant* (syn. APPÉTISSANT). — **2.** Qui est agréable, qui plaît (avec *pas, guère, peu*) : *Être chargé d'un travail qui n'est guère* (ou *pas*) *ragoûtant* (syn. PLAISANT, ATTRAYANT).

raid [rɛd] n. m. (mot angl.). **1.** Incursion rapide en territoire ennemi, exécutée par une troupe ou un groupe peu nombreux, par des blindés, des parachutistes, etc. : *Un raid opéré par un commando pour détruire des objectifs ennemis* (syn. COUP DE MAIN); expédition menée sur un territoire ennemi par une formation de bombardement : *Les raids des bombardiers alliés sur la Ruhr.* — **2.** Vol de longue distance destiné à mettre en valeur la résistance du matériel et l'endurance des hommes : *Le raid New York-Paris effectué par Lindberg en 1927.*

raide [rɛd] adj. (lat. *rigidus*). **1.** Qui ne plie pas ou est difficile à plier : *J'ai trop marché, j'ai les jambes raides comme des barres de fer* (syn. ENGOURDI ; contr. MOU). *Des cheveux raides* (= qui ne frisent pas). — **2.** Fortement tendu : *Une corde raide* (syn. RIGIDE ; contr. FLEXIBLE, ÉLASTIQUE). — **3.** Difficile à monter ou à descendre : *C'est par un sentier assez raide qu'on arrive à l'alpage* (syn. ESCARPÉ). *Soyez prudents, la descente est sinueuse et raide* (syn. ABRUPT). — **4.** Qui manque de souplesse, de grâce; qui a une gravité affectée : *Être raide comme un piquet. Avoir une attitude raide* (syn. GOURMÉ, GUINDÉ). — **5.** Qui se montre peu accommodant : *Il a une manière de commander raide et qui glace ses subordonnés* (syn. INFLEXIBLE, AUTORITAIRE). — **6.** Difficile à croire, à accepter : *L'histoire que vous me racontez là est peut-être authentique, mais elle est un peu raide* (syn. SURPRENANT, ÉTONNANT, FORT). — **7.** Se dit d'un liquide alcoolique âpre au goût et fort : *Une eau-de-vie raide.* — **8.** Se dit d'un écrit, d'un spectacle, d'une parole qui choque la bienséance : *Il y a dans ce roman des passages un peu raides* (syn. HARDI, OSÉ, ↑LICENCIEUX, ↑GRIVOIS). ◆ adv. **1.** De façon abrupte : *Un escalier qui grimpe raide.* — **2.** Tout d'un coup, brutalement : *Atteints par les balles, deux passants tombèrent raide morts.*

raideur [rɛdœr] n. f. **1.** État d'une chose raide : *La raideur du cou* (syn. ANKYLOSE, ↑ENGOURDISSEMENT). *La raideur des membres après la mort* (syn. RIGIDITÉ). *La raideur d'une pente.* — **2.** Manque de souplesse, de grâce, de familiarité, en parlant de qqn : *Marcher, danser avec raideur* (syn. GRAVITÉ ; contr. ABANDON). *Montrer beaucoup de raideur dans ses rapports avec ses collègues.*

raidillon [rɛdijɔ̃] n. m. Partie d'un chemin en pente raide : *Gravir un raidillon.*

raidir [rɛdir] v. t. **1.** *Raidir qqch,* le rendre raide, le tendre avec force, énergiquement : *Raidir ses muscles* (syn. BANDER, CONTRACTER). *Raidir un fil de fer, un câble* (syn. ↓TIRER). — **2.** *Raidir qqn,* le rendre obstiné, intransigeant : *Ces objections n'ont fait que le raidir dans* *une attitude purement négative.* ◆ ***se raidir*** v. pr. **1.** (sujet qqch) Devenir raide : *Après une longue fatigue, les muscles se raidissent.* — **2.** (sujet qqn) Montrer de la fermeté, du courage ou de l'intransigeance : *Se raidir contre la douleur. Les deux partis se sont raidis dans leurs positions.*

raidissement [rɛdismɑ̃] n. m. **1.** Action de raidir : *Le raidissement de la nuque.* — **2.** Tension entre deux pays, entre deux groupes opposés; attitude d'intransigeance, de refus : *À la suite des propositions gouvernementales, il y a eu un raidissement très net des syndicats.*

1. raie [rɛ] n. f. (bas lat. *riga*). **1.** Ligne ou bande qui se trouve sur la peau, le pelage de certains animaux : *Le pelage du zèbre est jaunâtre avec des raies noires ou brunes* (syn. RAYURE). — **2.** Ligne ou bande d'une couleur différente de celle du fond dans une étoffe, dans du papier : *Un pantalon noir avec de petites raies blanches* (syn. RAYURE). *Tissu à raies* (= rayé). — **3.** Séparation des cheveux : *Porter la raie au milieu ou sur le côté.* — **4.** Ligne tracée sur une surface avec une substance colorante ou avec un instrument : *Faire des raies sur un mur avec de la craie ou avec un crayon* (syn. usuel TRAIT).

2. raie [rɛ] n. f. (lat. *raia*). Poisson de mer plat cartilagineux à corps aplati.

raifort [rɛfɔr] n. m. (anc. fr. *raiz fors*, racine forte). Gros radis noir d'hiver.

rail [raj] n. m. (mot angl. signif. *barre*). **1.** Bande d'acier servant à supporter et à guider les roues des trains : *Les rails sont posés et fixés sur des traverses.* — **2.** (sing.) Transport par voie ferrée : *La coordination du rail et de la route a pour objet de faire cesser la concurrence des deux modes de transport.* (→ DÉRAILLER.)

railler [raje] v. t. (lat. *ragere*, rugir). *Railler qqn, qqch*, les tourner en ridicule de façon plus ou moins satirique : *Cet homme ne peut souffrir qu'on le raille* (syn. RIDICULISER, ↓SE MOQUER, ↓PLAISANTER). *Railler une personnalité politique par des caricatures* (syn. PERSIFLER, SATIRISER).

raillerie [rajri] n. f. Action de railler : *Une raillerie fine, piquante. Peu de gens supportent les railleries* (syn. PERSIFLAGE, SARCASME, ↓MOQUERIE, ↑SATIRE).

railleur, euse [rajœr] adj. et n. Qui raille : *Parler sur un ton railleur* (syn. PERSIFLEUR).

rainette [rɛnɛt] n. f. (lat. *rana*, grenouille). Animal voisin de la grenouille, vivant souvent sur les arbres, près de l'eau.

rainurage [rɛnyraʒ] n. m. Ensemble de rainures creusées sur certaines chaussées en béton pour les rendre moins glissantes aux véhicules.

rainure [rɛnyr] n. f. (de l'anc. fr. *roisne*). Entaille longue et étroite dans une pièce de bois, de métal, ou à la surface d'un objet.

raisin [rɛzɛ̃] n. m. (lat. *racemus*, grappe de raisin). Fruit de la vigne.

raison [rɛzɔ̃] n. f. (lat. *ratio, -onis*). **1.** Faculté qui permet à l'homme de distinguer le vrai du faux, le bien du mal et de déterminer sa conduite d'après cette connaissance : *J'en appelle à votre raison* (syn. BON SENS). *Suivre les conseils, la voix de la raison. Ramener quelqu'un à la raison* (syn. SAGESSE). — **2.** *Entendre raison, se rendre à la raison*, acquiescer à ce qui est raisonnable, juste. ‖ *Mariage de raison*, mariage dans lequel les considérations de situation sociale, de fortune l'emportent sur les sentiments. ‖ *Mettre qqn à la raison*, le réduire par la force, par l'autorité. ‖ *Perdre la raison*, perdre la tête; devenir fou : *Pour tenir des propos aussi absurdes, il faut avoir perdu la raison.* ‖ *Plus que de raison*, plus qu'il n'est convenable, d'une façon excessive : *Manger, boire plus que de raison.* ‖ *Recouvrer la raison*, retrouver sa lucidité. — **3.** Explication d'un fait, d'un acte : *Faire connaître les raisons de sa conduite* (syn. MOTIF, MOBILE). *Une tristesse sans raison* (syn. SUJET, CAUSE). *Un attentat commis pour des raisons politiques* (syn. MOBILE). *S'absenter pour une raison ou une autre* (syn. MOTIF). *Pour quelle raison s'est-elle engagée dans cette affaire?* (syn. POURQUOI). — **4.** Argument destiné à prouver ou à justifier qqch : *Cet élève a toujours de bonnes raisons pour ne pas avoir appris ses leçons* (syn. EXCUSE, PRÉTEXTE). *Les raisons que vous me donnez ne sont pas valables* (syn. ALLÉGATION). *Opposer des raisons péremptoires, pertinentes aux attaques de ses adversaires* (syn. RÉFUTATION). — **5.** *À plus forte raison*, pour un motif d'autant plus fort. ‖ *À raison de* (+ *numéral*), au prix de, à proportion de : *Acheter une étoffe à raison de vingt francs le mètre. En raison du froid, on a distribué du charbon aux indigents à raison de cent kilogrammes par foyer.* ‖ *Avec raison, avec juste raison*, en ayant un motif légitime, une raison valable : *C'est avec raison que vous avez renvoyé cet employé* (syn. À JUSTE TITRE). ‖ *Avoir raison*, être dans le vrai (contr. SE TROMPER). ‖ *Avoir raison de* (+ *inf.*), agir ou parler de façon conforme à la vérité, à la justice, au bon sens : *Vous n'avez pas raison de lui en vouloir, elle ne vous a pas nui. Vous avez eu raison de prendre des vêtements chauds, car il fait froid* (contr. AVOIR TORT). ‖ *Avoir raison de qqn ou de qqch*, vaincre sa résistance, en venir à bout : *Avoir raison d'un animal, d'une difficulté.* ‖ *Donner raison à qqn*, décider qu'il est dans le vrai. ‖ *En raison de*, à cause de : *En raison des circonstances, le tribunal a accordé le sursis à l'accusée* (syn. VU, ÉTANT DONNÉ); en proportion de : *On ne reçoit qu'en raison de ce qu'on donne.* ‖ *Raison d'être*, ce qui justifie l'existence de qqn ou de qqch : *Sa fille est la seule raison d'être de ce veuf.* ‖ *Se faire une raison*, se résigner à admettre ce qu'on ne peut changer : *On mourra tous un jour, il faut se faire une raison* (syn. EN PRENDRE SON PARTI).

raisonnable [rɛzɔnabl] adj. **1.** Doué de raison, qui a la faculté de raisonner : *L'homme est un animal raisonnable.* — **2.** Qui pense, agit conformément au bon sens, à la sagesse, de façon réfléchie : *On voit des enfants se conduire comme des personnes raisonnables. Vous êtes trop raisonnable pour exiger cela de moi* (contr. EXTRAVAGANT, INSENSÉ). — **3.** Conforme à la raison, à la sagesse, à l'équité, au devoir : *Tenir des propos raisonnables* (syn. SENSÉ; contr. ABERRANT, ABSURDE). *Elle vous a donné des conseils raisonnables* (syn. JUDICIEUX). *Vous avez pris une décision tout à fait raisonnable* (syn. LÉGITIME). *Il n'est pas raisonnable de se conduire comme vous le faites* (syn. CONVENABLE, NORMAL). — **4.** Qui n'est pas exagéré; conforme à la moyenne : *Vendre, acheter à des prix raisonnables. Prêter de l'argent à un taux raisonnable* (syn. ACCEPTABLE, MODÉRÉ; contr. EXCESSIF, EXORBITANT).

raisonnablement [rɛzɔnabləmɑ̃] adv. De manière raisonnable : *Parler, agir raisonnablement* (syn. BIEN, CONVENABLEMENT). *Manger, boire raisonnablement* (syn. MODÉRÉMENT; contr. EXAGÉRÉMENT).

raisonné, e [rɛzɔne] adj. **1.** À quoi on applique les règles du raisonnement : *Un problème bien raisonné.* — **2.** Qui résulte d'un examen réfléchi : *Faire un choix raisonné.*

raisonnement [rɛzɔnmɑ̃] n. m. **1.** Faculté, action ou manière de raisonner : *Essayer de persuader quelqu'un par le raisonnement. Elle a une grande puissance de raisonnement.* — **2.** Suite de propositions déduites les unes des autres pour arriver à une démonstration : *Je ne comprends pas ton raisonnement* (syn. ARGUMENTATION).

raisonner [rɛzɔne] v. i. **1.** Faire usage de sa raison, passer d'un jugement à un autre pour aboutir à une conclusion : *Raisonner juste, raisonner faux. Raisonner selon les règles de la logique* (syn. ARGUMENTER). — **2.** Discuter avec qqn pour essayer de le convaincre : *Il est inutile de raisonner avec lui, il ne vous laisse pas parler* (syn. ↓ DISCUTER). *Avoir la manie de raisonner.* — **3.** Alléguer des excuses au lieu de recevoir docilement les ordres ou les réprimandes : *Il ne s'agit pas de raisonner mais d'obéir* (syn. RÉPLIQUER, DISCUTER). ◆ v. t. *Raisonner qqn,* chercher à le convaincre de changer de comportement ou d'avis, par des arguments qui font appel à sa raison : *J'ai eu beau la raisonner, elle n'a rien voulu entendre.* ◆ ***se raisonner*** v. pr. Faire appel à sa raison pour essayer de changer de comportement : *J'avais peur, mais j'essayais de me raisonner.*

raisonneur, euse [rɛzɔnœr] adj. et n. **1.** Qui veut raisonner sur tout, qui fatigue par ses longs raisonnements : *Un insupportable raisonneur qui veut toujours avoir raison* (syn. DISCUTEUR). — **2.** Qui allègue des excuses, bonnes ou mauvaises, au lieu d'obéir : *Faire le raisonneur. Une petite fille raisonneuse.*

rajeunir [raʒœnir] v. t. **1.** *Rajeunir qqn,* lui redonner l'impression d'être jeune : *D'avoir tous ses petits-enfants autour d'elle la rajeunit.* ‖ Fam. *Cela ne me, nous,* etc., *rajeunit pas,* cela indique, que je, nous, etc., ne sommes plus jeunes. — **2.** Faire paraître plus jeune : *Cette coiffure vous rajeunit* (contr. VIEILLIR). — **3.** Croire qqn plus jeune qu'il ne l'est en réalité : *Vous lui donnez quarante ans, vous la rajeunissez, car elle en a plus de cinquante.* — **4.** *Rajeunir les cadres d'une entreprise,* recruter un personnel plus jeune. — **5.** *Rajeunir qqch,* lui donner une apparence, une fraîcheur nouvelle : *Rajeunir un vêtement* (syn. RAFRAÎCHIR). *Rajeunir un mobilier* (syn. MODERNISER). ◆ v. i. Retrouver la vigueur et la fraîcheur de la jeunesse : *Depuis votre cure, vous avez* (ou *vous êtes*) *rajeuni.* ◆ ***se rajeunir*** v. pr. Se prétendre plus jeune qu'on n'est réellement.

rajeunissant, e [raʒœnisɑ̃] adj. Qui rend plus jeune : *Une crème rajeunissante.*

rajeunissement [raʒœnismɑ̃] n. m. Fait de rajeunir : *Son rajeunissement est extraordinaire. Le rajeunissement d'un texte* (syn. MODERNISATION).

rajout [raʒu] n. m. Syn de AJOUT.

rajouter [raʒute] v. t. Ajouter de nouveau (remplace souvent *ajouter*) : *Il faut rajouter trente francs au prix d'achat pour les frais et les taxes. Elle rajouta quelques mots de conclusion. Tu ne te contentes pas de raconter ce qui s'est passé, il faut que tu en rajoutes* (syn. fam. EN REMETTRE).

rajustement [raʒystəmɑ̃] n. m. Action de rajuster : *Réclamer le rajustement des salaires* (syn. RÉAJUSTEMENT).

rajuster [raʒyste] v. t. **1.** *Rajuster qqch,* le remettre en bonne place, en ordre : *Rajuster sa cravate. Rajuster sa coiffure* (syn. REFAIRE). — **2.** *Rajuster les salaires* ou *les prix,* relever les salaires pour qu'ils soient conformes au prix de la vie, ou modifier les prix de vente en fonction des prix de revient (syn. RÉAJUSTER).

râle [rɑl] n. m. Bruit anormal de la respiration : *Avoir le souffle entrecoupé de râles.*

ralenti [ralɑ̃ti] n. m. **1.** Mouvement d'un moteur qui tourne à une vitesse réduite : *Régler le ralenti.* — **2.** *Au ralenti,* en diminuant l'énergie, la vigueur : *Travailler au ralenti.* — **3.** Au cinéma, artifice de prise de vues grâce auquel les mouvements paraissent beaucoup plus lents que dans la réalité.

ralentir [ralɑ̃tir] v. t. **1.** Rendre plus lent : *Ralentir sa marche, l'allure d'une voiture* (contr. ACTIVER, ACCÉLÉRER). *Ralentir l'avance des ennemis par une contre-offensive* (syn. RETARDER). — **2.** Rendre moins intense : *L'âge n'a pas ralenti son ardeur au travail. Certaines taxes ralentissent le commerce d'exportation* (syn. DIMINUER, FREINER). ◆ v. i. **1.** (sujet qqn, un véhicule, un moteur, un organe) Aller plus lentement : *Automobilistes, ralentissez en arrivant à un carrefour* (contr. ACCÉLÉRER). — **2.** (sujet qqch) Devenir plus lent : *Le progrès ne ralentit pas.*

ralentissement [ralɑ̃tismɑ̃] n. m. Action de ralentir, de devenir plus lent : *Le ralentissement d'un véhicule* (contr. ACCÉLÉRATION). *Le ralentissement de l'expansion économique.*

râler [rɑle] v. i. (variante de *racler*). **1.** Faire entendre un bruit rauque en respirant, en partic. au moment de l'agonie : *La blessée est au plus mal, elle commence à râler.* — **2.** *Fam.* Être de mauvaise humeur, en colère : *Cet individu est insupportable, pour le moindre ennui il se met à râler* (syn. GROGNER, PROTESTER ; fam. ROUSPÉTER).

râleur, euse [rɑlœr] n. et adj. *Fam.* Qui a l'habitude de protester à propos de tout : *Il n'est jamais content, c'est un râleur* (syn. fam. ROUSPÉTEUR).

ralliement [ralimɑ̃] n. m. **1.** Fait de se rallier : *Le ralliement des troupes eut lieu à tel endroit* (syn. RASSEMBLEMENT ; contr. DÉBANDADE, DISPERSION). *Le ralliement à une cause, à une opinion* (syn. ADHÉSION). — **2.** *Mot, signe de ralliement,* qui sert aux membres d'une association, d'une troupe, à se reconnaître. ‖ *Point de ralliement,* endroit où des troupes, des groupes de personnes doivent se réunir.

rallier [ralje] v. t. (*re-* et *allier*). **1.** Rassembler des personnes dispersées (mil.) : *Après la défaite, le général rallia ses soldats* (syn. REGROUPER, RÉUNIR). — **2.** *Rallier un groupe, un endroit,* rejoindre ce groupe, faire route vers cet endroit : *La patrouille, après avoir accompli sa mission, rallia le gros de la troupe* (syn. REGAGNER). *Un bateau qui rallie le port, la terre.* — **3.** *Rallier un groupe, une doctrine,* se décider à y adhérer : *Un député non-inscrit qui rallie l'opposition.* — **4.** (sujet qqn) *Rallier qqn (à qqch),* l'amener, le faire adhérer à une cause, à une opinion, à un parti : *L'orateur a rallié une partie de l'auditoire à sa proposition* (syn. GAGNER). — **5.** (sujet qqch) Mettre d'accord : *Une proposition qui rallie tous les suffrages. L'intérêt rallie les pires adversaires.* ◆ ***se rallier*** v. pr. *Se rallier à un parti, une doctrine,* y adhérer. ‖ *Se rallier à un avis, une opinion,* se déclarer convaincu de leur justesse (syn. SE RANGER À).

rallonge [ralɔ̃ʒ] n. f. **1.** Pièce mobile qui sert à augmenter la longueur d'un appareil (compas), la grandeur d'une surface (table) : *Nous étions quatre invités ; elle a mis deux rallonges à la table.* — **2.** *Fam.* Ce qui s'ajoute à qqch pour l'augmenter ; augmentation du salaire ou du traitement régulier, de la somme prévue : *Obtenir une rallonge de deux jours à ses vacances* (syn. AUGMENTATION). *Une rallonge de deux cents francs* (syn. SUPPLÉMENT). — **3.** Fam. *Nom à rallonge,* comportant plusieurs mots, dont souvent la particule *de,* laissant supposer que le titulaire est noble.

rallongement [ralɔ̃ʒmɑ̃] n. m. Syn. de ALLONGEMENT : *Le rallongement des jours, des vacances.*

rallonger [ralɔ̃ʒe] v. t. (c. 2). *Rallonger qqch,* en augmenter la longueur : *La couturière rallonge le manteau* (syn. ALLONGER). ◆ v. i. (sujet qqch) S'accroître en longueur : *Les jours rallongent au printemps.*

rallumer [ralyme] v. t. Allumer de nouveau : *Rallumer la lampe du bureau. Elle ralluma sa cigarette éteinte. La guerre se rallume dans le Sud-Est asiatique* (syn. SE RAVIVER).

rallye [rali] n. m. (mot angl.). Épreuve sportive dans laquelle les concurrents, partant en voiture, doivent rejoindre un endroit déterminé, souvent par des itinéraires différents.

ramadan [ramadɑ̃] n. m. (mot ar.). Neuvième mois de l'année lunaire musulmane, consacré au jeûne.

ramage [ramaʒ] n. m. (lat. *ramus*, rameau). **1.** Chant des oiseaux dans les arbres, dans les buissons. — **2.** Motif de broderie formant arabesque (surtout pl.) : *Une robe à ramages.*

ramassage [ramasaʒ] n. m. **1.** Action de ramasser : *Le ramassage des foins, des céréales, des vieux journaux.* — **2.** *Ramassage scolaire,* transport des enfants de leur maison à l'école, effectué par un service de cars.

ramassé, e [ramase] adj. **1.** Court et gros (en parlant du corps de l'homme ou des animaux) : *Avoir la taille ramassée. Une personne ramassée* (syn. TRAPU; contr. ÉLANCÉ, SVELTE). — **2.** Exprimé en peu de mots : *Un style ramassé* (syn. CONCIS; contr. DIFFUS, PROLIXE).

ramasse-miettes [ramasmjɛt] n. m. inv. Appareil qui permet de ramasser les miettes laissées sur la table.

ramasser [ramase] v. t. (*re-* et *amasser*). **1.** *Ramasser des choses,* réunir des choses qui étaient éparpillées : *Le brocanteur ramasse de vieux meubles pour les revendre. L'institutrice ramasse les copies des élèves* (contr. RENDRE). *Ramasser du lait dans les fermes.* — **2.** *Ramasser des choses,* les prendre, à terre ou en se baissant, jusqu'à ce qu'on en ait réuni une quantité suffisante pour pouvoir en faire usage : *Ramasser du bois mort. Ramasser des feuilles avec un râteau. Ramasser des champignons* (syn. CUEILLIR). *Ramasser des coquillages.* — **3.** *Ramasser qqn, qqch,* les relever ou les prendre quand ils sont à terre : *Ramasser un enfant qui est tombé. Ramasser un gant. Ramasser le crayon qu'on a laissé tomber. Ramasser un caillou, une balle de tennis.* — **4.** *Ramasser qqn, un animal,* l'emmener avec soi : *La police a ramassé tous les clochards du quartier* (syn. ARRÊTER). *Une vieille dame qui ramasse tous les chats des alentours* (syn. RECUEILLIR). ‖ Fam. *Se faire ramasser,* être arrêté par la police. — **5.** *Ramasser qqch,* le replier sur lui-même, en rapprocher les différentes parties : *Pour se défendre, le hérisson ramasse son corps en boule. Elle ramassa les plis de sa jupe pour s'asseoir.* — **6.** *Ramasser ses forces,* les concentrer en vue d'un effort. ◆ ***se ramasser*** v. pr. **1.** *Fam.* Se relever après une chute. — **2.** *Pop.* Subir un échec : *Il s'est de nouveau ramassé à l'examen* (= il a été collé). — **3.** Se replier sur soi pour se défendre ou attaquer : *Le hérisson se ramasse dès qu'on le touche* (syn. SE PELOTONNER).

ramasseur, euse [ramasœr] n. Qui ramasse : *Un ramasseur de balles de tennis.*

ramassis [ramasi] n. m. Ensemble confus de choses de peu de valeur; réunion de personnes peu estimables : *Un ramassis de vieux livres. Ce bar est fréquenté par un ramassis de voyous.*

rambarde [rɑ̃bard] n. f. (it. *rambata*). Rampe légère formant un garde-fou.

1. rame [ram] n. f. (de *ramer*). **1.** Longue barre de bois élargie et aplatie à une extrémité, dont on se sert pour faire avancer et diriger une barque (syn. AVIRON). — **2.** Pop. *Ne pas en fiche, foutre une rame,* ne pas travailler.

2. rame [ram] n. f. (lat. *ramus*, branche). Petite perche qu'on plante en terre pour soutenir des plantes grimpantes.

3. rame [ram] n. f. (catalan *raima;* mot ar.). **1.** Ensemble de voitures ou de wagons attelés ensemble : *Une rame de métro.* — **2.** *Rame de papier,* ensemble de cinq cents feuilles de papier.

rameau [ramo] n. m. (lat. *ramus*, branche). **1.** Petite branche d'arbre : *Ce pommier a donné beaucoup de rameaux cette année.* — **2.** *Le dimanche des Rameaux,* qui précède la fête de Pâques.

ramener [ramne] v. t. (c. 9). **1.** *Ramener qqn, un animal qqpart,* l'amener de nouveau dans un endroit : *Elle a ramené sa fille chez le médecin. Ramener son chat chez le vétérinaire.* — **2.** *Ramener qqn, un animal (qqpart),* le faire revenir avec soi à l'endroit qu'il avait quitté : *Comme j'étais souffrant, on m'a ramené chez moi en voiture* (syn. RECONDUIRE, RACCOMPAGNER). *À la fin de l'été, on ramène les bêtes des alpages à la ferme.* — **3.** *Ramener qqn, qqch (de qqpart),* l'amener avec soi, l'apporter à l'endroit qu'on avait quitté : *Nos voisins ont ramené une jeune fille de la campagne pour s'occuper des enfants. Ils ont acheté des meubles en province et les ont ramenés à Paris.* — **4.** Fam. *Ramener qqch (qqpart, à qqn),* le remettre à l'endroit où on l'a pris, où il était : *Je veux bien vous prêter ma bicyclette, mais vous me la ramènerez demain* (syn. RAPPORTER). — **5.** (sujet qqch) *Ramener qqn, un animal qqpart,* être cause de son retour, le faire revenir : *Quelle affaire vous ramène ici? C'est la faim qui ramène le chien au logis* (syn. FAIRE REVENIR). — **6.** *Ramener qqch (sur, dans, en, vers,* etc., *un lieu),* le mettre dans une certaine position : *Ramener ses cheveux sur le front* (syn. RABATTRE). *Ramener les bras en arrière* (syn. TIRER). *L'ailier ramène le ballon vers le centre du terrain* (syn. CENTRER, DIRIGER); le remettre en place : *Ramener son châle sur ses épaules.* — **7.** *Ramener qqn à qqch,* le faire revenir à un certain état, à certaines dispositions : *Ramener un noyé à la vie* (syn. RANIMER). *Votre exemple la ramènera à la raison* (syn. RAPPELER). *Cette question me ramène au sujet dont j'ai parlé.* — **8.** *Ramener qqch à qqch,* le porter à un point de simplification, d'unification : *Ramener plusieurs problèmes à un seul* (syn. RÉDUIRE). *Ramener un incident à ses justes proportions.* — **9.** *Ramener qqch (abstrait),* le faire renaître : *La paix ramène la prospérité. Le gouvernement a pris des mesures pour ramener l'ordre* (syn. RÉTABLIR, RESTAURER). — **10.** Fam. *La ramener,* faire le malin, l'important. ‖ *Ramener tout à soi,* y rapprocher toutes choses : *L'égoïste ramène tout à lui* (syn. CONCENTRER). ◆ ***se ramener*** v. pr. **1.** (sujet qqch) Être réduit à : *Ces deux questions se ramènent à une seule* (syn. SE RÉDUIRE). — **2.** *Pop.* (sujet qqn) Revenir : *Hier soir, elle s'est ramenée très tard à la maison.*

1. ramer [rame] v. i. (du lat. *remus*, aviron). Faire avancer un bateau à la rame : *Apprendre à ramer en cadence.*

2. ramer [rame] v. t. (de *rame* 2). Munir de rames : *Ramer des haricots.*

rameur, euse [ramœr] n. Qui rame : *Un bateau à deux ou à quatre rameurs.*

rameuter [ramøte] v. t. Rassembler : *Rameuter des partisans en vue de faire face à une nouvelle attaque* (syn. REGROUPER).

rami [rami] n. m. (orig. obscure). Jeu de cartes.

ramier [ramje] n. m. (de l'anc. fr. *raim*, branche). Pigeon sauvage commun en Europe.

ramification [ramifikasjɔ̃] n. f. **1.** Division d'une branche de végétal, d'un organe, en parties plus petites : *Les ramifications d'une tige, d'un nerf.* — **2.** Subdivision de qqch qui se partage dans des directions différentes : *Les ramifications d'un souterrain, d'une voie ferrée.* — **3.** Groupement secondaire relié à une organisation centrale : *Cette société a des ramifications en province. Un complot dont les ramifications s'étendent à l'étranger.* (→ RAMEAU.)

ramifier (se) [ramifje] v. pr. (sujet qqch) **1.** Se diviser en plusieurs branches : *La tige se ramifie.* — **2.** S'étendre par des prolongements : *Une secte qui s'est ramifiée dans de nombreuses villes* (syn. SE SUBDIVISER).

ramollir [ramɔlir] v. t. ou **se ramollir** v. pr. Syn. usuels de AMOLLIR, S'AMOLLIR : *Le sol est ramolli par les* *pluies. Il est ramolli* (fam. ; = il a baissé intellectuellement).

ramollissant, e [ramɔlisɑ̃] adj. Qui ramollit : *Un climat ramollissant.*

ramollissement [ramɔlismɑ̃] n. m. *Ramollissement cérébral,* altération des tissus du cerveau provoquant une diminution des qualités intellectuelles (syn. GÂTISME).

ramonage [ramɔnaʒ] n. m. Action de ramoner : *Le ramonage périodique des cheminées est obligatoire.*

ramoner [ramɔne] v. t. (de l'anc. fr. *ramon,* balai). *Ramoner un conduit, une cheminée,* les nettoyer de la suie qui s'y est déposée.

ramoneur [ramɔnœr] n. m. Qui ramone.

1. rampant, e [rɑ̃pɑ̃] adj. Qui rampe : *Un être vil et rampant* (syn. ABJECT, PLAT, SERVILE).

2. rampant [rɑ̃pɑ̃] n. m. *Fam.* Membre du personnel au sol dans l'aviation. (→ REPTATION.)

rampe [rɑ̃p] n. f. (de *ramper,* grimper). **1.** Plan incliné par lequel on monte et on descend : *Gravir la rampe d'un garage.* — **2.** Partie inclinée d'une rue, d'une route, d'une voie ferrée : *À cet endroit le train ralentit, car il y a une rampe assez forte.* — **3.** *Rampe de lancement,* plan incliné pour le lancement de certains projectiles autopropulsés, missiles, etc. — **4.** Balustrade de fer, de pierre, de bois, placée le long d'un escalier du côté du vide : *Tenez-vous bien à la rampe, car l'escalier est raide.* — **5.** Rebord qui limite le devant de la scène d'un théâtre et où se trouve placée une rangée de lampes, de projecteurs : *Cette actrice joue trop près de la rampe.* — **6.** *Passer la rampe,* produire son effet, toucher le public : *Réplique, dialogue qui ne passe pas la rampe.*

ramper [rɑ̃pe] v. i. (frq. *hrampon,* grimper avec ses griffes). **1.** (sujet un animal) Avancer en se traînant sur le ventre : *Une vipère rampait dans l'herbe. Un fauve qui rampe vers sa proie.* — **2.** (sujet qqn) Avancer, couché sur le sol, en s'aidant des mains et des pieds : *Ramper pour passer sous un fil de fer barbelé.* — **3.** (sujet qqn) S'abaisser lâchement devant qqn, le flatter bassement (soutenu) : *Ramper devant ses supérieurs.* (→ REPTATION.)

ramure [ramyr] n. f. **1.** *Litt.* Ensemble des branches d'un arbre : *Un chêne dont la ramure est épaisse.* — **2.** Ensemble des bois d'un cerf, d'un daim.

rancard [rɑ̃kar] n. m. *Pop.* **1.** Renseignement. — **2.** Rendez-vous.

rancart [rɑ̃kar] n. m. (norm. *récarter,* éparpiller). Fam. *Mettre, jeter qqch au rancart,* se débarrasser de qqch dont on ne se sert plus : *Mettre un meuble, des ustensiles de cuisine au rancart* (syn. METTRE AU REBUT).

rance [rɑ̃s] adj. (lat. *rancidus*). Se dit d'un corps gras qui a pris en vieillissant une odeur forte, une saveur âcre : *Du beurre, de l'huile, du lard rance.* ◆ n. m. Odeur, saveur d'un corps rance : *Cette graisse sent le rance, a un goût de rance.*

ranch [rɑ̃(t)ʃ] n. m. (mot amér. ; de l'esp. *rancho,* cabane) [pl. *ranches*]. Ferme de la prairie américaine.

rancir [rɑ̃sir] v. i. Devenir rance : *Du lard qui commence à rancir.*

rancissement [rɑ̃sismɑ̃] n. m. État de ce qui est devenu rance.

rancœur [rɑ̃kœr] n. f. (bas lat. *rancor,* état de ce qui est rance). Amertume profonde qu'on ressent après une déception, une injustice : *Oublions nos rancœurs. Avoir de la rancœur pour, contre quelqu'un* (syn. AIGREUR, RESSENTIMENT).

rançon [rɑ̃sɔ̃] n. f. (lat. *redemptio,* rachat). **1.** Somme d'argent exigée pour la délivrance de qqn tenu en captivité : *Les ravisseurs de l'enfant ont accepté de le rendre à ses parents moyennant une forte rançon.* — **2.** Inconvénient au prix duquel on obtient un avantage, un plaisir, un honneur, etc. : *La rançon de la gloire, de la liberté* (syn. CONTREPARTIE).

rançonner [rɑ̃sɔne] v. t. *Rançonner qqn,* exiger de lui par la contrainte une somme d'argent, qqch qui n'est pas dû : *Voleurs qui rançonnent les passants.*

rancune [rɑ̃kyn] n. f. (bas lat. *rancor,* état de ce qui est rance, et *cura,* souci). Souvenir vivace qu'on garde d'une offense, d'une injustice, et qui s'accompagne d'un désir de vengeance : *Avoir de la rancune contre une personne. Garder de la rancune à quelqu'un pour le mal qu'il nous a fait* (syn. ↓ RESSENTIMENT, ↓ HOSTILITÉ, ↑ HAINE). *Nourrir, entretenir une rancune féroce* (contr. AMOUR, AMITIÉ, PARDON). *Sans rancune !* (= oublions tout ressentiment).

rancunier, ère [rɑ̃kynje] adj. et n. Sujet à la rancune : *C'est une personne susceptible et rancunière ; elle n'oublie pas facilement les vexations qu'on lui a faites* (syn. ↑ VINDICATIF ; contr. INDULGENT).

randonnée [rɑ̃dɔne] n. f. (de l'anc. fr. *randonner,* courir vite). **1.** Promenade assez longue et ininterrompue : *Faire une randonnée en voiture, à bicyclette* (syn. fam. ↓ BALADE). — **2.** Marche à allure soutenue sur des sentiers balisés. — **3.** Promenade à skis : *Elle fait du ski de randonnée.*

randonneur, euse [rɑ̃dɔnœr] n. Qui fait des randonnées.

rang [rɑ̃] n. m. (frq. *hring,* cercle). **1.** Suite de personnes ou de choses placées sur une même ligne en largeur : *Se trouver au premier rang des spectateurs. Il est défendu de quitter son rang, de parler dans les rangs. Les manifestants ont défilé en rangs serrés. Un rang de fauteuils, d'arbres. Un collier à quatre rangs de perles* (syn. RANGÉE). — **2.** Catégorie de personnes ayant les mêmes opinions, les mêmes goûts, les mêmes intérêts : *Nous l'avons admise dans nos rangs* (syn. SOCIÉTÉ). *S'ils n'obtiennent pas satisfaction, ils iront grossir les rangs des mécontents* (syn. NOMBRE, PARTI). — **3.** *Être, se mettre sur les rangs,* être, se mettre au nombre des concurrents, des candidats, pour obtenir qqch (syn. PRÉTENDRE À) : *Pour cet emploi vacant, il y a beaucoup de monde sur les rangs.* ‖ *Grossir les rangs de,* s'associer à des personnes déjà réunies par les mêmes opinions ou intérêts. ‖ *Rentrer dans le rang,* renoncer à ses prérogatives ; abandonner ses velléités d'indépendance, rentrer dans l'ordre établi. ‖ *Serrer les rangs,* se rapprocher les uns des autres pour occuper moins de place ; s'unir plus étroitement pour se soutenir mutuellement. ‖ *Sorti du rang,* se dit d'un militaire promu officier sans être passé par une école militaire. — **4.** Situation de qqn dans une classification hiérarchique : *Dans le cortège, chacun marchait à son rang. Selon le rang d'ancienneté.* — **5.** Place occupée par qqn dans la hiérarchie sociale et qui lui est attribuée en raison de sa naissance, de son emploi, de sa dignité : *Le rang d'ambassadeur. Cette femme sait tenir son rang. Ne fréquenter que les personnes de son rang* (syn. CONDITION). *Traiter quelqu'un avec les honneurs dus à son rang* (syn. SITUATION). — **6.** Position de qqn, de qqch, dans un classement, dans l'estime des hommes ; degré, importance qu'on leur attribue par rapport aux autres : *Elle est sortie de l'École polytechnique dans un bon rang. Ses travaux l'ont mis au premier rang des savants. Ce pays occupe le premier rang pour la recherche scientifique. Ce projet de voyage est au premier rang de ses préoccupations en ce moment.* — **7.** *Avoir rang de,* avoir le grade de : *Agent diplomatique qui a rang de colonel.* ‖ *Prendre rang,* prendre son tour ; prendre ses dispositions pour passer à son tour. ‖ *Rang de taille,* disposition donnée à des personnes ou à des objets d'après leur taille respective : *Classer des livres par rang de taille.*

rangé, e [rɑ̃ʒe] adj. **1.** *Bataille rangée,* entre deux troupes placées face à face en ordre serré; rixe générale. — **2.** Qui mène une vie régulière, qui est rentré dans le rang : *Ce garçon a eu une jeunesse orageuse, mais maintenant il est rangé* (syn. SÉRIEUX; contr. ↑ DÉBAUCHÉ).

rangée [rɑ̃ʒe] n. f. Suite de choses, de personnes, disposées sur une même ligne : *Une rangée de fauteuils, de maisons. Une rangée d'arbres s'étend de chaque côté de l'avenue qui mène au château. Une rangée de soldats formait la haie le long du passage réservé au cortège présidentiel* (syn. FILE).

rangement [rɑ̃ʒmɑ̃] n. m. Action de ranger : *Le rangement du linge dans une armoire, de livres dans une bibliothèque. Le rangement d'une chambre.* (→ DÉRANGER.)

ranger [rɑ̃ʒe] v. t. (de *rang*) [c. 2]. **1.** *Ranger des personnes, des choses,* les disposer côte à côte, soit sur une seule ligne, soit sur plusieurs lignes parallèles : *Ranger ses soldats de plomb sur l'étagère* (syn. ALIGNER). — **2.** *Ranger qqn, qqch,* les classer dans une série, un ensemble : *On range cet auteur parmi les classiques.* — **3.** *Ranger qqch,* le placer dans un certain ordre : *Ranger des papiers, des dossiers* (syn. CLASSER). *Dans un dictionnaire, les mots sont rangés par ordre alphabétique* (syn. GROUPER). — **4.** *Ranger qqch (qqpart),* le mettre à un endroit déterminé ou le remettre à sa place habituelle : *Où as-tu rangé ma cravate? Ranger le linge dans la penderie.* — **5.** *Ranger un lieu,* y mettre de l'ordre : *Ranger sa chambre.* — **6.** *Ranger un véhicule (qqpart),* le placer à un endroit : *Ranger sa voiture au parking* (syn. GARER). *Ranger son vélo.* ◆ ***se ranger*** v. pr. **1.** Se mettre en rangs, se placer, se disposer : *«Rangez-vous par quatre», dit le sergent aux soldats. Les chevaux se rangent sur la ligne de départ.* — **2.** Revenir à une manière de vivre régulière, après avoir mené une vie agitée (syn. S'ASSAGIR). — **3.** S'attribuer une place dans une série : *Elle se range parmi les modérés.* — **4.** *Se ranger du côté de qqn,* embrasser son parti. ‖ *Se ranger à l'avis, à l'opinion de qqn,* déclarer qu'on est de son avis. — **5.** Se placer pour stationner : *Se ranger le long du trottoir.* — **6.** S'écarter pour laisser le passage : *Rangez-vous, un camion arrive.*

ranimer [ranime] v. t. Redonner la vie, la force, la vigueur : *L'air de la montagne ranima ses forces défaillantes. Son exemple ranima le courage de ceux qui la suivaient* (syn. RÉCONFORTER, EXCITER). *Cette allusion maladroite ranima sa colère* (syn. RÉVEILLER). *Ranimer le feu en écartant les cendres* (syn. ATTISER). ◆ ***se ranimer*** v. pr. Reprendre de la force : *Elle se ranime après un long évanouissement* (= elle reprend conscience).

1. rapace [rapas] adj. (lat. *rapax,* qui emporte). **1.** Très avide de gain et sans scrupules (soutenu) : *Un usurier rapace* (syn. ÂPRE AU GAIN). — **2.** Vorace : *Un vautour rapace.*

2. rapace [rapas] n. m. Oiseau carnivore aux griffes et au bec acérés et recourbés, comme l'aigle *(rapace diurne)* ou le hibou *(rapace nocturne).*

rapacité [rapasite] n. f. **1.** Caractère rapace, avide de gain : *La rapacité d'un usurier* (syn. AVIDITÉ, CUPIDITÉ). — **2.** Avidité d'un animal à se jeter sur sa proie : *La rapacité d'un tigre.*

rapatrié, e [rapatrije] adj. et n. Personne qui est ramenée dans sa patrie : *Convoi de rapatriés.*

rapatriement [rapatrimɑ̃] n. m. Action de rapatrier : *Le rapatriement des prisonniers de guerre, des capitaux.*

rapatrier [rapatrije] v. t. **1.** *Rapatrier qqn,* le faire revenir dans sa patrie : *Après la signature du traité de paix, les prisonniers ont été rapatriés.* — **2.** *Rapatrier des capitaux,* les faire rentrer dans leur pays d'origine alors qu'ils sont placés à l'étranger.

râpe [rɑp] n. f. (de *râper*). **1.** Ustensile de cuisine hérissé d'aspérités et perforé de petits trous, servant à réduire une substance en poudre ou en petits morceaux : *Une râpe à fromage.* — **2.** Lime à grosses pointes utilisée pour le façonnage du bois et des métaux tendres (plomb, étain) : *Une râpe de menuisier, de plombier.*

râpé, e [rɑpe] adj. **1.** Se dit d'un vêtement usé jusqu'à la corde : *Un pardessus râpé* (syn. ÉLIMÉ). — **2.** Passé à la râpe : *Fromage râpé.* ◆ ***râpé*** n. m. Gruyère râpé.

râper [rɑpe] v. t. (germ. *raspôn,* rafler). **1.** Mettre en poudre ou en petits morceaux avec une râpe : *Râper du gruyère, des carottes.* — **2.** Gratter avec une râpe : *Râper un morceau de bois avant de le polir.* — **3.** Donner une sensation d'âpreté : *Ce vin râpe le gosier* (syn. RACLER, GRATTER).

rapetassage [raptasaʒ] n. m. Action de rapetasser.

rapetasser [raptase] v. t. (anc. prov. *petasar,* rapiécer). Fam. *Rapetasser un vêtement,* le réparer sommairement (vieilli) : *Elle ne peut plus rapetasser cette veste, c'est une loque* (syn. RACCOMMODER; fam. RETAPER).

rapetissement [raptismɑ̃] n. m. Fait de devenir plus petit : *Le rapetissement d'un tissu après lavage.*

rapetisser [raptise] v. t. **1.** Rendre plus petit : *Rapetisser une planche* (syn. DIMINUER, RÉDUIRE; contr. AGRANDIR). — **2.** Faire paraître plus petit : *La distance rapetisse les objets* (contr. GROSSIR). ◆ v. i. ou ***se rapetisser*** v. pr. Devenir plus petit : *Cette étoffe a rapetissé ou s'est rapetissée au lavage* (syn. RÉTRÉCIR). *Quand on devient vieux, on a l'impression de rapetisser* (syn. SE RATATINER; contr. GRANDIR). *Les jours rapetissent* (contr. ALLONGER).

râpeux, euse [rɑpø] adj. **1.** Rude au toucher comme une râpe : *Des poires à la peau râpeuse. La langue râpeuse du chat* (syn. RUGUEUX, RÊCHE). — **2.** Qui a une saveur âpre : *Vin râpeux* (contr. MOELLEUX, VELOUTÉ).

raphia [rafja] n. m. (mot malgache). Palmier d'Afrique et de Madagascar; fibre textile fournie par cet arbre et qui sert à faire des liens, du tissu d'ameublement (rabane), à ligaturer des greffes, etc.

rapiat, e [rapja] adj. et n. (du lat. *rapere,* voler). Regardant à la dépense (vieilli) : *Être très rapiat avec son personnel. Une femme rapiate ou rapiat.*

1. rapide [rapid] adj. (lat. *rapidus*). **1.** Se dit d'un être animé, d'un véhicule qui parcourt beaucoup d'espace en peu de temps : *Une personne rapide à la course* (syn. VITE). *Un cheval, un chien rapide. Un avion, un navire, une voiture très rapides.* — **2.** Se dit d'un cours d'eau qui coule avec une grande vitesse, d'une route où on circule rapidement : *Le Rhône est plus rapide que la Garonne.* — **3.** Très incliné : *Pente, descente rapide* (syn. RAIDE). — **4.** *Rapide dans qqch (action),* qui agit avec promptitude : *Être rapide dans son travail, dans la réalisation de ses projets* (syn. EXPÉDITIF; contr. LENT, PARESSEUX, LAMBIN). — **5.** Qui comprend très vite : *Esprit rapide et intuitif. Intelligence rapide* (syn. VIF). — **6.** Exécuté avec une vitesse élevée : *Un pas rapide. Allure rapide.* — **7.** (avant ou après le n.) Qui s'accomplit en peu de temps : *Une guérison rapide. Une rapide lecture suffit quelquefois pour juger de la valeur d'un ouvrage* (syn. SOMMAIRE). *Une décision trop rapide* (syn. HÂTIF, EXPÉDITIF).

2. rapide [rapid] n. m. **1.** Partie d'un fleuve où, par suite de dénivellation, le courant est très fort et agité de tourbillons violents : *Les rapides sont des obsta-*

cles pour la navigation. — **2.** Train à vitesse élevée ne s'arrêtant qu'aux gares importantes.

rapidement [rapidmɑ̃] adv. Avec rapidité : *Marcher rapidement* (syn. BON TRAIN, ↑ À BRIDE ABATTUE). *Faire rapidement un travail* (syn. PROMPTEMENT ; contr. LENTEMENT). *Ouvrage exécuté rapidement* (syn. HÂTIVEMENT, À TOUTE VITESSE). *S'enrichir rapidement* (syn. EN PEU DE TEMPS).

rapidité [rapidite] n. f. Qualité de qqch, de qqn qui est rapide : *La rapidité d'un coureur, d'un cheval, d'une voiture* (syn. VÉLOCITÉ, VITESSE). *Une personne remarquable par sa rapidité dans le travail* (syn. CÉLÉRITÉ, PROMPTITUDE ; contr. LENTEUR, PARESSE).

rapiécer [rapjese] v. t. (c. **1** et **10**) *Rapiécer un vêtement, un objet,* le réparer en cousant ou en collant des pièces : *Ce manteau est si usé qu'il est inutile de le rapiécer* (syn. RACCOMMODER). *Rapiécer une chambre à air.*

rapière [rapjɛr] n. f. Épée à lame fine et longue dont on se servait dans les duels.

rapine [rapin] n. f. (du lat. *rapere,* voler). *Litt.* Vol, pillage.

rappel [rapɛl] n. m. **1.** Action de rappeler : *Le rappel des réservistes, d'un ambassadeur, d'une actrice sur la scène. Rappel à l'ordre* (= réprimande). ‖ *Battre le rappel,* faire appel activement à toutes les personnes, à tous les moyens dont on peut disposer : *Pour avoir du monde à sa conférence, il a été obligé de battre le rappel auprès de ses amis.* — **2.** Paiement d'une portion d'appointements demeurée en suspens, ou d'une augmentation rétroactive : *Toucher un rappel.* — **3.** En alpinisme, procédé de descente des parties abruptes à l'aide d'une corde double, récupérable ensuite. — **4.** Action de rappeler, de faire se souvenir : *Le rappel d'un nom, d'une date. Elle a dû lui faire un discret rappel pour l'amener à la rembourser.*

rappeler [raple] v. t. (c. **6**). **1.** *Rappeler qqn (qqpart),* l'appeler pour le faire revenir à l'endroit où on est : *Elle s'en allait quand je l'ai rappelée. Rappeler un médecin auprès d'un malade.* — **2.** (sujet qqn, qqch) *Rappeler qqn (qqpart),* faire revenir qqn d'absent, lui faire savoir qu'il doit revenir à un certain endroit : *Alors qu'il était en voyage, il a été rappelé auprès de sa femme victime d'un accident. Rappeler des militaires sous les drapeaux* (syn. MOBILISER). *Ses affaires la rappellent à Paris.* — **3.** *Rappeler qqn (de qqpart),* le faire revenir d'un pays étranger : *La guerre étant à la veille d'être déclarée, les deux puissances ont rappelé leurs ambassadeurs.* — **4.** *Rappeler (qqn au téléphone),* l'appeler de nouveau : *Madame est sortie, veuillez la rappeler. Rappelez demain.* — **5.** *Dieu l'a rappelé à lui,* il est mort. ‖ *Rappeler un acteur,* le faire revenir sur la scène par des applaudissements nombreux. ‖ *Rappeler qqn à lui, à la vie,* lui faire reprendre connaissance. ‖ *Rappeler qqn à l'ordre, aux bienséances,* le réprimander pour s'être écarté des bienséances. — **6.** *Rappeler qqch, qqn (à qqn),* le lui faire revenir à l'esprit, à la mémoire : *Elle m'a rappelé sa promesse. Rappeler le souvenir d'un événement historique* (syn. COMMÉMORER). *Tout, dans la maison, rappelait aux parents le souvenir de leur enfant disparu* (syn. ÉVOQUER). — **7.** Présenter une certaine ressemblance : *Cette enfant me rappelle sa grand-mère. Ce paysage provençal rappelle la Grèce* (syn. FAIRE PENSER À). ◆ ***se rappeler*** v. pr. *Se rappeler qqn, qqch, se rappeler (+ inf.), que (+ ind.),* en garder le souvenir (la construction avec de [fam.] est fréquente avec un n. et obligatoire avec un pron. personnel) : *Je me rappelle fort bien notre premier entretien. Cet enfant ne se rappelle pas de vous. Elle se rappelle que vous l'avez appelée, mais pas de votre demande. Je me rappelle vous avoir déjà rencontré quelque part* (syn. SE SOUVENIR, SE REMÉMORER). *Elle ne se rappelle plus où elle a mis ses gants.*

rappliquer [raplike] v. i. Pop. *Rappliquer (qqpart),* aller rapidement en un lieu déterminé : *Dès que je l'ai avertie, elle a rappliqué tout de suite chez moi.*

rapport [rapɔr] n. m. **1.** Lien, liaison qui existe entre deux ou plusieurs choses : *Étudier les rapports du psychique et du physique* (syn. RELATION, CORRÉLATION). *Faire le rapport entre deux événements* (syn. RAPPROCHEMENT). — **2.** Élément commun que l'esprit constate entre certaines choses : *Ce que vous me dites n'a aucun rapport avec ce que vous m'avez déjà raconté* (syn. RESSEMBLANCE). *Il n'y a pas toujours de rapport entre les larmes et la douleur* (syn. CORRESPONDANCE). *Il y a beaucoup de rapports entre la langue italienne et le latin* (syn. ANALOGIE). *Étudier les rapports entre la poésie et la musique* (syn. AFFINITÉ). — **3.** En grammaire, relation, lien qui existe entre des mots, des propositions : *Le rapport de l'adjectif et du nom. Le rapport entre une principale et une subordonnée.* — **4.** Quotient exact de deux grandeurs de même espèce dont les mesures sont faites avec la même unité (math.) : *Le rapport du périmètre d'un cercle à son diamètre est π.* — **5.** (pl.) Relations entre des personnes, des groupes, des pays : *Elle entretient de bons rapports avec ses voisins* (syn. ↑ FRÉQUENTATION). *Les rapports d'un écrivain avec son public* (syn. CONTACT). *Les rapports des parents et des enfants sont devenus plus difficiles. Les rapports entre ces deux pays sont des rapports de coexistence pacifique.* — **6.** *Avoir des rapports avec qqn,* avoir des relations sexuelles avec lui. ‖ *En rapport avec,* proportionné à : *Avoir une situation en rapport avec ses capacités.* ‖ *Mettre qqn en rapport avec une autre personne,* la lui faire connaître, les mettre en communication l'une avec l'autre. ‖ *Par rapport à,* par comparaison avec : *Les étoiles nous paraissent très petites par rapport au Soleil.* ‖ Fam. *Rapport à,* à cause de : *Elle a été absente rapport à l'accident qu'elle a eu.* ‖ *Sous le rapport de,* du point de vue de : *Cette voiture est excellente sous le rapport du confort.* ‖ *Sous tous les rapports,* à tous égards : *Être très bien sous tous les rapports.* — **7.** Exposé dans lequel on rend compte de ce qu'on a vu ou entendu : *Faire un rapport favorable sur le travail de quelqu'un* (syn. COMPTE-RENDU). *Charger un expert de faire un rapport au sujet d'un accident. Examiner les conclusions d'un rapport. Rédiger, dresser, signer un rapport.* — **8.** Revenu ou gain produit par un capital ou un travail : *Cette propriété est d'un bon rapport.* — **9.** *Être en plein rapport,* se dit d'une propriété, d'un champ, d'un arbre fruitier, etc., qui produisent autant qu'on peut le désirer. ‖ *Maison, immeuble de rapport,* dont la location procure des revenus au propriétaire.

rapportage [rapɔrtaʒ] n. m. Indiscrétion, répétition malveillante de ce qui a été dit, vu : *Ne pas écouter les rapportages d'un écolier.*

rapporter [rapɔrte] v. t. **1.** *Rapporter qqch à qqn* ou *à qqch,* le rattacher à une cause, à une fin : *Rapporter à une seule personne des actions accomplies par plusieurs* (syn. ATTRIBUER). *Les égoïstes rapportent tout à eux* (syn. RAMENER). — **2.** *Rapporter qqch (qqpart),* l'apporter ou en apporter une nouvelle fois : *Rapporter du pain sur la table.* — **3.** *Rapporter qqch (qqpart, à qqn),* le remettre à l'endroit où il était auparavant ; le rendre à son propriétaire : *J'ai rapporté le dictionnaire et je l'ai remis à sa place dans la bibliothèque. Rapportez-moi les livres que je vous ai prêtés* (syn. RESTITUER ; fam. RAMENER). — **4.** *Rapporter qqch (de qqpart, à qqn),* l'apporter avec soi en revenant : *De son voyage en Afrique elle a rapporté de nombreuses photographies et des enregistrements* (syn. fam. RAMENER). *Allez voir votre père et rapportez-moi une réponse. J'ai rapporté une bonne impression de cette entrevue.* — **5.** *Rapporter une chose à une autre,* l'ajouter pour la compléter : *Elle a rapporté une bande de tissu au bas de* *sa robe pour la rallonger. Rapporter de la terre au pied d'un arbre.* — **6.** Déclarer nul : *Rapporter un décret* (syn. ABROGER). — **7.** *Rapporter qqch, que* (+ *ind.*) [à *qqn*], faire le récit, le compte-rendu de ce qu'on a vu, entendu : *Vous ne rapportez pas le fait tel qu'il s'est passé* (syn. DIRE). *On m'a rapporté qu'il a beaucoup été question de vous à la dernière réunion* (syn. COMMUNIQUER, RACONTER, RÉPÉTER). *Rapporter les décisions d'une commission* (syn. RELATER). — **8.** Péjor. *Rapporter (qqch)* [à *qqn*], répéter intentionnellement et par malveillance ce qui a été vu ou entendu et qui est susceptible de nuire à qqn : *Elle n'ose rien dire devant lui, il rapporte tout. Les professeurs n'aiment pas les élèves qui sont toujours en train de rapporter* (syn. DÉNONCER ; fam. CAFARDER, MOUCHARDER). — **9.** *Rapporter qqch (à qqn),* lui donner un certain revenu, un certain profit : *Faire un métier qui rapporte beaucoup d'argent. Cette maison rapporte peu à sa propriétaire. Cette dénonciation ne rapportera rien à son auteur* (= il n'en tirera aucun avantage). ◆ ***se rapporter*** v. pr. **1.** *Se rapporter à qqch,* avoir un lien logique avec : *La réponse ne se rapporte pas à la question* (syn. S'APPLIQUER À, CADRER AVEC). *Le développement de votre dissertation ne se rapporte pas au sujet donné* (syn. CORRESPONDRE). *Le pronom relatif se rapporte à son antécédent* (= se rattache). — **2.** *S'en rapporter à qqn,* lui faire confiance pour décider, pour agir : *Je n'ai pas le temps de régler cette affaire, je m'en rapporte à vous pour le faire* (syn. S'EN REMETTRE À). ‖ *S'en rapporter au jugement, au témoignage de qqn,* s'y fier.

rapporteur, euse [rapɔrtœr] adj. et n. Qui rapporte, dénonce : *Un enfant rapporteur et menteur* (syn. fam. MOUCHARD). ◆ ***rapporteur*** n. m. **1.** Personne chargée de rendre compte d'une affaire, d'une question, de faire connaître l'avis d'un comité. — **2.** Demi-cercle gradué servant à mesurer des angles.

rapprendre [raprɑ̃dr] v. t. (c. **54**). Apprendre de nouveau : *Elle a dû rapprendre à marcher après son terrible accident* (syn. RÉAPPRENDRE).

rapprochement [raprɔʃmɑ̃] n. m. Action de rapprocher : *Le rapprochement des lèvres d'une plaie. Faire un rapprochement entre deux événements* (syn. RAPPORT), *entre deux textes* (syn. COMPARAISON). *Travailler au rapprochement de deux familles, de deux nations* (syn. RÉCONCILIATION).

rapprocher [raprɔʃe] v. t. **1.** *Rapprocher qqch, qqn de qqch,* mettre plus près en déplaçant : *Rapprocher la chaise de la table* (syn. AVANCER). *Rapproche les deux bouts du tuyau* (syn. JOINDRE, RÉUNIR). *Ces échecs rapprochés la désespèrent* (= très proches). *Le car nous rapprochera du terme de notre étape ;* rendre plus proche dans l'espace ou le temps : *L'avion rapproche les distances. Les progrès techniques rapprochent certaines couches de la population. Chaque instant nous rapproche de la paix.* — **2.** *Rapprocher des personnes,* établir entre elles des rapports de sympathie, de solidarité, d'amitié; les acheminer vers une réconciliation : *Leurs opinions politiques les ont rapprochés* (syn. LIER ; contr. SÉPARER, DÉSUNIR). *Ils ont été rapprochés par le malheur. Tenter de rapprocher deux époux sur le point de se séparer.* — **3.** *Rapprocher des choses,* les associer; mettre en évidence leurs rapports : *Rapprocher deux passages d'un même roman* (syn. COMPARER). *Ils professent des opinions rapprochées* (= voisines). ◆ ***se rapprocher*** v. pr. **1.** (sujet qqn, qqch) Venir plus près, devenir plus proche : *Rapproche-toi, je n'entends pas* (contr. S'ÉLOIGNER). *Le bruit se rapprochait* (= devenait plus distinct). — **2.** (sujet qqn) Avoir des relations plus affectueuses, plus proches : *Après de longues années de brouille, les deux familles se sont rapprochées* (syn. ↑SE RÉCONCILIER). — **3.** *Se rapprocher de qqch, de qqn,* présenter certaines ressemblances, certains rapports avec eux : *Elle se rapproche par sa manière de penser d'une amie aujourd'hui disparue* (syn. RESSEMBLER).

rapprovisionner [raprɔvizjɔne] v. t. Syn. de RÉAPPROVISIONNER.

rapt [rapt] n. m. (lat. *raptus,* enlèvement). Enlèvement de qqn, en général pour en tirer une rançon : *Être accusé du rapt d'une jeune fille* (syn. KIDNAPPING).

raquette [rakɛt] n. f. (de l'ar. *rahât,* paume de la main). **1.** Instrument formé d'un cadre ovale, garni de boyaux, terminé par un manche et dont on se sert pour jouer au tennis. — **2.** Instrument formé d'un disque de contre-plaqué recouvert de caoutchouc ou de liège dont on se sert pour jouer au ping-pong. — **3.** Large semelle, à claire-voie, qu'on adapte à des chaussures pour marcher dans la neige.

rare [rar] adj. (lat. *rarus*). **1.** (après le n.) Qui se rencontre peu souvent : *Des plantes, des animaux rares. Timbre rare* (syn. ↑INTROUVABLE). *Employer des mots rares* (contr. BANAL, ORDINAIRE). — **2.** (avant le n.) En très petit nombre (avec pl.) : *Les commerçants sont rares dans ce quartier. Les beaux jours sont rares en hiver* (contr. NOMBREUX). *Les rares amis qu'il s'est fait ici.* — **3.** (avant le n.) Peu fréquent : *Vos visites sont rares en ce moment. On se voit à de rares moments. Il est rare qu'elle vienne sans prévenir. Il est rare de réussir dans tout ce qu'on entreprend* (contr. FRÉQUENT). — **4.** (avant ou après le n.) Peu commun : *Femme d'une rare beauté. Poète d'un talent rare. Personne d'un rare mérite* (syn. EXCEPTIONNEL, REMARQUABLE ; contr. BANAL, COMMUN). — **5.** *Fam.* Surprenant par son caractère inhabituel : *C'est bien rare si elle ne vient pas nous voir le dimanche après-midi* (syn. EXTRAORDINAIRE, ÉTONNANT). — **6.** (après le n.) Peu dense, peu serré : *Commencer à avoir les cheveux rares* (syn. CLAIR). *Une herbe rare* (syn. CLAIRSEMÉ ; contr. ÉPAIS, DRU). — **7.** *Fam.* (sujet qqn) *Se faire, devenir rare,* se dit de qqn qu'on voit peu souvent.

raréfaction [rarefaksjɔ̃] n. f. Fait de se raréfier : *La raréfaction des légumes par temps de sécheresse.*

raréfier (se) [rarefje] v. pr. Devenir rare ou plus rare : *À cause de la grève, les arrivages de pétrole se sont raréfiés. Les baleines trop chassées se raréfient.*

rarement [rarmɑ̃] adv. Peu souvent : *Elle vient rarement nous voir. Il gagne rarement aux courses* (syn. GUÈRE ; contr. FRÉQUEMMENT, CONSTAMMENT).

rareté [rarte] n. f. **1.** Caractère rare de qqch : *Certains produits coûtent cher à cause de leur rareté* (syn. ↑MANQUE, ↑PÉNURIE ; contr. ABONDANCE, PROFUSION). *Vos parents se plaignent de la rareté de vos lettres.* — **2.** Objet rare, précieux : *Cette médaille est une rareté. Elle collectionne toutes sortes de raretés.*

rarissime [rarisim] adj. Très rare : *Un timbre rarissime* (syn. ↑INTROUVABLE).

ras, e [rɑ] adj. (lat. *rarus,* rasé). **1.** Coupé tout près de la peau : *Porter les cheveux ras* (contr. LONG). — **2.** Se dit du poil des animaux naturellement très court : *Il y a des chiens à poil long et des chiens à poil ras.* — **3.** Tondu de près : *Une pelouse dont l'herbe est drue et rase. Du velours à poil ras.* — **4.** *À ras bord,* au niveau du bord : *Remplir un verre à ras bord.* ‖ *Faire table rase,* rejeter les idées, les opinions qui avaient été admises précédemment. ‖ *Rase campagne,* campagne qui n'est coupée ni de hauteurs, ni de vallées, ni de bois, ni de rivières : *L'armée a capitulé en rase campagne.* ◆ adv. **1.** *Ras* ou *à ras,* de très près : *Avoir les ongles coupés ras ou à ras.* — **2.** *(À) ras de,* au niveau de : *Quand les hirondelles volent à ras de terre, c'est souvent un signe d'orage.* ‖ Fam. *En avoir ras le bol,* être excédé.

rasade [razad] n. f. (de *ras*). Contenu d'un verre plein jusqu'au bord : *Boire une rasade de vin.*

rasage [razaʒ] n. m. Action de raser, de se raser.

rasant, e [razɑ̃] adj. **1.** Qui rase l'objectif : *Tir rasant.* — **2.** *Fam.* Qui rase, ennuie : *Une personne rasante. Un livre, un film rasant* (syn. ENNUYEUX, FASTIDIEUX; fam. BARBANT).

rascasse [raskas] n. f. (prov. *rascasso,* de *rasco,* teigne). Poisson de la Méditerranée, couvert d'épines venimeuses, mais comestible.

rasement [razmɑ̃] n. m. Action de raser : *Le rasement d'une maison.*

rase-mottes [razmɔt] n. m. inv. *Vol en rase-mottes,* effectué très près du sol : *Faire du rase-mottes.*

raser [raze] v. t. (lat. *radere,* tondre). **1.** Couper avec un rasoir les cheveux ou les poils de la barbe de qqn : *Raser la tête d'un condamné. Coiffeur qui rase un client.* — **2.** Fam. *Raser qqn,* l'ennuyer par des propos oiseux, des visites importunes : *Vous nous rasez avec vos histoires. Un conférencier qui rase son auditoire* (syn. FATIGUER; fam. ASSOMMER, EMBÊTER). — **3.** *Raser qqch,* l'abattre totalement, jusqu'au niveau du sol : *Raser une maison, un mur* (syn. DÉMOLIR). *Raser des fortifications* (syn. DÉMANTELER). — **4.** *Raser qqn, un obstacle, une surface,* passer tout près d'eux : *Moto qui rase les piétons* (syn. FRÔLER). *Raser les murs en marchant* (syn. LONGER). *La balle a rasé le filet* (syn. EFFLEURER). ◆ ***se raser*** v. pr. Se couper les poils au ras de la peau : *Il s'écorche le visage en se rasant.*

raseur, euse [razœr] n. et adj. *Fam.* Qui ennuie, importune.

rasibus [razibys] adv. *Fam.* Tout près : *Elle a manqué d'être blessée à la tête, une balle lui est passée rasibus.*

ras-le-bol [ralbɔl] n. m. *Fam.* Exaspération extrême.

rasoir [razwar] n. m. Instrument servant à raser, à se raser : *Rasoir électrique, mécanique.* ◆ adj. *Fam.* Qui ennuie : *Un roman rasoir.*

rassasiement [rasazimɑ̃] n. m. Action de se rassasier.

rassasier [rasazje] v. t. (*re-* et anc. fr. *assasier;* du lat. *satis,* assez). **1.** *Rassasier qqn,* satisfaire entièrement sa faim : *Les enfants étaient affamés; on n'a pas pu les rassasier* (syn. CONTENTER). — **2.** *Rassasier qqn de qqch,* le satisfaire complètement (souvent pass.) : *Elle ne pouvait rassasier ses yeux d'un si beau spectacle. Il aime tellement l'argent qu'il n'en est jamais rassasié* (syn. ASSOUVIR).

rassemblement [rasɑ̃bləmɑ̃] n. m. Action de rassembler, de se rassembler : *La police dispersa les rassemblements d'étudiants* (syn. ATTROUPEMENT). *Le rassemblement des pièces nécessaires pour l'instruction d'une affaire.*

rassembler [rasɑ̃ble] v. t. **1.** *Rassembler des personnes, des animaux,* les faire venir en un même lieu : *Rassembler des élèves dans la cour. Toute la famille est rassemblée autour de la table* (syn. RÉUNIR). *Rassembler des troupes en un point stratégique* (syn. CONCENTRER, MASSER). *Le berger rassemble ses moutons avant de redescendre de l'alpage* (syn. REGROUPER). — **2.** *Rassembler des choses,* mettre ensemble des choses éparses : *Rassembler des documents, des matériaux pour faire un ouvrage* (syn. ACCUMULER, AMASSER). *Les avocats rassemblent des informations, des preuves, pour défendre leurs clients;* les mettre en ordre, les concentrer : *Rassembler des idées, des souvenirs.* (→ ASSEMBLER.) ◆ ***se rassembler*** v. pr. Se grouper, se masser : *Les manifestants se sont rassemblés avant de défiler.*

rasseoir [raswar] v. t. (c. **44**) Asseoir de nouveau (un enfant). ◆ ***se rasseoir*** v. pr. S'asseoir de nouveau : *Elle s'est rassise;* sans pron. : *Faites rasseoir les spectateurs.*

rasséréner [raserene] v. t. (de *serein*) [c. **10**]. *Rasséréner qqn,* lui faire retrouver le calme, la sérénité après un moment de trouble (soutenu) : *Elle est très inquiète, il faut la rasséréner* (syn. RASSURER). [→ SEREIN.]

rassir [rasir] v. i. (sujet le pain) Devenir rassis : *Enveloppez votre pain, autrement il va rassir.*

rassis, e [rasi] adj. (part. pass. de *rasseoir,* diminuer). **1.** *Litt.* Calme, réfléchi : *C'est un esprit rassis* (syn. PONDÉRÉ; contr. FOUGUEUX). — **2.** *Pain rassis,* qui n'est plus frais, mais pas encore dur.

rassortiment [rasɔrtimɑ̃] n. m. Action de rassortir.

rassortir [rasɔrtir] v. t. Syn. de RÉASSORTIR.

rassurant, e [rasyrɑ̃] adj. Qui rassure : *Nouvelles rassurantes* (contr. ALARMANT, ANGOISSANT).

rassuré, e [rasyre] adj. Qui a repris confiance : *Je ne suis pas très rassuré; allez plus doucement* (syn. TRANQUILLE).

rassurer [rasyre] v. t. *Rassurer qqn,* lui redonner de la confiance, de l'assurance : *Avant son opération, la malade avait beaucoup d'appréhension, mais le chirurgien l'a rassurée* (syn. TRANQUILLISER).

rat [ra] n. m. (orig. obscure). **1.** Petit mammifère rongeur à museau pointu, à longue queue, dont il existe des centaines d'espèces dans le monde entier. — **2.** Fam. *Être fait comme un rat,* être pris, arrêté, dupé. ‖ Fam. *Rat de bibliothèque,* personne qui passe son temps à compulser des livres, à fureter dans les bibliothèques. ‖ *Rat d'hôtel,* personne qui s'introduit dans les hôtels pour dévaliser les voyageurs. ‖ *Rat (de l'Opéra),* jeune élève de la classe de danse à l'Opéra et qu'on emploie dans la figuration. ◆ adj. et n. m. Très avare : *Cet homme est très rat.*

ratage [rataʒ] n. m. *Fam.* Action de rater : *Le ratage d'une vie* (syn. ÉCHEC, INSUCCÈS). *Le ratage d'un plat.*

ratatiné, e [ratatine] adj. **1.** *Fam.* Qui s'est avachi : *Un vieillard tout ratatiné* (syn. RABOUGRI, TASSÉ). — **2.** Se dit d'un fruit qui s'est flétri en se desséchant : *Une pomme ratatinée* (syn. RIDÉ).

ratatiner (se) [ratatine] v. pr. (de l'anc. fr. *tatin,* petite quantité). *Fam.* (sujet qqn) Se tasser, s'avachir sous l'effet de l'âge ou de la maladie : *Une petite vieille qui paraît se ratatiner* (syn. RAPETISSER).

ratatouille [ratatuj] n. f. (de *touiller*). Mélange d'aubergines, de courgettes et de tomates cuites longuement dans de l'huile d'olive.

1. rate [rat] n. f. Femelle du rat.

2. rate [rat] n. f. (néerl. *râte,* rayon de miel). Glande située en arrière de l'estomac, au-dessous du diaphragme et au-dessus du rein gauche.

1. raté, e [rate] n. *Fam.* Personne qui n'a pas réussi dans sa vie, dans une carrière.

2. raté [rate] n. m. **1.** Légère détonation qui se produit à l'échappement d'un moteur à explosion, lorsque l'allumage est défectueux : *Le moteur a des ratés.* — **2.** Difficulté qui apparaît dans la bonne marche de qqch : *La négociation connaît quelques ratés.*

râteau [rɑto] n. m. (lat. *rastellus*). Instrument de jardinage formé d'une traverse munie de dents et ajustée en son milieu à un manche : *Ramasser des feuilles, de l'herbe coupée avec un râteau.*

râtelier [rɑtəlje] n. m. (de *râteau*). **1.** Assemblage à claire-voie de barres de bois, placé horizontalement au-dessus de la mangeoire et qui sert à mettre le fourrage qu'on donne aux animaux. — **2.** Nom donné à divers supports, étagères, etc., comportant des échancrures pour y ranger des objets : *Râtelier à pipes, à outils.* — **3.** Fam. *Manger à deux, à plusieurs râteliers,* tirer profit sans scrupule de toute situation, même en servant des intérêts opposés. — **4.** *Fam.* Dentier (vieilli).

rater [rate] v. i. (de *rat*). **1.** (sujet une arme) Ne pas faire feu : *Dès que j'ai vu le lièvre, j'ai tiré, mais le coup a raté.* — **2.** *Fam.* (sujet qqch, qqn) Ne pas réussir : *Elle voulait monter un commerce, mais son affaire a raté* (syn. ÉCHOUER, FAIRE FIASCO). ◆ v. t. **1.** Ne pas atteindre ce qu'on vise avec une arme : *Un lapin est parti tout près de lui, mais il l'a raté;* ce qu'on cherche à obtenir, à réussir : *Par sa faute elle a raté une bonne place. Rater une balle au tennis. Rater un examen. Il est parti trop tard et il a raté son train* (syn. MANQUER). — **2.** *Rater qqch,* mal l'exécuter : *Rater un devoir. Rater un plat* (syn. GÂCHER). — **3.** Fam. *Ne pas en rater une,* commettre toutes les gaffes possibles. ‖ Fam. *Ne pas rater qqn,* le réprimander sévèrement, le punir : *S'il recommence à être insolent, je ne le raterai pas;* lui faire une réponse bien envoyée : *Elle a voulu me vexer, mais je ne l'ai pas ratée, je lui ai dit ce que je pensais de son attitude.* ‖ Fam. *Rater qqn,* ne pas le rencontrer : *Elle est arrivée trop tard et naturellement elle vous a raté.* ‖ *Rater son coup,* échouer. ‖ *Rater sa vie,* ne pas réaliser ses espoirs, ses ambitions.

ratier [ratje] n. m. Chien dressé pour chasser les rats.

ratière [ratjɛr] n. f. Piège à rats.

ratification [ratifikasjɔ̃] n. f. Action de ratifier : *La ratification d'un traité de paix, d'un projet.*

ratifier [ratifje] v. t. (du lat. *ratus,* confirmé). **1.** *Ratifier qqch (contrat, traité),* le confirmer, approuver dans la forme requise ce qui a été fait ou promis (jurid.) [syn. ENTÉRINER, SANCTIONNER]. — **2.** *Ratifier qqch,* l'approuver, le reconnaître comme vrai : *Je ratifie tout ce qu'on vous a dit ou promis de ma part.*

ratine [ratin] n. f. (de l'anc. fr. *raster,* racler). Étoffe de laine croisée dont le poil est tiré en dehors et frisé de manière à former comme des petits grains.

ratiocination [ratjɔsinasjɔ̃] n. f. *Litt.* Action de ratiociner; raisonnement trop sophistiqué.

ratiociner [ratjɔsine] v. i. (lat. *ratiocinari,* de *ratio,* raison). *Litt.* Raisonner avec une subtilité excessive.

ration [rasjɔ̃] n. f. (lat. *ratio,* compte). **1.** Quantité de nourriture donnée à un homme, à un animal pour une durée déterminée : *Distribuer les rations de pain, de viande, aux soldats. Une ration de fourrage pour les chevaux.* — **2.** *Fam.* Ce qui est donné par le sort à qqn : *Chaque jour lui apporte sa ration d'épreuves.*

rationalisation [rasjɔnalizasjɔ̃] n. f. Action de rationaliser : *La rationalisation a pour but d'abaisser les prix, d'accroître la quantité ou d'améliorer la qualité des produits* (syn. NORMALISATION).

rationaliser [rasjɔnalize] v. t. *Rationaliser une production,* l'organiser selon des principes d'efficacité, de rendement.

rationalisme [rasjɔnalism] n. m. (du lat. *ratio,* raison). **1.** Doctrine selon laquelle la raison est innée et égale chez tous les hommes : *Le rationalisme de Descartes.* — **2.** Confiance dans les possibilités de la connaissance humaine et la raison.

rationaliste [rasjɔnalist] adj. et n. Qui relève du rationalisme.

rationalité [rasjɔnalite] n. f. Caractère de ce qui est rationnel.

rationnel, elle [rasjɔnɛl] adj. **1.** Fondé sur la raison; déduit par le raisonnement : *Une certitude rationnelle.* — **2.** Fondé sur la méthode scientifique, le calcul : *Employer un procédé rationnel. Une méthode rationnelle pour augmenter la production* (contr. EMPIRIQUE). — **3.** Conforme à la logique, au bon sens : *Ce qu'elle dit là est tout à fait rationnel* (syn. JUDICIEUX, SENSÉ). *Un esprit rationnel* (= qui raisonne avec justesse).

rationnellement [rasjɔnɛlmɑ̃] adv. De façon rationnelle : *Tout est ici organisé rationnellement et rien n'est laissé au hasard.*

rationnement [rasjɔnmɑ̃] n. m. Mesure prise par les autorités publiques en vue de réduire la consommation de denrées ou de produits dont un pays ne dispose qu'en quantité limitée : *Le rationnement du pain, de la viande.*

rationner [rasjɔne] v. t. **1.** *Rationner qqch,* en réduire la consommation en le répartissant d'après des quantités limitées : *Rationner le pain, le charbon.* — **2.** *Rationner qqn,* réduire sa consommation; restreindre sa quantité de nourriture : *Rationner les habitants d'un pays occupé.*

ratissage [ratisaʒ] n. m. Action de ratisser : *Le ratissage de l'herbe d'une pelouse. Le ratissage d'un secteur par l'armée.*

ratisser [ratise] v. t. (moyen fr. *rater,* racler). **1.** Nettoyer ou égaliser avec un râteau : *Ratisser les allées d'un jardin.* — **2.** *Ratisser un lieu,* le fouiller méthodiquement pour rechercher des malfaiteurs, des soldats ennemis : *La police a ratissé tout le quartier.*

raton [ratɔ̃] n. m. **1.** Petit rat. — **2.** *Raton laveur,* petit mammifère carnassier d'Amérique, aux pattes de devant terminées par des mains, qui se nourrit de proies capturées au bord des eaux, et qu'il lave avant de les manger.

rattachement [rataʃmɑ̃] n. m. Action de rattacher : *Le rattachement de la Savoie à la France en 1860.*

rattacher [rataʃe] v. t. **1.** Attacher de nouveau : *Rattacher les lacets de ses chaussures.* — **2.** *Rattacher une chose à une autre,* la relier à une chose principale dont elle doit dépendre : *Rattacher un service à un ministère. Rattacher une commune à un canton, à une autre commune* (syn. INCORPORER). — **3.** *Rattacher une chose à une autre,* établir un lien entre deux choses, dont l'une dépend de l'autre ou lui est postérieure : *Rattacher un fait à une loi générale. Rattacher un mot à une racine. Rattacher une question à une autre* (syn. RELIER). — **4.** *Rattacher qqn à qqch,* établir entre eux un lien affectif : *Rien ne la rattache plus à son pays d'origine.* ◆ ***se rattacher*** v. pr. Être lié : *Ces deux questions se rattachent l'une à l'autre.*

rattrapable [ratrapabl] adj. Qui peut être rattrapé : *C'est une erreur qui n'est guère rattrapable.*

rattrapage [ratrapaʒ] n. m. Action de rattraper, de se rattraper : *Cours de rattrapage* (= destiné à des élèves qui, pour des raisons quelconques, n'ont pu suivre régulièrement leurs études).

rattraper [ratrape] v. t. **1.** *Rattraper un être animé,* le saisir, le prendre de nouveau : *Rattraper un prisonnier qui s'était évadé* (syn. REPRENDRE). *Rattraper un fauve qui s'est échappé d'une ménagerie.* — **2.** *Rattraper qqn, qqch,* les saisir afin de les empêcher de tomber : *L'enfant fit un faux pas et serait tombé si sa mère ne l'avait rattrapé à temps. Rattraper ses lunettes de justesse* (syn. RETENIR). — **3.** *Rattraper qqn, qqch,* les rejoindre alors qu'ils ont de l'avance : *Partez devant, je vous rattraperai bien. Rattraper une voiture et la doubler* (syn. ATTEINDRE). *Cette élève fait tout ce qu'elle peut pour rattraper ses camarades* (= pour combler son retard). ‖ *Rattraper le temps perdu,* compenser une perte de temps en redoublant d'activité. — **4.** *Rattraper qqch,* atténuer, corriger une faute, une erreur : *Rattraper une parole malheureuse qu'on a dite dans une réunion. Rattraper une malfaçon dans un travail* (syn. RÉPARER). ◆ ***se rattraper*** v. pr. **1.** *Se rattraper à qqch,* s'y retenir : *Elle glissa le long du talus, mais, heureusement, elle put se rattraper à des broussailles* (syn. SE RACCROCHER). — **2.** (sans compl.) Compenser une perte de temps, se remettre au courant : *J'ai pris du retard sur mes camarades, mais je vais essayer de* *me rattraper pendant les vacances.* — **3.** (sans compl.) Compenser une perte, une privation qu'on a subie : *Je n'ai pas déjeuné à midi, mais ce soir je me rattraperai.* — **4.** Atténuer une erreur, une faute qu'on était en train de commettre : *Il allait commettre un impair, mais il s'est rattrapé à temps* (syn. SE REPRENDRE, SE RESSAISIR).

raturage [ratyraʒ] n. m. Action de raturer.

rature [ratyr] n. f. (du lat. *radere,* racler). Trait passé sur ce qu'on a écrit pour le rayer : *Un manuscrit couvert de ratures. Une lettre chargée de ratures.*

raturer [ratyre] v. t. Annuler par des ratures : *Raturer un mot dans une phrase* (syn. BIFFER, BARRER, RAYER); sans compl. : *Écrire sans raturer.*

rauque [rok] adj. (lat. *raucus,* enroué). Se dit d'une voix rude, gutturale, et comme enrouée : *Parler d'une voix rauque* (syn. ÉRAILLÉ). *Le cri rauque du corbeau.*

ravage [ravaʒ] n. m. (de *ravir*) [surtout pl.] **1.** Dommage, dégât important causé de façon subite et brutale : *Les ravages d'un envahisseur* (syn. DÉVASTATION, PILLAGE). *La tempête a fait d'affreux ravages sur les côtes* (syn. DESTRUCTION). — **2.** Conséquence désastreuse; ruine physique ou morale : *L'alcoolisme fait de terribles ravages.* — **3.** (sujet qqn) *Faire des ravages (dans les cœurs),* provoquer des passions irrésistibles.

ravagé, e [ravaʒe] adj. *Visage ravagé,* qui porte des rides profondes, des traces de douleur, de fatigue, d'excès.

ravager [ravaʒe] v. t. (c. 2) *Ravager un lieu, qqch,* l'endommager gravement par une action violente : *Les bombardements ont ravagé une partie des villes de cette région* (syn. DÉTRUIRE, ↑ANÉANTIR). *Les ennemis ont ravagé une partie du pays* (syn. SACCAGER). *La grêle, les orages ont ravagé les vignobles* (syn. DÉVASTER).

ravalement [ravalmɑ̃] n. m. Action de ravaler, de remettre à neuf : *Le ravalement d'un immeuble.*

ravaler [ravale] v. t.
— **I. 1.** *Ravaler sa salive,* l'avaler. — **2.** Garder en soi-même, faire en sorte de ne pas montrer extérieurement : *Ravaler sa colère, son envie de rire, ses reproches.* — **3.** *Ravaler qqn (à un rang inférieur),* le mettre à un rang inférieur dans la hiérarchie morale ou sociale : *Elle estime qu'elle se ravalerait en acceptant de faire ce travail* (syn. S'AVILIR).
— **II.** Remettre à neuf un ouvrage de maçonnerie en nettoyant la pierre, en grattant, en crépissant, etc. : *Ravaler un mur, une façade.*

ravauder [ravode] v. t. (de l'anc. fr. *ravaut,* sottise). Raccommoder des vêtements usés.

rave [rav] n. f. (anc. fr. *reve;* lat. *rapa,* navet). Nom donné à plusieurs plantes potagères cultivées pour leurs racines comestibles : *Chou rave. Céleri rave.*

ravi, e [ravi] adj. Qui est charmé : *Elle a un air ravi* (syn. RADIEUX).

ravier [ravje] n. m. (de *rave*). Petit plat oblong dans lequel on sert des hors-d'œuvre.

ravigote [ravigɔt] n. f. Sauce vinaigrette aux fines herbes.

ravigoter [ravigɔte] v. t. (altér. de *revigorer*). Fam. *Ravigoter qqn,* lui redonner de la vigueur : *On lui a fait prendre une boisson qui l'a ravigotée* (syn. REVIGORER).

ravin [ravɛ̃] n. m. (de *raviner*). Excavation étroite et profonde produite par des eaux de ruissellement, par un torrent : *La voiture est tombée dans le ravin.*

ravinement [ravinmɑ̃] n. m. Fait d'être raviné : *Le ravinement d'un terrain.*

raviner [ravine] v. t. (de l'anc. fr. *raveine,* torrent d'eau). **1.** (sujet l'eau) Creuser des sillons profonds dans le sol : *Les pluies d'orage ont raviné les chemins.* — **2.** (sujet qqch [abstrait]) Marquer le visage de rides (surtout pass.) : *Avoir le visage raviné par le chagrin, les soucis.*

ravioli [ravjɔli] n. m. pl. (mot it.). Petits carrés de pâte farcis de viande hachée, qu'on sert avec une sauce et saupoudrés de fromage râpé.

ravir [ravir] v. t. (lat. *rapere,* saisir). **1.** Litt. *Ravir qqn à qqn,* l'arracher, l'enlever aux siens : *La mort leur a ravi leur fille.* (→ RAVISSEUR.) — **2.** (sujet qqch) *Ravir qqn,* lui procurer un vif plaisir : *Cette musique a ravi tous ceux qui l'ont entendue* (syn. CHARMER). *Ce que vous me racontez me ravit* (syn. ENCHANTER). — **3.** *Être ravi de qqch, de (+ inf.), que (+ subj.),* éprouver un vif plaisir : *Je suis ravi de vous revoir* (syn. ENCHANTÉ). *Je suis ravi qu'il ait réussi son examen* (syn. ↓HEUREUX, ↓CONTENT). — **4.** *À ravir,* de façon admirable : *Cette femme chante à ravir. Elle est belle à ravir.*

raviser (se) [ravize] v. pr. Changer d'avis, revenir sur une résolution : *Elle nous avait promis de venir en voyage avec nous, mais elle s'est ravisée.*

ravissant, e [ravisɑ̃] adj. Qui transporte d'admiration ou procure un plaisir extrême par sa grande beauté : *Elle est ravissante dans cette robe* (syn. ↓SÉDUISANT). *On entendait une musique ravissante* (syn. DÉLICIEUX). *Je possède une villa dans un site ravissant* (syn. ADMIRABLE).

ravissement [ravismɑ̃] n. m. État de qqn qui est ravi : *Être plongé dans le ravissement en écoutant une symphonie* (syn. ENCHANTEMENT).

ravisseur, euse [ravisœr] n. Personne qui a commis un rapt : *Les ravisseurs exigent une forte rançon avant de rendre l'enfant.*

ravitaillement [ravitajmɑ̃] n. m. Action de ravitailler : *Le ravitaillement d'une troupe, d'une ville. Nous avons du ravitaillement pour une semaine* (syn. PROVISIONS). *Aller au ravitaillement* (= aller acheter des provisions).

ravitailler [ravitaje] v. t. (anc. fr. *avitailler,* de *vitaille,* victuailles). **1.** *Ravitailler qqn, une collectivité,* lui fournir des vivres, des munitions, ce qui est nécessaire à la vie, à l'activité : *Ravitailler une ville, une armée. Elle a fait des achats pour ravitailler sa famille* (syn. APPROVISIONNER). — **2.** *Ravitailler un véhicule,* lui fournir du carburant : *Ravitailler un avion en vol.* ◆ ***se ravitailler*** v. pr. Se fournir en vivres : *Les habitants de ce petit village de montagne doivent faire plusieurs kilomètres pour se ravitailler* (syn. S'APPROVISIONNER).

ravitailleur [ravitajœr] n. et adj. m. Soldat, navire, avion préposé au ravitaillement (vivres, munitions, carburant).

raviver [ravive] v. t. **1.** *Raviver qqch,* le rendre plus vif, plus actif : *Raviver un feu, une flamme.* — **2.** *Raviver des couleurs,* leur redonner de l'éclat, de la fraîcheur (syn. RAFRAÎCHIR). — **3.** *Raviver un sentiment,* le faire revivre, le ranimer : *La vue de ce spectacle a ravivé sa douleur* (syn. RÉVEILLER).

ravoir [ravwar] v. t. (seulem. inf.). Avoir de nouveau.

rayé, e [rɛje] adj. **1.** Qui porte des raies ou des rayures : *Du papier rayé, un tissu rayé* (contr. UNI). *Le tigre a une livrée rayée de noir* (syn. ZÉBRÉ). — **2.** Qui porte des rayures : *Le canon rayé d'un fusil.*

rayer [rɛje] v. t. (de *raie*) [c. **4**]. **1.** *Rayer qqch,* en détériorer la surface polie par des rayures : *Rayer la carrosserie d'une voiture* (syn. ÉRAFLER). *Rayer une glace en la nettoyant. Le diamant raie le verre.* — **2.** *Rayer ce qui est écrit,* passer un trait dessus pour l'annuler : *Rayer un mot dans une phrase* (syn. BARRER, BIFFER). — **3.** *Rayer qqn (de qqch),* supprimer son nom d'un registre, d'une liste : *Rayer un électeur décédé d'une* *liste électorale. Rayer un officier des cadres de l'armée* (syn. RADIER, EXCLURE, ÉLIMINER).

1. rayon [rɛjɔ̃] n. m. (lat. *radius*). **1.** Trait, ligne qui part d'un centre lumineux : *Les rayons du soleil, de la lune. Le rayon d'un phare.* — **2.** Ligne qui relie le centre d'un cercle à un point quelconque de la circonférence : *Le rayon est égal à la moitié du diamètre.* — **3.** *Dans un rayon de cinq, dix kilomètres,* dans un espace circulaire qui aurait cinq, dix kilomètres de rayon : *Dans un rayon de dix kilomètres autour de Paris on trouverait difficilement une aussi belle maison* (syn. À LA RONDE). ‖ *Rayon d'action,* distance maximale que peut parcourir un navire, un avion, sans être ravitaillé en combustible; espace, domaine où s'exerce une activité : *Cette industrie a étendu son rayon d'action.* — **4.** Pièce de bois ou de métal qui relie le moyeu à la jante d'une roue : *Les rayons d'une roue de bicyclette.* — **5.** *Rayons X,* radiations, analogues à la lumière, qui ont la propriété de traverser plus ou moins facilement les corps matériels : *Les rayons X traversent presque tous les corps opaques, impressionnent les plaques photographiques et jouissent de propriétés thérapeutiques.* — **6.** Ce qui laisse espérer qqch : *Il y a un rayon d'espoir* (syn. LUEUR).

2. rayon [rɛjɔ̃] n. m. (frq. *hrâta,* rayon de miel). **1.** Planche placée dans une bibliothèque, dans une armoire, etc., et qui sert à y poser des livres, du linge, etc. : *Prenez ce livre qui est au troisième rayon.* — **2.** Ensemble des comptoirs d'un magasin affectés à un même type de marchandises : *Le rayon de l'alimentation, de la parfumerie. Chef de rayon.* — **3.** Fam. *Ça n'est pas mon rayon* ou *de mon rayon,* ça ne me regarde pas, ce n'est pas mon affaire. — **4.** Gâteau de cire fait par les abeilles et constitué d'un grand nombre d'alvéoles disposées sur les deux faces : *Les rayons d'une ruche.*

rayonnage [rɛjɔnaʒ] n. m. Assemblage de planches constituant une bibliothèque, une vitrine, un meuble de rangement (syn. ÉTAGÈRE).

rayonnant, e [rɛjɔnɑ̃] adj. *Être rayonnant (de joie, de bonheur),* se dit de qqn dont le visage, les yeux expriment une vive satisfaction (syn. RADIEUX, RAVI).

rayonne [rɛjɔn] n. f. (angl. *rayon*). Textile artificiel.

rayonnement [rɛjɔnmɑ̃] n. m. **1.** Ensemble des radiations émises par un corps : *Le rayonnement solaire.* — **2.** Renommée brillante, éclat qui exerce une grande attraction : *Le rayonnement d'un pays par sa culture* (syn. PRESTIGE). — **3.** Action, influence qui se propage : *Le rayonnement d'une œuvre, d'une doctrine.* — **4.** Éclat qui se manifeste dans les traits sous l'effet d'une vive satisfaction : *Le rayonnement de la joie illuminait son visage.*

rayonner [rɛjɔne] v. i. **1.** Être disposé en forme de rayons, se séparer en lignes divergentes : *Les avenues qui rayonnent de l'Arc de triomphe.* — **2.** (sujet qqn) Se déplacer à partir d'un point donné dans diverses directions : *Pendant leurs vacances, elles ont rayonné dans les Alpes, autour de Grenoble.* — **3.** Faire sentir au loin son influence : *La civilisation grecque a rayonné sur tout l'Occident* (syn. SE PROPAGER). — **4.** S'éclairer sous l'effet d'une vive satisfaction : *Son visage rayonne de joie.*

rayure [rɛjyr] n. f. **1.** Ligne ou bande qui existent ou sont tracées sur une surface : *Certains animaux, tels que le tigre, le zèbre, ont des rayures sur leur pelage* (syn. RAIE, ZÉBRURE). *Une étoffe à rayures. Une veste marron avec des rayures rouges.* — **2.** Trace laissée sur un objet par un corps rugueux, pointu ou coupant : *Faire des rayures sur un meuble, sur une vitre, sur une peinture.* — **3.** Rainure pratiquée à l'intérieur du canon d'une arme à feu, pour imprimer au projectile un mouvement de rotation qui en assure la précision : *Les rayures d'un fusil.*

raz de marée [rɑdmare] n. m. inv. (de l'anc. scand. *râs,* courant d'eau). **1.** Soulèvement subit de la mer qui porte les vagues sur la terre à plusieurs mètres de hauteur : *Les raz de marée dus à des tremblements de terre sont fréquents sur les côtes du Japon.* — **2.** Bouleversement politique ou social : *Un raz de marée électoral.*

razzia [razja] n. f. (ar. *rhazāwa,* attaque). **1.** Action d'emporter qqch par surprise ou par violence : *Les voleurs ont fait une razzia sur la basse-cour.* — **2.** Autref., attaque lancée par des nomades d'Afrique du Nord pour enlever des troupeaux, des récoltes, etc.

razzier [razje] v. t. Faire une razzia.

re- ou **ré-** (devant une consonne), **r-** ou plus souvent **ré-** (devant une voyelle), préfixe indiquant **1.** La répétition de l'action : *recuire, recréer, redemander,* etc.; *réabonner, réhabiliter, réélire, réélection, rapprendre* ou *réapprendre, réinventer, raccorder* ou *réaccorder, ravoir,* etc. La conservation du son [s] de l'initiale des verbes simples est assurée soit par le redoublement du *s (ressaisir, ressortir),* soit par le *s* simple *(resaler).* — **2.** Le renforcement de l'action accompagnant la répétition : *réaffirmer* (affirmer hautement une nouvelle fois); *repenser* (reprendre l'examen d'un problème en l'approfondissant); *relire* (reprendre la lecture pour relever qqch ou corriger). Les verbes formés avec *re-* peuvent remplacer le verbe simple dans ses emplois *(raccourcir, rentrer, remplir).* Les verbes formés avec *re-* constituent avec le verbe simple et le verbe formé avec *dé- (des-)* un groupe de mots de sens complémentaires : *chausser / déchausser / rechausser; charger / décharger / recharger; coudre / découdre / recoudre.*

ré [re] n. m. inv. (première syllabe de *resonare* dans l'hymne latine de saint Jean-Baptiste). Note de musique, deuxième degré de la gamme de *do.*

réabonnement [reabɔnmɑ̃] n. m. Action de réabonner, de se réabonner.

réabonner [reabɔne] v. t. Abonner de nouveau : *Elle m'a réabonné à son journal.* ◆ ***se réabonner*** v. pr. S'abonner de nouveau : *Mon abonnement est terminé, je dois me réabonner.*

réaccoutumer (se) [reakutyme] v. pr. S'accoutumer de nouveau : *Après sa maladie, elle se réaccoutume lentement à la vie active* (syn. SE RÉHABITUER).

réacteur [reaktœr] n. m. Propulseur aérien utilisant le principe de la réaction.

réaction [reaksjɔ̃] n. f. **1.** Modification d'un organe, d'un organisme résultant de l'action d'une excitation extérieure, d'une cause morbide, d'un remède, etc. : *Réaction au chaud, au froid, à l'altitude. La fièvre marque une réaction de défense de l'organisme contre les microbes.* — **2.** Phénomène qui se produit entre des corps chimiques mis en contact et qui donne naissance à de nouvelles substances. — **3.** *Propulsion par réaction,* par un flux rapide de gaz qui fait avancer un engin dans le sens opposé à la direction du flux. ‖ *Avion, moteur à réaction,* utilisant ce mode de propulsion. — **4.** Attitude de qqn en réponse à une nouvelle, une action, un événement, etc. : *Je croyais qu'elle serait heureuse en apprenant cette nouvelle : sa réaction a été presque nulle. Cette personne manque de patience, ses réactions sont violentes. Observer les réactions du public à une propagande, à un discours politique* (syn. COMPORTEMENT). — **5.** Mouvement d'opinion qui agit dans un sens opposé à celui qui a précédé : *Réaction politique, littéraire, philosophique, religieuse. Le réalisme est une réaction contre le lyrisme du romantisme.* — **6.** *La réaction,* parti ou attitude politique qui s'oppose au progrès politique ou social : *Combattre les forces, les menées de la réaction.*

réactionnaire [reaksjɔnɛr] adj. et n. *Péjor.* Qui s'oppose à toute évolution politique et sociale : *Un candidat réactionnaire. Des opinions réactionnaires* (syn. ↓CONSERVATEUR, RÉTROGRADE ; contr. PROGRESSISTE). [Abrév. fam. RÉAC.]

réactiver [reaktive] v. t. Activer de nouveau.

réadaptation [readaptasjɔ̃] n. f. Action de réadapter, de se réadapter : *La réadaptation d'un mutilé* (syn. usuel RÉÉDUCATION).

réadapter [readapte] v. t. **1.** Adapter de nouveau : *Réadapter un joint à un tuyau.* — **2.** Rétablir, remettre en état un organisme, une partie d'un organisme pour lui permettre de remplir sa fonction antérieure : *Réadapter les muscles de la jambe après un accident* (syn. usuel RÉÉDUQUER). ◆ ***se réadapter*** v. pr. (sujet qqn) S'adapter de nouveau : *Se réadapter à la vie civile après le service militaire.*

réadmettre [readmɛtr] v. t. (c. 57). Admettre de nouveau : *Réadmettre un élève renvoyé.*

réadmission [readmisjɔ̃] n. f. Action de réadmettre : *La réadmission d'un fonctionnaire dans les cadres.*

réaffirmation [reafirmasjɔ̃] n. f. Action de réaffirmer : *Son discours s'est ouvert sur une réaffirmation de ses principes.*

réaffirmer [reafirme] v. t. Affirmer de nouveau et avec plus de force : *Réaffirmer l'hostilité de son parti à un projet de loi.*

réagir [reaʒir] v. t. ind. **1.** (sujet qqch) *Réagir (à qqch),* présenter une modification en réponse à une action extérieure : *Organe qui réagit à une excitation.* — **2.** (sujet qqn) *Réagir (à qqch),* manifester un changement d'attitude, de comportement : *Réagir d'une certaine manière à des compliments, à des menaces* (syn. SE COMPORTER). *Réagir vivement à l'annonce d'une nouvelle. Vous pouvez la menacer, elle ne réagira pas* (= elle restera indifférente, impassible). — **3.** (sujet qqch, qqn) *Réagir (contre qqn, qqch),* s'opposer à eux par une action contraire : *Organisme qui réagit contre une maladie infectieuse. Réagir contre des abus, contre l'emprise d'une personne* (syn. LUTTER, SE DÉFENDRE, RÉSISTER). *Ne vous laissez pas abattre par le découragement, il faut réagir* (syn. REPRENDRE LE DESSUS ; contr. SE LAISSER ALLER). — **4.** (sujet qqch, qqn) *Réagir sur qqn, qqch,* exercer une action réciproque : *Les sentiments manifestés par l'auditoire réagissent sur l'orateur* (syn. SE RÉPERCUTER).

réajustement [reaʒystəmɑ̃] n. m. Syn. de RAJUSTEMENT.

réajuster [reaʒyste] v. t. Syn. de RAJUSTER.

réalisable [realizabl] adj. Qui peut être réalisé : *Projet réalisable* (syn. FAISABLE, EXÉCUTABLE).

réalisateur, trice [realizatœr] n. **1.** Personne qui réalise. — **2.** Responsable de la réalisation d'un film, d'une émission de radio ou de télévision : *Le réalisateur coordonne et contrôle toutes les opérations de tournage.*

réalisation [realizasjɔ̃] n. f. **1.** Action de réaliser, de concrétiser, d'accomplir : *La réalisation d'un projet, d'un plan. Les expositions internationales permettent de se rendre compte des réalisations des industries de chaque pays* (syn. PRODUCTION). — **2.** Ensemble des opérations nécessaires pour faire un film, une émission de radio ou de télévision.

réaliser [realize] v. t. (du lat. *realis,* réel). **1.** *Réaliser qqch,* donner l'existence à ce qui n'était que dans l'esprit, le rendre réel : *Réaliser un dessein, un rêve* (syn. CONCRÉTISER). *Elle avait beaucoup de projets, mais elle n'a pu en réaliser qu'un petit nombre* (syn. METTRE À EXÉCUTION). *Réaliser un exploit* (syn. ACCOMPLIR). *Réaliser ses promesses* (syn. REMPLIR). *Réaliser des bénéfices* (syn. EFFECTUER). — **2.** *Réaliser qqch, que (+ ind.),* se représenter un fait dans sa réalité ; se rendre compte avec exactitude que : *Tu ne réalises pas les difficultés de l'entreprise* (syn. SAISIR). *Elle n'arrivait pas à réaliser qu'elle avait réussi son examen.* ◆ ***se réaliser*** v. pr. **1.** (sujet qqch) Devenir réel : *Ses prévisions se sont réalisées.* — **2.** (sujet qqn) *Se réaliser (dans qqch),* s'épanouir pleinement : *Se réaliser dans son travail.*

réalisme [realism] n. m. **1.** Doctrine d'après laquelle l'écrivain ou l'artiste vise à peindre la nature et la vie telles qu'elles sont, sans les embellir : *Le réalisme d'un récit, d'un personnage. Le réalisme en peinture est surtout représenté par Gustave Courbet.* — **2.** Tendance à peindre la réalité sous des aspects vulgaires, grossiers : *Le réalisme de Rabelais.* — **3.** Disposition à voir les choses comme elles sont et à agir en conséquence : *L'heure n'est pas à l'utopie, il faut faire preuve de réalisme.*

réaliste [realist] adj. **1.** Qui appartient au réalisme en art, en littérature : *Tableau, roman réaliste. Un peintre, une romancière réaliste.* — **2.** Qui dépeint des aspects du réel contraires aux bienséances : *Ce film comporte des scènes très réalistes* (syn. CRU). ◆ adj. et n. Qui agit en tenant compte de la réalité : *Homme d'État, financier réaliste* (contr. UTOPISTE).

réalité [realite] n. f. **1.** Caractère de ce qui est réel : *Douter de la réalité des OVNI* (syn. EXISTENCE). — **2.** Ce qui existe en fait, chose réelle : *Prendre ses désirs pour des réalités. Nos espoirs sont devenus des réalités* (contr. FICTION, CHIMÈRE). — **3.** *En réalité,* en fait : *Elle est heureuse en apparence, mais elle ne l'est pas en réalité* (syn. RÉELLEMENT).

réaménager [reamenaʒe] v. t. (c. 2). Aménager sur de nouvelles bases.

réamorcer [reamɔrse] v. t. (c. 1). Amorcer de nouveau.

réanimation [reanimasjɔ̃] n. f. Action de réanimer : *La réanimation d'une personne qui a subi un début d'asphyxie.*

réanimer [reanime] v. t. *Réanimer qqn,* rétablir ses fonctions respiratoires ou cardiaques momentanément interrompues ou gravement perturbées.

réapparaître [reaparɛtr] v. i. (c. 64 ; auxil. *être* ou *avoir*). Apparaître de nouveau après une absence : *Les fruits et légumes ont réapparu sur les marchés après le gel.*

réapparition [reaparisjɔ̃] n. f. Fait de réapparaître.

réapprendre [reaprɑ̃dr] v. t. (c. 54). Syn. de RAPPRENDRE.

réapprovisionnement [reaprɔvizjɔnmɑ̃] n. m. Action de réapprovisionner : *Le réapprovisionnement du pays en matières premières.*

réapprovisionner [reaprɔvizjɔne] v. t. Approvisionner de nouveau : *Les producteurs de lait, après la grève, ont commencé à réapprovisionner les marchés.*

réarmement [rearməmɑ̃] n. m. Action de réarmer : *Poursuivre une politique de réarmement à outrance.*

réarmer [rearme] v. t. et i. Armer de nouveau : *Réarmer un pistolet. Devant les menaces extérieures on décida de réarmer.*

réassortiment [reasɔrtimɑ̃] n. m. Action de réassortir. (Abrév. fam. RÉASSOR.)

réassortir [reasɔrtir] v. t. Fournir de nouveau un magasin, un commerçant des marchandises nécessaires à la vente.

rébarbatif, ive [rebarbatif] adj. (de l'anc. fr. *rebarber,* faire face à l'ennemi). **1.** Qui a un aspect rude et rebutant : *Un visage rébarbatif* (syn. REVÊCHE; contr. AFFABLE, ENGAGEANT). — **2.** Qui manque d'attrait : *Un programme de télévision rébarbatif* (syn. ENNUYEUX).

rebâtir [rəbɑtir] v. t. Bâtir de nouveau : *Il a fallu rebâtir la ville après les destructions de la guerre* (syn. RECONSTRUIRE).

rebattre [rəbatr] v. t. (c. **56**) *Rebattre les oreilles à qqn de qqch,* lui répéter sans cesse la même chose : *Il me rebat continuellement les oreilles de sa mauvaise santé.*

rebattu, e [rəbaty] adj. Répété à satiété, qui manque d'originalité : *Un sujet rebattu. Une expression rebattue devient un cliché* (syn. BANAL, COMMUN, CONNU).

rebelle [rəbɛl] adj. et n. (lat. *rebellis,* de *bellum,* guerre). Qui refuse de se soumettre à l'autorité d'un gouvernement, de qqn : *Une armée de rebelles* (syn. DISSIDENT). ◆ adj. **1.** *Rebelle à qqch,* qui ne cède pas, résiste à qqch : *Enfant rebelle à toute discipline* (syn. INDOCILE, RÉTIF); qui n'a pas de dispositions pour qqch : *Enfant rebelle aux mathématiques, à la musique* (syn. FERMÉ). — **2.** Qui est difficile à guérir : *Une fièvre rebelle* (syn. OPINIÂTRE, TENACE). — **3.** *Mèche, boucle rebelle,* qui ne reste pas dans la position qu'on veut lui donner.

rebeller (se) [rəbɛle] v. pr. Se soulever contre l'autorité d'un gouvernement, de qqn : *Plusieurs peuplades se sont rebellées* (syn. SE SOULEVER). *Se rebeller contre les ordres de ses parents* (syn. DÉSOBÉIR, ↓REGIMBER).

rébellion [rebɛljɔ̃] n. f. Action de se révolter avec violence contre l'autorité : *La rébellion a éclaté dans le pays* (syn. RÉVOLTE, SÉDITION). *Être puni pour rébellion* (syn. INSOUMISSION). *La rébellion a été vaincue.*

rebiffer (se) [rəbife] v. pr. (orig. obscure). *Fam.* Refuser d'obéir avec brusquerie, en protestant : *Cette enfant se rebiffe toujours quand on lui commande quelque chose* (syn. REGIMBER, RÉSISTER).

rebiquer [rəbike] v. i. (de *re-* et anc. fr. *bique,* corne). *Fam.* (sujet qqch) Se dresser, se retrousser : *Mèche de cheveux qui rebique.*

reblochon [rəblɔʃɔ̃] n. m. (mot savoyard, de *reblochi,* traire une nouvelle fois). Fromage fabriqué en Haute-Savoie avec du lait de vache.

rebobiner [rəbɔbine] v. t. Bobiner de nouveau.

reboisement [rəbwazmɑ̃] n. m. Action de reboiser : *Le reboisement est devenu une obligation dans certaines régions.*

reboiser [rəbwaze] v. t. Planter de nouveau des arbres : *On plante de jeunes sujets pour reboiser le versant de la montagne.*

rebond [rəbɔ̃] n. m. Fait de rebondir, d'être repoussé par un obstacle : *Le rebond de la balle a trompé le joueur.*

rebondi, e [rəbɔ̃di] adj. Arrondi, gonflé par l'embonpoint : *Cette enfant a des joues rebondies* (syn. DODU; contr. CREUX, MAIGRE).

rebondir [rəbɔ̃dir] v. i. **1.** (sujet qqch en mouvement) Faire un nouveau bond, être repoussé par l'obstacle heurté : *La balle rebondit sur le sol. La balle rebondit sur le mur* (syn. RICOCHER). — **2.** (sujet qqch [abstrait]) Avoir des conséquences nouvelles, un développement imprévu : *La crise politique rebondit. Par sa question, elle fit rebondir la discussion.*

rebondissement [rəbɔ̃dismɑ̃] n. m. Action de rebondir, d'avoir des conséquences imprévues : *Les rebondissements imprévus d'une enquête policière. La comédie est faite des rebondissements successifs de l'intrigue.*

rebord [rəbɔr] n. m. **1.** Bord en saillie : *Le rebord d'une table, d'une fenêtre.* — **2.** Bord replié : *Le rebord de l'oreille.*

reboucher [rəbuʃe] v. t. Boucher de nouveau : *Il faut reboucher le trou que l'on a fait pour planter l'arbre.*

rebours (à) [rebur] adv. (bas lat. *reburrus,* hérissé). **1.** Dans le sens opposé au sens de la marche, du fil des fibres, etc. : *Brosser à rebours un velours. Tourner les pages à rebours. Compter à rebours. Prendre l'ennemi à rebours* (= l'attaquer par-derrière). *Marcher à rebours* (syn. À RECULONS). — **2.** *Comprendre à rebours,* à contresens (syn. plus courant À L'ENVERS). ‖ *Faire tout à rebours,* agir contre la raison, le bon sens.

rebouteux [rəbutø] n. m. (de l'anc. fr. *rebouter,* remettre). Personne qui guérit les luxations, les fractures, etc., par des moyens empiriques.

reboutonner [rəbutɔne] v. t. Boutonner de nouveau.

rebrousse-poil (à) [rəbruspwal] adv. **1.** En relevant le poil dans le sens contraire à sa direction naturelle : *Il ne faut pas brosser la fourrure à rebrousse-poil.* — **2.** Fam. *Prendre qqn à rebrousse-poil,* agir avec lui si maladroitement qu'il se vexe ou se met en colère.

rebrousser [rəbruse] v. t. (de *rebours*). **1.** *Rebrousser des poils, des cheveux,* les relever en sens contraire du sens naturel : *Rebrousser les poils d'une fourrure. Le vent lui rebroussait les cheveux.* — **2.** *Rebrousser chemin,* retourner en arrière : *Peu après son départ, elle constata qu'elle avait oublié son argent; elle fut forcée de rebrousser chemin.* ◆ v. i. Se relever en sens contraire : *Ses cheveux rebroussent.*

rebuffade [rəbyfad] n. f. (it. *rebuffo*). Refus accompagné de paroles dures ou méprisantes : *Recevoir, essuyer une rebuffade.*

rébus [rebys] n. m. (du lat. *de rebus quae geruntur,* des choses qui se passent). **1.** Ensemble de dessins, de chiffres, de mots qui représentent directement ou par leurs sons les mots ou la phrase qu'on veut exprimer (ex. *Ga* [*g* grand, *a* petit = *j'ai grand appétit*]). — **2.** Écriture difficile à comprendre : *Certains passages de votre lettre sont de vrais rébus.*

rebut [rəby] n. m. (de *rebuter*). **1.** Ce qui est rejeté, laissé de côté : *Marchandises de rebut.* — **2.** *Mettre, jeter qqch au rebut,* se débarrasser d'une chose sans valeur ou inutilisable. — **3.** Ce qu'il y a de plus vil dans un groupe de personnes (soutenu) : *Le rebut de la société* (syn. LIE, RACAILLE).

rebutant, e [rəbytɑ̃] adj. Qui rebute : *Travail rebutant* (syn. DÉCOURAGEANT, DÉSAGRÉABLE, RÉBARBATIF). *Visage rebutant* (contr. ATTIRANT, SÉDUISANT, CHARMANT).

rebuter [rəbyte] v. t. (de *buter,* repousser du but). **1.** *Rebuter qqn,* le décourager de qqch à cause des difficultés, des obstacles : *Il aurait peut-être réussi en mathématiques si les débuts de cette discipline ne l'avaient pas rebuté;* sans compl. : *Ce travail la rebute* (syn. DÉCOURAGER, DÉGOÛTER). — **2.** *Rebuter qqn,* lui inspirer de l'antipathie : *Sa figure, ses manières nous rebutent* (syn. DÉPLAIRE).

recacheter [rəkaʃte] v. t. Cacheter de nouveau : *Recacheter une lettre ouverte par mégarde.*

récalcitrant, e [rekalsitrɑ̃] adj. et n. (lat. *recalcitrans,* qui se rue). Qui résiste avec entêtement : *Un âne récalcitrant* (syn. RÉTIF). *Un caractère récalcitrant* (syn. INDOCILE, INDISCIPLINÉ). *Le patron se montre récalcitrant à toute augmentation des salaires. Punir les récalcitrants.*

recalculer [rəkalkyle] v. t. Refaire un calcul, le contrôler : *Recalculer un budget.*

recalé, e [rəkale] adj. et n. Personne qui est refusée à un examen : *Les recalés du baccalauréat.*

recaler [rəkale] v. t. *Recaler qqn,* le refuser à un examen (surtout pass.) : *Si vous ne travaillez pas davantage, vous serez recalés au baccalauréat* (syn. fam. COLLER).

récapitulatif, ive [rekapitylatif] adj. Qui sert à récapituler : *Tableau récapitulatif.*

récapitulation [rekapitylasjɔ̃] n. f. Action de récapituler : *Faire la récapitulation d'une conférence, d'un compte, de sa jeunesse.*

récapituler [rekapityle] v. t. (du lat. *capitulum*, chapitre). **1.** *Récapituler qqch*, rappeler en résumant ce qu'on a déjà dit : *Elle a récapitulé les principaux points de son discours.* — **2.** *Récapituler des faits*, les rappeler dans sa mémoire : *Récapituler les événements d'une année* (syn. PASSER EN REVUE).

recaser [rəkaze] v. t. Fam. *Recaser qqn*, lui retrouver un emploi, un logement, une situation.

recel [rəsɛl] n. m. Action de receler, de garder des objets volés : *Le recel d'objets volés constitue une complicité de vol.*

receler [rəsəle] v. t. (*re-* et *celer*, cacher) [c. 5] (sujet qqn). **1.** *Receler qqch*, garder et cacher des objets volés par qqn d'autre : *Receler des objets provenant d'un cambriolage.* — **2.** *Receler qqn*, le cacher pour le soustraire aux recherches de la justice : *Receler un malfaiteur, un déserteur.* — **3.** (sujet qqch) Litt. *Receler qqch*, le contenir en soi : *La mer recèle de grands trésors. Cet ouvrage recèle d'ineffables beautés* (syn. RENFERMER).

receleur, euse [rəsəlœr] n. Qui pratique le recel.

récemment [resamɑ̃] adv. Depuis peu de temps : *Elle a été nommée récemment à ce poste* (syn. DERNIÈREMENT).

recensement [rəsɑ̃smɑ̃] n. m. Action de recenser : *En France, le recensement de la population se fait en principe tous les six ans. Faire le recensement des livres d'une bibliothèque.*

recenser [rəsɑ̃se] v. t. (lat. *recensere*, passer en revue). Faire le dénombrement officiel d'une population, de moyens d'action, etc. : *Recenser les volontaires pour un travail déterminé. Recenser les habitants d'une région.*

récent, e [resɑ̃] adj. (lat. *recens*, frais). Qui existe depuis peu de temps : *Découverte récente* (syn. NOUVEAU). *Construction récente* (syn. MODERNE). *Nouvelle toute récente* (syn. FRAIS).

recentrage [rəsɑ̃traʒ] n. m. Action de recentrer.

recentrer [rəsɑ̃tre] v. t. et i. Déplacer vers le centre.

récépissé [resepise] n. m. (lat. *recepisse*, avoir reçu). Écrit par lequel on reconnaît avoir reçu un objet, une somme d'argent, etc. : *Avez-vous gardé les récépissés des mandats que vous avez envoyés ?* (syn. REÇU).

réceptacle [resɛptakl] n. m. (lat. *receptaculum*, magasin). *Litt.* Lieu de rassemblement : *Cet hôtel est le réceptable de la pègre du quartier* (syn. RENDEZ-VOUS).

1. récepteur, trice [resɛptœr] adj. Se dit d'un appareil, d'une installation qui reçoit un courant, une action mécanique : *Un poste récepteur.*

2. récepteur [resɛptœr] n. m. *Récepteur de radio*, appareil permettant d'écouter une émission de radio (syn. POSTE). ‖ *Récepteur téléphonique*, syn. D'ÉCOUTEUR.

réceptif, ive [resɛptif] adj. **1.** Susceptible de contracter certaines maladies et spécialement des maladies contagieuses : *Un organisme réceptif* (contr. IMMUNISÉ, RÉFRACTAIRE). — **2.** Se dit de qqn qui reçoit et accepte facilement les suggestions et conseils.

réception [resɛpsjɔ̃] n. f. **1.** Action de recevoir : *La réception d'un paquet, d'une émission radiophonique. Accuser réception d'une lettre. La réception des sacrements.* — **2.** Action d'accueillir, d'inviter chez soi : *Faire une bonne, une mauvaise réception à quelqu'un* (syn. ACCUEIL). *Donner une réception, une grande réception* (syn. THÉ, COCKTAIL). — **3.** Cérémonie par laquelle qqn est reçu dans une assemblée, une société : *Discours de réception.* — **4.** Dans un hôtel, dans une maison de commerce, etc., bureau où on accueille les voyageurs, les clients. — **5.** En sports, manière de retomber au sol après un saut ou de recevoir un ballon, une balle.

réceptionner [resɛpsjɔne] v. t. Vérifier une livraison lors de sa réception : *Réceptionner des marchandises.*

réceptionniste [resɛpsjɔnist] n. Personne chargée d'accueillir les voyageurs dans un hôtel, les clients dans un magasin (syn. fém. HÔTESSE).

réceptivité [resɛptivite] n. f. **1.** État d'un organisme réceptif (contr. IMMUNITÉ, RÉSISTANCE). — **2.** Qualité de qqn qui accepte facilement les suggestions, les conseils, les informations, etc.

récessif, ive [resesif] adj. (du lat. *recessio*, action de se retirer). Se dit d'un caractère héréditaire qui ne se manifeste qu'en l'absence du caractère opposé, dit dominant.

récession [resesjɔ̃] n. f. (lat. *recessio*, de *recedere*, s'éloigner). Diminution de l'activité industrielle, commerciale d'un pays.

recette [rəsɛt] n. f. (du lat. *receptus*, reçu). **1.** Manière de préparer un mets, un produit domestique : *Recette pour faire des confitures, pour conserver des fruits. Un livre de recettes de cuisine.* — **2.** Procédé pour réussir dans certaines circonstances : *Comment faites-vous pour rester d'accord avec tout le monde? Vous me donnerez la recette* (syn. SECRET). — **3.** Total de ce qui est reçu en argent par un établissement commercial ou industriel : *La recette des ventes d'une journée.* — **4.** *Faire recette*, avoir beaucoup de succès, en parlant d'un spectacle, etc. ‖ *Garçon de recette*, employé chargé d'encaisser les factures, les chèques, etc., dans une maison de commerce ou dans une banque. — **5.** Fonction de celui qui reçoit les contributions; local où le receveur exerce son emploi : *Être nommé à une recette générale. Aller à la recette des contributions directes.*

recevabilité [rəsəvabilite] n. f. Caractère recevable : *La recevabilité d'une excuse.*

recevable [rəsəvabl] adj. Qui peut être reçu, admis : *Une excuse recevable* (syn. ADMISSIBLE, VALABLE).

receveur, euse [rəsəvœr] n. **1.** Personne chargée du recouvrement des recettes publiques : *Receveur des finances, des contributions.* — **2.** Employé chargé de percevoir le coût du parcours dans un service de transport. — **3.** *Receveur des postes*, administrateur d'un bureau de poste.

recevoir [rəsəvwar] v. t. (lat. *recipere*) [c. 34]. **1.** *Recevoir qqch*, prendre, accepter ce qui est offert, donné ou envoyé; prendre acte de ce qui est proposé : *Elle a reçu un cadeau pour sa fête. Recevoir une indemnité* (syn. TOUCHER). *Recevoir une lettre. Recevoir des nouvelles de sa famille. Recevoir des félicitations, des conseils, des confidences. Recevoir des ordres, des excuses de quelqu'un. Recevoir des promesses, des assurances.* — **2.** *Recevoir un sacrement*, se le voir conférer : *Recevoir l'extrême-onction.* — **3.** (sujet qqn) Être l'objet d'une action qu'on subit : *Recevoir des coups, une correction* (syn. ATTRAPER; fam. PRENDRE). *Recevoir une sévère leçon, un affront* (syn. ESSUYER). — **4.** (sujet qqch) Être l'objet d'une action : *La Lune reçoit sa lumière du Soleil. Le projet a reçu de nombreuses modifications.* — **5.** (sujet qqch) *Recevoir qqch*, recueillir, admettre en soi les choses qui y parviennent : *Un lac qui reçoit l'eau des torrents.* — **6.** *Recevoir qqn*, laisser entrer, accueillir qqn qui se présente : *Elle a reçu de nombreux réfugiés chez elle pendant la guerre* (syn. RECUEILLIR). *Elle s'est présentée dans son bureau, mais il n'a pas voulu la recevoir.* — **7.** *Recevoir qqn (+ compl. de manière)*, l'accueillir de telle ou telle façon : *Recevoir un ami à bras ouverts,* avec de grandes démonstrations de joie. *Recevoir quelqu'un froidement, comme un chien dans un jeu de quilles.* — **8.** (sans compl. d'objet) Inviter du monde chez soi : *Cette femme sait recevoir. Cette famille reçoit beaucoup;* avoir un jour de réception pour les clients, les visiteurs : *Madame la directrice du lycée reçoit trois fois par semaine.* — **9.** *Être reçu dans une assemblée, une société,* y être accueilli avec le cérémonial d'usage : *Il a été élu à l'Académie, mais il n'a pas encore été reçu.* (→ RÉCIPIENDAIRE.) — **10.** *Recevoir qqn (à un examen, à une école),* l'admettre, après certaines épreuves, à cet examen, cette école (surtout pass.) : *Elle a été reçue au baccalauréat avec la mention bien. Il a été reçu dans les premiers à Polytechnique.* ◆ ***se recevoir*** v. pr. *Se recevoir (+ compl. de manière),* toucher terre de telle ou telle façon, après un saut : *Il a bien franchi la barre, mais il s'est mal reçu et il s'est cassé la jambe.*

rechange (de) [rəʃɑ̃ʒ] loc. adj. **1.** Qui peut remplacer un objet, une pièce, momentanément ou définitivement hors d'usage : *Roue de rechange. Pièces de rechange. Lunettes de rechange.* — **2.** *Politique, plan de rechange,* que l'on peut adopter au cas où il faudrait renoncer à sa ligne de conduite première.

rechapage [rəʃapaʒ] n. m. Action de rechaper.

rechaper [rəʃape] v. t. (de *re-* et anc. fr. *chape,* capuchon). *Rechaper un pneu,* le réparer en rapportant à chaud sur une enveloppe usée une nouvelle couche de caoutchouc.

réchapper [reʃape] v. t. ind. *Réchapper de, à qqch,* échapper par chance à un danger menaçant : *Elle a eu de la chance de réchapper à cet accident* (syn. fam. S'EN SORTIR, S'EN TIRER).

recharge [rəʃarʒ] n. f. **1.** Action de recharger un appareil : *La recharge d'une arme.* — **2.** Ce qui permet d'approvisionner de nouveau : *Une recharge de stylo, de briquet.*

rechargement [rəʃarʒəmɑ̃] n. m. Action de recharger : *Le rechargement d'un bateau.*

recharger [rəʃarʒe] v. t. (c. 2). **1.** Charger de nouveau : *Recharger un camion.* — **2.** *Recharger un appareil,* l'approvisionner de nouveau pour le remettre en état de fonctionner : *Recharger un fusil, un poêle, un appareil photographique, une batterie d'accumulateurs.*

réchaud [reʃo] n. m. Ustensile, généralement portatif, servant à faire cuire les aliments ou à les réchauffer : *Un réchaud à gaz, à alcool, électrique.*

réchauffage [reʃofaʒ] n. m. Action de réchauffer : *Le réchauffage d'un plat.*

réchauffé [reʃofe] n. m. **1.** Ce qui est réchauffé : *Ce plat a un goût de réchauffé.* — **2.** Ce qui est connu et qu'on donne comme neuf : *Cette plaisanterie, ce n'est que du réchauffé.*

réchauffement [reʃofmɑ̃] n. m. Fait de réchauffer, de se réchauffer : *Le réchauffement de l'atmosphère* (contr. REFROIDISSEMENT).

réchauffer [reʃofe] v. t. **1.** *Réchauffer qqch,* chauffer ce qui s'est refroidi : *Réchauffer un potage.* — **2.** *Réchauffer qqn, une partie de son corps,* lui redonner de la chaleur : *Réchauffer ses mains devant le feu.* — **3.** *Réchauffer un sentiment, une qualité, l'esprit de qqn,* leur redonner de la vigueur : *Réchauffer le courage des soldats, le zèle de quelqu'un* (syn. RANIMER). ◆ ***se réchauffer*** v. pr. **1.** Redonner de la chaleur à son corps : *Elle avait tellement froid qu'elle n'arrivait pas à se réchauffer.* — **2.** Devenir plus chaud : *Le temps se réchauffe.*

rechausser (se) [rəʃose] v. pr. Se chausser de nouveau : *Dans la cabine de bain, elle se rhabilla et se rechaussa.*

rêche [rɛʃ] adj. (frq. *rubisk*). **1.** Âpre au goût : *Une prune, une poire rêche* (contr. DOUX, SUCRÉ). — **2.** Rude au toucher : *Une étoffe rêche* (contr. DOUX, MOELLEUX). *La langue rêche du chat* (syn. RÂPEUX).

recherche [rəʃɛrʃ] n. f. **1.** Action de rechercher : *La recherche d'un objet perdu, de documents, d'un coupable. Recherche de renseignements* (syn. ENQUÊTE). *Mettre au point des méthodes pour la recherche de gisements* (syn. PROSPECTION). — **2.** Désir de se distinguer de ce qui est commun : *Elle met de la recherche dans sa toilette* (syn. RAFFINEMENT). *Être habillé avec une extrême recherche* (syn. AFFECTATION). *Il y a trop de recherche dans ses manières* (syn. POSE). — **3.** *À la recherche de,* en recherchant : *Être à la recherche d'un appartement, d'un nouveau procédé de fabrication* (syn. EN QUÊTE DE). — **4.** Travail scientifique fait en vue d'aboutir à des découvertes (surtout pl.) : *Ce livre est le résultat de ses recherches sur ce point d'histoire. Faire de la recherche.* (→ CHERCHEUR.)

recherché, e [rəʃɛrʃe] adj. **1.** Qu'on a du mal à trouver : *Un tableau, un livre très recherché* (syn. RARE). — **2.** Qu'on cherche à voir, à entendre, à fréquenter : *Acteur, conférencier recherché. Une femme très recherchée* (syn. ENTOURÉ). — **3.** Qui dénote une recherche excessive, un manque de naturel : *Style recherché* (syn. MANIÉRÉ, PRÉCIEUX). *Une élégance recherchée* (syn. RAFFINÉ).

rechercher [rəʃɛrʃe] v. t. **1.** Chercher de nouveau : *Elle viendra vous rechercher demain. J'ai cherché et recherché ce livre sans le trouver.* — **2.** *Rechercher qqn, qqch,* chercher avec soin à les retrouver, les connaître, les découvrir : *La police recherche les auteurs de l'attentat. Rechercher les causes d'un phénomène, un nouveau procédé de fabrication* (syn. ÉTUDIER). — **3.** *Rechercher qqch,* tâcher de l'obtenir, de se le procurer : *Elle recherche la perfection dans le travail* (syn. VISER À). *Rechercher l'amitié de quelqu'un. Il recherche plus les honneurs que la considération* (syn. AMBITIONNER, BRIGUER, COURIR APRÈS). — **4.** *Rechercher qqn,* chercher vivement sa société, sa fréquentation : *C'est une personne aimable et intelligente que tout le monde recherche* (contr. ÉVITER).

rechigner [rəʃiɲe] v. t. ind. (*re-* et frq. *kînan,* tordre la bouche). Fam. *Rechigner (à qqch),* montrer, par sa mauvaise humeur, par un air maussade, sa répugnance à faire qqch : *Tu obéis, mais c'est toujours en rechignant. Rechigner à une besogne, à une proposition* (syn. fam. RENÂCLER).

rechristianiser [rəkristjanize] v. t. Christianiser de nouveau.

rechute [rəʃyt] n. f. Réapparition d'une maladie infectieuse, survenant au cours de la convalescence : *Elle était guérie, mais elle vient d'avoir une rechute qui semble due à une imprudence* (syn. RÉCIDIVE).

rechuter [rəʃyte] v. i. Faire une rechute : *Elle a repris son travail avant d'être complètement guérie, ce qui l'a fait rechuter.*

récidive [residiv] n. f. (du lat. *recidivus,* qui revient). **1.** Situation d'un délinquant qui, ayant fait l'objet d'une condamnation pour un crime, un délit, en commet un nouveau : *La récidive est une cause d'aggravation des peines.* — **2.** Fait de retomber dans la même faute : *À la première récidive, vous serez puni.* — **3.** Réapparition d'une maladie, d'un mal après un temps plus ou moins long de guérison : *Une récidive de tumeur.*

récidiver [residive] v. i. **1.** (sujet qqn) Commettre de nouveau un délit, un crime; recommencer la même faute, la même erreur : *Elle est incapable de ne plus fumer et elle récidive.* — **2.** (sujet une maladie) Reparaître : *Le mal récidive.*

récidiviste [residivist] n. et adj. Personne en état de

récidive : *Il a déjà été condamné comme récidiviste. Un criminel récidiviste.*

récif [resif] n. m. (esp. *arrecife;* mot ar.). Rocher ou chaîne de rochers à fleur d'eau près des côtes.

récipiendaire [resipjɑ̃dɛr] n. m. (du lat. *recipiendus,* qui doit être reçu). **1.** Personne qu'on reçoit dans une compagnie, dans une société savante avec un certain cérémonial : *À l'Académie française, le récipiendaire prononce un discours et le directeur lui répond.* — **2.** Personne qui reçoit un diplôme universitaire (admin.).

récipient [resipjɑ̃] n. m. (du lat. *recipere,* recevoir). Objet creux servant à recevoir, à contenir des substances diverses : *Remplir, vider un récipient* (syn. VASE, USTENSILE).

réciprocité [resiprɔsite] n. f. Caractère réciproque : *Je suis très sensible à votre amitié et vous pouvez compter sur une entière réciprocité.*

réciproque [resiprɔk] adj. (lat. *reciprocus*). **1.** Qui a lieu entre deux personnes, deux groupes, deux choses et qui marque une action équivalente à celle qui est reçue : *Les sentiments qu'ils ont l'un pour l'autre sont réciproques. Une tolérance réciproque est nécessaire pour que nous puissions vivre en paix* (syn. MUTUEL). *Une amitié, une confiance réciproque* (syn. PARTAGÉ). — **2.** Se dit d'un verbe pronominal qui exprime l'action de plusieurs sujets les uns sur les autres (ex. *Pierre et Paul se battent*). ◆ n. f. Action inverse : *Vous avez voulu vous moquer de moi, je vous rendrai la réciproque* (syn. LA PAREILLE).

réciproquement [resiprɔkmɑ̃] adv. De manière réciproque : *Ils se sont rendu réciproquement des services* (syn. MUTUELLEMENT). *Un triangle qui a ses trois côtés égaux a ses trois angles égaux, et réciproquement* (syn. VICE VERSA).

récit [resi] n. m. Histoire faite de vive voix ou par écrit d'événements réels ou imaginaires : *Elle nous a touchés par le récit de ses malheurs* (syn. NARRATION, RELATION). *Les enfants aiment les récits d'aventures merveilleuses* (syn. HISTOIRE, ANECDOTE).

récital [resital] n. m. (mot angl., de *to recite*) [pl. *récitals*]. Séance artistique au cours de laquelle un seul musicien, chanteur, etc., se fait entendre, ou au cours de laquelle est présenté un même genre de spectacle : *Récital de piano, de violon. Un récital de danse.*

récitant, e [rәsitɑ̃] n. Personne qui récite, dit un texte.

récitation [resitasjɔ̃] n. f. **1.** Action de réciter : *Après la récitation des leçons, l'institutrice rend les devoirs corrigés.* — **2.** Texte à savoir par cœur et à réciter de mémoire en classe : *Apprendre une récitation.*

réciter [resite] v. t. (de *recitare*). *Réciter qqch,* dire à haute voix ce qu'on sait par cœur : *Réciter sa leçon. Réciter son chapelet. Réciter des vers, de la prose* (syn. DÉCLAMER). *Réciter une tirade rapidement, sans reprendre haleine* (syn. DÉBITER).

réclamation [reklamasjɔ̃] n. f. Action de réclamer : *Déposer une réclamation* (syn. PLAINTE). *Examiner le bien-fondé d'une réclamation* (syn. PROTESTATION).

réclame [reklam] n. f. (de *réclamer*). **1.** Publicité commerciale pour des produits, des appareils, etc., au moyen d'affiches, de prospectus, etc. — **2.** *En réclame,* à prix réduit pour attirer la clientèle.

réclamer [reklame] v. t. (lat. *reclamare,* protester). **1.** *Réclamer qqn, son aide,* etc., le demander avec insistance : *Un petit enfant pleure et réclame sa mère. Réclamer le secours de quelqu'un* (syn. SOLLICITER). — **2.** (sujet qqch) *Réclamer qqch,* en avoir besoin : *La culture de la vigne réclame beaucoup de soins* (syn. NÉCESSITER, EXIGER). — **3.** *Réclamer qqch (à qqn),* demander une chose due ou juste : *Réclamer de l'argent, des meubles qu'on a prêtés. Réclamer une augmentation de salaire à son directeur* (syn. REVENDIQUER). — **4.** *Réclamer qqn,* demander, en vertu d'un droit, qu'il soit restitué, remis : *Réclamer un criminel à un pays étranger.* ◆ ***se réclamer*** v. pr. *Se réclamer de qqn,* déclarer qu'on est connu de lui ou protégé par lui; invoquer sa caution : *Pour obtenir cet emploi, elle s'est réclamée de son député* (syn. SE RECOMMANDER DE).

reclassement [rәklasmɑ̃] n. m. Action de reclasser; fait d'être reclassé : *Le reclassement des objets d'une collection. Le reclassement de la fonction publique. Le reclassement des réfugiés.*

reclasser [rәklase] v. t. **1.** *Reclasser qqch,* le classer de nouveau : *Reclasser des timbres, des fiches.* — **2.** *Reclasser qqn,* redonner un emploi, une fonction dans la société à des personnes dans l'incapacité d'exercer leur précédente profession : *Reclasser des chômeurs.* — **3.** *Reclasser des fonctionnaires,* rétablir leur traitement par référence à ceux d'autres catégories.

reclouer [rәklue] v. t. Clouer de nouveau : *Reclouer une planche de la palissade.*

reclus, e [rәkly] adj. et n. (de l'anc. fr. *reclure,* du lat. *recludere,* enfermer). Qui vit renfermé, retiré du monde : *Elle vit recluse au fond de sa province. Mener une existence recluse* (syn. ISOLÉ, SOLITAIRE).

réclusion [reklyzjɔ̃] n. f. (de *reclus*). Peine qui consiste dans une privation de liberté avec assujettissement au travail : *Être condamné à la réclusion perpétuelle.*

recoiffer (se) [rәkwafe] v. pr. **1.** Remettre ses cheveux en ordre (syn. SE REPEIGNER). — **2.** Remettre son chapeau.

recoin [rәkwɛ̃] n. m. **1.** Endroit le plus caché; lieu retiré : *Connaître les coins et les recoins d'une maison.* — **2.** Partie cachée, secrète : *Les recoins du cœur, de la conscience* (syn. REPLI).

recollage [rәkɔlaʒ] ou **recollement** [rәkɔlmɑ̃] n. m. Action de recoller : *Le recollage du vase a demandé de la patience.*

recoller [rәkɔle] v. t. *Recoller qqch,* le réparer au moyen de colle. ◆ v. t. ind. *Recoller à qqch,* se replacer très près de : *Recoller au peloton de cyclistes.* ◆ ***se recoller*** v. pr. Fam. *Se recoller à un travail,* s'y mettre de nouveau.

récolte [rekɔlt] n. f. (it. *ricolta*). **1.** Action de recueillir les produits du sol, produits ainsi recueillis : *Récolte des blés* (syn. MOISSON), *des fourrages* (syn. FENAISON), *des fruits* (syn. CUEILLETTE), *du raisin* (syn. VENDANGE), *des pommes de terre* (syn. ARRACHAGE). *La récolte de fruits a été abondante, mauvaise.* — **2.** Ce qu'on recueille à la suite de recherches : *Une ample récolte de documents, d'observations.*

récolter [rekɔlte] v. t. **1.** Faire une récolte : *Récolter du blé* (syn. MOISSONNER), *du raisin* (syn. VENDANGER), *des fruits* (syn. CUEILLIR, RAMASSER). — **2.** *Récolter qqch,* l'obtenir comme conséquence de son action : *Dans cette affaire, elle n'a récolté que des ennuis* (syn. RECUEILLIR).

recombiner [rәkɔ̃bine] v. t. Combiner de nouveau.

recommandable [rәkɔmɑ̃dabl] adj. Digne d'estime, de considération (surtout avec négation) : *Cette personne n'est pas très recommandable. Les œuvres de cet écrivain sont peu recommandables* (syn. ESTIMABLE).

recommandation [rәkɔmɑ̃dasjɔ̃] n. f. **1.** Exhortation pressante sur la conduite à tenir : *Oublier les recommandations paternelles* (syn. AVERTISSEMENT, AVIS, CONSEIL). — **2.** Action de recommander (sens 2 et 4) : *Obtenir un emploi grâce à la recommandation d'un* *personnage important* (syn. APPUI, PROTECTION; fam. PISTON). *Envoyer une recommandation.*

recommandé [rəkɔmɑ̃de] n. m. *Envoyer un paquet en recommandé,* en le faisant recommander.

recommander [rəkɔmɑ̃de] v. t. **1.** *Recommander à qqn qqch, de* (+ *inf.*), le lui demander avec insistance : *Recommander la discrétion à un ami. On lui a bien recommandé de veiller sur vous* (syn. PRIER); le lui conseiller vivement : *Le médecin lui a recommandé le repos* (syn. PRÉCONISER). *Recommander la prudence. Je ne saurais trop vous recommander de vous méfier de cette personne* (syn. EXHORTER). *Ce n'est pas recommandé* (= c'est déconseillé). — **2.** *Recommander qqn à qqn,* le désigner à son attention, à sa bienveillance, à sa protection : *Recommander chaudement sa fille à la directrice* (syn. APPUYER). — **3.** *Recommander son âme à Dieu,* se préparer à mourir. ‖ *Recommander qqn aux prières des fidèles,* les exhorter à prier pour lui. — **4.** *Recommander une lettre, un paquet,* etc., les faire enregistrer, moyennant une taxe spéciale, pour qu'ils soient remis en main propre au destinataire. ◆ ***se recommander*** v. pr. **1.** *Se recommander à qqn,* demander son assistance. — **2.** *Se recommander de qqn,* invoquer son appui, son témoignage : *Obtenir une place en se recommandant de son député* (syn. SE RÉCLAMER DE).

recommencement [rəkɔmɑ̃smɑ̃] n. m. Action de recommencer : *L'histoire est un perpétuel recommencement.*

recommencer [rəkɔmɑ̃se] v. t. Commencer de nouveau; refaire : *Comme plusieurs d'entre vous sont arrivés en retard, je recommence mes explications.* ◆ v. i. et v. t. ind. *Recommencer* (à [+ *inf.*]), commencer de nouveau, reprendre à partir du commencement : *Le vent recommence à souffler.*

récompense [rekɔ̃pɑ̃s] n. f. **1.** Avantage matériel ou moral qui est donné à qqn en reconnaissance d'un mérite, d'une bonne action, d'un service rendu : *Accorder une récompense* (syn. FAVEUR). *Cette élève a bien travaillé et elle a eu de nombreuses récompenses* (syn. PRIX, ACCESSIT). *Si vous me faites une commission, vous aurez une récompense* (syn. GRATIFICATION). *On lui a donné ce poste en récompense de ses services.* — **2.** Châtiment d'une mauvaise action (ironiq.) : *Elle a désobéi et elle a eu la récompense qu'elle méritait.*

récompenser [rekɔ̃pɑ̃se] v. t. (bas lat. *recompensare,* compenser). Accorder une récompense à qqn : *Récompenser un bon élève. Récompenser quelqu'un de ses efforts. Récompenser le travail de quelqu'un.*

recomposer [rəkɔ̃poze] v. t. Composer de nouveau.

recompter [rəkɔ̃te] v. t. Compter de nouveau.

réconciliation [rekɔ̃siljasjɔ̃] n. f. Action de réconcilier, de se réconcilier : *Une poignée de main a marqué leur réconciliation* (syn. RACCOMMODEMENT).

réconcilier [rekɔ̃silje] v. t. (lat. *reconciliare*). **1.** *Réconcilier qqn avec (et) qqn, réconcilier des personnes,* rétablir une bonne entente entre des personnes qui s'étaient fâchées : *Un médiateur s'est efforcé de réconcilier ces deux ennemis* (syn. RACCOMMODER, REMETTRE D'ACCORD; fam. RABIBOCHER). — **2.** *Réconcilier qqn avec qqch,* lui inspirer des opinions plus favorables à propos de qqch : *Cette émission me réconcilie avec la télévision.* ◆ ***se réconcilier*** v. pr. Se raccommoder : *Elle s'est réconciliée avec son amie.*

reconduction [rəkɔ̃dyksjɔ̃] n. f. Action de reconduire; fait d'être reconduit : *Reconduction d'une exposition* (syn. CONTINUATION, PROLONGATION).

reconduire [rəkɔ̃dɥir] v. t. (c. **70**). **1.** *Reconduire qqn (qqpart),* le ramener chez lui quand il s'en va ou le raccompagner vers la sortie quand il prend congé après une visite : *Reconduire un enfant chez ses parents. Reconduire un ami jusqu'à sa voiture;* accompagner ou faire accompagner une personne expulsée d'un territoire : *Le passager clandestin a été reconduit à la frontière entre deux gendarmes.* — **2.** *Reconduire qqch,* continuer ou renouveler ce qui a été entrepris, établi : *Reconduire la politique actuelle. On a reconduit le budget de l'année dernière.*

réconfort [rekɔ̃fɔr] n. m. Ce qui donne de la force, ranime le courage, ce qui apporte de la consolation : *Les lettres des familles étaient un puissant réconfort pour les prisonniers* (syn. APPUI, SOUTIEN, SECOURS).

réconfortant, e [rekɔ̃fɔrtɑ̃] adj. Qui réconforte : *Des paroles réconfortantes* (syn. ENCOURAGEANT; contr. ATTRISTANT, DÉSESPÉRANT).

réconforter [rekɔ̃fɔrte] v. t. (de *conforter*). *Réconforter qqn,* lui redonner des forces : *Elle a pris un peu de nourriture qui l'a réconfortée* (syn. REVIGORER; fam. RAVIGOTER); lui redonner du courage, de l'espoir; l'aider à supporter une douleur, une affliction : *Cette bonne nouvelle nous a réconfortés* (contr. DÉPRIMER, DÉSESPÉRER). *L'affection de ses amis l'a un peu réconforté dans son malheur* (syn. CONSOLER). ◆ ***se réconforter*** v. pr. Se redonner des forces physiques ou morales : *Se réconforter en prenant un bon repas* (syn. SE RESTAURER, RÉCUPÉRER; fam. SE RETAPER).

reconnaissable [rəkɔnɛsabl] adj. Qui peut être reconnu : *Elle est si changée depuis sa maladie qu'elle n'est pas reconnaissable* (contr. MÉCONNAISSABLE). *Le meurtrier est reconnaissable aux cicatrices qu'il porte au visage.*

reconnaissance [rəkɔnɛsɑ̃s] n. f. **1.** Action de reconnaître comme vrai, comme légitime, comme sien : *La reconnaissance d'un droit, d'un gouvernement, d'un enfant.* ‖ *Reconnaissance de dette,* écrit par lequel on reconnaît devoir une somme à qqn. — **2.** Souvenir d'un bienfait reçu : *Témoigner, manifester de la reconnaissance* (syn. GRATITUDE). ‖ Fam. *Avoir la reconnaissance du ventre,* manifester de la gratitude pour la personne qui vous a nourri. — **3.** Opération militaire ayant pour objet de recueillir des renseignements sur la situation ou les mouvements de l'ennemi : *Effectuer la reconnaissance d'une position. Aviation de reconnaissance.* ‖ Fam. *Partir en reconnaissance,* partir à la recherche de qqn, de qqch.

reconnaissant, e [rəkɔnɛsɑ̃] adj. Qui témoigne de la gratitude : *Elle se montrait reconnaissante envers sa bienfaitrice* (contr. INGRAT).

reconnaître [rəkɔnɛtr] v. t. (lat. *recognoscere*) [c. **64**]. **1.** *Reconnaître qqn, qqch,* retrouver dans sa mémoire leur souvenir quand on les voit ou qu'on les entend : *Il y avait longtemps que je n'avais vu mon ami; j'ai eu de la peine à le reconnaître. Reconnaître quelqu'un malgré son déguisement* (syn. REMETTRE). *Le chien reconnaît la voix de son maître. Je n'ai été qu'une fois chez elle, mais je reconnaîtrais facilement sa maison* (syn. RETROUVER). *Reconnaître une écriture, un air de musique* (syn. IDENTIFIER). — **2.** *Reconnaître qqn,* le retrouver avec son véritable caractère : *Je vous reconnais bien là, vous êtes toujours aussi minutieux. Je reconnais sa façon d'agir, elle n'a pas changé.* — **3.** *Reconnaître qqn, qqch à qqch,* les distinguer à certains caractères, à certains signes : *On a reconnu le meurtrier à une cicatrice qu'il avait au front. Reconnaître un arbre à ses feuilles* (syn. IDENTIFIER). — **4.** *Reconnaître qqch, que* (+ *ind.*), avouer un acte répréhensible : *Reconnaître ses fautes, ses erreurs, ses torts* (syn. CONFESSER). *Elle a reconnu qu'elle s'était trompée.* — **5.** *Reconnaître qqch, que* (+ *ind.*), l'admettre comme vrai, réel : *Reconnaître l'innocence d'un accusé. J'ai reconnu qu'elle avait raison* (syn. CONVENIR). — **6.** *Reconnaître qqch, que* (+ *ind.*) *à qqn,* le lui accorder : *Il faut lui reconnaître cette qualité qu'elle* est *généreuse* (syn. ATTRIBUER). *Il ne reconnaît à personne le droit de le critiquer.* — **7.** *Reconnaître un lieu,* chercher à en déterminer la situation, la disposition : *Aller reconnaître les lieux. Reconnaître une île, une côte* (syn. EXPLORER). — **8.** *Reconnaître un enfant,* déclarer qu'on est le père ou la mère d'un enfant naturel. ‖ *Reconnaître un gouvernement,* l'admettre parmi les puissances constituées, entrer en rapport avec lui. ‖ *Reconnaître qqn pour,* l'admettre en telle qualité : *Reconnaître quelqu'un pour chef.* ◆ ***se reconnaître*** v. pr. **1.** *Se reconnaître dans qqch,* retrouver son image, sa ressemblance dans un miroir, dans un portrait, dans une photographie : *Après quelques jours de maladie, elle se regarda dans une glace et elle eut de la peine à se reconnaître.* — **2.** *Se reconnaître dans, en qqn,* retrouver ses sentiments, sa manière d'être dans une autre personne : *Elle se reconnaît dans sa fille.* — **3.** *Se reconnaître qqpart, dans qqch (abstrait),* savoir où on est dans un lieu, où on en est dans qqch : *Il est difficile de se reconnaître dans ces allées forestières* (syn. S'ORIENTER, SE RETROUVER). *Que ce texte est embrouillé, je ne m'y reconnais plus!* — **4.** *Se reconnaître coupable,* avouer sa faute.

reconnu, e [rəkɔny] adj. Que l'on reconnaît comme vrai, comme important.

reconquérir [rəkɔ̃kerir] v. t. (c. **21**) Conquérir de nouveau : *Reconquérir l'estime de quelqu'un.*

reconquête [rəkɔ̃kɛt] n. f. Action de reconquérir.

reconsidérer [rəkɔ̃sidere] v. t. (c. **10**) Examiner de nouveau en vue de modifier, de trouver une meilleure solution : *Reconsidérer une question, un projet* (syn. RÉEXAMINER, RÉÉTUDIER, ↓REVOIR).

reconstituant, e [rəkɔ̃stitɥɑ̃] adj. et n. m. Qui redonne des forces à un organisme fatigué : *Aliment, médicament reconstituant. Le médecin lui a ordonné de prendre un reconstituant* (syn. FORTIFIANT).

reconstituer [rəkɔ̃stitɥe] v. t. **1.** *Reconstituer qqch,* le constituer, le former de nouveau en en rassemblant les divers éléments : *Reconstituer un parti dissous, une armée. Reconstituer un puzzle* (syn. RECOMPOSER, REFORMER). — **2.** *Reconstituer qqch,* rétablir dans sa forme primitive qqch qui a disparu, reproduire, faire revivre un événement du passé : *Reconstituer d'après des fouilles le plan d'une ville. Reconstituer un fait historique.* — **3.** *Reconstituer un crime, un accident,* en établir les circonstances exactes par une simulation.

reconstitution [rəkɔ̃stitysjɔ̃] n. f. Action de reconstituer : *La reconstitution d'un crime. Ce film est une bonne reconstitution historique.*

reconstruction [rəkɔ̃stryksjɔ̃] n. f. Action de reconstruire : *La reconstruction d'une région dévastée.*

reconstruire [rəkɔ̃strɥir] v. t. Construire de nouveau après destruction ou démolition : *Reconstruire une maison, un quartier* (syn. REBÂTIR).

reconversion [rəkɔ̃vɛrsjɔ̃] n. f. Action de reconvertir : *La reconversion des chantiers navals.*

reconvertir [rəkɔ̃vɛrtir] v. t. Adapter (une industrie, une main-d'œuvre, qqn) à une production, un métier différent : *Reconvertir une usine d'horlogerie en usine de matériel électronique. Se reconvertir dans l'hôtellerie.*

recopier [rəkɔpje] v. t. Syn. courant de COPIER, en particulier pour les textes qu'on a soi-même écrits une première fois : *Quand elle a eu fini son brouillon, elle l'a recopié au propre* (syn. METTRE AU NET). *J'ai cherché son numéro de téléphone dans l'annuaire et je l'ai recopié sur mon calepin* (syn. TRANSCRIRE, REPORTER).

record [rəkɔr] n. m. (mot angl. signif. *enregistrement*). **1.** Exploit sportif qui surpasse ce qui a déjà été fait dans le même genre : *Améliorer, battre, détenir un record. Le record du monde de saut à la perche.* — **2.** Résultat remarquable qui surpasse ce qui a été obtenu dans un genre quelconque : *Un record de production, d'affluence.* ◆ adj. Qui atteint le maximum des possibilités : *Des vitesses records. Un chiffre record. En un temps record* (= très vite).

recordman [rəkɔrdman] n. m., **recordwoman** [rəkɔrdwuman] n. f. (mots angl.) [pl. *recordmen, recordwomen*]. Homme, femme qui détient un record.

recoucher (se) [rəkuʃe] v. pr. Se remettre au lit après s'être levé.

recoudre [rəkudr] v. t. Coudre de nouveau : *Recoudre un vêtement déchiré. Il a fallu recoudre la blessure.*

recoupement [rəkupmɑ̃] n. m. Vérification d'un fait par des renseignements venant de sources différentes : *On a pu établir la date par recoupement.*

recouper [rəkupe] v. t. **1.** Couper de nouveau : *Recouper du pain.* — **2.** v. t. (sujet qqch) *Recouper qqch,* le confirmer, s'accorder avec : *Témoignage qui en recoupe un autre.* ◆ ***se recouper*** v. pr. Correspondre en se confirmant : *Leurs déclarations se recoupent* (syn. CONCORDER).

recourbé, e [rəkurbe] adj. Courbé à son extrémité : *Le bec recourbé d'un oiseau de proie* (syn. CROCHU). *Un grand nez recourbé* (syn. AQUILIN).

recourber [rəkurbe] v. t. Courber en pliant l'extrémité : *Recourber le bout d'un bâton pour en faire une canne.*

recourir [rəkurir] v. t. ind. (c. **29**). **1.** *Recourir à qqn,* lui demander de l'aide : *Je recours à vous pour un conseil* (syn. AVOIR RECOURS, S'ADRESSER). — **2.** *Recourir à qqch,* se servir de tel moyen dans une circonstance donnée : *Recourir à la force, à la ruse* (syn. FAIRE APPEL). *Recourir à un emprunt.*

recours [rəkur] n. m. (lat. *recursus,* retour en arrière). **1.** Personne ou chose à laquelle on recourt : *Vous êtes mon dernier recours. Le recours à la ruse est parfois nécessaire. La fuite est le recours du faible* (syn. RESSOURCE, SAUVEGARDE). — **2.** *Avoir recours à qqn,* lui demander du secours, de l'aide : *J'aurai recours à elle pour une traduction* (syn. RECOURIR, FAIRE APPEL). ‖ *Avoir recours à qqch,* s'en servir comme d'un moyen : *Le gouvernement a eu recours à l'armée pour maintenir l'ordre.* ‖ *Avoir un recours contre qqn, qqch,* avoir les moyens légaux de réclamer la réparation d'un dommage. ‖ *Recours en grâce,* demande adressée au chef de l'État en vue d'une remise de peine.

1. recouvrement [rəkuvrəmɑ̃] n. m. Action de recouvrir : *Le recouvrement des terres par l'inondation.*

2. recouvrement [rəkuvrəmɑ̃] n. m. Action de recouvrer : *Le recouvrement des taxes* (syn. PERCEPTION).

recouvrer [rəkuvre] v. t. (lat. *recuperare*). **1.** Rentrer en possession de ce qu'on avait perdu : *Recouvrer la vue, la parole, la raison, la liberté* (syn. RETROUVER). *Recouvrer la santé, ses forces* (= se rétablir, se guérir). — **2.** Opérer la perception de sommes dues : *Recouvrer les impôts.*

recouvrir [rəkuvrir] v. t. **1.** (sujet qqch, qqn) Couvrir de nouveau : *Le tissu de ces sièges est usé : il faudra les recouvrir. Faire recouvrir une maison endommagée par la tornade. Elle servit le potage, puis recouvrit la soupière.* — **2.** (sujet qqch, qqn) Couvrir complètement : *On a recouvert le parquet du couloir avec de la moquette* (syn. REVÊTIR). *Faire recouvrir une cloison de papier peint* (syn. TAPISSER). *La nappe recouvre la table. Un châle qui recouvre les épaules. La neige recouvrait la campagne.* — **3.** (sujet qqn, son attitude) *Recouvrir qqch,* le masquer sous de fausses apparences : *Son attitude désinvolte recouvre une grande timidité* (syn.

CACHER). — 4. (sujet qqn) *Recouvrir qqch,* s'y étendre, correspondre à toute son étendue : *Une étude du vocabulaire qui recouvre la fin du XIXe s.* (syn. EMBRASSER). ◆ ***se recouvrir*** v. pr. 1. Se couvrir réciproquement : *Des tuiles qui se recouvrent* (syn. SE SUPERPOSER, S'IMBRIQUER, SE CHEVAUCHER). — 2. Devenir entièrement couvert : *Les champs se recouvrent de neige.*

recracher [rəkraʃe] v. t. Rejeter après avoir mis dans sa bouche : *L'enfant recracha aussitôt sa viande.*

récréatif, ive [rekreatif] adj. Qui divertit : *Lecture, séance récréative* (syn. AMUSANT, DÉLASSANT).

recréation [rəkreasjɔ̃] n. f. Action de recréer.

récréation [rekreasjɔ̃] n. f. (lat. *recreatio*). 1. Ce qui interrompt le travail et délasse : *La promenade est une agréable récréation* (syn. DÉLASSEMENT, DÉTENTE). — 2. Temps accordé à des élèves pour qu'ils puissent jouer, se délasser : *Aller en récréation. Surveiller des élèves en récréation.*

recréer [rəkree] v. t. Créer de nouveau : *Le metteur en scène a recréé l'atmosphère antique* (syn. FAIRE REVIVRE, RENDRE).

récréer (se) [rekree] v. pr. (lat. *recreare*). *Litt.* Se délasser par le jeu, le repos, etc.

recrépir [rəkrepir] v. t. Crépir de nouveau : *Faire recrépir une façade.*

recreuser [rəkrøze] v. t. Creuser de nouveau.

récrier (se) [rekrije] v. pr. Pousser une exclamation de surprise, de protestation, etc. : *On s'est récrié d'admiration devant ce tableau. Ils se sont récriés contre cette loi* (syn. S'EXCLAMER).

récriminateur, trice [rekriminatœr] adj. et n. Qui récrimine.

récrimination [rekriminasjɔ̃] n. f. Fait de récriminer : *Se répandre en continuelles récriminations* (syn. PLAINTE, REPROCHE).

récriminer [rekrimine] v. i. (lat. *recriminari,* de *crimen,* accusation). *Récriminer (contre qqn, qqch),* élever des protestations contre eux, les critiquer amèrement : *Il n'est jamais content, il ne fait que récriminer à propos de tout* (syn. PROTESTER, TROUVER À REDIRE).

récrire [rekrir] v. t. Rédiger de nouveau, pour donner une nouvelle version : *Elle n'était pas satisfaite de son article, elle l'a récrit. Récrire une pièce* (syn. RECOMPOSER). ◆ v. t. ind. Répondre par lettre : *Il est poli de récrire à la personne qui vous a adressé une lettre.*

recroquevillé, e [rəkrɔkvije] adj. Ramassé, replié : *Marcher tout recroquevillé.*

recroqueviller (se) [rəkrɔkvije] v. pr. (de *croc* et *vrille*). 1. (sujet qqch) Se rétracter, se tordre sous l'action de la chaleur, de la sécheresse, etc. : *Les feuilles brûlées par le gel se recroquevillent.* — 2. (sujet qqn) Se ramasser sur soi-même : *La douleur le faisait se recroqueviller dans son lit* (syn. SE PELOTONNER, SE RAMASSER).

recru, e [rəkry] adj. (de l'anc. fr. *recroire,* renoncer). Litt. *Recru de fatigue,* épuisé, brisé par la fatigue (syn. HARASSÉ; fam. ÉREINTÉ).

recrudescence [rəkrydɛsɑ̃s] n. f. (du lat. *recrudescere,* reprendre des forces). 1. Retour et accroissement des symptômes d'une maladie, des ravages d'une épidémie, après une rémission temporaire : *Il y a eu ces dernières semaines une recrudescence de la grippe.* — 2. Réapparition et augmentation d'intensité : *Recrudescence de froid. Recrudescence de la pratique religieuse* (syn. REGAIN). *Recrudescence des combats* (syn. REPRISE; contr. ACCALMIE).

recrudescent, e [rəkrydɛsɑ̃] adj. Qui reprend de l'intensité : *Épidémie recrudescente.*

recrue [rəkry] n. f. (de l'anc. fr. *recroître,* compléter). 1. Jeune homme appelé sous les drapeaux pour accomplir son service militaire : *Instruire les nouvelles recrues.* — 2. Nouveau membre admis dans un groupe, dans une société : *Le parti vient de faire une excellente recrue.*

recrutement [rəkrytmɑ̃] n. m. Action de recruter : *La valeur d'une entreprise dépend de son recrutement.*

recruter [rəkryte] v. t. (de *recrue*). 1. Engager des hommes pour former des unités militaires, du personnel pour tenir certains emplois : *Le gouvernement avait recruté un corps de mercenaires. Recruter des rédacteurs, des collaborateurs.* — 2. *Recruter qqn,* l'amener à faire partie d'une société, d'une association : *Elle ne manque jamais une occasion de recruter des adhérents pour son parti* (syn. ENRÔLER, EMBRIGADER). *Recruter des clients, des partisans, des adeptes* (syn. fam. et péjor. RACOLER). ◆ ***se recruter*** v. pr. Être engagé : *Le personnel de cette administration se recrute sur titres.*

recruteur [rəkrytœr] n. m. et adj. Qui recrute : *Ces partis avaient des recruteurs, des agents recruteurs.*

recta [rɛkta] adv. (mot lat. signif. *en ligne droite*). *Fam.* Ponctuellement, exactement : *Payer recta.*

rectal, e, aux [rɛktal] adj. Relatif au rectum : *La température rectale.*

rectangle [rɛktɑ̃gl] n. m. (lat. *rectangulus*). Quadrilatère qui a quatre angles droits. ◆ adj. Se dit d'une figure qui a un ou plusieurs angles droits : *Un triangle rectangle.*

rectangulaire [rɛktɑ̃gylɛr] adj. Qui a la forme d'un rectangle : *Une salle de classe rectangulaire.*

recteur [rɛktœr] n. m. (lat. *rector,* de *regere,* diriger). 1. Fonctionnaire placé à la tête d'une académie universitaire : *En France, chaque académie est administrée par un recteur.* — 2. Chef d'un établissement libre d'enseignement supérieur : *Le recteur de l'Institut catholique de Paris.*

rectifiable [rɛktifjabl] adj. Qui peut être rectifié : *Une erreur rectifiable.*

rectificatif, ive [rɛktifikatif] adj. Qui sert à rectifier : *Note rectificative.* ◆ ***rectificatif*** n. m. Article, document officiel qui rectifie ce qui a été annoncé, promulgué : *Envoyer un rectificatif à la presse.*

rectification [rɛktifikasjɔ̃] n. f. Action de rectifier; texte qui rectifie : *La rectification d'un alignement, d'un compte, d'une adresse. Insérer une rectification dans un journal.*

rectifier [rɛktifje] v. t. (lat. *rectus,* droit, et *facere,* faire). 1. *Rectifier qqch,* en modifier l'état, la disposition, la forme pour le rendre conforme à ce qu'il doit être : *Rectifier le tracé d'une route, un virage. Rectifier la construction d'une phrase. Rectifier la largeur d'un pantalon. Cet assaisonnement a besoin d'être rectifié, il manque du sel. Rectifier le tir* (= changer sa manière d'agir). — 2. *Rectifier qqch,* le ramener à l'exactitude : *Rectifier les propos de quelqu'un. Rectifier une erreur, une faute, un compte, un calcul* (syn. CORRIGER).

rectiligne [rɛktiliɲ] adj. (lat. *rectus,* droit, et *linea,* ligne). En ligne droite : *Une allée rectiligne.*

rectitude [rɛktityd] n. f. (du lat. *rectus,* droit). Conformité à la raison, à la justice : *La rectitude du jugement, d'un raisonnement* (syn. JUSTESSE, RIGUEUR).

recto [rɛkto] n. m. (lat [*folio*] *recto,* sur le feuillet qui est à l'endroit). Première page d'un feuillet, celle qui se trouve à droite quand le livre est ouvert (contr. VERSO).

rectoral, e, aux [rɛktɔral] adj. Qui relève du recteur : *Décision rectorale.*

rectorat [rɛktɔra] n. m. Charge de recteur; temps

pendant lequel on exerce cette charge; bureaux du recteur.

rectum [rɛktɔm] n. m. (lat. *rectum [intestinum]*, intestin droit). Dernière partie du gros intestin, qui aboutit à l'anus.

1. reçu, e [rəsy] adj. Admis, établi, consacré : *Une opinion communément reçue. Un procédé dont l'usage est reçu.* ◆ n. Personne admise à un examen, à un concours : *Les reçus et les collés.*

2. reçu [rəsy] n. m. Écrit par lequel on reconnaît avoir reçu qqch : *L'Administration délivre un reçu pour un paquet recommandé* (syn. RÉCÉPISSÉ).

recueil [rəkœj] n. m. (de *recueillir*). Ouvrage où sont réunis des écrits en prose ou en vers, des documents, etc. : *Un recueil de fables* (= un fablier). *Un recueil de morceaux choisis* (= une anthologie). *Un recueil de lois. Recueil de dessins, d'estampes* (syn. ALBUM).

recueillement [rəkœjmɑ̃] n. m. État de qqn qui se recueille : *Vivre dans un grand recueillement.*

recueilli, e [rəkœji] adj. **1.** Qui est dans le recueillement : *Une femme recueillie.* — **2.** Qui témoigne du recueillement : *Un air recueilli.*

recueillir [rəkœjir] v. t. (lat. *recolligere*, rassembler) [c. **24**]. **1.** *Recueillir qqch*, rassembler en cueillant, en collectant, en ramassant : *Les abeilles recueillent le pollen sur les fleurs. Recueillir des dons.* — **2.** *Recueillir des choses*, réunir des choses dispersées : *Recueillir des documents, des matériaux pour un ouvrage* (syn. RASSEMBLER). — **3.** *Recueillir qqch*, recevoir ce qui a échappé, se répand : *Recueillir de l'eau de pluie dans une citerne. Recueillir de la résine.* — **4.** *Recueillir qqn, un animal*, leur donner l'hospitalité, les accueillir chez soi : *Recueillir des réfugiés, des chiens, des chats.* — **5.** *Recueillir qqch de qqch*, en tirer profit, avantage : *Recueillir le fruit de ses travaux, de ses lectures.* — **6.** Obtenir : *Recueillir des voix, des suffrages.* — **7.** *Recueillir une succession*, la recevoir par voie d'héritage. ◆ ***se recueillir*** v. pr. **1.** Se replier sur soi-même, se concentrer sur ses pensées, ses sentiments : *Elle a besoin de se recueillir pour travailler.* — **2.** Se livrer à de pieuses méditations : *Entrer dans une église pour se recueillir.*

recuire [rəkɥir] v. t. (c. **70**) Cuire de nouveau.

recul [rəkyl] n. m. **1.** Action de reculer : *Le recul d'une armée* (syn. REPLI, RETRAITE). *Avoir un mouvement de recul en voyant quelqu'un. Le recul d'une arme à feu* (= le mouvement de l'arme vers l'arrière au départ du coup). *Un recul de la civilisation* (contr. PROGRÈS). — **2.** Espace nécessaire pour reculer : *Dans cette galerie, il n'y a pas assez de recul pour voir les tableaux.* — **3.** Éloignement dans le temps permettant de juger un événement : *Il faut un certain recul pour apprécier l'importance d'un fait historique.*

reculade [rəkylad] n. f. Action de celui qui, s'étant trop engagé dans une affaire, est obligé de revenir en arrière, de faire des concessions : *Elle n'est arrivée à son but qu'après bien des reculades.*

reculé, e [rəkyle] adj. Éloigné dans le temps : *Les temps les plus reculés* (syn. ANCIEN, LOINTAIN).

reculer [rəkyle] v. i. (de *re-* et *cul*). **1.** (sujet qqn, un véhicule) Aller, se porter en arrière : *Reculer d'un pas. On a forcé l'ennemi à reculer* (syn. SE REPLIER, BATTRE EN RETRAITE, DÉCROCHER, RÉTROGRADER). — **2.** (sujet qqn) *Reculer devant qqch*, renoncer, céder en présence d'une difficulté : *Elle recule devant le procès dont ses voisins la menacent. Reculer devant le danger* (syn. FAIRE MARCHE ARRIÈRE, SE DÉROBER; pop. FLANCHER). *Cet homme ne recule devant rien* (= il est prêt à tout faire, ni les difficultés ni les scrupules ne l'arrêtent). — **3.** (sujet qqn) Différer, éviter de faire qqch qui est exigé ou désiré : *C'est le moment de rendre des comptes, vous ne pouvez plus reculer* (syn. TEMPORISER). *Reculer pour mieux sauter* (= hésiter devant une décision désagréable mais inévitable). — **4.** (sujet qqch) Perdre du terrain : *Le cancer recule devant les progrès de la médecine* (syn. RÉGRESSER). ◆ v. t. **1.** *Reculer qqch (concret)*, le pousser en arrière : *Reculer un meuble;* le reporter plus loin, à une certaine distance : *Reculer un mur. Reculer les frontières d'un État* (= l'agrandir). — **2.** *Reculer qqch (action)*, le remettre à plus tard : *Reculer la date d'un paiement, la livraison d'un manuscrit* (syn. AJOURNER, DIFFÉRER, RETARDER); le reporter à une date plus éloignée : *Reculer la datation d'un mot.*

reculons (à) [rəkylɔ̃] adv. En allant en arrière : *Marcher, s'éloigner à reculons* (= en reculant, le dos tourné dans le sens de la marche).

reculotter [rəkylɔte] v. t. Remettre la culotte, le pantalon : *Reculotter un enfant.*

récupérable [rekyperabl] adj. Qui peut être récupéré : *Une journée récupérable.*

récupération [rekyperasjɔ̃] n. f. Action de récupérer : *La récupération de la ferraille.*

récupérer [rekypere] v. t. (lat. *recuperare*) [c. **10**]. **1.** *Récupérer qqch*, rentrer en possession de biens matériels, d'objets perdus ou confiés pour un temps : *J'ai récupéré les livres que j'avais prêtés à ma camarade.* — **2.** *Récupérer qqch*, tirer parti de ce qui autrement serait perdu : *Récupérer de la ferraille, des chiffons.* — **3.** *Récupérer une journée, une heure de travail*, travailler une journée, une heure en remplacement de celles qui ont été perdues. — **4.** *Récupérer des idées, un mouvement d'opinion*, en prendre le contrôle en les détournant de leur but premier. — **5.** *Récupérer (ses forces)*, les retrouver après un effort : *Cette athlète récupère très vite.*

récurage [rekyraʒ] n. m. Action de récurer : *Le récurage d'un chaudron.*

récurer [rekyre] v. t. (de *curer*). *Récurer un ustensile de cuisine*, le nettoyer en frottant.

récurrence [rekyrɑ̃s] n. f. Caractère de ce qui est récurrent; répétition d'un phénomène : *Récurrence d'un thème dans une symphonie.*

récurrent, e [rekyrɑ̃] adj. (lat. *recurrens*, courant en arrière). Qui réapparaît, se reproduit : *Rêve récurrent.*

récusable [rekyzabl] adj. Qui peut être récusé : *Témoin, témoignage récusable.*

récusation [rekyzasjɔ̃] n. f. Action de récuser : *La récusation d'un expert.*

récuser [rekyze] v. t. (lat. *recusare*, refuser). **1.** *Récuser un juge, un expert*, etc., refuser de reconnaître leur compétence (jurid.). — **2.** *Récuser qqn, qqch*, ne pas admettre leur autorité : *Elle récuse votre témoignage.* ◆ ***se récuser*** v. pr. Se déclarer incompétent pour décider d'une question : *Il n'a pas voulu s'occuper de cette affaire, il s'est récusé.*

recyclage [rəsiklaʒ] n. m. (de *cycle*). Formation donnée à des travailleurs, pour leur permettre de s'adapter aux progrès industriels ou de trouver un nouvel emploi.

recycler [rəsikle] v. t. Effectuer le recyclage : *Recycler des ingénieurs.*

rédacteur, trice [redaktœr] n. (du lat. *redactus*, part. pass. de *redigere*, arranger). **1.** Personne qui rédige un texte : *Le rédacteur d'un article de journal, d'un dictionnaire.* — **2.** Personne dont la fonction est de collaborer à la rédaction d'un journal, d'un livre.

rédaction [redaksjɔ̃] n. f. **1.** Action ou manière de rédiger : *Une commission est chargée de la rédaction des statuts. La rédaction de ce texte est maladroite.* — **2.** Exercice scolaire élémentaire qui a pour but d'apprendre aux élèves à rédiger (syn. NARRATION). —

3. Ensemble des rédacteurs d'un journal, d'une maison d'édition; salle où travaillent les rédacteurs.

reddition [redisjɔ̃] n. f. (du lat. *reddere,* rendre). 1. Fait de se rendre, de se soumettre en cessant le combat : *La reddition d'une ville, d'une forteresse* (syn. CAPITULATION). — 2. *Reddition de comptes,* présentation de comptes pour qu'ils soient examinés, arrêtés.

redécouvrir [rədekuvrir] v. t. (c. 16) Découvrir de nouveau.

rédempteur, trice [redɑ̃ptœr] adj. (du lat. *redimere,* racheter). Qui rachète (relig.). ◆ n. m. *Le Rédempteur,* Jésus-Christ, qui, selon la doctrine chrétienne, a racheté le genre humain par sa mort.

rédemption [redɑ̃psjɔ̃] n. f. (lat. *redemptio*) [avec majusc.]. Rachat du genre humain par Jésus-Christ.

redéploiement [rədeplwamɑ̃] n. m. Réorganisation, restructuration d'un secteur économique.

redescendre [rədesɑ̃dr] v. i. et t. (c. 50; auxil. *être*) Descendre de nouveau; retourner au point d'où on était monté, où on avait monté qqch : *Redescendre d'une échelle. Vous redescendrez les valises à la cave* (contr. REMONTER).

redevable [rədəvabl] adj. 1. Qui n'a pas tout payé, qui reste débiteur : *Je vous suis encore redevable de telle somme.* — 2. Qui a une obligation morale envers qqn : *Elle vous est redevable de sa réussite.*

redevance [rədəvɑ̃s] n. f. Somme due en contrepartie d'une utilisation, d'un service public : *Redevance téléphonique* (syn. TAXE).

redevenir [rədəvnir] v. i. (auxil. *être*) Revenir à un état antérieur : *Nous sommes redevenus amis.*

rédhibitoire [redibitwar] adj. (du lat. *redhibere,* restituer). 1. *Vice rédhibitoire,* défaut qui peut faire annuler la vente d'un objet ou d'un animal; défaut caché, mais profond, de qqn. — 2. Qui constitue un obstacle radical : *Prix rédhibitoire.*

rediffuser [rədifyze] v. t. Diffuser une nouvelle fois.

rediffusion [rədifyzjɔ̃] n. f. Action de rediffuser.

rédiger [rediʒe] v. t. (lat. *redigere,* mettre en ordre) [c. 2] *Rédiger (un texte),* l'écrire selon une forme et un ordre voulus : *Rédiger un article de journal, le compte-rendu d'une conférence. Elle rédige bien.*

redingote [rədɛ̃gɔt] n. f. (angl. *riding-coat,* vêtement pour monter à cheval). 1. Autref., manteau d'homme à basques qui se rejoignaient par devant. — 2. Auj., manteau d'homme ou de femme cintré à la taille.

redire [rədir] v. t. (c. 72). 1. Répéter ce qu'on a déjà dit à plusieurs reprises : *Il redit toujours la même chose* (syn. RESSASSER). *Ne pas se le faire redire* (= obéir immédiatement, sans attendre un rappel à l'ordre). — 2. Répéter par indiscrétion : *Ne va pas redire cela aux autres!* ◆ v. t. ind. *Avoir, trouver (quelque chose, rien) à redire à qqch,* le blâmer : *Qu'est-ce que vous avez à redire à cela?* (syn. CRITIQUER, CENSURER). *Tu trouves à redire à tout ce qu'on fait. Elle ne voit rien à redire à cette décision.*

redistribuer [rədistribɥe] v. t. 1. Distribuer de nouveau. — 2. Distribuer selon des principes nouveaux, plus équitables : *Redistribuer les revenus par le moyen des impôts.*

redistribution [rədistribysjɔ̃] n. f. Action de redistribuer.

redite [rədit] n. f. Répétition fréquente et souvent inutile : *Évitez les redites* (syn. REDONDANCE).

redondance [rədɔ̃dɑ̃s] n. f. (du lat. *redundare,* regorger). Répétition de mots, d'éléments dans un texte, un énoncé, une phrase pour renforcer la communication ou produire un effet de style : *Elle s'exprime avec concision, sans redondances* (syn. SUPERFLUITÉ, VERBIAGE).

redondant, e [rədɔ̃dɑ̃] adj. 1. Superflu dans un écrit, un discours : *Épithètes redondantes.* — 2. Qui présente des redondances : *Style redondant* (contr. CONCIS, SOBRE).

redonner [rədɔne] v. t. 1. Donner de nouveau la même chose. — 2. Rendre à celui qui avait déjà eu : *Passe-moi le ballon, je te le redonnerai tout à l'heure* (syn. RESTITUER, RENDRE, REMETTRE). *Redonner de l'espoir, des forces.* ◆ v. t. ind. *Redonner dans qqch,* y donner de nouveau : *Redonner dans la paresse* (syn. RETOMBER).

redorer [rədɔre] v. t. Dorer de nouveau.

redoublant, e [rədublɑ̃] n. et adj. Élève qui redouble une classe.

redoublé, e [rəduble] adj. *À coups redoublés,* avec violence.

redoublement [rədubləmɑ̃] n. m. 1. Action de redoubler : *Redoublement de douleur, de joie* (syn. AUGMENTATION, ACCROISSEMENT). — 2. Répétition d'une syllabe, de plusieurs syllabes d'un mot ou même d'un mot entier, ayant le plus souvent une valeur expressive (ex. *bébête, chouchou*).

redoubler [rəduble] v. t. 1. *Redoubler qqch (concret),* le rendre double : *Redoubler une syllabe, une consonne* (syn. RÉPÉTER). — 2. *Redoubler qqch (abstrait),* l'accroître en quantité, en intensité : *Ce que vous lui avez dit a redoublé sa joie. Redoubler ses cris.* — 3. *Redoubler (une classe),* faire une seconde année d'études dans la même classe. ◆ v. t. ind. *Redoubler de qqch (action, sentiment),* en apporter, en montrer beaucoup plus : *Redoubler de prudence, de soins, d'attention, d'amabilité, de courage.* ◆ v. i. (sujet qqch) Prendre une intensité plus grande : *Le froid ne cesse pas, il redouble même* (syn. S'INTENSIFIER).

redoutable [rədutabl] adj. Qui inspire fortement la crainte : *Adversaire, maladie redoutable* (syn. DANGEREUX). *Un aspect, un air redoutable* (syn. ↑ EFFRAYANT).

redouter [rədute] v. t. (de *douter,* craindre). *Redouter qqn, qqch, de* (+ *inf.*), *que* (+ *subj.*), les craindre vivement : *La personne dont vous me parlez n'est pas à redouter. Redouter l'avenir* (syn. ↓ APPRÉHENDER). *Nous redoutions de tomber en panne* (syn. TREMBLER, ↓ AVOIR PEUR). *Je redoute qu'elle apprenne cette mauvaise nouvelle* (syn. ↑ ÊTRE EFFRAYÉ, ↑ ÊTRE ÉPOUVANTÉ).

redoux [rədu] n. m. Radoucissement de la température au cours de la saison froide.

redressement [rədrɛsmɑ̃] n. m. Action de redresser : *Le redressement de la situation financière d'un pays.*

redresser [rədrɛse] v. t. 1. *Redresser qqch,* remettre droit ce qui est penché, courbé : *Redresser un arbre* (syn. RELEVER). *Redresser un essieu, une poutre* (syn. RECTIFIER, DÉGAUCHIR). *Redresser les roues d'un véhicule* (= les remettre en ligne droite au moyen du volant); remettre debout : *Redresser une statue.* — 2. *Redresser la situation,* la remettre dans un état satisfaisant (syn. RÉTABLIR). ‖ *Redresser le jugement de qqn,* le remettre dans la bonne voie, le rectifier. ◆ ***se redresser*** v. pr. 1. (sujet qqn) Se remettre droit : *Se redresser dans son lit.* — 2. (sujet qqn) Prendre une attitude fière, décidée : *Maintenant qu'il vient de passer à un grade supérieur, il se redresse.* — 3. (sujet un pays, une situation) Reprendre son essor, son développement : *Pays qui se redresse après une guerre* (syn. SE RELEVER).

redresseur [rədrɛsœr] n. m. *Redresseur de torts,* celui qui répare les injustices (ironiq.) : *Jouer les redresseurs de torts* (syn. JUSTICIER).

réducteur, trice [redyktœr] adj. Qui réduit.

réductible [redyktibl] adj. Qu'on peut ramener à une forme plus simple : *Fraction réductible.*

réduction [redyksjɔ̃] n. f. **1.** Action de réduire, de diminuer : *Réduction des prix, des heures de travail, des salaires* (syn. DIMINUTION). *Réduction du personnel dans une entreprise* (syn. COMPRESSION). — **2.** Diminution de prix : *Obtenir une réduction pour des achats de livres* (syn. RABAIS, REMISE, RISTOURNE). — **3.** Reproduction d'un dessin, d'une œuvre d'art, etc., obtenue en diminuant les dimensions de l'original dans les mêmes proportions : *Réduction d'une carte, d'une statue.*

réduire [redɥir] v. t. (lat. *reducere,* ramener) [c. **70**]. **1.** *Réduire qqch,* en diminuer les dimensions, l'importance : *Il faudrait réduire la hauteur du mur* (syn. ABAISSER). *Réduire ses dépenses, son train de vie, une peine* (syn. DIMINUER). *Réduire la consommation de certaines denrées* (syn. RATIONNER). — **2.** *Réduire qqch,* le reproduire en petit, tout en conservant les mêmes proportions : *Réduire une carte, une photographie.* — **3.** *Réduire qqn à qqch (état),* l'amener dans tel état, dans telle situation par force, par autorité ou par persuasion : *Réduire quelqu'un à l'obéissance, à la raison. Réduire quelqu'un au silence* (= faire taire). *Sa maladie l'a réduite à l'inaction* (syn. CONTRAINDRE, OBLIGER). ‖ *En être réduit à,* n'avoir plus d'autre ressource que de : *Les rescapés en étaient réduits à se nourrir d'herbe.* — **4.** *Réduire qqch à qqch,* le ramener à un état, à une forme plus simple : *Réduire une question, une fraction à sa plus simple expression. Le compte-rendu est réduit à l'essentiel.* ‖ *Réduire à rien,* anéantir complètement, ruiner : *Cet échec a réduit à rien tous ses projets* (syn. ANNIHILER). — **5.** *Réduire une chose en une autre,* transformer cette chose en une autre : *Réduire le blé en farine* (syn. MOUDRE). *Le feu réduit le bois en cendres;* exprimer en : *Réduire des mètres cubes en litres* (syn. CONVERTIR). — **6.** *Réduire en esclavage, en servitude,* amener dans un état de soumission. ‖ *Réduire une fracture, une luxation,* remettre en place un os fracturé ou luxé. ◆ v. i. (sujet un liquide) Diminuer de volume par évaporation : *Ce bouillon n'a pas assez réduit. Faire réduire une sauce.* ◆ ***se réduire*** v. pr. **1.** (sujet qqn) *Se réduire à qqch,* s'y restreindre volontairement : *Il va falloir nous réduire au strict minimum;* et, sans compl., diminuer son train de vie : *Depuis qu'elle est à la retraite, elle a dû se réduire* (syn. SE RESTREINDRE). — **2.** (sujet qqch) *Se réduire à qqch,* y être ramené : *Tout cela se réduit à une question de chiffres.* — **3.** (sujet qqch) *Se réduire en qqch,* être transformé en qqch : *Les bûches se réduisent en cendres.*

1. réduit, e [redɥi] adj. (de *réduire*). *Prix, tarif réduit,* inférieur au prix, au tarif normal : *Voyager à tarif réduit.*

2. réduit [redɥi] n. m. (lat. *reductus,* qui est à l'écart). Pièce de très petites dimensions : *Un réduit qui peut servir de débarras* (syn. SOUPENTE, RECOIN ; fam. CAGIBI).

réécrire [reekrir] v. t. Syn. de RÉCRIRE (v. t.).

réécriture [reekrityr] n. f. Fait de récrire un texte.

rééditer [reedite] v. t. **1.** *Rééditer une œuvre, un auteur,* en donner une nouvelle édition. — **2.** Fam. *Rééditer un fait,* le recommencer.

réédition [reedisjɔ̃] n. f. **1.** Nouvelle édition d'une œuvre. — **2.** Répétition d'un fait, d'une situation : *Une émeute qui apparaît comme une réédition des troubles précédents.*

rééducation [reedykasjɔ̃] n. f. Action de rééduquer.

rééduquer [reedyke] v. t. **1.** *Rééduquer qqn,* lui donner une éducation différente. — **2.** *Rééduquer qqn (un organe, une fonction),* le soumettre à une série d'exercices destinés à rétablir dans leur usage normal un organe, une fonction, à la suite d'une blessure, d'une maladie, d'une infirmité ou d'une déficience.

réel, elle [reɛl] adj. (lat. *realis,* de *res,* chose) [avant ou après le n.]. Qui existe effectivement : *Un fait réel* (syn. AUTHENTIQUE, HISTORIQUE). *J'ai un besoin réel de repos* (syn. CERTAIN). *On a peint dans ce roman un personnage très réel* (contr. IMAGINAIRE, FICTIF). *Comparez les dépenses réelles avec les prévisions budgétaires* (syn. EFFECTIF). *Elle éprouve une réelle satisfaction à recevoir ses amis* (contr. SIMULÉ). *L'état du malade présente une réelle amélioration* (syn. ÉVIDENT, VISIBLE). ◆ ***réel*** n. m. Ce qui existe effectivement : *L'idéal et le réel s'opposent. Vivre dans le réel* (syn. RÉALITÉ).

réélection [reelɛksjɔ̃] n. f. Action de réélire; fait d'être réélu : *La réélection du candidat sortant est assurée.*

rééligible [reeliʒibl] adj. Qui peut être réélu : *Selon les statuts, le président sortant n'est pas rééligible.*

réélire [reelir] v. t. (c. **73**) Élire de nouveau : *Depuis vingt ans, il est régulièrement réélu maire de sa commune.*

réellement [reɛlmɑ̃] adv. De manière effective; objective : *L'événement dont je vous parle a réellement eu lieu* (syn. EFFECTIVEMENT). *Ce cheval devrait gagner, car il est réellement le meilleur du lot* (syn. CERTAINEMENT, VÉRITABLEMENT). *Pensez-vous réellement qu'elle a raison?* (syn. OBJECTIVEMENT). *Réellement vous avez tort, vous ne devriez pas agir de cette façon* (syn. EN VÉRITÉ).

réemployer [reɑ̃plwaje] v. t. (c. **3**) Syn. de REMPLOYER.

réengager [reɑ̃gaʒe] v. t. (c. **2**) Syn. de RENGAGER.

réentendre [reɑ̃tɑ̃dr] v. t. (c. **50**) Entendre de nouveau : *Réentendre un disque.*

rééquilibrage [reekilibraʒ] n. m. Action de rééquilibrer.

rééquilibrer [reekilibre] v. t. Équilibrer de nouveau.

réévaluation [reevalɥasjɔ̃] n. f. Action de réévaluer : *Réévaluation de la monnaie.*

réévaluer [reevalɥe] v. t. Procéder à une nouvelle estimation de la valeur.

réexaminer [reɛgzamine] v. t. Examiner de nouveau.

réexpédier [reɛkspedje] v. t. Expédier une nouvelle fois, renvoyer : *Veuillez réexpédier mon courrier à cette adresse.*

réexporter [reɛkspɔrte] v. t. Exporter des marchandises importées.

refaire [rəfɛr] v. t. (c. **76**). **1.** Faire de nouveau : *Refaire un travail, un voyage. Passer sa vie à faire, défaire et refaire;* sans compl. : *Vous avez mal donné les cartes, c'est à refaire.* — **2.** Faire qqch en imitant qqn : *Ce qu'ont fait nos ancêtres, nous le refaisons.* — **3.** Recommencer en faisant qqch de différent, en transformant : *Ce devoir est à refaire. Refaire un dictionnaire* (syn. REFONDRE). *Tout ce que fait cet homme est à refaire.* — **4.** Remettre en état : *Refaire un mur, des peintures, la toiture d'une maison* (syn. RÉPARER). *Refaire sa santé par un changement de climat.* — **5.** Fam. *Refaire qqn,* le tromper, le duper : *Il croyait me refaire en me proposant ce marché, mais c'est lui qui a été refait* (syn. fam. ATTRAPER). — **6.** *Pop.* Voler : *On m'a refait mon portefeuille. On m'a refait de cent francs.* ◆ ***se refaire*** v. pr. **1.** Reprendre des forces : *Elle est partie se reposer, car elle a grand besoin de se refaire* (syn. SE RÉTABLIR). — **2.** Changer de caractère, de manière d'être : *On ne peut se refaire* (syn. SE TRANSFORMER). — **3.** *Se refaire à qqch,* s'y réhabituer : *Après les vacances, il faut plusieurs jours pour se refaire à la vie de Paris.*

réfection [refɛksjɔ̃] n. f. (lat. *refectio,* de *reficere,* refaire). Action de remettre à neuf : *La réfection d'une route, d'une maison.*

réfectoire [refɛktwar] n. m. (du lat. *refectorius,* qui restaure). Salle où les membres d'une communauté, d'une collectivité (lycéens, soldats, moines, etc.) prennent leurs repas.

référé [refere] n. m. (de *référer*). Procédure d'urgence par laquelle le président du tribunal règle provisoirement un litige (dr.) : *Être condamné en référé.*

référence [referɑ̃s] n. f. (de *référer*). **1.** Indication du passage d'un texte (page, paragraphe, ligne, etc.) auquel on renvoie le lecteur : *Veuillez me fournir la référence de cette citation.* — **2.** *Ouvrage de référence,* qu'on consulte : *Les dictionnaires sont des ouvrages de référence.* — **3.** Indication placée en tête d'une lettre et que le correspondant est prié de rappeler. — **4.** (pl.) Attestations présentées par qqn qui cherche un emploi ou qui propose une affaire, et qui sont destinées à servir de recommandation : *Fournir de sérieuses références.*

référendum [referɛ̃/ɑ̃dɔm] n. m. (lat. *referendum,* ce qui doit être rapporté). **1.** Vote par lequel les électeurs d'un pays se prononcent sur une question d'ordre législatif ou constitutionnel. — **2.** Consultation des membres d'un groupe ou d'une collectivité : *Revue qui organise un référendum auprès de ses lecteurs.*

référer [refere] v. t. ind. (lat. *referre,* rapporter) [c. **10**]. *En référer à qqn,* lui soumettre qqch pour qu'il en décide : *Je prends bonne note de votre demande, j'en référerai à la direction.* ◆ ***se référer*** v. pr. *Se référer à qqn, à qqch,* s'en rapporter à eux comme à une autorité : *Se référer à un ami, à son avis, à un texte* (syn. CONSULTER, RECOURIR À).

refermer [rəfɛrme] v. t. Fermer de nouveau : *Referme la porte quand tu sortiras.*

reficeler [rəfisle] v. t. (c. **6**). Ficeler de nouveau.

refiler [rəfile] v. t. (orig. obscure). Fam. *Refiler qqch à qqn,* lui donner, vendre, remettre qqch dont on veut se débarrasser : *On m'a refilé un faux billet.*

réfléchi, e [refleʃi] adj. **1.** Dit ou fait avec réflexion : *Une action réfléchie* (syn. CALCULÉ, RAISONNÉ). ‖ *Tout (bien) réfléchi,* après avoir mûrement examiné : *Tout bien réfléchi, je ne suivrai pas votre conseil. Inutile d'insister, c'est tout réfléchi.* — **2.** Se dit de qqn qui agit avec réflexion : *Une personne réfléchie* (syn. PONDÉRÉ, POSÉ, ↓SÉRIEUX; contr. ÉTOURDI, ÉVAPORÉ, IMPULSIF). — **3.** *Pronom réfléchi,* pronom personnel qui désigne la même personne que le sujet. ‖ *Verbe pronominal réfléchi,* indique que l'action concerne le sujet de la proposition (ex. *Je me regarde dans la glace. Elle s'est cassé la jambe*).

réfléchir [refleʃir] v. t. (lat. *reflectere,* replier). **1.** (sujet une surface) Renvoyer dans une autre direction la lumière, le son : *Les miroirs réfléchissent les images des objets.* — **2.** *Réfléchir que* (+ ind.), songer après réflexion : *Ceux qui soutiennent cette théorie ne réfléchissent pas qu'elle contient une contradiction* (syn. ↓CONSIDÉRER). *En acceptant votre invitation, je n'ai pas réfléchi que je ne pourrai pas m'y rendre* (syn. PENSER, ↓ENVISAGER). ◆ v. t. ind. *Réfléchir (à, sur qqch),* y penser longuement pour l'approfondir : *Avant de vous décider, il faut réfléchir* (syn. SE CONCENTRER). *Ça donne à réfléchir, ça fait réfléchir* (= ça incite à la réflexion). *Laissez-moi le temps de réfléchir à cette question* (syn. CONSIDÉRER, ÉTUDIER, EXAMINER). *Avant de parler, réfléchissez à ce que vous allez dire* (syn. PESER). *Elle vous demande de réfléchir sur cette affaire* (syn. MÛRIR). *Réfléchir sur les conséquences de ses actes* (syn. APPROFONDIR). ◆ ***se réfléchir*** v. pr. Donner une image par réflexion : *Les arbres de la rive se réfléchissent dans l'eau tranquille* (syn. SE REFLÉTER).

réfléchissant, e [refleʃisɑ̃] adj. Qui réfléchit : *Une surface réfléchissante.*

réflecteur [reflɛktœr] n. m. Miroir ordinairement concave qui renvoie la lumière, la chaleur, le son, etc.

reflet [rəflɛ] n. m. (it. *riflesso,* retour en arrière). **1.** Rayon lumineux ou image d'un objet apparaissant sur une surface réfléchissante : *Les reflets du soleil sur la neige. Le reflet des arbres dans l'eau de l'étang.* — **2.** Teinte lumineuse changeante selon les éclairages : *Une étoffe verte à reflets dorés. Un vase à reflets métalliques.* — **3.** Image des tendances, des caractères, etc., d'un groupe, de qqn : *La littérature est le reflet d'une société.*

refléter [rəflete] v. t. (c. **10**). **1.** *Refléter qqch (concret),* en renvoyer la lumière, la couleur, l'image, de façon affaiblie : *Les cuivres de la salle à manger reflétaient la flamme du foyer.* — **2.** *Refléter qqch (sentiment),* le reproduire, l'indiquer : *Son visage reflète la bonté* (syn. EXPRIMER). ◆ ***se refléter*** v. pr. Se réfléchir : *Les arbres de la rive se reflètent dans le canal* (syn. SE MIRER). *La joie se reflétait sur son visage* (syn. TRANSPARAÎTRE).

refleurir [rəflœrir] v. t. Fleurir de nouveau.

réflexe [reflɛks] n. m. (du lat. *reflexus,* réfléchi). **1.** Mouvement indépendant de la volonté et causé par une action organique. — **2.** Réaction rapide en présence d'un événement soudain : *Les automobilistes doivent avoir de bons réflexes.*

réflexion [reflɛksjɔ̃] n. f. (bas lat. *reflexio,* action de tourner en arrière). **1.** *Réflexion de la lumière, du son,* changement de direction des ondes lumineuses, sonores qui tombent sur une surface réfléchissante. — **2.** Action de l'esprit qui examine et approfondit ses pensées : *Un moment de réflexion lui a suffi pour se décider* (syn. ↑CONCENTRATION, ↓ATTENTION). *Ce que vous me dites donne matière à réflexion, mérite réflexion. Agir sans réfléxion* (= inconsidérément, à la légère). *Toute réflexion faite, je ne partirai pas* (= tout bien examiné). — **3.** Jugement qui résulte de cette activité mentale : *Elle m'a communiqué ses réflexions sur mon travail* (syn. OBSERVATION, REMARQUE). *Cet ouvrage est plein de réflexions justes* (syn. CONSIDÉRATION, PENSÉE).

refluer [rəflye] v. i. (lat. *refluere,* couler en arrière). **1.** (sujet un liquide) Couler en sens contraire au cours normal : *Les eaux de la rivière, arrêtées par des digues, ont reflué dans la campagne.* — **2.** (sujet une foule, des gens) Être repoussé d'un lieu vers un autre : *Les manifestants, se heurtant à un barrage de police, ont reflué vers les rues adjacentes.*

reflux [rəfly] n. m. **1.** Mouvement de la mer qui s'éloigne du rivage (syn. MARÉE DESCENDANTE; contr. FLUX). *En Méditerranée, le flux et le reflux sont à peine sensibles.* — **2.** Mouvement en arrière, recul : *Le parti a subi un reflux sensible aux dernières élections.*

refondre [rəfɔ̃dr] v. t. (c. **51**) *Refondre un ouvrage,* le refaire : *Refondre un dictionnaire. Édition refondue d'un annuaire.*

refonte [rəfɔ̃t] n. f. Action de refondre.

réformateur, trice [refɔrmatœr] n. et adj. Personne qui fait ou propose des réformes.

réforme [refɔrm] n. f. **1.** Changement important opéré dans une institution en vue d'une amélioration : *Proposer des réformes sociales, politiques. La réforme de l'enseignement, de l'orthographe.* — **2.** Retour à une observation plus stricte de la discipline dans un ordre religieux : *Une réforme monastique.* — **3.** Mise hors de service d'un militaire ou du matériel reconnu inapte ou impropre à servir dans l'armée : *Réforme définitive, temporaire. Passer devant le conseil de réforme.* — **4.** *La Réforme,* mouvement religieux qui, au XVIe s., a détaché une grande partie de l'Europe de l'Église romaine et a donné naissance aux Églises protestantes.

réformé, e [refɔrme] adj. et n. **1.** Qui a été mis à la réforme, sur le plan militaire : *Du matériel réformé. Les réformés définitifs.* — **2.** Syn. de PROTESTANT : *Les réformés du XVIe s.*

reformer [rəfɔrme] v. t. **1.** Former de nouveau : *Reformer un gouvernement.* — **2.** Refaire ce qui était défait : *Reformer les rangs.* (→ DÉFORMER.)

réformer [refɔrme] v. t. (lat. *reformare*). **1.** *Réformer qqch,* le changer en mieux : *Réformer les mœurs, certaines méthodes de travail* (syn. AMÉLIORER, CORRIGER). — **2.** *Réformer un ordre religieux,* le rétablir dans sa forme primitive. — **3.** Prononcer la réforme d'un militaire, du matériel de l'armée.

réformette [refɔrmɛt] n. f. *Fam.* et *péjor.* Réforme de détail, jugée insuffisante.

réformisme [refɔrmism] n. m. Doctrine ou attitude politique de ceux qui préconisent des réformes pour faire évoluer les institutions existantes vers plus de justice sociale (par oppos. à l'action révolutionnaire).

réformiste [refɔrmist] adj. et n. Qui relève du réformisme : *Un socialisme réformiste.*

refoulé, e [rəfule] adj. et n. Qui souffre d'un refoulement de tendances : *Un vieux garçon refoulé.*

refoulement [rəfulmɑ̃] n. m. **1.** Action de refouler : *Le refoulement des ennemis.* — **2.** Fait d'écarter plus ou moins consciemment des tendances jugées condamnables qui subsistent dans l'esprit à l'état latent (contr. DÉFOULEMENT).

refouler [rəfule] v. t. (de *fouler,* comprimer). **1.** *Refouler qqn,* le faire reculer, l'empêcher de passer : *Refouler un envahisseur, des immigrants à la frontière* (syn. REPOUSSER, FAIRE REFLUER). — **2.** *Refouler qqch,* l'empêcher de se manifester, de s'extérioriser : *Refouler ses larmes, sa colère* (syn. CONTENIR, ÉTOUFFER, RÉPRIMER ; contr. DÉFOULER).

réfractaire [refraktɛr] adj. (lat. *refractarius,* querelleur, de *refringere,* briser). **1.** *Réfractaire (à qqch),* qui refuse de s'y soumettre, d'y obéir : *Être réfractaire à toute discipline* (syn. REBELLE). *Un conscrit réfractaire* (syn. INSOUMIS). — **2.** *Prêtre réfractaire,* qui, sous la Révolution, avait refusé de prêter serment à la Constitution civile du clergé. — **3.** Qui résiste à de très hautes températures : *De l'argile réfractaire.*

réfraction [refraksjɔ̃] n. f. (bas lat. *refractio,* renvoi). Déviation que subit un rayon lumineux en passant d'un milieu dans un autre : *Un bâton, plongé en partie dans l'eau, paraît brisé à cause de la réfraction.*

refrain [rəfrɛ̃] n. m. (de l'anc. fr. *refraindre,* moduler). **1.** Répétition d'un ou plusieurs mots, d'un ou plusieurs vers à la fin de chaque couplet d'une chanson, d'un poème lyrique. — **2.** Ce que qqn répète sans cesse : *Tu ne parles que d'argent : c'est toujours le même refrain* (syn. RENGAINE).

refrènement [rəfrɛnmɑ̃] ou **réfrènement** [re-] n. m. Action de réfréner : *Le réfrènement des instincts.*

refréner [rəfrene] ou **réfréner** [re-] v. t. (lat. *refrenare,* retenir par un frein) [c. **10**]. *Réfréner un sentiment,* y mettre un frein, l'empêcher de se manifester avec force : *Réfréner une impatience, une envie, un enthousiasme, ses désirs, ses appétits* (syn. CONTENIR, RETENIR, RÉPRIMER).

réfrigérant, e [refriʒerɑ̃] adj. **1.** Qui produit du froid : *La glace pilée et mêlée au sel marin donne un mélange réfrigérant.* — **2.** *Fam.* Qui n'est pas affable, qui glace : *Accueil réfrigérant. Une personne réfrigérante* (syn. GLACIAL, ↓FROID).

réfrigérateur [refriʒeratœr] n. m. Appareil muni d'une source de froid artificielle et destiné à conserver des denrées périssables.

réfrigération [refriʒerasjɔ̃] n. f. Action de réfrigérer : *La réfrigération des denrées alimentaires.*

réfrigéré, e [refriʒere] adj. **1.** Doté d'un dispositif de réfrigération : *Un wagon réfrigéré.* — **2.** *Fam.* Qui a très froid : *Être complètement réfrigéré.*

réfrigérer [refriʒere] v. t. (lat. *refrigerare,* refroidir) [c. **10**]. **1.** *Réfrigérer qqch,* abaisser la température d'un corps par des moyens artificiels : *Réfrigérer de la viande, du poisson, des fruits* (syn. CONGELER, FRIGORIFIER). — **2.** *Réfrigérer qqn,* le freiner, l'arrêter dans son élan par un comportement froid qui met mal à l'aise : *Cet examinateur m'a réfrigéré.*

refroidir [rəfrwadir] v. t. **1.** *Refroidir qqch,* le rendre froid ou plus froid : *Refroidir légèrement une infusion* (syn. RAFRAÎCHIR, TIÉDIR). — **2.** *Refroidir qqch,* en diminuer la vivacité, l'intensité : *Ce qu'il a dit a refroidi mon amitié pour lui.* — **3.** *Refroidir qqn,* diminuer son zèle, le décourager : *Elle voulait acheter cette maison, mais le coût des réparations à faire l'a refroidie* (contr. ENTHOUSIASMER). ◆ v. i. Devenir froid ou plus froid : *Faire refroidir de l'eau bouillante. Laisser refroidir un moteur.* ◆ ***se refroidir*** v. pr. **1.** (sujet qqch) Devenir plus froid : *Le temps se refroidit.* — **2.** (sujet qqn) Prendre froid : *Elle s'est refroidie à attendre l'autobus.* — **3.** (sujet qqch) Devenir moins vif : *Son ardeur au travail s'est refroidie.*

refroidissement [rəfrwadismɑ̃] n. m. **1.** Abaissement de la température : *Le refroidissement du temps pourrait nous amener de la neige.* — **2.** Indisposition causée par un froid subit : *Prendre un refroidissement en sortant d'un bain.* — **3.** Diminution d'attachement, d'affection : *Il y a du refroidissement entre eux.*

refuge [rəfyʒ] n. m. (lat. *refugium*). **1.** Lieu où on se retire pour échapper à un danger, pour se mettre à l'abri : *Chercher refuge auprès d'un ami. Sa maison est le refuge des malheureux.* — **2.** *Litt.* Personne à laquelle on a recours, dont on attend un secours : *Dans ma détresse, elle est mon seul refuge* (syn. SOUTIEN). — **3.** Abri de haute montagne : *Passer la nuit dans un refuge avant une excursion.* — **4.** Emplacement aménagé au milieu d'une voie très large et très passante, pour permettre aux piétons la traversée de cette voie en deux temps.

réfugié, e [refyʒje] n. et adj. Personne qui a quitté son pays pour fuir une invasion, pour des raisons politiques ou raciales.

réfugier (se) [refyʒje] v. pr. *Se réfugier qqpart,* se retirer en un lieu pour se mettre en sûreté, pour être à l'abri : *Se réfugier à l'étranger pour échapper à des persécutions* (syn. ÉMIGRER, S'EXPATRIER). *Elle a été surprise par une averse et elle s'est réfugiée sous un arbre* (syn. S'ABRITER).

refus [rəfy] n. m. **1.** Action de refuser : *Un refus catégorique, humiliant. Opposer, essuyer, s'attirer un refus* (contr. ACCEPTATION, APPROBATION, ACQUIESCEMENT). — **2.** Fam. *Ce n'est pas de refus,* j'accepte volontiers.

refuser [rəfyze] v. t. (du lat. *recusare,* refuser, et *refutare,* réfuter). **1.** *Refuser qqch (à qqn),* ne pas accepter ce qui est offert ou présenté : *Refuser un cadeau, un pourboire* (syn. ↓REPOUSSER). *Refuser une invitation* (syn. DÉCLINER). *On lui a offert un bon prix de sa maison, mais elle a refusé;* ne pas accorder ce qui est demandé ou désiré : *Refuser une grâce, une permission. Refuser son consentement. Refuser le combat;* ne pas accorder sans qu'il y ait eu demande : *La nature lui a refusé le don de l'éloquence;* ne pas reconnaître : *On lui refuse toute compétence en la matière* (syn. DÉNIER, CONTESTER). — **2.** *Refuser qqn qqpart,* ne pas le laisser entrer : *On a refusé du monde à l'entrée du stade.* ‖ *Refuser qqn à qqch,* ne pas recevoir un candidat à un examen : *Il a été refusé à son baccalauréat* (syn. AJOURNER ; fam. RECALER, COLLER). — **3.** *Refuser de*

(+ *inf.*), ne pas consentir à : *Il refuse d'admettre qu'il a tort;* ne pas vouloir faire ce qui est ordonné : *Refuser de travailler, de payer.* ◆ ***se refuser*** v. pr. **1.** *Se refuser qqch,* s'en priver : *Elle s'est refusé tout délassement pendant cette période critique. Une croisière d'un mois? Tu ne te refuses rien!* — **2.** *Se refuser à* (+ *inf.* ou *n.*), ne pas consentir à faire qqch, à l'admettre : *Elle se refuse à signer;* ne pas s'y livrer, y résister : *Se refuser à l'évidence.* — **3.** (sujet qqch) Ne pas être accepté, accordé : *Une telle offre ne se refuse pas.*

réfutable [refytabl] adj. Qui peut être réfuté : *Raisonnement facilement réfutable.*

réfutation [refytasjɔ̃] n. f. Action de réfuter : *Réfutation d'un argument, d'une calomnie.*

réfuter [refyte] v. t. (lat. *refutare*). *Réfuter qqch,* démontrer la fausseté de ce qu'un autre a affirmé : *Réfuter une théorie, une objection par des preuves convaincantes* (contr. APPROUVER, SOUTENIR).

regagner [rəgaɲe] v. t. **1.** *Regagner de l'argent,* le retrouver après l'avoir perdu : *Elle a regagné la somme importante qu'elle avait perdue dans une mauvaise affaire* (syn. RÉCUPÉRER, RECOUVRER). — **2.** *Regagner le temps perdu,* le rattraper. — **3.** *Regagner un lieu,* y revenir : *Regagner sa maison, son pays.* — **4.** *Regagner du terrain,* reprendre l'avantage : *L'opposition regagne du terrain.* — **5.** Retrouver ce qu'on avait perdu : *Il a regagné notre estime* (= il l'a obtenue de nouveau).

regain [rəgɛ̃] n. m. (de l'anc. fr. *gaïn,* fourrage). — **I.** Herbe qui repousse dans les prés après une première coupe.

— **II.** Retour de qqch d'avantageux qui paraissait perdu, fini : *Retrouver un regain de jeunesse, de santé. Chacun attendait un regain d'activité dans les affaires* (syn. RENOUVEAU, ↑RECRUDESCENCE).

régal [regal] n. m. (de l'anc. fr. *gale,* réjouissance) [pl. *régals*]. **1.** Mets préféré de qqn : *Son grand régal est la langouste à la mayonnaise.* — **2.** Vif plaisir qu'on trouve à qqch : *Cette symphonie est pour elle un vrai régal.*

régalade [regalad] n. f. *Boire à la régalade,* en se versant le liquide dans la bouche sans que le récipient touche les lèvres.

régaler [regale] v. t. Fam. *Régaler (qqn),* lui offrir un bon repas : *Régaler ses amis. C'est lui qui régale aujourd'hui.* ◆ ***se régaler*** v. pr. **1.** *Se régaler (d'un plat),* faire un bon repas, manger un mets qu'on aime : *Se régaler avec du gigot.* — **2.** *Se régaler (de qqch, à + inf.),* s'offrir un grand plaisir : *Se régaler de théâtre* (syn. SE DÉLECTER, SAVOURER). *Se régaler à entendre de la belle musique.*

regard [rəgar] n. m. **1.** Action de regarder : *Jeter, lancer un regard sur quelqu'un* (syn. COUP D'ŒIL). *Parcourir du regard. Montrer, désigner, menacer du regard. Soustraire au regard* (syn. VUE). *Sa beauté attire tous les regards.* — **2.** Manière de regarder, expression des yeux : *Un regard doux, tendre, caressant. Un regard fixe, sombre, terrible, vif, pénétrant, perçant.* — **3.** *Au regard de,* par rapport à, aux termes de : *Être en règle au regard de la loi.* ‖ *Droit de regard,* possibilité d'exercer un contrôle : *Avoir (un) droit de regard sur une affaire.* ‖ *En regard,* en face, vis-à-vis : *Un texte latin avec une traduction en regard.* — **4.** Ouverture permettant d'observer, de nettoyer un conduit (techn.).

regardant, e [rəgardɑ̃] adj. *Fam.* Qui a peur de trop dépenser : *Un patron très regardant* (syn. PARCIMONIEUX; fam. RADIN).

regarder [rəgarde] v. t. (de l'anc. fr. *garder,* veiller sur). **1.** (sujet être animé) *Regarder qqn, qqch,* porter la vue, diriger les yeux sur eux : *Regarder quelqu'un attentivement, fixement* (syn. DÉVISAGER, FIXER). *Regarder les gens qui passent* (syn. OBSERVER). *Regarder un livre de près, avec attention* (syn. EXAMINER). *Elle regardait le paysage avec admiration* (syn. CONTEMPLER). *Regarder rapidement un texte* (syn. JETER UN COUP D'ŒIL, PARCOURIR). *Regardez à la pendule quelle heure il est. Regarder de côté, du coin de l'œil* (syn. GUIGNER, LORGNER). *Regarder de près, de loin, en avant.* — **2.** *Regarder qqch,* le prendre en considération (soutenu) : *En toutes choses, il ne regarde que son intérêt* (syn. RECHERCHER, ENVISAGER). — **3.** (sujet qqch) Être placé face à qqch ou tourné dans une direction : *Cette maison regarde le midi* ou, sans compl. direct, *vers le midi.* — **4.** *Regarder qqn,* l'intéresser, le concerner : *Cela ne vous regarde pas.* — **5.** *Regarder qqn, qqch comme* (+ *attribut*), considérer comme, tenir pour : *On le regarde comme un sage. Elle regarde cette entreprise comme une bonne affaire* (syn. ESTIMER, JUGER). ‖ Fam. *Vous ne m'avez pas regardé,* se dit à qqn par manière de menace, de défi ou de refus. ◆ v. t. ind. **1.** *Regarder à qqch,* y appliquer toute son attention, en tenir grand compte : *Regardez bien à ce que vous allez dire. Quand elle achète quelque chose, elle regarde avant tout à la qualité de la marchandise.* — **2.** *Regarder à la dépense,* être très économe. ‖ *Y regarder de près,* examiner qqch dans ses moindres détails, se montrer très exigeant. ‖ *Y regarder à deux fois,* réfléchir à ce qu'on va faire. ◆ ***se regarder*** v. pr. **1.** (sujet qqn) Examiner ses propres traits : *Se regarder dans un miroir.* — **2.** Fam. *Il ne s'est pas regardé,* se dit de qqn qui juge les autres plus sévèrement que lui-même. — **3.** (sujet qqch) Être placé l'un en face de l'autre : *Deux maisons qui se regardent.*

regarnir [rəgarnir] v. t. Garnir de nouveau.

régate [regat] n. f. (vénitien *regata,* défi). Course de bateaux à voile.

régence [reʒɑ̃s] n. f. (du lat. *regere,* gouverner). Fonction de régent; durée pendant laquelle elle est exercée.

régénérateur, trice [reʒeneratœr] adj. Qui régénère.

régénération [reʒenerasjɔ̃] n. f. **1.** Reconstitution d'un organe détruit ou endommagé : *La régénération de la queue chez les lézards.* — **2.** Renouvellement moral : *La régénération d'une société* (contr. DÉCADENCE).

régénérer [reʒenere] v. t. (lat. *regenerare,* faire renaître) [c. **10**]. **1.** *Régénérer un tissu, un organe,* le reconstituer, le rétablir. — **2.** *Régénérer qqch,* le renouveler par une transformation radicale (soutenu) : *Régénérer la société, les mœurs* (syn. RÉFORMER). ◆ ***se régénérer*** v. pr. Se reconstituer : *Certains tissus organiques se régénèrent rapidement.*

régent, e [reʒɑ̃] n. (lat. *regens,* de *regere,* diriger). Chef du gouvernement pendant la minorité ou l'absence d'un souverain.

régenter [reʒɑ̃te] v. t. (de *régent*). Diriger de façon autoritaire et arbitraire : *Tu as la manie de vouloir régenter tout le monde.*

régicide [reʒisid] n. (lat. *rex,* roi, et *caedere,* tuer). Assassin d'un roi. ◆ n. m. Meurtre d'un roi : *Commettre un régicide.*

régie [reʒi] n. f. (de *régir*). **1.** Administration chargée de la perception de certaines taxes : *La régie des tabacs.* — **2.** Entreprise industrielle et commerciale de caractère public : *Régie autonome des transports parisiens (R. A. T. P.).* — **3.** Local dans lequel sont groupés les commandes et les contrôles permettant de réaliser une émission de radio ou de télévision.

regimber [rəʒɛ̃be] v. i. (anc. fr. *regiber,* ruer) [sujet qqn]. Se montrer récalcitrant, résister : *Tu regimbes* *toujours quand on te demande de te presser* (syn. SE REBIFFER, PROTESTER).

régime [reʒim] n. m. (lat. *regimen,* action de diriger). — **I. 1.** Forme de gouvernement d'un État : *Régime monarchique, républicain, démocratique* (syn. CONSTITUTION). — **2.** Ensemble des dispositions légales concernant l'administration de certains établissements : *Le régime des prisons, des hôpitaux.* — **3.** *Régime matrimonial,* statut réglant les intérêts pécuniaires des époux. — **4.** Ensemble de prescriptions concernant l'alimentation : *Le médecin lui fait suivre un régime sévère. Être au régime. Régime sec* (= suppression des boissons alcoolisées).
— **II. 1.** Vitesse de rotation d'un moteur : *Régime normal, accéléré, maximal.* ‖ *À plein régime,* le plus vite, le plus intensément possible. — **2.** Caractère de l'écoulement des eaux d'un cours d'eau pendant une année.
— **III.** Assemblage de fruits formant une sorte de grappe à l'extrémité d'un rameau : *Un régime de bananes, de dattes.*
— **IV.** Nom ou pronom qui dépend grammaticalement d'un autre mot (ling.) [syn. COMPLÉMENT].

régiment [reʒimɑ̃] n. m. (lat. *regimentum,* direction). **1.** Unité militaire composée de plusieurs bataillons, escadrons ou groupes, et commandée par un colonel : *Régiment d'infanterie, d'artillerie.* — **2.** Fam. *Un régiment de* (+ *n. pl.*), un grand nombre, une multitude : *Tout un régiment de cousins.*

régimentaire [reʒimɑ̃tɛr] adj. Propre au régiment : *Insigne régimentaire.*

région [reʒjɔ̃] n. f. (lat. *regio*). **1.** Étendue de pays caractérisée soit par une unité administrative ou économique, soit par la similitude du relief, du climat, de la végétation : *Région industrielle, agricole. Les régions polaires, tempérées.* — **2.** Étendue de pays quelconque : *La région parisienne.* — **3.** Partie du corps plus ou moins arbitrairement délimitée : *Région cervicale, pectorale.*

régional, e, aux [reʒjɔnal] adj. Relatif à la région : *Un parler régional. Une coutume régionale.*

régionalisation [reʒjɔnalizasjɔ̃] n. f. Action de régionaliser.

régionaliser [reʒjɔnalize] v. t. Organiser par régions jouissant d'une certaine autonomie.

régionalisme [reʒjɔnalism] n. m. **1.** Doctrine politique et sociale tendant à accorder une certaine autonomie aux régions, aux provinces. — **2.** Mot, locution propre à une région.

régionaliste [reʒjɔnalist] adj. **1.** Qui concerne une région : *Politique régionaliste.* — **2.** *Écrivain régionaliste,* qui se consacre à la description d'une région et des mœurs locales.

régir [reʒir] v. t. (lat. *regere,* diriger). **1.** *Régir qqch,* en déterminer le mouvement, l'action : *Connaître les lois qui régissent la chute des corps.* — **2.** En grammaire, déterminer la fonction d'un mot, l'emploi d'un mode, etc. : *La conjonction «quoique» régit le subjonctif.*

régisseur [reʒisœr] n. m. (de *régir*). **1.** Personne chargée d'administrer, de gérer : *Le régisseur d'un domaine.* — **2.** Au théâtre, au cinéma, à la télévision, personne chargée d'assister le metteur en scène en faisant exécuter ses ordres (recrutement de figurants, fourniture des accessoires, choix des extérieurs, etc.).

registre [rəʒistr] n. m. (anc. fr. *regeste,* récit). **1.** Tout livre public ou particulier où on inscrit des faits, des noms, et spécialement des renseignements administratifs, juridiques : *Registre de l'état civil, des contributions. Registre de comptabilité d'un commerçant.* — **2.** Étendue de l'échelle musicale d'une voix, d'un instrument : *Registre grave, aigu.* — **3.** Genre, niveau de langue propre à une œuvre littéraire, à un style : *Ce livre est écrit dans un registre plaisant.* (→ ENREGISTRER.)

réglable [reglabl] adj. Qui peut être réglé : *Un appareil à vitesse réglable.*

réglage [reglaʒ] n. m. Action de régler : *Le réglage d'une horloge, d'une machine, d'un carburateur.*

règle [rɛgl] n. f. (lat. *regula*).
— **I. 1.** Instrument allongé, à arêtes vives, avec ou sans graduation, qui sert à tracer des lignes droites ou à effectuer des mesures : *Une règle de menuisier, de dessinateur.* — **2.** *Règle à calcul,* règle graduée comportant un curseur et permettant de faire des calculs rapides.
— **II. 1.** Principe moral qui doit diriger la conduite : *S'assujettir, se plier à une règle* (syn. DISCIPLINE). *N'avoir d'autre règle que son caprice. Les règles de l'honneur, de la morale chrétienne* (syn. PRÉCEPTE). — **2.** Ensemble des préceptes disciplinaires qui commandent la vie d'un ordre religieux : *Observer, violer la règle* (syn. STATUTS). — **3.** Prescription qui émane d'un usage, d'une autorité : *Les règles de la bienséance. Procéder selon les règles. Il est de règle qu'on s'excuse quand on arrive en retard* (= il est conforme aux usages, aux convenances). — **4.** Principe, formule selon lesquels sont enseignés un art, une science : *Les règles de la grammaire, de l'architecture, de la composition musicale.* — **5.** Ensemble des conventions propres à un jeu, à un sport : *Les règles du bridge, du tennis.* — **6.** Ce qui se produit dans telle ou telle circonstance : *Phénomène qui n'échappe pas à la règle.* — **7.** *En règle, dans les règles, selon les règles,* conforme aux prescriptions légales : *Avoir ses papiers, sa comptabilité en règle. Avertissement, réclamation en règle. Demande faite dans les règles.* ‖ *En règle générale,* d'une façon habituelle, dans la plupart des cas. ‖ *Être, se mettre en règle,* être, se mettre dans la situation exigée par la loi, les convenances : *Se mettre en règle avec la Sécurité sociale. Je suis en règle avec elle, je lui ai rendu sa visite.* ◆ ***règles*** n. f. pl. Écoulement sanguin qui se produit chaque mois chez la femme, depuis la puberté jusqu'à la ménopause (syn. vieilli MENSTRUES).

réglé, e [regle] adj. **1.** *Papier réglé,* sur lequel sont tracées des lignes parallèles (syn. RAYÉ). — **2.** Soumis à des règles, des principes, des habitudes régulières : *La vie bien réglée de la campagne.* — **3.** Fam. *Réglé comme du papier à musique,* se dit de qqn qui a des habitudes très précises ou de qqch qui est prévu dans les moindres détails. — **4.** Qui a été mis au point, soumis à un réglage : *Moteur bien réglé.* — **5.** Qui a obtenu une solution définitive : *C'est une affaire réglée.* — **6.** *Femme bien réglée,* qui a ses règles avec régularité.

règlement [rɛgləmɑ̃] n. m. **1.** Action de régler, de fixer, d'arrêter : *Règlement d'une affaire* (syn. ARRANGEMENT, CONCLUSION), *d'un conflit* (syn. ACCORD), *d'un compte, d'une dette* (syn. ACQUITTEMENT, PAIEMENT). ‖ *Règlement de compte(s),* action de régler un différend par la violence. — **2.** Décision qui émane d'une autorité administrative : *Règlement de police municipale* (syn. ARRÊT, ORDONNANCE). *Règlement d'administration publique.* — **3.** Ensemble des mesures prescrites auxquelles sont soumis les membres d'une société, d'un groupe : *Les règlements d'une association* (syn. STATUTS). *Être puni pour ne pas avoir observé le règlement.*

réglementaire [rɛgləmɑ̃tɛr] adj. Conforme à un règlement : *La tenue réglementaire d'un soldat.*

réglementairement [rɛgləmɑ̃tɛrmɑ̃] adv. De manière réglementaire : *Une décision prise réglementairement.*

réglementation [rɛgləmɑ̃tasjɔ̃] n. f. Action de réglementer; ensemble des mesures légales régissant une question : *Réglementation des prix* (syn. FIXATION, TAXATION). *La réglementation de la circulation à Paris.*

réglementer [rɛgləmɑ̃te] v. t. Soumettre à un règlement : *Réglementer la circulation, le droit de grève. Un commerce réglementé* (contr. LIBRE).

régler [regle] v. t. (de *règle*) [c. **10**]. **1.** *Régler du papier,* y tracer des lignes droites et parallèles. — **2.** *Régler qqch,* le fixer, le déterminer dans ses détails et dans son développement : *Régler l'ordre d'une cérémonie* (syn. ÉTABLIR). *Régler l'emploi de ses journées, la date et le lieu d'une entrevue* (syn. ARRÊTER). — **3.** *Régler sa vie sur qqn, se régler sur qqn,* le prendre pour modèle. — **4.** *Régler un mécanisme, une machine,* etc., en mettre au point le fonctionnement : *Régler une montre, une pendule, le ralenti d'un moteur.* — **5.** *Régler qqch,* le terminer, le résoudre : *Régler une affaire, un procès, un conflit* (syn. CONCLURE, ↓ARRANGER). *Régler un différend* (syn. TRANCHER). — **6.** *Régler une dette, qqn,* les payer : *Régler une facture, sa note d'hôtel, sa pension* (syn. ACQUITTER). *Régler le boucher, la boulangère.* ‖ Fam. *Régler son compte à qqn,* le punir sévèrement et même le tuer pour exercer une vengeance.

régleur, euse [reglœr] n. Spécialiste chargé du réglage d'une machine.

réglisse [reglis] n. f. (gr. *glukurrhiza,* racine douce). Plante dont la racine est utilisée en pharmacie, en confiserie. ◆ n. m. Pâte, bâtonnet, pastille obtenus à partir du suc de cette plante.

régnant, e [reɲɑ̃] adj. Qui règne : *Le prince régnant. La famille régnante.*

règne [rɛɲ] n. m. (lat. *regnum,* autorité royale). **1.** Gouvernement d'un roi, d'une reine, d'un prince souverain; période pendant laquelle s'exerce ce pouvoir : *Le règne de Louis XIV, de Catherine II. Un long règne.* — **2.** Pouvoir absolu, domination, influence de qqn ou de qqch : *Le règne d'une favorite. Le règne de la finance. Travailler à établir le règne de la justice.* — **3.** Chacune des grandes divisions du monde vivant : *Le règne animal, végétal.*

régner [reɲe] v. i. (c. **10**). **1.** (sujet qqn) Exercer le pouvoir souverain dans un État : *Louis XIV régna de 1643 à 1715. Bonaparte régna sous le nom de Napoléon Ier* (syn. GOUVERNER). — **2.** (sujet qqch) Durer plus ou moins longtemps, exister : *Faire régner l'ordre et la paix. La confiance et la franchise règnent dans leurs entretiens. Le calme régnait sur son visage.*

regonfler [rəgɔ̃fle] v. t. Gonfler de nouveau.

regorger [rəgɔrʒe] v. i. (c. **2**) *Regorger de qqch,* en avoir en très grande abondance : *Regorger d'argent. Les magasins regorgent de marchandises.*

régresser [regrɛse] v. i. (lat. *regredi,* retourner en arrière) [sujet qqch]. Revenir à un état moins développé : *La tuberculose régresse d'année en année* (syn. RECULER; contr. PROGRESSER).

régressif, ive [regrɛsif] adj. Qui va en arrière : *Série régressive.*

régression [regrɛsjɔ̃] n. f. Fait de régresser : *L'alcoolisme n'est pas en régression* (syn. RECUL; contr. PROGRÈS, PROGRESSION).

regret [rəgrɛ] n. m. **1.** Peine causée par la perte de qqn, l'absence de qqch : *La mort de son amie lui a laissé un grand regret* (syn. CHAGRIN). *Le regret du pays natal* (syn. NOSTALGIE). *Les vains regrets du passé.* — **2.** Chagrin, mécontentement d'avoir fait ou de ne pas avoir fait qqch : *Le regret d'une faute commise. Le regret d'avoir offensé Dieu* (syn. REPENTIR), *de ne pas avoir aidé son prochain* (syn. REMORDS). *Être rongé de regrets.* — **3.** Contrariété causée par la non-réalisation d'un désir, d'un souhait : *Je suis au regret de ne pas vous avoir rencontré plus tôt. J'ai le regret de vous dire que l'affaire a échoué* (= je suis navré, fâché, désolé). *Nous aurions voulu la garder avec nous, mais, à notre grand regret, elle a préféré partir.* — **4.** *À regret,* malgré soi, avec peine : *Quand il donne quelque chose, c'est toujours à regret* (syn. À CONTRECŒUR).

regrettable [rəgrɛtabl] adj. Qui cause du regret : *Un incident, une erreur regrettable* (syn. FÂCHEUX, ENNUYEUX).

regretter [rəgrɛte] v. t. (anc. scand. *grâta,* pleurer). **1.** *Regretter qqn,* avoir du chagrin, s'affliger au souvenir de qqn qu'on a perdu, dont on est séparé : *Cette femme était très généreuse, on la regrettera longtemps. L'attitude de ce chef de service fait regretter son prédécesseur.* — **2.** *Regretter qqch,* éprouver de la peine de ne plus l'avoir : *Regretter sa jeunesse, le temps perdu, l'argent mal dépensé* (syn. ↑PLEURER). — **3.** *Regretter qqch, regretter de* (+ *inf.*), *que* (+ *subj.*), éprouver du mécontentement, de la contrariété d'avoir fait ou de ne pas avoir fait qqch : *Elle regrette son imprudence. Je regrette qu'elle ne soit pas venue. Regretter une faute passée* (syn. SE REPENTIR). — **4.** *Regretter qqch, de* (+ *inf.*), *que* (+ *subj.*), être fâché de ce qui s'oppose à un désir, à la réalisation de qqch : *Je regrette cette décision à mon égard* (syn. DÉPLORER). *Je regrette de ne pas pouvoir vous rendre ce service* (syn. ÊTRE AU REGRET, ÊTRE DÉSOLÉ, NAVRÉ). — **5.** S'emploie pour opposer un démenti poli : *Vous êtes dans votre tort. — Non, je regrette, c'est vous qui l'êtes.*

regrossir [rəgrosir] v. i. Reprendre du poids.

regroupement [rəgrupmɑ̃] n. m. Action de regrouper.

regrouper [rəgrupe] v. t. Grouper, rassembler ce qui est séparé.

régularisation [regylarizasjɔ̃] n. f. Action de régulariser; fait d'être régularisé : *La régularisation d'un acte juridique, d'une situation.*

régulariser [regylarize] v. t. (du lat. *regula,* règle). **1.** *Régulariser qqch,* le rendre régulier, l'assujettir à un ordre, à un rythme déterminé : *Ces barrages régularisent le cours du fleuve.* — **2.** *Régulariser qqch,* le rendre conforme aux dispositions légales, aux règlements : *Faire régulariser un passeport.* — **3.** *Régulariser sa situation,* épouser qqn avec qui on vivait maritalement.

régularité [regylarite] n. f. **1.** Caractère de ce qui est régulier, réglé, de qqn qui est ponctuel : *Cette pendule marche avec une grande régularité. La régularité des traits du visage* (syn. HARMONIE). *Elle fait preuve de régularité dans son travail* (syn. ASSIDUITÉ, PONCTUALITÉ). — **2.** Caractère de ce qui est conforme aux règles : *La régularité d'une décision, d'une situation.*

1. régulateur, trice [regylatœr] adj. Qui règle, régularise : *Organe régulateur.*

2. régulateur [regylatœr] n. m. Appareil, mécanisme qui établit la régularité du mouvement, du fonctionnement d'une machine.

régulation [regylasjɔ̃] n. f. Action de régler : *Régulation des naissances.*

régulier, ère [regylje] adj. (lat. *regularis,* de *regula,* règle). **1.** Caractérisé par un mouvement, une allure qui ne varie pas : *Une vitesse régulière* (syn. UNIFORME). *Un pouls régulier. Un effort, un travail régulier* (syn. CONSTANT; contr. INTERMITTENT). — **2.** Qui a lieu à jour, à date fixe : *Un service de transport régulier. Des visites régulières.* — **3.** Qui a des proportions symétriques, harmonieuses : *La façade de cette maison n'est pas régulière. La ville a été reconstruite sur un plan régulier. Un visage régulier.* — **4.** Se dit de qqn qui est exact, ponctuel : *Une employée régulière dans son travail.* — **5.** Conforme aux dispositions légales, constitutionnelles : *Un gouvernement régulier* (contr. ILLÉGAL). *Être dans une situation régulière.* — **6.** Conforme aux règles de la morale : *Sa conduite a toujours été très régulière.* — **7.** Conforme aux règles de la grammaire : *Une phrase, une construction régulière* (syn. CORRECT). *Verbes réguliers* (= conformes aux règles générales des conjugaisons). — **8.** Qui respecte les conventions, les usages d'une société : *Être régulier en affaires* (syn. CORRECT, LOYAL). — **9.** *Armée, troupes régulières,* recrutées et organisées par les pouvoirs publics pour constituer la force armée d'un État. ‖ *Clergé régulier,* ensemble des ordres religieux soumis à une règle monastique.

régulièrement [regyljɛrmɑ̃] adv. **1.** Avec régularité : *Ce moteur tourne régulièrement* (syn. UNIFORMÉMENT). *Payer régulièrement son loyer* (syn. PONCTUELLEMENT). *Aller régulièrement en classe* (syn. ASSIDÛMENT). — **2.** Selon la règle, l'habitude : *Régulièrement, c'est celui qui perd qui paie* (syn. EN RÈGLE GÉNÉRALE, HABITUELLEMENT). *Régulièrement, elle devrait être reçue, car elle a bien travaillé* (syn. NORMALEMENT, EN PRINCIPE).

régurgitation [regyrʒitasjɔ̃] n. f. Action de régurgiter.

régurgiter [regyrʒite] v. t. (du lat. *gurges,* gouffre). Faire revenir dans la bouche ce qui a été avalé, sans effort de vomissement.

réhabilitation [reabilitasjɔ̃] n. f. Action de réhabiliter.

réhabiliter [reabilite] v. t. **1.** *Réhabiliter qqn,* rendre ses droits, ses prérogatives à celui qui en était déchu par suite d'une condamnation : *Réhabiliter la victime d'une erreur judiciaire.* — **2.** Faire recouvrer l'estime, la considération à qqn : *Cette action l'a réhabilitée dans l'opinion publique.* ◆ ***se réhabiliter*** v. pr. Recouvrer la considération : *Il s'est réhabilité aux yeux de tous* (syn. SE RACHETER).

réhabituer [reabitɥe] v. t. Faire reprendre une habitude : *Réhabituer peu à peu ses yeux à la lumière.* ◆ ***se réhabituer*** v. pr. Reprendre une habitude : *Se réhabituer au travail après un mois de vacances.*

rehaussement [rəosmɑ̃] n. m. Action de rehausser; fait d'être rehaussé.

rehausser [rəose] v. t. **1.** *Rehausser qqch (concret),* en augmenter la hauteur, le placer plus haut : *Rehausser un mur* (syn. SURÉLEVER). *Rehausser un plafond* (syn. REMONTER). — **2.** *Rehausser qqch (abstrait),* le faire paraître davantage, lui donner plus de valeur, de force, en soulignant, en mettant en évidence : *Les ombres dans un tableau rehaussent l'éclat des couleurs* (syn. FAIRE RESSORTIR). *La valeur des autres concurrents rehausse son mérite* (syn. RELEVER). — **3.** Embellir par des ornements : *Coffret rehaussé de pierreries.*

réhydratation [reidratasjɔ̃] n. f. Action de réhydrater.

réhydrater [reidrate] v. t. *Réhydrater un tissu organique,* lui restituer sa teneur en eau.

réimperméabiliser [reɛ̃pɛrmeabilize] v. t. Imperméabiliser de nouveau.

réimplantation [reɛ̃plɑ̃tasjɔ̃] n. f. Action de réimplanter.

réimplanter [reɛ̃plɑ̃te] v. t. Implanter de nouveau : *Réimplanter une population déplacée.*

réimporter [reɛ̃pɔrte] v. t. Importer de nouveau (contr. RÉEXPORTER).

réimpression [reɛ̃prɛsjɔ̃] n. f. Nouvelle impression; action de réimprimer : *Ce livre est en réimpression.*

réimprimer [reɛ̃prime] v. t. Imprimer de nouveau.

rein [rɛ̃] n. m. (lat. *ren*). Organe qui sécrète l'urine : *Les reins sont placés de chaque côté de la colonne vertébrale.* ◆ ***reins*** n. m. pl. **1.** Partie inférieure du dos : *Avoir les reins cambrés. Avoir de la force dans les reins* (= être râblé). *Avoir mal aux reins. Se donner un tour de reins* (= un lumbago). — **2.** Fam. *Avoir les reins solides,* être suffisamment riche et puissant pour faire face à une épreuve.

réincarnation [reɛ̃karnasjɔ̃] n. f. (surtout relig.) Incarnation dans un nouveau corps (d'une âme qui avait été unie à un autre corps) [syn. MÉTEMPSYCHOSE].

réincarner [reɛ̃karne] v. t. Faire revivre sous une autre forme : *Elle a réincarné à l'écran le rôle que tenait cette actrice disparue.*

réincorporation [reɛ̃kɔrpɔrasjɔ̃] n. f. Action de réincorporer.

réincorporer [reɛ̃kɔrpɔre] v. t. Incorporer de nouveau.

reine [rɛn] n. f. (lat. *regina*). **1.** Femme d'un roi : *La reine Marie-Antoinette.* — **2.** Souveraine d'un royaume : *La reine Élisabeth. La reine Victoria.* — **3.** Celle qui l'emporte en beauté, en esprit, en valeur sur les autres : *La reine du bal, de la fête.* — **4.** *Avoir un port de reine,* une attitude majestueuse. — **5.** Femelle féconde chez les insectes sociaux : *La reine des abeilles.*

reine-claude [rɛnklod] n. f. (du n. de la *reine Claude,* épouse de François Ier) [pl. *reines-claudes*]. Variété de prune, à peau vert-jaune.

reine-marguerite [rɛnmargərit] n. f. (pl. *reines-marguerites*). Plante à fleurs blanches, rouges, bleues, voisine de la marguerite.

reinette [rɛnɛt] n. f. (de *reine*). Nom donné à plusieurs variétés de pommes.

réinscription [reɛ̃skripsjɔ̃] n. f. Action de réinscrire.

réinscrire [reɛ̃skrir] v. t. (c. **71**) Inscrire de nouveau.

réinsérer [reɛ̃sere] v. t. (c. **10**) *Réinsérer qqn (dans un milieu),* l'y réintroduire : *Réinsérer des handicapés dans la vie professionnelle.*

réinsertion [reɛ̃sɛrsjɔ̃] n. f. Action de réinsérer : *Réinsertion sociale.*

réinstallation [reɛ̃stalasjɔ̃] n. f. Action de réinstaller.

réinstaller [reɛ̃stale] v. t. Installer de nouveau : *Réinstaller un fonctionnaire dans son poste.* ◆ ***se réinstaller*** v. pr. S'installer de nouveau : *Se réinstaller dans le quartier de sa jeunesse* (= venir y habiter de nouveau).

réintégration [reɛ̃tegrasjɔ̃] n. f. Action de réintégrer : *Elle a obtenu sa réintégration dans ce poste.*

réintégrer [reɛ̃tegre] v. t. (lat. *reintegrare,* rétablir) [c. **10**]. **1.** *Réintégrer qqn,* le rétablir dans son emploi : *Réintégrer un fonctionnaire à la suite d'une mise en congé.* — **2.** *Réintégrer un lieu,* y revenir après l'avoir quitté : *Réintégrer la maison paternelle.*

réinventer [reɛ̃vɑ̃te] v. t. Créer de nouveau ce qui a déjà été inventé ou existe déjà.

réinvestir [reɛ̃vɛstir] v. i. Investir de nouveau.

réinviter [reɛ̃vite] v. t. Inviter de nouveau.

réitératif, ive [reiteratif] adj. Qui réitère.

réitération [reiterasjɔ̃] n. f. Action de réitérer : *La réitération des mêmes actes* (syn. RÉPÉTITION).

réitérer [reitere] v. t. (bas lat. *reiterare,* recommencer) [c. **10**]. *Réitérer qqch,* faire de nouveau ce qu'on a déjà fait (soutenu) : *Elle a réitéré sa demande sans se décourager* (syn. RENOUVELER). *Je vous réitère ma question* (syn. RÉPÉTER). *Réitérer une démarche* (syn. RECOMMENCER). *Attaques réitérées* (= fréquentes, répétées).

rejaillir [rəʒajir] v. i. **1.** (sujet un liquide) Jaillir avec force, à la suite d'un choc, d'une pression : *Les roues des voitures faisaient rejaillir l'eau du caniveau sur les* *passants* (syn. ÉCLABOUSSER, GICLER). — **2.** (sujet qqch) *Rejaillir sur qqn,* l'atteindre en retour : *Le scandale a rejailli sur ses amis politiques* (syn. RETOMBER SUR).

rejaillissement [rəʒajismɑ̃] n. m. Fait de rejaillir.

rejet [rəʒɛ] n. m. **1.** Action de rejeter (sens 4 et 6) : *Le rejet d'une demande, d'un amendement.* — **2.** Réaction d'un organisme qui n'assimile pas un organe récemment greffé. — **3.** Renvoi au début du vers suivant d'un ou de plusieurs mots nécessaires au sens. (Ex. *Même il m'est arrivé quelquefois de manger / Le berger* [La Fontaine].) — **4.** Syn. de REJETON (nouvelle pousse).

rejeter [rəʒəte] v. t. (lat. *rejectare,* repousser) [c. **8**]. **1.** *Rejeter qqch,* le renvoyer, en le lançant, à sa place antérieure, au point de départ : *Rejeter dans l'eau un poisson trop petit.* — **2.** *Rejeter qqn,* le faire reculer : *Rejeter l'envahisseur hors des frontières* (syn. CHASSER, REPOUSSER). — **3.** Jeter hors de soi, loin de soi : *Malade qui rejette les aliments* (syn. RENDRE, VOMIR). *Une épave rejetée par la mer.* — **4.** *Rejeter qqch,* le mettre en un autre endroit : *Rejeter de la terre sur le bord d'un fossé. Rejeter des notes à la fin d'un volume* (syn. REPORTER). — **5.** *Rejeter qqn, qqch,* changer leur position : *Les cahots de la voiture les rejetaient l'un contre l'autre. Rejeter la tête, son chapeau en arrière.* — **6.** *Rejeter qqch, qqn,* ne pas vouloir les recevoir, ne pas les admettre : *Elle a rejeté les offres qu'on lui faisait* (syn. DÉCLINER). *L'Assemblée a rejeté le projet de loi* (syn. REPOUSSER). *Rejeter un recours en grâce. Rejeter une demande, une proposition* (contr. ACCEPTER, ACCORDER). *À sa sortie de prison, il fut rejeté par sa famille* (syn. CHASSER, TENIR ÉLOIGNÉ). — **7.** *Rejeter une faute sur qqn,* l'en rendre responsable. ◆ ***se rejeter*** v. pr. (sujet qqn) *Se rejeter sur qqch,* s'y reporter faute de mieux, y chercher une compensation : *Quand la viande manquait, on se rejetait sur le poisson* (syn. SE RABATTRE SUR).

rejeton [rəʒətɔ̃] n. m. (de *rejeter*). **1.** Nouvelle pousse qui vient sur une plante, un arbre, par le pied ou par la souche (on dit aussi REJET). — **2.** *Fam.* Enfant : *Accompagner ses rejetons à l'école.*

rejoindre [rəʒwɛ̃dr] v. t. (c. **55**). **1.** *Rejoindre des choses,* joindre de nouveau des parties séparées : *Rejoindre les lèvres d'une plaie* (syn. RÉUNIR). — **2.** *Rejoindre qqn,* aller retrouver qqn dont on est séparé : *Aller rejoindre sa famille à la campagne.* — **3.** *Rejoindre qqn,* atteindre qqn qui est en avant : *J'ai fait une chute et je n'ai pu rejoindre le peloton* (syn. RATTRAPER). — **4.** *Rejoindre une voie de communication,* y aboutir : *Après un petit détour, nous avons rejoint la route nationale* (syn. GAGNER, REGAGNER). *Le chemin vicinal rejoint la route départementale* (syn. TOMBER DANS). — **5.** *Rejoindre un lieu, un poste,* y retourner après l'avoir quitté : *L'ambassadeur a rejoint son poste. Militaire qui rejoint son régiment* (syn. RALLIER). ◆ ***se rejoindre*** v. pr. **1.** (sujet qqn [pl.]) *Se rejoindre qqpart,* s'y retrouver ensemble : *Nous nous rejoindrons à Paris.* — **2.** (sujet qqch [pl.]) Aboutir en un même point : *Deux routes qui se rejoignent* (contr. BIFURQUER). [→ CI-JOINT, DISJOINDRE.]

rejouer [rəʒwe] v. t. Jouer de nouveau : *Il fallait rejouer pique. Rejouer un match interrompu par un incident. On rejoue cette pièce à la Comédie-Française.*

réjoui, e [reʒwi] adj. Qui manifeste la joie, la gaieté : *Elle a une figure, une mine réjouie* (syn. ÉPANOUI, RADIEUX).

réjouir [reʒwir] v. t. (anc. fr. *esjouir*). *Réjouir qqn,* lui donner de la joie : *Cette nouvelle réjouit tout le monde* (syn. FAIRE PLAISIR ; contr. ATTRISTER, DÉSOLER, CHAGRINER). ◆ ***se réjouir*** v. pr. *Se réjouir de qqch, de* (+ *inf.*), *que* (+ *subj.*), en éprouver de la joie, une vive satisfaction : *Je me réjouis de votre succès. Elle se réjouit d'aller vous voir. Je me réjouis que vous soyez (de ce que vous êtes) en bonne santé* (syn. SE FÉLICITER).

réjouissance [reʒwisɑ̃s] n. f. **1.** Manifestation de joie collective : *Les maisons étaient illuminées en signe de réjouissance.* — **2.** (pl.) Fêtes destinées à célébrer un événement heureux.

réjouissant, e [reʒwisɑ̃] adj. Qui réjouit : *Une nouvelle pas très réjouissante.*

relâche [rəlɑʃ] n. f. **1.** Action de relâcher, de s'arrêter : *Le bateau fit relâche.* — **2.** Suspension momentanée des représentations d'un théâtre : *Beaucoup de salles de spectacle font relâche au mois d'août.* — **3.** *Sans relâche,* sans interruption : *Travailler sans relâche* (syn. CONSTAMMENT, CONTINUELLEMENT).

relâché, e [rəlɑʃe] adj. Qui n'est pas assez strict, assez rigoureux : *Conduite, morale relâchée.*

relâchement [rəlɑʃmɑ̃] n. m. **1.** État de ce qui est détendu : *Le relâchement des cordes d'un violon* (syn. DISTENSION). — **2.** Diminution d'activité, de sévérité, d'intensité : *On constate un certain relâchement dans son travail* (syn. NÉGLIGENCE). *Le relâchement de la discipline, des mœurs. Le relâchement des liens d'amitié.*

relâcher [rəlɑʃe] v. t. (lat. *relaxare*). **1.** *Relâcher qqch,* en diminuer la tension, l'intensité : *Relâcher un ressort* (syn. DÉTENDRE). *Ne relâchez pas vos efforts, votre attention.* — **2.** *Relâcher qqn,* le remettre en liberté : *Relâcher un prisonnier* (syn. LIBÉRER). ◆ v. i. (sujet un navire) S'arrêter en un endroit pour une cause quelconque. ◆ ***se relâcher*** v. pr. **1.** (sujet qqch [concret]) Devenir moins tendu : *Les cordes de cet instrument se sont relâchées.* — **2.** (sujet qqch [abstrait]) Devenir moins rigoureux, moins strict : *La discipline se relâche dans cet établissement.* — **3.** (sujet qqn) Se montrer moins actif, moins zélé : *Cette élève se relâche.*

relais [rəlɛ] n. m. **1.** *Prendre le relais de qqn,* le relayer. — **2.** *Course de relais,* ou *relais,* course dans laquelle les coureurs d'une même équipe se remplacent alternativement : *Le relais quatre fois cent mètres.* — **3.** Dispositif émetteur servant à relayer.

relance [rəlɑ̃s] n. f. Fait de donner une nouvelle activité, une nouvelle vigueur à qqch : *La relance de l'industrie métallurgique.*

relancer [rəlɑ̃se] v. t. (c. **1**). **1.** Lancer de nouveau ou en sens contraire : *Relancer une balle.* — **2.** *Relancer qqch (abstrait),* lui donner une impulsion pour qu'il ait un nouvel essor : *Relancer l'agriculture d'un pays.* — **3.** Fam. *Relancer qqn,* aller le trouver, l'importuner pour obtenir qqch de lui : *Il est venu la relancer pour qu'elle lui rembourse l'argent qu'elle lui doit* (syn. POURSUIVRE, ↑ HARCELER).

relater [rəlate] v. t. (du lat. *referre,* rapporter). *Relater qqch,* le raconter de façon précise, en détail : *Cet événement est relaté par plusieurs historiens* (syn. RAPPORTER).

relatif, ive [rəlatif] adj. (lat. *relatum,* de *referre,* rapporter). **1.** *Relatif à qqn, qqch,* qui se rattache à qqn, qqch, qui le concerne : *Des recherches relatives à une question.* — **2.** (sans compl.) Qui n'est tel que par rapport à autre chose ou qui dépend d'un état du sujet : *Toute connaissance humaine est relative* (contr. ABSOLU). *Les goûts, les plaisirs sont relatifs* (syn. SUBJECTIF ; contr. OBJECTIF). — **3.** (sans compl.) Qui est loin d'être satisfaisant, mais dont on peut se contenter : *Elle vit dans une aisance relative* (syn. LIMITÉ). *Un silence, un calme relatif* (syn. APPROXIMATIF). — **4.** *Adjectif relatif,* adjectif de même forme que le pronom relatif composé et qui se joint à un nom pour indiquer qu'on rattache une subordonnée à ce même nom exprimé comme antécédent (ex. *On a introduit un témoin,* LEQUEL *témoin a fait une déposition*). ‖ *Pronom relatif* (ou *relatif* n. m.), qui joint à un nom ou à un pronom qu'il représente (antécédent) une subordonnée qui l'explique ou le détermine. || *Proposition relative* (ou *relative* n. f.), introduite par un pronom relatif.

relation [rəlasjɔ̃] n. f. (lat. *relatio*). **1.** Rapport qui existe entre une chose et une autre, entre deux grandeurs, deux phénomènes : *Une relation de cause à effet.* — **2.** Communication avec d'autres personnes : *Entrer, se mettre en relation(s) avec quelqu'un* (syn. RAPPORT). *Entretenir avec quelqu'un des relations épistolaires* (syn. CORRESPONDANCE), *des relations amoureuses* (syn. LIAISON). *Avoir des relations avec des milieux politiques* (syn. ACCOINTANCE). — **3.** Personne qu'on connaît, qu'on fréquente : *Rencontrer une ancienne relation. Obtenir un emploi par relations. Avoir des relations* (= connaître, fréquenter des personnes influentes). — **4.** Action de relater, de raconter : *Une relation fidèle* (syn. RÉCIT). *Elle a donné une relation de ses voyages en Amérique.* ◆ ***relations*** n. f. pl. *Relations diplomatiques, internationales,* rapports officiels des États entre eux. || *Relations publiques,* activité professionnelle destinée à informer le public sur les réalisations d'une entreprise.

relationnel, elle [rəlasjɔnɛl] adj. Relatif aux relations avec autrui.

relativement [rəlativmɑ̃] adv. **1.** Par rapport aux circonstances : *Un problème relativement facile. Elle est relativement sérieuse* (= jusqu'à un certain point; syn. PASSABLEMENT). — **2.** *Relativement à,* par comparaison, par rapport à : *Ce n'est pas cher relativement à ce qu'on a payé précédemment.*

relativiser [rəlativize] v. t. Faire perdre à qqch son caractère absolu.

relativité [rəlativite] n. f. Caractère relatif : *La relativité des connaissances humaines.*

relax ou **relaxe** [rəlaks] adj. *Fam.* Qui agit, qui se fait sans précipitation, sans tension nerveuse : *Le représentant était très relax* (syn. DÉTENDU, DÉCONTRACTÉ). *Un travail relax.*

relaxation [rəlaksasjɔ̃] n. f. État de détente musculaire et mentale : *La relaxation permet d'obtenir rapidement une sensation de repos.*

1. relaxer (se) [rəlakse] v. pr. (de l'angl. *to relax,* se détendre) [sujet qqn]. Détendre ses muscles, son esprit.

2. relaxer [rəlakse] v. t. (lat. *relaxare,* relâcher). *Relaxer qqn,* le remettre en liberté (jurid.) : *Relaxer un prisonnier* (syn. LIBÉRER, RELÂCHER).

relayer [rəlɛje] v. t. (*re-* et anc. fr. *laier,* laisser) [c. **4**]. **1.** *Relayer qqn,* le remplacer dans un travail, dans une occupation qui ne peut pas être interrompue : *Relayer un camarade fatigué.* — **2.** *Relayer un équipier,* dans une course de relais, prendre sa suite. — **3.** (sujet une station, un satellite) Retransmettre une émission de radio, de télévision de l'émetteur principal à un ou d'autres émetteurs. ◆ ***se relayer*** v. pr. Se remplacer mutuellement : *Nous nous relaierons auprès de la malade. Des coureurs qui se relaient.*

relayeur, euse [rəlɛjœr] n. Sportif qui participe à une course de relais.

relecture [rəlɛktyr] n. f. Action de relire.

reléguer [rəlege] v. t. (lat. *relegare,* bannir) [c. **10**]. *Reléguer qqn, qqch,* les mettre, les maintenir écartés, à l'écart : *Reléguer ses enfants à la campagne. Reléguer un tableau au grenier* (syn. REMISER). *Dans l'équipe, elle se sent reléguée au second plan* (syn. CONFINER).

relent [rəlɑ̃] n. m. (du lat. *lentus,* visqueux). **1.** Mauvaise odeur qui persiste : *Il y a dans ce réfectoire des relents de poisson.* — **2.** *Litt.* Ce qui reste, subsiste, de qqch : *Elle a encore un relent d'affection pour lui.*

1. relevé, e [rəlve] adj. **1.** Ramené vers le haut : *Chapeau à bord relevé.* — **2.** Qui a de l'élévation, de la distinction : *Conversation relevée. Discuter d'un sujet relevé* (contr. VULGAIRE). *Style relevé* (syn. NOBLE). — **3.** Bien assaisonné, piquant : *Une sauce relevée* (syn. ÉPICÉ; contr. FADE, INSIPIDE).

2. relevé [rəlve] n. m. Action de prendre par écrit; liste : *Faire un relevé des erreurs contenues dans un ouvrage. Le relevé d'un compteur d'eau.*

relève [rəlɛv] n. f. Remplacement d'une troupe, d'un groupe par d'autres : *La relève de la garde. La relève de l'équipe de nuit par l'équipe de jour.*

relèvement [rəlɛvmɑ̃] n. m. Action de relever : *Relèvement d'une statue, de l'économie d'une nation* (syn. REDRESSEMENT). *Relèvement des impôts, des prix des loyers, des salaires* (syn. MAJORATION).

relever [rəlve] v. t. (lat. *relevare*) [c. **9**]. **1.** *Relever qqn, qqch,* remettre qqn debout, qqch dans sa position naturelle : *Relever un enfant qui a fait une chute. Relever une chaise qui est par terre. Relever une voiture qui s'est renversée, une statue tombée* (syn. REDRESSER). *Relever un mur en ruine* (= le remettre en état; syn. RECONSTRUIRE). — **2.** *Relever qqch,* le diriger vers le haut, le remettre plus haut : *Relever la tête* (syn. REDRESSER). *Relever la vitre d'une portière, un store* (syn. REMONTER). *Relever son col* (contr. RABATTRE), *ses manches* (syn. RETROUSSER). — **3.** *Relever qqch,* lui rendre la dignité, la prospérité : *Relever l'économie, les finances d'un pays. Relever une entreprise* (contr. RUINER). *Relever le courage, le moral de quelqu'un* (= lui redonner de l'énergie, de l'espoir; syn. RÉCONFORTER). — **4.** *Relever qqch,* le porter à un degré, à un taux plus élevé : *Relever le niveau de vie des travailleurs* (syn. HAUSSER). *Relever les salaires* (syn. AUGMENTER, MAJORER). — **5.** *Relever un mets,* lui donner un goût plus prononcé, plus piquant : *Relever une sauce avec du sel et du poivre.* — **6.** *Relever le gant, relever un défi,* accepter un défi. || *Relever la tête,* reprendre de la fierté, de l'audace. — **7.** *Relever qqch,* le remarquer : *Relever des erreurs dans un devoir;* y prêter attention, l'apercevoir : *Les policiers ont relevé des traces de balles sur la voiture, des empreintes sur l'arme* (syn. CONSTATER, DÉCOUVRIR). — **8.** *Relever qqch,* le noter par écrit : *Relever une adresse* (syn. COPIER, INSCRIRE). *Relever l'emploi de certains mots chez un auteur. L'institutrice relève les notes des devoirs. Relever le compteur d'électricité, de gaz, d'eau* (= noter le chiffre indiqué). — **9.** *Relever qqn,* le remplacer dans une occupation, dans un travail qui ne peuvent être interrompus : *Relever une sentinelle, un factionnaire. Équipe qui en relève une autre* (syn. RELAYER). — **10.** *Relever qqn de qqch,* le libérer d'un engagement, d'une obligation : *Relever une religieuse de ses vœux. Relever un fonctionnaire de son poste* (syn. DESTITUER, LIMOGER, RÉVOQUER). ◆ v. t. ind. **1.** *Relever de qqn, de qqch,* être dans leur dépendance : *Elle ne veut relever de personne. Cette administration relève de telle autre.* — **2.** *Relever de qqch,* être du ressort, de la compétence, du domaine de : *Cette affaire relève du tribunal correctionnel. Maladie qui relève de la psychiatrie. Étude qui relève de la linguistique* (syn. APPARTENIR À). — **3.** *Relever de maladie,* en sortir, s'en remettre. ◆ ***se relever*** v. pr. **1.** (sujet qqn) Se remettre debout : *Enfant qui se relève tout seul* (syn. SE REDRESSER). — **2.** Sortir de nouveau de son lit : *Elle a été malade cette nuit et elle a dû se relever plusieurs fois.* — **3.** (sujet qqch) Se redresser, remonter : *Les deux coins de sa bouche se relèvent d'une manière saccadée;* et comme v. i. : *Votre jupe relève d'un côté.* — **4.** (sujet qqn, un pays) *Se relever de qqch,* se remettre, sortir heureusement d'une situation difficile, pénible : *Se relever d'un malheur, d'un chagrin* (syn. REPRENDRE LE DESSUS). *Le pays se relèvera vite de ses ruines.*

relief [rəljɛf] n. m. (de *relever*). **1.** Ensemble des inégalités de la surface terrestre, d'un pays, d'une région :

Un relief plat, vallonné. — **2.** Ce qui fait saillie sur une surface : *Le relief d'une médaille. On grave en creux ou en relief sur les métaux et sur les pierres.* — **3.** Apparence de saillies et de creux donnée à un tableau, à une photographie, par l'opposition des parties claires et des parties sombres : *Carte en relief.* — **4.** Ce qui ressort, se distingue du commun : *Les personnages de la pièce ont beaucoup de relief.* — **5.** *Mettre en relief,* mettre en évidence, faire ressortir : *Cette action a mis en relief ses qualités.* ‖ *Relief acoustique, sonore,* caractère d'un lieu ou d'un appareil qui permet de percevoir distinctement un ensemble de sons. ◆ ***reliefs*** n. m. pl. *Litt.* Ce qui reste d'un repas.

relier [rəlje] v. t. **1.** *Relier qqch à qqch d'autre, relier deux choses,* établir une communication entre elles : *Galerie qui relie deux bâtiments. Route, voie ferrée qui relie deux villes* (syn. UNIR). — **2.** *Relier qqch à qqch d'autre, relier deux choses,* établir un lien logique ou affectif entre elles : *Relier des idées, le présent au passé* (syn. RÉUNIR, ENCHAÎNER). — **3.** Assembler et coudre ensemble les feuillets d'un livre, puis les couvrir d'un carton résistant sur lequel on colle une toile ou une peau : *Faire relier un livre en cuir.*

relieur, euse [rəljœr] n. Qui fait des reliures.

religieuse [rəliʒjøz] n. f. **1.** Fém. de RELIGIEUX (n.). — **2.** Gâteau monté fait d'éclairs ou de choux à la crème, glacés et superposés.

religieusement [rəliʒjøzmɑ̃] adv. **1.** De façon religieuse : *Se marier religieusement.* — **2.** Avec un grand scrupule : *Tenir religieusement sa parole.* — **3.** Avec un recueillement admiratif : *Elle écoutait religieusement le concert.*

religieux, euse [rəliʒjø] adj. **1.** Propre à la religion : *Chant religieux* (syn. SACRÉ ; contr. PROFANE). *Propagande religieuse.* — **2.** Conforme à une religion : *Doctrine religieuse. Choquer les opinions religieuses de quelqu'un. École religieuse* (contr. PUBLIC, LAÏQUE). — **3.** Fait selon les rites d'une religion : *Cérémonie religieuse. Mariage religieux* (contr. CIVIL). — **4.** Qui appartient à un ordre monastique : *Une congrégation religieuse. L'habit religieux.* — **5.** Qui présente un caractère de vénération : *Un respect religieux de la parole donnée* (syn. SCRUPULEUX). *Un silence religieux* (= qui porte au recueillement). ◆ n. Personne qui s'est engagée par des vœux à suivre une règle autorisée par l'Église : *Les religieux de Saint-Benoît* (syn. MOINE). *Une communauté de religieux* (= abbaye, couvent, monastère). *Un couvent de religieuses* (syn. SŒUR, NONNE).

religion [rəliʒjɔ̃] n. f. (lat. *religio,* vénération). **1.** Ensemble de dogmes et de pratiques ayant pour objet les rapports de l'homme avec la puissance divine et propres à un groupe social : *La religion chrétienne, musulmane, catholique. Professer, pratiquer une religion. Abjurer une religion. Répandre une religion* (syn. CATÉCHISER). *Se convertir à la religion chrétienne.* — **2.** Adhésion de qqn à une doctrine religieuse : *La religion de cette femme est sincère* (syn. PIÉTÉ, DÉVOTION). *Un homme qui n'a pas de religion* (= un athée, un incroyant). — **3.** Sentiment de respect à l'égard de certaines valeurs : *La religion de la science, du progrès, de l'humanité, de la patrie.* — **4.** *Entrer en religion,* se consacrer à Dieu par des vœux.

religiosité [rəliʒjɔzite] n. f. Attitude religieuse fondée sur la sensibilité, sans référence à un dogme.

reliquaire [rəlikɛr] n. m. Objet (boîte, coffret, cadre) dans lequel on conserve des reliques.

reliquat [rəlika] n. m. (du lat. *reliquus,* qui reste). Ce qui reste à payer, à percevoir : *Toucher un reliquat.*

relique [rəlik] n. f. (lat. *reliquiae,* restes). **1.** Ce qui reste du corps d'un saint, ou objet ayant été à son usage, ayant servi à son supplice, et qui est l'objet d'une vénération : *On vénère à Paris les reliques de sainte Geneviève.* ‖ *Garder qqch comme une relique,* le garder soigneusement, précieusement. — **2.** Objet qu'on garde en souvenir et auquel on attache beaucoup de prix : *Elle conservait dans son armoire des reliques de son passé.*

relire [rəlir] v. t. (c. **73**). Lire de nouveau, pour vérifier l'exactitude, contrôler la connaissance qu'on a prise du texte : *Relire un manuscrit en corrigeant les fautes. Relire un passage difficile.* ◆ ***se relire*** v. pr. Lire ce qu'on a écrit, pour en vérifier l'exactitude.

reliure [rəljyr] n. f. **1.** Art de relier des livres ; métier du relieur. — **2.** Couverture cartonnée, souvent ornée de cuir ou de toile, dont on habille un livre : *Une reliure en maroquin.*

relogement [rəlɔʒmɑ̃] n. m. Action de reloger.

reloger [rəlɔʒe] v. t. (c. **2**) Loger de nouveau : *Reloger des sinistrés dans des baraquements provisoires.*

reluire [rəlɥir] v. i. (lat. *relucere*) [c. **69**] (sujet qqch). Briller en produisant des reflets : *Faire reluire des ferrures, des cuivres.*

reluisant, e [rəlɥizɑ̃] adj. **1.** Qui reluit : *Un mobilier reluisant.* — **2.** Qui a de l'éclat (généralement dans une phrase négative) : *Situation peu reluisante* (syn. BRILLANT).

reluquer [rəlyke] v. t. (anc. néerl. *locken,* regarder). Fam. *Reluquer qqn, qqch,* le regarder avec curiosité ou convoitise.

remâcher [rəmɑʃe] v. t. *Remâcher qqch (abstrait),* garder et rappeler sans cesse le souvenir amer d'un affront, d'une humiliation, etc. : *Remâcher sa colère, son échec.*

remaillage [rəmajaʒ] n. m. Action de remailler.

remailler [rəmaje] v. t. Remettre les mailles de : *Remailler un filet, des bas.*

remake [rimɛk] n. m. (angl. *to remake,* refaire). Nouvelle version d'un film, d'une œuvre.

remaniement [rəmanimɑ̃] n. m. Action de remanier : *Le remaniement d'un dictionnaire. Un remaniement ministériel.*

remanier [rəmanje] v. t. **1.** *Remanier un texte,* le modifier en y apportant des changements importants : *Remanier une pièce de théâtre, un roman* (syn. CORRIGER, RETOUCHER, TRANSFORMER). — **2.** *Remanier un ministère,* en changer la composition.

remariage [rəmarjaʒ] n. m. Action de se remarier.

remarier (se) [rəmarje] v. pr. Se marier de nouveau : *Après son divorce, elle s'est remariée.*

remarquable [rəmarkabl] adj. **1.** Susceptible d'attirer l'attention ; digne d'être remarqué : *Une personne remarquable par sa taille. La girafe est remarquable par la longueur de son cou. Événement remarquable* (syn. MARQUANT). *Fait remarquable* (syn. SAILLANT). *Réussite, exploit remarquable* (syn. fam. ÉPATANT, FORMIDABLE). — **2.** Digne d'une considération particulière dans le domaine intellectuel : *Orateur remarquable* (syn. BRILLANT). *Professeur, médecin, avocate remarquable* (syn. ÉMÉRITE, ÉMINENT).

remarquablement [rəmarkabləmɑ̃] adv. De façon remarquable : *Être remarquablement doué pour la peinture. Cette pianiste joue remarquablement.*

remarque [rəmark] n. f. **1.** Opinion qu'on exprime sur qqch : *Une remarque utile, judicieuse, importante, pénétrante* (syn. RÉFLEXION, CRITIQUE). — **2.** Ce qu'on dit à qqn pour attirer son attention : *Faire une remarque à quelqu'un sur sa tenue* (syn. CRITIQUE). *Elle n'écoute pas en classe et son professeur lui en a fait souvent la remarque* (syn. OBSERVATION). — **3.** Observation écrite :

Un texte accompagné de remarques (syn. COMMENTAIRE, NOTE). — **4.** *Digne de remarque*, remarquable.

remarquer [rəmarke] v. t. **1.** *Remarquer qqch, que* (+ *ind.*), y faire attention : *Lise est une enfant qui remarque tout* (syn. OBSERVER). *Remarquer l'absence de quelqu'un* (syn. CONSTATER). *Faire remarquer une erreur* (syn. RELEVER). *Je lui ai fait remarquer que ses vêtements n'étaient pas propres* (syn. AVERTIR, SIGNALER). *Remarquez bien que vous avez peut-être raison d'agir ainsi* (syn. NOTER). — **2.** *Remarquer qqn, qqch*, les distinguer parmi d'autres : *Remarquer quelqu'un dans une foule. Assister à une réunion sans être remarqué. Dans cette galerie, j'ai remarqué des tableaux de valeur.* ‖ Péjor. *Se faire remarquer*, attirer l'attention, les regards sur soi : *Se faire remarquer par ses excentricités* (syn. SE SINGULARISER). *Cette personne se fait remarquer* (= manque de tenue). — **3.** (en incise) Émettre comme remarque : *Vous n'avez pas écouté, remarqua-t-elle.*

remballage [rɑ̃balaʒ] n. m. Action de remballer : *Le remballage des légumes.*

remballer [rɑ̃bale] v. t. *Remballer des marchandises*, les remettre dans des emballages : *À la fin du marché, les forains remballent ce qu'ils n'ont pas vendu.* (→ DÉBALLER.)

rembarquement [rɑ̃barkəmɑ̃] n. m. Action de rembarquer : *Le rembarquement des troupes, des marchandises.*

rembarquer [rɑ̃barke] v. t. Embarquer avec idée de retour au point de départ : *Rembarquer des troupes, du matériel.* (→ DÉBARQUER.) ◆ v. i. ou ***se rembarquer*** v. pr. (sujet qqn) Remonter à bord d'un bateau, d'un véhicule.

rembarrer [rɑ̃bare] v. t. (de l'anc. fr. *embarrer*, enfoncer). Fam. *Rembarrer qqn*, le reprendre vivement sur ce qu'il dit ou ce qu'il fait : *Il disait du mal de vous, je l'ai vite rembarré* (syn. RABROUER). *Il voulait taquiner cette femme, elle l'a rembarré* (syn. REMETTRE À SA PLACE; fam. ENVOYER PROMENER).

remblai [rɑ̃blɛ] n. m. (de *remblayer*). Masse de terre rapportée pour surélever un terrain ou pour combler un creux : *Faire un remblai pour poser une voie ferrée.*

remblayage [rɑ̃blɛjaʒ] n. m. Action de remblayer.

remblayer [rɑ̃blɛje] v. t. (de l'anc. fr. *emblaer*, remplir) [c. 4]. Faire un remblai sur : *Remblayer une route.*

rembobiner [rɑ̃bɔbine] v. t. Syn. de REBOBINER.

remboîtage [rɑ̃bwataʒ] ou **remboîtement** [rɑ̃bwatmɑ̃] n. m. Action de remboîter.

remboîter [rɑ̃bwate] v. t. *Remboîter qqch*, remettre en place ce qui est déboîté : *Remboîter un os, une pièce de menuiserie.*

rembourrage [rɑ̃buraʒ] n. m. Action de rembourrer : *Le rembourrage des épaules d'une veste.*

rembourrer [rɑ̃bure] v. t. *Rembourrer qqch*, le garnir de bourre, de crin, de laine, etc. : *Rembourrer un matelas, un fauteuil* (syn. CAPITONNER, MATELASSER).

remboursable [rɑ̃bursabl] adj. Qui peut être remboursé : *Emprunt remboursable en dix ans.*

remboursement [rɑ̃bursəmɑ̃] n. m. Action de rembourser : *Effectuer le remboursement d'une rente. Envoi contre remboursement* (= envoi d'un objet que le destinaire doit payer à la livraison).

rembourser [rɑ̃burse] v. t. (de *bourse*). *Rembourser qqn de qqch, rembourser qqch*, rendre à qqn l'argent qu'il a déboursé ou avancé : *Je vous rembourserai la somme que vous m'avez prêtée. Rembourser quelqu'un de ses frais. Rembourser une dette, un emprunt.*

rembrunir (se) [rɑ̃brynir] v. pr. (de *brun*). Devenir sombre, triste : *À cette nouvelle, son visage s'est rembruni* (contr. S'ÉPANOUIR, S'ILLUMINER).

remède [rəmɛd] n. m. (lat. *remedium*). **1.** Toute substance qui sert à prévenir ou à combattre une maladie (vieilli) : *Un remède efficace, souverain. Elle ne veut pas prendre les remèdes que le médecin lui a ordonnés* (syn. MÉDICAMENT). — **2.** Ce qui sert à prévenir ou à combattre un mal quelconque : *Chercher un remède contre l'inflation monétaire* (syn. EXPÉDIENT, PALLIATIF). *Je ne vois pas de remède à son désespoir.* — **3.** *Le remède est pire que le mal*, l'intervention en vue de corriger qqch de défectueux entraîne des conséquences plus fâcheuses que ce que le mal aurait pu produire. ‖ *Porter remède à*, prévenir ou combattre un état de choses jugé fâcheux, dangereux. ‖ *Remède de bonne femme*, simple et populaire. ‖ *Remède de cheval*, dur mais efficace.

remédiable [rəmedjabl] adj. A quoi on peut remédier : *Le mal est heureusement fort remédiable.*

remédier [rəmedje] v. t. ind. *Remédier à qqch*, y apporter un remède : *Remédier à une situation, à un inconvénient* (syn. PALLIER, PARER).

remembrement [rəmɑ̃brəmɑ̃] n. m. Regroupement de diverses parcelles, obtenu grâce à l'échange obligatoire de celles-ci entre les différents propriétaires pour remédier au morcellement des terres.

remembrer [rəmɑ̃bre] v. t. (*re-* et [*dé*]*membrer*). Effectuer un remembrement : *Remembrer une exploitation agricole.* (→ DÉMEMBRER.)

remémorer (se) [rəmemɔre] v. pr. (lat. *rememorari*). *Se remémorer qqch*, se le remettre en mémoire (soutenu) : *Essaie de te remémorer cette histoire* (syn. SE RAPPELER, SE SOUVENIR DE).

remerciement [rəmɛrsimɑ̃] n. m. Action de remercier; paroles par lesquelles on remercie (surtout pl.) : *Recevez, agréez mes remerciements. Je vous renouvelle mes remerciements pour toutes les gentillesses que vous m'avez témoignées.*

remercier [rəmɛrsje] v. t. **1.** *Remercier qqn de (pour) qqch, de* (+ *inf.*), lui exprimer de la gratitude pour qqch qui a été utile ou agréable : *Je vous remercie de votre amabilité. Elle le remercia de toutes ses bontés à son égard. Je vous remercie de m'avoir si bien accueilli. Vous la remercierez pour son hospitalité.* — **2.** *Je vous remercie*, expression de refus poli : *«Prendrez-vous l'apéritif? — Non. Je vous remercie.»* — **3.** *Remercier qqn*, le priver de son emploi, le renvoyer : *Remercier un employé* (syn. CONGÉDIER).

remettre [rəmɛtr] v. t. (lat. *remittere*) [c. 57]. **1.** *Remettre qqn, qqch qqpart*, les mettre là où ils étaient auparavant : *Remettre un enfant au lit, un portefeuille dans sa poche, un livre dans la bibliothèque* (syn. REPLACER). — **2.** *Remettre un vêtement*, le mettre de nouveau sur soi : *Remettre sa veste, un costume usagé* (syn. REVÊTIR). *Remettre son chapeau.* — **3.** *Remettre qqch (dans, à qqch)*, l'ajouter en remplacement ou en supplément de qqch : *Remettre des cordes à une raquette. Remettre du sel. Remets du pain dans la corbeille.* — **4.** *Remettre qqn* ou *qqch*, le ramener, le rétablir dans sa position ou son état antérieurs : *Remettre un enfant debout. Remettre droit un tableau* (syn. REPLACER). *Remettre sa montre à l'heure. Remettre une machine en marche. Remettre une coutume en usage, en honneur. Remettre de la monnaie en circulation. Remettre un membre* (= remboîter un membre démis, disloqué). — **5.** (sujet qqch) *Remettre qqn*, rétablir sa santé, lui redonner des forces : *Sa cure l'a tout à fait remise.* — **6.** *Remettre qqn, qqch à qqn*, les mettre entre les mains, en la possession, au pouvoir de qqn d'autre : *Remettre un enfant à sa famille* (syn. RENDRE). *On lui a remis le portefeuille qu'on lui avait volé* (syn. RESTITUER). *Remettre un paquet, une lettre à son destinataire* (syn. DONNER). *Remettre une personne, un animal, une somme d'argent à la garde de quelqu'un* (syn.

CONFIER). *Remettre un criminel à la justice* (syn. LIVRER). *Remettre ses pouvoirs à son successeur* (syn. PASSER). *Remettre sa démission* (syn. DONNER). — **7.** *Remettre qqch à qqn*, lui en faire grâce : *Remettre à un condamné une partie de sa peine. Remettre sa dette à une personne.* — **8.** *Remettre qqch à* (+ *n. de temps*), le renvoyer à un autre temps : *Il ne faut pas remettre au lendemain ce qu'on peut faire le jour même* (syn. AJOURNER, DIFFÉRER). *On a remis la partie à plus tard* (syn. REPORTER). — **9.** Fam. *En remettre*, en rajouter, exagérer : *Quand il raconte une histoire, il faut toujours qu'il en remette.* ‖ *Je ne vous remets pas*, je ne vous reconnais pas. ‖ Fam. *Remettre ça*, recommencer. ‖ *Remettre une partie*, la recommencer lorsqu'elle est restée indécise. ◆ ***se remettre*** v. pr. **1.** (sujet qqn) Se replacer : *Se remettre à table. Se remettre debout.* — **2.** (sujet qqn) *Se remettre, être remis (de qqch)*, revenir à un meilleur état physique ou psychique, recouvrer la santé, le calme après un choc moral, une émotion : *J'ai eu du mal à me remettre de mon accident. Elle s'est remise avec peine de son chagrin. Remets-toi, il y a eu plus de peur que de mal.* — **3.** (sujet le temps) Revenir au beau : *Je crois que le temps va se remettre.* — **4.** *Se remettre qqn, qqch*, s'en souvenir, les reconnaître : *Je me remets fort bien cette personne. Elle ne peut se remettre le nom de sa voisine. Se remettre le visage de quelqu'un* (syn. SE RAPPELER). — **5.** *S'en remettre à qqn, à sa décision, à son avis*, lui faire confiance : *Je m'en remets à vous* (syn. S'EN RAPPORTER À). ‖ *Se remettre entre les mains de qqn, d'une institution*, se mettre à sa complète disposition : *Se remettre entre les mains de la justice.* — **6.** *Se remettre à qqch* ou (+ *inf.*), recommencer à faire : *Se remettre au tennis. Se remettre à fumer.* — **7.** *Se remettre avec qqn, se remettre ensemble*, se réconcilier, renouer avec qqn.

remeubler [rəmœble] v. t. Regarnir de meubles ou garnir de nouveaux meubles.

remilitarisation [rəmilitarizasjɔ̃] n. f. Action de remilitariser.

remilitariser [rəmilitarize] v. t. Redonner une structure militaire; munir à nouveau de forces armées.

réminiscence [reminisɑ̃s] n. f. (du lat. *reminisci*, se souvenir). **1.** Souvenir imprécis : *Elle n'a que de vagues réminiscences de son accident.* — **2.** Chose, expression dont on se souvient inconsciemment.

remise [rəmiz] n. f. (de *remettre*).
— **I. 1.** Action de remettre dans le lieu, l'état, la position antérieurs : *La remise en place d'un meuble. La remise en marche d'une machine.* — **2.** Action de remettre, de livrer, de déposer : *La remise d'un colis.* — **3.** Diminution de prix accordée par un commerçant : *Consentir, faire, obtenir une remise pour l'achat d'un livre* (syn. RABAIS, RÉDUCTION). — **4.** *Remise de peine*, mesure d'indulgence dispensant un condamné de subir la totalité de sa peine.
— **II.** Local fermé où on met à l'abri des voitures, des instruments agricoles : *Mettre un tracteur dans la remise.*

remiser [rəmize] v. t. Placer dans une remise : *Remiser un tracteur* (syn. GARER).

rémission [remisjɔ̃] n. f. (lat. *remissio*). **1.** Action de remettre, de pardonner (relig.) : *La rémission des péchés.* — **2.** Atténuation momentanée des symptômes d'un mal : *Les rémissions de la douleur, de la fièvre* (syn. ACCALMIE, RÉPIT). — **3.** *Sans rémission*, sans nouveau délai accordé par faveur, sans qu'il soit fait grâce de quoi que ce soit.

remmaillage [rɑ̃majaʒ] n. m. Action de remmailler.

remmailler [rɑ̃maje] v. t. Syn. de REMAILLER.

remmailleuse [rɑ̃majøz] n. f. Personne qui remmaille.

remmener [rɑ̃məne] v. t. *Remmener qqn, un animal (qqpart)*, le reconduire, le ramener.

remodelage [rəmɔdlaʒ] n. m. Action de remodeler : *Le remodelage d'un quartier.*

remodeler [rəmɔdle] v. t. *Remodeler qqch*, améliorer son aspect, en modifier la structure : *Remodeler l'ovale d'un visage par un massage. Remodeler un quartier.*

remontage [rəmɔ̃taʒ] n. m. Action de remonter, d'ajuster de nouveau : *Le remontage d'un meuble.*

remontant [rəmɔ̃tɑ̃] adj. et n. m. Qui redonne des forces : *Ce vin est très remontant* (syn. TONIQUE). *Elle est fatiguée, elle a besoin d'un remontant* (syn. FORTIFIANT, RECONSTITUANT).

remontée [rəmɔ̃te] n. f. **1.** Action de remonter : *La remontée d'une côte. La remontée des eaux d'une rivière. La remontée des mineurs.* — **2.** *Remontée mécanique*, dans une station de sports d'hiver, tout engin servant à remonter les skieurs en haut des pentes.

remonte-pente [rəmɔ̃tpɑ̃t] n. m. (pl. *remonte-pentes*). Câble actionné par une machine, auquel les skieurs s'accrochent au moyen d'amarres pour remonter les pentes (syn. TÉLÉSKI).

remonter [rəmɔ̃te] v. i. **1.** (sujet qqn) Monter de nouveau, regagner l'endroit d'où on est descendu : *Remonter à* (ou *dans*) *sa chambre. Remonter sur son cheval. Remonter dans sa voiture.* — **2.** (sujet qqch) Revenir vers le haut : *Votre jupe remonte par-devant* (syn. RELEVER). *Après une longue descente, la route remonte vers un plateau. Il va faire beau, le baromètre remonte* (= se dirige vers les hautes pressions). — **3.** (sujet qqch) S'élever, s'accroître de nouveau : *Le niveau de la rivière remonte. La fièvre remonte, la malade est plus mal.* — **4.** (sujet qqch) Augmenter de nouveau : *Les prix des denrées alimentaires remontent. Ses actions remontent* (= il retrouve la faveur, le crédit qu'il avait perdus). — **5.** (sujet qqn) Suivre une direction contraire à celle du courant : *Remonter le long d'une rivière jusqu'à sa source* (syn. ALLER EN AMONT). — **6.** (sujet qqn) Aller vers l'origine : *Pour comprendre cette affaire, il faut remonter plus haut. Remonter dans le temps, dans le passé.* — **7.** (sujet qqch) *Remonter à, jusqu'à qqch*, se reporter au commencement, à une date antérieure : *Remonter de l'effet à la cause. Remonter à une époque reculée. Remonter au déluge* (= reprendre les choses de trop loin); tirer son origine de : *Sa famille remonte aux croisades.* ◆ v. t. **1.** Gravir de nouveau : *Remonter un escalier. Remonter une côte.* — **2.** Suivre une direction contraire à celle du courant ou de la pente d'un terrain : *Remonter un fleuve, le courant. Remonter le versant d'une colline.* ‖ *Remonter le courant, la pente*, aller mieux — **3.** Porter de nouveau en haut : *Remonter une valise au grenier.* — **4.** Mettre à un niveau plus élevé : *Remonter un tableau sur un mur* (syn. HAUSSER). *Remonter un mur* (syn. RELEVER, EXHAUSSER). *Remonter son col* (syn. RELEVER). — **5.** Ajuster de nouveau les pièces, les parties d'un objet démonté : *Remonter un moteur, un meuble.* — **6.** Pourvoir de nouveau de ce qui est nécessaire : *Remonter son ménage, sa garde-robe* (syn. REGARNIR). *Remonter un violon, une raquette de tennis* (= les garnir de cordes neuves). — **7.** *Remonter une montre, un mécanisme*, en tendre les ressorts pour les mettre en état de fonctionner. — **8.** *Remonter qqn*, lui redonner de la force, de la vigueur : *Prenez ce médicament, ce cordial, cela va vous remonter* (syn. REVIGORER; fam. RETAPER, REQUINQUER). *Remonter le moral de quelqu'un* (= lui redonner du courage).

remontoir [rəmɔ̃twar] n. m. Dispositif servant à remonter un réveil, une montre, etc.

remontrance [rəmɔ̃trɑ̃s] n. f. (de *remontrer*). Avertissement donné à qqn pour lui montrer ses torts et l'engager à se corriger : *Faire des remontrances à un employé négligent* (syn. OBSERVATION, RÉPRIMANDE).

remontrer [rəmɔ̃tre] v. t. **1.** Montrer de nouveau. — **2.** *En remontrer à qqn,* lui prouver qu'on lui est supérieur : *Il se croit très fort et veut en remontrer à tout le monde.* ◆ ***se remontrer*** v. pr. Paraître de nouveau en public : *Après un tel scandale, comment ose-t-il se remontrer ?*

remords [rəmɔr] n. m. (de l'anc. fr. *remordre,* tourmenter). Vive douleur morale causée par la conscience d'avoir mal agi : *Un remords cuisant. Être bourrelé de remords* (syn. ↓REGRET, ↑REPENTIR).

remorquage [rəmɔrkaʒ] n. m. Action de remorquer : *Le remorquage d'un bateau, d'un planeur.*

remorque [rəmɔrk] n. f. **1.** Traction exercée par un véhicule sur un autre véhicule : *Prendre en remorque un bateau, une voiture en panne.* — **2.** Véhicule sans moteur tiré par une automobile : *Remorque de camion, de camping.* — **3.** *Être à la remorque,* rester en arrière. ‖ *Être, se mettre à la remorque de qqn,* se laisser mener complètement par lui.

remorquer [rəmɔrke] v. t. (it. *rimorchiare*). *Remorquer un véhicule,* le tirer au moyen d'un câble, d'une chaîne : *Avion qui remorque un planeur. Remorquer une voiture en panne.*

1. remorqueur, euse [rəmɔrkœr] adj. Qui remorque : *Un avion remorqueur.*

2. remorqueur [rəmɔrkœr] n. m. Bateau à moteur spécialement conçu pour le remorquage.

rémoulade [remulad] n. f. (orig. incert.). Sauce composée de mayonnaise, de moutarde, etc.

rémouleur [remulœr] n. m. (de l'anc. fr. *rémoudre,* aiguiser de nouveau). Ouvrier qui aiguise les outils et les instruments tranchants.

remous [rəmu] n. m. (du lat. *revolvere,* retourner). **1.** Tourbillon qui se forme à l'arrière d'un bateau en marche. — **2.** Tourbillon provoqué par le refoulement de l'eau au contact d'un obstacle. — **3.** Mouvement en sens divers : *Être entraîné par le remous de la foule* (syn. AGITATION). — **4.** Mouvements divers qui agitent et divisent l'opinion : *Cette réforme va faire des remous.*

rempaillage [rɑ̃pajaʒ] n. m. Action de rempailler : *Le rempaillage d'un fauteuil.*

rempailler [rɑ̃paje] v. t. *Rempailler un siège,* le garnir d'une nouvelle paille : *Rempailler une chaise.*

rempailleur, euse [rɑ̃pajœr] n. Qui rempaille.

rempaqueter [rɑ̃pakte] v. t. (c. **8**) Empaqueter de nouveau.

rempart [rɑ̃par] n. m. (de l'anc. fr. *emparer,* fortifier). **1.** Muraille épaisse dont on entourait les villes fortifiées ou les châteaux forts : *Abattre des remparts* (syn. ENCEINTE). — **2.** Espace compris entre le mur d'enceinte et les habitations les plus proches : *Se promener sur les remparts.* — **3.** *Faire à qqn un rempart de son corps,* se placer devant lui pour le protéger d'une attaque, d'un danger.

rempiler [rɑ̃pile] v. i. *Arg. mil.* Contracter un nouvel engagement (syn. SE RENGAGER).

remplaçable [rɑ̃plasabl] adj. Qui peut être remplacé : *Personne facilement remplaçable.*

remplaçant, e [rɑ̃plasɑ̃] n. Personne qui en remplace une autre : *Désigner un remplaçant pour un poste d'instituteur* (syn. SUPPLÉANT). *Elle est la remplaçante de l'actrice malade* (syn. DOUBLURE).

remplacement [rɑ̃plasmɑ̃] n. m. Action de remplacer; fait d'être remplacé : *Le remplacement de pneus usés par des neufs. Elle assure le remplacement du professeur absent* (syn. INTÉRIM, SUPPLÉANCE). *Produit de remplacement* (syn. ERSATZ, SUCCÉDANÉ). *Pourvoir au remplacement d'un employé.*

remplacer [rɑ̃plase] v. t. (*re-* et anc. fr. *emplacer,* mettre en place) [c. **1**]. **1.** *Remplacer qqn, qqch (par),* mettre qqn ou qqch à sa place : *Il est difficile de remplacer une collaboratrice de cette valeur. Remplacer un carreau cassé. Remplacer des tuiles brisées. Remplacer son mobilier ancien par du neuf* (syn. CHANGER). — **2.** *Remplacer qqn,* tenir, prendre sa place de façon définitive ou temporaire : *Sa fille la remplace au poste de directrice* (syn. SUCCÉDER). *Remplacer quelqu'un pendant son absence* (syn. SUPPLÉER). *Remplacer un acteur malade* (syn. DOUBLER). *Remplacer un soldat de garde* (syn. RELEVER). *Quand vous serez fatigué de conduire, je vous remplacerai* (syn. RELAYER). *Le Premier ministre remplaçait le président de la République à cette cérémonie* (syn. REPRÉSENTER). — **3.** (sujet qqch) *Remplacer qqch,* jouer le même rôle : *Le miel remplace le sucre* (syn. TENIR LIEU DE, SERVIR DE). *Rien ne peut remplacer un bon café le matin* (syn. SE SUBSTITUER À).

remplir [rɑ̃plir] v. t. **1.** (sujet qqn) *Remplir qqch,* mettre dans un récipient (ou contenant) un contenu : *La bouteille est vide, allez la remplir* (contr. VIDER). *Remplir les verres des convives.* — **2.** (sujet qqn) *Remplir un lieu de qqch,* y mettre des choses : *Remplir sa cave de vin, ses greniers de blé.* — **3.** (sujet qqn, qqch) *Remplir un lieu, un espace, un temps déterminé,* l'occuper entièrement : *Les fidèles remplissaient l'église. Les vacanciers remplissent les plages pendant l'été* (syn. ENVAHIR). *Les faits divers remplissent certains journaux* (syn. ABONDER DANS). *Elle a bien rempli sa journée* (syn. EMPLOYER). *Remplir sa mémoire de toutes sortes de connaissances* (syn. CHARGER, SURCHARGER). — **4.** (sujet qqch) *Remplir qqn, son esprit de qqch,* occuper entièrement son cœur, ses pensées, le pénétrer de : *Cette nouvelle l'a remplie de joie* (syn. RÉJOUIR). *Votre échec les a remplis de chagrin* (syn. ATTRISTER). *Être rempli d'admiration* (syn. ENTHOUSIASMER). — **5.** *Remplir un questionnaire, une fiche, un mandat,* etc., inscrire les indications nécessaires dans les espaces laissés en blanc (syn. COMPLÉTER). — **6.** *Remplir son devoir, ses obligations, ses promesses,* les accomplir pleinement, les réaliser (syn. S'ACQUITTER DE). — **7.** *Remplir une fonction, un rôle,* les exercer. — **8.** *Remplir une condition, une formalité,* faire en sorte qu'elle soit satisfaite : *Vous ne pouvez prétendre à cette place, vous ne remplissez pas les conditions exigées* (syn. RÉALISER). ◆ ***se remplir*** v. pr., **être rempli** v. pass. Devenir, être plein : *Le réservoir s'est rempli, est rempli d'eau.*

remplissage [rɑ̃plisaʒ] n. m. **1.** Action de remplir : *Le remplissage d'un tonneau, d'un bassin.* — **2.** Développement inutile ou étranger au sujet : *Dans ce roman, il y a beaucoup de remplissage* (syn. DÉLAYAGE, LONGUEURS).

remployer [rɑ̃plwaje] v. t. (c. **3**) Employer de nouveau.

remplumer (se) [rɑ̃plyme] v. pr. *Fam.* Reprendre du poids : *Elle a beaucoup maigri, il faut qu'elle se remplume* (syn. ENGRAISSER).

remporter [rɑ̃pɔrte] v. t. **1.** *Remporter qqch (concret),* emporter ce qu'on avait apporté : *N'oubliez pas de remporter votre livre* (syn. REPRENDRE). *Vous pouvez remporter votre marchandise, nous n'en voulons pas.* — **2.** *Remporter qqch (abstrait),* gagner : *Remporter un prix, un succès* (syn. OBTENIR). *Remporter la victoire* (syn. CONQUÉRIR ; fam. DÉCROCHER).

rempoter [rɑ̃pɔte] v. t. *Rempoter une plante,* la changer de pot.

remprunter [rɑ̃prœ̃te] v. t. Emprunter de nouveau.

remuant, e [rəmɥɑ̃] adj. Sans cesse en mouvement : *Un enfant remuant* (syn. AGITÉ, TURBULENT).

remue-ménage [rəmymenaʒ] n. m. inv. Déplacement bruyant de meubles, d'objets divers; agitation confuse, troubles, désordre : *Avant le départ en vacances, il y a chez nos voisins un grand remue-ménage* (syn. BRANLE-BAS; fam. CHAHUT).

remuement [rəmymɑ̃] n. m. Action de remuer : *Le remuement des lèvres.*

remuer [rəmɥe] v. t. (*re-* et *muer*). **1.** *Remuer un objet,* le changer de place : *Cette armoire est si difficile à remuer qu'il faut s'y mettre à plusieurs* (syn. POUSSER, TIRER). *Un sac trop lourd pour le remuer* (syn. SOULEVER). *Remuer de la terre* (= la transporter d'un lieu à un autre). — **2.** *Remuer une partie du corps,* la mouvoir : *Remuer la tête, les bras, les mains en parlant* (syn. GESTICULER). *Remuer les épaules* (syn. ROULER), *les hanches en marchant* (syn. TORTILLER). — **3.** *Remuer qqch (matière, liquide,* etc.), lui imprimer un mouvement qui le déplace, l'agite : *Remuer son café pour faire fondre le sucre. Remuer la salade* (syn. TOURNER, RETOURNER). — **4.** *Remuer qqn,* faire naître chez lui une émotion profonde : *Cet orateur sait trouver les mots qui remuent un auditoire* (syn. BOULEVERSER, TOUCHER). *L'avocate prononça une plaidoirie qui remua les jurés* (syn. ATTENDRIR, ÉMOUVOIR). — **5.** *Remuer ciel et terre,* recourir à tous les moyens pour atteindre le but qu'on se propose. ◆ v. i. **1.** (sujet qqn) Faire un ou plusieurs mouvements : *Cette enfant ne peut rester en place, elle remue sans cesse* (syn. BOUGER, GESTICULER). — **2.** (sujet qqch) Être ébranlé : *Il y a du vent, les feuilles des arbres remuent. Avoir une dent qui remue* (syn. BRANLER). ◆ ***se remuer*** v. pr. (sujet qqn) **1.** Changer de position, faire des mouvements : *Elle est si malade qu'elle a beaucoup de peine à se remuer* (syn. SE MOUVOIR). — **2.** Faire des efforts, des démarches pour atteindre un but : *Il est si paresseux qu'il ne se remue pour rien* (syn. S'AGITER, SE DÉMENER). *Elle s'est beaucoup remuée pour cette affaire* (syn. SE DÉPENSER).

rémunérateur, trice [remyneratœr] adj. Qui procure un gain, un profit : *Travail rémunérateur* (syn. LUCRATIF).

rémunération [remynerasjɔ̃] n. f. Action de rémunérer; fait d'être rémunéré : *Demander une juste rémunération de son travail* (syn. RÉTRIBUTION, SALAIRE).

rémunérer [remynere] v. t. (du lat. *munus, muneris,* gratification) [c. **10**]. **1.** *Rémunérer qqn,* le payer pour un travail, pour un service : *Rémunérer honnêtement ses employés* (syn. RÉTRIBUER). — **2.** *Rémunérer qqch,* donner une somme correspondant à la valeur du travail, du service fourni par qqn : *Rémunérer la collaboration de quelqu'un.*

renâcler [rənɑkle] v. i. (*re-* et anc. fr. *naquer,* flairer, croisé avec *renifler*) [sujet un animal]. Renifler bruyamment : *Les taureaux, les porcs, les chevaux renâclent.* ◆ v. t. ind. (sujet qqn) *Renâcler (à qqch),* témoigner de la répugnance pour qqch : *Renâcler au travail. Elle a accepté la corvée sans renâcler* (syn. RECHIGNER).

renaissance [rənɛsɑ̃s] n. f. Action de réapparaître ou de connaître un nouvel essor : *La renaissance de l'agriculture.*

renaissant, e [rənɛsɑ̃] adj. Qui renaît : *L'antagonisme renaissant entre les deux États.*

renaître [rənɛtr] v. i. (c. **65**, seulem. aux temps simples). **1.** (sujet un végétal) Naître de nouveau; (sujet qqch) se manifester de nouveau : *Les fleurs renaissent au printemps* (= croissent de nouveau). *L'espoir renaît dans les cœurs* (syn. REPARAÎTRE). *Le conflit renaissait sans cesse* (syn. RECOMMENCER). — **2.** (sujet qqn) Reprendre des forces, connaître une nouvelle vigueur; (sujet qqch) prendre un nouvel essor : *Quand elle est allongée sur le sable, au soleil, elle se sent renaître* (syn. REVIVRE). *L'industrie renaissait après les destructions de la guerre.* — **3.** Litt. *Renaître à qqch,* retrouver tel ou tel état : *Renaître à la vie, à l'espoir.*

rénal, e, aux [renal] adj. Relatif aux reins.

renard [rənar] n. m. (de *Renart,* n. pr. qui a éliminé l'anc. fr. *goupil,* à cause du succès du *Roman de Renart;* du frq *Reginhart*).
— **I. 1.** Mammifère carnivore à museau pointu, à queue longue et touffue, grand destructeur d'oiseaux et de petits mammifères (rats, mulots). — **2.** Fourrure faite d'une peau de renard. — **3.** *Un vieux renard,* un homme rusé.
— **II.** Fissure d'une canalisation, d'un barrage, par où se produit une fuite.

renarde [rənard] n. f. Femelle du renard.

renardeau [rənardo] n. m. Petit du renard.

renardière [rənardjɛr] n. f. Terrier du renard.

renchérir [rɑ̃ʃerir] v. i. **1.** Devenir plus cher : *Le blé a renchéri en raison de la mauvaise récolte.* — **2.** (sujet qqn) Aller plus loin que qqn d'autre en actes ou en paroles : *Tu renchéris sur tout ce que tu entends raconter.*

renchérissement [rɑ̃ʃerismɑ̃] n. m. Hausse des prix : *Le renchérissement des denrées agricoles* (contr. BAISSE).

rencontre [rɑ̃kɔ̃tr] n. f. **1.** Fait pour des personnes de se trouver en présence : *Rencontre inattendue, fâcheuse. Une rencontre entre deux chefs d'État* (syn. ENTREVUE). *J'ai fait la rencontre d'une jeune fille au bal* (syn. FAIRE CONNAISSANCE). *Une rencontre internationale d'étudiants* (syn. CONGRÈS, RÉUNION). *Tu as fait des rencontres au cours de ce voyage?* (syn. NOUVELLE CONNAISSANCE). *Faire une mauvaise rencontre* (= rencontrer qqn de dangereux). — **2.** Fait pour des choses de se trouver en contact : *La rencontre de deux cours d'eau* (syn. CONFLUENT). *Rencontre de circonstances* (syn. OCCURRENCE). *Rencontre de deux voitures* (syn. CHOC, COLLISION), *de deux trains* (syn. TÉLESCOPAGE, TAMPONNEMENT). — **3.** Compétition sportive : *Une rencontre de rugby* (syn. MATCH). *Une rencontre de boxe* (syn. COMBAT). — **4.** *Aller à la rencontre de qqn,* aller au-devant de lui pour le rejoindre. ‖ *De rencontre,* qui arrive par hasard : *Un amour de rencontre.*

rencontrer [rɑ̃kɔ̃tre] v. t. (*re-* et anc. fr. *encontrer,* venir en place). **1.** *Rencontrer qqn,* se trouver en sa présence par hasard ou intentionnellement : *Rencontrer un ami dans la rue* (syn. fam. TOMBER SUR). *Je la rencontre tous les jours à la même heure* (syn. CROISER). *Elle sera heureuse de vous rencontrer le jour qui vous conviendra* (syn. VOIR). *Les dirigeants du syndicat ont rencontré le ministre du Travail* (syn. AVOIR UNE ENTREVUE AVEC); le voir pour la première fois : *Comment vous êtes-vous rencontrés tous les deux?* (syn. FAIRE CONNAISSANCE). — **2.** *Rencontrer une équipe,* se trouver opposée à elle en compétition : *L'équipe de France de football a rencontré l'équipe de Belgique.* — **3.** *Rencontrer qqch,* le trouver sur son chemin : *Ils ont rencontré beaucoup de difficultés dans leur entreprise* (syn. TROUVER). *Rencontrer de l'opposition, de l'incompréhension chez quelqu'un* (syn. SE HEURTER À). — **4.** *Rencontrer les yeux, le regard de qqn,* le regarder au moment où il vous regarde. ◆ ***se rencontrer*** v. pr. **1.** (sujet des choses) Se rejoindre, entrer en contact : *La Seine et la Marne se rencontrent à Charenton;* se heurter, entrer en collision : *Les deux voitures se sont rencontrées à 100 km/h* (syn. SE HEURTER). — **2.** *Les grands esprits se rencontrent,* se dit lorsque deux personnes, sans s'être concertées, aboutissent aux mêmes conclusions.

rendement [rɑ̃dmɑ̃] n. m. **1.** Production totale d'une terre évaluée par rapport à la surface : *Le rendement d'une exploitation agricole. Le rendement du blé à l'hectare est important dans cette région.* — **2.** Quantité de travail, d'objets fabriqués, fournie par un, des travailleurs en un temps déterminé : *Augmenter le rendement d'une entreprise. Avoir du rendement.*

rendez-vous [rɑ̃devu] n. m. inv. (de *se rendre*). **1.** Rencontre entre deux ou plusieurs personnes qui décident de se trouver à une même heure dans un même endroit : *Donner, fixer un rendez-vous à quelqu'un. Un rendez-vous d'amoureux.* — **2.** Lieu où on doit se rencontrer : *Être le premier à un rendez-vous.* — **3.** Tout lieu qui sert de point de rencontre, de réunion : *Un rendez-vous de chasse. Ce café est le rendez-vous des étudiants.*

rendormir [rɑ̃dɔrmir] v. t. (c. **18**). Endormir qqn de nouveau. ◆ ***se rendormir*** v. pr. S'endormir de nouveau : *Réveillée à 3 heures du matin, elle n'a pas pu se rendormir.*

rendre [rɑ̃dr] v. t. (bas lat. *rendere*) [c. **50**]. **1.** (sujet qqn) *Rendre qqch, qqn (à qqn),* le remettre à qui il appartient : *Rendre des livres prêtés* (syn. REDONNER), *de l'argent emprunté* (syn. REMBOURSER). *Rendre une somme volée, de l'argent touché indûment* (syn. RESTITUER). *Les ravisseurs ont rendu l'enfant à ses parents. Les ennemis ont rendu les otages* (syn. REMETTRE). — **2.** (sujet qqn) *Rendre qqch (abstrait) à qqn,* lui témoigner du respect, de la reconnaissance, etc.; s'acquitter envers lui de certaines obligations, de certains devoirs : *Rendre un culte à la divinité. Rendre les honneurs à un ambassadeur. Rendre des comptes à ses supérieurs.* — **3.** (sujet qqn) *Rendre qqch à qqn,* lui renvoyer, lui rapporter ce qu'on refuse d'accepter de lui : *Elle lui a rendu sa bague de fiançailles. Rendre à un commerçant une marchandise défectueuse.* — **4.** (sujet qqn, qqch) *Rendre qqch (abstrait, fonction) à qqn,* le faire rentrer en possession de ce qu'il avait perdu : *Rendre la liberté à un prisonnier. Ce remède lui a rendu la santé. Rendre la vue à un aveugle. Cette nouvelle lui a rendu l'espoir* (syn. REDONNER). — **5.** (sujet qqn) *Rendre qqch (à qqn),* le lui donner en retour, en échange : *Rendre vingt francs sur cent francs. Elle n'accepte jamais une invitation pour ne pas avoir à la rendre. Rendre le bien pour le mal. Il m'a joué un sale tour et je le lui ai rendu.* — **6.** Fam. *Rendre qqch (aliment, repas),* le rejeter par la bouche : *Le voyage en voiture lui a donné mal au cœur et elle a rendu son déjeuner;* sans compl. : *J'ai envie de rendre* (syn. VOMIR). — **7.** (sujet un aliment) *Rendre qqch (liquide),* le laisser échapper de soi : *À la cuisson, les tomates ont rendu toute leur eau.* — **8.** (sujet qqch) *Rendre un son,* le produire, le faire entendre : *Ce violon rend de très beaux sons. Le mur rend un son creux.* — **9.** (sujet qqn, qqch) *Rendre qqn, qqch (+ attribut du compl. d'objet),* faire devenir, mettre dans tel ou tel état : *Son invention l'a rendu célèbre. Cette nouvelle l'a rendue malade. Rendre un chemin praticable. Rendre une terre meilleure* (syn. AMÉLIORER). *Rendre nerveux* (= énerver). *Rendre clair* (= éclaircir). — **10.** (sujet qqn, qqch) *Rendre qqch (idée, sentiment, mot, modèle,* etc.) [+ *adv.*], l'exprimer, le reproduire, le traduire : *Votre traduction rend bien la pensée de l'auteur. Cette copie ne rend pas bien l'original;* et, sans compl., produire un effet (heureux ou malheureux) : *La photo n'a pas bien rendu.* — **11.** (sujet un cheval) *Rendre du poids, de la distance,* porter plus de poids, partir de plus loin qu'un autre cheval. — **12.** *Rendre un arrêt, un jugement,* etc., le prononcer. — **13.** (sujet qqch, qqn) [*Être*] *rendu qqpart,* être remis, arrivé à destination : *La barrique de vin coûte tant rendue à domicile. Encore quelques kilomètres et nous serons rendus chez nous.* — **14.** (sujet une terre, un arbre, etc.) *Rendre qqch (produit),* le fournir en telle ou telle quantité : *Une terre qui rend peu de blé* (syn. PRODUIRE); sans compl. : *Les arbres fruitiers ont bien rendu cette année. Cette terre ne rend guère* (syn. RAPPORTER). ◆ ***se rendre*** v. pr. (sujet qqn) **1.** *Se rendre qqpart,* y aller : *Elle s'est rendue à l'étranger pendant les vacances. Se rendre à son travail, à son poste.* — **2.** Se soumettre en cessant le combat : *La garnison n'a pas voulu se rendre* (syn. CAPITULER). — **3.** *Se rendre (+ attribut),* se montrer : *Se rendre insupportable, ridicule par ses manières. Elle veut se rendre utile, agréable à tout le monde.* (→ REDDITION.)

1. rendu, e [rɑ̃dy] adj. Extrêmement fatigué : *Quand nous sommes rentrés de promenade, nous étions tous rendus* (syn. EXTÉNUÉ, HARASSÉ, FOURBU).

2. rendu [rɑ̃dy] n. m. **1.** *Fam.* Objet rendu à un commerçant. — **2.** *C'est un prêté pour un rendu* → PRÊTÉ.

rêne [rɛn] n. f. (du lat. *retinere*, retenir). **1.** Courroie fixée au mors du cheval et que le cavalier tient en main : *Serrer les doigts sur les rênes pour ralentir l'allure de son cheval.* — **2.** *Tenir les rênes de l'État, du gouvernement, d'une affaire,* avoir la direction de l'État, du gouvernement, d'une affaire (soutenu).

renégat, e [rənega] n. (it. *rennigato*). Personne qui a renié ses opinions, qui trahit sa patrie, son parti.

renégocier [rənegɔsje] v. t. Négocier de nouveau.

1. renfermé, e [rɑ̃fɛrme] adj. Qui ne manifeste pas ses sentiments : *Il ne parle pas beaucoup, il est très renfermé* (contr. COMMUNICATIF, EXPANSIF, OUVERT).

2. renfermé [rɑ̃fɛrme] n. m. Odeur désagréable d'une pièce longtemps fermée : *Cette chambre sent le renfermé.*

renfermer [rɑ̃fɛrme] v. t. **1.** Enfermer de nouveau : *On a renfermé les prisonniers qui s'étaient échappés.* — **2.** (sujet qqch, un lieu) *Renfermer qqch,* le contenir, l'avoir en soi : *Ce tiroir renferme des papiers importants. Cette étude renferme de nombreuses erreurs. Une maxime qui renferme un sens profond.* ◆ ***se renfermer*** v. pr. Fam. *Se renfermer en soi-même,* ne rien communiquer de ses sentiments, se replier sur soi.

renfiler [rɑ̃file] v. t. Enfiler de nouveau.

renflé, e [rɑ̃fle] adj. Qui présente à certains endroits une augmentation de son diamètre, une surface bombée : *Un récipient dont le couvercle est renflé* (syn. BOMBÉ). *Une colonne renflée* (syn. GALBÉ).

renflement [rɑ̃fləmɑ̃] n. m. Action de renfler : *Le renflement d'une tige, d'une racine.*

renfler [rɑ̃fle] v. t. Rendre convexe, bombé.

renflouement [rɑ̃flumɑ̃] n. m. Action de renflouer : *Le renflouement d'un navire, d'une entreprise.*

renflouer [rɑ̃flue] v. t. (de l'anglo-norm. *flot*, marée). **1.** *Renflouer un bateau,* le remettre en état de flotter. — **2.** *Renflouer qqn, une entreprise,* leur fournir les fonds nécessaires pour rétablir leur situation financière.

renfoncement [rɑ̃fɔ̃smɑ̃] n. m. Endroit d'un mur, d'un ouvrage de construction qui présente un creux : *Se cacher dans le renfoncement d'une porte. Aucun renfoncement dans le mur qui aurait pu servir de cachette* (syn. ANFRACTUOSITÉ, RETRAIT).

renfoncer [rɑ̃fɔ̃se] v. t. (c. **1**). Enfoncer de nouveau ou plus avant : *Renfoncer le bouchon d'une bouteille. Renfoncer son chapeau.*

renforcé, e [rɑ̃fɔrse] adj. Rendu plus résistant, plus épais : *Des bas, des chaussettes renforcés.*

renforcement [rɑ̃fɔrsəmɑ̃] n. m. Action de renforcer; fait d'être renforcé : *Le renforcement d'un mur, d'une troupe, d'un son.*

renforcer [rɑ̃fɔrse] v. t. (anc. fr. *enforcier*, rendre plus fort) [c. **1**]. **1.** *Renforcer qqch,* le rendre plus fort, plus solide : *Renforcer un mur, une poutre, des bas* (syn. CONSOLIDER). — **2.** *Renforcer un groupe, des personnes,* les rendre plus puissants, plus nombreux : *Renfor* cer une équipe. — **3.** *Renforcer qqch,* lui donner plus d'intensité, d'énergie : *Mot qui sert à renforcer une expression. Cet argument renforce ce qu'elle a dit* (syn. CORROBORER, APPUYER). — **4.** *Renforcer un cliché photographique,* en augmenter les contrastes.

renfort [rɑ̃fɔr] n. m. **1.** Effectif ou matériel supplémentaire destiné à augmenter la force d'une troupe, d'une équipe : *Envoyer des renforts d'artillerie.* — **2.** Surcroît d'épaisseur donné en un point d'un objet pour en augmenter la solidité ou la résistance à l'usure. — **3.** *À grand renfort de,* au moyen d'une grande quantité de, en utilisant abondamment.

renfrogné, e [rɑ̃frɔɲe] adj. Qui marque la mauvaise humeur : *Visage renfrogné. Mine renfrognée* (syn. BOURRU, MAUSSADE).

renfrogner (se) [rɑ̃frɔɲe] v. pr. (anc. fr. *froigner,* froncer le nez) [sujet qqn]. Manifester sa mauvaise humeur en contractant son visage.

rengagé [rɑ̃gaʒe] adj. et n. m. Militaire qui reprend volontairement du service : *Un adjudant rengagé. Ce caporal-chef est un rengagé.*

rengagement [rɑ̃gaʒmɑ̃] n. m. Action de rengager : *Contracter un rengagement.*

rengager [rɑ̃gaʒe] v. t. (c. 2). Engager de nouveau : *Rengager des bijoux. Rengager du personnel.* ◆ v. i. ou ***se rengager*** v. pr. Contracter un nouvel engagement dans l'armée : *Ce sous-officier s'est rengagé* ou *a rengagé pour trois ans* (syn. REMPILER [arg. mil.]).

rengaine [rɑ̃gɛn] n. f. (de *rengainer*). **1.** *Fam.* Paroles répétées à satiété : *C'est toujours la même rengaine* (syn. REFRAIN, RABÂCHAGE). — **2.** *Fam.* Refrain banal : *Chanter une vieille rengaine.*

rengainer [rɑ̃gɛne] v. t. (de *gaine*). **1.** Remettre dans la gaine : *Rengainer son épée.* — **2.** Fam. *Rengainer son compliment, son discours,* ne pas dire ce qu'on était sur le point de dire.

rengorger (se) [rɑ̃gɔrʒe] v. pr. (c. 2). **1.** (sujet un oiseau) Avancer la gorge en ramenant la tête un peu en arrière : *Le paon se rengorge quand on le regarde.* — **2.** (sujet qqn) Prendre une attitude fière, arrogante; faire l'important : *Depuis qu'il est à cette place, il se rengorge* (syn. SE PAVANER).

reniement [rənimɑ̃] n. m. Fait de se renier : *Les gens de son parti ne lui ont pas pardonné ses reniements* (syn. TRAHISON).

renier [rənje] v. t. (bas lat. *renegare,* refuser). **1.** *Renier qqn,* déclarer faussement qu'on ne le connaît pas : *Saint Pierre renia Jésus-Christ.* — **2.** *Renier qqn, qqch,* ne plus le reconnaître comme sien : *Renier sa famille. Renier ses engagements, sa signature* (syn. DÉSAVOUER, SE DÉROBER À). *Renier sa foi* (syn. ABJURER). [→ RENÉGAT.]

reniflement [rəniflәmɑ̃] n. m. Action de renifler; bruit fait en reniflant.

renifler [rənifle] v. i. (anc. fr. *nifler,* aspirer par le nez) [sujet qqn]. Aspirer fortement l'air qui est dans les narines. ◆ v. t. **1.** *Renifler qqch (odeur),* l'aspirer par le nez : *Renifler du tabac, une odeur* (syn. SENTIR). — **2.** Fam. *Renifler qqch (abstrait),* le flairer, le soupçonner : *Renifler une bonne affaire.*

renne [rɛn] n. m. (all. *Reen*). Mammifère ruminant vivant en Sibérie, en Scandinavie, au Groenland et au Canada : *Les Lapons et les Esquimaux utilisent le renne comme bête de trait.*

renom [rənɔ̃] n. m. (de *renommé*). Opinion, presque toujours favorable, largement répandue dans le public sur qqn, qqch : *Le renom de l'École normale supérieure. Avoir un juste renom de sévérité* (syn. RÉPUTATION). *Cette malfaçon a porté atteinte au bon renom de la maison* (syn. NOTORIÉTÉ). *Un vin de grand renom. Une maison en renom* (= célèbre). *Un café en renom* (syn. À LA MODE, EN VOGUE).

renommé, e [rənɔme] adj. (de *re-* et *nommer*). Qui jouit d'un grand renom : *Une cantatrice, un professeur renommé* (syn. CÉLÈBRE, RÉPUTÉ). *La cuisine française est renommée. Une région renommée pour ses vins.*

renommée [rənɔme] n. f. (de *renommé*). Considération favorable largement répandue dans le public sur qqn, qqch : *La renommée de cette artiste a dépassé les frontières de son pays* (syn. RÉPUTATION). *Elle jouit d'une renommée qu'elle a pleinement méritée* (syn. GLOIRE, CÉLÉBRITÉ). *Ce magasin a une bonne renommée. Bonne renommée vaut mieux que ceinture dorée* (= mieux vaut jouir de l'estime publique que d'être riche).

renonce [rənɔ̃s] n. f. Au jeu de cartes, fait de ne pas fournir la couleur demandée.

renoncement [rənɔ̃smɑ̃] n. m. Fait de se détacher volontairement, par ascétisme, des biens terrestres : *Mener une vie de renoncement.*

renoncer [rənɔ̃se] v. t. ind. (lat. *renuntiare,* annoncer en réponse) [c. 1]. **1.** *Renoncer à qqch,* cesser d'en revendiquer la possession; ne pas accepter, refuser : *Renoncer à un droit, à une succession, à un don* (syn. SE DÉPARTIR DE, SE DÉSISTER). — **2.** *Renoncer à qqch,* à (+ *inf.*), abandonner la pratique, la jouissance, etc., de qqch : *Renoncer à régner, au pouvoir* (syn. ABDIQUER). *Renoncer à un métier* (syn. QUITTER, SE RETIRER). *Renoncer à un portefeuille ministériel* (syn. SE DÉMETTRE). — **3.** *Renoncer à qqch (action),* à (+ *inf.*), cesser d'envisager, de participer; abandonner : *Renoncer à un voyage, à voyager, à un projet. Renoncer à une compétition, à concourir. Renoncer au mariage. Elle ne veut pas écouter mes observations, je renonce à lui faire entendre raison* (contr. CONTINUER, PERSÉVÉRER, PERSISTER). *Renoncer à poursuivre ses études.* — **4.** *Renoncer à qqch (abstrait),* cesser de s'attacher à ce à quoi on tient : *Renoncer à une croyance* (syn. ABJURER). *Elle ne veut pas renoncer à son idée* (syn. DÉMORDRE DE). *Renoncer à un plaisir. Renoncer à sa liberté, aux honneurs. Renoncer aux plaisirs du monde* (relig.; syn. SE DÉTACHER DE). — **5.** *Renoncer à trèfle, à pique,* etc., aux cartes, ne pas fournir la couleur demandée.

renonciation [rənɔ̃sjasjɔ̃] n. f. Action de renoncer : *Renonciation à une succession, à la puissance paternelle, à un projet.*

renoncule [rənɔ̃kyl] n. f. (lat. *ranunculus,* petite grenouille). Plante dont il existe de nombreuses espèces à fleurs jaunes, croissant dans les prés, les chemins, les endroits humides (syn. usuel BOUTON-D'OR).

renouer [rənwe] v. t. **1.** Nouer ce qui est dénoué : *Renouer sa cravate, un ruban, un fil, les lacets de ses chaussures* (syn. RATTACHER). — **2.** Reprendre après une interruption : *Renouer la conversation, une alliance, une liaison.* ◆ v. t. ind. **1.** *Renouer avec qqn,* avoir de nouveau des relations avec lui : *Renouer avec un ami.* — **2.** *Renouer avec une tradition, avec une mode, avec un usage,* les remettre en honneur, les faire revivre.

renouveau [rənuvo] n. m. **1.** *Litt.* Retour du printemps. — **2.** Ce qui donne l'impression d'un renouvellement : *Cette mode connaît un renouveau de succès, de faveur* (syn. REGAIN).

renouvelable [rənuvlabl] adj. Qui peut être renouvelé : *Une expérience, un congé renouvelable.*

renouveler [rənuvle] v. t. (de l'anc. fr. *novel,* nouveau) [c. 6]. **1.** *Renouveler des personnes, des animaux,* les remplacer par d'autres, parce qu'ils ne conviennent plus : *Renouveler le personnel d'une entreprise, les membres d'un bureau, d'un comité. Renouveler son troupeau, son écurie.* — **2.** *Renouveler qqch (concret),* le remplacer quand il a subi une altération, quand il est usé : *Renouveler l'air d'une salle, l'eau d'un bassin, d'une piscine. Renouveler* *l'outillage d'une usine, le matériel d'une ferme* (contr. GARDER). *Renouveler sa garde-robe.* — **3.** *Renouveler qqch (abstrait),* lui apporter des transformations profondes : *La Révolution a renouvelé la face de l'Europe. Renouveler un usage, une mode* (= les faire revivre, en leur donnant une vie nouvelle; syn. RÉNOVER). *Renouveler un sujet, une question, une étude* (= les traiter de façon nouvelle). — **4.** Recommencer une action déjà faite : *Renouveler une demande, une offre, une promesse, une interdiction, des remerciements* (syn. RÉITÉRER, REFAIRE). *Renouveler un exploit.* — **5.** *Renouveler un passeport, un bail, un contrat,* en prolonger la validité (syn. PROROGER). ◆ ***se renouveler*** v. pr. **1.** (sujet qqn) Changer de manière, de genre, dans une activité littéraire ou artistique : *Cet auteur ne se renouvelle pas assez.* — **2.** (sujet qqch) Se produire de nouveau : *Espérons que cet incident ne se renouvellera pas* (syn. RECOMMENCER).

renouvellement [rənuvɛlmɑ̃] n. m. Action de renouveler; fait d'être renouvelé : *Le renouvellement d'un stock. Le renouvellement d'une assemblée. Le renouvellement d'un bail* (syn. PROROGATION).

rénovateur, trice [renɔvatœr] adj. et n. Qui rénove : *Le rénovateur d'une science.*

rénovation [renɔvasjɔ̃] n. f. Action de rénover; fait d'être rénové : *La rénovation d'une salle de spectacle* (syn. MODERNISATION). *La rénovation des études linguistiques* (syn. RAJEUNISSEMENT, RENOUVELLEMENT).

rénover [renɔve] v. t. (lat. *renovare*). **1.** *Rénover qqch (concret),* le remettre à neuf : *Rénover une décoration, des tentures.* — **2.** *Rénover qqch (abstrait),* le transformer en donnant une nouvelle forme, une nouvelle vie : *Rénover un enseignement. Rénover des méthodes de travail* (syn. RENOUVELER).

renseigné, e [rɑ̃seɲe] adj. Qui a des renseignements, qui est informé : *Parlez-lui de cette affaire, elle est bien renseignée.*

renseignement [rɑ̃sɛɲəmɑ̃] n. m. Action de renseigner; information donnée : *Donner des renseignements sur une affaire* (syn. PRÉCISION). *Communiquer, fournir des renseignements* (syn. INFORMER). *Prendre des renseignements sur un candidat. Chercher un renseignement dans un dictionnaire. Je tiens ce renseignement de personnes bien informées* (syn. fam. TUYAU). *Aller aux renseignements* (= s'informer).

renseigner [rɑ̃sɛɲe] v. t. (*re-* et *enseigner*). *Renseigner qqn (sur qqn, qqch),* lui donner des indications, des éclaircissements : *Renseigner un passant. Vendeuse qui renseigne une cliente sur le prix d'une marchandise.* ◆ ***se renseigner*** v. pr. (sujet qqn) *Se renseigner (sur qqn, qqch),* prendre des renseignements : *Se renseigner sur un produit avant de l'acheter* (syn. S'INFORMER, S'ENQUÉRIR).

rentabilisation [rɑ̃tabilizasjɔ̃] n. f. Action de rentabiliser.

rentabiliser [rɑ̃tabilize] v. t. Faire que qqch produise un revenu, un profit.

rentabilité [rɑ̃tabilite] n. f. Caractère rentable : *La rentabilité d'une entreprise.*

rentable [rɑ̃tabl] adj. (de *rente*). Qui procure un revenu, un bénéfice satisfaisant : *Une exploitation, une affaire rentable* (syn. fam. PAYANT).

rente [rɑ̃t] n. f. (de *rendre*). **1.** Revenu fourni par un capital : *Vivre de ses rentes.* — **2.** Somme d'argent versée périodiquement à qqn : *Elle servait une rente à sa vieille domestique.* — **3.** Emprunt de l'État, représenté par un titre qui donne droit à un intérêt contre remise de coupons : *Rentes à cinq pour cent. Les rentes s'amortissent par le rachat des titres.*

rentier, ère [rɑ̃tje] n. Personne qui vit de ses rentes.

rentrant, e [rɑ̃trɑ̃] adj. **1.** *Angle rentrant,* angle dont la valeur est supérieure à 180^0 (contr. SAILLANT). — **2.** Qui peut être rentré : *Train d'atterrissage rentrant* (syn. ESCAMOTABLE).

rentré, e [rɑ̃tre] adj. *Colère rentrée,* qui ne se manifeste pas extérieurement. ‖ *Des joues rentrées,* creuses (syn. CAVE). ‖ *Des yeux rentrés,* enfoncés.

rentrée [rɑ̃tre] n. f. **1.** Action de porter ou de reporter à l'intérieur ce qui était dehors : *La rentrée des foins, des moissons.* — **2.** Reprise des activités, des travaux, des fonctions après les vacances ou après une interruption, une absence : *La rentrée des classes, du Parlement. La rentrée des ouvriers à l'usine. La rentrée d'un artiste.* — **3.** Période de retour après les vacances : *Nous parlerons de cette affaire à la rentrée.* — **4.** Recouvrement de fonds : *Attendre des rentrées (d'argent) importantes.* — **5.** Cartes qu'on prend à la place de celles qu'on a écartées : *Elle a eu une belle rentrée.*

rentrer [rɑ̃tre] v. i. (auxil. être) **1.** (sujet qqn) Retourner dans un lieu d'où on est sorti : *Il avait à peine quitté l'hôpital qu'il a dû y rentrer. Comme il pleuvait, elle est rentrée prendre son imperméable. Rentrer tous les jours chez soi pour déjeuner* (syn. REVENIR). *Elle vient de rentrer de promenade.* — **2.** (sujet qqn, une institution, etc.) Reprendre son travail, ses fonctions, ses occupations : *Le directeur est rentré hier et il a réuni ce matin ses collaborateurs. Les écoles, les facultés, les tribunaux vont rentrer dans quelques jours.* — **3.** (sujet qqn) Aller à l'intérieur d'un lieu; s'engager dans une profession (syn. usuel de ENTRER sans idée de retour, de répétition) : *Les ennemis sont rentrés dans la ville. Comme ils ne savaient pas quoi faire, ils sont rentrés dans un cinéma. Après son service militaire, il est rentré dans la police;* (sujet qqch) pénétrer dans qqch d'autre : *La clef rentre bien dans la serrure* (syn. S'ENFONCER). *Des tubes qui rentrent les uns dans les autres* (syn. S'EMBOÎTER). *L'appareil ne rentre pas dans son étui;* être contenu, inclus dans : *Cela ne rentre pas dans mes attributions. Cela rentre dans vos préoccupations.* — **4.** *Fam.* (sujet qqn, un véhicule) *Rentrer dans qqch,* le heurter violemment : *Elle a manqué un virage et elle est rentrée dans un arbre.* — **5.** (sujet une somme d'argent) Être payé, perçu : *L'argent rentre difficilement en ce moment. Faire rentrer des fonds.* — **6.** *Rentrer dans l'ordre, dans le calme,* retrouver l'ordre, le calme : *Après une période troublée, tout est rentré dans l'ordre.* ‖ *Rentrer dans ses droits,* les recouvrer. ◆ v. t. (auxil. *avoir*) **1.** *Rentrer qqch, un être animé (qqpart),* les porter ou les reporter, les ramener à l'intérieur, à l'abri : *Rentrer des marchandises dans un magasin. Rentrer les foins, la moisson* (syn. ENGRANGER). *Rentrer sa voiture au garage. Rentrer des bestiaux à l'étable.* — **2.** *Rentrer qqch,* le faire disparaître dans ou sous qqch d'autre : *Rentre ta chemise dans ton pantalon. Le chat rentre ses griffes* (= fait patte de velours). *Le pilote a rentré le train d'atterrissage.* — **3.** *Rentrer le ventre,* en contracter les muscles pour le rendre aussi plat que possible. ‖ *Rentrer ses larmes, sa colère, sa rage,* les cacher, les refouler.

renversant, e [rɑ̃vɛrsɑ̃] adj. *Fam.* Qui étonne profondément : *Nouvelle renversante* (syn. STUPÉFIANT, ↓SURPRENANT).

renversé, e [rɑ̃vɛrse] adj. **1.** Étonné au plus haut point : *Elle était absolument renversée quand je lui ai appris votre mariage* (syn. STUPÉFAIT, DÉCONCERTÉ). — **2.** Fam. *C'est le monde renversé,* tout est contraire à la raison. ‖ *Écriture renversée,* penchée vers la gauche.

renverse (à la) [rɑ̃vɛrs] adv. Sur le dos : *Elle tomba à la renverse.*

renversement [rɑ̃vɛrsəmɑ̃] n. m. Action de renverser : *Le renversement des institutions* (syn. BOULEVERSEMENT, ↑ANÉANTISSEMENT, ↑RUINE). *Renversement d'une situation* (syn. RETOURNEMENT).

renverser [rɑ̃vɛrse] v. t. (de *envers*). **1.** *Renverser qqch*, le mettre à l'envers, sens dessus dessous : *Renverser un récipient* (syn. RETOURNER). — **2.** Disposer en sens inverse : *Renverser l'ordre des mots dans une phrase, des termes dans une fraction* (syn. INTERVERTIR). — **3.** Pencher en arrière : *Renverser la tête, la nuque.* — **4.** *Renverser qqn, qqch*, les faire tomber, les jeter par terre : *Renverser un adversaire d'un coup de poing* (syn. ÉTENDRE, TERRASSER). *L'automobiliste a renversé une vieille dame* (syn. FAUCHER). *Le cheval, en se cabrant, a renversé sa cavalière* (syn. DÉSARÇONNER, DÉMONTER). *Renverser des chaises. Le vent a renversé beaucoup d'arbres* (syn. ABATTRE). *Renverser son verre sur la table. Renverser du vin* (syn. RÉPANDRE). — **5.** *Renverser qqn, un gouvernement*, l'obliger à démissionner, provoquer sa chute : *Le président a été renversé et c'est l'armée qui a pris le pouvoir. Renverser un ministère* (= obtenir la démission des ministres composant un gouvernement). — **6.** Fam. *Renverser qqn*, le jeter dans une profonde stupéfaction : *Cette nouvelle m'a renversée.* ◆ ***se renverser*** v. pr. **1.** (sujet qqn) Se pencher fortement en arrière : *Se renverser sur sa chaise.* — **2.** (sujet qqch) Se retourner sens dessus dessous : *Sa voiture s'est renversée dans le fossé* (syn. CAPOTER). *Le voilier s'est renversé* (syn. CHAVIRER).

renvoi [rɑ̃vwa] n. m. **1.** Action de renvoyer : *Le renvoi d'un ouvrier, d'un élève, d'une lettre, d'un paquet, d'une balle. Le renvoi d'un procès à huitaine.* — **2.** Marque indiquant à un lecteur l'endroit où il trouvera l'explication du passage qu'il a sous les yeux. — **3.** Rejet par la bouche de gaz provenant de l'estomac (syn. ÉRUCTATION).

renvoyer [rɑ̃vwaje] v. t. (c. **11**). **1.** *Renvoyer qqn qqpart*, le faire retourner là où il est déjà allé, à son lieu de départ : *Renvoyer un enfant malade chez ses parents. Renvoyer des soldats dans leurs foyers* (syn. DÉMOBILISER, LIBÉRER). — **2.** *Renvoyer qqn (d'un lieu, de son travail)*, le faire partir en le congédiant : *Renvoyer un importun* (syn. CHASSER, ÉCONDUIRE; fam. ENVOYER PROMENER). *Renvoyer un employé* (syn. CONGÉDIER, REMERCIER). *On a renvoyé une grande partie du personnel* (syn. LICENCIER). *Renvoyer un élève d'un lycée* (syn. EXCLURE, METTRE À LA PORTE). — **3.** *Renvoyer qqch à qqn*, lui faire reporter, lui faire remettre qqch qu'il a envoyé, oublié ou qu'on n'accepte pas : *Elle vous renvoie le livre que vous lui avez prêté. Elle lui a renvoyé sa bague de fiançailles* (syn. RENDRE). — **4.** *Renvoyer qqch*, le lancer en sens contraire : *Renvoyer une balle, un ballon.* — **5.** (sujet une surface) Réfléchir la lumière, le son : *Une glace renvoie la lumière qu'elle reçoit. L'écho renvoie les sons, les paroles* (syn. RÉPERCUTER). — **6.** *Renvoyer qqn à qqn, à qqch*, l'adresser à qqn, l'obliger à se reporter à qqch qui puisse le renseigner : *Le chef de bureau m'a renvoyé au secrétaire général. Ces chiffres, ces astérisques renvoient le lecteur à des notes en bas de la page.* — **7.** *Renvoyer qqch*, l'adresser, le transmettre à une juridiction, à une autorité plus compétente : *Renvoyer une affaire en Cour de cassation.* — **8.** *Renvoyer qqch à (+ date)*, le remettre à plus tard : *Renvoyer un débat à une date ultérieure* (syn. AJOURNER, DIFFÉRER). *Le jugement du procès a été renvoyé à huitaine.* — **9.** *Renvoyer la balle* ou, fam., *l'ascenseur à qqn*, répondre à ses compliments ou à ses reproches par des compliments ou des reproches de même nature.

réoccupation [reɔkypasjɔ̃] n. f. Action de réoccuper.

réoccuper [reɔkype] v. t. *Réoccuper un lieu*, en reprendre possession.

réopérer [reɔpere] v. t. (c. **10**) Opérer de nouveau.

réorganisation [reɔrganizasjɔ̃] n. f. Action de réorganiser : *La réorganisation des services de police.*

réorganiser [reɔrganize] v. t. Organiser de nouveau : *Réorganiser un magasin en fonction des nouveaux besoins de la clientèle.*

réorientation [reɔrjɑ̃tasjɔ̃] n. f. Action de réorienter.

réorienter [reɔrjɑ̃te] v. t. Orienter dans une nouvelle direction : *Cette enfant ne peut suivre, il faut la réorienter vers l'enseignement technique.* ◆ ***se réorienter*** v. pr. S'orienter dans un sens nouveau. (→ DÉSORIENTER.)

réouverture [reuvɛrtyr] n. f. Action de rouvrir : *La réouverture d'un magasin, d'un théâtre.*

repaire [rəpɛr] n. m. (de l'anc. fr. *repairier*, rentrer chez soi). **1.** Lieu qui sert de refuge à des bêtes sauvages : *Repaire de lions, de tigres* (syn. TANIÈRE, ANTRE). — **2.** Lieu où se réunissent des malfaiteurs : *Repaire de brigands.*

repaître [rəpɛtr] v. t. (*re-* et *paître*) [c. **80**]. Litt. *Repaître ses yeux d'un spectacle*, le regarder avec avidité. ◆ ***se repaître*** v. pr. **1.** *Litt.* (sujet qqn, un animal) Assouvir sa faim. — **2.** (sujet qqn) *Se repaître de carnage, de sang*, être cruel, sanguinaire. ‖ *Se repaître de chimères, d'illusions*, entretenir son imagination de vains espoirs. ‖ *Se repaître de lectures malsaines*, y prendre un grand plaisir.

répandre [repɑ̃dr] v. t. (*re-* et *épandre*) [c. **50**]. **1.** *Répandre qqch* (*liquide, produit*, etc.) *qqpart*, le laisser tomber en le dispersant sur une surface : *Répandre de l'eau sur le carrelage de la cuisine. Répandre du sel sur une nappe* (syn. RENVERSER). *Répandre des gravillons sur une route* (syn. ÉTENDRE, ÉTALER); sans compl. de lieu : *Répandre des pleurs, des larmes* (= pleurer). *Répandre le sang* (= blesser ou tuer). — **2.** *Répandre de la clarté, une odeur*, etc., les envoyer hors de soi, en être la source : *Le soleil répand sa lumière* (syn. DIFFUSER). *Des fleurs qui répandent une odeur délicieuse* (syn. EXHALER). *Ce bois se consume en répandant beaucoup de fumée* (syn. DÉGAGER). — **3.** *Répandre une doctrine, une nouvelle*, etc., les faire connaître : *Répandre des idées* (syn. DIFFUSER, PROPAGER). *Répandre une nouvelle* (syn. COLPORTER, PUBLIER). *Répandre une mode* (syn. LANCER). — **4.** *Répandre des dons*, les distribuer : *La science répand ses bienfaits.* — **5.** *Répandre une émotion, un sentiment*, les provoquer, les susciter : *L'assassin a répandu la terreur* (syn. JETER, SEMER). *Elle répandait la joie autour d'elle.* ◆ ***se répandre*** v. pr. **1.** (sujet qqch) S'écouler : *Des bouteilles ont été cassées et le vin s'est répandu dans la cave.* — **2.** Se dégager : *La cheminée tire mal, et la fumée se répand dans la pièce. Une odeur infecte s'est répandue dans la salle.* — **3.** Se propager : *L'épidémie s'est répandue dans le pays* (syn. GAGNER, S'ÉTENDRE). *Un faux bruit se répand rapidement* (syn. CIRCULER, COURIR). — **4.** (sujet qqn) *Se répandre en injures, en menaces, en louanges*, dire beaucoup d'injures, proférer beaucoup de menaces (syn. ÉCLATER), faire de longs éloges. — **5.** (sujet des personnes) Envahir une surface : *Les groupes de manifestants, dispersés par la police, se répandent dans tout le quartier* (syn. REMPLIR).

répandu, e [repɑ̃dy] adj. **1.** Qui a été versé, éparpillé, qui a débordé : *Des papiers répandus sur une table* (= épars). — **2.** Banal, communément admis : *Une mode, une opinion très répandue.*

réparable [reparabl] adj. Qui peut être réparé : *Ce pantalon est trop usé, il n'est plus réparable. Erreur, perte réparable* (contr. IRRÉPARABLE, IRRÉMÉDIABLE).

reparaître [rəparɛtr] v. i. (c. **64**; auxil. *être* ou *avoir*) Paraître à nouveau (syn. RÉAPPARAÎTRE).

réparateur, trice [reparatœr] n. Qui répare : *Un réparateur de porcelaines, de postes de radio, de bicyclettes.* ◆ adj. *Sommeil réparateur,* qui répare les forces.

réparation [reparasjɔ̃] n. f. 1. Action de réparer : *La réparation d'une voiture, d'une montre. Demander à quelqu'un réparation d'une offense. Réparation par les armes* (syn. DUEL). — 2. (pl.) Travaux effectués en vue de l'entretien d'une maison, d'un immeuble : *Cette villa a besoin de grosses réparations.* — 3. *Surface de réparation,* au football, surface rectangulaire devant la ligne de but.

réparer [repare] v. t. (lat. *reparare*). 1. *Réparer qqch,* remettre en état ce qui est détérioré : *Réparer une pendule, un meuble, un appareil de radio* (syn. ARRANGER). *Faites réparer cette maison, sinon elle va s'effondrer* (syn. CONSOLIDER). *Réparer une église, des objets d'art* (syn. RESTAURER). *Réparer un objet de façon sommaire* (syn. fam. RAFISTOLER, RETAPER). *Réparer une route* (syn. REFAIRE). *Réparer des chaussures* (syn. RESSEMELER). — 2. *Réparer un dégât,* effectuer les travaux nécessaires pour y remédier : *Réparer un accroc* (syn. RACCOMMODER, RAPIÉCER, REPRISER, STOPPER). *Réparer une crevaison, les plombs qui ont sauté.* — 3. *Réparer une erreur, une faute,* les corriger en en supprimant les conséquences fâcheuses : *Réparer une erreur, un oubli, une négligence* (syn. REMÉDIER À); se racheter en agissant de façon à faire disparaître les conséquences d'un acte blâmable : *Réparer une offense, une sottise* (syn. EFFACER). — 4. *Réparer ses forces,* se rétablir. ‖ *Réparer une perte,* la compenser, s'en dédommager.

reparler [rəparle] v. i. et t. ind. *Reparler de qqch, de qqn,* en parler de nouveau. ‖ Fam. *On en reparlera,* l'affaire n'est pas terminée, l'avenir pourrait bien donner tort à cela.

repartie [reparti] n. f. (de *repartir* 2). Réponse vive, spirituelle et pleine d'à-propos à ce qui vient d'être dit : *Une repartie adroite, heureuse, plaisante. Avoir de la repartie, l'esprit de repartie.*

1. repartir [rəpartir] v. i. (c. **26**; auxil. *être*). 1. Partir de nouveau. — 2. Revenir à l'endroit d'où on vient.

2. repartir [rəpartir] v. t. (de *re-* et *partir,* se séparer de) [c. **26**; auxil. *avoir*]. *Litt.* Répliquer promptement, répondre sur-le-champ : *Elle ne trouva que des impertinences à lui repartir.*

répartir [repartir] v. t. (*ré-* et anc. fr. *partir,* partager). 1. *Répartir de l'argent, des biens,* les partager, les distribuer d'après certaines conventions, certaines règles : *Répartissez cette somme, ces bénéfices entre les associés.* — 2. *Répartir des personnes, des choses,* les distribuer dans un espace : *Répartir des troupes dans une ville* (syn. DISPERSER). *Vous avez mal réparti les valises dans le coffre.* ◆ ***se répartir*** v. pr. (sujet qqn [pl.]) *Se répartir qqch,* se le partager : *Nous allons nous répartir le travail.*

répartition [repartisjɔ̃] n. f. Action de répartir; fait d'être réparti : *La répartition des biens d'une succession* (syn. DISTRIBUTION). *La répartition des impôts.*

repas [rəpɑ] n. m. (anc. fr. *past,* nourriture). Nourriture qu'on prend chaque jour et, normalement, à certaines heures : *Inviter des amis à un repas. Faire un bon repas, un repas copieux, plantureux. Un repas de noces, de cérémonie, de fête* (syn. BANQUET, FESTIN). *Un repas pris sur l'herbe* (syn. PIQUE-NIQUE). *Faire trois repas par jour.*

repassage [rəpasaʒ] n. m. Action de repasser : *Le repassage du linge, d'un couteau.*

repasser [rəpase] v. i. (auxil. *être*) 1. Passer de nouveau : *Je repasserai vous voir ces jours-ci. Elle ne fait que passer et repasser devant la maison. Au retour, nous ne sommes pas repassés par la même route.* — 2. *Repasser derrière qqn,* contrôler, corriger son travail. ◆ v. t. (auxil. *avoir*) 1. Franchir de nouveau : *L'armée a repassé les Pyrénées. Repasser une rivière.* — 2. *Repasser un plat,* le présenter de nouveau. — 3. *Repasser des ciseaux, des couteaux,* les aiguiser sur une meule, sur une pierre. — 4. *Repasser du linge, une étoffe, un tissu,* etc., en faire disparaître les faux plis au moyen d'un fer chaud qu'on passe dessus. — 5. *Repasser une leçon, une composition, un rôle,* relire, redire pour soi-même ce qu'on a appris par cœur, pour s'assurer qu'on le sait (syn. REVOIR, RÉVISER).

repasseur [rəpasœr] n. m. Personne qui repasse les couteaux, les ciseaux (syn. RÉMOULEUR).

repasseuse [rəpasøz] n. f. Ouvrière, machine qui repasse le linge.

repêchage [rəpɛʃaʒ] n. m. Action de repêcher : *Le repêchage d'un noyé. Session de repêchage.*

repêcher [rəpɛʃe] v. t. 1. *Repêcher qqn, qqch,* le retirer de l'eau : *Repêcher un noyé.* — 2. Fam. *Repêcher un candidat,* le recevoir à un examen, bien qu'il n'ait pas obtenu le nombre de points requis. — 3. Donner à un athlète, à un club éliminés une chance supplémentaire de se qualifier pour la suite de la compétition.

repeigner (se) [rəpɛɲe] v. pr. Se peigner de nouveau.

repeindre [rəpɛ̃dr] v. t. Peindre de nouveau : *La cuisine est sale, il va falloir la repeindre.*

repenser [rəpɑ̃se] v. t. et t. ind. *Repenser (à) un problème,* l'examiner d'un point de vue nouveau en lui donnant une nouvelle solution (syn. REVOIR, RECONSIDÉRER).

repentant, e [rəpɑ̃tɑ̃] adj. Qui se repent.

repenti, e [rəpɑ̃ti] adj. Qui s'est repenti : *Le voleur repenti a restitué l'argent qu'il avait dérobé.*

1. repentir (se) [rəpɑ̃tir] v. pr. (du lat. *poenitere*) [c. **19**]. *Se repentir de qqch, de* (+ *inf.*), ressentir le regret d'une faute avec le désir de la réparer ou de ne plus y retomber : *Se repentir de sa mauvaise conduite, du mal qu'on a fait à son prochain;* regretter vivement d'avoir fait ou de n'avoir pas fait qqch : *Elle se repent d'avoir pris cette décision* (syn. SE REPROCHER, S'EN VOULOIR). *Il s'en repentira* (= il en subira de fâcheuses conséquences, il en sera puni).

2. repentir [rəpɑ̃tir] n. m. Vif regret d'une faute avec le désir de n'y plus retomber : *On lui a pardonné parce qu'elle a témoigné beaucoup de repentir* (syn. REMORDS, ↓ REGRET).

repérable [rəperabl] adj. Qui peut être repéré : *À cause du camouflage, le matériel ennemi était difficilement repérable.*

repérage [rəperaʒ] n. m. Action de repérer : *Le repérage des mouvements de l'ennemi.*

répercussion [repɛrkysjɔ̃] n. f. 1. Fait de se répercuter : *La répercussion du son.* — 2. Fait d'avoir des conséquences : *Cet événement pourrait avoir de graves répercussions* (syn. CONSÉQUENCE, CONTRECOUP, RETENTISSEMENT, INCIDENCE).

répercuter [repɛrkyte] v. t. (lat. *repercutere,* repousser). 1. (sujet qqch) *Répercuter un son,* le renvoyer et le prolonger : *Un coup de fusil que l'écho répercute.* — 2. (sujet qqn) *Répercuter qqch,* faire en sorte que cela soit transmis : *Répercuter une consigne à tous les niveaux de la hiérarchie.* — 3. Transmettre une charge financière à qqn ou à qqch d'autre : *Répercuter la taxe à la valeur ajoutée sur les consommateurs.* ◆ ***se répercuter*** v. pr. (sujet qqch) 1. Être renvoyé : *Le bruit du tonnerre se répercute dans la montagne.* — 2. *Se répercuter sur qqch,* avoir des conséquences directes sur : *L'augmentation des tarifs ferroviaires se répercute sur le prix des marchandises.*

reperdre [rəpɛrdr] v. t. (c. 52) Perdre de nouveau.

repère [rəpɛr] n. m. (variante de *repaire* d'après le lat. *reperire,* retrouver). **1.** Marque faite à différentes pièces d'un assemblage pour les reconnaître et les ajuster : *Les menuisiers tracent des repères au crayon ou à la craie sur les pièces de bois qu'ils veulent assembler.* — **2.** Trait, sur un instrument de mesure, servant d'index pour effectuer une lecture sur une échelle graduée. — **3.** Marque faite sur un mur, sur un jalon, sur un terrain, etc., pour indiquer ou retrouver un alignement, une hauteur : *Tracer des repères pour marquer le niveau des eaux.* — **4.** *Point de repère,* objet ou endroit déterminé qui permet de s'orienter : *Elle s'était égarée dans la forêt et elle n'avait aucun point de repère pour se retrouver;* indice, détail qui permet de situer un événement dans le temps : *Ces deux faits sont des points de repère pour l'étude de cette période* (syn. JALON).

repérer [rəpere] v. t. (c. **10**). **1.** *Repérer qqch,* le marquer de repères : *Repérer un alignement.* — **2.** *Repérer qqch,* en découvrir l'existence et en déterminer la position exacte : *Repérer un sous-marin* (syn. LOCALISER). *Les policiers avaient repéré l'endroit où se réunissaient les malfaiteurs* (syn. DÉCOUVRIR). — **3.** *Repérer qqn, qqch,* l'apercevoir, le trouver parmi d'autres : *Repérer quelqu'un dans une foule. Repérer des fautes dans un texte.* — **4.** *Se faire repérer,* attirer l'attention sur soi, être découvert : *Attention, tu vas te faire repérer.* ◆ ***se repérer*** v. pr. (sujet qqn) S'orienter : *On a du mal à se repérer dans un endroit qu'on connaît mal* (syn. SE RETROUVER).

répertoire [repɛrtwar] n. m. (du lat. *reperire,* retrouver). **1.** Inventaire ou recueil dont les matières sont classées selon un certain ordre pour faciliter les recherches : *Un dictionnaire est un répertoire alphabétique des mots* (syn. CATALOGUE, FICHIER). — **2.** Cahier ou carnet à l'extrémité des pages duquel ont été aménagés des onglets correspondant aux lettres de l'alphabet, pour faciliter la consultation des renseignements qui y ont été inscrits : *Un répertoire d'adresses* (syn. AGENDA, CARNET). — **3.** Liste des pièces qui forment le fonds ordinaire d'un théâtre : *Cette pièce fait partie du répertoire, est entrée au répertoire du Théâtre-Français.* — **4.** Ensemble des œuvres qu'a l'habitude de faire entendre un acteur, un musicien, un chanteur; tout ce que peut exécuter sur scène un artiste, quel qu'il soit : *La chanteuse a inscrit de nouvelles chansons à son répertoire. Le répertoire d'un clown.* — **5.** *Fam.* Ensemble de termes, d'expressions dont qqn dispose et dont il fait usage : *Avoir un beau répertoire d'injures.*

répertorier [repɛrtɔrje] v. t. *Répertorier des êtres, des choses,* les dénombrer en les consignant selon une classification.

répéter [repete] v. t. (lat. *repetere,* aller chercher de nouveau) [c. **10**]. **1.** *Répéter une parole,* redire ce qu'on a déjà dit soi-même : *Répéter une explication. Répéter toujours les mêmes choses* (syn. fam. RABÂCHER, RESSASSER, SERINER); ce qu'un autre a dit : *Répéter une nouvelle, un secret* (syn. RACONTER, RAPPORTER). — **2.** *Répéter une action,* refaire ce qu'on a déjà fait : *Répéter une expérience, une tentative* (syn. RECOMMENCER, RENOUVELER). — **3.** *Répéter qqch,* dire ou faire en privé, à plusieurs reprises, ce qu'on doit dire ou exécuter en public : *Répéter une leçon, un rôle, un morceau de musique.* — **4.** Reproduire plusieurs fois : *Répéter un motif décoratif.* ◆ ***se répéter*** v. pr. **1.** (sujet qqn) Redire les mêmes choses : *C'est un conteur agréable, mais il se répète un peu trop.* — **2.** (sujet qqch) Être redit : *Un secret ne doit pas se répéter;* être reproduit : *Motif qui se répète.* — **3.** (sujet un fait, un événement) Se reproduire : *L'histoire ne se répète pas.*

répétiteur, trice [repetitœr] n. Personne qui donne des leçons supplémentaires à des élèves (vieilli).

répétitif, ive [repetitif] adj. Qui se répète : *Le caractère répétitif du travail à la chaîne.*

répétition [repetisjɔ̃] n. f. **1.** Retour de la même idée, du même mot : *Évitez les répétitions inutiles* (syn. REDITE). — **2.** Fait de recommencer une action : *Les habitudes s'acquièrent par la répétition des mêmes actes.* — **3.** Leçon particulière donnée par un professeur à un ou plusieurs élèves : *Sa mère lui a fait prendre des répétitions.* — **4.** Séance de travail préparant la représentation publique d'une œuvre musicale, dramatique, chorégraphique, etc. : *La répétition d'un concert, d'une pièce de théâtre. Répétition générale* (= dernière répétition d'une pièce qui précède la première représentation et à laquelle on convie la critique). — **5.** *Arme à répétition,* arme à feu dont la vitesse de tir est augmentée par le chargement automatique des munitions dans le magasin.

repeuplement [rəpœpləmɑ̃] n. m. Action de repeupler; fait d'être repeuplé.

repeupler [rəpœple] v. t. Peupler de nouveau un pays, un endroit, etc. : *Repeupler une région désertée par ses habitants. Repeupler un étang.*

repiquage [rəpikaʒ] n. m. Action de repiquer : *Le repiquage du tabac. Ce 33 tours est un repiquage d'un vieux 78 tours.*

repiquer [rəpike] v. t. **1.** Transplanter de jeunes plants provenant de semis : *Repiquer des salades, des poireaux.* — **2.** *Repiquer un disque, une bande magnétique,* les enregistrer pour en faire une copie.

répit [repi] n. m. (lat. *respectus,* regard en arrière). **1.** Arrêt de qqch qui presse, accable, tourmente : *Éprouver des douleurs qui ne laissent pas un instant de répit.* — **2.** *Sans répit,* sans cesse, sans interruption : *Elle travaille sans répit* (syn. CONTINUELLEMENT). — **3.** Temps de repos, de détente : *S'accorder un peu de répit.*

replacer [rəplase] v. t. (c. **1**). **1.** *Replacer qqch,* le remettre à sa place : *Replacer des livres dans les rayons.* — **2.** *Replacer qqn,* lui donner de nouveau une place. — **3.** *Replacer qqch dans qqch,* l'examiner en fonction de sa place dans un ensemble : *Replacer un événement dans son contexte.*

replanter [rəplɑ̃te] v. t. Planter de nouveau.

replat [rəpla] n. m. Adoucissement momentané et très prononcé de la pente, sur un versant.

replâtrage [rəplɑtraʒ] n. m. **1.** Action de replâtrer, de recouvrir de plâtre. — **2.** Action de réparer de manière superficielle : *Il n'y a rien de changé dans ce nouveau gouvernement; ce n'est que du replâtrage.* — **3.** Réconciliation éphémère : *Il y a eu entre les époux un replâtrage qui n'a pas duré.*

replâtrer [rəplɑtre] v. t. **1.** Enduire de nouveau avec du plâtre : *Replâtrer un mur.* — **2.** Fam. *Replâtrer qqch (abstrait),* le remanier, le réparer de façon sommaire : *Replâtrer un ouvrage scolaire.*

replet, ète [rəplɛ] adj. (lat. *repletus,* rempli). Qui a de l'embonpoint : *Une petite femme replète* (syn. DODU, GRASSOUILLET).

repleuvoir [rəplœvwar] v. i. (c. **47**) Pleuvoir de nouveau.

repli [rəpli] n. m. **1.** Pli double, rabattu : *Faire un repli au bas d'un pantalon* (syn. REVERS), *à une étoffe.* — **2.** Retraite volontaire d'un corps de troupes : *L'état-major a envoyé un ordre de repli aux avant-postes.* ◆ ***replis*** n. m. pl. **1.** Plis répétés : *Les replis du drapeau que le vent fait flotter. Les replis d'une écharpe.* — **2.** *Replis de l'âme, du cœur, de la conscience,* ce qu'il y a de plus caché, de plus secret (soutenu). [→ PLIER, PLISSER.]

repliement [rəplimɑ̃] n. m. Action de replier, de se replier : *Le repliement d'une troupe. Le repliement de quelqu'un sur lui-même.*

replier [rəplije] v. t. **1.** Plier qqch qui avait été déplié : *En repliant cette étoffe, tâchez de la remettre dans les mêmes plis.* — **2.** Ramener en pliant, en recourbant : *Replier le bas de son pantalon* (syn. RETROUSSER). *Replier le coin d'une feuille de papier. Oiseau qui replie ses ailes. Replier une jambe sous l'autre.* — **3.** *Replier une troupe,* la ramener vers une position établie en arrière du contact avec l'ennemi : *Le général a replié les divisions d'une dizaine de kilomètres.* ◆ ***se replier*** v. pr. **1.** Former des plis, des courbes : *Le serpent se replie en tous sens* (syn. SE TORTILLER). — **2.** S'enrouler : *Le chat s'était caché dans un recoin et se repliait sur lui-même* (syn. SE RAMASSER, SE RECROQUEVILLER, SE PELOTONNER). — **3.** (sujet une troupe) Se reporter sur une position établie en arrière : *Comme elles en avaient reçu l'ordre, les premières lignes se sont repliées sur leurs retranchements* (syn. RECULER, BATTRE EN RETRAITE). — **4.** (sujet qqn) *Se replier sur soi-même,* s'isoler du monde extérieur pour réfléchir, méditer (syn. S'ABSTRAIRE, SE RENFERMER).

réplique [replik] n. f. **1.** Réponse vive et brève : *Une réplique habile, ingénieuse. Avoir la réplique facile* (syn. REPARTIE). *Argument sans réplique* (= décisif). — **2.** Réponse faite avec brusquerie, avec impertinence : *Allons, pas de réplique, on vous demande seulement d'obéir* (syn. ↓DISCUSSION). — **3.** Ce qu'un acteur de théâtre doit dire au moment où un autre a fini de parler : *Elle a oublié sa réplique. Donner la réplique à un acteur* (= prendre part à un dialogue où cet acteur a le rôle principal). — **4.** Reproduction d'une œuvre d'art, souvent dans des dimensions différentes, faite par l'auteur lui-même : *Il existe plusieurs répliques de ce tableau.* — **5.** Personne, action, œuvre qui semble être l'image d'une autre.

répliquer [replike] v. t. (lat. *replicare*). **1.** *Répliquer qqch à qqn,* lui répondre avec vivacité, avec à-propos : *Votre argument me satisfait, je n'ai rien à vous répliquer* (syn. OBJECTER). — **2.** *Répliquer qqch,* répondre avec impertinence : *Cette enfant a toujours quelque chose à répliquer;* sans compl. : *Quand je donne un ordre, je ne souffre pas qu'on réplique* (syn. RIPOSTER).

repolir [rəpɔlir] v. t. Polir de nouveau.

répondant, e [repɔ̃dɑ̃] n. **1.** Personne qui se porte garante de qqn : *Je vous servirai volontiers de répondant.* — **2.** Fam. *Avoir du répondant,* avoir des capitaux constituant une caution.

répondeur [repɔ̃dœr] n. m. Appareil qui, au moyen d'un enregistrement, répond à un appel téléphonique en l'absence du destinataire.

répondre [repɔ̃dr] v. t. (lat. *respondere*) [c. **51**]. *Répondre qqch, que* (+ *ind.*) [à *qqn*], faire connaître sa pensée, ses sentiments, oralement ou par écrit, à la suite d'une question, d'une remarque : *Elle ne voyait rien à répondre à un tel argument* (syn. OBJECTER). *Vous me dites que j'ai tort, je vous réponds que non* (syn. RÉTORQUER). *Elle m'a répondu que vous étiez absent. Répondre vertement à quelqu'un* (syn. fam. REMBARRER); sans compl. : *Quand on vous interroge, il faut répondre. Répondre poliment, sèchement, évasivement. Répondre du tac au tac* (syn. RIPOSTER, RÉPLIQUER). *Répondre par un sourire, par des injures, en hochant la tête.* ◆ v. t. ind. **1.** *Répondre à qqn, à une demande,* venir, se présenter à son appel : *Personne n'a répondu à mon coup de sonnette* (= n'est allé ouvrir). *Répondre au téléphone* (= décrocher l'appareil pour entrer en communication). *Répondre à une invitation, à une convocation* (syn. SE RENDRE). — **2.** *Répondre à qqn, à une lettre,* envoyer une lettre en retour d'une autre : *Il y a longtemps que je lui ai écrit et elle ne m'a pas encore répondu. Je réponds à toutes les lettres que je reçois;* sans compl. : *Répondre par retour du courrier.* — **3.** *Répondre à qqn,* discuter au lieu de lui obéir : *Cette enfant a la mauvaise habitude de répondre à ses parents* (syn. RÉPLIQUER); sans compl. : *Le patron n'aime pas un employé qui répond.* — **4.** *Répondre à une attitude,* manifester à l'égard de qqn une attitude semblable ou opposée à la sienne : *Répondre à l'affection, à l'amour de quelqu'un* (syn. PAYER DE RETOUR). *Répondre à un salut, à un sourire* (syn. RENDRE). *Répondre à la violence par la violence, à la haine par l'amour.* — **5.** (sujet qqch) *Répondre à qqch,* produire l'effet attendu : *Organisme qui répond à une excitation* (syn. RÉAGIR); sans compl. : *Le car est tombé dans un ravin, ses freins ne répondaient plus.* — **6.** (sujet qqch) *Répondre à qqch,* être en accord avec lui, lui être conforme : *La politique du gouvernement répond à la volonté du pays* (syn. CONCORDER). *Le signalement de cet individu répond à celui qui est donné dans les journaux* (syn. CORRESPONDRE). *Le succès ne répondit pas à son effort* (syn. ÊTRE PROPORTIONNÉ). *Cet achat répond à un besoin* (syn. SATISFAIRE). — **7.** *Répondre de (pour) qqn,* accepter la responsabilité de ses actes : *Vous pouvez engager cette employée, je réponds d'elle. Répondre pour un débiteur.* — **8.** *Répondre de qqch,* s'en porter garant : *Répondre de l'honnêteté de quelqu'un. Je ne réponds de rien* (= je ne garantis rien). *Répondre des dettes d'un ami* (= s'engager à les payer). — **9.** *Fam.* Renforce une affirmation : *Elle s'est trouvée toute penaude, je vous en réponds. Je vous réponds que je ne me mêlerai plus de cette affaire* (= je vous assure que). ◆ ***se répondre*** v. pr. (sujet qqch [pl.]) Faire entendre un son alternativement : *Dans un orchestre, les instruments se répondent.*

réponse [repɔ̃s] n. f. (lat. *responsum*). **1.** Ce qu'on dit ou ce qu'on écrit à qqn qui vous a posé une question, fait une demande, qui s'est adressé à vous : *Une réponse affirmative, négative, laconique. Ma demande est restée sans réponse. Il y a longtemps que je lui ai écrit, je n'ai pas encore reçu de réponse. Avoir réponse à tout* (= n'être embarrassé par aucune objection, avoir de la repartie). — **2.** Réaction d'un organe, d'un organisme à une excitation : *Une réponse musculaire.*

repopulation [rəpɔpylasjɔ̃] n. f. Action de repeupler.

report [rəpɔr] n. m. Action de reporter le total d'une colonne ou d'une page sur une autre : *Faire le report d'une somme.*

reportage [rəpɔrtaʒ] n. m. Ensemble d'informations retransmises par la presse, la radio, la télévision : *Reportage filmé.*

1. reporter [rəpɔrte] v. t. **1.** *Reporter qqch,* le porter à son lieu d'origine : *Reporter un livre dans la bibliothèque* (syn. RAPPORTER). — **2.** *Reporter qqch,* le placer à un autre endroit : *Reporter un total au bout d'une page. Reporter des notes à la fin d'un volume* (syn. REJETER). — **3.** *Reporter qqch,* le remettre à un autre moment : *En raison du mauvais état du terrain, le match de football a été reporté* (syn. AJOURNER, RENVOYER, DIFFÉRER). — **4.** *Reporter qqn,* le faire revenir en arrière par la pensée : *La rêverie nous reporte dans le passé.* — **5.** *Reporter qqch sur qqn,* lui accorder ce qui s'applique ou devrait s'appliquer à un autre : *Plusieurs électeurs ont reporté leur voix sur un autre candidat.* ◆ ***se reporter*** v. pr. **1.** *Se reporter à qqch,* se transporter par la pensée à une époque antérieure : *Se reporter aux jours de son enfance.* — **2.** *Se reporter à un texte,* le consulter, s'y référer : *Se reporter au texte d'une loi.*

2. reporter [rəpɔrtɛr/œr] n. m. (mot angl., de *to report,* relater). Journaliste chargé de recueillir des informations qui sont diffusées par la presse, la radio, la télévision.

repos [rəpo] n. m. 1. Absence, cessation de mouvement (surtout dans *demeurer, rester, se tenir en repos, être au repos*). — 2. Cessation de travail, d'exercice : *Il y a longtemps que vous travaillez, prenez un peu de repos* (syn. DÉTENTE, DÉLASSEMENT). *Après ma maladie, j'ai obtenu un mois de repos* (syn. CONVALESCENCE). — 3. *Litt.* Sommeil : *Elle dort, ne troublez pas son repos.* — 4. *Litt.* Absence d'inquiétude, de trouble ; tranquillité d'esprit : *Avoir la conscience en repos. Cette affaire lui ôte tout repos.* — 5. Absence de troubles politiques ou sociaux, d'agitation, de guerre : *Le pays a goûté quelques années de repos* (syn. CALME). — 6. *De tout repos,* qui procure une complète tranquillité : *Une affaire, une situation de tout repos.* ‖ *Repos !,* commandement militaire indiquant l'abandon de la position du garde-à-vous. ‖ *Repos éternel,* état où sont les âmes des bienheureux (relig.).

reposant, e [rəpozɑ̃] adj. Qui repose : *Des vacances reposantes.*

reposé, e [rəpoze] adj. 1. Qui a pris du repos : *Un cheval frais et bien reposé.* — 2. Qui n'a plus de traces de fatigue : *Air, visage reposé.* — 3. *À tête reposée,* à loisir, après un moment de réflexion : *Nous examinerons cette affaire à tête reposée.*

repose-pieds [rəpozpje] n. m. inv. Appui fixé au cadre d'une moto, au bas d'un fauteuil, pour poser les pieds.

1. reposer [rəpoze] v. t. 1. Poser de nouveau : *Repose le livre sur la table.* — 2. Remettre en place ce qui avait été enlevé ou déposé : *Reposer une serrure.*

2. reposer [rəpoze] v. t. (bas lat. *pausare,* s'arrêter). 1. (sujet qqn). *Reposer une partie de son corps,* la mettre dans une position propre à la délasser : *Reposer ses jambes sur une chaise.* — 2. (sujet qqch) *Reposer qqn, ses yeux, son esprit,* lui procurer un certain délassement : *Cette lecture repose l'esprit. La couleur verte repose les yeux.* ◆ v. t. ind. (sujet qqch) *Reposer sur qqch,* être posé sur lui : *La maison repose sur de solides fondations ;* être établi sur : *Cette affirmation ne repose sur rien de sérieux* (syn. ÊTRE FONDÉ, BASÉ). ◆ v. i. 1. *Litt.* (sujet qqn, la nature) Être dans un état de repos : *Ne faites pas de bruit, elle repose* (syn. DORMIR). *L'hiver, la nature semble reposer.* — 2. (sujet un mort) *Reposer qqpart,* y être étendu ou enterré (soutenu) : *Ici repose* (= ci-gît). — 3. *Laisser reposer un liquide,* le laisser immobile afin qu'il se clarifie : *Il faut laisser reposer le vin qui a voyagé.* ‖ *Laisser reposer une pâte,* ne pas y toucher, après l'avoir travaillée, avant de la faire cuire. ‖ *Laisser reposer une terre,* la laisser en jachère. ◆ ***se reposer*** v. pr. (sujet qqn) 1. Cesser de travailler, d'agir, d'être en mouvement, pour faire disparaître la fatigue : *Les vacances approchent, vous pourrez bientôt vous reposer* (syn. SE DÉTENDRE, SE DÉLASSER). *Après nous être reposés un peu, nous avons repris notre route.* — 2. *Se reposer sur qqn,* avoir confiance en lui ; s'en remettre à lui pour un travail, pour la conduite d'une affaire : *Il a pris l'habitude de se reposer sur les autres au lieu de faire un effort personnel.*

repose-tête [rəpoztɛt] n. m. inv. Syn. de APPUI-TÊTE.

reposoir [rəpɔzwar] n. m. Meuble en forme d'autel sur lequel on dépose le saint sacrement au cours d'une procession (relig.).

repoussage [rəpusaʒ] n. m. Procédé employé pour obtenir des reliefs sur le métal.

repoussant, e [rəpusɑ̃] adj. Qui inspire du dégoût, de la répulsion : *Une figure repoussante* (syn. ANTIPATHIQUE ; contr. ATTIRANT, ATTRAYANT, CAPTIVANT, CHARMANT). *Laideur repoussante* (syn. HIDEUX).

repoussé [rəpuse] adj. m. *Cuir, métal repoussé,* cuir, métal travaillé au marteau ou au ciseau pour y faire apparaître des reliefs.

repousser [rəpuse] v. i. Pousser de nouveau : *Les feuilles repoussent au printemps. On lui a rasé la tête pour que ses cheveux repoussent.* ◆ v. t. 1. *Repousser qqch (concret),* le pousser en arrière, en sens contraire : *Repoussez la table contre le mur* (syn. RECULER). *Repousser un tiroir, une tablette.* — 2. *Repousser qqn, un groupe de personnes,* les pousser en arrière, les faire reculer : *Il voulut l'embrasser, mais elle le repoussa* (syn. ÉCARTER, ÉLOIGNER). *Repousser un ennemi, un envahisseur* (syn. REFOULER, REJETER). — 3. *Repousser un assaut, une attaque, une invasion,* ne pas céder à leur pression, leur avance (syn. RÉSISTER À). — 4. *Repousser qqn,* refuser de l'accueillir ou lui faire un mauvais accueil : *Il aurait voulu pénétrer dans cette société, mais on l'a repoussé* (syn. ÉCARTER, ÉVINCER). *Repousser quelqu'un avec brusquerie* (syn. fam. REMBARRER, ENVOYER PROMENER). — 5. *Repousser qqch (abstrait),* refuser de l'accepter, de l'agréer : *Repousser une offre, une proposition, une demande en mariage. Repousser une tentation* (= la rejeter de son esprit). — 6. *Repousser une date, un rendez-vous,* les reculer, les retarder (contr. AVANCER).

repoussoir [rəpuswar] n. m. 1. Petit ciseau dont se servent les ouvriers qui travaillent au repoussage des métaux. — 2. Tons vigoureux appliqués sur le devant d'un tableau pour faire paraître les autres plus éloignés (techn.). — 3. Fam. *Servir de repoussoir,* se dit de qqn ou de qqch qui en fait valoir un autre par opposition : *Une femme laide sert de repoussoir à sa voisine.*

répréhensible [repreɑ̃sibl] adj. Qui mérite d'être blâmé : *Acte répréhensible. Je ne vois pas ce qu'il y a de répréhensible dans sa conduite* (syn. CRITIQUABLE, BLÂMABLE).

reprendre [rəprɑ̃dr] v. t. (lat. *reprehendere*) [c. 54]. 1. (sujet qqn, qqch) *Reprendre qqn, qqch,* les prendre de nouveau : *Reprendre un prisonnier échappé* (syn. RATTRAPER). *Reprendre un ancien employé* (syn. RÉEMPLOYER). *Reprendre les armes, une ville. Je viendrai vous reprendre après déjeuner* (syn. RECHERCHER). *Reprendre du pain, de la viande. Son rhumatisme l'a reprise* (= l'a atteinte de nouveau). *Reprendre une pièce de théâtre, un film* (= les représenter de nouveau). — 2. *Reprendre qqch,* rentrer en possession de ce qu'on avait donné ou perdu : *Reprenez votre cadeau* (syn. REMPORTER). *Il commence à reprendre des forces* (syn. RECOUVRER, SE RÉTABLIR). *Reprendre courage, son souffle, son sang-froid* (syn. RETROUVER). *Reprendre ses habitudes, sa liberté.* — 3. Racheter à un client un objet usagé : *J'ai acheté une voiture neuve et le garagiste m'a repris ma vieille.* ‖ *Reprendre une marchandise,* accepter qu'on la rende et en annuler la vente : *Les articles soldés ne sont pas repris.* — 4. *Reprendre qqch d'interrompu,* le continuer : *Reprendre son travail, ses études* (syn. RECOMMENCER, SE REMETTRE À). *Reprenons notre conversation. Reprendre la route.* ‖ *Reprendre qqch, une histoire, de plus haut,* les raconter en remontant à un temps plus éloigné. — 5. *Reprendre qqch,* le redire, le répéter : *Tu reprends toujours les mêmes arguments. Reprendre un refrain en chœur.* — 6. (le plus souvent sans compl.) Prendre la parole pour faire remarquer : *Après avoir longuement réfléchi, elle reprit : « Vous avez raison d'agir ainsi » ;* en incise : *C'est moi, reprit-il, qui suis responsable de cette situation.* — 7. *Reprendre qqch,* lui apporter des modifications, des transformations : *Reprendre un article avant de le faire imprimer* (syn. RÉCRIRE, RÉVISER). *Reprendre le décolleté d'une robe* (syn. RETOUCHER). — 8. *On ne m'y reprendra plus,* je me garderai désormais d'une semblable erreur ; je ne m'exposerai plus à pareil désagrément ; je ne me laisserai plus duper. ‖ *Que je ne vous y reprenne plus !,* ne recommencez pas, sinon gare à vous! — **9.** *Reprendre qqn,* lui faire une remarque, une critique sur la façon dont il a parlé ou agi : *On a beau te reprendre, tu commets toujours les mêmes erreurs* (syn. BLÂMER, ↑RÉPRIMANDER). *Reprendre quelqu'un vertement* (syn. REMETTRE À SA PLACE). ◆ v. i. **1.** Retrouver de la vigueur : *Elle a bien repris depuis son opération* (syn. SE RÉTABLIR). *Les plants de salade ont repris* (= ils se sont bien enracinés). — **2.** Recommencer : *Le froid a repris depuis une semaine.* — **3.** *Les affaires reprennent,* l'industrie, le commerce deviennent plus actifs. ◆ ***se reprendre*** v. pr. **1.** Corriger, rectifier ce qu'on a dit par erreur ou par imprudence : *Elle a laissé échapper un mot un peu vif, mais elle s'est reprise aussitôt.* — **2.** *Se reprendre à, pour* (+ *inf.*), recommencer : *Tout le monde se reprend à espérer. S'y reprendre à deux fois pour soulever un fardeau.*

représailles [rəprezɑ̃j] n. f. pl. (de l'it. *riprendere,* reprendre). **1.** Mesures de violence qu'un État, un pouvoir prend à l'égard d'un autre État, d'une population pour répondre à un acte illicite : *Pour chaque attentat contre les troupes d'occupation, des otages étaient exécutés en représailles.* — **2.** Action par laquelle on riposte aux mauvais procédés de qqn, on lui rend le mal qu'il nous a fait : *Exercer des représailles, user de représailles à l'égard d'une personne* (syn. VENGEANCE).

représentant, e [rəprezɑ̃tɑ̃] n. **1.** Celui, celle qui a reçu le pouvoir d'agir au nom d'une ou plusieurs personnes : *Désigner, envoyer un représentant à une assemblée. Les représentants d'un syndicat.* — **2.** Personne désignée pour représenter un État, un gouvernement auprès d'un autre : *Le représentant de la France en Grande-Bretagne* (syn. AMBASSADEUR). *Le représentant du Saint-Siège* (syn. NONCE, LÉGAT). — **3.** *Représentant de commerce,* employé attaché à une ou plusieurs entreprises commerciales et chargé de visiter pour leur compte, dans un secteur déterminé, les acheteurs éventuels. — **4.** Personne ou animal pris comme le type d'une classe, d'une catégorie d'individus : *Ce fonctionnaire est bien le représentant de la petite bourgeoisie.*

représentatif, ive [rəprezɑ̃tatif] adj. **1.** Considéré comme le modèle, le type d'une catégorie de personnes : *Un écrivain représentatif des jeunes romanciers.* — **2.** *Gouvernement, système représentatif,* forme de gouvernement selon laquelle la nation délègue à un Parlement l'exercice du pouvoir législatif. — **3.** Fam. *Homme représentatif,* qui a une belle prestance.

représentation [rəprezɑ̃tasjɔ̃] n. f. **1.** Action de représenter, de figurer : *Représentation d'une abstraction par une allégorie, un emblème, un symbole. Cette estampe est une représentation fidèle de l'ancien château.* — **2.** Action de jouer une pièce de théâtre : *La première représentation d'un opéra. Cette pièce en est à sa centième représentation.* — **3.** Fait de représenter des électeurs dans une assemblée : *Le Parlement assure la représentation du peuple.* — **4.** *Faire de la représentation,* exercer le métier de représentant de commerce.

représentativité [rəprezɑ̃tativite] n. f. Qualité reconnue à un homme, à un organisme mandaté officiellement par une personne ou un groupe de personnes pour défendre leurs intérêts : *La représentativité d'une assemblée.*

représenter [rəprezɑ̃te] v. t. (lat. *repraesentare,* rendre présent). **1.** *Représenter qqch,* faire apparaître de façon concrète l'image d'une chose abstraite : *Représenter l'évolution de la démographie par un graphique* (syn. EXPRIMER). *Représenter la justice par une balance* (syn. SYMBOLISER). *Représenter l'amour sous les traits d'un enfant* (syn. DÉPEINDRE, ÉVOQUER). *Ces commerçants représentent la moyenne bourgeoisie* (syn. INCARNER, PERSONNIFIER). — **2.** (sujet qqn, qqch) *Représenter qqch, qqn,* les figurer au moyen du dessin, de la peinture, de la sculpture, de la photographie : *Cette artiste s'applique à représenter les paysages* (syn. PEINDRE, REPRODUIRE). *Cette photographie représente une vue générale du château de Versailles.* — **3.** *Représenter une pièce,* la jouer sur une scène : *« L'Avare » a été représenté pour la première fois le 9 septembre 1668.* — **4.** *Représenter qqn, des personnes,* tenir leur place ; agir en leur nom pour l'exercice de leurs droits ou la défense de leurs intérêts : *Le ministre s'était fait représenter à la cérémonie par son chef de cabinet. L'Assemblée nationale représente le peuple français.* — **5.** *Représenter une maison de commerce,* faire des affaires pour le compte de cette maison. — **6.** (sujet qqch) *Représenter qqch (abstrait),* y correspondre : *L'achat d'une maison représente une somme importante. Ce travail représente des années d'efforts.* — **7.** Litt. *Représenter qqch à qqn,* le lui faire observer : *On eut beau lui représenter les inconvénients de cette démarche, elle passa outre* (syn. AVERTIR, METTRE EN GARDE). ◆ v. i. *Fam.* (sujet qqn) Avoir un certain maintien, une certaine prestance : *Comme il représente bien, on le met toujours en tête d'un défilé* (syn. usuel PRÉSENTER). ◆ ***se représenter*** v. pr. **1.** (sujet qqn) *Se représenter qqn, qqch,* en former l'image dans son esprit : *Qu'on se représente leur surprise et leur joie en apprenant cette bonne nouvelle* (syn. SE FIGURER, S'IMAGINER, JUGER DE). — **2.** (sujet qqn) *Se représenter à qqch,* s'y présenter de nouveau : *Elle s'est représentée au baccalauréat.* — **3.** (sujet qqch) Survenir de nouveau : *Si l'occasion se représente, prévenez-moi* (syn. SE RENOUVELER).

répressif, ive [represif] adj. Qui vise à réprimer : *L'action répressive de la justice.*

répression [represjɔ̃] n. f. (lat. *repressum*). Action de réprimer : *La répression des crimes, des délits, des actes séditieux* (syn. CHÂTIMENT, PUNITION). *La répression du soulèvement fut sévère. Prendre, décider des mesures de répression.*

réprimande [reprimɑ̃d] n. f. (lat. *reprimenda* [*culpa*], [faute] qui doit être réprimée). Remontrance qu'on fait à qqn sur qui on a autorité pour le rappeler à l'ordre : *Elle adressa une sévère réprimande à l'employée. Cette négligence mérite une réprimande* (syn. SEMONCE, ↓OBSERVATION).

réprimander [reprimɑ̃de] v. t. Faire une réprimande : *Elle réprimanda sa fille sur sa conduite* (syn. GRONDER, REPRENDRE, SERMONNER ; soutenu ADMONESTER ; fam. ATTRAPER).

réprimer [reprime] v. t. (lat. *reprimere,* refouler). **1.** *Réprimer un sentiment,* faire en sorte, par une contrainte pénible, qu'une tendance, qqch de condamnable ne se manifeste pas, ne prenne pas un grand développement : *Réprimer ses désirs, ses passions, un mouvement de contrariété, d'impatience* (syn. CONTENIR, REFOULER). — **2.** *Réprimer une révolte, un désordre,* frapper les auteurs d'un désordre quelconque de sanctions graves, pour que celui-ci ne se développe pas : *Réprimer une insurrection* (syn. ÉTOUFFER). *Réprimer des abus, des désordres.*

repris [rəpri] n. m. *Repris de justice,* individu qui a subi une ou plusieurs condamnations (syn. RÉCIDIVISTE).

reprise [rəpriz] n. f. **1.** Action de reprendre, de s'emparer de nouveau : *La reprise d'une ville.* — **2.** Continuation de ce qui a été interrompu : *La reprise des travaux sur un chantier, des cours dans un établissement scolaire.* ‖ *Reprise d'une pièce de théâtre,* la remise de cette pièce à la scène. — **3.** Accélération rapide de la vitesse de rotation d'un moteur en vue d'obtenir un accroissement de puissance en un temps très bref : *Cette voiture a de bonnes reprises.* — **4.** Chacune des parties d'un combat de boxe (syn. ROUND) ; chaque phase d'une séance d'équitation. — 5. Objets mobiliers, installations qu'un nouveau locataire rachète à celui qui l'a précédé dans un appartement; somme d'argent correspondante, versée pour entrer dans un appartement. — 6. *À deux, trois, plusieurs, maintes reprises,* plusieurs fois successivement : *Elle m'a écrit à plusieurs reprises.* — 7. Renouveau des transactions commerciales (syn. RELANCE; contr. RÉCESSION). — 8. Réparation d'une étoffe déchirée : *La couturière fit une reprise à la chemise* (syn. RACCOMMODAGE, STOPPAGE).

repriser [rəprize] v. t. Faire une reprise, un raccommodage : *Repriser des bas, des chaussettes* (syn. RACCOMMODER). *Elle reprisait un pantalon.*

réprobateur, trice [reprɔbatœr] adj. Qui réprouve : *Regard réprobateur.*

réprobation [reprɔbasjɔ̃] n. f. Fait de réprouver, de blâmer : *Encourir la réprobation des honnêtes gens* (syn. ↓BLÂME). *Son attitude a soulevé la réprobation générale.*

reproche [rəprɔʃ] n. m. Blâme qu'on adresse à qqn pour lui exprimer son mécontentement ou pour lui faire honte : *Un reproche grave, léger* (syn. SEMONCE, ↓REMONTRANCE). *Reproche juste, injuste, mal fondé* (contr. COMPLIMENT). *Essuyer, subir, mériter des reproches. Faire des reproches à quelqu'un* (syn. fam. ATTRAPER).

reprocher [rəprɔʃe] v. t. (bas lat. *repropiare,* mettre sous les yeux). *Reprocher qqch, de* (+ *inf.*) *à qqn,* lui adresser un blâme pour cela : *On lui reproche son imprévoyance* (syn. BLÂMER). *Reprocher à un écrivain d'être trop prolixe* (syn. CRITIQUER); le lui rappeler avec aigreur : *Il ne faut pas reprocher aux gens les services qu'on leur a rendus* (syn. FAIRE GRIEF DE). ◆ ***se reprocher*** v. pr. *Se reprocher qqch, de* (+ *inf.*), se blâmer, se considérer comme responsable de qqch : *Elle n'a rien à se reprocher* (syn. REGRETTER, SE REPENTIR). *Elle se reproche de n'avoir pas été plus perspicace* (syn. fam. S'EN VOULOIR DE).

reproducteur, trice [rəprɔdyktœr] adj. Destiné à la reproduction : *Organes reproducteurs. Cheval reproducteur* (= étalon). ◆ ***reproducteur*** n. m. Animal destiné à la reproduction.

reproduction [rəprɔdyksjɔ̃] n. f. 1. Fonction par laquelle les êtres vivants perpétuent leur espèce; action de reproduire : *Animal destiné à la reproduction. Reproduction naturelle, par insémination artificielle. La reproduction des végétaux se fait par semis, par greffe, par bouture, etc.* — 2. Action de reproduire un texte, une illustration : *Autoriser la reproduction d'un article dans une revue.* ‖ *Droit de reproduction,* droit que possède l'auteur d'une œuvre littéraire ou artistique d'en autoriser la diffusion. — 3. Copie ou imitation d'une œuvre artistique : *Acheter une reproduction d'un tableau, d'un dessin.*

reproduire [rəprɔdɥir] v. t. (c. 70). 1. *Reproduire une plante,* en obtenir de nouveaux spécimens : *On reproduit facilement les géraniums par bouturage.* — 2. *Reproduire qqch,* en donner l'image exacte, l'équivalent : *Le peintre a fidèlement reproduit son modèle* (syn. COPIER, IMITER). *Elle reproduit dans sa traduction le mouvement de l'original* (syn. RENDRE). *Cet électrophone reproduit les sons avec une grande fidélité.* — 3. *Reproduire une œuvre,* faire paraître de nouveau une œuvre (littéraire ou artistique) déjà existante par des procédés mécaniques (imprimerie, polycopie, gravure, etc.) ou manuels (dessin) : *Reproduire dans un journal un article, une conférence avec l'autorisation de l'auteur. Reproduire une œuvre d'art par la gravure, la photographie.* ◆ ***se reproduire*** v. pr. 1. Donner naissance à des êtres de son espèce : *Le mulet ne se reproduit pas* (= est stérile). *On a beau détruire ces mauvaises herbes, elles se reproduisent toujours* (syn. REPOUSSER). — 2. (sujet qqch) Arriver, avoir lieu de nouveau : *Le phénomène s'est reproduit dans les mêmes conditions* (syn. SE RÉPÉTER).

réprouvé, e [repruve] adj. et n. 1. Exclu par Dieu du bonheur éternel (relig.) : *Les élus et les réprouvés* (syn. DAMNÉ, MAUDIT). — 2. Rejeté par la société : *Vivre en réprouvé.*

réprouver [repruve] v. t. (lat. *reprobare,* reprocher). 1. *Réprouver qqch,* rejeter et condamner ce qui révolte, ce qui paraît odieux : *Des actes que la morale réprouve.* — 2. *Réprouver l'attitude de qqn,* le blâmer sévèrement (syn. DÉSAVOUER).

reptation [rɛptasjɔ̃] n. f. (lat. *reptatio,* de *repere,* ramper). Action de ramper, mouvement rampant : *La reptation du serpent.*

reptile [rɛptil] n. m. (du lat. *repere,* ramper). Animal appartenant à une classe de vertébrés qui comprend les lézards, les serpents, les tortues et les crocodiles.

repu, e [rəpy] adj. (de *repaître*). Qui a mangé à satiété : *Certains convives repus se mirent à chanter.*

républicain, e [repyblikɛ̃] adj. Relatif à la république : *Gouvernement républicain. Constitution républicaine.* ◆ adj. et n. Partisan de la république, qui lui est favorable : *Avoir des sentiments républicains. Un vrai républicain* (syn. DÉMOCRATE; contr. MONARCHISTE).

républicanisme [repyblikanism] n. m. Attachement à la république et aux opinions démocratiques.

république [repyblik] n. f. (lat. *res publica,* chose publique). Forme de gouvernement dans lequel le peuple exerce sa souveraineté par l'intermédiaire d'élus qui exercent le pouvoir législatif, et dans lequel le président est élu soit directement par le peuple, soit par ses représentants : *Une république fédérale, populaire, socialiste.*

répudiation [repydjasjɔ̃] n. f. Action de répudier : *La répudiation de ses erreurs passées.*

répudier [repydje] v. t. (lat. *repudiare*). 1. *Répudier sa femme,* dans certaines sociétés, la renvoyer selon les formes fixées par la coutume, la loi. — 2. *Répudier qqch,* y renoncer : *Répudier une opinion, une doctrine* (syn. REJETER).

répugnance [repyɲɑ̃s] n. f. 1. Vive sensation d'écœurement que provoque qqch (concret) : *Elle a une telle répugnance pour ce médicament qu'elle en a la nausée quand elle l'avale* (syn. RÉPULSION, DÉGOÛT). — 2. Vif sentiment de mépris, de dégoût pour qqn, qqch (abstrait) : *Je n'ai pas pu surmonter la répugnance que j'avais pour lui* (syn. AVERSION, ↓ANTIPATHIE). *Elle a de la répugnance pour le mensonge* (syn. HORREUR). — 3. Manque d'ardeur, d'enthousiasme pour qqch : *Se livrer à une besogne avec répugnance* (= à contrecœur, de mauvaise grâce). *Éprouver de la répugnance pour certaines disciplines scolaires, pour certains travaux domestiques* (= rechigner, renâcler).

répugnant, e [repyɲɑ̃] adj. Qui inspire de la répugnance physiquement ou moralement : *Il y a dans cette salle une odeur répugnante* (syn. INFECT, ↑FÉTIDE). *Cette maison est d'une saleté répugnante* (syn. ÉCŒURANT, REPOUSSANT). *Être obligé de faire un travail répugnant* (syn. DÉGOÛTANT, ↓REBUTANT). *Visage répugnant* (syn. AFFREUX, ↓DÉPLAISANT). *Individu répugnant* (syn. ABJECT, ↓ANTIPATHIQUE).

répugner [repyɲe] v. t. ind. (lat. *repugnare,* s'opposer). 1. (sujet qqn) *Répugner à qqch, à* (+ *inf.*), éprouver de la répugnance à : *Elle répugne à faire ce travail* (syn. RECHIGNER, RENÂCLER). — 2. (sujet qqch) *Répugner à qqn,* lui inspirer de la répugnance : *Cette nourriture lui répugne* (syn. DÉGOÛTER, ÉCŒURER). *Cet individu a des manières qui vous répugnent* (syn. DÉPLAIRE; contr. ATTIRER, CHARMER).

répulsion [repylsjɔ̃] n. f. (bas lat. *repulsio,* action de repousser). Vive répugnance pour qqn ou pour qqch : *Éprouver pour quelqu'un une répulsion insurmontable* (syn. ↓ANTIPATHIE, ↓AVERSION ; contr. SYMPATHIE, ATTIRANCE). *La lecture de certains romans vous fait éprouver de la répulsion pour leurs auteurs* (syn. HOSTILITÉ, ↑HORREUR, ↓DÉGOÛT).

réputation [repytasjɔ̃] n. f. (lat. *reputatio,* évaluation). **1.** (avec une épithète) Opinion favorable ou défavorable que le public a de qqn ou de qqch : *Jouir d'une bonne réputation* (syn. RENOMMÉE, ESTIME). *Cette maison de commerce a une excellente réputation* (syn. RENOM). *Un produit de réputation mondiale* (syn. RENOMMÉE). *Cette maison a une mauvaise réputation* (= est mal famée). — **2.** (+ compl. avec *de*) Fait d'être considéré comme tel ou tel : *Elle a laissé en mourant la réputation d'une femme généreuse. Il a la réputation d'être avare* (= il passe pour être avare). — **3.** (sans épithète) Bonne opinion que le public a de qqn ou de qqch : *Compromettre, perdre sa réputation* (syn. POPULARITÉ). *Attaquer, salir la réputation de quelqu'un* (= le déshonorer, le diffamer). *Faire tort, porter atteinte à la réputation d'une entreprise commerciale.* — **4.** *Connaître qqn, qqch de réputation,* les connaître seulement pour en avoir entendu parler.

réputé, e [repyte] adj. **1.** Qui jouit d'une grande réputation : *Une avocate réputée* (syn. CÉLÈBRE, CONNU). *Un des vins les plus réputés de France* (syn. RENOMMÉ). — **2.** *(Être) réputé (pour),* (être) considéré comme, passer pour : *Un travail réputé facile. Cette plante est réputée guérir les maux d'estomac. Cet homme n'est pas réputé pour être un bon payeur.*

requérir [rəkerir] v. t. (lat. *requirere,* rechercher) [c. **21**]. **1.** (sujet qqn) *Requérir la troupe, la force publique,* en réclamer, au nom de la loi, l'intervention : *Le préfet de police a requis la force armée pour disperser les manifestants.* — **2.** *Requérir une peine,* la demander en justice (jurid.) : *Le procureur a requis la réclusion à perpétuité pour l'accusée.* — **3.** (sujet qqch) *Requérir qqch,* demander, exiger comme nécessaire : *L'étude de ce dossier requerra toute votre attention* (syn. RÉCLAMER).

requête [rəkɛt] n. f. (de *requeste,* anc. part. pass. de *requérir*). **1.** Demande par écrit, présentée suivant certaines formes établies (jurid.) : *Adresser une requête au président d'un tribunal.* — **2.** *Litt.* Demande instante, écrite ou verbale : *Adresser une requête pour obtenir une grâce, une faveur* (syn. SOLLICITATION, ↑SUPPLIQUE).

requiem [rekɥijɛm] n. m. (mot lat. signif. *repos*). **1.** Dans la liturgie catholique, prière pour le repos de l'âme d'un défunt. — **2.** Composition musicale sur le texte de la messe des morts : *Le requiem de Mozart.*

requin [rəkɛ̃] n. m. (orig. obscure). **1.** Poisson de mer au corps allongé, de grande taille (de 3 à 15 mètres), très vorace (syn. SQUALE). — **2.** Personne cupide, impitoyable en affaires : *Les requins de la finance.*

requinquer [rəkɛ̃ke] v. t. (anc. fr. *reclinquer,* redonner du clinquant). *Fam.* (sujet qqch) *Requinquer qqn,* lui redonner des forces, de l'entrain : *Prenez donc un peu de liqueur, ça va vous requinquer* (syn. fam. RAGAILLARDIR, REMONTER). ◆ ***se requinquer*** v. pr. Se rétablir : *Depuis sa convalescence, elle s'est bien requinquée* (syn. fam. SE RETAPER).

1. requis, e [rəki] adj. (de *requérir*). Exigé comme nécessaire : *Avoir l'âge requis, les diplômes requis pour occuper un poste, un emploi* (syn. PRESCRIT).

2. requis [rəki] n. m. Civil mobilisé auquel les pouvoirs publics assignent, en temps de guerre, un emploi déterminé.

réquisition [rekizisjɔ̃] n. f. (du lat. *requirere,* requérir). Demande faite par l'État ou l'Administration de mettre des personnes, des choses à sa disposition pour un service public : *Le préfet a ordonné la réquisition des locaux vacants pour y loger des réfugiés.*

réquisitionner [rekizisjɔne] v. t. **1.** *Réquisitionner qqch,* se le procurer par voie de réquisition : *Réquisitionner des voitures, des marchandises.* — **2.** *Réquisitionner qqn,* utiliser ses services par voie de réquisition : *Au moment de certaines grèves, des ouvriers ont été réquisitionnés; fam.,* faire appel à lui pour un service quelconque : *Elle réquisitionna ses enfants pour faire la vaisselle.*

réquisitoire [rekizitwar] n. m. (du lat. *requisitus,* recherché). **1.** Discours par lequel le procureur de la République ou le substitut demande au juge d'appliquer la loi à un inculpé (jurid.). — **2.** Discours ou écrit qui contient une série d'accusations, de reproches contre qqn : *Ce journal de l'opposition a prononcé un violent réquisitoire contre la politique financière du gouvernement.*

rescapé, e [rɛskape] n. et adj. (forme picarde de *réchappé*). Personne sortie vivante, indemne d'un danger, d'un accident, d'une catastrophe : *Les rescapés d'un naufrage, d'une collision.*

rescousse (à la) [rɛskus] adv. (de l'anc. fr. *escorre,* secouer). *Accourir, aller, appeler, venir à la rescousse,* à l'aide, au secours : *Aller à la rescousse d'un ami.*

réseau [rezo] n. m. (dimin. de *rets,* filet). **1.** Ensemble des voies ferrées *(réseau ferroviaire, ferré),* des routes *(réseau routier),* des lignes de téléphone ou de télégraphe *(réseau téléphonique, télégraphique),* des stations émettrices ou des relais *(réseau radiophonique, de télévision),* etc., d'un pays ou d'une région. — **2.** Ensemble organisé de personnes entre lesquelles est répartie une tâche commune : *Un réseau d'espionnage, de résistance. Un réseau commercial.* — **3.** Ensemble de lignes réunies les unes aux autres : *Un réseau de toiles d'araignées. Un réseau de tranchées.* — **4.** Ce qui enveloppe, retient à la manière d'un filet : *Un réseau d'intrigues.*

réséda [rezeda] n. m. (mot lat., de *resedare,* calmer). Plante dont une espèce est cultivée pour ses fleurs odorantes.

réservation [rezɛrvasjɔ̃] n. f. Action de retenir une place dans un moyen de transport, une chambre dans un hôtel, etc.; place retenue.

réserve [rezɛrv] n. f.
— **I. 1.** Ce qu'on a mis de côté, qu'on garde pour l'utiliser dans des occasions prévues ou imprévisibles : *Avoir une bonne réserve d'argent* (syn. ÉCONOMIES). *Constituer une réserve, des réserves de denrées alimentaires* (syn. PROVISION). *Avoir une grande réserve d'énergie, de vitalité.* ‖ *Réserves (nutritives),* substances accumulées dans les tissus et utilisées quand l'alimentation est devenue insuffisante. — **2.** Local où on entrepose des marchandises : *Aller à la réserve chercher un article qui n'est pas dans le magasin* (syn. ARRIÈRE-BOUTIQUE). — **3.** Gisement non exploité : *Les réserves mondiales de pétrole, de gaz naturel.* — **4.** Ensemble des citoyens soumis aux obligations militaires et qui ne sont pas en service actif : *Être versé dans la réserve. Officier de réserve.* — **5.** Dans certains pays, territoire réservé aux indigènes : *Les réserves indiennes du Canada.* — **6.** *De réserve,* destiné à être utilisé en temps opportun : *Des vivres de réserve. Du matériel de réserve.* ‖ *En réserve,* de côté : *Elle a toujours une certaine somme d'argent en réserve.* ‖ *Réserve naturelle, zoologique, botanique,* territoire soumis à une réglementation spéciale pour la protection des animaux, des plantes. ‖ *Réserve de pêche, de chasse,* partie d'un cours d'eau ou d'un territoire réservée à la reproduction du poisson ou du gibier et dans laquelle l'exercice de la pêche ou de la chasse est totalement prohibé.

— **II. 1.** Attitude de qqn qui évite tout excès dans ses paroles et dans ses actes, qui agit avec prudence : *Cet homme montre une grande réserve* (syn. MODÉRATION). *Cette femme est un modèle de discrétion et de réserve* (syn. RETENUE). — **2.** *Être, demeurer, se tenir sur la réserve,* ne pas se livrer, ne pas s'engager imprudemment : *On lui a posé des questions sur ses futurs travaux, mais elle est restée sur la réserve.* || *Faire des réserves sur qqch,* ne pas donner son approbation, son adhésion pleine et entière : *Faire des réserves sur l'opportunité d'une mesure.* || *Sans réserve,* complet, total : *Admiration, enthousiasme sans réserve;* entièrement, sans restriction : *Elle lui est dévouée sans réserve.* || *Sous toute(s) réserve(s),* sans garantie, en faisant la part d'une rectification possible : *Nous publions cette nouvelle sous toutes réserves.*

réservé, e [rezɛrve] adj. **1.** Qui fait preuve de réserve : *Elle est très réservée dans ses jugements* (syn. CIRCONSPECT, DISCRET). — **2.** *Chasse, pêche réservée,* territoire où il est interdit de chasser, de pêcher sans une autorisation spéciale (syn. GARDÉ, PRIVÉ). || *Quartier réservé,* quartier mal famé d'une ville. — **3.** *Réservé à, pour qqn, qqch,* destiné exclusivement à qqn, à un usage : *Des places réservées aux mutilés. Un wagon réservé pour la poste, pour les bagages.*

réserver [rezɛrve] v. t. (lat. *reservare*). **1.** *Réserver qqch,* mettre de côté une partie d'un tout : *Nous n'avons pas mangé tout le dessert, nous vous en avons réservé une part* (syn. GARDER). — **2.** *Réserver qqch (place),* le faire mettre à part, le faire garder pour soi ou pour qqn : *Réserver une chambre dans un hôtel, une place dans un théâtre, une table au restaurant* (syn. RETENIR). — **3.** *Réserver qqch (action, abstrait),* le garder pour un autre temps : *Elle lui réserve une surprise pour son retour. Permettez-moi de réserver ma réponse.* || *Réserver un accueil à qqn,* le recevoir de telle ou telle manière : *On lui a réservé un accueil chaleureux* (syn. MÉNAGER). — **4.** (sujet qqch) *Réserver qqch à qqn,* le lui destiner : *Personne ne sait ce que l'avenir lui réserve. Il a reçu le châtiment que la justice réserve aux criminels. C'est à lui qu'il était réservé de terminer cette grande œuvre.* ◆ ***se réserver*** v. pr. **1.** *Se réserver qqch,* le garder pour soi : *Elle a loué sa maison, mais elle s'est réservé deux pièces.* — **2.** *Se réserver de* (+ *inf.*), se proposer de faire qqch en temps opportun : *Je me réserve de lui dire ce que je pense de son attitude.* — **3.** *Se réserver pour qqch,* ne pas s'engager immédiatement : *Elle n'a pas accepté cette invitation, elle se réserve pour une autre occasion;* s'abstenir ou se retenir de manger afin de garder son appétit pour un autre plat : *Se réserver pour le dessert.*

réserviste [rezɛrvist] n. m. Celui qui appartient à la réserve des forces armées.

réservoir [rezɛrvwar] n. m. (de *réserver*). **1.** Bassin naturel ou artificiel, bâtiment, cavité d'un appareil où sont accumulées et conservées des substances en réserve, en général des liquides, du gaz, etc. : *Un réservoir pour les eaux de pluie* (syn. CITERNE). *Un réservoir pour la distribution des eaux d'une ville* (syn. CHÂTEAU D'EAU). — **2.** Récipient destiné à contenir un liquide : *Le réservoir d'essence d'une voiture.* — **3.** Bassin rempli d'eau où on conserve vivants des poissons, des crustacés (syn. VIVIER, AQUARIUM). — **4.** Endroit où sont amassées des réserves quelconques : *Ce pays est un grand réservoir d'hommes.*

résidence [rezidɑ̃s] n. f. **1.** Demeure habituelle en un lieu déterminé (admin.) : *Elle a établi sa résidence à Paris. Un certificat de résidence* (syn. DOMICILE). *Changer souvent de résidence* (syn. LIEU D'HABITATION). *L'Élysée est la résidence du président de la République.* — **2.** Groupe d'habitations d'un certain luxe. — **3.** *Résidence secondaire,* maison de campagne, villa qui sert de résidence pendant les vacances et les week-ends.

résident [rezidɑ̃] n. m. Qui a son domicile dans tel endroit.

résidentiel, elle [rezidɑ̃sjɛl] adj. *Quartiers résidentiels,* réservés aux maisons d'habitation (par oppos. à ceux où dominent les magasins, les bureaux, les usines).

résider [rezide] v. i. (lat. *residere,* demeurer). **1.** (sujet qqn) *Résider à, en, dans un lieu,* avoir son domicile dans tel endroit (admin.) : *Je travaille à Paris, mais je réside à Versailles* (syn. HABITER, DEMEURER). *Elle a résidé quelque temps à l'étranger, en Allemagne.* — **2.** (sujet qqch) *Résider dans qqch (abstrait),* y trouver sa base, le principe de son existence : *Le principe de la souveraineté réside dans le peuple;* avoir sa cause essentielle, se trouver : *La difficulté réside dans la solution de ce problème* (syn. CONSISTER EN).

résidu [rezidy] n. m. (lat. *residuus*). Matière qui reste après une opération physique ou chimique : *Les cendres sont le résidu de la combustion du bois.*

résiduel, elle [rezidɥɛl] adj. Qui provient d'un reste.

résignation [reziɲasjɔ̃] n. f. Soumission aux événements : *Elle a montré dans cette épreuve beaucoup de résignation* (contr. PROTESTATION, RÉVOLTE).

résigné, e [reziɲe] adj. et n. Qui marque la résignation : *Malade calme et résigné. Geste résigné.*

résigner [reziɲe] v. t. (lat. *resignare,* annuler). *Résigner une fonction, un emploi,* y renoncer volontairement en adressant sa démission (admin.) [syn. DÉMISSIONNER DE]. ◆ ***se résigner*** v. pr. *Se résigner à qqch, à* (+ *inf.*), supporter sans protester qqch de pénible, désagréable, mais inévitable : *Je n'ai pas pu me résigner à me taire. Se résigner à son sort* (syn. SE SOUMETTRE); sans compl. : *Il est inutile de se révolter contre la fatalité, il faut se résigner* (syn. SUBIR).

résiliable [reziljabl] adj. Qui peut être résilié : *Bail résiliable au bout de trois ans.*

résiliation [reziljasjɔ̃] n. f. Action de résilier; fait d'être résilié : *La résiliation d'un contrat, d'une vente.*

résilier [rezilje] v. t. (lat. *resilire,* sauter en arrière). *Résilier une convention, un contrat,* y mettre fin en usant d'une clause qui prévoyait cette rupture (admin.) : *La propriétaire veut résilier le bail* (syn. ANNULER).

résille [rezij] n. f. (de *réseau*). Filet dont on enveloppe les cheveux.

résine [rezin] n. f. (lat. *resina*). **1.** Substance visqueuse produite par certains végétaux, principalement les conifères. — **2.** Nom de diverses matières plastiques obtenues chimiquement.

résineux, euse [rezinø] adj. **1.** Qui produit de la résine : *Les bois résineux sont le pin, le sapin, l'épicéa, le mélèze, le cèdre, etc.* — **2.** Qui rappelle la résine : *Goût résineux.* ◆ ***résineux*** n. m. Arbre appartenant à l'espèce des bois résineux : *Le cèdre est un résineux.*

résinier, ère [rezinje] n. Personne qui récolte la résine.

résipiscence [resipisɑ̃s] n. f. (du lat. *resipiscere,* se repentir). Litt. *Venir, amener à résipiscence,* reconnaître (faire reconnaître) une faute avec désir de se racheter (syn. SE REPENTIR).

résistance [rezistɑ̃s] n. f. **1.** Action de résister, de s'opposer : *Une résistance active, acharnée, héroïque, opiniâtre, vigoureuse. Céder sans résistance. Une résistance passive* (syn. FORCE D'INERTIE). — **2.** Action menée contre une occupation militaire : *La résistance à l'occupant allemand fut, dans toute l'Europe, une lutte pour la libération de la patrie.* — **3.** Capacité de résister à la fatigue, aux privations : *Jeunes gens qui ont de la résistance* (syn. ENDURANCE). — **4.** Action, qualité de ce qui résiste à une force : *Elle voulut pousser la porte, mais elle sentit une résistance. La résistance des matériaux. La résistance d'une plante.* — **5.** *Plat de résistance,* plat principal d'un repas. — **6.** En électricité, rapport entre la tension appliquée aux extrémités d'un conducteur et l'intensité du courant qui le traverse ; fil, plaque de métal qui transforme l'énergie électrique en chaleur : *Changer la résistance d'un fer à repasser.*

résistant, e [rezistɑ̃] adj. **1.** Se dit d'un être animé qui résiste à l'effort, à la maladie, etc. : *Cet homme est très résistant, il n'est jamais fatigué* (syn. FORT, ROBUSTE ; contr. FAIBLE). — **2.** Se dit de qqch qui offre de la résistance : *L'acajou est un bois très résistant* (contr. FRAGILE). *Tissu résistant. Plante résistante* (syn. RUSTIQUE, VIVACE). ◆ n. Patriote engagé dans un mouvement de résistance à l'ennemi.

résister [reziste] v. t. ind. (lat. *resistere,* se tenir ferme). **1.** (sujet qqn, un groupe) *Résister (à qqn, à une attaque),* s'y opposer par le moyen des armes ou par la force : *Nos troupes ont résisté aux attaques de l'ennemi* (syn. SE DÉFENDRE, TENIR BON). *Résister à ses agresseurs. Se faire emmener au poste sans résister.* — **2.** *Résister à qqn,* s'opposer à sa volonté, à ses desseins, à ses désirs : *Cette mère n'ose pas résister à sa fille* (syn. CONTRARIER). — **3.** *Résister à l'effort, aux privations, à la souffrance physique* ou *morale,* les supporter sans faiblir : *Il a une santé de fer, il résiste à toutes les fatigues. Résister à l'adversité.* — **4.** *Résister (à qqch),* lutter contre ce qui attire, ce qui est jugé mauvais ou dangereux moralement : *Résister à la séduction, à la tentation. Résister à une proposition malhonnête* (syn. REPOUSSER ; contr. CÉDER). *Moi qui adore les gâteaux, je ne peux pas résister, j'en prends un !* — **5.** (sujet qqch) *Résister (à qqch),* ne pas céder, ne pas être détruit sous l'effet de qqch, d'une pression, d'une force quelconque : *La toiture a résisté à la violence du vent* (syn. fam. TENIR LE COUP). *Le plancher est trop chargé, il ne pourra pas résister à un tel poids* (syn. SUPPORTER). *Plante qui résiste à la gelée.*

résolu, e [rezɔly] adj. (part. pass. de *résoudre*). Se dit de qqn qui est décidé et ferme dans ce qu'il se propose ou entreprend : *C'est un garçon résolu, il gagnera.*

résolument [rezɔlymɑ̃] adv. Avec une ferme résolution : *Elle s'est mise résolument au travail.*

résolution [rezɔlysjɔ̃] n. f. **1.** Action de résoudre un problème : *La résolution d'une équation.* — **2.** Décision prise avec la volonté de s'y tenir fermement : *Prendre la résolution de cesser de fumer* (syn. DÉTERMINATION). — **3.** *Litt.* Caractère énergique, opiniâtre : *Une personne pleine de résolution* (syn. COURAGE, FERMETÉ, VOLONTÉ).

résonance [rezɔnɑ̃s] n. f. **1.** Propriété de prolonger ou d'intensifier le son que possèdent certains objets ou certains milieux : *La résonance d'une cloche. Les résonances produites par la vibration des cordes d'un instrument de musique. Atténuer la résonance d'une salle* (syn. SONORITÉ). — **2.** Effet, écho produit dans l'esprit ou dans le cœur par une œuvre littéraire : *Ce poème éveille en nous des résonances profondes.*

résonner [rezɔne] v. i. (lat. *resonare*). **1.** (sujet qqch) Produire un son dont les vibrations se prolongent plus ou moins : *La cloche résonne* (syn. SONNER, TINTER). *La voix de l'orateur résonne dans la salle* (syn. RETENTIR). *Les pas des promeneurs attardés résonnaient sur les trottoirs.* — **2.** (sujet un lieu) Renvoyer le son en augmentant son intensité ou sa durée : *Cette salle résonne trop, il faudrait l'insonoriser.*

résorber [rezɔrbe] v. t. (lat. *resorbere,* absorber). **1.** Opérer la résorption d'une tumeur, d'un abcès, etc. (méd.) : *L'épanchement du pus a été rapidement résorbé.* — **2.** *Résorber qqch (abstrait),* le faire disparaître peu à peu : *Résorber un déficit, le chômage.* ◆ ***se résorber*** v. pr. Disparaître peu à peu : *L'épanchement du sang a été long à se résorber.*

résorption [rezɔrpsjɔ̃] n. f. **1.** Disparition totale ou partielle d'un produit pathologique absorbé par les tissus voisins (méd.) : *La résorption d'une tumeur, d'un abcès.* — **2.** Disparition progressive : *Un plan économique qui vise à la résorption du chômage.*

résoudre [rezudr] v. t. (lat. *resolvere,* délier) [c. **61**]. **1.** *Résoudre un problème, une difficulté,* trouver la solution d'une question, d'un cas embarrassants : *Résoudre un problème d'arithmétique. Résoudre un problème politique* (syn. TRANCHER, VENIR À BOUT DE). *Je ne sais si elle résoudra cette énigme* (syn. DEVINER). — **2.** *Résoudre une équation,* calculer les racines de cette équation. — **3.** *Résoudre qqn à (+ inf.),* le pousser, le déterminer à faire qqch : *Il faut la résoudre à accepter* (syn. AMENER). — **4.** *Résoudre de (+ inf.),* prendre la détermination de : *On a résolu d'agir sans plus tarder* (syn. DÉCIDER). ◆ ***se résoudre*** v. pr., **être résolu** v. pass. **1.** *Se résoudre, être résolu à (+ inf.), à ce que (+ subj.),* prendre par nécessité la décision de : *J'ai dû me résoudre à accepter un compromis* (syn. SE RÉSIGNER, EN VENIR À). — **2.** (sujet qqch) *Se résoudre en qqch,* se transformer en qqch, passer à un autre état : *La bruine se résout en pluie.* — **3.** *Se résoudre à qqch,* se ramener finalement à, consister dans : *Tout cela se résout à peu de chose.*

respect [rɛspɛ] n. m. (lat. *respectus,* considération). **1.** Sentiment qui porte à traiter qqn avec déférence en raison de son âge, de sa supériorité, de son mérite : *Avoir un air de gravité qui inspire le respect. Montrer, témoigner du respect à une personne* (syn. CONSIDÉRATION). *Manquer de respect.* — **2.** Sentiment de vénération qu'on rend à ce qui est sacré : *Se prosterner avec respect devant un autel. Le respect pour les morts. Avoir le respect des œuvres d'art.* — **3.** Attitude qui consiste à ne pas porter atteinte à qqch : *Le respect de la vérité, des lois, du bien d'autrui.* — **4.** *Respect humain* [rɛspɛkymɛ̃], crainte qu'on a du jugement des autres. ‖ *Sauf le respect que je vous dois, avec le respect que je vous dois, sauf votre respect,* formules dont on se sert pour s'excuser d'une parole trop libre, un peu choquante. ‖ *Tenir qqn en respect,* le tenir à distance en le menaçant, pour l'empêcher de nuire. ◆ ***respects*** n. m. pl. Témoignages, marques de respect : *Présentez mes respects à vos parents. Assurer quelqu'un de ses respects.*

respectabilité [rɛspɛktabilite] n. f. Caractère respectable : *Le souci de sa respectabilité lui donnait un air compassé.*

respectable [rɛspɛktabl] adj. **1.** Digne de respect : *Cette personne est respectable par son âge. Vos scrupules sont tout à fait respectables* (contr. MÉPRISABLE). — **2.** Se dit de qqch d'assez important : *Somme respectable* (contr. INSIGNIFIANT).

respecter [rɛspɛkte] v. t. **1.** *Respecter qqn, ses idées,* avoir du respect pour lui, pour ses idées. — **2.** *Respecter une règle, une loi, qqch,* ne leur porter aucune atteinte, les observer : *Respecter une tradition. Tu n'as pas respecté la règle du jeu* (contr. ENFREINDRE). *Respecter le sommeil d'autrui.* — **3.** *Respecter qqch,* le traiter avec égard, le ménager : *Les enfants n'ont rien respecté dans le jardin.* ◆ ***se respecter*** v. pr. **1.** Garder la décence et les bienséances qui conviennent à sa personne, à son âge, à sa situation sociale. — **2.** Fam. *Qui se respecte,* digne de ce nom : *Un gastronome qui se respecte sait choisir ses vins.*

respectif, ive [rɛspɛktif] adj. (du lat. *respectus,* égard). Qui concerne chacun, chaque chose par rapport aux autres : *Les droits respectifs des époux. Déterminer les positions respectives de deux astres.*

respectivement [rɛspɛktivmɑ̃] adv. Chacun en ce qui le concerne : *Les deux accusés ont été condamnés respectivement à deux ans et à six mois de prison.*

respectueusement [rɛspɛktɥøzmɑ̃] adv. Avec respect : *Parler, écrire respectueusement à quelqu'un.*

respectueux, euse [rɛspɛktɥø] adj. **1.** Qui témoigne du respect : *Un enfant respectueux envers ses parents* (contr. IMPERTINENT, IMPOLI, INSOLENT). *Se montrer respectueux du bien d'autrui, du règlement.* — **2.** Qui marque du respect : *Un langage, un silence respectueux;* dans une formule de politesse : *Présenter ses hommages, ses sentiments respectueux.*

respirable [rɛspirabl] adj. Qu'on peut respirer : *Air respirable.*

respiration [rɛspirasjɔ̃] n. f. Fonction commune à tous les êtres vivants, qui consiste à absorber de l'oxygène et à rejeter du gaz carbonique et de l'eau : *Avoir la respiration bruyante. Perdre la respiration.* ‖ *Respiration artificielle,* manœuvres destinées à provoquer manuellement ou avec des appareils la contraction de la cage thoracique et à rétablir ainsi la circulation de l'air dans les poumons.

respiratoire [rɛspiratwar] adj. Relatif à la respiration : *Avoir des troubles respiratoires. Faire des mouvements respiratoires.*

respirer [rɛspire] v. i. (lat. *respirare*). **1.** (sujet un être vivant) Aspirer et rejeter l'air pour renouveler l'oxygène de l'organisme : *Respirer par le nez, par la bouche. Elle est asthmatique, elle a de la peine à respirer. Les végétaux respirent aussi bien que les animaux.* — **2.** (sujet qqn) Reprendre haleine, avoir un moment de répit : *Je rentre de travailler, laissez-moi respirer.* ◆ v. t. **1.** *Respirer qqch (odeur, parfum,* etc.), absorber par les voies respiratoires : *Respirer le grand air. Respirer une odeur, un parfum* (syn. SENTIR). — **2.** (sujet qqch, qqn) *Respirer qqch (sentiment, état),* faire paraître au-dehors, manifester vivement (soutenu) : *Dans cette maison, tout respire la paix* (syn. EXPRIMER).

resplendir [rɛsplɑ̃dir] v. i. (lat. *resplendere,* être éclatant). **1.** *Litt.* (sujet qqch) Briller d'un vif éclat : *La nuit était belle, la lune resplendissait* (syn. LUIRE). — **2.** (sujet qqn, son visage) *Resplendir de qqch,* être épanoui sous l'effet d'un sentiment agréable : *À cette nouvelle, son visage resplendit de joie* (syn. S'ILLUMINER, RAYONNER).

resplendissant, e [rɛsplɑ̃disɑ̃] adj. Qui resplendit : *Beauté resplendissante. Mariée resplendissante de bonheur. Mine resplendissante* (contr. PÂLE).

resplendissement [rɛsplɑ̃dismɑ̃] n. m. *Litt.* Éclat de ce qui resplendit.

responsabiliser [rɛspɔ̃sabilize] v. t. *Responsabiliser qqn,* le rendre responsable, conscient de ses responsabilités : *Responsabiliser un adolescent.*

responsabilité [rɛspɔ̃sabilite] n. f. **1.** Obligation de réparer une faute, de remplir un engagement : *Décliner toute responsabilité en cas d'accident. Prendre sur soi la responsabilité d'une entreprise.* — **2.** Charge qui confère l'initiative de décisions mais oblige à rendre compte de ses actes : *Assumer de lourdes responsabilités. Fuir les responsabilités.* — **3.** *Responsabilité civile,* obligation de réparer les dommages causés à autrui par soi-même, par qqn qui dépend de soi, par un animal ou qqch qu'on a sous sa garde. ‖ *Responsabilité morale,* obligation de répondre de ses intentions et de ses actes devant sa conscience, de s'acquitter de ses devoirs envers ceux dont on a la charge. ‖ *Responsabilité pénale,* obligation de supporter le châtiment prévu pour l'infraction qu'on a commise.

responsable [rɛspɔ̃sabl] adj. (du lat. *respondere,* se porter garant). **1.** Qui doit rendre compte de ses actes ou de ceux d'autrui et en accepter les conséquences : *Un père est civilement responsable des dégâts commis par ses enfants mineurs. Être responsable de la mauvaise gestion d'une entreprise. Il n'est pas responsable de ses actes* (= il ne jouit pas de toutes ses facultés). — **2.** Qui agit avec sérieux, qui pèse la conséquence de ses actes : *Les manifestants ont su se conduire en gens responsables. Ce n'est pas là une attitude responsable.* ◆ n. **1.** Personne qui a la charge d'une fonction, qui prend des décisions dans une organisation : *Le responsable du ravitaillement dans une colonie de vacances.* — **2.** Personne qui a la capacité de prendre des décisions dans une organisation, dans un mouvement, mais qui doit en rendre compte à une autorité supérieure ou à ses mandants : *Un responsable syndical.*

resquille [rɛskij] n. f. *Fam.* Action de resquiller : *Ce garçon est un spécialiste de la resquille.*

resquiller [rɛskije] v. i. (prov. *resquiha,* glisser). *Fam.* Se faufiler dans une salle de spectacle, dans un moyen de transport, etc., sans attendre son tour ou sans payer sa place. ◆ v. t. *Resquiller qqch,* se faire donner un avantage auquel on n'a pas droit : *Resquiller une place au cinéma.*

resquilleur, euse [rɛskijœr] n. et adj. *Fam.* Qui resquille : *C'est un resquilleur.*

ressac [rəsak] n. m. (esp. *resaca*). Retour violent des vagues sur elles-mêmes après avoir heurté un obstacle.

ressaisir [rəsɛzir] v. t. Saisir de nouveau : *La peur l'avait ressaisi* (syn. REPRENDRE). ◆ ***se ressaisir*** v. pr. Reprendre son calme, son sang-froid; redevenir maître de soi : *L'émotion l'empêchait de parler, mais elle se ressaisit rapidement.*

ressaisissement [rəsɛzismɑ̃] n. m. *Litt.* Action de se ressaisir.

ressasser [rəsase] v. t. (de *re-* et *sas,* tamis). **1.** *Ressasser qqch,* le répéter sans cesse : *Ressasser les mêmes griefs, les mêmes plaisanteries* (syn. RABÂCHER). — **2.** Faire repasser dans son esprit : *Ressasser des souvenirs* (syn. REMÂCHER).

ressemblance [rəsɑ̃blɑ̃s] n. f. **1.** Ensemble de traits, de caractères physiques ou moraux communs à des êtres animés : *Il y a une ressemblance frappante entre cette enfant et sa mère.* — **2.** Degré plus ou moins grand de conformité entre des choses, et spécialement entre une œuvre d'art et l'original : *Il y a une grande ressemblance entre le persil et la ciguë. Saisir les ressemblances entre deux situations* (syn. ANALOGIE, CORRESPONDANCE, RAPPORT). *Ressemblance d'un tableau avec son modèle.*

ressemblant, e [rəsɑ̃blɑ̃] adj. Qui a de la ressemblance avec le modèle : *Un portrait très ressemblant.*

ressembler [rəsɑ̃ble] v. t. ind. (*re-* et *sembler*). **1.** *Ressembler à qqn, à qqch,* avoir de la ressemblance avec eux : *Cette fille ressemble à sa mère comme deux gouttes d'eau. Chercher à ressembler à quelqu'un* (syn. COPIER, IMITER). *Votre montre ressemble à la mienne.* — **2.** *Ça ne vous ressemble pas,* cela n'est pas conforme à votre caractère, à votre manière de penser et d'agir. ‖ Fam. *Ça ne ressemble à rien,* se dit de qqch d'informe, d'un goût bizarre, de qqch dépourvu de bon sens : *Un roman, un film qui ne ressemble à rien.* ◆ ***se ressembler*** v. pr. (sujet des personnes, des choses) Avoir de la ressemblance entre elles : *Elles se ressemblent comme deux sœurs* (contr. DIFFÉRER).

ressemelage [rəsəmlaʒ] n. m. Action de ressemeler.

ressemeler [rəsəmle] v. t. (c. **6**) *Ressemeler les chaussures,* y mettre des semelles neuves.

ressentiment [rəsɑ̃timɑ̃] n. m. Souvenir qu'on garde d'un mal, d'une injustice, d'une injure qu'on a subis, avec le désir de se venger : *Il conserve un vif ressentiment du tort qu'on lui a fait* (syn. RANCŒUR, RANCUNE). *Elle éprouve à son égard un profond ressentiment* (= elle lui en veut).

ressentir [rəsɑ̃tir] v. t. (*re-* et *sentir*) [c. **19**]. *Ressentir une sensation, un sentiment*, éprouver une sensation ou un sentiment agréable ou pénible : *Ressentir du bien-être après un bon repos. Ressentir un malaise. Ressentir de la sympathie pour quelqu'un.* ◆ ***se ressentir*** v. pr. **1.** (sujet qqn) *Se ressentir d'un mal*, en sentir les effets : *Se ressentir d'une ancienne blessure.* — **2.** (sujet qqch) *Se ressentir de qqch*, en éprouver les suites, les conséquences, l'influence : *Le pays s'est ressenti longtemps de la guerre.*

resserre [rəsɛr] n. f. (de *resserrer*). Endroit où on met à l'abri, où on range certaines choses : *Mettre des outils dans une resserre.*

resserré, e [resɛre] adj. Enfermé dans des limites étroites : *Un petit chemin resserré entre des haies* (syn. ENCAISSÉ). *Un jardin resserré entre de grands murs.*

resserrement [resɛrmɑ̃] n. m. Action de resserrer; fait d'être resserré : *Le resserrement d'un lien, d'une amitié.*

resserrer [rəsɛre] v. t. **1.** Serrer de nouveau ou davantage : *Resserrer un nœud, un écrou* (contr. DESSERRER, RELÂCHER). — **2.** Rendre plus étroit : *Resserrer les liens de l'amitié.* ◆ ***se resserrer*** v. pr. Devenir plus étroit : *Le sentier va en se resserrant.*

resservir [rəsɛrvir] v. t. (c. **20**) Servir de nouveau. ◆ v. t. ind. *Resservir (à qqch)*, être utilisé de nouveau : *Gardez ce vieux sac, il peut resservir.* ◆ ***se resservir*** v. pr. Se servir de nouveau.

1. ressort [rəsɔr] n. m. (de *sortir*). **1.** Organe élastique, généralement métallique, capable de supporter d'importantes déformations et qui peut revenir à son état premier après avoir été enroulé, plié ou comprimé : *Tendre, détendre un ressort. Le ressort de ma montre est cassé.* — **2.** *Ressort à boudin*, formé par un fil métallique enroulé en hélice. — **3.** Force morale, énergie qui permet de réagir, de résister aux événements : *Cet homme manque de ressort, il se laisse facilement abattre* (syn. fam. CRAN).

2. ressort [rəsɔr] n. m. (de *ressortir* 1). **1.** Compétence d'un tribunal, d'une juridiction : *Cette affaire est du ressort du Conseil d'État.* — **2.** *Être du ressort de qqn*, être de sa compétence : *Je ne peux pas vous renseigner : ceci n'est pas de mon ressort* (syn. ATTRIBUTION, DOMAINE). ‖ *Juger en dernier ressort*, juger sans recourir à une juridiction supérieure; juger, décider de façon définitive : *Le jury d'un prix littéraire juge en dernier ressort.*

1. ressortir [rəsɔrtir] v. t. ind. (c. sur *finir;* auxil. *avoir*) [sujet qqch] **1.** *Ressortir à une juridiction*, être de sa compétence : *Votre affaire ressortissait au tribunal de première instance.* — **2.** *Ressortir à qqch*, être du domaine de qqch, s'y rapporter : *Ce problème ressortit à la physique et à la chimie* (syn. DÉPENDRE DE, CONCERNER).

2. ressortir [rəsɔrtir] v. i. (c. **28**; auxil. *être*). **1.** (sujet qqn, qqch) Sortir tout de suite après être entré : *Tu viens d'entrer dans le magasin et tu veux déjà en ressortir? La balle est ressortie de l'autre côté.* — **2.** (sujet qqch) Apparaître nettement, souvent par un effet de contraste : *La figure ne ressort pas assez sur cette médaille* (syn. SE DÉTACHER). *Cette broderie rouge ressort bien sur ce fond vert* (syn. TRANCHER). — **3.** *Faire ressortir qqch*, le mettre en relief : *Faire ressortir les difficultés d'une entreprise, les beautés d'un ouvrage* (syn. SOULIGNER, METTRE EN ÉVIDENCE). ‖ *Il ressort de qqch que*, il apparaît comme conséquence que, il découle de cela que : *Il ressort de l'enquête que l'alibi est fondé.* ◆ v. t. (auxil. *avoir*) **1.** Fam. *Ressortir qqch*, faire apparaître qqch de nouveau : *Ressortir une vieille robe.* — **2.** *Fam.* Répéter : *Il nous a ressorti l'histoire de l'autre jour.*

ressortissant, e [rəsɔrtisɑ̃] n. Personne qui réside à l'étranger et qui est protégée par les représentants diplomatiques ou consulaires de son pays.

ressouder [rəsude] v. t. Souder de nouveau.

ressource [rəsurs] n. f. (de l'anc. fr. *resurdre*, ressusciter). **1.** Personne ou chose qui, dans une situation difficile, est une aide ou un moyen de se tirer d'embarras : *Elle a été ma seule ressource dans mon malheur* (syn. SECOURS). *Je n'avais d'autre ressource que la fuite* (syn. RECOURS). — **2.** *Avoir de la ressource*, être capable de réagir, de se tirer d'affaire. ‖ *Homme de ressource*, fertile en expédients. ◆ ***ressources*** n. f. pl. **1.** Moyens pécuniaires dont on dispose pour vivre : *Elle n'a que de maigres ressources. Augmenter les ressources d'une personne* (syn. FORTUNE, ARGENT). — **2.** Réserves d'habileté, d'ingéniosité, etc. : *Elle a déployé toutes les ressources de son talent pour nous persuader.* — **3.** Moyens matériels dont dispose un pays, une région : *Les ressources agricoles de la France sont variées* (syn. RICHESSES). ‖ *Ressources d'une langue*, moyens linguistiques qui sont à la disposition de l'usager.

ressusciter [resysite] v. t. (lat. *ressuscitare*, ranimer). **1.** *Ressusciter qqn*, le ramener de la mort à la vie : *Jésus, selon l'Évangile, ressuscita Lazare.* — **2.** Produire un effet énergique : *Ce médicament l'a ressuscitée.* — **3.** *Ressusciter qqch*, le faire renaître, le faire réapparaître : *Ressusciter une mode, un art* (syn. ↓RENOUVELER). ◆ v. i. [auxil. *être*] **1.** Revenir de la mort à la vie : *Jésus-Christ, selon l'Évangile, est ressuscité le troisième jour après sa mort.* — **2.** [auxil. *avoir* ou *être*] Guérir d'une grave maladie : *Nous sommes heureux de vous voir ressuscité.*

restant, e [rɛstɑ̃] adj. Qui reste : *La seule personne restante d'une famille.* ◆ ***restant*** n. m. Ce qui reste d'une somme, d'une quantité : *Je vous paierai le restant de ma dette avec les intérêts* (plus souvent LE RESTE).

restaurant [rɛstɔrɑ̃] n. m. (de *se restaurer*). Établissement public où on sert des repas moyennant paiement : *Il n'y avait là qu'un restaurant de bas étage* (= une gargote). *Quand j'invite mes amis, je les emmène dans de grands restaurants. Manger tous les midis au restaurant de l'usine* (= à la cantine).

restaurateur, trice [rɛstɔratœr] n. **1.** Qui restaure, répare : *Restaurateur de tableaux.* — **2.** Personne qui tient un restaurant.

restauration [rɛstɔrasjɔ̃] n. f. **1.** Action de restaurer : *La restauration d'un monument, d'un tableau* (syn. RÉFECTION). *La restauration des finances de l'État.* — **2.** Rétablissement sur le trône d'une dynastie déchue : *La restauration des Bourbons.* — **3.** Métier de restaurateur : *Elle travaille dans la restauration.*

restaurer [rɛstɔre] v. t. (lat. *restaurare*, rebâtir). **1.** *Restaurer un édifice, un monument, un objet d'art*, etc., les remettre en bon état : *Restaurer une église, une statue, une fresque* (syn. RÉPARER). — **2.** *Restaurer qqch (abstrait)*, le rétablir dans son état ancien, le remettre en vigueur : *Restaurer l'ordre, la liberté. Restaurer une dynastie* (= la remettre sur le trône). ◆ ***se restaurer*** v. pr. Rétablir ses forces en prenant de la nourriture (syn. MANGER).

reste [rɛst] n. m. **1.** Ce qui subsiste d'un tout dont on a retranché ou effectué une partie : *Payez-moi une partie de votre dette, je vous donnerai un délai pour le reste* (syn. RELIQUAT, RESTANT). *Elle a fait son repas d'un peu de pain et d'un reste de fromage. Je n'entends pas* *passer ici le reste de ma vie.* — **2.** *Le reste d'une division,* ce qui demeure du dividende quand il n'est pas divisé exactement par le diviseur. ‖ *Le reste d'une soustraction,* ce qui demeure d'un nombre quand on en a retranché un autre : *18 ôté de 54 laisse pour reste 36.* — **3.** Ce qu'il y a en plus, ce qui n'est pas précisé : *Surprendre la moitié d'un secret et deviner le reste.* — **4.** Petite quantité, faible trace de qqch : *J'ai encore un reste d'espoir. Elle lui a gardé un reste de tendresse.* — **5.** *Au reste, du reste,* au surplus, d'ailleurs : *Je vous ai raconté ce qui s'est passé comme j'ai cru devoir le faire; au reste, je n'ai pas de comptes à vous rendre. Elle est avocate, comme son père du reste.* ‖ *De reste,* plus qu'il n'est nécessaire, plus qu'il n'en faut : *Avoir de l'argent, du temps, de la bonté de reste.* ‖ *Demeurer, être en reste avec qqn,* lui devoir qqch : *Il m'a payé ma place au théâtre; comme je ne voulais pas être en reste avec lui, je l'ai invité au restaurant.* ‖ *Et le reste, et tout le reste,* s'emploie après une énumération pour indiquer qu'on la laisse incomplète : *Il est menteur, paresseux et le reste* (syn. ET CÆTERA). ‖ *Le reste des hommes, le reste du monde,* les autres hommes : *Elle vit séparée du reste du monde.* ‖ *Ne pas demander son reste,* se retirer promptement et sans rien dire. ◆ ***restes*** n. m. pl. **1.** Ce qu'il y a dans les plats de service après un repas : *Accommoder, utiliser les restes du déjeuner pour le dîner.* — **2.** Cadavre, ossements de qqn : *On a transféré les restes de ce grand homme au Panthéon* (syn. CENDRES).

rester [rɛste] v. t. ind. (lat. *restare,* s'arrêter) [auxil. *être*] **1.** (sujet qqn, qqch) *Rester à qqn,* continuer à être lié à lui, à lui appartenir : *Une tante, c'est la seule parente qui lui reste. Dans cette affaire, l'avantage lui est toujours resté. Il lui reste encore assez d'argent pour payer son loyer.* — **2.** *Il reste (à qqn) à* (+ *inf.*), il subsiste, il y a encore : *Personne ne sait le temps qu'il lui reste à vivre. Dites-moi ce qu'il* (ou *qui*) *reste à faire. (Il) reste à savoir si vous réussirez. Il vous reste à prouver que vous avez raison.* ◆ v. i. (auxil. *être*) **1.** (sujet qqn, qqch) Demeurer, subsister après disparition ou élimination de personnes ou de choses : *Il est le seul coureur français qui reste dans la compétition. Regardez ce qui reste de pain. Il ne reste presque plus de vin dans la bouteille.* — **2.** *Il reste que* (+ *ind.*), il est vrai néanmoins que : *Toutes les précautions ont été prises; il reste qu'un accident ne peut pas être exclu.* — **3.** (sujet qqn, qqch) *Rester (qqpart),* continuer à être dans un endroit : *Elle est restée plusieurs années à l'étranger* (syn. SÉJOURNER). *Restez ici, je vous rejoindrai tout à l'heure* (syn. ATTENDRE). *Il n'est pas encore rentré à Paris, il est resté à la campagne. Restez à dîner avec nous. Restez dîner. Sa voiture est restée dans la rue pendant plusieurs semaines* (syn. STATIONNER). — **4.** *Fam.* Habiter : *Elle reste depuis peu dans la région parisienne.* — **5.** *Rester* (+ *compl. de manière,* + *attribut*), *rester à* (+ *inf.*), demeurer dans une position, une situation, un état : *Rester les bras croisés. Il est resté célibataire. Elle est restée fidèle à ses amis. Elle restait des heures entières à regarder à la fenêtre. Je ne sors pas le soir, je préfère rester à regarder la télévision.* — **6.** (sujet qqch) Subsister, demeurer dans la mémoire des hommes : *Les paroles s'envolent, les écrits restent. L'œuvre de ce romancier ne restera pas.* — **7.** *En rester à qqch,* s'arrêter dans l'accomplissement de qqch : *Reprenons notre lecture au chapitre où nous en étions restés.* ‖ *En rester là,* ne pas aller plus avant, ne pas progresser : *Restons-en là de notre examen de l'affaire pour aujourd'hui.* — **8.** *Rester sur une impression,* en conserver un souvenir durable. ‖ Fam. *Y rester,* mourir.

restituer [rɛstitɥe] v. t. (lat. *restituere*). **1.** *Restituer qqch (à qqn),* rendre ce qui a été pris ou ce qui est possédé indûment : *Il a été condamné à restituer cette somme à sa victime* (syn. REDONNER, REMETTRE). — **2.** *Restituer un texte,* rétablir dans son état premier qqch qui a été altéré : *Restituer une inscription.* — **3.** Représenter fidèlement un état de qqch : *Ce roman restitue la vie d'un village au Moyen Âge.* — **4.** *Restituer un son,* le reproduire : *Un magnétophone qui restitue fidèlement les sons.*

restitution [rɛstitysjɔ̃] n. f. Action de restituer; fait d'être restitué : *La restitution d'un objet volé. La parfaite restitution de l'atmosphère du Moyen Âge dans ce roman.*

Restoroute [rɛstɔrut] n. m. (nom déposé). Restaurant aménagé au bord d'une autoroute.

restreindre [rɛstrɛ̃dr] v. t. (lat. *restringere,* resserrer) [c. 55]. *Restreindre qqch (abstrait),* le ramener à des limites plus étroites : *Restreindre l'autorité, la liberté de quelqu'un* (syn. AMOINDRIR, DIMINUER, RÉDUIRE). *Restreindre ses activités.* ◆ ***se restreindre*** v. pr. (sujet qqn) Réduire ses dépenses, son train de vie : *Depuis qu'elle est à la retraite, elle a dû se restreindre.*

restreint, e [rɛstrɛ̃] adj. Resserré, limité : *Occuper un espace restreint. Une édition à tirage restreint.*

restrictif, ive [rɛstriktif] adj. Qui limite.

restriction [rɛstriksjɔ̃] n. f. **1.** Condition, modification qui restreint, qui limite : *J'approuve ce projet, avec toutefois quelques restrictions* (syn. RÉSERVE). — **2.** Action de limiter, de réduire le nombre des personnes, l'importance de qqch : *Restriction des naissances* (syn. LIMITATION). *Restriction des crédits affectés à un ministère* (syn. COMPRESSION, DIMINUTION). — **3.** *Sans restriction,* sans condition, entièrement : *Se soumettre sans restriction à l'autorité de quelqu'un.* ◆ ***restrictions*** n. f. pl. Mesures de rationnement en période de pénurie; privations qui en résultent.

restructuration [rəstryktyrasjɔ̃] n. f. Action de restructurer.

restructurer [rəstryktyre] v. t. Réorganiser.

resucée [rəsyse] n. f. *Fam.* Ce qui est pris, dit, fait, etc., une nouvelle fois : *Réclamer une resucée de vin* (syn. fam. RABIOT). *Ce film n'est qu'une resucée d'un vieux western* (syn. REPRISE, REMAKE).

résultante [rezyltɑ̃t] n. f. Résultat de l'action conjuguée de plusieurs facteurs : *Cette crise est la résultante d'erreurs accumulées* (syn. CONSÉQUENCE).

résultat [rezylta] n. m. **1.** Ce qui se produit à la suite d'une action, d'un événement, de l'application d'un principe, d'une opération mathématique : *Le résultat d'une démarche, d'une négociation, d'une entrevue* (syn. EFFET, CONCLUSION, DÉNOUEMENT). *Leurs tentatives ont abouti à des résultats satisfaisants* (= au succès, à la réussite). *Tant de dépenses n'ont donné que des résultats négatifs* (syn. CONSÉQUENCE). *Le résultat d'une expérience de physique, de chimie. Le résultat d'une addition* (syn. SOMME), *d'une soustraction* (syn. RESTE), *d'une multiplication* (syn. PRODUIT), *d'une division* (syn. QUOTIENT). — **2.** Réussite ou échec à un concours, à un examen, à une compétition; liste des candidats qui ont réussi : *Quand connaîtrez-vous vos résultats? Commenter les résultats d'un match, d'une élection. Le journal a publié les résultats des admissibles à Polytechnique.*

résulter [rezylte] v. t. ind. (lat. *resultare,* rebondir) [auxil. *être* ou *avoir*] (sujet qqch). *Résulter de qqch, il résulte de qqch que* (+ *ind.*), s'ensuivre, être la conséquence, l'effet de : *L'amélioration du bien-être qui résulte des réformes sociales* (syn. ÊTRE ISSU, PROVENIR). *Que résultera-t-il de toutes ces démarches?* (syn. ADVENIR, ARRIVER). *Ma conviction résulte d'une observation attentive* (syn. DÉCOULER, PROCÉDER).

résumé [rezyme] n. m. **1.** Ce qui présente l'essentiel de ce qui a été dit ou écrit : *Le résumé d'une conférence, d'un livre* (syn. ANALYSE, SOMMAIRE). — **2.** Ouvrage succinct : *Un résumé d'histoire* (syn. ABRÉGÉ, AIDE-MÉMOIRE, MÉMENTO, PRÉCIS). — **3.** *En résumé,* en récapitulant, en un mot : *En résumé, les avantages l'emportent sur les inconvénients* (syn. EN BREF).

résumer [rezyme] v. t. (lat. *resumere,* reprendre). *Résumer un texte, un énoncé,* rendre en moins de mots ce qui a été dit ou écrit : *Résumer un discours, une discussion. Résumez-moi cet article* (syn. CONDENSER). ◆ ***se résumer*** v. pr. **1.** (sujet qqn) Reprendre en peu de mots ce qu'on a dit. — **2.** (sujet qqch) *Se résumer à, en, dans qqch, à* (+ *inf.*), consister essentiellement : *Toute son action politique se résume en une lutte pour plus de justice. Son rôle se résume à classer des documents.*

résurgence [rezyrʒɑ̃s] n. f. (du lat. *resurgere,* renaître). Réapparition sous forme de source à gros débit d'une nappe d'eau souterraine.

resurgir [rəsyrʒir] v. i. Surgir de nouveau.

résurrection [rezyrɛksjɔ̃] n. f. (du lat. *resurgere,* se relever). Retour de la mort à la vie : *La résurrection de Jésus-Christ.*

retable [rətabl] n. m. (de l'esp. *tabla,* planche). Panneau contre lequel s'appuie un autel et qui est le plus souvent orné d'un tableau, d'une sculpture.

rétablir [retablir] v. t. (*re-* et *établir*). **1.** *Rétablir qqch,* le remettre en son état premier, en bon état : *Les communications téléphoniques qui avaient été interrompues sont maintenant rétablies.* ‖ *Rétablir un fait, la vérité,* les présenter sous un jour véritable et dépouillés de tout artifice. — **2.** *Rétablir qqn,* le ramener à un état normal de santé : *Ce médicament l'a vite rétablie* (syn. GUÉRIR). — **3.** *Rétablir qqn,* le remettre dans son rang, dans son emploi : *Rétablir une personne dans ses droits* (syn. RÉHABILITER), *dans ses fonctions.* — **4.** *Rétablir qqch,* le faire exister de nouveau : *Certains voudraient rétablir la monarchie* (syn. RESTAURER). *Rétablir l'ordre, la discipline, un équilibre* (syn. RAMENER). ◆ ***se rétablir*** v. pr. **1.** (sujet qqn) Recouvrer la santé : *J'ai besoin d'aller à la montagne pour me rétablir* (syn. SE REMETTRE, SE REFAIRE; fam. SE RETAPER, SE REQUINQUER). — **2.** (sujet qqch) Renaître : *Petit à petit, le calme s'est rétabli* (syn. REVENIR).

rétablissement [retablismɑ̃] n. m. **1.** Action de rétablir : *Le rétablissement des relations entre deux États. Le rétablissement des finances d'une nation.* — **2.** Retour à la santé : *Je vous souhaite un prompt rétablissement.* — **3.** Mouvement de gymnastique qui permet de s'élever en prenant un point d'appui sur chaque poignet, après une traction sur les bras.

rétamer [retame] v. t. **1.** Recouvrir à nouveau de métal une pièce métallique, un ustensile de ménage usés. — **2.** Pop. *Être rétamé,* fatigué, épuisé. — **3.** Pop. *Se faire rétamer,* se faire battre au jeu, dans une compétition; échouer à un examen.

retaper [rətape] v. t. (*re-* et *taper*). Fam. **1.** *Retaper qqch (concret), qqn,* remettre sommairement qqch en état; remettre qqn d'aplomb, en bonne santé : *Faire retaper une maison délabrée* (syn. RÉPARER). *Le grand air la retapera.* — **2.** *Retaper un lit,* le faire superficiellement, sans déplacer les draps ni les couvertures. ◆ ***se retaper*** v. pr. *Fam.* Retrouver la santé : *Sa convalescence lui a permis de se retaper* (syn. SE REFAIRE, SE RÉTABLIR; fam. SE REQUINQUER).

retard [rətar] n. m. **1.** Fait d'arriver trop tard, après le moment fixé : *Le retard d'un avion, d'un courrier. Le train Paris-Cherbourg a une heure de retard ce matin. Vous êtes en retard, nous vous attendons depuis une demi-heure.* — **2.** Fait d'agir tard : *Apporter du retard dans l'exécution d'un travail. Être en retard pour payer son loyer. Ma montre prend du retard. Avertissez-moi sans retard du résultat* (= sans attendre). — **3.** Temps ou distance qui sépare un coureur d'un autre coureur, un véhicule d'un autre véhicule, etc. : *Elle ne va pas tarder à rattraper, à combler son retard.* — **4.** État de qqn, d'une collectivité dont le développement est moins avancé que celui des autres : *Un enfant en retard pour son âge. Le retard d'un pays du point de vue social, économique* (contr. AVANCE). *Être en retard sur les idées de son temps.*

retardataire [rətardatɛr] adj. et n. **1.** Qui arrive ou agit en retard : *Un élève retardataire.* — **2.** Qui est en retard sur l'évolution des idées, des mœurs, des techniques, etc. : *Une pédagogie retardataire* (syn. DÉSUET, RÉTROGRADE, DÉPASSÉ).

retardateur, trice [rətardatœr] adj. Qui retarde : *Nos troupes ont livré des actions retardatrices* (= destinées à retarder la progression ennemie).

retardé, e [rətarde] adj. et n. Se dit d'un enfant moins avancé que ceux de son âge au point de vue sensoriel ou intellectuel.

retardement (à) [rətardəmɑ̃] adv. **1.** *Engin, bombe, obus à retardement,* munis d'un mécanisme spécial qui ne provoque leur explosion qu'après un temps déterminé. — **2.** *Fam.* Après qu'il est trop tard, longtemps après : *Agir à retardement. Comprendre à retardement* (= être lent à comprendre).

retarder [rətarde] v. t. (lat. *retardare,* de *tardus,* tard). **1.** (sujet qqn, qqch) *Retarder qqn, qqch,* l'empêcher de partir, d'arriver, d'avoir lieu au moment fixé ou prévu : *Excusez-moi de me présenter seulement maintenant, j'ai été retardé par un visiteur importun. L'avion a été retardé par le mauvais temps. Les intempéries ont retardé la moisson* (contr. AVANCER). — **2.** *Retarder qqn,* le faire agir plus lentement qu'il ne faudrait : *Plusieurs maladies l'ont retardée dans ses études.* — **3.** *Retarder qqch,* le remettre à plus tard : *J'ai retardé mon départ en vacances de quelques jours* (syn. AJOURNER, DIFFÉRER, REPOUSSER). *On a retardé la date des examens* (syn. RECULER, REPORTER). — **4.** *Retarder une montre, une pendule,* mettre les aiguilles sur une heure moins avancée. ◆ v. i. **1.** (sujet une montre, une pendule) Aller trop lentement : *L'horloge retarde chaque jour de deux minutes;* marquer une heure moins avancée que l'heure réelle : *Ma montre retarde de cinq minutes* (fam. *Je retarde de cinq minutes*). — **2.** (sujet qqch) Arriver, se produire avec un retard : *La marée retarde chaque jour.* — **3.** *Fam.* (sujet qqn) Ignorer une nouvelle que tout le monde connaît : *Comment! tu ne sais pas que le programme est changé? Tu retardes!* — **4.** *Retarder sur son temps, sur son siècle,* ne pas avoir les idées, les goûts de son temps.

retenir [rətənir] v. t. (lat. *retinere*) [c. 22]. **1.** *Retenir qqch (avec, par qqch),* le maintenir en place, le fixer dans une position; ne pas le laisser aller, le contenir : *Retenir un tableau par un clou* (syn. ACCROCHER, FIXER). *Retenir ses cheveux avec une barrette. On a construit un barrage pour retenir les eaux de la rivière.* — **2.** *Retenir qqn (qqpart),* en parlant de qqn, l'empêcher de partir, le faire rester avec soi, en parlant de qqch, le faire rester en un lieu : *Ses amis l'ont retenue plus longtemps qu'elle ne l'avait pensé* (syn. GARDER). *Je vous retiens à dîner* (syn. INVITER). *Je ne vous retiens pas, partez si vous voulez. La grippe l'a retenue plusieurs jours au lit. Une grève-surprise a retenu les passagers plusieurs heures à l'aéroport.* — **3.** *Retenir un être animé, qqch,* les saisir, les maintenir pour les empêcher de tomber, pour modérer leur mouvement, leur allure : *Il serait tombé dans le ravin si je ne l'avais pas retenu* (syn. ARRÊTER). *Retenir un cheval qui va s'emballer.* — **4.** *Retenir qqn (de + inf.),* l'empêcher d'agir, d'accomplir ce qu'il est sur le point de faire : *La vue de la police a retenu les manifestants. Elle voulait donner sa démission, j'ai eu du mal à la retenir. Je ne* sais ce qui m'a retenu de l'injurier. — **5.** *Retenir qqch (action, geste,* etc.), l'empêcher de se manifester : *Retenir un geste d'impatience. Retenir un rire. Retenir ses larmes, sa colère* (= les contenir). — **6.** *Retenir un texte, un mot, une date,* etc., les garder dans sa mémoire : *Je n'ai entendu cette chanson qu'une fois et je l'ai presque retenue* (syn. SE SOUVENIR). ‖ Fam. *Je le retiens,* je ne suis pas près d'oublier son mauvais procédé. — **7.** *Retenir une suggestion, une proposition, un projet, une solution,* etc., les estimer dignes d'attention, de réflexion, d'étude. — **8.** *Retenir qqn,* l'engager à l'avance : *Retenir une femme de ménage.* — **9.** *Retenir une place, une chambre,* etc., les faire réserver par précaution : *Retenir une place dans un train, au théâtre* (syn. LOUER). *Retenir une chambre dans un hôtel.* — **10.** *Retenir une somme d'argent,* la déduire d'un salaire, d'un traitement : *Retenir telle somme pour la Sécurité sociale, pour la retraite* (syn. PRÉLEVER, RETRANCHER). — **11.** *Retenir un chiffre,* le réserver pour le joindre aux chiffres de la colonne suivante (dans une addition, une soustraction, une multiplication) : *7 et 8 font 15 : je pose 5 et je retiens 1.* ◆ ***se retenir*** v. pr. **1.** (sujet qqn) *Se retenir (à qqch),* s'y accrocher pour ne pas tomber ; faire effort pour ralentir son allure : *Elle s'est retenue à des broussailles, autrement, elle serait tombée dans le ravin* (syn. SE CRAMPONNER, SE RATTRAPER). *Essayer de se retenir pour ne pas tomber en dévalant une pente.* — **2.** *Se retenir (de + inf.),* s'empêcher, par un effort de la volonté, de faire ce qu'on avait envie de faire : *Je n'ai pas pu me retenir de lui dire ses quatre vérités.* — **3.** (sans compl.) *Fam.* Différer de satisfaire un besoin naturel. — **4.** (sujet qqch) Être gardé dans la mémoire : *La poésie se retient plus facilement que la prose.*

rétention [retɑ̃sjɔ̃] n. f. (lat. *retentio*). Fait de retenir en soi.

retentir [rətɑ̃tir] v. i. (du lat. *tinnire,* résonner) [sujet qqch]. **1.** Renvoyer un son éclatant, puissant : *Toute la salle retentissait des applaudissements des spectateurs* (syn. RÉSONNER). — **2.** Produire un son qui se prolonge : *Un violent coup de tonnerre a retenti dans la vallée* (syn. ÉCLATER).

retentissant, e [rətɑ̃tisɑ̃] adj. **1.** Qui s'entend bien, qui rend un son puissant : *Une voix retentissante* (syn. SONORE, VIBRANT, ↑TONITRUANT). — **2.** Qui attire l'attention du public, qui a des répercussions : *Un succès, un scandale retentissant* (syn. ÉCLATANT).

retentissement [rətɑ̃tismɑ̃] n. m. **1.** Son prolongé avec plus ou moins d'éclat : *Le retentissement d'un coup de tonnerre.* — **2.** Ensemble de répercussions, de conséquences : *Un choix politique qui a des retentissements économiques.* — **3.** Réactions suscitées dans le public par un événement : *Ce discours a eu un profond retentissement* (syn. RÉPERCUSSION). *Cette pièce aura un grand retentissement* (syn. SUCCÈS).

retenue [rətny] n. f. **1.** Action de retenir, de garder : *Retenue de marchandises à la douane.* — **2.** Somme qu'un employeur retient sur le salaire de ses employés : *Retenue pour la Sécurité sociale.* — **3.** Dans une opération arithmétique, chiffre réservé pour être joint aux chiffres de la colonne suivante. — **4.** Privation de récréation ou de sortie, dans les établissements scolaires : *Avoir quatre heures de retenue* (syn. fam. COLLE). — **5.** Attitude, qualité de qqn qui sait se maîtriser, contenir ses sentiments, éviter les excès : *Tu ne t'emportes jamais, j'admire ta retenue* (syn. MODÉRATION, RÉSERVE, SAGESSE). *N'avoir aucune retenue dans sa conduite* (syn. ↑PUDEUR).

réticence [retisɑ̃s] n. f. (lat. *reticentia,* obstination à se taire). **1.** Omission volontaire de ce qu'on pourrait ou devrait dire : *Parler sans réticence. Plusieurs passages de sa lettre renferment visiblement des réticences* (syn. SOUS-ENTENDU). — **2.** Attitude de qqn qui hésite à dire expressément sa pensée, à prendre une décision : *C'est sans aucune réticence qu'elle a prêté sa voiture à son amie* (syn. HÉSITATION).

réticent, e [retisɑ̃] adj. **1.** Qui n'exprime pas ouvertement ce qu'il pense : *Même dans l'intimité, on la sent toujours pleine de réserve, réticente.* — **2.** Qui manifeste de la réticence : *Quand elle a parlé de son projet au directeur, il s'est montré réticent* (syn. HÉSITANT, RÉSERVÉ).

rétif, ive [retif] adj. (du lat. *restare,* s'arrêter). **1.** Se dit d'une monture qui s'arrête ou recule au lieu d'avancer : *Un cheval, un mulet rétif.* — **2.** Se dit de qqn de difficile à diriger, à persuader, qui regimbe : *Un enfant rétif* (syn. INDOCILE, RÉCALCITRANT).

rétine [retin] n. f. (du lat. *rete,* filet). Membrane mince et transparente, située au fond de l'œil, et sur laquelle se forment les images des objets.

rétinien, enne [retinjɛ̃] adj. Propre à la rétine : *Les images rétiniennes.*

retiré, e [rətire] adj. **1.** Qui a cessé toute activité professionnelle : *Un commerçant retiré.* — **2.** *Vivre retiré, mener une vie retirée,* vivre à l'écart de la société. — **3.** Se dit d'un lieu peu fréquenté : *Habiter dans un quartier, dans un village retiré* (syn. ÉCARTÉ, ISOLÉ).

retirer [rətire] v. t. **1.** *Retirer qqn, qqch (de qqpart),* le faire sortir de l'endroit où il est : *Retirer un enfant d'un collège* (syn. ENLEVER). *Retirer un noyé de l'eau* (syn. REPÊCHER). *Retirer des provisions d'un sac. J'ai retiré de mes poches tout ce que j'y avais mis* (syn. VIDER). *Retirer la clef de la serrure. Retirer de l'argent à la banque* (syn. PRÉLEVER). — **2.** *Retirer qqch (de qqpart),* le ramener en arrière : *En touchant ce fer brûlant, elle a bien vite retiré sa main. Tendre un sucre à un chien puis le retirer.* — **3.** *Retirer qqch (de qqch ou de soi),* enlever ce qui couvre, protège : *Retirer le couvercle de la casserole* (syn. ÔTER). *Retirer son chapeau, ses lunettes. Retirer ses vêtements à un enfant* (= le déshabiller). — **4.** *Retirer qqch à qqn,* lui enlever ce qu'on lui avait accordé, donné : *À la suite de cet accident, on lui a retiré son permis de conduire* (syn. PRENDRE, REPRENDRE). *Retirer à quelqu'un sa confiance, son amitié, sa protection.* — **5.** *Retirer qqch (action),* renoncer à le présenter, à le faire, à le poursuivre ou à le soutenir : *Retirer sa candidature à une élection. Retirer une plainte, une accusation.* ‖ *Retirer ce qu'on a dit,* changer d'opinion, revenir sur un jugement (syn. SE RÉTRACTER). — **6.** *Retirer qqch de qqch,* en tirer un gain matériel ou moral : *Retirer un bénéfice important d'une affaire* (syn. PERCEVOIR). *Retirer un grand profit d'une lecture. De cette intervention, elle n'a retiré que des désagréments* (syn. RECUEILLIR). ◆ ***se retirer*** v. pr. **1.** (sujet qqn) *Se retirer (d'un lieu)* [*dans un autre*], s'éloigner, quitter le lieu où on se trouve ; rentrer chez soi : *Retire-toi de là. Comme elle était fatiguée, elle se retira dans sa chambre. La cérémonie terminée, la foule se retira en silence* (syn. SE DISPERSER). — **2.** *Se retirer d'une fonction, d'un genre de vie,* les quitter : *Se retirer des affaires, du commerce ;* et, sans compl., prendre sa retraite : *Elle s'est retirée il y a quelques années.* — **3.** *Se retirer qqpart,* aller dans un lieu pour y trouver un refuge, pour y prendre sa retraite : *Elle s'est retirée dans un couvent* (syn. SE RÉFUGIER). *Se retirer en province.* — **4.** (sujet des eaux) *La mer se retire,* elle est dans le reflux. ‖ *La rivière se retire,* elle rentre dans son lit après avoir débordé.

retombées [rətɔ̃be] n. f. pl. **1.** *Retombées radioactives,* déchets radioactifs qui retombent après l'explosion d'une bombe. — **2.** Conséquences fâcheuses : *Les retombées politiques d'un scandale.*

retomber [rətɔ̃be] v. i. (auxil. *être*). **1.** (sujet animé) Tomber de nouveau, après s'être relevé. —

2. Tomber après s'être élevé : *Un sauteur à la perche doit savoir retomber* (syn. SE RECEVOIR). *En franchissant l'obstacle, le cheval a touché la barre et il est mal retombé.* — **3.** (sujet qqn) *Retomber dans qqch,* le commettre de nouveau : *Retomber toujours dans les mêmes fautes.* — **4.** *Retomber dans qqch (état),* se trouver de nouveau dans une situation fâcheuse : *Retomber dans la misère, dans le découragement. Le pays est retombé dans le chaos.* ‖ *Retomber malade,* être atteint de nouveau d'une maladie (syn. RECHUTER). — **5.** (sujet qqch) Tomber après avoir été relevé ou s'être élevé : *Ramasser un objet et le laisser retomber. Le ballon est monté en chandelle et il est retombé à mes pieds. Le jet d'eau retombe dans le bassin.* — **6.** Pendre d'une certaine hauteur : *Les franges des rideaux retombent jusqu'à terre. Ses longs cheveux lui retombaient sur les épaules* (syn. TOMBER). — **7.** Descendre, s'incliner : *Retenir une poutre pour qu'elle retombe doucement. Levez les bras, puis laissez-les retomber le long du corps.* — **8.** (sujet qqch) *Retomber sur qqn,* lui être imputé, rejaillir sur lui : *Faire retomber sur une personne la responsabilité d'une décision, d'une action* (= la lui attribuer, la rejeter sur lui). *Les frais du procès retomberont sur lui* (syn. INCOMBER À). ‖ Fam. *Retomber sur le nez de qqn,* lui attirer un châtiment mérité. — **9.** *Retomber sur qqch,* y revenir, après un détour : *La conversation retombe continuellement sur la guerre.*

retordre [rətɔrdr] v. t. (c. **52**). **1.** Tordre de nouveau : *Tordre et retordre du linge mouillé.* — **2.** *Retordre des fils de coton, de laine,* etc., les tordre ensemble. — **3.** Fam. *Donner du fil à retordre à qqn,* lui créer des difficultés, lui donner du mal.

rétorquer [retɔrke] v. t. (lat. *retorquere*). *Rétorquer (qqch, que* [+ *ind.*] *à qqn),* lui dire en guise de riposte : *S'il m'avait reproché mon retard, j'aurais pu lui rétorquer qu'il en était responsable* (syn. RÉPLIQUER, RIPOSTER).

retors, e [rətɔr] adj. (de *retordre*). Qui sait trouver des moyens compliqués pour dissimuler, pour se tirer d'affaire : *Politicien, paysan retors* (syn. MALIN, MATOIS, RUSÉ).

rétorsion [retɔrsjɔ̃] n. f. (du lat. *retorquere,* rétorquer). Procédé de coercition qui consiste, pour qqn, un État, à employer à l'égard d'un autre les mesures préjudiciables que ce dernier a prises contre lui : *La rétorsion diffère des représailles en ce qu'elle ne constitue pas un acte de violence. Élever ses tarifs douaniers par mesure de rétorsion.*

retouche [rətuʃ] n. f. **1.** Modification apportée en vue d'une amélioration : *Faire une retouche à une photographie.* — **2.** Rectification d'un vêtement terminé.

retoucher [rətuʃe] v. t. **1.** *Retoucher un travail, une œuvre littéraire, artistique,* lui apporter des modifications partielles, des corrections : *Retoucher une photographie, un tableau. Retoucher un article* (syn. CORRIGER, REMANIER). — **2.** *Retoucher un vêtement,* le rectifier pour l'adapter aux mesures de qqn.

retoucheur, euse [rətuʃœr] n. Personne qui effectue des retouches.

retour [rətur] n. m. **1.** Action de revenir : *Elle est partie sans espoir de retour.* ‖ *Être sur le retour,* être près de repartir. — **2.** Voyage qu'on fait pour revenir à l'endroit d'où on est parti : *Elle n'a pas assez d'argent pour payer son retour. Prendre un billet d'aller et retour* (ou *un aller et retour*). *J'ai perdu mon retour* (= mon billet de retour). — **3.** Moment où on revient à son point de départ : *J'irai vous voir à votre retour. Le retour des hirondelles annonce le printemps.* ‖ *De retour (de),* revenu (de) : *Nous vous inviterons quand nous serons de retour (d'Italie). J'ai rencontré récemment mon amie de retour d'Amérique.* — **4.** Fait de revenir à une activité qu'on avait abandonnée, à un état antérieur habituel ou plus ancien : *Le retour d'un homme politique, d'un ancien ministre au pouvoir* (syn. RENTRÉE). *Le retour à une vie plus calme. Le retour à la nature, à la terre, aux sources.* — **5.** Action de retourner qqch à qqn : *Retour d'une lettre, d'un paquet à l'envoyeur.* — **6.** Fait de se reproduire, de se manifester de nouveau : *Le retour du printemps. Le retour du froid. Le retour d'un accès de fièvre* (syn. RECOMMENCEMENT). — **7.** Changement brusque et total : *Par un juste retour des choses, il n'a pu échapper, cette fois, à la justice. Les retours de la fortune.* — **8.** *Litt.* Réciprocité de sentiments, de services : *L'amitié demande du retour.* ‖ *Payer qqn de retour,* répondre à ses sentiments, à ses procédés par qqch d'équivalent; lui rendre la pareille. — **9.** *En retour,* en échange, réciproquement : *Elle vous a rendu de grands services. Que lui donnerez-vous en retour?* ‖ *Être sur le retour,* commencer à décliner, à vieillir. ‖ *Faire un retour sur soi-même,* examiner sa conduite passée. ‖ *Par retour du courrier,* immédiatement après la réception du courrier : *Nous attendons une réponse de votre part par retour du courrier.* ‖ *Retour d'âge,* âge critique des femmes, celui où les règles cessent (syn. MÉNOPAUSE). ‖ *Retour de bâton,* ennuis qui reviennent sur celui qui voulait en causer aux autres. ‖ *Retour de flamme,* phénomène qui se traduit par l'accès de la flamme de l'explosion dans le carburateur d'un moteur; renouveau d'activité, de jeunesse après une période d'accalmie. ‖ *Retour en arrière,* syn. de FLASH-BACK; évocation du passé; mesure rétrograde.

retournement [rəturnəmɑ̃] n. m. Changement brusque et complet : *Un retournement de la situation* (syn. RENVERSEMENT).

retourner [rəturne] v. t. **1.** *Retourner qqch,* le tourner en sens contraire, de façon à mettre dessus ce qui était dessous, derrière ce qui était devant, etc. : *Retourner un seau pour monter dessus* (syn. RENVERSER). *Retourner un tableau, une carte de géographie contre le mur. Retourner la viande, l'omelette dans la poêle. Retourner du foin pour le faire sécher. Retourner la terre* (= labourer, remuer la terre avec une charrue, une bêche). *Retourner la tête* (= regarder derrière soi). *Retourner un vêtement* (= le refaire en mettant l'envers de l'étoffe à l'extérieur). — **2.** Fam. *Retourner qqn (comme une crêpe),* le faire changer d'avis sans difficulté. ‖ *Retourner une situation,* améliorer une situation critique, ou inversement : *Elle a su retourner la situation à son avantage.* — **3.** Fam. *Retourner un appartement, une chambre,* y mettre le désordre, y mettre tout sens dessus dessous. — **4.** Fam. *Retourner qqn,* l'émouvoir profondément : *La vue de certaines misères nous retourne* (syn. BOULEVERSER). — **5.** *Retourner qqch,* le tourner dans tous les sens : *Tourner et retourner un objet dans ses mains. Retourner un projet, une idée* (= les examiner sous tous les aspects). — **6.** Fam. *Savoir de quoi il retourne,* savoir de quoi il s'agit exactement, être fixé. — **7.** (sujet qqn) *Retourner une lettre, un paquet, une marchandise,* etc., *à qqn,* les renvoyer à l'expéditeur. — **8.** *Retourner qqch à qqn,* le lui restituer : *La maison est retournée à son ancien propriétaire* (syn. REVENIR). ◆ v. i. [auxil. *être*] **1.** Aller de nouveau en un lieu où on est déjà allé : *Retournez-vous cet été à la mer? Il faut qu'elle retourne chez le médecin.* — **2.** Revenir à l'endroit d'où on est parti, où on habite : *Elle est retournée récemment dans son pays natal* (syn. REGAGNER). *Il retourne chez lui tous les jours pour déjeuner* (syn. RENTRER). *Retourner en arrière, sur ses pas* (= revenir en arrière, faire demi-tour, rebrousser chemin). — **3.** Revenir à un état antérieur : *Un chat abandonné retourne facilement à l'état sauvage.* ◆ ***se retourner*** v. pr. **1.** (sujet qqn, qqch) Se tourner dans un autre sens, dans un sens contraire : *Elle ne fait que se tourner et* se retourner dans son lit. La voiture est tombée dans un fossé et s'est complètement retournée (syn. CAPOTER, CHAVIRER, SE RENVERSER). — 2. (sujet qqn) Tourner la tête en arrière : *Quand je l'ai interpellé, il s'est retourné.* — 3. Fam. *Laisser à qqn le temps de se retourner,* lui laisser le temps d'apprécier exactement une situation et de prendre des dispositions appropriées. || *Se retourner vers qqn, qqch,* avoir recours à eux : *Dans son désarroi, elle ne savait vers qui se retourner. Se retourner vers une solution.* — 4. (sujet qqch) *Se retourner contre qqn,* retomber sur lui ou lui être néfaste : *Sa mauvaise humeur s'est retournée contre moi. Ton ambition démesurée s'est retournée contre toi.* — 5. *S'en retourner (qqpart),* se diriger, repartir vers le lieu d'où on est venu : *Elle ne songe qu'à s'en retourner dans son pays natal.* || *S'en retourner comme on est (était) venu,* repartir sans avoir rien fait, rien obtenu.

retracer [rətrase] v. t. (c. 1) *Retracer qqch,* raconter de façon vive, pittoresque, les choses passées : *Retracer à grands traits les événements d'une période.*

rétractation [retraktasjɔ̃] n. f. Action de se rétracter : *On exigeait de lui une rétractation de ses erreurs* (syn. DÉSAVEU).

1. rétracter [retrakte] v. t. (lat. *retrahere,* faire revenir en arrière). *Rétracter un tissu, un organe,* le tirer en arrière par un effet de rétraction : *L'escargot rétracte ses cornes* (syn. CONTRACTER). ◆ ***se rétracter*** v. pr. Se contracter : *Un muscle qui s'est rétracté.*

2. rétracter [retrakte] v. t. (lat. *retractare,* retirer). *Rétracter une affirmation,* déclarer qu'on n'a plus l'opinion qu'on avait avancée : *Elle a refusé de rétracter ses déclarations* (syn. RETIRER, DÉMENTIR). *Rétracter une promesse, un engagement* (syn. ANNULER). ◆ ***se rétracter*** v. pr. Reconnaître formellement la fausseté de ce qu'on a dit : *Obliger l'auteur d'une calomnie à se rétracter* (syn. SE DÉDIRE, SE DÉSAVOUER).

rétractile [retraktil] adj. *Ongles, griffes rétractiles,* ongles, griffes qu'un animal peut rentrer en dedans : *Le chat a des ongles rétractiles.*

rétraction [retraksjɔ̃] n. f. Raccourcissement que présentent certains tissus ou certains organes : *Rétraction musculaire.*

retrait [rətrɛ] n. m. (de l'anc. fr. *retraire,* se retirer). 1. Action de se retirer d'un lieu : *Le retrait des troupes d'occupation* (syn. ÉVACUATION). *Le retrait de la mer.* — 2. Action de retirer, de prendre : *Le retrait d'une somme d'argent à la banque* (syn. PRÉLÈVEMENT). *Retrait du permis de conduire* (syn. SUPPRESSION). — 3. Diminution de volume subie par un corps qui se contracte, se resserre : *Le retrait de l'argile, de l'acier* (contr. DILATATION). — 4. *En retrait,* en arrière d'un alignement, d'une ligne déterminée : *Un immeuble en retrait. Elle est en retrait par rapport à ses affirmations antérieures.*

retraite [rətrɛt] n. f. (de l'anc. fr. *retraire,* se retirer). — I. 1. Marche en arrière d'une armée après des combats malheureux : *Protéger, couvrir la retraite d'un bataillon* (syn. REPLI). — 2. *Battre en retraite,* reculer devant l'ennemi; cesser de soutenir une opinion, abandonner certaines prétentions. || *Retraite aux flambeaux,* défilé nocturne de musiques, de fanfares accompagnées de porteurs de lampions, et qui a lieu à l'occasion d'une fête publique.
— II. 1. État de qqn qui a cessé son activité professionnelle et reçoit une pension : *Être à la retraite. Mettre quelqu'un à la retraite. Prendre sa retraite* (= cesser l'exercice de sa profession). — 2. Pension versée à un salarié admis à la retraite : *Percevoir une petite retraite.* — 3. Litt. Lieu où on se retire pour se réfugier ou pour se cacher : *Elle a trouvé à la campagne une retraite agréable pour sa vieillesse. Les gendarmes ont délogé les malfaiteurs de leur retraite.* — 4. Éloignement momentané du monde pour se recueillir, pour se préparer à un acte religieux.

retraité, e [rətrɛte] adj. et n. Qui est à la retraite, qui touche une retraite : *Un officier retraité.*

retraitement [rətrɛtmɑ̃] n. m. Opération visant à séparer les divers éléments des combustibles nucléaires irradiés.

retranché, e [rətrɑ̃ʃe] adj. *Camp retranché,* défendu par des retranchements.

retranchement [rətrɑ̃ʃmɑ̃] n. m. (de *retrancher*). 1. Obstacle naturel ou artificiel utilisé pour se défendre : *Attaquer l'ennemi dans ses retranchements.* — 2. *Attaquer, forcer, poursuivre qqn dans ses derniers retranchements,* l'attaquer violemment, essayer de triompher de sa résistance.

retrancher [rətrɑ̃ʃe] v. t. (*re-* et *trancher*). 1. *Retrancher qqch (de qqch),* supprimer une partie d'un texte : *Retrancher d'un article, d'un discours ce qui est superflu* (syn. ÉLAGUER). *Il n'y a rien à ajouter ni à retrancher.* — 2. *Retrancher qqch (de qqch),* ôter, enlever une partie d'une quantité : *Retrancher un nombre d'un autre* (syn. SOUSTRAIRE). *Retrancher d'un salaire la cotisation de Sécurité sociale* (syn. DÉDUIRE, DÉCOMPTER, RETENIR). ◆ ***se retrancher*** v. pr. 1. *Se retrancher derrière qqch,* se mettre à l'abri, se défendre par des retranchements : *L'ennemi s'était retranché derrière le fleuve.* — 2. *Se retrancher derrière le secret professionnel, derrière l'autorité de qqn,* etc., les invoquer comme moyens de défense contre des accusations, des reproches.

retranscription [rətrɑ̃skripsjɔ̃] n. f. Action de retranscrire.

retranscrire [rətrɑ̃skrir] v. t. (c. 71) Recopier; transcrire à nouveau.

retransformer [rətrɑ̃sfɔrme] v. t. Transformer de nouveau.

retransmettre [rətrɑ̃smɛtr] v. t. (c. 57) Diffuser directement ou par relais une émission radiophonique ou télévisée : *Retransmettre un concert, un spectacle de variétés.*

retransmission [rətrɑ̃smisjɔ̃] n. f. Émission radiodiffusée ou télévisée : *Écouter la retransmission d'un concert, d'un match de football.*

retravailler [rətravaje] v. i. 1. Se remettre au travail. — 2. Reprendre le travail, après une période d'inactivité; retrouver du travail. ◆ v. t. *Retravailler qqch,* le travailler de nouveau. ◆ v. t. ind. *Retravailler à qqch,* y consacrer son temps après une interruption : *Elle retravaillait à sa thèse.*

rétrécir [retresir] v. t. (du lat. *strictus,* étroit). *Rétrécir un vêtement,* le rendre plus étroit : *Rétrécir une jupe, un pantalon* (contr. ÉLARGIR). ◆ v. i. ou ***se rétrécir*** v. pr. Devenir plus étroit, diminuer de surface, de volume : *Les vêtements de coton rétrécissent au lavage. La rue va en se rétrécissant. Le cuir se rétrécit à l'humidité.*

rétrécissement [retresismɑ̃] n. m. 1. Fait de se rétrécir : *Le rétrécissement d'un tissu. Le rétrécissement d'une rue à la suite de travaux.* — 2. Diminution pathologique des dimensions d'un conduit organique, de l'orifice d'un organe : *Rétrécissement du pylore, de l'aorte* (contr. DILATATION).

retremper [rətrɑ̃pe] v. t. Tremper de nouveau : *Retremper du linge dans l'eau.* ◆ ***se retremper*** v. pr. *Se retremper dans qqch (abstrait),* reprendre contact avec : *Se retremper dans le milieu familial.*

rétribuer [retribɥe] v. t. (lat. *retribuere,* attribuer en retour). 1. *Rétribuer qqn,* le payer pour un travail, pour un service : *Rétribuer convenablement ses employés* (syn. RÉMUNÉRER). — 2. *Rétribuer qqch,* donner de l'argent en échange d'un travail, d'un service : *Rétribuer un travail au mois, à la journée, à l'heure.*

rétribution [retribysjɔ̃] n. f. Somme d'argent donnée en échange d'un travail : *Accepter, demander une rétribution* (syn. APPOINTEMENTS, RÉMUNÉRATION, SALAIRE, TRAITEMENT).

rétro [retro] adj. inv. et n. m. (de *rétrospectif*). Qui rappelle ou imite un style d'autrefois, et, spécialement, la mode de la première moitié du XXe s. : *Un mobilier rétro.*

rétroactif, ive [retrɔaktif] adj. (du lat. *retroagere*, ramener en arrière). Se dit d'une mesure légale qui a une conséquence, des implications sur des faits antérieurs : *Les lois n'ont pas, en principe, d'effet rétroactif.*

rétroaction [retrɔaksjɔ̃] n. f. Effet rétroactif.

rétroactivement [retrɔaktivmɑ̃] adv. De manière rétroactive : *Elle a été promue rétroactivement à l'échelon supérieur.*

rétroactivité [retrɔaktivite] n. f. Caractère rétroactif : *La rétroactivité d'une mesure.*

rétrocéder [retrɔsede] v. t. (lat. *retrocedere*, reculer) [c. **10**]. *Rétrocéder qqch à qqn*, lui céder ce qu'on avait acquis de lui ou ce qu'on avait acheté pour soi-même.

rétrocession [retrɔsesjɔ̃] n. f. Action de rétrocéder.

rétrofusée [retrɔfyze] n. f. (du lat. *retro*, en arrière, et *fusée*). Fusée de freinage des engins spatiaux.

rétrogradation [retrɔgradasjɔ̃] n. f. Mesure disciplinaire par laquelle un fonctionnaire ou un militaire est placé dans une situation hiérarchique inférieure à celle qu'il occupait.

rétrograde [retrɔgrad] adj. **1.** Qui se fait en arrière : *Mouvement, marche rétrograde.* — **2.** Opposé au progrès, qui voudrait rétablir les institutions du passé : *Parti rétrograde. Politique économique rétrograde* (syn. ↑ RÉACTIONNAIRE).

rétrograder [retrɔgrade] v. i. (lat. *retro*, en arrière, et *gradi*, marcher). **1.** Revenir en arrière : *L'armée a été contrainte de rétrograder* (syn. RECULER). — **2.** Perdre ce qu'on a acquis (son rang dans un classement, les améliorations apportées par une évolution politique et sociale, etc.) : *Il faut développer les investissements, sous peine de faire rétrograder l'économie du pays.* — **3.** En automobile, passer la vitesse inférieure à celle où on est : *Rétrograder de troisième en seconde.* ◆ v. t. *Rétrograder qqn*, le soumettre à la rétrogradation : *Rétrograder un militaire.*

rétroprojecteur [retrɔprɔʒɛktœr] n. m. Projecteur qui reproduit une image sur un écran placé derrière l'opérateur.

rétrospectif, ive [retrɔspɛktif] adj. (du lat. *retro*, en arrière, et *spectare*, regarder). Portant sur le passé : *Elle a fait un examen rétrospectif de ce qu'elle aurait pu réaliser.*

rétrospective [retrɔspɛktiv] n. f. Exposition où on présente les œuvres anciennes d'un artiste, d'une école, d'une époque : *Une rétrospective des toiles de Picasso.*

rétrospectivement [retrɔspɛktivmɑ̃] adv. En regardant vers le passé; après coup : *Elle a eu peur rétrospectivement.*

retroussé, e [rətruse] adj. *Nez retroussé*, dont le bout est un peu relevé.

retrousser [rətruse] v. t. (*re-* et *trousser*). *Retrousser un vêtement, une partie d'un vêtement*, les ramener, les replier vers le haut : *Retrousser son pantalon, sa jupe, ses manches* (syn. RELEVER).

retrouvailles [rətruvɑj] n. f. pl. Moment où des personnes, qui avaient été séparées, se retrouvent : *Nous allons fêter par un dîner nos retrouvailles* (syn. RÉUNION; contr. SÉPARATION).

retrouver [rətruve] v. t. **1.** *Retrouver qqn, un animal*, les découvrir, les rattraper quand ils se sont échappés : *Les gendarmes ont retrouvé les malfaiteurs qui s'étaient évadés de la prison.* — **2.** *Retrouver qqn, qqch chez qqn, dans qqch*, reconnaître chez qqn d'autre, dans qqch les caractéristiques de qqn, de qqch : *On ne retrouve plus ce romancier dans ses dernières œuvres. Retrouver chez une enfant l'expression de sa mère.* — **3.** *Retrouver qqch*, être de nouveau en possession de ce qu'on avait perdu, égaré, oublié : *On a retrouvé chez un receleur les bijoux volés* (syn. RÉCUPÉRER). *Retrouver une occasion favorable. Elle commence à retrouver la santé, des forces* (syn. RECOUVRER). *Retrouver du travail, une situation. Je n'arrive pas à retrouver son nom. Retrouver son chemin* (= savoir s'orienter). — **4.** *Retrouver qqn, qqch*, être de nouveau en leur présence, après une séparation : *Nous serons bien contents de vous retrouver aux vacances prochaines* (syn. REVOIR). *Retrouver avec joie la maison de son enfance. Aller retrouver quelqu'un* (= retourner près de lui; syn. REJOINDRE). — **5.** *Je saurai vous retrouver, nous nous retrouverons*, je saurai prendre ma revanche. ◆ ***se retrouver*** v. pr. **1.** (sujet qqch) Être trouvé de nouveau : *Un tel avantage ne se retrouve pas facilement.* — **2.** (sujet qqn) *Se retrouver* (+ *adj.*) ou *qqpart*, être de nouveau ou subitement dans tel état, telle situation, tel lieu : *À la mort de ses parents, elle s'est retrouvée seule et sans ressources. L'idée de me retrouver dans cette maison me rend folle de joie.* — **3.** (sujet qqn [pl.]) Être de nouveau réunis : *Nous nous sommes retrouvés l'année dernière à la mer* (syn. SE RENCONTRER). — **4.** *Se retrouver (dans un lieu)*, reconnaître son chemin : *C'est un quartier où je ne vais pas souvent et je ne suis pas sûr de me retrouver.* — **5.** *Se retrouver* (*dans qqch* [*abstrait*]), éclaircir une situation embrouillée, confuse : *Il n'arrive pas à se retrouver dans ses calculs. Les dossiers n'ont pas été classés et on ne s'y retrouve plus.* — **6.** *Se retrouver en, dans qqn*, s'y reconnaître : *Je me retrouve en elle. Elle se retrouve dans son fils.* — **7.** Fam. *S'y retrouver*, compenser ses frais par des recettes, des avantages : *Elle a fait de grosses dépenses pour réinstaller son magasin, mais elle s'y retrouvera vite.*

rétroviseur [retrɔvizœr] n. m. (du lat. *retro*, en arrière, et *viseur*). Petit miroir qui permet au conducteur d'un véhicule d'apercevoir, par réflexion, ce qui se passe derrière lui.

réunification [reynifikasjɔ̃] n. f. Action de réunifier : *La réunification d'un pays.*

réunifier [reynifje] v. t. Rétablir l'unité d'un pays, d'un parti, etc.

réunion [reynjɔ̃] n. f. **1.** Action de réunir des choses : *La réunion des différentes pièces d'un mécanisme* (syn. ASSEMBLAGE). *La réunion de ces faits, de ces preuves établit son droit* (syn. RASSEMBLEMENT). — **2.** Fait de rassembler des personnes : *Organiser une réunion.* — **3.** Groupe de personnes rassemblées : *Une réunion mondaine. Une réunion de savants, de médecins, de linguistes* (syn. CONGRÈS). *Une réunion politique, syndicale.* — **4.** Temps pendant lequel on se réunit : *La réunion a été très longue. Au cours de la réunion électorale, il y a eu plusieurs incidents.*

réunionnais, e [reynjɔnɛ] adj. et n. De la Réunion.

réunir [reynir] v. t. **1.** *Réunir des choses*, les rapprocher, les mettre en contact : *Réunir les deux bouts d'un cordage* (syn. RACCORDER, RELIER). *Réunir les lèvres d'une plaie.* — **2.** *Réunir qqch à qqch, réunir des choses*, les faire communiquer : *Le cou réunit la tête au tronc. Le pont réunit les deux bords du fleuve.* — **3.** *Réunir qqch à qqch, réunir des choses*, les mettre ensemble pour former un tout : *Réunir une province à un État* (syn. ANNEXER, INCORPORER). *Réunir deux paragraphes d'un chapitre* (syn. GROUPER). *Réunir des papiers, des certificats pour constituer un dossier* (syn. RASSEMBLER). *Réunir des fonds pour offrir un cadeau* (syn. RECUEILLIR, COLLECTER). — **4.** *Réunir des personnes,* les rassembler : *Réunir les membres d'une association, d'un parti. Réunir des amis chez soi* (syn. INVITER). ◆ ***se réunir*** v. pr. **1.** (sujet qqn [pl.]) Se trouver ensemble : *Ils ont l'habitude de se réunir au café* (syn. SE RENCONTRER). *Se réunir entre amis.* — **2.** (sujet qqch [pl.]) Se joindre : *Plusieurs avenues se réunissent en ce rond-point. La Seine et l'Yonne se réunissent à Montereau* (syn. CONFLUER).

réussi, e [reysi] adj. **1.** Exécuté avec succès : *Une robe tout à fait réussie. Une photographie réussie.* — **2.** Parfait en son genre : *Une réception, une soirée réussie* (syn. BRILLANT).

réussir [reysir] v. i. (it. *riuscire,* ressortir). **1.** (sujet qqch) Avoir un heureux résultat : *Projet qui réussit* (syn. ABOUTIR, SE RÉALISER). *Son entreprise n'a pas réussi* (= a échoué). — **2.** (sujet qqn) Obtenir un bon résultat : *Elle a réussi dans tout ce qu'elle a entrepris* (= elle a eu du succès). *Il a mieux réussi dans son commerce que dans ses études* (contr. ÉCHOUER). *Elle vient de passer son baccalauréat et elle a réussi* (= elle a été reçue). ◆ v. t. ind. **1.** (sujet qqn) *Réussir à qqch,* à (+ *inf.*), y obtenir des succès, parvenir à : *J'ai réussi à mon examen. Je me demande si vous réussirez à la convaincre* (syn. VENIR À BOUT DE). *Elle a réussi du premier coup à passer son permis de conduire.* — **2.** (sujet qqch) *Réussir à qqn,* lui être bénéfique : *L'air de la mer lui réussit.* ◆ v. t. *Réussir qqch,* le faire, l'exécuter avec succès : *Réussir un tableau, une photographie. Réussir une sauce, un plat. Réussir un but, un essai* (syn. MARQUER).

réussite [reysit] n. f. **1.** Résultat favorable : *Féliciter quelqu'un pour la réussite d'une affaire, d'une entreprise* (syn. SUCCÈS ; contr. ÉCHEC). — **2.** Œuvre parfaite en son genre : *Son dernier film est une réussite.* — **3.** Syn. de PATIENCE.

réutilisable [reytilizabl] adj. Qu'on peut réutiliser.

réutilisation [reytilizasjɔ̃] n. f. Action de réutiliser.

réutiliser [reytilize] v. t. Utiliser de nouveau.

revaloir [rəvalwar] v. t. (c. **40**) Fam. *Revaloir qqch à qqn,* lui rendre la pareille, en bien ou en mal (surtout futur) : *Vous m'avez rendu service, je vous revaudrai cela. Il a voulu m'attirer des ennuis, je le lui revaudrai* (= je me vengerai).

revalorisation [rəvalɔrizasjɔ̃] n. f. Action de revaloriser : *Revalorisation des salaires.*

revaloriser [rəvalɔrize] v. t. **1.** *Revaloriser une monnaie, des revenus,* leur donner un plus grand pouvoir d'achat : *Une politique qui vise à revaloriser le franc* (syn. RÉÉVALUER). *Le gouvernement a décidé de revaloriser les traitements* (syn. RELEVER, MAJORER). — **2.** *Revaloriser qqch (abstrait),* lui donner une valeur nouvelle : *Revaloriser le rôle du Parlement* (syn. RÉHABILITER, REHAUSSER).

revanchard, e [rəvɑ̃ʃar] adj. et n. Se dit de qqn, d'un pays qui désire prendre une revanche (surtout militaire).

revanche [rəvɑ̃ʃ] n. f. (de l'anc. fr. *revancher,* venger). **1.** Action de rendre la pareille pour un mal qu'on a reçu : *Ses camarades l'avaient malmené, mais il a pris sa revanche* (= s'est vengé). *Une revanche éclatante.* — **2.** Seconde partie qu'on joue pour donner au perdant la possibilité de regagner ce qu'il a perdu : *Nous sommes à égalité : vous avez perdu la première manche, mais vous avez gagné la revanche. Voulez-vous faire la belle ?* — **3.** *À charge de revanche,* à condition qu'on rendra la pareille : *Je veux bien vous rendre ce service, mais à charge de revanche.* ‖ *En revanche,* en compensation (soutenu) : *La moisson a été médiocre, en revanche la récolte des fruits a été excellente* (syn. EN CONTREPARTIE, PAR CONTRE).

rêvasser [rɛvase] v. i. Se laisser aller à la rêverie.

rêvasserie [rɛvasri] n. f. Action de rêvasser.

rêve [rɛv] n. m. **1.** Suite d'images qui se présentent à l'esprit pendant le sommeil : *Faire des rêves agréables, de beaux rêves. J'ai fait un rêve angoissant* (= un cauchemar). — **2.** Idée plus ou moins chimérique destinée à satisfaire un désir : *Caresser un rêve. Ce projet n'est qu'un rêve. Ne pas confondre le rêve et la réalité. Réaliser son rêve.* — **3.** Objet d'un désir : *Elle a trouvé la maison de ses rêves.*

revêche [rəvɛʃ] adj. (mot francique). Dont l'abord est peu engageant, qui fait preuve de manières brusques et déplaisantes : *On n'ose guère aller le voir, il est toujours revêche* (syn. BOURRU, GRINCHEUX, HARGNEUX). *Cette femme est souvent d'humeur revêche* (syn. ACARIÂTRE).

réveil [revɛj] n. m. **1.** Passage du sommeil à l'état de veille : *Sauter du lit dès son réveil. Après son opération, elle a eu un réveil pénible.* — **2.** *Sonner le réveil,* sonner le clairon pour réveiller les soldats. — **3.** Retour à l'activité : *Le réveil d'un volcan.* — **4.** Action de sortir de l'engourdissement moral, idéologique ou politique : *Le réveil d'un peuple. Le réveil des particularismes.* — **5.** Petite pendule à sonnerie pour réveiller à une heure déterminée à l'avance.

réveiller [revɛje] v. t. (de *éveiller*). **1.** *Réveiller qqn,* le tirer du sommeil : *Elle a le sommeil léger, le moindre bruit la réveille;* lui faire reprendre conscience : *Réveiller une personne évanouie, un somnambule;* le faire sortir d'un état de torpeur : *Un programme d'action pour réveiller les apathiques.* — **2.** *Réveiller qqch,* le faire renaître, le susciter de nouveau, le remettre en mémoire : *Réveiller le courage de quelqu'un* (syn. EXALTER). *Réveiller l'appétit* (syn. EXCITER). *Réveiller une douleur, des souvenirs pénibles* (syn. RANIMER, RAVIVER, RESSUSCITER). ◆ ***se réveiller*** v. pr. **1.** (sujet qqn) Sortir du sommeil ou de l'apathie, etc. : *Je me réveille tous les matins de bonne heure. Se réveiller de son assoupissement, de sa léthargie, de sa torpeur* (syn. SE SECOUER, SE REMUER). — **2.** (sujet qqch) Se ranimer, se raviver : *Sentir ses douleurs se réveiller* (syn. RENAÎTRE).

réveillon [revɛjɔ̃] n. m. (de *réveiller*). Repas qui se fait au cours de la nuit de Noël ou du Jour de l'an.

réveillonner [revɛjɔne] v. i. Prendre part à un réveillon : *Réveillonner après la messe de minuit.*

réveillonneur, euse [revɛjɔnœr] n. Qui réveillonne.

1. révélateur, trice [revelatœr] adj. Se dit de qqch qui révèle, indique qqch : *Un bruit révélateur du mauvais fonctionnement d'un moteur.*

2. révélateur [revelatœr] n. m. Composition chimique qui permet de transformer l'image latente d'une photographie en image visible.

révélation [revelasjɔ̃] n. f. **1.** Action de révéler : *La révélation d'une conspiration, d'un complot, d'un crime.* — **2.** Information écrite ou orale qui explique des événements obscurs ou fait connaître des éléments nouveaux : *Elle a fait d'étranges révélations à la police.* — **3.** Fait qui apparaît subitement ou qui, une fois connu, en explique d'autres : *Renan écrit qu'en voyant l'Acropole il a eu la révélation du divin. La déposition de ce témoin a été une révélation pour beaucoup de jurés.* — **4.** Personne qui manifeste tout à coup de grandes qualités, un grand talent : *Cette joueuse de tennis a été la révélation de l'année.* — **5.** Selon la religion catholique, action de Dieu faisant connaître aux hommes ses mystères, sa volonté, que leur raison ne saurait découvrir.

révélé, e [revele] adj. Communiqué par la révélation divine : *Un dogme révélé. Religion révélée* (par oppos. à la *religion naturelle*).

révéler [revele] v. t. (lat. *revelare,* découvrir) [c. **10**]. **1.** (sujet qqn) *Révéler qqch, que* (+ *ind*), faire connaître ce qui était caché ou inconnu : *Révéler des secrets d'État* (syn. COMMUNIQUER, DIVULGUER). *Elle n'a pas voulu révéler ses projets* (syn. DÉVOILER), *que son départ était décidé.* — **2.** (sujet qqch) *Révéler qqch,* le laisser voir d'une façon manifeste : *Cet ouvrage révèle chez son auteur une grande rigueur d'esprit.* — **3.** *Révéler qqch,* le faire connaître par une inspiration surnaturelle : *Les vérités que Dieu a révélées à son Église.* — **4.** *Révéler un film, un cliché,* rendre visible l'image photographique latente par un traitement approprié. ◆ ***se révéler*** v. pr. (sujet qqn, qqch) Se manifester, se faire connaître : *Dans cette compétition, elle s'est révélée comme une joueuse de grande classe* (syn. APPARAÎTRE). *Son génie s'est révélé tout à coup.*

revenant, e [rəvnɑ̃] n. Esprit, âme d'un mort qu'on suppose revenir de l'autre monde : *Croire aux revenants.*

revendeur, euse [rəvɑ̃dœr] n. Personne qui achète pour revendre : *Revendeur de livres d'occasion* (= un bouquiniste), *de voitures.*

revendicatif, ive [rəvɑ̃dikatif] adj. Qui exprime une revendication : *Programme revendicatif.*

revendication [rəvɑ̃dikasjɔ̃] n. f. Action de revendiquer; ce qui est revendiqué : *La revendication d'un droit. Le ministère du Travail a reçu une délégation de métallurgistes qui lui ont exposé leurs revendications* (syn. RÉCLAMATION, DESIDERATA).

revendiquer [rəvɑ̃dike] v. t. (du lat. *vindicare,* réclamer). **1.** (sujet qqn) *Revendiquer qqch,* réclamer qqch qui nous appartient, qui nous revient légitimement : *Revendiquer sa part d'héritage.* — **2.** (sujet une collectivité) Réclamer l'exercice d'un droit politique ou social, une amélioration des conditions de vie ou de travail : *Le personnel revendiquait un aménagement du temps de travail.* — **3.** *Revendiquer la responsabilité de ses actes,* assumer l'entière responsabilité de ce qu'on a fait.

revendre [rəvɑ̃dr] v. t. (c. **50**) Vendre ce qu'on a acheté : *Acheter des maisons pour les revendre. Acheter en gros pour revendre au détail.*

revenez-y [rəvnezi] n. m. inv. Fam. *Avoir un goût de revenez-y,* avoir un goût agréable et inciter à recommencer : *Ce fromage a un goût de revenez-y.*

revenir [rəvənir] v. i. (c. **22**; auxil. *être*). **1.** (sujet être animé, véhicule) *Revenir qqpart,* venir de nouveau, venir une autre fois : *Le docteur est venu hier, il a dit qu'il reviendrait aujourd'hui. La propriétaire de la villa nous a demandé si nous reviendrions l'année prochaine pour les vacances. Les hirondelles reviendront au printemps* (→ RETOUR); venir à l'endroit d'où on est parti : *Elle revient tous les ans dans son village natal. Il revenait tous les soirs chez lui très fatigué de sa journée* (syn. RENTRER). — **2.** *Revenir de qqpart,* rentrer de : *Comme sa mère était malade, on l'a fait revenir de voyage* (= on l'a rappelé). *Revenir d'une promenade, du travail* (syn. RENTRER DE). — **3.** (sujet qqn) *Revenir à qqch (action, état),* reprendre, continuer qqch qu'on a abandonné : *Revenir à ses études* (syn. SE REMETTRE À). *Revenir à un ancien projet* (syn. RETOURNER À). *Revenons à notre conversation de l'autre jour* (syn. REPRENDRE). *Revenir à une vieille habitude. N'y revenez pas* (= ne recommencez pas la même faute). *J'en reviens toujours là* (= je persiste dans cette opinion); passer de nouveau à un état (physique ou moral) antérieur : *Revenir à de meilleurs sentiments à l'égard de quelqu'un. Revenir à la vie* (= recouvrer la santé, se rétablir). *Revenir à soi* (= reprendre conscience après un évanouissement). — **4.** *Revenir de qqch (état, sentiment),* quitter un état physique, intellectuel ou moral : *Revenir d'un évanouissement* (= reprendre conscience). *Elle revient de loin* (= elle a échappé à un grave danger, elle a guéri d'une maladie grave). *Revenir d'une surprise, d'une erreur, d'une idée fausse* (= en sortir, s'en dégager). *Je n'en reviens pas (qu'il ait réussi son examen)* [= je suis profondément surpris]. *Moi qui aimais tant ce genre de spectacle, je commence à en revenir* (fam.; = je m'en détache). — **5.** *Revenir sur qqch (abstrait),* l'examiner, le traiter, en parler de nouveau : *Nous allons revenir sur ce sujet. Il n'y a pas à y revenir, à revenir là-dessus* (= il n'y a rien à changer). *Ne revenez pas sans cesse sur le passé* (= n'en reparlez plus); changer d'opinion, de sentiments, se rétracter : *Revenir sur ce qu'on a dit, promis* (= se dédire). *Revenir sur un engagement, sa parole. Revenir sur le compte de quelqu'un* (= abandonner l'opinion qu'on s'était faite de lui). — **6.** *Revenir à la charge,* renouveler ses tentatives, ses attaques; insister dans une démarche. — **7.** (sujet qqch [concret]) *Revenir qqpart,* retourner au point de départ : *Le boomerang revient à proximité de celui qui l'a lancé. La balle a ricoché sur le mur et elle est revenue à mes pieds* (syn. RETOMBER). *Comme l'adresse était fausse, la lettre est revenue* ou *lui est revenue* (syn. ÊTRE RENVOYÉ). — **8.** (sujet qqch, un événement, etc., avec ou sans compl. de lieu, de temps) Paraître, se montrer, se présenter, arriver de nouveau : *Les beaux jours vont revenir. Le soleil revient à l'horizon. Ce mot revient souvent dans sa conversation, sous sa plume. Un tel événement ne revient pas tous les ans* (syn. AVOIR LIEU). — **9.** (sujet une parole) *Revenir à qqn,* lui être dit, rapporté : *Certains propos qu'on avait tenus sur sa conduite lui étaient revenus* (syn. ÊTRE RACONTÉ, ÊTRE REDIT, VENIR AUX OREILLES); et impersonnellem. : *Il m'est revenu que vous vous plaignez de moi.* — **10.** *Revenir à qqn,* se présenter de nouveau à son esprit en parlant d'un mot, d'une idée : *Après avoir cherché bien longtemps, son nom me revient maintenant. Ce projet lui revient souvent à la mémoire;* être retrouvé, en parlant d'une fonction, d'une faculté, d'un état physique ou moral : *La parole lui revient petit à petit. La vue lui est revenue* (syn. ÊTRE RECOUVRÉ). *L'appétit ne lui revient pas. Le courage lui reviendra, si elle se sent soutenue;* réapparaître désagréablement, en parlant du goût d'un aliment : *L'aïoli lui est revenu tout l'après-midi.* — **11.** *Revenir à* (+ *compl.* ou *adv. de prix*), coûter une certaine somme d'argent : *Ce vin revient à cinq francs le litre si on en achète cent litres. Ces deux étoffes me reviennent au même prix.* — **12.** *Faire revenir de la viande, des légumes,* leur faire subir un commencement de cuisson dans du beurre ou de la graisse. ◆ v. t. ind. **1.** *Revenir à qqn,* lui être dévolu, lui échoir légitimement : *Elle a touché la part qui lui revenait de l'héritage de ses parents* (syn. APPARTENIR). *Quel avantage peut-il lui revenir de cette entreprise? C'est à vous qu'il revient de diriger cette affaire* (syn. INCOMBER). — **2.** Fam. *Ne pas revenir à qqn,* ne pas lui inspirer confiance, ne pas lui plaire : *Il a des manières qui ne me reviennent pas.* — **3.** *Revenir à qqch,* se résumer à cela, y aboutir en définitive : *Le théorème revient à une proposition assez simple. Cela reviendrait au même* (= ce serait la même chose). *Cela revient à dire que vous acceptez ma proposition* (syn. ÉQUIVALOIR). ◆ ***s'en revenir*** v. pr. *Fam.* (sujet qqn) Revenir de quelque lieu : *Je l'ai rencontrée au moment où elle s'en revenait du marché.*

revente [rəvɑ̃t] n. f. Action de revendre : *La revente d'une propriété.*

revenu [rəvnu] n. m. (de *revenir*). **1.** Somme perçue périodiquement par qqn ou par une collectivité, soit à titre de rente, soit à titre de rémunération de son activité : *Avoir un revenu considérable. Les revenus d'un domaine agricole.* — **2.** *Impôt sur le revenu,* calculé d'après le revenu annuel des contribuables. || *Revenu national,* ensemble des revenus tirés de l'activité productrice de la nation au cours de l'année.

rêver [rɛve] v. i. (du bas lat. *exvagus,* errant). **1.** (sujet une personne endormie) Faire des rêves : *Je n'ai fait que rêver toute la nuit.* — **2.** (sujet une personne éveillée) Laisser aller son imagination sur des choses vagues : *Au lieu d'écouter en classe, cet élève ne fait que rêver* (syn. ÊTRE DISTRAIT, RÊVASSER). || *On croit rêver, il me semble que je rêve,* expriment une vive surprise. — **3.** (sujet qqn) Dire des choses déraisonnables : *Tu voudrais qu'elle te laisse sa place? Tu rêves!* ◆ v. t. **1.** *Rêver qqch, rêver que* (+ *ind.*), voir en rêve en dormant : *Nous avons rêvé tous les deux la même chose. J'ai rêvé que nous partions en voyage.* — **2.** Désirer vivement (soutenu) : *Je n'ai pas la situation que j'avais rêvée.* — **3.** Imaginer des choses déraisonnables : *Je n'ai jamais dit cela, c'est vous qui l'avez rêvé* (syn. INVENTER; fam. SE METTRE DANS LA TÊTE). ◆ v. t. ind. **1.** *Rêver de qqn, de qqch,* les voir en rêve : *J'ai rêvé de vous cette nuit. Il y a quelques jours, j'ai rêvé d'un incendie.* — **2.** *Rêver de qqch, de* (+ *inf.*), le souhaiter ardemment : *Tout le monde rêve d'un sort meilleur. Elle a toujours rêvé de faire de grands voyages.* — **3.** *Rêver à qqch,* y penser, y réfléchir : *Il a longtemps rêvé à ce projet, à cette affaire* (syn. SONGER); s'abandonner à la rêverie : *Vous ne répondez pas à ma question. À quoi rêvez-vous?*

réverbération [revɛrberasjɔ̃] n. f. Réflexion de la lumière ou de la chaleur : *La réverbération du soleil sur la neige.*

réverbère [revɛrbɛr] n. m. (de *réverbérer*). Appareil destiné à l'éclairage des rues, des places publiques.

réverbérer [revɛrbere] v. t. (lat. *reverberare,* repousser [c. **10**] (sujet une surface). *Réverbérer la lumière, la chaleur,* en renvoyer, réfléchir le rayonnement : *Les murs réverbèrent la chaleur du soleil.*

reverdir [rəvɛrdir] v. i. Redevenir vert : *Les feuilles des arbres reverdissent au printemps.*

révérence [reverɑ̃s] n. f. (du lat. *revereri,* révérer). **1.** *Litt.* Respect profond : *Traiter avec révérence une relique* (syn. VÉNÉRATION). — **2.** Salutation que font des femmes ou des jeunes filles en certaines circonstances, et qui consiste à incliner le corps en fléchissant les genoux. — **3.** *Fam. Tirer sa révérence,* s'en aller d'une façon plus ou moins désinvolte.

révérencieux, euse [reverɑ̃sjø] adj. **1.** *Litt.* Qui traite les autres avec révérence : *Des gamins peu révérencieux* (syn. POLI, RESPECTUEUX, ↑OBSÉQUIEUX; contr. IRRÉVÉRENCIEUX, IMPOLI). — **2.** *Litt.* Qui marque de la révérence : *Des paroles, des manières révérencieuses.*

révérend, e [reverɑ̃] adj. et n. (lat. *reverendus,* digne de vénération). Titre d'honneur donné aux religieux, aux religieuses : *La révérende mère supérieure.*

révérendissime [reverɑ̃disim] adj. Titre honorifique donné aux archevêques, aux évêques, aux généraux d'ordres religieux.

révérer [revere] v. t. (lat. *reveri*) [c. **10**]. Honorer, traiter avec un profond respect (soutenu) : *Révérer Dieu, les saints. Révérer la mémoire de quelqu'un.*

rêverie [rɛvri] n. f. État de l'esprit qui s'abandonne à des images vagues, sans chercher à en modifier le cours; objet qui occupe alors l'esprit : *Être perdu dans de continuelles rêveries. Troubler la rêverie de quelqu'un.*

revers [rəvɛr] n. m. (lat. *reversus,* retourné).
— **I. 1.** Côté de qqch opposé au côté principal ou à celui qui se présente d'abord : *Le revers d'une feuille, d'une feuille imprimée* (syn. DOS, VERSO). *Le revers d'une tapisserie, d'une étoffe* (syn. ENVERS). *Revers de la main* (= dos de la main, surface de la main opposée à la paume). — **2.** *Revers de main,* geste par lequel on repousse, on frappe, on frotte avec le dos de la main : *Elle essuya son front d'un revers de main.* || *Revers de la médaille,* aspect désagréable de qqch. — **3.** Au tennis, au ping-pong, renvoi de la balle effectué du côté opposé au côté habituel (contr. COUP DROIT). — **4.** Partie d'un vêtement ou d'une pièce d'habillement qui est repliée sur l'endroit; en partic., chacune des deux parties symétriques d'un vêtement repliées sur la poitrine, dans le prolongement du col : *Les revers d'un veston. Un smoking à revers de soie.*
— **II.** Événement malheureux qui transforme une situation : *Se laisser abattre par le premier revers de fortune* (syn. ÉCHEC). *Elle a éprouvé, essuyé de cruels revers* (syn. ÉPREUVE). *Des revers militaires* (syn. DÉFAITE).

reversement [rəvɛrsəmɑ̃] n. m. Transfert de fonds d'une caisse dans une autre.

reverser [rəvɛrse] v. t. **1.** Verser de nouveau — **2.** Transporter en reportant d'une caisse à une autre : *Reverser le trop perçu.*

réversibilité [revɛrsibilite] n. f. Caractère réversible : *La réversibilité d'un mouvement.*

réversible [revɛrsibl] adj. (du lat. *reversus,* retourné). **1.** Se dit d'un tissu, d'un vêtement qui peut être porté sur l'envers comme sur l'endroit : *Manteau réversible.* — **2.** Qui peut revenir en arrière, en sens inverse : *Un mouvement réversible. L'histoire n'est pas réversible.*

revêtement [rəvɛtmɑ̃] n. m. **1.** Matériau dont on recouvre une construction pour la consolider, la protéger ou la décorer : *Le revêtement est tantôt un simple enduit de ciment, de plâtre ou de stuc, tantôt une marqueterie de marbre ou de mosaïque.* — **2.** Partie supérieure d'une chaussée, constituée par une couche de matériaux présentant une surface continue. — **3.** Tout ce qui sert à recouvrir pour protéger, consolider : *Garnir des tuyaux de chauffage central d'un revêtement isolant qui empêche la déperdition de la chaleur* (syn. ENVELOPPE).

revêtir [rəvɛtir] v. t. (c. 27). **1.** *Revêtir un vêtement,* le mettre sur soi (spécialement un habit de cérémonie, ou ce qui est la marque d'une dignité, d'une fonction) : *Revêtir ses habits du dimanche, des vêtements de deuil. Revêtir l'uniforme. Le prélat avait revêtu ses habits pontificaux.* — **2.** (sujet qqch) Prendre telle ou telle apparence : *Le langage est l'une des formes que revêt la pensée pour s'exprimer.* — **3.** *Revêtir qqch de qqch,* recouvrir qqch d'un revêtement destiné à le protéger ou à l'orner : *Revêtir un mur de boiseries, de carreaux de faïence.* — **4.** Pourvoir un acte, un document des formes nécessaires pour qu'il soit valide (surtout pass.) : *Revêtir un passeport d'un visa.* ◆ ***être revêtu*** v. pass. *Être revêtu de qqch (abstrait),* en être pourvu, investi : *Être revêtu d'un pouvoir, d'une dignité, d'une autorité* (syn. ÊTRE DOTÉ).

rêveur, euse [rɛvœr] adj. et n. Qui se laisse aller à la rêverie : *Une jeune fille rêveuse* (syn. ROMANESQUE). *Ce garçon est un grand rêveur.* ◆ adj. Qui indique la rêverie : *Un air, des yeux rêveurs.*

rêveusement [rɛvøzmɑ̃] adv. De manière rêveuse.

revient [rəvjɛ̃] n. m. *Prix de revient,* coût total d'une marchandise, d'un produit.

revigorant, e [revigɔrɑ̃] adj. Qui redonne des forces : *Un régime revigorant* (syn. RECONSTITUANT). *Un climat revigorant* (syn. STIMULANT, TONIQUE).

revigorer [rəvigɔre] v. t. (de *re-* et lat. *vigor,* vigueur). *Revigorer qqn,* lui redonner des forces : *Cette promenade au grand air nous a revigorés* (syn. fam. RAVIGOTER, RAGAILLARDIR). ◆ ***se revigorer*** v. pr. Se redonner des forces : *Boire un verre de vin pour se revigorer* (syn. SE REMONTER).

revirement [rəvirmɑ̃] n. m. Changement brusque et complet dans les opinions, dans la manière d'agir de qqn ou d'une collectivité : *Le revirement de cet homme politique n'a guère surpris* (syn. RETOURNEMENT, VOLTE-FACE).

réviser [revize] v. t. (lat. *revisere*, revenir voir). **1.** *Réviser qqch*, l'examiner de nouveau pour en vérifier l'exactitude, le corriger, le modifier s'il y a lieu : *Réviser un compte, un procès, le règlement d'une assemblée.* — **2.** *Réviser une matière (scientifique, littéraire)*, l'étudier de nouveau ou la relire en vue d'une composition, d'un examen : *Réviser un programme de mathématiques.* — **3.** *Réviser une machine, une installation*, etc., leur faire subir les vérifications et les réparations nécessaires pour les remettre en état : *Réviser une voiture, une montre.*

réviseur, euse [revizœr] n. Qui révise une traduction, qui revoit après un autre.

révision [revizjɔ̃] n. f. **1.** Action de réviser, d'examiner de nouveau : *La révision d'un procès, des listes électorales. La révision d'une épreuve typographique. La révision d'une machine.* — **2.** Modification d'un texte juridique en vue de l'adapter à une situation nouvelle : *Révision de statuts, d'une Constitution.* — **3.** Action de revoir, de repasser son programme d'études : *Faire une révision en histoire.* — **4.** *Conseil de révision*, juridiction administrative qui juge de l'aptitude des jeunes gens au service militaire.

révisionnisme [revizjɔnism] n. m. (de *réviser*). Attitude, doctrine des révisionnistes.

révisionniste [revizjɔnist] adj. et n. Partisan de la révision d'une Constitution, d'une doctrine politique pour l'adapter à des conditions nouvelles.

revivifier [rəvivifje] v. t. *Revivifier qqn*, lui redonner des forces, de la vitalité, de la santé : *Ce séjour à la montagne l'a revivifiée* (syn. REVIGORER).

reviviscence [rəvivisɑ̃s] n. f. (du lat. *reviviscere*, revenir à la vie). Réapparition d'un état de conscience déjà éprouvé (soutenu) : *La reviviscence d'une émotion.*

revivre [rəvivr] v. i. (c. **63**). **1.** Revenir à la vie : *Jésus-Christ fit revivre Lazare* (syn. RESSUSCITER). — **2.** *Revivre dans qqn*, se continuer dans qqn : *Les parents revivent dans leurs enfants.* — **3.** Reprendre des forces, de l'énergie : *Elle se sent revivre quand elle est à la montagne.* — **4.** *Faire revivre qqn*, lui redonner du courage, de l'espérance : *Elle était dans un grand abattement; cette bonne nouvelle l'a fait revivre.* ‖ *Faire revivre qqch*, le remettre en usage, en vogue, en honneur : *Faire revivre une mode, une institution, un usage* (syn. RENOUVELER). ‖ *Faire revivre qqn, une époque*, leur redonner une sorte de vie par l'imagination, par l'art : *Cette historienne sait faire revivre les personnages, les événements des temps anciens.* ◆ v. t. Repasser dans son esprit : *Revivre ses jeunes années.*

révocable [revɔkabl] adj. Qui peut être révoqué : *Un choix révocable.*

révocation [revɔkasjɔ̃] n. f. Action de révoquer : *La révocation d'un professeur, d'un préfet. La révocation d'un testament* (syn. ANNULATION).

revoici, revoilà [rəvwasi, -wala] adv. *Fam.* Voici, voilà à nouveau : *Me revoici! Nous revoilà en Italie* (= nous y sommes à nouveau). *Revoilà le soleil.*

1. revoir [rəvwar] v. t. (c. **41**). **1.** *Revoir qqn, qqch*, le voir de nouveau : *Cela me fait plaisir de vous revoir. Revoir une pièce de théâtre, un film* (= y assister de nouveau). — **2.** *Revoir un lieu*, y revenir : *Elle n'a pas revu son pays natal depuis de nombreuses années.* — **3.** *Revoir qqch*, le regarder de nouveau : *Aller dans un musée revoir les tableaux qu'on aime.* — **4.** *Revoir qqch*, le soumettre à un nouvel examen, à une révision, une vérification, afin de rectifier ce qu'il peut avoir de défectueux : *Revoir un manuscrit avant de le faire imprimer* (syn. RÉVISER). *Revoir le moteur d'une voiture.* — **5.** *Revoir une matière intellectuelle*, l'étudier de nouveau ou la relire pour se la rappeler : *Revoir son programme de français et de sciences naturelles pour le baccalauréat* (syn. REPASSER, RÉVISER). — **6.** *Revoir qqn, qqch*, se les représenter par la mémoire : *Je vous revois encore, le jour de la distribution des prix, descendre l'estrade, les bras chargés de livres magnifiques.* ◆ ***se revoir*** v. pr. **1.** Se voir soi-même en imagination : *Je me revois, le premier jour de la rentrée, à la pension.* — **2.** (sujet qqn [pl.]) Être de nouveau en présence l'un de l'autre : *Elles ne se sont pas revues depuis longtemps.*

2. revoir [rəvwar] n. m. *Au revoir*, formule de politesse pour prendre congé de qqn.

révoltant, e [revɔltɑ̃] adj. Qui révolte : *Procédé révoltant* (syn. ↓DÉGOÛTANT). *Injustice révoltante.*

révolte [revɔlt] n. f. **1.** Soulèvement contre l'autorité établie : *Fomenter une révolte* (syn. INSURRECTION, SÉDITION). *Apaiser, calmer, étouffer, réprimer une révolte. Révolte de paysans* (= jacquerie), *de soldats* (= mutinerie). — **2.** Refus d'obéissance, opposition violente à une autorité quelconque : *Un vent de révolte soufflait sur l'entreprise* (syn. RÉBELLION). — **3.** Sentiment d'indignation.

révolté, e [revɔlte] adj. Qui se révolte : *Adolescent révolté.* ◆ n. Personne qui prend part à une révolte : *Les révoltés se sont rendus maîtres de la mairie* (syn. INSURGÉ, REBELLE).

révolter [revɔlte] v. t. (it. *rivoltare*, retourner). *Révolter qqn*, le remplir d'indignation, le choquer vivement : *Une telle injustice la révoltait* (syn. ÉCŒURER, ↓DÉGOÛTER, ↓INDIGNER). *On se sent révolté devant de telles atrocités* (syn. ↓OUTRER). ◆ ***se révolter*** v. pr. **1.** *Se révolter contre l'autorité établie*, se soulever contre elle : *Se révolter contre un gouvernement.* — **2.** *Se révolter contre qqn*, refuser de lui obéir, de se soumettre à son autorité : *Enfant qui se révolte contre ses parents, contre ses maîtres* (syn. REGIMBER, SE CABRER, SE REBELLER). *Se révolter contre ses supérieurs.* — **3.** *Se révolter contre qqch*, être indigné par qqch qu'on se refuse à admettre.

révolu, e [revɔly] adj. (lat. *revolutus*, qui a achevé son circuit). Se dit d'une période de temps qui est écoulée, terminée : *Après une année révolue. Elle a quarante ans révolus* (syn. ACCOMPLI; fam. SONNÉ).

révolution [revɔlysjɔ̃] n. f. (lat. *revolutio*, retour).
— **I.** Mouvement circulaire par lequel une planète, un astre revient à son point de départ (astronomie) : *La révolution de la Terre autour du Soleil.*
— **II. 1.** Renversement d'un régime politique qui amène de profondes transformations dans les institutions d'une nation : *La révolution de 1830, de 1848. La Révolution* (= celle de 1789). — **2.** Changement important dans l'ordre économique, social, moral d'une société : *La révolution industrielle du XIXe s. Une révolution dans les idées, dans les mœurs, dans les arts.* — **3.** *Fam.* Agitation vive, mais passagère : *On vient de cambrioler une banque, tout le quartier est en révolution* (syn. EFFERVESCENCE).

révolutionnaire [revɔlysjɔnɛr] adj. **1.** Relatif à une révolution politique : *Une période révolutionnaire.* — **2.** Issu d'une révolution politique : *Un gouvernement, un tribunal révolutionnaire.* — **3.** Qui favorise ou provoque une transformation radicale dans un domaine quelconque : *Avoir des opinions révolutionnaires. Appliquer des méthodes révolutionnaires dans la fabrication d'un produit.* ◆ n. Partisan d'une révolution : *Un révolutionnaire ardent, fougueux.*

révolutionner [revɔlysjɔne] v. t. 1. Fam. *Révolutionner qqn,* le troubler, l'agiter violemment : *Cette mauvaise nouvelle l'a révolutionnée* (syn. BOULEVERSER, ↓ÉMOUVOIR). — 2. *Révolutionner une technique, une industrie,* etc., la modifier profondément : *La machine à vapeur, le moteur à explosion ont révolutionné les moyens de locomotion.*

revolver [revɔlvɛr] n. m. (mot angl., de *to revolve,* tourner). Arme à feu portative, de petite taille, dont l'approvisionnement est automatique.

révoquer [revɔke] v. t. (lat. *revocare,* rappeler). 1. *Révoquer un fonctionnaire,* lui ôter pour des raisons de mécontentement les fonctions, les pouvoirs qu'on lui avait confiés (syn. CASSER, DESTITUER). — 2. *Révoquer un arrêt, un contrat, une donation,* etc., les annuler.

revue [rəvy] n. f. (de *revoir*). 1. Action d'examiner avec soin : *Tous les ans, elle fait la revue de ses livres. Faire la revue de ses fautes, de sa vie passée.* — 2. *Revue de presse,* compte-rendu des articles parus dans les journaux et reflétant des opinions différentes : *Revue de la presse quotidienne, hebdomadaire.* — 3. Fam. *Être de revue,* avoir l'occasion de se revoir : *Vous me rendrez mon livre un autre jour, nous sommes de revue.* — 4. Cérémonie militaire au cours de laquelle les troupes en grande tenue sont présentées à des personnalités civiles ou militaires et défilent : *La revue du 14-Juillet.* — 5. *Passer des troupes en revue,* inspecter des militaires rassemblés en un endroit. — 6. Fam. *Être de la revue,* être déçu dans ses espérances : *Elle croyait obtenir cette place, mais elle est de la revue.* — 7. Publication périodique où sont traitées des questions variées (politiques, littéraires, scientifiques, etc.) : *Revue hebdomadaire, mensuelle, trimestrielle.* — 8. Pièce comique ou satirique qui met en scène des personnages connus, des événements de l'actualité : *Une revue de chansonniers.* — 9. Spectacle de music-hall à grand déploiement de mise en scène : *La revue des Folies-Bergère.*

révulsé, e [revylse] adj. (lat. *revulsus,* arraché). *Yeux révulsés,* à moitié retournés par l'effet d'une émotion violente, d'un spasme : *Il était dans une colère noire, les yeux révulsés* (syn. CHAVIRÉ).

révulser (se) [revylse] v. pr. (sujet les yeux) Se retourner sous l'effet d'une émotion violente.

révulsif [revylsif] n. m. (du lat. *revulsus,* arraché). Remède destiné à produire un afflux de sang dans une partie de l'organisme pour faire cesser une congestion ou une inflammation : *Les sinapismes sont des révulsifs.*

rez-de-chaussée [redʃose] n. m. inv. (de l'anc. fr. *rez,* ras, *de* et *chaussée*). Partie d'une habitation située au niveau du sol : *La concierge habite au rez-de-chaussée.*

rhabiller [rabije] v. t. Habiller de nouveau : *Rhabiller un enfant.* ◆ ***se rhabiller*** v. pr. S'habiller de nouveau : *La malade se rhabilla après la visite médicale.*

rhapsodie [rapsɔdi] n. f. (gr. *rhapsôdia,* récitation d'un poème). Composition musicale qui utilise des thèmes d'inspiration nationale ou régionale : *Les rhapsodies hongroises de Liszt.*

rhéostat [reɔsta] n. m. (du gr. *rheos,* courant, et lat. *stare,* rester immobile). Appareil qui, placé dans un circuit électrique, permet de modifier l'intensité du courant.

rhésus [rezys] adj. inv. (de *Rhêsos,* roi légendaire de Thrace). *Facteur rhésus,* caractère par rapport auquel se déterminent, chez les humains, deux groupes sanguins incompatibles : *le facteur rhésus positif* (présence d'une certaine substance dans le sang) et *le facteur rhésus négatif* (absence de cette substance).

rhéteur [retœr] n. m. (gr. *rhêtôr*). *Péjor.* Homme dont l'éloquence est emphatique et toute formelle.

rhétorique [retɔrik] n. f. (de *rhêtorikê*). 1. Ensemble de procédés constituant l'art du discours : *Apprendre, enseigner la rhétorique.* — 2. *Figure de rhétorique,* tournure de style qui rend plus vive l'expression de la pensée : *L'allégorie, la métaphore, l'inversion, l'hyperbole sont des figures de rhétorique.* — 3. *Péjor.* Affectation d'éloquence, discours pompeux, mais vide d'idées, de faits.

rhinocéros [rinɔserɔs] n. m. (gr. *rhis, rhinos,* nez, et *keras,* corne). Mammifère des régions tropicales de l'Asie et de l'Afrique : *Le rhinocéros d'Asie n'a généralement qu'une corne sur le nez; celui d'Afrique en a deux.*

rhizome [rizom] n. m. (du gr. *rhiza,* racine). Tige souterraine vivace, souvent allongée et horizontale, émettant chaque année des racines et des tiges aériennes.

rhododendron [rɔdɔdɛ̃drɔ̃] n. m. (gr. *rhodon,* rose, et *dendron,* arbre). Arbrisseau cultivé pour ses grosses fleurs ornementales.

rhubarbe [rybarb] n. f. (lat. *rheubarbarum*). Plante vivace à tiges charnues qui servent à faire des confitures, des compotes.

rhum [rɔm] n. m. (angl. *rum*). Eau-de-vie obtenue par la fermentation et la distillation du jus de la canne à sucre et des mélasses des sucres de canne.

rhumatisant, e [rymatizɑ̃] adj. et n. Qui a des rhumatismes : *Vieillard rhumatisant.*

rhumatismal, e, aux [rymatismal] adj. Causé par le rhumatisme : *Douleur rhumatismale.*

rhumatisme [rymatism] n. m. (gr. *rheumatismos,* écoulement d'humeur). Maladie aiguë ou chronique caractérisée par des douleurs dans les articulations.

rhume [rym] n. m. (gr. *rheuma,* écoulement). Affection caractérisée par une inflammation de la muqueuse du nez, de la gorge et des bronches. ‖ *Rhume de cerveau,* inflammation de la muqueuse du nez.

rhumerie [rɔmri] n. f. Usine où on fabrique le rhum.

riant, e [rijɑ̃] adj. Qui exprime la gaieté : *Un visage riant. Des yeux riants.*

ribambelle [ribɑ̃bɛl] n. f. (orig. incert.). Fam. *Ribambelle de* (+ *n. pl.*), longue suite de personnes ou d'animaux : *Une ribambelle d'enfants.*

ribonucléique [ribonykleik] adj. Se dit d'acides jouant un grand rôle dans la synthèse des protéines.

ricanement [rikanmɑ̃] n. m. Action de ricaner : *Cet homme est insupportable avec ses ricanements.*

ricaner [rikane] v. i. (anc. fr. *rechaner,* braire). Rire sottement, avec une intention moqueuse, méprisante : *Au lieu de répondre, il s'est mis à ricaner.*

ricaneur, euse [rikanœr] adj. et n. Qui ricane.

richard, e [riʃar] n. *Fam.* et *péjor.* Personne qui a une grande fortune.

riche [riʃ] adj. (frq. *rîki,* puissant) [avant ou après le n.]. 1. Se dit de qqn qui possède une grande fortune, de grands biens : *Elle appartient à une famille très riche* (syn. FORTUNÉ ; fam. COSSU). *Faire un riche mariage* (= épouser qqn de riche). — 2. Se dit de ce qui a des ressources abondantes et variées : *Pays riche* (syn. FERTILE). *Belle et riche contrée. Langue riche* (= abondante en mots, en expressions). *Sujet, matière riche* (= qui peut donner lieu à d'abondants développements littéraires). *Une riche nature* (= qqn qui a des dons très variés, une grande vitalité). *Nourriture riche* (= qui a un grand pouvoir nutritif). — 3. *Riche en qqch,* qui le possède en abondance : *Sous-sol riche en minerai de fer. Bibliothèque riche en ouvrages de toutes sortes. Musée riche en peintures.* — 4. D'un grand prix : *Un riche mobilier* (syn. LUXUEUX). *De riches étoffes* (syn. MAGNIFIQUE, SOMPTUEUX). — 5. Fam. *Une riche idée,* une très bonne idée. ◆ n. m. Personne qui possède de grands biens, une grande fortune (souvent pl.) : *Elle fréquente les pauvres aussi bien que les riches.* ‖ *Nouveau riche,* personne récemment enrichie et qui n'a pas eu le temps de s'adapter à sa nouvelle situation de fortune (syn. PARVENU). ◆ adv. Fam. *Ça fait riche,* cela donne une impression de richesse : *Ces tapis d'Orient, ces tentures, ça fait riche.*

richement [riʃmɑ̃] adv. De façon riche : *Être meublé richement* (syn. MAGNIFIQUEMENT, LUXUEUSEMENT). *Elle était richement parée.*

richesse [riʃɛs] n. f. **1.** Abondance de biens : *Faire étalage de sa richesse* (syn. FORTUNE; contr. PAUVRETÉ, DÉNUEMENT, MISÈRE). *C'est le commerce qui fait la richesse de ce pays* (syn. PROSPÉRITÉ). — **2.** Abondance de productions naturelles : *La richesse du sol, du sous-sol.* — **3.** Qualité d'une matière fournissant un rendement abondant : *La richesse d'un minerai.* — **4.** Qualité de ce qui est précieux : *La richesse d'un bijou, d'une parure, d'une décoration.* — **5.** *La richesse du coloris d'un tableau, de la palette d'un peintre,* l'éclat et la variété des couleurs d'un tableau, le talent de coloriste d'un peintre. ◆ ***richesses*** n. f. pl. **1.** Grands biens, en partic. en argent, en valeurs : *Amasser, entasser des richesses.* — **2.** Objets d'un grand prix : *Il y a des richesses inestimables dans cette bibliothèque.* — **3.** Ressources d'un pays : *Les richesses de cette région sont abondantes et variées.* — **4.** Produits de l'activité économique d'une collectivité nationale : *Production, distribution, circulation des richesses.*

richissime [riʃisim] adj. *Fam.* Extrêmement riche.

ricin [risɛ̃] n. m. (lat. *ricinus*). Plante dont les graines fournissent une huile employée comme purgatif ou comme lubrifiant.

ricocher [rikɔʃe] v. i. Faire ricochet : *Le projectile a ricoché sur le mur* (syn. REBONDIR).

ricochet [rikɔʃɛ] n. m. (orig. obscure). **1.** Rebond que fait une pierre jetée obliquement sur la surface de l'eau ou un projectile rencontrant un obstacle. — **2.** *Par ricochet,* de façon indirecte, par contrecoup : *Il a critiqué sévèrement ses collègues et, par ricochet, il s'est adressé des éloges.*

rictus [riktys] n. m. (mot lat. signif. *fente de la bouche*). Contraction de la bouche qui donne au visage l'expression d'un rire forcé, grimaçant : *Un rictus moqueur, sarcastique.*

ride [rid] n. f. **1.** Pli de la peau sur le visage, le cou, les mains et qui est l'effet de l'âge ou de la mimique : *Avoir des rides sous les yeux* (syn. fam. PATTE D'OIE). *Se faire des rides en plissant son front. Elle a quarante ans et pas encore une seule ride.* — **2.** Légère ondulation ou sillon sur une surface quelconque : *Le vent forme des rides sur l'eau.*

ridé, e [ride] adj. Couvert de rides : *Un visage tout ridé.*

rideau [rido] n. m. (de *rider*). **1.** Pièce d'étoffe, voile qu'on étend devant une ouverture pour intercepter la vue ou le jour, pour cacher ou préserver qqch : *Rideau de tulle, de cretonne. Mettre des rideaux à une fenêtre. Fermer, tirer, écarter les rideaux. Doubles rideaux* (= rideaux en tissu épais qui se rejoignent au milieu d'une fenêtre). — **2.** Grande draperie placée devant la scène d'une salle de spectacle : *Lever, baisser le rideau.* — **3.** Ensemble, suite de choses susceptibles de former un obstacle à la vue, de mettre à couvert : *Un rideau de peupliers, de verdure.* — **4.** Fam. *Rideau !,* assez ! ‖ *Rideau de fer,* rideau métallique qui sert à fermer ou à protéger la devanture d'un magasin, à séparer la scène de la salle d'un théâtre en cas d'incendie; expression servant à désigner la frontière qui sépare les démocraties populaires d'Europe de l'Est des pays de l'Europe occidentale. ‖ *Tirer le rideau sur qqch,* le cacher, le laisser volontairement dans l'ombre.

ridelle [ridɛl] n. f. (moyen haut all. *reidel,* grande perche). Chacun des deux cadres, généralement à claire-voie, qui sont placés sur les côtés d'une charrette, d'un camion, pour maintenir la charge.

rider [ride] v. t. (anc. all. *rîdan,* tordre). Produire des rides sur : *Les années lui ont ridé le visage. Le vent ride la surface de l'eau.* ◆ ***se rider*** v. pr. Se couvrir de rides : *Son front se ride à la moindre contrariété.*

ridicule [ridikyl] adj. (lat. *ridiculus*). **1.** *Péjor.* Propre à exciter le rire, la moquerie : *Vous êtes ridicule de vous habiller de cette façon* (syn. GROTESQUE). *Elle porte souvent des chapeaux ridicules* (syn. IMPAYABLE). — **2.** *Fam.* Se dit de qqn, de qqch de déraisonnable : *Vous êtes ridicule de refuser de vous soigner* (syn. INSENSÉ). *C'est ridicule de s'entasser à cinq dans cette petite voiture* (syn. ABSURDE, SAUGRENU). — **3.** *Une somme, une quantité ridicule,* insignifiante, minime : *Donner un pourboire ridicule* (syn. DÉRISOIRE). ◆ n. m. Ce qui chez qqn ou dans qqch excite le rire, la moquerie : *Molière a peint les ridicules de son temps* (syn. TRAVERS). *Braver le ridicule. Tomber dans le ridicule. N'avoir aucun sens du ridicule.* ‖ *Tourner qqn, qqch en ridicule,* se moquer de qqn, de qqch (syn. TOURNER EN DÉRISION).

ridiculement [ridikylmɑ̃] adv. **1.** De façon ridicule : *Marcher, chanter ridiculement.* — **2.** Dans des proportions insignifiantes : *Un traitement, un salaire ridiculement bas* (syn. DÉRISOIREMENT).

ridiculiser [ridikylize] v. t. *Ridiculiser qqn, qqch,* faire rire d'eux, à leurs dépens : *Les chansonniers ont l'habitude de ridiculiser les hommes politiques* (syn. PERSIFLER, RAILLER; fam. ↓ BLAGUER). ◆ ***se ridiculiser*** v. pr. Se couvrir de ridicule.

rien [rjɛ̃] pron. indéf. (du lat. *rem,* chose). **1.** Accompagné de *ne,* exprime la négation ou l'absence de qqch (peut être suivi de *de* + adj. ou part. passé); peut être renforcé : *Je ne vois rien dans ce brouillard. Rien n'a pu la décider à venir. Il n'y a rien qui puisse être blâmé dans sa conduite. N'avais-tu donc rien à dire ? Qui ne risque rien n'a rien* (contr. QUELQUE CHOSE). *Ça ne vaut rien* (= cela n'a aucune valeur). *Rien n'est joué* (= la partie n'est pas finie). *On ne peut plus rien pour elle* (= son cas est désespéré). *Il n'y a rien que je ne fasse pour vous. Il n'y avait par bonheur rien de cassé dans le coffret. Il n'y a rien de perdu : il ne faut pas désespérer. Je n'ai rien d'autre à vous dire. Je ne voudrais pour rien au monde être à sa place. Je n'ai plus rien du tout à faire* (= absolument rien). *je n'ai rien à répondre, mais alors rien de rien* (fam.). — **2.** Non accompagné de *ne,* exprime la négation dans les réponses et les phrases sans verbe : *«Avez-vous trouvé quelque chose ? — Rien.» Rien vu sur la route.* — **3.** Non accompagné de *ne, rien,* a le sens de *quelque chose* dans les subordonnées dépendant d'une principale négative, dans une comparative et après *avant que, sans que, sans, trop pour : Elle s'en est tirée sans rien de grave. Y a-t-il rien de plus stupide que cet accident-là* (syn. QUELQUE CHOSE) ? *Vivre presque sans rien* (= sans fortune). *Il est trop naïf pour rien soupçonner. Elle est morte subitement, sans que rien le laisse prévoir.* — **4.** S'emploie dans un grand nombre de locutions **a)** Avec être : Fam. *Ça n'est pas rien,* c'est important : *Il faut repeindre tout l'appartement, et ça n'est pas rien.* ‖ *Comme si de rien n'était,* comme si l'événement n'avait pas eu lieu : *Ils renouèrent après cette violente querelle comme si de rien n'était.* ‖ *Il n'en est rien,* c'est absolument faux. ‖ *N'être rien,* n'avoir aucune valeur, aucune situation : *Il n'est rien comparativement à son père.* ‖ *N'être rien à qqn,* ne pas lui être attaché; n'être ni son parent ni son allié : *Elle prétend me connaître, mais elle ne m'est rien.* **b)** Avec *faire :*

Ça (cela) ne fait rien, cela n'a aucune importance : *Vous avez oublié de la prévenir, ça ne fait rien, je vais lui téléphoner.* || *Il n'y a plus rien à faire,* c'est trop tard, c'est irrémédiable. || (sujet qqn) *Ne rien faire,* ne pas travailler : *Passer ses journées au café à ne rien faire.* || (sujet qqn) *Ne rien faire à qqn,* ne lui faire aucun mal : *Je ne lui ai rien fait, je ne sais pas pourquoi elle pleure;* (sujet qqch) lui importer peu, ne pas le toucher : *Il semble que tout ceci ne te fasse rien, tu es insensible.* || *N'en rien faire,* ne pas accomplir une tâche proposée : *S'il vous demande de l'accompagner, surtout n'en faites rien!* || *Rien à faire,* appuie un refus : *Rien à faire, vous ne passerez pas.* c) Avec *avoir* : *N'avoir rien,* ne posséder aucune fortune. || *N'avoir rien contre qqn,* n'avoir aucun grief, aucune raison de ressentiment contre lui : *Elle a tort de se méfier, je n'ai rien contre elle.* — **5.** *De rien, de rien du tout,* sans importance : *C'est un tout petit accident de rien du tout.* || *Pour rien,* gratuitement : *Elle me l'a donné pour rien;* pour une somme modique : *J'ai eu cette voiture d'occasion pour rien.* || *Rien que,* seulement : *Arrêtez-vous rien que cinq minutes. Rien qu'à la première lecture, j'ai vu de nombreuses fautes;* et, par oppos., *rien que ça!* marque souvent l'étonnement devant qqch de considérable (alors qu'on attendait une petite chose) : *Vous avez deux mois de congé? Rien que ça, et vous vous plaignez!* ◆ n. m. Ce qui est nul : *Un rien lui fait plaisir* (= très peu de chose). *Se disputer pour des riens* (= des choses sans importance). *Pleurer pour un rien* (= à la moindre occasion).

riesling [rislin] n. m. (mot all.). Vin blanc sec produit par un cépage qu'on cultive sur les bords du Rhin.

rieur, euse [rijœr] n. Personne qui rit : *Avoir, mettre les rieurs de son côté* (= faire rire aux dépens de son adversaire). ◆ adj. **1.** Qui aime à rire, à plaisanter : *Cette jeune fille est très rieuse* (syn. GAI, ENJOUÉ; contr. TRISTE). — **2.** Qui indique la gaieté : *Des yeux rieurs.*

rifle [rifl] n. m. (mot angl. signif. *carabine*). *Carabine 22 long rifle,* carabine à long canon.

rigide [riʒid] adj. (lat. *rigidus*). **1.** Qui ne fléchit pas ou qui ne plie que difficilement : *Une barre de fer rigide. Une tige rigide* (contr. FLEXIBLE, SOUPLE). — **2.** Qui applique à la lettre les lois morales : *Une personne rigide qui ne pardonne rien aux autres ni à elle-même* (syn. RIGOUREUX; contr. INDULGENT). *Éducation rigide. Mœurs rigides* (contr. DISSOLU).

rigidité [riʒidite] n. f. Caractère rigide : *La rigidité cadavérique* (syn. RAIDEUR). *La rigidité d'un carton. La rigidité des puritains, d'un magistrat* (syn. RIGUEUR, RIGORISME).

rigolade [rigɔlad] n. f. *Fam.* **1.** Plaisanterie, amusement : *Aimer la rigolade.* — **2.** Propos peu sérieux, fantaisiste : *Ce que tu nous dis là, c'est de la rigolade.* — **3.** Chose faite sans effort, comme par jeu : *Pour lui, c'est une rigolade de soulever une caisse de cent kilos.*

rigole [rigɔl] n. f. (lat. *regula,* règle). **1.** Petit fossé creusé dans le sol pour l'écoulement des eaux : *Faire des rigoles dans un pré pour l'irriguer.* — **2.** Filet d'eau qui coule sur une surface.

rigoler [rigɔle] v. i. (de *rire* et anc. fr. *galer,* s'amuser). *Fam.* **1.** S'amuser, rire : *Il faisait le pitre pour faire rigoler les copains.* — **2.** Ne pas parler sérieusement : *Non, mais! vous voulez rigoler* (syn. PLAISANTER).

rigolo, ote [rigɔlo] adj. *Fam.* Amusant, plaisant : *Il nous a raconté des histoires rigolotes* (syn. COMIQUE, DRÔLE). ◆ n. **1.** Personne qui aime plaisanter, s'amuser : *Un petit rigolo.* — **2.** *Péjor.* Personne qu'on ne peut pas prendre au sérieux, qui n'a pas les qualités dont elle se vante.

rigorisme [rigɔrism] n. m. (de *rigueur*). Sévérité extrême dans l'interprétation et l'application des règles de la morale ou de la religion : *Ton rigorisme écarte de toi beaucoup de gens* (syn. AUSTÉRITÉ, PURITANISME, ↓RIGUEUR).

rigoriste [rigɔrist] adj. et n. Qui fait preuve de rigorisme : *Je ne juge pas cette action aussi sévèrement que vous; vous êtes bien rigoriste* (syn. INTRANSIGEANT, SÉVÈRE, ↓DUR, ↓RIGOUREUX).

rigoureusement [rigurøzmɑ̃] adv. **1.** Avec exactitude, minutie : *Accomplir rigoureusement son devoir* (syn. SCRUPULEUSEMENT). — **2.** Absolument, totalement : *Un fait rigoureusement exact.*

rigoureux, euse [rigurø] adj. (de *rigueur*). **1.** Qui est d'une sévérité inflexible dans sa conduite, dans ses jugements à l'égard des autres : *C'est un homme rigoureux qui n'excuse rien* (contr. INDULGENT, TENDRE). — **2.** Se dit de qqch qui est dur, difficile à supporter : *Châtiment rigoureux* (syn. DRACONIEN). *Climat, hiver rigoureux* (syn. RUDE). — **3.** Se dit de qqch qui est d'une exactitude inflexible : *Observation rigoureuse du règlement* (syn. STRICT). *Une démonstration, des preuves rigoureuses* (syn. INCONTESTABLE, ↓PRÉCIS). *Interpréter un mot dans son sens le plus rigoureux* (syn. JUSTE).

rigueur [rigœr] n. f. (lat. *rigor,* raideur). **1.** Sévérité, austérité extrême : *La rigueur d'une peine, d'une condamnation. Elle n'a pu supporter la rigueur de la règle du couvent.* — **2.** Caractère de ce qui est dur, pénible à supporter, en partic. une température extérieure basse (soutenu) : *Se plaindre des rigueurs du temps, de la rigueur de l'hiver* (syn. DURETÉ, ÂPRETÉ). — **3.** Exactitude, précision dans l'ordre intellectuel : *La rigueur d'un raisonnement, d'une analyse. La rigueur du jugement, de l'esprit* (syn. RECTITUDE). — **4.** *À la rigueur,* en cas de nécessité absolue : *À la rigueur, je pourrais venir demain matin* (syn. AU PIS ALLER, EN CAS DE BESOIN). — **5.** *De rigueur,* imposé par les usages, le règlement : *Pour cette cérémonie, tenue de soirée de rigueur* (= indispensable). || *Délai de rigueur,* au-delà duquel aucune prolongation ne sera accordée. — **6.** *Tenir rigueur à qqn de qqch,* lui en garder du ressentiment : *Je suis désolé de n'avoir pas pu vous prévenir à temps, j'espère que vous ne m'en tiendrez pas rigueur* (= que vous me pardonnerez).

rillettes [rijɛt] n. f. pl. (de l'anc. fr. *rille,* morceau de porc). Charcuterie faite de viande de porc ou d'oie hachée menu et cuite dans la graisse.

rimailler [rimɑje] v. i. *Fam.* Faire de mauvais vers.

rimailleur [rimɑjœr] n. *Fam.* Qui rimaille.

rime [rim] n. f. (frq. *rîm,* rang). **1.** Retour du même son à la fin de deux ou plusieurs vers. (On distingue les *rimes masculines,* qui se terminent par une syllabe tonique [«enfant/faon»], et les *rimes féminines,* qui se terminent par une syllabe muette [«tête/fête»], les *rimes riches* [«éternel/solennel»], *suffisantes* [«été/bonté»] et *pauvres* [«ami/défi»].) — **2.** *N'avoir ni rime ni raison,* être dépourvu de tout bon sens.

rimer [rime] v. i. **1.** (sujet des mots) Finir par les mêmes sons : *«Étude» et «solitude» riment ensemble.* — **2.** *Ne rimer à rien,* être dépourvu de sens, de raison : *Cette remarque ne rime à rien.*

rimeur, euse [rimœr] n. *Péjor.* Poète sans talent.

rinçage [rɛ̃saʒ] n. m. Action de rincer : *Le rinçage de la vaisselle.*

rince-bouteilles [rɛ̃sbutɛj] n. m. inv. Tige métallique garnie de poils, pour rincer les bouteilles.

rince-doigts [rɛ̃sdwa] n. m. inv. Bol contenant de l'eau tiède parfumée de citron et qu'on passe aux convives pour se rincer les doigts à table.

rincer [rɛ̃se] v. t. (bas lat. *recentiare,* rafraîchir) [c. **1**]. **1.** *Rincer un récipient,* le nettoyer en lavant et en frottant. — **2.** Passer dans une eau nouvelle ce qui a déjà été lavé pour retirer toute trace des produits de lavage : *Après la lessive, on rince le linge dans plusieurs eaux.* ◆ ***se rincer*** v. pr. *Se rincer la bouche,* se laver la bouche avec un liquide qu'on recrache.

rincette [rɛ̃sɛt] n. f. *Fam.* Petite quantité d'eau-de-vie qu'on verse dans sa tasse à café après l'avoir vidée.

rinçure [rɛ̃syr] n. f. *Fam.* Eau qui a servi à rincer qqch : *Rinçure de verres, de bouteilles.*

ring [riŋ] n. m. (mot angl. signif. *cercle*). Estrade entourée de cordes où se disputent les combats de boxe ou de lutte.

ringard, e [rɛ̃gar] n. *Pop.* Acteur, actrice oubliés et démodés. ◆ adj. *Pop.* Suranné.

ripaille [ripɑj] n. f. (de l'anc. fr. *riper,* gratter). *Faire ripaille,* se livrer à des excès de nourriture et de boisson.

ripailler [ripɑje] v. i. Faire ripaille.

riper [ripe] v. t. (anc. néerl. *rippen,* racler). *Riper qqch,* le faire glisser (techn.) : *Riper un cordage, une chaîne.* ◆ v. i. Glisser, déraper.

riposte [ripɔst] n. f. Réponse, contre-attaque vive à une agression : *Avoir la riposte rapide* (syn. REPARTIE). *Être prompt à la riposte. Gare à la riposte* (syn. REPRÉSAILLES).

riposter [ripɔste] v. t. ind. (de l'it. *rispondere,* répondre). *Riposter (à une attaque, à un coup, à une raillerie, à qqn),* y répondre vivement et immédiatement : *Nos troupes riposteront à toute agression* (syn. CONTRE-ATTAQUER, REPOUSSER). *Riposter à une injure par un coup. Il faut savoir riposter à propos* (syn. RÉPLIQUER).

riquiqui [rikiki] adj. inv. *Fam.* Petit et mesquin : *Un mobilier riquiqui.*

1. rire [rir] v. i. (lat. *ridere*) [c. **67**]. **1.** Manifester un sentiment de gaieté par une contraction du visage accompagnée d'expirations plus ou moins saccadées et bruyantes : *Cette plaisanterie a fait rire l'assistance. Rire de bon cœur, aux larmes. Rire aux éclats* (= bruyamment). *Rire comme un bossu, comme une baleine* (fam.), *comme un fou* (= énormément). *Rire jaune* (= avoir un rire forcé qui dissimule la gêne). *Rire dans sa barbe, sous cape* (= éprouver une satisfaction malicieuse qu'on cherche à dissimuler). *Rire aux anges* (= avoir l'air de rire en dormant). — **2.** S'amuser, prendre du bon temps : *C'est une femme qui aime bien rire* (syn. SE DIVERTIR). *Vous me faites rire, laissez-moi rire* (= ce que vous dites est ridicule, absurde). — **3.** Ne pas parler, ne pas agir sérieusement : *Elle a dit cela pour rire, vous auriez dû vous en douter* (syn. BADINER, PLAISANTER). *Prendre les choses en riant. Est-ce pour rire que vous avez dit cela? Vous voulez rire* (= vous tenez des propos ridicules, peu croyables). ◆ v. t. ind. *Rire de qqn, de qqch,* s'en moquer : *Rire des gens prétentieux. Il rit de toutes les remontrances qu'on lui fait* (contr. SE SOUCIER). ◆ ***se rire*** v. pr. Litt. *Se rire de qqch,* ne pas en tenir compte : *Il se rit de vos menaces.*

2. rire [rir] n. m. Action de rire : *Éclater, étouffer, pouffer de rire. Exciter le rire* (syn. HILARITÉ). *Rire agréable, charmant, amer, moqueur, ironique. Fou rire* (= qu'on ne peut retenir).

ris [ri] n. m. (orig. incert.). *Ris de veau, d'agneau,* morceau apprécié constitué par des glandes du cou de ces animaux.

1. risée [rize] n. f. (du lat. *risus,* rire). Moquerie collective; objet de cette moquerie : *Essuyer la risée du public. Être la risée de tous.*

2. risée [rize] n. f. (de l'anc. scand. *rif*). En mer, augmentation subite du vent, qui dure plus longtemps qu'une rafale.

risette [rizɛt] n. f. (du lat. *risus,* rire). *Fam.* Sourire d'un enfant : *Le bébé faisait des risettes à sa maman.*

risible [rizibl] adj. Qui provoque le rire ou, plus souvent, la moquerie : *Un quiproquo risible* (syn. AMUSANT, COMIQUE, DRÔLE). *Ses prétentions sont risibles* (syn. RIDICULE, GROTESQUE, ↑COCASSE).

risotto [rizɔto] n. m. (mot it.). Plat italien fait de riz coloré au safran ou à la tomate et accompagné de beurre et de parmesan.

risque [risk] n. m. (it. *risco*). **1.** Danger, inconvénient plus ou moins prévisible : *Il n'y a pas grand risque à agir ainsi. Courir un risque. S'exposer à un risque. Avoir le goût du risque. Une entreprise pleine de risque. Les risques du métier.* ‖ *Prendre un risque, des risques,* agir dangereusement pour soi : *Cette alpiniste prend beaucoup de risques.* — **2.** Préjudice, sinistre éventuel que les compagnies d'assurances garantissent moyennant le paiement d'une prime : *S'assurer contre le risque d'incendie. Prendre une assurance tous risques pour sa voiture.* — **3.** *À mes* (*tes, ses,* etc.) *risques et périls,* en prenant sur moi (toi, etc.) toutes les responsabilités et en acceptant de subir les dommages éventuels. ‖ *Au risque de,* en s'exposant au danger de, au hasard de : *Je vous fais cette remarque, au risque de vous déplaire.*

risqué, e [riske] adj. Qui comporte des risques : *Entreprise risquée* (syn. HASARDEUX). *N'essaie pas de rouler sur le verglas, c'est trop risqué* (syn. DANGEREUX).

risquer [riske] v. t. **1.** (sujet qqn) *Risquer qqch,* l'exposer à un danger, à un inconvénient possible : *En essayant de sauver un noyé, elle risquait sa vie. Risquer sa réputation. Risquer une grosse somme dans une affaire* (syn. HASARDER, ↓ENGAGER). *Risquer le coup, la partie* (= tenter une chose douteuse). *Risquer une allusion, une comparaison, une question* (= s'enhardir à les faire, à les poser, au risque d'être mal accueilli ou incompris). *Risquer un regard* (= regarder avec précaution en s'exposant à être découvert). — **2.** (sujet qqn) *Risquer qqch, que* (+ subj.), s'exposer à quelque danger : *Risquer la mort, la prison à perpétuité, les pires ennuis. N'emportez pas trop d'argent, vous risquez qu'on vous le prenne.* — **3.** (sujet qqn, qqch) *Risquer de* (+ inf.), être exposé à : *Ne vous penchez pas par la fenêtre, vous risquez de tomber. Des ennuis risquent de vous arriver, si vous ne prenez pas de précautions* (syn. POUVOIR). *Ce cheval risque de gagner la course* (= a quelques chances de). ◆ ***se risquer*** v. pr. **1.** S'exposer à un risque : *N'allez pas vous risquer dans cette affaire* (syn. S'AVENTURER). — **2.** *Se risquer à* (+ inf.), se hasarder à dire ou à faire : *Je ne me risquerai pas à la contredire.*

risque-tout [riskətu] n. inv. *Fam.* Personne qui affronte tous les risques, audacieuse jusqu'à l'imprudence : *Pour les coups de main, on choisit toujours les risque-tout* (syn. CASSE-COU, TÉMÉRAIRE).

rissoler [risɔle] v. t. (du lat. pop. *russcola,* rougeâtre). *Rissoler de la viande, des légumes,* les faire cuire de manière à leur faire prendre une couleur dorée : *Des pommes de terre rissolées.*

ristourne [risturn] n. f. (it. *ristorno*). Réduction accordée par un commerçant à un client (syn. REMISE).

rite [rit] n. m. **1.** Ensemble des cérémonies en usage dans une religion : *Chez les catholiques, on distingue les rites occidentaux (rite romain, lyonnais, milanais, etc.) et les rites orientaux (rite byzantin, syrien, arménien, etc.).* — **2.** Cérémonial quelconque : *Les rites maçonniques.* — **3.** Ce qui se fait, s'accomplit selon une coutume traditionnelle : *Le rite des cartes de nouvel an.*

ritournelle [riturnɛl] n. f. (de l'it. *ritorno,* retour). 1. Courte phrase musicale qui précède ou suit un chant. — 2. *Fam.* Ce que l'on répète souvent : *C'est toujours la même ritournelle* (syn. REFRAIN, RABÂCHAGE).

1. rituel, elle [ritɥɛl] adj. (lat. *ritualis*). 1. Qui se rapporte à des rites : *Pratiques rituelles d'une liturgie.* — 2. Qui a lieu, qui se produit régulièrement en telle circonstance : *Le président a prononcé le discours rituel* (syn. TRADITIONNEL).

2. rituel [ritɥɛl] n. m. Ensemble de règles, d'habitudes.

rituellement [ritɥɛlmɑ̃] adv. De façon rituelle, traditionnelle : *Chaque fois qu'il vous aborde, il prononce rituellement la même phrase «Alors, comment va?»* (syn. TRADITIONNELLEMENT, INVARIABLEMENT).

rivage [rivaʒ] n. m. (de *rive*). Bande de terre qui borde la mer : *La tempête a rejeté de nombreuses épaves sur le rivage* (syn. CÔTE, PLAGE).

rival, e, aux [rival] adj. et n. (lat. *rivalis,* riverain). 1. Qui dispute qqch à un autre, qui désire l'égaler ou le surpasser : *Deux nations rivales* (contr. ALLIÉ). *Deux équipes rivales. Je voudrais bien obtenir cette place, mais j'ai beaucoup de rivaux* (syn. ADVERSAIRE, CONCURRENT). *Un rival redoutable* (contr. ASSOCIÉ, PARTENAIRE). — 2. Qui dispute à un autre l'amour de qqn : *Elle a une dangereuse rivale.* — 3. *Sans rival,* inégalable : *Site sans rival dans la région.*

rivaliser [rivalize] v. t. ind. *Rivaliser de qqch (avec qqn),* chercher à l'égaler ou à le surpasser en : *Tu n'es pas capable de rivaliser d'adresse avec elle* (syn. LUTTER). *Ils rivalisent de gentillesse tous les deux* (syn. SE CONCURRENCER).

rivalité [rivalite] n. f. État de personnes ou de groupes qui prétendent aux mêmes avantages, aux mêmes succès : *Cette femme a suscité une rivalité amoureuse entre les deux frères. Il n'y a pas de rivalité entre ces deux pays* (syn. ANTAGONISME). *La rivalité de ces deux magasins a fait baisser les prix* (syn. CONCURRENCE).

rive [riv] n. f. (lat. *ripa*). 1. Bande de terre qui borde un cours d'eau, un lac, un étang : *Les rives de la Loire.* ‖ *Rive droite, rive gauche,* bord d'un cours d'eau qu'on a à sa droite, à sa gauche quand on regarde vers l'aval. — 2. Quartier d'une ville qui borde un fleuve : *Habiter la rive gauche de la Seine.*

rivé, e [rive] adj. Fixé, attaché étroitement : *Avoir les yeux rivés sur un objet. Être rivé à son travail.*

river [rive] v. t. (de *rive*). 1. *River un clou, un rivet, une goupille,* rabattre et aplatir à coups de marteau leur pointe sur l'autre côté de l'objet qu'ils traversent. — 2. *River des plaques de métal,* les assujettir, les fixer au moyen de rivets. — 3. Fam. *River son clou à qqn,* le réduire au silence par une réplique sans réponse.

riverain, e [rivrɛ̃] n. et adj. Personne qui habite, qui possède un terrain le long d'un cours d'eau, d'une voie de communication : *Les riverains de la Loire. Les propriétaires riverains d'une route.* ◆ adj. Se dit de terrains, de propriétés situés le long d'un cours d'eau, d'une voie.

rivet [rivɛ] n. m. Clou en métal qui sert à l'assemblage de deux pièces, et qui est constitué par une tige cylindrique munie d'une tête à une extrémité et dont l'autre extrémité est aplatie après sa mise en place.

rivière [rivjɛr] n. f. (du lat. *ripa,* rive). 1. Cours d'eau naturel, de faible ou moyenne importance, qui se jette dans un autre cours d'eau : *Rivière navigable. Se baigner dans une rivière.* — 2. *Rivière de diamants,* collier sur lequel sont enchâssés des diamants.

rixe [riks] n. f. (lat. *rixa*). Querelle violente entre deux ou plusieurs personnes, accompagnée de menaces et de coups : *Une rixe a éclaté dans un café et s'est terminée par un meurtre* (syn. BAGARRE).

riz [ri] n. m. (it. *riso*). 1. Céréale cultivée dans les pays humides et chauds. — 2. Grain de cette plante préparé pour la consommation : *Le riz est la base de l'alimentation des peuples de l'Extrême-Orient.* — 3. *Poudre de riz,* fécule de riz réduite en poudre et parfumée, pour le maquillage, les soins de beauté.

rizerie [rizri] n. f. Usine où on traite le riz pour le rendre propre à la consommation.

riziculture [rizikyltyr] n. f. Culture du riz.

rizière [rizjɛr] n. f. Terrain où on cultive le riz.

robe [rɔb] n. f. (germ. *rauba,* butin). 1. Vêtement féminin composé d'un corsage et d'une jupe d'un seul tenant. — 2. Vêtement long et ample que portent les juges, les avocats, etc., dans l'exercice de leurs fonctions. — 3. Vêtement des ecclésiastiques : *Un cardinal en robe rouge* (syn. SOUTANE). — 4. *Robe de chambre,* vêtement d'intérieur tombant jusqu'aux pieds. ‖ *Pommes de terre en robe de chambre* (ou *des champs*), cuites dans leur peau. — 5. Ensemble des poils d'un animal au point de vue de la couleur : *Robe d'un cheval, d'un chien* (syn. PELAGE). — 6. Couleur du vin.

robinet [rɔbinɛ] n. m. (de *Robin,* surnom du mouton [dont la tête ornait les fontaines]). Appareil placé sur le tuyau d'une canalisation et qui permet d'établir ou de suspendre l'écoulement d'un liquide ou d'un gaz : *Le robinet d'un tonneau. Ouvrir, fermer un robinet.*

robinetterie [rɔbinɛtri] n. f. 1. Industrie, commerce des robinets et autres accessoires de plomberie. — 2. Ensemble des robinets d'une installation d'eau.

robinier [rɔbinje] n. m. (de *J. Robin,* qui introduisit cet arbre en France). Autre nom de l'ACACIA.

roboratif, ive [rɔbɔratif] adj. *Litt.* Fortifiant : *Un climat roboratif. Des lectures roboratives.*

robot [rɔbo] n. m. (tchèque *robota,* corvée). 1. Machine, capable de se mouvoir et de parler, à laquelle on a donné l'aspect d'un homme. — 2. Appareil capable d'agir automatiquement pour une fonction donnée. — 3. Appareil ménager à utilisations multiples.

robotique [rɔbotik] n. f. Ensemble des techniques substituant des appareils automatiques au travail humain.

robuste [rɔbyst] adj. (lat. *robustus*). 1. (avant ou, plus souvent, après le n.) Qui a de la vigueur, de la force : *Deux robustes déménageurs ont emporté le piano* (syn. PUISSANT, VIGOUREUX; fam. COSTAUD). *Des bras robustes* (syn. FORT, SOLIDE, VIGOUREUX; contr. CHÉTIF, DÉLICAT, FRÊLE). — 2. (après le n.) Qui est résistant solide, qui ne se laisse pas altérer facilement : *Une voiture, une santé, un estomac robuste* (contr. FRAGILE).

robustesse [rɔbystɛs] n. f. Caractère robuste : *La robustesse de son tempérament lui a permis de survivre* (syn. RÉSISTANCE, VIGUEUR). *La robustesse d'une machine* (syn. SOLIDITÉ; contr. FRAGILITÉ).

roc [rɔk] n. m. (de *roche*). 1. Masse de pierre très dure qui est profondément enfoncée dans la terre (dans quelques loc.) : *Des fossés taillés dans le roc. Cette forteresse est élevée sur un roc* (syn. ROCHER). — 2. *Bâtir sur le roc,* faire une œuvre solide, durable (contr. BÂTIR SUR LE SABLE). ‖ *Dur, ferme comme un roc,* très résistant, opiniâtre.

rocade [rɔkad] n. f. (de *roquer*). Voie de dérivation qui contourne une agglomération ou longe une voie principale.

rocaille [rɔkaj] n. f. (de *roc*). 1. Terrain rempli de cailloux : *Elle a dû prendre un chemin de rocaille avant d'arriver au pied du rocher* (syn. PIERRAILLE). — 2. *Style rocaille,* style en vogue sous Louis XV, et caractérisé par la fantaisie des lignes contournées et des ornements représentant des grottes, des rochers, des coquillages (syn. ROCOCO).

rocailleux, euse [rɔkajø] adj. 1. Couvert, rempli de rocaille : *Chemin rocailleux* (syn. CAILLOUTEUX). — 2. Désagréable à l'oreille : *Style rocailleux* (syn. DUR, HEURTÉ, RUDE, RABOTEUX). *Voix rocailleuse* (= rauque).

rocambolesque [rɔkɑ̃bɔlɛsk] adj. (de *Rocambole*, héros de roman). Rempli de péripéties extraordinaires, invraisemblables : *Une aventure rocambolesque* (syn. FANTASTIQUE).

roche [rɔʃ] n. f. (it. *rocca*). 1. Masse de pierre dure paraissant à la surface du sol : *La route était obstruée par un éboulis de roches.* — 2. Masse minérale présentant la même composition, la même structure et la même origine : *Il y a des roches calcaires, granitiques, volcaniques, etc.* — 3. *Clair comme de l'eau de roche*, très clair, évident : *Ce raisonnement est clair comme de l'eau de roche.*

rocher [rɔʃe] n. m. 1. Grande masse de pierre dure, escarpée : *Rocher lisse, abrupt, à pic. Les aspérités d'un rocher. Une caverne creusée dans le rocher* (syn. ROC). *Le passage est dangereux; il y a des rochers sous l'eau* (syn. ÉCUEIL). — 2. *Faire du rocher*, escalader des rochers (syn. FAIRE DE LA VARAPPE).

rocheux, euse [rɔʃø] adj. Couvert, formé de roches, de rochers : *Une île, une côte rocheuse.*

rock [rɔk] ou **rock and roll** [rɔkɛnrɔl] n. m. (de l'angl. *to rock*, balancer, et *to roll*, rouler). 1. Danse d'origine américaine à deux ou à quatre temps, sur un rythme très accentué. — 2. Musique dérivée du jazz, qui donne la priorité au rythme par rapport à l'improvisation mélodique.

rocker [rɔkœr] n. m. 1. Chanteur de rock. — 2. Amateur de rock.

rocking-chair [rɔkiŋʃɛr] n. m. (mot angl.) [pl. *rocking-chairs*]. Fauteuil à bascule qu'on peut faire osciller par un simple mouvement du corps.

rococo [rɔkɔko] adj. inv. et n. m. (de *rocaille*). 1. Se dit d'un genre d'ornementation qui fut en vogue dans la première partie du règne de Louis XV et qui n'est que le style rocaille alourdi et surchargé : *Des meubles rococo.* — 2. *Fam.* Passé de mode et légèrement ridicule : *Cette femme porte toujours des chapeaux rococo* (syn. DÉMODÉ).

rodage [rɔdaʒ] n. m. Action de roder : *Rodage d'un moteur, d'une voiture.*

rôdailler [rodaje] v. i. Errer çà et là, au hasard.

rodéo [rɔdeo] n. m. (mot esp. signif. *entourage*). Jeu américain qui consiste, pour un cavalier, à maîtriser un cheval sauvage.

roder [rɔde] v. t. (lat. *rodere*, ronger). 1. *Roder un moteur, une voiture*, faire fonctionner un moteur neuf, utiliser une voiture neuve à vitesse réduite, de telle façon que les pièces puissent s'user régulièrement et ainsi s'ajuster les unes aux autres. — 2. (sujet qqn, qqch) *Être rodé*, avoir acquis de l'expérience, être au point : *Elle est nouvelle dans la place, elle n'est pas encore rodée.*

rôder [rode] v. i. (lat. *rotare*, tourner). 1. (sujet être animé) Errer çà et là à l'aventure : *Des chiens abandonnés rôdaient dans la ville* (syn. VAGABONDER). — 2. *Péjor.* (sujet qqn) Tourner autour d'un endroit ou de qqn en épiant, le plus souvent avec de mauvaises intentions : *Les gendarmes ont appréhendé un individu qui rôdait depuis plusieurs jours autour du village.*

rôdeur, euse [rodœr] n. *Péjor.* Personne d'allure suspecte, qui erre à la recherche d'un mauvais coup à faire (surtout masc.).

rodomontade [rɔdɔmɔ̃tad] n. f. (de *Rodomont*, personnage de l'Arioste). Attitude, langage extravagant d'un fanfaron, d'un vantard : *Il se trompe, s'il croit en imposer par ses rodomontades* (syn. ↓ VANTARDISE).

rogatons [rɔgatɔ̃] n. m. pl. (lat. *rogatum*, chose demandée). *Fam.* Restes de repas : *Elle a déjeuné de quelques rogatons de la veille.*

rogne [rɔɲ] n. f. (de *rogner*, grommeler). *Fam.* Mauvaise humeur, colère : *Il n'a pas bon caractère; dès qu'il est contrarié, il se met en rogne. Passer sa rogne sur son chien.*

rogner [rɔɲe] v. t. (bas lat. *rotundiare*, couper en rond). 1. *Rogner qqch (concret)*, le couper à ses extrémités, sur ses bords : *Rogner un bâton, une baguette* (syn. ÉCOURTER, RACCOURCIR). *Rogner la marge d'un livre broché* (syn. ÉMARGER). — 2. *Rogner qqch à qqn*, lui retrancher une partie de ce qui lui appartient, lui revient : *On lui a rogné ses pouvoirs.* — 3. *Rogner les ailes à qqn*, lui enlever les moyens d'agir. ◆ v. t. ind. *Rogner sur qqch*, faire de petites économies en réduisant ce dont on dispose ou pourrait disposer : *Elle a dû rogner sur le budget de ses vacances.*

rognon [rɔɲɔ̃] n. m. (du lat. *ren*, rein). Rein d'un animal : *Manger des rognons de mouton, de porc.*

rognure [rɔɲyr] n. f. Ce qui tombe, se détache d'une chose qu'on rogne : *Des rognures de papier, de carton.*

rogue [rɔg] adj. (orig. incert.). D'une raideur hautaine et déplaisante (soutenu) : *On n'ose guère aborder cet homme, il vous répond toujours d'un ton rogue* (syn. ARROGANT). *C'est peut-être pour cacher sa timidité qu'elle se montre fière et rogue* (syn. DÉDAIGNEUX).

roi [rwa] n. m. (lat. *rex, regis*). 1. Personne qui, par droit héréditaire, a les pouvoirs d'un chef d'État : *Couronner, sacrer un roi.* — 2. Celui qui détient la maîtrise d'un secteur industriel ou commercial (vieilli) : *Le roi du pétrole, de l'acier, du caoutchouc, de la finance.* — 3. Personne ou chose supérieure à toutes les autres dans un domaine quelconque : *Le roi des malins, des égoïstes, des imbéciles. Quel est le roi des fromages?* — 4. Chacune des quatre figures principales d'un jeu de cartes qui représente un roi : *Roi de carreau, de cœur, de pique, de trèfle.* — 5. Aux échecs, pièce principale, dont la prise décide du gain de la partie. — 6. *Bleu roi*, bleu très vif. ‖ *Galette des Rois*, gâteau plat de pâte feuilletée dans lequel a été mise une fève. ‖ *Heureux comme un roi*, très heureux. ‖ *Jour des Rois, fête des Rois*, jour de l'Épiphanie, qui commémore l'adoration des Rois mages. ‖ Litt. *Le roi des animaux*, le lion. ‖ *Morceau de roi*, mets exquis et délicieux. ‖ *Tirer les Rois*, partager la galette des Rois. ‖ *Travailler pour le roi de Prusse*, travailler pour rien.

roitelet [rwatlɛ] n. m. (anc. fr. *roitel*, de *roi*). 1. Souverain d'un petit État; roi peu puissant (ironiq.). — 2. Petit oiseau à plumage verdâtre taché de brun sur les ailes et reconnaissable à sa huppe orange ou jaune.

rôle [rol] n. m. (bas lat. *rotulus*, rouleau). 1. Partie d'une œuvre dramatique, lyrique, etc., que doit exprimer par la voix et les gestes un acteur, un chanteur, etc. : *Apprendre, repasser, savoir son rôle. Distribuer les rôles.* — 2. Le personnage lui-même représenté par l'acteur, le chanteur : *Interpréter un rôle tragique, comique, un rôle de confident, de marquis. Elle joue toujours les premiers rôles* (= les personnages les plus importants). — 3. Conduite sociale de qqn : *C'est un hypocrite qui sait bien jouer son rôle. Jouer un vilain rôle.* — 4. Fonction, influence qu'on exerce : *Elle a assumé, rempli, joué un rôle important dans cette affaire. Pourquoi t'occupes-tu de cela? Ce n'est pas ton rôle* (syn. ATTRIBUTION). *Rôle de premier plan.* — 5. Fonction assurée par un organisme, une force, un élément quelconque : *Le rôle de l'énergie nucléaire dans le monde moderne. Le rôle de la presse dans la formation de l'opinion publique.* — 6. *À tour de rôle*, chacun à son tour : *Vous* *parlerez à tour de rôle.* || *Avoir le beau rôle,* se montrer à son avantage dans telle situation; avoir la tâche facile. — 7. *Rôle (d'équipage),* liste des personnes qui composent l'équipage d'un navire.

romain, e [rɔmɛ̃] adj. et n. (lat. *romanus*). 1. Qui appartient à la Rome ancienne : *Étudier l'histoire romaine. Le calendrier romain. L'armée romaine.* — 2. *Chiffres romains,* lettres numérales I, V, X, L, C, D, M, qui valent respectivement 1, 5, 10, 50, 100, 500, 1000, et qui, diversement combinées, servaient aux Romains à former tous les nombres. || *Travail de Romain,* long et difficile. — 3. Qui appartient à la Rome moderne : *La campagne romaine.* — 4. *Caractère romain* (ou *romain* n. m.), caractère d'imprimerie d'origine italienne dont les traits sont perpendiculaires à la ligne : *Dans ce dictionnaire, les définitions sont imprimées en romain, les exemples en italique.* — 5. Relatif à l'Église catholique, dont Rome est le siège principal : *L'Église catholique, apostolique et romaine. Le rite romain.*

romaine [rɔmɛn] n. f. (de *romain*). Variété de laitue à feuilles allongées.

1. roman, e [rɔmɑ̃] adj. (lat. *romanus,* de Rome). 1. *Langues romanes,* dérivées du latin : *Les principales langues romanes sont le français, l'italien, l'espagnol, le portugais, le roumain.* — 2. *Art roman* (ou *roman* n. m.), art qui s'est épanoui dans les pays latins aux XIe et XIIe s.

2. roman [rɔmɑ̃] n. m. Langue dérivée du latin qui a précédé historiquement les diverses langues romanes.

3. roman [rɔmɑ̃] n. m. (de *roman* 2, langue courante des récits anciens par opposition au latin). 1. Œuvre d'imagination en prose et d'une certaine longueur dont l'intérêt est dans la narration d'aventures, l'étude de mœurs ou de caractères, l'analyse de sentiments ou de passions : *Composer, écrire un roman. Cette maison d'édition publie surtout des romans.* — 2. *Nouveau roman,* tendance littéraire de romanciers de la seconde moitié du XXe s., unis par leur refus de roman psychologique et narratif traditionnel. || *Roman d'anticipation* ou *de science-fiction,* récit d'aventures fantastiques placées dans un avenir imaginé d'après les découvertes ou les hypothèses scientifiques les plus récentes. || *Roman de mœurs,* qui dépeint les habitudes, la manière de vivre, les passions caractéristiques de certains milieux. — 3. Série d'aventures extraordinaires; récit dénué de vraisemblance : *La vie de cette femme est un vrai roman. Ce que vous nous racontez a tout l'air d'un roman.*

romance [rɔmɑ̃s] n. f. (mot esp.). Chanson sentimentale.

romancer [rɔmɑ̃se] v. t. (c. 1) Présenter sous la forme d'un roman; agrémenter de détails inventés : *A. Dumas a romancé l'histoire. Une biographie romancée.*

romancier, ère [rɔmɑ̃sje] n. Auteur de romans.

romand, e [rɔmɑ̃] adj. (de *roman* 1). *Suisse romande,* partie de la Suisse où on parle le français.

romanesque [rɔmanɛsk] adj. 1. Qui tient du roman par son caractère sentimental ou extraordinaire : *Des aventures romanesques* (syn. ÉPIQUE, EXTRAORDINAIRE, FANTASTIQUE). *Une histoire romanesque* (syn. FABULEUX, INCROYABLE, INIMAGINABLE, INVRAISEMBLABLE). — 2. Qui voit la vie comme les aventures d'un roman, dont l'esprit est chimérique : *Une jeune fille romanesque* (syn. RÊVEUR, SENTIMENTAL). *Avoir un tempérament, une imagination, des goûts romanesques.*

roman-feuilleton [rɔmɑ̃fœjtɔ̃] n. m. (pl. *romans-feuilletons*). Roman sentimental publié en une série d'épisodes dans un journal, et caractérisé par des rebondissements répétés de l'action.

roman-fleuve [rɔmɑ̃flœv] n. m. (pl. *romans-fleuves*). Roman très long mettant en scène de nombreux personnages et se déroulant souvent sur un long espace de temps.

romanichel, elle [rɔmaniʃɛl] n. (mot tzigane). Bohémien, nomade.

romaniste [rɔmanist] n. Spécialiste des langues romanes.

roman-photo [rɔmɑ̃fɔto] n. m. (pl. *romans-photos*). Intrigue policière ou romanesque racontée sous forme de photos accompagnées de dialogues succincts.

romantique [rɔmɑ̃tik] adj. (angl. *romantic,* romanesque). 1. Relatif au romantisme : *Un poète, un écrivain romantique. Le drame romantique.* — 2. Chez qui prédominent la sensibilité, la rêverie sur la sagesse : *Un air, un tempérament romantique* (syn. ROMANESQUE). *La mélancolie romantique.* ◆ adj. et n. Se dit des écrivains, des artistes qui participent au romantisme.

romantisme [rɔmɑ̃tism] n. m. 1. Mouvement littéraire et artistique du début du XIXe s., qui fit prévaloir le sentiment et l'imagination sur la raison : *La préface de «Cromwell» a été le manifeste du romantisme.* — 2. Attitude de pensée qui porte à voir la réalité à travers l'imagination, la rêverie.

romarin [rɔmarɛ̃] n. m. (lat. *rosmarinus,* rosée de mer). Arbuste aromatique à feuilles persistantes et à fleurs bleues.

rompre [rɔ̃pr] v. t. (lat. *rumpere*) [c. 53]. 1. *Rompre qqch (concret),* le mettre en morceaux par effort ou pression, le faire céder (se dit surtout d'objets résistants étendus en longueur) [soutenu] : *Le vent a rompu plusieurs branches. On pouvait craindre que le chien ne rompît sa chaîne* (syn. CASSER). *Rompre le pain. Dans la tempête, plusieurs bateaux ont rompu leurs amarres* (= ont cassé les câbles ou les chaînes qui les retenaient). *Le fleuve a rompu ses digues* (= a fait sauter, a crevé). — 2. *Rompre qqch (état, action),* en empêcher la continuation ou la réalisation; y mettre fin : *Rompre le silence* (syn. TROUBLER). *Rompre le jeûne, la monotonie, un entretien, des fiançailles. Rompre l'équilibre. Ces deux pays ont rompu leurs relations diplomatiques.* — 3. *Applaudir à tout rompre,* très fort. || *Rompre des lances,* soutenir une discussion avec qqn. || *Rompre des lances pour qqn,* prendre ardemment sa défense. || *Rompez (les rangs)!,* ordre donné à une troupe en rangs de se disperser; ordre donné de partir. ◆ v. t. ind. 1. *Rompre (avec qqn),* cesser d'être en relation d'amitié : *Elle a rompu avec sa meilleure amie. Après cette altercation, ils ont rompu* (syn. SE BROUILLER). — 2. *Rompre avec qqch,* y renoncer soudain et définitivement : *Il leur est difficile de rompre avec de vieilles habitudes. Nous n'hésitons pas à rompre avec la tradition.* ◆ **être rompu** v. pass. 1. *Être rompu (de fatigue),* avoir les jambes rompues, être extrêmement fatigué (syn. ÉREINTÉ, EXTÉNUÉ, FOURBU, HARASSÉ, RECRU). — 2. *Être rompu à qqch,* y être exercé : *Être rompu aux affaires, à un métier* (syn. EXPÉRIMENTÉ, EXPERT EN). ◆ ***se rompre*** v. pr. Se briser : *La branche s'est rompue* (syn. CÉDER, CRAQUER, CASSER, SE CASSER).

romsteck [rɔmstɛk] → RUMSTECK.

ronce [rɔ̃s] n. f. (lat. *rumex, -icis,* dard). Arbuste épineux dont les fruits (mûres sauvages) servent à faire des confitures, des sirops.

ronceraie [rɔ̃srɛ] n. f. Terrain encombré de ronces.

ronchon → RONCHONNEUR.

ronchonnement [rɔ̃ʃɔnmɑ̃] n. m. *Fam.* Action de ronchonner : *Il nous casse les oreilles avec ses ronchonnements continuels.*

ronchonner [rɔ̃ʃɔne] v. i. (lat. *roncare,* ronfler). *Fam.* Manifester sa mauvaise humeur, son mécontentement, en murmurant entre ses dents : *Cet homme n'est jamais satisfait, il est toujours en train de ronchonner* (syn. BOUGONNER, GROGNER, MAUGRÉER).

ronchonneur, euse [rɔ̃ʃɔnœr] ou **ronchon** [rɔ̃ʃɔ̃] adj. et n. *Fam.* Qui a l'habitude de ronchonner; grincheux, grognon.

1. rond, e [rɔ̃] adj. (lat. *rotundus*). **1.** Qui présente la forme d'un cercle, d'une sphère ou d'un cylindre : *Une table, une nappe ronde. Un bras rond et potelé. Un mollet bien rond.* — **2.** *Fam.* Se dit de qqn qui est petit et assez gros : *Une petite femme ronde* (syn. fam. BOULOT, RONDOUILLARD). — **3.** *Fam.* Qui a trop bu : *Il est rentré chez lui complètement rond* (syn. IVRE). — **4.** *Ballon rond,* ballon de football. ‖ *Compte, chiffre rond,* qui ne comporte pas de fraction; dont on supprime les décimales, ou mêmes les unités, les dizaines, les centaines s'il s'agit de grands nombres. ‖ *Rond (en qqch),* qui agit franchement, sans détour : *Être rond en affaires.* ◆ ***rond*** adv. (sujet un moteur) *Tourner rond,* tourner régulièrement, bien. ‖ *Fam.* (sujet qqn) *Ne pas tourner rond,* n'être pas dans son état normal : *Je vois bien que ça ne tourne pas rond, tu as l'air soucieux* (= qu'il y a qqch qui ne va pas).

2. rond [rɔ̃] n. m. **1.** Ligne circulaire : *Tracer un rond avec un compas* (syn. CERCLE, CIRCONFÉRENCE). *Les enfants s'amusent à jeter des pierres dans l'eau pour faire des ronds. Faire des ronds de fumée avec une cigarette.* — **2.** Objet de forme circulaire : *Rond de serviette* (= anneau qui sert pour marquer les serviettes des divers convives). — **3.** *En rond,* en cercle, sur une ligne circulaire : *S'asseoir en rond. Danser en rond.* ‖ *Faire des ronds de jambe,* avoir une attitude obséquieuse, faire des politesses exagérées. ‖ *Rond de jambe,* mouvement de danse au cours duquel la jambe exécute un demi-cercle. ‖ *Tourner en rond,* revenir toujours au point de départ, ne pas progresser : *On tourne en rond depuis le début du débat.*

rond-de-cuir [rɔ̃dkɥir] n. m. (pl. *ronds-de-cuir*). *Fam.* Employé de bureau.

ronde [rɔ̃d] n. f. (de *rond*). **1.** Inspection faite par un gradé ou un officier pour s'assurer que tout est dans l'ordre (mil.) : *Faire une ronde de nuit.* — **2.** Visite faite autour d'une maison, dans un appartement, etc., pour voir si tout est en ordre, en sûreté : *Le gardien fait tous les soirs sa ronde dans les garages.* — **3.** *À la ronde,* aux environs : *Elle est connue à vingt lieues à la ronde* (= dans une étendue ayant vingt lieues de rayon); chacun à son tour, les uns après les autres : *Boire, servir à la ronde.* — **4.** Chanson accompagnée d'une danse en rond, dans laquelle les danseurs se tiennent par la main : *Une ronde enfantine, villageoise.* — **5.** Note qui a la plus grande valeur dans le système de la musique moderne : *La ronde vaut deux blanches, quatre noires.*

rondeau [rɔ̃do] n. m. (de *rond*). Poème à forme fixe sur deux rimes avec des répétitions.

rondelet, ette [rɔ̃dlɛ] adj. **1.** *Fam.* Qui a un peu d'embonpoint : *Une femme rondelette* (syn. DODU, GRASSOUILLET). — **2.** *Somme rondelette,* assez importante.

rondelle [rɔ̃dɛl] n. f. (de *rond*). **1.** Petit disque percé qu'on place entre un écrou et la pièce à serrer. — **2.** Petite tranche mince et ronde : *Des rondelles de saucisson, de citron.*

rondement [rɔ̃dmɑ̃] adv. **1.** Avec entrain, avec décision : *Mener une affaire rondement* (syn. PROMPTEMENT). — **2.** De façon franche, sans façon : *Il ne s'embarrasse pas de circonlocutions pour dire la vérité, il y va rondement* (syn. CARRÉMENT, LOYALEMENT).

rondeur [rɔ̃dœr] n. f. **1.** État de ce qui est bien en chair et présente des formes rondes (seulement en parlant des parties du corps) : *Sa taille a pris de la rondeur.* — **2.** *Fam.* Partie du corps ronde et charnue (surtout pl.) : *Cette femme a toujours des robes qui accusent ses rondeurs.* — **3.** *Avec rondeur,* de façon aimable et sans façon.

rondin [rɔ̃dɛ̃] n. m. **1.** Morceau de bois de chauffage cylindrique. — **2.** Tronc d'arbre, ou grosse branche, servant à la construction : *Radeau, cabane en rondins.*

rondo [rɔ̃do] n. m. (mot it.). Mouvement final d'une sonate ou d'une symphonie, caractérisé par l'alternance d'un refrain et de couplets.

rondouillard, e [rɔ̃dujar] adj. *Fam.* Qui a de l'embonpoint : *Un homme rondouillard* (syn. GRASSOUILLET, ↓ RONDELET).

rond-point [rɔ̃pwɛ̃] n. m. (pl. *ronds-points*). Place circulaire ou carrefour où aboutissent plusieurs rues, avenues ou routes : *Le rond-point des Champs-Élysées, à Paris.*

ronflant, e [rɔ̃flɑ̃] adj. Plein d'emphase et creux : *Ses discours renferment toujours des phrases ronflantes* (syn. DÉCLAMATOIRE, GRANDILOQUENT, POMPEUX).

ronflement [rɔ̃fləmɑ̃] n. m. **1.** Respiration bruyante que fait entendre qqn pendant son sommeil. — **2.** Sonorité sourde et prolongée : *Le ronflement d'un moteur.*

ronfler [rɔ̃fle] v. i. (anc. fr. *ronchier,* d'après *souffler*). **1.** (sujet qqn) Faire un certain bruit de la gorge et des narines en respirant pendant le sommeil. — **2.** (sujet qqch) Produire un bruit sourd et prolongé : *Une toupie, un poêle, un moteur qui ronfle.*

ronfleur, euse [rɔ̃flœr] n. Personne qui ronfle.

ronger [rɔ̃ʒe] v. t. (lat. *rumigare,* ruminer) [c. 2]. **1.** (sujet qqn, un animal) *Ronger qqch,* le manger, le déchiqueter à petits coups de dents, de bec : *Les rats ont rongé le plancher. Ronger ses ongles.* — **2.** (sujet un ver, un insecte) Attaquer, détruire : *Les chenilles rongent les feuilles des arbres. Les vers rongent le bois.* — **3.** (sujet un cheval) Serrer, mordiller avec les dents : *Ronger son mors, son frein* (syn. MÂCHER). — **4.** (sujet qqch) User lentement, entamer : *La rouille ronge le fer* (syn. CORRODER, ATTAQUER). *La mer ronge les falaises* (syn. MINER, SAPER). — **5.** *Ronger qqn,* le tourmenter, le consumer à force de soucis, d'inquiétudes, de regrets : *Le chagrin ronge cette femme* (syn. MINER). *Être rongé d'inquiétude, de jalousie.* ◆ ***se ronger*** v. pr. **1.** Déchiqueter avec ses dents, ses ongles. — **2.** *Se ronger d'inquiétude, de souci, se ronger les sangs,* être tourmenté, dévoré par les inquiétudes, les soucis.

1. rongeur, euse [rɔ̃ʒœr] adj. Qui ronge : *Un mammifère rongeur.*

2. rongeur [rɔ̃ʒœr] n. m. Mammifère dépourvu de canines, mais muni d'incisives coupantes : *Le lapin, le rat, l'écureuil, le porc-épic, etc., sont des rongeurs.*

ronron [rɔ̃rɔ̃] ou **ronronnement** [rɔ̃rɔnmɑ̃] n. m. (onomat.). **1.** Ronflement sourd et continu par lequel le chat manifeste son contentement. — **2.** Bruit sourd et continu : *Le ronronnement d'un moteur.*

ronronner [rɔ̃rɔne] v. i. **1.** (sujet un chat) Faire entendre des ronrons. — **2.** (sujet qqn) Manifester un sentiment de satisfaction par une sorte de ronflement : *Ronronner de satisfaction.* — **3.** (sujet un appareil) Faire entendre un bruit sourd et régulier qui indique un fonctionnement normal : *Un moteur qui ronronne.*

roque [rɔk] n. m. Coup par lequel on roque.

roquefort [rɔkfɔr] n. m. (de *Roquefort,* dans l'Aveyron). Fromage à moisissures internes, fabriqué avec du lait de brebis.

roquer [rɔke] v. i. (de *roc,* anc. n. de la tour aux échecs). Au jeu d'échecs, placer l'une de ses tours auprès de son roi et faire passer le roi de l'autre côté de la tour en un seul mouvement.

roquet [rɔkɛ] n. m. (orig. obscure). Petit chien hargneux.

roquette [rɔkɛt] n. f. (angl. *rocket,* fusée). Projectile autopropulsé employé par les armes antichars et les avions de combat.

rorqual [rɔrkal] n. m. (anc. norv. *raudh-kwalr*) [pl. *rorquals*]. Grande baleine à nageoire dorsale très développée et à tête aplatie et élargie.

rosace [rozas] n. f. (de *rose*). **1.** Ornement d'architecture en forme de rose épanouie inscrite dans un cercle : *Les rosaces sont surtout employées dans la décoration des plafonds.* — **2.** Grand vitrail d'église de forme circulaire (syn. ROSE).

rosaire [rozɛr] n. m. (lat. *rosa,* rose). Grand chapelet composé de quinze dizaines de petits grains, que séparent des grains un peu plus gros; prière qu'on récite en l'égrenant : *Dire son rosaire.*

rosâtre [rozɑtr] adj. Qui a une teinte rose, peu vive.

rosbif [rɔsbif] n. m. (angl. *roast,* rôti, et *beef,* bœuf). Morceau de viande de bœuf destiné à être rôti.

1. rose [roz] n. f. (lat. *rosa*). **1.** Fleur du rosier : *Porter une rose rouge à sa boutonnière.* — **2.** *Bois de rose,* bois jaune veiné de rose, utilisé en ébénisterie et fourni par un arbre de Guyane. ‖ *Eau de rose,* eau de toilette obtenue par la distillation des pétales de rose. ‖ *Être frais comme une rose,* avoir le teint frais, l'air reposé. ‖ *Il n'y a pas de roses sans épines,* il n'y a pas de joie sans peine. ‖ *Roman, film à l'eau de rose,* sentimental et mièvre, dont les épisodes et le dénouement sont toujours heureux. — **3.** Ornement d'architecture, de menuiserie, etc., en forme de rose. — **4.** Grande baie circulaire très compartimentée, fermée de vitraux : *Les roses latérales de Notre-Dame de Paris ont environ 13 mètres de diamètre.* — **5.** *Rose des sables,* agglomération de cristaux de gypse, jaune ou rose, qu'on trouve dans certains déserts. ‖ *Rose des vents,* étoile à trente-deux divisions correspondant aux trente-deux aires du vent sur le cadran de la boussole.

2. rose [roz] adj. Qui a une couleur pâle, semblable à celle de la rose commune : *Avoir le teint rose, des joues roses. Elle porte une robe rose clair.* ◆ n. m. 1. Couleur rose : *Le rose lui va bien.* — **2.** *Voir tout en rose,* voir tout en beau, d'une façon optimiste.

1. rosé, e [roze] adj. Légèrement teinté de rose.

2. rosé [roze] n. m. **1.** Vin rouge clair : *Du rosé d'Anjou.* — **2.** Nom usuel d'un champignon comestible de couleur rosée qui pousse dans les prés.

roseau [rozo] n. m. (anc. fr. *ros,* roseau). Plante aquatique dont la tige, lisse et droite, est ordinairement creuse : *Un marais rempli de roseaux. Frêle comme un roseau.*

rosée [roze] n. f. (lat. *ros, rosis*). Ensemble de fines gouttelettes d'eau qui se déposent, le matin et le soir, sur les plantes et les objets exposés à l'air libre : *La rosée est produite par la condensation de la vapeur d'eau atmosphérique.*

roseraie [rozrɛ] n. f. Terrain planté de rosiers.

rosette [rozɛt] n. f. Nœud de ruban, en forme de petite rose, porté à la boutonnière par les officiers et les dignitaires de certains ordres civils ou militaires : *La rosette de la Légion d'honneur.*

rosier [rozje] n. m. Arbuste épineux cultivé pour ses fleurs odorantes.

rosière [rozjɛr] n. f. (de *rose*). Jeune fille pure et vertueuse (vieilli).

rosir [rozir] v. i. Prendre une teinte rose : *Son visage rosissait de satisfaction.*

rossard, e [rɔsar] adj. et n. *Fam.* Prêt à faire de mauvais tours, qui refuse de se plier à la discipline; malveillant.

rosse [rɔs] n. f. (all. *Ross,* cheval). **1.** Cheval sans vigueur et sans force. — **2.** *Fam.* Personne méchante, qui aime à tourmenter, à harceler : *Sale rosse. Ah! les rosses!* ◆ adj. D'une ironie mordante; sévère : *Une critique rosse* (syn. MÉCHANT). *Une chanson rosse* (syn. SATIRIQUE). *Un professeur rosse* (= qui note sévèrement; très exigeant).

rossée [rɔse] n. f. *Fam.* Volée de coups : *Recevoir une rossée.*

rosser [rɔse] v. t. (bas lat. *rustiare,* battre). *Rosser qqn,* le battre violemment : *Comme il avait joué plusieurs mauvais tours à des camarades, ils l'ont rossé* (syn. ↓FRAPPER, ↑ROUER DE COUPS).

rosserie [rɔsri] n. f. *Fam.* Petite méchanceté : *Elle a oublié toutes vos rosseries à son égard* (syn. ↓MÉCHANCETÉ).

rossignol [rɔsiɲɔl] n. m. (lat. *luscinia,* altéré par *russus,* roux). **1.** Petit oiseau à plumage brun clair, séjournant l'été dans les bois et les parcs, dont le mâle est un chanteur remarquable. — **2.** Crochet dont on se sert pour ouvrir toutes sortes de serrures. — **3.** *Fam.* Livre qui ne se vend pas; marchandise démodée.

rot [ro] n. m. (de *roter*). Émission bruyante de gaz stomacaux par la bouche.

rotatif, ive [rɔtatif] adj. Qui agit en tournant : *Pompe rotative.*

rotation [rɔtasjɔ̃] n. f. (du lat. *rotare,* tourner). **1.** Mouvement d'un corps autour d'un axe fixe, matériel ou non : *La rotation de la Terre.* — **2.** Fréquence des voyages effectués par un bateau, un avion, etc., affectés à une ligne régulière. — **3.** Mouvement régulier du personnel, des stocks, etc.

rotative [rɔtativ] n. f. Presse à imprimer, à mouvement continu, dont les formes sont cylindriques.

rotatoire [rɔtatwar] adj. *Mouvement rotatoire,* mouvement circulaire autour d'un axe.

roter [rɔte] v. i. (lat. *ructare*). *Pop.* Faire des rots (syn. ÉRUCTER).

rôti [roti] n. m. Viande cuite à la broche ou au four.

rôtie [roti] n. f. Tranche de pain grillée.

rotin [rɔtɛ̃] n. m. (malais *rotan*). Partie de la tige des branches du *rotang* (palmier d'Inde et de Malaisie) dont on se sert pour faire des cannes, des chaises, des fauteuils, etc.

rôtir [rotir] v. t. (frq. *raustjan,* griller). *Rôtir de la viande,* la faire cuire au four, à la broche, sur le gril : *Rôtir un gigot, un rosbif. Rôtir des tartines.* ◆ v. i. **1.** (sujet une viande) Cuire à feu vif : *Mettre un poulet à rôtir* (syn. GRILLER). — **2.** *Fam.* (sujet qqn) Recevoir une chaleur très vive : *Rôtir au soleil.* ◆ ***se rôtir*** v. pr. (sujet qqn) S'exposer à un soleil ardent : *Se rôtir sur la plage pour bronzer.*

rôtissage [rotisaʒ] n. m. Action de rôtir : *Le rôtissage de la viande.*

rôtisserie [rotisri] n. f. **1.** Boutique de rôtisseur. — **2.** Appellation de certains restaurants.

rôtisseur, euse [rotisœr] n. Commerçant ou restaurateur qui vend des viandes rôties.

rôtissoire [rotiswar] n. f. Ustensile de cuisine qui sert à faire rôtir de la viande.

rotonde [rɔtɔ̃d] n. f. (it. *rotonda*). Édifice de forme circulaire surmonté d'une coupole.

rotondité [rɔtɔ̃dite] n. f. (lat. *rotunditas*). État de ce qui est rond : *La rotondité de la Terre.*

rotor [rɔtɔr] n. m. (mot angl.). Ensemble formé par les pales et le moyeu d'un hélicoptère.

rotule [rɔtyl] n. f. (du lat. *rota,* roue). Os plat et mobile situé à la partie antérieure du genou.

roturier, ère [rɔtyrje] adj. et n. Qui n'est pas noble.

rouage [rwaʒ] n. m. (de *roue*). **1.** Chacune des pièces d'un mécanisme : *Lubrifier les rouages d'une horloge.* — **2.** Chacun des éléments, des services d'une administration, d'une entreprise : *Les rouages de l'État.*

rouan, anne [rwɑ̃] adj. (esp. *roano*). Se dit d'un cheval dont la robe est formée de poils blancs et rougeâtres mélangés et de poils noirs aux extrémités.

roublard, e [rublar] adj. et n. (arg. anc. *roubliou,* rouge). *Fam.* Habile à se tirer d'affaire : *Méfiez-vous de lui, c'est un roublard* (syn. MALIN, RUSÉ).

roublardise [rublardiz] n. f. Caractère, acte du roublard.

rouble [rubl] n. m. (mot russe). Unité monétaire de l'U. R. S. S.

roucoulade [rukulad] n. f. ou **roucoulement** [rukulmɑ̃] n. m. **1.** Murmure tendre et monotone qui est le cri du pigeon, de la tourterelle. — **2.** Propos dits d'un ton langoureux.

roucouler [rukule] v. i. (onomat.). **1.** (sujet le pigeon, la tourterelle) Faire entendre son cri. — **2.** *Fam.* (sujet qqn) Tenir des propos tendres, langoureux : *Roucouler auprès d'une femme.* — **3.** Chanter langoureusement : *Un chanteur de charme qui roucoule.* ◆ v. t. *Roucouler une chanson,* la chanter langoureusement.

roue [ru] n. f. (lat. *rota*). **1.** Organe de forme circulaire qui, tournant autour d'un axe, permet à un véhicule de rouler, ou qui, entrant dans la constitution d'une machine, en transmet le mouvement grâce aux dents dont son pourtour est garni : *Les roues d'une voiture, d'une locomotive. Les roues d'une horloge, d'un engrenage* (syn. ROUAGE). *Roue libre* (= dispositif d'une bicyclette permettant à un cycliste de rouler sans pédaler). *Roue de secours* (= roue supplémentaire destinée à remplacer celle dont le pneu est crevé). — **2.** (sujet un oiseau) *Faire la roue,* déployer les plumes de sa queue en éventail; (sujet qqn) tourner latéralement sur soi-même en s'appuyant successivement sur les mains et sur les pieds; faire l'avantageux, se pavaner. ‖ *Pousser à la roue,* aider à la réussite. ‖ *Supplice de la roue,* qui consistait à laisser mourir sur une roue un condamné dont on avait rompu les membres.

roué, e [rwe] adj. et n. (de *rouer*). *Litt.* Sans moralité et sans scrupule; qui use de tous les moyens pour arriver à ses fins : *Ne vous fiez pas à cette fille, c'est une petite rouée* (syn. ↓FUTÉ, ↓MALICIEUX).

rouer [rwe] v. t. (de *roue*). *Rouer qqn de coups,* le battre avec violence : *Dans une ruelle obscure, des voleurs l'ont attaquée et rouée de coups* (syn. fam. ROSSER).

rouerie [ruri] n. f. (de *roué*). Ruse, fourberie : *On vous a mis en garde contre les roueries de cet individu.*

rouet [rwɛ] n. m. (de *roue*). Petite machine à roue, mise en mouvement au moyen d'une pédale et qui servait à filer le chanvre et le lin.

1. rouge [ruʒ] adj. (lat. *rubeus*). **1.** Se dit de l'une des couleurs fondamentales du spectre de la lumière, de ce qui a la couleur du sang, du feu, etc. : *Du vin rouge. Avoir les joues rouges.* — **2.** Qui a la figure fortement colorée par quelque émotion : *Être rouge de honte, de colère. Être rouge comme une écrevisse, comme un coq, comme une tomate.* — **3.** Qui a pris, par l'élévation de la température, la couleur du feu : *Un fer rouge.* ◆ adv. *Se fâcher tout rouge, voir rouge,* avoir un violent accès de colère. ◆ n. m. **1.** Couleur rouge : *Teindre une étoffe en rouge. Du fer chauffé au rouge.* — **2.** *Le rouge lui monte au visage,* son visage devient rouge de honte, d'émotion, de colère. — **3.** Couleur rouge caractéristique des signaux d'arrêt ou de danger : *Le feu est au rouge. Automobiliste qui a une contravention pour être passé au rouge.* — **4.** *Fam.* Vin rouge : *Un litre de rouge.* — **5.** Fard, produit de maquillage rouge : *Du rouge à lèvres. Du rouge à ongles* (syn. VERNIS).

2. rouge [ruʒ] adj. et n. Se dit des progressistes, des communistes, des partisans de l'action révolutionnaire. ◆ adj. *Drapeau rouge,* emblème révolutionnaire, devenu drapeau de l'Union soviétique.

rougeâtre [ruʒɑtr] adj. Légèrement rouge : *Les lueurs rougeâtres du soleil couchant.*

rougeaud, e [ruʒo] adj. et n. *Fam.* Qui a le visage rouge : *Jeune garçon joufflu et rougeaud* (syn. RUBICOND). *Un gros rougeaud.*

rouge-gorge [ruʒgɔrʒ] n. m. (pl. *rouges-gorges*). Oiseau de petite taille, à plumage brunâtre avec la gorge et la poitrine roux-orangé.

rougeoiement [ruʒwamɑ̃] n. m. Reflets rouges : *Le rougeoiement d'un incendie.*

rougeole [ruʒɔl] n. f. (lat. pop. *rubeola,* de *rubeus,* rouge). Maladie contagieuse caractérisée par une éruption de taches rouges sur la peau.

rougeoyer [ruʒwaje] v. i. (c. 3) Prendre une teinte rougeâtre : *Un feu qui rougeoie.*

rouget [ruʒɛ] n. m. Poisson marin de couleur rouge.

rougeur [ruʒœr] n. f. **1.** Couleur rouge : *La rougeur des lèvres, des joues. La rougeur du ciel quand le soleil se lève ou se couche.* — **2.** Teinte rouge passagère qui apparaît sur le visage et qui révèle une émotion : *Sa rougeur trahit son embarras.* — **3.** Tache rouge sur la peau : *Avoir des rougeurs sur la figure.*

rougir [ruʒir] v. t. *Rougir qqch,* lui donner la couleur rouge : *L'automne rougit les feuilles des arbres. Rougir la tranche d'un livre.* ◆ v. i. **1.** Devenir rouge : *Les fraises seront bientôt mûres, elles commencent à rougir. Les écrevisses rougissent à la cuisson.* — **2.** Devenir rouge par l'effet d'une émotion, d'un sentiment : *Rougir de honte, de colère, de confusion, de plaisir. Cette jeune fille rougit aussitôt qu'on lui parle.* — **3.** Éprouver de la honte, de la confusion : *Il devrait rougir de sa mauvaise conduite.*

rougissant, e [ruʒisɑ̃] adj. Qui rougit : *Une jeune fille rougissante.*

rouille [ruj] n. f. (lat. *robigo, -inis*). Matière de couleur rougeâtre (oxyde) dont se couvrent les objets en fer quand ils sont exposés à l'humidité : *La rouille ronge le fer.* ◆ adj. Brun roux.

rouillé, e [ruje] adj. **1.** Attaqué par la rouille : *Une voiture dont les pare-chocs sont tout rouillés.* — **2.** Devenu moins habile à faire qqch par manque d'exercice : *Elle était un peu rouillée en anglais; elle a dû se remettre à l'étudier.*

rouiller [ruje] v. t. **1.** *Rouiller qqch (objet),* produire de la rouille à sa surface : *L'humidité rouille les métaux.* — **2.** *Rouiller qqn, son esprit,* l'affaiblir, l'engourdir, l'émousser faute d'exercice : *La paresse finit par rouiller l'esprit.* ◆ v. i. ou ***se rouiller*** v. pr. **1.** Se couvrir de rouille : *Laisser rouiller son fusil. Mettre du minium sur un métal pour l'empêcher de rouiller.* — **2.** *Fam.* (sujet qqn) Perdre ses forces, ses facultés, sa valeur propre, par manque d'activité : *Sportif qui se rouille, faute d'entraînement* (syn. ↑SE SCLÉROSER).

roulade [rulad] n. f. Vocalise consistant en une succession rapide et légère de notes sur une même syllabe : *Faire des roulades.*

roulant, e [rulɑ̃] adj. **1.** Se dit d'un objet muni de roulettes : *Fauteuil roulant, panier roulant, table rou-*

lante. — **2.** *Escalier roulant, tapis roulant,* animés d'un mouvement continu de translation autour de rouleaux actionnés mécaniquement, et qui servent à faire gravir un étage ou à le descendre. ‖ *Matériel roulant,* ensemble des locomotives, des voitures, des wagons employés à l'exploitation d'une voie ferrée. ‖ *Trottoir roulant,* plate-forme mobile sur des galets, servant à transporter des piétons ou des marchandises. — **3.** *Cuisine roulante* (ou *roulante* n. f.), fourneau monté sur des roues ou voiture ambulante employée pour préparer la nourriture aux troupes en campagne. — **4.** *Personnel roulant,* employés des postes qui trient le courrier dans les trains. — **5.** *Fam.* Qui fait rire : *Une histoire roulante. Pierre est roulant avec toutes ses histoires* (syn. DRÔLE, COMIQUE).

roulé, e [rule] adj. **1.** Enroulé, disposé en rond : *Pull à col roulé.* — **2.** Fam. *Bien roulé,* se dit de qqn de bien fait, bien proportionné : *Une femme bien roulée.*

rouleau [rulo] n. m. (dimin. de *rôle*). **1.** Cylindre de bois, de métal, de caoutchouc, etc., de différentes grandeurs, servant à différents usages : *Rouleau à pâtisserie* (= bâton cylindrique employé pour étendre la pâte). *Rouleau de peintre en bâtiment* (= instrument servant à appliquer la peinture). *Transporter des blocs de marbre à l'aide de rouleaux.* — **2.** Instrument employé pour briser les mottes de terre, pour aplanir un terrain : *Rouleau pour terrain de tennis. Rouleau compresseur* (= engin automoteur composé d'un ou de plusieurs cylindres métalliques formant des roues et utilisé à la construction et à l'entretien des routes). — **3.** Bande de papier, d'étoffe, de métal, etc., enroulée sur elle-même ou sur une tige cylindrique : *Un rouleau de papier peint, de tissu, de pellicules photographiques.* — **4.** Ensemble d'objets roulés en forme de cylindre : *Un rouleau de pièces de vingt centimes.* — **5.** Saut en hauteur au cours duquel le corps roule au-dessus de la barre. — **6.** Grande vague déferlante. — **7.** Fam. *Être au bout du rouleau,* avoir épuisé tous ses moyens ; être à bout de forces ; être près de mourir. — **8.** Syn. de BIGOUDI.

roulé-boulé [rulebule] n. m. (pl. *roulés-boulés*). Action de se rouler en boule au cours d'une chute, afin d'amortir le choc.

roulement [rulmɑ̃] n. m. **1.** Action de rouler : *Le roulement d'une bille de billard.* ‖ *Roulement à billes,* mécanisme constitué d'un anneau de billes d'acier et destiné à diminuer le frottement de pièces les unes sur les autres. ‖ *Roulement d'yeux,* mouvement des yeux qui se portent rapidement de côté et d'autre. — **2.** Bruit causé par ce qui roule : *Le roulement des voitures dans la rue m'empêche de dormir.* — **3.** Bruit semblable à celui d'un objet qui roule : *Le roulement du tonnerre.* — **4.** Action de se remplacer alternativement dans certaines fonctions : *Le roulement des membres d'un tribunal. Dans cette usine, les équipes travaillent par roulement.*

rouler [rule] v. t. (de l'anc. fr. *rouelle,* roue). **1.** *Rouler qqch (objet),* le déplacer en le faisant tourner sur lui-même : *Rouler une boule, un tonneau, des troncs d'arbres.* — **2.** *Rouler un véhicule, un meuble muni de roulettes, rouler qqn (dans un véhicule),* les déplacer, en les poussant : *Rouler un chariot, une brouette, un fauteuil. Rouler un bébé dans son landau, sur sa poussette. Rouler un paralytique dans sa voiture.* — **3.** *Rouler qqch,* le faire tourner autour d'une tige cylindrique ou sur lui-même : *Rouler du fil sur une bobine. Rouler du tissu, du papier, une carte de géographie, un tapis, une toile cirée. Rouler une cigarette* (= faire tourner une feuille de papier spécial autour du tabac pressé qu'elle contient, pour l'enrouler). — **4.** *Rouler une partie du corps,* lui imprimer un certain balancement : *Rouler les épaules* (syn. ONDULER). *Rouler les hanches en marchant* (syn. fam. TORTILLER). ‖ *Rouler les yeux,* les porter rapidement de côté et d'autre. — **5.** *Rouler qqch, une surface,* l'aplanir avec un rouleau : *Rouler de la pâte, une pelouse, un court de tennis.* — **6.** *Rouler qqn, qqch dans qqch,* les tourner et les retourner sur toute leur surface : *Rouler un camarade dans la poussière. Rouler une pêche dans du sucre.* — **7.** *Rouler sa bosse,* voyager beaucoup, faire toutes sortes de métiers. ‖ *Rouler des idées dans sa tête,* tourner et retourner sans cesse des idées. ‖ *Rouler les « r »,* les prononcer en les faisant vibrer fortement. — **8.** Fam. *Rouler qqn,* abuser de lui pour en tirer profit : *Elle a été bien roulée dans cette affaire* (syn. fam. AVOIR, POSSÉDER). ◆ v. i. **1.** (sujet qqn) Tomber et tourner sur soi-même : *Rouler de haut en bas de l'escalier* (syn. DÉGRINGOLER, DÉVALER). — **2.** (sujet qqch) Avancer en tournant sur soi-même : *Une bille qui roule. Une boule de neige grossit en roulant.* — **3.** (sujet un véhicule) Fonctionner de telle manière, avancer à telle vitesse : *Cette voiture est déjà vieille, mais elle roule encore bien* (syn. MARCHER). *Le train roulait à 140 km à l'heure.* — **4.** (sujet qqn) Se déplacer au moyen d'un véhicule : *Elle a roulé presque toute la journée. Cette voiture roule à gauche. Le peloton roulait à vive allure.* — **5.** (sujet qqn) Avoir une existence aventureuse : *Cet homme a beaucoup roulé* (syn. fam. BOURLINGUER). — **6.** (sujet un navire) S'incliner d'un bord sur l'autre : *La mer était démontée et le bateau ne faisait que tanguer et rouler.* — **7.** (sujet qqch) Produire un bruit sourd et prolongé : *Le tonnerre roule sur nos têtes avec un vacarme étourdissant.* — **8.** Pop. *Ça roule,* ça va bien. ◆ v. t. ind. (sujet une conversation, un discours) *Rouler sur une question,* l'avoir pour objet : *Tout l'entretien a roulé sur ses projets, sur sa santé. Avec lui, les discussions roulent souvent sur l'argent et les femmes.* ◆ ***se rouler*** v. pr. **1.** *Se rouler dans, sur qqch,* se tourner de côté et d'autre, se retourner dans, sur qqch : *Elle souffrait de violentes coliques et se roulait sur son lit. Se rouler sur le gazon, dans la boue.* — **2.** *Se rouler dans qqch,* s'en envelopper : *Elle se roula dans une couverture* (syn. S'ENROULER). — **3.** *Se rouler les pouces* ou, fam., *se les rouler,* demeurer inactif. ‖ *Se rouler par terre,* se tordre de rire.

roulette [rulɛt] n. f. (de *roue*). **1.** Petite roue tournant en tous sens, fixée sous le pied d'un meuble : *Fauteuil à roulettes.* ‖ *Fam.* (sujet une affaire, un travail) *Aller, marcher comme sur des roulettes,* ne rencontrer aucun obstacle. — **2.** Instrument formé d'un petit disque et d'un manche à l'usage des graveurs, des cordonniers, des pâtissiers ; molette de métal, fraise de dentiste, etc. — **3.** Jeu de hasard dans lequel le gagnant est désigné par l'arrêt d'une bille d'ivoire sur l'un des numéros d'un plateau tournant divisé en 37 cases rouges ou noires.

rouleur [rulœr] n. m. Cycliste capable d'effectuer une longue course à un train rapide.

roulis [ruli] n. m. **1.** Balancement d'un navire d'un bord sur l'autre sous l'effet du vent ou de la houle. — **2.** *Coup de roulis,* mouvement brusque et violent de roulis.

roulotte [rulɔt] n. f. (de *rouler*). **1.** Grande voiture où logent les forains, les nomades. — **2.** *Vol à la roulotte,* vol commis dans les voitures en stationnement.

roumain, e [rumɛ̃] adj. et n. De Roumanie. ◆ ***roumain*** n. m. Langue romane parlée en Roumanie.

round [raund] n. m. (mot angl. signif. *tour*). Reprise dans un combat de boxe : *Un match en 10 rounds.*

1. roupie [rupi] n. f. (orig. incert.). Fam. *Ce n'est pas de la roupie de sansonnet,* c'est qqch d'important, qui a de la valeur.

2. roupie [rupi] n. f. (mot d'une langue de l'Inde signif. *argent*). Unité monétaire dans divers pays asiatiques (Inde, Pākistān) ou océaniens.

roupiller [rupije] v. i. (orig. obscure). *Pop.* Dormir.

roupillon [rupijɔ̃] n. m. *Pop.* Petit somme.

rouquin, e [rukɛ̃] adj. et n. *Fam.* Qui a les cheveux roux.

rouscailler [ruskɑje] v. i. *Pop.* Réclamer, protester (vieilli) [syn. fam. ROUSPÉTER].

rouspétance [ruspetɑ̃s] n. f. *Fam.* Action de rouspéter : *Prenez ce qu'on vous donne, et pas de rouspétance.*

rouspéter [ruspete] v. i. (orig. incert.) [c. **10**]. *Fam.* Manifester son opposition par des paroles véhémentes : *Tu n'es jamais satisfait; quoi qu'on fasse, tu rouspètes toujours* (syn. MAUGRÉER, PROTESTER).

rouspéteur, euse [ruspetœr] n. et adj. *Fam.* Qui rouspète (syn. GRINCHEUX).

roussâtre [rusɑtr] adj. Qui tire sur le roux : *Chevelure roussâtre.*

roussette [rusɛt] n. f. (de *roux*). **1.** Squale de petite taille (de 0,80 m à 1 m), abondant sur les côtes de France (syn. CHIEN ou CHAT DE MER). — **2.** Chauve-souris d'Asie et d'Afrique.

rousseur [rusœr] n. f. **1.** Couleur rousse : *La rousseur de la barbe.* — **2.** *Tache de rousseur,* tache rousse qui apparaît sur la peau, surtout au visage et aux mains.

roussi [rusi] n. m. **1.** Odeur d'une chose qui a légèrement brûlé : *Un plat qui sent le roussi.* — **2.** *Fam.* (sujet une affaire, une situation) *Sentir le roussi,* prendre une mauvaise tournure.

roussir [rusir] v. t. *Roussir qqch,* le faire devenir roux, en brûlant légèrement, par l'action du froid ou d'une forte chaleur : *La gelée a roussi l'herbe. Roussir du linge en le repassant.* ◆ v. i. Devenir roux : *Les feuilles des arbres commencent à roussir et à tomber.*

routage [rutaʒ] n. m. Action de router : *Le routage d'imprimés.*

routard [rutar] n. m. *Fam.* Jeune qui voyage à pied ou en auto-stop avec des moyens financiers réduits.

route [rut] n. f. (lat. [*via*] *rupta,* [voie] ouverte). **1.** Voie de communication terrestre construite pour le passage des véhicules : *La route est étroite, sinueuse, droite, défoncée. La route nationale* (ou *la nationale,* ou *la RN*) *est une voie à grande circulation entretenue aux frais de l'État. La route départementale* (ou *la départementale*) *dépend du budget des départements. On construit, on aménage une route. Le samedi, la circulation sur les routes est intense. La route d'Orléans* (= qui mène à Orléans). *La route du Sud.* — **2.** Ligne de communication maritime et aérienne : *Les routes aériennes, maritimes. Le navire suit sa route. La route des Indes.* — **3.** Espace à parcourir, direction d'un lieu à un autre, sans référence à un type particulier de voie de communication (syn. de CHEMIN dans plusieurs express.) : *La route est longue* (syn. TRAJET, PARCOURS). *Un avion, un bateau perd sa route. Changer de route. S'écarter de sa route* (= modifier sa direction). *Barrer la route à quelqu'un* (= l'empêcher de continuer à avancer). *Demander, montrer, indiquer la route* (syn. CHEMIN). *Faire toute la route à pied. Il y a dix heures de route. Souhaiter une bonne route* (syn. VOYAGE). — **4.** *Carnet, journal de route,* où on note les indications jugées nécessaires ou utiles au cours d'un voyage. ‖ *En route, en cours de route,* pendant le trajet, pendant le temps du voyage, du transport : *En route, elle ne disait pas un mot. On l'a semée en route. Il est resté en route;* en marche : *Allons! en route!* (= partons). *Se mettre en route* (syn. PARTIR). ‖ Fam. *Faire de la route,* rouler beaucoup en automobile. ‖ *Faire fausse route,* se tromper de chemin, ou, dans une entreprise, une action, se tromper d'orientation, faire erreur. ‖ *Faire route (vers),* se déplacer (vers). ‖ *Feuille de route,* titre délivré par les autorités militaires à un militaire qui se déplace isolément. ‖ *Mettre en route un véhicule, un moteur,* le mettre en marche, le faire démarrer. ‖ *Mettre qqch en route,* commencer à le faire : *Mettre un travail en route.* — **5.** Ligne de conduite suivie par qqn, manière de se comporter; direction vers l'avenir, accès (vers qqn); vie considérée sous la notion d'espace parcouru : *Barrer la route à quelqu'un* (= l'empêcher de continuer d'agir). *Voici quelle est la route à suivre* (syn. MARCHE). *Vous êtes sur la bonne route* (syn. EN BONNE VOIE). *S'arrêter en route* (= ne pas continuer à faire ce qu'on faisait). *La route s'ouvre largement devant vous* (syn. AVENIR). *Nos deux routes se sont croisées* (= nos vies). *Remettre sur la bonne route* (= sur le droit chemin, dans la bonne direction). *Elle a enfin trouvé sa route* (= ce qui convient à son caractère, à ses aptitudes). *Il a ouvert la route* (= montré la voie).

router [rute] v. t. (de *route*). Grouper, selon sa destination, un envoi postal : *Router des journaux, des colis.*

1. routier, ère [rutje] adj. Relatif aux routes : *Un bon réseau routier. Circulation routière. Carte routière* (= où les routes sont indiquées). *Transport routier* (= effectué par la route). *Gare routière* (= spécialement aménagée pour les services d'autocars).

2. routier [rutje] n. m. **1.** Chauffeur spécialisé dans la conduite des camions sur de longues distances. — **2.** Cycliste dont la spécialité est de disputer des épreuves sur route. — **3.** *Vieux routier,* homme qui a beaucoup d'expérience et qui connaît tous les détours d'une profession.

routière [rutjɛr] n. f. Voiture permettant de réaliser de longues étapes dans d'excellentes conditions de confort et de vitesse.

routine [rutin] n. f. (de *route*). **1.** Manière d'agir toujours de la même façon, qui ne vise qu'à répéter les mêmes gestes connus; actes qu'on accomplit par habitude : *Être esclave de la routine.* — **2.** *De routine,* se dit de qqch d'habituel, de périodique.

routinier, ère [rutinje] adj. et n. Qui se conforme à la routine, qui agit par routine : *Un esprit routinier.* ◆ adj. Qui a le caractère de la routine : *Un procédé routinier.*

rouvrir [ruvrir] v. t. (c. **16**). **1.** Ouvrir de nouveau : *Rouvrir une porte, un livre, une école.* — **2.** *Rouvrir une blessure, une plaie,* ranimer une douleur. ◆ v. i. Être ouvert de nouveau : *Le magasin rouvre à 14 h.*

roux, rousse [ru] adj. (lat. *russus*). D'une couleur orangée tirant sur le marron ou sur le rouge : *Avoir la barbe rousse. Avoir des taches rousses sur la peau.* ◆ adj. et n. Qui a les cheveux roux : *Un homme roux. Une jolie rousse.* ◆ **roux** n. m. **1.** Couleur rousse : *Cheveux d'un roux ardent.* — **2.** En cuisine, préparation faite de farine cuite dans du beurre, et qui sert à lier les sauces.

royal, e, aux [rwajal] adj. (lat. *regalis,* de *rex, regis,* roi). **1.** Propre à un roi : *L'autorité, la puissance royale.* — **2.** Digne d'un roi : *Un festin royal* (syn. GRANDIOSE, MAJESTUEUX). *Un cadeau royal* (syn. MAGNIFIQUE). *Une demeure royale* (syn. SOMPTUEUX). — **3.** Fam. *Paix, indifférence royale,* parfaite. ‖ Fam. *Mépris royal,* extrême. ‖ *Voie royale,* moyen le plus sûr, le plus direct de parvenir à un but.

royalement [rwajalmɑ̃] adv. **1.** Avec magnificence : *Elle nous a invités dans sa maison de campagne et elle nous a traités royalement* (syn. MAGNIFIQUEMENT, SPLENDIDEMENT). — **2.** *Fam.* Indique un degré extrême : *Se moquer royalement de quelque chose* (syn. COMPLÈTEMENT, TOTALEMENT).

royalisme [rwajalism] n. m. Attachement à la monarchie.

royaliste [rwajalist] adj. Qui concerne le régime monarchique, qui lui est favorable : *Avoir des opinions royalistes. Être plus royaliste que le roi* (= défendre les intérêts de qqn, d'un parti plus qu'il ne le fait lui-même). ◆ n. Partisan de la royauté : *Dans cette famille de vieux hobereaux, ils sont tous royalistes* (syn. MONARCHISTE).

royalties [rwajalti(z)] n. f. pl. (mot angl.). **1.** Somme versée par l'utilisateur d'un brevet étranger à son inventeur. — **2.** Redevance payée à un pays sur le territoire duquel se trouvent des gisements pétrolifères ou pour le passage d'un pipe-line.

royaume [rwajom] n. m. (lat. *regimen,* gouvernement [altéré par *royal*]). **1.** État, pays gouverné par un roi, une reine : *Un royaume héréditaire.* — **2.** *Le royaume des cieux,* le paradis. — **3.** *Au royaume des aveugles, les borgnes sont rois,* avec un mérite, un savoir médiocre, on brille au milieu des sots et des ignorants.

royauté [rwajote] n. f. **1.** Dignité de roi : *Renoncer à la royauté.* — **2.** Régime monarchique : *Les luttes de la royauté et de la papauté* (syn. MONARCHIE).

ruade [rɥad] n. f. Action de ruer : *Lancer une ruade. Ce cheval lui cassa la jambe d'une ruade.*

ruban [rybɑ̃] n. m. (anc. néerl. *ringhband,* collier). **1.** Bande de tissu mince et généralement étroite, servant d'ornement : *Un ruban de laine, de velours, de soie. Retenir ses cheveux avec un ruban.* — **2.** Marque d'une décoration qui se porte à la boutonnière : *Le ruban de la croix de guerre. Le ruban rouge* (= la Légion d'honneur). — **3.** Bande mince et étroite d'une matière flexible : *Un ruban de machine à écrire. Un ruban d'acier.*

rubéole [rybeɔl] n. f. (du lat. *rubeus,* rouge). Maladie éruptive contagieuse et épidémique, analogue à la rougeole.

rubicond, e [rybikɔ̃] adj. (lat. *rubicundus*). Se dit d'un visage très rouge : *Une face rubiconde* (syn. fam. ROUGEAUD).

rubis [rybi] n. m. (du lat. *rubeus,* rougeâtre). **1.** Pierre précieuse, transparente et d'un rouge vif. — **2.** Pierre dure qui sert de support à un pivot de rouage d'horlogerie. — **3.** *Payer rubis sur l'ongle,* payer immédiatement et complètement ce qu'on doit.

rubrique [rybrik] n. f. (lat. *rubrica,* titre en rouge). Dans un journal, catégorie d'articles dans laquelle est classée une information : *Rubrique littéraire, cinématographique. Rubrique des faits divers. Tenir la rubrique sportive* (= écrire des articles relatifs au sport).

ruche [ryʃ] n. f. (bas lat. *rusca,* écorce). **1.** Abri d'un essaim d'abeilles; essaim qui l'habite : *Dans une ruche, il n'y a qu'une reine.* — **2.** Grande agglomération, endroit où règne une grande activité : *Cette usine est une vraie ruche.*

rucher [ryʃe] n. m. Endroit où sont placées des ruches; ensemble de ruches.

rude [ryd] adj. (lat. *rudis*). **1.** (après le n.) Dur au toucher : *Une barbe rude* (contr. DOUCE). *Une brosse rude. La toile neuve est rude* (syn. RÊCHE). — **2.** (avant ou après le n.) Qui cause de la fatigue : *Le métier de mineur est très rude* (syn. PÉNIBLE, ÉREINTANT). *Elle a entrepris une rude tâche.* — **3.** (avant ou après le n.) Pénible à supporter : *Être soumis à une rude épreuve. Soutenir un rude combat* (syn. VIOLENT, TERRIBLE). *Un hiver, un climat rude* (syn. DUR, FROID, RIGOUREUX). — **4.** (après le n.) Désagréable à voir, à entendre : *Avoir des manières rudes et gauches* (contr. DISTINGUÉ, RAFFINÉ). *Une voix gutturale et rude.* — **5.** *Fam.* (avant le n.) Remarquable en son genre : *Un rude appétit, un rude estomac* (syn. FAMEUX; fam. SACRÉ). — **6.** (avant ou après le n.) Qui mène une vie simple, qui est habitué aux durs travaux : *Un rude montagnard, un rude paysan.* — **7.** (avant le n.) Difficile à vaincre : *Avoir affaire à un rude adversaire, à un rude jouteur* (syn. REDOUTABLE). *Un rude gaillard* (= un homme hardi, courageux).

rudement [rydmɑ̃] adv. **1.** De façon rude, brutale : *Elle est tombée rudement et s'est cassé la jambe* (contr. DOUCEMENT, MOLLEMENT). *Frapper quelqu'un rudement* (syn. DUREMENT). — **2.** Avec dureté, sans ménagement : *Traiter quelqu'un rudement* (syn. ↓SÈCHEMENT). *Reprocher rudement sa paresse à quelqu'un. Être rudement éprouvé* (syn. CRUELLEMENT). — **3.** *Fam.* Tout à fait, très : *Elle a terminé ses examens, elle est rudement contente* (syn. DIABLEMENT; fam. DRÔLEMENT). *Tu joues rudement bien au tennis* (syn. pop. VACHEMENT).

rudesse [rydɛs] n. f. État de ce qui est rude : *La rudesse des traits, de la voix, des manières. La rudesse du climat* (syn. RIGUEUR). *Traiter quelqu'un avec une certaine rudesse* (syn. BRUSQUERIE; contr. DOUCEUR, GENTILLESSE).

rudimentaire [rydimɑ̃tɛr] adj. Qui n'est pas très développé : *Avoir des connaissances rudimentaires en littérature* (syn. ÉLÉMENTAIRE, IMPARFAIT).

rudiments [rydimɑ̃] n. m. pl. (lat. *rudimentum,* commencement). Premières notions d'une science, d'un art : *Les rudiments de la physique, de la musique* (syn. BASES, ÉLÉMENTS).

rudoiement [rydwamɑ̃] n. m. Action de rudoyer.

rudoyer [rydwaje] v. t. (c. 3) *Rudoyer qqn, un animal,* le traiter avec rudesse, sans ménagement : *Si vous la rudoyez, vous la découragerez* (syn. ↑BRUTALISER).

rue [ry] n. f. (lat. *ruga,* ride, puis chemin). **1.** Voie urbaine de circulation : *Une petite rue, une rue déserte. Une rue passante. Une rue à sens unique. Une affiche placardée à tous les coins de rue. Manifester, descendre dans la rue.* — **2.** Habitants des maisons qui bordent une rue : *Toute la rue commentait la nouvelle.* — **3.** *Être à la rue,* ne plus avoir de domicile. ‖ *Homme de la rue,* le citoyen moyen, le premier venu. (→ GRAND-RUE.)

ruée [rɥe] n. f. Mouvement rapide d'un grand nombre de personnes dans une même direction : *À la descente des trains, c'est la ruée des banlieusards vers le métro.*

ruelle [rɥɛl] n. f. **1.** Petite rue étroite : *Elle prit une ruelle pour éviter de faire un détour trop long.* — **2.** Espace laissé libre entre un lit et le mur ou entre deux lits.

ruer [rɥe] v. i. (lat. *ruere,* pousser). **1.** (sujet un cheval, un âne, un mulet) Lancer vivement en arrière les membres postérieurs : *Prenez garde en passant derrière ce cheval, car il a l'habitude de ruer.* — **2.** *Fam.* (sujet qqn) *Ruer dans les brancards,* opposer une vive résistance, protester avec vigueur. ◆ ***se ruer*** v. pr. (sujet être animé) *Se ruer sur qqn, qqch,* se précipiter sur eux : *Après l'avoir injurié, il se rua sur lui et le frappa* (syn. ↓SE JETER SUR). *La foule des invités au cocktail se ruait sur le buffet.*

rugby [rygbi] n. m. (de *Rugby,* n. d'une ville angl.). Sport qui oppose deux équipes de quinze joueurs et qui consiste à porter un ballon ovale, joué au pied ou à la main, au-delà du but adverse (marquer un essai) ou à le faire passer au-dessus de la barre transversale entre les poteaux du but (transformation, drop-goal).

rugbyman [rygbiman] n. m. (pl. *rugbymen* [-mɛn]). Joueur de rugby.

rugir [ryʒir] v. i. (lat. *rugire*). **1.** (sujet le lion, le tigre, la panthère) Pousser son cri. — **2.** (sujet qqn) Pousser des cris rauques et violents : *Rugir de fureur, de rage* (syn.

HURLER, ↓VOCIFÉRER). — **3.** (sujet qqch [mer, vent, etc.]) Produire des bruits rauques et terribles : *Toute la nuit on a entendu le vent rugir.* ◆ v. t. *Rugir des menaces,* les proférer en rugissant.

rugissement [ryʒismɑ̃] n. m. **1.** Cri violent, rauque d'un fauve. — **2.** Cri terrible et rauque de qqn; bruit analogue : *Pousser des rugissements de colère. Le rugissement de la tempête.*

rugosité [rygozite] n. f. Caractère rugueux : *La rugosité d'une écorce. Les rugosités d'une planche qui n'est pas rabotée.*

rugueux, euse [rygø] adj. (lat. *rugosus,* ridé). Qui a de petites aspérités sur sa surface : *Peau rugueuse* (syn. RÊCHE, RUDE).

ruine [rɥin] n. f. (lat. *ruina,* chute). **1.** Chute, naturelle ou non, d'une construction : *Une maison qui tombe en ruine, qui menace ruine, qui est en ruine* (syn. DÉLABREMENT, ÉCROULEMENT, EFFONDREMENT, ↓DÉTÉRIORATION). — **2.** Maison délabrée : *Nos amis ont acheté une ruine en Provence; ils l'ont fait réparer et c'est maintenant une charmante maison de campagne.* — **3.** Désagrégation de qqch qui conduit à sa perte : *En prenant des mesures impopulaires, le gouvernement va à sa ruine. Cette aventure a causé la ruine de sa réputation. La ruine de ses espérances, d'une théorie.* — **4.** *Ce n'est plus qu'une ruine,* se dit de qqn qui est dans un état de complète dégradation physique ou intellectuelle. — **5.** Perte des biens, de la fortune : *Cette affaire a été la cause de la ruine de son entreprise. Une maison de commerce qui court à sa ruine, qui est menacée d'une ruine totale.* — **6.** Ce qui entraîne une perte d'argent importante : *L'entretien de cette voiture est une ruine.* ◆ ***ruines*** n. f. pl. Débris, restes d'un édifice abattu, écroulé : *Lors des bombardements, beaucoup de personnes ont été ensevelies sous les ruines. On a bâti ce village avec les ruines d'un autre.*

ruiné, e [rɥine] adj. Qui a perdu ses biens : *Une famille ruinée.*

ruiner [rɥine] v. t. **1.** *Ruiner qqn,* détériorer gravement sa santé : *L'abus d'alcool avait ruiné sa santé.* — **2.** *Ruiner qqn, une collectivité,* causer la perte de ses biens, de sa fortune : *De mauvaises affaires ont achevé de la ruiner. Les guerres ont ruiné ce pays;* et ironiq. : *Ce n'est pas ce voyage qui vous ruinera.* ◆ ***se ruiner*** v. pr. Perdre son argent; faire des dépenses excessives : *Se ruiner au jeu, en folles dépenses. Se ruiner chez les joailliers.*

ruineux, euse [rɥinø] adj. Qui provoque des dépenses excessives : *Un luxe ruineux. Avoir des goûts ruineux.*

ruisseau [rɥiso] n. m. (lat. *rivus*). **1.** Petit cours d'eau : *Un ruisseau clair, limpide.* — **2.** Petit canal, caniveau ménagé dans une rue pour recevoir les eaux de pluie et les eaux ménagères. — **3.** Situation dégradante, déchéance (soutenu) : *Il a tiré cette femme du ruisseau.* — **4.** *Les petits ruisseaux font les grandes rivières,* les petits profits accumulés finissent par constituer une grosse somme.

ruisselant, e [rɥislɑ̃] adj. Qui ruisselle : *Pièce ruisselante de lumière.*

ruisseler [rɥisle] v. i. (c. 6). **1.** (sujet l'eau) Couler, se répandre sans arrêt : *La pluie tombe si fort que l'eau ruisselle sur les trottoirs et la chaussée.* — **2.** (sujet qqn) *Ruisseler de,* être inondé d'un liquide qui coule : *Son visage ruisselait de sueur.* — **3.** *Ruisseler de lumière,* répandre à profusion de vives lumières (soutenu) : *La salle à manger ruisselait de lumière.*

ruissellement [rɥisɛlmɑ̃] n. m. Fait de ruisseler : *Le ruissellement des eaux de pluie. Un ruissellement de pierreries.*

rumeur [rymœr] n. f. (lat. *rumor*). **1.** Bruit confus de voix ou de sons : *Une rumeur s'élevait dans l'assemblée.* — **2.** Nouvelle de source incontrôlable qui se répand dans le public : *Selon certaines rumeurs, les impôts ne seraient pas augmentés. Selon la rumeur publique, on procéderait à des élections anticipées.*

ruminant, e [ryminɑ̃] adj. et n. m. Mammifère qui possède un estomac lui permettant de ruminer : *Le bœuf, le mouton, le chameau sont des ruminants.*

rumination [ryminasjɔ̃] n. f. ou **ruminement** [ryminmɑ̃] n. m. Fait de ruminer.

ruminer [rymine] v. t. (lat. *ruminare*). **1.** (sujet des animaux herbivores) *Ruminer (de l'herbe, de la paille,* etc.), mâcher de nouveau les aliments ramenés de l'estomac dans la bouche : *Les vaches ruminent.* — **2.** (sujet qqn) *Ruminer qqch (abstrait),* tourner et retourner les mêmes choses dans son esprit : *Ruminer un projet. Ruminer son chagrin, sa vengeance.*

rumsteck [rɔmstɛk] ou **romsteck** [rɔmstɛk] n. m. (angl. *rump,* croupe, et *steak,* grillade). Partie du bœuf de boucherie correspondant à la croupe.

rupestre [rypɛstr] adj. (du lat. *rupes,* rocher). **1.** Qui pousse dans les rochers : *Une plante rupestre.* — **2.** Exécuté dans les grottes, sur la paroi des roches : *Dessin, peinture rupestre. Art rupestre.*

rupin, e [rypɛ̃] adj. et n. (anc. arg. *rupe,* dame). *Pop.* Riche.

rupture [ryptyr] n. f. (lat. *ruptum,* de *rumpere,* rompre). **1.** Action de rompre, de se rompre : *Rupture d'un câble, d'une digue. Rupture d'un tendon* (syn. DÉCHIRURE). — **2.** Annulation d'un acte public ou particulier : *Rupture d'un contrat, d'un mariage, d'un engagement.* — **3.** Séparation, désunion entre des personnes liées par l'amitié, entre des États liés par des traités : *Lequel des deux est l'auteur de la rupture? Rupture des relations diplomatiques entre deux pays.* — **4.** Absence de continuité, opposition entre des choses : *Rupture de rythme.*

rural, e, aux [ryral] adj. (du lat. *rus, ruris,* campagne). Relatif à la campagne : *Commune rurale* (contr. URBAIN). *Vie rurale. Exode rural.*

ruraux [ryro] n. m. pl. Habitants de la campagne.

ruse [ryz] n. f. Procédé habile qu'on emploie pour tromper; habileté de celui qui agit ainsi : *Recourir à la ruse pour triompher d'un adversaire* (syn. STRATAGÈME, SUBTERFUGE). *Déjouer les ruses de quelqu'un. Obtenir quelque chose par ruse* (syn. ARTIFICE, ROUERIE).

rusé, e [ryze] adj. et n. Qui fait preuve de ruse : *Cet homme est rusé comme un vieux renard* (syn. MADRÉ, MATOIS; fam. ROUBLARD). *Méfiez-vous de cette femme, c'est une rusée. Air rusé.*

ruser [ryze] v. t. ind. (lat. *recusare,* refuser, repousser). **1.** *Ruser (avec qqn),* agir avec ruse à son égard; employer des moyens détournés : *Savoir ruser pour arriver à ses fins.* — **2.** *Ruser avec une difficulté,* manœuvrer habilement pour la déjouer.

rush [rœʃ] n. m. (mot angl.). **1.** Effort final pour tenter de s'assurer la victoire dans une course. — **2.** Courant impétueux d'une foule dans une direction : *Pendant les vacances, c'est le rush des citadins vers la mer et la montagne* (syn. RUÉE).

rushes [rœʃ] n. m. pl. (mot angl.). Prises de vues cinématographiques telles qu'elles apparaissent avant le choix du montage. (On dit aussi ÉPREUVES DE TOURNAGE.)

russe [rys] adj. et n. De Russie : *La littérature, la musique russe. L'Église orthodoxe russe.* ◆ n. m. Langue slave parlée en U. R. S. S.

russification [rysifikasjɔ̃] n. f. Action de russifier.

russifier [rusifje] v. t. Faire adopter la langue, les institutions, les coutumes russes; peupler de colons russes.

rustaud, e [rysto] adj. et n. (de *rustre*). *Fam.* Gauche dans ses manières.

rusticité [rystisite] n. f. **1.** Caractère rustique : *La rusticité du chêne.* — **2.** Absence d'élégance, de raffinement : *Il y a de la rusticité dans ses manières.*

Rustine [rystin] n. f. (marque déposée). Rondelle adhésive en caoutchouc servant à réparer une chambre à air.

rustique [rystik] adj. (du lat. *rus, ruris,* campagne). **1.** Se dit d'un mobilier fabriqué artisanalement dans le style traditionnel de chaque province. — **2.** Se dit de qqch d'une simplicité un peu fruste. — **3.** Se dit d'une plante ou d'un animal robuste, résistant, peu sensible aux intempéries.

rustre [rystr] n. m. (du lat. *rusticus,* rustique). Homme qui manque d'éducation; grossier et brutal (syn. BUTOR).

rut [ryt] n. m. (lat. *rugitus,* rugissement). État physiologique des mammifères, qui les pousse à rechercher l'accouplement : *Un cerf en rut.*

rutabaga [rytabaga] n. m. (suéd. *rotabaggar*). Variété de navet à chair jaunâtre, appelée aussi CHOU-NAVET.

rutilance [rytilɑ̃s] n. f. *Litt.* État de ce qui est rutilant.

rutilant, e [rytilɑ̃] adj. D'un vif éclat : *Parquet rutilant. Cuivres rutilants* (syn. ÉTINCELANT, FLAMBOYANT). *Carrosserie rutilante.*

rutiler [rytile] v. i. (lat. *rutilare,* rendre rouge) [sujet qqch]. Briller d'un vif éclat : *Les cuivres rutilent.*

rythme [ritm] n. m. (gr. *rhuthmos*). **1.** Retour à intervalles réguliers d'éléments harmoniques dans un vers, dans une phrase : *Le rythme repose sur la longueur du vers, la disposition des rimes, la place des césures. Le rythme de la prose de Chateaubriand* (syn. CADENCE, HARMONIE). — **2.** En musique, effet obtenu par la distribution des sons musicaux au point de vue de la durée et de l'intensité : *Elle dansait sur un rythme endiablé.* — **3.** Succession plus ou moins régulière de mouvements, de gestes, d'événements; allure à laquelle s'exécute une action : *Le rythme des battements du cœur. Le rythme des saisons. Le rythme de la vie moderne. Le rythme de la production dans une usine* (syn. CADENCE).

rythmé, e [ritme] adj. Soumis à un rythme : *Une période bien rythmée* (syn. CADENCÉ, HARMONIEUX).

rythmer [ritme] v. t. Soumettre à un rythme : *Rythmer sa marche au son du tambour.*

rythmique [ritmik] adj. *Danse rythmique* (ou *rythmique* n. f.), méthode d'éducation musicale et musculaire ayant pour objet l'harmonisation des mouvements du corps et de la sensibilité.

S

s [ɛs] n. m. **1.** Dix-neuvième lettre de l'alphabet notant, selon les cas, les sifflantes sourde [s] ou sonore [z], la séquence *sh* correspondant le plus souvent à la chuintante sourde [ʃ]. — **2.** Tracé en forme de S.

sabbat [saba] n. m. (hébr. *schabbat,* repos). Repos sacré que les juifs doivent observer le samedi.

sabbatique [sabatik] adj. **1.** Propre au sabbat : *Le repos sabbatique.* — **2.** *Année sabbatique,* année accordée, dans certains pays, aux professeurs d'université pour se livrer à leurs travaux de recherche.

sabir [sabir] n. m. (esp. *saber,* savoir). **1.** Jargon mêlé d'arabe, de français, d'italien, qui était en usage dans les ports méditerranéens. — **2.** Toute langue formée d'éléments disparates (syn. PIDGIN).

sablage [sablaʒ] n. m. Action de sabler : *Le sablage d'une chaussée verglacée.*

sable [sabl] n. m. (lat. *sabulum*). **1.** Substance pulvérulente résultant de la désagrégation de certaines roches : *Du sable de mer, de rivière. Une plage de sable fin. Une carrière de sable.* — **2.** (pl.) Vaste étendue de sable : *Les sables du désert.* ‖ *Sables mouvants,* sable humide, peu consistant, où on risque de s'enfoncer jusqu'à l'enlisement. — **3.** *Bâtir sur le sable,* faire reposer ce qu'on entreprend sur des bases peu solides. ‖ Fam. *Être sur le sable,* être ruiné, sans travail. ‖ *Le marchand de sable passe, est passé,* se dit aux enfants lorsqu'on les voit, le soir, sur le point de s'endormir.

1. sablé, e [sable] adj. *Pâte sablée,* caractérisée par une forte proportion de beurre donnant des gâteaux très friables.

2. sablé [sable] n. m. Gâteau sec fait avec de la pâte sablée.

sabler [sable] v. t. **1.** *Sabler un lieu,* le couvrir de sable : *Sabler les allées d'un jardin. Allée sablée.* — **2.** *Sabler le champagne,* boire du champagne à l'occasion d'une réjouissance.

sableux, euse [sablø] adj. Qui contient du sable : *Eau sableuse.*

sablier [sablije] n. m. Petit appareil servant à mesurer la durée, et constitué de deux récipients de verre communiquant par un étroit conduit où s'écoule du sable : *On utilise un sablier pour évaluer le temps nécessaire à la cuisson d'un œuf à la coque.*

sablière [sablijɛr] ou **sablonnière** [sablɔnjɛr] n. f. Carrière d'où on extrait du sable.

sablonneux, euse [sablɔnø] adj. Où il y a beaucoup de sable : *Terre sablonneuse.*

sabord [sabɔr] n. m. (de *bord*). Ouverture quadrangulaire pratiquée dans la muraille d'un navire.

sabordage [sabɔrdaʒ] n. m. Action de saborder; de se saborder : *Le sabordage de la flotte française à Toulon en 1942. Le sabordage d'une entreprise.*

saborder [sabɔrde] v. t. (de *sabord*). **1.** *Saborder un navire,* le couler volontairement. — **2.** *Saborder qqch,* mettre fin volontairement à l'activité d'une entreprise commerciale, financière : *Elle préférait saborder l'entreprise plutôt que de la voir tomber dans d'autres mains.* ◆ ***se saborder*** v. pr. Couler volontairement son navire; mettre fin à l'activité de son entreprise.

sabot [sabo] n. m. (de *savate* et *botte*). **1.** Chaussure faite d'une seule pièce de bois, ou d'une semelle de bois et d'un dessus de cuir. ‖ Fam. *Je vous vois venir avec vos gros sabots,* se dit à qqn dont on n'a pas de mal à deviner les intentions. — **2.** Baignoire carrée. — **3.** Corne du pied de certains mammifères (cheval, bœuf, porc, etc.). — **4.** Partie d'un frein qui presse sur la circonférence extérieure du bandage d'une roue. — **5.** *Sabot de Denver,* grosse pince utilisée par la police pour bloquer la roue d'une voiture en stationnement irrégulier.

sabotage [sabɔtaʒ] n. m. Action de saboter : *Le sabotage d'une machine, d'une voie ferrée. Le sabotage d'une politique.*

saboter [sabɔte] v. t. (de *sabot*). **1.** Fam. *Saboter un travail,* l'exécuter vite et mal (syn. fam. BÂCLER). — **2.** *Saboter qqch (concret),* détériorer ou détruire volontairement du matériel : *Saboter un avion, des installations militaires.* — **3.** *Saboter qqch (action),* agir de façon à provoquer l'échec d'une entreprise : *Saboter une négociation.*

saboteur, euse [sabɔtœr] n. Qui sabote : *Les saboteurs de la paix.*

sabre [sabr] n. m. (all. *Säbel*). Arme blanche, droite ou recourbée, qui ne tranche que d'un côté : *Sabre de cavalerie. Faire du sabre* (= pratiquer l'escrime au sabre).

sabrer [sabre] v. t. **1.** Frapper avec le tranchant du sabre. — **2.** *Fam.* Faire des coupures importantes dans un texte : *Votre article est trop long, il faut le sabrer* (syn. DIMINUER, RÉDUIRE). *Sabrer dans un discours.*

1. sac [sak] n. m. (lat. *saccus*). **1.** Poche en étoffe, en cuir, etc., ouverte par le haut : *Remplir, vider son sac. Un sac de blé, de charbon, de ciment* (= contenant du blé, du charbon, du ciment). *Sac à pommes de terre, à provisions.* — **2.** *Sac (à dos),* sac de toile, muni de bretelles, utilisé par les alpinistes et les campeurs. ‖ *Sac (à main),* sac en cuir, en plastique, etc., où on met les divers objets personnels dont on peut avoir besoin quand on sort. ‖ *Sac de couchage,* grand sac de toile, de Nylon, de coton, garni de duvet, dans lequel le campeur, l'alpiniste se glisse pour dormir (syn. DUVET). — **3.** *L'affaire est dans le sac,* on peut en tenir le succès pour assuré. ‖ *Avoir plus d'un tour dans son sac,* être plein d'habileté, de ruse. ‖ *Mettre dans le même sac,* confondre dans le même mépris, réunir dans la même réprobation : *Ces deux individus, je les mets dans le même sac.* ‖ *Prendre qqn la main dans le sac,* le prendre sur le fait, en flagrant délit de malhonnêteté. ‖ *Sac à malice,* individu dont l'esprit est fécond en expédients ingénieux. ‖ Fam. *Vider son sac,* dire tout ce qu'on pense sur un sujet; avouer qqch qu'on tenait caché.

2. sac [sak] n. m. (it. *sacco*). *Mettre à sac,* piller, dévaster : *Mettre à sac une ville.*

saccade [sakad] n. f. (de l'anc. fr. *saquer,* tirer). Mouvement brusque et irrégulier : *Le moteur fonctionnait mal et la voiture avançait par saccades* (syn. À-COUP, SECOUSSE).

saccadé, e [sakade] adj. Qui va par saccades : *Une démarche saccadée. Des gestes saccadés* (syn. HEURTÉ). *Une voix saccadée. Style saccadé* (= aux phrases courtes, hachées).

saccage [sakaʒ] n. m. Action de saccager : *Les cambrioleurs ont fait un saccage dans l'appartement.*

saccager [sakaʒe] v. t. (it. *saccheggiare,* piller) [c. 2]. 1. *Saccager un pays,* le livrer au pillage, le mettre à sac : *Les ennemis ont saccagé la ville* (syn. PILLER, RAVAGER). — 2. *Saccager un lieu, qqch,* le mettre en désordre : *Les enfants ont tout saccagé dans le jardin* (syn. DÉVASTER, ↓BOULEVERSER).

saccageur, euse [sakaʒœr] n. Qui saccage.

saccharine [sakarin] n. f. (lat. *saccharum,* sucre). Substance chimique blanche donnant une saveur sucrée, utilisée comme succédané du sucre.

sacerdoce [sasɛrdɔs] n. m. (lat. *sacerdos,* prêtre). Dignité et fonction du prêtre, des ministres d'une religion : *La vocation du sacerdoce* (syn. PRÊTRISE).

sacerdotal, e, aux [sasɛrdɔtal] adj. Relatif aux prêtres, au sacerdoce : *Fonctions sacerdotales. Ornements sacerdotaux.*

sachet [saʃɛ] n. m. Petit sac : *Un sachet de bonbons. Elle met des sachets de lavande dans ses armoires.*

sacoche [sakɔʃ] n. f. (it. *saccoccia*). 1. Sac de cuir retenu par une courroie et qui se porte au côté ou en bandoulière : *Sacoche d'encaisseur.* — 2. Sac destiné à contenir des outils : *Sacoche de motocyclette.*

sacquer ou **saquer** [sake] v. t. (de *sac*). Pop. *Sacquer qqn,* lui donner son congé avec brutalité; le refuser à un examen, lui donner de mauvaises notes : *Sacquer un employé* (syn. RENVOYER). *Sacquer un élève.*

sacralisation [sakralizasjɔ̃] n. f. Action de sacraliser : *La sacralisation de la Constitution.*

sacraliser [sakralize] v. t. *Sacraliser qqn, qqch,* leur attribuer un caractère sacré.

sacramentel, elle [sakramɑ̃tɛl] adj. Qui concerne un sacrement : *Paroles, formules sacramentelles.*

sacre [sakr] n. m. Cérémonie religieuse au cours de laquelle on consacre un évêque, un souverain : *Le sacre des rois de France se faisait dans la cathédrale de Reims.*

sacré, e [sakre] adj. 1. (après le n.) Qui appartient à la religion, qui concerne le culte : *Les lieux sacrés* (contr. PROFANE). *Art sacré. Musique sacrée* (syn. RELIGIEUX). *Livres sacrés* (= l'Ancien et le Nouveau Testament, pour les chrétiens). — 2. (après le n.) Digne d'un respect absolu; qui ne doit pas être enfreint, violé : *Le caractère sacré de la personne humaine. Un secret est une chose sacrée* (syn. INVIOLABLE). *Un droit sacré.* — 3. (avant le n.) *Fam.* Renforce un terme injurieux : *Sacré menteur. Sacré farceur* (syn. MAUDIT); manifeste l'admiration ou la colère : *Elle a une sacrée chance, un sacré talent* (syn. EXTRAORDINAIRE). *Cette sacrée pluie nous a empêchés d'aller nous promener* (syn. fam. SATANÉ). ◆ ***sacré*** n. m. Ce qui est sacré : *Le mélange du sacré et du profane.*

sacrebleu! [sakrəblø] interj. Juron familier.

sacrement [sakrəmɑ̃] n. m. (lat. *sacramentum,* serment, obligation). Signe sacré institué par Jésus-Christ pour donner ou augmenter la grâce : *Dans la religion catholique, il y a sept sacrements : le baptême, la confirmation, l'eucharistie, la pénitence, l'extrême-onction, l'ordre et le mariage. Les derniers sacrements* (= l'extrême-onction, que reçoivent les catholiques en danger de mort). *Le saint sacrement* (= l'eucharistie).

sacrément [sakremɑ̃] adv. *Fam.* Extrêmement : *Elle est sacrément contente.*

sacrer [sakre] v. t. (lat. *sacrare,* de *sacer,* saint). 1. *Sacrer qqn,* lui conférer un caractère sacré par certaines cérémonies : *Sacrer un évêque. Napoléon se fit sacrer par le pape.* — 2. *Sacrer qqn* (+ *attribut*), le déclarer solennellement tel ou tel : *Elle a été sacrée la plus grande tragédienne de son époque.* ◆ v. i. Proférer des jurons : *Sacrer comme un charretier* (syn. BLASPHÉMER, JURER).

sacrifice [sakrifis] n. m. (lat. *sacrificium*). 1. Offrande faite à la divinité, avec certaines cérémonies : *Les païens faisaient des sacrifices aux dieux.* — 2. *Le saint sacrifice,* la messe. — 3. Renoncement volontaire ou forcé à qqch : *Faire le sacrifice de sa vie. Sacrifice d'argent, de temps. Avoir l'esprit de sacrifice* (syn. ABNÉGATION, DÉSINTÉRESSEMENT, RÉSIGNATION). — 4. (pl.) Privations, dépenses qu'on s'impose : *Faire de grands sacrifices pour ses enfants.*

sacrifié, e [sakrifje] adj. Qui est à très bas prix : *Des marchandises vendues à des prix sacrifiés* (= à très bas prix).

sacrifier [sakrifje] v. t. 1. *Sacrifier qqn,* l'offrir comme victime d'un sacrifice : *Abraham consentit à sacrifier son fils à Dieu.* — 2. *Sacrifier qqn, qqch à qqch, à qqn,* les abandonner, les négliger volontairement au profit de qqn, qqch qu'on fait passer avant : *Sacrifier ses amis à ses intérêts. Elle a tout sacrifié à sa famille. Sacrifier sa fortune, sa carrière à l'intérêt public. Cette architecte sacrifie l'élégance à la solidité. Sacrifier ses loisirs à l'entretien de sa maison.* — 3. *Sacrifier qqn, sa vie (pour qqch),* le faire ou le laisser mourir pour la réalisation d'un dessein, d'un intérêt : *Sacrifier des troupes pour sauver une situation.* — 4. *Sacrifier qqch,* y renoncer, s'en défaire avec peine : *Sacrifier une bonne bouteille de vin.* — 5. *Sacrifier un rôle, un personnage,* le réduire à un rôle mineur dans une pièce de théâtre, un film. — 6. *Sacrifier des marchandises,* les vendre à très bas prix. ◆ v. t. ind. *Sacrifier à la mode, aux préjugés, aux goûts du jour,* s'y conformer par faiblesse ou par complaisance excessives. ◆ ***se sacrifier*** v. pr. *Se sacrifier pour qqn, qqch,* faire le sacrifice de sa vie, de ses intérêts pour eux : *Elle s'est sacrifiée pour élever ses enfants. Se sacrifier pour la patrie.*

sacrilège [sakrilɛʒ] n. m. (lat. *sacrilegium,* profanation). Acte impie ou criminel qui porte atteinte à qqch de sacré, de respectable : *Ce serait un sacrilège de retoucher ce tableau. C'est un sacrilège d'avoir démoli cette abbaye et d'en avoir revendu les pierres.* ◆ adj. Qui profane les choses sacrées, vénérables : *Acte, parole sacrilège.*

sacripant [sakripɑ̃] n. m. (de *Sacripante,* n. d'un personnage de la littérature it.). Garnement capable de toutes sortes de mauvais coups (syn. CHENAPAN, VAURIEN).

sacristain [sakristɛ̃] n. m. Celui qui est préposé à la garde d'une sacristie, à l'entretien d'une église.

sacristi → SAPRISTI.

sacristie [sakristi] n. f. (lat. *sacristia*). Partie annexe d'une église où sont déposés les objets du culte et où le clergé s'habille pour les cérémonies.

sacristine [sakristin] n. f. Religieuse qui, dans un couvent, a soin de la sacristie.

sacro-saint, e [sakrosɛ̃] adj. Qui est l'objet d'un respect quasi religieux, excessif (ironiq.) : *Avoir de sacro-saintes habitudes.*

sacrum [sakrɔm] n. m. (lat. [os] *sacrum,* [os] sacré). Partie inférieure de la colonne vertébrale.

sadique [sadik] adj. et n. (de *Sade,* n. pr.). Qui prend plaisir à faire souffrir.

sadisme [sadism] n. m. Goût pervers de faire souffrir les autres.

sadomasochisme [sadɔmazɔʃism] n. m. Goût pervers de faire souffrir les autres et de tirer jouissance de sa propre souffrance.

sadomasochiste [sadɔmazɔʃist] adj. et n. Qui relève du sadomasochisme.

safari [safari] n. m. (mot africain signif. *bon voyage*). Expédition en Afrique noire en vue de chasser des animaux sauvages.

safari-photo [safarifoto] n. m. (pl. *safaris-photos*). Expédition organisée pour photographier ou filmer des animaux sauvages en liberté dans des réserves.

safran [safrɑ̃] n. m. (mot ar.). Plante cultivée pour ses fleurs, qui fournissent une teinture jaune et servent à l'assaisonnement.

saga [saga] n. f. (mot scand.). **1.** Nom des anciens récits et légendes scandinaves. — **2.** Toute histoire quasi légendaire d'une famille, d'un groupe humain.

sagace [sagas] adj. (lat. *sagax,* qui a l'odorat subtil). Doué de sagacité : *Une personne fort sagace* (syn. FIN, PERSPICACE, SUBTIL).

sagacité [sagasite] n. f. Pénétration et finesse d'esprit qui fait découvrir et comprendre les choses les plus difficiles : *Il a fallu beaucoup de sagacité pour deviner cette énigme* (syn. FINESSE, INTUITION, PERSPICACITÉ).

sagaie [sagɛ] n. f. (mot ar.). Arme de jet des peuples primitifs, formée d'une tige terminée par une pointe.

sage [saʒ] adj. (après le n.) et n. (bas lat. *sapius*). Réfléchi et modéré dans sa conduite : *Agir en personne sage* (syn. AVISÉ; contr. ÉTOURDI, ↑INSENSÉ). *Vous avez été sage de ne pas vous aventurer dans cette affaire* (syn. CIRCONSPECT, RAISONNABLE; contr. IMPRUDENT). *Le sage sait rester maître de lui-même.* ◆ adj. (avant ou, plus souvent, après le n.) **1.** Doux et obéissant : *Une petite fille sage* (syn. DOCILE; contr. DÉSOBÉISSANT, ↑INSUPPORTABLE). *Sage comme une image* (= extrêmement calme). — **2.** Qui se conduit avec pudeur et chasteté : *Un jeune homme sage* (contr. DÉBAUCHÉ, DÉVERGONDÉ). — **3.** Conforme aux règles de la raison et de la morale : *Un sage conseil* (syn. JUDICIEUX, SENSÉ). *Une sage réponse. Une conduite sage* (contr. DÉRÉGLÉ).

sage-femme [saʒfam] n. f. (pl. *sages-femmes*). Femme dont la profession est de faire des accouchements.

sagement [saʒmɑ̃] adv. Avec sagesse : *Agir, parler, vivre sagement* (syn. RAISONNABLEMENT).

sagesse [saʒɛs] n. f. Conduite réfléchie et modérée : *Elle a trop de sagesse pour accepter des fonctions au-dessus de ses capacités* (syn. CIRCONSPECTION, DISCERNEMENT, PRUDENCE). *La sagesse est d'attendre le moment favorable* (syn. BON SENS). *Un enfant d'une sagesse exemplaire* (syn. DOCILITÉ, OBÉISSANCE). *La sagesse d'un conseil.*

Sagittaire [saʒitɛr] n. m. (lat. *sagitta,* flèche). Neuvième signe du zodiaque qui correspond à la période du 22 novembre au 22 décembre.

sagouin [sagwɛ̃] n. m. (esp. *sagoy*). *Fam.* Homme malpropre, grossier.

saharienne [saarjɛn] n. f. Veste de toile très légère.

saignant, e [sɛɲɑ̃] adj. **1.** Qui dégoutte de sang : *Une blessure saignante.* — **2.** *Viande saignante,* peu cuite (syn. ↑BLEU).

saignée [sɛɲe] n. f. **1.** Acte médical qui a pour objet de faire couler une certaine quantité de sang : *Ordonner, pratiquer une saignée.* — **2.** Pli formé par le bras et l'avant-bras : *Recevoir un coup sur la saignée.* — **3.** Somme d'argent, dépenses qui épuisent les ressources de qqn : *Le paiement de ses impôts a été pour elle une saignée.* — **4.** Pertes humaines importantes subies au cours d'une guerre.

saignement [sɛɲmɑ̃] n. m. *Saignement de nez,* écoulement de sang par le nez.

saigner [sɛɲe] v. i. (lat. *sanguinare,* de *sanguis,* sang) [sujet être animé] Perdre du sang : *Saigner du nez. Saigner comme un bœuf* (fam.; = en abondance). ◆ v. t. **1.** *Saigner qqn,* lui tirer du sang en lui ouvrant une veine : *Saigner une personne au bras;* fam., le tuer à l'arme blanche. — **2.** *Saigner un animal,* le tuer en le vidant de son sang. — **3.** *Saigner qqn,* exiger de lui une somme considérable : *Saigner les contribuables.* ◆ ***se saigner*** v. pr. *Se saigner (aux quatre veines),* s'imposer de lourdes dépenses.

saillant, e [sajɑ̃] adj. **1.** Qui saille, est en relief : *Les parties saillantes d'un meuble. Avoir des pommettes saillantes.* — **2.** Qui ressort sur le reste, qui attire l'attention : *Raconter les faits les plus saillants d'une journée* (syn. MARQUANT). *Cet ouvrage est bien écrit, mais on n'y trouve rien de saillant* (syn. FRAPPANT, REMARQUABLE).

1. saillie [saji] n. f. Partie qui est en relief sur une surface, qui avance : *Un auvent forme saillie, est en saillie.*

2. saillie [saji] n. f. Fait de s'accoupler avec une femelle : *La saillie d'une vache par un taureau* (syn. ACCOUPLEMENT).

1. saillir [sajir] v. i. (lat. *salire,* sauter) [c. 33; seulem. à l'inf. et aux 3e pers.] (sujet qqch) S'avancer en dehors, dépasser l'alignement; être en relief : *Une façade dont le balcon saillait* (syn. DÉBORDER). *Faire saillir ses muscles.*

2. saillir [sajir] v. t. (lat. *salire,* couvrir une femelle) [c. sur *finir*] (sujet un animal) S'accoupler avec une femelle : *Étalon qui saillit une jument* (syn. COUVRIR).

sain, e [sɛ̃] adj. (lat. *sanus*). **1.** Dont l'organisme est bien constitué, qui ne présente pas de maladie : *Un enfant sain* (contr. MALADE). *Une race de chiens robuste et saine.* ‖ *Sain et sauf,* en bon état physique après un danger : *Elle est sortie saine et sauve de son accident* (syn. INDEMNE). — **2.** En bon état, qui n'est pas gâté : *Des dents saines. Des pommes saines* (contr. POURRI). *Une situation économique saine.* — **3.** Qui contribue à la santé : *Air, climat sain* (syn. SALUBRE). *Nourriture saine.* — **4.** Conforme à l'équilibre intellectuel, à la morale : *Jugement sain* (contr. DÉSÉQUILIBRÉ, DÉTRAQUÉ). *Personne saine de corps et d'esprit. De saines lectures.*

saindoux [sɛ̃du] n. m. (du lat. *sagina,* graisse, et *doux*). Graisse de porc fondue.

sainement [sɛnmɑ̃] adv. **1.** De façon saine : *Ils ne sont pas logés sainement, le soleil ne donne jamais dans leur appartement.* — **2.** *Penser, juger sainement,* selon la raison (syn. JUDICIEUSEMENT, RAISONNABLEMENT).

sainfoin [sɛ̃fwɛ̃] n. m. (*sain* et *foin*). Plante vivace fournissant un excellent fourrage.

saint, e [sɛ̃] adj. et n. (lat. *sanctus*). **1.** Qui, par ses mérites et ses vertus, est reconnu, après sa mort, par l'Église catholique comme digne d'un culte public : *La Sainte Vierge. Les litanies des saints.* — **2.** Personne d'une piété, d'une bonté, d'une vie exemplaire : *Une sainte femme. Cet homme est un saint.* — **3.** Représentation, statue d'un saint : *Un saint de bois, de pierre.* — **4.** *Il vaut mieux avoir affaire à Dieu qu'à ses saints,* il vaut mieux s'adresser directement au patron qu'aux subalternes. ‖ *La communion des saints,* l'union spirituelle qui existe entre tous les membres de l'Église, vivants et morts. ‖ *Le saint des saints,* la partie du temple de Jérusalem où se trouvait l'arche d'alliance; l'endroit le plus secret dans une demeure; réunion de gens importants d'une organisation, qui se tient à huis clos. || *Ne plus savoir à quel saint se vouer,* ne plus savoir quel moyen employer pour se tirer d'affaire, être désemparé. || *Saints de glace,* nom donné à saint Mamert, saint Pancrace et saint Servais, dont les fêtes, au mois de mai, sont souvent accompagnées de froid. ◆ adj. **1.** Dédié, consacré à Dieu; qui appartient à la religion; qui sert à un usage sacré : *Un lieu saint. Les livres saints. L'Écriture sainte. La sainte Croix. Les Lieux saints, la Terre sainte* (= la Palestine). *Ville sainte* (= ville sacrée pour les croyants). — **2.** Fam. *Toute la sainte journée,* la journée tout entière. (→ SANCTIFIER.)

saint-bernard [sɛ̃bɛrnar] n. m. inv. (du n. du col du *Grand-Saint-Bernard*). Chien de montagne de forte taille, à poil long et doux.

saint-cyrien, enne [sɛ̃sirjɛ̃] n. m. (pl. *saint-cyriens*). Élève officier de l'École spéciale militaire de Saint-Cyr, transférée en 1946 à Coëtquidan.

saintement [sɛ̃tmɑ̃] adv. De façon sainte : *Vivre, mourir saintement.*

sainte nitouche [sɛ̃tnituʃ] n. f. (de *saint* et *n'y touche pas*) [pl. *saintes nitouches*]. Personne qui cache ses défauts, ses fautes sous une apparence de sagesse, de dévotion : *Prendre des airs de sainte nitouche* (syn. HYPOCRITE).

Saint-Esprit [sɛ̃tɛspri] n. m. Troisième personne de la Trinité selon les chrétiens.

sainteté [sɛ̃təte] n. f. Qualité de ce qui est saint, de celui qui est saint : *Cette personne a donné des preuves de sa sainteté. La sainteté d'un lieu, d'un mariage.* || *Sa Sainteté,* titre d'honneur et de respect donné au pape.

saint-glinglin (à la) [sɛ̃glɛ̃glɛ̃] adv. (orig. obscure). *Fam.* En un temps ou jusqu'à un moment très éloigné et imprécis (ironiq.) : *Il te paiera à la saint-glinglin* (= il ne te paiera jamais).

saint-honoré [sɛ̃tɔnɔre] n. m. inv. (de la rue *Saint-Honoré,* à Paris). Gâteau garni de crème et de petits choux glacés au sucre.

saint-père [sɛ̃pɛr] n. m. (pl. *saints-pères*). Nom par lequel on désigne le pape.

Saint-Siège [sɛ̃sjɛʒ] n. m. Gouvernement du pape; lieu où il se trouve : *Une décision du Saint-Siège.*

saisie [sɛzi] n. f. Mesure par laquelle la justice ou une autorité administrative (douanes, contributions indirectes) retire à qqn l'usage ou la possibilité de disposer d'un bien dont il est propriétaire ou détenteur : *Procéder à une saisie de marchandises de contrebande. La saisie d'un journal* (= l'interdiction de sa diffusion).

saisir [sɛzir] v. t. (bas lat. *sacire,* prendre possession, d'origine francique). **1.** (sujet qqn) *Saisir qqch,* le prendre avec la main d'un mouvement précis et avec rapidité : *Saisir une barre de fer pour se défendre* (syn. ATTRAPER). *Elle fit un faux pas et saisit la rampe pour ne pas tomber* (syn. AGRIPPER, S'ACCROCHER À). — **2.** *Saisir qqn* ou *qqch,* le prendre de vive force et soudainement pour l'immobiliser, l'arrêter dans son mouvement ou sa trajectoire : *Il se jeta sur moi et me saisit aux épaules. Saisir un adversaire à la gorge* (syn. EMPOIGNER). *Saisir une balle au bond* (syn. INTERCEPTER). — **3.** *Saisir qqch (concret),* le prendre de façon à pouvoir le tenir, le porter : *Le manche de ce marteau est trop gros, on ne peut pas le saisir facilement. Saisir une tasse par l'anse.* — **4.** *Saisir qqch (abstrait),* le mettre à profit : *Saisir une occasion. Saisir un prétexte pour ne pas exécuter un travail* (syn. ALLÉGUER, METTRE EN AVANT). — **5.** *Saisir qqch (abstrait),* le percevoir par les sens, par l'esprit, par l'intuition ou par le raisonnement : *Elle avait saisi d'un seul coup d'œil tout ce que représentait le tableau* (syn. EMBRASSER). *Je n'entendais pas bien et ne saisissais qu'une partie de la conversation. Vous n'avez pas bien saisi les explications qu'elle a données* (syn. COMPRENDRE). *Avez-vous bien saisi son intention?* (syn. DISCERNER, PÉNÉTRER). *Saisissez-vous bien ce qu'on vous demande de faire?* (syn. CONCEVOIR, RÉALISER); sans compl. : *Tu saisis?* (= je me suis bien fait comprendre?, est-ce assez clair?) — **6.** (sujet qqch) *Saisir qqn,* faire une impression vive et forte sur ses sens, sur son esprit : *Le froid l'a saisi au sortir de l'eau. Être saisi de joie* (syn. ÊTRE TRANSPORTÉ). — **7.** *Être, rester saisi,* être ému, frappé subitement d'étonnement, de douleur : *Quand on lui apprit la mort de sa fille, elle fut tellement saisie qu'elle en perdit connaissance.* — **8.** *Saisir un aliment,* l'exposer à un feu vif au début de la cuisson : *Saisir une viande.* — **9.** Opérer une saisie : *Saisir les meubles d'une personne.* — **10.** *Saisir qqn,* faire la saisie de ses biens. — **11.** Charger l'autorité compétente d'examiner et de juger une affaire : *Saisir un tribunal d'une affaire.* ◆ ***se saisir*** v. pr. **1.** *Se saisir de qqch,* s'en emparer vivement : *Se saisir d'une arme pour se défendre.* — **2.** *Se saisir de qqn,* s'en rendre maître par la force : *Les agents se sont saisis des voleurs.*

saisissant, e [sɛzisɑ̃] adj. **1.** Qui surprend tout d'un coup : *Un froid saisissant.* — **2.** Qui frappe l'esprit, la sensibilité, qui émeut vivement : *Un spectacle, un récit saisissant.*

saisissement [sɛzismɑ̃] n. m. **1.** Sensation physique subite et violente qui affecte tout l'organisme : *En sortant du bain, elle a éprouvé un saisissement qui l'a rendue malade.* — **2.** Émotion vive et soudaine : *Être muet de saisissement.*

saison [sɛzɔ̃] n. f. (lat. *satio, -onis*). **1.** Chacune des quatre divisions de l'année : *Les saisons sont le printemps, l'été, l'automne et l'hiver. Le retour des saisons.* — **2.** Moment de l'année où dominent certains états de l'atmosphère, où on a coutume de faire certains travaux agricoles, etc. : *La saison des cerises, des semailles. La saison des pluies. La belle saison* (= la fin du printemps et l'été). *La mauvaise saison* (= la fin de l'automne et l'hiver). — **3.** Époque de l'année caractérisée par telle ou telle activité : *La saison des vacances, des prix littéraires. La saison théâtrale. La saison des amours* (= époque de l'année où les animaux s'accouplent). — **4.** Durée d'un séjour dans une station thermale : *Faire une saison à Vittel, à Vichy.* — **5.** Époque de l'année pendant laquelle affluent les vacanciers : *La saison a été bonne pour les hôteliers.* — **6.** *Être de saison,* être opportun : *Vos conseils ne sont pas de saison.* || *Être hors de saison,* être inopportun.

1. saisonnier, ère [sɛzɔnje] adj. **1.** Propre à une saison : *Des produits saisonniers. Des maladies saisonnières.* — **2.** Qui ne dure qu'une saison : *Un travail saisonnier.*

2. saisonnier [sɛzɔnje] n. m. Ouvrier qui loue ses services pour des travaux saisonniers (moisson, vendanges, récolte de fruits, etc.).

saké [sake] n. m. (mot jap.). Boisson japonaise alcoolisée obtenue par la fermentation artificielle du riz.

salace [salas] adj. (lat. *salax*). *Litt.* Porté aux plaisirs sexuels (syn. LUBRIQUE).

salade [salad] n. f. (prov. *salada,* mets salé). **1.** Mets composé de certaines herbes potagères crues ou de certains légumes, viandes ou poissons bouillis, assaisonnés avec du sel, du poivre, de l'huile, du vinaigre, divers condiments : *Une salade de laitue, de pommes de terre, de tomates, de concombres. Salade russe* (= légumes coupés en petits morceaux et assaisonnés de mayonnaise). — **2.** Plante potagère avec laquelle on fait la salade (laitue, scarole, etc.) : *Cueillir une salade.* — **3.** *Salade de fruits,* mélange de divers fruits coupés accommodés avec du sucre. — **4.** *Fam.* Propos confus ou mensongers : *Cessez de nous débiter vos salades.*

saladier [saladje] n. m. Récipient dans lequel on assaisonne et on présente la salade.

salage [salaʒ] n. m. Action de saler : *Le salage d'un jambon. Le salage des routes.*

salaire [salɛr] n. m. (lat. *salarium,* argent pour acheter le sel). Somme d'argent versée régulièrement par un employeur à un ouvrier, un employé : *Obtenir une augmentation de salaire. Relever le niveau des salaires. Un salaire de misère, de famine* (= très bas). ‖ *Éventail des salaires,* état comparatif des salaires versés aux travailleurs d'un établissement, d'une entreprise ou d'une branche industrielle et allant du plus bas au plus élevé. ‖ *Salaire minimum interprofessionnel de croissance* (S. M. I. C.), au-dessous duquel la loi interdit de rémunérer un travailleur.

salaison [salɛzɔ̃] n. f. Action de saler des denrées alimentaires pour les conserver : *La salaison du beurre, du porc frais.* ◆ ***salaisons*** n. f. pl. Denrées alimentaires qui ont été salées pour être conservées : *Manger des salaisons.*

salamalecs [salamalɛk] n. m. pl. (ar. *salām ʿalayk,* paix sur toi [formule de politesse]). *Fam.* Politesses exagérées.

salamandre [salamɑ̃dr] n. f. (lat. *salamandra*). Petit animal ayant la forme et la taille d'un lézard, et dont la peau noire à taches jaunes sécrète une substance visqueuse toxique.

salami [salami] n. m. (pl. de l'it. *salame,* chose salée). Gros saucisson sec italien fait de viande de porc et parfois de bœuf.

salangane [salɑ̃gan] n. f. (malais *sarang,* nid). Oiseau de Chine et de l'ouest du Pacifique : *Les nids de salanganes, faits de salive et d'algues, sont consommés sous le nom de «nids d'hirondelles».*

salant [salɑ̃] adj. m. *Marais salant* → MARAIS.

salarial, e, aux [salarjal] adj. *Masse salariale,* somme des rémunérations, directes et indirectes, perçues par l'ensemble des travailleurs salariés d'une entreprise.

salariat [salarja] n. m. 1. État, condition de salarié. — 2. Ensemble des salariés (contr. PATRONAT).

salarié, e [salarje] adj. et n. Qui reçoit un salaire : *Un travailleur salarié. Une simple salariée* (syn. EMPLOYÉ, OUVRIER).

salaud [salo] n. m. (de *sale*). *Pop.* Personne méprisable, qui agit de manière déloyale (syn. SALIGAUD, SALOPARD).

sale [sal] adj. (frq. *salo,* trouble). 1. (après le n.) Couvert de crasse, de poussière, de taches : *Avoir la figure sale* (syn. MALPROPRE), *les mains sales* (syn. CRASSEUX, POISSEUX). *Rentrer de promenade avec des chaussures sales* (syn. POUSSIÉREUX, BOUEUX, CROTTÉ). *De la vaisselle, du linge sale. Dans ce quartier, les rues sont toujours sales* (syn. DÉGOÛTANT). — 2. Qui exécute de façon malpropre ce qu'il fait : *Ce que tu peux être sale dans ton travail* (contr. SOIGNEUX). — 3. Se dit d'une couleur qui manque de fraîcheur, de netteté : *Des murs d'un blanc sale.* — 4. Qui blesse la pudeur : *Raconter des histoires sales* (syn. ↑OBSCÈNE, ↑ORDURIER). — 5. (avant le n.; épithète) *Fam.* Se dit de qqn digne de mépris : *Avoir affaire à un sale individu. Quel sale type!* (syn. ↑IGNOBLE). — 6. (avant le n.; épithète) Se dit d'un enfant insupportable ou mal élevé, d'un animal désagréable ou qu'on juge malfaisant : *Quelle sale gosse, elle ne fait que des bêtises! Oh, la sale bête, elle m'a piqué.* — 7. (avant le n.; épithète) Qui cause des désagréments : *Il fait un sale temps* (syn. VILAIN). *Elle s'est laissé embarquer dans une sale affaire. Jouer un sale tour à quelqu'un* (syn. ↓MAUVAIS). — 8. Pop. *Avoir une sale tête, gueule,* avoir l'air antipathique; avoir l'air très malade. ‖ Pop. *Ce n'est pas sale,* c'est très beau. ‖ Pop. *Faire une sale tête, gueule,* avoir l'air très ennuyé, contrit.

1. salé, e [sale] adj. 1. Imprégné de sel : *Beurre salé.* — 2. Très libre, licencieux : *Plaisanteries salées* (syn. GRIVOIS, POIVRÉ, GROSSIER). — 3. *Fam.* Dont le prix, le montant est excessif : *Une note de restaurant assez salée.* ◆ ***salé*** adv. Avec du sel : *Manger salé.*

2. salé [sale] n. m. Chair du porc salée : *Un morceau de salé. Petit salé* (= viande de porc nouvellement salée).

salement [salmɑ̃] adv. 1. De façon sale, malpropre : *Manger salement* (syn. MALPROPREMENT). — 2. *Pop.* Beaucoup, très : *Être salement embêté.*

saler [sale] v. t. (du lat. *sal,* sel). 1. *Saler un mets,* l'assaisonner avec du sel. — 2. *Saler une denrée* (*viande, poisson,* etc.), l'imprégner de sel pour la conserver : *Saler du porc, des harengs, des sardines.* — 3. *Saler la chaussée,* y répandre du sel pour faire fondre la neige ou le verglas.

saleté [salte] n. f. 1. État de qqn, de qqch, d'un lieu sale : *Cette personne est d'une saleté repoussante. La saleté d'une maison* (syn. MALPROPRETÉ). *Se plaire à vivre dans la saleté* (syn. CRASSE). — 2. Matière sale, malpropre : *Avoir une saleté dans l'œil. Le chat a fait ses saletés dans le salon* (syn. EXCRÉMENTS, ORDURES). — 3. Propos, acte obscène : *Dire des saletés* (syn. OBSCÉNITÉ). *Allez faire vos saletés ailleurs.* — 4. *Fam.* Action vile, indélicate : *Faire une saleté à quelqu'un.* — 5. *Fam.* Chose mauvaise ou sans valeur : *Arrête de manger ces saletés. Ne vendre que des saletés.*

salière [saljɛr] n. f. Pièce de vaisselle qui sert à mettre le sel sur la table.

saligaud [saligo] n. m. (de l'all. *salik,* sale). *Pop.* Syn. de SALAUD.

salin, e [salɛ̃] adj. Qui contient du sel; propre au sel : *De l'eau saline. Un goût salin.*

saline [salin] n. f. Syn. de MARAIS SALANT.

salinité [salinite] n. f. Teneur en sel : *La salinité de l'eau de mer.*

salir [salir] v. t. 1. *Salir qqch,* le rendre sale, en altérer la netteté : *Prenez garde de salir le parquet* (syn. TACHER). *Salir ses vêtements* (syn. MACULER). — 2. *Salir qqn,* porter atteinte à son honneur, à sa réputation, en répandant sur lui des propos calomnieux : *Ses ennemis politiques ont cherché à le salir* (syn. CALOMNIER, DIFFAMER). ◆ ***se salir*** v. pr. 1. (sujet qqn, qqch) Devenir sale : *Elle s'est salie en tombant. Les étoffes blanches se salissent facilement.* — 2. (sujet qqn) Faire qqch de nuisible à sa réputation : *Se salir en trempant dans une affaire.*

salissant, e [salisɑ̃] adj. 1. Qui salit : *Un travail salissant.* — 2. Qui se salit facilement : *Une étoffe, une couleur salissante.*

salissure [salisyr] n. f. Ce qui rend une chose sale : *Meuble couvert de salissures.*

salivaire [salivɛr] adj. Relatif à la salive : *Sécrétion salivaire. Glandes salivaires* (= qui sécrètent la salive).

salivation [salivasjɔ̃] n. f. Action de saliver : *Salivation abondante.*

salive [saliv] n. f. (lat. *saliva*). 1. Liquide clair, un peu filant, produit par les glandes de la bouche et qui facilite la déglutition. — 2. *Avaler, ravaler sa salive,* se taire, faute de remarque pertinente. ‖ Fam. *Dépenser beaucoup de salive,* parler beaucoup.

saliver [salive] v. i. Sécréter de la salive.

salle [sal] n. f. (frq. *sal*). 1. Dans une maison, dans un appartement, pièce destinée à un usage particulier (indiqué par un compl. du n.) : *Salle à manger* (= pièce dans laquelle on prend les repas). *Salle de séjour* (ou *séjour* n. m.) [= pièce servant à la fois de salle à manger et de salon]. *Salle d'eau* (= petit cabinet de toilette comprenant une douche). — **2.** Dans un établissement public ou ouvert au public, local aménagé suivant sa destination : *Salle de classe. Salle de bal. Salle d'armes* (= lieu où les maîtres d'armes donnent leurs leçons d'escrime). *Salle commune d'un hôpital* (= où sont les lits de plusieurs malades). *Salle des ventes* (= lieu où se font les ventes judiciaires). *Salle des fêtes* (= local généralement communal réservé aux fêtes). *Salle d'attente d'une gare. Salle des pas perdus* (= hall qui précède l'ensemble des chambres d'un tribunal, l'accès aux quais d'une gare). — **3.** *Faire salle comble,* se dit d'une salle de spectacle dont toutes les places ont été vendues ou de la représentation qui permet à cette salle d'être remplie. ‖ *Salle (de spectacle),* théâtre, cinéma, music-hall; public qui remplit une salle de spectacle : *Une salle enthousiaste, houleuse.*

salmigondis [salmigɔ̃di] n. m. (de *sel* et anc. fr. *condir,* assaisonner). Assemblage confus et disparate de choses ou de personnes : *Ce roman est un salmigondis où de bons passages sont mêlés à d'autres absolument dépourvus d'intérêt.*

salmis [salmi] n. m. (de *salmigondis*). Ragoût fait de pièces de gibier ou de volaille déjà rôties : *Un salmis de perdrix.*

saloir [salwar] n. m. Coffre ou pot où on conserve les salaisons.

salon [salɔ̃] n. m. (it. *salone,* de *sala,* salle). **1.** Dans un appartement, dans une maison, pièce destinée à recevoir les visiteurs : *Salon richement meublé.* — **2.** Ensemble du mobilier de cette pièce : *Salon Louis XVI.* — **3.** Société mondaine : *Fréquenter les salons.* — **4.** *Faire salon,* se réunir pour converser. — **5.** *Salon de coiffure,* établissement commercial où on coiffe les clients. ‖ *Salon de thé,* pâtisserie où on sert du thé, des gâteaux, des jus de fruits, etc. — **6.** (avec majusc.) Exposition annuelle d'œuvres d'artistes vivants : *Le Salon d'automne. Le Salon des indépendants.* — **7.** (avec majusc.) Exposition annuelle de diverses industries où sont présentés des objets de toutes sortes : *Le Salon de l'automobile, des arts ménagers, de la machine agricole.*

salonnard, e [salɔnar] n. *Fam.* et *péjor.* Qui fréquente les salons, la société mondaine.

saloon [salun] n. m. (mot amér.). Bar du Far-West américain.

salopard [salɔpar] n. m. *Pop.* Syn. de SALAUD.

salope [salɔp] n. f. *Pop.* Syn. fém. de SALAUD.

saloper [salɔpe] v. t. Pop. *Saloper un travail,* le faire très mal.

saloperie [salɔpri] n. f. *Pop.* **1.** Grande malpropreté : *Une maison d'une saloperie repoussante* (syn. SALETÉ). — **2.** Chose de très mauvaise qualité : *Un magasin où on ne vend que de la saloperie.* — **3.** Propos orduriers : *Dire des saloperies.* — **4.** Action dégradante : *Faire une saloperie à quelqu'un* (syn. pop. VACHERIE).

salopette [salɔpɛt] n. f. (de *sale*). Vêtement constitué par un pantalon prolongé sur le devant de la poitrine par un tablier soutenu par des bretelles.

salpêtre [salpɛtr] n. m. (lat. *sal,* sel, et *petrae,* de pierre). Matière pulvérulente qui se forme sur les murs humides, les plâtres.

salsifis [salsifi] n. m. (it. *salsifica*). Plante potagère cultivée pour sa racine charnue légèrement sucrée.

saltimbanque [saltɛ̃bɑ̃k] n. m. (it. *saltimbanco,* qui saute sur le tremplin). Personne qui fait des tours d'adresse sur les places publiques, dans les foires; comédien ambulant ou artiste de cirque.

salubre [salybr] adj. (lat. *salubris,* de *salus,* santé). Favorable à la santé du corps : *Un climat, un appartement salubre* (syn. SAIN).

salubrité [salybrite] n. f. Caractère salubre : *La salubrité de l'air marin. Mesures de salubrité* (= édictées par l'Administration en matière d'hygiène).

saluer [salɥe] v. t. (lat. *salutare,* souhaiter la santé). **1.** *Saluer qqn,* lui donner une marque extérieure de politesse, d'honneur, de respect : *Saluer un ami de la main. Saluer une personnalité à son arrivée.* — **2.** *Saluer qqn, qqch,* les honorer du salut militaire ou d'une marque de respect prévue par un règlement, un usage : *Tout militaire doit saluer un supérieur. Saluer le drapeau.* — **3.** *Saluer qqn de, par une action,* l'accueillir par des marques d'approbation ou d'hostilité : *Son arrivée fut saluée par un tonnerre d'applaudissements. L'équipe de football fut saluée par des sifflets.* — **4.** *Saluer qqn comme (+ attribut), saluer en qqn qqch,* le proclamer, le reconnaître en tant que : *Il a été salué comme le précurseur de l'impressionnisme* (syn. HONORER). *On a salué en lui le père de la patrie.* — **5.** *Saluer qqch (action, événement),* l'accueillir favorablement, l'approuver, l'acclamer : *Saluer une découverte scientifique.* ◆ ***se saluer*** v. pr. Se donner réciproquement des marques de politesse : *Elles ne se saluent plus depuis longtemps.*

salure [salyr] n. f. Teneur en sel.

1. salut [saly] n. m. **1.** Action de saluer : *Répondre au salut de quelqu'un. Salut militaire* (= acte réglementaire par lequel un militaire exprime son respect au drapeau, à un supérieur, etc.). — **2.** *Salut!,* formule fam. dont on se sert en abordant qqn, un groupe, ou en les quittant : *Salut les copains!; fam.* Au revoir!, à d'autres! (ironiq.) : *Si vous n'avez que cela à me dire, salut! adressez-vous ailleurs.* — **3.** *Salut (du saint sacrement),* office de la religion catholique, de courte durée, qui se termine par une bénédiction du prêtre.

2. salut [saly] n. m. (lat. *salus, -utis,* santé). **1.** Fait d'échapper à un danger, à un malheur, à la mort : *Elle ne dut son salut qu'à la fuite. Il y va de votre salut. Le salut d'un État.* — **2.** Bonheur éternel qui résulte du fait d'être sauvé de l'état de péché (relig.) : *Le salut des âmes.* — **3.** *Armée du Salut,* organisation religieuse protestante destinée à la propagande religieuse et à l'action charitable. ‖ *De salut public,* se dit de mesures, d'un gouvernement propres à assurer la sauvegarde d'une société, d'un peuple dans des circonstances exceptionnellement graves.

salutaire [salytɛr] adj. (lat. *salutaris*). Propre à conserver ou à rétablir la santé physique ou morale : *Remède salutaire. Avis, conseil salutaire* (syn. UTILE). *Lecture salutaire* (syn. BIENFAISANT, PROFITABLE).

salutation [salytasjɔ̃] n. f. **1.** Manière de saluer exagérée, obséquieuse (surtout pl.) : *Je l'ai rencontrée dans la rue et elle m'a fait de grandes salutations.* — **2.** Formule de politesse dont on se sert pour terminer une lettre (pl.) : *Recevez mes salutations distinguées.*

salutiste [salytist] n. Membre de l'Armée du Salut.

salvadorien, enne [salvadɔrjɛ̃] adj. et n. Du Salvador.

salvateur, trice [salvatœr] adj. *Litt.* Qui sauve : *Des mesures salvatrices.*

salve [salv] n. f. (lat. *salve,* salut). **1.** Décharge simultanée d'armes à feu au combat ou série de coups de feu en l'honneur de qqn, en signe de réjouissance : *Les assaillants furent accueillis par une salve bien nourrie. Une salve de vingt coups de canon.* — **2.** *Salve d'applaudissements,* applaudissements d'une assemblée nombreuse éclatant tous en même temps.

samba [sɑ̃mba] n. f. (mot portug.). Danse populaire

brésilienne, à deux temps, de rythme syncopé; air sur lequel elle se danse.

samedi [samdi] n. m. (lat. *sabbati dies,* jour du sabbat). Sixième jour de la semaine.

samouraï [samuraj] n. m. Membre de la classe des guerriers, dans l'organisation du Japon d'avant 1868.

samovar [samɔvar] n. m. Bouilloire à robinet, destinée à fournir l'eau chaude pour le thé, en Russie.

sampan ou **sampang** [sɑ̃pɑ̃] n. m. Embarcation d'Extrême-Orient, comportant au milieu un dôme en bambou pour abriter les passagers.

sanatorium ou, fam., **sana** [sana(tɔrjɔm)] n. m. (mot angl.; du lat. *sanare,* guérir). Établissement de cure où on soigne les malades atteints de tuberculose.

sanctification [sɑ̃ktifikasjɔ̃] n. f. Action de sanctifier; fait d'être sanctifié : *La sanctification des âmes.*

sanctifier [sɑ̃ktifje] v. t. (lat. *sanctus,* saint, et *facere,* faire). **1.** *Sanctifier qqn,* le rendre saint, favoriser son salut : *La grâce nous sanctifie.* — **2.** *Sanctifier qqch,* le rendre conforme à la loi divine : *Sanctifier sa vie.* — **3.** *Sanctifier une journée, une cérémonie,* la célébrer selon les rites religieux.

sanction [sɑ̃ksjɔ̃] n. f. (lat. *sanctio,* de *sancire,* établir une loi). **1.** Acte par lequel une autorité rend définitive une disposition légale, un usage, lui confère une validité : *Mot qui a reçu la sanction de l'Académie* (syn. CONFIRMATION, RATIFICATION). — **2.** Conséquence naturelle d'un acte : *L'échec est la sanction de la paresse.* — **3.** Mesure répressive infligée par une autorité pour l'inexécution d'un ordre, l'inobservation d'un règlement : *Faute qui exige une sévère sanction* (syn. CHÂTIMENT). *Décider des sanctions économiques à l'encontre d'un pays* (syn. RÉTORSION), *des sanctions à l'égard d'un élève* (syn. PUNITION).

sanctionner [sɑ̃ksjɔne] v. t. **1.** Confirmer par une sanction : *Sanctionner une loi* (syn. ENTÉRINER). *Usage sanctionné par le temps* (syn. APPROUVER, RATIFIER). — **2.** Réprimer par une sanction, un châtiment : *Sanctionner une faute, un délit* (syn. PUNIR).

sanctuaire [sɑ̃ktɥɛr] n. m. (lat. *sanctuarium,* de *sanctus,* saint). **1.** Édifice consacré aux cérémonies d'une religion; lieu saint en général : *Lourdes est un sanctuaire.* — **2.** Lieu d'asile inviolable : *Cette île est un sanctuaire pour les oiseaux.*

sandale [sɑ̃dal] n. f. (lat. *sandalium;* mot gr.). Chaussure formée d'une simple semelle qui s'attache au pied par des cordons ou des lanières.

sandalette [sɑ̃dalɛt] n. f. Sandale à empeigne basse, maintenue par des lanières.

sandwich [sɑ̃dwitʃ] n. m. (de lord *Sandwich,* pour qui un cuisinier inventa ce mets) [pl. *sandwichs* ou *-ches*]. **1.** Mets composé de deux tranches de pain entre lesquelles on a mis de la viande, du fromage, etc. — **2.** *En sandwich,* étroitement serré entre des personnes.

sang [sɑ̃] n. m. (lat. *sanguis, -inis*). **1.** Liquide visqueux de couleur rouge qui circule, par les artères et les veines, dans les diverses parties du corps et qui entretient la vie : *Faire une prise de sang. Un donneur, une donneuse de sang. Faire une transfusion de sang à la suite d'une opération.* — **2.** Race, famille : *Une princesse de sang royal. Être du même sang.* — **3.** *Avoir le sang chaud,* être ardent, fougueux, irascible. ‖ Fam. *Avoir qqch dans le sang,* y être porté par une tendance profonde, innée, par un caractère héréditaire : *Avoir la passion du jeu dans le sang.* ‖ *Avoir du sang bleu,* être d'origine noble. ‖ *Avoir du sang sur les mains,* avoir commis un meurtre. ‖ *Avoir le sang qui monte à la tête,* être près de se mettre en colère. ‖ *Bon sang!,* juron marquant l'indignation. ‖ Fam. *Coup de sang,* hémorragie cérébrale; violente émotion. ‖ *Être en sang,* être couvert de sang. ‖ *Jusqu'au sang,* jusqu'à ce que le sang coule : *Fouetter, mordre, pincer jusqu'au sang.* ‖ *Mettre un pays à feu et à sang,* le ravager, y commettre toutes sortes de cruautés. ‖ Fam. *Se faire du mauvais sang, se faire un sang d'encre,* s'inquiéter. ‖ *Sentir son sang se glacer dans ses veines,* être pétrifié de frayeur. ‖ Fam. *Se ronger les sangs,* être très inquiet. ‖ Fam. *Suer sang et eau,* faire de grands efforts, se donner beaucoup de peine. ‖ Fam. *Tourner les sangs à qqn,* lui causer une grande peur. ‖ Fam. *(Tout) mon sang n'a fait qu'un tour,* j'ai été fortement et subitement bouleversé. ‖ *Verser le sang, faire couler le sang,* faire périr beaucoup de monde par cruauté.

sang-froid [sɑ̃frwa] n. m. inv. **1.** Attitude de qqn qui se domine; état de calme : *Garder, perdre tout son sang-froid dans le danger* (syn. MAÎTRISE DE SOI, IMPASSIBILITÉ). *Reprendre son sang-froid. Elle lui a répondu avec son sang-froid ordinaire* (syn. ASSURANCE, FLEGME). — **2.** *De sang-froid,* de façon délibérée, avec pleine conscience de ce qu'on fait.

sanglant, e [sɑ̃glɑ̃] adj. (lat. *sanguilentus*). **1.** Taché, couvert de sang : *Avoir les mains sanglantes* (syn. ENSANGLANTÉ). *Un mouchoir sanglant.* — **2.** Qui occasionne une grande effusion de sang : *Un combat sanglant* (syn. CRUEL, MEURTRIER). ‖ *Mort sanglante,* mort violente, avec effusion de sang. — **3.** Ressenti profondément : *Reproche, affront sanglant* (syn. OFFENSANT).

sangle [sɑ̃gl] n. f. (lat. *cingula,* de *cingere,* ceindre). **1.** Bande de cuir, de tissu, de jute, etc., large et plate, qui sert à serrer, à lier, à soutenir, à porter qqch : *La sangle d'une selle. Les sangles d'un fauteuil.* — **2.** *Lit de sangle,* composé de deux châssis croisés en X, sur lesquels sont tendues des sangles ou une toile.

sangler [sɑ̃gle] v. t. **1.** *Sangler un cheval,* le serrer avec une sangle pour maintenir une selle, un bât. — **2.** *Sangler qqn,* le serrer fortement à la taille : *Être sanglé dans un uniforme.*

sanglier [sɑ̃glije] n. m. (lat. *singularis* [*porcus*], [porc] solitaire). Porc sauvage, puissant et vigoureux, qui cause de grands ravages dans les champs : *La femelle du sanglier s'appelle la «laie» et ses petits sont les «marcassins».*

sanglot [sɑ̃glo] n. m. (lat. *singultus,* de *gluttire,* avaler). Contraction convulsive du diaphragme, suivie de l'émission brusque et bruyante de l'air contenu dans la poitrine, et qui accompagne les larmes : *Pousser des sanglots. Éclater en sanglots. Voix entrecoupée de sanglots.*

sangloter [sɑ̃glɔte] v. i. Pousser des sanglots : *Sa mère la gronda et elle se mit à sangloter* (syn. ↓PLEURER).

sang-mêlé [sɑ̃mɛle] n. inv. Personne issue du croisement de races différentes.

sangria [sɑ̃grija] n. f. (mot esp., de *sangre,* sang). Boisson faite de vin rouge sucré dans lequel on met des agrumes, des pêches, etc., et qu'on sert glacée.

sangsue [sɑ̃sy] n. f. (du lat. *sanguis,* sang, et *sugere,* sucer). Ver qui vit dans l'eau douce et dont le corps est terminé à chaque extrémité par une ventouse.

sanguin, e [sɑ̃gɛ̃] adj. Relatif au sang, à la circulation du sang : *Groupe sanguin. Les vaisseaux sanguins.*

sanguinaire [sɑ̃ginɛr] adj. Qui fait couler le sang : *Un être sanguinaire* (syn. CRUEL, FÉROCE). *Lutte sanguinaire* (= où il y a beaucoup de sang versé).

sanguine [sɑ̃gin] n. f. **1.** Crayon fait avec de l'ocre rouge; dessin exécuté avec ce crayon : *Portrait à la sanguine. Une sanguine de Watteau.* — **2.** Variété d'orange dont la pulpe est plus ou moins rouge.

sanguinolent, e [sɑ̃ginɔlɑ̃] adj. Se dit de matières mêlées de sang : *Crachats sanguinolents. Selles sanguinolentes.*

sanitaire [sanitɛr] adj. (du lat. *sanitas,* santé). **1.** Relatif à la santé, à l'hygiène publique : *Mesures sanitaires. Action sanitaire et sociale. État sanitaire d'un pays. Les services sanitaires ont secouru les sinistrés.* — **2.** *Installation, appareil sanitaire,* destinés à la distribution, à l'évacuation de l'eau dans une habitation (lavabos, éviers, W.-C., etc.) ◆ ***sanitaires*** n. m. pl. Local où se trouvent les appareils sanitaires (lavabos, W.-C.).

sans [sɑ̃] prép. (lat. *sine*). Indique : **1.** Privation, absence, séparation : *Elle est partie sans sa serviette. Il est allé au théâtre sans sa femme. Un livre sans illustrations :* sans compl., comme adv. : *As-tu des tickets de métro? — Je suis parti sans* (fam.). — **2.** Manière : *Agir sans passion. Une maison sans confort.* — **3.** Moyen, instrument non utilisés : *Grimper à l'arbre sans échelle. Sans disponibilités, elle ne peut s'engager dans l'entreprise* (syn. FAUTE DE). *Une région sans route praticable.* — **4.** Condition négative : *Sans ce défaut, il serait un excellent homme* (= s'il n'avait pas ce défaut). *Sans cet accident, elle aurait pu venir* (= s'il n'avait pas eu). — **5.** *Non sans,* indique la concession («et toutefois») : *Accepter non sans avoir reçu de nombreux apaisements, non sans de nombreuses hésitations* (= et pourtant hésiter longtemps). ‖ *Sans que, non sans que* (+ *subj.* et sans négation, le sujet étant différent de celui de la principale) : *Je suis sorti sans qu'elle s'en aperçoive;* + *inf.* quand la principale et la subordonnée ont le même sujet : *Travailler sans perdre une minute. Écouter sans comprendre.* ‖ Fam. *Sans cela (ça),* sinon : *Tu m'écoutes, sans ça je m'en vais.*

sans-abri [sɑ̃zabri] n. inv. Personne qui n'a pas de logement (syn. SANS-LOGIS).

sans-cœur [sɑ̃kœr] adj. et n. inv. Qui manque de sensibilité, de reconnaissance : *Cette enfant est une sans-cœur* (syn. DUR, INSENSIBLE).

sans-culotte [sɑ̃kylɔt] n. m. (pl. *sans-culottes*). Nom des révolutionnaires sous la Convention.

sans-emploi [sɑ̃zɑ̃plwa] n. inv. Chômeur.

sans-gêne [sɑ̃ʒɛn] n. inv. Personne qui agit sans tenir compte de la politesse, avec indiscrétion. ◆ n. m. inv. Manière d'agir impolie.

sanskrit [sɑ̃skri] n. m. (sanskr. *samskrita,* parfait). Langue sacrée de l'Inde.

sans-le-sou [sɑ̃lsu] n. inv. *Fam.* Personne qui n'a pas d'argent.

sans-logis [sɑ̃lɔʒi] n. m. inv. Personne qui n'a pas d'habitation permanente (syn. SANS-ABRI, SINISTRÉ).

sansonnet [sɑ̃sɔnɛ] n. m. (dimin. de *Samson,* juge des Hébreux). Syn. de ÉTOURNEAU.

sans-parti [sɑ̃parti] n. inv. Personne qui n'est inscrite à aucun parti politique.

sans-soin [sɑ̃swɛ̃] n. inv. *Fam.* Personne qui n'est pas soigneuse : *Ce garçon est un vrai sans-soin.*

sans-souci [sɑ̃susi] adj. et n. inv. Qui ne s'inquiète de rien.

santal [sɑ̃tal] n. m. (ar. *sandal*). Arbuste d'Asie dont le bois parfumé est utilisé en ébénisterie, en parfumerie et en pharmacie.

santé [sɑ̃te] n. f. (lat. *sanitas*). **1.** État d'une personne dont l'organisme fonctionne régulièrement : *Visage resplendissant de santé. Conserver, ménager sa santé. Respirer la santé. Compromettre, miner sa santé. Recouvrer la santé. Santé mentale* (= équilibre mental). — **2.** État de l'organisme, bon ou mauvais : *Être en parfaite, en mauvaise santé. Avoir une santé de fer. Avoir une santé délicate, fragile. S'informer de la santé de quelqu'un. Boire à la santé de quelqu'un* (= en faisant un vœu pour sa santé). *À votre santé!* — **3.** État sanitaire d'une collectivité : *La santé d'une ville, d'un pays. Organisation mondiale de la santé.* ‖ *Santé publique,* ensemble des services administratifs chargés de maintenir et d'améliorer l'état sanitaire d'un pays.

santon [sɑ̃tɔ̃] . m. (prov. *santoun,* petit saint). Figurine en plâtre colorié d'origine provençale, servant à la décoration des crèches de Noël.

saoudien, enne [saudjɛ̃] adj. et n. De l'Arabie saoudite.

saoul, e, saouler → SOÛL, SOÛLER.

sapajou [sapaʒu] n. m. Petit singe d'Amérique.

sape [sap] n. f. (bas lat. *sappa*). Action de saper : *Mener un travail de sape par de continuelles insinuations malveillantes* (= un travail de destruction).

1. saper [sape] v. t. (de l'anc. fr. *sape,* boyau). **1.** *Saper une construction,* en détruire les fondements, avec le pic, la pioche, etc. pour la faire tomber : *Saper une muraille.* — **2.** (sujet des eaux) Creuser, user à la base en causant des détériorations : *La mer sape les falaises.* — **3.** *Saper qqch (abstrait),* le détruire par une action progressive et secrète : *Saper le moral de quelqu'un* (syn. ABATTRE, ÉBRANLER, MINER).

2. saper (se) [sape] v. pr., **être sapé** v. pass. (mot d'arg.). *Pop.* S'habiller, être habillé de telle ou telle façon : *Être toujours bien sapé.*

sapeur [sapœr] n. m. (de *saper* 1). **1.** Soldat du génie, dans l'armée de terre. — **2.** *Fumer comme un sapeur,* beaucoup.

sapeur-pompier [sapœrpɔ̃pje] n. m. (pl. *sapeurs-pompiers*). Syn. de POMPIER.

saphir [safir] n. m. (gr. *sappheiros*). **1.** Pierre précieuse bleue et transparente. — **2.** Petite pointe qui tient lieu d'aiguille, dans les électrophones.

sapidité [sapidite] n. f. *Agent de sapidité,* additif utilisé dans l'industrie alimentaire pour donner plus de goût, de saveur à une préparation (→ insipide).

sapin [sapɛ̃] n. m. (mot gaul.). Grand arbre résineux à feuillage persistant.

sapinière [sapinjɛr] n. f. Lieu planté de sapins : *Les sapinières des Vosges.*

sapotillier [sapɔtilje] n. m. (esp. *zapote;* mot aztèque). Arbre tropical qui produit une baie très sucrée, la *sapotille.*

sapristi! [sapristi] ou **sacristi!** [sakristi] interj. (de *sacré*). *Fam.* Jurons exprimant le désappointement, la perplexité, la déception, la colère : *Mais, sapristi! il fallait faire attention.*

saquer → SACQUER.

sarabande [sarabɑ̃d] n. f. (esp. *zarabanda*). *Danser, faire une* (ou *la*) *sarabande,* faire du tapage, du vacarme.

sarbacane [sarbakan] n. f. (mot ar.). Tuyau à l'aide duquel on lance, en soufflant, de petits projectiles.

sarcasme [sarkasm] n. m. (gr. *sarkasmos,* de *sarkazein,* mordre de la chair). Raillerie acerbe, mordante : *Accabler quelqu'un de ses sarcasmes* (syn. MOQUERIE).

sarcastique [sarkastik] adj. **1.** Qui tient du sarcasme : *Ton, rire sarcastique* (syn. SARDONIQUE). — **2.** Qui emploie le sarcasme : *Écrivain sarcastique.*

sarcastiquement [sarkastikmɑ̃] adv. De façon sarcastique : *Plaisanter sarcastiquement.*

sarcelle [sarsɛl] n. f. (bas lat. *cercedula*). Canard sauvage de petite taille.

sarclage [sarklaʒ] n. m. Action de sarcler : *Le sarclage d'une vigne.*

sarcler [sarkle] v. t. (lat. *sarculare*). **1.** *Sarcler un terrain,* en enlever les mauvaises herbes. — **2.** *Sarcler des pommes de terre, des haricots,* etc., les débarrasser des herbes nuisibles.

sarcloir [sarklwar] n. m. Outil servant à sarcler.

sarcophage [sarkɔfaʒ] n. m. (gr. *sarx, sarkos,* chair, et *phagein,* manger). Tombeau dans lequel les Anciens mettaient les corps qu'ils ne voulaient pas brûler.

sardane [sardan] n. f. (catalan *sardana*). Danse populaire de Catalogne.

sarde [sard] adj. et n. De Sardaigne.

sardine [sardin] n. f. (lat. *sardina,* de Sardaigne). Petit poisson voisin du hareng, abondant dans la Méditerranée et dans l'Atlantique.

sardinerie [sardinri] n. f. Usine où on prépare des conserves de sardines.

sardoine [sardwan] n. f. (gr. *sardonyx,* onyx de Sardaigne). Variété d'agate brune ou rouge.

sardonique [sardɔnik] adj. (du lat. *sardonia herba,* herbe de Sardaigne [qui provoquait le rire]). *Rire sardonique,* d'une ironie méchante.

sari [sari] n. m. (mot indien). Longue pièce d'étoffe dans laquelle se drapent les femmes de l'Inde.

sarigue [sarig] n. f. Petit mammifère d'Amérique, dont la femelle possède une longue queue préhensile à laquelle s'accrochent les petits montés sur son dos.

sarment [sarmɑ̃] n. m. (lat. *sarmentium*). Jeune branche de vigne ou de toute autre plante ligneuse grimpante.

sarrasin [sarazɛ̃] n. m. (de *Sarrasins,* n. de peuple). Céréale cultivée pour ses graines alimentaires (syn. BLÉ NOIR).

sarrau [saro] n. m. (anc. all. *sarrok*) [pl. *sarraus*]. Blouse de travail courte et ample portée par-dessus les vêtements.

sarriette [sarjɛt] n. f. (lat. *satureia*). Plante aromatique utilisée comme condiment.

sas [sas] n. m. (lat. *seta,* crin). **1.** Sorte de tamis. — **2.** Chambre munie de deux portes hermétiques pour permettre le passage dans un milieu de pression différente. — **3.** Partie d'un canal comprise entre les deux portes d'une écluse.

satané, e [satane] adj. (de *Satan*) [avant le n.] *Fam.* Sert de superlatif péjoratif à MAUVAIS : *Un satané farceur* (syn. fam. MAUDIT, SACRÉ). *Quel satané temps!* (syn. ABOMINABLE).

satanique [satanik] adj. Qui évoque le diable; digne de Satan (soutenu) : *Méchanceté satanique* (syn. DIABOLIQUE). *Ruse satanique* (syn. DÉMONIAQUE). *Rire satanique* (syn. MÉPHISTOPHÉLIQUE).

satelliser [satɛ(l)lize] v. t. **1.** *Satelliser un mobile,* l'établir sur une orbite autour de la Terre : *Satelliser un engin de télécommunications.* — **2.** *Satelliser un pays, une région,* les mettre sous sa dépendance.

satellite [satɛ(l)lit] n. m. (lat. *satelles, satellitis,* escorte). **1.** Planète secondaire, qui tourne autour d'une planète principale et l'accompagne dans sa révolution : *La Lune est le satellite de la Terre.* — **2.** *Satellite artificiel,* engin lancé de la Terre et destiné à évoluer autour de celle-ci. ◆ adj. et n. m. *Pays satellite,* ou *satellite,* pays qui dépend d'un autre sur le plan politique ou économique.

satiété [sasjete] n. f. (lat. *satietas*). **1.** État de qqn complètement rassasié (surtout dans *à satiété, jusqu'à satiété*) : *Manger, boire à satiété.* ‖ *Avoir qqch à satiété,* en avoir en surabondance, à l'excès (syn. ÊTRE SATURÉ). — **2.** Dégoût produit par l'usage immodéré de qqch : *L'abus des plaisirs finit par provoquer la satiété.* ‖ *Rabâcher, répéter qqch à satiété,* jusqu'à écœurer. (→ INSATIABLE.)

satin [satɛ̃] n. m. (ar. *zaytūnī*). **1.** Étoffe de soie, de laine ou de coton, fine, moelleuse et brillante : *Une robe de satin. Une doublure de satin.* — **2.** *Peau de satin,* peau douce et unie.

satiné, e [satine] adj. **1.** Qui a l'apparence, le brillant du satin : *Tissu satiné* (syn. LUSTRÉ). *Papier satiné.* — **2.** *Peau satinée,* douce comme du satin.

satinette [satinɛt] n. f. Étoffe de coton et de soie, ou de coton seul, présentant l'aspect du satin.

satire [satir] n. f. (lat. *satura,* mélange de vers et de prose). **1.** Pièce de vers dans laquelle l'auteur attaque les vices et les ridicules de son temps : *Les satires de Boileau.* — **2.** Écrit ou discours dans lequel on tourne qqn ou qqch en ridicule : *Satire virulente* (syn. LIBELLE, PAMPHLET).

satirique [satirik] adj. **1.** Se dit d'un écrit, de paroles qui appartiennent à la satire, qui tiennent de la satire : *Chanson satirique. Propos satiriques* (syn. MORDANT, PIQUANT, À L'EMPORTE-PIÈCE). — **2.** Porté à la satire, à la raillerie : *Écrivain, esprit satirique* (syn. CAUSTIQUE). ◆ adj. et n. m. Qui écrit des satires : *Poète satirique.*

satisfaction [satisfaksjɔ̃] n. f. **1.** Action de satisfaire, de contenter : *La satisfaction d'un besoin, d'un désir, d'un caprice, d'une envie* (syn. ASSOUVISSEMENT). — **2.** État qui résulte de l'accomplissement de ce qu'on demandait ou désirait : *Éprouver de la satisfaction* (syn. CONTENTEMENT). *Une vive, une profonde satisfaction* (syn. JOIE). *Elle a appris avec satisfaction votre succès* (syn. PLAISIR). *Les choses se sont passées à la satisfaction générale.*

satisfaire [satisfɛr] v. t. (lat. *satis,* assez, et *facere,* faire) [c. **76**]. **1.** (sujet qqn, qqch) *Satisfaire qqn,* accomplir ce qu'il attend, lui accorder ce qu'il désire, ce qu'il souhaite : *On ne peut pas satisfaire tout le monde* (syn. CONTENTER, PLAIRE À). *Cette nouvelle vous satisfait-elle? Votre réponse ne l'a pas satisfaite.* — **2.** (sujet qqn) *Satisfaire un besoin, un désir,* etc., le contenter, l'assouvir : *Satisfaire sa faim, sa soif* (syn. APAISER, CALMER). *Satisfaire sa passion, sa colère, son ambition, sa vanité, sa curiosité.* ◆ v. t. ind. *Satisfaire à qqch,* faire ce qui est exigé par cette chose : *Elle tient à satisfaire à ses obligations* (syn. ACCOMPLIR, EXÉCUTER). *Satisfaire à une demande, à une épreuve, à des examens.* ◆ ***se satisfaire*** v. pr. *Se satisfaire de qqch,* s'en contenter : *Je ne peux pas me satisfaire de cette explication.*

satisfaisant, e [satisfəzɑ̃] adj. Qui satisfait, propre à satisfaire : *Réponse satisfaisante* (syn. ↓CORRECT). *Travail satisfaisant* (syn. ↓CONVENABLE). *Résultat satisfaisant* (syn. ↓HONORABLE).

satisfait, e [satisfɛ] adj. **1.** Qui a ce qui lui suffit, qui est content de ce qu'il possède ou de ce qui est : *La directrice est satisfaite de votre travail* (syn. CONTENT). *Des parents tout à fait satisfaits des résultats de leurs enfants* (syn. HEUREUX). *Être très satisfait de soi* (= orgueilleux, vaniteux). — **2.** Qui a été assouvi : *Un désir satisfait. Une curiosité satisfaite.*

satisfecit [satisfesit] n. m. inv. (mot lat. signif. *il a satisfait*). Attestation de satisfaction.

saturateur [satyratœr] n. m. Petit appareil placé entre les éléments d'un radiateur de chauffage central et dans lequel on met de l'eau dont l'évaporation humidifie l'air de l'atmosphère.

saturation [satyrasjɔ̃] n. f. Action de saturer; fait d'être saturé : *Avoir d'une chose jusqu'à saturation* (syn. SATIÉTÉ).

saturé, e [satyre] adj. **1.** *Saturé (de qqch),* se dit de qqn qui est pleinement rassasié de : *Le public est saturé de films médiocres, de publicité.* — **2.** *Saturé* *(de qqch),* se dit d'un lieu qui a qqch en surabondance, à l'excès : *Le marché est saturé de produits* (syn. REMPLI, ENCOMBRÉ). *Une atmosphère saturée d'eau.* — **3.** (sans compl.) Se dit d'une voie de communication qui a atteint son remplissage maximal : *Les boulevards périphériques sont saturés.*

saturer [satyre] v. t. (lat. *saturare,* rassasier). *Saturer qqch, qqn de qqch,* l'en remplir, lui en fournir à l'excès : *Le Japon sature de ses produits le marché européen.*

satyre [satir] n. m. (lat. *satyrus;* mot gr.). *Fam.* Individu qui se livre à des attentats contre la pudeur.

sauce [sos] n. f. (du lat. *salsus,* salé). **1.** Assaisonnement liquide préparé de très nombreuses façons, où il peut entrer du beurre, de l'huile, du sel, des épices, etc., et qu'on sert avec certains mets : *Une sauce blanche, vinaigrette, mayonnaise. De la sauce tomate.* — **2.** Mélange de sang et de matières grasses produit par la cuisson d'une viande. — **3.** *Mettre qqn à toutes les sauces,* lui faire exécuter toutes sortes de travaux; le traiter de toutes sortes de façons.

saucée [sose] n. f. *Fam.* Averse.

saucer [sose] v. t. (c. **1**). **1.** Tremper dans la sauce : *Saucer son pain dans de la vinaigrette.* — **2.** Débarrasser de la sauce : *Saucer son assiette.* — **3.** *Fam.* (sujet qqn) *Être saucé, se faire saucer,* être mouillé par une pluie abondante.

saucière [sosjɛr] n. f. Récipient dans lequel on sert la sauce à table.

saucisse [sosis] n. f. (du lat. *salsicius,* salé). **1.** Boyau rempli de viande de porc ou d'un autre animal, hachée et assaisonnée : *Des saucisses de Strasbourg, de Francfort, de Toulouse.* — **2.** Fam. *Ne pas attacher ses chiens avec des saucisses,* être très avare.

saucisson [sosisɔ̃] n. m. (it. *salsiccione*). **1.** Grosse saucisse crue ou cuite, plus ou moins assaisonnée. — **2.** Fam. *Être ficelé comme un saucisson,* être mal habillé.

saucissonné, e [sosisɔne] adj. *Fam.* Serré dans ses vêtements.

saucissonner [sosisɔne] v. i. *Fam.* Prendre un repas froid, sur le pouce (syn. PIQUE-NIQUER).

1. sauf, sauve [sof] adj. (lat. *salvus*). **1.** Qui a échappé à un grave danger; s'emploie surtout dans les express : *Avoir la vie sauve, être sain* (→ ce mot) *et sauf.* — **2.** Qui n'a reçu aucune atteinte : *L'honneur est sauf* (syn. INTACT).

2. sauf [sof] prép. **1.** À l'exclusion de : *Avoir tous les exemplaires d'une revue, sauf deux numéros* (syn. EXCEPTÉ, À L'EXCEPTION DE, HORMIS). — **2.** Excepté le cas de : *Venez demain, sauf avis contraire. Sauf erreur. Sauf omission* (syn. À MOINS DE). — **3.** Sans porter atteinte à : *Sauf le respect que je vous dois.* || *Sauf votre respect,* loc. fam. employée, souvent plaisamment, pour s'excuser d'une formule qu'on juge un peu choquante : *Cet homme est, sauf votre respect, un parfait crétin.* — **4.** *Sauf que,* excepté que, si ce n'est que : *Le voyage s'est bien passé, sauf que, à un moment, nous nous sommes trompés de route.*

sauf-conduit [sofkɔ̃dɥi] n. m. (pl. *sauf-conduits*). Permission donnée par une autorité (surtout militaire) d'aller en un endroit, d'y séjourner et d'en revenir librement, sans crainte d'être arrêté.

sauge [soʒ] n. f. (lat. *salvia,* de *salvus,* sauf). Plante dont certaines espèces sont utilisées en médecine, d'autres comme condiments, d'autres comme plantes ornementales.

saugrenu, e [sogrəny] adj. (lat. *sal,* sel, et *grain*). D'une bizarrerie ridicule : *Question, réponse saugrenue* (syn. ABSURDE, INATTENDU).

saulaie [solɛ] n. f. Endroit planté de saules.

saule [sol] n. m. (frq. *sahla*). Arbre qui croît ordinairement dans les lieux humides.

saumâtre [somɑtr] adj. (lat. *salmacidus*). **1.** Qui a une saveur amère et salée comme celle de l'eau de mer : *Eau saumâtre. Goût saumâtre.* — **2.** Fam. *La trouver saumâtre,* se dit d'une plaisanterie qu'on trouve mauvaise, difficile à accepter.

saumon [somɔ̃] n. m. (lat. *salmo, -onis*). Poisson qui vit dans la mer, mais qui remonte les fleuves pour pondre près des sources. ◆ adj. inv. D'une couleur rosée comme celle de la chair du saumon.

saumoné, e [somɔne] adj. Qui a une chair rose comme celle du saumon : *Truite saumonée.*

saumure [somyr] n. f. (lat. *sal,* sel, et *muria,* eau salée). Préparation liquide salée, dans laquelle on conserve des viandes, des poissons, des légumes.

sauna [sona] n. m. (mot finlandais). Bain de chaleur sèche et de vapeur; lieu où on prend ce bain.

saupiquet [sopikɛ] n. m. (du lat. *sal,* sel, et *piquer*). Sauce piquante.

saupoudrage [sopudraʒ] n. m. Action de saupoudrer.

saupoudrer [sopudre] v. t. (du lat. *sal,* sel, et *poudrer*). *Saupoudrer un mets de qqch,* répandre sur lui une substance pulvérisée : *Saupoudrer un gâteau de sucre.*

saupoudreuse [sopudrøz] n. f. Flacon dont le couvercle est percé de trous et qui sert à saupoudrer.

saur [sɔr] adj. m. (anc. néerl. *soor,* séché). *Hareng saur,* salé et séché à la fumée.

saurien [sorjɛ̃] n. m. (gr. *saura,* lézard). Membre d'un groupe de reptiles comprenant les lézards, les caméléons, les orvets.

saut [so] n. m. (lat. *saltus*). **1.** Mouvement brusque, avec détente musculaire, par lequel le corps s'enlève du sol pour franchir un certain espace ou retomber à la même place : *Saut en longueur, en hauteur. Saut à la perche. Saut en parachute.* — **2.** Mouvement subit de l'esprit, de l'imagination : *Faire un saut dans l'inconnu, dans l'avenir.* — **3.** *Au saut du lit,* au sortir du lit. || *Faire un saut chez qqn, dans un endroit,* y aller rapidement, sans y rester. || *Ne faire qu'un saut d'un endroit à un autre,* y aller et en revenir en très peu de temps. || *Saut périlleux,* dans lequel le corps fait un ou plusieurs tours sur lui-même avant que les pieds ne retouchent le sol.

saute [sot] n. f. Changement brusque : *Saute de vent, de température. Avoir des sautes d'humeur* (= être capricieux).

sauté [sote] n. m. Aliment cuit à feu vif avec un corps gras dans une sauteuse ou une poêle.

saute-mouton [sotmutɔ̃] n. m. inv. Jeu dans lequel les joueurs sautent alternativement les uns par-dessus les autres.

sauter [sote] v. i. (lat. *saltare,* danser). **1.** (sujet être animé) S'élever de terre ou s'élancer d'un lieu à un autre par un ensemble de mouvements : *Le chat saute sur la table* (syn. BONDIR). *Sauter à pieds joints, à cloche-pied. Sauter dans l'eau du haut d'un plongeoir. Sauter en parachute. Un oiseau qui saute de branche en branche.* || *Sauter à bas de son lit,* descendre vivement de son lit. || *Sauter à la corde,* faire une succession de petits sauts en laissant passer chaque fois sous ses pieds une corde qu'on fait tourner autour de soi. — **2.** S'élancer, se précipiter sur qqn, généralement pour le mettre à mal, ou se saisir, s'emparer vivement de qqch : *Sauter à la gorge, au collet de quelqu'un* (syn. ASSAILLIR, ATTAQUER). *Le chien lui a sauté dessus. Sauter* *sur ses armes pour se défendre.* — **3.** Éprouver un sentiment qui se traduit par des mouvements brusques : *Sauter de joie* (syn. EXULTER). *Sauter aux nues, au plafond* (= bondir sous le coup d'une surprise, d'une colère soudaine). — **4.** Passer brusquement d'une chose à une autre, sans liaison : *C'est une impulsive, qui saute d'un projet à un autre. Sauter par-dessus un paragraphe.* — **5.** *Faire sauter qqn,* lui faire perdre son emploi, ses fonctions. ‖ *Faire sauter la banque,* en parlant d'un joueur, avoir des gains tels que le banquier ne peut plus les payer. ‖ Fam. *Faire sauter les plombs,* faire fondre les fusibles d'un coupe-circuit. ‖ Fam. *Faire sauter une contravention,* la faire supprimer. ‖ *Faire sauter une serrure,* la forcer. ‖ Fam. *Se faire sauter la cervelle,* se tuer d'un coup de feu dans la tête. — **6.** (sujet qqch) Être détruit par une explosion : *Bateau qui saute sur une mine. Faire sauter son navire pour ne pas le livrer à l'ennemi* (= saborder). *Faire sauter un pont. Dépôt de munitions qui saute.* — **7.** (sujet un établissement) Faire faillite : *Banque qui saute.* — **8.** Être projeté soudainement : *Le bouchon de la bouteille a sauté. Faire sauter un bouton* (= l'arracher en se boutonnant ou en se déboutonnant). — **9.** Fam. *Allez, et que ça saute,* dépêchez-vous, faites rapidement ce qui est commandé. ‖ *Sauter aux yeux,* être évident, manifeste : *Il y a dans la construction de cette maison des défauts qui sautent aux yeux. Ça saute aux yeux qu'il veut vous tromper!* — **10.** *Faire sauter un aliment,* le faire cuire à feu vif, en le remuant de temps en temps pour l'empêcher d'attacher : *Faire sauter un lapin, des pommes de terre.* ◆ v. t. **1.** *Sauter un obstacle,* le franchir en faisant un saut : *Sauter un fossé, une haie, un mur.* — **2.** *Sauter une classe,* passer d'une classe à une classe supérieure sans avoir suivi les cours de la classe intermédiaire. — **3.** *Sauter qqch (mot, texte),* le passer, l'omettre, en lisant, en écrivant, en recensant, etc. : *La copiste a sauté un mot* (syn. OUBLIER). *Sautez ce paragraphe qui est sans intérêt.* — **4.** *Sauter le pas,* se décider à franchir un obstacle difficile.

sauterelle [sotrɛl] n. f. Insecte vert ou gris dont les pattes postérieures le font se déplacer par sauts.

sauterie [sotri] n. f. *Fam.* Petite réunion où on danse entre amis (syn. SURPRISE-PARTIE).

sauteur, euse [sotœr] n. Athlète spécialisé dans les épreuves de saut : *Sauteur en hauteur, en longueur, à la perche.*

sauteuse [sotøz] n. f. Casserole à bords peu élevés pour faire sauter les aliments.

sautillant, e [sotijɑ̃] adj. *Style sautillant,* formé de phrases courtes, hachées.

sautillement [sotijmɑ̃] n. m. Action de sautiller : *Le sautillement des enfants, des oiseaux.*

sautiller [sotije] v. i. **1.** Avancer par petits sauts : *Un merle sautillait sur la pelouse.* — **2.** Faire de petits pas en dansant.

sautoir [sotwar] n. m. **1.** Emplacement spécialement aménagé pour exécuter des sauts en athlétisme, en gymnastique. — **2.** Longue chaîne portée en collier et descendant sur la poitrine : *Elle portait une montre ancienne pendue à un sautoir d'or.* ‖ *Porter un ordre, une décoration en sautoir,* en porter le ruban ou le cordon en forme de collier tombant en pointe sur la poitrine : *Le grand cordon de la Légion d'honneur se porte en sautoir.*

sauvage [sovaʒ] adj. et n. (lat. *silvaticus,* de *silva,* forêt) [en parlant de l'homme] **1.** Qui vit en dehors des sociétés civilisées : *Une peuplade sauvage* (syn. PRIMITIF). *Retourner à l'état sauvage.* — **2.** Qui fuit la société des hommes, qui aime à vivre seul : *Avoir un caractère sauvage* (syn. INSOCIABLE). *On ne le voit jamais fréquenter personne, c'est un vrai sauvage* (syn. SOLITAIRE, OURS). — **3.** D'une nature rude, grossière, inhumaine : *Il y a quelque chose de sauvage dans ses manières* (syn. FRUSTE). *Des mœurs de sauvage. Les ennemis se sont conduits comme des sauvages avec leurs prisonniers* (syn. BARBARE, CRUEL). ◆ adj. **1.** Qui est en dehors des règles établies : *Concurrence sauvage. Camping sauvage* (= hors des endroits autorisés). — **2.** Se dit d'un animal qui vit en liberté dans la nature, qui n'est pas apprivoisé : *Les tigres, les lions sont des animaux sauvages* (syn. FAUVE). *Dresser un cheval sauvage. Un chien, un chat sauvage* (contr. DOMESTIQUE). — **3.** Se dit d'un animal qui s'effarouche facilement : *Le merle est très sauvage.* — **4.** (en parlant d'une plante) Qui pousse naturellement, sans culture : *Un pommier, un rosier sauvage.* — **5.** (en parlant d'un lieu) Qui est inculte, peu accessible; qui a le caractère de la nature vierge : *Région, vallée, côte sauvage* (syn. DÉSERT, INHABITÉ).

sauvagement [sovaʒmɑ̃] adv. Avec sauvagerie : *Dévaster sauvagement un pays.*

1. sauvageon, onne [sovaʒɔ̃] n. Enfant qui a grandi sans famille, sans instruction ni éducation.

2. sauvageon [sovaʒɔ̃] n. m. Jeune arbre qui a poussé sans être cultivé.

sauvagerie [sovaʒri] n. f. Caractère sauvage : *Cette enfant est d'une sauvagerie peu commune* (syn. INSOCIABILITÉ, MISANTHROPIE). *Les occupants se sont montrés d'une grande sauvagerie avec la population* (syn. BARBARIE, CRUAUTÉ, FÉROCITÉ).

sauvagine [sovaʒin] n. f. **1.** Nom collectif des oiseaux de mer, de marais, de rivière : *Dans ce pays de lacs et d'étangs, on peut pratiquer la chasse à la sauvagine.* — **2.** Nom donné aux peaux des bêtes vivant en France à l'état sauvage (renards, fouines, blaireaux) et servant à faire des fourrures communes.

sauvegarde [sovgard] n. f. (de *sauf* et *garde*). **1.** Garantie, protection accordée par une autorité : *Se mettre sous la sauvegarde de la justice.* — **2.** Personne ou chose servant de défense, de protection : *Les lois sont la sauvegarde de la liberté.*

sauvegarder [sovgarde] v. t. *Sauvegarder qqch,* en assurer la protection, le mettre hors de danger : *La loi sauvegarde les intérêts des héritiers mineurs* (syn. DÉFENDRE, PRÉSERVER, PROTÉGER). *Sauvegarder l'ordre* (syn. MAINTENIR).

sauve-qui-peut [sovkipø] n. m. inv. Fuite où chacun se sauve comme il peut; panique : *Le navire commençait à prendre feu, ce fut un sauve-qui-peut général.*

sauver [sove] v. t. (bas lat. *salvare*). **1.** *Sauver qqn (de qqch),* le tirer d'un danger, de la mort, d'un malheur : *Elle était bien malade, son médecin l'a sauvée* (syn. GUÉRIR). *Le bateau a fait naufrage, mais on a pu sauver presque tous les passagers. Sauver quelqu'un de la misère* (syn. ARRACHER). *Son courage l'a sauvée.* — **2.** Procurer le salut éternel (relig.) : *Dieu a envoyé son Fils pour sauver le genre humain* (syn. RACHETER). *Sauver son âme.* — **3.** *Sauver qqch,* le préserver de la perte, de la destruction : *Sauver un navire en perdition. Sauver une maison de commerce* (syn. RENFLOUER). — **4.** Pallier, masquer ce qui est défectueux : *Dans ce roman, la forme sauve le fond.* — **5.** *Sauver la vie à qqn,* le faire échapper à la mort et, *fam.,* lui rendre un grand service. ‖ Fam. *Sauver les meubles,* réussir à tirer d'un désastre ou d'une déconfiture ce qui permet de survivre. ◆ ***se sauver*** v. pr. **1.** S'enfuir précipitamment : *C'était la débandade, les soldats se sauvaient pour échapper à l'ennemi.* — **2.** *Fam.* Prendre congé rapidement, s'en aller vite : *Il se fait tard, je me sauve.*

sauvetage [sovtaʒ] n. m. **1.** Action de tirer qqn ou qqch d'un danger, d'une situation critique : *Le sauvetage d'un alpiniste.* — **2.** *Bateau, canot de sauvetage,* embarcation insubmersible destinée à porter secours à des naufragés. ‖ *Ceinture, gilet de sauvetage,* sorte de gilet gonflable ou fait de plaques de liège, qui permet de flotter sur l'eau.

sauveteur [sovtœr] n. m. Qui prend part à un sauvetage ou qui fait un sauvetage.

sauvette (à la) [sovɛt] loc. adv. et adj. **1.** Avec une hâte excessive, pour échapper à l'attention : *C'est une décision prise à la sauvette* (syn. HÂTIVEMENT, À LA VA-VITE). — **2.** Fam. *Vente à la sauvette,* vente sur la voie publique, sans autorisation.

sauveur [sovœr] n. m. (lat. *salvator*). **1.** Personne qui sauve qqn, une collectivité : *Le sauveur de la patrie.* — **2.** (avec majusc.) *Le Sauveur,* Jésus-Christ, venu ici-bas pour sauver les hommes.

savamment [savamɑ̃] adv. De façon savante : *Discuter savamment d'une question. Intrigue savamment concertée* (syn. HABILEMENT). *Parler savamment d'une chose* (= en connaissance de cause, pour l'avoir expérimentée).

savane [savan] n. f. (esp. *sabana*). Dans la zone tropicale, prairie de hautes herbes, parsemée d'arbres.

savant, e [savɑ̃] adj. **1.** (après le n.) Qui possède des connaissances étendues dans les sciences : *Une personne savante* (syn. INSTRUIT, ÉRUDIT). *Société savante* (= société dont les membres rendent compte de leurs travaux, de leurs recherches et en discutent). — **2.** Qui connaît très bien telle ou telle discipline : *Être savant en histoire, en mathématiques, en langues anciennes* (syn. VERSÉ DANS; fam. CALÉ, FORT). — **3.** *Animal savant,* dressé à faire des tours, des exercices. — **4.** (avant ou après le n.) Se dit de qqch, d'un ouvrage où il y a de la science, de l'érudition : *De savants travaux de philologie, d'histoire. Une édition savante. Une revue savante.* — **5.** Qui dénote du talent, de l'habileté : *Une savante démonstration. Une combinaison savante.* — **6.** (après le n.) Difficile à comprendre : *Ce problème de géométrie est trop savant pour moi* (syn. ARDU). *Votre devinette est très savante* (syn. COMPLIQUÉ). ◆ ***savant*** n. m. Personne qui possède des connaissances étendues dans une science et qui, par ses recherches, ses travaux, contribue au développement de cette science : *C'est un grand savant.*

savarin [savarɛ̃] n. m. (de *Brillat-Savarin,* n. pr.). Gâteau ayant la forme d'une couronne, et dont on imbibe la pâte avec un sirop de sucre et de rhum ou de kirsch.

savate [savat] n. f. (orig. obscure). Vieille chaussure ou vieille pantoufle.

saveur [savœr] n. f. (lat. *sapor, -oris*). **1.** Sensation produite sur la langue par certains corps : *Une saveur douce, amère, piquante, acide, salée* (syn. GOÛT). — **2.** Sorte de charme, de piquant : *La saveur d'un bon mot, d'une plaisanterie. Ironie pleine de saveur* (syn. PIMENT).

1. savoir [savwar] v. t. (lat. *sapere*) [c. **39**]. **1.** *Savoir qqch, que* (+ *ind.*), *savoir* + *interr. indirecte,* le connaître complètement : *Savoir une nouvelle* (syn. ÊTRE INFORMÉ DE). *Elle sait tout ce qui se passe autour d'elle* (syn. ÊTRE AU COURANT DE). *On savait d'avance, par avance que tu réussirais dans ton entreprise. Savez-vous à quelle date aura lieu la rentrée des classes ? Elle ne sait pas quand elle partira, ni où elle ira. Sachez que je ne suis pas content de vous. Reste à savoir si c'est vrai. C'est un garçon très gentil, vous savez. Elle est ennuyée de savoir sa mère malade. Vous n'êtes pas sans savoir que nos voisins vont déménager.* — **2.** Avoir une chose dans sa mémoire, de manière à pouvoir la réciter, la répéter : *Savoir sa leçon, son rôle. Elle savait son discours par cœur.* — **3.** *Savoir une science, un art, savoir* (+ *inf.*), posséder une science, un art, être capable d'une activité dont on a acquis la pratique par l'exercice, l'habitude : *Savoir le grec, le latin, la grammaire. Cet homme croit tout savoir, en réalité il sait peu de chose. Savoir lire. Savoir nager, jouer au tennis.* — **4.** *Savoir* (+ *inf.*), avoir le talent, la force, le pouvoir, l'adresse, l'habileté de faire qqch : *C'est une personne qui sait parler aux foules, qui sait plaire. Je saurai le faire obéir. Elle saura se défendre. C'est un malin qui sait se tirer d'affaire. Elle ne sait pas refuser un service. Il faut savoir attendre.* — **5.** *À savoir, savoir,* expressions en usage dans les inventaires, dans les énumérations : *Il y a différents meubles, à savoir une armoire, un bureau, une bibliothèque, etc.* ‖ *À savoir (que),* introduit une explication [= c'est-à-dire (que)]. ‖ *Faire savoir qqch à qqn,* l'en informer par lettre ou par message : *Elle m'a fait savoir qu'elle était bien arrivée* (syn. ANNONCER, APPRENDRE, COMMUNIQUER). *Faites-nous savoir le jour et l'heure de votre départ* (syn. AVISER, PRÉVENIR). ‖ Fam. *Je ne veux pas le savoir,* je ne veux pas connaître vos raisons. ‖ *Je sais ce que je sais,* je ne veux pas donner davantage d'explications. ‖ *Je sais ce que je dis,* je parle en connaissance de cause. ‖ Litt. *Je ne sache pas, je ne sache rien,* etc. (+ éventuellement une relative au subj.), indique une affirmation atténuée : *Je ne sache personne qui puisse lui être comparé. Je ne sache rien de plus beau.* ‖ *Que je sache, qu'on sache,* indiquent que l'on ignore si le fait avancé est vrai ou faux : *Il n'est venu personne, que je sache.* ‖ *Je ne saurais, il ne saurait,* etc., équivalents atténués de *pouvoir : Je ne saurais vous dire. On ne saurait avoir plus d'esprit. Tout cela ne saurait faire notre bonheur.* ‖ *Ne pas savoir ce qu'on fait, ce qu'on dit,* être ignorant ou troublé au point de ne pas avoir la conscience exacte de ses actes, de ses paroles. ‖ *Ne pas savoir ce qu'on veut,* être indécis ou inconstant. ‖ *Ne rien vouloir savoir,* refuser énergiquement de faire une chose, de tenir compte d'une observation, d'une objection : *J'ai expliqué que je n'étais pas coupable, mais le surveillant n'a rien voulu savoir.* ‖ *Ne savoir que faire, quoi faire, où donner de la tête, à quel saint se vouer,* être dans une situation embarrassante. ‖ *Qui vous savez, que vous savez,* s'emploient quand on ne veut pas désigner une personne ou une chose à qqn qui la connaît bien : *N'en dites rien à qui vous savez. L'affaire que vous savez prend mauvaise tournure.* ‖ *Sans le savoir,* sans en être conscient : *Il a été souvent en danger sans le savoir.* ‖ Fam. *Savoir si* (+ *ind.*), s'emploie pour marquer qu'on doute de qqch : *Les réformateurs voudraient détruire les abus, savoir s'ils réussiront.* ‖ *Savoir vivre,* avoir pour les autres les égards, les attentions qu'on se doit réciproquement. ‖ *Savoir y faire,* agir habilement pour arriver à ses fins. ‖ *Si je savais,* indique qu'on est tenté de faire qqch, sans en être sûr : *Si je savais, je partirais.* ‖ Fam. *Tout ce qu'il sait, tout ce qu'il savait,* s'emploient pour marquer l'intensité de l'action : *Elle pleurait tout ce qu'elle savait.* ‖ *Tu sais, vous savez,* soulignent une affirmation : *Tu sais, j'avais compris depuis longtemps.* ◆ ***se savoir*** v. pr. (sujet qqch) Être su, connu : *Cela finit toujours par se savoir, vous ne pourrez pas le cacher longtemps.* (→ SAVANT.)

2. savoir [savwar] n. m. Ensemble des connaissances acquises par l'étude : *Une personne de grand savoir* (syn. CULTURE, ÉRUDITION, INSTRUCTION).

savoir-faire [savwarfɛr] n. m. inv. Habileté acquise par l'expérience dans l'exercice d'une profession (syn. ADRESSE).

savoir-vivre [savwarvivr] n. m. inv. Connaissance et pratique des règles de la politesse, des usages du monde : *Ne pas répondre à cette lettre serait manquer de savoir-vivre* (syn. ÉDUCATION).

savon [savɔ̃] n. m. (lat. *sapo, -onis*). **1.** Produit obtenu par l'action d'un composé de soude ou de potasse sur un corps gras, et servant au nettoyage, au blanchissage : *Un morceau de savon. Du savon en poudre, en* *paillettes, du savon liquide. De la mousse de savon.* — **2.** Morceau de savon dur : *Acheter un savon.* — **3.** *Bulle de savon,* bulle légère faite d'une pellicule d'eau chargée de savon, gonflée à l'aide d'un tuyau dans lequel on souffle. — **4.** *Fam.* Verte réprimande : *Se faire passer un savon pour son retard.*

savonnage [savɔnaʒ] n. m. Action de savonner : *Le savonnage du linge.*

savonner [savɔne] v. t. Nettoyer avec du savon : *Savonner du linge.*

savonnerie [savɔnri] n. f. Usine où on fabrique du savon.

savonnette [savɔnɛt] n. f. Savon parfumé pour la toilette.

savonneux, euse [savɔnø] adj. Qui contient du savon : *Eau savonneuse.*

savourer [savure] v. t. (de *saveur*). **1.** *Savourer un mets, une boisson,* etc., le manger, la boire lentement en goûtant : *Savourer un vin, une tasse de café* (syn. DÉGUSTER). — **2.** *Savourer qqch,* en jouir avec délices : *Savourer un parfum. Elle savourait les compliments qu'on lui faisait* (syn. SE DÉLECTER, SE GARGARISER).

savoureusement [savurøzmɑ̃] adv. De façon savoureuse : *Une histoire savoureusement racontée.*

savoureux, euse [savurø] adj. **1.** Qui a une saveur agréable : *Un morceau de viande savoureux* (syn. SUCCULENT). *Des fruits, un gâteau savoureux* (syn. DÉLICIEUX). — **2.** Qui a du charme, du piquant, qui est agréable à voir, à entendre : *Histoire savoureuse.*

saxophone ou **saxo** [saksɔ(fɔn)] n. m. (de *Sax,* n. de l'inventeur, et gr. *phônê,* voix). Instrument de musique à vent, en cuivre, à anche simple, assez proche de la clarinette par la sonorité.

saxophoniste ou **saxo** [saksɔ(fɔnist)] n. Joueur de saxophone.

saynète [sɛnɛt] n. f. (esp. *sainete*). Petite pièce comique, très courte (généralement une scène), à deux ou trois personnages (syn. SKETCH).

sbire [sbir] n. m. (it. *sbirro*). *Péjor.* Policier sans scrupule; homme de main capable d'exécuter de basses besognes (soutenu).

scabreux, euse [skabrø] adj. (lat. *scaber,* rude). **1.** Qui présente de grosses difficultés, des risques : *Je ne veux pas m'engager dans cette entreprise scabreuse. Une question scabreuse.* — **2.** Qui risque de choquer la décence : *Dans ce roman, il y a des détails scabreux* (syn. INDÉCENT, LICENCIEUX).

scalp [skalp] n. m. (mot angl. signif. *cuir chevelu*). Chevelure détachée du crâne avec la peau, que les Indiens d'Amérique conservaient comme trophée.

scalpel [skalpɛl] n. m. (lat. *scalpellum,* de *scalpere,* gratter). Petit couteau à lame fixe, utilisé notamment pour faire des dissections.

scalper [skalpe] v. t. (de *scalp*). Détacher la peau du crâne avec un instrument tranchant.

scandale [skɑ̃dal] n. m. (gr. *skandalon,* obstacle). **1.** Éclat fâcheux d'une action, de paroles qui provoquent l'indignation, le blâme : *Sa grossièreté a causé un grand scandale, a fait scandale. Être une occasion de scandale. Il a tenu des propos honteux, au grand scandale de ceux qui l'écoutaient. C'est un scandale* (= se dit de qqch qui indigne, qui révolte). — **2.** Querelle bruyante, tapage : *Faire un scandale dans un lieu public, dans la rue* (syn. DÉSORDRE, ESCLANDRE). — **3.** Affaire malhonnête, immorale qui émeut l'opinion publique : *Un scandale financier, mondain, judiciaire.*

scandaleusement [skɑ̃daløzmɑ̃] adv. De façon scandaleuse : *Vivre scandaleusement.*

scandaleux, euse [skɑ̃dalø] adj. Ce qui cause ou est capable de causer du scandale : *Vie, conduite scandaleuse* (syn. ↓ DÉPLORABLE). *Le scandaleux acquittement d'un criminel* (syn. HONTEUX, RÉVOLTANT). *Fortune scandaleuse. Tenir des propos scandaleux* (syn. CHOQUANT).

scandaliser [skɑ̃dalize] v. t. (sujet qqn, qqch) *Scandaliser qqn,* susciter son indignation, causer du scandale : *Sa conduite scandalise tout le monde* (syn. CHOQUER, OFFUSQUER). *On a été scandalisé d'apprendre que ce haut fonctionnaire était impliqué dans une affaire malhonnête* (syn. HORRIFIÉ, OUTRÉ). ◆ ***se scandaliser*** v. pr. *Se scandaliser (de qqch), de* (+ *inf.*), ressentir de l'indignation à propos de qqch : *Beaucoup de gens se sont scandalisés de ce film* (syn. SE CHOQUER, S'INDIGNER).

scander [skɑ̃de] v. t. (lat. *scandere*). *Scander un texte (en vers* ou *en prose),* le prononcer en séparant les syllabes : *Elle parlait lentement, en scandant les mots* (syn. SOULIGNER). *Scander des slogans.*

scandinave [skɑ̃dinav] adj. et n. De Scandinavie.

scanner [skanɛr] n. m. (mot angl.). Appareil détectant par balayage les radiations émises par des surfaces étendues.

scansion [skɑ̃sjɔ̃] n. f. Action ou manière de scander les vers.

scaphandre [skafɑ̃dr] n. m. (gr. *skaphê,* barque, et *anêr, andros,* homme). **1.** Appareil hermétiquement clos, dans lequel est assurée une circulation d'air au moyen d'une pompe et dont se revêtent les plongeurs pour travailler sous l'eau. — **2.** *Scaphandre autonome,* équipement composé essentiellement d'un appareil respiratoire, de bouteilles d'air comprimé, d'un masque, et qui permet au plongeur d'évoluer sous l'eau jusqu'à une certaine profondeur, sans aucun lien avec la surface. — **3.** Équipement isolant porté par les cosmonautes.

scaphandrier [skafɑ̃drije] n. m. Plongeur muni d'un scaphandre.

scarabée [skarabe] n. m. (lat. *scarabaeus;* mot gr.). Nom donné à divers insectes coléoptères voisins du hanneton.

scarification [skarifikasjɔ̃] n. f. Incision superficielle faite sur la peau, pour provoquer l'écoulement d'un peu de sang ou de sérosité.

scarifier [skarifje] v. t. (bas lat. *scarificare,* inciser). *Scarifier la peau,* y faire des incisions.

scarlatine [skarlatin] n. f. (du lat. *scarlatum,* écarlate). Maladie contagieuse et épidémique, caractérisée par la présence, sur la peau et les muqueuses, de plaques écarlates.

scarole [skarɔl] n. f. (lat. *escariola,* endive). Variété de salade.

scatologie [skatɔlɔʒi] n. f. (gr. *skôr, skatos,* excrément, et *logos,* discours). Genre de plaisanterie, de littérature où il est question d'excréments.

scatologique [skatɔlɔʒik] adj. Qui relève de la scatologie : *Propos scatologiques* (syn. GROSSIER, ORDURIER).

sceau [so] n. m. (lat. *sigillum,* de *signum,* marque). **1.** Cachet officiel sur lequel sont gravées les armes, l'effigie ou la devise d'un État, d'un souverain, d'une communauté, et dont on applique l'empreinte sur des actes ou des objets pour les authentifier, pour les clore d'une manière inviolable : *Le sceau de l'État, de l'Université, de l'Académie française.* — **2.** Empreinte de ce cachet sur de la cire : *Mettre, apposer son sceau.* — **3.** *Litt.* Ce qui donne une marque particulière, éminente; signe manifeste : *Récit marqué du sceau de la sincérité.* — **4.** *Confier qqch sous le sceau du secret,* à condition que le secret en sera bien gardé.

scélérat, e [selera] adj. et n. (du lat. *scelus, -eris,* crime). *Litt.* Qui a commis ou est capable de commettre un crime : *Mettre des scélérats dans l'impossibilité de nuire* (syn. BANDIT, CRIMINEL). ◆ adj. Se dit de ce qui est ignoble, criminel : *Ce décret est un acte scélérat.*

scélératesse [seleratɛs] n. f. Caractère, acte scélérat : *Être capable de toutes les scélératesses* (syn. MÉCHANCETÉ, PERFIDIE, BASSESSE).

scellement [sɛlmɑ̃] n. m. Action de sceller : *Faire un scellement au plâtre.*

sceller [sele] v. t. (lat. *sigillare*). **1.** *Sceller un acte officiel,* le marquer d'un sceau. — **2.** *Sceller une lettre,* la cacheter. — **3.** *Sceller un pacte, un engagement, une amitié,* les confirmer solennellement. — **4.** *Sceller qqch (dans qqch),* fixer l'extrémité d'une pièce de bois ou de métal dans une maçonnerie, un bloc, avec du plâtre, du ciment, du mortier, etc. : *Sceller des gonds, des crampons, des crochets dans une muraille.*

scellés [sele] n. m. pl. Bandes de papier ou d'étoffe que fixe, aux deux bouts, un cachet de cire revêtu d'un sceau officiel : *Les scellés sont apposés par autorité de justice sur les portes d'un appartement, d'un meuble pour empêcher qu'on ne les ouvre. Mettre, lever des scellés.*

scénario [senarjo] n. m. (mot it., de *scena,* scène) [pl. *scénarios*]. **1.** Rédaction des divers épisodes d'un film, sans aucune indication technique. — **2.** Déroulement programmé d'une action : *Le hold-up s'est déroulé selon le scénario habituel.*

scénariste [senarist] n. Auteur du scénario d'un film.

scène [sɛn] n. f. (lat. *scaena*). **1.** Partie d'un théâtre où jouent les acteurs : *Une scène vaste et bien éclairée. C'est la première fois que cette actrice paraît en scène.* — **2.** Ensemble des décors : *La scène représente un palais.* — **3.** Lieu où se passe l'action qu'on représente : *La scène est à Rome.* — **4.** Dans une pièce de théâtre, chacune des parties d'un acte, délimitée ordinairement par l'arrivée ou le départ de personnages. — **5.** Art dramatique : *Cet auteur a une parfaite connaissance de la scène. Les chefs-d'œuvre de la scène française.* — **6.** *Mettre sur la scène, porter à la scène une action, un personnage,* en faire le sujet d'une œuvre dramatique. ‖ *Mettre en scène,* au théâtre, au cinéma ou à la télévision, procéder à la réalisation et à la représentation sur une scène ou sur un plateau d'une œuvre de fiction ou d'un scénario. ‖ *Mise en scène,* organisation matérielle de la représentation d'une pièce, d'un film, etc.; attitude, présentation destinée à produire de l'effet : *La mise en scène des discours présidentiels.* — **7.** Événement auquel on assiste en simple spectateur : *Être témoin d'une scène attendrissante, bouleversante, pénible* (syn. SPECTACLE). — **8.** Emportement auquel on se livre : *Faire une scène à quelqu'un.*

scénique [senik] adj. Relatif à la scène, au théâtre : *Un effet scénique.*

scepticisme [sɛptisism] n. m. État d'esprit sceptique : *Elle accueillait cette information avec scepticisme.*

sceptique [sɛptik] adj. et n. (gr. *skeptikos,* qui observe). **1.** Qui doute par principe de ce qui n'est pas prouvé d'une manière évidente, incontestable : *Esprit sceptique.* — **2.** Qui se montre incrédule à l'égard d'un fait particulier, d'un résultat, etc. : *Cette nouvelle me laisse sceptique. Elle est très sceptique sur l'issue de votre entreprise.*

sceptre [sɛptr] n. m. (lat. *sceptrum;* du gr. *skêptron,* bâton). Bâton de commandement, insigne de la royauté.

schéma [ʃema] n. m. (lat. *schema,* manière d'être; du gr. *skhêma*). Dessin donnant une représentation simplifiée d'un objet, d'un phénomène : *Faire un schéma du système nerveux, de la circulation du sang.*

schématique [ʃematik] adj. **1.** Relatif à un schéma; de la nature du schéma : *Une coupe schématique de l'oreille.* — **2.** Réduit aux caractères essentiels : *Plan schématique* (syn. SIMPLIFIÉ; contr. DÉTAILLÉ). *Exposé schématique d'une doctrine.*

schématiquement [ʃematikmɑ̃] adv. De façon schématique : *Elle nous a indiqué schématiquement son affaire* (= en gros, dans les grandes lignes).

schématisation [ʃematizasjɔ̃] n. f. Action de schématiser.

schématiser [ʃematize] v. t. *Schématiser qqch,* le représenter ou l'exposer d'une façon schématique : *Tu as trop schématisé ton exposé;* sans compl. : *On peut, en schématisant, résumer tout cela en une phrase* (syn. RÉSUMER, SIMPLIFIER).

schématisme [ʃematism] n. m. Caractère schématique : *Le schématisme de ses opinions politiques ne laissait pas place au doute* (= la simplification extrême).

1. scherzo [skɛrdzo] n. m. (mot it.). Morceau de musique d'un caractère vif et brillant.

2. scherzo [skɛrdzo] ou **scherzando** [skɛrdzɑ̃do] adv. (mots it.). Indique qu'un morceau doit être exécuté rapidement et gaiement.

schilling [ʃiliŋ] n. m. (mot all.). Unité monétaire principale de l'Autriche.

schismatique [ʃismatik] adj. et n. Qui se sépare de la communion d'une Église.

schisme [ʃism] n. m. (gr. *skhisma,* division). **1.** Acte par lequel un groupe appartenant à une confession religieuse se sépare de celle-ci par refus de soumission à son autorité. — **2.** Division dans un groupement, dans un parti : *Schisme littéraire, philosophique, politique* (syn. DISSIDENCE, SCISSION).

schiste [ʃist] n. m. (gr. *skhistos,* fendu). Roche qui peut se diviser en feuillets, comme l'ardoise.

schisteux, euse [ʃistø] adj. De la nature du schiste : *Terrain schisteux. Roche schisteuse.*

schizophrène [skizɔfrɛn] adj. et n. Qui relève de la schizophrénie.

schizophrénie [skizɔfreni] n. f. (gr. *skhizein,* fendre, et *phrên, phrênos,* pensée). Maladie mentale caractérisée par une perturbation fondamentale des fonctions psychiques.

schlittage [ʃlitaʒ] n. m. Transport du bois au moyen de la schlitte.

schlitte [ʃlit] n. f. (all. *Schlitten,* traîneau). Traîneau spécial utilisé dans certaines régions pour descendre le bois des montagnes.

schlitteur [ʃlitœr] n. m. Conducteur d'une schlitte.

schuss [ʃus] n. m. (mot all. signif. *élan*). Descente directe à ski selon la ligne de plus grande pente. ◆ adv. *Descendre schuss, tout schuss,* directement et à toute allure.

sciage [sjaʒ] n. m. Action de scier : *Le sciage d'un tas de bois.*

sciatique [sjatik] n. f. (du gr. *iskhion,* hanche). Douleur qui se fait sentir aux hanches et le long des jambes (méd.).

scie [si] n. f. **1.** Outil, machine composés d'une lame, d'un ruban ou d'un disque d'acier portant une série de dents tranchantes et servant à débiter le bois, la pierre, les métaux, etc. : *Scie de menuisier, de charpentier. Affûter une scie. Scie circulaire* (= constituée par un disque d'acier à bord denté). *Scie à ruban* (= dont la lame est une sorte de courroie dentée tendue sur deux poulies). — **2.** *Scie musicale,* instrument constitué par une lame d'acier spécial, vibrant sous l'attaque d'un archet ou d'un marteau feutré. — **3.** *Fam.* Répétition fastidieuse : *Toujours le même refrain, ça commence à devenir une scie* (syn. RENGAINE). — **4.** *Fam.* Personne ou chose très ennuyeuse : *Encore lui! Quelle scie!*

sciemment [sjamɑ̃] adv. (du lat. *scire,* savoir). Avec pleine connaissance de ce qu'on fait : *J'ai sciemment laissé passer cette occasion* (syn. EXPRÈS, VOLONTAIREMENT).

science [sjɑ̃s] n. f. (lat. *scientia,* de *scire,* savoir). **1.** *Litt.* Connaissance approfondie de certaines choses, résultant de l'expérience, de la réflexion : *Cette psychologue a une science étendue du cœur humain.* — **2.** Système de connaissances ayant un objet déterminé et une méthode propre : *L'astronomie est une science.* — **3.** *La science,* l'ensemble des connaissances humaines sur la nature, l'homme, la société, la pensée, etc., acquises par la découverte des lois objectives des phénomènes : *La science n'a pas de patrie. Les découvertes, les réussites de la science. Les progrès, les applications de la science.* ◆ ***sciences*** n. f. pl. **1.** Ensemble de disciplines ayant trait à un même ordre de connaissances : *Les sciences physiques, mathématiques, naturelles, historiques, économiques.* — **2.** Par oppos. aux *lettres,* les mathématiques, la physique, la chimie, les sciences naturelles, l'astronomie : *Une élève douée pour les sciences. Préparer une licence de sciences.* — **3.** *Sciences appliquées,* recherches visant à utiliser les résultats scientifiques en vue d'applications techniques. ‖ *Sciences exactes,* les mathématiques et les sciences qui reposent sur le calcul. ‖ *Sciences expérimentales,* dont la méthode comporte le recours à l'expérience. ‖ *Sciences humaines,* qui ont pour objet de connaissance les différents aspects de l'homme et de la société (psychologie, sociologie, ethnologie, histoire, linguistique, etc.). ‖ *Sciences naturelles,* qui se sont formées à partir de l'étude de la nature (physique, chimie, géologie, botanique, zoologie, etc.).

science-fiction [sjɑ̃sfiksjɔ̃] n. f. Genre littéraire et cinématographique où le récit est situé dans l'avenir et dans l'espace extra-terrestre.

scientifique [sjɑ̃tifik] adj. **1.** Relatif à une science ou à la science : *Ouvrage scientifique. Nomenclature scientifique. Recherche scientifique.* — **2.** Qui a l'objectivité, la précision de la science : *Méthode scientifique.* ◆ adj. et n. Qui étudie les sciences physiques ou naturelles : *Une discussion entre des littéraires et des scientifiques.*

scientifiquement [sjɑ̃tifikmɑ̃] adv. De façon scientifique : *Aborder scientifiquement l'étude d'une question.*

scientisme [sjɑ̃tism] n. m. Doctrine selon laquelle la science fait connaître la nature intime des choses et permet de résoudre les problèmes philosophiques.

scientiste [sjɑ̃tist] adj. et n. Qui relève du scientisme.

scier [sje] v. t. (lat. *secare,* couper). **1.** Couper avec une scie : *Scier du bois, du marbre. Scier une planche.* — **2.** Fam. *Ça me scie, j'en suis scié,* j'en reste stupéfait.

scierie [siri] n. f. Usine où on débite le bois en planches à l'aide de scies mécaniques.

scieur [sjœr] n. m. Ouvrier dont le métier est de scier.

scinder [sɛ̃de] v. t. (lat. *scindere,* fendre). *Scinder qqch (groupe, abstrait),* le diviser, le fractionner : *Scinder un groupement en deux. Scinder une question.* ◆ ***se scinder*** v. pr. Se diviser : *Parti qui se scinde en deux groupes* (syn. SE SÉPARER).

scintillant, e [sɛ̃tijɑ̃] adj. Qui scintille : *Lumière scintillante.*

scintillation [sɛ̃tijasjɔ̃] n. f. Tremblement qu'on observe dans la lumière des étoiles.

scintillement [sɛ̃tijmɑ̃] n. m. Éclat de ce qui scintille : *Scintillement des pierres précieuses.*

scintiller [sɛ̃tije] v. i. (lat. *scintillare*) [sujet qqch] Briller en jetant par intermittence des éclats de lumière : *Les étoiles, les diamants scintillent* (syn. ÉTINCELER).

scion [sjɔ̃] n. m. (mot francique). Pousse de l'année, petit rejeton tendre et flexible d'un arbre.

scission [sisjɔ̃] n. f. (lat. *scissio*). Division, séparation survenue entre des personnes qui formaient une association, un parti, un syndicat.

scissionniste [sisjɔnist] adj. et n. Qui tend à provoquer une division : *Un groupe scissionniste.*

scissure [sisyr] n. f. (lat. *scissura,* de *scindere,* fendre). Fente naturelle à la surface de certains organes.

sciure [sjyr] n. f. Déchet en poussière qui tombe d'une matière qu'on scie : *De la sciure de marbre, de bois.*

sclérose [skleroz] n. f. (gr. *sklêrôsis,* durcissement). **1.** Durcissement pathologique d'un organe ou d'un tissu organique (méd.). — **2.** Incapacité d'évoluer, de s'adapter à une situation nouvelle, par suite d'inactivité, d'immobilisme : *Sclérose d'un parti.*

sclérosé, e [skleroze] adj. Atteint de sclérose : *Tissu sclérosé. Institution sclérosée.*

scléroser (se) [skleroze] v. pr. **1.** Se durcir sous l'effet de la sclérose : *Organe qui se sclérose.* — **2.** (sujet qqn, une collectivité) Perdre toute souplesse, se laisser aller à l'inertie, à l'immobilisme : *Administration qui se sclérose. Se scléroser dans ses habitudes* (syn. S'ENCROÛTER, SE FIGER, SE PARALYSER).

scolaire [skɔlɛr] adj. (du lat. *schola,* école). Relatif à l'école, à la vie des écoles, à l'enseignement qu'on y donne : *Bâtiments scolaires. Année scolaire. Programmes scolaires. Manuels scolaires.*

scolairement [skɔlɛrmɑ̃] adv. À la manière d'un écolier : *Traduire un texte trop scolairement.*

scolarisation [skɔlarizasjɔ̃] n. f. **1.** Action de scolariser : *La scolarisation des pays en voie de développement.* — **2.** Fréquentation des écoles : *Taux de scolarisation* (= pourcentage d'enfants qui suivent les cours d'un établissement scolaire par rapport à la population totale de même âge).

scolariser [skɔlarize] v. t. **1.** *Scolariser un pays, une région,* les pourvoir d'établissements scolaires. — **2.** *Scolariser un enfant,* le soumettre au régime scolaire : *De jeunes enfants non encore scolarisés.*

scolarité [skɔlarite] n. f. **1.** Fait de suivre régulièrement les cours dans un établissement d'enseignement : *La scolarité est obligatoire en France de six à seize ans. Sa scolarité a été perturbée par la maladie.* — **2.** Durée des études : *Le gouvernement a décidé de prolonger la scolarité.*

scoliose [skɔljoz] n. f. (gr. *skoliôsis,* de *skolios,* tortueux). Déviation latérale de la colonne vertébrale (méd.).

scolopendre [skɔlɔpɑ̃dr] n. f. (lat. *scolopendra;* mot gr.). **1.** Genre de mille-pattes. — **2.** Fougère à feuilles en fer de lance.

sconse [skɔ̃s] n. m. (angl. *skunk*). Fourrure d'un petit mammifère d'Amérique. (On écrit aussi SCONS, SCONCE, SKUNKS.)

scoop [skup] n. m. (mot angl.). Nouvelle importante donnée en exclusivité par une agence de presse, un journal.

scooter [skutɛ/ər] n. m. (mot angl.). Petite motocyclette à cadre ouvert, où le conducteur n'est pas assis à califourchon.

scootériste [skuterist] n. Qui conduit un scooter.

scorbut [skɔrbyt] n. m. (lat. *scorbutus*). Maladie résultant d'un manque de vitamines et qui se caractérise par des hémorragies, par la chute des dents et par l'altération des articulations.

scorbutique [skɔrbytik] adj. et n. Atteint du scorbut : *Symptômes scorbutiques. Soigner un scorbutique.*

score [skɔr] n. m. (mot angl. signif. *compte*). Nombre de points obtenus par chaque équipe ou chaque adversaire dans un match.

scorie [skɔri] n. f. (gr. *skôria*). Résidu provenant de la fusion des minerais métalliques, des métaux (syn. MÂCHEFER).

scorpion [skɔrpjɔ̃] n. m. (lat. *scorpio;* mot gr.). **1.** Animal qui porte en avant une paire de pinces et dont l'abdomen se termine par un aiguillon venimeux. — 2. (avec majusc.) Hutième signe du zodiaque correspondant à la période du 24 octobre au 22 novembre.

1. scotch [skɔtʃ] n. m. (mot angl. signif. *écossais*) [pl. *scotches*]. Whisky écossais.

2. Scotch [skɔtʃ] n. m. (marque déposée). Ruban adhésif transparent.

scotcher [skɔtʃe] v. t. Fixer au moyen de Scotch.

scotomiser [skɔtɔmize] v. t. Faire disparaître de sa conscience.

scout, e [skut] n. (mot angl.). Enfant, adolescent (garçon ou fille) qui fait partie de groupes où les exercices d'exploration et de découverte en pleine campagne constituent la base de l'activité physique, tout en étant destinés à la formation morale. ◆ adj. Relatif au scoutisme : *Un camp scout.*

scoutisme [skutism] n. m. Organisation regroupant les scouts : *Le scoutisme a connu un développement important en Grande-Bretagne et en France.*

Scrabble [skrabl] n. m. (nom déposé). Jeu de société consistant à remplir une grille au moyen de jetons portant des lettres, de façon à former des mots.

scribe [skrib] ou **scribouillard** [skribujar] n. m. (lat. *scriba,* de *scribere,* écrire). *Fam.* et *péjor.* Employé aux écritures.

1. script [skript] adj. inv. et n. m. (mot angl. signif. *écrit*). Système d'écriture simplifiée, où les lettres sont réduites à une combinaison de traits et de cercles : *Écriture script. Écrire en script.*

2. script [skript] n. m. Scénario de film découpé en scènes et accompagné des dialogues.

scripte [skript] n. m. ou f. (angl. *script*). Auxiliaire du metteur en scène de cinéma, chargé(e) de noter tous les détails techniques et artistiques de chaque prise de vues.

scripteur [skriptœr] n. m. (lat. *scriptor*). Personne qui écrit.

scrupule [skrypyl] n. m. (lat. *scrupulus,* petit caillou). **1.** Grande délicatesse de conscience, soit dans la vie morale, soit dans la vie professionnelle : *Une personne dénuée de tout scrupule. Une employée d'une exactitude poussée jusqu'au scrupule.* — **2.** Doute, hésitation qui empêche d'agir par crainte de commettre une faute : *Être arrêté par un scrupule. Vaincre ses scrupules. Ce scrupule lui fait honneur.* — **3.** *Se faire un scrupule de qqch,* hésiter à faire qqch par délicatesse de conscience.

scrupuleusement [skrypyløzmɑ̃] adv. De façon scrupuleuse : *Vérifier scrupuleusement un compte* (syn. ↓ MINUTIEUSEMENT).

scrupuleux, euse [skrypylø] adj. **1.** (avant ou, plus souvent, après le n.) Qui a des scrupules ou qui manifeste du scrupule : *On ne saurait être trop scrupuleux dès qu'il s'agit de la justice* (syn. ↓ CONSCIENCIEUX, ↓ HONNÊTE). *Une scrupuleuse honnêteté.* — **2.** (avant ou, plus souvent, après le n.) Qui témoigne d'une grande minutie : *Soins scrupuleux* (syn. MÉTICULEUX). *Scrupuleuse attention* (syn. ↓ MINUTIEUX).

scrutateur, trice [skrytatœr] adj. Qui scrute : *Un regard, un œil scrutateur.* ◆ n. Personne qui participe au dépouillement ou à la vérification d'un scrutin.

scruter [skryte] v. t. (lat. *scrutari,* fouiller). **1.** Examiner attentivement en cherchant à déceler qqch : *Scruter l'horizon* (syn. EXPLORER, INSPECTER, OBSERVER). — **2.** Chercher à pénétrer, à comprendre dans les détails : *Scruter les intentions de quelqu'un* (syn. SONDER).

scrutin [skrytɛ̃] n. m. (lat. *scrutinium,* examen). **1.** Vote émis au moyen de bulletins déposés dans une urne et comptés ensuite : *Ouvrir, fermer un scrutin. Faire connaître le résultat d'un scrutin.* — **2.** Ensemble des opérations qui constituent un vote ou une élection : *Scrutin à deux tours.* — **3.** Mode de votation : *Scrutin de liste* (= où on vote pour plusieurs candidats choisis sur une liste). *Scrutin majoritaire* (= dans lequel est élu le candidat ayant obtenu le plus grand nombre de voix). *Scrutin uninominal* (= où l'électeur ne vote que pour un candidat).

sculpté, e [skylte] adj. Orné de sculptures : *Armoire sculptée.*

sculpter [skylte] v. t. (lat. *sculpere,* d'après *sculpteur*). Façonner une œuvre d'art en taillant avec le ciseau dans le marbre, la pierre, le bois, le métal, etc. : *Sculpter une statue, un bas-relief. Sculpter un bloc de marbre.*

sculpteur [skyltœr] n. m. (lat. *sculptor*). Artiste qui sculpte. (On dit UNE FEMME SCULPTEUR.)

sculptural, e, aux [skyltyral] adj. **1.** Relatif à la sculpture : *Décoration sculpturale.* — **2.** Digne d'être sculpté : *Beauté sculpturale.*

sculpture [skyltyr] n. f. (lat. *sculptura*). **1.** Art de sculpter : *Pratiquer la sculpture sur pierre, sur métal. La sculpture monumentale.* — **2.** Œuvre du sculpteur : *Ébaucher, tailler, terminer une sculpture.*

se [sə] pron. pers. réfléchi de la 3e pers. (→ introduction PRONOMS PERSONNELS.)

séance [seɑ̃s] n. f. (de l'anc. fr. *seoir,* être assis). **1.** Réunion des membres d'une assemblée qui délibèrent ou travaillent ensemble : *Une séance de l'Académie. Présider une séance. Une séance animée, houleuse. La séance est ouverte, est levée* (= formules par lesquelles le président annonce que la séance est commencée, finie). — **2.** Durée de cette réunion : *Cette affaire a occupé le Sénat pendant deux séances.* — **3.** Temps qu'on passe à une occupation non interrompue, à un travail, avec d'autres personnes : *Séance de culture physique, de massage. Faire de longues séances à table.* — **4.** Réunion où on assiste à un concert, à un divertissement, à un spectacle : *Séance de cinéma. Séance récréative donnée par un groupe de jeunes* (syn. REPRÉSENTATION). — **5.** *Séance tenante,* immédiatement, sans délai : *Régler une affaire séance tenante.*

séant [seɑ̃] n. m. (de l'anc. fr. *seoir,* être assis). *Être, se mettre sur son séant,* être assis, s'asseoir.

seau [so] n. m. (lat. *sitellus*). **1.** Récipient cylindrique qui sert à recueillir et à transporter des liquides ou toutes sortes de matières : *Un seau en métal. Un seau à glace, à charbon.* — **2.** Contenu d'un seau : *Vider un seau d'eau.* — **3.** Fam. *Il pleut à seaux,* très fort.

sébacé, e [sebase] adj. (du lat. *sebum,* suif). *Matière sébacée,* sécrétion grasse, appelée aussi *sébum,* produite par des glandes de la peau dites *glandes sébacées*.

sébile [sebil] n. f. (orig. obscure). Petite coupe avec laquelle des mendiants demandent l'aumône.

séborrhée [sebɔre] n. f. Augmentation de la sécrétion des glandes sébacées (méd.).

sec, sèche [sɛk] adj. (lat. *siccus*). **1.** Dépourvu d'eau : *Sol, terrain sec* (syn. ARIDE). *Un endroit sec.* — **2.** Qui n'a pas ou qui a peu d'humidité : *Temps, climat sec. Un vent, un froid sec. Saison sèche* (= période de l'année où il ne pleut pas ou pendant laquelle les pluies sont rares). *Orage sec* (= qui n'est pas accompagné de pluie). — **3.** Qui a perdu son humidité, sa fraîcheur, qui a atteint une certaine consistance : *Du bois sec, des haricots secs* (contr. VERT). *Des herbes, des feuilles, des noix sèches. De la peinture qui n'est pas sèche. Plier du linge quand il est sec. Du pain qui est devenu sec* (syn. RASSIS ; contr. FRAIS). — **4.** Se dit d'un organe, d'une partie du corps dépourvus de sécrétions : *Avoir la peau sèche, les mains sèches* (contr. MOITE, HUMIDE), *la gorge sèche. Toux sèche* (= sans expectoration). — **5.** Se dit d'une substance alimentaire qui a été débarrassée de son humidité pour être conservée : *Des raisins secs. Du poisson sec. Gâteaux secs.* (= fabriqués industriellement, sans crème). — **6.** Qui est comme desséché, sans graisse, décharné : *Avoir des jambes minces et sèches* (syn. MAIGRE). *Une femme petite et sèche* (contr. DODU, GRASSOUILLET). *Un homme grand et sec ;* et substantiv. : *Un grand sec.* — **7.** Où on ne met pas d'eau : *Un apéritif sec. Prendre un whisky sec.* — **8.** *À pied sec,* sans se mouiller les pieds : *Passer un ruisseau à pied sec.* ‖ *À sec,* sans eau : *Un puits à sec.* ‖ Fam. *Avoir le gosier sec,* avoir soif. ‖ *Être au pain sec,* n'avoir que du pain comme seul aliment. ‖ *Mettre à sec,* assécher, tarir. ‖ *Mur de pierres sèches,* sans mortier ni ciment. — **9.** Qui manque de grâce, d'agrément, d'ornements : *Une narration bien sèche. Un style sec. Une lettre toute sèche. Un livre sec et ennuyeux.* — **10.** Qui manque de douceur, de moelleux : *Un tissu, un lainage sec. Un dessin, un coloris sec.* — **11.** Qui manque de sensibilité, qui ne se laisse pas attendrir : *Un cœur sec* (syn. DUR, FROID, INDIFFÉRENT). *Une personne sèche et égoïste. Parler à quelqu'un sur un ton sec* (syn. AUTORITAIRE, CASSANT ; contr. AIMABLE). *Un refus tout sec* (syn. DÉSOBLIGEANT). *Des manières sèches* (syn. BRUSQUE ; contr. ONCTUEUX). *Voix sèche* (syn. AIGRE). — **12.** *Avoir un atout, une carte sèche,* un atout, une carte qui n'est pas accompagnée d'une autre de la même couleur : *Elle a joué son atout sec.* ‖ *Bruit sec,* qui n'a pas de résonance, de prolongement. ‖ *Coup sec,* coup frappé vivement en retirant aussitôt la main ou l'instrument. ‖ Fam. *Être (à) sec,* sans argent. ‖ *Partie sèche,* au jeu, partie unique qui ne comporte pas de revanche. ‖ *Perte sèche,* sans compensation. ‖ *Vin sec,* vin blanc dont la fermentation a transformé tout le sucre en alcool (contr. DOUX). ◆ ***sec*** adv. **1.** De façon rude ou rapide : *Frapper sec. Démarrer sec.* — **2.** Fam. *Boire sec,* boire abondamment des boissons alcoolisées. — **3.** Pop. *Aussi sec,* immédiatement, sans hésiter : *Comme sa patronne l'attrapait pour son travail, aussi sec elle est partie de l'atelier.* — **4.** Fam. *Rester sec,* être incapable de répondre à une question (syn. RESTER COURT). ◆ n. m. Endroit sec : *Tenir des fruits au sec.*

sécant, e [sekɑ̃] adj. Se dit d'une ligne géométrique, d'un plan qui coupe une ligne, une surface, un volume.

sécante [sekɑ̃t] n. f. (du lat. *secare,* couper). Droite qui coupe une ligne.

sécateur [sekatœr] n. m. (du lat. *secare,* couper). Instrument de jardinier composé de deux lames croisées, épaisses et courbes, et servant à tailler les arbustes.

sécession [sesɛsjɔ̃] n. f. (lat. *secessio,* de *secedere,* se retirer). Action de se séparer d'une collectivité à laquelle on appartenait (syn. DISSIDENCE, SÉPARATION). [Se dit surtout d'une population qui se sépare d'une collectivité nationale.]

sécessionniste [sesɛsjɔnist] adj. et n. Qui fait sécession.

séchage [seʃaʒ] n. m. Action de sécher : *Le séchage du linge, du bois, du fourrage.*

sèche-cheveux [sɛʃʃəvø] n. m. inv. Appareil électrique servant à faire sécher les cheveux.

sèche-linge [sɛʃlɛ̃ʒ] n. m. inv. Machine à sécher le linge.

sèchement [sɛʃmɑ̃] adv. De façon brève et dure : *Répondre, refuser, répliquer sèchement* (syn. SEC).

sécher [seʃe] v. t. (lat. *siccare*) [c. **10**]. **1.** *Sécher qqch,* le rendre sec (sens 1, 3, 5) : *Le vent sèche les chemins. Sécher ses vêtements. Le soleil a séché la mare* (syn. ASSÉCHER, METTRE À SEC). *Sécher des viandes, des raisins.* — **2.** *Sécher les larmes, les pleurs de qqn,* le consoler. — **3.** Fam. *Sécher un cours,* ne pas y aller. ◆ v. i. **1.** (sujet qqch) Devenir sec, être privé d'eau, d'humidité : *Des fleurs qui sèchent par manque d'arrosage. Faire sécher des fruits, du poisson.* — **2.** (sujet une plante) *Sécher sur pied,* dépérir par manque d'humidité : *Arbre qui sèche sur pied ;* (sujet qqn) se consumer d'ennui, de tristesse. — **3.** *Fam.* (sujet qqn) Ne pas savoir répondre à une interrogation ni traiter une question.

sécheresse [seʃrɛs] n. f. **1.** État de ce qui est sec : *La sécheresse de la terre nuit à la végétation. La sécheresse de la langue est un signe de fièvre.* — **2.** Absence de pluie : *Une période de grande sécheresse.* — **3.** Brusquerie, froideur : *Répondre avec sécheresse. La sécheresse du cœur* (syn. INSENSIBILITÉ).

séchoir [seʃwar] n. m. **1.** Appareil ou support servant à faire sécher le linge. — **2.** Syn. de SÈCHE-CHEVEUX.

second, e [səgɔ̃] adj. (lat. *secundus*) [avant le n., excepté avec *livre, tome*] **1.** Se dit de qqch qui vient immédiatement après le premier dans l'ordre de l'espace, du temps : *Prendre la seconde rue à droite. Faire une chose pour la seconde fois. Second mariage. Elle entame la seconde année de son professorat* (syn. DEUXIÈME). — **2.** Se dit de qqn, de qqch qui vient après le premier dans l'ordre du rang, de la hiérarchie, de la valeur : *Une seconde vendeuse dans un magasin* (contr. PREMIER). *Enseigne de seconde classe, second maître* (grades de la marine). *Une personne de second plan. Obtenir le second prix, la seconde place. Billet de seconde classe. Ouvrage de second ordre* (= mineur). *Objet de second choix* (= défraîchi). — **3.** Se dit d'une chose qui s'ajoute à une autre : *Une seconde jeunesse* (syn. NOUVEAU). *L'habitude est une seconde nature. Seconde vue* (= faculté dont certaines personnes seraient douées et qui leur permettrait de connaître des événements dont elles ne sont pas les témoins). *État second* (= état pathologique de qqn qui agit momentanément comme dans un rêve). — **4.** En musique, se dit de qqn qui, dans l'exécution d'une composition vocale ou instrumentale, chante ou joue la partie la plus basse : *Un second ténor, un second violon.* ◆ n. **1.** Personne ou chose qui est au second rang : *Le second d'une liste. Être la seconde de sa classe.* — **2.** *Capitaine en second* (ou *second* n. m.), officier venant immédiatement après le commandant sur un navire de commerce. ‖ *En second,* sous les ordres d'un autre : *Commander en second.* — **3.** Personne qui en aide une autre dans un travail, une affaire : *Elle pourra réussir dans cette entreprise, elle a une brillante seconde* (syn. AUXILIAIRE, COLLABORATEUR).

secondaire [səgɔ̃dɛr] adj. **1.** Qui vient au second rang pour l'importance, l'intérêt, etc. : *Un rôle secondaire. Ce qu'elle vous a dit là, c'est secondaire* (= cela a peu d'importance). — **2.** *Enseignement secondaire* (ou *du second degré*), destiné aux enfants sortant de l'enseignement primaire. — **3.** *Secteur secondaire* → SECTEUR.

secondairement [səgɔ̃dɛrmɑ̃] adv. De façon secondaire, accessoire.

1. seconde [səgɔ̃d] n. f. (de *second*). **1.** Classe qui précède la première dans l'enseignement du second degré : *Élève de seconde.* — **2.** Abrév. de SECONDE CLASSE dans les véhicules de transport public : *Elle voyage en seconde. Prendre un billet de seconde.*

2. seconde [səgɔ̃d] n. f. (lat. [*minuta*] *secunda*, [minute] qui vient au second rang). **1.** Soixantième partie d'une minute (symb. s) : *Une montre qui indique les heures, les minutes et les secondes.* — **2.** Temps très court : *Une seconde, et je suis à vous.*

secondement [səgɔ̃dmɑ̃] adv. En second lieu, dans une énumération (syn. DEUXIÈMEMENT).

seconder [səgɔ̃de] v. t. *Seconder qqn*, l'aider dans un travail, dans une affaire : *Un directeur qui est bien secondé par ses collaborateurs* (syn. ASSISTER).

secouer [səkwe] v. t. (lat. *succutere*). **1.** *Secouer qqch, qqn*, le remuer fortement et à plusieurs reprises : *Secouer un tapis pour en ôter la poussière. Secouer la salade avant de l'assaisonner. Être secoué sur un bateau* (syn. BALLOTTER), *dans une voiture* (syn. CAHOTER). *Secouer la tête* (= la remuer en signe de doute, de refus ; syn. HOCHER). — **2.** *Secouer qqch*, s'en débarrasser par des mouvements brusques et répétés : *Secouer la poussière de ses vêtements.* — **3.** *Secouer qqn*, lui donner un choc physique ou moral : *La maladie, les mauvaises nouvelles qu'elle a reçues l'ont secouée* (syn. ÉBRANLER, ↑TRAUMATISER). — **4.** Fam. *Secouer qqn*, le réprimander, l'inciter au travail, à l'effort : *Il faut le secouer, autrement il ne ferait rien* (syn. BOUSCULER, HARCELER). — **5.** *Secouer sa torpeur, sa paresse*, s'animer, s'activer, travailler. ‖ *Secouer le joug*, s'affranchir d'une domination. ◆ ***se secouer*** v. pr. **1.** S'agiter fortement pour se débarrasser de qqch qui incommode : *Les chiens se secouent quand ils sont mouillés* (syn. S'ÉBROUER). — **2.** *Fam.* Ne pas se laisser aller à l'inertie, au découragement : *Allons, secouez-vous pour terminer votre ouvrage à temps.*

secourable [səkurabl] adj. Qui aime à secourir les autres : *Une personne secourable* (syn. BON, HUMAIN, OBLIGEANT).

secourir [səkurir] v. t. (lat. *succurrere*) [c. **29**] *Secourir qqn*, aider qqn en danger ou dans le besoin : *Secourir un blessé* (syn. ASSISTER, PORTER SECOURS À). *Secourir un ami dans la gêne.*

secourisme [səkurism] n. m. Ensemble des moyens qui peuvent être mis en œuvre pour porter secours aux personnes en danger et leur donner les premiers soins.

secouriste [səkurist] n. Membre d'une organisation de secours pour les victimes d'un accident, d'une catastrophe.

secours [səkur] n. m. **1.** Action de secourir qqn en danger, dans le besoin : *Aller, accourir, se porter au secours de quelqu'un. Demander du secours. Appeler quelqu'un à son secours. La blessée a succombé faute de secours.* — **2.** Aide financière, matérielle, fournie à qqn dans le besoin : *Distribuer des secours aux sinistrés.* — **3.** Moyens, méthodes à employer pour porter aide et assistance à qqn en danger : *Secours à donner en cas d'urgence. Secours aux blessés, aux noyés.* — **4.** Ce qui est utile dans une circonstance : *Sa mémoire lui a été d'un grand secours en cette occasion.* — **5.** *De secours*, destiné à servir en cas de nécessité : *Éclairage de secours* (= utilisé en cas de défaillance de l'éclairage normal). *Sortie de secours* (= issue supplémentaire prévue pour l'évacuation rapide d'une salle de spectacle, d'un véhicule de transport public, en cas d'incendie ou d'accident).

secousse [səkus] n. f. (du lat. *succussus*, secoué). **1.** Mouvement brusque qui agite un corps : *Une violente secousse* (syn. CHOC, ÉBRANLEMENT). *Une voiture qui s'arrête sans secousse* (syn. SACCADE). — **2.** Chacune des oscillations du sol dans un tremblement de terre : *Au cours de ce séisme, on a ressenti plusieurs secousses.* — **3.** Brusque et vive émotion qui ébranle les nerfs : *Ce deuil lui a causé une grande secousse.*

1. secret, ète [səkrɛ] adj. (lat. *secretus*). **1.** (après le n.) Qu'on tient caché, qui n'est connu que d'un petit nombre de personnes : *Un ordre secret. Des instructions secrètes. Documents, renseignements secrets* (syn. CONFIDENTIEL). *Menées, intrigues secrètes* (syn. CLANDESTIN). *Négociation, entrevue secrète. Une association, une société secrète. Agent secret* (= espion). — **2.** (après ou, parfois, avant le n.) Qui ne se manifeste pas, n'est pas apparent : *Charme secret* (syn. INVISIBLE). *Haine secrète. Vie secrète* (syn. INTÉRIEUR, INTIME). *Secret pressentiment. Une secrète envie. Nos plus secrètes pensées.* — **3.** (après le n.) Placé de façon à ne pas être vu : *Porte secrète. Escalier secret* (syn. DÉROBÉ). *Tiroir secret.* — **4.** (après le n.) Qui ne fait pas de confidences : *Cet homme ne parle à personne, il est très secret* (syn. RENFERMÉ).

2. secret [səkrɛ] n. m. (lat. *secretum*, chose secrète). **1.** Ce qui doit être tenu caché, ce qu'il ne faut dire à personne : *Confier un secret à quelqu'un. Dévoiler, divulguer, ébruiter, livrer, trahir un secret.* — **2.** Discrétion, silence sur une chose confiée : *Les négociations ont été menées dans le plus grand secret. Elle nous a demandé de garder le secret.* — **3.** Ce qu'il y a de plus caché, de plus intime : *Pénétrer dans le secret des cœurs, des consciences* (syn. REPLIS, TRÉFONDS). — **4.** Moyen caché, ou connu d'un petit nombre de personnes, pour réussir qqch, pour atteindre un but : *Le secret pour plaire. Le secret du bonheur* (syn. RECETTE ; fam. TRUC). *Donner, communiquer un secret de fabrication* (syn. PROCÉDÉ). — **5.** Mécanisme caché qu'il faut manœuvrer d'une certaine manière, ou combinaison qu'il faut connaître : *Une serrure à secret. Connaître le secret d'un coffre-fort.* — **6.** Lieu isolé dans une prison : *Mettre un prisonnier au secret.* — **7.** *C'est mon secret*, se dit à qqn pour refuser de lui donner connaissance de qqch. ‖ *En secret*, sans témoin : *Recevoir quelqu'un en secret* (syn. EN CACHETTE, EN CATIMINI). ‖ *Être dans le secret, le secret des dieux*, être dans la confidence d'une affaire. ‖ *Ne pas avoir de secret pour qqn*, ne rien lui cacher. ‖ *Secret de Polichinelle*, ce qui est connu de tous et dont on veut faire un secret. ‖ *Secret professionnel*, interdiction légale de divulguer un secret dont on a eu connaissance dans l'exercice de ses fonctions.

1. secrétaire [səkretɛr] n. (de *secret*). **1.** Personne capable d'écrire sous la dictée de qqn ou de rédiger, de classer sa correspondance, de répondre au téléphone : *Une secrétaire sténodactylo. Une secrétaire-comptable.* — **2.** Personne qui assiste un directeur, un chef de service, etc., et qui, en partic., est chargée de la correspondance, des rendez-vous, des préparations de séances de travail, etc. : *Elle est secrétaire de direction.* — **3.** Personne qui assiste le président d'une assemblée, qui rédige certaines pièces ou qui est chargée de l'organisation et du fonctionnement d'un groupe : *Secrétaire de l'Assemblée nationale, du Sénat. Secrétaire d'une association sportive.* — **4.** *Secrétaire d'État*, homme politique pourvu d'un département ministériel ; titre donné au ministre des Affaires étrangères des États-Unis, au cardinal chargé des rapports extérieurs au Vatican. ‖ *Secrétaire général*, fonctionnaire ou employé chargé de la direction, de l'organisation des services de certaines assemblées, d'organismes publics ou privés, de sociétés. || *Secrétaire de mairie,* personne chargée, sous la responsabilité du maire, des tâches administratives de la commune. || *Secrétaire de rédaction* (d'un journal, d'une revue), auxiliaire du rédacteur en chef, qui revoit les articles, assure la mise en pages.

2. secrétaire [səkretɛr] n. m. Meuble à tiroirs où on range des papiers, et ordinairement pourvu d'un panneau qui, rabattu, sert de table à écrire.

secrétairerie [səkretɛrri] n. f. *Secrétairerie d'État,* organisme administratif que dirige le cardinal secrétaire d'État, au Vatican.

secrétariat [səkretarja] n. m. **1.** Profession, emploi de secrétaire : *École de secrétariat.* — **2.** Bureau où travaillent des secrétaires : *S'adresser au secrétariat.*

secrètement [səkrɛtmɑ̃] adv. En secret : *Avertir quelqu'un secrètement* (syn. CONFIDENTIELLEMENT). *Voyager secrètement dans un pays* (syn. INCOGNITO). *Agir secrètement* (syn. CLANDESTINEMENT). *Quitter secrètement un pays* (syn. FURTIVEMENT, À LA DÉROBÉE).

sécréter [sekrete] v. t. (c. **10**). **1.** (sujet un organe) Produire une sécrétion : *Le foie sécrète la bile.* — **2.** (sujet qqn, qqch) *Sécréter qqch (abstrait),* le répandre autour de soi : *Cette personne, cet endroit sécrète l'ennui* (syn. DISTILLER).

sécréteur, trice [sekretœr] adj. Qui produit une sécrétion; qui sert à une sécrétion : *Glande sécrétrice. Canal sécréteur.*

sécrétion [sekresjɔ̃] n. f. (lat. *secretio,* dissolution). **1.** Opération par laquelle les cellules d'un organisme animal ou végétal élaborent des substances qui sont évacuées : *La sécrétion salivaire. Le latex, les matières résineuses, les essences sont des produits de la sécrétion végétale.* — **2.** Substance ainsi produite : *Sécrétion abondante.*

sectaire [sɛktɛr] n. et adj. Personne qui fait preuve d'intolérance et d'étroitesse d'esprit à l'égard des opinions religieuses ou politiques des autres : *Il est impossible de discuter avec lui de problèmes religieux : c'est un sectaire. Un esprit sectaire* (syn. INTOLÉRANT).

sectarisme [sɛktarism] n. m. Caractère sectaire (syn. INTOLÉRANCE).

secte [sɛkt] n. f. (lat. *secta,* de *sequi,* suivre). **1.** Ensemble de personnes qui se sont détachées d'une orthodoxie religieuse : *La secte des mormons.* — **2.** Petit groupe animé par une idéologie doctrinaire.

secteur [sɛktœr] n. m. (lat. *sector,* qui coupe). **1.** *Secteur de cercle,* ou *secteur circulaire,* en géométrie, surface comprise entre un arc et les rayons qui aboutissent à ses deux extrémités. — **2.** Zone d'action d'une unité militaire (en général une division) : *Un secteur calme.* — **3.** *Fam.* Endroit quelconque : *Qu'est-ce que tu viens faire dans ce secteur?* — **4.** Subdivision administrative d'une ville (circonscription électorale, services municipaux, etc.) : *Se présenter aux élections dans le sixième secteur de Paris.* — **5.** Subdivision d'un réseau de distribution d'électricité : *Dans ce secteur, il y a souvent des coupures de courant. Panne de secteur.* — **6.** Partie, aspect particulier d'un ensemble; domaine : *Un secteur clé de l'industrie. Secteur d'activité. Secteur économique.* — **7.** *Secteurs primaire, secondaire, tertiaire,* divisions de l'activité économique d'un pays : *Le secteur primaire comprend les mines, la pêche et l'agriculture, le secteur secondaire concerne l'industrie, et le secteur tertiaire recouvre le commerce, les transports et l'Administration.* || *Secteur privé,* ensemble des entreprises appartenant à des propriétaires, à des sociétés. || *Secteur public,* ensemble des entreprises dépendant de l'État.

section [sɛksjɔ̃] n. f. (lat. *sectio, -onis,* division). **1.** Action de couper; endroit où une chose est coupée : *La section d'un os, d'un tendon, d'une tige.* — **2.** Division ou subdivision d'une œuvre écrite : *Un chapitre divisé en deux sections.* — **3.** Division du parcours d'une ligne d'autobus : *Un trajet de quatre sections.* — **4.** Division administrative d'une ville, d'un tribunal, d'une académie, d'un établissement d'enseignement, etc. : *Une section du Conseil d'État. Sections littéraire et scientifique. Section de vote* (= ensemble des électeurs qui votent dans un même bureau; local où est organisé ce bureau). — **5.** Dans l'armée, subdivision d'une compagnie, d'une batterie qui comprend de trente à quarante hommes : *Commander une section.*

sectionnement [sɛksjɔnmɑ̃] n. m. Action de sectionner : *Le sectionnement d'une artère.*

sectionner [sɛksjɔne] v. t. **1.** Diviser par sections : *Sectionner une ville, un département en circonscriptions électorales* (syn. FRACTIONNER). — **2.** Couper net, surtout accidentellement : *Avoir les doigts sectionnés par une scie. Le choc a sectionné les fils électriques.*

sectoriel, elle [sɛktɔrjɛl] adj. Relatif à un secteur : *Cette grève a eu pour point de départ des revendications sectorielles* (= relatives à un secteur d'activité).

sectoriser [sɛktɔrize] v. t. Répartir entre plusieurs secteurs géographiques.

séculaire [sekylɛr] adj. (lat. *saecularis,* de *saeculum,* siècle). **1.** Qui a lieu tous les cent ans : *Une cérémonie séculaire.* — **2.** Qui date, qui existe depuis un ou plusieurs siècles : *Arbre séculaire* (syn. CENTENAIRE). *Coutume, préjugé séculaire.*

sécularisation [sekylarizasjɔ̃] n. f. Action de séculariser : *La sécularisation d'un couvent.*

séculariser [sekylarize] v. t. **1.** *Séculariser qqn,* rendre à la vie laïque qqn qui appartient à la vie ecclésiastique. — **2.** *Séculariser des biens,* transférer les biens d'une communauté religieuse au domaine de l'État : *Les biens du clergé ont été sécularisés en 1789.*

séculier, ère [sekylje] adj. (du lat. *saeculum,* siècle). *Prêtre, clergé séculier,* qui ne vit pas en communauté (contr. RÉGULIER).

secundo [səgɔ̃do] adv. (mot lat.). En second lieu, deuxièmement. (Après un premier terme introduit par *primo.*)

sécurisant, e [sekyrizɑ̃] adj. Qui sécurise : *Un milieu sécurisant.*

sécuriser [sekyrize] v. t. *Sécuriser qqn,* lui donner un sentiment de sécurité, le mettre en confiance : *Les jeunes ont besoin d'être sécurisés sur leur avenir.*

sécurité [sekyrite] n. f. (lat. *securitas,* de *securus,* sûr). **1.** Situation où on n'a aucun danger à craindre : *Croyez-vous que nous soyons en sécurité dans cet abri?* — **2.** Tranquillité d'esprit qui résulte du sentiment qu'on n'a rien à craindre : *Dormir en toute sécurité.* — **3.** *Sécurité sociale,* ensemble des mesures collectives qui ont pour objet de garantir les individus et leur famille contre certains risques sociaux; ensemble des organismes chargés d'appliquer ces mesures. — **4.** *De sécurité,* se dit d'un objet, d'un appareil destiné à empêcher un accident ou à en atténuer les conséquences : *Dispositif, système de sécurité. Ceinture de sécurité.*

sédatif, ive [sedatif] adj. et n. m. (du lat. *sedare,* calmer). Se dit d'un médicament qui calme la douleur ou apaise l'excitation : *Prendre des sédatifs* (syn. CALMANT, ANALGÉSIQUE, TRANQUILLISANT).

sédentaire [sedɑ̃tɛr] adj. et n. (du lat. *sedere,* être assis). **1.** Qui demeure ordinairement assis : *Vous ne prenez pas assez d'exercice, vous êtes trop sédentaire.* — **2.** Qui se tient presque toujours chez soi, qui sort ou voyage peu : *En vieillissant, on devient sédentaire* (syn. CASANIER; fam. PANTOUFLARD). — **3.** Se dit d'une population dont l'habitat est fixe (par oppos. à *nomade*). ◆ adj. Qui ne comporte ou n'exige pas de déplacements : *Vie sédentaire. Profession, emploi sédentaire.*

sédentariser [sedɑ̃tarize] v. t. Rendre sédentaire.

sédentarité [sedɑ̃tarite] n. f. Caractère sédentaire.

sédiment [sedimɑ̃] n. m. (lat. *sedimentum*, affaissement). Dépôt naturel laissé sur le sol par les eaux, le vent, etc.

sédimentaire [sedimɑ̃tɛr] adj. Relatif aux sédiments : *Les roches sédimentaires sont formées de débris minéraux ou organiques.*

sédimentation [sedimɑ̃tasjɔ̃] n. f. **1.** En géologie, formation de sédiments. — **2.** *Vitesse de sédimentation*, vitesse à laquelle s'effectue le dépôt des globules rouges du sang, et qui permet de mesurer l'importance d'une inflammation.

séditieux, euse [sedisjø] adj. et n. (lat. *seditiosus*). Qui prend part à une sédition ou tend à la provoquer; en révolte contre l'autorité : *Journaliste séditieux. Des discours, des écrits séditieux. Un attroupement de séditieux* (syn. FACTIEUX).

sédition [sedisjɔ̃] n. f. (lat. *seditio*). Révolte contre l'autorité établie : *Fomenter une sédition* (syn. INSURRECTION, SOULÈVEMENT).

séducteur, trice [sedyktœr] adj. et n. Qui séduit, attire de façon irrésistible : *Un pouvoir séducteur.* ◆ ***séducteur*** n. m. Homme qui séduit des femmes ou des jeunes filles : *Tomber dans les filets, les pièges d'un séducteur* (syn. DON JUAN, HOMME À FEMMES).

séduction [sedyksjɔ̃] n. f. Action de séduire : *La séduction des richesses, du pouvoir.*

séduire [sedɥir] v. t. (lat. *seducere*, conduire à l'écart) [c. **70**]. **1.** Litt. *Séduire une femme, une jeune fille*, l'amener à des relations sexuelles hors du mariage (vieilli) : *Il a épousé la jeune fille qu'il avait séduite* (syn. ABUSER DE, DÉSHONORER). — **2.** (sujet qqn, qqch) *Séduire qqn*, l'attirer, le gagner d'une façon irrésistible : *Ses manières, le charme de sa parole ont séduit le public* (syn. CHARMER, FASCINER). *Cette vie de bureaucrate ne la séduisait guère* (syn. TENTER, PLAIRE).

séduisant, e [sedɥizɑ̃] adj. **1.** Qui plaît, qui attire par sa beauté, son charme : *Un homme séduisant, une femme séduisante* (syn. BEAU, CHARMANT). — **2.** Propre à tenter qqn, à gagner son adhésion : *Offre, promesse, proposition séduisante* (syn. ATTRAYANT, AFFRIOLANT, CAPTIVANT).

segment [sɛgmɑ̃] n. m. (lat. *segmentum*, morceau coupé). *Segment de droite*, portion de droite limitée par deux points.

segmentation [sɛgmɑ̃tasjɔ̃] n. f. Division en segments (syn. FRACTIONNEMENT).

segmenter [sɛgmɑ̃te] v. t. Partager en segments : *Segmenter une barre de fer* (syn. COUPER, DIVISER).

ségrégation [segregasjɔ̃] n. f. (lat. *segregatio*, de *grex, gregis*, troupeau). *Ségrégation raciale*, action de séparer, à l'intérieur d'un même pays, des personnes d'origines ou de races différentes, en leur refusant certains droits civils ou politiques (syn. DISCRIMINATION RACIALE).

ségrégationnisme [segregasjɔnism] n. m. Politique de ségrégation raciale.

ségrégationniste [segregasjɔnist] adj. et n. Qui relève du ségrégationnisme : *Des mesures ségrégationnistes.*

seiche [sɛʃ] n. f. (lat. *sepia*). Mollusque vivant près des côtes, dont la tête porte des tentacules à ventouses et qui projette un liquide noir lorsqu'il est attaqué : *L'os de seiche, qu'on donne aux oiseaux pour s'aiguiser le bec, est la coquille interne de la seiche.*

séide [seid] n. m. (ar. *Zayd*, n. d'un affranchi de Mahomet). Homme aveuglément dévoué à un chef (soutenu) [syn. FANATIQUE, PARTISAN].

seigle [sɛgl] n. m. (lat. *secale*, ce qu'on coupe). Céréale cultivée dans les régions nordiques, dans les montagnes et sur les terrains pauvres.

seigneur [sɛɲœr] n. m. (lat. *senior*, plus âgé). **1.** Au Moyen Âge et sous l'Ancien Régime, propriétaire féodal, personne noble de haut rang. — **2.** *Faire le grand seigneur, se donner des airs de grand seigneur, vivre en grand seigneur*, se montrer très généreux, dépenser sans compter. ‖ *Notre-Seigneur*, Jésus-Christ.

seigneurial, e, aux [sɛɲœrjal] adj. Qui appartient à un seigneur.

sein [sɛ̃] n. m. (lat. *sinus*, pli). **1.** *Litt.* Partie du corps qui s'étend depuis le bas du cou jusqu'au creux de l'estomac : *Presser quelqu'un sur son sein* (syn. POITRINE). — **2.** Chacune des mamelles de la femme : *Elle ressent une douleur au sein gauche. Donner le sein à un enfant* (= lui donner à téter; syn. ALLAITER). — **3.** *Litt.* Ventre de la femme, où elle porte l'enfant qu'elle a conçu (syn. ENTRAILLES). — **4.** Partie interne : *Le sein de la terre, de l'océan.* ‖ *Au sein de*, au milieu de : *Vivre au sein de sa famille.*

seing [sɛ̃] n. m. (lat. *signum*, signe). *Acte sous seing privé*, acte juridique qui n'a pas été signé devant un notaire (contr. ACTE AUTHENTIQUE).

séisme [seism] n. m. (gr. *seismos*, tremblement de terre). Secousse qui ébranle le sol sur une étendue plus ou moins grande (syn. TREMBLEMENT DE TERRE).

seize [sɛz] adj. num. cardin. inv. (lat. *sedecim*). **1.** Nombre qui suit immédiatement quinze. — **2.** Seizième : *Louis seize.* ◆ n. m. inv. Chiffre, numéro, etc., qui représente ce nombre.

seizième [sɛzjɛm] adj. num. ordin. et n. **1.** Qui occupe un rang marqué par le numéro seize. — **2.** Qui se trouve seize fois dans le tout.

seizièmement [sɛzjɛmmɑ̃] adv. En seizième lieu.

séjour [seʒur] n. m. Fait, pour qqn, de séjourner dans un endroit; temps qu'il y séjourne : *Faire un long, un bref séjour à la campagne.* ‖ *Salle de séjour* → SALLE.

séjourner [seʒurne] v. i. (bas lat. *subdiurnare*, durer un certain temps) [sujet qqn, qqch] Rester pendant un certain temps dans un endroit, dans un espace : *Notre amie a séjourné un an en Angleterre* (syn. HABITER). *À la suite des inondations, l'eau a séjourné plusieurs jours dans les caves.*

sel [sɛl] n. m. (lat. *sal*). **1.** Substance blanche ou incolore, friable, soluble dans l'eau, d'un goût piquant, qui sert à l'assaisonnement et à la conservation des aliments : *Des cristaux de gros sel, du sel fin. Ce potage est fade, il manque de sel. Sel gemme, sel marin.* — **2.** Ce qu'il y a de piquant, de spirituel dans un écrit, dans une conversation : *Une plaisanterie pleine de sel.* ◆ ***sels*** n. m. pl. Ce qu'on fait respirer à qqn qui est évanoui pour le ranimer.

sélect, e [selɛkt] adj. (mot angl.). Se dit des personnes, des milieux qui n'admettent que des gens choisis, distingués : *Des réunions très sélectes* (syn. CHIC, ÉLÉGANT). [Certains l'écrivent *select* et en font un adj. inv. en genre.]

sélecteur [selɛktœr] n. m. Dispositif permettant de choisir une voie de transmission.

sélectif, ive [selɛktif] adj. **1.** Fondé sur un choix : *Classement, recrutement sélectif. Méthode sélective.* — **2.** Se dit d'un appareil de radio qui opère une bonne séparation des ondes de fréquences voisines.

sélection [selɛksjɔ̃] n. f. (lat. *selectio,* tri). **1.** Action de choisir les personnes les plus aptes à une fonction, les choses qui conviennent le mieux à un usage : *Faire une sélection parmi des candidats à un emploi* (syn. CHOIX). — **2.** Ensemble des personnes, des choses ainsi choisies : *Une sélection d'athlètes pour les jeux Olympiques. Ce peintre a envoyé pour le Salon une sélection de ses toiles* (syn. CHOIX). *Une sélection des œuvres d'un écrivain* (syn. ANTHOLOGIE). — **3.** Choix d'animaux reproducteurs en vue de l'amélioration d'une race. — **4.** *Sélection naturelle,* survivance des espèces animales ou végétales les mieux adaptées, aux dépens des moins aptes.

sélectionné, e [selɛksjɔne] adj. et n. Se dit d'un sportif choisi pour représenter un club, un pays.

sélectionner [selɛksjɔne] v. t. Choisir par sélection : *Sélectionner des élèves pour un concours* (syn. CHOISIR). *Sélectionner des joueurs pour un match international. Sélectionner des graines pour la semence.*

sélectionneur [selɛksjɔnœr] n. m. Dirigeant sportif chargé de désigner des joueurs pour former une équipe officielle.

sélectivement [selɛktivmɑ̃] adv. De manière sélective.

sélectivité [selɛktivite] n. f. Qualité sélective d'un appareil de radio : *Un poste de radio qui manque de sélectivité.*

self-control [sɛlfkɔ̃trol] n. m. (mot angl.). Maîtrise de soi.

self-made man [sɛlfmɛdman] n. m. (mots angl.) [pl. *self-made men*]. Homme qui est arrivé à sa situation matérielle et sociale par ses seuls efforts, qui ne doit sa réussite qu'à lui-même.

self-service ou **self** [sɛlf(sɛrvis)] n. m. (de l'angl. *self,* soi-même, et *service*) [pl. *self-services*]. Syn. de LIBRE-SERVICE.

selle [sɛl] n. f. (lat. *sella,* siège). **1.** Siège posé sur le dos d'un cheval, d'un mulet, d'un âne, pour la commodité du cavalier : *Sauter en selle.* — **2.** Petit siège de cuir en forme de triangle, muni de ressorts et adapté à une bicyclette, à une motocyclette. — **3.** Escabeau surmonté d'un plateau tournant, sur lequel le sculpteur pose le bloc qu'il modèle. — **4.** *Selle de mouton, d'agneau, de chevreuil,* etc., partie de la bête qui s'étend des premières côtes au gigot. — **5.** *Cheval de selle,* propre à être monté par un cavalier. ‖ *Être bien en selle,* être bien placé sur son cheval; *fam.,* être bien affermi dans son emploi, dans sa place. ‖ *Remettre qqn en selle,* le rétablir dans sa situation. — **6.** *Aller à la selle,* aller aux cabinets. ◆ ***selles*** n. f. pl. Excréments humains.

seller [sɛle] v. t. *Seller une monture,* mettre une selle sur le dos d'un cheval, d'un mulet, etc.

sellerie [sɛlri] n. f. **1.** Commerce, industrie du sellier. — **2.** Ensemble des selles et des harnais; local où ils sont rangés.

sellette [sɛlɛt] n. f. **1.** Petit siège de bois sur lequel on faisait asseoir un accusé pour un dernier interrogatoire avant l'application de la peine. — **2.** Petite selle de sculpteur. — **3.** Petit siège suspendu à une corde à l'usage de certains ouvriers du bâtiment. — **4.** *Être sur la sellette,* être celui dont on parle, dont on juge les paroles ou les actions. ‖ *Mettre qqn sur la sellette,* le presser de questions pour lui faire dire ce qu'il veut tenir secret.

sellier [sɛlje] n. m. Fabricant ou marchand de selles et de tout ce qui concerne l'équipement des chevaux.

selon [səlɔ̃] prép. (bas lat. *sublongum,* le long de). **1.** Conformément à : *Elle a agi selon vos désirs* (syn. SUIVANT). — **2.** En proportion de, eu égard à : *Traiter les gens selon leur mérite* (syn. D'APRÈS). *Dépenser selon ses moyens.* — **3.** Suivant l'opinion de : *Selon telle personne. Selon les journaux, le mauvais temps ne devrait pas durer. Selon moi* (= d'après ce que je pense). — **4.** Du point de vue de : *Selon toute apparence, selon toute vraisemblance.* — **5.** En fonction de : *Selon les cas. Selon les circonstances* (syn. SUIVANT). — **6.** Fam. *C'est selon,* cela dépend des circonstances, des dispositions des personnes : *« Pensez-vous qu'elle gagne son procès? — C'est selon. »* ‖ *Selon que* (+ *ind.*), suivant que : *Selon que vous travaillerez ou non, vous gagnerez plus ou moins.*

semailles [səmaj] n. f. pl. Action de semer : *Les semailles se font au printemps ou en automne pour le blé, l'orge, l'avoine;* époque où on sème : *Au moment des semailles et de la moisson, il y a beaucoup de travail à la campagne.*

semaine [səmɛn] n. f. (lat. *septimana,* espace de sept jours). **1.** Ensemble de sept jours dans l'ordre du calendrier : *Partir à la campagne en fin de semaine* (= samedi et dimanche; syn. LE WEEK-END). *Elle est revenue au début de la semaine dernière* (= lundi ou mardi). *Le mardi de la semaine prochaine.* — **2.** Ensemble des jours ouvrables pendant cette période : *La semaine légale est de quarante heures. Avoir une semaine chargée* (= avoir beaucoup de travail pendant cette durée). — **3.** Période de sept jours, quel que soit le jour de départ : *Prendre une semaine de congé du mercredi 14 au mercredi 21.* — **4.** Salaire touché par celui qui est payé à la semaine. — **5.** *À la petite semaine,* sans plan d'ensemble, en usant d'expédients. ‖ *En semaine,* pendant la période des six premiers jours de la semaine, par oppos. au *dimanche.* ‖ *Être de semaine,* être chargé de certaines fonctions pendant une semaine : *Surveillant de semaine.* ‖ *Semaine anglaise,* semaine de travail où, au congé du dimanche, s'ajoute le samedi après-midi qui précède. ‖ *Semaine sainte,* qui précède le jour de Pâques. (→ HEBDOMADAIRE.)

sémanticien, enne [semɑ̃tisjɛ̃] n. Spécialiste de sémantique.

sémantique [semɑ̃tik] n. f. (gr. *sêmantikos,* de *sêma,* signe). Étude du sens (ou contenu) des mots et des énoncés, par opposition à l'étude des formes *(morphologie)* et à celle des rapports entre les termes dans la phrase *(syntaxe).* ◆ adj. Qui relève de la sémantique : *L'analyse sémantique.*

sémantiquement [semɑ̃tikmɑ̃] adv. Sur le plan sémantique.

sémaphore [semafɔr] n. m. (gr. *sêma,* signe, et *phoros,* qui porte). Dans les chemins de fer, dans le balisage des côtes, etc., appareil servant à faire les signaux nécessaires à la sécurité de la circulation.

semblable [sɑ̃blabl] adj. (lat. *similis*). **1.** (après le n.) *Semblable (à qqn, qqch),* se dit d'êtres animés ou de choses qui se ressemblent par la nature, la qualité, l'apparence : *Il est difficile de rencontrer deux personnes aussi semblables* (syn. COMPARABLE). *Une maison semblable à celle qui lui est contiguë. Que faire dans un cas semblable?* (syn. ANALOGUE). *Rester semblable à soi-même* (= ne pas changer). *Elle s'est déjà trouvée dans des circonstances semblables* (syn. IDENTIQUE). *On n'a jamais rien vu de semblable* (syn. PAREIL). — **2.** (avant le n.) De cette nature : *Pourquoi tenir de semblables propos?* (= de tels). ◆ n. m. (+ possessif) Être humain, considéré par rapport aux autres : *Aimer, aider ses semblables. Avoir pitié de ses semblables.*

semblablement [sɑ̃blabləmɑ̃] adv. De façon semblable : *Des êtres semblablement organisés* (syn. PAREILLEMENT).

semblant [sɑ̃blɑ̃] n. m. **1.** *Un semblant de,* une apparence de : *Il y a un semblant de vérité dans la déposi-*

tion de l'accusé. — **2.** *Faire semblant (de + inf.),* donner l'apparence (de) : *Elle faisait semblant d'écouter* (syn. FEINDRE). *Je ne dormais pas, je faisais seulement semblant* (syn. SIMULER). ‖ Fam. *Ne faire semblant de rien,* feindre l'indifférence ou l'inattention pour dissimuler ses projets.

sembler [sɑ̃ble] v. i. (lat. *simulare*) [sujet qqn, qqch] *Sembler* (+ *attribut* ou + *inf.*), avoir une certaine apparence, donner une certaine impression : *Vous me semblez fatigué, vous devriez vous reposer* (syn. AVOIR L'AIR). *Cette couleur semble un peu vive* (syn PARAÎTRE). *Quand le train roule, le paysage semble se déplacer* (= donne l'impression de). *Chaque minute lui semblait durer une heure* (syn. PARAÎTRE). ◆ v. impers. **1.** *Il (me, nous, te, vous, lui, leur) semble* (+ *attribut*), exprime une opinion, un jugement : *Il semble imprudent d'aller plus loin. Il me semble inutile de vous en dire davantage.* ‖ *Sembler bon,* être agréable, plaire : *Il leur a semblé bon de partir à l'étranger. Je travaille si (comme, quand) bon me semble* (= si cela me plaît, ou, *fam.*, me chante). — **2.** *Il me (te, nous, vous, lui, leur) semble que* (+ *ind.* ou *subj.*), *il ne me semble pas que* (+ *subj.*), *il me* (*te,* etc.) *semble* (+ *inf.*), je crois, j'ai l'impression que : *Il me semble que vous vous trompez. Il me semble qu'il fasse plus chaud aujourd'hui qu'hier. Il ne me semble pas qu'on puisse agir autrement. Il me semble voir sa mère quand je vois cette femme.* — **3.** *Ce me semble, me semble-t-il, à ce qu'il me semble,* à mon avis, selon moi : *J'ai bien le droit, me semble-t-il, de vous dire que je n'approuve pas votre conduite.* ‖ Litt. *Que vous en semble, que vous semble-t-il de,* que pensez-vous (de) : *Que vous semble-t-il de cette affaire ?*

semé, e [səme] adj. *Semé de,* plein de, parsemé de : *Une route semée de trous. Une dissertation semée de fautes d'orthographe.*

semelle [səmɛl] n. f. (altér. du picard *lemelle ;* du lat. *lamella,* petite lame). **1.** Pièce (de cuir, de caoutchouc, de corde, de feutre, etc.) qui forme le dessous d'une chaussure. — **2.** Pièce de feutre, de liège, etc., de même forme qu'on place à l'intérieur d'une chaussure : *Mettre des semelles dans des chaussures un peu trop grandes.* — **3.** Dessous du ski. — **4.** Dessous d'un fer à repasser. — **5.** *Battre la semelle,* frapper en cadence ses pieds sur le sol, pour les réchauffer. ‖ Fam. *C'est de la semelle,* se dit d'une viande dure, coriace. ‖ *Ne pas avancer d'une semelle,* rester sur place, ne faire aucun progrès. ‖ *Ne pas quitter qqn d'une semelle,* le suivre partout. ‖ *Ne pas reculer d'une semelle,* demeurer ferme.

semence [səmɑ̃s] n. f. (lat. *sementia*). **1.** Graine, fruit ou partie de fruit qu'on sème : *Acheter des semences sélectionnées.* — **2.** Syn. litt. de SPERME. — **3.** Petit clou à tête large employé surtout par les tapissiers.

semer [səme] v. t. (lat. *seminare*) [c. 9]. **1.** *Semer des graines,* les mettre en terre afin de les faire germer : *Semer du blé, des légumes.* — **2.** *Semer qqch (concret)* [*qqpart*], le jeter çà et là en le dispersant : *Semer des fleurs sur le passage de quelqu'un. Des gens malveillants avaient semé des clous sur la chaussée.* — **3.** *Semer qqch (abstrait),* répandre çà et là volontairement ce qu'on désire voir s'étendre, se propager : *Semer de faux bruits* (syn. PROPAGER). *Semer la discorde, la terreur, l'effroi.* — **4.** *Qui sème le vent récolte la tempête,* celui qui produit des causes de désordre ne peut s'étonner de ce qui en découle. ‖ *Semer son argent,* le dépenser sans compter, à tort et à travers (syn. ÊTRE PRODIGUE ; fam. ÊTRE UN PANIER PERCÉ). — **5.** Fam. *Semer qqn,* se débarrasser de lui, lui fausser compagnie, spécialement en le devançant : *Semer quelqu'un qui vous poursuit. Il a piqué un sprint et a semé tout le peloton* (syn. DISTANCER, LÂCHER).

semestre [səmɛstr] n. m. (lat. *sex,* six, et *mensis,* mois). Période de six mois consécutifs, et en partic. chacune des deux périodes de six mois qui composent l'année.

semestriel, elle [səmɛstrijɛl] adj. Qui a lieu, qui paraît chaque semestre : *Une assemblée semestrielle. Un bulletin semestriel.*

semestriellement [səmɛstrijɛlmɑ̃] adv. Tous les six mois.

semeur, euse [səmœr] n. **1.** Personne qui sème des graines. — **2.** Qui propage qqch : *Un semeur de fausses nouvelles.*

semi- [səmi], préfixe (lat. *semi,* à moitié) indiquant : 1° que le sens du composant est pris à moitié *(semi-voyelle) ;* 2° que qqch est très proche, ressemble beaucoup (il a la valeur de « presque ») [*semi-aride*].

semi-aride [səmiarid] adj. (pl. *semi-arides*). Se dit des régions, du climat dans les zones proches du désert.

semi-automatique [səmiotomatik] adj. (pl. *semi-automatiques*). Dont le fonctionnement automatique réclame cependant une commande manuelle.

semi-auxiliaire [səmioksiljɛr] adj. et n. m. (pl. *semi-auxiliaires*). Se dit des verbes *devoir, pouvoir* qui indiquent les modalités du verbe (possible, probable) ou des verbes *finir, commencer, être en train de, venir de,* etc., suivis de l'inf., qui indiquent les modes de l'action (aspect).

semi-consonne [səmikɔ̃sɔn] n. f. (pl. *semi-consonnes*). Son intermédiaire entre la voyelle et la consonne ([y], [w], [j]).

sémillant, e [semijɑ̃] adj. (anc. fr. *semilleus,* rusé). *Litt.* Dont le désir de plaire et la gaieté se manifestent par une grande vivacité : *Jeune femme sémillante. Allure sémillante.*

séminaire [seminɛr] n. m. (lat. *seminarium,* pépinière). **1.** Établissement religieux où on instruit les jeunes gens qui se destinent à l'état ecclésiastique. — **2.** Série de conférences, de travaux consacrés à une branche spéciale de connaissances ; groupe de travail.

séminariste [seminarist] n. m. Celui qui se prépare, dans un séminaire, à la réception des ordres sacrés.

sémiologie [semjolɔʒi] n. f. (gr. *sêmeion,* signe, et *logos,* discours). Science des systèmes symboliques.

sémiologique [semjolɔʒik] adj. Propre à la sémiologie.

sémiotique [semjɔtik] n. f. (gr. *sêmeiôtikê,* observation des symptômes). Science des systèmes de signes littéraires.

semi-remorque [səmirəmɔrk] n. m. ou f. (pl. *semi-remorques*). Poids lourd constitué par le véhicule qui tracte et la remorque qui peut s'en désolidariser.

semis [səmi] n. m. **1.** Action ou manière de semer : *Les plantes annuelles ne se multiplient guère que par semis.* — **2.** Terrain ensemencé : *Marcher dans un semis.* — **3.** Plants de fleurs, d'arbrisseaux, etc., qui proviennent de graines : *Un semis d'œillets.*

sémite [semit] n. m. (de *Sem,* fils de Noé). Nom donné aux membres d'un ensemble de peuples du Proche-Orient parlant ou ayant parlé dans l'Antiquité des langues sémitiques. ◆ adj. Qui est propre aux Sémites : *Avoir un type sémite.* (→ ANTISÉMITE.)

sémitique [semitik] adj. *Langues sémitiques,* groupe de langues parlées dans un vaste domaine de l'Asie sud-occidentale et de l'Afrique du Nord : *L'hébreu et l'arabe sont des langues sémitiques.*

semi-voyelle [səmivwajɛl] n. f. (pl. *semi-voyelles*). Syn. de SEMI-CONSONNE.

semoir [səmwar] n. m. **1.** Sac où le semeur met son

grain dans les semis à la main. — 2. Machine agricole qui distribue le grain sur le sol.

semonce [səmɔ̃s] n. f. (de l'anc. fr. *semondre,* prier avec insistance). 1. Avertissement mêlé de reproches, donné par un supérieur (soutenu) : *Adresser une semonce à des élèves* (syn. REMONTRANCE, RÉPRIMANDE). — 2. *Coup de semonce,* coup de canon à blanc, accompagnant l'ordre donné par un navire armé à un autre navire de montrer ses couleurs et, au besoin, de stopper; réprimande brutale.

semoule [səmul] n. f. (it. *semola;* du lat. *simila,* fleur de farine). 1. Produit alimentaire plus ou moins granuleux, tiré du blé dur, de la pomme de terre, du maïs, du riz. — 2. *Sucre semoule,* en poudre.

sempiternel, elle [sɑ̃pitɛrnɛl] adj. (lat. *semper,* toujours, et *aeternus,* éternel). Qui ne cesse pas, qui se répète continuellement : *Plaintes sempiternelles* (syn. CONTINUEL, PERPÉTUEL).

sempiternellement [sɑ̃pitɛrnɛlmɑ̃] adv. Sans cesse : *Répéter sempiternellement les mêmes recommandations* (syn. CONTINUELLEMENT, INVARIABLEMENT).

sénat [sena] n. m. (lat. *senatus,* de *senex,* vieux). 1. (avec majusc.) Assemblée politique composée de personnalités désignées ou élues en fonction de leur âge et de leur notabilité : *Le président du Sénat. Le Sénat des États-Unis d'Amérique. En France, le Sénat siège au palais du Luxembourg.* — 2. Lieu de réunion de cette assemblée : *Aller au Sénat.*

sénateur [senatœr] n. m. 1. Membre d'un Sénat : *En France, les sénateurs sont élus pour neuf ans au suffrage indirect et renouvelables par tiers tous les trois ans.* — 2. *Train de sénateur,* démarche lente et majestueuse.

sénatorial, e, aux [senatɔrjal] adj. Relatif au Sénat : *Commission, élection sénatoriale.*

séneçon [senəsɔ̃] n. m. (lat. *senecio,* de *senex,* vieillard). Plante dont il existe de nombreuses espèces et dont certaines sont des mauvaises herbes très courantes dans les champs et les jardins.

sénégalais, e [senegalɛ] adj. et n. Du Sénégal.

sénescence [senɛsɑ̃s] n. f. (du lat. *senescere,* vieillir). Vieillissement normal des tissus et de l'organisme (méd.).

sénescent, e [senɛsɑ̃] adj. Atteint par la sénescence.

sénevé [senve] n. m. (lat. *sinapi*). Plante dont on extrait la moutarde.

sénile [senil] adj. (lat. *senilis,* de *senex,* vieillard). 1. Dû à la vieillesse, qui s'y rapporte : *Un tremblement sénile. Démence sénile.* — 2. Qui donne des marques de sénilité : *Il n'est pas très âgé et cependant il semble tout à fait sénile.*

sénilité [senilite] n. f. Affaiblissement physique et surtout intellectuel dû à la vieillesse : *Atteint de sénilité précoce.*

senior [senjɔr] adj. et n. (mot lat. signif. *plus âgé*). Se dit d'un sportif âgé de vingt ans ou plus (les limites d'âge varient avec les sports). [→ JUNIOR.]

sens [sɑ̃s] n. m. (lat. *sensus*).
I. 1. Fonction par laquelle l'homme et les animaux reçoivent les impressions des objets extérieurs : *La vue, l'ouïe, l'odorat, le toucher, le goût sont les cinq sens. Le chien a le sens de l'odorat très fin. Les organes des sens.* — 2. *Le sixième sens,* l'intuition. ‖ *Tomber sous le sens,* être clair, évident, tangible. — 3. Au pl., ensemble des fonctions de la vie organique qui procurent les plaisirs physiques : *Troubler les sens* (syn. SENSUALITÉ).
— II. 1. Connaissance immédiate, intuitive d'un certain ordre de choses : *Avoir le sens de la réalité, des nuances* (syn. DISCERNEMENT). *Avoir le sens des affaires. Le sens de l'humour, du ridicule. Le sens artistique. Avoir le sens pratique* (= savoir discerner ce qui est utile). — 2. Manière de comprendre, de juger : *Abonder dans le sens de quelqu'un* (syn. OPINION, SENTIMENT). *À mon sens, vous ne devriez pas agir ainsi* (syn. AVIS). *En un sens, en un certain sens, vous avez peut-être raison* (syn. POINT DE VUE). — 3. Manière dont qqch est compris, interprété : *Le sens d'un geste, d'une parole, d'un texte* (syn. SIGNIFICATION). *Mots dépourvus de sens. Chercher le sens d'un mot dans un dictionnaire. Paroles, mots à double sens.* — 4. Raison d'être, signification : *Donner un sens à son action, à son existence.* — 5. *Bon sens,* sentiment de ce qui est juste, permis, convenable; capacité de juger sainement : *Personne de bon sens. Un peu de bon sens* (syn. RAISON; fam. JUGEOTE). *Agir en dépit du bon sens.* ‖ *Sens commun,* capacité de juger, d'agir raisonnablement commune à tous les hommes : *Choquer, heurter le sens commun.*
— III. 1. Direction dans laquelle se fait un mouvement, une action : *Tourner dans le sens des aiguilles d'une montre. Courir dans tous les sens. Parcourir un pays en tous sens. Voiture qui roule en sens inverse. Un tissu qui n'est pas coupé dans le bon sens.* — 2. Chacun des côtés de qqch : *Scier une planche dans le sens de la longueur, de la largeur, de l'épaisseur. Retourner un objet dans tous les sens* (syn. POSITION). *Une photographie placée dans le mauvais sens.* — 3. *Sens* [sɑ̃] *dessus dessous,* de façon que ce qui devrait être dessus ou en haut se trouve dessous ou en bas : *Renverser un objet sens dessus dessous;* dans un grand désordre, dans un bouleversement complet : *Sa bibliothèque est sens dessus dessous;* dans un grand trouble : *Cet accident l'a mise sens dessus dessous.* ‖ *Sens interdit,* sens de circulation interdit aux véhicules. ‖ *(Voie à) sens unique,* sur laquelle la circulation ne s'effectue que dans une seule direction. (→ CONTRESENS.)

sensation [sɑ̃sasjɔ̃] n. f. (lat. *sensatio,* de *sentire,* sentir). 1. Impression perçue par l'intermédiaire des sens : *Sensation visuelle, auditive, olfactive, tactile, gustative. Sensation agréable, désagréable. Sensation de chaud, de froid, de faim, de fatigue, de malaise, de bien-être.* — 2. *À sensation,* de nature à causer de l'émotion, à attirer l'attention : *Un événement, une nouvelle à sensation.* ‖ *Faire sensation,* se faire remarquer; produire une impression marquée d'intérêt, de surprise, d'admiration : *Son arrivée imprévue a fait sensation. Une œuvre qui fait sensation.*

sensationnel, elle [sɑ̃sasjɔnɛl] adj. 1. Qui produit un grand effet, de la surprise, de l'admiration dans le public : *Nouvelle sensationnelle. Événement sensationnel.* — 2. Fam. Excellent en son genre : *Actrice sensationnelle. Voiture sensationnelle. Un film qui n'a rien de sensationnel* (syn. EXTRAORDINAIRE; fam. FORMIDABLE). [Abrév. fam. SENSAS.] ◆ ***sensationnel*** n. m. Ce qui fait sensation : *Rechercher le sensationnel.*

sensé, e [sɑ̃se] adj. 1. Qui a du bon sens : *Une personne sensée.* — 2. Conforme au bon sens, à la raison : *Une conduite sensée. Dire des choses sensées* (syn. JUDICIEUX, RAISONNABLE; contr. ABSURDE, EXTRAVAGANT, INSENSÉ).

sensibilisation [sɑ̃sibilizasjɔ̃] n. f. 1. Action de sensibiliser : *La sensibilisation de l'opinion.* — 2. État d'un organisme qui, après avoir été au contact de certaines substances chimiques ou biologiques, acquiert à leur égard des propriétés de réaction.

sensibiliser [sɑ̃sibilize] v. t. 1. Provoquer la sensibilisation chez un être vivant, dans un organisme. — 2. *Sensibiliser qqn (à qqch),* le rendre capable de réactions de sensibilité : *Sensibiliser l'opinion à la lutte contre la faim dans le monde. Être sensibilisé à certains événements.*

sensibilité [sɑ̃sibilite] n. f. **1.** Aptitude d'un organisme ou d'un organe à éprouver des sensations : *La sensibilité au froid, à la chaleur. La sensibilité de l'œil, de l'oreille.* — **2.** Propriété d'un instrument de mesure, d'un objet sensible : *La sensibilité d'un baromètre, d'une pellicule photographique.* — **3.** Qualité de qqn de sensible, humain : *Enfant d'une grande sensibilité* (syn. ÉMOTIVITÉ, PITIÉ, TENDRESSE). *Personne dépourvue de sensibilité* (syn. HUMANITÉ, SYMPATHIE).

sensible [sɑ̃sibl] adj. (lat. *sensibilis,* de *sentire,* sentir). **1.** Se dit d'un être animé qui ressent facilement la douleur : *Un homme très sensible* (syn. DOUILLET). *Être sensible de la gorge* (syn. DÉLICAT, FRAGILE). *Un cheval sensible de la bouche;* se dit aussi des parties du corps : *Avoir les pieds sensibles. Un point sensible* (= légèrement douloureux). *C'est son endroit, son côté, sa partie sensible* (= ce qui touche le plus qqn). — **2.** *Sensible à qqch,* se dit d'un être animé, d'un organe des sens capable de ressentir, de percevoir une impression physique : *Être sensible au chaud, au froid, à la douleur. Un cheval sensible à l'éperon. L'œil n'est pas sensible à certaines radiations;* sans compl. : *Avoir l'oreille très sensible* (syn. FIN). — **3.** Facilement perçu, remarqué par les sens ou par l'esprit : *La lumière rend les objets sensibles à la vue* (syn. PERCEPTIBLE). *Une différence à peine sensible* (syn. TANGIBLE). *Cette élève a fait des progrès sensibles* (syn. NOTABLE). *La hausse des salaires n'est pas très sensible* (syn. APPRÉCIABLE). — **4.** Se dit d'un instrument de mesure, d'un appareil de radio, d'une pellicule photographique, etc., qui réagit aux plus légères variations : *Une balance, un baromètre, un thermomètre très sensible.* — **5.** (sans compl.) Facilement ému, touché par la tendresse, la pitié : *Un homme, une femme sensible* (syn. ÉMOTIF, IMPRESSIONNABLE). *Un cœur sensible* (syn. COMPATISSANT). — **6.** *Sensible à qqch,* accessible à certains sentiments, certaines impressions (d'ordre esthétique, intellectuel, moral, etc.) : *Une personne sensible aux misères, aux malheurs d'autrui* (syn. COMPATISSANT, HUMAIN, OUVERT). *Se montrer sensible à la louange, à la raillerie. Être sensible à la beauté d'un paysage, à la musique* (syn. RÉCEPTIF).

sensiblement [sɑ̃sibləmɑ̃] adv. **1.** De façon appréciable, notable : *La température a sensiblement baissé. L'état du malade s'est sensiblement amélioré.* — **2.** *Fam.* À peu de chose près : *Ces deux enfants ont sensiblement la même taille.*

sensiblerie [sɑ̃sibləri] n. f. Sensibilité outrée.

sensitif, ive [sɑ̃sitif] adj. Qui conduit l'influx nerveux d'un organe sensoriel à un autre : *Nerf sensitif.* ◆ adj. et n. D'une sensibilité excessive (syn. HYPERSENSIBLE).

sensoriel, elle [sɑ̃sɔrjɛl] adj. Qui concerne les sens, les organes des sens, et spécialement l'œil et l'oreille : *L'éducation sensorielle.*

sensualité [sɑ̃sɥalite] n. f. **1.** Tempérament d'une personne sensuelle : *Homme d'une grande sensualité.* — **2.** *Litt.* Recherche des plaisirs des sens.

sensuel, elle [sɑ̃sɥɛl] adj. **1.** Qui se rapporte aux sens considérés comme moyens de jouissance : *Désirs sensuels.* — **2.** Qui dénote de la sensualité : *Regard sensuel* (syn. ↑LASCIF). ◆ adj. et n. Qui recherche les plaisirs des sens et spécialement ceux de l'amour : *Une femme sensuelle* (syn. VOLUPTUEUX).

sensuellement [sɑ̃sɥɛlmɑ̃] adv. De façon sensuelle.

sentence [sɑ̃tɑ̃s] n. f. (lat. *sententia*). **1.** Décision d'un juge, d'un arbitre : *Prononcer une sentence* (syn. JUGEMENT, VERDICT). *Exécuter une sentence.* — **2.** Opinion, précepte de morale exprimés d'une manière dogmatique : *Ne parler que par sentences* (syn. MAXIME). *Discours rempli de sentences* (syn. ADAGE).

sentencieusement [sɑ̃tɑ̃sjøzmɑ̃] adv. De façon sentencieuse : *S'exprimer sentencieusement.*

sentencieux, euse [sɑ̃tɑ̃sjø] adj. **1.** Qui parle ordinairement par sentences : *Personne sentencieuse.* — **2.** Qui contient des sentences : *Discours sentencieux.* — **3.** Qui a la forme d'une sentence : *Phrase sentencieuse.* — **4.** Qui affecte la gravité : *Air sentencieux* (syn. POMPEUX, SOLENNEL). *Ton sentencieux* (syn. EMPHATIQUE, DOGMATIQUE).

senteur [sɑ̃tœr] n. f. *Litt.* Odeur agréable : *Des roses qui exhalent une fraîche senteur* (syn. PARFUM).

senti, e [sɑ̃ti] adj. *Bien senti,* exprimé avec force et sincérité : *Discours bien senti.*

sentier [sɑ̃tje] n. m. (lat. *semita*). **1.** Chemin étroit à travers la campagne, les bois : *Un sentier de montagne.* — **2.** *Litt.* Voie morale souvent difficile : *Suivre les sentiers de la vertu, de l'honneur.*

sentiment [sɑ̃timɑ̃] n. m. (de *sentir*). **1.** Connaissance plus ou moins claire, obtenue d'une manière immédiate : *Avoir le sentiment de sa force* (syn. CONSCIENCE). *J'ai le sentiment que je me trompe* (syn. IMPRESSION, INTUITION). — **2.** *Litt.* Manière de penser, d'apprécier, point de vue : *Nous voudrions connaître votre sentiment au sujet de cette affaire* (syn. OPINION, JUGEMENT). *À mon sentiment, vous faites erreur en agissant ainsi* (syn. AVIS). — **3.** État affectif qui est la manifestation d'une tendance, d'un penchant : *Un sentiment de tendresse, de pitié, de reconnaissance. Faire preuve de sentiments élevés, généreux. Un sentiment d'aversion, de haine. Exprimer, faire connaître, manifester ses sentiments.* — **4.** Disposition à être ému, touché : *Être capable, incapable de sentiment* (syn. SENSIBILITÉ, TENDRESSE). *Agir plus par sentiment que par réflexion. Déclarer à une personne les sentiments qu'elle vous inspire* (syn. TENDRESSE, ↑AMOUR). — **5.** *Fam. La faire au sentiment, faire du sentiment,* essayer d'apitoyer, d'attendrir qqn : *Avec lui, n'essayez pas de la faire au sentiment, c'est un cœur de pierre.* ◆ ***sentiments*** n. f. pl. Entre dans des formules de politesse employées à la fin des lettres : *Recevez mes meilleurs sentiments, mes sentiments distingués, dévoués, respectueux.*

sentimental, e, aux [sɑ̃timɑ̃tal] adj. (mot angl.; de *sentiment*). **1.** Qui se rapporte aux sentiments tendres, à l'amour : *Vie sentimentale d'une personne. Aventure sentimentale* (syn. AMOUREUX, GALANT). *Chanson sentimentale.* — **2.** Qui dénote une sensibilité un peu mièvre : *Air, ton sentimental.* ◆ adj. et n. Qui a ou qui affecte une sensibilité un peu romanesque, exagérée : *Un jeune homme sentimental. C'est une sentimentale.*

sentimentalement [sɑ̃timɑ̃talmɑ̃] adv. De façon sentimentale : *Elle est sentimentalement attachée à la maison de son enfance.*

sentimentalisme [sɑ̃timɑ̃talism] n. m. Tendance à se laisser guider par sa sensibilité, ses sentiments.

sentimentalité [sɑ̃timɑ̃talite] n. f. Qualité de qqn de sentimental : *Une sentimentalité excessive.*

sentinelle [sɑ̃tinɛl] n. f. (it. *sentinella*). **1.** Soldat placé en faction pour alerter la garde, rendre les honneurs, contrôler les entrées d'un établissement militaire, protéger un lieu public : *Relever une sentinelle.* — **2.** Personne qui fait le guet pour surveiller, pour épier : *Mettre un observateur en sentinelle.*

sentir [sɑ̃tir] v. t. (lat. *sentire,* percevoir) [c. **19**]. **1.** *Sentir qqch (concret)* ou (+ *inf.*), *sentir que* (+ *ind.*), recevoir une impression physique par l'intermédiaire des sens (sauf par la vue ou par l'ouïe) : *Couchée sur la plage, elle sentait la douce chaleur du sable. La porte ferme mal et on sent un courant d'air. Elle est si résistante qu'elle ne sent jamais la fatigue. Sentir le goût de l'ail dans une sauce. Il est incapable de sentir la différence entre un bon vin et un vin médiocre* (syn. PERCE-

VOIR). *J'avais tellement peur que je sentais mon cœur battre. Elle sentit qu'on lui tapait sur l'épaule.* — **2.** *Sentir qqch (abstrait)* ou (+ *inf.*), *sentir que* (+ *ind.*), en avoir conscience, le connaître par intuition : *Je sentis la colère me gagner. Sentir le vide causé par la disparition d'un être cher* (syn. RESSENTIR). *Elle a senti par avance les difficultés de l'entreprise* (syn. PRESSENTIR). *Il sentait bien que ses amis allaient l'abandonner* (syn. DEVINER, DISCERNER). — **3.** *Sentir qqch* (mot supposant un sentiment esthétique), éprouver ce sentiment : *Être incapable de sentir la beauté d'un paysage, d'une œuvre musicale* (syn. APPRÉCIER, GOÛTER). — **4.** *Faire sentir qqch, que* (+ *ind.*) *à qqn*, le lui faire éprouver, comprendre : *Elle a l'intention de lui faire sentir son autorité. On lui a fait sentir qu'il n'était pas capable de remplir ses fonctions.* — **5.** (sujet qqch) *Se faire sentir*, devenir sensible, se manifester : *La pénurie des denrées alimentaires se faisait sentir. Une douleur qui se fait sentir. Le froid commence à se faire sentir.* — **6.** (sujet qqn) *Sentir qqch*, le percevoir par l'odorat : *On sent ici une odeur bizarre. Je suis enrhumée, je ne sens rien. Sentir une rose.* — **7.** Fam. *Ne pas pouvoir sentir qqn*, avoir pour lui une grande antipathie (syn. DÉTESTER, HAÏR). ◆ v. i. (sujet qqn, qqch) **1.** Répandre telle ou telle odeur (avec un adv.) : *Ces roses sentent très bon. Un fromage qui sent un peu fort;* (avec un n. désignant le type d'odeur) : *Cette cave sent le moisi;* (sans adv. ni n.) répandre une mauvaise odeur : *Ce poisson commence à sentir, il faut le jeter.* — **2.** Avoir tel ou tel goût, telle ou telle saveur : *Du vin qui sent la framboise.* — **3.** Indiquer, révéler telle ou telle qualité : *Une réflexion qui sent le pédantisme et la cuistrerie. Il sent son paresseux d'une lieue. Cette plaisanterie sent l'esprit de caserne.* — **4.** Fam. *Ça sent mauvais, ça ne sent pas bon, ça sent le roussi*, la situation prend une fâcheuse tournure. ◆ ***se sentir*** v. pr. **1.** (sujet qqn) *Se sentir* (+ *attribut* ou + *inf.*), connaître dans quelles dispositions physiques ou morales on se trouve : *Se sentir fatigué, malade. Ne pas se sentir bien* (= éprouver un malaise). *Se sentir heureux, joyeux. Se sentir capable de faire un travail* (syn. S'ESTIMER, SE JUGER). *Se sentir revivre, rajeunir.* — **2.** (sujet qqch) Être perceptible, appréciable : *Une petite augmentation de salaire, ça se sent à la fin du mois.* — **3.** (sujet qqn) Reconnaître en soi : *Il ne se sent pas assez de courage pour entreprendre ce travail. Elle ne se sent pas la force de le punir.*

seoir [swar] v. i. (lat. *sedere*, être assis) [c. **46**] (sujet qqch) Litt. *Il sied (seyait*, etc.) *à qqn*, ça lui va (allait, etc.) bien, ça lui convient (convenait, etc.) : *La toilette de cette femme lui seyait à merveille. Cette coifure ne vous sied pas très bien. Il ne sied pas à un enfant de contredire ses parents. Il vous sied bien de donner des conseils aux autres!* (syn. APPARTENIR; fam. ÇA VOUS VA BIEN DE).

sépale [sepal] n. m. (lat. *sepalum*). Partie habituellement verte d'une fleur située au-dessous de la corolle et qui initialement contenait le bouton : *L'ensemble des sépales forme le calice.*

séparable [separabl] adj. Qu'on peut séparer : *Deux affaires facilement séparables* (contr. INSÉPARABLE).

séparation [separasjɔ̃] n. f. **1.** Action de séparer; fait d'être séparé : *La séparation des éléments d'un mélange. Une querelle allait provoquer une séparation entre les deux amis* (syn. BROUILLE). *La séparation de deux amants* (syn. RUPTURE). *Une séparation difficile à supporter* (syn. ÉLOIGNEMENT). — **2.** Objet qui sépare un espace d'un autre (mur, cloison, etc.) : *Établir une séparation entre deux terrains.* — **3.** *Séparation de biens*, régime matrimonial dans lequel chacun des époux conserve la propriété et la gestion de ses biens. ‖ *Séparation de corps*, jugement autorisant les époux à ne plus vivre ensemble.

séparatisme [separatism] n. m. Tendance des habitants d'un territoire à séparer celui-ci de l'État dont il fait partie.

séparatiste [separatist] adj. et n. Qui relève du séparatisme : *Mouvement séparatiste* (syn. AUTONOMISTE).

séparé, e [separe] adj. Isolé d'un tout, d'un groupe : *Ils n'habitent pas ensemble, ils ont des appartements séparés. Vivre séparé du reste des hommes.*

séparément [separemɑ̃] adv. De façon séparée : *Interroger des témoins séparément* (syn. À PART). *Agir séparément* (syn. ISOLÉMENT; contr. CONJOINTEMENT, ENSEMBLE). *Traiter deux questions séparément* (contr. SIMULTANÉMENT).

séparer [separe] v. t. (lat. *separare*, disposer à part). **1.** (sujet qqn) *Séparer qqn, qqch d'avec, de* ou *et qqn, qqch, séparer des êtres, des choses*, les mettre à part, les éloigner les uns des autres : *Séparer les bons d'avec les méchants* (syn. ISOLER DE). *Séparer le bon grain d'avec le mauvais* (syn. TRIER). *Il ne faut pas séparer l'enfant de sa mère. Séparer deux hommes, deux animaux qui se battent* (= interrompre leur combat en les éloignant l'un de l'autre). — **2.** *Séparer qqch de qqch, séparer des choses*, désunir les parties d'un tout : *À la mort, l'âme est séparée du corps. Séparer l'écorce du bois d'un arbre* (syn. DÉCOLLER, DÉTACHER). *Séparer ses cheveux par une raie* (syn. PARTAGER). — **3.** *Séparer un espace*, le diviser : *Séparer une chambre en deux par une cloison* (syn. PARTAGER). — **4.** *Séparer qqch (abstrait)*, le considérer à part : *Séparer des problèmes, des questions pour mieux les résoudre* (syn. DISSOCIER, SCINDER). — **5.** *Séparer qqn de qqn, séparer des personnes*, faire cesser les rapports affectifs, moraux qui existent entre elles : *La mort seule pourra les séparer. La mésentente a séparé ces deux amis* (syn. BROUILLER, DÉSUNIR). *Opinions qui séparent deux personnes.* — **6.** (sujet qqch, un espace, une durée) Être placé entre des personnes, entre des choses : *Un mur sépare les deux jardins* (syn. DIVISER). *Les Pyrénées séparent l'Espagne de la France. Une longue distance nous sépare de notre destination. Plusieurs siècles nous séparent des origines de notre pays.* ◆ ***se séparer*** v. pr. **1.** (sujet qqn) *Se séparer de qqn*, cesser d'être, de vivre ou de travailler avec lui : *Elle a dû se séparer de cet employé, il faisait trop d'erreurs. Elle a décidé de se séparer de Jacques, elle ne veut plus vivre avec lui;* se quitter mutuellement : *Ils se sont séparés bons amis* (syn. SE QUITTER). *Il est tard, il faut nous séparer. Époux qui se séparent* (syn. DIVORCER). — **2.** (sujet qqch) Se diviser en plusieurs éléments : *Une route, une rivière qui se sépare en deux. Une tige qui se sépare du tronc. Une œuvre ne peut se séparer de son époque.* — **3.** (sujet un groupe, une assemblée) Cesser d'être réuni : *Avant de se séparer, l'Assemblée a encore à discuter de plusieurs projets de loi.*

sépia [sepja] n. f. (it. *seppia*). Matière colorante d'un rouge brun.

sept [sɛt] adj. num. cardin. inv. (lat. *septem*). **1.** Nombre qui suit six dans la série naturelle des nombres entiers. — **2.** Septième : *Charles sept.* ◆ n. m. inv. Chiffre, numéro, etc., qui représente ce nombre.

septante [sɛptɑ̃t] adj. num. cardin. Soixante-dix (en Belgique, en Suisse et dans quelques parlers régionaux).

septembre [sɛptɑ̃br] n. m. (lat. *september*, septième mois [l'année commençant en mars]). Neuvième mois de l'année.

septennal, e, aux [sɛptɛnal] adj. (lat. *septum*, sept, et *annus*, année). Qui dure sept ans; qui arrive tous les sept ans : *Des pouvoirs septennaux. Un festival septennal.*

septennat [sɛptɛna] n. m. Période de sept ans.

septentrional, e, aux [sɛptɑ̃trijɔnal] adj. Du côté du nord : *La partie septentrionale de la France* (syn. NORDIQUE ; contr. MÉRIDIONAL).

septicémie [sɛptisemi] n. f. (gr. *sêptikos,* pourri, et *haima,* sang). Maladie causée par l'introduction et la pullulation de microbes infectieux dans le sang.

septième [sɛtjɛm] adj. num. ordin. et n. (lat. *septimus*). **1.** Qui occupe un rang marqué par le numéro sept. — **2.** Qui se trouve sept fois dans le tout. — **3.** *Être au septième ciel,* être dans un état de bonheur parfait. ‖ *Le septième art,* le cinéma.

septièmement [sɛtjɛmmɑ̃] adv. En septième lieu.

septique [sɛptik] adj. (gr. *sêptikos,* de *sêpein,* pourrir). **1.** Qui cause une infection : *Bactéries septiques.* — **2.** *Fosse septique,* fosse d'aisances où les matières fécales subissent une fermentation qui les liquéfie. (→ ANTISEPTIQUE.)

septuagénaire [sɛptɥaʒenɛr] adj. et n. (lat. *septuageni,* soixante-dix). Qui a atteint soixante-dix ans.

sépulcral, e, aux [sepylkral] adj. *Voix sépulcrale,* voix sourde, qui semble sortir d'un tombeau (syn. CAVERNEUX).

sépulcre [sepylkr] n. m. (lat. *sepulcrum*). **1.** *Litt.* Tombeau. — **2.** *Le saint sépulcre,* le tombeau du Christ à Jérusalem.

sépulture [sepyltyr] n. f. (lat. *sepultura*). **1.** Lieu où un mort est enterré : *La basilique de Saint-Denis est la sépulture des rois de France.* — **2.** *Litt.* Action de déposer un mort en terre : *Les frais de sépulture* (syn. INHUMATION). *Être privé de sépulture, rester sans sépulture* (= ne pas être inhumé).

séquelle [sekɛl] n. f. (lat. *sequela,* suite, conséquence) [surtout pl.] **1.** Troubles qui persistent après une maladie ou une intervention chirurgicale : *Cette maladie peut laisser des séquelles.* — **2.** Suite de choses fâcheuses, qui résultent d'un événement : *On a longtemps souffert des séquelles de la hausse du pétrole.*

séquence [sekɑ̃s] n. f. (du lat. *sequens,* suivant). **1.** Suite ordonnée d'opérations, d'éléments, d'objets, de mots, etc., qui se suivent. — **2.** À certains jeux, série de cartes qui se suivent. — **3.** Au cinéma, suite d'images qui forment un ensemble, même si elles ne se présentent pas dans le même décor.

séquentiel, elle [sekɑ̃sjɛl] adj. Relatif à une séquence.

séquestration [sekɛstrasjɔ̃] n. f. Action de séquestrer; crime ou délit commis par ceux qui privent qqn de sa liberté : *Être accusé de séquestration d'enfant.*

séquestre [sekɛstr] n. m. (lat. *sequester,* arbitre). Dépôt provisoire, entre les mains d'un tiers, de qqch dont la possession est discutée (jurid.).

séquestrer [sekɛstre] v. t. **1.** Mettre sous séquestre (jurid.) : *Séquestrer les biens d'un aliéné.* — **2.** *Séquestrer qqn,* le tenir arbitrairement, illégalement enfermé : *Les ravisseurs avaient séquestré la fillette dans une maison isolée.*

séquoia [sekɔja] n. m. (mot lat.). Conifère qui atteint plus de 140 m de haut et qui peut vivre plus de 2000 ans.

sérac [serak] n. m. (du lat. *serum,* petit-lait). Bloc de glace provenant de la fragmentation d'un glacier.

sérail [seraj] n. m. (it. *serraglio*). **1.** Nom donné, dans les pays de civilisation turque, au palais du sultan, et en partic. au harem du palais. — **2.** *Être élevé dans le sérail,* dans la fréquentation habituelle d'un milieu restreint dont on peut connaître ainsi toutes les intrigues.

séraphin [serafɛ̃] n. m. (mot hébr.). Dans la Bible et la théologie chrétienne, esprit céleste de la première hiérarchie des anges.

séraphique [serafik] adj. *Litt.* Digne des anges : *Air séraphique* (syn. ANGÉLIQUE).

serein, e [sərɛ̃] adj. (lat. *serenus,* de *serum,* soir). **1.** *Litt.* Se dit de l'atmosphère, du temps qui est clair, pur et calme : *Un ciel serein. Une nuit sereine.* — **2.** Qui est calme, qui manifeste la tranquillité d'esprit : *Un visage, un regard serein* (syn. PLACIDE). — **3.** Litt. *Des jours sereins,* des jours paisibles, heureux.

sereinement [sərɛnmɑ̃] adv. Avec sérénité : *Elle attendait sereinement les résultats de son examen* (syn. PLACIDEMENT, TRANQUILLEMENT).

sérénade [serenad] n. f. (it. *serenata,* ciel serein). **1.** Concert, chant donné autref. sous les fenêtres de qqn, en partic. d'une femme aimée. — **2.** Pièce de musique vocale ou instrumentale : *Une sérénade de Mozart.* — **3.** *Fam.* Tapage nocturne : *Nos voisins nous ont gratifiés d'une sérénade jusqu'à deux heures du matin.*

sérénité [serenite] n. f. (lat. *serenitas*). Absence de trouble : *Elle envisage l'issue de l'affaire avec sérénité* (syn. PLACIDITÉ, CALME, TRANQUILLITÉ).

séreux, euse [serø] adj. (du lat. *serum,* petit-lait). **1.** Qui sécrète des sérosités : *Cavité séreuse.* — **2.** *Membrane séreuse* (ou *séreuse* n. f.), qui recouvre certains organes mobiles et cavités du corps, et qui sécrète une sérosité : *La plèvre est une membrane séreuse.*

serf, serve [sɛr(f)] adj. et n. (lat. *servus,* esclave). Au Moyen Âge, personne attachée à une terre et dépendant d'un seigneur.

serge [sɛrʒ] n. f. (lat. *serica,* de soie). Tissu léger, ordinairement de laine, qui présente de fines côtes obliques.

sergent [sɛrʒɑ̃] n. m. (lat. *serviens,* qui sert). Premier grade de la hiérarchie des sous-officiers, dans l'armée de terre et de l'air : *Une patrouille commandée par un sergent.*

sergent-chef [sɛrʒɑ̃ʃɛf] n. m. (pl. *sergents-chefs*). Grade immédiatement supérieur à celui de sergent.

séricicole [serisikɔl] adj. Relatif à la sériciculture.

sériciculteur, trice [serisikyltœr] n. Éleveur, éleveuse de vers à soie.

sériciculture [serisikyltyr] n. f. (lat. *sericus,* de soie, et *culture*). Élevage du ver à soie; production de la soie.

série [seri] n. f. (lat. *series*). **1.** Suite, succession de choses de même nature : *Une série de timbres. Elle a été victime d'une série d'accidents* (syn. CASCADE). *Poser une série de questions. Une série d'ennuis, de succès.* — **2.** Ensemble d'objets de même sorte, rangés dans un certain ordre : *Acheter une série de clefs* (syn. JEU). *Une série de casseroles. Ranger des outils par séries.* — **3.** Au billard, suite ininterrompue de carambolages : *Réussir une série.* — **4.** En sports, catégorie de classement : *Une joueuse de tennis de première, de deuxième série.* — **5.** *Fabrication en série,* fabrication d'un grand nombre d'objets identiques, selon des méthodes qui permettent d'abaisser le prix de revient : *Fabrication de meubles en série.* ‖ *Hors série,* qui n'est pas commun : *Une personne, une carrière hors série.* ‖ *Série noire,* suite de mésaventures, de malheurs; se dit de films, de romans policiers. ‖ *Travailler en série,* donner des productions abondantes, mais de qualité moyenne. ‖ *Voiture de série,* d'un type répété à un grand nombre d'exemplaires et dont le montage est fait à la chaîne.

sériel, elle [serjɛl] adj. *Musique sérielle,* emploi systématique, dans la musique atonale, de la série des douze tons de la gamme chromatique, à l'exclusion de tout autre son.

sérier [serje] v. t. *Sérier des questions, des difficultés,* les classer, les ranger d'après leur nature ou leur importance.

sérieusement [serjøzmɑ̃] adv. **1.** De façon sérieuse, sans rire : *Tu ne parles jamais sérieusement, tu veux toujours ironiser.* — **2.** Réellement, véritablement : *Elle songe sérieusement à quitter la France* (syn. POUR DE BON). *Sérieusement, êtes-vous disposés à l'accompagner?* (syn. FRANCHEMENT, RÉELLEMENT). — **3.** Dangereusement : *Elle est sérieusement malade* (syn. GRAVEMENT). *Il a été sérieusement blessé* (syn. GRIÈVEMENT). — **4.** Avec application, avec ardeur : *S'occuper sérieusement d'une affaire* (syn. ACTIVEMENT).

1. sérieux, euse [serjø] adj. (lat. *serius*). **1.** (après le n.) Qui agit avec réflexion, en attachant de l'importance à ce qu'il fait : *Une élève sérieuse dans son travail* (syn. APPLIQUÉ : contr. DISTRAIT, ÉTOURDI, FANTAISISTE). *Un homme sérieux, qui ne fait pas de promesses à la légère* (syn. POSÉ, RÉFLÉCHI). — **2.** En qui on peut avoir confiance : *Il faut trouver une personne sérieuse pour s'occuper des enfants* (syn. SÛR). *Une maison de commerce sérieuse. Un client sérieux* (= qui a l'intention d'acheter ou qui achète beaucoup). — **3.** Qui ne plaisante pas : *Une personne sérieuse, qui ne badine pas* (syn. FROID). *Un air, un visage sérieux* (syn. GRAVE, SÉVÈRE). *Sérieux comme un pape* (fam. et ironiq. ; = sérieux à l'excès). — **4.** Qui ne fait pas d'écarts de conduite : *Un jeune homme sérieux* (syn. fam. RANGÉ). *Une femme sérieuse* (syn. FIDÈLE). — **5.** Qui est fait avec soin, avec application : *Un travail sérieux.* — **6.** Qui mérite réflexion, considération : *Parler de choses sérieuses* (syn. IMPORTANT). *L'affaire dont il s'agit est sérieuse* (syn. GRAVE). *Ce n'est pas sérieux, c'est une plaisanterie* (syn. RÉEL, VRAI). *Ses protestations d'amitié sont sérieuses* (syn. SINCÈRE, VRAI). — **7.** Qui peut avoir des suites fâcheuses : *Une maladie sérieuse* (syn. GRAVE). *La situation internationale est sérieuse* (syn. CRITIQUE). — **8.** Qui n'a pas pour objet la distraction, l'amusement : *Une conversation sérieuse. Elle ne lit que des ouvrages sérieux.* — **9.** (avant le n.) Important par la quantité ou la qualité : *Cette affaire lui a rapporté de sérieux bénéfices* (syn. GROS). *Elle a une sérieuse avance sur vous* (syn. RÉEL). *Nous avons de sérieuses raisons de le croire* (syn. BON, FONDÉ, VALABLE).

2. sérieux [serjø] n. m. **1.** Attitude d'une personne grave, qui ne plaisante pas : *Garder, tenir son sérieux. Perdre son sérieux.* — **2.** Qualité d'une personne réfléchie, appliquée dans son travail : *Élève qui se fait remarquer par son sérieux.* — **3.** *Prendre qqch au sérieux,* y attacher de l'importance : *Ne prenez pas cette remarque au sérieux, c'était pour plaisanter* (= ne vous formalisez pas). ‖ *Prendre qqn au sérieux,* considérer ses actes ou ses propos comme dignes d'être crus, comme importants. ‖ *Se prendre au sérieux,* attribuer une importance exagérée à ses actions et à ses paroles.

serin, e [sərɛ̃] n. (gr. *seirên,* sirène). Petit oiseau des îles Canaries, à plumage verdâtre ou jaune, qu'on élève en cage et qui est remarquable par son chant. ◆ n. m. et adj. *Fam.* Niais.

seriner [sərine] v. t. Fam. *Seriner qqch à qqn,* le lui répéter souvent.

seringue [sərɛ̃g] n. f. (lat. *syringa*). Petite pompe au moyen de laquelle on peut injecter ou prélever des liquides dans les tissus ou dans les cavités naturelles du corps.

serment [sɛrmɑ̃] n. m. (lat. *sacramentum,* de *sacrare,* rendre sacré). **1.** Affirmation solennelle par laquelle qqn atteste la vérité d'un fait, la sincérité d'une promesse, prend l'engagement de bien remplir les devoirs de son état ou de sa fonction : *Prêter serment devant un tribunal* (= jurer). *Faire le serment de se venger.* — **2.** *Serment d'Hippocrate,* texte qui définit les devoirs et les obligations des médecins. ‖ Fam. *Serment d'ivrogne,* qui ne sera pas tenu. (→ ASSERMENTÉ).

sermon [sɛrmɔ̃] n. m. (lat. *sermo,* discours). **1.** Discours religieux destiné à instruire les fidèles : *Composer, prononcer un sermon.* — **2.** *Fam.* Remontrance longue et ennuyeuse : *Faire des sermons à tout le monde.*

sermonner [sɛrmɔne] v. t. Fam. *Sermonner qqn,* lui faire des remontrances : *Sermonner un enfant paresseux* (syn. ADMONESTER, RÉPRIMANDER).

sermonneur, euse [sɛrmɔnœr] n. *Fam.* Qui sermonne.

séronégatif, ive [seronegatif] adj. et n. Qui n'est pas porteur de l'agent infectieux recherché.

séropositif, ive [seropozitif] adj. et n. Qui est porteur de l'agent infectieux recherché, en partic., du virus du sida.

sérosité [serɔzite] n. f. Liquide analogue à la lymphe, sécrété et contenu dans les cavités séreuses.

serpe [sɛrp] n. f. (du lat. *sarpere,* tailler). **1.** Outil tranchant, à lame droite ou courbe, servant à couper du bois, à tailler des arbres. — **2.** *Visage taillé à la serpe* ou *à coups de serpe,* visage anguleux, dont les traits sont marqués.

serpent [sɛrpɑ̃] n. m. (lat. *serpens,* de *serpere,* ramper). **1.** Reptile au corps très allongé, dépourvu de membres, qui se déplace en rampant, et dont la bouche est articulée de façon à permettre l'ingestion de grosses proies. — **2.** *Serpent monétaire,* figure en forme de serpent montrant les limites inférieure et supérieure que ne doivent pas franchir les valeurs de diverses monnaies liées par un accord limitant leurs fluctuations.

serpentaire [sɛrpɑ̃tɛr] n. m. Oiseau rapace d'Afrique qui se nourrit de serpents.

serpenter [sɛrpɑ̃te] v. i. (sujet qqch) Suivre une direction sinueuse : *Un sentier serpente dans la montagne* (= fait des tours et des détours).

serpentin [sɛrpɑ̃tɛ̃] n. m. Petit ruban de papier coloré, enroulé sur lui-même et qui se déroule brusquement quand on le lance.

serpette [sɛrpɛt] n. f. Petite serpe.

serpillière [sɛrpijɛr] n. f. (lat. *scirpiculus,* de jonc). Grosse toile servant à laver par terre.

serpolet [sɛrpɔlɛ] n. m. (lat. *serpullum*). Plante aromatique du genre du thym.

serrage [sɛraʒ] n. m. Action de serrer : *Le serrage d'un frein, d'une vis.*

1. serre [sɛr] n. f. (de *serrer*). Local clos et vitré, destiné à abriter du froid certaines plantes.

2. serre [sɛr] n. f. Griffe des oiseaux de proie : *L'aigle saisit l'agneau dans ses serres et l'emporta.*

serré, e [sɛre] adj. **1.** Se dit de qqch dont les éléments constitutifs sont très rapprochés : *Tissu serré* (syn. ÉPAIS). *Écriture serrée.* — **2.** *Lutte, partie serrée, match serré,* où les adversaires sont de force à peu près égale et jouent avec acharnement. ◆ ***serré*** adv. *Écrire serré,* en rapprochant les lettres. ‖ *Jouer serré,* agir avec prudence, circonspection.

serre-livres [sɛrlivr] n. m. inv. Accessoire de bureau destiné à maintenir les livres les uns contre les autres.

serrement [sɛrmɑ̃] n. m. *Serrement de main,* action de serrer la main de qqn. ‖ *Serrement de cœur,* oppression causée par une vive émotion.

serrer [sɛre] v. t. (lat. *serrare,* fermer avec une barre). **1.** (sujet qqn) *Serrer qqch, qqn,* le maintenir fermement, vigoureusement : *Serrer sa pipe entre ses dents. Serrer un morceau de fer dans un étau* (syn. COINCER). *Ne serrez pas si fort votre stylo quand vous écrivez* (syn. PRESSER). *Serrer son adversaire à la gorge* (syn. ÉTRANGLER). *Serrer un ami dans ses bras, contre son cœur* (= le tenir entre ses bras, contre soi) [syn. EMBRASSER, ÉTREINDRE]. — **2.** (sujet qqch) *Serrer la gorge, le cœur,* etc., causer de l'angoisse, une vive émotion (souvent pass.) : *Chagrin, douleur qui serre la gorge. Avoir le cœur, la gorge serrés* (= éprouver du chagrin, de l'anxiété). — **3.** (sujet qqn) *Serrer des choses, des personnes,* les rapprocher les unes des autres : *Serrez les mots en écrivant. Serrer les dents, les mâchoires, les lèvres* (syn. CONTRACTER). *Serrer les poings* (syn. CRISPER). *Vous êtes trop serrés sur ce banc. On les avait serrés dans un wagon* (syn. ENTASSER). — **4.** *Serrer qqch (concret),* tirer sur ses extrémités, en réduire le volume : *Serrer une corde, un câble* (syn. TENDRE). *Serrer les lacets de ses chaussures. Serrer sa ceinture d'un cran. Serrer le nœud de sa cravate. Serrer une gerbe.* — **5.** (sujet un vêtement) Épouser étroitement la forme du corps : *Robe qui serre la taille* (syn. MOULER). *Avoir des chaussures qui serrent le pied* (syn. COMPRIMER, GÊNER). — **6.** (sujet qqn) *Serrer un organe de fixation,* exercer sur lui une pression, de manière à rapprocher deux pièces l'une de l'autre, à fermer un mécanisme : *Serrer un frein* (syn. BLOQUER). *Serrer un écrou avec une clef. Serrer un robinet.* — **7.** *Serrer qqn qqpart,* le pousser contre un obstacle, de manière à gêner ses mouvements : *Serrer quelqu'un dans un coin* (syn. COINCER). *Automobiliste qui serre un cycliste contre le trottoir.* — **8.** *Serrer qqch,* passer tout à fait contre lui : *Serrer le trottoir en garant sa voiture* (syn. RASER). — **9.** *Serrer de près une question, un problème,* l'analyser, l'examiner avec attention. ‖ *Serrer qqn de près,* le poursuivre à très peu de distance; lui faire une cour assidue. ‖ *Serrer sa droite, sa gauche,* ou, comme v. i., *serrer sur sa droite, sur sa gauche,* conduire un véhicule en suivant tout près le côté droit ou gauche de la route. ‖ *Serrer son style,* écrire d'une manière concise. ‖ *Serrer une traduction, un texte,* traduire avec précision. — **10.** Litt. *Serrer des choses, des objets,* les mettre en place, en lieu sûr, à l'abri : *Serrer des bijoux dans une armoire* (syn. RANGER). *Serrer des légumes, du vin dans une cave.* ◆ ***se serrer*** v. pr. (sujet qqn) *Se serrer (contre qqn),* se placer tout près de lui : *Un enfant apeuré qui se serre contre sa mère* (syn. SE BLOTTIR). *Serrez-vous davantage sur le banc pour que tout le monde soit assis* (syn. SE RAPPROCHER ; fam. SE TASSER).

serres [sɛr] n. f. pl. Griffes ou ongles des oiseaux de proie : *Les serres d'un aigle.*

serre-tête [sɛrtɛt] n. m. inv. Bandeau qui maintient les cheveux serrés.

serrure [sɛryr] n. f. Appareil fixé à une porte, à un tiroir, etc., qui sert à les fermer ou à les ouvrir, et qu'on manœuvre à l'aide d'une clef ou d'un dispositif technique quelconque : *Elle avait laissé la clé dans* (ou *sur*) *la serrure.*

serrurerie [sɛryrri] n. f. Métier, ouvrage du serrurier.

serrurier [sɛryrje] n. m. Celui qui fait ou qui répare des serrures, des clefs.

sertir [sɛrtir] v. t. (anc. fr. *sartir;* du lat. *sarcire,* réparer). *Sertir une pierre précieuse,* l'enchâsser dans la monture d'un bijou, dans le chaton d'une bague (syn. FIXER).

sertissage [sɛrtisaʒ] n. m. Action de sertir : *Sertissage d'une pierre.*

sertisseur, euse [sɛrtisœr] n. Qui sertit.

sertissure [sɛrtisyr] n. f. Manière dont une pierre est sertie.

sérum [serɔm] n. m. (lat. *serum,* petit-lait). **1.** Partie liquide qui se sépare du sang après coagulation. — **2.** Préparation à base de sérum extrait du sang d'un animal, habituellement le cheval, vacciné contre une maladie microbienne ou contre une substance toxique : *Sérum antidiphtérique* (= contre la diphtérie), *sérum antitétanique* (contre le tétanos), *sérums antivenimeux* (= contre les morsures de serpents), *etc.* — **3.** *Sérum (physiologique),* solution saline de composition déterminée et de même concentration moléculaire que le plasma sanguin.

servage [sɛrvaʒ] n. m. État de serf.

serval [sɛrval] n. m. (portug. *cerval,* de *cervo,* cerf) [pl. *servals*]. Espèce de grand chat d'Afrique, recherché pour sa fourrure.

servant [sɛrvɑ̃] n. m. **1.** Clerc ou laïque qui assiste le prêtre pendant une messe basse. — **2.** Soldat affecté au fonctionnement d'une arme lourde, d'une mitrailleuse ou d'un fusil mitrailleur.

servante [sɛrvɑ̃t] n. f. Syn. vieilli de BONNE.

serveur, euse [sɛrvœr] n. **1.** Personne qui sert des repas, des consommations dans un restaurant, dans un bar (syn. pour un homme BARMAN, GARÇON). — **2.** Joueur qui met la balle en jeu.

serviabilité [sɛrvjabilite] n. f. Qualité de qqn qui est serviable.

serviable [sɛrvjabl] adj. Qui aime à rendre service.

service [sɛrvis] n. m. (lat. *servitium*). **1.** Action de servir, ensemble des obligations envers qqn ou une collectivité : *Se mettre au service de l'État, d'un parti. Entrer au service de quelqu'un comme femme de chambre. Se consacrer au service de Dieu* (= être prêtre, religieux). — **2.** Emploi, activité professionnelle d'une personne dans une administration : *Obtenir sa retraite après trente ans de service.* — **3.** *Prendre son service, être de service,* prendre son tour dans l'exercice de ses fonctions militaires ou civiles; y être occupé. — **4.** *Je suis à votre service,* je suis prêt à faire ce qui pourra vous être utile ou agréable. ‖ *Qu'y a-t-il pour votre service?,* que puis-je faire pour vous?, que voulez-vous? — **5.** *Être à cheval sur le service,* ou, fam., *être service service,* être très strict sur la façon dont un subordonné doit s'acquitter de sa tâche. ‖ *Service funèbre,* célébration de la messe, prières qui se disent pour un mort. ‖ *Service (militaire, national),* obligation légale imposée aux citoyens pour contribuer à la défense du pays; temps pendant lequel on remplit ses obligations militaires : *Faire son service dans la marine.* — **6.** *Porte, escalier de service,* endroit par où passent les domestiques, les fournisseurs. — **7.** Organisation chargée d'une fonction administrative; ensemble des bureaux, du personnel assurant cette fonction : *Le service des transports, de la poste. Le service des hôpitaux. Les services d'un ministère, d'une préfecture.* — **8.** Organisation chargée d'une branche d'activités dans un établissement public ou privé : *Le service du contentieux dans un ministère. Le service de la Sûreté au ministère de l'Intérieur. Le service des contagieux dans un hôpital. Le service de la vente, de la publicité dans une maison de commerce.* — **9.** Fonctionnement d'une machine, d'un appareil; liaison assurée par un moyen de transport : *Mettre en service une nouvelle locomotive, une cabine téléphonique, une machine à laver. Service d'été, service d'hiver* (= ensemble des relations ferroviaires assurées pendant ces saisons). — **10.** Travail déterminé effectué pour le compte de l'État ou d'une autorité : *Être chargé d'un service de surveillance, de contrôle.* — **11.** Distribution qui est faite gratuitement ou non : *On nous a fait le service gratuit de ce journal pendant un mois. Service de presse* (= exemplaires d'un livre envoyés aux journaux et revues pour sa diffusion). — **12.** *Service* *d'ordre,* personnes chargées du maintien de l'ordre au cours d'une cérémonie, d'une manifestation. || *Service public,* entreprise gérée par l'Administration et destinée à remplir une fonction d'intérêt collectif (transport des correspondances, fourniture de l'électricité, du gaz, etc.). || *Service social,* organisme public ou privé, chargé de l'hygiène, de la santé, de l'aide sociale, etc. — **13.** Action, manière de servir, de se servir : *Le service de la table dans un restaurant. Un service rapide, bien fait. Magasins en libre service* (= où les clients se servent eux-mêmes). *Manger au premier, au second service à la cantine* (= première ou seconde série de repas servis). — **14.** Pourcentage d'une note d'hôtel, de restaurant affecté au personnel : *Un repas à dix francs, service compris.* — **15.** Assortiment de vaisselle ou de linge pour la table : *Un service à café, à liqueurs. Un service de table damassé.* — **16.** Action, manière de mettre la balle en jeu : *Un changement de service. Une faute de service. Manquer son service. Avoir un bon service.* — **17.** *Rendre service à qqn,* lui être utile, en parlant de qqch, qqn : *Votre lettre m'a bien rendu service, je vous en remercie. Rendez-vous service.* — **18.** Ce qu'on fait pour être utile à qqn : *Demander un service à quelqu'un* (syn. AIDE, APPUI). — **19.** *Rendre un mauvais service à qqn,* lui nuire, lui susciter des difficultés. ◆ ***services*** n. m. pl. **1.** Travail rémunéré, effectué pour un employeur : *Le directeur de l'entreprise lui a fait savoir que dorénavant il se passerait de ses services;* aide quelconque de qqn : *Viens, j'ai besoin de tes services.* — **2.** Produit de l'activité de l'homme destiné à la satisfaction d'un besoin humain, mais qui ne se présente pas sous l'aspect d'un bien matériel (transport, scolarité, recherche, consultation médicale, etc.).

serviette [sɛrvjɛt] n. f. **1.** Pièce de linge dont on se sert à table ou pour la toilette. — **2.** Sac de cuir souple, utilisé pour le transport de livres, de documents, etc. : *Serviette d'écolier* (syn. CARTABLE), *de professeur* (syn. PORTE-DOCUMENTS, ATTACHÉ-CASE).

serviette-éponge [sɛrvjɛtepɔ̃ʒ] n. f. (pl. *serviettes-éponges*). Serviette de toilette en tissu bouclé.

servile [sɛrvil] adj. (lat. *servilis,* de *servus,* esclave). **1.** Qui manifeste un caractère de soumission excessive : *Une personne, un esprit servile* (syn. PLAT, RAMPANT). *Obéissance, complaisance, flatterie servile* (syn. OBSÉQUIEUX, VIL). — **2.** Se dit d'un ouvrage qui imite de trop près un modèle : *Traduction servile.*

servilement [sɛrvilmɑ̃] adv. De façon servile : *Flatter servilement un supérieur* (syn. BASSEMENT). *Imiter servilement les travaux d'un maître.*

servilité [sɛrvilite] n. f. Esprit de servitude, de soumission : *Il ne faut pas confondre l'obéissance et la servilité* (syn. BASSESSE).

servir [sɛrvir] v. t. (lat. *servire,* être esclave) [c. **20**]. **1.** *Servir qqn, une collectivité,* s'acquitter envers eux de certaines obligations, de certains devoirs : *Servir son pays, sa patrie, l'État.* — **2.** *Servir qqn,* s'acquitter de certaines tâches envers qqn dont on dépend, dont on est le subordonné : *Servir une personne comme femme de chambre, comme chauffeur. Cette femme aime beaucoup se faire servir.* — **3.** Litt. *Servir qqn, qqch (abstrait),* leur apporter son aide, son appui : *Cette femme se dévoue à servir les pauvres* (syn. SECOURIR). *Être toujours prêt à servir des amis* (syn. AIDER, RENDRE SERVICE À). *Servir les passions, les intérêts de quelqu'un* (= lui fournir les moyens de les satisfaire). *Servir une cause* (= s'y dévouer, s'y consacrer). — **4.** *Servir Dieu,* lui rendre le culte qui lui est dû et s'acquitter de ses devoirs de religion. || *Servir le prêtre pendant la messe, servir la messe,* être auprès du prêtre qui célèbre la messe, pour dire les réponses, présenter le vin, l'eau, etc. — **5.** *Servir qqch (à qqn), servir qqn,* lui fournir des marchandises contre de l'argent : *Boucher qui sert une nombreuse clientèle. Servir un client. La boulangère nous a bien servis. Servir un rôti, un kilo de pommes.* — **6.** *Servir des aliments à qqn,* à table, présenter les plats à qqn, lui garnir son assiette, lui verser à boire : *Servir un verre de vin à quelqu'un. Passez-moi votre assiette, je vais vous servir. Reprenez de la viande, vous n'avez pas été bien servi. Madame est servie* (= formule par laquelle un domestique annonce à la maîtresse de maison qu'on peut passer à table). — **7.** Placer sur la table qqch à consommer : *Servir un repas à quelqu'un. Servir à déjeuner, à dîner à quelqu'un* (= lui donner de quoi déjeuner, dîner). *C'est servi* (= les plats sont posés sur la table). — **8.** *Fam.* Débiter, raconter : *Tu nous sers toujours les mêmes histoires, les mêmes arguments.* — **9.** *Servir des cartes,* en donner à ceux avec qui on joue. || *Servir une rente, une pension, des intérêts,* les payer à terme fixe. — **10.** *Servir une arme,* exécuter les opérations nécessaires à son fonctionnement et à son emploi au combat. — **11.** (sujet qqch) *Servir qqn,* lui être utile : *Sa mémoire l'a bien servie dans ses examens. Elle a été bien servie par les circonstances* (syn. FAVORISER). ◆ v. t. ind. **1.** (sujet qqch) *Servir à qqn,* lui être utile : *La connaissance des langues étrangères lui a servi. À quoi lui ont servi tous ses diplômes? Ces livres m'ont servi à préparer mon examen. À quoi cela vous servirait-il de mentir?* — **2.** (sujet qqch) *Servir (à qqch),* à (+ *inf.*), être bon, propre à : *Un meuble qui ne sert pas à grand-chose. Ce bateau sert à passer la rivière. À quoi sert cette machine? Cela ne sert à rien* (ou, plus rare, *de rien*) *de préparer des examens si on ne s'y présente pas. À quoi cela sert-il de se mettre en colère? À quoi sert* (litt. *que sert*) *d'amasser tant de richesses?* — **3.** *Servir à qqn de,* être utilisé par lui à titre de, en guise de : *Elle lui a servi de secrétaire, d'interprète* (syn. FAIRE FONCTION DE, TENIR LA PLACE DE). *Elle lui a servi de modèle. Mon manteau me servira de couverture* (syn. TENIR LIEU DE). *Cela vous servira de leçon* (= cela vous sera un enseignement). ◆ v. i. (sujet qqn) **1.** *Servir chez qqn, dans une maison,* y être employé et particulièrement domestique. — **2.** Être militaire : *Servir dans l'infanterie.* — **3.** Au tennis, au ping-pong, au volley-ball, etc., mettre la balle ou le ballon en jeu. ◆ ***se servir*** v. pr. **1.** *Se servir (de) qqch,* prendre de ce qui est sur la table : *Se servir de viande, de vin. Je me sers un verre d'eau.* — **2.** *Se servir chez un commerçant,* s'approvisionner chez lui : *Se servir chez les meilleurs fournisseurs.* — **3.** (sujet qqch) Être présenté pour être consommé : *Ce vin se sert glacé.* — **4.** *Se servir de qqn, de qqch (comme + n., pour + inf.),* l'employer en guise de, pour tel ou tel résultat : *Se servir de ses relations, de ses amis pour obtenir une place. Se servir de quelqu'un comme conseiller.* — **5.** *Se servir de qqch,* l'utiliser : *Cet écrivain se sert trop souvent des mêmes mots* (syn. USER DE). *Se servir de sa voiture pour aller à son travail.*

serviteur [sɛrvitœr] n. m. **1.** Personne au service d'une collectivité : *Un fidèle serviteur de l'État. Serviteur de Dieu* (= prêtre, religieux ou homme voué à la pratique des œuvres religieuses). — **2.** Syn. soutenu et vieilli de DOMESTIQUE.

servitude [sɛrvityd] n. f. (lat. *servitudo*). **1.** État de qqn, d'un pays privé de son indépendance : *Tenir sa femme dans la servitude* (syn. SOUMISSION, SUJÉTION). *Délivrer un peuple tombé dans la servitude* (syn. ASSERVISSEMENT, ESCLAVAGE, JOUG). — **2.** *Litt.* Contrainte, assujettissement à des occupations habituelles, à des obligations : *Les servitudes d'un métier. Les servitudes bureaucratiques.*

sésame [sezam] n. m. (gr. *sêsamon*). Plante tropicale cultivée pour ses graines qui fournissent de l'huile.

session [sɛsjɔ̃] n. f. (angl. *session;* du lat. *sessio,* séance). **1.** Période pendant laquelle une assemblée, un tribunal exercent leurs fonctions : *Les sessions du Sénat, de la cour d'assises.* — **2.** Période pendant laquelle a lieu un examen : *Refusée à l'oral de la première session de la licence, elle a été reçue à la seconde.*

set [sɛt] n. m. (mot angl.). **1.** Une manche au tennis, au ping-pong et au volley-ball. — **2.** *Set (de table),* ensemble de napperons qu'on place sous chaque assiette et qui remplace la nappe; chacun de ces napperons.

setter [sɛtɛr] n. m. (mot angl.). Race de chien d'arrêt à poil long, doux et ondulé.

seuil [sœj] n. m. (lat. *solum,* base). **1.** Dalle de pierre ou pièce de bois recouvrant la partie inférieure de l'ouverture d'une porte. — **2.** Entrée d'une maison : *Être assis sur le seuil de la maison.* — **3.** *Litt.* Début : *Le seuil de la vie, de l'hiver, de la vieillesse* (syn. COMMENCEMENT, ENTRÉE). — **4.** Limite au-delà de laquelle les conditions changent : *Franchir un seuil. Seuil de rentabilité* (= limite à partir de laquelle une affaire est rentable).

seul, e [sœl] adj. indéf. (lat. *solus*). S'emploie comme : **1.** Épithète, entre l'article, un déterminatif ou un possessif et le nom, unique (à l'exclusion de tout autre) : *Adorer un seul Dieu. Elle n'a pas une seule amie. Nous ne l'avons vue qu'une seule fois. C'est le seul exemplaire qui restait à la librairie. C'est la seule personne qui puisse vous renseigner. Cette seule raison aurait pu la décider. Dans le seul but de lui plaire. La seule pensée de cette action est criminelle* (syn. SIMPLE); sans article : *Vous êtes seul juge. À seule fin de vous rencontrer.* — **2.** Attribut et épithète, qui n'est pas avec d'autres : *Il vit seul dans une grande maison* (syn. SOLITAIRE). *Une vieille femme était seule dans sa chambre, en train de coudre. Après le mariage de leur fils, ils se sont trouvés bien seuls. Ce mot employé seul* (ou *tout seul*) *a telle acception. Une femme seule* (= non accompagnée, non mariée). ‖ *Être seul (tout seul) au monde, dans la vie,* ne pas avoir de famille, d'amis, vivre dans l'isolement. ‖ *Seul à seul,* en tête à tête : *Elle était heureuse de pouvoir lui parler seule à seul. Ils se sont trouvés seuls à seuls.* (Accord facultatif.) — **3.** En tête de proposition, ou après un nom ou un pronom accentué, qui réalise l'action à l'exclusion des autres : *Seul un alpiniste aussi fort que lui peut faire cette ascension* (syn. UNIQUEMENT). *Un homme seul (tout seul) ne peut mener à bien une telle entreprise. Seul le hasard peut lui permettre de réussir* (= il n'y a que). *Le hasard seul peut la favoriser* (syn. SEULEMENT). *Vous seul êtes capable de la faire obéir* (syn. EXCLUSIVEMENT). *À elle seule, elle a fait autant de travail que ses trois camarades réunies.* ‖ *Tout seul,* sans aide, sans secours : *Il a retrouvé tout seul son chemin* ou *il a retrouvé son chemin tout seul* (= de lui-même). ‖ Fam. *Cela va tout seul,* il n'y a pas de difficulté. ◆ pron. indéf. *Un seul, une seule, le seul, la seule, pas un seul,* une seule, la seule personne, personne : *On ne peut se fier à l'opinion d'un seul. Elle croit qu'elle est la seule à pouvoir faire ce travail. Pas un seul n'est venu.*

seulement [sœlmɑ̃] adv. **1.** Pas davantage; sans qqn ou qqch de plus : *Nous étions trois seulement. Elle est restée quelques jours seulement à la maison* (syn. RIEN QUE). *Dites-lui seulement un mot* (syn. UNIQUEMENT). — **2.** Exclusivement : *Il travaille seulement pour faire fortune.* — **3.** Pas plus tôt que : *Elle est arrivée seulement ce soir d'Amérique. Le courrier vient seulement d'être distribué* (syn. JUSTE). — **4.** En tête de proposition, marque l'opposition ou la restriction : *Vous pouvez aller le voir, seulement ne restez pas trop longtemps, parce qu'il est fatigué* (syn. MAIS). *Vous me dites que c'est vrai, seulement je ne le crois pas* (syn. TOUTEFOIS). — **5.** *Pas seulement,* pas même : *Elle n'a pas seulement de quoi payer sa pension.* ‖ *Sans seulement,* sans même : *Elle est partie sans seulement dire au revoir.* ‖ *Si seulement,* si au (du) moins : *Si seulement tu profitais des leçons de l'expérience.* — **6.** *Non seulement* (ordinairement suivi de *mais* ou de *mais encore*), introduit le premier de deux groupes, dont le second marque une insistance, une addition : *Non seulement on respecte cette personne, mais encore on l'aime.*

sève [sɛv] n. f. (lat. *sapa,* vin cuit). **1.** Liquide nourricier qui se répand dans les diverses parties des végétaux. — **2.** *Litt.* Énergie physique ou morale : *La sève de la jeunesse* (syn. FORCE, VIGUEUR).

sévère [sevɛr] adj. (lat. *severus,* grave). **1.** (après le n.) Qui est sans indulgence : *Un magistrat sévère* (syn. IMPITOYABLE, IMPLACABLE). *Des parents sévères envers leurs enfants* (syn. AUTORITAIRE, DUR). *Un professeur sévère* (syn. STRICT; fam. VACHE). *On est porté à être sévère pour les autres et indulgent pour soi-même* (syn. INTRANSIGEANT, RIGOUREUX). *Un regard, un ton, un visage sévère.* — **2.** (avant ou, plus souvent, après le n.) Qui juge, blâme durement, qui condamne sans indulgence : *Un verdict sévère* (syn. fam. SALÉ). *La critique de ce film est un peu sévère.* — **3.** (après le n.) Dépourvu d'ornements, de recherche, d'élégance : *Une architecture sévère* (syn. AUSTÈRE, DÉPOUILLÉ). *Un style sévère* (syn. SEC). *Un costume d'une coupe sévère* (syn. STRICT). — **4.** (avant ou après le n.) Qui est grave par son importance : *L'ennemi a subi des pertes sévères.*

sévèrement [sevɛrmɑ̃] adv. Avec sévérité : *Elle élève ses enfants sévèrement* (syn. DUREMENT; fam. À LA BAGUETTE). *Punir sévèrement.*

sévérité [severite] n. f. Attitude de qqn qui est sévère : *Des parents qui élèvent leurs enfants avec sévérité. La sévérité d'un juge* (contr. CLÉMENCE), *d'un professeur* (contr. INDULGENCE). *La sévérité d'une sentence* (syn. GRAVITÉ). *La sévérité d'une éducation* (syn. RIGORISME). *La sévérité d'une architecture* (syn. AUSTÉRITÉ, FROIDEUR).

sévices [sevis] n. m. pl. (lat. *saevitia,* violence). Mauvais traitements exercés sur qqn : *Être condamné pour avoir exercé des sévices sur un enfant* (syn. BRUTALITÉ, VIOLENCE).

sévir [sevir] v. t. ind. (lat. *saevire,* être furieux) [sujet qqn] *Sévir contre qqn, contre qqch (abstrait),* agir contre eux avec rigueur : *Sévir contre des coupables* (syn. CHÂTIER, PUNIR). *Sévir contre des abus* (syn. RÉPRIMER). ◆ v. i. (sujet qqch) Exercer des ravages : *Une épidémie de grippe a sévi cet hiver.*

sevrage [səvraʒ] n. m. Action de sevrer : *Le sevrage s'effectue progressivement.*

sevrer [səvre] v. t. (lat. *separare,* séparer) [c. **9**]. **1.** *Sevrer un enfant, un animal,* cesser de l'allaiter pour lui donner une alimentation plus solide. — **2.** *Sevrer qqn d'une drogue, de l'alcool,* l'en priver alors qu'il y est très habitué. — **3.** Litt. *Sevrer qqn de qqch,* l'en priver : *Sevrer un enfant de caresses.*

sexagénaire [sɛksaʒenɛr ou sɛgza-] adj. et n. (lat. *sexaginta,* soixante). Qui a atteint soixante ans.

sex-appeal [sɛksapil] n. m. (mot angl.). Charme sensuel, attrait physique qui rendent une femme désirable.

sexe [sɛks] n. m. (lat. *sexus,* de *secare,* couper). **1.** Ensemble des organes de la génération, en partic. organes génitaux externes de l'homme et de la femme, du mâle et de la femelle. — **2.** Ensemble des caractères organiques qui permettent de distinguer chez la plupart des êtres vivants le mâle et la femelle : *Enfant du sexe masculin* (= garçon), *du sexe féminin* (= fille). — **3.** Ensemble des personnes du même sexe : *On massacra la population, sans distinction d'âge ni de sexe. Le sexe faible* (= les femmes). *Le sexe fort* (= les hommes). — **4.** Syn. fam. de SEXUALITÉ : *L'obsession du sexe.*

sexisme [sɛksism] n. m. Attitude discriminatoire à l'égard du sexe féminin.

sexiste [sɛksist] adj. et n. Qui relève du sexisme.

sexologie [sɛksɔlɔʒi] n. f. Étude scientifique des problèmes de la sexualité.

sexologue [sɛksɔlɔg] n. Spécialiste de sexologie.

sex-shop [sɛksʃɔp] n. m. (mot angl.) [pl. *sex-shops*]. Magasin spécialisé dans les articles et revues pornographiques.

sextant [sɛkstɑ̃] n. m. (lat. *sextans,* sixième partie). Instrument qui permet de mesurer des hauteurs d'astres à partir d'un navire, d'un avion, et particulièrement de déterminer la latitude.

sexualité [sɛksɥalite] n. f. **1.** Ensemble des caractères spéciaux, externes ou internes, que présentent les individus et qui sont déterminés par leur sexe. — **2.** Ensemble des phénomènes relatifs à l'instinct sexuel : *Troubles de la sexualité.*

sexué, e [sɛksɥe] adj. Pourvu d'organes sexuels différenciés : *Les végétaux sont sexués* (contr. ASEXUÉ).

sexuel, elle [sɛksɥɛl] adj. Relatif au sexe, au rapprochement des sexes : *Les organes sexuels. L'instinct, le plaisir sexuel. Des relations sexuelles.*

sexy [sɛksi] adj. inv. (mot angl.). *Fam.* Qui inspire ou favorise le désir sexuel.

seyant, e [sɛjɑ̃] adj. Qui convient : *Une coiffure seyante* (syn. AVANTAGEUX).

shah → CHAH.

shaker [ʃɛkœr] n. m. (de l'angl. *to shake,* secouer). Appareil formé de deux gobelets s'emboîtant l'un dans l'autre, dans lequel on agite, avec de la glace, les composants d'un cocktail.

shako [ʃako] n. m. (mot hongr.). Coiffure militaire rigide et tronconique, portée notamment par les saint-cyriens et la garde de Paris.

shampooing [ʃɑ̃pwɛ̃] n. m. (mot angl. signif. *massage*). **1.** Produit servant au lavage des cheveux. — **2.** Lavage des cheveux au moyen de cette lotion.

shampouiner ou **shampooiner** [ʃɑ̃pwine] v. t. Faire un shampooing à qqn.

shampouineur, euse ou **shampooineur, euse** [ʃɑ̃pwinœr] n. Celui, celle qui, dans un salon de coiffure, fait les shampooings.

shérif [ʃerif] n. m. (angl. *sheriff*). **1.** Officier d'administration qui représente la Couronne dans chaque comté d'Angleterre. — **2.** Aux États-Unis, officier d'administration élu, ayant un pouvoir judiciaire limité.

sherpa [ʃɛrpa] n. m. (de *Sherpas,* peuple du Népal). Porteur et guide dans les expéditions d'alpinistes dans l'Himalaya.

shetland [ʃɛtlɑ̃d] n. m. (des îles *Shetland*). **1.** Lainage fabriqué avec la laine des moutons d'Écosse. — **2.** Race de poneys.

shoot [ʃut] n. m. (de l'angl. *to shoot,* tirer). Au football, coup de pied vers les buts adverses (syn. TIR).

shooter [ʃute] v. i. Faire un shoot.

shopping [ʃɔpiŋ] n. m. (mot angl.). Action de courir les magasins pour regarder et acheter : *Faire du shopping à l'heure du déjeuner* (syn. FAIRE DES COURSES).

short [ʃɔrt] n. m. (mot angl. signif. *court*). Culotte courte portée pour faire du sport, pendant les vacances, etc.

show [ʃo] n. m. (mot angl.). Spectacle centré sur un acteur de music-hall, un chanteur, etc.

show-business [ʃobiznɛs] n. m. Ensemble des activités commerciales relatives au spectacle.

1. si [si] adv. interr. (lat. *si*). Marque l'interrogation indirecte : *On verra si tu penseras à rapporter le pain. Elle demande si tu es capable de traduire ces quelques lignes de russe. Ils ignorent si l'on devait passer les prendre en voiture.*

2. si [si] adv. d'affirmation. **1.** Indique une réponse positive à une question comprenant un terme négatif (contr. NON) : *« Personne n'est venu ? — Si, Louise. » « N'a-t-elle pas été en Bretagne l'année dernière ? — Si, pour un mois. »* — **2.** Sert de réfutation à une énonciation négative : *« Il n'est pas venu aujourd'hui. — Si, mais il n'est resté que quelques instants. » « Je ne la connais pas. — Mais si, vous l'avez rencontrée un jour chez moi. »* — **3.** Peut représenter, après un verbe d'énonciation ou d'opinion, une phrase ou un membre de phrase précédents pour affirmer le contraire : *Vous affirmez que cet éclairage n'est pas défectueux. Je vous réponds que si : on y voit très mal. Il semble bien que si. Elle me répond que si.* — **4.** *Si fait* (soutenu) est un renforcement de *si, mais si : « Vous n'avez pas fini de lire ce roman ? — Si fait, je suis resté pour cela dimanche après-midi chez moi. »* ◆ n. m. inv. Approbation : *Des si et des mais.*

3. si [si] adv. de quantité (lat. *sic,* ainsi). **1.** Marque l'intensité : *Il est d'un dévouement si admirable* (syn. TELLEMENT). *C'est une femme si bonne !* — **2.** En corrélation avec *que, si* annonce une subordonnée consécutive (ind.) : *Le vent a soufflé si fort qu'il y a eu des toits arrachés. Il marchait si vite qu'il était difficile de le suivre.* — **3.** *Si* (+ *adj., adv.*)... *que* (+ *subj.*), introduit une concessive : *Si intelligente qu'elle soit, elle doit travailler* (= quelque... que). *Si mal qu'il ait agi, il faut lui pardonner.* (REM. Au lieu de *si... qu'il soit* [*qu'elle soit*], etc., on peut employer *si... soit* [*soit-elle*] : *Si intelligent soit-il.*) — **4.** *Si,* au lieu de *aussi,* marque une comparaison d'égalité dans une négative, interrogative, exclamative : *Il n'est pas si intelligent que ça. As-tu jamais rien vu de si beau !* — **5.** *Si bien que, tant et si bien que* (+ *ind.*), de sorte que : *Elle dormait, si bien qu'elle n'a rien entendu.*

4. si [si] conj. (lat. *si*). Marque **1.** avec l'indicatif présent ou passé, le caractère certain du lien établi entre la condition et la conséquence : *Si vous admettez cette opinion, vous avez raison* (syn. AU CAS OÙ). *Si vous continuez à bien travailler, vous avez des chances de réussir* (syn. À CONDITION QUE). *Si vous allez voir mon amie, vous serez bien reçus. S'il est parti, revenez plus tard. Si elle vient et que je sois absent, dites-lui de m'attendre.* — **2.** avec l'indicatif imparfait (et le conditionnel dans la principale), une hypothèse irréalisable dans le présent ou réalisable dans l'avenir : *Si nous avions cette maison en ce moment, nous serions contents.* — **3.** avec l'indicatif plus-que-parfait ou le subjonctif plus-que-parfait (et le conditionnel ou le subjonctif plus-que-parfait dans la principale), une hypothèse qui n'a pu se réaliser dans le passé : *Si je vous avais vu* (ou *si je vous eusse vu*), *je vous aurais prévenu* (ou *je vous eusse prévenu*). — **4.** avec l'indicatif imparfait ou plus-que-parfait dans la subordonnée et l'indicatif imparfait dans la principale, la répétition : *Si elle se trompait, si elle s'était trompée, on corrigeait ses erreurs* (syn. TOUTES LES FOIS QUE). — **5.** avec l'indicatif présent ou passé, l'opposition, la concession : *Si mes dépenses restent les mêmes, mes ressources diminuent.* — **6.** en corrélation avec *c'est que* (*c'était que,* etc.), l'action dont *c'est que* marque la cause : *Si elle ne vous a pas salué, c'est qu'elle ne vous a pas vu* (= elle ne vous a pas salué parce qu'elle ne vous a pas vu). — **7.** le sujet ou complément d'objet de certains verbes ou de quelques locutions verbales : *C'est un miracle si nous sommes réchappés de cette catastrophe. Pardonnez-moi si je ne vous ai pas encore répondu.* — **8.** dans une proposition exclamative, le souhait : *Si j'osais ! Si je pouvais* *parler!;* le regret : *Si seulement vous étiez venus plus tôt!;* une suggestion : *Si nous allions nous promener?* — **9.** *Si ce n'est, si ce n'étai(en)t, si ce n'eût été, si ce n'eussent été* (devant un nom ou un pronom), indiquent la concession : *Qui a pu commettre cette erreur, si ce n'est elle!* (syn. SINON). *Si ce n'était la crainte de vous déplaire, je vous parlerais librement.* Au lieu de *si ce n'étai(en)t, si ce n'eût été, si ce n'eussent été,* on peut dire *n'étai(en)t, n'eût été,* etc. : *N'était la crainte de vous déplaire...* ‖ *Si ce n'est que, si ce n'était que, si ce n'eût été que,* indiquent une réserve : *Il vous ressemble, si ce n'est qu'il est plus petit que vous* (syn. EXCEPTÉ QUE). On peut dire aussi *n'était qu'il est...* ‖ *Si tant est que,* s'il est vrai que, en admettant que : *Il a l'intention de présenter le concours de l'agrégation, si tant est qu'il le puisse.* ‖ *Si... ne,* dans des expressions plus ou moins figées, indique une réserve : *Si je ne me trompe. Si je ne m'abuse* (syn. À MOINS QUE). ◆ n. m. inv. **1.** Action de dire *si;* condition restrictive : *Il n'y a pas de si!* — **2.** *Avec des si, on mettrait Paris en bouteille,* avec des hypothèses, tout devient possible.

5. si [si] n. m. inv. (initiales des mots lat. *Sanctus Iohannes,* saint Jean, dernier vers de l'hymne de saint Jean-Baptiste). Note de musique, septième degré de la gamme de *do.*

siamois, e [sjamwa] adj. (de *Siam,* n. géogr.). **1.** Se dit d'une race de chats à poils ras et aux yeux bleus. — **2.** *Frères siamois, sœurs siamoises,* jumeaux rattachés l'un à l'autre par deux parties homologues de leurs corps.

sibérien, enne [siberjɛ̃] adj. et n. De Sibérie.

sibyllin, e [sibilɛ̃] adj. (lat. *sybillinus*). Dont le sens est difficile à comprendre : *Langage sibyllin* (syn. ÉNIGMATIQUE, OBSCUR). *Paroles sibyllines.* (Dans l'Antiquité, les *oracles sibyllins* étaient les prédictions faites par des femmes [*les sibylles*] auxquelles les Anciens attribuaient la connaissance de l'avenir.)

sic [sik] adv. (mot lat. signif. *ainsi*). Mis entre parenthèses après un mot, une expression, indique que ceux-ci sont cités textuellement, si bizarres ou incorrects qu'ils soient.

siccatif, ive [sikatif] adj. et n. m. (du lat. *siccare,* sécher). Se dit d'une substance qui a la propriété d'activer le séchage des peintures : *Une huile siccative. Ajouter du siccatif.*

sida [sida] n. m. (sigle de *syndrome immunodéficitaire acquis*). Affection grave transmissible par voie sexuelle ou sanguine, caractérisée par la disparition des réactions immunitaires de l'organisme.

side-car [sidkar] n. m. (mot angl.) [pl. *side-cars*]. Habitacle à une roue et pour un passager, monté sur le côté d'une motocyclette.

sidéral, e, aux [sideral] adj. (du lat. *sidus, sideris,* astre). Relatif aux astres.

sidérant, e [siderɑ̃] adj. *Fam.* Qui stupéfie, sidère : *C'est sidérant de voir ça!*

sidérer [sidere] v. t. (lat. *siderari,* subir l'influence funeste des astres) [c. **10**] Fam. *Sidérer qqn,* le frapper de stupeur (surtout pass.) : *L'annonce de la catastrophe a sidéré tout le monde* (syn. ABASOURDIR, STUPÉFIER). *Elle en est restée sidérée* (syn. ANÉANTIR).

sidérurgie [sideryrʒi] n. f. (gr. *sidêros,* fer, et *ergon,* travail). Métallurgie du minerai de fer pour en obtenir la fonte et l'acier.

sidérurgique [sideryrʒik] adj. Relatif à la sidérurgie : *Une usine sidérurgique.*

sidérurgiste [sideryrʒist] n. Ouvrier, industriel de la sidérurgie.

siècle [sjɛkl] n. m. (lat. *saeculum*). **1.** Période de cent ans : *Certains arbres vivent plusieurs siècles. Un quart de siècle, un demi-siècle.* — **2.** Période de cent ans comptés à partir d'une ère donnée, spécialement de l'ère chrétienne : *Le troisième siècle avant Jésus-Christ. Le vingtième siècle a commencé le premier jour de l'année 1901 et finira le dernier jour de l'année 2000. Les écrivains du dix-septième siècle* (dans ce cas, on sous-entend très souvent *siècle*). — **3.** Temps où l'on vit : *Une personne qui fait honneur à son siècle. Il faut être de son siècle. Partager les idées de son siècle.* — **4.** *Le siècle de,* époque rendue célèbre par les actions, les œuvres d'un grand homme, par une grande découverte : *Le siècle de Périclès, de Louis XIV. Le siècle de l'atome.* — **5.** *Fam.* Temps qu'on trouve très long : *Il y a un siècle que nous ne vous avons vue.* ◆ ***siècles*** n. m. pl. Grand espace de temps indéterminé : *Une coutume qui dure depuis des siècles. La fin, la consommation des siècles* (= la fin du monde).

siège [sjɛʒ] n. m. (lat. pop. *sedicum,* de *sedere,* s'asseoir). **1.** Meuble ou tout objet fait pour s'asseoir : *Elle lui avança un siège. Un siège pliant. Les sièges d'une voiture.* — **2.** Partie horizontale de ce meuble, de cet objet sur laquelle on s'assied : *Le siège et le dossier d'un fauteuil.* — **3.** Postérieur : *Bain de siège.* — **4.** Endroit où réside une autorité, où se réunit un parlement, où sont installés les organes dirigeants d'une entreprise : *Le Palais-Bourbon est le siège de l'Assemblée nationale. Siège d'une cour de justice, d'un tribunal* (= endroit où ils résident et se réunissent pour rendre la justice). — **5.** Place occupée par un membre d'une assemblée délibérante : *Ce parti a gagné des sièges aux dernières élections.* — **6.** Endroit où naît et se développe un phénomène : *Le siège d'une douleur. Le cerveau est le siège du langage* (syn. CENTRE). — **7.** *Siège épiscopal,* évêché et sa juridiction. ‖ *Siège social,* endroit où une société commerciale a son principal établissement. — **8.** Ensemble des opérations militaires exécutées pour s'emparer d'une place forte, d'une ville : *Le siège de Paris en 1870.* — **9.** *État de siège,* mesure prise par les pouvoirs publics en cas de troubles, et qui place les pouvoirs civils sous les ordres du commandement militaire.

siéger [sjeʒe] v. i. (c. **2** et **10**). **1.** (sujet qqn) Faire partie d'une assemblée, d'un tribunal : *Siéger au Sénat. Un député qui siège à droite, à gauche.* — **2.** (sujet une assemblée, un tribunal, etc.) Tenir ses séances : *La Cour de cassation siège à Paris.* — **3.** (sujet qqch) Se trouver, être : *C'est là que le mal siège.*

sien, enne [sjɛ̃] adj. poss. (lat. *suum*). *Litt.* Qui est à soi : *Cette maison est sienne.* ◆ pron. poss. (précédé de *le, la, les*). Ce qui est à soi : *Ce livre est à toi, celui-là est le sien.* ◆ ***les siens*** n. m. pl. Sa famille, ses parents. (→ introduction POSSESSIFS.)

sieste [sjɛst] n. f. (esp. *siesta;* du lat. *sexta* [*hora*], sixième [heure], c'est-à-dire midi). Repos pris après le repas de midi : *Ma grand-mère fait une sieste tous les après-midi.*

sieur [sjœr] n. m. (de *sire*). **1.** Qualification dont on fait précéder un nom propre en style judiciaire : *Le sieur X s'est fait représenter au tribunal par son avocat.* — **2.** *Le sieur Un tel,* s'emploie à propos de qqn pour qui on a une certaine antipathie.

sifflant, e [siflɑ̃] adj. Qui produit un sifflement : *Une prononciation sifflante.* ◆ adj. et n. f. Se dit d'une consonne caractérisée par un bruit de sifflement : *Les consonnes «s» et «z» sont des sifflantes.*

sifflement [sifləmɑ̃] n. m. Son ou bruit aigu fait en sifflant : *Attirer l'attention par un sifflement. Les sifflements d'un merle. Le sifflement d'une locomotive.*

siffler [sifle] v. i. (lat. *sibilare*). **1.** (sujet être animé) Produire un son aigu en chassant l'air entre ses lèvres, entre ses dents ou à l'aide d'un instrument (sifflet, clef forée, etc.) : *Siffler pour appeler quelqu'un. Siffler comme un merle.* — **2.** Produire certains sons qui ressemblent à un sifflement : *Les asthmatiques sifflent en respirant.* — **3.** (sujet certains oiseaux) Produire le cri propre à l'espèce : *Le merle, le loriot, la grive sifflent.* (Se dit aussi des serpents, des oies, des cygnes quand ils sont en colère.) — **4.** (sujet qqch) Produire des bruits aigus et prolongés : *Le train siffle pour annoncer son arrivée en gare. Un jet de vapeur qui siffle* (syn. CHUINTER). *Le vent siffle dans les cordages. Les balles sifflaient aux oreilles des combattants.* ◆ v. t. **1.** *Siffler un air,* le moduler en sifflant. — **2.** *Siffler un animal, qqn,* l'appeler en sifflant. — **3.** *Siffler qqn, un spectacle,* l'accueillir par des sifflets, en signe de désapprobation ou de mécontentement (et quelquefois en signe d'admiration, comme aux États-Unis) : *Siffler une pièce, un acteur* (syn. litt. CONSPUER, ↑ HUER). — **4.** *Siffler qqch (action, faute)* [au cours d'un jeu, d'une épreuve], le signaler en sifflant : *L'arbitre a sifflé la fin de la partie.* — **5.** Pop. *Siffler un verre, une bouteille,* les boire d'un trait, avidement.

sifflet [siflɛ] n. m. **1.** Petit instrument de bois ou de métal, etc., formé d'un tuyau étroit et terminé par une embouchure taillée en biseau : *Sifflet à roulette* (= celui dans lequel est placée une petite bille qui modifie le son). — **2.** *En sifflet,* se dit d'une coupe, d'une section en biseau : *Une branche taillée en sifflet.* — **3.** Désapprobation manifestée par des sifflements (pl.) : *La pièce a été accueillie par des sifflets.*

siffleur, euse [siflœr] n. Personne qui siffle, qui a l'habitude de siffler.

sifflotement [siflɔtmɑ̃] n. m. Action de siffloter.

siffloter [siflɔte] v. i. et t. Siffler légèrement, négligemment : *Siffloter en marchant. Siffloter une chanson.*

sigle [sigl] n. m. (lat. *siglum*). Groupe de lettres initiales constituant l'abréviation de termes fréquemment employés (ex. *O. N. U., Unesco, Benelux*).

signal [siɲal] n. m. (lat. *signalis,* de *signum,* signe) [pl. *signaux*]. **1.** Signe convenu pour avertir, annoncer, donner un ordre : *Donner le signal du départ. On emploie différentes sortes de signaux dans la marine, l'aviation, les chemins de fer.* — **2.** Appareil qui produit ce signe : *Un signal sonore* (= sirène, avertisseur, Klaxon, etc.). *Un signal de changement de direction à bord d'une voiture* (syn. CLIGNOTANT). *Tirer le signal d'alarme dans un train pour le faire stopper.* — **3.** Ce qui annonce et provoque une action : *La prise de la Bastille a été le signal de la Révolution.* — **4.** Appareil, panneau disposé sur le bord d'une voie de communication pour régler la marche des véhicules : *Un signal d'arrêt* (syn. STOP). *Des signaux lumineux indiquent aux automobilistes s'ils doivent s'arrêter, ralentir, ou que la voie est libre* (= rouge, orange, vert) [syn. FEUX].

signalé, e [siɲale] adj. (avant ou, plus rarement, après le n.) Qui attire l'attention, l'estime : *Un signalé service* (syn. IMPORTANT, REMARQUABLE).

signalement [siɲalmɑ̃] n. m. Description d'une personne, d'un animal, destinée à les faire reconnaître : *La police a transmis le signalement du bandit.*

signaler [siɲale] v. t. **1.** (sujet qqn, qqch) *Signaler qqch,* l'indiquer, l'annoncer par un signal : *Tu as oublié de signaler ton changement de direction. Le train est signalé* (= il va entrer en gare). *Un sémaphore qui signale un navire. Les balises servent à signaler l'emplacement d'une piste.* — **2.** (sujet qqn, un organisme) *Signaler qqn, qqch, que* (+ *ind.*) [à *qqn*], les faire connaître en attirant l'attention sur eux : *Signaler un espion à la police* (syn. DÉNONCER). *Signaler au public les qualités d'un objet, d'une œuvre* (syn. MONTRER, SOULIGNER). *Les services météorologiques ont signalé qu'il ferait beau pendant les vacances* (syn. ANNONCER, MENTIONNER). *Je vous signale que, si vous ne travaillez pas mieux, vous ne réussirez pas à votre examen* (syn. FAIRE REMARQUER, FAIRE OBSERVER). ◆ ***se signaler*** v. pr. (sujet qqn) **1.** *Se signaler* (+ *compl. de manière ou de moyen*), acquérir une certaine réputation (en bien ou en mal) : *Se signaler par sa bravoure* (syn. SE FAIRE REMARQUER, S'ILLUSTRER). *Un tyran qui se signale par ses cruautés* (syn. SE DISTINGUER). — **2.** *Se signaler à l'attention de qqn,* se faire remarquer de lui.

signalétique [siɲaletik] adj. Qui donne le signalement d'un individu : *Fiche signalétique.*

signalisation [siɲalizasjɔ̃] n. f. **1.** Installation, disposition de signaux sur une voie de communication, à l'entrée d'un port, sur un aérodrome, etc. : *Les panneaux de signalisation sur les routes sont de divers types : signaux de danger, d'interdiction, d'obligation, etc.* — **2.** Emploi de divers signaux pour donner à distance des renseignements d'un ordre particulier : *Les appareils de signalisation comprennent des phares, des fusées, des drapeaux, des sirènes, etc. On pense que l'accident de chemin de fer est dû à une erreur de signalisation.*

signaliser [siɲalize] v. t. Munir d'une signalisation : *Route mal signalisée.*

signataire [siɲatɛr] n. Personne qui a signé : *Les signataires d'un contrat, d'une pétition.*

signature [siɲatyr] n. f. **1.** Nom ou marque qu'on met au bas d'un écrit pour attester qu'on en est l'auteur ou qu'on en approuve le contenu : *Apposer sa signature* (syn. GRIFFE, PARAPHE). *Reconnaître, faire légaliser, renier sa signature. Une signature illisible.* — **2.** Action de signer : *Le décret est à la signature.*

signe [siɲ] n. m. (lat. *signum*). **1.** Ce qui permet de connaître ou de reconnaître, de deviner ou de prévoir qqch : *Un signe distinctif, caractéristique. Les signes particuliers d'une personne sont mentionnés sur sa carte d'identité* (syn. MARQUE). *Quand les hirondelles volent bas, c'est signe de pluie, c'est signe qu'il pleuvra* (syn. INDICATION). *Il n'y a dans l'état de cette malade aucun signe d'amélioration* (syn. SYMPTÔME). — **2.** Élément du langage, geste ou mimique qui permet de faire connaître une pensée ou de manifester un ordre, un désir : *Signes verbaux. Les sourds-muets se parlent par signes. Faire un signe de la tête, de la main. Signe cabalistique. Faire signe de venir. Elle lui tendit la main en signe de réconciliation.* — **3.** Marque matérielle distinctive : *Marquer ses livres d'un signe avant de les prêter.* — **4.** Représentation matérielle de qqch, dessin, figure ou son ayant un caractère conventionnel : *Les signes orthographiques, typographiques, algébriques, musicaux.* — **5.** *Être (un) bon, (un) mauvais signe,* être de bon, de mauvais augure (syn. PRÉSAGE). ‖ *Ne pas donner signe de vie,* ne pas donner de ses nouvelles. ‖ *Signe de croix* → CROIX. ‖ *Signe des temps,* se dit d'un événement qui, par son caractère ou son importance, peut servir à juger l'époque où il se produit (généralement péjor.) : *L'augmentation de la délinquance juvénile est un signe des temps.* ‖ *Signe du zodiaque,* chacune des douze divisions du zodiaque : *Être né sous le signe du Bélier, du Taureau* (= pendant la période où le Soleil traverse cette partie de la sphère céleste). ‖ *Sous le signe de,* sous l'influence de : *Tout lui réussit, elle est née sous le signe de la chance.*

signer [siɲe] v. t. (lat. *signare*). **1.** *Signer un écrit,* le revêtir de sa signature : *Signer une lettre, un contrat, un engagement, une pétition. Signer son nom* (= écrire son nom, apposer sa signature). — **2.** *Signer une alliance, un contrat,* etc., les conclure et les confirmer par un acte signé. — **3.** *Signer une œuvre,* attester par sa marque ou sa signature qu'on en est l'auteur : *Signer un tableau, un article. Une œuvre non signée*

(= anonyme). — **4.** *C'est signé,* se dit d'une action dont on devine facilement l'auteur. ◆ ***se signer*** v. pr. Faire le signe de la croix (relig.).

signifiant [siɲifjɑ̃] n. m. Image acoustique; forme du mot (ling.).

significatif, ive [siɲifikatif] adj. Qui exprime nettement la pensée, l'intention de qqn : *Mot, geste, sourire significatif* (syn. EXPRESSIF, ÉLOQUENT; contr. INSIGNIFIANT). *Son attitude est significative de son changement d'opinion à notre égard.*

signification [siɲifikasjɔ̃] n. f. **1.** Ce que signifie, représente un signe, un système de signes, un geste : *La signification d'un symbole, d'une allégorie.* — **2.** Sens, valeur d'un mot : *Les dictionnaires donnent les différentes significations des mots* (syn. ACCEPTION). — **3.** Action de faire connaître de manière expresse : *La signification d'un jugement* (syn. NOTIFICATION).

significativement [siɲifikativmɑ̃] adv. De façon significative.

signifié [siɲifje] n. m. Concept d'un mot (ling.).

signifier [siɲifje] v. t. (lat. *significare*). **1.** (sujet qqch) *Signifier qqch, que* (+ *ind.*), l'indiquer, le manifester par des signes, avoir comme sens : *Elle ne comprenait pas ce que signifiaient ce geste, ce regard* (syn. DÉNOTER). *Que signifie ce discours? Ces brouillards signifient que l'automne est proche* (syn. ANNONCER). — **2.** *Signifier qqch,* avoir un sens déterminé : *Le mot «work» en anglais signifie «travail»* (syn. VOULOIR DIRE). — **3.** *Ne rien signifier, ne pas signifier grand-chose,* n'avoir pas, avoir peu de sens : *Tout ce que tu dis là ne signifie rien.* ‖ *Que signifie...?, qu'est-ce que cela signifie?,* se disent pour exprimer tout ensemble l'étonnement et le mécontentement. — **4.** *Signifier qqch, que* (+ *ind.*) *à qqn,* le lui faire connaître de façon expresse ou par voie de justice : *Signifier son congé à un locataire* (syn. NOTIFIER).

silence [silɑ̃s] n. m. (lat. *silentium*). **1.** État de qqn qui s'abstient de parler ou d'écrire, d'exprimer son opinion, de manifester ses sentiments : *Garder, observer le silence* (syn. SE TAIRE). *Silence approbateur, éloquent, significatif* (syn. MUTISME). *Rompre le silence. Il y a longtemps que nous n'avons pas reçu de vos nouvelles; que signifie ce silence? On vous demande le silence le plus absolu sur cette affaire* (syn. SECRET). *Passer quelque chose sous silence* (= éviter d'en parler). *Obéir, souffrir en silence* (= sans se révolter, sans se plaindre). — **2.** Absence de mention d'un événement : *Les journaux ont gardé le silence sur cette affaire qui aurait causé du scandale. Réduire l'opposition au silence* (= la bâillonner, la museler). *Révolte préparée dans le silence* (= dans le secret). — **3.** Absence de bruit, d'agitation : *Le silence de la nuit, des bois, des cloîtres. Rien ne trouble le silence qui règne en ce lieu.* — **4.** En musique, interruption plus ou moins longue du son; signe qui indique cette interruption. — **5.** *Silence!,* invitation à se taire, à ne pas faire de bruit.

silencieusement [silɑ̃sjøzmɑ̃] adv. De façon silencieuse : *L'assistance écoutait silencieusement.*

1. silencieux, euse [silɑ̃sjø] adj. **1.** Qui s'abstient de parler, peu communicatif : *On lui a posé plusieurs questions, elle est restée silencieuse* (syn. MUET). *Une personne calme et silencieuse* (syn. ↑ TACITURNE; contr. CRIARD, TAPAGEUR). — **2.** Se dit de qqch qui se fait sans bruit, d'un appareil, d'un véhicule qui fonctionne avec un faible bruit : *Cette pendule a un mouvement silencieux. À pas silencieux* (syn. FEUTRÉ). *Moteur silencieux* (contr. BRUYANT). *Voiture silencieuse.*

2. silencieux [silɑ̃sjø] n. m. Dispositif adjoint à un moteur ou à une arme à feu pour amortir le bruit des explosions, des détonations.

silex [silɛks] n. m. (mot. lat. signif. *caillou*). Roche très dure, de couleur variable.

silhouette [silwɛt] n. f. (de *Silhouette,* contrôleur général des finances). **1.** Aspect, ligne générale d'un corps humain ou d'un objet : *Cette femme a une silhouette élégante. Admirez la silhouette de cette voiture.* — **2.** Forme d'un objet dont les contours se profilent sur un fond : *La silhouette du clocher se dessinait sur le ciel bleu.*

silice [silis] n. f. (lat. *silex, silicis*). Substance minérale très dure.

silicose [silikoz] n. f. Maladie due à l'inhalation de poussière de silice.

sillage [sijaʒ] n. m. (de *sillon*). **1.** Trace d'eau écumante qu'un bateau laisse derrière lui. — **2.** *Dans le sillage de qqn,* en suivant sa trace, son exemple.

sillon [sijɔ̃] n. m. (mot gaul.). **1.** Longue fente faite dans le sol par le soc de la charrue. — **2.** Rainure que présente la surface d'un disque.

sillonner [sijɔne] v. t. *Sillonner un lieu,* le parcourir en tous sens : *Des avions ont sillonné le ciel toute la matinée;* le traverser dans toutes les directions : *Des routes nombreuses sillonnent la France.*

silo [silo] n. m. (mot esp.; du gr. *seiros,* fosse à blé). Cavité creusée dans le sol ou réservoir de grande taille qu'on emplit par le haut et qui sont destinés à la conservation des produits végétaux : *Silo à céréales, à fourrage, à betteraves.*

simagrées [simagre] n. f. pl. (orig. inc.). *Fam.* Manières affectées, destinées à tromper : *Des simagrées ridicules* (syn. fam. CHICHIS, SINGERIES). *Acceptez cette invitation et ne faites pas tant de simagrées* (syn. FAÇONS, MINAUDERIES).

simiesque [simjɛsk] adj. (du lat. *simius,* singe). Qui rappelle le singe : *Visage simiesque.*

similaire [similɛr] adj. (lat. *similis,* semblable). Qui peut, à certains points de vue, être assimilé à qqch d'autre : *Les savons, les détersifs et les produits similaires* (syn. ANALOGUE, SEMBLABLE).

similarité [similarite] n. f. Caractère similaire.

simili [simili] n. m. (lat. *similis,* semblable). *Fam.* Toute chose qui imite une matière précieuse : *Une chaîne de montre en simili.*

similicuir [similikɥir] n. m. Toile enduite d'une matière à base de caoutchouc, qui imite le cuir.

similitude [similityd] n. f. (lat. *similitudo*). Grande ressemblance entre deux ou plusieurs choses : *L'exactitude du fait est confirmée par la similitude des témoignages.*

simonie [simɔni] n. f. (du n. de *Simon le Magicien,* qui voulut acheter à saint Pierre le don de faire des miracles). Trafic des choses saintes; vente des biens spirituels (relig.).

simoun [simun] n. m. (ar. *samūn*). Vent chaud et sec particulier aux régions désertiques du Sahara, de l'Arabie, de l'Égypte.

simple [sɛ̃pl] adj. (lat. *simplex*). **1.** (après le n.) Qui n'est pas composé de plusieurs éléments : *L'or, l'oxygène, l'hydrogène sont des corps simples. Un mot simple* (contr. COMPOSÉ). — **2.** (avant ou après le n.) Qui n'est pas double ou multiple : *Faire un nœud simple à sa cravate. Des chaussures à simple semelle.* — **3.** (après le n.) Qui n'est pas compliqué; facile à employer, à comprendre : *L'intrigue de cette pièce est fort simple. Un mécanisme, un procédé, un moyen bien simple* (syn. ÉLÉMENTAIRE; contr. COMPLIQUÉ). *Vous trouverez facilement la solution de ce problème, c'est simple,* fam. *simple comme bonjour* (= extrêmement simple; contr. DIFFICILE). ‖ *C'est bien simple,* annonce une conclusion, une conséquence : *Si vous ne prenez pas des mesures rapidement, c'est bien simple, c'est la faillite assurée.* — **4.** (après le n.) Se dit de qqch qui est sans recherche, sans apprêt, sans ornement ou de qqn qui évite le luxe, l'affectation, la vanité, l'ostentation : *Une robe toute simple. Un mobilier simple et de bon goût* (contr. FASTUEUX, LUXUEUX). *Discours simple et touchant. Un auteur qui écrit dans un style simple* (syn. DÉPOUILLÉ ; contr. AMPOULÉ, EMPHATIQUE). *Malgré sa brillante situation, elle a su rester simple* (syn. SANS FAÇON ; contr. FIER, ORGUEILLEUX). *Avoir des goûts simples* (syn. MODESTE). — **5.** (avant le n.) Qui suffit à lui seul, sans rien de plus : *Elle fit un simple geste et elle obtint le silence. Je ne ferai qu'une simple objection, une simple remarque. Ce n'est qu'une simple formalité.* — **6.** (après le n.) *Péjor.* Qui a peu de finesse, d'intelligence, qui se laisse facilement tromper : *Une personne simple et crédule* (syn. ↑NIAIS). *Il faudrait être bien simple pour croire à ses protestations d'innocence* (syn. CRÉDULE, NAÏF). *Simple d'esprit* (= débile mental ; syn. INNOCENT, SIMPLET). — **7.** (avant le n.) Qui est seulement ce que le nom indique : *Un simple salarié. Une simple employée. Un simple soldat* (= militaire qui n'a pas de grade). *Un simple particulier* (= personne qui n'a pas de fonctions officielles, publiques). ◆ n. m. **1.** Ce qui est simple : *Somme qui varie du simple au double* (= de un à deux). *Passer du simple au composé.* — **2.** Partie de tennis entre deux joueurs seulement : *Jouer en simple* (contr. DOUBLE). ◆ ***simples*** n. m. pl. Plantes médicinales employées telles qu'elles existent dans la nature : *Cueillir des simples dans la montagne.*

simplement [sɛ̃pləmɑ̃] adv. De façon simple : *Une femme vêtue simplement* (= sans recherche). *Recevoir simplement* (syn. fam. À LA BONNE FRANQUETTE). *S'exprimer simplement. Voir les choses simplement* (syn. ↑SCHÉMATIQUEMENT). *Racontez-nous simplement comment les choses se sont passées* (= sans détour, sans ambages). *On aura simplement voulu vous faire peur* (syn. SEULEMENT).

simplet, ette [sɛ̃plɛ] adj. **1.** Se dit de qqn un peu simple d'esprit : *Une personne simplette* (syn. NIAIS, NAÏF). — **2.** Se dit de qqch d'abstrait d'une simplicité excessive : *Un raisonnement un peu simplet.*

simplicité [sɛ̃plisite] n. f. Caractère simple : *Sa simplicité est une des causes de sa popularité. Écrire, parler avec simplicité. La simplicité du style* (contr. EMPHASE). *Recevoir des invités avec beaucoup de simplicité* (= sans cérémonie). *Avoir la simplicité de croire à de belles promesses* (péjor. ; syn. NAÏVETÉ). *La simplicité d'une méthode, d'un raisonnement, d'une question. La simplicité d'une architecture.*

simplifiable [sɛ̃plifjabl] adj. Qui peut être simplifié.

simplificateur, trice [sɛ̃plifikatœr] adj. et n. Qui simplifie, porté à simplifier : *Un esprit simplificateur.*

simplification [sɛ̃plifikasjɔ̃] n. f. Action de simplifier ; ce qui est simplifié : *La simplification de l'orthographe.*

simplifier [sɛ̃plifje] v. t. *Simplifier qqch,* le rendre plus simple, moins compliqué, moins complexe : *Simplifier un problème, une question, une méthode, un mécanisme. Quelqu'un qui a l'habitude de tout simplifier* (contr. COMPLIQUER). *Simplifier une fraction* (= en réduire également les deux termes).

simplisme [sɛ̃plism] n. m. Tendance à simplifier d'une manière excessive.

simpliste [sɛ̃plist] adj. Qui simplifie de façon exagérée, qui ne considère qu'un aspect des choses : *Un esprit simpliste. Un argument simpliste.*

simulacre [simylakr] n. m. (lat. *simulacrum,* représentation figurée). **1.** Action par laquelle on fait semblant d'exécuter qqch : *Un simulacre de combat.* — **2.** Fausse apparence, illusion : *Un simulacre de gouvernement* (syn. FANTÔME, SEMBLANT).

simulateur, trice [simylatœr] n. et adj. **1.** Personne qui simule, et spécialement personne qui simule une maladie, une infirmité : *Un habile simulateur. Confondre un simulateur.* — **2.** Appareil conçu pour reproduire exactement un phénomène réel afin d'en faciliter l'étude.

simulation [simylasjɔ̃] n. f. **1.** Action de simuler : *Simulation d'un sentiment.* — **2.** Reproduction artificielle ou représentation figurée d'un phénomène : *La télévision a diffusé une simulation de vol spatial.*

simulé, e [simyle] adj. Qui n'est pas réel : *Amabilité simulée* (syn. FAUX). *Attaque simulée* (syn. FEINT).

simuler [simyle] v. t. (lat. *simulare,* feindre). *Simuler qqch,* faire paraître comme réel qqch qui ne l'est pas : *Simuler une attaque, une maladie, la douleur* (syn. CONTREFAIRE, FEINDRE). *Simuler la fatigue pour ne pas travailler* (= faire semblant d'être fatigué).

simultané, e [simyltane] adj. (du lat. *simul,* en même temps). Se dit de qqch qui se produit, qui a lieu en même temps que qqch d'autre : *Événements simultanés* (syn. CONCOMITANT). *Mouvements simultanés.*

simultanéité [simyltaneite] n. f. Caractère simultané : *La simultanéité de deux actions* (syn. COÏNCIDENCE).

simultanément [simyltanemɑ̃] adv. En même temps : *Deux coups de fusil sont partis simultanément* (syn. ENSEMBLE ; contr. SUCCESSIVEMENT).

sinapisme [sinapism] n. m. (du lat. *sinapi,* moutarde). Médicament externe à base de farine de moutarde.

sincère [sɛ̃sɛr] adj. (lat. *sincerus,* pur). **1.** (après ou, plus rarement, avant le n.) Qui fait connaître sa pensée, ses sentiments sans les déguiser : *Personne sincère et loyale dans ses paroles, dans ses actions* (syn. FRANC). *Un partisan sincère de la liberté religieuse* (syn. LOYAL ; contr. HYPOCRITE). — **2.** Qui est pensé ou senti réellement : *Repentir sincère* (syn. VRAI, AUTHENTIQUE). *Amitié sincère* (syn. FIDÈLE). — **3.** (surtout avant le n.) Avec un sens affaibli dans les formules de politesse de la correspondance : *Agréez mes sincères salutations.*

sincèrement [sɛ̃sɛrmɑ̃] adv. De façon sincère : *Elle regrette sincèrement de n'avoir pas pu vous aider. Sincèrement, vous ne voulez pas venir ?* (syn. VRAIMENT).

sincérité [sɛ̃serite] n. f. Qualité de qqn, de son comportement qui est sincère : *Personne ne doute de la sincérité de ses paroles* (syn. FRANCHISE, LOYAUTÉ).

sinécure [sinekyr] n. f. (lat. *sine,* sans, et *cura,* souci). **1.** Emploi, fonction où on est payé sans avoir rien ou presque rien à faire : *Il avait un vague rôle de conseiller : une vraie sinécure.* — **2.** Fam. *Ce n'est pas une sinécure,* c'est un travail pénible et absorbant.

sine die [sinedje] adv. (mots lat.). Expression signifiant « sans fixer de jour » (jurid.) : *Renvoyer une affaire, un débat sine die.*

sine qua non [sinekwanɔn] adv. (mots lat. signif. [*condition*] *sans laquelle il n'y a rien à faire*). *Condition sine qua non,* absolument indispensable.

singe [sɛ̃ʒ] n. m. (lat. *simius*). **1.** Mammifère, proche de l'homme, à face nue, à mains et pieds terminés par des doigts. — **2.** *Arg. mil.* Bœuf de conserve : *Une boîte de singe.* — **3.** *Adroit, agile, malin comme un singe,* très adroit, très agile, très malin. ‖ *Payer en monnaie de singe,* adresser de belles paroles, faire de vaines promesses à celui à qui on doit de l'argent, au lieu de le rembourser. — **4.** Celui qui contrefait les actions, les gestes d'un autre. — **5.** *Fam.* Personne laide et grimacière. — **6.** *Faire le singe,* faire des grimaces ou des pitreries. (→ SIMIESQUE.)

singer [sɛ̃ʒe] v. t. (c. 2) Fam. *Singer qqn,* l'imiter maladroitement ou pour se moquer de lui.

singerie [sɛ̃ʒri] n. f. **1.** Cage, endroit où sont groupés les singes dans une ménagerie, dans un zoo. — **2.** Imitation gauche, ridicule (syn. PARODIE). — **3.** (pl.) Grimaces, gestes, contorsions visant à faire rire (syn. PITRERIE).

singulariser (se) [sɛ̃gylarize] v. pr. *Péjor.* Se faire remarquer par qqch d'étrange, d'extravagant : *Se singulariser par ses manières.*

singularité [sɛ̃gylarite] n. f. Caractère singulier : *La singularité d'un fait* (syn. ÉTRANGETÉ). *La singularité d'une toilette* (syn. BIZARRERIE). *Avoir le goût de la singularité* (syn. ORIGINALITÉ, ↑ EXCENTRICITÉ).

1. singulier, ère [sɛ̃gylje] adj. (lat. *singularis,* seul) [après ou avant le n.] Qui se fait remarquer par quelque trait peu commun, extraordinaire : *Elle a eu une destinée singulière* (syn. ÉTONNANT, UNIQUE). *Une aventure singulière* (syn. ÉTRANGE, BIZARRE). *Vous avez une singulière façon de raconter les choses* (syn. ÉTRANGE). *Ce qu'il y a de singulier, c'est qu'elle ne nous ait pas avertis de son départ* (syn. SURPRENANT; fam. DRÔLE). *Elle était accompagnée d'un singulier personnage* (syn. CURIEUX).

2. singulier [sɛ̃gylje] n. m. et adj. Caractère particulier d'une forme de la langue qui exprime en général une unité ou un ensemble, par oppos. au *pluriel,* qui représente plusieurs unités.

singulièrement [sɛ̃gyljɛrmɑ̃] adv. **1.** De façon singulière, étrange : *Cette femme s'habille singulièrement* (syn. BIZARREMENT, ÉTRANGEMENT). — **2.** D'une manière toute particulière : *Ce livre lui a singulièrement déplu* (syn. BEAUCOUP, FORTEMENT). *Tout le monde a souffert de la crise économique, singulièrement les salariés* (syn. PARTICULIÈREMENT, PRINCIPALEMENT, SPÉCIALEMENT).

sinisant, e → SINOLOGUE.

1. sinistre [sinistr] adj. (lat. *sinister,* à gauche, défavorable). **1.** (avant ou, plus souvent, après le n.) De mauvais augure, qui laisse prévoir un malheur : *Présage sinistre* (syn. FUNESTE). *Bruit sinistre* (syn. ↑ EFFRAYANT). — **2.** Qui, par son aspect, semble triste, lugubre : *Cette pauvre femme habite dans un appartement mal orienté, sombre, sinistre.* — **3.** (après le n.) Se dit de qqn qui a une apparence sombre, inquiétante : *Air, physionomie, regard sinistre.* — **4.** (avant le n.) A une valeur de superlatif : *Un sinistre imbécile. Un sinistre crétin* (syn. SOMBRE, LAMENTABLE).

2. sinistre [sinistr] n. m. (it. *sinistro*). **1.** Événement catastrophique (inondation, tremblement de terre, etc.) qui entraîne de grandes pertes matérielles : *Les pompiers ont réussi à maîtriser le sinistre* (syn. INCENDIE). — **2.** Pertes et dommages subis par des objets assurés (jurid.) : *On n'a pas encore pu évaluer l'importance du sinistre.*

sinistré, e [sinistre] adj. et n. Qui a été l'objet d'un sinistre : *Une maison, une région sinistrée. On a recueilli des dons pour les sinistrés.*

sinologie [sinɔlɔʒi] n. f. (lat. *Sina,* Chine, et gr. *logos,* science). Science de la civilisation, de la langue et de l'histoire de la Chine.

sinologue [sinɔlɔg] ou **sinisant, e** [sinizɑ̃] n. Spécialiste de sinologie.

sinon [sinɔ̃] conj. (lat. *si non,* si ne... pas). **1.** Introduit une idée de condition négative : *Commencez tout de suite, sinon vous n'aurez pas terminé à temps* (syn. FAUTE DE QUOI, SANS QUOI). *Si je suis libre, je viendrai, sinon j'enverrai quelqu'un* (syn. AUTREMENT, DANS LE CAS CONTRAIRE). — **2.** Marque une restriction : *Que faire, sinon attendre?* (syn. EXCEPTÉ, SAUF). — **3.** Introduit une concession : *Elle a travaillé sinon parfaitement, du moins de son mieux.* — **4.** *Sinon que,* si ce n'est que : *A-t-on pris une décision? Je ne sais rien, sinon que l'affaire suit son cours.*

sinueux, euse [sinɥø] adj. (lat. *sinuosus,* de *sinus,* pli). **1.** Qui se développe en courbes et en replis : *Le cours sinueux de la Seine. Une côte sinueuse* (contr. DROIT). — **2.** Se dit de l'attitude de qqn qui ne va pas droit au but, qui se dérobe : *Une pensée sinueuse* (syn. TORTUEUX).

sinuosité [sinɥozite] n. f. **1.** Ligne sinueuse : *Les sinuosités d'une route de montagne* (syn. COURBE, LACET). *Les sinuosités d'une rivière* (syn. MÉANDRE). — **2.** Démarches qui ne vont pas droit au but : *Les sinuosités d'un esprit biscornu.*

1. sinus [sinys] n. m. (mot lat. signif. *pli*). Cavité située dans l'épaisseur de certains os de la face.

2. sinus [sinys] n. m. *Sinus d'un angle,* rapport entre les distances respectives d'un point d'un côté à l'autre côté et au sommet.

sinusite [sinyzit] n. f. Inflammation des sinus (méd.).

sinusoïdal, e, aux [sinyzɔidal] adj. Qui a plus ou moins exactement la forme d'une sinusoïde.

sinusoïde [sinyzɔid] n. f. Courbe présentant une alternance régulière de sommets positifs et de sommets négatifs.

sionisme [sjɔnism] n. m. (de *Sion,* montagne de Jérusalem). Mouvement politique et religieux ayant eu pour objet la constitution en Palestine d'un État juif autonome.

sioniste [sjɔnist] adj. et n. Partisan du sionisme.

siphon [sifɔ̃] n. m. (lat. *sipho;* mot gr.). **1.** Tube en forme d'U renversé à branches inégales, permettant de transvaser un liquide d'un récipient dans un autre situé plus bas, après avoir élevé le liquide à un niveau supérieur. — **2.** Dispositif en forme de S placé sur les canalisations des eaux ménagères pour empêcher la remontée des mauvaises odeurs. — **3.** Bouteille fermée par une soupape commandée par un levier, pour obtenir un liquide sous pression.

siphonner [sifɔne] v. t. Transvaser un liquide au moyen d'un siphon.

sire [sir] n. m. (lat. *senior,* plus âgé). **1.** Titre donné à un souverain à qui on s'adresse. — **2.** Titre porté par certains seigneurs au Moyen Âge : *Le sire de Joinville.* — **3.** *Triste sire,* individu peu recommandable.

1. sirène [sirɛn] n. f. (lat. *siren;* mot gr.). **1.** Femme extrêmement séduisante. — **2.** Dans la mythologie grecque, génie féminin ayant une tête et une poitrine de femme et une queue de poisson : *Les sirènes attiraient les navigateurs par la douceur de leur chant.*

2. sirène [sirɛn] n. f. (de *sirène* 1). Appareil avertisseur de grande puissance destiné à émettre différents signaux : *Les mugissements de la sirène d'un bateau. Une sirène d'alerte. La sirène d'une usine.*

sirocco [sirɔko] n. m. (it. *scirocco;* mot ar.). Vent très chaud et très sec qui souffle du désert vers le littoral sur tout le sud du Bassin méditerranéen.

sirop [siro] n. m. (lat. médiév. *sirupus;* de l'ar. *charâb,* boisson). Liquide formé d'une forte proportion de sucre et de jus de fruit ou de substances médicamenteuses : *Du sirop de groseille, de framboise, de cassis. Sirop contre la toux.*

siroter [sirɔte] v. t. *Fam.* Boire à petits coups, en savourant : *Elle aime bien siroter son café.*

sirupeux, euse [sirypø] adj. Qui a la consistance du sirop : *Un liquide sirupeux* (syn. ÉPAIS, VISQUEUX).

sis, e [si] adj. (part. pass. de *seoir*). Situé en tel endroit (jurid.) : *Vente d'une maison sise à Versailles.*

sisal [sizal] n. m. (de *Sisal,* port du Yucatán). Plante exotique fournissant une fibre textile; cette fibre : *Une corde en sisal.*

sismique [sismik] adj. Relatif aux séismes : *Mouvement, phénomène sismique.*

sismographe [sismɔgraf] n. m. (gr. *seismos,* tremblement, et *graphein,* décrire). Appareil destiné à enregistrer l'heure, la durée et l'amplitude des secousses du sol.

site [sit] n. m. (it. *sito;* du lat. *situs,* situation). Paysage considéré du point de vue de son aspect pittoresque : *Site agréable, grandiose, enchanteur.*

sit-in [sitin] n. m. inv. (mot angl., de *to sit,* s'asseoir). Manifestation non violente consistant à s'asseoir sur la voie publique.

sitôt [sito] adv. **1.** Indique la postériorité immédiate (soutenu) : *Sitôt attablé à la terrasse du café, il se mit à raconter son aventure. Sitôt après la gare de Lausanne, le train s'arrêta. Sitôt le petit déjeuner du matin, elle était prête au départ.* — **2.** *De sitôt,* prochainement : *Ils ne reviendront pas de sitôt* (syn. D'ICI LONGTEMPS). — **3.** *Sitôt que, sitôt après que* (+ *ind.*), immédiatement après que : *Je commençai l'examen du manuscrit sitôt qu'il me fut remis* (syn. DÈS QUE). *Sitôt après qu'on l'eut avertie, elle se rendit à l'hôpital.*

situation [sitɥasjɔ̃] n. f. (du lat. *situs,* site). **1.** Position géographique d'une localité, emplacement d'un édifice, d'un terrain, etc. : *La situation de Paris au carrefour de grands axes de communication a été favorable à son développement.* — **2.** État de qqn par rapport à son milieu social, à son rang, à sa fortune, à ses intérêts : *Connaissez-vous sa situation de famille? Se trouver dans une situation brillante, avantageuse, délicate, dangereuse* (syn. POSITION, CIRCONSTANCES). *Améliorer sa situation matérielle* (syn. CONDITION). *Elle songe à la situation de ses enfants* (syn. AVENIR). — **3.** Emploi rémunéré : *Avoir une belle situation. Chercher une situation. Perdre sa situation* (syn. PLACE). — **4.** État des affaires politiques, diplomatiques, financières d'une nation : *Rester maître de la situation. Le gouvernement s'est trouvé dans une situation critique* (syn. POSITION). *La situation internationale s'est améliorée* (syn. CONJONCTURE). — **5.** Moment d'un drame, passage d'un récit caractérisé par l'importance de l'action : *Dans cette tragédie, il y a plusieurs situations pathétiques. Une situation comique.* — **6.** Tableau des éléments qui composent le bilan d'une entreprise à une date donnée : *Vérifier la situation d'une caisse, d'un magasin.* — **7.** Fam. *Être dans une situation intéressante,* se dit d'une femme qui est enceinte.

situé, e [sitɥe] adj. Se dit d'une localité, d'un édifice, d'un terrain placés en un endroit par rapport aux environs, à l'exposition : *Un pavillon situé dans une banlieue agréable. Un terrain de sport mal situé.*

situer [sitɥe] v. t. (du lat. *situs,* situation). *Situer une ville, qqn, un fait,* déterminer leur place dans l'espace ou dans le temps : *Situer par erreur Angers sur la Loire* (syn. LOCALISER). *On situe la naissance de Pythagore vers 570 av. J.-C.*

six [si(s/z)] (devant une consonne; [siz] devant une voyelle ou un *h* muet; [sis] en fin de phrase) adj. num. cardin. inv. (lat. *sex*). **1.** Nombre qui suit cinq dans la série des entiers. — **2.** Sixième : *Charles six.* ◆ n. m. inv. Chiffre, numéro, etc., qui représente ce nombre.

sixième [sizjɛm] adj. num. ordin. et n. **1.** Qui occupe un rang marqué par le numéro six. — **2.** Qui se trouve six fois dans le tout. ◆ n. f. Première classe de l'enseignement secondaire.

sixièmement [sizjɛmmɑ̃] adv. En sixième lieu.

Skaï [skaj] n. m. (nom déposé). Matériau synthétique imitant le cuir.

skateboard ou **skate** [skɛt(bɔrd)] n. m. (mots angl.). Syn. de PLANCHE À ROULETTES.

sketch [skɛtʃ] n. m. (mot angl. signif. *esquisse*) [pl. *sketches*]. **1.** Œuvre très courte et généralement gaie, jouée dans une revue de music-hall, au théâtre, à la radio, etc., par quelques acteurs. — **2.** *Film à sketches,* composé de plusieurs récits réunis par un thème commun.

ski [ski] n. m. (mot norv.). **1.** Long patin de bois, de métal, etc., employé pour glisser sur la neige ou sur l'eau : *Aller à skis, en skis.* — **2.** Sport pratiqué à l'aide de ces patins, sur la neige : *Faire du ski.* — **3.** *Ski (nautique),* sport dans lequel l'exécutant, tiré rapidement par un bateau à moteur, glisse sur l'eau en se maintenant sur un ou deux skis.

skiable [skijabl] adj. Où on peut skier : *Une piste skiable.*

skier [skije] v. i. Pratiquer le ski.

skieur, euse [skijœr] n. Personne qui pratique le ski.

skiff [skif] n. m. (mot angl.). Bateau de compétition, long et très étroit, à un seul rameur.

skipper [skipər] n. m. (mot angl.). Barreur d'un bateau à voile de régate; commandant de bord d'un yacht.

skunks [skɔ̃s] → SCONSE.

slalom [slalɔm] n. m. (mot norv.). Descente à skis consistant en une succession de virages avec passage entre des paires de piquets : *Slalom spécial, géant.*

slalomer [slalɔme] v. i. Effectuer un parcours en slalom.

slalomeur, euse [slalɔmœr] n. Spécialiste du slalom.

slave [slav] adj. et n. Se dit de peuples habitant l'Europe orientale et centrale, comme les Polonais, les Russes, les Bulgares, etc., et de ce qui les concerne.

slavisant, e [slavizɑ̃] ou **slaviste** [slavist] n. Spécialiste des langues slaves.

slip [slip] n. m. (mot angl., de *to slip,* glisser). Culotte courte servant de sous-vêtement ou de culotte de bain.

slogan [slɔgɑ̃] n. m. (mot angl.). Brève formule destinée à retenir l'attention par son caractère imagé, par son originalité, etc., et utilisée par la publicité, la propagande politique.

slow [slo] n. m. (mot angl. signif. *lent*). Danse de tempo lent.

smala [smala] n. f. (mot ar.). *Fam.* Famille ou suite nombreuse qui accompagne qqn : *Elle est partie en vacances avec toute sa smala, les grands-parents, les enfants et les amis des enfants.*

smash [smaʃ] n. m. (mot angl.) [pl. *smashes*]. Au tennis, au ping-pong, au volley-ball, coup qui rabat violemment une balle haute.

smasher [smaʃe] v. i. Faire un smash.

S.M.I.C. [smik] n. m. Abrév. de *Salaire Minimum Interprofessionnel de Croissance,* la plus basse rémunération dans l'échelle des salaires.

smicard, e [smikar] n. Salarié rémunéré au taux du S.M.I.C.

smocks [smɔk] n. m. pl. (mot angl.). Fronces décoratives faites sur des vêtements légers.

smoking [smɔkiŋ] n. m. (angl. *smoking-jacket,* jaquette que l'on met après le dîner pour fumer). Costume de soirée dont la veste est à revers de soie et le pantalon orné sur le côté d'une bande de soie.

snack-bar ou **snack** [snak(bar)] n. m. (mot angl.) [pl. *snack-bars*]. Restaurant où on sert rapidement des repas à toute heure.

snob [snɔb] n. et adj. (mot angl.). Personne qui admire

et adopte les manières, les opinions en vogue dans les milieux qui passent pour distingués.

snober [snɔbe] v. t. Fam. *Snober qqn,* le traiter de haut, le tenir à l'écart par mépris.

snobinard, e [snɔbinar] adj. et n. *Fam.* Un peu snob.

snobisme [snɔbism] n. m. Comportement de snob : *Suivre la mode par snobisme* (syn. AFFECTATION). *Le snobisme littéraire, artistique.*

sobre [sɔbr] adj. (lat. *sobrius*). **1.** Qui mange et, spécialement, qui boit modérément (contr. GOINFRE, IVROGNE). — **2.** Se dit d'un animal qui a besoin de peu d'eau : *Le chameau, l'âne sont sobres.* — **3.** Qui garde la mesure, la modération en qqch : *Personne sobre en paroles. Être sobre de compliments, d'éloges.* — **4.** Simple, sans surcharge d'ornements : *Vêtement d'une élégance sobre* (syn. DISCRET; contr. TAPAGEUR, CHAMARRÉ). *Un style sobre* (syn. DÉPOUILLÉ; contr. BRILLANT, EMPHATIQUE). *Architecture sobre.*

sobrement [sɔbrəmɑ̃] adv. Avec sobriété : *Boire, vivre sobrement.*

sobriété [sɔbrijete] n. f. **1.** Comportement de qqn, d'un animal sobre : *La sobriété est une condition de bonne santé* (syn. FRUGALITÉ). — **2.** Caractère sobre (en littérature, beaux-arts) : *Sobriété du style* (contr. PROLIXITÉ). *Architecture d'une heureuse sobriété.*

sobriquet [sɔbrikɛ] n. m. (orig. inc.). Surnom donné à qqn à cause d'une singularité physique, morale ou pour tout autre motif : *« La pucelle d'Orléans » est un sobriquet donné à Jeanne d'Arc.*

soc [sɔk] n. m. (gaul. *soccus*). Fer large et pointu de la charrue, servant à labourer la terre.

sociabilité [sɔsjabilite] n. f. Qualité de qqn qui est sociable : *Elle s'est rendue sympathique à tout son entourage par sa sociabilité* (syn. AMABILITÉ).

sociable [sɔsjabl] adj. (lat. *sociabilis,* de *sociare,* associer). **1.** Qui recherche la compagnie de ses semblables : *On a dit de l'homme qu'il est un animal sociable* (syn. LIANT; contr. SOLITAIRE, MISANTHROPE). — **2.** Avec qui il est facile et agréable de vivre : *En vieillissant, on devient quelquefois moins sociable* (syn. ACCOMMODANT, AIMABLE; contr. ACARIÂTRE, BOURRU). *Un caractère sociable.*

social, e, aux [sɔsjal] adj. (lat. *socialis,* fait pour la société). **1.** Qui concerne une collectivité humaine considérée comme un tout dont les diverses parties ne sont pas distinguées (par oppos. à *politique*) : *Le corps social est le synonyme de « société » et s'oppose à corps politique. Les classes, les couches sociales. La science sociale étudie l'organisation et le développement des sociétés. Les groupes sociaux.* — **2.** Qui concerne les rapports des classes ou qui vise à les modifier : *Le climat social caractérise à un moment donné les rapports entre les salariés et les employeurs. La question sociale, les problèmes sociaux. Les réformes sociales.* — **3.** Qui concerne l'amélioration du niveau de vie et qui vise à créer une solidarité entre tous les membres d'une société : *Parmi les avantages sociaux, on compte les allocations familiales. La Sécurité sociale assure le remboursement des frais entraînés par la maladie. Les assistantes sociales sont chargées d'apporter une aide morale et matérielle à ceux qui viennent les consulter. L'aide sociale comporte l'ensemble des services qui assurent la solidarité vis-à-vis des plus défavorisés.* — **4.** Qui concerne une société commerciale ou industrielle : *Le siège social d'une banque. Le capital social d'une entreprise industrielle. La raison sociale est le mode de dénomination d'une société par actions.* ◆ n. m. *Le social,* l'ensemble des problèmes intéressant les rapports entre les classes sociales et les besoins des individus dans une collectivité nationale : *Le gouvernement déclare avoir placé le social en tête de ses préoccupations.*

social-démocrate [sɔsjaldemɔkrat] n. et adj. (pl. *sociaux-démocrates*). Socialiste partisan de la voie réformiste.

social-démocratie [sɔsjaldemɔkrasi] n. f. (pl. *social-démocraties*). Ensemble des organisations réunissant les sociaux-démocrates.

socialement [sɔsjalmɑ̃] adv. Sur le plan social : *Un pays socialement en retard.*

socialisant, e [sɔsjalizɑ̃] adj. Qui a des tendances socialistes : *Un parti socialisant.*

socialisation [sɔsjalizasjɔ̃] n. f. Mise en commun des moyens de production.

socialiser [sɔsjalize] v. t. Déposséder au profit de l'État par rachat, expropriation ou réquisition les propriétaires de certains moyens de production.

socialisme [sɔsjalism] n. m. **1.** Doctrine sociale qui vise à une réforme radicale de l'organisation des sociétés humaines par la suppression de la lutte des classes, grâce à la collectivisation des moyens de production et d'échange. — **2.** En France et dans quelques pays, ensemble des forces politiques de gauche non révolutionnaires.

socialiste [sɔsjalist] adj. Relatif au socialisme : *Parti socialiste français, anglais.* ◆ adj. et n. Partisan du socialisme; membre d'un parti qui se réclame du socialisme : *Un théoricien socialiste. Les socialistes et les communistes.*

sociétaire [sɔsjetɛr] n. **1.** Personne qui fait partie d'une société d'acteurs, d'une mutuelle, etc. — **2.** *Sociétaire de la Comédie-Française,* acteur qui possède un certain nombre de parts dans la distribution des bénéfices de ce théâtre. (Les *pensionnaires* touchent un traitement fixe.)

société [sɔsjete] n. f. (lat. *societas,* de *socius,* compagnon). **1.** Ensemble d'individus unis par la nature ou vivant sous des lois communes : *Étudier les mœurs des sociétés primitives* (syn. COLLECTIVITÉ). *La société féodale, contemporaine. Une famille forme une société* (syn. COMMUNAUTÉ). — **2.** Ensemble d'animaux vivant en groupes : *Les abeilles, les fourmis, les guêpes vivent en société.* — **3.** *La société,* le milieu humain dans lequel une personne est intégrée : *Chaque individu a des devoirs envers la société.* — **4.** Réunion de personnes qui se rassemblent pour converser, pour jouer, etc., qui ont une vie mondaine : *Une société choisie. Une brillante société. Connaître les usages de la bonne société. La haute société* (= les personnes les plus marquantes par leur éducation, leur rang, leur fortune). ‖ *Jeux, talents de société,* qui apportent de la distraction dans des réunions amicales, familiales ou mondaines. — **5.** Personnes actuellement réunies : *Saluer la société* (syn. ASSISTANCE). — **6.** Relations habituelles avec certaines personnes : *Rechercher la société des gens cultivés, des femmes* (syn. COMPAGNIE, FRÉQUENTATION; litt. COMMERCE). — **7.** Association de personnes soumises à un règlement commun et réunies pour une activité commune ou pour la défense de leurs intérêts : *Société littéraire, sportive. Une société mutualiste. Une société savante* (= dont le but est de cultiver les sciences). — **8.** Groupement de personnes ayant mis des biens en commun en vue de partager les bénéfices qui pourront résulter de leur mise en valeur : *Constituer, fonder une société. La direction, le conseil d'administration d'une société.* — **9.** *Société anonyme,* société commerciale qui n'est désignée par le nom d'aucun des associés. ‖ *Société à responsabilité limitée (S. A. R. L.),* société commerciale dans laquelle la responsabilité des associés est limitée au montant de leur apport.

socioculturel, elle [sɔsjɔkyltyrɛl] adj. Relatif aux structures sociales et à la culture qui contribue à les caractériser : *Notre héritage socioculturel. Le rôle socioculturel de la télévision.*

sociolinguistique [sosjolɛ̃gųistik] n. f. Étude des relations entre le langage, la culture et la société.

sociologie [sɔsjɔlɔʒi] n. f. (de *société* et gr. *logos*, science). Science qui étudie les sociétés humaines et les phénomènes sociaux.

sociologique [sɔsjɔlɔʒik] adj. Relatif à la sociologie.

sociologue [sɔsjɔlɔg] n. Spécialiste de sociologie.

socioprofessionnel, elle [sɔsjɔprɔfɛsjɔnɛl] adj. Qui concerne les différentes professions dans une société : *Les catégories socioprofessionnelles.*

socle [sɔkl] n. m. (it. *zoccolo*, sabot). Soubassement sur lequel s'élève une colonne, un motif d'architecture, une pendule, etc.

socquette [sɔkɛt] n. f. (de l'angl. *sock*, bas). Chaussette basse s'arrêtant à la cheville.

soda [sɔda] n. m. (angl. *soda-water*, eau de soude). Boisson à base d'eau gazeuse, additionnée de sirop de fruits.

sodium [sɔdjɔm] n. m. (de *soude*). Métal blanc et mou qui est à l'état de chlorure dans le sel.

sodomie [sɔdɔmi] n. f. (de *Sodome*, anc. v. de Palestine). Coït anal.

sœur [sœr] n. f. (lat. *soror*). **1.** Fille née du même père et de la même mère qu'une autre personne : *Sœur aînée, cadette.* — **2.** Se dit de deux choses (désignées par des noms féminins) qui ont beaucoup de rapport ou qui sont liées entre elles (soutenu) : *La poésie et la peinture sont sœurs.* — **3.** Nom donné, en général, à une femme qui a fait des vœux religieux : *Les petites sœurs des pauvres.* (On dit fam. BONNE SŒUR.)

sœurette [sœrɛt] n. f. Petite sœur (terme d'affection).

sofa [sɔfa] n. m. (ar. *suffa*, coussin). Sorte de canapé ou de lit de repos, à trois dossiers, rembourré.

soi [swa] pron. pers. réfléchi de la 3e pers. (lat. *se*) [→ introduction PRONOMS PERSONNELS].

soi-disant [swadizɑ̃] adj. inv. **1.** Qui se dit, qui prétend être tel ou telle : *Des soi-disant philosophes. Une soi-disant marquise.* — **2.** Qu'on prétend tel ou telle : *Un soi-disant défaut* (syn. PRÉTENDU). ◆ adv. **1.** À ce qu'on prétend : *Il voyage de nuit soi-disant pour gagner du temps. Des travaux soi-disant difficiles* (syn. PRÉTENDUMENT). — **2.** Fam. *Soi-disant que*, il paraît que : *On l'a arrêté; soi-disant qu'il a volé.*

soie [swa] n. f. (lat. *saeta*, poil rude). **1.** Substance filamenteuse et textile sécrétée par certaines chenilles, et spécialement par le bombyx du mûrier, appelé communément *ver à soie;* étoffe fabriquée avec cette matière : *Des bas de soie. Robe de soie. Cheveux fins comme de la soie.* — **2.** Poil long et rude du porc, du sanglier : *Une brosse en soies de sanglier.*

soierie [swari] n. f. **1.** Étoffe de soie : *Les soieries de Lyon.* — **2.** Industrie, commerce de la soie : *Être dans la soierie.*

soif [swaf] n. f. (lat. *sitis*). **1.** Besoin de boire et sensation produite par ce besoin : *Apaiser, étancher sa soif. Boire à sa soif* (= autant qu'on veut). *Boire jusqu'à plus soif* (fam.; = d'une façon excessive). — **2.** *Soif de qqch*, désir ardent, passionné de : *La soif de l'argent, du pouvoir.*

soiffard, e [swafar] n. *Fam.* Personne qui aime à boire, qui boit trop.

soignant, e [swaɲɑ̃] adj. *Aide soignant(e)*, personne qui donne des soins aux malades, mais qui n'a pas de diplôme d'infirmier ou d'infirmière.

soigné, e [swaɲe] adj. **1.** Qui prend soin de sa personne, de sa mise : *Une personne très soignée* (syn. ÉLÉGANT; contr. NÉGLIGÉ, SALE). *Avoir des mains soignées.* — **2.** Exécuté avec soin : *Un travail soigné* (syn. CONSCIENCIEUX, MINUTIEUX; contr. BÂCLÉ). — **3.** *Fam.* Réussi en son genre : *Un rhume soigné* (syn. fam. CARABINÉ).

soigner [swaɲe] v. t. (frq. *sunnjôn*, s'occuper de). **1.** *Soigner un malade*, s'occuper de rétablir sa santé. — **2.** *Soigner une maladie, un organe*, travailler à leur guérison. — **3.** *Soigner qqn, qqch*, s'en occuper avec sollicitude : *Soigner des invités. Soigner son chien. Soigner son jardin.* — **4.** *Soigner qqch*, veiller à sa qualité : *Soigner la présentation d'un texte, une traduction. Soigner son style, sa prononciation.*

soigneur [swaɲœr] n. m. Celui qui donne à un sportif les soins nécessaires avant, pendant et après la compétition ou le combat.

soigneusement [swaɲøzmɑ̃] adv. Avec soin : *Un texte soigneusement préparé. Examiner soigneusement une affaire* (syn. ATTENTIVEMENT, ↑ MINUTIEUSEMENT).

soigneux, euse [swaɲø] adj. **1.** (après le n.) Qui apporte du soin à ce qu'il fait : *Un ouvrier soigneux dans son travail* (syn. SÉRIEUX, ↑ MINUTIEUX). — **2.** *Soigneux de*, qui prend soin de : *Une femme soigneuse de sa personne, de ses vêtements.* — **3.** (avant ou après le n.) Fait avec soin : *De soigneuses recherches* (syn. ↑ MINUTIEUX).

soin [swɛ̃] n. m. (frq. *sunni*, souci). **1.** Souci qu'on a de bien faire qqch : *Les devoirs de cette élève sont faits avec soin* (syn. ATTENTION, SÉRIEUX). *Un travail exécuté avec soin* (= fignolé). *Un enfant sans soin.* — **2.** Charge, devoir de veiller à qqch, à ce que qqch soit fait : *Confier à quelqu'un le soin de ses affaires* (syn. RESPONSABILITÉ). *Elle a pris le soin de lui expliquer l'itinéraire et il s'est trompé.* — **3.** *Avoir soin, prendre soin de qqn, de qqch*, veiller à leur bien-être, à leur bon état : *Avoir soin de sa personne, de ses animaux. Prendre soin de sa santé, de ses affaires* (syn. FAIRE ATTENTION À, PRENDRE GARDE À, SOIGNER). ‖ *Avoir soin, prendre soin de* (+ *inf.*), faire en sorte de, penser à : *Avant de quitter la maison, ayez soin (prenez soin) de bien fermer la porte* (syn. VEILLER À). ◆ ***soins*** n. m. pl. **1.** Actions par lesquelles on veille au bien-être de qqn, au bon état de qqch : *Confier un enfant aux soins d'un ami.* — **2.** *Aux bons soins de*, formule inscrite sur une correspondance pour demander à un premier destinataire de la faire parvenir à un second. ‖ Fam. *Être aux petits soins pour qqn*, l'entourer d'attentions délicates, veiller à ce que rien ne lui manque. — **3.** Ensemble des moyens hygiéniques, diététiques et thérapeutiques mis en œuvre pour conserver ou rétablir la santé : *À l'hôpital, les blessés ont reçu les premiers soins. La blessure s'est aggravée faute de soins.*

soir [swar] n. m. (lat. *sero*, tard). **1.** Espace de temps compris entre le coucher du soleil et minuit, considéré comme une date, un moment de la journée : *Nous nous reverrons ce soir. À ce soir! Dimanche soir, nous irons au théâtre. Tous les soirs, elle lit son journal. Tous les dimanches soir* (au sing.). *À onze heures du soir. Chaque soir je vais promener mon chien. Du matin au soir, il ne cesse de récriminer. Elle était si fatiguée qu'elle a dormi jusqu'au soir. Je ne travaille jamais le soir. Les longs soirs d'hiver. Demain soir. La veille au soir.* — **2.** Litt. *Au soir de la vie*, dans la vieillesse (contr. AU MATIN DE LA VIE).

soirée [sware] n. f. **1.** Espace de temps compris entre le coucher du soleil et minuit, considéré comme une durée : *Les soirées paraissent très longues. Occuper ses soirées à lire. Au milieu de la soirée, on quitta la table. Je vais passer cette soirée chez des amis* (contr. MATINÉE). — **2.** Spectacle, fête, réunion qui a lieu en général après dîner (vers 21 heures) : *La Comédie-*

Française donne «le Misanthrope» en soirée (contr. MATINÉE). *Donner une soirée chez soi. Soirée dansante. Nous allons arriver en retard à la soirée qu'elle donne chez elle.* — **3.** *Habit, robe, tenue de soirée,* qu'on met pour assister à une réunion mondaine ou à un spectacle où un vêtement très habillé est de rigueur.

soit [swa] (devant une consonne; [swat] devant une voyelle ou quand le mot est employé adverbialement) conj. (lat. *sit*). **1.** *Soit..., soit...,* marque une alternative : *Soit elle, soit une autre* (syn. OU BIEN). [Quelquefois, le second *soit* est remplacé par *ou : Soit faiblesse ou bonté.*] — **2.** *Soit* (non répété), marque une hypothèse : *Soit un triangle ABC;* une explication : *J'ai perdu une forte somme, soit un million* (syn. C'EST-À-DIRE). — **3.** *Soit que..., soit que* (+ *subj.*), marque une alternative : *Soit que vous partiez, soit que vous restiez, les risques sont les mêmes.* (Quelquefois, le second *soit* est remplacé par *ou : Soit que tu ne comprennes pas, ou que tu ne veuilles pas comprendre.*) ◆ adv. Marque un acquiescement («oui» affaibli) : *Vous le voulez? Soit, j'irai avec vous* (= admettons, je le veux bien).

soixantaine [swasɑ̃tɛn] n. f. **1.** Quantité d'environ soixante, ou de soixante unités. — **2.** Âge de soixante ans.

soixante [swasɑ̃t] adj. num. cardin. inv. (lat. *sexaginta*). **1.** Six fois dix. — **2.** Soixantième : *Page soixante.* ◆ n. m. inv. Numéro, place, etc., qui représente ce nombre.

soixante-dix [swasɑ̃tdis] adj. num. cardin. inv. **1.** Soixante plus dix. — **2.** Soixante-dixième : *Les années soixante-dix.* ◆ n. m. inv. Numéro, place, etc., qui représente ce nombre.

soixante-dixième [swasɑ̃tdizjɛm] adj. num. ordin. et n. Qui occupe le rang marqué soixante-dix.

soixantième [swasɑ̃tjɛm] adj. num. ordin. et n. **1.** Qui occupe un rang marqué par le numéro soixante. — **2.** Qui se trouve soixante fois dans le tout.

soja [sɔʒa] n. m. (mot mandchou). Plante alimentaire d'origine exotique, cultivée pour ses graines, dont on extrait de l'huile et de la farine, et pour ses pousses utilisées comme légume.

1. sol [sɔl] n. m. inv. (première syllabe de *solve,* dans l'hymne de saint Jean-Baptiste). Note de musique, cinquième degré de la gamme de *do.*

2. sol [sɔl] n. m. (lat. *solum,* base). **1.** Surface de la terre où on se tient, où on marche, sur laquelle on construit : *Un sol ferme. Voler à ras du sol. Creuser le sol pour faire des fondations. Le sol natal* (= le pays où on est né). — **2.** Terrain considéré par rapport à sa nature ou à ses qualités productives : *Sol argileux, fertile, aride.*

solaire [sɔlɛr] adj. (lat. *solaris*). Propre au soleil : *La chaleur solaire. Les rayons solaires. L'énergie solaire. Cadran solaire* (= surface plane portant des lignes sur lesquelles l'ombre d'une tige indique l'heure solaire).

solarium [sɔlarjɔm] n. m. (mot lat.). **1.** Établissement aménagé pour soigner certaines maladies par les rayons solaires. — **2.** Emplacement où on prend des bains de soleil.

soldat [sɔlda] n. m. (it. *soldato,* de *soldare,* payer une solde). **1.** Homme qui appartient à une armée : *Des camions de soldats sortaient de la caserne* (syn. MILITAIRE). — **2.** *(Simple) soldat,* militaire non gradé : *Officiers, sous-officiers, caporaux et soldats.* — **3.** *Un grand soldat,* un chef qui incarne les vertus militaires.

soldatesque [sɔldatɛsk] n. f. *Péjor.* Troupe de soldats indisciplinés : *La ville a été en proie à la violence de la soldatesque.*

1. solde [sɔld] n. f. (it. *soldo,* pièce de monnaie). **1.** Traitement des militaires : *Toucher sa solde.* — **2.** *À la solde de qqn, d'un parti,* payé pour défendre ses intérêts, sa cause.

2. solde [sɔld] n. m. (de *solder*). **1.** Ce qui reste à payer d'une somme due : *Le solde d'une facture.* — **2.** *Pour solde de tout compte,* expression employée sur les factures lorsque le reliquat d'une somme due est acquitté. — **3.** Marchandise vendue au rabais (parfois féminin) : *Un article en solde. Des soldes intéressants.*

solder [sɔlde] v. t. (it. *soldare*). **1.** *Solder un compte,* le clore en versant les sommes restant encore au compte (bancaire, chèques-postaux, etc.) — **2.** *Solder des marchandises,* les vendre au rabais. ◆ ***se solder*** v. pr. *Se solder par qqch,* l'avoir pour résultat : *Ces tentatives de débarquement se sont soldées par un échec complet.*

soldeur, euse [sɔldœr] n. Personne qui achète des soldes pour les revendre.

sole [sɔl] n. f. (lat. pop. *sola,* de *solea,* sandale). Poisson de mer plat et ovale.

solécisme [sɔlesism] n. m. (de *Soles,* v. de Cilicie où l'on parlait un grec incorrect). Faute contre la syntaxe (ex. *Je veux qu'elle vient*). [→ BARBARISME.]

soleil [sɔlɛj] n. m. (lat. *sol, solis*). **1.** (avec majusc.) Astre autour duquel gravitent la Terre et les autres planètes. — **2.** Lumière, chaleur de cet astre; endroit qu'il éclaire, qu'il chauffe : *Le soleil commence à chauffer. Il fait soleil, du soleil* (= le soleil brille). *Se mettre au soleil. Elle a eu une insolation, le soleil lui tapait en plein sur la tête. Se faire bronzer au soleil.* — **3.** *Avoir du bien au soleil,* être propriétaire de terres, de maisons. ‖ *Coup de soleil,* brûlure de la peau causée par les rayons solaires. — **4.** Figure de gymnastique qui consiste à faire un ou plusieurs tours complets autour d'une barre fixe. — **5.** Pièce d'artifice qui jette des feux en forme de rayons.

solennel, elle [sɔlanɛl] adj. (lat. *solemnis*). **1.** Célébré avec un certain éclat, avec apparat : *Des obsèques solennelles. Une séance solennelle de l'Académie. L'entrée solennelle d'un chef d'État.* — **2.** Qui a un air d'importance : *Cette personne est toujours solennelle et guindée* (syn. CÉRÉMONIEUX, PONTIFIANT). *Air solennel* (syn. MAJESTUEUX, POMPEUX). *Un langage solennel* (syn. EMPHATIQUE).

solennellement [sɔlanɛlmɑ̃] adv. De façon solennelle : *Un mariage célébré solennellement.*

solenniser [sɔlanize] v. t. *Solenniser qqch,* le rendre solennel, lui conférer une importance, une gravité particulière.

solennité [sɔlanite] n. f. **1.** Caractère d'une chose ou d'une personne solennelle : *La solennité d'une réception, d'une audience* (syn. EMPHASE). — **2.** Fête, cérémonie solennelle : *Ne revêtir la tenue d'apparat qu'à l'occasion des grandes solennités.*

solfège [sɔlfɛʒ] n. m. (it. *solfeggio*). Action de solfier; recueil gradué de leçons de musique vocale : *Étudier le solfège.*

solfier [sɔlfje] v. t. (de l'it. *solfa,* gamme). *Solfier un morceau de musique,* le chanter en nommant les notes.

solidaire [sɔlidɛr] adj. (du lat. *in solidum,* solidairement). **1.** Lié à une ou plusieurs autres personnes par une responsabilité, des intérêts communs : *L'accusé s'est déclaré solidaire de ses camarades inculpés. Des sinistrés solidaires dans le malheur.* — **2.** Se dit de choses qui dépendent les unes des autres dans leur fonctionnement : *La bielle est solidaire du vilebrequin.*

solidairement [sɔlidɛrmɑ̃] adv. Avec solidarité : *Ils*

se sentent solidairement tenus de réparer cette injustice.

solidariser (se) [sɔlidarize] v. pr. *Se solidariser avec qqn,* s'en déclarer solidaire : *Plusieurs ouvriers n'ont pas voulu se solidariser avec les grévistes* (syn. S'UNIR).

solidarité [sɔlidarite] n. f. Dépendance réciproque ; sentiment qui pousse les hommes à s'accorder une aide mutuelle : *Par solidarité, nous devons secourir les plus défavorisés* (syn. FRATERNITÉ). *Solidarité professionnelle.*

solide [sɔlid] adj. (lat. *solidus,* massif) [après ou, plus rarement, avant le n.] **1.** Capable, par sa consistance, de résister à des efforts, à l'usure : *Un mur, une maison solide. Des meubles solides* (contr. FRAGILE). *Une étoffe solide* (syn. FORT, ↑INUSABLE). — **2.** Qui a un fondement réel, qui est effectif : *Arguments solides* (syn. SÉRIEUX). *Amitié solide* (syn. DURABLE, ↑INDÉFECTIBLE). *Avoir des connaissances solides.* — **3.** Qui a de la vigueur, de l'endurance, fortement constitué : *Une solide paysanne* (syn. ROBUSTE ; fam. INCREVABLE). *Avoir le cœur solide* (syn. RÉSISTANT). — **4.** Ferme dans ses opinions, ses sentiments, stable, sérieux : *Un solide partisan* (syn. FIDÈLE, ↑INÉBRANLABLE). *Esprit plus brillant que solide.* — **5.** *Corps solide* (ou *solide* n. m.), corps qui a une forme propre, de la consistance : *À part le mercure, les métaux sont des corps solides à la température ordinaire* (contr. FLUIDE, LIQUIDE, GAZEUX).

solidement [sɔlidmɑ̃] adv. De façon solide : *Construire solidement une maison. Un raisonnement solidement argumenté.*

solidification [sɔlidifikasjɔ̃] n. f. Action de solidifier.

solidifier [sɔlidifje] v. t. Faire passer à l'état solide : *Solidifier de l'eau en la congelant.* ◆ ***se solidifier*** v. pr. Passer à l'état solide, prendre de la fermeté, de la dureté : *Le ciment se solidifie en séchant* (syn. DURCIR ; contr. SE LIQUÉFIER).

solidité [sɔlidite] n. f. Caractère solide : *La solidité d'un vêtement. La solidité d'un raisonnement.*

soliloque [sɔlilɔk] n. m. (du lat. *solus,* seul, et *loqui,* parler). Entretien d'une personne avec elle-même (syn. MONOLOGUE).

soliloquer [sɔlilɔke] v. i. Se parler à soi-même.

soliste [sɔlist] n. Musicien ou chanteur qui exécute un solo.

solitaire [sɔlitɛr] adj. (lat. *solitarius,* de *solus,* seul). **1.** Se dit de qqn qui est seul, qui aime à être seul : *Depuis la mort de sa femme, cet homme est très solitaire. Elle a des goûts solitaires.* — **2.** Se dit d'un endroit situé à l'écart : *Un hameau solitaire* (syn. RETIRÉ, ABANDONNÉ, SAUVAGE). ◆ n. Personne qui vit retirée du monde : *Vivre en solitaire dans une cabane.* ◆ n. m. **1.** Sanglier qui a plus de cinq ans et qui vit seul. — **2.** Diamant monté seul sur une bague. — **3.** Jeu où on joue seul en plaçant des fiches dans des trous.

solitairement [sɔlitɛrmɑ̃] adv. De façon solitaire : *Se promener solitairement.*

solitude [sɔlityd] n. f. (lat. *solitudo,* de *solus,* seul). État de qqn qui est seul habituellement ou momentanément : *Aimer la solitude. Troubler la solitude de quelqu'un.*

solive [sɔliv] n. f. (du bas lat. *sola,* pièce de charpente). Pièce de charpente reposant par ses extrémités sur les murs et soutenant le plancher.

sollicitation [sɔlisitasjɔ̃] n. f. Demande instante : *Elle ne répond jamais aux sollicitations des quémandeurs* (syn. INSTANCE, PRIÈRE, REQUÊTE).

solliciter [sɔlisite] v. t. (lat. *sollicitare,* inquiéter). **1.** *Solliciter qqch,* tenter de l'obtenir par des démarches répétées, le demander (dans un contexte administratif, professionnel, etc.) : *Solliciter une audience auprès d'un ministre. Solliciter son admission dans un cercle. Solliciter un emploi* (syn. POSTULER). — **2.** *Solliciter qqn,* tenter d'obtenir de lui une faveur, un avantage (souvent pass.) : *Les personnes haut placées sont souvent sollicitées.* — **3.** *Solliciter l'attention, l'intérêt de qqn,* les attirer, les provoquer.

solliciteur, euse [sɔlisitœr] n. Qui sollicite : *Ses nouvelles fonctions lui attirent une foule de solliciteurs* (syn. QUÉMANDEUR).

sollicitude [sɔlisityd] n. f. (lat. *sollicitudo*). Attention affectueuse à l'égard de qqn : *Elle montre beaucoup de sollicitude à mon égard.*

solo [sɔlo] n. m. (mot it. signif. *seul*). Morceau de musique joué ou chanté par un seul exécutant, avec ou sans accompagnement : *Un solo de violon, de piano.* ◆ adj. Qui joue seul : *Violon solo.*

solstice [sɔlstis] n. m. (lat. *solstitium,* de *sol,* soleil, et *stare,* s'arrêter). Chacune des deux époques de l'année où le Soleil atteint son plus grand éloignement de l'équateur : *Solstice d'été* (21 juin, le jour le plus long de l'année). *Solstice d'hiver* (21 décembre, le jour le plus court de l'année).

solubilisé, e [sɔlybilize] adj. Rendu soluble : *Du café solubilisé.*

soluble [sɔlybl] adj. (lat. *solubilis,* de *solvere,* dissoudre). **1.** Qui peut être dissous dans un liquide : *Le sucre est soluble dans l'eau.* — **2.** Qui peut être résolu : *Un problème aisément soluble.*

solution [sɔlysjɔ̃] n. f. (lat. *solutio,* action de dissoudre). **1.** Réponse à un problème théorique ou pratique, dénouement d'une difficulté : *Trouver facilement la solution d'une équation. Affaire qui exige une solution rapide* (syn. CONCLUSION). *Une situation inextricable pour laquelle on ne voit pas de solution* (syn. ISSUE). — **2.** Liquide dans lequel on a fait dissoudre un solide ou un gaz : *Se rincer la bouche avec une solution salée.* — **3.** *Solution de continuité,* interruption, coupure dans le cours de qqch.

solutionner [sɔlysjɔne] v. t. Fam. *Solutionner un problème, une difficulté,* leur donner une solution (syn. RÉSOUDRE).

solvabilité [sɔlvabilite] n. f. Caractère solvable : *Vérifier la solvabilité d'un client auprès de la banque.*

solvable [sɔlvabl] adj. (du lat. *solvere,* payer). En état de payer ce qu'il doit : *Locataire, débiteur solvable* (contr. INSOLVABLE).

solvant [sɔlvɑ̃] n. m. (du lat. *solvere,* dissoudre). Substance qui a le pouvoir de dissoudre certains corps.

somalien, enne [sɔmaljɛ̃] adj. et n. De Somalie.

somatiser [sɔmatize] v. t. Traduire par une réaction organique un conflit ou un stress psychique.

sombre [sɔ̃br] adj. (du lat. *umbra,* ombre). **1.** (après le n.) Se dit d'un lieu peu éclairé : *Un appartement, une maison sombre* (syn. OBSCUR). ‖ *Il fait sombre, le temps est sombre,* le ciel est obscurci, il y a peu de lumière. — **2.** (après le n.) Se dit d'une couleur qui tire sur le noir : *Des murs, des vêtements sombres* (syn. FONCÉ ; contr. CLAIR). — **3.** Dont l'attitude exprime la tristesse, la mélancolie, l'inquiétude : *Vous me semblez bien sombre aujourd'hui* (syn. MOROSE). *Un air, un regard, une humeur sombre* (syn. CHAGRIN ; contr. GAI, JOYEUX). — **4.** (avant ou après le n.) Se dit de ce qui est inquiétant, menaçant : *Un avenir sombre* (syn. SINISTRE). *Les heures sombres de la guerre* (syn. TRAGIQUE). *Une sombre histoire* (= lamentable, déplorable). — **5.** (avant le n.) A une valeur de superlatif : *Une sombre brute* (= une vraie brute). *Un sombre imbécile* (= un homme complètement imbécile).

sombrer [sɔ̃bre] v. i. (orig. incert.). **1.** (sujet un bateau) Être englouti dans l'eau : *Il y a eu une forte tempête et* *plusieurs barques de pêcheurs ont sombré* (syn. COULER, S'ABÎMER, FAIRE NAUFRAGE). — **2.** (sujet qqn, qqch) S'enfoncer profondément jusqu'à disparaître : *Sombrer dans le désespoir. Elle a vu sombrer sa fortune* (syn. S'ANÉANTIR).

sombrero [sɔ̃brero] n. m. (mot esp.). Chapeau de feutre à large bord, porté notamment en Amérique latine.

1. sommaire [sɔmɛr] adj. (lat. *summarium,* abrégé). **1.** Exposé en peu de mots : *Explication sommaire* (syn. SUCCINCT, RAPIDE). *Réponse sommaire* (syn. BREF, CONCIS). — **2.** Réduit à sa forme la plus simple : *Repas sommaire. Examen sommaire* (syn. SUPERFICIEL). — **3.** *Exécution sommaire,* peine de mort appliquée sans jugement préalable.

2. sommaire [sɔmɛr] n. m. Abrégé, résumé contenant seulement les notions principales : *Le sommaire d'un livre.*

sommairement [sɔmɛrmɑ̃] adv. De façon sommaire : *Examiner sommairement une question* (syn. BRIÈVEMENT). *Être sommairement vêtu* (syn. PEU).

sommation [sɔmasjɔ̃] n. f. Action de sommer, et spécialement appel lancé par une sentinelle ou par un représentant de la force publique enjoignant à qqn de s'arrêter, à une foule de se disperser.

1. somme [sɔm] n. m. (lat. *somnus*). Fam. *Faire un somme, un petit somme,* dormir un petit moment. ‖ *Ne faire qu'un somme,* dormir toute la nuit sans s'éveiller.

2. somme [sɔm] n. f. (lat. *summa,* partie la plus haute). **1.** Résultat d'une addition : *Faire la somme de deux nombres.* — **2.** Quantité déterminée d'argent : *L'entrepreneur demande une somme importante pour réparer la maison.* — **3.** *Somme de* (+ *n. sing.* ou *pl.*), total de choses mises ou considérées ensemble : *La somme de nos besoins est considérable. Elle a fourni une somme énorme de travail* (syn. QUANTITÉ). — **4.** *En somme, somme toute,* en définitive, tout compte fait : *En somme, vous devez être satisfait, tout s'est bien passé* (syn. AU FOND, EN CONCLUSION). *Somme toute, elle avait raison* (syn. EN RÉSUMÉ).

3. somme [sɔm] n. f. (lat. *sagma,* bât, charge). *Bête de somme,* animal propre à porter des fardeaux (chevaux, ânes, etc.).

sommeil [sɔmɛj] n. m. (lat. *somnus*). **1.** État d'un être animé qui dort; interruption de certaines fonctions de l'activité vitale, qui se produit surtout la nuit et procure le repos : *Un sommeil léger, profond, lourd. S'abandonner, céder au sommeil.* — **2.** Besoin, grande envie de dormir : *Avoir sommeil. Il sentait le sommeil le gagner. Tomber de sommeil.* — **3.** *Maladie du sommeil,* maladie contagieuse que transmet la mouche tsé-tsé en Afrique tropicale et équatoriale. — **4.** État d'inactivité, d'inertie temporaire où se trouvent certaines choses : *Une entreprise en sommeil.*

sommeiller [sɔmɛje] v. i. **1.** (sujet qqn) Dormir d'un sommeil léger : *Elle ne dormait pas tout à fait, elle ne faisait que sommeiller* (syn. SOMNOLER). — **2.** (sujet qqch) Exister à l'état latent : *Passion qui sommeille.*

sommelier [sɔməlje] n. m. (anc. prov. *saumalier,* conducteur de bêtes de somme). Personne chargée du service des vins et des liqueurs dans un restaurant.

sommer [sɔme] v. t. (bas lat. *summare,* dire en résumé). *Sommer qqn de* (+ *inf.*), lui demander de façon impérative de : *Sommer des rebelles de se rendre* (syn. SIGNIFIER, METTRE EN DEMEURE). *Je vous somme de dire la vérité* (syn. ORDONNER, ENJOINDRE).

sommet [sɔmɛ] n. m. (lat. *summum,* point le plus élevé). **1.** Partie la plus élevée de certaines choses : *Le sommet d'une montagne, d'un rocher, d'un arbre* (syn. CIME). — **2.** Degré le plus élevé : *Le sommet de la gloire, de la perfection, de la hiérarchie.* — **3.** *Conférence au sommet,* à laquelle participent les chefs d'États ou de gouvernements. — **4.** Point de rencontre des côtés d'un angle.

sommier [sɔmje] n. m. (bas lat. *sagma,* bât). Partie d'un lit constituée d'un cadre en bois ou en métal muni de ressorts ou de lamelles et destiné à soutenir le matelas.

sommité [sɔmite] n. f. Personne éminente dans une science, dans un art, etc. : *Les sommités de la médecine, de la littérature.*

somnambule [sɔmnɑ̃byl] n. et adj. (du lat. *somnus,* sommeil, et *ambulare,* marcher). Personne qui marche, agit, parle pendant son sommeil.

somnambulisme [sɔmnɑ̃bylism] n. m. Activité motrice qui se produit pendant le sommeil et dont le sujet ne conserve aucun souvenir à son réveil.

somnifère [sɔmnifɛr] adj. et n. m. (du lat. *somnus,* sommeil, et *ferre,* porter). Se dit d'un médicament qui provoque le sommeil : *Elle ne pouvait dormir sans prendre un somnifère* (syn. NARCOTIQUE).

somnolence [sɔmnɔlɑ̃s] n. f. (lat. *somnolentia*). État de demi-sommeil.

somnolent, e [sɔmnɔlɑ̃] adj. Qui est dans un état de somnolence.

somnoler [sɔmnɔle] v. i. Dormir à demi : *Après les repas, il s'assied dans son fauteuil et somnole un peu* (syn. S'ASSOUPIR).

somptuaire [sɔ̃ptɥɛr] adj. (du lat. *sumptus,* dépense). *Dépense somptuaire,* dépense excessive, purement destinée au luxe. ‖ *Lois, réformes somptuaires,* celles qui ont pour objet de restreindre et de réglementer les dépenses.

somptueusement [sɔ̃ptɥøzmɑ̃] adv. De façon somptueuse : *Être habillé somptueusement* (syn. RICHEMENT, SPLENDIDEMENT, LUXUEUSEMENT).

somptueux, euse [sɔ̃ptɥø] adj. (lat. *sumptiosus,* de *sumptus,* dépense). D'une beauté luxueuse : *Une maison somptueuse* (syn. SPLENDIDE, LUXUEUX). *Un festin somptueux* (syn. MAGNIFIQUE).

somptuosité [sɔ̃ptɥɔzite] n. f. Caractère somptueux : *La somptuosité d'un palais* (syn. MAGNIFICENCE, SPLENDEUR).

1. son [sɔ̃] n. m. (lat. *sonus*). **1.** Sensation auditive produite par les vibrations des corps propagées dans l'air : *Un son aigu, grave, perçant. Un son doux, harmonieux, discordant. Le son de la voix, d'un violon, d'une cloche. La hauteur, l'intensité d'un son.* — **2.** Toute émission de voix, simple ou articulée : *Un son ouvert, fermé, nasal, guttural.* — **3.** Ensemble des techniques de l'enregistrement, de la reproduction, de la diffusion des sons : *Ingénieur du son.* — **4.** *Spectacle son et lumière,* spectacle nocturne ayant pour cadre un édifice ancien illuminé, accompagné d'évocations sonores. — **5.** *C'est un autre son de cloche,* c'est une autre version d'un même fait.

2. son [sɔ̃] n. m. (du lat. *secundus,* qui suit). **1.** Enveloppe des grains de céréales lorsqu'elle a été séparée par la mouture. — **2.** *Tache de son,* tache de rousseur.

3. son [sɔ̃], **sa** [sa], **ses** [sɛ] adj. poss. de la 3e pers. (lat. *suus*). Indique un possesseur sing. (→ introduction POSSESSIFS.)

sonar [sɔnar] n. m. (abrév. de l'angl. *SOund NAvigation Ranging*). Appareil de détection sous-marine utilisant les ultrasons.

sonate [sɔnat] n. f. (it. *sonata*). Composition de musique instrumentale en trois ou quatre mouvements, pour un ou deux instruments.

sonatine [sɔnatin] n. f. Petite sonate de caractère facile.

sondage [sɔ̃daʒ] n. m. **1.** Action de sonder, de reconnaître la profondeur : *Le sondage d'un terrain.* — **2.** *Sondage d'opinion,* procédé d'enquête ayant pour objet de déterminer l'opinion d'une population concernant un fait social en interrogeant un petit nombre de personnes considérées comme représentatives de cette population.

sonde [sɔ̃d] n. f. (anglo-saxon *sund,* mer). Appareil servant à déterminer la profondeur de l'eau et la nature du fond.

sonder [sɔ̃de] v. t. **1.** Reconnaître au moyen d'une sonde la profondeur de l'eau, la nature d'un terrain, etc. : *Sonder un port, le lit d'un fleuve, un gué.* — **2.** *Sonder qqn,* chercher à connaître ses opinions, ses intentions : *Il faudrait la sonder au sujet de ses projets* (syn. INTERROGER, PRESSENTIR). *Sonder les esprits* (syn. SCRUTER). — **3.** *Sonder le terrain,* s'assurer par avance de l'état des choses, des esprits.

sondeur [sɔ̃dœr] n. m. **1.** Celui qui pratique des forages au moyen de machines perforatrices. — **2.** Appareil à sonder.

sondeuse [sɔ̃døz] n. f. Machine destinée au forage des puits de faible profondeur.

songe [sɔ̃ʒ] n. m. (lat. *somnium*). Syn. litt. de RÊVE.

songer [sɔ̃ʒe] v. t. ind. (lat. *somniare*) [c. 2]. **1.** *Songer à qqch,* l'avoir dans l'esprit, dans la mémoire, dans l'imagination : *Il s'est lancé dans cette affaire sans songer aux conséquences* (syn. RÉFLÉCHIR, PENSER). *Elle songe aux beaux jours de sa jeunesse* (syn. RÊVER). — **2.** *Songer à qqn, à qqch,* penser à qqn, qqch qui mérite attention : *Avant de songer à soi, il faut songer aux autres* (syn. S'OCCUPER DE). *Elle ne songe nullement au mariage* (syn. ENVISAGER). *Songez à ce que vous faites, à ce que vous dites* (syn. FAIRE ATTENTION, PRENDRE GARDE). *Il songe surtout à ses affaires, et assez peu à l'avenir de ses enfants* (syn. S'INTÉRESSER À, PRENDRE SOIN DE). *Elle songe à acheter une maison de campagne, mais elle n'est pas encore décidée* (syn. PROJETER DE). ‖ *Vous n'y songez pas, à quoi songez-vous ?,* se dit de qqn qui dit ou fait qqch de peu raisonnable. ◆ v. t. *Songer que* (+ *ind.*), avoir présent à l'esprit, prendre conscience que : *Songez qu'il y va de votre intérêt* (syn. RÉFLÉCHIR). *Quand on songe qu'il pouvait provoquer une catastrophe, on en frémit.*

songeur, euse [sɔ̃ʒœr] adj. Absorbé dans une rêverie mêlée de préoccupations : *Depuis quelque temps, nous la trouvons bien songeuse* (syn. PENSIF).

sonique [sɔnik] adj. (de *son* 1). *Vitesse sonique,* vitesse du son, vitesse égale à celle du son.

sonnant, e [sɔnɑ̃] adj. Juste, précis en parlant de l'heure : *À huit heures sonnantes* (syn. fam. TAPANT).

sonné, e [sɔne] adj. **1.** *Fam.* Révolu, accompli : *Elle a cinquante ans bien sonnés.* — **2.** *Fam.* Qui a perdu la raison : *Un garçon un peu sonné* (syn. FOU; fam. CINGLÉ).

sonner [sɔne] v. i. (lat. *sonare*). **1.** (sujet qqn, qqch) Faire retentir une sonnette ou une sonnerie : *Quelqu'un sonne à la porte, allez lui ouvrir. As-tu entendu le réveil sonner? Le téléphone sonne.* — **2.** (sujet qqch) Être annoncé par une sonnerie : *Quatre heures vont bientôt sonner. La récréation a sonné.* — **3.** *L'heure a sonné,* le moment est arrivé : *Elle a échappé à un grave accident, sa dernière heure n'avait pas encore sonné.* — **4.** (sujet qqn) Jouer d'un instrument à vent : *Sonner du clairon, de la trompette, du cor, de la trompe.* — **5.** *Mot qui sonne bien* (ou *mal*) *à l'oreille,* mot agréable (ou désagréable) à entendre. ‖ *Sonner (le) creux,* se dit d'un objet creux qui résonne sous les chocs. ‖ *Sonner faux,* rendre un son qui est faux : *Un violon qui sonne faux;* donner une impression de fausseté, de manque de sincérité : *Un rire qui sonne faux.* ◆ v. t. **1.** *Sonner une cloche,* la mettre en branle, en tirer des sons. — **2.** *Sonner qqn,* l'appeler, l'avertir au moyen d'une sonnette ou d'une sonnerie : *Sonner une infirmière.* — **3.** *Sonner qqch,* l'annoncer par une sonnerie de cloches, par un timbre ou par des instruments à vent : *Sonner la messe. Sonner le tocsin. La pendule vient de sonner sept heures. Le clairon vient de sonner le réveil.* — **4.** Fam. *Sonner qqn,* l'étourdir d'un coup à la tête, l'assommer; le traumatiser.

sonnerie [sɔnri] n. f. **1.** Son de plusieurs cloches; ensemble des cloches d'une église : *La grosse, la petite sonnerie.* — **2.** Mécanisme qui sert à faire sonner une horloge, une pendule, etc. : *Remonter la sonnerie d'un réveil. Sonnerie électrique* (= mécanisme d'appel, d'alarme ou de contrôle actionné par un courant électrique). — **3.** Air joué par un clairon, une trompette, etc.

sonnet [sɔnɛ] n. m. (it. *sonnetto*). Pièce de poésie composée de quatorze vers distribués en deux quatrains et deux tercets, et soumise à des règles fixes pour la disposition des rimes.

sonnette [sɔnɛt] n. f. **1.** Clochette dont on se sert pour appeler ou pour avertir. — **2.** Appareil avertisseur actionné par le courant électrique : *Appuyer sur le bouton de la sonnette.* — **3.** *Serpent à sonnette,* serpent venimeux dont les mues successives s'accumulent au bout de la queue en formant un grelot (syn. CROTALE).

sonneur [sɔnœr] n. m. Personne qui sonne les cloches, qui joue du cor, etc.

sono [sɔno] n. f. *Fam.* Installation d'amplification et de diffusion du son.

sonore [sɔnɔr] adj. (lat. *sonorus*). **1.** Qui produit des sons : *Avertisseur sonore.* — **2.** Qui a un son éclatant : *Voix sonore* (syn. RETENTISSANT). — **3.** Qui renvoie bien le son : *Salle sonore.* — **4.** *Film sonore,* film dans lequel l'image est accompagnée de sons (paroles, musique, bruits, etc.). — **5.** *Consonne sonore* (ou *sonore* n. f.), dans l'articulation de laquelle les cordes vocales entrent en action (contr. SOURDE).

sonorisation [sɔnɔrizasjɔ̃] n. f. Action de sonoriser; fait d'être sonorisé : *La sonorisation d'un documentaire, d'une salle de cinéma.*

sonoriser [sɔnɔrize] v. t. **1.** *Sonoriser un film,* ajouter des éléments sonores à l'image. — **2.** *Sonoriser une salle,* l'équiper d'une installation de diffusion du son.

sonorité [sɔnɔrite] n. f. **1.** Caractère sonore : *La sonorité d'un amphithéâtre, d'une voix.* — **2.** Qualité de ce qui rend un son agréable : *La sonorité d'un violon, d'un piano.*

sophisme [sɔfism] n. m. (gr. *sophisma*). Raisonnement juste en apparence, mais faux en réalité, conçu avec l'intention d'induire en erreur.

sophiste [sɔfist] n. (gr. *sophistês*). Personne qui use de sophismes.

sophistication [sɔfistikasjɔ̃] n. f. Action de sophistiquer; fait d'être sophistiqué.

sophistiqué, e [sɔfistike] adj. (angl. *sophisticated*). **1.** Qui manque de naturel par excès de recherche : *Une femme sophistiquée.* — **2.** Qui est d'une grande complexité technique, qui fait appel à des procédés très recherchés : *Un engin spatial sophistiqué.*

sophistiquer [sɔfistike] v. t. Perfectionner à l'excès.

soporifique [sɔpɔrifik] adj. et n. m. (du lat. *sopor,* sommeil, et *facere,* faire). Qui provoque le sommeil : *Des pilules soporifiques. Prendre un soporifique* (syn. SOMNIFÈRE). ◆ adj. Ennuyeux au point d'endormir : *Un discours soporifique.*

soprano [sɔprano] n. m. ou f. (mot it. signif. *qui est* *au-dessus*) [pl. *sopranos* ou *soprani*]. Femme ou jeune garçon qui a le registre de voix le plus élevé.

sorbet [sɔrbɛ] n. m. (mot turc). Glace légère, sans crème, à base de jus de fruits et parfois parfumée d'une liqueur.

sorbetière [sɔrbətjɛr] n. f. Récipient servant à préparer les sorbets.

sorbier [sɔrbje] n. m. (lat. *sorbum*). Arbre qui produit des baies rouges *(sorbes)*.

sorcellerie [sɔrsɛlri] n. f. **1.** Opération magique de sorcier : *La sorcellerie était considérée au Moyen Âge comme un crime.* — **2.** Fam. *Cela tient de la sorcellerie,* c'est inexplicable.

sorcier, ère [sɔrsje] n. (de *sort*). **1.** Personne se livrant à des pratiques magiques, jugées le plus souvent maléfiques. — **2.** *Chasse aux sorcières,* recherche et élimination systématique de tous les opposants par le pouvoir en place. ‖ Fam. *Il ne faut pas être sorcier pour deviner, pour faire telle chose,* il n'est pas nécessaire d'avoir beaucoup d'esprit, d'habileté pour la deviner, pour la faire. ‖ *Vieille sorcière,* vieille femme laide et méchante. ◆ adj. m. Fam. *Ce n'est pas sorcier,* ce n'est pas difficile à comprendre, à résoudre, à faire.

sordide [sɔrdid] adj. (lat. *sordidus,* de *sordes,* saleté). **1.** Misérable et d'une saleté repoussante : *Logement sordide.* — **2.** D'une grande bassesse morale : *Crime sordide* (syn. IGNOBLE). — **3.** Qui atteint un degré honteux : *Avarice sordide* (syn. RÉPUGNANT). *Des gains sordides.*

sordidement [sɔrdidmɑ̃] adv. De façon sordide.

sorgho [sɔrgo] n. m. (it. *sorgo*). Plante cultivée pour ses grains comestibles.

sornettes [sɔrnɛt] n. f. pl. (de l'anc. fr. *sorne,* raillerie). Propos frivoles, extravagants : *Conter, débiter des sornettes* (syn. BALIVERNES, FADAISES).

sort [sɔr] n. m. (lat. *sors, sortis*). **1.** *Litt.* Puissance imaginaire qui est supposée fixer le cours des événements dont la cause ne peut être déterminée : *Être favorisé par le sort* (syn. FORTUNE). *Braver, affronter, supporter les coups du sort* (syn. DESTIN). *Les caprices du sort* (syn. HASARD). *Conjurer le mauvais sort.* — **2.** Condition de qqn, en partic. sa situation matérielle, destination finale de qqch résultant d'événements heureux ou malheureux : *Abandonner quelqu'un à son sort. Améliorer le sort des travailleurs. Envier le sort de son voisin. Cette découverte eut le sort de beaucoup d'autres.* ‖ Fam. *Faire un sort à qqch,* l'utiliser à son profit, le déguster : *Faire un sort à un pâté* (= le manger), *à une bouteille* (= la boire). — **3.** Hasard auquel on s'en rapporte pour décider d'un choix, d'une affaire : *Tirer au sort les épreuves d'un concours. Le sort est tombé sur elle* (= elle a été désignée par tirage au sort). ‖ *Le sort en est jeté,* c'est une chose décidée, advienne que pourra. — **4.** Effet malfaisant qui atteint un être animé, une chose et qui, selon une croyance superstitieuse, résulte de pratiques de sorcellerie : *La fermière prétendait que ses animaux étaient malades parce qu'on avait jeté un sort sur eux* (= lancé une malédiction sur eux). — **5.** Fam. *Il y a un sort sur tout ce qu'il entreprend,* rien de ce qu'il fait ne réussit.

sortable [sɔrtabl] adj. *Fam.* Se dit de qqn qu'on peut présenter en société (surtout négativement) : *Un jeune homme qui n'est guère sortable* (syn. CORRECT).

1. sortant, e [sɔrtɑ̃] adj. **1.** *Numéro sortant,* que le tirage au sort fait apparaître (à une loterie, une tombola). — **2.** Se dit de qqn dont le mandat est venu à expiration : *Président, député sortant.*

2. sortant [sɔrtɑ̃] n. m. (pl.) Personne qui sort d'un lieu : *Les entrants et les sortants.*

sorte [sɔrt] n. f. (lat. *sors, sortis*). **1.** Espèce, catégorie d'êtres animés ou de choses : *Elle élève toutes sortes d'oiseaux et cultive toutes sortes de plantes* (syn. VARIÉTÉ). *Faire un choix parmi les différentes sortes de caractères employés dans l'imprimerie.* — **2.** *Une sorte de,* se dit de qqch et quelquefois de qqn qu'on ne peut désigner exactement, qui ressemble à un autre par quelque détail : *Elle portait sur la tête une sorte de coiffe nouée sous le menton* (syn. GENRE). *Il s'est adressé à une sorte d'avocat qui n'a pas l'air très sérieux* (syn. ESPÈCE). — **3.** *De la sorte,* de cette façon : *Qui vous a autorisé à parler, à agir de la sorte ?* (syn. AINSI). ‖ *En quelque sorte,* pour ainsi dire : *Se taire quand on est accusé, c'est en quelque sorte se reconnaître coupable* (syn. PRESQUE). — **4.** *De sorte que, de telle sorte que* (+ *ind.*), indique la conséquence : *Elle a agi de telle sorte que tout le monde l'a félicitée.* ‖ *En sorte de* (+ *inf.*), *en sorte que* (+ *subj.*), indique le but à atteindre : *Faites en sorte que tout soit prêt. Faites en sorte d'arriver à l'heure.*

sortie [sɔrti] n. f. **1.** (en parlant de qqn) Action de sortir, d'aller se promener; moment où on sort : *Tous les soirs, avant d'aller me coucher, je fais une petite sortie* (syn. PROMENADE, TOUR ; fam. BALADE). *Attendre un enfant à la sortie de l'école.* — **2.** Endroit par où on sort : *Cette maison a deux sorties, une sur la rue et une autre sur le jardin* (syn. ISSUE). — **3.** Au théâtre, action de quitter la scène : *Régler les entrées et les sorties des acteurs.* ‖ *Faire une fausse sortie,* se dit d'un acteur, ou généralement de qqn, qui fait mine de sortir mais finalement reste. — **4.** Brusque emportement contre qqn ou qqch : *Faire une violente sortie contre ses adversaires.* — **5.** Mission de combat accomplie par un avion militaire : *Le 6 juin 1944, l'aviation alliée effectua plus de douze mille sorties.* — **6.** (en parlant de qqch) Action de s'échapper, de s'écouler : *La sortie des eaux d'une source.* — **7.** Mise en vente d'un objet commercial : *La sortie d'une nouvelle voiture. La sortie d'un roman* (syn. PARUTION, PUBLICATION). — **8.** Transport des marchandises hors du lieu où elles étaient : *Payer des droits pour la sortie de certains produits.*

sortie-de-bain [sɔrtidbɛ̃] n. f. (pl. *sorties-de-bain*). Peignoir, grande serviette dont on s'enveloppe à la sortie du bain.

sortilège [sɔrtilɛʒ] n. m. (du lat. *sors, sortis,* sort, et *legere,* choisir). Action de jeter un sort; action qui semble magique : *On disait qu'un berger avait fait mourir plusieurs têtes de bétail par des sortilèges.* (→ SORCIER.)

1. sortir [sɔrtir] v. i. (orig. incert.) [c. **28** ; auxil. *être*]. **1.** (sujet être animé) *Sortir (de qqpart),* aller hors d'un lieu : *Sortir d'un pays, de sa maison* (syn. QUITTER). *Au cours du match l'arbitre a fait sortir un joueur du terrain* (= a expulsé); quitter le lieu d'une réunion, d'une occupation, l'endroit où on a séjourné quelque temps : *Sortir du spectacle, de table. Sortir de l'école, de l'atelier. Sortir de l'hôpital, de prison.* — **2.** (sans compl. de lieu) Aller hors de chez soi pour se promener, aller au spectacle, faire des visites : *Elle va mieux et le médecin l'a autorisée à sortir un peu* (syn. ALLER DEHORS). *Il n'est pas possible de sortir par un temps pareil. Un ménage qui sort beaucoup.* — **3.** *Sortir de qqch (temps, condition),* passer d'un temps, d'une époque, d'une condition dans une autre : *Sortir de l'automne. Sortir de l'enfance. Sortir d'apprentissage.* — **4.** *Sortir d'un état,* cesser d'être dans tel état physique ou moral : *Sortir de maladie* (syn. GUÉRIR). *Sortir sain et sauf d'un accident* (syn. EN RÉCHAPPER). *Sortir d'un mauvais pas, sortir d'affaire, d'embarras* (syn. SE TIRER). *Sortir de sa modération habituelle* (syn. SE DÉPARTIR). *Sortir des limites de la bienséance* (syn. S'ÉCARTER, S'ÉLOIGNER). — **5.** Ne pas se tenir exactement à ce qui est fixé : *Dans une discussion, il sort toujours du sujet, de la question* (= il fait des digressions). *Sortir de la légalité* (syn. TRANSGRESSER). *Ne pas sortir de là* (= s'en tenir exactement au point qui est essentiel dans une discussion). — **6.** *Sortir d'un groupe social,* en être issu : *Elle sort d'une famille honorable* (syn. ÊTRE NÉ DE). *Un grand homme sorti du peuple. Sortir d'une école* (= y avoir fait ses études). || *D'où sortez-vous?, d'où sort-elle?, d'où sortent-ils?,* etc., se dit de qqn qui manque d'éducation ou dont l'ignorance surprend profondément. — **7.** (sujet qqch) Franchir une limite : *Le ballon est sorti du terrain. La rivière est sortie de son lit* (syn. DÉBORDER). *La locomotive est sortie des rails* (= a déraillé). — **8.** *Sortir d'un lieu,* se répandre au-dehors : *Une épaisse fumée sortait de la cheminée* (syn. S'ÉCHAPPER). *Le sang lui sortait de la bouche.* — **9.** *Sortir de qqch (concret),* dépasser à l'extérieur : *Une pierre qui sort du mur* (syn. FAIRE SAILLIE). || Fam. *Les yeux lui sortent de la tête,* se dit d'une personne animée d'une grande fureur. — **10.** Commencer à paraître, à pousser : *Les blés sortent de terre* (syn. LEVER). *Les bourgeons viennent de sortir* (syn. POINDRE). *Chez les bébés, les premières dents sortent vers le sixième mois* (syn. PERCER). — **11.** Être présenté au public, être publié, être mis en vente : *Un nouveau film de X vient de sortir. Un dictionnaire qui sort par fascicules* (syn. PARAÎTRE). — **12.** Être amené par un tirage au sort ou par le hasard : *Ce même numéro gagnant est sorti trois fois à la loterie.* || *Sujet qui sort à un examen,* qui est proposé aux candidats. — **13.** Avoir tel résultat : *Que sortira-t-il de toutes ces recherches?* — **14.** *Ne pas vouloir sortir de là,* soutenir avec obstination ce qu'on a avancé : *Malgré tout ce qu'on peut lui objecter, elle persiste dans son opinion, elle ne veut pas sortir de là* (syn. DÉMORDRE). || Fam. *Sortir de* (+ *inf.*), indique un passé récent : *Elle sort d'être malade* (syn. VENIR DE). || Fam. *Sortir de la mémoire, de l'esprit, de la tête, de l'idée,* être oublié : *Je n'ai pas pensé à vous dire qu'il n'y avait pas de cours aujourd'hui; cela m'est sorti de l'esprit.* || Fam. *Sortir d'en prendre,* en avoir assez de qqch de désagréable, n'être pas près de recommencer. ◆ v. t. (auxil. *avoir*) **1.** *Sortir qqn,* l'accompagner à la promenade, au spectacle, en visite : *Sortir un bébé* (syn. PROMENER). || Fam. *Sortir qqn d'un lieu, d'une réunion,* etc., le mettre violemment à la porte : *Comme un énergumène interrompait constamment la conférencière, on l'a sorti de la salle* (syn. EXPULSER; pop. VIDER). || *Sortir un animal,* le mener dehors : *Sortir son chien tous les soirs.* — **2.** *Sortir qqch (de qqch),* le porter, le conduire, le mettre au-dehors, le tirer hors de son logement : *Sortir sa voiture du garage. Sortir des plantes d'une serre. Sortir les mains de ses poches* (syn. ENLEVER, ÔTER). *Sortir son mouchoir* (contr. RENTRER). *Sortir le contenu d'une valise* (= la vider). — **3.** *Sortir un produit,* le mettre en vente : *Cette maison d'édition sort beaucoup d'ouvrages dans l'année* (syn. PUBLIER). *Un constructeur d'automobiles qui sort une nouvelle voiture.* — **4.** *Fam.* Dire : *Tu nous sors de ces boniments, c'est à se demander si tu parles sérieusement* (syn. DÉBITER). *Elle nous en a sorti une bien bonne* (syn. RACONTER). ◆ ***s'en sortir*** v. pr. ou **en sortir** v. i. *Fam.* Venir à bout d'une situation pénible, embarrassante : *Il s'est lancé dans une affaire qui semble au-dessus de ses forces; on se demande comment il s'en sortira* (syn. S'EN TIRER). *Vous avez entrepris un travail bien difficile; nous espérons pourtant que vous vous en sortirez.*

2. sortir [sɔrtir] n. m. *Au sortir de,* au moment où on sort de : *Au sortir du cinéma, elle est allée au café* (syn. À LA SORTIE DE). *Au sortir du printemps on songe aux vacances* (syn. À LA FIN DE).

S.O.S. [ɛsoɛs] n. m. (lettres de l'alphabet Morse). Signal de détresse émis par un navire ou par un avion en danger et transmis par radio ou par des signaux lumineux.

sosie [sɔzi] n. m. (de *Sosie,* n. pr.). Personne qui ressemble parfaitement à une autre : *Elle est le sosie d'une actrice connue.*

sot, sotte [so] adj. et n. (orig. inc.). Qui manque d'esprit, de jugement : *Être moins sot qu'il n'y paraît* (syn. BÊTE, IDIOT). *Je ne suis pas assez sot pour croire ce qu'elle m'a raconté* (syn. IMBÉCILE, STUPIDE). *Taisez-vous et ne riez pas comme une sotte* (syn. PÉCORE, PÉRONNELLE). *Ce garçon n'est qu'un sot* (syn. ÂNE, BENÊT, CRÉTIN, BÊTA). ◆ adj. **1.** (avant ou après le n.) Qui dénote un manque d'esprit, de jugement : *Une sotte réponse* (syn. ABSURDE, INEPTE). — **2.** *Il n'y a pas de sot métier,* tous les métiers sont respectables.

sottement [sɔtmɑ̃] adv. De façon sotte : *Parler, agir sottement.*

sottise [sɔtiz] n. f. **1.** Manque d'intelligence, de jugement : *Personne d'une sottise incroyable* (syn. BÊTISE, IMBÉCILLITÉ, IDIOTIE, STUPIDITÉ). — **2.** Action ou parole d'un sot : *Faire, commettre une sottise* (syn. BÊTISE, BOURDE). *Accabler quelqu'un de sottises* (syn. INJURES, INVECTIVES).

sottisier [sɔtizje] n. m. Recueil de phrases ridicules relevées dans les écrits ou les propos d'un écrivain, d'un homme célèbre.

sou [su] n. m. (lat. *solidus,* massif). **1.** Argent en général (seulement dans quelques express.) : *Compter ses sous* (= compter son argent). *Être près de ses sous* (= dépenser avec parcimonie). *Sans le sou, n'avoir pas le sou* (= totalement dépourvu d'argent). *Sou à sou, sou par sou* (= par toutes petites sommes). — **2.** *N'avoir pas un sou de, pas pour un sou de,* être complètement dépourvu de : *Tu n'as pas pour un sou de bon sens.* || Fam. *S'ennuyer, s'embêter à cent sous de l'heure,* au plus haut degré. (Le *sou* était une pièce de monnaie valant la vingtième partie du franc, ou cinq centimes.)

soubassement [subasmɑ̃] n. m. (de *bas*). Partie inférieure d'une construction, qui repose elle-même sur la fondation.

soubresaut [subrəso] n. m. (esp. *sobresalto*). Mouvement brusque et involontaire du corps : *Il est très nerveux, au moindre bruit il fait des soubresauts* (syn. SURSAUT).

soubrette [subrɛt] n. f. (prov. *soubreto,* de *soubret,* affecté). Servante de comédie : *Les soubrettes jouent un grand rôle dans les comédies de Marivaux.*

souche [suʃ] n. f. (gaul. *tsukka*). **1.** Partie inférieure du tronc d'un arbre, qui reste dans la terre quand l'arbre a été coupé; cette même partie arrachée avec des racines : *Arracher une souche.* — **2.** Personne qui est à l'origine d'une suite de descendants : *La souche d'une dynastie.* — **3.** Origine, source : *De la souche indoeuropéenne sont sorties un grand nombre de langues.* — **4.** Partie qui reste des feuilles d'un registre, d'un carnet et qui sert à vérifier l'authenticité de la partie détachée : *Un carnet à souche(s). La souche d'un chéquier.* — **5.** *De vieille souche,* d'une famille dont l'origine est ancienne. || *Être, rester comme une souche,* demeurer dans une immobilité complète.

1. souci [susi] n. m. (bas lat. *solsequia,* tournesol). Plante cultivée pour ses fleurs jaunes ornementales.

2. souci [susi] n. m. (de *se soucier*). **1.** Préoccupation relative à qqn ou à qqch auquel on porte intérêt : *Vivre sans souci. Cette affaire lui donne bien du souci* (syn. TRACAS). *Être accablé, dévoré, rongé de soucis* (syn. ANGOISSE, TOURMENT). || *Se faire du souci,* s'inquiéter. — **2.** Personne ou chose qui occupe l'esprit au point de l'inquiéter : *Sa fille est son unique souci. Avoir des soucis familiaux, financiers* (syn. ↑ENNUI; fam. EMBÊTEMENT). *C'est le moindre, le cadet de ses soucis* (fam.; = il ne s'en inquiète pas du tout). — **3.** *Le souci de qqch, de* (+ *inf.*), le fait de se préoccuper de qqch, d'y attacher de l'importance : *Le souci de l'objectivité, de la vérité. Avoir le souci de plaire.*

soucier (se) [susje] v. pr. (lat. *sollicitare,* inquiéter). *Se soucier de qqn, de qqch, de* (+ *inf.*), s'en inquiéter, se mettre en peine à leur sujet : *Ne se soucier de personne ni de rien* (syn. SE PRÉOCCUPER). *Elle se soucie fort peu de se rendre populaire. Se soucier de quelque chose comme de l'an quarante, comme de sa première chemise* (fam.; = ne s'en soucier nullement).

soucieux, euse [susjø] adj. **1.** Qui a des soucis : *Votre amie nous a paru bien soucieuse, elle doit avoir des ennuis* (syn. INQUIET, PRÉOCCUPÉ). *Air soucieux* (syn. PENSIF, SONGEUR). — **2.** *Soucieux de qqch, de* (+ *inf.*), qui se préoccupe de qqch, de faire qqch : *Un homme soucieux de sa liberté, de sa dignité* (syn. ATTENTIF À). *Une femme soucieuse de rendre service.*

soucoupe [sukup] n. f. (it. *sottocoppa,* coupe par-dessous). **1.** Petite assiette légèrement creuse qui se place sous une tasse. — **2.** *Soucoupe volante,* engin mystérieux, de forme généralement circulaire et aplatie, que certaines personnes affirment avoir vu se déplacer dans l'espace et se poser au sol.

soudage [sudaʒ] n. m. Action de souder.

soudain, e [sudɛ̃] adj. (lat. *subitaneus*). Qui se produit, arrive tout à coup : *Douleur soudaine* (syn. BRUSQUE). *Une mort soudaine* (syn. SUBIT). ◆ ***soudain*** adv. Dans le même instant, tout à coup : *Elle reçut un ordre et soudain elle partit* (syn. AUSSITÔT). *Soudain, la sonnerie du téléphone retentit.*

soudainement [sudɛnmɑ̃] adv. De façon soudaine : *Un mal qui apparaît soudainement* (syn. BRUSQUEMENT, SUBITEMENT). *Se trouver soudainement seul* (syn. TOUT À COUP).

soudaineté [sudɛnte] n. f. Caractère soudain : *La soudaineté de cet événement a surpris tout le monde* (syn. RAPIDITÉ).

soudanais, e [sudanɛ] adj. et n. Du Soudan.

soudard [sudar] n. m. (anc. fr. *soudoier,* homme d'armes). Soldat brutal et grossier.

soude [sud] n. f. (ar. *suwwād*). Substance à base de sodium, employée dans de nombreux domaines.

souder [sude] v. t. (lat. *solidare,* affermir). **1.** *Souder deux objets,* les joindre à l'aide d'une soudure : *Souder deux tuyaux, deux tiges de fer.* — **2.** *Souder des personnes, des choses,* les unir, les lier étroitement : *Le malheur les avait soudés l'un à l'autre.* ◆ ***se souder*** v. pr. Se lier étroitement : *Deux os qui se soudent* (= qui se réunissent pour n'en former qu'un seul).

soudeur [sudœr] n. m. Ouvrier qui soude.

soudoyer [sudwaje] v. t. (de l'anc. fr. *sold,* sou) [c. 3]. Péjor. *Soudoyer qqn,* le payer pour obtenir sa complicité ou pour lui faire accomplir une besogne peu honorable : *Soudoyer de faux témoins.*

soudure [sudyr] n. f. **1.** Opération qui consiste à unir, au moyen d'un alliage et sous l'action de la chaleur, deux pièces métalliques ou certains produits synthétiques : *Faire une soudure à l'étain.* — **2.** Partie soudée : *Le tuyau est crevé à la soudure.* — **3.** *Assurer, faire la soudure,* satisfaire aux besoins des consommateurs ou d'une entreprise à la fin d'une période comprise entre deux récoltes, entre deux rentrées financières, etc.; assurer une transition.

soufflage [suflaʒ] n. m. Action de souffler : *Le soufflage du verre* (= la fabrication de récipients réalisée en gonflant d'air du verre en fusion).

soufflant, e [suflɑ̃] adj. *Fam.* Qui stupéfie : *Une nouvelle soufflante.*

souffle [sufl] n. m. **1.** Agitation de l'air dans l'atmosphère : *Il n'y a pas un souffle de vent. Le souffle léger de la brise.* — **2.** Air chassé du poumon et passant par la bouche; le fait de rejeter cet air : *Éteindre une bougie avec son souffle. Retenir son souffle* (syn. RESPIRATION). — **3.** *Avoir du souffle,* avoir une respiration régulière qui permet de courir ou de parler longtemps. ‖ *Dernier souffle,* dernier soupir. ‖ *Être à bout de souffle,* ne pas pouvoir poursuivre un effort; être exténué, incapable d'achever un ouvrage. ‖ *Manquer de souffle, avoir le souffle court,* être vite essoufflé; manquer de l'inspiration suffisante : *Un poète qui manque de souffle.* ‖ *Second souffle,* regain de vitalité après une défaillance momentanée, chez qqn qui accomplit un effort physique intense; nouvelle période d'activité dans un domaine quelconque. ‖ *Souffle créateur,* inspiration de l'écrivain, de l'artiste, du savant. — **4.** Déplacement d'air extrêmement brutal, produit par une explosion : *Le souffle d'une bombe.* — **5.** Bruit anormal produit par un organe malade et perceptible à l'auscultation (méd.) : *Un souffle cardiaque.*

1. soufflé, e [sufle] adj. **1.** *Avoir la figure soufflée,* bouffie. — **2.** *Omelette soufflée,* omelette légère obtenue en battant séparément les blancs d'œufs en neige.

2. soufflé [sufle] n. m. Mets ou entremets obtenu avec des blancs d'œufs battus en neige, et qui gonfle pendant sa cuisson au four.

souffler [sufle] v. i. (lat. *sufflare,* souffler sur). **1.** (sujet le vent) Agiter, déplacer l'air : *Le mistral souffle avec violence, en rafales. Le vent souffle du nord, du midi.* — **2.** (sujet qqn) *Souffler (dans, sur qqch),* envoyer de l'air par la bouche : *Souffler dans ses doigts pour les réchauffer. Souffler sur un potage pour le refroidir. Souffler sur une bougie pour l'éteindre.* — **3.** Respirer avec peine : *Elle ne peut monter quelques marches sans souffler* (syn. HALETER). *Dès qu'il court un peu, il se met à souffler. Souffler comme un bœuf, comme un cachalot, comme un phoque* (= très fort, en faisant du bruit). — **4.** Reprendre haleine ou prendre un peu de repos : *Laissez-nous le temps de souffler.* ◆ v. t. **1.** *Souffler qqch,* y envoyer de l'air pour activer sa combustion : *Souffler le feu;* pour l'éteindre : *Souffler une bougie;* pour le gonfler : *Souffler du verre.* — **2.** *Souffler qqch,* l'envoyer, le chasser au moyen du souffle : *Le vent leur soufflait la poussière au visage. Souffler du feu par la bouche.* — **3.** *Souffler un édifice,* le détruire par l'effet du souffle : *La maison a été soufflée par une bombe.* — **4.** *Ne pas souffler mot,* ne rien dire. ‖ *Souffler une leçon, un rôle à qqn,* lui dire tout bas les mots qui échappent à sa mémoire. ‖ *Souffler qqch à (l'oreille de) qqn,* le lui dire en secret (syn. CHUCHOTER, GLISSER À L'OREILLE). — **5.** Fam. *Souffler qqn,* l'étonner profondément : *Tous ses amis ont été soufflés en apprenant son divorce* (syn. STUPÉFIER). — **6.** Fam. *Souffler qqn, qqch à qqn,* le lui enlever : *Il lui a soufflé sa secrétaire. Souffler un emploi à quelqu'un* (= l'obtenir à son détriment). *Souffler un pion, une dame à un adversaire* (= les lui enlever quand il ne s'en est pas servi pour prendre); et, sans compl. : *Souffler n'est pas jouer* (= au jeu de dames, le fait de souffler ne compte pas pour un coup).

soufflerie [sufləri] n. f. Installation, machine à produire un souffle : *La soufflerie d'un orgue.*

soufflet [suflɛ] n. m. **1.** Instrument servant à souffler : *Un soufflet de forge.* — **2.** Couloir flexible de communication entre deux voitures de chemin de fer. — **3.** *Litt.* Coup du plat ou du revers de la main appliqué sur la joue : *Donner, recevoir un soufflet* (syn. CLAQUE, GIFLE).

souffleter [sufləte] v. t. (c. **8**) Donner un soufflet à qqn : *Souffleter un malappris* (syn. GIFLER).

souffleur [suflœr] n. m. **1.** Ouvrier spécialisé dans le soufflage du verre. — **2.** Au théâtre, celui qui est chargé de souffler leur rôle aux acteurs.

souffrance [sufrɑ̃s] n. f. **1.** Douleur physique ou morale : *Être dur à la souffrance. Endurer une extrême souffrance. J'ai eu ma part de souffrances* (syn. PEINE). — **2.** *En souffrance,* en suspens. || *Objet en souffrance,* qui n'a pas été réclamé par le destinataire.

souffrant, e [sufrɑ̃] adj. Indisposé, dont l'état de santé n'est pas satisfaisant : *Notre professeur de français n'a pas pu faire son cours hier, elle était souffrante.*

souffre-douleur [sufrədulœr] n. inv. Personne en butte aux mauvais traitements, aux tracasseries des autres.

souffreteux, euse [sufrətø] adj. (de l'anc. fr. *suffraite,* disette). De santé délicate : *Enfant souffreteux* (syn. CHÉTIF, MALINGRE).

souffrir [sufrir] v. t. (lat. *suffere*) [c. **16**]. **1.** (sujet qqn) *Souffrir qqch (sensation, douleur,* etc), supporter qqch de pénible (soutenu) : *Souffrir la faim, la soif, la torture sans se plaindre* (syn. ENDURER, SUBIR). *Souffrir le martyre* (litt. ; = éprouver de grandes douleurs). — **2.** *Ne pas pouvoir souffrir qqn, qqch,* avoir pour eux de l'antipathie, de l'aversion, de la répulsion : *Il est d'une insolence telle que personne ne peut le souffrir* (syn. SENTIR). *Je ne peux souffrir le mensonge. Elle ne peut souffrir l'odeur du poisson* (syn. SUPPORTER). — **3.** *Souffrir qqch, que* (+ *subj.*), le permettre, le consentir (soutenu) : *Souffrez qu'on vous contredise* (syn. TOLÉRER). *Ne pas souffrir la contradiction.* — **4.** (sujet qqch) *Souffrir qqch (événement, action),* l'admettre, en être susceptible : *Cette affaire ne peut souffrir de retard. Une règle qui souffre de nombreuses exceptions.* ◆ v. i. **1.** (sujet qqn) *Souffrir (de qqch* [*origine, cause*]), *souffrir de* (+ *inf.*), éprouver une douleur physique ou morale (du fait de) : *Elle est malade depuis quelque temps et souffre beaucoup. Souffrir comme un martyr. Mes rhumatismes me font beaucoup souffrir. Souffrir des dents, de la gorge* (= avoir mal aux dents, à la gorge). *Souffrir de rhumatismes* (=être atteint de). *Souffrir de la faim, du froid* (= être tourmenté par la faim, le froid). *Il souffre d'être incompris* (= il éprouve du chagrin). *Leurs enfants ont souffert de cette séparation.* — **2.** (sujet qqch) *Souffrir (de qqch),* subir un dommage, les conséquences fâcheuses de : *Il a fait froid cet hiver et les arbres fruitiers ont beaucoup souffert* (syn. SE DÉTÉRIORER, S'ABÎMER). *Le pays souffre d'une crise économique* (syn. ÊTRE VICTIME). *Cette ville a souffert des bombardements* (= a été endommagée). ◆ ***se souffrir*** v. pr. (sujet qqn [pl.]) Se supporter mutuellement : *Ces deux collègues ne peuvent se souffrir.*

soufre [sufr] n. m. (lat. *sulphur*). Corps simple, friable, de couleur jaune clair, qui brûle en dégageant une odeur forte.

soufrer [sufre] v. t. *Soufrer une allumette,* l'enduire de soufre. || *Soufrer une vigne,* répandre dessus du soufre en poudre.

soufrière [sufrijɛr] n. f. Lieu d'où on extrait le soufre.

souhait [swɛ] n. m. **1.** Désir que qqch s'accomplisse : *Former, formuler des souhaits de bonheur. Accomplir, réaliser un souhait. Souhaits de bonne année* (= vœux de bonheur exprimés à l'occasion de la nouvelle année). — **2.** *À souhait,* comme on le souhaite, autant qu'on le désire : *Tout lui réussit à souhait. Avoir tout à souhait.* || Fam. *À vos souhaits !,* se dit à qqn qui éternue.

souhaitable [swɛtabl] adj. Qu'on peut souhaiter : *Elle a toutes les qualités souhaitables* (syn. DÉSIRABLE, ENVIABLE).

souhaiter [swɛte] v. t. (frq. *haitan,* promettre). **1.** *Souhaiter qqch, souhaiter* (+ *inf.*), *que* (+ *subj.*), désirer pour autrui ou pour soi la possession, l'accomplissement de qqch : *Souhaiter la santé à quelqu'un. Je souhaiterais pouvoir vous rendre service. Elle ne souhaite rien tant que de vous aider* (syn. RÊVER DE). *Nous souhaitons que vous réussissiez à votre concours. Il est à souhaiter que vous arriviez à temps ;* dans des formules de politesse lorsqu'on fait des vœux pour qqn : *Souhaiter le bonjour, le bonsoir, la bonne année. Souhaiter bon voyage, bonne route.* — **2.** Fam. *Je vous en souhaite,* vœu ironique adressé à qqn pour lui faire prévoir des désagréments : *Vous voulez partir en voyage avec cette voiture ? Je vous en souhaite !*

souiller [suje] v. t. *Litt.* **1.** *Souiller qqch (concret)* [*de qqch*], le couvrir de boue, de saleté : *Souiller ses mains, ses vêtements* (syn. usuel SALIR). *Malade qui souille son lit. Souiller ses mains de sang* (= être un meurtrier). — **2.** *Souiller qqch (abstrait),* le compromettre par un acte indigne : *Souiller la réputation, la mémoire de quelqu'un* (syn. ENTACHER, DÉSHONORER).

souillon [sujɔ̃] n. Personne sale et négligée (soutenu) : *Une petite souillon.*

souillure [sujyr] n. f. *Litt.* Ce qui porte atteinte à l'intégrité, la dignité, l'honneur : *Se garder pur de toute souillure* (syn. CORRUPTION). *La souillure du péché* (syn. FLÉTRISSURE).

souk [suk] n. m. (mot ar.). Marché, dans les pays arabes ; endroit où se tient ce marché.

1. soûl, e ou **saoul, e** [su] adj. (lat. *satallus,* de *satur,* rassasié). **1.** *Fam.* Qui est ivre : *Un homme soûl qui invective les passants.* — **2.** *Soûl de qqch,* repu ou grisé de cela : *Être soûl de paroles, de musique.*

2. soûl [su] n. m. (avec un adj. possessif) *Tout mon, ton, son, leur soûl,* autant qu'on veut : *Boire, manger, dormir tout son soûl* (syn. TOUT MON [TON...] CONTENT).

soulagement [sulaʒmɑ̃] n. m. **1.** Action de soulager qqn des épreuves qu'il supporte : *Des paroles de soulagement* (syn. AIDE, CONSOLATION). — **2.** État d'une personne soulagée : *La piqûre lui a apporté un soulagement immédiat* (syn. APAISEMENT). — **3.** Chose qui soulage : *C'est un soulagement pour sa mère de la savoir guérie* (syn. ↑ DÉLIVRANCE).

soulager [sulaʒe] v. t. (lat. *subleviare,* alléger) [c. **2**]. **1.** *Soulager qqn, un animal,* le débarrasser d'un fardeau, d'une charge : *Soulager un porteur trop chargé.* || *Soulager qqn de son portefeuille,* le lui voler (ironiq.). — **2.** *Soulager qqn,* l'alléger d'une partie des charges qui pèsent sur lui : *Soulager un collaborateur dans son travail.* — **3.** *Soulager une poutre, une planche,* diminuer la charge qui pèse dessus. — **4.** *Soulager un mal, soulager qqn de qqch,* diminuer une souffrance physique ou morale : *Soulager une douleur* (syn. APAISER, CALMER). *Le médecin lui a prescrit un remède qui l'a bien soulagée. Il était soulagé d'avoir avoué sa faute. Cela soulage de pleurer quand on a de la peine* (syn. APAISER). ◆ ***se soulager*** v. pr. **1.** Se décharger d'un souci : *Elle s'est soulagée en avouant sa faute.* — **2.** *Fam.* Satisfaire un besoin naturel.

soûlant, e [sulɑ̃] adj. *Fam.* Se dit de qqn qui fatigue, étourdit par sa prolixité.

soûlard, e [sular] ou **soûlaud, e** [sulo] adj. et n. *Pop.* Qui a l'habitude de s'enivrer (syn. IVROGNE).

soûler ou **saouler** [sule] v. t. **1.** Fam. *Soûler qqn,* le faire trop boire. — **2.** *Soûler qqn,* l'importuner par du bavardage, du bruit, de l'agitation. ◆ ***se soûler*** v. pr. *Fam.* S'enivrer : *Un oisif qui passe son temps dans les cafés et se soûle.*

soulèvement [sulɛvmɑ̃] n. m. **1.** Mouvement de ce qui se soulève : *Le soulèvement des flots.* — **2.** *Soulèvement de cœur,* mal au cœur causé par le dégoût (syn. NAUSÉE). — **3.** Mouvement de révolte collective : *Apaiser, réprimer un soulèvement* (syn. INSURRECTION).

soulever [sulve] v. t. (c. **9**). **1.** *Soulever qqn, qqch,* les lever à une faible hauteur : *Soulever un malade dans son lit, lui soulever la tête. Ce bureau est si lourd qu'on ne peut le soulever.* — **2.** *Soulever qqch,* écarter, relever qqch qui cache autre chose : *Soulever le couvercle d'une boîte. Soulever les rideaux de la fenêtre pour regarder dans la rue* (syn. RELEVER). — **3.** *Soulever qqch,* le mettre en mouvement, le faire lever : *La tempête soulève les vagues* (syn. AGITER). *Le vent soulevait la poussière.* — **4.** *Soulever qqn (contre qqn, qqch),* provoquer sa colère, son indignation : *Ta déloyauté a soulevé tout le monde contre toi.* — **5.** *Soulever un groupe (contre une autorité),* le pousser à la révolte, à la rébellion : *Soulever le peuple.* — **6.** *Soulever un sentiment, une réaction,* les faire naître, les susciter : *Soulever l'enthousiasme, l'indignation* (syn. PROVOQUER). *Soulever des applaudissements, des protestations* (syn. DÉCLENCHER). — **7.** *Soulever un problème, une question,* les faire naître, en provoquer la discussion. — **8.** *Soulever le cœur,* donner envie de vomir ; causer un profond dégoût. ◆ ***se soulever*** v. pr. **1.** (sujet qqn) Se lever, se déplacer légèrement : *Elle est si faible qu'elle ne peut se soulever de sa chaise.* — **2.** (sujet un groupe) *Se soulever (contre une autorité),* se révolter : *Le peuple s'est soulevé. Une province qui se soulève.* — **3.** (sujet qqch) S'agiter, se mettre en mouvement : *Les vagues se soulèvent.*

soulier [sulje] n. m. (lat. *subtel,* creux du pied). **1.** Chaussure à semelle rigide, qui couvre le pied en tout ou en partie (vieilli) [syn. usuel CHAUSSURE]. — **2.** Fam. *Être dans ses petits souliers,* être dans une situation embarrassante.

soulignage [suliɲaʒ] ou **soulignement** [suliɲ(ə)mɑ̃] n. m. Action de souligner : *Le soulignage d'un texte au crayon rouge.*

souligner [suliɲe] v. t. (de *ligne*). **1.** *Souligner un mot, une phrase,* tirer un trait, une ligne au-dessous : *Souligner un titre de chapitre au crayon bleu. Souligner dans un texte ce qui doit être imprimé en italique.* — **2.** *Souligner qqch,* le faire ressortir, le mettre en valeur, attirer l'attention dessus en insistant : *Son sourire soulignait l'ironie de ses propos. Souligner l'importance d'une découverte. Nous avons compris ce que vous voulez dire, il est inutile de le souligner* (syn. FAIRE REMARQUER).

soûlographie [sulɔgrafi] n. f. *Pop.* Ivrognerie.

soumettre [sumɛtr] v. t. (lat. *submittere*) [c. **57**]. **1.** *Soumettre qqn, qqch (à qqn, qqch),* les mettre dans un état de dépendance, les ramener à l'obéissance : *Soumettre un pays à ses lois* (syn. ASSUJETTIR, CONQUÉRIR). *Soumettre des rebelles* (syn. DOMPTER) ; les astreindre à une loi, à un règlement (surtout pass.) : *Soumettre un commerce à une réglementation, à des formalités. Un revenu soumis à l'impôt.* — **2.** *Soumettre qqch à qqn,* le présenter à son examen, à sa critique : *Soumettre un projet, une question, un problème à un spécialiste* (syn. PROPOSER). *Soumettre un article, un manuscrit à un comité de rédaction.* — **3.** *Soumettre un produit à une analyse,* le faire analyser pour en connaître les éléments. — **4.** *Soumettre qqn à un traitement, à une épreuve,* lui faire subir un traitement, une épreuve. ◆ ***se soumettre*** v. pr. (sujet qqn) **1.** Abandonner la lutte : *Après une courte résistance, les insurgés se sont soumis.* — **2.** *Se soumettre à qqch,* se conduire conformément à : *Se soumettre à la loi, aux ordres de quelqu'un* (syn. OBÉIR, OBTEMPÉRER). *Se soumettre à un arbitrage, à des formalités* (= y consentir, s'y plier).

soumis, e [sumi] adj. Obéissant : *Fils respectueux et soumis* (syn. DOCILE ; contr. INDISCIPLINÉ, RÉCALCITRANT). *Air soumis* (contr. DOMINATEUR).

soumission [sumisjɔ̃] n. f. (lat. *submissio,* action d'abaisser). **1.** Action de se soumettre : *Les tribus rebelles ont fait leur soumission.* — **2.** Disposition à obéir : *Elle est toujours d'une parfaite soumission à l'égard de ses parents* (syn. DOCILITÉ, OBÉISSANCE). *Une soumission aveugle à un parti.*

soupape [supap] n. f. (anc. fr. *souspape,* coup sous le menton). **1.** Obturateur servant à intercepter ou à établir le passage d'un fluide dans un sens et à l'empêcher de refluer dans le sens opposé : *Dans un moteur d'automobile, les soupapes assurent l'admission et l'échappement des gaz.* — **2.** *Soupape (de sûreté),* issue permettant à un excès de passion individuelle ou collective de s'échapper, de ne pas provoquer d'explosion.

soupçon [supsɔ̃] n. m. **1.** Opinion désavantageuse formée sur qqn, mais sans certitude : *Les soupçons se sont portés sur eux. Dissiper, détourner les soupçons. Être au-dessus de tout soupçon* (syn. SUSPICION). — **2.** Simple conjecture, simple opinion : *Elle a quelque soupçon que c'est votre amie qui a téléphoné.* — **3.** *Un soupçon de qqch,* une très petite quantité de : *Une tasse de thé avec un soupçon de lait* (= un nuage).

soupçonnable [supsɔnabl] adj. Qu'on peut soupçonner : *Sa conduite n'est pas soupçonnable* (contr. INSOUPÇONNABLE).

soupçonner [supsɔne] v. t. (lat. *suspicere,* regarder). **1.** *Soupçonner qqn de qqch, de* (+ *inf.*), lui attribuer, d'après certaines apparences, des actes ou des pensées plus ou moins condamnables, le considérer comme coupable : *Soupçonner quelqu'un de mensonge, de trahison* (syn. SUSPECTER). *Je la soupçonne de m'avoir desservi auprès de vous. Il est soupçonné d'avoir participé à plusieurs vols.* — **2.** *Soupçonner qqch, que* (+ *ind.*), *ne pas soupçonner que* (+ *subj.*), conjecturer l'existence, la présence de qqch ; avoir l'impression vague de, que : *Soupçonner un piège, une vengeance* (syn. DEVINER). *On soupçonne qu'il est l'auteur des lettres anonymes. Elle ne soupçonnait pas qu'on voulût la tromper.*

soupçonneusement [supsɔnøzmɑ̃] adv. De façon soupçonneuse : *Observer une personne soupçonneusement.*

soupçonneux, euse [supsɔnø] adj. Porté à soupçonner, qui manifeste des soupçons : *Mari soupçonneux* (syn. DÉFIANT, MÉFIANT). *Regarder quelqu'un d'un air soupçonneux.*

soupe [sup] n. f. (frq. *suppa*). **1.** Bouillon épaissi par des tranches de pain ou des légumes : *Une soupe aux choux, à l'oignon. Servir la soupe* (syn. POTAGE). — **2.** Fam. *À la soupe !,* à table ! ‖ Fam. *Soupe au lait,* sujet à de brusques colères. ‖ *Soupe populaire,* distribution de repas gratuits aux indigents. ‖ Fam. *Trempé comme une soupe,* très mouillé.

soupente [supɑ̃t] n. f. (du lat. *suspendere,* suspendre). Réduit aménagé dans la partie haute d'une pièce, sous un escalier.

1. souper [supe] n. m. **1.** Repas qu'on prend dans la nuit, à la sortie d'un spectacle, d'une soirée. — **2.** Syn. vieilli de DÎNER.

2. souper [supe] v. i. **1.** Prendre un souper : *Aller souper au sortir du théâtre.* — **2.** Fam. *Avoir soupé de qqch, de* (+ *inf.*), en avoir assez, en être excédé : *On en a soupé de vos reproches.*

soupeser [supəze] v. t. (c. **9**). **1.** *Soupeser qqch (concret),* le soulever avec la main pour juger de son poids : *Soupeser un colis.* — **2.** *Soupeser qqch (abstrait),* en considérer les avantages et les inconvénients : *Soupeser des arguments.*

soupière [supjɛr] n. f. Récipient creux et large, dans lequel on sert la soupe, le potage.

soupir [supir] n. m. **1.** Respiration forte et prolongée, occasionnée par un état pénible, une émotion, etc. : *Pousser de profonds soupirs. Un soupir de résignation, de soulagement.* — **2.** Litt. *Rendre le dernier soupir,* mourir (syn. EXPIRER). — **3.** En musique, silence qui équivaut à une noire.

soupirail [supiraj] n. m. (de *soupirer,* au sens d'*exhaler*) [pl. *soupiraux*]. Ouverture pratiquée à la partie inférieure d'un bâtiment pour donner de l'air et de la lumière aux caves et aux sous-sols.

soupirant [supirɑ̃] n. m. Celui qui est amoureux d'une femme, qui lui fait la cour.

soupirer [supire] v. i. (lat. *suspirare*). Pousser des soupirs : *Soupirer de regret, de douleur.* ◆ v. t. Dire en soupirant (en incise) : *Je n'en peux plus, soupira-t-elle.* ◆ v. t. ind. Litt. *Soupirer après qqch,* le rechercher ardemment : *Soupirer après les honneurs.*

souple [supl] adj. (lat. *supplex,* qui plie les genoux pour supplier). **1.** Se dit de qqch qui se plie aisément : *Branche, tige souple* (syn. FLEXIBLE). *Cuir souple.* — **2.** Dont les membres ont une grande facilité à se mouvoir, à se plier : *Malgré son âge, elle est encore souple* (syn. AGILE). *Avoir la taille, les reins souples.* — **3.** Qui s'adapte aisément aux volontés d'autrui, aux situations : *Pour réussir dans le monde, il faut être souple* (syn. ACCOMMODANT, ADROIT, COMPRÉHENSIF). *Avoir l'esprit souple, un caractère souple. Être souple comme un gant, avoir l'échine, les reins souples* (souvent péjor. ; = être docile, maniable, soumis). — **4.** Dont l'application n'est pas rigide : *Une réglementation très souple.*

souplement [supləmɑ̃] adv. Avec souplesse.

souplesse [suplɛs] n. f. **1.** Qualité de qqch, de qqn qui est souple : *La souplesse du jonc* (syn. FLEXIBILITÉ). *La souplesse d'une acrobate* (syn. AGILITÉ). *La souplesse d'un diplomate* (syn. HABILETÉ). *Manœuvrer avec souplesse* (syn. ADRESSE, DIPLOMATIE). — **2.** Fam. *En souplesse,* avec aisance : *Sauter en souplesse.*

source [surs] n. f. (de *sours,* part. pass. de *sourdre*). **1.** Issue par laquelle l'eau sort de terre; endroit où un cours d'eau prend naissance : *Capter, exploiter une source d'eau minérale. Eau de source* (= claire et pure). *Remonter une rivière jusqu'à sa source. La Loire prend sa source au mont Gerbier-de-Jonc.* — **2.** Principe, origine de qqch : *La vanité est une source de ridicule. Ce fatal événement est la source de tous nos maux* (syn. CAUSE, POINT DE DÉPART). *Une source inépuisable de profits.* — **3.** Point où émerge un liquide quelconque : *Source de pétrole, de gaz.* — **4.** (pl.) Documents, textes originaux auxquels on se réfère (en littérature, en histoire, etc.) : *Faire la critique des sources. Cette historienne a utilisé toutes les sources.* — **5.** *À, de bonne source,* auprès de personnes bien informées. ‖ *Remonter à la source, aux sources,* suivre une enquête, diriger des recherches de manière à retrouver l'origine d'une affaire. ‖ *Retenue à la source,* système dans lequel l'impôt est défalqué du revenu avant le paiement de celui-ci. ‖ *Source d'énergie, de chaleur, de lumière,* milieu à partir duquel se propage un rayonnement énergétique, calorifique, lumineux.

sourcier, ère [sursje] n. Personne qui prétend découvrir les sources à l'aide d'une baguette ou d'un pendule.

sourcil [sursi] n. m. (lat. *supercilium*). Saillie arquée au-dessus de l'orbite; ensemble des poils qui garnissent cette région de l'œil : *Lever les sourcils. S'épiler les sourcils.*

sourcilière [sursiljɛr] adj. f. *Arcade sourcilière,* saillie arquée que présente l'os frontal au-dessus des orbites.

sourciller [sursije] v. i. *Ne pas sourciller, sans sourciller,* demeurer impassible, ne pas laisser paraître sur son visage la plus légère émotion : *Il n'a pas sourcillé quand il s'est entendu condamner.*

sourcilleux, euse [sursijø] adj. Qui traduit la minutie, le soin pointilleux : *Être très sourcilleux sur les horaires.*

sourd, e [sur] adj. et n. (lat. *surdus*). **1.** Se dit de qqn qui ne perçoit pas ou perçoit difficilement les sons : *Être sourd de naissance. Devenir sourd. Cette maladie l'a rendue sourde d'une oreille. Les sourds parlent d'une voix forte. Être sourd comme un pot* (fam. ; = extrêmement sourd). — **2.** *Ce n'est pas tombé dans l'oreille d'un sourd,* il a bien remarqué ce détail; il n'oubliera pas ces mots. ‖ *Dialogue de sourds,* entretien dans lequel chacun reste sur ses positions sans tenir compte des arguments des autres. ‖ *Être sourd à qqch,* ne pas vouloir l'entendre : *Être sourd aux avis, aux prières de quelqu'un.* ‖ *Faire la sourde oreille,* faire semblant de ne pas entendre. ‖ *Frapper comme un sourd,* de toutes ses forces. ◆ adj. **1.** Peu sonore, dont le son est étouffé, atténué : *Un bruit sourd. Voix sourde* (contr. ÉCLATANT, RETENTISSANT). *Gémissement sourd.* — **2.** *Consonne sourde* (ou *sourde* n. f.), dont le son ne comporte pas de vibrations des cordes vocales : *Les consonnes [k], [t], [p] sont des sourdes.* — **3.** (après le n.) Qui ne se manifeste pas nettement : *Douleur sourde* (contr. AIGU). *Inquiétude, colère sourde.* — **4.** (avant le n.) Qui se fait secrètement, lentement : *De sourdes menées, de sourdes machinations* (syn. CACHÉ, CLANDESTIN, SECRET).

sourdement [surdəmɑ̃] adv. **1.** De façon non sonore : *Le tonnerre grondait sourdement.* — **2.** De façon cachée : *Intriguer sourdement* (syn. SECRÈTEMENT).

sourdine [surdin] n. f. (it. *sordina*). *En sourdine,* sans bruit, d'une manière atténuée : *Protester en sourdine;* secrètement : *Négocier une affaire en sourdine.* ‖ Fam. *Mettre une sourdine à qqch,* le modérer, l'atténuer : *Mettre une sourdine à son enthousiasme, à ses prétentions* (syn. BAISSER LE TON).

sourd-muet, sourde-muette [surmyɛ, -ɛt] n. et adj. (pl. *sourds-muets, sourdes-muettes*). Personne privée de l'ouïe et de la parole.

sourdre [surdr] v. i. (lat. *surgere,* jaillir) [c. **51**]. *Litt.* **1.** (sujet l'eau) Sortir de terre : *Dans cette région marécageuse, l'eau sourd de tous côtés* (syn. JAILLIR). — **2.** (sujet qqch [abstrait]) Se manifester, s'élever : *Le mécontentement sourd lentement* (syn. SURGIR).

souriant, e [surjɑ̃] adj. Qui sourit, qui témoigne d'un caractère aimable : *Une personne aimable et toujours souriante. Un visage souriant* (syn. GAI).

souriceau [suriso] n. m. Petit d'une souris.

souricière [surisjɛr] n. f. **1.** Piège pour prendre des souris. — **2.** Piège tendu par la police qui poste des policiers à l'endroit où elle sait que des malfaiteurs doivent se rendre.

1. sourire [surir] v. i. (lat. *subridere*) [c. **67**] Rire sans éclat, et seulement par un léger mouvement des traits du visage : *Sourire malicieusement. Elle vint au-devant de lui en souriant.* ◆ v. t. ind. **1.** (sujet qqn) *Sourire à qqn,* lui témoigner par un sourire de l'affection, de la sympathie : *Elle s'était assise en face de lui et elle lui souriait.* — **2.** (sujet qqn) *Sourire de qqn, de qqch,* exprimer l'ironie, le doute, etc., à leur égard. — **3.** (sujet qqch) *Sourire à qqn,* lui être agréable, favorable : *Ce projet ne lui sourit guère* (syn. PLAIRE, ↑ENCHANTER). *La chance lui sourit assez souvent* (syn. FAVORISER).

2. sourire [surir] n. m. Action de sourire; rire léger : *Un sourire aimable, gracieux, spirituel, moqueur. Avoir toujours le sourire sur les lèvres. Avoir le sourire*

(= laisser paraître sa satisfaction, être content de ce qui est arrivé). *Garder le sourire* (= rester aimable et gai malgré un malheur).

souris [suri] n. f. (lat. *sorex, -icis*). **1.** Petit rongeur qui cause des dégâts dans les maisons, dans les granges, en dévorant des aliments, des vêtements, des papiers, des grains, etc. — **2.** *Jouer au chat et à la souris*, se dit de qqn qui cherche vainement à joindre qqn d'autre. — **3.** Muscle charnu qui tient à l'os du gigot, près de la jointure. — **4.** Boîtier relié à un ordinateur, que l'on déplace pour désigner une zone de l'écran dans laquelle on intervient en cliquant.

sournois, e [surnwa] adj. et n. (anc. prov. *sorn*, sombre). Qui agit en dessous avec méchanceté : *Enfant sournois* (syn. DISSIMULÉ). *Une petite sournoise. Air sournois* (contr. FRANC). *Une méchanceté sournoise.*

sournoisement [surnwazmɑ̃] adv. De façon sournoise : *Attaquer quelqu'un sournoisement* (syn. INSIDIEUSEMENT).

sournoiserie [surnwazri] n. f. Comportement sournois : *Enfant d'une sournoiserie inquiétante* (syn. DISSIMULATION).

1. sous- [su], préfixe indiquant : **1.** Celui qui est placé hiérarchiquement après un autre, qui occupe un poste inférieur à un autre (ce dernier est indiqué par le mot de base) : *sous-bibliothécaire, sous-directrice, sous-secrétaire, sous-lieutenant*, etc. — **2.** Ce qui est inférieur à la moyenne ou à la norme (insuffisant) : *sous-alimenter, sous-développé, sous-exposer, sous-emploi, sous-production.* — **3.** Ce qui est placé en dessous de qqch d'autre : *sous-maxillaire, sous-verre, sous-vêtement*, etc. — **4.** Ce qui est à un deuxième degré par rapport à qqn ou à qqch d'autre : *sous-locataire, sous-genre, sous-louer*, etc.

2. sous [su] prép. (lat. *subtus*, dessous). Indique : **1.** Position par rapport à ce qui est plus haut ou à ce qui enveloppe, qu'il y ait contact ou non : *Mettre un oreiller sous sa tête. S'asseoir sous un arbre. Se cacher sous les couvertures. Passer sous la fenêtre de quelqu'un. Mettre une lettre sous enveloppe. À cent mètres sous terre. Être sous clef* (= dans un endroit fermé à clef). *Vivre sous la tente.* — **2.** Temps («dans le temps de») : *Cela se passait sous Louis XIV, sous la Révolution. Elle reviendra sous peu, sous peu de temps, sous huitaine. Sous le pontificat de Paul VI.* — **3.** Cause («sous l'action de», «sous l'influence de») : *Une branche qui plie sous le poids des fruits. Être sous le coup d'une émotion. Être né sous une mauvaise étoile. Agir sous l'empire de la colère.* — **4.** Moyen : *Écrire sous un faux nom. Passer une chose sous silence* (= ne pas en parler). *Défense d'afficher, sous peine d'amende. Sous telle condition.* — **5.** Manière : *Sous ce rapport, elle lui est supérieure. Regarder un objet sous toutes ses faces.* — **6.** Subordination, dépendance de qqn : *Avoir des employés sous ses ordres. Se mettre sous la protection d'une personne.*

sous-alimentation [suzalimɑ̃tasjɔ̃] n. f. Fait d'être sous-alimenté : *La sous-alimentation permanente de quelques peuples d'Afrique.*

sous-alimenté, e [suzalimɑ̃te] adj. (pl. *sous-alimentés, es*). Qui souffre d'être insuffisamment alimenté.

sous-bois [subwa] n. m. inv. Végétation qui pousse sous les arbres d'une forêt; partie de la forêt où pousse cette végétation.

sous-chef [suʃɛf] n. m. (pl. *sous-chefs*). Personne qui vient immédiatement après le chef.

sous-classe [suklas] n. f. (pl. *sous-classes*). Subdivision d'une classe.

sous-consommation [sukɔ̃sɔmasjɔ̃] n. f. (pl. *sous-consommations*). Consommation inférieure à la moyenne ou aux besoins.

sous-couche [sukuʃ] n. f. (pl. *sous-couches*). Première couche de peinture.

souscripteur [suskriptœr] n. m. Qui souscrit.

souscription [suskripsjɔ̃] n. f. (lat. *suscriptio*). **1.** Engagement pris de fournir une somme pour contribuer à une dépense, à une entreprise : *Ouvrir une souscription.* — **2.** Somme fournie par les souscripteurs : *Les souscriptions sont reçues jusqu'au 31 décembre.*

souscrire [suskrir] v. t. ind. (lat. *sub*, sous, et *scribere*, écrire) [c. **71**]. **1.** *Souscrire à qqch (action)*, s'engager à fournir une certaine somme pour mener à bien une entreprise, pour couvrir les frais de qqch : *Souscrire à la construction d'un monument, d'une église.* — **2.** *Souscrire à un emprunt*, se porter acquéreur d'un certain nombre de parts. — **3.** *Souscrire à une publication*, prendre l'engagement d'acheter, moyennant un prix convenu, un ouvrage qui doit être publié. — **4.** *Souscrire à qqch*, y donner son adhésion : *Je souscris à votre proposition* (syn. ACQUIESCER, APPROUVER). *Souscrire à un arrangement* (syn. CONSENTIR).

sous-cutané, e [sukytane] adj. (pl. *sous-cutanés, es*). **1.** Situé sous la peau : *Tissu sous-cutané.* — **2.** Qui se fait sous la peau : *Une piqûre sous-cutanée.*

sous-développé, e [sudevlɔpe] adj. (pl. *sous-développés, es*). Dont le développement industriel, agricole, etc., est insuffisant : *Région sous-développée* (syn. SOUS-ÉQUIPÉ).

sous-développement [sudevlɔpmɑ̃] n. m. (pl. *sous-développements*). Fait d'être sous-développé : *Le sous-développement industriel d'une région.*

sous-diaconat [sudjakɔna] n. m. (pl. *sous-diaconats*). Fonction ou ordre du sous-diacre.

sous-diacre [sudjakr] n. m. (pl. *sous-diacres*). Celui qui, chez les catholiques, a reçu le premier des ordres sacrés.

sous-directeur, trice [sudirɛktœr] n. (pl. *sous-directeurs, trices*). Qui dirige en second.

sous-direction [sudirɛksjɔ̃] n. f. (pl. *sous-directions*). Direction en second.

sous-emploi [suzɑ̃plwa] n. m. (pl. *sous-emplois*). Emploi d'une partie seulement de la main-d'œuvre disponible.

sous-entendre [suzɑ̃tɑ̃dr] v. t. (c. **50**) *Sous-entendre qqch, que* (+ *ind.*), le faire comprendre sans le dire, ne pas exprimer franchement sa pensée (surtout pass.) : *Quand elle dit que je suis distrait, qu'est-ce qu'elle sous-entend par là? Cette clause est sous-entendue dans le contrat* (= n'est pas exprimée explicitement).

sous-entendu, e [suzɑ̃tɑ̃dy] adj. (pl. *sous-entendus, es*). Se dit d'un mot qui n'est pas exprimé, mais peut être rétabli facilement (ex. : *Je veux une bouteille de vin* [*pleine*]). ◆ ***sous-entendu*** n. m. Ce qu'on fait comprendre sans le dire; allusion.

sous-équipé, e [suzekipe] adj. (pl. *sous-équipés, es*). Dont l'équipement est insuffisant : *Une usine sous-équipée en matériel.*

sous-équipement [suzekipmɑ̃] n. m. (pl. *sous-équipements*). Fait d'être sous-équipé.

sous-estimation [suzɛstimasjɔ̃] n. f. (pl. *sous-estimations*). Action de sous-estimer : *La sous-estimation de l'adversaire.*

sous-estimer [suzɛstime] v. t. *Sous-estimer qqn, qqch*, l'estimer au-dessous de sa valeur : *Le haut commandement avait sous-estimé la capacité de résistance de l'ennemi* (syn. MIMINISER).

sous-évaluation [suzevalɥasjɔ̃] n. f. (pl. *sous-évaluations*). Action de sous-évaluer.

sous-évaluer [suzevalɥe] v. t. Évaluer au-dessous de sa valeur.

sous-exploitation [suzɛksplwatasjɔ̃] n. f. Action de sous-exploiter.

sous-exploiter [suzɛksplwate] v. t. Exploiter insuffisamment : *Mine sous-exploitée.*

sous-exposer [suzɛkspoze] v. t. (souvent pass.) Exposer insuffisamment : *Au tirage, on s'est aperçu que la photo était sous-exposée* (= trop claire, du fait que la lumière était trop faible quand on a pris la photo).

sous-exposition [suzɛkspɔzisjɔ̃] n. f. (pl. *sous-expositions*). Fait de sous-exposer.

sous-fifre [sufifr] n. m. (pl. *sous-fifres*). *Fam.* et *péjor.* Individu qui occupe, dans une société ou une administration, un emploi tout à fait secondaire.

sous-jacent, e [suʒasɑ̃] adj. (de *sous* et lat. *jacens,* qui est étendu) [pl. *sous-jacents, es*]. **1.** Se dit d'une chose placée au-dessous d'une autre : *Tissus sous-jacents.* — **2.** Qui existe sans se manifester clairement : *Une idée sous-jacente.*

sous-lieutenant [suljøtnɑ̃] n. m. (pl. *sous-lieutenants*). Premier grade dans la hiérarchie des officiers de l'armée de terre et de l'air. (Il a un galon.)

sous-locataire [sulɔkatɛr] n. (pl. *sous-locataires*). Personne qui sous-loue un local d'habitation.

sous-location [sulɔkasjɔ̃] n. f. (pl. *sous-locations*). Action de sous-louer.

sous-louer [sulwe] v. t. *Sous-louer un local (à qqn),* le lui louer, alors qu'on en est soi-même locataire : *Sous-louer une chambre de son appartement.*

sous-main [sumɛ̃] n. m. inv. **1.** Accessoire de bureau en forme de grand rectangle recouvert généralement de buvard, qui sert d'appui à la feuille de papier sur laquelle on écrit; sorte de grand portefeuille plat servant au même usage, à l'intérieur duquel on peut ranger des papiers. — **2.** *En sous-main,* en cachette : *Il cherchait à lui nuire en sous-main* (syn. CLANDESTINEMENT, SECRÈTEMENT).

1. sous-marin, e [sumarɛ̃] adj. (pl. *sous-marins, es*). Qui s'effectue sous la mer : *Pêche sous-marine.*

2. sous-marin [sumarɛ̃] n. m. (pl. *sous-marins*). Bâtiment de guerre capable de naviguer en plongée et en surface.

sous-marinier [sumarinje] n. m. (pl. *sous-mariniers*). Membre de l'équipage d'un sous-marin.

sous-multiple [sumyltipl] n. m. (pl. *sous-multiples*). Nombre qui est contenu un nombre exact de fois dans un autre : *3 est un sous-multiple de 9.*

sous-œuvre [suzœvr] n. m. (pl. *sous-œuvres*). **1.** Fondement d'une construction. — **2.** *En sous-œuvre,* par-dessous.

sous-officier [suzɔfisje] n. m. (pl. *sous-officiers*). Militaire des armées de terre et de l'air pourvu d'un grade qui en fait l'auxiliaire d'un officier dans l'exercice du commandement.

sous-ordre [suzɔrdr] n. m. (pl. *sous-ordres*). **1.** Personne qui est sous les ordres d'une autre. — **2.** *En sous-ordre,* au second rang, en tant que subordonné : *Travailler en sous-ordre.*

sous-payer [supɛje] v. t. (c. **4**) Payer en dessous du taux légal (de salaire).

sous-peuplé, e [supœple] adj. (pl. *sous-peuplés, es*). Peuplé insuffisamment.

sous-peuplement [supœpləmɑ̃] n. m. (pl. *sous-peuplements*). Fait d'être sous-peuplé.

sous-préfecture [suprefɛktyr] n. f. (pl. *sous-préfectures*). Subdivision de préfecture, administrée par un sous-préfet.

sous-préfet [suprefɛ] n. m. (pl. *sous-préfets*). Fonctionnaire chargé de l'administration d'un arrondissement, subdivision du département.

sous-production [suprɔdyksjɔ̃] n. f. (pl. *sous-productions*). Production inférieure aux besoins des consommateurs.

sous-produit [suprɔdɥi] n. m. (pl. *sous-produits*). Produit dérivé d'un autre produit : *La paraffine est un des nombreux sous-produits du pétrole.*

sous-prolétariat [suprɔletarja] n. m. (pl. *sous-prolétariats*). Partie du prolétariat la plus mal rémunérée.

sous-secrétaire [susəkretɛr] n. (pl. *sous-secrétaires*). *Sous-secrétaire d'État,* membre d'un gouvernement, adjoint à un secrétaire d'État.

soussigné, e [susiɲe] adj. et n. Qui a mis sa signature au bas d'un acte. (Seulement dans : *Les témoins soussignés, je soussigné, je soussignée déclare... Le soussigné, la soussignée.*)

sous-sol [susɔl] n. m. (pl. *sous-sols*). **1.** Couche du sol qui se trouve au-dessous de la terre arable. — **2.** Partie d'une construction située au-dessous du rez-de-chaussée.

sous-tendre [sutɑ̃dr] v. t. (c. **50**). **1.** Joindre les extrémités d'un arc de courbe (math.) : *Corde qui sous-tend un arc de cercle.* — **2.** *Sous-tendre qqch,* être à la base de qqch ou le supposer implicitement : *Les principes qui sous-tendent une théorie.*

sous-tension [sutɑ̃sjɔ̃] n. f. (pl. *sous-tensions*). Tension électrique inférieure à la normale.

sous-titrage [sutitraʒ] n. m. (pl. *sous-titrages*). Action de sous-titrer : *Le sous-titrage d'un film.*

sous-titre [sutitr] n. m. (pl. *sous-titres*). **1.** Titre placé après le titre principal d'un livre et destiné à le compléter. — **2.** Traduction des paroles d'un film en version orginale, surimposée et placée au bas de l'image.

sous-titrer [sutitre] v. t. Mettre des sous-titres : *Sous-titrer un article de presse. Sous-titrer un film. Un film en version originale sous-titrée.*

soustraction [sustraksjɔ̃] n. f. **1.** Action de soustraire : *Une soustraction de documents.* — **2.** Opération par laquelle on retranche un nombre d'un autre de même espèce (contr. ADDITION) : *Le signe de la soustraction est «moins»* (−).

soustraire [sustrɛr] v. t. (lat. *subtrahere,* retirer) [c. **79**]. **1.** *Soustraire qqch de qqch* ou *à qqn,* l'enlever par ruse, par tromperie : *Soustraire les pièces d'un dossier* (syn. DÉROBER, DÉTOURNER). *Soustraire de l'argent à quelqu'un* (syn. ESCROQUER, VOLER). — **2.** *Soustraire qqn à qqch,* le faire échapper à qqch : *Rien ne peut vous soustraire à sa vengeance. Soustraire quelqu'un au danger* (syn. PROTÉGER [DE]). — **3.** Faire une soustraction : *Soustraire 20 de 80* (syn. RETRANCHER). ◆ ***se soustraire*** v. pr. (sujet qqn) *Se soustraire à qqch,* l'éviter habilement ou frauduleusement : *Se soustraire à la puissance paternelle* (syn. ÉCHAPPER). *Se soustraire à une obligation, à un devoir* (syn. ESQUIVER).

sous-traitance [sutrɛtɑ̃s] n. f. (pl. *sous-traitances*). Fait de sous-traiter.

sous-traitant, e [sutrɛtɑ̃] n. et adj. (pl. *sous-traitants, es*). Qui sous-traite.

sous-traiter [sutrɛte] v. t. Prendre en charge tout ou partie d'un marché conclu par un entrepreneur principal.

sous-ventrière [suvɑ̃trijɛr] n. f. (pl. *sous-ventrières*). Courroie attachée aux deux limons d'une charrette et passant sous le ventre du cheval qui y est attelé.

sous-verre [suvɛr] n. m. (pl. *sous-verres*). Encadrement formé d'une plaque de verre et d'un carton, entre lesquels on place une gravure ou une photographie.

sous-vêtement [suvɛtmɑ̃] n. m. (pl. *sous-vêtements*). Pièce de lingerie ou de bonneterie portée sous les vêtements : *Des sous-vêtements en coton, en Nylon* (= linge de corps). [→ SURVÊTEMENT.]

soutane [sutan] n. f. (it. *sottana*). Robe boutonnée par-devant, que portaient les ecclésiastiques.

soute [sut] n. f. (anc. prov. *sota*). Partie d'un bateau servant à contenir le matériel, les munitions, les vivres; réduit aménagé dans le fuselage des avions pour y entreposer les bagages.

soutenable [sutnabl] adj. Qu'on peut soutenir : *Cette opinion n'est pas soutenable.*

soutenance [sutnɑ̃s] n. f. Action de soutenir une thèse : *Assister à une soutenance.*

soutènement [sutɛnmɑ̃] n. m. *Mur de soutènement,* destiné à contenir la poussée des terres ou des eaux.

souteneur [sutnœr] n. m. Individu vivant aux dépens d'une prostituée qu'il prétend protéger.

soutenir [sutnir] v. t. (lat. *sustinere*) [c. 22]. **1.** (sujet qqn, qqch) *Soutenir qqch (concret),* le tenir par-dessous en supportant une partie de son poids : *Aidez-nous à soutenir ce tableau pour l'accrocher au mur* (syn. MAINTENIR). *Des colonnes qui soutiennent une voûte* (syn. SUPPORTER). *Mettre un pilier pour soutenir une poutre qui commence à fléchir* (syn. ÉTAYER); le maintenir en place en recevant sur le côté une partie de la poussée : *Construire un mur pour soutenir des terres, un remblai. Des contreforts qui soutiennent une muraille* (syn. CONSOLIDER). *Un arbre soutenu par un tuteur.* — **2.** *Soutenir qqn,* lui procurer un appui pour l'empêcher de tomber (sujet qqn, qqch) : *Soutenir un malade, un blessé. Ses béquilles la soutiennent;* l'empêcher de défaillir, lui redonner des forces (sujet qqch) : *Prenez un peu de nourriture, cela vous soutiendra* (syn. RÉCONFORTER, REMONTER). *Faire une piqûre pour soutenir le cœur.* — **3.** *Soutenir qqn,* lui apporter de l'aide, du secours, du réconfort : *Ses amis l'ont bien soutenue dans cette épreuve* (syn. ASSISTER). *Vos encouragements nous ont soutenus dans cette entreprise. Soutenir un gouvernement* (syn. APPUYER). *Soutenir un candidat aux élections* (syn. FAVORISER). *Soutenir une famille, une entreprise, une affaire* (= lui fournir de l'argent, des capitaux). — **4.** *Soutenir une formation militaire,* lui apporter l'appui de forces armées : *L'infanterie est soutenue par les tirs de l'artillerie.* — **5.** *Soutenir qqn (contre qqn d'autre),* prendre son parti, le défendre : *Une mère qui soutient ses enfants contre leur père.* — **6.** *Soutenir une action,* résister sans fléchir à une attaque : *Soutenir l'assaut des ennemis. Soutenir le combat, le choc d'une armée.* — **7.** *Soutenir l'attention, l'intérêt de qqn,* ne pas les laisser languir. ‖ *Soutenir la comparaison avec qqn, avec qqch,* s'en montrer l'égal. ‖ *Soutenir la conversation,* l'animer, l'entretenir. ‖ *Soutenir le regard de qqn,* le regarder sans baisser les yeux. ‖ *Soutenir son rang, sa réputation,* vivre, agir de façon conforme à son rang, à sa réputation. — **8.** *Soutenir qqch (opinion), que* (+ *ind.*), affirmer avec force que qqch est vrai : *Il soutient toujours le contraire de ce que vous dites. Elle soutient qu'elle ne fait jamais de fautes d'orthographe* (syn. ASSURER, PRÉTENDRE). — **9.** *Soutenir une thèse de doctorat,* l'exposer et répondre aux questions d'un jury de professeurs. ◆ ***se soutenir*** v. pr. **1.** (sujet être vivant) Se tenir debout, se tenir droit : *Elle est si faible qu'elle se soutient difficilement sur ses jambes. La tige de cette plante n'a pas besoin de tuteur, elle se soutient d'elle-même.* — **2.** Se maintenir en position d'équilibre : *Les oiseaux se soutiennent en l'air au moyen de leurs ailes. Les nageurs se soutiennent dans l'eau par les mouvements de leurs bras et de leurs jambes.* — **3.** (sujet qqn [pl.]) Se prêter une mutuelle assistance : *Les membres de cette famille sont très unis, ils se soutiennent les uns les autres.* — **4.** (sujet qqch) Être défendu : *Un pareil point de vue ne peut se soutenir.* — **5.** (sujet qqch) Se maintenir, ne pas diminuer : *L'intérêt d'un bon roman se soutient jusqu'à la fin.*

soutenu, e [sutny] adj. **1.** Qui ne se relâche pas : *Attention soutenue* (syn. CONSTANT). *Travail soutenu* (syn. ASSIDU). *Efforts soutenus.* — **2.** *Couleur soutenue,* d'un ton assez intense. ‖ *Style soutenu, langue soutenue,* qui appartient à une langue écrite surveillée (contr. FAMILIER).

1. souterrain, e [sutɛrɛ̃] adj. **1.** Qui est sous terre : *Passage, abri souterrain* (contr. AÉRIEN). *Galerie souterraine.* — **2.** Qui se fait sous terre : *Explosion souterraine.* — **3.** Qui se trame dans l'ombre : *Menées souterraines.*

2. souterrain [sutɛrɛ̃] n. m. Passage creusé sous la terre : *Visiter les souterrains d'un château.*

soutien [sutjɛ̃] n. m. **1.** Ce qui sert à soutenir, à rapporter : *Ce pilier est le soutien de toute la salle* (syn. SUPPORT). — **2.** Qui aide, défend, protège : *Cette mère n'a d'autre soutien que sa fille. Ce parti est le principal soutien du gouvernement. Se faire le soutien d'une cause* (syn. CHAMPION, DÉFENSEUR). *Accorder son soutien à une juste revendication* (syn. APPUI, AIDE). *Soutien de famille* (= personne qui assure, grâce à son activité, la subsistance de sa famille).

soutien-gorge [sutjɛ̃gɔrʒ] n. m. (pl. *soutiens-gorge*). Sous-vêtement féminin servant à maintenir la poitrine.

soutier [sutje] n. m. Matelot chargé d'alimenter la chaufferie en charbon.

soutirage [sutiraʒ] n. m. Action de soutirer du vin, du cidre : *Le soutirage clarifie le vin.*

soutirer [sutire] v. t. (de *sous* et *tirer*). **1.** *Soutirer du vin, du cidre,* etc., les transvaser d'un récipient dans un autre, de façon que la lie reste dans le premier. — **2.** *Soutirer qqch à qqn,* l'obtenir de lui par une adroite insistance, par ruse, par chantage : *Soutirer de l'argent à ses parents* (syn. ↑ EXTORQUER).

1. souvenir (se) [suvnir] v. pr. (lat. *subvenire,* venir à l'esprit) [c. 22] *Se souvenir de qqn, de qqch, que* (+ *ind.*), de (+ *inf.*), avoir dans l'esprit l'image qu'on garde de qqn; évoquer le passé, se remettre qqch en mémoire : *Après sa mort, on se souviendra longtemps de lui* (= on pensera à lui). *Elle n'arrivait pas à se souvenir de vous* (syn. RECONNAÎTRE, REMETTRE). *Souvenez-vous de vos promesses* (syn. SE RAPPELER). *Elle m'a rendu un grand service, je m'en souviendrai toute ma vie. Je ne me souviens pas qui m'a raconté cette histoire* (syn. SE REMÉMORER). *Il ne se souvient pas de vous avoir dit cela* (ou *qu'il vous ait dit cela*). ‖ *Il s'en souviendra* (= il s'en repentira).

2. souvenir [suvnir] n. m. **1.** Retour à l'esprit d'un fait rapporté à un moment déterminé du passé : *Un souvenir vague, confus* (syn. RÉMINISCENCE). *Raconter des souvenirs d'enfance. Évoquer le souvenir de quelqu'un* (= l'image qu'on garde de lui). *Ce n'est plus qu'un mauvais souvenir* (= se dit d'une chose désagréable qu'on a cessé de subir). ‖ *Veuillez me rappeler au bon souvenir de,* formule de politesse par laquelle on prie un intermédiaire de transmettre à qqn le témoignage de sa sympathie, de son respect. — **2.** Ce qui rappelle la mémoire de qqn, d'un événement : *Acceptez ce bijou comme souvenir de votre amie. Ses blessures sont des souvenirs de sa chute en montagne.* — **3.** Objet donné ou reçu pour rappeler la mémoire de qqn; objet rappelant une localité, une région, vendu aux touristes : *Nos amis nous ont rapporté des souvenirs de leur voyage en Grèce.*

souvent [suvɑ̃] adv. (lat. *subinde,* aussitôt). Plusieurs fois en peu de temps, de façon répétée : *Ils sortent souvent ensemble* (syn. FRÉQUEMMENT). *On se trompe* *souvent en jugeant sur les apparences. Le plus souvent, elle n'est pas à la maison* (= la plupart du temps).

1. souverain, e [suvrɛ̃] adj. (du lat. *super,* au-dessus). **1.** (avant ou après le n.) Qui atteint le plus haut degré : *Le souverain bien* (syn. SUPRÊME). *Habileté souveraine* (syn. MAGISTRAL). *Souverain mépris* (péjor.; syn. EXTRÊME). — **2.** Qui se montre supérieur à tout : *Remède souverain* (syn. ↓EFFICACE). — **3.** Qui exerce un pouvoir suprême, sans contrôle : *Dans les démocraties, le peuple est souverain.* — **4.** *État souverain,* dont le gouvernement n'est pas soumis au contrôle ou à la tutelle d'un autre gouvernement.

2. souverain, e [suvrɛ̃] n. Personne qui, dans un État, exerce le pouvoir suprême : *Le souverain d'une nation* (syn. MONARQUE, ROI). *L'ambassadeur a reçu des ordres de sa souveraine.*

souverainement [suvrɛnmɑ̃] adv. **1.** Au plus haut point : *Une personne souverainement intelligente* (syn. EXTRÊMEMENT). *Décision souverainement injuste.* — **2.** Avec un pouvoir souverain, sans appel : *Décider souverainement.*

souveraineté [suvrɛnte] n. f. Autorité suprême; qualité du pouvoir d'un État qui n'est soumis au contrôle d'aucun autre État : *La souveraineté populaire, nationale. La souveraineté territoriale.*

soviet [sɔvjɛt] n. m. (mot russe signif. *conseil*). **1.** *Soviet suprême,* organe principal de l'État soviétique, composé de deux assemblées élues (Soviet de l'Union et Soviet des nationalités). — **2.** Comité révolutionnaire.

soviétique [sɔvjetik] adj. et n. De l'U. R. S. S. : *Le gouvernement soviétique.*

soyeux, euse [swajø] adj. **1.** De la nature de la soie; qui contient de la soie : *Une étoffe soyeuse.* — **2.** Qui a l'apparence de la soie : *Reflets soyeux;* fin et doux au toucher comme de la soie : *Cheveux fins et soyeux.* ◆ ***soyeux*** n. m. *Fam.* Fabricant ou négociant en soierie.

spacieusement [spasjøzmɑ̃] adv. De façon spacieuse : *Être logé spacieusement* (contr. À L'ÉTROIT).

spacieux, euse [spasjø] adj. (du lat. *spatium,* espace). Qui a une grande étendue : *Un appartement spacieux* (syn. GRAND, VASTE).

spaghetti [spagɛti] n. m. (mot it.). Pâte alimentaire de semoule de blé dur, présentée sous forme de longs bâtonnets pleins.

sparadrap [sparadra] n. m. (peut-être du lat. *spargere,* étendre, et *drap*). Tissu adhésif commercialisé sous forme de ruban, servant à maintenir en place de petits pansements.

spartiate [sparsjat] n. f. Sandale à lanières.

spasme [spasm] n. m. (gr. *spasmos*). Contraction brusque et involontaire des muscles : *Avoir des spasmes de l'estomac.*

spasmodique [spasmɔdik] adj. Provoqué par le spasme : *Rire spasmodique* (syn. CONVULSIF).

spasmodiquement [spasmɔdikmɑ̃] adv. De façon spasmodique.

spatial, e, aux [spasjal] adj. (du lat. *spatium,* espace). **1.** Relatif à l'espace interplanétaire : *Engin spatial. Recherches spatiales.* — **2.** Relatif à l'espace, à l'étendue (scientif.) : *Les données spatiales.*

spatialement [spasjalmɑ̃] adv. Sur le plan spatial.

spatule [spatyl] n. f. (lat. *spatula*). **1.** Instrument de métal, de bois, etc., en forme de petite pelle aplatie : *Une spatule sert à manipuler ou à étaler les corps gras ou pâteux, en cuisine, en peinture.* — **2.** Partie antérieure et recourbée d'un ski.

speaker [spikœr], **speakerine** [spikrin] n. (mot angl.). Personne qui annonce les programmes, les nouvelles, à la radio et à la télévision (syn. ANNONCEUR, PRÉSENTATEUR).

spécial, e, aux [spesjal] adj. (lat. *specialis,* de *species,* espèce). **1.** Affecté à qqn, approprié à un objet, à un but : *Le chef de l'État est parti par un train spécial. Il faut une autorisation spéciale pour visiter cette usine. Pour occuper cet emploi, elle a fait des études spéciales* (syn. PARTICULIER). — **2.** Qui constitue une exception : *Cas spécial* (= cas d'espèce). *Faveur spéciale* (syn. ↑EXTRAORDINAIRE). *Le gouvernement a demandé des pouvoirs spéciaux. Avoir des mœurs spéciales* (= contre nature). *C'est un peu spécial* (syn. BIZARRE).

spécialement [spesjalmɑ̃] adv. De façon spéciale : *Ils sont venus spécialement pour vous voir* (syn. EXPRÈS). *Elle s'intéresse spécialement à la géologie* (syn. PARTICULIÈREMENT). *«Aimez-vous les gâteaux? — Pas spécialement»* (= pas tellement).

spécialisation [spesjalizasjɔ̃] n. f. Action de spécialiser, de se spécialiser : *La recherche scientifique moderne exige la spécialisation.*

spécialisé, e [spesjalize] adj. Limité à une spécialité, affecté à un travail déterminé : *Juriste spécialisée dans le droit international. Industrie spécialisée dans la fabrication des instruments d'optique. Ouvrier spécialisé* (= qui effectue un travail nécessitant une pratique du métier, sans exiger un véritable apprentissage).

spécialiser [spesjalize] v. t. *Spécialiser qqn,* le rendre apte à une science, à une technique particulière, à un travail déterminé. ◆ ***se spécialiser*** v. pr. Se consacrer à une branche de connaissance, à une production, à un travail déterminé.

spécialiste [spesjalist] n. **1.** Personne qui a des connaissances théoriques ou pratiques dans un domaine précis : *Une spécialiste de la physique nucléaire. Faire venir un spécialiste pour réparer un poste de télévision.* — **2.** Médecin qui consacre son activité à une branche particulière de la médecine. — **3.** Personne qui fait ou qui subit habituellement qqch : *Un spécialiste de la fraude fiscale.*

spécialité [spesjalite] n. f. **1.** Activité à laquelle on se consacre particulièrement; ensemble de connaissances approfondies dans un domaine déterminé : *Elle a fait de la chimie sa spécialité. Un savant qui se cantonne dans sa spécialité.* — **2.** Produit qu'on ne trouve que sous telle marque, dans telle maison; mets originaire d'une région ou qu'on y consomme particulièrement : *Le cassoulet est une spécialité toulousaine. Spécialité pharmaceutique* (= médicament conditionné portant une marque de fabrique). — **3.** *Fam.* Manie propre à qqn et qui est agaçante : *Il ne peut vous laisser parler, il a la spécialité de vous interrompre à tout instant.*

spécieux, euse [spesjø] adj. (lat. *speciosus,* de *species,* aspect). Qui n'a que l'apparence de la vérité, et qui est en réalité sans valeur (soutenu) : *Un argument spécieux* (syn. FALLACIEUX).

spécification [spesifikasjɔ̃] n. f. Action de spécifier : *Sans spécification d'heure ou de lieu* (syn. PRÉCISION).

spécificité [spesifisite] n. f. Caractère spécifique : *Spécificité d'un médicament.*

spécifier [spesifje] v. t. (bas lat. *specificare,* distinguer). *Spécifier qqch (à qqn),* le déterminer, l'exprimer de façon précise : *Veuillez spécifier le numéro du département sur votre enveloppe* (syn. MENTIONNER, INDIQUER). *Elle lui a spécifié les raisons de son absence* (syn. PRÉCISER).

spécifique [spesifik] adj. (du lat. *species,* espèce). Propre à une espèce, à qqch, à l'exclusion de toute autre chose : *Les qualités spécifiques du bœuf, du* *mouton. Poids spécifique d'un corps. Odeur spécifique* (syn. CARACTÉRISTIQUE).

spécifiquement [spesifikmɑ̃] adv. De façon spécifique.

spécimen [spesimɛn] n. m. (mot lat. signif. *échantillon*). **1.** Être ou objet qui donne une idée de l'espèce, de la catégorie dont il fait partie : *Ce cheval est un spécimen de la race normande. Cette maison est un spécimen de l'architecture de la Renaissance* (syn. MODÈLE). — **2.** Partie d'un ouvrage, exemplaire d'un livre, d'une revue offerts gratuitement : *Des spécimens destinés à la publicité.*

spectacle [spɛktakl] n. m. (lat. *spectaculum,* vue). **1.** Ce qui se présente au regard et qui est capable d'éveiller un sentiment : *Un spectacle magnifique, affreux, horrible* (syn. TABLEAU). *Le quartier bombardé offrait un spectacle de désolation. À ce spectacle je faillis m'évanouir* (= à cette vue). — **2.** Représentation théâtrale, cinématographique, lyrique, etc. : *Spectacle donné en matinée, en soirée. Aller souvent au spectacle. Revue à grand spectacle* (= à grande mise en scène). — **3.** Ensemble des activités du théâtre, du cinéma, du music-hall, etc. : *Le monde, l'industrie du spectacle.* — **4.** *Se donner, s'offrir en spectacle,* se montrer en public avec ostentation (syn. ↓S'AFFICHER).

spectaculaire [spɛktakylɛr] adj. Se dit d'un événement qui provoque une impression d'intérêt, de surprise, qui frappe l'imagination : *Un match, un défilé spectaculaire. Accident spectaculaire* (syn. IMPRESSIONNANT). *Résultats spectaculaires* (syn. SENSATIONNEL).

spectateur, trice [spɛktatœr] n. **1.** Témoin d'un événement, d'une action quelconque : *Être le spectateur d'un drame de la rue.* — **2.** Personne qui assiste à un spectacle artistique : *Obtenir les applaudissements des spectateurs* (syn. ASSISTANT). *Un film qui a plu aux spectateurs.*

spectral, e, aux [spɛktral] adj. *Litt.* Relatif à un spectre, à un fantôme : *Pâleur spectrale.*

spectre [spɛktr] n. m. (lat. *spectrum*).
— **I. 1.** Apparition fantastique et effrayante d'un mort : *Elle dit avoir vu un spectre* (syn. FANTÔME, REVENANT). — **2.** Personne maigre et hâve : *Une mine de spectre. Cet homme a l'air d'un spectre.* — **3.** *Le spectre de qqch,* ce qui épouvante, menace : *Le spectre de la famine, de la guerre.*
— **II.** Ensemble des rayons colorés résultant de la décomposition de la lumière par un prisme : *Le spectre solaire comprend les couleurs de l'arc-en-ciel.*

spéculateur, trice [spekylatœr] n. Qui spécule : *Des spéculateurs en Bourse.*

spéculatif, ive [spekylatif] adj. **1.** Qui s'attache à la théorie sans se préoccuper de la pratique : *Un esprit spéculatif.* — **2.** Qui relève de la spéculation, de combinaisons financières : *Manœuvres spéculatives.*

spéculation [spekylasjɔ̃] n. f. **1.** Construction de l'esprit abstraite, arbitraire et invérifiable : *Avoir le goût de la spéculation.* — **2.** Action de spéculer : *Se livrer à des spéculations hasardeuses.*

spéculer [spekyle] v. t. ind. (lat. *speculari,* observer). **1.** *Spéculer (sur qqch),* faire des combinaisons, des opérations financières ou commerciales dont on espère tirer un bénéfice du seul fait de la variation des cours ou des prix : *Spéculer à la Bourse* (syn. fam. ↓BOURSICOTER). *Spéculer sur les valeurs boursières, sur les appartements, sur les terrains à construire.* — **2.** *Spéculer sur qqch (abstrait),* compter dessus pour en tirer un avantage : *Spéculer sur la bêtise humaine, sur la faiblesse, la naïveté d'un concurrent* (syn. TABLER SUR).

spéléologie [speleɔlɔʒi] n. f. (gr. *spêlaion,* caverne, et *logos,* science). Science et sport qui ont pour objet l'exploration et l'étude des cavités naturelles du sol (gouffres, grottes, cavernes). [Abrév. fam. SPÉLÉO.]

spéléologue [speleɔlɔg] n. Spécialiste de spéléologie.

spermatozoïde [spɛrmatɔzɔid] n. m. Gamète mâle de l'homme et des animaux qui peut féconder l'ovule féminin.

sperme [spɛrm] n. m. (gr. *sperma,* semence). Liquide émis par les glandes reproductrices mâles et contenant les spermatozoïdes.

sphère [sfɛr] n. f. (gr. *sphaira,* boule). **1.** Corps solide limité par une surface courbe dont tous les points sont à une égale distance d'un point intérieur appelé *centre* : *La Terre a la forme d'une sphère aplatie aux deux pôles.* — **2.** Domaine dans lequel s'exerce l'action, l'autorité de qqn : *Étendre, agrandir sa sphère d'activité. Chacun peut, dans sa sphère, contribuer au bien public* (syn. MILIEU). *La sphère d'influence d'un pays. Les hautes sphères de la politique, de la finance* (= les milieux dirigeants). *La sphère des connaissances humaines* (= l'ensemble des connaissances que les hommes possèdent).

sphérique [sferik] adj. Qui a la forme d'une sphère : *Un ballon sphérique.*

sphincter [sfɛ̃ktɛr] n. m. (du gr. *sphingein,* serrer). Muscle circulaire servant à fermer certaines ouvertures naturelles.

sphinx [sfɛ̃ks] n. m. (mot lat.; du gr.). Monstre fabuleux à corps de lion et à tête humaine.

spinnaker [spinekœr] n. m. (mot angl.). Foc de grande surface, léger et très creux, utilisé dans la marche au vent arrière.

spirale [spiral] n. f. (de *spire*). **1.** Courbe qui tourne autour d'un axe; suite de circonvolutions : *Les spirales d'un tire-bouchon.* — **2.** *En spirale,* qui fait un mouvement d'enroulement autour d'un axe : *Escalier en spirale* (syn. EN HÉLICE). *La fumée monte en spirale* (syn. EN VOLUTES).

spire [spir] n. f. (gr. *speira,* enroulement). Tour d'une spirale : *Les spires d'une colonne.*

spirite [spirit] n. (de l'angl. *spirit-rapper,* esprit frappeur). Personne qui prétend communiquer avec les esprits par l'intermédiaire d'un médium.

spiritisme [spiritism] n. m. Science occulte qui a pour objet de provoquer la manifestation d'êtres immatériels (ou esprits), en partic. celle des âmes des personnes défuntes, et de faire entrer en communication avec eux.

spiritualiser [spiritɥalize] v. t. Dégager des sens, de la matière, donner un caractère spirituel : *Spiritualiser l'amour* (syn. IDÉALISER, SUBLIMER).

spiritualisme [spiritɥalism] n. m. Doctrine philosophique qui admet l'existence de l'âme comme une réalité indépendante (contr. MATÉRIALISME).

spiritualiste [spiritɥalist] adj. et n. Qui appartient au spiritualisme.

spiritualité [spiritɥalite] n. f. Caractère de ce qui est dégagé de la matière : *La spiritualité de l'âme.*

spirituel, elle [spiritɥɛl] adj. (du lat. *spiritus,* esprit). **1.** Relatif à l'âme, au domaine moral : *Vie spirituelle* (= vie religieuse). *Exercices spirituels* (= pratiques de dévotion). *Les biens spirituels* (contr. MATÉRIELS). — **2.** Relatif à la religion, à l'Église : *Le pouvoir spirituel du pape* (contr. TEMPOREL). *Concert spirituel* (= concert de musique religieuse). — **3.** Qui manifeste de la vivacité d'esprit, une grande ingéniosité dans le maniement des idées et des mots : *Une repartie, une physionomie spirituelle* (contr. SOT, STUPIDE).

spirituellement [spiritɥɛlmɑ̃] adv. De façon spirituelle, humoristique : *Répondre spirituellement.*

spiritueux [spiritɥø] n. m. (du lat. *spiritus,* alcool). Liquide qui contient une forte quantité d'alcool (techn.).

spleen [splin] n. m. (mot angl. signif. *rate*). *Litt.* Mélancolie passagère d'une personne blasée de tout.

splendeur [splɑ̃dœr] n. f. (lat. *splendor*). **1.** *Litt.* Grand éclat d'honneur, de gloire, de beauté : *Ce pays a retrouvé son ancienne splendeur. Du temps de sa splendeur, cette actrice était très entourée* (syn. MAGNIFICENCE). *La splendeur d'un paysage.* — **2.** Chose magnifique : *On ne se lasse pas d'admirer les splendeurs de l'art grec. Ce diadème est une splendeur.*

splendide [splɑ̃did] adj. **1.** Qui brille d'un vif éclat : *Soleil splendide. Journée, temps splendide* (syn. MAGNIFIQUE). — **2.** Qui provoque l'admiration par sa grande beauté : *Un paysage splendide* (syn. MERVEILLEUX, SUPERBE; contr. AFFREUX).

splendidement [splɑ̃didmɑ̃] adv. De façon splendide : *Maison splendidement décorée* (syn. MAGNIFIQUEMENT).

spoliateur, trice [spɔljatœr] n. Qui spolie.

spoliation [spɔljasjɔ̃] n. f. Action de spolier.

spolier [spɔlje] v. t. (lat. *spoliare,* dépouiller). *Spolier qqn (de qqch),* le déposséder par la force ou par la ruse (soutenu) : *Spolier un orphelin d'un héritage* (syn. FRUSTRER).

spongieux, euse [spɔ̃ʒjø] adj. (du lat. *spongia,* éponge). **1.** Qui est de structure poreuse : *Le poumon est une masse spongieuse.* — **2.** Qui s'imbibe de liquide comme une éponge : *Un sol spongieux.*

sponsor [spɔ̃sɔr] n. m. (mot angl.). Commanditaire finançant une compétition, un programme de télévision, etc.

sponsoriser [spɔ̃sɔrize] v. t. Accorder un appui financier à des fins publicitaires.

spontané, e [spɔ̃tane] adj. (du lat. *sponte,* de son plein gré). **1.** Qu'on fait de soi-même, sans y être poussé ni forcé : *Mouvement, geste spontané* (syn. VOLONTAIRE; contr. DICTÉ, IMPOSÉ). — **2.** Qui agit sans calcul, sans arrière-pensée, sous l'impulsion de ses premiers sentiments : *Personne spontanée* (syn. IMPULSIF, FRANC, SINCÈRE). *Caractère spontané* (syn. PRIMESAUTIER; contr. CALCULATEUR).

spontanéité [spɔ̃taneite] n. f. Caractère spontané : *La spontanéité d'une réponse* (syn. NATUREL; contr. CALCUL).

spontanément [spɔ̃tanemɑ̃] adv. De façon spontanée : *Porter secours spontanément à des accidentés. Agir spontanément* (syn. LIBREMENT, VOLONTAIREMENT).

sporadique [spɔradik] adj. (gr. *sporadikos,* dispersé). Qui existe, qui se présente çà et là, de temps en temps, isolément : *Des mouvements sporadiques de grève* (syn. ISOLÉ; contr. CONCERTÉ, CONSTANT). *Résistance sporadique.*

sporadiquement [spɔradikmɑ̃] adv. De façon sporadique : *Volonté qui se manifeste sporadiquement.*

spore [spɔr] n. f. (gr. *spora,* semence). Organe reproducteur des végétaux : *Un grain de pollen est une spore mâle.*

sport [spɔr] n. m. (mot angl.; de l'anc. fr. *desport,* jeu). **1.** Activité physique pratiquée sous forme de jeux individuels ou collectifs, en observant certaines règles : *Faire du sport. Pratiquer plusieurs sports. Sports d'équipe, de combat. Sports individuels. Sports nautiques* (= la natation, le ski, la planche à voile, etc.). — **2.** Fam. *C'est du sport,* c'est un exercice difficile. || *(De) sport,* se dit d'un vêtement, de chaussures dont les formes se rapprochent de l'habillement conçu pour le sport : *Un manteau, un costume (de) sport;* se dit de ce qui convient à une activité sportive : *Voiture de sport* (= dont la conception est proche de celle des voitures de course). || *Sports d'hiver,* sports de neige (ski, luge) ou de glace (patinage, hockey); vacances d'hiver en montagne, ne nécessitant pas obligatoirement la pratique de ces sports. ◆ adj. inv. Se dit de qqn de loyal : *Elle a été très sport dans cette affaire* (syn. FAIR PLAY).

sportif, ive [spɔrtif] adj. Relatif au sport : *Journal sportif. Association sportive. Esprit sportif. Attitude sportive* (= conforme à l'esprit du sport). ◆ n. Personne qui pratique régulièrement un sport, des sports.

sportivement [spɔrtivmɑ̃] adv. De façon sportive : *Reconnaître sportivement sa défaite* (syn. LOYALEMENT).

sportivité [spɔrtivite] n. f. Caractère loyal dans le jeu.

spot [spɔt] n. m. (mot angl. signif. *tache*). **1.** Petit projecteur utilisé dans un théâtre, un appartement pour l'éclairage indirect. — **2.** Film publicitaire de courte durée. (On dit aussi MESSAGE PUBLICITAIRE.)

sprint [sprint] n. m. (mot angl.). **1.** Suprême effort d'accélération du coureur à l'approche du but : *Se faire battre au sprint.* — **2.** Épreuve de vitesse sur une courte distance.

1. sprinter [sprinte] v. i. Accélérer l'allure à la fin d'une course.

2. sprinter [sprintœr] n. m. Coureur de vitesse.

squale [skwal] n. m. (lat. *squalus*). Syn. de REQUIN.

squame [skwam] n. m. (lat. *squama,* écaille). Lamelle qui se détache de la peau.

square [skwar] n. m. (mot angl. signif. *carré*). Petit jardin public entouré généralement d'une grille.

squatter [skwatɛr] n. (mot angl.). Personne sans abri qui, de sa propre autorité, s'installe dans un logement inoccupé.

squatteriser [skwaterize] ou **squatter** [skwate] v. t. Occuper un logement vide, en parlant de squatters.

squaw [skwo] n. f. (mot angl.). En Amérique du Nord, épouse (indienne) d'un Indien.

squelette [skəlɛt] n. m. (gr. *skeletos,* desséché). **1.** Charpente osseuse qui soutient le corps : *Le squelette humain se compose de 208 os.* — **2.** Ensemble formé par les os dépouillés des parties molles de l'organisme, après la mort (syn. OSSEMENTS). — **3.** Ossature d'une construction : *Le squelette de fer d'un nouveau bâtiment.*

squelettique [skəlɛtik] adj. **1.** Qui a l'aspect d'un squelette : *Figure squelettique. Arbres squelettiques.* — **2.** Réduit à sa plus simple expression, non développé : *Exposé squelettique.*

stabilisateur [stabilizatœr] n. m. Mécanisme destiné à éviter les oscillations.

stabilisation [stabilizasjɔ̃] n. f. Action de stabiliser.

stabiliser [stabilize] v. t. Rendre stable : *Stabiliser un échafaudage, la monnaie.* ◆ ***se stabiliser*** v. pr. (sujet qqch, qqn) Devenir ou redevenir stable.

stabilité [stabilite] n. f. Caractère stable : *La stabilité d'une embarcation. La stabilité ministérielle* (syn. PERMANENCE). *La stabilité du franc.*

stable [stabl] adj. (lat. *stabilis,* de *stare,* être debout). **1.** Qui a une base solide, qui ne risque pas de tomber : *Être dans une position stable* (syn. FERME). *Un échafaudage qui n'est pas stable* (contr. BRANLANT). — **2.** Qui se maintient, qui reste dans le même état de façon durable : *Gouvernement stable* (= qui ne change pas). *Paix stable* (syn. DURABLE). *Monnaie stable* (= qui ne se déprécie pas). — **3.** Dont les dispositions intellectuelles et affectives sont constantes : *C'est une personne très stable* (syn. ÉQUILIBRÉ).

stade [stad] n. m. (gr. *stadion*).
— **I.** Terrain pourvu des installations nécessaires à la pratique des sports.
— **II.** Période, degré qui, dans un développement quelconque, forme une partie distincte : *Étudier les principaux stades d'une civilisation* (syn. PHASE). *Dépasser un certain stade* (syn. NIVEAU). *Les stades d'une maladie.*

staff [staf] n. m. (mot angl.). Groupe des dirigeants et des cadres supérieurs d'une entreprise.

stage [staʒ] n. m. (anc. fr. *estage,* séjour). Période pendant laquelle qqn exerce une activité temporaire en vue de sa formation ou pour se perfectionner dans l'exercice d'une profession : *Les futurs ingénieurs font des stages dans les usines. Organiser un stage pour des professeurs de langues vivantes.*

stagiaire [staʒjɛr] adj. et n. Qui fait un stage : *Une avocate, un professeur stagiaire.*

stagnant, e [stagnɑ̃] adj. Qui stagne : *Eaux stagnantes* (= qui ne coulent pas).

stagnation [stagnasjɔ̃] n. f. Fait de stagner : *La stagnation de la fumée dans une pièce mal aérée. La stagnation du commerce* (syn. ARRÊT, ↑MARASME; contr. ESSOR).

stagner [stagne] v. i. (lat. *stagnare,* de *stagnum,* étang). **1.** (sujet un liquide ou un fluide) Ne pas s'écouler, rester immobile : *À la suite des inondations, l'eau stagnait dans les caves. La brume stagnait dans la vallée.* — **2.** (sujet qqn, qqch) Rester inerte, ne marquer aucune activité : *Stagner dans l'ignorance* (syn. ↑CROUPIR). *Les affaires stagnent.*

stalactite [stalaktit] n. f. (gr. *stalaktos,* qui coule goutte à goutte). Colonne qui descend de la voûte d'une grotte et qui est formée de concrétions calcaires (contr. STALAGMITE).

stalagmite [stalagmit] n. f. (gr. *stalagmos,* écoulement goutte à goutte). Colonne formée par des concrétions calcaires à partir du sol des grottes (contr. STALACTITE).

stalinien, enne [stalinjɛ̃] adj. et n. Qui relève du stalinisme.

stalinisme [stalinism] n. m. Doctrine, pratique de ceux qui se rattachent à l'idéologie de Staline.

stalle [stal] n. f. (lat. médiév. *stalum*). **1.** Siège de bois à dossier élevé, occupant les deux côtés du chœur d'une église. — **2.** Dans une écurie, emplacement réservé à chaque cheval (syn. BOX).

stance [stɑ̃s] n. f. (it. *stanza,* strophe). Groupe de vers offrant un sens complet et suivi d'un repos. ◆ ***stances*** n. f. pl. Poème lyrique composé d'un certain nombre de strophes : *Les stances du «Cid».*

stand [stɑ̃d] n. m. (de l'angl. *to stand,* se tenir debout). **1.** Espace réservé à chacun des participants ou à chaque catégorie de produits, dans une exposition. — **2.** *Stand (de ravitaillement),* dans une course automobile, lieu réservé à l'équipe technique chargée du ravitaillement, des réparations, etc. — **3.** *Stand (de tir),* endroit clos, aménagé pour le tir de précision à la cible avec des armes à feu.

1. standard [stɑ̃dar] adj. (mot angl. signif. *type*) [inv. en genre] **1.** Conforme à une norme de fabrication, à un modèle, à un type, à une moyenne : *Pneu standard. Expressions standards.* — **2.** *Échange standard,* échange d'une pièce usée contre une autre du même modèle, rénovée.

2. standard [stɑ̃dar] n. m. **1.** Règle fixée pour caractériser un produit, une méthode de travail, le montant d'un budget, etc. : *Le culot des lampes est du même standard.* — **2.** *Standard téléphonique,* dispositif employé pour établir les communications téléphoniques entre le réseau urbain et les divers postes intérieurs.

standardisation [stɑ̃dardizasjɔ̃] n. f. Action de standardiser : *La standardisation a abouti à la fabrication en série.*

standardiser [stɑ̃dardize] v. t. Ramener à une norme commune, à un type standard.

standardiste [stɑ̃dardist] n. Personne affectée au service d'un standard téléphonique.

standing [stɑ̃diŋ] n. m. (mot angl. signif. *niveau*). **1.** Position sociale et économique de qqn, d'un groupe : *Augmenter son standing.* — **2.** Aménagement extérieur et intérieur qui classe un immeuble dans une catégorie plus ou moins luxueuse.

star [star] n. f. (mot angl. signif. *étoile*). Vedette féminine de cinéma ou de music-hall.

starlette [starlɛt] n. f. Jeune débutante, au cinéma.

starter [startɛr] n. m. (de l'angl. *to start,* faire partir). **1.** Celui qui, dans les courses, donne le signal du départ. — **2.** Dispositif auxiliaire d'un carburateur, qui facilite le départ à froid d'un moteur à explosion.

starting-block [startiŋblɔk] n. m. (mot angl.) [pl. *starting-blocks*]. Petite cale en bois destinée à assurer le bon départ d'un coureur à pied.

station [stasjɔ̃] n. f. (lat. *statio,* de *stare,* se tenir debout). **1.** Façon de se tenir : *Station debout. Station verticale.* — **2.** Arrêt, de durée variable, au cours d'une promenade, d'un voyage : *Faire de nombreuses stations dans les cafés* (syn. HALTE, PAUSE). — **3.** Endroit où s'arrêtent les voitures de transport urbain : *Une station de métro, de taxi. Descendre à la prochaine station.* — **4.** Ensemble des installations d'un émetteur de radiodiffusion ou de télévision. — **5.** Établissement où sont installés des appareils permettant diverses opérations : *Station de pompage, d'épuration, de lavage.* — **6.** *Station (de la croix),* dans la religion catholique, chacun des quatorze arrêts de Jésus-Christ pendant sa montée au Calvaire, ou chemin de croix. — **7.** Lieu de séjour pour faire une cure, se reposer ou pratiquer certains sports : *Station thermale* (syn. VILLE D'EAUX). *Une station balnéaire. Une station de sports d'hiver.*

stationnaire [stasjɔnɛr] adj. (lat. *stationarius*). Dont l'évolution est arrêtée, qui demeure au même point, sans avancer ni reculer : *Malade (maladie) dans un état stationnaire.*

stationnement [stasjɔnmɑ̃] n. m. Action de stationner : *Stationnement bilatéral, unilatéral. Stationnement autorisé, interdit. Un parc de stationnement* (syn. PARKING).

stationner [stasjɔne] v. i. (de *station*). S'arrêter momentanément en un lieu : *Il est interdit de stationner devant les arrêts d'autobus. Voitures qui stationnent dans la rue.* ◆ ***être stationné*** v. pass. Avoir sa voiture en stationnement.

station-service [stasjɔ̃sɛrvis] n. f. (angl. *service-station*) [pl. *stations-service*]. Poste aménagé pour permettre le ravitaillement en essence, en huile, en eau, etc., des véhicules automobiles.

statique [statik] adj. (gr. *statikos,* relatif à l'équilibre). Qui n'évolue pas, ne progresse pas (techn.) : *La situation politique est statique* (contr. ÉVOLUTIF).

statisticien, enne [statistisjɛ̃] n. Spécialiste de la statistique.

statistique [statistik] n. f. (all. *Statistik;* du lat. *status,* état). **1.** Science qui a pour objet le groupement méthodique, ainsi que l'étude des phénomènes qui se prêtent à une évaluation numérique : *La statistique s'étend de nos jours à de très nombreux domaines.*

— 2. Ensemble de données numériques relatives à une catégorie de faits : *Des statistiques économiques.* ◆ adj. Relatif à la statistique : *Enquête statistique.*

statistiquement [statistikmɑ̃] adv. Sur le plan statistique.

1. statuaire [statɥɛr] n. m. Artiste qui fait des statues (syn. SCULPTEUR).

2. statuaire [statɥɛr] n. f. Art de faire des statues.

statue [staty] n. f. (lat. *statua*, de *stare*, être debout). Ouvrage de sculpture représentant une figure isolée : *Une statue de marbre, de bronze, de bois, de pierre. Dresser, élever, ériger une statue à un personnage célèbre.*

statuer [statɥe] v. t. ind. (lat. *statuere*, établir). *Statuer (sur qqch)*, le régler avec l'autorité que confère la loi (soutenu) : *Statuer sur un litige. Ce tribunal statue en dernier ressort.*

statuette [statɥɛt] n. f. Petite statue.

statufier [statyfje] v. t. *Statufier qqn*, lui élever une statue (vieilli) : *Statufier un héros national.*

statu quo [statykwo] n. m. inv. (du lat. *in statu quo ante*, dans l'état où les choses étaient auparavant). État des choses à un moment donné : *Maintenir le statu quo.*

stature [statyr] n. f. (lat. *statura*). **1.** Hauteur du corps de qqn : *Une personne d'une stature moyenne* (syn. TAILLE). — **2.** Importance de qqn sur le plan humain : *Un chef d'État d'une stature exceptionnelle* (syn. ENVERGURE).

statut [staty] n. m. (du lat. *statuere*, établir). **1.** Ensemble des dispositions législatives ou réglementaires qui fixent les garanties fondamentales accordées à une collectivité : *Le statut des fonctionnaires.* — **2.** Position de fait par rapport à la société : *Le statut de la femme.* ◆ ***statuts*** n. m. pl. Suite d'articles qui définissent les règles du fonctionnement d'une société, d'une association : *Rédiger les statuts d'une société commerciale.*

statutaire [statytɛr] adj. Conforme aux statuts : *La répartition statutaire d'un dividende.*

steak [stɛk] n. m. (mot angl.). Syn. de BIFTECK.

steeple-chase ou **steeple** [stipəlʃɛz, stipl] n. m. (angl. *steeple*, clocher, et *chase*, course) [pl. *steeple-chases*]. Course à pied ou à cheval, comportant des obstacles naturels ou artificiels.

stèle [stɛl] n. f. (gr. *stêlê*). Pierre, plaque de pierre ou colonne brisée placée debout et destinée à porter une inscription, le plus souvent funéraire.

stellaire [stelɛr] adj. (du lat. *stella*, étoile). Relatif aux étoiles.

stem ou **stemm** [stɛm] n. m. (mot norv.). En ski, virage effectué en ouvrant un ski.

sténodactylo ou **sténo** [stenɔ(daktilo)] n. Dactylo capable d'assurer, au moyen de signes écrits, l'enregistrement d'une conversation, d'un discours.

sténographe [stenɔgraf] n. Personne qui connaît ou pratique la sténographie.

sténographie ou **sténo** [stenɔ(grafi)] n. f. (du gr. *stenos*, serré, et *graphein*, écrire). Procédé d'écriture formé de signes abréviatifs et conventionnels, qui sert à transcrire la parole aussi rapidement qu'elle est prononcée.

sténographier [stenɔgrafje] v. t. Prendre en dictée au moyen de la sténographie : *Sténographier un discours.*

sténographique [stenɔgrafik] adj. Relatif à la sténographie : *Signes sténographiques.*

stentor [stɑ̃tɔr] n. m. (de *Stentor*, héros de la guerre de Troie). *Voix de stentor*, forte et retentissante.

steppe [stɛp] n. f. (mot russe). Grande plaine semi-aride, couverte d'une végétation assez pauvre.

stère [stɛr] n. m. (gr. *stereos*, solide). Anc. unité de mesure employée pour mesurer le volume du bois de chauffage empilé et correspondant à un mètre cube.

stéréophonie ou **stéréo** [stereɔ(fɔni)] n. f. (gr. *stereos*, solide, et *phônê*, son). Reproduction des sons destinée à donner la sensation du relief acoustique.

stéréophonique [stereɔfɔnik] adj. Relatif à la stéréophonie : *Un disque stéréophonique.*

stéréoscope [stereɔskɔp] n. m. (du gr. *stereos*, solide, et *skopein*, observer). Instrument d'optique dans lequel deux images planes donnent l'impression d'une seule image en relief.

stéréoscopique [stereɔskɔpik] adj. Propre à la stéréoscopie : *Vue stéréoscopique.*

stéréotype [stereɔtip] n. m. (gr. *stereos*, solide, et *tupos*, caractère). Opinion toute faite, formule figée et banale : *Un discours fait de stéréotypes.*

stéréotypé, e [stereɔtipe] adj. Qui se fait, se présente sous une forme presque automatique et qui ne comporte que peu ou pas de sens : *Formule, phrase stéréotypée* (= toute faite). *Sourire stéréotypé* (syn. FIGÉ).

stérile [steril] adj. (lat. *sterilis*). **1.** Se dit d'un végétal qui ne porte pas de fruits, d'un sol qui ne produit pas : *Arbre stérile. Terre stérile* (syn. IMPRODUCTIF ; contr. FERTILE). — **2.** Se dit d'un être animé, d'un végétal inapte à la génération, à la reproduction : *Un homme, une femme stérile* (contr. FÉCOND). — **3.** *Esprit, auteur stérile*, qui manque d'invention, d'imagination. — **4.** Se dit de ce qui ne produit rien d'efficace, de fructueux : *Effort stérile* (syn. VAIN). *Discussion stérile* (syn. INUTILE, OISEUX). — **5.** Qui ne contient aucun germe microbien : *Chambre stérile.*

stérilet [sterilɛ] n. m. (de *stérile*). Dispositif placé à demeure dans la cavité utérine pour empêcher la fécondation.

stérilisateur [sterilizatœr] n. m. Appareil servant à stériliser.

stérilisation [sterilizasjɔ̃] n. f. Action de stériliser : *La stérilisation des instruments de chirurgie, du lait.*

stérilisé, e [sterilize] adj. Qui est débarrassé des microbes, des germes qu'il contient, en vue de sa conservation : *Lait stérilisé* (syn. PASTEURISÉ).

stériliser [sterilize] v. t. **1.** Rendre stérile, improductif : *Une grande sécheresse stérilise les terres. Stériliser un être vivant* (= le rendre inapte à la génération, à la reproduction). — **2.** *Stériliser une plaie, un instrument, une substance*, les débarrasser des microbes qu'ils contiennent : *Stériliser une blessure, un bistouri* (syn. ASEPTISER, DÉSINFECTER). *Stériliser de l'eau.*

stérilité [sterilite] n. f. Caractère stérile : *Stérilité d'une femme* (contr. FÉCONDITÉ). *Région frappée de stérilité* (contr. FERTILITÉ). *La stérilité d'un romancier.*

sternum [stɛrnɔm] n. m. (mot lat.). Os plat et allongé qui occupe la partie antérieure de la poitrine.

stéthoscope [stetɔskɔp] n. m. (gr. *stêthos*, poitrine, et *skopein*, observer). Instrument dont se sert le médecin pour ausculter les malades.

steward [stjuwart,stiwart] n. m. (mot angl.). Serveur à bord des bateaux, des avions.

stick [stik] n. m. (mot angl. signif. *bâton*). Article de toilette présenté sous forme de bâtonnet : *Un stick de déodorant.*

stigmate [stigmat] n. m. (du lat. *stigma*, marque de

flétrissure). *Litt.* Trace visible, signe apparent de qqch de mauvais, de morbide : *Les stigmates du vice.*

stigmatisation [stigmatizasjɔ̃] n. f. Action de stigmatiser.

stigmatiser [stigmatize] v. t. *Stigmatiser qqn, qqch,* les critiquer, les flétrir publiquement : *Stigmatiser la conduite, les activités de quelqu'un* (syn. CONDAMNER).

stimulant, e [stimylɑ̃] adj. Propre à accroître l'ardeur de qqn, qui augmente l'activité d'une fonction organique : *La réussite est stimulante* (syn. ENCOURAGEANT). *Une boisson stimulante* (syn. ↑ EXCITANT). ◆ ***stimulant*** n. m. Ce qui stimule : *L'émulation est un stimulant. Employer des stimulants* (syn. EXCITANT, FORTIFIANT; contr. CALMANT, TRANQUILLISANT).

stimulateur [stimylatœr] n. m. Appareil servant à stimuler une fonction, un organe : *Stimulateur cardiaque.*

stimulation [stimylasjɔ̃] n. f. Action de stimuler : *La stimulation de l'appétit. Avoir besoin de stimulation pour achever un travail.*

stimuler [stimyle] v. t. (du lat. *stimulus,* aiguillon). 1. (sujet qqn, qqch) *Stimuler qqn,* l'inciter, le pousser à agir : *Une personne apathique qu'il faut continuellement stimuler* (syn. AIGUILLONNER). *Ses succès l'ont stimulée* (syn. ENCOURAGER). — 2. (sujet qqch) Augmenter l'activité d'une fonction organique (méd.) : *Estomac qui a besoin d'être stimulé* (syn. ACTIVER). *Médicament qui stimule l'appétit* (syn. AIGUISER). — 3. *Stimuler une activité,* l'activer, l'intensifier : *Stimuler l'industrie par des exonérations d'impôts.*

stimulus [stimylys] n. m. (mot lat.) [pl. inv. ou *stimuli*]. Agent provoquant sous certaines conditions une réaction d'un système vivant.

stipendier [stipɑ̃dje] v. t. (du lat. *stipendium,* solde militaire). Péjor. et litt. *Stipendier qqn,* le payer pour exécuter de basses besognes (syn. ACHETER, SOUDOYER).

stipulation [stipylasjɔ̃] n. f. Action de stipuler.

stipuler [stipyle] v. t. (lat. *stipulari*). *Stipuler qqch, que* (+ *ind.*), énoncer une condition dans un contrat, dans une convention; faire savoir expressément : *Stipuler une garantie. Il est bien stipulé que le prix de cet article est sujet à variations.*

stock [stɔk] n. m. (mot angl. signif. *provision*). 1. Ensemble de marchandises disponibles sur un marché, dans un magasin : *Écouler un stock. Renouveler son stock* (syn. ASSORTIMENT, APPROVISIONNEMENT). — 2. Fonds existant en numéraire : *Le stock d'or de la Banque de France* (syn. RÉSERVE). — 3. *Fam.* Ensemble de choses, concrètes ou non, gardées en réserve : *Avoir un stock de chemises. Avoir toujours un stock d'histoires à raconter.*

stockage [stɔkaʒ] n. m. Action de stocker : *Le stockage des marchandises en magasin.*

stock-car [stɔkkar] n. m. (mot angl.) [pl. *stock-cars*]. Voiture munie de divers dispositifs de protection et participant à des épreuves sur piste où les carambolages constituent un attrait du spectacle.

stocker [stɔke] v. t. Mettre en stock : *Stocker des produits alimentaires* (syn. EMMAGASINER).

stoïcisme [stɔisism] n. m. (du gr. *stoa,* portique [parce que les philosophes stoïciens se rassemblaient sous le Portique, à Athènes]). 1. Fermeté : *Elle a fait preuve d'un stoïcisme admirable dans son malheur.* — 2. Doctrine philosophique grecque selon laquelle le souverain bien réside dans l'effort vers la vertu et exige une impassibilité totale.

stoïque [stɔik] adj. Qui supporte la douleur, le malheur avec courage : *Se montrer stoïque devant l'adversité* (syn. IMPASSIBLE, IMPERTURBABLE). *Prendre une résolution stoïque* (syn. ↑ HÉROÏQUE).

stoïquement [stɔikmɑ̃] adv. De façon stoïque : *Supporter stoïquement l'adversité* (syn. COURAGEUSEMENT, ↑ HÉROÏQUEMENT).

stomacal, e, aux [stɔmakal] adj. (du lat. *stomacus,* estomac). Relatif à l'estomac : *Douleurs stomacales.*

stomatologie [stɔmatɔlɔʒi] n. f. Partie de la médecine consacrée à l'étude et aux soins des maladies de la bouche et des dents.

stomatologiste [stɔmatɔlɔʒist] ou **stomatologue** [stɔmatɔlɔg] n. Spécialiste de stomatologie.

1. stop! [stɔp] interj. (mot angl. signif. *arrête!*). 1. Ordre de s'arrêter. — 2. Mot utilisé dans les messages télégraphiques et téléphoniques pour séparer nettement les phrases.

2. stop [stɔp] n. m. 1. Panneau de signalisation routière qui exige impérativement un arrêt. — 2. Signal lumineux placé à l'arrière d'une voiture, d'une motocyclette et qui s'allume quand on freine. — 3. *Fam.* Syn. de AUTO-STOP : *Voyager en faisant du stop.*

stoppage [stɔpaʒ] n. m. Action de stopper un vêtement.

1. stopper [stɔpe] v. t. (de *stop*). 1. *Stopper un véhicule, une machine,* en arrêter la marche, le fonctionnement : *Stopper un navire, une voiture.* — 2. *Stopper qqn, un groupe (en mouvement),* les empêcher d'avancer, de continuer : *Stopper une colonne ennemie.* — 3. *Stopper qqch (action),* l'arrêter dans son cours, dans son déroulement : *Stopper une attaque. Ce traitement a stoppé net la maladie.* ◆ v. i. (sujet qqn, un véhicule) S'arrêter net : *Voiture qui stoppe au feu rouge.*

2. stopper [stɔpe] v. t. (néerl. *stoppen*). *Stopper un vêtement,* réparer une déchirure en refaisant la trame et la chaîne du tissu.

store [stɔr] n. m. (it. *stora,* natte). Rideau de tissu ou panneau de lattes, de lamelles de bois orientables, fixé sur un rouleau horizontal et qui se lève et s'abaisse devant une fenêtre, une porte-fenêtre, etc. : *Elle baissa le store pour se protéger du soleil.*

strabisme [strabism] n. m. (gr. *strabos,* louche). Anomalie de la vision qui consiste dans l'impossibilité de fixer un même point avec les deux yeux : *Être atteint de strabisme* (= loucher).

strangulation [strɑ̃gylasjɔ̃] n. f. (du lat. *strangulare,* étrangler). Action d'étrangler : *Périr par strangulation* (syn. ÉTRANGLEMENT).

strapontin [strapɔ̃tɛ̃] n. m. (it. *strapontino*). 1. Siège repliable, utilisé dans le métro, les salles publiques, etc. — 2. Place, fonction d'importance secondaire.

stratagème [strataʒɛm] n. m. (gr. *stratêgemâ*). Ruse mise en œuvre pour obtenir un avantage, pour triompher d'un adversaire : *Stratagème perfide* (syn. SUBTERFUGE). *Recourir à un stratagème pour remporter une victoire* (syn. RUSE).

strate [strat] n. f. (lat. *stratum,* chose étendue). Chacune des couches géologiques d'un terrain stratifié.

stratège [stratɛʒ] n. m. (gr. *stratêgos*). 1. Chef d'armée, qui dirige des opérations militaires. — 2. Personne qui dirige avec compétence un certain nombre d'opérations, qui se tire avec habileté des embûches de la politique.

stratégie [strateʒi] n. f. 1. Art de coordonner l'action des forces militaires, politiques et morales impliquées dans la conduite d'une guerre ou dans la préparation de la défense d'une nation. — 2. Art de coordonner des actions et de manœuvrer pour atteindre un but : *La stratégie électorale, politique.*

stratégique [strateʒik] adj. Qui intéresse directement la guerre, qui présente un intérêt du point de vue militaire : *Une route, une position stratégique. Un bombardement stratégique.*

stratification [stratifikasjɔ̃] n. f. (du lat. *stratum,* chose étendue). **1.** Disposition des roches par couches superposées. — **2.** Ensemble de personnes appartenant à la même catégorie sociale, à un même milieu.

stratifié, e [stratifje] adj. **1.** Qui se présente en couches superposées. — **2.** Se dit d'un produit fabriqué à partir de supports divers et imprégné d'un vernis.

stratosphère [stratɔsfɛr] n. f. (du lat. *stratum,* chose étendue, et *sphère*). Région de l'atmosphère située entre douze et quarante kilomètres d'altitude, en moyenne : *Dans la stratosphère, les courants sont essentiellement horizontaux.*

stratosphérique [stratɔsferik] adj. Propre à la stratosphère.

stratus [stratys] n. m. (mot lat. signif. *qui est étendu*). Nuage inférieur, qui se présente en couche uniforme grise, formant un voile continu.

streptocoque [strɛptɔkɔk] n. m. (du gr. *streptos,* arrondi, et *kokkos,* graine). Microbe responsable d'infections graves (angine, pleurésie, otite, etc.).

streptomycine [strɛptɔmisin] n. f. (du gr. *streptos,* arrondi, et *mukês,* champignon). Antibiotique actif contre certaines bactéries.

stress [strɛs] n. m. (mot angl.). **1.** État d'un organisme soumis à un choc violent. — **2.** Tout fait qui a un caractère traumatisant pour l'individu : *Les stress de la vie moderne.*

stresser [strɛse] v. t. (sujet qqch) *Stresser qqn,* l'agresser, le traumatiser.

strict, e [strikt] adj. (lat. *strictus,* serré). **1.** (avant ou après le n.) Se dit de qqch qui ne laisse aucune latitude; rigoureusement conforme à une règle : *Obligation stricte* (syn. PRÉCIS, RIGOUREUX). *La stricte exécution d'un règlement. Ce qu'elle vous dit là, c'est la stricte vérité* (syn. EXACT; contr. APPROXIMATIF). — **2.** (après le n.) Conforme à une exigence de correction : *Une tenue très stricte* (syn. SOBRE, ↑AUSTÈRE). — **3.** (après le n.) Qui exige l'application rigoureuse d'une règle, d'un règlement, qui ne tolère aucune négligence : *Un professeur strict* (syn. SÉVÈRE, DUR). *Une personne stricte en affaires. Une mère très stricte à l'égard de ses enfants* (syn. RIGIDE). — **4.** *Au sens strict du mot,* au sens le plus exact, le plus précis (syn. LITTÉRAL; contr. LARGE). ‖ *Dans la plus stricte intimité,* les intimes seuls étant présents. ‖ *Le strict nécessaire, le strict minimum,* celui au-dessous duquel on ne peut descendre.

strictement [striktəmɑ̃] adv. De façon stricte : *Elle remplit strictement ses obligations* (syn. RIGOUREUSEMENT). *Affaire strictement personnelle. Strictement parlant* (= à proprement parler).

stridence [stridɑ̃s] n. f. *Litt.* Sonorité stridente.

strident, e [stridɑ̃] adj. (du lat. *stridere,* grincer). Se dit d'un son perçant et vibrant : *Le sifflet strident d'une locomotive, d'une sirène. Le cri strident des cigales.*

stridulation [stridylasjɔ̃] n. f. Crissement aigu que produisent certains insectes (criquets, grillons, cigales).

strie [stri] n. f. (lat. *stria*). Chacun des petits sillons, chacune des petites lignes parallèles que présente une surface : *Les stries d'une coquille, de la tige d'une plante.*

strié, e [strije] adj. Dont la surface présente des stries, des raies : *Roche striée.*

strip-tease [striptiz] n. m. inv. (de l'angl. *to strip,* déshabiller, et *to tease,* agacer). Spectacle de cabaret ou de music-hall au cours duquel une jeune femme se déshabille lentement et d'une façon suggestive.

strip-teaseuse [striptizøz] n. f. (pl. *strip-teaseuses*). Femme qui exécute un numéro de strip-tease.

strophe [strɔf] n. f. (lat. *stropha,* du gr.). Division d'un poème, d'une pièce lyrique, formée d'un nombre déterminé de vers : *Les strophes du «Lac» de Lamartine. Les strophes d'une chanson* (syn. COUPLET).

structural, e, aux [stryktyral] adj. Qui relève de la structure ou du structuralisme.

structuralisme [stryktyralism] n. m. Théorie linguistique qui définit la langue par les rapports que les éléments qui la constituent entretiennent entre eux à divers niveaux.

structuraliste [stryktyralist] adj. et n. Qui relève du structuralisme.

structuration [stryktyrasjɔ̃] n. f. Action de structurer : *La structuration d'une économie.*

structure [stryktyr] n. f. (lat. *structura,* de *struere,* assembler). Manière dont les différentes parties d'un ensemble sont disposées entre elles; ensemble constituant une unité organisée dont les éléments sont en étroite dépendance : *La structure du corps humain, d'une plante, d'un terrain* (syn. CONSTITUTION, CONTEXTURE). *La structure d'une œuvre littéraire, d'une société, d'un gouvernement* (syn. FORME, ORGANISATION). *La structure d'une langue. Réforme de structure* (= qui modifie profondément l'organisation sociale).

structuré, e [stryktyre] adj. Qui a telle ou telle structure : *Un ensemble fortement structuré.*

structurel, elle [stryktyrɛl] adj. Qui relève d'une structure : *Chômage structurel.*

structurer [stryktyre] v. t. Donner une structure à : *Structurer une administration.*

strychnine [striknin] n. f. (du gr. *strukhnos,* qui a des propriétés vomitives). Poison extrait de la noix vomique.

stuc [styk] n. m. (it. *stucco*). Enduit imitant le marbre et composé ordinairement de poussière de marbre, de chaux éteinte et de craie.

studieusement [stydjøzmɑ̃] adv. De façon studieuse : *Occuper studieusement ses loisirs* (= en étudiant).

studieux, euse [stydjø] adj. (du lat. *studium,* étude). **1.** Qui se consacre avec application à l'étude, aux travaux intellectuels : *Un élève studieux* (syn. APPLIQUÉ; contr. PARESSEUX). — **2.** Où l'on s'adonne à l'étude : *Des vacances studieuses* (contr. OISIF).

studio [stydjo] n. m. (mot it.). **1.** Petit appartement composé d'une pièce principale et de pièces accessoires (salle de bains, cuisine, etc.). — **2.** Atelier d'artiste, de photographe. — **3.** Local aménagé pour des prises de vues cinématographiques ou pour des émissions radiodiffusées ou télévisées.

stupéfaction [stypefaksjɔ̃] n. f. Étonnement extrême, qui, d'abord, laisse sans voix, sans réaction : *Vous devinez sa stupéfaction quand elle a appris qu'elle était ruinée* (syn. ↑STUPEUR).

stupéfaire [stypefɛr] v. t. (lat. *stupefacere,* étourdir) [c. **76**; seulement au prés. de l'ind. (3e pers.), aux temps composés et au pass.] Syn. de STUPÉFIER : *Cet événement nous a stupéfaits. Ce que vous me dites là me stupéfait.*

stupéfait, e [stypefɛ] adj. Frappé de stupéfaction : *Nous sommes restés stupéfaits devant une telle audace* (syn. ABASOURDI; fam. RENVERSÉ). *Il a été stupéfait d'apprendre qu'il était refusé à son examen* (syn. CONSTERNÉ, INTERDIT). *Elle a été stupéfaite par l'histoire que vous lui avez racontée* (syn. STUPÉFIÉ).

1. stupéfiant, e [stypefjɑ̃] adj. Qui stupéfie : *Nouvelle stupéfiante.*

2. stupéfiant [stypefjɑ̃] n. m. Drogue absorbée pour ses effets dynamiques, sédatifs, etc., et dont l'usage répété conduit à la toxicomanie.

stupéfier [stypefje] v. t. (lat. *stupefieri*, être étonné). *Stupéfier qqn*, lui causer un grand étonnement : *Ce que vous me dites au sujet de notre amie me stupéfie* (syn. ATTERRER, CONSTERNER). *Ce discours a stupéfié toute l'assistance.*

stupeur [stypœr] n. f. (lat. *stupor*). Étonnement profond qui prive momentanément qqn de ses moyens physiques et intellectuels : *Elle resta muette de stupeur à l'annonce de cette nouvelle* (syn. ↓ STUPÉFACTION).

stupide [stypid] adj. (lat. *stupidus*, frappé de stupeur). Qui manque totalement d'intelligence, de sensibilité : *Il est si stupide qu'on ne peut rien faire de lui* (syn. BÊTE, CRÉTIN, IDIOT). *Elle n'est pas assez stupide pour croire de telles balivernes* (syn. IMBÉCILE, SOT). *Réponse, raisonnement, objection stupide* (syn. ABSURDE, INSENSÉ; contr. JUDICIEUX).

stupidement [stypidmɑ̃] adv. De façon stupide : *Répondre stupidement.*

stupidité [stypidite] n. f. Caractère stupide : *Être d'une stupidité incroyable* (syn. BÊTISE, IDIOTIE). *Faire, dire des stupidités* (syn. ÂNERIE, SOTTISE).

style [stil] n. m. (lat. *stilus*, poinçon). **1.** Façon particulière dont chaque individu exprime, généralement par écrit, sa pensée, ses sentiments : *Un style naturel, simple, affecté, prétentieux, obscur. Style familier, soutenu. Imiter le style d'un écrivain* (syn. ÉCRITURE). *Ne pas avoir de style* (= écrire de façon banale). — **2.** Forme de langage propre à une activité, à un milieu ou à un groupe social : *Style de notaire. Style administratif, commercial, publicitaire.* — **3.** *Style direct, indirect*, syn. de DISCOURS DIRECT, INDIRECT (ling.). — **4.** Manière d'exécuter une œuvre, propre à un artiste, à un genre, à une époque, à un pays : *Le style d'un peintre, d'un sculpteur, d'un musicien. Le style byzantin, roman, gothique. Le style Louis XIII, Empire. Des meubles de style anglais, suédois.* — **5.** Caractère d'une œuvre présentant des qualités artistiques, et qui la rend originale : *Maison, meuble qui a du style.* — **6.** *De style*, se dit d'un objet appartenant à un style bien caractérisé : *Un meuble, une robe de style.* — **7.** Façon personnelle de se comporter : *Avoir un certain style de vie.* — **8.** En sports, manière d'exécuter un mouvement, un geste avec une certaine efficacité ou une certaine aisance : *Le style d'un sauteur, d'une joueuse de tennis. Une nageuse qui a du style.* — **9.** *De grand style*, entrepris avec des moyens puissants : *Opération, offensive de grand style.*

stylé, e [stile] adj. Habitué à exécuter dans les règles certains gestes, à prendre certaines attitudes : *Elle a des domestiques stylés.*

stylet [stilɛ] n. m. (de l'it. *stilo*, poignard). Petit poignard à lame très effilée.

stylisation [stilizasjɔ̃] n. f. Action de styliser.

styliser [stilize] v. t. (de *style*). *Styliser qqch*, le simplifier quand on le représente afin de lui donner un aspect décoratif; en réduire l'aspect à quelques lignes générales.

styliste [stilist] n. **1.** Écrivain remarquable par son style. — **2.** Personne dont le métier est de concevoir des formes nouvelles dans le domaine de l'habillement, de l'ameublement, etc.

stylisticien, enne [stilistisjɛ̃] n. Spécialiste de stylistique.

stylistique [stilistik] adj. **1.** Relatif au style : *Analyse stylistique.* — **2.** Relatif à l'aspect affectif de l'expression : *Emploi stylistique d'un mot.* ◆ n. f. Étude de l'utilisation, à des fins expressives ou esthétiques, des ressources particulières d'une langue.

stylo ou **stylographe** [stilo(graf)] n. m. (du gr. *stulos*, poinçon, et *graphein*, écrire). **1.** Porte-plume à réservoir d'encre. — **2.** *Stylo à bille*, stylo dont la plume est remplacée par une bille d'acier en contact avec une encre spéciale (syn. CRAYON À BILLE).

su [sy] n. m. *Au vu et au su de tout le monde*, de manière que personne ne l'ignore.

suaire [sɥɛr] n. m. (lat. *sudarium*, linge pour essuyer la sueur). Syn. litt. de LINCEUL.

suave [sɥav] adj. (lat. *suavis*). D'une douceur agréable à l'odorat, à l'ouïe, à la vue : *Parfum, odeur suave* (syn. DÉLICIEUX, EXQUIS). *Voix suave* (syn. HARMONIEUX). *Coloris suave* (syn. DÉLICAT).

suavité [sɥavite] n. f. Qualité suave : *La suavité d'une odeur, d'une mélodie.*

subalterne [sybaltɛrn] adj. et n. (du lat. *sub*, sous, et *alter*, autre). Qui est subordonné à qqn, qui dépend d'un autre : *Une employée, un officier subalterne. Il vaut souvent mieux avoir affaire à un chef qu'à des subalternes* (syn. SECOND, SUBORDONNÉ). ◆ adj. **1.** D'un rang inférieur, médiocre : *Emploi subalterne.* — **2.** D'une importance secondaire : *Cette partie de mon exposé n'a qu'un rôle subalterne.*

subconscient [sypkɔ̃sjɑ̃] n. m. Zone de faits psychiques dont le sujet n'a que faiblement conscience, mais qui influent sur l'ensemble de son comportement.

subdiviser [sybdivize] v. t. (du lat. *sub*, sous, et *dividere*, diviser). Diviser en de nouvelles parties ce qui a déjà été divisé : *Subdiviser un chapitre en paragraphes.*

subdivision [sybdivizjɔ̃] n. f. **1.** Action de subdiviser : *Procéder par divisions et subdivisions successives.* — **2.** Partie de ce qui a été divisé : *Les cantons sont des subdivisions des arrondissements.*

subir [sybir] v. t. (lat. *subire*, aller sous). **1.** (sujet qqn) *Subir qqch*, supporter, malgré soi ou volontairement, ce qui est imposé, ordonné, prescrit : *Subir la loi du vainqueur* (syn. ENDURER). *Subir des violences* (syn. SOUFFRIR). *L'ennemi a subi des pertes considérables* (syn. ESSUYER, ÉPROUVER). *Subir les conséquences d'une imprudence* (syn. PAYER). *Subir l'influence de quelqu'un. Subir une intervention chirurgicale.* — **2.** Fam. *Subir qqn*, supporter la présence de qqn qui déplaît : *Voilà ce vieux raseur qui arrive, il va encore falloir le subir.* — **3.** (sujet qqch) *Subir qqch*, en être l'objet : *Un projet de loi qui a subi des modifications. Les prix ont subi une hausse.*

subit, e [sybi] adj. (lat. *subitus*) [avant ou, plus souvent, après le n.] Qui se produit, se présente tout à coup : *Mort subite* (syn. BRUTAL). *Froid subit* (syn. BRUSQUE; contr. PROGRESSIF). *Subite inspiration* (syn. SOUDAIN).

subitement [sybitmɑ̃] adv. De façon subite : *Partir, disparaître subitement* (syn. BRUSQUEMENT).

subjectif, ive [sybʒɛktif] adj. (lat. *subjectus*, mis dessous). Qui varie avec les jugements, les goûts, les habitudes, les désirs de chacun : *Jugement subjectif* (contr. OBJECTIF). *Critique subjective* (syn. INDIVIDUEL, PERSONNEL).

subjectivement [sybʒɛktivmɑ̃] adv. De façon subjective : *Réagir subjectivement* (contr. OBJECTIVEMENT).

subjectivisme [sybʒɛktivism] n. m. Pensée qui n'admet de réalité que subjective.

subjectivité [sybʒɛktivite] n. f. Attitude de qqn qui juge et raisonne uniquement d'après ses opinions, ses sentiments : *La subjectivité d'un correcteur dans un examen* (contr. OBJECTIVITÉ).

subjonctif [sybʒɔ̃ktif] n. m. (lat. *subjonctivus,* subordonné). Mode du verbe utilisé obligatoirement dans certaines subordonnées, et parfois en oppos. avec l'indicatif pour traduire la participation du locuteur à l'action du verbe.

subjuguer [sybʒyge] v. t. (bas lat. *subjugare,* mettre sous le joug). Litt. *Subjuguer qqn,* exercer sur lui une vive séduction, un pouvoir dominateur : *Orateur qui subjugue ses auditeurs* (syn. ENVOÛTER, ↓CHARMER).

sublimation [syblimasjɔ̃] n. f. Action de sublimer.

sublime [syblim] adj. (lat. *sublimis,* élevé). **1.** (avant ou après le n.) Se dit de ce qui est le plus élevé dans l'ordre moral, intellectuel, esthétique : *Une sublime abnégation* (syn. NOBLE). *Une sublime éloquence* (syn. ↑DIVIN). *Paysage sublime* (syn. ↓MERVEILLEUX, ↓EXTRAORDINAIRE). — **2.** (après le n.) Se dit de qqn dont les sentiments et la conduite suscitent l'admiration pour leur grande valeur morale : *Elle a été sublime dans cette circonstance. Une personne sublime de dévouement, d'abnégation*; remarquable (ironiq.) : *Être sublime de naïveté.* ◆ n. m. Ce qui est sublime : *Une éloquence qui atteint au sublime.*

sublimer [syblime] v. t. (lat. *sublimare,* élever). **1.** *Sublimer une passion,* l'orienter vers un intérêt moral, une valeur sociale positive. — **2.** *Sublimer l'amour,* l'idéaliser en le purifiant de tout élément trouble (soutenu).

submerger [sybmɛrʒe] v. t. (lat. *sub,* sous, et *mergere,* plonger) [c. 2]. **1.** (sujet des eaux) *Submerger qqch,* le recouvrir complètement : *Rivière qui submerge toute une vallée* (syn. INONDER, NOYER). *Raz de marée qui submerge une digue.* — **2.** (sujet qqn, qqch) *Submerger qqn, un groupe,* le déborder, l'envahir complètement par une action violente, par la puissance du nombre (surtout pass.) : *Le service d'ordre fut submergé par les manifestants.* — **3.** *Être submergé de travail, d'occupations,* être accablé, surchargé de travail (syn. ÊTRE DÉBORDÉ).

submersible [sybmɛrsibl] n. m. Syn. anc. de SOUS-MARIN.

submersion [sybmɛrsjɔ̃] n. f. Action de submerger; fait d'être recouvert d'eau : *Une mort par submersion* (syn. NOYADE).

subodorer [sybɔdɔre] v. t. (lat. *subodorari,* flairer). *Subodorer qqch,* pressentir, deviner qqch qui n'est pas clair : *Subodorer une intrigue, des secrets* (syn. FLAIRER, SE DOUTER DE, SOUPÇONNER).

subordination [sybɔrdinasjɔ̃] n. f. **1.** État de qqn qui, dans sa fonction, est soumis aux ordres de qqn d'autre : *La subordination des employés au chef de service.* — **2.** Dépendance de qqch par rapport à qqch d'autre : *La subordination des intérêts privés à l'intérêt public.* — **3.** Mode de rattachement d'une proposition à une autre.

subordonné, e [sybɔrdɔne] n. Personne placée sous l'autorité d'une autre (syn. SUBALTERNE).

subordonnée [sybɔrdɔne] n. f. et adj. En grammaire, proposition qui, dans une phrase, dépend d'une autre proposition qu'elle complète ou détermine : *Les subordonnées peuvent être introduites par un pronom relatif (subordonnées relatives), un mot interrogatif (subordonnées interrogatives indirectes), une conjonction de subordination (subordonnées conjonctives), ou, sans être liées par un de ces termes, être à l'infinitif (subordonnées infinitives) ou au participe (subordonnées participiales).*

subordonner [sybɔrdɔne] v. t. (lat. *sub,* sous, et *ordinare,* mettre en ordre). **1.** *Subordonner une personne à une autre,* établir un ordre de dépendance hiérarchique entre elles : *L'organisation militaire subordonne le capitaine au commandant.* — **2.** *Subordonner une chose à une autre,* l'en faire dépendre (surtout pass.) : *Son départ est subordonné aux conditions météorologiques.*

suborner [sybɔrne] v. t. (lat. *subornare,* soudoyer). Litt. *Suborner un témoin,* le payer pour qu'il porte un faux témoignage.

suborneur, euse [sybɔrnœr] n. *Litt.* Qui suborne.

subreptice [sybrɛptis] adj. (lat. *subrepticius,* clandestin). Qui se fait furtivement et d'une façon déloyale : *Manœuvre subreptice.*

subrepticement [sybrɛptismɑ̃] adv. De façon subreptice : *Agir subrepticement* (= à la dérobée, par surprise). *Partir subrepticement* (= clandestinement).

subside [sypsid] n. m. (lat. *subsidium,* secours). Somme d'argent versée à titre de secours : *Accorder des subsides à une association* (syn. DON).

subsidiaire [sypsidjɛr] adj. (lat. *subsidiarus,* en réserve). *Question subsidiaire,* question supplémentaire destinée à départager des concurrents classés ex aequo.

subsistance [sybzistɑ̃s] n. f. Nourriture et entretien : *Contribuer à la subsistance de sa famille.*

subsister [sybziste] v. i. (lat. *subsistere,* rester). **1.** (sujet qqch) Continuer à exister : *Des monuments qui subsistent depuis des millénaires* (syn. DEMEURER). *Une erreur subsiste* (syn. SE MAINTENIR, SURVIVRE, PERSISTER). *Il subsiste seulement quelques ruines de ce vieux château.* — **2.** (sujet qqn) Pourvoir à ses besoins, à son entretien : *Elle travaillait pour subsister* (syn. SURVIVRE).

subsonique [sybsɔnik] adj. Qui a une vitesse inférieure à celle du son.

substance [sypstɑ̃s] n. f. (lat. *substantia,* ce qui se tient en dessous). **1.** Matière dont une chose est formée : *Une substance solide, liquide, gazeuse, alimentaire.* — **2.** Chair, tissus qui forment le corps vivant : *Blessure qui a amené une importante perte de substance.* — **3.** Ce qu'il y a d'essentiel, de principal, dans un discours, dans un écrit, etc. : *La substance d'un livre, d'une lettre, d'un article. Voici la substance de notre entretien* (syn. SUJET). — **4.** *En substance,* en abrégé, en résumé : *Voici en substance ce qu'elle a dit* (syn. EN GROS, SOMMAIREMENT).

substantiel, elle [sypstɑ̃sjɛl] adj. **1.** Rempli de substance nutritive : *Un aliment, un repas substantiel* (syn. NOURRISSANT, RICHE). — **2.** Essentiel, capital : *Extraire d'un livre ce qu'il contient de plus substantiel.* — **3.** Important, considérable : *Obtenir des avantages substantiels, une augmentation substantielle de traitement.*

substantiellement [sypstɑ̃sjɛlmɑ̃] adv. De façon substantielle.

substantif [sypstɑ̃tif] n. m. (lat. *substantivum*). Mot appartenant à une catégorie grammaticale qui peut porter les marques du genre et du nombre, et qui constitue avec le verbe un des deux éléments de base de la phrase (syn. NOM).

substantivé, e [sypstɑ̃tive] adj. Employé comme substantif : *Dans « Le vrai peut quelquefois n'être pas vraisemblable », « vrai » est substantivé.*

substituer [sypstitɥe] v. t. (lat. *substituere,* placer sous). *Substituer qqn, qqch à qqn, à qqch d'autre,* les mettre l'un à la place de l'autre : *Substituer une personne à une autre, un mot à un autre* (syn. REMPLACER). ◆ ***se substituer*** v. pr. *Se substituer à qqn, à qqch,* prendre la place de : *La sous-directrice s'est substituée à la directrice pour prendre certaines décisions.*

substitut [sypstity] n. m. Magistrat chargé de remplacer, au parquet, le procureur général ou le procureur de la République.

substitution [sypstitysjɔ̃] n. f. Action de substituer : *Substitution de vêtements, de documents.*

substrat [sypstra] n. m. (du lat. *sub,* sous, et *stratum,* étendu). Survivance, dans une langue, d'un parler antérieur, qui est à l'origine de certaines modifications intervenues dans la langue elle-même : *La palatalisation de* [u] *en* [y] *est due, semble-t-il, au substrat celte.*

subterfuge [syptɛrfyʒ] n. m. (bas lat. *subterfugere,* fuir secrètement). Moyen détourné, ruse pour se tirer d'embarras : *User de subterfuges pour sortir d'une situation difficile* (syn. ÉCHAPPATOIRE, FAUX-FUYANT).

subtil, e [syptil] adj. (lat. *subtilis,* fin) [avant ou, plus souvent, après le n.] **1.** Qui a beaucoup de finesse, capable de percevoir des distinctions, des nuances délicates : *Esprit subtil* (syn. FIN, DÉLIÉ). *Critique subtil* (syn. PÉNÉTRANT, SAGACE). *Un subtil diplomate* (syn. PERSPICACE). — **2.** Qui manifeste de la finesse, de l'ingéniosité poussée quelquefois jusqu'au raffinement : *Réponse subtile* (syn. INGÉNIEUX). *Raisonnement subtil. Une subtile interprétation. Nuance subtile* (syn. TÉNU). *Question subtile* (= qui exige beaucoup de finesse, de sagacité).

subtilement [syptilmɑ̃] adv. De façon subtile : *Discuter, raisonner subtilement* (syn. FINEMENT). *Se tirer subtilement d'une affaire difficile* (syn. HABILEMENT).

subtilisation [syptilizasjɔ̃] n. f. Action de subtiliser : *La subtilisation d'un portefeuille* (syn. VOL).

subtiliser [syptilize] v. i. (de *subtil*). *Litt.* Faire preuve d'une finesse excessive : *Ne subtilise pas, résume le projet.* ◆ v. t. Fam. *Subtiliser qqch,* le dérober adroitement : *Subtiliser une montre.*

subtilité [syptilite] n. f. **1.** Caractère de qqn, de qqch de subtil : *La subtilité d'un penseur, d'une réponse, d'une manœuvre.* — **2.** Pensée, parole d'une finesse excessive : *Discuter sur des subtilités* (syn. ARGUTIE).

subtropical, e, aux [sybtrɔpikal] adj. **1.** Situé sous les tropiques. — **2.** *Climat subtropical,* climat chaud à longue saison sèche.

suburbain, e [sybyrbɛ̃] adj. (lat. *suburbanus,* sous la ville). À la périphérie immédiate d'une grande ville : *Les communes suburbaines de Paris* (= de la banlieue proche).

subvenir [sybvənir] v. t. ind. (lat. *subvenire,* venir au secours de) [c. **22**; auxil. *avoir*]. *Subvenir aux besoins de qqn,* lui procurer ce qui lui est nécessaire : *Avec le salaire qu'elle gagne, elle n'arrive pas à subvenir aux besoins de sa famille* (syn. POURVOIR, SATISFAIRE).

subvention [sybvɑ̃sjɔ̃] n. f. (lat. *subventio,* aide). Somme d'argent versée par l'État, par une collectivité locale, par une société, etc., à une entreprise, à une association, à qqn : *Les théâtres nationaux reçoivent une subvention de l'État. Accorder une subvention à une école* (syn. SUBSIDE).

subventionner [sybvɑ̃sjɔne] v. t. *Subventionner une collectivité, qqn,* etc., leur fournir une subvention : *Subventionner un journal, une association.*

subversif, ive [sybvɛrsif] adj. Propre à bouleverser, à renverser l'ordre établi : *Des propos subversifs. Des opinions, des menées subversives. Guerre subversive* (= action concertée, dirigée contre les autorités d'un pays par des organisations clandestines).

subversion [sybvɛrsjɔ̃] n. f. (du lat. *subvertere,* renverser). Action de troubler, de renverser l'ordre établi, les lois, les principes : *Déjouer une tentative de subversion.*

suc [syk] n. m. (lat. *sucus,* sève). **1.** Liquide organique imprégnant un tissu animal ou végétal : *Extraire le suc d'une viande, d'une plante, d'un fruit* (syn. JUS). — **2.** *Litt.* Le meilleur de qqch : *Elle a bien profité de la lecture de ce livre, elle en a tiré tout le suc* (syn. SUBSTANCE).

succédané [syksedane] n. m. (lat. *succedaneus,* substitué). Produit qui peut en remplacer un autre : *Un succédané de café, de caoutchouc* (syn. ERSATZ).

succéder [syksede] v. t. ind. (lat. *succedere,* aller sous) [c. **10**]. **1.** (sujet qqn) *Succéder à qqn,* parvenir après lui à une dignité, à une charge, à un emploi : *Louis XIII a succédé à Henri IV. Elle succédera à son père à la direction de l'entreprise* (syn. REMPLACER). — **2.** (sujet qqch) *Succéder à qqch,* venir après, à la suite (dans le temps ou dans l'espace) : *La pluie succède à l'orage* (syn. SUIVRE). *Dans le bocage, les prairies succèdent aux champs cultivés* (syn. ALTERNER [AVEC]). ◆ ***se succéder*** v. pr. (sujet qqn, qqch [pl.]) Venir, arriver, se produire l'un après l'autre, former une série : *Ils se succéderont de père en fils dans cette entreprise. Les beaux jours se sont succédé sans interruption pendant un mois* (syn. SE SUIVRE). *Les hôtels particuliers se succèdent dans cette rue.*

succès [syksɛ] n. m. (lat. *successus*). **1.** Résultat heureux obtenu dans une entreprise, dans une affaire, dans un travail : *Son succès est dû à son mérite et à sa persévérance* (syn. RÉUSSITE; contr. ÉCHEC). *Succès militaire, sportif* (syn. VICTOIRE, ↑EXPLOIT). — **2.** Intérêt et approbation du public envers qqn ou qqch qui lui plaît : *Avoir du succès au théâtre, au cinéma. Roman qui obtient un vif succès* (syn. ↑TRIOMPHE). *Un succès fou. Une pièce, un film à succès* (= qui plaît au public). *Le succès d'une mode* (syn. VOGUE). *Un succès de librairie* (= best-seller). — **3.** *À succès,* qui suscite l'admiration du public : *Auteur à succès.* ‖ *Avoir du succès auprès des hommes, des femmes,* leur plaire.

successeur [syksɛsœr] n. m. (de *succéder*). Personne qui prend la suite d'une autre dans certaines fonctions, dans une profession, dans un art, dans une science, etc. : *Nommer, désigner son successeur* (syn. REMPLAÇANT). *Le successeur de Molière dans le théâtre comique* (syn. CONTINUATEUR).

successif, ive [syksɛsif] adj. Se dit de choses qui se succèdent : *Des découvertes successives. Les générations successives.*

succession [syksɛsjɔ̃] n. f. (lat. *successio*). **1.** Série de personnes ou de choses qui se suivent sans interruption ou à peu d'intervalle : *La succession des jours et des nuits, des saisons* (syn. ALTERNANCE). *Succession d'événements, d'incidents* (syn. SUITE, CASCADE, SÉRIE), *de formalités* (syn. fam. KYRIELLE). *La vie est une succession de joies et de peines* (syn. ALTERNATIVE). — **2.** Transmission légale, à une ou plusieurs personnes vivantes, des biens d'une personne décédée; ensemble des biens transmis : *Partager une succession* (syn. HÉRITAGE).

successivement [syksɛsivmɑ̃] adv. D'une manière successive : *Ces événements se produisirent successivement* (= l'un après l'autre). *Elle passait successivement de la joie à la tristesse* (syn. TOUR À TOUR).

succinct, e [syksɛ̃] adj. (lat. *succinctus,* court vêtu). **1.** Énoncé en peu de mots : *Discours, récit succinct* (syn. COURT, SOMMAIRE). — **2.** Qui s'exprime en peu de mots : *Un auteur succinct* (syn. BREF, CONCIS). — **3.** Peu abondant : *Repas succinct.*

succinctement [syksɛ̃tmɑ̃] adv. De manière succincte : *Elle nous a dit succinctement ce qui s'était passé* (syn. BRIÈVEMENT, SOMMAIREMENT).

succion [syksjɔ̃] n. f. Action de sucer : *Un bruit de succion.*

succomber [sykɔ̃be] v. i. (lat. *succumbere,* tomber sous). **1.** (sujet qqn) Mourir, périr après une lutte plus ou moins longue : *Plusieurs blessés de la catastrophe ont succombé à leur arrivée à l'hôpital. Succomber à la suite d'une fracture du crâne.* — **2.** (sujet collectif)

Être écrasé par une force supérieure : *La résistance succombant sous le nombre.* — **3.** (sujet qqn) Céder à la séduction. ◆ v. t. ind. *Succomber à qqch,* ne pas y résister : *Succomber au sommeil, à la fatigue, à la tentation* (syn. CÉDER À; contr. RÉSISTER À).

succulence [sykylɑ̃s] n. f. Qualité d'un mets succulent : *La succulence d'un aliment.*

succulent, e [sykylɑ̃] adj. (du lat. *succus,* suc). Qui a une saveur délicieuse : *Des mets succulents. Un repas succulent* (syn. EXCELLENT, SAVOUREUX).

succursale [sykyrsal] n. f. (du lat. *succurrere,* aider). Chacun des établissements d'une même maison commerciale ou bancaire, répartis sur tout le territoire.

sucer [syse] v. t. (du lat. *succus,* suc) [c. **1**]. **1.** *Sucer qqch,* l'attirer dans sa boucher par aspiration : *Sucer la moelle d'un os, le jus d'un fruit.* — **2.** Exercer une pression avec la langue, les lèvres sur qqch qu'on a dans la bouche : *Sucer son pouce, le tuyau de sa pipe;* faire fondre dans sa bouche : *Sucer un bonbon.* — **3.** Litt. *Sucer avec le lait,* acquérir, recevoir dès l'enfance certaines idées, certains sentiments.

sucette [sysɛt] n. f. (de *sucer*). Bonbon de forme allongée, fixé à l'extrémité d'un bâtonnet.

suçon [sysɔ̃] n. m. *Fam.* Marque qu'on fait sur la peau en la suçant fortement.

suçoter [sysɔte] v. t. *Fam.* Sucer en léchant du bout des lèvres : *Suçoter un bonbon.*

sucrage [sykraʒ] n. m. Action de sucrer.

sucrant, e [sykrɑ̃] adj. Qui sucre : *Pouvoir sucrant de la saccharine.*

sucre [sykr] n. m. (it. *zucchero*). **1.** Glucide soluble dans l'eau, à saveur sucrée, existant dans de nombreux végétaux dont il est extrait : *Le sucre de la betterave et de la canne à sucre est le saccharose. Le sucre des fruits est le glucose. Du sucre en morceaux, en poudre.* — **2.** Morceau de sucre : *Mettre plusieurs sucres dans son café.* — **3.** *Être en sucre,* avoir peu de résistance. ‖ *Être tout sucre tout miel,* être très doucereux. ‖ *Pain de sucre,* masse de sucre blanc coulée dans des moules coniques; piton de granite dans les régions tropicales. ‖ *En pain de sucre,* de forme conique : *Un sommet en pain de sucre.*

sucré, e [sykre] adj. **1.** Qui contient du sucre et en a la saveur : *Raisins bien sucrés.* — **2.** Additionné de sucre : *Café sucré.* — **3.** Qui affecte une douceur extrême : *Prendre un air sucré.* ◆ ***sucré*** n. m. Saveur sucrée : *Aimer le sucré.* ◆ n. *Faire le* (ou *la*) *sucré(e),* se montrer aimable avec affectation; jouer l'innocence, la modestie.

sucrer [sykre] v. t. *Sucrer un aliment, une boisson,* y ajouter du sucre ou une substance à saveur sucrée : *Sucrer un café avec un morceau de sucre, avec du miel, de la saccharine.* ◆ ***se sucrer*** v. pr. *Fam.* **1.** Prendre du sucre, en mettre dans une boisson : *Sucrez-vous.* — **2.** *Fam.* S'attribuer la plus grande part dans une affaire, un partage.

sucrerie [sykrəri] n. f. **1.** Usine où on fabrique le sucre. — **2.** Confiserie à base de sucre (pl.).

1. sucrier, ère [sykrije] adj. Relatif à la fabrication du sucre : *Industrie sucrière.*

2. sucrier [sykrije] n. m. **1.** Fabricant de sucre. — **2.** Récipient dans lequel on met du sucre.

sud [syd] n. m. (de l'anc. angl. *suth*). **1.** Un des quatre points cardinaux, celui qui est opposé au nord : *Immeuble exposé au sud* (syn. MIDI). — **2.** Ensemble des régions d'un pays qui se trouvent le plus au sud relativement aux autres parties : *Le sud de l'Angleterre. La France du Sud.* — **3.** *Au sud de,* dans une région située plus près du sud, relativement à une autre : *On annonce des orages au sud de la Loire.* ◆ adj. inv. Qui est au sud : *La côte sud de l'Italie. Le pôle Sud.*

sud-africain, e [sydafrikɛ̃] adj. et n. D'Afrique du Sud.

sud-américain, e [sydamerikɛ̃] adj. et n. D'Amérique du Sud.

sudation [sydasjɔ̃] n. f. (lat. *sudatio*). Production de sueur (techn.; syn. TRANSPIRATION).

sud-coréen, enne [sydkɔreɛ̃] adj. et n. De Corée du Sud.

sud-est [sydɛst] n. m. Point de l'horizon situé entre le sud et l'est; partie d'un pays située dans cette direction : *Un vent du sud-est. Le sud-est de l'Espagne.* ◆ adj. inv. Qui est au sud-est : *La côte sud-est de l'Italie.*

sudorifique [sydɔrifik] adj. Qui provoque la sudation.

sudoripare [sydɔripar] adj. (du lat. *sudor,* sueur, et *parere,* engendrer). *Glande sudoripare,* qui sécrète la sueur.

sud-ouest [sydwɛst] n. m. Point de l'horizon situé entre le sud et l'ouest; partie d'un pays située dans cette direction. ◆ adj. inv. Qui est au sud-ouest : *La région sud-ouest de l'Allemagne.*

suédois, e [sɥedwa] adj. et n. De Suède. ◆ ***suédois*** n. m. Langue scandinave parlée en Suède.

suée [sɥe] n. f. *Fam.* Transpiration abondante, à la suite d'un effort, d'un travail pénible, d'une émotion : *Nous avons attrapé une bonne suée à transporter cette malle.*

suer [sɥe] v. i. (lat. *sudare*). **1.** (sujet qqn) Éliminer par les pores de la peau un liquide appelé « sueur » : *Suer à grosses gouttes* (syn. TRANSPIRER). — **2.** Se donner beaucoup de peine, de fatigue : *Elle a sué pour rédiger cet article. J'ai bien sué sur ce travail.* — **3.** (sujet qqch) Dégager de l'humidité : *Les murs suent pendant le dégel* (syn. SUINTER). — **4.** Fam. *Faire suer qqn,* l'exaspérer, l'excéder, l'importuner. ‖ Fam. *Se faire suer,* s'ennuyer. ◆ v. t. Révéler, exprimer par des signes extérieurs : *Un intérieur qui sue la misère. Une personne qui sue l'ennui, l'orgueil* (syn. EXHALER).

sueur [sɥœr] n. f. (lat. *sudor*). **1.** Liquide incolore, salé, d'une odeur particulière, qui suinte par les pores de la peau : *La sueur inondait son visage, lui dégouttait du front. Elle était trempée, ruisselante de sueur* (syn. TRANSPIRATION). — **2.** *Avoir des sueurs froides,* avoir très peur. ‖ *Gagner son pain à la sueur de son front,* se donner beaucoup de mal pour gagner sa vie.

suffire [syfir] v. t. ind. (lat. *sufficere,* pourvoir) [c. **72**]. **1.** (sujet qqch) *Suffire pour qqch, pour* (+ *inf.*), constituer la quantité suffisante, la qualité ou le degré nécessaires pour obtenir tel ou tel effet : *Cette somme suffira pour acheter l'appartement. Un rien suffit pour te contrarier. Ces quelques idées suffisent pour une première approche du problème;* sans compl. : *Ça suffit, ça suffit comme ça* (fam.; = en voilà assez). *Suffit!* (= c'est assez); impersonnellem., avec un inf. ou une complétive au subj. comme sujet : *Il ne suffit pas d'avoir de l'argent pour être heureux. Il suffit qu'on lui interdise quelque chose pour qu'il le fasse.* — **2.** (sujet qqch, qqn) *Suffire à qqn,* être capable de satisfaire ses besoins ou ses aspirations : *Elle se passe de cinéma; la télévision lui suffit. Sa famille lui suffit, il n'a pas d'amis. Un logement de deux pièces me suffit;* impersonnellem., avec un inf. ou une complétive au subj. comme sujet : *Il lui suffit de prendre quelques jours de vacances pour être rétablie. Il suffit que vous la laissiez tranquille pour qu'elle soit moins nerveuse.* — **3.** (sujet qqn) *Suffire pour qqch, pour* (+ *inf.*), être la personne capable à elle seule de fournir ce qui est nécessaire : *Une seule secrétaire suffit pour ce travail, pour effectuer ce travail;* impersonnellem. : *Il suffit d'une seule secrétaire pour faire ce travail.* — **4.** (sujet qqch) *Suffire pour qqch, pour, à* (+ *inf.*), constituer l'élément essentiel pour obtenir tel ou tel résultat : *Une seule serrure suffit pour bloquer la porte. Un verre suffit à le rendre ivre.* ◆ ***se suffire*** v. pr. (sujet qqn, qqch) Ne pas avoir besoin de l'aide des autres; exister par soi-même : *Il n'est pas possible de se suffire à soi-même. Un pays qui se suffit à lui-même. Cette définition se suffit à elle-même.*

suffisamment [syfizamɑ̃] adv. De façon suffisante : *Avoir suffisamment travaillé. Être suffisamment couvert* (syn. ASSEZ).

suffisance [syfizɑ̃s] n. f. **1.** Quantité assez grande : *Elle ne souhaite pas plus d'argent, elle en a sa suffisance* (= son content). *Il y a cette année du blé et du vin en suffisance* (= suffisamment). — **2.** Comportement de qqn de suffisant : *Personne d'une suffisance insupportable* (syn. PRÉTENTION, VANITÉ; contr. MODESTIE).

suffisant, e [syfizɑ̃] adj. (de *suffire*). **1.** Qui est en quantité assez grande : *Avoir des ressources suffisantes pour vivre. Obtenir des résultats suffisants* (syn. HONORABLE, SATISFAISANT). — **2.** *Péjor.* Se dit de qqn qui manifeste dans son attitude une excessive satisfaction de soi : *Ne trouvez-vous pas que cet écrivain est vraiment suffisant quand il parle de son œuvre?* (syn. PRÉTENTIEUX, VANITEUX; litt. FAT). *Avoir un air suffisant.*

suffixation [syfiksasjɔ̃] n. f. Moyen morphologique employé pour former, avec des suffixes, des unités lexicales à partir de mots de base (ou racines).

suffixe [syfiks] n. m. (lat. *suffixus,* fixé sous). Élément qui se place à la fin d'un mot ou d'un radical et en modifie la forme et le sens (ex. : *-age* dans *arrosage, -ment* dans *assagissement*).

suffixé, e [syfikse] adj. Qui est pourvu d'un suffixe : *Les mots suffixés perdent parfois leur lien sémantique avec le mot simple («soupirail», de «soupirer»; «apanage», de «pain»).*

suffocant, e [syfɔkɑ̃] adj. **1.** Qui gêne ou fait perdre la respiration : *Chaleur suffocante* (syn. ÉTOUFFANT). *Fumée suffocante* (syn. ASPHYXIANT). — **2.** Qui saisit et stupéfie : *Révélations suffocantes* (syn. ↓ ÉTONNANT).

suffocation [syfɔkasjɔ̃] n. f. Sensation d'oppression produite par la suspension ou la gêne de la respiration.

suffoquer [syfɔke] v. t. (lat. *suffocare,* étouffer) [sujet qqch] **1.** *Suffoquer qqn,* lui rendre la respiration difficile : *Il fait une chaleur qui vous suffoque* (syn. ÉTOUFFER). *Les sanglots la suffoquaient* (syn. OPPRESSER). — **2.** *Suffoquer qqn,* lui causer une violente émotion : *Cette nouvelle nous a tous suffoqués.* ◆ v. i. (sujet qqn) **1.** Respirer avec peine, perdre le souffle : *Il était tellement commotionné qu'il suffoquait.* — **2.** Ressentir une vive émotion au point de perdre la respiration : *Suffoquer de colère, d'indignation.*

suffrage [syfraʒ] n. m. (lat. *suffragium,* tesson avec lequel on votait). **1.** Vote par lequel qqn exprime son choix, dans une délibération, une élection, etc. : *Le président sortant a obtenu la majorité des suffrages* (syn. VOIX). — **2.** Mode de votation : *Suffrage direct* (= dans lequel l'électeur vote lui-même pour la personne à élire). *Suffrage universel* (= dans lequel le corps électoral est constitué par tous les citoyens). — **3.** Opinion favorable, adhésion : *Cette pièce a remporté tous les suffrages.*

suggérer [sygʒere] v. t. (lat. *suggerere,* porter sous) [c. **10**]. **1.** (sujet qqn) *Suggérer qqch à qqn,* le lui inspirer pour qu'il l'adopte : *Suggérer une idée, une solution* (syn. CONSEILLER, SOUFFLER). — **2.** (sujet qqch) Faire naître une idée, une image : *Un poème qui suggère des sentiments nobles. Le bruit de la source suggère la fraîcheur* (syn. ÉVOQUER, FAIRE PENSER À).

suggestif, ive [sygʒɛstif] adj. (angl. *suggestive*). **1.** Qui suggère des idées, des sentiments, des images : *Musique suggestive* (syn. ÉVOCATEUR). — **2.** Qui inspire des idées érotiques : *Photographies suggestives. Déshabillés suggestifs.*

suggestion [sygʒɛstjɔ̃] n. f. **1.** Action de suggérer, de conseiller : *Une heureuse suggestion. Ce que je vous ai dit est une simple suggestion* (syn. CONSEIL). — **2.** État inconscient de qqn qui a une idée, qui éprouve un sentiment, qui fait un acte qui lui sont inspirés de l'extérieur (psychologie).

suggestionner [sygʒɛstjɔne] v. t. *Suggestionner qqn,* le faire penser ou agir par suggestion : *Personne est très facile à suggestionner.*

suicidaire [sɥisidɛr] adj. et n. Qui aboutit au suicide : *Des idées suicidaires. Un comportement suicidaire.*

suicide [sɥisid] n. m. **1.** Action de se donner la mort : *Une tentative de suicide.* — **2.** Action d'exposer gravement sa vie, son autorité, son crédit, etc. : *Cette expédition est un véritable suicide. Un suicide politique.*

suicidé, e [sɥiside] n. Personne qui s'est donné la mort.

suicider (se) [sɥiside] v. pr. (du lat. *sui,* de soi, et *caedere,* tuer). Se donner volontairement la mort.

suie [sɥi] n. f. (gaul. *studia*). Matière noire, que la fumée dépose à la surface d'un corps mis en contact avec elle.

suif [sɥif] n. m. (lat. *sebum,* graisse). En boucherie, partie de la graisse des ruminants.

sui generis [sɥiʒeneris] loc. adj. (mots lat. signif. *de son espèce*). Caractéristique de son genre ou de son espèce : *Odeur sui generis.*

suint [sɥɛ̃] n. m. (de *suer*). Matière grasse dont est imprégnée la toison des moutons.

suintement [sɥɛ̃tmɑ̃] n. m. Fait de suinter : *Le suintement d'une muraille.*

suinter [sɥɛ̃te] v. i. (de *suint*). **1.** (sujet un liquide) S'écouler lentement, goutte à goutte : *L'eau suinte à travers les rochers.* — **2.** (sujet qqch) Laisser s'écouler un liquide : *Un mur qui suinte.*

1. suisse [sɥis] adj. et n. De Suisse (le fém. du n. est parfois *Suissesse*).

2. suisse [sɥis] n. m. Employé d'église en uniforme, qui précède le clergé dans les cortèges et qui veille au bon ordre durant les offices.

suite [sɥit] n. f. (lat. *secutus,* ayant suivi). **1.** Ensemble des personnes qui accompagnent un haut personnage : *Le chef de l'État et sa suite* (syn. ESCORTE). — **2.** Ce qui vient après ce qui est connu, énoncé, arrivé : *La suite d'une énumération. Pour comprendre ce passage, il faut lire la suite. Attendons la suite des événements* (= ce qui arrivera plus tard). — **3.** Ensemble de personnes ou de choses qui se suivent dans l'espace ou dans le temps : *Une longue suite d'aïeux, de descendants* (syn. POSTÉRITÉ). *Une suite de maisons, de rues. Sa vie n'est qu'une suite de succès* (syn. SÉRIE). ‖ *Prendre la suite de qqn,* lui succéder : *Elle a pris la suite de son père dans la boulangerie.* — **4.** Ce qui résulte de qqch : *Ce qui lui arrive est la suite naturelle de sa conduite* (syn. CONSÉQUENCE, RÉSULTAT). *Les suites d'une maladie* (syn. SÉQUELLES). *Cette querelle peut avoir des suites fâcheuses. Elle est morte des suites d'une chute en montagne. Donner suite à une commande* (= la satisfaire). *Projet qui n'a pas eu de suite* (= qui n'a pas eu d'exécution). — **5.** Ordre, liaison logique : *Tenir des propos sans suite* (= incohérents). *Il y a beaucoup de suite dans ses raisonnements, dans ses réponses. Avoir de la suite dans les idées* (= être capable d'une attention continue, de persévérance dans le même ordre d'idées). — **6.** *À la suite de,* après : *À la suite de cet accident elle a dû cesser toute activité.* || *Dans la suite, par la suite,* plus tard. || *De suite,* à la file, sans interruption : *Manger douze huîtres de suite* (syn. D'AFFILÉE). *Être incapable de dire deux mots de suite.* || *Et ainsi de suite,* et de même en continuant : *Pour apprendre ce texte par cœur, vous le lisez une fois, deux fois, trois fois, et ainsi de suite.* || *Par suite (de),* par une conséquence naturelle : *Par suite des pluies, la rivière a débordé.* || *Suite à,* en réponse à : *Suite à votre lettre...* || *Tout de suite,* immédiatement, sans délai : *Répondez-moi tout de suite* (syn. SUR-LE-CHAMP). *Revenez tout de suite* ou, fam., *de suite.* — **7.** Œuvre musicale composée d'une série de pièces instrumentales écrites dans le même ton.

1. suivant, e [sɥivɑ̃] adj. Qui vient après une autre dans une série : *Vous trouverez les renseignements à la page suivante. La vente aura lieu demain et les jours suivants.* ◆ adj. et n. Se dit de qqn qui vient immédiatement après un autre : *Faites entrer la personne suivante. A la suivante de ces dames, dit le coiffeur.*

2. suivant [sɥivɑ̃] prép. **1.** Selon une ligne donnée : *Découper une feuille suivant le pointillé.* — **2.** Conformément à : *Suivant son habitude, elle arrivera à temps.* — **3.** En proportion de, en fonction de : *Traiter les gens suivant leurs mérites. Travailler suivant ses forces. Suivant le cas. Suivant le temps et le lieu.* — **4.** *Suivant que,* dans la mesure où : *On obtient un résultat différent suivant qu'on ajoute ou qu'on retranche cet élément.*

suiveur, euse [sɥivœr] n. **1.** Personne qui escorte une course cycliste : *Les suiveurs du Tour de France.* — **2.** Celui qui ne fait que suivre les autres sans esprit critique.

suivi, e [sɥivi] adj. **1.** Qui a lieu de façon continue : *Correspondance suivie* (syn. RÉGULIER). *Relations suivies.* — **2.** Fréquenté : *Un cours très suivi.* — **3.** Dont les parties s'enchaînent d'une façon logique : *Raisonnement suivi* (syn. COHÉRENT).

suivisme [sɥivism] n. m. Attitude de qqn qui se conforme aux initiatives des autres sans esprit critique.

suiviste [sɥivist] n. Qui fait preuve de suivisme (syn. SUIVEUR).

suivre [sɥivr] v. t. (lat. *sequi*) [c. **62**]. **1.** *Suivre qqn, qqch,* aller derrière qqn, qqch en mouvement : *Elle marchait la première, ses camarades la suivaient. Suivre quelqu'un de près* (= le talonner, lui emboîter le pas). *Un policier l'a suivi plusieurs jours* (syn. PISTER). *Suivre un cheval au galop* (= aller aussi vite que lui). *Les jeunes animaux suivent leur mère. Suivre une voiture dans une file. Faire suivre quelqu'un* (= le faire surveiller; syn. fam. FILER). — **2.** *Suivre qqn,* aller avec lui quand il se déplace : *Sa fille le suit dans tous ses voyages* (syn. ACCOMPAGNER). — **3.** *Suivre qqn dans la tombe,* mourir peu de temps après lui. || *Suivre qqn, qqch (des yeux),* les regarder qui s'éloignent : *Nous suivions l'avion dans le ciel.* || *Suivre qqn par la pensée, en pensée,* ne pas cesser de penser à lui, se représenter ce que fait celui qui est absent. — **4.** *Suivre un chemin, une direction (abstrait),* aller dans une direction déterminée : *Suivre un sentier. Suivre les traces de quelqu'un. Suivre le droit chemin* (= rester honnête). *Suivre une ligne d'action, de conduite. Suivre le fil de sa pensée, suivre son idée* (= s'y tenir). — **5.** *Suivre qqch (sentiment),* se laisser conduire par lui : *Suivre son imagination, sa fantaisie* (syn. S'ABANDONNER À). — **6.** *Suivre qqn,* penser, agir comme lui : *Suivre l'exemple de ses parents* (syn. IMITER). *Personne ne vous suivra dans cette décision.* — **7.** *Suivre le mouvement,* faire comme les autres. || *Suivre sa classe,* avoir les aptitudes nécessaires pour être au niveau de sa classe. — **8.** *Suivre qqch,* s'y conformer : *Suivre la mode. Suivre les conseils, les avis de quelqu'un* (syn. ÉCOUTER). *Suivre un ordre de grève* (syn. OBÉIR). *Suivre les préceptes de l'Évangile* (syn. OBSERVER). *Suivre un plan, une méthode. Suivre un traitement* (= prendre les remèdes prescrits par un médecin). — **9.** *Suivre qqn, qqch (action),* être attentif, s'intéresser à qqn, à l'évolution de qqch : *Suivre la carrière d'une personne. Suivre un élève* (= surveiller son travail pour le diriger). *Un médecin qui suit un malade. Suivre un match à la télévision. Suivre un cours, une classe* (= y assister régulièrement). *Suivre une affaire* (= s'en occuper sérieusement pour la faire réussir). *Suivre l'actualité* (= en observer le déroulement; syn. S'INTÉRESSER À). *Suivre un article* (terme de commerce; = en continuer la fabrication, la vente). — **10.** *Suivre qqn, son raisonnement,* le comprendre : *Suivez-moi bien, je vais tout vous expliquer. Elle parle trop vite, il est difficile de la suivre.* — **11.** *Suivre qqn, qqch,* venir après eux, par rapport au temps, au rang, au lieu, à la situation : *L'été suit le printemps. Vos bagages vous suivront. Sa maison suit la nôtre. Lisez les notes qui suivent le texte.* — **12.** (sujet qqch) *Suivre qqn,* venir en même temps, l'accompagner : *Son image me suit partout* (= est toujours présente à mes yeux). *Le remords la suivait toujours* (= la poursuivait; syn. OBSÉDER). — **13.** Longer, aller le long de : *La route suit le canal.* ◆ v. i. **1.** (sujet qqn) Écouter attentivement : *Élève qui ne suit pas en classe.* — **2.** (sujet qqch) Venir après : *Vous n'avez lu que le commencement de la lettre, voyez ce qui suit.* || *Faire suivre,* formule qu'on écrit sur l'enveloppe d'un envoi postal pour indiquer que, si le destinataire est absent, l'objet doit lui être renvoyé à sa nouvelle adresse. || *Il suit de qqch que* (+ *ind.*), il y a comme conséquence : *Il suit de ce que vous dites qu'elle n'a pas tort* (syn. RÉSULTER). ◆ ***se suivre*** v. pr. **1.** (sujet qqn, qqch [pl.]) Aller les uns derrière les autres : *Des personnes, des voitures qui se suivent à la file.* — **2.** (sujet qqch [pl.]) Être placé les uns derrière les autres, dans un ordre donné : *Des cartes, des numéros qui se suivent. Les jours se suivent et ne se ressemblent pas* (syn. SUCCÉDER). — **3.** (sujet qqch) Présenter de la logique, de la cohérence : *Un roman où tout se suit.*

1. sujet, ette [syʒɛ] adj. (lat. *subjectus,* soumis). *Sujet à qqch, à* (+ *inf.*), exposé à éprouver certaines maladies, certains inconvénients, à agir de telle ou telle manière (souvent critiquable) : *Être sujet à la migraine, au mal de mer, au vertige. Un homme sujet à de violentes colères. Il est assez sujet à s'enivrer. L'homme est sujet à se tromper.* ◆ n. Membre d'une collectivité soumise à l'autorité d'un souverain : *Les sujets de Sa Majesté.* ◆ ***sujet*** n. m. **1.** Être vivant pris comme objet d'expérience ou d'étude, ou comme objet de soins. — **2.** *Brillant sujet, sujet d'élite,* brillant élève. || *Mauvais sujet,* enfant, jeune homme dont la conduite est répréhensible.

2. sujet [syʒɛ] n. m. (lat. *subjectum,* ce qui est subordonné). **1.** Matière sur laquelle on parle, on écrit, on compose une œuvre littéraire, artistique, un travail scientifique : *Quel était le sujet de votre conversation? Passer d'un sujet à un autre. Sujet difficile à traiter. Trouver un sujet de comédie.* — **2.** Ce qui est l'occasion, le motif d'une action, d'un sentiment : *Dites-moi quel est le sujet de votre dispute* (syn. MOTIF). *Un sujet de mécontentement.* — **3.** *Au sujet de,* relativement à, à propos de : *Recevoir des reproches au sujet de sa conduite.* || *Avoir sujet de* (+ *inf.*), avoir un motif légitime de : *Vous n'avez pas sujet de vous plaindre* (syn. AVOIR LIEU DE). || *Sans sujet,* sans raison : *Protester sans sujet.* — **4.** Fonction grammaticale d'un groupe nominal qui donne ses marques de nombre, de personne et, éventuellement, de genre au verbe.

sujétion [syʒesjɔ̃] n. f. (lat. *subjecto,* soumission). 1. État de qqn astreint à quelque nécessité : *Certaines habitudes deviennent des sujétions* (syn. CONTRAINTE). — 2. Assiduité requise par un emploi, une fonction : *Ce poste comporte une grande sujétion* (syn. ASSUJETTISSEMENT).

sulfatage [sylfataʒ] n. m. Action de sulfater.

sulfater [sylfate] v. t. (du lat. *sulfur,* soufre). Projeter par pulvérisation un produit chimique sur les végétaux pour combattre un certain nombre de maladies.

sulfurique [sylfyrik] adj. *Acide sulfurique,* acide dérivé du soufre, corrosif violent.

sulky [sylki] n. m. (mot angl.). Voiture très légère à deux roues, utilisée pour les courses de trot attelé.

sultan [syltɑ̃] n. m. (mot ar.). Titre donné à certains princes musulmans.

sultanat [syltana] n. m. État placé sous l'autorité d'un sultan.

summum [sɔmmɔm] n. m. (mot lat. signif. *le plus haut*). *Être au summum de qqch (état),* au plus haut degré de (soutenu) : *Elle est au summum de la célébrité* (syn. APOGÉE).

sunlight [sœnlajt] n. m. (mot angl. signif. *lumière du soleil*). Projecteur de grande puissance, utilisé pour les prises de vues au cinéma.

1. super- [sypɛr], préfixe (lat. *super,* au-dessus). Qui indique une intensité très grande, une supériorité, une importance considérable : *supercarburant, superforteresse, superproduction, superfin,* etc. ; une position au-dessus d'une autre : *superstructure, superviser,* etc.

2. super [sypɛr] adj. inv. *Fam.* Au-dessus de l'ordinaire ; formidable.

3. super [sypɛr] n. m. Abrév. fam. de SUPERCARBURANT.

superbe [sypɛrb] adj. (lat. *superbus,* orgueilleux). 1. (après ou avant le n.) D'une très grande beauté ou qui provoque un étonnement admiratif : *Une femme superbe. Un superbe cavalier. Un cheval superbe* (syn. MAGNIFIQUE). — 2. (après le n.) Très agréable : *Il fait un temps superbe* (syn. SPLENDIDE). ◆ n. f. *Litt.* Orgueil.

superbement [sypɛrbəmɑ̃] adv. De façon superbe : *Appartement superbement meublé* (syn. SOMPTUEUSEMENT, MAGNIFIQUEMENT).

supercarburant ou **super** [sypɛr(karbyrɑ̃)] n. m. Essence de rendement supérieur.

supercherie [sypɛrʃəri] n. f. (it. *soperchieria,* excès). Tromperie calculée et faite avec une certaine finesse : *User de supercherie. Supercherie littéraire* (syn. MYSTIFICATION).

superfétatoire [sypɛrfetatwar] adj. (du lat. *superfetare,* concevoir de nouveau). Qui s'ajoute inutilement à qqch d'autre : *Explication superfétatoire* (syn. SUPERFLU).

superficie [sypɛrfisi] n. f. (lat. *superficies,* surface). 1. Étendue de la surface d'un terrain, d'une région, d'un appartement, etc. : *Calculer la superficie d'un champ.* — 2. Apparence, aspect extérieur : *S'arrêter, s'en tenir à la superficie des choses* (syn. SURFACE).

superficiel, elle [sypɛrfisjɛl] adj. 1. Qui n'existe qu'en surface : *Une plaie, une brûlure superficielle.* — 2. Se dit de qqn qui se contente d'effleurer une matière, de qqch qui n'est pas approfondi : *Un être superficiel* (syn. FRIVOLE, FUTILE). *Examen superficiel d'une question* (contr. EXHAUSTIF). *Travail superficiel. Des connaissances superficielles* (syn. SOMMAIRE). — 3. Qui n'est qu'apparent, qui n'est pas réellement éprouvé : *Une gaieté superficielle.*

superficiellement [sypɛrfisjɛlmɑ̃] adv. De façon superficielle : *Traiter une question superficiellement.*

superflu, e [sypɛrfly] adj. (du lat. *superfluere,* déborder). Qui n'est pas nécessaire ou exigé par la situation : *Donner des détails superflus dans un rapport* (= qui sont de trop). *Faire une dépense superflue* (syn. INUTILE ; contr. INDISPENSABLE). *Tenir des propos superflus* (syn. OISEUX ; contr. ESSENTIEL). *Exprimer des regrets superflus* (syn. VAIN). ◆ ***superflu*** n. m. Ce qui est au-delà du nécessaire : *Tu t'es acheté encore une robe, c'est vraiment du superflu !*

supergrand [sypergrɑ̃] n. m. Une des superpuissances.

1. supérieur, e [syperjœr] adj. (lat. *superior,* plus haut). 1. Situé au-dessus de qqch d'autre dans l'espace : *La mâchoire supérieure* (contr. INFÉRIEUR). *Les étages supérieurs d'un immeuble* (syn. ÉLEVÉ). — 2. Qui atteint un degré, un niveau plus élevé que qqch d'autre : *Température supérieure à la normale. Son travail est supérieur au vôtre* (syn. MEILLEUR). — 3. Qui surpasse les autres personnes par ses connaissances, sa valeur, son mérite, sa force, etc. : *Personne qui se croit supérieure aux autres. Elle est douée d'une intelligence supérieure* (syn. TRANSCENDANT). *Prendre un air, un ton supérieur* (= qui indique un sentiment de supériorité ; syn. FIER). — 4. Qui l'emporte sur qqch d'autre par son importance, sa valeur, etc. : *Agir au nom d'un intérêt supérieur. Produit de qualité supérieure* (syn. EXCELLENT, EXTRA ; contr. MÉDIOCRE). — 5. Qui occupe un rang, un ordre plus élevé dans une hiérarchie administrative, sociale, etc. : *Les cadres supérieurs d'une entreprise. Les officiers supérieurs.* — 6. *Enseignement supérieur,* donné dans les universités et les grandes écoles.

2. supérieur, e [syperjœr] n. 1. Personne qui exerce une autorité sur d'autres : *Obéir à ses supérieurs.* — 2. Celui ou celle qui est à la tête d'une communauté religieuse.

supérieurement [syperjœrmɑ̃] adv. De façon supérieure : *Être supérieurement intelligent* (syn. ÉMINEMMENT). *Chanter supérieurement* (syn. PARFAITEMENT).

supériorité [syperjɔrite] n. f. État supérieur : *La supériorité du rang, du talent. Avoir conscience de sa supériorité. L'ennemi avait la supériorité du nombre.*

superlatif [sypɛrlatif] n. m. (lat. *superlatum,* ce qui est porté au-dessus). 1. Degré de signification de l'adjectif et de l'adverbe qui marque qu'une qualité est portée à un très haut degré *(superlatif absolu ;* ex. *Il est très aimable)* ou au degré le plus élevé ou le moins élevé *(superlatif relatif ;* ex. *C'est le plus* ou *le moins aimable des hommes).* — 2. Adjectif ou adverbe indiquant un très haut degré : *Abuser des superlatifs.*

supermarché [sypɛrmarʃe] n. m. Magasin de grande surface (400 à 2 500 m²) vendant tous les produits en libre-service.

superposable [sypɛrpozabl] adj. Qu'on peut superposer.

superposer [sypɛrpoze] v. t. (lat. *superponere,* placer sur). *Superposer des choses,* les poser, les placer l'une sur l'autre : *Superposer des étagères, des livres* (syn. ENTASSER, EMPILER). ◆ ***se superposer*** v. pr. 1. Se placer l'un sur l'autre : *Des images qui se superposent.* — 2. *Se superposer à qqch,* s'y ajouter.

superposition [sypɛrpozisjɔ̃] n. f. Action de superposer.

superproduction [sypɛrprɔdyksjɔ̃] n. f. Film à grand spectacle, dont le prix de fabrication est nettement supérieur à la moyenne.

superpuissance [sypɛrpɥisɑ̃s] n. f. Nom donné aux principales puissances mondiales.

supersonique [sypɛrsɔnik] adj. Qui va plus vite que le son : *Un avion supersonique.*

superstitieux, euse [sypɛrstisjø] adj. et n. Influencé par la superstition : *Il est très superstitieux; il ne peut pas passer sous une échelle. Pratiques superstitieuses.*

superstition [sypɛrstisjɔ̃] n. f. (lat. *superstitio,* croyance). **1.** Croyance au pouvoir surnaturel de forces occultes, à divers présages tirés d'événements purement fortuits (salière renversée, nombre treize, etc.). — **2.** Attachement exclusif et exagéré ou non justifié à qqch : *Avoir la superstition du passé.*

superstructure [sypɛrstryktyr] n. f. **1.** Partie d'une construction située au-dessus du sol; partie d'un navire au-dessus du pont. — **2.** Ensemble des institutions politiques, des idéologies, des faits de culture, considérés dans leur dépendance par rapport à l'infrastructure économique et dans leur action sur elle.

superviser [sypɛrvize] v. t. *Superviser un travail,* le contrôler sans entrer dans les détails : *Superviser la rédaction d'un ouvrage collectif. Superviser un film.*

superviseur, euse [sypervizœr] n. Personne qui supervise.

supervision [sypɛrvizjɔ̃] n. f. Action de superviser.

supin [sypɛ̃] n. m. (lat. *supinus,* inerte). Forme nominale du verbe latin.

supplanter [syplɑ̃te] v. t. (lat. *supplantare,* renverser). **1.** (sujet qqn) *Supplanter qqn,* prendre sa place auprès de qqn en l'écartant : *Supplanter un rival* (syn. ÉVINCER). — **2.** (sujet qqch) *Supplanter qqch,* prendre sa place dans l'usage qui en est fait : *Mot qui en supplante un autre* (syn. REMPLACER).

suppléance [sypleɑ̃s] n. f. Remplacement temporaire d'un fonctionnaire, d'un membre d'une assemblée, d'un bureau, etc., par qqn désigné à cet effet : *Institutrice chargée d'une suppléance.*

suppléant, e [sypleɑ̃] adj. et n. Qui supplée : *Un juge suppléant. Elle n'est pas titulaire, elle est suppléante.*

suppléer [syplee] v. t. (lat. *supplere,* compléter) [sujet qqn]. **1.** Litt. *Suppléer qqch,* l'ajouter pour fournir ce qui manque : *Si elle ne peut pas réunir toute la somme, nous suppléerons le reste. Suppléer un mot sous-entendu dans une phrase.* — **2.** *Suppléer qqn,* le remplacer dans ses fonctions (admin.) : *Suppléer un professeur, un juge.* ◆ v. t. ind. *Suppléer à qqch,* y apporter ce qui manque, pour compenser une insuffisance, une déficience : *Ces appareils suppléent au manque de femme de ménage. Sa bonne volonté suppléera à son manque d'initiative.*

supplément [syplemɑ̃] n. m. (lat. *supplementum*). **1.** Ce qui s'ajoute à qqch considéré comme complet, ce qui est donné ou reçu en plus : *Recevoir un supplément de crédits* (syn. SURPLUS). *Attendre un supplément d'information* (syn. SURCROÎT). *Demander un supplément de frites.* — **2.** Ce qui s'ajoute à un livre, à une publication pour les compléter : *Faire paraître le supplément d'un dictionnaire. Supplément littéraire, artistique d'un journal.* — **3.** Somme versée en plus du prix de base pour obtenir un avantage : *Un menu à prix fixe comportant des plats avec supplément. Un supplément pour couchettes dans le train.* — **4.** Billet que délivre un contrôleur de chemins de fer, de théâtre, etc., pour constater qu'on a payé une somme supplémentaire.

supplémentaire [syplemɑ̃tɛr] adj. Qui constitue un supplément, sert de supplément : *Demander des crédits supplémentaires, un délai supplémentaire. Heure supplémentaire* (= heure de travail accomplie au-delà de la durée légale du travail et payée à un tarif plus élevé). *Train, autocar, autobus,* etc., *supplémentaire* (= mis en service en cas d'affluence).

supplétif, ive [sypletif] adj. et n. m. (du lat. *supplere,* remplir). Se dit de militaires engagés temporairement en complément de troupes régulières.

suppliant, e [syplijɑ̃] adj. et n. Qui supplie : *Une mère suppliante. Voix suppliante* (syn. IMPLORANT). *Regards, gestes suppliants.*

supplication [syplikasjɔ̃] n. f. Prière faite avec insistance et soumission : *Le juge est resté insensible aux supplications de la mère de l'accusé* (syn. ADJURATION).

supplice [syplis] n. m. (lat. *supplicium*). **1.** Peine corporelle pouvant entraîner la mort : *Le supplice de la roue, du gibet. Condamner un criminel au supplice* (litt.; = à la mort). *Mener quelqu'un au supplice* (= au lieu de l'exécution). — **2.** Violente douleur physique : *Le mal de dents est un supplice.* — **3.** Souffrance morale qui met à la torture : *Éprouver le supplice de la jalousie. La lecture de ce livre insipide est un supplice.* — **4.** *Être, mettre au supplice,* éprouver, donner de l'inquiétude, de l'impatience, de l'agacement, etc. — **5.** *Supplice de Tantale,* situation très pénible de qqn qui ne peut atteindre ce qu'il désire.

supplicié, e [syplisje] n. Qu'on a torturé avant de mettre à mort.

supplicier [syplisje] v. t. Faire subir la torture ou la peine de mort (surtout pass.).

supplier [syplije] v. t. (lat. *supplicare,* se plier sur les genoux). **1.** *Supplier qqn de* (+ *inf.*), lui demander qqch avec humilité et insistance : *Je vous supplie de me croire et de me pardonner* (syn. IMPLORER). — **2.** *Supplier qqn de qqch, de* (+ *inf.*), *que* (+ *subj.*), le lui demander de façon pressante : *Elle vous a supplié de ne pas trahir le secret* (syn. ADJURER). *Laissez-moi partir, je vous en supplie* (syn. CONJURER, ↓PRIER).

supplique [syplik] n. f. (de *supplier*). *Litt.* Requête écrite pour demander une faveur.

support [sypɔr] n. m. **1.** Objet placé sous un autre pour le soutenir ou le consolider : *Le support d'une statue, d'un meuble.* — **2.** Moyen de communication auquel est confiée la transmission d'un message de publicité au public : *La presse, les annonces télévisées, l'affichage sont des supports publicitaires.*

supportable [sypɔrtabl] adj. Qu'on peut supporter : *Douleur supportable* (syn. TOLÉRABLE). *Température supportable. Un tel procédé, une telle conduite n'est pas supportable.*

1. supporter [sypɔrte] v. t. (lat. *supportare,* porter). **1.** *Supporter qqch, de* (+ *inf.*), *que* (+ *subj.*), endurer avec courage, avec patience ce qui est pénible : *Supporter une épreuve. Supporter les conséquences d'une mauvaise action* (syn. SUBIR). *On ne saurait supporter une telle insolence* (syn. ADMETTRE, TOLÉRER). *Supporter un affront, des injures* (syn. fam. ENCAISSER). *Il ne supporte pas d'être réprimandé. Elle ne supporte pas qu'on la taquine* (= elle ne tolère pas). — **2.** *Supporter qqn,* tolérer sa présence, sa compagnie, son attitude : *Il est tellement mal élevé que personne ne peut le supporter.* — **3.** (sujet qqn, qqch) *Supporter qqch,* résister à une action physique, à une épreuve : *Chaleur difficile à supporter. Elle supporte difficilement le froid. Je ne supporte pas le vin* (syn. TENIR). *Il ne fait pas chaud, on supporte facilement un manteau. Ce livre ne supporte pas l'examen. Cette plante supporte des variations de température.* — **4.** (sujet qqn) *Supporter qqch,* le prendre en charge : *Supporter tous les frais d'un procès.* — **5.** (sujet qqch) *Supporter qqch,* en soutenir la charge de façon à l'empêcher de tomber : *Un pilier qui supporte une voûte. Des colonnes qui supportent un édifice.* — **6.** *Supporter qqn,* lui apporter son encouragement, son appui : *Aller au Parc des Princes supporter son équipe* (syn. SOUTENIR).

2. supporter [sypɔrtɛr ou -œr] n. m. (mot angl. signif. *personne qui soutient*). **1.** Personne qui soutient une équipe, un athlète, un club de son choix. — **2.** Personne qui apporte son aide et son encouragement à qqn, qqch : *Les supporters d'un candidat aux élections.*

supposé, e [sypoze] adj. **1.** *Un nom supposé,* donné comme vrai, bien que faux. — **2.** *Supposé que* (+ *subj.*), dans l'hypothèse que : *Supposé qu'il fasse beau, viendrez-vous avec nous en promenade?* (syn. EN ADMETTANT QUE).

supposer [sypoze] v. t. (lat. *supponere,* mettre sous). **1.** (sujet qqn) *Supposer qqch, supposer que* (+ *ind.* ou *subj.*), l'admettre comme vrai ou en tant qu'hypothèse : *Vous commencez par supposer ce qui est en question* (syn. IMAGINER). *Vous supposez une chose impossible* (syn. CONJECTURER). *Je suppose qu'elle aura bientôt fini son travail* (syn. PRÉSUMER). *Son attitude laisse supposer qu'elle est fatiguée* (syn. INDIQUER). *À supposer que vous soyez refusé à votre examen, que ferez-vous?* — **2.** *Supposer qqch à qqn,* le lui attribuer : *Vous lui supposez des défauts qu'elle n'a pas* (syn. PRÊTER); avec un attribut de l'objet : *Vous le supposez bien intelligent.* — **3.** (sujet qqch) *Supposer qqch,* exiger nécessairement, logiquement son existence : *Les droits supposent les devoirs* (syn. IMPLIQUER). *Si vous acceptez ce travail, cela suppose que vous pouvez le faire.*

supposition [sypozisjɔ̃] n. f. **1.** Fait d'admettre provisoirement, sans preuves positives : *Ce qu'elle dit est une pure supposition* (syn. HYPOTHÈSE). *Une supposition gratuite.* — **2.** Fam. *Une supposition* (*que* [+ *subj.*]), admettons par exemple ceci : *Une supposition : quelqu'un veut vous obliger à mentir; que ferez-vous? Une supposition que vous soyez empêchés de venir, prévenez-nous à temps.*

suppositoire [sypozitwar] n. m. (lat. *suppositorius,* placé dessous). Préparation pharmaceutique de forme conique, de consistance solide, mais fusible à la température du corps qu'on introduit dans le rectum.

suppôt [sypo] n. m. (lat. *suppositus,* placé dessous). **1.** *Litt.* Complice des mauvais desseins de qqn : *Les suppôts d'un tyran* (syn. AGENT, PARTISAN). — **2.** *Suppôt de Satan,* être malfaisant.

suppression [syprɛsjɔ̃] n. f. Action de supprimer : *Suppression d'un emploi, d'un mot dans une phrase.*

supprimer [syprime] v. t. (lat. *supprimere,* enfoncer) [sujet qqn, qqch]. **1.** *Supprimer qqch,* le faire disparaître : *Supprimer des quartiers insalubres* (syn. DÉTRUIRE). *Supprimer un document d'un dossier* (syn. DÉROBER). *Ce médicament supprime la douleur* (= fait cesser). — **2.** *Supprimer qqch,* y mettre un terme : *Supprimer des emplois dans une administration. Supprimer un décret* (syn. ABROGER, ANNULER). *Supprimer la liberté de la presse* (syn. ABOLIR). — **3.** *Supprimer une publication,* l'empêcher de paraître ou la faire cesser de paraître : *Cet article a été supprimé par la censure. Supprimer un journal.* — **4.** *Supprimer qqch,* le retrancher d'un ensemble : *Ce texte est trop long, il faut en supprimer une partie* (syn. COUPER, ÔTER). *Supprimer une lettre dans un mot* (syn. BARRER, BIFFER). *Supprimer des détails inutiles dans un article* (syn. ÉLAGUER). — **5.** *Supprimer qqch à qqn,* lui en enlever l'usage : *On lui a supprimé son permis de conduire* (syn. RETIRER). — **6.** *Supprimer qqn,* se débarrasser de lui en le tuant : *Ce témoin était gênant, on l'a supprimé.* ◆ ***se supprimer*** v. pr. (sujet qqn) Se donner la mort (syn. SE SUICIDER).

suppuration [sypyrasjɔ̃] n. f. Fait de suppurer.

suppurer [sypyre] v. i. (lat. *suppurare,* de *pus, puris,* pus). Laisser écouler du pus : *Abcès qui suppure.*

supputation [sypytasjɔ̃] n. f. *Litt.* Action de supputer.

supputer [sypyte] v. t. (lat. *supputare,* calculer). Litt. *Supputer qqch,* l'évaluer à l'aide de certaines données : *Supputer une dépense* (syn. CALCULER).

supranational, e, aux [supranasjɔnal] adj. Qui dépend d'un pouvoir situé au-dessus des gouvernements de chaque nation.

suprématie [sypremasi] n. f. (angl. *supremacy;* de *suprême*). Situation qui permet de dominer dans quelque domaine : *Viser à la suprématie politique, économique, militaire* (syn. HÉGÉMONIE). *Suprématie intellectuelle* (syn. PRÉDOMINANCE).

suprême [syprɛm] adj. (lat. *supremus*) [après ou avant le n.]. **1.** Au-dessus de tous et de tout : *Le chef suprême de l'État. L'autorité, le pouvoir suprême* (syn. SOUVERAIN). — **2.** Qui ne saurait être dépassé : *Bonheur suprême. Suprême habileté* (syn. EXTRÊME). — **3.** Qui vient après tout, qui est le dernier (soutenu) : *Un suprême espoir. Un suprême effort* (syn. DÉSESPÉRÉ). *Heure suprême* (= heure de la mort). *Honneurs suprêmes* (= funérailles). — **4.** *Au suprême degré,* au plus haut point : *Un livre ennuyeux au suprême degré* (syn. EXTRÊMEMENT).

suprêmement [syprɛmmɑ̃] adv. Indique une intensité très grande : *Une personne suprêmement intelligente* (syn. ÉMINEMMENT, EXTRÊMEMENT).

1. sur- [syr], préfixe (lat. *super,* au-dessus). Qui indique une intensité jugée excessive, un développement exagéré : *surproduction, surfin, surpression;* une situation hiérarchiquement supérieure ou un état qui s'ajoute à un autre : *surintendant, surimpression.*

2. sur [syr] prép. Indique : **1.** Position par rapport à ce qui est plus bas, par rapport à un objet considéré comme une surface, qu'il y ait contact ou non : *Mettre sa tête sur un oreiller. Porter un fardeau sur son dos. Monter sur une bicyclette. Un oiseau perché sur un arbre. S'appuyer sur un bâton. S'asseoir sur une chaise. Appuyer sur un bouton. Graver son nom sur l'écorce d'un arbre. La clef est sur la porte. Les avions qui passent sur nos têtes. Un appartement qui donne sur la rue.* — **2.** Direction par rapport à un point : *Tourner sur la droite. Se précipiter sur quelqu'un. Tourner son regard sur une personne. Tirer sur du gibier. Fermer la porte sur soi* (syn. DERRIÈRE). — **3.** Temps (proximité, approximation temporelle) : *Être sur son départ. Ils sont partis sur le tard, sur les onze heures du soir* (syn. VERS). *Aller sur la cinquantaine* (fam.). ‖ *Sur ce,* cela étant dit ou fait : *Sur ce, nous vous quittons.* — **4.** Cause («en se fondant sur qqn» ou «sur qqch») : *Juger les gens sur la mine, sur les apparences* (syn. D'APRÈS). *Elle est venue sur votre invitation. Sur la recommandation de quelqu'un.* — **5.** Moyen : *Jurer sur l'Évangile. Affirmer sur son honneur.* — **6.** Manière, état : *Je n'aime pas qu'on le prenne sur ce ton. Un vêtement sur mesure. Rester sur la défensive. Être sur ses gardes.* — **7.** Matière, sujet : *Réfléchir sur un problème. S'expliquer sur quelque chose. Un cours sur la tragédie au XVIIe s.* — **8.** Nombre (rapport de proportion), répétition : *Sur deux cents candidats, cent vingt ont été reçus. Un terrain de cent mètres de long sur cinquante de large. Faire bêtise sur bêtise.* — **9.** Supériorité, influence de qqn ou de qqch : *Avoir de l'ascendant sur son entourage. Elle ne peut rien sur lui. Le climat influe sur la santé.*

3. sur, e [syr] adj. (mot francique). Légèrement aigre : *L'oseille est sure* (syn. ACIDE, AIGRELET).

sûr, e [syr] adj. (lat. *securus*). **1.** Qui sait qqch de façon certaine : *Est-elle sûre d'arriver à temps?* (syn. ASSURÉ). *J'en suis sûr et certain. Vous pouvez être sûrs que je vais gagner la course* (syn. CERTAIN). *Est-elle sûre de son fait, de son coup* (= certaine du succès de ce qu'elle a entrepris). — **2.** *Bien sûr, bien sûr que,* c'est évident : *«Viendrez-vous avec nous? — Bien sûr, bien sûr que oui».* ‖ Fam. *Pour sûr,* certainement : *Pour sûr, nous vous donnerons un coup de main.* — **3.** *Être sûr de qqn,* avoir la certitude qu'on peut compter sur lui. ‖

Être sûr de soi, être certain de ce qu'on fera dans telle circonstance. — **4.** En qui on peut avoir confiance : *Un ami sûr* (syn. FIDÈLE). *Cette jeune fille est sûre, vous pouvez lui laisser la garde de vos enfants. Remettre une chose en mains sûres* (= à une personne digne de confiance). *Avoir la mémoire sûre* (= bien retenir ce qu'on a appris; syn. FIDÈLE). *Avoir la main sûre* (= avoir une main ferme, qui ne tremble pas). *Avoir le coup d'œil sûr* (= évaluer avec exactitude, d'un simple coup d'œil, une distance, le poids d'un objet, etc.). *Avoir le goût sûr* (= savoir discerner les qualités et les défauts d'une œuvre littéraire ou artistique). — **5.** Considéré comme vrai, dont on ne peut douter : *Le renseignement qu'on vous a donné n'est peut-être pas absolument sûr* (syn. AUTHENTIQUE, EXACT). *Une chose est sûre, c'est que nous partirons avec vous. Elle devait gagner, rien n'était plus sûr* (syn. ÉVIDENT, INDUBITABLE). *Le temps n'est pas sûr* (= il est à craindre qu'il ne devienne mauvais). — **6.** *À coup sûr,* avec la certitude de gagner : *Jouer à coup sûr;* sans aucun doute : *Tu réussiras à coup sûr* (syn. ASSURÉMENT, INFAILLIBLEMENT). — **7.** Se dit d'un endroit qui n'offre aucun risque, de qqch dont on peut se servir sans danger : *Ce quartier n'est pas sûr la nuit, il faut se méfier des voleurs. Cette voiture n'est pas sûre, il faudrait la faire vérifier.* — **8.** *C'est plus sûr,* c'est plus prudent : *Il risque de pleuvoir; prenez votre parapluie, c'est plus sûr.* ‖ *En lieu sûr,* en un lieu où il n'y a rien à craindre : *Mettre de l'argent en lieu sûr;* en prison, en un lieu dont on ne peut s'échapper : *Mettre un malfaiteur en lieu sûr.* ‖ *Le plus sûr,* le parti le plus sage, le meilleur : *Le plus sûr est de ne compter que sur soi.*

surabondamment [syrabɔ̃damɑ̃] adv. De façon surabondante : *Tu nous as parlé de toi-même surabondamment* (= trop). *Manger surabondamment* (= d'une manière excessive).

surabondance [syrabɔ̃dɑ̃s] n. f. Trop grande abondance : *Il y a eu surabondance d'artichauts* (syn. SURPRODUCTION, PLÉTHORE).

surabondant, e [syrabɔ̃dɑ̃] adj. Trop abondant : *Elle nous a fourni sur son voyage des détails surabondants* (syn. SUPERFLU, EXCESSIF). *Une récolte de blé surabondante* (syn. PLÉTHORIQUE).

surabonder [syrabɔ̃de] v. i. Être très abondant : *Un pays où surabondent les richesses.*

suractivité [syraktivite] n. f. Activité intense, au-dessus de la normale : *Une période de suractivité, due à un afflux de commandes.*

suraigu, ë [syrɛgy] adj. Se dit d'un son très aigu : *Un sifflement suraigu. Une voie suraiguë.*

surajouter [syraʒute] v. t. Ajouter en supplément, en excédent : *Quelques mots illisibles ont été surajoutés au texte. Ce travail s'est surajouté à la tâche quotidienne* (= est venu en surcroît).

suralimentation [syralimɑ̃tasjɔ̃] n. f. Fait d'être suralimenté, de se suralimenter : *Le médecin avait prescrit la suralimentation.*

suralimenter [syralimɑ̃te] v. t. *Suralimenter qqn,* lui donner une alimentation plus abondante ou plus riche que la normale (souvent pass.) : *Il fallut suralimenter la convalescente.*

suranné, e [syrane] adj. (de *sur-,* et *an*). Qui appartient à une époque révolue, qui ne répond plus aux besoins actuels : *Mode surannée* (syn. ANCIEN, DÉSUET). *Façon de parler surannée* (syn. ARCHAÏQUE, DÉMODÉ). *Conceptions surannées* (syn. ARRIÉRÉ).

surarmement [syrarməmɑ̃] n. m. Armement excessif.

surarmer [syrarme] v. t. Armer de manière excessive (souvent pass.).

surboum [syrbum] n. f. Syn. de BOUM.

surcharge [syrʃarʒ] n. f. **1.** Charge, poids supplémentaire ou excessif : *Le conducteur du car refusa de prendre d'autres passagers, déclarant que toute surcharge lui était interdite. Cette commande urgente impose à tous une surcharge de travail* (syn. SURCROÎT). — **2.** Inscription faite par-dessus une autre, qui reste visible : *Un brouillon plein de ratures et de surcharges.*

surcharger [syrʃarʒe] v. t. **1.** *Surcharger qqn, qqch,* leur imposer un poids supplémentaire : *Le camion, surchargé, avait peine à monter la côte. Je ne voudrais pas la surcharger en lui proposant une nouvelle tâche* (syn. ACCABLER, SURMENER). — **2.** *Surcharger un texte, un timbre,* y inscrire une surcharge : *Certains timbres surchargés sont recherchés par les collectionneurs* (= portant une inscription ajoutée après leur fabrication).

surchauffer [syrʃofe] v. t. Chauffer de façon excessive (surtout pass.) : *Un local surchauffé.*

surclasser [syrklase] v. t. **1.** (sujet qqn) *Surclasser qqn,* triompher avec une incontestable supériorité d'un concurrent, d'un adversaire. — **2.** (sujet qqch) *Surclasser qqch,* présenter des qualités bien supérieures aux autres choses du même genre.

surcomposé, e [syrkɔ̃poze] adj. *Temps surcomposé,* temps d'un verbe conjugué avec un double auxiliaire *avoir* (Ex. : *J'aurais eu fini*).

surconsommation [syrkɔ̃sɔmasjɔ̃] n. f. Consommation supérieure aux besoins.

surcontrer [syrkɔ̃tre] v. t. Au bridge, confirmer une annonce contrée par un adversaire.

surcoupe [syrkup] n. f. Action de surcouper.

surcouper [syrkupe] v. t. Aux cartes, couper avec un atout supérieur à celui qui vient d'être joué.

surcroît [syrkrwa] n. m. (de *sur-,* et *croître*). **1.** Ce qui s'ajoute à qqch qu'on a déjà : *Surcroît de travail* (syn. SURPLUS). *Surcroît d'inquiétude* (syn. SUPPLÉMENT). — **2.** *Par, de surcroît,* en plus : *Livre utile et intéressant par surcroît* (syn. EN OUTRE, EN PLUS).

surdi-mutité [syrdimytite] n. f. État d'un sourd-muet.

surdité [syrdite] n. f. (du lat. *surdus, sourd*). Perte ou diminution du sens de l'ouïe : *Être atteint d'une surdité totale.*

surdoué, e [syrdwe] adj. et n. Se dit de qqn dont l'efficience intellectuelle est supérieure aux autres.

sureau [syro] n. m. (lat. *sambucus*). Arbuste à fleurs blanches et à fruits rouges ou noirs.

surélever [syrelve] v. t. (c. **9**) *Surélever un mur, une maison,* etc., en accroître la hauteur : *Surélever un immeuble d'un étage* (syn. EXHAUSSER, SURHAUSSER). *Surélever un rez-de-chaussée.*

sûrement [syrmɑ̃] adv. **1.** De façon certaine, évidente : *Ce témoignage va le condamner plus sûrement que les autres preuves. Sûrement qu'elle est chez elle, je l'aurais vue sortir.* — **2.** Dans une réponse, renforce une affirmation ou une négation : *Tu viendras demain? — Sûrement (sûrement pas).* — **3.** D'une manière infaillible, inéluctable : *La ruine vient lentement, mais sûrement.* — **4.** De façon efficace : *Il conduit sûrement ses affaires.*

surenchère [syrɑ̃ʃɛr] n. f. **1.** Enchère faite au-dessus d'une autre enchère : *Elle a fait une surenchère de mille francs sur vous.* — **2.** Action de faire des promesses pour enlever à un concurrent les gens qui le soutiennent : *La surenchère électorale est une des formes de la démagogie.*

surenchérir [syrɑ̃ʃerir] v. i. Faire une surenchère.

surentraîné, e [syrɑ̃trɛne] adj. Qui a subi un entraînement excessif.

surentraînement [syrɑ̃trɛnmɑ̃] n. m. Fait d'être surentraîné.

suréquipé, e [syrekipe] adj. Dont l'équipement excessif est supérieur aux besoins réels.

suréquipement [syrekipmɑ̃] n. m. Action de suréquiper.

surestimation [syrɛstimasjɔ̃] n. f. Action de surestimer.

surestimer [syrɛstime] v. t. *Surestimer qqn, qqch,* l'estimer au-dessus de sa valeur : *Vous avez surestimé vos forces : il vaut mieux renoncer à l'entreprise.*

sûreté [syrte] n. f. **1.** Qualité de ce qui est sûr, qui est fait sans hésitation : *La sûreté de sa main, de son goût. Parler avec sûreté. La sûreté de ses renseignements.* — **2.** État de qqn, de qqch à l'abri du danger : *Être en sûreté quelque part* (syn. SÉCURITÉ). *Voyager, dormir en sûreté.* ‖ *De sûreté,* se dit d'un objet muni d'un dispositif tel qu'il assure une protection : *Épingle de sûreté, serrure, soupape, verrou de sûreté.* — **3.** *Attentat, complot, crime contre la sûreté de l'État,* contre l'autorité de l'État, l'intégrité du territoire, la sécurité des personnes et des biens. — **4.** *Sûreté (nationale),* direction générale du ministère de l'Intérieur chargée de la police.

surévaluation [syrevalɥasjɔ̃] n. f. Action de surévaluer.

surévaluer [syrevalɥe] v. t. Évaluer au-dessus de sa valeur : *Les prix des terrains sont surévalués.*

surexcitation [syrɛksitasjɔ̃] n. f. Fait d'être surexcité.

surexciter [syrɛksite] v. t. *Surexciter qqn,* l'exciter à un degré extrême (souvent pass.) : *Calmer des esprits surexcités.*

surexploitation [syrɛksplwatasjɔ̃] n. f. Action de surexploiter.

surexploiter [syrɛksplwate] v. t. Exploiter de façon excessive.

surexposer [syrɛkspoze] v. t. Donner un temps de pose excessif : *Une photo surexposée est sombre du fait de la lumière trop forte à laquelle a été soumise la pellicule.*

surexposition [syrɛkspozisjɔ̃] n. f. Action de surexposer.

surf [sœrf] n. m. (mot angl. signif. *ressac*). Sport nautique consistant à se maintenir en équilibre sur une planche portée par une vague déferlante.

surface [syrfas] n. f. (lat. *superficies*). **1.** Partie extérieure d'un corps : *La surface de la Terre. Surface plane, convexe.* — **2.** Étendue plane d'une certaine importance : *Calculer la surface d'un appartement* (syn. AIRE, SUPERFICIE). — **3.** Apparence, aspect extérieur : *Ne considérer que la surface des choses* (syn. DEHORS). — **4.** *Avoir de la surface,* avoir une position sociale élevée, une autorité incontestable. ‖ *En surface,* au niveau de la surface de l'eau; sans aller au fond des choses. ‖ *Faire surface,* émerger, remonter à l'air libre; reprendre conscience. ‖ *Grande surface,* ensemble commercial (supermarché, hypermarché) regroupant une grande variété de produits.

surfait, e [syrfɛ] adj. Vanté de façon exagérée : *Livre surfait. Réputation surfaite.*

surfil [syrfil] n. m. Surjet très lâche qu'on exécute sur les bords d'une couture pour éviter l'effilochage.

surfiler [syrfile] v. t. Faire un point de surfil.

surgelé, e [syrʒəle] adj. et n. m. Se dit d'un aliment qui a été surgelé : *Acheter des surgelés.*

surgeler [syrʒəle] v. t. (c. 5) *Surgeler des denrées alimentaires,* les congeler rapidement à basse température (− 18 °C).

surgénérateur [syrʒeneratœr] n. m. Réacteur nucléaire qui produit plus de combustible qu'il n'en consomme en brûlant l'uranium.

surgir [syrʒir] v. i. (lat. *surgere,* s'élever). **1.** (sujet qqch, être animé) Apparaître brusquement en s'élevant, en s'élançant, en sortant : *De nouvelles constructions surgissent partout. Une voiture surgit sur la gauche.* — **2.** (sujet qqch) Se présenter à l'esprit (soutenu) : *Les souvenirs surgissent dans sa mémoire.* — **3.** Se révéler : *Des difficultés surgissent sans cesse.*

surgissement [syrʒismɑ̃] n. m. Fait de surgir : *Le surgissement d'un bateau à l'horizon.*

surhomme [syrɔm] n. m. Homme qui se montre exceptionnellement supérieur aux autres par ses qualités physiques, par son génie.

surhumain, e [syrymɛ̃] adj. Qui est ou qui semble au-dessus des forces ou des qualités de l'homme : *Les naufragés firent un effort surhumain pour regagner le rivage.*

surimposer [syrɛ̃poze] v. t. Frapper d'un surcroît d'impôt.

surimpression [syrɛ̃prɛsjɔ̃] n. f. Impression de deux ou plusieurs images sur le même support photographique ou cinématographique.

surir [syrir] v. i. Devenir sur.

surjet [syrʒɛ] n. m. En couture, point de côté exécuté par-dessus deux bords pour assembler deux lisières.

surjeter [syrʒəte] v. t. (c. 8) Coudre en surjet.

sur-le-champ [syrləʃɑ̃] adv. Aussitôt, immédiatement (soutenu) : *Elle lui demanda de se décider sur-le-champ.*

surlendemain [syrlɑ̃dmɛ̃] n. m. (toujours avec l'art.) Jour qui suit le lendemain, par rapport à un moment passé ou futur (par rapport à un moment présent, on dit *après-demain*) : *Le vendredi 8 février, nous étions à Florence, et le surlendemain, le dimanche 10, nous arrivions à Rome* (= deux jours après).

surmenage [syrmənaʒ] n. m. Ensemble des troubles qui résultent d'une fatigue excessive.

surmener [syrməne] v. t. (c. 9) *Surmener qqn,* lui imposer un travail excessif : *Surmener des ouvriers, des enfants.* ◆ ***se surmener*** v. pr. Se fatiguer de façon excessive par un travail au-dessus de ses forces : *Vous vous surmenez, prenez garde à votre santé* (syn. fam. S'ÉREINTER).

surmontable [syrmɔ̃tabl] adj. Qu'on peut surmonter : *Obstacle surmontable.*

surmonter [syrmɔ̃te] v. t. **1.** (sujet qqch) *Surmonter qqch (concret),* être placé au-dessus de lui : *Un dôme qui surmonte un édifice.* — **2.** (sujet qqn) *Surmonter qqch (abstrait),* avoir le dessus, en venir à bout par un effort volontaire : *Surmonter des difficultés* (syn. DOMINER, VAINCRE). *Surmonter son chagrin, sa colère.*

surmulot [syrmylo] n. m. Espèce de rat, appelé aussi *rat d'égout.*

surmultiplié, e [syrmyltiplije] adj. Se dit d'un engrenage, dans un changement de vitesse, qui donne à l'arbre de transmission une vitesse supérieure à celle de l'arbre moteur.

surnager [syrnaʒe] v. i. (c. 2). **1.** (sujet qqch) Se soutenir à la surface d'un liquide : *Quand on verse de l'huile dans de l'eau, l'huile surnage.* — **2.** (sujet qqch) Subsister au milieu de choses qui disparaissent (soutenu) : *De l'époque d'avant-guerre surnagent encore quelques idées.*

surnaturel, elle [syrnatyrɛl] adj. Qui ne relève pas des lois de la nature : *Puissances surnaturelles.* ◆ ***surnaturel*** n. m. Ce qui est surnaturel : *Croire au surnaturel.*

surnom [syrnɔ̃] n. m. Nom ajouté ou substitué au nom de qqn et souvent tiré d'un trait caractéristique de sa personne ou de sa vie : *« Le Bien-Aimé » est le surnom de Louis XV.*

surnombre [syrnɔ̃br] n. m. *En surnombre,* en excédent, en trop : *Il n'y a que quatre places à cette table, vous êtes en surnombre.*

surnommer [syrnɔme] v. t. *Surnommer qqn,* lui donner un surnom : *Marie Tudor a été surnommée la Catholique.*

surnuméraire [syrnymerɛr] adj. et n. En plus du nombre fixé.

suroît [syrwa] n. m. (forme normande de *sud-ouest*). **1.** Vent soufflant du sud-ouest. — **2.** Chapeau de toile imperméable que portent les marins par mauvais temps.

surpassement [syrpasmɑ̃] n. m. *Litt.* Action de surpasser, de se surpasser : *Le surpassement de soi-même.*

surpasser [syrpase] v. t. **1.** (sujet qqn) *Surpasser qqn,* faire mieux que lui : *Surpasser ses concurrents au cent mètres* (syn. DOMINER, BATTRE, SURCLASSER; fam. ENFONCER). — **2.** (sujet qqch) *Surpasser qqch,* aller au-delà : *Le résultat a surpassé les espérances* (syn. DÉPASSER). ◆ ***se surpasser*** v. pr. Faire mieux qu'à l'ordinaire : *Cette actrice s'est surpassée dans cette pièce.*

surpayer [syrpɛje] v. t. (c. 4) Payer au-delà de ce qui est habituel.

surpeuplé, e [syrpœple] adj. Peuplé à l'excès.

surpeuplement [syrpœpləmɑ̃] n. m. Peuplement excessif : *Le surpeuplement d'un pays.* (→ SURPOPULATION.)

surpiquer [syrpike] v. t. *Surpiquer un tissu, un vêtement,* y faire une série de piqûres apparentes, dans un but décoratif.

surpiqûre [syrpikyr] n. f. Piqûre apparente sur un tissu.

surplace [syrplas] n. m. *Faire du surplace,* rester immobile, en équilibre, sur sa bicyclette; ne pas avancer, en voiture, quand la circulation est ralentie.

surplomb [syrplɔ̃] n. m. (de *sur,* et [à] *plomb*). **1.** État d'une paroi, d'un mur, d'un rocher, etc., dont la partie supérieure est en saillie par rapport à la base : *Cette ascension est assez dure parce qu'il y a plusieurs surplombs difficiles à passer.* — **2.** *En surplomb,* en dehors de l'aplomb : *Ce mur est en surplomb, il penche* (contr. D'APLOMB). *Des balcons en surplomb.*

surplombement [syrplɔ̃bmɑ̃] n. m. Fait de surplomber : *Surplombement d'un mur.*

surplomber [syrplɔ̃be] v. i. Être en surplomb, surmonter d'autres choses : *Une muraille, une falaise qui surplombe* (syn. AVANCER, DÉPASSER). ◆ v. t. *Surplomber qqch,* faire saillie, avancer au-dessus de : *Des rochers surplombent la route.*

surplus [syrply] n. m. **1.** Ce qui est en plus de la quantité normale : *Vendre le surplus de sa récolte* (syn. EXCÉDENT). — **2.** *Au surplus,* au reste, en outre : *Nous n'avons rien à nous reprocher; au surplus, nous avons fait notre devoir* (syn. D'AILLEURS). — **3.** Produits, articles, matériel qui restent invendus ou inutilisés (pl.) : *Les surplus américains après la Seconde Guerre mondiale.*

surpopulation [syrpɔpylasjɔ̃] n. f. Population excessive dans certains pays, certaines régions : *La surpopulation de certains centres urbains.*

surprenant, e [syrprənɑ̃] adj. Qui surprend, étonne : *Nouvelle surprenante* (syn. ÉTONNANT). *Résultat surprenant* (syn. INATTENDU). *Progrès surprenants* (syn. INCROYABLE, PRODIGIEUX). *Effet surprenant* (syn. ÉTRANGE, MERVEILLEUX).

surprendre [syrprɑ̃dr] v. t. (c. 54). **1.** (sujet qqn) *Surprendre qqn,* le prendre sur le fait, dans une situation où il ne croyait pas être vu : *Surprendre un voleur dans une maison. Elle l'a surpris à lire son courrier personnel.* — **2.** *Surprendre qqch,* en être le témoin involontaire : *Surprendre un secret, une conversation.* — **3.** (sujet qqn, qqch) *Surprendre qqn,* arriver auprès de lui à l'improviste, le prendre au dépourvu : *Nous irons vous surprendre un jour prochain. La pluie nous a surpris au retour de la promenade. Surprendre l'ennemi* (= l'attaquer par surprise). — **4.** (sujet qqch) *Surprendre qqn,* frapper son esprit par qqch d'inattendu : *Voilà une nouvelle qui va surprendre bien des gens* (syn. ÉTONNER). *Tout le monde sera surpris de vous voir déjà rentrés, on ne vous attendait que dans quelques jours.* — **5.** *Être surpris de qqch, de* (+ *inf.*), *que* (+ *subj.*), en être étonné : *Elle a été toute surprise d'apprendre que tout le monde connaissait la nouvelle* (syn. ÉBAHI). *Être agréablement surpris que les prix aient baissé. Elle est restée surprise de son échec, d'avoir échoué* (syn. DÉCONCERTÉ, DÉSORIENTÉ, ↑STUPÉFAIT).

surprise [syrpriz] n. f. **1.** État de qqn frappé de qqch d'inattendu; événement imprévu : *Ce mariage a causé une grande surprise* (syn. ÉTONNEMENT). *Rester muet de surprise* (syn. ↑STUPÉFACTION). *Ménager à quelqu'un une surprise agréable. Aller de surprise en surprise* (syn. ÉBAHISSEMENT). *Attaquer par surprise* (= à l'improviste). — **2.** Cadeau ou plaisir inattendu qu'on fait à qqn : *Elle a préparé une surprise à sa fille pour sa fête.*

surprise-partie [syrprizparti] n. f. (angl. *surprise party*) [pl. *surprises-parties*]. Réunion privée où on danse (syn. fam. SURBOUM, BOUM).

surproduction [syrprɔdyksjɔ̃] n. f. Multiplication d'un produit, ou de l'ensemble des produits, au-delà de la demande ou des besoins des consommateurs.

surréalisme [syrealism] n. m. Mouvement littéraire et artistique du début du XXe s., dont le but est d'exprimer la pensée pure en excluant toute logique et toute préoccupation morale et esthétique : *Les principaux animateurs du surréalisme furent André Breton, Louis Aragon et Paul Eluard.*

surréaliste [syrealist] adj. et n. Qui relève du surréalisme : *Poète surréaliste.*

surrénal, e, aux [syrenal] adj. Situé au-dessus des reins : *La région surrénale. Les glandes* (ou *capsules*) *surrénales.*

sursaturé, e [syrsatyre] adj. Saturé à l'extrême : *Nous sommes sursaturés de récits de crimes.*

sursaut [syrso] n. m. **1.** Mouvement par lequel on se dresse ou on se redresse brusquement et qui est occasionné par une sensation subite et violente : *La sonnerie du téléphone lui fit faire un sursaut.* — **2.** Action de se ressaisir, de reprendre courage soudainement : *Sursaut d'énergie.* — **3.** *En sursaut,* de façon brusque, d'un seul coup : *Se réveiller en sursaut.*

sursauter [syrsote] v. i. Avoir un sursaut; réagir violemment : *Sursauter en apprenant une mauvaise nouvelle.*

surseoir [syrswar] v. t. ind. (c. 45) *Surseoir à qqch,* le remettre à plus tard (soutenu) : *Surseoir à une exécution* (syn. DIFFÉRER).

sursis [syrsi] n. m. (de *surseoir*). **1.** Remise de qqch à une date ultérieure; suspension de l'exécution d'une peine : *Coupable qui bénéficie d'un sursis.* — **2.** *Sursis d'incorporation,* pour certains jeunes gens, recul de la date de leur incorporation dans l'armée, pour leur permettre de terminer leur apprentissage ou leurs études.

sursitaire [syrsitɛr] n. m. Personne qui bénéficie d'un sursis d'incorporation.

surtaxe [syrtaks] n. f. 1. Majoration d'une taxe : *Surtaxe postale* (= taxe supplémentaire que doit payer le destinataire d'un envoi insuffisamment affranchi). — 2. *Surtaxe progressive,* impôt sur le revenu net global, de caractère personnel.

surtaxer [syrtakse] v. t. Frapper d'une surtaxe.

surtension [syrtɑ̃sjɔ̃] n. f. Tension électrique supérieure à la normale.

surtout [syrtu] adv. 1. Principalement, par-dessus tout : *Il est égoïste et songe surtout à ses intérêts. Surtout, n'oubliez pas de la prévenir de votre arrivée.* — 2. Fam. *Surtout que* (+ *ind.*), d'autant plus que : *Elle a des inquiétudes pour sa santé : surtout que l'hiver s'annonce rude.*

surveillance [syrvɛjɑ̃s] n. f. Action de surveiller : *Exercer une surveillance active sur quelqu'un. Tromper la surveillance d'un gardien. Être placé sous la surveillance de la police* (syn. CONTRÔLE). *La surveillance du territoire (D. S. T.) est un service de police chargé de la répression de l'espionnage.*

surveillant, e [syrvɛjɑ̃] n. 1. Personne qui surveille : *Les surveillants d'une prison* (syn. GARDIEN). — 2. Personne chargée de la bonne marche d'un service, de la discipline dans un établissement scolaire : *Surveillante d'une salle d'hôpital. Surveillant d'internat.*

surveiller [syrvɛje] v. t. 1. *Surveiller qqn, qqch,* veiller avec attention et autorité sur eux : *Surveiller des enfants qui jouent dans un square* (syn. GARDER). *Surveiller des élèves dans une cour de récréation. Surveiller les études de ses enfants.* — 2. *Surveiller qqn,* observer attentivement ses faits et gestes : *Surveiller un prisonnier, un suspect* (syn. ÉPIER, ESPIONNER). — 3. *Surveiller qqch,* le contrôler de façon que tout se passe bien; veiller à la bonne marche de qqch : *Surveiller les travaux, les réparations d'une maison. Surveiller la cuisson d'un gâteau. Surveiller son langage* (= observer la correction, la décence dans ses propos). ◆ ***se surveiller*** v. pr. (sujet qqn) Être attentif à ses actions, à ses paroles.

survenir [syrvənir] v. i. (c. **22**; auxil. *être*) [sujet qqn, qqch] Arriver à l'improviste et brusquement : *Des visiteurs sont survenus au moment de notre départ. Nous serions arrivés à temps si un incident n'était pas survenu* (syn. ADVENIR, SE PRODUIRE). *Survenir au bon moment* (= arriver à temps, à l'instant souhaitable).

survêtement [syrvɛtmɑ̃] n. m. Ensemble constitué d'une veste et d'un pantalon chauds et souples que les sportifs mettent par-dessus leur tenue entre les épreuves ou au cours de séances d'entraînement.

survie [syrvi] n. f. 1. Prolongement de l'existence au-delà du terme prévu ou normal : *Accorder à un malade quelques mois de survie.* — 2. Prolongement de l'existence au-delà de la mort : *Croire à la survie de l'homme* (syn. VIE FUTURE).

survirer [syrvire] v. i. En parlant d'une voiture, avoir le train arrière qui dans les virages glisse vers l'extérieur.

survivance [syrvivɑ̃s] n. f. Ce qui subsiste d'un ancien état, de qqch de disparu : *Des survivances de l'Ancien Régime.*

survivant, e [syrvivɑ̃] n. Personne qui vit après une autre personne, après un accident, une catastrophe : *Les survivants d'un naufrage.*

survivre [syrvivr] v. t. ind. (c. **63**). 1. (sujet qqn) *Survivre (à qqn, à qqch),* rester en vie après la mort de qqn, un accident où d'autres ont péri; échapper à la mort : *Elle a survécu quatre ans à son mari. Ils ont survécu à la catastrophe aérienne* (syn. RÉCHAPPER À). *Comment ont-ils pu survivre dans le désert?* — 2. (sujet qqn) *Survivre (à qqch),* continuer à vivre après avoir connu ou subi qqch d'intolérable : *Aura-t-elle la force de survivre à un tel malheur?* — 3. (sujet qqch) *Survivre (à qqch),* continuer à exister après sa disparition : *Régime politique qui a survécu aux attaques de ses adversaires. Usage, mode qui survivent encore de nos jours.* ◆ ***se survivre*** v. pr. *Se survivre dans qqn, qqch,* laisser après soi qqn, qqch qui perpétue son souvenir.

survol [syrvɔl] n. m. Action de survoler : *Le survol d'une ville, d'une question.*

survoler [syrvɔle] v. t. 1. *Survoler un lieu,* voler, passer en avion au-dessus : *Survoler l'Atlantique.* — 2. *Survoler un livre, un écrit,* les lire, les examiner rapidement et superficiellement : *Survoler un article de revue.*

survolté, e [syrvɔlte] adj. 1. Se dit d'une lampe, d'un appareil soumis à un voltage excessif. — 2. *Fam.* Se dit de qqn dont la tension nerveuse est excessive.

sus [sy(s)] adv. (lat. *sursum,* en haut). 1. *Sus à qqn,* formule exhortant à lancer l'attaque contre qqn. — 2. *En sus (de),* en plus (de).

susceptibilité [sysɛptibilite] n. f. Disposition à se vexer facilement : *Ménager la susceptibilité d'un ami.*

susceptible [sysɛptibl] adj. (bas lat. *susceptibilis;* de *suscipere,* soulever). 1. *Susceptible de qqch, de* (+ *inf.*), capable de recevoir certaines qualités, de subir certaines modifications : *Un texte susceptible de plusieurs interprétations. Un projet susceptible d'être amélioré.* — 2. *Susceptible de* (+ *inf.*), capable éventuellement d'accomplir un acte, de produire un effet : *Si elle le veut, cette élève est susceptible de faire des progrès. Bien qu'il ne soit pas favori, ce cheval est susceptible de gagner. Spectacle susceptible de plaire au public.* — 3. Qui se froisse, s'offense facilement : *C'est une personne très susceptible, qui ne supporte pas la moindre plaisanterie* (syn. CHATOUILLEUX, OMBRAGEUX).

susciter [sysite] v. t. (lat. *suscitare,* exciter) [sujet qqn, qqch]. 1. *Susciter qqch (à qqn),* faire naître qqch de fâcheux pour lui : *Susciter des obstacles, des ennuis* (syn. ATTIRER, OCCASIONNER). — 2. Péjor. *Susciter des jaloux, des envieux,* etc., provoquer leur apparition. — 3. *Susciter un sentiment,* le faire naître : *Susciter l'admiration, l'enthousiasme, l'intérêt* (syn. ÉVEILLER, EXCITER, SOULEVER).

susdit, e [sysdi] adj. Nommé ci-dessus.

susnommé, e [sysnɔme] adj. et n. Nommé plus haut dans le texte (admin.) : *La susnommée a été interpellée par le gendarme Vallat.*

suspect, e [syspɛ] adj. (du lat. *suspicere,* regarder de bas en haut). 1. Qui prête au soupçon, qui inspire de la méfiance : *Arrêter un individu suspect* (syn. LOUCHE). *Conduite, attitude suspecte* (= sujette à caution). *Son témoignage est suspect* (syn. DOUTEUX). — 2. Qui est de qualité douteuse : *Science suspecte. Vin suspect.* — 3. *Suspect de qqch,* qui est soupçonné de : *Être suspect de partialité, de connivence.* ◆ n. Personne considérée comme animée d'intentions hostiles à l'égard d'un pouvoir en place ou que la police tient pour l'auteur possible d'un délit dont elle recherche le coupable.

suspecter [syspɛkte] v. t. *Suspecter qqn, qqch,* les tenir pour suspects : *On l'avait suspectée à tort* (syn. SOUPÇONNER). *Suspecter la bonne foi de quelqu'un.*

suspendre [syspɑ̃dr] v. t. (lat. *suspendere*) [c. **50**]. 1. *Suspendre qqch (concret)* [à *qqch*], le faire pendre, l'attacher par le haut de façon qu'il ne porte sur rien : *Suspendre un lustre à un plafond* (syn. FIXER). *Suspendre des vêtements à un porte-manteau* (syn. ACCROCHER). — 2. *Suspendre qqch (abstrait)* [à *qqch*], le rattacher à qqch d'autre : *Le succès de l'entreprise est suspendu à sa décision.* — 3. *Être suspendu aux lèvres de qqn,* l'écouter avec une extrême attention. — 4. *Sus-*

pendre qqch (abstrait), l'interrompre pour quelque temps : *Suspendre une séance pendant un quart d'heure. Suspendre des hostilités. Suspendre un travail* (syn. ARRÊTER); remettre à plus tard : *Suspendre une exécution* (syn. DIFFÉRER). *Suspendre un journal, une revue* (= les empêcher de paraître pendant un certain temps). *Suspendre ses paiements* (= cesser de payer ses créanciers). — **5.** *Suspendre qqn (prêtre, fonctionnaire, magistrat),* lui interdire momentanément d'exercer ses fonctions : *Suspendre un juge, un professeur* (syn. METTRE À PIED). *Le préfet peut suspendre un maire, un conseiller municipal.* ◆ ***se suspendre*** v. pr. (sujet qqn) *Se suspendre à qqch,* se maintenir en l'air en s'y tenant : *Se suspendre à une branche* (syn. S'ACCROCHER).

suspendu, e [syspɑ̃dy] adj. **1.** Se dit de ce qui surplombe ou domine d'une certaine hauteur : *Des chalets de montagne suspendus au-dessus d'un torrent. Les jardins suspendus de Babylone.* — **2.** *Pont suspendu,* dont le tablier est soutenu par des câbles ou par des chaînes. ‖ *Voiture bien (mal) suspendue,* dont la suspension est bonne (mauvaise).

suspens (en) [syspɑ̃] adv. (de *suspendre*). Sans solution, sans décision, sans achèvement : *Laisser une affaire en suspens* (= non résolue). *Laisser un travail en suspens* (= inachevé). *Projet en suspens.*

1. suspense [syspɑ̃s] n. f. (de *en suspens*). Censure par laquelle un clerc est privé de son titre, de ses fonctions (dr.).

2. suspense [syspɛ̃s] n. m. (mot angl. signif. *incertitude*). **1.** Moment d'un film, passage d'une œuvre radiophonique ou littéraire où l'action tient le spectateur, l'auditeur ou le lecteur dans l'attente angoissée de ce qui va se produire. — **2.** Toute situation dont on attend impatiemment la suite avec une certaine inquiétude.

suspensif, ive [syspɑ̃sif] adj. *Un arrêt suspensif,* qui suspend l'exécution d'un jugement.

suspension [syspɑ̃sjɔ̃] n. f.
— **I. 1.** État de ce qui est suspendu : *Vérifier la solidité d'une suspension.* — **2.** Dans un véhicule, ensemble des pièces qui servent à amortir les chocs : *La suspension de cette voiture est excellente.* — **3.** Appareil d'éclairage accroché au plafond (syn. LUSTRE).
— **II. 1.** Fait d'interrompre ou d'interdire temporairement : *Suspension d'armes* (= cessation locale et momentanée des hostilités; syn. TRÊVE). *Suspension de paiements. Suspension d'une activité professionnelle, industrielle. Suspension de fonctions.* — **2.** *Points de suspension,* signe de ponctuation (...) indiquant que la phrase est incomplète pour des raisons diverses : convenances, émotion, réticence, embarras, etc.

suspicion [syspisjɔ̃] n. f. (lat. *suspicio,* soupçon). Opinion défavorable, fondée ou non : *Avoir de la suspicion à l'égard de quelqu'un* (syn. DÉFIANCE, MÉFIANCE).

sustenter (se) [systɑ̃te] v. pr. (lat. *sustentare,* alimenter). Se nourrir, prendre des aliments : *La malade a commencé à se sustenter.*

susurrement [sysyrmɑ̃] n. m. Action de susurrer.

susurrer [sysyre] v. t. (lat. *susurrare,* bourdonner). *Susurrer qqch, que* (+ *ind.* [à *qqn*]), le murmurer doucement, dire en murmurant : *Susurrer une confidence à quelqu'un* (syn. CHUCHOTER). *Elle m'a susurré à l'oreille qu'il était fou de sa collègue.*

suture [sytyr] n. f. (du lat. *suere,* coudre). Opération consistant à coudre les lèvres d'une plaie.

suturer [sytyre] v. t. Faire une suture : *Suturer une plaie.*

suzerain, e [syzrɛ̃] n. et adj. (de *sus-,* et *souverain*). Seigneur qui possédait un fief dont dépendaient d'autres fiefs confiés à des vassaux.

suzeraineté [syzrɛnte] n. f. **1.** Qualité de suzerain. — **2.** Droit d'un État sur un autre.

svelte [svɛlt] adj. (it. *svelto,* vif) [après le n.]. Se dit de qqn (ou de sa taille) mince, léger et élégant tout à la fois : *Jeune femme svelte, bien prise dans son tailleur* (syn. ÉLANCÉ, avec idée de hauteur; contr. ÉPAIS).

sveltesse [svɛltɛs] n. f. Caractère svelte : *La sveltesse de sa taille. La sveltesse d'un jeune homme* (syn. MINCEUR).

sweat-shirt [switʃœrt] n. m. (mot angl.) [pl. *sweat-shirts*]. Chemise en jersey de coton molletonné.

sweepstake [swipstɛk] n. m. (mot angl.). Forme de loterie consistant à tirer au sort les chevaux engagés dans une course dont le résultat fixe les gagnants.

swing [swiŋ] n. m. (mot angl. signif. *balancement*). **1.** En boxe, coup porté latéralement par un balancement horizontal du bras. — **2.** Caractère rythmique de la musique de jazz.

sybarite [sibarit] n. (de *Sybaris,* v. gr.). Personne qui mène une vie molle et voluptueuse (soutenu).

sycomore [sikɔmɔr] n. m. (gr. *sukomoros*). Variété de figuier ou d'érable.

syllabation [silabasjɔ̃] n. f. Division des mots en syllabes.

syllabe [silab] n. f. (gr. *sullabê,* assemblage). Voyelle ou groupe formé d'une voyelle et de consonnes qui se prononcent d'une seule émission de voix; suite de lettres qui leur correspondent : *Le mot «Paris» a deux syllabes.*

syllaber [silabe] v. t. Prononcer un mot en détachant chaque syllabe.

syllabique [silabik] adj. *Écriture syllabique,* dans laquelle chaque syllabe est représentée par un seul caractère.

syllogisme [silɔʒism] n. m. (gr. *sullogismos;* de *sun,* avec, et *logos,* discours). Raisonnement qui contient trois propositions (la majeure, la mineure et la conclusion) et tel que la conclusion est déduite de la majeure par l'intermédiaire de la mineure. (Ex. *Tous les hommes sont mortels* [majeure]; *or Pierre est un homme* [mineure]; *donc Pierre est mortel* [conclusion].)

sylvestre [silvɛstr] adj. (du lat. *sylva,* forêt). Qui croît dans les forêts : *Le pin sylvestre.*

sylvicole [silvikɔl] adj. Relatif à la sylviculture : *L'industrie sylvicole.*

sylviculteur, trice [silvikyltœr] n. Spécialiste de sylviculture.

sylviculture [silvikyltyr] n. f. Science de la culture et de l'entretien des forêts.

symbiose [sɛ̃bjoz] n. f. (gr. *sumbiôsis,* vie en commun). **1.** Association de deux ou plusieurs êtres vivants qui leur permet de vivre avec des avantages pour chacun. — **2.** *En symbiose,* en étroite communauté d'idées et d'intérêts.

symbole [sɛ̃bɔl] n. m. (gr. *sumbolos,* signe). **1.** Ce qui représente une réalité abstraite : *La colombe est le symbole de la paix. La blancheur est le symbole de l'innocence. La balance est le symbole de la justice.* — **2.** Lettre ou signe qui, en vertu d'une convention, sert, dans de nombreuses sciences, à désigner une unité, une grandeur, une opération, un corps simple, etc. : *Symbole algébrique, chimique.*

symbolique [sɛ̃bɔlik] adj. **1.** Qui sert de symbole, repose sur un symbole : *Objet, langage symbolique.* — **2.** Qui n'a pas de valeur, d'efficacité en soi : *Geste purement symbolique. Une offrande si minime qu'elle* *n'est que symbolique.* ◆ n. f. Ensemble de symboles particuliers à un peuple, à une époque, à une religion, etc.

symboliquement [sɛ̃bɔlikmɑ̃] adv. De manière symbolique.

symbolisation [sɛ̃bɔlizasjɔ̃] n. f. Action de symboliser.

symboliser [sɛ̃bɔlize] v. t. 1. *Symboliser qqch, qqn (par qqch),* l'exprimer, le représenter par un symbole : *On symbolise la victoire par la palme et le laurier.* — 2. *Symboliser qqch,* en être le symbole : *L'olivier symbolise la paix.*

symbolisme [sɛ̃bɔlism] n. m. 1. Système de symboles destiné à interpréter des faits ou à exprimer des croyances : *Le symbolisme scientifique, religieux.* — 2. Mouvement littéraire de la fin du XIXe s., dont les auteurs cherchent à suggérer, par la valeur musicale et symbolique des mots, les nuances les plus subtiles de la vie intérieure : *Les principaux représentants du symbolisme sont Rimbaud, Verlaine et Mallarmé.*

symboliste [sɛ̃bɔlist] adj. et n. Qui appartient au symbolisme : *Poète symboliste.*

symétrie [simetri] n. f. (gr. *sun,* avec, et *metron,* mesure). 1. Correspondance de grandeur, de forme et de position entre les éléments d'un ensemble, entre deux ou plusieurs ensembles : *La symétrie des fenêtres sur une façade, des deux ailes d'un bâtiment, des parties d'un vêtement. La symétrie des termes dans une phrase.* — 2. Harmonie, régularité, équilibre résultant de certaines combinaisons, de certaines proportions : *Des meubles rangés avec symétrie. Pour la symétrie, il faut mettre un tableau en pendant de celui-ci.*

symétrique [simetrik] adj. 1. Qui a de la symétrie : *Une façade symétrique. Des phrases symétriques. Un arrangement symétrique.* — 2. Se dit de deux parties de qqch ou de deux choses semblables et opposées : *Les deux parties du visage sont symétriques. Deux constructions symétriques.*

symétriquement [simetrikmɑ̃] adv. De façon symétrique.

sympathie [sɛ̃pati] n. f. (gr. *sumpatheia,* conformité de sentiments). 1. Penchant naturel, instinctif qui attire deux personnes l'une vers l'autre : *Avoir, ressentir de la sympathie pour quelqu'un* (syn. ATTIRANCE, INCLINATION). *Montrer, témoigner de la sympathie à quelqu'un* (syn. AMITIÉ, BIENVEILLANCE). — 2. Participation à la joie ou à la peine d'autrui : *Recevoir des témoignages de sympathie à l'occasion d'un deuil.* — 3. Bonne disposition, bienveillance : *Elle cherche à gagner la sympathie de ses lecteurs.*

1. sympathique [sɛ̃patik] adj. (avant ou, plus rarement, après le n.) 1. Qui inspire un sentiment de sympathie : *Une personne sympathique* (syn. AGRÉABLE, AIMABLE). *Une figure, un geste sympathique. Une sympathique poignée de main.* — 2. Agréable, plaisant : *Livre, déjeuner, réunion sympathique.* (Abrév. fam. SYMPA.)

2. sympathique [sɛ̃patik] adj. et n. m. *Système nerveux sympathique* (ou *sympathique* n. m.), partie du système nerveux régulateur de la vie végétative des organes.

sympathiquement [sɛ̃patikmɑ̃] adv. De façon sympathique : *Être accueilli sympathiquement dans une société.*

sympathisant, e [sɛ̃patizɑ̃] n. et adj. Personne qui adopte les idées d'un parti, sans y adhérer.

sympathiser [sɛ̃patize] v. i. *Sympathiser (avec qqn),* avoir de la sympathie pour lui, s'entendre avec lui : *Il est difficile de trouver deux personnes qui sympathisent davantage.*

symphonie [sɛ̃fɔni] n. f. (gr. *sun,* avec, et *phônê,* son). 1. Grande composition musicale pour orchestre : *Symphonie de Beethoven, de Mozart.* — 2. Ensemble harmonieux (soutenu) : *Symphonie de couleurs, d'odeurs.*

symphonique [sɛ̃fɔnik] adj. Relatif à la symphonie : *Orchestre symphonique.*

symphoniste [sɛ̃fɔnist] n. Compositeur de symphonies.

symposium [sɛ̃pozjɔm] n. m. (gr. *sumposion,* banquet). Réunion de spécialistes consacrée à des échanges de vues sur un sujet déterminé.

symptomatique [sɛ̃ptɔmatik] adj. 1. Qui est le signe de quelque maladie : *Anémie symptomatique.* — 2. Qui est le signe d'un état de choses ou d'un état d'esprit : *Cet incident est tout à fait symptomatique de l'antagonisme de deux pays.*

symptôme [sɛ̃ptom] n. m. (gr. *sumptôma,* coïncidence). 1. Phénomène qui révèle un trouble organique ou une lésion : *C'est sur la connaissance des symptômes qu'est fondé le diagnostic.* — 2. Ce qui révèle ou permet de prévoir un trouble, un fait mal connu : *Observer des symptômes de crise économique* (syn. INDICE, PRÉSAGE, SIGNE).

synagogue [sinagɔg] n. f. (gr. *sunagôgê,* réunion). Édifice consacré au culte israélite.

synchrone [sɛ̃kron] adj. (gr. *sun,* avec, et *khronos,* temps). Se dit des mouvements qui se font dans un même temps : *Les oscillations de ces deux pendules sont synchrones.*

synchronie [sɛ̃krɔni] n. f. État de langue considéré dans son fonctionnement, indépendamment de son évolution dans le temps (contr. DIACHRONIE).

synchronique [sɛ̃krɔnik] adj. Qui se passe dans le même temps.

synchronisation [sɛ̃krɔnizasjɔ̃] n. f. Action de synchroniser : *La synchronisation d'un film, de différentes opérations.*

synchroniser [sɛ̃krɔnize] v. t. 1. Rendre synchrone : *Synchroniser les mouvements de deux appareils.* — 2. Faire se produire en même temps : *Synchroniser une grève avec celle d'autres entreprises* (syn. COORDONNER). — 3. *Synchroniser un film,* rendre simultanées la projection de l'image et l'émission du son.

synchronisme [sɛ̃krɔnism] n. m. 1. État de ce qui est synchrone. — 2. Coïncidence de date, identité d'époques, simultanéité de plusieurs événements : *J'ai été frappé par le synchronisme des attentats.*

syncope [sɛ̃kɔp] n. f. (gr. *sunkopê;* de *koptein,* briser). Perte momentanée de la sensibilité et du mouvement par arrêt ou ralentissement du cœur : *Avoir une syncope. Tomber en syncope.*

syncopé, e [sɛ̃kɔpe] adj. *Rythme syncopé,* caractérisé par un temps faible prolongé sur le temps fort suivant.

syndic [sɛ̃dik] n. m. (gr. *sundikos,* qui assiste quelqu'un en justice). Celui qui a été désigné pour prendre soin des intérêts communs d'un groupe de personnes : *Le syndic d'un immeuble en copropriété.*

syndical, e, aux [sɛ̃dikal] adj. Qui relève du syndicat : *Action, organisation syndicale. Des délégués syndicaux.*

syndicalisation [sɛ̃dikalizasjɔ̃] n. f. Action de syndicaliser, de se syndicaliser.

syndicaliser [sɛ̃dikalize] ou **syndiquer** [sɛ̃dike] v. t. Organiser en syndicat : *Syndiquer des ouvriers.* ◆ ***se syndiquer*** v. pr. S'affilier à un syndicat; s'organiser en syndicat.

syndicalisme [sɛ̃dikalism] n. m. **1.** Mouvement qui a pour objet de grouper les personnes exerçant une même profession, en vue de la défense de leurs intérêts. — **2.** Activité exercée dans un syndicat : *Faire du syndicalisme.*

syndicaliste [sɛ̃dikalist] adj. Relatif au syndicalisme : *Le mouvement syndicaliste.* ◆ n. Militant, militante d'un syndicat.

syndicat [sɛ̃dika] n. m. (de *syndic*). **1.** Association de personnes exerçant ou ayant exercé la même profession, en vue de la défense de leurs intérêts communs : *Syndicat ouvrier, patronal.* — **2.** Établissement public créé pour gérer les services publics communs à plusieurs collectivités : *Syndicat intercommunal.* — **3.** *Syndicat d'initiative,* organisme dont l'objet est de favoriser le tourisme dans une localité ou une région.

syndiqué, e [sɛ̃dike] adj. et n. Affilié à un syndicat.

syndiquer → SYNDICALISER.

syndrome [sɛ̃drom] n. m. (gr. *sundromê,* concours). Ensemble des symptômes qui caractérisent une maladie.

synergie [sinɛrʒi] n. f. (gr. *sun,* avec, et *ergon,* travail). Mise en commun des moyens pour aboutir à une économie.

synode [sinɔd] n. m. (gr. *sunodos,* réunion). **1.** Réunion des ecclésiastiques d'un diocèse convoquée par l'évêque. — **2.** *Synode israélite,* conseil composé de rabbins et de laïques, réunis pour délibérer sur des points de doctrine ou de pratique relatifs au judaïsme. ‖ *Synode protestant,* assemblée régionale ou nationale composée des délégués, pasteurs et laïques, des Églises locales.

synonyme [sinɔnim] adj. et n. m. (gr. *sun,* avec, et *onoma,* nom). Se dit de deux ou plusieurs mots de la même catégorie (noms, adjectifs ou verbes) qui se présentent dans la langue avec des sens très proches et qui ne se différencient entre eux que par un trait particulier : *Les verbes «briser», «casser» et «rompre», les noms «bru» et «belle-fille» sont synonymes.*

synonymie [sinɔnimi] n. f. Qualité des mots synonymes.

synonymique [sinɔnimik] adj. Relatif à la synonymie.

synopsis [sinɔpsis] n. m. (mot gr. signif. *vue d'ensemble*). Exposé très bref, qui constitue l'ébauche du scénario d'un film.

synoptique [sinɔptik] adj. (gr. *sunoptikos,* qui embrasse d'un coup d'œil). *Tableau synoptique,* qui permet de saisir d'un même coup d'œil les diverses parties d'un ensemble : *Un tableau synoptique d'histoire.*

synovie [sinɔvi] n. f. (orig. incert.). Liquide d'aspect filant, qui lubrifie les articulations.

syntacticien, enne [sɛ̃taktisjɛ̃] n. Spécialiste de la syntaxe.

syntagmatique [sɛ̃tagmatik] adj. *Axe syntagmatique,* chaîne parlée (ou transcrite) où les termes sont déterminés par les choix des termes qui précèdent ou qui suivent. ‖ *Classe syntagmatique,* ensemble des termes qui ont, dans la phrase, la même fonction grammaticale.

syntagme [sɛ̃tagm] n. m. (gr. *suntagma,* chose rangée avec une autre). Constituant fondamental de la phrase, comportant un ou plusieurs mots, ou morphèmes (ling.) : *Dans «Les feuilles des arbres tombent», on distingue un syntagme nominal, «les feuilles des arbres», et un syntagme verbal, «tombent».*

syntaxe [sɛ̃taks] n. f. (du gr. *sun,* avec, et *taxis,* ordre). Partie de la grammaire qui étudie la disposition et la fonction des groupes constituant la phrase *(syntagmes),* et des membres de ces groupes *(mots).*

syntaxique [sɛ̃taksik] adj. Relatif à la syntaxe.

synthèse [sɛ̃tɛz] n. f. (gr. *sunthesis,* réunion). **1.** Exposé d'ensemble : *Un essai de synthèse historique.* — **2.** Opération chimique par laquelle on combine des corps simples pour former des composés : *Faire la synthèse de l'eau* (contr. ANALYSE).

1. synthétique [sɛ̃tetik] adj. Relatif à la synthèse; qui se fait par synthèse : *Méthode synthétique* (contr. ANALYTIQUE).

2. synthétique [sɛ̃tetik] adj. et n. m. Se dit d'un produit fabriqué par synthèse pour remplacer un produit naturel : *Caoutchouc synthétique.*

synthétiser [sɛ̃tetize] v. t. **1.** Réunir par synthèse : *Synthétiser des faits.* — **2.** Obtenir par synthèse chimique.

synthétiseur [sɛ̃tetizœr] n. m. Instrument capable de reproduire un son à partir de ses constituants (fréquence, durée, hauteur, intensité).

syphilis [sifilis] n. f. (de *Syphilus,* berger des Métamorphoses d'Ovide). Maladie infectieuse et contagieuse, le plus souvent d'origine vénérienne.

syphilitique [sifilitik] adj. et n. Atteint de syphilis.

syrien, enne [sirjɛ̃] adj. et n. De Syrie.

systématique [sistematik] adj. **1.** Qui appartient à un système; combiné d'après un système, un ordre déterminé : *Classement systématique.* — **2.** *Péjor.* Qui agit de façon rigide, sans tenir compte des circonstances, des éléments individuels : *Impossible de discuter avec elle, elle est trop systématique* (syn. DOGMATIQUE, PÉREMPTOIRE). *Opposition systématique.*

systématiquement [sistematikmɑ̃] adv. De manière systématique : *Elle s'abstient systématiquement de voter* (= de parti pris).

systématisation [sistematizasjɔ̃] n. f. Action de systématiser; fait d'être systématisé.

systématiser [sistematize] v. t. Réunir, ordonner en un système : *Systématiser une théorie.* ◆ v. i. *Péjor.* Juger à partir d'idées préconçues, agir de parti pris.

système [sistɛm] n. m. (gr. *sustêma,* ensemble). **1.** Réunion d'idées, de principes coordonnés de façon à former un tout scientifique ou une doctrine : *Le système astronomique de Copernic. Le système philosophique de Descartes.* — **2.** Combinaison d'éléments de même espèce réunis de manière à former un ensemble autour d'un centre : *Système solaire* (= constitué par le Soleil, les planètes, leurs satellites, etc.). — **3.** Ensemble d'organes ou de tissus de même nature et destinés à des fonctions analogues : *Le système nerveux.* — **4.** Ensemble de termes définis par les relations qu'ils entretiennent entre eux : *Un système linguistique.* — **5.** Ensemble de méthodes, de procédés destinés à produire un résultat; mode d'organisation : *Un système d'éducation. Un système politique, économique, social. Un système de signalisation.* — **6.** *Fam.* Moyen ingénieux employé pour parvenir à qqch : *Un système pour entrer sans payer.* ‖ Fam. *Système D,* habileté à se tirer d'affaire, à sortir d'embarras, sans être toujours scrupuleux sur le choix des moyens. — **7.** Appareil ou dispositif formé par des éléments agencés d'une manière plus ou moins compliquée : *Système d'éclairage, de fermeture automatique.* — **8.** *Esprit de système,* penchant à tout réduire en système, à penser, à agir en partant d'idées préconçues, d'après lesquelles on juge et classe les faits. ‖ *Par système,* de parti pris : *Contredire par système.*

systole [sistɔl] n. f. (gr. *sustolê,* contraction). Mouvement de contraction du cœur et des artères.

t

t [te] n. m. Vingtième lettre de l'alphabet notant en général la dentale sourde [t].

tabac [taba] n. m. (esp. *tabaco;* mot haïtien). **1.** Plante cultivée pour ses feuilles, qui sont fumées, prisées ou mâchées après une préparation appropriée. — **2.** Produit manufacturé fait de feuilles de tabac séchées et préparées : *Un paquet de tabac pour la pipe.* — **3.** *Fam.* Débit de tabac. — **4.** Fam. *Le même tabac,* la même chose. ‖ *Coup de tabac,* coup de vent violent. ‖ Fam. *Faire un tabac,* avoir un grand succès. ‖ Fam. *Passer qqn à tabac,* le frapper, le rouer de coups. ◆ adj. inv. D'une couleur brun-roux : *Un imperméable tabac.*

tabagie [tabaʒi] n. f. Endroit rempli de la fumée et de l'odeur du tabac.

tabagisme [tabaʒism] n. m. Intoxication provoquée par l'abus de tabac.

tabasser [tabase] v. t. (de *passer à tabac*). *Fam.* Frapper durement qqn.

tabatière [tabatjɛr] n. f. **1.** Petite boîte destinée à contenir du tabac à priser. — **2.** *Fenêtre à tabatière,* qui a la même inclinaison que le toit sur lequel elle est adaptée.

tabernacle [tabɛrnakl] n. m. (lat. *tabernaculum,* tente). Petite armoire placée sur l'autel, et dans laquelle on conserve les hosties.

table [tabl] n. f. (lat. *tabula,* planche). **1.** Meuble composé d'un plateau horizontal posé sur un ou plusieurs pieds, servant à divers usages : *Une table de chêne, de verre. Une table ronde, carrée, ovale. Une table de travail, de jeu, de cuisine.* — **2.** Meuble sur lequel on place les mets et les ustensiles nécessaires aux repas; l'ensemble de ces mets ou de ces ustensiles : *Le haut bout de la table* (= partie de la table où sont les places d'honneur). *Dresser, mettre la table* (= placer sur la table ce qui est nécessaire pour les repas). *Desservir la table.* — **3.** Le fait d'être assis autour d'une table pour y prendre son repas; le repas lui-même : *Voisin de table. Passer, se mettre à table* (= s'asseoir à une table pour manger et, *pop.,* avouer, dénoncer). *Être à table* (= en train de manger). *Quitter la table* (= interrompre son repas). *Se lever, sortir de table* (= avoir fini de manger). *Propos de table* (= tenus pendant les repas). *Aimer la bonne table* (= aimer la bonne chère). *À table!* (= invitation fam. à se mettre à table). — **4.** Ensemble des personnes qui prennent un repas à la même table : *Une plaisanterie qui fait rire toute la table. Présider la table.* — **5.** *Sainte table* ou *table de communion,* clôture du chœur, devant laquelle les fidèles reçoivent la communion. ‖ *Table d'orientation,* table circulaire placée sur un endroit élevé, et indiquant par des flèches les détails d'un point de vue. ‖ *Table ronde,* réunion tenue par plusieurs personnes pour régler, sur un pied d'égalité, des questions qui touchent à leurs intérêts respectifs. ‖ *Table tournante,* autour de laquelle prennent place plusieurs personnes qui y posent leurs mains, et dont les mouvements sont censés répondre aux questions posées aux esprits. — **6.** Inventaire présenté sous forme de liste et donnant un ensemble d'informations : *Table des matières* (= liste des chapitres, des questions traités dans un ouvrage). *Table de multiplication* (= tableau donnant les produits, l'un par l'autre, des dix premiers nombres). [→ ATTABLER (S').]

tableau [tablo] n. m. (de *table*). **1.** Ouvrage de peinture exécuté sur un panneau de bois, sur une toile tendue sur un châssis, etc. : *Le premier plan, le second plan, le fond d'un tableau. Accrocher, pendre, encadrer un tableau. Collectionner des tableaux.* — **2.** Spectacle dont la vue produit certaines impressions : *Avoir devant soi un tableau idyllique, douloureux. Une mère et sa fille se battaient dans la rue, vous voyez d'ici le tableau* (fam.; syn. SCÈNE). — **3.** Évocation, description imagée de qqch, soit oralement, soit par écrit : *Vous nous faites un tableau bien triste de la situation actuelle. Cette historienne a brossé un tableau très intéressant des guerres de religion* (syn. PEINTURE, RÉCIT). — **4.** Support d'écriture mural de couleur sombre, en usage dans les écoles : *Tracer des figures de géométrie au tableau. Aller au tableau, passer au tableau.* — **5.** Support, plan sur lequel sont groupés des objets, des appareils, ou destiné à recevoir des renseignements, des inscriptions : *Accrocher une clef à un tableau. Tableau d'une installation électrique. Tableau d'affichage.* ‖ *Tableau de bord d'un avion, d'une voiture,* ensemble d'appareils placés bien en vue du pilote ou du conducteur, et destinés à lui permettre de surveiller la marche de son véhicule. — **6.** Composition typographique qui comporte un certain nombre de colonnes divisées par des filets, des accolades. — **7.** Liste contenant des informations, des renseignements, disposés méthodiquement pour en faciliter la consultation : *Tableau chronologique, synoptique, statistique.* — **8.** Liste, dans l'ordre de leur réception, des membres d'un ordre professionnel : *Le tableau des avocats, des experts-comptables.* — **9.** *Jouer, miser sur les deux tableaux,* ménager les intérêts de deux parties adverses pour être sûr d'obtenir des avantages quel que soit le vainqueur. ‖ *Tableau d'avancement,* liste du personnel d'une administration jugé digne d'avancement. ‖ *Tableau de chasse,* exposition sur le sol de toutes les pièces de gibier abattues, groupées par espèces. ‖ *Tableau d'honneur,* liste des élèves les plus méritants d'une classe. — **10.** Au théâtre, subdivision d'un acte marquée par un changement de décor : *Drame en trois actes et quinze tableaux.*

tableautin [tablotɛ̃] n. m. Petit tableau, en peinture.

tablée [table] n. f. Ensemble de personnes assises à une même table.

tabler [table] v. t. ind. (de *table*). *Tabler sur qqch,* compter dessus, l'espérer fermement : *C'est entendu? Nous tablons sur ton arrivée demain. Elle a trop tablé sur la chance; et elle lui a manqué.*

tablette [tablɛt] n. f. **1.** Planche horizontale destinée à recevoir divers objets : *Les tablettes d'une bibliothèque, d'une armoire.* — **2.** Pièce de bois, de marbre, de pierre, de métal, etc., placée sur les montants d'une cheminée, sur l'appui d'une fenêtre, sur un radiateur.

— **3.** Produit alimentaire de forme rectangulaire et aplatie : *Tablette de chocolat.* — **4.** Litt. *Inscrire, mettre qqch sur ses tablettes,* en prendre bonne note, le graver dans sa mémoire. ‖ *Rayer qqn de ses tablettes,* ne plus compter sur lui.

tablier [tablije] n. m. (de *table*). **1.** Pièce d'étoffe, de cuir, de matière plastique, qu'on met devant soi pour préserver ses vêtements. — **2.** Fam. *Rendre son tablier,* se démettre de ses fonctions. — **3.** Rideau de tôle qui se lève et s'abaisse devant le foyer d'une cheminée. — **4.** Dans un pont, plate-forme horizontale supportant la chaussée ou la voie ferrée.

1. tabou [tabu] n. m. (d'un mot polynésien). **1.** Interdit de caractère religieux, qui frappe un être, un objet, un acte considérés comme sacrés ou impurs. — **2.** Ce dont on évite de parler par pudeur, crainte, superstition : *Les tabous sexuels.*

2. tabou, e [tabu] adj. (parfois inv. en genre). **1.** Interdit et marqué d'un caractère sacré : *Un lieu tabou.* — **2.** Se dit de qqn qu'on ne peut critiquer, de qqch qu'on ne peut changer, d'un mot qu'on ne peut prononcer : *Un employé, un règlement, un mot tabou.*

tabouret [taburɛ] n. m. (de *tabour,* anc. forme de *tambour*). **1.** Petit siège, généralement à quatre pieds, sans dossier et sans bras : *Un tabouret de cuisine, de bar.* — **2.** *Tabouret de piano,* petit siège circulaire, qu'on peut hausser ou baisser à volonté.

tabulateur [tabylatœr] n. m. (du lat. *tabula,* table). Dispositif des machines à écrire permettant de retrouver automatiquement les zones d'arrêt à chaque ligne.

tac [tak] n. m. (onomat.). *Répondre, riposter du tac au tac,* répondre vivement, rendre coup pour coup.

tache [taʃ] n. f. (lat. pop. *tacca,* signe). **1.** Marque qui salit : *Une tache de graisse, d'huile, d'encre. Enlever, ôter une tache. Cette tache peut s'enlever avec de l'essence.* — **2.** Tout ce qui atteint l'honneur, la réputation : *Une vie sans tache.* — **3.** *Faire tache,* faire un contraste choquant, produire une impression fâcheuse. ‖ *Faire tache d'huile,* s'étendre largement de proche en proche : *Un conflit qui fait tache d'huile.* — **4.** Marque naturelle sur la peau de l'homme, le pelage des animaux ou certaines parties des végétaux : *Avoir des taches de rousseur sur le visage. Un chien qui a des taches noires.*

tâche [tɑʃ] n. f. (du lat. *taxare,* taxer). **1.** Travail à faire dans un temps déterminé et dans certaines conditions : *Assigner une tâche à chacun. Faciliter la tâche à quelqu'un. Travailler à la tâche* (= selon un prix convenu pour un travail déterminé; contr. À L'HEURE). *Mourir à la tâche* (= travailler jusqu'à sa mort). — **2.** Ce qui doit être fait; obligation morale : *La tâche des éducateurs est de former l'intelligence et le caractère.* ‖ *Prendre à tâche de* (+ *inf.*), se proposer comme but, s'attacher à : *Elle a pris à tâche de faire réussir l'affaire.*

tacher [taʃe] v. t. *Tacher qqch (vêtement, linge),* le salir en faisant des taches dessus : *Tacher un vêtement avec de l'encre. Le vin rouge a taché la nappe;* sans compl. : *Les fruits tachent* (= font des taches). ◆ ***se tacher*** v. pr. **1.** (sujet qqn) Faire des taches sur ses vêtements : *Prenez garde, vous allez vous tacher.* — **2.** (sujet qqch) Se salir : *Tissu qui se tache facilement.*

tâcher [tɑʃe] v. t. *Tâcher de* (+ *inf.*), *que* (+ *subj.*), faire en sorte de, que : *Nous tâcherons de vous donner satisfaction* (syn. S'EFFORCER DE). *Tâchez que cela ne se reproduise pas.*

tâcheron [tɑʃrɔ̃] n. m. *Péjor.* Personne qui exécute une tâche ingrate et sans éclat.

tacheter [taʃte] v. t. (c. **8**) Marquer de petites taches (surtout pass.) : *Le soleil lui a tacheté le visage. Un chien blanc tacheté de noir. Des dahlias rouges tachetés de blanc.*

tacite [tasit] adj. (lat. *tacitus,* qui se tait). Qui n'est pas exprimé formellement, sous-entendu : *Approbation, consentement, aveu tacite.*

tacitement [tasitmɑ̃] adv. De façon tacite : *Reconnaître tacitement son échec.*

taciturne [tasityrn] adj. et n. (lat. *taciturnus;* de *tacere,* taire). Qui reste volontiers silencieux : *Vous êtes bien sombre et taciturne aujourd'hui* (syn. MOROSE).

tacot [tako] n. m. *Fam.* Vieille voiture défectueuse.

tact [takt] n. m. (lat. *tactus;* de *tangere,* toucher). Sentiment délicat de la mesure, des nuances, des convenances : *Elle a beaucoup de tact* (syn. DÉLICATESSE, DISCRÉTION, DOIGTÉ). *Agir avec tact* (contr. GROSSIÈRETÉ).

tacticien, enne [taktisjɛ̃] n. Qui connaît la tactique et sait l'employer pour manœuvrer habilement.

tactile [taktil] adj. Qui a rapport au toucher.

tactique [taktik] n. f. (gr. *taktikê tekhnê,* art de ranger). **1.** Art de diriger une bataille en combinant, par la manœuvre, l'action des différents moyens de combat en vue d'obtenir le maximum d'efficacité. — **2.** Ensemble des moyens utilisés pour obtenir le résultat voulu : *Changer de tactique. La tactique parlementaire.* ◆ adj. Qui relève de la tactique : *Dispositions tactiques. Habileté tactique d'une négociation.*

taffetas [tafta] n. m. (it. *taffeta;* mot persan). Toile légère de soie ou de fibres synthétiques.

tag [tag] n. m. (mot angl.). Graffiti d'un graphisme proche de l'écriture, constituant un signe de reconnaissance.

tagliatelles [taljatɛl] n. f. pl. (mot it.). Pâtes alimentaires découpées en minces lanières.

tahitien, enne [taisjɛ̃] adj. et n. De Tahiti.

taïaut ! [tajo] interj. (onomat.). Cri du veneur à la vue du gibier, pour lancer les chiens à sa poursuite.

taie [tɛ] n. f. (lat. *theca;* gr. *thêkê,* boîte). **1.** *Taie d'oreiller, de traversin,* enveloppe de linge dans laquelle on place un oreiller, un traversin. — **2.** Tache blanche, opaque, sur la cornée.

taïga [taiga] n. f. (mot russe). Forêt de conifères dans le nord de l'Europe et de l'Asie.

taillade [tajad] n. f. (it. *tagliata,* coup qui entaille). **1.** Blessure dans les chairs provoquée par un intrument tranchant : *Se faire une taillade en se rasant* (syn. BALAFRE, ENTAILLE, ESTAFILADE). — **2.** Incision en long : *Faire des taillades dans un arbre.*

taillader [tajade] v. t. Faire des entailles, des incisions (syn. COUPER, ENTAILLER).

taille [taj] n. f. (de *tailler*).
— **I. 1.** Hauteur du corps humain des pieds à la tête : *Personne de grande taille, de taille moyenne, de petite taille* (syn. STATURE). — **2.** Hauteur et grosseur des animaux; dimension de qqch : *Un cheval de petite taille. Un plat de grande taille.* — **3.** Ensemble des dimensions moyennes des différentes parties du corps servant de modèle pour les vêtements : *Quelle taille faites-vous pour vos chemises ?* — **4.** Partie du corps humain située à la jonction du thorax et de l'abdomen : *Avoir la taille fine. Prendre quelqu'un par la taille. Avoir la taille bien prise* (= avoir la taille bien faite). *Vêtement serré à la taille. Le tour de taille* (= la ceinture). — **5.** Partie rétrécie du vêtement, qui dessine la taille de qqn : *Une taille haute, basse.* — **6.** Fam. *De taille,* d'importance : *Sottise de taille.* ‖ *(Être) de taille* (à [+ *inf.*]), capable de faire face à qqch : *Elle est de taille à se défendre. Un partenaire de taille.* ‖ Fam. *En taille,* sans vêtement de dessus.
— **II. 1.** Action de tailler, de couper : *La taille d'un arbre, d'un diamant, de la vigne.* — **2.** *Pierre de taille,* qu'on emploie dans la construction après l'avoir taillée.

taillé, e [taje] adj. **1.** Qui a telle ou telle carrure : *Être bien taillé* (= bien fait, bien proportionné). *Être taillé en hercule, en force* (= fortement musclé). — **2.** *Taillé pour,* propre à faire qqch, par ses aptitudes, sa constitution : *Un cheval taillé pour la course.*

taille-crayon [tajkrɛjɔ̃] n. m. (pl. *taille-crayon* ou *-crayons*). Petit outil généralement conique garni à l'intérieur d'une lame tranchante, dont on se sert pour tailler les crayons.

tailler [taje] v. t. (lat. pop. *taliare;* de *talea,* rejeton). **1.** *Tailler qqch (concret),* en retrancher ce qu'il a de superflu, pour lui donner une certaine forme, pour le rendre propre à tel usage : *Tailler une pierre précieuse, un diamant. Tailler un bloc de marbre pour en faire une statue. Tailler des arbres fruitiers pour leur faire porter plus de fruits* (syn. ÉLAGUER, ÉMONDER). — **2.** Couper dans une étoffe ce qui est nécessaire pour confectionner une pièce de vêtement : *Tailler une robe, un manteau.* ◆ ***se tailler*** v. pr. **1.** *Se tailler un succès,* se faire brillamment remarquer. — **2.** *Pop.* Se sauver, partir.

tailleur [tajœr] n. m. **1.** Artisan qui fait des vêtements sur mesure. — **2.** *S'asseoir en tailleur,* les jambes repliées et les genoux écartés. — **3.** Costume féminin comprenant une jupe et une veste de même tissu.

tailleur-pantalon [tajœrpɑ̃talɔ̃] n. m. (pl. *tailleurs-pantalons*). Costume féminin composé d'un pantalon et d'une veste assortie.

taillis [taji] n. m. (de *tailler*). Bois qu'on coupe à intervalles rapprochés.

tain [tɛ̃] n. m. (de *étain*). Amalgame d'étain, qu'on applique derrière une glace pour la rendre réfléchissante.

taire [tɛr] v. t. (lat. *tacere*) [c. **78**]. *Taire qqch,* ne pas le dire (soutenu) : *Taire le nom de quelqu'un, les motifs d'une absence* (syn. CACHER, DISSIMULER, GARDER POUR SOI). ◆ ***se taire*** v. pr. **1.** (sujet qqn) S'abstenir ou cesser de parler : *On se repent plus souvent d'avoir parlé que de s'être tu. Tu as perdu une bonne occasion de te taire* (= tu t'es fait du tort en parlant). — **2.** (sujet un animal, qqch) Cesser de se faire entendre, de faire du bruit : *À l'approche de la nuit, les oiseaux se taisent. Les vents et la mer se sont tus* (syn. SE CALMER). — **3.** *Faire taire qqn, qqch,* le réduire au silence, l'empêcher de se manifester : *Faites taire cette enfant. Faire taire sa colère.*

talc [talk] n. m. (ar. *talq*). Poudre blanche onctueuse, d'origine minérale, utilisée pour absorber les sécrétions de la peau.

talé, e [tale] adj. (mot germ.). *Fruit talé,* meurtri.

talent [talɑ̃] n. m. (lat. *talentum*). **1.** Aptitude, habileté naturelle ou acquise à faire qqch, en partic. dans le domaine intellectuel ou artistique : *Avoir du talent pour la musique, pour la peinture. Tu as des talents, mais tu ne sais pas les faire valoir. Peintre de talent* (= qui a du talent). *Avoir le talent d'ennuyer tout le monde* (ironiq.; syn. fam. CHIC). — **2.** Personne qui a un talent : *Encourager les jeunes talents.*

talentueux, euse [talɑ̃tɥø] adj. Qui a du talent.

talion [taljɔ̃] n. m. (lat. *talio;* de *talis,* tel). *Loi du talion,* selon laquelle une offense doit être réparée par une peine du même ordre; façon de se venger en rendant la pareille.

talisman [talismɑ̃] n. m. (mot ar.; gr. *telesma,* rite). Objet marqué de signes cabalistiques, auquel on attribue la vertu de protéger celui qui en est porteur ou de lui donner un pouvoir magique; qui a un pouvoir magique, des effets merveilleux.

talkie-walkie [tokiwoki] n. m. (mot angl.) [pl. *talkies-walkies*]. Petit appareil radio émetteur et récepteur portatif, de faible portée.

taloche [talɔʃ] n. f. (de *taler,* meurtrir). *Fam.* Coup donné sur la figure avec le plat de la main (syn. GIFLE, TAPE).

talon [talɔ̃] n. m. (lat. *talus*). **1.** Partie postérieure du pied de l'homme : *S'asseoir sur les talons* (= s'accroupir). — **2.** Partie d'un bas, d'une chaussette qui enveloppe le talon. — **3.** Partie saillante ajoutée à la semelle d'une chaussure, à l'endroit où repose le talon : *Des souliers à talons hauts, à talons plats.* — **4.** *Être, marcher sur les talons de qqn,* le suivre de très près. ‖ *Talon d'Achille,* point faible, côté vulnérable de qqn. ‖ *Tourner les talons,* partir. — **5.** Ce qui reste des cartes ou des dominos après la distribution à chaque joueur. — **6.** Partie non détachable d'un carnet à souches : *Inscrire le montant d'un chèque sur le talon.* — **7.** Dernier morceau, reste de qqch d'entamé : *Talon de pain, de jambon.*

talonnage [talɔnaʒ] n. m. Action de talonner.

talonner [talɔne] v. t. **1.** *Talonner qqn,* le poursuivre de très près : *Talonner l'ennemi.* — **2.** *Talonner un cheval,* le presser du talon ou de l'éperon. — **3.** Presser vivement : *Mes créanciers me talonnent* (syn. HARCELER). *La faim la talonnait* (syn. TOURMENTER). ◆ v. t. et v. i. Au rugby, faire sortir le ballon de la mêlée.

talonnette [talɔnɛt] n. f. **1.** Lame de liège ou de toute autre matière, taillée en biseau et placée sous le talon, à l'intérieur d'une chaussure. — **2.** Extra-fort cousu au bas d'un pantalon pour en éviter l'usure.

talonneur [talɔnœr] n. m. Joueur qui talonne le ballon.

talquer [talke] v. t. *Talquer qqch,* l'enduire de talc : *Talquer des gants.*

talus [taly] n. m. (mot gaul. signif. *pente*). **1.** Terrain en pente, situé au bord d'une route, le long d'un fossé. — **2.** Partie du sol aménagée par des travaux et à laquelle on a donné une forte inclinaison : *Talus de voie ferrée.*

tamanoir [tamanwar] n. m. (mot caraïbe). Mammifère édenté de l'Amérique du Sud, appelé aussi *grand fourmilier.*

tamaris [tamaris] n. m. (lat. *tamariscus*). Arbrisseau à très petites feuilles et à grappes de fleurs roses, souvent planté dans le Midi.

tambour [tɑ̃bur] n. m. (persan *tabīr*). **1.** Caisse cylindrique dont chaque fond est formé d'une peau tendue sur laquelle on frappe avec des baguettes pour en tirer des sons : *Roulement de tambour.* — **2.** Homme qui bat du tambour. — **3.** *Battre du tambour,* le faire retentir. ‖ *Partir sans tambour ni trompette,* sans bruit, en secret. ‖ Fam. *Tambour battant,* avec vivacité, avec résolution : *Mener une affaire tambour battant.* — **4.** Cylindre d'un treuil, d'une machine : *Un moulinet de pêche à tambour. Le tambour d'une machine à laver.* — **5.** *Tambour de frein,* pièce circulaire, solidaire de la pièce à freiner et sur laquelle s'exerce le frottement du segment de frein.

tambourin [tɑ̃burɛ̃] n. m. **1.** Tambour plus long et plus étroit que le tambour ordinaire, et qu'on bat avec une seule baguette. — **2.** Petit tambour plat.

tambourinage [tɑ̃burinaʒ] ou **tambourinement** [tɑ̃burinmɑ̃] n. m. Action de tambouriner : *Son tambourinage sur la table est agaçant.*

tambourinaire [tɑ̃burinɛr] n. m. En Provence, joueur de tambourin.

tambouriner [tɑ̃burine] v. t. ind. *Tambouriner sur, à qqch,* frapper à coups répétés sur une surface dure en produisant un bruit rythmé : *Elle tambourinait nerveu-*

sement sur la table. Tambouriner à la porte de quelqu'un. La pluie tambourine sur les vitres.

tamis [tami] n. m. (mot gaul.). **1.** Instrument qui sert à passer des matières pulvérulentes ou des liquides épais. — **2.** *Passer qqch au tamis,* l'examiner avec attention, sévèrement (soutenu) : *Passer au tamis la conduite de quelqu'un.*

tamisage [tamizaʒ] n. m. Action de tamiser : *Le tamisage du plâtre.*

tamiser [tamize] v. t. **1.** *Tamiser qqch,* le passer au tamis : *Tamiser de la farine, du sable.* — **2.** *Tamiser la lumière,* la laisser passer en l'adoucissant : *Des rideaux, des vitraux qui tamisent la lumière. Lumière tamisée* (= douce, filtrée).

tampon [tɑ̃pɔ̃] n. m. (frq. *tappo*). **1.** Gros bouchon de matière quelconque, servant à obturer une ouverture : *Un tampon de linge, de liège. Arrêter une fuite d'eau avec un tampon.* — **2.** Morceau de coton roulé en boule, bande de gaze pliée servant à étancher le sang, à nettoyer une plaie, etc. ‖ *Tampon, serviette périodique,* petit rouleau comprimé d'ouate absorbante, dont les femmes se servent pendant leurs règles. — **3.** Étoffe ou autre matière roulée ou pressée, servant à frotter ou à imprégner. — **4.** Cheville de bois ou de métal enfoncée dans un mur, afin d'y placer une vis ou un clou. — **5.** Plaque de métal ou de caoutchouc gravée, et qui, enduite d'encre, permet d'imprimer sur une lettre, sur un document le timbre d'une administration ou d'une société : *Apposer le tampon officiel sur un passeport.* — **6.** Disque de métal placé à l'extrémité des voitures de chemin de fer ou des wagons, pour amortir les chocs. — **7.** *État tampon,* qui, par sa situation géographique, se trouve entre deux États puissants et hostiles. ‖ *Servir de tampon,* chercher à limiter les heurts, à aplanir un différend entre deux personnes : *Elle a servi de tampon entre les deux adversaires.*

tamponnement [tɑ̃pɔnmɑ̃] n. m. Collision brutale entre deux trains ou deux véhicules.

tamponner [tɑ̃pɔne] v. t. **1.** Essuyer, étancher avec un tampon : *Tamponner une plaie.* — **2.** *Tamponner un mur,* y faire un trou pour y placer un tampon. — **3.** *Tamponner une lettre, un document,* y apposer un cachet. — **4.** Heurter violemment : *Un train qui en tamponne un autre* (syn. EMBOUTIR, TÉLESCOPER).

tamponneur, euse [tɑ̃pɔnœr] adj. *Autos tamponneuses,* petits véhicules électriques qui s'entrechoquent sur une piste et constituent une attraction foraine.

tamponnoir [tɑ̃pɔnwar] n. m. Outil servant à percer un mur pour y placer des tampons.

tam-tam [tamtam] n. m. (mot créole) [pl. *tam-tams*]. **1.** Instrument de musique d'origine chinoise, composé d'une plaque circulaire de métal suspendue verticalement et qu'on frappe avec un maillet. — **2.** En Afrique centrale, tambour qu'on frappe avec la main ; roulement prolongé de cet instrument, servant à annoncer certains événements : *Un tam-tam de guerre.* — **3.** *Fam.* Vacarme, tapage ; publicité tapageuse : *Faire du tam-tam pour peu de chose.*

tan [tɑ̃] n. m. (mot gaul.). Écorce de chêne, d'un brun roux, réduite en poudre et qui servait anciennement à tanner les peaux.

tancer [tɑ̃se] v. t. (lat. pop. *tentiare ;* de *tendere,* tendre) [c. **1**]. Litt. *Tancer qqn,* le réprimander : *Tancer un élève* (syn. ADMONESTER, GRONDER).

tanche [tɑ̃ʃ] n. f. (mot gaul.). Poisson d'eau douce, qui se plaît dans les étangs.

tandem [tɑ̃dɛm] n. m. (mot angl.). **1.** Bicyclette pour deux personnes placées l'une derrière l'autre. — **2.** Association de deux personnes, de deux groupes qui travaillent à une même œuvre.

tandis que [tɑ̃di(s)kə] conj. (lat. *tamdiu,* aussi longtemps, et *que*) [+ *ind.*]. **1.** Marque la simultanéité de deux actions : *Nous sommes arrivés tandis qu'elle déjeunait* (syn. COMME, PENDANT QUE). — **2.** Marque la substitution d'une action à une autre, le contraste, l'opposition : *Vous reculez, tandis qu'il faudrait avancer* (syn. ALORS QUE, AU LIEU QUE).

tangage [tɑ̃gaʒ] n. m. Balancement d'un véhicule dans le sens de la longueur (contr. ROULIS).

tangent, e [tɑ̃ʒɑ̃] adj. (lat. *tangens, tangentis,* touchant). **1.** En contact par un seul point avec une ligne ou une surface : *Une droite tangente à un cercle.* — **2.** *Fam.* Qui approche de justesse d'un résultat : *Si je réussis à mon examen, ce sera tangent.*

tangente [tɑ̃ʒɑ̃t] n. f. **1.** Position limite d'une sécante à une courbe, lorsqu'un des points d'intersection se rapproche indéfiniment de l'autre en restant sur cette courbe (math.). — **2.** Fam. *Prendre la tangente,* se sauver rapidement ; se tirer d'affaire habilement (syn. S'ESQUIVER).

tangible [tɑ̃ʒibl] adj. (du lat. *tangere,* toucher). **1.** Perceptible par le toucher : *Réalité tangible.* — **2.** Qui est manifeste, dont la réalité est évidente : *Preuve tangible.*

tango [tɑ̃go] n. m. (mot esp.). Danse à deux temps originaire de l'Amérique latine.

tanguer [tɑ̃ge] v. i. (anc. scand. *tangi,* pointe) [sujet un bateau, une voiture de chemin de fer, un avion]. Être soumis à un balancement dans le sens de la longueur.

tanière [tanjɛr] n. f. (du gaul. *taxo,* blaireau). Abri plus ou moins couvert ou souterrain d'un animal sauvage.

tanin ou **tannin** [tanɛ̃] n. m. (de *tan*). Substance existant dans plusieurs produits végétaux (écorce de chêne, de châtaignier, etc.), qui rend les peaux imputrescibles.

tank [tɑ̃k] n. m. (mot angl. signif. *réservoir*). Char de combat.

tannage [tanaʒ] n. m. Action de tanner.

tannant, e [tanɑ̃] adj. *Fam.* Se dit de qqn qui fatigue, importune : *Il est tannant avec ses réflexions stupides* (syn. ENNUYEUX, LASSANT).

tanné, e [tane] adj. Qui est de couleur brun-roux : *Avoir le visage tanné* (syn. BASANÉ).

tanner [tane] v. t. (de *tan*). **1.** *Tanner une peau d'animal,* lui faire subir une préparation pour la rendre imputrescible. — **2.** Fam. *Tanner qqn,* l'importuner, le harceler : *Elle est toujours en train de tanner sa mère pour avoir de l'argent* (syn. ENNUYER, TOURMENTER).

tannerie [tanri] n. f. Établissement où on tanne les cuirs ; industrie du tannage.

tanneur [tanœr] n. m. Personne qui tanne les cuirs, qui vend les cuirs tannés.

tant [tɑ̃] adv. de quantité. (lat. *tantum*). **1.** *Tant de* (+ *n. pl.* ou *sing.*), indique l'importance d'une quantité telle qu'elle peut entraîner une conséquence : *C'est une affreuse petite maison de banlieue comme il y en a tant. Tant d'attentions laissent prévoir quelque demande d'argent. Tant de travail reste encore à faire ! Elle a tant de livres qu'elle ne sait où les mettre.* — **2.** *Tant (que + ind.),* indique l'intensité et la conséquence : *Comme il est gros, mais il mange tant !* (syn. TELLEMENT). *Elle a tant travaillé qu'elle est tombée malade. Il parle tant qu'il ne voit pas que les autres n'écoutent plus.* — **3.** *Tant (que)* dans une phrase négative ou interrogative, exprime l'égalité entre deux quantités, la comparaison : *Je n'ai pas commis tant d'erreurs que vous* (syn. AUTANT). *Elle ne lit pas tant que moi. Je ne crains pas tant le froid que la chaleur.* — **4.** *Tant,* devant un participe ou un adjectif, exprime l'intensité d'une qualité : *Cette vertu tant vantée ne se manifeste guère* (syn. SI, TELLEMENT). *Elle n'a jamais pu cacher cette erreur, tant elle est sincère* (syn. TELLEMENT). *Il m'exaspère, tant il est bavard.* — **5.** *Tant*, seul, indique la quantité imprécise dans une répartition ou une distribution à l'intérieur d'un groupe : *Prêter de l'argent à tant pour cent. Cet héritage laisse tant à vous et tant à vos enfants. Les auteurs tant anciens que modernes. Le personnel, tant ouvriers qu'ingénieurs. Tous tant que nous sommes, nous nous étions trompés* (= tous sans exception). — **6.** *Tant bien que mal,* exprime l'approximation : *Il parvient à ses fins tant bien que mal. Elle apprend ses leçons tant bien que mal. J'ai réussi tant bien que mal à réparer la radio.* ‖ *Tant et si bien,* insiste sur l'intensité : *Il fit tant et si bien qu'on le renvoya* (= il agit de telle manière que). ‖ *Tant mieux,* indique la satisfaction devant un événement heureux : *Elle a réussi, tant mieux!* ‖ *Tant pis,* indique la résignation devant un événement contraire : *J'ai perdu, tant pis!* ‖ *Tant qu'à moi (toi, lui, eux),* syn. fam. de QUANT À MOI (point de vue restrictif) : *Tant qu'à moi, je ne suis pas de cet avis.* ‖ *Tant qu'à faire,* indique ce qui est préférable en de telles circonstances : *Tant qu'à faire, partons tout de suite, car il ne pleut pas encore* (syn. DANS L'ÉTAT ACTUEL DES CHOSES) : avec un autre verbe à l'inf. : *Tant qu'à vendre à perte, fermons la boutique.* ‖ *Tant s'en faut,* loin de là, bien au contraire. ‖ *Un tant soit peu,* indique la quantité minimale possible : *Restez tant soit peu près d'elle, cela lui fera plaisir* (syn. SI PEU QUE CE SOIT). *Il est un tant soit peu fat et toujours content de lui.* — **7.** *En tant que* (+ *ind.*), exprime l'équivalence : *Elle s'est présentée à moi en tant que votre amie, en tant que recommandée par vous* (syn. EN QUALITÉ DE, COMME). *Engager quelqu'un en tant que secrétaire.* ‖ *Si tant est que,* indique une supposition restrictive : *L'incident a dû se produire comme tu le rapportes, si tant est que tu dises la vérité* (syn. À SUPPOSER QUE). ‖ *Tant que* (+ *ind.*), exprime la coïncidence totale dans la durée (distinct de *tant que* indiquant la conséquence ou la comparaison) : *Tant qu'elle vivra, la propriété restera intacte* (syn. AUSSI LONGTEMPS QUE). *Il vaut mieux voyager tant qu'on est jeune* (syn. PENDANT QU'ON). ‖ *Tant s'en faut que* (+ *subj.*), exprime une opposition : *Tant sans faut qu'il se soumette, qu'il accentue sa révolte* (syn. BIEN LOIN QUE).

tante [tɑ̃t] n. f. (anc. fr. *ante;* lat. *amita*). Sœur du père, de la mère, ou femme de l'oncle.

tantinet (un) [tɑ̃tinɛ] adv. (de *tant*). *Fam.* Un peu : *Il est un tantinet stupide.*

tantôt [tɑ̃to] adv. **1.** *Fam.* Cet après-midi (avec le futur ou le passé) : *Je l'ai vue tantôt. Je finirai ce travail tantôt.* — **2.** *Tantôt..., tantôt...,* indique l'alternance; à tel moment, à un autre moment : *Elle est tantôt gaie, tantôt triste.*

tanzanien, enne [tɑ̃zanjɛ̃] adj. et n. De Tanzanie.

taon [tɑ̃] n. m. (lat. *tabanus*). Grosse mouche qui pique l'homme et les bestiaux.

tapage [tapaʒ] n. m. (de *taper*). Bruit violent et discordant accompagné de cris : *Nos voisins sont rentrés tard hier soir et ont fait un beau tapage* (syn. VACARME; fam. RAFFUT).

tapageur, euse [tapaʒœr] adj. **1.** Qui aime faire du tapage : *Un enfant tapageur* (syn. BRUYANT). — **2.** Qui cherche à attirer l'attention : *Publicité tapageuse. Toilette tapageuse* (= d'un éclat criard). — **3.** Qui provoque des commentaires, qui fait scandale : *Liaison tapageuse.*

tapageusement [tapaʒøzmɑ̃] adv. De façon tapageuse.

tapant, e [tapɑ̃] adj. *À une, deux,* etc., *heures tapant(es),* au moment où sonnent une heure, deux heures.

tape [tap] n. f. (de *taper*). Coup donné avec la main : *Elle lui a donné une petite tape dans le dos* (syn. CLAQUE).

tape-à-l'œil [tapalœj] n. m. et adj. inv. *Fam.* Ce qui est destiné à éblouir : *Ce texte n'a pas de sens; c'est seulement du tape-à-l'œil.*

tapée [tape] n. f. Fam. *Tapée de* (+ *n. pl.*), grande quantité de : *Ils ont une tapée d'enfants.*

tapement [tapmɑ̃] n. m. Action de taper; bruit produit par un coup quelconque : *Elle entendit un tapement sourd contre la porte.*

taper [tape] v. t. (onomat.). **1.** Fam. *Taper qqn,* le frapper de la main (syn. BATTRE). — **2.** *Taper qqch,* donner des coups dessus : *Taper la table à coups de poing.* — **3.** *Taper (un texte),* l'écrire à la machine (syn. DACTYLOGRAPHIER). — **4.** Fam. *Taper qqn,* lui emprunter de l'argent : *À chaque fin de mois, il tape ses camarades.* ◆ v. t. ind. **1.** *Taper sur, dans, à qqch, taper sur qqn,* donner des coups, frapper : *Taper sur un clou pour l'enfoncer* (syn. ↑COGNER). *Qui est-ce qui tape à la porte? Joueur qui tape sur un ballon. Une personne tellement têtue qu'on a envie de taper dessus.* — **2.** Fam. *Taper sur qqn,* dire du mal de lui : *Taper sur tout le monde* (syn. CRITIQUER, MÉDIRE DE). — **3.** Fam. *Taper dans qqch,* en consommer une grande partie : *Ils ont tapé dans les réserves* (syn. PUISER). — **4.** Fam. *Taper à côté,* se tromper, échouer. ‖ *Taper dans l'œil à qqn,* lui plaire. ‖ Fam. *Taper sur le ventre de (à) qqn,* le traiter avec une familiarité excessive. ◆ v. i. *Le soleil tape (dur), ça tape,* il fait très chaud. ◆ ***se taper*** v. pr. Fam. *Se taper qqch,* se l'offrir, s'en donner le plaisir : *Se taper un bon repas* (syn. fam. S'ENVOYER); faire qqch de pénible : *Elle s'est tapé la corvée.*

tapette [tapɛt] n. f. **1.** Petite tape : *Le premier de vous deux qui rira aura une tapette.* — **2.** Fam. *Avoir une bonne, une sacrée tapette,* être très bavard.

tapeur, euse [tapœr] n. *Fam.* Personne qui emprunte souvent de l'argent.

tapinois (en) [tapinwa] adv. (de l'anc. fr. *tapin,* qui se dissimule). En cachette, sournoisement (soutenu) : *Agir en tapinois* (syn. EN CATIMINI, SECRÈTEMENT).

tapioca [tapjɔka] n. m. (mot portug.). Fécule extraite de la racine du manioc.

1. tapir [tapir] n. m. (mot d'une langue du Brésil). Mammifère d'Asie tropicale et d'Amérique, dont le museau est allongé et forme une courte trompe.

2. tapir (se) [tapir] v. pr., **être tapi** v. pass. (frq. *tappjan,* enfermer). **1.** (sujet un animal) Se cacher (être caché) en se blottissant : *Le chat s'était tapi dans le grenier.* — **2.** (sujet qqn) Se retirer, s'enfermer; être caché : *Se tapir dans sa maison. Être tapi derrière la porte.*

tapis [tapi] n. m. (gr. *tapêtion*). **1.** Pièce d'étoffe dont on couvre un parquet, un meuble : *Un tapis de laine, de soie.* — **2.** Ce qui recouvre entièrement une surface : *Un tapis de verdure, de fleurs.* — **3.** *Aller, envoyer au tapis,* dans un combat de boxe, aller, envoyer son adversaire au sol. ‖ *Amuser le tapis,* distraire la société en racontant des choses plaisantes. ‖ *Être sur le tapis,* faire le sujet de la discussion. ‖ *Mettre, jeter, remettre une question sur le tapis,* la proposer à la discussion. ‖ *Revenir sur le tapis,* être de nouveau un sujet de conversation. ‖ *Tapis de sol,* partie d'une tente isolant l'intérieur de l'humidité du sol. ‖ *Tapis vert,* table autour de laquelle se tient une réunion de personnes pour traiter une affaire.

tapis-brosse [tapibrɔs] n. m. (pl. *tapis-brosses*). Paillasson.

tapisser [tapise] v. t. **1.** *Tapisser un mur, une chambre,* les couvrir d'une tapisserie ou d'un papier peint. — **2.** *Tapisser une surface,* la couvrir, la revêtir de choses destinées à l'orner : *Tapisser des murs de photos, de dessins.*

tapisserie [tapisri] n. f. **1.** Ouvrage de décoration murale ou d'ameublement, fabriqué au métier ou à l'aiguille en entrecroisant deux séries parallèles de fils de couleur. — **2.** *Faire tapisserie,* en parlant d'une femme, ne pas être invitée à danser dans un bal.

tapissier, ère [tapisje] n. Personne qui fabrique, vend ou pose des tapis, des tentures.

tapotage [tapɔtaʒ] ou **tapotement** [tapɔtmɑ̃] n. m. Action de tapoter; bruit fait en tapotant.

tapoter [tapɔte] v. t. *Tapoter qqch,* lui donner des petites tapes légères : *Tapoter la joue d'un enfant.* ◆ v. t. ind. *Tapoter (sur qqch),* imprimer une série de petits coups à qqch : *Tapoter de la main sur la table.*

taquet [takɛ] n. m. (onomat.). Petit morceau de bois qui sert à caler un meuble, à maintenir provisoirement un objet en place.

taquin, e [takɛ̃] adj. et n. (anc. fr. *taquehain,* émeute). Qui prend plaisir par jeu à contrarier pour agacer : *Cette enfant se montre taquine avec ses camarades.*

taquiner [takine] v. t. *Taquiner qqn,* s'amuser à le contrarier : *Un frère qui taquine sa sœur* (syn. FAIRE ENRAGER).

taquinerie [takinri] n. f. Penchant à taquiner; action, parole d'un taquin : *Cessez vos taquineries* (syn. AGACERIE).

tarabiscoté, e [tarabiskɔte] adj. (de l'anc. terme de menuiserie *tarabiscot,* rabot). Chargé d'ornements excessifs, compliqués : *Des moulures, des sculptures tarabiscotées. Un style tarabiscoté* (syn. MANIÉRÉ, PRÉTENTIEUX).

tarabuster [tarabyste] v. t. (anc. prov. *tabustar,* faire du bruit). Fam. *Tarabuster qqn,* le traiter rudement : *Une mère qui tarabuste ses enfants* (syn. HARCELER); le préoccuper vivement : *Cette idée m'a tarabusté toute la journée* (syn. TRACASSER).

taratata! [taratata] interj. *Fam.* Exprime le dédain, le doute, l'incrédulité.

tarauder [tarode] v. t. *Tarauder qqn,* le faire souffrir moralement, l'obséder (soutenu) : *Les scrupules le taraudent.*

tard [tar] adv. (lat. *tarde,* lentement). **1.** À un moment avancé de la journée, de la nuit, d'une période quelconque; après le moment habituel : *Se lever, se coucher tard. Nous avons dîné tard hier soir. Les vendanges sont tard cette année.* — **2.** Après le temps fixé ou le moment convenable : *Vous avez attendu un peu tard pour nous donner votre réponse. On l'a soignée trop tard, elle est perdue. Il n'est jamais trop tard pour bien faire.* — **3.** *Au plus tard,* dans l'hypothèse (de temps) la plus éloignée : *Je serai là dans deux heures au plus tard.* ‖ *Il est tard, il se fait tard,* l'heure est avancée : *Le soleil se couche, il est tard pour partir en promenade.* ‖ *Plus tard,* à un moment de l'avenir par rapport au moment où on est : *Nous irons vous voir plus tard* (syn. ULTÉRIEUREMENT). ◆ n. m. *Sur le tard,* à une heure avancée de la journée : *Il est arrivé sur le tard;* vers la fin de sa vie : *Elle s'est aperçue sur le tard qu'elle aurait dû ménager sa santé.*

tarder [tarde] v. t. ind. et i. **1.** (sujet qqn) *Tarder* (à [+ *inf.*]), attendre longtemps avant de (faire qqch) : *Ne tardez pas à donner votre réponse. Pourquoi avez-vous tant tardé?* (syn. DIFFÉRER). — **2.** (sujet qqn, qqch) *Tarder* (à [+ *inf.*]), être lent à (venir) : *Elle ne va pas tarder, attendons-la. Le printemps tarde à apparaître.* — **3.** (sujet qqch) *Tarder* (à [+ *inf.*]), mettre longtemps à (venir, se produire) : *Tu vas recevoir une claque, ça ne va pas tarder.* — **4.** *Il me* (*te, lui,* etc.) *tarde de* (+ *inf.*) ou *que* (+ *subj.*), j'attends (tu, il, etc.) avec impatience : *Il me tarde de vous voir revenir. Il me tarde que ce travail soit terminé.* ‖ *Sans tarder,* immédiatement : *Partez sans tarder* (syn. TOUT DE SUITE). [→ ATTARDER, RETARDER.]

tardif, ive [tardif] adj. **1.** Qui vient tard : *Regrets tardifs. Fruits tardifs* (= qui mûrissent après les autres de la même espèce; contr. HÂTIF, PRÉCOCE). — **2.** Qui a lieu tard dans la journée : *Heure tardive.*

tardivement [tardivmɑ̃] adv. De façon tardive : *S'apercevoir tardivement d'une erreur.*

tare [tar] n. f. (mot ar. signif. *déduction*).
— **I. 1.** Poids de l'emballage d'une marchandise. — **2.** *Faire la tare,* placer un poids dans un plateau d'une balance pour équilibrer un corps pesant placé dans l'autre plateau.
— **II. 1.** Défaut physique ou moral de qqn : *Tare héréditaire* (syn. IMPERFECTION). — **2.** Vice inhérent à un organisme, un système : *Tares d'une société, d'un régime.*

taré, e [tare] adj. et n. Atteint d'une tare, d'un vice : *Personne tarée* (syn. DÉPRAVÉ). *Régime taré* (syn. CORROMPU).

tarentule [tarɑ̃tyl] n. f. (it. *tarantola;* de *Tarente,* où abondent les tarentules). Grosse araignée de l'Europe du Sud.

targette [tarʒɛt] n. f. (du frq. *targa,* bouclier). Petit verrou rudimentaire, pour fermer une porte, une fenêtre.

targuer (se) [targe] v. pr. (du frq. *targa,* bouclier). *Se targuer de qqch, de* (+ *inf.*), s'en vanter avec arrogance (soutenu) : *Se targuer de sa fortune, de ses relations, d'avoir mieux réussi que les autres* (syn. SE PRÉVALOIR).

tarif [tarif] n. m. (it. *tariffa;* mot ar.). Prix fixé à l'avance et figurant sur une liste, sur un tableau : *Afficher le tarif des consommations dans un café. Être payé au tarif syndical* (= fixé par un syndicat). *Augmenter les tarifs postaux.*

tarifaire [tarifɛr] adj. Relatif au tarif : *Dispositions tarifaires.*

tarifer [tarife] v. t. *Tarifer qqch,* en fixer le prix : *Tarifer des marchandises* (syn. TAXER).

tarification [tarifikasjɔ̃] n. f. Action de tarifer.

tarir [tarir] v. t. (frq. *tharrjan,* sécher). Mettre à sec : *Les grandes chaleurs ont tari les puits.* ◆ v. t. ind. *Ne pas tarir (de qqch) sur qqch, qqn,* ne pas cesser de dire, d'énoncer tel ou tel genre de propos sur : *Elle ne tarit pas d'éloges sur vous. Il ne tarit pas sur ce sujet* (= il en parle sans cesse). ◆ v. i. (sujet des eaux) Cesser de couler, être mis à sec : *Une source qui ne tarit jamais.*

tarissable [tarisabl] adj. Qui peut se tarir : *Source tarissable.*

tarot n. m. ou **tarots** [taro] n. m. pl. (it. *tarocco*). Jeu qui se joue avec soixante-dix-huit cartes, plus longues que les cartes ordinaires et marquées d'autres figures.

tartare [tartar] adj. (ar. *tatar*). *Sauce tartare,* mayonnaise fortement épicée. ‖ *Steak tartare* (ou *tartare* n. m.), viande hachée qu'on mange crue, mélangée avec un jaune d'œuf, des câpres et fortement assaisonnée.

tarte [tart] n. f. (var. de *tourte*). **1.** Pâtisserie formée d'un fond plat de pâte entouré d'un rebord et garni de fruits, de confitures, etc. : *Une tarte aux abricots.* — **2.** *Tarte à la crème,* idée toute faite, point de vue d'une grande banalité. ◆ adj. *Fam.* Sot et ridicule; sans intérêt, sans valeur : *Un film tarte.*

tartelette [tartəlɛt] n. f. Petite tarte.

tartine [tartin] n. f. (de *tarte*). **1.** Tranche de pain recouverte d'une substance alimentaire qu'on peut facilement étendre : *Une tartine de beurre, de miel.* — **2.** *Fam.* Long développement, long article.

tartiner [tartine] v. t. *Tartiner une tranche de pain,* étendre dessus du beurre, de la confiture, etc.

tartre [tartr] n. m. (bas lat. *tartarum*). **1.** Dépôt que laisse le vin dans un récipient. — **2.** Croûte dure qui se dépose sur les parois des chaudières, des canalisations d'eau, etc. — **3.** Croûte jaunâtre qui se forme sur les dents.

tartufe [tartyf] n. m. (de *Tartuffe,* n. pr.). Fourbe, hypocrite.

tartuferie [tartyfri] n. f. Caractère, manière d'agir d'un tartufe.

tas [tɑ] n. m. (frq. *tass*). **1.** Amas de matières; accumulation de choses mises ensemble et les unes sur les autres : *Un tas de foin* (syn. MEULE). *Mettre en tas. Un tas de livres et de papiers* (syn. MONCEAU). — **2.** Fam. *Tas de* (+ *n. pl.*), beaucoup de : *Connaître un tas de gens, des tas de choses.* — **3.** Fam. *Dans le tas,* dans le groupe de gens ou de choses : *Vous en trouverez bien un dans le tas qui vous plaira.* ‖ Fam. *Sur le tas,* sur le lieu du travail : *Grève, apprentissage sur le tas.* (→ ENTASSER.)

tassage [tɑsaʒ] n. m. Action de tasser.

tasse [tɑs] n. f. (ar. *tāssa*). **1.** Petit récipient à anse dont on se sert pour boire; son contenu : *Une tasse de faïence. Boire une tasse de thé.* — **2.** *Boire la tasse,* avaler involontairement de l'eau en se baignant.

tassé, e [tɑse] adj. Fam. *Alcool, café,* etc., *bien tassé,* servi copieusement ou très fort.

tasseau [tɑso] n. m. (lat. *taxillus,* petit dé à jouer). Petit morceau de bois qui sert à soutenir, à caler une autre pièce.

tassement [tɑsmɑ̃] n. m. Fait de se tasser : *Tassement du sol. Tassement des vertèbres* (syn. AFFAISSEMENT).

tasser [tɑse] v. t. (de *tas*). **1.** *Tasser qqch,* en réduire le volume par pression, par des secousses : *Tasser du foin, du sable.* — **2.** *Tasser des personnes,* les serrer dans un espace restreint (surtout pass.) : *Les voyageurs étaient tassés dans le métro* (syn. ENTASSER). ◆ ***se tasser*** v. pr. **1.** (sujet un mur, un terrain, etc.) S'affaisser sous l'effet d'une pression ou d'une poussée de matériaux : *Ces terrains se sont tassés.* — **2.** *Fam.* (sujet qqn) Se voûter, se ramasser sur soi-même : *Elle s'est un peu tassée avec l'âge.* — **3.** (sujet qqn [pl.]) Se serrer : *Tassez-vous à six sur cette banquette.* — **4.** *Fam.* (sujet qqch) Perdre son caractère de gravité : *Ces désaccords finiront par se tasser* (syn. S'ARRANGER).

tatami [tatami] n. m. (mot jap.). Tapis épais servant à la pratique des arts martiaux.

tâter [tɑte] v. t. (lat. *taxare,* toucher). **1.** *Tâter qqch,* l'explorer par le toucher, en exerçant une légère pression avec la main, les doigts dessus : *L'infirmière tâta le pouls de la malade* (syn. PALPER). — **2.** Fam. *Tâter qqn,* l'interroger pour connaître ses intentions : *Tâter ses associés pour connaître leurs intentions* (syn. SONDER). — **3.** *Tâter le terrain,* s'informer par avance de l'état des esprits, de la situation. ◆ v. t. ind. Fam. *Tâter de qqch,* en faire l'expérience : *J'ai tâté de tous les métiers.* ◆ ***se tâter*** v. pr. *Fam.* S'interroger avant de prendre une décision; être incertain : *Je me tâte pour savoir si j'accepterai cette proposition.*

tatillon, onne [tatijɔ̃] adj. et n. (de *tâter*). *Fam.* Qui s'attache aux moindres détails; trop minutieux : *Il est trop scrupuleux, tatillon, il perd son temps et le nôtre.*

tâtonnement [tɑtɔnmɑ̃] n. m. Action de tâtonner : *Les tâtonnements d'un aveugle. Parvenir à une solution après de nombreux tâtonnements.*

tâtonner [tɑtɔne] v. i. **1.** Chercher à se diriger, à reconnaître un lieu dans l'obscurité en palpant et en recherchant le contact avec les choses environnantes : *Elle avançait dans l'obscurité en tâtonnant.* — **2.** Faire différents essais pour arriver à un résultat : *Tâtonner dans une recherche.*

tâtons (à) [tɑtɔ̃] adv. (de *tâter*). **1.** En tâtonnant pour chercher les obstacles : *Marcher à tâtons dans une pièce obscure.* — **2.** Avec hésitation, sans méthode : *Procéder à tâtons dans ses recherches* (syn. À L'AVEUGLETTE).

tatou [tatu] n. m. (mot d'une langue du Brésil). Mammifère d'Amérique tropicale, au corps couvert de plaques cornées et pouvant s'enrouler en boule.

tatouage [tatwaʒ] n. m. Action de tatouer; signe, dessin fait en tatouant : *Un bras marqué de nombreux tatouages.*

tatouer [tatwe] v. t. (mot polynésien). Imprimer sur le corps des dessins indélébiles.

taudis [todi] n. m. (de l'anc. fr. *se tauder,* se mettre à l'abri). Logement misérable ou mal tenu : *Taudis insalubre.*

taule [tol] n. f., **taulier, ère** [tolje] n. → TÔLE, TÔLIER.

taupe [top] n. f. (lat. *talpa*). Petit mammifère presque aveugle, à pattes antérieures larges et robustes, lui permettant de creuser des galeries dans le sol où il chasse des vers et des insectes.

taupinière [topinjɛr] n. f. Monticule de terre au-dessus d'une galerie de taupe.

taureau [tɔro] n. m. (lat. *taurus*). **1.** Mâle de la vache, apte à la reproduction. — **2.** *De taureau,* indique la force, la grosseur : *Cou de taureau* (= très gros). — **3.** *Prendre le taureau par les cornes,* affronter résolument une difficulté. — **4.** (avec majusc.) Deuxième signe du zodiaque, correspondant à la période du 20 avril au 20 mai.

taurillon [tɔrijɔ̃] n. m. Jeune taureau.

taurin, e [tɔrɛ̃] adj. Relatif aux taureaux, aux courses de taureaux.

tauromachie [tɔrɔmaʃi] n. f. Art de combattre les taureaux en s'efforçant de triompher de leur force brutale par l'adresse.

tauromachique [tɔrɔmaʃik] adj. Relatif à la tauromachie.

tautologie [tɔtɔlɔʒi] n. f. (gr. *tautos,* le même, et *logos,* discours). Répétition de la même idée sous une autre forme.

tautologique [tɔtɔlɔʒik] adj. Propre à la tautologie.

taux [to] n. m. (de *taxer*). **1.** Montant de l'intérêt annuel produit par une somme de cent francs : *Prêter de l'argent au taux de cinq pour cent* (5 %). — **2.** Montant d'un prix fixé par l'État ou par une convention : *Le taux de l'impôt, des salaires.* — **3.** Proportion dans laquelle intervient un facteur variable, un élément : *Le taux de la mortalité infantile diminue.* — **4.** Montant (des salaires, des impôts, des prix, etc.) : *Taux horaire.* — **5.** *Taux de change,* valeur d'une monnaie étrangère par rapport à la monnaie nationale.

taverne [tavɛrn] n. f. (lat. *taberna*). Café-restaurant de genre rustique.

taxe [taks] n. f. **1.** Prix officiellement fixé d'une denrée : *Vendre des marchandises à la taxe.* — **2.** Somme que doit payer l'usager d'un service public en contrepartie des avantages qu'il retire de ce service : *Taxe postale* (syn. REDEVANCE). — **3.** Dénomination de certains impôts : *Taxe sur le chiffre d'affaires. Taxes muni-*

cipales. *Taxe sur les appareils de télévision. Taxe sur la valeur ajoutée* (T.V.A.). *Prix, produits hors taxes* (= sans les taxes).

taxer [takse] v. t. (lat. *taxare*, évaluer). **1.** *Taxer un produit,* en fixer le prix officiel : *Le gouvernement a taxé certains produits alimentaires;* le frapper d'un impôt : *Taxer les importations, les objets de luxe.* — **2.** *Taxer qqn de qqch (abstrait),* l'en accuser : *Taxer quelqu'un de partialité;* l'en gratifier : *Il m'a taxé d'imbécile* (syn. TRAITER DE).

taxi [taksi] n. m. (abrév. de *taximètre;* du gr. *taxis,* taxe, et *metron,* mesure). Automobile de location munie d'un compteur *(taximètre)* qui indique la somme à régler en fonction des kilomètres parcourus.

taxidermie [taksidɛrmi] n. f. (du gr. *taxis,* arrangement, et *derma,* peau). Art d'empailler les animaux vertébrés.

taxinomie [taksinɔmi] n. f. (gr. *taxis,* ordre, et *nomos,* règlement). Théorie de la classification.

tchadien, enne [tʃadjɛ̃] adj. et n. Du Tchad.

tchécoslovaque [tʃekɔslɔvak] adj. et n. De Tchécoslovaquie.

tchèque [tʃɛk] adj. et n. De Bohème en Tchécoslovaquie. ◆ n. m. Langue slave parlée surtout en Bohème.

te [tə] pron. pers. compl. de la 2e pers. du sing. (→ introduction PRONOMS PERSONNELS.)

té [te] n. m. **1.** Pièce quelconque ayant la forme d'un T. — **2.** Double règle employée par les dessinateurs, composée de deux branches, dont l'extrémité de la plus grande s'assemble au milieu de l'autre à angle droit.

technicien, enne [tɛknisjɛ̃] n. Personne qui connaît une technique déterminée, versée dans la connaissance pratique d'une science : *Un technicien de la radio* (syn. SPÉCIALISTE).

technicité [tɛknisite] n. f. Caractère technique : *La technicité d'un terme.*

technique [tɛknik] adj. (du gr. *tekhnê,* art). **1.** Qui appartient à un art, à un métier, à une science et à ses applications : *Terme, expression technique* (contr. COURANT). *Le développement, l'équipement technique d'un pays. Progrès techniques* (contr. SCIENTIFIQUE). — **2.** *Enseignement technique* (ou *technique* n. m.), branche de l'enseignement qui donne une formation professionnelle destinée aux métiers et aux professions de l'industrie et du commerce. ◆ n. f. **1.** Ensemble des procédés d'un art, d'un métier employés pour produire une œuvre ou pour obtenir un résultat déterminé : *La technique d'un peintre, d'une romancière. La technique du cinéma.* — **2.** Manière d'agir; méthode; moyen : *Ce n'est pas difficile; il suffit de trouver la bonne technique.* — **3.** Application pratique des connaissances scientifiques dans le domaine de la production : *Observer les progrès d'une technique.*

techniquement [tɛknikmɑ̃] adv. Sur le plan technique : *Pays techniquement en avance sur les autres. Expliquer techniquement le fonctionnement d'une machine.*

technocrate [tɛknɔkrat] n. Haut fonctionnaire, cadre supérieur qui exerce son autorité dans le domaine de l'économie, de l'industrie et du commerce, en fonction de sa formation technique.

technocratie [tɛknɔkrasi] n. f. Exercice d'un pouvoir politique dans lequel l'influence déterminante appartient aux techniciens de l'Administration et de l'économie.

technologie [tɛknɔlɔʒi] n. f. Étude des procédés et des méthodes employés dans les diverses branches de l'industrie.

technologique [tɛknɔlɔʒik] adj. Relatif à la technologie : *L'évolution technologique.*

teck ou **tek** [tɛk] n. m. (portug. *teca*). Arbre de l'Asie tropicale, fournissant un bois serré utilisé dans l'ameublement.

teckel [tɛkɛl] n. m. (mot all.). Chien terrier, bas sur pattes.

tectonique [tɛktɔnik] n. f. Partie de la géologie qui étudie les déformations des terrains sous l'effet des forces internes.

tee-shirt [tiʃœrt] n. m. (mot angl.). [pl. *tee-shirts*]. Maillot de coton sans col, à manches courtes ou longues et qui, posé à plat, rappelle la forme d'un T.

teigne [tɛɲ] n. f. (lat. *tinea*). **1.** Maladie parasitaire du cuir chevelu. — **2.** *Fam.* Personne désagréable, méchante : *Cette petite fille est une vraie teigne.*

teigneux, euse [tɛɲø] adj. et n. **1.** Atteint de la teigne. — **2.** *Fam.* Méchant.

teindre [tɛ̃dr] v. t. (lat. *tingere*) [c. 55]. **1.** (sujet qqn) *Teindre qqch,* l'imprégner d'une substance colorante : *Teindre des étoffes, ses cheveux.* — **2.** (sujet qqch) *Teindre qqch,* lui donner, lui communiquer une couleur : *La garance teint les étoffes en rouge.* ◆ ***se teindre*** v. pr. **1.** (sujet qqn) *Se teindre (les cheveux),* donner à ses cheveux une couleur artificielle. — **2.** (sujet qqch) Prendre telle ou telle couleur : *Au coucher du soleil, la montagne se teint de pourpre.*

teint [tɛ̃] n. m. (lat. *tinctus,* teinture). **1.** Couleur du visage : *Un teint clair, délicat, frais. Un teint hâlé, bronzé. Un teint pâle, blafard, livide* (syn. CARNATION). — **2.** Couleur donnée à une étoffe par la teinture (seulement dans *bon teint, grand teint,* teint solide à l'usage). — **3.** *Bon teint,* qui est sincère, ferme dans ses opinions : *Républicain, catholique bon teint.*

teinte [tɛ̃t] n. f. **1.** Nuance résultant du mélange de plusieurs couleurs : *Une teinte blanchâtre, violacée.* — **2.** Couleur considérée du point de vue de l'intensité : *Les feuilles des arbres, à l'automne, prennent des teintes roussâtres.* — **3.** *Une teinte de* (+ *n. sing.*), une nuance légère de : *Une teinte d'ironie, de malice.*

teinter [tɛ̃te] v. t. **1.** *Teinter qqch, un objet,* les couvrir d'une teinte légère : *Teinter un meuble avec du brou de noix.* — **2.** Colorer légèrement : *Teinter de l'eau avec du vin. Des lunettes aux verres teintés.* ◆ ***se teinter*** v. pr. (sujet qqch) *Se teinter de qqch,* prendre tel ou tel caractère : *Son sourire se teinta d'ironie.*

teinture [tɛ̃tyr] n. f. **1.** Action de teindre : *La teinture de ce tissu est difficile.* — **2.** Liquide préparé pour teindre : *Plonger une étoffe dans de la teinture.* — **3.** Médicament liquide obtenu en faisant dissoudre une substance de nature végétale, animale ou minérale dans de l'alcool : *Teinture d'iode.* — **4.** Connaissance superficielle : *Avoir une teinture de philosophie* (syn. VERNIS).

teinturerie [tɛ̃tyrri] n. f. Atelier ou boutique du teinturier.

teinturier, ère [tɛ̃tyrje] n. Personne qui se charge de la teinture ou du nettoyage des vêtements.

tel, telle [tɛl] adj. indéf. (lat. *talis*). **1.** Marque la ressemblance, la similitude entre deux personnes ou deux choses : *Tel père, tel fils. De telles raisons ne peuvent suffire à nous convaincre* (syn. PAREIL). *Une telle conduite vous fait honneur. On n'a jamais rien vu de tel* (syn. SEMBLABLE). — **2.** Résume le contenu de ce qui précède ou indique une comparaison : *Instruire en intéressant, tel doit être le but de tout professeur. Telle est mon opinion. Elle disparut rapidement, tel un éclair.* — **3.** Indique qu'on désigne qqn ou qqch de façon vague : *Nous arriverons tel jour, à telle heure. Elle m'a dit telle et telle chose. Utiliser telle ou telle méthode.* — **4.** *Tel* que (+ *n.*, + *pron.*, + *ind.*), marque la comparaison : *Il est tel que son père* (= comme son père). *Dans une affaire telle que celle-ci, il faut de l'habileté. Un homme tel que lui méritait cette distinction. Les faits sont tels que je vous les ai racontés. Telle que vous la voyez, elle est capable de vivre encore longtemps* (= dans l'état où elle est). — **5.** *Tel quel,* dans l'état où se trouve qqch : *Je vous rends vos livres tels quels.* ◆ pron. indéf. **1.** (+ relatif) Cette personne : *Tel qui rit vendredi dimanche pleurera. Tel est pris qui croyait prendre.* — **2.** *Un tel, une telle,* remplace, avec une valeur vague, un nom propre : *Nous l'avons vue chez Une telle. Monsieur Un tel.* ◆ adj. **1.** Marque l'intensité : *On n'a jamais vu une telle impudence* (= si grande). *Ne répétez pas un secret d'une telle importance.* — **2.** *Tel... que* (+ *ind.*), indique la conséquence : *Tu as fait un tel bruit que tu as réveillé toute la maison.* — **3.** *De telle façon, de telle manière, de telle sorte que* (+ *ind.*), indiquent la conséquence ou le but.

1. télé [tele] n. f. Abrév. fam. de TÉLÉVISION.

2. télé- préfixe (gr. *têle,* loin) qui indique l'éloignement, la distance.

télécabine [telekabin] ou **télébenne** [telebɛn] n. f. Téléphérique à un seul câble, pour le transport de personnes par petites cabines fixées au câble à intervalles réguliers.

télécommande [telekɔmɑ̃d] n. f. Système permettant de commander à distance une manœuvre.

télécommander [telekɔmɑ̃de] v. t. **1.** Commander à distance : *Télécommander un engin.* — **2.** *Télécommander une action,* déterminer qqn à l'accomplir en demeurant soi-même dans la coulisse : *Attentat télécommandé* (syn. TÉLÉGUIDER).

télécommunication [telekɔmynikasjɔ̃] n. f. Émission, transmission ou réception de signaux, d'images, de sons par des procédés optiques ou radioélectriques (surtout pl.).

télécopie [telekɔpi] n. f. Transmission à distance d'un document graphique en fac-similé (syn. FAX).

télé-enseignement [teleɑ̃sɛɲmɑ̃] n. m. Enseignement utilisant la radio et la télévision.

téléfilm [telefilm] n. m. Film destiné à la télévision.

télégénique [teleʒenik] adj. Qui fait un bel effet à la télévision.

télégramme [telegram] n. m. (*télé-* et gr. *gramma,* inscription). Message télégraphique.

télégraphe [telegraf] n. m. Appareil permettant de transmettre des messages à longue distance par l'intermédiaire de moyens électromécaniques.

télégraphie [telegrafi] n. f. (*télé-* et gr. *graphein,* écrire). Système de télécommunication assurant la transmission de messages par l'utilisation d'un code de signaux ou par d'autres moyens appropriés.

télégraphier [telegrafje] v. t. *Télégraphier une nouvelle,* la faire parvenir au moyen du télégraphe.

télégraphique [telegrafik] adj. **1.** Relatif au télégraphe, à la télégraphie : *Message télégraphique.* — **2.** *Langage, style télégraphique,* réduit à des mots sans désinences et juxtaposés les uns aux autres, à l'imitation des correspondances télégraphiques; abrégé au maximum.

télégraphiste [telegrafist] n. Employé chargé de la transmission, de la réception ou de la distribution des télégrammes.

téléguidage [telegidaʒ] n. m. Action de téléguider : *Le téléguidage d'une fusée.*

téléguider [telegide] v. t. **1.** Diriger à distance l'évolution d'un mobile (avion, char, engin, etc.). — **2.** *Téléguider une action, qqn,* l'influencer d'une manière cachée, lointaine : *Ce mouvement est téléguidé par le gouvernement* (syn. TÉLÉCOMMANDER).

télématique [telematik] n. f. Technique qui associe les télécommunications et l'informatique.

télémètre [telemɛtr] n. m. Instrument servant à mesurer la distance qui sépare un observateur d'un point éloigné.

téléobjectif [teleɔbʒɛktif] n. m. Objectif photographique qui donne des objets une image agrandie.

télépathie [telepati] n. f. (*télé-* et gr. *pathos,* ce qu'on éprouve). Phénomène de communication directe entre deux esprits dont l'éloignement réciproque interdit toute communication par le moyen des sensations usuelles.

téléphérique [teleferik] n. m. (*télé-* et gr. *pherein,* porter). Moyen de transport de personnes ou de marchandises, constitué par un ou plusieurs câbles qui supportent une cabine de voyageurs ou une benne de matériaux.

téléphone [telefɔn] n. m. (*télé-* et gr. *phônê,* voix). **1.** Ensemble de mécanismes électriques qui transmettent et reproduisent la parole à distance : *Le téléphone interurbain. Les abonnés du téléphone.* ‖ *Coup de téléphone,* communication téléphonique (syn. fam. COUP DE FIL). — **2.** Le poste lui-même qui permet une conversation entre deux personnes éloignées. — **3.** Fam. *Téléphone arabe,* transmission d'une nouvelle de bouche à oreille.

téléphoner [telefɔne] v. t. *Téléphoner (à qqn) qqch, de* (+ *inf.*), *que* (+ *ind.*), le communiquer, le transmettre par téléphone : *Téléphoner une nouvelle. Elle m'a téléphoné de venir d'urgence, que ma mère était malade.*

téléphonique [telefɔnik] adj. Qui a lieu par téléphone : *Communication téléphonique.*

téléphoniste [telefɔnist] n. Personne chargée d'un service de téléphone (syn. STANDARDISTE).

télescopage [telɛskɔpaʒ] n. m. Action de télescoper, de se télescoper : *Le télescopage de deux véhicules.*

télescope [telɛskɔp] n. m. (*télé-* et gr. *skopeîn,* observer). Instrument d'optique destiné à l'observation des astres.

télescoper [telɛskɔpe] v. t. *Télescoper un véhicule,* le heurter violemment : *Un train qui en télescope un autre.* ◆ ***se télescoper*** v. pr. (sujet des véhicules). Entrer en collision : *Plusieurs voitures se sont télescopées* (syn. S'EMBOUTIR).

télescopique [telɛskɔpik] adj. Se dit d'un objet dont les différents éléments s'emboîtent les uns dans les autres : *Antenne télescopique.*

téléscripteur [teleskriptœr] n. m. (*télé-* et lat. *scribere,* écrire). Appareil télégraphique assurant l'inscription directe des caractères reçus.

télésiège [telesjɛʒ] n. m. Téléphérique constitué par une série de sièges suspendus à un câble aérien.

téléski [teleski] n. m. Syn. de REMONTE-PENTE.

téléspectateur, trice [telespɛktatœr] n. Personne qui regarde la télévision.

téléviser [televize] v. t. Transmettre par télévision : *Téléviser un match. Journal télévisé.*

téléviseur [televizœr] n. m. Appareil récepteur de télévision.

télévision ou, fam., **télé** [tele(vizjɔ̃)] n. f. (*télé-* et *vision*). **1.** Transmission, par ondes électriques, des images d'objets fixes ou mobiles, de scènes animées (syn. fam. PETIT ÉCRAN). — **2.** Ensemble des services assurant la transmission d'émissions, de reportages par télévision;

réalisation d'émissions télévisées : *Présentatrice de la télévision.* — **3.** Poste récepteur de télévision (syn. TÉLÉVISEUR).

télévisuel, elle [televizɥɛl] adj. Relatif à la télévision : *Programme télévisuel.*

télex [telɛks] n. m. Service de dactylographie à distance.

tellement [tɛlmɑ̃] adv. **1.** Marque l'intensité (+ *que* et une subordonnée de conséquence) : *Cette maison est tellement grande qu'elle n'arrive pas à la chauffer* (syn. SI). *Il a dépensé tellement d'argent qu'il s'est ruiné* (syn. TANT). — **2.** Seul, marque avec une nuance affective l'intensité ou la cause : *Vous ne reconnaîtrez pas votre amie, elle a tellement changé. Il exaspère tout le monde, tellement il est bavard. Ce serait tellement plus agréable, s'il faisait toujours beau pendant les vacances;* dans une phrase négative : *«Aimez-vous le champagne? — Pas tellement»* (fam.; = pas beaucoup).

tellurique [tɛlyrik] adj. (du lat. *tellus, -uris,* terre). *Secousse tellurique,* tremblement de terre.

téméraire [temerɛr] adj. et n. (lat. *temerarius,* inconsidéré). D'une hardiesse excessive, inconsidérée : *Personne téméraire* (syn. AUDACIEUX, IMPRUDENT, PRÉSOMPTUEUX). *Un jeune téméraire* (syn. CASSE-COU). *Projet, entreprise téméraire* (syn. AVENTUREUX, HASARDEUX).

témérairement [temerɛrmɑ̃] adv. De façon téméraire : *Se lancer témérairement dans une entreprise.*

témérité [temerite] n. f. Hardiesse irréfléchie : *Affronter un danger avec témérité* (syn. PRÉSOMPTION).

témoignage [temwaɲaʒ] n. m. **1.** Action de témoigner; relation faite par qqn pour éclairer la justice : *Être appelé en témoignage. L'avocate a invoqué plusieurs témoignages.* — **2.** Marque extérieure : *Donner de nombreux témoignages de sa fidélité, de son affection* (syn. PREUVE). — **3.** *Rendre témoignage à qqch, à qqn,* le reconnaître, lui rendre hommage : *Rendre témoignage au courage.*

témoigner [temwaɲe] v. t. ind. et t. *Témoigner de qqch, que* [+ *ind.*], révéler, rapporter ce qu'on sait; servir de preuve à qqch : *Tu peux témoigner de sa sincérité? Je ne peux guère en témoigner. Ce fait témoigne de l'importance qu'il attache à cette affaire. Elle est venue témoigner qu'elle n'avait pas vu le prévenu sur les lieux du crime;* sans compl. : *Plus de dix personnes sont venues témoigner en faveur de l'accusée.* ◆ v. t. **1.** (sujet qqn) *Témoigner qqch (sentiment), que* (+ *ind.*) [*à qqn*], le montrer par ses actions : *Témoigner de la sympathie à quelqu'un* (syn. MARQUER). — **2.** (sujet qqch) *Témoigner qqch, que* (+ *ind.*), en être le signe, la preuve : *Son attitude témoignait une vive surprise, qu'il était très surpris.*

témoin [temwɛ̃] n. m. (lat. *testimonium*). **1.** Personne qui a vu ou entendu qqch et qui peut le certifier; personne qui dépose en justice : *Confronter les déclarations des témoins. Les témoins prêtent serment de dire la vérité. Faux témoin* (= celui qui témoigne contre la vérité). — **2.** Personne qui atteste l'exactitude d'une déclaration (à propos d'un mariage, d'une signature) : *La loi requiert deux témoins pour la célébration d'un mariage.* — **3.** Personne qui voit ou entend qqch sans être amenée à le certifier : *Elle a été témoin d'une scène touchante. L'entrevue des deux chefs d'État a eu lieu sans témoins.* — **4.** Artiste ou écrivain dont l'œuvre donne une image fidèle de son époque : *Molière, témoin de son temps.* — **5.** Preuve matérielle : *Cette cathédrale est un témoin de la piété de nos aïeux.* ‖ *Témoin...,* indique la chose qui sert à prouver ce qu'on vient de dire (inv. en ce sens) : *Ce mot n'existait pas au XVIIe s., témoin les dictionnaires de l'époque.* — **6.** Bâtonnet que se transmettent les coureurs dans une course de relais. — **7.** *Prendre qqn, des gens à témoin* (inv.), leur demander l'appui de leur témoignage. ◆ adj. Qui sert de repère, de modèle : *Lampe témoin.*

tempe [tɑ̃p] n. f. (lat. *tempus, -oris*). Partie latérale de la tête, comprise entre l'œil, le front, l'oreille et la joue.

tempérament [tɑ̃peramɑ̃] n. m. (lat. *temperamentum,* juste proportion).
— **I. 1.** Constitution physiologique du corps humain : *Avoir un tempérament robuste, faible, délicat* (syn. COMPLEXION). — **2.** Ensemble des tendances de qqn qui conditionnent ses réactions, ses comportements : *Avoir un tempérament violent, fougueux, nerveux* (syn. CARACTÈRE, NATURE). — **3.** Fam. *Avoir du tempérament,* avoir une forte personnalité; être porté aux plaisirs sexuels.
— **II.** *Vente à tempérament,* dans laquelle le client dispose immédiatement de l'objet acheté, contre le paiement ultérieur du prix par des versements échelonnés et moyennant un intérêt.

tempérance [tɑ̃perɑ̃s] n. f. (lat. *temperantia;* de *temperare,* tempérer). Modération, sobriété dans l'usage des aliments, des boissons (soutenu) : *La tempérance est une condition de la santé.*

tempérant, e [tɑ̃perɑ̃] adj. et n. Doué de tempérance (syn. FRUGAL, SOBRE).

température [tɑ̃peratyr] n. f. (lat. *temperatura*). **1.** Degré de chaleur ou de froid qui se manifeste dans un lieu : *La température de cette pièce est trop basse. Prendre avec un thermomètre la température d'un bain.* — **2.** Degré de chaleur du corps humain (dans son aspect anormal) : *Prendre la température d'un malade. Avoir, faire de la température* (= avoir de la fièvre). — **3.** Degré de chaleur ou de froid de l'atmosphère : *Une température basse, élevée. Être sensible aux variations de la température. Constater un adoucissement, un réchauffement de la température.* — **4.** Fam. *Prendre la température d'une assemblée, de l'opinion publique,* prendre connaissance de son état d'esprit, de ses dispositions.

tempéré, e [tɑ̃pere] adj. *Climat tempéré,* où la température n'est jamais ni très basse ni très élevée.

tempérer [tɑ̃pere] v. t. (lat. *temperare,* adoucir) [c. **10**]. *Tempérer qqch,* l'adoucir, l'atténuer : *Tempérer l'agressivité de quelqu'un* (syn. CALMER, MODÉRER). ◆ ***se tempérer*** v. pr. (sujet qqn) Se modérer, se calmer : *Il faut savoir se tempérer.*

tempête [tɑ̃pɛt] n. f. (lat. pop. *tempesta*). **1.** Vent violent accompagné de pluie ou de neige sur terre ou sur mer : *La tempête a fait de terribles ravages dans cette région. Plusieurs bateaux ont été brisés sur les rochers par la tempête.* — **2.** *Tempête de qqch,* explosion subite et violente de : *Tempête d'injures, d'acclamations.* — **3.** Violente agitation dans un groupe, un pays : *Demeurer calme dans la tempête.* — **4.** *Une tempête dans un verre d'eau,* une grande agitation pour une cause insignifiante.

tempêter [tɑ̃pɛte] v. i. (de *tempête*) [sujet qqn] Manifester à grand bruit sa colère, son mécontentement : *Dès qu'il est furieux, il se met à tempêter* (syn. FULMINER, TONITRUER).

temple [tɑ̃pl] n. m. (lat. *templum*). **1.** Édifice consacré à une divinité : *Le temple d'Apollon à Delphes.* — **2.** Édifice dans lequel les protestants célèbrent leur culte. — **3.** *Le temple de qqch,* lieu fréquenté par les connaisseurs en cette matière : *Ce restaurant est le temple de la gastronomie.*

tempo [tɛmpo] n. m. (mot. it. signif. *temps*). Indique la vitesse moyenne à laquelle doivent s'interpréter les différents moments d'un morceau de musique.

temporaire [tɑ̃pɔrɛr] adj. (lat. *temporarius*). **1.** Qui ne dure, qui n'a lieu que pendant un certain temps : *Un emploi temporaire* (syn. MOMENTANÉ, PROVISOIRE). — **2.** *Personnel temporaire,* qui n'occupe un emploi qu'un certain temps, provisoirement, pour faire face à des besoins exceptionnels ou suppléer les absents.

temporairement [tɑ̃pɔrɛrmɑ̃] adv. De façon temporaire : *Elle habite Paris temporairement* (syn. MOMENTANÉMENT, PROVISOIREMENT).

temporal, e, aux [tɑ̃pɔral] adj. Relatif à la tempe.

temporel, elle [tɑ̃pɔrɛl] adj.
— **I.** Qui concerne les choses matérielles et relève du monde d'ici-bas (relig.) : *Les biens temporels* (contr. SPIRITUEL).
— **II.** *Subordonnée temporelle* (ou *temporelle* n. f.), subordonnée commençant par une conjonction indiquant le temps.

temporisateur, trice [tɑ̃pɔrizatœr] adj. et n. Qui temporise : *Politique temporisatrice.*

temporisation [tɑ̃pɔrizasjɔ̃] n. f. Action de temporiser.

temporiser [tɑ̃pɔrize] v. i. (du lat. *tempus, -oris,* temps). Différer une action, généralement dans l'attente d'un moment plus propice : *Il espérait, en temporisant, ne pas payer ses dettes.*

temps [tɑ̃] n. m. (lat. *tempus*). **1.** Durée marquée par la succession des jours, des nuits, des saisons, des événements de la vie : *Il y a peu de temps* (= récemment). *Le temps presse* (= il faut agir rapidement). *Le temps passe bien vite. Le temps adoucit les peines. En temps ordinaire* (= dans les circonstances habituelles de la vie). — **2.** Durée limitée, considérée par rapport à l'usage qu'on en fait : *Bien employer son temps. Ce travail m'a pris beaucoup de temps.* — **3.** Période considérée dans sa durée déterminée, époque précise, moment fixé : *Remettre un travail en temps voulu. Elle vous demande encore un peu de temps pour vous payer ses dettes* (syn. DÉLAI). *Chercher à gagner du temps. Remettre à un autre temps* (= différer, ajourner). — **4.** Époque considérée en fonction de la place qu'elle occupe dans le cours des événements : *En temps de paix, en temps de guerre. Cela n'est pas surprenant par le temps qui court* (= dans la conjoncture actuelle). — **5.** Période de la vie d'un peuple, d'un individu : *Du temps de l'Empire. Du temps de ma jeunesse, dans mon jeune temps* (= quand j'étais jeune). *Les hommes de notre temps* (= de l'époque actuelle). — **6.** Moment favorable, occasion propice : *Laisser passer le temps de faire quelque chose. Chaque chose en son temps.* — **7.** Saison propre à telle ou telle chose : *Le temps des moissons, des vendanges, de la chasse, des vacances.* — **8.** *À temps,* juste au moment voulu : *Arriver à temps.* ‖ *Avoir fait son temps,* avoir terminé sa carrière, n'être plus en état d'occuper la situation qu'on avait (sujet qqn); être usé, hors de service, cesser d'être d'actualité (sujet qqch) : *Un vêtement, une doctrine qui a fait son temps.* ‖ *Avoir le temps de* (+ *inf.*), avoir le temps nécessaire pour : *Elle n'a pas le temps de vous parler en ce moment.* ‖ *Avoir du temps de libre,* avoir des loisirs. ‖ *Dans le temps,* autrefois. ‖ *De tout temps,* toujours : *De tout temps, il y a eu des riches et des pauvres.* ‖ *En même temps,* dans le même instant : *Nous sommes arrivés en même temps* (syn. SIMULTANÉMENT). ‖ *En un rien de temps,* rapidement. ‖ *En temps et lieu,* au moment et dans le lieu propices, convenables : *Nous vous avertirons en temps et lieu.* ‖ *Être de son temps,* penser, agir selon les idées de son époque. ‖ *Faire son temps,* accomplir son service. ‖ *Il est temps de,* c'est le moment de : *Il est temps de partir.* ‖ *Il est temps que,* il est maintenant nécessaire que : *Il est temps que vous pensiez à votre avenir.* ‖ *Il n'est que temps,* il faut se dépêcher. ‖ *Il était temps,* il s'en est fallu de peu : *Il était temps, elle serait tombée si je ne l'avais retenue.* ‖ *La plupart du temps,* presque toujours. ‖ *Le bon vieux temps,* époque passée, qui passe pour plus heureuse. ‖ *N'avoir qu'un temps,* avoir une courte durée : *La jeunesse n'a qu'un temps.* ‖ *Passer le temps,* se distraire en attendant l'heure marquée pour qqch : *Elle s'ennuyait à attendre, elle a pris un livre pour passer le temps.* ‖ *Passer son temps à* (+ *inf.*), l'employer à telle occupation : *Il passe son temps à s'amuser.* ‖ *Perdre son temps,* ne rien faire, ou employer son temps à des choses inutiles. ‖ *Prendre le temps de qqn,* l'empêcher de se livrer à ses occupations habituelles. ‖ *Prendre le temps de* (+ *inf.*), laisser ses autres occupations pour faire qqch. ‖ *Prendre son temps,* faire une chose sans se presser. ‖ *Quelque temps,* pendant une certaine durée. ‖ *Se donner du bon temps,* s'amuser, mener joyeuse vie. ‖ *Tout le temps,* toujours, continuellement. ‖ *Tuer le temps,* se livrer à certaines actions uniquement pour échapper à l'ennui. — **9.** Mesure de la durée des phénomènes : *On a calculé le temps que met la lumière du Soleil pour parvenir jusqu'à la Terre.* — **10.** En musique, chacune des divisions de la mesure : *Mesure à deux, à trois, à quatre temps.* — **11.** Chacune des phases constituant le cycle de fonctionnement d'un moteur : *Moteur à deux, à quatre temps.* — **12.** En sports, durée d'une course : *Chronométrer le temps du vainqueur. Réaliser le meilleur temps. Améliorer son temps* (= battre son record). — **13.** Fam. *En deux temps trois mouvements,* très rapidement. ‖ *Temps mort,* en sports, arrêt de jeu décidé par l'arbitre, dont la durée prolonge la partie d'autant; pause dans une activité, moment où il ne se passe rien. — **14.** Forme verbale traduisant une relation temporelle avec le moment présent ou avec un moment autrement défini dans l'énoncé; chacune des séries verbales personnelles de la conjugaison. — **15.** État de l'atmosphère en un lieu donné, à un moment donné : *Un temps chaud, sec. Un temps humide, pluvieux, orageux. Le temps s'éclaircit, se met au beau. Sortir par tous les temps.* — **16.** *Prendre le temps comme il vient,* s'accommoder des circonstances telles qu'elles se présentent. ◆ n. m. pl. **1.** Époque indéterminée ou dans laquelle on vit : *Dans les temps les plus reculés. Les temps modernes, futurs. Les temps sont bien changés. Les temps sont durs.* — **2.** *Signe des temps,* trait caractéristique des mœurs de l'époque.

tenable [tənabl] adj. **1.** Où on peut tenir, résister (le plus souvent négativement) : *La situation n'est plus tenable* (syn. SUPPORTABLE). — **2.** À qui on peut imposer une discipline (le plus souvent négativement) : *Les enfants ne sont pas tenables.*

tenace [tənas] adj. (lat. *tenax;* de *tenere,* tenir). **1.** Qui adhère fortement : *Une colle tenace.* — **2.** Difficile à extirper, à détruire, dont on ne peut se débarrasser : *Les préjugés sont tenaces. Haine tenace* (syn. ↓DURABLE). *Erreur tenace. Rhume tenace* (contr. FUGACE). — **3.** Très attaché à ses idées, à ses projets, à ses décisions : *Personne tenace, qui ne renonce pas facilement à ce qu'elle veut* (syn. OPINIÂTRE).

ténacité [tenasite] n. f. Caractère tenace : *Elle a fait preuve de ténacité pour réaliser son projet* (syn. ACHARNEMENT, FERMETÉ, OPINIÂTRETÉ, PERSÉVÉRANCE).

tenaille n. f. ou **tenailles** [tənɑj] n. f. pl. (lat. *tenaculum,* attache). Pince à mâchoires plates, coupantes ou dentelées, servant à saisir, à sectionner ou à maintenir certains objets.

tenailler [tənɑje] v. t. (de *tenaille*) [sujet qqch]. *Tenailler qqn,* le faire souffrir cruellement, physiquement ou moralement : *La faim la tenaillait* (syn. TOURMENTER). *Être tenaillé par le remords* (syn. TORTURER).

tenancier, ère [tənɑ̃sje] n. (de l'anc. fr. *tenance,* propriété). Personne qui dirige un établissement soumis à la réglementation ou à la surveillance des pouvoirs publics : *Tenancière d'un hôtel, tenancier d'une maison de jeu.*

1. tenant, e [tənɑ̃] adj. *Chemise à col tenant,* dont le col n'est pas séparé.

2. tenant [tənɑ̃] n. m. **1.** Celui qui se fait le défenseur d'une opinion, d'une doctrine, d'un parti : *Les tenants de l'existentialisme* (syn. PARTISAN). — **2.** *Le tenant du titre, de la coupe,* en sport, celui qui les détient (contr. CHALLENGER). — **3.** *D'un seul tenant,* sans solution de continuité : *Une propriété de cent hectares d'un seul tenant.* — **4.** *Les tenants et les aboutissants d'une affaire, d'une question,* leur origine et leurs conséquences, tout ce qui s'y rattache.

tendance [tɑ̃dɑ̃s] n. f. (de *tendre*). **1.** Force interne qui oriente l'activité de l'homme vers certaines fins : *Avoir une tendance à exagérer* (syn. INCLINATION, PENCHANT, PROPENSION). — **2.** Évolution tendant vers une fin plus ou moins nette : *Les tendances de l'art contemporain.* — **3.** Orientation qui se fait jour dans les idées politiques, philosophiques : *Les tendances diverses de la gauche française.* — **4.** Fraction d'un parti politique, d'un syndicat. — **5.** Orientation générale qui se dégage de certains faits : *Noter une tendance à la hausse (à la baisse) de certains produits agricoles.* — **6.** (sujet qqn, qqch) *Avoir tendance à* (+ *inf.*), être naturellement porté à : *Avoir tendance à exagérer. Une voiture qui a tendance à déraper dans les virages.* — **7.** *Procès de tendance,* accusation portée contre qqn non en raison de ce qu'il a dit ou fait, mais uniquement en raison des intentions qu'on lui suppose.

tendancieusement [tɑ̃dɑ̃sjøzmɑ̃] adv. De façon tendancieuse.

tendancieux, euse [tɑ̃dɑ̃sjø] adj. Qui manifeste une orientation, un parti pris : *Livre, récit tendancieux* (contr. OBJECTIF). *Interprétation tendancieuse.*

tendeur [tɑ̃dœr] n. m. Appareil qui sert à tendre une courroie, une corde, un fil métallique, etc.

tendineux, euse [tɑ̃dinø] adj. *Viande tendineuse,* qui contient des fibres coriaces.

tendon [tɑ̃dɔ̃] n. m. **1.** Extrémité amincie d'un muscle, servant à le relier aux os ou à d'autres parties du corps. — **2.** *Tendon d'Achille,* gros tendon du talon.

1. tendre [tɑ̃dr] adj. (lat. *tener*). **1.** (après le n.) Qui se laisse facilement entamer, couper : *Avoir la peau tendre* (syn. DÉLICAT). *Le sapin, le peuplier sont des bois tendres.* — **2.** (après le n.) Qui ne résiste pas sous la dent, facile à mâcher : *Du pain tendre* (contr. RASSIS). *De la viande très tendre. De la salade tendre comme de la rosée.* — **3.** *La tendre enfance, l'âge tendre,* la petite enfance, la première jeunesse. — **4.** Qui manifeste de l'affection, de l'attachement : *De tendres paroles. Une voix tendre* (syn. CARESSANT, DOUX). ◆ adj. et n. **1.** (avant ou après le n.) Accessible à l'amitié, à la compassion, à l'amour : *Une tendre mère* (syn. ↓AFFECTUEUX). *Avoir le cœur tendre. Cet homme n'est pas un tendre.* — **2.** *Ne pas être tendre pour qqn,* être sévère : *Les critiques n'ont pas été tendres pour l'auteur de cette pièce.*

2. tendre [tɑ̃dr] v. t. (lat. *tendere*) [c. **50**]. **1.** *Tendre qqch,* le tirer et le tenir dans un état d'allongement : *Tendre une corde, une chaîne. Tendre un arc.* — **2.** Étendre, déployer une surface : *Tendre une peau. Tendre une voile.* — **3.** Disposer en étendant : *Tendre une tapisserie, une tenture sur un mur.* ‖ *Tendre une pièce, un mur,* les couvrir d'une tapisserie, d'une étoffe. — **4.** Porter en avant pour donner, présenter : *Elle lui tendit la main en signe d'amitié* (syn. ALLONGER, AVANCER). *Tendre la joue.* — **5.** *Tendre la main,* demander l'aumône. ‖ *Tendre la main, les bras à qqn,* lui offrir son secours, l'aider. ‖ *Tendre l'oreille,* s'efforcer d'écouter. ‖ *Tendre son esprit,* faire effort pour comprendre. ‖ *Tendre un piège, des collets, des filets,* etc., les disposer pour prendre du gibier, du poisson. ‖ *Tendre un piège à qqn,* chercher à le surprendre, à le tromper. — **6.** (sujet qqch) *Tendre une situation, une atmosphère,* provoquer un état d'anxiété, d'hostilité pouvant aller jusqu'au conflit : *Ces discussions ne servent qu'à tendre l'atmosphère.* — **7.** (sujet qqn) *Être tendu,* être irritable; avoir l'esprit anxieux. ◆ v. t. ind. *Tendre à qqch, à* (+ *inf.*), l'avoir pour but : *Tendre à la perfection. Cette intervention tend à apaiser les esprits.* ◆ ***se tendre*** v. pr. (sujet qqch) Devenir tendu : *La situation se tend entre les deux pays.*

tendrement [tɑ̃drəmɑ̃] adv. Avec tendresse : *Aimer tendrement ses enfants. Regarder quelqu'un tendrement.*

tendresse [tɑ̃drɛs] n. f. Sentiment d'amour; témoignage d'affection : *La tendresse d'un père, d'une mère pour ses enfants* (syn. AFFECTION, AMOUR). *Donner des marques de tendresse* (syn. ATTACHEMENT).

tendreté [tɑ̃drəte] n. f. Qualité d'une viande tendre.

tendron [tɑ̃drɔ̃] n. m. (de *tendre*). Morceau du bœuf ou du veau, situé à l'extrémité de la poitrine et cartilagineux.

tendu, e [tɑ̃dy] adj. *À bras tendus,* à bout de bras. ‖ *Poings tendus,* levés en signe d'hostilité. ‖ *Politique de la main tendue,* de réconciliation. ‖ *Rapports tendus,* rendus difficiles par un état de tension. ‖ *Situation tendue,* arrivée à un point critique qui peut amener un conflit.

ténèbres [tenɛbr] n. f. pl. (lat. *tenebrae*). **1.** Obscurité profonde : *Marcher à tâtons dans les ténèbres.* — **2.** *Litt.* Ce qui est obscur, difficile à connaître, à comprendre : *Percer les ténèbres des temps anciens.*

ténébreux, euse [tenebrø] adj. **1.** Plongé dans les ténèbres, sombre, triste (soutenu) : *Prison ténébreuse.* — **2.** Malaisé à connaître ou à comprendre : *Les temps ténébreux de l'histoire* (syn. OBSCUR). *Ce procès est une ténébreuse affaire* (syn. MYSTÉRIEUX).

teneur [tənœr] n. f. (de *tenir*). **1.** Texte littéral d'un écrit : *La teneur d'un traité, d'une lettre.* — **2.** Ce qu'un mélange contient d'un corps déterminé : *La teneur d'un vin en alcool.*

ténia [tenja] n. m. (lat. *taenia,* ruban; mot gr.). Ver parasite de l'intestin des mammifères.

tenir [tənir] v. t. (lat. *tenere*) [c. **22**]. **1.** *Tenir qqn, qqch,* l'avoir, le garder à la main, entre ses bras, d'une certaine façon : *Tenir un enfant par le bras. Tenir une femme par la taille. Tenir un chat sur ses genoux. Tenir un cheval par la bride. Tenir le gouvernail d'un navire. Tenir son chapeau à la main.* — **2.** *Tenir qqn,* le faire rester près de soi : *Ce vieux bavard m'a tenu pendant plus d'une heure* (syn. fam. TENIR LA JAMBE). *Puisque je vous tiens, je vous emmène déjeuner;* avoir mis la main sur lui ou être sur le point de s'en emparer : *La police tient maintenant les voleurs.* — **3.** *Tenir qqn, qqch* (+ *compl., attribut*), les garder, les maintenir dans une certaine position, dans un certain état : *La mère tenait son enfant serré contre elle. Tenir les yeux fermés, les bras levés. Tenir une porte ouverte. Tenir sa maison propre. Tenir un plat au chaud* (syn. CONSERVER). *Tenir l'ennemi en échec.* — **4.** *Tenir qqch, qqn,* les avoir en sa possession, sous sa domination, sous son autorité : *Tenir une ferme à bail. Tenir le mot de l'énigme. On tient la preuve qu'ils sont coupables* (syn. POSSÉDER). *Tenir entre ses mains le sort, la destinée de quelqu'un* (syn. DÉTENIR). *Tenir quelqu'un sous son charme. Tenir un pays en tutelle. L'institutrice sait tenir sa classe* (= la diriger avec maîtrise). — **5.** *Tenir qqch de qqn,* l'avoir reçu, obtenu, appris de lui : *Tenir la vie de ses parents. Tout ce qu'elle possède, tout ce qu'elle sait, c'est de vous qu'elle le tient* (= elle vous en est redevable). *Tenir un renseignement d'une personne bien informée, de bonne source. Tenir quelque chose de ses parents* (= leur ressembler en cette chose, par ce côté). — **6.** *Tenir un espace, une direction,* occuper un espace, suivre une direction et s'y maintenir sans s'en écarter : *Serrez-vous un peu, vous tiendrez moins de place. Tenir sa droite* (= circuler en suivant régulièrement le côté de la route qu'on a à sa droite). — **7.** *Tenir un emploi,* exercer certaines fonctions : *Tenir la caisse, la comptabilité dans un magasin. Tenir un rôle dans une pièce de théâtre, dans un film. Tenir un hôtel, un restaurant* (syn. GÉRER). *Tenir l'orgue à l'église* (= être organiste). — **8.** *Tenir une réunion, une assemblée, un meeting, etc.,* les présider ou y participer avec d'autres. — **9.** *Tenir une promesse,* l'observer fidèlement : *Tenir ses promesses, ses engagements* (syn. REMPLIR). *Tenir sa parole, un pari.* — **10.** *Être tenu de* (+ *inf.*), *être tenu à qqch,* être dans l'obligation morale ou légale de : *On est tenu de porter secours aux blessés. Le médecin est tenu au secret professionnel. À l'impossible nul n'est tenu.* — **11.** *Tenir qqn, qqch pour* (+ *attribut*), les considérer comme : *Je la tiens pour une personne honnête* (syn. REGARDER COMME). *Je tiens cela pour vrai. Tenir quelqu'un en estime* (= l'estimer). — **12.** Fam. *En tenir pour qqn,* être épris de : *Il en tient pour cette fille.* ‖ *Mieux vaut tenir que courir,* il vaut mieux se contenter de ce qui est à portée que poursuivre des espérances incertaines. ‖ Fam. *Tenir une grippe, un rhume,* être grippé, enrhumé. ‖ *Tenir un discours, des propos, un raisonnement,* parler, raisonner d'une certaine façon. ‖ Fam. *Tenir le bon bout,* être près de voir l'achèvement, la réalisation d'une chose; être dans la situation la plus avantageuse. ‖ *Tenir sa langue,* se taire. ‖ *Tiens (tenez)* interj., attire l'attention, manifeste la surprise : *Tiens, voilà de l'argent pour acheter du pain. Tiens, la voilà qui passe! Tiens! c'est vous qui êtes ici. Tenez, je vais vous proposer une affaire! Tiens, tiens! c'est vous qui dites cela.* ‖ *Un tiens vaut mieux que deux tu l'auras,* posséder peu mais sûrement vaut mieux qu'espérer beaucoup sans certitude. — **13.** *Tenir qqch,* l'empêcher de s'en aller, de tomber, le retenir : *L'amarre qui tenait le bateau s'est rompue. Ce tableau est tenu par un crochet.* — **14.** *Tenir qqn* (+ *compl., attribut*), le maintenir dans tel ou tel état : *Cette nouvelle nous a tenus en alerte. Vêtement qui tient chaud. Une grippe me tient au lit. Il y a longtemps que ce rhume la tient* (= qu'elle est enrhumée). — **15.** *Tenir qqn,* l'occuper un certain temps : *Ce travail l'a tenue beaucoup plus longtemps qu'elle ne l'avait pensé.* — **16.** *Tenir un espace, des gens, des choses,* avoir une certaine étendue, une certaine capacité : *Une banderole tenait toute la largeur de la rue* (syn. OCCUPER). *Ces livres tiennent trop de place. Salle qui peut tenir mille personnes* (syn. CONTENIR). — **17.** *Tenir la route,* en parlant d'une voiture, rouler sans se déporter aux grandes vitesses ou dans les virages. ◆ v. t. ind. **1.** (sujet qqn) *Tenir à qqn, à qqch,* y être attaché par des sentiments d'affection, de reconnaissance, par l'intérêt, etc. : *Tenir à ses enfants. Cet homme ne tient à personne, ni à rien. Tenir à un collaborateur. Tenir à la vie, à sa réputation, à l'argent.* — **2.** *Tenir à* (+ *inf.*), *à ce que* (+ *subj.*), avoir un extrême désir de, que : *Je tiens à vous convaincre de mon innocence, à ce que tout le monde sache que je ne suis pas coupable.* — **3.** (sujet qqch) *Tenir à qqch (concret),* y être fixé, attaché : *Placard qui tient au mur. Fruit qui ne tient plus à la branche.* — **4.** (sujet qqch) *Tenir à qqch (abstrait),* l'avoir pour cause : *Sa mauvaise humeur tient à son état de santé* (syn. PROVENIR, RÉSULTER DE). *La majoration des impôts tient à la situation budgétaire.* — **5.** (sujet qqn) *Tenir de qqn,* lui ressembler d'une certaine façon : *Cette enfant tient de son père. Elle a de qui tenir* (= elle a les qualités, les défauts de ses parents). — **6.** (sujet être animé) *Tenir de qqn, de qqch,* participer de leur nature, avoir qqch de commun avec eux : *Le mulet tient du cheval et de l'âne. Cet événement tient du prodige.* — **7.** *Il ne tient qu'à vous de* (+ *inf.*), *que* (+ *subj.*), cela dépend uniquement de vous : *Il ne tient qu'à vous que cela se fasse. Il ne tient pas qu'à moi qu'il réussisse. À quoi tient-il que nous ne soyons pas d'accord?* ‖ *Qu'à cela ne tienne,* que ce ne soit pas un empêchement : *Vous n'avez pas ce livre, qu'à cela ne tienne, je vais vous le prêter.* ◆ v. i. **1.** (sujet qqch, qqn) Être fixé solidement, être difficile à ôter, à déplacer : *On ne peut pas arracher ce clou, il tient trop. Son chapeau ne tient pas sur sa tête. Le vent soufflait fort, mais la tente tenait. Elle a du mal à marcher, elle ne tient plus sur ses jambes* (= elle chancelle). — **2.** (sujet qqn, qqch) Ne pas céder, résister : *Le bataillon a tenu plusieurs jours malgré les bombardements. Tenir bon, tenir ferme. La température est étouffante, on ne peut pas tenir dans cette pièce.* — **3.** (sujet qqch, qqn) Pouvoir être contenu dans un certain espace : *Tous vos meubles ne pourront pas tenir dans cette pièce. On peut tenir à douze à cette table.* — **4.** (sujet qqch) *Tenir en qqch,* être limité à : *Une grammaire devrait tenir en quelques pages. Ce qu'elle a dit tient en peu de mots* (syn. SE RÉSUMER). — **5.** (sujet qqch) Demeurer, subsister sans aucun changement, sans aucune altération : *Il faut espérer que notre marché tiendra. Leur mariage n'a pas tenu* (syn. DURER). *Sa permanente ne tient pas. Le beau temps tiendra* (= le temps restera au beau). *Une couleur qui ne tient pas* (= qui s'altère). — **6.** Fam. *C'est à n'y plus tenir,* c'est insupportable. ‖ *Ne pas pouvoir tenir en place,* ne pas pouvoir rester sans remuer. ‖ *Ne plus pouvoir tenir, n'y plus tenir,* ne pas pouvoir supporter plus longtemps une situation ou ne plus pouvoir se contenir. ◆ ***se tenir*** v. pr. **1.** (sujet qqn [pl.]) Être uni l'un à l'autre : *Les enfants se tenaient par la main.* — **2.** (sujet qqn) Prendre appui sur qqch : *Il se tient à une branche pour ne pas tomber* (syn. S'ACCROCHER, SE CRAMPONNER, SE RETENIR). *Tiens-toi à la rampe pour descendre l'escalier.* — **3.** *Se tenir* (+ *compl., attribut*), être, demeurer dans une certaine attitude, dans un certain état : *Se tenir debout, couché, à genoux. Se tenir droit, penché. Se tenir caché, se tenir prêt. Se tenir à la disposition de quelqu'un. Se tenir bien, se tenir mal* (= se conduire en personne bien, mal élevée). — **4.** *Se tenir pour* (+ *attribut*), se considérer comme : *Elle ne se tient pas pour battue* (syn. S'ESTIMER). — **5.** Être, demeurer dans un certain lieu; occuper une place : *Se tenir à sa fenêtre pour regarder les passants.* — **6.** (sujet qqch) Avoir lieu : *Un marché se tient plusieurs fois par semaine sur cette place.* — **7.** Être lié, cohérent : *Dans ce roman, tout se tient.* — **8.** *Ne pouvoir se tenir de,* ne pas pouvoir s'empêcher de : *Ne pouvoir se tenir de critiquer.* ‖ *Savoir à quoi s'en tenir,* être tout à fait fixé sur la conduite à suivre, être renseigné sur le compte de qqn. ‖ *Se le tenir pour dit,* ne pas insister, ne pas répliquer. ‖ *S'en tenir à qqch,* ne faire, ne vouloir rien de plus : *Je m'en tiens aux propositions que vous m'avez faites. Tenons-nous-en là pour aujourd'hui à ce sujet, sur ce sujet* (= n'en parlons pas davantage). ‖ Fam. *Se tenir à quatre,* faire un grand effort pour ne pas parler, pour se maîtriser. ‖ *Vous n'avez qu'à bien vous tenir,* se dit pour menacer ou pour avertir de faire attention.

tennis [tenis] n. m. (mot angl.). **1.** Sport dans lequel deux ou quatre joueurs, munis de raquettes, se renvoient une balle par-dessus un filet, dans les limites d'un terrain appelé *court* : *Jouer au tennis. Tournoi de tennis.* — **2.** Emplacement aménagé pour ce jeu : *Un tennis bien entretenu.* — **3.** *Tennis de table,* sorte de tennis sur une table de dimensions standardisées (syn. PING-PONG). — **4.** Chaussure de toile blanche à semelles de caoutchouc.

tennisman [tɛnisman] n. m. (de *tennis* et angl. *man*). [pl. *tennismen*]. Joueur de tennis.

tenon [tənɔ̃] n. m. (de *tenir*). Extrémité d'une pièce de bois ou de métal, destinée à entrer dans la cavité, appelée *mortaise,* d'une autre pièce avec laquelle elle doit être assemblée.

ténor [tenɔr] n. m. (it. *tenore*). **1.** Voix d'homme la plus élevée ; chanteur qui possède ce genre de voix. — **2.** *Fam.* Celui qui tient un rôle de premier plan, surtout sur le plan politique : *Les grands ténors de la gauche.*

tension [tɑ̃sjɔ̃] n. f. (du lat. *tensus,* de *tendere,* tendre). **1.** Action de tendre ; état de ce qui est tendu : *La tension d'un muscle* (syn. CONTRACTION, RAIDEUR). *La tension d'un ressort.* — **2.** *Tension d'esprit,* forte concentration de la pensée sur un sujet donné. — **3.** Désaccord dans les rapports entre États, entre classes sociales, entre partis politiques, entre personnes ; situation qui peut amener un conflit. — **4.** Différence de potentiel électrique entre deux points d'un circuit : *Une tension de 220 volts.* — **5.** *Tension (artérielle),* pression du sang sur les parois des artères. ‖ Fam. *Avoir, faire de la tension,* avoir de l'hypertension.

tentaculaire [tɑ̃takylɛr] adj. Qui s'étend, d'une manière insidieuse et irrésistible, dans toutes les directions : *Ville tentaculaire. Activité tentaculaire d'une entreprise multinationale.*

tentacule [tɑ̃takyl] n. m. (lat. *tentaculum*). Appendice mobile muni de ventouses, dont beaucoup d'animaux (mollusques) sont pourvus, et qui leur sert d'organe tactile ou pour capturer leurs proies : *Les tentacules de la pieuvre.*

tentant, e [tɑ̃tɑ̃] adj. Qui fait naître un désir : *Proposition tentante.*

tentateur, trice [tɑ̃tatœr] adj. et n. Qui sollicite au mal : *Propos tentateurs.*

tentation [tɑ̃tasjɔ̃] n. f. **1.** Attrait vers qqch de défendu : *Succomber à la tentation. Repousser une tentation.* — **2.** Tout ce qui incite à faire qqch : *Résister à la tentation de fumer.*

tentative [tɑ̃tativ] n. f. **1.** Action par laquelle on essaie de faire réussir qqch : *Ses tentatives pour battre le record du monde ont échoué. Faire une tentative auprès de quelqu'un* (= essayer d'obtenir qqch de lui). — **2.** Commencement d'exécution d'un crime ou d'un délit : *Tentative de meurtre, d'assassinat, de vol.*

tente [tɑ̃t] n. f. (de *tendre*). **1.** Abri portatif fait de toile serrée, tendu et dressé en plein air : *Coucher sous la tente.* — **2.** *Se retirer sous sa tente,* se tenir à l'écart, abandonner par dépit un parti, une cause (allusion à la colère d'Achille, abandonnant la cause des Grecs, dans l'*Iliade*). — **3.** *Tente à oxygène,* dispositif composé de tissu étanche ou de matière transparente, destiné à isoler les malades de l'atmosphère ambiante pour les soumettre à l'action de l'oxygène pur.

tenter [tɑ̃te] v. t. (lat. *tentare*).
— **I. 1.** *Tenter qqch,* chercher à le faire réussir : *Tenter une expérience, une démarche. Tenter l'impossible* (syn. ESSAYER, RISQUER). — **2.** *Tenter la fortune, la chance,* essayer qqch sans être certain de réussir. ◆ v. t. ind. *Tenter de* (+ *inf.*), faire des efforts pour obtenir un résultat : *Tenter de battre un record, de convaincre* (syn. ESSAYER).
— **II. 1.** (sujet être animé) *Tenter qqn,* chercher à le séduire, à le solliciter au mal : *Il l'a tentée en lui faisant miroiter une bonne affaire et elle s'est laissée prendre.* — **2.** (sujet qqch) *Tenter qqn,* attirer, exciter son désir, son envie : *L'occasion les a tentés* (syn. ALLÉCHER). *Comment de si jolies robes ne vous tentent-elles pas ?* — **3.** Fam. *Être tenté de* (+ *inf.*), avoir envie de, être incité, enclin à : *Par ce beau temps, elle est tentée d'aller se promener.* ‖ *Se laisser tenter,* se laisser gagner par la tentation, y céder : *Je me laisse tenter, je vais goûter ce gâteau.*

tenture [tɑ̃tyr] n. f. (de *tendre*). Pièce d'étoffe, de papier, etc., qui sert à couvrir les murs d'un appartement ou qu'on met derrière une porte.

tenu, e [təny] adj. Maintenu dans un certain état : *Enfants bien tenus* (syn. SOIGNÉ). *Jardin mal tenu* (syn. ENTRETENU).

ténu, e [teny] adj. (lat. *tenuis*). De très faible épaisseur, très mince : *Les fils ténus du ver à soie.*

tenue [təny] n. f. **1.** Action, manière de tenir, d'entretenir, de diriger : *La tenue d'une maison, d'une école.* — **2.** Le fait de se réunir, de siéger : *La tenue du concile, des assises.* — **3.** Manière de se conduire dans le monde, au point de vue des convenances : *Avoir une bonne, une mauvaise tenue. Manquer de tenue* (syn. CORRECTION). — **4.** Qualité intellectuelle, morale d'une œuvre, d'un écrivain : *Roman d'une haute tenue.* — **5.** Attitude du corps : *Enfant qui a une mauvaise tenue* (syn. MAINTIEN). — **6.** *Tenue de route,* qualité d'une voiture qui se tient dans la ligne imposée par le conducteur. — **7.** Manière dont qqn est habillé ; ensemble des vêtements portés dans certaines circonstances : *Tenue correcte, soignée, impeccable. Être en tenue de sport, de ville, de soirée. Être en tenue* (= pour un militaire, être en uniforme).

ténuité [tenɥite] n. f. *Litt.* État de qqch de ténu.

ter [tɛr] adj. inv. (mot lat. signif. *trois fois*). Indique qu'un numéro est précédé de deux numéros identiques : *Habiter au 3 ter de la rue.*

tercet [tɛrsɛ] n. m. (it. *terzetto ;* de *terzo,* tiers). Groupe de trois vers : *Les tercets d'un sonnet.*

térébenthine [terebɑ̃tin] n. f. (lat. *terebinthina*). *(Essence de) térébenthine,* essence utilisée pour la fabrication des vernis, de la peinture à l'huile.

Tergal [tɛrgal] n. m. (nom déposé). Tissu synthétique sec et léger.

tergiversations [tɛrʒivɛrsasjɔ̃] n. f. pl. Action de tergiverser : *Il n'a pas su se décider à temps et a perdu une bonne occasion par ses tergiversations* (syn. HÉSITATION, ATERMOIEMENT, FAUX-FUYANT).

tergiverser [tɛrʒivɛrse] v. i. (lat. *tergiversari,* tourner le dos). User de divers moyens pour retarder une décision : *Allons, cessez de tergiverser* (syn. ERGOTER, TEMPORISER).

1. terme [tɛrm] n. m. (lat. *terminus,* borne). **1.** Limite fixée dans le temps : *Passé ce terme, ces billets ne seront plus valables* (syn. DATE). *Les vacances touchent à leur terme* (syn. FIN). *Je vous donne jusqu'au 31 janvier comme terme de rigueur* (syn. DÉLAI). *Avancer, reculer le terme de son retour* (syn. ÉCHÉANCE). *Elle a trouvé un terme à ses souffrances* (syn. ISSUE). *Ce livre arrive à son terme* (syn. DÉNOUEMENT). *Un délai qui arrive à terme, parvient à son terme.* — **2.** *À court terme, à long terme,* portant sur une période brève, longue : *Prévisions à court terme. Programme à long terme. Emprunt à long terme.* ‖ *Marché, transactions à terme,* portant sur des valeurs boursières à date de liquidation imposée : *Marché à terme calme, mais bien orienté.* ‖ *Mener qqch à terme, jusqu'à son terme,* le faire jusqu'au bout : *J'ai pu mener cette affaire à terme malgré de nombreuses difficultés* (syn. ACCOMPLIR). ‖ *Mettre un terme à qqch,* le faire cesser : *Nous avons mis un terme à de tels agissements* (syn. COUPER COURT). — **3.** *Être à terme, à son terme,* se dit d'une femme qui est sur le point d'accoucher. ‖ *Naître avant terme,* prématurément. — **4.** Date, époque où on paie la location d'un lieu d'habitation : *Payer à terme échu. Le jour du terme* (syn. ÉCHÉANCE). — **5.** Prix de la location trimestrielle : *Payer le terme. Avoir un terme de retard. Il doit déjà plusieurs termes.*

2. terme [tɛrm] n. m. (lat. *terminus,* définition). 1. Mot pourvu d'un sens et, en tant qu'unité lexicale, ayant une fonction syntaxique : *Ce terme désigne une chose que vous connaissez bien* (syn. VOCABLE). *Rechercher le terme précis. Le terme de «réalisme» recouvre des conceptions très diverses.* — 2. Mot appartenant à un vocabulaire spécialisé : *Terme technique, philosophique, scientifique. C'est un terme de botanique.* — 3. En grammaire, en mathématiques, etc., élément qui entre en relations avec d'autres éléments : *Faire l'analyse logique des termes de la proposition. Le numérateur et le dénominateur sont les termes d'une fraction.* — 4. *Moyen terme,* attitude intermédiaire entre deux extrêmes : *Il a voulu prendre un moyen terme et n'a satisfait personne. Il n'y a pas de moyen terme* (syn. MILIEU, ACCOMMODEMENT, CONCILIATION, DEMI-MESURE). — 5. *Terme d'une comparaison,* chacun des membres d'une comparaison. ‖ *Terme de comparaison,* chose comparée : *Pour prendre un terme de comparaison.* ◆ ***termes*** n. m. pl. 1. Manière de dire quelque chose : *Elle s'exprima en ces termes. Je dirais en d'autres termes. En termes clairs, respectueux, voilés.* — 2. *Aux termes de,* au sens exact de, selon ce qui est stipulé : *Aux termes du contrat, je ne dois plus rien.* ‖ *Être en bons termes, en mauvais termes, dans les meilleurs termes avec qqn,* entretenir des relations bonnes, mauvaises ou excellentes avec lui : *Nous avons toujours été en excellents termes avec eux* (syn. RAPPORTS). *En quels termes êtes-vous avec elle ?*

terminaison [tɛrminɛzɔ̃] n. f. 1. Élément final d'un mot, marquant une fonction particulière : *Des adjectifs qui ont une terminaison identique.* — 2. *Terminaisons nerveuses,* extrémités des nerfs.

1. terminal, e, aux [tɛrminal] adj. Qui marque la fin de qqch : *La phase terminale d'une évolution. Les classes terminales des lycées.*

2. terminal [tɛrminal] n. m. (pl. *terminaux*). 1. En informatique, calculateur relié à un ordinateur central. — 2. Gare, aérogare urbaine servant de point de départ et d'arrivée des passagers.

terminale [tɛrminal] n. f. Classe où on prépare le baccalauréat.

terminer [tɛrmine] v. t. (du lat. *terminus,* fin). 1. *Terminer qqch, une action,* mener jusqu'à la fin qqch qui a été commencé : *Je termine mon chapitre et je viens. Il termine son temps de prison. Terminer ses études. Nous terminions notre repas quand vous avez sonné* (syn. ACHEVER, FINIR). *Terminer un roman* (syn. METTRE LA DERNIÈRE MAIN À); sans compl. : *Avez-vous terminé? J'aurai terminé dans une heure. Il faut terminer* (syn. EN FINIR). *Pour terminer, laissez-moi vous raconter notre retour.* — 2. *Terminer qqch (temps),* passer la fin de ce temps : *Nous avons terminé la journée avec des amis. Terminer la soirée au théâtre ou en écoutant des disques. Terminer ses jours à l'hôpital* (= mourir). — 3. *Terminer qqch par qqch d'autre,* lui donner qqch comme fin, le placer à la fin : *Terminer un repas par des fruits. Terminer une phrase par un complément de lieu.* — 4. *En avoir terminé avec qqch,* l'avoir achevé, accompli : *J'en ai terminé avec le repassage.* ‖ *En avoir terminé avec qqn,* cesser les relations avec lui : *Depuis cette histoire, j'en ai terminé avec eux.* — 5. (sujet qqch) *Terminer qqch,* en constituer la fin : *Le dessert termine les repas. Un complément de lieu vient terminer la phrase.* ◆ ***se terminer*** v. pr. 1. (sujet qqch) Arriver à sa fin : *La route se termine ici et il faut continuer par un sentier. Son travail s'est terminé très tard. Leur dispute s'est bien terminée.* — 2. (sujet qqch) *Se terminer par qqch,* comporter ceci à la fin : *Le livre se termine par un index. La séance se termine par une discussion. Les adjectifs qui se terminent par le suffixe «âtre».*

terminologie [tɛrminɔlɔʒi] n. f. Ensemble des termes propres à une technique, à une science, à un domaine : *La terminologie grammaticale. La terminologie de la psychanalyse, des sciences naturelles* (syn. NOMENCLATURE, VOCABULAIRE). *La terminologie marxiste.*

terminus [tɛrminys] n. m. (mot angl.; du lat.). Dernière station d'une ligne de transports en commun : *Le terminus d'une ligne de métro, d'autobus.*

termite [tɛrmit] n. m. (bas lat. *termes, termitis,* ver rongeur). Insecte vivant en société dans les pays chauds et qui ronge le bois : *Des dégâts commis par les termites.*

termitière [tɛrmitjɛr] n. f. Nid de termites : *Une termitière haute de deux mètres.*

ternaire [tɛrnɛr] adj. (lat. *tenarius;* de *terni,* trois). Composé de trois éléments.

terne [tɛrn] adj. 1. Qui manque d'éclat, de lumière et produit une impression désagréable : *Couleur terne* (syn. DÉLAYÉ, PASSÉ, SALE, MAT). *Teint blanc et terne* (syn. BLAFARD, BLÊME). *Œil, regard terne* (syn. INEXPRESSIF). — 2. Dépourvu d'intérêt; monotone, sans intérêt : *Mener une vie terne. Journée grise et terne* (syn. MORNE, SOMBRE). *Spectacle ennuyeux et terne. Conversation, style terne* (syn. INCOLORE, INSIPIDE, FROID). — 3. Qui manque de personnalité, sans qualités remarquables : *Élève terne* (syn. INSIGNIFIANT).

ternir [tɛrnir] v. t. (anc. all. *tarnjarn,* obscurcir). 1. *Ternir qqch (concret),* lui enlever de l'éclat, de la fraîcheur, de la couleur : *Ces couverts d'argent sont ternis* (syn. ALTÉRER). *Meubles ternis par la poussière. L'humidité a terni cette glace* (syn. OBSCURCIR, EMBUER). — 2. *Ternir qqch (abstrait),* y apporter un élément de dépréciation : *Ternir la mémoire, l'honneur, la réputation de quelqu'un* (syn. ENTACHER, TACHER, FLÉTRIR, SALIR). ◆ ***se ternir*** v. pr. 1. (sujet qqch [concret]) Perdre sa fraîcheur, sa transparence ou son éclat : *Son teint se ternit. La glace se ternit.* — 2. (sujet qqch [abstrait]) Perdre sa valeur : *Sa réputation s'est ternie.*

ternissure [tɛrnisyr] n. f. État de ce qui est terni : *Cette glace a de nombreuses ternissures.*

terrain [tɛrɛ̃] n. m. (lat. *terrenus,* formé de terre). 1. Modelé de la surface terrestre : *Un pli, un repli de terrain* (syn. RELIEF, SOL). — 2. Couche superficielle du sol : *Terrain sablonneux. Terrain argileux, calcaire, marécageux, perméable, imperméable. Terrain volcanique, détrempé, défoncé, sec, pierreux. Un bon terrain;* espace de terre d'une certaine apparence : *Terrain boisé, couvert, découvert, plat, accidenté, vallonné;* espace de terre utilisé d'une certaine façon : *Un terrain militaire. Un terrain à bâtir. Un terrain de jeu, de sport, de chasse, de camping, d'aviation.* ‖ *Tous terrains* (ou *tout terrain*), se dit d'une voiture capable de rouler même sur un sol accidenté ou en mauvais état : *La jeep est un véhicule tout terrain.* — 3. Étendue de terre destinée à la construction : *Acheter, vendre un terrain. Spéculer sur les terrains* (syn. FONDS, PARCELLE, PROPRIÉTÉ). — 4. Lieu d'opérations militaires ou de toute activité, impliquant ou non une idée de concurrence : *Occuper le terrain conquis.* — 5. *Avoir l'avantage du terrain,* avoir un meilleur emplacement que son adversaire sur le champ de bataille : *À Austerlitz, Napoléon avait l'avantage du terrain;* avoir l'avantage sur un concurrent par sa familiarité avec un sujet : *Parlons histoire : à votre tour d'avoir l'avantage du terrain.* ‖ *Céder du terrain,* se replier sur ses positions, abandonner un espace conquis (syn. BATTRE EN RETRAITE); faire des concessions : *Devant nos arguments, elle a dû céder du terrain. Je ne céderai pas un pouce de terrain.* ‖ *Disputer le terrain,* opposer une résistance énergique : *L'ennemi nous dispute le terrain pied à pied.* ‖ *Gagner du terrain* → GAGNER. ‖ *Perdre du terrain,* reculer. ‖ *Ratisser le terrain,* éliminer l'ennemi par une fouille méthodique des lieux : *Nos troupes ont ratissé le terrain* (syn. NETTOYER). ‖ *Reconnaître le terrain,* vérifier l'absence ou la présence de l'ennemi dans une zone donnée. ‖ *Se rencontrer sur le terrain,* disputer un match sportif. ‖ *Se rendre, aller voir sur le terrain,* au lieu même où qqch s'est passé, sur place : *Aller faire une étude sur le terrain.* ‖ *Rester maître du terrain,* être vainqueur sur le lieu du combat. ‖ *Terrain vague,* étendue sans cultures ni constructions dans une ville ou à proximité d'une agglomération. — **6.** Conditions, circonstances définies de telle ou telle façon; matière d'une discussion : *Terrain d'entente, de conciliation. Trouver un terrain favorable à la discussion. Sonder le terrain avant d'agir. Préparer le terrain avant d'ouvrir les discussions.* — **7.** Domaine réservé ou consacré à une activité : *Porter le débat sur le terrain parlementaire. Je ne l'attaquerai pas sur son terrain* (= dans sa spécialité). *Je ne vous suivrai pas sur ce terrain.* — **8.** Conditions de développement d'une maladie ou de qqch : *La maladie a trouvé en elle un terrain tout prêt. Offrir un terrain résistant. Terrain de moindre résistance.*

terrasse [tɛras] n. f. (de *terre*). **1.** Levée de terre horizontale, maintenue par un mur : *Les terrasses d'un parc. Des cultures en terrasses.* — **2.** Prolongement d'un café ou d'un restaurant sur une partie du trottoir : *S'installer, s'asseoir à la terrasse. Prendre un café à la terrasse.* — **3.** Plate-forme ne faisant pas saillie, à un étage ou sur le toit d'une maison : *Un toit en terrasse. La maison a une terrasse où on a disposé des plantations. La porte donne sur la terrasse.* — **4.** Espace plat aménagé au pied des immeubles : *La terrasse du Trocadéro.*

terrassement [tɛrasmɑ̃] n. m. **1.** Action de creuser un terrain et de déplacer la terre remuée : *Travaux, outils, matériel de terrassement.* — **2.** Masse de terre remuée pour des travaux (souvent pl.) : *Les terrassements d'une voie ferrée* (syn. REMBLAI).

terrasser [tɛrase] v. t. **1.** *Terrasser qqn,* le jeter à terre au cours d'une lutte : *Étant plus gros et plus fort, il eut vite fait de terrasser son adversaire. Elle fut terrassée et ligotée en un rien de temps.* — **2.** *Terrasser un ennemi,* le vaincre complètement : *Les insurgés ont été terrassés en une journée* (syn. BATTRE À PLATE COUTURE). *La révolte est terrassée* (syn. MATER). — **3.** (sujet qqn, qqch) *Terrasser qqn,* le réduire au silence par des paroles, un regard : *Ce seul argument suffit à le terrasser.* — **4.** (sujet qqch [mal, nouvelle]) *Terrasser qqn,* lui ôter toute résistance, l'abattre physiquement ou moralement : *Un mal inconnu la terrassa en quelques jours. Être terrassé par une attaque* (syn. FOUDROYER). *L'annonce de cette mort l'a terrassée* (syn. ACCABLER, ATTERRER, CONSTERNER).

terrassier [tɛrasje] n. m. Ouvrier employé aux travaux de terrassement : *Les terrassiers remblayaient la voie.*

terre [tɛr] n. f. (lat. *terra*). **1.** (avec majusc.) Planète appartenant au système solaire et habitée par l'homme : *La Terre tourne autour du Soleil. Une fusée partie de la Terre a atteint la Lune. L'âge de la Terre. La planète Terre. Un voyageur qui a fait plusieurs fois le tour de la Terre* (syn. MONDE). — **2.** *Aux quatre coins de la terre,* partout, dans tous les pays. ‖ *La terre entière,* tout le monde, tous les peuples : *Prendre à témoin la terre entière. Sa gloire s'étend à la terre entière.* — **3.** Continent, sol sur lequel on marche, par oppos. à la *mer,* ou parfois à l'*air : Le navire s'éloignait du port, et bientôt on cessa de voir la terre. Bateau qui touche terre* (= qui accoste). *Armée de terre* (par oppos. à la *marine* ou à l'*armée de l'air*). *Vent de terre* (= qui souffle de la côte vers la mer). *Oiseau qui rase la terre* (syn. SOL). *Tomber la face contre terre. Transports par terre, par voie de terre* (= effectués sur le sol, par oppos. à *par eau, par air*). — **4.** *Litt.* Pays, région, contrée : *Des explorateurs partis à la découverte de terres lointaines. Revoir sa terre natale.* — **5.** Étendue de sol qui est la propriété de qqn : *Remembrement des terres. Un petit coin de terre* (= une propriété). *Elle vit retirée sur* (ou *dans*) *ses terres* (syn. DOMAINE). — **6.** Séjour des hommes ici-bas : *On en reparlera si nous sommes sur terre dans deux ans. Elle n'espérait pas le bonheur sur la terre* (syn. ICI-BAS). — **7.** Fam. *Avoir les (deux) pieds sur terre,* avoir le sens des réalités. ‖ *Revenir sur terre,* sortir d'une rêverie, revenir aux réalités. — **8.** Couche superficielle du globe où poussent les végétaux : *De la terre meuble. La terre détrempée par la pluie* (syn. SOL). *Une terre fertile. De la terre de bruyère. Amender, cultiver, labourer, retourner la terre. Aimer la terre* (syn. LA CAMPAGNE, LES CHAMPS). *Le retour à la terre* (= à la campagne, pour y avoir une activité rurale). — **9.** *Terre cuite,* argile durcie au four; produit ainsi fabriqué : *Une cruche en terre cuite* (syn. CÉRAMIQUE). *Des terres cuites anciennes.* — **10.** *À terre,* sur le sol : *Poser un paquet à terre. Les débris du vase gisaient à terre.* ‖ *Aller, descendre à terre,* sur la terre ferme. ‖ *Mettre qqn plus bas que terre,* le traiter avec mépris, le dénigrer complètement. ‖ *Par terre,* sur le sol : *La tempête a couché par terre de nombreux arbres. Être assis par terre. Toutes les pièces se sont répandues par terre;* anéanti, ruiné : *Voilà tous nos projets par terre. Ça fiche par terre toutes les prévisions* (fam.). ‖ *Sous terre,* au-dessous du niveau du sol : *Une galerie qui s'enfonce à une vingtaine de mètres sous terre. Vouloir rentrer sous terre* (= éprouver une grande honte). ‖ *Terre à terre,* qui a des préoccupations peu élevées, très prosaïque, peu noble : *C'est un esprit très terre à terre, qui ne s'intéresse à aucun art. Vous m'excuserez de passer de ces questions philosophiques à des considérations plus terre à terre* (syn. MATÉRIEL). [→ DÉTERRER et ENTERRER.]

terreau [tɛro] n. m. Terre végétale mêlée de produits de décomposition : *Du terreau noir. Amender le sol avec du terreau.*

terre-neuvas [tɛrnœva] n. m. inv. ou **terre-neuvien** [tɛrnœvjɛ̃] n. m. (pl. *terre-neuviens*). **1.** Marin professionnel de la pêche à la morue sur les bancs de Terre-Neuve. — **2.** Bateau qui sert à cette pêche.

terre-neuve [tɛrnœv] n. m. inv. Gros chien à poil long, originaire de Terre-Neuve.

terre-plein [tɛrplɛ̃] n. m. (pl. *terre-pleins*). Plate-forme faite de terres rapportées.

terrer (se) [tɛre] v. pr., **être terré** v. pass. (de *terre*). Se cacher soigneusement, en général sous l'effet de la peur : *Des soldats terrés dans les tranchées. Pendant tout ce temps, on est resté terrés dans la cave. Elle se terre chez elle.*

terrestre [tɛrɛstr] adj. **1.** Relatif à la planète Terre : *Le globe terrestre. L'atmosphère, le magnétisme terrestre.* — **2.** Qui concerne la vie matérielle sur terre (par oppos. à *spirituel*) : *Les joies terrestres.* — **3.** Habitué à vivre sur la terre : *Animaux, plantes terrestres* (= qui vivent sur la surface émergée du globe, par oppos. à *aquatique, marin*).

terreur [tɛrœr] n. f. (lat. *terror*). **1.** Très grande peur : *Être glacé de terreur. Vivre dans la terreur. Répandre la terreur. Terreur panique. Des terreurs irraisonnées.* — **2.** Climat de répression impitoyable pour inspirer une peur intense : *Gouverner par la terreur. Un régime de terreur.* — **3.** Personne ou chose qui donne une très grande peur : *Être la terreur du quartier.*

terreux, euse [tɛrø] adj. **1.** Souillé de terre : *Avoir des chaussures terreuses.* — **2.** D'une couleur de terre; brun grisâtre : *Couleur terreuse. Avoir le teint, le visage terreux* (syn. BLAFARD, BLÊME). — **3.** Propre à la terre, de la nature de la terre : *Odeur terreuse.*

terrible [tɛribl] adj. (lat. *terribilis;* de *terrere,* épouvanter). **1.** (avant ou après le n.) Qui cause une grande peur, une émotion profonde : *Un danger, un air, une menace, une punition, une catastrophe terrible* (syn. AFFREUX, EFFRAYANT, EFFROYABLE, TERRIFIANT). — **2.** (avant ou après le n.) Qui a une intensité, une violence très grande : *Un vent, un froid, un bruit, un coup, un effort terrible* (syn. VIOLENT). — **3.** (surtout avant le n.) *Fam.* Qui est tel à un très haut degré : *Un terrible appétit* (syn. REMARQUABLE). *Une terrible travailleuse. Un terrible bavard* (syn. EXTRAORDINAIRE). — **4.** (après le n.) *Fam.* Qui sort de l'ordinaire; irrésistible : *Un type, une fille terrible. Un film, une chanson terrible* (syn. SENSATIONNEL; fam. FORMIDABLE, DU TONNERRE). — **5.** (après le n.) *Péjor.* Particulièrement désagréable : *Tu es terrible, à la fin, avec ta manie de m'interrompre! Vous êtes terrible, il n'y a pas moyen de s'entendre dans ces conditions. Une humeur terrible* (syn. MASSACRANT). — **6.** *C'est terrible d'en arriver là,* c'est qqch qu'on a de la peine à imaginer, à réaliser. ‖ *Enfant terrible,* turbulent; en parlant d'un adulte, personne qui ne ménage pas la vérité aux autres ou qui ne s'en tient pas à la discipline commune : *Chaque parti a ses enfants terribles.*

terriblement [tɛribləmɑ̃] adv. Très, beaucoup : *Elle me fait terriblement penser à sa mère. Il est terriblement autoritaire* (syn. ÉNORMÉMENT, EXCESSIVEMENT, EXTRÊMEMENT).

terrien, enne [tɛrjɛ̃] adj. **1.** Qui possède de la terre : *Propriétaire terrien* (syn. FONCIER). — **2.** Qui tient à la terre, à la campagne : *Les vertus terriennes. Avoir une ascendance terrienne* (syn. PAYSAN). ◆ n. Habitant de la Terre, par opposition aux habitants éventuels des autres mondes.

terrier [tɛrje] n. m.

— **I.** Trou, galerie que certains animaux creusent dans la terre pour s'y abriter : *Le terrier d'une taupe, d'un renard.*

— **II.** Chien de petite taille, propre à chasser les animaux qui vivent dans des terriers : *Un terrier à poil ras. Un terrier à poil long* (syn. GRIFFON).

terrifiant, e [tɛrifjɑ̃] adj. Qui terrifie : *Cri terrifiant* (syn. EFFRAYANT, ÉPOUVANTABLE, TERRIBLE). *Film terrifiant* (syn. DE TERREUR).

terrifier [tɛrifje] v. t. *Terrifier qqn,* le frapper de terreur : *Elle est terrifiée à l'idée de sortir seule la nuit.*

terril [tɛri(l)] n. m. Énorme amas de déblais extraits d'une mine.

terrine [tɛrin] n. f. (de l'anc. fr. *terrin,* de terre). Récipient en terre vernissée, servant à cuire et à conserver des viandes; son contenu : *Le pâté est dans la terrine. Terrine de pâté de campagne. Terrine du chef* (= pâté de sa composition).

territoire [tɛritwar] n. m. (lat. *territorium;* de *terra,* terre). **1.** Étendue de terre appartenant à un État : *Le territoire national. Elle a été prise en territoire français. Être en territoire ennemi. La défense et la sécurité du territoire. La politique d'aménagement du territoire.* — **2.** Étendue de terre sur laquelle s'exerce une juridiction, une autorité : *Le territoire du canton, de la commune. Le territoire d'un évêque, d'un juge.*

territorial, e, aux [tɛritɔrjal] adj. **1.** Qui concerne le territoire : *Garantir l'intégrité territoriale.* — **2.** *Eaux territoriales,* zone entre la côte et le large, dans laquelle s'exerce la souveraineté d'un État riverain.

territorialité [teritɔrjalite] n. f. Zone de souveraineté d'un État.

terroir [tɛrwar] n. m. (de *terre*). **1.** *Litt.* Province, campagne, par oppos. à la ville : *Un écrivain du terroir* (= régionaliste). *Employer des mots du terroir.* — **2.** *Goût de terroir,* goût particulier de certains vins attribué à la nature du sol.

terroriser [tɛrɔrize] v. t. *Terroriser qqn, un pays,* etc., les tenir durablement et méthodiquement dans la terreur : *La population terrorisée n'osait pas bouger. Terroriser une région.*

terrorisme [tɛrɔrism] n. m. Emploi systématique de la violence à des fins politiques (prise du pouvoir, désorganisation sociale) : *Se livrer à des actes de terrorisme. Recrudescence du terrorisme.*

terroriste [tɛrɔrist] adj. et n. Qui participe à des actes de terrorisme : *Un groupe terroriste.*

tertiaire [tɛrsjɛr] adj. (du lat. *tertius,* troisième). **1.** *Ère tertiaire* (ou *tertiaire* n. m.), ère géologique située avant l'ère quaternaire actuelle et marquée en particulier par le plissement alpin. — **2.** *Faune, flore, terrain tertiaire,* qui appartient à l'ère tertiaire. — **3.** *Secteur tertiaire* → SECTEUR.

tertio [tɛrsjo] adv. (mot lat.; de *tertius,* troisième). En troisième lieu.

tertre [tɛrtr] n. m. (lat. *termen, -inis*). **1.** Petite élévation de terre, isolée : *Monter sur un tertre* (syn. BUTTE, HAUTEUR, MONTICULE). — **2.** Éminence de terre recouvrant une sépulture : *Élever un tertre sur une tombe.*

tesson [tɛsɔ̃] n. m. (du lat. *testum,* vase en terre). Débris d'un objet en verre ou en poterie : *Tessons de bouteille.*

test [tɛst] n. m. (mot angl.). **1.** Épreuve servant à reconnaître et à mesurer les aptitudes, le niveau de développement, les traits de personnalité de qqn, d'un groupe, etc. : *Un test psychologique, pédagogique, individuel, collectif. Soumettre un enfant à une série de tests.* — **2.** Examen par prélèvement, sur un tissu vivant (syn. BIOPSIE). — **3.** Épreuve, expérience propre à apporter une réponse à une question, à fournir un renseignement décisif : *C'est un test de sa bonne volonté.*

testament [tɛstamɑ̃] n. m. (bas lat. *testamentum;* de *testari,* attester). **1.** Acte par lequel on dispose des biens qu'on laissera après sa mort : *Faire un testament. Mettre quelqu'un sur son testament* (= le coucher [fam.]). *Ajouter un codicille à son testament. Ceci est mon testament* (syn. DERNIÈRE VOLONTÉ). *Testament olographe* (= écrit, daté et signé par le testateur). *Testament authentique* (= dicté à un notaire, par le testateur, devant témoins). — **2.** Dernière œuvre d'un écrivain, d'un artiste, expression la plus achevée de son art; exposé posthume des principes d'un homme politique : *Un testament littéraire. Ce discours prend figure de testament.* — **3.** *Ancien Testament,* la Bible juive, comprenant le Pentateuque, les Prophètes et les Hagiographes. ‖ *Nouveau Testament,* Évangiles, Actes des Apôtres, Épîtres et Apocalypse.

testamentaire [tɛstamɑ̃tɛr] adj. *Dispositions testamentaires,* prises par testament. ‖ *Exécuteur testamentaire,* personne chargée de l'exécution d'un testament.

testateur, trice [tɛstatœr] n. Auteur d'un testament.

1. tester [tɛste] v. t. **1.** *Tester qqn, qqch,* le soumettre à un ou plusieurs tests : *Tester des écoliers. Tester un nouveau médicament.* — **2.** *Tester un produit commercial,* procéder à un sondage auprès du public de ses possibilités de vente.

2. tester [tɛste] v. i. Faire un testament : *Tester en faveur de ses enfants.*

testicule [tɛstikyl] n. m. (lat. *testiculus;* de *testis,* témoin). Glande génitale mâle.

tétanique [tetanik] adj. Relatif au tétanos : *Convulsions tétaniques.*

tétanos [tetanos] n. m. (gr. *tetanos,* rigidité des membres). Maladie infectieuse, caractérisée par des contractures se généralisant à tous les muscles du corps.

têtard [tetar] n. m. (de *tête*). Larve de batracien, à

grosse tête fusionnée au tronc, à respiration branchiale : *Des têtards de grenouille.*

tête [tɛt] n. f. (lat. *testa,* coquille).
— **I. 1.** Extrémité supérieure du corps de l'homme qui contient le cerveau et la plupart des organes des sens ; partie antérieure du corps de l'animal : *Lever, baisser la tête. Une tête de poisson.* — **2.** *Tête de bétail,* animal compté dans un troupeau : *Une centaine de têtes de bétail. Un troupeau de cent têtes* (syn. BÊTE). — **3.** Partie de la tête où poussent les cheveux : *Se laver la tête.* — **4.** Boîte crânienne : *Avoir la tête lourde* (syn. CRÂNE). — **5.** Visage, en tant qu'il laisse transparaître un sentiment ou un état : *Faire une drôle de tête. Apercevoir dans la foule une tête connue. Une tête comique, romantique, sinistre. Avoir une tête sympathique.* — **6.** *Avoir mal à la tête,* ressentir de vives douleurs dans la tête (syn. MIGRAINE). ‖ *Avoir une bonne tête,* inspirer confiance. ‖ Fam. *Avoir ses têtes,* avoir du parti pris pour ou contre certaines personnes. ‖ *Des pieds à la tête,* de bas en haut : *Inspecter quelqu'un des pieds à la tête.* ‖ *Donner de la tête contre qqch,* le heurter. ‖ *D'une tête,* en dépassant de la hauteur (ou de la longueur) d'une tête : *Un cheval a gagné d'une tête. Elle est plus grande d'une tête.* ‖ *En faire une tête,* avoir une expression maussade ou triste. ‖ *Faire la tête,* être de mauvaise humeur. ‖ *Faire une tête,* au football, donner un coup dans le ballon avec la tête. ‖ *Elle en a une tête! (quelle tête elle a!),* elle a l'air fatiguée. ‖ *Mettre la tête de qqn à prix,* promettre une récompense pour sa capture. ‖ *Par tête,* par personne : *C'est tant par tête* (syn. fam. PAR TÊTE DE PIPE). ‖ *Risquer sa tête,* sa vie. ‖ Fam. *Se payer la tête de qqn,* se moquer de lui. ‖ *Tête baissée,* sans regarder, aveuglément : *Foncer tête baissée sur l'obstacle.* ‖ *Tête à claques, à gifles,* personne déplaisante et irritante. ‖ *Tête de mort,* squelette d'une tête humaine. ‖ *Voix de tête,* très aiguë. — **7.** L'esprit, les facultés mentales : *Avoir la tête à ce qu'on fait. Avoir la tête ailleurs. N'avoir plus sa tête à soi.* — **8.** *Avoir la tête chaude,* se mettre facilement en colère. ‖ *Avoir la tête dure,* comprendre très difficilement. ‖ *Avoir la tête froide,* rester calme en toute circonstance. ‖ *Avoir la tête vide,* être incapable de penser. ‖ *Avoir toute sa tête,* être tout à fait lucide. ‖ *Avoir une grosse, une petite tête,* être très intelligent, peu intelligent. ‖ *Avoir une idée dans la tête, derrière la tête,* penser à qqch, concevoir. ‖ *C'est une forte tête,* qqn qui ne se plie pas à la discipline. ‖ *Chercher dans sa tête,* parmi ses souvenirs (syn. MÉMOIRE). ‖ *Coup de tête,* décision soudaine, peu réfléchie. ‖ *De tête,* dans son esprit, sans parler ni écrire : *Calculer de tête* (syn. MENTALEMENT). *En avoir par-dessus la tête,* en avoir assez, être excédé. ‖ *Être tombé sur la tête,* ne pas avoir son bon sens. ‖ *Homme, femme de tête,* de caractère ; qui a l'esprit de décision. ‖ *Idée qui passe par la tête,* qui traverse l'esprit. ‖ *Mauvaise tête,* qqn de querelleur ou au mauvais caractère. ‖ *Monter à la tête,* faire perdre le sens du réel ; enivrer (syn. GRISER). ‖ *N'avoir qu'une idée en tête,* avoir une préoccupation unique. ‖ *N'avoir rien dans la tête,* n'avoir aucune idée ; être stupide. ‖ *Ne plus savoir où donner de la tête,* être surmené, avoir trop de choses à faire (syn. ÊTRE SUBMERGÉ). ‖ *N'en faire qu'à sa tête,* n'écouter personne et persévérer dans la voie choisie. ‖ *Perdre la tête,* s'affoler. ‖ *Se mettre dans la tête, en tête que* (+ *ind.*), s'imaginer. ‖ *Se monter la tête,* s'énerver, s'échauffer l'imagination. ‖ *Tenir tête à qqn,* s'opposer à sa volonté, lui résister. ‖ *Tête de cochon, de mule, de bois,* personne têtue. ‖ *Tête en l'air,* étourdi. ‖ *Tourner la tête à qqn,* lui faire perdre le sens des réalités ; le rendre amoureux. — **9.** Personne qui tient un poste de commandement ou dont dépend l'organisation, la conception de qqch : *Il est la tête du mouvement, les autres ne sont que des exécutants. La tête du gouvernement, de l'opposition, d'une entreprise* (syn. CHEF, CERVEAU). *La tête de la classe* (= les meilleurs élèves).
— **II. 1.** Partie supérieure de qqch : *La tête d'un arbre* (syn. CIME, SOMMET). *La tête du lit* (= la partie du lit située à l'endroit où l'on pose la tête [syn. CHEVET]). — **2.** Partie terminale arrondie ou plus grosse que le reste : *La tête du fémur. Une tête d'ail, de chou, d'artichaut. La tête d'un marteau. Une tête d'épingle. La tête de lecture d'un électrophone* (= partie qui porte le saphir ou le diamant). — **3.** Partie antérieure d'une chose orientée, celle qui se présente la première : *La tête d'une colonne de soldats. La tête du train. La tête d'une fusée. La tête de chapitre* (syn. DÉBUT). *L'article de tête du journal* (= l'éditorial). *Tête de ligne* (= station, gare où commence une ligne de transports). — **4.** *En tête (de), à la tête de,* au premier rang (en position ou en mérite) : *Passer en tête aux élections. Défiler musique en tête. Elle est en tête du convoi. On l'a mis à la tête du gouvernement. Elle est à la tête de sa classe. Se trouver à la tête d'une fortune* (= en être possesseur). ‖ *Prendre la tête,* marcher au premier rang ; être le premier ; commander, diriger : *Prendre la tête du cortège, du peloton, d'une entreprise.*

tête-à-queue [tɛtakø] n. m. inv. Pivotement brusque d'un véhicule qui l'amène dans la direction opposée : *Faire un tête-à-queue sur une route verglacée.*

tête à tête [tɛtatɛt] adv. **1.** Seul avec une autre personne : *Rester tête à tête avec quelqu'un. On les a laissés tête à tête* (syn. SEUL À SEUL). — **2.** *En tête à tête,* seul à seul, dans une solitude à deux : *Je les ai trouvés en tête à tête. Être en tête à tête avec quelqu'un.* ◆ ***tête-à-tête*** n. m. inv. Situation de deux personnes isolées ensemble : *Nous avons réussi à avoir un tête-à-tête* (syn. ENTREVUE).

tête-bêche [tɛtbɛʃ] adv. (de l'anc. fr. *béchevet,* la tête de l'un aux pieds de l'autre). Dans la position de deux personnes ou de deux objets placés parallèlement, mais en sens inverse.

tête-de-nègre [tɛtdənɛgr] adj. inv. Marron très foncé.

tétée [tete] n. f. Repas de l'enfant qui tète ; quantité de lait absorbée en une fois par un enfant qui tète : *Sa mère lui donne six tétées par jour.*

téter [tete] v. t. (de *tette,* bout de sein). [c. **10**]. **1.** (sujet un enfant, un jeune animal) Sucer le lait au sein, au biberon ou à la mamelle : *Il tète encore sa mère. Téter son biberon ;* sans compl. : *L'enfant n'a pas assez de force pour téter. Elle lui donne à téter.* — **2.** (sujet qqn) Sucer un objet mis dans la bouche : *Il n'arrête pas de téter sa pipe. Cette enfant tète son pouce.*

tétine [tetin] n. f. **1.** Mamelle de mammifère, surtout de la vache et de la truie (syn. PIS). — **2.** Embouchure en caoutchouc percée de trous qu'on adapte au biberon.

téton [tetɔ̃] n. m. (de *téter*). *Fam.* Sein.

tétrachlorure [tetraklɔryr] n. m. *Tétrachlorure de carbone,* liquide incolore employé comme solvant ininflammable.

tétralogie [tetralɔʒi] n. f. (gr. *tetralogia,* ensemble de quatre pièces). Ensemble de quatre œuvres, littéraires ou musicales, liées par une même inspiration : *La « Tétralogie » de Richard Wagner.*

tétramètre [tetramɛtr] n. m. (gr. *tetra,* quatre, et *metros,* mesure). Alexandrin classique comportant quatre groupes rythmiques égaux, avec une césure après la sixième syllabe.

tétras [tetra] n. m. (lat. *tetrax*). Syn. de COQ DE BRUYÈRE.

têtu, e [tety] adj. (de *tête*). Qui manifeste un attachement excessif à son opinion ou à sa décision : *Il a tou-*

jours été têtu, ce n'est pas maintenant qu'il changera. Être têtu comme une mule. Avoir un air têtu, un front têtu (syn. ENTÊTÉ, BUTÉ, ENTIER, OBSTINÉ).

texte [tεkst] n. m. (lat. *textus,* tissu). **1.** Ensemble des termes mêmes qui composent un écrit significatif, une œuvre : *Reportez-vous au texte. Le texte d'une œuvre. Établir, annoter un texte. Elle lit Shakespeare dans le texte* (syn. ORIGINAL). *Le texte d'une loi, d'un contrat* (syn. LIBELLÉ, TENEUR). *Le texte d'un opéra* (syn. LIVRET). — **2.** Partie de la page imprimée, écrite, dactylographiée (par oppos. aux marges, aux illustrations) : *Il y a des illustrations dans le texte. Un texte serré, dense, compact, aéré. Un texte tapé à la machine, ronéotypé.* — **3.** Œuvre ou document authentique qui constitue la source d'une culture, la documentation d'une discipline : *Les textes grecs et latins, classiques. Les anciens textes. Les textes législatifs, juridiques, sacrés. On en revient toujours aux grands textes. Elle connaît ses textes* (syn. CLASSIQUE). — **4.** Écrit d'un auteur : *Soumettre un texte à une maison d'édition. Corriger son texte.* — **5.** Fragment d'une œuvre détaché pour des besoins didactiques : *Recueil de textes choisis* (syn. MORCEAU). *Explication de texte.* — **6.** *Cahier, carnet de textes,* où un élève écrit les devoirs et les leçons qu'il a à faire. ‖ *Texte d'un devoir, d'une leçon,* ce qui en fait la matière (syn. ÉNONCÉ, SUJET) [→ CONTEXTE].

textile [tεkstil] adj. (lat. *textilis,* tissé). **1.** Qui peut être tissé, dont on peut faire un tissu : *Matières textiles.* — **2.** Relatif à la fabrication des tissus : *Industrie, fabrication, machine, usine textile.* ◆ n. m. **1.** Matière textile : *Les textiles naturels, artificiels, synthétiques.* — **2.** Industrie textile.

textuel, elle [tεkstɥεl] adj. **1.** Exactement conforme au texte : *Copie, reproduction, traduction, citation textuelle* (syn. LITTÉRAL, MOT À MOT). — **2.** Fam. *Textuel!,* c'est exactement ainsi.

textuellement [tεkstɥεlmɑ̃] adv. De façon textuelle : *Elle nous a répété textuellement ses paroles* (= exactement comme elle les a prononcées).

texture [tεkstyr] n. f. (lat. *textura,* tissu). Disposition des parties de qqch : *La texture de la peau. La texture du sol. La texture d'un roman, d'une pièce de théâtre* (syn. AGENCEMENT, STRUCTURE).

thaïlandais, e [tajlɑ̃dε] adj. et n. De Thaïlande.

thalassothérapie [talasoterapi] n. f. (gr. *thalassa,* mer, et *therapeia,* traitement). Traitement médical par les bains de mer.

thaumaturge [tomatyrʒ] n. m. *Litt. (gr. thauma, -atos,* miracle, et *ergon,* œuvre). Faiseur de miracles (syn. CHARLATAN, MAGICIEN).

thé [te] n. m. (mot chin.). **1.** Feuilles séchées du théier : *Un paquet de thé. Du thé de Chine, de Ceylan. La culture, la cueillette du thé.* — **2.** Infusion de feuilles de thé : *Faire, boire, préparer du thé. Une tasse de thé léger, fort, au citron, au lait, nature. Un service à thé.* — **3.** Repas léger où on sert du thé et des pâtisseries, dans l'après-midi; réunion d'après-midi où on sert ce repas léger : *Prendre le thé. Un salon de thé. Donner un thé. Être invité à un thé.*

théâtral, e, aux [teɑtral] adj. **1.** Qui concerne le théâtre : *Une œuvre théâtrale. La production théâtrale d'un auteur. Une représentation théâtrale. Tenir une chronique théâtrale* (syn. DRAMATIQUE). *Saison théâtrale* (= période d'ouverture des théâtres d'une ville). — **2.** Artificiel et forcé : *Prendre un air théâtral. Attitude théâtrale.*

théâtralement [teɑtralmɑ̃] adv. Avec affectation : *Gesticuler théâtralement.*

théâtre [teɑtr] n. m. (lat. *theatrum;* mot gr.). **1.** Édifice où un spectacle est joué par des acteurs, pour un public : *Ce sont des habitués du théâtre. Aller au théâtre* (syn. SPECTACLE). *Elle a assisté à une représentation d'« Électre » au théâtre de Delphes. Le théâtre d'Épidaure.* — **2.** Art de représenter une action dramatique devant un public; profession du comédien ou du metteur en scène : *Aimer le théâtre. Faire du théâtre. Se destiner, se consacrer au théâtre. Une actrice de théâtre. Une pièce de théâtre.* — **3.** Entreprise qui donne des spectacles dramatiques; ensemble du personnel : *Le théâtre de la Huchette donne, monte, joue une pièce de Sartre. Le théâtre fait relâche.* — **4.** Ensemble des œuvres dramatiques d'un auteur, d'une époque, d'un genre, d'un pays : *Le théâtre de Shakespeare, de Corneille, de Racine. Le théâtre antique, élisabéthain. Le théâtre de boulevard* (= genre de pièces au comique facile). — **5.** Jeu forcé, attitude artificielle (par oppos. au naturel de la vie) : *Une voix, des gestes de théâtre. C'est du théâtre* (syn. SIMAGRÉES). — **6.** *Le théâtre de qqch,* le lieu où se passe un événement, le plus souvent dramatique : *Notre petite ville a été le théâtre d'événements inhabituels. Cet appartement a été le théâtre d'un crime. Des lieux qui ont été le théâtre de farouches combats. Le théâtre des opérations* (= la zone où se déroulent des opérations militaires). — **7.** *Coup de théâtre,* événement brusque et inattendu qui bouleverse une situation.

théier [teje] n. m. Arbrisseau cultivé en Orient et en Extrême-Orient pour ses feuilles qui donnent le thé.

théière [tejεr] n. f. Récipient pour faire infuser et servir le thé.

thématique [tematik] adj. Par thème, par sujet : *Encyclopédie thématique.* ◆ n. f. Ensemble des thèmes développés par un écrivain.

thème [tεm] n. m. (gr. *thema,* sujet posé). **1.** Tout ce qui constitue le sujet d'un développement, d'une œuvre : *Le thème d'un sermon. Un thème de méditation. Un thème musical* (syn. MOTIF). *Traiter un thème avec brio. Ces deux romans sont construits sur le même thème.* — **2.** Exercice scolaire de traduction de la langue maternelle dans la langue étrangère (par oppos. à la *version*) : *Faire un thème latin. Un thème oral, écrit.* ‖ Fam. *Fort en thème,* élève studieux qui réussit bien dans les exercices scolaires. — **3.** Partie du mot qui reste invariable et en forme la base, à laquelle s'ajoutent les désinences (ling.) : *Un thème nominal, verbal.*

théocratie [teɔkrasi] n. f. (gr. *theos,* dieu, et *kratos,* puissance). Gouvernement, société où le pouvoir est considéré comme venant directement de Dieu, et exercé par ceux qui sont investis de l'autorité religieuse.

théocratique [teɔkratik] adj. Relatif à la théocratie.

théologie [teɔlɔʒi] n. f. (gr. *theos,* dieu, et *logos,* science). **1.** Étude des questions relatives à la religion, à la foi : *La théologie catholique. Un traité de théologie.* — **2.** Exposé doctrinal : *La théologie de saint Thomas.*

théologien [teɔlɔʒjɛ̃] n. m. Spécialiste de théologie : *Théologien catholique.*

théologique [teɔlɔʒik] adj. Relatif à la théologie : *Preuves théologiques de l'existence de Dieu.*

théorème [teɔrεm] n. m. (gr. *theôrêma,* objet d'études). Proposition qu'on peut démontrer logiquement à partir d'autres propositions : *Le théorème de Pythagore.*

théoricien, enne [teɔrisjɛ̃] n. **1.** Personne spécialisée dans la recherche fondamentale : *La recherche a besoin de théoriciens autant que d'ingénieurs et de techniciens* (contr. EXPÉRIMENTATEUR). — **2.** Personne qui a formulé ou professe une théorie (sens 2) : *Théoricien du capitalisme, de la révolution.* — **3.** Personne qui connaît la théorie (sens 1) de qqch : *Une théoricienne de la littérature* (contr. PRATICIEN).

théorie [teɔri] n. f. (gr. *theôria,* action d'observer). **1.** Système de règles, de lois qui servent de base à une science et qui donnent une explication d'ensemble à un domaine de la connaissance : *La théorie atomique. La théorie des ensembles.* — **2.** Ensemble d'opinions portant sur un domaine de l'activité : *Une théorie sociale, politique. Chacun a sa théorie. Bâtir une théorie* (syn. CONCEPTION, DOCTRINE, SYSTÈME). — **3.** Connaissance purement abstraite (par oppos. à la *pratique*) : *C'est de la théorie, il faut voir ce que cela donnera en pratique* (syn. SPÉCULATION). *Mettre une théorie en pratique, appliquer une théorie* (syn. IDÉE). — **4.** *En théorie,* en spéculant de façon abstraite : *Cela n'est vrai qu'en théorie, dans la réalité il en va autrement* (syn. THÉORIQUEMENT).

théorique [teɔrik] adj. **1.** Qui n'a qu'une existence abstraite, sans rapport avec la réalité ou la pratique : *Une puissance, une production, une décision, une égalité théorique* (syn. HYPOTHÉTIQUE). — **2.** Qui reste dans le domaine de la pensée pure : *La pensée purement théorique* (syn. SPÉCULATIF). *La physique théorique* (contr. EXPÉRIMENTAL).

théoriquement [teɔrikmɑ̃] adv. En raisonnant sans tenir compte de la réalité : *Théoriquement, cela n'aurait pas dû arriver.*

théorisation [teɔrizasjɔ̃] n. f. Action de théoriser.

théoriser [teɔrize] v. t. Formuler en manière de théorie : *Théoriser les résultats de sa recherche.* ◆ v. i. Donner un caractère général à des observations banales.

thérapeute [terapøt] n. (du gr. *therapeueîn,* soigner). Médecin (surtout du psychisme).

thérapeutique [terapøtik] adj. Relatif au traitement des maladies : *Indications thérapeutiques.* ◆ n. f. **1.** Partie de la médecine qui se rapporte au traitement des maladies : *L'emploi des antibiotiques a transformé la thérapeutique moderne.* — **2.** Ensemble des soins, des remèdes qui conviennent à telle ou telle maladie.

thérapie [terapi] n. f. (gr. *therapeia,* soin). Traitement d'une maladie mentale.

thermal, e, aux [tɛrmal] adj. Se dit des eaux possédant une vertu thérapeutique, de la station, de l'établissement, de la cure qui s'y rapportent.

thermalisme [tɛrmalism] n. m. Exploitation et utilisation des eaux thermales.

thermes [tɛrm] n. m. pl. (gr. *thermos,* chaud). Établissement de bains publics des Anciens : *Les thermes de Lutèce.*

thermidor [tɛrmidɔr] n. m. (du gr. *thermos,* chaud, et *dôron,* don). Onzième mois du calendrier républicain du 20 juillet au 18 août.

thermie [tɛrmi] n. f. (du gr. *thermos,* chaud). Unité de quantité de chaleur (symb. th).

thermique [tɛrmik] adj. (du gr. *thermos,* chaud). Relatif à la chaleur en tant que source de température : *Énergie thermique. Centrale thermique.*

thermo- élément (du gr. *thermos,* chaud) signifiant *chaleur.*

thermocautère [tɛrmɔkotɛr] n. m. Instrument servant à cautériser les plaies.

thermodynamique [tɛrmɔdinamik] n. f. Partie de la physique traitant des relations entre phénomènes mécaniques et calorifiques.

thermomètre [tɛrmɔmɛtr] n. m. Instrument qui sert à mesurer les températures : *Un thermomètre médical, de bain. Le thermomètre monte, descend. Le thermomètre donne, indique, marque une température de* 37 ^{0}C.

thermonucléaire [tɛrmɔnykleɛr] adj. *Bombe thermonucléaire* ou *à hydrogène,* ou *bombe* H, bombe atomique très puissante. ‖ *Réaction, énergie thermonucléaire,* provoquée par la fusion de noyaux atomiques à des températures de plusieurs millions de degrés.

thermoplastique [tɛrmɔplastik] adj. Qui se ramollit sous l'action de la chaleur et se durcit en refroidissant.

Thermos [tɛrmos] n. m. ou f. (nom déposé) Récipient isolant, permettant de garder un liquide à sa température pendant plusieurs heures.

thermostat [tɛrmɔsta] n. m. (de *thermo-,* et gr. *statos,* stationnaire). **1.** Appareil servant à maintenir une température constante : *Four à thermostat. Chauffage central à thermostat.* — **2.** Dispositif de commande fonctionnant suivant des variations de température.

thésaurisation [tezorizasjɔ̃] n. f. Action de thésauriser.

thésauriser [tezorize] v. t. (du gr. *thesauros,* trésor). Amasser et mettre de côté de l'argent : *Elle thésaurise les nouvelles pièces de cinq francs* (syn. ACCUMULER, ENTASSER); sans compl., amasser de l'argent, sans le dépenser.

thésauriseur, euse [tezorizœr] n. Qui thésaurise.

thèse [tɛz] n. f. (gr. *thesis,* sujet). **1.** Opinion dont on s'attache à démontrer la véracité : *Avancer une thèse. Une thèse indéfendable. Contredire, réfuter une thèse. Prendre le contrepied d'une thèse. Je citerai à l'appui de cette thèse...* — **2.** *Pièce, roman à thèse,* illustration d'une thèse morale, philosophique, politique, sous forme de pièce ou de roman. — **3.** Ouvrage présenté pour l'obtention du grade de docteur : *Une thèse d'État, de troisième cycle. Préparer, soutenir une thèse. Une soutenance de thèse.*

thibaude [tibod] n. f. (de *Thibaud,* n. donné aux bergers). Tissu grossier servant à doubler les moquettes.

thon [tɔ̃] n. m. (lat. *thunnus;* mot gr.). Grand poisson marin migrateur de l'Atlantique et de la Méditerranée.

thonier [tɔnje] n. m. Bateau pour la pêche au thon.

thoracique [tɔrasik] adj. Relatif au thorax : *Cavité thoracique* (= formée par le thorax). *Capacité thoracique* (= volume d'air maximal renfermé par les poumons).

thorax [tɔraks] n. m. (gr. *thôrax*). **1.** Cavité limitée par les côtes et le diaphragme chez l'homme, contenant le cœur et les poumons (syn. POITRINE, CAGE THORACIQUE). — **2.** Chez l'insecte, partie du corps qui porte les pattes et les ailes.

thriller [srilœr] n. m. (mot angl.). Film ou roman policier à suspense.

thrombose [trɔ̃boz] n. f. (du gr. *thrombos,* caillot). Formation d'un caillot dans un vaisseau sanguin.

thuriféraire [tyriferɛr] n. m. (du lat. *thus, thuris,* encens, et *ferre,* porter). *Litt.* Personne qui prodigue des flatteries exagérées à un personnage important : *Les thuriféraires du pouvoir* (syn. FLATTEUR, FLAGORNEUR).

thuya [tyja] n. m. (gr. *thuia*). Arbre conifère au feuillage ornemental.

thym [tɛ̃] n. m. (gr. *thumos*). Plante aromatique répandue dans la région méditerranéenne : *Mettre un bouquet de thym et de laurier dans un ragoût.*

thyroïde [tirɔid] adj. (du gr. *thuroeidês,* en forme de bouclier). *Glande thyroïde* (ou *thyroïde* n. f.), glande endocrine située devant la trachée-artère.

thyroïdien, enne [tirɔidjɛ̃] adj. Relatif à la thyroïde.

tiare [tjar] n. f. (lat. *tiara*). Mitre à trois couronnes, portée par le pape : *Le pape coiffé de la tiare.*

tibétain, e [tibetɛ̃] adj. et n. Du Tibet.

tibia [tibja] n. m. (mot lat. signif. *flûte*). 1. Os long situé à la partie interne de la jambe. — 2. Partie antérieure de la jambe : *Recevoir un coup de pied dans les tibias.*

tic [tik] n. m. (onomat.). 1. Contraction convulsive involontaire de certains muscles du visage : *Elle a un tic nerveux. Être bourré de tics.* — 2. Attitude, parole, expression défectueuse ou ridicule à force d'être fréquente : *Savoir reconnaître les tics de quelqu'un* (syn. MANIE). *Avoir le tic de finir ses phrases par «n'est-ce pas».*

ticket [tikɛ] n. m. (mot angl.). 1. Billet attestant le paiement des droits d'entrée dans un établissement, dans un véhicule de transport, etc. : *Un ticket de métro, d'autobus. Un ticket de quai.* — 2. *Ticket modérateur,* quote-part des frais que la Sécurité sociale laisse à la charge de l'assuré.

tic-tac [tiktak] n. m. inv. (onomat.). Bruit sec et régulier d'un mouvement d'horlogerie : *On n'entend que le tic-tac de la pendule.*

tie-break [tajbrɛk] n. m. (mot angl. signif. *rupture d'égalité*) [pl. *tie-breaks*]. Au tennis, jeu décisif servant à départager deux joueurs à égalité.

tiédasse [tjedas] adj. *Péjor.* Légèrement tiède.

tiède [tjɛd] adj. (lat. *tepidus*). D'une chaleur très atténuée : *De l'eau tiède. Prendre un bain tiède. Le café est tiède* (= insuffisamment chaud). *Les cendres sont encore tièdes. L'atmosphère est tiède. Il fait tiède* (= l'air, la température est tiède). ◆ adv. *Boire tiède,* prendre une boisson tiède. ◆ adj. et n. Qui manque d'ardeur, de passion : *Des relations plutôt tièdes* (contr. ↑PASSIONNÉ). *Ce sont les tièdes qui forment la masse* (syn. MOU).

tièdement [tjɛdmɑ̃] adv. Avec indifférence, sans ardeur, sans zèle : *Approuver tièdement. Être tièdement accueilli* (syn. MOLLEMENT).

tiédeur [tjedœr] n. f. 1. Température tiède, douce et agréable : *La tiédeur de l'eau, d'un soir d'été.* — 2. Manque d'ardeur, de zèle : *La tiédeur dans les sentiments est une forme de lâcheté. La tiédeur de son amitié.*

tiédir [tjedir] v. i. Devenir tiède : *Faire tiédir une compresse. L'eau tiédit.* ◆ v. t. Rendre tiède : *Mur tiédi par le soleil.*

tiédissement [tjedismɑ̃] n. m. Fait de tiédir : *Attendre le tiédissement de l'eau du bain.*

tien, enne [tjɛ̃] adj. poss. *Litt.* Qui est à toi : *Cette maison est tienne.* ◆ pron. poss. (précédé de *le, la, les*) Ce qui est à toi : *Elle a ses soucis et tu as les tiens.* ◆ ***les tiens*** n. m. pl. Tes parents. (→ introduction POSSESSIFS.)

tierce [tjɛrs] n. f. (fém. de *tiers*). 1. À certains jeux de cartes, série de trois cartes consécutives de même couleur : *Une tierce à cœur, au roi* (= où le roi est la plus haute carte). — 2. Intervalle entre deux notes de musique séparées par une troisième : *La tierce majeure.*

tiercé [tjɛrse] n. m. (de *tierce*). Pari mutuel où on doit désigner les trois chevaux qui arriveront les premiers dans une course : *Jouer au tiercé. Gagner au tiercé.*

1. tiers, tierce [tjɛr] adj. (lat. *tertius,* troisième). 1. *Tierce personne,* personne étrangère à une affaire ou à un groupe; personne quelconque. — 2. *Tiers état* (ou *tiers* n. m.), le troisième ordre de la nation sous l'Ancien Régime, après la noblesse et le clergé, composé essentiellement par la bourgeoisie. — 3. *Tiers monde,* ensemble des pays qui ne sont ni dans le camp occidental ni dans le camp socialiste : *Une conférence réunissant les principaux pays du tiers monde* (syn. PAYS NON ALIGNÉS).

2. tiers [tjɛr] n. m. 1. Syn. de TIERCE PERSONNE : *L'assurance ne couvre pas les tiers. Apprendre quelque chose par un tiers. Déclarer devant un tiers.* — 2. Partie d'un tout divisé en trois parties égales : *Le premier tiers du siècle. Elle a fait les deux tiers du travail.* — 3. *Tiers provisionnel,* acompte sur les impôts à verser, fixé au tiers des impôts de l'année précédente.

tige [tiʒ] n. f. (lat. *tibia,* flûte). 1. Partie d'une plante qui en forme l'axe et porte les feuilles : *Faire un bouquet de fleurs avec de longues tiges. La tige des céréales* (syn. CHAUME, PAILLE). — 2. Partie d'une chaussure, d'une botte qui enveloppe la jambe : *Des chaussures à tige haute, basse. La tige souple d'une botte.* — 3. Partie allongée et fine de qqch : *Une tige de métal* (syn. BARRE, TRINGLE).

tignasse [tiɲas] n. f. (de *teigne*). *Fam.* Chevelure abondante, mal peignée.

tigre [tigr] n. m. (lat. *tigris*). 1. Félin carnassier, au pelage rayé : *Le tigre feule, rauque, râle.* — 2. *Jaloux comme un tigre,* très jaloux.

tigré, e [tigre] adj. Tacheté ou marqué de raies : *Cheval, chat tigré.*

tigresse [tigrɛs] n. f. 1. Femelle du tigre. — 2. Femme d'une jalousie féroce.

tilde [tild] n. m. (mot esp.; lat. *titulus,* titre). Accent que l'on trouve sur le *ñ* espagnol.

tilleul [tijœl] n. m. (du lat. *tilia*). 1. Grand arbre à fleurs jaunâtres, odorantes. — 2. Fleurs séchées du tilleul : *Acheter un paquet de tilleul. Le tilleul est un calmant.* — 3. Infusion de fleurs de tilleul séchées : *Boire du tilleul, une tasse de tilleul.*

tilt [tilt] adv. (mot angl. signif. *coup*). Fam. *Faire tilt,* attirer brusquement l'attention.

timbale [tɛ̃bal] n. f. (altér. de *tambale;* esp. *atabal*). 1. Gobelet cylindrique en métal : *Une timbale en argent. Boire dans une timbale.* — 2. Fam. *Décrocher la timbale,* obtenir un résultat important et difficile; avoir un ennui qu'on a tout fait pour s'attirer. — 3. Moule de cuisine rond et haut; préparation cuite dans ce moule : *Une timbale de macaroni, de viande.* — 4. Tambour formé d'un bassin hémisphérique en cuivre, recouvert d'une peau tendue.

timbalier [tɛ̃balje] n. m. Musicien qui bat des timbales.

timbrage [tɛ̃braʒ] n. m. Action de timbrer.

1. timbre [tɛ̃br] n. m. (gr. *tumpanon,* sorte de tambour). 1. Vignette gommée qu'on colle sur un objet, lettre ou paquet, confié à la poste et qui en marque l'affranchissement : *Acheter un carnet de timbres. Le timbre a été mal oblitéré par la poste.* — 2. Marque ou vignette portée sur certains documents officiels et pour laquelle on paie un droit : *Apposer son timbre sur la facture. La photo d'une carte d'identité est frappée d'un timbre.* — 3. *Timbre de caoutchouc, timbre dateur,* instrument qui sert à imprimer une marque.

2. timbre [tɛ̃br] n. m. 1. Qualité spécifique d'un son, indépendante de sa hauteur, de son intensité ou de sa durée : *Le timbre d'une voyelle, d'une voix, d'un instrument de musique. Le timbre argentin, voilé d'une voix. Voix sans timbre* (= sans résonance; syn. BLANC). — 2. Disque bombé qui émet un son quand il est frappé par un marteau : *Le timbre d'une pendule. Le timbre de la porte d'entrée. Le timbre d'une bicyclette* (syn. SONNETTE).

1. timbré, e [tɛ̃bre] adj. *Papier timbré,* marqué d'un timbre officiel et obligatoire pour la rédaction de certains actes : *Faire une déclaration sur papier timbré.*

2. timbré, e [tɛ̃bre] adj. *Voix bien timbrée,* qui résonne bien, qui a une sonorité pleine (syn. ↑CLAIRON-

NANT). ◆ adj. et n. *Fam.* Un peu fou : *On ne peut pas se fier à ce qu'il raconte : il est timbré.*

timbre-poste [tɛ̃brəpɔst] n. m. (pl. *timbres-poste*). Syn. de TIMBRE.

timbre-quittance [tɛ̃brəkitɑ̃s] n. m. (pl. *timbres-quittances*). Vignette apposée sur une quittance, un reçu.

timbrer [tɛ̃bre] v. t. *Timbrer une lettre,* y coller le ou les timbres qui en représentent l'affranchissement : *Prière de joindre une enveloppe timbrée pour la réponse* (syn. AFFRANCHIR).

timide [timid] adj. (lat. *timidus;* de *timere,* craindre) [avant ou après le n.] et n. **1.** Qui manque d'assurance en société : *Enfant timide. Air timide* (syn. CONFUS, EMBARRASSÉ, GAUCHE). *Les timides sont malheureux.* — **2.** Qui manque d'énergie, de hardiesse dans la conception ou dans la réalisation : *Une réponse, un projet timide* (syn. TIMORÉ, PRUDENT, ↓HÉSITANT).

timidement [timidmɑ̃] adv. Avec timidité : *Répondre timidement.*

timidité [timidite] n. f. Caractère timide : *Comment vaincre, surmonter sa timidité ?* (syn. CONFUSION, EMBARRAS, GAUCHERIE, GÊNE, HONTE; contr. AUDACE, APLOMB, ASSURANCE, SANS-GÊNE, OUTRECUIDANCE). *J'ai été surprise par la timidité de sa traduction* (contr. AUDACE).

timing [tajmiŋ] n. m. (mot angl.). Chronologie détaillée d'un processus.

timon [timɔ̃] n. m. (lat. *temo,* flèche). Longue pièce de bois à l'avant-train d'une voiture, d'une machine agricole, de chaque côté de laquelle on attelle les chevaux ou les bœufs : *Un cheval attelé au timon d'un carrosse.*

timonerie [timɔnri] n. f. (de *timon*). Partie du navire où sont les appareils de navigation; service des timoniers : *Le quartier-maître de timonerie.*

timonier [timɔnje] n. m. Matelot ou gradé chargé de la barre, de la veille et des signaux.

timoré, e [timɔre] adj. (du lat. *timor,* crainte). Qui n'ose rien entreprendre, par crainte excessive du risque, de la nouveauté, de la responsabilité : *Être timoré, avoir un caractère timoré* (syn. CRAINTIF, PUSILLANIME).

tintamarre [tɛ̃tamar] n. m. (de *tinter*). *Fam.* Vacarme fait de toutes sortes de bruits discordants : *Le tintamarre des avertisseurs* (syn. TAPAGE).

tintement [tɛ̃tmɑ̃] n. m. **1.** Son ou succession de sons que produit un objet qui tinte : *Le tintement des cloches, d'un grelot.* — **2.** *Tintement d'oreilles,* bourdonnement d'oreilles donnant la sensation d'un son aigu.

tinter [tɛ̃te] v. i. (bas lat. *tinnitare,* sonner). **1.** (sujet une cloche, une horloge, etc.) Résonner lentement, par coups espacés, le battant ne frappant que d'un côté : *L'heure tinte au clocher de l'église.* — **2.** Produire des sons aigus : *Les clés tintent dans ma poche.* — **3.** *Les oreilles me tintent,* j'éprouve un bourdonnement d'oreilles. ‖ Fam. *Les oreilles ont dû vous tinter,* vous avez dû sentir qu'on parlait de vous en votre absence.

tintinnabuler [tɛ̃tinabyle] v. i. *Litt.* Tinter d'une manière claire et légère : *Clochettes qui tintinnabulent.*

tintouin [tɛ̃twɛ̃] n. m. (de *tinter*). *Fam.* Inquiétude, embarras, souci : *Cette affaire lui a donné du tintouin* (syn. DU FIL À RETORDRE). *Se donner du tintouin* (syn. DU MAL).

tique [tik] n. f. (angl. *tick*). Insecte parasite du chien.

tiquer [tike] v. i. (de *tic*). *Fam.* Manifester par une mimique involontaire sa surprise, son mécontentement, son hésitation : *Elle a tiqué quand on lui a dit le prix. Ça l'a fait tiquer.*

tir [tir] n. m. **1.** Action, manière de lancer un projectile au moyen d'une arme, d'un instrument : *Tir à l'arc, à la carabine, au fusil, au pistolet. Tir de barrage, de harcèlement, par rafales. Concentrer, diriger, régler le tir* (= la direction, la visée des projectiles). *Ligne de tir* (= direction de l'axe d'une arme). *Plan de tir* (= plan vertical passant par la ligne de tir). *Puissance de tir* (= la quantité de projectiles lancés en un temps donné). — **2.** Endroit où on s'exerce à tirer : *Aller au tir. Champ, stand de tir.* — **3.** À la pétanque, au football, action de lancer la boule ou le ballon.

tirade [tirad] n. f. (de *tirer*). **1.** Long développement, plus ou moins emphatique : *Elle a commencé à me faire toute une tirade sur son travail.* — **2.** Au théâtre, long monologue ininterrompu : *Un acteur qui débite une tirade d'une voix monotone.*

tirage [tiraʒ] n. m. **1.** *Tirage d'un livre, d'un journal,* son impression : *Les corrections sont achevées, l'ouvrage est en cours de tirage;* l'ensemble, le nombre d'exemplaires, de numéros imprimés en une fois : *Un premier tirage de mille exemplaires. Un tirage de luxe* (syn. ÉDITION). *Des journaux à fort (à grand, à gros) tirage;* exemplaire appartenant à une série imprimée : *C'est un tirage sur vélin pur fil* (syn. IMPRESSION). — **2.** *Tirage à part,* reproduction séparée d'un article de revue. ‖ *Tirage d'une photographie,* reproduction sur positif d'un cliché photographique : *Demander le développement et le tirage d'une pellicule. Un tirage sur papier chamois.* ‖ *Tirage d'une gravure,* sa reproduction définitive : *Avoir un premier tirage d'une gravure de Rembrandt.* — **3.** *Cordon de tirage,* qui sert à tirer des rideaux, etc. ‖ Fam. *Il y a du tirage,* des difficultés : *Il y a du tirage entre eux.* — **4.** Action de tirer une loterie, de s'en remettre au sort : *C'est ce soir le tirage de la loterie, hâtez-vous de prendre un billet. Le tirage au sort.* — **5.** Différence de pression à l'entrée et à la sortie d'une installation dans laquelle circulent des gaz de combustion : *Une cheminée, un poêle qui ont un bon, un mauvais tirage.*

tiraillement [tirɑjmɑ̃] n. m. **1.** *Tiraillement d'estomac,* douleur spasmodique : *Elle avait faim au point d'en ressentir des tiraillements d'estomac* (syn. CRAMPE). — **2.** Déchirement moral : *Ressentir un tiraillement entre des aspirations contradictoires* (syn. ÉCARTÈLEMENT). — **3.** (pl.) Conflits provenant d'un désaccord entre personnes ou d'une opposition d'idéologies : *On note des tiraillements à l'intérieur de ce parti.*

tirailler [tirɑje] v. t. **1.** *Tirailler qqn, qqch,* le tirer fréquemment, par petits coups et en plusieurs directions : *Tirailler sa moustache. L'enfant tiraille sa mère par la manche.* — **2.** *Tirailler qqn,* le solliciter de plusieurs côtés de manière contradictoire : *On la tiraille à droite, à gauche : elle ne sait pour qui se décider. Être tiraillé entre plusieurs possibilités* (syn. BALLOTTER). *Être tiraillé par des aspirations contradictoires* (syn. ↑DÉCHIRER, ↑ÉCARTELER). ◆ v. i. Tirer avec une arme à feu, souvent et sans ordre; tirer à volonté : *On entend des chasseurs tirailler dans les champs. La troupe tiraille en ordre dispersé.*

tiraillerie [tirɑjri] n. f. Conflit continuel ou répété (surtout pl.) : *Ils s'épuisent en tirailleries mesquines.*

tirailleur [tirɑjœr] n. m. **1.** Soldat détaché qui tire à volonté : *Envoyer quelques tirailleurs en avant* (syn. ÉCLAIREUR, FRANC-TIREUR). ‖ *En tirailleurs,* en ordre dispersé : *La troupe se déploie en tirailleurs.* — **2.** Soldat des anciens régiments d'infanterie coloniale : *Les tirailleurs algériens, marocains, sénégalais.*

tirant [tirɑ̃] n. m. **1.** Lanière fixée à la tige d'une botte ou d'un brodequin pour aider à les mettre. — **2.** Partie qui porte les attaches d'une chaussure et où passent les lacets. — **3.** *Tirant d'eau,* distance verticale dont un navire s'enfonce dans l'eau : *Un paquebot chargé et d'un fort tirant d'eau.*

tire [tir] n. f. (de *tirer*). *Vol à la tire,* consistant à voler un objet de la poche ou du sac de qqn; *voleur à la tire*, qui pratique ce vol (syn. PICKPOCKET).

1. tiré, e [tire] adj. *Avoir les traits tirés, le visage tiré*, amaigris et tendus par la fatigue.

2. tiré [tire] n. m. Taillis maintenu à hauteur d'homme pour faciliter la chasse au fusil : *Les tirés de la forêt de Rambouillet.*

3. tiré [tire] n. m. *Tiré à part*, syn. de TIRAGE À PART.

tire-au-flanc [tiroflɑ̃] n. m. inv. *Fam.* Personne qui cherche à échapper aux corvées, qui se soustrait au travail (syn. PARESSEUX, SIMULATEUR).

tire-botte [tirbɔt] n. m. (pl. *tire-bottes*). Crochet qu'on passe dans le tirant d'une botte et qui permet de la tirer avec plus de force pour la chausser.

tire-bouchon [tirbuʃɔ̃] n. m. (pl. *tire-bouchons*). **1.** Instrument, en forme de vis, servant à retirer le bouchon d'une bouteille. — **2.** *En tire-bouchon*, tordu en forme de spirale, comme la vis d'un tire-bouchon.

tire-bouchonner [tirbuʃɔne] v. t. *Tire-bouchonner qqch*, l'enrouler, le tordre en spirale : *Dès qu'elle est dans l'embarras, elle tire-bouchonne nerveusement une mèche de ses cheveux.* ◆ v. i. (sujet qqch) Présenter un aspect de torsion en spirale : *Pantalon qui tire-bouchonne.*

tire-d'aile (à) [tirdɛl] adv. Avec de vigoureux battements d'ailes, rapidement : *Des oiseaux s'enfuient à tire-d'aile.*

tire-fesses [tirfɛs] n. m. inv. Syn. fam. de REMONTE-PENTE.

tire-larigot (à) → LARIGOT.

tire-ligne [tirliɲ] n. m. (pl. *tire-lignes*). Instrument servant à tracer des lignes.

tirelire [tirlir] n. f. (onomat.). Récipient muni d'une fente où l'on introduit des pièces de monnaie que l'on veut économiser : *Casser sa tirelire pour récupérer ses pièces.*

tirer [tire] v. t. (peut-être de l'anc. fr. *martirier*, martyriser). **1.** *Tirer qqn, qqch*, les amener vers soi, les entraîner derrière soi : *Tirer quelqu'un par le bras, par la manche. Tirer la poignée du frein. Tirer un tiroir* (= l'ouvrir). *Tirer un verrou* (= le fermer ou l'ouvrir). — **2.** *Tirer qqn, qqch*, effectuer sur eux une traction; les mouvoir dans une direction quelconque : *Tirer une brouette. Le tracteur tire une remorque.* — **3.** (sans compl.) Avoir de la puissance (en parlant d'une voiture) : *Ma voiture tire bien dans les côtes.* — **4.** *Fam.* Passer un temps qui paraît long : *Tirer deux ans de service militaire. Plus que deux jours à tirer et ce sont les vacances!* — **5.** *Tirer une ligne, un trait*, les tracer. ‖ *Tirer l'œil*, attirer l'attention, se faire remarquer. ‖ *Tirer un plan*, l'élaborer, le tracer. ‖ *Tirer un texte à soi*, l'interpréter d'une façon avantageuse pour soi, le solliciter. ‖ *Tirer les ficelles, l'oreille* → FICELLE, OREILLE. — **6.** *Tirer qqch (concret), qqn de qqpart*, l'en faire sortir, l'en extraire : *Tirer son mouchoir de sa poche. Tirer du vin d'un tonneau. Tirer des passagers d'un avion en flammes.* — **7.** *Tirer qqch de qqch, de qqn, d'une activité*, en obtenir un profit matériel, moral ou intellectuel : *Tirer de l'argent de quelqu'un, d'une affaire. Tirer sa fortune de grands domaines;* avec compl. sans art. : *Tirer avantage de sa position. Tirer argument d'une méprise* (syn. PROFITER DE, UTILISER). *Tirer vanité de ses succès* (syn. SE VANTER). *Tirer vengeance de quelqu'un* (syn. SE VENGER DE). — **8.** *Tirer qqch (abstrait) de qqch*, l'en faire découler logiquement : *Tirer des conséquences, une leçon, une morale de quelque chose. Tirer sa force, son importance, son nom, son origine de quelque chose* (syn. EMPRUNTER, PRENDRE). — **9.** *Tirer un produit de qqch, un son d'un instrument de musique*, l'obtenir à partir de : *Les matières plastiques qu'on tire du pétrole. Tirer de mélodieux accords d'une guitare.* — **10.** *Tirer des paroles, des informations de qqn*, les obtenir de lui : *Tirer quelques éclaircissements des responsables d'une affaire. Ne rien pouvoir tirer de quelqu'un* (= ne pas pouvoir lui faire dire un mot ou ne pas pouvoir obtenir de lui quoi que ce soit). — **11.** *Tirer qqn de qqch (état)*, le faire sortir d'une situation difficile, d'un état : *Tirer quelqu'un d'embarras, de la misère. Être tiré de son sommeil, du doute, du coma.* — **12.** *Tirer des larmes à qqn*, l'émouvoir profondément. ‖ *Tirer les vers du nez à qqn*, le questionner habilement, le faire parler. — **13.** *Tirer (un coup, une balle*, etc.) [*sur qqn, qqch*] *(avec qqch)*, lancer un projectile au moyen d'une arme, d'un instrument, faire partir un coup (sujet qqn); envoyer des projectiles (sujet une arme) : *Les chasseurs guettent le gibier, prêts à tirer. La police avait tiré sur le fuyard. Tirer une flèche. Tirer à l'arc. Il a tiré cinq balles de revolver sur elle. Le canon tirait sans arrêt depuis une heure. Une mitrailleuse qui tire cinq cents coups à la minute.* — **14.** *Tirer un animal*, chercher à l'atteindre avec une arme à feu. ‖ *Tirer un feu d'artifice*, en faire partir les fusées, les pièces. — **15.** *Tirer un livre, une revue*, en exécuter l'impression : *Tirer un roman à dix mille exemplaires.* — **16.** *Tirer une épreuve, une estampe, une photo*, les reproduire sur positif. — **17.** *Tirer un chèque*, l'émettre. ‖ *Tirer qqch, un numéro*, le faire désigner, l'obtenir par le sort, le hasard : *Tirer un lot à une tombola. Tirer le numéro gagnant.* ‖ *Tirer une loterie*, procéder aux opérations qui font apparaître les numéros gagnants. ‖ *Tirer un bon, un mauvais numéro*, prendre un billet gagnant, perdant; être bien, mal loti. — **18.** *Tirer qqch au sort*, s'en remettre au sort, selon un procédé convenu, pour tel ou tel choix : *Écrivez vos noms sur un papier, mettez ces papiers dans le chapeau et on va tirer au sort pour savoir qui a gagné.* ‖ *Tirer les cartes, l'horoscope (à, de qqn)*, lui prédire l'avenir. — **19.** (sujet un navire) Déplacer une quantité d'eau donnée : *Un bateau qui tire six mètres* (= dont la quille pénètre dans l'eau à une profondeur de six mètres). ◆ v. t. ind. **1.** *Tirer sur qqch*, exercer une traction sur lui : *Tirer sur les rênes pour arrêter un cheval. Ne tire pas trop sur le tissu, tu vas le déchirer.* — **2.** Fam. *Tirer sur la ficelle*, exagérer, chercher à obtenir trop d'avantages : *À force de tirer sur la ficelle, tu as fini par lasser tout le monde.* — **3.** *Tirer sur sa pipe, sa cigarette*, en aspirer l'air à travers le tabac, par bouffées. ◆ v. i. **1.** (sujet qqch) *Tirer à conséquence*, entraîner des conséquences, des suites importantes, graves : *C'est une erreur de détail, qui ne tire pas à conséquence.* ‖ (sujet qqn) *Tirer à la ligne*, allonger exagérément un texte qu'on rédige, pour gagner davantage. ‖ (sujet qqch) *Tirer à sa fin*, approcher de sa fin. ‖ Fam. *Tirer au flanc*, se dérober au travail. — **2.** À la pétanque, lancer sa boule directement sur celle qu'on cherche à déplacer, sans la faire rouler : *Je pointe ou je tire?* — **3.** Au football, envoyer le ballon en direction du but. — **4.** (sujet un journal, une revue) *Tirer à* (+ *n. pl.*), être reproduit, imprimé à tant d'exemplaires : *Ce journal tire à 500 000 numéros par jour.* — **5.** (sujet une cheminée, un poêle, une pipe) Avoir une bonne circulation d'air, facilitant la combustion : *Depuis que cette cheminée a été surélevée, elle tire beaucoup mieux.* — **6.** (sujet une couleur) *Tirer sur qqch (couleur)*, s'en rapprocher : *Un vert qui tire sur le bleu.* — **7.** *Tirer sur sa pipe, sa cigarette*, en aspirer l'air à travers le tabac, par bouffées. ◆ ***se tirer*** v. pr. **1.** *Pop.* Se sauver : *Un seul s'est fait prendre, les autres ont réussi à se tirer* (syn. S'ENFUIR; litt. S'ESQUIVER). — **2.** *Fam.* (sujet une action pénible) Se terminer : *Ça se tire!* — **3.** *Se tirer de qqch*, réussir à sortir d'une situation fâcheuse : *Se tirer d'un mauvais pas, du pétrin* (fam.) [syn. SE SORTIR DE]; réussir à faire qqch de difficile : *Elle s'est tirée de cette tâche à merveille* (syn. S'ACQUITTER DE). —

4. Fam. *S'en tirer,* en réchapper : *Il s'en est tout juste tiré. Elle s'en est tirée à bon compte;* réussir une chose difficile : *Elle s'en est bien tirée;* se débrouiller avec ce qu'on a, vivre tant bien que mal : *Ils ne sont pas riches, ils ont tout juste de quoi s'en tirer.* — **5.** Fam. *S'en tirer avec qqch,* en être quitte pour, n'avoir que : *Il s'en est tiré avec trois mois de prison.*

tiret [tirɛ] n. m. Signe de ponctuation (—) utilisé pour indiquer un changement d'interlocuteur, remplacer un mot, tenir lieu d'une parenthèse.

tirette [tirɛt] n. f. **1.** Planchette mobile, à glissière, pouvant sortir d'un meuble et y rentrer : *Poser des livres sur la tirette du bureau.* — **2.** Dispositif de commande d'un appareil, d'un mécanisme : *Tirette d'aération, d'un capot.*

tireur, euse [tirœr] n. **1.** Personne qui tire avec une arme : *Une excellente tireuse. Un tireur d'élite. Un tireur à l'arc.* — **2.** Personne qui émet un chèque. — **3.** *Tireuse de cartes,* syn. de CARTOMANCIENNE.

tiroir [tirwar] n. m. (de *tirer*). **1.** Élément de rangement formé d'une petite caisse emboîtée dans une armoire, une table, et qu'on peut faire coulisser : *Ouvrir, fermer, tirer, pousser un tiroir.* — **2.** Fam. *Nom à tiroirs,* composé de plusieurs éléments reliés par des prépositions (syn. À RALLONGES). ‖ *Pièce, roman à tiroirs,* formés d'épisodes sans lien entre eux et pouvant se multiplier sans inconvénient.

tiroir-caisse [tirwarkɛs] n. m. (pl. *tiroirs-caisses*). Tiroir contenant la caisse d'un commerçant.

tisane [tizan] n. f. (lat. *ptisana,* tisane d'orge). Boisson obtenue par macération, infusion ou décoction de plantes médicinales dans l'eau.

tison [tizɔ̃] n. m. (lat. *titio, titionis*). **1.** Reste d'un morceau de bois brûlé, encore rouge : *Souffler sur les tisons. Éteindre un tison* (syn. BRAISE, BRANDON). — **2.** *Allumette tison,* dont la flamme résiste au vent.

tisonner [tizɔne] v. t. *Tisonner (le feu),* remuer les tisons d'un feu pour le raviver, l'attiser.

tisonnier [tizɔnje] n. m. Tige de fer droite ou recourbée pour attiser le feu : *Arranger les bûches avec un tisonnier.*

tissage [tisaʒ] n. m. **1.** Ensemble d'opérations constituant la fabrication des tissus : *Le tissage d'une tapisserie.* — **2.** Établissement industriel où on fabrique les tissus : *Un tissage mécanique.*

tissé, e [tise] ou **tissu, e** [tisy] adj. **1.** *Tissé* ou *tissu de qqch (abstrait),* formé par l'assemblage d'éléments qui s'imbriquent les uns dans les autres : *Un récit tissé de mensonges. Une existence tissue d'intrigues.* — **2.** *Tissu de qqch (abstrait),* se dit de qqn qui est tout pénétré, plein de : *Être tissu de contradictions.*

tisser [tise] v. t. (de l'anc. v. *tistre,* tisser). **1.** *Tisser de la laine, du coton,* etc., entrelacer des fils de laine, de coton, etc., en longueur et en largeur pour fabriquer un tissu : *Un métier à tisser.* — **2.** (sujet un animal) Construire, confectionner en entrecroisant les fils, les fibres : *L'araignée tisse sa toile.*

tisserand [tisrɑ̃] n. m. Artisan qui fabrique des tissus sur un métier à bras.

tisseur, euse [tisœr] n. Ouvrier sur métier à tisser.

tissu [tisy] n. m. **1.** Étoffe de fils entrelacés : *Un tissu de coton. L'endroit et l'envers d'un tissu. Choisir un tissu pour un costume. Une marchande de tissus.* — **2.** Ensemble enchevêtré de choses : *Un tissu de mensonges, d'horreurs, d'inepties, de contradictions.* — **3.** Ensemble de cellules biologiques formant une unité anatomique : *Tissu osseux, nerveux, conjonctif, musculaire. Tissu sain, altéré.*

tissu-éponge [tisyepɔ̃ʒ] n. m. (pl. *tissus-éponges*). Étoffe bouclée et spongieuse : *Une serviette en tissu-éponge.*

tissulaire [tisylɛr] adj. Relatif à un tissu.

titan [titɑ̃] n. m. (de *Titan,* n. myth.). *Litt.* Personne d'une puissance extraordinaire : *Travail de titan* (= colossal, gigantesque).

titane [titan] n. m. (gr. *titanos,* chaux). Métal qui se rapproche de l'étain et du silicium.

titanesque [titanɛsk] adj. Surhumain, qui dépasse la mesure de l'homme : *Effort, entreprise titanesque.*

titillation [titilasjɔ̃] n. f. Action de titiller.

titiller [titije] v. t. (lat. *titillare,* chatouiller). *Litt.* Chatouiller légèrement et agréablement : *Titiller la luette.*

titrage [titraʒ] n. m. Action de titrer : *Le titrage d'un alcool.*

titre [titr] n. m. (lat. *titulus,* inscription). **1.** Nom, désignation d'une distinction, d'une dignité, d'un rang, ou d'une charge, d'une fonction généralement élevée : *Le titre de comtesse, de duchesse, de maréchal, d'amiral. Un titre universitaire. Le titre de directeur général, de docteur.* — **2.** Qualité quelconque exprimant un statut, une relation sociale, un mérite : *Le titre de père, d'épouse, d'allié, de citoyenne. Donner à quelqu'un le titre de bienfaiteur.* — **3.** Qualité qui donne un droit moral à qqch (souvent pl.) : *Avoir des titres à la reconnaissance, à la considération de quelqu'un* (syn. DROIT). — **4.** Qualité attestée par un diplôme, un grade, un poste particuliers : *Être admis sur titres. De tous les candidats, c'est elle qui a le plus de titres.* — **5.** Qualité de champion dans une compétition sportive : *Disputer, remporter un titre. Défendre son titre. Détenir le titre. Mettre son titre en jeu.* — **6.** *À titre de + n.,* en tant que : *Je vous le dis à titre d'amie* (syn. EN QUALITÉ DE). *À titre d'indemnité, d'exemple* (syn. EN GUISE DE). ‖ *À titre + adj.,* pour telle ou telle raison, de telle ou telle manière : *On lui a donné cela à titre exceptionnel, officiel. Elle vous le dit à titre amical. À titre indicatif. À aucun titre* (= en aucune façon). *À double titre* (= pour une double raison). *À divers titres, à titres divers, à plus d'un titre* (= à de nombreux égards, pour de nombreuses raisons). *À juste titre* (= à bon droit; avec justice). *À quel titre?* (= en vue de quel droit, pour quelle raison?). *Au même titre (que)* [= de la même manière (que)]. ‖ *En titre,* qui a le titre (par oppos. à *auxiliaire, suppléant*) : *Professeur en titre* (syn. TITULAIRE); reconnu comme tel (par oppos. à *occasionnel, temporaire*) : *C'est sa maîtresse en titre* (syn. ATTITRÉ). — **7.** Écrit, document établissant un droit social; acte, pièce authentique : *Un titre de propriété* (syn. CERTIFICAT). *Un titre de transport* (syn. BILLET, TICKET). — **8.** Certificat représentant une valeur mobilière : *Un titre de rente. Vendre des titres.* — **9.** Nom, désignation d'un livre, d'un chapitre : *Un bon, un mauvais titre. Le livre a pour titre... Cela a paru sous un autre titre que celui de l'original. La page de titre.* — **10.** Dans les journaux, expression ou phrase présentant un article en gros caractères : *Les gros titres de la une* (syn. MANCHETTE). — **11.** Pourcentage de métal précieux contenu dans un alliage : *Le titre d'un alliage est le rapport de la masse de métal fin à la masse totale. Le titre d'une monnaie, de l'or.* — **12.** Rapport de la masse d'un corps dissous à la masse de la solution : *Le titre d'un alcool* (syn. DEGRÉ, TITRAGE).

titré, e [titre] adj. Se dit de qqn qui possède un titre nobiliaire : *Les gens titrés.*

titrer [titre] v. t. **1.** Mettre pour titre : *Ce matin, le journal titre sur cinq colonnes «Catastrophe aérienne».* — **2.** Déterminer le titre d'une solution, d'un alliage : *Titrer un alcool.* — **3.** (sujet une solution, généralement alcoolique) Avoir tant de degrés pour titre : *Une liqueur qui titre 35°.*

titubant, e [titybɑ̃] adj. Qui titube : *Une démarche titubante. Un ivrogne titubant.*

tituber [titybe] v. i. (lat. *titubare*). Marcher d'un pas hésitant, en étant presque sur le point de tomber : *Un ivrogne qui avance en titubant sur la chaussée. Elle titubait de fatigue* (syn. CHANCELER, VACILLER).

titulaire [titylɛr] adj. et n. (du lat. *titulus*, titre). **1.** Qui possède un emploi en vertu d'un titre qui lui a été personnellement donné : *Un professeur titulaire. Être titulaire d'une chaire. La titulaire d'un poste.* — **2.** Qui a le droit de posséder : *Les titulaires de la carte de famille nombreuse, du permis de conduire.*

titularisation [titylarizasjɔ̃] n. f. Action de titulariser : *Faire une demande de titularisation.*

titulariser [titylarize] v. t. *Titulariser qqn*, le rendre titulaire de son emploi : *Titulariser un instituteur. On l'a titularisée dans le poste qu'elle occupait.*

toast [tost] n. m. (mot angl. signif. *pain grillé*).
— **I.** Tranche de pain de mie grillée : *Se faire servir du thé et des toasts beurrés* (syn. RÔTIE).
— **II.** Brève allocution invitant à boire à la santé de qqn, au succès d'une entreprise : *Porter un toast* (= lever son verre en l'honneur de qqn ou de qqch). *Échanger des toasts.*

toboggan [tɔbɔgɑ̃] n. m. (mot angl.; de la langue des Algonquins). **1.** Glissière en pente, qui est une attraction de fête foraine ou un accessoire de jardin d'enfants. — **2.** Dispositif pour acheminer les marchandises d'un étage à l'autre. — **3.** Traîneau bas, sur patins : *Piste de toboggan. Faire du toboggan.* — **4.** Viaduc permettant le franchissement d'un carrefour.

1. toc! [tɔk] interj. (onomat.). **1.** Indique un bruit sec. — **2.** Fam. *Et toc!*, se dit après une repartie prompte et formulée avec pertinence (syn. BIEN ENVOYÉ).

2. toc [tɔk] n. m. *Fam.* Imitation d'un objet de valeur, particulièrement d'un bijou : *Cette bague, c'est du toc* (syn. FAUX, PACOTILLE). ◆ adj. inv. *Ça fait toc, c'est toc*, ça fait illusion tout en étant faux, superficiel.

1. tocard, e ou **toquard, e** [tɔkar] adj. (de *toc*). *Pop.* Laid, sans goût, sans valeur.

2. tocard [tɔkar] n. m. (norm. *toquart*, têtu). *Pop.* Mauvais cheval, en termes de turf; sportif aux mauvaises performances; personne sans valeur, sans capacités.

toccata [tɔkata] n. f. (mot it. signif. *touche*). Composition musicale pour clavier : *La toccata et fugue en «ré» de J.-S. Bach.*

tocsin [tɔksɛ̃] n. m. (anc. prov. *tocassen*; de *tocar*, sonner, et *senh*, cloche). Sonnerie de cloche répétée et prolongée, en signe d'alarme : *Sonner le tocsin.*

toge [tɔʒ] n. f. (lat. *toga*). **1.** Vêtement ample et long porté par les anciens Romains. — **2.** Robe de cérémonie de certaines professions : *Toge d'avocat, de magistrat.*

togolais, e [tɔgɔlɛ] adj. et n. Du Togo.

tohu-bohu [tɔybɔy] n. m. inv. (mot hébr.). Grand désordre, avec une idée de mouvements et de bruits confus : *Le tohu-bohu des enfants. Dans le tohu-bohu du départ. Tout ce remue-ménage fait un tohu-bohu!*

toi [twa] pron. pers. de la 2e pers. du sing. (→ introduction PRONOMS PERSONNELS.)

toile [twal] n. f. (lat. *tela*). **1.** Tissu de lin, de chanvre ou de coton : *De la toile de sac. Un costume d'été en toile. Des draps de toile. De la toile imprimée. De la toile fine.* — **2.** Pièce de toile destinée à divers usages : *Toile cirée. Toile à laver.* — **3.** Voilure d'un bateau : *Augmenter la toile.* — **4.** *Toile d'araignée*, ensemble de fils constitués par la soie que sécrètent les araignées. — **5.** *Toile de fond*, toile sur laquelle sont représentés les derniers plans d'un décor de théâtre; contexte social, politique, etc., sur lequel se détache qqch. — **6.** Peinture exécutée sur une pièce de toile montée sur un châssis : *Acheter des toiles. Exposer une toile. Peindre une toile. Une toile de maître.*

toilerie [twalri] n. f. Fabrication, commerce de la toile; fabrique de toile.

toilettage [twalɛtaʒ] n. m. Action de toiletter.

toilette [twalɛt] n. f. (dimin. de *toile*). **1.** Action de se laver, de procéder à des soins de propreté : *Faire sa toilette* (syn. soutenu ABLUTIONS). *Serviette, gant de toilette. Cabinet de toilette* (= pièce aménagée pour se laver). — **2.** Ensemble des vêtements et des accessoires utilisés par une femme pour s'habiller, se parer : *Elles parlaient toilette. Elle est en grande toilette, en toilette de cérémonie.* — **3.** Habillement féminin approprié à telle ou telle circonstance : *Elle a toujours de nouvelles toilettes. On voit beaucoup de toilettes d'été.* — **4.** Action de nettoyer un lieu, un édifice : *Faire la toilette de Paris, d'un monument.* ◆ ***toilettes*** n. f. pl. Pièce destinée aux besoins naturels : *Aller aux toilettes. Demander où sont les toilettes* (syn. LAVABOS).

toiletter [twalɛte] v. t. *Toiletter un chien*, le laver, le tondre, etc.

toise [twaz] n. f. (lat. *tensa*, étendue). Tige verticale graduée, pour mesurer la taille humaine : *Les conscrits passent à la toise.*

toiser [twaze] v. t. **1.** *Toiser qqn*, le mesurer à la toise. — **2.** *Toiser qqn*, le regarder avec insistance de haut en bas pour manifester son mépris ou un défi.

toison [twazɔ̃] n. f. (lat. *tonsio*, action de tondre). **1.** Laine d'un mouton ou d'autres animaux au pelage épais : *La toison imprégnée de suint des brebis.* — **2.** Chevelure très abondante.

toit [twa] n. m. (lat. *tectum*). **1.** Partie supérieure d'une maison, qui sert de couverture : *Un toit en terrasse. Un toit de tuiles, d'ardoises. Du haut de la cathédrale, on a une belle vue sur les toits de la ville.* ‖ *Habiter sous les toits*, à l'étage le plus élevé. — **2.** Paroi supérieure d'un véhicule : *Le toit ouvrant de la voiture.* — **3.** Lieu où on habite : *Avoir un toit. Être sans toit* (syn. DOMICILE). ‖ *Sous le toit de*, dans la maison de : *Elle vit sous le toit de ses parents.*

toiture [twatyr] n. f. Ensemble des pièces qui constituent la couverture d'un édifice : *Une toiture vitrée. L'orage a endommagé la toiture.*

1. tôle [tol] n. f. (forme dial. de *table*). Feuille de fer ou d'acier : *Plaque de tôle. Tôle ondulée. Des ustensiles de cuisine en tôle émaillée.*

2. tôle ou **taule** [tol] n. f. (orig. obscure). *Pop.* **1.** Prison : *Être en tôle. Faire de la tôle.* — **2.** *Pop.* Chambre meublée.

tôlée [tole] adj. f. *Neige tôlée*, fondue et reglacée, et dont la surface, très dure, présente une déformation.

tolérable [tɔlerabl] adj. Qu'on peut supporter, tolérer : *Cette existence n'est plus tolérable* (syn. SUPPORTABLE). *Négligence qui n'est guère tolérable* (syn. ADMISSIBLE, EXCUSABLE). *Une chaleur qui n'est pas tolérable.*

tolérance [tɔlerɑ̃s] n. f. **1.** Respect de la liberté d'autrui, de ses manières de penser et de vivre, de ses opinions religieuses : *Faire preuve de tolérance à l'égard de quelqu'un* (syn. COMPRÉHENSION, LARGEUR D'ESPRIT). — **2.** Liberté permise au regard d'une loi, d'un règlement : *Ce n'est pas un droit, c'est une tolérance. Une tolérance grammaticale.* — **3.** Écart admis entre les caractéristiques théoriques et les caractéristiques réelles d'un objet manufacturé : *Une tolérance de calibre pour une pièce mécanique, de poids, de titre pour une monnaie.* — **4.** Capacité de l'organisme de supporter sans mal certains agents physiques ou chimiques : *La* *tolérance aux médicaments.* — **5.** *Maison de tolérance* → MAISON.

tolérant, e [tɔlerɑ̃] adj. Qui fait preuve de tolérance : *Une personne tolérante* (syn. INDULGENT). *Un caractère tolérant* (syn. COMPRÉHENSIF, LIBÉRAL).

tolérer [tɔlere] v. t. (lat. *tolerare*) [c. **10**]. **1.** *Tolérer qqch, qqn, que* (+ *subj.*), supporter avec plus ou moins de patience qqch de désagréable, admettre la présence de qqn de désagréable : *Elle tolère tous vos défauts. Vous tolérez qu'on vous dise cela? Vous tolérez cet individu?* — **2.** *Tolérer qqch, que* (+ *subj.*), ne pas user de son autorité pour interdire, empêcher qqch qui est contraire aux usages, au règlement : *Tous les cultes sont tolérés. On a jusqu'ici toléré le stationnement des deux côtés de la rue. On ne tolérera pas que des employés soient continuellement absents.* — **3.** *Tolérer un médicament, un traitement, une épreuve physique,* le supporter sans réaction pathologique.

tôlerie [tolri] n. f. **1.** Fabrication de la tôle; atelier où on travaille la tôle. — **2.** Partie d'un véhicule constituée par de la tôle : *Un accident de voiture où il n'y a que la tôlerie d'abîmée.*

tôlier [tolje] n. m. et adj. m. Celui qui exécute des travaux de tôlerie : *Ouvrier tôlier.*

tôlier, ère ou **taulier, ère** [tolje] n. *Pop.* Propriétaire d'un meublé.

tollé [tɔle] n. m. (anc. fr. *tolez,* impér. de *toldre,* enlever). Clameur générale de protestation, de réprobation : *Il y eut un tollé général. Soulever un tollé* (contr. ACCLAMATION).

tomahawk [tɔmaok] ou **tomawak** [tɔmawak] n. m. (mot algonquin). Hache de guerre des Indiens d'Amérique du Nord.

tomaison [tɔmɛzɔ̃] n. f. Indication du numéro du tome sur une page de titre, sur le dos d'un livre, ou sur une feuille imprimée d'un volume.

tomate [tɔmat] n. f. (esp. *tomata;* mot aztèque). Fruit rouge, charnu et comestible d'une plante potagère, dite aussi *tomate : Une salade de tomate. Des tomates à la provençale. Sauce tomate* (= faite de tomates fraîches ou en concentré).

tombale [tɔ̃bal] adj. f. *Inscription tombale,* écrite sur une tombe. ‖ *Pierre tombale,* dalle qui recouvre une tombe.

tombant, e [tɔ̃bɑ̃] adj. **1.** Qui tombe : *Épaules tombantes.* — **2.** *À la nuit tombante,* à l'approche de la nuit.

tombe [tɔ̃b] n. f. (gr. *tumbos,* tertre). **1.** Fosse, recouverte ou non d'une dalle, où on enterre un mort : *Descendre le cercueil dans la tombe. Creuser une tombe* (syn. FOSSE, SÉPULTURE). *Fleurir une tombe. Aller se recueillir sur la tombe de quelqu'un* (= à l'emplacement où qqn est enterré). — **2.** Pierre tombale : *Un nom et deux dates gravés sur une tombe.* — **3.** *Être au bord de la tombe, avoir un pied dans la tombe,* être près de la mort. ‖ *Être muet comme une tombe,* garder strictement les confidences. ‖ *Se retourner dans sa tombe,* se dit d'un mort qu'on imagine bouleversé par ce qui vient d'être dit. ‖ *Suivre qqn dans la tombe,* mourir peu de temps après lui.

tombeau [tɔ̃bo] n. m. (de *tombe*). **1.** Monument funéraire élevé sur la tombe d'un ou de plusieurs morts : *Les tombeaux des rois à Saint-Denis. Un tombeau entouré de grilles* (syn. SÉPULCRE). — **2.** Lieu où des hommes sont morts : *Verdun a été le tombeau de milliers d'hommes.* — **3.** *À tombeau ouvert,* à toute allure, à une vitesse propre à causer un accident mortel. ‖ Fam. *C'est un tombeau,* se dit de qqn dont le silence est assuré.

tombée [tɔ̃be] n. f. *Tombée du jour, de la nuit,* moment où la nuit arrive : *La visibilité est mauvaise en voiture à la tombée de la nuit* (syn. CRÉPUSCULE).

tomber [tɔ̃be] v. i. (lat. pop. *tumbare*) [auxil. *être*]. **1.** (sujet qqn, qqch) Perdre l'équilibre, faire une chute, être entraîné, précipité au sol par son poids : *Elle a voulu courir et elle est tombée* (syn. fam. DÉGRINGOLER). *Faire tomber quelqu'un. Tomber à la renverse, sur le dos, les quatre fers en l'air, de toute sa hauteur. La chaise est tombée. Le poteau est tombé* (syn. S'ABATTRE). *Ramasse le livre qui vient de tomber. La pluie, la neige, la grêle tombe* (= il pleut, il neige, il grêle). *Il tombe de la pluie, de la neige, de la grêle. Il tombe des pierres du haut de cette falaise. Le brouillard, la brume tombe* (= ils descendent vers le sol). ‖ *Le jour, le soir, la nuit tombe,* il va faire nuit. — **2.** (sujet qqn) Périr, être tué : *Des millions d'hommes sont tombés pendant la dernière guerre. Tomber glorieusement. Tomber sur le champ de bataille, au champ d'honneur.* — **3.** (sujet qqn, une institution, une autorité) Perdre le pouvoir, être renversé : *Le ministre, le ministère est tombé. Faire tomber le gouvernement.* — **4.** (sujet une place forte, une ville) Cesser toute résistance : *La ville est tombée après une résistance héroïque.* — **5.** (sujet qqch) Être, rester pendant, descendre selon une inclinaison plus ou moins forte : *Une draperie qui tombe majestueusement. Cette robe tombe très bien* (= d'un mouvement souple, sans faux plis). *Il a des épaules qui tombent. Le plafond tombe obliquement sur la mansarde.* — **6.** (sujet un phénomène, un état, un sentiment) Perdre de son intensité, passer à un niveau inférieur, cesser : *Le vent est tombé* (syn. CESSER, DÉCLINER). *Sa fièvre est tombée. Son exaltation est tombée* (syn. SE CALMER, S'APAISER). *La conversation tombe. Les cours de la Bourse sont tombés. Faire tomber les prix* (syn. BAISSER). *Toutes ses préventions sont tombées* (syn. SE DISSIPER, S'ÉVANOUIR). — **7.** (sujet un spectacle) Ne rencontrer aucun succès : *La pièce est tombée au bout de quelques représentations.* ‖ *Le projet est tombé à l'eau,* il a échoué, ne s'est pas réalisé. — **8.** Fam. *Laisser tomber qqn, qqch,* l'abandonner, cesser de s'y intéresser : *Il l'a laissée tomber pour une autre* (syn. QUITTER). *Elle ne laisse pas tomber ses amis* (syn. NÉGLIGER). *Elle a laissé tomber le sport* (syn. DÉLAISSER). — **9.** (sujet qqn) *Tomber* (+ *attribut*), devenir subitement : *Tomber malade, paralysé, amoureux. Tomber mort, raide mort* (= mourir tout d'un coup). — **10.** (sujet une date, un événement) *Tomber* (+ *compl. de temps*), coïncider avec, arriver, survenir : *Son anniversaire tombe un dimanche. Ça tombe un samedi. Deux rendez-vous qui tombent le même jour.* — **11.** (sujet qqn) *Tomber bas, bien bas,* être dans un état de déchéance physique ou morale avancé : *Le pauvre vieux, il est tombé bien bas.* ‖ (sujet qqn) *Tomber bien, tomber mal,* être bien ou mal servi par le hasard : *Elle est bien tombée, cet hôtel est charmant;* (sujet qqn, qqch) arriver, survenir à propos ou non : *Vous tombez mal, elle vient de partir* (syn. NE PAS AVOIR DE CHANCE, JOUER DE MALHEUR). *Ça tombe bien, je voulais t'appeler et tu m'as devancé.* ‖ (sujet qqch) *Tomber bien, à point, à pic* (fam.), survenir à un moment opportun : *Elle avait un besoin urgent d'argent, cet héritage tombe bien.* ‖ *Opération, calcul qui tombe juste,* qui ne comporte pas de reste, qui donne un résultat précis. — **12.** *Tomber sur qqn, qqch,* les rencontrer, les trouver par hasard : *Je suis tombé sur elle en sortant du café. Elle est tombée sur le livre qu'elle cherchait depuis longtemps. La conversation tomba sur ce film.* ‖ *Tomber sur qqn, tomber dessus,* l'attaquer soudainement : *Tomber sur l'ennemi à la faveur d'une embuscade. Ils nous sont tombés dessus à bras raccourcis;* le critiquer violemment : *Ils sont tombés sur lui sans ménagement* (syn. ACCABLER; fam. ÉREINTER). — **13.** *Rue qui tombe dans une autre,* qui y aboutit, y débouche. ‖ *Tomber dans l'excès, dans l'erreur,* etc., s'en rendre coupable. ‖ *Tomber dans le malheur, dans l'oubli, dans le discrédit,* etc., devenir malheureux, oublié, discrédité, etc. ‖ *Tomber dans un piège, une embuscade,* etc., en être victime. — **14.** (sujet qqn) *Tomber en* (+ *n.*), être saisi par un mal : *Tomber en défaillance, en syncope* (= s'évanouir, se trouver mal). *Tomber en enfance. Tomber en disgrâce* (= être disgracié). ‖ (sujet qqch) *Tomber en* (+ *n.*), se réduire à l'état de : *Tomber en lambeaux, en morceaux, en poussière, en ruine. Tomber en friche. Tomber en décadence* (= dépérir, déchoir). — **15.** (sujet qqn) *Tomber de (son) haut,* être extrêmement surpris, revenir d'une idée fausse. ‖ *Tomber des nues,* être surpris par un événement imprévu. ‖ *Tomber de fatigue, de sommeil,* etc., être épuisé de fatigue, avoir très sommeil, etc. ‖ (sujet qqch) *Tomber du ciel,* survenir de façon inattendue et favorable : *Cet argent tombe du ciel.* — **16.** (sujet qqn) *Tomber sous qqch,* être obligé de le subir : *Tomber sous le joug, sous la coupe, sous la domination de l'ennemi.* ‖ *Tomber sous le coup de la loi,* être passible d'une peine. ‖ (sujet qqch) *Tomber sous qqch,* se trouver par hasard à portée de : *Elle mange tout ce qui lui tombe sous la dent. Cet article m'est tombé sous les yeux. Cette photo m'est tombée sous la main alors que j'avais renoncé à la chercher. Il m'est tombé sous la main un livre curieux.* ◆ v. t. (auxil. *avoir*) **1.** *Tomber qqn,* en termes de sport, vaincre l'adversaire en lui faisant toucher le sol des épaules. — **2.** Fam. *Tomber la veste,* enlever sa veste à cause de la chaleur ou pour se battre.

tombereau [tɔ̃bro] n. m. (de *tomber*). Camion ou charrette à caisse basculante; son contenu : *Un tombereau de sable.*

tombeur [tɔ̃bœr] n. m. Fam. *Tombeur (de femmes),* séducteur.

tombola [tɔ̃bɔla] n. f. (mot it. signif. *culbute*). Loterie de société : *Organiser une tombola. Gagner un lot à une tombola.*

tome [tom] n. m. (lat. *tomos,* portion). Division d'un livre, correspondant généralement à la division en volumes : *Un ouvrage en trois tomes.*

tomme [tom] n. f. (anc. dauphinois *toma*). Fromage de Savoie : *De la tomme aux raisins.*

tommette [tɔmɛt] n. f. Élément hexagonal de revêtement de sol en terre cuite.

1. ton [tɔ̃], **ta** [ta], **tes** [tɛ] adj. poss. de la deuxième personne (lat. *tuus*). (→ introduction POSSESSIFS.)

2. ton [tɔ̃] n. m. (gr. *tonos*). **1.** Hauteur, qualité sonore de la voix, du son : *Avoir un ton assez grave, nasillard, rauque. Hausser le ton.* — **2.** Manière de parler en tant que reflet d'une humeur, d'une personnalité : *Un ton arrogant, brusque, détaché, doctoral, ferme, moqueur, pédant, plaintif. Parler sur un ton sec. Changer de ton.* ‖ *Le prendre sur ce ton,* s'exprimer d'une certaine façon. — **3.** Manière d'être de qqch par rapport aux usages : *Le ton d'une plaisanterie.* — **4.** *De bon ton,* en accord avec les bonnes manières, avec le goût de la bonne société : *Des vêtements, une élégance de bon ton. Il est de bon ton de ne pas trop se faire attendre.* ‖ *Donner le ton,* donner le repère de la hauteur du son : *Commencer par donner le ton;* régler la mode, les manières d'un groupe social : *Dans leur salon, c'est elle qui donne le ton.* ‖ *Être dans le ton, avoir le ton,* se comporter comme il faut selon le milieu où on est, être de connivence avec son entourage : *Ils se sont vite mis dans le ton* (syn. S'ADAPTER). *Tu n'es pas dans le ton.* — **5.** En musique et en chant, gamme dans laquelle un morceau est composé : *Passer d'un ton à un autre. Le ton est trop haut.* — **6.** Degré de l'échelle des sons : *Il y a deux tons d'écart entre «do» et «mi». Monter d'un quart de ton.* — **7.** En linguistique, changement de hauteur du son de la voix, utilisé à des fins morphologiques et sémantiques : *Le chinois a plusieurs tons.* — **8.** En peinture, couleur considérée dans son intensité, valeur d'une teinte : *Peindre par tons purs. Un tableau, un peintre qui a des tons chauds, froids. Elle voudrait un tissu dans le même ton que la moquette.* — **9.** (sujet une couleur) *Être dans le ton,* être en harmonie avec les couleurs voisines : *Cette couleur n'est pas dans le ton.* (→ DÉTONER.)

tonal, e, als [tɔnal] adj. Qui concerne le ton : *Musique tonale. Système tonal.*

tonalité [tɔnalite] n. f. **1.** Caractère d'un air, d'un chant qui est écrit dans un ton déterminé : *La tonalité principale du morceau est en «ré» majeur.* — **2.** Organisation des sons musicaux selon une gamme fixe : *La musique atonale a rejeté la tonalité.* — **3.** Fidélité de reproduction d'un poste de radio, de télévision, d'une chaîne hi-fi, etc., s'étendant des aigus aux graves : *Transistor qui a une bonne, une mauvaise tonalité.* — **4.** Son caractéristique que produit un téléphone qu'on décroche, indiquant qu'on peut composer un numéro : *Avoir la tonalité.* — **5.** Impression qui se dégage de l'ensemble des couleurs d'un tableau, de leurs rapports : *La tonalité vive, éteinte, terne d'un tableau.* — **6.** Impression d'ensemble causée par un récit, un spectacle du point de vue affectif : *Il se dégage du texte une tonalité romantique.*

tondeur, euse [tɔ̃dœr] n. Qui tond un animal : *Tondeur de moutons.*

tondeuse [tɔ̃døz] n. f. **1.** Appareil pour tondre les cheveux ou les poils. — **2.** Machine pour tondre le gazon.

tondre [tɔ̃dr] v. t. (lat. *tondere*) [c. **51**]. **1.** *Tondre la laine, les poils, les cheveux,* les couper à ras : *Tondre la toison d'une brebis.* — **2.** *Tondre un animal,* lui couper le poil à ras. — **3.** *Tondre qqn,* lui couper les cheveux très ou trop court : *Je me suis fait tondre;* le frapper d'impôts excessifs; le dépouiller complètement : *Le fisc les a tondus.* — **4.** *Tondre l'herbe, le gazon,* les couper à ras. — **5.** *Tondre une haie,* la tailler en l'égalisant. — **6.** Fam. *Tondre la laine sur le dos de qqn,* l'exploiter abusivement, le dépouiller de ses biens.

tondu, e [tɔ̃dy] adj. et n. Qui a les cheveux, les poils coupés ras.

tonicité [tɔnisite] n. f. Propriété tonique, fortifiante : *La tonicité de l'air marin.*

tonifiant, e [tɔnifjɑ̃] adj. Qui tonifie : *Massage tonifiant. Lecture tonifiante.*

tonifier [tɔnifje] v. t. *Tonifier qqn,* avoir sur lui un effet tonique : *Une bonne douche va vous tonifier. Tonifier l'esprit.*

tonique [tɔnik] adj. (gr. *tonikos,* qui se tend). — **I. 1.** Qui fortifie ou stimule l'activité de l'organisme : *Un remède tonique. Une boisson tonique. Un froid tonique* (= qui rend alerte). — **2.** Qui a un effet stimulant sur le moral : *Une littérature tonique. Une idée tonique.* ◆ n. m. **1.** Médicament tonique : *Le quinquina est un tonique.* — **2.** Ce qui stimule l'énergie, le moral : *La marche, l'air de la mer est un tonique.* — **II. 1.** Se dit d'un phonème, d'un mot sur lequel porte l'accent, le ton : *Syllabe tonique.* — **2.** *Accent tonique,* accent d'intensité. ◆ n. f. Première note de la gamme du ton dans lequel est composé un morceau de musique.

tonitruant, e [tɔnitryɑ̃] adj. Qui fait un bruit énorme : *Voix tonitruante* (syn. TONNANT, DE STENTOR). *Homme tonitruant.*

tonitruer [tɔnitrye] v. i. (du lat. *tonitrus,* tonnerre). *Fam.* Parler d'une voix forte et sonore.

tonnage [tɔnaʒ] n. m. **1.** Capacité de transport d'un navire de commerce, évaluée en tonneaux : *Bâtiment* *d'un fort tonnage.* — **2.** Capacité statistique totale des navires marchands d'un port ou d'un pays : *Le tonnage du port de Marseille.* — **3.** Quantité de marchandises exprimée en tonnes; capacité de transport d'un camion, d'un poids lourd.

tonnant, e [tɔnɑ̃] adj. Qui tonne : *Voix tonnante* (syn. ↓ RETENTISSANT, TONITRUANT).

tonne [tɔn] n. f. (mot gaul.). **1.** Tonneau de très grandes dimensions. — **2.** Unité de mesure de masse équivalant à mille kilogrammes (symb. t) : *Évaluer la production de charbon en millions de tonnes.* — **3.** Fam. *Des tonnes de (+ n. pl.)*, d'énormes quantités de : *Éplucher des tonnes de pommes de terre.* — **4.** Unité de poids équivalant à mille kilogrammes, pour évaluer le déplacement d'un navire : *Paquebot de dix mille tonnes;* le poids d'un véhicule lourd : *Camion de trois tonnes;* et substantiv. : *Un trois tonnes.* (→ TONNAGE.)

tonneau [tɔno] n. m. (de *tonne*). **1.** Grand récipient en bois, formé de douves assemblées et cerclées, et fermé par deux fonds plats; son contenu : *Mettre du vin en tonneau.* — **2.** *C'est le tonneau des Danaïdes*, c'est un travail interminable, désespérant. ‖ Fam. et péjor. *Du même tonneau*, de la même valeur (syn. ACABIT). — **3.** Mouvement d'acrobatie aérienne, au cours duquel l'avion fait un tour complet sur lui-même dans l'axe longitudinal : *Faire un tonneau, un demi-tonneau.* — **4.** Culbute d'une voiture qui fait un tour complet sur elle-même : *Faire deux tonneaux avant d'aller se jeter contre un arbre.* — **5.** Unité de capacité de transport d'un navire, valant 2,83 mètres cubes : *Un bâtiment qui jauge 150 tonneaux.* (→ TONNAGE.)

tonnelet [tɔnlɛ] n. m. Petit tonneau (syn. BARIL, FÛT).

tonnelier [tɔnəlje] n. m. Fabricant ou réparateur de tonneaux.

tonnelle [tɔnɛl] n. f. (de *tonne*). Treillage en forme de voûte, le long duquel on fait grimper des plantes pour former un abri ombragé : *S'asseoir sous la tonnelle dans un jardin.*

tonnellerie [tɔnɛlri] n. f. Métier du tonnelier; atelier du tonnelier.

tonner [tɔne] v. i. (lat. *tonare*). **1.** *Il tonne*, le tonnerre gronde. — **2.** (sujet qqn) Crier de colère, parler avec véhémence : *Tonner contre les abus* (syn. litt. FULMINER). — **3.** *Le canon tonne*, on entend des coups de canon.

tonnerre [tɔnɛr] n. m. (lat. *tonitrus*). **1.** Bruit éclatant qui accompagne l'éclair de la foudre : *Le tonnerre gronde. Un grondement de tonnerre. Le fracas, le roulement du tonnerre.* — **2.** Syn. fam. de FOUDRE : *Le tonnerre est tombé tout près d'ici.* — **3.** *Un tonnerre de qqch (pl.)*, un bruit assourdissant de : *Un tonnerre d'applaudissements, d'acclamations* (syn. TEMPÊTE). — **4.** *Coup de tonnerre*, bruit de la foudre; catastrophe imprévue : *La déclaration de guerre fut un coup de tonnerre dans un ciel bleu.* ‖ *De tonnerre*, se dit d'un bruit semblable au tonnerre : *Un bruit de tonnerre. Une voix de tonnerre* (syn. TONNANT, TONITRUANT). ‖ Fam. *Du tonnerre (de Dieu)*, exprime un superlatif de l'admiration : *C'est une fille du tonnerre. C'est du tonnerre!* ‖ *Tonnerre!, Tonnerre de Dieu!*, interj. exprimant la fureur, la menace.

tonsure [tɔ̃syr] n. f. (lat. *tonsura*, tonte). **1.** Petit cercle rasé au sommet de la tête des ecclésiastiques : *Porter la tonsure.* — **2.** Calvitie circulaire au sommet de la tête.

tonsuré, e [tɔ̃syre] adj. Qui porte la tonsure : *Clerc tonsuré.*

tonte [tɔ̃t] n. f. **1.** Action de tondre la laine des moutons; époque où on tond; la laine ainsi tondue : *Ramasser en tas toute la tonte des moutons.* — **2.** Action de tondre les gazons, les haies, etc.

tonus [tɔnys] n. m. (mot lat. signif. *tension*). **1.** Énergie, dynamisme : *Manquer de tonus.* — **2.** *Tonus musculaire*, contraction partielle et permanente des muscles vivants : *Le tonus règle les attitudes du corps.* (→ TONIQUE.)

top [tɔp] n. m. (onomat.). Signal sonore très bref, donné pour marquer l'instant précis d'un phénomène, en général l'heure exacte : *Au quatrième top, il sera exactement dix heures quinze minutes trente secondes.*

topaze [tɔpaz] n. f. (lat. *topazus;* mot gr.). Pierre fine, jaune, transparente.

toper [tɔpe] v. i. (de *top*) [sujet qqn]. *Tope, tope là, topez là*, se dit lorsqu'on se tape mutuellement dans la main en signe d'accord.

topinambour [tɔpinɑ̃bur] n. m. (du n. d'une peuplade du Brésil). Tubercule alimentaire, utilisé surtout pour la nourriture du bétail.

topo [tɔpo] n. m. (abrév. de *topographie*). *Fam.* Exposé, développement sur un sujet donné (syn. fam. LAÏUS).

topographe [tɔpɔgraf] n. Spécialiste de topographie.

topographie [tɔpɔgrafi] n. f. (gr. *topos*, lieu, et *graphein*, décrire). **1.** Représentation graphique d'un terrain avec son relief. — **2.** Relief et configuration d'un terrain; état exact d'un lieu : *Étudier la topographie d'une région.*

topographique [tɔpɔgrafik] adj. Relatif à la topographie : *Carte topographique.*

toponymie [tɔpɔnimi] n. f. (gr. *topos*, lieu, et *onuma*, nom). Étude des noms de lieux.

toponymique [tɔpɔnimik] adj. Relatif à la toponymie.

toquade [tɔkad] n. f. (de *se toquer*). *Fam.* Goût vif, passager et inexplicable pour qqn ou pour qqch : *Avoir une toquade pour une femme. Les meubles Louis XVI, c'est sa toquade* (syn. LUBIE, ↑ PASSION).

toquard → TOCARD.

toque [tɔk] n. f. (esp. *toca*). Coiffure en étoffe, en fourrure, sans bord ou à très petits bords, de forme généralement cylindrique : *Toque de magistrat, de cuisinier. Toque de vison.*

toqué, e [tɔke] adj. et n. (de *toc*). *Fam.* Un peu fou : *Il est toqué* (syn. fam. CINGLÉ, TIMBRÉ). *Une vieille toquée.*

toquer (se) [tɔke] v. pr. (de *toque*). *Se toquer, être toqué de qqn, qqch*, avoir un engouement, un caprice pour eux : *Il s'est toqué d'une petite danseuse* (syn. S'AMOURACHER, S'ÉPRENDRE).

torche [tɔrʃ] n. f. (lat. *torques*, guirlande). **1.** Flambeau fait d'un bâton de sapin entouré de cire ou de suif, ou botte de paille serrée enflammée : *Porter une torche. Jeter des torches pour mettre le feu* (syn. BRANDON). — **2.** *Torche électrique*, lampe de poche cylindrique, de forte puissance.

torcher [tɔrʃe] v. t. (de *torche*). *Fam.* Essuyer pour nettoyer : *Torcher un enfant. Torcher son assiette.*

torchère [tɔrʃɛr] n. f. **1.** Grand vase métallique placé sur un pied, dans lequel on mettait des matières combustibles pour donner de la lumière. — **2.** Candélabre monumental ou applique portant plusieurs sources de lumière.

torchis [tɔrʃi] n. m. (de *torcher*). Matériau de construction fait de terre argileuse et de paille hachée.

torchon [tɔrʃɔ̃] n. m. (de *torcher*). **1.** Serviette de toile plus ou moins fine pour essuyer la vaisselle, les meubles. — **2.** *Fam.* Texte, devoir mal présenté. — **3.** Journal jugé de très basse catégorie : *Vous lisez ce torchon?* — **4.** *Coup de torchon*, épuration radicale. ‖ *Le torchon brûle (entre deux personnes, deux groupes)*, il y a querelle, dispute entre eux. ‖ Fam. *Ne pas mélanger les torchons et les serviettes,* traiter différemment les gens selon leur niveau social.

tordant, e [tɔrdɑ̃] adj. *Fam.* Qui fait qu'on se tord de rire, qui est très drôle : *Histoire tordante.*

tord-boyaux [tɔrbwajo] n. m. inv. *Fam.* Eau-de-vie très forte et de basse qualité.

tordre [tɔrdr] v. t. (lat. *torquere*) [c. **52**]. **1.** *Tordre qqch,* le soumettre à une torsion, le tourner violemment : *Tordre du linge. Tordre le bras à quelqu'un;* le déformer en pliant : *Tordre une barre de fer* (syn. COURBER, FAUSSER, GAUCHIR). *Le vent tord les branches des arbres. La peur lui tord le visage* (syn. DÉFORMER). — **2.** (sujet une douleur) *Tordre qqn, un organe,* lui donner une sensation de torsion, de crispation : *Des brûlures lui tordaient l'estomac.* — **3.** Fam. *Tordre le cou à qqn,* le tuer. ◆ ***se tordre*** v. pr. **1.** (sujet qqn) Se plier sous l'effet d'une douleur, d'une émotion forte : *Se tordre de douleur.* — **2.** *Se tordre un membre, une articulation,* les soumettre à une torsion : *Se tordre les bras de douleur;* se faire une entorse : *Se tordre la cheville.* — **3.** *Se tordre (de rire),* rire très fort. — **4.** (sujet qqch) Être sinueux, contourné : *Les vrilles de la vigne se tordent. Des racines qui se tordent.*

tordu, e [tɔrdy] adj. **1.** De travers : *Un tronc d'arbre tordu* (syn. TORS). — **2.** Fam. *Avoir l'esprit tordu,* avoir des idées bizarres, penser faussement. ◆ adj. et n. *Fam.* Extravagant, fou : *C'est un tordu!*

toréer [tɔree] v. i. (esp. *torear*). Exercer le métier de torero.

torero [tɔrero] ou **toréador** [tɔreadɔr] n. m. (mot esp.). Nom donné à tous ceux qui combattent le taureau dans l'arène, parfois réservé à tort au seul matador. (*Toréador* [n. français] est maintenant supplanté par *torero* [n. espagnol].)

toril [tɔril] n. m. (mot esp.). Lieu attenant à l'arène, où on tient les taureaux enfermés.

tornade [tɔrnad] n. f. (esp. *tornado*). Coup de vent très violent et tourbillonnant : *Une tornade a dévasté les bungalows* (syn. BOURRASQUE, CYCLONE, OURAGAN).

torpeur [tɔrpœr] n. f. (lat. *torpor,* engourdissement). **1.** État dans lequel l'activité et la sensibilité du corps sont réduites : *Être plongé dans la torpeur sous l'effet d'un narcotique* (syn. ENGOURDISSEMENT, LÉTHARGIE). *La torpeur qui précède le sommeil* (syn. SOMNOLENCE). — **2.** État dans lequel l'activité intellectuelle est ralentie et où on est incapable d'agir : *Cette nouvelle l'a tirée de sa torpeur* (syn. ABATTEMENT, ↑PROSTRATION). *Elle n'a rien pu tirer de lui, il est dans un état de torpeur continuel* (syn. ABRUTISSEMENT). — **3.** Ralentissement général des activités : *La torpeur d'une ville un jour de grande chaleur.*

torpide [tɔrpid] adj. *Litt.* Qui a les caractères de la torpeur ou qui produit un état de torpeur : *Engourdissement torpide. Chaleur torpide.*

torpillage [tɔrpijaʒ] n. m. Action de torpiller.

torpille [tɔrpij] n. f. (lat. *torpedo, -inis*). **1.** Poisson marin voisin de la raie, possédant de chaque côté de la tête un organe capable de produire des décharges électriques. — **2.** Engin chargé d'explosif, muni d'un système de propulsion qui lui permet de se diriger seul, utilisé comme arme sous-marine : *Un sous-marin qui lance une torpille. Un navire coulé par une torpille.*

torpiller [tɔrpije] v. t. **1.** *Torpiller un navire,* l'attaquer, le faire sauter avec une torpille. — **2.** *Torpiller un projet,* le faire échouer par des manœuvres secrètes.

torpilleur [tɔrpijœr] n. m. Bateau de guerre très rapide, destiné à lancer des torpilles.

torréfacteur [tɔrefaktœr] n. m. **1.** Appareil à torréfier. — **2.** Commerçant qui vend du café qu'il torréfie lui-même.

torréfaction [tɔrefaksjɔ̃] n. f. Action de torréfier : *La torréfaction du café.*

torréfier [tɔrefje] v. t. (lat. *torrefacere*). *Torréfier des grains,* les griller, les rôtir : *Torréfier du café, de la chicorée.*

torrent [tɔrɑ̃] n. m. (lat *torens, -entis*). **1.** Cours d'eau de montagne, à forte pente, au régime irrégulier et à grande puissance d'érosion : *Un torrent impétueux, rapide. Les torrents des Pyrénées* (syn. GAVE). — **2.** *Il pleut à torrents,* la pluie tombe très fort. — **3.** *Torrent de qqch,* écoulement, débordement irrésistible par sa force et son abondance de : *Verser des torrents de larmes* (syn. DÉLUGE, FLOT). *Des torrents de pluie, de sang. Torrents de paroles, d'injures. Torrent de musique.*

torrentiel, elle [tɔrɑ̃sjɛl] adj. **1.** Qui appartient aux torrents : *Eaux torrentielles. Le régime torrentiel des eaux.* — **2.** Abondant et violent comme un torrent : *Pluie torrentielle. C'est un terrible parleur, il a un débit torrentiel.*

torrentueux, euse [tɔrɑ̃tɥø] adj. *Litt.* Qui a l'impétuosité d'un torrent : *Cours d'eau torrentueux.*

torride [tɔrid] adj. (lat. *torridus,* brûlé). Où la chaleur est extrême, qui donne une chaleur très forte : *Un climat torride. Une journée, un soleil, une chaleur torride.*

tors, e [tɔr] adj. (de *tordre*). **1.** Contourné, difforme : *Des jambes torses.* — **2.** Tordu en spirale : *Une colonne torse. Un verre à pied tors.*

torsade [tɔrsad] n. f. (de *tors*). **1.** Frange tordue en spirale, qui orne les rideaux, les tentures : *Rideau à torsades.* — **2.** Motif décoratif imitant un câble, un cordon tordu : *Pull-over à torsades.* — **3.** *Torsade de cheveux,* cheveux longs réunis et tordus ensemble.

torsadé, e [tɔrsade] adj. Qui forme une torsade : *Colonne torsadée.*

torse [tɔrs] n. m. (it. *torso*). **1.** Partie du corps comprenant les épaules et la poitrine jusqu'à la taille : *Être torse nu. Bomber le torse* (syn. BUSTE, POITRINE). — **2.** Sculpture représentant un tronc humain, sans tête ni membres : *Un torse grec.*

torsion [tɔrsjɔ̃] n. f. (du lat. *tortus,* tordu). Déformation produite en exerçant sur un solide deux mouvements de rotation en sens contraire l'un de l'autre : *La torsion d'un fil de métal. Une entorse résultant de la torsion de la cheville.*

tort [tɔr] n. m. (lat. *tortus,* contraire au droit). **1.** Situation de qqn qui a commis une action blâmable : *C'est un tort d'avoir agi aussi vite;* action blâmable (souvent pl.) : *Elle reconnaît ses torts* (syn. FAUTE). — **2.** Dommage causé à qqn (surtout dans des express.) : *Un redresseur de torts. Redresser les torts* (syn. INJUSTICE). *Demander réparation d'un tort* (syn. PRÉJUDICE). *Elle ne voudrait pas lui faire du tort* (= le léser). *Tu te fais du tort en arrivant toujours en retard à ton travail. Le soleil risque de faire tort à votre peau* (= nuire). — **3.** *À tort,* par erreur, faussement : *Accuser, soupçonner quelqu'un à tort* (syn. INDÛMENT, INJUSTEMENT). ‖ *À tort ou à raison,* avec ou sans motif valable : *Il se plaint toujours, à tort ou à raison.* ‖ *À tort et à travers,* à la légère, inconsidérément. ‖ *Avoir tort de* (+ *inf.*), soutenir un point de vue contraire à la vérité ou à la raison; ne pas agir conformément au droit : *Elle n'a pas tout à fait tort quand elle prétend que ce travail ne sert à rien. Les absents ont toujours tort* (= on les rend toujours responsables de ce qui ne va pas). *Vous avez tort de vous fâcher. Tu as grand tort de ne pas écouter mes conseils* (contr. AVOIR RAISON). ‖ *Donner tort à qqn,* l'accuser d'avoir tort. ‖ *Être en tort, dans son tort,* dans l'état de celui qui a commis une infraction à la loi ou une faute envers qqn : *C'est le chauffeur du camion qui est en* (ou *dans son*) *tort, puisqu'il est passé au rouge* (contr. DANS SON DROIT). *S'arranger pour mettre les autres dans leur tort.*

torticolis [tɔrtikɔli] n. m. (orig. incert.). Douleur du cou, souvent de caractère rhumatismal, qui empêche de mouvoir librement la tête.

tortillard [tɔrtijar] n. m. (de *tortiller*). *Fam.* Train qui va très lentement et fait de nombreux détours.

tortillement [tɔrtijmɑ̃] n. m. Action de tortiller, de se tortiller; aspect de ce qui est tortillé.

tortiller [tɔrtije] v. t. (de *entortiller*). *Tortiller qqch,* le tordre plusieurs fois sur lui-même : *Tortiller une corde. Tortiller son mouchoir, ses moustaches.* ◆ v. i. **1.** Fam. *Il n'y a pas à tortiller,* à chercher des détours, à hésiter (syn. TERGIVERSER; fam. TOURNER AUTOUR DU POT). — **2.** *Tortiller des hanches,* balancer les hanches en marchant. ◆ ***se tortiller*** v. pr. Se tourner sur soi-même de différentes façons : *Elle restait là, à se tortiller sur sa chaise, sans répondre. Se tortiller comme un ver.* (→ DÉTORTILLER et ENTORTILLER.)

tortillon [tɔrtijɔ̃] n. m. **1.** Chose tortillée : *Un tortillon de papier, de cheveux.* — **2.** Bourrelet de linge enroulé sur la tête pour porter un fardeau.

tortionnaire [tɔrsjɔnɛr] adj. et n. (du lat. *tortio,* torture). Qui torture qqn, pour lui arracher des aveux ou par sadisme : *Les tortionnaires nazis* (syn. BOURREAU). *Des geôliers tortionnaires.*

tortue [tɔrty] n. f. (lat. *tartaruca,* bête infernale du Tartare). **1.** Reptile à pattes courtes, amphibie ou terrestre, au corps enfermé dans une carapace de corne. — **2.** Personne très lente. ‖ *Aller, marcher à pas de tortue,* très lentement.

tortueusement [tɔrtɥøzmɑ̃] adv. De façon tortueuse.

tortueux, euse [tɔrtɥø] adj. (lat. *tortuosus,* sinueux). **1.** Qui fait plusieurs tours et détours : *Les rues tortueuses de la vieille ville. Une rivière tortueuse* (syn. SINUEUX). *Un escalier tortueux.* — **2.** Qui manque de franchise : *Une conduite tortueuse. Un langage tortueux* (syn. HYPOCRITE, OBLIQUE, RETORS).

torturant, e [tɔrtyrɑ̃] adj. Qui torture : *Pensée torturante. Remords torturant.*

torture [tɔrtyr] n. f. (bas lat. *tortura,* action de tordre). **1.** Ensemble de procédés employés au cours d'un interrogatoire pour obliger celui qui en est l'objet à livrer ses renseignements, et qui vont de la violence physique à l'emploi de procédés médicaux ou pharmaceutiques destinés à affaiblir la résistance morale de l'individu : *Faire subir la torture à quelqu'un. Du raffinement dans les tortures* (syn. SUPPLICE). — **2.** Souffrance physique ou morale extrême : *La jalousie est une torture. Les tortures du corps, de l'âme. Les tortures de l'absence, du remords* (syn. ↓TOURMENT). — **3.** *Mettre qqn à la torture,* le mettre dans une situation très embarrassante; mettre sa patience à rude épreuve. ‖ *Se mettre l'esprit à la torture,* faire de grands efforts pour trouver ou se rappeler qqch (syn. fam. SE CREUSER LA TÊTE).

torturer [tɔrtyre] v. t. **1.** (sujet qqn) *Torturer qqn,* lui faire subir des tortures : *Avant de les tuer, on les a torturés;* le faire souffrir cruellement : *Torturer un enfant.* — **2.** (sujet qqch) *Torturer qqn,* être cause d'une vive souffrance physique : *La faim la torture* (syn. TENAILLER). — **3.** (sujet qqn, qqch) *Torturer qqn (par qqch),* le faire beaucoup souffrir moralement : *Ne la torturez pas par vos questions. Une pensée, une question qui vous torture. Être torturé par la jalousie* (syn. TOURMENTER). — **4.** *Torturer un texte,* en altérer profondément la forme ou le sens. ◆ ***se torturer*** v. pr. **1.** *Se torturer l'esprit,* chercher péniblement une solution difficile. — **2.** Avoir un penchant à être le bourreau de soi-même.

torve [tɔrv] adj. (lat. *torvus,* qui regarde de travers). *Œil, regard torve,* oblique et menaçant.

tôt [to] adv. (lat. *tostum,* chaudement). **1.** Avant un moment qui sert de point de repère actuel ou habituel : *Se coucher tôt* (contr. TARD). *Se lever tôt* (syn. DE BONNE HEURE, À LA PREMIÈRE HEURE, DE BON MATIN). *Elle est venue très tôt aujourd'hui. C'est un peu tôt, il est trop tôt pour savoir les résultats. Un peu plus tôt, un peu plus tard, de toute façon il faut y passer.* — **2.** *Au plus tôt* (+ *date, heure*), pas avant : *Il a dit qu'il serait là au plus tôt à quatre heures. Au plus tôt en 1908.* ‖ *Ce n'est pas trop tôt,* se dit en signe d'impatience (syn. ENFIN!). ‖ *Le plus tôt sera le mieux,* moins longtemps il y aura à attendre et mieux cela vaudra. ‖ *Ne... pas plus tôt... que,* immédiatement après que : *Elle n'eut pas plus tôt dit cela que la porte s'ouvrit* (syn. À PEINE, AUSSITÔT, DÈS QUE). ‖ *Tôt ou tard,* un jour ou l'autre : *Tôt ou tard on découvrira la fraude et le voleur sera arrêté* (syn. INÉVITABLEMENT).

1. total, e, aux [tɔtal] adj. (lat. *totus,* tout entier). **1.** (avant ou après le n.) À quoi il ne manque rien : *Ruine totale* (syn. COMPLET). *Silence total. Une totale confiance* (syn. ABSOLU, ENTIER, INTÉGRAL, PARFAIT, PLEIN). — **2.** (après le n.; avec un n. de mesure) Considéré dans son entier : *La hauteur, la largeur, la longueur totale de la pièce. Le prix total* (syn. GLOBAL).

2. total [tɔtal] n. m. **1.** Somme de tous les éléments de qqch : *Faire le total* (syn. ADDITION). *Un total de mille francs.* — **2.** *Au total,* tout compté, tout considéré : *Au total, c'est une bonne affaire* (syn. EN SOMME, SOMME TOUTE, DANS L'ENSEMBLE). ‖ *Fam.* (en tête de phrase) *Total, ...,* pour finir : *Total, on n'a rien gagné* (syn. fam. RÉSULTAT, BREF).

totalement [tɔtalmɑ̃] adv. Complètement; tout à fait : *Totalement guéri. Elle a totalement changé* (syn. RADICALEMENT, ENTIÈREMENT). *Il en est totalement incapable* (syn. ABSOLUMENT).

totalisateur [tɔtalizatœr] ou **totaliseur** [tɔtalizœr] n. m. Appareil qui donne le total d'une série d'opérations.

totalisation [tɔtalizasjɔ̃] n. f. Action de totaliser.

totaliser [tɔtalize] v. t. **1.** Faire le total de : *Totaliser les recettes de la journée.* — **2.** Arriver à un total de : *Totaliser cinquante points.* — **3.** *Fam.* Avoir au total à son actif : *Une équipe de football qui totalise un grand nombre de victoires.*

totalitaire [tɔtalitɛr] adj. **1.** *Régime, État totalitaire,* où tous les pouvoirs sont aux mains d'un chef ou d'un parti unique et où l'opposition est interdite. — **2.** Se dit d'un système de pensée qui englobe, qui annexe tous les éléments de l'objet auquel il s'applique : *Vision totalitaire du monde. Doctrine totalitaire.*

totalitarisme [tɔtalitarism] n. m. **1.** Système politique des régimes totalitaires. — **2.** Caractère autoritaire et absolu de qqn : *Il est d'un totalitarisme qui fait le malheur de sa famille* (syn. AUTORITARISME).

totalité [tɔtalite] n. f. **1.** Réunion de tous les éléments de qqch : *La totalité des citoyens. Dépenser la presque totalité de son salaire.* — **2.** *En totalité,* totalement (syn. EN BLOC, AU COMPLET, INTÉGRALEMENT).

totem [tɔtɛm] n. m. (mot algonquin). **1.** Animal ou végétal considéré comme l'ancêtre et le protecteur d'une tribu : *Avoir un serpent pour totem.* — **2.** Représentation de cet animal, de ce végétal : *Le totem est au milieu du village.*

totémique [tɔtemik] adj. Relatif au totem : *Croyance totémique* (= qui concerne les totems). *Clan, tribu* *totémique* (= fondés sur la croyance au totem). *Mât totémique* (= qui porte le totem).

totémisme [tɔtemism] n. m. Croyance aux totems : *Le totémisme des primitifs.*

toubib [tubib] n. m. (ar. *tbib,* médecin). *Fam.* Médecin.

toucan [tukɑ̃] n. m. (mot du Brésil). Oiseau grimpeur de l'Amérique tropicale, à bec gros et très long.

1. touchant, e [tuʃɑ̃] adj. Qui provoque l'émotion, la pitié : *Paroles touchantes* (syn. ↑ÉMOUVANT). *Adieu touchant* (syn. BOULEVERSANT, ↑DÉCHIRANT).

2. touchant [tuʃɑ̃] prép. Concernant (admin.) : *Elle n'a rien appris touchant cette affaire* (syn. QUANT À, AU SUJET DE, SUR).

touche [tuʃ] n. f. **1.** Chacune des pièces d'un clavier où se posent les doigts : *Les touches blanches et noires d'un piano. Les touches d'une machine à écrire.* — **2.** Partie du manche d'un instrument à cordes où se posent les doigts. — **3.** En peinture, manière de poser la couleur avec le pinceau : *Une touche légère. Peindre à petites touches, à touches larges. La délicatesse, la sûreté de touche d'un maître. Je reconnais sa touche* (syn. fam. PATTE). — **4.** Dans un ensemble, élément, couleur qui contraste avec le reste pour apporter une note particulière : *Une robe qui met une touche de gaieté parmi les complets noirs. Une touche criarde. Une touche de fantaisie dans une tenue stricte.* — **5.** Manière dont un écrivain dit les choses : *La finesse de touche* (syn. STYLE, TON). — **6.** *Fam.* et *péjor.* Allure de qqn : *Quelle touche il a! Elle a une drôle de touche!* — **7.** À la pêche, action du poisson qui mord : *Sentir une touche. Avoir une touche, plusieurs touches.* — **8.** En escrime, action de toucher l'adversaire; point ainsi marqué. — **9.** Fam. *Avoir une touche,* plaire à qqn. ‖ *Faire une touche,* se faire remarquer par qqn en éveillant son désir. — **10.** *(Ligne de) touche,* au football, au rugby, limite latérale du terrain : *Rester sur la touche. Le ballon est sorti en touche.* — **11.** Fam. *Rester, être mis sur la touche,* être écarté d'une activité, d'une affaire.

touche-à-tout [tuʃatu] n. inv. *Fam.* Se dit d'un enfant qui touche à tout ce qu'il voit, ou d'un adulte qui se disperse en toutes sortes d'activités.

1. toucher [tuʃe] v. t. (lat. pop. *toccare*). **1.** *Toucher qqn, qqch,* entrer en contact avec eux : *Toucher des fruits pour juger de leur maturité* (syn. TÂTER, PALPER). *Toucher quelqu'un à l'épaule pour attirer son attention. Toucher une couleuvre du bout de son bâton. L'avion touche le sol au bout de la piste d'atterrissage. Navire qui touche le port, la côte* (= qui accoste, qui fait escale); être contigu à qqch, être en contact avec qqn : *Sa maison touche la mienne. Nous étions si rapprochés que chacun touchait son voisin.* — **2.** *Toucher une cible (qqn, animal, qqch),* l'atteindre au moyen d'un projectile : *Plusieurs bateaux ennemis avaient été touchés par le tir des batteries côtières. Le sanglier a été touché mais il s'est sauvé* (syn. BLESSER). — **3.** *Toucher qqn,* entrer en relation, communiquer avec lui : *À quelle adresse pourra-t-on vous toucher?* (syn. ATTEINDRE). *Je l'ai touchée par téléphone;* être relié à lui par des liens de parenté : *Il nous touche de près* (= il est notre proche parent). — **4.** *Toucher un mot de qqch à qqn,* lui en parler brièvement : *Elle m'a touché un mot de ses projets.* — **5.** *Ne pas toucher terre,* aller très vite. — **6.** *Toucher qqn,* éveiller son intérêt, causer chez lui un mouvement affectif (intérêt, sympathie, pitié, mauvaise humeur, etc.) : *Son sort me touche* (syn. ÉMOUVOIR). *Cela ne me touche en rien* (syn. CONCERNER). *Vos compliments me touchent. Être touché au vif par un reproche* (syn. PIQUER). — **7.** *Toucher de l'argent, une ration,* etc., percevoir cet argent, cette ration, etc. : *Elle touchait moins de mille francs par mois* (syn. GAGNER). *Toucher sa pension, une indemnité, ses honoraires. Toucher un chèque* (= se le faire payer). *Les nouvelles recrues ont touché la tenue d'exercice* (syn. RECEVOIR). ◆ v. t. ind. **1.** (sujet qqn) *Toucher à qqn,* lui faire du mal : *Ne touche pas à mon frère.* — **2.** *Toucher à qqch,* porter la main dessus (sens peu différent de *toucher* v. t.) : *Cette enfant touche à tout ce qu'elle voit;* porter atteinte à qqch, y apporter des changements : *On lui reprochait de vouloir toucher à l'ordre établi. Ce modèle est parfait, il n'y a pas à y toucher.* — **3.** (sujet qqch) *Toucher à qqch,* être contigu à qqch (même sens que *toucher* v. t.) : *Sa maison touche à la mienne.* — **4.** *Toucher à une question, à un problème délicat,* etc., aborder cette question, ce problème, etc. — **5.** Fam. *N'avoir pas l'air d'y toucher,* cacher son jeu, agir sournoisement. ‖ *Ne pas toucher à un aliment,* ne pas en prendre : *Elle n'avait pas faim, elle n'a pas touché à son déjeuner.* ‖ *Toucher au but, au port, à sa fin,* etc., être sur le point d'y arriver. ◆ ***se toucher*** v. pr. (sujet qqch [pl.]) Être contigu : *Leurs propriétés se touchent.*

2. toucher [tuʃe] n. m. Celui des cinq sens à l'aide duquel se reconnaît, par contact direct, la forme extérieure des corps : *Un endroit douloureux, sensible au toucher* (= quand on le touche).

touffe [tuf] n. f. (mot francique). Groupement de plantes ou de poils rapprochés en bouquet : *Une touffe d'herbe, de cheveux. Des plantes qui croissent par touffes, en touffes. Perdre ses cheveux par touffes.*

touffeur [tufœr] n. f. (du v. dial. *touffer,* étouffer). *Litt.* Chaleur humide et malsaine.

touffu, e [tufy] adj. **1.** En touffes épaisses : *Un bois touffu. Des arbres touffus* (syn. FOURNI). *Végétation touffue* (syn. LUXURIANT). *Barbe touffue* (syn. ↑HIRSUTE). — **2.** Se dit d'un énoncé, d'un texte, etc., où des éléments complexes sont enchevêtrés : *Discours touffu* (syn. EMBROUILLÉ, OBSCUR).

touiller [tuje] v. t. (lat. *tudiculare,* broyer). Fam. *Touiller qqch,* le remuer : *Touiller la salade* (syn. TOURNER).

toujours [tuʒur] adv. (de *tous les jours*). **1.** Exprime la continuité (d'un moment du passé à l'heure actuelle, dans la totalité du temps ou du présent dans l'avenir) : *La science donnera toujours à l'homme de nouveaux moyens de connaissance* (syn. SANS CESSE). *Il l'avait toujours détestée. Elle est toujours prête à vous aider* (syn. EN TOUTE OCCASION). *Je suis toujours d'un avis différent* (syn. ORDINAIREMENT). *Il est toujours plus morne et désespéré. Tu en as toujours fait à ta tête. Elle est toujours la même* (= elle n'a pas changé). — **2.** Indique que l'action dure encore au moment où le verbe la situe : *Il était trahi, mais il l'aimait toujours* (syn. ENCORE). — **3.** Exprime une possibilité, souvent très incertaine, dans l'avenir : *Il n'est pas trop bête, vous en tirerez toujours quelque chose* (syn. EN TOUT ÉTAT DE CAUSE). *Vous pourrez toujours vous adresser au guichet* (syn. APRÈS TOUT). *Tu peux toujours courir* (fam.; = tu ne réussiras pas); en coordination, accompagné de *mais* : *Elle lui faisait des objections, mais toujours avec prudence.* — **4.** *C'est toujours ça, c'est toujours autant de pris,* indiquent la satisfaction devant un résultat inférieur à ce qu'on pouvait espérer : *Tu as pris une seule truite : c'est toujours ça.* ‖ *De toujours,* qui existe depuis très longtemps : *Ce sont des amis de toujours.* ‖ *Depuis toujours,* depuis un temps très éloigné : *Nous nous connaissons depuis toujours.* ‖ *Pour toujours,* dans tout le temps à venir : *Je vais vous ôter pour toujours l'envie de vous mêler de ce qui ne vous regarde pas* (syn. À JAMAIS). ‖ *Toujours est-il que,* marque la restriction, l'opposition : *Certes, la météo a annoncé du beau temps, toujours est-il que le temps* *est menaçant* (syn. NÉANMOINS). *J'accepte vos excuses, toujours est-il que l'erreur est faite* (syn. EN TOUT CAS).

toundra [tundra] n. f. (mot russe). Dans les régions de climat froid, formation végétale qui comprend des lichens et quelques arbres nains formant des petits buissons.

toupet [tupɛ] n. m. (de l'anc. fr. *top,* touffe de cheveux). **1.** *Fam.* Audace, hardiesse irrespectueuse : *Tu as eu le toupet de me dire ça. Quel toupet!* (syn. soutenus APLOMB, EFFRONTERIE; fam. CULOT). — **2.** Petite touffe de cheveux.

toupie [tupi] n. f. (mot francique). Jouet en forme de poire munie d'une pointe sur laquelle il pivote : *Faire tourner une toupie.*

1. tour [tur] n. f. (lat. *turris*). **1.** Bâtiment très élevé, de forme généralement ronde ou carrée : *La grande tour d'un château* (syn. DONJON). *Tour de guet* (syn. BEFFROI). *Les tours de Notre-Dame* (syn. CLOCHER). — **2.** Construction en hauteur; immeuble d'habitation élevée : *La tour Eiffel. Les tours des grands ensembles modernes.* — **3.** Aux échecs, pièce en forme de tour à créneaux. — **4.** *Tour de Babel,* endroit où on parle toutes sortes de langues. ‖ *Tour de contrôle,* bâtiment qui domine un aérodrome et d'où se fait le contrôle des envols et des atterrissages. ‖ *Tour d'ivoire,* isolement et refus de s'engager : *S'enfermer dans sa tour d'ivoire.*

2. tour [tur] n. m. (lat. *tornus,* tour de potier). **1.** Mouvement d'un corps qui tourne sur lui-même : *La Terre fait un tour sur elle-même en vingt-quatre heures. Un tour de roue, de manivelle. Donner un tour de clef à sa porte. Fermer sa porte à double tour* (= en tournant deux fois la clef dans la serrure). — **2.** Mouvement plus ou moins circulaire autour de qqch ou de qqn : *Tour de piste* (= le circuit bouclé par les coureurs sur une piste). *Faire un tour de jardin pour se dégourdir les jambes. Un reporter qui fait le tour du monde. Faire le Tour de France. L'aiguille fait le tour du cadran. La nouvelle a fait le tour de la ville* (= s'est répandue dans toute la ville). *L'allée fait le tour du bosquet.* — **3.** Contour, limite, circonférence d'un objet, d'un lieu ou d'une surface plus ou moins circulaires; circuit d'une épreuve sportive : *Avoir quatre-vingts centimètres de tour de taille. Crème pour le tour des yeux. Piste de quatre cents mètres de tour.* — **4.** *Faire le tour d'une question,* en examiner tous les principaux points. ‖ *Faire le tour des invités, des assistants,* etc., passer auprès de chacun et s'entretenir avec lui. ‖ *Faire un tour (qqpart),* faire une promenade et revenir au point de départ : *Faire un petit tour pour se dégourdir les jambes. Faire un tour en ville.* — **5.** Moment où qqn fait qqch à son rang, dans une série d'actions du même ordre : *C'est (à) votre tour maintenant de jouer* (= c'est à vous de jouer). *Vous m'excuserez, c'est mon tour. Chacun son tour.* — **6.** *Avoir un tour de faveur,* passer en priorité. ‖ *Tour à tour,* en alternant une chose, puis une autre : *Rire et pleurer tour à tour. Elles lisaient à deux voix, chacune tour à tour* (syn. L'UN APRÈS L'AUTRE, ALTERNATIVEMENT). — **7.** Exercice difficile, demandant de l'habileté : *Un tour de prestidigitateur. Un tour d'adresse, de passe-passe. Un tour de cartes.* — **8.** *Tour de chant,* ensemble de chansons chantées en public par un chanteur. ‖ *Tour de force,* action difficile, remarquablement réussie : *La maîtresse de maison fit un tour de force en préparant le dîner si rapidement.* ‖ *Tour de main,* pratique et habileté d'une personne experte dans son travail : *Avoir, acquérir un tour de main.* ‖ *En un tour de main,* rapidement et avec aisance. ‖ *Jouer un tour, des tours à qqn,* user de malice, user d'un stratagème à ses dépens : *Je vais lui jouer un tour de ma façon;* faire une plaisanterie : *Tu lui as joué un bon tour* (syn. FARCE, NICHE). ‖ *Cela vous jouera des tours,* cela vous fera du tort. ‖ *Le tour est joué,* la chose est faite. — **9.** Machine-outil servant à façonner une pièce montée sur un arbre animé d'un mouvement de rotation : *Objet travaillé au tour. Tour de potier.*

3. tour [tur] n. m. ou **tournure** [turnyr] n. f. (de *tourner*). **1.** (+ adj. ou relative) Aspect, allure que prend qqch (abstrait) : *Elle n'aime pas le tour (la tournure) que prennent les événements. La discussion prend un tour (une tournure) déplaisant(e). Le scandale prend un tour (une tournure) politique.* — **2.** *Tour (tournure) d'esprit,* manière de voir les choses, de les présenter : *Tour d'esprit enjoué* (syn. DISPOSITION, FORME). *Tournure d'esprit malveillante.* ‖ *Tour, tournure (de phrase),* manière dont les mots sont agencés dans une phrase; expression ou locution : *Il a un tour de phrase qui lui est propre* (syn. STYLE). *C'est un tour (une tournure) qu'elle affectionne* (syn. EXPRESSION). *Un tour vieilli* (syn. FORME, EXPRESSION, LOCUTION).

tourbe [turb] n. f. (frq. *turba*). Sorte de charbon qui se forme par décomposition partielle des végétaux et qui est un combustible noirâtre de faible qualité : *Brûler de la tourbe.*

tourbeux, euse [turbø] adj. Qui contient de la tourbe : *Un sol, un marais tourbeux.*

tourbière [turbjɛr] n. f. **1.** Marécage où se forme la tourbe. — **2.** Gisement de tourbe : *Exploiter une tourbière.*

tourbillon [turbijɔ̃] n. m. (anc. fr. *torbeil,* tourbillon). **1.** Masse d'air, de gaz, etc., qui se déplace en tournoyant rapidement : *Un tourbillon de vent* (syn. CYCLONE). *Des tourbillons de fumée, de poussière.* — **2.** Masse d'eau qui tournoie rapidement en formant une sorte d'entonnoir : *Être pris dans un tourbillon.* — **3.** *Un tourbillon de* (+ *n. pl.*), un mouvement rapide de personnes ou de choses : *Un tourbillon de danseurs passa près de nous. Un tourbillon de feuilles mortes emportées par le vent.* — **4.** *Le tourbillon de qqch,* ce qui entraîne dans un mouvement irrésistible : *Le tourbillon des affaires. Le tourbillon de la vie moderne. Le tourbillon de ses pensées.*

tourbillonnant, e [turbijɔnɑ̃] adj. Qui tourbillonne : *Valses tourbillonnantes.*

tourbillonnement [turbijɔnmɑ̃] n. m. Mouvement en tourbillon.

tourbillonner [turbijɔne] v. i. **1.** Former des tourbillons : *Le fleuve tourbillonne à certains endroits.* — **2.** Tournoyer rapidement : *Les danseurs tourbillonnent. Les pensées tourbillonnent dans sa tête.*

tourelle [turɛl] n. f. **1.** Petite tour en haut d'un mur ou d'une tour de château : *Une tourelle en poivrière.* — **2.** Abri blindé d'une pièce d'artillerie : *La tourelle d'un char de combat.*

tourisme [turism] n. m. (angl. *tourism*). **1.** Action de voyager pour son plaisir : *Un voyage de tourisme. Faire du tourisme.* — **2.** Ensemble des problèmes financiers, culturels, techniques posés par les déplacements massifs de touristes dans un pays, une région : *Agence de tourisme. Office de tourisme.* — **3.** *Avion, voiture de tourisme,* à usage privé et non collectif.

touriste [turist] n. Personne qui voyage pour son agrément : *Un groupe de touristes visite le musée. L'invasion des touristes* (syn. ESTIVANT, VACANCIER). ◆ adj. *Classe touriste,* en avion, en bateau, classe à tarif normal.

touristique [turistik] adj. **1.** Relatif au tourisme : *Guide touristique. Renseignements touristiques. Billet, menu, prix touristique* (= destiné à attirer les touristes par son caractère avantageux). — **2.** Se dit d'un lieu qui attire les touristes : *Un monument, une ville touristique. Ce n'est pas touristique par ici* (syn. PITTORESQUE).

tourmaline [turmalin] n. f. (mot cinghalais). Minéral de coloration variée, formant des prismes allongés; pierre fine rouge, bleue, brune, incolore ou noire.

tourment [turmɑ̃] n. m. (lat. *tormentum*). *Litt.* Grande douleur physique ou morale; grand souci : *Connaître le tourment de la faim, de la jalousie* (syn. TORTURE). *Cette affaire lui a donné bien du tourment, beaucoup de tourments* (syn. ↓PRÉOCCUPATION, ↓TRACAS). *Son avenir est son principal tourment.*

tourmentant, e [turmɑ̃tɑ̃] adj. Qui tourmente continuellement : *Une idée tourmentante.*

tourmenté, e [turmɑ̃te] adj. **1.** En proie à des tourments : *C'est une âme, une conscience tourmentée. Avoir un visage tourmenté.* — **2.** Dont l'aspect, le style est exagérément compliqué : *Des statues aux poses tourmentées* (syn. fam. ↓TARABISCOTÉ). — **3.** Se dit d'un relief du sol qui a des irrégularités nombreuses et brusques : *Un sol, un paysage tourmenté* (syn. MONTUEUX, VALLONNÉ, ↓ACCIDENTÉ). — **4.** *Époque tourmentée,* agitée par des troubles politiques, économiques ou sociaux (syn. ↓TROUBLÉ). ‖ *Mer tourmentée,* très agitée.

tourmente [turmɑ̃t] n. f. **1.** *Litt.* Tempête, bourrasque violente. — **2.** Violents troubles politiques ou sociaux : *La tourmente révolutionnaire.*

tourmenter [turmɑ̃te] v. t. **1.** Litt. *Tourmenter qqn,* lui faire endurer des tourments physiques ou moraux : *Arrêtez de tourmenter cette pauvre femme* (syn. ↑MARTYRISER). *Ce remords le tourmente* (syn. RONGER, TENAILLER, TORTURER, OBSÉDER). — **2.** *Tourmenter qqn,* le préoccuper vivement : *L'idée d'avoir sa petite maison la tourmente. Il est tourmenté par l'ambition d'arriver.* ◆ ***se tourmenter*** v. pr. (sujet qqn) Se faire du souci : *Ne vous tourmentez pas pour si peu* (syn. S'INQUIÉTER, ↑S'ALARMER).

tournage [turnaʒ] n. m. Action de tourner un film : *Le tournage de ce film n'a pris que trois semaines.*

tournailler [turnɑje] v. i. **1.** *Fam.* Aller et venir sans but, tourner sur place : *Tournailler dans sa chambre. Elle ne faisait que tournailler dans la pièce.* — **2.** Fam. *Tournailler autour de qqn, qqch,* tourner autour d'eux de manière insistante, gênante (syn. TOURNICOTER, TOURNIQUER).

1. tournant, e [turnɑ̃] adj. **1.** Qui tourne, qui pivote : *Fauteuil tournant. Pont tournant.* — **2.** *Mouvement tournant,* opération militaire qui vise à tourner les positions de l'adversaire pour le prendre à revers.

2. tournant [turnɑ̃] n. m. **1.** Endroit où un chemin fait un coude : *Route pleine de tournants. Tournant en épingle à cheveux* (syn. VIRAGE). — **2.** Moment capital où les événements changent de direction : *Être à un tournant de sa vie, de son destin. Cette bataille a marqué un tournant dans l'histoire, elle a été le tournant décisif.* — **3.** Fam. *Avoir, rattraper, attendre qqn au tournant,* se venger dès que l'occasion se présente : *C'est à cause de toi que nous avons raté cette affaire, mais nous te rattraperons au tournant.*

tourné, e [turne] adj. **1.** Qui a fermenté : *Du lait tourné* (syn. AIGRE, CAILLÉ). — **2.** Rédigé, écrit, dit d'une certaine façon : *Son compliment était mal tourné. Une déclaration d'amour bien tournée.* — **3.** *Esprit mal tourné,* disposé à interpréter les choses d'une manière désagréable ou scabreuse. — **4.** *Bien tourné,* se dit de qqn, de son corps bien fait, de juste proportion : *Avoir la taille bien tournée.*

tourneboulér [turnəbule] v. t. (anc. fr. *torneboele,* culbute). Fam. *Tournebouler qqn, son esprit,* le troubler, le perturber.

tournebroche [turnəbrɔʃ] n. m. Dispositif permettant de faire tourner une broche à rôtir.

tourne-disque [turnədisk] n. m. (pl. *tourne-disques*). Appareil comportant un plateau actionné par un moteur électrique, et qui permet la reproduction de sons enregistrés sur disques (syn. ÉLECTROPHONE, PICK-UP [vieilli]).

tournedos [turnədo] n. m. Tranche ronde et assez épaisse de filet de bœuf, entourée d'une fine barde de lard.

tournée [turne] n. f. **1.** Voyage, à itinéraire déterminé, que fait un fonctionnaire, un commerçant, un représentant, une troupe de théâtre, etc. : *Une tournée d'inspection. Une tournée électorale. Le facteur fait sa tournée. Faire une tournée de conférences en province. Une tournée théâtrale. Elle est partie en tournée.* — **2.** *Fam.* Ensemble de consommations offertes à un groupe par qqn dans un café : *C'est ma tournée. C'est la tournée du patron.* — **3.** *Faire la tournée de qqch (lieu),* visiter tour à tour : *Faire la tournée des grands magasins. Faire la tournée des cafés, des bistrots* (syn. fam. FAIRE UNE VIRÉE DANS). *Faire la tournée des capitales.* ‖ Fam. *Faire la tournée des grands-ducs,* aller dans les grands restaurants et les boîtes de nuit. ‖ Fam. *Recevoir, donner une tournée,* une volée de coups (syn. fam. RACLÉE).

tournemain (en un) [turnəmɛ̃] adv. Syn. litt. de EN UN TOUR DE MAIN (syn. RAPIDEMENT).

tourner [turne] v. t. (lat. *tornare,* façonner au tour). **1.** *Tourner qqch (concret),* lui imprimer un mouvement de rotation : *Tourner une roue, une manivelle. Tourner la clé dans la serrure.* — **2.** *Tourner la salade, une sauce, son café,* etc., les remuer par un mouvement en rond pour les mélanger, les rendre homogènes (syn. REMUER). — **3.** *Tourner qqch (concret)* [*dans une direction*], le faire changer de position, en partic. par un mouvement de translation ou de rotation partielle : *Tourne un peu la lampe (vers le mur), elle m'éblouit. Tourner et retourner sa casquette entre ses mains;* sans compl. indiquant la direction, le mettre dans une position inverse à sa position initiale : *Tourner les pages d'un livre* (= passer du recto au verso). — **4.** *Tourner qqch (partie du corps)* [*dans une direction*], le diriger ailleurs ou dans une certaine direction : *Quand elle m'a aperçu, elle a tourné la tête* (syn. DÉTOURNER). *Tourner les yeux vers (sur) quelqu'un, vers l'horizon. Tourner la tête à droite, à gauche. Tourner ses pieds en dehors.* — **5.** *Tourner qqch (abstrait) vers qqch, qqn,* l'orienter, le faire porter sur qqch, qqn : *Tourner ses efforts, ses pensées vers quelqu'un, quelque chose.* — **6.** *Tourner un lieu, un obstacle,* etc., passer autour, l'éviter : *Tourner le coin de la rue. Le navire a tourné le cap* (syn. DOUBLER). *Tourner une montagne* (syn. CONTOURNER). *Tourner les positions de l'ennemi* (= l'encercler, exécuter un mouvement enveloppant). — **7.** *Tourner une difficulté, une loi,* etc., l'éluder, s'y soustraire habilement. ‖ *Tourner le dos à qqch,* aller dans le sens opposé : *La rue Soufflot? Vous lui tournez le dos.* ‖ *Tourner le dos à qqn,* ne pas lui faire face : *Je n'ai pas vu son expression, elle me tournait le dos ;* refuser de le voir par mépris : *Quand je le rencontre, je lui tourne le dos.* ‖ *Tourner l'estomac, le cœur à qqn,* lui donner la nausée : *Le spectacle de cet accident m'a tourné le cœur.* ‖ *Tourner la tête à qqn,* l'enivrer : *Le vin lui tourne la tête. Cette odeur me tourne la tête* (= est entêtante); lui inspirer des sentiments qui lui font perdre toute objectivité : *Elle lui a tourné la tête.* ‖ *Tourner et retourner un problème, une question (dans tous les sens),* l'examiner sous tous ses aspects. — **8.** *Tourner qqch (abstrait) en bien, en mal,* l'interpréter dans un sens favorable, bienveillant ou non : *On ne peut pas se fier à lui, il tourne tout en mal.* ‖ *Tourner qqch en plaisanterie,* en faire une plaisanterie. ‖ *Tourner qqn, qqch en ridicule, en dérision,* le ridiculiser. — **9.** *Tourner une phrase, un discours, une lettre,* etc., exprimer, présenter d'une certaine manière sa pensée, ses idées, par l'écriture ou par la parole : *Elle tourne bien ses lettres. Tourner des vers, une épigramme, un compliment.* — **10.** *Tourner un film,* le faire, en réaliser les prises de vues ; y jouer. ‖ *Tourner une scène, des extérieurs,* etc., les filmer. ◆ v. i. **1.** (sujet qqn, qqch) Se mouvoir, se déplacer circulairement autour de son axe, être animé d'un mouvement de rotation : *La Terre tourne sur elle-même. La danseuse a tourné cinq fois sur elle-même. La clé tourne dans la serrure. Le manège tourne. Le moteur tourne à plein régime. Faire tourner les tables* (= s'adonner à des pratiques de spiritisme en posant ses mains sur une table dont les mouvements sont censés délivrer un message des esprits qui l'animent). — **2.** (sujet qqn, qqch [concret]) *Tourner (autour de qqch, qqn),* se mouvoir autour de qqch, de qqn : *La Terre tourne autour du Soleil. Les mouches tournent autour de nous* (syn. TOURBILLONNER). *L'avion a tourné plusieurs fois autour de l'aéroport avant d'avoir l'autorisation d'atterrir. Il tourne sans arrêt dans sa chambre* (= il marche en rond). — **3.** (sujet qqch, une route, un cours d'eau, etc.) *Tourner autour de qqch,* être disposé plus ou moins autour de qqch, en suivre le contour : *Allée qui tourne autour du parc* (= qui en suit le pourtour). — **4.** (sujet qqch [abstrait]) *Tourner autour de qqch, qqn,* l'avoir pour centre d'intérêt : *Toute l'affaire tourne autour de cette question. L'enquête tourne autour de deux suspects. Sa vie tourne autour de ce souvenir.* — **5.** (sujet qqn, un véhicule, une route, etc.) *Tourner (à gauche, à droite),* prendre une autre direction : *Au premier carrefour, vous tournerez à droite. Au petit bois le sentier tourne à gauche.* — **6.** *Route, chemin qui tourne,* qui comporte beaucoup de virages, de tournants. — **7.** *Fam.* Fonctionner, être en activité : *L'usine tourne toute l'année sans interruption. Elle sait faire tourner son affaire.* — **8.** *Ça tourne, tout tourne,* se dit lorsqu'on a le vertige ou la nausée. ‖ Fam. *Tourner de l'œil,* s'évanouir. ‖ *La tête lui tourne, il a la tête qui tourne,* il a le vertige, ou il ne raisonne plus sainement. ‖ *Tourner rond* → ROND. — **9.** *Tourner autour de qqn,* avoir des intentions malveillantes à son égard : *Il tourne autour d'elle depuis un certain temps ;* chercher à capter sa bienveillance : *Tourner sans cesse autour du ministre ;* s'agiter sans cesse à côté de lui : *Cette enfant tourne sans arrêt autour de moi.* ‖ Fam. *Tourner autour d'une femme,* la courtiser. ‖ Fam. *Tourner autour du pot,* hésiter, tergiverser. — **10.** *Tourner dans un film,* y jouer. — **11.** *Lait, vin, sauce qui tourne,* qui devient aigre. — **12.** (sujet des personnes) Faire qqch chacun son tour : *On a décidé que pour les travaux de la maison on tournerait, comme cela on aura tous un peu de vacances* (syn. ALTERNER). — **13.** (sujet qqn, qqch) *Tourner* (+ *compl.* ou *adv. de manière*), évoluer de telle ou telle façon : *La discussion tourne à son avantage. Leurs relations tournent à l'aigre. L'affaire tourne bien* (= elle s'achemine vers une issue heureuse). *C'est quelqu'un qui a mal tourné* (= dont la conduite est devenue répréhensible). ‖ *Tourner court,* être brusquement arrêté dans son développement : *Ses projets ont tourné court* (= ont avorté). ◆ ***se tourner*** v. pr. (sujet être animé) **1.** *Se tourner du côté de, vers,* etc., *telle ou telle direction,* se placer face à, regarder en direction de : *Se tourner vers la porte. Se tourner du côté de la fenêtre pour mieux voir. De quelque côté qu'on se tourne, on ne voit pas de chemin* (syn. S'ORIENTER, SE DIRIGER). — **2.** *Se tourner vers une question,* s'intéresser à un problème. ‖ *Se tourner vers une profession, vers des études,* etc., s'y préparer, s'y engager. ‖ *Se tourner vers qqn,* s'adresser à lui, recourir à ses services. ‖ *Se tourner contre qqn,* lui devenir hostile.

tournesol [turnəsɔl] n. m. (it. *tornasole,* qui se tourne vers le soleil). Plante dont la fleur jaune se tourne vers le soleil et dont les graines fournissent de l'huile comestible.

tourneur, euse [turnœr] n. Ouvrier, ouvrière qui travaille sur un tour : *Tourneur sur bois, sur métaux.*

tournevis [turnəvis] n. m. Outil pour serrer, desserrer les vis.

tournicoter [turnikɔte], **tourniquer** [turnike] v. i. Syn. de TOURNAILLER.

tourniquet [turnikɛ] n. m. (de *tourner*). Croix mobile posée horizontalement sur un pivot, placée à une entrée pour ne laisser passer qu'une personne à la fois.

tournis [turni] n. m. (de *tourner*). Syn. fam. de VERTIGE : *Avoir, donner le tournis.*

tournoi [turnwa] n. m. (de *tournoyer*). **1.** Compétition comprenant plusieurs séries de manches, mais ne donnant pas lieu à l'attribution d'un titre : *Tournoi de tennis, d'échecs.* — **2.** Au Moyen Âge, fête où les chevaliers combattaient à cheval, soit un contre un, soit par groupes.

tournoiement [turnwamɑ̃] n. m. Action de tournoyer.

tournoyer [turnwaje] v. i. (c. 3) [sujet qqn, un animal, qqch] Tourner sur soi, décrire des cercles : *Des oiseaux tournoyaient dans le ciel. Des feuilles mortes qui tournoient* (syn. TOURBILLONNER).

tournure [turnyr] n. f. → TOUR 3.

tour-opérateur [turɔperatœr] n. m. (pl. *tour-opérateurs*). Personne commercialisant des voyages à forfait.

tourte [turt] n. f. (bas lat. *torta*). Pâtisserie ronde garnie de viandes, de poissons ou de légumes.

1. tourteau [turto] n. m. (de *tourte*). Résidu des graines et des fruits oléagineux, qu'on donne comme aliment aux bestiaux.

2. tourteau [turto] n. m. (de l'anc. fr. *tort,* tordu). Gros crabe commun sur les côtes de l'Océan, à large carapace elliptique et dont les pinces ont l'extrémité noire.

tourtereau [turtəro] n. m. Jeune tourterelle. ◆ ***tourtereaux*** n. m. pl. *Fam.* Jeunes gens qui s'aiment tendrement.

tourterelle [turtərɛl] n. f. (lat. *turturilla ;* de *turtur,* tourterelle). Oiseau voisin du pigeon, mais plus petit : *La tourterelle roucoule.*

tourtière [turtjɛr] n. f. Ustensile de cuisine pour faire des tourtes ou des tartes.

toussaint [tusɛ̃] n. f. (mot signif. *tous les saints*) [avec majusc.]. Fête catholique, qui se célèbre le 1er novembre, en l'honneur de tous les saints.

tousser [tuse] v. i. (lat. *tussire ;* de *tussis,* toux). **1.** (sujet qqn) Avoir un accès de toux : *La malade toussait beaucoup ;* imiter le bruit de la toux pour attirer l'attention : *Tousser pour avertir quelqu'un.* — **2.** Fam. *Moteur qui tousse,* qui a des ratés.

toussotement [tusɔtmɑ̃] n. m. Action de toussoter.

toussoter [tusɔte] v. i. Tousser souvent, mais faiblement.

1. tout, e [tu], pl. **tous** [tu], **toutes** adj. indéf. (lat. *totus,* tout entier). (*Tout* se prononce [tu] devant une consonne, [tut] devant une voyelle ou un *h* muet : *tout soldat* [tusɔlda], *tout homme* [tutɔm] ; *tous* se prononce [tu], sauf devant une voyelle, où il se prononce [tuz] : *tous les jours* [tuleʒur], *à tous égards* [atuzegar].) — **I.** Sans déterminant a le sens de : **1.** n'importe quel, chaque (considération de l'unité) : *Tout homme est sujet à l'erreur. Toute peine mérite salaire. Toute vérité n'est pas bonne à dire. Casse-croûte à toute heure. De toute manière. Des objets de toute espèce. À tout propos. À tout instant. En tout cas.* — **2.** total, complet, sans réserve (valeur intensive ; devant un nom abstrait) : *En toute simplicité, humilité, franchise,* etc. (= très simplement, humblement, franchement, etc.). *Tableau de toute beauté* (= très beau). *De toute éternité* (= depuis toujours). *À toute vitesse.* — **3.** seul, unique (précédé de *pour*) : *Pour tout bagage, il n'emportait qu'un parapluie. Pour toute réponse, elle se mit à rire.* — **4.** n'importe quel (en considérant l'ensemble) : *En tous lieux. De tous côtés. À tous égards. Toutes réparations. Toutes directions* (sur un panneau indicateur). *En tous cas.* — **5.** apposition récapitulative : *Le courage, la lucidité, l'autorité, toutes qualités nécessaires à un chef.* — **6.** ensemble (soulignant l'association, devant un numéral) : *Tous deux ont tort. Tous trois paraissent décidés. Vous êtes tous quatre mes amis* (rare). [La série ne va pas au-delà.]

— **II.** Avec un déterminant a le sens de : **1.** la totalité de, entier : *Il a neigé toute la (cette, une) nuit. Il a dépensé tout son argent. Cela ne méritait pas toute la peine que nous y avons prise. Tout un peuple l'acclame.* — **2.** complet, tout à fait, etc. (valeur intensive) : *C'est tout le portrait de sa mère* (= le portrait exact). *C'est tout le contraire* (= tout à fait). *Moi tout le premier. Elle en a fait toute une histoire.* — **3.** seul, unique : *C'est tout l'effet que cela vous fait? Toute la difficulté consiste à... Tout le secret est de... Tout son art consiste à choisir le bon moment.* — **4.** l'ensemble des..., n'importe quels (totalité collective) : *Tous les hommes sont sujets à l'erreur. Toutes les personnes qui... De tous les côtés. Dans toutes les directions. Nous faisons toutes les réparations. Dans tous les cas.* — **5.** la périodicité, l'intervalle : *Tous les deux jours* (= un jour sur deux). *Tous les dix mètres. Tous les combien est-ce qu'il y a un train?* (fam.). — **6.** l'association, devant un numéral : *Tous les deux, tous les trois, tous les quatre, tous les cinq, tous les dix, tous les quinze*, etc.

— REM. **1.** *Tout le monde* équivaut à *tous* [tus], l'ensemble des gens (contr. PERSONNE). — **2.** *Somme toute* équivaut à *en somme, au total.* — **3.** Dans plusieurs cas, il n'y a guère de différence de sens entre l'emploi sans déterminant et l'emploi avec déterminant. Les constructions sans déterminant ont généralement un caractère plus sentencieux, plus littéraire.

2. tout [tu], pl. **tous** [tus], **toutes** pron. indéf. (*Tout* se prononce [tu] devant une consonne, [tut] devant une voyelle ou un h muet, sauf s'il est suivi d'une pause : *tout passe* [tupas], *tout arrive* [tutariv]; *tous* se prononce [tus] : *tous ont compris* [tusɔ̃kɔ̃pri].) **1.** Désigne l'ensemble des inanimés, s'opposant à *rien*, comme dans le domaine des animés *tout le monde* s'oppose à *personne* : *Dieu a tout créé. On ne peut pas tout savoir. Tout est en ordre dans la pièce. Elle veut s'occuper de tout. C'est tout ou rien, il n'y a pas de milieu.* — **2.** Entre dans de nombreuses locutions : *Après tout, tout bien considéré*, il n'y a pas d'inconvénient majeur, en fin de compte. ‖ *À tout prendre*, indique un choix finalement préférable. ‖ *Avoir tout de*, ressembler entièrement à : *Avec ces cheveux hirsutes, tu as tout d'un sauvage. Il a tout du clown.* ‖ *C'est tout*, il n'y a rien d'autre, il n'y a rien à ajouter. ‖ *Ce n'est pas tout*, il faut encore considérer ceci... ‖ *Comme tout*, renforce un adjectif ou un adverbe (fam.) : *Elle est gentille comme tout* (= très gentille). *Il fait froid comme tout, ici* (= très froid). ‖ *En tout*, au total. ‖ *En tout et pour tout*, uniquement. — **3.** Renvoyant à un nom qui précède, désigne la totalité des animés ou des inanimés : *J'ai invité plusieurs amis, amies : tous, toutes sont venus. Laisse ces outils à leur place : je me sers de tous.* — **4.** Ne renvoyant pas à un nom, désigne la totalité des humains. (Il s'emploie rarement comme complément d'objet direct : on dit alors *tout le monde*) : *Tous ont approuvé cette décision. On ne peut pas dire cela à tous* (syn. usuel TOUT LE MONDE). *Chacun pour soi et Dieu pour tous.*

— REM. On peut considérer *tous* soit comme un adj., soit comme un pronom dans : *nous tous, eux tous, les experts se trompent tous, je les aime tous*, etc. Il se prononce alors [tus], et on peut parfois lui substituer *chacun* : *Nous avons tous (chacun) nos défauts. Elles sont toutes (chacune) chez elles.*

3. tout [tu] adv. (*Tout* se prononce [tu] devant une consonne, [tut] devant une voyelle ou un h muet : *tout près* [tuprɛ], *tout autour* [tutotur].) **1.** Suivi d'un adj., indique l'intensité ou le degré absolu, invariable, sauf devant un adj. fém. commençant par une consonne ou par un *h* aspiré, auquel cas *tout* prend les marques de genre et de nombre de l'adj. : *Il est tout content* (syn. TRÈS). *Ils sont tout contents. Elle est tout étonnée, toute contente. Elles sont tout étonnées, toutes contentes. Mes voisines étaient tout heureuses, toutes honteuses. Manger de la viande toute crue. Elle s'est couchée tout habillée. Des bébés tout nus.* — **2.** *Tout... que*, indique la concession : *Tout malin qu'il est, il s'est trompé* (= quoiqu'il soit très malin). *Toute timide qu'elle soit, elle a osé protester* (syn. SI... QUE; litt. QUELQUE... QUE). — **3.** Suivi d'un adv., d'une prép., d'un nom, indique un superlatif, l'intensité : *Tout près. Tout au loin. Tout au bout. Tout là-bas. Tout aussitôt. Tout simplement.* — **4.** Marque la concomitance ou la concession : *Tout en marchant, il me racontait son histoire* (= pendant qu'il marchait). *Tout en étant très riche, elle vit très simplement* (= quoiqu'elle soit très riche). — **5.** *Tout à fait*, entièrement, très, extrêmement : *Il est tout à fait guéri. Vous êtes tout à fait aimable. Elle ressemble tout à fait à sa sœur.* ‖ *Tout de même*, cependant, néanmoins : *J'ai failli me perdre, mais j'ai tout de même trouvé la bonne route*; souligne une expression exclamative : *C'est tout de même malheureux! Vous pourriez tout de même faire attention!*

4. tout [tu] n. m. (surtout sing.) **1.** La totalité, l'ensemble : *Le tout est plus grand que la partie. Les différents chapitres de ce livre forment un tout* (= chacun est solidaire des autres). *Couleurs qui se fondent en un tout homogène. On ne détaille pas : il faut prendre le tout.* — **2.** Ce qui a une importance essentielle : *Peu importe comment elle s'y prendra : le tout est qu'elle réussisse.* — **3.** *Changer* (*être différent*, etc.) *du tout au tout*, complètement : *Depuis sa maladie, il a changé du tout au tout.* ‖ *Ce n'est pas le tout*, cela ne suffit pas, il faut faire autre chose : *Ce n'est pas le tout de pleurer, il faut réparer les dégâts. Je m'attarde auprès de vous, mais ce n'est pas le tout : j'ai encore beaucoup de travail à faire.* ‖ *Jouer, risquer le tout pour le tout*, risquer de tout perdre ou de tout gagner; s'engager à fond. ‖ *Pas (plus) du tout*, nullement : *Je ne suis pas du tout sûr que ce soit vrai. Ce climat ne lui convient pas du tout. Elle n'est pas inquiète du tout. Il n'y a plus du tout d'essence dans le réservoir.* ‖ *Rien du tout*, absolument rien : *Il n'a rien du tout. Je n'y vois rien du tout.*

tout-à-l'égout [tutalegu] n. m. inv. Système de vidange envoyant directement à l'égout les matières fécales et les eaux sales.

toutefois [tutfwa] adv. Marque une opposition assez forte à ce qui vient d'être dit et joue le rôle d'une conjonction de coordination dont la place est variable dans la phrase (souvent en appui de *si* et de *et*) : *Je lui parlerai, si toutefois il veut bien m'écouter. Elle sait que vous n'êtes pas libre ce jour-là; toutefois, si vous pouvez venir, elle en sera très heureuse* (syn. usuels MAIS, POURTANT, CEPENDANT, NÉANMOINS). *Le temps s'est adouci, mais pas assez toutefois pour arrêter le chauffage.*

toute-puissance [tutpɥisɑ̃s] n. f. (pl. *toutes-puissances*). Puissance absolue.

toutou [tutu] n. m. (onomat.). Chien, dans le langage enfantin.

tout-Paris [tupari] n. m. Ensemble des personnalités qui figurent dans les manifestations mondaines de Paris.

tout-puissant [tupɥisɑ̃], **toute-puissante** adj. et n. (pl. *tout-puissants, toutes-puissantes*). **1.** Qui a un très grand pouvoir (syn. OMNIPOTENT). — **2.** *Le Tout-Puissant,* Dieu.

tout-venant [tuvənɑ̃] n. m. et adj. inv. **1.** Charbon non trié. — **2.** Chose ou personne qui n'a pas été soigneusement, délibérément choisie, sélectionnée, qui se présente ordinairement : *C'est du tout-venant, ce n'est pas du premier choix.*

toux [tu] n. f. (lat. *tussis*). Expiration brusque et sonore de l'air contenu dans les poumons, provoquée par l'irritation des voies respiratoires : *Une quinte de toux.*

toxicité [tɔksisite] n. f. Caractère toxique : *La toxicité de l'arsenic.*

toxicologie [tɔksikɔlɔʒi] n. f. (de *toxique,* et gr. *logos,* science). Science relative aux poisons, à leurs effets sur l'organisme.

toxicologue [tɔksikɔlɔg] n. Spécialiste de toxicologie.

toxicomane [tɔksikɔman] n. (de *toxique,* et gr. *mania,* folie). Qui souffre de toxicomanie.

toxicomanie [tɔksikɔmani] n. f. Habitude morbide d'absorber des drogues, des substances qui provoquent un état de dépendance psychique ou physique.

toxine [tɔksin] n. f. Substance toxique élaborée par un organisme vivant.

toxique [tɔksik] adj. et n. m. (gr. *toxikon,* poison). Nocif pour les organes vivants, qui contient du poison : *Substance toxique. Il y a des toxiques animaux, végétaux, minéraux.* (→ INTOXIQUER.)

trac [trak] n. m. (formation expressive). *Fam.* Peur éprouvée au moment de paraître en public, de subir une épreuve : *Une actrice, un candidat qui a le trac.*

tracas [traka] n. m. Souci causé surtout par des choses d'ordre matériel : *Le tracas du ménage, des affaires.*

tracasser [trakase] v. t. (de *traquer*). *Tracasser qqn,* lui causer du souci : *La santé de sa fille la tracasse* (syn. INQUIÉTER, TOURMENTER). ◆ ***se tracasser*** v. pr. Se tourmenter : *Ne vous tracassez pas, tout se passera bien* (syn. S'INQUIÉTER, SE FAIRE DU SOUCI).

tracasserie [trakasri] n. f. Ennui causé à qqn à propos de choses peu importantes (surtout pl.) : *Les tracasseries administratives* (syn. CHICANE).

tracassier, ère [trakasje] adj. Qui se plaît à ennuyer : *Un patron tracassier.*

trace [tras] n. f. (de *tracer*). **1.** Empreinte laissée sur le sol par le passage de qqn, d'un animal, d'un véhicule : *Après le cambriolage de la villa, les policiers ont trouvé des traces de pas dans le jardin et des traces de roues de voiture près de la porte d'entrée.* — **2.** Marque laissée par qqch, une maladie, un coup, un phénomène, sur qqn ou sur qqch : *Avoir sur le visage des traces de variole, de brûlure* (syn. CICATRICE). *La foudre est tombée sur cet arbre, on en voit les traces.* — **3.** Quantité très faible d'une substance qu'on découvre dans une autre substance : *Déceler des traces de glucose dans le sang.* — **4.** Ce qui reste, ce qui témoigne d'une action passée : *On ne trouve aucune trace de cette bataille à l'endroit où elle a eu lieu* (syn. VESTIGE). *On n'a pas trouvé la moindre trace d'effraction* (syn. INDICE). — **5.** *Être sur la trace de qqch,* être en voie de le découvrir. ‖ *Suivre qqn à la trace,* en se guidant sur les traces qu'il a laissées. ‖ *Suivre les traces, marcher sur les traces de qqn,* imiter son exemple. ‖ *Trace directe,* position normale du skieur en descente.

tracé [trase] n. m. **1.** Ensemble des lignes par lesquelles on représente un dessin, un plan : *Faire le tracé d'une nouvelle route.* — **2.** Parcours d'une route, d'un cours d'eau, etc. : *Le tracé d'une rivière.*

tracer [trase] v. t. (du lat. *tractus,* trait) [c. 1]. **1.** *Tracer un dessin, une figure géométrique,* etc., les représenter au moyen de lignes et de points : *Tracer une circonférence, une ligne droite* (syn. DESSINER). — **2.** *Tracer une route,* en marquer l'emplacement sur le terrain par des lignes, des jalons. — **3.** *Tracer qqch (à qqn),* le lui dépeindre, le lui décrire : *Elle nous a tracé un tableau de la situation.* ‖ *Tracer le chemin à qqn,* lui donner des conseils sur la conduite qu'il doit adopter; lui donner l'exemple.

trachée [traʃe] ou **trachée-artère** [traʃeartɛr] n. f. (gr. *trakeîa artêria,* artère raboteuse) [pl. *trachées-artères*]. Canal qui fait communiquer le larynx avec les bronches.

trachéite [trakeit] n. f. Inflammation de la trachée-artère.

trachéotomie [trakeɔtɔmi] n. f. Opération chirurgicale consistant à ouvrir la trachée au niveau du cou pour permettre la respiration en cas d'asphyxie.

tract [trakt] n. m. (mot angl.; abrév. de *tractate,* traité). Feuille, brochure, qu'on distribue, petite affiche qu'on colle aux murs à des fins de propagande.

tractations [traktasjɔ̃] n. f. pl. (du lat. *tractare,* traiter). *Péjor.* Manière de traiter une affaire, une négociation; ensemble des propositions qui sont faites de part et d'autre.

tracter [trakte] v. t. *Tracter qqch (véhicule, wagon),* le tirer au moyen d'un véhicule ou d'un dispositif mécanique : *Tracter une péniche.*

tracteur [traktœr] n. m. Véhicule automobile servant à tirer une ou plusieurs remorques ou des machines agricoles.

traction [traksjɔ̃] n. f. (lat. *tractio,* de *trahere,* tirer). **1.** Action de tirer, de mouvoir par une force placée à l'avant : *La traction d'un wagon. Traction électrique.* — **2.** *Traction avant,* type d'automobile dont les roues avant sont motrices. — **3.** Action de tirer en tendant, en allongeant un corps : *La résistance d'un matériau à la traction.* — **4.** Mouvement de gymnastique qui consiste à soulever le corps avec les bras en étant allongé au sol ou suspendu à une barre, à des anneaux.

tradition [tradisjɔ̃] n. f. (lat. *traditio,* transmission). **1.** Transmission de doctrines religieuses ou morales, de légendes, de coutumes, par la parole ou par l'exemple : *La tradition est le lien du passé avec le présent.* — **2.** Manière d'agir ou de penser transmise de génération à génération à l'intérieur d'un groupe : *Maintenir une tradition à l'intérieur d'une province, d'une famille* (syn. COUTUME). *Les traditions des grandes écoles.* — **3.** *Être de tradition, être une tradition,* être habituel, voulu par l'usage en telle ou telle circonstance : *Cette réception à Noël est une tradition chez elle.*

traditionalisme [tradisjɔnalism] n. m. Attachement, parfois aveugle, aux idées, aux coutumes transmises par la tradition.

traditionaliste [tradisjɔnalist] adj. et n. Qui relève du traditionalisme.

traditionnel, elle [tradisjɔnɛl] adj. Fondé sur une tradition, sur un long usage : *Opinions traditionnelles* (syn. CONFORMISTE). *Le traditionnel défilé du 14-Juillet* (syn. HABITUEL).

traditionnellement [tradisjɔnɛlmɑ̃] adv. De façon traditionnelle : *Fête qui se célèbre traditionnellement à telle date.*

traducteur, trice [tradyktœr] n. Personne qui traduit.

traduction [tradyksjɔ̃] n. f. **1.** Action, manière de traduire : *Une traduction littérale, fidèle, exacte.* — **2.** Ouvrage traduit : *Acheter une traduction de Shakespeare.*

traduire [tradɥir] v. t. (lat. *traducere,* faire passer) [c. 70]. **1.** (sujet qqn) *Traduire un texte, un discours,* etc., les faire passer d'une langue dans une autre : *Traduire un livre de l'anglais en français. L'interprète traduisait fidèlement ses paroles. Traduire un auteur* (= transposer ses ouvrages dans une autre langue). — **2.** (sujet qqn, qqch) *Traduire qqch (abstrait),* l'exprimer d'une certaine façon : *Traduisez plus clairement votre pensée. La musique est capable de traduire certains sentiments. Son attitude traduisait son impatience* (syn. TRAHIR). — **3.** *Traduire qqn en justice,* l'appeler devant un tribunal. ◆ ***se traduire*** v. pr. (sujet qqch) Se manifester : *La joie se traduisait sur son visage.*

traduisible [tradɥizibl] adj. Qu'on peut traduire (souvent dans des phrases négatives) : *Texte difficilement traduisible.*

trafic [trafik] n. m. (it. *traffico*).
— **I. 1.** Commerce clandestin, illégal : *Faire le trafic des stupéfiants. Se livrer à un trafic d'armes.* — **2.** Action de monnayer qqch qui est normalement sans valeur marchande : *Faire trafic de son honneur, de son corps.* — **3.** *Trafic d'influence,* infraction pénale commise par celui qui se fait rémunérer pour obtenir ou tenter de faire obtenir un avantage de l'autorité publique. — **4.** *Fam.* Ensemble d'activités plus ou moins mystérieuses et compliquées.
— **II. 1.** Mouvement, circulation des trains sur une voie ferrée, des voitures sur une route, des avions sur une ligne aérienne : *Une autoroute sur laquelle se fait un trafic important.* — **2.** Circulation des marchandises : *Dans ce port, le trafic est en augmentation.*

trafiquant, e [trafikɑ̃] n. Personne qui se livre à un commerce malhonnête ou illicite.

trafiquer [trafike] v. i. Se livrer à des opérations commerciales clandestines et illégales : *Ils se sont enrichis en trafiquant pendant la guerre.* ◆ v. t. **1.** *Fam.* Faire qqch de mystérieux; intriguer, comploter : *Je me demande ce qu'elles trafiquent toutes les deux, ça fait une heure qu'elles parlent à voix basse.* — **2.** *Trafiquer un produit, une marchandise,* les falsifier, les soumettre à des manipulations frauduleuses : *Trafiquer du vin* (syn. FRELATER). *Trafiquer un compteur.* ◆ v. t. ind. *Trafiquer de qqch,* tirer un profit de qqch qui n'est pas vénal : *Trafiquer de son influence, de son crédit.* ◆ ***se trafiquer*** v. pr. *Fam.* (sujet qqch) Se faire, se passer : *Qu'est ce qui se trafique en ce moment à la direction ?*

tragédie [traʒedi] n. f. (lat. *tragoedia ;* mot gr.). **1.** Œuvre dramatique dont le sujet est le plus souvent emprunté à la légende ou à l'histoire et qui, mettant en scène des personnages illustres, représente une action destinée à provoquer la pitié ou la terreur par le spectacle des passions humaines et des catastrophes qui en sont la fatale conséquence : *Les tragédies de Corneille, de Racine, de Voltaire.* — **2.** Événement funeste, terrible : *Il est à craindre que cette situation ne finisse par une tragédie.*

tragédien, enne [traʒedjɛ̃] n. Acteur, actrice qui interprète surtout des tragédies.

tragi-comédie [traʒikɔmedi] n. f. (pl. *tragi-comédies*). **1.** Œuvre dramatique où le tragique se mêle au comique. — **2.** Mélange d'événements graves et d'événements comiques.

tragi-comique [traʒikɔmik] adj. (pl. *tragi-comiques*). Qui contient du tragique et du comique : *Situation tragi-comique.*

tragique [traʒik] adj. **1.** (après le n.) Relatif à la tragédie (sens 1) : *Un auteur, une pièce tragique.* — **2.** (après ou avant le n.) Qui éveille la terreur ou la pitié par son caractère effrayant ou funeste : *Situation tragique* (syn. DRAMATIQUE, ANGOISSANT). *Mort tragique. Un tragique accident* (syn. EFFROYABLE, TERRIBLE). *Voix, ton tragique* (= qui exprime l'angoisse, la terreur). — **3.** Fam. *Ce n'est pas tragique,* c'est sans gravité. ◆ n. m. **1.** Le genre de la tragédie (sens 1) : *Aimer le tragique;* auteur de tragédies : *Corneille, Racine sont nos plus grands tragiques.* — **2.** Caractère terrible, funeste : *Elle considérait avec sang-froid le tragique de la situation.* — **3.** *Prendre qqch au tragique,* le considérer de façon trop sérieuse, trop alarmante. ‖ (sujet qqch) *Tourner au tragique,* risquer d'avoir une issue funeste.

tragiquement [traʒikmɑ̃] adv. De façon tragique : *Mourir tragiquement* (= dans des circonstances dramatiques).

trahir [trair] v. t. (lat. *tradere,* livrer). **1.** (sujet qqn) *Trahir qqn, qqch (abstrait),* l'abandonner en manquant à la fidélité qu'on lui doit : *Trahir ses amis. Trahir sa patrie* (= passer à l'ennemi, lui fournir des renseignements de nature à nuire à son propre pays). *Trahir la confiance de quelqu'un* (= ne pas y répondre). *Trahir les intérêts de quelqu'un* (= le desservir). *Trahir un parti, une cause.* — **2.** (sujet qqn) *Trahir un secret,* le révéler (syn. DIVULGUER). — **3.** (sujet qqn, qqch) *Trahir la pensée de qqn,* ne pas la traduire fidèlement (syn. DÉNATURER). — **4.** (sujet qqch) *Trahir qqn, son sentiment,* révéler ce qu'on voulait tenir caché : *Il ne voulait pas être reconnu, mais sa voix l'a trahi. Ses pleurs l'ont trahie. Son attitude trahissait son impatience* (syn. DÉCELER, MANIFESTER). — **5.** (sujet qqch) *Trahir qqn,* l'abandonner : *Ses forces l'ont trahi* (syn. LÂCHER). — **6.** (sujet qqch) *Trahir qqn,* le décevoir : *Les événements ont trahi ses espérances* (syn. NE PAS RÉPONDRE À). ◆ ***se trahir*** v. pr. **1.** (sujet qqn) Laisser paraître des idées, des sentiments, un état qu'on voulait cacher : *Elle s'est trahie par le ton de sa voix.* — **2.** (sujet qqch) Apparaître, se manifester : *Son émotion se trahissait par le tremblement de ses mains.* (→ TRAÎTRE.)

trahison [traizɔ̃] n. f. **1.** Action de trahir : *Commettre une trahison.* — **2.** *Haute trahison,* crime consistant à entretenir des relations coupables avec un pays étranger.

train [trɛ̃] n. m. (de *traîner*).
— **I. 1.** Ensemble de voitures ou de wagons traînés par une locomotive; moyen de transport par une compagnie de chemins de fer : *Monter dans un train. Train de voyageurs, de marchandises. Voyager par le train.* — **2.** *Prendre le train en marche,* participer à une action déjà commencée sans en avoir eu l'initiative. — **3.** Suite de véhicules, d'objets traînés ou avançant ensemble : *Train de péniches, de bateaux* (= file de péniches, de bateaux amarrés et traînés par un remorqueur). — **4.** Ensemble d'organes mécaniques, d'objets qui fonctionnent ensemble : *Train d'atterrissage* (= partie d'un avion comprenant les roues et les dispositifs amortisseurs qui lui permettent d'atterrir et de rouler au sol). *Train de pneus* (= ensemble des pneus qui équipent une voiture). — **5.** Enchaînement de choses diverses : *Un train de mesures fiscales* (syn. SÉRIE). — **6.** *Train de bois,* pièces de bois attachées ensemble et flottant sur un cours d'eau. ‖ *Train spatial,* ensemble des différentes capsules faisant partie d'une même expédition spatiale. — **7.** *Train de devant, de derrière,* partie de devant, de derrière, d'un cheval, d'un quadrupède : *Un chien assis sur son train de derrière* (= sur son derrière).
— **II. 1.** Allure d'une monture, d'une bête de trait : *Ce cheval va bon train.* — **2.** Allure de qqn; vitesse de la marche, d'une course : *Une personne qui marche bon train. Un train rapide. Ralentir son train.* — **3.** *Aller son*

petit train, marcher ou agir posément, sans se presser. ‖ *Au train où,* à l'allure où : *Au train où elle va, elle aura bientôt fini.* ‖ *Mener le train,* dans une course, imposer une certaine cadence. ‖ *Suivre le train,* aller à la même allure que celui qui est en tête. — **4.** (sujet qqn) *Être en train,* être en bonne disposition physique (surtout négativement) : *Elle n'est pas en train en ce moment;* (sujet qqch) être en voie d'exécution. ‖ *Mettre qqn en train,* lui donner de l'énergie pour faire qqch. ‖ *Mettre qqch en train,* commencer à le faire : *Mettre un travail en train.* ‖ *Mise en train,* début d'exécution. — **5.** *(Être) en train de* (+ *inf.*), exprime le déroulement actuel d'une action, l'évolution d'un état ou simplement la durée dans l'état présent : *Un homme en train de lire* (= occupé à lire). *Du linge en train de sécher.* — **6.** *Train de vie,* manière de vivre d'une personne par rapport aux revenus, aux ressources dont elle dispose.

traînailler → TRAÎNASSER.

traînant, e [trɛnɑ̃] adj. *Ton, voix traînante,* lente et monotone.

traînard, e [trɛnar] adj. et n. *Fam.* Qui agit avec trop de lenteur (syn. LAMBIN).

traînasser [trɛnase] ou **traînailler** [trɛnaje] v. i. *Fam.* **1.** Agir avec trop de lenteur (syn. LAMBINER). — **2.** Errer à l'aventure : *Traînailler dans les rues* (syn. BAGUENAUDER.

traîne [trɛn] n. f. **1.** Partie d'un vêtement qui traîne jusqu'à terre : *Une robe à traîne.* — **2.** Fam. *À la traîne,* à l'abandon, en désordre : *Laisser des objets à la traîne;* en arrière d'un groupe de personnes, en retard : *Être, demeurer à la traîne. Coureur qui est à la traîne.*

traîneau [trɛne] n. m. Véhicule muni de patins, qu'on fait glisser sur la glace ou la neige : *Un traîneau tiré par des chevaux, par des chiens.*

traînée [trɛne] n. f. **1.** Trace laissée sur le sol par une substance répandue : *Une traînée de plâtre, de sang.* — **2.** Longue trace laissée dans l'espace ou sur une surface par une chose en mouvement : *La traînée lumineuse d'une comète.*

traînement [trɛnmɑ̃] n. m. Action de traîner : *Traînement de la voix sur certains mots. Des traînements de pieds.*

traîner [trɛne] v. i. (lat. *trahere,* tirer). **1.** *Traîner qqch,* le tirer derrière soi : *Un cheval qui traîne une charrette. Des wagons traînés par une locomotive.* — **2.** *Traîner qqch, qqn,* le déplacer en le tirant par terre : *Traîner un meuble dans une pièce. Traîner quelqu'un par les pieds.* — **3.** *Traîner qqn, qqch,* l'emmener, l'emporter partout avec soi : *Il traîne sa femme à toutes ses conférences. Elle traîne toujours toutes sortes de livres dans sa serviette* (syn. fam. TRIMBALER). — **4.** *Traîner qqn qqpart,* le forcer à y aller : *Elle m'a traîné au cinéma.* — **5.** *Traîner qqch,* supporter une chose pénible qui dure : *Traîner une existence misérable. Traîner une maladie.* — **6.** *Traîner qqn dans la boue,* salir sa réputation en disant du mal de lui. ‖ *Traîner la jambe,* marcher difficilement, du fait d'une infirmité, de la fatigue, etc. ‖ *Traîner les pieds,* marcher sans soulever les pieds. ‖ *Traîner ses mots* (ou *traîner sur les mots*), *sa voix,* parler lentement. ◆ v. i. **1.** (sujet qqn) Montrer de la lenteur dans une tâche; perdre du temps, s'attarder : *Traîner dans un travail. Allez, plus vite, et que ça ne traîne pas! Traîner en chemin* (syn. FLÂNER). — **2.** (sujet qqn) Se laisser distancer par d'autres qui avancent plus vite : *Des coureurs qui traînent en arrière du peloton.* — **3.** (sujet qqch) Demeurer quelque temps avant de disparaître : *Quelques lambeaux de nuages traînaient dans le ciel.* — **4.** (sujet qqch) *Traîner (en longueur),* durer trop longtemps : *Un procès, une affaire qui traîne* (syn. SE PROLONGER). *Une discussion, un débat qui traîne en longueur* (syn. S'ÉTERNISER). *Ça ne va pas traîner* (fam.; = ce sera vite terminé). — **5.** (sujet qqch) Pendre jusqu'à terre : *Une robe, un manteau qui traîne.* — **6.** Pendre en désordre : *Des cheveux qui traînent dans le dos.* — **7.** (sujet qqch [concret]) Être éparpillé, en désordre : *Il y a toujours des papiers qui traînent sur son bureau. Ne laissez pas traîner d'argent sur votre table. Cet écolier laisse traîner ses affaires* (= ne les range pas). — **8.** (sujet qqch [abstrait]) Se trouver partout, être rebattu : *Une anecdote qui traîne dans tous les livres d'histoire.* — **9.** (sujet qqn) *Traîner (qqpart),* errer à l'aventure : *Traîner dans les rues, dans les cafés* (syn. fam. TRAÎNAILLER, TRAÎNASSER). ◆ ***se traîner*** v. pr. **1.** (sujet qqn) Avancer en rampant sur le sol : *Les petits enfants aiment beaucoup se traîner par terre.* — **2.** Aller qqpart à contrecœur : *Elle a dit qu'elle se traînerait à cette réunion.* — **3.** Se déplacer avec peine : *À la fin de la promenade, ils étaient tellement fatigués qu'ils se traînaient.* — **4.** (sujet qqch) Se passer, avancer lentement dans le temps : *Les jours se traînent, je m'ennuie.*

traintrain ou **train-train** [trɛ̃trɛ̃] n. m. *Fam.* Répétition routinière des occupations, des habitudes : *Continuer, suivre le traintrain de la vie quotidienne.*

traire [trɛr] v. t. (lat. *trahere,* tirer) [c. **79**]. *Traire une vache, une chèvre, une brebis,* tirer le lait de leurs mamelles en pressant sur les pis. ‖ *Traire du lait,* le tirer des mamelles.

trait [trɛ] n. m. (lat. *tractus;* de *trahere,* tirer).
— **I. 1.** Courroie, corde à l'aide de laquelle les chevaux tirent des charges. — **2.** *Animal, bête de trait,* propre à tirer une voiture, un chariot : *Cheval de trait* (contr. DE SELLE). — **3.** Tout projectile lancé avec un arc, une arbalète : *Décocher un trait. Une grêle de traits.* — **4.** *Litt.* Attaque vive, propos blessant ou mordant : *Être sensible aux traits de la raillerie, de la calomnie. Un trait satirique, mordant, piquant* (syn. SARCASME).
— **II. 1.** Ligne tracée sur le papier, sur une surface quelconque : *Biffer un mot d'un trait de plume* (= d'une seule rature, rapidement, brutalement). *Marquer un emplacement d'un trait.* — **2.** *Trait d'union,* petite ligne horizontale que l'on met entre les divers éléments de certains mots (ex. *avant-coureur, lui-même, dit-il,* etc.); ce qui sert à joindre, à unir : *Servir de trait d'union entre deux partis opposés.* — **3.** Ligne légère traçant les contours de ce qu'on veut représenter : *Les traits d'un dessin, d'un portrait. Faire un croquis en quelques traits.* — **4.** Manière d'exprimer, de décrire : *Montaigne a peint l'amitié en traits vifs et touchants.* — **5.** Élément caractéristique de qqn, de qqch : *Cette enfant a de nombreux traits de ressemblance avec sa grand-mère. Les traits significatifs d'une époque.* — **6.** Action révélatrice d'un caractère, d'un sentiment : *Trait de générosité, d'audace, de courage. Trait de perfidie, de cruauté. Un trait de génie.* — **7.** *À grands traits,* avec des traits larges, sans se préoccuper des détails : *Peindre un portrait à grands traits;* rapidement, sommairement : *Brosser un récit à grands traits.* ‖ *Avoir trait à qqch,* avoir un rapport avec qqch : *Relever avec soin tout ce qui a trait à un événement* (syn. CONCERNER, INTÉRESSER). ‖ *Boire à longs traits,* avidement. ‖ *D'un trait, d'un seul trait,* en une fois. ‖ *Tirer un trait sur qqch (projet),* y renoncer. ‖ *Trait pour trait,* exactement, avec une parfaite ressemblance : *C'est trait pour trait le portrait de son père.* ◆ ***traits*** n. m. pl. **1.** Lignes caractéristiques du visage : *Avoir des traits fins, réguliers, délicats, irréguliers, grossiers. Avoir les traits creusés, tirés.* — **2.** *Sous les traits de qqn,* sous l'aspect de.

traitable [trɛtabl] adj. Qui peut être traité : *Sujet facilement traitable.*

traitant, e [trɛtɑ̃] adj. *Médecin traitant,* qui soigne habituellement un malade.

traite [trɛt] n. f.
— I. 1. Action de traire. — 2. *Litt.* Distance qu'on parcourt en une fois sans s'arrêter : *Une longue traite.* — 3. *D'une seule traite, tout d'une traite,* sans s'arrêter : *Faire le trajet de Paris à Dijon d'une seule traite.*
— II. 1. Écrit par lequel un créancier invite son débiteur à payer une somme déterminée, à une certaine date, à qqn d'autre : *Payer, accepter une traite.* — 2. *Tirer une traite sur l'avenir,* disposer de l'avenir comme si on était sûr de ce qui arrivera.
— III. *Traite des Blanches, traite des femmes,* délit consistant à entraîner une femme en vue de la prostitution à l'étranger. ‖ *Traite des Noirs,* trafic des esclaves sur les côtes d'Afrique, pratiqué par le Portugal, l'Espagne, la France et l'Angleterre, du XVe au XIXe s.

traité [trete] n. m. (de *traiter*). 1. Convention écrite entre des États, qui fixe leurs droits et leurs devoirs les uns envers les autres : *Négocier, conclure, signer, ratifier un traité. Un traité de paix, un traité de commerce.* — 2. Ouvrage relatif à une matière particulière : *Un traité de physique, d'économie politique.*

traitement [trɛtmɑ̃] n. m. (de *traiter*). 1. Manière d'agir avec qqn : *Jouir d'un traitement de faveur. Faire subir un mauvais traitement à quelqu'un.* — 2. Ensemble des moyens employés pour prévenir ou pour guérir une maladie : *Ordonner, prescrire un traitement. Suivre un traitement.* — 3. Ensemble d'opérations qu'on fait subir à des matières brutes, en vue d'un résultat industriel ou scientifique. — 4. Rémunération d'un fonctionnaire, d'un employé (syn. ÉMOLUMENTS). — 5. *Mauvais traitements,* coups : *Infliger de mauvais traitements à un enfant* (syn. SÉVICES, VIOLENCES).

traiter [trɛte] v. t. (lat. *tractare,* manier). 1. *Traiter qqn* (+ *compl.* ou *adv. de manière*), agir envers lui de telle ou telle manière : *Traiter humainement un prisonnier. Traiter durement ses enfants. Traiter quelqu'un en frère, en camarade.* — 2. *Traiter qqn de* (+ *attribut*), lui donner un qualificatif péjoratif : *Traiter quelqu'un de fou, de paresseux, de menteur.* — 3. *Litt.* Recevoir à sa table : *Elle traite toujours ses invités magnifiquement.* — 4. *Traiter une maladie, un malade,* les soigner par une médication appropriée. — 5. *Traiter qqch (abstrait),* l'exposer, le développer oralement ou par écrit : *Traiter une question, un sujet à fond ou superficiellement.* — 6. *Traiter une affaire, un marché (avec qqn, un groupe),* entrer en pourparlers, en relations avec eux pour une négociation commerciale ou diplomatique; négocier, conclure un marché. — 7. *Traiter une substance,* la soumettre à diverses opérations, de façon à la transformer : *Traiter un minerai.* ◆ v. t. ind. (sujet qqn, un ouvrage, un discours) *Traiter de qqch,* le prendre, l'avoir pour objet d'étude : *La conférencière a traité de l'évolution démographique. Cet ouvrage traite des origines du socialisme.* [→ INTRAITABLE et MALTRAITER.]

traiteur [trɛtœr] n. m. (de *traiter*). Commerçant qui vend des plats cuisinés, en prépare sur commande et éventuellement livre à domicile.

traître, esse [trɛtr] adj. et n. (lat. *traditor*). 1. *Traître (à son pays, à un groupe, à une cause),* qui trahit : *Une personne traître à sa patrie;* capable de trahir : *Ne vous fiez pas à lui, c'est un traître* (syn. PERFIDE). *Ah! la traîtresse, elle m'a menti!* — 2. Se dit d'un animal capable de faire du mal lorsqu'on ne s'y attend pas : *Prenez garde à ce cheval, il est traître* (= il mord ou il rue). *Les chats sont ordinairement traîtres* (= ils griffent parfois quand on les caresse). ◆ adj. 1. Qui trompe, qui est plus dangereux qu'il ne paraît : *Un petit vin traître* (= qui enivre facilement). — 2. *Pas un traître mot,* pas un seul mot. ◆ ***traître*** n. m. 1. Personne qui trahit un groupe, son pays, etc. : *Juger un traître* (syn. DÉLATEUR, FÉLON, JUDAS). — 2. *En traître,* d'une façon perfide : *Attaquer quelqu'un en traître* (syn. TRAÎTREUSEMENT).

traîtreusement [trɛtrøzmɑ̃] adv. Avec traîtrise : *Attaquer quelqu'un traîtreusement.*

traîtrise [trɛtriz] n. f. 1. Acte perfide, déloyal : *On pardonne difficilement une traîtrise.* — 2. Caractère, manière d'agir du traître : *Elle a plusieurs preuves de sa traîtrise* (syn. DÉLOYAUTÉ, FOURBERIE).

trajectoire [traʒɛktwar] n. f. (du lat. *trajectus,* traversé). Ligne décrite par un point matériel en mouvement, par un projectile, de son point de départ à son point d'arrivée.

trajet [traʒɛ] n. m. (it. *tragetto,* traversée). 1. Distance à parcourir pour aller d'un lieu à un autre : *Faire un long trajet.* — 2. Action de parcourir cette distance; temps nécessaire pour accomplir ce parcours : *Le trajet de Paris à Lyon lui a semblé très court* (syn. PARCOURS).

tralala [tralala] n. m. (onomat.). *Fam.* Affectation, manières recherchées : *Pas besoin de faire tant de tralalas : on est entre amis* (syn. FAÇONS, CHICHIS).

tram → TRAMWAY.

trame [tram] n. f. (lat. *trama,* chaîne d'un tissu). 1. Ensemble des fils passés dans le sens de la largeur entre les fils de la chaîne pour constituer un tissu. — 2. Ensemble de détails qui constituent comme un fond, un tout continu sur lequel se détachent des événements marquants : *La trame d'un récit* (syn. PLAN).

tramer [trame] v. t. (de *trame*). *Tramer qqch (action néfaste),* le préparer plus ou moins secrètement : *Je ne sais quel complot ils tramaient contre nous* (syn. COMPLOTER, MACHINER, MANIGANCER, OURDIR). ◆ ***se tramer*** v. pr. *Il se trame quelque chose,* on prépare secrètement quelque machination.

tramontane [tramɔ̃tan] n. f. (it. *tramontana,* étoile polaire). Vent froid soufflant dans le Languedoc et le Roussillon.

trampoline [trɑ̃pɔlin] n. m. (mot angl.). Grande toile tendue sur des ressorts et sur laquelle on saute; sport ainsi pratiqué.

tramway ou **tram** [tram(wɛ)] n. m. (mot angl.). Chemin de fer urbain circulant sur des rails et à traction électrique.

1. tranchant, e [trɑ̃ʃɑ̃] adj. 1. Se dit d'un instrument qui coupe net : *Couteau tranchant.* — 2. Qui décide de façon absolue, péremptoire : *Les jeunes gens sont souvent tranchants dans leurs jugements. Un ton tranchant* (syn. CASSANT, INCISIF, IMPÉRIEUX).

2. tranchant [trɑ̃ʃɑ̃] n. m. 1. Côté affilé d'un instrument coupant : *Le tranchant d'un couteau, d'une paire de ciseaux.* — 2. *Argument à double tranchant,* qui peut se retourner contre celui qui l'emploie.

tranche [trɑ̃ʃ] n. f. 1. Morceau coupé assez mince : *Une tranche de pain, de jambon.* — 2. Surface unie que présente l'épaisseur des feuillets d'un livre broché ou relié sur les trois côtés où on les a rognés : *Une tranche dorée, marbrée.* — 3. Partie détachée ou isolée d'un tout : *Versement effectué en plusieurs tranches. Impôt progressif par tranches de revenus.* — 4. Chacun des tirages successifs d'une émission financière, des lots d'une loterie. — 5. *Tranche de vie,* reproduction réaliste de la vie de tous les jours.

tranché, e [trɑ̃ʃe] adj. Bien marqué, sans mélange : *Des couleurs bien tranchées* (syn. NET).

tranchée [trɑ̃ʃe] n. f. (de *trancher*). 1. Excavation en longueur, faite pour poser les fondations d'un mur, planter des arbres, placer des canalisations, etc. — 2. Fossé permettant de se retrancher contre les attaques de l'ennemi, d'organiser le tir des fusils et des armes automatiques : *Guerre des tranchées.*

trancher [trɑ̃ʃe] v. t. (lat. pop. *trinicare,* couper en trois). 1. *Trancher qqch,* le couper en séparant d'un seul coup : *Trancher la tête de quelqu'un* (= le décapiter, le guillotiner). *Trancher la gorge* (= égorger). — **2.** *Trancher une question, une difficulté,* les résoudre en prenant rapidement une décision ; sans compl., en incise, mettre fin à une discussion : *C'est inutile, trancha Anne.* ◆ v. t. ind. **1.** (sujet qqn) *Trancher (sur qqch),* en décider de façon catégorique : *Vous avez assez tergiversé, il faut maintenant trancher. Il fait l'important et tranche sur tout.* — **2.** *Trancher dans le vif* → VIF. — **3.** (sujet qqch) *Trancher sur, avec qqch,* etc., former un contraste, une vive opposition : *Une couleur foncée qui tranche sur un fond clair* (syn. RESSORTIR). *Un rouge vif qui tranche auprès d'un vert foncé. Son calme tranchait avec l'agitation générale.*

tranquille [trãkil] adj. (lat. *tranquillus*). **1.** Qui ne manifeste pas d'agitation, de trouble, d'inquiétude : *Personne tranquille et posée* (syn. PLACIDE). *Jusqu'à maintenant, cette enfant était tranquille, mais elle devient turbulente* (syn. SAGE). *Des voisins tranquilles* (contr. BRUYANT). *Se tenir tranquille* (syn. COI, SILENCIEUX). *Mener une vie tranquille* (syn. PAISIBLE). *Avoir l'esprit, la conscience tranquille* (syn. CALME, SEREIN ; contr. INQUIET, TOURMENTÉ, TROUBLÉ). *Soyez tranquille, je n'oublierai pas. Depuis que je suis à la retraite, je vis bien tranquille. Marcher d'un pas tranquille.* — **2.** Où il n'y a pas de bruit, pas d'agitation ; sans mouvement et d'apparence paisible : *Habiter dans un quartier tranquille* (syn. CALME, PAISIBLE). *Un lac, une eau tranquille.* — **3.** *Laisser qqn tranquille,* s'abstenir de le taquiner, de le tourmenter. ‖ Fam. *Laisser qqch tranquille,* ne pas y toucher.

tranquillement [trãkilmã] adv. De façon tranquille : *Dormir tranquillement* (syn. CALMEMENT). *Elle a toujours vécu tranquillement* (syn. PAISIBLEMENT).

tranquillisant, e [trãkilizã] adj. Qui tranquillise : *Nouvelle tranquillisante* (syn. RASSURANT). ◆ ***tranquillisant*** n. m. Médicament propre à combattre l'angoisse, l'anxiété et à rétablir le calme nerveux.

tranquilliser [trãkilize] v. t. *Tranquilliser qqn,* le délivrer d'un souci : *Nous étions inquiets, ce que vous nous dites nous tranquillise* (syn. RASSURER, RASSÉRÉNER). ◆ ***se tranquilliser*** v. pr. Cesser d'être inquiet : *Tranquillisez-vous : la malade se rétablit bien* (contr. S'AFFOLER, S'ALARMER, S'EFFRAYER).

tranquillité [trãkilite] n. f. État de ce qui est calme, sans agitation : *Vivre dans une grande tranquillité* (syn. QUIÉTUDE). *Retrouver sa tranquillité après une émotion* (syn. CALME). *Elle vit dans une parfaite tranquillité d'esprit* (syn. SÉRÉNITÉ). *Troubler la tranquillité publique* (syn. PAIX). *La tranquillité de l'air, de la mer* (syn. CALME).

transaction [trãzaksjɔ̃] n. f. (lat. *transactum ;* de *transigere,* accommoder). **1.** Accord conclu sur la base de concessions réciproques. — **2.** Opération commerciale ou boursière.

transalpin, e [trãzalpɛ̃] adj. et n. (lat. *trans,* au-delà de, et *alpinus,* des Alpes). Qui est au-delà des Alpes.

1. transat [trãzat] n. m. (abrév. de *transatlantique*). Chaise longue pliante en toile.

2. transat [trãzat] n. f. Abrév. de COURSE TRANSATLANTIQUE.

transatlantique [trãzatlãtik] adj. (du lat. *trans,* au-delà de, et *atlantique*). **1.** Au-delà de l'Atlantique. — **2.** *Course transatlantique,* course en solitaire à bord de voiliers effectuant la traversée de l'Atlantique. ◆ n. m. Paquebot qui fait le service régulier des voyageurs entre l'Europe et l'Amérique.

transbahuter [trãsbayte] v. t. Fam. *Transbahuter qqch,* le transporter d'un lieu à un autre.

transbordement [trãsbɔrdəmã] n. m. Action de transborder.

transborder [trãsbɔrde] v. t. (du lat. *trans,* au-delà de, et *bord*). *Transborder des voyageurs, des marchandises,* les faire passer d'un bateau, d'un train dans un autre.

transbordeur [trãsbɔrdœr] adj. m. *Pont transbordeur,* pont à tablier très élevé, auquel est suspendue une plate-forme mobile, destinée à faire passer des voyageurs, des marchandises d'un bord à l'autre d'un fleuve, d'une baie.

transcendance [trãsãdãs] n. f. Caractère transcendant : *La transcendance d'un talent.*

transcendant, e [trãsãdã] adj. (lat. *transcendens,* qui franchit). Qui, dans l'ordre de l'intelligence, est très supérieur à la moyenne ; qui dépasse tout ce qui est du même ordre : *Un esprit, un mérite transcendant* (syn. ↑ SUBLIME).

transcender [trãsãde] v. t. Dépasser un domaine de connaissance, qqn.

transcoder [trãskɔde] v. t. Traduire dans un code différent.

transcription [trãskripsjɔ̃] n. f. Action de transcrire ; ce qui est transcrit : *La transcription d'une phrase en alphabet phonétique.*

transcrire [trãskrir] v. t. (lat. *transcribere*) [c. **71**]. *Transcrire un texte,* le reproduire exactement ou avec des caractères différents, un mode d'expression différent : *Transcrire un texte grec avec des caractères latins. Transcrire en clair un message secret.*

transe [trãs] n. f. (de *transir*). Fam. *Être, entrer en transe,* être très excité. ‖ *Être dans les transes, dans des transes mortelles,* être vivement inquiet, angoissé (syn. AFFRES, ANXIÉTÉ).

transept [trãsɛpt] n. m. (mot angl. ; du lat. *trans,* au-delà de, et *saeptum,* clôture). Partie transversale d'une église, perpendiculaire à la nef.

transfèrement [trãsfɛrmã] n. m. Action de transférer : *Le transfèrement des prisonniers se fait dans une voiture cellulaire.*

transférer [trãsfere] v. t. (lat. *transferre,* transporter) [c. **10**]. **1.** *Transférer qqn, qqch,* les transporter d'un lieu dans un autre : *Transférer un détenu d'une prison dans une autre. La préfecture a été transférée dans une autre ville.* — **2.** *Transférer des capitaux,* les faire passer d'un compte à un autre.

transfert [trãsfɛr] n. m. Action de transférer : *Un transfert de capitaux entre deux comptes.*

transfiguration [trãsfigyrasjɔ̃] n. f. Changement complet de l'expression du visage, de l'apparence de qqn : *Cette bonne nouvelle a provoqué en elle une véritable transfiguration.*

transfigurer [trãsfigyre] v. t. (lat. *transfigurare,* transformer) [sujet qqch]. *Transfigurer qqn,* donner à son visage un éclat inaccoutumé : *La joie l'avait transfigurée.*

transformable [trãsfɔrmabl] adj. Qui peut être transformé : *Un siège transformable.*

transformateur [trãsfɔrmatœr] ou, fam., **transfo** [trãsfo] n. m. Appareil permettant de modifier la tension, l'intensité d'un courant électrique alternatif.

transformation [trãsfɔrmasjɔ̃] n. f. Action de transformer : *La transformation des matières premières. Faire des transformations dans une maison* (syn. AMÉNAGEMENT). *La transformation d'une industrie en une autre* (syn. RECONVERSION). *Réussir une transformation au rugby.*

transformer [trãsfɔrme] v. t. (lat. *transformare,* former au-delà). **1.** (sujet qqn) *Transformer qqch, qqn,* lui donner un aspect différent, une forme nouvelle : *Elle a transformé son magasin* (syn. MODERNISER, RÉNOVER).

Transformer un vêtement (= lui donner une autre forme). *Selon Homère, Circé transforma les compagnons d'Ulysse en pourceaux* (syn. MÉTAMORPHOSER). — **2.** (sujet qqch) *Transformer qqn,* améliorer son caractère, sa santé : *L'éducation peut transformer un enfant. Ce séjour en montagne l'a transformée.* — **3.** Au rugby, réussir la conversion d'un essai en but en envoyant la balle entre les poteaux et au-dessus de la barre. ◆ ***se transformer*** v. pr. Changer d'aspect, de caractère, de nature : *Ce vieux quartier s'est bien transformé. La chenille se transforme en papillon* (syn. SE MÉTAMORPHOSER).

transformisme [trɑ̃sfɔrmism] n. m. Théorie biologique selon laquelle les espèces se sont transformées au cours des temps (syn. ÉVOLUTIONNISME).

transformiste [trɑ̃sfɔrmist] adj. et n. Qui appartient au transformisme.

transfuge [trɑ̃sfyʒ] n. m. (lat. *transfuga,* déserteur). Militaire qui passe à l'ennemi en temps de guerre. ◆ n. Personne qui abandonne son parti pour passer dans le parti adverse.

transfuser [trɑ̃sfyze] v. t. Faire une transfusion : *Transfuser du sang à un blessé.*

transfusion [trɑ̃sfyzjɔ̃] n. f. (lat. *transfusio,* transvasement). Opération consistant à injecter par voie intraveineuse le sang d'un sujet à un autre.

transgresser [trɑ̃sgrɛse] v. t. (lat. *transgredi,* traverser). *Transgresser une loi, un commandement,* etc., ne pas les respecter, ne pas y obéir (syn. CONTREVENIR À, ENFREINDRE, VIOLER).

transgression [trɑ̃sgrɛsjɔ̃] n. f. Action de transgresser : *La transgression d'un règlement* (syn. VIOLATION).

transhumance [trɑ̃zymɑ̃s] n. f. (du lat. *trans,* audelà de, et *humus,* terre). Mouvement des troupeaux de moutons méditerranéens qui, l'été, se déplacent vers les montagnes voisines et redescendent à l'automne.

transhumer [trɑ̃zyme] v. i. (sujet des moutons) Aller paître l'été dans les montagnes.

transi, e [trɑ̃zi] adj. (de *transir*). **1.** Engourdi par le froid. — **2.** Fam. *Amoureux transi,* celui que son amour rend timide.

transiger [trɑ̃ziʒe] v. i. (lat. *transigere,* mener à bonne fin) [c. **2**]. Conclure un arrangement par des concessions réciproques : *Il vaut mieux transiger que plaider* (syn. S'ARRANGER, S'ENTENDRE). ◆ v. t. ind. **1.** *Transiger sur, avec qqch,* abandonner une partie de sa rigueur, de ses exigences relativement à qqch (surtout dans des propositions négatives) : *Ne pas transiger sur l'exactitude, avec la probité.* — **2.** *Transiger avec sa conscience,* ne pas se conduire exactement comme le demanderait sa conscience, en s'autorisant de raisons plus ou moins valables ou spécieuses.

transir [trɑ̃zir] v. t. (lat. *transire,* aller au-delà). *Litt.* (sujet qqn, le froid) *Transir qqn,* le pénétrer et l'engourdir : *Une bise glaciale qui vous transit.*

transistor [trɑ̃zistɔr] n. m. (mot angl. ; de *trans[fer] [res]istor,* résistance de transfert). **1.** Dispositif électronique qui remplace les anciennes lampes de radio. — **2.** Poste récepteur de radio portatif équipé de transistors et fonctionnant à l'aide de piles.

transistorisé, e [trɑ̃sistɔrize] adj. Équipé de transistors.

transit [trɑ̃zit] n. m. (it. *transito,* passage). Action de passer par un lieu sans y séjourner, avant d'être acheminé vers un autre lieu : *Des voyageurs en transit à l'aéroport d'Orly. Marchandises en transit* (= celles qui traversent un pays sans payer de droits de douane).

1. transitaire [trɑ̃zitɛr] adj. Relatif au transit : *Commerce transitaire.*

2. transitaire [trɑ̃zitɛr] n. m. Commissionnaire en marchandises qui s'occupe de leur importation et de leur exportation.

transiter [trɑ̃zite] v. t. et i. Passer en transit : *Transiter des marchandises. Voyageurs qui transitent.*

transitif, ive [trɑ̃zitif] adj. et n. m. (du lat. *transire,* passer). Se dit des verbes qui admettent un complément d'objet direct *(transitifs directs)* ou un complément d'objet indirect *(transitifs indirects).*

transition [trɑ̃zisjɔ̃] n. f. (lat. *transitio,* passage). **1.** Degré, stade intermédiaire : *Passer sans transition des éclats de rire à la fureur.* — **2.** Passage d'une idée à une autre par une phrase de liaison : *Une transition habile, ingénieuse. Connaître l'art des transitions.* — **3.** Passage d'un état à un autre : *Une brusque transition du chaud au froid.* — **4.** *De transition,* qui constitue un état intermédiaire : *Un gouvernement, un régime de transition.* ‖ *Sans transition,* brusquement.

transitivement [trɑ̃zitivmɑ̃] adv. *Employé transitivement,* se dit d'un verbe ordinairement intransitif employé avec un complément d'objet direct.

transitivité [trɑ̃zitivite] n. f. Caractère transitif : *La transitivité d'un verbe.*

transitoire [trɑ̃zitwar] adj. Qui ne dure pas : *Un régime transitoire est prévu pendant la mise en place de la réforme* (syn. TEMPORAIRE, PASSAGER).

translation [trɑ̃slasjɔ̃] n. f. (lat. *translatio,* transfert). Déplacement d'un corps dont toutes les parties gardent une direction constante (math.).

translucide [trɑ̃slysid] adj. (lat. *translucidus,* transparent). Se dit d'une substance qui laisse passer la lumière, mais au travers de laquelle on ne distingue pas nettement les objets : *Une porcelaine translucide.*

translucidité [trɑ̃slysidite] n. f. Qualité translucide.

transmetteur [trɑ̃smɛtœr] n. m. Appareil servant à émettre des signaux télégraphiques.

transmettre [trɑ̃smɛtr] v. t. (lat. *transmittere*) [c. **57**]. **1.** (sujet être animé) *Transmettre qqch à qqn, à qqch,* leur faire passer ce qu'on a reçu : *Transmettre un message. Elle vous transmet ses sincères salutations. Transmettre une information* (syn. COMMUNIQUER). *Transmettre en direct un discours à la radio* (syn. PASSER). *Transmettre une propriété en héritage* (syn. LÉGUER). *Un insecte qui transmet une maladie contagieuse* (syn. VÉHICULER, PROPAGER). — **2.** (sujet qqch) *Transmettre qqch,* en permettre le passage, agir comme intermédiaire : *Les métaux transmettent le courant électrique. Le mouvement est transmis aux roues par un arbre moteur.*

transmigration [trɑ̃smigrasjɔ̃] n. f. (lat. *transmigratio,* émigration). *Transmigration des âmes,* syn. de MÉTEMPSYCOSE.

transmissibilité [trɑ̃smisibilite] n. f. Caractère transmissible.

transmissible [trɑ̃smisibl] adj. Qui peut être transmis : *Caractères biologiques non transmissibles d'une génération à l'autre. Une pensée difficilement transmissible* (syn. COMMUNICABLE). *Maladie transmissible* (syn. CONTAGIEUX).

transmission [trɑ̃smisjɔ̃] n. f. **1.** Action de transmettre : *Transmission orale d'un message, d'un ordre. Transmission des pouvoirs* (= acte par lequel un responsable transmet ses pouvoirs à son successeur). *La transmission des caractères biologiques d'une espèce animale. La transmission en direct d'un discours* (syn. plus fréquent RETRANSMISSION). *La transmission des vibrations en milieu liquide* (syn. PROPAGATION). — **2.** *Transmission de pensée,* syn. de TÉLÉPATHIE. ◆ ***transmissions*** n. f. pl. Arme ou service chargés de la mise en œuvre des moyens de liaison à l'intérieur des forces armées.

transocéanique [trɑ̃sɔseanik] adj. Qui traverse l'océan.

transparaître [trɑ̃sparɛtr] v. i. (du lat. *trans,* au-delà de, et *paraître*) [c. **64**]. Se montrer, apparaître à travers qqch (soutenu) : *La lune transparaît à travers les nuages légers. Laisser transparaître un sentiment caché, une intention secrète.*

transparence [trɑ̃sparɑ̃s] n. f. État transparent.

transparent, e [trɑ̃sparɑ̃] adj. **1.** Se dit d'un corps à travers lequel les objets sont plus ou moins nettement distingués : *Paroi de verre transparente* (syn. ↑LIMPIDE). *Tissu transparent. Porcelaine transparente* (syn. TRANSLUCIDE). *Peau transparente* (= sous laquelle on devine le dessin des veines; syn. DIAPHANE). — **2.** Qui se laisse aisément comprendre ou deviner : *Une allusion transparente* (syn. ÉVIDENT, ↓CLAIR).

transpercer [trɑ̃spɛrse] v. t. (du lat. *trans,* au-delà de, et *percer*) [c. **1**]. **1.** *Transpercer qqch, qqn,* les percer de part en part : *Une balle lui a transpercé l'intestin* (syn. PERFORER). — **2.** *Transpercer qqch,* passer au travers : *La pluie transperce son vieil imperméable* (syn. TRAVERSER).

transpiration [trɑ̃spirasjɔ̃] n. f. Sortie de la sueur par les pores de la peau : *L'élimination des déchets organiques par la transpiration. Être en transpiration* (= suer; syn. EN NAGE, EN SUEUR).

transpirer [trɑ̃spire] v. i. (du lat. *trans,* au-delà de, et *spirare,* respirer). **1.** (sujet qqn) Éliminer de la sueur par les pores de la peau, sous l'effet d'une forte chaleur, d'un effort, etc. : *Transpirer à grosses gouttes* (syn. SUER). — **2.** *Nouvelle, secret,* etc., *qui transpire,* qui se répand peu à peu malgré les précautions prises.

transplantation [trɑ̃splɑ̃tasjɔ̃] n. f. Action de transplanter : *La transplantation des arbres. La chirurgie permet maintenant les transplantations d'organes* (syn. GREFFE). *La transplantation des ruraux dans des zones urbaines* (syn. ÉMIGRATION).

transplanter [trɑ̃splɑ̃te] v. t. (lat. *transplantare*). **1.** Extraire d'un endroit un végétal, avec ses racines, pour le planter dans un autre : *Transplanter des arbres.* — **2.** Greffer un organe d'un individu sur un autre : *Transplanter un rein.* — **3.** Faire passer de son milieu d'origine dans un autre : *Transplanter des populations d'un pays dans un autre.*

transport [trɑ̃spɔr] n. m. **1.** Action de transporter : *Transport des voyageurs. Le transport des bagages en avion. Matériel de transport. Frais de transport.* — **2.** *Transport de troupes,* bateau réquisitionné par l'armée pour le transport des soldats. — **3.** *Litt.* Sentiment vif, violent : *La foule accueillit la nouvelle avec des transports d'enthousiasme.* ◆ ***transports*** n. m. pl. Ensemble des moyens d'acheminement des marchandises ou des personnes : *Les transports en commun.*

transportable [trɑ̃spɔrtabl] adj. Qu'on peut transporter : *Un blessé transportable.*

transporter [trɑ̃spɔrte] v. t. (lat. *transportare*). **1.** *Transporter qqn, qqch,* le porter d'un lieu à un autre : *Transporter un malade en ambulance. Transporter des meubles dans sa voiture. Transporter des marchandises. Un avion qui transporte des passagers* (syn. VÉHICULER). *Transporter en camion* (syn. CAMIONNER). — **2.** *Transporter qqch,* le déplacer, l'introduire dans un autre pays, un autre milieu, un autre contexte : *Transporter la guerre, le malheur dans un pays* (syn. APPORTER, INTRODUIRE, AMENER). *Transporter un fait divers sur la scène, à l'écran* (= le représenter sur la scène, à l'écran; syn. TRANSPOSER). — **3.** *Transporter qqn,* le conduire, le porter en imagination, en esprit, dans un autre lieu, une autre époque : *Ce film l'a transportée vingt ans en arrière.* — **4.** Litt. *Transporter qqn de joie, d'enthousiasme, de colère,* etc., susciter en lui de la joie, de l'enthousiasme, etc. (surtout pass.) : *La nouvelle de ce prochain voyage la transporta de joie. Être, se sentir transporté de joie* (syn. ÊTRE SOULEVÉ, IVRE DE). ◆ ***se transporter*** v. pr. **1.** (sujet qqn) Se déplacer : *Il faut se transporter sur les lieux pour la constatation.* — **2.** (sujet qqn) Se porter par l'imagination, par l'esprit dans une autre époque, un lieu lointain : *Transportons-nous à l'époque des croisades.*

transporteur, euse [trɑ̃spɔrtœr] adj. et n. Qui transporte, qui permet le déplacement de qqch : *La compagnie transporteuse. Un transporteur mécanique. Un corps transporteur d'oxygène.* ◆ ***transporteur*** n. m. Personne qui effectue des transports par profession : *Un transporteur routier.*

transposable [trɑ̃spɔzabl] adj. Qu'on peut transposer : *Histoire facilement transposable dans un autre cadre.*

transposer [trɑ̃spoze] v. t. (du lat. *trans,* au-delà de, et *poser*). **1.** *Transposer des choses,* les changer de place en les intervertissant : *Transposer les mots d'une phrase.* — **2.** *Transposer qqch,* le placer dans un contexte, un cadre différent : *Transposer l'intrigue d'une pièce dans une autre époque.* — **3.** *Transposer un morceau de musique,* le mettre dans un autre ton : *Transposer une cantate pour chœur d'hommes.*

transposition [trɑ̃spozisjɔ̃] n. f. Action de transposer : *Transposition des compléments dans une phrase* (syn. INTERVERSION, INVERSION). *Transposition des termes d'une équation* (syn. PERMUTATION). *Cette pièce est une transposition moderne d'une tragédie antique* (syn. ADAPTATION).

transvasement [trɑ̃svazmɑ̃] n. m. Action de transvaser.

transvaser [trɑ̃svaze] v. t. (du lat. *trans,* à travers, et *vas,* vase). *Transvaser un liquide,* le verser d'un récipient dans un autre.

transversal, e, aux [trɑ̃svɛrsal] adj. (du lat. *trans,* à travers, et *versus,* tourné). **1.** Qui est disposé en travers, qui coupe qqch en travers : *Bande transversale. Elle quitta la route et s'engagea dans un chemin transversal.* — **2.** Perpendiculairement à la direction d'une chaîne ou d'un pli (géologie) : *Coupe transversale* (contr. LONGITUDINAL). *Vallée transversale.* ◆ ***transversale*** n. f. Itinéraire routier ou voie ferrée qui joint directement deux villes, deux régions, sans passer par le centre du réseau.

transversalement [trɑ̃svɛrsalmɑ̃] adv. De façon transversale : *Planches disposées transversalement dans un échafaudage.*

trapèze [trapɛz] n. m. (gr. *trapezion,* petite table). **1.** Quadrilatère convexe, dont deux côtés sont parallèles. — **2.** Appareil de gymnastique formé de deux cordes verticales, réunies en bas par une barre de forme cylindrique : *Monter au trapèze. Un exercice de trapèze.*

trapéziste [trapezist] n. Équilibriste, acrobate qui fait du trapèze.

trappe [trap] n. f. (frq. *trappa*). **1.** Piège formé d'une fosse recouverte de branchage. — **2.** Porte qui ferme une ouverture horizontale au niveau du plancher : *Ouvrir une trappe et descendre dans la cave.*

trappeur [trapœr] n. m. (mot amér.). Chasseur de bêtes à fourrure, en Amérique du Nord.

trappiste [trapist] n. m., **trappistine** [trapistin] n. f. Religieux, religieuse de l'ordre de Cîteaux, vivant au monastère de la Trappe ou dans un monastère qui en dépend.

trapu, e [trapy] adj. (orig. incert.). **1.** Se dit de qqn de court et ramassé, ou d'un objet bas et massif : *Une personne trapue. La silhouette trapue de l'édifice.* — **2.** *Fam.* Se dit de qqn qui est très fort dans une matière, ou d'une question ardue : *Élève trapu en mathématiques. Un problème trapu.*

traquenard [traknar] n. m. (mot gascon). Piège tendu à qqn, pour l'arrêter, l'embarrasser, etc. : *La police a mis en place un traquenard. La question de l'enquêteur recelait un traquenard.*

traquer [trake] v. t. (de l'anc. fr. *trac,* piste de bêtes). **1.** *Traquer un animal,* le poursuivre jusqu'à épuisement : *Les chasseurs avaient traqué la bête.* — **2.** *Traquer qqn,* le serrer de près, le harceler : *La police traquait ce malfaiteur.*

trauma [troma] n. m. (mot gr. signif. *blessure*). Syn. de TRAUMATISME.

traumatisant, e [tromatizɑ̃] adj. Qui traumatise : *Ce spectacle d'horreur est traumatisant.*

traumatiser [tromatize] v. t. *Traumatiser qqn,* provoquer en lui un choc affectif violent : *Elle a été traumatisée par la perte de sa fille.*

traumatisme [tromatism] n. m. (du gr. *trauma,* blessure). **1.** Ensemble de troubles occasionnés par un coup, une blessure (abrév. TRAUMA) : *Un traumatisme crânien.* — **2.** Ensemble de troubles occasionnés par un choc émotionnel violent : *La mort de sa mère lui a causé un traumatisme.*

travail [travaj] n. m. (lat. *tripalium,* instrument de torture) [pl. *travaux*].
— **I. 1.** Activité humaine déployée en vue d'un résultat : *Aimer le travail* (contr. LOISIR, REPOS). *Travail collectif. Travail intellectuel. Travail musculaire* (= celui qui exige un effort physique). *Pour faire ce mur, il faut un mois de travail. Avoir du travail* (= devoir accomplir une tâche). *Se mettre au travail* (= commencer à travailler). — **2.** Action progressive et continue de qqch; effet de cette action : *Le travail de l'érosion.* — **3.** Œuvre réalisée ou à réaliser : *Montrez-moi votre travail. Achever un travail* (syn. TÂCHE). — **4.** Publication scientifique, recherche érudite (souvent pl.) : *Travail historique. Travaux scientifiques.* — **5.** Manière dont un ouvrage est exécuté : *Une dentelle d'un travail très délicat. Un tableau qui vaut plus par le travail du peintre que par l'originalité du sujet.* ◆ ***travaux*** n. m. pl. **1.** Ensemble des opérations propres à un domaine déterminé : *Les travaux agricoles* ou *les travaux des champs. Des travaux d'assainissement.* — **2.** *Travaux d'approche,* ensemble de démarches, d'intrigues faites dans un but intéressé : *Elle multiplie les travaux d'approche pour obtenir ce poste.* ‖ *Travaux dirigés,* exercices effectués sous la direction d'un enseignant. ‖ *Travaux pratiques* (abrév. T. P.), exercices d'application qui complètent un enseignement théorique. ‖ *Travaux publics,* construction, réparation, entretien de bâtiments, de routes, etc., effectués pour le compte de l'Administration.
— **II.** (seulem. sing.) **1.** Activité professionnelle rémunérée : *Avoir un travail lucratif* (syn. MÉTIER). *Un lieu de travail. Être sans travail* (= être au chômage). *Cesser le travail* (= se mettre en grève). — **2.** *Accident du travail,* accident survenu à qqn par le fait ou à l'occasion de son activité professionnelle. ‖ *Certificat de travail,* document que tout employeur doit légalement donner à un salarié lors de l'expiration ou de la résiliation du contrat de travail. ‖ *Conflit du travail,* litige qui survient entre un salarié et son employeur, et met en cause directement ou non l'activité professionnelle du salarié. ‖ *Contrat de travail,* convention qui règle les obligations réciproques d'un employeur et d'un salarié. ‖ *Inspecteur du travail,* fonctionnaire chargé de vérifier l'application de la législation du travail. ‖ *Médecine du travail,* qui vise à prévenir les maladies et infirmités imputables à l'activité professionnelle. — **3.** Déformation subie progressivement par un matériau : *Le travail d'une poutre* (syn. AFFAISSEMENT, GAUCHISSEMENT). — **4.** Modification qui se produit dans une substance et en change la nature : *Le travail du cidre dans les tonneaux* (syn. FERMENTATION). — **5.** Ensemble des phénomènes qui préparent et produisent l'accouchement : *Femme en travail. Entrer en travail* (= ressentir les contractions musculaires de l'utérus).

travailler [travaje] v. i. **1.** (sujet qqn) Fournir un travail, exercer son activité : *Je travaille dans mon jardin. Les élèves vont aller travailler en étude. Enfant qui travaille très bien en classe* (syn. ÉTUDIER). — **2.** (sujet qqn, qqch) *Travailler pour (contre) qqn,* agir dans (contre) son intérêt, lui être avantageux (désavantageux) : *Le temps travaille pour nous.* — **3.** (sujet qqn) S'entraîner à exécuter certains mouvements, à effectuer des exercices : *Des acrobates qui travaillent sans filet. Une danseuse qui travaille à la barre.* — **4.** (sujet qqch) Être en action, en mouvement pour effectuer un certain travail : *Dans ce sport, tous les muscles travaillent.* — **5.** (sujet l'esprit) Fonctionner activement, s'exciter : *Son imagination travaille.* — **6.** (sujet de l'argent, des capitaux) Produire un revenu : *Faire travailler son argent;* (sujet une entreprise) Produire des biens : *Cette industrie travaille pour l'exportation.* — **7.** Exercer une activité professionnelle, un métier : *Sa femme travaille, et il n'y a personne chez eux dans la journée. J'ai commencé à travailler à dix-huit ans. Travailler en atelier, en usine, à domicile. Travailler aux pièces.* — **8.** (sujet un matériau) Se déformer sous l'action de forces et d'influences diverses : *Les fissures qui se produisent dans un mur qui travaille. Le bois de ce montant de porte travaille* (= se gauchit). — **9.** (sujet un liquide, une substance) Subir une action interne qui entraîne certaines modifications : *Le vin travaille* (syn. FERMENTER). *La pâte travaille* (syn. LEVER). ◆ v. t. **1.** *Travailler qqch,* le soumettre à une action pour lui donner une forme, une consistance particulière : *Travailler un métal à froid. Travailler la pâte* (= la pétrir longuement). *Travailler son style* (= chercher à l'améliorer). — **2.** *Travailler une matière scolaire, un morceau de musique,* etc., l'étudier, s'y exercer : *Il a échoué parce qu'il n'avait pas assez travaillé ses mathématiques. Elle travaille depuis un mois la même sonate. Travailler son piano. Un joueur de tennis qui travaille son revers.* — **3.** *Travailler le taureau,* lui faire exécuter tous les mouvements qui sont de règle dans les diverses phases d'une corrida. — **4.** *Travailler qqn,* lui causer du souci, revenir sans cesse à son esprit : *Le désir de trouver une solution la travaillait jour et nuit* (syn. TRACASSER, RONGER, TOURMENTER). — **5.** *Travailler qqn,* le soumettre physiquement à une action pénible, lui causer une souffrance : *La fièvre travaille la malade* (syn. FATIGUER). *Ce bébé pleure, ce sont ses dents qui le travaillent.* ◆ v. t. ind. *Travailler à qqch, à* (+ *inf.*), y consacrer son activité : *Travailler à l'entretien de sa maison. Travailler à un roman. Il travaille depuis longtemps à me nuire* (syn. S'EFFORCER DE).

travailleur, euse [travajœr] adj. et n. Qui aime le travail, qui travaille de telle ou telle manière : *Être très travailleur, peu travailleur* (syn. ACTIF; contr. PARESSEUX, OISIF). *Un gros travailleur. C'est une travailleuse acharnée.* ◆ n. **1.** Personne salariée, spécialement dans l'industrie : *Les travailleurs manuels. Un travailleur agricole.* — **2.** *Travailleuse familiale,* personne diplômée de l'État, qui assure à domicile une aide aux mères de famille.

travaillisme [travajism] n. m. Doctrine des travaillistes.

travailliste [travajist] adj. *Parti travailliste,* parti socialiste britannique, et qui est l'un des deux grands partis politiques britanniques. ◆ n. Membre du parti travailliste.

travée [trave] n. f. (anc. fr. *trev,* poutre). **1.** Rangée de bancs ou de tables : *Être assis dans la deuxième travée d'une église.* — **2.** En architecture, partie comprise entre deux points d'appui principaux : *Une travée d'église est constituée par la voûte comprise entre deux piliers.*

traveller's cheque [travlərʃɛk] n. m. (mot angl.) [pl. *traveller's cheques*]. Chèque de voyage, qu'on peut se faire payer en espèces dans tout établissement bancaire du pays où on se rend.

travelling [travliŋ] n. m. (mot angl. signif. *voyage*). Au cinéma, artifice consistant à filmer un plan avec un appareil qui se déplace sur un chariot, sur des rails, etc.

travers [travɛr] n. m. (lat. *transversus,* oblique).
— **I.** Petit défaut un peu ridicule : *Grand-mère est très attachée à ses petites habitudes, mais on lui pardonne volontiers ce travers.*
— **II. 1.** *À travers (qqch),* en traversant qqch de part en part, par le milieu : *Passer à travers les mailles d'un filet. Voir à travers les carreaux de la fenêtre. Sentir le froid à travers deux épaisseurs de tricot. Même si vous multipliez les contrôles, il passera à travers.* — **2.** *À travers champs, à travers bois,* en traversant les champs, les bois. — **3.** *Au travers (de qqch),* en passant d'un bout à l'autre de qqch (le plus souvent syn. de À TRAVERS) : *Au travers de son masque, on voyait ses yeux briller de plaisir. Elle courait de grands dangers, mais elle est passée au travers* (= elle y a échappé); par l'intermédiaire de : *Au travers de cette comparaison, l'idée apparaît mieux.* — **4.** *De travers,* de façon oblique, irrégulièrement : *Il marche de travers* (contr. DROIT). *Il a mis son chapeau de travers* (syn. DE CÔTÉ, DE GUINGOIS; contr. DROIT). *Le constat montre que la voiture accidentée se présente de travers par rapport à l'obstacle* (syn. OBLIQUEMENT; contr. PARALLÈLEMENT ou PERPENDICULAIREMENT). *Avaler de travers* (= laisser pénétrer, à la suite d'un faux mouvement, un peu de nourriture ou de boisson dans la trachée); de façon fausse, inexacte : *Répondre de travers* (= à côté de la question). *Comprendre de travers* (= autre chose que ce qu'il faut comprendre; syn. MAL). *Toutes ses affaires vont de travers* (= échouent, périclitent). *Raisonner de travers* (syn. MAL, DE FAÇON FAUSSE). *Avoir l'esprit de travers* (= déraisonner; syn. fam. AVOIR L'ESPRIT TORDU). — **5.** *Prendre qqch de travers,* se montrer très susceptible : *Ne lui dites rien, sinon il va se vexer : il prend tout de travers en ce moment.* ‖ *Regarder qqn de travers,* avec antipathie ou animosité. ‖ *En travers (de qqch),* dans une position transversale par rapport à l'axe de l'objet considéré ou à une direction : *Tomber en travers du chemin* (= perpendiculairement à la direction du chemin). *Elle s'est jetée en travers de ma route* (= de manière à couper ma route, à me faire obstacle). *Scier une planche en travers* (syn. TRANSVERSALEMENT).

traversable [travɛrsabl] adj. Qu'on peut traverser : *Rivière traversable à pied.*

traverse [travɛrs] n. f. (de *travers*). **1.** Sur une voie de chemin de fer, pièce d'appui posée sur le ballast, perpendiculairement aux rails, qu'elle supporte et dont elle maintient l'écartement. — **2.** *Chemin de traverse,* plus court que la voie normale : *Par le chemin de traverse, on gagne dix minutes.*

traversée [travɛrse] n. f. **1.** Action de traverser la mer, un cours d'eau : *En allant en Angleterre, j'ai été malade pendant toute la traversée.* — **2.** Action de traverser un espace quelconque, un pays : *Pendant la traversée de la ville en voiture, elle a eu une panne.*

traverser [travɛrse] v. t. (lat. *transversare*). **1.** *Traverser un lieu,* passer d'un côté, d'un bord à l'autre : *Traverser la Manche à la nage* (syn. FRANCHIR). *Traverser une ville sans s'arrêter* (syn. PARCOURIR). *Un paquebot qui traversait l'Atlantique en six jours. La Seine traverse Paris. Traverser une route;* sans compl., passer d'un bord à l'autre de la chaussée : *Attends que le feu soit rouge pour traverser. L'agent de police fait traverser les enfants.* — **2.** (sujet qqch) *Traverser qqch,* le pénétrer de part en part : *Ces pointes sont trop longues : elles traversent la planche. La pluie a traversé son manteau* (syn. TRANSPERCER). — **3.** (sujet qqn) *Traverser une période, une crise,* etc., se trouver dans cette période : *Elle traverse une période difficile;* (sujet qqch) subsister après une longue période : *Sa gloire traversera les siècles.* — **4.** (sujet une idée) *Traverser l'esprit,* se présenter brusquement à la pensée.

traversière [travɛrsjɛr] adj. f. (du lat. *transversarius,* transversal). *Flûte traversière,* celle qu'on tient parallèlement au plan du visage.

traversin [travɛrsɛ̃] n. m. (de *travers*). Oreiller long et de section cylindrique, qui occupe toute la largeur du lit.

travesti [travɛsti] n. m. **1.** Déguisement pour un bal : *Mettre un travesti.* — **2.** Personne qui, par ses vêtements et ses manières, se comporte comme qqn de l'autre sexe.

travestir [travɛstir] v. t. (it. *travestire*). *Travestir qqch,* le transformer, le rendre méconnaissable en cachant son aspect normal : *Travestir la pensée de quelqu'un* (syn. DÉFORMER). *Travestir la vérité* (= mentir; syn. FALSIFIER). ◆ ***se travestir*** v. pr. (sujet qqn) Prendre des vêtements qui ne sont pas les siens, pour une fête, un carnaval, une pièce de théâtre.

travestissement [travɛstismɑ̃] n. m. Action de travestir; déguisement : *Rôle de théâtre qui exige un travestissement. Le travestissement de faits historiques.*

traviole (de) [travjɔl] adv. (de *travers*). *Fam.* De travers : *Son chapeau est mis tout de traviole.*

trayeuse [trɛjøz] n. f. Appareil pour traire mécaniquement les vaches.

trébucher [trebyʃe] v. i. (anc. fr. *tres,* au-delà, et *buc,* tronc du corps). **1.** *Trébucher (sur, contre qqch),* le heurter avec le pied dans sa marche et perdre l'équilibre : *Trébucher sur une pierre, contre une marche.* — **2.** *Trébucher (sur qqch),* être arrêté par une difficulté : *Trébucher sur une traduction.*

tréfilage [trefilaʒ] n. m. Action de tréfiler.

tréfiler [trefile] v. t. (du lat. *trans,* à travers, et *fil*). *Tréfiler un métal,* le convertir en fil, par étirage à froid.

tréfilerie [trefilri] n. f. Usine de tréfilage.

trèfle [trɛfl] n. m. (gr. *triphullon*). **1.** Plante herbacée, bisannuelle ou vivace, dont la feuille est divisée normalement en trois folioles, et dont plusieurs espèces constituent des fourrages. — **2.** Une des quatre couleurs du jeu de cartes représentant un trèfle.

tréfonds [trefɔ̃] n. m. Ce qui est au plus profond de qqch ou de qqn : *Elle était émue jusqu'au tréfonds de l'âme* (syn. FIN FOND).

treillage [trɛjaʒ] n. m. Assemblage de lattes ou d'échalas posés parallèlement ou croisés : *Un treillage clôturait le jardin.*

treille [trɛj] n. f. (lat. *trichila,* berceau de verdure). Ceps de vigne qui s'élèvent contre un mur, un arbre, un treillage, etc. : *Une treille de muscat. Une treille couvrait la façade de la maison.*

treillis [trɛji] n. m. (lat. *trilix,* à trois fils). **1.** Ouvrage de métal ou de bois qui imite les mailles d'un filet : *Un garde-manger en treillis. Une clôture en treillis.* — **2.** Vêtement de travail ou d'exercice : *Des soldats qui manœuvrent en treillis.*

treize [trɛz] adj. num. cardin. inv. (lat. *tredecim*). 1. Douze plus un. — 2. Treizième : *Louis treize.* — 3. *Treize à la douzaine,* tant qu'on en veut, en grande quantité. ◆ n. m. inv. Chiffre, numéro, etc., qui représente ce nombre.

treizième [trɛzjɛm] adj. num. ordin. et n. 1. Qui occupe un rang marqué par le numéro treize. — 2. Qui se trouve treize fois dans le tout.

treizièmement [trɛzjɛmmɑ̃] adv. En treizième lieu.

tréma [trema] n. m. (gr. *trêma,* point). Signe formé de deux points (¨) et qu'on place, en français, sur les voyelles *e, i, u* pour indiquer que la voyelle qui précède immédiatement est prononcée de manière distincte, par ex. dans *naïf* [naif], *Noël* [nɔɛl]. (Le tréma est notamment placé sur le *e* du féminin des adjectifs qui se terminent par *-gu* au masculin, ou de certains noms qui se terminent par *-gue,* pour indiquer que le *u* doit se prononcer : *aigu* [egy], *aiguë* [egy], *ciguë* [sigy].)

tremblant, e [trɑ̃blɑ̃] adj. Qui tremble : *Une main tremblante. Elle se sentait encore tremblante de fièvre.*

tremble [trɑ̃bl] n. m. (lat. *tremulus,* tremblant). Espèce de peuplier, dont les feuilles sont extrêmement mobiles.

tremblé, e [trɑ̃ble] adj. 1. Qui est ou semble exécuté par une main qui tremble : *Écriture tremblée.* — 2. Se dit de sons dont l'intensité varie rapidement et faiblement : *Une note filée et tremblée.*

tremblement [trɑ̃bləmɑ̃] n. m. 1. Agitation continue du corps d'un être vivant : *Un tremblement de la main. Un tremblement convulsif* (syn. ↑CONVULSION). *Tremblement de froid* (= sous l'effet du froid ; syn. ↓FRISSON). *Avoir des tremblements dans la voix* (= la voix qui tremble sous l'effet d'une émotion, d'une maladie, etc.). — 2. Oscillations, mouvements rapides d'un objet : *Le tremblement du plancher d'un camion* (syn. TRÉPIDATION). ‖ *Tremblement de terre,* secousse qui ébranle le sol sur une plus ou moins grande étendue (syn. SÉISME). — 3. Fam. *Tout le tremblement,* ensemble important de personnes ou de choses.

trembler [trɑ̃ble] v. i. (lat. pop. *tremulare ;* de *tremere,* trembler). 1. (sujet qqn, une partie du corps) Être agité de petits mouvements musculaires vifs, pressés, convulsifs : *Trembler de froid* (syn. FRISSONNER). *Trembler de fièvre, de peur. Sa main tremble. Ses lèvres tremblaient.* — 2. (sujet la voix) Présenter de brusques variations de ton, d'intensité : *Sa voix tremble légèrement* (syn. CHEVROTER). — 3. (sujet qqn) Éprouver une violente crainte : *Je tremble à la pensée du malheur qui vous menace. Elle tremblait pour les siens* (= elle redoutait le mal qui pouvait leur arriver). — 4. (sujet qqch) Être agité de petits mouvements rapides et répétés : *Les feuilles de l'arbre tremblaient* (syn. FRÉMIR, REMUER). *Une lueur tremblait dans la nuit* (syn. VACILLER). — 5. Être ébranlé : *La terre a tremblé récemment en Iran. Une explosion qui fit trembler les vitres* (syn. VIBRER).

tremblotant, e [trɑ̃blɔtɑ̃] adj. Qui tremblote : *La flamme tremblotante d'une bougie. Une voix tremblotante.*

tremblote [trɑ̃blɔt] n. f. Fam. *Avoir la tremblote,* trembler de froid ou de peur.

tremblotement [trɑ̃blɔtmɑ̃] n. m. Fait de trembloter.

trembloter [trɑ̃blɔte] v. i. Trembler légèrement : *Une plume tremblote à son chapeau.*

trémolo [tremɔlo] n. m. (mot it. signif. *tremblement*). 1. Effet musical consistant dans l'émission alternative et très rapprochée dans le temps d'une note musicale dominante, et d'une ou deux notes voisines : *Les trémolos pathétiques d'un violon.* — 2. *Avoir des trémolos dans la voix,* avoir des tremblements dans la voix, généralement sous l'effet d'une émotion.

trémoussement [tremusmɑ̃] n. m. Action de se trémousser : *Les trémoussements des danseurs.*

trémousser (se) [tremuse] v. pr. (de *mousse,* écume). [sujet qqn] S'agiter avec des mouvements rapides et désordonnés : *Enfant qui se trémousse sur sa chaise* (syn. REMUER ; fam. GIGOTER). *Elle se trémoussait de joie* (syn. FRÉTILLER).

trempage [trɑ̃paʒ] n. m. Action de tremper : *Le trempage du linge avant le lavage.*

trempe [trɑ̃p] n. f. 1. Opération par laquelle on trempe un métal. — 2. Caractère, force d'âme (dans certaines loc.) : *Une personne de sa trempe ne se laisse pas abattre facilement. Ils sont tous deux de la même trempe.*

trempé, e [trɑ̃pe] adj. 1. Qui a été imbibé par un liquide : *Ses vêtements sont tout trempés* (syn. MOUILLÉ). *Un visage trempé de sueur* (syn. BAIGNÉ). — 2. *Trempé (jusqu'aux os),* se dit de qqn qui vient de rester longtemps sous la pluie, dont les vêtements sont transpercés par la pluie. — 3. Qui a de la trempe, de la dureté : *Acier trempé. Caractère bien trempé* (syn. AGUERRI, ENDURCI ; contr. MALLÉABLE, MOU).

tremper [trɑ̃pe] v. t. (lat. *temperare,* mélanger). 1. *Tremper un objet, un corps dans qqch (liquide),* le plonger dans un liquide, l'imbiber de ce liquide : *Tremper du linge dans l'eau. Tremper son stylo dans un encrier. Tremper une tartine dans un bol de café au lait.* — 2. *Tremper un métal,* le refroidir brusquement après l'avoir porté à une température élevée, afin de lui donner plus de dureté. — 3. (sujet qqch) *Tremper qqn,* lui donner du caractère, le rendre énergique. ◆ v. i. 1. (sujet qqch) *Tremper dans un liquide,* y rester plongé : *Le linge trempe dans la bassine. Faire tremper des harengs saurs dans l'huile* (syn. MARINER). — 2. (sujet qqn) *Tremper dans qqch (abstrait),* participer à une action condamnable : *Je voulais découvrir tous ceux qui avaient trempé dans ce crime* (syn. ÊTRE COMPLICE DE).

trempette [trɑ̃pɛt] n. f. Fam. *Faire trempette,* prendre un bain très court, ou un bain partiel.

tremplin [trɑ̃plɛ̃] n. m. (it. *trampolino ;* de *trampolo,* échasse). 1. Planche élastique sur laquelle un sauteur ou un plongeur prend son élan. — 2. Moyen qui permet de parvenir à un but, à une situation : *Cette entreprise lui a servi de tremplin pour arriver au pouvoir.*

trentaine [trɑ̃tɛn] n. f. 1. Nombre de trente environ : *L'opération dure une trentaine de minutes.* — 2. Âge de trente ans environ.

trente [trɑ̃t] adj. num. cardin. inv. (lat. *triginta*). 1. Trois fois dix. — 2. Trentième : *Les années trente.* ◆ n. m. inv. 1. Numéro, place, etc., qui représente ce nombre. — 2. Au tennis, deuxième point marqué dans un jeu.

trente-et-un [trɑ̃teœ̃] n. m. inv. Fam. *Être, se mettre sur son trente-et-un,* être habillé de ses plus beaux vêtements.

trentième [trɑ̃tjɛm] adj. num. ordin. et n. 1. Qui occupe un rang marqué par le numéro trente. — 2. Qui se trouve trente fois dans le tout.

trépan [trepɑ̃] n. m. (gr. *trupanon*). 1. Outil de forage utilisé pour percer les roches dures. — 2. Instrument de chirurgie avec lequel on perce les os, spécialement ceux du crâne.

trépanation [trepanasjɔ̃] n. f. Action de trépaner ; fait d'être trépané.

trépané, e [trepane] adj. et n. Qui a subi une trépanation.

trépaner [trepane] v. t. *Trépaner qqn,* lui ouvrir la

boîte crânienne à l'aide du trépan : *Trépaner un blessé.*

trépas [trepɑ] n. m. *Litt.* **1.** Mort. — **2.** Fam. *Passer de vie à trépas,* mourir.

trépassé, e [trepase] n. Personne décédée : *La fête des Trépassés.*

trépasser [trepɑse] v. i. (de l'anc. fr. *tres,* au-delà, et *passer*). *Litt.* Mourir.

trépidant, e [trepidɑ̃] adj. Agité de secousses : *Mener une vie trépidante* (= pleine d'agitation, d'occupations; syn. FÉBRILE, BOUSCULÉ, AGITÉ).

trépidation [trepidasjɔ̃] n. f. Tremblement saccadé et continu : *Sentir les trépidations du métro sous ses pieds.*

trépider [trepide] v. i. (lat. *trepidare,* s'agiter). [sujet qqch] Être agité de petites secousses rapides : *Le moteur fait trépider le plancher de la voiture.*

trépied [trepje] n. m. (lat. *tres,* trois, et *pes, pedis,* pied). Support à trois pieds.

trépignement [trepiɲmɑ̃] n. m. Action de trépigner.

trépigner [trepiɲe] v. i. (de l'anc. fr. *treper,* frapper du pied). [sujet qqn] Frapper des pieds par terre à plusieurs reprises, nerveusement : *Dans sa colère, l'enfant se mit à hurler et à trépigner. Trépigner d'impatience.*

très [trɛ] (devant une consonne, [trɛz] devant une voyelle ou un *h* muet) adv. (lat. *trans,* au-delà). Indique un degré élevé : *Il est très riche* (syn. ↑EXTRÊMEMENT, ↑EXCESSIVEMENT; soutenu FORT). *Elle est très contente* (syn. BIEN, TOUT). *C'est un désir très légitime* (syn. TOUT À FAIT, ENTIÈREMENT, ABSOLUMENT, PARFAITEMENT, PLEINEMENT). *Cette question est très embarrassante* (syn. ↑TERRIBLEMENT; contr. PAS DU TOUT, NULLEMENT). *Il est très travailleur* (= il travaille beaucoup). *Elle se couche très tard. Vous êtes très en avance. Une intelligence très au-dessus de la moyenne. Une personne très à cheval sur les principes. J'ai très faim, très peur, très envie de cela. Elle est très femme* (= elle a les traits de caractère typiques de la femme).

trésor [trezɔr] n. m. (lat. *thesaurus*). **1.** Amas d'objets précieux, de grandes richesses : *Trouver un trésor en pièces d'or dans un vieux mur.* — **2.** Personne ou chose extrêmement utile, précieuse : *Cette amie est pour lui un véritable trésor. Un tel manuscrit est un trésor.* — **3.** *Un, des trésors de qqch (qualité),* une abondance précieuse de : *Elle a en elle un trésor d'énergie* (= une énergie sans fin). *Dépenser des trésors d'ingéniosité.* — **4.** *Trésor (public),* ensemble des caisses financières de l'État; service d'exécution du budget (avec majusc.) : *Agent judiciaire du Trésor.* ◆ ***trésors*** n. m. pl. Grandes richesses, monétaires, artistiques, morales : *On a mis au Louvre les trésors de la peinture mondiale* (= les tableaux les plus beaux).

trésorerie [trezɔrri] n. f. **1.** Administration du Trésor public. — **2.** Ensemble des capitaux liquides d'une entreprise : *Demander une avance de trésorerie.*

trésorier, ère [trezɔrje] n. **1.** Personne chargée de détenir, de comptabiliser les finances d'une collectivité : *Le trésorier du club.* — **2.** *Trésorier-payeur général,* comptable supérieur, chargé d'assurer, dans un département, le service du Trésor.

tressage [trɛsaʒ] n. m. Action de tresser : *Le tressage des rubans.*

tressaillement [trɛsajmɑ̃] n. m. Action de tressaillir : *Elle eut un tressaillement de surprise* (syn. SURSAUT, ↑SOUBRESAUT, ↑HAUT-LE-CORPS).

tressaillir [trɛsajir] v. i. (du lat. *trans,* au-delà, et *salire,* sauter) [c. **23**]. Éprouver une sorte de secousse musculaire dans tout le corps, sous l'effet d'une émotion : *Tressaillir de joie, d'aise* (syn. SURSAUTER, FRÉMIR, ↑TRESSAUTER).

tressautement [tresotmɑ̃] n. m. Action de tressauter.

tressauter [tresote] v. i. (du lat. *trans,* au-delà, et *sauter*). **1.** Sursauter sous l'effet d'une émotion vive, d'une surprise : *L'entrée brusque de sa mère fit tressauter l'enfant* (syn. TRESSAILLIR). — **2.** Être violemment secoué : *Les cahots du chemin faisaient tressauter les voyageurs de la carriole.*

tresse [trɛs] n. f. (du gr. *thrix,* poil). **1.** Entrelacement de brins, de fils, servant de lien ou d'élément décoratif : *Faire une tresse avec trois ficelles.* — **2.** Cheveux entrelacés en forme de natte : *Fillette qui a deux tresses dans le dos.*

tresser [trɛse] v. t. **1.** Faire une tresse de qqch : *Tresser des rubans.* — **2.** Litt. *Tresser des couronnes à qqn,* le glorifier, le louer.

tréteau [treto] n. m. (lat. *transtillum*). Pièce de bois portée par quatre pieds, et servant à soutenir une table, un plancher. ◆ ***tréteaux*** n. m. pl. Théâtre ambulant (vieilli).

treuil [trœj] n. m. (lat. *torculum,* pressoir). Cylindre horizontal et mobile autour de son axe, actionné par une manivelle ou par un moteur, et autour duquel s'enroule une corde ou un câble qui sert à tirer ou à élever des fardeaux.

trêve [trɛv] n. f. (frq. *treuwa,* pacte). **1.** Cessation temporaire des hostilités entre belligérants, entre personnes qui sont en conflit : *Demander une trêve. Établir une trêve. Violer une trêve. Une trêve fut conclue entre les deux partis politiques.* — **2.** *Faire trêve à qqch,* l'interrompre momentanément. ‖ *Ne pas avoir, ne pas laisser de trêve,* ne pas avoir de fin, ne pas laisser de répit : *Sa maladie ne lui laisse pas de trêve.* ‖ *Sans trêve,* sans jamais s'arrêter : *Attaquer quelqu'un sans trêve* (syn. SANS RÉPIT, SANS ARRÊT, CONTINUELLEMENT, SANS CESSE; fam. À JET CONTINU). ‖ *Trêve de...,* assez de... : *Trêve de plaisanteries!*

tri [tri] n. m. **1.** Action de trier (lettres, documents, etc.) : *Les enquêteurs ont fait un tri parmi les informations qu'ils ont obtenues. Le tri des lettres. Le tri des cartes perforées à l'aide d'une trieuse.* — **2.** *Bureau de tri,* lieu où se fait le tri du courrier postal.

triage [trijaʒ] n. m. **1.** Action de trier (objets, matériaux, etc.) : *Le triage des semences.* — **2.** *Gare de triage,* ensemble de voies de garage situées à proximité d'une bifurcation importante et où s'effectue le triage des wagons de marchandises.

trial [trijal] n. m. (mot angl.). Sport motocycliste sur tous terrains.

triangle [trijɑ̃gl] n. m. (lat. *triangulum,* à trois angles). **1.** Figure géométrique formée par les segments de droite joignant trois points non alignés; objet ayant cette forme. — **2.** Instrument de musique à percussion fait d'une tige d'acier en forme de triangle.

triangulaire [trijɑ̃gylɛr] adj. **1.** Qui a la forme d'un triangle : *Voile triangulaire.* — **2.** Qui intéresse trois individus, trois équipes, etc. : *Tournoi triangulaire.* ‖ *Élection triangulaire,* dans laquelle trois candidats se présentent.

tribal, e, aux [tribal] adj. Qui appartient à la tribu : *La vie tribale. Mœurs tribales.*

tribord [tribɔr] n. m. (mot d'anc. néerl.). Côté droit d'un navire, dans le sens de la marche (surtout dans *à tribord, par tribord*).

tribu [triby] n. f. (lat. *tribus*). **1.** Groupement de familles vivant dans une même région, dont l'unité repose sur une structure sociale commune et sur des mythes communs (syn. ETHNIE). — **2.** *Fam.* Famille nombreuse : *Elle est partie en vacances avec toute sa tribu.*

tribulations [tribylasjɔ̃] n. f. pl. (du lat. *tribulare,* tourmenter). Mésaventures de qqn (ironiq.) : *Passer par toutes sortes de tribulations* (syn. AVENTURES).

tribun [tribœ̃] n. m. (lat. *tribunus*). 1. Orateur qui sait haranguer les foules : *Une éloquence de tribun.* — 2. À Rome, magistrat exerçant des fonctions politiques ou militaires.

tribunal [tribynal] n. m. (mot lat. signif. *estrade*) [pl. *tribunaux*]. 1. Juridiction d'un magistrat ou de plusieurs qui jugent ensemble : *Comparaître devant le tribunal. Tribunal administratif.* — 2. Ensemble des magistrats qui composent cette juridiction : *Le tribunal se déclare suffisamment informé.* — 3. Lieu où ils siègent : *L'avocat se rend au tribunal.*

tribune [tribyn] n. f. (lat. *tribuna*). 1. Emplacement généralement élevé, réservé à qqn qui parle en public : *À la descente de la tribune, l'orateur s'est expliqué avec ses amis politiques. Éloquence de la tribune* (= éloquence propre aux assemblées politiques). — 2. *Tribune libre,* rubrique de journal, émission régulière de radio ou de télévision où des représentants de diverses tendances sont admis à exposer leurs opinions sous leur propre responsabilité. — 3. Galerie réservée au public dans une église, une grande salle d'assemblée, etc. : *Le public s'entassait dans les tribunes pour le grand débat parlementaire. Les tribunes d'un champ de courses, d'un stade.* — 4. Fam. *Les tribunes,* le public assis dans les tribunes : *Les tribunes étaient surtout composées par les invités de la majorité parlementaire.* — 5. Dans une église, estrade où se trouve l'orgue ou l'harmonium et où peut se tenir une chorale.

tribut [triby] n. m. (lat. *tributum,* taxe). 1. *Litt.* Contribution imposée à qqn, impôt forcé. — 2. *Payer un lourd tribut à qqch,* être obligé de l'accorder, de le subir, de le faire pour des raisons morales.

tributaire [tribytɛr] adj. (lat. *tributarius,* qui concerne le tribut). 1. Se dit de qqn, de qqch qui dépend d'un autre : *Les paysans sont plus particulièrement tributaires du climat. L'économie française est tributaire de l'étranger pour certaines matières premières.* — 2. Se dit d'un cours d'eau qui se jette dans un autre ou dans la mer : *L'Oise est tributaire de la Seine.*

tricentenaire [trisɑ̃tnɛr] n. m. Troisième centenaire.

tricher [triʃe] v. i. (lat. *tricari,* soulever des difficultés). 1. Ne pas respecter les règles d'un jeu, pour gagner : *Il cherche toujours à tricher quand il joue. Tricher aux cartes.* — 2. Ne pas respecter certaines règles, certaines conventions : *Tricher aux examens.* — 3. Dissimuler un défaut de symétrie, un défaut matériel dans un ouvrage : *L'architecte a triché en mettant une fausse fenêtre pour rétablir la symétrie. Il a fallu tricher un peu pour faire cent pages dans ce chapitre.* ◆ v. t. ind. *Tricher sur qqch,* tromper sur sa valeur, sa quantité, etc. : *Cette commerçante triche sur les prix* (= ne respecte pas le prix imposé).

tricherie [triʃri] ou, fam., **triche** [triʃ] n. f. Fait de tricher : *Quand tu perds, tu prétends qu'il y a de la triche.*

tricheur, euse [triʃœr] n. et adj. Qui triche.

tricolore [trikɔlɔr] adj. 1. Se dit d'un objet qui a trois couleurs, principalement les couleurs nationales françaises (bleu, blanc, rouge) : *Le drapeau tricolore. Un ruban tricolore. Cocarde tricolore.* — 2. *Écharpe tricolore,* écharpe aux couleurs nationales, insigne de certaines fonctions publiques, comme celle de maire. ‖ *Feu tricolore,* feu de signalisation routière qui est tantôt vert (voie libre), tantôt rouge (stop), tantôt orange (prudence). ◆ adj. et n. m. *Fam.* Dans la langue du sport, français : *L'équipe tricolore a remporté la victoire. Les tricolores ont gagné par cinq à zéro.*

tricorne [trikɔrn] n. m. Chapeau à trois cornes.

tricot [triko] n. m. 1. Manière de tisser qui consiste à disposer en mailles la matière textile : *Faire du tricot.* — 2. Tissu ainsi réalisé; ouvrage qu'on tricote : *Des chaussettes en tricot. Elle avait emporté son tricot pour s'occuper pendant les heures d'attente.* — 3. Vêtement, généralement de laine, couvrant le haut du corps : *Mettre un tricot* (syn. CHANDAIL).

tricotage [trikɔtaʒ] n. m. Action de tricoter.

tricoter [trikɔte] v. t. (anc. fr. *tricoter,* sauter). *Tricoter (qqch),* exécuter un tissu de laine en mailles entrelacées, avec des aiguilles spéciales ou une machine : *Tricoter des bas, un chandail. Elle a tricoté tout l'après-midi.*

tricoteuse [trikɔtøz] n. f. 1. Femme qui tricote. — 2. Machine à tricoter.

tricycle [trisikl] n. m. Petit vélo d'enfant à trois roues, dont deux à l'arrière.

trident [tridɑ̃] n. m. Fourche à trois pointes, ou dents.

tridimensionnel, elle [tridimɑ̃sjɔnɛl] adj. Qui a trois dimensions.

triennal, e, aux [trijɛnal] adj. Qui dure trois ans; qui revient tous les trois ans : *Plan d'équipement triennal.*

trier [trije] v. t. (bas lat. *tritare,* broyer). 1. *Trier des gens, des choses,* choisir parmi eux, en éliminant ceux qui ne conviennent pas : *Nous avons trié les meilleures photos pour les faire agrandir* (syn. SÉLECTIONNER). *Trier des lentilles.* — 2. Répartir des objets suivant certains critères : *Trier des lettres* (= les répartir suivant leur destination). *Trier des fiches* (syn. CLASSER). — 3. *Trier sur le volet,* choisir après un examen attentif.

trieuse [trijøz] n. f. Machine de bureau permettant de classer à grande vitesse des cartes perforées.

trifouiller [trifuje] v. t. et i. (de *tri[poter],* et *fouiller*). 1. Fam. *Trifouiller dans qqch,* mettre en désordre, fouiller en remuant : *Je n'aime pas qu'on trifouille dans mes affaires.* — 2. Fam. *Trifouiller qqch, dans qqch,* explorer un ensemble complexe en en démontant et en en remontant les éléments, pour le réparer, le modifier, etc. : *J'ai trifouillé toute la matinée (dans) le moteur de la voiture pour voir d'où venait la panne.*

trigonométrie [trigɔnɔmetri] n. f. (du gr. *trigônos,* à trois angles, et *metron,* mesure). Branche des mathématiques qui a pour objet le calcul des éléments d'un triangle défini par des données numériques et l'application de ces fonctions à l'étude des figures géométriques.

trigonométrique [trigɔnɔmetrik] adj. Relatif à la trigonométrie.

trilingue [trilɛ̃g] adj. et n. Qui parle trois langues. ◆ adj. Écrit en trois langues.

trille [trij] n. m. (it. *trillo,* tremblement). Ornement musical qui consiste dans un battement très rapide, plus ou moins prolongé, d'une note avec la note qui lui est immédiatement supérieure : *Faire des trilles à la flûte.*

trilogie [trilɔʒi] n. f. (gr. *treîs,* trois, et *logos,* discours). Ensemble de trois œuvres littéraires ou musicales sur un même sujet ou sur un même thème.

trimaran [trimarɑ̃] n. m. Voilier comportant une coque centrale flanquée de deux coques parallèles.

trimbalage [trɛ̃balaʒ] ou **trimbalement** [trɛ̃balmɑ̃] n. m. Action de trimbaler, d'être trimbalé : *Le trimbalage des marchandises.*

trimbaler ou **trimballer** [trɛ̃bale] v. t. (de l'anc. v. *tribaler,* remuer de côté et d'autre). Fam. *Trimballer qqch, qqn,* le traîner ou le porter partout avec soi : *Un représentant de commerce qui trimbale ses échantillons. Trimbaler ses enfants dans les magasins.* ◆ ***se***

trimbal(l)er v. pr. *Fam.* Se déplacer, aller et venir : *Se trimballer dans une belle bagnole.*

trimer [trime] v. i. (anc. fr. *trumer,* courir). *Fam.* Travailler dur : *Il trimait toute la journée* (syn. PEINER).

trimestre [trimɛstr] n. m. Période de trois mois : *La période d'essai avant l'engagement définitif dure un trimestre.*

trimestriel, elle [trimɛstrijɛl] adj. Qui se produit, revient tous les trois mois : *Revue trimestrielle* (= qui paraît tous les trois mois).

trimestriellement [trimɛstrijɛlmɑ̃] adv. Tous les trois mois : *Payer un loyer trimestriellement.*

trimoteur [trimɔtœr] adj. et n. m. Se dit d'un avion qui a trois moteurs.

tringle [trɛ̃gl] n. f. (moyen néerl. *tingel,* cale). Tige métallique ronde ou plate, destinée à soutenir une draperie, un rideau, etc.

trinité [trinite] n. f. (du lat. *trinus,* triple). **1.** (avec majusc.) Dans la religion chrétienne, union de trois personnes distinctes (Père, Fils et Saint-Esprit) ne formant qu'un seul Dieu ; fête chrétienne en l'honneur de ce mystère. — **2.** Fam. *À Pâques ou à la Trinité,* jamais.

trinquer [trɛ̃ke] v. i. (all. *trinken,* boire). **1.** Choquer son verre contre celui d'un autre avant de boire à sa santé : *Allons-y, trinquons gaiement !* — **2.** *Pop.* Subir un désagrément, un préjudice, un dommage : *Dans l'accident, c'est ma voiture surtout qui a trinqué.*

trio [trijo] n. m. (mot it.). **1.** Groupe de trois personnes : *Ces trois jeunes gens forment un joyeux trio.* — **2.** Groupe de trois musiciens. — **3.** Morceau de musique pour trois voix.

triomphal, e, aux [trijɔ̃fal] adj. Qui se fait avec éclat : *Une entrée triomphale* (= comme un vainqueur après une grande victoire). *L'accueil fut triomphal* (syn. ENTHOUSIASTE, ↓CHALEUREUX ; contr. GLACIAL).

triomphalement [trijɔ̃falmɑ̃] adv. De façon triomphale : *Être accueilli triomphalement. Elle annonça triomphalement qu'elle était reçue.*

triomphalisme [trijɔ̃falism] n. m. Attitude de ceux qui, grisés par le succès ou absolument convaincus d'avoir raison, prêtent peu d'attention aux idées des autres.

triomphaliste [trijɔ̃falist] adj. Qui fait preuve de triomphalisme.

triomphant, e [trijɔ̃fɑ̃] adj. Qui marque la fierté : *Avoir un air triomphant* (= victorieux).

triomphateur, trice [trijɔ̃fatœr] adj. et n. Qui a obtenu la victoire, un succès complet : *La nation triomphatrice.*

triomphe [trijɔ̃f] n. m. (lat. *triumphus*). **1.** Victoire éclatante, succès qui déchaîne l'admiration du public : *Remporter un triomphe sur ses adversaires. Son élection a été un véritable triomphe* (contr. DÉCONFITURE, DÉROUTE). *Pousser un cri de triomphe* (= de joie pour avoir réussi). — **2.** *Faire un triomphe à qqn,* lui prodiguer des acclamations, des approbations, des louanges, etc. (syn. OVATIONNER). ‖ *Porter qqn en triomphe,* le porter à plusieurs, généralement sur les épaules, en l'acclamant.

triompher [trijɔ̃fe] v. i. (lat. *triumphare*). Manifester sa joie, sa fierté d'avoir obtenu un succès, une satisfaction : *Les supporters de l'équipe gagnante triomphaient bruyamment.* ◆ v. t. ind. **1.** *Triompher de qqn, de qqch,* remporter sur eux un succès définitif : *Triompher de ses adversaires* (syn. BATTRE, L'EMPORTER SUR, VAINCRE, ↑ÉCRASER). *Triompher de ses passions* (syn. DOMINER). *Triompher de toutes les oppositions* (syn. VENIR À BOUT DE). — **2.** (sans compl.) S'imposer définitivement : *La vérité a fini par triompher.*

tripartite [tripartit] adj. (du lat. *partitus,* partagé). Qui réunit trois éléments, trois partis, ou qui intervient entre trois parties : *Une commission, un gouvernement tripartite. Une conférence tripartite* (= entre trois puissances).

tripatouillage [tripatujaʒ] n. m. *Fam.* Manipulations, manœuvres contribuant à fausser qqch : *On accusait la municipalité sortante de tripatouillages électoraux* (syn. TRIPOTAGE).

tripatouiller [tripatuje] v. t. (de *tri[poter],* et *patouiller*). *Fam.* **1.** *Tripatouiller qqch,* le manier n'importe comment, sans soin : *Si tu tripatouilles l'interrupteur, tu vas finir par le casser* (syn. fam. TRIPOTER). — **2.** *Tripatouiller qqch,* le modifier sans scrupule, malhonnêtement : *Tripatouiller le texte d'un auteur. Tripatouiller la comptabilité.*

tripe [trip] n. f. (it. *trippa*). **1.** Mets constitué par l'estomac des ruminants diversement accommodé (surtout pl.). — **2.** (pl.) *Pop.* Entrailles de l'homme : *Ça vous prend aux tripes* (= cela vous émeut profondément). — **3.** Fam. *Avoir la tripe républicaine,* être foncièrement républicain.

triperie [tripri] n. f. Lieu où on vend des tripes ; commerce du tripier.

tripier, ère [tripje] n. Commerçant qui vend des abats.

triple [tripl] adj. (lat. *triplus*) [après ou, plus souvent, avant le n.]. **1.** Constitué de trois éléments : *Triple semelle. Triple menton. Triple croche* (= groupe de trois croches constituant un seul temps, une seule fraction de la mesure). — **2.** *Fam.* Sert à marquer un degré élevé : *Au triple galop* (= à toute vitesse). *Un triple idiot* (= complètement stupide). — **3.** Qui est trois fois plus grand qu'un autre : *Sa maison est triple de la mienne.* ◆ n. m. Quantité trois fois plus grande qu'une autre : *Elle a revendu son terrain le triple du prix d'achat.* ‖ *En triple,* en trois exemplaires.

triplement [tripləmɑ̃] adv. Trois fois autant.

tripler [triple] v. t. *Tripler un nombre,* le multiplier par trois. ◆ v. i. Devenir triple.

triplés, ées [triple] n. pl. Groupe de trois enfants nés d'un même accouchement.

triporteur [tripɔrtœr] n. m. Cycle à trois roues, dont deux à l'avant, muni d'une caisse pour porter des marchandises.

tripot [tripo] n. m. (de l'anc. fr. *triper,* sauter). *Péjor.* Maison de jeu ; cabaret malfamé.

tripotage [tripɔtaʒ] n. m. Syn. de TRIPATOUILLAGE.

tripotée [tripɔte] n. f. **1.** *Pop.* Volée de coups donnée à qqn. — **2.** Pop. *Tripotée de* (+ *n. pl.*), grand nombre de : *Elle a toute une tripotée d'enfants.*

tripoter [tripɔte] v. t. (de *tripot*). Fam. **1.** *Tripoter qqch,* le manier sans précaution : *Ne tripote pas ça, c'est fragile.* — **2.** *Tripoter qqch,* le toucher sans cesse, machinalement : *Laisse ton bouton, ne le tripote pas !*

triptyque [triptik] n. m. (gr. *triptukhos,* plié en trois). Tableau sur trois panneaux : un panneau central et deux volets pouvant se rabattre dessus.

trique [trik] n. f. *Fam.* Gros bâton utilisé pour frapper.

trisannuel, elle [trizanɥɛl] adj. Qui revient tous les trois ans : *Fêtes trisannuelles.*

triste [trist] adj. (lat. *tristis*). **1.** Abattu par un chagrin ; qui éprouve une douleur particulière : *Elle est bien triste depuis la mort de son amie* (syn. AFFLIGÉ, MALHEUREUX, ↑DÉSESPÉRÉ). *Je suis triste à l'idée de partir. Les lions en cage regardaient les visiteurs d'un air triste* (syn. MORNE). — **2.** Qui, par nature, ne rit pas ; dont l'attitude est morose ou sévère : *Avoir une figure triste et morne* (contr. GAI, JOYEUX, ENJOUÉ). *Avoir un regard* *triste* (syn. ↑ DOULOUREUX). — **3.** Qui évoque le chagrin, la douleur : *Les rues tristes d'une ville. Couleur triste* (contr. GAI, VIF). *Temps pluvieux et triste* (syn. MAUSSADE). *Film triste.* — **4.** (avant le n.) Dont le caractère médiocre, la mauvaise qualité ont qqch d'affligeant, de méprisable : *C'est un triste personnage* (= c'est qqn de mauvaise réputation). *Ils sont rentrés à la maison dans un triste état* (syn. LAMENTABLE, PITOYABLE). *Triste époque* (syn. AFFLIGEANT, LAMENTABLE).

tristement [tristəmɑ̃] adv. **1.** Avec tristesse : *Elle se promenait tristement le long de la berge. Secouer la tête tristement.* — **2.** De façon triste pour les autres : *Il est devenu tristement célèbre* (= il est connu pour ses méfaits).

tristesse [tristɛs] n. f. **1.** État naturel ou accidentel de qqn qui éprouve du chagrin, de la mélancolie : *Être enclin à la tristesse* (syn. ↑ NEURASTHÉNIE; fam. CAFARD; contr. JOIE, GAIETÉ). *La tristesse de vivre sans espoir de changement* (syn. AMERTUME, ↑ DÉGOÛT). *Une profonde tristesse l'envahit à l'idée de quitter ses amis* (syn. DOULEUR, MÉLANCOLIE, ↑ ABATTEMENT). — **2.** Caractère triste : *La tristesse qui régnait dans la maison vide.*

trituration [trityrasjɔ̃] n. f. Action de triturer : *La trituration des aliments au cours de la mastication.*

triturer [trityre] v. t. (bas lat. *triturare,* battre le blé). **1.** *Triturer une substance,* la réduire en menus éléments par écrasement : *Les dents triturent les aliments. Triturer du sel, un médicament* (syn. BROYER, PULVÉRISER). — **2.** *Triturer qqch,* le manier en le tordant dans tous les sens : *Il triturait nerveusement sa veste.* — **3.** Fam. *Se triturer la cervelle,* faire des efforts pour n'aboutir qu'à des résultats médiocres, nuls.

triumvirat [trijɔmvira] n. m. (lat. *tres,* trois, et *vir,* homme). Association de trois qui exercent ensemble un pouvoir.

trivial, e, aux [trivjal] adj. (lat. *trivialis;* de *trivium,* carrefour). D'une basse vulgarité, d'un caractère grossier et malséant : *Mot trivial* (syn. OBSCÈNE, ORDURIER).

trivialement [trivjalmɑ̃] adv. De façon triviale.

trivialité [trivjalite] n. f. Caractère trivial : *Faire des plaisanteries d'une trivialité choquante.*

troc [trɔk] n. m. Échange direct d'un objet contre un autre : *Une économie de troc.*

troène [trɔɛn] n. m. (frq. *trugil*). Arbuste souvent cultivé en haies.

troglodyte [trɔglɔdit] n. m. (du gr. *trôglê,* trou, et *dunein,* pénétrer). Habitant d'une grotte, d'une caverne, d'une demeure aménagée dans la terre, dans le rocher.

troglodytique [trɔglɔditik] adj. Relatif aux troglodytes : *Les villages troglodytiques du Cher.*

trogne [trɔɲ] n. f. (gaul. *trugna*). *Fam.* Visage enluminé, révélant l'habitude de la bonne chère et de la boisson.

trognon [trɔɲɔ̃] n. m. (de l'anc. fr. *estroigner,* élaguer). Cœur d'un fruit ou d'un légume dépouillé de sa partie comestible : *Jeter un trognon de pomme. Un trognon de chou.*

troïka [trɔika] n. f. (mot russe). En Russie, véhicule traîné par trois chevaux attelés de front.

trois [trwa] adj. num. cardin. inv. (lat. *tres*). **1.** Deux plus un. — **2.** Troisième : *Henri trois.* ◆ n. m. inv. **1.** Chiffre, numéro, etc., qui représente ce nombre. — **2.** *Règle de trois,* règle arithmétique permettant de calculer une valeur proportionnelle.

troisième [trwazjɛm] adj. num. ordin. et n. **1.** Qui occupe un rang marqué par le numéro trois. — **2.** Qui se trouve trois fois dans le tout. ◆ n. f. Classe qui termine le premier cycle de l'enseignement secondaire.

troisièmement [trwazjɛmmɑ̃] adv. En troisième lieu.

trois-mâts [trwama] n. m. inv. Voilier ayant trois mâts.

trois-quarts [trwakar] n. m. inv. Au rugby, joueur qui se tient derrière un demi d'ouverture.

trolleybus ou **trolley** [trɔlɛ(bys)] n. m. (mot angl.). Véhicule de transport en commun, utilisé en ville et fonctionnant à l'aide du courant électrique qui est capté par deux perches sur une ligne aérienne.

trombe [trɔ̃b] n. f. (it. *tromba*). **1.** Masse nuageuse ou liquide, soulevée en colonne et animée d'un mouvement rapide de rotation. — **2.** *Trombe d'eau,* averse abondante particulièrement brutale. — **3.** Fam. *En trombe,* soudainement et de façon brusque ou brutale : *Passer, arriver en trombe.*

trombone [trɔ̃bɔn] n. m. (it. *trombone,* grande trompette). **1.** *Trombone à coulisse,* instrument à vent à embouchure, de la catégorie des cuivres, dont on allonge le corps grâce à une coulisse pour modifier la hauteur des sons. ‖ *Trombone à pistons,* dans lequel des pistons remplacent le jeu de la coulisse. — **2.** Petite agrafe qui sert à réunir des papiers.

tromboniste [trɔ̃bɔnist] ou **trombone** [trɔ̃bɔn] n. Personne qui joue du trombone.

trompe [trɔ̃p] n. f. (frq. *trumpa,* trompette). **1.** Long prolongement du nez de l'éléphant. — **2.** *Trompe d'Eustache,* canal de communication pour l'air extérieur, entre la bouche et le tympan de l'oreille. — **3.** Instrument à vent, ordinairement en cuivre et recourbé, dont se servent les chasseurs, les bergers : *Souffler dans sa trompe. Trompe de chasse* (syn. COR).

trompe-l'œil [trɔ̃plœj] n. m. inv. Apparence trompeuse : *Ce décor soigné, ce n'est qu'un trompe-l'œil.*

tromper [trɔ̃pe] v. t. (de *trompe*). **1.** (sujet qqn) *Tromper qqn,* l'induire en erreur : *Tu nous trompes quand tu nous dis que tu n'étais pas là!* (syn. BERNER, SE MOQUER DE; soutenu ABUSER, LEURRER). *Tromper quelqu'un sur quelque chose* (= ne pas lui dire la vérité à son sujet). — **2.** *Tromper sa femme, son mari,* lui être infidèle en amour. — **3.** (sujet qqch) *Tromper qqn,* échapper à son attention, à sa vigilance; décevoir son attente : *La manœuvre du fuyard a trompé les poursuivants* (syn. DÉJOUER). *Sa vue la trompe souvent* (= l'induit en erreur). — **4.** *Tromper sa faim, son ennui,* etc., les calmer momentanément : *Manger un morceau de pain pour tromper sa faim.* ◆ ***se tromper*** v. pr. **1.** Commettre une erreur : *Elle s'est trompée dans ses calculs. On peut s'y tromper* (= se laisser prendre à ces apparences). — **2.** *Se tromper de qqch,* faire une confusion à son propos, le prendre pour qqch d'autre : *Il s'est trompé de route. Vous vous trompez d'adresse.*

tromperie [trɔ̃pri] n. f. Action faite pour tromper : *Tout ce que tu racontes, ce n'est que mensonges et tromperies!*

trompette [trɔ̃pɛt] n. f. (de *trompe*). **1.** Instrument à vent, de la famille des cuivres, muni de pistons, comportant une embouchure, un tube cylindrique replié sur lui-même et terminé par un pavillon. — **2.** Fam. *Nez en trompette,* relevé.

trompettiste [trɔ̃pɛtist] ou **trompette** [trɔ̃pɛt] n. Personne qui joue de la trompette.

trompeur, euse [trɔ̃pœr] adj. et n. Qui trompe : *Discours trompeur* (syn. MENSONGER, ↑ PERFIDE; litt. FALLACIEUX). *Les apparences sont trompeuses* (= se dit pour excuser une erreur de jugement). *Calme trompeur.*

trompeusement [trɔ̃pøzmɑ̃] adv. De façon trompeuse.

tronc [trɔ̃] n. m. (lat. *truncus*). **1.** Partie d'un arbre, depuis la naissance des racines jusqu'à la naissance des branches. — **2.** Corps de l'homme considéré sans la tête ni les membres. — **3.** *Tronc de cône, tronc de pyramide,* portion du volume d'un cône, d'une pyramide comprise entre la base et un plan parallèle à la base. — **4.** Boîte fermée servant à recueillir des aumônes, à faire des collectes.

tronçon [trɔ̃sɔ̃] n. m. (du lat. *truncus,* coupé). **1.** Partie d'un objet qui a été coupée : *Un tronçon de bois.* — **2.** Portion d'une ligne, d'une voie : *L'autoroute n'est pas terminée, il n'en existe encore que trois tronçons* (syn. SEGMENT).

tronçonnement [trɔ̃sɔnmɑ̃] n. m. Action de tronçonner.

tronçonner [trɔ̃sɔne] v. t. Couper en tronçons : *Tronçonner un arbre.*

tronçonneuse [trɔ̃sɔnøz] n. f. Machine à tronçonner le bois.

trône [tron] n. m. (gr. *thronos,* siège). Siège de cérémonie des rois, des empereurs : *La reine d'Angleterre siégeait sur son trône. S'asseoir, monter sur le trône* (= devenir roi).

trôner [trone] v. i. **1.** (sujet qqn) Être assis à une place d'honneur, avec un air important. — **2.** (sujet qqch) Être bien en évidence, attirer les regards : *Une pièce montée trônait au milieu du buffet.*

tronquer [trɔ̃ke] v. t. (lat. *truncare*). *Tronquer qqch (texte, colonne),* l'altérer en en retranchant une partie (surtout part. passé) : *Il a délibérément tronqué le discours, le récit* (syn. AMPUTER, MUTILER). *Faits tronqués. Citations tronquées* (= séparées de leur contexte et prises dans un sens différent). *Colonne tronquée* (= fût de colonne dont on a retiré le chapiteau).

trop [tro] adv. (frq. *throp,* troupeau). **1.** Indique une quantité excessive : *Elle a trop mangé; elle s'assoupit après le repas. Nous ne sommes pas trop de cinq pour déplacer la voiture. Tu es trop bête. Je l'ai trop peu vue. Elle vient trop rarement. Il était trop paresseux. Ça ne me dit trop rien* (fam.; = cela ne m'attire pas). *Tu as mis trop de sel. Je n'ai pas trop de place dans l'appartement. Il y a trop de papiers sur le bureau, trop de travail en retard;* peut être suivi de *pour* (+ *inf.*) ou de *pour que* (+ *subj.*) : *Elle est trop myope pour les avoir vus. Je suis trop soucieux d'exactitude pour que l'on puisse me reprocher cette erreur.* — **2.** Indique une très grande qualité ou quantité (très, beaucoup) : *Tu sais, elle est vraiment trop jolie! Il n'est pas trop content. Tu es trop bête, tu crois tout ce que dit la radio.* — **3.** *C'en est trop, c'est trop,* marque l'impatience de celui qui parle, avec le même sens que *c'est assez : C'en est trop, je ne veux plus vous voir.* ‖ *De trop,* en excès (sujet ou qualifié nom de chose) : *Les deux francs sont de trop. Nous mangeons de trop* (fam.) ou *trop. Il y a deux cents grammes de trop;* en surnombre, qui n'est pas désiré (sujet qqn) : *Si je suis de trop, je puis me retirer. Vous n'êtes pas de trop* (= votre présence n'est pas indésirable). ‖ *En trop,* en une quantité qui excède ce qui est normal ou attendu : *Il y a deux personnes en trop dans cette voiture. J'ai pris trois kilos en trop.* ‖ Litt. *Par trop,* renforce *trop : Elle est par trop exigeante.*

trophée [trɔfe] n. m. (gr. *tropaion;* de *tropê,* déroute). Souvenir d'un succès, objet offert après une victoire : *Les trophées d'un coureur cycliste.*

tropical, e, aux [trɔpikal] adj. **1.** Qui appartient aux tropiques, qui est situé entre les tropiques : *Plante tropicale. Région tropicale* ou *intertropicale.* — **2.** *Chaleur tropicale,* très élevée, comparable à celle des tropiques. ‖ *Climat tropical,* climat chaud, à faible variation de température et à forte variation du régime des pluies.

tropique [trɔpik] n. m. (gr. *tropikos,* qui tourne). Chacun des deux parallèles de la sphère terrestre, de latitude + et −23° 27′, limitant les régions du globe dans lesquelles le Soleil passe deux fois par an au zénith. ‖ *Tropique du Cancer,* tropique de l'hémisphère Nord. ‖ *Tropique du Capricorne,* tropique de l'hémisphère Sud. ◆ ***tropiques*** n. m. pl. Régions situées entre les tropiques, caractérisées par un climat torride.

trop-plein [troplɛ̃] n. m. (pl. *trop-pleins*). **1.** Ce qui excède la capacité d'un récipient, de qqch : *Le trop-plein du réservoir s'écoule par ce tuyau.* — **2.** Dispositif d'évacuation de l'excédent : *L'eau s'écoule par le trop-plein.*

troquer [trɔke] v. t. *Troquer qqch contre qqch,* l'échanger contre qqch d'autre (soutenu).

troquet [trɔkɛ] n. m. Syn. fam. de BISTROT.

trot [tro] n. m. **1.** Allure du cheval et de certains quadrupèdes, intermédiaire entre le pas et le galop : *Un cheval au trot. Aller au trot.* — **2.** Fam. *Au trot,* vivement, rapidement : *Allez, au trot, plus vite que ça!*

trotte [trɔt] n. f. *Fam.* Distance à parcourir : *Aller d'ici à chez vous, ça fait une jolie trotte!*

trotter [trɔte] v. i. (frq. *trottôn,* courir). **1.** (sujet qqn) Marcher rapidement, à petits pas; faire de nombreuses allées et venues : *Elle a trotté tout l'après-midi dans les magasins.* — **2.** *Cheval qui trotte,* qui va à une allure intermédiaire entre le pas et le galop. — **3.** Fam. *Idée, air,* etc., *qui trotte dans la tête,* qu'on a sans cesse à l'esprit.

trotteur [trɔtœr] n. m. Cheval dressé pour le trot.

trotteuse [trɔtøz] n. f. Aiguille marquant les secondes, dans une montre.

trottiner [trɔtine] v. i. *Fam.* Marcher à petits pas : *La fillette trottinait à côté de sa maman.*

trottinette [trɔtinɛt] n. f. Syn. de PATINETTE.

trottoir [trɔtwar] n. m. (de *trotter*). Espace plus élevé que la chaussée, généralement bitumé ou dallé, et ménagé sur les côtés d'une rue pour la circulation des piétons.

trou [tru] n. m. (mot gaul.). **1.** Ouverture, cavité naturelle ou artificielle dans un corps, dans un objet : *Un trou dans un mur. Le fond d'un trou. Creuser un trou. Boucher des trous. Un trou de souris. Un trou d'aération. Trou d'une aiguille* (syn. CHAS). *Regarder par le trou d'une serrure.* — **2.** Fam. *Avoir des trous de mémoire,* avoir des absences, des oublis. ‖ *Boucher un trou,* faire un remplacement dans un emploi occupé habituellement par un autre. ‖ *Faire le trou,* creuser un écart entre soi et des concurrents. ‖ *Faire son trou,* se faire une situation qqpart. ‖ *Trou d'air,* courant d'air descendant, qui fait perdre de l'altitude à l'avion. ‖ *Trou dans un emploi du temps,* moment libre ou moment pour lequel qqn ne peut fournir aucune indication sur ses activités. ‖ *Trou normand,* eau-de-vie qu'on boit au milieu d'un repas. — **3.** Déficit financier, dette, perte d'argent : *Il y a un trou dans la caisse.* — **4.** *Fam.* et *péjor.* Localité retirée, éloignée d'une ville : *Il n'est jamais sorti de son trou* (= il n'a jamais voyagé, il ne connaît rien).

troubadour [trubadur] n. m. (anc. prov. *trobador,* celui qui compose). Poète provençal du Moyen Âge. (→ TROUVÈRE.)

troublant, e [trublɑ̃] adj. Qui attire l'attention, qui incite à réfléchir : *Détail troublant* (syn. ↑INQUIÉTANT).

1. trouble [trubl] adj. (lat. *turbidus,* agité). **1.** Qui n'est pas limpide, dont la transparence n'est pas complète : *Une eau trouble* (= dans laquelle certaines impuretés sont en suspension). — **2.** Qui n'est pas net : *Vue trouble.* — **3.** Qui comporte des éléments équivoques ou inavouable : *Une joie trouble. Un personnage trouble. Une affaire trouble* (syn. LOUCHE).

2. trouble [trubl] n. m. **1.** État d'une personne troublée : *Le trouble de son âme était grand* (syn. DÉSARROI, DÉTRESSE, AFFOLEMENT). *Elle s'efforçait de dominer son trouble* (syn. EMBARRAS, PERPLEXITÉ). — **2.** Mauvais fonctionnement d'un organe, d'une fonction psychologique : *Des troubles intestinaux, des troubles de la vision. Des troubles de la personnalité.* — **3.** Agitation confuse, tumultueuse : *Son arrivée soudaine a produit un certain trouble dans l'assemblée.* ◆ ***troubles*** n. m. pl. Soulèvement populaire : *Des troubles sanglants ont endeuillé la ville* (syn. DÉSORDRE, RÉVOLTE). *Des troubles politiques. Un fauteur de troubles.*

trouble-fête [trubləfɛt] n. inv. Personne importune, indiscrète, qui empêche de se réjouir par sa présence.

troubler [truble] v. t. **1.** *Troubler qqch (liquide, air),* le modifier de façon à altérer sa limpidité, sa transparence : *Troubler de l'eau. La fumée troublait l'atmosphère de la pièce.* — **2.** *Troubler qqch (vue, audition),* en altérer la qualité, l'acuité : *Un bruit parasite troublait la réception* (syn. PERTURBER). *Troubler la vue de quelqu'un* (syn. BROUILLER). — **3.** *Troubler qqch (action, état),* en interrompre le cours, arrêter son fonctionnement normal, son déroulement, etc. : *Troubler le sommeil, le repos de quelqu'un. Troubler l'ordre public* (syn. DÉRANGER). *Troubler un entretien.* — **4.** *Troubler qqn,* le priver de lucidité, de présence d'esprit, de sang-froid : *Le professeur ne réussissait qu'à troubler davantage l'élève* (syn. DÉMONTER, DÉCONCERTER, ↑AFFOLER, ↑EFFARER). *Un détail me trouble* (= me rend perplexe; syn. EMBARRASSER, ↑INQUIÉTER). *Ce spectacle terrible la troublait profondément* (syn. ↑BOULEVERSER). ◆ ***se troubler*** v. pr. **1.** (sujet qqch) Devenir trouble : *L'eau de la rivière se troublait au passage des chevaux. Sa vue se troubla.* — **2.** (sujet qqn) Perdre contenance : *L'orateur se troubla devant les fréquentes interruptions de la salle.*

trouée [true] n. f. **1.** Large ouverture qui dégage la vue, permet le passage : *Une trouée dans une forêt. La trouée de Belfort.* — **2.** Rupture dans les rangs d'une armée : *Les troupes ennemies ont essayé de faire une trouée en direction de l'est* (syn. PERCÉE).

trouer [true] v. t. *Trouer qqch,* y faire un trou : *Trouer un ticket. Trouer ses chaussettes* (syn. PERCER).

trouillard, e [trujar] adj. et n. *Pop.* Habituellement peureux (syn. POLTRON).

trouille [truj] n. f. (orig. incert.). *Pop.* Peur : *Avoir la trouille.*

troupe [trup] n. f. (mot francique). **1.** Rassemblement de personnes, d'animaux non domestiques : *Une troupe de touristes se précipita vers l'étalage de cartes postales.* ‖ *En troupe,* se dit de personnes ou d'animaux en groupe, qui se déplacent ensemble : *Les pigeons s'abattirent en troupe sur le centre de la place.* — **2.** Groupe de comédiens, d'artistes qui se produisent ensemble : *La troupe du Théâtre-Français. Un directeur de troupe.* — **3.** Groupement de militaires : *Rejoindre le gros de la troupe. Lever des troupes* (= recruter des soldats). *Troupes de choc* (= militaires d'élite). *Un grand déploiement de troupe. Homme de troupe* (= simple soldat).

troupeau [trupo] n. m. **1.** Réunion d'animaux domestiques qu'on élève ensemble : *Un troupeau de moutons. Mener paître les troupeaux.* — **2.** *Péjor.* Grand nombre de personnes rassemblées sans ordre : *Un troupeau de touristes descendit du car.*

troupier [trupje] n. m. Syn. vieilli de SOLDAT. ◆ adj. m. *Comique troupier,* chanteur en costume de militaire, dont le répertoire était fondé sur la vie de caserne; genre comique qui s'y rattache.

trousse [trus] n. f. (de *trousser*). Étui à compartiments, dans lequel on réunit les instruments, les outils dont on se sert : *Trousse d'écolier. Trousse de chirurgien. Trousse de toilette* (= petit nécessaire pour la toilette). ◆ ***trousses*** n. f. pl. Fam. *Aux trousses de qqn,* en le suivant, en le poursuivant : *Avoir la police à ses trousses* (= être poursuivi, recherché). *Courir avec trois chiens à ses trousses.*

trousseau [truso] n. m. **1.** Linge, vêtements donnés à une jeune fille qui se marie ou qui se fait religieuse, à un enfant qui entre en pension, qui part en colonie, etc. — **2.** *Trousseau de clefs,* clefs attachées ensemble par un anneau.

trousser [truse] v. t. (du lat. *torquere,* tourner). **1.** *Trousser un vêtement,* le relever pour l'empêcher de traîner, de pendre (vieilli) : *Elle troussa sa robe et avança dans l'eau* (syn. usuel RETROUSSER). — **2.** Litt. *Trousser un article, un compliment, un discours,* les composer rapidement, avec aisance.

trouvaille [truvɑj] n. f. Découverte heureuse : *Faire une trouvaille. Récit émaillé de trouvailles* (= formules heureuses).

trouvé, e [truve] adj. *Bien trouvé,* bien imaginé, bien dit : *Tout ce qu'elle dit est bien trouvé!* (syn. TOURNÉ). ‖ *Enfant trouvé,* enfant abandonné de ses parents.

trouver [truve] v. t. (bas lat. *tropare;* de *tropus,* figure de rhétorique). **1.** *Trouver qqch, qqn,* le rencontrer, l'avoir à sa disposition alors qu'on le cherchait : *Je ne trouve plus mes lunettes : où les as-tu mises? Trouver les mots qui traduisent le mieux une pensée. Il a dû vivre à l'hôtel en attendant de trouver un appartement* (syn. fam. DÉNICHER). *Elle a trouvé une femme de ménage. Je scrutais la foule dans l'espoir d'y trouver un visage connu* (syn. DÉCOUVRIR). *Aller trouver quelqu'un* (= se rendre auprès de lui); avec compl. sans art. : *Trouver refuge dans une cabane. Trouver assistance auprès de quelqu'un* (= être aidé, secouru par lui). *Trouver place dans un wagon.* — **2.** *Trouver qqn, qqch qqpart,* le rencontrer par hasard, être soudain en sa présence : *J'ai trouvé un portefeuille dans un fossé. Trouver un obstacle sur son chemin. Elle était tout heureuse de trouver une compatriote à l'étranger* (syn. TOMBER SUR). ‖ Fam. *Trouver à qui parler,* se trouver en présence de qqn qui vous résiste, qui vous domine. ‖ *Trouver la mort,* être tué. — **3.** *Trouver* (*qqch* [*abstrait*]), *que* (+ *ind.*), le découvrir par un effort de l'esprit : *Trouver la solution d'un problème, l'explication d'un phénomène, la cause d'une maladie, que sa dépression avait une cause organique. Ça y est, j'ai trouvé!* — **4.** *Trouver du plaisir, du bonheur, de la difficulté,* etc., en éprouver : *J'ai trouvé beaucoup de plaisir à lire ce livre.* — **5.** *Trouver à* (+ *inf.*), avoir l'occasion de : *On ne trouve pas facilement à se distraire ici. Il trouve à redire à tout* (= il critique tout). — **6.** *Trouver qqch* (+ *attribut*), rencontrer dans tel ou tel état : *J'ai trouvé la maison vide* (= elle était vide à mon arrivée). — **7.** *Trouver que* (+ *ind.*), *trouver qqn, qqch* (+ *attribut*), *trouver qqch à qqn,* juger, estimer, constater : *Les candidats ont trouvé la question difficile. Trouver un plat trop salé. J'ai trouvé ce film excellent. Je vous trouve fatigué* (= vous me paraissez fatigué). *Je lui trouve mauvaise mine. Trouver le temps long* (= s'ennuyer). ‖ Fam. *La trouver mauvaise, saumâtre,* être mécontent d'un mauvais tour, s'irriter d'un événement fâcheux. ◆ ***se trouver*** v. pr. **1.** (sujet qqn) Être soudain par hasard dans tel lieu, telle position : *Elle franchit la grille et se trouva dans le jardin.* — **2.** (sujet qqch) Être en tel endroit, être situé : *Le point A se trouve sur le segment MM'. Son nom ne se trouve pas sur la liste* (syn. FIGURER). *C'est là que se trouve le nœud du problème* (syn. RÉSIDER). — **3.** *Trouver* (+ *attribut, adv.*), se présenter, être dans tel ou tel état : *L'espace qui se trouve compris entre les deux segments de droite. La jeune citadine s'est trouvée dépaysée à la campagne. Se trouver bien quelque part*

(= s'y sentir à l'aise). *Se trouver mal* (= s'évanouir). — **4.** *Il se trouve que* (+ *ind.*), le hasard fait que : *Il se trouve que la porte était fermée. Il se trouve que, malgré la justesse du raisonnement, la solution est fausse.* ‖ Fam. *Si ça se trouve,* il est bien possible que : *Je veux bien aller la voir, mais, si ça se trouve, elle est déjà partie.*

trouvère [truvɛr] n. m. (de *trouver,* au sens anc. de «faire des vers»). Poète du Moyen Âge qui composait dans la langue d'oïl (parlée dans le nord de la France). [→ TROUBADOUR.]

truand [tryɑ̃] n. m. (gaulois *trugant*). Malfaiteur, délinquant, voleur.

truander [tryɑ̃de] v. t. *Fam.* Voler; tromper : *J'ai failli me faire truander par un homme d'affaires véreux.*

trublion [tryblijɔ̃] n. m. (de *troubler*). *Péjor.* Individu qui sème le désordre; agent provocateur : *Le service d'ordre a dû évacuer quelques trublions.*

truc [tryk] n. m. (mot prov. signif. *coup*). *Fam.* **1.** Moyen habile d'agir, procédé, combinaison qui réussit : *Connaître les trucs d'un métier* (syn. ASTUCE, FICELLE, SECRET). *Elle a trouvé un truc pour payer moins d'impôts* (syn. fam. COMBINE, SYSTÈME). — **2.** Désigne un objet dont on ignore le nom ou qu'on ne veut pas nommer : *Comment ça s'appelle, ce truc-là ?* (syn. fam. MACHIN, CHOSE). *C'est un drôle de truc, ce que tu apportes là.*

trucage → TRUQUAGE.

truchement [tryʃmɑ̃] n. m. (ar. *turdjumān,* interprète). *Par le truchement de qqn,* par son entremise : *Avoir un renseignement confidentiel par le truchement d'un ami.*

truculence [trykylɑ̃s] n. f. Caractère truculent : *La truculence d'un récit.*

truculent, e [trykylɑ̃] adj. (lat. *truculentus,* cruel). Qui exprime les choses avec crudité et réalisme : *Un personnage truculent* (syn. HAUT EN COULEUR, PITTORESQUE). *Un langage truculent* (= dont l'énergie, la verdeur plaît).

truelle [tryɛl] n. f. (lat. *trulla ;* de *trua,* cuiller à pot). Outil de maçon pour étendre le mortier sur les joints, pour faire des enduits de plâtre.

truffe [tryf] n. f. (anc. prov. *trufa*). **1.** Champignon souterrain comestible, très recherché. — **2.** *Truffe en chocolat,* friandise à base de beurre et de chocolat. — **3.** Nez d'un chien.

truffer [tryfe] v. t. **1.** Garnir de truffes : *Truffer une volaille.* — **2.** Fam. *Truffer un texte de qqch,* l'en remplir, l'en bourrer : *Truffer un discours de citations.*

truffier, ère [tryfje] adj. Relatif aux truffes : *Région truffière* (= où il y a des truffes).

truie [trɥi] n. f. (bas lat. *troia*). Femelle du porc.

truisme [trɥism] n. m. (angl. *truism ;* de *true,* vrai). *Péjor.* Vérité d'évidence, banale : *C'est un truisme de dire que la science peut apporter le bonheur ou le malheur.*

truite [trɥit] n. f. (bas lat. *tructa*). Poisson de rivière voisin du saumon, carnivore, à chair très estimée.

trumeau [trymo] n. m. (frq. *thrum,* morceau). Panneau de glace ou de menuiserie occupant le dessus d'une cheminée ou l'espace entre deux fenêtres.

truquage ou **trucage** [trykaʒ] n. m. **1.** Moyen par lequel on falsifie qqch. — **2.** Procédé employé au cinéma pour créer l'impression de la réalité.

truquer [tryke] v. t. (de *truc*). *Truquer qqch,* le changer, le modifier par fraude : *Truquer des cartes. Truquer une expérience* (= la fausser). *Truquer des élections* (= en fausser les résultats).

truqueur, euse [trykœr] adj. et n. **1.** Se dit de qqn qui truque qqch. — **2.** Technicien du spectacle, spécialiste du trucage.

trust [trœst] n. m. (mot angl. ; de *to trust,* avoir confiance). Entreprise importante, résultant de la fusion de plusieurs petites entreprises, qui vise à obtenir sur le marché le monopole d'un produit ou d'un secteur.

truster [trœste] v. t. Fam. *Truster qqch,* le monopoliser.

tsar ou **tzar** [tsar] n. m. (mot russe; du lat. *caesar*). Titre des anciens empereurs de Russie, de Bulgarie.

tsarine [tsarin] n. f. Femme du tsar.

tsarisme [tsarism] n. m. Régime politique des tsars.

tsariste [tsarist] adj. Relatif au tsarisme : *Le régime tsariste.*

tsé-tsé [tsetse] n. f. *Mouche tsé-tsé,* mouche d'Afrique qui transmet la maladie du sommeil.

T. S. F. [teɛsɛf] n. f. Abrév. de TÉLÉGRAPHIE (ou TÉLÉPHONIE) SANS FIL, dénomination vieillie de la radio.

tsigane → TZIGANE.

tu [ty], **toi** [twa], **te** [tə], pron. pers. sing. de la 2ᵉ pers. (lat. *tu, te*). (→ introduction PRONOMS PERSONNELS.) ‖ Fam. *Être à tu et à toi avec qqn,* être avec lui d'une grande familiarité.

tuant, e [tɥɑ̃] adj. *Fam.* Pénible à supporter, fatigant : *Il est tuant avec ses discours interminables* (syn. EXTÉNUANT ; fam. ASSOMMANT). *Un métier tuant* (syn. ÉPUISANT).

tuba [tyba] n. m. (mot it. signif. *trompette*). **1.** Instrument de musique à vent en cuivre. — **2.** Tube respiratoire permettant de nager en conservant la tête sous l'eau.

tubage [tybaʒ] n. m. Introduction d'un tube dans la trachée, dans l'estomac, etc., pour faciliter la respiration ou opérer une exploration.

tube [tyb] n. m. (lat. *tubus*). **1.** Tuyau cylindrique : *Tube au néon* (= lampe en forme de tube). *Tube lance-torpilles.* — **2.** Conduit naturel : *Tube digestif.* — **3.** Récipient allongé, de forme approximativement cylindrique, fait de métal malléable ou de matière plastique, et contenant une substance molle : *Un tube de pâte dentifrice. Un tube de colle.* — **4.** Emballage cylindrique rigide : *Un tube d'aspirine.* — **5.** Fam. *À pleins tubes,* à pleine puissance : *Son poste de radio marchait à pleins tubes.* — **6.** *Fam.* Chanson, disque à grand succès.

tubercule [tybɛrkyl] n. m. (lat. *tuberculum,* grosseur, tumeur). Excroissance qui se développe sur un végétal, notamment à la racine : *La pomme de terre, la patate sont des tubercules.*

tuberculeux, euse [tybɛrkylø] adj. *Méningite tuberculeuse* (= méningite due à la tuberculose). ◆ adj. et n. Atteint de tuberculose : *Enfant tuberculeux. Envoyer un tuberculeux dans un sanatorium.*

tuberculose [tybɛrkyloz] n. f. Maladie infectieuse due au bacille de Koch, qui atteint des organes divers (poumons, vertèbres, reins, peau, méninges, intestins).

tubulaire [tybylɛr] adj. **1.** En forme de tube. — **2.** Fait de tubes métalliques : *Mobilier, échafaudage tubulaire.* ‖ *Chaudière tubulaire,* où la chaleur du foyer est diffusée par un grand nombre de tubes.

tué, e [tɥe] n. Personne tuée : *Il y a eu trois tués dans l'accident.*

tue-mouches [tymuʃ] adj. inv. *Papier tue-mouches,* imprégné d'une substance vénéneuse et de colle, dont on se sert pour attraper les mouches.

tuer [tɥe] v. t. (lat. *tutare,* protéger, étouffer). **1.** (sujet qqn) *Tuer qqn, un animal,* lui donner volontairement la mort, le faire périr de mort violente : *Tuer un lapin d'un coup de fusil. Tuer quelqu'un d'une balle de revolver.* — **2.** (sujet qqch) *Tuer qqn,* être la cause de sa mort : *Il aimait trop l'alcool, c'est ce qui l'a tué. Chaque week-end, la route tue des dizaines d'automobilistes.* — **3.** (sujet qqch, qqn) *Tuer qqn,* l'accabler physiquement ou moralement : *Ce bruit, ces allées et venues vous tuent* (syn. ÉREINTER, EXTÉNUER, ↓FATIGUER). *Son métier la tuera. Cet enfant me tue tellement il est insupportable.* — **4.** (sujet qqch) *Tuer qqch,* le faire cesser, causer sa disparition : *La crise des affaires a tué certains petits commerces.* ◆ ***se tuer*** v. pr. **1.** Se donner la mort : *Se tuer en se tirant une balle dans la tête* (syn. SE SUICIDER). *Elle s'est tuée en voiture* (= elle a eu un accident mortel). — **2.** Fam. *Se tuer à* (+ *inf.*), faire de grands efforts pour, ne pas cesser de : *Je me tue à vous répéter que je ne la connais pas.* — **3.** Compromettre sa santé : *Se tuer au* (ou *de*) *travail.*

tuerie [tyri] n. f. Carnage, scène de violence meurtrière : *Une véritable tuerie* (syn. BOUCHERIE, MASSACRE).

tue-tête (à) [tytɛt] adv. *Crier à tue-tête,* de toute la force de sa voix (syn. HURLER).

tueur, euse [tɥœr] n. Personne qui a tué d'autres personnes, ou pour qui le meurtre est une profession : *La police a divulgué le portrait du tueur. Tueur à gages* (= personne payée pour commettre un meurtre). ◆ ***tueur*** n. m. Celui qui tue les animaux dans un abattoir.

tuf [tyf] n. m. (it. *tufo*). Pierre tendre, poreuse, légère : *Mur en tuf.*

tuile [tɥil] n. f. (lat. *tegula*; de *tegere,* couvrir). **1.** Carreau en terre cuite, de forme variable, qui sert à couvrir les toits : *Tuile plate. Tuile ronde* (= creusée en forme de gouttière). — **2.** *Fam.* Événement fâcheux : *Cette maladie, quelle tuile!* (= quelle catastrophe!).

tuilerie [tɥilri] n. f. **1.** Industrie de la fabrication des tuiles. — **2.** Établissement où se fait cette fabrication.

tulipe [tylip] n. f. (turc *tülbend,* turban). Fleur très décorative à bulbe.

tulle [tyl] n. m. (de *Tulle,* n. de ville). Tissu de coton ou de soie, très léger et transparent, à mailles rondes ou polygonales : *Un voile de tulle.*

tuméfaction [tymefaksjɔ̃] n. f. Fait de se tuméfier, d'être tuméfié.

tuméfier [tymefje] v. t. (lat. *tumefacere,* gonfler). Causer une enflure sur une partie du corps d'un être vivant, par exemple par des coups (surtout part. passé) : *Après la bagarre, j'avais le visage tout tuméfié.*

tumeur [tymœr] n. f. (lat. *tumor*). Augmentation pathologique du volume d'un tissu vivant ou d'un organe, due à une multiplication de cellules.

tumulte [tymylt] n. m. (lat. *tumultus*). **1.** Mouvement de foule, accompagné de bruit, de désordre : *La réunion s'est terminée dans le tumulte. Un tumulte s'éleva* (syn. BROUHAHA, VACARME; fam. CHAHUT). — **2.** Agitation bouillonnante et désordonnée : *Le tumulte des affaires.*

tumultueusement [tymyltɥøzmɑ̃] adv. De façon tumultueuse.

tumultueux, euse [tymyltɥø] adj. Plein de tumulte : *Assemblée tumultueuse* (syn. AGITÉ).

tumulus [tymylys] n. m. inv. (mot lat.). Éminence au-dessus d'une sépulture à l'âge du bronze.

tuner [tynɛr] n. m. (mot angl.). Récepteur radio pour les émissions en modulation de fréquence.

tungstène [tœ̃gstɛn] n. m. (mot suédois signif. *pierre lourde*). Métal utilisé pour les filaments des lampes.

tunique [tynik] n. f. (lat. *tunica*). **1.** Vêtement de dessous, en usage chez plusieurs peuples de l'Antiquité ou chez certains peuples modernes. — **2.** Vêtement droit, plus ou moins long, porté sur une jupe ou un pantalon. — **3.** Vêtement militaire ajusté et à col droit.

tunisien, enne [tynizjɛ̃] adj. et n. De Tunisie.

tunnel [tynɛl] n. m. (mot angl. signif. *tuyau*). Galerie souterraine pratiquée pour donner passage à une voie de communication : *Creuser un tunnel.*

tupaïa ou **tupaja** [typaja] n. m. (mot malais). Mammifère insectivore d'Asie.

turban [tyrbɑ̃] n. m. (turc *tülbend*). Coiffure formée d'une longue pièce d'étoffe enroulée autour de la tête.

turbine [tyrbin] n. f. (lat. *turbo, turbinis,* roue). Roue motrice munie d'aubes, d'ailettes, etc., sur lesquelles agit la pression ou la vitesse d'un fluide (eau, vapeur ou gaz).

turbo [tyrbo] adj. inv. et n. m. Se dit d'un moteur suralimenté par une turbine qui comprime le mélange air-carburant avant son admission dans les cylindres.

turboréacteur [tyrboreaktœr] n. m. Moteur à réaction, constitué par une turbine à gaz dont la détente à travers des tuyères engendre un effet de réaction propulsive.

turbot [tyrbo] n. m. (mot d'anc. scand.). Poisson plat de la Méditerranée et de l'Atlantique, et dont la chair est estimée.

turbotrain [tyrbotrɛ̃] n. m. Train ayant une turbine à gaz comme source motrice.

turbulence [tyrbylɑ̃s] n. f. **1.** Caractère turbulent; agitation bruyante. — **2.** *Turbulence (atmosphérique),* mouvement de l'air qui s'écoule en formant des tourbillons.

turbulent, e [tyrbylɑ̃] adj. (lat. *turbulentus,* agité). Qui aime à s'agiter, à faire du bruit : *Des enfants turbulents* (syn. ↓REMUANT; fam. CHAHUTEUR; contr. CALME, PAISIBLE, SILENCIEUX).

turc, turque [tyrk] adj. et n. **1.** De Turquie. — **2.** Fam. *Fort comme un Turc,* très vigoureux. ‖ *Tête de Turc,* personne à qui tout le monde s'en prend, qui est la cible de toutes les plaisanteries. ◆ ***turc*** n. m. Langue turque parlée en Turquie et en Asie centrale.

turf [tyrf,tœrf] n. m. (mot angl. signif. *gazon*). Milieu des courses de chevaux; activités qui s'y rattachent.

turfiste [tyr/tœrfist] n. Personne qui aime les courses de chevaux, qui y assiste souvent et qui parie.

turlupiner [tyrlypine] v. t. (de *Turlupin,* n. d'un acteur). *Fam.* (sujet qqch) *Turlupiner qqn,* le tracasser, le tourmenter : *L'idée qu'elle avait pu oublier de fermer le compteur à gaz la turlupina pendant le voyage.*

turpitude [tyrpityd] n. f. (lat. *turpitudo,* laideur). **1.** Conduite ignominieuse de qqn (soutenu) : *Se vautrer dans la turpitude.* — **2.** Action immorale et honteuse (soutenu) : *Commettre des turpitudes.*

turquoise [tyrkwaz] n. f. (de *turc*). Pierre fine opaque d'un bleu tirant sur le vert. ◆ adj. inv. et n. m. Bleu-vert.

tutélaire [tytelɛr] adj. **1.** Qui concerne la tutelle : *Une gestion tutélaire.* — **2.** *Litt.* Qui peut protéger contre l'adversité : *Une puissance tutélaire. Dieu tutélaire.*

tutelle [tytɛl] n. f. (lat. *tutela,* protection). **1.** Charge imposée à qqn, conformément à la loi, de prendre soin de la personne et des biens d'un mineur (jurid.) : *Conseil de tutelle.* — **2.** Protection, sauvegarde exercée à l'égard de qqn (soutenu) : *Être sous la tutelle des lois.* ‖ *Tenir qqn sous sa tutelle* (syn. SURVEILLANCE).

1. tuteur, trice [tytœr] n. (lat. *tutor,* protecteur). Personne chargée d'une tutelle juridique.

2. tuteur [tytœr] n. m. Tige, armature permettant de soutenir certaines plantes.

tutoiement [tytwamɑ̃] n. m. Action de tutoyer : *Le tutoiement est habituel entre amis* (contr. VOUVOIEMENT).

tutoyer [tytwaje] v. t. (c. 3). *Tutoyer qqn,* employer la deuxième personne du singulier en s'adressant à lui : *La plupart des enfants très jeunes tutoient tout le monde* (contr. VOUVOYER).

tutti quanti [tutikwɑ̃ti] adv. (mots it. signif. *tous tant qu'ils sont*). *Fam.* et *ironiq.* Tous ces gens, tous autant qu'ils sont (à la place de *etc.,* dans une énumération de personnes).

tutu [tyty] n. m. (onomat.). Costume de scène de la danseuse classique, caractérisé par une jupe très courte ou longue faite de plusieurs épaisseurs de tulle ou de gaze.

tuyau [tɥijo] n. m. (frq. *thûta*). **1.** Canal, conduit rigide ou souple, le plus souvent cylindrique, servant au passage d'un fluide : *Un tuyau d'égout. Un tuyau d'arrosage en matière plastique.* — **2.** *Fam.* Renseignement confidentiel : *Avoir un bon tuyau pour le tiercé.*

tuyautage [tɥijotaʒ] n. m. Action de tuyauter.

tuyauter [tɥijote] v. t. Fam. *Tuyauter qqn,* lui donner des renseignements confidentiels, des conseils utiles.

tuyauterie [tɥijotri] n. f. Ensemble des tuyaux d'une installation : *Vidanger la tuyauterie du chauffage central.*

tuyère [tɥijɛr] n. f. (de *tuyau*). Partie postérieure d'un moteur à réaction, servant à la détente des gaz de combustion.

T. V. A. [tevea] n. f. Sigle de *Taxe à la Valeur Ajoutée.*

tweed [twid] n. m. (mot angl.). Étoffe de laine pour la confection des vêtements.

tympan [tɛ̃pɑ̃] n. m. (gr. *tumpanon,* tambour).
— **I.** Membrane du conduit auditif qui transmet les vibrations sonores.
— **II.** Dans un édifice, espace uni ou sculpté, circonscrit entre plusieurs arcs ou plusieurs lignes droites : *Les tympans des portes de la cathédrale de Chartres.*

type [tip] n. m. (gr. *tupos,* marque). **1.** Modèle abstrait constitué par l'ensemble des traits, des caractères, etc., communs à des individus, des êtres, des choses de même nature : *Des types humains. Avoir le type oriental* (= avoir les traits caractéristiques des Orientaux). ‖ Fam. *Elle n'est pas mon type,* elle n'est pas le genre de personne qui m'attire. — **2.** Modèle : *Un type de voiture.* — **3.** Personne ou chose réunissant à la perfection les traits essentiels des êtres, des objets de même nature : *C'est le type de l'intellectuel.* — **4.** *Fam.* Individu du sexe masculin : *Il est venu un type qui a demandé si la patronne était là.* ◆ adj. Caractéristique : *Une phrase type. Erreur type* (syn. CLASSIQUE).

typé, e [tipe] adj. Qui présente à un haut degré les caractères du type dans lequel on le range : *Un Indien très typé. Elle a des traits fortement typés* (syn. ACCUSÉ, MARQUÉ, CARACTÉRISTIQUE).

typer [tipe] v. t. Représenter de façon caractéristique : *Elle a typé dans son roman le jeune politicien arriviste.*

typhoïde [tifɔid] adj. (du gr. *tuphos,* torpeur). *Fièvre typhoïde* (ou *typhoïde* n. f.), maladie infectieuse et contagieuse provoquée par l'ingestion d'eau ou d'aliments souillés contenant des bacilles qui se multiplient dans l'intestin.

typhon [tifɔ̃] n. m. (gr. *tuphôn,* tourbillon). Dans les mers de Chine et du Japon, violente tempête, cyclone tropical.

typhus [tifys] n. m. (gr. *tuphos,* torpeur). Maladie infectieuse transmise par le pou, la puce ou la tique.

typique [tipik] adj. (gr. *tupikos*). Très caractérisé : *Personnage, cas typique.*

typiquement [tipikmɑ̃] adv. De façon typique.

typographe ou **typo** [tipɔ(graf)] n. Ouvrier, ouvrière qui compose, à l'aide de caractères mobiles pris à la main, les textes à imprimer.

typographie ou **typo** [tipɔ(grafi)] n. f. (gr. *tupos,* caractère, et *graphein,* écrire). Procédé d'impression, à partir de caractères en relief.

typographique [tipɔgrafik] adj. Relatif à la typographie : *Des signes typographiques. Correction typographique.*

typologie [tipɔlɔʒi] n. f. Étude systématique des types (de langues, de caractéristiques, de relations, etc.).

tyran [tirɑ̃] n. m. (gr. *turannos*). **1.** Souverain despotique, cruel : *Certains empereurs romains, comme Néron, étaient devenus des tyrans* (syn. DESPOTE). — **2.** Personne qui fait de son autorité, de son pouvoir, de son prestige un usage excessif, par égoïsme, caprice, etc.

tyrannie [tirani] n. f. Pouvoir autoritaire et répressif : *Lutter contre la tyrannie.*

tyrannique [tiranik] adj. Propre à la tyrannie : *Pouvoir tyrannique d'un souverain. Loi tyrannique* (= qui limite abusivement la liberté individuelle).

tyranniser [tiranize] v. t. Exercer une autorité tyrannique : *Tyranniser sa famille.*

tyrolien, enne [tirɔljɛ̃] adj. et n. Du Tyrol, région d'Autriche et d'Italie.

tyrolienne [tirɔljɛn] n. f. Chant caractérisé par des alternances rapides entre la voix de tête et la voix de poitrine.

tzar → TSAR.

tzigane ou **tsigane** [tsigan] n. (hongr. *czigany*). Membre d'un peuple originaire de l'Inde venu en Europe vers le XIVe, qui mène une vie nomade et vit de petits métiers. (Syn. BOHÉMIEN.) ◆ adj. *Musique tzigane,* musique populaire de Bohême et de Hongrie adaptée par les musiciens tziganes.

U

u [y] n. m. Vingt et unième lettre de l'alphabet correspondant en général à la voyelle [y].

ubiquité [ybikɥite] n. f. (du lat. *ubique,* partout). *Avoir le don d'ubiquité, être doué d'ubiquité,* pouvoir être en plusieurs endroits à la fois.

ukase → OUKASE.

ulcération [ylserasjɔ̃] n. f. Formation d'un ulcère.

ulcère [ylsɛr] n. m. (lat. *ulcus, -eris*). Plaie à évolution lente, causée localement par une lésion de la peau ou de la muqueuse.

ulcérer [ylsere] v. t. (c. **10**) *Ulcérer qqn,* lui causer un profond ressentiment, une blessure morale durable (souvent pass.) : *Il est ulcéré d'avoir été évincé* (syn. ↓ BLESSER, ↓ VEXER).

ultérieur, e [ylterjœr] adj. (lat. *ulterior;* de *ultra,* au-delà). Se dit d'une chose qui succède dans le temps à une autre, qui vient après : *Personne ne la croyait, mais les événements ultérieurs lui ont donné raison* (syn. POSTÉRIEUR; contr. ANTÉRIEUR).

ultérieurement [ylterjœrmɑ̃] adv. Dans un moment ultérieur : *J'examinerai ultérieurement le dossier* (syn. PLUS TARD, PAR LA SUITE).

ultimatum [yltimatɔm] n. m. (mot lat. signif. *dernière chose*). Ensemble de conditions définitives imposées par un État à un autre, par un parti, un groupement, un gouvernement, etc., à un autre pouvoir, et dont la non-acceptation entraîne un conflit : *L'ultimatum expire à minuit. Le gouvernement repoussa l'ultimatum des syndicats.*

ultime [yltim] adj. (lat. *ultimus,* dernier) [après ou, plus souvent, avant le n.] Se dit de qqch qui vient en dernier lieu : *Ce sont là mes ultimes propositions* (syn. DERNIER).

ultrason [yltrasɔ̃] n. m. Vibration inaudible pour l'oreille humaine, d'une fréquence très élevée.

ultraviolet, ette [yltravjɔlɛ] adj. et n. m. Se dit des radiations invisibles placées dans le spectre au-delà du violet.

ululement ou **hululement** [ylylmɑ̃] n. m. Fait de ululer.

ululer ou **hululer** [ylyle] v. i. (lat. *ululare*). Crier, en parlant des oiseaux rapaces nocturnes : *Le hibou ulule.*

1. un [œ̃], **une, des** art. indéf. Sert à désigner les choses et les personnes d'une manière indéfinie. (→ introduction ARTICLES.) ◆ pron. indéf. *L'un l'autre, l'un... l'autre, l'un dans l'autre,* etc. → AUTRE.

2. un, une [œ̃] adj. num. cardin. (lat. *unus*). **1.** Le premier des nombres, pris comme base de la numération, désignant une quantité égale à l'unité : *Un franc.* — **2.** Premier : *Page un* (ou *une*). — **3.** Fam. *Ne faire ni une ni deux,* ne pas hésiter. ‖ *Ne faire qu'un (avec),* être tout à fait semblable ou parfaitement uni. ‖ *Un(e) à un(e), un(e) par un(e),* l'un(e) succédant à l'autre. ◆ n. m. inv. Chiffre, numéro, etc., qui représente ce nombre. ◆ adj. qualificatif **1.** Qui n'admet pas de division : *La vérité est une.* — **2.** *C'est tout un, ce n'est qu'un,* c'est chose semblable. ◆ n. f. Fam. *La une,* la première page d'un journal.

unanime [ynanim] adj. (lat. *unanimus,* qui a une même âme). **1.** (après le n.) Qui exprime un accord complet : *Un vote unanime. Le consentement unanime de l'assemblée.* — **2.** (pl., comme attribut) Se dit de personnes qui sont toutes du même avis : *Ils ont été unanimes à louer votre persévérance.*

unanimement [ynanimmɑ̃] adv. De façon unanime : *Elle a été unanimement approuvée.*

unanimité [ynanimite] n. f. Accord complet des opinions, des suffrages : *Vote acquis à l'unanimité. L'unanimité des présents est favorable à sa candidature* (syn. TOTALITÉ).

uni, e [yni] adj. **1.** Dont la surface ne présente pas d'inégalités, d'aspérités : *Route unie.* — **2.** D'une seule couleur et sans dessins : *Un tissu uni.* ◆ ***uni*** n. m. Étoffe unie, d'une seule couleur : *Porter de l'uni.*

unicité [ynisite] n. f. Caractère de ce qui est unique (techn.) : *L'unicité d'un cas.*

unième [ynjɛm] adj. num. ordin. (de *un*). [Ne s'emploie qu'à la suite des dizaines, des centaines et des mille.] Qui occupe le rang un : *Vingt et unième.*

unièmement [ynjɛmmɑ̃] adv. Seulement dans les nombres composés, en premier lieu : *vingt et unièmement.*

unificateur, trice [ynifikatœr] adj. et n. Qui unifie.

unification [ynifikasjɔ̃] n. f. Action d'unifier : *L'unification de la France, but de la monarchie.*

unifier [ynifje] v. t. (du lat. *unus,* un, et *facere,* faire). *Unifier qqch,* l'amener à l'unité : *Unifier les tarifs des transports urbains.*

1. uniforme [ynifɔrm] n. m. (de *habit uniforme*). **1.** Costume que revêtent les militaires en service. — **2.** Costume particulier à une certaine catégorie de gens assurant les mêmes fonctions.

2. uniforme [ynifɔrm] adj. (lat. *uniformis,* qui n'a qu'une seule forme) [après le n.]. **1.** Qui a la même forme, le même aspect : *Les maisons uniformes des banlieues des villes du Nord.* — **2.** Qui présente toujours le même aspect dans son déroulement, qui est semblable dans ses parties : *Un mouvement uniforme* (= dont la vitesse est constante). *Le style uniforme de ses romans* (syn. MONOTONE). *Les pièces étaient peintes d'une couleur uniforme.*

uniformément [ynifɔrmemɑ̃] adv. De manière uniforme : *Appliquer uniformément une couche de peinture.*

uniformisation [ynifɔrmizasjɔ̃] n. f. Action d'uniformiser.

uniformiser [ynifɔrmize] v. t. *Uniformiser des choses,* les rendre de même forme, de même nature : *Uniformiser les diverses lois sur la construction* (contr. DIVERSIFIER). *Uniformiser les droits de douane entre deux pays.*

uniformité [yniformite] n. f. Caractère uniforme : *Leur réaction traduit leur parfaite uniformité de vues sur la question* (syn. IDENTITÉ).

unijambiste [yniʒɑ̃bist] adj. et n. Qui a été amputé d'une jambe.

unilatéral, e, aux [ynilateral] adj. **1.** Situé d'un seul côté : *Stationnement unilatéral.* — **2.** Pris par une seule des parties en cause : *Un engagement unilatéral. Une décision unilatérale.*

unilatéralement [ynilateralmɑ̃] adv. De façon unilatérale : *Rompre unilatéralement un traité* (= sans l'accord des autres signataires).

uniment [ynimɑ̃] adv. Litt. *Tout uniment,* tout simplement, sans façon : *Je lui ai demandé tout uniment si elle voulait venir dîner.*

union [ynjɔ̃] n. f. (lat. *unio;* de *unus,* un). **1.** Association de deux ou plusieurs choses, de plusieurs groupes ou de plusieurs personnes, pour former un tout : *Union des forces de gauche* (syn. ENTENTE). *Union douanière* (= groupement d'États qui ont supprimé les barrières douanières). *Notre union force l'ennemi à reculer* (syn. ACCORD, ALLIANCE). *Le trait d'union réunit les divers éléments d'un mot composé.* — **2.** Conformité des sentiments, des pensées : *Vivre en parfaite union avec quelqu'un* (syn. ENTENTE, HARMONIE). — **3.** Mariage : *Le prêtre bénit leur union. L'union conjugale. Une union libre* (= non légalisée par le mariage; syn. CONCUBINAGE).

unique [ynik] adj. (lat. *unicus*). **1.** (avant ou après le n.) Seul dans son genre : *Ils ont perdu leur fille unique. Son unique souci est de bien manger* (= il n'a qu'un souci; syn. SEUL). — **2.** (après le n.) Se dit de qqn ou de qqch très différent des autres par son originalité, par ses qualités ou par sa bizarrerie : *Il a un talent unique pour réparer les pendules* (syn. INCOMPARABLE; contr. BANAL, COMMUN, RÉPANDU). *Vous êtes vraiment unique!* (= le seul à agir ainsi; syn. fam. IMPAYABLE).

uniquement [ynikmɑ̃] adv. Seulement : *Penser uniquement à l'argent* (syn. EXCLUSIVEMENT).

unir [ynir] v. t. (lat. *unire;* de *unus,* un). **1.** *Unir une chose à une autre, unir deux choses,* les joindre de manière qu'elles forment un tout : *Il unissait à une grande courtoisie une fermeté inébranlable* (syn. ASSOCIER, ALLIER). *Unir des partis politiques.* — **2.** *Unir deux ou plusieurs personnes,* faire qu'elles soient en accord de sentiments, d'intérêts : *Un même idéal les unit* (syn. RÉUNIR). — **3.** *Unir deux personnes, deux familles,* les associer par les liens du mariage : *Le maire unit les deux jeunes gens.* — **4.** *Être unis,* être étroitement associés, liés, en accord : *Restez unis pour triompher.* ◆ ***s'unir*** v. pr. **1.** S'associer : *S'unir contre un ennemi commun* (syn. S'ALLIER). — **2.** Se lier par les liens de l'amour, du mariage.

unisexe [ynisɛks] adj. Qui convient aussi bien aux hommes qu'aux femmes : *Vêtement unisexe.*

unisson [ynisɔ̃] n. m. (lat. *unisonus,* qui a un seul son). *À l'unisson,* en accord parfait : *Se mettre à l'unisson des critiques.*

unitaire [ynitɛr] adj. Qui vise à l'unité, qui recherche l'unité sur le plan politique : *Mener une politique unitaire.*

unité [ynite] n. f. (lat. *unitas*). **1.** Caractère de ce qui est un, de ce qui forme un tout homogène, dont les parties sont en harmonie, en accord : *L'unité d'une doctrine* (contr. HÉTÉROGÉNÉITÉ). *Ils ont exprimé leur unité de vues* (contr. DIVERSITÉ). *Un parti politique qui conserve son unité. Briser, refaire l'unité d'un pays. Cet ouvrage manque d'unité* (syn. ÉQUILIBRE). — **2.** Grandeur (quantité ou dimension) adoptée comme étalon de mesure : *Ramener à l'unité* (= au nombre un). *Le mètre est l'unité de longueur.* — **3.** Formation militaire permanente : *Constitution d'une unité blindée. Une grande unité* (= plus grande qu'une division).

univers [ynivɛr] n. m. (lat. *universus,* tout entier). **1.** Ensemble des divers systèmes de planètes et d'étoiles. — **2.** Le monde habité; l'ensemble des hommes : *Être connu dans l'univers entier* (syn. MONDE). — **3.** Milieu dans lequel on vit : *Son village a été jusqu'à sa mort son seul univers.* — **4.** Champ d'activité, domaine auquel on limite ses ambitions, ses préoccupations : *Faire de ses études tout son univers.*

universalité [ynivɛrsalite] n. f. Caractère de ce qui embrasse tous les points de vue, de ce qui forme un ensemble complet : *L'universalité de ses connaissances.*

universel, elle [ynivɛrsɛl] adj. (lat. *universalis*). **1.** Qui s'étend à tous : *Remède universel* (= qui convient à tous les maux). *Consentement universel* (= qui est celui de tous les hommes). *Loi universelle.* — **2.** *Homme, esprit universel,* dont les connaissances s'étendent à tous les domaines de la science (syn. ENCYCLOPÉDIQUE).

universellement [ynivɛrsɛlmɑ̃] adv. De façon universelle, dans tout l'univers : *Sa haute valeur est universellement reconnue* (syn. MONDIALEMENT).

universitaire [ynivɛrsitɛr] adj. Relatif à l'université : *Les diplômes universitaires.* ◆ n. Membre du corps enseignant des universités : *Une commission réunissait des universitaires des diverses disciplines.*

université [ynivɛrsite] n. f. (lat. *universitas*). **1.** Ensemble d'établissements scolaires relevant de l'enseignement supérieur, regroupés dans une circonscription administrative : *L'université de Paris X, de Besançon.* — **2.** Bâtiment où se donne l'enseignement supérieur.

univoque [ynivɔk] adj. (lat. *univocus,* qui n'a qu'un son). Qui a un seul sens : *Mot, phrase univoque.*

uppercut [ypɛrkyt] n. m. (angl. *upper,* supérieur, et *cut,* coup). Coup de poing porté de bas en haut, sous le menton.

uranium [yranjɔm] n. m. (du n. de la planète *Uranus*). Métal radioactif.

urbain, e [yrbɛ̃] adj. (lat. *urbanus;* de *urbs,* ville). Relatif à la ville (par oppos. à *rural*) : *Les populations urbaines. Les grands centres urbains.*

urbanisation [yrbanizasjɔ̃] n. f. Concentration de plus en plus intense de la population dans les centres urbains.

urbanisé, e [yrbanize] adj. Où des habitations urbaines ont été construites, où s'est construite une ville : *Les zones urbanisées de l'Ile-de-France.*

urbanisme [yrbanism] n. m. Ensemble de mesures techniques et économiques qui permettent un développement rationnel et harmonieux des agglomérations.

urbaniste [yrbanist] n. m. Spécialiste de l'aménagement des zones urbaines.

urbanité [yrbanite] n. f. (lat. *urbanitas,* qualité de ce qui est de la ville). *Litt.* Politesse raffinée : *Recevoir avec urbanité* (syn. COURTOISIE, ↓AFFABILITÉ).

urée [yre] n. f. (de *urine*). Substance organique présente dans l'urine et le sang.

urémie [yremi] n. f. Augmentation anormale du taux d'urée dans le sang.

uretère [yrtɛr] n. m. (gr. *ourêtêr*). Canal qui va des reins à la vessie.

urètre [yrɛtr] n. f. (gr. *ourêthra;* de *ourein,* uriner). Canal qui conduit l'urine de la vessie vers l'évacuation.

urgence [yrʒɑ̃s] n. f. 1. Caractère urgent : *L'urgence d'une décision.* — 2. *État d'urgence,* régime exceptionnel, qui renforce les pouvoirs de l'autorité administrative en cas de troubles, de sinistre grave, etc. — 3. *D'urgence,* immédiatement, sans retard : *Il faut d'urgence la prévenir* (syn. SUR-LE-CHAMP, SANS DÉLAI).

urgent, e [yrʒɑ̃] adj. (du lat. *urgere,* presser). Qui ne peut être remis à plus tard, qu'il est nécessaire de faire tout de suite : *Convocation urgente. Des secours urgents sont nécessaires* (syn. ↓ RAPIDE). *Les besoins urgents en logements neufs* (syn. PRESSANT).

urger [yrʒe] v. i. *Fam.* Être urgent : *Cette réparation urge; il y a une fuite.*

urinaire [yrinɛr] adj. Relatif à l'urine : *Voies urinaires* (= organes qui servent à l'évacuation des urines).

urine [yrin] n. f. (lat. *urina*). Liquide sécrété par les reins, et collecté dans la vessie avant d'être évacué.

uriner [yrine] v. i. Évacuer l'urine.

urinoir [yrinwar] n. m. Lieu ou édicule aménagé pour permettre aux hommes d'uriner.

urique [yrik] adj. (de *urée*). *Acide urique,* acide qui se trouve dans le sang et qui est éliminé par les urines.

urne [yrn] n. f. (lat. *urna*). 1. *Urne (électorale),* boîte servant à recueillir les bulletins de vote : *Mettre son bulletin dans l'urne. Se rendre, aller aux urnes* (= aller voter). — 2. *Urne funéraire,* vase servant à conserver les cendres des morts.

urticaire [yrtikɛr] n. f. (du lat. *urtica,* ortie). Éruption de petits boutons, entraînant de vives démangeaisons.

uruguayen, enne [yrygwɛjɛ̃] adj. et n. D'Uruguay.

us [ys] n. m. pl. (lat. *usus*). *Les us et coutumes,* les usages d'un pays, d'une région.

usage [yzaʒ] n. m. (de *us*). 1. Emploi qu'on fait de qqch : *L'usage du tabac remonte au début du XVIIe s. Il a fait mauvais usage de l'argent que vous lui avez donné* (= il a mal employé). *Quel est l'usage de cet appareil?* (= à quoi sert-il?). *L'usage des stupéfiants est prohibé. Ce mot n'appartient pas au bon usage de la langue. Ce terme est entré dans l'usage* (= emploi courant des mots). — 2. Coutume, habitude commune à un grand nombre : *C'est l'usage ici de fêter l'anniversaire de tous les employés. Ignorer les usages* (= les règles de politesse). *Elle n'a pas l'usage du monde* (soutenu; = elle ne sait pas comment se conduire, ce qu'il faut faire et dire en société). — 3. *À usage* (+ *adj.*) ou *de* (+ *n.*), destiné à être utilisé de telle ou telle façon : *Médicament à usage externe. Locaux à usage d'habitation.* ‖ *À l'usage,* lorsqu'on s'en sert : *Cette machine n'est pas rentable à l'usage.* ‖ *À l'usage de,* destiné à : *Émission à l'usage de la jeunesse.* ‖ *D'usage,* d'un emploi habituel : *Utiliser les formules d'usage.* ‖ *En usage,* actuellement employé : *Méthodes encore en usage.* ‖ *Faire de l'usage,* durer longtemps : *C'est un tissu solide qui fera de l'usage.* ‖ *Hors d'usage,* dont on ne peut plus se servir : *Ces chaussures sont hors d'usage, il faudra en acheter d'autres.* ‖ *Orthographe d'usage,* celle des mots, indépendamment des règles d'accord.

usagé, e [yzaʒe] adj. Qui est défraîchi, usé : *Des vêtements usagés* (syn. ↓ DÉFRAÎCHI). *Mettre un pneu usagé sur une roue de secours* (syn. ↑ USÉ).

usager [yzaʒe] n. m. Personne qui utilise un service public : *Les usagers du téléphone, de la route, du rail.*

usant, e [yzɑ̃] adj. Qui fatigue à l'extrême : *Un travail usant.*

usé, e [yze] adj. Qui est détérioré par l'usage : *Le col usé d'une chemise. Porter des vêtements usés. Personne usée* (syn. AFFAIBLI, VIEILLI). *Sujet usé* (= rendu banal par l'usage trop fréquent qu'on en a fait). *Eaux usées* (= eaux sales, qui sont à évacuer).

1. user [yze] v. t. ind. (lat. *uti,* se servir de). *User de qqch,* s'en servir, l'employer (soutenu) : *J'userai de la permission que vous me donnez. Tu as usé envers moi de procédés déloyaux. Il en a usé bien, mal avec elle* (litt.; = il s'est bien, mal comporté à son égard).

2. user [yze] v. t. 1. *User qqch,* le détériorer par l'emploi constant qu'on en fait : *J'ai usé ma veste aux coudes. Le rail est usé par le frottement.* — 2. *User qqn,* diminuer sensiblement sa capacité de résistance, ses forces physiques : *Il est usé par l'âge, par les abus de toute sorte. Les soucis l'ont usée. Elle a usé sa santé à travailler tard le soir* (syn. ABÎMER). — 3. *User une certaine quantité de qqch,* la consommer, l'utiliser : *Ma voiture use peu d'essence. N'usez pas trop d'électricité.* ◆ ***s'user*** v. pr. 1. (sujet qqch) Se détériorer par l'emploi, par le temps : *Les semelles en cuir s'usent vite.* — 2. (sujet qqn) Perdre ses forces, sa vitalité, s'épuiser lentement : *S'user au travail.*

usinage [yzinaʒ] n. m. Action d'usiner.

usine [yzin] n. f. (du lat. *officina,* atelier). Établissement industriel où on transforme, à l'aide de machines, des matières premières en produits finis, où on produit de l'énergie, etc. : *Une usine sidérurgique transforme le minerai de fer en fonte ou en acier. Une usine d'automobiles. Une usine atomique. La fermeture, l'ouverture des usines. Les ouvriers d'usine.*

usiner [yzine] v. t. Soumettre à l'action d'une machine-outil un produit brut.

usité, e [yzite] adj. (du lat. *uti,* se servir de). Employé habituellement dans la langue : *Ce mot est usité par les meilleurs écrivains d'aujourd'hui.*

ustensile [ystɑ̃sil] n. m. (lat. *ustensilia,* objets utiles). Objet de petites dimensions et de conception simple, servant à divers travaux domestiques : *Ustensiles de cuisine, de jardinage.*

1. usuel, elle [yzɥɛl] adj. (du lat. *usus,* usage). Dont on se sert ordinairement, qu'on emploie communément : *Objets usuels. Le vocabulaire usuel du Français cultivé* (syn. HABITUEL). *La dénomination usuelle d'une plante* (par oppos. au *nom savant*).

2. usuel [yzɥɛl] n. m. Ouvrage qui, dans les bibliothèques, est à la disposition du public.

usuellement [yzɥɛlmɑ̃] adv. De façon usuelle.

usufruit [yzyfrɥi] n. m. (du lat. *usus,* usage, et *fructus,* revenu). Jouissance d'un bien dont la propriété appartient à un autre (jurid.) : *Elle cédait sa ferme tout en en gardant l'usufruit.*

usuraire [yzyrɛr] adj. Entaché d'usure : *Un taux usuraire. Tirer d'une affaire des bénéfices usuraires.*

1. usure [yzyr] n. f. (de *user*). 1. Détérioration produite par l'usage, par le temps : *L'usure de ses chaussures témoignait de ses difficultés d'argent.* — 2. Fam. *Avoir qqn à l'usure,* triompher de lui par la patience, en le laissant se fatiguer et en essayant de tenir plus longtemps que lui. ‖ *Guerre d'usure,* où chaque adversaire cherche à épuiser l'autre à la longue.

2. usure [yzyr] n. f. (lat. *usura,* intérêt de l'argent). 1. Action de prêter de l'argent à un taux très supérieur à celui qui est habituellement pratiqué. — 2. *Avec usure,* au-delà de ce qu'on a subi, de ce qu'on a reçu (soutenu) : *Je lui ferai payer avec usure cette méchanceté à mon égard.*

usurier, ère [yzyrje] n. Personne qui prête de l'argent en prenant un bénéfice illégitime.

usurpateur, trice [yzyrpatœr] adj. et n. Qui usurpe : *Pouvoir usurpateur.*

usurpation [yzyrpasjɔ̃] n. f. Action d'usurper : *L'usurpation d'un titre nobiliaire. Protester contre les usurpations de l'État dans le domaine privé* (syn. EMPIÈTEMENT).

usurper [yzyrpe] v. t. (du lat. *usus,* usage, et *rapere,* ravir). *Usurper qqch (pouvoir, bien),* s'emparer par force, par ruse, par intrigue de ce qui appartient à autrui ou de ce à quoi on n'a pas droit : *Usurper le titre d'ingénieur. Usurper l'autorité, le trône.*

ut [yt] n. m. inv. (premier mot de l'hymne de saint Jean-Baptiste : *Ut queant laxis*). Note de musique (syn. DO); premier degré de la gamme de *do.*

utérin, e [yterɛ̃] adj. Relatif à l'utérus : *Col utérin.*

utérus [yterys] n. m. (mot lat.). Organe de la gestation chez la femme et chez les femelles des mammifères.

utile [ytil] adj. (lat. *utilis;* de *uti,* se servir de). *Utile* (à *qqn, à qqch,* à [+ *inf.*]), qui rend service, qui procure un avantage, qui profite (à qqn, qqch) : *Si je peux vous être utile en quelque chose, dites-le moi. À quoi cela peut-il lui être utile ?* (= servir). *Il serait utile de consulter les horaires des trains* (contr. SUPERFLU). *Des notes utiles à la compréhension de l'œuvre* (contr. INUTILE). *C'est utile à connaître. Avertissez-la en temps utile* (= à un moment où cela peut lui rendre service; syn. OPPORTUN).

utilement [ytilmɑ̃] adv. De façon utile : *Vous pouvez utilement lire cet ouvrage.*

utilisable [ytilizabl] adj. Qu'on peut utiliser : *Ces notes manuscrites ne sont pas utilisables.*

utilisateur, trice [ytilizatœr] n. et adj. Personne ou collectivité qui fait usage de qqch (syn. USAGER).

utilisation [ytilizasjɔ̃] n. f. Action d'utiliser : *Limiter la durée d'utilisation du téléphone aux heures de pointe* (syn. EMPLOI).

utiliser [ytilize] v. t. *Utiliser qqch, qqn,* en tirer parti, s'en servir pour son usage, pour son profit : *Elle utilise un réchaud électrique pour se chauffer* (syn. SE SERVIR DE, EMPLOYER). *Tu as mal utilisé les capacités exceptionnelles que tu avais* (syn. USER DE). *Utiliser un incident diplomatique pour tendre la situation internationale* (syn. EXPLOITER). *Utiliser quelqu'un comme collaborateur.*

utilitaire [ytilitɛr] adj. **1.** Qui a pour fin l'utilité : *Véhicule utilitaire* (= destiné au transport des marchandises ou au transport collectif des personnes). — **2.** *Péjor.* Qui se propose un but intéressé, qui place l'efficacité immédiate au-dessus de toute autre considération : *Préoccupations utilitaires.*

utilité [ytilite] n. f. **1.** Service rendu par qqch ou qqn : *De quelle utilité peut vous être une voiture dans Paris ?* (syn. USAGE). *De nouveaux règlements ne seraient pas d'une grande utilité* (syn. NÉCESSITÉ; contr. INUTILITÉ). *Il peut s'en aller, il ne m'est plus d'aucune utilité.* — **2.** Emploi subalterne (au théâtre, au cinéma, etc.) : *Pour l'instant, elle joue les utilités.*

utopie [ytɔpi] n. f. (de *Utopia,* «endroit qui n'existe nulle part», pays imaginé par Th. More). Conception imaginaire d'une société idéale; projet chimérique qui ne tient pas compte de la réalité : *Une utopie politique. Dans l'état actuel des choses, vouloir normaliser la circulation à Paris est une utopie* (syn. RÊVE).

utopique [ytɔpik] adj. Qui relève de l'utopie : *Il est utopique de prétendre lui faire changer d'opinion sans présenter de nouveaux arguments* (syn. ↑ INSENSÉ).

utopiste [ytɔpist] n. Qui forme des projets chimériques : *C'est un utopiste, qui ne se préoccupe pas de savoir si ce qu'il propose est possible* (syn. RÊVEUR).

uval, e, aux [yval] adj. (du lat. *uva,* grappe de raisin). *Cure uvale,* où le régime comporte une alimentation en raisins.

uvulaire [yvylɛr] adj. Se dit d'une consonne émise avec une vibration de la luette.

V

v [ve] n. m. Vingt-deuxième lettre de l'alphabet, correspondant à la fricative sonore [v].

va [va] interj. (de *aller*). 1. Accompagne un encouragement, une menace : *Elle t'a pardonné, va!* (syn. fam. NE T'EN FAIS PAS). *Tu seras bientôt attrapé, va!* (= méfie-toi). — 2. Fam. *Va pour,* c'est bon pour : *Va pour deux mille francs, et n'en parlons plus* (syn. ADMETTONS, SOIT). [→ ALLER.]

1. vacance [vakɑ̃s] n. f. (du lat. *vacare,* être vide). 1. État d'une place, d'une charge, d'un poste momentanément non occupé par un titulaire : *Signaler les vacances de postes dans l'enseignement* (= les postes inoccupés). *Il y a une vacance au Sénat depuis la mort de X* (= un siège à pourvoir). — 2. Temps pendant lequel un pouvoir ou une activité ne s'exerce plus : *Assurer l'intérim pendant la vacance du pouvoir* (= le temps pendant lequel l'autorité de l'État ne s'exerce plus).

2. vacances [vakɑ̃s] n. f. pl. 1. Période de fermeture des écoles et des universités : *Les vacances de Noël, de Pâques* (syn. CONGÉ). *Les grandes vacances. Elle envoie ses enfants en colonie de vacances. Faire ses devoirs de vacances.* — 2. Période de congé pour les travailleurs de toute catégorie : *Avoir cinq semaines de vacances. Ne penser qu'aux vacances* (contr. TRAVAIL). *Je prends mes vacances en juin. Avoir besoin de vacances* (syn. REPOS). *Lecture de vacances* (= peu fatigante). *Partir en vacances.*

vacancier, ère [vakɑ̃sje] n. Personne qui se trouve en congé et séjourne hors de sa résidence habituelle : *Un million de vacanciers ont déjà quitté Paris* (syn. ESTIVANT). *La Corse reçoit chaque année un nombre croissant de vacanciers* (syn. TOURISTE, VILLÉGIATEUR).

vacant, e [vakɑ̃] adj. (lat. *vacans,* qui est vide). Se dit d'un poste ou d'un lieu inoccupés, libres : *Publier la liste des postes vacants dans la magistrature. Appartement vacant* (syn. LIBRE, DISPONIBLE; contr. OCCUPÉ).

vacarme [vakarm] n. m. (anc. néerl. *wach arme,* hélas!). Bruit tumultueux et insupportable : *Elle entendit dans la rue un vacarme épouvantable* (syn. TUMULTE, TAPAGE; fam. ↓BOUCAN). *Faire du vacarme* (syn. fam. CHAHUT).

vacataire [vakatɛr] adj. et n. Qui est rémunéré pour le temps consacré à l'accomplissement de certains travaux.

vacation [vakasjɔ̃] n. f. (lat. *vacatio;* de *vacare,* être vacant). Temps consacré à l'examen d'une affaire ou à l'accomplissement d'une fonction déterminée, par qqn qui en a été chargé; rémunération de ce temps : *Vacation d'un expert.*

vaccin [vaksɛ̃] n. m. (lat. *vaccinus,* de vache). Substance qui, inoculée à un individu ou à un animal, lui confère l'immunité contre une maladie microbienne ou parasitaire : *Vaccin antivariolique, antipoliomyélitique, antidiphtérique, contre la coqueluche, etc. Le vaccin a, n'a pas pris. Faire un rappel de vaccin au bout d'un an. Faire un vaccin à un enfant.*

vaccinal, e, aux [vaksinal] adj. Relatif au vaccin : *Éruption, fièvre vaccinale.*

vaccination [vaksinasjɔ̃] n. f. Action de vacciner : *Le principe de la vaccination a été découvert par Jenner.*

vacciner [vaksine] v. t. 1. *Vacciner qqn (contre une maladie),* lui inoculer une substance qui l'immunise contre une maladie microbienne : *Vacciner un enfant contre la variole. Elle est vaccinée contre le tétanos.* — 2. Fam. *Vacciner qqn (contre une habitude),* le guérir d'une habitude, le mettre définitivement à l'abri d'une tentation : *Elle est vaccinée contre la peur* (syn. GUÉRIR DE). *Cet accident de voiture l'a vacciné contre l'envie de doubler imprudemment.*

vache [vaʃ] n. f. (lat. *vacca*). 1. Mammifère ruminant à cornes, femelle du taureau, élevé surtout pour la production laitière : *Vaches laitières. Traire les vaches.* — 2. Cuir de la vache, du bœuf : *Des chaussures en vache.* — 3. Fam. *Coup de pied en vache,* manœuvre, procédé déloyal. ‖ Fam. *Manger de la vache enragée,* vivre dans les privations, faute d'argent. ‖ *Montagne à vaches,* dont l'ascension ne présente pas de difficultés (contr. HAUTE MONTAGNE). ‖ Fam. *Parler français comme une vache espagnole,* très mal. ‖ Fam. *Le plancher des vaches,* la terre ferme, par oppos. à la *mer.* ‖ *Vache à lait,* personne que tout le monde exploite. ‖ *Vaches grasses, maigres,* période d'abondance, de disette. — 4. *Vache (à eau),* récipient de toile, utilisé par les campeurs pour mettre de l'eau. ◆ adj. et n. f. *Pop.* Dur, sans pitié : *Être vache avec les candidats* (syn. fam. CHAMEAU, ROSSE). ◆ adj. 1. Imprévu et fâcheux : *C'est vache ce qui lui arrive.* — 2. Pop. *Un (une) vache de (+ n.),* qqch de sensationnel : *Une vache de petite maison* (syn. fam. FORMIDABLE).

vachement [vaʃmɑ̃] adv. *Pop.* Très, beaucoup : *Une fille vachement bien* (syn. fam. RUDEMENT).

vacher, ère [vaʃe] n. Personne qui s'occupe des vaches.

vacherie [vaʃri] n. f. 1. Étable à vaches. — 2. *Pop.* Méchanceté en paroles ou en actes : *Faire une vacherie à quelqu'un* (syn. CRASSE). *Dire des vacheries.*

vacherin [vaʃrɛ̃] n. m. 1. Fromage à pâte molle. — 2. Pâte meringuée garnie de glace et de crème chantilly.

vachette [vaʃɛt] n. f. 1. Jeune vache. — 2. Cuir de jeune vache : *Un sac en vachette.*

vacillant, e [vasijɑ̃] adj. Qui vacille : *Des jambes vacillantes* (syn. CHANCELANT). *Démarche vacillante* (syn. TITUBANT). *Flamme vacillante* (syn. CLIGNOTANT, TREMBLOTANT, INCERTAIN). *Mémoire vacillante* (syn. DÉFAILLANT). *Foi vacillante* (syn. INCERTAIN; contr. FERME, CONSTANT, SOLIDE).

vacillement [vasijmɑ̃] ou **vacillation** [vasijasjɔ̃] n. f. Fait de vaciller : *Les vacillements de la flamme d'une bougie. Vacillation dans les opinions* (syn. FLOTTEMENT).

vaciller [vasije] v. i. (lat. *vacillare*). 1. (sujet qqn, qqch) Pencher d'un côté et de l'autre, être instable : *Vaciller* *sur ses jambes* (syn. CHANCELER, TREMBLER). *Elle a la fièvre et elle vacille* (syn. TITUBER). *Voir les murs vaciller autour de soi* (syn. TOURNER, CHAVIRER). — **2.** (sujet une flamme, une lueur) Trembler, subir des variations brusques et répétées d'intensité : *La flamme de la bougie commence à vaciller* (syn. TREMBLOTER). *Une lumière qui vacille* (syn. CLIGNOTER). — **3.** (sujet qqn, son esprit) Hésiter, manquer d'assurance : *Vaciller dans ses réponses, ses résolutions* (syn. OSCILLER, BALANCER). *Sa raison, son jugement commence à vaciller* (contr. S'AFFERMIR). *Sa mémoire vacille* (syn. S'AFFAIBLIR).

va-comme-je-te-pousse (à la) [vakɔmʒtəpus] adv. *Fam.* Au hasard, sans plan établi d'avance : *Ses enfants sont élevés à la va-comme-je-te-pousse* (= sont livrés à eux-mêmes ; syn. À LA DIABLE).

vacuité [vakɥite] n. f. (lat. *vacuitas ;* de *vacuus,* vide). État ou qualité de ce qui est vide ; absence de valeur, de signification (soutenu) : *La vacuité d'une œuvre. La vacuité de la vie en vacances.*

vade-mecum [vademekɔm] n. m. inv. (loc. lat. signif. *va avec moi*). *Litt.* Objet qu'on porte ordinairement sur soi, dont on a fréquemment besoin : *Ce carnet est mon vade-mecum.*

vadrouille [vadruj] n. f. (mot lyonnais *drouilles,* vieilles hardes). *Pop.* Promenade sans but défini : *Partir en vadrouille* (syn. BALADE). *Être en vadrouille* (= être sorti).

vadrouiller [vadruje] v. i. *Pop.* Aller en promenade, traînasser : *Vadrouiller toute la journée dans les rues* (syn. BAGUENAUDER, TRAÎNAILLER).

vadrouilleur, euse [vadrujœr] n. Qui vadrouille.

va-et-vient [vaevjɛ̃] n. m. inv. **1.** Mouvement alternatif d'un point à un autre : *Le va-et-vient d'un pendule* (syn. OSCILLATION). — **2.** Circulation de personnes se faisant dans deux sens opposés : *Il y a un va-et-vient incessant dans le couloir* (syn. PASSAGE, DES ALLÉES ET VENUES). — **3.** Dispositif servant à établir une communication entre deux points et dans les deux sens : *Établir un va-et-vient avec un navire échoué par un système de cordages.* — **4.** Dispositif électrique permettant d'allumer ou d'éteindre une lampe de plusieurs endroits à la fois : *Installer un va-et-vient dans un corridor.*

vagabond, e [vagabɔ̃] adj. (du lat. *vagari,* aller çà et là). **1.** Qui se déplace sans cesse, qui effectue de fréquents voyages : *Mener une vie vagabonde* (syn. ITINÉRANT ; contr. SÉDENTAIRE). — **2.** Qui obéit à la fantaisie : *Avoir l'humeur, l'âme vagabonde* (syn. DÉRÉGLÉ, DÉBRIDÉ). *Des pensées vagabondes* (syn. DÉSORDONNÉ). ◆ n. Personne qui n'a ni domicile fixe ni ressources avouables : *Des vagabonds dormaient sur le bord de la route* (syn. RÔDEUR ; fam. CLOCHARD).

vagabondage [vagabɔ̃daʒ] n. m. **1.** État de qqn qui n'a ni domicile fixe ni profession avouée : *Le vagabondage est considéré comme un délit et puni par la loi.* — **2.** *Litt.* Action de passer sans cesse d'un sujet à l'autre : *Le vagabondage de la pensée.*

vagabonder [vagabɔ̃de] v. i. **1.** Errer sans but, à l'aventure : *Vagabonder à travers la France* (= courir les routes). — **2.** *Litt.* Passer sans cesse d'un sujet, d'un objet d'attention à l'autre sans s'y attacher : *Ma pensée vagabonde des heures durant* (syn. ERRER).

vagin [vaʒɛ̃] n. m. (lat. *vagina,* gaine). Organe génital interne de la femme, qui a la forme d'un conduit et va de l'utérus à la vulve.

vaginal, e, aux [vaʒinal] adj. Relatif au vagin : *Muqueuse vaginale.*

vagir [vaʒir] v. i. (lat. *vagire*). **1.** (sujet un nouveau-né) Pousser des cris : *Un bébé vagissait dans une chambre voisine* (syn. CRIER, PLEURER). — **2.** (sujet certains animaux) Crier : *Le crocodile, le lièvre vagissent.*

vagissant, e [vaʒisɑ̃] adj. Qui vagit : *Un bébé vagissant. Une voix vagissante* (= faible).

vagissement [vaʒismɑ̃] n. m. Cri d'un nouveau-né ou de certains animaux : *Pousser des vagissements.*

1. vague [vag] n. f. (anc. scand. *vágr*). **1.** Mouvement ondulatoire, généralement dû à l'action du vent, qui apparaît à la surface d'une étendue liquide : *De grosses vagues. Être soulevé, renversé par une vague. Vague de fond* (syn. LAME). — **2.** Ondulation à la surface d'un champ, etc. : *Le blé se couche par vagues sous le vent* (= en formant comme des ondes). — **3.** Sinuosité que présente la surface des cheveux. — **4.** Propagation intermittente du son : *Une musique arrivait par vagues jusqu'à nous* (syn. À-COUP, MOMENT). — **5.** Phénomène qui se produit avec un crescendo et un decrescendo, une ou plusieurs fois : *Vague d'enthousiasme* (syn. MOUVEMENT). *Soulever des vagues d'applaudissements dans une salle* (= des applaudissements en chaîne ; syn. SALVES). *Une vague de protestations.* — **6.** Phénomène qui apparaît brusquement et se propage de proche en proche : *Une vague de froid, de chaleur* (syn. OFFENSIVE). *La vague de hausse des prix* (syn. ASSAUT). — **7.** Masse importante de gens qui déferlent brusquement et irrésistiblement : *Vague d'assaut* (= unité d'attaque ou formation militaire destinée à une attaque). *Une vague d'immigrants* (syn. AFFLUX, ↑MARÉE). *Une première vague de départs* (syn. SÉRIE). — **8.** *La nouvelle vague,* la nouvelle génération ; la dernière tendance en littérature, en arts.

2. vague [vag] adj. (lat. *vagus,* errant). **1.** (après le n.) Se dit de tout ce qui est imprécis, indéterminé : *Des douleurs vagues. Mentionner un projet de façon assez vague* (syn. FLOU, NÉBULEUX, VOILÉ ; contr. PRÉCIS). *En termes vagues* (= sans préciser). *Les contours vagues d'un dessin* (contr. NET). — **2.** (avant ou après le n.) Qu'on ne peut distinguer nettement ; obscur, peu net, imprécis : *Elle a une vague idée de ce qu'elle va faire* (syn. CONFUS). *Posséder de vagues notions de chimie* (syn. LOINTAIN, IMPRÉCIS). *Être en proie à une tristesse vague* (syn. INDÉFINISSABLE). *Poussé par un vague besoin de se confier à autrui* (syn. OBSCUR). *Regarder d'un air vague* (syn. DISTRAIT). *Un vague souvenir* (syn. FAIBLE). — **3.** (avant le n.) Insignifiant, qui n'a aucune importance : *Je me suis trouvé un vague petit travail* (= de remplacement). *J'ai rencontré une vague parente à moi* (= dont le degré de parenté est éloigné et difficile à préciser). — **4.** *Terrain vague,* situé près d'une agglomération et qui n'a aucun usage précis, n'est pas entretenu. ◆ n. m. **1.** Ce qui manque de netteté, de précision ; domaine de l'imprécision : *Rester dans le vague* (= ne pas donner de précisions). *Être dans le vague* (= ne pas savoir à quoi s'en tenir). *Regarder dans le vague* (= sans rien fixer). — **2.** Caractère confus, indéfinissable, indécis : *Le caractère le plus original de cette peinture réside dans le vague et le flou des formes.* — **3.** *Vague à l'âme,* état de langueur, de tristesse irraisonnée : *Avoir du vague à l'âme* (syn. MÉLANCOLIE ; fam. CAFARD).

vaguelette [vaglɛt] n. f. Petite vague : *Il y avait juste quelques vaguelettes à la surface* (syn. ↓RIDE).

vaguement [vagmɑ̃] adv. **1.** De façon imprécise : *Il m'a vaguement parlé de ses projets. Je l'ai vaguement aperçue dans la foule. Un tissu vaguement bleu* (= proche du bleu). — **2.** À peine, faiblement : *L'enflure diminue vaguement* (= imperceptiblement). *Le temps s'améliore vaguement* (contr. NETTEMENT).

vaguemestre [vagmɛstr] n. m. (all. *Wagenmeister,* maître des équipages). Sous-officier chargé du service postal dans une unité militaire.

vaguer [vage] v. i. (lat. *vagari*). *Litt.* Se porter sans cesse d'un objet sur un autre sans pouvoir se fixer :

Laisser vaguer sa pensée, son imagination, son regard (syn. FLOTTER, VAGABONDER).

vahiné [vaine] n f. (mot tahitien). Femme de Tahiti.

vaillamment [vajamɑ̃] adv. Avec vaillance : *Résister vaillamment à l'ennemi* (syn. ↑HÉROÏQUEMENT). *Se lever vaillamment à quatre heures du matin* (syn. AVEC COURAGE).

vaillance [vajɑ̃s] n. f. *Litt.* Qualité de celui qui est vaillant : *Héros célèbre pour sa vaillance* (syn. litt. BRAVOURE). *Elle fait preuve de vaillance dans son malheur* (syn. COURAGE).

vaillant, e [vajɑ̃] adj. (anc. part. prés. de *valoir*). **1.** (avant le n.) Qui manifeste du courage devant le danger (soutenu) : *Un vaillant soldat* (syn. COURAGEUX; contr. LÂCHE, POLTRON, PEUREUX). — **2.** (après le n.) Qui manifeste de l'ardeur au travail, du courage dans l'adversité : *C'est une pauvre veuve, sans argent, mais vaillante.* — **3.** Litt. *N'avoir plus ou pas un sou vaillant,* n'avoir plus d'argent.

vaille que vaille [vajkəvaj] adv. À peu près, tant bien que mal : *Il faudra bien l'aider, vaille que vaille.*

vain, e [vɛ̃] adj. (lat. *vanus,* vide). **1.** (surtout avant le n.) Dépourvu de valeur ou de sens : *La gloire, un vain mot* (syn. VIDE, CREUX). *Repaître quelqu'un de vaines paroles* (syn. INUTILE, FUTILE, INSIGNIFIANT; contr. SÉRIEUX, CONCRET). *Nourrir de vains espoirs* (= sans fondement; syn. ILLUSOIRE, CHIMÉRIQUE, FAUX; contr. FONDÉ). *Des plaisirs vains* (contr. RÉEL). — **2.** (surtout avant le n.) Sans efficacité, sans effet : *Faire de vains efforts* (syn. INUTILE). *Discussion vaine* (= sans conclusion ou sans objet; syn. STÉRILE, OISEUX). *De vains regrets* (syn. SUPERFLU). — **3.** *En vain,* sans résultat : *Chercher en vain quelque chose. Tenter en vain de persuader quelqu'un* (syn. INUTILEMENT, SANS SUCCÈS). *Elle est allée chez vous en vain* (syn. POUR RIEN).

vaincre [vɛ̃kr] v. t. (lat. *vincere*) [c. **84**]. **1.** *Vaincre un ennemi,* remporter sur lui un succès militaire : *Ils ont vaincu l'armée adverse* (syn. BATTRE, TRIOMPHER DE, ↑ÉCRASER). — **2.** *Vaincre un adversaire, une équipe,* remporter sur eux une victoire dans une compétition (soutenu) : *Elle l'a vaincue au ping-pong* (syn. usuel BATTRE). *Vaincre un adversaire aux échecs.* — **3.** *Vaincre un obstacle, une difficulté, un sentiment,* etc., les dominer, les surmonter par un effort de la volonté : *Vaincre sa paresse naturelle, sa peur.* — **4.** *Vaincre la maladie, une résistance,* etc., en venir à bout, parvenir à les faire disparaître : *Vaincre la souffrance* (syn. TRIOMPHER DE). *Vaincre l'isolement* (syn. DOMINER). — **5.** *Vaincre un sommet,* le gravir pour la première fois.

vaincu, e [vɛ̃ky] adj. et n. **1.** Qui a subi une défaite à la guerre, dans une compétition, etc. : *Être tantôt vaincu, tantôt vainqueur* (syn. PERDANT; contr. GAGNANT). *Partir vaincu d'avance* (syn. BATTU). *Les vaincus songent à la revanche.* — **2.** Dont l'état d'esprit est celui de qqn qui a été battu, qui est persuadé d'avance de sa défaite : *C'est un vaincu* (syn. LÂCHE, DÉFAITISTE).

vainement [vɛnmɑ̃] adv. En vain : *Je vous ai vainement appelé au téléphone* (syn. SANS SUCCÈS).

vainqueur [vɛ̃kœr] n. m. et adj. m. Qui remporte ou a remporté un succès dans un combat, dans une compétition : *Sortir vainqueur d'une épreuve* (syn. VICTORIEUX). *Elle fut le vainqueur de la course* (syn. GAGNANT). *Le vainqueur de l'Everest.* ◆ adj. Qui marque le succès : *Prendre un air vainqueur* (syn. TRIOMPHANT, VICTORIEUX).

1. vairon [vɛrɔ̃] adj. m. (lat. *varius,* varié). *Yeux vairons,* qui ne sont pas de la même couleur.

2. vairon [vɛrɔ̃] n. m. Petit poisson d'eau douce.

vaisseau [vɛso] n. m. (lat. *vasculum,* petit vase). — **I. 1.** *Litt.* Navire d'une certaine importance : *Dix vaisseaux de guerre* (syn. NAVIRE, BÂTIMENT). *Enseigne, lieutenant, capitaine de vaisseau* (= grades de la marine correspondant à lieutenant, capitaine et colonel de l'armée de terre). — **2.** *Brûler ses vaisseaux,* se couper la retraite, accomplir un acte qui ne permet plus de reculer. — **3.** *Vaisseau spatial,* engin interplanétaire. — **4.** Grand espace couvert d'un édifice : *Hauteur du vaisseau d'une cathédrale* (syn. NEF).
— **II.** Organe tubulaire permettant la circulation des liquides organiques, et en partic. du sang : *Vaisseaux lymphatiques. Vaisseaux sanguins* (= artères et veines). [→ VASCULAIRE.]

vaisselier [vɛsəlje] n. m. Meuble servant à ranger la vaisselle.

vaisselle [vɛsɛl] n. f. (du bas lat. *vascellum,* petit vase). **1.** Ensemble des récipients qui servent à la préparation des aliments et à leur présentation à table : *Service de vaisselle* (= assortiment de pièces de vaisselle). *Vaisselle de porcelaine. Vaisselle plate* (= de métal précieux). — **2.** Ensemble des plats et ustensiles qui ont servi pour le repas et qui doivent être lavés : *Faire la vaisselle;* action de laver ces plats : *Lire le journal après la vaisselle.*

val [val] n. m. (lat. *vallis*) [pl. *vals* ou *vaux*]. **1.** *Litt.* Petite vallée. — **2.** *Par monts et par vaux* → MONT.

valable [valabl] adj. **1.** Se dit d'une monnaie, d'un argument, etc., qui a cours, qui peut être accepté, admis, dont la valeur est reconnue : *Passé cette date, les anciennes pièces ne seront plus valables. Cet alibi n'est pas valable* (syn. PLAUSIBLE). *Défense d'utiliser le frein de secours sans motif valable.* — **2.** Se dit de qqn qui a les qualités requises pour accomplir qqch : *Rechercher un interlocuteur valable. Produire des témoins valables.* — **3.** À qui on reconnaît un certain mérite ou qui a une certaine importance : *Un homme d'État valable* (syn. COMPÉTENT, CAPABLE). *Faire une œuvre valable* (= digne d'intérêt; contr. CONTESTABLE). *Romancière valable* (syn. NOTABLE).

valablement [valabləmɑ̃] adv. De façon valable : *Ce passeport est périmé, il ne peut pas être valablement utilisé. Pour traiter valablement ce sujet, elle a dû dépouiller plus de deux mille documents* (syn. CORRECTEMENT, HONNÊTEMENT, CONVENABLEMENT).

valence [valɑ̃s] n. f. (du lat. *valere,* valoir). Nombre maximal de relations qu'un élément peut avoir avec un autre.

valériane [valerjan] n. f. (lat. *valeriana*). Plante à fleurs roses, blanches ou jaunâtres, dont une espèce a des vertus thérapeutiques.

valet [valɛ] n. m. (lat. pop. *vassellittus,* jeune gentilhomme). **1.** Domestique masculin servant dans une maison : *Valet de chambre. Valet d'écurie* (= garçon de ferme chargé du soin des chevaux). — **2.** Au théâtre, personnage de laquais : *Jouer les valets. Valet de comédie.* — **3.** *Péjor.* Personne qui sert qqn ou une cause avec une soumission extrême : *Un valet du pouvoir.* — **4.** Dans un jeu de cartes, figure représentant un écuyer : *Le valet de cœur.* — **5.** *Valet (de nuit),* grand cintre monté sur pieds, qui permet de disposer les différentes pièces d'un costume d'homme. (On dit aussi GALANT DE NUIT.)

valetaille [valtɑj] n. f. *Péjor.* et *litt.* Ensemble des domestiques : *Tous ces gens-là, c'est de la valetaille.*

valétudinaire [valetydinɛr] adj. et n. (lat. *valetudo, -dinis,* mauvaise santé). *Litt.* Personne maladive, d'une santé chancelante : *Climat recommandé aux valétudinaires* (contr. BIEN PORTANT).

valeur [valœr] n. f. (lat. *valor*). **1.** Caractère mesurable d'un objet susceptible d'être échangé, vendu : *Ce terrain prend de la valeur. Doubler de valeur* (syn. PRIX). *Estimer la valeur d'un bijou, d'une œuvre d'art* (= ce que vaut cet objet). *Estimer quelque chose au-dessous de sa valeur. Bijou de grande valeur* (= estimé à haut prix). — **2.** Aspect économique d'une chose lié à son utilité, au travail qu'elle nécessite, au rapport de l'offre et de la demande, etc. : *Valeur d'une monnaie étrangère* (syn. ÉQUIVALENT). *Valeur d'une action en Bourse* (syn. COTE, COURS). *Ces pièces de monnaie n'ont plus de valeur* (= n'ont plus cours). [→ VALORISER.] — **3.** Titre de rente, action, effet de commerce, etc. (souvent pl.) : *Un portefeuille de valeurs* (syn. TITRES). *Placer sa fortune en valeurs mobilières et en immeubles. Négocier, réaliser des valeurs pour avoir de l'argent liquide. Valeur en hausse, en baisse. Valeur sûre.* — **4.** Qualité physique, intellectuelle, morale de qqn : *Une personne de grande valeur* (syn. MÉRITE, CLASSE). *Choisir quelqu'un pour sa valeur personnelle* (syn. MÉRITE, QUALITÉ). *Candidate, recrue, sujet de grande valeur. Maître de valeur* (= de grande compétence). *Actrice de valeur.* — **5.** Qualité de qqch qui est digne d'estime, d'intérêt : *Ce livre a de la valeur* (= c'est une œuvre intéressante). *Toile de valeur* (syn. QUALITÉ). *Mettre en cause la valeur de la médecine, de la justice. La valeur de cette étude n'est pas prouvée* (= la justesse des méthodes, des conclusions, etc.). *Valeur d'un exploit, d'un succès* (syn. IMPORTANCE). *Estimer quelque chose à sa juste valeur* (syn. PRIX). — **6.** Importance accordée subjectivement à qqch : *Attacher de la valeur à des souvenirs de famille* (syn. PRIX, IMPORTANCE). *N'accorder aucune valeur à certaines manifestations artistiques* (= ne pas apprécier, ne pas estimer). *Accorder de la valeur à l'opinion de quelqu'un* (syn. POIDS). — **7.** Importance accordée objectivement à qqch : *Texte sans valeur* (= non appliqué, qui n'a pas force de loi, resté lettre morte). *Les témoignages d'enfants sont sans valeur* (= ne font pas autorité). — **8.** Importance des choses du point de vue moral, social ou esthétique : *Valeur d'une civilisation* (= son rôle formateur, créateur). *Juger la valeur de ses actes, de sa conduite* (= le contenu moral). *Valeur de l'engagement, de la réflexion* (= sa nécessité, son utilité). *Choisir un mot pour sa valeur affective.* — **9.** *Jugement de valeur,* qui émet une appréciation au lieu de se borner à constater un fait. ‖ *Mettre qqch en valeur, être (mis) en valeur,* faire en sorte que ses caractéristiques les plus agréables, ses qualités, son éclat, etc., ressortent : *Elle a choisi un maquillage qui met ses yeux bleus en valeur. Ce tableau n'est pas (mis) en valeur dans ce coin sombre.* ‖ *Mettre qqn en valeur,* faire en sorte qu'il apparaisse sous un jour avantageux, le (se) faire valoir : *Tout faire pour mettre en valeur son protégé auprès de ses supérieurs. Raconter ses exploits pour se mettre en valeur.* ‖ *Valeurs (morales),* ensemble des règles de conduite, des lois jugées conformes à un idéal, par qqn ou par une collectivité : *Changement des valeurs d'une société* (= loi morale, représentation du bien; syn. BUT, IDÉAL). *L'effondrement des valeurs* (= de la morale). *Hiérarchie des valeurs.* — **10.** Mesure d'une grandeur, d'un nombre : *Valeur arithmétique, algébrique. Valeur absolue d'un nombre.* — **11.** *Valeur de qqch,* quantité approximative d'une matière, d'un produit : *Donner la valeur d'une cuillerée à dessert de sirop* (= environ une cuillerée). — **12.** Mesure conventionnelle d'un signe dans une série : *Valeur d'une carte, d'un pion à un jeu.* — **13.** *Valeur d'une note,* en musique, durée relative d'une note, modifiée ou non par certains signes : *Le point prolonge une note de la moitié de sa valeur* (syn. DURÉE). ‖ *Valeur d'une couleur,* en peinture, son intensité relative : *Des verts de même nuance, mais de valeur différente* (= plus ou moins intenses).

valeureusement [valørøzmɑ] adv. *Litt.* Avec courage : *Lutter valeureusement pour l'indépendance* (syn. COURAGEUSEMENT, HÉROÏQUEMENT).

valeureux, euse [valørø] adj. *Litt.* Qui a de la vaillance, du courage : *Se battre en soldat valeureux* (syn. VAILLANT, COURAGEUX, HÉROÏQUE).

validation [validasjɔ̃] n. f. Action de valider : *Procéder à la validation d'un acte.*

valide [valid] adj. (lat. *validus,* bien portant). **1.** En bonne santé : *Que les personnes valides prennent soin des malades* (contr. INVALIDE, IMPOTENT, INFIRME). *Je ne suis pas assez valide pour faire ces trente kilomètres* (syn. EN BONNE FORME; fam. COSTAUD). *Elle ne se sent pas encore bien valide, elle n'est pas rétablie de cette bronchite* (syn. REMIS; fam. D'ATTAQUE). [→ INVALIDE.] — **2.** Qui satisfait aux conditions légales requises : *Votre billet n'est valide que jusqu'au 29* (syn. BON, VALABLE; contr. PÉRIMÉ). *Ce papier n'est valide qu'avec un tampon officiel* (syn. RÉGULIER, RÉGLEMENTAIRE; contr. NUL).

valider [valide] v. t. *Valider qqch,* le rendre ou le déclarer valide : *Faire valider un papier* (syn. CERTIFIER, LÉGALISER). *Valider une décision* (syn. HOMOLOGUER, ENTÉRINER, RATIFIER; contr. INVALIDER, ANNULER).

validité [validite] n. f. Caractère valide : *Vérifier la validité d'un document* (contr. NULLITÉ). *La validité de ce billet est de trois mois* (= le temps pendant lequel il est valide).

valise [valiz] n. f. (it. *valigia*). **1.** Bagage à main de forme rectangulaire : *Bourrer une valise. Boucler ses valises* (= être prêt au départ). *Faire ses valises* (= s'apprêter à partir). — **2.** *Valise diplomatique,* ensemble des colis transportés par un courrier diplomatique et dispensés de toute visite douanière.

vallée [vale] n. f. (de *val*). **1.** Dépression allongée, plus ou moins évasée, façonnée par un cours d'eau ou un glacier : *La vallée du Rhône.* — **2.** Dans une région montagneuse, désigne les parties moins élevées par rapport aux sommets et aux flancs de la montagne : *Les gens de la vallée.*

vallon [valɔ̃] n. m. (it. *vallone*). Petite vallée : *Vallon ombragé. Région de coteaux et de vallons.*

vallonné, e [valɔne] adj. Qui présente de nombreux vallons : *Région vallonnée.*

vallonnement [valɔnmɑ̃] n. m. Relief d'un terrain où il y a des vallons et des collines : *Le vallonnement de la Normandie.*

valoir [valwar] v. i. (lat. *valere*) [c. **40**]. **1.** (sujet qqch) *Valoir* (+ *compl. de prix*), être estimé un certain prix : *Article qui vaut quinze francs* (syn. COÛTER). *Valoir cher, pas cher.* — **2.** (sujet qqch) *Valoir quelque chose, ne valoir rien,* avoir une certaine utilité ou qualité, de l'intérêt, n'avoir aucune utilité, ni qualité : *Tissu, matériau qui ne vaut rien. Raisonnement, argument qui ne vaut rien* (= sans valeur probante). *Nous verrons ce que vaut ce médicament* (= son efficacité). *Ce climat ne me vaut rien* (= m'est néfaste). *Ce pays ne vaut rien pour les rhumatismes* (= est nocif). — **3.** *Valoir pour qqn,* le concerner : *Cette réflexion vaut pour les uns et pour les autres* (syn. INTÉRESSER). — **4.** *Valoir qqch, que* (+ *subj.*), le légitimer, le justifier : *Ce spectacle vaut bien un détour, que l'on fasse un détour* (syn. MÉRITER). — **5.** *Valoir qqch,* équivaloir à qqch, l'égaler : *En musique, une blanche vaut deux noires. Carte qui vaut trois points* (syn. COMPTER POUR). *La mer vaut bien la montagne. Ce livre n'est pas mal, il en vaut bien un autre.* ‖ *L'un vaut l'autre,* l'un n'est pas mieux que l'autre. — **6.** (sujet qqn) *Valoir* (+ *compl. de prix* [*abstrait*]), avoir certaines qualités physiques, faire preuve de certaines qualités intellectuelles, morales : *Savoir ce que l'on vaut* (= quel est son mérite). *Que vaut cette jeune musicienne? Acteur qui ne vaut rien* (= qui n'est pas bon). *Ce garçon ne vaut pas cher* (= est peu recommandable). — **7.** (sujet qqn) *Valoir* (+ *compl. de prix*), avoir une fortune, un revenu estimé à tant : *Cette héritière valait un milliard de dollars.* — **8.** *À valoir,* se dit d'une somme d'argent dont on tiendra compte ultérieurement : *Verser un acompte à valoir sur l'achat de quelque chose.* ‖ *Faire valoir un argument,* le mettre en avant. ‖ *Faire valoir un bien, un capital,* le mettre en valeur, le faire fructifier : *Faire valoir une exploitation agricole.* ‖ *Faire valoir un droit,* l'exercer. ‖ *Faire valoir qqn,* souligner ses mérites, le présenter sous un jour avantageux. ‖ *Il vaut mieux* (+ *inf.*), *que* (+ *subj.*), il est préférable : *Il vaut mieux se taire que de dire des sottises. Il vaudrait mieux ne pas se presser : le travail serait meilleur.* ‖ *Valoir la peine,* être assez intéressant, assez important pour justifier la peine qu'on se donne à l'obtenir : *Allez donc à Florence, ça en vaut la peine. Ça vaut toujours la peine de poser la question. Ce travail vaut la peine qu'on le fasse.* ◆ v. t. **1.** *Valoir qqch à qqn,* lui rapporter, lui faire avoir qqch : *Cette escapade lui a valu bien des reproches. Cette œuvre lui a valu d'être connu du public. Ce travail lui a valu bien des fatigues* (syn. COÛTER). *Les soucis que nous a valus cette entreprise.* — **2.** (sujet qqch) *Valoir de* (+ *inf.*), *que* (+ *subj.*), mériter de, que : *Cette entreprise vaut d'être tentée.* ◆ ***se valoir*** v. pr. **1.** (sujet qqn, qqch [pl.]) Avoir la même valeur : *Ces deux personnes se valent. Deux voitures qui se valent.* — **2.** *Ça se vaut,* c'est équivalent, c'est à peu près pareil. (→ VALABLE, VALEUR, VALORISER.)

valorisant, e [valɔrizɑ̃] adj. Qui valorise : *Situation valorisante.*

valorisation [valɔrizasjɔ̃] n. f. Action de valoriser : *La valorisation d'une région économiquement sous-équipée* (syn. MISE EN VALEUR).

valoriser [valɔrize] v. t. **1.** *Valoriser qqch,* lui donner une plus grande valeur, une plus grande rentabilité : *Le passage de la ligne de chemin de fer a beaucoup valorisé cette région.* — **2.** *Valoriser qqch, qqn,* leur accorder une importance accrue, les présenter sous un jour avantageux, les mettre en valeur : *Cette promotion l'a valorisé aux yeux de ses collègues. Elle vend bien parce qu'elle sait valoriser sa marchandise.* ◆ ***se valoriser*** v. pr. Augmenter sa propre valeur : *Chercher à se valoriser par son travail personnel.*

valse [vals] n. f. (all. *Walzer*). **1.** Danse à trois temps, où les couples tournent sur eux-mêmes en se déplaçant : *Valse viennoise. Valse musette.* — **2.** Morceau de musique à trois temps, destiné ou non à être dansé : *La pianiste a joué des valses de Chopin.* — **3.** *Fam.* Changement fréquent parmi les membres d'un bureau, d'un service : *La valse perpétuelle des chefs de bureau.*

valse-hésitation [valsezitasjɔ̃] n. f. (pl. *valses-hésitations*). *Fam.* Hésitations successives et contradictoires dans la conduite de qqn, d'un groupe.

valser [valse] v. i. **1.** (sujet qqn) Danser une valse. — **2.** (sujet qqch) Décrire un mouvement tournoyant : *Elle voyait les murs valser autour d'elle* (syn. TOURNER). — **3.** Fam. *Envoyer valser qqn, qqch,* renvoyer qqn sans égards, lancer qqch loin de soi (syn. fam. ENVOYER PROMENER). ‖ Fam. *Faire valser qqn,* le déplacer sans égard : *Faire valser le personnel d'une administration.* ‖ *Faire valser l'argent, les millions,* dépenser largement (syn. JONGLER AVEC).

valseur, euse [valsœr] n. Personne qui valse : *Un bon valseur.*

valve [valv] n. f. (lat. *valva,* battant de porte). **1.** Chacune des deux parties de la coquille de certains mollusques et crustacés. — **2.** Système de régulation d'un courant de liquide ou de gaz dans une conduite; clapet de fermeture : *Dévisser la valve pour gonfler un pneu.*

valvule [valvyl] n. f. (lat. *valvula*). Repli élastique fixé sur la paroi interne du cœur ou d'un vaisseau, ayant un bord libre qui empêche le sang ou la lymphe de revenir en arrière.

vamp [vɑ̃p] n. f. (mot amér.). Artiste de cinéma qui joue les rôles de femme fatale; femme fatale (vieilli).

vampire [vɑ̃pir] n. m. (all. *Vampir*). **1.** Fantôme qui, selon certaines superstitions, sort des tombeaux pour sucer le sang des vivants. — **2.** Criminel sadique. — **3.** Personne qui s'enrichit aux dépens d'autrui (soutenu) : *Il lui soutire son argent comme un vampire.*

vampirisme [vɑ̃pirism] n. m. Comportement de vampire.

1. van [vɑ̃] n. m. (lat. *vannus*). Panier d'osier à fond plat, large, muni de deux anses, qui sert pour le nettoyage des grains.

2. van [vɑ̃] n. m. (mot angl.; abrév. de *caravan*). Voiture fermée destinée au transport des chevaux de course.

vandale [vɑ̃dal] n. m. (de *Vandales,* n. de peuple). Personne qui détruit ou détériore des œuvres d'art ou des choses de valeur : *Des vandales ont saccagé les cabines téléphoniques* (syn. DESTRUCTEUR, DÉVASTATEUR, BARBARE).

vandalisme [vɑ̃dalism] n. m. Comportement du vandale : *Des actes de vandalisme* (syn. DÉPRÉDATION, BARBARIE).

vanille [vanij] n. f. (esp. *vainilla*). **1.** Fruit des régions tropicales qui se présente sous forme de gousse. — **2.** Substance aromatique contenue dans ce fruit : *Vanille en poudre, en bâton. Crème, glace à la vanille.*

vanillé, e [vanije] adj. Aromatisé à la vanille : *Sucre vanillé.*

vanillier [vanije] n. m. Plante des régions tropicales dont le fruit est la vanille.

vanité [vanite] n. f. (lat. *vanitas*). **1.** Caractère de qqn qui a, sans motif valable, une très bonne opinion de soi : *Être d'une vanité extraordinaire* (syn. FATUITÉ). *Elle l'a blessé dans sa vanité* (syn. AMOUR-PROPRE). *Flatter, satisfaire la vanité des gens. Tirer vanité de ses succès féminins* (= s'enorgueillir, se glorifier de). — **2.** *Litt.* Caractère de ce qui est sans utilité, sans valeur : *Être convaincu de la vanité des choses terrestres* (syn. FUTILITÉ, INSIGNIFIANCE, NÉANT). — **3.** Caractère inefficace : *La vanité d'une tentative* (syn. INEFFICACITÉ).

vaniteux, euse [vanitø] adj. et n. Qui a ou manifeste de la vanité : *Jeune fille vaniteuse. Le portrait d'un vaniteux* (syn. FAT). *Attitude vaniteuse.*

vannage [vanaʒ] n. m. Action de vanner : *Le vannage du blé.*

1. vanne [van] n. f. (bas lat. *venna,* treillage). **1.** Panneau mobile, disposé dans une canalisation, une écluse, etc., pour régler le débit : *Ouvrir, fermer les vannes d'une écluse.* — **2.** Fam. *Ouvrir les vannes à qqch,* le laisser se répandre en abondance.

2. vanne [van] n. f. (de *van,* panier d'osier). Fam. *Envoyer une vanne à qqn,* dire une méchanceté à son adresse.

vanné, e [vane] adj. *Fam.* Extrêmement fatigué : *Elle est rentrée chez elle complètement vannée* (syn. EXTÉNUÉ; fam. ÉREINTÉ, FOURBU, VIDÉ).

vanneau [vano] n. m. (de *van,* panier d'osier). Oiseau échassier, commun en Europe.

vanner [vane] v. t. (lat. *vannare*). **1.** Trier, nettoyer les grains en les secouant : *Vanner le blé.* — **2.** Fam. *Vanner qqn,* le fatiguer extrêmement : *Cette escalade l'a vannée* (syn. fam. CREVER; soutenu HARASSER).

vannerie [vanri] n. f. **1.** Fabrication des objets en osier, rotin, etc. : *Faire de la vannerie. Un panier en vannerie.* — **2.** Objet fabriqué par le tressage à la main de tiges flexibles : *Vannerie grossière, fine.*

vanneur, euse [vanœr] n. Personne qui vanne.

vannier [vanje] n. m. Artisan qui travaille l'osier et le rotin pour fabriquer divers objets.

vantail [vɑ̃taj] n. m. (de *vent*) [pl. *vantaux*]. Châssis ouvrant d'une porte ou d'une croisée : *Porte à double vantail.*

vantard, e [vɑ̃tar] adj. et n. Qui aime à se vanter, à se faire valoir : *Ce garçon est un vantard* (syn. FANFARON ; litt. HÂBLEUR ; fam. BLUFFEUR).

vantardise [vɑ̃tardiz] n. f. **1.** Caractère de celui qui se vante : *Une insupportable vantardise* (syn. litt. HÂBLERIE, FORFANTERIE). — **2.** Acte, parole par lesquels on cherche à se vanter : *Une vantardise de plus* (syn. FANFARONNADE, EXAGÉRATION).

vanter [vɑ̃te] v. t. (bas lat. *vanitare*, être vain). *Vanter qqn, qqch*, le présenter en termes élogieux : *On nous avait beaucoup vanté cette artiste* (= on nous avait chanté ses louanges). *Ils ont beaucoup vanté cette station de sports d'hiver* (syn. litt. LOUER). *Vanter les mérites de quelqu'un* (syn. CÉLÉBRER, EXALTER). *Vanter un procédé de construction, un médicament* (syn. PRÉCONISER, PRÔNER). *Vanter sa marchandise* (= faire l'article). ◆ ***se vanter*** v. pr. (sujet qqn) **1.** S'attribuer des qualités, des mérites qu'on n'a pas : *Se vanter tout le temps. Sans me vanter* (= je le dis sans exagérer mes mérites ; syn. SE FLATTER). — **2.** *Se vanter de qqch, de* (+ *inf.*), se glorifier de qqch en exagérant ses mérites : *Se vanter de sa naissance* (syn. SE TARGUER). *Se vanter d'avoir fait une première en montagne* (syn. TIRER VANITÉ DE). — **3.** *Se vanter de* (+ *inf.*), se faire fort de : *Il s'était vanté de gagner cette course, et il est arrivé cinquième.* — **4.** *Il n'y a pas de quoi se vanter*, mieux vaut ne pas en faire état, ce n'est ni glorieux ni extraordinaire (syn. ÊTRE FIER). ‖ *Ne pas se vanter de qqch*, passer sous silence une faute, une maladresse qu'on a commise.

va-nu-pieds [vanypje] n. m. inv. *Péjor.* Gueux, misérable.

1. vapeur [vapœr] n. f. (lat. *vapor*). **1.** Amas visible, en masses ou en traînées blanchâtres, de très fines et très légères gouttelettes d'eau en suspension dans l'air : *Après la pluie, les champs exhalaient une sorte de vapeur* (syn. BROUILLARD). — **2.** *Vapeur (d'eau)*, masse gazeuse qui se dégage de l'eau portée à ébullition : *Légumes cuits à la vapeur.* — **3.** Énergie obtenue par l'eau amenée à l'état gazeux : *Machine à vapeur.* — **4.** Gaz qui, sous certaines conditions, se dégage d'une substance liquide ou parfois solide et s'exhale dans l'atmosphère (surtout pl.) : *Des vapeurs de pétrole, d'essence.* — **5.** *À toute vapeur*, très vite : *Partir à toute vapeur* (syn. À TOUTE ALLURE). [→ VAPOREUX et VAPORISER.] ◆ ***vapeurs*** n. f. pl. **1.** Troubles et malaises divers (vieilli) : *Elle a des vapeurs* (syn. BOUFFÉES DE CHALEUR). *Ça me donne des vapeurs* (syn. MALAISE). — **2.** *Litt.* Se dit de tout ce qui peut monter à la tête et étourdir : *Les vapeurs du vin, de la gloire.*

2. vapeur [vapœr] n. m. Bateau à vapeur.

vaporeusement [vapɔrøzmɑ̃] adv. *Litt.* De façon vaporeuse : *Tissu drapé vaporeusement autour des épaules.*

vaporeux, euse [vapɔrø] adj. **1.** Léger et flou : *Cheveux vaporeux. Une robe vaporeuse en mousseline. Tissu vaporeux* (syn. GONFLANT). — **2.** Dont l'éclat est voilé comme par de la vapeur : *Lumière vaporeuse.*

vaporisateur [vapɔrizatœr] n. m. Petit pulvérisateur : *S'acheter un parfum en vaporisateur* (syn. ATOMISEUR).

vaporisation [vapɔrizasjɔ̃] n. f. **1.** Passage d'une substance de l'état liquide à l'état gazeux. — **2.** Pulvérisation : *Faire une ou deux vaporisations dans le nez.*

vaporiser [vapɔrize] v. t. **1.** *Vaporiser un liquide*, le faire passer à l'état de vapeur : *La chaleur vaporise l'eau.* — **2.** *Vaporiser un liquide, vaporiser qqch avec un liquide*, disperser et projeter un liquide en fines gouttelettes : *Vaporiser un parfum, un produit insecticide* (syn. PULVÉRISER).

vaquer [vake] v. i. (lat. *vacare*, être vide). Être suspendu, cesser momentanément, en parlant des activités de certains organismes : *Les tribunaux vaquent* (= sont en vacances). *Les cours vaqueront le vendredi 1er mai* (syn. ÊTRE INTERROMPU). ◆ v. t. ind. *Vaquer à qqch*, s'en occuper, s'y appliquer : *Vaquer à son travail, à ses occupations habituelles.*

varan [varɑ̃] n. m. (ar. *waran*). Énorme lézard des régions chaudes, ayant une très longue langue fourchue.

varappe [varap] n. f. (de *Varappe*, n. d'un couloir rocheux près de Genève). Escalade de rochers : *Faire de la varappe à Fontainebleau.*

varappeur, euse [varapœr] n. Qui fait de la varappe.

varech [varɛk] n. m. (anc. scand. *vágrek*, épave). Algues brunes qu'on recueille sur les côtes pour divers usages : *Amender les terres avec du varech* (syn. GOÉMON). *Un matelas de varech.*

vareuse [varøz] n. f. (de *varer*, forme dial. de *garer*, protéger). **1.** Veste assez ample. — **2.** Blouson de grosse toile, que revêtent les marins pendant le service du bord. — **3.** Veste ajustée d'uniforme : *Une vareuse kaki.*

variabilité [varjabilite] n. f. Caractère variable : *La variabilité d'un adjectif.*

1. variable [varjabl] adj. **1.** Sujet au changement, qui varie facilement, fréquemment : *Temps variable* (syn. CHANGEANT). *Une humeur variable* (contr. CONSTANT). *Récolte très variable selon les années* (syn. INÉGAL). — **2.** (avec un n. au pl.) Divers : *Les résultats de l'enquête sont très variables d'une région à l'autre* (syn. DIFFÉRENT ; contr. IDENTIQUE, CONSTANT, INVARIABLE). — **3.** *Mot variable*, dont la forme varie selon la fonction, le genre, le nombre.

2. variable [varjabl] n. f. En mathématiques, grandeur susceptible de prendre des valeurs numériques, algébriques, etc., différentes, comprises ou non entre certaines limites : *Le volume d'une masse de gaz est fonction de deux variables : pression et température* (contr. CONSTANTE).

variante [varjɑ̃t] n. f. **1.** Texte d'un auteur qui diffère de celui qui est communément admis : *Édition complète d'une œuvre, avec variantes* (= les différentes versions). — **2.** Chose qui diffère légèrement d'une autre de la même espèce : *Ce modèle de voiture est une variante du modèle précédent* (= une nouvelle version).

variateur [varjatœr] n. m. Dispositif permettant de varier l'intensité de la lumière.

variation [varjasjɔ̃] n. f. **1.** Changement de degré ou d'aspect de qqch dans son déroulement ou dans le cours du temps : *Variations brusques de température* (syn. CHANGEMENT). *Variations d'humeur* (syn. SAUTE). *Variation de prix* (syn. ÉCART). *Variations de l'orthographe. Doctrine qui a subi de nombreuses variations au cours des siècles* (syn. CHANGEMENT). — **2.** Procédé de composition musicale qui consiste à employer un même thème en le transformant, en l'ornant, tout en le laissant reconnaissable : *Les variations de Brahms.* — **3.** Enchaînement chorégraphique interprété par un danseur ou une danseuse.

varice [varis] n. f. (lat. *varix, varicis*). Dilatation permanente d'une veine : *Souffrir de varices aux jambes.*

varicelle [varisɛl] n. f. (de *variole*). Maladie infectieuse, contagieuse, généralement bénigne, atteignant surtout les enfants et caractérisée par une éruption de boutons.

varié, e [varje] adj. 1. Qui présente une diversité naturelle ou résultant d'une volonté de changement : *Paysage varié* (syn. DIVERS, ACCIDENTÉ; contr. MONOTONE). *Travail très varié* (contr. ROUTINIER). *Un répertoire varié* (= contenant divers numéros, morceaux, etc.; syn. ÉTENDU, VASTE). *Un choix varié de meubles, de tissus* (syn. GRAND). *Menu, programme varié* (= composé de choses très différentes). — 2. Se dit de choses très différentes entre elles : *Après leur départ, on a retrouvé des objets variés* (syn. DIFFÉRENT, DIVERS). *Hors-d'œuvre variés.*

varier [varje] v. i. (lat. *variare*, diversifier). 1. (sujet qqch) Changer d'aspect : *Sa physionomie varie d'un moment à l'autre* (syn. CHANGER, SE MODIFIER). *Le temps varie très vite en cette saison* (syn. CHANGER). — 2. Présenter des différences qualitatives ou quantitatives : *Les prix varient du simple au double* (syn. ALLER, S'ÉCHELONNER). *La couleur des images varie du blanc au gris le plus sombre* (syn. ALLER, PASSER). *Les rites du baptême, du mariage varient selon les religions, les pays* (syn. DIFFÉRER). *Les goûts varient selon l'âge, la culture des gens.* — 3. (sujet qqn) Changer d'attitude, d'opinion : *Elle n'a jamais varié à ce sujet.* — 4. (sujet qqn [pl.]) Différer d'opinion : *Les médecins varient dans le choix du traitement* (syn. DIVERGER; contr. CONCORDER). ◆ v. t. 1. *Varier qqch*, lui donner différents aspects : *Varier la décoration d'une maison, le programme d'un spectacle* (syn. DIVERSIFIER). *Varier son style* (= y introduire de la diversité). *Varier un thème musical* (= le transformer, le développer). — 2. *Varier des choses*, les changer contre d'autres de même espèce : *Varier les menus* (= faire différentes sortes de menus). *Varier ses toilettes* (= en changer fréquemment). *Varier les plaisirs.*

variété [varjete] n. f. 1. Diversité : *Une grande variété d'ouvrages. La variété de ses occupations ne lui permet pas de s'ennuyer. Aimer la variété* (syn. CHANGEMENT; contr. MONOTONIE, UNIFORMITÉ). — 2. En sciences naturelles, subdivision de l'espèce, dont les représentants possèdent un caractère commun qui les différencie des autres individus de la même espèce. ◆ ***variétés*** n. f. pl. 1. Spectacle composé de divers numéros (chansons, exercices d'adresse, musique de danse, etc.) qui n'ont pas de lien entre eux : *Une émission de variétés à la télévision.* — 2. Musique légère : *Disque de variétés.*

variole [varjɔl] n. f. (bas lat. *variola*; de *varius*, varié). Maladie infectieuse, épidémique et contagieuse, caractérisée en particulier par une éruption boutonneuse (syn. PETITE VÉROLE).

variolique [varjɔlik] adj. Relatif à la variole : *Pustule variolique.*

variqueux, euse [varikø] adj. Propre aux varices : *Ulcère variqueux.*

varlope [varlɔp] n. f. (du néerl. *voorloper*, qui court devant). Grand rabot à poignée, pour unir et planer le bois.

vasculaire [vaskylɛr] adj. (du lat. *vasculum*, vaisseau). Relatif aux vaisseaux organiques, en partic. aux vaisseaux sanguins : *Troubles vasculaires. Tissu vasculaire* (= irrigué par de nombreux vaisseaux).

vascularisation [vaskylarizasjɔ̃] n. f. Développement ou disposition des vaisseaux dans un organe.

vascularisé, e [vaskylarize] adj. Qui contient des vaisseaux : *Le cœur est un muscle fortement vascularisé.*

1. vase [vɑz] n. m. (lat. *vas*). 1. Récipient de forme et de matière variées, ayant d'ordinaire une valeur décorative et souvent utilisé pour mettre des fleurs : *Un vase en cristal.* — 2. *En vase clos*, sans contact avec l'extérieur : *Vivre en vase clos.* ‖ *Vases communiquants*, récipients qu'un tuyau fait communiquer entre eux par la base, et dans lesquels un liquide s'élève au même niveau, quelle que soit leur forme. ‖ *Vase de nuit*, pot de chambre. ‖ *Vase sacré*, récipient réservé au culte (calice, ciboire, patène).

2. vase [vɑz] n. f. (néerl. *wase*). Boue qui se dépose au fond des eaux : *Cet étang est plein de vase* (syn. LIMON). *Enfoncer dans la vase. Ce poisson a un goût de vase.*

vaseline [vazlin] n. f. (de l'all. *Wasser*, eau, et gr. *elaion*, huile). Graisse minérale, translucide, extraite du résidu de la distillation des pétroles, utilisée en pharmacie et en parfumerie : *Vaseline pure. Huile de vaseline.*

vaseux, euse [vɑzø] adj. 1. Chargé de vase : *Un fond vaseux.* — 2. *Fam.* En mauvais état de santé, fatigué : *Se sentir vaseux* (syn. MAL EN POINT; fam. MAL FICHU). — 3. *Fam.* Qui manque de clarté, de précision; médiocre : *Exposé vaseux. Idées vaseuses* (contr. NET). *Des astuces vaseuses.*

vasistas [vazistas] n. m. (de l'all. *was ist das?* qu'est-ce?). Ouverture, munie d'un petit vantail mobile, dans une porte ou une fenêtre.

vasoconstriction [vazɔkɔ̃striksjɔ̃] n. f. (du lat. *vas*, canal, et *constringere*, serrer). Diminution du calibre des vaisseaux sanguins.

vasodilatation [vazɔdilatasjɔ̃] n. f. (du lat. *vas*, canal, et *dilatare*, élargir). Augmentation du calibre des vaisseaux sanguins.

vasouiller [vazuje] v. i. (de *vaseux*). *Fam.* 1. (sujet qqn) Hésiter, s'empêtrer dans ses propos ou dans ses actes : *Élève qui vasouille* (syn. S'EMBROUILLER; fam. NAGER, PATAUGER). — 2. (sujet qqch) Se développer, évoluer d'une manière peu satisfaisante : *Une affaire qui vasouille.*

vasque [vask] n. f. (it. *vasca*). 1. Bassin ornemental peu profond, souvent aménagé en fontaine : *Une vasque lumineuse dans un jardin.* — 2. Coupe large et peu profonde, servant à la décoration d'une table : *Une vasque pleine de fleurs.*

vassal, e, aux [vasal] adj. et n. (lat. *vassus*, serviteur). 1. Se dit de qqn, d'une communauté, d'une entreprise qui est sous la dépendance totale d'une autre (soutenu) : *Un pays qui dicte sa loi aux peuples vassaux.* — 2. Au temps de la féodalité, personne liée à son seigneur [ou suzerain] par une obligation d'assistance et qui bénéficie de sa protection.

vassalisation [vasalizasjɔ̃] n. f. Action de vassaliser.

vassaliser [vasalize] v. t. Réduire à la condition de vassal : *Le tiers de l'activité industrielle de ce pays a été vassalisé par un seul groupe financier* (syn. MONOPOLISER).

vaste [vast] adj. (lat. *vastus*) [surtout avant le n.]. 1. Se dit de qqch (concret) qui a une très grande étendue : *Une vaste plaine. La vaste mer. De vastes forêts* (syn. IMMENSE). *Un vaste jardin.* — 2. Qui présente de larges dimensions, un volume important : *De vastes placards* (syn. LARGE, SPACIEUX, GRAND). — 3. Se dit de qqch (abstrait) d'important, de grande envergure : *Faire preuve de vastes connaissances* (syn. ÉTENDU, AMPLE). *Vaste érudition. Le sujet de cet ouvrage est très vaste* (contr. LIMITÉ). *De vastes ambitions. Vaste blague* (fam.; syn. GROSSE).

vaticinations [vatisinasjɔ̃] n. f. pl. Prophétie déraisonnable, délirante : *Les vaticinations d'un orateur prétentieux et vain* (syn. ÉLUCUBRATIONS).

vaticiner [vatisine] v. i. (lat. *vaticinari*; de *vates*, devin). *Litt.* et *péjor.* S'exprimer par une sorte de délire verbal, déraisonner : *Un poète visionnaire qui vaticine sans cesse.*

va-tout [vatu] n. m. inv. *Jouer son va-tout,* jouer le tout pour le tout : *Jouer son va-tout dans une affaire, un procès.*

vaudeville [vodvil] n. m. (de *Vau-de-Vire,* n. d'une région du Calvados). Comédie légère, fondée sur un comique d'intrigue et sur des quiproquos : *Jouer un vaudeville de Labiche.*

vaudevillesque [vodvilɛsk] adj. Qui relève du vaudeville : *Une intrigue vaudevillesque* (= burlesque et légère).

vaudevilliste [vodvilist] n. m. Auteur de vaudevilles.

vaudou [vodu] n. m. et adj. inv. (dahoméen *vodu*). Culte de certaines divinités, répandu parmi les Noirs des Antilles et où se mêlent les pratiques magiques et des cérémonies d'inspiration chrétienne : *Cérémonies vaudou.*

vau-l'eau (à) [volo] adv. (de *aval* et *eau*). 1. Au fil de l'eau, au gré du courant. — 2. *Aller à vau-l'eau,* aller à la dérive, à sa perte : *Sa fortune s'en va à vau-l'eau* (syn. PÉRICLITER). *Entreprise qui va à vau-l'eau.*

1. vaurien, enne [vorjɛ̃] n. (de *valoir,* et *rien*). 1. Personne dénuée de scrupules et de principes moraux (syn. BRIGAND, BANDIT). — 2. Enfant jugé mal élevé, qui fait des sottises : *Une bande de petits vauriens* (syn. FRIPON, CHENAPAN, VOYOU).

2. Vaurien [vorjɛ̃] n. m. (nom déposé) Nom donné à un petit yacht de régate à voile.

vautour [votur] n. m. (lat. *vultur*). 1. Oiseau rapace diurne, vivant dans les montagnes et se nourrissant de charognes. — 2. Personne d'une dureté et d'une rapacité impitoyables; chose qui figure une puissance de destruction, d'anéantissement.

vautrer (se) [votre] v. pr. (du lat. *volvere,* tourner). 1. (sujet être animé) S'étendre, s'étaler avec plaisir et sans retenue, se rouler dans ou sur qqch : *Se vautrer sur son lit. Se vautrer dans un fauteuil* (= se laisser aller). *Des porcs qui se vautrent dans la boue. Se vautrer par terre* (syn. SE TRAÎNER). — 2. Litt. *Se vautrer dans le vice, la paresse,* etc., s'y complaire.

va-vite (à la) [vavit] adv. *Fam.* Avec une grande hâte, sommairement : *C'est une question résolue à la va-vite* (syn. HÂTIVEMENT).

veau [vo] n. m. (lat. *vitellus*). 1. Petit de la vache, jusqu'à un an : *Vaches et veaux paissaient dans le pré.* — 2. Chair du veau, vendue en boucherie et utilisée pour l'alimentation : *Rôti de veau.* — 3. Peau du veau ou de la génisse, corroyée : *Livre relié en veau.* — 4. *Fam.* Personne molle et lente; mauvais cheval de course; voiture peu nerveuse, qui manque de reprises : *Cette voiture est un veau.* — 5. Fam. *Pleurer comme un veau,* énormément. || *Tuer le veau gras,* faire un repas de fête en l'honneur de qqn, à l'occasion d'une réunion familiale. || *Veau d'or,* personnification de l'argent.

vecteur [vɛktœr] n. m. et adj. (lat. *vector,* qui transporte). Segment de droite orienté et sur lequel on distingue une origine et une extrémité.

vectoriel, elle [vɛktɔrjɛl] adj. Relatif aux vecteurs.

vécu [veky] n. m. L'expérience telle qu'on l'a vécue.

vedettariat [vədɛtarja] n. m. Fait de devenir une vedette : *Elle n'a pas encore accédé au vedettariat.*

vedette [vədɛt] n. f. (it. *vedetta,* observatoire). — I. 1. Artiste en renom : *Cette actrice est une grande vedette. Les vedettes de la chanson.* — 2. Tout personnage de premier plan : *Être la vedette du moment, du jour* (syn. HÉROS). *La principale vedette d'une affaire* (syn. PERSONNAGE). — 3. *En vedette,* au premier plan, au-devant de l'actualité : *Être en vedette au cours d'une réunion. Mettre un objet en vedette* (syn. EN VALEUR, BIEN EN VUE). *Mettre quelqu'un en vedette* (= attirer l'attention sur lui). — 4. Fait, pour un artiste, d'avoir son nom à l'affiche en gros caractères : *Avoir, garder, perdre la vedette.* ◆ adj. 1. Qui est très connu du public : *Un mannequin vedette.* — 2. Qui est très important; au premier plan : *Émission vedette.* — II. Petite embarcation à moteur.

1. végétal, e, aux [veʒetal] adj. (bas lat. *vegetalis;* de *vegetare,* croître). 1. Relatif aux arbres, aux plantes : *Règne végétal. Biologie végétale.* — 2. Fait à partir de plantes : *Graisse végétale. Crin végétal* (contr. ANIMAL).

2. végétal [veʒetal] n. m. (pl. *végétaux*). Plante, arbre, en général : *La botanique est la science des végétaux. Une algue est un végétal.*

végétarien, enne [veʒetarjɛ̃] adj. Relatif au végétarisme : *Régime végétarien* (contr. CARNÉ). ◆ adj. et n. Adepte, partisan du végétarisme : *Louise est végétarienne, ne lui donne pas de viande. Restaurant pour végétariens.*

végétarisme [veʒetarism] n. m. Doctrine diététique qui exclut de l'alimentation la chair des animaux.

végétatif, ive [veʒetatif] adj. (du lat. *vegetare,* croître). 1. Relatif à la vie des plantes, des végétaux : *L'appareil végétatif* (= les racines, tiges et feuilles des plantes, qui assurent leur nutrition). — 2. *Mener une vie végétative,* avoir une activité ralentie, mener une vie réduite à la satisfaction des besoins élémentaires.

végétation [veʒetasjɔ̃] n. f. (du lat. *vegetare,* croître). Ensemble des végétaux qui poussent dans un lieu : *Maigre végétation* (syn. VERDURE). *Végétation luxuriante. Végétation équatoriale, arctique* (syn. FLORE). ◆ ***végétations*** n. f. pl. Excroissances qui apparaissent sur les muqueuses, et spécialement qui obstruent les fosses nasales (méd.) : *Être opéré des végétations.*

végéter [veʒete] v. i. (lat. *vegetare,* croître) [c. **10**]. 1. (sujet une plante) Mal pousser, croître difficilement : *Cet arbre végète dans l'ombre* (syn. S'ÉTIOLER). — 2. (sujet qqn, une activité humaine) Vivre médiocrement, se développer difficilement : *Végéter dans un emploi subalterne* (syn. fam. VIVOTER). *Son affaire végète* (syn. STAGNER; contr. fam. MARCHER).

véhémence [veemɑ̃s] n. f. Mouvement violent et passionnel : *Discuter avec véhémence* (syn. FOUGUE, EMPORTEMENT, PASSION). *Véhémence de la passion* (syn. IMPÉTUOSITÉ, FORCE).

véhément, e [veemɑ̃] adj. (lat. *vehemens,* passionné). Qui manifeste une ardeur impétueuse : *Personne très véhémente* (syn. EMPORTÉ, VIOLENT). *Reproches véhéments* (syn. VIF, ↑SANGLANT). *Discours véhément* (syn. ENFLAMMÉ, PASSIONNÉ).

véhiculaire [veikylɛr] adj. *Langue véhiculaire,* servant à la communication entre peuples parlant des langues différentes.

véhicule [veikyl] n. m. (lat. *vehiculum;* de *vehere,* porter). 1. Moyen de transport par terre ou par air : *Sur l'autoroute, la voie de droite sert aux véhicules lents. Véhicule à moteur, à cheval* (syn. VOITURE). *Véhicules utilitaires et de tourisme. Véhicule spatial.* — 2. Ce qui sert à transporter, à transmettre qqch : *Le langage est le véhicule de la pensée* (syn. SUPPORT). *Le sang est le véhicule de l'oxygène.*

véhiculer [veikyle] v. t. *Véhiculer qqch,* le transporter, le faire passer d'un endroit dans un autre, d'une personne à une autre : *Véhiculer des marchandises, du matériel* (syn. VOITURER). *Le langage véhicule les idées entre les hommes* (syn. TRANSMETTRE).

1. veille [vɛj] n. f. (lat. *vigilia*). 1. (avec l'art. défini) Indique le jour qui précède celui dont on parle, par rapport au passé ou au futur (par rapport au jour présent, on dit HIER) : *Nous irons dimanche au théâtre : la veille, il faudra louer les places. La veille du jour de l'an, nous réveillonnerons dans une petite auberge. Ils ont mangé les restes de la veille.* — 2. *À la veille de* (+ *n.* ou *inf.*), indique ce qui est attendu dans un futur très proche : *Nous sommes à la veille de grands événements* (syn. PRÈS DE, PROCHE DE). *Tu es à la veille de commettre une grande imprudence* (syn. SUR LE POINT DE). ‖ Fam. *Ce n'est pas demain la veille,* cela ne se produira pas de sitôt.

2. veille [vɛj] n. f. 1. État de qqn qui ne dort pas : *Un état intermédiaire entre la veille et le sommeil* (contr. SOMMEIL). — 2. Action de rester éveillé, en partic. pour monter la garde : *Commencer une veille de plusieurs heures.* — 3. (pl.) *Litt.* Nuits passées sans sommeil, pour se consacrer à une occupation, à un travail : *Fatigué par de longues veilles.*

veillée [vɛje] n. f. 1. Temps qui s'écoule entre le repas du soir et le moment de se coucher et qui est le plus souvent consacré à une réunion familiale ou amicale : *L'heure de la veillée. Passer la veillée en famille. La veillée s'est prolongée jusqu'à deux heures du matin.* — 2. *Veillée d'un mort, veillée mortuaire,* fait de passer la nuit éveillé à côté d'un mort avant les obsèques. — 3. *Veillée d'armes,* soirée qui précède un jour important : *C'est notre veillée d'armes avant le concours.*

veiller [vɛje] v. i. (lat. *vigilare*) [sujet qqn]. Rester éveillé pendant la nuit : *Veiller tard, jusqu'à deux heures du matin.* ◆ v. t. *Veiller un mort, un malade,* rester éveillé à son chevet pendant la nuit. ◆ v. t. ind. 1. *Veiller à* (+ *n.* ou *inf.*), *à ce que* (+ *subj.*), prendre soin de : *Veiller à l'approvisionnement* (syn. S'OCCUPER DE). *Veiller au bon ordre des opérations* (syn. FAIRE ATTENTION). *Veiller à être à l'heure* (= s'arranger pour). *Veiller à sa réputation* (= s'en soucier). *Veiller à ce que personne ne manque de rien* (= faire en sorte que). ‖ *Veiller au grain* → GRAIN. — 2. *Veiller sur qqn, sur qqch,* exercer une surveillance vigilante sur eux, les protéger : *Veiller sur des enfants* (syn. GARDER, SURVEILLER, ↑COUVER). *Veiller sur la santé de quelqu'un* (syn. PRENDRE SOIN DE).

veilleur [vɛjœr] n. m. 1. Soldat de garde. — 2. *Veilleur (de nuit),* personne chargée de garder, de surveiller un établissement public, un magasin, etc., pendant la nuit.

veilleuse [vɛjøz] n. f. 1. Petite lampe qui éclaire faiblement et reste allumée en permanence la nuit ou dans un lieu sombre : *Allumer la veilleuse dans un compartiment de chemin de fer.* — 2. Petite flamme d'un chauffe-eau ou d'un réchaud à gaz, qui brûle en permanence et permet d'allumer instantanément les appareils : *Laisser la veilleuse allumée.* — 3. *En veilleuse,* au ralenti : *Mettre un problème en veilleuse* (= ne plus s'en occuper; syn. EN ATTENTE). ◆ ***veilleuses*** n. f. pl. Syn. de LANTERNES (d'automobile).

veinard, e [vɛnar] adj. et n. *Fam.* Qui a de la chance : *Quelle veinarde! Il est veinard* (syn. fam. VERNI).

veine [vɛn] n. f. (lat. *vena*).

— I. 1. Vaisseau sanguin qui ramène au cœur le sang distribué au corps par les artères : *Veines pulmonaires.* — 2. Dessin coloré, mince et sinueux, dans le bois, les pierres dures; nervure saillante d'une feuille. — 3. Filon d'un minéral qui peut être exploité : *Une veine de quartz, de houille.*

— II. *Fam.* Chance : *Avoir de la veine. Une veine de pendu* (= une chance extraordinaire). *C'est une veine de vous rencontrer. Avoir de la veine aux examens. Ce n'est pas de veine.*

— III. 1. Inspiration d'un artiste : *Veine poétique abondante. Sa veine est tarie. Roman de la même veine* (= de la même source d'inspiration). — 2. *Être en veine,* être inspiré. ‖ *Être en veine de* (+ *n.*), être disposé à : *Elle est en veine de patience aujourd'hui.*

veiné, e [vene] adj. Qui a des veines apparentes : *Bois veiné. Marbre rouge veiné de blanc. Une main à la peau veinée.*

veiner [vene] v. t. Orner de dessins sinueux imitant les veines du bois ou du marbre : *Veiner du contreplaqué.*

veineux, euse [venø] adj. 1. Relatif aux veines : *Système veineux. Circulation veineuse.* — 2. Rempli de veines : *Bois veineux.*

veinule [venyl] n. f. (lat. *venula*). Petit vaisseau qui, convergeant avec d'autres, forme les veines.

veinure [venyr] n. f. Dessin formé par les veines.

vêlage [vɛlaʒ] ou **vêlement** [vɛlmɑ̃] n. m. Action de vêler.

vêler [vɛle] v. i. (de l'anc. fr. *veel,* veau) [sujet une vache]. Mettre bas un petit veau.

vélin [velɛ̃] n. m. (de l'anc. fr. *veel,* veau). 1. Parchemin très fin, préparé avec des peaux de veaux mort-nés : *Manuscrit sur vélin.* — 2. Papier de qualité supérieure, qui imite le parchemin (on dit aussi *papier vélin*) : *Exemplaires numérotés tirés sur vélin supérieur.*

véliplanchiste [veliplɑ̃ʃist] n. Sportif qui fait de la planche à voile (syn. PLANCHISTE).

velléitaire [veleitɛr] adj. et n. Qui ne manifeste que des intentions fugitives, non suivies d'actes : *Personne, caractère velléitaire. C'est un velléitaire.*

velléité [veleite] n. f. (lat. *velleitas;* de *velle,* vouloir). Volonté faible, hésitante et inefficace (surtout pl.) : *Être sujet à des velléités* (= désirs fugaces). *Avoir des velléités de travail* (= des intentions qui ne sont pas réalisées).

vélo [velo] n. m. (abrév. de *vélocipède;* de lat. *velox,* rapide, et *pes, pedis,* pied). *Fam.* Bicyclette : *Aller en vélo jusqu'à la poste* (syn. fam. BÉCANE). *Faire du vélo. Vélo de course.*

véloce [velɔs] adj. (lat. *velox*). *Litt.* Très rapide.

vélocité [velɔsite] n. f. 1. *Litt.* Grande rapidité. — 2. Extrême rapidité, agilité dans l'exécution d'un morceau sur un instrument de musique : *Exercices de vélocité.*

vélodrome [velɔdrom] n. m. Piste, le plus souvent couverte, aménagée pour les courses cyclistes.

vélomoteur [velomɔtœr] n. m. Petite motocyclette dont le moteur a une cylindrée comprise entre 50 et 125 cm^3.

vélomotoriste [velɔmɔtɔrist] n. Personne qui conduit un vélomoteur.

velours [vəlur] n. m. (anc. prov. *velos;* du lat. *villosus,* velu). 1. Étoffe rase d'un côté et couverte de l'autre de poils dressés, très serrés, maintenus par les fils du tissu : *Velours de coton, de laine. Velours côtelé.* — 2. Se dit de ce qui est doux au toucher, qui produit sur les autres sens un effet de douceur : *Peau de velours. Le velours de la pêche. Des yeux de velours.* — 3. Fam. *Ça ira comme sur du velours,* tout seul. ‖ *Chat qui fait patte de velours,* qui rentre ses griffes. ‖ Fam. *Jouer sur du (le) velours,* faire qqch sans risque, sans difficulté, en toute sécurité. ‖ *Marcher à pas de velours,* tout doucement, sans bruit. — 4. Faute de liaison qui consiste à remplacer le son *t* par le son *z.*

velouté, e [vəlute] adj. Doux au toucher, au regard, au goût : *Peau veloutée* (syn. LISSE, SATINÉ; contr. RUGUEUX). *Pelage velouté* (syn. SOYEUX). *Lumière veloutée* (syn. TAMISÉ; contr. DUR). *Crème, potage, sauce veloutés* (syn. ONCTUEUX, LIÉ). *Vin velouté* (syn. MOELLEUX). ◆ ***velouté*** n. m. 1. Douceur d'une chose agréable au toucher, au goût, à la vue : *Le velouté de la pêche* (syn. DOUCEUR). *Le velouté d'une crème* (syn. ONCTUOSITÉ). — 2. Potage très onctueux : *Velouté d'asperges.*

velu, e [vəly] adj. (lat. *villosus,* velu). Couvert de poils : *Des jambes velues* (syn. POILU). *Fruit à la peau velue.*

venaison [vənɛzɔ̃] n. f. (lat. *venatio,* chasse). Chair comestible de gros gibier (cerf, sanglier, etc.) : *Un pâté de venaison.*

vénal, e, aux [venal] adj. (lat. *venalis;* de *venum,* vente). **1.** Qui se transmet à prix d'argent : *Charge vénale.* — **2.** *Valeur vénale,* valeur marchande. — **3.** *Péjor.* Se dit de qqn qui se laisse acheter à prix d'argent : *Personne vénale* (contr. INCORRUPTIBLE, INTÈGRE).

vénalité [venalite] n. f. Caractère vénal.

venant [vənɑ̃] n. m. *À tout venant,* à n'importe qui, à tout le monde : *Raconter son histoire à tout venant.*

vendable [vɑ̃dabl] adj. Facile à écouler : *Produit peu, très vendable* (contr. INVENDABLE).

vendange [vɑ̃dɑ̃ʒ] n. f. (lat. *vindemia;* de *vinum,* et *demere,* récolter). Cueillette, récolte du raisin pour la fabrication du vin : *Faire la vendange. Le temps des vendanges.*

vendanger [vɑ̃dɑ̃ʒe] v. t. (c. **2**) Récolter le raisin : *Vendanger une vigne.*

vendangeur, euse [vɑ̃dɑ̃ʒœr] n. Personne qui fait les vendanges.

vendémiaire [vɑ̃demjɛr] n. m. (du lat. *vindemia,* vendange). Premier mois du calendrier républicain.

vendetta [vɑ̃dɛta] n. f. (mot it. signif. *vengeance*). Coutume corse, selon laquelle la poursuite de la vengeance d'une offense ou d'un meurtre se transmet à tous les parents de la victime et s'étend à tous les membres de la famille ennemie.

vendeur, euse [vɑ̃dœr] n. Personne dont la profession est de vendre, en partic. dans un magasin : *Vendeuse de grands magasins* (syn. EMPLOYÉ). *Demander un vendeur.* ◆ n. et adj. Personne qui cède ou a cédé qqch contre de l'argent : *Vendeur de bonne foi* (contr. ACQUÉREUR, ACHETEUR). *Pays vendeur d'appareils électriques* (syn. EXPORTATEUR). *Elle voulait acheter mon terrain, mais je ne suis pas vendeur* (= disposé à vendre).

vendre [vɑ̃dr] v. t. (lat. *vendere*) [c. **50**]. **1.** (sujet qqn) *Vendre qqch,* le céder contre de l'argent : *Elle a vendu sa vieille maison* (syn. fam. LIQUIDER, BAZARDER; contr. ACHETER, ACQUÉRIR). *Vendre une collection de livres, de tableaux. Vendre son ancienne voiture à des amis* (syn. SE DÉFAIRE DE). *Maison à vendre. Œuvre de collection particulière qui n'est pas à vendre.* — **2.** (sujet un commerçant, un commerce) *Vendre une marchandise,* en faire le commerce : *Vendre des livres, de la papeterie, des articles de bazar. Tout a été vendu;* sans compl. : *Ce magasin vend bien* (= fait bien ses affaires). *Vendre cher, pas cher.* — **3.** *Vendre la peau de l'ours (avant de l'avoir tué),* disposer de qqch qu'on ne possède pas encore. — **4.** *Vendre qqch,* l'accorder ou le céder contre de l'argent ou contre tout autre avantage alors qu'il s'agit de qqch qui d'ordinaire ne se cède pas ou se donne sans aucune contrepartie : *Vendre son silence. Vendre sa conscience* (= renoncer à être honnête). — **5.** *Vendre qqn,* le trahir : *Vendre un complice* (syn. LIVRER, DONNER). — **6.** *Il vendrait (ses) père et mère,* il n'a aucun scrupule. ◆ ***se vendre*** v. pr. **1.** (sujet qqch) Être l'objet d'un commerce : *Cet article se vend à la pièce, par paire, à la douzaine.* — **2.** (avec ou sans adv.) Trouver des acquéreurs : *Ouvrage qui se vend difficilement. Auteur qui se vend bien* (= qui a un gros succès de librairie). — **3.** (sujet qqn) *Se vendre à qqn, à un groupe,* aliéner sa liberté en échange d'avantages surtout d'ordre pécuniaire.

vendredi [vɑ̃drədi] n. m. (lat. *veneris dies,* jour de Vénus). Cinquième jour de la semaine.

vendu, e [vɑ̃dy] adj. Qui se laisse acheter, qui se livre pour de l'argent : *Juge vendu* (syn. VÉNAL; contr. INTÈGRE). ◆ n. Personne sans honneur, corrompue (surtout injure) : *Espèce de vendu! Un parti de vendus* (= lâches, traîtres).

venelle [vənɛl] n. f. (de *veine*). Petite rue étroite : *Habiter dans une venelle* (syn. RUELLE).

vénéneux, euse [venenø] adj. (du lat. *venenum,* poison). Se dit d'une plante, d'un aliment qui renferme un poison, qui peut intoxiquer : *Des champignons vénéneux.*

vénérable [venerabl] adj. Qu'on doit respecter : *Une personne vénérable* (syn. RESPECTABLE). *Un âge vénérable* (syn. GRAND, AVANCÉ). *Un lieu vénérable* (syn. SACRÉ).

vénération [venerasjɔ̃] n. f. **1.** Respect religieux : *Image, statue qui est l'objet d'une grande vénération* (syn. CULTE). — **2.** Admiration mêlée d'affection : *Avoir de la vénération pour sa mère, pour un écrivain. Traiter quelqu'un avec vénération* (syn. CONSIDÉRATION, RÉVÉRENCE).

vénérer [venere] v. t. (lat. *venerari*) [c. **10**]. **1.** *Vénérer qqn,* lui marquer du respect et de l'affection : *Elle la vénère comme sa bienfaitrice. Maître vénéré* (syn. ESTIMÉ). — **2.** *Vénérer qqch,* le considérer avec un grand respect : *Vénérer les convictions de ses ancêtres. Vénérer la religion* (syn. RESPECTER).

vénerie [venri] n. f. (du lat. *venari,* chasser). Art de chasser avec des chiens courants : *Traité de vénerie.*

vénérien, enne [venerjɛ̃] adj. (du lat. *Venus, Veneris,* Vénus). *Maladies vénériennes,* qui se communiquent par les rapports sexuels (blennorragie, syphilis, etc.).

veneur [vənœr] n. m. (lat. *venator,* chasseur). Personne qui, à la chasse, dirige les chiens courants.

vénézuélien, enne [venezɥeljɛ̃] adj. et n. Du Venezuela.

vengeance [vɑ̃ʒɑ̃s] n. f. **1.** Action de se dédommager d'un affront, d'un préjudice : *Tirer vengeance d'un affront. Agir par esprit de vengeance.* — **2.** Mal que l'on fait à qqn pour le châtier en retour : *Méditer une vengeance. C'est une petite vengeance.* — **3.** *La vengeance est un plat qui se mange froid,* il faut savoir attendre pour se venger.

venger [vɑ̃ʒe] v. t. (lat. *vindicare,* revendiquer) [c. **2**]. **1.** (sujet qqn) *Venger un affront, un préjudice,* etc., en tirer réparation : *Venger une offense, une injure* (syn. SE LAVER DE). — **2.** (sujet qqn) *Venger qqn (de qqch),* réparer l'offense qui lui a été faite en punissant celui qui en est l'auteur : *Venger un ami de l'affront qu'il a subi.* — **3.** (sujet qqn) *Venger son honneur, son nom,* réparer l'injure subie. — **4.** (sujet qqch) *Venger qqn (de qqch),* constituer une vengeance pour qqn, être ce qui répare le dommage subi : *Cela me venge de tous les affronts que j'ai subis.* ◆ ***se venger*** v. pr. **1.** *Se venger de qqn,* se faire justice en le châtiant : *Se venger d'un calomniateur.* — **2.** *Se venger de qqch,* se dédommager d'un affront, d'un préjudice : *Se venger d'un plagiat, d'une humiliation.* — **3.** *Se venger de qqch par, au moyen de qqch,* prendre une compensation, une revanche : *Se venger d'un refus par une bassesse.* — **4.** *Se venger (de qqch) sur qqn,* exercer sa vengeance sur qqn qui est étranger à l'affront.

vengeur, eresse [vɑ̃ʒœr] n. Personne qui punit l'auteur d'un affront dont elle, ou qqn d'autre, a été victime. ◆ adj. Qui sert ou concourt à la revanche, au dédommagement : *Bras vengeur. Lettre vengeresse.*

véniel, elle [venjɛl] adj. (du lat. *venia,* pardon). **1.** Se dit d'une faute qui n'est pas grave : *Ce petit oubli n'est qu'une faute vénielle* (syn. PARDONNABLE, LÉGER; contr.

GRAVE). — **2.** *Péché véniel,* dans la théologie catholique, péché qui, en raison de sa moindre gravité, ne met pas fin à l'état de grâce (contr. MORTEL).

venimeux, euse [vənimø] adj. **1.** Qui a ou qui contient du venin : *Serpent venimeux. Piqûre venimeuse.* — **2.** Méchant, haineux : *Langue venimeuse* (syn. EMPOISONNÉ, DE VIPÈRE). *Jeter un regard venimeux à quelqu'un* (syn. PERFIDE).

venin [vənɛ̃] n. m. (lat. *venenum,* poison). **1.** Substance toxique sécrétée par certains animaux, et qui peut être injectée par piqûre ou par morsure à l'homme ou à d'autres animaux : *Le venin de la vipère.* — **2.** Méchanceté de qqn, attitude malveillante : *Conduite, paroles pleines de venin* (syn. FIEL). *Répandre son venin contre quelqu'un* (syn. PERFIDIE). *Jeter, cracher son venin* (= exhaler toute sa méchanceté).

venir [vənir] v. i. (lat. *venire*) [c. **22**; auxil. *être*]. **1.** (sujet être animé, véhicule) *Venir (qqpart)* [+ *compl. de moyen, de manière*], se déplacer jusqu'au lieu où se trouve le locuteur, l'interlocuteur : *J'irai d'abord chez elle, ensuite je viendrai chez vous. Tu ne viens jamais à nos réunions. Elle viendra par le train ou par la route? Les camions ne peuvent pas venir jusqu'ici. Il vient beaucoup de touristes dans cette région;* (sujet qqn) *venir* (+ *inf.* ou *à* + *n. d'action*) indique le but du mouvement : *Tu viendras à la chasse (tu viendras chasser) avec nous?* — **2.** (sujet qqn, qqch) *Venir qqpart, à un certain rang,* atteindre un certain niveau, une certaine limite, un certain degré : *L'eau nous venait au genou* (syn. MONTER). *La propriété des voisins vient jusqu'à cette borne* (syn. S'ÉTENDRE). *Venir en troisième position dans une course.* — **3.** (sujet un événement, un état, un temps) *Venir* (+ *adv.* ou *compl. de temps*), se produire, avoir lieu, arriver : *Une maladie qui vient bien mal à propos* (syn. SURVENIR). *La nuit vient très vite dans la montagne* (syn. ARRIVER). *Le moment est venu de partir.* — **4.** (sujet être animé, véhicule) *Venir de qqpart,* avoir tel lieu comme point de départ du mouvement : *Elle vient de Londres, de chez Jeanne. Le train venant de Lyon arrive à 8 h* (syn. EN PROVENANCE DE); (sujet qqch) *venir de qqpart, de qqch, de qqn,* avoir telle ou telle origine, tel ou tel lieu de provenance : *Ce coton vient d'Égypte. Une rumeur qui vient d'une source autorisée* (syn. PROVENIR). *Ce bijou me vient de ma tante; venir de qqch, de ce que* (+ *ind.*), avoir pour cause : *Cette erreur vient de la précipitation avec laquelle vous avez agi, de ce que nous n'avez pas fait suffisamment attention. D'où vient qu'elle ne s'en soit pas aperçue?* (= comment se fait-il?) — **5.** (sujet une plante) Pousser, croître : *Dans ces régions, le seigle vient mieux que le blé.* — **6.** (sujet qqch) *Venir à qqn,* apparaître, se manifester, en lui ou sur son corps : *Des rougeurs lui sont venues sur tout le corps. Une idée m'est soudain venue (à l'esprit). Il me vient l'envie de tout abandonner.* — **7.** *Venir de* (+ *inf.*), au présent ou à l'imparfait, indique le passé proche : *Je viens de recevoir de ses nouvelles. Quand je suis arrivé, elle venait de partir. Un livre qui vient de paraître; venir à* (+ *inf.*) souligne une éventualité : *Si je venais à disparaître, voilà ce qu'il faudrait faire* (= s'il arrivait que je meure). *S'il vient à pleuvoir, vous fermerez la fenêtre.* — **8.** *À venir,* futur, qui apparaîtra plus tard : *C'est une perspective assez sombre pour les années à venir. Se préoccuper du sort des générations à venir.* ‖ *En venir à* (+ *n.* ou *inf.*), arriver au point d'aboutissement, au point essentiel d'une action, d'une évolution : *Venez-en à votre conclusion. Après bien des hésitations, elle en est venue à la conviction que le meilleur parti était de se taire. J'en viens à croire que tu nous as délibérément menti. Dans ses accès de colère, il en vient à insulter ses meilleurs amis. Où voulez-vous en venir?* (= à quoi tendent finalement vos propos, vos actes?) ‖ *J'y viens,* j'y arrive : *Vous n'avez pas encore évoqué ce problème. — J'y viens.* ‖ *Faire venir qqn,* lui demander de se rendre auprès de soi, de se déplacer jusqu'au lieu où on se trouve : *Il faut faire venir le médecin. Elle nous a fait venir pour rien, il n'y avait personne.* ‖ *Faire venir qqch de qqpart,* le faire apporter, le faire livrer : *Ils font venir leur vin de Bourgogne.* ‖ *Laisser venir,* attendre les événements sans rien faire.

vénitien, enne [venisjɛ̃] adj. *Blond vénitien,* blond tirant sur le roux. ‖ *Lanterne vénitienne,* lampion de papier. ‖ *Store vénitien,* à lamelles mobiles.

vent [vɑ̃] n. m. (lat. *ventus*). **1.** Mouvement de l'air, dû à des différences de pression, qui a une certaine force et une direction donnée : *Vent du nord. Le vent souffle depuis dix jours.* — **2.** Souffle de différentes origines : *Agiter un carton pour faire du vent* (syn. AIR). *Faire du vent sur le feu avec un soufflet. Lâcher un vent* (fam.; = gaz intestinal; syn. FLATULENCE; pop. PET). — **3.** *Instruments à vent,* instruments de musique dont le son est produit par le souffle, à l'aide soit d'une anche, soit d'une embouchure. — **4.** Tendance, mouvement : *Le vent est à l'optimisme* (syn. COURANT). *Un vent de révolte* (syn. SOUFFLE). — **5.** *Autant en emporte le vent,* il n'en restera rien. ‖ *Avoir le vent arrière, en poupe,* être dans le sens du vent. ‖ *Avoir le vent dans les voiles, en poupe,* être dans la voie du succès, bien réussir dans ses affaires. ‖ *Avoir le vent debout,* naviguer contre le vent. ‖ Fam. *Avoir du vent dans les voiles,* être un peu ivre, ne pas marcher droit. ‖ *Avoir vent d'une nouvelle,* en être plus ou moins informé. ‖ *C'est du vent,* ce sont de vaines paroles, de vains projets. ‖ *Contre vents et marées,* en dépit de tous les obstacles. ‖ Fam. *Dans le vent,* qui suit la mode, la tendance générale de son époque. ‖ *En coup de vent,* très rapidement. ‖ *Le vent tourne,* la situation change de face. ‖ *Marcher le nez au vent,* faire le badaud. ‖ *Naviguer sous le vent,* dans la direction contraire à celle du vent. ‖ *Prendre le vent, observer d'où vient le vent,* voir la tournure que prennent les événements. ‖ *Quel bon vent vous amène?,* qu'est-ce qui nous vaut le plaisir de vous voir? ‖ *Tourner à tous les vents,* être instable.

vente [vɑ̃t] n. f. (lat. *venditus,* vendu). **1.** Cession de qqch moyennant un prix convenu : *Vente à tempérament, au comptant. Acte de vente. Vente par adjudication* (contr. ACHAT). — **2.** Écoulement des marchandises : *Magasin qui a de la vente* (syn. DÉBIT). *Prix de vente. Chiffre des ventes. Avoir un pourcentage sur les ventes* (= sur les articles vendus). *S'occuper de la vente dans une affaire. Vente en série, en gros, au détail. Pousser à la vente.* — **3.** Fait d'échanger une marchandise contre de l'argent : *Mettre en vente. La vente des livres est stationnaire* (syn. COMMERCE). *Usine qui a plusieurs points de vente. Comptoirs de vente.* — **4.** Réunion occasionnelle ou non, où se rencontrent vendeurs et acheteurs : *Hôtel des ventes. Vente publique, vente aux enchères. Courir les ventes à la recherche de meubles anciens.*

venté, e [vɑ̃te] adj. Battu par le vent : *Un endroit venté.*

venter [vɑ̃te] v. i. Faire du vent.

venteux, euse [vɑ̃tø] adj. Où il y a du vent : *Pays très venteux.*

ventilateur [vɑ̃tilatœr] n. m. **1.** Appareil destiné à renouveler l'air dans un lieu clos; à brasser l'air quand il fait chaud. — **2.** Mécanisme qui sert à refroidir le radiateur d'une automobile.

ventilation [vɑ̃tilasjɔ̃] n. f. **1.** Opération par laquelle l'air est brassé et renouvelé, notamment dans un local clos : *Assurer une bonne ventilation de l'atmosphère* (= renouvellement de l'air). — **2.** Action de ventiler une somme, des objets : *Ventilation des frais généraux d'une affaire. Ventilation des dossiers.*

ventiler [vɑ̃tile] v. t. (lat. *ventilare*). **1.** *Ventiler une pièce, un couloir,* etc., en renouveler l'air (syn. AÉRER). — **2.** *Ventiler une somme, un budget,* en répartir les éléments entre différents comptes ou différentes personnes. — **3.** *Ventiler des objets,* les répartir selon différentes affectations : *Ventiler des dossiers chez différents collaborateurs.*

ventôse [vɑ̃toz] n. m. (lat. *ventosus,* venteux). Sixième mois du calendrier républicain.

ventouse [vɑ̃tuz] n. f. (lat. *ventosa cucurbita,* courge pleine de vent). **1.** Ampoule de verre qu'on applique sur une partie du corps et à l'intérieur de laquelle on réalise un vide partiel pour produire un soulèvement de la peau et un afflux de sang propre à faire cesser une congestion ou une inflammation. — **2.** Petite calotte de caoutchouc, qui peut s'appliquer sur une surface plane par la pression de l'air : *Un crochet à ventouse.* — **3.** Organe de fixation de la sangsue et de quelques animaux aquatiques : *Le poulpe adhère aux rochers par ses ventouses.* — **4.** *Faire ventouse,* adhérer à une surface.

ventral, e, aux [vɑ̃tral] adj. Du ventre, de l'abdomen : *Face ventrale. Parachute ventral* (= qu'on porte sur le ventre; contr. DORSAL).

ventre [vɑ̃tr] n. m. (lat. *venter*). **1.** Partie antérieure et intérieure du tronc contenant les intestins : *Rentrer le ventre. Avoir le ventre plat. Avoir, prendre du ventre. Se coucher à plat ventre* (= sur l'abdomen; contr. SUR LE DOS). *Avoir le ventre gonflé.* — **2.** Intérieur de l'abdomen et, en partic., l'estomac : *Avoir le ventre creux* (= avoir faim, n'avoir rien mangé); l'intestin : *Avoir mal au ventre, avoir le ventre paresseux;* lieu où se fait la conception et le développement de l'embryon chez la femme : *L'enfant dans le ventre de sa mère.* — **3.** *Fam.* Ce que qqn a de plus profond, de plus secret : *Avoir quelque chose dans le ventre* (= avoir de l'énergie, de la volonté). *Chercher à savoir ce que quelqu'un a dans le ventre* (= ses intentions). — **4.** Partie creuse et renflée, ou partie inférieure d'un objet : *Ventre d'une amphore, d'un bateau* (syn. CAVITÉ). *Démonter un jouet pour voir ce qu'il a dans le ventre* (fam.; = à l'intérieur). — **5.** *Passer sur le ventre de qqn,* le renverser; l'écarter, l'éliminer sans aucun scrupule : *Tu nous passerais sur le ventre pour arriver à tes fins.* ‖ *Ventre affamé n'a pas (point) d'oreilles,* quand on a faim, on n'écoute rien. ‖ *Le ventre mou de qqch,* son point faible où on peut l'attaquer. ‖ *Ventre à terre,* très vite.

ventriculaire [vɑ̃trikylɛr] adj. Relatif au ventricule : *Parois ventriculaires.*

ventricule [vɑ̃trikyl] n. m. (lat. *ventriculus* [*cordis*], petit ventre [du cœur]). **1.** Chacun des deux compartiments inférieurs du cœur, dont les contractions envoient le sang dans les artères : *Ventricule droit, gauche.* — **2.** Chacune des quatre cavités de l'encéphale.

ventriloque [vɑ̃trilɔk] n. et adj. (du lat. *venter,* ventre, et *loqui,* parler). Personne qui parle sans remuer les lèvres et de telle sorte que les sons émis semblent provenir de son ventre; artiste de music-hall qui, par ce procédé, donne une voix à la marionnette avec laquelle il dialogue dans son numéro.

ventriloquie [vɑ̃trilɔki] n. f. Art du ventriloque.

ventripotent, e [vɑ̃tripɔtɑ̃] adj. *Fam.* Qui a un ventre imposant : *Cuisinier ventripotent* (syn. GROS, ↑OBÈSE; fam. BEDONNANT; soutenu PANSU).

ventru, e [vɑ̃try] adj. **1.** Qui a un gros ventre. — **2.** Qui présente un renflement : *Une commode ventrue* (syn. PANSU).

venu, e [vəny] adj. *Bien venu, mal venu,* qui est réussi ou manqué, qui arrive bien ou mal à propos. ‖ *Être mal venu à faire, à dire qqch,* être peu qualifié pour cela : *Elle est mal venue à protester : c'est elle qui a tout décidé.* ◆ n. *Le premier venu,* n'importe qui. ‖ *Nouveau venu, nouvelle venue,* personne nouvellement arrivée.

venue [vəny] n. f. **1.** Arrivée, manifestation : *Attendre la venue d'un invité. La venue du printemps était proche. La venue au monde d'un enfant* (= sa naissance). — **2.** *D'une belle, d'une bonne, d'une seule venue,* indique la manière dont une plante pousse, dont une action s'opère : *Des arbres d'une belle venue. Écrire dix pages d'une seule venue* (syn. D'UN SEUL JET).

vêpres [vɛpr] n. f. pl. (lat. *vesperae;* de *vesper,* soir). Partie de l'office catholique célébrée dans l'après-midi : *Aller aux vêpres, à vêpres.*

ver [vɛr] n. m. (lat. *vermis*). **1.** Nom donné à des animaux dépourvus de pattes et qui ont un corps mou et allongé : *Ver de terre. Enfant qui a des vers* (= des parasites intestinaux). *Ver solitaire* (= ténia). — **2.** Nom donné à certains insectes ou larves d'insectes au corps mou et allongé : *Ver à soie. Fruits pleins de vers. Meuble mangé aux vers.* — **3.** Fam. *Avoir le ver solitaire,* avoir toujours faim. ‖ *Le ver est dans le fruit,* se dit de ce qui porte en soi le germe de sa destruction. ‖ Fam. *Nu comme un ver,* sans aucun vêtement. ‖ *Se tordre, se tortiller comme un ver,* vivement et en tous sens.

véracité [verasite] n. f. (lat. *verax, -acis,* véridique). Conformité des propos avec la réalité : *Vérifier la véracité des déclarations du témoin.*

véranda [verɑ̃da] n. f. (portug. *varanda*). Galerie ou balcon couverts ou vitrés, en saillie d'une maison.

verbal, e, aux [vɛrbal] adj. (lat. *verbalis;* de *verbum,* mot).

— **I. 1.** Fait de vive voix, et non par écrit : *Promesse verbale* (syn. ORAL; contr. ÉCRIT). — **2.** Qui a rapport aux mots, qui concerne surtout les paroles : *Abondance verbale. Délire verbal.* — **3.** *Note verbale,* note écrite, mais non signée, remise par un agent diplomatique à un gouvernement étranger. ‖ *Rapport verbal,* communication dans une société savante, non suivie de discussion.

— **II.** *Adjectif verbal* → ADJECTIF. ‖ *Locution verbale,* groupe de mots formé d'un verbe et d'un nom, et qui se comporte comme un verbe : *Ainsi « faire grâce » est une locution verbale (« gracier » est un verbe).*

verbalement [vɛrbalmɑ̃] adv. De vive voix : *Donner son accord verbalement à quelqu'un* (contr. PAR ÉCRIT).

verbalisation [vɛrbalizasjɔ̃] n. f. Action de verbaliser.

verbaliser [vɛrbalize] v. i. (sujet une autorité, un policier) Dresser un procès-verbal : *Verbaliser contre un chasseur sans permis, contre un automobiliste.* ◆ v. t. *Verbaliser qqch* (*idée, sentiment,* etc.), le formuler de vive voix (soutenu).

verbalisme [vɛrbalism] n. m. Tendance intellectuelle consistant à donner plus d'importance aux mots qu'aux idées : *Tomber dans le verbalisme.*

verbe [vɛrb] n. m. (lat. *verbum,* parole).

— **I. 1.** *Litt.* Parole, expression de la pensée par les mots : *La magie du verbe dans la poésie* (= des mots, de la phrase). — **2.** *Avoir le verbe haut,* parler impérieusement ou d'une voix forte.

— **II.** Mot appartenant à une catégorie grammaticale caractérisée par des désinences qui ont une valeur de personne, de temps ou de mode.

verbeux, euse [vɛrbø] adj. (lat. *verbosus;* de *verbum,* parole). Qui expose les choses en trop de paroles, trop de mots : *Orateur verbeux* (syn. BAVARD, PROLIXE; contr. CONCIS). *Commentaire verbeux* (syn. REDONDANT; contr. DENSE). *Style verbeux.*

verbiage [vɛrbjaʒ] n. m. (de l'anc. fr. *verbier,* parler). Abondance de paroles, de mots, aux dépens du sens :

Il n'y a que du verbiage dans ce discours (syn. BAVARDAGE, REMPLISSAGE).

verbosité [vɛrbozite] n. f. Abus de mots, de paroles : *La verbosité d'un article, d'un conférencier.*

verdâtre [vɛrdɑtr] adj. Qui tire sur le vert ; d'un vert pâle : *Teint verdâtre* (syn. OLIVÂTRE).

verdelet [vɛrdəlɛ] adj. m. *Vin verdelet,* un peu acide.

verdeur [vɛrdœr] n. f. **1.** Défaut de maturité des fruits, du vin. — **2.** Vigueur physique chez un homme âgé (soutenu) : *La verdeur d'un vieillard.* — **3.** Crudité, âpreté des propos : *Langage d'une verdeur extraordinaire* (syn. soutenu TRUCULENCE).

verdict [vɛrdikt] n. m. (mot angl. ; lat. *vere dictum,* proprement dit). **1.** Déclaration par laquelle le jury répond, après délibération, aux questions posées par la cour : *Prononcer un verdict d'acquittement.* — **2.** Jugement rendu sur un sujet quelconque : *Quel est votre verdict ?* (syn. AVIS, JUGEMENT, OPINION). *Attendre le verdict du médecin* (syn. ↑ DIAGNOSTIC).

verdir [vɛrdir] v. i. **1.** (sujet qqch) Devenir vert, tourner au vert : *Couleur bleue qui verdit.* — **2.** (sujet qqn) Pâlir extrêmement : *Verdir de peur.* ◆ v. t. Rendre vert : *La lumière verdit les feuilles.*

verdissage [vɛrdisaʒ] n. m. Action de donner une teinte verte.

verdissement [vɛrdismɑ̃] n. m. État de ce qui verdit.

verdoiement [vɛrdwamɑ̃] n. m. Fait de verdoyer : *Le verdoiement des prés.*

verdoyant, e [vɛrdwajɑ̃] adj. Qui verdoie : *Arbres verdoyants.*

verdoyer [vɛrdwaje] v. i. (c. 3) Devenir vert, se couvrir de verdure : *La campagne verdoie.*

verdure [vɛrdyr] n. f. Herbes, plantes, feuillage de couleur verte, qui forment la végétation d'un lieu : *Une maison cachée derrière un écran de verdure.*

véreux, euse [verø] adj. **1.** Qui contient des vers : *Fruit véreux.* — **2.** Louche, suspect, malhonnête : *Affaire véreuse* (syn. DOUTEUX). *Spéculation véreuse. Un homme d'affaires véreux.*

verge [vɛrʒ] n. f. (lat. *virga*). **1.** Baguette de bois : *Une verge de coudrier.* — **2.** Organe érectile de la copulation, chez l'homme et les mammifères supérieurs mâles (syn. PÉNIS).

vergé, e [vɛrʒe] adj. *Papier vergé,* dont le filigrane garde des raies, dues aux procédés de la fabrication à la main.

verger [vɛrʒe] n. m. (lat. *viridarium*). Lieu planté d'arbres fruitiers : *Des fruits de notre verger* (syn. JARDIN).

vergeté, e [vɛrʒəte] adj. Se dit d'une peau marquée de taches, de raies : *Visage vergeté.*

vergeture [vɛrʒətyr] n. f. (de *verge*). Raie semblable à une cicatrice, située sur le ventre ou les seins et provenant de la distention de la peau pendant la grossesse ou l'allaitement (surtout pl.).

verglacé, e [vɛrglase] adj. Couvert de verglas : *Route verglacée.*

verglacer [vɛrglase] v. i. (c. 1) Faire du verglas.

verglas [vɛrgla] n. m. (de *verre,* et *glace*). Mince couche de glace sur le sol, due à la congélation de l'eau, du brouillard.

vergogne [vɛrgɔɲ] n. f. (lat. *verecundia,* discrétion). *Sans vergogne,* sans honte, sans pudeur, sans scrupule : *Mentir sans vergogne* (= effrontément).

vergue [vɛrg] n. f. (forme dial. de *verge*). Longue pièce de bois placée en travers d'un mât, et destinée à soutenir la voile.

véridique [veridik] adj. (lat. *veridicus ;* de *verus,* vrai, et *dicere,* dire). **1.** Conforme à la vérité : *Récit véridique* (syn. VRAI, FIDÈLE ; contr. MENSONGER). — **2.** *Litt.* Qui dit la vérité : *Témoin véridique.* (→ VRAI.)

véridiquement [veridikmɑ̃] adv. De façon véridique : *Propos véridiquement rapportés.*

vérifiable [verifjabl] adj. Qui peut être contrôlé ou prouvé : *Dans l'état actuel de nos connaissances, cette hypothèse n'est pas vérifiable.*

vérificateur, trice [verifikatœr] adj. et n. Qui contrôle l'exactitude d'une chose : *Comptable vérificateur.*

vérificatif, ive [verifikatif] adj. Qui sert de vérification : *Contrôle vérificatif.*

vérification [verifikasjɔ̃] n. f. **1.** Action de vérifier, de se vérifier : *Une vérification s'impose* (syn. CONTRÔLE, EXAMEN). *Vérification de comptes* (syn. EXPERTISE). *Travail de vérification. La vérification des prévisions par les faits.* — **2.** Expérience ou observation qui, dans les sciences, confirme une loi énoncée par induction : *Vérification d'une hypothèse.*

vérifier [verifje] v. t. (lat. *verificare ;* de *verus,* vrai). **1.** (sujet qqn) *Vérifier qqch,* en contrôler l'exactitude, la cohérence : *Elle vérifia l'adresse sur son agenda. J'ai vérifié les renseignements donnés dans son livre.* — **2.** *Vérifier l'exactitude, le poids, le nombre,* etc., *de qqch, vérifier si, que* (+ *ind.*), s'assurer par un contrôle qu'une mesure, une grandeur, etc., sont exactes, faire la preuve que qqch est vrai : *Vous vérifierez qu'il y a bien 5 billets de 100 F. Vérifier une expérience de chimie.* — **3.** *Vérifier un mécanisme, un moteur,* etc., s'assurer que tout est en place pour qu'il fonctionne bien. — **4.** (sujet qqch) *Vérifier un fait, une hypothèse,* etc., les prouver, les corroborer (syn. CONFIRMER ; contr. INFIRMER). ◆ ***se vérifier*** v. pr. (sujet qqch [abstrait]) Se réaliser, se révéler juste : *Vos pronostics se vérifient.*

vérin [verɛ̃] n. m. (lat. *veruina ; de veru,* petite pique). Appareil de levage pour soulever ou abaisser progressivement de lourds fardeaux : *Vérin à vis. Vérin hydraulique.*

véritable [veritabl] adj. **1.** (avant ou après le n.) Dont l'existence, la réalité, l'identité ne peuvent être mises en doute : *Il circulait sous le nom de Dupont, mais son véritable nom était Ducroc* (syn. VRAI ; contr. D'EMPRUNT, FAUX). *Elle n'a rien inventé : c'est une histoire véritable* (contr. IMAGINAIRE, INVENTÉ). — **2.** (avant ou après le n.) Qui traduit la nature profonde de qqn : *Vous mettrez longtemps à découvrir sa véritable mentalité. Elle s'est montrée sous son jour véritable* (= sa nature profonde). — **3.** (avant ou après le n.) Conforme à ce qu'il paraît être, à l'apparence : *C'est de l'or véritable.* — **4.** (souvent avant le n.) Qui possède pleinement les caractères conformes à sa nature, à l'idée qu'on s'en fait : *C'est une véritable amie. Il avait trouvé avec elle le véritable bonheur* (syn. VRAI). — **5.** (avant le n.) Qui mérite le nom qu'on lui donne : *C'est un véritable gredin* (syn. VRAI). — **6.** (avant le n.) Sert de renforcement : *Elle a été une véritable sœur pour moi. C'est une véritable folie que vous allez commettre.*

véritablement [veritabləmɑ̃] adv. De fait : *Les acteurs mangeaient véritablement sur la scène* (syn. VRAIMENT). *Ce qu'elle dit est véritablement extraordinaire* (syn. RÉELLEMENT, ABSOLUMENT).

vérité [verite] n. f. (lat. *veritas*). **1.** Caractère de qqch de vrai : *La vérité de ses paroles m'apparut tout à coup* (syn. EXACTITUDE, SINCÉRITÉ, AUTHENTICITÉ ; contr. FAUSSETÉ). *Elle a constaté la vérité d'un vieux proverbe. La vérité des faits historiques* (= leur caractère authentique, indubitable). — **2.** Caractère d'une connaissance, d'une information, etc., conforme à la réalité : *Chercher la vérité. Jurez de dire toute la vérité* (= tout ce que vous savez être vrai). *Déguiser la vérité* (litt.). — **3.** Idée ou proposition à laquelle tout le monde est invité à croire, considérée comme vraie (surtout pl.) : *Les vérités premières* (= fondamentales). *Il y a dans tout ceci une vérité cachée* (= une leçon profonde de sagesse, de philosophie, etc.). — **4.** Caractère profond de qqn : *Une actrice qui s'interroge sur la vérité de son personnage.* — **5.** *Accent, air de vérité,* sincérité entière de qqn qui se manifeste dans son attitude. ‖ Fam. *Dire à qqn ses quatres vérités,* lui parler avec une franchise brutale, lui dire ouvertement ce qu'on lui reproche. ‖ *Dire des vérités premières,* dire des banalités (ironiq.). ‖ Litt. *En vérité,* sert à renforcer une affirmation : *En vérité, je vous le dis.* ‖ *En vérité, à la vérité,* sert à introduire une restriction : *Ce n'est pas un mauvais garçon, mais, à la vérité, il manque un peu de courage.* ‖ *Vérité historique,* certitude qu'un fait s'est bien passé comme l'historien le décrit. ‖ *Vérité matérielle d'un fait,* conformité de son existence, de son déroulement, etc., avec la réalité, avec les autres faits réels.

verjus [vɛrʒy] n. m. (de *vert,* et *jus*). **1.** Variété de vigne à fruit âpre et acide; raisin de cette vigne. — **2.** Raisin cueilli alors qu'il est encore vert; suc acide tiré de ce raisin ou du verjus (sens 1). — **3.** Vin aigre et râpeux.

verlan [vɛrlɑ̃] n. m. (inversion de *l'envers*). Argot consistant à inverser les syllabes d'un mot (Ex. *ripou* pour *pourri*).

1. vermeil, eille [vɛrmɛj] adj. (lat. *vermiculus,* petit ver). D'un rouge vif : *Lèvres vermeilles.*

2. vermeil [vɛrmɛj] n. m. Argent recouvert d'or : *Cuiller en vermeil.*

vermicelle [vɛrmisɛl] n. m. (it. *vermicelli,* petits vers). Pâte à potage en fils très fins.

vermifuge [vɛrmifyʒ] adj. et n. m. (lat. *vermis,* ver, et *fugare,* chasser). Propre à provoquer l'expulsion des vers intestinaux : *Médicament vermifuge. Prendre un vermifuge.*

vermillon [vɛrmijɔ̃] n. m. et adj. inv. (de *vermeil*). Rouge vif tirant sur l'orangé : *Le vermillon des lèvres, des joues. Des rubans vermillon.*

vermine [vɛrmin] n. f. (du lat. *vermis,* ver). **1.** Ensemble des insectes parasites de l'homme et des animaux (puces, poux, punaises, etc.) : *Être couvert de vermine.* — **2.** *Péjor.* Ensemble d'individus jugés vils, inutiles ou néfastes (soutenu) : *Toute une vermine humaine* (syn. PÈGRE, RACAILLE).

vermisseau [vɛrmiso] n. m. Petit ver, petite larve.

vermoulu, e [vɛrmuly] adj. **1.** Se dit du bois mangé par les larves d'insectes : *Un meuble vermoulu* (syn. PIQUÉ). — **2.** *Fam.* Courbaturé : *Je suis toute vermoulue.*

vermoulure [vɛrmulyr] n. f. Trace ou trou laissés par les insectes qui mangent le bois.

vernaculaire [vɛrnakylɛr] adj. (lat. *vernaculus,* indigène). *Langue vernaculaire,* langue communément parlée dans les limites d'une communauté.

verni, e [vɛrni] adj. Enduit de vernis : *Meubles en bois verni. Chaussures vernies.* ◆ adj. et n. *Fam.* Qui a de la chance : *Elle a encore gagné au loto; quelle vernie!* (syn. fam. VEINARD).

vernir [vɛrnir] v. t. Enduire de vernis : *Vernir un tableau.*

vernis [vɛrni] n. m. (it. *vernice*). **1.** Enduit composé d'une matière résineuse dissoute dans un solvant, qu'on applique sur certains objets pour les protéger. ‖ *Vernis à ongles,* préparation employée pour donner du brillant aux ongles. — **2.** Apparence séduisante qui ne correspond pas à une réalité profonde : *Avoir, acquérir un vernis de culture, d'éducation* (syn. TEINTURE). *N'avoir que du vernis* (syn. APPARENCE, BRILLANT, DEHORS; contr. FOND).

vernissage [vɛrnisaʒ] n. m. **1.** Action de vernir ou de vernisser : *Le vernissage d'un tableau, d'une faïence.* — **2.** Inauguration privée d'une exposition de peintures, où ne sont admis que les invités, avant le jour de l'ouverture au public.

vernisser [vɛrnise] v. t. Recouvrir de vernis une poterie, une faïence (souvent part. passé) : *Vernisser un bol. Poterie vernissée.*

vérole [verɔl] n. f. (bas lat. *variola;* de *varius,* varié). [*Petite*] *vérole,* syn. vieilli de VARIOLE.

véronique [verɔnik] n. f. (de *Sainte Véronique*).
— **I.** Plante herbacée aux fleurs bleues, commune dans les bois et les prés.
— **II.** Passe au cours de laquelle le torero fait passer le taureau le long de son corps.

verrat [vɛra] n. m. (lat. *verres*). Porc mâle, apte à la reproduction.

verre [vɛr] n. m. (lat. *vitrum*). **1.** Substance solide, transparente et fragile, résultant de la fusion d'un sable siliceux et de carbonate de sodium ou de potassium : *Pâte de verre. Verre moulé, dépoli. Verre à vitre. Papier de verre* (= enduit de poudre de verre et qui sert à polir). — **2.** Récipient en verre, pour boire : *Une douzaine de verres. Verre à pied, à liqueur.* — **3.** Contenu de ce récipient : *Vous prendrez bien un verre de porto? Boire un verre.* — **4.** Plaque ou lame en verre : *Un verre de montre. Mettre sous verre une photographie* (= l'encadrer en la recouvrant d'un verre protecteur). — **5.** Lentille de verre ou de matière plastique taillée spécialement pour corriger les défauts de la vue : *Verres de myope, de presbyte. Verres teintés. Elle porte des verres* (syn. LUNETTES). *Verre de contact* (= disque en matière plastique appliqué directement contre le globe oculaire). — **6.** *Maison de verre,* où tout se sait, où rien ne reste secret. ‖ *Petit verre,* liqueur alcoolisée prise dans un verre de petite dimension.

verrerie [vɛrri] n. f. **1.** Fabrique de verre, d'objets en verre; usine où on travaille le verre. — **2.** Objets en verre : *Rayon de verrerie.*

verrier [vɛrje] n. m. Celui qui fabrique le verre ou des objets en verre.

verrière [vɛrjɛr] n. f. **1.** Grande ouverture ornée de vitraux : *La verrière du transept d'une église.* — **2.** Toit vitré d'un hall.

verroterie [vɛrɔtri] n. f. Petits ouvrages de verre coloré : *Un collier de verroterie* (syn. BIMBELOTERIE).

verrou [vɛru] n. m. (lat. *veruculum,* petite broche). **1.** Appareil de fermeture, composé principalement d'une pièce de métal allongée, qui coulisse horizontalement ou verticalement dans une gâche : *Pousser un verrou. Verrou de sûreté.* — **2.** Dispositif de fermeture d'une culasse d'arme à feu. — **3.** *Mettre, être sous les verrous,* mettre, être en prison.

verrouillage [vɛrujaʒ] n. m. **1.** Action de fermer un verrou, ou de fermer une porte au verrou. — **2.** *Verrouillage d'une arme,* opération qui, avant le départ du coup, rend la culasse solidaire de l'arrière du canon. — **3.** Opération militaire qui consiste à interdire le passage en un point (syn. BOUCLAGE).

verrouiller [vɛruje] v. t. **1.** Fermer avec un verrou : *Verrouiller une porte* (syn. BARRICADER, CADENASSER). — **2.** Bloquer, rendre impratiquable, interdire le passage : *Verrouiller les frontières pour empêcher la fuite d'un escroc. L'armée a verrouillé une brèche* (= a fermé le passage). ◆ ***se verrouiller*** v. pr. S'enfermer : *Se verrouiller chez soi* (syn. SE BARRICADER).

verrue [vɛry] n. f. (lat. *verruca*). Petite excroissance de la peau.

1. vers [vɛr] n. m. (lat. *versus,* sillon). **1.** Unité formée par un ou plusieurs mots, obéissant à des règles de rythme, de longueur, de rime, à l'intérieur d'un ensemble : *Écrire des vers. Vers blancs* (= vers non rimés). *Vers libres* (= vers de différentes mesures). — **2.** (pl.) *Litt.* Poésie : *Aimer les vers. Vers et prose.*

2. vers [vɛr] prép. (lat. *versus,* du côté de). **1.** *Vers un lieu, qqn,* indique la direction prise : *Descendez vers la Seine et vous trouverez cette rue à votre droite. Elle vient vers nous. Les voitures se dirigent vers Dijon.* — **2.** *Vers qqch (abstrait),* indique une orientation : *Vers une solution dans le problème de la pollution.* — **3.** *Vers qqch (temps, position),* indique une approximation : *Je rentrerai vers les deux heures de l'après-midi* (= sur les deux heures, à deux heures environ). *Vers minuit, elle entendit du bruit à la porte du jardin. On s'aperçut vers Orléans qu'on avait oublié d'emporter les couvertures* (syn. DU CÔTÉ DE).

versant [vɛrsɑ̃] n. m. Chacune des deux pentes qui limitent une vallée : *Versant abrupt, en pente douce.*

versatile [vɛrsatil] adj. (lat. *versatilis;* de *versare,* tourner). Se dit de qqn sujet à changer brusquement d'opinion, d'avis : *Caractère versatile* (syn. CHANGEANT, CAPRICIEUX, INCONSTANT; contr. CONSTANT, PERSÉVÉRANT).

versatilité [vɛrsatilite] n. f. Caractère versatile : *Versatilité de la foule* (syn. MOBILITÉ, INCONSTANCE; contr. OPINIÂTRETÉ, OBSTINATION, ENTÊTEMENT).

verse (à) [vɛrs] adv. *Pleuvoir à verse, il pleut à verse, il pleuvait à verse,* etc., abondamment.

versé, e [vɛrse] adj. (lat. *versatus*). Litt. *Versé dans qqch,* expérimenté dans une matière, qui a une longue pratique de qqch : *Être très versé dans l'histoire ancienne* (syn. FORT, SAVANT; fam. CALÉ).

Verseau [vɛrso] n. m. (de *verser* et *eau*). Onzième signe du zodiaque correspondant à la période du 20 janv. au 20 février.

versement [vɛrsəmɑ̃] n. m. Action de verser : ce qui est versé, payé : *Payer par versements échelonnés sur dix-huit mois* (syn. PAIEMENT, REMBOURSEMENT).

verser [vɛrse] v. t. (lat. *versare,* tourner). **1.** *Verser qqn, un véhicule,* le faire basculer : *Le chauffeur nous a versés dans le fossé, a versé la voiture dans le fossé* (syn. RENVERSER, CHAVIRER, CULBUTER). — **2.** *Verser un liquide,* le faire couler, le répandre en penchant, en inclinant le récipient qui le contient : *Verser de l'eau sur les mains de quelqu'un. Verser du lait dans une casserole. Verser du métal en fusion dans un moule.* — **3.** Servir une boisson : *Verse-moi du café. Verser à boire à quelqu'un.* — **4.** *Verser une matière,* la faire tomber de haut en bas, hors du récipient qui la contient : *Verser des lentilles dans un bocal. Verser des gravillons sur une route* (syn. DÉVERSER). — **5.** Litt. *Verser des larmes,* pleurer. ‖ *Verser le sang de qqn,* le tuer (litt.; syn. RÉPANDRE). ‖ Litt. *Verser son sang,* se faire blesser ou tuer. — **6.** *Verser qqn dans une arme, une unité, un emploi,* l'y affecter, l'y faire passer : *Fantassin versé dans les chasseurs alpins* (syn. INCORPORER). — **7.** *Verser de l'argent à qqn,* lui remettre de l'argent en placement ou en dépôt : *Verser une somme au trésorier, par chèque. Verser un dépôt. Les traitements sont versés le 28 du mois environ* (syn. PAYER). *Verser des arrhes* (syn. DONNER). *Verser une indemnité* (contr. PERCEVOIR). — **8.** *Verser qqch dans, à qqch,* apporter, produire un document pour qu'il soit joint à d'autres : *Verser une nouvelle pièce au dossier.* ◆ v. t. ind. (sujet qqn) *Verser dans une opinion, une attitude,* etc., adopter plus ou moins cette opinion, prendre une certaine attitude : *Je verse tout à fait dans vos idées* (syn. DONNER). *Elle a tendance à verser dans la paraphrase* (syn. TOMBER); (sujet qqch) évoluer vers tel ou tel état : *Ses derniers romans versent dans la pornographie.* ◆ v. i. (sujet un véhicule, qqn). Se renverser, basculer : *La remorque a versé dans le fossé* (syn. CAPOTER).

verset [vɛrsɛ] n. m. (de *vers*). **1.** Phrase ou petit paragraphe numérotés, dans la Bible et les textes sacrés. — **2.** Phrase ou suite de phrases rythmées d'une seule respiration, considérée comme l'unité d'un ensemble, le poème.

verseur [vɛrsœr] adj. m. *Bouchon, bec verseur,* qui sert à faire couler un liquide : *Carafe à bec verseur.*

versificateur [vɛrsifikatœr] n. m. Écrivain qui fait une œuvre en vers.

versification [vɛrsifikasjɔ̃] n. f. Technique des vers (syn. PROSODIE).

versifier [vɛrsifje] v. t. Écrire en vers : *La Fontaine a versifié des contes.*

version [vɛrsjɔ̃] n. f. (lat. *versio,* action de tourner). **1.** Traduction d'un texte ancien ou étranger dans la langue du sujet qui traduit : *Lire la Bible dans la version des Septante. Exercice de version* (contr. THÈME). *Version latine, anglaise* (= texte latin, anglais à traduire). — **2.** État d'un texte, d'une œuvre qui subit des modifications : *Étudier les versions successives d'une œuvre littéraire* (syn. LEÇON, VARIANTE). — **3.** Manière de faire un récit, de rapporter un fait : *Elle a eu trois versions de l'accident : celle du chauffeur, celle de la passagère et celle d'un passant* (syn. RÉCIT, NARRATION). — **4.** *Film en version originale,* film étranger où les dialogues restent dans la langue originelle et ne sont pas traduits.

verso [vɛrso] n. m. (lat. [*folio*] *verso,* feuillet à l'envers). Revers d'un feuillet : *Ne rien écrire au verso* (contr. RECTO).

vert, e [vɛr] adj. (lat. *viridis*). **1.** Se dit d'une couleur située entre le bleu et le jaune dans le spectre : *Les feuilles vertes des arbres. Elle porte une robe verte. L'eau verte d'un étang. Avoir les yeux verts. Être vert de peur* (= avoir très peur). — **2.** Se dit des végétaux qui ont encore de la sève, qui ne sont pas secs : *Bois vert. Légumes verts* (contr. SEC). *Salade verte. Haricots verts. Café vert* (= non torréfié). *Thé vert* (= non séché). — **3.** Se dit de ce qui n'est pas mûr, de ce qui n'est pas arrivé à maturité : *Pomme verte. Fruits verts* (syn. ACIDE, ÂPRE). *Vin vert* (= qui n'est pas fait, qui garde de l'acidité). — **4.** Vigoureux, malgré un âge avancé (soutenu) : *Vieillard encore vert* (syn. GAILLARD, VAILLANT). — **5.** (avant le n.) Se dit d'un langage énergique, dur : *Une verte réprimande* (syn. VIOLENT, RUDE). — **6.** *La langue verte,* l'argot. ◆ ***vertes*** n. f. pl. Fam. *Des vertes et des pas mûres,* des choses peu ordinaires, renversantes : *En voir des vertes et des pas mûres;* des choses osées, choquantes : *En dire des vertes et des pas mûres.* ◆ ***vert*** n. m. **1.** Couleur verte : *Aimer le vert. Vert pomme. Vert bouteille.* — **2.** *Mettre un animal au vert,* le laisser brouter en liberté pour se refaire. ‖ Fam. *Se mettre au vert,* se reposer à la campagne.

vert-de-gris [vɛrdəgri] n. m. inv. Couche verdâtre dont le cuivre se couvre au contact de l'air : *Le vert-de-gris est un poison.* ◆ adj. inv. Verdâtre : *Uniformes vert-de-gris.*

vert-de-grisé, e [vɛrdəgrize] adj. Couvert de vert-de-gris : *Bronze vert-de-grisé.*

vertébral, e, aux [vɛrtebral] adj. Relatif aux vertèbres : *Douleurs vertébrales.*

vertèbre [vɛrtɛbr] n. f. (lat. *vertebra,* articulation). Chacun des os courts constituant la colonne vertébrale : *Vertèbres dorsales, lombaires.*

vertébré, e [vɛrtebre] adj. et n. m. Animal pourvu d'une colonne vertébrale, comme les mammifères.

vertement [vɛrtəmɑ̃] adv. Vivement, sans ménagement : *Réprimander vertement un enfant insupportable* (syn. RUDEMENT).

vertical, e, aux [vɛrtikal] adj. (du lat. *vertex, verticis,* sommet). Qui suit la direction du fil à plomb : *Poteau, plan vertical* (contr. HORIZONTAL ou OBLIQUE). *Station verticale* (= debout).

verticale [vɛrtikal] n. f. **1.** Ligne perpendiculaire au plan de l'horizon : *Les corps tombent suivant la verticale.* — **2.** *À la verticale,* dans la direction de la verticale : *L'hélicoptère s'élève du sol à la verticale.*

verticalement [vɛrtikalmɑ̃] adv. En suivant une ligne verticale : *La pluie cessa de tomber verticalement pour frapper la terre obliquement.*

verticalité [vɛrtikalite] n. f. État de ce qui est vertical : *Vérifier la verticalité d'un mur* (syn. APLOMB).

vertige [vɛrtiʒ] n. m. (lat. *vertigo,* tournoiement). **1.** Impression angoissante de chute qu'éprouvent certaines personnes au-dessus du vide : *Avoir le vertige en haut d'une tour.* — **2.** Sensation donnant l'illusion que les objets tournent autour de soi ou qu'on tourne soi-même : *Avoir souvent des vertiges* (syn. ÉBLOUISSEMENT, ÉTOURDISSEMENT). — **3.** (sujet qqch) *Donner le vertige,* faire perdre la tête; impressionner beaucoup : *Tant d'argent, la liberté conquise d'un seul coup lui ont donné le vertige. Ces richesses fabuleuses me donnent le vertige.*

vertigineusement [vɛrtiʒinøzmɑ̃] adv. Terriblement : *Les prix ont vertigineusement monté* (syn. fam. FORMIDABLEMENT).

vertigineux, euse [vɛrtiʒinø] adj. **1.** Très haut, d'où on a le vertige : *Se trouver à une altitude vertigineuse* (syn. ↓ÉLEVÉ). — **2.** Très grand, très élevé : *Hausse vertigineuse des prix. Vitesse vertigineuse* (syn. TERRIBLE, FANTASTIQUE; fam. FORMIDABLE).

vertu [vɛrty] n. f. (lat. *virtus, virtutis,* courage). **1.** Disposition à faire le bien, à suivre les règles morales en vigueur (soutenu) : *Personne de grande vertu. Pratiquer la vertu. Une société où la vertu est bafouée* (contr. VICE). *Faire de nécessité vertu* (= faire de bonne grâce ce qu'on trouve déplaisant, mais qu'on ne peut éviter). — **2.** Qualité morale particulière : *L'économie, vertu bourgeoise* (syn. QUALITÉ). *Considérer l'amour de la vérité comme la plus grande des vertus. Il y a de la vertu à vous supporter* (ironiq.; = il y a bien du mérite). — **3.** Chasteté d'une femme (soutenu) : *Elle est d'une vertu farouche* (syn. PURETÉ). *Je ne crains pas pour sa vertu* (syn. HONNEUR). *Femme de petite vertu* (= de mœurs faciles). — **4.** Qualité qui rend qqch propre à avoir tels ou tels effets (soutenu) : *Médicament qui a une vertu préventive ou curative* (syn. POUVOIR, EFFET). — **5.** *En vertu de qqch,* conformément à, en application de qqch : *En vertu d'une vieille habitude, je lui avais adressé une carte de vœux au nouvel an. Un objet qui flotte sur l'eau en vertu du principe d'Archimède* (syn. PAR SUITE DE, EN RAISON DE).

vertueusement [vɛrtɥøzmɑ̃] adv. De façon vertueuse.

vertueux, euse [vɛrtɥø] adj. **1.** (après le n.) Qui pratique la vertu, qui a de la vertu : *Personne vertueuse. Jeune homme vertueux* (syn. SAGE; contr. DÉSORDONNÉ, LIBERTIN, DISSIPÉ). — **2.** (après le n.) Chaste : *Femme vertueuse* (syn. HONNÊTE). *Jeune fille vertueuse* (syn. PUR; contr. LÉGER). — **3.** (après le n.) Qui est inspiré par la vertu (sens 1) : *Action vertueuse, méritoire. Conduite vertueuse.* — **4.** (avant le n.) A une valeur ironique : *Vertueuse indignation.*

verve [vɛrv] n. f. (du lat. *verbum,* parole). Qualité de qqn qui parle avec enthousiasme et brio : *Orateur plein de verve. Exercer sa verve contre quelqu'un* (syn. ESPRIT, HUMOUR, ÉLOQUENCE). *Parler avec verve. Être en verve* (= être inspiré, parler avec facilité).

verveine [vɛrvɛn] n. f. (lat. *verbena*). Plante dont une espèce est assez commune en France et se caractérise par son parfum; infusion obtenue avec la verveine officinale : *Prendre une tasse de verveine chaude.*

vésicule [vezikyl] n. f. (lat. *vesicula,* petite ampoule). Organe creux en forme de petite poche : *Vésicule biliaire.*

vespasienne [vɛspazjɛn] n. f. (de Vespasien, empereur romain). Urinoir public à l'usage des hommes.

vespéral, e, aux [vɛsperal] adj. (du lat. *vesper,* soir). *Litt.* Du soir : *Clarté vespérale.*

vesse-de-loup [vɛsdəlu] n. f. (pl. *vesses-de-loup*). Champignon sphérique, dont l'intérieur devient poussiéreux quand il est vieux.

vessie [vesi] n. f. (lat. *vesica,* poche). **1.** Poche abdominale dans laquelle s'accumule l'urine sécrétée par les reins. — **2.** Fam. *Prendre des vessies pour des lanternes,* faire une confusion absurde; croire une chose stupide. — **3.** *Vessie natatoire* → NATATOIRE.

vestale [vɛstal] n. f. À Rome, prêtresse de Vesta, déesse du Foyer domestique : *Les vestales étaient astreintes à la chasteté.*

veste [vɛst] n. f. (it. *veste;* du lat. *vestis,* vêtement). **1.** Vêtement de dessus, couvrant les bras et le buste, et ouvert devant : *Veste croisée, droite.* — **2.** Fam. *Retourner sa veste,* changer d'opinion, de parti. — **3.** *Fam.* Échec, insuccès : *Ramasser une veste à une élection.*

vestiaire [vɛstjɛr] n. m. (lat. *vestiarium,* armoire à vêtements). **1.** Lieu où on dépose les vêtements, divers objets, avant de pénétrer dans certains établissements : *Vestiaire de théâtre.* — **2.** Ensemble des vêtements et des objets qui y sont déposés : *Demander son vestiaire.* — **3.** Partie d'un stade où les sportifs peuvent se changer (surtout pl.) : *Aller se rhabiller dans les vestiaires.*

vestibule [vɛstibyl] n. m. (lat. *vestibulum*). Pièce d'entrée d'un édifice, d'une maison, d'un appartement : *Le vestibule d'un hôtel* (syn. HALL). *Portemanteau placé dans le vestibule d'un appartement* (syn. COULOIR, ENTRÉE).

vestige [vɛstiʒ] n. m. (lat. *vestigium,* trace). Reste de qqch de détruit, de disparu (souvent pl.) : *Vestiges du passé* (syn. SOUVENIRS, RESTES, TRACES). *Vestiges d'une ancienne abbaye* (syn. RUINES).

vestimentaire [vɛstimɑ̃tɛr] adj. Relatif aux vêtements : *Des dépenses vestimentaires.*

veston [vɛstɔ̃] n. m. Veste faisant partie du costume masculin (ou complet).

vêtement [vɛtmɑ̃] n. m. (lat. *vestimentum*). **1.** Tout ce qui sert à couvrir le corps humain : *Ranger ses vêtements* (syn. AFFAIRES, HABITS). *Armoire à vêtements. Vêtements habillés* (syn. TENUE). — **2.** Pièce de l'habillement : *Le veston est un vêtement d'homme.*

vétéran [veterɑ̃] n. m. (lat. *veteranus,* vieux soldat). **1.** Vieux soldat : *Un vétéran de la guerre de 14.* — **2.** Personne qui a une longue pratique dans une activité, dans un domaine : *Vétéran de l'enseignement secondaire* (syn. ANCIEN).

vétérinaire [veterinɛr] adj. (du lat. *veterina,* bêtes de somme). Relatif à la médecine des animaux : *Des soins vétérinaires.* ◆ n. Spécialiste de la médecine des animaux : *Consulter le vétérinaire pour un cheval malade.*

vétille [vetij] n. f. (de l'anc. prov. *vetta,* ruban). Chose sans importance : *Perdre son temps à des vétilles* (syn. BAGATELLE, DÉTAIL, RIEN). *Ergoter, discuter sur des vétilles* (= des points de détail).

vétilleux, euse [vetijø] adj. Qui s'attache à des choses sans importance (soutenu) : *Esprit vétilleux* (syn. POINTILLEUX).

vêtir [vɛtir] v. t. (lat. *vestire*) [c. 27]. *Vêtir qqn,* le couvrir de vêtements, l'habiller (soutenu) : *Vêtir un enfant.*

◆ ***se vêtir*** v. pr., **être vêtu** v. pass. S'habiller, être habillé : *Se vêtir des pieds à la tête. Être bien, mal vêtu* (syn. MIS). *Elle était vêtue à l'ancienne mode* (syn. HABILLÉ).

veto [veto] n. m. inv. (mot lat. signif. *je m'oppose*). **1.** Institution par laquelle une autorité, un pays membre d'une assemblée internationale peut s'opposer à l'entrée en vigueur d'une loi, d'une décision votée par l'organe compétent : *Avoir un droit de veto.* — **2.** Opposition, refus : *Mettre, opposer un veto à un projet de mariage.*

vétuste [vetyst] adj. (lat. *vetustus*). Vieux, détérioré par le temps (soutenu) : *Maison vétuste* (syn. ↑ DÉLABRÉ).

vétusté [vetyste] n. f. *Litt.* État vétuste : *Vétusté d'un immeuble* (syn. ANCIENNETÉ, ↑ DÉLABREMENT).

veuf, veuve [vœf] adj. et n. (du lat. *viduus*, vide). Qui a perdu son conjoint et n'a pas contracté un nouveau mariage : *Être veuf, rester veuf. Quand elle a été veuve de Pierre, elle a épousé le frère de celui-ci. Veuve de guerre* (= qui a perdu son mari à la guerre).

veule [vøl] adj. (lat. pop. *volus*). Qui manque totalement d'énergie, de volonté (soutenu) : *Un être veule* (syn. MOU, AMORPHE, APATHIQUE ; contr. ÉNERGIQUE, FERME).

veulerie [vølri] n. f. Manque de volonté : *Faire preuve de veulerie* (syn. APATHIE ; contr. ÉNERGIE, COURAGE ; fam. CRAN).

veuvage [vœvaʒ] n. m. État de veuf, de veuve : *Depuis son veuvage, elle vit très retirée.* (→ VIDUITÉ.)

vexant, e [vɛksɑ̃] adj. Qui vexe, contrarie : *Avoir une parole vexante pour quelqu'un* (syn. BLESSANT, DÉSAGRÉABLE). *C'est vexant de ne pouvoir profiter de cette occasion* (syn. IRRITANT, RAGEANT, ↓ CONTRARIANT).

vexation [vɛksasjɔ̃] n. f. Action de vexer ; fait d'être vexé : *En butte à des vexations continuelles* (syn. BRIMADE). *Ne pas pouvoir supporter la moindre vexation* (syn. HUMILIATION).

vexatoire [vɛksatwar] adj. Qui a le caractère d'une vexation : *Mesure vexatoire.*

vexer [vɛkse] v. t. (lat. *vexare*, tourmenter). *Vexer qqn*, lui faire de la peine, le blesser dans son amour-propre (souvent pass.) : *Vexer quelqu'un par une remarque trop vive* (syn. BLESSER, PEINER, FROISSER, ↑ OFFENSER). *Elle est vexée d'avoir raté son examen* (syn. HUMILIER). ◆ ***se vexer*** v. pr. Se froisser, être blessé : *Se vexer d'un rien. Ne vous vexez pas* (syn. SE FÂCHER, SE FORMALISER).

via [vja] prép. (du lat. *via*, voie). En passant par (admin.) : *Elle ira de Paris à Ajaccio via Nice.*

1. viabilité [vjabilite] n. f. (du lat. *vita*, vie). Aptitude à vivre : *Douter de la viabilité d'un nouveau-né. Viabilité d'une affaire.*

2. viabilité [vjabilite] n. f. (du lat. *via*, chemin). **1.** Bon état d'une route permettant d'y circuler : *Surveiller la viabilité des routes l'hiver* (syn. PRATICABILITÉ). — **2.** Ensemble des travaux d'intérêt général à exécuter sur un terrain avant une construction.

viable [vjabl] adj. **1.** Se dit d'un être qui peut vivre : *L'enfant est né viable.* — **2.** Qui est organisé de façon à pouvoir durer, subsister ; capable d'aboutir : *Entreprise viable. Les projets de réforme sont viables.*

viaduc [vjadyk] n. m. (du lat. *via*, voie, et *ducere*, conduire). Grand pont métallique ou en maçonnerie, établi au-dessus d'une vallée, pour le passage d'une voie de communication.

viager, ère [vjaʒe] adj. (de l'anc. fr. *viage*, temps de vie). *Rente viagère*, dont on possède la jouissance durant toute sa vie. ◆ ***viager*** n. m. Rente à vie : *Avoir un viager.* ‖ *En viager*, en échange d'une rente : *Mettre sa maison en viager.*

viande [vjɑ̃d] n. f. (lat. *vivenda*, qui est nécessaire à la vie). **1.** Chair des animaux, autre que celle des poissons, considérée comme nourriture : *Manger de la viande à tous les repas. Viande rouge* (= celle du bœuf, du mouton, de l'agneau). *Viande blanche* (= celle du veau, du lapin, de la volaille). — **2.** Part de viande servie : *Couper sa viande.*

viatique [vjatik] n. m. (lat. *viaticum* ; de *via*, route). Ce qui apporte une aide, un soutien pour les besoins de l'existence (soutenu) : *Partir dans la vie avec ses études comme seul viatique* (syn. ATOUT). [Dans la religion catholique, le *viatique* est le sacrement de l'eucharistie donné à un mourant.]

vibrant, e [vibrɑ̃] adj. **1.** Qui vibre : *Plaque vibrante d'un écouteur.* — **2.** Qui fait vibrer, touche, émeut : *Parole vibrante. Discours vibrant* (syn. TOUCHANT, ÉMOUVANT, PATHÉTIQUE, ARDENT).

vibraphone [vibrafɔn] n. m. (de *vibrer*, et gr. *phonê*, son). Instrument de musique formé de plaques métalliques vibrantes, qu'on frappe à l'aide de marteaux.

vibratile [vibratil] adj. Doué d'un mouvement spontané de vibration.

vibration [vibrasjɔ̃] n. f. **1.** Mouvement d'oscillation rapide ; saccade, impulsion répétée à un rythme rapide : *Les vibrations des vitres lors du passage d'un avion* (syn. ÉBRANLEMENT, TREMBLEMENT). *Les vibrations du métro.* — **2.** Mouvement périodique d'un système physique quelconque autour de sa position d'équilibre : *Étudier l'amplitude d'une vibration. Vibrations sonores, lumineuses.* — **3.** Impression de tremblement que donne l'air chaud : *Vibration de la lumière.* — **4.** Tremblement traduisant une émotion : *Des vibrations de la voix.*

vibrato [vibrato] n. m. (mot it.). En musique, tremblement, répétition serrée d'une même note : *Faire un vibrato.*

vibratoire [vibratwar] adj. Composé de vibrations : *Mouvement vibratoire.*

vibrer [vibre] v. i. (lat. *vibrare*, agiter) [sujet qqch]. **1.** Se mouvoir périodiquement autour de sa position d'équilibre ; être agité d'un tremblement rapide : *La corde de l'arc vibre. Au moment de l'explosion, les carreaux ont vibré* (syn. TREMBLER). — **2.** Résonner, avoir une sorte de tremblement sonore : *Des haut-parleurs qui vibrent. La chaussée vibre au passage du métro.* — **3.** (sujet qqn) Être touché, ému : *Vibrer en écoutant de la musique. Auditoire qui vibre aux paroles de l'orateur. Vibrer d'enthousiasme. Faire vibrer les foules* (= émouvoir). *Faire vibrer la fibre paternelle* (syn. TOUCHER). — **4.** (sujet la voix, la parole) Traduire une certaine intensité d'émotion : *Sa voix vibrait de colère.*

vibreur [vibrœr] n. m. Appareil animé d'un mouvement vibratoire.

vibrisse [vibris] n. f. (lat. *vibrissa*). Poil tactile de certains mammifères : *Les moustaches des chats sont des vibrisses.*

vibromasseur [vibrɔmasœr] n. m. Appareil électrique qui produit des massages vibratoires.

vicaire [vikɛr] n. m. (lat. *vicarius*, remplaçant). Dans la religion catholique, prêtre adjoint à un curé.

vicariat [vikarja] n. m. Fonction de vicaire.

1. vice [vis] n. m. (lat. *vitium*, défaut). **1.** Disposition habituelle au mal ; mauvais penchant : *Avoir tous les vices* (syn. ↓ DÉFAUT). *Cacher ses vices* (syn. TARE). — **2.** Défaut sans gravité, mauvaise habitude : *L'usage du tabac est devenu chez lui un véritable vice.* — **3.** *C'est du vice*, c'est une faute de goût, un choix paradoxal : *Elle met sa plus vilaine robe pour sortir, c'est du vice.* — **4.** Défaut, imperfection grave : *Vice de conformation, de construction. Vice caché* (= défaut d'une chose vendue ou louée qu'on ne décèle pas tout de suite). *Vice de forme* (= défaut qui rend nul un acte juridique lorsqu'une des formalités légales a été omise).

2. vice- (lat. *vice,* à la place de). Particule invariable qui indique une fonction de suppléant ou d'adjoint.

vice-amiral [visamiral] n. m. (pl. *vice-amiraux*). Officier général de la marine : *Le grade de vice-amiral correspond à celui de général de division ou de corps d'armée.*

vice-présidence [visprezidɑ̃s] n. f. (pl. *vice-présidences*). Fonction de vice-président.

vice-président, e [visprezidɑ̃] n. (pl. *vice-présidents*). Personne qui seconde ou qui remplace le président ou la présidente.

vice versa [vis(e)vɛrsa] adv. (mots lat. signif. *le tour étant retourné*). Réciproquement, inversement : *Elle a un caractère si généreux qu'elle est bonne avec tout le monde, et vice versa.*

vichy [viʃi] n. m. Étoffe de coton à carreaux de couleur : *Une robe en vichy.*

vicié, e [visje] adj. Qui est pollué, défectueux : *Air vicié, atmosphère viciée* (= impur). *Un raisonnement vicié à la base.*

vicier [visje] v. t. (lat. *vitiare,* corrompre). **1.** *Vicier qqch,* en gâter la pureté : *Vicier le goût du vin.* — **2.** *Vicier qqch,* le rendre défectueux ou nul, sans valeur : *Une erreur matérielle a vicié ce testament.*

vicieusement [visjøzmɑ̃] adv. De façon vicieuse.

vicieux, euse [visjø] adj. et n. (lat. *vitiosus;* de *vitium,* vice). Qui a des dispositions habituelles à faire le mal : *Personne vicieuse* (syn. PERVERS). ◆ adj. **1.** Propre au vice : *Un penchant vicieux pour l'alcool* (syn. COUPABLE). — **2.** Exécuté de manière à tromper l'adversaire : *Une balle vicieuse.* — **3.** Qui n'est pas conforme à la norme : *Un contrat vicieux.* — **4.** Dont les principes sont faux : *Un raisonnement vicieux.*

vicinal, e, aux [visinal] adj. (du lat. *vicinus,* voisin). *Chemin vicinal,* qui relie des villages, des hameaux.

vicissitudes [visisityd] n. f. pl. (lat. *vicissitudo*). Événements heureux ou malheureux qui affectent l'existence humaine (soutenu) : *Elle a gardé une grande sérénité dans les vicissitudes de son existence mouvementée.*

vicomte [vikɔ̃t] n. m., **vicomtesse** [vikɔ̃tɛs] n. f. (bas lat. *vicecomes*). Titre de noblesse immédiatement inférieur à celui de comte, de comtesse.

victime [viktim] adj. et n. f. (lat. *victima;* de *vincere,* vaincre). *Victime (de qqch, de qqn),* qui souffre, pâtit des agissements de qqn ou du fait des événements : *Enfant qui est victime des moqueries de ses camarades* (= qui y est en butte). *Les vieillards sont les premières victimes du froid* (= les premiers à en souffrir). *Personne autoritaire qui a besoin d'une victime* (syn. SOUFFRE-DOULEUR). *Cette automobiliste, victime d'un malaise, s'est jetée contre un mur* (= prise de). *Alpiniste victime de son imprudence. Cette ville a été victime de la dernière guerre* (= a beaucoup souffert pendant). *Les petites industries sont victimes de la concentration des capitaux* (= pâtissent de). ◆ n. f. **1.** Personne tuée ou blessée : *Il y a eu une centaine de victimes sur les routes au cours du week-end* (= morts, blessés, accidentés). *Les victimes des bombardements. Dégager les corps des victimes d'une catastrophe* (syn. MORT). *Accident de montagne qui a fait trois victimes.* — **2.** Animal ou personne offerte en sacrifice à un dieu : *Victime expiatoire.*

victoire [viktwar] n. f. (lat. *victoria*). **1.** Avantage définitif remporté sur l'ennemi dans une guerre, une bataille : *La victoire de la Marne. La fête de la victoire (de 1918).* — **2.** Succès, avantage remporté sur un adversaire, un concurrent dans une lutte quelconque, une compétition : *Cette joueuse de tennis a remporté une brillante victoire* (syn. SUCCÈS, ↑TRIOMPHE). — **3.** *Chanter, crier victoire,* se glorifier d'un succès. ‖ *Victoire à la Pyrrhus,* trop chèrement acquise pour ne pas se retourner contre le vainqueur.

victorieusement [viktɔrjøzmɑ̃] adv. Avec succès : *Courir victorieusement vers le but adverse.*

victorieux, euse [viktɔrjø] adj. **1.** Vainqueur dans une épreuve ou dans une lutte : *Armée victorieuse. Héros victorieux* (syn. GAGNANT). — **2.** Qui exprime ou évoque un succès : *Arborer un air victorieux. Chant victorieux* (syn. TRIOMPHANT).

victuailles [viktɥɑj] n. f. pl. (du lat. *victus,* nourriture). Provisions alimentaires : *Emporter des victuailles* (syn. VIVRES).

vidage [vidaʒ] n. m. Action de faire sortir le contenu d'un récipient : *Le vidage d'un réservoir* (contr. REMPLISSAGE).

vidange [vidɑ̃ʒ] n. f. (de *vider*). **1.** Opération qui consiste à vider de leur contenu liquide un réservoir, une fosse, etc., pour les nettoyer, les curer, les rendre à nouveau utilisables : *Vidange d'une citerne, d'une fosse d'aisances, d'un radiateur. Vidange (du moteur) d'une voiture* (= où on évacue l'huile usée et on la remplace par de la neuve). — **2.** (pl.) Matières retirées des fosses d'aisances : *Traitement chimique des vidanges.* — **3.** Dispositif de plomberie servant à évacuer l'eau d'un récipient : *La vidange d'un lavabo, d'une baignoire.*

vidanger [vidɑ̃ʒe] (c. **2**) v. t. Faire une vidange : *Vidanger une citerne* (syn. NETTOYER, ASSÉCHER). *Vidanger un réservoir, des fosses d'aisances. Vidanger l'huile d'un moteur* (= l'évacuer).

vidangeur [vidɑ̃ʒœr] n. m. Personne qui fait le nettoyage des fosses d'aisances.

vide [vid] adj. (lat. *vacuus*). **1.** Qui ne contient ni objet, ni matière solide ou liquide : *Boîte, valise vide, à moitié vide* (contr. PLEIN). *Pièce vide* (contr. MEUBLÉ). *Une bouteille vide. Espace vide* (= sans construction). — **2.** Qui ne contient pas son contenu normal ou habituel : *Mon porte-monnaie est vide* (syn. fam. À SEC). *Arriver chez des amis les mains vides* (= sans cadeau, sans rien offrir). *Avoir le ventre vide* (= être affamé). *Remplir les verres dès qu'ils sont vides.* — **3.** Se dit d'un lieu inoccupé, d'une place où il n'y a personne : *Appartement vide* (syn. INHABITÉ). *Chercher un compartiment vide. Depuis la mort de M. X., la place du président est vide* (syn. VACANT; contr. OCCUPÉ). *Il y avait beaucoup de fauteuils vides à l'orchestre* (syn. DISPONIBLE). — **4.** Qui manque de vie, d'intérêt, d'occupation, d'idées : *Passer une journée vide* (= à ne rien faire, à s'ennuyer). *Avoir l'esprit vide* (= ne penser à rien, ne s'intéresser à rien). *Discussion, paroles, propos vides* (syn. CREUX, STÉRILE). *Sujet vide* (= sans intérêt). — **5.** *Vide de qqch,* dépourvu de : *Remarque vide de sens* (contr. PLEIN, RICHE). *Se sentir vide de tout sentiment, de toute passion.* ◆ n. m. **1.** Espace où l'air est plus ou moins supprimé par différents moyens physiques : *Expérience sur le vide. Faire le vide dans un tube. Emballage sous vide.* — **2.** Espace qui ne contient aucun objet : *Avoir peur du vide. Le regard perdu dans le vide.* — **3.** Espace de temps inoccupé : *Avoir un vide dans son emploi du temps* (syn. TROU, CREUX). — **4.** Solution de continuité : *Il y a un vide dans cette série* (syn. MANQUE). *Il y a un vide dans mon album de photos. Répartition, alternance des vides et des pleins en architecture* (= espaces vides). — **5.** Place vacante, fonction sans titulaire : *Combler les vides d'une administration.* — **6.** Sentiment pénible de privation provoqué par l'absence ou la disparition de qqn : *Le départ des enfants en vacances fait un grand vide dans la maison. La mort de* cette grande cantatrice a laissé un vide. — **7.** Caractère de ce qui est dépourvu d'intérêt, de sérieux, de valeur réelle : *Le vide de l'existence* (syn. NÉANT). *Le vide d'un discours. Réaliser brusquement le vide de ses occupations* (syn. FUTILITÉ). — **8.** *À vide,* sans rien contenir : *La voiture repart à vide* (contr. CHARGÉ); sans effet : *Le moteur tourne à vide* (= sans rien entraîner). ‖ *Faire le vide autour de qqn,* le laisser seul. ‖ *Faire le vide autour de soi,* faire fuir les gens. ‖ *Faire le vide dans son esprit,* ne plus penser à rien.

vidéo [video] adj. et n. f. (lat. *video,* je vois). Se dit d'une technique permettant d'enregistrer sur magnétoscope images et sons et de les restituer sur un écran de télévision.

vidéocassette [videokasɛt] n. f. Cassette permettant l'enregistrement et la reproduction d'un programme de télévision, d'un film.

vidéodisque [videodisk] n. m. Disque permettant la restitution sur un écran de télévision d'images et de sons préalablement enregistrés.

vide-ordures [vidɔrdyr] n. m. inv. Installation constituée par une colonne verticale de large section, et qui, dans un immeuble, permet de verser directement les ordures d'un étage dans une poubelle située au niveau du sol.

vide-poches [vidpɔʃ] n. m. inv. **1.** Corbeille, coupe, etc., où on dépose les menus objets qu'on porte habituellement sur soi. — **2.** Dans une voiture, case, compartiment ménagé dans le tableau de bord ou dans les portières pour recevoir divers objets.

vider [vide] v. t. **1.** *Vider un récipient, un lieu,* etc. (*de qqch* [*contenu*]), le rendre vide en faisant écouler son contenu liquide ou en le débarrassant de ce qu'il contient : *Vider la baignoire. Vider un tiroir* (contr. REMPLIR). *Vider ses poches. Vider la poubelle. Vider une chambre, un appartement* (= en enlever les meubles). — **2.** *Vider qqch (contenu)* [*de qqch (contenant)*], l'évacuer, le retirer : *Vider l'eau d'un bassin. Vider les papiers d'un tiroir.* — **3.** Boire le contenu d'un récipient : *Vider son verre. Vider une bouteille entre amis.* — **4.** *Vider un lieu,* le faire évacuer, contribuer au départ des personnes qui s'y trouvent : *Vider un appartement de ses occupants. Le mauvais temps a vidé les hôtels de la station.* ‖ *Vider les lieux,* s'en aller, partir sous la contrainte. — **5.** *Vider qqn (de qqpart),* le faire sortir par la force, l'expulser : *Vider des perturbateurs dans un bal;* fam., le renvoyer de son emploi, le mettre à la porte. ‖ Fam. *Se faire vider,* se faire chasser d'un lieu ou se faire renvoyer d'un emploi. — **6.** *Vider une volaille, un poisson,* en enlever les entrailles. — **7.** Fam. *Vider qqn,* l'épuiser physiquement ou intellectuellement : *Après cette journée de travail, elle était complètement vidée.* — **8.** *Vider une querelle, un différend,* etc., les régler une fois pour toutes (syn. LIQUIDER). ◆ ***se vider*** v. pr. Perdre son contenu ou se répandre hors du contenant, devenir vide : *Un seau percé qui se vide. Les eaux se vident par le trop-plein. Le stade s'est vite vidé après le match.*

videur [vidœr] n. m. *Fam.* Dans les lieux publics (boîte de nuit, bal, etc.), personne chargée d'expulser les perturbateurs.

vidure [vidyr] n. f. Ce qu'on retire en vidant une volaille, un poisson.

vie [vi] n. f. (lat. *vita*). **1.** Activité spontanée propre aux êtres organisés, qui évoluent de la naissance à la mort : *Être en vie. Donner un signe de vie* (syn. EXISTENCE). *Exposer, risquer sa vie. Prendre une assurance sur la vie. Donner la vie à un enfant* (= le mettre au monde). *Perdre la vie* (= mourir). *Rester quelques secondes sans vie* (= inanimé). *Passer de vie à trépas. Attenter à sa vie* (= se suicider). *Être entre la vie et la mort* (= dans un danger de mort imminent). *C'est une question de vie ou de mort* (= il y va de la vie de qqn). *Laisser la vie à quelqu'un* (= ne pas le tuer alors que la décision en était prise). — **2.** Ensemble des phénomènes biologiques que présentent tous les organismes : *Vie cellulaire. Vie végétale, animale, organique. Étudier l'origine de la vie. Chercher à recréer la vie.* — **3.** Apparence animée, mouvement : *Enfant plein de vie, débordant de vie* (syn. SANTÉ, VITALITÉ). *Mettre de la vie dans une réunion* (syn. GAIETÉ, AMBIANCE, ENTRAIN). *Ce tableau a de la vie* (= donne une impression de vie réelle). *Rue, quartier où il y a de la vie* (syn. ANIMATION). — **4.** Existence humaine envisagée dans sa durée totale, de la naissance à la mort : *Une vie courte* (syn. EXISTENCE). *Au début de la vie. Une vie de souffrance, de misère. L'événement capital de la vie de quelqu'un. Une vie bien remplie.* — **5.** Existence humaine considérée à partir d'un moment déterminé jusqu'à la mort : *Se lier pour la vie avec quelqu'un* (= pour toujours). *Une décision qui engage toute la vie* (syn. AVENIR). *Être nommé à un poste à vie* (= pour une durée illimitée). — **6.** Existence humaine considérée dans ce qui est déjà vécu, accompli : *Il a raté sa vie. Le meilleur temps de ma vie. Elle a travaillé toute sa vie. Se remémorer les principaux événements de sa vie* (syn. PASSÉ). *Raconter sa vie* (syn. HISTOIRE). — **7.** Condition humaine en général : *La vie future. Que voulez-vous, c'est la vie. Aimer la vie. Ne rien connaître de la vie* (= n'avoir pas l'expérience de la société des hommes). *La vie moderne.* — **8.** Activité particulière de qqn, d'une société, aspect de son existence : *La vie professionnelle, scolaire, sentimentale. Ne jamais parler de sa vie familiale. Dans la vie civile, la vie politique. La vie intérieure. Étudier la vie économique d'un pays. Connaître la vie quotidienne d'un peuple étranger* (syn. MŒURS). — **9.** Manière de passer, de mener son existence; caractère, style d'un mode d'existence : *Mener joyeuse vie, la bonne vie, la grande vie. Avoir la vie facile. Avoir une vie rangée, tranquille. Genre, train de vie.* — **10.** Moyens de subsistance : *La vie est chère dans cette région* (syn. NOURRITURE, ALIMENTATION). *Gagner largement sa vie. La hausse du coût de la vie. Un niveau de vie très bas.* — **11.** Existence des choses dans le temps, sujette au changement : *La vie des mots, des institutions. Vie et mort d'une civilisation.* — **12.** *À vie,* pendant toute la durée de la vie : *Une peine de prison à vie.* ‖ *Ce n'est pas une vie,* c'est une situation, une existence intenable. ‖ *De ma vie,* jamais : *De ma vie je n'ai vu tant de mauvaise foi.* ‖ *C'est la vie,* les choses sont ainsi. ‖ *Faire la vie,* se livrer à des parties de plaisir, ou être insupportable. ‖ *Faire sa vie,* construire, organiser son existence à son idée. ‖ *Faire une vie impossible à qqn, lui rendre la vie impossible, intenable, lui mener la vie dure,* être désagréable, insupportable avec lui. ‖ *Femme de mauvaise vie,* prostituée. ‖ *Jamais de la vie,* nullement, en aucun cas : *Jamais de la vie je n'accepterai.* ‖ *Mener la grande vie,* ne pas regarder à la dépense, vivre largement. ‖ *Refaire sa vie,* se remarier. ‖ *Trouver sa vie,* trouver ce qu'on cherche. ‖ *Vivre sa vie,* être libre, vivre à sa guise.

vieillard [vjɛjar] n. m. **1.** Homme très âgé : *C'est un vieillard maintenant.* — **2.** (pl.) Les personnes âgées (hommes ou femmes) : *Évacuer les vieillards et les enfants. Asile de vieillards.*

vieillerie [vjɛjri] n. f. **1.** Objet ancien, usé ou démodé (souvent pl.) : *Avoir un tas de vieilleries dans ses armoires* (contr. NOUVEAUTÉ). — **2.** *Péjor.* Idée, conception démodée : *Cette théorie est une vieillerie.* — **3.** *Péjor.* Œuvre qui n'a plus d'intérêt : *Ce théâtre ne joue que des vieilleries.*

vieillesse [vjɛjɛs] n. f. **1.** Dernier âge de la vie marqué par un ralentissement de toutes les fonctions (par oppos. à la *jeunesse* et à l'*âge mûr*) : *Redouter la vieillesse. Les maladies de la vieillesse. Mourir de vieil-*

lesse. — **2.** Ancienneté, état dégradé, altéré de qqch qui existe depuis longtemps : *La vieillesse d'une voiture* (syn. VÉTUSTÉ).

vieillir [vjɛjir] v. i. **1.** (sujet être animé) Prendre de l'âge : *Vieillir rapidement. Cette femme est désespérée de vieillir.* — **2.** Perdre la jeunesse, la force, la santé, les facultés intellectuelles, etc., en prenant de l'âge : *Son visage vieillit* (syn. SE FANER, SE FLÉTRIR, SE RIDER). *Je ne l'ai pas reconnue, tant elle a vieilli* (syn. CHANGER, BAISSER; contr. RAJEUNIR). *Il a vieilli de dix ans en un rien de temps.* — **3.** (sujet qqn) Demeurer longuement dans un état : *Vieillir dans un emploi subalterne* (syn. MOISIR). — **4.** (sujet qqch) N'être plus à l'ordre du jour, n'être plus actuel : *Cette thèse a bien vieilli* (= est dépassée). *Mot vieilli* (= qui n'est plus en usage). — **5.** *Laisser vieillir le vin,* le laisser s'améliorer avec le temps. ◆ v. t. **1.** *Vieillir qqn,* le faire paraître plus âgé : *Cette coiffure vous vieillit.* — **2.** Rendre plus âgé, plus fatigué : *Ces soucis la vieillissent. La maladie l'a bien vieilli.* — **3.** Attribuer à qqn un âge supérieur à celui qu'il a réellement : *Vous me vieillissez de deux ans.* ◆ ***se vieillir*** v. pr. Se faire paraître ou se dire plus vieux qu'on n'est : *Elle se vieillit à plaisir* (contr. SE RAJEUNIR).

vieillissant, e [vjɛjisɑ̃] adj. Qui prend insensiblement de l'âge : *Un homme politique vieillissant. Une entreprise vieillissante.*

vieillissement [vjɛjismɑ̃] n. m. **1.** Fait de prendre de l'âge : *Vieillissement des facultés intellectuelles. Vieillissement d'un système, d'une doctrine. Vieillissement de la population* (= accroissement de la proportion des personnes âgées). — **2.** Fait de vieillir, de voir ses fonctions s'altérer progressivement : *Être atteint d'un vieillissement prématuré* (syn. SÉNESCENCE).

vieillot, otte [vjɛjo] adj. **1.** Assez vieux, qui paraît vieux : *Avoir un air vieillot.* — **2.** Démodé, suranné : *Des idées vieillottes.*

vielle [vjɛl] n. f. (anc. prov. *viola*). Instrument de musique ancien et populaire, à touches et cordes frottées par une roue.

1. vierge [vjɛrʒ] adj. (lat. *virgo, virginis*). **1.** Se dit de qqn qui n'a jamais eu de rapports sexuels : *Rester vierge* (syn. PUR, INTACT). *Garçon vierge.* — **2.** Se dit de qqch qui n'a jamais servi, qui est intact, d'une contrée où on n'a jamais pénétré : *Feuille de papier vierge* (syn. BLANC, IMMACULÉ). *Pellicule, film vierge* (contr. IMPRESSIONNÉ). *Terre vierge* (= qui n'est pas exploitée ou habitée par l'homme). *Casier judiciaire vierge* (syn. VIDE, INTACT; contr. CHARGÉ). *Neige vierge* (contr. FOULÉ). *Forêt vierge.* — **3.** Pur de tout mélange : *Huile vierge.* — **4.** *Vierge de,* qui n'a reçu aucune atteinte de (soutenu) : *Réputation vierge de toute critique.*

2. vierge [vjɛrʒ] n. f. **1.** Jeune fille vierge. — **2.** (avec majusc.) Sixième signe du zodiaque correspondant à la période du 22 août au 22 septembre.

vietnamien, enne [vjɛtnamjɛ̃] adj. et n. Du Vietnam.

1. vieux [vjø] ou **vieil** (devant un n. masc. commençant par une voyelle ou un *h* muet), **vieille** [vjɛj] adj. (lat. *vetus*). **1.** (généralement avant le n.) D'un âge avancé : *Un homme vieux et fatigué* (syn. ÂGÉ). *Ma vieille mère. Les vieilles gens se couchent tôt. Se faire vieux* (= prendre de l'âge et n'être plus très valide). *Vieux comme Hérode, comme Mathusalem* (= très vieux). — **2.** Qui a un certain âge, une certaine ancienneté, qui date d'autrefois : *Vieille ville, vieille maison, de vieux vêtements* (syn. USÉ; contr. NEUF). *Un vieux rhume* (= qui traîne). *Vase de vieux Sèvres* (contr. RÉCENT). *Du vin vieux* (contr. NOUVEAU). *De vieux meubles. Remuer de vieilles choses. De vieux souvenirs. Une vieille histoire* (= qui date de longtemps). — **3.** (au comparatif) Indique l'âge de qqn par rapport à celui d'une autre personne, plus rarement l'ancienneté de qqch par rapport à qqch d'autre : *Ma sœur a trente ans, elle est plus vieille que moi de trois ans* (syn. ÂGÉ). *Nous avons le même livre, mais mon édition est plus vieille que la vôtre* (syn. ANCIEN). — **4.** (avant le n.) Qui est depuis longtemps dans une situation : *Être de vieux mariés, de vieux habitués, de vieux amis.* — **5.** (avant un n. de métal, de couleur) Indique un manque d'éclat, un aspect patiné : *Du vieil or. Un vieil ivoire. Un vieux rouge* (contr. VIF, ÉCLATANT). ◆ ***vieux*** n. m. *Le vieux,* ce qui est ancien : *En mobilier, elle aime mieux le vieux que le neuf. Faire du neuf avec du vieux.* || Fam. *Prendre un coup de vieux, un sérieux coup de vieux,* vieillir brusquement.

2. vieux [vjø], **vieille** [vjɛj] n. **1.** *Fam.* Personne âgée : *La retraite des vieux. Un petit vieux, une petite vieille.* — **2.** Fam. *Mon vieux, ma vieille,* termes familiers d'amitié : *Tiens, mon vieux, prends ce verre, ça te remontera. Comment ça va, ma vieille?* || *Un vieux de la vieille,* vétéran, personne âgée qui connaît à fond un métier, une tâche, etc.

1. vif, vive [vif] adj. (lat. *vivus*). **1.** (après le n.) Dont l'attitude traduit de la vivacité et de la vitalité : *Enfant très vif* (syn. PÉTULANT, REMUANT). *Des yeux vifs. Marcher d'un pas vif* (syn. ALERTE, PROMPT, RAPIDE). — **2.** (après le n.) Se dit de qqn, de son esprit, dont les facultés s'exercent d'une façon particulièrement rapide : *Intelligence vive* (syn. AIGU, PÉNÉTRANT; contr. LENT, ÉMOUSSÉ). *Avoir une imagination vive* (= prompte à concevoir). — **3.** (après le n.) Se dit de qqn, de son caractère, prompt à s'emporter : *Tempérament un peu vif* (syn. COLÉREUX, ↑IRASCIBLE). *Se montrer trop vif dans une discussion* (syn. IMPÉTUEUX, ↑EMPORTÉ, ↑VIOLENT; contr. SOUPLE, DOUX, PATIENT). — **4.** (avant ou, plus souvent, après le n.) Se dit de propos agressifs, décochés vivement : *Faire une remarque vive à quelqu'un* (syn. MORDANT, BLESSANT). *Essuyer de vifs reproches* (syn. VIOLENT). *Parler d'un ton assez vif dans une simple conversation* (syn. EMPORTÉ, ↑COLÉREUX). *Le dialogue prit un tour assez vif* (syn. ANIMÉ). — **5.** (avant ou après le n.) Se dit d'un sentiment, d'une émotion, d'une inclination intense : *Avoir les plus vives inquiétudes. Éprouver une vive surprise. Éprouver un intérêt, un goût très vif pour la peinture* (syn. FORT, MARQUÉ). — **6.** (après le n.) Se dit d'une couleur, d'une lumière intense : *Couleur vive* (syn. ÉCLATANT; contr. PASSÉ, FONDU, ESTOMPÉ). *Jaune vif, rouge vif. Être ébloui par une lumière trop vive* (syn. CRU; contr. DOUX, TAMISÉ). — **7.** (après le n.) Se dit d'un style rapide, plein de vie et de relief : *Description vive et colorée* (contr. PLAT, TERNE). — **8.** (après le n.) Qui produit sur les sens une impression pénétrante, aiguë, violente : *Douleur vive. Un froid vif. L'air vif.* — **9.** (après le n.) En musique, se dit d'un mouvement rapide : *Rythme, air vif. Allègre et vif* (= « allegro vivace »). — **10.** Vivant (dans quelques express.) : *Être brûlé, enterré, écorché vif* (contr. MORT). *Être plus mort que vif* (= pris de panique). — **11.** *Arête vive,* tranchante (syn. POINTU; contr. ARRONDI, ÉMOUSSÉ). || *Eau vive,* qui coule rapidement. || *Haie vive,* faite d'arbustes en pleine végétation.

2. vif [vif] n. m. **1.** Personne vivante (jurid.) : *Faire une donation entre vifs.* — **2.** Poisson vivant servant d'appât. — **3.** *À vif,* avec la chair à nu. || *Études sur le vif,* sur la réalité vivante (par oppos. à celles qui se font en laboratoire). || *Piquer, toucher qqn au vif,* provoquer chez lui une réaction d'amour-propre, l'attaquer au point sensible. || *Prendre, saisir sur le vif,* au moment même où un fait se produit. || *Trancher, couper dans le vif,* prendre des moyens énergiques, agir sans ménagements.

vif-argent [vifarʒɑ̃] n. m. inv. Anc. nom du mercure.

vigie [viʒi] n. f. (portug. *vigia,* veille). **1.** Surveillance exercée par un matelot de veille sur un navire; le matelot lui-même : *Prendre son tour de vigie* (syn. GARDE,

OBSERVATION). *Être en vigie* (syn. SENTINELLE). — **2.** Poste d'observation sur un navire.

vigilance [viʒilɑ̃s] n. f. Attention, surveillance soutenue : *Redoubler de vigilance* (syn. ATTENTION). *Relâcher sa vigilance* (syn. SOINS).

vigilant, e [viʒilɑ̃] adj. (du lat. *vigilare*, veiller). Qui fait preuve d'une surveillance attentive et soutenue : *Un surveillant vigilant* (syn. ATTENTIF). *Être l'objet de soins vigilants* (syn. DÉVOUÉ). *Un œil vigilant.*

1. vigile [viʒil] n. f. (lat. *vigilia*, veille). Dans la religion catholique, jour qui précède une fête religieuse importante : *La vigile de Pâques.*

2. vigile [viʒil] n. m. (lat. *vigil*). Personne chargée de la surveillance de locaux administratifs, industriels, universitaires, etc.

vigne [viɲ] n. f. (lat. *vinea*; de *vinum*, vin). **1.** Arbrisseau sarmenteux, grimpant, cultivé pour son fruit, le raisin, dont le jus fermenté fournit le vin : *Pied de vigne. Cep de vigne. Avoir plusieurs hectares plantés de vignes.* — **2.** Plantation de vigne : *Faire la vendange dans sa vigne. Posséder des vignes* (syn. VIGNOBLE). — **3.** *Vigne vierge,* plante grimpante qui orne les murs, les tonnelles.

vigneron, onne [viɲərɔ̃] n. Personne qui cultive la vigne et fait le vin.

vignette [viɲɛt] n. f. (de *vigne*). **1.** Motif ornemental placé de diverses façons dans un livre, sur une feuille de papier, un tissu, etc. : *Vignette de la première page d'un livre* (syn. FRONTISPICE). — **2.** Petite étiquette portant une inscription représentant une marque de fabrique ou un dessin et ayant une valeur légale : *Retirer les vignettes des boîtes de médicaments.* — **3.** Petite étiquette portant l'estampille de l'État, et attestant le paiement de certains droits : *Les automobilistes doivent acheter la vignette chaque année.*

vignoble [viɲɔbl] n. m. **1.** Plantation de vignes : *Pays de vignobles.* — **2.** Ensemble des vignes d'une région : *Le vignoble bourguignon* (syn. VIGNES). *Un vignoble de qualité* (syn. CRU). [→ VITICOLE.]

vigogne [vigɔɲ] n. f. (esp. *vicuña*). Lama des Andes, de la taille d'un mouton, au pelage laineux et soyeux; tissu très fin fait avec sa laine.

vigoureusement [vigurøzmɑ̃] adv. De façon vigoureuse : *Elle a frotté vigoureusement cette tache* (= avec force). *Protester vigoureusement contre une décision* (syn. ÉNERGIQUEMENT). *Tracer vigoureusement les contours d'un dessin* (= avec netteté).

vigoureux, euse [vigurø] adj. **1.** (après le n.) Qui a, qui manifeste de la force, de la fermeté physique ou morale : *Bras vigoureux* (syn. ROBUSTE, PUISSANT). *Personne vigoureuse* (syn. FORT; fam. COSTAUD). *Santé vigoureuse. Plante vigoureuse* (= qui pousse bien). — **2.** (avant ou, plus souvent, après le n.) Qui dénote de l'énergie, de la netteté, de la fermeté : *Prendre des mesures vigoureuses. Recevoir une vigoureuse correction. Esprit vigoureux* (syn. HARDI, SANS FAIBLESSE). *Vouer une haine vigoureuse à quelqu'un* (syn. IMPLACABLE). *Dessiner avec un tracé vigoureux* (contr. HÉSITANT, INCERTAIN). *Coloris vigoureux* (syn. ÉNERGIQUE, TRANCHÉ). *Prononcer de vigoureuses paroles* (syn. MÂLE, ÉNERGIQUE).

vigueur [vigœr] n. f. (lat. *vigor*). **1.** Force, énergie physique, vitalité des êtres animés et des plantes : *La vigueur de la jeunesse* (syn. ARDEUR). *Se débattre avec vigueur* (contr. MOLLESSE). *Manquer de vigueur dans les bras* (syn. PUISSANCE). *La vigueur d'une plante* (syn. ROBUSTESSE). — **2.** Énergie physique et morale dans l'action ou la pensée : *Exprimer ses idées avec vigueur* (syn. FORCE, ↑VÉHÉMENCE). *Montrer la vigueur de son caractère* (syn. FERMETÉ). — **3.** Fermeté, netteté du dessin ou du style : *Vigueur du coloris, de la touche* (contr. LÉGÈRETÉ). *Vigueur de l'expression* (syn. FORCE, PUISSANCE). — **4.** *En vigueur,* en application, en usage : *Cette loi n'est plus en vigueur* (= appliquée). *Les termes en vigueur* (= usuels).

vil, e [vil] adj. (lat. *vilis*, à bas prix) [après ou, plus rarement, avant le n.]. **1.** Qui inspire le plus profond mépris : *Un être vil* (syn. MÉPRISABLE, ↑ABJECT). *Une âme vile* (syn. BAS; contr. NOBLE). *De vils intérêts* (syn. SORDIDE). — **2.** *À vil prix,* très bon marché.

vilain, e [vilɛ̃] adj. (bas lat. *villanus*, paysan). **1.** (avant ou après le n.) Désagréable à voir : *Avoir de vilaines dents* (contr. JOLI). *Une vilaine bouche* (syn. ↑AFFREUX). *Cette fille n'est pas si vilaine* (syn. LAID). *Une couleur vilaine* (syn. ↑HORRIBLE). *Porter une vilaine robe* (contr. BEAU, JOLI). — **2.** (avant le n.) Se dit d'un enfant désobéissant, désagréable, ou de sa conduite : *Il a été vilain toute la matinée* (syn. INSUPPORTABLE; contr. SAGE, GENTIL). *C'est très vilain de se mettre les doigts dans le nez* (syn. LAID). — **3.** (avant le n.) Désagréable à voir, déplaisant, répréhensible : *Un vilain temps* (syn. SALE). *Être entraîné dans une vilaine histoire* (syn. FÂCHEUX; fam. SALE). *Jouer un vilain tour à quelqu'un* (syn. MAUVAIS; fam. SALE). *De vilaines pensées* (syn. COUPABLE). — **4.** (avant le n.) Qui peut être dangereux : *Une vilaine toux.* ◆ ***vilain*** adv. Fam. *Il fait vilain,* il fait mauvais temps. ◆ n. m. Fam. *Ça va faire du vilain, ça va tourner au vilain,* ça va mal tourner, mal finir.

vilainement [vilɛnmɑ̃] adv. De façon moralement laide, honteuse : *Ils l'ont vilainement dénoncé. Laisser tomber quelqu'un vilainement.*

vilebrequin [vilbrəkɛ̃] n. m. (de l'anc. néerl. *wimmel*, sorte de vrille). **1.** Outil servant à faire tourner une mèche, pour percer des trous. — **2.** Arbre d'un moteur à explosion, permettant de transformer le mouvement rectiligne des pistons en mouvement de rotation, par l'intermédiaire des bielles.

vilement [vilmɑ̃] adv. *Litt.* Bassement, lâchement : *Attaquer vilement un adversaire.*

vilenie [vil(e)ni] n. f. *Litt.* Action basse, méprisable : *Être capable de toutes les vilenies* (syn. MÉCHANCETÉ, INFAMIE).

vilipender [vilipɑ̃de] v. t. (du lat. *vilis;* sans valeur, et *pendere*, estimer). Litt. *Vilipender qqn,* le traiter avec mépris : *Vilipender une personnalité politique dans la presse* (syn. ATTAQUER, CALOMNIER, PRENDRE À PARTIE).

villa [villa] n. f. (mot lat. signif. *domaine rural*). **1.** Maison individuelle, en banlieue ou dans un lieu de villégiature : *Elle se fait construire une villa au bord de la mer* (syn. PAVILLON). — **2.** Voie privée bordée de maisons individuelles.

village [vilaʒ] n. m. (de *ville*). **1.** Agglomération rurale : *Un village de cinq cents habitants* (syn. COMMUNE). *Village de montagne* (syn. BOURG, HAMEAU). *Village abandonné.* — **2.** *Village de toile,* organisation de vacances, mettant à la disposition des usagers des tentes, des installations sanitaires, etc.

villageois, e [vilaʒwa] adj. De la campagne : *Un air villageois* (syn. CAMPAGNARD). *Danses villageoises* (syn. PAYSAN, FOLKLORIQUE). ◆ n. Habitant d'un village.

ville [vil] n. f. (lat. *villa*, domaine rural). **1.** Agglomération d'une certaine importance, à l'intérieur de laquelle la plupart des habitants ont leur travail : *Habiter la ville* (contr. CAMPAGNE). *Ville fondée au Moyen Âge* (syn. CITÉ). *Ville nouvelle* (= ville créée à proximité d'une agglomération urbaine importante et destinée à un grand développement). *Ville universitaire* (= où se trouve une université). *La Ville éternelle* (= Rome). — **2.** *Ville basse, ville haute, vieille ville,* quartiers d'une agglomération urbaine. — **3.** Se dit de tout ce qui concerne la vie dans une agglomération urbaine : *Costume de ville* (= de tous les jours, par oppos. à la tenue de soirée, à une tenue fantaisie, ou à une tenue de sport). *Aimer la ville* (contr. CAMPAGNE). *Une personne de la ville* (syn. CITADIN). *Les gens de la ville* (contr. RURAUX). *Les plaisirs de la ville.* ‖ *En ville,* à l'intérieur de la ville où on est : *Elle va faire des courses en ville;* hors de chez soi : *Aller dîner en ville.* — **4.** Population, habitants de la ville : *La ville est en émoi.*

ville-dortoir [vildɔrtwar] n. f. (pl. *villes-dortoirs*). Localité de banlieue à fonction résidentielle (syn. CITÉ-DORTOIR).

villégiature [vileʒjatyr] n. f. (de l'it. *villegiare,* aller à la campagne). **1.** Séjour de repos à la campagne, à la mer, à la montagne ou dans un lieu de tourisme : *Partir en villégiature* (syn. VACANCES). — **2.** Lieu de vacances : *Chercher une villégiature.*

villégiaturer [vileʒjatyre] v. i. Prendre des vacances dans un lieu touristique.

vin [vɛ̃] n. m. (lat. *vinum*). **1.** Boisson alcoolisée produite par la fermentation du raisin : *Vin blanc, rouge. Un tonneau de vin. Baptiser, couper le vin* (= y ajouter de l'eau). *Vin mousseux. Le vin lui fait tourner la tête. Cuver son vin. Tenir le vin* (= être capable de boire beaucoup sans être ivre). *Avoir le vin gai, triste* (= être gai, triste quand on a trop bu). *Entre deux vins* (= légèrement ivre). *Vin d'honneur* (= offert en l'honneur de qqn, de qqch). *Vin de table* (= de qualité moyenne, pour la consommation courante). *Quand le vin est tiré, il faut le boire* (= quand on est engagé dans une affaire, on ne peut plus reculer). — **2.** Liqueur alcoolisée, obtenue par fermentation d'un produit végétal : *Vin de palme, de canne.* — **3.** *Tache de vin,* tache de couleur rouge violacé qui apparaît sur diverses parties du corps.

vinaigre [vinɛgr] n. m. (de *vin,* et *aigre*). **1.** Produit résultant de la fermentation du vin ou de solutions alcoolisées, et employé comme condiment : *Vinaigre de vin, d'alcool.* — **2.** Fam. *Tourner au vinaigre,* prendre une fâcheuse tournure : *La discussion a tourné au vinaigre.*

vinaigré, e [vinɛgre] adj. Assaisonné avec du vinaigre.

vinaigrette [vinɛgrɛt] n. f. Condiment dont on accompagne les salades, fait avec de l'huile, du vinaigre, du sel, du poivre, etc : *Artichauts à la vinaigrette.*

vinaigrier [vinɛgrije] n. m. Burette pour mettre le vinaigre.

vinasse [vinas] n. f. *Fam.* Vin médiocre, fade : *Impossible de boire cette vinasse.*

vindicatif, ive [vɛ̃dikatif] adj. et n. (du lat. *vindicare,* venger). Qui aime à se venger : *Caractère vindicatif* (syn. RANCUNIER). ◆ adj. Inspiré par le désir de vengeance : *Parler d'un ton vindicatif.*

vindicte [vɛ̃dikt] n. f. (lat. *vindicta,* vengeance). Litt. *Vindicte publique,* poursuite et punition d'un crime au nom de la société : *Désigner quelqu'un à la vindicte publique* (= le déclarer coupable et méritant un châtiment).

vineux, euse [vinø] adj. **1.** Qui exhale une odeur de vin : *Une haleine vineuse.* — **2.** Qui a la couleur du vin rouge : *Une couleur vineuse* (syn. LIE-DE-VIN).

vingt [vɛ̃(t)] (devant une consonne, [vɛ̃t] devant une voyelle ou un *h* muet et devant *deux, trois, quatre,* etc.) adj. num. cardin. (lat. *viginti*). **1.** Deux fois dix. — **2.** Vingtième : *Page vingt.* — **3.** *Vingt ans,* la jeunesse. ‖ *Vingt-deux!,* interj. indiquant un danger imminent. ◆ n. m. inv. Numéro, place, etc., qui représente ce nombre.

vingtaine [vɛ̃tɛn] n. f. Nombre de vingt ou environ.

vingtième [vɛ̃tjɛm] adj. num. ordin. et n. **1.** Qui occupe un rang marqué par le numéro vingt. — **2.** Qui se trouve vingt fois dans le tout.

vingtièmement [vɛ̃tjɛmmɑ̃] adv. En vingtième lieu.

vinicole [vinikɔl] adj. Relatif à la production du vin : *Région vinicole* (= de vignoble; syn. VITICOLE).

vinification [vinifikasjɔ̃] n. f. Ensemble des procédés mis en œuvre pour transformer le raisin en vin.

vinyle [vinil] n. m. Disque noir en matière plastique, 33 tours ou 45 tours, par oppos. à *disque compact.*

viol [vjɔl] n. m. **1.** Rapport sexuel imposé par la force à une femme ou à une jeune fille, et qui constitue pénalement un crime. — **2.** Action de pénétrer dans un lieu interdit : *Viol de domicile.* — **3.** Action de transgresser la loi : *Viol du secret professionnel.*

violacé, e [vjɔlase] adj. (lat. *viola,* violette). D'une couleur tirant sur le violet : *Visage violacé.*

violateur, trice [vjɔlatœr] adj. et n. Qui se rend coupable du viol d'un domicile ou d'un règlement.

violation [vjɔlasjɔ̃] n. f. Action de violer un lieu, une loi : *Violation de domicile, de secret professionnel.*

viole [vjɔl] n. f. (anc. prov. *viola*). Instrument de musique à cordes et à archet, utilisé en Europe à partir du XVe s. : *Viole d'amour, viole de gambe.*

violemment [vjɔlamɑ̃] adv. Brutalement, énergiquement, fortement : *Frapper violemment un adversaire. Elle répliqua violemment à cette attaque.*

violence [vjɔlɑ̃s] n. f. (lat. *violentia*). **1.** Fait de contraindre qqn par la force ou l'intimidation : *Obtenir un résultat par la violence. Avoir recours à la violence. Céder à la violence* (syn. FORCE). — **2.** Force brutale : *Acte de violence* (syn. BRUTALITÉ). *Répondre à la violence par la violence* (contr. DOUCEUR). *Scènes de violence dans un film* (syn. BRUTALITÉ). *Violence de l'orage* (syn. FUREUR, DÉCHAÎNEMENT). *Violence de caractère* (syn. IMPÉTUOSITÉ). *Maladie qui se déclare avec violence* (syn. VIRULENCE). *Violence de la passion, de l'imagination* (syn. FUREUR, FRÉNÉSIE). — **3.** *Faire violence à qqn,* le forcer, le brutaliser. ‖ *Faire une douce violence à qqn,* lui faire accepter qqch qu'il se refuse de faire uniquement par délicatesse, coquetterie, etc. ‖ *Se faire violence,* se contraindre à faire qqch qui va contre sa nature profonde. ‖ *Se faire une douce violence,* s'accorder ou accepter qqch qui fait plaisir, bien qu'on ait été décidé à le refuser. — **4.** Acte violent (surtout pl.) : *Être condamné pour violences graves. Violence verbale* (= excès de langage, injure).

violent, e [vjɔlɑ̃] adj. (après le n.) et n. (lat. *violentus*). Se dit de qqn qui agit par la force, qui cède à des instincts brutaux : *Cet homme est un violent, capable des pires accès de colère. Caractère violent* (syn. BRUTAL, IMPULSIF). ◆ adj. **1.** (avant ou après le n.) Qui manifeste ce type de caractère : *Tenir des propos violents* (syn. VIRULENT). *Une violente discussion.* — **2.** (après le n.) Qui exige de la force, de l'énergie : *Sports, exercices violents* (syn. BRUTAL). — **3.** (avant ou après le n.) Qui a une grande intensité : *Un mistral violent souffle depuis trois jours* (syn. FORT). *Elle a de violents accès de fièvre* (= brusques et forts). *Bruit très violent* (syn. ↑ TERRIBLE). *Passion violente* (syn. ARDENT, FRÉNÉTIQUE). *Besoin violent de s'affirmer* (syn. FAROUCHE). — **4.** *Mort violente,* mort soudaine et qui intervient dans des circonstances tragiques (par oppos. à *mort naturelle*).

violenter [vjɔlɑ̃te] v. t. *Violenter une femme,* la violer.

violer [vjɔle] v. t. (lat. *violare*). **1.** *Violer une femme,* la contraindre par la force à un rapport sexuel. — **2.** *Violer un lieu,* pénétrer dans un lieu sacré ou interdit : *Violer une tombe* (syn. PROFANER); y pénétrer par effraction : *Violer un domicile.* — **3.** *Violer un règlement, un secret,* etc., le transgresser, y manquer : *Violer un traité. Violer les convenances, la loi, son serment* (syn. ENFREINDRE).

violet, ette [vjɔlɛ] adj. D'une couleur obtenue en

mélangeant le bleu et le rouge : *Étoffe violette.* ◆ ***violet*** n. m. Couleur violette : *Aimer le violet.*

violette [vjɔlɛt] n. f. (lat. *viola*). Fleur très odorante, de couleur violette.

violeur [vjɔlœr] n. m. Qui a commis un viol.

violine [vjɔlin] adj. D'une couleur violet pourpre.

violon [vjɔlɔ̃] n. m. (it. *violone,* grosse viole). **1.** Instrument de musique à quatre cordes, qu'on frotte avec un archet : *Jouer du violon. Concerto pour violon et orchestre.* — **2.** Personne qui joue du violon dans un orchestre : *Premier et seconds violons.* — **3.** Fam. *Accorder ses violons,* se mettre d'accord. ‖ *Violon d'Ingres,* activité secondaire, souvent artistique, exercée en dehors d'une profession. — **4.** *Fam.* Prison de police, contiguë à un poste ou à un corps de garde.

violoncelle [vjɔlɔ̃sɛl] n. m. (it. *violoncello*). Instrument de musique à quatre cordes et à archet, plus gros et de sonorité plus grave que le violon.

violoncelliste [vjɔlɔ̃sɛlist] n. Personne qui joue du violoncelle.

violoneux [vjɔlɔnø] n. m. Violoniste de village.

violoniste [vjɔlɔnist] n. Personne qui joue du violon.

vipère [vipɛr] n. f. (lat. *vipera*). **1.** Serpent venimeux, à tête triangulaire : *Être mordu par une vipère.* — **2.** Personne méchante et malfaisante. — **3.** *Nid de vipères,* rencontre de différentes personnes cruelles et méchantes.

vipereau [vipro] ou **vipéreau** [vipero] n. m. Petite vipère.

vipérin, e [viperɛ̃] adj. *Couleuvre vipérine* (ou *vipérine* n. f.), couleuvre ressemblant à une vipère.

virage [viraʒ] n. m. **1.** Mouvement d'un véhicule qui tourne, change de direction : *Manquer un virage. Navire, avion qui exécute un virage.* — **2.** Courbure plus ou moins accentuée d'une route, d'une piste : *Accélérer dans les virages. Virage dangereux, relevé. Virages sur plusieurs kilomètres* (syn. TOURNANT, SINUOSITÉS). — **3.** Changement brusque d'orientation, notamment politique : *Faire un virage à droite. Virage délicat* (syn. PASSAGE, TOURNANT). — **4.** *Virage de cuti,* fait pour la cuti de devenir positive.

virago [virago] n. f. (lat. *virago,* femme robuste; de *vir,* homme). *Fam.* Femme d'allure masculine, grossière et autoritaire (syn. MÉGÈRE, DRAGON).

viral, e, aux [viral] adj. Provoqué par un virus : *Infection virale.*

vire [vir] n. f. (de *virer*). Palier très étroit, qui rompt une pente raide en montagne.

virée [vire] n. f. *Fam.* Promenade rapide : *Faire une virée en voiture* (syn. PETIT TOUR).

virement [virmɑ̃] n. m. Opération consistant à faire passer des fonds d'un compte à un autre : *Virement bancaire, postal. Avis de virement.*

virer [vire] v. i. (du lat. *vibrare,* faire tournoyer). **1.** (sujet un bateau, un véhicule, qqn) Changer de direction : *Virer de bord* (= faire demi-tour). *Virer sur ses amarres. Virer à droite* (syn. TOURNER). — **2.** (sujet être animé) Décrire une trajectoire incurvée ou circulaire : *Virer en dansant* (syn. TOURNER). ◆ v. t. **1.** *Virer une somme d'argent,* la faire passer d'un compte à un autre : *Virer de l'argent au trésorier d'une société. L'argent n'a pas encore été viré à mon compte* (syn. VERSER). — **2.** Pop. *Virer qqn,* le renvoyer, le mettre à la porte : *Virer quelqu'un d'une réunion, d'un lieu* (syn. EXPULSER; fam. VIDER). *Se faire virer de son emploi.* — **3.** Fam. *Virer qqn,* le jeter à bas de son lit. — **4.** *Virer sa cuti* → CUTI. ◆ v. t. ind. **1.** (sujet qqch) *Virer à une couleur, à un goût,* en changer : *Bleu qui vire au violet* (syn. TOURNER). *Du vin qui vire à l'aigre.* — **2.** (sujet qqch, qqn) *Virer à qqch,* changer d'aspect, d'opinion : *Révolutionnaire qui vire au conformisme le plus complet.*

virevolte [virvɔlt] n. f. Tour rapide que fait qqn sur soi-même.

virevolter [virvɔlte] v. i. (de *virer,* et anc. fr. *vouter,* tourner). Tourner et retourner rapidement sur soi; s'agiter en allant et venant.

virginal, e, aux [virʒinal] adj. Relatif à une personne vierge (soutenu) : *Timidité virginale* (syn. CHASTE).

virginité [virʒinite] n. f. **1.** État de qqn qui est vierge : *Garder, perdre sa virginité.* — **2.** Fam. *Refaire une virginité à qqn,* lui rendre l'innocence, la réputation, l'honneur qu'il avait perdu.

virgule [virgyl] n. f. (lat. *virgula*). **1.** Signe de ponctuation (,) indiquant une légère pause. — **2.** *Ne pas changer une virgule à un texte,* se refuser à y apporter la moindre modification.

viril, e [viril] adj. (lat. *virilis;* de *vir,* homme). **1.** Propre à l'homme sur le plan physique ou moral : *Force virile. Des traits virils* (syn. MÂLE; contr. EFFÉMINÉ). — **2.** Énergique, plein d'ardeur : *Attitude virile* (contr. VEULE). *Un caractère viril* (syn. BIEN TREMPÉ; contr. LÂCHE, MOU). *Un langage viril* (syn. COURAGEUX, RÉSOLU).

virilement [virilmɑ̃] adv. De façon virile.

viriliser [virilize] v. t. *Viriliser qqn,* lui donner un air masculin : *Les cheveux courts virilisent cette femme* (contr. FÉMINISER).

virilité [virilite] n. f. **1.** Ensemble des attributs et caractères physiques de l'homme adulte : *Avoir beaucoup de virilité.* — **2.** Vigueur de caractère : *Attitude dépourvue de virilité* (syn. FERMETÉ, ÉNERGIE).

virole [virɔl] n. f. (lat. *viriola*). Petit cercle de métal, assez large, servant en partic. à fixer deux objets l'un au bout de l'autre : *La virole d'un couteau assujettit la lame au manche.*

virologie [virɔlɔʒi] n. f. Partie de la biologie qui étudie les virus.

virtualité [virtɥalite] n. f. Qualité de ce qui est virtuel (syn. POTENTIALITÉ, ÉVENTUALITÉ).

virtuel, elle [virtɥɛl] adj. (du lat. *virtus,* force). Qui n'est pas réalisé, reste sans effet actuel : *Possibilité virtuelle* (syn. THÉORIQUE; contr. RÉEL). *Revenu virtuel* (syn. FICTIF).

virtuellement [virtɥɛlmɑ̃] adv. **1.** Théoriquement, pour ainsi dire : *Être virtuellement libre.* — **2.** En principe : *Je suis virtuellement au bureau de 9 h à 12 h, mais je suis fréquemment en retard.*

virtuose [virtɥoz] n. (it. *virtuoso*). **1.** Personne qui a de grands talents dans l'exécution musicale : *Virtuose du piano, du violon.* — **2.** Personne très habile, très douée dans un domaine quelconque : *Virtuose de l'équitation* (syn. MAÎTRE; fam. AS).

virtuosité [virtɥozite] n. f. Talent de virtuose : *Pianiste qui a beaucoup de virtuosité* (syn. BRIO, VÉLOCITÉ, AGILITÉ). *Faire preuve de virtuosité dans un travail de décoration* (syn. MAÎTRISE, HABILETÉ, INGÉNIOSITÉ).

virulence [virylɑ̃s] n. f. Caractère virulent : *Virulence d'un discours* (syn. ÂPRETÉ, VIOLENCE). *Protester avec virulence* (syn. VIVACITÉ, ↑VÉHÉMENCE).

virulent, e [virylɑ̃] adj. (lat. *virulentus;* de *virus,* poison). Plein de violence, d'âpreté : *Tenir des propos virulents. Critique virulente* (syn. MORDANT, VENIMEUX).

virus [virys] n. m. (mot lat. signif. *poison*). **1.** Nom donné à divers germes pathogènes : *Virus de la poliomyélite.* — **2.** Source de contagion morale; tendance irrésistible jugée pernicieuse : *Le virus révolutionnaire. Le virus de la politique.*

vis [vis] n. f. (lat. *vitis,* vrille de la vigne). **1.** Tige cylindrique de métal, présentant une saillie en hélice destinée à s'enfoncer dans une matière dure : *Vis à tête plate, ronde. Donner un tour de vis. Pas de vis.* — **2.** Cylindre fileté en hélice : *Une vis de pressoir en bois. Vis sans fin* (= dont le filet engrène une roue dentée, lui imprimant un mouvement de rotation perpendiculaire au sien). — **3.** *Escalier à vis,* disposé en spirale autour d'un axe. ‖ Fam. *Serrer la vis à qqn,* prendre des mesures de sévérité à son égard.

visa [viza] n. m. (mot lat. signif. *choses vues*). Sceau, signature ou paraphe apposés sur un document pour le valider ou certifier son authenticité : *Faire apposer un visa sur un passeport. Demander un visa pour la Bulgarie.* (→ VISER.)

visage [vizaʒ] n. m. (anc. fr. *vis;* lat. *visus,* aspect). **1.** Partie antérieure de la tête, face humaine : *Visage régulier, symétrique* (syn. FIGURE). *Avoir un visage plein, reposé, détendu, défait* (syn. TÊTE). *Avoir meilleur visage qu'à l'ordinaire* (syn. AIR, MINE). *Soins du visage* (syn. FACE). — **2.** Personnage, personne : *Apercevoir un visage nouveau* (= qqn qu'on ne connaît pas). *Être incapable de mettre un nom sur un visage.* — **3.** *À visage découvert,* sans rien dissimuler, sans chercher à tromper. ‖ *Changer de visage,* changer d'expression, de couleur, pâlir, rougir, etc. ‖ *Faire bon, mauvais visage à qqn,* l'accueillir aimablement ou non. ‖ *Révéler son vrai visage,* son véritable caractère. — **4.** Aspect de qqch : *Son destin a changé de visage* (syn. FACE). *Le vrai visage de la société industrielle.* (→ DÉVISAGER.)

visagiste [vizaʒist] n. (n. déposé) Esthéticien(ne) spécialisé(e) dans les soins de beauté du visage.

vis-à-vis (de) [vizavi] prép. et adv. (de l'anc. fr. *vis,* visage). En face (de) : *S'asseoir vis-à-vis de quelqu'un. Deux maisons qui sont situées vis-à-vis;* à l'égard de, envers : *Être réservé vis-à-vis de quelqu'un, vis-à-vis d'un problème.* ◆ n. m. **1.** Fait, pour des personnes ou des choses d'être situées en face l'une de l'autre : *S'asseoir en vis-à-vis.* — **2.** Personne qui se trouve en face d'une autre : *Avoir quelqu'un de connu comme vis-à-vis à un banquet.* — **3.** Chose située en face d'une autre : *Immeuble sans vis-à-vis.*

viscéral, e, aux [viseral] adj. **1.** Relatif aux viscères : *Cavité viscérale.* — **2.** Se dit d'un sentiment inconscient et profond : *Haine viscérale.*

viscéralement [viseralmɑ̃] adv. De manière viscérale : *Être viscéralement opposé à toute violence.*

viscère [visɛr] n. m. (lat. *viscus, visceris*). Tout organe essentiel placé dans la tête, le tronc et l'abdomen (cerveau, cœur, intestin, etc.) : *Enlever les viscères des animaux.*

viscose [viskoz] n. f. Cellulose employée dans la fabrication de fibres textiles (rayonne, Fibranne) et de pellicules transparentes (Cellophane).

viscosité [viskɔzite] n. f. (bas lat. *viscosus,* gluant). État visqueux : *La viscosité d'une huile* (syn. FLUIDITÉ).

visée [vize] n. f. **1.** Action de diriger une arme ou un instrument d'optique vers un but, un objectif : *Point, ligne de visée. Faire une bonne visée.* — **2.** Objectif, but (surtout pl.) : *Avoir des visées politiques, belliqueuses* (syn. DESSEINS). *Avoir de hautes visées* (= ambition). — **3.** *Avoir des visées sur qqn, sur qqch,* avoir des intentions, des prétentions à son sujet, vouloir mettre la main dessus.

1. viser [vize] v. t. (du lat. *videre,* voir). **1.** *Viser (qqch, qqn),* pointer une arme ou un appareil optique en leur direction : *Viser un arbre, un oiseau. Viser bien, juste, trop haut.* — **2.** (sujet qqn) *Viser qqch,* l'avoir en vue, se le fixer comme objectif : *Viser une place, un poste* (syn. AMBITIONNER). *Viser une carrière précise* (syn. POURSUIVRE). — **3.** (sujet qqch) *Viser qqn, qqch,* le concerner : *Mesure qui vise tous les Français résidant à l'étranger* (syn. INTÉRESSER, TOUCHER). *Ceux que vise cette remarque* (= à qui elle s'applique). *Être, se croire, se sentir visé* (= concerné par une critique, une attaque énoncée en termes généraux). — **4.** *Viser haut, trop haut,* avoir des projets ambitieux, trop ambitieux. — **5.** Pop. *viser qqch, qqn,* regarder, voir qqch, qqn d'intéressant, d'insolite : *Vise un peu cette bagnole!* ◆ v. t. ind. *Viser à qqch, à* (+ *inf.*), avoir en vue un objectif, un résultat, chercher à réaliser qqch : *À quoi vise cette nouvelle mesure?* (syn. TENDRE; fam. RIMER). *Viser à plaire* (syn. CHERCHER À).

2. viser [vize] v. t. (de *visa*). Contrôler administrativement, marquer d'un visa : *Faire viser un passeport.*

viseur [vizœr] n. m. Instrument, dispositif optique servant à régler un tir, à orienter un appareil dans la bonne direction : *Viseur de tir aérien. Viseur d'une caméra.*

visibilité [vizibilite] n. f. **1.** Qualité de ce qui peut être vu facilement : *La faible visibilité d'un objet à une telle distance.* — **2.** Possibilité de voir bien et assez loin : *Manquer de visibilité dans un virage.*

visible [vizibl] adj. (lat. *visibilis;* de *videre,* voir). **1.** Qui peut être vu, distingué, observé : *Étoile visible à l'œil nu. Signes visibles.* — **2.** Qui est concret, perceptible : *Le monde visible* (contr. INVISIBLE, CACHÉ). — **3.** Qu'on voit très facilement : *La reprise sur ce rideau est très visible* (syn. APPARENT). — **4.** Dont l'existence, la réalité, l'évidence ne peuvent être mises en doute : *Une gêne visible* (syn. ÉVIDENT, MANIFESTE; contr. SECRET, CACHÉ). *Il se prépare un grand changement, c'est visible* (syn. NET, CLAIR, SÛR). — **5.** Qui mérite d'être vu, auquel on peut assister (surtout dans des phrases négatives ou restrictives) : *Il n'y a pas de films visibles cette semaine.* — **6.** Qui est en état ou qui accepte de recevoir une visite : *Le directeur n'est pas visible ce matin.*

visiblement [viziblәmɑ̃] adv. De façon très facile à voir, à constater : *Le thermomètre a visiblement baissé. Elle a été visiblement fâchée de cette affaire* (syn. MANIFESTEMENT).

visière [vizjɛr] n. f. (de l'anc. fr. *vis,* visage). **1.** Partie d'une casquette, d'un képi, etc., qui protège le front et les yeux du soleil : *Mettre sa main en visière* (= audessus des yeux pour les protéger). — **2.** Pièce rigide qui protège les yeux et s'attache autour de la tête.

vision [vizjɔ̃] n. f. (lat. *visio*). **1.** Perception par l'organe de la vue : *Porter des lunettes pour la vision de loin. Avoir des troubles de la vision.* — **2.** Fait de voir qqch; ce qu'on voit, ce qui s'offre à la vue : *La vision de ce film m'a donné mal à la tête. La ville offrait une vision de cauchemar après le tremblement de terre.* — **3.** Action de se représenter qqch par l'esprit : *Sa vision de l'avenir est optimiste.* — **4.** Perception imaginaire d'objets irréels, fantastiques : *Avoir des visions* (syn. HALLUCINATION).

visionnaire [vizjɔnɛr] adj. et n. **1.** Qui a des visions (sens 4) : *Les fantasmes des visionnaires.* — **2.** *Litt.* Capable d'anticipation, qui a l'intuition de l'avenir : *Jules Verne fut un visionnaire.*

visionner [vizjɔne] v. t. **1.** *Visionner un film,* l'examiner pour en faire le montage. — **2.** *Visionner des photos, un film,* les voir à la visionneuse.

visionneuse [vizjɔnøz] n. f. **1.** Appareil servant à regarder les films pour en faire le montage. — **2.** Appareil d'optique permettant d'agrandir et d'examiner des clichés photographiques de petit format, des diapositives.

visite [vizit] n. f. **1.** Fait d'aller voir qqn à son domicile : *Elle lui a fait une petite visite en passant. Être en visite* (= de passage chez qqn). *Jour de visite. Carte de* *visite* (= qu'on laisse si on ne trouve pas la personne qu'on vient voir). *Rendre visite à quelqu'un. Nous avons eu la visite d'une grand-tante.* — **2.** Personne qui se rend chez une autre, qui est reçue par une autre : *Avoir une visite. Recevoir de la visite* (= des visiteurs). — **3.** Fait d'aller voir qqch : *Faire une visite rapide de la ville* (syn. TOUR). *La visite des principaux monuments, d'un musée.* — **4.** Examen approfondi ou vérification méthodique de qqch : *Visite d'un navire* (syn. INSPECTION). *Visite des bagages à la douane* (syn. FOUILLE). *Visite domiciliaire* (= dans l'instruction d'une affaire, recherches faites au domicile du prévenu). — **5.** *Visite (médicale),* examen d'un patient par un médecin : *Passer la visite en arrivant à la caserne;* tournée des médecins et des élèves dans les salles d'un hôpital : *L'heure de la visite.* — **6.** Fait, pour un médecin, d'aller chez un malade : *Visite à domicile. Faire les visites après les consultations.* — **7.** Fait de se rendre dans un lieu public, tel que prison, hôpital, etc., à des fins d'inspection, de contrôle, de vérifications, etc. : *Une institutrice qui reçoit la visite d'un inspecteur. Les visites des malades sont soumises à des horaires stricts. Heures de visite.* — **8.** *Droit de visite,* autorisation légale de voir un enfant remis à la garde d'un des conjoints, de voir un prévenu ou un détenu (dr.).

visiter [vizite] v. t. (lat. *visitare*). **1.** *Visiter qqn,* aller le voir pour accomplir un devoir social, remplir les obligations de sa profession : *Visiter les pauvres, les malades, les prisonniers. Un représentant en produits pharmaceutiques qui visite les médecins.* — **2.** *Visiter un pays, une ville, un monument,* etc., aller les voir en touriste, par curiosité. ‖ *Visiter une maison, un appartement,* les voir en détail pour les louer ou les acheter. — **3.** *Visiter un lieu, qqch,* y pénétrer par effraction; fouiller pour découvrir qqch : *Visiter un coffre-fort. Visiter un tiroir.*

visiteur, euse [vizitœr] n. Personne qui fait une visite, qui visite un lieu, un monument : *Avoir beaucoup de visiteurs le dimanche. Les visiteurs d'un musée.*

vison [vizɔ̃] n. m. (lat. pop. *vissio,* puanteur). Mammifère carnivore de la taille d'un putois, dont la variété d'Amérique du Nord est chassée et élevée pour sa fourrure; sa fourrure.

visqueux, euse [viskø] adj. (du lat. *viscum,* glu). **1.** Se dit d'une matière de consistance pâteuse, qui n'est ni liquide ni solide : *Gelée, pâte visqueuse. Substance à l'état visqueux.* — **2.** Couvert d'un enduit gluant, poisseux : *Une peau visqueuse* (syn. GRAS, ↑GLUANT). — **3.** *Péjor.* Se dit de qqn qui est mielleux, fuyant, qui inspire de la méfiance ou même de la répulsion : *Personnage visqueux* (syn. ↓DOUCEREUX, ↑FOURBE).

vissage [visaʒ] n. m. Opération par laquelle on visse.

visser [vise] v. t. **1.** *Visser qqch,* le fixer avec des vis : *Visser une plaque.* — **2.** Serrer en tournant : *Bien visser un bouchon.* — **3.** Fam. *Visser qqn,* le surveiller étroitement, le traiter sévèrement : *Visser un enfant insupportable* (syn. fam. TENIR SERRÉ). — **4.** Fam. *Être, rester vissé sur son siège,* ne pas pouvoir ou vouloir bouger : *Elle était vissée sur sa chaise* (syn. CLOUÉ, RIVÉ À).

visu (de) → DE VISU.

visualisation [vizɥalizasjɔ̃] n. f. Action de visualiser : *La visualisation facilite la mémorisation chez certains* (par oppos. à l'*audition*).

visualiser [vizɥalize] v. t. *Visualiser qqch,* le rendre visible, le mettre en évidence de façon matérielle : *Visualiser des courants dans l'eau grâce à des colorants.*

visuel, elle [vizɥɛl] adj. (du lat. *visus,* vue). Qui a rapport au sens de la vue : *Centre, organes visuels. Champ visuel* (= de la vision). *Représentations visuelles de l'espace, des volumes. Mémoire visuelle* (= qui utilise surtout les éléments fournis par la vue, par oppos. à *mémoire auditive*). ◆ n. Personne qui a surtout de la mémoire visuelle.

visuellement [vizɥɛlmɑ̃] adv. Par la vue : *Faire comprendre visuellement une chose.*

vital, e, aux [vital] adj. (du lat. *vita,* vie). **1.** Qui concerne la vie : *Fonctions vitales. Force vitale.* — **2.** Essentiel à la vie matérielle de qqn, d'une collectivité : *Minimum vital* (= ressources indispensables pour subsister). *Espace vital.* — **3.** Fondamental pour l'action, l'épanouissement, etc., de qqn : *Les transports sont une question vitale pour les citadins* (syn. ↓ESSENTIEL).

vitalité [vitalite] n. f. **1.** Intensité de la vie, de l'énergie de qqn : *Avoir beaucoup de vitalité. Déborder de vitalité, manquer de vitalité* (syn. DYNAMISME, ↓ENTRAIN). — **2.** Aptitude à se développer fortement : *La vitalité d'une entreprise.*

vitamine [vitamin] n. f. (du lat. *vita,* vie, et *amine,* composé dérivant de l'ammoniac). Substance organique sans valeur énergétique, indispensable à l'organisme : *Alimentation riche en vitamines.*

vitaminé, e [vitamine] adj. À quoi on a incorporé des vitamines : *Médicament vitaminé.*

vite [vit] adv. (orig. inc.). **1.** Rapidement : *Courir vite, plus vite que ses camarades. Il faut vite se préparer. Va et fais vite* (= dépêche-toi). *La jeunesse passe vite* (contr. LENTEMENT). — **2.** En peu de temps, sous peu : *Avoir vite fait de découvrir une supercherie. Elle sera de retour le plus vite possible* (syn. TÔT). — **3.** Sans délai, tout de suite : *Lève-toi vite.* — **4.** *Aller vite, un peu vite (en besogne),* agir inconsidérément; exagérer : *Tu ne trouves pas qu'elle va un peu vite en disant qu'il est idiot?*

vitesse [vitɛs] n. f. **1.** Fait de parcourir un espace en peu de temps : *Vitesse d'un coureur cycliste. Course de vitesse* (par oppos. à *course de fond*). *Aimer la vitesse* (contr. LENTEUR). *Excès de vitesse. Aller, courir à toute vitesse.* — **2.** Rapidité à agir : *J'admire la vitesse avec laquelle elle travaille.* — **3.** Distance parcourue, ou travail fourni, dans l'unité de temps choisie : *Vitesse d'un véhicule, d'une auto, d'un avion. Vitesse acquise, moyenne, maximale. Vitesse d'un moteur.* — **4.** *À toute vitesse,* aussi rapidement que possible. ‖ *En vitesse,* en hâte, sans délai. ‖ *En quatrième vitesse,* à toute allure, le plus rapidement possible. ‖ *(Être) en perte de vitesse,* perdre de son prestige, de sa popularité (sujet qqn, un groupe, une doctrine); diminuer fortement, perdre de son dynamisme (sujet une activité) : *Un parti politique en perte de vitesse. Cette industrie est en perte de vitesse.* ‖ *Faire de la vitesse,* rouler très vite. ‖ *Gagner qqn de vitesse,* le devancer. ‖ *Prendre de la vitesse,* acquérir une allure de plus en plus rapide. — **5.** Rapport entre la vitesse de rotation de l'arbre moteur d'une automobile et la vitesse de rotation des roues : *Boîte de vitesses, levier de changement de vitesse. Première, deuxième vitesse. Passer les vitesses.*

viticole [vitikɔl] adj. (du lat. *vitis,* vigne, et *colere,* cultiver). Relatif à la culture de la vigne : *Région, industrie viticole.*

viticulteur, trice [vitikyltœr] n. Personne qui cultive la vigne.

viticulture [vitikyltyr] n. f. Culture de la vigne : *Le développement de la viticulture.*

vitrage [vitraʒ] n. m. **1.** Ensemble des vitres d'un édifice ou d'une fenêtre : *Vitrage d'une devanture.* — **2.** Rideau transparent appliqué contre des vitres : *Poser un vitrage léger.*

vitrail [vitraj] n. m. (pl. *vitraux*). Panneau constitué par un assemblage de morceaux de verre coloré, maintenus à l'aide d'une armature : *Vitrail moderne. Église célèbre par ses vitraux.*

vitre [vitr] n. f. (lat. *vitrum*). **1.** Panneau de verre qui garnit une baie ou un châssis : *Faire, laver, nettoyer les vitres* (syn. CARREAU). *Le nez collé à la vitre* (syn. FENÊTRE). — **2.** Glace d'une voiture : *Regarder par la vitre arrière. Baisser les vitres.*

vitré, e [vitre] adj. Constitué d'une vitre : *Baie, porte vitrée.*

vitrer [vitre] v. t. Garnir de vitres : *Vitrer une terrasse.*

vitrerie [vitrəri] n. f. Fabrication et pose des vitres.

vitreux, euse [vitrø] adj. (du lat. *vitrum*, verre). Se dit des yeux dont l'éclat est terni, qui ont perdu leur brillant : *Un regard, des yeux vitreux* (syn. NOYÉ, EMBRUMÉ).

vitrier [vitrije] n. m. Personne qui fait le commerce des vitres et les pose.

vitrification [vitrifikasjɔ̃] n. f. Action de vitrifier.

vitrifier [vitrifje] v. t. (du lat. *vitrum*, verre, et *facere*, faire). **1.** *Vitrifier une matière*, la fondre de façon à la transformer en verre : *Vitrifier du sable.* — **2.** *Vitrifier un parquet, une surface*, les revêtir d'un enduit spécial, dur et transparent, pour les protéger.

vitrine [vitrin] n. f. (du lat. *vitrum*, verre). **1.** Devanture vitrée d'un local commercial; ensemble des objets exposés dans cette devanture : *Regarder les vitrines. Mettre un article en vitrine* (syn. À L'ÉTALAGE). *Changer la vitrine.* — **2.** Meuble vitré servant à exposer chez soi des objets d'art : *Mettre des statuettes dans une vitrine.*

vitriol [vitrijɔl] n. m. (bas lat. *vitriolum*; de *vitrum*, verre). **1.** Acide sulfurique. — **2.** *Écriture, style au vitriol, paroles pleines de vitriol*, extrêmement acerbes.

vitrioler [vitrijɔle] v. t. *Vitrioler qqn*, lancer sur lui du vitriol pour le défigurer.

vitro (in) → IN VITRO.

vitupération [vityperasjɔ̃] n. f. Récrimination qu'on profère avec violence (surtout pl.) [soutenu] : *Passer outre aux vitupérations de ses adversaires* (syn. BLÂME).

vitupérer [vitypere] v. t. ind. (lat. *vituperare*) [c. 10]. *Vitupérer contre qqn, qqch*, s'emporter, s'indigner contre lui, le blâmer avec force (soutenu) : *Vitupérer contre les difficultés de la vie moderne, contre ses supérieurs* (syn. FULMINER).

vivable [vivabl] adj. **1.** Qui est facile à vivre, qui a bon caractère (dans des express. négatives) : *Une personne qui n'est guère vivable.* — **2.** Qu'on ne peut supporter (dans des express. négatives) : *Rester dans cette incertitude, ce n'est pas vivable.* — **3.** Où on peut vivre assez commodément : *Finalement ce petit appartement est vivable.*

1. vivace [vivas] adj. (lat. *vivax, -acis*). **1.** Qui peut vivre longtemps : *Arbre vivace. Plantes vivaces* (= qui fructifient plusieurs fois dans leur existence). — **2.** Tenace, indestructible : *Entretenir une haine vivace contre quelqu'un.*

2. vivace [vivatʃe] adv. (mot it.). Indique que l'exécution d'un morceau de musique doit avoir un caractère très vif.

vivacité [vivasite] n. f. **1.** Qualité de qqn, de qqch qui a de la vie, de l'entrain : *La vivacité du tempérament méridional* (syn. PÉTULANCE; contr. LENTEUR, CALME). *Avoir de la vivacité* (syn. ARDEUR, GAIETÉ, EXUBÉRANCE). — **2.** Promptitude : *Vivacité d'esprit* (syn. AGILITÉ). *Vivacité de mouvement* (syn. RAPIDITÉ). — **3.** Comportement coléreux : *Répondre avec vivacité. Manifester de la vivacité* (syn. HUMEUR). — **4.** Qualité de ce qui est intense : *Vivacité d'un sentiment* (syn. FORCE, FRAÎCHEUR). *Aimer une toile pour la vivacité des couleurs* (syn. FRAÎCHEUR, INTENSITÉ).

vivant, e [vivɑ̃] adj. **1.** En vie : *À moitié vivant, encore vivant. Être enterré vivant. Enfant né vivant ou mort-né.* — **2.** Doué de vie : *Matière vivante* (contr. INERTE). *Organisme vivant. Être vivant* (syn. ANIMÉ). — **3.** Qui a de l'entrain, de la vivacité, de l'animation : *Cette enfant est intéressante, elle est très vivante* (syn. ACTIF, VIF). *Récit, drame, film vivant* (= riche en péripéties). *Quartier vivant* (syn. ANIMÉ; contr. MORT). *Visage très vivant* (syn. EXPRESSIF; contr. MORNE). *Regard très vivant* (syn. VIF). — **4.** Constitué par des êtres vivants : *Tableaux vivants* (= mimés par des êtres humains). — **5.** Animé d'une sorte de vie, bien présent à la mémoire : *Exemple vivant, preuve vivante. Image vivante d'un disparu.* — **6.** *Langue vivante*, actuellement parlée (contr. MORT). ◆ n. *Bon vivant, bonne vivante*, personne gaie, facile à vivre et qui aime les plaisirs, en partic. ceux de la table. ◆ ***vivant*** n. m. **1.** Personne en vie (surtout pl.) : *Les vivants et les morts.* — **2.** *Du vivant de qqn*, pendant sa vie : *Du vivant de ma mère, mon père aimait beaucoup la compagnie.*

vivarium [vivarjɔm] n. m. (mot lat. signif. *vivier*). Établissement aménagé en vue de la conservation dans leur milieu naturel de petits animaux vivants.

vivat [viva] n. m. (mot lat. signif. *qu'il vive*). Acclamation en l'honneur de qqn (surtout pl.) : *Accueillir une personnalité par des vivats.*

1. vive! [viv] interj. (de *vivre*). Marque l'enthousiasme, le souhait, l'approbation : *Vive la reine! Vive* (ou *vivent*) *les vacances!*

2. vive [viv] n. f. (du lat. *vipera*, vipère). Poisson à épine venimeuse vivant enfoui dans le sable.

vivement [vivmɑ̃] adv. **1.** Avec vivacité : *Réagir vivement* (syn. RAPIDEMENT). *Répondre un peu vivement* (= avec un peu d'emportement). — **2.** *Fam.* S'emploie pour indiquer qu'on attend qqch avec impatience : *Vivement les vacances. Vivement qu'on arrive!* [→ AVIVER, RAVIVER.]

viveur [vivœr] n. m. Celui qui aime la vie facile, les plaisirs (vieilli) [syn. NOCEUR, FÊTARD].

vivier [vivje] n. m. (lat. *vivarium*; de *virus*, vivant). Bassin d'eau douce ou salée aménagé pour conserver des poissons ou des crustacés vivants.

vivifiant, e [vivifjɑ̃] adj. Qui vivifie : *Un climat très vivifiant* (syn. TONIQUE).

vivifier [vivifje] v. t. (lat. *vivificare*; de *vivus*, vivant, et *facere*, faire). *Vivifier qqn, un être vivant*, ranimer sa vigueur, lui donner de la force, de la vitalité : *Ce climat vivifie les enfants et les convalescents* (syn. TONIFIER; contr. DÉBILITER, DÉPRIMER). *Vivifier le sang* (syn. FOUETTER). *Plantes vivifiées par l'air, la pluie.*

vivipare [vivipar] adj. et n. (du lat. *vivus*, vivant, et *parere*, mettre au monde). Se dit d'un animal dont les petits viennent au monde déjà vivants (par oppos. à *ovipare*) : *Les mammifères sont vivipares.*

vivisection [vivisɛksjɔ̃] n. f. (du lat. *vivus*, vivant, et *section*). Opération pratiquée à titre d'expérience sur des animaux vivants.

vivo (in) → IN VIVO.

vivoter [vivɔte] v. i. Vivre petitement; marcher au ralenti : *Retraité qui vivote péniblement* (syn. SUBSISTER, VÉGÉTER). *Le petit commerce vivote.*

1. vivre [vivr] v. i. (lat. *vivere*) [c. 63]. **1.** (sujet qqn, un animal, une plante) Être en vie (par oppos. à *être mort*) : *L'enfant a vécu à peine quelques heures. Pour le peu de temps qu'il me reste à vivre, je ne veux me priver d'aucune joie* (syn. EXISTER). *Cette enfant respire la joie de vivre.* — **2.** Avoir la vie, considérée surtout sous l'angle de la durée : *Les chênes vivent centenai-*

res. *Certains papillons ne vivent que quelques heures. Vivre vieux. Elle vivra centenaire.* — **3.** (sujet qqn) *Vivre (+ compl. de temps),* avoir une vie qui se situe à une certaine époque : *Il a vécu sous la Révolution. Nos grands-parents vivaient sous la IIIe République.* — **4.** (sujet qqch) Avoir une existence dans le temps, avec un début et une fin : *Son souvenir vit en nous* (syn. SUBSISTER, EXISTER, DEMEURER). *Un nom qui vivra éternellement dans la mémoire des gens* (= dont on se souviendra toujours avec honneur). *Tant que vivra le scientisme* (syn. DURER). — **5.** *Avoir vécu,* être mort, avoir cessé (sujet qqch) : *Cette mode a vécu* (= est terminée, finie, passée). *Le colonialisme a vécu* (= a disparu); avoir eu une existence bien remplie, riche en expériences de toutes sortes (sujet qqn) : *Avant de te rencontrer, j'ai vécu figure-toi!* ‖ *Ne plus vivre,* être dans l'anxiété : *Il se fait tellement de souci pour son examen qu'il n'en vit plus.* ‖ *Qui vive?,* qui va là? ‖ *Se laisser vivre,* ne pas faire d'effort, ne pas se faire de souci. — **6.** *Vivre* (+ *compl. de manière* ou *de but*), avoir tel genre de vie, tel but dans la vie : *Vivre selon les mœurs de son temps. Vivre en artiste. Vivre à sa guise. Vivre dans la crainte de la mort. Vivre pour soi, pour les autres, pour un parti, pour une idée. Vivre d'espoir* (= n'avoir aucune satisfaction immédiate et attendre tout de l'avenir). — **7.** *Vivre qqpart, avec qqn,* passer son existence dans tel ou tel lieu, avec telle ou telle personne : *Elle vit en Amérique* (syn. RÉSIDER, ÊTRE FIXÉ). *Vivre à la campagne* (syn. HABITER). *Vivre à trois dans un appartement de deux pièces* (syn. LOGER). *Vivre chez des amis. Elle vit avec lui depuis deux ans, ça fait deux ans qu'ils vivent ensemble* (syn. HABITER, COHABITER). — **8.** Se conduire, se comporter en société : *Elle est facile à vivre* (= d'humeur accommodante, facile). *Il ne sait pas vivre* (= il n'observe pas les bienséances). *Apprendre à vivre à quelqu'un* (= lui donner une bonne leçon). — **9.** *Vivre (de qqch),* avoir, se procurer les moyens de se nourrir ou de subsister : *Vivre de pêche, de chasse. Elle n'aime guère ce travail, mais il faut bien vivre* (= gagner sa vie). *Avoir de quoi vivre* (= avoir des ressources suffisantes). — **10.** *Vivre de qqch,* en tirer sa subsistance : *Vivre de ses rentes, d'expédients, du revenu de son travail.* — **11.** *Vivre* (+ *adv.*), avoir tel ou tel train de vie : *Vivre largement, chichement. Vivre tant bien que mal* (= vivoter, végéter). *Vivre bien* (= ne se priver de rien, avoir un train de vie large). — **12.** *Vivre d'amour et d'eau fraîche,* être amoureux au point de ne plus songer à la vie matérielle. ◆ v. t. **1.** *Vivre une vie* (+ *adj.* ou *compl.*), mener une existence d'une certaine manière : *Vivre une vie de plaisirs, une vie heureuse.* ‖ *Vivre sa vie* → VIE. — **2.** *Vivre qqch,* l'éprouver, le faire intensément : *Vivre des jours heureux, des heures pénibles* (syn. CONNAÎTRE, TRAVERSER). *Vivre une aventure merveilleuse. Vivre son métier* (= le faire à fond, de tout son être). — **3.** *Vivre une époque, des événements,* etc., y être associé, mêlé : *Vivre la guerre* (= être mêlé à, plongé dans). *Vivre une période de crise, un grand moment de l'histoire.*

2. vivre [vivr] n. m. *Le vivre et le couvert,* la nourriture et le logement. ◆ ***vivres*** n. m. pl. Aliments, tout ce qui sert à se nourrir : *Rationner les vivres* (syn. ALIMENTS). *Préparer des caisses de vivres pour un voyage en mer* (syn. PROVISIONS, NOURRITURE). *Couper les vivres à quelqu'un* (= lui supprimer toute aide pécuniaire).

vivrière [vivrijɛr] adj. f. *Cultures vivrières,* dont le produit est destiné à l'alimentation.

vlan! [vlɑ̃] interj. Exprime un bruit violent, en partic. celui d'un coup.

vocable [vɔkabl] n. m. (lat. *vocabulum*). Mot considéré surtout sur le plan de sa signification : *Vocables étrangers. Créer un vocable nouveau pour exprimer une idée nouvelle* (syn. DÉNOMINATION).

vocabulaire [vɔkabylɛr] n. m. (du lat. *vocabulum,* mot). **1.** Ensemble des mots ayant la valeur d'une dénomination et formant la langue d'une communauté, d'une activité humaine : *Étude du vocabulaire de Huysmans. Le vocabulaire de l'automobile.* — **2.** Dictionnaire abrégé où le choix des termes et les définitions se limitent à l'essentiel : *Un vocabulaire français-grec* (syn. LEXIQUE).

vocal, e, aux [vɔkal] adj. (lat. *vocalis;* de *vox, vocis,* voix). **1.** Relatif à la voix : *Cordes vocales. Exercices vocaux.* — **2.** Qui s'exprime par la voix : *Musique vocale* (= pour le chant, par oppos. à *musique instrumentale*).

vocalique [vɔkalik] adj. Relatif aux voyelles : *Le système vocalique du français comporte seize voyelles.*

vocalisation [vɔkalizasjɔ̃] n. f. Action de faire des vocalises.

vocalise [vɔkaliz] n. f. (du lat. *vocalis,* vocal). Exercice de voix parcourant une échelle de sons, exécuté sur une ou plusieurs voyelles et sans nommer les notes : *Faire des vocalises.*

vocaliser [vɔkalize] v. i. Faire des vocalises.

vocalisme [vɔkalism] n. m. Système des voyelles d'une langue.

vocatif [vɔkatif] n. m. (du lat. *vocare,* appeler). Dans les langues à déclinaison, cas de l'interpellation.

vocation [vɔkasjɔ̃] n. f. (lat. *vocatio;* de *vocare,* appeler). **1.** Impulsion intérieure ou penchant qu'on sent pour une activité ou un genre de vie : *Elle a la vocation du théâtre.* — **2.** Rôle auquel une communauté paraît être appelée : *La vocation industrielle de la Lorraine. L'administration a pour vocation de contrôler le budget des collectivités locales* (= est qualifiée pour).

vocifération [vɔsiferasjɔ̃] n. f. Parole dite avec violence et colère (surtout pl.) : *On entendait de loin ses vociférations* (syn. CLAMEUR, HURLEMENT).

vociférer [vɔsifere] v. t. (lat. *vociferare*) [c. **10**]. *Vociférer (des paroles, des injures)* [*contre qqn*], dire qqch avec violence et sur le ton de la colère; pester, crier, parler en criant et avec colère : *Vociférer contre tout le monde. Vociférer des injures contre quelqu'un.*

vodka [vɔdka] n. f. (mot russe). Eau-de-vie de grain : *Vodka russe, polonaise.*

vœu [vø] n. m. (lat. *votum*). **1.** Promesse faite à une divinité : *Faire vœu de se consacrer aux pauvres* (= promettre de, jurer de); au pl., engagement religieux : *Prononcer des vœux. Vœux perpétuels* (syn. SERMENT). — **2.** Engagement pris vis-à-vis de soi-même, résolution : *Elle a fait le vœu de ne pas bouger avant la fin de ce travail.* — **3.** Souhait de voir se réaliser qqch : *Mes vœux sont comblés* (syn. DÉSIR). *Faire des vœux pour le succès d'une entreprise.* — **4.** Souhaits adressés à qqn (souvent pl.) : *Présenter à quelqu'un des vœux de bonheur, ses meilleurs vœux. Vœux de bonne année.* — **5.** Intention, par oppos. à *décision : Assemblée qui émet des vœux* (syn. RÉSOLUTION, AVIS). [→ VOTIF.]

vogue [vɔg] n. f. Faveur, popularité dont jouit qqn, qqch : *La vogue de cet artiste a beaucoup baissé. La vogue des cheveux longs* (syn. MODE). *Chanson très en vogue* (= très à la mode).

voguer [vɔge] v. i. (anc. all. *wogon,* balancer). *Litt.* Se déplacer sur l'eau : *Une barque voguait au fil de l'eau* (syn. NAVIGUER).

voici [vwasi], **voilà** [vwala] adv. (de *vois,* et *ci, là*) [*Voici* indique la proximité ou le futur, *voilà* l'éloignement ou le passé; *voilà* est beaucoup plus courant que *voici*] **1.** Avant un n., un adv., après un pron. pers., présentent qqn, qqch : *Voici ma sœur. Voilà mes amis. Voici ma maison, et voilà le jardin. Voilà les faits, voici quelle sera ma conclusion... Enfin, voilà les invi-*

tés! (= ils arrivent). *Voici comment il faut faire : remplissez d'abord ce questionnaire. Voici venir le printemps. Vous voici déjà? Les voilà. Vous voulez des chiffres? En voici. Nous y voici* (= nous sommes arrivés à destination, ou à la question envisagée). *Vous voilà arrivés. Les beaux fruits que voilà!* — **2.** Seuls, annoncent un développement explicatif, ou introduisent une objection : *Vous me demandez des précisions? Voici : j'ai d'abord pris ce chemin. Elle a voulu se sauver, oui, mais voilà, il était trop tard.* — **3.** *Voilà* seul, ou *et voilà, et voilà tout,* a parfois une valeur conclusive : *Je me suis sauvé par la fenêtre, et voilà!* (= il n'y a pas d'autre mystère). — **4.** *Voici que, voilà que,* introduisent l'énoncé d'une circonstance particulière produisant un changement dans une situation : *Tout était calme; soudain, voilà qu'on entend une explosion. Tiens, voilà qu'il se met à pleuvoir.* — **5.** *Voici* et *voilà* (+ *temps*), précisent la durée écoulée : *Il a quitté la France voici bientôt dix ans* (syn. IL Y A). *Voilà trois jours qu'elle n'a rien mangé* (= depuis trois jours).

voie [vwa] n. f. (lat. *via,* chemin). **1.** Itinéraire, route construits ou aménagés pour aller d'un lieu à un autre; espace tracé ou aménagé pour la communication : *Une voie à sens unique, interdite aux poids lourds. Une grande voie de passage. Route à deux voies* (= à deux subdivisions de la chaussée pour permettre la circulation d'une file de voitures sur chacune). *Les voies de communication* (= l'ensemble des routes, des chemins de fer, des canaux; syn. LIGNES DE COMMUNICATION). *Voie publique* (= toute route ou tout chemin ouverts à la circulation et dépendant du domaine de l'État ou des collectivités locales). *Voie privée* (= dont l'accès sur la voie publique est clos). *Voie express* (= à circulation rapide). — **2.** *Voie (ferrée),* double ligne de rails servant à la circulation des trains (souvent pl.) : *Ne traversez pas les voies. Il y a eu un accident sur la voie. Des ouvriers réparent la voie.* — **3.** Moyen de communication, de transport : *La voie maritime est la plus sûre* (= le bateau). *Elle est venue par la voie aérienne* (= l'avion). — **4.** *Voie de garage,* partie de la voie ferrée où on gare les rames de wagons. || Fam. *Ranger, mettre, laisser qqch, qqn sur une voie de garage,* laisser de côté qqch ou qqn dont on ne veut plus s'occuper. || *La voie est libre,* le passage est ouvert, la route est dégagée; on peut agir librement. || *Voie d'eau,* trou fait accidentellement dans la coque d'un navire : *Après la collision, on s'est efforcé d'aveugler la voie d'eau.* — **5.** Direction de la vie, ligne de conduite, manière de se comporter (+ adj., compl. ou dans des express. figées) : *Suivre la bonne, la mauvaise voie. La voie du bien, du mal, de l'honneur, du courage* (syn. CHEMIN). *Ouvrir, montrer, tracer la voie* (= être l'initiateur, montrer la direction à suivre, créer un précédent; syn. OUVRIR LA ROUTE). *Obtenir un résultat par des voies détournées* (= par des moyens cachés; syn. CHEMIN). *Continuez dans cette voie, dans la même voie* (syn. DIRECTION, LIGNE). *Prendre une voie nouvelle* (= changer de cours). *L'affaire est en bonne voie* (= elle a pris un bon départ et promet de réussir). — **6.** *En voie de* (+ *n.* ou *inf.*), dont le début permet d'envisager avec certitude l'avenir : *Le travail est en voie d'achèvement* (= dans de bonnes conditions pour être achevé). *Tu es en voie de dépenser tout l'argent que tu possèdes* (syn. EN PASSE DE). || *Mettre qqn sur la voie,* l'aider à trouver ce qu'il cherche. || *Ouvrir la voie à qqch,* préparer les conditions nécessaires à sa réalisation : *Ces négociations préliminaires ont ouvert la voie à un pacte de non-agression;* rendre cette chose possible en créant un précédent : *De telles manœuvres ouvrent la voie à tous les abus.* || *Par la voie,* selon un certain ordre, une certaine structure : *Faire parvenir une demande par la voie hiérarchique.* || *Par voie de conséquence,* syn. de EN CONSÉQUENCE (soutenu) : *Ses exigences étaient trop grandes; par voie de conséquence, les négociations furent rompues.* || *Préparer, ouvrir la voie à qqn,* aplanir les difficultés devant lui. || *Trouver sa voie,* adopter la conduite la plus conforme à sa nature. || *Voie de fait,* acte de violence commis à l'égard de qqn (admin.) : *Il s'est livré à des voies de fait sur un infirme.*

voilà → VOICI.

voilage [vwalaʒ] n. m. Grand rideau d'étoffe légère et transparente (syn. VITRAGE).

1. voile [vwal] n. m. (lat. *velum*). **1.** Coiffure flottante de tissu fin servant à couvrir le visage ou la tête dans diverses circonstances : *Voile de mariée. Voile d'infirmière. Voile de deuil. Voile de religieuse.* — **2.** Tissu léger et fin : *Un voile de coton, de soie. Voile de Tergal pour faire des rideaux.* — **3.** Pièce de linge ou d'étoffe, plus ou moins opaque, qui sert à couvrir, à masquer ou à protéger : *Le ministre a ôté le voile qui dissimulait la plaque commémorative.* — **4.** Ce qui cache, empêche de voir qqch : *Mettre, jeter un voile sur une question. Ôter, arracher le voile. Un voile de brume* (= une légère brume). — **5.** *Prendre le voile,* se faire religieuse. || *Sans voile,* sans détour. || *Soulever un coin du voile,* commencer à découvrir qqch. || *Sous le voile de qqch,* sous le couvert, l'apparence de. — **6.** Déformation accidentelle subie par une roue d'un véhicule, d'une bicyclette, d'une moto; déformation d'un objet qui a perdu sa forme plane. — **7.** Obscurcissement accidentel d'un cliché photographique, dû à un excès de lumière : *La pellicule a été mal bobinée, et toutes les photos ont un voile.* — **8.** *Voile au poumon,* diminution homogène de la transparence d'une partie du poumon, visible à la radio. — **9.** *Voile du palais,* cloison musculaire et membraneuse qui sépare la bouche du larynx.

2. voile [vwal] n. f. **1.** Pièce de toile forte attachée aux vergues d'un mât et destinée à recevoir l'effort du vent pour faire avancer un bateau : *Bateau à voiles. Toutes voiles déployées. Carguer, larguer les voiles.* — **2.** *Faire voile vers un lieu,* s'y rendre (par mer). || *Mettre à la voile,* appareiller. || Fam. *Mettre les voiles,* s'en aller. — **3.** Bateau à voiles : *On aperçoit quelques voiles à l'horizon.* — **4.** Sport nautique qui consiste à diriger un bateau à voile : *Faire de la voile.*

voilé, e [vwale] adj. **1.** Obscur, dissimulé : *Parler en termes voilés* (= à mots couverts; syn. ↑OBSCUR). *Faire une allusion voilée à quelque chose* (syn. DISCRET; contr. DIRECT). — **2.** Qui manque de netteté, de pureté : *Regard voilé* (syn. TERNE, TROUBLE; contr. LIMPIDE, CLAIR, FRANC). *Voix voilée* (syn. ENROUÉ; contr. CLAIR).

voiler [vwale] v. t. **1.** *Voiler qqch,* le couvrir d'un voile : *Voiler une statue.* — **2.** *Voiler qqch,* le cacher, le dissimuler : *Des nuages voilent la lune. Voiler sa désapprobation par un excès de gentillesse. Voiler son émotion* (syn. ATTÉNUER, ESTOMPER). *Des larmes qui voilent le regard* (syn. EMBRUMER, NOYER). — **3.** *Voiler une roue,* la déformer, de telle sorte que sa jante cesse d'être dans un même plan (syn. FAUSSER). — **4.** *Voiler une planche, un disque,* etc., lui faire perdre sa qualité plane : *L'humidité voile le bois* (syn. GAUCHIR). — **5.** Faire un voile : *Si vous n'ouvrez pas votre appareil dans une obscurité complète, vous allez voiler votre film. Une photo voilée. Avoir un poumon voilé.* ◆ ***se voiler*** v. pr. **1.** Se couvrir d'un voile, en partic. couvrir son visage : *Chez certains peuples, les femmes se voilent encore pour sortir* (= portent un voile devant le visage). *Se voiler la face* (= se cacher la figure par honte, ou pour ne pas entendre certaines paroles jugées indécentes). — **2.** Se cacher, se couvrir : *La lune se voile peu à peu.* — **3.** Se déformer : *La roue s'est voilée.*

voilette [vwalɛt] n. f. Petite pièce de tissu léger et transparent dont sont garnis certains chapeaux de femmes et qui peut se rabattre sur le visage.

voilier [vwalje] n. m. Navire, bateau de plaisance à voiles : *Une course de voiliers.*

voilure [vwalyr] n. f. **1.** Ensemble des voiles d'un bâtiment. — **2.** Ensemble des surfaces portantes d'un avion.

voir [vwar] v. t. (lat. *videre*) [c. **41**]. **1.** *Voir (qqn, qqch* [+ *inf.*]), percevoir par la vue : *Voir bien, mal* (= avoir bonne, mauvaise vue). *Lunettes pour voir de près. Ne rien voir dans l'obscurité* (syn. DISTINGUER). *Voir quelque chose à l'œil nu* (syn. APERCEVOIR). *Voir le blé pousser. Je regarde si je la vois arriver, mais je ne vois rien du tout. Faire voir le chemin à quelqu'un* (= le lui indiquer, le lui montrer). *Laisser voir son chagrin* (= ne pas le cacher). *Rideau transparent qui laisse voir ce qui se passe à l'extérieur. Je l'ai vu de mes propres yeux* (= je suis sûr de ce que j'avance). *De la hauteur, on voit jusqu'à des dizaines de kilomètres.* — **2.** *Voir qqch,* en être le témoin, assister à un événement, le vivre : *La génération qui a vu la guerre de 14* (syn. FAIRE ou VIVRE). *Voir du pays* (= le visiter, le parcourir). *Un pays qui a vu plusieurs révolutions* (syn. CONNAÎTRE, SUBIR). *Je n'ai jamais vu ça* (marque la surprise, avec une nuance de désapprobation). *Quelqu'un qui a beaucoup vu* (= qui a beaucoup d'expérience). *Voir un film. Voir un match à la télévision* (= regarder). — **3.** *Voir qqn, qqch,* l'imaginer, le concevoir : *Je ne le vois pas du tout en médecin. Voir l'avenir* (= prévoir). *Je ne vois pas où cela peut vous mener. Je ne vois pas d'issue, de solution* (syn. TROUVER). *Je ne vois pas de mal à cela. Je ne vois pas ce qu'il y a de drôle* (syn. COMPRENDRE). *Vous pensez aux mois à venir, mais il faut voir plus loin. Voir grand. Elle ne voyait pas quel parti prendre.* — **4.** *Voir qqn, qqch* (+ *inf.*), *voir que* (+ *ind.*), *voir si* (+ *interrogative indirecte*), constater un fait : *Il voit réussir tous ses camarades. Maintenant, je vois mes erreurs. Tu vois que tu as tort* (syn. SE RENDRE COMPTE). *Je vais au téléphone pour voir si elle est là* (syn. SAVOIR); (sujet qqch) *voir qqch* (+ *inf.*), il est constaté que qqch se fait : *Des terrains qui ont vu leurs prix doubler en un an. L'année prochaine verra le mariage de ma sœur.* — **5.** *Voir qqch,* l'examiner, l'étudier de près, y réfléchir : *Voir un dossier, une affaire. Je verrai ça. Voir un chapitre de géographie. Je verrai ce que j'ai à faire. C'est à voir* (= il faut y réfléchir). *C'est une question à voir* (syn. ÉTUDIER). *Nous verrons ça entre nous* (= nous en reparlerons). — **6.** Examiner, juger : *Je connais votre façon de voir à ce sujet* (= votre opinion). *Elle a fait la chose simplement pour voir* (= pour pouvoir juger). — **7.** *Voir qqn,* lui rendre visite, le fréquenter : *Voir son directeur* (= le rencontrer, avoir un entretien avec lui). *Voir régulièrement ses amis* (= entretenir avec eux des relations d'amitié). *Aller voir ses parents* (= leur rendre visite). *Aller voir le médecin. Voir un avocat* (syn. CONSULTER). — **8.** *Voir à ce que* (+ *subj.*), faire en sorte que, veiller à ce que : *Voyez à ce qu'il ne manque de rien.* — **9.** Fam. *Voir,* placé après un impératif, sert à l'accentuer : *Dites voir. Écoute voir.* || *Voir, voyez,* introduisent un renvoi dans un texte : *Voir page suivante. Voyez ci-dessus.* || *Voyons!,* sert à inciter qqn à parler ou à agir ou bien sert à rappeler qqn à l'ordre : *Explique-toi, voyons! Voyons, un peu de silence, s'il vous plaît!* || *Voyons voir,* annonce qu'on va examiner qqch. — **10.** *Avoir quelque chose, n'avoir rien à voir (avec qqn, qqch),* avoir, n'avoir aucun rapport avec la personne ou la chose dont il est question : *Cette fille n'a rien à voir avec moi, je ne la connais pas. Est-ce que la famille Dupont a quelque chose à voir avec la famille Durand?* (= est-ce qu'il y a une relation entre elles). || *N'avoir rien à voir dans qqch,* n'être nullement concerné par : *Je n'ai rien à voir dans cette affaire.* || Fam. *En faire voir à qqn,* le tourmenter, lui causer du souci. || *Être à voir,* offrir un attrait de curiosité : *Ce film est à voir.* || Fam. *Ne plus pouvoir voir qqn,* éprouver pour lui une aversion profonde (syn. SUPPORTER, SOUFFRIR). || *Se faire bien, mal voir (de qqn),* être bien, mal considéré par lui. || *Voir venir (les choses),* laisser aux événements, aux choses, le temps de se produire, rester dans l'expectative. || Fam. *Voir venir qqn,* deviner ses intentions. || *Vous m'en voyez ravi,* formule de politesse (souvent ironiq.) indiquant qu'on est très heureux du sort qui échoit à qqn. ◆ ***se voir*** v. pr. **1.** (sujet qqn) Se regarder : *Se voir dans une glace.* — **2.** Se représenter par la pensée : *Elle se voit déjà toute vieille dans quelques années* (syn. S'IMAGINER). — **3.** Se trouver dans telle situation : *Il s'est vu dans la misère après avoir été dans l'opulence. Elle était fière de se voir admirée de tant de monde.* — **4.** (sujet qqn [pl.]) Se fréquenter : *Des amis qui se voient souvent.* — **5.** (sujet qqch) Être apparent, visible : *Est-ce que cette tache va se voir?* — **6.** Arriver, se produire : *Un fait qui ne se voit pas souvent* (syn. SE PRÉSENTER).

voire [vwar] adv. (lat. *vera,* choses vraies). Litt. *Voire (même),* renchérit sur ce qui précède : *Un stage de quelques mois, voire de quelques années* (syn. ET MÊME, ET AUSSI).

voirie [vwari] n. f. Ensemble des diverses voies de communication : *La voirie départementale. Service de voierie* (= nettoyage des rues et des places).

voisin, e [vwazɛ̃] adj. (lat. *vicinus*). **1.** *Voisin (de qqn, de qqch),* situé à faible distance d'eux : *Habiter la maison voisine* (= d'à côté). *Le hameau voisin est à trois kilomètres* (= le plus proche). *Un champ voisin de la route* (syn. PROCHE). — **2.** Se dit d'êtres ou de choses qui ont des traits de ressemblance : *Des idées voisines* (= presque semblables). *Programmes voisins* (syn. APPARENTÉ). *Style voisin* (syn. PROCHE). *Prendre une qualité voisine pour réassortir des objets* (syn. APPROCHANT). ◆ n. **1.** Personne qui habite à côté d'une autre, dans le même immeuble, etc. : *Rencontrer un voisin. Voisin de palier, voisine de table.* — **2.** Habitant d'un pays contigu : *Peuple en guerre contre ses voisins.*

voisinage [vwazinaʒ] n. m. **1.** Lieux qui se trouvent à proximité de qqch : *Les enfants du voisinage* (syn. QUARTIER, ENVIRONS). — **2.** Proximité dans le temps ou l'espace : *Jouir du voisinage de la ville. Au voisinage du marché* (= aux alentours de). — **3.** Ensemble des voisins : *Ameuter tout le voisinage* (syn. QUARTIER). — **4.** *Rapports de bon voisinage,* bonnes relations entre voisins.

voisiner [vwazine] v. i. (sujet qqch) *Voisiner avec qqch,* être placé à une faible distance de : *Sur son bureau la pipe voisine avec les livres.* (→ AVOISINER.)

voiture [vwatyr] n. f. (lat. *vectura,* transport). **1.** Véhicule hippomobile ou à bras servant à transporter les personnes ou les marchandises : *Voiture à cheval. Voiture d'enfant* (= landau, poussette). — **2.** Véhicule automobile : *Voiture de course. Faire de la voiture* (= circuler en auto). — **3.** Partie d'un train (syn. WAGON) ou d'un métro (syn. COMPARTIMENT) : *Voiture de tête, de queue, de première, de seconde classe.* — **4.** *En voiture!,* cri par lequel le chef de gare invite les voyageurs à monter dans le train. || *Voiture d'infirme,* sorte de fauteuil roulant. || *Voiture-école,* voiture d'auto-école dans laquelle les candidats au permis apprennent à conduire.

voix [vwa] n. f. (lat. *vox, vocis*). **1.** Ensemble des sons produits par les organes de la parole (larynx, bouche, etc.) : *Avoir la voix grave, aiguë, rauque, nasillarde. Baisser la voix. Parler à voix basse, à mi-voix. Dire quelque chose à haute et intelligible voix. Parler d'une voix entrecoupée, avec des larmes dans la voix. Ne pas reconnaître la voix de quelqu'un au téléphone.* — **2.** Personne qui parle : *Elle entendit des voix dans le jardin.* — **3.** Son émis en chantant : *Voix de basse, de soprano. Une belle voix. Avoir la voix fausse, juste* (= chanter faux, juste). *S'éclaircir la voix. Travailler sa* *voix.* — **4.** Partie vocale ou instrumentale d'une œuvre musicale : *Chœur à plusieurs voix.* — **5.** Cri de certains animaux, ou son de certains instruments de musique : *Voix d'un chien isolé* (syn. CRI). *Enregistrer la voix des oiseaux* (syn. CHANT, CRI). *La voix vibrante du violoncelle* (syn. SON). — **6.** *À voix,* se dit d'un chanteur dont la voix est naturellement large et forte. ‖ *De vive voix,* en parlant directement à la personne intéressée. ‖ *Donner de la voix,* aboyer (en parlant d'un chien). ‖ *Être, n'être pas en voix,* en forme (ou non) pour chanter. ‖ *Rester sans voix,* muet d'étonnement. — **7.** Idées, sentiments d'une collectivité qui se manifestent clairement : *La voix populaire. Quand ce pays aura fait entendre sa voix.* — **8.** *La voix de qqch,* l'impulsion par laquelle cette chose guide qqn vers un but ou l'en détourne, et qu'il ressent comme un appel, un ordre intérieur : *La voix de la sagesse. La voix du sang* (= impulsion qui rapproche des personnes de même parenté). *La voix de la raison* (= ce que dicte la raison). — **9.** Possibilité, droit d'exprimer son opinion dans une délibération : *Avoir seulement voix consultative.* — **10.** Expression de l'opinion d'un électeur dans un vote : *Donner sa voix à tel candidat* (syn. SUFFRAGE). *Perdre, gagner des voix. Compter les voix.* — **11.** En grammaire, ensemble des formes verbales correspondant à un type de relation entre verbe, sujet et objet : *Voix active, passive* (syn. FORME).

1. vol [vɔl] n. m. **1.** Mode de déplacement des oiseaux, des insectes, de certains animaux, dans l'air : *Le vol des hirondelles au ras du sol est considéré comme un présage de pluie. Le vol plané d'un épervier. Le vol d'une chauve-souris.* — **2.** Distance que parcourt un oiseau sans se reposer : *Franchir une région d'un seul vol.* — **3.** Groupe d'oiseaux qui volent ensemble : *Un vol de cigognes.* — **4.** Déplacement d'un engin d'aviation dans l'atmosphère, ou d'un engin spatial dans le cosmos : *Il y a huit heures de vol entre ces deux pays* (syn. TRAVERSÉE). *Vol de nuit. Le vol orbital des cosmonautes.* — **5.** *À vol d'oiseau,* en ligne droite. ‖ *Au vol,* en l'air, pendant que l'objet traverse l'air : *Saisir la balle au vol;* en courant rapidement; pendant la marche : *Prendre l'autobus au vol.* ‖ *De haut vol,* de grande envergure : *Un escroc de haut vol.* ‖ *Prendre son vol,* s'en aller, partir; commencer à obtenir des succès. ‖ *Saisir un nom, une remarque au vol,* au passage, dans la conversation. ‖ *Vol à voile,* évolution d'un planeur dans les airs, grâce à la force des courants aériens; sport ainsi pratiqué.

2. vol [vɔl] n. m. **1.** Fait de s'emparer du bien d'autrui : *Commettre une série de vols* (syn. soutenus LARCIN, DÉTOURNEMENT, RAPINE, ↑PILLAGE). *Assurance contre le vol. Vol de voiture. C'est du vol organisé* (syn. ESCROQUERIE). — **2.** Produit du vol : *Sa fortune est la somme de tous ses vols.*

volage [vɔlaʒ] adj. (lat. *volaticus,* qui vole). Dont les sentiments changent souvent d'objet; peu fidèle en amour : *Personne volage* (syn. LÉGER, FRIVOLE, INCONSTANT). *Cœur volage* (contr. FIDÈLE).

volaille [vɔlaj] n. f. (lat. *volatilia,* oiseaux). **1.** Nom collectif des oiseaux qu'on élève dans une basse-cour pour leurs œufs et pour leur chair : *Élevage de la volaille.* — **2.** Oiseau de basse-cour : *Découper une volaille. Pâté de volaille.*

volailler [vɔlaje] n. m. Marchand de volaille.

1. volant, e [vɔlɑ̃] adj. **1.** Capable de s'élever, de se déplacer en l'air : *Poisson volant.* — **2.** *Feuille volante,* qui n'est attachée à aucune autre : *Prendre des notes sur des feuilles volantes* (= séparées, indépendantes). ‖ *Personnel volant,* dans l'aviation, personnel qui vole, par oppos. au *personnel à terre* (ou fam. *rampant*) [syn. NAVIGANT]; personnel de remplacement qui va d'un service à l'autre.

2. volant [vɔlɑ̃] n. m. **1.** Portion libre et détachable de chaque feuille d'un carnet à souches : *Renvoyer le volant dûment rempli* (contr. SOUCHE). — **2.** Bande de tissu froncé, servant de garniture dans l'habillement et dans l'ameublement : *Un volant de dentelles. Un jupon à volants.* — **3.** Bouchon de liège, garni de plumes, qu'on lance avec une raquette; jeu qui se joue avec cet objet : *Une partie de volant.* — **4.** Dispositif en forme de roue servant à orienter les roues directrices d'une automobile : *Tourner le volant. Prendre, tenir le volant* (= conduire). *As du volant* (= champion de la conduite automobile). — **5.** Roue très pesante, dont l'inertie régularise la vitesse de rotation de l'arbre sur lequel elle est calée. — **6.** Organe de commande d'un mécanisme. — **7.** *Volant magnétique,* dispositif d'allumage des moteurs à deux temps de motocyclette. — **8.** *Volant de sécurité,* ce qui sert à régulariser un processus : *Le volant de sécurité d'une chaîne de fabrication;* réserve permettant de faire face à l'imprévu : *Le volant de sécurité d'une entreprise commerciale* (syn. MARGE DE SÉCURITÉ).

volatil, e [vɔlatil] adj. (lat. *volatilis,* léger). Qui se transforme aisément en vapeur : *Produit volatil et inflammable, à reboucher soigneusement.*

volatile [vɔlatil] n. m. (lat. *volatilis,* qui vole). Oiseau, et en partic. oiseau de basse-cour : *Rattraper un volatile échappé du poulailler.*

volatilisation [vɔlatilizasjɔ̃] n. f. Fait de se volatiliser.

volatiliser [vɔlatilize] v. t. **1.** *Volatiliser un liquide, un corps,* le transformer en vapeur : *Volatiliser du soufre.* — **2.** Fam. *Volatiliser un objet,* le subtiliser, le voler, le faire disparaître : *Qui est-ce qui m'a volatilisé mon briquet?* ◆ ***se volatiliser*** v. pr. **1.** Devenir volatil : *L'éther se volatilise.* — **2.** *Fam.* Disparaître rapidement : *Mon argent s'est volatilisé* (syn. S'ENVOLER, S'ÉVAPORER).

volatilité [vɔlatilite] n. f. Caractère volatil : *La volatilité de l'éther.*

vol-au-vent [vɔlovɑ̃] n. m. inv. (de *voler au vent*). Croûte de pâte feuilletée, garnie de dés de viande en sauce.

volcan [vɔlkɑ̃] n. m. (it. *vulcano;* de *Vulcain,* dieu du feu). **1.** Relief de forme conique, édifié par les laves et les projections issues de l'intérieur du globe, et qui a émis ou peut émettre des matières en fusion, par une cheminée et un cratère : *Volcan en activité, éteint. Cheminée, pentes d'un volcan.* — **2.** *Être (assis) sur un volcan,* être dans une situation qui recèle un danger imminent, mais caché.

volcanique [vɔlkanik] adj. **1.** Propre aux volcans : *Éruption volcanique, roches volcaniques.* — **2.** Ardent, violent : *Tempérament volcanique* (syn. BOUILLANT, IMPÉTUEUX). *Les ravages d'une passion volcanique* (syn. ARDENT).

volcanisme [vɔlkanism] n. m. Ensemble des phénomènes volcaniques.

volcanologie [vɔlkanɔlɔʒi] ou **vulcanologie** [vylka-] n. f. Étude des volcans et des phénomènes volcaniques.

volcanologue [vɔlkanɔlɔg] ou **vulcanologue** [vylka-] n. Spécialiste de volcanologie.

volée [vɔle] n. f. **1.** Tir simultané de plusieurs pièces d'artillerie : *Une volée d'obus.* — **2.** Suite de coups nombreux et consécutifs : *Recevoir une volée* (syn. fam. RACLÉE). — **3.** Son d'une cloche mise en branle. — **4.** Reprise d'une balle, d'un ballon avant qu'ils aient touché terre : *Rattraper une balle à la volée. Faire un arrêt de volée.* — **5.** Envol, essor : *Prendre sa volée.* — **6.** Distance qu'un oiseau parcourt sans s'arrêter : *D'une seule volée.* — **7.** Groupe d'oiseaux qui volent ensemble : *Une volée d'hirondelles.* — **8.** *À la volée,* en l'air : *Attrapper une balle à la volée* (syn. AU VOL).

Semer à la volée (= en lançant les grains en l'air pour les éparpiller); très rapidement : *Saisir une allusion à la volée.*

1. voler [vɔle] v. i. (lat. *volare*). **1.** (sujet un oiseau, un insecte, un avion) Se mouvoir ou se maintenir en l'air au moyen d'ailes; suivre un parcours en l'air : *Oiseau qui vole bas.* — **2.** (sujet qqn) Se déplacer en avion; (sujet un avion) effectuer un vol : *Voler de Paris à Athènes. Voler vers les États-Unis.* — **3.** (sujet qqn) Aller très vite : *Elle vola chez son amie annoncer la nouvelle* (syn. COURIR, ACCOURIR; fam. FONCER). *Voler au secours de quelqu'un.* — **4.** (sujet qqch) Être projeté dans l'air : *Papiers qui volent au vent. Les vitres volèrent en éclats.* — **5.** *Voler de ses propres ailes*, être désormais capable de se passer de l'aide, de la protection d'autrui.

2. voler [vɔle] v. t. (de *voler* 1). **1.** *Voler qqch (à qqn)*, prendre par force ou à son insu ce qui lui appartient : *On m'a volé tout ce qui était dans ma voiture* (syn. CAMBRIOLER, ↑ PILLER, ↑ DÉVALISER). *On lui a volé son portefeuille* (syn. soutenu DÉROBER). *Il m'a volé cette idée* (syn. ↓ PRENDRE; fam. CHIPER); sans compl. : *Cet enfant a volé, il sera puni* (syn. fam. CHAPARDER). — **2.** *Voler qqn*, lui prendre ses affaires, son bien, ce qui lui revenait : *Elle s'est fait voler pendant son voyage* (syn. DÉTROUSSER, DÉVALISER). *Elle a été volée lors du partage des biens* (syn. LÉSER). — **3.** *Ne pas l'avoir volé*, l'avoir bien mérité.

volet [vɔlɛ] n. m. **1.** Panneau de bois, de plastique ou de tôle pour clore une baie de fenêtre ou de porte : *Ouvrir les volets* (syn. PERSIENNE). — **2.** Partie plane d'un objet, pouvant se rabattre sur celle à laquelle elle tient : *Volets d'un triptyque. Volets d'une aile d'avion. Volet d'un feuillet.* — **3.** Partie ou aspect d'un ensemble : *Un plan de réorganisation qui comporte quatre volets.*

voleter [vɔlte] v. i. (c. 8) [sujet un animal, un oiseau, un insecte] Voler à petits coups d'aile, en se posant souvent : *Oisillons qui volettent au ras du sol.*

voleur, euse [vɔlœr] adj. et n. Qui vole, a volé, dévalisé : *Commerçant voleur* (syn. MALHONNÊTE). *Prendre une voleuse la main dans le sac* (= en flagrant délit de vol).

volière [vɔljɛr] n. f. Grande cage dans laquelle on élève des oiseaux.

volley-ball ou **volley** [vɔlɛ(bol)] n. m. (mot angl.). Sport qui se dispute entre deux équipes de six joueurs se renvoyant, par-dessus un filet, un ballon léger, sans qu'il touche le sol.

volleyeur, euse [vɔlɛjœr] n. **1.** Joueur, joueuse de volley-ball. — **2.** Spécialiste de la volée au tennis.

1. volontaire [vɔlɔ̃tɛr] adj. (lat. *voluntarius*). **1.** Qui agit selon sa volonté et non par contrainte : *Exilé volontaire.* — **2.** Qui manifeste une volonté ferme, qui traduit la volonté : *Tempérament volontaire. Regard volontaire. Avoir un front volontaire.* — **3.** Se dit d'un acte qui résulte d'un choix délibéré : *Omission volontaire* (syn. INTENTIONNEL, VOULU). *Aveu volontaire d'une faute* (syn. SPONTANÉ; contr. FORCÉ).

2. volontaire [vɔlɔ̃tɛr] n. Personne qui se propose pour une tâche difficile, désagréable ou périlleuse : *Des volontaires aidaient les pompiers à combattre l'incendie.*

volontairement [vɔlɔ̃tɛrmɑ̃] adv. **1.** De sa propre volonté : *Se dénoncer volontairement* (syn. ↑ SPONTANÉMENT). — **2.** Avec intention, exprès : *Laisser volontairement un sujet dans l'ombre* (syn. INTENTIONNELLEMENT).

volontariat [vɔlɔ̃tarja] n. m. Service accompli par un volontaire.

volontarisme [vɔlɔ̃tarism] n. m. Tendance à considérer que la volonté est déterminante dans les événements.

volontariste [vɔlɔ̃tarist] adj. et n. Qui relève du volontarisme.

volonté [vɔlɔ̃te] n. f. (lat. *voluntas*). **1.** Faculté de se déterminer librement, de décider qqch après réflexion : *Naissance, développement de la volonté. Manifestation de la volonté. Volonté faible, hésitante, ferme. Faire un effort de volonté pour se décider.* — **2.** Vif désir de qqch : *Avoir la volonté de guérir, de réussir. Être sans volonté* (= ne rien désirer particulièrement). *Faire les quatre volontés de quelqu'un* (= obéir à tous ses caprices). — **3.** Énergie, fermeté à réaliser ce qu'on souhaite : *Il a échoué par manque de volonté. Force de volonté. Faire acte de volonté* (syn. AUTORITÉ, DÉCISION). *Avoir une volonté de fer, une volonté inflexible.* — **4.** Décision prise par qqn d'accomplir ou de faire accomplir certaines choses (parfois pl.) : *Sa volonté est d'être incinérée* (syn. ↑ DÉSIR). *Suivre, respecter, enfreindre la volonté de quelqu'un. Les dernières volontés de la défunte.* — **5.** Expression de ce que souhaite une collectivité (parfois pl.) : *La volonté nationale. Des volontés de guerre, de paix.* — **6.** *À volonté*, sans limitation de quantité : *Pain et beurre à volonté* (syn. À DISCRÉTION); au moment qu'on veut, comme on veut : *Vous pouvez le conserver ou l'échanger à volonté* (= à votre gré). ‖ *Bonne (mauvaise) volonté*, disposition à vouloir faire (ou à refuser de faire) qqch : *Mettre de la mauvaise volonté à exécuter un ordre. Cette élève a beaucoup de bonne volonté. Sa bonne volonté est mise à rude épreuve.*

volontiers [vɔlɔ̃tje] adv. (du lat. *voluntarius*, volontaire). **1.** De bon gré, avec plaisir : *« Vous viendrez bien nous voir ? — Volontiers. » C'est un film que je reverrais volontiers* (= que j'aimerais bien revoir). — **2.** Par une tendance naturelle (soutenu) : *Être volontiers bavard.*

volt [vɔlt] n. m. (du physicien *Volta*). Unité de force électromotrice et de différence de potentiel, ou tension, en électricité (symb. V) : *Un courant de 110 volts, de 220 volts* (ou, par abrév., *du 110, du 220*).

voltage [vɔltaʒ] n. m. Différence de potentiel, ou tension, en électricité : *Il faudrait vérifier le voltage de l'appareil avant de le brancher.*

volte-face [vɔltəfas] n. f. inv. (it. *volta faccia*). **1.** *Faire volte-face*, pivoter sur soi-même; se trouver dans la direction opposée à celle qu'on suivait. — **2.** Changement brusque d'opinion, de manière d'agir : *Les volte-face d'un parti politique.*

voltige [vɔltiʒ] n. f. **1.** Ensemble d'exercices au trapèze volant : *Voir au cirque un numéro de haute voltige.* — **2.** Exercice d'équitation qui consiste à sauter, de diverses manières, sur un cheval en marche ou arrêté : *Faire de la voltige.* — **3.** Ensemble des figures de l'acrobatie aérienne. — **4.** Acrobatie de toute sorte; manœuvre ingénieuse mais sujette à caution : *Exercice de voltige intellectuelle.*

voltiger [vɔltiʒe] v. i. (it. *volteggiare*; de *volta*, tour) [c. 2]. **1.** Voler çà et là sans direction déterminée : *Feuilles qui voltigent en automne.* — **2.** Flotter au gré du vent : *Le vent fait voltiger les flocons de neige.*

voltigeur [vɔltiʒœr] n. m. **1.** Personne qui fait de la voltige. — **2.** Fantassin chargé de mener des missions de combat traditionnelles.

voltmètre [vɔltmɛtr] n. m. Appareil mesurant une différence de potentiel en volts.

volubile [vɔlybil] adj. (lat. *volubilis*, qui tourne). Qui parle avec aisance, abondance et rapidité (syn. LOQUACE, BAVARD; contr. TACITURNE).

volubilis [vɔlybilis] n. m. (mot lat. signif. *qui tourne aisément*). Autre nom du LISERON, appliqué surtout aux espèces ornementales à fleurs colorées.

volubilité [vɔlybilite] n. f. Facilité et rapidité de la parole : *Une volubilité qui étourdit* (syn. PROLIXITÉ, LOQUACITÉ; soutenu FACONDE).

volume [vɔlym] n. m. (lat. *volumen*, rouleau). — **I. 1.** Figure géométrique à trois dimensions : *Le cône, la pyramide, la sphère sont des volumes réguliers.* — **2.** Espace à trois dimensions occupé par un corps matériel et susceptible d'une mesure précise; cette mesure : *Calculer le volume d'un corps. Unité de volume. L'eau chauffée augmente de volume* (= se dilate). *Le volume de cette bouteille est d'un décimètre cube. De l'eau oxygénée à vingt volumes* (= susceptible de dégager vingt fois son propre volume d'oxygène). — **3.** Encombrement de ce corps : *Emballage qui fait beaucoup de volume* (= est très encombrant). — **4.** Quantité globale : *Le volume des importations est supérieur au volume des exportations* (syn. IMPORTANCE, QUANTITÉ). *Volume d'une affaire.* — **5.** Masse d'eau que débite un fleuve. — **6.** Force et ampleur des sons : *Régler le volume sonore de la radio* (syn. INTENSITÉ). *Sa voix a beaucoup de volume.*
— **II.** Livre broché ou relié : *Un dictionnaire en dix volumes* (syn. TOME). *Rassembler en un volume les inédits, les lettres d'un écrivain.*

volumineux, euse [vɔlyminø] adj. **1.** Très encombrant, qui tient beaucoup de place : *Caisse volumineuse* (syn. ÉNORME). — **2.** Qui comporte de nombreux éléments; abondant : *Recevoir un courrier volumineux* (syn. ABONDANT).

volupté [vɔlypte] n. f. (lat. *voluptas*). Jouissance sexuelle; vif plaisir des sens : *Rechercher la volupté. Se baigner avec volupté* (= un très grand plaisir) [syn. JOIE, DÉLECTATION].

voluptueusement [vɔlyptɥøzmɑ̃] adv. Avec volupté : *S'étirer voluptueusement.*

voluptueux, euse [vɔlyptɥø] adj. et n. Qui recherche la volupté et les plaisirs : *Une personne voluptueuse.* ◆ adj. Qui fait éprouver du plaisir : *Étreinte voluptueuse.*

volute [vɔlyt] n. f. (it. *voluta*). **1.** Ornement d'architecture en forme de spirale : *Volutes d'une colonne ionique.* — **2.** Ce qui est plus ou moins en forme de spirale : *Des volutes de fumée.*

vomi [vɔmi] n. m. Matière vomie : *Sentir le vomi* (syn. VOMISSURE).

vomir [vɔmir] v. t. (lat. *vomere*). **1.** *Vomir qqch (aliment, repas),* rejeter sous l'effet d'un spasme, par la bouche, les matières solides ou liquides contenues dans l'estomac : *Vomir son déjeuner* (syn. RENDRE); sans compl. : *Un spectacle affreux, à faire vomir.* — **2.** *Vomir qqch (sang, bile,* etc.), le rejeter par la bouche : *Vomir du sang.* — **3.** *Vomir des injures,* les proférer avec violence. — **4.** *Vomir qqn, qqch,* exprimer vivement la répugnance qu'ils vous inspirent. — **5.** (sujet qqch) *Vomir qqch,* le projeter violemment au-dehors : *Les volcans vomissent des flammes, de la lave.*

vomissement [vɔmismɑ̃] n. m. Action de vomir : *Avoir des vomissements.*

vomissure [vɔmisyr] n. f. Syn. de VOMI n. m.

vomitif, ive [vɔmitif] adj. et n. m. Qui fait vomir : *Produit vomitif. Prescrire un vomitif.*

vorace [vɔras] adj. (lat. *vorax*). Qui mange goulûment d'importantes quantités de nourriture : *Enfant vorace* (syn. GLOUTON, INSATIABLE). *Des rats voraces. Appétit vorace.*

voracement [vɔrasmɑ̃] adv. De manière vorace : *Se jeter voracement sur sa proie.*

voracité [vɔrasite] n. f. Grande avidité à manger : *La voracité des oiseaux de proie.*

vos [vo] adj. poss. de la 2ᵉ pers. pl. (→ introduction POSSESSIFS).

votant, e [vɔtɑ̃] n. **1.** Personne qui a le droit de participer à un suffrage, à une élection (syn. ÉLECTEUR). — **2.** Personne qui participe effectivement au vote : *Il y a eu 80 pour 100 de votants* (contr. ABSTENTIONNISTE).

votation [vɔtasjɔ̃] n. f. *Mode de votation,* manière de voter.

vote [vɔt] n. m. (angl. *vote;* du lat. *votum,* vœu). **1.** Acte par lequel les citoyens d'un pays, les membres d'une assemblée expriment leur opinion; mode selon lequel est effectuée cette opération : *Procéder au vote* (syn. ÉLECTION). *Se rendre au bureau de vote. Prendre part à un vote. Bulletin de vote. Vote à main levée, secret, par correspondance* (syn. SCRUTIN). *Le vote d'une loi* (syn. ADOPTION). — **2.** Opinion exprimée par chacune des personnes qui participent à une délibération, à une élection : *Compter les votes* (syn. SUFFRAGE, VOIX).

voter [vɔte] v. i. Exprimer son opinion dans une consultation : *Dès midi, la plupart des électeurs avaient voté* (contr. S'ABSTENIR). *Avoir le droit de voter. Voter pour une liste locale. Voter indépendant, à droite, à gauche.* ◆ v. t. *Voter une loi, une décision,* etc., l'adopter, la faire passer par le moyen d'une consultation : *L'Assemblée a voté un projet de loi modifiant le régime matrimonial* (syn. RATIFIER). *La loi sur les crédits agricoles a été votée* (= est passée).

votif, ive [vɔtif] adj. (lat. *votum,* vœu). Accompli en vertu d'un vœu : *Inscription votive.*

votre [vɔtr] adj. poss., **vôtre** [votr] pron. poss. de la 2ᵉ pers. du pl. ou du sing. (lat. *voster*) [→ introduction POSSESSIFS].

vouer [vwe] v. t. (du lat. *votum,* vœu). **1.** *Vouer un sentiment à qqn,* lui porter spontanément un sentiment durable : *Vouer une amitié éternelle, une haine implacable à quelqu'un* (syn. JURER). — **2.** *Vouer sa personne, sa conduite,* etc., *à qqn, à qqch,* les lui consacrer entièrement : *Vouer sa vie, son activité à un parti* (syn. OFFRIR, DONNER). — **3.** *Vouer qqch à un état,* le destiner à un sort, l'y conduire fatalement (surtout pass.) : *Entreprise vouée à l'échec* (syn. CONDAMNER). ◆ ***se vouer*** v. pr. *Se vouer à qqch,* s'y consacrer : *Se vouer à la défense des droits de l'homme.*

1. vouloir [vulwar] v. t. (lat. pop. *volere*) [c. 37]. **1.** (sujet qqn, un animal) *Vouloir* (+ *inf.*), *vouloir que* (+ *subj.*), être décidé à (à ce que), avoir l'intention plus ou moins arrêtée, le désir de : *Elle veut savoir ce qui s'est passé* (syn. ↓DÉSIRER, ↓SOUHAITER). *Je veux que vous me rendiez compte de vos dépenses* (syn. ↑EXIGER). *Il veut se faire remarquer* (syn. AVOIR ENVIE DE, CHERCHER À). *Cheval qui ne veut pas sauter* (= qui refuse); (sujet qqch [abstrait]) *vouloir que* (+ *subj.*), l'exiger : *La tradition veut que l'on prenne ses vacances en août.* — **2.** (sujet qqch) *Vouloir* (+ *inf.*), se prêter à une action, être en état de : *Du bois qui ne veut pas brûler. Nous allons partir, si toutefois le moteur veut bien démarrer.* — **3.** (sujet qqn) *Vouloir qqch (concret),* en réclamer la possession, la jouissance : *Enfant qui veut un jouet* (syn. ↓DEMANDER). *Elle veut une chambre pour elle toute seule. Voulez-vous encore du potage?* (syn. DÉSIRER); au cond., par atténuation : *Je voudrais un kilo de cerises.* — **4.** (sujet qqn) *Vouloir qqch (abstrait),* en souhaiter ou en demander vivement l'établissement, la réalisation : *Je veux des preuves. Les manifestants voulaient l'abolition du décret. Nous ne voulons pas sa ruine.* — **5.** *Vouloir qqch de qqn,* compter qu'il le fera, le lui demander : *Je veux d'elle une discrétion absolue. Que voulez-vous de moi?* (syn. ATTENDRE). — **6.** (sujet qqch) *Vouloir qqch,* en avoir besoin : *C'est une plante qui veut beaucoup d'eau* (syn. DEMANDER, EXIGER, RÉCLAMER). *La conjonction «quoique» veut le subjonctif* (syn. APPELER). — **7.** Fam. *Je veux être pendu si...,* exprime une forte dénégation : *Je veux être pendu si elle y arrive* (=

elle n'y arrivera certainement pas). ‖ Fam. *Je voudrais vous y voir!*, vous ne feriez pas mieux. ‖ *Que me (lui, etc.) voulez-vous?, que voulez-vous que je (qu'il, etc.) fasse?*, qu'attendez-vous de moi (de lui, etc.)? ‖ *Que veux-tu (voulez-vous)*, exprime la résignation, le parti qu'on prend de qqch : *Ce n'est pas très bien payé, mais, que voulez-vous, il faut bien vivre!* ‖ *Sans le vouloir*, involontairement, par mégarde : *Elle avait, sans le vouloir, légèrement bousculé son voisin* (contr. EXPRÈS, INTENTIONNELLEMENT). ‖ *Si tu veux, si vous voulez, comme tu veux, comme vous voulez*, cela ne dépend que de toi (de vous), à ta (votre) guise. ‖ *Veuillez faire, dire*, etc., exprime un ordre, une invitation : *Veuillez me passer ce document.* ‖ *Veuillez agréer..., veuillez croire...*, formules de politesse à la fin des lettres. ‖ *Veux-tu (bien) te taire*, exprime un ordre énergique. ‖ *Vouloir bien*, exprime le consentement : *Je veux bien vous prêter ma voiture, mais pour aujourd'hui seulement. Le vendeur a bien voulu être payé par mensualités* (syn. ACCEPTER, CONSENTIR). ‖ *Vouloir dire*, signifier : *«Bimensuel» veut dire «qui paraît deux fois par mois». Cette citation latine est fautive : la phrase ne veut rien dire. Que veut dire cet attroupement?* (= de quoi est-il le signe?). ‖ *Vouloir du bien, du mal à qqn*, lui être favorable, hostile. ‖ *Vouloir un prix de qqch*, le vendre à ce prix. ◆ v. t. ind. **1.** *Vouloir de qqn, de qqch*, accepter de les prendre, de les recevoir : *Personne ne veut de lui comme camarade. Elle ne veut pas de vos excuses.* — **2.** *En vouloir à qqn*, avoir de la rancune, du ressentiment contre lui : *J'espère que tu ne m'en voudras pas si je m'occupe de toi en dernier. Elle vous en veut de ne pas l'avoir prévenue. Ne m'en veux pas (ne m'en veuillez pas) de ne pas vous avoir prévenu.* ‖ *En vouloir à qqch*, avoir des visées dessus : *Il vous flatte, parce qu'il en veut à votre argent.* ‖ Fam. *En vouloir*, faire preuve d'énergie pour atteindre un but. ‖ Fam. *En veux-tu, en voilà*, exprime la grande abondance : *L'affaire marche très bien : les commandes arrivent en veux-tu, en voilà* (syn. À PROFUSION). ◆ ***se vouloir*** v. pr. **1.** (sujet qqn, qqch) *Se vouloir* (+ *attribut*), se proposer d'acquérir ou de conserver telle qualité en parlant de qqn, prétendre avoir tel caractère en parlant de qqch : *Un magistrat qui se veut équitable. Un compte-rendu qui se veut objectif.* — **2.** (sujet qqn) *S'en vouloir (de qqch)*, se le reprocher.

2. vouloir [vulwar] n. m. (seulem. sing.) *Bon (mauvais) vouloir de qqn*, ses dispositions favorables (défavorables); sa bonne (mauvaise) volonté : *Tu as fait preuve d'un mauvais vouloir évident dans toute cette affaire.* ‖ *Bon vouloir*, acceptation qui dépend plus ou moins du caprice de qqn, de ses dispositions imprévisibles : *On n'attend plus que le bon vouloir de la propriétaire pour entreprendre les travaux* (syn. BON PLAISIR).

voulu, e [vuly] adj. **1.** Qui est fait ou a été fait intentionnellement : *Produire l'effet voulu. C'est voulu* (= c'est fait exprès). — **2.** Qui est imposé, exigé : *Arriver à l'heure voulue* (syn. FIXÉ). *Accomplir les formalités voulues* (syn. REQUIS).

vous [vu] pron. pers. de la 2e pers. du pluriel ou du singulier. (→ introduction PRONOMS PERSONNELS.)

voûte [vut] n. f. (lat. pop. *volvita*, enroulement). **1.** Ouvrage de maçonnerie, cintré, formé d'un assemblage de pierres qui s'appuient les unes sur les autres : *Voûte en ogive. Voûte d'un pont.* — **2.** Paroi supérieure d'un édifice, d'une cavité ou d'une formation naturelle qui présente une courbure : *Voûte de ciment d'une cave. Le chemin s'engageait sous une voûte de feuillage* (syn. DAIS, BERCEAU). *Voûte céleste* (litt.; = le ciel). *Voûte du palais* (= paroi supérieure de la bouche). *Voûte d'un four.*

voûté, e [vute] adj. **1.** En forme de voûte : *Une cave voûtée.* — **2.** Courbé : *Un vieillard tout voûté. Avoir le dos voûté.*

voûter [vute] v. t. Couvrir d'une voûte : *Voûter un souterrain.* ◆ ***se voûter*** v. pr. **1.** (sujet le dos) Se courber anormalement. — **2.** (sujet qqn) Perdre de sa taille en se courbant : *Cette vieille femme commence à se voûter.*

vouvoiement [vuvwamɑ̃] n. m. Action de vouvoyer.

vouvoyer [vuvwaje] v. t. (de *vous*) [c. **3**]. *Vouvoyer qqn*, employer le vous de politesse en s'adressant à lui : *Elle vouvoie ses camarades de travail* (contr. TUTOYER).

voyage [vwajaʒ] n. m. (lat. *viaticum*, argent pour le voyage). **1.** Fait de se déplacer hors de sa région ou de son pays : *Voyage d'affaires. Être en voyage* (syn. DÉPLACEMENT). *Partir en voyage* (= s'absenter). *Faire un voyage en pays étranger pendant les vacances* (= visiter, parcourir un pays). *Voyage à travers l'Europe* (syn. CIRCUIT, TRAVERSÉE DE). *Les gens du voyage* (= les artistes du cirque). — **2.** Trajet, allée et venue d'un lieu à un autre : *Train qui fait le voyage Paris-Le Havre* (= trajet dans les deux sens). *Nous avons trois jours de voyage devant nous.*

voyager [vwajaʒe] v. i. (c. **2**). **1.** (sujet qqn) Se déplacer hors de sa région ou de son pays; parcourir une région en touriste : *Voyager en voiture* (syn. CIRCULER). *Voyager à travers l'Europe* (= la parcourir). *Elle a beaucoup voyagé dans sa jeunesse.* — **2.** (sujet qqn) Faire un trajet; (sujet qqch) être transporté : *Voyager en 1re classe* (syn. SE DÉPLACER). *Nous avons voyagé très confortablement. Les denrées périssables voyagent dans des voitures frigorifiques. Ce colis a bien voyagé* (= supporté le transport).

voyageur, euse [vwajaʒœr] n. **1.** Personne qui effectue ou a effectué des déplacements de longue durée sur des distances importantes : *Un groupe de voyageurs. C'est un grand voyageur.* — **2.** Personne qui fait un trajet, par voie de terre, en empruntant un moyen de transport en commun : *Gare de voyageurs, de marchandises. Les voyageurs sont priés de monter en voiture, le train va partir.* — **3.** *Voyageur de commerce*, employé chargé de visiter les clients et d'enregistrer les commandes. ◆ adj. Qui voyage : *Pigeon voyageur.*

voyance [vwajɑ̃s] n. f. Don de prédire l'avenir.

voyant, e [vwajɑ̃] adj. Qui se voit, se remarque beaucoup : *Couleur voyante* (syn. ↓VIF, ↑CRIARD; contr. DISCRET). *Une robe voyante* (syn. ↑TAPAGEUR). *Avoir des goûts voyants* (contr. SOBRE). ◆ adj. et n. Qui voit (par oppos. à *aveugle*). ◆ ***voyant*** n. m. Disque, ampoule, signal lumineux d'avertissement sur les appareils de contrôle, les tableaux, etc. ◆ ***voyante*** n. f. Personne qui prédit l'avenir : *Consulter une voyante.*

voyelle [vwajɛl] n. f. (lat. *vocalis*; de *vox*, voix). Son musical que les organes de la parole produisent en donnant une libre résonance à la voix et qu'on transcrit par une lettre ou une suite de lettres : *L'alphabet français a six voyelles (a, e, i, o, u, y).*

voyeur [vwajœr] n. m. Personne qui assiste, pour sa satisfaction, aux manifestations de la sexualité d'autrui.

voyeurisme [vwajœrism] n. m. Attitude du voyeur.

voyou [vwaju] n. m. (de *voie*). Individu sans scrupule ni moralité, qui se plaît à nuire à autrui : *Des voyous l'ont dévalisée.* ◆ adj. (inv. en genre) Canaille : *Arborer un air voyou.*

vrac (en) [vrak] loc. adv. (néerl. *wrac*, mauvais). **1.** Pêle-mêle, en désordre : *Sortir ses affaires en vrac.* — **2.** Sans emballage (en parlant de marchandises) : *Fruits vendus en vrac.*

vrai, e [vrɛ] adj. (lat. *verus*). **1.** (après le n.) Se dit de qqch de conforme à la réalité à laquelle il se réfère :

Ses paroles sont vraies de bout en bout (syn. EXACT, FIDÈLE; contr. FAUX, ERRONÉ, INEXACT, MENSONGER). *Récit, histoire vrais* (= qui rapportent des faits qui se sont réellement produits; contr. FANTAISISTE, IMAGINAIRE, INVENTÉ). *Le proverbe serait-il vrai qui dit qu'un malheur ne vient jamais seul?* — **2.** (avant ou après le n.) Qui existe ou a existé objectivement, qui n'est pas une vue de l'esprit : *Théorie qui s'appuie sur des faits vrais* (syn. HISTORIQUE, RÉEL, POSITIF). *Les vraies causes de ce phénomène ont été découvertes beaucoup plus tard* (syn. RÉEL, EFFECTIF). — **3.** (après ou, surtout, avant le n.) Qui est réellement ce qu'il paraît être; authentique : *Tout le monde a cru à une plaisanterie; or, c'était un vrai policier qui mettait la main sur un vrai bandit. Un vrai diamant* (contr. FAUX). *Avoir de vrais cheveux* (contr. POSTICHE). *C'est une vraie blonde* (= naturelle; contr. ARTIFICIEL). *De son vrai nom, elle s'appelle Roberte* (syn. VÉRITABLE; contr. D'EMPRUNT). *Je vais vous dire la vraie raison de mon départ* (syn. VÉRITABLE, PROFONDE; contr. APPARENT). *La joie de retrouver la campagne, la vraie nature* (syn. SAUVAGE, À L'ÉTAT BRUT; contr. CIVILISÉ). — **4.** (avant le n.) Conforme à ce qu'il doit être, qui mérite son nom : *Un vrai héros. Une vraie paysanne attachée à la terre* (= digne de ce nom). *Une vraie comédienne* (syn. GRAND, EXCELLENT). *Un vrai sportif.* — **5.** (avant le n.) Qui convient le mieux, qui est le plus juste, le plus efficace : *C'est le vrai moyen de soulager son mal de tête* (= le meilleur). *Ce n'est pas la vraie méthode pour apprendre ce sport* (syn. BON). — **6.** Fam. *Pas vrai?*, n'est-ce pas? : *Vous étiez bien à la réunion, pas vrai?* ◆ ***vrai*** adv. **1.** Conformément à la vérité : *Parler vrai.* — **2.** *Fam.* Marque la surprise, l'émotion : *J'en ai assez, vrai, de tout ce vacarme. Ben vrai, ça alors!* — **3.** *Aussi vrai que* (+ *ind.*), insiste sur la vérité de ce qu'on dit : *Aussi vrai qu'il fait jour, je l'ai vue hier.* ◆ n. m. **1.** Vérité en général : *Distinguer le vrai du faux.* — **2.** *À dire vrai, à vrai dire,* introduisent une restriction, une mise au point : *Elle m'a dit qu'elle ne pourrait pas venir : à vrai dire, je m'y attendais* (syn. EN FAIT). ‖ *Être dans le vrai,* avoir raison. ‖ Fam. *Pour de vrai,* véritablement, réellement : *À force de te pencher et de dire que tu allais tomber, tu as fini par le faire pour de vrai* (syn. POUR DE BON; contr. POUR RIRE).

vraiment [vrɛmɑ̃] adv. **1.** De façon conforme à la réalité : *Ils s'aimaient vraiment* (syn. PROFONDÉMENT). *Ce tissu est vraiment rouge* (syn. EXTRÊMEMENT, UN PEU TROP). *C'est vraiment une révolution populaire* (syn. VÉRITABLEMENT). *Vous le croyez vraiment?* — **2.** Souligne une affirmation : *Vraiment, tu exagères! Ce n'est vraiment pas malin.* (→ VÉRACITÉ, VÉRIDIQUE, VÉRITABLE, VÉRITÉ.)

vraisemblable [vrɛsɑ̃blabl] adj. **1.** Qu'on peut à bon droit estimer vrai : *Hypothèse vraisemblable* (syn. PLAUSIBLE). — **2.** Qui a toutes chances de se réaliser : *Il est vraisemblable que la crise gouvernementale va se prolonger* (syn. PROBABLE). *Le succès de l'expédition est vraisemblable.*

vraisemblablement [vrɛsɑ̃blabləmɑ̃] adv. Selon les apparences : *Cette poterie est vraisemblablement d'origine étrusque* (syn. SANS DOUTE).

vraisemblance [vrɛsɑ̃blɑ̃s] n. f. **1.** Qualité de ce qui a l'apparence de la vérité : *La vraisemblance d'une hypothèse. Heurter la vraisemblance* (= s'y opposer, être en contradiction avec ce qui paraît le plus plausible). — **2.** *Selon toute vraisemblance,* certainement, sans doute : *Selon toute vraisemblance, elle va obtenir ce qu'elle veut.*

vraquier [vrakje] n. m. Navire transportant des marchandises en vrac.

vrille [vrij] n. f. (lat. *viticula;* de *vitis,* vigne). **1.** Organe de fixation de certaines plantes grimpantes : *Les vrilles de la vigne.* — **2.** Outil pour percer le bois, formé d'une tige que termine une vis : *Percer un trou dans une planche avec une vrille. Un regard perçant comme une vrille.* — **3.** Mouvement d'un avion qui tourne sur lui-même en tombant, à la suite d'une perte de vitesse : *Descendre en vrille.*

vriller [vrije] v. i. (sujet un avion) S'élever ou descendre en décrivant une hélice.

vrombir [vrɔ̃bir] v. i. (onomat.). **1.** (sujet un objet) Produire un son vibré, dû à un mouvement périodique rapide : *Avion, moteur qui vrombit* (syn. RONFLER). — **2.** (sujet un insecte) Faire un bruit de vibration : *Frelon qui vrombit* (syn. BOURDONNER).

vrombissement [vrɔ̃bismɑ̃] n. m. Action de vrombir.

1. vu, e [vy] adj. *Bien (mal) vu,* dont on a bonne (mauvaise opinion). ‖ *C'est tout vu,* c'est tout réfléchi. ‖ Fam. *Vu,* c'est compris. ◆ ***vu*** prép. Exprime la cause : *Vu l'heure tardive, il a fallu ajourner la discussion* (syn. EN RAISON DE, ÉTANT DONNÉ). *On lui pardonne cette étourderie, vu sa jeunesse* (syn. EU ÉGARD À). ‖ *Vu que* (+ *ind.*), attendu que, puisque (admin.) : *Il faut renoncer à cette dépense, vu que les crédits sont épuisés* (syn. ÉTANT DONNÉ QUE, DU FAIT QUE).

2. vu [vy] n. m. *Au vu et au su de tout le monde,* en public, sans se cacher.

vue [vy] n. f. (de *voir*). **1.** Sens par lequel on perçoit la forme et la couleur des objets, et qui participe à la représentation de l'espace; faculté de voir : *Organes de la vue. Perdre la vue* (= devenir aveugle). *Sa vue baisse. S'user la vue. Avoir une bonne vue. Hors de vue* (= qui ne peut être vu). — **2.** Acte de regarder, de voir : *Détourner la vue de quelque chose* (syn. LES YEUX). *S'offrir à la vue de quelqu'un* (syn. REGARDS). — **3.** *La vue de qqch, de qqn,* le fait de le voir : *La vue du sang lui fait un choc* (syn. SPECTACLE). *J'ai rencontré le surveillant général, et sa vue me rappelle de mauvais souvenirs.* — **4.** Ce que qqn perçoit par l'œil, du lieu où il est placé; spectacle ou paysage qui s'offre aux yeux : *Il y a une très belle vue sur la mer. Maison d'où on a de la vue. De Montmartre, la vue de Paris s'étend jusqu'aux collines de Saint-Cloud* (syn. PANORAMA). — **5.** Image, photo ou tableau représentant un paysage : *Une vue du port d'Ajaccio. Des vues prises d'avion.* — **6.** Manière de concevoir, de se représenter qqch; idée : *Vues hardies, larges. Avoir une vue claire de la situation.* — **7.** *À première vue,* avant d'avoir pu examiner à loisir qqn ou qqch; au premier coup d'œil. ‖ *À vue,* sur un objet visible : *Tirer à vue;* sans quitter des yeux : *Garder quelqu'un à vue;* sur simple présentation du titre de paiement : *Un mandat payable à vue.* ‖ Fam. *À vue de nez,* à peu près, sans préciser. ‖ *À vue d'œil,* autant qu'on peut en juger par la seule vue; très rapidement : *Cette enfant grandit à vue d'œil.* ‖ *Avoir qqch en vue,* l'envisager de façon précise; penser qu'on a des chances de l'obtenir. ‖ *Avoir qqn en vue,* penser à lui pour un emploi, un travail. ‖ *En vue de qqch, de* (+ *inf.*), de façon à atteindre un but, à réaliser un objectif : *Travailler en vue de réussir un examen. S'entraîner en vue d'un championnat.* ‖ *(Être) en vue,* visible : *La côte est en vue;* dans une position qui attire l'attention : *Une personne en vue;* sur le point de se produire ou d'apparaître : *Une solution est en vue* (syn. ↑IMMINENT). ‖ *Vue de l'esprit,* conception trop théorique, qui ne tient pas compte de la réalité. ◆ ***vues*** n. f. pl. **1.** Manière de concevoir qqch, de préparer sa réalisation : *Contrarier les vues de quelqu'un* (syn. PROJETS, DESSEINS). — **2.** *Avoir des vues sur qqch,* penser à l'acquérir, à l'obtenir. ‖ *Avoir des vues sur qqn,* avoir l'intention de l'employer à telle ou telle tâche; avoir l'intention de l'épouser ou de lui faire épouser qqn qu'on a choisi. ‖ *Échange de vues,* réunion au cours de laquelle chaque participant expose aux autres ses propres conceptions et en discute avec eux.

vulcanologie, -gue → VOLCANOLOGIE, -GUE.

vulgaire [vylgɛr] adj. (lat. *vulgaris;* de *vulgus,* foule). **1.** (après le n.) Qui ne suppose pas de connaissance particulière; compris par tout le monde : *Le nom vulgaire d'une plante* (syn. COURANT, USUEL; contr. SCIENTIFIQUE, SAVANT). *Langue vulgaire* (syn. COMMUN). — **2.** (avant le n.) Qui n'est rigoureusement que ce qu'il est : *Une robe de vulgaire coton* (syn. SIMPLE). *C'est de la vulgaire matière plastique* (= ce n'est que de...). *Je ne suis qu'un vulgaire lecteur, néanmoins je formulerai quelques critiques de fond.* — **3.** (après le n.) Sans élévation, bas : *Les réalités vulgaires de la vie* (syn. PROSAÏQUE, GROSSIER, MATÉRIEL, TERRE À TERRE). — **4.** (après le n.) *Péjor.* Qui manifeste l'absence de goût et la grossièreté : *Manières vulgaires* (syn. COMMUN; contr. RAFFINÉ, DISTINGUÉ). *Homme, femme vulgaire. Expression, mot vulgaire* (syn. POPULAIRE, ↑TRIVIAL; contr. DÉLICAT, ÉLÉGANT, RECHERCHÉ). *Goûts vulgaires.*

vulgairement [vylgɛrmɑ̃] adv. **1.** Communément, de façon non savante : *Le bar, vulgairement appelé «loup de mer».* — **2.** Sans distinction, de manière commune : *S'exprimer vulgairement* (syn. ↑GROSSIÈREMENT).

vulgarisateur, trice [vylgarizatœr] adj. et n. Qui vulgarise : *Ouvrage vulgarisateur. Un écrivain qui est un grand vulgarisateur.*

vulgarisation [vylgarizasjɔ̃] n. f. Fait de rendre accessibles au grand public, au moyen d'une certaine simplification, des notions scientifiques ou techniques jusqu'alors réservées aux seuls spécialistes : *Ouvrage de vulgarisation. Faire de la vulgarisation.*

vulgariser [vylgarize] v. t. *Vulgariser qqch,* le faire connaître, le rendre accessible au grand public : *Vulgariser des connaissances d'histoire de l'art* (= les mettre à la portée de tous). *Vulgariser le vocabulaire médical* (syn. PROPAGER).

vulgarité [vylgarite] n. f. Absence de goût, de distinction; parole grossière : *La vulgarité de ces propos est choquante* (syn. ↑GROSSIÈRETÉ). *Logement meublé avec une certaine vulgarité de goût* (= mauvais goût).

vulnérabilité [vylnerabilite] n. f. Caractère vulnérable : *Tenir compte de la vulnérabilité des enfants dans ses critiques* (syn. FRAGILITÉ).

vulnérable [vylnerabl] adj. (du lat. *vulnerare,* blesser). **1.** Qui peut être facilement atteint, qui offre une cible aux coups de l'adversaire : *Ici nous sommes vulnérables; mettons-nous à l'abri du mur. Une position vulnérable* (syn. DANGEREUX, INCERTAIN). — **2.** Se dit de qqn qui donne prise aux attaques morales et les ressent : *Être vulnérable à la critique* (syn. FRAGILE, ↓SENSIBLE; contr. BLINDÉ, CUIRASSÉ, INSENSIBLE). *Se sentir très vulnérable* (= mal armé pour lutter contre qqch). — **3.** Se dit de qqch qui prête à la critique, qui présente des imperfections ou des insuffisances : *Une théorie très vulnérable.*

vulve [vylv] n. f. (lat. *vulva*). Ensemble des parties génitales externes, chez la femme et chez les femelles des animaux supérieurs.

w [dubləve] n. m. Vingt-troisième lettre de l'alphabet notant la fricative sonore [v] ou la semi-voyelle [w].

wagon [vagɔ̃] n. m. (mot angl.). Véhicule ferroviaire destiné au transport des marchandises et des animaux, et souvent à celui des voyageurs : *Les wagons de marchandises étaient aiguillés vers les différents convois. Monter, descendre de wagon* (syn. VOITURE). *Se pencher à la portière du wagon.*

wagon-citerne [vagɔ̃sitɛrn] n. m. (pl. *wagons-citernes*). Wagon destiné au transport des liquides : *Les wagons-citernes sont destinés au transport des liquides.*

wagon-lit [vagɔ̃li] n. m. (pl. *wagons-lits*). Voiture de chemin de fer aménagée pour permettre aux voyageurs de dormir dans un lit.

wagonnet [vagɔnɛ] n. m. Petit wagon basculant, servant au transport du charbon, de la terre, etc.

wagon-restaurant [vagɔ̃rɛstɔrɑ̃] n. m. (pl. *wagons-restaurants*). Voiture de chemin de fer aménagée pour servir des repas.

Walkman [wɔkman] n. m. (nom déposé). Baladeur.

wallon, onne [walɔ̃] adj. et n. De Wallonie.

water-polo [watɛrpolo] n. m. (angl. *water,* eau, et *polo*). Jeu de ballon qui se joue dans l'eau entre deux équipes de sept joueurs et qui consiste à faire pénétrer un ballon dans les buts adverses.

waters [watɛr] ou **W.-C.** [vese] n. m. pl. (angl. *water-closet;* de *water,* eau, et *closet,* cabinet). Petite pièce ou appareil sanitaire destinés aux besoins naturels : *Les waters sont occupés* (syn. CABINETS). *Les waters sont au fond du couloir* (syn. TOILETTES). *Les waters sont bouchés.*

watt [wat] n. m. (de *Watt,* n. pr.). Unité de mesure de puissance du flux énergétique et thermique (symb. W).

W.-C. → WATERS.

week-end [wikɛnd] n. m. (mot angl. signif. *fin de semaine*) [pl. *week-ends*]. Congé de fin de semaine, du samedi matin au lundi matin : *Elle passe le week-end dans sa maison de campagne* (syn. FIN DE SEMAINE). *On prévoit un week-end peu ensoleillé.*

western [wɛstɛrn] n. m. (mot angl. signif. *de l'Ouest*). Film d'aventures dont l'action mouvementée se déroule dans l'ouest des États-Unis, au moment de la marche vers l'Ouest.

whisky [wiski] n. m. (mot angl.) [pl. *whiskies*]. Eau-de-vie de grain, fabriquée dans les pays anglo-saxons.

wolfram [vɔlfram] n. m. (mot all.). Oxyde naturel de fer, de manganèse ou de tungstène.

x [iks] n. m. **1.** Vingt-quatrième lettre de l'alphabet notant le groupe consonantique [ks] ou [gz]. Il peut avoir la valeur d'un [s] *(soixante)* ou d'un [z] *(deuxième)*. — **2.** En algèbre, *x* représente l'inconnue. — **3.** *X* ou *Monsieur X,* désigne qqn qu'on ne veut ou qu'on ne peut nommer : *X m'a dit de le rejoindre après le travail* (syn. UN TEL). *Plainte contre X.* — **4.** Indique le caractère indéterminé de qqch : *Ça fait x temps que je ne l'ai pas vue.* — **5.** *Rayon X* → RAYON 1.

xénophobe [ksenɔfɔb] adj. et n. (du gr. *xenos,* étranger, et *phobos,* crainte). Qui manifeste de l'hostilité à l'égard des étrangers.

xénophobie [ksenɔfɔbi] n. f. Hostilité à l'égard des étrangers.

xérès [kserɛs] ou **jerez** [rerɛs] n. m. Vin blanc sec et alcoolisé produit dans la région de Jerez en Espagne.

xylophone [gzilofɔn] n. m. (du gr. *xulon,* bois, et *phonê,* voix). Instrument de musique composé de plaques de bois ou de métal d'inégale longueur, sur lesquelles on frappe avec deux baguettes.

Y

1. y [i] n. m. Vingt-cinquième lettre de l'alphabet notant la voyelle [i] ou la semi-consonne [j].

2. y [i] pron. pers. (lat. *ibi*). **1.** Indique l'endroit où on va (= en ce lieu) : *« Connaissez-vous la Provence ? — J'y suis allé cet été. » Elle sortait du magasin quand j'y entrais. Mets-toi là et restes-y.* — **2.** Remplace un nom de chose précédé de la prép. à (= à cela); *« Tu n'as pas oublié d'acheter les pinces ? « J'y pense. » Réveillez-moi à six heures : surtout, pensez-y.* — **3.** Remplace un nom de personne, mais plus rarement : *L'avez-vous pris comme collaborateur ? Je ne m'y fierais pas* (plus souvent à *lui*). — **4.** Particule formant avec le v. une loc. verbale : *Il s'y connaît, il s'y entend* (= il est expert en la question). *Elle s'y fera* (= elle s'adaptera à la situation).

yacht [jot] n. m. (mot néerl.). Bateau de plaisance, à voiles ou à moteur : *Les yachts amarrés dans le port de Cannes.*

yachting [jotiŋ] n. m. Pratique de la navigation de plaisance sous toutes ses formes.

yack ou **yak** [jak] n. m. (mot tibétain). Ruminant du Tibet, utilisé pour porter les fardeaux.

yaourt [jaurt] ou **yogourt** [jogurt] n. m. (bulgare, *jaurt*, lait caillé). Lait caillé par le ferment lactique.

yaourtière [jaurtjɛr] n. f. Appareil pour faire soi-même les yaourts.

yard [jard] n. m. (mot angl.). Unité de longueur anglo-saxonne valant 0,914 m.

yen [jɛn] n. m. (mot jap.). Unité monétaire principale du Japon.

yéménite [jemenit] adj. et n. Du Yémen.

yeux [jø] n. m. pl. → ŒIL.

yiddish [jidiʃ] n. m. (de l'all. *Jude*, juif). Langue mixte composée d'hébreu et d'allemand.

yoga [jɔga] n. m. (mot sanskrit signif. *union*). Discipline de l'Inde, visant à obtenir une maîtrise parfaite de l'esprit et du corps.

yogi [jɔgi] n. m. Personne qui pratique le yoga.

yogourt → YAOURT.

yougoslave [jugɔslav] adj. et n. De Yougoslavie.

youyou [juju] n. m. Petit canot.

Z

z [zɛd] n. m. Vingt-sixième lettre de l'alphabet notant la fricative sonore [z].

zairois, e [zairwa] adj. et n. Du Zaïre.

zambien, enne [zɑ̃bjɛ̃] adj. et n. De Zambie.

zapper [zape] v. i. (amér. *to zap*). Passer d'une chaîne de télévision à l'autre, à l'aide d'un boîtier de télécommande.

zèbre [zɛbr] n. m. (portug. *zebro*). **1.** Mammifère d'Afrique, proche du cheval et dont le pelage est rayé de noir ou de brun. — **2.** *Fam.* Individu quelconque, personnage bizarre ou inquiétant : *C'est un drôle de zèbre.*

zébrer [zebre] v. t. (c. **10**) Marquer de raies (souvent pass.) : *Le ciel noir est zébré d'éclairs.*

zébrure [zebryr] n. f. **1.** Rayure du pelage de certains animaux (zèbre, tigre). — **2.** Raie ou marque sur une surface.

zébu [zeby] n. m. Bœuf à longues cornes, d'Asie et de Madagascar, qui possède une bosse sur le garrot.

zèle [zɛl] n. m. (gr. *zêlos*, ardeur). **1.** Ardeur à entreprendre qqch ou à se mettre au service de qqn, et qu'inspire le dévouement, la foi, etc. : *Il faut modérer son zèle pour le jeu* (syn. ENTHOUSIASME). *Elle met tout son zèle à satisfaire ses parents* (syn. APPLICATION). — **2.** Péjor. *Faire du zèle,* manifester dans son activité, dans son travail un empressement inhabituel ou excessif.

zélé, e [zele] adj. Plein de zèle : *Collaborateur zélé* (syn. ACTIF).

zénith [zenit] n. m. (ar. *samt,* chemin). **1.** Point de la sphère céleste situé verticalement au-dessus de la tête d'un observateur. — **2.** *Litt.* Degré le plus élevé : *Elle est au zénith de sa gloire* (syn. SOMMET, APOGÉE).

zéro [zero] n. m. (mot it.; de l'ar. *sifr*). **1.** Signe numérique indiquant une valeur nulle : *Oublier un zéro dans une division. Nombre formé par un deux suivi de deux zéros. Le zéro vient de sortir deux fois à la loterie.* — **2.** Valeur, quantité, grandeur nulle; note la plus basse attribuée à une copie, une interrogation : *Avoir un zéro en mathématiques. C'est zéro* (fam.; = ça ne vaut rien). *L'équipe a gagné par deux buts à zéro.* — **3.** Degré de température correspondant à celle de la glace fondante : *La température est tombée ce matin au-dessous de zéro.* — **4.** Celui dont les capacités sont nulles : *C'est un zéro en géographie, en politique* (syn. NULLITÉ). — **5.** *Avoir le moral à zéro,* être déprimé. ‖ *Partir de zéro,* commencer qqch avec ses seuls moyens, sans acquit ni fortune. ‖ *Réduire à zéro,* anéantir. ‖ *Repartir, reprendre qqch de, à zéro,* recommencer après un échec complet ou reprendre à la base l'examen de qqch. ‖ Fam. *Zéro !,* indique un rejet total, un refus. ◆ adj. **1.** Aucun : *zéro faute :* — **2.** Nul en valeur : *À zéro heure* (admin.; = minuit). *Le degré zéro.*

zeste [zɛst] n. m. (onomat.). Écorce de l'orange et du citron.

zézaiement [zezɛmɑ̃] n. m. Défaut de prononciation de qqn qui zézaie.

zézayer [zezɛje] v. i. (onomat.) [c. **4**] Parler en prononçant le son [z] au lieu de [ʒ] ou le son [s] au lieu de [ʃ] (par ex. *zardin, manzer* pour *jardin, manger; sien* pour *chien.*)

zibeline [ziblin] n. f. (it. *zibellino*). Mammifère proche de la martre et recherché pour sa fourrure; sa fourrure.

zigzag [zigzag] n. m. (onomat.). Ligne brisée; ce qui en a la forme; mouvement de ce qui se déplace en changeant fréquemment de direction : *Les zigzags des éclairs dans un ciel d'orage. Marcher, courir, aller en zigzag* (contr. EN LIGNE DROITE).

zigzaguer [zigzage] v. i. Faire des zigzags : *La voiture zigzagua sur la route mouillée et se jeta contre un platane. L'ivrogne zigzaguait sur le trottoir* (syn. TITUBER).

zinc [zɛ̃g] n. m. (all. *Zink*). **1.** Métal blanc, utilisé en plaques pour recouvrir les toitures, pour faire les gouttières, etc. — **2.** *Fam.* Comptoir de café. — **3.** *Fam.* Avion.

zingueur [zɛ̃gœr] n. m. Ouvrier chargé de la pose des revêtements de zinc.

zizanie [zizani] n. f. (lat. *zizania,* ivraie). *Mettre, semer la zizanie entre plusieurs personnes,* créer entre elles la désunion, faire naître la dispute.

zodiaque [zɔdjak] n. m. (gr. *zôdiakos;* de *zôon,* être vivant). Zone circulaire qui contient les douze constellations que le Soleil semble traverser dans l'espace d'un an : *Les signes du zodiaque sont le Bélier, le Taureau, les Gémeaux, le Cancer, le Lion, la Vierge, la Balance, le Scorpion, le Sagittaire, le Capricorne, le Verseau, les Poissons.*

zombie [zɔ̃bi] n. m. (mot créole). Dans les croyances populaires des Antilles, mort sorti du tombeau, au service d'un sorcier.

zona [zona] n. m. (mot lat. signif. *ceinture*). Maladie infectieuse caractérisée par des éruptions cutanées et des douleurs vives sur le trajet des nerfs.

zonage [zonaʒ] n. m. Répartition en zones.

zone [zon] n. f. (lat. *zona,* ceinture). **1.** Espace limité d'une surface, d'une étendue plus importante : *Zone désertique. Zone frontière. La zone d'habitation s'étend à plus de vingt kilomètres du centre urbain. Les effets de l'explosion se firent sentir sur une zone de cinq kilomètres. La basse Normandie est une zone d'élevage* (syn. RÉGION, PAYS). *La zone bleue dans une ville* (= quartier où la durée du stationnement des véhicules automobiles est limitée). ‖ *La zone,* espace, à la limite d'une ville, caractérisé par la misère d'un habitat provisoire (syn. BIDONVILLE). — **2.** Ce qui est du ressort de l'activité ou de l'influence de qqn, d'une collectivité : *Les pays d'Amérique latine qui sont dans la zone d'influence des États-Unis. C'est dans cette zone qu'elle poursuit des recherches* (syn. DOMAINE). *Zone d'activité* (syn. SPHÈRE). — **3.** *De seconde zone,* de second ordre.

zoo [zo,zoo] n. m. Jardin zoologique.

zoologie [zɔɔlɔʒi] n. f. (du gr. *zôon,* animal, et *logos,* science). Partie des sciences naturelles qui traite des animaux.

zoologique [zɔɔlɔʒik] adj. *Parc, jardin zoologique,* où se trouvent rassemblés des animaux sauvages pour que des visiteurs puissent les voir.

zoologiste [zɔɔlɔʒist] ou **zoologue** [zɔɔlɔg] n. Spécialiste de zoologie.

zoom [zum] n. m. (mot angl.). Objectif de prise de vues dont on peut faire varier de façon continue la distance focale; effet de travelling optique obtenu avec cet objectif.

zouave [zwav] n. m. **1.** Soldat d'un corps d'infanterie de l'armée française d'Afrique. — **2.** *Fam.* Individu original ou malin : *Faire le zouave* (= faire le malin, essayer de se rendre intéressant).

zozotement [zɔzɔtmɑ̃] n. m. *Fam.* Action de zozoter.

zozoter [zɔzɔte] v. i. (onomat.). Syn. fam. de ZÉZAYER.

zut! [zyt] interj. *Fam.* Marque l'impatience ou le dépit par une interruption brusque de l'énoncé : *Zut! j'ai perdu mon portefeuille* (syn. fam. FLÛTE!).

Photocomposition M.C.P.

IMPRIMERIE HÉRISSEY – ÉVREUX – N° 71339 – Dépôt légal : juillet 1987 - Février 1996 - N° de série Éditeur : 18823
IMPRIMÉ EN FRANCE – *(Printed in France)* – 320222 – N - Février 1996.